MW01490200

OCÉANO

ILUSTRADO

Diccionario
Enciclopédico

OCÉANO

ILUSTRADO

Diccionario Enciclopédico

OCEANO

Es una obra de
GRUPO OCEANO

EQUIPO EDITORIAL

Dirección: Carlos Gispert

Dirección de Contenidos: José A. Vidal

Dirección Ejecutiva de Ediciones: José Gárriz

* * *

Edición: Rosa Galindo, José Gárriz,
Ramón Sort, María Villalba

Edición gráfica: Esther Amigó, Manuela Carrasco,
Mercedes Clarós, Álvaro Elizalde, Victoria Grasa,
Manuel Guirado, Laura Manzanera

Diseño cubiertas: Eduardo Palos

Preimpresión: Guillermo Mainer

* * *

EQUIPO DE PRODUCCION

Dirección: José Gay

"La presente publicación se ajusta a la cartografía oficial
de la República Argentina establecida por el poder ejecutivo
nacional a través del Instituto Geográfico Militar, Ley 22.963,
y fue aprobada por expte. GG05 2087/5 de 20 de octubre de 2005".

© MMVI EDITORIAL OCEANO
Milanesat, 21-23
EDIFICIO OCEANO
08017 Barcelona (España)
Teléfono: 932 802 020*
Fax: 932 041 073
www.oceano.com

Reservados todos los derechos. Quedan rigurosamente prohibidas, sin la autorización
escrita de los titulares del copyright, bajo las sanciones establecidas en las leyes,
la reproducción total o parcial de esta obra por cualquier medio
o procedimiento comprendidos la reprografía y el tratamiento informático y
la distribución de ejemplares de ella mediante alquiler o préstamo públicos.

ISBN: 84-494-3074-7
Impreso en España - Printed in Spain
Depósito legal: B-41930-XLVIII
9001854010905
9001866010905

PROLOGO

Este nuevo diccionario viene a prestar un valioso servicio a los lectores de habla hispana, ofreciéndoles todo el léxico indispensable y la información básica sobre ciencias, tecnología, historia, arte, literatura, etc.

La cuidadosa selección de conceptos y la concisión de las definiciones, así como la ordenada disposición de los datos, hacen de este diccionario una obra adecuada para todo tipo de lectores, desde los escolares hasta los profesionales o los particulares que necesitan obtener un dato preciso, una determinada información sobre los diversos ámbitos del saber y de la cultura, de la historia y del arte, de la vida política y social, del entorno físico o biológico, de la ciencia o de la tecnología. La información sobre cada voz y sus diversas acepciones no sólo responde a la duda planteada y ofrece su solución, sino que abre, además, las puertas a nuevas curiosidades y permite avanzar sólidamente en el dominio del saber.

Pese a las exigencias de concisión impuestas por las dimensiones de la obra, el lector tiene a su disposición numerosas entradas y acepciones que cubren extensamente todas las expectativas en un diccionario de este formato. Además de las voces de contenido enciclopédico, se ha incorporado un amplio repertorio léxico, que incluye un gran número de términos científicos y técnicos, de neologismos y americanismos.

A su calidad conceptual, la obra añade la extraordinaria riqueza y diversidad de sus imágenes, entre las cuales se cuenta gran cantidad de dibujos y esquemas. La perfecta conjunción y complementación de texto e imagen adquiere su mejor expresión en casi un centenar de unidades visuales, de temática muy diversa, en las que la modalidad gráfica asume mayor protagonismo en la transmisión de la información.

La información que el lector encontrará en la obra sobre cada uno de los distintos países del mundo, donde se incluye un cuadro con los datos descriptivos y estadísticos esenciales, un mapa de situación y la bandera correspondiente, tiene un preciso complemento en el apéndice cartográfico, que incluye los mapas de todos los continentes.

El volumen se cierra con un apéndice gramatical y un extenso apéndice dedicado a nuestra nación. En estas páginas se incluyen los conocimientos básicos de geografía descriptiva, economía y demografía, la división político-administrativa, nuestra historia literaria y artística, y una cronología que ayuda a situar en el tiempo los hechos más destacados de nuestra historia, así como el texto completo y actualizado de la Constitución nacional.

En cuanto a sus características formales, destaca la calidad de la impresión y la cuidadosa selección de la tipografía, clara, legible y agradable. La distribución del texto en tres columnas, cuyo ancho se adecua perfectamente a la amplitud del campo visual de todo tipo de lectores, hace más fácil, rápida y eficaz la lectura.

Por todo lo dicho y si nuestros deseos y expectativas se cumplen, este diccionario será para el lector una obra de referencia imprescindible en sus estudios y en su trabajo.

LOS EDITORES

INDICACIONES DE USO

ALFABETIZACION

Las voces del diccionario siguen el **orden alfabético universal**, es decir, la *ch* y la *ll* no se consideran letras independientes sino letras dobles, y se incluyen, por consiguiente, en la *c* y en la *l* respectivamente.

Las entradas compuestas por dos palabras separadas por un guión, como por ejemplo, *best-seller*, se alfabetizan como una sola palabra.

LÉXICO

La selección de voces se ha realizado atendiendo a criterios de actualidad y de uso y economía de espacio. El esfuerzo de concisión se ha realizado mediante la supresión de:

— Los adverbios acabados en -*mente*.
— Los diminutivos o aumentativos, cuyos respectivos significados pueden derivarse de la palabra matriz.
— Los participios, cuando, por su carácter de adjetivo o sustantivo, no tienen un significado distinto del verbo.
— Las voces *derivadas* o pertenecientes a la misma familia que no tienen un significado distinto de la palabra matriz. En este caso se han incorporado al final del artículo, ordenadas y precedidas de un cuadratín sombreado ❑.
— Las locuciones.
— Las voces y acepciones anticuadas o en desuso.

Se introducen, en cambio, numerosas voces aún no incluidas en el diccionario de la Real Academia de la Lengua Española, pero que son de uso normal en la lengua española, y se han respetado los neologismos y americanismos, indicando en cada voz los distintos niveles (familiar, figurado, etc.).

ENCICLOPEDIA

Biografías: estructura y alfabetización

Con el fin de dar cabida al mayor número de biografías de personajes sobresalientes en todas las esferas de la actividad humana, se ha creado una estructura singular para este apartado. Así, aparecen bajo una misma entrada todos los nombre propios de persona cuyo primer apellido es homónimo. La alfabetización de cada uno de ellos dentro del artículo sigue los criterios siguientes:

— Personajes de los que sólo se conoce el nombre de pila. En caso de poseer el mismo, por orden de antigüedad.

— Personas conocidas por su segundo apellido. En caso de que posean el mismo, se ha seguido el criterio de alfabetizarlos por el nombre.
— Emperadores y reyes se agrupan bajo una misma entrada en función del nombre, pero separados por el reino o imperio que gobernaron. Para evitar confusiones, el reino o imperio se ha centrado en columna y en VERSALITAS.

El orden alfabético sigue el de la numeración romana correspondiente a su reinado o imperio. Para mayor claridad se ha incluido una entrada genérica, que hace referencia al contenido de los artículos de reyes y emperadores que siguen (por ejemplo, ENRIQUE: nombre de diversos papas y emperadores).

— Los papas disponen así mismo de una sola entrada por el nombre propio y alfabetizados según la época de pontificado.
— En la alfabetización de las biografías, se ha usado el primer apellido como base, sin tener en cuenta las partículas De y La. Por ejemplo, De Gaulle y La Fontaine se alfabetizan en Gaulle y Fontaine. Tampoco el artículo árabe *al-*, prefijo que forma parte de muchos nombres árabes, se ha tenido en cuenta para la alfabetización de dichos nombres. Así: al-Gaddafi se localiza por Gaddafi.

Geografía: estructura y alfabetización

En la redacción de los artículos geográficos se ha seguido el criterio de agrupar bajo una misma entrada todos aquellos nombres homónimos que pertenecen a la misma área. La alfabetización sigue un orden jerárquico (país, división administrativa de primer nivel, capital, ciudad, etc.). Cuando son entidades administrativas del mismo nivel, se alfabetizan por el país al que pertenecen.

Se agrupan bajo una misma entrada los nombres geográficos referidos a lugares que están directamente relacionados, bien por ser un de un mismo país o Estado, bien por poseer en común un accidente geográfico (río, cordillera, etc.). Por ejemplo, Misisipí. No se agrupan los accidentes o fenómenos geográficos (golfo, bahía, cabo, etc.).

Criterios de selección de los artículos de geografía

Para la selección de la voces que componen el apartado de geografía, se han establecido una serie de criterios básicos que garantiza la inclusión de los topónimos y las unidades geográficas más relevantes.

- Inclusión de todos los Estados.

- Divisiones administrativas de primer nivel de todos los países latinoamericanos, de España y de todos aquellos países con organización política de carácter federal (Estados Unidos o Alemania).

- Regiones naturales, históricas, geográficas o culturales.

- Todas las capitales de los Estados del mundo, sean políticas o administrativas.

- Accidentes geográficos más importantes.

- Ciudades y poblaciones de mayor magnitud y de especial interés histórico o artístico.

TOPONIMIA Y TRANSCRIPCIONES

Los topónimos de ciudades o poblaciones que habitualmente se usan en su versión española aparecen en este idioma, seguidos de la grafía original entre paréntesis y en cursiva. Así: AMBERES (neerl., *Antwerpen*, fr., *Anvers*). LONDRES *(London)*.

TIPOS DE LETRA

VERSALES NEGRAS:	El primer término de las voces de entrada.
Negrita caja baja:	Los segundos apellidos de los nombres propios, salvo cuando van unidos por guión, en cuyo caso se consideran como formando parte del primero.
	Los segundos términos de los nombres geográficos compuestos, de las entidades, asociaciones u organizaciones.
Cursiva negrita:	Los nombres propios de persona, que aparecen como segundo término de la entrada después de coma.
	La cita, en el interior de un artículo, de una familia o de uno o varios hijos, de modo que sustituye una subentrada.
VERSALITA:	Palabras derivadas de una voz considerada raíz u ordenatriz, siempre que aparece dentro del artículo correspondiente a éstas, tras la última acepción de léxico e inmediatamente antes de la parte enciclopédica.
	Títulos nobiliarios, apodos, seudónimos, etc.
	Los encabezamientos de reinos, imperios o papados en las biografías de reyes, emperadores o papas.
Cursiva:	Títulos de periódicos, revistas, obras literarias o artísticas, musicales, teatrales o pictóricas.
	Traducción en español de voces o siglas de la entrada, en cuyo caso aparecen dentro de paréntesis.
	Las voces con la grafía original de topónimos que aparecen en español.
	Las abreviaturas de materias.
	El nombre real de un personaje cuya entrada se ha hecho por el seudónimo.

Signos empleados	Indica
◇	Separa distintas acepciones de una voz y las biografías o los nombres geográficos en artículos de entrada múltiple. Cumple la función de la pleca.
❑	Precede a las palabras derivadas dentro de un artículo de léxico.
□	Introduce la parte enciclopédica.
⇨	Remisión a otra palabra.

ESTRUCTURA Y USO DEL DICCIONARIO

MAPA Y BANDERA

PRIMERA VOZ DE LA PÁGINA

ÚLTIMA VOZ DE LA PÁGINA

UNIDAD VISUAL TEMÁTICA

ILUSTRACIÓN

EPÍGRAFE

TEXTO EXPLICATIVO

CUADRO ESTADÍSTICO

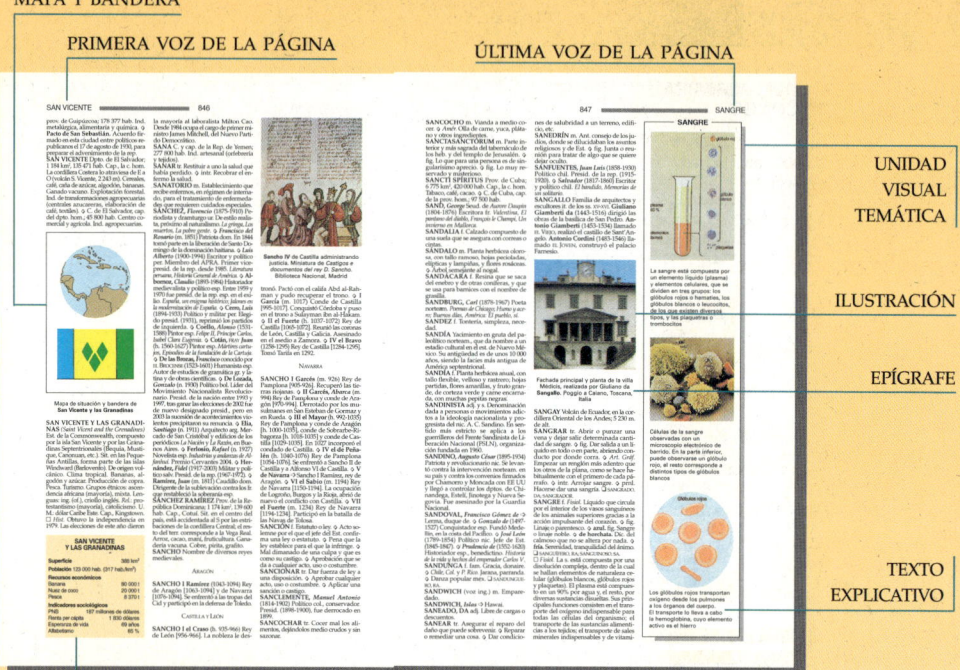

LÉXICO

LEMA O ENTRADA

SEPARACIÓN DE ACEPCIONES

DERIVADOS

TECNICISMO

CATEGORÍA GRAMATICAL

AMERICANISMO

EXTRANJERISMO

REMISIÓN

ABREVIATURA DE MATERIA

REGISTRO DE USO

APARTADO ENCICLOPÉDICO

TÉRMINO COMPUESTO

ADIVINAR tr. Predecir el futuro o descubrir las cosas ocultas por medio de agüeros o sortilegios. ◊ Arcertar el significado de un enigma. ◊ Vislumbrar, distinguir. ▢ ADIVINACIÓN; ADIVINADORA; ADIVINANZA; ADIVINO, NA.

CAD-CAM (voz ing.) m. *Comp.* Siglas de *Computer Aided Design-Computer Aided Manufacturing* (Diseño asistido por computadora-Fabricación asistida por computadora). Aplicación de las computadoras en el campo del diseño y en el de la fabricación.

SANCOCHO m. Vianda a medio cocer. ◊ *Amér.* Olla de carne, yuca, plátano y otros ingredientes.

SANDUNGA f. fam. Gracia, donaire. ◊ *Chile, Col.* y *P. Rico.* Jarana, parranda. ◊ Danza popular mex. SANDUNGUERO, RA.

SANDWICH (voz ing.) m. Emparedado.

SANDWICH, Islas ➡ Hawai.

SANGRE f. *Fisiol.* Líquido que circula por el interior de los vasos sanguíneos de los animales superiores gracias a la acción impulsiva del corazón. ◊ fig. Linaje o parentesco. ◊ **azul.** fig. Sangre o linaje noble. ◊ **de horchata.** Díc. del calmoso que no se altera por nada. ◊ **fría.** Serenidad, tranquilidad del ánimo. ▢ SANGUÍFERO, RA; SANGUINOSO, SA.

▢ *Fisiol.* La s. está compuesta por una disolución compleja, dentro de la cual se hallan elementos de naturaleza celular (glóbulos blancos, glóbulos rojos y plaquetas). El plasma está compuesto en un 90 % por agua y, el resto, por diversas sustancias disueltas. Sus principales funciones consisten en el transporte del oxígeno indispensable para todas las células del organismo; el transporte de las sustancias alimenticias a los tejidos; el transporte de sales minerales indispensables y de vitaminas; el suministro de agua a todas las células; la creación y transporte de los anticuerpos y otras sustancias de defensa contra invasiones microbianas; la

PAÍSES

CUADRO ESTADÍSTICO

REPÚBLICA DEMOCRÁTICA DEL CONGO

Superficie	2 344 885 km²
Población	36 672 000 hab. (16 hab./km²)
Recursos económicos	
Aceite de palma	182 000 t
Cabaña bovina	1 600 000 cabezas
Cabaña caprina	3 070 000 cabezas
Cabaña ovina	910 000 cabezas
Café	102 000 t
Cemento	460 000 t
Cerveza	4 378 000 hl
Cinc	45 000 t
Cobalto	20 000 t
Cobre	235 000 t
Diamantes	18 000 000 quilates
Estaño	1 600 t
Oro	225 kg
Plata	50 000 kg
Riqueza forestal	38 904 000 m³
Tejidos de algodón	61 000 m²
Indicadores sociológicos	
PNB	8 123 millones de dólares
Renta per cápita	150 dólares
Esperanza de vida	52 años
Alfabetismo	72 %

MAPA DE LOCALIZACIÓN

BANDERA

Mapa de situación y bandera
de la **República Democrática
del Congo**

PAÍS Y NOMBRE DEL
MISMO EN SU IDIOMA

CONGO, *República Democrática del
(République Démocratique du Congo)* Estado de África ecuatorial (ant. Congo-Kinshasa y República del Zaire). Macizos de Ruwenzori (5 119 m) y de Karasimbi (4 507 m); montes de Cristal (750 m). R. Congo y sus afl., Lomami, Ubangui y Kasai. Lagos Alberto, Eduardo, Kivu, Tanganica y Moero. Clima ecuatorial. Selva, sabana arbolada y bosque-galería. [...] Ind. textil, química, de transformación de minerales y de derivados agropecuarios. Lenguas: fr. (of.), variantes del bantú y sudanesas. *Rel.*: Animismo (mayoría), catolicismo, protestantismo, islamismo. U. M.: franco congoleño. Cap., Kinshasa.

□ *Hist.* En 1885 el territorio se constituyó como Est. indep. del Congo, propiedad personal de Leopoldo II, el rey de Bélgica. Éste hubo de ceder su posesión al Est. belga en 1908. En 1960 el rey Balduino concedió la independencia del Congo. [...] En 1967 el Congo-Leopoldville se constituyó en República Democrática del Congo, y en 1971 cambió su nombre por el de Zaire. Mobutu fue reelegido presid. en 1970, 1977 y 1984. Tras una rebelión armada, en 1997 Mobutu fue derrocado por las Fuerzas Democráticas para la Liberación del Congo-Zaire, siendo sustituido por Laurent Kabila, quien anunció el cambio de nombre por la Rep. Dem. del Congo.

RESUMEN HISTÓRICO

DESCRIPCIÓN GEOGRÁFICA
Y DATOS PRINCIPALES

BIOGRAFÍAS

PERSONAJE

NACIONALIDAD

BIOGRAFÍA

FECHA DE NACIMIENTO
Y MUERTE

APELLIDO

PERSONAJES CON
APELLIDO HOMÓNIMO

ASTURIAS, *Miguel Ángel* (1899-1974) Escritor y diplomático guat. Entre sus novelas destacan *Week-end en Guatemala*, *El señor presidente*, *Hombres de maíz* y la trilogía formada por *Viento fuerte*, *El Papa Verde* y *Los ojos de los enterrados*. Cultivó también la poesía, el teatro y la antología. Premio Nobel de Literatura en 1967.
CARO, *José Eusebio* (1817-1853) Escritor y político col. Representante del Romanticismo. *El ciprés*, *Bendición nupcial*. ◊ *Marco Aurelio* (m. 283) Emperador rom. Proclamado por sus tropas. ◊ *Miguel Antonio* (1843-1909) Político

y escritor col., presid. de la rep. en 1894 *Gramática de la lengua latina*. ◊ *Rodrigo* (1573-1647) Escritor esp. *Canción a las ruinas de Itálica*. ◊ **Baroja**, *Julio* (1914-1995) Etnólogo e historiador esp. *Los judíos en la España moderna y contemporánea*.
SARMIENTO, *Domingo Faustino* (1811-1888) Político, escritor y educador arg. Presid. de la rep. (1868-1874), fomentó la educación, organizó el magisterio e impulsó la expansión del ferrocarril. Autor de *Facundo*. ◊ **De Gamboa**, *Pedro* (1532-1592) Navegante esp. Dirigió la expedición al Pacífico sur

ABREVIATURAS UTILIZADAS EN ESTE DICCIONARIO

A

A	amperio
Å.	angström
a.	área (medida)
a. C.	antes de Cristo
a. l.	años luz
a. metr.	área metropolitana
A. T.	Antiguo Testamento
abrev.	abreviatura
Ac.	Acústica
acep.	acepción
acus.	acusativo
adj.	adjetivo
adm.	administrativo
Admon.	Administración
adv.	adverbio, adverbial
Aer.	Aeronáutica
afl.	afluente
afr.	africano, na
agl. urb.	aglomeración urbana
Agr.	Agricultura
al.	alemán, na
alb.	albanés, sa
Álg.	Álgebra
alt.	altura
amb.	ambiguo
Amér.	América
Amér. Centr.	América Central
Amér. Merid.	América Meridional
Anat.	Anatomía
Ant.	Antillas
ant.	antiguo
antill.	antillano, na
Antr.	Antropología
aprox.	aproximadamente
ar.	árabe
arc.	arcaico
arch.	archipiélago
arg.	argentino, na
Argent.	Argentina
Arit.	Aritmética
Arm.	Armamento
Arq.	Arquitectura
Arqueol.	Arqueología
art.	artículo
Art. Gráf.	Artes Gráficas
Astr.	Astronomía
Astron.	Astronáutica
aum.	aumentativo
austr.	austríaco, ca
Aut.	Automovilismo

B

barb.	barbarismo
Biofís.	Biofísica
Biol.	Biología
Bioq.	Bioquímica
Bol.	Bolivia
bol.	boliviano, na
Bot.	Botánica
bras.	brasileño, ña
brit.	británico, ca
búlg.	búlgaro, ra

C

c.	ciudad
C. Rica	Costa Rica
°C	grados centígrados
cal.	caloría
Can.	Canadá
can.	canadiense
cap.	capital
Carp.	Carpintería
cast.	castellano
cat.	catalán
catól.	católico, ca
Cet.	Cetrería
cg	centígramo
chec.	checoslovaco, ca
chil.	chileno, na
cía.	compañía
Cin.	Cinematografía
Cir.	Cirugía
Citol.	Citología
cl	centilitro
clás.	clásico
cm	centímetro
cm²	centímetro cuadrado
cm³	centímetro cúbico
Col.	Colombia
col.	colombiano, na
com.	comercio, comercial
com.	común de dos
com. autón.	comunidad autónoma
Comp.	Computación
comp.	comparativo
conj.	conjunción
Const.	Construcción
Cont.	Contabilidad
contr.	contracción
cord.	cordillera
cost.	costarricense, sa
Crist.	Cristalografía

cub.	cubano, na
CV	caballo de vapor

D

d. C.	después de Cristo
defect.	verbo defectivo
dem.	demostrativo
Dep.	Deporte
Der.	Derecho
der.	derivado
despect.	despectivo
desus.	desusado
deter.	determinado
díc.	dícese
dim.	diminutivo
distr.	distrito
distrib.	distributivo
dom.	dominicano, na
dpto./dptos.	departamento/os

E

E	Este
E. Ant.	Edad Antigua
E. Med.	Edad Media
E. Mod.	Edad Moderna
E. Cont.	Edad Contemporánea
Ecol.	Ecología
Econ.	Economía
Ecuad.	Ecuador
ecuat.	ecuatoriano, na
ed.	edición, editorial
Edaf.	Edafología
EE UU	Estados Unidos
ej.	ejemplo
El.	Electricidad
Electr.	Electrónica
elem.	elemento
Embriol.	Embriología
emp.	emperador
Enc.	Encuadernación
Eq.	Equitación
Esc.	Escultura
Esg.	Esgrima
esp.	español
est.	Estado (organización)
Est.	Estadística
Estr.	Estratigrafía
estr.	estrecho
etc.	etcétera
etim.	etimología
Etn.	Etnología

eusk.	euskera	*Hond.*	Honduras	*Ling.*	Lingüística
eV	electrovoltio	hond.	hondureño, ña	*Lit.*	Literatura
excl.	exclamativo	HP	caballo de potencia	loc.	locución
exp.	expresión	húng.	húngaro, ra	loc. adv.	locución adversativa
export.	exportación	Hz	hertz	loc. conj.	locución conjuntiva
est.	exterior			loc. prep.	locución prepositiva
				Lóg.	Lógica
				log.	logaritmo
				long.	longitud

F

f.	sustantivo femenino
F	Faradio
°F	grado Farenheit
fam.	familiar, familiarmente
Farm.	Farmacología
fem.	femenino
Ferr.	Ferrocarriles
fest.	festividad
fig.	figura, figurado
Fil.	Filosofía
finl.	finlandés, sa
Fís.	Física
Fisiol.	Fisiología
flam.	flamenco, ca
Fon.	Fonética
Fot.	Fotografía
fr.	francés, frase
fut.	futuro

G

g	gramo
gall.	gallego
gén.	género
Genét.	Genética
Geod.	Geodinámica
Geof.	Geofísica
Geog.	Geografía
Geol.	Geología
Geom.	Geometría
ger.	gerundio
germ.	germánico, ca
gr.	griego
gral.	general
gralte.	generalmente
Gram.	Gramática
Guat.	Guatemala
guat.	guatemalteco, ca

H

h	hora, hacia
ha	hectárea
hab.	habitantes
heb.	hebreo
Her.	Heráldica
Hist.	Historia
Histol.	Histología
hol.	holandés, sa
hom.	homónimo, ma

I

id.	ídem
ilustr.	ilustración
imp.	importante
imper.	imperfecto
impers.	verbo impersonal
import.	importación
incoat.	verbo incoativo
Ind.	Industria
ind.	industria
indef.	verbo indefinido
indep.	independencia, independiente
indet.	indeterminado
indic.	indicativo
infinit.	infinitivo
Ing.	Ingeniería
ing.	inglés
int.	interior
interj.	interjección
interr.	interrogativo
intr.	verbo intransitivo
invar.	invariable
irl.	irlandés, sa
irreg.	irregular
isl.	islandés, sa
it.	italiano, na

J

J	julio (unidad de trabajo)
JJOO	Juegos Olímpicos

K

°K	grados Kelvin
kcal	kilocaloría
kg	kilogramo
km	kilómetro
km²	kilómetro cuadrado
kp	kilopondio
kpm	kilopondímetro
kw	kilovatio
kwh	kilovatio hora

L

l	litro
L, Ln	logaritmo neperiano
lat.	latitud geográfica

M

m	metro
m²	metro cuadrado
m³	metro cúbico
μ	micra
m.	muerto, sustantivo masculino
m. adv.	modo adverbial
m. conj.	modo conjuntivo
M. prima.	Materias primas
Mar.	Marina
Mat.	Matemáticas
máx.	máximo, ma
Mec.	Mecánica
Mec. apl.	Mecánica aplicada
Med.	Medicina
Metal.	Metalurgia
Meteor.	Meteorología
Métr.	Métrica
Metrol.	Metrología
MeV	megaelectronvoltio
mex.	mexicano, na
Méx.	México
mg	miligramo
Mil.	Militar
Min.	Minería
min.	minuto
Miner.	Mimeralogía
Mit.	Mitología
mm	milímetro
Mont.	Montería
mov.	movimiento
mun.	municipio
Mús.	Música

N

n.	nacido
n	neutro
N	norte, Newton (unidad de fuerza)
n. a.	número atómico
n. m.	número de masa
n. p.	nombre propio
N. T.	Nuevo Testamento
nac.	nacional
NE	nordeste
neer.	neerlandés, sa

neg.	negativo	prep.	preposición	sit.	situado
neol.	neologismo	prep. insep.	preposición	SO	sudoeste
Nic.	Nicaragua		inseparable	soc.	sociedad
nic.	nicaragüense, sa	pres.	presente	*Sociol.*	Sociología
NO	noroeste	presid.	presidente	sov.	soviético, ca
nominat.	nominativo	pret.	pretérito	sta.	santa
nor.	noruego, ga	priv.	privativo	sto.	santo
norteam.	norteamericano, na	prnl.	pronominal	subj.	subjuntivo
Núm.	Numismática	prob.	probable	suf.	sufijo
núm.	número	pron.	pronombre	sup.	superlativo
O	oeste	prov.	provincia		
Ω	ohmio	*Psic.*	Psicología		
Ocean.	Oceanografía	*Psiq.*	Psiquiatría		
		puertorriq.	puertorriqueño, ña		

O

of.	oficial
Ópt.	óptica
Org. pol.	Organización política

Q

q	quintal métrico
Quím.	Química
quím.	químico

T

t	tonelada
Taur.	Tauromaquia
Tecnol.	Tecnología
Tect.	Tectónica
Teol.	Teología
Terap.	Terapéutica
terr.	territorio
Top.	Topografía
tr.	verbo transitivo
Trig.	Trigonometría
TV	televisión

P

p.	participio, partido
p. a.	por antonomasia
p. ej.	por ejemplo
p. ext.	por extensión
p. p.	participio pasivo
P. Rico	Puerto Rico
pág.	página
Pal.	Paleontología
Pan.	Panamá
pan.	panameño, ña
Par.	Paraguay
par.	paraguayo, ya
Pat.	Patología
pas.	pasivo
Pedag.	Pedagogía
pen.	península
per.	peruano, na
pers.	persona, personal
Petr.	Petrografía
Petroq.	Petroquímica
PIB	Producto Interior Bruto
Pint.	Pintura
pl.	plural
PNB	Producto Nacional Bruto
pob.	población
poét.	poético
Pol.	Política
pol.	polaco, ca
port.	portugués, sa
pos.	posesivo
post.	posteriormente
pral./prales.	principal/es
pralm.	principalmente
pref.	prefijo
Prehist.	Prehistoria

R

r.	río
R. de la Plata	Río de la Plata
R. Dom.	República Dominicana
r.p.m.	revolución por minuto
r.p.s.	revolución por segundo
RDA	República Democrática Alemana
RFA	República Federal de Alemania
rec.	verbo recíproco
reg.	regular
Rel.	Religión
relat.	relativo
rep.	república
Ret.	Retórica
rev.	revolución
rom.	romano
rum.	rumano, na

U

U.M.	unidad monetaria
Ur.	Uruguay
ur.	uruguayo, ya
Urb.	Urbanismo
URSS	Unión de Repúblicas Socialistas Soviéticas

V

V	voltio
vol.	volumen
Ven.	Venezuela
ven.	venezolano, na
Vet.	Veterinaria
vicepresid.	vicepresidente
vocat.	vocativo

S

s./ss.	siglo/siglos, sustantivo
S	sur
Salv.	El Salvador
salv.	salvadoreño, ña
SE	sudeste
seg.	segundo (tiempo)
sep.	separativa
seud.	seudónimo
símb.	símbolo
sing.	singular
sinón.	sinónimo
sist.	sistema

W

W	vatio

Y

yug.	yugoslavo, va

Z

Zool.	Zoología

A

Alvar **Aalto**

A f. Primera letra del abecedario español y de sus vocales. ◊ prep. Denota el complemento de la acción del verbo. ◊ Indica la dirección o el término de alguna persona o cosa. ◊ Determina el lugar o tiempo en que sucede alguna cosa. ◊ También la situación de personas o cosas. ◊ Designa intervalo de lugar o tiempo. ◊ Denota el modo de la acción. ◊ Precede a la designación del precio de las cosas. ◊ Indica distribución. ◊ Expresa comparación o contraposición. ◊ Da principio a muchos modos y frases adverbiales. ◊ Se usa como prefijo. ◊ Partícula inseparable que denota privación o negación. ◊ Símbolo químico del argón.

A. M. Abrev. de *ante meridiem*, antes del mediodía.

AALBORG o **ÅLBORG** C. y puerto de Dinamarca; 155 000 hab. Ind. Pesca.

AALST o **ALOST** C. de Bélgica, en Flandes; 81 400 hab. Ind. textil. Tabaco.

AALTO, *Alvar* (1898-1976) Arquitecto modernista finl. Pabellones de Finlandia en las exposiciones de París (1937) y Nueva York (1939).

AARHUS o **ÅRHUS** C. y puerto de Dinamarca; 250 400 hab. Ind. mecánicas.

AARÓN (s. XIII a. C.) Hermano de Moisés y primer sumo sacerdote hebreo.

ABABA o **ABABOL** f. o m. Amapola.

ABACÁ m. Planta musácea de cuyas hojas se saca un filamento textil.

ABACERÍA f. Tienda de comestibles.

ÁBACO m. Cuadro para enseñar el cálculo. ◊ *Arq.* Parte superior que corona el capitel. ◊ Artesa para lavar minerales.

ABACORAR tr. *Ven.* y *P. Rico.* Hostigar.

ABAD m. Superior de un monasterio en las órdenes monacales. ❏ ABACIAL.

ABAD, *Diego José* (1727-1779) Escritor mex. Jesuita, escribió *Cantos épicos a la divinidad y humanidad de Dios.*

ABADÁN C. y puerto de Irán, en el golfo Pérsico; 294 100 hab. Refinerías de petróleo.

ABADEJO m. Bacalao.

ABADESA f. Superiora en ciertas comunidades religiosas.

ABADÍA f. Monasterio regido por un abad o una abadesa. ❏ ABADIATO.

ABADÍA Méndez, *Miguel* (1867-1947) Escritor y político col. Conservador, fue presid. de la Rep. (1926-1930).

ABAJEÑO, ÑA adj. y s. *Méx.* Díc. del que procede de las costas o tierras bajas.

ABAJO adv. lugar. Hacia lugar o parte inferior. ◊ En lugar o parte inferior. ◊ En lugar posterior.

ABALANZAR tr. Poner la balanza en el fiel. ◊ Lanzar violentamente. ◊ prnl. Arrojarse a hacer alguna cosa. ◊ *R. de la Plata.* Encabritarse el caballo.

ABALEAR tr. Separar del trigo, cebada, etc., los granzones y la paja gruesa. ◊ *Amér.* Tirotear. ❏ ABALEADOR, RA.

ABALIZAR tr. Balizar.

ABANCAY C. del Perú, cap. del dpto. de Apurímac; 46 997 hab. Caña de azúcar, vid, café, cereales. Minas de plata y cobre. Destilerías.

ABANDERADO adj. y s. Representante de una causa. ◊ m. Oficial que lleva la bandera. ◊ m. y f. El que lleva la bandera en los actos públicos.

ABANDERAR tr. y prnl. Matricular bajo la bandera de un Estado a un buque extranjero.

ABANDONAR tr. Desamparar a una persona o cosa. ◊ Desistir de alguna cosa. ◊ prnl. fig. Dejarse dominar por sentimientos. ◊ fig. Descuidar uno sus obligaciones o su aseo. ◊ Dejarse caer en un estado de ánimo depresivo, rendirse. ❏ ABANDONADO, DA; ABANDONAMIENTO.

ABANDONISMO m. Tendencia a abandonar sin lucha algo que nos corresponde.

ABANICAR tr. y prnl. Hacer aire con el abanico. ❏ ABANIQUEO.

ABANICO m. Instrumento para hacer o hacerse aire. ◊ fig. Cosa en forma de abanico. ◊ *Ecuad.* Utensilio para avivar el fuego. ❏ ABANICAZO; ABANIQUERO, RA.

ABANO m. Abanico. ❏ ABANAR.

ABANTO m. Alimoche, ave.

ABAÑAR tr. Seleccionar la simiente sometiéndola a un cribado especial.

ABARAJAR tr. *Amér. Merid.* Recoger en el aire algo; parar en el aire un golpe.

ABARATAR tr., intr. y prnl. Disminuir el precio de una cosa. ❏ ABARATAMIENTO.

Abadía cisterciense de Poblet (Tarragona)

ABARBANEL, *Judas León* (1465-1521) Humanista judío n. en Portugal; más conocido como LEÓN HEBREO. *Dialoghi d'amore.*

ABARCA f. Calzado rústico que se sujeta por medio de correas. ◊ Zueco.

ABARCA De Bolea, *Pedro Pablo* ⇨ Aranda, *Pedro Pablo Abarca de Bolea,* CONDE DE.

ABARCAR tr. Ceñir con los brazos. ◊ fig. Rodear, comprender. ◊ Contener; implicar. ◊ fig. Tomar uno a su cargo muchas cosas a un tiempo. ◊ *Amér.* Acaparar. ◊ *Ecuad.* Empollar. ❏ ABARCADURA; ABARCAMIENTO.

ABARQUILLAR tr. y prnl. Encorvar un cuerpo sin que forme un rollo. ❏ ABARQUILLADO, DA; ABARQUILLAMIENTO.

ABARRAJAR tr. Atropellar. ◊ prnl. *Chile* y *Perú.* Encanallarse.

ABARRAJO m. *Perú.* Tropezón, caída.

ABARRANCAR tr. Hacer barrancos. ◊ tr. y prnl. Meter en un barranco. ◊ intr. y prnl. Varar. ◊ prnl. fig. Meterse en asunto del que no se puede salir fácilmente. ❏ ABARRANCAMIENTO.

ABARRAR tr. Arrojar violentamente alguna cosa. ◊ Varear o sacudir.

ABARROTAR tr. Fortalecer con barrotes. ◊ Llenar por completo, atestar. ◊ prnl. *Amér.* Abaratarse un género de comercio por su abundancia.

ABARROTE m. *Mar.* Fardo pequeño que sirve para la estiba. ◊ pl. *Amér.* Artículos de comercio. ◊ *Perú.* Artículos comestibles. ❏ *Méx.* ABARROTERO, RA.

ABASCAL y Sousa, *José Fernando* (1743-1827). Militar esp., virrey del Perú [1806-1816]. Reprimió los movimientos independentistas.

Arte **abasí**: detalle de los *Coloquios* de Hariri (St. Vaast, s. XIII)

ABASÍ adj. y m. Individuo de la dinastía fundada por Abu-l-Abbas.

ABASOLO Mun. de México, en el est. de Guanajuato; 44 200 hab. Cereales.

ABASOLO, *Mariano de* (1783-1816) Patriota mex. Participó en la conspiración de Querétaro y en la batalla de las Cruces.

ABASTECER tr. y prnl. Proveer de bastimentos o de otras cosas necesarias. ◯ ABASTECEDOR, RA; ABASTECIMIENTO.

ABASTERO m. *Chile.* El que compra reses vivas para vender la carne por mayor.

ABASTO m. Provisión de bastimentos. ◊ Abundancia.

Interior de la mezquita de Córdoba (España), construida por **Abd al-Rahman I**

ABATANAR tr. Batir el paño en el batán. ◊ fig. Batir o golpear, maltratar.

ABATE m. Eclesiástico de órdenes menores. ◊ Presbítero extranjero, especialmente fr. o it.

ABATÍ m. *Argent.* y *Pan.* Maíz. ◊ Bebida alcohólica destilada del maíz.

ABATIR tr. y prnl. Derribar, echar por tierra. ◊ Inclinar lo que estaba vertical. ◊ fig. Hacer perder el ánimo, el vigor. ◊ intr. *Mar.* Desviarse un buque de su rumbo. ◊ prnl. Descender el ave de rapiña. ❏ ABATIDO, DA.

ABAZÓN m. Cada una de las dos bolsas de la boca de algunos monos y roedores.

ABBAGNANO, *Nicola* (1901-1990) Filósofo it. *Las fuentes irracionales del pensamiento.*

ABBAS I *el Grande* (1571-1629) Soberano persa [1587-1629]. Contribuyó decisivamente a la unificación del país.

ABBAT, *Per* Autor de la copia del *Cantar de Mio Cid,* hecha en 1307.

ABBEVILLIENSE adj. y m. Cultura prehistórica del paleolítico inferior.

ABC Bloque formado por Argentina, Brasil y Chile, que iniciaron en 1900 un período de cooperación, complementado por un pacto de no agresión en 1933.

ABD al Aziz ibn Musa ibn Nusayr (m. 716) Primer gobernador musulmán de al-Andalus. ◊ **al-Aziz III ibn Saud** (1887-1953) Fundador del reino saudí. En 1926 se proclamó rey de Nedjed y del Hedjaz. ◊ **al-Mumin** (m. 1163) Primer califa almohade. Sometió el N de África y envió sus tropas a conquistar al-Andalus. ◊ **al-Rahman I** (731-788) Fundador del emirato de Córdoba. Inició la construcción, en 785, de la Mezquita. ◊ **al-Rahman II** (792-852) Emir de Córdoba (821-852). ◊ **al-Rahman III** (891-961) Fundador del califato de Córdoba. Derrotado por Ramiro II en Simancas (939). ◊ **al-Rahman al-Gafiquí** (m. 732) Emir de al-Andalus. Invadió la Galia. ◊ **el-Krim** (1882-1963) Caudillo marroquí. Se sublevó y derrotó, en Annual (1921), a los españoles.

ABDERRAMÁN ⇨ Abd al-Rahman.

ABDICAR tr. Ceder o renunciar a una dignidad. ◊ Abandonar creencias, opiniones, etc. ◯ ABDICACIÓN.

ABDOMEN m. Porción del tronco de los animales que contiene las vísceras del aparato digestivo. ❏ ABDOMINAL.

ABDUCCIÓN f. *Zool.* Movimiento por el cual un miembro u otro órgano se aleja del plano medio del cuerpo.

ABDUCTOR adj. y s. Díc. del músculo capaz de efectuar una abducción.

ABDULHAMIT I (1725-1789) Sultán otomano. Fue derrotado por Rusia. ◊ **II** (1842-1918) Sultán otomano (1876-1909). Derrotado por los rusos, aceptó el tratado de San Stéfano (1878) y las decisiones del congreso de Berlín (1878).

ABDULLAH de Jordania (1882-1951) Emir de Transjordania [1921-1946] y rey de Jordania [1946-1951].

ABECÉ m. Abecedario. ◊ Rudimentos o principios de una ciencia o facultad.

ABECEDARIO m. Alfabeto. ◊ Cartel o librito que sirve para enseñar a leer. ◊ Orden alfabético. ◊ Abecé.

ABEDUL m. *Bot.* Árbol de corteza plateada y ramas flexibles y colgantes. ◊ Madera de este árbol.

Hojas y amentos de **abedul**

ABEJA f. *Zool.* Nombre de muchas especies de insectos que viven en colonias y producen miel y cera. Existen tres clases: *reinas* (hembras fecundas), *machos* o *zánganos* (que fecundan a la reina) y *obreras* (hembras estériles productoras de miel y cera).

ABEJARUCO m. Ave coraciforme de plumaje amarillo, verde y rojo.

ABEJÓN m. Zángano. ◊ Abejorro.

ABEJORRO m. Insecto himenóptero, velludo, que zumba mucho al volar.

ABEL (heb., *Hébel*) Segundo hijo de Adán y Eva. Asesinado por su hermano Caín.

ABELARDO, *Pedro* (*Pierre Abélard*; 1079-1142) Filósofo y teólogo fr. Desarrolló el aspecto dialéctico de la teología en *Sic et Non.*

Abeja

ABELIANO, NA adj. *Mat.* Díc. de la estructura algebraica cuyas operaciones gozan de la propiedad conmutativa.

ABELLA Caprile, *Margarita* (1901-1960) Poetisa y escritora arg. *Nieve, Sonetos, El árbol derribado.*

ABEN Humeya, *Hernando de Córdoba y Válor,* llamado (1520-1569). Caudillo morisco de la insurrección de las Alpujarras, nombrado rey de Granada y Córdoba. Asesinado por Aben Abóo.

ABENCERRAJE m. Individuo de una familia del reino árabe granadino.

ABERDEEN C. de Gran Bretaña, en Escocia; 190 200 hab. Universidad. Puerto en el mar del Norte. Construcciones navales; pesca.

ABERLE, *Juan* (1845-1926) Compositor salv., autor del *Himno Nacional.*

ABERRACIÓN f. Extravío. ◊ *Astr.* Desviación aparente de la posición de un cuerpo celeste debido a la velocidad relativa del observador. ◊ *Biol.* Desviación de un carácter fisiológico o morfológico respecto del tipo normal. ◊ *Ópt.* Imperfección de un sistema óptico que le impide establecer una exacta correspondencia entre un objeto y su imagen. ◊ **cromosómica**. *Biol.* Perturbación en el número o la forma de los cromosomas. ❏ ABERRANTE.

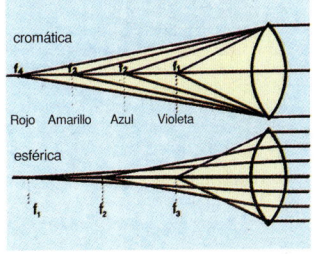

cromática

Rojo Amarillo Azul Violeta

esférica

Esquema de dos tipos de **aberración**: cromática y de esfericidad

ABERRAR intr. Errar, equivocarse.
ABERTURA f. Hendidura. ◊ Grieta formada en la tierra. ◊ Ensenada. ◊ fig. Franqueza en el trato. ◊ *Ópt.* Relación entre el diámetro y la distancia focal de una lente u objetivo.
ABETINOTE m. Resina del abeto.
ABETO m. Árbol conífero, siempre verde, de tronco recto, ramas horizontales y copa cónica. ◊ Madera de este árbol. ❏ ABETAL.
ABETUNAR tr. Embetunar.
ABEY m. *Ant.* Árbol leguminoso, usado para alimento del ganado y en carpintería.
ABIDJÁN C. de Costa de Marfil, puerto en el Atlántico; 2 534 000 hab. (con la agl. urb.) Ind. maderera, alimentaria. Petróleo. Cap. hasta 1983.
ABIERTO, TA adj. Desembarazado, llano. ◊ Sin muro o tapa. ◊ fig. Ingenuo. ◊ Claro, patente. ◊ **Conjunto a**. *Mat.* Subconjunto de un espacio topológico cuyos puntos son todos interiores. ◊ **Intervalo a**. Conjunto de números reales x que cumplen la condición $a<x<b$, siendo a y b dos números reales, con $a<b$.
ABIGARRADO, DA adj. De varios colores mal combinados. ◊ Heterogéneo.

ABIOGÉNESIS f. *Biol.* Formación de seres vivos a partir de la materia inanimada. Llamado también *generación espontánea.*

ABIPÓN, NA adj. y s. Relativo a los abipones. ◊ m. pl. Pueblo indígena de Argentina (Chaco), hoy extinguido.

ABISAL adj. Díc. de la zona marina a partir de 2 000 a 3 000 m de profundidad. ◊ Relativo a esta zona.

ABISINIA ↝ Etiopía.

ABISINIO, NIA adj. y s. Etíope. ◊ m. Lengua abisinia.

ABISMAR tr. y prnl. Hundir en un abismo. ◊ fig. Confundir. ◊ prnl. fig. Entregarse por completo a la contemplación, etc. ◊ *Amér.* Asombrarse.

ABISMO m. Profundidad grande y peligrosa. ◊ Infierno. ◊ fig. Cosa inmensa o incomprensible. ◊ fig. Diferencia enorme. ❏ ABISMAL; ABISMÁTICO, CA.

ABJASIA Rep. autónoma de Georgia, a orillas del mar Negro; 8 600 km², 534 000 hab. Cap., Sujumi.

ABJURAR tr. Desdecirse con juramento; renunciar solemnemente. ❏ ABJURACIÓN.

ABLACIÓN f. *Cir.* Extirpación quirúrgica de un órgano o una parte del cuerpo. ◊ *Geol.* Acción erosiva del hielo.

ABLANDAR tr. y prnl. Poner blanda una cosa. ◊ tr. Laxar. ◊ tr. y prnl. fig. Mitigar la fiereza de alguno. ❏ ABLANDAMIENTO; ABLANDATIVO, VA.

ABLANDE m. *Argent.* Rodaje de un automóvil.

ABLATIVO m. Caso de la declinación que, en ciertas lenguas como el latín, expresa relaciones de procedencia, situación, modo, tiempo, instrumento, etc.

ABLUCIÓN f. Lavatorio. ◊ Acción de purificarse por medio del agua, según algunos ritos religiosos. ◊ Ceremonia de purificar el cáliz y de lavarse los dedos el sacerdote después de consumir.

ABNEGACIÓN f. Altruismo que lleva a sacrificar los propios intereses en bien de otras personas, por un ideal, etc. ❏ ABNEGADO, DA; ABNEGAR.

ABOBAR tr. y prnl. Hacer bobo a alguien. ◊ Embobar. ❏ ABOBADO, DA.

ABOCAR tr. Asir con la boca. ◊ Verter el contenido de un recipiente en otro, juntando sus bocas. ◊ tr. y prnl. Acercar. ◊ prnl. Juntarse varias personas para tratar un negocio. ◊ intr. *Mar.* Comenzar a entrar en un canal, estrecho, etc. ❏ ABOCAMIENTO.

ABOCARDAR tr. Ensanchar la boca de un tubo o de un agujero.

ABOCETAR tr. Ejecutar un boceto. ❏ ABOCETADO, DA.

ABOCHORNAR tr. y prnl. Causar bochorno el excesivo calor. ◊ fig. Sonro-

Abeto. Árbol y piña

jar. ◊ prnl. Marchitarse las plantas por excesivo calor. ❏ ABOCHORNADO, DA.

ABOCINAR tr. Dar forma de bocina. ◊ intr. fam. Caer de bruces.

ABOFETEAR tr. Dar de bofetadas.

ABOGACÍA f. Profesión y ejercicio del abogado.

Ceratias (o pez anzuelo) y linofrine (o pez farol), propios de la fauna **abisal**

ABOGADO, DA m. y f. Persona licenciada en Derecho e inscrita en un colegio profesional, que defiende en juicio los derechos de los litigantes, y da dictamen sobre las cuestiones que se le consultan. ◊ fig. Intercesor o mediano. ◊ **del diablo**. fig. y fam. Promotor de la fe. ◊ **del Estado**. Funcionario público que defiende intereses del Estado.

ABOGAR intr. Defender en juicio. ◊ fig. Interceder, hablar en favor de alguno.

ABOLENGO m. Ascendencia de antepasados.

ABOLICIONISMO m. Doctrina que propugnó la supresión de la esclavitud. ❏ ABOLICIONISTA.

ABOLIR tr. Derogar un precepto o costumbre. Suprimir. ❏ ABOLICIÓN.

ABOLLAR tr. y prnl. Producir hundimientos en una superficie con un golpe. ◊ Adornar metales o telas con bollos semiesféricos. ❏ ABOLLADURA.

ABOLSARSE prnl. Tomar forma de bolsa. ◊ Ahuecarse las paredes.

ABOMASO m. Cuajar, parte del estómago.

ABOMBAR tr. y prnl. Dar forma convexa. ◊ tr. fig. y fam. Asordar. ◊ prnl. *Amér.* Empezar a corromperse una cosa. ◊ Embriagarse. ❏ ABOMBADO, DA.

ABOMINAR tr. Condenar y maldecir. ◊ Aborrecer, tener odio a alguien o algo. ❏ ABOMINABLE; ABOMINACIÓN.

ABONADO, DA adj. Que es de fiar. ◊ Dispuesto a decir o hacer algo. ◊ m. y f. Persona inscrita para recibir un servicio.

ABONAR tr. Acreditar o calificar de bueno. ◊ Salir fiador de alguien. ◊ Dar por cierto. ◊ Echar en tierra laborable materias que aumenten su fertilidad. ◊ Pagar. ◊ Asentar en las cuentas corrientes las partidas que corresponden al haber. ◊ tr. y prnl. Inscribir a una persona para que reciba un servicio. ❏ ABONABLE; ABONADOR, RA; ABONAMIENTO.

ABONO m. Fianza, seguridad. ◊ Derecho que adquiere el que se abona. ◊ Lote de entradas o billetes que se compran conjuntamente. ◊ Anotación de una partida en el haber. ◊ *Agr.* Sustancia con que se abona la tierra.

ABORDAR tr. e intr. *Mar.* Rozar o chocar una embarcación con otra. ◊ tr. *Mar.* Atracar una nave. ◊ fig. Acercarse a alguno para tratar un asunto. ◊ fig. Emprender un negocio. ❏ ABORDAJE.

ABORIGEN adj. Originario del suelo en que vive. ◊ adj. y s. El primitivo morador de un país.

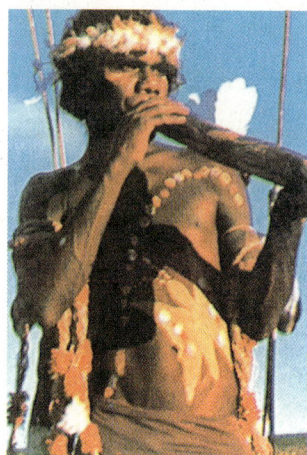

Aborigen australiano

ABORRAJARSE prnl. Secarse antes de tiempo las mieses.

ABORRECER tr. Tener aversión a una persona o cosa. ◊ Dejar o abandonar algunos animales el nido. ◊ Aburrir. ❏ ABORRECIBLE; ABORRECIMIENTO.

ABORREGARSE prnl. Cubrirse el cielo de nubes revueltas a modo de vellones de lana. ◊ Volverse gregaria una persona.

ABORTAR tr. e intr. Parir antes del tiempo en que el feto puede vivir. ◊ tr. fig. Producir alguna cosa sumamente imperfecta o abominable. ◊ fig. Fracasar alguna cosa. ❏ ABORTIVO, VA.

ABORTO m. Cosa abortada. ◊ *Med.* Interrupción del embarazo antes de que el feto pueda vivir fuera del organismo materno. ❏ ABORTAMIENTO.

ABOTAGARSE o **ABOTARGARSE** prnl. Hincharse o entumecerse el cuerpo.

ABOTONAR tr. y prnl. Cerrar o unir una prenda de vestir u otra cosa metiendo los botones en los ojales. ◊ intr. *Bot.* Echar botones las plantas. ❏ ABOTONADOR.

ABOVEDAR tr. Cubrir con bóveda. ◊ Dar forma de bóveda. ❏ ABOVEDADO, DA.

ABRA f. Bahía no muy extensa. ◊ Abertura ancha entre dos montañas. ◊ Grieta producida por movimientos sísmicos. ◊ *Amér.* Descampado, claro en un bosque.

ABRACADABRA m. Palabra cabalística, de supuestas virtudes mágicas.

ABRAHAM (h. s. XX a. C.) Patriarca heb. Por inspiración divina, abandonó Ur y se estableció en Canaán.

ABRASAR tr. y prnl. Reducir a brasa. ◊ Secar el excesivo calor o frío una planta. ◊ tr., intr. y prnl. Calentar demasiado. ◊ Producir una sensación de dolor, sequedad, acritud o picor. ◊ intr. Quemar una cosa. ◊ prnl. fig. Asarse. ❏ ABRASADOR, RA; ABRASAMIENTO.

ABRASIÓN f. Acción y efecto de raer o desgastar por fricción. ◊ Acción mecánica del oleaje sobre la costa. • *Med.* Ulceración de la piel o las mucosas.

ABRASIVO, VA Relativo a la abrasión. ◊ m. Material duro que se usa para desgastar o pulir por fricción.

ABRAZADERA f. Pieza que sirve para asegurar una cosa.

ABRAZAR tr. y prnl. Ceñir con los brazos. ◊ fig. Rodear. ◊ tr. fig. Comprender, incluir. ◊ fig. Admitir, seguir. ❏ ABRAZAMIENTO; ABRAZO.

ABREBOCA m. *Ecuad.* y *Ven.* Aperitivo.

ABRECARTAS m. Plegadera para abrir sobres.

ÁBREGO o **ÁBRIGO** m. Viento sur.

ABRELATAS m. Instrumento para abrir latas.

ABRENUNCIO Voz usada para dar a entender que se rechaza alguna cosa.

ABREU, *João Capistrano* de (1853-1927) Historiador bras., profundo conocedor de las lenguas amazónicas. ◊ **Gómez, *Ermilo*** (1894-1974) Escritor mex. *Canek, La letra del espíritu*.

ABREVAR tr. Dar de beber al ganado. ❏ ABREVADERO; ABREVADOR, RA.

ABREVIAR tr. Acortar, reducir a menos tiempo o espacio. ◊ Acelerar. ❏ ABREVIACIÓN; ABREVIADO, DA; ABREVIAMIENTO.

ABREVIATURA f. Representación de las palabras en la escritura con varias o una de sus letras.

ABRIBOCA adj. *Argent.* Distraído.

ABRIDOR, RA adj. Que abre. ◊ m. Abrelatas.

ABRIGADERO m. Abrigo.

ABRIGADOR, RA adj. Que abriga. ◊ adj. y s. *Méx.* Encubridor.

ABRIGAR tr. y prnl. Defender, resguardar del frío. ◊ tr. fig. Auxiliar, amparar. ◊ fig. Tratándose de ideas o afectos, tenerlos. ◊ *Mar.* Defender, resguardar la nave.

ABRIGO m. Defensa contra el frío. ◊ Prenda del traje que se pone sobre las demás y sirve para abrigar. ◊ Lugar defendido de los vientos. ◊ Lugar en la costa resguardado.

*El sacrificio de **Abraham**, óleo de Rembrandt*

Costa sometida a **abrasión**

ABRIL m. Cuarto mes del año. ◊ fig. Primera juventud. ❏ ABRILEÑO, ÑA.

ABRIL De Vivero, *Xavier* (1905-1989) Poeta per., introductor del surrealismo. *Descubrimiento del alba.*

ABRILLANTAR tr. Labrar en facetas. ◊ Iluminar o dar brillantez. ❏ ABRILLANTADOR.

ABRIR tr. y prnl. Descubrir lo que está oculto. ◊ tr., intr. y prnl. Separar del marco la hoja o las hojas de la puerta, o quitar o separar otra cosa con que esté cerrada una abertura. ◊ Tirar hacia fuera de los cajones de un mueble. ◊ Poner al descubierto una cosa, apartando las que la ocultan. ◊ Tratándose de partes del cuerpo del animal o de cosas o instrumentos compuestos de piezas, separar unas de otras de forma que entre ellas se produzca un espacio o formen ángulo o línea recta. ◊ tr. Extender lo que estaba encogido, doblado o plegado. ◊ Hender, dividir. ◊ Tratándose de cartas, paquetes, etc., romperlos o despegarlos. ◊ fig. En el caso de personas que caminan en hilera o columna, ir a la cabeza. ◊ prnl. fig. Sincerarse, confiar una persona a otra su secreto. ◊ *Amér.* Huir.

ABROCHAR tr. y prnl. Cerrar con broches, corchetes, etc. ❏ ABROCHADOR, RA; ABROCHADURA; ABROCHAMIENTO.

ABROGAR tr. *Der.* Abolir, revocar. ❏ ABROGACIÓN; ABROGATORIO, RIA.

ABROJO m. Planta cigofilácea, de hojas compuestas y fruto espinoso.

ABROMA m. Arbusto de la familia esterculiáceas, propio de países tropicales.

ABRONCAR tr. Reprender ásperamente. ◊ Abuchear.

ABRÓTANO m. Planta compuesta, herbácea, de flores en cabezuelas amarillas, empleada para hacer crecer el pelo. ◊ **hembra.** Planta compuesta, herbácea, usada en medicina. ◊ **macho.** Abrótano.

ABRUMAR tr. Agobiar con algún peso. ◊ fig. Causar gran molestia.

ABRUPTO, TA adj. Escarpado, de gran pendiente. ◊ Áspero, rudo.

ABRUZOS *(Abruzzo)* Región administrativa de Italia, en los Apeninos; 10 794 km², 1 249 100 hab.

ABSALÓN (heb., *Absbalom*) Hijo de David. Se proclamó rey de Jerusalén.

ABSCESO m. Acumulación de pus en los tejidos.

ABSCISA f. Una de las coordenadas que determinan la posición de un punto en un plano.

ABSCISIÓN f. Separación de una parte pequeña de un cuerpo con instrumento cortante.

ABSENTA f. Licor fabricado con ajenjo.

ABSENTISMO m. Costumbre de residir el propietario fuera de la localidad en que radican sus bienes. ◊ Abandono de un cargo, trabajo, etc. ❏ ABSENTISTA.

ÁBSIDE amb. Parte del templo, abovedada y gralte. semicircular, que sobresale en la fachada posterior y donde se encontraba el altar. ❏ ABSIDAL.

ABSIDIOLA f. Capilla semicircular en el ábside.

ABSOLUTISMO m. Sistema político monárquico, en el que el rey poseía indivisos todos los atributos de la soberanía por derecho divino. Fue el sistema de gobierno de las monarquías europeas de los ss. XVI y XVII.

ABSOLUTO, TA adj. Que excluye toda relación. ◊ Independiente, sin restricción. ◊ fig. y fam. De genio imperioso.

ABSOLUTORIO, RIA adj. *Der.* Díc. del fallo que absuelve.

ABSOLVER tr. Dar por libre de algún cargo u obligación. ◊ Remitir a un penitente sus pecados. ◊ *Der.* Dar por libre al reo. ❏ ABSOLUCIÓN.

ABSORBER tr. *Biol.* Aspirar los tejidos orgánicos materias externas que contribuyen a la nutrición. ◊ *Fís.* Penetrar las moléculas de un fluido en un sólido o de un gas en un líquido. ◊ *Fís.* Disminuir la intensidad de una onda sonora al atravesar un medio propagador. ◊ *Fís.* Retener la energía de las radiaciones por una sustancia cuando es atravesada por ellas. ◊ fig. Consumir enteramente. ◊ fig. Atraer a sí, cautivar. ❏ ABSORBENCIA; ABSORBENTE; ABSORCIÓN.

ABSORTO, TA adj. Enfrascado en una lectura, etc. ◊ Pasmado, estupefacto.

ABSTEMIO, MIA adj. y s. Que no bebe vino ni otros licores alcohólicos.

ABSTENCIONISMO m. Tendencia a no ejercer el derecho de voto. ❏ ABSTENCIONISTA.

ABSTENERSE prnl. Privarse de alguna cosa. ❏ ABSTENCIÓN.

ABSTINENCIA f. Privación de la satisfacción de goces materiales. ◊ En al-

Exterior del **ábside** de la iglesia de Santa María, en Villalpando (Zamora)

Templo de Ramses II en **Abú Simbel**

gunas confesiones religiosas, prohibición de comer carne ciertos días.

ABSTRACTO, TA adj. Que significa alguna cualidad con exclusión del sujeto. ◊ Díc. de las obras de arte que prescinden de todo tema o motivo anecdótico.

ABSTRAER tr. Separar las cualidades de un objeto para considerarlas aisladamente o para considerar el mismo objeto en su pura esencia o noción. ◊ prnl. Enajenarse de los objetos sensibles por entregarse a la consideración de lo que se tiene en el pensamiento. ❏ ABSTRACCIÓN; ABSTRACTIVO, VA; ABSTRAÍDO, DA.

ABSTRUSO, SA adj. De difícil comprensión.

ABSURDO, DA adj. Contrario a la razón. ◊ m. Dicho o hecho carente de significación. ❏ ABSURDIDAD.

ABU Bakr (570-634) Suegro de Mahoma; a la muerte de éste fue elegido su «califa» (sucesor). ◊ **Nuwas** (747- h. 815) Poeta ár., uno de los más grandes líricos en su lengua. *Diwan.*

ABU DHABI Uno de los Emiratos Árabes Unidos; 73 548 km², 798 000 hab. Cap., la ciudad hom. Refinerías de petróleo. ◊ Cap. de los Emiratos Árabes Unidos y del Estado hom.; 363 000 hab.

ABU SIMBEL Localidad del Alto Egipto. Templos de Ramsés II.

ABUBILLA f. Ave coraciforme de color blanco, negro y ocre, con un penacho en la cabeza.

ABUCHEAR tr. Reprobar públicamente y de manera ruidosa. ❏ ABUCHEO.

ABUELO, LA m. Respecto de una persona, padre o madre de su padre o de su madre. ◊ fig. Persona anciana.

ABUJA Cap. de Nigeria, en sustitución de Lagos; 524 000 hab., en el Territorio de la capital federal.

ABU-L-ABBAS (m. 754) Primer califa abasí. Proclamado califa en 742, mandó ejecutar al último omeya Marwan II.

ABULENSE adj. y s. Avilés.

ABULIA f. Disminución o anulación de los impulsos volitivos. ❏ ABÚLICO, CA.

ABULTAMIENTO m. Bulto, prominencia.

ABULTAR tr. Aumentar el bulto de al-

guna cosa. ◊ Hacer bulto. ◊ fig. Aumentar la cantidad, grado, etc. ◊ fig. Ponderar, encarecer. ❏ ABULTAMIENTO.

ABUNDANCIA f. Copia, gran cantidad. ❏ ABUNDANCIAL.

ABUNDAR intr. Haber o existir gran cantidad de una cosa. ❏ ABUNDANTE; ABUNDOSO, SA.

¡ABUR! interj. fam. ¡Adiós!

ABURGUESARSE prnl. Adquirir cualidades de burgués. ❏ ABURGUESAMIENTO.

ABURRIMIENTO m. Fastidio, tedio.

ABURRIR tr. Hastiar, cansar, molestar, fastidiar. ◊ Aborrecer, abandonar. ◊ prnl. Fastidiarse, hastiarse.

ABUSAR intr. Usar mal, impropia, indebida y excesivamente. ◊ Violar a una persona. ◊ *Guat.* y *Méx.* Estar alerta, listo. ❏ ABUSADOR, RA; ABUSO; ABUSO.

ABYECCIÓN f. Bajeza, envilecimiento. ◊ Abatimiento. ❏ ABYECTO, TA.

ABYMES, Les Mun. de Guadalupe, en la isla Grande-Terre; 54 100 hab.

Ac Símb. químico del actinio.

ACÁ adv. lugar. Indica lugar menos circunscrito o determinado que el que se denota con el adverbio *aquí.* ◊ Precedido de ciertas preposiciones y de otros adverbios significativos de tiempo anterior, denota el presente.

ACABADO, DA adj. Perfecto, completo, consumado. ◊ Malparado, destruido. ◊ m. Perfeccionamiento de una obra o labor.

ACABAR tr. y prnl. Poner o dar fin a una cosa. ◊ tr. Apurar. ◊ Matar. ◊ intr. Rematar. ◊ Morir. ◊ intr. y prnl. Extinguirse, aniquilarse. ◊ Seguido de la prep. *de* y un infinitivo, haber ocurrido poco antes lo que este último verbo significa. ❏ ACABABLE; ACABADOR, RA; ACABAMIENTO.

ACABE m. *Col.* Acción y efecto de acabar; fin, extinción.

ACACIA f. *Bot.* Gén. de plantas dicotiledóneas, arbóreas o arbustivas, de hojas compuestas y frutos en legumbre.

ACAD País de los acadios.

ACADEMIA f. Casa con jardín, cerca de Atenas, donde enseñaron Platón y otros filósofos. ◊ Escuela filosófica fundada por Platón. ◊ Sociedad científica, literaria o artística con autoridad reco-

Academia. Platón y Aristóteles, detalle de la *Escuela de Atenas*, de Rafael (Vaticano)

nocida. ◊ Establecimiento en que se instruye a quienes han de dedicarse a una profesión.
ACADEMIA Argentina de Letras. Establecimiento fundado en 1931. ◊ **Boliviana.** Fundada en 1926. ◊ **Chilena.** Fundada en 1887. ◊ **Colombiana.** Fundada en Bogotá (1871-1872). ◊ **Costarricense.** Fundada en 1923. ◊ **Cubana.** Fundada en 1926. ◊ **Dominicana.** Fundada en 1927. ◊ **Francesa** (*Académie Française*). Creada por Richelieu (1637). ◊ **Guatemalteca.** Fundada en 1888. ◊ **Hondureña.** Fundada en 1948. ◊ **Mexicana.** Fundada en 1875. ◊ **Nicaragüense.** Fundada en 1928. ◊ **Panameña.** Fundada en 1926. ◊ **Paraguaya.** Fundada en 1927. ◊ **Puertorriqueña.** Fundada en 1953. ◊ **Real A. Española de la Lengua.** Creada a imitación de la *A. Francesa* por Felipe V (1714). ◊ **Salvadoreña.** Fundada en 1876. ◊ **Uruguaya Nacional de Letras.** Fundada en 1923. ◊ **Venezolana.** Fundada en 1883.
ACADEMICISMO m. Tendencia artística y literaria que sigue con rigor las normas clásicas. ❑ ACADEMICISTA.
ACADÉMICO, CA adj. Relativo a la academia. ◊ Estudios y títulos que causan efectos legales. ◊ Díc. de las obras de arte en que se observan con rigor las normas clásicas, y también de su autor. ◊ m. y f. Individuo de una academia.
ACADIO, A adj. y s. Díc. de individuos de un pueblo semita dominante en el imperio asirio establecido en Mesopotamia. ◊ pl. Relativo o perteneciente a dicho pueblo.
ACAECER intr. Suceder, efectuarse un suceso. ❑ ACAECIMIENTO.
ACAHUAL m. *Méx.* Especie de girasol. ◊ *Méx.* Hierba alta y de tallo grueso.
ACAJÚ m. *Amér.* Anacardo.
ACALLAR tr. Hacer callar. ◊ fig. Aplacar, sosegar.
ACALORAR tr. Dar calor. ◊ tr. y prnl. Encender, fatigar con trabajo o ejercicio excesivos. ◊ fig. Enardecer. ◊ prnl. fig. Enardecerse en la disputa. ◊ fig. Hacerse viva y ardiente la disputa. ❑ ACALORADO, DA; ACALORAMIENTO.
ACALOTE m. *Méx.* Parte de un río que se limpia de hierbas para abrir paso a las canoas.
ACAMAPICHTLI (m. 1420) Primer soberano azteca (1376-1396) en Tenochtitlán.
ACÁMBARO Mun. de México, en el est. de Guanajuato; 98 100 hab. Agricultura.
ACAMPADA f. Campamento.

ACAMPANAR tr. y prnl. Dar forma de campana. ❑ ACAMPANADO, DA.
ACAMPAR intr., tr. y prnl. Instalarse en despoblado, gralte. en tiendas de campaña.
ACANA f. *Amér.* Árbol dicotiledóneo cuya madera se usa en la construcción.
ACANALADURA f. *Arq.* Canal o estría.
ACANALAR tr. Hacer canales en algo. ◊ Dar a una cosa forma de canal o teja.
ACANALLAR tr. y prnl. Encanallar.
ACANTILADO, DA adj. Díc. del fondo del mar cuando forma cantiles o escalones. ◊ adj. y m. Costa cortada verticalmente. ◊ m. Escarpa casi vertical en un terreno.
ACANTO m. Planta acantácea perenne, con hojas largas, rizadas y espinosas. ◊ *Arq.* Adorno que imita las hojas de esta planta.
ACANTONAR tr. y prnl. Distribuir y alojar tropas. ❑ ACANTONAMIENTO.
ACAPARAR tr. Acumular productos en más cantidad de la necesaria. ◊ fig. Apropiarse de una cosa, en perjuicio de los demás. ❑ ACAPARADOR, RA; ACAPARAMIENTO.
ACÁPITE m. *Amér.* Párrafo.
ACAPULCO DE JUÁREZ C. de México, en el est. de Guerrero; 635 000 hab. Puerto comercial, centro turístico.
ACARACOLADO, DA adj. Que tiene forma de caracol.
ACARAMELAR tr. Cubrir con caramelo. ◊ prnl. fig. y fam. Mostrarse uno muy galante, dulce y melifluo.
ACARÍ Río de Perú. Nace en la cordillera de la Costa (Lucanas) y desemboca en el Pacífico.
ACARICIAR tr. Hacer caricias. ◊ Tocar suavemente una cosa a otra. ◊ Complacerse en pensar en alguna cosa.
ACARIGUA Mun. de Venezuela, en el est. Portuguesa; 59 400 hab. Agricultura. Ganadería.
ACARNANIA Región occidental de Grecia entre los golfos de Arta y de Patros.
ÁCARO m. Arácnido traqueal, parásito, microscópico, con mandíbulas terminadas en pinzas.
ACARRALADURA f. *Chile.* Carrera o línea de puntos que se sueltan en la media.
ACARREAR tr. Transportar. ◊ fig. Dicho de daños o desgracias, ocasionar, producir, traer consigo. ❑ ACARREADIZO, ZA; ACARREO.
ACARTONARSE prnl. Ponerse como cartón. ◊ Quedarse enjuta una persona al envejecer. ◊ *Amér.* Adelgazar.
ACASERARSE prnl. *Chile* y *Perú.* Hacerse parroquiano de una tienda.

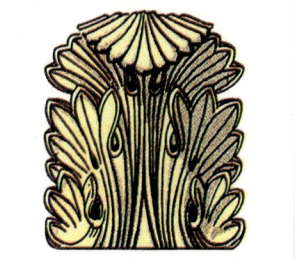

Acanto

ACASO m. Casualidad, suceso imprevisto. ◊ adv. modo. Por casualidad. ◊ adv. de duda. Quizá, tal vez.
ACATAR tr. Tributar homenaje de sumisión. ❑ ACATAMIENTO.
ACATARRAR tr. Resfriar. ◊ prnl. Contraer catarro.
ACATEMPAN Localidad de México, en el est. de Guerrero. ◊ **Abrazo de A.** Entrevista celebrada en 1821 entre Vicente Guerrero y Agustín de Iturbide.
ACATENANGO Volcán de Guatemala; 3 976 m.
ACAUDALAR tr. Hacer o reunir caudal. ❑ ACAUDALADO, DA.
ACAUDILLAR tr. Mandar como caudillo. ◊ Guiar. ❑ ACAUDILLAMIENTO.
ACAULE adj. Díc. de la planta de tallo tan corto, que no parece existir.

Planta acaule

ACAY, *Nevado de* Cerro andino de la Argentina, en Salta; 5 716 m.
ACAYA Región ant. de Grecia, al N del Peloponeso. ◊ Nombre de la prov. rom. que comprendía Grecia.
ACCEDER intr. Consentir en lo que otro quiere o solicita. ◊ Ceder uno en su parecer, condescender. ◊ Tener acceso a un lugar, situación, condición, etc. ❑ ACCESIÓN.
ACCESIBLE adj. Que tiene acceso. ◊ De fácil acceso o trato. ❑ ACCESIBILIDAD.
ACCÉSIT m. Recompensa inferior inmediata al premio en certámenes científicos, literarios o artísticos.
ACCESO m. Entrada o paso. ◊ Entrada al trato con alguno. ◊ Arrebato. ◊ *Comp.* Transferencia de información desde la memoria de una computadora a otros sectores de la misma. ◊ *Med.* Ataque de una enfermedad.
ACCESORIO, RIA adj. y s. Que depende de lo principal. ◊ Secundario. ◊ adj y f. Edificio contiguo a otro principal.
ACCIDENTADO, DA adj. Agitado. ◊ Hablando de terreno, escabroso. ◊ m. y f. Persona que ha sufrido una lesión física traumática.
ACCIDENTAL adj. No esencial. ◊ Casual, contingente. ❑ ACCIDENTALIDAD.
ACCIDENTAR tr. Producir un accidente. ◊ prnl. Sufrir un accidente.
ACCIDENTE m. Calidad o estado que aparece en alguna cosa, sin que sea de su esencia. ◊ Suceso que altera el orden regular de las cosas. ◊ Suceso o acción de que involuntariamente resulta daño para personas o cosas. ◊ Modificación que sufren el nombre, el adjetivo y ciertos pronombres para expresar

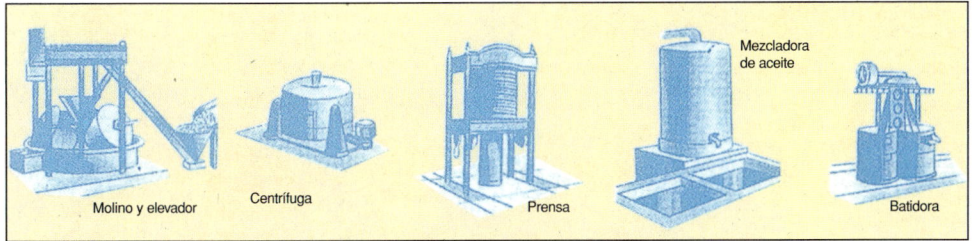

Esquema de la elaboración del **aceite**

Molino y elevador　　Centrífuga　　Mezcladora de aceite　　Prensa　　Batidora

su género y número, y también el verbo para denotar sus modos, tiempos, voces, números y personas.

ACCIO Promontorio de Grecia, a la entrada del golfo de Arta, donde la flota de Marco Antonio y Cleopatra fue derrotada por la de Octavio (31 a. C.).

ACCIÓN f. Ejercicio de una potencia. ◊ Impresión de cualquier agente en el paciente. ◊ Postura. ◊ fam. Posibilidad de hacer algo. ◊ *Com.* Cada una de las partes en que está dividido el capital de una empresa. ◊ *Fís.* Fuerza con que los cuerpos y agentes físicos obran unos sobre otros. ◊ *Lit.* Sucesos determinados por el objeto de la obra. ◊ *Mil.* Batalla. ◊ **Ley de la a.** y **reacción.** ◊ *Fís.* Cuando un cuerpo *A* ejerce una fuerza sobre otro *B*, éste ejerce sobre el primero una fuerza igual y de sentido contrario.

ACCIÓN Católica Apostolado laico creado en 1922 para la realización de los principios católicos en la vida pública.

ACCIONAR intr. Hacer movimientos y gestos al hablar. ◊ Poner en funcionamiento un mecanismo. ❏ ACCIONAMIENTO.

ACCIONARIADO m. Conjunto de accionistas o personas que poseen acciones de una sociedad anónima.

ACCIONISTA com. Dueño de acciones en una compañía. ❏ ACCIONARIO, RIA.

ACCRA Cap. de Ghana; 1 420 100 hab. (agl. urb.). Centro com. Refinería de petróleo; ind. química y textil.

ACEBO m. Árbol aquifoliáceo de madera usada en ebanistería. ❏ ACEBAL; ACEBEDA; ACEBEDO.

ACEBUCHE m. Olivo silvestre.

ACECHAR tr. Observar cautelosamente con algún propósito.

ACECHO m. Vigilancia, observación o espera cautelosas con algún fin. ◊ Lugar desde el cual se acecha.

ACECINAR tr. y prnl. Salar las carnes y secarlas al humo para que se conserven. ◊ prnl. Quedarse uno muy delgado.

ACEDAR tr. y prnl. Poner agria alguna cosa. ◊ Desazonar.

ACEDERA f. Planta herbácea perenne, de flores verdosas y frutos en aquenio. Cultivada como hortaliza.

ACEDERILLA f. Planta perenne, dicotiledónea. ◊ Aleluya, planta.

ACEDÍA f. Acidez de estómago. ◊ Platija. ◊ Desabrimiento, aspereza de trato.

ACEDO, DA adj. Ácido. ◊ Que se ha acedado. ◊ fig. Áspero. ◊ m. Zumo agrio.

ACÉFALO, LA adj. Falto de cabeza. ◊ adj. Aplícase a la sociedad, secta, etc., sin jefe. ◊ m. Lamelibranquio. ❏ ACEFALÍA; ACEFALISMO.

ACEITAR tr. Untar, bañar con aceite.

ACEITE m. *Ind.* Líquido graso, no miscible con el agua, obtenido por presión de la aceituna, o extraído de otros frutos o semillas, de animales, y de sustancias minerales. ◊ Cualquier cuerpo graso, no miscible con el agua y más ligero que ella, gralte. combustible, y que mancha el papel haciéndolo traslúcido. ◊ **de linaza.** El obtenido de las semillas del lino. Se utiliza en pintura. ◊ **de oliva.** Líquido graso que se saca de la aceituna, y que sirve para sazonar, cocer y conservar alimentos. ◊ **de palma.** Nombre con que se conocen los aceites procedentes de diversas palmas. ❏ ACEITERÍA; ACEITOSO, SA.

ACEITERO, RA adj. Relativo al aceite. ◊ f. Alcuza. ◊ f. pl. Vinagreras.

ACEITUNA f. Fruto del olivo. ❏ ACEITUNERO, RA.

ACEITUNADO, DA adj. De color de aceituna verde. ◊ f. Cosecha de aceituna.

ACEITUNILLO m. *Ant.* Árbol estiracáceo, de fruto venenoso y madera muy dura.

ACELERACIÓN f. *Astr.* Adelanto diario del paso de una estrella por un mismo meridiano. ◊ *Fís.* Magnitud vectorial que caracteriza la variación de velocidad de un móvil.

ACELERADOR, RA adj. y s. Que acelera. ◊ m. *Mec.* Aparato que altera la velocidad de un cuerpo en movimiento. ◊ **de partículas**. *Fís. nuclear.* Máquina que imprime a las partículas atómicas o subatómicas una elevada energía cinética, provocando reacciones nucleares mediante bombardeo.

ACELERAR tr. y prnl. Dar celeridad. ◊ Aumentar la velocidad. ❏ ACELERAMIENTO.

ACELERATRIZ adj. y f. Fuerza que aumenta la velocidad de un movimiento.

ACELERÓN m. Aceleración súbita e intensa de la actividad de un motor.

ACELGA f. Planta quenopodiácea comestible, de hojas grandes y tallo grueso.

ACÉMILA f. Mula o macho de carga. ❏ ACEMILERÍA; ACEMILERO.

ACENDRADO, DA adj. Puro y sin defecto.

ACENDRAR tr. Purificar los metales en la cendra. ◊ Depurar, purificar, limpiar. ❏ ACENDRAMIENTO.

ACENTO m. La mayor intensidad con que se pronuncia una sílaba de una palabra. ◊ Inflexiones de voz con que se distingue cada nación o provincia en el modo de hablar. ◊ Modulación de la voz. ◊ Sonido, tono. ◊ poét. Voz, canto. ◊ **ortográfico.** Tilde que se pone en ciertos casos sobre la vocal de la sílaba en que carga la pronunciación. Puede ser agudo (´), grave (`) y circunflejo (^). En castellano actual sólo tiene uso el primero. ◊ **prosódico** o **tónico.** Acento de intensidad.

ACENTOR m. Ave paseriforme, de la familia prunélidos.

ACENTUAR tr. Dar acento prosódico a las palabras. ◊ Ponerles acento ortográfico. ◊ fig. Recalcar las palabras. ◊ fig. Realzar. ❏ ACENTUACIÓN.

ACEÑA f. Molino harinero de agua en el cauce de un río. ◊ Azud. ❏ ACEÑERO.

ACEPCIÓN f. Significado en que se toma una palabra o frase.

ACEPILLAR tr. Alisar con cepillo la madera o los metales. Quitar polvo con cepillo. ◊ y fam. Pulir. ❏ ACEPILLADORA; ACEPILLADURA.

ACEPTACIÓN f. Aprobación, aplauso.

ACEPTAR tr. Recibir uno voluntariamente lo que se le da o encarga. ◊ Aprobar. ◊ Tratándose de letras, obligarse por escrito a su pago. ❏ ACEPTABLE.

ACEPTOR m. *Fís.* Átomo de un semiconductor extrínseco, que produce en éste un centro de perturbación para predisponerlo a aceptar un electrón.

ACEQUIA f. Zanja por donde se conduce el agua para regar y para otros fines. ❏ ACEQUIERO.

ACERA f. Parte lateral de una calle destinada al paso de peatones. Fila de casas a cada lado de la calle o plaza.

El **acelerador de partículas** SLAC (Stanford Linear Accelerator Center), en California (Universidad de Stanford)

ACERO

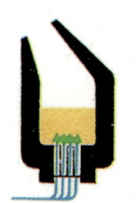

Convertidor de Bessemer

Horno eléctrico

Inyección de oxígeno

Horno Martin-Siemens

Diversos métodos para
obtener acero a partir
de la fundición de hierro
procedente de los altos hornos
y de chatarra férrica recuperada

Raíl saliendo del tren
de laminación

ACERADO, DA adj. De acero, o parecido a él. ◊ Fuerte. ◊ Incisivo, penetrante.

ACERAR tr. Dar a un hierro las propiedades del acero. ◊ Dar un baño de acero a las planchas de cobre. ◊ tr. y prnl. Fortalecer.

ACERBO, BA adj. Áspero al gusto. ◊ fig. Cruel, riguroso. ❑ ACERBIDAD.

ACERCA DE m. adv. Sobre la cosa de que se trata o en orden a ella.

ACERCAR tr. y prnl. Poner cerca o a menor distancia. ◊ prnl. Estar próxima a suceder alguna cosa. ❑ ACERCAMIENTO.

ACERERÍA o **ACERÍA** f. Fábrica de acero.

ACERO m. *Metal.* Hierro combinado con carbono, de gran elasticidad y dureza. ◊ pl. Temple y corte de las armas blancas. ◊ Ánimo, resolución ◊ fig. **fundido.** El a. obtenido quemando parte del carbono de hierro colado. ◊ **inoxidable.** El a. aleado con cromo que tiene resistencia a la oxidación. ◊ **templado.** El a. sometido a un proceso de temple para endurecerlo.

❑ *Metal.* El a. se obtiene a partir de la fundición de hierro procedente de los altos hornos y de la chatarra recuperada, reduciendo su contenido en carbono (hasta un máx. del 1,7 %) al ser oxidado por una corriente de aire a presión. Los procedimientos utilizados para ello son los convertidores de Bessemer y de Thomas, el horno eléctrico y el horno Martin-Siemens.

ACEROLA f. Fruto del acerolo.

ACEROLO m. Árbol rosáceo de flores blancas y fruto agridulce.

ACÉRRIMO, MA adj. sup. de acre. Muy fuerte.

ACERTAR tr. Dar en el punto a que se dirige alguna cosa. ◊ tr. e intr. Encontrar. ◊ tr. Hallar el medio apropiado para lograr una cosa. ◊ Dar con lo cierto. ◊ tr. e intr. Hacer con acierto alguna cosa. ◊ intr. Con la prep. a y otro verbo en infinitivo, suceder impensadamente lo que este último significa. ❑ ACERTADO, DA.

ACERTIJO m. Adivinanza propuesta como pasatiempo.

ACERVO m. Montón de cosas menudas. ◊ Bienes que pertenecen a una colectividad de personas. ◊ Conjunto de bienes acumulados por tradición o herencia.

ACESCENCIA f. Disposición a acedarse.

ACETÁBULO m. Cavidad de un hueso en que encaja otro.

ACETAL adj. y m. Cada uno de los productos resultantes de la reacción entre aldehídos y alcoholes.

ACETALDEHÍDO m. Aldehído acético.

ACETATO m. Sal del ácido acético con un metal, o éster, que resulta de la combinación del ácido acético con un alcohol.

ACÉTICO, CA adj. *Quím.* Relativo al vinagre. ◊ **Ácido a.** Líquido de sabor agrio y olor picante, hidrosoluble. Se obtiene por fermentación, por destilación seca de la madera y por síntesis química.

ACETILENO m. Hidrocarburo gaseoso que arde con una llama muy brillante. Se obtiene mojando con agua el carburo de calcio.

ACETONA f. Líquido incoloro, infla-

mable, volátil, de olor agradable. Tiene aplicaciones como disolvente orgánico.

ACETOSO, SA adj. Ácido. ◊ Relativo al vinagre. ◊ *Quím.* Que sabe a vinagre.

ACEVAL, Emilio (1854-1931) Político par. Presid. de la rep. (1898-1902).

ACEVEDO Bernal, Ricardo (1867-1930) Pintor col., discípulo de Sorolla y Checa. *Retrato de Bolívar.* ◊ **Díaz, Eduardo** (1851-1921) Político y escritor ur., iniciador de la novela en su país. *Nativa, Soledad.* ◊ **Díaz Cuevas, Eduardo** (1882-1959) Escritor arg. *Ramón Hazaña.* ◊ **Gajardo, Remigio** (1863-1911) Compositor de óperas chil. *Caupolicán, La Araucana.* ◊ **Gómez, José** (1773-1817) Político col. Redactor del acta de independencia de Nueva Granada. ◊ **Hernández, Antonio** (1886-1962) Escritor chil. *Piedra azul* (novela), *Cantos populares chilenos* (ensayo). ◊ **Raposo, Remigio** (1896-1951) Compositor chil. Autor de óperas, ballets, música de cámara.

ACEVES Mejía, Miguel (n. 1917) Cantante mex. Famoso por su interpretación de boleros, rancheras y corridos.

ACHÁ, José María de (m. 1868) Militar y político bol. Presid. de la rep. (1862).

ACHACAR tr. Atribuir, imputar. ❑ ACHACABLE.

Acerolo. Flor y frutos

ACHACOSO, SA adj. Que padece achaque habitual. ◊ Indispuesto levemente.

ACHAFLANADO, DA adj. Con chaflanes.

ACHAGUA m. pl. Pueblo indígena de Colombia y Venezuela, de lengua arahuaca.

¡ACHALAY! interj. *Argent.* Expresa ternura, admiración o satisfacción.

ACHAMPAÑADO, DA adj. Díc. de la bebida que imita al champaña.

ACHANTARSE prnl. fam. Esconderse de un peligro. ◊ Conformarse. ◊ Callarse resignadamente.

ACHAPARRARSE prnl. Tomar un árbol la forma de chaparro. ◊ fam. Quedarse rechoncha una persona. ❑ ACHAPARRADO, DA.

ACHAQUE m. Indisposición habitual. ◊ fam. Menstruo de la mujer. ◊ fig. Embarazo. ◊ fig. Vicio común o frecuente.

ACHARD, Marcel Férreol llamado (1899-1974) Comediógrafo fr. *Mambrú se fue a la guerra, Patata, La idiota.*

ACHATAMIENTO m. *Astr.* Desigualdad entre los diámetros ecuatorial y polar de los astros.

ACHATAR tr. y prnl. Poner chata alguna cosa.

ACHELENSE adj. y s. Cultura del paleolítico inferior.

Achicoria. Planta y flor

ACHICAR tr. y prnl. Disminuir el tamaño de alguna cosa. ◊ fig. Humillar. ◊ fig. Hacerse de menos. ◊ tr. Extraer el agua de un dique, embarcación, etc. ❏ ACHICADURA; ACHICAMIENTO; ACHIQUE.
ACHICHARRAR tr. y prnl. Freír, asar o tostar un manjar hasta que tome sabor a quemado. ◊ fig. Calentar demasiado. ◊ tr. fig. Molestar con exceso.
ACHICORIA f. Planta comestible compuesta, de hojas ásperas. Se usa como tónico aperitivo.
ACHIGUARSE prnl. *Amér. Merid.* Combarse una cosa; echar panza una persona.
ACHINADO, DA Adj. Que parece chino en el color o en las facciones.
ACHIOTE m. Bija. ◊ Colorante rojo extraído de esta planta. ❏ ACHIOTAL.
ACHIQUITAR tr. y prnl. *Amér.* Achicar.
ACHIRA f. *Amér. Merid.* Planta alismatácea, de tallo nudoso y flor colorada.
ACHISPAR tr. y prnl. Poner casi ebria a una persona.
ACHOCOLATADO, DA adj. De color de chocolate.
ACHOLADO, DA adj. *Amér.* Que tiene la tez del mismo color que la del cholo.
ACHOLAR tr. y prnl. *Amér.* Avergonzar.
ACHOTE m. Áchiote.
ACHUAL m. pl. Fracción de los jíbaros que vive en Ecuador y Perú.
ACHUCHADO, DA adj. fam. Difícil.
ACHUCHAR tr. fam. Estrujar con fuerza. ◊ fam. Empujar una persona a otra. ❏ ACHUCHÓN.
ACHUCHAR tr. Azuzar. ◊ prnl. *Argent. y Ur.* Contraer fiebre intermitente.
ACHUCHARRAR tr. *Amér.* Achuchar.
ACHUCUYAR tr. y prnl. *Amér. Centr.* Abatir, acoquinar.
ACHULARSE prnl. Adquirir modales de chulo. ❏ ACHULADO, DA; ACHULAPADO, DA.
ACHUNTAR tr. e intr. fam. *Chile.* Vulgarmente, acertar, dar en el blanco.
ACHUPALLA f. *Amér. Merid.* Planta bromeliácea, de flores en espiga y fruto en caja.
ACHURA f. *Amér.* Menudo de una res y, en general, la carne considerada como desperdicio. ❏ ACHURAR.
ACIAGO, GA adj. Infausto, de mal agüero.
ACIAL m. Instrumento con el que se sujeta el hocico o la oreja de una bestia mientras la hierran, curan o esquilan.
ACIANO m. Planta compuesta, de vistosas flores azules.
ACÍBAR m. Áloe, planta liliácea. ◊ fig. Amargura. ❏ ACIBARAR.
ACICALAR tr. Limpiar, bruñir, especialmente las armas blancas. ◊ tr. y prnl. Adornar a una persona. ❏ ACICA-

LADO, DA; ACICALADOR, RA; ACICALADURA.
ACICATE m. Espuela con una punta de hierro. ◊ fig. Incentivo. ❏ ACICATEAR.
ACICULAR adj. De figura de aguja.
ACIDEZ f. Calidad de ácido. ◊ Exceso de un ácido.
ACIDIA f. Pereza, flojedad.
ACIDIFICAR tr. Dar propiedades ácidas. ❏ ACIDIFICACIÓN.
ACIDIMETRÍA f. *Quím.* Técnica que determina el grado de acidez de una disolución. ❏ ACIDÍMETRO.
ÁCIDO, DA adj. Que tiene sabor agrio. ◊ fig. Áspero. ◊ *Geol.* Díc. de las rocas con alto contenido en sílice. ◊ m. *Quím.* Cualquiera de las sustancias que pueden formar sales combinándose con un óxido metálico u otra base.
ACIDOSIS f. Perturbación del equilibrio ácido-base del plasma sanguíneo.
ACÍDULO, LA adj. Ligeramente ácido. ❏ ACIDULAR.
ACIERTO m. ◊ fig. Habilidad. ◊ fig. Cordura. Coincidencia.
ÁCIGOS adj. y f. *Anat.* Vena que comunica la cava superior y la inferior.
ACIMO adj. Ázimo.
ACIMUT m. *Astr.* Ángulo que con el meridiano forma el círculo vertical que pasa por un punto de la esfera celeste o del globo terráqueo. ❏ ACIMUTAL.
ACIÓN f. Correa de la que pende el estribo en la silla de montar. ❏ ACIONERA.
ACLAMAR tr. Dar voces la multitud en honor de una persona. Otorgar, por aclamación, algún cargo. ❏ ACLAMACIÓN; ACLAMADOR, RA.
ACLARAR tr. y prnl. Quitar lo que ofusca la claridad de alguna cosa. ◊ Aumentar la extensión o el número de los espacios o intervalos. ◊ tr. Volver a lavar la ropa con agua sola, después de jabonarla. ◊ Hacer más perceptible la voz. ◊ tr. Poner en claro. ◊ *Min.* Lavar por segunda vez los minerales. ◊ intr. Disiparse las nubes o la niebla. ◊ Amanecer. ◊ Purificarse un líquido, posándose las partículas sólidas que lleva en suspensión. ❏ ACLARACIÓN; ACLARADOR, RA; ACLARATORIO, RIA.
ACLIMATAR tr. y prnl. Hacer que se acostumbre un ser orgánico a clima diferente del habitual. ◊ tr. y prnl. Hacer que una cosa prospere en un lugar distinto de aquél en que tuvo su origen. ❏ ACLIMATABLE; ACLIMATACIÓN.
ACMÉ f. *Med.* Periodo de mayor intensidad de una enfermedad.

Hojas **aciculares** de pino

ACNÉ f. *Pat.* Afección dermatológica debida a la obstrucción de los folículos sebáceos.
ACOBARDAR tr., intr. y prnl. Amedrentar, causar miedo. ❏ ACOBARDAMIENTO.
ACOCIL m. *Méx.* Camarón de agua dulce.
ACODADO, DA adj. Doblado en forma de codo.
ACODAR tr. y prnl. Apoyar uno el codo. ◊ tr. *Agr.* Meter debajo de tierra el vástago de una planta sin separarlo del tronco y dejando fuera su extremidad, para que eche raíces. ❏ ACODADURA.
ACODILLAR tr. Doblar formando codo.
ACODO m. Vástago acodado. ◊ *Arq.* Resalto de una dovela prolongado por debajo de ella. ◊ *Arq.* Moldura resaltada que forma el cerco de un vano.

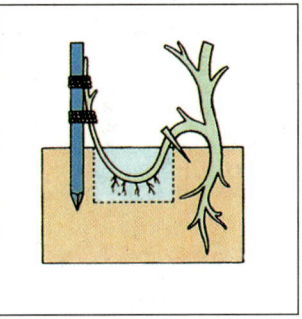

Acodo de una planta

ACOGER tr. Admitir uno en su casa a otra persona. ◊ Dar refugio. ◊ fig. Admitir noticias, ideas, etc. ◊ fig. Proteger. ◊ prnl. Refugiarse, ampararse. ◊ fig. Valerse de algún pretexto para disimular alguna cosa. ❏ ACOGEDOR, RA; ACOGIDO, DA; ACOGIMIENTO.
ACOGIDA f. Afluencia de aguas. ◊ Recibimiento u hospitalidad que ofrece una persona. ◊ Lugar donde se acogen personas o cosas. ◊ fig. Protección. ◊ fig. Aceptación.
ACOGOLLAR tr. Cubrir las plantas para defenderlas de hielos o lluvias. ◊ intr. y prnl. Echar cogollos las plantas.
ACOGOTAR tr. Matar con golpe en el cogote. ◊ Acoquinar, dominar, vencer.
ACOJONAR tr. y prnl. fam. Acobardar.
ACOLCHAR tr. Poner algodón, seda, lana, estopa, etc. entre dos telas y después bastearlas. ❏ ACOLCHADO, DA; *Amér.* ACOLCHONAR.
ACOLITADO m. Orden superior de las cuatro órdenes menores del sacerdocio.
ACÓLITO m. Eclesiástico que tiene el acolitado. ◊ Monaguillo. ◊ fig. Subordinado, que acompaña a otro.
ACOLLAR tr. *Agr.* Cobijar con tierra el pie de una planta.
ACOLLARADO, DA adj. Se aplica a los animales con el cuello de color distinto al del cuerpo.
ACOLLARAR tr. Poner collar a un animal. ◊ *Argent., Chile y Ur.* Unir dos animales, cosas o personas. ◊ prnl. *Argent.* Amancebarse.
ACOMEDIRSE prnl. *Amér.* Prestarse espontáneamente a hacer un servicio.

ACOMETER tr. Embestir con ímpetu. ◊ Emprender. ◊ Dicho de enfermedad, etc., venir repentinamente. ◊ Tentar. ◊ *Const.* y *Min.* Desembocar una cañería o una galería en otra. ❑ ACOMETEDOR, RA.

ACOMETIDA f. Lugar por donde la línea de conducción de un fluido enlaza con la principal.

ACOMETIMIENTO m. Ramal de cañería que desemboca en la alcantarilla.

ACOMETIVIDAD f. Agresividad. ◊ Propensión a acometer o emprender acciones.

ACOMODACIÓN f. Adaptación del ojo a las variaciones de la luz y de la distancia de los objetos.

ACOMODADO, DA adj. Conveniente. ◊ Rico. ◊ Amigo de la comodidad. ◊ Moderado en el precio.

ACOMODADOR, RA adj. Que acomoda. ◊ m. y f. En los teatros, cines, etc., persona encargada de indicar a los concurrentes los asientos que deben ocupar.

ACOMODAR tr. Colocar una cosa de modo que se adapte a otra. ◊ Disponer o arreglar de modo conveniente. ◊ Colocar en un lugar conveniente o cómodo. ◊ Proveer. ◊ tr., intr. y prnl. fig. Armonizar una norma. ◊ tr. fig. Concertar. ◊ tr. y prnl. fig. Colocar en un estado o cargo. ◊ prnl. Avenirse. ❑ ACOMODADIZO, ZA; ACOMODATICIO, CIA.

ACOMODO m. Empleo, ocupación o conveniencia. ◊ Arreglo, compostura, ornato.

ACOMPAÑAMIENTO m. Gente que acompaña a alguno. ◊ Conjunto de figurantes de una representación teatral. ◊ *Mús.* Conjunto de elementos de una partitura musical que proporcionan una base armónica a la línea melódica principal.

ACOMPAÑAR tr. y prnl. Estar o ir en compañía de otro u otros. ◊ tr. fig. Juntar una cosa a otra. ◊ tr. y prnl. Existir una cosa junto a otra o simultáneamente con ella. ◊ tr. Existir algo en una persona. ◊ Participar en los sentimientos de otro. ◊ tr. y prnl. *Mús.* Ejecutar el acompañamiento. ❑ ACOMPAÑADOR, RA; ACOMPAÑANTE.

ACOMPASADO, DA adj. Hecho a compás. ◊ fig. Que habla o anda pausadamente.

ACOMPASAR tr. Compasar.

ACOMPLEJAR tr. y prnl. Causar o padecer un complejo psíquico. ❑ ACOMPLEJADO, DA; ACOMPLEJAMIENTO.

La cumbre del **Aconcagua** vista desde el Portillo de la Cueva

ACONCAGUA Cima andina de la Argentina, en la prov. de Mendoza, junto a la frontera con Chile; 6 959 m. Es la más alta de América.

ACONCHAR tr. y prnl. Arrimar a cualquier parte una persona o cosa para defenderla del riesgo. ◊ *Mar.* Impeler el viento o la corriente a un barco.

ACONCHARSE prnl. *Chile* y *Méx.* Posarse, asentarse las heces de los líquidos.

ACONDICIONADOR m. Aparato para acondicionar o climatizar un espacio.

ACONDICIONAR tr. Dar cierta condición o calidad. ◊ Disponer alguna cosa de manera adecuada a un fin. ◊ Climatizar. ❑ ACONDICIONAMIENTO.

ACONGOJAR tr. y prnl. Oprimir, fatigar, afligir. ❑ ACONGOJADOR, RA.

ACONITINA f. Alcaloide antineurálgico extraído del acónito; muy tóxico.

ACÓNITO m. Planta medicinal ranunculácea de raíz fusiforme. Es tóxica.

ACONSEJAR tr. Dar consejo. ◊ prnl. Tomar consejo. ❑ ACONSEJABLE.

ACONSONANTAR intr. Ser una palabra consonante de otra. ◊ tr. Emplear en la rima una palabra como consonante de otra.

ACONTECER intr. Suceder.

ACONTECIMIENTO m. Suceso importante.

ACOPIAR tr. Reunir en cantidad alguna cosa. ❑ ACOPIAMIENTO; ACOPIO.

ACOPLAMIENTO m. *El.* Conexión de la señal de salida de un circuito al punto de entrada del siguiente. ◊ *Mec. apl.* Unión entre ejes para transmitir una fuerza.

ACOPLAR tr. Unir entre sí dos piezas de modo que ajusten exactamente. ◊ Ajustar una pieza al sitio donde deba colocarse. ◊ tr. y prnl. Procurar la unión sexual de los animales. ◊ tr. *Fís.* Agrupar dos aparatos para que funcionen combinados.

ACOQUINAR tr. y prnl. fam. Amilanar, acobardar.

ACORAZADO m. Buque de guerra blindado, de grandes dimensiones y dotado de artillería.

ACORAZAR tr. Revestir con planchas de hierro o acero. ◊ tr. y prnl. fig. Proteger, defender.

ACORAZONADO, DA adj. De forma de corazón.

ACORCHARSE prnl. Ponerse una cosa fofa como el corcho. ❑ ACORCHADO, DA.

ACORDAR tr. Determinar o resolver de común acuerdo, o por mayoría. ◊ Determinar o resolver una sola persona. ◊ Conciliar. ◊ tr. y prnl. Traer a la memoria. ◊ tr. *Mús.* Templar instrumentos musicales y voces. ❑ ACORDADO, DA.

ACORDE adj. Conforme y de un dictamen. ◊ Con armonía. ◊ m. *Mús.* Conjunto de sonidos combinados armónicamente.

ACORDEÓN m. Instrumento musical de viento con unas lengüetas que vibran mediante la extensión y compresión de un fuelle. ❑ ACORDEONISTA.

ACORDONAR tr. Ajustar con un cordón. ◊ Formar el cordoncillo en el canto de las monedas. ◊ tr. y prnl. fig. Rodear de gente algún sitio para incomunicarlo. ❑ ACORDONAMIENTO.

ÁCORO m. Planta arácea de hojas puntiagudas, flores verdes y rizomas blanquecinos.

ACORRALAR tr. y prnl. Encerrar el ganado en el corral. ◊ tr. fig. Encerrar a uno dentro de estrechos límites. ◊ fig. Intimidar. ❑ ACORRALAMIENTO.

ACORRER tr. Acudir corriendo. ◊ Socorrer a uno.

ACORTAMIENTO m. Diferencia entre la distancia real de un planeta al Sol o a la Tierra y la misma distancia proyectada sobre el plano de la eclíptica.

ACORTAR tr., intr. y prnl. Disminuir la longitud, duración, etc. de alguna cosa. ◊ prnl. fig. Quedarse corto.

ACOSAR tr. Perseguir sin dar tregua. ◊ fig. Perseguir a alguno. ❑ ACOSADOR, RA; ACOSAMIENTO; ACOSO.

ACOSTA, *Agustín* (1887-1979) Poeta modernista cub. *La zafra, Epinicio.* ◊ *Cecilio* (1818-1881) Escritor y jurista ven. *Cosas sabidas y cosas por saberse, Reseña histórica y prospecto del código de derecho penal.* ◊ *Joaquín* (1800-1852) Político y científico col. Intervino en la Convención Constituyente de 1831, que originó la rep. de Nueva Granada. ◊ *José de* (1539-1600) Cosmógrafo, historiador y etnólogo esp. *Historia natural y moral de las Indias.* ◊ *Julio* (1872-1952) Político cost. Fue presidente de la rep. (1920-1924). ◊ *Santos* (1828-1901) Político y militar col. Presid. en 1867, fundó la universidad Nacional. ◊ **De Samper, Soledad** (1833-1913) Escritora col. *Un hidalgo conquistador, La holandesa en América.*

ACOSTAR tr. y prnl. Echar o tender a alguno para que duerma o descanse. ◊

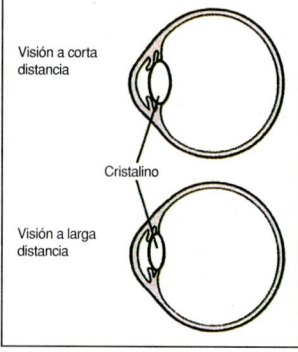

Visión a corta distancia

Cristalino

Visión a larga distancia

Acomodación

La **Acrópolis** y el Partenón, en Atenas

Mar. Arrimar una embarcación a alguna parte. ◊ intr. y prnl. Ladearse. Díc. pralm. de los edificios. ◊ Llegar a la costa. ◊ intr. y prnl. Adherirse, inclinarse. ◊ prnl. fig. y fam. Mantener relaciones sexuales una persona con otra. ❑ ACOSTAMIENTO.

Acordeón

ACOSTUMBRAR tr. Hacer adquirir costumbre de algo. ◊ intr. Tener costumbre de algo. ◊ prnl. Adquirir costumbre.
ACOTANGO, *Cerro* Cumbre andina, en el límite entre Chile y Bolivia; 6 052 m.
ACOTAR tr. Reservar con cotos el uso de un terreno. ◊ Reservar de otro modo. ◊ Poner cotas en planos, etc. ◊ Poner notas o acotaciones a un texto. ◊ Podar un árbol por la cruz. ◊ *Comp.* Cambiar de escala las magnitudes de un problema para acumularlas a la computadora. ❑ ACOTACIÓN, ACOTAMIENTO.
ACOTEJAR tr. y prnl. *Amér.* Acomodar.
ACOTILEDÓNEO, A adj. y f. Plantas que no tienen cotiledones.
ACRACIA f. Doctrina que niega la necesidad de un poder político. ❑ ÁCRATA.
ACRE adj. Áspero y picante ◊ fig. Tratándose del genio de las palabras, áspero y desabrido. ◊ *Med.* Calor febril acompañado de picor. ◊ m. Medida agraria inglesa, equivalente a 40,47 áreas.
ACRE Est. de Brasil, al SO de Amazonia; 153 698 km², 412 000 hab. Cap., Rio Branco. Caucho, madera. Ant. posesión de Bolivia. Independiente en 1899-1900.
ACRECENTAR tr. y prnl. Aumentar, hacer crecer. ❑ ACRECENCIA; ACRECENTADOR, RA.
ACRECER tr., intr. y prnl. Hacer mayor, aumentar.

ACREDITAR tr. y prnl. Hacer digno de crédito algo. ◊ Afamar. ◊ tr. Dar seguridad de que alguna persona o cosa es lo que representa. ◊ Dar testimonio en documento fehaciente de que una persona lleva facultades para desempeñar comisión o encargo. ◊ *Cont.* Abonar, admitir en pago. ◊ prnl. Lograr fama. ❑ ACREDITADO, DA; ACREDITATIVO, VA.
ACREEDOR, RA adj. y s. Persona a la que se debe dinero. ◊ Con derecho a pedir el cumplimiento de una obligación. ◊ Con mérito para obtener algo.
ACREENCIA f. *Amér.* Crédito.
ACRIBILLAR tr. Abrir agujeros. ◊ tr. y prnl. Hacer heridas o picaduras. ◊ fig. y fam. Molestar mucho.
ACRÍLICO, CA adj. Díc. del ácido obtenido por oxidación de la acroleína. ◊ Díc. de las fibras textiles obtenidas a partir del acrilonitrilo.
ACRILONITRILO m. Nitrilo del ácido acrílico. Se usa en la manufactura de fibras acrílicas y de plásticos.
ACRIMINAR tr. Acusar de algún crimen o delito. ◊ Imputar culpa o falta grave. ◊ Presentar como más grave.
ACRIMONIA f. Aspereza. ◊ Condición de los humores acres.
ACRIOLLARSE prnl. *Amér.* Adquirir un extranjero costumbres del país.
ACRISOLAR tr. Depurar los metales en el crisol. ◊ tr. y prnl. fig. Aclarar una cosa por medio de pruebas.
ACRISTIANAR tr. fam. Hacer cristiano.
ACRITUD f. Acrimonia.
ACROBACIA f. Acrobatismo. ◊ Evolución espectacular que efectúa un aviador en el aire.
ACRÓBATA com. Persona que hace ejercicios de agilidad y de equilibrio con gran habilidad. ❑ ACROBÁTICO, CA.
ACROBATISMO m. Profesión y ejercicio del acróbata.
ACROLEÍNA f. Aldehído no saturado que se obtiene de la glicerina.
ACROMATISMO m. *Ópt.* Supresión de la aberración cromática en lentes ópticos. ❑ ACROMÁTICO, CA; ACROMATIZAR.
ACROMATOPSIA f. *Med.* Enfermedad visual que impide distinguir los colores.
ACROMEGALIA f. Enfermedad crónica debida a la lesión de la glándula pituitaria. Se caracteriza por un gran desarrollo de las extremidades.
ACROMIO o ACROMION m. *Anat.* Apófisis del omóplato, que se articu-

la con la clavícula. ❑ ACROMIANO, NA.
ACRÓNIMO m. Sigla constituida por las iniciales, con las cuales se forma un nombre.
ACRÓPOLIS f. En la Antigüedad, fortaleza de una ciudad que contenía los santuarios y palacios. Por antonomasia, la a. de Atenas.
ACRÓSTICO, CA adj. y m. Composición poética cuyas letras iniciales, medias o finales de los versos forman un vocablo o una frase.
ACROTERA f. *Arq.* Pedestal que sirve de remate en los frontones.
ACROTERIO m. *Arq.* Pretil sobre los cornisamentos.
ACTA f. Relación escrita de lo sucedido o acordado en una junta. ◊ Certificación en que consta el resultado de la elección de una persona. ◊ pl. Hechos más destacados de la vida de un santo. ◊ **notarial**. Relación que extiende el notario de hechos que presencia.
ACTH Sigla con que se indica la hormona adrenocorticotropa segregada por la hipófisis.
ACTINIA f. Celentéreo de tentáculos filamentosos, sin esqueleto, llamado también anémona de mar.
ACTÍNIDO, DA adj. *Quím.* Díc. de cada uno de los elementos de la familia actínidos. ◊ m. pl. *Quím.* Familia de elementos radiactivos, de n. a. entre el 89 y el 103.

Actinia

ACTINIO m. *Quím.* Elemento quím. de símb. Ac, n. a. 89 y masa atómica 227. Es el primero de los actínidos.
ACTINISMO m. Acción química de las radiaciones luminosas.
ACTINOMETRÍA f. Estudio de la intensidad y actividad de las radiaciones luminosas. ❑ ACTINÓMETRO.
ACTINOMICOSIS f. Enfermedad producida por hongos actinomicetos.
ACTINOMORFO, FA adj. Díc. de un vegetal cuando presenta simetría radial.
ACTINOTA f. Silicato de calcio, hierro y magnesio, del grupo de los anfíboles y de color verde.
ACTITUD f. Postura del cuerpo humano o de un animal. ❑ fig. Disposición de ánimo manifestada exteriormente.
ACTIVACIÓN f. *Fís.* Aporte de energía a un sistema atómico.
ACTIVAR tr. Avivar, mover, acelerar. ❑ *Fís.* Hacer radiactiva una sustancia.
ACTIVIDAD f. Facultad de obrar. ❑ Diligencia. ❑ Conjunto de tareas propias de una persona o entidad. ❑ *Fís.* Núm. de átomos que se desintegran en un segundo en una sustancia radiactiva.
ACTIVISMO m. Tendencia a actuar por la acción misma.
ACTIVISTA adj. y s. Agitador político que interviene activamente en la propaganda o practica la acción directa.
ACTIVO, VA adj. Que obra o tiene virtud de obrar. ❑ Diligente. ❑ Que obra prontamente. ❑ Díc. del funcionario mientras presta servicio. ❑ *Fís.* Díc. de los materiales de radiactividad media o baja. ❑ *Gram.* Díc. del verbo o de las formas verbales que expresan la realización, por el sujeto, de la acción que el verbo representa. ❑ m. *Cont.* Importe total del haber de una empresa.
ACTO m. Hecho o acción. ❑ Hecho público. ❑ Cada una de las partes principales en que se dividen las obras escénicas. ❑ Disposición legal. ❑ pl. Actas de un concilio.
ACTOR, RA adj. y s. Díc. de la parte que demanda en juicio.
ACTOR, TRIZ m. y f. Persona que, en las representaciones de obras dramáticas y en el cine, encarna un personaje.

Actores teatrales japoneses

ACTUAL adj. Presente. ❑ Que existe en el tiempo de que se habla.
ACTUALIDAD f. Tiempo presente. ❑ Cosa que atrae la atención en un momento dado.
ACTUALIZACIÓN f. *Comp.* Mantenimiento de una información registrada en un dispositivo de almacenamiento.

ACTUALIZAR tr. Poner en acto. ❑ Hacer actual una cosa, darle actualidad.
ACTUAR tr. y prnl. Poner en acción. ❑ intr. Ejercer actos o funciones propios de su naturaleza, cargo u oficio. ❑ Practicar los ejercicios de una oposición. ❑ *Der.* Formar autos. ❑ ACTUACIÓN.
ACTUARIO m. *Der.* Auxiliar judicial que da fe en los autos procesales. ❑ **de seguros**. Persona versada en los conocimientos concernientes a los seguros. ❑ ACTUARIAL.
ACUARELA f. Pintura sobre papel o cartón con colores diluidos en agua y mezclados con goma, para facilitar su cohesión. ❑ ACUARELISTA.

Acuario

ACUARIO m. Depósito de agua donde se tienen vivos animales o vegetales acuáticos. ❑ Edificio destinado a la exhibición de animales acuáticos vivos. ❑ *Astr.* Uno de los signos del Zodiaco. ❑ Constelación que antes había coincidido con el signo zodiacal de igual nombre y que actualmente coincide con Piscis.
ACUARTELAR tr. y prnl. Poner la tropa en cuarteles. ❑ *Mar.* Presentar más al viento la superficie de una vela de cuchillo. ❑ ACUARTELAMIENTO.
ACUÁTICO, CA adj. Que vive en el agua. ❑ Relativo al agua.
ACUCHAMADO, DA adj. *Ven.* Triste.
ACUCHILLAR tr. Dar cuchilladas. ❑ Matar a cuchillo. ❑ Alisar la superficie de pisos o muebles de madera. ❑ fig. Hacer aberturas semejantes a cuchilladas en los vestidos. ❑ ACUCHILLADO, DA.
ACUCIAR tr. Estimular, dar prisa. ❑ Desear con vehemencia. ❑ ACUCIA; ACUCIADOR, RA; ACUCIAMIENTO; ACUCIOSO, SA.
ACUDIR intr. Ir uno al sitio adonde le conviene o es llamado. ❑ Ir en socorro de alguno. ❑ Ir con frecuencia a alguna parte. ❑ Recurrir a alguno. ❑ Valerse de una cosa para algún fin.
ACUEDUCTO m. Construcción para la conducción de agua salvando un desnivel.
ACUERDO m. Resolución tomada por una o varias personas. ❑ Reflexión en la determinación de una cosa. ❑ Conocimiento de alguna cosa. ❑ Parecer, dictamen.
ACUICULTURA f. Conjunto de actividades destinadas a la cría de animales y cultivo de plantas en el medio acuático.

ACUIDAD f. Agudeza de los sentidos.
ACUÍFERO, RA adj. Díc. de la capa, zona o del terreno que contiene agua.
ACULLÁ adv. lugar. A la parte opuesta del que habla.
ACULLICO m. *Argent.* y *Bol.* Bola de hojas de coca cuyo jugo se succiona.
ACULTURACIÓN f. Proceso que impone a un determinado grupo humano la asimilación de las normas de una cultura dominante con la que ha entrado en contacto.
ACUMULACIÓN f. *Econ.* Proceso de concentración de capitales en créditos, etc.
ACUMULADOR, RA adj. y s. Que acumula. ❑ *Fís.* Sistema que almacena energía y la cede ulteriormente. Según el tipo de energía, se clasifican en: eléctricos, térmicos, hidráulicos, de vapor, de aire comprimido y de energía mecánica.
ACUMULAR tr. Juntar. ❑ ACUMULABLE; ACUMULATIVO, VA.
ACUNAR tr. Cunear, mecer la cuna.
ACUÑA, Cristóbal de (1597-1675) Misionero y jesuita esp., explorador del Amazonas. ❑ *Hernando de* (1520-1580) Poeta esp. *Al rey nuestro señor.* ❑ **Luis Alberto** (n. 1904) Pintor, escultor y escritor col. *Amor campestre* (pintura); *Simón Bolívar* (escultura). ❑ *Manuel* (1848-1873) Poeta romántico mex. *Ante un cadáver, Hojas secas.* ❑ **De Figueroa, Francisco** (1791-1862) Poeta ur. autor del *Himno nacional.* ❑ **Y Bejarano, Juan de** (m. 1734) Militar per. Virrey de Nueva España.
ACUÑAR tr. Imprimir y sellar una pieza de metal por medio de cuño. ❑ Tratándose de la moneda, fabricarla. ❑ Meter cuñas. ❑ fig. Dar forma a expresiones o conceptos. ❑ ACUÑACIÓN.
ACUOSO, SA adj. Abundante en agua. ❑ Parecido a ella. ❑ De agua o relativo a ella. ❑ De mucho jugo. ❑ ACUOSIDAD.
ACUPUNTURA f. Método terapéutico de origen chino, que consiste en introducir agujas metálicas en los tejidos del cuerpo humano al objeto de provocar reacciones beneficiosas.
ACURE m. *Amér. Merid.* Roedor del tamaño de un conejo, de carne comestible, que vive en domesticidad.
ACURRUCARSE prnl. Encogerse para resguardarse del frío o con otro objeto.

ACUSACIÓN f. *Der.* Escrito o discurso en que se acusa. ❑ ACUSATORIO, RIA.
ACUSAR tr. Imputar a uno algún delito, culpa o falta. ◊ tr. y prnl. Denunciar. ◊ Notar, tachar. ◊ Reconvenir, reprender. ◊ Tratándose del recibo de cartas, etc., avisarlo, hacerlo constar. ◊ *Der.* Exponer en juicio los cargos contra el acusado y las pruebas de los mismos. ◊ prnl. Confesar. ❑ ACUSADO, DA; ACUSADOR, RA; *Amér.* ACUSETAS; ACUSETE; ACUSICA; ACUSÓN, NA.
ACUSATIVO m. *Gram.* Caso de la declinación que indica el complemento directo.
ACÚSTICA f. Rama de la física que estudia el sonido, su naturaleza, transmisión, velocidad de propagación, etc. ❑ ACÚSTICO, CA.
ACUTÁNGULO adj. *Geom.* Díc. del triángulo cuyos tres ángulos son agudos.
ACUTÍ m. *Argent.* y *Par.* Agutí.
ADA *Comp.* Lenguaje de programación de vocación universal que recoge características de lenguajes de los años 50 (FORTRAN, COBOL) y de lenguajes recientes (SIMULA, PASCAL).
ADAGIO m. Sentencia moral breve. ◊ Composición musical en aire lento.
ADALID m. Caudillo de guerra. ◊ fig. Guía, dirigente supremo.
ADAM, Robert (1728-1792) Arquitecto y decorador neoclásico escocés, creador del estilo que lleva su nombre. ◊ **De la Halle** (1240-1288) Poeta fr. *El juego de la enramada, Juego de Robbin y Marion.*
ADAMANTINO, NA adj. poét. Diamantino.
ADAMASCAR tr. Fabricar telas con labores parecidas a las del damasco. ❑ ADAMASCADO, DA.
ADAMOV, Arthur (1908-1970) Dramaturgo fr. Influido primeramente por Kafka y Strindberg, formó luego parte del movimiento del teatro de vanguardia. *La parodia, Todos contra todos, Paolo Paoli.*
ADAMS, John (1735-1826) Político norteam., segundo presid. de los EE UU (1797-1800). ◊ **John Quincy** (1767-1848) Sexto presid. de los EE UU. ◊ **Samuel** (1722-1803) Apóstol de la independencia de los EE UU.

Addis Abeba

ADÁN m. fig. y fam. Hombre desaliñado, sucio o harapiento.
ADÁN (heb., *Adam*) Según la Biblia, el progenitor del género humano.
ADANA C. de Turquía, en la prov. hom., en la región Costas del Mediterráneo; 776 000 hab. Ind. textil.
ADAPTACIÓN f. *Biol.* Fenómeno por el que una especie modifica sus relaciones con el medio ambiente. ◊ ADAPTABILIDAD; ADAPTABLE.
ADAPTAR tr. y prnl. Acomodar una cosa a otra. ◊ Modificar una obra científica, literaria, etc. ◊ prnl. fig. Avenirse a circunstancias. ❑ ADAPTADOR, RA.
ADARGA f. Escudo de cuero.
ADDIS ABEBA (*Addis Ababa*) Cap. de Etiopía, en el macizo abisinio; 1 412 000 hab. Ind. textil y alimentaria. Tabaco.
ADDISON, Joseph (1672-1719) Poeta y ensayista ing., fundador de la revista *The Spectator* (1711). ◊ **Thomas** (1793-1860) Médico ing. Estudió la enfermedad causada por la degeneración de las glándulas suprarrenales (enfermedad de A.).
ADECENTAR tr. y prnl. Poner limpio y ordenado.

ADECUAR tr. Acomodar una cosa a otra. ❑ ADECUACIÓN; ADECUADO, DA.
ADEFESIO m. fam. Despropósito, extravagancia. ◊ fam. Persona de exterior extravagante.
ADELAIDA (*Adelaide*) C. de Australia, cap. del est. de A. Meridional; 970 000 hab. Petróleo. Automóviles.
ADELANTADO, DA adj. Precoz, aventajado. ◊ m. *Hist.* En España, antiguamente, gobernador de una prov. fronteriza. ◊ **de mar.** En la conquista de América, persona a quien se confiaba el mando de una expedición y el gobierno de las tierras que descubriese.
ADELANTAR tr. y prnl. Mover o llevar hacia adelante. ◊ tr. Acelerar. ◊ Anticipar. ◊ tr. y prnl. Ganar la delantera a alguno. ◊ tr. Correr hacia adelante las saetas del reloj. ◊ fig. Aumentar, mejorar. ◊ intr. y prnl. Andar el reloj con más velocidad que la debida. ◊ intr. Progresar. ❑ ADELANTO.
ADELANTE adv. lugar. Más allá. ◊ Hacia la parte opuesta a otra. ◊ adv. tiempo. Denota tiempo futuro.
ADELFA f. Arbusto apocináceo venenoso, de hojas semejantes a las del laurel, propio de las zonas mediterráneas.
ADELGAZAR tr. y prnl. Poner delgado. ◊ intr. Ponerse delgado. ◊ ADELGAZAMIENTO.
ADEMÁN m. Movimiento con que se manifiesta un afecto del ánimo. ◊ pl. Modales.
ADEMÁS adv. cantidad. A más de esto o aquello.
ADÉN C. de la República del Yemen, junto al golfo hom.; 285 400 hab. Puerto.
ADENAUER, Konrad (1876-1967) Político al., demócrata-cristiano. Canciller de la República Federal Alemana (1949-1963). Impulsó la incorporación de su país a la Comunidad Económica Europea.
ADENITIS f. *Med.* Inflamación de las glándulas y de los ganglios linfáticos.
ADENOIDES f. pl. Hiperplasia de la amígdala faríngea, que causa trastornos respiratorios, fonatorios y auditivos.
ADENOMA m. *Pat.* Tumor epitelial benigno de un órgano glandular.
ADENOPATÍA f. Enfermedad de los ganglios, caracterizada por un aumento de su volumen.
ADENTRAR intr. y prnl. Penetrar en lo interior de una cosa.
ADENTRO adv. lugar. A o en el interior. ◊ m. pl. Lo interior del ánimo.
ADEPTO, TA adj. y s. Afiliado en alguna secta o asociación. ◊ Partidario de alguna persona o idea.
ADEREZAR tr. y prnl. Componer, hermosear. ◊ tr. Guisar, condimentar. ◊ tr. y prnl. Disponer. ◊ tr. Componer algunas bebidas. ◊ Preparar con goma u otros ingredientes algunos tejidos. ◊ tr. fig. Acompañar una acción con algo que le añade adorno.
ADEREZO m. Aquello con que se aderereza. ◊ Juego de joyas con que se adornan las mujeres. ◊ Arreos del caballo.
ADEUDAR tr. y prnl. Meter en deudas o tener deudas. ◊ tr. Satisfacer impuesto. ◊ *Cont.* Cargar.
ADEUDO m. Obligación de pagar. ◊ Cantidad que se paga en las aduanas por una mercancía.

Adán en *La creación del hombre*, fresco de Miguel Ángel (Capilla Sixtina, Vaticano)

ADHERENCIA f. Unión física, pegadura de las cosas. ◊ Parte añadida. ◊ *Fís.* Atracción entre las moléculas de dos cuerpos.

ADHERIR tr., intr. y prnl. Pegar una cosa a otra, o con otra. ◊ intr. y prnl. fig. Abrazar un dictamen o partido. ❑ ADHERENTE; ADHESIÓN.

ADHESIVO, VA adj. Capaz de adherirse. ◊ m. Sustancia que sirve para pegar dos cuerpos. ◊ Objeto dotado de una materia pegajosa, destinado a ser adherido a una superficie. ❑ ADHESIVIDAD.

ADIABÁTICO, CA adj. Díc. de los procesos o fenómenos realizados sin pérdida o ganancia de calor o del recinto en cuyo interior no es posible el intercambio térmico.

ADICCIÓN f. Dependencia física o psíquica por ingestión habitual de alguna sustancia psicotrópica.

ADICIÓN f. Añadidura en alguna obra o escrito. ◊ *Mat.* Operación de sumar. ❑ ADICIONADOR, RA; ADICIONAL.

ADICTO, TA adj. y s. Delicado, apegado. ◊ Unido a otro para entender en algún asunto.

ADIESTRAR tr. y prnl. Hacer diestro. ◊ Enseñar. ◊ tr. Guiar, encaminar.

ADIGIO Río de Italia que desemboca en el Adriático; 410 km.

ADIGUETIA República de Rusia, en el terr. de Kransnodar; 7 600 km², 432 000 hab. Cap. Maikop. Girasol, tabaco.

ADINERARSE prnl. fam. Enriquecerse. ❑ ADINERADO, DA.

ADINTELADO adj. *Arq.* Díc. del arco que viene a degenerar en línea recta.

¡ADIÓS! interj. que se emplea para despedirse. ◊ m. Despedida.

ADIPOSIS f. *Med.* Obesidad.

ADIPOSO, SA adj. *Zool.* Grasiento. ◊ Díc. del tejido animal que contiene gran cantidad de grasas. ❑ ADIPOSIDAD.

ADIPSIA f. *Med.* Falta de sed por un plazo largo.

ADITAMENTO m. Añadidura.

ADITIVO, VA adj. y s. Que puede añadirse. ◊ *Fís.* Díc. de las propiedades de un sistema en el que la suma de sus elementos es igual a la del sistema. ◊

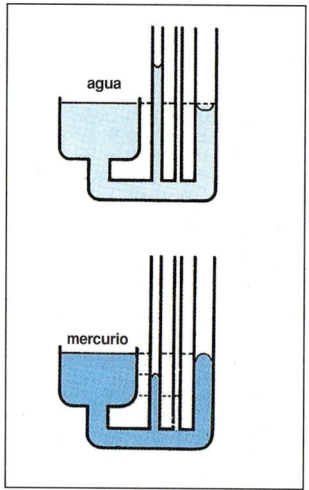

Adherencia. Por la forma del menisco, el agua moja la pared del recipiente y el mercurio no

Adjaristán. Aspecto del puerto de Batumi

Quím. Sustancia que sirve para mejorar sus cualidades o proporcionarle otras que no tenía. ◊ **alimentario.** En ⇨ bromatología, sustancia para conservar los alimentos o conferirles un aspecto, sabor o consistencia particulares.

ADIVINAR tr. Predecir el futuro o descubrir las cosas ocultas por medio de agüeros o sortilegios. ◊ Acertar el significado de un enigma. ◊ Vislumbrar, distinguir. ❑ ADIVINACIÓN; ADIVINADORA; ADIVINANZA; ADIVINO, NA.

ADJARISTÁN o **ADZHARIA** Rep. autónoma de Georgia; 3 000 km², 381 000 hab. Cap., Batumi. A orillas del mar Negro.

ADJETIVAR tr. *Gram.* Aplicar adjetivos. ◊ tr. y prnl. *Gram.* Dar al nombre valor de adjetivo. ◊ Calificar, apodar. ❑ ADJETIVACIÓN; ADJETIVADO, DA.

ADJETIVO, VA adj. Que dice relación a una cualidad o accidente. ◊ *Gram.* Relativo al adj. ◊ m. *Gram.* Nombre que califica al sustantivo o delimita su extensión.

ADJUDICAR tr. Declarar que una cosa corresponde a una persona. ◊ prnl. Apropiarse uno de alguna cosa. ❑ ADJUDICACIÓN; ADJUDICATARIO, RIA.

ADJUNTAR tr. Acompañar o remitir adjunta alguna cosa.

ADJUNTO, TA adj. Que va o está unido con otra cosa. ◊ adj. y s. Persona que acompaña a otra para realizar algún negocio. ◊ Profesor de enseñanza superior que suple al catedrático numerario.

ADLÁTERE (voz latina) m. Acompañante, colaborador. ◊ Cómplice, compinche.

ADLER, Alfred (1870-1937) Psicólogo austr., discípulo de Freud. Fundador de la llamada «Psicología individual». *El sentido de la vida.*

ADMINÍCULO m. Lo que sirve de ayuda para algo. ◊ Objeto que se lleva a prevención para servirse de él en caso de necesidad. ❑ ADMINICULAR.

ADMINISTRACIÓN f. Oficina donde el administrador ejerce su empleo. ◊ Conjunto de empleados de un servicio público. ◊ Equipo de gobierno de un país. ◊ **pública.** Acción del poder público al aplicar las leyes y cuidar de los intereses públicos. ◊ Conjunto de órganos de que se sirve. ❑ ADMINISTRATIVO, VA.

ADMINISTRAR tr. Gobernar, cuidar. ◊ Servir o ejercer algún empleo. ◊ Suministrar. ◊ Conferir los sacramentos. ◊ tr. y prnl. Aplicar medicamentos. ❑ ADMINISTRADO, DA; ADMINISTRADOR, RA.

ADMIRACIÓN f. Cosa admirable. ◊ Signo ortográfico (¡!) usado para ex-

presar admiración, queja o lástima, para llamar la atención o para denotar énfasis. ❑ ADMIRABLE; ADMIRATIVO, VA.

ADMIRAR tr. Causar sorpresa la vista o consideración de alguna cosa. ◊ tr. y prnl. Contemplar con sorpresa o placer. ◊ tr. Tener en singular estimación a una persona o cosa. ❑ ADMIRADOR, RA; ADMIRADO, DA.

ADMITANCIA f. *El.* Aptitud de un sistema físico para producir un efecto en virtud de una cierta solicitación. Su recíproco es la ⇨ impedancia.

ADMITIR tr. Recibir o dar entrada. ◊ Aceptar, recibir. ◊ Permitir o sufrir. ❑ ADMISIBILIDAD; ADMISIBLE; ADMISIÓN.

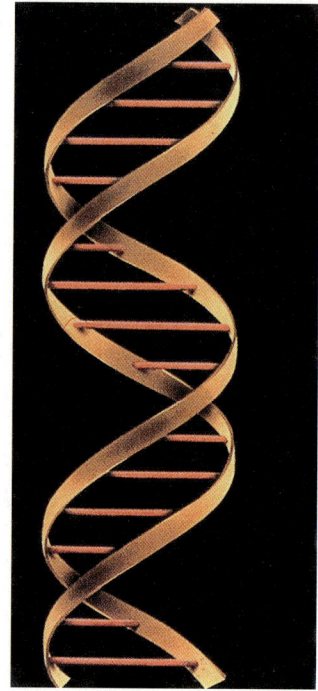

Estructura de la molécula de **ADN**

ADMONICIÓN f. Amonestación.

ADN *Bioq.* Siglas del ácido desoxirribonucleico, grupo proteico de las nucleoproteínas depositario de las características genéticas.

ADOBAR tr. Componer, aderezar. ◊ Guisar. ◊ Poner en adobo carnes u otras cosas para conservarlas. ◊ Curtir las pieles.

ADOBE m. Masa de barro moldeada en forma de ladrillo y secada al aire.

ADOBERA f. Molde para hacer adobes.

ADOBO m. Caldo compuesto de vinagre, sal, orégano, ajos y pimentón, que sirve para sazonar y conservar carnes y otras viandas. ◊ Mezcla de ingredientes que se hace para curtir las pieles o dar cuerpo y lustre a las telas.

ADOCENADO, DA adj. Vulgar.

ADOCENAR tr. Ordenar por docenas. ◊ tr. y prnl. Comprender o confundir a alguno entre gentes de calidad inferior.

ADOCTRINAR tr. Doctrinar.

ADOLECER intr. Caer enfermo o padecer alguna enfermedad. ◊ fig. Tratándose de pasiones, vicios, defectos, tenerlos.

ADOLESCENCIA f. Fase del desarrollo psicofisiológico de todo individuo, que comienza hacia los 12 años con la aparición de modificaciones morfológicas y fisiológicas, que caracterizan la pubertad. ❏ ADOLESCENTE.

ADONDE adv. lugar. A qué parte. ◊ Donde.

ADONDEQUIERA adv. lugar. A cualquier parte. ◊ Dondequiera.

ADONIS m. fig. Joven hermoso.

ADONIS *Mit.* gr. Joven de gran belleza amado por Afrodita.

Venus y ***Adonis,*** detalle de un óleo de A. Carracci (Museo del Prado, Madrid)

ADOPCIÓN f. *Der.* Acto jurídico que crea entre dos personas vínculos legales análogos a los que existen entre padres e hijos legítimos.

ADOPCIONISTA adj. y s. Herejes que suponían que Cristo era hijo de Dios, no por naturaleza, sino por adopción del Padre. ❏ ADOPCIONISMO.

ADOPTAR tr. Prohijar. ◊ Admitir alguna opinión o doctrina. ◊ Tratándose de resoluciones o de acuerdos, tomarlos con deliberación. ❏ ADOPTIVO, VA.

ADOQUÍN m. Piedra labrada en forma de prisma rectangular para empedrados, etc. ❏ ADOQUINADO; ADOQUINAR.

ADORACIÓN f. Acción de adorar. ◊ **de los Reyes.** La de los Reyes Magos al Niño Jesús. ◊ Epifanía.

ADORAR tr. Reverenciar con sumo honor o respeto a un ser. ◊ Reverenciar y honrar a Dios. ◊ fig. Amar con extremo. ◊ intr. Orar. ❏ ADORABLE.

ADORATORIO m. *Amér.* Templo en que los indígenas daban culto a algún ídolo.

ADORATRIZ f. Religiosa de la orden de las Esclavas del Santísimo Sacramento.

ADORMECER tr. y prnl. Causar sueño. ◊ tr. fig. Acallar. ◊ fig. Calmar. ◊ prnl. Empezar a dormirse.

ADORMIDERA f. Planta papaverácea, de flores grandes y terminales, y fruto capsular. De su fruto se extrae el opio. ◊ Fruto de esta planta.

ADORMILARSE prnl. Dormirse a medias.

ADORNAR tr. y prnl. Engalanar. ◊ tr. Servir de adorno. ◊ tr. y prnl. fig. Concurrir en una persona ciertas cualidades o circunstancias favorables. ❏ ADORNAMIENTO; ADORNISTA; ADORNO.

ADORNO, *Theodor W.* (1903-1969) Filósofo, sociólogo y musicólogo al. Su pensamiento está fundado en Hegel y en Marx. *Dialéctica de la Ilustración* (en colaboración con Horkheimer).

ADOSAR tr. Poner una cosa contigua o arrimada a otra.

ADOUM, *Jorge Enrique* (nacido 1926) Escritor y crítico ecuat. *Ecuador amargo, Informe personal sobre la situación.*

ADQUIRIR tr. Conseguir una cosa por el trabajo o compra. ◊ Coger u obtener. ❏ ADQUISICIÓN; ADQUISITIVO, VA.

ADREDE adv. modo. De propósito.

ADRENALINA f. *Fisiol.* Hormona segregada por la médula de las cápsulas suprarrenales. Su función es transmitir las excitaciones desde las fibras nerviosas simpáticas a los órganos efertores.

ADRIANO, *Publio Elio* (76-138) Emp. rom., nacido en Itálica (Bética, Hispania), hijo adoptivo de Trajano. Poeta, filósofo y artista.

ADRIANO I Papa rom. [772-795] Bajo su pontificado se celebró el segundo concilio de Nicea (787). ◊ **IV** (h. 1100-1159) Papa [1154-1159] Luchó contra Federico I Barbarroja. ◊ **VI,** *A. de Utrecht* (1459-1523) Papa [1522-1523]. Preceptor de Carlos V y regente de España en 1516 y en 1520.

ADRIÁTICO Mar del Mediterráneo, sit. entre la pen. Itálica y las costas de la pen. Balcánica.

ADSCRIBIR tr. Inscribir, asignar a una persona o cosa, atribuir. ◊ tr. y prnl. Agregar a una persona al servicio de un cuerpo o destino. ❏ ADSCRIPCIÓN.

Adormidera

Adriano VI. ❏ Retrato de Adriano de Utrech (Palacio Episcopal, Tortosa)

ADSORBER tr. *Fís.* Atraer un cuerpo y retener en su superficie moléculas o iones de otro cuerpo en estado líquido o gaseoso. ❏ ADSORBENTE.

ADSORCIÓN f. *Fís.* Fijación de gases y sustancias disueltas en la superficie de cuerpos sólidos.

ADUANA f. Oficina pública donde se registran todos los géneros y mercancías que se importan o exportan de un país, y cobrar los derechos que adeudan. ❏ ADUANERO, RA.

ADUAR m. Población de beduinos formada de tiendas o cabañas. ◊ Ranchería de indígenas americanos.

ADÚCAR m. Seda que envuelve el capullo del gusano de seda. ◊ Tela de adúcar.

ADUCCIÓN f. *Anat.* Movimiento de aproximación al eje de un cuerpo o de un miembro. ❏ ADUCTOR.

ADUCIR tr. Tratándose de pruebas, razones, etc. presentarlas o alegarlas.

ADUEÑARSE prnl. Hacerse uno dueño de una cosa o apoderarse de ella.

ADULAR tr. Hacer o decir intencionadamente lo que se cree puede agradar a otro. ❏ ADULACIÓN; ADULADOR, RA.

ADULTERAR intr. y prnl. Cometer adulterio. ◊ tr. fig. Viciar, falsificar alguna cosa. ❏ ADULTERACIÓN.

ADULTERIO m. Mantenimiento de relaciones sexuales extramatrimoniales, estando casado el hombre, o la mujer, o ambos. ❏ ADULTERINO, NA; ADÚLTERO, RA.

ADULTO, TA adj. y s. Llegado al término de la adolescencia. ◊ Llegado a su mayor crecimiento.

ADUSTO, TA adj. fig. Austero, melancólico. Díc. de personas y cosas.

ADVENEDIZO, ZA adj. y s. Extranjero. ◊ adj. y s. Persona que, habiendo reunido fortuna, pretende figurar entre gentes de más alta condición social.

ADVENIMIENTO m. Venida. ◊ Ascenso de un soberano al trono.

ADVENIR intr. Venir o llegar.

ADVENTICIO, CIA adj. Extraño o que sobreviene. ◊ *Biol.* Aplícase al órgano que se desarrolla ocasionalmente.

ADVENTISTA adj. y s. Confesión religiosa americana que espera un segundo advenimiento de Cristo. ◊ m. y f. Partidario de esta secta. ❑ ADVENTISMO.

ADVERAR tr. Certificar, dar por cierto algo o por auténtico algún documento.

ADVERBIO m. *Gram.* Parte invariable de la oración que sirve para modificar el significado del verbo o de cualquier otra palabra que tenga sentido calificativo o atributivo. ❑ ADVERBIAL.

ADVERSARIO, RIA m. y f. Persona contraria y enemiga. ◊ Rival, contendiente.

ADVERSATIVO, VA adj. *Gram.* Que implica oposición o contrariedad de sentido.

ADVERSIDAD f. Calidad de adverso. ◊ Suerte adversa, infortunio.

ADVERSO, SA adj. Contrario, enemigo, desfavorable. ◊ Opuesto.

ADVERTENCIA f. o **ADVERTIMIENTO** m. Escrito breve con que se advierte algo.

ADVERTIR tr. e intr. Fijar en algo la atención, observar. ◊ tr. Llamar la atención sobre algo. ◊ Aconsejar, prevenir. ◊ intr. Caer en la cuenta.

ADVIENTO m. En la liturgia cristiana, tiempo que antecede a la Navidad.

ADVOCACIÓN f. Dedicación de un templo, capilla o altar a Jesucristo, a la Virgen, a un santo, etc.

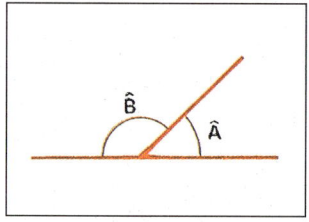

Ángulos **adyacentes**

ADYACENTE adj. Situado en la inmediación o proximidad de otra cosa. ◊ **Ángulos a.** *Geom.* Los que tienen un lado común y son suplementarios.

AÉREO, Á adj. De aire. ◊ Relativo al aire. ◊ Relativo a la aviación.

AERIFORME adj. Parecido al aire.

AEROBIC m. Gimnasia basada en movimientos que combinan música y control de la respiración.

AEROBIO, BIA adj. *Aer.* Díc. de los motores que precisan aire. ◊ adj. y m. *Biol.* Organismos que precisan oxígeno molecular libre en el medio ambiente.

AEROBÚS m. Avión de transporte para más de 250 pasajeros.

AEROCLUB m. Asociación de aficionados a la aviación deportiva.

AERODESLIZADOR m. Vehículo que se desliza en el suelo o el agua sobre un colchón de aire.

Aerodeslizador

Aerofotografía de un barrio de Madrid (España)

AERODINÁMICA f. *Fís.* Parte de la mecánica de fluidos, que estudia la dinámica de gases y las fuerzas a que están sometidos los cuerpos que se hallan en su seno.

AERODINÁMICO, CA adj. Díc. de los vehículos y otros cuerpos que tienen una forma adecuada para disminuir la resistencia del aire.

AERÓDROMO m. Sitio para la salida y llegada de los aviones, aeronaves, etc.

AEROFAGIA f. *Med.* Deglución espasmódica del aire.

AEROFARO m. Luz potente para orientar a los aviones en vuelo.

AEROFOTOGRAFÍA f. Fotografía del suelo tomada desde un vehículo aéreo.

AERÓGRAFO m. Pulverizador para la aplicación de líquidos.

AEROLITO m. Fragmento de un bólido, que cae sobre la Tierra. ❑ AEROLÍTICO, CA.

AEROLOGÍA f. Ciencia que estudia las capas altas de la atmósfera.

AERÓMETRO m. Instrumento para medir la densidad del aire.

AEROMODELISMO m. Técnica que trata de la construcción de modelos reducidos de vehículos aéreos. ❑ AEROMODELO.

AEROMOZA f. Azafata de avión.

AERONAUTA com. Piloto de una aeronave.

AERONÁUTICA f. Ciencia que trata de la navegación aérea, su posible realización y la legislación correspondiente.

AERONAVAL adj. Relativo a la aviación y a la marina de guerra.

AERONAVE f. Vehículo que se emplea para la navegación aérea.

AEROPLANO m. Avión.

AEROPUERTO m. Lugar destinado a la entrada y salida de aviones.

AEROSOL m. Suspensión de partículas ultramicroscópicas de sólidos o líquidos en el aire u otro gas.

AEROSTACIÓN f. Navegación aérea.

AEROSTÁTICA f. Parte de la mecánica de fluidos, que estudia el equilibrio de los gases. ❑ AEROSTÁTICO, CA.

AERÓSTATO m. Globo aerostático.

AEROTECNIA f. Ciencia que trata de las aplicaciones del aire a la industria.

AEROVÍA f. Ruta establecida para el vuelo comercial de los aviones.

AFABLE adj. Agradable, suave en la conversación y el trato. ❑ AFABILIDAD.

AFAMAR tr. y prnl. Hacer famoso, dar fama. ❑ AFAMADO, DA.

AFÁN m. Trabajo excesivo y duro. ◊ Anhelo vehemente. ❑ AFANADO, DA.

AFANAR intr. y prnl. Entregarse al trabajo con ahínco. ◊ Hacer diligencias con anhelo para conseguir alguna cosa. ◊ fam. Hurtar.

AFAROLADO, DA adj. *Taur.* Díc. del lance en que el diestro se pasa el engaño por encima de la cabeza.

AFAROLARSE prnl. *Amér.* Sulfurarse. ◊ *Amér.* Exaltarse.

AFASIA f. *Med.* Pérdida del habla a consecuencia de una lesión cerebral.

AFEAR tr. y prnl. Hacer o poner fea a una persona o cosa. ◊ tr. fig. Tachar.

AFECCIÓN f. Impresión que hace una cosa en otra, causando en ella alteración. ◊ Afición. ◊ *Med.* Alteración morbosa.

AFECTACIÓN f. Falta de naturalidad.

AFECTAR tr. Poner demasiado cuidado en las palabras, movimientos, adornos, etc. ◊ Fingir. ◊ Anexar. ◊ tr. y prnl. Hacer impresión una cosa en una persona. ◊ tr. *Der.* Imponer gravamen u obligación sobre alguna cosa. ◊ *Med.* Producir alteración en algún órgano.

AFECTIVIDAD f. Desarrollo de la propensión a querer. ◊ *Psic.* Conjunto de fenómenos afectivos.

AFECTO, TA adj. Inclinado a alguna persona o cosa. ◊ Díc. de las posesiones o rentas sujetas a alguna carga. ◊ Díc. de la persona destinada a prestar determinadas funciones. ◊ m. Cualquiera de las pasiones del ánimo. ❑ AFECTIVO, VA.

AFECTUOSO, SA adj. Amoroso. ❑ AFECTUOSIDAD.

AFEITAR tr. y prnl. Cortar la barba o el bigote. ◊ Componer con afeites. ◊ tr. Esquilar a una caballería las crines y la cola. ◊ Recortar las ramas y hojas de una planta. ◊ *Taur.* Cortar al toro las puntas de los cuernos.

AFEITE m. Aderezo. ◊ Cosmético.

AFELIO m. *Astr.* Punto que en la órbita de un planeta dista más del Sol.

AFELPAR tr. Dar a la tela el aspecto de felpa. ❑ AFELPADO, DA.

AFEMINADO, DA adj. y s. Díc. del que se parece a una mujer.

AFEMINAR tr. y prnl. Hacer perder a uno la energía varonil, o inclinarle a que se parezca a una mujer.

AFERENTE adj. *Biol.* Que trae. ◊ *Anat.* Díc. de los vasos que van hacia el corazón y de las fibras nerviosas que conducen los estímulos sensoriales a los centros nerviosos.

AFÉRESIS f. *Gram.* Metaplasmo que consiste en suprimir letras al principio de una palabra.

Aerolitos

AFERRAR tr. e intr. Agarrar fuertemente. ◊ *Mar.* Plegar las velas. ◊ *Mar.* Asegurar la embarcación echando los ferros. ◊ prnl. Asirse una cosa con otra. ◊ prnl. e intr. fig. Insistir en alguna opinión.

AFFAIRE (voz fr.) m. Caso, asunto.

AFFICHE (voz fr.) m. Anuncio, cartel.

AFGANISTÁN *(Da Afghánistán Jomhúriyát)* Estado de Asia central. Su relieve está formado por altas mesetas y montañas, salvo la llanura del NO y las zonas desérticas del S. Río pral.: Amu Darya. Clima continental. Cereales, frutos, algodón. Ganado ovino, caprino y bovino. Ind. incipiente. Lenguas: pashtu y dari (of.), variantes turcas e iranies. *Rel*: islamismo sunnita. U. M.: afganí. Cap., Kabul. C. prales.: Kandahar, Herat.
□ *Hist.* En la antigüedad formó parte del imperio persa. Se independizó de Persia en 1747. Protectorado ing. (1907-1921). En 1973, un golpe militar derrocó la monarquía y proclamó la rep. En 1978 tomó el poder un consejo revolucionario. Tras la intervención de la URSS (1979), se instaló un gobierno prosoviético. En 1988-1989, las fuerzas soviéticas abandonaron el terr. y las gubernamentales continuaron enfrentándose a la guerrilla islámica. Uno de los grupos más radicales, el de los talibanes, tomó el poder en 1996. En octubre de 2001 EE UU inició la ofensiva militar en busca de O. Bin Laden, y en noviembre la guerrilla Alianza del Norte, aliada de EE UU, ocupó Kabul. No obstante, los combates continuaron en 2002. Ese mismo año se nombró presid. interino a H. Karzai, quien fue refrendado en las elecciones presid. de 2004.

AFGANO, NA adj. y s. De Afganistán.

AFIANZAR tr. Dar fianza por alguno. ◊ tr. y prnl. Afirmar con puntales, cordeles, etc.; apoyar. ◊ Asir.

AFICIÓN f. Inclinación permanente por una persona o cosa. ◊ Conjunto de aficionados a un deporte como espectáculo.

AFICIONADO, DA adj. y s. Que cultiva algún arte o deporte, sin tenerlo por oficio.

AFICIONAR tr. Inclinar, inducir a otro a que guste de alguna persona o cosa. ◊ prnl. Prendarse de algo o de alguien.

AFIDÁVIT m. Declaración de los tenedores de efectos públicos reembolsables de que residen en el extranjero.

AFIEBRARSE prnl. *Amér.* Acalenturarse.

AFIJO, JA adj. y m. *Gram.* Díc. del pronombre personal pospuesto y unido al verbo, y de las partículas usadas en la formación de palabras.

AFILADOR, RA adj. Que afila ◊ m. El que tiene por oficio afilar instrumentos. ◊ f. *Mec. apl.* Máquina para aguzar el filo de las herramientas de corte.

AFILALÁPICES m. Instrumento para sacar punta a los lápices.

AFILAR tr. Sacar filo. ◊ Aguzar, sacar punta. ◊ *Par.* y *Ur.* fam. Enamorar. ◊ prnl. fig. Adelgazarse de cara, nariz o manos. □ AFILAMIENTO.

AFILIAR tr. y prnl. Unir una persona a otras que forman corporación, partido, sociedad. □ AFILIACIÓN; AFILIADO, DA.

AFILIGRANAR tr. Hacer filigrana. ◊ fig. Pulir, hermosear primorosamente.

AFÍN adj. Que tiene afinidad con otra cosa. ◊ com. Pariente por afinidad.

AFINAR tr. y prnl. Perfeccionar una cosa. ◊ Hacer cortés a una persona. ◊ Purificar los metales. ◊ Poner en tono justo los instrumentos musicales con arreglo a un diapasón. ◊ Cantar o tocar entonando con perfección. ◊ *Chile.* Finalizar. □ AFINACIÓN; AFINADO, DA; AFINADOR, RA; AFINAMIENTO, AFINO.

AFINCAR intr. y prnl. Fincar, adquirir fincas. ◊ prnl. Establecerse.

AFINIDAD f. Analogía de una cosa con otra. ◊ Parentesco entre un cónyuge y los deudos del otro. ◊ *Quím.* Magnitud que expresa el trabajo de fuerzas que actúan en un sistema en unas determinadas condiciones de presión y temperatura y con una composición química dada.

AFIRMAR tr. y prnl. Poner firme. ◊ tr. Asegurar o dar por cierta alguna cosa. ◊ prnl. Ratificarse en un dicho o declaración. □ AFIRMACIÓN; AFIRMADOR, RA; AFIRMATIVO, VA.

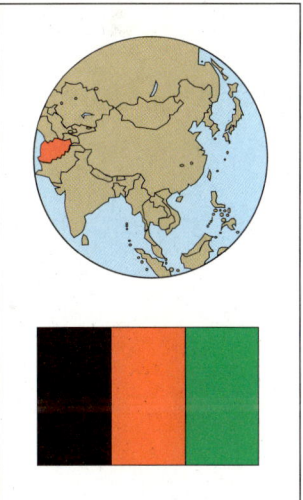

AFGANISTÁN	
Superficie	652 225 km²
Población	16 922 000 hab.
	(26 hab./km²)
Recursos económicos	
Cebada	217 000 t
Patatas	223 000 t
Remolacha azucarera	1 000 t
Trigo	1 726 000 t
Ganaderia y derivados	
Cabaña caprina	2 150 000 cabezas
Cabaña ovina	13 500 000 cabezas
Riqueza forestal	6 465 000 m³
Producción mineral	
Gas natural	300 000 000 m³
Producción industrial	
Cemento	100 000 t
Tejidos de algodón	100 t
Indicadores sociológicos	
PNB	4 000 millones de dólares
Renta per cápita	250 dólares
Esperanza de vida	43 años
Alfabetismo	29 %

Mapa de situación y bandera de **Afganistán**

Afganistán. Llanura al pie de los montes Koh-i-Baba

AFL Siglas de la *American Federation of Labor*, sindicato obrero de EE UU.

AFLAUTADO, DA adj. De sonido semejante al de la flauta.

AFLIGIR tr. y prnl. Causar molestia o sufrimiento físico. ◊ Causar tristeza o angustia moral. ❏ AFLICCIÓN.

AFLOJAR tr. y prnl. Disminuir la presión o tirantez. ◊ tr. fig. y fam. Entregar uno dinero u otra cosa. ◊ intr. fig. Perder fuerza una cosa. ◊ fig. Dejar uno de emplear el mismo vigor o interés que antes en alguna cosa.

AFLORAR intr. Asomar a la superficie del terreno un filón, capa o masa mineral cualquiera. ◊ tr. Cerner la harina o cribar los cereales. ❏ AFLORAMIENTO.

AFLUENTE m. Arroyo o río que desemboca en otro principal.

AFLUIR intr. Acudir en abundancia a un sitio. ◊ Verter un río sus aguas. ❏ AFLUENCIA.

AFLUJO m. *Med.* Afluencia excesiva de líquidos a un tejido orgánico.

AFOLLAR tr. Soplar con los fuelles. ◊ fig. Plegar en forma de fuelles. ◊ prnl. Ahuecarse las paredes.

AFONÍA f. Defecto o ausencia total de voz por irritación o lesión de las cuerdas vocales y órganos anejos. ❏ AFÓNICO, CA; ÁFONO, NA.

AFORAR tr. Dar o tomar a foro alguna heredad. ◊ Dar fueros. ◊ Valorar géneros o mercancías para el pago de derechos. ◊ Medir la cantidad de agua que lleva una corriente en una unidad de tiempo. ◊ Calcular la capacidad de un recipiente. ❏ AFORADO, DA; AFORAMIENTO.

AFORISMO m. Máxima de carácter doctrinal. ❏ AFORÍSTICO, CA.

AFORO m. Capacidad de las localidades de un recinto de espectáculos públicos.

AFORTUNADO, DA adj. Que tiene fortuna. ◊ Feliz, que hace feliz.

AFRANCESADO, DA adj. y s. Que gusta de imitar a los franceses. ◊ Partidario de los franceses. ◊ Díc. de los esp. e hispanoamericanos que apoyaron a José I Bonaparte durante la guerra de la Independencia (1808-1814).

AFRANIO Nepote, *Lucio* (m. 46 a. C.) General rom., propretor de la Hispania Citerior.

AFRECHERO m. *Argent.* Pájaro granívoro de pequeño tamaño.

AFRECHO m. Salvado, cáscara del grano.

AFRENTA f. Deshonor que resulta de algún dicho o hecho. ◊ Dicho o hecho afrentoso. ❏ AFRENTAR; AFRENTOSO, SA.

ÁFRICA El tercer continente por su extensión (más de 30 millones de km²). Sit. al S del Viejo Mundo, separado de Europa por el Mediterráneo y de Asia por el canal de Suez. Lo bañan el Mediterráneo por el N, el Índico por el E y el Atlántico por el O.
❏ *Geog. fís.* Á. forma una gran plataforma, constituida por un zócalo precámbrico. En el relieve destacan: al N, la cord. del Atlas y el desierto del Sáhara con los montes Tibesti y Ahaggar; al E, las mesetas etíope y oriental, con los montes Ras Dashan, Kenia, Kilimanjaro y Ruwenzori; en el centro, la cuenca del Congo bordeada al NO por los montes Adamaua, Camerún y Cristal; al S el desierto de Kalahari y los montes Drakensberg. Ríos: en la vertiente mediterránea, el Nilo; en la atlántica, el

África. Danza zulú en la República Sudafricana

África. Sitial del «señor de Buli», (Congo sudoriental)

África. Desierto del Sáhara, en los alrededores de Tombuctú (Malí)

Níger y el Congo; en la del Índico, el Zambeze. El Victoria es el lago más extenso. Climas: mediterráneo en el litoral septentrional y en el extremo S; cálido y desértico en Dancalia y en los desiertos; cálido y húmedo entre los 6° de lat. N y los 3° de lat. S; templado y húmedo en el litoral sudoriental; seco estacional en el Sudán, llanuras orientales y O de Madagascar; cálido y seco en las zonas predesérticas.
❏ *Geog. econ.* Se trata de un continente de escaso desarrollo económico. Exporta aceites (de cacahuete, palma, cocotero, de semilla de algodón, de oliva), azúcar de caña, cacao, café, frutos diversos (bananas, agrios), fibras textiles (algodón, sisal), tabaco. Explotaciones forestales. Ganadería (bovinos y ovinos). Es el continente más rico en recursos minerales; uranio, radio, titanio, germanio, litio, diamantes, oro y fosfatos. Petróleo y gas natural en el Sahara.
❏ *Geog. humana.* Á. supera los 630 mil hab., un 12% de la pob. mundial. Exis-

ten cuatro grandes grupos étnicos: negros (sudaneses, guineanos, nilóticos, bantúes), que son las dos terceras partes de toda la pob.; pigmeos (Á. ecuatorial), bosquimanos y hotentotes (desierto de Kalahari); blancos camitas (Egipto, Sudán, Etiopía, Somalia, Magreb y parte del Sahara), semitas (N y E del continente) y descendientes de los ant. colonizadores (islas del NO del Atlántico, Magreb y Sudáfrica); de origen asiático, localizados en Sudáfrica (indios) y Madagascar (malayos, negroides y mestizos).

AFRICADO, DA adj. y f. *Gram.* Sonido cuya articulación consiste en una oclusión y una fricación formadas entre los mismos órganos. ◊ f. Letra que representa este sonido.

AFRICANISMO m. Influencia de las razas africanas y de sus costumbres, arte, etc., en otros pueblos. ◊ Voz de origen africano en lengua no africana.

AFRICANISTA com. Persona dedicada al estudio de lo relacionado con África.

AFRICANO, NA adj. y s. De África.

ÁFRICA, ESTADOS Y TERRITORIOS

Estados y territorios	Km²	Población	Densidad	Capital
Angola	1 246 700	10 303 000	8	Luanda
Argelia	2 381 741	25 939 000	11	Argel
Benin	112 622	4 889 000	43	Porto-Novo
Botswana	600 372	1 348 000	2	Gaborone
Burkina Faso	274 200	9 242 000	34	Uagadugu
Burundi	27 834	5 600 000	201	Bujumbura
Cabo Verde	4 033	341 000	85	Praia
Camerún	475 442	11 932 000	25	Yaundé
Centroafricana, Rep.	622 436	3 015 000	5	Bangui
Chad	1 284 000	5 819 000	5	N'Djamena
Comores	1 862	481 000	258	Moroni
Congo, Rep. del	342 000	2 346 000	7	Brazzaville
Congo, Rep. Dem. del	2 344 885	36 672 000	16	Kinshasa
Costa de Marfil	322 463	10 820 000	34	Yamoussoukro
Djibuti	23 200	541 000	23	Djibuti
Egipto[1]	942 247	54 688 000	58	El Cairo
Eritrea	121 143	3 325 000	27	Asmara
Etiopía	1 130 139	50 058 000	44	Addis-Abeba
Gabón	267 667	1 350 000	5	Libreville
Gambia	11 295	884 000	78	Banjul
Ghana	238 538	15 509 000	65	Accra
Guinea	245 857	5 800 000	24	Conakry
Guinea-Bissau	36 125	984 000	27	Bissau
Guinea Ecuatorial	28 051	356 000	13	Malabo
Kenia	582 646	23 183 000	40	Nairobi
Lesotho	30 355	1 806 000	59	Maseru
Liberia	111 369	2 520 000	23	Monrovia
Libia	1 775 500	4 325 000	2	Trípoli
Madagascar	587 041	11 493 000	20	Antananarive
Malawi	118 484	8 556 000	72	Lilongwe
Malí	1 240 142	8 299 000	7	Bamako
Marruecos	458 730	25 698 000	56	Rabat
Mauricio	2 045	1 069 000	523	Port Louis
Mauritania	1 030 700	2 036 000	2	Nuakchott
Mozambique	799 380	16 084 000	20	Maputo
Namibia	824 292	1 402 000	2	Windhoek
Níger	1 186 408	7 984 000	7	Niamey
Nigeria	923 768	88 515 000	96	Abuja
Ruanda	26 338	7 165 000	272	Kigali
Santo Tomé y Príncipe	964	123 000	128	Santo Tomé
Senegal	196 722	7 433 000	38	Dakar
Seychelles	453	68 000	150	Victoria
Sierra Leona	71 740	4 260 000	59	Freetown
Somalia	637 657	6 760 000	11	Mogadiscio
Sudafricana, Rep.	1 123 226	38 191 000	31	Ciudad del Cabo y Pretoria [2]
Sudán	2 505 813	25 941 000	10	Jartum
Swazilandia	17 364	798 000	46	Mbabane
Tanzania	939 470	26 353 000	28	Dodoma
Togo	56 785	3 643 000	64	Lomé
Tunicia	163 610	8 293 000	51	Túnez
Uganda	241 038	16 830 000	70	Kampala
Zambia	752 614	8 023 000	11	Lusaka
Zimbabwe	390 759	10 402 000	27	Harare
África indep.[3]	29 981 775	623 951 000	21	
Santa Elena	122	6 000	49	Jamestown
Dependencias de Santa Elena	297	1 000	4	
África brit.	419	7 000	17	
Mayotte	374	94 000	242	Dzaoudzi
Reunión	2 510	608 000	243	Saint-Denis
África fr.	2 884	702 000	243	
Madeira	794	275 000	346	Funchal
África port.	794	275 000	346	
Canarias	7 242	1 494 000	206	Las Palmas y Sta. Cruz de T.
Ceuta, Melilla, etc.	32,5	124 000	3 875	
África esp.	7 274,5	1 618 000	222	
Socotora	3 626	15 000	4	Hadibu
África yemení	3 626	15 000	4	
ÁFRICA[4]	30 249 095	626 767 000	21	

[1] Excluidos 59 202 km² de la pen. del Sinaí, ubicados en Asia.
[2] Ciudad de El Cabo, cap. legislativa y Pretoria, cap. administrativa.
[3] Comprendidos los bantustanes sudafricanos de Bophuthatswana (44 000 km²), Ciskei (8 500 km²), Transkei (41 600 km²) y Venda (7 410 km²); 6 797 000 hab.
[4] Comprendidos unos 252 120 km² y 199 000 hab. del Sahara Occidental (antiguo Sahara Español), anexionados por Marruecos y no reconocidos por la comunidad internacional.

AFRIKAANS m. Dialecto neerlandés hablado por los bóers. Idioma oficial de la República Sudafricana, junto con el inglés y diversas lenguas bantúes.

AFRIKANER adj. y s. Individuo descendiente de los neerlandeses y franceses que colonizaron África del Sur.

AFROAMERICANO, NA adj. y s. Relativo a los negros americanos.

AFROASIÁTICO, CA adj. Relativo a África y Asia.

AFROCUBANO, NA adj. y s. Relativo a los negros cub. originarios de África y a sus costumbres, danzas, música, etc.

AFRODISIACO, CA o **AFRODISÍACO, CA** adj. y s. Sustancia o medicamento que excita el apetito sexual.

AFRODITA Diosa gr. de la belleza y el amor. Llamada *Venus* por los rom.

AFRONTAR tr. e intr. Poner una cosa enfrente de otra. ◊ tr. Hacer frente al enemigo. ◊ Arrostrar peligros, etc.

AFTA f. *Med.* Úlcera pequeña de la mucosa de la boca. ❏ AFTOSO, SA.

AFUERA adv. lugar. Fuera del sitio en que uno está. ◊ En lugar público o en la parte exterior. ◊ f. pl. Alrededores de una población.

AFUEREÑO, ÑA adj. y s. *Amér.* Forastero.

AFUSTE m. Armazón de las piezas de artillería.

Ag *Quím.* Símbolo de la plata.

AGA Kan Título de los imanes de la secta musulmana de los ismaelitas.

AGACHADIZA f. Ave semejante a la chocha.

AGACHAR tr. e intr. fam. Tratándose de alguna parte del cuerpo, inclinarla. ◊ prnl. fam. Encogerse, doblando mucho el cuerpo hacia la tierra.

AGACHONA f. *Méx.* Ave acuática que abunda en las lagunas.

AGADIR C. y puerto de Marruecos; 110 500 hab.

AGALLA f. Branquia. ◊ Amígdala o angina. Se usa más en pl. ◊ Excrecencia tumoral, llamada también cecidia, de hojas y tallos verdes de las plantas. ◊ Cada uno de los costados de la cabeza del ave que corresponden a las sienes. ◊ *Col.* y *Ecuad.* Codicia.

AGALLUDO, DA adj. fam. *Amér.* Díc. de la persona animosa. ◊ *Amér.* Ambicioso.

AGAMENÓN Rey legendario de Argos, jefe de los gr. que asediaron Troya y uno de los prales. personajes de la *Ilíada.*

AGAMÍ m. *Amér. Merid.* Ave doméstica del tamaño de la gallina. Sirve de guardián de las demás aves.

AGAMIA f. *Bot.* Falta de órganos sexuales. ◊ *Bot.* Multiplicación vegetativa.

ÁGAPE m. Convite consumido en común por los primeros cristianos. ◊ P. ext., banquete.

AGAR (heb., *Hagar*) Esclava de Abraham con quien tuvo a Ismael.

AGAR-AGAR m. Gelatina extraída de algas marinas asiáticas, usada para cultivos bacterianos y el apresto de tejidos.

AGARRADA f. fam. Altercado o riña.

AGARRADERA f. *Chile* y *Cuba.* Asa. ◊ pl. Favor con que uno cuenta para conseguir sus fines.

AGARRADERO m. Asa o mango. ◊ fig. Parte de un cuerpo a propósito para asirlo. ◊ fig. y fam. Amparo o recurso.

AGARRADO, DA adj. fig. y fam. Apretado o miserable. ◊ adj. y m. fam. Baile en que la pareja va enlazada.

Afrodita. Escultura del siglo v

AGARRAR tr. Asir fuertemente con la mano. ◊ Coger, sujetar. ◊ fam. Contraer una enfermedad. ◊ fig. Sorprender a uno en un apuro, contratiempo o daño, o vencerle el sueño. ◊ fig. y fam. Conseguir lo que se desea.

AGARROTAMIENTO m. Avería mecánica producida por aumento del rozamiento entre dos superficies poco engrasadas.

AGARROTAR tr. Apretar los fardos con cuerdas retorcidas por medio de un palo. ◊ Estrangular con el garrote. ◊ Oprimir una cosa a otra. ◊ prnl. Ponerse rígidos los miembros del cuerpo. ◊ *Mec.* Moverse con dificultad una pieza por agarrotamiento.

AGARTALA C. de la India, cap. del est. de Tripura; 157 600 hab.

AGASAJAR tr. Tratar con consideración. ◊ Favorecer a uno con regalos o con afecto. ◊ Hospedar. ❏ AGASAJO.

ÁGATA f. *Min.* Variedad de calcedonia, considerada como piedra semipreciosa.

AGATOCLES (361-289 a. C.) Tirano de Siracusa.

AGAUCHARSE prnl. *Amér. Merid.* Adquirir costumbres de gaucho. ❏ AGAUCHADO, DA.

AGAVE amb. *Méx.* Planta crasa, de la cual se elaboran el pulque y el mezcal. ◊ **americana.** Pita.

AGAZAPAR tr. fig. y fam. Agarrar a alguno. ◊ prnl. fam. Agacharse.

AGENCIA f. Oficina del agente. ◊ Empresa que gestiona asuntos ajenos. ◊ Sucursal de una empresa. ◊ *Chile.* Casa de empeños.

AGENCIAR tr. e intr. Hacer las diligencias conducentes al logro de una cosa. ◊ tr. y prnl. Procurar o conseguir alguna cosa con diligencia o maña.

AGENDA f. Librito o cuaderno en que se anota lo que interesa recordar. ◊ Relación de temas a tratar en una junta.

AGENESIA f. *Med.* Imposibilidad de engendrar.

AGENTE adj. y s. *Gram.* Persona que ejecuta la acción del verbo. ◊ m. Persona que obra y tiene poder para producir un efecto. ◊ Persona que obra con poder de otro. ◊ Agente de policía.

AGEO (heb., *Haggay*; h. 520 a. C.) Décimo de los profetas menores del A. T.

AGGIORNAMENTO (voz it.) m. Puesta al día de un sistema de creencias, de una institución, etc.

AGIGANTADO, DA adj. De estatura mucho mayor de lo regular. ◊ fig. Díc. de las cosas muy sobresalientes. ❏ AGIGANTAR.

ÁGIL adj. Ligero, pronto, expedito. ❏ AGILIDAD.

AGILITAR tr. y prnl. Agilizar. ◊ *Argent.* y *Ecuad.* Activar.

AGILIZAR tr. y prnl. Hacer ágil.

AGIO m. Beneficio que se obtiene del cambio de la moneda o de descontar letras, pagarés, etc. ◊ Especulación sobre el alza y la baja de los fondos públicos. ◊ Agiotaje.

AGIOTAJE m. Agio. ◊ Especulación abusiva sobre valores bursátiles o bienes de consumo. ❏ AGIOTADOR; AGIOTISTA.

AGITACIÓN f. Inquietud, desasosiego. ◊ Turbación. ◊ Forma activa de propaganda política. ◊ Insurrección, tumulto.

AGITADOR, RA adj. y s. Que agita. ◊ m. *Quím.* Varilla de vidrio para revolver líquidos. ◊ Persona que incita a la revuelta social o política.

AGITAR tr. y prnl. Mover con frecuencia y violentamente. ◊ fig. Inquietar, mover violentamente el ánimo. ◊ tr. fig. Provocar la inquietud política o social. ❏ AGITABLE; AGITACIÓN.

Ágata

AGLOMERACIÓN f. Muchedumbre. ◊ **urbana.** Complejo urbanístico constituido por el casco urbano de la ciudad y el conjunto de núcleos cercanos que forman el área suburbana.

AGLOMERADO m. *Const.* Masa compacta formada por arenas, gravas, piedras, etc., cohesionados por una sustancia.

AGLOMERANTE adj. Que aglomera. ◊ adj. y m. *Const.* Sustancia usada para unir fragmentos heterogéneos.

AGLOMERAR tr. y prnl. Amontonar,

juntar. ◊ *Const.* Unir fragmentos de una o varias sustancias con un aglomerante.
AGLUTINANTE adj. Que aglutina. ◊ Díc. de las lenguas que establecen sus relaciones gramaticales por medio de afijos que se yuxtaponen a la raíz.
AGLUTINAR tr. y prnl. Unir varias cosas para formar una masa compacta. ❑ AGLUTINACIÓN.
AGNELLI, *Giovanni* (1886-1945) Industrial it., fundador de la FIAT.
AGNON, *Samuel-Yosef* (1888-1970) Escritor israelí. *La dote de la novia, Las viudas presuntas.* Premio Nobel de Literatura en 1966.
AGNOSIA f. *Med.* Incapacidad para reconocer y para identificar las sensaciones recibidas.
AGNOSTICISMO m. Doctrina filosófica que declara inaccesible al entendimiento humano toda noción de lo absoluto. ❑ AGNÓSTICO, CA.
AGNUS o **AGNUSDÉI** m. Lámina de cera con la imagen del Cordero o de algún santo, bendicida por el Sumo Pontífice. ◊ Oración de la liturgia de la misa.
AGOBIAR tr. y prnl. Inclinar el cuerpo hacia la tierra. ◊ tr. Hacer un peso que se doble o incline el cuerpo sobre el que descansa. ◊ fig. Rebajar, confundir. ◊ fig. Rendir. ◊ fig. Causar gran molestia o fatiga. ❑ AGOBIO.
AGOLPAR tr. Juntar de golpe en un lugar. ◊ prnl. Juntarse de golpe muchas personas o animales en un lugar.
AGONÍA f. Angustia y congoja del moribundo. ◊ fig. Pena extremada.
AGONIZAR intr. Estar el enfermo en la agonía. ◊ Extinguirse una cosa. ◊ fig. Sufrir angustiosamente. ❑ AGONIZANTE.
ÁGORA f. Plaza pública en las ciudades gr. y asamblea que allí se celebraba.
AGORAFOBIA f. Sensación morbosa de angustia ante los espacios descubiertos.
AGORAR tr. Predecir lo futuro. ◊ fig. Anunciar desdichas. ❑ AGORERO, RA.
AGOSTAR tr. y prnl. Secar el excesivo calor las plantas. ◊ Arar la tierra en el mes de agosto. ◊ intr. Pastar el ganado en rastrojeras. ❑ AGOSTADERO; AGOSTAMIENTO; AGOSTERO.
AGOSTO m. Octavo mes del año. ◊ Cosecha. ❑ AGOSTEÑO, ÑA.
AGOTAR tr. y prnl. Extraer el líquido que hay en una capacidad. ◊ fig. Gastar del todo. ❑ AGOTABLE; AGOTAMIENTO.
AGRA C. del N de la India, en el est. de Uttar Pradesh; 694 200 hab. (agl. urb.). Construcciones mongolas del s. XVII.
AGRACEJO m. Uva muy pequeña que no llega a madurar. ◊ Arbusto dicotiledóneo de flores amarillas y bayas rojas y agrias.

Vista del Taj Majal, en las proximidades de **Agra** (India)

AGRACIAR tr. Dar a una persona o cosa gracia. ◊ Conceder alguna gracia o premio. ❑ AGRACIADO, DA.
AGRADAR intr. y prnl. Complacer, gustar. ◊ prnl. Sentir agrado.
AGRADECER tr. Sentir gratitud. ◊ Dar gracias. ◊ fig. Corresponder una cosa al trabajo empleado en conservarla. ❑ AGRADECIDO, DA; AGRADECIMIENTO.
AGRADO m. Modo agradable de tratar a las personas. ◊ Complacencia o gusto.
AGRAFIA f. *Pat.* Incapacidad para expresar las ideas por escrito.
AGRAMAR tr. Majar el cáñamo o el lino para separar del tallo la fibra.
AGRAMILAR tr. Cortar y raspar los ladrillos para igualarlos. ◊ *Arq.* Figurar con pintura ladrillos en una pared.
AGRAMONTE y Loinaz, *Ignacio* (1841-1873) Héroe de la indep. cub. Participó en el mov. rebelde del Grito de Yara (1868).
AGRANDAR tr. y prnl. Hacer más grande alguna cosa. ❑ AGRANDAMIENTO.
AGRARIO, RIA adj. Relativo al campo. ◊ adj. y s. Que en política defiende los intereses de la agricultura.
AGRARISMO m. Conjunto de intereses referentes a la explotación agraria. ◊ Mov. político que los defiende.
AGRAVAR tr. Oprimir con gravámenes. ◊ tr. prnl. Hacer algo más grave de lo que era. ❑ AGRAVAMIENTO; AGRAVANTE.
AGRAVIAR tr. Hacer agravio. ◊ Rendir, agravar. ◊ prnl. Mostrarse resentido por algún agravio. ❑ AGRAVIADOR, RA; *Chile.* AGRAVIÓN, NA.

AGRAVIO m. Ofensa que se hace a uno en su dignidad o fama. ◊ Hecho o dicho con que se hace esta ofensa.
AGRAZ m. Uva sin madurar. ◊ Zumo que se saca de ésta. ◊ fig. y fam. Amargura, disgusto. ❑ AGRACEÑO, ÑA; AGRAZAR.
AGREDIR tr. Cometer agresión.
AGREGADO, DA m. Conjunto de cosas homogéneas que se consideran formando un cuerpo. ◊ Empleado encargado de un servicio del que no es titular. ◊ Funcionario adscrito a una misión diplomática. ◊ *Argent.* y *Ur.* Persona que vive en una finca rústica y recibe alojamiento y comida a cambio de pequeños trabajos. ◊ adj. y s. Profesor numerario.
AGREGAR tr. y prnl. Unir unas personas o cosas a otras. ◊ Añadir algo a lo ya dicho o escrito. ◊ Destinar a alguien a un cuerpo u oficina o asociarla a otro empleado. ◊ Anexar.
AGRELO, *Pedro José* (1776-1846) Político arg. Luchó en el mov. independentista de 1810. Redactor de la Constitución de Entre Ríos.
AGRESIÓN f. Acto contrario al derecho de otro. ❑ AGRESOR, RA.
AGRESIVO, VA adj. Propenso a faltar al respeto o a provocar a los demás. ◊ Que implica provocación. ❑ AGRESIVIDAD.
AGRESTE adj. Campesino, del campo. ◊ Áspero. ◊ fig. Rudo, inculto.
AGRIAR tr. y prnl. Poner agria alguna cosa. ◊ fig. Irritar, excitar.
AGRÍCOLA, *Georg Bauer,* llamado (1490-1555) Mineralogista y geólogo al. *De re metallica.*
AGRICULTURA f. Labranza o cultivo de la tierra. ◊ Técnica de cultivar la tierra.

Agricultura. Cosecha mecanizada de trigo en Kansas (EE UU)

AGUA

Dibujo ideal de una gota de agua en el que se muestra la gran variedad de microorganismos que viven en el medio acuático

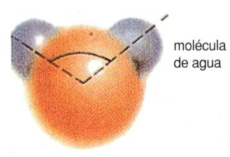

molécula de agua

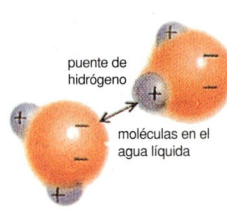

puente de hidrógeno

moléculas en el agua líquida

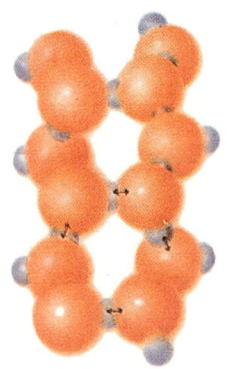

Molécula de agua, en la que los dos átomos de hidrógeno y el de oxígeno están unidos formando un ángulo de 104,5°, y modo en que, mediante puentes de hidrógeno, las moléculas de agua se unen de forma laxa en el agua líquida y según una estructura fija en el hielo

AGRIDULCE adj. y s. Que tiene mezcla de agrio y de dulce.
AGRIERA f. *Amér.* Acedía de estómago.
AGRIETAR tr. y prnl. Abrir grietas o hendiduras. ❏ AGRIETAMIENTO.
AGRIMENSURA f. Arte de medir tierras. ❏ AGRIMENSOR.
AGRIMONIA f. Planta rosácea, usada como astringente y como curtiente.
AGRIO, GRIA adj. y s. De sabor ácido. ◊ fig. Acre, desabrido. ◊ adj. y s. En pintura, colorido sin armonía. ◊ m. Zumo ácido. ◊ m. pl. Cítricos.
AGRIPA, *Marco Vipsanio* (63-12 a. C.) General rom., favorito de Augusto.
AGRIPINA la Mayor (h. 14 a. C. 33 d. C.) Dama rom., nieta de Augusto y esposa de Germánico, de quien tuvo a Calígula. ◊ **la Menor** (16-59) Hija de Germánico, casada con el emp. Claudio, a quien envenenó; puso en el trono a su hijo Nerón, el cual la hizo asesinar.
AGRO m. Campo.
AGROLOGÍA f. Parte de la agronomía que estudia el suelo en sus relaciones con la vegetación.
AGRONOMÍA f. Conjunto de conocimientos aplicables al cultivo de la tierra. ❏ AGRONÓMICO, CA; AGRÓNOMO.
AGROPECUARIO, RIA adj. Que tiene relación con la agricultura y la ganadería.
AGRUPACIÓN f. Conjunto de personas agrupadas. ◊ Unidad militar homogénea, semejante al regimiento.
AGRUPAR tr. y prnl. Reunir en grupo.
AGUA f. Líquido incoloro, inodoro e insípido, compuesto por dos volúmenes de hidrógeno y uno de oxígeno (H_2O). Se solidifica a 0 °C y hierve a 100 °C. ◊ Licor obtenido por infusión, destilación o maceración de flores, plantas o frutos. ◊ Lluvia. Se usa también en pl. ◊ *Arq.* Vertiente de un tejado. ◊ *Mar.* Rotura por donde entra en la embarcación el agua en que ésta flota. ◊ *Mar.* Marea. ◊ pl. Visos de las piedras preciosas. ◊ Orina. ◊ Manantial de a. mineromedicinales. ◊ Las del mar, más o menos inmediatas a determinada costa. ◊ **bendita.** La que bendice el sacerdote. ◊ **carbónica.** Solución acuosa saturada de anhídrido carbónico. ◊ **de colonia.** Perfume compuesto de a., alcohol y esencias aromáticas. ◊ **de lavanda.** A. de espliego. ◊ **de Seltz.** A. carbónica. ◊ **fuerte.** Ácido nítrico diluido en corta cantidad de agua. ◊ Aguafuerte. ◊ **mineral.** La que lleva en disolución sustancias minerales, como sales, óxido de hierro, etc. ◊ **oxigenada.** Peróxido de hidrógeno que desprende oxígeno, transformándose en a. Úsase como desinfectante. ◊ **pesada.** La que sus moléculas contienen dos átomos de deuterio. ◊ **potable.** La que carece de elementos nocivos y es inodora, insípida y clara. ◊ **regia.** *Quím.* Combinación del ácido nítrico con el muriático o clorhídrico: disuelve el oro. ◊ **Aguas jurisdiccionales.** Las que bañan las costas de un Estado y están sujetas a su jurisdicción. ◊ **mayores.** Excremento humano. ◊ **menores.** Orina del hombre. ◊ **termales.** Las que tienen una temperatura natural de 20 o más grados.

☐ El agua ocupa las 3/4 partes de la superficie terrestre y constituye el 50-70 % de los organismos vivos. Químicamente, su molécula tiene un marcado carácter polar, lo que explica que el agua en estado sólido (hielo) sea menos densa que en estado líquido y que su constante dieléctrica sea muy elevada; estas características son esenciales para permitir la vida en la Tierra.
AGUACATE m. Árbol lauráceo, de flores dioicas y fruto parecido a una pera. ◊ Fruto de este árbol. ❏ AGUACATAL.

Agripina la Mayor
(Museo del Louvre, París)

AGUACATILLO m. *Amér.* Árbol lauráceo, de flores amarillentas y fruto negruzco.
AGUACERO m. Lluvia repentina, impetuosa y de poca duración.
AGUACHAR tr. y prnl. Enaguachar. ◊ *Chile.* Domesticar un animal. ◊ prnl. *Argent.* Engordar un caballo.
AGUACHENTO, TA adj. *Amér.* Aplícase a lo que está muy impregnado de agua.
AGUACHIRLE f. Aguapié de ínfima calidad. ◊ fig. Bebida sin fuerza ni sustancia.
AGUACIL *Argent.* y *Ur.* Libélula, caballito del diablo. ◊ *Argent.* y *Ur.* Libélula, caballito del diablo.
AGUADA f. Tinta que se da a una pared para quitarle blancura del enlucido de yeso. ◊ Sitio en que hay agua potable. ◊ *Mar.* Provisión de agua potable que lleva una embarcación. ◊ *Min.* Avenida de aguas que inunda una mina. ◊ *Pint.* Color diluido en agua sola. ◊ *Pint.* Diseño o pintura que se ejecuta de esta manera.
AGUADA Mun. de Puerto Rico, en el distr. de Aguadilla; 34 300 hab. Azúcar.
AGUADA DE PASAJEROS Mun. de Cuba, en la prov. de Cienfuegos; 27 600 hab.
AGUADERO, RA adj. Propio para el agua, hablando de prendas de vestir. ◊ m. Abrevadero. ◊ Sitio donde se lanzan las maderas a los ríos.
AGUADILLA C. portuaria de Puerto Rico, cap. del distr. hom.; 55 600 hab. Agricultura e ind. derivadas.
AGUADO, DA adj. Abstemio. ◊ *Amér.* Débil, desfallecido. ◊ *Ecuad.* Bebida de jugo de frutas, agua y aguardiente. ◊ *Ven.* Fruta desabrida.

AGUADO, FRAY *Pedro de* (1538-h. 1605) Religioso esp. Cronista de Indias. *Recopilación historial.*

AGUADOR, RA m. y f. Persona que tiene por oficio llevar o vender agua.

AGUAFIESTAS com. Persona que turba una diversión o regocijo.

AGUAFUERTE f. Lámina obtenida por el grabado al agua fuerte. ◊ Estampa obtenida con esta lámina. ❏ AGUAFUERTISTA.

AGUAITACAIMÁN m. *Cuba.* Ave zancuda, de cabeza adornada de largas plumas verdes y garganta y pecho blancos.

AGUAITAR tr. Acechar.

AGUAJE m. Aguadero. ◊ Abrevadero. ◊ *Amér.* Aguacero. ◊ *Mar.* Crecientes grandes del mar. ◊ *Mar.* Agua que entra en los puertos durante las mareas. ◊ *Mar.* Corrientes del mar periódicas. ◊ *Mar.* Corriente impetuosa del mar. ◊ *Mar.* Aguada.

AGUALOTAL m. *C. Rica, Hond.* y *Nic.* Aguazal, pantano.

AGUAMANOS m. Agua que sirve para lavar las manos. ◊ Aguamanil, jarro para echar agua en la palangana donde se lavan las manos.

AGUAMARINA f. Variedad de berilo.

AGUAMIEL f. Agua mezclada con miel. ◊ *Amér.* La preparada con caña de azúcar.

AGUANIEVE f. Agua nieve.

AGUANTAR tr. Detener. ◊ Sufrir. ◊ Resistir pesos, trabajos, etc. ◊ *Taur.* Adelantar el diestro el pie izquierdo, en la suerte de matar al toro. ◊ intr. y prnl. Reprimirse, callar.

AGUANTE m. Sufrimiento. ◊ Fortaleza para resistir pesos, trabajos, etc.

AGUAPÉ m. *Argent.* Planta acuática usada para curar la insolación.

AGUAPIÉ m. Vino de baja graduación.

AGUAR tr. y prnl. Mezclar agua con vino u otro licor. ◊ fig. Turbar, frustrar, tratándose de cosas halagüeñas.

AGUARÁ m. *Argent.* Zorro de pelo ondulado de color amarillo rojizo.

AGUARAPARSE prnl. *Amér.* Tomar calidad o sabor de guarapo la caña de azúcar, etc.

AGUARDAR tr. y prnl. Estar esperando a que suceda algo. ◊ tr. Creer que sucederá algo. ◊ tr. e intr. Esperar alguna cosa o que llegue alguien. ◊ Haber de ocurrir algo a una persona.

AGUARDIENTE m. Bebida alcohólica obtenida de líquidos fermentados procedentes de vino, manzanas, centeno, etc. ◊ **de caña.** El que se saca de la melaza.

AGUARRÁS m. Aceite volátil de trementina.

AGUAS BLANCAS, Cerro Cumbre andina en el límite entre Chile (región de Atacama) y Argentina (prov. de Catamarca). Su alt. supera los 5 700 m.

AGUASCALIENTES Est. federado de México; 5 589 km², 944 285 hab. Accidentado al O por la Sierra Madre Occidental; regado por el río hom. La agricultura es su base económica (maíz, chile, fríjol, trigo, alfalfa y vid). Ind. vitivinícola y mecánica. ◊ C. de México, cap. del estado hom.; 643 419 hab. Fruticultura. Aguas termales. Ind. textil de tipo artesanal y ferroviaria. Centro com. Fundada en 1575. Catedral e iglesias (Guadalupe y del Encino) del s. XVIII. Universidad pública. ◊ *Convención de A.* Conferencia celebrada en esta c.

Aguafuerte de Rembrandt (1645)

(1914) para poner fin a los enfrentamientos entre las diversas facciones del constitucionalismo.

AGUATERO m. *Amér.* Aguador.

AGUATINTA f. Variante de la técnica del aguafuerte, en que el ácido se aplica con un pincel. ◊ Grabado así obtenido.

AGUAZAL m. Charca que se forma con el agua de lluvia.

AGUDEZA f. Delgadez en el corte o punta de armas, etc. ◊ fig. Perspicacia de la vista, oído u olfato. ◊ fig. Viveza de ingenio. ◊ fig. Dicho agudo.

AGUDIZAR tr. Hacer aguda una cosa. ◊ prnl. Tomar carácter agudo una enfermedad. ❏ AGUDIZACIÓN.

AGUDO, DA adj. Delgado, sutil. ◊ fig. Vivo y oportuno. ◊ fig. Aplícase al dolor vivo y penetrante. ◊ fig. Díc. de la enfermedad grave y de no larga duración. ◊ fig. Hablando del oído, vista y olfato, perspicaz en sus sensaciones. ◊ adj. y s. *Mús.* Díc. del sonido alto. ◊ adj. y f. Díc. de la palabra cuyo acento prosódico carga en la última sílaba.

El *aguador* de Sevilla, óleo de D. de Velázquez (Museo del Prado, Madrid)

AGUEDITA f. *Amér.* Árbol propio de zonas templadas, usado como febrífugo.

AGÜERO m. Presagio de cosa futura. ◊ Pronóstico formado supersticiosamente.

AGÜERO, *Joaquín de* (1816-1851) Patriota cub. Presid. de la Sociedad Libertadora del Camagüey, murió fusilado.

AGUERRIR tr. y prnl. defect. Acostumbrar a los soldados bisoños a los peligros de la guerra.

AGUIJADA f. Vara con que los boyeros pican a la yunta.

AGUIJAR tr. Picar con la aguijada a los bueyes, etc. ◊ fig. Avivarlos con la voz. ◊ fig. Estimular. ◊ intr. Acelerar el paso.

AGUIJÓN m. Punta del palo con que se aguija. ◊ Púa del abdomen de algunos insectos y arácnidos, y con la cual pican. ◊ Púa que nace del tejido celular superficial de algunas plantas. ◊ fig. Estímulo. ❏ AGUIJONAZO.

AGUIJONEAR tr. Aguijar. ◊ fig. Inquietar.

ÁGUILA f. Ave rapaz diurna, falconiforme, de vista muy perspicaz, fuerte musculatura y vuelo rapidísimo. ◊ fig. Persona muy viva y perspicaz. ◊ **calzada.** La de pico grueso y encorvado y tarsos cubiertos de plumas. ◊ **real.** La que tiene cola redondeada y es de color leonado y más grande que las comunes.

AGUILAR, *Gaspar de* (1561-1623) Autor dramático esp. *El mercader amante.* ◊ *José Gabriel* (1759-1805) Patriota per. Con Ubalde dirigió la fracasada conspiración de Cuzco de 1805. ◊ **Camín, *Héctor*** (n. 1946) Escritor mex. Se ha centrado en la historia de México. *Sonora y la Revolución mexicana, Saldos de la revolución* (ensayos), *Morir en el golfo* (novela). ◊ **de Santillán, *Rafael*** (1863-1940) Geógrafo y naturalista mex. *Cartografía mexicana, Bibliografía meteorológica mexicana.* ◊ **Y Córdova, *Diego de*** (ss. XVI y XVII) Escritor esp. afincado en Perú. *El Marañón.*

Aguileña

AGUILEÑA f. Planta ranunculácea con flores de diversos colores.

AGUILEÑO, ÑA adj. Díc. del rostro largo y delgado, y de la persona que lo tiene. ◊ Nariz delgada y algo corva.

AGUILERA, Demetrio (1909-1981) Escritor ecuat. *Don Goyo, La isla virgen* (novelas). ◊ *Francisco Vicente* (1821-1877) Uno de los jefes del mov. de indep. de Cuba. Fue vicepresid. de la nueva rep.

AGUILILLA adj. *Amér.* Díc. del caballo veloz en el paso. ◊ com. *Chile* y *Ecuad.* Petardista.

AGUILÓN m. Brazo de una grúa. ◊ Caño cuadrado de barro. ◊ Teja o pizarra cortada para que ajuste sobre la lima tesa de un tejado.

AGUILUCHO m. Cría del águila. ◊ Ave falconiforme.

AGUINALDO m. Regalo que se da, generalmente en Navidad o en la Epifanía. ◊ *Cuba.* Bejuco convolvuláceo muy común, que florece por Navidad.

AGUINALDO, Emilio (1869-1964) Político filipino. Fundó el primer Estado indep., la rep. Filipina (1899-1901), de la cual fue su primer presidente.

AGUIRRE, Juan Bautista (1725-1786) Escritor y religioso ecuat. Poeta gongorino. ◊ *Francisco* (1500-1580) Conquistador esp. en Perú con Pizarro y en Chile con Valdivia. Gobernador de Tucumán, fundó la c. de Santiago del Estero. ◊ *Julián* (1868-1924) Pianista y compositor arg. *Aires criollos, Tristes argentinos.* ◊ *Lope de* (1518-1561) Conquistador esp. Participó en una expedición en busca de El Dorado (1554). ◊ *Manuel Agustín* (nacido 1904) Escritor y político ecuat. Secretario gral. del Partido Socialista. *Poemas automáticos.* ◊ *Nataniel* (1843-1898) Político, militar y escritor per. *Juan de la Rosa* (novela) y *Represalia de héroe* (drama). ◊ *Cerda, Pedro* (1879- 1941) Político chil. radical. Candidato del Frente Popular (1938). Presid. de la Rep. (1938-1941). ◊ *Y Lecube, José Antonio* (1903-1960) Político esp. Presid. del gobierno autónomo de Euzkadi en 1936.

AGÜITA f. *Chile* y *Ecuad.* Infusión que se toma después de las comidas.

AGUJA. f. Barrita puntiaguda de metal, hueso o madera, con un ojo por donde se pasa el hilo, cuerda, etc., con que se cose, borda o teje. ◊ Tubito metálico de pequeño diámetro, que se enchufa en la jeringuilla para inyectar sustancias en el organismo. ◊ Barrita de metal, hueso, etc., que sirve para hacer labores de punto. ◊ Manecilla del reloj. ◊ Estilete que, recorriendo los surcos de los discos de los gramófonos, reproduce las vibraciones inscritas en

ellos. ◊ Cada uno de los dos rieles movibles que en los ferrocarriles y tranvías sirven para que los carruajes vayan por una de dos o más vías que concurren en un punto. ◊ Obelisco. ◊ Chapitel estrecho y alto. ◊ Pez que tiene el hocico en forma de aguja. ◊ Planta geraniácea de fruto largo y delgado en forma de aguja. ◊ pl. Costillas que corresponden al cuarto delantero del animal. ◊ **imantada, de marear o magnética.** Brújula. ❏ AGUJAZO.

AGUJAS, cabo de las Punta más meridional de África, en la Rep. Sudafricana, al E del cabo de Buena Esperanza.

AGUJERAR o **AGUJEREAR** tr. y prnl. Hacer agujeros a una cosa.

AGUJERO m. Abertura en alguna cosa. ◊ **negro.** *Astr.* Singularidad del espacio-tiempo producida por el colapso del núcleo de una antigua estrella de neutrones.

Representación artística de un **agujero negro**

AGUJETA f. Ave caradriforme, parecida a la aguja. ◊ Vapor del vino y de otras bebidas. ◊ *Ecuad.* Aguja de hacer punto o tejer. ◊ pl. Dolores en los músculos después de algún ejercicio.

AGUJÓN m. Pasador para el cabello.

AGUSANARSE prnl. Llenarse de gusanos alguna cosa. ❏ AGUSANAMIENTO.

AGUSTÍN (354-430) Santo. Adaptador de las doctrinas platónicas al cristianismo. En su obra *Ciudad de Dios,* expone una teología de la historia contraponiendo la ciudad de Dios a la de los hombres. Escribió también *De la Trinidad.* Festividad: 28 de agosto.

AGUSTINI, Delmira (1886-1914) Poetisa ur. influida por D'Annunzio y Rubén Darío. *Cálices vacíos, El libro blanco.*

AGUSTINIANISMO m. Doctrina teológica de san Agustín.

AGUSTINO, NA adj. y s. Religiosos de la orden de san Agustín y de instituciones afines a ella. ❏ AGUSTINIANO, NA.

AGUTÍ m. *Amér.* Mamífero roedor del tamaño de una liebre, apreciado por su carne y su piel.

AGUZAR tr. Sacar punta a algo, o adelgazar la que ya tiene. ◊ Afilar. ◊ fig. Hablando de dientes, garras, etc., prepararlos para comer o despedazar. ◊ fig. Despabilar el entendimiento o un sentido. ❏ AGUZADOR, RA; AGUZAMIENTO.

¡AH! interj. que denota pena o sorpresa.

AH PUCH Divinidad maya asociada al número 10.

AHAGGAR Macizo montañoso del Sahara argelino, habitado por los tuareg.

AHECHAR tr. Limpiar con harnero o criba el grano trillado. ❏ AHECHO.

AHERROJAR tr. Poner a uno prisiones de hierro. ◊ fig. Oprimir.

AHERRUMBRAR tr. Dar a una cosa color o sabor de hierro. ◊ prnl. Tomar una cosa color o sabor de hierro. ◊ Cubrirse de herrumbre.

AHÍ adv. lugar. En ese lugar, o a ese lugar. ◊ En esto, en eso.

AHIJADO, DA m. y f. Cualquier persona, respecto de sus padrinos.

AHIJAR tr. Prohijar al hijo ajeno. Aplícase también a animales. ◊ intr. Procrear hijos. ◊ *Agr.* Echar retoños.

AHILADO, DA adj. Díc. del viento suave y continuo. ◊ Díc. de la voz tenue.

AHILAR intr. Ir uno tras otro formando hilera. ◊ prnl. Experimentar desmayo por falta de alimento. ◊ Adelgazarse por causa de enfermedad. ◊ Criarse débiles las plantas por falta de luz. ◊ Criarse altos y limpios de ramas los árboles por estar muy juntos. ❏ AHÍLO.

AHÍNCO m. Eficacia o empeño grande con que se hace o solicita alguna cosa.

AHITAR tr. y prnl. Señalar los lindes con hitos. ◊ prnl. Comer hasta padecer indigestión. ❏ AHITAMIENTO.

AHÍTO, TA adj. Aplícase al que padece indigestión o empacho. ◊ fig. Cansado, harto. ◊ m. Indigestión o empacho.

AHMAD AL-Mansur (1549-1603) Soberano marroquí. En Alcazarquivir (1578), derrotó al rey Sebastián de Portugal.

AHMADABAD C. de la India en el est. de Gujarat; 2 515 200 hab. (agl. urb.). Centro fabril.

AHOGADERO, RA adj. Que ahoga o sofoca. ◊ m. Sitio muy lleno de gente. ◊ Cuerda de la cabezada, que ciñe el pescuezo de la caballería.

AHOGADIZO, ZA adj. Que se puede ahogar. ◊ Díc. de las frutas que no se pueden tragar con facilidad. ◊ fig. Díc. de la madera que se hunde en el agua.

AHOGADO, DA adj. Díc. del sitio estrecho sin ventilación. ◊ m. y f. Persona que muere por falta de respiración.

AHOGAR tr. y prnl. Quitar la vida a alguno impidiéndole la respiración. ◊ Dañar plantas por exceso de agua o apiñamiento. ◊ Apagar el fuego con materias que dificultan la combustión. ◊ Inundar el carburador con exceso de combustible. ◊ tr., intr. y prnl. fig. Oprimir, acongojar. ◊ tr. Sumergir una cosa en el agua. ◊ En el ajedrez, hacer que el rey contrario no pueda moverse sin quedar en jaque. ◊ Sentir sofocación, ahogo. ◊ ❏ AHOGAMIENTO.

AHOGO m. fig. Congoja, angustia. ◊ fig. Penuria. ◊ fig. Apremio.

AHOME Mun. de México, en el est. de Sinaloa; 164 800 hab. Agricultura. Ganadería y pesca.

AHONDAR tr. Hacer más honda una cavidad. ◊ P. ext., cavar profundizando. ◊ tr., intr. y prnl. Introducir una cosa dentro de otra. ◊ tr. e intr. fig. Escudriñar lo más profundo de un asunto.

AHORA adv. tiempo. A esta hora, en este momento, en el tiempo presente. ◊ fig. Dentro de poco tiempo. ◊ conj. adversativa. Pero, sin embargo.

AHORCAR tr. y prnl. Quitar a uno la vida echándole un lazo al cuello y colgándole de él. ◊ tr. P. ext., colgar. ❏ AHORCADO, DA; AHORCAMIENTO.

AHORITA adv. tiempo fam. *Méx.* Ahora mismo.

AHORMAR tr. y prnl. Ajustar una cosa a su horma. ◊ fig. Amoldar.

AHORNAR tr. Enhornar. ◊ prnl. Quemarse el pan por fuera, y quedar crudo por dentro.

AHORQUILLAR tr. Afianzar con horquillas las ramas de los árboles. ◊ tr. y prnl. Dar a una cosa la figura de horquilla.

AHORRAR ◊ tr. y prnl. Reservar una parte del gasto ordinario. ◊ fig. Evitar algún trabajo, etc. ◊ ❏ AHORRAMIENTO; AHORRATIVO, VA; *Argent.* AHORRISTA.

AHORRO m. Lo que se ahorra. ◊ *Econ.* Parte de la renta que no se dedica al consumo corriente.

AHUACHAPÁN Dpto. del O de El Salvador; 1 240 km², 260 563 hab. Cap., la ciudad hom. Café, tabaco, cereales. Plata y caliza. ◊ C. de El Salvador, cap. del dpto. hom.; 83 900 hab. Café, azúcar, tabaco. Oro y plata. Aguas termales.

AHUECAR tr. Poner hueca alguna cosa. ◊ tr. y prnl. Mullir o hacer menos compacta alguna cosa apretada. ◊ fig. Dicho de la voz, hablar en tono más grave que el natural. ◊ intr. fam. Ausentarse de una reunión. ❏ AHUECAMIENTO.

AHUEHUETE m. *Amér.* Árbol conífero parecido al ciprés.

AHUESARSE prnl. *Chile y Perú.* Quedarse sin vender un artículo de comercio.

AHUIZOTL Emperador azteca de México [1486-1502] bajo cuyo reinado alcanzó el Imperio su máxima extensión.

AHUMADA f. Señal que se hace quemando paja u otra cosa.

AHUMAR tr. Poner al humo alguna cosa. ◊ tr. y prnl. Llenar de humo. ◊ intr. Echar humo lo que se quema. ◊ prnl. Tomar los guisos sabor a humo. ◊ Ennegrecerse una cosa con el humo.

AHUSAR tr. Dar forma de huso. ◊ prnl. Irse adelgazando algo en forma de huso.

AHUYENTAR tr. Hacer huir. ◊ fig. Desechar cualquier cosa que molesta. ◊ prnl. Alejarse huyendo.

AHVAZ o **AHWÁZ** C. del Irán, cap. de la prov. de Khuzistán; 334 400 hab. Centro petrolífero.

AICHI Prefectura de Japón, en la isla de Honshu; 5 139 km², 6 690 000 hab. Cap., Nagoya.

AIJAL C. de la India, cap. del est. de Mizoram; 154 300 hab.

AILANTO m. Árbol simarubáceo de las Molucas, de madera dura y compacta.

AILLO m. Ayllu, casta, linaje.

AIMARÁ adj. y s. Aymará.

AINDIADO, DA adj. *Amér.* Que tiene aspecto de indio.

AINE (voz aymará) m. *Bol.* Préstamo en dinero o en especies entre las comunidades quechuas y aymarás.

AINO o **AINU** adj. y s. Díc. del individuo perteneciente a un pueblo asiático que habita en las islas Sajalín, Kuriles y Hokkaido. ◊ adj. Perteneciente a este pueblo. ◊ pl. Este mismo pueblo.

AIRAR tr. y prnl. Mover a ira. ◊ tr. Agitar. ❏ AIRADO; AIRAMIENTO.

AIRBAG (voz ing.) m. Dispositivo de seguridad de los automóviles que se acciona tomando forma de saco inflado cuando el vehículo sufre un impacto.

AIRBUS *Aer.* Serie de aviones comerciales europeos, operativos desde 1972.

AIRE m. Mezcla de gases que constituyen la atmósfera. El a. es un fluido incoloro, inodoro, constituido por nitrógeno (78%), oxígeno (21%), argón (0,93%), anhídrido carbónico (0,03%) y vapor de agua. ◊ Atmósfera que rodea el globo terráqueo. ◊ Viento. ◊ fig. Apariencia de las personas o de las cosas. ◊ fig. Vanidad. ◊ *Mús.* Movimiento con que se ejecuta una obra musical. ◊ *Mús.* Música con que se canta una canción ◊ **acondicionado.** Aire de un local cerrado cuya temperatura y grado de humedad se regulan mediante un sistema de ventilación. ◊ **comprimido.** Aire a presión, obtenido con compresores, que sirve como dieléctrico, para hacer funcionar herramientas neumáticas, etc.

AIREAR tr. y prnl. Poner al aire. ◊ Recibir la impresión del aire por descuido o necesidad. ◊ Resfriarse con el aire fresco. ❏ AIREACIÓN; AIREO.

Airón

AIRÓN m. Garza real. ◊ Penacho de plumas de la cabeza de algunas aves. ◊ Adorno de plumas.

AIROSO, SA adj. fig. Garboso o gallardo. ◊ fig. Díc. del que lleva a cabo una empresa con éxito o lucimiento.

AISA o **AIXA** (m. 678) Segunda mujer y esposa predilecta de Mahoma.

AISÉN Prov. del S de Chile, en la Región XI Aisén del General Carlos Ibáñez del Campo; 51 045 km², 29 631 hab. Cap., Puerto Aisén.

AISÉN DEL GENERAL CARLOS IBÁÑEZ DEL CAMPO XI Región del S de Chile; 108 494,9 km², 91 492 hab. Cap. Coihaique. Avenada por numerosos ríos y lagos (como el General Carrera, 1 300 km²). Ganadería y madera.

AISLACIONISMO m. Tendencia de un Estado a no participar en los asuntos internacionales. ❏ AISLACIONISTA.

Aislador para cable de alta tensión

AISLADOR, RA adj. y s. Que aísla. ◊ *Fís.* Cuerpos construidos con material aislante que interceptan el paso a la electricidad, al sonido, etc.

AISLAMIENTO m. Falta de relaciones con otros seres humanos. ◊ *Ing.* Conjunto de dispositivos para evitar el intercambio entre un recinto y el medio exterior de calor, sonido, etc.

AISLANTE adj. y s. *Ing.* Díc. de cualquier material usado para establecer un aislamiento.

AISLAR tr. Circundar de agua por todas partes algún sitio. ◊ tr. y prnl. Dejar una cosa separada de otras. ◊ fig. Retirar a una persona del trato de la gente. ◊ tr. *Fís.* Impedir que un cuerpo reciba electricidad, calor, etc.

AIT Siglas de la Asociación Internacional de Trabajadores.

AIX-EN-PROVENCE C. de Francia, cap. histórica de Provenza en el dpto. de Bouches-du-Rhône; 121 300 hab. Catedral gótica.

AIZKOLARI (voz eusk.) m. Indivi-

Anciano del pueblo **aino**

duo que practica el deporte de cortar troncos.

¡AJA! interj. fam. que se emplea para denotar complacencia o aprobación.

AJAB Rey de Israel (874-853 a. C.), hijo de Omri. Venció al rey de Damasco.

AJACCIO C. de Francia, cap. de Córcega, en el dpto. de Corse-du-Sud; 58 300 hab. Catedral (s. XV).

AJAR tr. y prnl. Maltratar, manosear, marchitar. ◇ tr. fig. Tratar mal de palabra a alguno para humillarle.

AJARDINAR tr. Convertir en jardín.

AJEDREA f. Planta labiada, muy olorosa.

AJEDREZ Juego entre dos personas, cada una de las cuales tiene 16 piezas que se colocan sobre un tablero dividido en 64 escaques. Gana quien da jaque mate. ◇ Conjunto de piezas que sirven para este juego. ❑ AJEDRECISTA; AJEDREZADO, DA.

AJENATÓN ⇨ Amenhotep IV.

AJENJO m. Planta perenne, compuesta, medicinal. ◇ Bebida aromatizada con su esencia. ◇ fig. Amargura.

AJENO, NA adj. Perteneciente a otro. ◇ Extraño. ◇ De distinta naturaleza, etc. ◇ fig. Impropio o no correspondiente.

AJETREAR tr. y prnl. Molestar, mover mucho, cansar con órdenes diversas o imponiendo mucho trabajo. ❑ AJETREO.

AJÍ m. Pimiento picante. ◇ Ajiaco, salsa. ❑ AJICERO, RA.

AJIACEITE m. Composición de ajos machacados y aceite.

AJIACO m. Amér. Salsa de ají. ◇ Amér. Guiso de carne y legumbres sazonadas con ají.

AJILLO m. Condimento de ajo, pimiento, pan rallado, aceite, vinagre y sal.

AJIMEZ m. Ventana arqueada.

AJO m. Planta liliácea de hojas ensiformes y flores pequeñas y blancas. El bulbo se usa como condimento. ◇ Cada una de las partes o dientes en que está dividido el bulbo de ajos. ◇ Salsa hecha con ajos. ◇ fig. y fam. Asunto que se está tratando entre varias personas. ◇ fig. y fam. Palabrota.

AJOARRIERO m. Guiso a base de bacalao.

AJOLOTE m. Méx. Forma larvaria de una salamandra atigrada. Su carne es comestible.

AJONJOLÍ m. Sésamo.

AJORCA f. Pulsera, brazalete.

AJUAR m. Conjunto de muebles, enseres y ropas de la casa. ◇ Conjunto de muebles, etc., que aporta la mujer al matrimonio. ❑ AJUARAR.

AJUSTADOR, RA adj. y s. Que ajusta. ◇ Operario que amolda las piezas de metal ya concluidas al sitio en que han de quedar colocadas.

AJUSTAR tr. y prnl. Poner alguna cosa de modo que venga justo con otra. ◇ tr. Acomodar una cosa a otra. ◇ Arreglar. ◇ tr. Concertar algo. ◇ Reconocer y liquidar una cuenta. ◇ Concertar el precio de alguna cosa. ◇ Amér. Contratar a destajo. ◇ intr. Venir justo, casar justamente. ◇ prnl. Ponerse de acuerdo unas personas con otras.

AJUSTE m. Medida proporcionada de las partes de una cosa para ajustarse.

AJÚSTERO, RA m. y f. Col. y Nic. Destajista.

AJUSTICIAR tr. Castigar con la pena

El emperador japonés **Akihito**

de muerte. ❑ AJUSTICIADO, DA; AJUSTICIAMIENTO.

AKABA o **AQABA** Golfo del mar Rojo, al E de la pen. del Sinaí.

AKBAR (1542-1605) Emp. mogol de la India. Creador del imperio del «Gran Mogol», que heredó de su padre Humayun (1556) en precarias condiciones.

AKHENATON ⇨ Amenhotep IV.

AKIHITO (n. 1933) Emperador del Japón. Sucedió a su padre Hirohito en 1989.

AKITA Prefectura de Japón, en la isla de Honshu; 11 613 km², 1 227 000 hab. Cap. la c. hom. (302 400 hab.). Centro metal. Refinería de petróleo.

AKRON C. de EE UU (Ohio); 275 000 hab. Primer centro mundial de producción de caucho. Universidad.

Al Símb. quím. del aluminio.

AL Contracción de la prep. a y el artículo el.

ALA f. Apéndice que sobresale del cuerpo de ciertos animales, y que les permite el vuelo. ◇ Parte del sombrero que sobresale de la copa. ◇ Alero de tejado. ◇ Cada una de las partes membranosas que limitan por los lados las ventanas de la nariz. ◇ Cada una de las partes que a ambos lados del avión sirven para sustentar el aparato en vuelo. ◇ Arq. Cada una de las partes que se extienden a los lados del cuerpo principal de un edificio. ◇ Mil. Tropa formada en cada uno de los extremos de un orden de batalla. ◇ pl. fig. Ánimos.

ALÁ (ár., Allah, de al e ilah) Dios en el Islam, creador del mundo.

ALABAMA Est. del S. de los EE UU, atravesado por el río hom. y el Tennessee; 133 915 km², 4 041 000 hab. Cap.,

Montgomery. Algodón, tabaco. Ganadería. Carbón, bauxita. Ind. siderúrgica y mecánica. Petróleo.

ALABAR tr. y prnl. Elogiar. ◇ prnl. Jactarse. ❑ ALABADOR, RA; ALABANZA.

ALABARDA f. Lanza con cuchilla transversal, aguda por un lado y en forma de media luna por el otro.

ALABARDERO m. Soldado armado de alabarda.

ALABASTRINA f. Lámina delgada de alabastro yesoso o espejuelo.

ALABASTRO m. Mármol traslúcido, gralte. con visos de colores. ◇ **oriental.** El muy traslúcido y susceptible de hermoso pulimento. ◇ **yesoso.** Yeso compacto y traslúcido.

ÁLABE m. Rama de árbol combada hacia la tierra. ◇ Estera que se pone a los lados del carro. ◇ Mec. Cada una de las paletas curvas de la rueda hidráulica. ◇ Mec. Cualquiera de los dientes de la rueda de un batán u otro mecanismo. ◇ Alerón estabilizador de un avión.

ALABEADO, DA adj. Díc. de lo que tiene alabeo. ◇ Mat. Díc. de las curvas del espacio ordinario o de un espacio euclídeo de dimensión superior que no están contenidas en ningún plano.

ALABEO m. Deformación que experimenta una tabla u otra pieza de madera al combarse. ❑ ALABEAR.

ALACALUF adj. y s. Díc. del individuo de un pueblo amerindio del S de Chile, casi extinguido (unos 200 individuos).

ALACENA f. Armario en el hueco de una pared, con puertas y anaqueles.

ALACO m. Amér. Centr. Trasto, harapo.

ALACOQUE, Margarita ⇨ Margarita María Alacoque.

ALACRÁN m. Arácnido con tráqueas en forma de bolsas y abdomen prolongado en una cola con un aguijón venenoso.

ALADIERNA f. o **ALADIERNO** m. Arbusto ramnáceo cuyo fruto es una drupa negra.

ALADO, DA adj. Que tiene alas. ◇ fig. Ligero, veloz. ◇ Bot. En forma de ala.

ÁLAGA f. Especie de trigo con el que se hace un pan dulce y de poca corteza.

ALAGARTARSE prnl. Méx. Apartar la bestia los cuatro remos, de suerte que disminuya de altura.

ALAGOAS Est. del NE de Brasil; 29 107 km², 2 409 000 hab. Cap., Maceió. Montañoso, atravesado por sierras y ríos. Algodón, azúcar, café. Ind. algodonera y azucarera. Petróleo y amianto.

ALAIN-FOURNIER, Henri Fournier, llamado (1886-1914) Escritor fr. El gran Meaulnes.

Diversos tipos de **alas** de aeronave

ALAJÚ m. Pasta de almendras, nueces, piñones, pan, especias y miel.

ALAJUELA Prov. del N de Costa Rica, limítrofe con Nicaragua; 9 752,86 km², 716 286 hab. Cap., la c. hom. Caña de azúcar, café, maíz, cacao, plátanos. Caucho y maderas preciosas. ◊ C. de Costa Rica, cap. de la prov. hom.; 222 853 hab. Oro. Ind. azucarera, bujías.

ALALC Siglas de la Asociación Latinoamericana de Libre Comercio, actualmente ❑ ALADI.

ALALIA f. *Med.* Afonía. ◊ *Med.* Defecto del lenguaje debido a lesiones de los órganos vocales o del sistema nervioso.

ALAMÁN, Lucas (1792-1853) Político e historiador mex. Formó parte del triunvirato de 1829. Creador del Partido Conservador, Santa Anna le nombró en 1853 ministro de Relaciones. *Historia de México desde los primeros movimientos que prepararon su independencia en 1808.*

ALAMANES m. pl. Confederación de tribus germánicas, establecidas en el Rin. Derrotadas por Clodoveo en el año 496.

ALAMAR m. Presilla y botón que se cose en el borde del vestido o capa.

ALAMBICAR tr. Destilar. ◊ fig. Examinar alguna cosa hasta apurar su verdadero sentido o utilidad. ◊ fig. Tratándose de lenguaje, estilo, etc., sutilizar excesivamente. ❑ ALAMBICAMIENTO.

ALAMBIQUE m. Aparato para destilar un líquido por medio del calor.

Alacrán

ALAMBRADA f. *Mil.* Red de alambre que se emplea para dificultar el avance de las tropas enemigas.

ALAMBRAR tr. Cercar con alambre.

ALAMBRE m. Hilo tirado de cualquier metal.

ALAMBRERA f. Tela metálica.

ALÁMBRICO, CA adj. *Fís.* Díc. de los medios de transmisión que requieren estar conectados por cables.

ALAMEDA f. Lugar poblado de álamos. ◊ Paseo con álamos.

ALAMEIN, El Localidad de Egipto, a 100 km al O de Alejandría, escenario de la decisiva victoria de las tropas británicas del mariscal Montgomery sobre las germanoitalianas de Rommel, durante la II Guerra Mundial (23 octubre 1942).

ÁLAMO m. Árbol salicáceo, indígena de España, de madera muy resistente al agua. ◊ **blanco.** El de corteza gris y hojas verdes por una cara y blanquecinas por la otra. ◊ **negro.** El de corteza oscura y hojas totalmente verdes.

Oleoducto a través de los hielos de **Alaska**

ALANCEAR tr. Dar lanzadas, herir con lanza. ◊ fig. Zaherir. ❑ ALANCEADOR, RA.

ALANINA f. *Biol.* Aminoácido fundamental que interviene en la secuencia de multitud de proteínas y se convierte en ácido pirúvico.

ALANO, NA adj. y s. Díc. del individuo de un pueblo irano que invadió la pen. Ibérica a principios del s. V. ◊ De este pueblo. ◊ m. Perro alano.

ALANTOIDES adj. y m. Membrana extraembrionaria de los vertebrados superiores.

ALARCÓN, Abel (1881-1954) Escritor bol. *Era una vez, Cuadros de dos mundos.* ◊ *Fabián* (n. 1947) Político ecuat. Presid. de la rep. en 1997 y 1998. ◊ *Juan Ruiz de* (h. 1581-1639) Autor dramático esp. *La verdad sospechosa, Los pechos privilegiados.* ◊ *Pedro Antonio de* (1833-1891) Escritor esp. *El escándalo, El sombrero de tres picos.*

ALARDE m. Muestra o revista que se hacía de los soldados y de sus armas. ◊ Ostentación de alguna cosa. ◊ Visita que a los presos hace el juez. ❑ ALARDEAR; ALARDEO; ALARDOSO, SA.

ALARGADERA f. Pieza que sirve para alargar alguna cosa.

ALARGAR tr. Hablando de límites, llevarlos más allá. ◊ Estirar, desencoger. ◊ Aplicar con interés el sentido de la vista o del oído. ◊ Alcanzar algo y darlo a otro que está apartado. ◊ Dar cuerda o ir soltando poco a poco algún cabo o cosa semejante. ◊ fig. Aumentar la cantidad o número señalado. ◊ tr. y prnl. Dar más longitud a una cosa. ◊ Prolongar una cosa, hacer que dure más tiempo. ◊ Retardar, dilatar. ◊ tr., intr. y prnl. Alejar, apartar.

Álamo. Árbol, hojas e inflorescencia

ALARICO I (370-410) Rey visigodo [396-410]. Invadió Italia y ocupó Roma. ◊ **II** (?-507) Rey visigodo [484-507]. Dominaba la mayor parte de España y media Galia. Promulgó el *Breviario de Alarico.*

ALARIDO m. Grito de guerra de los moros. ◊ Grito de dolor o pena. ❑ ALARIDA.

ALARIFE m. Arquitecto o maestro de obras. ◊ *Min.* Albañil.

ALARMA f. Aviso para que la tropa se prepare para la defensa o el combate. ◊ fig. Inquietud causada repentinamente por la amenaza de un mal. ◊ Dispositivo para advertir de un peligro.

ALARMAR tr. Dar alarma o incitar a tomar las armas. ◊ tr. y prnl. fig. Asustar, sobresaltar, inquietar.

ALAS, Leopoldo ⇨ Clarín.

ALASKA Est. de EE UU en el extremo NO de norteam. Comprende la pen. hom. y las islas Aleutianas, Alejandro, Pribilof, San Lorenzo y San Mateo; 1 530 700 km², 550 000 hab. Cap., Juneau. R. Yukón. Oro, plata, petróleo. Pieles.

ÁLAVA o **ARABA** Prov. esp., en el País Vasco; 3 047 km², 286 387 hab. Cap., Vitoria-Gasteiz. Economía agropecuaria e ind. metalúrgica.

ÁLAVA, Juan de (m. 1537) Arquitecto renacentista esp. Claustro de la catedral de Santiago de Compostela, catedrales de Plasencia y Salamanca.

ALAZÁN, NA adj. y s. Color rojizo o parecido al de la canela. ◊ Caballo o yegua que tiene el pelo de este color.

ALBA f. Amanecer. ◊ Primera luz del día. ◊ Vestidura blanca que los sacerdotes se ponen en los oficios divinos.

ALBA, Fernando Álvarez de Toledo, DUQUE DE (1508-1582) General de Carlos I y Felipe II. Gobernador de Países Bajos (1567-1573). En 1580 ocupó Portugal.

ALBACEA com. Ejecutor testamentario nombrado por el testador o por el juez para cumplir la última voluntad del finado. ❑ ALBACEAZGO.

ALBACETE Prov. esp., de la com. autón. de Castilla-La Mancha; 14 862 km², 342 667 hab. Cap., Albacete. Cereales, azafrán. Ganadería. Azufre. ◊ Cap. de la prov. hom.; 130 023 hab. Cuchillería.

ALBACORA f. Breva, fruto de la higuera. ◊ Pez acantopterigio comestible.

ALBAHACA f. Planta labiada aromática, de hojas oblongas y verdes, y flores blancas con tonalidades purpúreas.

ALBANI, *Francesco* (1578-1660) Pintor barroco it. *El tocador de Venus, El rapto de Europa.*

ALBANIA *(Republika e Shqipërisë)* Est. europeo de la pen. Balcánica. País montañoso. Ríos prales.: Drin y Shkumbini. Clima mediterráneo. Maíz, trigo, olivo, vid, remolacha, algodón, tabaco. Explotaciones forestales. Ganadería ovina y caprina. Pirita, cupríferas, cromo, lignito, petróleo. Ind. poco desarrollada. Lenguas: albanés tosco (of.) y albanés guego y griego. Rel.: musulmanes (65%), ortodoxos griegos (25%), católicos (5%). U. M.: lek. Cap., Tirana. C. prales.: Shkodër, Durrës.
□ *Hist.* Es la antigua *Iliria* de los rom. Permaneció bajo el dominio turco desde el s. XV hasta la primera guerra balcánica (1912). Escenario bélico durante la I Guerra Mundial. Los it. la invadieron desde 1939 hasta 1944, año en que se constituyó una república popular. En 1990, el gobierno entabló relaciones diplomáticas con EE UU. En 1997, la quiebra de los populares planes de ahorro piramidales provocó el alzamiento contra el gobierno de Sali Berisha, quien perdió en las elecciones frente a Rexhep Meidani. En 2002 el Parlamento designó presidente a Alfred Moisiu.

Mapa de situación y bandera
de **Albania**

ALBANIA

Superficie	28 748 km²
Población	3 301 000 hab.
	(114 hab./km²)
Recursos económicos	
Maíz	180 000 t
Remolacha azucarera	250 000 t
Trigo	300 000 t
Uva	52 000 t
Ganadería y derivados	
Cabaña bovina	650 000 cabezas
Cabaña ovina	1 600 000 cabezas
Riqueza forestal	2 330 000m³
Producción mineral	
Cromita	170 000 t
Petróleo	2 900 000 t
Producción industrial	
Cemento	800 000 t
Fertilizantes	141 000 t
Papelera	21 000 t
Indicadores sociológicos	
PNB	2 050 millones de dólares
Renta per cápita	600 dólares
Esperanza de vida	73 años
Alfabetismo	75%

ALBANY C. de EE UU, cap. del est. de Nueva York, a orillas del Hudson; 101 000 hab. Ind. mecánicas y químicas.

ALBAÑAL m. Canal que da salida a las aguas residuales.

ALBAÑILERÍA f. Arte de construir obras en que se empleen ladrillo, piedra, etc. ◊ Obra de albañilería. ❑ AL-BAÑIL.

ALBAR adj. Blanco. ◊ m. Terreno de secano.

ALBARÁN m. Relación de mercancías que acredita la entrega de las mismas. ◊ Papel que se pone en las casas como señal de que se alquilan. ◊

ALBARDA f. Pieza pral. del aparejo de las caballerías de carga. ◊ *Amér. Centr.* Silla de montar de cuero.

ALBARDELA o **ALBARDILLA** f. Silla para domar potros. ◊ Almohadilla que llevan los aguadores sobre el hombro. ◊ Caballete que se pone en los muros. ◊ Barro que se pega al dental del arado.

ALBARDÍN m. Planta gramínea muy parecida al esparto, pero de menor calidad.

ALBARICOQUE m. Fruto del albaricoquero.

ALBARICOQUERO m. Árbol rosáceo, de flores blancas, y cuyo fruto globoso en drupa es el albaricoque.

ALBARIZO, ZA adj. y m. Terreno blanquecino. ◊ f. Laguna salobre.

ALBATROS m. Ave marina de gran tamaño, propia de la zona austral, que se alimenta de peces y moluscos.

ALBAYALDE m. Carbonato básico de plomo. Es sólido, de color blanco y se emplea en la pintura. Es muy venenoso.

ALBAZO m. *Amér.* Alborada, música al amanecer.

ALBEAR intr. Blanquear.

ALBEDO m. *Fís.* Relación entre la radiación luminosa reflejada por una superficie y la total incidente.

ALBEDRÍO m. Potestad de obrar por reflexión y elección. ◊ Apetito, capricho.

ALBEE, *Edward* (n. 1928) Dramaturgo norteam., introductor del teatro del absurdo en EE UU. *La historia del zoo, ¿Quién teme a Virginia Woolf?*

ALBÉNIZ, *Isaac* (1860-1909) Compositor esp. Escribió obras para piano, zarzuelas, óperas *(Pepita Jiménez)* y suites *(Iberia).*

ALBERCA f. Depósito de agua hecho con muros de fábrica. ◊ *Méx.* Piscina.

ALBÉRCHIGO m. Fruto del alberchiguero. ◊ Alberchiguero. ◊ Albaricoque.

ALBERCHIGUERO m. Árbol cuyo fruto es el albérchigo. ◊ Albaricoquero.

ALBERDI, *Juan Bautista* (1810-1884) Jurista y político arg. Luchó contra Rosas. *Bases para la organización política de la Confederación Argentina.*

ALBERGUE m. Lugar en que una persona halla resguardo. ◊ Cubil en que se recogen las fieras.

ALBERONI, *Giulio* (1664-1752) Cardenal it., ministro de Felipe V de España y protegido de Isabel de Farnesio.

ALBERS, *Josef* (1888-1976) Pintor al. Alumno y profesor de la Bauhaus, uno de los precursores del op-art.

ALBERTA Prov. del O del Canadá; 661 190 km²; 2 545 000 hab. Cap., Edmonton. Agricultura. Ganadería. Ind. derivadas. Explotación forestal. Pizarras, gas natural, petróleo.

ALBERTI, *Leo Battista* (1404-1472) Humanista y arquitecto it. Se le deben el templo de San Francisco en Rimini, la fachada de Sta. María Novella, en Florencia, y la iglesia de San Andrés de Mantua. Escribió *Tratado de la pintura* y *De la arquitectura.* ◊ ***Rafael*** (1902-1999) Poeta esp. Generacionalmente adscrito a los poetas del 27, e incluido, por su estilo, en el neopopularismo. *Marinero en tierra, Sobre los ángeles, A la pintura, Ora marítima, El adefesio.* Premio Cervantes 1983.

Iglesia de la Santísima Trinidad en Berat, **Albania**

Rafael **Alberti**

ALBERTO Lago del África ecuatorial, entre Uganda y la Rep. Dem. del Congo; 4 500 km². Pertenece a la cuenca del Nilo y recibe las aguas del Victoria. Descubierto por S. Baker en 1864. Entre 1973 y 1997 se le llamó Mobutu Sese Seko.

ALBERTO I (1875-1934) Rey de Bélgica, coronado en 1909. En 1914-1918 luchó contra los invasores alemanes.

ALBERTO Magno (1193-1280) Santo. Llegó a dominar todos los conocimientos de su época. Sus obras teológicas influyeron en Tomás de Aquino.

ALBERTON C. de la República de Sudáfrica, en la prov. de Transvaal; 149 800 hab. Minería.

ALBI C. de Francia, capital del dpto. del Tarn; 46 000 hab. Catedral gótica.

ALBIGENSE adj. y s. De Albi. ◊ Perteneciente a esta c. de Francia. ◊ Adepto de una secta religiosa de origen cátaro, de amplia difusión en el S de Francia en los ss. XII y XIII.

ALBILLO, LLA adj. y m. Uva de hollejo tierno; vino que se hace con ella.

ALBINO, NA adj. y s. *Zool.* Que carece, por anomalía congénita, del pigmento propio de cada especie, y, por tanto, con la piel, el plumaje, etc., blancos. ◊ *Bot.* P. ext., aplícase a la planta blanquecina. ❏ ALBINISMO.

ALBINONI, *Tommaso* (1671-1750) Compositor it. Sus obras marcan una importante etapa en el *concerto grosso*.

ALBITA f. *Geol.* Silicato de aluminio y sodio, frecuente en granitos y rocas afines.

ALBIZU Campos, *Pedro* (1893-1965) Dirigente nacionalista puertorriq. Considerado el apóstol de la patria libre.

ALBO, BA adj. Blanco.

ALBÓNDIGA f. Bolita de carne o pescado trabado con pan, huevos y especias.

ALBOR m. Albura. ◊ Luz del alba. ◊ fig. Principio de una cosa.

ALBORADA f. Amanecer. ◊ Música al amanecer y al aire libre, para festejar a una persona. ◊ Composición poética o musical destinada a cantar la mañana.

ALBOREAR intr. Amanecer o rayar el día.

ALBORNOZ m. Capa con capucha usada por los moros. ◊ Bata de tela absorbente para secarse después del baño.

ALBORNOZ, *Gil Álvarez Carrillo de* (1310-1367) Arzobispo de Toledo y cardenal en Aviñón. Gobernó los Estados pontificios, haciendo posible el regreso de Urbano V a Roma (1367).

ALBOROTADO, DA adj. Que por demasiada viveza obra precipitadamente. ◊ Inquieto. ◊ Díc. del pelo revuelto.

ALBOROTAR tr. y prnl. Inquietar, conmover. ◊ Amotinar. ◊ prnl. Tratándose del mar, encresparse. ❏ ALBOROTADOR, RA.

ALBOROTO m. Vocerío o estrépito causado por una o varias personas. ◊ Desorden. ◊ Asonada, motín. ◊ *Méx.* Alborozo.

ALBOROZO m. Muestras de gran regocijo. ❏ ALBOROZADOR, RA; ALBOROZAR.

ALBRET Familia gascona que reinó en Navarra a partir de 1484 (Juan III).

ALBRICIAS f. pl. Regalo que se da por alguna buena noticia, etc. ◊ **¡Albricias!** expr. de júbilo.

ALBUFERA f. Laguna de agua salobre, separada del mar por un cordón litoral.

ÁLBUM m. Conjunto de hojas donde se coleccionan fotografías, sellos, etc. ◊ Libro donde se coleccionan poesías, piezas de música, etc.

ALBUMEN m. *Bot.* Conjunto de las sustancias de reserva contenidas en la semilla, que hacen posible la germinación y alimentan a la planta.

ALBÚMINA f. *Biol.* y *Quím.* Sustancia compuesta de carbono, hidrógeno, nitrógeno, oxígeno y azufre, que forma pralm. la clara de huevo, y se halla en disolución en los líquidos de los organismos animales (sangre, leche), y vegetales. ❏ ALBUMINOSO, SA.

ALBUMINOIDE m. *Bioq.* Nombre dado a las escleroproteínas que constituyen las proteínas de la seda, el algodón, la piel, el cabello, las pezuñas, las uñas, las plumas, los huesos y el tejido conjuntivo. ❏ ALBUMINOIDEO, A.

ALBUMINURIA f. *Med.* Presencia de albúmina en la orina.

ALBUQUERQUE C. de EE UU, en Nuevo México; 331 800 hab. Base experimental de cohetes de la US Navy.

ALBUQUERQUE, *Alfonso de* (1453-1515) Navegante port. Conquistó Socotora y Ormuz (1507). Virrey de las Indias desde 1508, ocupó Goa (1510), las costas de Ceilán y Malaca (1511).

ALBUR m. Pez de río de carne blanca y gustosa. ◊ fig. Contingencia a que se fía el resultado de una empresa.

ALBURA f. Blancura perfecta. ◊ Clara de huevo. ◊ *Bot.* Capa blanda, que se halla bajo la corteza en los tallos leñosos.

ALCA f. Ave marina de hábitos marinos y distribución circumpolar.

Gorila **albino**

Alcachofa

ALCABALA f. Impuesto indirecto castellano que pagaba en la compraventa y en la permuta. Se implantó en América en 1574. ❏ ALCABALERO.

ALCACEL o **ALCACER** m. Cebada verde y en hierba. ◊ Cebadal.

ALCACHOFA f. Planta hortense, compuesta, de hojas espinosas y cabezuelas comestibles. ◊ Pieza agujereada por donde sale el agua en las regaderas y duchas. ❏ ALCACHOFAL o ALCACHOFAR.

ALCAHUETE, TA m. y f. Persona que actúa como encubridora de relaciones amorosas o sexuales irregulares. ◊ fig. y fam. Correveidile, chismoso. ❏ ALCAHUETEAR.

ALCAIDE m. El que tenía a su cargo la guarda de algún castillo. ◊ El que en las cárceles tenía a su cargo la custodia de los presos.

ALCALÁ DE GUADAIRA Mun. esp., en la prov. de Sevilla, 57 426 hab. Castillo almohade.

ALCALÁ DE HENARES C. de España, en la prov. de Madrid; 176 434 hab. Remolacha, plantas forrajeras, yeso cristalizado; ind. textiles y farmacéuticas. Sede de una famosa universidad, fundada en 1508 por el cardenal Cisneros.

ALCALÁ Galiano, *Antonio* (1789-1865) Político liberal y escritor esp. Prólogo a *El moro expósito* (1834) del duque de Rivas, considerado como el manifiesto romántico esp. ◊ **Zamora**, *Niceto* (1877-1949) Político esp., primer presid. de la II República (1931-1936).

ALCALDADA f. Acción en que un alcalde abusa de la autoridad que ejerce.

ALCALDE m. Presid. del ayuntamiento de un pueblo o término municipal. ❏ ALCALDESA; ALCALDÍA.

ALCALESCENCIA f. *Quím.* Alteración que experimenta un líquido al volverse alcalino.

ÁLCALI m. *Quím.* Nombre dado ant. a los hidróxidos solubles en el agua.

ALCALINO, NA adj. *Quím.* De álcali, o que tiene álcali. ◊ Díc. del grupo de metales formado por el litio, sodio, potasio, rubidio, cesio y francio. ❏ ALCALINIDAD.

ALCALINOTÉRREO, A adj. y m. Díc. del grupo de metales formado por el berilio, magnesio, calcio, estroncio, bario y radio.

ALCALOIDE m. *Quím.* Sustancia natural caracterizada por la presencia de uno o más átomos salificables de nitrógeno. Algunas plantas contienen a. (cafeína, morfina, cocaína, etc.), capaces de actuar sobre el sistema nervioso.

ALCANCE m. Seguimiento. ◊ Distancia a que llega el brazo de una persona. ◊ En balística, distancia a que alcanza el tiro. ◊ fig. En los periódicos, noticias recibidas a última hora. ◊ fig. Trascendencia de las obras del espíritu. ◊ fig. Capacidad.

ALCANCÍA f. Recipiente con una ranura por donde se echan monedas para guardarlas. ◊ *Amér.* Cepillo para donativos.

ALCANFOR m. Sustancia blanca, volátil, de olor característico. Se extrae del alcanforero y de otras plantas. Químicamente es una cetona. ◊ Alcanforero.

ALCANFORERO m. Árbol lauráceo del cual se extrae alcanfor por destilación.

ALCANO m. Hidrocarburo saturado de cadena abierta, como el propano.

ALCÁNTARA Mun. de España, en Extremadura, prov. de Cáceres; 1 732 hab. Puente romano. ◊ **Orden de A.** Orden religiosa y militar esp., fundada en 1156.

ALCANTARILLA f. Paso bajo un camino o carretera para circular las aguas. ◊ Acueducto subterráneo para recoger las aguas. ❑ ALCANTARILLAR; ALCANTARILLERO.

ALCANTARILLADO, DA m. Conjunto de alcantarillas.

ALCANZAR tr. Llegar a juntarse con una persona o cosa que va delante. ◊ Llegar a tocar o coger. ◊ Llegar a percibir con la vista, el oído o el olfato. ◊ Coger alguna cosa alargando la mano. ◊ fig. Conseguir, lograr. ◊ fig. Saber. ◊ fig. Llegar a igualarse con otro. ◊ intr. Llegar hasta cierto punto. ◊ En determinadas armas, llegar el tiro a cierto término. ◊ fig. Tocar a uno alguna cosa o parte de ella. ◊ fig. Ser suficiente una cosa para algún fin. ◊ prnl. Llegar a tocarse o juntarse.

ALCAPARRA f. Planta caparidácea. Se usa como condimento y como entremés.

Alcaparra

ALCARAVÁN m. Ave ralliforme de cuello largo y cola pequeña, vientre blanco, alas blancas y negras, cuerpo rojo y cabeza de color negro verdoso.

ALCARAVEA f. Planta umbelífera de flores blancas y semillas aromáticas, que sirven para condimento.

ALCARRAZA f. Vasija de arcilla que deja rezumarse cierta porción de agua.

ALCARRIA f. Terreno alto y raso.

ALCATRAZ m. *Amér.* Pelícano de plumaje blanco o blanco y marrón, con parte de las alas y la cola negras.

ALCAUDÓN m. Ave paseriforme, de alas y cola negras, manchadas de blanco.

ALCAYATA f. Escarpia.

Colonia de **alcatraces**

ALCAZABA f. Recinto fortificado.

ALCÁZAR m. Fortaleza. ◊ Casa o palacio real. ◊ *Mar.* Espacio que media, en la cubierta superior de los buques, desde el palo mayor hasta la popa.

ALCÁZAR, Baltasar del (1530-1606) Poeta esp. *La cena jocosa.*

ALCE m. Mamífero artiodáctilo de la familia cérvidos o bóvidos. ◊ *Cuba.* Acción de alzar la caña de azúcar.

ALCEDO, Antonio de (1735-1812) Geógrafo e historiador ecuat. *Diccionario geográfico-histórico de las Indias Occidentales o América.* ◊ **José Bernardo** (1798-1878) Músico per. Autor del *Himno Nacional* en 1821.

ALCEO (s. VII a. C.) Poeta lírico gr., imitado por Teócrito y por Horacio.

ALCIBÍADES (450-404 a. C.) General ateniense, discípulo de Sócrates. Dirigió la fracasada expedición a Sicilia. Obtuvo brillantes victorias contra los lacedemonios. Tras participar en una conjura, tuvo que huir de nuevo. Refugiado en Persia, donde fue asesinado.

ALCIÓN m. Martín pescador.

ALCIÓN *Astr.* Estrella principal de las Pléyades.

ALCMÁN (s. VII a. C.) Poeta dórico, creador de la lírica coral.

ALCOBA f. Aposento para dormir. ◊ Mobiliario de este aposento.

ALCOBENDAS Mun. esp. en la prov. de Madrid; 92 090 hab.

ALCOHOL m. Derivado hidroxilado de un hidrocarburo parafínico o cicloparafínico, en los que el grupo –OH está ligado a un átomo de carbono saturado. ◊ **etílico.** Etanol, a. ordinario. Es un líquido incoloro, de olor fuerte, agradable y muy soluble en el agua e inflamable. ◊ **metílico.** Metanol, a. obtenido de la destilación de la madera. ❑ *Quím.* Los a. se clasifican en primarios, secundarios y terciarios, según que el átomo de carbono ligado al radical –OH esté unido a dos, uno o ningún hidrógeno. Los a. se encuentran bastante difundidos en la naturaleza.

ALCOHOLAR tr. y prnl. Ennegrecer con alcohol. ◊ tr. *Quím.* Obtener alcohol de una sustancia.

ALCOHOLEMIA f. *Med.* Presencia de alcohol en la sangre.

ALCOHÓLICO, CA adj. Que contiene alcohol o relativo al alcohol. ◊ adj. y s. Alcoholizado, que padece saturación alcohólica.

ALCOHOLÍMETRO m. Areómetro que sirve para determinar la cantidad de alcohol contenida en un líquido.

ALCOHOLISMO m. *Pat.* Enfermedad debida a una intoxicación por el alcohol etílico.

ALCOHOLIZAR tr. Echar alcohol en otro líquido. ◊ prnl. Contraer alcoholismo. ❑ ALCOHOLIZACIÓN; ALCOHOLIZADO, DA.

ALCÓN, Alfredo (nacido 1929) Actor de teatro y cine arg. En cine se destacó con *Martín Fierro.* En teatro sobresalen sus interpretaciones de Lorca.

ALCOR m. Colina o collado.

ALCORÁN m. Corán. ❑ ALCORÁNICO, CA.

ALCORCÓN Mun. esp., en la prov. de Madrid; 153 100 hab.

ALCORIZA, Luis (1920-1992) Director de cine y guionista esp. *Los jóvenes, Tlayucán, Tiburoneros, Presagio.*

ALCORNOQUE m. Árbol perennifolio, de madera durísima, corteza revestida de corcho y fruto en bellotas. ◊ adj. y m. fig. persona ignorante. ❑ ALCORNOQUEÑO, ÑA.

ALCORQUE m. Hoyo excavado al pie de las plantas y de los árboles, para detener el agua del riego.

Alce

ALCORTA, Amancio (1805-1862) Economista y músico arg. *Colección de composiciones para piano, Nocturno,* etc.

ALCORZA f. Pasta de azúcar y almidón, con la que se recubren algunos dulces.

ALCOTÁN m. Ave falconiforme, diurna, semejante al halcón.

ALCOTANA f. Herramienta de albañilería.

ALCOY o **ALCOI** Mun. esp., en la prov. de Alicante; 58 358 hab. Ind. textil, papelera y alimentaria (turrones).

ALCUINO de York (735-804) Teólogo y humanista anglosajón, consejero de Carlomagno. *Opera didascalica.*

ALCURNIA f. Ascendencia, linaje.

ALCUZA f. Vasija cónica para guardar aceite. ❑ ALCUZADA.

ALDABA f. Pieza metálica que se pone a las puertas para llamar. ◊ Pieza fija en la pared, para atar a ella una caballería. ◊ Barreta con que se aseguran los postigos o puertas.

ALDABADA f. Golpe dado en la puerta con la aldaba. ❑ ALDABAZO; ALDABONAZO.

ALDABILLA f. Pieza de hierro en forma de gancho, que sirve para cerrar puertas, cofrecillos, etc.

ALDABÓN m. Aldaba grande.

ALDAMA, Ignacio (1765-1811) Patriota mex. Se unió a Hidalgo en 1810. ◊ **Juan** (1769-1811) Patriota y militar mex., colaborador de Hidalgo, cuyas tropas intentó organizar.

Alcornoque. Árbol, fruto y corteza (corcho)

ALDANA, *Francisco de* (1537-1578) Militar y poeta esp. *Epístola a Arias Montano.*

ALDAO, *Martín* (1876-1969) Escritor arg. *Torcuato Méndez, La vida falsa.*

ALDEA f. Pueblo de escaso vecindario. ❏ ALDEANO, NA.

ALDEBARÁN *Astr.* Estrella fija de la constelación de Tauro.

ALDECOA, *Ignacio* (1925-1969) Poeta y novelista esp. *Con el viento solano, Caballo de pica, Gran sol.*

ALDEHÍDO m. Compuesto químico orgánico, obtenido por oxidación de los alcoholes primarios, y que, por ulterior oxidación, da ácidos.

ALDRICH, *Robert* (1918-1983) Director cinematográfico norteam. *Apache, ¿Qué fue de Baby Jane?*

ALDRIN, *Edwin Eugene* (n. 1930) Astronauta norteam., tripulante del *Apolo XI*, en el primer viaje a la Luna.

ALDUNATE, *Manuel* (1815-1898) Arquitecto chil. Proyectó el Congreso y el ayuntamiento de Valparaíso.

ALEACIÓN f. Mezcla de un metal con otro u otros y con elementos no metálicos.

ALEAR intr. Mover las alas. ◊ tr. Mezclar dos o más metales, fundiéndolos.

ALEATORIO, RIA adj. Relativo al juego de azar. ◊ *Mat.* Díc. de los fenómenos regidos por leyes de probabilidad.

ALECCIONAR tr. y prnl. Instruir. ◊ Reprender. ❏ ALECCIONADOR, RA.

ALEDAÑO, ÑA adj. Confinante. ◊ adj. y m. Tierra que linda con un pueblo u otra tierra y que se considera como parte accesoria de ellos. Se usa más en pl.

ALEGACIÓN f. *Der.* Alegato.

ALEGAR tr. Citar uno a favor de su propósito algún hecho, dicho, etc. ◊ Tratándose de méritos, etc., exponerlos. ◊ intr. *Amér.* Disputar, altercar. ❏ *Amér.* ALEGADOR; ALEGATORIO, RIA.

ALEGATO m. *Der.* Escrito en el cual expone el abogado las razones que sirven de fundamento al derecho de su cliente. ◊ P. ext., razonamiento o exposición de méritos o motivos aun fuera de lo judicial. ◊ *Amér.* Disputa.

ALEGORÍA f. Representación simbólica, literaria o plástica, de un objeto, idea, hecho o persona. ◊ Obra o composición literaria o artística de sentido alegórico. ❏ ALEGÓRICO, CA; ALEGORISMO.

ALEGRAR tr. Causar alegría. ◊ fig. Embellecer las cosas inanimadas. ◊ fig. Avivar la luz o el fuego. ◊ prnl. Recibir alegría. ◊ fig. y fam. Ponerse uno alegre por haber bebido vino, etc.

ALEGRE adj. Poseído de alegría. ◊ Que siente alegría. ◊ Que denota alegría. ◊ Que ocasiona alegría. ◊ fig.

Aplicado a colores, vivo. ◊ fig. y fam. Excitado por haber bebido vino, etc. ◊ fig. y fam. Algo libre o deshonesto.

ALEGRETO adv. modo y adj. *Mús.* Con movimiento menos vivo que el alegro.

ALEGRÍA f. Reacción emocional caracterizada por un tono vivencial agradable y relacionada con sucesos vividos en un presente inmediato. ◊ Irresponsabilidad. ◊ pl. Cante y danza andaluces de movimiento vivo.

ALEGRÍA, *Ciro* (1909-1967) Novelista per. Obras de acusada intención social. *Los perros hambrientos, La serpiente de oro.* ◊ *Fernando* (n. 1918) Escritor chil. *Leyenda de la ciudad perdida.*

ALEGRO adv. modo y adj. Movimiento musical moderadamente vivo, más lento que el presto y menos que el andante. ◊ m. Composición musical, en este movimiento.

ALEGRÓN m. fam. Alegría intensa y repentina.

ALEIJADINHO, *Antonio Francisco Lisboa* llamado **El** (1738-1814) Arquitecto y escultor bras. Iglesia de San Francisco de Asís de Vila Rica (actual Ouro Preto). Trabajó en otras iglesias de Ouro Preto y de São Joao d'El Rei y Congonhas do Campo.

ALEIXANDRE, *Vicente* (1898-1984) Poeta esp. de la generación del 27. Evolucionó del neorromanticismo y el surrealismo, hasta su plena madurez. *La destrucción o el amor, Sombra del paraíso.* Premio Nobel de Literatura en 1977.

ALEJANDRÍA (*al-Iskandariya*) C. y puerto de Egipto, en el Mediterráneo, 2 415 000 hab. Centro comercial y primer puerto industrial del país. Fundada por Alejandro Magno (332 a. C.), fue emporio del helenismo y puente filosófico y cultural de Oriente y Occidente. En 2002 se inauguró la nueva Gran Biblioteca de A.

ALEJANDRINO, NA adj. y s. Verso de origen fr., de 14 sílabas.

ALEJANDRO Nombre de varios emperadores, monarcas europeos y pontífices.

MACEDONIA

ALEJANDRO Magno (356-323 a. C.) Rey de Macedonia, hijo de Filipo II. Sometió Grecia. Conquistó Egipto, donde fundó Alejandría. Venció a los persas en Arbelas (331). Conquistó

Babilonia, Susa y Persépolis y llegó hasta el Indo.

RUSIA

ALEJANDRO I (1777-1825) Emperador de Rusia [1801-1825]. Promotor de la Santa Alianza, siguió una política autocrática. ◊ **II** (1818-1881) Emperador de Rusia que puso fin a la guerra de Crimea y dictó leyes reformistas. ◊ **III** (1845-1894) Emperador de Rusia. Se propuso restaurar el poder absoluto. ◊ **Nevski** (1220-1263) Príncipe, aceptó la soberanía del kan de la Horda de Oro, pero rechazó la presión de Occidente.

PAPADO

ALEJANDRO III (m. 1181) Papa [1159-1181]. Luchó contra Federico Barbarroja. ◊ **VI**, *Rodrigo Borja o Borgia* (1431-1503) Papa [1492-1503]. Intervino en la partición del Nuevo Mundo entre España y Portugal.

ALEJANDRO de Afrodisia (ss. II-primer tercio s. III) Filósofo gr., comentarista de Aristóteles.

ALEJAR tr. y prnl. Poner lejos o más lejos. ❏ ALEJADO, DA; ALEJAMIENTO.

ALEJO (1293-1378) Tercer metropolitano de Moscú. Uno de los patrones del país.

ALEJO I (1048-1118) Emperador bizantino [1081-1118]. Fundador de la dinastía de los Comnenos. ◊ **III**, *Ángelo* (m. 1210) Emperador bizantino [1195-1203]. Durante su reinado, la cuarta cruzada se apoderó de Constantinopla (1203). ◊ *Mijailovich* (1629-1676) Zar de Rusia [1645-1676]. Su reinado fue una sucesión de guerras e insurrecciones.

ALEKHINE, *Alexander* (1892-1946) Ajedrecista ruso, nacionalizado fr. Campeón mundial de 1927 a 1935 y de 1937 a 1946.

ALELAR tr. y prnl. Poner lelo. ❏ ALELADO, DA.

ALELO adj. y m. *Biol.* Díc. de cada uno de los genes que, situados en el mismo locus de cromosomas homólogos, regulan la misma función.

ALELOMORFO adj. *Biol.* Que se presenta bajo diversas formas. ◊ adj. y m. *Biol.* Díc. de los genes de un mismo par de cromosomas, de igual función, pero de acciones distintas.

Alejandría. Castillo árabe de Quait-Bay

Alemania. El Rin a su paso por Gutenfels (Renania-Palatinado)

ALELUYA amb. Voz que usa la Iglesia en demostración de júbilo. ◊ f. Cada una de las estampitas que contiene un pliego de papel, con la explicación del tema. ◊ fig. y fam. Versos prosaicos.

ALEM, *Leandro* (1844-1896) Político arg. Jefe del partido radical, participó en el movimiento revolucionario de 1893, y fue presid. provisional. Se suicidó.

ALEMÁN, NA adj. y s. De Alemania. ◊ **Alto a.** El hablado por los hab. del N de Alemania. ◊ **Bajo a.** El de los hab. del S de Alemania.
□ *Lit.* La primitiva literatura a. está representada por las transcripciones del latín al gótico. La época medieval cuenta con epopeyas, como la *Canción de los Nibelungos*, y la lírica amorosa de los *Minnesinger*. En el Renacimiento surge el movimiento de los *Meistensinger* o maestros cantores. La traducción de la Biblia por Lutero contribuye a unificar la lengua. La novela barroca se sintetiza en el *Simplicissimus* de Grimmelhausen; en la lírica destacan Optiz y Gryphius. En la Ilustración se dan diversas corrientes: racionalismo de Puffendorf; el amor patriótico del *Sturm und Drang* (Herder, Brigel). El romanticismo representa la

Mapa de situación y bandera
de **Alemania**

fase más floreciente con Goethe, Schiller, etcétera. Dramas naturalistas escribieron Hauptmann y Sudermann, y narrativa infantil los hermanos Grimm. Desde finales del s. XIX se han cultivado todas las tendencias: poesía (Kaschnitz, Celan, Eich, S. George, H. von Hofmannsthal, H. M. Enzensberg); teatro (Brecht, Grass, Weiss, Hochhuth); novela (Schmidt, Andech, Handke, Freytag, T. y H. Mann, Wiechert, Wassermann, H. Hesse, E. M. Remarque, H. Böll).

ALEMÁN, *Arnoldo* (n. 1946) Abogado y político nicaragüense. Líder del partido conservador Alianza Liberal, ocupó la presidencia del país entre 1997 y 2002. ◊ *Mateo* (1547-1615) Novelista esp. *Vida de san Antonio de Padua, Guzmán de Alfarache, atalaya de la vida humana*. ◊ *Miguel* (1900-1983) Político mex., presid. de la rep. (1946-1952).

ALEMANIA (*Bundesrepublik Deutschland*) País de Europa central.
□ *Geog. fís.* La zona norte del país es llana y la meridional, montañosa (Selva Negra, Alpes, Selva de Baviera); en la A. media destacan la Selva de Turingia y los Montes Metálicos. La mayor altura alemana, el pico Zugspitze (2 963 m), en los Alpes bávaros. Los ríos principales son Rin, Danubio, Weser, Elba y Oder. Clima de transición entre el marítimo y el continental; inviernos fríos y veranos frescos. Lenguas: alemán. *Rel.*: protestantes (41%), católicos (40%). U.M.: euro. Cap. Berlín. C. imp.: Hamburgo, Munich, Colonia.
□ *Geog. econ.* Al fin de la II Guerra Mundial las dos A. se desarrollaron de forma diferente. En la RDA la economía se caracterizó por la nacionalización de los sectores clave y el control de la propiedad agraria. Los principales productos obtenidos son trigo, patata y plantas industriales (remolacha y lúpulo). Por su parte la RFA, gracias a la racional explotación de sus recursos y a su potente industria, llegó a la reunificación siendo una de las primeras potencias mundiales. Ind. siderúrgica, del automóvil, química, farmacéutica, eléctrica, de aparatos de precisión, etc. Hulla, lignito, potasa, hierro, cobre, aluminio.
□ *Hist.* A. apareció como reino independiente con el tratado de Verdún (843). Otón I restauró el Imperio (962) con la denominación de *Sacro Imperio Romano Germánico*. La elección de los Habsburgo como monarcas marcó una

época de reorganización política, frustrada por la Reforma luterana. La guerra de los Treinta Años (1618-1648) dejó el país fragmentado en numerosos est. En el s. XVIII Prusia se convirtió en un Est. poderoso, que venció a Austria y Francia en la guerra de los Siete Años. Napoleón formó en 1806 la Confederación del Rin, que se separaró del Imperio Romano Germánico. A la caída de Napoleón (1815), se creó la Confederación Germánica, dirigida por Austria y Prusia. Después de la guerra francoprusiana (1870), victoriosa para Prusia, se constituyó el *Segundo Imperio Alemán*, con Guillermo I de Prusia y Bismarck a la cabeza. La I Guerra Mundial supuso la caída del Imperio, estableciéndose en 1919 la República de Weimar. En 1933 Adolf Hitler accedió a la cancillería e implantó el Tercer Reich (Tercer Imperio). Su enfrentamiento con las potencias mundiales originó la II Guerra Mundial, que acabó con la derrota de

ALEMANIA

Superficie	356 854 km²
Población	79 800 000 hab.
	(233 hab./km²)

Recursos económicos	
Cebada	14 449 000 t
Centeno	3 297 000 t
Lúpulo	45 000 t
Patatas	10 225 000 t
Remolacha azucarera	25 920 000 t
Trigo	16 669 000 t
Uva	1 160 000 t

Ganadería y derivados	
Cabaña bovina	19 488 000 cabezas
Cabaña porcina	30 819 000 cabezas
Carne	6 797 000 t
Leche	29 300 000 t
Riqueza forestal	84 707 000 m³

Producción mineral	
Antracita	66 438 000 t
Cinc	54 000 t
Cobre	4 000 t
Hierro	67 000 t
Lignito	391 676 000 t
Plomo	7 00 t
Sales potásicas	5 986 000 t

Producción industrial	
Acero	44 117 000 t
Ácido sulfúrico	3 325 000 t
Automóviles	4 677 000 unidades
Cemento	39 236 000 t
Cerveza	122 764 000 hl
Fertilizantes	1 913 900 t
Fundición de hierro	32 007 000 t
Materias plásticas	8 817 000 t
Tejidos de algodón	298 000 000 t
Televisores	3 929 000 unidades

Indicadores sociológicos	
PNB	683 159 millones de dólares
Renta per cápita	23 030 dólares
Esperanza de vida	73 años
Alfabetismo	99%

Alemania. Su capital fue dividida en cuatro zonas de ocupación. En 1949 las discrepancias entre las potencias ocupantes motivaron la creación de dos estados, la República Federal Alemana (RFA) y la República Democrática Alemana (RDA). Las reformas emprendidas en la URSS por Gorbachov reactivaron la colaboración entre las dos A., que culminó con la total reunificación de ambos países en octubre de 1990.

H. Kohl, canciller desde 1983 y uno de los principales artífices de la reunificación, fue reelegido en 1994. En 1998, tras 16 años de gobierno, H. Kohl cedió la cancillería al socialdemócrata Gerhard Schröder, que ganó de nuevo, en 2002, en coalición con Los Verdes.

ALEMBERT, *Jean Le Rond d'* (1717-1783) Matemático, físico y filósofo fr. Redactó el *Discurso preliminar* (1751) de la *Enciclopedia.*

ALENCAR, *José Martiniano de* (1829-1877) Escritor bras. *O Guaraní.*

ALENTAR intr. Respirar; cobrar aliento. ◊ tr. y prnl. Animar, dar vigor.

ALENTEJO Región del S de Portugal, sit. al S del Tajo. Agricultura y ganadería. C. prales.: Évora, Beja y Portalegre.

ALENZA y Nieto, *José Leonardo* (1807-1845) Pintor esp., el más importante del costumbrismo romántico.

ALEPANTADO, DA adj. *Ecuad.* Absorto.

ALEPO *(Halab)* C. del N de Siria; 1 145 100 hab. Centro com. y de comunicaciones.

ALERCE m. Árbol caducifolio de la familia pináceas, de alt. considerable, y cuyo fruto es una piña.

ALÉRGENO m. Sustancia capaz de desencadenar reacciones alérgicas.

ALERGIA f. *Pat.* Reactividad modificada de un organismo, debido a la exposición frente a alérgenos. ◊ P. ext., sensibilidad contraria respecto a personas, cosas, etc. ❑ ALÉRGICO, CA.

ALERO m. Parte inferior del tejado, que sale fuera de la pared.

ALERÓN m. Aleta orientable situada en las alas del avión.

ALERTA adv. modo. Con vigilancia. ◊ m. Voz usada para excitar a la vigilancia. ◊ f. Alarma. ❑ ALERTAR; ALERTO, TA.

ALESSANDRI, *Arturo* (1868-1950) Político chil., presid. de la rep. en 1920 y en 1932. ◊ *Jorge* (1896-1986) Político chil. Presid. (1958-1964). Afrontó, con escaso éxito, la grave situación económica.

ALESSI, *Galeazzo* (1512-1572) Arquitecto it., precursor del barroco.

ALETA f. Apéndice natatorio de ciertos animales. ◊ Ala de la nariz. ◊ Guardabarros que sobresale de la caja de un coche. ◊ Pieza lateral y plana que sobresale en diferentes objetos. ◊ Alerón.

ALETADA f. Movimiento de las alas o aletas.

David **Alfaro** Siqueiros. Detalle del mural de la Sala de la Revolución en Chapultepec (México)

ALETARGAR tr. Causar letargo. ◊ prnl. Padecerlo. ❑ ALETARGAMIENTO.

ALETEAR intr. Mover las aves las alas sin echar a volar. ◊ Mover los peces las aletas cuando se los saca del agua. ❑ ALETEO.

ALETSCH Glaciar de los Alpes suizos.

ALEUTIANAS o ALEUTIÑAS, *Islas* Arch. que forma un arco de Alaska a Kamchatka; 37 840 km², 6 500 hab. Islas prales.: Unimak, Unalaska, Umnak.

ALEVÍN m. Pez pequeño, o cría de pez, con frecuencia destinado a la repoblación. ◊ fig. Joven principiante que se inicia en una disciplina.

ALEVOSÍA f. Cautela para cometer sin riesgo un delito contra las personas. ◊ Traición. ❑ ALEVOSO, SA.

ALEXANDER, *Franz* (1891-1964) Psiquiatra norteam. de origen húng. Uno de los creadores de la med. psicosomática. ◊ *Harold George* (1891-1969) Mariscal brit. Adjunto de Eisenhower en la jefatura de las fuerzas aliadas en África del N. ◊ *Samuel* (1859-1938) Pensador brit. Próximo al materialismo dialéctico. *Espacio, Tiempo y Deidad.*

ALEXIA f. Pérdida patológica de la capacidad de leer.

ALEYA f. Versículo del Corán.

ALFA f. Primera letra del alfabeto gr. ◊ *Astr.* La estrella más brillante de una constelación. ◊ **Partícula a.** *Fís.* Núcleo de helio emitido por las sustancias radiactivas.

ALFABETIZAR tr. Ordenar alfabéticamente. ◊ Enseñar a leer y escribir. ❑ ALFABETIZACIÓN.

ALFABETO m. Abecedario. ◊ Conjunto de letras o caracteres que representan los sonidos humanos: *a. fonético, telegráfico,* etc. ❑ ALFABÉTICO, CA.

ALFALFA f. Planta papilionácea, de porte herbáceo y flores rojas, violetas o blancas. Se cultiva para forraje.

ALFANJE m. Sable curvo, con filo solo por un lado, y por los dos en la punta.

ALFANUMÉRICO, CA adj. *Comp.* Que tiene letras y números. ◊ **Lenguaje a.** *Comp.* Sistema de codificación mixto de letras, números y símbolos de puntuación.

ALFAQUE m. Banco de arena. Se usa más en pl.

ALFAQUÍ m. Entre los musulmanes, doctor o sabio de la ley.

ALFARERÍA f. Arte de fabricar vasijas de barro. ◊ Taller donde se fabrican. ◊ Tienda o puesto donde se venden. ❑ ALFAR; ALFARERO.

ALFARJE m. Piedra del molino de aceite, que sirve para moler la aceituna. ◊ Lugar donde está el alfarje. ◊ Techo con maderas labradas artísticamente.

ALFARO, *Eloy* (1842-1912) General y político liberal ecuat., pres. de la rep. de 1897 a 1901 y de 1907 a 1911. Promulgó la Constitución de 1906. ◊ *Ricardo Joaquín* (1882-1971) Político pan. Presid. interino de la rep. (1931-1932). *Panorama internacional de América.* ◊ **Siqueiros, *David*** (1896-1974) Pintor y escultor mex. Con Rivera y Orozco creó el movimiento muralista mex. Postuló la necesidad de un arte público y monumental inspirado en el indigenismo. Lo pral. de su producción está en el Sindicato de la Electricidad, en el Palacio de Bellas Artes y en la Ciudad Universitaria de México.

ALFABETO

Diversos tipos de escritura

Hitita, anterior a la invención del alfabeto

Fenicia, basada en un alfabeto sin vocales

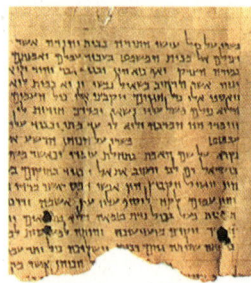

Hebrea, que emplea un alfabeto derivado del fenicio

Rúnica, alfabética, usada por los pueblos del norte de Europa entre los siglos III y IV

ALFÉIZAR m. *Arq.* Vuelta de la pared en el corte de una puerta o ventana.

ALFEÑIQUE m. Pasta de azúcar cocida y estirada en barras retorcidas. ◊ fig. y fam. Persona delicada. ◊ fig. y fam. Remilgo, compostura. ❑ ALFEÑICARSE.

ALFÉREZ m. Primer grado en la escala de oficiales del ejército. ◊ *Amér.* Persona que costea los gastos de una fiesta.

ALFIERI, *Vittorio* (1749-1803) Escritor y autor teatral it. *Agamenón, Antígona, Orestes, Saúl, Virginia.*

ALFIL m. Pieza menor del juego de ajedrez, que se mueve diagonalmente.

ALFILER m. Clavillo de metal, con punta en un extremo y cabeza en el otro. ◊ Joya usada para sujetar alguna prenda del traje, o por adorno. ❑ ALFILERAR.

ALFILERILLO m. *Argent.* y *Chile.* Planta herbácea usada como forraje.

ALFILETERO m. Estuche en el que se guardan alfileres y agujas. ◊ Acerico.

ALFIZ m. *Arq.* Recuadro del arco ár. que arranca de las impostas o del suelo.

ALFOMBRA f. Tejido de lana u otra materia que cubre el suelo. ◊ fig. Conjunto de cosas que cubren el suelo. ❑ ALFOMBRADO, DA; ALFOMBRAR.

ALFÓNCIGO m. Árbol anacardiáceo cuyo fruto es el pistacho.

ALFONSÍN Foulkes, *Raúl Ricardo* (n. 1926) Político arg. Fue elegido presid. (1983-1989) al frente de la Unión Cívica Radical (UCR). Aplicó una política de «inflación pautada» con el establecimiento de una nueva moneda, el ➡ austral, y una renegociación de la deuda externa con el FMI. Mantuvo una postura de firmeza en el procesamiento de los principales jefes militares de las Juntas de la dictadura.

Raúl **Alfonsín**

ALFONSO Nombre de diversos reyes de la pen. Ibérica.

ARAGÓN Y CATALUÑA

ALFONSO I *el Batallador* (m. 1134) Rey de Aragón y Navarra [1104-1134]. Conquistó Tudela, Zaragoza (1118), Tarazona y Calatayud. ◊ **II *el Casto*** (1157-1196) Rey de Aragón y conde de Barcelona [1162--1196]. Incorporó a sus dominios la Provenza (1166) y el Rosellón (1172). ◊ **III *el Liberal*** (1265-1291) Rey de Aragón y conde de Barcelona desde 1285. Tomó Mallorca, Ibiza y Me-

Alfonso X el Sabio. Detalle de una miniatura del *Libro de ajedrez, dados y tablas*

norca (1287) ◊ **IV *el Benigno*** (1299-1336) Rey de Aragón y conde de Barcelona desde 1327. Conquistó Cerdeña. ◊ **V *el Magnánimo*** (1394-1458) Rey de Aragón y de Sicilia y conde de Barcelona desde 1416, y rey de Nápoles desde 1442. Practicó una política mediterránea dirigida a lograr la hegemonía marítima.

ASTURIAS, CASTILLA Y LEÓN

ALFONSO I (m. 757) Rey de Asturias [739-757] Inició la ofensiva cristiana contra la invasión ár. ◊ **II *el Casto*** (m. 842) Rey de Asturias [791-842]. Instaló su corte en Oviedo. ◊ **III *el Magno*** (m. 910) Rey de Asturias [866- 910]. Extendió sus fronteras hasta el Duero y el Mondego. ◊ **IV *el Monje*** Rey de León [926-931]. En 931 abdicó en Ramiro II. ◊ **V** (m. 1028) Rey de León [999-1028]. Casó con Urraca, hermana de Sancho el Mayor de Navarra. ◊ **VI** (1040-1109) Rey de Castilla [1072-1109] y León [1065--1109]. Ocupó la Rioja y Toledo (1085). ◊ **VII *el Emperador*** (1105--1157) Rey de Castilla y León [1126-1157]. Durante su reinado Portugal se hizo independiente de León. ◊ **VIII** (1152-1214) Rey de Castilla [1158-1214]. Derrotó a los almohades en las Navas de Tolosa (1212). ◊ **IX** (1171-1230) Rey de León [1188-1230]. Conquistó Cáceres, Mérida, Badajoz, Trujillo y Medellín. ◊ **X *el Sabio*** (1221-1284) Rey de Castilla y León [1252-1284]. Reunió a una serie de científicos e historiadores cristianos, musulmanes y judíos con los que trabajó en numerosas obras, creando la famosa Escuela de Traductores de Toledo que llevó a cabo, entre otras obras, *Crónica general*, la *General e Gran Estoria* y el código de las *Siete Partidas*. Compuso las *Cantigas de Santa María*. Bajo su dirección se realizaron trabajos científicos como *Los libros del saber de Astronomía*. ◊ **XI *el Justiciero*** (1311-1350) Rey de Castilla y León [1312- 1350]. Venció a los benimerines en la batalla del Salado (1340) y tomó Algeciras.

ESPAÑA

ALFONSO XII (1857-1885) Rey de España [1874-1885]. Puso fin a la última guerra carlista y a la primera de Cuba. Durante su reinado comenzó la Restauración y se preparó una nueva cons-

titución. ◊ **XIII** (1886-1941) Rey de España [1902-1931]. El golpe de Estado del general Miguel Primo de Rivera (1923) instauró un Directorio militar. Tras el triunfo de los republicanos en las elecciones municipales de 1931, fue proclamada la II República española.

PORTUGAL

ALFONSO I *Henriques* (1110-1185) Primer rey de Portugal [1139-1185]. Conquistó Lisboa (1147) y Évora. ◊ **V *el Africano*** (1432-1481) Rey de Portugal [1438-1481]. Conquistó Tetuán, Ceuta y Tánger.

ALFONSO María de Ligorio (1696-1787) Santo. Obispo, fundador de la orden del Santísimo Redentor. *Theologia moralis.*

ALFORFÓN m. Planta poligonácea, de fruto negruzco, con el que se hace pan.

ALFORJA f. Talega abierta por el centro y cerrada por sus extremos, los cuales forman dos bolsas en las que se transportan cosas. ◊ Se usa más en pl. ◊ Provisión de los víveres para el camino.

ALFORZA f. Pliegue horizontal que se hace en ciertas prendas. ◊ fig. y fam. Cicatriz. ❑ ALFORZAR.

ALFREDO *el Grande* (849?-899) Rey anglosajón desde 871. Padre de la prosa inglesa: *Anales de Winchester.*

ALGA f. *Biol.* Especie autótrofa que gralte. vive en aguas dulces o saladas, y que pertenece a las formas menos evolucionadas del reino vegetal.

ALGARABÍA f. Lengua árabe. ◊ fig. y fam. Lenguaje o escritura ininteligible. ◊ fig. y fam. Griterío confuso de varias personas que hablan a un tiempo.

ALGARADA f. Vocerío. ◊ Algarrada.

ALGARDI, *Alessandro* (1595-1654) Escultor it. Autor de la tumba de León XI. Tiene algunas obras en el palacio de Aranjuez (España).

ALGARROBA f. Hierba papilionácea usada como alimento del ganado. ◊ Fruto del algarrobo, que se da como pienso.

ALGARROBO m. Árbol cesalpiniáceo. Florece en otoño y en invierno. ◊ *Amér.* Nombre de diversas plantas cesalpiniáceas, mimosáceas o bignoniáceas.

ALGAVARO m. Insecto coleóptero, con las antenas más largas que el cuerpo.

ALGAZARA f. Vocerío de los moros y de otras tropas al sorprender al enemigo. ◊ Ruido de voces.

ALGAZUL m. Planta herbácea anual de tallos rastreros.

ÁLGEBRA f. Generalización de la arit. que estudia las estructuras con que queda provisto un conjunto al definir en ellos ciertas leyes de composición (operaciones). ❑ ALGEBRAICO, CA; ALGEBRISTA.

ALGECIRAS Mun. y puerto esp., en la prov. de Cádiz; 96 900 hab. Ind. pesquera.

ÁLGIDO, DA adj. Muy frío. ◊ *Med.* Acompañado de frío glacial. ◊ fig. Díc. del momento culminante de algunos procesos orgánicos, físicos, políticos, etc.

ALGO pron. indet. con que se designa una cosa sin nombrarla. ◊ Denota cantidad indeterminada, grande o pequeña. ◊ adv. cantidad. Un poco, no completamente o del todo, hasta cierto punto.

ALGODÓN m. Planta malvácea de flores amarillas con manchas encarnadas, cuyo fruto es una cápsula que contiene semillas, envueltas en una borra blanca. ◊ Esta misma borra. ◊ Hilado o tejido hecho de esta borra. ❏ ALGODONAL; ALGODONAR; ALGODONERO, RA; ALGODONOSO, SA.

ALGOL (del ing. *Algorithmic Language*). m. *Comp.* Lenguaje de programación, usado en aplicaciones científicas hasta ser desplazado por el ➪ Fortran.

ALGONQUINO, NA adj. y s. Díc. del individuo de un pueblo amerindio que habita en EE UU y Canadá (Grandes Lagos). ◊ pl. Este mismo pueblo.

ALGORITMO m. *Mat.* Procedimiento de cálculo con símbolos, según unas reglas determinadas y con un número finito de pasos. ◊ *Comp.* Juego de reglas secuenciales preestablecidas para la resolución de un problema expresado en un lenguaje de programación de alto nivel. ❏ ALGORITMIA; ALGORÍTMICO, CA.

ALGUACIL m. El que ejecuta las órdenes de los juzgados y tribunales, o de los alcaldes.

ALGUACILILLO m. Funcionario que en las plazas de toros precede a la cuadrilla durante el paseo.

ALGUIEN pron. indet. con que se significa vagamente una persona. ◊ m. fam. Persona de importancia.

ALGÚN adj. Apócope de alguno. Se emplea solo antepuesto a nombres masculinos.

ALGUNO, NA adj. Que se aplica indeterminadamente a una persona o cosa con respecto a varias o muchas. ◊ Ni poco ni mucho; bastante. ◊ pron. indet. Alguien.

ALHAJA f. Joya. ◊ Adorno o mueble precioso. ◊ fig. Cosa de mucho valor y estima. ◊ fig. y fam. Persona o animal de excelentes cualidades.

ALHAMBRA (*al-Hamra*) Recinto fortificado ár., de Granada (España). Alberga la Alcazaba, el Palacio Real y la Alhambra Alta. Construida entre los ss. XIII y XV por la dinastía nazarí.

ALHARACA f. Extraordinaria manifestación de ira, alegría, etc. Se usa más en pl.

ALHELÍ m. Planta crucífera de flores sencillas o dobles, rojas, amarillas o de otros colores.

ALHEÑA f. Arbusto de hojas lisas y el fruto negro que crece espontáneamente en España.

Algeciras. Puerto de la refinería de petróleo

Playa de Benidorm, en **Alicante**

ALHORRE m. Excremento de los niños recién nacidos. ◊ Erupción en la piel de los recién nacidos.

ALHUCEMAS (*Al-Hoseima*) C. y puerto de Marruecos; 41 700 hab. ◊ **Desembarco de A.** El efectuado en 1925 por tropas franco-españolas contra Abd el-Krim.

ALÍ (*Ali ibn Abu Talib*) (?-661) Califa ár., primo y yerno de Mahoma.

ALÍ BEY ➪ Badía y Leblich, Domingo.

ALIA, *Ramiz* (n. 1925) Político alb. Secretario general del Partido del Trabajo. Jefe de Estado de 1985 a 1992.

ALIÁCEO, A adj. Que tiene el olor o sabor del ajo.

ALIADO, DA adj. y s. Persona con quien uno se ha unido. ◊ m. pl. Conjunto de pueblos que lucharon unidos durante la I Guerra Mundial contra los imperios centrales y contra las potencias del Eje en la II Guerra Mundial.

ALIANZA f. Pacto o convención. ◊ fig. Unión de cosas que concurren a un mismo fin. ◊ Anillo de boda.

ALIANZA para el Progreso Programa aprobado en 1961, en la conferencia de Punta del Este (Uruguay), para el desarrollo de América Latina. ◊ **Popular** Partido político conservador esp. creado en 1976 bajo el liderazgo de Manuel Fraga Iribarne. ◊ **Popular Revolucionaria Americana** ➪ APRA. ◊ **Cuádruple A.** La constituida entre Inglaterra, Francia, Austria y Holanda (1718) para obligar a España a cumplir el tratado de Utrecht. ◊ La formada por Inglaterra, Rusia, Austria y Prusia, tras la derrota napoleónica para impedir la extensión de las ideas revolucionarias. ◊ **Santa A.** Pacto contra el liberalismo, suscrito (1815) entre Rusia, Austria y Prusia. ◊ **Triple A.** Pacto firmado por Inglaterra, Holanda y Suecia contra Francia (1668), que tuvo que aceptar la paz de Aquisgrán. ◊ La firmada entre Brasil, Argentina y Uruguay (1865) contra Paraguay, que dio lugar a una guerra devastadora. ◊ La suscrita por Alemania, Austria-Hungría e Italia (1882), para aislar a Francia.

ALIAR tr. Poner de acuerdo para un fin común. ◊ prnl. Unirse con otro.

ALIAS adv. latino. De otro modo. ◊ m. Apodo.

ALICAÍDO, DA adj. Caído de alas. ◊ fig. y fam. Débil. ◊ fig. y fam. Triste y desanimado.

ALICANTE o **ALACANT** Prov. esp. en la Comunidad Valenciana; 5 863 km², 1 461 925 hab. Cap., Alicante. ◊ Cap. de la prov. hom.; 284 580 hab. Puerto, centro turístico.

ALICANTO m. *Amér. Merid.* Arbusto de flor olorosa.

ALICATAR tr. Recubrir de azulejos una pared. ◊ *Arq.* Cortar los azulejos para darles forma. ❏ ALICATADO, DA.

ALICATES m. pl. Tenacillas de acero para coger objetos menudos, o para torcer alambres.

ALICIENTE m. Atractivo o incentivo.

ALICORTAR tr. Cortar las alas. ◊ Herir a las aves en las alas. ❏ ALICORTO, TA.

ALÍCUOTA adj. Proporcional.

ALICURCO, CA adj. *Chile.* Astuto.

ALIDADA f. En los aparatos ópticos de topografía, regla fija o móvil que se utiliza para dirigir visuales.

ALIENACIÓN f. Sentimiento de la conciencia de estar separada de la realidad. ◊ *Med.* Trastorno mental. ❏ ALIENADO, DA; ALIENANTE.

ALIENAR tr. y prnl. Enajenar. ◊ tr. Producir enajenación. ❏ ALIENABLE.

ALIENISTA adj. y s. Díc. del médico psiquiatra.

ALIENTO m. Respiración. ◊ fig. Vigor del ánimo, valor. ◊ fig. Soplo.

ALIFÁTICO, CA adj. Díc. de los compuestos químicos de cadena abierta.

ALIGÁTOR m. Nombre común de dos especies de reptiles parecidos al caimán.

Aligátor

ALIGERAR tr. y prnl. Hacer ligero. ◊ Abreviar. ◊ fig. Aliviar, templar.

ALIJAR tr. Aligerar la carga de una embarcación, o desembarcarla toda. ◊ Transbordar o echar en tierra géneros de contrabando. ◊ Separar la borra de la simiente del algodón. ◊ Pulir una cosa con lija. ❏ ALIJADOR, RA.

ALIJO m. Conjunto de géneros de contrabando.

ALIMAÑA f. Animal que se alimenta del ganado y de la caza menor. ❏ ALIMAÑERO.

ALIMENTACIÓN f. *Biol.* Asimilación, por parte de un organismo vivo, de las sustancias necesarias para su sostenimiento y desarrollo.

ALIMENTADOR, RA adj. y s. Que alimenta. ◊ m. *El.* Aparato para el suministro de energía eléctrica.

ALIMENTAR tr. y prnl. Dar alimento. ◊ Dar fomento y vigor a los cuerpos que necesitan de alguna sustancia. ◊ tr. Suministrar a una máquina en movimiento la materia que necesita. ◊ fig.

Aliso. Árbol y fruto

Fomentar virtudes, vicios, pasiones, sentimientos, etc. ◊ ❏ ALIMENTICIO, CIA.
ALIMENTO m. Sustancia que puede ser asimilada por el organismo y usada para mantener sus funciones vitales. ◊ fig. Lo que sirve para mantener algunas cosas que necesitan de pábulo. ◊ fig. Tratándose de cosas incorpóreas, como virtudes, etc., sostén, pábulo.
ALIMOCHE m. Ave falconiforme semejante al buitre, de plumaje blanco y alas negras.
ALIMÓN (Al) adv. Díc. de la suerte del toreo realizada por dos lidiadores con un solo capote. ◊ Conjuntamente.
ALIMONARSE prnl. Enfermar ciertos árboles, tomando sus hojas color amarillento.
ALINDAR tr. Poner lindes a una heredad. ◊ tr. y prnl. Poner lindo.
ALINDERAR tr. *Amér.* Deslindar.
ALINEACIÓN f. Composición de un equipo deportivo.
ALINEAR tr. y prnl. Poner en línea recta. ◊ Incluir a un jugador en un equipo deportivo para un determinado partido.
ALIÑAR tr. Aderezar, preparar.
ALIÑO m. Aquello con que se aliña. ◊ Condimento.
ALIOLI m. Ajiaceite.
ALISAR tr. y prnl. Poner lisa alguna cosa. ◊ tr. Arreglar el cabello pasando ligeramente el peine sobre él.
ALISIOS adj. y m. pl. Díc. de los vientos regulares, constantes y secos que proceden de las altas esferas subtropicales. Su dirección es NE en el hemisferio Norte, y SE en el hemisferio Sur.
ALISO m. Árbol betuláceo cuya madera, durísima, tiene diversas aplicaciones.
ALISTAMIENTO m. Conjunto de mozos a quienes, cada año, obliga el servicio militar.
ALISTAR tr. y prnl. Sentar o escribir en lista a alguno. ◊ Prevenir, disponer. ◊ prnl. Sentar plaza en la milicia. ◊ prnl. *Amér.* Acicalarse.
ALITERACIÓN f. *Ret.* Figura de dicción que consiste en la repetición de letras o sílabas, iguales o parecidas, en una frase. ❏ ALITERAR.
ALITRANCA f. *Chile* y *Perú.* Retranca.
ALIVIADERO m. Vertedero de aguas sobrantes.
ALIVIAR tr. Aligerar. ◊ tr. y prnl. Quitar a una persona o cosa parte del peso que sobre ella carga. ◊ fig. Disminuir la enfermedad, las fatigas o las aflicciones. ❏ ALIVIO.
ALJABA f. Caja portátil para llevar flechas.
ALJAMA f. Junta de moros o judíos. ◊ Morería o judería.
ALJAMÍA f. Escritos moriscos en lengua románica hispánica con caracteres ár. ❏ ALJAMIADO, DA.
ALJIBE m. Cisterna. ◊ Barco en cuya bodega se lleva el agua. ◊ *Col.* Pozo de agua.
ALJÓFAR m. Perla pequeña de forma irregular. ◊ Conjunto de perlas de esta clase. ❏ ALJOFARAR.
ALJUBA f. Vestidura morisca, especie de gabán con mangas cortas y estrechas.
ALLÁ adv. lugar. Allí. Indica un lugar menos circunscrito que esta última voz. ◊ adv. tiempo. Denota tiempo remoto o pasado. ◊ En el otro mundo.
ALLAHABAD (*Ilahabad*) C. santa del hinduismo, en el est. de Uttar Pradesh; 616 100 hab.
ALLANAR tr., intr. y prnl. Poner llana cualquier superficie. ◊ fig. Superar alguna dificultad. ◊ fig. Entrar a la fuerza en casa ajena. ◊ prnl. fig. Sujetarse. ❏ ALLANADOR, RA; ALLANAMIENTO.
ALLEGADO, DA adj. Cercano. ◊ adj. y s. Pariente. ◊ Parcial. ◊ *Chile.* Persona que vive en casa ajena. ❏ ALLEGAR.
ALLEGHANY Sector O de los montes Apalaches (EE UU).
ALLEGRETTO (voz it.) m. Alegreto.
ALLEGRO (voz it.) m. Alegro.
ALLEN, Woody Seud. de *Allen Stewart Konigsberg* (n. 1935) Director de cine norteam. *Annie Hall, Manhattan, Maridos y esposas, Anything else.* Premio Príncipe de Asturias de las Artes en 2002.
ALLENDE adv. lugar. De la parte de allá. ◊ adv. cantidad. Además. ◊ prep. Más allá de, de la parte de allá.
ALLENDE Mun. de México, en el est. de Guanajuato; 64 800 hab. Estaño.
ALLENDE, Ignacio María de (1779-1811) Patriota mex. Conspiró con Hidalgo y dirigió la insurrección. ◊ *Isabel* (n. 1943) Novelista chil. *La casa de los espíritus, De amor y de sombra, Paula, El reino del dragón de oro.* ◊ *Salvador* (1909-1973) Político chil. Elegido presid. (1970-1973) por la coalición de izquierda Unidad Popular, puso en marcha un programa de reformas, truncado por el golpe de Estado de Pinochet, en el curso del cual murió.
ALLÍ adv. lugar. En aquel lugar. ◊ A aquel lugar. ◊ adv. tiempo. Entonces, en tal ocasión.
ALLORI, Alessandro (1535-1607) Pintor manierista it. *Capilla Gaddi.*

Salvador **Allende**

ALLPORT, Gordon William (1897-1967) Sociólogo y psicólogo norteam. Inspirador de las teorías de la personalidad.
ALMA f. Principio vital de los seres vivientes. ◊ fig. Persona. ◊ fig. Parte principal de cualquier cosa. ◊ fig. Viveza. ◊ fig. Lo que da espíritu y fuerza a alguna cosa. ◊ En las piezas de artillería y armas de fuego, el hueco del cañón. ◊ *Arq.* Madero vertical que sirve para sostener otros maderos.
ALMA-ATÁ C. de la rep. de Kazakistán; 1 100 000 hab. Cap. del país entre 1991 y 1997.
ALMACÉN m. Casa o edificio donde se guardan géneros. ◊ Local donde se venden géneros al por mayor. ◊ Establecimiento com. donde se venden géneros al por menor. ◊ *Argent.* y *Ur.* Tienda de comestibles y objetos domésticos.
ALMACENAJE m. Derecho que se paga por guardar las cosas en un almacén.
ALMACENAR tr. Poner o guardar en almacén. ◊ Reunir o guardar muchas cosas. ❏ ALMACENISTA.
ALMÁCIGA f. Resina que se extrae del lentisco. Se emplea para hacer masilla. ◊ Semillero de plantas.
ALMÁCIGO m. Lentisco. ◊ *Cuba.* Árbol cuyo fruto sirve de alimento a los cerdos, y sus hojas de pasto. ◊ Almáciga, semillero.
ALMÁDENA f. Mazo de hierro con mango largo, para romper piedras.
ALMADÍA f. Especie de canoa usada en la India. ◊ Armadía, balsa. ❏ ALMADIERO.
ALMADRABA f. Pesca de atunes. ◊ Lugar donde se hace esta pesca. ◊ Red con que se pescan atunes. ◊ pl. Tiempo en que se pesca. ❏ ALMADRABERO, RA.
ALMADREÑA f. Zueco, zapato de madera.
ALMAFUERTE Seud. de *Pedro Bonifacio Palacios* (1854-1917) Escritor y poeta arg. *Milongas clásicas, Sonetos medicinales.*
ALMAGESTO Título de la traducción al árabe (827) del tratado de astr. de Claudio Tolomeo.
ALMAGRAR tr. Teñir de almagre.
ALMAGRE m. Óxido rojo de hierro, que suele emplearse en pintura.
ALMAGRO, Diego de (1475-1538) Conquistador esp. Enemistado con Pizarro por la posesión del Cuzco, fue vencido en la batalla de Salinas (1538) y ejecutado. Su hijo *Diego*, llamado EL MOZO (1518- 1542), participó en el asesinato de Francisco Pizarro (1541).
ALMAIZAL o **ALMAIZAR** m. Toca de gasa usada por los moros. ◊ Humeral.
ALMANAQUE m. Registro o catálogo que comprende todos los días del año, distribuidos por meses. ◊ fam. Calendario.
ALMANZOR, sobrenombre de *Muhammad Ibn Abu Amir al-Mafiri* (940-1002) Canciller del califa Hisam II. Dirigió varias campañas victoriosas contra los cristianos.
ALMARADA f. Puñal de tres aristas y sin corte. ◊ Aguja para coser alpargatas.
ALMAZARA f. Molino de aceite. ◊ Fábrica de aceite. ❏ ALMAZARERO.
ALMEIDA, Antonio José de (1866-1929) Político port. Presid. de la rep. (1919-1923). ◊ *Francisco de* (1450-1510) Primer virrey de las Indias Orientales port. ◊ Garret, *João Baptista da Silva Leitão,* VIZCONDE DE (1799-1854) Escri-

tor y político port. *Camões, Hojas caídas, Fray Luis de Sousa.*

ALMEJA f. Molusco lamelibranquio comestible, que vive en fondos arenosos litorales. ❏ ALMEJAR.

ALMENA f. Cada uno de los prismas que coronan los muros de las antiguas fortalezas. ❏ ALMENADO, DA; ALMENAJE.

ALMENAR tr. Guarnecer de almenas un edificio.

ALMENDRA f. Fruto del almendro. ◊ Semilla carnosa de cualquier fruto drupáceo.

ALMENDRADA f. Bebida compuesta de leche de almendras y azúcar.

ALMENDRADO, DA adj. De forma de almendra. ◊ m. Pasta hecha con almendras, harina y miel o azúcar.

ALMENDRILLA f. Piedra machacada en fragmentos menudos, usada en las reparaciones de las carreteras.

ALMENDRO m. Árbol rosáceo, de madera dura, flores blancas o rosadas, cuyo fruto es la almendra.

ALMENDROS, Néstor (1930-1992) Operador de cine cub. de origen esp. Óscar de Hollywood por la fotografía de *Días de cielo* (1978).

ALMENDRUCO m. Fruto del almendro, con su primera cubierta verde y la almendra interior a medio cuajarse.

ALMERÍA Prov. esp., en la com. autón. de Andalucía; 8 774 km², 536 731 hab. Cap., Almería. ◊ Cap. de la prov. hom.; 166 328 hab. Puerto comercial.

Almería. Vista de la ciudad y el puerto

ALMEZ m. Árbol caducifolio de la familia ulmáceas, de ramas flexibles y flores solitarias.

ALMIAR m. Pajar con un palo en el centro, alrededor del cual se va amontonando la paja. ❏ ALMIARAR.

ALMÍBAR m. Azúcar disuelto en agua y cocido al fuego hasta que toma consistencia de jarabe.

ALMIBARADO, DA adj. fig. y fam. Meloso, excesivamente empalagoso.

ALMIDÓN m. Polisacárido ($C_6H_{10}O_5$)_n de los órganos verdes de las plantas. • P. ext., engrudo de almidón.

ALMIDONADO, DA adj. fig. y fam. Persona compuesta con excesiva pulcritud.

ALMIDONAR tr. Mojar la ropa blanca en almidón desleído en agua.

ALMIMBAR m. Púlpito de las mezquitas.

ALMINAR m. Torre de las mezquitas.

ALMIRANTE m. Alto cargo de la armada de un país, al que, por lo gral., corresponde la jefatura de una escuadra. ❏ ALMIRANTA; ALMIRANTAZGO.

ALMIRANTE BROWN Partido de Argentina, en la prov. de Buenos Aires; 390 000 hab. En el Gran Buenos Aires.

ALMIREZ m. Mortero de metal.

ALMIZCLE m. Sustancia aromática, untuosa, de sabor amargo y color pardo. Se saca del almizclero y se emplea en medicina y perfumería. ❏ ALMIZCLEÑO, ÑA.

ALMIZCLEÑA f. Planta geraniácea, parecida al jacinto, cuyas flores despiden olor de almizcle.

ALMIZCLERO, RA adj. Almizcleño. ◊ m. Rumiante provisto de una glándula que segrega almizcle.

ALMOCÁRABE o **ALMOCARBE** m. *Arq.* y *Carp.* Adorno en forma de lazos.

ALMOCRÍ m. Lector del Corán.

ALMODÓVAR, Pedro (n. 1949) Director de cine esp. *La ley del deseo, Mujeres al borde de un ataque de nervios, Átame, Kika, Carne trémula, Todo sobre mi madre* (Óscar a la mejor película extranjera en 2000), *Hable con ella* (Óscar al mejor guión original en 2003) y *La mala educación.*

ALMOGÁVAR adj. y m. Mercenario al servicio de la corona de Aragón.

ALMOHADA f. Cojín que se pone en la cama para reclinar sobre él la cabeza. ◊ Funda en que se mete la almohada.

ALMOHADE adj. y s. Relativo a los almohades. ◊ m. pl. Musulmanes seguidores de Ibn Tumart, que ocuparon los dominios almorávides. Su decadencia se inició tras ser derrotados en España en la batalla de Navas de Tolosa (1212).

ALMOHADILLA f. Cojín pequeño sobre el cual se cose. ◊ *Arq.* Parte del sillar que sobresale de la obra. ◊ *Arq.* Parte lateral de la voluta del capitel jónico. ❏ ALMOHADILLADO, DA; ALMOHADILLAR.

ALMOHADÓN m. Cojín pequeño para sentarse, recostarse o apoyar los pies en él.

ALMOLOYA DE JUÁREZ Mun. de México, en el est. de México; 49 200 hab.

ALMONEDA f. Subasta de bienes muebles. ◊ Venta de géneros a bajo precio.

ALMONTE, Juan Nepomuceno (1803-1869) General y político mex. Preparó la instauración de Maximiliano en México. Organizó la regencia (1862).

ALMORÁVIDE adj. y s. Relativo a los almorávides. ◊ m. pl. Musulmanes del Sáhara que se apoderaron del Magreb y reunificaron al-Andalus. Sucumbieron por la presión almohade (1149).

ALMORRANA f. Tumor sanguíneo de tipo varicoso que se forma en el ano o en el intestino recto. ❏ ALMORRANIENTO, TA.

ALMORZAR intr. Tomar el almuerzo. ◊ tr. Comer en el almuerzo una u otra cosa.

ALMUD m. Medida de áridos que corresponde a media fanega. ❏ ALMUDADA.

ALMUECÍN o **ALMUÉDANO** m. Musulmán que convoca al pueblo para la oración.

ALMUERZO m. Comida que se toma por la mañana, antes de la principal. ◊ Comida que se toma al mediodía o a primeras horas de la tarde.

ALOCAR tr. y prnl. Volver loco. ❏ ALOCADO, DA.

Alpaca

ALOCUCIÓN f. Discurso breve.

ÁLOE m. *Bot.* Gén. de plantas de hojas grandes y carnosas y flores en racimos terminales. Tienen aplicaciones medicinales.

ALÓFONO adj. y s. *Fon.* Díc. de cada una de las variantes de la pronunciación de un fonema.

ALÓGENO, NA adj. Producido por la acción de un elemento extraño.

ALOJA f. Bebida compuesta de agua, miel y especias. ◊ *Argent.* Chicha, bebida.

ALOJAMIENTO m. Lugar donde uno está alojado.

ALOJAR tr., intr. y prnl. Hospedar. ◊ Colocar una cosa dentro de otra.

ALÓN m. Ala entera de ave, sin plumas.

ALONDRA f. Ave paseriforme de color pardo y cola ahorquillada.

ALONSO, Alicia (nacida 1920) Bailarina cub. Creadora del Ballet Nacional de Cuba. ◊ *Amado* (1896-1952) Lingüista esp. nacionalizado arg. *Problemas de dialectología hispánica, Castellano, español, idioma nacional, De la pronunciación medieval a la moderna.* ◊ *Dámaso* (1898-1990) Poeta y filólogo esp., autor de imp. trabajos sobre Góngora y san Juan de la Cruz. Presid. de la Real Academia de la Lengua (1968-1982). *Oscura noticia, Hijos de la ira, Hombre y Dios.* ◊ *Manuel* (1822-1889) Poeta puertorriq. *El Gíbaro.* ◊ *Barba, Álvaro* (1569-1661) Sacerdote y mineralogista esp., que emigró a América, donde realizó imp. estudios de mineralogía y metalurgia. ◊ *Y Trelles, José* (1857-1924) Poeta ur., llamado EL VIEJO PANCHO, cultivador del gén. gauchesco. *Paja brava, Guacha.*

ALOPATÍA f. Terapéutica en la que se emplean medicamentos que aplicados a un individuo sano producirían fenómenos contrarios a los observados en el enfermo. ❏ ALÓPATA; ALOPÁTICO, CA.

ALOPECIA f. Caída o pérdida del pelo.

ALOQUE adj. De color rojo claro. ◊ adj. y s. Clarete o mezcla de tinto y blanco.

ALOTROPÍA f. *Quím.* Polimorfismo de formas cristalinas o de estructuras moleculares de un elemento. ❏ ALOTRÓPICO, CA.

ALPACA f. *Amér. Merid.* Mamífero rumiante de la familia camélidos. Se aprovecha su lana y su carne. ◊ fig. Pelo de este animal. ◊ fig. Tejido hecho con este pelo. ◊ Aleación de cobre, níquel y cinc, de color blanco.

ALPAMATO m. *Argent*. Arbusto mirtáceo de hoja aromática y medicinal.

ALPARGATA f. Calzado de cáñamo, en forma de sandalia, que se asegura con cintas. ❏ ALPARGATERÍA; ALPARGATERO, RA.

ALPECHÍN m. Líquido oscuro y fétido que sale de las aceitunas. ❏ ALPECHINERA.

ALPENDE m. Cubierta voladiza de un edificio.

ALPENSTOCK m. Bastón de los alpinistas.

ALPES Sist. montañoso, el más importante de Europa; de 250 000 a 300 000 km². Forma un arco desde el golfo de Génova hasta el Danubio medio por el NE y el Adriático por el SE. Los A. se dividen en: Occidentales, Centrales y Orientales. Cumbres prales.: el Mont-Blanc (4 807 m, la más alta de Europa), el Monte Rosa (4 638 m) y el Matterhorn o Cervino (4 482 m). Alta pluviosidad.

ALPINISMO m. Deporte que consiste en escalar montañas. ❏ ALPINISTA.

Alpinismo

ALPINO, NA adj. Relativo a los Alpes y, p. ext., a las montañas altas. ◊ Relativo al alpinismo. ◊ **Plegamiento a.** *Tect*. Movimientos orogénicos que desde el jurásico superior han originado grandes sistemas montañosos, como los Andes, los Alpes y el Himalaya.

ALPISTE m. Planta gramínea con espiguilla de tres flores y semillas, usadas para forraje y alimento de los pájaros.

ALPUJARRA, La o **ALPUJARRAS, Las** Comarca montañosa esp. sit. en las prov. de Granada y Almería. ◊ **Guerra de las A.** Sublevación de los moriscos (1568-1570), dirigida por Aben Humeya y Aben Abóo. Fueron derrotados.

ALQUENO m. *Quím*. Hidrocarburo no saturado de la serie olefínica (fórmula C_nH_{2n}). El más conocido es el etileno.

ALQUERÍA f. Casa de campo para la labranza. ◊ Conjunto de dichas casas.

ALQUIBLA f. Punto hacia donde los musulmanes dirigen la vista cuando rezan.

ALQUILAR tr. Dar a otro alguna cosa para que use de ella, mediante el pago

de una cantidad. ◊ prnl. Ponerse uno a servir a otro por cierto estipendio.

ALQUILER m. Precio en que se alquila alguna cosa.

ALQUILO m. *Quím*. Radical orgánico originado por la eliminación de un átomo de hidrógeno de los hidrocarburos saturados.

ALQUILÓN, NA adj. *Ecuad*. Inquilino.

ALQUIMIA f. Química primitiva, cultivada especialmente en la E. Med. Materialmente intentaba descubrir la piedra filosofal y el elixir de la larga vida. ❏ ALQUÍMICO, CA; ALQUIMISTA.

ALQUINO m. *Quím*. Hidrocarburo no saturado con un enlace triple (fórmula C_nH_{2n-2}).

ALQUITARA f. Alambique.

ALQUITRÁN m. Líquido viscoso, de olor característico, obtenido por destilación seca de productos diversos (hulla, lignito, turba, madera, esquistos bituminosos). ❏ ALQUITRANADO, DA; ALQUITRANAR.

ALREDEDOR adv. lugar. Denota la situación de personas o cosas que circundan a otras, o la dirección en que se mueven. ◊ adv. cantidad fam. Cerca. ◊ m. pl. Contorno de un lugar.

ALSACIA (fr., *Alsace*; al., *Elsass*) Región del E de Francia; 8 280 km², 1 624 400 hab. Cap., Estrasburgo.

ALSACIA-LORENA (*al., Elsass-Lothringen*) Ant. territorio al. constituido por Alsacia y parte de Lorena. Cedido por Francia a Alemania tras la guerra franco-prusiana (1871). Est. del Reich desde 1911. Después de la I Guerra Mundial volvió a Francia. Anexionado por Hitler, fue devuelto a Francia en 1944.

ALSINA, Carlos Roque (n. 1941) Compositor y pianista arg. Fundador del grupo *New Phonic Art*. ◊ **Valentín** (1805-1869) Político y jurista arg. Gobernador de Buenos Aires (1866). Redactor del Código Penal.

ALTA f. Declaración del médico de que un enfermo ya está sano. ◊ Documento que lo acredita. ◊ Ingreso de una persona en un cuerpo, profesión, etc.

ALTA NORMANDÍA ➪ Normandía, Alta.

ALTAGRACIA, La Prov. del SE de la República Dominicana; 3 010,34 km², 179 041 hab. Cap., Salvaleón de Higüey. Azúcar, arroz, tabaco. Ganadería.

ALTÁI Sist. montañoso herciniano del Asia central, entre Siberia y Mongolia. Alt. máx. 4 500 m. Oro, hierro.

ALTAICO, CA adj. y s. Dic. de la raza turcomongola, que se supone oriunda de la región de los montes Altái, y de las lenguas mongolas y turcas.

ALTAMIRA, cueva de Caverna sit. cerca de Santillana del Mar (Cantabria, España). Importantísimo conjunto de pinturas rupestres del magdaleniense.

ALTAMIRA Mun. de la República Dominicana, en la prov. de Puerto Plata; 29 498 hab. Café y cacao. Lignito y antracita.

ALTAMIRA, Rafael (1866-1951) Historiador y jurista esp. *Historia de España y de la civilización española*.

ALTAMIRANO, Carlos (n. 1925) Político chil., representante de la corriente radical del Partido Socialista durante el gobierno de Salvador Allende. ◊ **Ignacio Manuel** (1834-1893) Novelista mex. *El Zarco, Cuentos de Invierno*.

ALTANERÍA f. Vuelo alto de algunas

Pintura rupestre en la cueva de **Altamira**

aves. ◊ Caza que se hace con halcones. ◊ fig. Altivez. ❏ ALTANERO, RA.

ALTAR m. Monumento dispuesto para inmolar la víctima y ofrecer el sacrificio. ◊ En el culto católico, ara consagrada sobre la cual el sacerdote celebra la misa. ◊ P. ext., lugar en forma de mesa donde se coloca el ara.

ALTAR Volcán extinguido de los Andes del Ecuador; 5 319 m.

ALTAVOZ m. Aparato que reproduce y amplifica la voz y los sonidos transformando las oscilaciones eléctricas en ondas sonoras.

ALTDORFER, Albrecht (1480-1538) Pintor y grabador al. *La batalla de Alejandro*.

ALTERACIÓN f. Sobresalto. ◊ Alboroto. ◊ Altercado. ◊ Accidente musical.

ALTERADO, DA adj. Que ha cambiado de forma o esencia. ◊ fig. Inquieto, perturbado.

ALTERAR tr. y prnl. Cambiar la esencia o forma de una cosa. ◊ Perturbar, inquietar. ◊ Estropear, descomponer.

ALTERCADO m. Disputa.

ALTERCAR intr. y prnl. Disputar.

ALTERIDAD f. *Der*. Condición de ser otro.

ALTERNADOR m. *El*. Generador de electricidad que transforma la energía mecánica de rotación en energía eléctrica de corriente alterna.

ALTERNANCIA f. Realización alternativa de una sucesión de fenómenos que se desarrollan con regularidad. ◊ **de generaciones**. Tipo de ciclo biológico en el que los individuos se reproducen sexual y asexualmente.

ALTERNAR tr. Variar las acciones diciendo o haciendo ya unas cosas, ya otras, y repitiéndolas sucesivamente. ◊ intr. Hacer o decir una cosa, desempeñar un cargo varias personas por turno. ◊ intr. y prnl. Sucederse unas cosas a otras repetidamente. ◊ intr. Tener trato amistoso. ❏ ALTERNATIVO, VA.

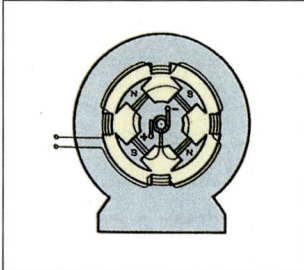

Esquema de un **alternador**

ALTERNATIVA f. Derecho de una persona a ejecutar alguna cosa o gozar de ella alternando con otra. ◊ Opción entre dos cosas. ◊ *Taur.* Ceremonia por la cual un espada de cartel autoriza a un matador principiante para que pueda matar.
ALTERNO, NA adj. *Bot.* Díc. de las hojas que corresponden al espacio que media entre una y otra del lado opuesto.
ALTEZA f. fig. Elevación, excelencia. ◊ Tratamiento dado a los príncipes.
ALTHAUS, Clemente (1835-1891) Poeta per. Poesías patrióticas y religiosas.
ALTHUSSER, Louis (1918-1990) Filósofo fr. Se inscribe en una de las prales. corrientes marxistas del s. XX. *Leer «El Capital»*, en colaboración con E. Balibar; *A favor de Marx*.
ALTIBAJO m. pl. fam. Desigualdades de un terreno. ◊ fig. y fam. Alternativa de bienes y males.
ALTILLANO m. o **ALTILLANURA** f. *Amér. Merid.* Altiplanicie.
ALTILLO m. Cerrillo algo elevado. ◊ Construcción elevada en un local, para un mayor aprovechamiento del espacio.
ALTIMETRÍA f. Parte de la topografía que enseña a medir alturas.
ALTÍMETRO m. Aparato para medir altitudes. ◊ Aparato que, a bordo de un avión, señala la altitud de vuelo.
ALTIN TAGH (chino, *Aerjin shan*) Sist. montañoso del SE de Sinkiang (China), estribación del Kuen Lun.
ALTIPAMPA f. *Argent.* y *Bol.* Altiplanicie.
ALTIPLANICIE f. o **ALTIPLANO** m. Meseta de gran extensión y altitud.
ALTIPLANO, El Por antonomasia, el altiplano andino, extensa meseta, a más de 3 500 m de alt., en los Andes de Bolivia y Perú, en el N de Chile y en el NO de Argentina; 100 000 km².
ALTISONANTE adj. Díc. del lenguaje o estilo muy sonoro y de quien lo emplea.
ALTITUD f. Altura. ◊ *Geog.* Altura de un punto con relación al nivel del mar.
ALTIVO, VA adj. Orgulloso, soberbio. ◊ Díc. de las cosas elevadas. ❑ ALTIVEZ.
ALTO, TA adj. Levantado sobre la tierra. ◊ Más elevado con relación a otro término inferior. ◊ De gran estatura. ◊ Se aplica al río muy crecido, o al mar alborotado. ◊ adj. y s. Díc. de las personas de gran dignidad. ◊ fig. Avanzado. ◊ fig. Superior. ◊ fig. Dicho del precio de las cosas, caro. ◊ fig. Fuerte, que se oye a distancia. ◊ fig. Dicho de períodos históricos, la fracción más lejana. ◊ m. Altura. ◊ Sitio elevado. ◊ adv. lugar. En lugar superior ◊ adv. modo. En voz fuerte.
ALTO ADIGIO Nombre it. del S del Tirol, incorporado a Italia después de la I Guerra Mundial. Pob. de lengua al.
ALTO PARAGUAY Dpto. del NO de Paraguay, en el Chaco; 82 349 km², 11 816 hab. Cap., Fuerte Olimpo. Ganadería.
ALTO PARANÁ Dpto. del E de Paraguay; 14 895 km², 403 858 hab. Cap., Ciudad del Este. Terreno selvático. Yerba mate.
ALTO SONGO Mun. de Cuba, en la prov. de Granma; 101 200 hab. Agricultura.
ALTO VOLTA ⇨ Burkina Faso.
ALTOLAGUIRRE, Manuel (1905-1959) Poeta esp. de la generación del 27. *Las islas invitadas, La lenta libertad*.
ALTOPARLANTE m. *Amér.* Altavoz.

Altramuz

ALTOZANO m. Monte de poca alt. ◊ *Amér.* Atrio de una iglesia.
ALTRAMUZ m. Planta leguminosa papilionácea, de flores blancas y fruto de grano menudo y achatado.
ALTRUISMO m. Actitud basada en la consideración del bienestar de los demás. ❑ ALTRUISTA.
ALTURA f. Elevación de un cuerpo sobre la superficie de la tierra. ◊ Dimensión de los cuerpos perpendicular a su base. ◊ Región del aire, considerada a cierta elevación sobre la tierra. ◊ Cumbre de los montes. ◊ fig. Alteza. ◊ Altitud con relación al nivel del mar. ◊ *Astr.* Coordenada astronómica definida por la distancia angular entre la visual de un astro y su proyección sobre el horizonte. ◊ *Geom.* Dimensión de una figura plana o de un cuerpo, representada por una línea que baja perpendicularmente a su base. ◊ *Top.* Cota. ◊ pl. Cielo.
ALUBIA f. Judía.
ALUCINACIÓN f. Trastorno psicosensorial que consiste en una percepción vivida con convicción de realidad.
ALUCINAR tr. y prnl. Ofuscar o engañar haciendo que se tome una cosa por otra. ◊ intr. Confundirse. ❑ ALUCINADOR, RA; ALUCINAMIENTO; ALUCINANTE.
ALUCINÓGENO, NA adj. y s. Sustancia capaz de provocar alucinaciones.
ALUD m. Masa de nieve y hielo que se desprende y cae violentamente de las montañas.
ALUDIR intr. Referirse a una persona o cosa sin nombrarla. ◊ tr. e intr. Referirse a persona determinada.
ALUMBRADO, DA adj. y s. Relativo a los alumbrados. ◊ m. pl. Herejes, cuya secta nació en España a fines del

s. XVI. ◊ adj. fig. Ebrio. ◊ m. Conjunto de luces que alumbran.
ALUMBRAR tr. e intr. Llenar de luz y claridad. ◊ Poner luz en algún lugar. ◊ Acompañar con luz a otro. ◊ Disipar la oscuridad y el error. ◊ fig. Ilustrar y dar a conocer a otro lo que ignoraba. ◊ intr. Parir la mujer. ◊ prnl. Embriagarse. ❑ ALUMBRADOR, RA; ALUMBRAMIENTO.
ALUMBRE m. Sulfato doble hidratado de un metal trivalente y un metal monovalente. ❑ ALUMBROSO, SA.
ALÚMINA f. *Quím.* Óxido de aluminio anhidro que se halla en la naturaleza gralte. formando, en combinación con la sílice y otros cuerpos, los feldespatos y las arcillas.
ALUMINIO m. Elemento químico de símbolo Al, n. a. 13 y peso atómico 26,98. □ *Quím.* El a. es el metal más abundante en la corteza terrestre. Es de color blanco argentino, ligero, blando, dúctil y de elevada conductividad. Se obtiene por electrólisis a partir de la bauxita. Sus aplicaciones, solo o aleado, son cada día mayores.
ALUMINITA f. Roca de la que se extrae el alumbre.
ALUMINOTERMIA f. *Metal.* Obtención de metales por reducción de sus óxidos con aluminio.
ALUMNO, NA m. y f. Cualquier discípulo, respecto de su maestro, de la materia que está aprendiendo o de la escuela, etc., donde estudia. ❑ ALUMNADO.
ALUNITA f. Aluminita.
ALUNIZAR intr. Posarse en la Luna un aparato astronáutico. ❑ ALUNIZAJE.
ALUSIÓN f. *Ret.* Figura que consiste en aludir a una persona o cosa. ❑ ALUSIVO, VA.
ALUVIÓN m. Avenida fuerte de agua. ◊ fig. Cantidad grande de personas o cosas. ◊ **De a.** loc. Díc. de los terrenos que quedan al descubierto después de las avenidas. ❑ ALUVIAL.
ALVA Ixtlilxóchitl, Fernando (1575-1648) Historiador mex. *Historia chichimeca*.
ALVAR, Manuel (n. 1923) Filólogo y erudito esp. *Atlas lingüístico y etnográfico de Andalucía*.
ALVARADO, Alonso de (m. 1553) Conquistador esp. Participó en la conquista de Perú. Desempeñó el gobierno en Cuzco. ◊ **Lisandro** (1859-1929) Antropólogo e historiador ven. *Historia de la revolución federal en Venezuela*,

Alunizaje del módulo lunar Apolo XI

Alzacola

Glosario de voces indígenas. ◊ **Pedro de** (1485-1541) Conquistador esp., lugarteniente de Cortés en México. Responsable de la matanza de Tenochtitlán. Conquistador de Guatemala y El Salvador, Carlos V le nombró gobernador de estos terr. ◊ **Salvador** (1880-1924) Político y militar mex. Participó activamente en la insurreccón maderista contra P. Díaz y más tarde en el levantamiento constitucionalista contra Huerta. Gobernador del Yucatán (1915-1917), implantó medidas liberales. Luchó contra Carranza y más tarde se enfrentó a Obregón en la rebelión delahuertista. ◊ **Tezozómoc, Hernando de** (1525-1600) Cronista mex., nieto de Moctezuma. *Crónica mexicana* (cast.), *Crónica Mexicayotl* (náhuatl).

ALVARES Cabral, Pedro ➪ Cabral, Pedro Alvares.

ÁLVAREZ, Gregorio (n. 1925) Militar y político ur. Presid. de la rep. (1981-1985); devolvió el poder a los civiles. ◊ **José Sixto** (1858-1903) Escritor arg. conocido por *Fray Mocho. Un viaje al país de los matreros, Cuadros de la ciudad.* ◊ **Juan** (1790-1867) General y político mex. Combatió la dictadura de Santa Anna. Presid. de la rep. en 1855, renunció en 1856. ◊ **Manuel Bernardo** (1743-1816) Político col. Intervino activamente en las luchas de independencia. ◊ **Santiago** (n. 1919) Director de cine cub. *Hanoi martes 13, Mi hermano Fidel, El gran salto en el vacío.* ◊ **De Arenales, Juan Antonio** (1770-1831) Militar criollo, de origen esp. Se unió al ejército de San Martín en sus expediciones a Chile y Perú. ◊ **De Cienfuegos, Nicasio** (1764-1809) Poeta esp. prerromántico. *La Zoraida, Las hermandades generosas.* ◊ **Lleras, Antonio** (1892-1956) Escritor y dramaturgo col. *Víboras sociales, El virrey Solís.* ◊ **Quintero, Serafín** (1871-1938) y **Joaquín** (1873-1944) Comediógrafos costumbristas esp. *Las de Caín, Malvaloca.*

ALVARO, Corrado (1895-1956) Escritor it. *El hombre es fuerte, La edad breve.*

ÁLVARO OBREGÓN Delegación de México, en Ciudad de México; 456 700 hab.

ALVEAR, Carlos de (1789-1852) General y político arg., compañero de San Martín. Desempeñó un importante papel en el movimiento de octubre de 1812. ◊ **Marcelo Torcuato de** (1868-1942) Político arg., presid. de la rep. en 1922-1928.

ÁLVEO m. Madre del río o arroyo.

ALVEOLAR adj. *Zool.* De los alveolos. ◊ adj. y f. *Gram.* Consonante que se pronuncia aplicando la lengua a los alveolos de los incisivos superiores.

ALVEOLO o **ALVÉOLO** m. Celdilla. ◊ *Biol.* Depresión en alguna oquedad de un órgano. ◊ *Zool.* Cavidad en que están engastados los dientes. ◊ Unidad elemental del tejido pulmonar.

ALZA f. Aumento de precio que toma alguna cosa. ◊ Mecanismo de un arma, que sirve para precisar la puntería.

ALZACOLA f. Ave paseriforme, de color castaño y vistosa cola en abanico.

ALZACUELLO m. Prenda suelta del traje eclesiástico, especie de corbatín.

ALZADA f. Estatura de los animales. ◊ Recurso de apelación en lo administrativo.

ALZADO, DA adj. Aplícase a la persona que quiebra, ocultando sus bienes para defraudar a sus acreedores. ◊ Díc. del precio que se fija en determinada cantidad. ◊ m. *Arq.* Diseño de la fachada de un edificio o de una máquina, etc., en su proyección geométrica y vertical.

ALZAGA, Martín de (?-1812) Político arg. Alcalde de Buenos Aires, resistió a la invasión ing. Fue ejecutado, acusado de realista.

ALZAMIENTO m. Puja que se hace en una subasta. ◊ Levantamiento. ◊ Quiebra fraudulenta.

ALZAPAÑO m. Cada una de las piezas que, clavadas en la pared, sirven para recoger la cortina hacia los lados.

ALZAPRIMA f. Palanca. ◊ Puente de instrumentos de arco. ❏ ALZAPRIMAR.

ALZAR tr. Levantar; construir. ◊ tr. Retirar del campo la cosecha. ◊ tr. y prnl. Rebelar. ◊ *Art. Gráf.* Sacar los pliegos de una impresión uno a uno para ordenarlos y formar el libro. ◊ prnl. Quebrar fraudulentamente. ◊ *Der.* Apelar, recurrir a tribunal superior.

ALZATE y Ramírez, José Antonio (1737-1799) Sacerdote, geógrafo y naturalista mex. Fundó el *Diario Literario de México* y *La Gaceta de Literatura.*

ALZHEIMER, Alos (1864-1917) Neurólogo al. Estudioso de la parálisis general y las deficiencias cerebrales por arteriosclerosis y senilidad.

ALZO m. *Amér. Centr.* Robo.

Am Símb. quím. del americio.

AMA f. Cabeza o señora de la casa. ◊ Dueña de alguna cosa. ◊ La que tiene uno o más criados, respecto de ellos. ◊ Criada principal de una casa. ◊ Mujer que amamanta a una criatura ajena.

AMABLE adj. Digno de ser amado. ◊ Afable, complaciente. ❏ AMABILIDAD.

AMACAYO m. *Amér.* Flor de lis, planta amarilidácea.

AMACHINARSE prnl. *Amér.* Amancebarse.

AMACURO Río de Venezuela, fronterizo entre Guyana y Venezuela; 250 km.

AMADEO I (1845-1890) Hijo de Víctor Manuel II de Italia y duque de Aosta. Proclamado rey de España por las cortes en 1870. Su abdicación (1873) dio paso a la proclamación de la I República.

AMADÍS de Gaula Célebre libro de caballerías, de autor anónimo esp. (s. XIV).

AMADO, Jorge (1912-2001) Escritor y político bras. *Tierras de sinfín, Mar Muerto, Gabriela, clavo y canela.*

AMADOR de los Ríos, José (1818-1878) Historiador esp., *Historia social, política y religiosa de los judíos en España y Portugal.* ◊ **Guerrero, Manuel** (1833-1909) Político pan. Primer presid. de la República de Panamá (1903-1909).

AMADRINAR tr. Unir dos caballerías con la correa llamada madrina. ◊ tr. y prnl. Apadrinar. ❏ AMADRINAMIENTO.

AMAESTRAR tr. y prnl. Enseñar o adiestrar. ❏ AMAESTRAMIENTO.

AMAGAR tr. e intr. Dejar ver la intención de ejecutar alguna cosa. ◊ Amenazar. ◊ intr. Estar alguna cosa próxima a suceder. ◊ prnl. fam. Ocultarse.

AMAGASAKI C. de Japón, en la prefectura de Hyogo; 523 700 hab. Construcciones mecánicas.

AMAGO m. Señal de algo.

AMAHUACA m. pl. Pueblo indígena de Perú (Ucayali), de lengua pano.

AMAINAR tr. *Mar.* Recoger las velas de una embarcación. ◊ *Min.* Retirar de los pozos las vasijas que se emplean en ellos. ◊ intr. Aflojar su fuerza el viento.

AMALARICO Rey de los visigodos de España (507-531), hijo de Alarico II.

AMALASUNTA Regente de la Italia ostrogoda (526-534), hija de Teodorico el Grande.

AMALGAMA f. *Quím.* Aleación del mercurio con otro metal. ◊ fig. Unión de cosas de naturaleza distinta.

AMAMANTAR tr. Dar de mamar.

AMAMBAY Dpto. de Paraguay, en las estribaciones de la meseta central del Brasil; 12 933 km², 97 700 hab. Cap., Pedro Juan Caballero. Ganadería. Café, arroz, mate, fruticultura.

AMANAL m. *Méx.* Alberca, estanque.

AMANCAY m. *Amér.* Nombre de diversas especies de azucena o narciso .

AMANCEBAMIENTO m. Situación de cohabitar hombre y mujer sin estar casados. ◊ Adulterio del marido. ❏ AMANCEBARSE.

AMANECER intr. Empezar a aparecer la luz del día. ◊ Llegar a estar en un paraje o condición determinados al aparecer la luz del día. ◊ m. Tiempo durante el cual amanece. ❏ AMANECIDA.

AMANERARSE tr. y prnl. Contraer un artista, escritor u orador el vicio de dar a sus obras o a su palabra o expresión uniformidad y monotonía. ❏ AMANERADO; AMANERAMIENTO.

Dibujo en **alzado** de parte de una galería porticada

AMANITA f. Género de hongos, algunas de cuyas especies son muy venenosas.

AMANSAR tr. y prnl. Hacer manso a un animal. ◊ fig. Sosegar. ◊ fig. Domar el carácter de alguien. ❏ AMANSADOR, RA.

AMANTE adj. y s. Que ama. ◊ com. Hombre o mujer que mantiene relaciones extraconyugales.

AMANUENSE com. Persona que escribe al dictado. ◊ Escribiente.

AMAÑAR tr. Componer mañosamente alguna cosa. ◊ prnl. Darse maña, acomodarse a hacer alguna cosa. ❏ AMAÑO.

AMAPÁ Est. de Brasil, limítrofe con la Guayana Francesa; 142 358 km², 258 000 hab. Cap., Macapá. Maderas finas, caucho, goma; hierro y manganeso.

AMAPOLA f. Planta con flores rojas y semilla negruzca, rica en aceite.

AMAR tr. Tener amor a personas o cosas. ◊ Apreciar algo. ❏ AMADO, DA.

AMARANTO m. Planta amarantácea, de flores terminales en espiga densa, de distintos colores.

AMARAR intr. Posarse en el agua un hidroavión o aeronave. ❏ AMARAJE.

AMARGAR intr. y prnl. Tener alguna cosa sabor desagradable. ◊ tr. Comunicar sabor desagradable a una cosa. ◊ tr. y prnl. fig. Causar aflicción.

AMARGO, GA adj. Que amarga. ◊ fig. Que causa aflicción o disgusto. ◊ fig. Afligido o disgustado. ◊ fig. Áspero y de genio desabrido. ◊ m. Amargor.

AMARGOR m. Sabor amargo. ◊ fig. Amargura.

AMARGURA f. Amargor. ◊ fig. Aflicción.

Amapola

AMARICONADO, DA adj. fam. Afeminado.

AMARILIS Seudónimo de una poetisa per. del s. XVII. *Epístola a Belardo.*

AMARILLEAR intr. Mostrar alguna cosa color amarillo. ◊ Ser amarillento.

AMARILLO, LLA adj. y s. De color semejante al del oro. ◊ Tercer color del espectro solar. ◊ adj. fig. Pálido. ◊ fig. Dic. de la prensa sensacionalista.

AMARILLO, mar *(Huanghai)* Sector septentrional del mar de la China Oriental, entre las pen. de Corea y Shantung.

AMARILLÓ, río ⇨ Hoang-ho.

AMARNA, Tell-el Lugar del Alto Egipto. Ruinas de Ajetatón, ciudad fundada por Ajenatón hacia 1366 a. C.

AMARO m. Planta labiada, de flores en verticilo y de olor nauseabundo.

AMARRA f. Correa que se pone a los caballos para que no levanten la cabeza. ◊ Mar. Cabo con que se asegura la embarcación.

Estela del palacio de Akhenatón, en la que el faraón aparece adorando al disco del Sol, procedente de **Tell el-Amarna** (Museo Egipcio, El Cairo)

AMARRADERO m. Poste o argolla donde se amarra alguna cosa. ◊ *Mar.* Sitio donde se amarran los barcos.

AMARRADIJO m. *Amér.* Nudo mal hecho.

AMARRAR tr. Atar por medio de cuerdas, etc. ◊ Inmovilizar el buque en el puerto o cualquier fondeadero por medio de anclas y cadenas o cables. ◊ *Amér.* Concertar, pactar. ❏ AMARRADO, DA; AMARRE; AMARRADURA.

AMASADOR, RA adj. y s. Que amasa. ◊ f. Máquina para amasar.

AMASANDERÍA f. *Amér. Merid.* Tahona.

AMASAR tr. Formar masa, mezclando harina u otra materia semejante con agua u otro líquido. ◊ fig. Unir, amalgamar. ❏ AMASADERA; AMASADERO.

AMASÍAS (heb. *Amasyahu*) Noveno rey de Judá (796-781 a. C.). Fue derrotado y apresado por el rey Joás de Israel.

AMASIJO m. Porción de harina amasada. ◊ Porción de masa hecha con tierra, etc. y agua u otro líquido. ◊ fig. y fam. Mezcla de ideas que causan confusión.

AMAT y Junyent, Manuel de (1704-1782) Militar esp. Virrey de Perú (1761-1776). Desarrolló una brillante labor de gobierno y excelente organización militar.

AMATE m. *Méx.* Higuera usada como resolutivo. ◊ Lámina obtenida de su corteza y pintada con llamativos colores.

AMATES, Los Mun. de Guatemala, en el dpto. de Izabal; 28 800 hab. Bananas.

AMATEUR adj. y s. Aficionado, en un deporte u otra actividad.

AMATISTA f. Variedad de cuarzo de color violeta, usada en joyería.

AMATORIO, RIA adj. Relativo al amor.

AMAYA, Carmen (1913-1963) Bailarina esp. de flamenco. Actuó en Europa, América Latina y EE UU. Interpretó algunas películas *(Los Tarantos).*

AMAZACOTADO, DA adj. Pesado, compuesto a manera de mazacote. ◊ fig. Dicho de obras literarias o artísticas, pesado, confuso.

AMAZONA f. Mujer de alguna de las razas guerreras que los antiguos suponían que existieron. ◊ fig. Mujer de ánimo varonil. ◊ fig. Mujer que monta a caballo.

AMAZONAS Río de América del Sur, el más importante del mundo por su caudal y uno de los de mayor long. (6 480 km). Se forma en la confluencia del Marañón con el Ucayali, en Perú. Atraviesa el Brasil y desemboca en el Atlántico, formando un estuario. Afl. prales.: Juruá, Purús, Madeira, Tapajoz y Xingú, por la orilla derecha, Napo, Japurá (Caquetá) y Negro, por la izquierda.

AMAZONAS Est. del NO de Brasil; 1 567 954 km², 2 141 000 hab. Cap., Manaus. Sit. en la cuenca media del Amazonas. Caucho, nuez de Pará. Ind. química, refinería de petróleo. ◊ Dpto. del SE de Colombia, en la cuenca amazónica; 109 665 km², 76 381 hab. Cap., Leticia. Terreno llano y selvático. Explotación forestal. ◊ Dpto. del Perú, atravesado por el Marañón; 39 249 km²,

Indígenas con sus canoas en el río **Amazonas**

376 300 hab. Cap., Chachapoyas. Zona de transición entre los Andes y la llanura amazónica. Densas selvas. Café, cacao, caña de azúcar, madera, resina, caucho. Azufre y caliza. Yacimientos de carbón. ◊ Estado del S de Venezuela; 178 895 km², 60 207 hab. Cap., Puerto Ayacucho. Densas selvas. Caucho y madera.

AMAZONIA Región del N de Brasil que comprende los est. de Pará, Amazonas y Acre y los terr. de Amapá, Roraima y Rondônia; unos 3 581 180 km² y 5 893 000 hab. Clima ecuatorial. La mayor parte está cubierto por selva virgen. Grandes riquezas naturales. Parte de los indígenas vive en reservas.

AMAZÓNICO, CA adj. Relativo a las amazonas. ◊ Relativo al río Amazonas.

AMBAGES m. pl. fig. Rodeos de palabras por afectación, o porque no se quiera explicar claramente alguna cosa.

ÁMBAR m. Resina fósil, de color amarillo y transparente, que arde fácilmente y se emplea en cuentas de collares, etc. ◊ Perfume delicado. ❏ AMBARINO, NA.

AMBATO C. de Ecuador, cap. de la prov. de Tungurahua; 124 166 hab. Agricultura. Ind. derivadas y textil. Comercio.

AMBERES (fr., *Anvers*, neerlandés, *Antwerpen*) C. de Bélgica, cap. de la prov. hom.; 488 400 hab. (agl. urb.). Importante puerto com. En el s. XVI fue emporio comercial.

Ameba

AMBICIONAR tr. Desear ardientemente alguna cosa. ❏ AMBICIÓN; AMBICIOSO, SA.

AMBIDEXTRIA f. Aptitud natural para servirse igualmente de ambas manos. ❏ AMBIDEXTRO, TRA.

AMBIENTAR tr. Sugerir los rasgos históricos, locales o sociales del medio en que ocurre la acción de una obra literaria. ◊ tr. y prnl. Adaptar o acostumbrar a una persona a un medio desconocido. ❏ AMBIENTACIÓN.

AMBIENTE adj. y s. Díc. de cualquier fluido que rodea un cuerpo. ◊ m. Conjunto de factores externos capaces de influir en un organismo. ◊ Grupo o sector social. ❏ AMBIENTAL.

AMBIGÚ m. Comida compuesta de manjares calientes y fríos.

AMBIGUO, GUA adj. Que puede entenderse de varios modos o admitir distintas interpretaciones. ◊ Incierto, dudoso. ◊ Díc. de los sustantivos del gén. m. y f. indistintamente. ❏ AMBIGÜEDAD.

ÁMBITO m. Contorno de un espacio. ◊ Espacio comprendido dentro de límites determinados. ◊ Círculo en que uno se desenvuelve.

AMBIVALENCIA f. Rasgos opuestos, pero desarrollados igualmente. ❏ AMBIVALENTE.

AMBLAR intr. Andar los cuadrúpedos moviendo a un tiempo el pie y la mano de un mismo lado. ❏ AMBLADOR, RA; AMBLADURA.

AMBLIOPÍA f. *Med.* Disminución de la visión, sin lesión orgánica del ojo.

AMBON C. de Indonesia, cap. de las Molucas; 209 000 hab, sit. en la isla hom. Especias, copra.

AMBOS, BAS adj. pl. El uno y el otro; los dos.

AMBROGI, Arturo A. (1875-1936) Escritor salv. *Cuentos y fantasías, El libro del Trópico, El tiempo que pasa, El Jetón.*

AMBROSÍA o **AMBROSIA** f. *Mit.* Manjar de los dioses. ◊ fig. Manjar o bebida de gusto delicado.

AMBROSIO (339?-397) Santo. Padre y doctor de la Iglesia. Obispo. Creó la himnología litúrgica latina.

AMBULACRO m. Órgano de los equinodermos, que sirve para la locomoción. ◊ Corredor, galería. ❏ AMBULACRAL.

AMBULANCIA f. Hospital móvil de campaña. ◊ Vehículo para transportar heridos o enfermos.

AMBULANTE adj. Que va de un lugar a otro sin tener asiento fijo.

AMBULATORIO, RIA adj. Díc. de las enfermedades que no obligan a guardar cama. ◊ m. Dispensario.

AMEBA f. *Zool.* Protozoo que carece de membrana rígida y se desplaza mediante seudópodos.

AMEBIASIS f. Disentería causada por amebas.

AMECA Río de México, en la región central del país; 260 km. Desemboca en el Pacífico. ◊ Mun. de Méx., en el est. de Jalisco; 42 600 hab. Cereales. Madera; ind. papelera.

AMEDRANTAR o **AMEDRENTAR** tr. y prnl. Infundir miedo, atemorizar.

AMEGHINO, Florentino (1854-1911) Paleontólogo y naturalista arg. *La antigüedad del hombre en el Plata.*

AMEJORAR tr. y prnl. *Amér.* Mejorar.

AMELCOCHAR tr. y prnl. *Amér.* Dar a un dulce el punto espeso de la melcocha. ◊ prnl. fig . *Amér.* Reblandecerse.

AMELGA f. Faja de terreno que se señala para esparcir la simiente con igualdad. ❏ AMELGADO, DA; AMELGAR.

AMÉN m. Voz que se dice al final de las oraciones cristianas. ◊ Úsase para manifestar vivo deseo de que tenga efecto lo que se dice. ◊ adv. modo. Excepto. ◊ adv. cantidad. A más, además.

AMENAZAR tr. Dar a entender que se quiere hacer algún mal a otro. ◊ tr. e intr. fig. Dar indicios de estar inminente alguna cosa mala o desagradable. ❏ AMENAZA; AMENAZADOR, RA; AMENAZANTE.

AMENGUAL, René (1911-1954) Compositor chil., autor de *Preludios*, un concierto para piano, otro para arpa y dos *Cuartetos.*

AMENGUAR tr. e intr. Disminuir, menoscabar.

AMENHOTEP IV Faraón de Egipto (1369- 1353 a. C.) de la XVIII dinastía. Abandonó el culto de Amón por el de Atón, o disco solar. Cambió su nombre por el de Ajenatón. Trasladó la capital a Ajetatón (hoy Tell el-Amarna).

Vista de **Amberes**

AMENO, NA adj. Grato. ◊ fig. Aplícase a las personas y cosas que tienen el don de recrear apaciblemente. ❏ AMENIZAR.

AMENOFIS Transcripción gr. del nombre egipcio Amenhotep.

AMENORREA f. Ausencia de menstruación.

AMENTÁCEO, A adj. y f. *Bot.* Díc. de las plantas que tienen las flores en amento. ◊ f. pl. Fagales.

AMENTO m. Amiento ◊ *Bot.* Racimo compuesto de flores habitualmente unisexuales.

AMÉRICA El segundo continente del mundo por su extensión (algo más de 42 millones de km²). Se halla entre los océanos Atlántico, al E, y Pacífico, al O. Al N está bañado por el Ártico.
☐ *Geog. fís.* Está constituido por dos grandes masas de forma triangular unidas por el istmo de Panamá. Orográficamente hay que distinguir tres zonas: una occidental, con un cordón montañoso y volcánico que recorre el continente de N a S (la cadena Costera y las montañas Rocosas, al N, la Sierra Madre en México, las cord. centroamericanas y, en el S, la cadena de los Andes); otra central, de grandes llanuras, formada por la región de las praderas, en A. del N, y las grandes llanuras del Orinoco, Amazonas, Chaco y Pampa en A. del S; una tercera zona está constituida por las cadenas que se levantan junto al Atlántico, muy antiguas y erosionadas (Apalaches en el N y macizo de las Guayanas y meseta bras. en el S). El litoral del Ártico es muy recortado y presenta numerosos accidentes. Sus aguas bañan muchas islas, entre ellas Groenlandia. Las costas del Pacífico son poco accidentadas, salvo en los extremos N y S, donde son muy recortadas con fiordos y gran número de islas y arch. En este mismo litoral se hallan las pen. de Alaska y California en el N. En la costa del Atlántico se encuentran, entre otras, las pen. del Labrador, Florida y Yucatán, los golfos de San Lorenzo y México, el mar Caribe y las islas Antillas. La costa atlántica del hemisferio S presenta los deltas del Orinoco y Amazonas y el estuario del Río de la Plata, los golfos de Venezuela, San Matías y San Jorge y la pen. Valdés. Los prales. r. del Pacífico son el Yukón, Columbia y Co-

AMÉRICA, ESTADOS Y TERRITORIOS

Estados y territorios	Km²	Población	Densidad	Capital
Canadá	9 970 610	29 606 000	2,7	Ottawa
EE UU [1]	9 355 855	250 928 000	27	Washington
México	1 967 183	97 483 000	49	Ciudad de México
Amér. del N indep.	21 293 648	378 017 000	18	
Bermudas	53	68 000	1 283	Hamilton
Amér. del N brit.	53	68 000	1 283	
Groenlandia	2 175 600	53 000	0,02	Godthåb (Nuuk)
Amér. del N danesa	2 175 600	53 000	0,02	
S. Pedro y Miquelón	242	6 000	25	San Pedro
Amér. del N fr.	242	6 000	25	
América del Norte	23 469 543	378 144 000	15,8	
Antigua y Barbuda	442	64 000	145	Saint John's
Bahamas	13 939	287 000	20	Nassau
Barbados	431	265 000	615	Bridgetown
Belice	22 965	189 000	8	Belmopan
Costa Rica	51 100	3 810 000	74,6	San José
Cuba	111 192	10 736 000	94	La Habana
Dominica	751	71 000	99	Roseau
Dominicana, Rep.	48 670	8 231 000	169	Sto. Domingo
El Salvador [2]	21 040,79	6 154 000	292,5	San Salvador
Granada	344	94 000	273	Saint George's
Guatemala	108 889	8 332 000	77	Guatemala
Haití	27 400	6 625 000	242	Puerto Príncipe
Honduras [3]	112 492	6 048 000	53,7	Tegucigalpa
Jamaica	10 991	2 344 000	213	Kingston
Nicaragua	130 373,47	5 072 000	38,9	Managua
Panamá	75 517	2 809 000	37,2	Panamá
San Cristóbal y Nevis	269	42 000	156	Basseterre
San Vicente y las Gran.	388	123 000	317	Kingstown
Santa Lucía	616	151 000	245	Castries
Amér. Centr. indep.	737 810,26	61 447 000	83,3	
Puerto Rico	9 103	3 809 000	418,4	San Juan
Islas Vírgenes	344	103 000	299,4	Ch. Amalie
Otras dependencias	117			
América Centr. norteam.	9 564	3 912 000	409	
Anguila	96	7 000	72,9	The Valley
Cayman	259	17 000	65,6	Georgetown
Montserrat	98	12 000	122,4	Plymouth
Turks y Caicos	430	12 000	27,9	Cockburn Town
Islas Vírgenes	153	12 000	78,4	Road Town
América Centr. brit.	1 036	60 000	57,9	
Guadalupe y dep.	1 703	433 000	254,2	Basse-Terre
Martinica	1 100	341 000	310	Fort-de-France
América Centr. fr.	2 803	774 000	276,1	
Antillas Holandesas	800	191 000	238,7	Willemstad
Aruba	193	62 000	321,4	Oranjestad
Amér. Centr. hol.	993	253 000	254,7	
América Central	752 206,26	66 446 000	88,3	
Argentina [4]	3 761 274	36 260 000	13	C. de Buenos Aires
Bolivia	1 098 581	8 274 000	7,5	La Paz
Brasil	8 511 996	155 822 000	18,3	Brasilia
Chile	756 096,3	15 116 000	19,9	Santiago
Colombia	1 141 748	44 531 000	39	Bogotá
Ecuador	256 370	9 648 000	35,5	Quito
Guyana	214 970	800 000	4	Georgetown
Paraguay	406 752	4 956 000	11	Asunción
Perú	1 285 215,63	23 947 000	18,6	Lima
Surinam	163 820	370 000	2	Paramaribo
Trinidad y Tobago	5 123	1 345 000	262	Puerto España
Uruguay	175 016	3 164 000	18,1	Montevideo
Venezuela	916 445	23 243 000	25,4	Caracas
Amér. Merid. indep.	17 723 942,93	323 825 000	18,3	
Guayana francesa	91 000	73 000	0,8	Cayena
Amér. Merid. fr.	91 000	73 000	0,8	
América Meridional	17 814 942,93	323 898 000	18,2	
AMÉRICA	42 036 692,19	772 139 000	18,3	

[1] Excluidas las islas Hawai. [2] No contempla la redistribución territorial derivada del fallo emitido por la Corte Internacional de Justicia de La Haya el 11 septiembre de 1992. [3] Contempla la redistribución territorial derivada del fallo emitido por la Corte Internacional de Justicia de La Haya. [4] De los que 969 464 km² corresponden a la Antártida Argentina, y 2 791 810 km² a la parte continental e insular americana.

América. Cataratas de Iguazú, en la frontera entre Argentina, Paraguay y Brasil

lorado y los más imp. del Atlántico son: San Lorenzo, Hudson, Misisipí, Misuri, Grande, Orinoco, Amazonas, Uruguay, Paraguay, Paraná, Colorado, Negro, etc.
□ *Geog. econ.* Hay que distinguir entre los países del hemisferio N (EE UU y Canadá), muy industrializados y con una agricultura de alta tecnología, y el resto del continente, poco industrializado (salvo México y Brasil) y con una agricultura de monocultivo y extensas áreas subutilizadas. En los países de clima templado y continental (EE UU, Canadá, Argentina, Chile, Uruguay), se obtienen grandes cantidades de cereales, vid y frutos mediterráneos, mientras que los productos típicamente tropicales (café, cacao, tabaco, caña de azúcar, bananas, etc.) se cultivan pralm. en la zona tropical y ecuatorial. La riqueza ganadera, especialmente ganado vacuno, se encuentra en los países con grandes llanuras, abundantes en pastos (Canadá, EE UU, Mé-

xico, Brasil, Argentina, Uruguay, etc.). En todo el continente se extrae petróleo, siendo grandes productores EE UU, Venezuela, Ecuador y México. También se explotan numerosos yacimientos de minerales (hierro, cobre, plomo, cinc, estaño, nitratos, etc.) y minerales preciosos (oro, plata, diamantes). La ind. está concentrada en EE UU; de mucha menor importancia es la de Canadá, México, Brasil, Chile y Argentina.
□ *Geog. humana.* La pob. supera los 715 millones de hab., muy desigualmente repartidos y concentrados. El elemento racial predominante es el caucasoide (blanco), localizado especialmente en las zonas septentrional y austral. Los indígenas (amerindios) tienen gran importancia en México, Centroamérica y países andinos. La trata de esclavos, traídos de África, pobló de negros el S de EE UU, las Antillas, el litoral del Caribe y el NE brasileño. Del contacto entre estos tres grupos étnicos han surgido los mestizos.
□ *Hist.* Los centros más importantes de la ant. A. se situaron en México, Centroamérica y la zona andina. La zona de México fue dominada por los aztecas. En Centroamérica floreció la civilización maya. El imperio teocrático de los incas llegó a dominar la mayor parte de la zona andina. Colón arribó a Guanahaní (Bahamas) el 12 de octubre de 1492. España fue pionera de la conquista –México (1521), Perú (1524-1531)–, seguida por Portugal (Brasil) y Francia e Inglaterra (América del Norte). Casi paralelamente a la conquista se inició la colonización, el sometimiento de la pobl. aborigen y el poblamiento del terr. por emigrantes de la metrópolis. En el N, las Trece Colonias, embrión de EE UU, se independizaron de Inglaterra en 1776. Durante la invasión napoleónica de España se intensificó la lucha por la emancipación en sus colonias. Restaurado el absolutismo en España, tras un período de luchas dirigidas por Bolívar y San Martín, pralm., gran parte de la A. esp. alcanzó la indep. Durante la segunda mitad del s. XIX, la

influencia de Inglaterra, sobre todo económica, se afianzó en el ant. ámbito colonial esp. Dicha potencia europea mantuvo un dominio territorial directo sobre Canadá (hasta 1867 nominalmente; de hecho, 1931), Belice, parte de Guayana, diversas islas antillanas y australes. EE UU, por su parte, que liquidó por las armas los restos del imperio esp. (ocupación de Cuba y Puerto Rico, 1898), impuso su predominio político y económico por todo el continente, manteniéndolo bajo diversas formas en la actualidad.
◊ **Central** ➪ Centroamérica. ◊ **Del Norte** Subcontinente boreal de A., que se extiende desde su extremo N hasta el istmo de Tehuantepec, en México. ◊ **Del Sur** ➪ Sudamérica. ◊ **Española** Conjunto de los terr. esp. en A., que se extendían desde el S de EE UU hasta la Patagonia. ◊ **Latina o Latinoamérica** Denominación actual de los países americanos colonizados por naciones latinas.
AMERICANA f. Prenda de vestir de caballero.
AMERICANISMO m. Carácter genuinamente americano. ◊ Amor, apego por las cosas de América. ◊ Vocablo, giro, rasgo fonético, gramatical o semántico perteneciente a una lengua indígena de América, o procedente del español hablado en América. ❏ AMERICANISTA.
AMERICANIZAR tr. Dar carácter americano. ◊ prnl. Tomar este carácter.
AMERICANO, NA adj. y s. De América.
AMERICIO m. Elemento quím. transuránido, de símb. Am, y n. a. 95.
AMERINDIO, DIA adj. y s. Relativo a los amerindios. ◊ m. pl. Indígenas americanos.
AMERITAR intr. *Méx.* Merecer.
AMERIZAR intr. Amarar. ❏ AMERIZAJE.
AMETRALLADOR, RA adj. Que ametralla. ◊ f. *Mil.* Arma de fuego automática, de gran velocidad de tiro y pequeño calibre. ❏ AMETRALLAR.
AMETROPÍA f. Nombre de las alteraciones en el poder de refracción del ojo. Hay tres tipos: miopía, hipermetropía y astigmatismo. ❏ AMÉTROPE.
AMÉZAGA, *Juan José* (1881-1956) Político ur., presid. de la república (1943-1947).
AMIANTO m. *Miner.* Mineral del grupo de los anfíboles, que se presenta en fibras blancas y flexibles, de aspecto sedoso.
AMIBA f. *Zool.* Ameba.
AMICIS, *Edmundo de* (1846-1908) Escritor it. *Corazón, Cuestión social.*
AMIDA f. *Quím.* Compuesto orgánico que se obtiene deshidratando sales amónicas, y por la acción del amoniaco sobre los cloruros y anhídridos de los ácidos o sobre los ésteres.
AMIEL, *Henri-Frédéric* (1821-1881) Escritor, crítico y pedagogo suizo. *Diario íntimo.*
AMIENS C. de Francia, cap. de Picardía y del dpto. de Somme; 156 100 hab.
AMIGAR tr. y prnl. Amistar. ◊ prnl. Amancebarse. ❏ AMIGABLE.
AMÍGDALA f. *Anat.* Nombre genérico de una serie de órganos en forma de almendra. En especial, cada uno de los dos que el hombre y algunos animales tienen en la entrada del esófago.

América Central. Recolección de bananas en Honduras

AMIGDALITIS f. *Med.* Inflamación de las amígdalas, especialmente las palatinas.

AMIGO, GA adj. y s. Que tiene amistad. ◊ fig. Aficionado a alguna cosa.

AMILÁCEO, A adj. Que contiene almidón.

AMILANAR tr. fig. Causar tal miedo a uno, que quede aturdido y sin acción.

AMILASA f. *Biol.* Enzima hidrolítico que se encuentra en las secreciones salivar y pancreática y en la malta, y que transforma el almidón en maltosa.

AMÍLCAR *Barca* (m. 228 a. C.) General cartaginés; luchó contra los rom. en la primera guerra púnica. Dirigió la conquista de España.

AMÍLICO adj. y m. *Quím.* Alcohol de consistencia oleosa.

AMILLARAR tr. Evaluar los caudales de los vecinos de un pueblo, para repartir entre ellos las contribuciones.

AMILO m. *Quím.* Radical del alcohol amílico.

AMIN, *Samir* (n. 1931) Economista egipcio. Uno de los prales. inspiradores de la *«teoría de la dependencia»*. *El desarrollo desigual.* ◊ **Dadá, *Idi*** (1925-2003) Político y militar ugandés que impuso un régimen de terror tras deponer a Obote. Exiliado después de ser derrocado por los guerrilleros.

Amerindio. Joven quiché tejiendo

AMINA f. Compuesto químico resultante de la sustitución de los átomos de hidrógeno del amoniaco por radicales gralte. alcohólicos. ❑ AMÍNICO, CA.

AMINOÁCIDO m. *Biol.* Sustancia quím. orgánica en cuya molécula existen la función amina y la carboxílica, o sea, la de ácido orgánico. Sus moléculas se encadenan para formar los péptidos y polipéptidos, y las proteínas.

AMINORAR tr. Minorar. ❑ AMINORACIÓN.

AMIS, *Kingsley William* (1922-1995) Novelista y crítico brit. *Lucky Jim, Esa extraña sensación.*

AMISTAD f. Afecto personal desinteresado. ◊ Amancebamiento. ◊ ❑ AMISTOSO, SA.

AMITO m. Lienzo que el sacerdote se pone para celebrar los oficios divinos.

AMITOSIS f. *Biol.* División celular di-

Ammonites

recta por estrangulación sencilla del núcleo, sin cariocinesis.

AMMÁN Cap. de Jordania, al E del Jordán; 1 333 000 hab. Comercio. Industria.

AMMANATI, *Bartolommeo* (1511-1592) Arquitecto y escultor it. *Fuente de Neptuno,* en Florencia.

AMMONITES m. Nombre con el que se designaban los cefalópodos ammonoideos.

AMMONOIDEO, A adj. y m. Díc. de un grupo de moluscos cefalópodos fósiles cuya concha se hallaba dividida en cámaras. ◊ m. pl. Suborden de estos moluscos.

AMNESIA f. Pérdida parcial o total de la memoria. ❑ AMNÉSICO, CA.

AMNIOS m. *Zool.* Membrana que rodea el embrión de los vertebrados amniotas y permite su desarrollo. ❑ AMNIÓTICO, CA.

AMNISTÍA f. *Der.* Extinción total de la pena y sus efectos por quitar al acto penalizado su carácter delictivo y punible. ❑ AMNISTIAR.

AMNISTÍA Internacional Organización internacional creada en 1961 con sede en Londres, para la defensa de los encarcelados y perseguidos por motivos políticos, religiosos o raciales. Premio Nobel de la Paz en 1977.

AMO m. Cabeza de la casa o familia. ◊ Dueño de alguna cosa. ◊ El que tiene uno o más criados, respecto de ellos.

AMODORRARSE prnl. Caer en modorra.

AMOHINAR tr. y prnl. Causar mohína.

AMOJAMAR tr. Hacer mojama. ◊ prnl. Acecinarse, adelgazar. ❑ AMOJAMADO.

AMOJONAR tr. Señalar con mojones los linderos de una propiedad.

AMOLAR tr. Sacar corte o punta a un arma o instrumento en la muela. ◊ fig. y fam. Fastidiar, molestar.

AMOLDAR tr. y prnl. Ajustar una cosa al molde. ◊ fig. Arreglar la conducta de alguno a una pauta determinada.

AMOLLAR intr. Ceder. ◊ tr. e intr. *Mar.* Aflojar la escota.

AMÓN Dios de Egipto, venerado en Tebas.

AMONEDAR tr. Reducir a moneda algún metal. ❑ AMONEDACIÓN.

AMONESTAR tr. Hacer presente alguna cosa para que se considere. ◊ Advertir. ◊ Publicar en la iglesia católica los nombres de los que quieren contraer matrimonio. ❑ AMONESTAMIENTO.

AMONIACO o **AMONÍACO** m. Compuesto formado por tres átomos de hi-

drógeno y uno de nitrógeno, de sabor cáustico y olor penetrante. ❑ AMONIACAL; AMÓNICO.

AMONIO adj. y m. Radical monovalente, compuesto de un átomo de nitrógeno y cuatro de hidrógeno, de carácter metálico, que se halla en las sales.

AMONTILLADO adj. y m. Jerez fino que se asemeja al montilla.

AMONTONAR tr. y prnl. Poner unas cosas sobre otras sin orden ni concierto. ◊ tr. Apiñar personas o animales. ◊ prnl. Sobrevenir muchos sucesos en corto tiempo. ◊ fig. y fam. Amancebarse.

AMOR m. Afecto por el cual busca el ánimo el bien verdadero o imaginado, y apetece gozarlo. ◊ Pasión que atrae un sexo hacia el otro. ◊ Persona amada. ◊ Esmero con que se trabaja una obra deleitándose en ella. ◊ pl. Relaciones amorosas. ◊ Objeto de cariño especial para alguno. ❑ AMOROSO, SA.

AMOR ▷ Cupido y Eros.

AMOR, *Guadalupe* (1920-2000) Escritora mex. *Todos los siglos del mundo, Yo soy mi casa.*

AMORAL adj. y s. Que se halla fuera del campo de la moral. ❑ AMORALIDAD.

AMORATAR tr. y prnl. Poner morado.

AMORCILLO m. Figura de niño con que se representa a Cupido, dios del amor.

AMORDAZAR tr. Poner mordaza.

AMORFO, FA adj. Sin forma bien determinada. ◊ Díc. de las sustancias que carecen de estructura cristalina.

AMORIM, *Enrique* (1900-1960) Novelista ur. *La carreta, El paisano Aguilar.*

AMORÍO m. fam. Enamoramiento. ◊ Relación amorosa efímera y poco profunda.

AMORRAR intr. y prnl. fam. Bajar la cabeza. ◊ intr. *Mar.* Hundir la proa. ◊ Aplicar los labios o morros directamente a una masa de líquido.

AMORREO, A o **AMORRITA** adj. y s. Relativo a los amorritas. ◊ m. pl. Pueblo o pueblos semitas que vivieron en el Próximo Oriente de la Antigüedad, desde Mesopotamia hasta Palestina.

AMORTAJAR tr. Poner la mortaja al difunto. ◊ P. ext., cubrir, esconder.

El dios **Amón** representado como una cabeza de carnero

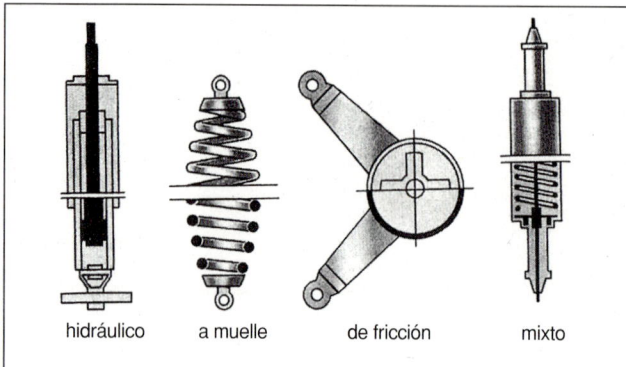

hidráulico   a muelle   de fricción   mixto

Distintos tipos de **amortiguador**

AMORTIGUADOR, RA adj. Que amortigua. ◊ Mecanismo destinado a disminuir el efecto de cualquier choque o sacudida.

AMORTIGUAMIENTO m. *Fís.* Atenuación de una señal en el tiempo, debida a la acción de elementos disipadores, como el rozamiento en los sistemas mecánicos o la resistencia en los eléctricos.

AMORTIGUAR tr. y prnl. Dejar como muerto. ◊ fig. Hacer menos viva alguna cosa. ◊ fig. Hablando de los colores, templarlos. ❏ AMORTIGUACIÓN.

AMORTIZACIÓN f. *Cont.* Operación mediante la cual se distribuye el costo del capital fijo entre cada uno de los períodos que componen su vida económica.

AMORTIZAR tr. Pasar los bienes a manos muertas. ◊ Redimir el capital de un censo. ◊ Recuperar o compensar los fondos invertidos en ciertos bienes. ◊ Suprimir empleos o plazas. ❏ AMORTIZABLE.

AMÓS Tercero de los profetas menores del A. T.

AMOSIS (1560-1542 a. C.) Faraón de Egipto, fundador de la XVIII dinastía.

AMOTINAR tr. y prnl. Alzar en motín a la multitud. ❏ AMOTINAMIENTO.

AMOVER tr. Remover a uno de su empleo.

AMOVIBLE adj. Que puede ser quitado del lugar que ocupa, o del cargo que tiene.

AMPALAGUA f. *Argent.* y *Ur.* Serpiente de gran tamaño que se alimenta de animales vivos.

AMPARAR tr. Favorecer, proteger. ◊ prnl. Valerse del favor de alguno. ◊ Defenderse. ❏ AMPARABLE; AMPARADOR, RA.

AMPARO m. Abrigo o defensa.

AMPATO, *Nudo de* Grupo montañoso de la cordillera Occidental de los Andes de Perú, en el dpto. de Arequipa; 6 310 m.

AMPERAJE m. Intensidad de una corriente eléctrica medida en amperios.

AMPÈRE, *André-Marie* (1775-1836) Físico y matemático fr., uno de los fundadores del electromagnetismo. ◊ **Ley de A.** La fuerza entre dos conductores rectilíneos y paralelos, por los que circulan corrientes de intensidades I_1 y I_2, es directamente proporcional al producto de las intensidades e inversamente proporcional a la distancia que los separa.

AMPERÍMETRO m. *El.* Aparato que mide la intensidad de la corriente eléctrica que circula por un circuito.

AMPERIO m. *El.* Unidad con que se mide la intensidad de las corrientes eléctricas. Actualmente se define como la intensidad de una corriente eléctrica constante que, recorriendo dos conductores rectilíneos y paralelos de longitud infinita y de sección despreciable respecto a 1 m, y situados en el vacío a una distancia de 1 m entre sí, da lugar a una fuerza de 2 x 10⁷ Newton por cada metro de longitud de los conductores. Se representa con la letra A.

AMPLIAR tr. Extender, dilatar. ◊ Reproducir una fotografía en tamaño mayor del que tenga. ❏ AMPLIABLE; AMPLIACIÓN.

AMPLIFICADOR, RA adj. y s. Que amplifica. ◊ m. *Fís.* Aparato que, utilizando energía externa, aumenta la amplitud o intensidad de un fenómeno físico. Según la naturaleza de la magnitud física tratada, los a. se clasifican en: mecánicos, neumáticos, hidráulicos, ópticos y eléctricos.

AMPLIFICAR tr. Ampliar, dilatar. ◊ *Ret.* Emplear la amplificación. ❏ AMPLIFICACIÓN; AMPLIFICATIVO, VA.

AMPLIO, PLIA adj. Extenso, dilatado.

AMPLITUD f. Extensión. ◊ *Astr.* Ángulo comprendido entre el plano vertical que pasa por la visual dirigida al centro de un astro y el vertical primario. ◊ *Fís.* Valor máximo que alcanza una variable que varía periódicamente.

AMPOLLA f. Vejiga formada por la elevación de la epidermis. ◊ Vasija de vidrio o de cristal, de cuerpo ancho y redondo. ◊ Recipiente de vidrio, que contiene un medicamento inyectable. ◊ Burbuja que se forma en el agua.

AMPULOSO, SA adj. Hinchado y redundante. Díc. del lenguaje o del estilo y del escritor o del orador. ❏ AMPULOSIDAD.

AMPURIAS (*Empúries*) Ant. ciudad gr. en el golfo de Rosas (España, prov. de Girona). Fundada en el s. VI a. C.

AMPUTAR tr. *Cir.* Cortar y separar enteramente del cuerpo un miembro o porción de él. ❏ AMPUTACIÓN; AMPUTADO, DA.

AMRITSAR C. de la India, en el Punjab; 594 800 hab. Ciudad santa de los sijs.

AMSTERDAM C. de Países Bajos, cap. del país, en la prov. de Holanda Septentrional; uno de los puertos más imp. de Europa; 945 000 hab. (agl. urb.).

AMU-DARIÁ Río de Asia central; 2 540 km. Nace en el Pamir y desemboca en el mar de Aral.

AMUEBLAR tr. Dotar de muebles un edificio.

AMUGRONAR tr. Acodar la vid.

AMULETO m. Medalla u otro objeto portátil al que se atribuye virtud para alejar algún peligro.

AMUNÁTEGUI, *Domingo* (1860-1946) Historiador y político chil. *La sociedad chilena del s.* XVIII, *Historia social de Chile.* ◊ *Miguel Luis* (1828-1888) Historiador y político chil. *Descubrimiento y conquista de Chile.*

AMUNDSEN, *Roald* (1872-1928) Explorador noruego. Fue el primero en alcanzar el polo Sur (1911). Sobrevoló el polo Norte con el dirigible *Norge* (1926). Pereció en el Ártico.

AMUR (*Heilung-kiang*) Río del NE de Asia; 4 500 km. Desemboca en el mar de Ojotsk.

AMURA f. *Mar.* Parte de los costados del buque donde éste empieza a estrecharse para formar la proa.

AMURADA f. *Mar.* Cada uno de los costados del buque por la parte interior.

AMURALLAR tr. Murar. ❏ AMURALLADO, DA.

ANA Prep. insep. que significa contra, sobre o de nuevo.

ANA Bolena (1507-1536) Reina de Inglaterra, segunda mujer de Enrique VIII. ◊ **De Austria** (1549-1580) Reina de España; esposa de Felipe II. ◊ **De Austria** (1601-1666) Reina de Francia;

Vista de un canal de **Amsterdam**

esposa de Luis XIII. Regente durante la minoría de edad de Luis XIV. ◊ **Estuardo** (1665-1714) Reina de Gran Bretaña e Irlanda [1702-1714]. Contribuyó a la integración de Inglaterra y Escocia en Gran Bretaña. ◊ **Ivanovna** (1693-1740) Emperatriz de Rusia desde 1730.

ANABAPTISMO m. Movimiento sectario de la Reforma. Surgió en el s. XVI por influencia de Ulrico Zwinglio. ❑ ANABAPTISTA.

ANABOLISMO m. *Biol.* Primera fase del metabolismo. Es un conjunto de reacciones bioquímicas que constituyen los fenómenos asimiladores del organismo.

ANABOLIZANTE adj. y s. *Farm.* Sustancia que favorece la síntesis de las proteínas corporales.

ANACOLUTO m. *Gram.* Solecismo consistente en faltar a la ilación en la construcción de una frase.

ANACONDA f. *Amér. Merid.* Serpiente de gran longitud, que mata a sus presas por constricción.

ANAFRODISIA f. Disminución o falta de apetito sexual. ❑ ANAFRODISIACO, CA.

ANAGLIFO m. *Arq.* Obra cincelada en relieve.

ANAGLIPTOGRAFÍA f. Sistema de escritura en relieve empleado por los invidentes.

ANAGRAMA m. Palabra que resulta de la inversión o transposición de las letras de otra. ❑ ANAGRAMÁTICO, CA.

ANÁHUAC Meseta donde los aztecas fundaron la c. de Tenochtitlán (México).

ANAL adj. Relativo al ano.

ANALECTAS f. pl. Florilegio.

ANALES m. pl. Relación de sucesos por años. ❑ ANALÍSTICO, CA.

ANALFABETISMO Situación de la persona que no sabe leer ni escribir la lengua que habla. ❑ ANALFABETO, TA.

ANALGESIA f. *Med.* Falta o supresión de la sensibilidad al dolor.

ANALGÉSICO, CA adj. y m. Fármaco que actúa selectivamente disminuyendo o aboliendo el dolor.

análisis. ◊ *Comp.* El que define un problema y establece las líneas de su solución.

ANALÍTICO, CA adj. Relativo al análisis. ◊ Que procede descomponiendo o que pasa del todo a las partes. ◊ **Geometría a.** *Geom.* Parte de la geom. que estudia los entes geométricos (puntos, rectas, planos, curvas, superficies, etc.), poniéndolos en relación con sistemas particulares de coordenadas, a partir de las ecuaciones que los representan.

ANALIZADOR, RA adj. y s. Que analiza. ◊ m. Instrumento para hallar el valor de una magnitud.

ANALIZAR tr. Hacer análisis de alguna cosa. ❑ ANALIZABLE.

ANALOGÍA f. Relación de semejanza entre cosas distintas. ◊ *Fís.* Relación entre dos fenómenos físicos de distinta naturaleza que son descritos por ecuaciones diferenciales de la misma forma. ◊ *Ling.* Morfología. ❑ ANÁLOGO, GA.

ANALÓGICO, CA adj. *Comp.* Díc. de un sistema en el que la información tiene una variación continua, en oposición a digital. ◊ *Gram.* Relativo a la analogía.

ANAMNESIA o **ANAMNESIS** f. Interrogatorio del enfermo, por parte del médico, sobre su enfermedad, antecedentes, etc., para fundamentar el diagnóstico.

ANAMORFOSIS f. Pintura o dibujo que ofrece a la vista una imagen deforme y confusa, o regular y acabada, según desde donde se la mire.

ANANÁ m. Ananás.

ANANÁS m. Planta de flores moradas y fruto en forma de piña, muy fragante, suculento y terminado por una corona de hojas.

ANAPELO m. Acónito.

ANAPESTO m. Pie de las métricas gr. y latina, compuesto de tres sílabas: las dos primeras, breves, y la otra, larga. ❑ ANAPÉSTICO, CA.

ANAPTIXIS f. Aparición de una vocal entre dos consonantes seguidas.

ANAQUEL m. Cada una de las tablas puestas horizontalmente en muros, armarios, etc. ❑ ANAQUELERÍA.

ANARANJADO, DA adj. y m. De color semejante al de la naranja.

ANARCO, CA adj. y s. fam. Anarquista.

ANARCOSINDICALISMO m. Variante del anarquismo que confiere a los sindicatos un papel fundamental tanto en la lucha reivindicativa como en la organización social.

ANARQUÍA f. Falta de todo gobierno en un Estado. ◊ fig. Desorden por ausencia o flaqueza de la autoridad. ◊ P. ext., desconcierto en cosas necesitadas de ordenación. ❑ ANÁRQUICO, CA.

ANARQUISMO m. Doctrina social revolucionaria que propugna la total supresión del Estado, una sociedad en la que pueda manifestarse la libertad del individuo y de la colectividad mediante contratos libremente aceptados. La base teórica de las doctrinas arranca de P. J. Proudhon. Sus propuestas fueron desplazadas por Bakunin y sus seguidores. ❑ ANARQUISTA; ANARQUIZAR.

ANASTIGMATISMO m. *Ópt.* Propiedad de los sistemas ópticos que carecen de aberración esférica o astigmática. ❑ ANASTIGMÁTICO, CA.

ANASTOMOSIS f. *Bot.* y *Zool.* Co-

Anaconda

ANACORETA com. Persona que vive en lugar solitario, entregada a la contemplación. ❑ ANACORÉTICO, CA; ANACORETISMO.

ANACREONTE (560-478 a. C.) Poeta lírico gr. Su estilo fue muy imitado a partir del Renacimiento.

ANACRONISMO m. Error de cronología que consiste en situar un hecho en época distinta a aquella en que sucedió. ◊ Antigualla. ❑ ANACRÓNICO, CA.

ANACUA f. *Amér.* Árbol dicotiledóneo de fruto comestible y madera muy dura.

ÁNADE amb. Pato. ◊ P. ext., cualquier ave con los mismos caracteres genéricos que el pato.

ANADIR Río del NE de Siberia. Nace y desemboca en la meseta y el golfo hom.; 1 145 km.

ANAEROBIO, BIA adj. y m. *Biol.* Organismo que no precisa un ambiente con oxígeno libre molecular para desarrollar su metabolismo. ❑ ANAEROBIOSIS.

ANAFASE *Citol.* Fase de la mitosis, en la cual los cromosomas se separan de la placa ecuatorial por el huso, dirigiéndose hacia los polos de la célula.

ANAFILAXIS f. Reacción alérgica del organismo tras la administración de una sustancia. ❑ ANAFILÁCTICO, CA.

ANÁFORA f. *Ret.* Repetición de palabras al comienzo de las frases que forman un periodo. ❑ ANAFÓRICO, CA.

ANÁLISIS m. Distinción de las partes de un todo hasta llegar a conocer sus principios o elementos. ◊ fig. Examen de una obra o escrito. ◊ *Gram.* Examen de las palabras de una frase para determinar la categoría, oficio, accidentes y propiedades de cada una de ellas. ◊ *Med.* Examen químico o bacteriológico de líquidos o tejidos orgánicos para establecer un diagnóstico. ◊ *Quim.* Descomposición de un cuerpo en los elementos simples que los constituyen. ◊ **matemático.** *Mat.* Parte de las matemáticas que incluye la teoría de funciones.

ANALISTA com. Persona que hace

Ánade macho

Anatolia. Esfinge de Alaça Hüyük

municación entre elementos anatómicos de una misma planta o animal.

ANÁSTROFE f. *Gram.* Hipérbaton consistente en posponer la preposición al nombre que rige.

ANATA f. Renta que produce en un año cualquier beneficio o empleo.

ANATEMA amb. Excomunión. ◊ Maldición.

ANATEMATIZAR tr. Imponer el anatema. ◊ fig. Reprobar o condenar.

ANATOLIA (*Anadolu*) Pen. occidental asiática, ant. Asia Menor, bañada por los mares Mediterráneo, Negro y Egeo. Políticamente, la Turquía asiática.

ANATOMÍA f. Disección o separación artificiosa de las partes de un cuerpo orgánico. ◊ Ciencia que tiene por objeto el estudio morfológico descriptivo de los seres vivos. ❏ ANATÓMICO, CA.

ANAXÁGORAS de Clazomene (m. 430 a. C.) Filósofo gr. Dio los primeros pasos hacia una técnica de investigación experimental.

ANAXIMANDRO de Mileto (¿611-546 a. C.?) Filósofo gr. Consideró que el universo estaba hecho, en su totalidad, de una sola sustancia fundamental, el *ápeiron*.

ANAXÍMENES de Mileto (s. VI a. C.) Filósofo gr. Consideró que toda la realidad procede del aire.

ANAYA, Carlos (m. 1862) Patriota y político ur., uno de los Treinta y tres Orientales. Fue presid. interino. ◊ *Pedro María* (1795-1854) Político y militar mex. Presid. interino de la rep. (1847-1848).

ANCA f. Cada una de las dos mitades laterales de la parte posterior de las caballerías y otros animales. ◊ Cadera.

ANCASH Dpto. occidental del Perú, junto al océano Pacífico; 35 041 km², 1 024 600 hab. Cap., Huaraz. Terreno montañoso, con la cord. Blanca y la cord. Negra. Clima cálido en el litoral; templado y frío en las zonas más altas. Hortalizas, patatas, arroz, trigo, cacao y caña de azúcar. Ganadería vacuna y ovina. Minas de plata, oro, volframio, cobre y molibdeno. Ind. textil artesanal. Cuenca carbonífera. Export. de guano. Universidad pública.

ANCESTRAL adj. Relativo a los antepasados. ◊ Tradicional y de origen remoto.

ANCHIETA, José de (1533-1597) Jesuita y naturalista esp., llamado EL APÓSTOL DEL BRASIL por su labor misionera en São Paulo (ciudad que surgió de la misión por él fundada).

ANCHO, CHA adj. Que tiene más o menos anchura. ◊ Que tiene anchura excesiva. ◊ Holgado, demasiado amplio. ◊ fig. Desembarazado, laxo, libre. ◊ m. Anchura.

ANCHOA f. Pez clupeiforme conocido con el nombre de boquerón. Se consume fresco o en conserva.

ANCHURA f. Latitud. ◊ Amplitud.

ANCIANIDAD f. Último período de la vida del hombre.

ANCIANO, NA adj. y s. Díc. del hombre o la mujer que tiene muchos años.

ANCÍZAR, Manuel (1812-1882) Político y escritor col. Presid. del gobierno revolucionario en 1861. *Peregrinaciones de Alpha por las provincias del Norte de Nueva Granada*.

ANCLA f. Instrumento para sujetar la nave al fondo del mar.

ANCLAR intr. *Mar.* Soltar el ancla una nave. ❏ ANCLAJE.

ANCOHUMA, Nevado de Cumbre andina de Bolivia; 6 554 m.

ANCÓN m. Ensenada pequeña en que se puede fondear. ◊ *Méx.* Rincón.

ANCÓN Mun. de Perú, en el dpto. de Lima; 8 600 hab. ◊ **Tratado de A.** Firmado entre Chile y Perú, en 1883, puso fin a la guerra del Pacífico.

ANCONA C. de Italia, cap. de Las Marcas y de la prov. hom.; 101 300 hab. Astilleros.

ÁNCORA f. Ancla. ◊ Pieza oscilatoria parecida a un ancla, que regula el movimiento de los relojes «de áncora».

ANCUVIÑA f. *Chile.* Sepultura indígena.

ANDADERAS f. pl. Aparato para que el niño aprenda a andar sin caerse.

ANDADOR, RA adj. y s. Que anda mucho o con velocidad. ◊ pl. Tirantes que sirven para sostener al niño cuando aprende a andar.

ANDADURA f. Paso de los caballos.

ANDAGOYA, Pascual de (1495-1548) Conquistador esp. En 1521 fundó la c. de Panamá. Adelantado y gobernador de Río San Juan (1539-1542).

ANDAHUAYLAS Prov. de Perú, en el dpto. de Apurímac; 143 300 hab. Agricultura. ◊ C. de Perú, cap. de la prov. hom.; 7 700 habitantes.

ANDALUCÍA Com. autón. esp.; 87 268 km², 7 357 588 hab. Cap., Sevilla. Sit. en el S de la pen. Ibérica. Cordilleras Béticas; valle del Guadalquivir. Ríos Guadalquivir y Guadiana. Clima mediterráneo. Agricultura. Minería. Tras distintas ocupaciones (fenicios, romanos, visigodos…), la invasión musulmana (s. VIII) abrió una época de gran esplendor. El avance de la reconquista cristiana terminó con la toma de Granada (1492). Sevilla y Cádiz ejercieron monopolio sobre el comercio con América.

ANDALUCISMO m. Locución, giro o modo de hablar propio de los andaluces.

ANDALUS, al (*Chazirat al-Andalus*) Nombre con el que se designó en el Islam la España musulmana.

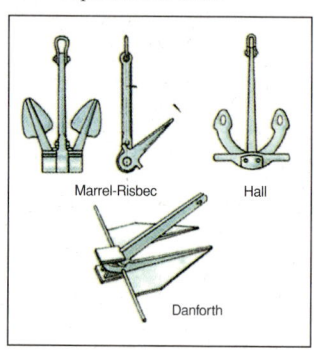

Marrel-Risbec   Hall   Danforth

Diversos tipos de **ancla**

ANDALUZ, ZA adj. y s. De Andalucía. ◊ m. Variedad de la lengua esp. hablada en Andalucía.

ANDAMÁN Arch. del golfo de Bengala (210 islas); 6 500 km², 188 700 hab. Copra. ◊ **A. y Nicobar** Terr. de la India; 8 293 km², 279 100 hab. Cap., Port-Blair.

ANDAMIO m. Armazón de tablones que sirve para trabajar en la construcción o reparación de edificios.

ANDANADA f. Descarga cerrada de la batería de un buque. ◊ Localidad cubierta en las plazas de toros. ◊ fig. y fam. Represión.

ANDANTE adj. Que anda. ◊ adv. modo. *Mús.* Con movimiento reposado. ◊ m. *Mús.* Composición musical en este movimiento.

ANDANZA f. Caso o suceso.

ANDAR intr. y prnl. Ir de un lugar a otro dando pasos. ◊ intr. Ir de un lugar a otro lo inanimado. ◊ Moverse un artefacto. ◊ fig. Estar. ◊ Hablando del tiempo, pasar o correr. ◊ Seguido de las preposiciones *con* o *sin* y algunos nombres, tener o padecer lo que el nombre significa, o al contrario. ◊ fam. Seguido de la prep. *en*, poner o meter las manos o los dedos en alguna cosa. ◊ fam. Seguido de la prep. *con*, traer entre manos. ◊ Con gerundios, denota la acción que expresan éstos. ◊ tr. Recorrer uno un espacio. ◊ prnl. Seguido de las preposiciones *con* o *en*, usar. ◊ m. Acción o modo de andar. ◊ Modo de proceder. ◊ pl. Modo de andar. ❏ ANDARIEGO, GA.

ANDARIVEL m. Maroma tendida entre las orillas de un río, mediante la cual pueden trasladarse las embarcaciones ayudándose con las manos.

ANDARRÍOS m. Ave caradriforme de grandes alas, patas largas y delgadas y pico fino.

Andalucía. La Giralda de Sevilla

ANDAS f. pl. Tablero para conducir personas o cosas. ◊ Féretro con varas para llevar a enterrar los muertos.

ANDÉN m. En las estaciones de los ferrocarriles, acera a lo largo de la vía. ◊ En los puertos de mar, espacio de terreno sobre el muelle. ◊ Acera de un puente. ◊ *Col., Guat.* y *Hond.* Acera de calle. ◊ pl. *Argen., Bol.* y *Perú.* Bancales en las laderas de los Andes.

ANDERSEN, Hans Christian (1805-1875) Literato danés, universalmente conocido por sus *Cuentos* para niños. Escribió, también, poemas, libros de viajes (*España*) y una *Autobiografía*.

ANDERSON, Maxwell (1888-1959) Dramaturgo norteam. *La reina Isabel, Cayo largo.* ◊ **Sherwood** (1876-1941) Escritor norteam. *Winesburgo, Pobre blanco.* ◊ **Imbert, Enrique** (1910-1994) Escritor arg. *Vigilia, Las pruebas del caos.*

ANDES Gran sist. montañoso que atraviesa longitudinalmente la parte occidental de América del S. Se extiende a lo largo de unos 7 500 km, desde el mar Caribe hasta el cabo de Hornos, siguiendo la costa del Pacífico. Su configuración data de la era terciaria. Región eminentemente vólcanica y sísmica. Los *A. Septentrionales* están formados por las cord. Occidental, Central y Oriental (Chimborazo y Cotopaxi). Los *A. Centrales*, con más de 4 000 m de alt. media (Huascarán e Illimani), engloban vastas mesetas. Los *A. Meridionales* forman el sector más estrecho (Aconcagua, la mayor alt., con 6 959 m).

ANDES, Los C. de Chile, en la región de Valparaíso; 91 683 hab. Agricultura.

ANDHRA PRADESH Est. del SE de la India, en el golfo de Bengala; 276 814 km², 66 354 600 hab. Cap., Hyderabad. Arroz, caña de azúcar, tabaco. Ganadería. Carbón. Astilleros. Ind. artesanal.

ANDINO, NA adj. y s. Relativo a la cordillera de los Andes. ◊ De esta región. ◊ **Grupo A.** Organización creada en 1969 para lograr la unión aduanera entre Bolivia, Colombia, Chile, Ecuador

Hans Christian **Andersen**

y Perú. Venezuela se incorporó en 1973.

ANDORRA *(Principat de les Valls d'Andorra)* Est. del SO de Europa. Sit. en los Pirineos Orientales, entre Francia y España. Turismo y comercio. Lenguas: cat. (of.), cast. y fr. Rel.: católica. U. M.: euro. Cap., Andorra la Vella (20 350 hab.).

□ *Hist.* Desde 1278 y 1288, soberanía conjunta del obispado de Urgel y los condes de Foix, cuyos derechos pasaron a la corona de Francia y, posteriormente, a la presidencia de la Rep. francesa. En 1993 se aprobó una constitución, pasando a ser un est. de derecho.

ANDORRA	
Superficie	453 km²
Población	57 000 hab. (126 hab./km²)
Recursos económicos	
Turismo	12 000 000 visitantes
Indicadores sociológicos	
PNB	90 millones de dólares
Renta per cápita	15 000 dólares
Esperanza de vida	79 años
Alfabetismo	100 %

ANDRADE, Ignacio (1839-1925) Político ven. Presid. de la rep. (1898). ◊ *Mário de* (1893-1945) Poeta y musicólogo modernista bras. *Paulicéia desvairada.* ◊ *Olegario Víctor* (1839-1882) Poeta y periodista arg. *Prometeo, San Martín.*

ANDRAJO m. Pedazo de ropa muy usada. ◊ Prenda de vestir vieja y rota.

ANDREA Del Sarto ⇨ Sarto, Andrea del.

ANDRÉIEV, Leonid (1871-1919) Novelista y autor dramático ruso. *La risa roja, Los siete ahorcados, Sacha Yegulev.*

ANDRÉS, Juan (1740-1817) Jesuita esp., historiador y musicógrafo. *Origen, progreso y estado actual de la literatura.*

ANDRIC, Ivo (1892-1975) Poeta y novelista bosnio. *La crónica de Travnik, La Señorita, El puente sobre el Drina.* Premio Nobel de Literatura en 1961.

ANDROCEO m. *Bot.* Órgano masculino de la flor, formado por los estambres.

ANDRÓGENO, NA adj. y m. Hormonas sexuales de los vertebrados, responsables del desarrollo de los caracteres sexuales masculinos.

ANDRÓGINO, NA adj. *Bot.* Monoico. ◊ *Zool.* Se dice de los animales que reúnen los dos sexos y no pueden ser fecundos aisladamente.

ANDROIDE m. Autómata con forma humana.

ANDRÓMACA Esposa de Héctor, héroe troyano de la *Ilíada.*

ANDRÓMEDA Constelación del hemisferio septentrional, sit. al S de Casiopea.

ANDRÓMEDA *Mit.* Hija de Cefeo y Casiopea, esposa de Perseo.

ANDRÓNICO II Paleólogo (1258-1332) Emp. bizantino [1282-1328]. Fue derrocado por su nieto Andrónico III. ◊ **IV Paleólogo** (1348-1385) Emp. bizantino [1376-1379]. Destronó a su padre Juan V.

ANDRÓNICO, Livio (s. III a. C.) Autor dramático rom., de origen gr.

ANDROPAUSIA f. *Fisiol.* Climaterio masculino.

ANDROPOV, Yuri (1915-1984) Político sov. Dirigió la KGB. Primer mandatario tras la muerte de Brezhnev, en 1982.

ANDUEZA Palacio, Raimundo (1851-1900) Político ven. Presid. de la rep. (1890-1892).

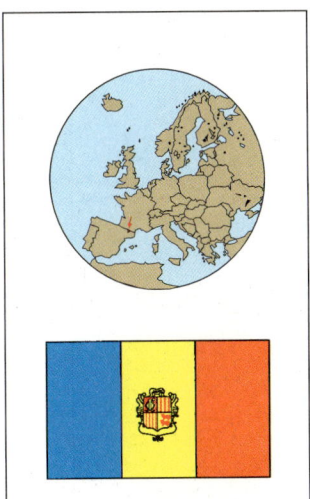

Mapa de situación y bandera de **Andorra**

Andorra. Ermita románica de Sant Joan de Caselles

ANDULLO m. Hoja de tabaco arrollada.

ANDURRIAL m. Paraje extraviado o fuera de camino. Se usa más en pl.

ANEA f. Planta dicotiledónea, que se emplea para hacer asientos de sillas, etc. ◊ Espadaña.

ANÉCDOTA f. Breve relato de algún suceso. ◊ El mismo suceso. ❏ ANECDÓTICO, CA.

ANEGAR tr. y prnl. Ahogar a uno sumergiéndole en el agua. ◊ Inundar.

AÑEJO, JA adj. y m. Díc. de lo que está agregado a una cosa.

ANÉLIDO adj. y m. *Zool.* Díc. de los invertebrados de aspecto vermiforme y cuerpo segmentado en anillos, que viven en el mar, en las aguas dulces o en la tierra húmeda.

ANEMIA f. *Pat.* Disminución del contenido de hemoglobina de la sangre, acompañada o no de un descenso del número de hematíes. ❏ ANÉMICO, CA.

ANEMOFILIA f. Polinización por el polen que transporta el viento.

ANEMOGRAFÍA f. Parte de la meteorología que trata de los vientos.

ANEMOMETRÍA f. Parte de la meteorología que enseña a medir la velocidad del viento. ❏ ANEMÓMETRO.

ANÉMONA o **ANEMONA** f. Planta herbácea, vivaz, de pocas hojas y flores de seis pétalos. ◊ **de mar.** Actinia. ❏ ANEMONE.

ANEMOSCOPIO m. Instrumento para indicar los cambios de dirección del viento.

ANESTESIA f. *Pat.* Abolición de la sensibilidad, provocada por una lesión. ◊ **quirúrgica.** *Cir.* A. provocada artificialmente. ❏ ANESTESIAR; ANESTÉSICO, CA.

ANETO, pico de El más alto de los Pirineos esp., 3 404 m. Sit. en el macizo de la Maladeta.

ANEURISMA amb. *Pat.* Dilatación anormal de una arteria. ◊ Dilatación y aumento anormal del volumen del corazón.

ANEXIONAR tr. Unir o agregar una cosa a otra con dependencia de ella. Se usa pralm. hablando de un país, o de una parte de su territorio. ❏ ANEXIÓN; ANEXIONISMO; ANEXIONISTA.

Pareja de ranas, **anfibios** anuros

ANEXO, XA adj. y s. Díc. de lo que está unido a otra cosa con respecto de ella.

ANFETAMINA f. Fármaco estimulante que suprime la sensación de fatiga y sueño y produce euforia.

ANFIBIO, BIA adj. y s. Aplícase a los animales y plantas que pueden vivir en el agua y en la tierra. ◊ adj. Díc. de los vehículos que pueden desplazarse por el agua y sobre cualquier terreno. ◊ m. pl. *Zool.* Clase de vertebrados que viven la fase larvaria en el agua.

❏ *Zool.* Los a. depositan en el agua los huevos. De éstos salen las larvas con branquias externas; éstas después se hacen internas y la larva se transforma en renacuajo. Tras una etapa de vida acuática, éste se metamorfosea en adulto, perdiendo las branquias, y adquiriendo pulmones y patas.

ANFÍBOL m. Mineral compuesto de sílice, magnesia, cal y óxido ferroso, de color verde o negro, y brillo anacarado. ◊ pl. Familia de estos minerales, clase silicatos, que comprende dos grupos, los monoclínicos y los rómbicos.

ANFIBOLITA f. Roca metamórfica constituida por anfíboles y plagioclasas. Es de color verde, dura y tenaz.

ANFIBOLOGÍA f. Doble sentido de la palabra, frase, o manera de hablar.

ANFICTIONÍA f. En la Grecia ant., asamblea a la que asistían delegados de diversas ciudades.

ANFITEATRO m. En la arquitectura rom., edificio con gradas, en el cual se celebraban espectáculos. ◊ Conjunto de asientos de las aulas y los teatros.

ANFITRIÓN, NA m. y f. fig. y fam. Persona que tiene convidados a su mesa.

ANFITRITE Hija de Nereo y de Doris, y esposa de Poseidón.

ÁNFORA f. Jarra alta de cuello largo y con asas, muy usada por los antiguos gr. y rom. ◊ *Méx.* Urna para votaciones.

ANFRACTUOSIDAD f. *Anat.* Surco que separa las circunvoluciones cerebrales. ◊ pl. Desniveles del terreno.

ANFRACTUOSO, SA adj. Quebrado.

ANGARÁ Río de Siberia, afl. del Yenisei; 1 826 km. Emisario del lago Baikal.

ANGARILLAS f. pl. Andas. ◊ Dispositivo provisto de bolsas de esparto para transportar productos. ◊ Vinagreras.

ÁNGEL m. En diversas religiones, ser espiritual al servicio de Dios, de naturaleza superior a la humana. ◊ fig. Gracia. ◊ fig. Persona muy dulce, candorosa. ❏ ANGELICAL; ANGÉLICO, CA.

ÁNGEL, Salto Cascada de Venezuela, en el río Churún. La mayor cascada ininterrumpida del mundo: 980 m de alt.

ÁNGEL DE LA GUARDA Isla de México, frente a la costa oriental de Baja California; 1 520 km².

ÁNGELES, Los C. de Chile, en la región de Biobío; 166 556 hab. Centro azucarero.

ÁNGELES, Los C. del SO de los EE UU, en California; 2 966 800 hab. (7 477 500 el área metropolitana). Ind. cinematográfica (Hollywood). De origen hispánico (1781), fue cap. californiana bajo dominio mex. (1835-1846).

ANGÉLICO, *Guido di Pietro,* en religión GIOVANNI DA FIÉSOLE, llamado *Fra* (1387-1455) Pintor florentino, máximo representante del «estilo bello» del *Quattrocento.* Frescos de San Marcos de Florencia y del Vaticano.

ÁNGELUS m. Oración en honor del misterio de la Encarnación.

ANGERS C. de Francia, cap. del dpto. de Maine-et-Loire; 143 000 hab. Industria.

ANGINA f. Inflamación de las amígdalas y de las zonas contiguas. ◊ Dolor agudo, espasmódico y paroxístico. ◊ **de pecho.** Afección caracterizada por accesos de corta duración con angustia y dolor violento que desde el esternón se extiende por el hombro, brazo, antebrazo y mano izquierdos.

ANGIOGRAFÍA f. *Anat.* Descripción del aparato circulatorio. ◊ *Med.* Visualización radiológica de los vasos sanguíneos por la inyección en ellos de medios de contraste opacos a los Rayos X.

ANGIOLOGÍA f. *Anat.* Parte de la anatomía que trata del sistema vascular.

ANGIOMA m. *Med.* Lunar o mancha que algunas personas tienen de nacimiento.

ANGIOSPERMO, MA adj. y f. Díc. de las plantas fanerógamas angiospermas. ◊ f. pl. *Bot.* Grupo de plantas caracterizadas por albergar los óvulos en una cavidad cerrada.

ANGKOR Ant. cap. (900) del reino khmer. Templos de los ss. XI y XII.

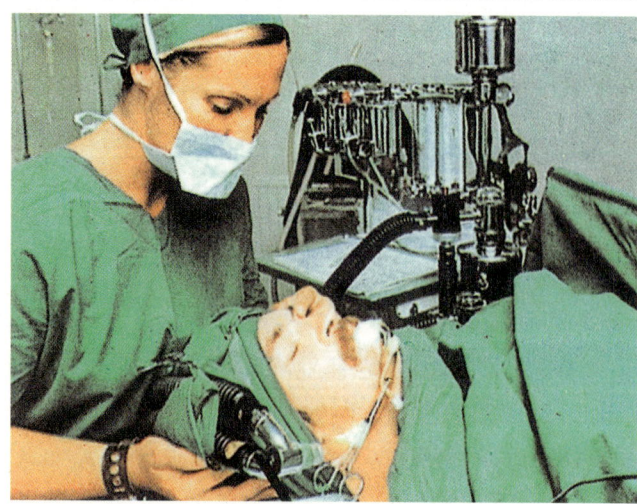

Anestesia quirúrgica aplicada a un paciente

ANGLADA Camarasa, *Hermenegildo* (1872-1959) Pintor postimpresionista esp.

ANGLERÍA, *Pedro Mártir de* (*Pietro Martire d'Anghiera*; 1459-1526) Humanista it., al servicio de Castilla. *De orbe novo decades octo. De rebus oceanicis.*

ANGLESEY Isla de Gran Bretaña (Gales), en el mar de Irlanda; 715 km² y 58 200 hab. Cap., Llangefni.

ANGLICANISMO m. Conjunto de las doctrinas de la iglesia nacional de Inglaterra. ❏ ANGLICANO, NA.

ANGLICISMO m. Vocablo o giro de la lengua inglesa empleado en otra.

ANGLO, GLA adj. y s. Relativo a los anglos. ◊ m. pl. Pueblo germánico que en el s. VI se estableció en Inglaterra. ◊ Inglés, de Inglaterra.

ANGLOAMERICANO, NA adj. Perteneciente a ingleses y norteamericanos, o compuesto de elementos propios de ambos países. ◊ Individuo de origen inglés, nacido en América. ◊ adj. y s. De Estados Unidos.

ANGLOFILIA f. Afición o simpatía por lo inglés o los ingleses. ❏ ANGLÓFILO, LA.

ANGLONORMANDAS, *islas* (ing. *Channel Islands,* o *Islas del Canal*) Arch. sit. frente a Normandía; 195 km², 129 400 hab. Cap., Saint Peter Port.

ANGLOSAJÓN, NA adj. y s. Díc. del individuo procedente de los pueblos germánicos que invadieron Inglaterra. ◊ m. Lengua germánica hablada por los a. de la que deriva el inglés.

Fra **Angélico.** *La Anunciación* (Museo del Prado, Madrid)

ANGOLA Estado del centro-sur de África; Rep. Popular. Comprende una serie de altiplanicies, accidentada en el S por las *serras.* Numerosos ríos: Cuanza, Cunene, Cubango, etc. Clima cálido en el litoral y suave en el interior. Café, caña de azúcar, algodón, mijo. Bovinos. Diamantes, petróleo, hierro, manganeso, sal. Lenguas: portugués (of.), bantúes y khoisán. *Rel.:* catolicismo, animismo, protestantismo. U. M.: kwanza. Cap., Luanda. C. imp.: Huambo, Lobito, Benguela. ❏ *Hist.* Poblada por diversos pueblos bantúes; explorada y colonizada por Portugal. Desde 1961, grupos nacionalistas, agrupados pralm. en el MPLA (Mov. Popular de Liberación de Angola), sostuvieron una lucha de guerrillas por la indep. Caído el régimen salazarista, se formó un gobierno provisional (1975) con miembros del MPLA, del FNLA (Frente Nacional de Liberación

de Angola) y de UNITA (Unión Nacional para la Independencia Total de Angola). La rivalidad política entre las organizaciones nacionalistas llevó a la guerra civil. En 1991, el gobierno y la UNITA firmaron la paz, que se rompió tras el triunfo de Dos Santos frente al rebelde Savimbi en las elecciones de 1992. En 1997 se intentó formar un gobierno de unidad entre las facciones enfrentadas. En 2002, J. Savimbi murió en un enfrentamiento con el ejército y poco después el gobierno y la UNITA firmaron un acuerdo de alto el fuego.

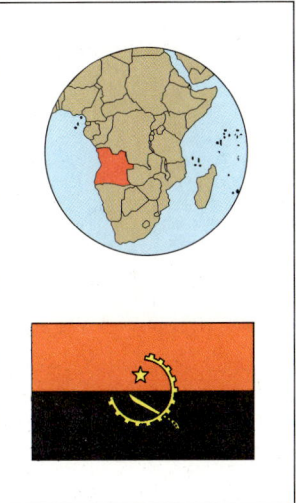

ANGOLA

Superficie	1 246 700 km²
Población	10 303 000 hab. (8 hab./km²)

Recursos económicos

Algodón	11 000 t
Industria azucarera	32 000 t
Bananas	280 000 t
Cabaña bovina	3 100 000 cabezas
Cabaña caprina	990 000 cabezas
Café	6 000 t
Cigarrillos	2 400 000 000 unidades
Diamantes	1 280 000 kilates
Mandioca	1 850 000 t
Pesca	106 900 t
Petróleo	23 553 000 t
Riqueza forestal	6 448 000 m³

Indicadores sociológicos

PNB	7 700 millones de dólares
Renta per cápita	780 dólares
Esperanza de vida	46 años
Alfabetismo	42 %

Mapa de situación y bandera de **Angola**

ANGOLANO, NA o **ANGOLEÑO, ÑA** adj. y s. De Angola.

ANGORA adj. Díc. del gato, conejo o cabra originarios de Angora, y notables por su pelo largo y sedoso.

ANGOSTO, TA adj. Estrecho o reducido.

ANGOSTURA f. Calidad de angosto. ◊ Estrechura. ◊ *Amér. Merid.* Árbol dicotiledóneo de hojas siempre verdes, usado en medicina y en la elaboración de licores.

ANGOSTURA Nombre de Ciudad Bolívar hasta 1846. ◊ **Congreso de A.** Celebrado en 1819 por iniciativa de Simón Bolívar; en él se estudiaron los proyectos de la Gran Colombia.

ANGSTRÖM m. *Fís.* Unidad de longitud, submúltiplo del metro y definida como: 1 angström (Å) = 10⁻¹⁰ m.

ANGUILA f. *Zool.* Pez ápodo, de cuerpo cilíndrico cubierto de una sustancia viscosa.

ANGUILA (*Anguilla*) Isla de las Pequeñas Antillas; 96 km², 7 000 hab. Cap., The Valley. Algodón, caña de azúcar. Dominio británico, tras un breve período de independencia (1967-1969), fue puesta de nuevo bajo control de Gran Bretaña.

ANGUITA, *Eduardo* (n. 1914) Escritor y poeta chil. *Antología de Vicente Huidobro, Venus en el pudridero.*

ANGULA f. Última forma de la larva de la anguila.

ANGULEMA, *Luis Antonio de Borbón,* DUQUE DE (1775-1844) Hijo de Carlos X de Francia. Dirigió la expedición de los Cien Mil Hijos de San Luis en España.

ÁNGULO m. *Geom.* Región del plano comprendida entre dos líneas que parten de un mismo punto. ◊ Rincón entre dos paredes. ◊ Esquina o arista. ◊ fig. Aspecto, punto de vista. ◊ **agudo.** *Geom.* El menor que el recto. ◊ **complementario.** *Geom.* El que sumado con el á. dado da como resultado un á. recto. ◊ **de tiro.** *Mil.* El que forma la línea horizontal con el eje de la pieza. ◊ **diedro.** *Geom.* El formado por dos planos que se cortan. ◊ **esférico.** *Geom.* El formado sobre la superficie de una esfera por dos arcos de círculo máximo. ◊ **llano.** *Geom.* El representado por un par de rectas alineadas. ◊ **muerto.** *Mil.* El que no tiene defensa ni está flanqueado. ◊ **oblicuo.** *Geom.* El que no es recto. ◊ **obtuso.** *Geom.* El que es mayor que un recto. ◊ **recto.** *Geom.* El que forman dos líneas o dos planos que se cortan perpendicularmente. ◊ **sólido.** *Geom.* El formado por la porción de superficie esférica limitada por un á. diedro sobre una esfera de radio unidad con centro en su vértice. ◊ **suplementario.** *Geom.* El que sumado con el á. dado da como resultado un á. llano. ❏ ANGULADO, DA; ANGULAR; ANGULOSO, SA.

ANGULO y Heredia, *Antonio* (1837-1873) Escritor y educador cub. *Estudio sobre Estados Unidos, Goethe y Schiller.*

Angola. Detalle del puerto pesquero de Luanda

Anhidrita

ANGUSTIA f. Sensación de congoja ante situaciones difíciles, arriesgadas o inseguras. ❏ ANGUSTIAR; ANGUSTIOSO, SA.
ANHELAR intr. Respirar con dificultad. ◊ intr. y tr. Tener ansia de conseguir alguna cosa. ❏ ANHELO; ANHELOSO, SA.
ANHÍDRIDO m. *Quím.* Nombre dado a los compuestos binarios de oxígeno con los no metales.
ANHIDRITA f. *Miner.* Sulfato de calcio que se presenta en forma de cristales prismáticos o pinacoidales.
ANHIDRO, DRA adj. *Quím.* Cuerpos en cuya estructura no hay moléculas de agua.
ANHWEI o **ANHUI** Prov. de la Rep. Popular China, en la región oriental; 130 900 km², 56 180 813 hab. Cap., Hofei. Trigo, algodón, arroz, té, soja. Cría del gusano de seda. Hulla, hierro, cobre.
ANÍBAL (247-183 a. C.) General cartaginés, hijo de Amílcar Barca. Inició la segunda guerra púnica, venciendo a los romanos en Tesino, Trebia, Trasimeno y Cannas. Fue derrotado en Zama (202) por Publio Cornelio Escipión. Refugiado en Bitinia, se suicidó.
ANICETO (m. h. 165) Santo. Papa a fines del reinado de Antonino Pío.
ANIDAR intr. y prnl. Hacer nido las aves o vivir en él. ◊ fig. Morar. ◊ tr. fig. Abrigar.
ANILINA f. *Quím.* Nombre común de la fenilamina. Se usa en la fabricación de colorantes, perfumes, resinas y medicamentos ($C_6H_5NH_2$).
ANILLA f. Anillo que sirve para colocar colgaduras o cortinas. ◊ Anillo al cual se ata un cordón o correa para sujetar un objeto. ◊ pl. Par de aros en los que se hacen ejercicios gimnásticos.
ANILLAR tr. Dar forma de anillo. ◊ Sujetar con anillos. ◊ Poner anillos en las patas de las aves, gralte. para estudiar sus migraciones. ❏ ANILLADO, DA.
ANILLO m. Aro pequeño. ◊ Aro con que se adornan los dedos de la mano. ◊ *Arq.* Cornisa que sirve de base a la cúpula o media naranja. ◊ Moldura que rodea un cuerpo cilíndrico. • *Quím.* Estructura molecular de una cadena cerrada de átomos. ◊ *Zool.* Banda que divide el cuerpo de los insectos, gusanos u otros animales. • **de acumulación.** *Fís.* Acelerador de partículas que hace colisionar frontalmente dos haces de protones, animados de velocidades opuestas.
ÁNIMA f. Alma. ◊ *Arm.* Hueco o pared interior del cañón de un arma de fuego.

ANIMACIÓN f. Expresión en las acciones, palabras o movimientos. ◊ Concurrencia de gente. ◊ Alegría.
ANIMADO, DA adj. Dotado de alma. ◊ Alegre. ◊ Concurrido.
ANIMADOR, RA adj. y s. Que anima. ◊ m. y f. Cantante que actúa acompañado por una orquesta de baile. ◊ *Amér.* Persona cuya profesión consiste en organizar fiestas o reuniones.
ANIMADVERSIÓN f. Enemistad. ◊ Crítica.
ANIMAL adj. Relativo al animal. ◊ fig. y s. Persona incapaz o muy ignorante. ◊ m. *Zool.* Ser orgánico que vive, siente y se mueve por propio impulso. ◊ Animal irracional.
ANIMALADA f. fam. Dicho o hecho necio.
ANIMAR tr. Vivificar el alma al cuerpo. ◊ Infundir vigor, energía moral. ◊ Excitar a una acción. ◊ Comunicar apariencia de vida a obras de arte. ◊ Dotar de movimiento a cosas inanimadas. ◊ prnl. Atreverse. ◊ prnl. Ponerse alegre.
ANÍMICO, CA adj. Psíquico.
ANIMISMO m. Doctrina que considera al alma como principio de acción de los fenómenos vitales. ◊ Atribución de espíritu a todas las cosas. ❏ ANIMISTA.
ANIMOSIDAD f. Aversión, ojeriza.

Fetiche usado en las prácticas de **animismo**

ANIÑADO, DA adj. Díc. del que se parece a los niños.
ANIÓN m. Ion portador de carga negativa que se desplaza hacia el ánodo o electrodo positivo. ❏ ANIÓNICO, CA.
ANIQUILAR tr. y prnl. Reducir a la nada. ◊ fig. Destruir enteramente.
ANÍS m. Planta umbelífera, de flores pequeñas y blancas, con frutos pequeños y ovoidales, muy ricos en anetol y semillas aovadas, aromáticas y de sabor agradable. ◊ Grano de anís con baño de azúcar. ◊ fig. Aguardiente anisado. ❏ ANISADO, DA; ANISAR.
ANISETE m. Licor compuesto de aguardiente, azúcar y anís.
ANISÓMERO, RA adj. *Biol.* Díc. del órgano formado por partes desiguales.
ANISOTROPÍA f. *Crist.* Propiedad característica de la materia cristalina según la cual la intensidad de una o varias propiedades vectoriales varía según las diferentes direcciones. ❏ ANISÓTROPO, PA.

ANIVERSARIO m. Día en que se cumplen años de algún suceso.
ANJOU Región histórica del O de Francia, en el bajo Loira. Cap. Angers.
ANJOU, *Casas de* Nombre de varias familias nobles. De la *primera casa de A.* procedieron los Plantagenet.
ANKARA Cap. de Turquía, en Anatolia; 2 251 500 hab. Centro com. Ind. textil, de cemento. Universidad, museos.
ANNABA C. de Argelia; 256 000 hab. Ind. siderúrgica.
ANNAM Región histórica del Vietnam, sit. en el centro del país. En 1803 el término A. se cambió por el de Vietnam.
ANNAN, *Kofi* (n. 1938) Diplomático ghanés. En 1997 sustituyó a B. Ghali como secretario general de la ONU.
ANNAPOLIS C. de EE UU, cap. del est. de Maryland; 27 100 hab. Academia naval.
ANNAPURNA Pico del Himalaya, en el Nepal; 8 078 m.
ANNUNZIO, *Gabriele d'* (1863-1938) Escritor it. de estilo barroco. *El placer, El inocente, El martirio de san Sebastián*.
ANO m. Abertura del aparato digestivo al ext. del organismo por el que se expulsan los excrementos.
ANOCHE adv. tiempo. En la noche de ayer.
ANOCHECER intr. Empezar a faltar la luz del día, venir la noche. ◊ Llegar o estar en un paraje, situación o condición determinados, al empezar la noche. ◊ m. Tiempo durante el cual anochece.
ANOCHECIDA f. Anochecer.
ANODINO, NA adj. y m. *Med.* Que sirve para templar o calmar el dolor. ◊ adj. Insignificante, ineficaz, insustancial.
ANODIZACIÓN f. Tratamiento electroquímico del aluminio y otros metales por el que se les recubre de una capa anticorrosiva. ❏ ANODIZAR.
ÁNODO m. *Fís.* Polo positivo de un generador electrolítico. ◊ Electrodo positivo. ❏ ANÓDICO, CA.
ANÓFELES adj. y s. Mosquitos cuyas hembras transmiten el paludismo.
ANOMALÍA f. Irregularidad. ◊ Particularidad orgánica de un individuo con respecto a la mayoría de los de su especie. ◊ *Astr.* Distancia angular de un planeta a su perigeo. ❏ ANÓMALO, LA.
ANOMIA f. *Soc.* Falta de normas.
ANONADAR tr. y prnl. Reducir a la nada. ◊ tr. fig. Disminuir mucho. ◊ tr. y prnl. fig. Humillar. ❏ ANONADAMIENTO.

Anís

ANÓNIMO, MA adj. y m. Díc. de una obra literaria, pictórica, etc., cuyo autor se desconoce. ◊ adj. Díc. de la persona cuyo nombre es desconocido. ◊ m. Escrito en que no se expresa el nombre del autor. ❏ ANONIMATO; ANONIMIA.

ANORAK (voz esquimal) m. Chaquetón impermeable de esquiadores y montañeros.

ANOREXIA f. *Pat.* Falta de apetito.

ANORMAL adj. Que se halla fuera de su natural estado, o de las condiciones que le son inherentes. ◊ com. Persona cuyo desarrollo es inferior al que corresponde a su edad. ❏ ANORMALIDAD.

ANORTITA f. Silicato de aluminio y calcio, que cristaliza en el sistema triclínico.

ANOSMIA f. *Med.* Disminución del olfato.

ANOTAR tr. Poner notas. ◊ Apuntar. ❏ ANOTACIÓN.

ANOUILH, Jean (1910-1987) Dramaturgo fr. *La alondra, Becket o el amor de Dios.*

ANOVULATORIO, RIA adj. y m. Que impide la ovulación. ◊ m. Fármaco que bloquea la secreción de la hormona gonadotropina foliculoestimulante de la hipófisis, impidiendo la ovulación. Se usa como anticonceptivo.

ANOXIA f. Déficit de oxígeno en los tejidos orgánicos.

ANQUETIL, Jacques (1934-1987) Ciclista fr. Ganador de muchos títulos europeos (*Tour, Giro* y *Vuelta* a España).

ANQUILOSAR tr. Producir anquilosis. ◊ prnl. fig. Detenerse una cosa en su progreso. ❏ ANQUILOSAMIENTO.

ANQUILOSIS f. *Med.* Disminución o imposibilidad de movimiento en una articulación.

ÁNSAR m. Ave de pico cónico y muy fuerte en la base; tarsos robustos y pies rojizos, con membranas interdigitales. ◊ Ganso. ❏ ANSARINO, NA.

ANSELMO (1033-1109) Santo. Teólogo benedictino, it., arzobispo de Canterbury.

ANSIA f. Congoja que causa en el cuerpo inquietud violenta. ◊ Aflicción. ◊ Anhelo. ❏ ANSIAR; ANSIOSO, SA.

ANSIEDAD f. Estado de inquietud del ánimo. ◊ *Med.* Angustia que suele acompañar a muchas enfermedades.

ANTA f. Alce. ◊ Menhir. ◊ Pilastra embutida en un muro, del cual sobresale, y que tiene delante una columna.

ANTAGONISTA com. Persona o cosa contraria a otra. ❏ ANTAGÓNICO, CA; ANTAGONISMO.

ANTALYA C. de Turquía, a orillas del Mediterráneo; 258 100 hab. Centro com. y turístico.

ANTANANARIVO Cap. de Madagascar; 1 050 000 hab. Centro comercial.

ANTAÑO adv. tiempo. En el año que precedió al corriente. ◊ P. ext., en tiempo antiguo.

ANTÁRTICO, CA adj. *Astr.* y *Geog.* Cercano o relativo al polo antártico. ◊ P. ext., meridional. ◊ Relativo a la Antártida.

ANTÁRTICO, océano Mar que rodea la Antártida, y limita con el Pacífico, el Atlántico y el Índico. Se distinguen tres cuencas: la pacífico-antártica, con los mares de Ross, Amundsen y Bellingshausen; la antártico-africana, con el mar de Weddell; y la antártico-australiana, con el mar D'Urville. En Argentina, la denominación oficial de este mar es océano Atlántico Sur.

ANTÁRTIDA Continente sit. en el polo Sur o Antártico; 14 107 637 km². Se consideran dependencias suyas diversos arch. e islas del océano Antártico (Orcadas del Sur, Shetland del Sur, arch. Palmer, isla Pedro I, islas Balleny, Auckland, Campbell, Macquarie, Kerguelen, Príncipe Eduardo, isla Bouvet). Separada de Sudamérica por el pasaje de Drake (880 km), que se halla entre la Península Antártica y la isla Grande de Tierra del Fuego.
☐ *Geog.* Comprende vastísimas altiplanicies configuradas por la enorme acumulación de hielo y en cuyos bordes sobresalen cadenas montañosas de considerable alt. (monte Vinson, 5 140 m). En la zona del mar de Ross existen bastantes conos volcánicos, entre los que destacan el Erebus (3 794 m) y el Terror. La abundancia de plancton ha atraído tradicionalmente ballenas a la zona. Están muy difundidos los pájaros bobos y las focas, máx. representación de la vida animal en tierra firme. Las plantas terrestres consisten en líquenes, algas, etc., aunque se encuentran algunas plantas fanerógamas, todas ellas al N del círculo polar.
☐ *Hist.* El reconocimiento costero (1773-1842) fue realizado por Cook, Bellingshausen, Biscoe, Weddell, Dumont D'Urville y Ross; la comprobación de la existencia del continente (1902-1909), por Scott, Doygalski y Shackleton; y la penetración interior (1911-1958) por Amundsen (llega al polo Sur en diciembre 1911), Scott (enero 1912), E. Hillary y V. Fuchs. Instalación de bases científicas, a partir del Año Geofísico Internacional (1957-1958). El tratado Antártico (1959) abrió el continente a la investigacón y la cooperación internacionales y prohibió su militarización.

ANTÁRTIDA ARGENTINA Territorio que forma parte de una prov. arg. junto con → la Tierra del Fuego y las Islas del Atlántico Sur. Los límites de la Antártida Argentina se sitúan entre los paralelos 60° y 90° de latitud S y los meridianos 25° y 74° de longitud O.

ANTE prep. En presencia de, delante de. ◊ En comparación, respecto de. ◊ m. Alce, cuadrúpedo. ◊ Piel de ante. ◊ *Perú.* Bebida de frutas, vino, etc.

ANTE MERÍDIEM exp. latina. Antes del mediodía.

ANTEANOCHE adv. tiempo. En la noche de anteayer.

ANTEAYER adv. tiempo. En el día que precedió inmediatamente al de ayer.

ANTEBRAZO m. Parte del brazo desde el codo hasta la muñeca. ◊ Brazuelo.

ANTECÁMARA f. Pieza delante de

Ánsar

las salas prales. de un palacio. ◊ Pieza delante de la cámara donde se recibe.

ANTECEDENTE adj. Que antecede. ◊ m. Acción, dicho o circunstancia anterior, que sirve para juzgar hechos posteriores. ◊ *Gram.* El primero de los términos de la relación gramatical.

ANTECEDER tr. Preceder.

ANTECESOR, RA m. y f. Persona que precedió a otra en una dignidad, empleo, etc. ◊ m. Antepasado, ascendiente.

ANTECO, CA adj. y m. pl. *Geog.* Díc. de los moradores del globo terrestre que ocupan puntos a igual distancia del ecuador, pero unos por la parte septentrional y otros por la meridional.

ANTEDATA f. Fecha falsa de un documento, anterior a la verdadera.

ANTEDILUVIANO, NA adj. Anterior al diluvio universal. ◊ fig. Antiquísimo.

ANTEFIRMA f. Fórmula del tratamiento que se pone antes de la firma. ◊ Denominación del firmante de un documento, antes de la firma.

ANTEIGLESIA f. Pórtico delante de la iglesia.

ANTELACIÓN f. Anticipación con que sucede una cosa respecto a otra.

ANTELAR tr. *Amér.* Anticipar.

ANTEMANO (*De*) m. adv. Con anticipación.

ANTEMERIDIANO, NA adj. Anterior al mediodía.

Antena parabólica para telecomunicaciones vía satélite

ANTENA f. Entena. ◊ *Electr.* Dispositivo para la captación o emisión de radiaciones electromagnéticas. ◊ *Zool.* Apéndice articulado situado en la cabeza de muchos artrópodos.

ANTEOJERA f. Pieza de cuero que se coloca junto a los ojos de las caballerías para que no vean por los lados.

ANTEOJO m. Instrumento óptico para ver objetos lejanos. ◊ Cada una de las dos piezas convexas de vaqueta que ponen delante de los ojos a los caballos. ◊ pl. Instrumento óptico que sirve para mirar a lo lejos con ambos ojos. ◊ **astronómico.** Sistema óptico formado por un objetivo de gran distancia focal y un ocular de poca distancia focal, ambos convergentes y dispuestos de tal modo que los focos del sistema se hallan en el infinito.

Anteras abiertas de una
inflorescencia de pita

ANTEPALCO m. Espacio o pieza que
da ingreso a un palco.
ANTEPASADO, DA adj. Dicho de
tiempo, anterior a otro tiempo pasado
ya. ◊ m. Abuelo o ascendiente.
ANTEPECHO m. Pretil para evitar caídas. ◊ Reborde inferior de las ventanas.
ANTEPENÚLTIMO, MA adj. Inmediatamente anterior al penúltimo.
ANTEPONER tr. y prnl. Poner delante; poner inmediatamente antes. ◊ Preferir, estimar más.
ANTEPORTADA f. Hoja que precede
a la portada de un libro.
ANTEPROYECTO m. Conjunto de
trabajos preliminares para redactar el
proyecto de una obra de arquitectura o
de ingeniería. ◊ P. ext., redacción provisional de una ley, programa, etc.
ANTEPUERTA f. Repostero o cortina
que se pone delante de una puerta.
ANTEPUERTO m. Terreno elevado
que en las cordilleras precede al puerto.
ANTEQUERA y Castro, *José de* (1689-
1731) Jurista y político pan. Juez de
Charcas en el conflicto que originó la
rev. de los comuneros del Paraguay.
ANTERA f. *Bot.* Parte final del estambre de las flores.
ANTERIDIO m. *Bot.* Órgano vegetal
que alberga los gametos masculinos o
anterozoides de las plantas.
ANTERIOR adj. Que precede en lugar
o tiempo. ❑ ANTERIORIDAD.
ANTEROZOIDE m. *Bot.* Célula re-
productora masculina de las criptógamas y de las fanerógamas inferiores.
ANTES adv. tiempo y lugar que denota prioridad de tiempo o lugar. Se antepone con frecuencia a las partículas
de y *que*. ◊ adv. de orden que denota
prioridad o preferencia. ◊ conj. adversativa que denota idea de contrariedad
y preferencia en el sentido de una oración respecto del de otra.
ANTESALA f. Pieza delante de la sala
o salas principales de una casa.
ANTIÁCIDO, DA adj. y m. Sustancia
que neutraliza o reduce la acidez.
ANTIAÉREO, A adj. y m. Relativo a la
defensa contra aviones militares.
ANTIBIÓTICO, CA adj. y m. *Biol.* y
Med. Díc. de la sustancia producida por
algunos organismos vivientes que destruye las bacterias y otros microorganismos. ◊ adj. Relativo a la acción de
estas sustancias.

❑ *Med.* La penicilina, el primero de los
a. conocidos, fue descubierta por A. Fleming en 1929. Después se descubrió la
estreptomicina, a la que siguió, a partir
de 1948, una larga serie de nuevos a.
Más recientemente, se ha logrado obtenerlos por vía sintética.
ANTICÁTODO m. Nombre dado al
electrodo positivo de los tubos de vacío que se utilizan para la producción
de radiaciones.
ANTICICLÓN m. Área de alta presión
en la que el viento circula alrededor del
centro de máx. presión en el sentido de
las agujas del reloj en el hemisferio N y
en sentido contrario en el hemisferio S.
ANTICIPACIÓN f. *Ret.* Figura que
consiste en proponerse uno la objeción
que otro pudiera hacerle, para refutar-
la de antemano.
ANTICIPAR tr. Hacer que ocurra alguna cosa antes de tiempo. ◊ Tratándose de dinero, darlo o entregarlo antes de tiempo. ◊ prnl. Adelantarse una
persona a otra en la ejecución de alguna cosa. ◊ Ocurrir una cosa antes del
tiempo regular o señalado. ◊ *Amér.* Prever. ❑ ANTICIPO.
ANTICLERICAL adj. y s. Contrario al
clericalismo.
ANTICLERICALISMO m. Doctrina o
procedimiento contra el clericalismo.
ANTICLINAL adj. y m. Pliegue de las
rocas de la corteza terrestre.
ANTICOAGULANTE adj. y m. *Farm.*
Sustancia capaz de inhibir o retardar la
coagulación de la sangre.
ANTICOLONIALISMO m. Oposición
al colonialismo. ❑ ANTICOLONIALISTA.
ANTICOMUNISMO m. Tendencia
contraria al comunismo. ❑ ANTICOMU-
NISTA.
ANTICONCEPTIVO, VA adj y m. *Fisiol.* Díc. del método seguido para impedir la fecundación de óvulo por el
espermatozoide, y de los elementos
empleados en dicho método.
ANTICONGELANTE adj. y m. *Ing.*
Díc. del producto que, en los motores
que tienen enfriamiento por agua, se
mezcla a ésta para disminuir el punto
de congelación.

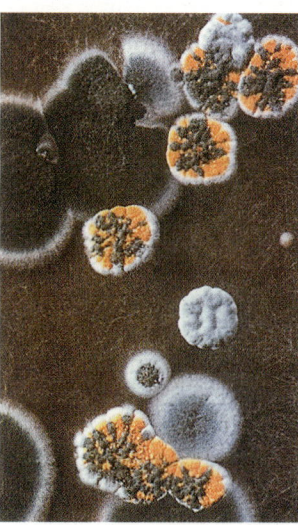

Antibiótico. Colonias de mohos

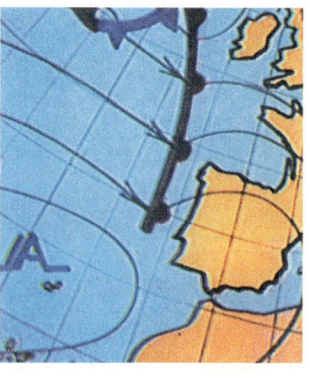

Líneas isóbaras que indican
la presencia de un **anticiclón**

ANTICONSTITUCIONAL adj. Contrario a la constitución o ley fundamental de un Estado.
ANTICORROSIVO, VA adj. Que se
opone a la corrosión.
ANTICRESIS f. Contrato en que el
deudor cede al acreedor el goce del
usufructo de un inmueble hasta cancelar la deuda.
ANTICRISTO m. Ser contrario a Cristo, mencionado en pasajes del Nuevo
Testamento.
ANTICUADO, DA adj. Que hace mucho tiempo que no se usa, pasado de
moda.
ANTICUAR tr. Declarar antigua una
cosa. ◊ prnl. Hacerse antiguo.
ANTICUARIO m. El que hace profesión o estudio particular del conocimiento de las cosas antiguas. ◊ El que
las colecciona.
ANTICUERPO m. Sustancia defensiva producida en el organismo como
respuesta a la presencia de un antígeno.
ANTIDEMOCRÁTICO, CA adj. Contrario a la democracia.
ANTIDEPRESIVO, VA adj. y m. Díc.
del fármaco capaz de invertir el humor
deprimido.
ANTIDESLIZANTE adj. y m. Que se
opone al deslizamiento.
ANTIDETONANTE adj. Díc. del producto que se añade a la gasolina para
evitar la explosión prematura de la
mezcla carburante.
ANTIDOPING adj. Díc. de todo lo que
tiende a evitar el uso de drogas por los
deportistas.
ANTÍDOTO m. Contraveneno. ◊ fig.
Medio para no incurrir en un vicio o
falta.
ANTIEMÉTICO, CA adj. y m. *Med.*
Que contiene las náuseas o el vómito.
ANTIESTÉTICO, CA adj. Contrario a
la estética.
ANTIFASCISMO m. Tendencia contraria al fascismo. ❑ ANTIFASCISTA.
ANTIFAZ m. Máscara con que se cubre la cara.
ANTÍFONA f. Breve pasaje de la Sagrada Escritura, que se canta o reza.
ANTÍFRASIS f. *Ret.* Figura que consiste en designar personas o cosas con
voces que signifiquen lo contrario de lo
que se debiera decir.
ANTIGÁS adj. Díc. de la máscara o careta destinada a evitar la acción de los
gases tóxicos.

ANTÍGENO m. *Biol.* Sustancia que provoca la formación de anticuerpos.

ANTÍGONA *Mit.* Hija de Edipo y de Yocasta. Símb. del amor filial y fraternal.

ANTÍGONO El Tuerto *(Monoftalmos)* (hacia 380-301 a. C.) General macedonio, lugarteniente de Alejandro. Conquistó Siria, Grecia y el Peloponeso.

ANTIGUA GUATEMALA C. de Guatemala, cap. del dpto. de Sacatepéquez; 34 300 hab. Destruida por un terremoto en 1773. Reconstruida post., es hoy conjunto arquitectónico.

ANTIGUA Y BARBUDA *(Antigua and Barbuda)* Est. de las Antillas (islas Antigua, Barbuda y Redonda). Islas con el int. llano y una costa coralina. Algodón y caña de azúcar. Pesca. Aceite, ron, melaza. Turismo. Lenguas: inglés (of.), criollo-inglés. *Rel.*: protestantismo. U. M.: dólar del Caribe Este. Cap. Saint John's, en A.
□ *Hist.* Descubierta A. por Colón (1493), pasó a los ing. en 1625. Integradas en los Estados Asociados de las Indias Occidentales (1967-1981), este último año lograron la indep., como est. miembro de la Commonwealth.

ANTIGUA Y BARBUDA	
Superficie	442 km^2
Población	64 000 hab. (145 hab./km^2)
Recursos económicos	
Pesca	2 200 t
Indicadores sociológicos	
PNB	355 millones de dólares
Renta per cápita	4 770 dólares
Esperanza de vida	74 años
Alfabetismo	88 %

ANTIGUALLA f. Obra u objeto de arte de antigüedad remota. ◊ Mueble, traje, adorno, etc., que ya no está de moda.

ANTIGÜEDAD f. Calidad de antiguo. ◊ Tiempo antiguo. ◊ Lo sucedido en tiempo antiguo. ◊ Tiempo transcurrido desde el día en que se obtiene un empleo.

ANTIGUO, GUA adj. Que existe desde hace mucho tiempo. ◊ Que existió o sucedió en tiempo remoto. ◊ Díc. de la persona que cuenta mucho tiempo en un empleo o profesión. ◊ Díc. de la persona que tuvo o desempeñó un cargo o empleo. ◊ pl. Los que vivieron en siglos remotos.

ANTIGUO Régimen *(Ancien Régime)* Organización política anterior a la rev. de 1789.

ANTIGUO Testamento Nombre general de la colección de escritos de la Biblia, anterior al advenimiento de Jesucristo.

ANTIHELMÍNTICO, CA adj. y m. *Med.* Que sirve para extinguir los gusanos parásitos.

ANTIHIGIÉNICO, CA adj. Contrario a los preceptos de la higiene.

ANTIINFLAMATORIO, RIA adj. y m. *Farm.* Díc. de la sustancia o del fármaco que combate la inflamación.

ANTIJURÍDICO, CA adj. Que es contra el derecho.

ANTIKOMINTERN, Pacto El firmado por Alemania y Japón (1936) contra la Internacional comunista. Italia se adhirió en 1937; España y Manchukuo, en 1939.

ANTILÍBANO *(Jebel ech Charqi)* Cord. que limita Siria y Líbano. Taalat Moussa (2 659 m) es la pral. altura.

ANTILLA Mun. de Cuba, en la prov. de Granma; 32 500 hab. Azúcar.

ANTILLAS Conjunto de islas que se extienden paralelas a la América Central, desde la pen. de Florida, al N, has-

Mapa de situación y bandera de **Antigua y Barbuda**

Antigua y Barbuda. Embarcaciones en English Harbour

1. virus
2. pared celular
3. sitios receptores de la membrana
4. sitio fijación del virus
5. anticuerpo
6. cadenas polipeptídicas largas
7. cadenas polipeptídicas cortas
8. sitio de unión para el antígeno
9. unión antígeno-anticuerpo

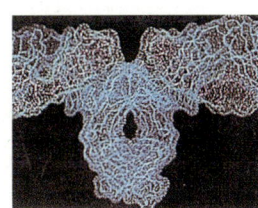

Imagen de computadora de una típica molécula de anticuerpo

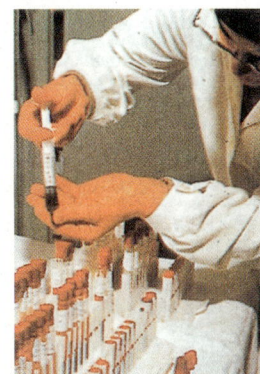

Preparación de vacunas. La vacunación estimula la producción de anticuerpos específicos, que confieren inmunidad frente a un determinado agente patógeno

ta el golfo de Maracaibo, al S. Son montañosas. Clima tropical lluvioso. Por su extensión se dividen en Grandes A. y Pequeñas A. Las grandes son: Cuba, Haití o La Española, Puerto Rico y Jamaica. Las pequeñas se dividen en islas de Barlovento y de Sotavento. En conjunto las A. tienen 240 000 km², y 30 000 000 hab. (negros, mulatos y blancos). Azúcar, café, tabaco, bananas. ◊ **Británicas** Constituidas por las islas Caimán, Turks y Caicos, Vírgenes, Anguila y Montserrat. ◊ **Francesas** Formadas por los dptos. fr. de ultramar de Guadalupe y sus dependencias, cap., Basse-Terre, y Martinica, cap., Fort-de-France. ◊ **Neerlandesas** Conjunto de islas de las Pequeñas A. formado por Curaçao, Bonaire y San Martín, San Eustaquio y Saba. Cap. Willemstad.

ANTILOGARITMO m. *Mat.* Número con respecto al valor de su logaritmo.

ANTILOGÍA f. Contradicción entre dos textos o expresiones. ❏ ANTILÓGICO, CA.

ANTÍLOPE m. *Zool.* Nombre común con que se conocen diversas especies de mamíferos artiodáctilos rumiantes que se caracterizan por su cornamenta persistente.

ANTIMAGNÉTICO, CA adj. Que está exento de la influencia magnética.

ANTIMATERIA f. *Fís.* Materia constituida por antipartículas, y en la que cada partícula ha sido reemplazada por la antipartícula correspondiente.

ANTIMILITARISMO m. Oposición a los ejércitos y a la guerra.

ANTIMONIO m. *Quím.* Elemento metálico de símb. Sb, n. a. 51 y p. a. 121,75. Presenta diversas formas alotrópicas y se emplea en medicina y en aleaciones especiales. ❏ ANTIMÓNICO, CA.

ANTIMONITA f. *Miner.* Sulfuro de antimonio, llamado también *estibina*, del que se beneficia el antimonio.

ANTINATURAL adj. Contrario al orden de la naturaleza.

ANTINEUTRÓN m. *Fís.* Antipartícula del neutrón.

ANTINOMIA f. Contradicción entre dos leyes o dos lugares de una misma ley. ❏ ANTINÓMICO, CA.

ANTÍOCO III, el Grande Rey seléucida de Siria (223-187 a. C.); fue derrotado por los griegos en las Termópilas (191 a. C.) y en Magnesia (189 a. C.) ◊ **IV Epífanes** Rey seléucida de Siria (175-164 a. C.) Procedió a la helenización sistemática de sus dominios.

ANTIOQUIA Dpto. del N de Colombia, que llega hasta el Caribe; 63 612 km², 5 608 829 hab. Cap., Medellín. Va-

Antillas. Puerto en la isla de San Vicente

lles del Magdalena, Cauca y Atrato. Cord. Central y Occidental (Pico Frontino, 4 080 m). Maíz, café, plátano, caña de azúcar, tabaco. Ganado bovino, caballar y suido. Oro, petróleo, plomo, hierro. Ind. textil, metalúrgica, alimentaria.

ANTIOQUÍA (*Antakya*) C. del S de Turquía; 109 200 hab. Cereales, frutos, algodón, tabaco.

ANTIOXIDANTE adj. y m. Que evita o protege de la oxidación.

ANTIPAPA m. El que no está canónicamente elegido papa y pretende ser reconocido como tal. ❏ ANTIPAPADO; ANTIPAPISTA.

ANTIPARA f. Cancel o biombo que se pone delante de una cosa para encubrirla.

ANTIPARRAS f. pl. fam. Anteojos, gafas.

ANTIPARTÍCULA f. *Fís.* Partícula elemental definida por magnitudes (masa, carga, spin, etc.) con los mismos valores absolutos pero signo contrario que los de su partícula correspondiente.

ANTÍPATER o **ANTIPÁTROS** (390-319 a. C.) Lugarteniente de Alejandro Magno. Rey de Macedonia y Epiro.

ANTIPATÍA f. Repugnancia natural que se siente hacia alguna persona o cosa.

ANTIPATIZAR intr. *Amér.* Sentir aversión contra alguna persona.

ANTIPATRIOTA m. y f. Persona que actúa contra de su patria. ❏ ANTIPATRIÓTICO, CA.

ANTIPEDAGÓGICO, CA adj. Contrario a los preceptos de la pedagogía.

ANTIPIRÉTICO, CA adj. y m. *Med.* Díc. del medicamento contra la fiebre.

ANTÍPODA adj. y s. *Geog.* Cualquier habitante del globo terrestre, con respecto a otro que more en lugar diametralmente opuesto.

ANTIPROTÓN m. Antipartícula del protón.

ANTIPSIQUIATRÍA f. Término que designa cualquier experiencia que pone en duda la psiquiatría tradicional.

ANTIRRÁBICO, CA adj. m. *Med.* Útil contra la rabia.

ANTIRROBO adj. y m. Dispositivo cuyo objeto es impedir el robo.

ANTISANA Volcán andino de Ecuador; 5 704 m.

ANTISEMITISMO m. Doctrina hostil a los judíos. ❏ ANTISEMITA; ANTISEMÍTICO, CA.

ANTISEPSIA f. *Med.* Método que consiste en combatir o prevenir las enfermedades infecciosas, destruyendo los microbios que las causan.

ANTISÉPTICO, CA adj. y m. Díc. del procedimiento o sustancia usados para lograr la antisepsia.

ANTISÍSMICO adj. *Arq.* Díc. del edificio construido para resistir los terremotos.

ANTISOCIAL adj. Díc. de lo opuesto a la organización social humana.

ANTISPASTO m. Pie de las métricas gr. y latina, compuesto de un yambo y un troqueo.

ANTÍSTENES (444-365 a. C.) Filósofo ateniense, fundador de la escuela cínica.

ANTISUYU Una de las cuatro provincias en que se dividía el imperio incaico.

ANTITANQUE adj. *Mil.* Díc. de las armas y proyectiles para destruir tanques.

ANTITÉRMICO, CA adj. Que protege del calor. ◊ adj. y m. *Med.* Antipirético.

ANTÍTESIS f. *Fil.* Oposición de dos afirmaciones. ◊ *Ret.* Figura que consiste en contraponer una frase o una palabra a otra contraria. ❏ ANTITÉTICO, CA.

ANTITOXINA f. *Med.* Sustancia que destruye los efectos de las toxinas.

ANTITRAGO m. Prominencia de la oreja.

ANTITUSÍGENO, NA adj. y m. Eficaz para calmar la tos.

ANTIVENENOSO, SA adj. Díc. de la sustancia que sirve para combatir la acción de un veneno.

ANTOFAGASTA Región del N de Chile; 126 443,9 km², 493 984 hab. Comprende la cord. de la Costa, la pampa del Tamarugal, el desierto de Atacama y la cord. andina. Clima árido. Río Loa. Cereales. Nitratos, bórax, cobre, azufre, guano. Ind. de explosivos, alimentaria. Metalurgia del cobre. ◊ Prov. del N de Chile, en la región hom.; 318 779 hab. ◊ C. y puerto de Chile, cap. de la prov. y región hom.; 296 905 hab. Cobre, nitratos, azufres. Ind. minera, fertilizantes, alimentaria.

ANTOFALLA, Volcán Cumbre andina de Argentina, en la prov. de Catamarca; 6 409 m.

ANTOJARSE prnl. Hacerse objeto de vehemente deseo alguna cosa. ◊ Ofrecerse a la consideración como probable alguna cosa. ❏ ANTOJADIZO, ZA; *Col.* ANTOJOSO, SA.

ANTOJO m. Deseo vivo y pasajero. ◊ pl. Manchas o lunares naturales en la piel.

Antílopes

ANTOLOGÍA f. Selección de fragmentos de obras literarias o musicales.

ANTONELLO da Messina (1431-1477) Pintor it. Difundió en Venecia la pintura al óleo.

ANTONESCU, Ion (1882-1946) Militar y político rum. Contribuyó a derrocar al rey Carol II (1940) y se erigió en dictador. Derrotado por los sov., fue ejecutado.

ANTONIANO, NA adj. y s. Religioso de la orden de San Antonio Abad.

ANTÓNIMO, MA adj. y m. *Gram.* Díc. de las palabras que expresan ideas contrarias. ❑ ANTONIMIA.

ANTONINO, NA adj. y s. Relativo a cualquiera de los emperadores Antoninos. ◊ m. pl. Dinastía de emperadores rom., que reinó desde el año 96 hasta el 192.

ANTONINO *Pío* (86-161) Emperador rom., sucesor de Adriano en 138; su gobierno constituye el apogeo de la pax romana.

ANTONIO de Padua (1159- 1231) Santo port. Agustino, tomó posteriormente el hábito franciscano. ◊ **María Claret** (1807-1870) Santo esp. Fundó la orden de los Misioneros del Corazón Inmaculado de María, «claretianos».

Antonio de Padua

ANTONIONI, Michelangelo (nacido 1912) Director cinematográfico it. *Las amigas, El grito, La aventura, La noche, El eclipse, El desierto rojo, Blow-up.*

ANTONOMASIA f. *Ret.* Sinécdoque que consiste en poner el nombre apelativo por el propio o viceversa.

ANTORCHA f. Hacha, vela de cera. ◊ fig. Lo que sirve de guía.

ANTRACENO m. Hidrocarburo aromático obtenido del alquitrán de hulla.

ANTRACITA f. Carbón fósil, poco bituminoso, que tiene un poder calorífico muy elevado.

ÁNTRAX m. *Pat.* Infección cutánea debida al estafilococo, parecida al forúnculo.

ANTRO m. fig. Establecimiento, local, etc., de mala reputación. ◊ Caverna.

ANTROPOCENTRISMO m. Sistema filosófico que considera al hombre como centro del universo. ❑ ANTROPOCÉNTRICO, CA.

ANTROPOFAGIA f. Práctica de comer carne humana. ❑ ANTROPÓFAGO, GA.

ANTROPOGRAFÍA f. Parte de la antropología, que trata de la descripción de las razas humanas. ❑ ANTROPOGRÁFICO, CA.

ANTROPOIDE adj. y s. *Zool.* Animales que por sus caracteres morfológicos se asemejan al hombre.

ANTROPOLOGÍA f. Ciencia que estudia al hombre desde los puntos de vista biológico (a. física) y cultural (a. cultural), tanto en el presente como en el pasado. ❑ ANTROPÓLOGO, GA.

ANTROPOMETRÍA f. Parte de la antropología física que estudia las proporciones y medidas del cuerpo humano.

ANTROPOMORFISMO m. Conjunto de creencias que atribuyen características humanas a seres no humanos.

ANTROPOMORFO, FA adj. Que tiene forma o apariencia humana.

ANTROPÓNIMO m. Nombre propio de persona. ❑ ANTROPONIMIA.

ANTÚNEZ, Nemesio (1918-1993) Arquitecto y pintor chil. Pintura abstracta. Murales en el edificio de las Naciones Unidas.

ANUAL adj. Que sucede o se repite cada año. ◊ Que dura un año.

ANUALIDAD f. Importe anual de una renta o carga periódica.

ANUARIO m. Libro que se publica cada año.

ANUBARRADO, DA adj. Cubierto de nubes.

ANUBIS Dios egipcio, hijo de Neftis y Osiris.

ANUBLAR tr. y prnl. Ocultar las nubes el azul del cielo o el Sol o la Luna.

ANUDAR tr. y prnl. Hacer nudos. ◊ Juntar mediante un nudo dos hilos, etc. ◊ fig. Juntar, unir. ◊ prnl. Dejar de crecer las personas, los animales o las plantas. ❑ ANUDADURA; ANUDAMIENTO.

ANUENCIA f. Consentimiento. ❑ ANUENTE.

ANULAR adj. De figura de anillo. ◊ Díc. de un dedo de la mano. ◊ tr. Dar por nulo o dejar sin fuerza un precepto, testamento, etc. ◊ tr. y prnl. fig. Desautorizar a uno. ◊ prnl. fig. Humillarse. ❑ ANULABLE; ANULACIÓN; ANULADOR, RA.

ANUNCIACIÓN f. En la religión católica, el anuncio del arcángel san Gabriel a la Virgen de la Encarnación.

ANUNCIAR tr. Dar noticia o aviso de alguna cosa. ◊ Pronosticar. ◊ Dar publicidad a una cosa con fines de propaganda comercial. ❑ ANUNCIANTE.

ANUNCIO m. Conjunto de palabras, imágenes, etc. con que se anuncia algo. ◊ Pronóstico.

ANUO, NUA adj. Anual.

ANURIA f. *Med.* Supresión de la secreción urinaria.

ANVERSO m. En las monedas y medallas, cara que se considera principal.

ANZA, Juan Bautista de (1735-1788) Militar y explorador esp. Fundó (1776) la misión y fuerte de San Francisco de California.

ANZOÁTEGUI Est. del NE de Venezuela, a orillas del Caribe; 43 300 km², 924 074 hab. Cap., Barcelona. Comprende una zona montañosa al NE, la depresión del Unare en el NO y centro-norte, y las «mesas», formaciones tabulares, en el E, centro y S. Algodón, maíz, plátanos, caña de azúcar, café. Petróleo.

ANZOÁTEGUI, José Antonio (1789-1819) Patriota y general ven. que luchó junto a Bolívar.

ANZUELO m. Arponcillo que sirve para pescar. ◊ fig. y fam. Atractivo o aliciente.

ANZUS Alianza de defensa recíproca en el Pacífico sudoriental, establecida, en 1951, entre Australia, Nueva Zelanda y EE UU.

AÑADIR tr. Agregar una cosa a otra. ◊ Aumentar. ❑ AÑADIDO, DA; AÑADIDURA.

AÑAGAZA f. Señuelo para coger aves. ◊ fig. Artificio.

AÑAL adj. Anual. ◊ adj. y s. Res que tiene un año cumplido.

AÑEJAR tr. y prnl. Hacer añeja alguna cosa. ◊ prnl. Alterarse algunas cosas con el transcurso del tiempo.

AÑICOS m. pl. Pedazos pequeños en que se divide alguna cosa, al romperse.

AÑIL m. Arbusto dicotiledóneo, de fruto en vaina arqueada, con granillos lustrosos y muy duros. ◊ Colorante que se obtiene de esta planta. ❑ AÑILERÍA.

AÑO m. *Astr.* Tiempo de la revolución real de la Tierra en su órbita alrededor del Sol. Consta de 365 días. ◊ Período de 12 meses. ◊ pl. Día en que alguno cumple años. ◊ **bisiesto.** El que excede al común en un día, añadido al mes de febrero. ◊ **civil.** El que tiene 365 días, si es común, o 366 si bisiesto. ◊ **eclesiástico.** El que gobierna las solemnidades de la iglesia católica y empieza el primer domingo de Adviento. ◊ **lunar.** *Astr.* Período de 12 rev. sinódicas de la Luna: 354 días. ◊ **luz.** *Astr.* Unidad de longitud igual a la distancia que recorre la luz en un año: 9,461 billones de km. ◊ **nuevo.** El que está a punto o acaba de empezar. ◊ **santo.** El de jubileo o indulgencias por peregrinar.

AÑOJO, JA m. y f. Becerro de un año cumplido.

AÑORANZA f. Soledad o pesar por la ausencia. ❑ AÑORAR.

AOJAR tr. Hacer mal de ojo. ◊ fig. Desgraciar o malograr algo. ❑ AOJO.

AOMORI Prefectura de Japón, en la isla de Honshu; 9 619 km², 1 483 000 hab. Cap., la c. hom. (287 800 hab.).

AORISTO m. Pret. indef. de la conjugación gr.

Anunciación. Detalle del retablo de Bonifacio Ferrer, de autor anónimo

Detalle de un bajorrelieve de la **apadana** de Persépolis, Irán (s. VI-V a. C.)

AORTA f. Arteria que nace del ventrículo izquierdo del corazón y es la mayor del cuerpo. ❑ AÓRTICO, CA.

AOSTA, *Valle de* Región autónoma del NO de Italia; 3 264 km², 115 900 hab. Cap., Aosta. Ganado vacuno. Hierro, cobre, carbón, amianto. ◊ C. de Italia, cap. de la prov. hom. y de la región de Valle de A.; 36 200 hab.

AOVADO, DA adj. De forma de huevo.

AOVAR intr. Poner huevos las aves.

AOVILLARSE prnl. fig. Encogerse mucho.

APABULLAR tr. fam. Dejar a uno confuso y turbado, sin saber qué responder.

APACENTAR tr. y prnl. Dar pasto a los ganados. ◊ prnl. Pacer el ganado. ❑ APACENTADERO; APACENTADOR, RA; APACENTAMIENTO.

APACHE adj. y s. Relativo a los apaches. ◊ m. pl. Pueblo amerindio que habitaba zonas de Texas, Nuevo México y Arizona. Hoy, algunos miles viven en reservas, sobre todo en Arizona.

APACIBLE adj. Manso, agradable en el trato. ◊ Tranquilo, agradable.

APACIGUAR tr. y prnl. Poner en paz, sosegar. ❑ APACIGUAMIENTO.

APADANA f. Sala hipóstila de los palacios reales persas de la época aqueménida.

APADRINAR tr. Acompañar como padrino a una persona. ◊ fig. Patrocinar.

APAGADO, DA adj. De genio sosegado y apocado. ◊ De color poco vivo.

APAGADOR m. Pieza de metal que sirve para apagar las luces.

APAGAR tr. y prnl. Extinguir el fuego o la luz. ◊ Aplacar. ◊ tr. Echar agua a la cal viva. ◊ *Pint.* Rebajar en los cuadros el color demasiado vivo. ❑ APAGABLE; APAGAMIENTO; APAGOSO, SA.

APAGÓN m. Extinción repentina de un alumbrado.

APAISADO, DA adj. Díc. de lo que es más ancho que alto. ❑ APAISAR.

APALABRAR tr. y prnl. Concertar de palabra alguna cosa.

APALACHES Cadena montañosa, al E de los EE UU. Se extiende desde Alabama hasta la desembocadura del r. San Lorenzo.

APALANCAR tr. Levantar, mover alguna cosa con palanca. ❑ APALANCAMIENTO.

APALEAR tr. Dar golpes con palo u otra cosa semejante. ◊ Sacudir con palo o vara. ◊ Varear. ◊ Aventar con

pala el grano. ❑ APALEAMIENTO; APALEO.

APANCORA f. *Chile.* Crustáceo decápodo, con caparazón oval y espinoso, y pinzas grandes y gruesas.

APAÑADO, DA adj. Aplícase a los tejidos semejantes al paño. ◊ adj. fig. Hábil, mañoso para hacer alguna cosa.

APAÑAR tr. Recoger. ◊ Apoderarse de una cosa ilícitamente. ◊ Aderezar. ◊ prnl. fam. Darse maña para hacer algo.

APAÑO m. Apañamiento. ◊ fam. Compostura en alguna cosa. ◊ fam. Maña para hacer alguna cosa. ◊ fam. Amante. ◊ Acomodo.

APAPORIS Río del SE de Colombia; 900 km. Desagua en el Caquetá.

APARADOR m. Mueble donde se guarda lo necesario para el servicio de la mesa. ◊ Taller de algún artífice. ◊ Escaparate. ❑ *Amér.* APARADORISTA.

APARAR tr. Acudir a recoger alguna cosa, gralte. con las manos. ◊ tr. y prnl. Disponer, adornar.

APARATERO, RA adj. *Chile.* Aparatoso.

APARATO m. Apresto. ◊ Pompa. ◊ Circunstancia que precede o acompaña a alguna cosa. ◊ Conjunto de instrumentos para hacer experimentos. ◊ Conjunto de órganos que en los animales y en las plantas concurren a una misma función.

APARCAR tr. Colocar en un campamento o parque los pertrechos y material de guerra. ◊ Dejar un vehículo en un lugar público señalado. ❑ APARCAMIENTO.

APARCERÍA f. Contrato temporal por el que el dueño de una finca rústica la cede a alguien, a cambio de una parte de los beneficios. ❑ APARCERO, RA.

APAREAMIENTO m. *Biol.* Unión por parejas de los individuos sexuados para proceder a la reproducción.

APAREAR tr. Ajustar una cosa con otra, de forma que queden iguales. ◊ tr. y prnl. Unir una cosa con otra, formando par. ◊ Juntar animales para que críen.

APARECER intr. y prnl. Manifestarse. ◊ Hallarse lo que se había perdido.

APARECIDO, DA m. Espectro de un difunto.

APAREJADO, DA adj. Apto, idóneo.

APAREJADOR, RA adj. y s. Que apareja. ◊ m. Técnico de la construcción especializado en materiales y en el trazado de planos parciales.

APAREJAR tr. y prnl. Preparar. ◊ tr. Vestir con esmero. ◊ Poner el aparejo a las caballerías. ◊ *Mar.* Poner a un buque su aparejo.

APAREJO m. Preparación para alguna cosa. ◊ Prevención de lo necesario para conseguir un fin. ◊ Objetos necesarios para hacer ciertas cosas. ◊ Sistema de poleas compuestas. ◊ *Arq.* Forma en que quedan colocados los materiales en una construcción. ◊ *Mar.* Conjunto de palos, vergas, jarcias y velas de un buque.

APARENTAR tr. Manifestar lo que no es o no hay. ◊ Tener alguien el aspecto correspondiente a su edad.

APARENTE adj. Que parece y no es. ◊ Conveniente. ◊ Que aparece y se muestra a la vista.

APARICIÓN f. Visión de un ser sobrenatural o fantástico.

APARIENCIA f. Aspecto exterior de una persona o cosa. ◊ Verosimilitud. ◊ Cosa que parece y no es.

APARTADERO m. Lugar que sirve en los caminos, ferrocarriles y canales para que puedan apartarse los vehículos y

a soga

a tizón

a soga y tizón

Diversos tipos de **aparejo**

quede libre el paso. ◊ Sitio donde se aparta a unos toros de otros para enchiquerarlos.

APARTADO, DA adj. Retirado. ◊ Diferente. ◊ m. Aposento de una casa desviado de la parte más concurrida. ◊ Lugar de correos para cartas, periódicos, etc., que se apartan para que los interesados los recojan. ◊ Párrafo que, dentro de un decreto, orden o artículo de una ley o reglamento, se dedica a un asunto.

APARTAMENTO m. Apartamiento o vivienda.

APARTAMIENTO m. Lugar apartado. ◊ Habitación, piso.

APARTAR tr. y prnl. Separar. ◊ Quitar a una persona o cosa del lugar donde estaba. ◊ tr. Alejar.

APARTE adv. lugar. En otro sitio. ◊ A distancia. ◊ adv. modo. Separadamente, con distinción. ◊ Con omisión, con preterición de. ◊ adj. Diferente. ◊ m. Fragmento del diálogo correspondiente a un personaje en el que expresa algo que sólo debe oír el público.

APARTHEID m. Política de segregación racial practicada en la Rep. Sudafricana, hasta su abolición of. en 1991.

Manifestación en la República Sudafricana contra el **apartheid**

APARVAR tr. Disponer la mies en la era.

APASIONAR tr. y prnl. Excitar alguna pasión. ◊ prnl. Aficionarse con exceso a una persona o cosa. ❏ APASIONAMIENTO.

APATÍA f. Falta de vigor. ◊ Desinterés por el medio. ❏ APÁTICO, CA.

APATITA f. o **APATITO** m. *Miner.* Fosfato de calcio con flúor y cloro, incoloro o coloreado por impurezas, cristalizado en el sistema hexagonal.

APÁTRIDA adj. y s. Que carece de patria.

APATZINGÁN Mun. de Méx., en el est. de Michoacán; 66 900 hab. Agricultura.

APEADERO m. Punto del camino en que los viajeros pueden apearse y descansar. ◊ En los ferrocarriles, punto del recorrido para la subida o bajada de pasajeros.

APEAR tr. y prnl. Bajar de una caballería o vehículo. ◊ Calzar algún coche o carro. ◊ prnl. *Amér.* Hospedarse.

APECHUGAR intr. Dar o empujar con el pecho. ◊ fig. y fam. Aceptar algo, venciendo la repugnancia que causa.

APEDAZAR tr. Despedazar. ◊ Echar pedazos.

APEDREAR tr. Tirar piedras a una persona o cosa. ◊ impers. Caer pedrisco o granizo. ◊ prnl. Estropearse la cosecha a causa del pedrisco. ❏ APEDREO.

APEGO m. Afición particular.

APELAR intr. *Der.* Recurrir a juez o tribunal superior para que enmiende o anule la sentencia dada por el inferior. ◊ intr. y prnl. fig. Recurrir a una persona o cosa para algún trabajo. ◊ intr. Referirse. ❏ APELACIÓN.

APELATIVO adj. y m. Sobrenombre o nombre que se da a una persona. ◊ m. *Amér.* Apellido.

APELDOORN C. de Países Bajos, en Güeldres; 144 800 hab. Centro ind.

APELES (m. a comienzos del s. III a. C.) Pintor gr. considerado el más ilustre de los pintores del mundo clásico.

APELLAR tr. Adobar una piel, sobándola.

APELLIDAR tr. Llamar a alguien por su apellido. ◊ Nombrar, llamar.

APELLIDO m. Nombre de familia. ◊ Mote.

APELMAZAR tr. y prnl. Hacer que una cosa esté menos esponjosa de lo necesario. ❏ APELMAZADO, DA.

APELOTONAR tr. y prnl. Formar pelotones.

APENAR tr. y prnl. Causar pena, afligir.

APENAS adv. modo. Casi no. ◊ adv. tiempo. Luego que, al punto que.

APENCAR intr. fam. Apechugar.

APÉNDICE m. Cosa adjunta a otra, con respecto a la cual es de importancia secundaria. ◊ Suplemento al final de una obra. ◊ *Zool.* Parte del cuerpo animal unida a otra principal. ◊ **cecal o vermicular.** *Zool.* Prolongación del intestino ciego. ❏ APENDICULADO; APENDICULAR.

APENDICITIS f. *Med.* Inflamación aguda del apéndice vermicular.

APENINOS (*Appennini*) Cord. que recorre Italia de NO a S y se prolonga en Sicilia. Alt. máx.: Corno (2 914 m)

APEPSIA f. *Med.* Falta de digestión.

APERCIBIMIENTO m. *Der.* Una de las correcciones disciplinarias.

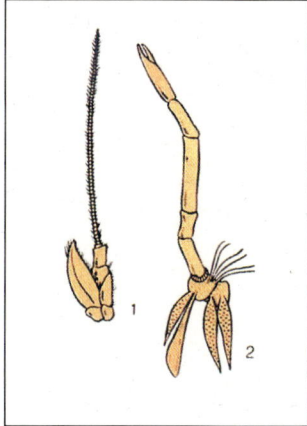

Apéndices del cangrejo de río:
1. antena; 2. pata locomotriz

Apio

APERCIBIR tr. y prnl. Disponer lo necesario para alguna cosa. ◊ tr. Amonestar. ◊ *Der.* Hacer saber a la persona citada o requerida, las consecuencias de ciertos actos u omisiones suyas.

APERGAMINARSE prnl. fig. y fam. Acartonarse. ❏ APERGAMINADO, DA.

APERITIVO, VA adj. y m. Que abre el apetito. ◊ m. Bebida que se toma antes de una comida.

APERO m. Conjunto de instrumentos y cosas necesarias para la labranza.

APERTURA f. Acción de abrir. ◊ Tratándose de asambleas, etc., acto de dar principio a sus tareas, etc. ◊ *Ópt.* Para un objetivo, relación entre el diámetro del orificio de entrada y el doble de la distancia focal.

APESADUMBRAR tr. y prnl. Causar pesadumbre, afligir.

APESTAR tr. y prnl. Causar la peste. ◊ tr. fig. y fam. Causar hastío. ◊ intr. Despedir mal olor. ❏ APESTOSO, SA.

APÉTALA adj. *Bot.* Que carece de pétalos.

APETECER tr. y prnl. Tener gana de alguna cosa. ◊ intr. Causar apetito.

APETENCIA f. Gana de comer. ◊ Inclinación que mueve al hombre a desear alguna cosa.

APETITO m. Impulso que lleva a satisfacer deseos. ◊ Gana de comer. ❏ APETITOSO, SA.

APIADAR tr. Causar piedad. ◊ prnl. Tener piedad.

APICAL adj. Relativo a un ápice o punta. ◊ adj. y f. *Fon.* Díc. de la consonante pronunciada con la punta de la lengua acercada al paladar, como la *l*.

ÁPICE m. Extremo superior o punta de alguna cosa. ◊ Signo ortográfico colocado sobre las letras. ◊ fig. Parte pequeñísima.

APICULTURA f. Cría y cuidado de las abejas para aprovechar su miel, jalea real, cera, etc.

APILAR tr. Amontonar, poner en pila o montón. ❏ APILAMIENTO; *Amér.* APILONAR.

APIÑAR tr. y prnl. Juntar estrechamente personas o cosas. ❏ APIÑADO, DA.

APIO m. Planta umbelífera, comestible; es diurética.

APIOLAR tr. Poner pihuela. ◊ fig. y fam. Prender. ◊ fig. y fam. Matar.

APIRI m. *Amér.* Operario que transporta mineral en las minas.

APIS (*Hepi*) Buey sagrado de los antiguos egipcios.

APISONADORA f. Máquina para allanar y apretar el terreno.

APISONAR tr. Apretar con pisón la tierra u otra cosa. ❏ APISONAMIENTO.

APITONAR intr. Echar pitones los animales. ◊ Empezar los árboles a brotar.

APL Lenguaje de programación de alto nivel, diseñado para la definición y manipulación de listas, vectores y matrices de caracteres.

APLACAR tr. y prnl. Amansar.

APLANAR tr. Allanar. ◊ fig. y fam. Dejar a uno pasmado. ◊ prnl. fig. Perder la animación o el vigor.

APLANÁTICO, CA adj. Ópt. Díc. del sistema óptico exento de aberración esférica. ❑ APLANÉTICO, CA.

APLASTAR tr. y prnl. Deformar una cosa aplanándola. ◊ tr. fig. y fam. Dejar a uno confuso. ◊ fig. Vencer por completo a un oponente. ❑ APLASTA-MIENTO.

APLATANAR tr. y prnl. Cansar.

APLAUDIR tr. Palmotear en señal de aprobación. ◊ Celebrar con palabras u otras demostraciones. ❑ APLAUSO.

APLAZAR tr. Convocar para tiempo y sitio señalados. ◊ Diferir. ❑ APLAZA-MIENTO.

APLICACIÓN f. Ornamentación ejecutada en una materia distinta de otra, a la cual se sobrepone. ◊ fig. Esmero con que se hace una cosa. ◊ Comp. Descripción, software y documentación que definen la integración de la computadora en una tarea. ◊ Mat. Correspondencia entre dos conjuntos.

APLICAR tr. Poner una cosa sobre otra. ◊ fig. Emplear alguna cosa para conseguir un fin. ◊ fig. Atribuir a uno algún hecho o dicho. ◊ fig. Destinar, adjudicar. ◊ prnl. fig. Dedicarse a un estudio o ejercicio. ❑ APLICABLE.

APLIQUE m. En el teatro, trasto para decorar. ◊ Lámpara adosada a la pared.

APLOMAR tr. e intr. Examinar con la plomada si las paredes están verticales. ◊ tr. Arq. Poner las cosas verticalmente. ◊ prnl. Desplomarse.

APLOMO m. Gravedad, circunspección. ◊ Verticalidad. ◊ Plomada.

APNEA f. Med. Falta o suspensión temporal de la respiración.

APOCADO, DA adj. fig. De poco ánimo.

APOCALIPSIS Último texto del Nuevo Testamento, atribuido a san Juan.

APOCALÍPTICO, CA adj. Del Apocalipsis. ◊ fig. Terrorífico, espantoso.

APOCAR tr. Reducir a poco alguna cantidad. ◊ fig. Limitar, estrechar. ◊ tr. y prnl. fig. Humillar, tener en poco.

APÓCOPE f. Ling. Pérdida de los elementos finales de una palabra. ❑ APO-COPAR.

APÓCRIFO, FA adj. Fabuloso o fingido. ◊ Díc. de todo libro atribuido a autor sagrado, que no está incluido en el canon de la Sagrada Escritura.

APODERADO, DA adj. y s. El que tiene poderes de otro para representarlo.

APODERAR tr. Dar poder una persona a otra para que la represente. ◊ prnl. Hacerse uno dueño de alguna cosa.

APODÍCTICO, CA adj. Lóg. Convincente.

APODO m. Nombre dado a una persona, tomado de sus defectos corporales. ❑ APODAR.

ÁPODO, DA adj. Díc. del animal que carece de patas.

APÓDOSIS f. Oración principal de una construcción lingüística condicional.

APÓFIGE f. Arq. Parte curva que enlaza el fuste de la columna con su basa o capitel.

APÓFISIS f. Anat. Parte saliente de un hueso, que sirve para su articulación.

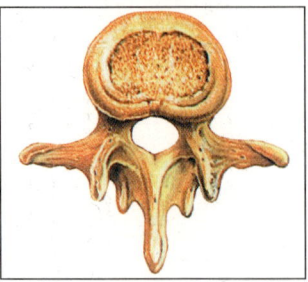

Apófisis

APOFONÍA f. Fon. Alteración de vocales en palabras de la misma raíz.

APOGEO m. Astr. y Astron. Punto de la órbita de un astro o de un cuerpo que gira alrededor de la Tierra que se halla a la máxima distancia de ésta. ◊ fig. Punto culminante, plenitud.

APOLILLAR tr. y prnl. Roer la polilla las ropas, etc.

APOLÍNEO, A adj. Perteneciente o relativo a Apolo.

APOLITICISMO m. Tendencia a desinteresarse de toda actividad política. ❑ APOLÍTICO, CA.

APOLLINAIRE, Guillaume (1880-1918) Seud. de Wilhelm Apollinaris de Kostrovitsky, poeta surrealista fr. de origen lituano. Alcoholes, Caligramas.

APOLO Mit. Hijo de Leto (Latona), y hermano gemelo de Artemisa (Diana). Arquetipo de la belleza masculina.

APOLO ⇨ Proyecto Apolo.

APOLOGÉTICA f. Rama de la teología que expone y defiende los fundamentos de la fe cristiana. ❑ APOLOGÉTI-CO, CA.

APOLOGÍA f. Discurso en defensa o alabanza de personas o cosas. ◊ fam. Elogio, panegírico.

APOLOGISTA com. Persona que hace alguna apología. ◊ m. y f. Defensor de la fe.

APÓLOGO m. Fábula, composición literaria.

APOLONIO, Libro de Poema cast. de mediados del s. XIII, de autor anónimo.

APOLONIO de Atenas (s. I) Escultor gr. Se le atribuyen el Torso del Belve-

Torso del Belvedere, atribuido a **Apolonio de Atenas**

dere y el Pugilista. ◊ **de Rodas** (h. 300-h. 230 a. C.) Poeta gr. Los argonautas.

APOLTRONARSE prnl. Hacerse poltrón. ◊ Ponerse cómodo en un asiento.

APOPLEJÍA f. Med. Hemorragia en el interior del cerebro que causa pérdida de la conciencia y de la sensibilidad, parálisis y, frecuentemente, muerte.

APOQUINAR tr. fam. Aprontar uno lo que le corresponde entregar o pagar.

APORÍA Fil. Contradicción o dificultad lógica insuperable en un razonamiento.

APORREAR tr. y prnl. Golpear con porra o palo. ◊ fig. Dar golpes, en general.

APORTAR tr. Llevar, traer. ◊ Dar, contribuir, añadir. ◊ Der. Llevar cada cual la parte que le corresponde a la sociedad. ❑ APORTACIÓN; APORTE.

APORTILLAR tr. Abrir un boquete en una muralla o pared para poder entrar. ◊ prnl. Caerse parte de un muro o pared.

APOSENTAR tr. Dar habitación y hospedaje. ◊ prnl. Tomar casa.

APOSENTO m. Pieza de una casa. ◊ Posada.

APOSICIÓN Gram. Reunión de dos sustantivos consecutivos sin partícula subordinante. ❑ APOSITIVO, VA.

APÓSITO m. Med. Remedio aplicado exteriormente, con gasas, vendas, etc.

APOSTA adv. modo. Adrede.

APOSTAR tr. Hacer una apuesta. ◊ tr. y prnl. Poner una o más personas en determinado lugar.

APOSTATAR intr. Negar la fe de Jesucristo recibida en el bautismo. ◊ Cambiar de opinión o partido político. ❑ APOSTASÍA; APÓSTATA.

APOSTILLA f. Acotación que interpreta o completa un texto. ❑ APOSTI-LLAR.

Apóstoles. Talla de la Santa Cena, obra de F. Bigarny (Catedral de Toledo, España)

APÓSTOL m. Cada uno de los doce principales discípulos de Jesucristo. ◊ fig. El que hace campaña por alguna causa. ❑ APOSTOLADO.

APOSTÓLICO, CA adj. Relativo a los apóstoles. ◊ Perteneciente al Papa, o que dimana de su autoridad.

APÓSTROFE amb. Figura retórica que consiste en interrumpir el discurso para dirigir la palabra a una persona o cosa personificada. ❑ APOSTROFAR.

APÓSTROFO m. Signo gráfico (') que indica la elisión de una vocal.

APOTEGMA m. Sentencia breve atribuida a algún personaje famoso.

APOTEMA f. *Geom.* Perpendicular trazada desde el centro de un polígono regular a uno cualquiera de sus lados.

APOTEOSIS f. fig. Ensalzamiento de una persona con grandes honores. ◊ fig. Parte final de un espectáculo.

APOYAR tr. Hacer que una cosa descanse sobre otra. ◊ Basar. ◊ fig. Favorecer. ◊ fig. Sostener alguna opinión.

APOYATURA f. *Mús.* Adorno consistente en una nota que precede a la principal.

APOYO m. Lo que sirve para sostener. ◊ fig. Protección. ◊ fig. Fundamento de una opinión.

APPEL, Karel (nacido 1921) Pintor hol., representante de la *Action painting*.

APRA (*Alianza Popular Revolucionaria Americana*) Partido político fundado en 1924 por el per. Víctor Raúl Haya de la Torre. Desde un populismo revolucionario evolucionó hacia la moderación. En 1985, su candidato, Alan García Pérez, fue elegido presidente hasta 1990.

APRECIAR tr. Poner precio a las cosas. ◊ fig. Tratándose de la magnitud, intensidad o grado de las cosas y sus cualidades, percibir debidamente. ❏ APRECIABLE; APRECIATIVO, VA; APRECIO.

APREHENDER tr. Prender a una persona o alguna cosa. ◊ *Fil.* Conocer algo, sin afirmar ni negar nada. Embargar. ❏ APREHENSIÓN; APREHENSIVO, VA.

APREMIAR tr. Dar prisa para hacer alguna cosa. ◊ Obligar a uno con mandamiento de autoridad a que haga alguna cosa. ❏ APREMIADOR, RA; APREMIANTE.

APREMIO m. Mandamiento de autoridad para compeler al pago de una cantidad o al cumplimiento de otro acto. ◊ Recargo por causa de demora en el pago.

APRENDER tr. Adquirir el conocimiento de alguna cosa. ◊ Tomar algo en la memoria. ❏ APRENDIZ, ZA.

APRENDIZAJE m. Acción de aprender algún arte u oficio. ◊ Tiempo que se emplea en aprender un arte u oficio.

APRENSIÓN f. Aprehensión. ◊ Temor vago y mal definido. ◊ Opinión extraña. Se usa más en plural. ❏ APRENSIVO, VA.

APRESAR tr. Hacer presa. ◊ Tomar por fuerza alguna nave. ◊ Aprisionar.

APRESTAR tr. y prnl. Disponer lo necesario para algo. ◊ tr. Engomar tejidos.

APRESTO m. Prevención. ◊ Almidón, cola u otras materias para aprestar telas.

APRESURAR tr. y prnl. Dar prisa.

APRETAR tr. Estrechar con fuerza. ◊ Obrar con mayor esfuerzo que de ordinario. ◊ Poner una cosa sobre otra haciendo fuerza o comprimiendo. ◊ Estrechar algo. ◊ tr. y prnl. Apiñar estrechamente. ◊ tr. fig. Acosar. ◊ Tratar con excesivo rigor. ◊ tr. Tratar de llevar a efecto con urgencia.

APRETÓN m. Apretadura muy fuerte y rápida. ◊ Apretadura causada por la afluencia de gente.

APRETUJAR tr. fam. Apretar mucho o reiteradamente. ◊ prnl. Oprimirse varias personas en un recinto estrecho.

APRETURA f. Opresión causada por la excesiva afluencia de gente. ◊ Escasez.

APRIETO m. Apretura. ◊ fig. Conflicto.

APRIORISMO m. Método en que se emplea el razonamiento *a priori*.

APRISA adv. modo. Con celeridad o prontitud.

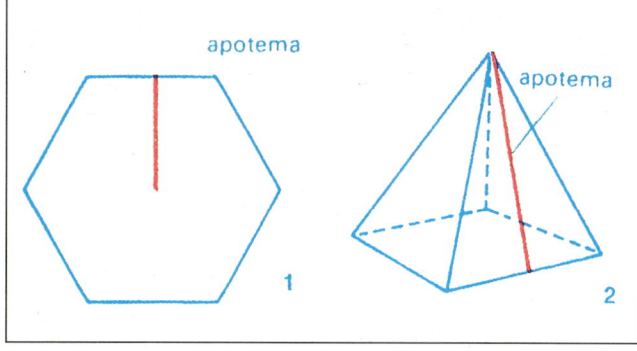

Apotema: 1. de un polígono regular; 2. de una pirámide

APRISCO m. Lugar donde se recoge el ganado. ❏ APRISCAR.

APRISIONAR tr. Poner en prisión.

APROBADO m. En exámenes, calificación mínima de aptitud.

APROBAR tr. Dar por bueno. ◊ Asentir a una doctrina u opinión. ◊ Declarar apto a uno. ◊ Obtener el aprobado en una asignatura o examen.

APROPIAR tr. Hacer propia de alguno cualquier cosa. ◊ prnl. fig. Adjudicarse un derecho, idea, etc.

APROVECHAR intr. Servir de provecho alguna cosa. ◊ intr. y prnl. Hablando de la virtud, estudios, etc., adelantar en ellos. ◊ tr. Emplear útilmente algo.

APROVISIONAR tr. Abastecer.

APROXIMAR tr. y prnl. Arrimar, acercar.

ÁPSIDE m. *Astr.* Cada uno de los dos vértices del eje mayor de la órbita elíptica descrita por un astro.

ÁPTERO, RA adj. Que carece de alas.

APTITUD f. Cualidad que hace que un objeto sea apto para cierto fin. ◊ Idoneidad para ejercer un cargo.

APTO, TA adj. Idóneo.

APUESTA f. Acción y efecto de apostar dinero u otra cosa. ◊ Cosa que se apuesta.

APUESTO, TA adj. Ataviado. ◊ Gallardo.

APULEYO, Lucio (123-180?) Escritor latino. *Metamorfosis* o *El asno de oro*.

APULIA (*Puglia*) Región de Italia, entre los Apeninos y el Adriático; 19 357 km², 4 031 900 hab. Cap., Bari.

APUNARSE prnl. *Amér. Merid.* Padecer puna.

APUNTADOR, RA adj. y s. Que apunta. ◊ m. El que en el teatro va apuntando a los actores lo que han de decir.

APUNTALAR tr. Poner puntales. ◊ fig. Sostener, afirmar. ❏ APUNTALAMIENTO.

APUNTAR tr. Asentar un arma arrojadiza o de fuego. ◊ Señalar hacia un sitio u objeto determinado. ◊ Señalar en un escrito alguna cosa con un signo para encontrarla fácilmente. ◊ Tomar nota por escrito de alguna cosa. ◊ Hacer un apunte o dibujo ligero. ◊ Concertar en pocas palabras. ◊ Sacar punta a un arma u otro objeto. ◊ fig. Señalar. ◊ fig. Insinuar algún asunto. ◊ fig. Sugerir.

APUNTE m. Asiento o nota que se hace por escrito. ◊ Dibujo para dar idea de la forma de algún objeto. ◊ pl. Extracto de las explicaciones de un profesor.

APUNTILLAR tr. *Taur.* Rematar al toro con la puntilla.

APUÑALAR tr. Dar de puñaladas.

APUÑAR tr. Asir o coger algo con la mano, cerrándola. ◊ intr. Apretar la mano para que no se caiga lo que se lleva en ella.

APURADO, DA adj. Pobre. ◊ Dificultoso. ◊ Esmerado, exacto. ◊ Apresurado.

APURAR tr. Purificar. ◊ Acabar. ◊ Extremar. ◊ fig. Averiguar radicalmente una cosa. ◊ Sufrir hasta el extremo. ◊ fig. Apremiar. ◊ prnl. Afligirse.

APURE Río de Venezuela, afl. de la margen derecha del Orinoco; 619 km. Tiene su origen en la confluencia de los ríos Uribante y Sarare. ◊ Est. de Venezuela, sit. junto a Colombia; 76 500 km², 305 132 hab. Cap., San Fernando de Apure. Se halla en los Llanos, salvo la parte occidental montañosa. Ganadería vacuna y caballar. Pesca fluvial y cultivos

APURÍMAC Río del centro-sur de Perú, de unos 900 km de long. Nace en la cord. de Chilca. Se fusiona con el Urubamba para dar origen al Ucayali. ◊ Dpto. del S de Perú; 20 895,79 km², 409 500 hab. (70 % quechuas). Cap., Abancay. Sit. en la región andina, entre el r. Apurímac, al N, y la cord. de Huanzo, al S. Ganadería (vacunos, ovinos, llamas). Agricultura (patatas, trigo, maíz, caña de azúcar, café). Yacimientos de oro.

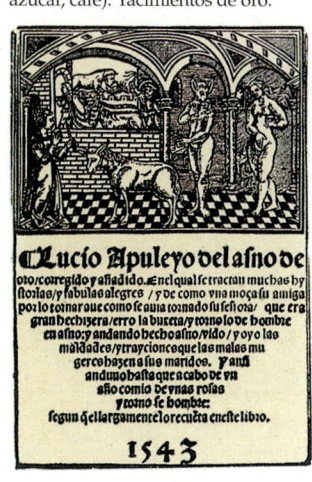

Portada de una edición de 1543 de *El asno de oro*, de Lucio **Apuleyo**

APURO m. Aprieto. ◊ Aflicción. ◊ Apremio, prisa. ◊ Vergüenza, embarazo.

AQABA ➪ Akaba.

AQMOLA C. y cap. de Kazakistán; 286 000 hab.

AQUEJAR tr. fig. Fatigar. ◊ Padecer un dolor, enfermedad o vicio.

AQUEL, LLA, LLO Formas de pronombre demostrativo con que se designa lo que está lejos de la persona que habla y de la persona con quien se habla. Las formas masculina y femenina se usan como adjetivos y como sustantivos; y, en este último caso, llevan acento.

AQUELARRE m. Conciliábulo de brujos.

AQUEMÉNIDA adj. y s. Díc. de los reyes persas descendientes de Aquemenes. ◊ m. pl. La misma dinastía (ss. VIII-IV a. C.).

AQUENIO m. *Bot.* Fruto seco, indehiscente, con el pericarpo no soldado a la semilla.

AQUEO, A adj. y s. De Acaya. ◊ adj. y s. P. ext., de Grecia antigua.

Relieve persa de la época
aqueménida

AQUERENCIARSE prnl. Tomar querencia.

AQUERONTE *Mit.* Río del Infierno para los griegos, que nadie podía atravesar dos veces.

AQUÍ adv. lugar. En este lugar. ◊ A este lugar. ◊ adv. tiempo. Ahora.

AQUIESCENCIA f. Consentimiento.

AQUIETAR tr. y prnl. Sosegar.

AQUILA C. de Italia, cap. de la prov. hom. y de la región de los Abruzos; 66 800 hab.

AQUILATAR tr. Graduar los quilates del oro y piedras preciosas. ◊ fig. Apreciar mérito en algo o alguien.

AQUILES *Mit.* Héroe gr. protagonista de la *Ilíada* de Homero.

AQUILLADO, DA adj. De forma de quilla.

AQUILÓN m. Norte. ◊ Viento del norte.

AQUINO, *Corazón María Cojuanco* (n. 1933) Política filipina. Viuda del líder B. Aquino, asesinado en 1983. Accedió a la presidencia de Filipinas (1986-1992) apoyada por el pueblo, que obligó al dictador Marcos a renunciar.

Corazón **Aquino**

AQUISGRÁN (al., *Aachen;* fr., *Aix-la-Chapelle*) C. de Alemania, en Renania Septentrional-Westfalia; 239 800 hab.

AQUITANIA (*Aquitaine*) Circunscripción regional del S de Francia; 41 308 km²; 2 795 800 hab. Cap., Burdeos. ◊ *Cuenca de* Región natural del SO de Francia, entre el macizo Central y el litoral Atlántico.

Ar *Quím.* Símb. del argón.

ARA f. Altar en que se ofrecen sacrificios. ◊ Piedra consagrada sobre la cual el sacerdote católico celebra la misa.

ÁRABE adj. y s. Relativo a los árabes. ◊ m. pl. Pueblos del SO de Asia y del N de África vinculados entre sí por la cultura, la religión y la política. ◊ adj. Natural de Arabia. ◊ m. Lengua semita hablada por los árabes.

ARABESCO m. Decoración a base de dibujos geométricos entrelazados.

ARABIA (*Yazirat al Arab*) Pen. del Asia Sudoccidental; 3 000 000 km². Altiplanicie del Nedjed, delimitada por los desiertos de Nefud, Dahna y Rub al Jali. Prales. relieves: Jabal Shammar y Jabal Tuwaiq.

Mapa de situación y bandera
de **Arabia Saudita**

ARABIA SAUDITA (*Al Mamlaka al-Arabiya as- Sa'udiya*) Est. del Asia sudoccidental; monarquía; ocupa la mayor parte de la pen. arábiga.

☐ *Geog.* Regiones características: Nedjed, Hedjaz, Asir y el desierto de Rub al Jali. Clima cálido y desértico en el interior, y muy cálido y húmedo en la costa. Uno de los máx. productores de petróleo. Cereales, hortalizas, dátiles; ganado; ind. de cemento y fertilizantes. Lengua: árabe. *Rel.:* islamismo sunnita. U. M.: riyal. Cap., Riyadh. C. imp.: Jidda, La Meca, Ta'if, Medina.

☐ *Hist.* Reino unitario constituido en 1932 con la unión en la persona de Ibn Saud de los reinos de Nedjed y Hedjaz. En marzo de 1975, Faisal ibn Abd al-Aziz, que reinaba desde 1964, fue asesinado; le sucedió su hermano Jaled. En 1982, le sucedió Fahd. En 1991, A.S. participó en la Guerra del Golfo como base militar de los EE UU.

Mercado en el oasis de Bu Arish,
al sur de **Arabia Saudita**

ARABIA SAUDITA	
Superficie	2 153 168 km²
Población	15 267 000 hab. (8 hab./km²)
Recursos económicos	
Cebada	37 500 t
Cebollas	17 000 t
Dátiles	505 000 t
Tomates	435 000 t
Trigo	4 000 000 t
Ganadería y derivados	
Cabaña camellar	390 000 cabezas
Cabaña caprina	3 350 000 cabezas
Cabaña ovina	5 692 000 cabezas
Producción minera	
Gas natural	45 580 millones de m³
Petróleo	320 375 000 t
Producción industrial	
Cemento	10 000 000 t
Fertilizantes	428 000 t
Indicadores sociológicos	
PNB	105 133 millones de dólares
Renta per cápita	7 328 dólares
Esperanza de vida	69 años
Alfabetismo	62 %

ARÁBICO, CA o **ARÁBIGO, GA** adj. Árabe, de Arabia. ◊ m. Idioma árabe.

ARÁBIGO, *desierto* Región de Egipto

Arácnido

entre el valle del Nilo y el mar Rojo. ◊ *golfo* ⇨ Pérsico, golfo. ◊ *mar* Sector marino entre la pen. de Arabia y el litoral de Irán, Pakistán y la India.
ARABIZAR intr. Imitar o imponer la lengua o las costumbres árabes.
ARACAJÚ C. y puerto de Brasil, cap. del est. de Sergipe; 401 000 hab. Ind. textil, exportación de azúcar.
ARACAR, *Cerro* Cumbre andina de Argentina, en la prov. de Salta; 6 086 m.
ARÁCNIDO, DA adj. y m. *Zool.* Díc. de artrópodos de la clase arácnidos. ◊ m. pl. *Zool.* Clase de artrópodos sin antenas, de respiración pulmonar o traqueal.
ARACNOIDES adj. y f. *Anat.* Meninge colocada entre la duramadre y la piamadre.
ARAD C. del O de Rumania, 183 800 hab. Metalurgia.
ARADO m. Instrumento de trabajo agrícola para labrar la tierra de cultivo abriendo surcos en ella. ❑ ARADA.

(OLP). Tras los acuerdos con Israel y la concesión de autonomía a Gaza y Jericó, en 1994, regresó a su tierra como jefe del ejecutivo provisional y obtuvo el premio Nobel de la Paz, junto a Y. Rabin y S. Peres. Vencedor en las elecciones de 1996, se convirtió en el primer presid. de la autonomía palestina.
ARAGÓN Com. autónoma esp., en el NE de la pen. Ibérica; 47 650 km², 1 204 215 hab. Comprende las provincias de Huesca, Zaragoza y Teruel. Cap., Zaragoza. Accidentada por los Pirineos y el sistema Ibérico. Depresión del Ebro. Agricultura. Ganadería. Ind. metalúrgica, química, mecánica, alimentaria. El condado de A. fue constituido como reino por Sancho III en el s. XI. En 1137, se unió al condado de Barcelona. El matrimonio de los Reyes Católicos (1469) unió el reino de A. con el de Castilla. En 1982 se creó la Diputación General de A. como régimen autónomico.
ARAGÓN, *Louis* (1897-1982) Poeta y novelista fr. *Los ojos de Elsa, Las campanas de Basilea, Los viajeros de la imperial, Los comunistas.*
ARAGONÉS, SA adj. y s. De Aragón. ◊ adj. y m. Variedad del castellano que se habla en Aragón.
ARAGONESISMO m. Palabra, locución o giro propio de los aragoneses.
ARAGONITO m. Carbonato de cal, cristalizado en prismas hexagonales.
ARAGUA Est. del N de Venezuela, ribereño del Caribe; 7 014 km², 1 194 982 hab. Cap., Maracay. Comprende la cordillera de la Costa, la depresión de los r. Aragua y Tuy, la serranía del Interior y parte de los Llanos altos centrales. Caña de azúcar, algodón, arroz, patatas, tabaco, tomates. Ganado vacuno. Ind. del papel, de azúcar, tejidos de algodón y fibras artificiales, alimentaria, plásticos, vidrio.
ARAGUAYA o **ARAGUAIA** Río del Brasil, afl. izquierdo del Tocantins; 2 640 km.

S de Erzerum (Turquía) y desemboca en el Caspio.
ARAL, *mar de* Gran lago salado, en el Turquestán, entre Kazakistán y Uzbekistán.
ARAMBURU, *Pedro Eugenio* (1903-1970) General y político arg. Presid. provisional de la República (1955-1958). Asesinado por los Montoneros.
ARAMEO, A adj. y s. Relativo a los arameos. ◊ m. pl. Pueblo semita que fundó varios reinos junto al Éufrates y en Siria. ◊ Lengua semítica.
ARÁN, *Valle de* (Val d'Aran) Comarca esp. de los pirineos leridanos; 470 km², 7 200 hab. Cap., Viella.
ARANA Osorio, *Carlos* (1918-2003) Militar y político guat. Presid. (1970-1974). ◊ **Y Goiri, *Sabino*** (1865-1903) Político esp., vasco, definidor y propagandista del nacionalismo vasco.
ARANCEL m. Tarifa oficial que determina los derechos que se han de pagar en varios ramos. ◊ Tasa, norma, ley.
ARANDA, *Pedro Abarca de Bolea,* CONDE DE (1719-1798) Militar y político esp. Ministro de Carlos III y de Carlos IV. Impulsó la reforma agraria, el regalismo y la expulsión de los jesuitas.
ARÁNDANO m. Planta ericácea, de flores solitarias y fruto en bayas comestibles. ◊ Fruto de esta planta.

Arándano

ARANDAS Mun. de México, en el est. de Jalisco; 63 000 hab. Agricultura.
ARANDELA f. Disco con un agujero en medio, que se pone en el candelero, abrazando la vela. ◊ Anillo metálico usado en las máquinas para evitar el roce entre dos piezas.
ARANEIDO, DA adj. y m. *Zool.* Díc. de artrópodos del orden araneidos. ◊ m. pl. Orden de artrópodos con abdomen no segmentado, unido al cefalotórax por un pedúnculo.
ARANGO, *Gonzalo* (1932-1976) Escritor col. Pral. representante del *nadaísmo. Prosas para leer en la silla eléctrica, La consagración de la Nada.*
ARANGUREN, *José Luis López* (1909-1996) Filósofo esp. *Ética y política, La juventud europea, El marxismo como moral.*
ARANJUEZ C. de España, en la prov. de Madrid; 40 797 hab. Fértil vega. Imp. palacio real finalizado en el s. XVIII. ◊ **Motín de A.** *Hist.* Levantamiento (1808) que tuvo como consecuencia la abdicación de Carlos IV en favor de su hijo Fernando VII.
ARAÑA f. *Zool.* Nombre común de los ⇨araneidos. ◊ Candelabro que se cuelga del techo. ◊ *Bot.* Arañuela, planta ranunculácea.
ARAÑAR tr. y prnl. Raspar ligeramente la piel con algún objeto pun-

Arado de cinco surcos arrastrado por un tractor

ARADOR, RA adj. y s. Que ara. ◊ **de la sarna.** Arácnido traqueal, que produce la sarna.
ARAFAT, *Yasser* (1929-2004) Político palestino. En 1963 organizó el grupo guerrillero al-Fatah y en 1969 unificó los movimientos palestinos en la Organización de Liberación de Palestina

ARAHUACO o **ARAWAK** adj. Relativo a los arahuacos. ◊ m. pl. Pueblos amerindios de las Antillas, que se extendieron desde Venezuela hasta el Pilcomayo y Paraguay. ◊ m. Grupo de lenguas habladas por los arahuacos.
ARAKS Río de Asia; 900 km. Nace al

zante. ◊ tr. En algunas cosas lisas, hacer rayas superficiales. ❑ ARAÑAZO.
ARAÑUELA f. Arañuelo. ◊ Planta ranunculácea.
ARAÑUELO m. Larva o gusano de insectos que destruyen los plantíos.
ARAOZ de Lamadrid, *Gregorio* (1795-1857) General arg. Luchó por la independencia y en la guerra civil.
ARAPAHO m. pl. Pueblo amerindio de EE UU, de lengua algonquina. Habitó el O de los Grandes Lagos.
ARAPAIMA m. *Amér.* Pez teleósteo de agua dulce.
ARAPILES, *Los* Mun. esp., en la prov. de Salamanca. Victoria de Wellington sobre el general fr. Marmont, en la guerra de la Independencia esp. (1812).
ARAR tr. Remover la tierra haciendo en ella surcos con el arado.
ARARAT Macizo de Armenia (Turquía); 5 165 m en el *Gran A.*
ARAUCA Río de América del Sur. Nace en la vertiente E de la Cordillera Oriental de Colombia y es un afluente del Orinoco; 930 km. ◊ Dpto. del NE de Colombia; 23 818 km², 264 888 hab. Cap., Arauca. Sit. en los Llanos del Orinoco, el extremo occidental está accidentado por la cord. Oriental andina. Ganadería (vacunos, caballos, cerdos). Arroz, maíz, cacao, plátano. ◊ C. de Colombia, a orillas del r. Arauca, cap. del dpto. hom.; 64 064 hab. Mercado agrícola.
ARAUCANÍA, *La* Región del centrosur de Chile, constituida por las prov. de Malleco y Cautín; 31 858,4 km², 869 535 hab. Cap., Temuco. Volcanes: Llaima (3 125 m) y otros. Recursos agropecuarios y forestales. Ind. alimentarias.

Grupo de mujeres mapuches de la **Araucanía**

ARAUCANISMO m. Voz de origen indígena propia del español hablado en Chile.
ARAUCANO, NA adj. y s. De Araucanía y Arauco. ◊ Relativo a los araucanos. ◊ m. pl. Pueblo indígena del S de Chile y Argentina, que opuso dura resistencia a la colonización hasta 1881. Actualmente son unos 300 000 en Chile y unos 10 000 en Argentina. ◊ m. Mapudungu, idioma propio de los araucanos. ❑ ARAUCO, CA.
ARAUCARIA f. *Bot. Amér. Merid.* Conífera de fruto drupáceo.
ARAUCO Prov. del S de Chile, en la región del Biobío; 157 255 hab. Cap., Lebu.
ARAÚJO, *Arturo* (1878-1967) Político salv. Presid. de la rep. (1931).

ARAWAK adj. y s. ⇨ Arahuaco.
ARBENZ, *Jacobo* (1914-1971) Político guat., presid. del país (1950-1954). Impulsó reformas políticas y sociales. Derribado por una junta militar.
ARBITRAJE m. Juicio arbitral. ◊ *Econ.* Operación de bolsa que consiste en comprar un valor en una plaza y venderlo en otra, para aprovecharse de la diferencia de cotización. ◊ Sometimiento de un litigio a un árbitro cuya decisión es aceptada por las partes.
ARBITRAR tr. Proceder uno libremente, a su arbitrio. ◊ Hacer que se observen las reglas de un deporte. ◊ *Der.* Juzgar como árbitro.
ARBITRARIEDAD f. Acto o proceder contrario a la justicia, la razón o las leyes.
ARBITRARIO, RIA adj. Que depende del arbitrio. ◊ Que incluye arbitrariedad. ◊ Arbitral.
ARBITRIO m. Facultad de adoptar una resolución con preferencia a otra. ◊ Autoridad. ◊ Sentencia del juez árbitro. ◊ pl. Derechos con que se obtienen fondos para gastos públicos.
ÁRBITRO, TRA adj. y s. Díc. del que puede hacer alguna cosa por sí solo, sin dependencia de otro. ◊ m. El que en las competiciones deportivas cuida de la aplicación del reglamento. ◊ Persona nombrada para resolver una diferencia mediante sentencia arbitral o laudo.
ÁRBOL m. *Bot.* Planta perenne, de tronco leñoso que gralte. se ramifica formando una copa. ◊ *Arq.* Pie derecho de una escalera de caracol. ◊ Disposición de algo en forma de árbol. ◊ *Mar.* Palo de un buque. ◊ *Mec.* Eje metálico cuya función es transmitir o transformar un movimiento. ◊ **del pan.** Árbol moráceo cuyo fruto cocido se usa como alimento. ◊ **genealógico.** Cuadro descriptivo de los parentescos en una familia. ❑ ARBOLADO, DA; ARBOLEDA.
ARBOLADURA f. *Mar.* Conjunto de palos y vergas de un buque.
ARBOLAR tr. Enarbolar. ◊ Poner palos a una embarcación.
ARBOLEDA, *Julio* (1817-1862) Político y escritor col. Romántico. Dejó inacabado el poema épico *Gonzalo de Oyón.*
ARBORECER intr. Crecer los árboles.
ARBÓREO, A adj. Relativo al árbol. ◊ Semejante al árbol.
ARBORESCENCIA f. Crecimiento o calidad de las plantas arborescentes. ◊

Araucaria

ÁRBOL

Un árbol es una planta vivaz en la que, como muestra el dibujo, se distinguen tres partes principales: las raíces, el tronco (tallo simple leñoso) y la copa, formada por ramificación del tronco. Detalle que muestra las yemas, brotes en forma de botones escamosos, que aparecen en las ramas, en los que las hojas se hallan aún imbricadas

Dos tipos de especies arbóreas: las frondosas o árboles de hoja caduca y las coníferas, que tienen sus frutos agrupados en conos (piñas) y hojas aciculares, persistentes excepto en el caso del alerce

Semejanza de ciertos minerales con la forma de un árbol. ❑ ARBORESCENTE.

ARBORÍCOLA adj. y s. Que vive en los árboles.

ARBORICULTURA f. Cultivo de los árboles. ◊ Enseñanza relativa al modo de cultivarlos. ❑ ARBORICULTOR.

ARBORIFORME adj. De figura de árbol.

ARBOTANTE m. *Arq.* Arco que contrarresta el empuje de algún otro arco o bóveda. ◊ *Mar.* Palo o hierro que sobresale del casco del buque, en el cual se asegura para sostener cualquier objeto.

ARBULÚ, *Guillermo* (n. 1921) Militar y político per. Primer ministro (1976-1978).

ARBUSTO m. Planta perenne, de tallos leñosos y ramas desde la base, en la que no existe un tronco predominante. ❑ ARBUSTIVO, VA.

ARCA f. Caja sin forrar y con tapa llana. ◊ Caja para guardar dinero. ◊ pl. Pieza donde se guarda el dinero en las tesorerías. ◊ Vacíos que hay debajo de las costillas. ◊ **de la alianza.** Aquella en que se guardaban las tablas de la ley, el maná y la vara de Aarón. ◊ **de Noé.** Embarcación en que se salvaron del diluvio Noé y su familia.

ARCABUCERO m. Soldado armado de arcabuz. ◊ Fabricante de arcabuces.

ARCABUZ m. Arma antigua de fuego, semejante al fusil. ◊ Arcabucero.

ARCADA f. Conjunto de arcos en las fábricas. ◊ Ojo de un arco de puente. ◊ Movimiento convulsivo del estómago.

ARCADIA Región de la ant. Grecia, en el Peloponeso. ◊ *Poét.* País de la sencillez pastoril.

ARCADIO (377-408) Primer emperador rom. de Oriente [395-408]. Hizo frente a una invasión de Alarico.

ARCADUZ m. Caño por donde se conduce el agua. ◊ Cada uno de los caños de una cañería. ◊ Cangilón de noria.

ARCAICO, CA adj. Relativo al arcaísmo. ◊ Muy antiguo. ◊ Díc. de las primeras fases de una cultura o arte. ◊ adj. y m. Subsistema inferior del precámbrico.

ARCAÍSMO m. Voz o frase anticuadas. ◊ Imitación de las cosas de la antigüedad. ❑ ARCAÍSTA; ARCAIZAR.

ARCÁNGEL m. Espíritu bienaventurado del octavo coro de los espíritus celestes.

ARCANO, NA adj. Secreto. ◊ m. Misterio muy difícil de conocer.

ARCE m. Árbol caducifolio aceráceo, de madera muy dura, con hojas sencillas, flores en corimbo o en racimo y fruto de dos sámaras unidas. ❑ ARCEDO.

ARCE, *Aniceto* (1824-1906) Político bol. Conservador. Presid. de la rep. en 1888-1892. ◊ *Manuel José* (1787-1847) General y político salv. Primer presid. de las Provincias Unidas del Centro de América (1825-1829).

ARCEDIANO m. Dignidad en las iglesias catedrales. ❑ ARCEDIANATO.

ARCÉN m. Margen. ◊ Brocal de un pozo.

ARCESILAO (316-241 a. C.) Filósofo gr. Escéptico, fundó la Academia nueva.

ARCHI Pref. que denota preeminencia o muy, mucho.

ARCHICOFRADÍA f. Cofradía más

antigua o con mayores privilegios que otras.

ARCHIDIÁCONO m. Arcediano.

ARCHIDIÓCESIS f. Diócesis arzobispal.

ARCHIDUQUE, SA m. y f. Dignidad de los príncipes de la casa de Austria.

ARCHIMANDRITA m. En la iglesia gr., dignidad eclesiástica inferior al obispo.

ARCHIPIÉLAGO m. Parte del mar poblada de islas. ◊ Conjunto de islas.

ARCHIVADOR, RA adj. y s. Que archiva. ◊ m. Mueble de oficina para archivar documentos. ◊ Carpeta para tales fines.

ARCHIVAR tr. Poner y guardar papeles o documentos en un archivo.

ARCHIVO m. Local en que se custodian documentos. ◊ Conjunto de estos documentos. ◊ *Comp.* Conjunto de los elementos de información con una estructura lógica para su explotación por una computadora. ❑ ARCHIVERO, RA.

ARCHIVOLTA f. *Arq.* Conjunto de molduras que decoran un arco en su paramento exterior vertical.

ARCILLA f. *Geol.* Roca sedimentaria clástica poco consolidada, constituida por sílice y alúmina. Se utiliza en las ind. ladrillera y cerámica.

ARCIMBOLDO, *Giuseppe* (1527-1593) Pintor it., antecesor del surrealismo.

ARCINIEGAS, *Germán* (1900-1999) Escritor col. *Biografía del Caribe.*

ARCIPRESTE m. Dignidad en las iglesias catedrales. ◊ Presbítero con ciertas atribuciones sobre los curas e iglesias de un territorio. ❑ ARCIPRESTAZGO.

ARCIPRESTE de Hita, *Juan Ruiz*, llamado (n. hacia 1350) Poeta cast., autor del *Libro de buen amor.* ◊ **de Talavera** *Alfonso Martínez de Toledo*, llamado (¿1398-1470?) Escritor cast. *El Corbacho* o *Reprobación del amor mundano.*

ARCO m. Porción continua de una curva. ◊ Arma para disparar flechas. ◊ Vara entre cuyos extremos se mantienen tensas las cuerdas para herir algunos instrumentos musicales. ◊ Aro que ciñe las duelas de pipas, cubas, etc. ◊ *Arq.* Elemento arquitectónico cuya función es recibir cargas y transmitirlas a los pilares, salvando así un espacio o vano, llamado luz. ◊ **apuntado.** *Arq.* A. cuyo intradós forma ángulo en la clave. ◊ **de herradura.** *Arq.* El que abarca más que una circunferencia y cuya flecha es también mayor que la semi-

Hojas y frutos de **arce**

Ardilla

luz. ◊ **de medio punto.** *Arq.* A. cuya sección es una semicircunferencia. ◊ **eléctrico o voltaico.** *El.* Descarga eléctrica entre dos electrodos separados por un medio gaseoso. ◊ **iris.** Fenómeno atmosférico luminoso que presenta los siete colores del espectro solar. ◊ **ojival.** *Arq.* A. apuntado formado por dos a. de círculo que se cortan en la clave.

ARCONTE m. En las ciudades gr., magistrado que desempeñaba funciones de gobierno.

ARCOSA f. Arenisca compuesta de cuarzo y feldespato, resultante de la erosión de rocas graníticas.

ARDANZA, *José Antonio* (n. 1941) Político esp. vasco. Presid. del gobierno autónomo vasco desde 1985 hasta 1998.

ARDENAS (*Ardennes*) Macizo esquistoso. Ocupa el E de Bélgica y el N de Luxemburgo, y se introduce en Francia.

ARDER intr. Estar encendido. ◊ fig. Con las prep. *de* o *en*, y tratándose de pasiones o movimientos del ánimo, estar muy agitado por ellos. ◊ fig. Con la prep. *en*, y tratándose de guerras, etc., ser éstas muy vivas. tr. y prnl. Abrasar. ◊ tr. Experimentar ardor.

ARDID m. Artificio empleado para el logro de algún intento.

ARDILLA f. *Zool.* Nombre común de diversas especies de roedores. Dotados de cola larga, presentan alimentación vegetariana y llevan generalmente una vida arborícola.

ARDITO Barletta, *Nicolás* (n. 1938) Político pan. Presid. de la rep. (1984-1985).

ARDOR m. Calor grande. ◊ fig. Brillo. ◊ fig. Enardecimiento de los afectos.

ARDUO, DUA adj. Muy difícil. ❑ ARDUIDAD.

ÁREA f. Espacio de tierra que ocupa un edificio. ◊ Medida de superficie que equivale a 100 m². ◊ Zona o región. ◊ Zona marcada de un terreno de juego. ◊ *Geom.* Medida de la superficie encerrada dentro de una línea continua.

ARECIBO C. de Puerto Rico, cap. del distr. hom.; 92 700 hab. Cultivos tropicales. Centro industrial.

ARECUNA adj. y s. Relativo a los arecunas. ◊ m. pl. Pueblo amerindio de lengua caribe, del SE de Venezuela.

AREF, *Abd al-Rahman* (n. 1917) General iraquí, sucedió a su hermano Abdullah al-Salam Muhammad en la jefatura del Estado (1966-1968). ◊ *Ab-*

dullah al-Salam Muhammad (1921-1966) Militar y político iraquí, presid. de la república en 1963.

AREGUÁ C. de Paraguay, cap. del dpto. Central; 6 326 hab.

ARENA f. *Geol.* Roca sedimentaria constituida por partículas de tamaño entre 0,02 y 2 mm. ◊ Metal o mineral reducido a partes muy pequeñas. ◊ fig. Lugar de combate o lucha. ◊ fig. Redondel de una plaza de toros. ◊ pl. *Med.* Concreciones minúsculas de la vejiga.

ARENAL m. Suelo de arena movediza. ◊ Extensión grande de terreno arenoso.

ARENAL, Concepción (1820-1893) Escritora esp. *Cartas a los delincuentes, La cuestión social.*

ARENAS, Braulio (1913-1988) Poeta surrealista chil. *El mundo y su doble, Discurso del gran poder.*

ARENGA f. Discurso solemne y de elevado tono, para enardecer los ánimos. ◊ fig. y fam. Discurso, razonamiento largo y enfadoso. ❏ ARENGAR.

ARENILLA f. Arena que se echaba sobre un escrito para secarlo. ◊ pl. Salitre usado en la fabricación de la pólvora. ◊ Cálculo de la vejiga. ❏ ARENILLERO.

ARENISCA f. Roca sedimentaria formada con granillos de cuarzo unidos por un cemento. Se utiliza en construcción.

ARENQUE m. Pez osteíctio clupeido de pequeño tamaño. Se consume fresco, salado o ahumado. ❏ ARENQUERA.

AREOLA o **ARÉOLA** f. *Med.* Círculo rojizo que limita ciertas pústulas. ◊ *Zool.* Círculo que rodea el pezón de las mamas. ❏ AREOLAR.

AREÓMETRO m. *Fís.* Instrumento para determinar las densidades de los líquidos y la concentración de disoluciones.

AREÓPAGO m. Tribunal superior de la antigua Atenas. ❏ AREOPAGITA.

AREÓSTILO m. *Arq.* Intercolumnio en que la distancia de columna a columna es de ocho o más módulos.

AREPA f. *Amér.* Pan redondo o torta de maíz, huevos y manteca.

AREQUIPA Dpto. del S del Perú; 63 345,23 km²; 999 000 hab. Cap., la c. del mismo nombre. Comprende la cord. Costera, las Pampas y la cord. Occ. Agricultura (maíz, algodón, trigo, caña de azúcar); ganadería (vacunos, ovinos); oro y hierro, y otros minerales. ◊ Cap. del dpto. hom., en el Perú; 629 064 hab. Aguas termales. Ind. textil y metalúrgica. Segundo centro com. del Perú. Universidad.

ARES *Mit.* Hijo de Zeus y de Hera, llamado Marte por los rom. Dios de la guerra.

ARETE m. Pendiente, zarcillo.

ARETINO, El (1493-1556) Seud. del escritor it. *Pietro Bacci*, que cultivó el gén. satírico.

ARÉVACO, CA adj. y s. Relativo a los arévacos. ◊ m. pl. Pueblo celtíbero de la pen. Ibérica, asentado en las actuales prov. de Soria y Segovia.

ARÉVALO, Juan José (1904-1990) Político guat., presid. de la rep. (1945-1951). Promotor de reformas sociales. ◊ **Martínez, Rafael** (1884-1975) Escritor guat. *El hombre que parecía un caballo.*

AREZZO C. de Italia, cap. de la prov. hom., en Toscana; 91 700 hab.

ARFE Familia de orfebres esp., de origen al., que trabajaron en los ss. XV y

Campo petrolífero de Hassi-Messaoud, **Argelia**

XVI. Destacan *Enrique* (1475-¿1545?), *Antonio* (1510-1578) y *Juan* (1535-1603).

ARGAMASA f. Mezcla de cal, arena y agua. ❏ ARGAMASAR; ARGAMASÓN.

ARGÁN m. *Bot.* Árbol de hojas enteras y ásperas, y fruto comestible, usado para la fabricación de jabón.

ARGAR, El Estación prehistórica esp., en la prov. de Almería. Necrópolis de la Edad del Bronce. ❏ ARGÁRICO, CA.

ARGEL (ár., *al Djazair*; fr. *Alger*) Cap. de Argelia; 1 721 600 hab. Puerto sobre el Mediterráneo.

ARGELIA (*Al Djemhouria Al Djazäiria Demokratia Echaabia*) Est. norteafricano; república; a orillas del Mediterráneo.

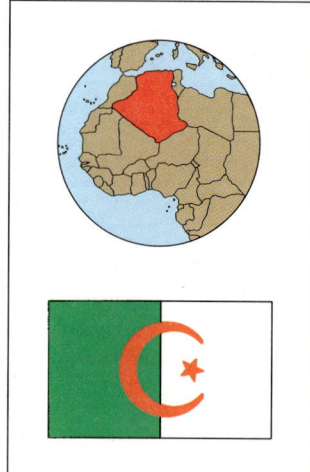
Mapa de situación y bandera
de **Argelia**

La cordillera del Atlas cruza el N del país. Al S del Atlas Sahariano, se halla el desierto del Sáhara. Clima mediterráneo al N y desértico al S. Cereales, vid, olivo, naranjas, dátiles. Ganado. Hierro, fosfatos, carbón, cinc, plomo, petróleo, gas natural. Lenguas: árabe (of.), francés y variantes beréberes. *Rel.:* islamismo. U. M.: dinar argelino. Cap., Argel. C. imp.: Orán, Constantina, Annaba.
❏ *Hist.* Ocupa el territorio de las ant. Numidia y Mauritania. Integrada en el im-

perio otomano en 1520. Pasó a ser una colonia fr. en 1871. Desde 1930, las tendencias nacionalistas crecieron y cuajaron en la formación del FLN (Frente de Liberación Nacional); los errores políticos de la IV República francesa aceleraron la guerra. De Gaulle firmó los acuerdos de Evian (1962) con el gobierno provisional argelino (GPRA), presidido por A. Ben Bella, quien fue derrocado en 1965 por Huari Bumedián. En 1988 se legalizaron los partidos políticos. En 1991 se celebraron elecciones y tras una primera vuelta favorable al FIS, dimitió el pres. Benjedid (1992). Un Alto Consejo de Seguridad se encargó del gobierno, posponiendo las elecciones. Se nombró pres. a Mohamed Budiaf y, asesinado éste en 1992, a Alí Kafí, ambos del FLN. En 1994 se designó pres. al general Liamin Zerual, que ganó las elecciones de 1995. En 1999 Abdelaziz Buteflika fue elegido pres., y en 2004, en una llamada a la concordia nacional tras 12 años de guerra civil, fue reelegido por mayoría absoluta.

ARGELINO, NA adj. y s. De Argel o de Argelia.

ARGENTAR tr. Platear. ◊ Guarnecer alguna cosa con plata.

ARGELIA		
Superficie		2 381 741 km²
Población	25 939 000 hab.	(11 hab./km²)
Recursos económicos		
Cítricos		297 000 t
Dátiles		215 000 t
Aceitunas		130 000 t
Uva		260 000 t
Ganadería y derivados		
Cabaña caprina		3 800 000 cabezas
Cabaña ovina		13 350 000 cabezas
Producción minera		
Carbón		10 000 t
Fosfatos		1 102 000 t
Gas natural		45 820 millones de m³
Hierro		1 589 000 t
Petróleo		28 296 000 t
Producción industrial		
Ácido sulfúrico		30 000 t
Cemento		3 473 000 t
Fertilizantes		100 700 t
Indicadores sociológicos		
PNB		52 239 millones de dólares
Renta per cápita		2 020 dólares
Esperanza de vida		66 años
Alfabetismo		57 %

ARGENTINA

Superficie	3 761 274 km²
Población	36 260 130 hab. (13 hab./km²)*

Recursos económicos

Aceitunas	98 000 t
Algodón (fibra)	290 000 t
Avena	450 000 t
Arroz	984 000 t
Caña de azúcar	19 000 000 t
Cebada	1 001 000 t
Girasol	3 200 000 t
Maíz	12 400 000 t
Naranjas	740 000 t
Sorgo	2 240 000 t
Papas	2 600 000 t
Soja	32 000 000 t
Trigo	14 534 000 t

Ganadería y derivados

Cabaña bovina	48 539 000 cabezas
Cabaña ovina	12 558 000 cabezas
Cabaña caprina	4 061 000 cabezas
Carne	2 621 000 t
Lana (lavada)	66 700 t
Leche	7 951 000 t

Riqueza forestal

Madera	8 513 000 m³
Yerba mate	163 000 t

Pesca

	839 000 t

Producción minera

Carbón	244 000 t
Cinc	39 100 t
Gas natural	50 644 millones de m³
Hierro	414 000 t
Petróleo	42 982 000 t
Plomo	24 200 t

Producción industrial

Acero	5 033 000 t
Automóviles (turismos)	169 202 unidades
Automóviles (comerciales)	18 200 unidades
Azúcar refinado	1 816 000 t
Cemento	5 218 000 t
Energía eléctrica	50 910 millones de kwh
Fertilizantes	50 000 t
Neumáticos	4 554 000 unidades
Plásticos y resinas	268 000 t
Tejido de algodón	90 600 t

Indicadores sociológicos

PNB	91 211 millones de dólares
Renta per cápita	4 220 dólares
Esperanza de vida	72 años
Alfabetismo	97,3 %

*Excluidos Antártida e islas del Atlántico Sur

Panorámica de un sector de la Ciudad de Buenos Aires, capital de **Argentina**

ARGENTINA, *República* Est. más meridional de Sudamérica. Se consideran también parte de A. las islas Malvinas, Georgias del Sur, Sandwich del Sur y la Antártida Argentina, incluidas las islas Shetland del Sur y Orcadas del Sur.
□ *Geog. fís.* La cordillera andina se extiende de N a S en el sector occidental (Aconcagua, 6 959 m). Más al E se encuentran las sierras Pampeanas. La mitad central y N del país es una extensa llanura, accidentada en el S por las sierras del Tandil y de la Ventana, que es arbolada en la zona chaqueña y herbácea en la Pampa y en la mayor parte de Mesopotamia. Al S del río Colorado, se extienden las mesetas patagónicas. El territorio presenta gran variedad de climas: templado, cálido y frío. Los ríos más imp. son el Río de la Plata, el Paraná, el Uruguay, el Colorado, el Negro y el Chubut. Las islas Malvinas son onduladas, mientras que las Georgias del Sur y Sandwich del Sur son más montañosas.

□ *Geog. econ.* En los valles intermontanos del O se cultivan viñedos, olivares y frutales; en los valles del N, caña de azúcar. La llanura chaqueña es la zona del algodón y sus bosques dan quebracho. En Mesopotamia existen arrozales. La Pampa alterna el cultivo de cereales con la ganadería vacuna. La ovina se disemina por todo el país, en especial en la Patagonia. Se desarrolla una potente ind. siderometalúrgica, mecánica, química, textil y alimentaria, en Buenos Aires, Rosario, Córdoba, Tucumán y Mendoza. El petróleo representa una gran riqueza. Las exportaciones se basan pralm. en los productos agropecuarios.
□ *Geog. humana.* La distribución de la pob. es irregular, concentrándose en el Gran Buenos Aires, la c. más poblada de Amér. del S. La mayor parte de la pob. desciende de españoles e italianos. Los amerindios, unos miles, están diseminados por el Chaco, la Patagonia y el Noroeste. Lengua: español. Rel.: catolicismo. U. M.: peso argentino. Cap., Ciudad de Buenos Aires. A. está dividida en 23 provincias y un Distrito Federal.
□ *Org. pol.* Ejerce el poder ejecutivo el presid., elegido por cuatro años. El poder legislativo corresponde al Senado

y la Cámara de Diputados. El poder judicial a la Corte Suprema, las Cámaras y los Jueces federales.
□ *Hist.* Los primitivos hab. (guaraníes, abipones, querandíes, puelches, araucanos, tehuelches, ona y yaganes) estaban organizados en tribus. La conquista y colonización ocupa un largo período, que va desde la expedición de Juan Díaz de Solís, en 1516, hasta la creación del Virreinato del Río de la Plata, a finales del s. XVIII. El proceso revolucionario en 1816 condujo a la independencia. Tras una guerra civil provocada por el conflicto entre el gran puerto de Buenos Aires y de los intereses de las prov. interiores, en 1852 se promulgó la Constitución federalista. Desde 1820 se registró una expansión de la ganadería y de las exportaciones de carne. El período de prosperidad se completó con la aparición de la agricultura cerealera, que a comienzos del s. XX constituía ya el pral. producto de la exportación. Con el desarrollo urbano, apareció una clase media numerosa. A partir de la crisis mundial de 1929, la acumulación de capitales dio origen a un proceso de industrialización y al surgimiento de un proletariado urbano numeroso, que hizo su entrada en el panorama político a través del peronismo, en 1945. En 1955 fue derrocado el primer gobierno Perón, y se produjo una larga alternancia de gobiernos civiles y militares. La derrota en la guerra de las Malvinas con Gran Bretaña (1982) le

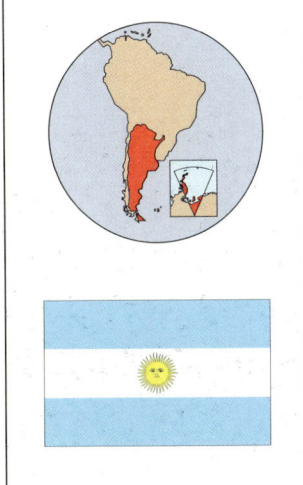

Mapa de situación y bandera de **Argentina**

Argentina. Néstor Kirchner

Argentina. Proclamación de la Independencia el 9 de julio de 1816, (Acuarela de A. González Moreno)

costó a Galtieri la presid., y a la Junta Militar, el poder. R. Bignone, nuevo presid., restableció el derecho a la actividad partidaria. En las elecciones de 1983, Raúl Alfonsín, de Unión Cívica Radical, fue elegido presid. Los responsables de las Juntas Militares fueron detenidos y juzgados, pero el gobierno tuvo que hacer frente a una gravísima crisis económica. En elecciones presidenciales de 1989 venció el peronista Carlos Saúl Menem. En 1994 se eligió una Asamblea Constituyente, para reformar la constitución por la cual se permitiría la reelección del presid. En 1995, Menem fue reelegido presid. y en 1999 se celebraron elecciones presid. en las que venció Fernando de la Rúa, de la Alianza. La grave crisis económica que vivió el país provocó su dimisión en diciembre de 2001. Tras el breve gobierno de Adolfo Rodríguez Sáa (una semana), el 1 de enero de 2002, la Asamblea Legislativa nombró presid. a Eduardo Duhalde, quien decretó el fin de la paridad peso-dólar. La inestabilidad política y la persistencia de la crisis motivaron la celebración anticipada de elecciones en abril de 2003, en las que Néstor Kirch-

Gobernantes de Argentina

Juntas

25/05/1810 - 18/12/1810	Junta Patria
18/12/1810 - 23/09/1811	Junta Grande

Triunviratos

23/09/1811 - 08/10/1812	Primer Triunvirato
08/10/1812 - 22/01/1814	Segundo Triunvirato

Directores de las Provincias Unidas del Río de la Plata

1814-1815	Gervasio A. de Posadas
1815	Carlos M. de Alvear
1815	José Rondeau [1]
1815-1816	I. Álvarez Thomas
1816	Antonio González Balcarce
1816-1819	Juan M. de Pueyrredón
1819-1820	José Rondeau

Gobernadores de la Provincia de Buenos Aires

1820	Manuel de Sarratea,
	Ildefonso Ramos Mejía
20/06/1820	Ildefonso Ramos Mejía,
	Miguel E. Soler,
	Cabildo de Buenos Aires
23-28/06/1820	Miguel E. Soler,
	Manuel Dorrego
1820-1824	Martín Rodríguez
1824-1826	Juan Gregorio de las Heras

Presidentes legales Unitarios

1826-1827	Bernardino Rivadavia
1827-1828	Vicente López (interino)

Gobernadores de la Prov. de B. Aires a cargo de las Relaciones Exteriores

1827-1828	Manuel Dorrego
1828-1829	Juan Lavalle
1829	Juan José Viamonte
1829-1832	Juan Manuel de Rosas
1832-1833	J. R. González Balcarce
1833-1834	Juan José Viamonte
1834-1835	Manuel V. Maza
1835-1852	Juan Manuel de Rosas

Director Provisorio de la Confederación

1852-1854	Justo José de Urquiza

Presidentes Constitucionales de la Confederación

1854-1860	Justo José de Urquiza
1860-1861	Santiago Derqui

Encargado Provisional del Poder Ejecutivo Nacional

1861-1862	Bartolomé Mitre

Presidentes de la Nación

1862-1868	Bartolomé Mitre
1868-1874	Domingo F. Sarmiento
1874-1880	Nicolás Avellaneda
1880-1886	Julio Argentino Roca
1886-1890	Miguel Juárez Celman
1890-1892	Carlos Pellegrini [2]
1892-1895	Luis Sáenz Peña
1895-1898	José E. Uriburu [2]
1898-1904	Julio Argentino Roca
1904-1906	Manuel Quintana
1906-1910	José Figueroa Alcorta [2]
1910-1914	Roque Sáenz Peña
1914-1916	Victorino de la Plaza [2]
1916-1922	Hipólito Yrigoyen
1922-1928	Marcelo T. de Alvear
1928-1930	Hipólito Yrigoyen
1930-1932	José Félix Uriburu
1932-1938	Agustín P. Justo
1938-1942	Roberto M. Ortiz
1942-1943	Ramón S. Castillo [2]
1943	Arturo Rawson
1943-1944	Pedro P. Ramírez
1944-1946	Edelmiro J. Farrell
1946-1955	Juan Domingo Perón
1955	Eduardo Lonardi
1955-1958	Pedro E. Aramburu
1958-1962	Arturo Frondizi
1962-1963	José María Guido
1963-1966	Arturo Umberto Illia
1966-1970	Juan Carlos Onganía
1970-1971	Roberto Marcelo Levingston
1971-1973	Alejandro Lanusse
1973	Héctor J. Cámpora
1973	Raúl A. Lastiri
1973-1974	Juan Domingo Perón
1974-1975	Mª Estela Martínez de Perón [2]
1975	Italo Luder
1975-1976	Mª Estela Martínez de Perón
1976-1981	Jorge Videla
1981	Roberto Viola
1981-1982	Leopoldo Galtieri
1983	Reynaldo Bignone
1983-1989	Raúl Alfonsín
1989-1999	Carlos Saúl Menem
1999-2001	Fernando de la Rúa
2001	Adolfo Rodríguez Sáa
2002-2003	Eduardo Duhalde
2003	Néstor Kirchner

[1] Rondeau no se hizo cargo por estar ausente; interinamente le sustituyó el coronel Ignacio Álvarez Thomas.
[2] Vicepresidente, asumió la presidencia.

ner (Partido Justicialista) fue elegido presid. de la Rep.

□ *Arte.* **Pint.** Los artistas del s. XVIII y primera mitad del s. XIX realizaron un arte documental pintando escenas de la época; entre ellos destacan: Emeric Essex Vidal, D'Hastrel, etc. Esta pintura se prolonga en el naturalismo de la segunda mitad del XIX: Sívori y Cándido López. En la primera mitad del s. XX se da una gran actividad creadora en Buenos Aires. En la segunda mitad del siglo tiene especial relieve el cubismo de Raúl Soldi. Destacan también Lino Spilimbergo, Basaldúa, Batlle Planas, Butler, etc. ◊ **Arq.** De la época colonial quedan vestigios importantes en la catedral de Córdoba y en las ruinas de San Ignacio. En Buenos Aires predomina, durante el s. XIX, la influencia de los artistas italianos y franceses. Manifestaciones de la arquitectura moderna son el Banco de Londres, el Edificio Fiat, el Edificio Entel, Torres para viviendas, etc. ◊ **Esc.** La escultura argentina comienza a manifestarse con relativa importancia a finales del s. XIX: Francisco Cafferata y Lucio Correa Morales. Ya en el s. XX surge Rogelio Yrurtia. Otros escultores destacados son: Arturo Aresco, Pedro Zonza Briano y Alberto Lagos.

□ *Lit.* La generación de 1810 penetra con el iluminismo: Manuel Belgrano, Fernández de Agüero, etc. La generación de 1837 (Domingo Faustino Sarmiento) recibe una gran influencia europea. A mediados de siglo aparecen fray Mamerto Esquiú y Bartolomé Mitre. En 1866 surge una generación contraria a la orientación de las anteriores: José Hernández publica el *Martín Fierro.* La generación de 1896 tiene representantes como Juan A. García y José B. Ambrosetti. La del 25 cuenta con la gran figura de Jorge Luis Borges y con Adolfo Bioy Casares y Eduardo Mallea. Entre los escritores posteriores destacaron Ernesto Sábato y Julio Cortázar, y en las décadas de 1980 y 1990, Juan José Sáer, Ricardo Piglia y Osvaldo Soriano.

ARGENTINA, *La* Sobrenombre de *Antonia Mercé* (1888-1936) Bailarina y coreógrafa esp. nacida en Buenos Aires. ◊ *Imperio* (1906-2003) Seud. de *Magdalena Niles del Río.* Cantante y actriz de cine hispanoargentina, *Nobleza baturra.*

ARGENTINIDAD f. Sentimiento de la nacionalidad argentina.

ARGENTINISMO m. Locución, giro o modo de hablar propio y peculiar de los argentinos.

ARGENTINO, NA adj. Argénteo. ◊ adj. y s. De la República Argentina.

ARGENTINO Lago del S de Argentina, en la prov. de Santa Cruz, al pie de los Andes de Patagonia; 1 415 km².

ARGENTITA f. Sulfuro de plata natural.

ARGERICH, *Martha* (n. 1941) Pianista arg. Premio Internacional de Ginebra.

ARGÓLIDA Región de la ant. Grecia, en el Peloponeso oriental.

ARGOLLA f. Aro grueso de hierro, que sirve para amarre o de asidero. ◊ *Amér.* Anillo de boda. ◊ fig. Sujeción.

ARGÓN m. *Quím.* Elemento de símb. A, n. a. 18 y p. a. 39,948.

ARGONAUTA m. *Mit.* Cada uno de los héroes griegos que fueron a la conquista del vellocino de oro.

ARGOS *Mit.* Gigante gr. de cien ojos, hijo de Gea (la Tierra).

Arte **argentino**. *Mujeres*, óleo de Batlle Planas

ARGOS C. de Grecia, en el Peloponeso. Ant. cap. de la Argólida.

ARGOT (voz fr.) m. fam. Jerga.

ARGOTE de Molina, *Gonzalo* (1548-1598) Humanista esp. *Discurso sobre la poesía castellana.*

ARGUCIA f. Argumento falso presentado con agudeza.

ARGUEDAS, *Alcides* (1879-1946) Escritor bol. defensor del indígena americano. *Raza de bronce, Los caudillos bárbaros, Vida criolla.* ◊ *José María* (1911-1970) Escritor per. autor de *Yawar Fiesta.*

ARGÜELLO, *Juan* (s. XIX) Patriota y político nicar. Derrocó a De la Cerda (1826) y asumió el poder hasta 1829. ◊ *Leonardo* (1875-1947) Médico y político nic. A. Somoza, le avaló como presid. y le derrocó con un golpe militar.

ARGÜIR tr. Deducir como consecuencia natural. ◊ Descubrir, probar, dejar ver con claridad. ◊ intr. Disputar impugnando la opinión ajena. ◊ Poner argumentos contra alguna opinión.

ARGUMENTAR tr. intr. y prnl. Argüir. ❏ ARGUMENTACIÓN.

ARGUMENTO m. Razonamiento usado para demostrar algo. ◊ Asunto de una obra literaria, discurso, etc.

ARHUS o **AARHUS** C. y puerto de Dinamarca, en Jutlandia, 250 400 hab. Centro ind.

ARIA f. Composición musical sobre cierto número de versos para que la cante una sola voz.

ARIADNA *Mit.* Hija de Minos y de Pasifae.

ARIAS, *Arnulfo* (1901-1988) Político pan. Elegido presid. en 1940, 1949 y 1968, fue derrocado en 1941, 1951 y 1968. ◊ *Céleo* (1835-1890) Abogado y político hond. Presid. de gobierno (1872-1874). ◊ *Harmodio* (1886-1962) Abogado y político pan. Presid. de gobierno (1932-1936). ◊ *Juan Ángel* (1859-1927) Político hond. Presid. en 1903. ◊ *Óscar* (n. 1941) Político cost. Presid. de la rep. entre 1986-1990. Premio Nobel de la Paz en 1987 por su intervención en los acuerdos de Esquipulas II. ◊ *Ricardo M.* (1912-1993) Político pan. Presid. (1955-1956).

ARIBAU, *Bonaventura Carles* (1798-1862) Escritor y economista cat. Su *Oda a la Patria* marca el inicio de la *Renaixença* de las letras catalanas.

ARICA C. del N de Chile, en la región de Tarapaca, cap. de la prov. hom.; 185 268 hab. Ind. de abonos, alimentaria, mecánica. Pesca. ◊ Prov. de Chile en la región de Tarapaca; 186 488 hab.

ARICAR tr. Arar superficialmente.

ARIDEZ f. Calidad de árido.

ÁRIDO, DA adj. Seco, estéril. ◊ fig. Falto de amenidad. ◊ m. pl. Granos, legumbres y otros frutos secos a que se aplican medidas de capacidad. ◊ Materiales empleados para hacer argamasas.

ARIES m. *Astr.* Primer signo o parte del Zodíaco. ◊ *Astr.* Constelación zodiacal que en otro tiempo coincidió con el signo de este nombre.

ARIETE m. Máquina que se empleaba para batir murallas.

ARIO, RIA adj. y s. Relativo a los arios. ◊ m. pl. Pueblo ant. de lengua indoeuropea, originario de Asia central y Rusia meridional. ◊ m. Lengua de los arios. ◊ adj. Dic. de los pueblos descendientes de éstos.

ARIOSTO, *Ludovico* (1474-1533) Poeta renacentista it. *Orlando furioso.*

ARISCO, CA adj. Áspero, intratable.

ARISMENDI, *Juan Bautista* (1770-1825) General ven. Participó en las luchas independentistas. Vicepresidente (1819).

ARISQUEAR intr. *Amér.* Mostrarse arisco.

ARISTA f. Filamento áspero del cascabillo. ◊ Pajilla del cáñamo o lino. ◊ *Geom.* Intersección de dos caras de un poliedro.

ARISTA, *Mariano* (1802-1855) Militar y político mex. Tomó parte en la guerra contra Texas. Presid. (1851-1853).

ARISTARCO de Samos (310-230 a. C.) Astrónomo gr., precursor de Copérnico. ◊ **de Samotracia** (s. II a. C.) Gramático gr., autor de estudios críticos.

ARÍSTIDE, *Jean-Bertrand* (n. 1953) Sacerdote y político de Haití. Venció en los comicios presid. de 1990, pero fue derrocado en 1991. Presid. entre 1994 y 1995, reelegido en 2000. En 2004, una revuelta interna forzó su dimisión anticipada y abandonó el país.

ARÍSTIDES (540-469 a. C.) General y político ateniense. Destacó en la batalla del Maratón. Organizó la confederación marítima de Delos (476 a. C.).

Óscar **Arias**

Armadillo

ARISTIPO de Cirene (435-360 a. C.) Filósofo gr., fundador de la escuela cirenaica o hedonista.

ARISTOCRACIA f. Gobierno de la nobleza. ◊ Clase noble de una nación. ◊ P. ext., clase que sobresale entre los demás. ❏ ARISTÓCRATA; ARISTOCRÁTICO, CA.

ARISTÓFANES (445-386 a. C.) Comediógrafo gr., autor de violentas sátiras. *Las aves, Las ranas, Las nubes.*

ARISTÓTELES (384-322 a. C.) Filósofo gr. discípulo de Platón, fundó su propia escuela en Atenas y fue preceptor de Alejandro Magno. En su *Metafísica* instituye como fundamento de toda explicación los coprincipios de *potencia y acto*. En sus *Ética a Nicómaco, Ética a Eudemo* y *Gran ética* define como fin supremo del hombre el desarrollo de la inteligencia. El hombre, para A., sólo se realiza plenamente dentro del Estado, según lo expone en su *Política.*

ARISTOTELISMO m. Doctrina de Aristóteles y corrientes de ella derivadas. Sus obras fueron redescubiertas en Europa a través de los árabes, e inspiraron la escolástica. ❏ ARISTOTÉLICO, CA.

ARITMÉTICA f. *Mat.* Parte de las matemáticas que trata de los números y de las operaciones que se efectúan con ellos. Actualmente, el nombre de A. se aplica a las operaciones elementales y las técnicas de cálculo.

ARIZONA Est. del SO de los EE UU; 295 260 km², 3 665 000 hab. (7 % de amerindios). Cap., Phoenix. Al NO, altiplanicie del Colorado, excavada por el Gran Cañón. Oro, plata, cobre, uranio, vanadio. Ind. electrónica, aeronáutica, atómica. Parte del territorio fue cedido por México, en 1848, y parte comprado a éste en 1853.

ARKÁNGEL (*Arjánguelsk*) C. de Rusia, a orillas del mar Blanco; 403 000 hab. Madera. Pesca. Constr. naval.

ARKANSAS Est. del S de los EE UU, sit. en las Llanuras centrales. 137 755 km²; 2 351 000 hab. Cap., Little Rock. Maíz, trigo, avena, tabaco, algodón. Bauxita, carbón, petróleo, cobre y gas natural. Ind. textil y del aluminio. ◊ Río de EE UU, afl. del Misisipí; 3 330 km.

ARLEQUÍN m. Personaje cómico de la ant. comedia it. que llevaba mascarilla negra y traje de cuadros de colores. ◊ fig. y fam. Persona informal, ridícula.

ARLT, *Roberto* (1900-1942) Escritor arg. *El juguete rabioso, Los siete locos, Amor brujo, El jorobadito.*

ARMA f. Instrumento para atacar o defenderse. ◊ *Mil.* Cada una de las partes principales de los ejércitos comba-tientes. ◊ pl. Armadura, conjunto de armas. ◊ Milicia. ◊ fig. Medios que sirven para conseguir alguna cosa. ◊ *Her.* Blasones del escudo. ◊ *Her.* Escudo de armas. ◊ **A. arrojadiza.** La ofensiva que se arroja desde lejos, como la flecha o el dardo. ◊ **automática.** La que, hecho el primer disparo, descarga mecánicamente una serie de proyectiles. ◊ **blanca.** La ofensiva de hoja de acero. ◊ **de fuego.** La que se carga con pólvora.

ARMADA f. Conjunto de fuerzas navales de un estado. ◊ Conjunto de buques de guerra para determinado servicio.

ARMADA Invencible Flota enviada en 1588 por Felipe II contra Inglaterra. Las tempestades y el mal comandamiento la destrozaron.

ARMADÍA f. Maderos unidos a otros para conducirlos a flote.

ARMADILLO m. *Amér. Merid.* Mamífero desdentado, que puede arrollarse sobre sí mismo, quedando protegido por su piel cubierta de laminillas córneas.

ARMADOR, RA m. y f. Persona que arma un mueble, artefacto, etc. ◊ m. El que arma una embarcación para dedicarla a fines comerciales.

ARMADURA f. Conjunto de armas de hierro con que se vestían los que habían de combatir. ◊ Pieza o piezas unidas unas con otras, en que, o sobre que, se arma alguna cosa. ◊ Esqueleto. ◊ *Fís.* Cada uno de los cuerpos conductores de la electricidad con que se forman los condensadores eléctricos.

ARMAGNAC Ant. condado de Francia, en la Gascuña. ◊ Familia noble fr. al servicio de los Orleáns.

ARMAMENTISMO m. *Pol.* Estrategia defensiva que ve en la acumulación de armamentos la mejor garantía de la seguridad nacional.

ARMAMENTO m. Prevención de lo necesario para la guerra. ◊ Conjunto de armas para el servicio de un cuerpo militar.

ARMAR tr. y prnl. Vestir o poner a uno armas ofensivas o defensivas. ◊ Proveer de armas. ◊ Preparar para la guerra. ◊ Juntar entre sí las piezas de que se compone un mueble, artefacto, etc. ◊ fig. y fam. Tratándose de pleitos, etc., causar. ◊ tr. fig. y fam. Aviar a uno de lo que le hace falta. ◊ *Mar.* Aprestar una embarcación. ◊ prnl. fig. Ponerse en disposición de ánimo para lograr algún fin.

ARMARIO m. Mueble en que se guardan libros, ropas u otros objetos.

ARMAS Chitty, *José Antonio* (1908-1995) Escritor ven. Premio Nacional de Literatura (1961). *Candil, Retablo.*

ARMATOSTE m. Cualquier máquina o mueble tosco, pesado y mal hecho. ◊ Armadijo.

ARMAZÓN f. Armadura, pieza sobre la que se arma una cosa. ◊ m. Armadura, esqueleto. ◊ *Amér.* Anaquelería.

ARMELLA f. Anillo de metal con una espiga o tornillo para clavarlo.

ARMENDÁRIZ, *Pedro* (1919-1963) Actor mex. *María Candelaria, La malquerida.*

ARMENIA (*Hayastani Hanrapetutyun*) Est. de Transcaucasia. Comprende parte de la meseta hom. y la mitad meridional del Pequeño Cáucaso, el Zan-guezur y la fosa del lago Seván. Clima continental. Algodón, tabaco, vid, remolacha azucarera; ganadería; cobre, cinc, aluminio; ind. química. Grupos étnicos: armenios (mayoría), azerbaijanos, kurdos, rusos. Lenguas: armenio (of.), azerbaijano, ruso, kurdo. *Rel.*: cristianismo ortodoxo armenio. Cap., Yereván. C. prales.: Kumayri (ex Leninakán). ❏ *Hist.* De la ant. A. rusa, Kars y Ardahan fueron anexionados a Turquía y el resto se convirtió en la RSS de Armenia en 1920. Rep. federada desde 1936, en 1991 se autoproclamó indep.

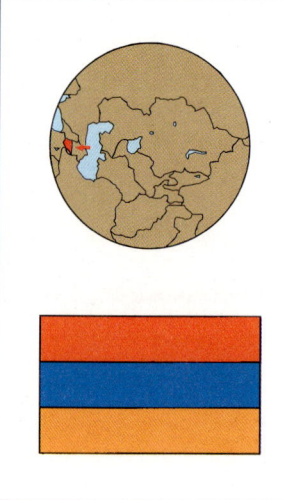

Mapa de situación y bandera de **Armenia**

ARMENIA	
Superficie	29 800 km²
Población	3 376 000 hab. (113 hab./km²)
Recursos económicos	
Aves de corral	6 731 200 cabezas
Cabaña ovina	688 500 cabezas
Energía eléctrica	10 000 000 kWh
Neumáticos	1 200 000 unidades
Indicadores sociológicos	
PNB	7 233 millones de dólares
Renta per cápita	2 150 dólares
Esperanza de vida	72 años

Armenia. Ruinas de una iglesia del s. XIII

ARMENIA Región del Asia occidental, formada por una meseta y limitada por las cord. Póntica y Taúrica y el Pequeño Cáucaso. Repartida entre Turquía, Irán y la República de Armenia. □ *Hist.* A. apareció como estado en el s. II a. C. Desde la E. Ant., hasta la E. Cont. A. ha estado dominada por Bizancio, Persia, los ár., los turcos seljúcidas y otomanos y los rusos.

ARMENIA C. de Colombia, cap. del dpto. de Quindío; 303 939 hab. Café; ind. diversas.

ARMENIO, NIA adj. y s. De Armenia. ◊ adj. y s. Pueblo indoeuropeo natural de la Gran Armenia histórica. ◊ m. Lengua indoeuropea hablada por este pueblo.

ARMERÍA f. Edificio en que se guardan armas. ◊ Tienda en que se venden armas.

ARMERO m. Fabricante, vendedor o encargado de custodiar las armas. ◊ Aparato para tener armas.

ARMILLA f. *Arq.* Espira de la columna. ◊ *Mil.* Astrágalo de los cañones.

ARMINIO (*Hermann*) (s. I) Jefe germano (querusco). Venció a los rom. en la selva de Teutoburgo (año 9). El año 16 fue derrotado por Germánico.

ARMIÑO m. Mamífero carnívoro, de piel muy suave y delicada. □ ARMIÑADO, DA.

ARMISTICIO m. Suspensión de hostilidades entre ejércitos beligerantes.

ARMONÍA f. Combinación de sonidos simultáneos y diferentes, pero acordes. ◊ Acertada combinación de palabras, acentos y pausas del lenguaje. ◊ fig. Amistad y buena relación. ◊ *Mús.* Arte de formar y enlazar los acordes.

ARMÓNICA f. Instrumento formado por lengüetas metálicas fijadas en una placa de metal que vibran al soplar o aspirar por unos agujeros.

ARMÓNICO, CA adj. Relativo a la armonía. ◊ *Fís.* Componente sinusoidal de una onda periódica, de frecuencia múltiplo de la frecuencia fundamental. ◊ *Mús.* Sonido muy agudo y dulce que se produce en instrumentos de cuerda.

ARMONIO o ARMONIUM m. Instrumento musical de teclado, al cual se da el aire por medio de un fuelle.

ARMONIZAR tr. Poner en armonía. ◊ *Mús.* Escribir los acordes a una melodía o bajete. ◊ intr. Estar en armonía.

ARMSTRONG, Louis (1901-1971) Trompetista y cantante de *jazz* norteam. Popularizó el *swing*. ◊ *Neil* (n. 1930) Astronauta norteam. Primer hombre que pisó la Luna.

ARN *Bioq.* Siglas del ácido ribonucleico. Componente esencial de las nucleoproteínas, presente en el núcleo y en el citoplasma. El ARN está constituido por una cadena de moléculas de ribosa y de ácido fosfórico, de la que emergen moléculas de una base nitrogenada. Su estructura secundaria es de tipo helicoidal.

ARNALDO de Brescia (1100-1155) Reformador religioso y político it. Luchó contra el poder político de la Iglesia.

ARNAULD, Antoine (1612-1694) Filósofo cartesiano y teólogo jansenista fr. *Tratado sobre la comunión frecuente.*

ARNÉS m. Armadura, conjunto de armas. ◊ pl. Guarniciones de las caballerías.

ARNHEM C. de Países Bajos, cap. de

Árnica

la prov. de Güeldres, a orillas del Rin; 128 100 hab. Ind. mecánicas.

ÁRNICA f. Planta compuesta, cuyas flores y raíz tienen sabor acre y aromático, y olor fuerte que hace estornudar. Se emplea en medicina. ◊ Tintura preparada con a., para las contusiones.

ARNICHES, Carlos (1866-1943) Comediógrafo esp. *Don Quintín el amargao, El cabo primero, Alma de Dios.*

ARNIM, Ludwig Joachim, o Achim von (1781- 1831) Poeta romántico al. *Isabel de Egipto, Los guardianes de la corona.*

ARNOLD, Matthew (1822-1888) Poeta y crítico brit. defensor del helenismo.

ARNOLFO di Cambio (1240-1302) Arquitecto y escultor it. Planos de la catedral de Florencia.

ARNULFO (849-899) Hijo natural de Carlomagno, fue emperador de Occidente.

ARO m. Pieza de hierro en forma de circunferencia. ◊ Juguete en forma de aro, que los niños hacen rodar valiéndose de un palo. ◊ Planta arácea, de raíz tuberculosa y feculenta, y frutos del tamaño de la grosella. ◊ *Amér.* Arete.

AROMA f. Flor del aromo, de muy fragante olor. ◊ m. y f. Olor muy agradable.

AROMÁTICO, CA adj. Que tiene aroma u olor agradable. ◊ *Quím.* Díc. de ciertos hidrocarburos caracterizados

El Palazzo Vecchio de Florencia, obra de **Arnolfo di Cambio**

por poseer una o más cadenas cerradas de seis carbonos con enlaces alternativamente sencillos y dobles. □ AROMATICIDAD.

AROMATIZAR tr. Dar aroma alguna cosa.

AROMO m. Árbol mimosáceo, especie de acacia, cuya flor es la aroma.

ARON, Raymond (1905-1983) Político y sociólogo fr. *La filosofía crítica de la historia, La lucha de clases.*

AROSEMENA, Alcibíades (1883-1958) Político pan. Presid. provisional de la rep. (1951-1952). ◊ *Florencio Harmodio* (1872-1945) Político pan. Presid. de la rep. en 1928-1931. ◊ *Juan Demóstenes* (1879-1939) Político pan. Presid. de la rep. en 1936-1939. ◊ *Justo* (1817-1896) Escritor y político col. Primer presid. constitucional de Panamá. ◊ *Pablo* (1836-1920) Político pan. Presid. de los Estados Unidos de Colombia en 1875 y 1885, y presid. de la rep. (1910-1912). ◊ *Gómez, Otto* (1922-1986) Político ecuat. Presid. provisional de la rep. (1966-1968). ◊ *Monroy, Carlos J.* (1919-2004) Político ecuat. Presid. de la rep. (1961-1963). ◊ *Tola, Carlos J.* (1888-1952) Político ecuat. Presid. de la rep. (1947-1948).

ARP, Hans (1887-1966) Escultor, pintor y poeta fr. Evolucionó del expresionismo al abstraccionismo formal. Esculturas de la ciudad universitaria de Caracas, edificio de la Unesco en París.

ARPA f. Instrumento musical, triangular, con cuerdas colocadas verticalmente y que se tocan con ambas manos

ARPAD (m. 907) Jefe magiar. Fundó el estado de Hungría e inició la dinastía de los Arpad.

ARPEGIO m. *Mús.* Sucesión acelerada de los sonidos de un acorde. □ ARPEGIAR.

ARPÍA f. Ave fabulosa, con el rostro de doncella y el resto de ave rapiña. ◊ fig. y fam. Mujer de muy mala condición, o muy fea.

ARPILLERA f. Tejido fuerte y basto de yute o estopa de cáñamo.

ARPÓN m. Utensilio consistente en una barra provista de una púa que hiere y otras que hacen presa. □ ARPONEAR.

ARQUEAR tr. y prnl. Dar figura de arco. ◊ tr. Medir la capacidad de una embarcación. ◊ intr. Nausear. □ ARQUEAJE; ARQUEAMIENTO.

ARQUELAO (413-339 a. C.) Rey de Macedonia. Restaurador del estado macedónico.

ARQUEO m. *Mar.* Capacidad de una embarcación. ◊ Recuento de los caudales existentes en caja.

ARQUEOLOGÍA f. Ciencia que estudia las culturas de la antigüedad para reconstruir su historia. □ ARQUEÓLOGO, GA.

ARQUERO m. Soldado que peleaba con arco y flechas. ◊ *Amér.* Portero.

ARQUETA f. Arca pequeña.

ARQUETIPO m. Modelo prototipo de una obra material o intelectual. ◊ *Fil.* Idea ejemplar de las cosas, modelo ideal. □ ARQUETÍPICO, CA.

ARQUÍLOCO (s. VII a. C.) Poeta lírico gr., inventor del verso yámbico.

ARQUÍMEDES (287-212 a. C.) Matemático, físico e inventor gr. Inició el estudio de la estática, anticipó métodos del cálculo infinitesimal y sentó las ba-

ARQUITECTURA

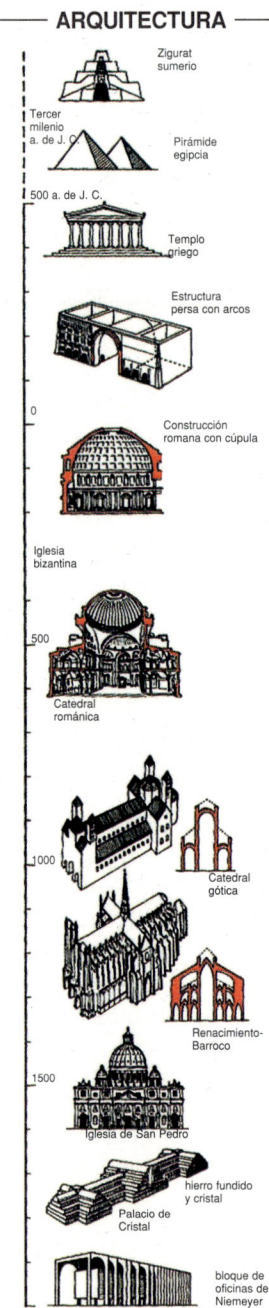

Zigurat sumerio

Tercer milenio a. de J.

Pirámide egipcia

500 a. de J. C.

Templo griego

Estructura persa con arcos

0

Construcción romana con cúpula

Iglesia bizantina

500

Catedral románica

1000

Catedral gótica

Renacimiento-Barroco

1500

Iglesia de San Pedro

hierro fundido y cristal

Palacio de Cristal

bloque de oficinas de Niemeyer

De arriba abajo y de acuerdo con la escala cronológica indicada a la izquierda, se presentan algunas de las estructuras más representativas de la historia de la arquitectura, un arte del espacio que refleja la organización social y política de los distintos pueblos y de las diferentes épocas

ses de la hidrostática. *Sobre la esfera y el cilindro, Medida del círculo, Acerca de los cuerpos flotantes.* ◊ **Principio de A. Mat.** Todo cuerpo sumergido en un líquido experimenta un empuje hacia arriba igual que el peso del fluido que desaloja.

ARQUITECTO m. El que se dedica a la arquitectura. ◊ **técnico.** Aparejador.

ARQUITECTURA f. Arte y ciencia de construir edificios o de organizar espacios interiores y exteriores. ◊ fig. Estructura, modo de estar hecha una cosa. ❏ ARQUITECTÓNICO, CA; ARQUITECTURAL.

ARQUITRABE m. *Arq.* Parte inferior del cornisamento.

ARQUIVOLTA f. *Arq.* Archivolta.

ARRABAL m. Barrio fuera del recinto de la población. ◊ Población anexa a otra mayor.

ARRABAL, Fernando (n. 1932) Dramaturgo esp. A él se debe el «teatro pánico». *El arquitecto y el emperador de Asiria.*

ARRABALERO, RA adj. y s. Habitante de un arrabal. ◊ fig. y fam. Díc. de la persona que muestra mala educación.

ARRABIO m. *Metal.* Aleación de hierro y carbono (1,7–4,8 %), obtenida por ⊳ fundición en un alto horno.

ARRACADA f. Pendiente con adorno colgante.

ARRACIMARSE prnl. Unirse algunas cosas en figura de racimo. ❏ ARRACIMADO, DA.

ARRACLÁN m. Árbol ramnáceo, de madera flexible, que da un carbón muy ligero.

ARRAIGAR intr. y prnl. Echar raíces. ◊ fig. Hacerse muy difícil de extinguir un afecto, virtud, vicio, uso o costumbre. ◊ tr. fig. Fijar firmemente una cosa. ◊ prnl. Establecerse de manera fija en un sitio, adquiriendo en él bienes. ❏ ARRAIGO.

ARRAMBLAR tr. Dejar un río cubierto de arena el terreno después de una avenida. ◊ prnl. Cubrirse el suelo de arena a causa de una avenida.

ARRANCADA f. Partida o salida violenta.

ARRANCAR tr. Sacar de raíz. ◊ Sacar con violencia una cosa del lugar en que está. ◊ Quitar con violencia. ◊ fig. Obtener algo de una persona. ◊ tr. e intr. Dar a un barco mayor velocidad de la que lleva. ◊ Iniciarse el funcionamiento de una máquina o el movimiento de traslación de un vehículo. ◊ intr. fam. Partir o salir de alguna parte. ◊ intr. y prnl., fig. y fam. Empezar a hacer algo de modo inesperado. ◊ intr. fig. Provenir, traer origen. ◊ *Arq.* Principiar el arco o la bóveda.

ARRANQUE m. Dispositivo para poner en marcha un motor o mecanismo. ◊ fig. Ímpetu de cólera u otro afecto. ◊ fig. Prontitud excesiva en alguna acción. ◊ fig. Ocurrencia que no se esperaba. ◊ fig. Pujanza, brío. Se usa más en pl. ◊ *Arq.* Principio de un arco o bóveda.

ARRAPIEZO m. Harapo. ◊ fig. Persona de corta edad o humilde condición.

ARRAS f. pl. Lo que se da como señal en algún contrato. ◊ Las trece monedas que, al celebrarse el matrimonio, entregaba el desposado a la desposada.

ARRASAR tr. Allanar la superficie de alguna cosa. ◊ Echar por tierra, destruir. ◊ Igualar con el rasero. ◊ Llenar de líquido una vasija hasta el borde. ◊ tr. y prnl. Llenar o cubrir los ojos de lágrimas. ◊ intr. y prnl. Quedar el cielo despejado de nubes.

ARRASTRAR tr. Llevar a una persona o cosa por el suelo, tirando de ella. ◊ fig. Impulsar un poder o fuerza irresistible. ◊ fig. Llevar uno tras sí, o traer a otro a su dictamen o voluntad. ◊ fig. Tener por consecuencia inevitable. ◊ fig. Llevar adelante o soportar algo penosamente. ◊ intr. y prnl. Ir de un punto a otro rozando con el cuerpo en el suelo. ◊ pnrl. fig. Humillarse vilmente. ❏ ARRASTRADO, DA.

ARRAU, Claudio (1903-1991) Pianista chil. Premio Internacional de Ginebra en 1941.

ARRAYÁN m. Arbusto tropical, de flores axilares, solitarias, pequeñas y blancas, y bayas negras.

¡ARRE! interj. Se usa para arrear a las bestias.

ARREAR tr. Estimular a las bestias para que anden, para que aviven el paso. ◊ *Argent.* y *Méx.* Llevarse ganado ajeno. ◊ Dar prisa. ◊ Poner arreos. ◊ Dar golpes. ◊ intr. Ir deprisa.

ARREBAÑAR tr. Recoger alguna cosa sin dejar nada. ◊ Apurar los residuos de comida de un plato. ❏ ARREBAÑADURA.

ARREBATAR tr. Quitar alguna cosa con violencia. ◊ Llevar tras sí o consigo con fuerza irresistible. ◊ tr. y prnl. fig. Sacar de sí, conmover excitando alguna pasión. ◊ Hablando de las mieses, agostarlas antes de tiempo el demasiado calor. ◊ prnl. Enfurecerse.

ARREBATO m. Furor. ◊ Éxtasis.

ARREBOL m. Color rojo de las nubes heridas por los rayos del Sol. ◊ Color encarnado que se ponen las mujeres en el rostro. ❏ ARREBOLADA; ARREBOLAR.

ARREBUJAR tr. Coger sin orden alguna cosa flexible. ◊ tr. y prnl. Cubrir bien con la ropa de la cama, o con alguna prenda de vestir.

ARRECHUCHO m. fam. Arranque de cólera o de rapidez. ◊ fam. Indisposición repentina.

ARRECIAR tr. y prnl. Dar fuerza y vigor. ◊ intr. Cobrar fuerza, vigor o gordura. ◊ intr. y prnl. Hacerse cada vez más recia o violenta alguna cosa.

ARRECIFE m. Calzada. ◊ *Geol.* Banco en el mar, a flor de agua. ◊ **coralino.** El formado por esqueletos calcáreos de corales.

ARREDRAR tr. y prnl. Apartar. ◊ fig. Hacer volver atrás, por el peligro que ofrece alguna cosa. fig. Amedrentar.

ARREGAZAR tr. y prnl. Recoger las faldas hacia el regazo.

ARREGLAR tr. y prnl. Reducir a regla. ◊ tr. Componer. ◊ *Chile.* Capar los gatos. ◊ prnl. Acicalarse. ❏ ARREGLADO, DA.

ARREGLO m. Regla, coordinación. ◊ Avenencia, conciliación.

ARRELLANARSE prnl. Ensancharse y extenderse en el asiento con comodidad.

ARREMANGAR tr. y prnl. Recoger hacia arriba las mangas o la ropa. ◊ prnl. fig. y fam. Tomar enérgicamente una resolución. ❏ ARREMANGADO, DA.

ARREMANSAR intr. *Amér.* Estancarse.

ARREMETER intr. Acometer con ímpetu. ◊ Arrojarse con presteza. ❏ ARREMETIDA.

ARREMOLINARSE prnl. Amontonarse o apiñarse desordenadamente las gentes.

ARRENDAJO m. Ave parecida al cuervo.

ARRENDAR tr. Alquilar temporalmente una cosa mediante una renta. ◊ Atar por las riendas una caballería. ◊ Enseñar al caballo a que obedezca a la rienda. ◊ fig. Sujetar. ❏ ARRENDAMIENTO.

ARREO m. Atavío. ◊ pl. Guarniciones de las caballerías. ◊ Adherentes o cosas menudas que pertenecen a otra pral.

ARREOLA, Juan José (n. 1918) Escritor mex. *Varia invención, Confabulario, La hora de todos, La feria.*

ARREPENTIRSE prnl. Pesarle a uno de haber hecho o dejado de hacer alguna cosa. ◊ Echarse atrás, corregirse de una opinión, etc. ❏ ARREPENTIMIENTO.

ARRESTAR tr. Detener. ◊ prnl. Arrojarse a una empresa ardua. ❏ ARRESTADO, DA.

ARRESTO m. Detención provisional del presunto reo. ◊ Reclusión por un tiempo breve, como corrección o pena. ◊ Arrojo para emprender una cosa ardua.

ARRHENIUS, Svante August (1859-1927) Químico sueco. Aportó a la química la teoría sobre la disociación electrolítica. Premio Nobel en 1903.

ARRIAGA, Manuel José de (1841-1917) Político port., primer presid. de la rep. (1910). Dimitió en 1915.

ARRIANISMO m. Doctrina herética de Arrio, según la cual el Hijo o Verbo no era igual o consustancial al Padre. Condenada en el concilio de Nicea (325). ❏ ARRIANO, NA.

ARRIAR tr. *Mar.* Bajar las velas o las banderas que están izadas. ❏ ARRIADA.

ARRIATE m. Era estrecha para plantas junto a paredes de jardines. ❏ ARRIATA.

ARRIBA adv. lugar. A lo alto, hacia lo alto. ◊ En lo alto, en la parte alta. ◊ En lugar anterior o que está antes de otro. ◊ En dirección hacia lo que está más alto. ◊ En los escritos, antes o antecedentemente. ◊ Con voces expresivas de cantidad o medida, denota exceso indeterminado.

ARRIBADA f. Acción de arribar. ◊ *Mar.* Bordada que da un buque, dejándose ir con el viento.

ARRIBAR intr. Llegar la nave al puerto. ◊ intr. y prnl. Llegar por tierra a cualquier paraje. ❏ ARRIBAJE; ARRIBO.

ARRIBAZÓN m. Afluencia de peces a las costas.

ARRIBEÑO, ÑA adj. y s. *Amér.* Aplícase al que procede de las tierras altas.

ARRIBISTA com. Oportunista, persona que progresa en la vida por medios rápidos y sin escrúpulos. ❏ ARRIBISMO.

ARRIENDO m. Arrendamiento.

ARRIERO m. El que trajina con bestias de carga. ❏ ARRIERÍA.

ARRIESGADO, DA adj. Aventurado, peligroso. ◊ Osado, imprudente, temerario. ❏ ARRIESGAR.

ARRIETA, Pascual, llamado EMILIO (1823-1894) Compositor esp. Óperas de estilo it. y zarzuelas. *Marina.* ◊ *Pedro de* (m. 1738) Arquitecto mex. Ant. Basílica de Guadalupe. ◊ *Rafael Alberto* (1889-1968) Poeta arg. *Las noches de oro.*

ARRIMAR tr. y prnl. Acercar. ◊ tr. fig. Con ciertos nombres, dejar la profesión,

Arrendajo

etc., simbolizados por ellos. ◊ fig. Arrinconar. ◊ prnl. Apoyarse sobre algo. ◊ Juntarse a otros. ◊ fig. Acogerse a la protección de uno.

ARRINCONAR tr. Poner alguna cosa en un rincón. ◊ Acosar a uno hasta que no pueda seguir retrocediendo. ◊ fig. Privar a uno del favor que gozaba; no hacer caso de él. ❏ ARRINCONADO, DA.

ARRIÑONADO, DA adj. Que tiene forma de riñón.

ARRIO (h. 260-336) Sacerdote libio, promotor del arrianismo. Enseñó que el Hijo de Dios estaba por encima del resto de la creación pero que era algo menos que divino. Excomulgado en Nicea.

ARRISCADO, DA adj. Formado de riscos. ◊ Atrevido.

ARRISCADOR, RA m. y f. Persona que recoge la aceituna al tiempo de varear los olivos.

ARRITMIA f. Falta de ritmo regular. ◊ Alteración del ritmo normal de las contracciones cardíacas. ❏ ARRÍTMICO, CA.

ARROBA f. Peso que equivale a 11,5 kg (25 libras). ◊ Pesa de una arroba.

ARROBAR tr. Embelesar. ◊ prnl. Enajenarse. ❏ ARROBAMIENTO; ARROBO.

ARRODILLAR tr. Hacer que uno hinque las rodillas. ◊ intr. y prnl. Ponerse de rodillas. ❏ ARRODILLADURA; ARRODILLAMIENTO.

ARROGAR tr. *Der.* Adoptar o recibir como hijo al huérfano o al emancipado. ◊ prnl. Atribuirse jurisdicción, facultad, etc. ❏ ARROGACIÓN; ARROGANTE.

ARROJADO, DA adj. fig. Resuelto, osado, intrépido, imprudente, inconsiderado. ❏ ARROJO.

ARROJAR tr. Impeler con violencia una cosa. ◊ Echar. ◊ fig. Tratándose de cuentas, documentos, etc., presentar, dar de sí como consecuencia o resultado. ◊ fam. Vomitar. ◊ prnl. Precipitarse con violencia de arriba abajo. ◊ Ir violentamente hacia una persona o cosa.

ARROLLADO m. *Chile.* Carne de puerco cocida, dispuesta en forma de rollo.

ARROLLAR tr. Envolver en forma de rollo. ◊ Llevar rodando la violencia del agua o del viento alguna cosa sólida. ◊ fig. Derrotar al enemigo. ◊ fig. Atropellar, no hacer caso de leyes, respetos ni otros miramientos. ◊ fig. Vencer, superar. ◊ Mecer al niño.

ARROPAR tr. y prnl. Cubrir con ropa.

ARROPE m. Mosto cocido hasta que toma consistencia de jarabe. ◊ Jarabe concentrado. ❏ ARROPERA.

ARROSTRAR tr. Hacer cara, sin dar muestra de cobardía, a las calamidades. ◊ tr. e intr. Sufrir a una persona o cosa desagradable.

ARROYADA f. Valle por donde corre

un arroyo. ◊ Surco que hace en él. ◊ Crecida de un arroyo.

ARROYAR tr. y prnl. Formar la lluvia arroyadas. ◊ tr. Formar arroyos.

ARROYO m. Caudal corto de agua. ◊ Cauce por donde corre. ◊ *Amér. Merid.* Río de corta extensión, navegable.

ARROYO, César Emilio (1890-1937) Ensayista ecuat. *Romancero del pueblo ecuatoriano.* ◊ **Del Río, Carlos Alberto** (1893-1969) Político y abogado ecuat. Presid. de la rep. (1940-1944).

ARROZ m. *Bot.* Planta gramínea cuyo fruto es un grano oval, harinoso, y blanco después de descascarillado. ◊ Fruto de esta planta. ❏ ARROCERO, RA; ARROZAL.

ARRUGA f. Pliegue en la piel o en una membrana. ◊ Pliegue irregular en cualquier cosa flexible. ❏ ARRUGAR.

ARRUINAR tr. y prnl. Causar ruina. ◊ fig. Destruir. ❏ ARRUINAMIENTO.

ARRULLO m. Canto grave y monótono con que se atraen las palomas y las tórtolas. ◊ fig. Cantar amoroso y monónoto para adormecer a los niños.

ARRUMACO m. fam. Demostración de cariño hecho con gestos. Se usa más en plural.

ARRUMAR tr. *Mar.* Distribuir y colocar la carga en un buque.

ARRUMBAR tr. Retirar una cosa por inútil. ◊ fig. Arrinconar a uno. ◊ *Mar.* Determinar la dirección que sigue una costa. ◊ *Mar.* Hacer coincidir dos o más objetos en un solo rumbo. ◊ intr. *Mar.* Fijar rumbo. ◊ prnl. *Mar.* Marearse.

ARRUZA, Carlos (1920-1966) Torero mex. Formó con Manolete una pareja que alcanzó grandes éxitos.

ÁRSACIDAS m. pl. Nombre de una dinastía de reyes partos, fundada por Arsaces y que gobernó en Persia (250 a. C.-224 d. C.) y en Armenia (hasta 428).

ARSENAL m. Establecimiento en que se construyen, reparan y conservan embarcaciones. ◊ Almacén de armas y otros efectos de guerra.

ARSÉNICO m. *Quím.* Elemento de símb. As, n. a. 33 y p. a. 74,9. De color gris y brillo metálico, muy quebradizo, se sublima fácilmente. Muy tóxico.

ART NOUVEAU ➔ Modernismo.

ARTAJERJES I *Longímano* (464-424 a. C.) Rey aquemedida de Persia; derrotado por Atenas, concertó la paz de Cimón. ◊ **II Mnemón** Rey persa (404-358 a. C.) Vencido en Cunaxa (401) por Ciro el Joven.

Arrio ante el concilio de Nicea (miniatura del s. IV)

ARTAUD, _Antonin_ (1896-1948) Escritor fr., renovador de la escena fr. _Heliogábalo o el anarquista coronado, Van Gogh, el suicida de una sociedad._

ARTE amb. Ejercicio de las facultades humanas preparado por experiencias anteriores. ◊ Conjunto de normas y preceptos acumulados por generaciones anteriores en una actividad. ◊ Aptitud individual, disposición para hacer una cosa. ◊ Útil de pesca. ◊ **gráficas.** Las que se expresan mediante la impresión. ◊ **plásticas** o **figurativas.** Las que trabajan sobre la materia visible. ◊ **Bellas a.** Rúbrica que comprende las a. plásticas clásicas, además de otras modernas. ◊ **Séptimo a.** El cine.

ARTECHE, _Miguel_ (n. 1926) Poeta chil. _De la ausencia de la noche._

ARTEFACTO m. Máquina, dispositivo.

ARTEJO m. Nudillo del dedo. ◊ _Zool._ Cada una de las piezas articuladas entre sí, de que se forman los apéndices segmentarios de los artrópodos.

Artejos de un arácnido

ARTEMISA f. Planta olorosa, compuesta, de tallo herbáceo y flores de color blanco amarillento. Es medicinal.

ARTEMISA Mun. de Cuba, en la prov. de La Habana; 68 800 hab. Azúcar.

ARTEMISA Divinidad gr., llamada Diana por los romanos.

ARTERIA f. _Anat._ Cada uno de los vasos que llevan la sangre desde el corazón a las demás partes del cuerpo. ◊ fig. Calle importante y de mucho tráfico de una pob. ◊ **coronaria.** _Anat._ Cada una de las propias del corazón. ◊ **subclavia.** _Anat._ Cada una de las dos que, partiendo del tronco braquicefálico, a la derecha, y del cayado de la aorta, a la izquierda, corren hacia el hombro respectivo. ❏ ARTERIAL; ARTERIOSO, SA.

ARTERIOLA f. _Anat._ Vaso arterial de pequeño calibre.

ARTERIOSCLEROSIS f. _Pat._ Enfermedad crónica progresiva de las arterias.

ARTERITIS f. _Pat._ Inflamación de la pared arterial.

ARTERO, RA adj. Disimulado, astuto.

ARTESA f. Recipiente de madera, rectangular, usado para amasar el pan, dar de comer a los animales, etc.

ARTESANÍA f. Clase social de los artesanos. ◊ Arte artesano. ❏ ARTESANAL.

ARTESANO, NA m. y f. Persona que ejerce un oficio manual por su cuenta, ayudado a veces por miembros de la familia.

ARTESIANO, NA adj. y s. Díc. de un determinado tipo de pozo.

ARTESÓN m. Artesa que sirve en las cocinas para fregar. ◊ _Arq._ Adornos con molduras y un florón en el centro. ❏ ARTESONADO; ARTESONAR.

ARTHUR, _Chester Alan_ (1830-1886) Político norteam., presid. de EE UU.

ÁRTICO, CA adj. Relativo al polo Norte y, p. ext., a las tierras árticas. ◊ Relativo al Ártico. ◊ m. Conjunto de áreas marinas y continentales dispuestas alrededor del polo Norte y hasta una lat. de 60°. Clima extremado.

ÁRTICO, océano El más septentrional del globo terrestre; limitado por Alaska y Canadá, el círculo polar ártico y el límite septentrional de Europa y Asia; 14 060 000 km²; profundidad media, 3 000 m.

ARTICULACIÓN f. Enlace de dos piezas de una máquina o instrumento. ◊ Pronunciación clara y distinta de las palabras. ◊ _Anat._ Unión de un hueso con otro.

ARTICULADO, DA adj. Que tiene articulaciones. ◊ m. Serie de los artículos de un tratado, etc.

ARTICULAR adj. Relativo a la articulación. ◊ tr. y prnl. Unir, enlazar. ◊ tr. Pronunciar clara y distintamente. ◊ _Fon._ Dar a los órganos de la palabra la disposición que requiere cada uno de los sonidos del lenguaje.

ARTÍCULO m. Artejo. ◊ Una de las partes en que suelen dividirse los escritos. ◊ Cada una de las divisiones de un diccionario encabezada por distinta palabra. ◊ Cada una de las disposiciones numeradas de un tratado, etc. ◊ Cualquiera de los escritos de mayor extensión que se insertan en periódicos o revistas. ◊ Mercancía con que se comercia. ◊ _Gram._ Parte de la oración gramatical que precede al nombre, determina su género y número y concuerda siempre con él. ◊ **definido o determinado.** _Gram._ El que limita la extensión del sustantivo. Tiene en singular las formas _el, la, lo;_ y en plural, _los, las._ ◊ **genérico, indefinido o indeterminado.** _Gram._ El que no precisa la extensión del sustantivo. Es en singular _un, una;_ y en plural, _unos, unas._ ❏ ARTICULISTA.

ARTÍFICE com. Artista. ◊ Persona que ejecuta una obra mecánica. ◊ fig. Autor.

ARTIFICIAL adj. Hecho por mano o arte del hombre. ◊ No natural, ficticio.

ARTIFICIERO m. _Mil._ Artillero encargado de la clasificación, reconocimiento, etc., de proyectiles y explosivos.

ARTIFICIO m. Arte con que está hecha alguna cosa. ◊ Artefacto. ◊ fig. Disimulo. ❏ ARTIFICIOSO, SA.

ARTIGAS Dpto. del NO de Uruguay; 11 928 km², 78 019 hab. Terreno montañoso. Ganadería y agricultura (cereales y árboles frutales). ◊ Cap. del dpto. hom., 41 687 hab. Centro com.

ARTIGAS, _José Gervasio_ (1764-1850) Prócer del Uruguay. Se adhirió a la revolución de mayo de 1810 y levantó a su país contra los colonizadores, pero sus sucesivos éxitos militares se vieron frustrados por el centralismo bonaerense. El entendimiento porteño-port. le obligó a exiliarse en Paraguay, donde falleció.

ARTILLAR tr. _Mil._ Armar de artillería las fortalezas o las naves.

ARTILLERÍA f. _Mil._ Arte de construir y usar armas, máquinas y municiones de guerra. ◊ Conjunto de armamento que tiene una plaza, un ejército o un

Artemisa

buque. ◊ Cuerpo militar destinado a este servicio. ❏ ARTILLERO, RA.

ARTILUGIO m. despect. Mecanismo artificioso, de poca importancia.

ARTIMAÑA f. Trampa para cazar. ◊ fam. Artificio para engañar a uno.

ARTISTA com. Persona que ejercita alguna de las bellas artes. ◊ Intérprete de una obra musical. ◊ Actor en algún espectáculo público. ❏ ARTÍSTICO, CA.

ARTRITIS f. _Pat._ Proceso inflamatorio de una articulación. ❏ ARTRÍTICO, CA.

ARTROLOGÍA f. Parte de la anatomía que trata de las articulaciones.

ARTRÓPODO, DA adj. y m. _Zool._ Díc. de los invertebrados con apéndices provistos de piezas o artejos articulados. ◊ m. pl. _Zool._ Tipo de estos animales.

ARTROSIS f. _Pat._ Afección crónica degenerativa de las articulaciones.

ARTURO o **ARTÚS** Rey legendario de Bretaña (s. VI), fundador de los Caballeros de la Tabla Redonda.

ARUACO o **ARHUACO, CA** adj. y s. Relativo a los aruacos. ◊ m. pl. Pueblos amerindios, de lengua chibcha, que habitan en la sierra de Santa Marta (Colombia).

ARUBA Isla de las Pequeñas Antillas, dependencia de los Países Bajos; 193 km², 62 000 hab. Cap., Oranjestad. Refinerías de petróleo. Turismo. En 1996 rechazó la opción a alcanzar la plena independencia.

ARUNACHAL PRADESH Est. de la India, junto al Tíbet. Cap., Itanagar. 83 578 km², 858 400 hab.

ARÚSPICE m. Sacerdote que en la antigua Roma examinaba las entrañas de las víctimas para hacer presagios.

ARVEJA f. _Bot._ Planta leguminosa, trepadora.

José Gervasio **Artigas.**
Óleo de J. M. Blanes

ARZOBISPO m. Jefe de los obispos de una provincia eclesiástica. ❑ ARZOBIS-PADO.

ARZÓN m. Fuste de la silla de montar.

ARZÚ, *Álvaro Enrique* (nacido 1946) Político guat. Cofundador del Partido de Avanzada Nacional (PAN). Presidente de la Rep. entre 1996-2000.

As *Quím.* Símb. del arsénico.

AS m. Moneda de cobre de los rom. ◊ Carta que en cada palo de la baraja de naipes lleva el número uno. ◊ Punto único señado en una de las seis caras del dado.

ASA f. Parte que sobresale del cuerpo de una vasija, etc., y sirve para asirla. ◊ fig. Asidero o pretexto.

ASADOR m. Varilla en que se clava lo que se quiere asar. ◊ Aparato para asar.

ASADURA f. Conjunto de las entrañas del animal. Se usa también en pl.

ASAETEAR tr. Disparar saetas contra alguien. ◊ fig. Causar a uno repetidamente disgustos o molestias.

ASALARIADO, DA adj. y s. Que percibe un salario por un trabajo. ❑ ASALARIAR.

ASALMONADO, DA adj. Salmonado. ◊ De color rosa pálido.

ASALTAR tr. Acometer una plaza para entrar en ella. ◊ Acometer repentinamente a las personas. ◊ fig. Sobrevenir una enfermedad, un pensamiento, etc.

ASALTO m. *Dep.* Cada una de las partes o tiempos de que consta un combate de boxeo.

ASAMBLEA f. Reunión de personas convocadas para algún fin. ◊ Cuerpo político deliberante, como el congreso.

ASAMBLEA Nacional Constituyente. Nombre adoptado por los Estados Generales de Francia en julio de 1789.

ASAR tr. Exponer un manjar crudo a la acción del fuego para hacerlo comestible. ◊ prnl. fig. Sentir calor.

ASARDINADO, DA adj. Aplícase a la obra de ladrillos o adobes puestos de canto.

ASARGADO, DA adj. Parecido a la sarga.

ASAZ adv. cantidad. Bastante, muy.

ASBESTO m. *Miner.* Mineral semejante al amianto, de fibras duras y rígidas, usado como aislador del calor, etc.

ASCÁRIDE f. *Zool.* Lombriz intestinal.

ASCÁSUBI, *Hilario* (1807-1875) Poeta arg. *Santos Vega*, *Aniceto el Gallo*.

ASCÁSUBI, *Francisco Javier* (m. 1810) Patriota y militar ecuat. Participó en la conspiración independentista.

ASCENDENCIA f. Serie de ascendientes. ◊ Linaje. ◊ Ascendiente moral.

ASCENDER intr. Subir de un sitio bajo a otro más alto. ◊ fig. Adelantar en empleo o dignidad. ◊ tr. Dar un ascenso.

ASCENDIENTE com. Padre, madre, o cualquiera de los abuelos de una persona. ◊ m. Predominio moral.

ASCENSIÓN f. Por excelencia, la de Cristo a los cielos. ◊ Exaltación a una dignidad suprema. ◊ Escalada a una montaña. ◊ **recta.** *Astr.* Arco del ecuador, comprendido entre el punto equinoccial de primavera y el círculo horario de un astro. ❑ ASCENSIONAL; ASCENSIONISTA.

ASCENSO m. Subida. ◊ fig. Promoción a mayor dignidad o empleo.

ASCENSOR m. Aparato para trasladar personas de unos a otros pisos. ◊ Montacargas. ❑ ASCENSORISTA.

Ascidia

ASCETA com. Persona que hace vida ascética. ❑ ASCÉTICO, CA; ASCETISMO.

ASCIDIA f. *Zool.* Animal procordado marino caracterizado por tener forma de saco.

ASCII Siglas de *American Standard Code for Information Interchange*, código normalizado.

ASCITIS f. *Pat.* Hidropesía del vientre.

ASCO m. Repugnancia de alguna cosa que incita a la náusea y el vómito. ◊ *Bot.* Órgano reproductor celular que contiene esporas. ◊ fig. Impresión desagradable causada por algo. ❑ ASCOSO, SA.

ASCÓRBICO adj. *Quím.* Díc. de un ácido orgánico, conocido con el nombre de vitamina C.

ASCUA f. Pedazo de cualquier materia sólida y combustible que por acción del fuego está incandescente.

ASDRÚBAL (270-221 a. C.) Militar cartaginés. Intervino en la ocupación cartaginesa de la pen. Ibérica. ◊ **Barca** (m. 207 a. C.) General cartaginés. Venció a los Escipiones en España.

ASEAR tr. Poner limpia y ordenada una cosa. ◊ prnl. Lavarse, peinarse y ponerse ropa limpia. ❑ ASEADO, DA.

ASECHANZA f. Engaño o artificio para hacer daño a otro. ❑ ASECHAR.

ASEDIAR tr. Sitiar. ◊ fig. Importunar a uno sin descanso. ❑ ASEDIO.

ASEGURAR tr. Establecer sólidamente. ◊ tr. y prnl. Librar de preocupación. ◊ tr. y prnl. Afirmar la certeza de lo que se dice. ◊ Preservar de daño a las personas y las cosas. ◊ tr. y prnl. Suscribir un contrato de seguro.

ASEIDAD f. Atributo de Dios, por el cual existe por sí mismo.

ASEMEJAR tr. y prnl. Representar una cosa como semejante a otra. ◊ intr. Tener semejanza. ◊ prnl. Mostrarse semejante.

ASENCIO, Grito de Levantamiento inaugural de la guerra de indep. del Uruguay (1811), junto al arroyo de A.

ASENTADERAS f. pl. fam. Nalgas.

ASENTADO, DA adj. Sentado, juicioso. ◊ fig. Estable, permanente.

ASENTADOR, RA m. y f. Persona que asienta. ◊ Persona que contrata al por mayor víveres para un mercado público.

ASENTAMIENTO m. Instalación provisional de colonos.

ASENTAR tr. y prnl. Poner a uno en un asiento, de manera que quede apo-

yado y descansando sobre las nalgas. ◊ Colocar a uno en determinado lugar, en señal de posesión de algún empleo. ◊ tr. Poner alguna cosa de modo que permanezca firme. ◊ Tratándose de pueblos o edificios, fundar. ◊ Aplanar o alisar. ◊ Presuponer alguna cosa. ◊ Dar por cierto un hecho. ◊ Ajustar un convenio. ◊ prnl. Posarse las aves o los líquidos. ◊ Establecerse en un lugar.

ASENTIR intr. Admitir como cierta o conveniente una cosa. ❑ ASENSO.

ASEO m. Limpieza, esmero, cuidado. ◊ Compostura. ◊ Buena disposición.

ASÉPALO, LA adj. *Bot.* Que carece de sépalos.

ASEPSIA f. *Med.* Ausencia completa de microorganismos vivos en un medio. ❑ ASÉPTICO, CA.

ASEQUIBLE adj. Que puede conseguirse.

ASER Octavo hijo de Jacob y epónimo de la tribu de su nombre.

ASERCIÓN f. Acción y efecto de afirmar. ◊ Proposición en que se hace la afirmación.

ASERRAR tr. Cortar con sierra la madera u otra cosa, serrar. ❑ ASERRADERO.

ASERRÍN m. Serrín.

ASERTAR tr. Afirmar, asegurar, aseverar. ❑ ASERTIVO, VA; ASERTO; ASERTOR, RA.

ASESINAR tr. Matar alevosamente o por precio, o con premeditación. ❑ ASESINATO; ASESINO, NA.

ASESORAR tr. Dar consejo. ◊ prnl. Tomar consejo de otra persona. ❑ ASESOR, RA; ASESORAMIENTO; ASESORÍA.

ASESTAR tr. Dirigir un arma hacia el objeto que se ataca. ◊ Descargar contra un objeto el proyectil o el golpe.

ASEVERAR tr. Afirmar o asegurar lo que se dice. ❑ ASEVERACIÓN; ASEVERATIVO, VA.

ASEXUAL adj. Sin sexo; ambiguo. ◊ *Biol.* Díc. de la reproducción que se verifica sin intervención de los dos sexos. ❑ ASEXUADO, DA.

ASFALTAR tr. Revestir de asfalto.

ASFALTO m. Mezcla de hidrocarburos, de color negruzco, muy viscosa, usada en pavimentos y revestimiento de muros. ◊ fig. Carretera. ❑ ASFÁLTICO, CA.

ASFIXIA f. Ahogo. ◊ *Med.* Aporte insuficiente de oxígeno a los tejidos. ❑ ASFIXIAR.

ASHANTI adj. y s. Díc. de los individuos de un pueblo negroafricano que habita en la región hom. de Ghana.

ASHANTI Región de Ghana, sit. en el Volta inferior; 24 390 km², 2 089 700 hab. Cap., Kumasi.

As, moneda de cobre

ASHJABAD C. y cap. de Turkmenistán; 356 000 hab. Centro comercial.
ASÍ adv. modo. De esta, o de esa manera. ◊ Úsase en oraciones desiderativas. ◊ Denota extrañeza o admiración. ◊ Como conjunción comparativa, equivale a tanto, o a de igual manera. ◊ También equivale a en consecuencia, por lo cual; y en este caso gralte. lleva antepuesta la copulativa y.

ASIA El continente más extenso del mundo (unos 44 millones de km²). Bañado al N por el océano Ártico, al E por el Pacífico y al S por el Índico, limita al O con Europa. □ *Geog. fís.* Comprende: a) la región siberiana, al N, con una llanura al O, una meseta en el centro y una zona montañosa al E; b) las mesetas centrales y occidentales (Mongolia, Pamir, Tibet,

Irán, Armenia, Arabia y Anatolia), bordeadas por elevadas cord. Altái, Sayán, Gran Jingan, Karakorum, Hindu Kush, Kuen Lun, Himalaya (Everest, 8 848 m), Sulaimán, Elburz, Zagros, Cáucaso, Tauro; c) la depresión central del Turquestán; d) las llanuras periféricas china, indochina, indogangética y mesopotámica; e) la región insular, compuesta por el arch. japonés e Insu-

ASIA, ESTADOS Y TERRITORIOS

Estados y territorios	Km²	Población[1]	Densidad	Capital
Afganistán	652 225	13 748 000	21	Kabul
Arabia Saudita	2 153 168	15 267 000	8	Riyadh
Armenia	29 800	3 765 000	126	Yereván
Azerbaiján	86 600	7 449 000	89	Bakú
Bahrein	678	579 000	854	Manama
Bangla Desh	143 998	116 095 000	806	Dacca
Brunei	5 765	285 000	49	Bandar Seri Begawan
Bután	47 000	1 476 000	31	Thimphu y Punakha
Camboya	181 035	10 081 000	57,4	Phnom Penh
China	9 537 611	1 234 652 000	118	Pekín
Chipre	9 251	860 000	93	Nicosia
Corea (RDP)	120 538	24 317 000	202	Pyongyang
Corea, Rep.	99 237	45 628 000	459	Seúl
Emiratos Árabes Unidos	83 600	2 580 000	31	Abu Dhabi
Filipinas	300 000	62 000 000	207	Manila
Georgia	69 700	5 377 000	77	Tbilisi
India	3 287 263	967 613 000	258	Nueva Delhi
Indonesia[1]	1 482 462	226 379 000	152,7	Yakarta
Irak	434 128	22 219 000	51	Bagdad
Irán	1 648 196	62 305 000	37	Teherán
Israel	20 700	5 652 000	273	Jerusalén
Japón	372 819	123 921 000	332	Tokio
Jordania	97 740	4 522 000	46	Ammán
Kazakistán	2 717 300	16 554 000	46	Astana
Kirguisistán	198 500	4 595 000	23	Pishpek
Kuwait	17 818	1 691 000	96	Al Kuwait
Laos	236 800	5 117 000	21,6	Vientiane
Líbano	10 400	3 859 000	371	Beirut
Malaysia	329 747	21 767 000	66	Kuala Lumpur
Maldivas	298	267 000	896	Male
Mongolia	1 566 500	2 373 000	1,5	Ulan Bator
Myanma (Birmania)	678 033	46 822 000	69	Rangún o Yangún
Nepal	140 797	21 424 000	146	Katmandú
Omán	212 457	2 265 000	10,7	Mascate
Pakistán	796 095	129 808 000	145	Islamabad
Qatar	11 437	561 000	39	Doha
Rusia (terr. asiático)	12 836 900	33 000 000	3	
Singapur	639	3 104 000	4 842	Singapur
Siria	185 180	15 009 000	81	Damasco
Sri Lanka	65 610	18 663 000	284	Colombo
Tadjikistán	143 100	6 054 000	42,3	Dushanbe
Taiwán	36 000	21 616 000	597	Taipeh
Thailandia	513 115	60 602 000	109	Bangkok
Timor Oriental	14 874	885 000	59	Dili
Turkmenistán	488 100	4 695 000	9,6	Ashjabad
Turquía (terr. asiático)	755 688	55 133 000	81	Ankara
Uzbekistán	447 400	23 664 000	52	Tashkent
Vietnam	331 109	75 545 000	225	Hanoi
Yemen [2]	527 968	14 900 000	28	Sana
Asia indep.	44 156 024	3 361 979 000	76	
Christmas	135	3 000	25	
Islas Cocos	14	1 000	50	
Asia australiana	149	4 000	29,5	
Terr. Brit. del Océano Índico	46	2 000	28	
Asia brit.	46	2 000	-	
Sinaí	58 824	254 000	4	
Gaza	378	790 000	2 090	
Asia egipcia	59 202	1 044 000	18	
ASIA	44 215 416[3]	3 362 870 100	76,5	

[1] Excluida la superficie y la población de Irian Occidental. [2] Excluida Socotora, considerada en África.
[3] 44 444 038 con el mar Caspio (371 000 km²) y el lago Aral (41 000 km²).

lindia; f) el Indostán, extenso apéndice mesetario meridional. En el océano Ártico desembocan los r. Ob, Yeniséi, Lena, Indiguirka y Kolima. En el Pacífico desaguan el Amur, Hoang-ho, Yang Tsé-kiang, Si-kiang, Rojo, Mekong, Menam. Al Índico van el Saluén, Irawadi, Ganges, Godavari, Krishna e Indo. Al golfo Pérsico afluyen el Tigris y el Éufrates. Clima muy variado. □ *Geog. econ.* El pral. recurso es la agricultura (arroz, té), extendida preferentemente en las grandes llanuras; la ganadería se da en las estepas; el subsuelo es rico en minerales combustibles (60% de las reservas mundiales de gas natural, petróleo, carbón, uranio). La ind., poco desarrollada, excepto en Japón, Corea del Sur, Taiwán, Singapur y en zonas de Siberia, China e India. □ *Geog. humana.* La pob. asiática supera los 3 200 millones de hab. La densidad de población del SE es extremadamente elevada, mientras que en el N y en el centro hay extensas regiones muy poco pobladas. La raza más numerosa es la amarilla o mongoloide (chinos, tibetobirmanos, siameses, japoneses, coreanos, mongoles, samoyedos, tunguses, fineses, turcos, malayo-polinesios e indochinos); sigue en importancia la caucasoide o blanca (árabes, israelitas, caucasianos, hindúes, iranios, armenios, rusos y ainos).

ASIA MENOR ⇨ Anatolia.

ASIÁTICO, CA adj. y s. De Asia.

ASIDERO m. Parte por donde se ase alguna cosa. ◊ fig. Ocasión o pretexto.

ASIDUO, DUA adj. Frecuente, puntual, perseverante. □ ASIDUIDAD.

ASIENTO m. Silla, banco, etc., para sentarse. ◊ Lugar que se tiene en un tribunal o junta. ◊ Sitio en que está fundado un pueblo o edificio. ◊ Poso de un líquido. ◊ Anotación en un libro de contabilidad. ◊ *Amér.* Territorio y población de las minas. ◊ fig. Estabilidad.

ASIGNAR tr. Señalar lo que corresponde a una persona o cosa. ◊ Señalar, fijar. □ ASIGNACIÓN.

ASIGNATARIO, RIA m. y f. *Der. Amér.* Persona a quien se asigna la herencia o el legado.

ASIGNATURA f. Cada una de las materias que forman un plan de estudios.

ASILAR tr. Dar asilo. ◊ tr. y prnl. Albergar en un asilo. ◊ prnl. Tomar asilo en algún lugar. □ ASILADO, DA.

ASILO m. Establecimiento que recoge menesterosos. ◊ *Pol.* Derecho de residencia que concede un gobierno al huido de un país por motivos políticos. ◊ fig. Amparo.

ASILVESTRADO, DA adj. Planta silvestre que procede de semilla de planta cultivada.

ASIMETRÍA f. Falta de simetría. □ ASIMÉTRICO, CA.

ASIMILAR tr. y prnl. Asemejar. ◊ tr. Conceder a los individuos de una profesión derechos iguales a los que tienen los de otra. ◊ *Fon.* Alterar un sonido para asemejarlo a otro que influye sobre aquél. ◊ *Fisiol.* Absorber las células las sustancias necesarias para su conservación. ◊ prnl. Parecerse. □ ASIMILACIÓN; ASIMILATIVO, VA.

ASIMILISTA adj. Que procura asimilar. Aplícase a la política que persigue tal fin, respecto de minorías étnicas o lingüísticas, o de colonias.

Asia. Vista aérea del Himalaya

ASIMISMO adv. modo. De este o del mismo modo. ◊ También.

ASIMOV, Isaac (1920-1992) Escritor y científico norteam., de origen ruso. Ciencia ficción (*Yo, robot*) y divulgación científica (*El universo*).

ASÍN Palacios, Miguel (1871-1944) Arabista esp. *Glosario de voces romances registradas por un botánico hispano musulmán.*

ASINCRONISMO m. Falta de sincronismo o de sincronía.

ASÍNDETON m. *Ret.* Figura que consiste en omitir conjunciones para dar vivacidad a la frase.

ASÍNTOTA adj. y f. *Geom.* Díc. de una recta o curva que se acerca a otra sin llegar a ser tangentes.

ASIR tr. Tomar. ◊ intr. Tratándose de plantas, arraigar. ◊ prnl. Agarrarse de aiguna cosa. ◊ fig. Tomar pretexto para decir o hacer lo que se quiere.

ASIRIA Ant. región de Asia, en la cuenca del Tigris, que correspondía al actual Kurdistán iraquí. Tuvo por cap. Asur, Kalah (Nimrud) y Nínive.

ASIRIO, RIA adj. y s. De Asiria. ◊ Lengua de la ant. Asiria, del grupo semítico.

ASISTENCIA f. Acción de asistir o presencia actual. ◊ Socorro. ◊ pl. Medios que se dan a alguno para que se mantenga. □ ASISTENCIAL.

ASISTENTA f. Mujer que hace de criada en una casa.

ASISTENTE adj. Que asiste. ◊ m. Soldado destinado al servicio personal de un oficial.

ASISTIR tr. Acompañar a alguno en un acto público. ◊ Servir. ◊ Socorrer. ◊ Estar de parte de uno la razón, etc. ◊ intr. Estar presente.

ASIUT C. de Egipto, en la gobernación hom.; 213 700 hab.

ASMA f. *Pat.* Enfermedad de los pulmones manifestada por accesos de disnea respiratoria y emisión de ruidos sibilantes. □ ASMÁTICO, CA.

ASMARA (*Asmera*) C. y cap. de Eritrea; 424 500 hab. Centro com. y fabril. Ind. alimentarias.

ASMONEOS Familia de los Macabeos, descendientes de Asmón (tribu de Simeón).

ASNO m. *Zool.* Animal solípedo, doméstico, más pequeño que el caballo, con las orejas largas y la extremidad de la cola poblada de cerdas. ◊ adj. y m. fig. Persona ruda o de muy poco entendimiento. □ ASNADA; ASNAL; ASNEAR.

ASOCIACIÓN f. Acción y efecto de asociar o asociarse. ◊ Conjunto de cosas asociadas. ◊ *Biol.* Relación entre dos organismos que conviven con o sin beneficio mutuo.

ASOCIACIÓN Europea de Libre Comercio (*EFTA*) Constituida en 1959 para eliminar las restricciones comerciales, desde 1995 está integrada por Islandia, Liechtenstein, Noruega y Suiza. ◊ **Internacional de Desarrollo** (*AID*) Filial del Banco Internacional de Reconstrucción y Desarrollo (*BIRD*) Creada en 1960, financia el progreso económico de los países subdesarrollados. ◊ **Internacional de Trabajadores** (*AIT*) ⇨ Primera Internacional. ◊ **Latinoamericana de Integración** (*ALADI*) Organismo que sustituyó en 1980 a la ALALC con objeto de garantizar el establecimiento de un mercado común latinoamericano.

ASOCIACIONISMO m. *Psic.* Doctrina que explica todos los fenómenos de interioridad, por simple asociación de ideas.

ASOCIAR tr. Juntar para cooperar a un fin común. ◊ Establecer una relación entre ideas, imágenes, etc. ◊ prnl. Juntarse para algún fin.

ASOCIATIVO, VA adj. Capaz de asociar. ◊ *Mat.* Díc. de una propiedad matemática por la cual dos o más elementos consecutivos pueden sustituirse por su resultado.

ASOLAPAR tr. Asentar una teja, losa, etc., sobre otra, de modo que sólo cubra parte de ella.

ASOLAR tr. Poner por el suelo, destruir, arrasar. ◊ tr. y prnl. Secar los campos, o echar a perder sus frutos, el calor, etc. □ ASOLAMIENTO.

ASOMAR intr. Empezar a mostrarse. ◊ tr. y prnl. Sacar o mostrar algo por una abertura, o por detrás de alguna parte.

ASOMBRAR tr. Hacer sombra una cosa a otra. ◊ tr. y prnl. fig. Asustar, espantar. ◊ fig. Causar gran admiración. □ ASOMBRO; ASOMBROSO, SA.

ASOMO m. Indicio de alguna cosa. ◊ Sospecha.

ASONADA f. Reunión numerosa para conseguir violentamente cualquier fin.

ASONANCIA f. Correspondencia de un sonido con otro. ◊ fig. Correspondencia de una cosa con otra. ◊ *Métr.* Identidad de vocales en las terminaciones de dos palabras a contar desde la última acentuada. □ ASONANTAR; ASONANTE; ASONAR.

ASORDAR tr. Ensordecer a alguno con ruido o con voces.

ASPA f. Conjunto de dos maderos atravesados en forma de X. ◊ Aparato exterior del molino de viento que forma una cruz o aspa. ◊ Cada uno de los brazos de este aparato. ◊ Agrupación, figura, representación o signo en forma de X. □ ASPADO, DA; ASPAR.

ASPASIA Esposa de Pericles, famosa por su belleza e inteligencia.

ASPAVIENTO m. Demostración excesiva o afectada de espanto, admiración o sentimiento. □ ASPAVENTERO, RA.

ASPECTO m. Apariencia. ◊ *Gram.* Categoría que distingue en el verbo clases de acción. □ ASPECTUAL.

ASPEREZA f. Calidad de áspero. ◊ Desigualdad del terreno. □ ASPERIDAD.

ASPERJAR tr. Hisopear. ◊ Rociar un líquido. □ ASPERSIÓN; ASPERSOR.

Astrolabio árabe del s. XII

ÁSPERO, RA adj. No suave al tacto. ◊ Escabroso. ◊ fig. Desapacible al gusto o al oído. ◊ fig. Desabrido.

ASPERÓN m. Arenisca de cemento silíceo o arcilloso, usada en construcción y en piedras de amolar.

ÁSPID m. *Zool.* Víbora europea muy venenosa. ◊ *Zool.* Serpiente venenosa del N de África.

ASPILLERA f. *Mil.* Abertura en un muro.

ASPIRACIÓN f. A *Mús.* Espacio menor de la pausa. ◊ *Fon.* Sonido que resulta de una fuerte emisión de aliento.

ASPIRADOR, RA adj. y s. Que aspira el aire. ◊ m. y f. Electrodoméstico que absorbe.

ASPIRANTE adj. y s. Que aspira. ◊ m. Persona que ha obtenido derecho a ocupar un cargo.

ASPIRAR tr. Atraer el aire exterior a los pulmones. ◊ Pretender algún empleo, etc. ◊ *Fon.* Pronunciar con aspiración.

ASPIRINA f. *Farm.* Nombre comercial patentado del ácido acetilsalicílico, de acción analgésica, antirreumática y febrífuga.

ASQUEAR tr. e intr. Sentir asco de alguna cosa: desecharla, repudiarla.

ASQUEROSO, SA adj. Que causa asco. ◊ Que tiene asco. ◊ fam. Muy sucio.

ASQUITH, Herbert Henry (1852-1928) Estadista brit. Primer ministro (1908-1916).

ASSAD, Hafez al- (1928-2000) Militar y político sirio. Primer ministro en 1970 a raíz de un golpe. Elegido presid. en 1971, dirigió el país hasta su muerte.

ASSAM Est. del NE de la India, atravesado por el Brahmaputra; 78 523 km, 22 294 600 hab. Cap., Dispur. Terr. llano. Arroz, té, algodón. Petróleo, carbón.

ASSOCIATED PRESS Agencia informativa norteam., la más importante del mundo.

ASTA f. Arma ofensiva de los rom. ◊ Palo de la lanza, pica, venablo, etc. ◊ Lanza. ◊ Palo en cuyo extremo se pone una bandera. ◊ Cuerno de un animal.

ASTAIRE, Fred (1899-1987) Bailarín y actor norteam. Con Ginger Rogers formó una pareja cinematográfica famosa.

ASTARTÉ (fenicio, *Ashtart*) *Mit.* Diosa fenicia de origen sumeroacadio.

ASTATO m. *Quím.* Elemento de símb. At, n. a. 85 y p. a. del isótopo más notable 210. Es un no metal sólido.

ASTENIA f. *Pat.* Falta de fuerza, agotamiento tanto físico como psíquico.

ASTERISCO m. Signo ortográfico (*) que se emplea como llamada para las notas añadidas al texto o para otros usos.

ASTEROIDE m. *Astr.* Planetoide que recorre órbitas intermedias entre Marte y Júpiter.

ASTI C. de Italia, cap. de la prov. hom.; 75 800 hab.

ASTIFINO adj. *Taur.* Díc. del toro de astas delgadas y finas.

ASTIGMATISMO m. *Ópt.* Aberración del ojo o de un instrumento óptico. Se presenta cuando los rayos procedentes de un punto no se concentran en otro punto. ❑ ASTÍGMATA; ASTIGMÁTICO, CA.

ASTIL m. Mango de las hachas, etc. ◊ Varilla de la saeta. ◊ Vara de hierro por donde corre el pilón de la romana. ◊ Eje córneo que continúa el cañón y del cual salen las barbas de la pluma.

ASTILLA f. Fragmento que salta de un trozo de madera partido toscamente. ◊ Esquirla, trozo irregular arrancado de otro material cualquiera. ❑ ASTILLAR; ASTILLOSO, SA.

ASTILLERO m. Instalación donde se construyen y reparan buques. ◊ Depósito de maderos.

ASTON, Francis William (1877-1945) Físico brit. Construyó el primer espectrógrafo de masas. Premio Nobel de Química (1922).

ASTRACÁN m. Piel de cordero nonato o recién nacido. ◊ Tejido de lana o de pelo de cabra que forma rizos.

y la composición de los cuerpos celestes y de la materia interestelar.

ASTROLABIO m. ant. Instrumento para medir la altura de los astros.

ASTROLOGÍA f. Ciencia o arte adivinatoria consistente en predecir el porvenir por la posición de los astros. ❑ ASTROLÓGICO, CA; ASTRÓLOGO, GA.

ASTRONAUTA com. Persona que navega a bordo de una astronave.

ASTRONÁUTICA f. Ciencia y técnica de la navegación aérea. Actualmente, el término se aplica especialmente a los viajes espaciales, al diseño de vehículos para realizar estos viajes o poner en órbita satélites y al conjunto de técnicas necesarias.

ASTRONAVE f. Vehículo espacial para efectuar recorridos interplanetarios.

ASTRONOMÍA f. Ciencia que estudia los cuerpos celestes, sus movimientos, su composición química y física, sus posiciones relativas y la evolución de su desarrollo. ❑ ASTRÓNOMO, MA.

ASTRONÓMICO, CA adj. Relativo a la astronomía. ◊ fig. y fam. Díc. de las cantidades extraordinariamente grandes.

ASTROSO, SA adj. Infausto, desgraciado. ◊ Desastrado. ◊ fig. Vil, despreciable.

ASTUCIA f. Calidad de astuto. ◊ Ardid para lograr un intento.

ASTURIANO, NA adj. y s. De Asturias. ◊ adj. y m. *Ling.* Variedad asturiana del dialecto romance astur-leonés.

Asturias. Parque Nacional de Covadonga

ASTRACÁN (*Astrajan*) Prov. de Rusia; 971 000 hab. ◊ C. y cap. de la prov. homónima; 493 000 hab.

ASTRACANADA f. fam. Farsa teatral disparatada y chabacana.

ASTRADA, Carlos (1894-1970) Filósofo y sociólogo arg. Estudioso del marxismo. *El marxismo y las escatologías.*

ASTRÁGALO m. Tragacanto, planta. ◊ *Arq.* Cordón en forma de anillo que rodea el fuste de la columna. ◊ *Anat.* Hueso.

ASTREA *Mit.* Diosa de la justicia.

ASTRINGIR tr. Estrechar, contraer alguna sustancia los tejidos orgánicos. ◊ fig. Sujetar, obligar, constreñir. ❑ ASTRINGENTE.

ASTRO m. Cuerpo celeste de la Vía Láctea, de forma bien determinada, como las estrellas, planetas, satélites y cometas. ◊ Persona que destaca en su medio.

ASTROFÍSICA f. Rama de la astronomía que estudia los fenómenos físicos

ASTURIAS, Principado de Com. autón. de España integrada por la prov. de Asturias; 10 565 km², 1 062 998 hab. Cap., Oviedo. Sit. en el N de la pen. Ibérica. Relieve accidentado (cord. Cantábrica). Clima oceánico. Minería. Agricultura. Ganadería. Pesca. Reino indep. desde 718 (al ser proclamado rey Pelayo tras la derrota de los musulmanes en Covadonga) hasta el 924, en que la capital se trasladó a León. En 1981 se constituyó en com. autón. regida por un Consejo de Gobierno.

ASTURIAS, Miguel Ángel (1899-1974) Escritor y diplomático guat. Entre sus novelas destacan *Week-end en Guatemala, El señor presidente, Hombres de maíz* y la trilogía formada por *Viento fuerte, El Papa Verde* y *Los ojos de los enterrados.* Cultivó también la poesía, el teatro y la antología. Premio Nobel de Literatura en 1967.

ASTUTO, TA adj. Hábil para engañar o evitar el engaño o lograr artificiosamente un fin. ◊ Que implica astucia.

ASUÁN o **ASWÂN** Gobernación de Egipto; 1 533 km², 649 000 hab. Presa sobre el Nilo, con un embalse que tiene 400 km de longitud. ◊ C. de Egipto, cap. de la gobernación hom.; 144 700 hab.

ASUERO (heb., *Ahasweros*) Rey persa. Defensor de los hebreos.

ASUETO m. Tiempo de descanso.

ASUMIR tr. Atraer a sí, tomar para sí.

ASUNCIÓN f. Acto de ser elevada por Dios la Virgen al cielo en cuerpo y alma. ◊ Fiesta con que celebra la Iglésia este acto, el 15 de agosto.

ASUNCIÓN C. de Paraguay, cap. del país y distrito especial, sit. a orillas del río Paraguay; 607 700 hab. (agl. urbana). Ind. textil y alimentaria. Universidad. Fundada en 1537 por Juan de Salazar. Centro colonial de penetración hacia las cuencas del Paraguay y Pilcomayo. Notables construcciones del s. XIX. ◊ *La* C. de Venezuela, cap. del est. Nueva Esparta; 10 400 hab.

ASUNCIÓN MITA Mun. de Guatemala, en el dpto. de Jutiapa; 25 300 hab. Agricultura, ganadería. Industria.

ASUNTO m. Materia de que se trata. ◊ Argumento de una obra. ◊ Lo que representa un cuadro o escultura. ◊ Negocio.

ASUR o **ASHUR** Primera cap. de Asiria, en el s. XIX a. C.

ASUR Dios guerrero de Asiria.

ASURBANIPAL I Rey de Asiria (669-625 a. C.), bajo cuyo mandato el imperio alcanzó el apogeo.

ASURNASIRPAL II (883-859 a. C.) Rey asirio. Extendió sus dominios desde el Tigris hasta el Mediterráneo.

ASUSTAR tr. y prnl. Dar o causar susto.

At *Quím.* Símbolo del astato.

ATABAL m. Timbal, tambor de un parche. ◊ Tamboril que se toca en fiestas públicas. ◊ Atabalero. ❑ ATABALEAR.

ATACAMA Región del N de Chile; 75 573,3 km², 254 336 hab. Cap., Copiapó. Zona de desiertos salinos, accidentada en su mitad oriental por los Andes. Avenada por los r. Huasco, Copiapó y Salado. Vid, gramináceas, alfalfa. Ganadería ovina, vacuna y caprina. Pesca. Cobre, hierro, oro, bórax, plata. Ind. metalúrgica, alimentaria, maderera. ◊ **Desierto de A.** Zona árida y cálida del N de Chile; unos 132 000 km². El lugar más seco de la Tierra. Grandes depósitos de sal común y boratos. ◊ **Puna de A.** Altiplanicie andina que se extiende desde la cordillera Domeyko, en Chile, hasta la sierra de Calalaste, en Argentina. Es desértica y presenta diversas depresiones ocupadas por salares.

ATACAMITA f. *Miner.* Mineral de color verde que se funde con facilidad dando cobre metálico.

ATACAR tr. Apretar, atiborrar. ◊ Acometer. ◊ fig. Impugnar, contradecir. ◊ fig. Acorralar a una persona en algún argumento. ◊ fig. Tratándose del sueño, enfermedades, etc., acometer, dar. ◊ *Mús.* Producir un sonido por medio de un golpe seco y fuerte. ◊ *Quím.* Ejercer acción una sustancia sobre otra. ❑ ATAQUE.

ATADERO m. Lo que sirve para atar. ◊ Parte por donde se ata una cosa. ◊ Gancho, anillo, etc., en que se ata el ramal de las bestias. ❑ ATAQUE.

ATADIJO m. fam. Lío pequeño y mal hecho. ◊ Atadero, lo que sirve para atar.

ATADO, DA adj. fig. Díc. de la persona pusilánime. ◊ m. Conjunto de cosas atadas.

ATAGUÍA f. Macizo de alguna materia impermeable para atajar el paso del agua durante la construcción de una obra hidráulica.

ATAHARRE m. Banda de cuero o cáñamo que sirve para impedir que el aparejo de la caballería se corra hacia adelante.

ATAHUALPA (1500-1533) Hijo de Huayna Cápac. Se proclamó inca del Perú tras derrotar a su hermano Huáscar. Hecho prisionero y ejecutado por Pizarro.

ATAJAR intr. Ir por el atajo. ◊ Cortar o dividir algún sitio por medio de un tabique, un cancel, etc. ◊ Impedir el curso de alguna cosa. ◊ fig. Interrumpir a uno en lo que va diciendo.

ATAJO m. Senda por donde se abrevia el camino. ◊ fig. Procedimiento rápido. ◊ División de alguna cosa. ◊ Pequeño grupo de cabezas de ganado.

ATALAYA f. Torre para atalayar. ◊ Altura desde donde se descubre mucho espacio de tierra o mar. ◊ m. Hombre destinado a registrar desde la atalaya y avisar de lo que descubre. ◊ El que atisba lo que sucede. ❑ ATALAYAR.

ATAMÁN m. Capitán de cosacos. ◊ Título de los príncipes herederos rusos desde 1835.

ATANASIO *de Alejandría* (295?-373) Santo. Obispo de Alejandría. Defensor de las definiciones del concilio de Nicea.

ATAÑER intr. Tocar o pertenecer.

ATAPASCO, CA o **ATHABASCO, CA** adj. y s. Relativo a los atapascos. ◊ m. pl. Pueblos amerindios diseminados desde Alaska hasta el N de México y del Pacífico a la bahía de Hudson.

ATAPUERCA *Arqueol.* Yacimientos arqueológicos de España (Burgos) en los que se han hallado restos de homínidos (denominados *Homo antecessor*) de cerca de 800.000 años de antigüedad.

ATAR tr. Unir o sujetar con ligaduras o nudos. ◊ fig. Impedir o quitar el movimiento. ❑ ATADURA.

ATARAXIA f. *Fil.* Imperturbabilidad del ánimo.

ATARAZANA f. Arsenal en que se reparan embarcaciones.

ATARDECER intr. Caer la tarde. ◊ m. Último período de la tarde.

ATAREAR tr. Poner o señalar tarea. ◊ prnl. Entregarse mucho al trabajo.

ATARJEA f. Construcción de ladrillo para proteger las cañerías. ◊ Conducto por donde las aguas residuales van al sumidero.

ATASAJAR tr. Hacer tasajos la carne.

ATASCADERO m. Sitio donde se atascan los carruajes, las caballerías o las personas. ◊ fig. Estorbo.

ATASCAR tr. Tapar con tascos las aberturas que hay entre tabla y tabla y las hendiduras de ellas. ◊ tr. y prnl. Obstruir un conducto con alguna cosa. ◊ fig. Impedir a alguno que prosiga lo comenzado. ◊ prnl. fam. Quedarse detenido por algún obstáculo. ❑ ATASCO.

ATATÜRK, *Mustafá Kemal* (1881-1938) Fundador y primer presid. de la Rep. de Turquía (1923-1938). Modernizó y secularizó las instituciones del país.

ATAÚD m. Caja donde se pone el cadáver para llevarlo a enterrar.

ATAUJÍA f. Obra de adorno que se hace con filamentos de oro o plata embutidos en otros metales.

ATAÚLFO Rey visigodo [410-415]. Formó un reino independiente en las Galias, con cap. en Burdeos.

ATAURIQUE m. Labor propia del arte ár. que representa hojas y flores, hecha con yeso.

ATAVIAR tr. y prnl. Componer, asear, adornar.

ATAVÍO m. Compostura y adorno. ◊ fig. Vestido.

ATAVISMO m. Semejanza con los abuelos. ◊ Presencia, en algunos individuos aislados, de características que no aparecen en los padres ni en los ascendientes de varias generaciones y sí en los antepasados remotos. ❑ ATÁVICO, CA.

ATAXIA f. *Med.* Imposibilidad de coordinar los movimientos musculares que integran un acto voluntario.

ATEÍSMO m. Doctrina que niega la existencia de cualquier ser superior y sobrenatural.

ATELAJE m. Tiro, o caballerías que tiran de un carruaje. ◊ Conjunto de guarniciones de las bestias de tiro.

ATELES m. Mono americano, llamado también mono araña.

ATEMORIZAR tr. y prnl. Causar temor.

ATEMPERAR tr. y prnl. Moderar, templar. ◊ Acomodar una cosa a otra.

ATENAS (*Athínaí*) Cap. de Grecia y del nomo de Ática. La Gran Atenas tiene 3 027 300 hab. Centro adm., fabril e intelectual. Universidad.

Vista de la Acrópolis de **Atenas**

◻ *Hist.* A. fue durante la antigüedad un foco principalísimo de las ciencias y las artes. Alcanzó su máx. esplendor en el s. v a. C., época en que dominaba todo el Mediterráneo. Sucumbió a la dominación rom. (146 a. C.) y post. fue conquistada por los godos, los hérulos y Alarico (396). Los almogávares la integraron en la Corona de Aragón, para volver a dominio bizantino en 1388. Perteneció al imperio turco desde 1458.

ATENAZAR tr. Arrancar con tenazas pedazos de carne a una persona. ◊ Torturar a alguien un pensamiento, remordimiento, etc.

*San León deteniendo a **Atila** a las puertas de Roma,* fresco de Rafael (Estancia de Heliodoro, Vaticano)

ATENCIÓN f. Capacidad de concentrar la actividad psíquica sobre un objeto. ◊ Cortesía.
ATENDER tr. Aguardar a una persona. ◊ tr. e intr. Acoger favorablemente o satisfacer un deseo, ruego o mandato. ◊ Aplicar el entendimiento a un objeto. ◊ intr. Tener en cuenta alguna cosa.
ATENEA Diosa gr., la Minerva de los rom. Divinidad de la guerra, de la paz, de la sabiduría y de las artes.
ATENEO m. Asociación cultural. ◊ Local en donde se reúnen sus socios.
ATENERSE prnl. Adherirse a una persona o cosa. ◊ Ajustarse uno en sus acciones a alguna cosa.
ATENIENSE adj. y s. De Atenas.
ATENTADO m. Procedimiento abusivo de cualquier autoridad. ◊ Acto delictivo contra la autoridad, o actitud grave de resistencia a la misma. ◊ Agresión contra la vida o la integridad de una persona. ◊ Acción contraria a un principio que se considera recto.
ATENTAR tr. Ejecutar una cosa contra el orden que previenen las leyes. ◊ Intentar un delito, cometer atentado.
ATENTO, TA adj. Que tiene fija la atención en algo. ◊ Cortés.
ATENUADOR, RA adj. Que atenúa. ◊ adj. y m. Dispositivo eléctrico que sirve para reducir la amplitud de las señales que recibe, sin apenas distorsionarlas.
ATENUANTE adj. Que atenúa. ◊ adj. y f. *Der.* Cada uno de los hechos tipificados que disminuyen la responsabilidad penal del autor de un delito.
ATENUAR tr. Poner tenue o delgada alguna cosa. ◊ fig. Minorar o disminuir.

ATEO, A adj. y s. Que niega la existencia de Dios.
ATERCIOPELADO, DA adj. Semejante al terciopelo.
ATERIDO, DA adj. Pasmado de frío.
ATERIR tr. y prnl. Pasmar de frío.
ATEROSCLEROSIS f. *Pat.* Depósito de lipoides en la capa interna de las arterias.
ATERRAJAR tr. Labrar con la terraja las roscas de los tornillos y tuercas.
ATERRAR tr. Bajar al suelo. ◊ Derribar. ◊ tr. y prnl. Causar terror. ◊ Cubrir con tierra. ◊ intr. Llegar a tierra. ◊ Aterrizar. ◊ prnl. *Mar.* Acercarse a tierra los buques en su derrota.
ATERRIZAR intr. Tomar tierra un pasajero o tripulante de un aparato volador. ◊ Posarse en tierra dicho aparato.
ATERRORIZAR tr. y prnl. Causar terror.
ATESORAR tr. Guardar dinero o cosas de valor. ◊ fig. Tener buenas cualidades.
ATESTACIÓN f. Deposición de testigo.
ATESTADO, DA adj. Testarudo. ◊ m. Documento oficial en que se hace constar algo como cierto. ◊ pl. Testimoniales.
ATESTAR tr. Henchir una cosa hueca, apretando lo que se mete en ella. ◊ Meter una cosa en otra. ◊ tr. *Der.* Testificar, atestiguar.
ATESTIGUAR tr. Deponer, afirmar como testigo alguna cosa.
ATEZAR tr. Poner liso o lustroso. ◊ tr. y prnl. Ennegrecer. ◻ ATEZADO, DA.
ATHABASCA Lago de Canadá en el N de las prov. de Alberta y Saskatchewan; 11 500 km². ◊ Río de Canadá; 1 200 km. Nace en las montañas Rocosas y desagua en el lago hom.
ATIBORRAR tr. Llenar alguna cosa de borra. ◊ tr. y prnl. fig. y fam. Atracar de comida.
ÁTICA (*Attiké*) Nomo de la región de Grecia central y Eubea, sit. entre la Beocia y el monte Parnaso.
ÁTICO, CA adj. y s. Del Ática o de Atenas. ◊ m. Uno de los dialectos de la lengua griega. ◊ *Arq.* Último piso de un edificio, que cubre el arranque de la techumbre.
ATIESAR tr. y prnl. Poner tiesa una cosa.

ATIGRADO, DA adj. Manchado como la piel del tigre.
ATILA Caudillo de los hunos [434-453]. En el año 451 se lanzó sobre Occidente, pero fue derrotado. Al año siguiente invadió Italia.
ATILDAR tr. Poner tildes a las letras. ◊ tr. y prnl. fig. Componer, asear. ◻ ATILDADO, DA; ATILDAMIENTO.
ATINAR intr. Encontrar lo que se busca. ◊ Acertar a dar en el blanco. ◊ Acertar una cosa por conjeturas.
ATINGENCIA f. *Amér.* Conexión, relación de una cosa con otra.
ATIPARSE prnl. Atracarse, hartarse.
ATÍPICO, CA adj. Que no posee ni pertenece a un tipo regular.
ATIPLAR tr. Levantar el tono de un instrumento hasta que llegue a tiple. ◊ prnl. Subir un instrumento, o la voz, del tono grave al agudo.
ATIRANTAR tr. Poner tirante. ◊ *Arq.* Asegurar con tirantes.
ATISBAR tr. Mirar, observar con cuidado. ◻ ATISBADURA.
ATISBO m. Observación atenta. ◊ Vislumbre.
ATITLÁN Lago de Guatemala, en el dpto. de Sololá; 126 km², a 1 560 m de alt. ◊ Volcán en la orilla S del lago hom.; 3 537 m de alt. Última erupción en 1853.
ATIZADOR, RA adj. y s. Que atiza. ◊ m. Instrumento que sirve para atizar.
ATIZAPÁN DE ZARAGOZA Mun. de México, en el est. de México, 44 300 hab. Agricultura. Industrias.
ATIZAR tr. Remover el fuego para que arda más. ◊ fig. Avivar pasiones o discordias. ◊ fig. y fam. Dar golpes.
ATL, Doctor Sobrenombre de *Gerardo Murillo* (1875-1964) Pintor y escritor mex. Creó una nueva técnica muralista, el *Atlcolor.*
ATLANTA C. de EE UU, cap. del est. de Georgia; 394 000 hab. (2 833 500 hab. la agl. urb.). Universidad. Sede de los Juegos Olímpicos de 1996.
ATLANTE m. *Arq.* Estatua de hombre que sustenta sobre sus hombros o cabeza los arquitrabes de las obras.
ATLÁNTICO, CA adj. Relativo al monte Atlas o al océano Atlántico.
ATLÁNTICO Océano que separa Europa y África de América; 106 200 000 km². Presenta algunos mares adyacentes: Mediterráneo, Caribe, Báltico y el gran golfo de San Lorenzo. Tiene varias fosas y crestas que se elevan formando islas: Azores, Ascensión, Santa Elena, Tristán de Acuña. Lo surcan las corriente del Labrador y la del Golfo. ◊ **Carta del A.** Programa sobre la política de EE UU y Gran Bretaña para después de la II Guerra Mundial, trazada por Roosevelt y Churchill en 1941.
ATLÁNTICO Dpto. de Colombia, sit. al N del país; 3 388 km², 2 272 168 hab. Cap., Barranquilla. Ocupa una zona predominantemente llana, junto a la desembocadura del Magdalena. Ganadería vacuna, caballar. Petróleo. Algodón, maíz, yuca. Ind. alimentaria, química, textil, de maquinaria.
ATLÁNTIDA Masa continental que se supone ocupó el Atlántico septentrional, entre América del Norte, Europa, Groenlandia y las islas Canarias.
ATLÁNTIDA Dpto. del N de Honduras, a orillas del Caribe; 4 372, 1 km², 228 727 hab. Cap., La Ceiba. Amplia lla-

nura litoral y zona interior montañosa. Cacao, café, caña de azúcar.

ATLAS m. Colección de mapas encuadernados en un volumen. ◊ Colección de láminas, gralte. anejas a una obra. ◊ *Anat.* Primera de las vértebras cervicales.

ATLAS *Mit.* Titán condenado por Zeus a sostener el firmamento en sus espaldas.

ATLAS Sist. montañoso del NO de África. Se extiende por Marruecos, Argelia y Tunicia. Mayor alt.: Djebel Toubqal (4 167 m).

ATLETA m. El que tomaba parte en los ant. juegos públicos de Grecia y Roma. ◊ com. Persona que practica ejercicios o deportes que requieren fuerza, agilidad, etc. ◊ m. fig. Hombre membrudo y de grandes fuerzas. ❏ ATLÉTICO, CA.

ATLETISMO m. Práctica de los ejercicios atléticos.

ATLIXCO Mun. de México, en el est. de Puebla; 72 400 hab. Ganadería. Industrias.

ATM *Fís.* Símbolo de la atmósfera, unidad de presión.

ATMAN m. Término básico del brahmanismo y del hinduismo posterior. Significa en principio el aliento vital, la esencia del cosmos y del hombre.

ATMÓSFERA o **ATMOSFERA** f. Envoltura gaseosa que rodea un astro; por antonomasia, la de la Tierra. ◊ Fluido gaseoso comprendido en un espacio, habitación, recipiente. ◊ fig. Espacio a que se extienden las influencias de alguien o algo. ◊ *Fís.* Unidad de presión que equivale al peso de una columna de mercurio de 76 cm de alto y 1 cm² de sección.

❏ *Meteor.* La a. terrestre tiene un espesor de unos 1 000 km y está dividida en varias capas: *troposfera*, que se extiende hasta unos 12-14 km de alt., estando formada por nitrógeno (78 %), oxígeno (21 %), argón (0,93 %), anhídrido carbónico (0,03 %), vapor de agua y otros gases; *estratosfera*, que se extiende hasta unos 50 km de la superficie terrestre, con el ozono como principal componente; *mesosfera*, que se extiende hasta unos 80-85 km y contiene ozono y vapores de sodio; *ionosfera*, que se extiende hasta unos 500 km, y cuyos constituyentes son iones o moléculas cargadas; *exosfera*, que se extiende hasta unos 1 000 km de alt. ❏ ATMOSFÉRICO, CA.

ATOCHA f. Esparto, planta gramínea.

ATOCINAR tr. Partir el puerco en canal. ◊ fig. y fam. Asesinar. ◊ prnl. fig. y fam. Irritarse.

ATOLE m. *Amér.* Bebida hecha con harina de maíz, disuelta en agua o leche.

ATOLLADERO m. Atascadero.

ATOLLAR intr. y prnl. Dar en un atolladero. ◊ prnl. fig. y fam. Atascarse.

ATOLÓN m. Arrecife coralino anular con una laguna en su zona central.

ATOLONDRAR tr. y prnl. Aturdir, turbar los sentidos. ❏ ATOLONDRADO, DA.

ATÓMICO, CA adj. *Fís.* Relativo al átomo. ◊ Que utiliza la energía que se produce por la desintegración del átomo.

ATOMISMO m. *Fil.* Doctrina que concibe la formación del universo por el concurso fortuito de átomos. ❏ ATOMISTA, ATOMÍSTICO, CA.

ATOMIZAR tr. Dividir en partes sumamente pequeñas. ❏ ATOMIZACIÓN; ATOMIZADOR.

ÁTOMO m. Estructura que forma la unidad básica de cualquier elemento. Es la menor unidad de materia que puede intervenir en una combinación química. ◊ fig. Cosa muy pequeña.

❏ *Fís.* y *Quím.* Dalton propuso la primera formulación científica de la teoría atómica (1803). Supuso que el átomo era simple. Durante el s. XIX la teoría atómica creció en manos de químicos como Avogadro (⇒ Avogadro, número de) y de Mendeléiev que agrupó los elementos en la ⇒ Tabla periódica. A fines del s. XIX se descubrieron el electrón y el protón. J. J. Thomson (1904) y Rutherford (1911) desarrollaron el nuevo modelo, en el que el á. está constituido por un núcleo donde se concentra casi toda la masa y la carga positiva, equilibrada por la carga negativa de los electrones que giran en torno a él. Niels Bohr (1913) imaginó un á. en el que sólo eran posibles determinadas órbitas para los electrones. En la década de los veinte se desarrolló la ⇒ mecánica cuántica.

ATÓN El Sol en forma de disco, divinidad egipcia que sustituyó al dios Amón.

ATONAL adj. *Mús.* Díc. de la música concebida sin sujeción a una tonalidad determinada. ❏ ATONALIDAD.

ATONÍA f. *Pat.* Falta de tono muscular.

ATÓNITO, TA adj. Estupefacto, pasmado.

ÁTONO, NA adj. *Gram.* Díc. de los sonidos, vocales, sílabas o palabras que se pronuncian sin acento prosódico.

ATONTAR tr. y prnl. Aturdir.

ATORAR tr., intr. y prnl. Atascar, obstruir. ◊ prnl. Atragantarse.

ATORMENTAR tr. y prnl. Causar dolor corporal. ◊ tr. Dar tormento al reo. ◊ tr. y prnl. fig. Causar aflicción.

barrera coralina

isla sumergida

Atolón. Arriba, proceso completo de formación de un anillo atolonífero. Abajo, corte transversal de un atolón

ATORNILLAR tr. Introducir un tornillo haciéndole girar alrededor de su eje. ◊ Sujetar con tornillos.

ATOSIGAR tr. y prnl. fig. Abrumar a alguno, dándole prisa para que haga una cosa. ❏ ATOSIGAMIENTO.

ATRABANCAR tr. e intr. Hacer alguna cosa de prisa. ❏ ATRABANCO.

ATRABILIARIO, RIA adj. y s. fam. De genio destemplado.

ATRACADERO m. Lugar donde pueden arrimarse a tierra las embarcaciones menores.

ATRACAR tr. fam. Hacer comer y beber con exceso. ◊ Asaltar a alguien en poblado, valiéndose de armas, para robarle. ◊ intr. *Mar.* Arrimarse en una embarcación a tierra o a otra embarcación. ◊ prnl. Hartarse. ❏ ATRACADOR, RA.

ATRACCIÓN f. Fuerza para atraer. ◊ **gravitatoria.** *Fís.* La que ejercen entre sí dos cuerpos del universo. ◊ **molecular.** *Fís.* Cohesión molecular.

ATRACTIVO, VA adj. Que atrae. ◊ m. Cualidad que atrae simpatía o afecto.

ATRAER tr. Traer hacia sí alguna cosa. ◊ fig. Provocar una persona o cosa en alguien afecto o deseo de posesión.

ATRAGANTAR prnl. No poder tragar algo que se atraviesa en la garganta. ◊ fig. y fam. Turbarse en la conversación. ◊ fig. y fam. Resultarle a uno antipática, desagradable alguien o algo.

ATRANCAR tr. Asegurar la puerta con una tranca. ◊ Atascar. ◊ prnl. Encerrarse asegurando la puerta con una tranca. ❏ ATRANCO.

ATRAPAR tr. fam. Coger al que huye. ◊ fam. Coger alguna cosa.

ATRÁS adv. lugar. Hacia la parte que está a las espaldas de uno. ◊ Detrás. ◊ Úsase también para expresar tiempo pasado. ◊ Aplicado al hilo del discurso, anteriormente.

ATRASAR tr. y prnl. Retardar. ◊ tr. Fijar un hecho en época posterior a la que ha ocurrido. ◊ Hacer que retrocedan o marchen con menos velocidad las agujas del reloj. ◊ intr. y prnl. Señalar el reloj tiempo pasado. ◊ prnl. Quedarse atrás. ◊ Dejar de crecer.

ATRASO m. pl. Pagas o rentas vencidas y no cobradas.

ATRATO Río de Colombia, que nace en la cordillera Occidental andina y desemboca en el Caribe; 690 km.

ATRAVESADO, DA adj. Que tiene los ojos un poco vueltos. ◊ Animal cruzado. ◊ fig. De mala índole o intención.

ATRAVESAR tr. Poner una cosa de modo que pase de una parte a otra. ◊ Pasar un objeto sobre otro. ◊ Pasar un cuerpo penetrándolo de parte a parte. ◊ Poner delante algo que impida el paso o haga caer. ◊ Pasar cruzando de una parte a otra. ◊ prnl. Ponerse alguna cosa entremedias de otras.

ATRAVIESO m. *Chile.* Paso entre montañas.

ATRENZO m. *Amér.* Conflicto, apuro.

ATREO *Mit.* Rey legendario de Micenas, padre de Agamenón y Menelao.

ATREVERSE prnl. Determinarse a algo arriesgado. ◊ Insolentarse.

ATREVIDO, DA adj. y s. Que se atreve. ◊ Irrespetuoso, provocativo.

ATREZZO (voz it.) m. Conjunto de accesorios que completan el decorado de una escena. ❏ ATREZZISTA.

Atrio de la Casa de las Bodas de Plata de Pompeya (Italia)

ATRIBUCIÓN f. Cada una de las facultades que a una persona da el cargo que ejerce.

ATRIBUIR tr. y prnl. Aplicar hechos o cualidades a alguna persona o cosa. ◊ tr. Señalar una cosa a alguno como de su competencia. ◊ fig. Achacar.

ATRIBULAR tr. Causar tribulación. ◊ prnl. Padecerla.

ATRIBUTIVO, VA adj. Que indica o enuncia un atributo o cualidad. ◊ *Gram.* Díc. de los verbos que forman parte del predicado nominal. ◊ *Gram.* Díc. de la oración gramatical simple, de predicado nominal.

ATRIBUTO m. Cualidades o propiedad de un ser. ◊ *Gram.* Lo que se enuncia de un sujeto. ◊ Adjetivo sustantivo o sintagma en función nominal, que forma el predicado nominal con los verbos *ser* y *estar*. ◊ Predicado nominal.

ATRICIÓN f. Dolor de haber ofendido a Dios. ❏ ATRITO, TA.

ATRIL m. Mueble para sostener libros o papeles abiertos.

ATRINCAR tr. *Amér.* Trincar, sujetar.

ATRINCHERAR tr. *Mil.* Ceñir con trincheras un puesto. ◊ prnl. *Mil.* Ponerse en trincheras. ◊ fig. Resguardarse detrás de algo. ◊ fig. Obstinarse.

ATRIO m. En las antiguas casas rom., parte cercada de pórticos. ◊ En las iglesias, patio amplio rodeado de pórticos. ◊ Zaguán.

ATROCIDAD f. Crueldad grande. ◊

Augusto

fam. Exceso. ◊ fam. Dicho o hecho necio o temerario.

ATROFIA f. *Pat.* Disminución del tamaño o de la funcionalidad de un órgano, sistema, tejido o parte de un organismo. ❏ ATROFIAR; ATRÓFICO, CA.

ATRONAR tr. Producir un ruido muy potente. ◊ Tapar los oídos de una caballería para que no se espante con el ruido. ◊ Dejar sin sentido a una res.

ATROPAR tr. y prnl. Reunir gente en cuadrilla, sin formación. ◊ tr. Juntar.

ATROPELLAR tr. Pasar precipitadamente por encima de alguna persona, especialmente con una caballería o vehículo. ◊ Derribar o empujar a uno para abrirse paso. ◊ Agraviar a alguno empleando violencia o abuso. ◊ fig. Proceder sin respeto o consideración a los derechos, leyes, etc. ◊ fig. Hacer una cosa precipitadamente. ◊ prnl. fig. Apresurarse demasiado. ❏ ATROPELLO.

ATROPINA f. Alcaloide que se extrae de la belladona y se emplea en medicina y en oftalmología.

ATROZ adj. Fiero. ◊ Enorme.

ATTLEE, Clement (1883-1967) Político laborista brit. Primer ministro (1945-1951); introdujo mejoras sociales y reformas económicas.

ATUENDO m. Atavío, vestido.

ATUFAR tr. y prnl. Intoxicar con el tufo. ◊ fig. Enfadar.

ATÚN m. *Zool.* Pez de color negro azulado por encima y gris plateado por debajo. Su carne es muy apreciada. ◊ fig. y fam. Hombre ignorante y rudo. ❏ ATUNERO, RA.

ATURDIMIENTO m. Perturbación de los sentidos por efecto de un golpe, ruido, etc. ◊ fig. Perturbación psíquica ocasionada por una desgracia, etc.

ATURDIR tr. y prnl. Causar aturdimiento. ◊ fig. Confundir, pasmar.

ATURRULLAR o **ATURULLAR** tr. y prnl. fam. Confundir a uno, turbarle, aturdirle.

ATUSAR tr. Recortar e igualar el pelo con tijeras. ◊ Igualar con tijeras las plantas. ◊ Alisar el pelo.

Au *Quím.* Símb. del oro.

AUB, Max (1903-1972) Escritor esp. Evolucionó del surrealismo y el dadaísmo (*Fábula verde, Narcho*), al realismo. *El laberinto mágico (Campo cerrado, Campo de sangre, Campo abierto)*.

AUCA adj. y s. *Chile.* Araucano.

AUCKLAND C. de Nueva Zelanda, en

la isla del Norte; 839 500 hab. Ind. alimentarias, mecánicas y plásticas.

AUDACIA f. Osadía, atrevimiento. ❏ AUDAZ.

AUDEN, Wystan Hugh (1907-1973) Poeta y dramaturgo norteam. de origen brit. *Poemas, La danza de la muerte, España*.

AUDIBLE adj. Que se puede oír.

AUDICIÓN f. *Fisiol.* Sensación producida por la estimulación de los receptores del oído interno, con ondas acústicas. ◊ Acto de oír. ◊ Concierto, recital, o lectura en público.

AUDIENCIA f. *Der.* Sesión ante un tribunal durante la cual los litigantes exponen sus argumentos. ◊ *Der.* Tribunal de justicia que entiende en pleitos o causas de determinado territorio. ◊ Conjunto de personas que reciben información de un medio de comunicación.

AUDÍFONO m. Aparato para percibir mejor los sonidos. ◊ *Amér.* Auricular del teléfono.

AUDIOFRECUENCIA f. *Electr.* Frecuencia de corriente alterna usada en la transmisión de sonidos.

Aurora boreal

AUDIÓMETRO m. Aparato para medir la agudeza auditiva.

AUDIOVISUAL adj. Relativo al oído y a la vista. ◊ **Medios a.** Procedimientos de información basados en las técnicas de reproducción de imágenes y sonidos.

AUDITAR tr. Asesorar. ◊ Revisar, intervenir o examinar cuentas contables.

AUDITIVO, VA adj. Que tiene virtud para oír. ◊ Del órgano del oído.

AUDITOR, RA adj. Que audita. ◊ m. Funcionario jurídico, militar o eclesiástico, que asesora técnicamente. ◊ Revisor de cuentas colegiado.

AUDITORÍA f. Empleo de auditor. ◊ Tribunal o despacho de auditor. ◊ **contable.** Revisión de la contabilidad por el auditor.

AUDITORIO m. Conjunto de oyentes. ◊ Sala de conciertos, recitales, etc.

AUGE m. Elevación grande en dignidad o fortuna. ◊ *Astr.* Apogeo.

AUGITA f. *Miner.* Silicato de calcio y magnesio, monoclínico, del grupo de los piroxenos, de peso específico 3,3-3,5, color verde oscuro y brillo vítreo.

AUGSBURGO (*Augsburg*) C. de Alemania, en Baviera; 244 400 hab. Ind. textil, mecánica, química. ◊ **Confesión de A.** Exposición de la doctrina luterana, ante Carlos V, en la Dieta de A. (1530). ◊ **Liga de A.** Coalición entre Austria, España, Inglaterra y Suecia contra Luis XIV de Francia (1688). ◊ **Paz de A.** La que legalizaba lo expuesto en la Confesión de A. (1555).

AUGUR m. Sacerdote que en la ant. Roma practicaba la adivinación por el canto, el vuelo y la manera de comer de las aves, etc. ◊ fig. Adivino.

AUGURAR tr. Agorar, pronosticar.

AUGURIO m. Agüero.

AUGUSTA C. de EE UU, cap. del est. de Maine; 21 300 hab.

AUGUSTO, TA adj. Aplícase a los reyes y a las personas de la familia real.

AUGUSTO, Cayo Julio César Octavio (63 a. C.-14 d. C.) Primer emperador rom. Formó el segundo triunvirato con Marco Antonio y Lépido (43). Derrotó a Marco Antonio en Accio (31). Con él, el Imperio alcanzó su apogeo.

AUGÚSTULO ➩ Rómulo Augústulo.

AULA f. Sala destinada a dar clases.

AULAGA f. *Bot.* Planta dicotiledónea de hojas lisas terminadas en púas, que sirve de pasto al ganado. ❑ AULAGAR.

ÁULICO, CA adj. De la corte o palacio.

AULLADOR, RA adj. Que aúlla. ◊ m. *Amér. Merid. Zool.* Mono platirrino dotado de un órgano vocal que le permite emitir un sonoro bramido.

AULLIDO m. Voz quejosa y prolongada del lobo, el perro y otros animales. ❑ AULLAR; AÚLLO.

AUMENTAR tr., intr. y prnl. Dar mayor extensión, número o materia a alguna cosa. ◊ tr. y prnl. Mejorar en conveniencias, empleos o riquezas. ❑ AUMENTO.

AUMENTATIVO, VA adj. *Gram.* Díc. de los sufijos que sirven para formar palabras y aumentar su significación.

AUN adv. cantidad y modo. No obstante, sin embargo; hasta, también, inclusive, con negación, siquiera.

AÚN adv. tiempo. Todavía.

AUNAR tr. y prnl. Unir, poner juntas o armonizar varias cosas.

AUNQUE conj. adversativa. Úsase para denotar oposición, a pesar de la cual puede ser, ocurrir o hacerse algo.

¡AÚPA! interj ¡Upa! ◊ Interj. para animar a los niños a levantarse.

AUPAR tr. y prnl. Levantar o subir a una persona. ◊ fig. Ensalzar.

AURA f. Viento suave. ◊ fig. Atmósfera inmaterial que rodea ciertos cuerpos.

AURELIANO (214-275) Emperador rom. [270- 275]. Venció a diversos pueblos bárbaros y a Zenobia, reina de Palmira.

ÁUREO, A adj. De oro; parecido al oro, dorado.

AUREOLA o **AURÉOLA** f. Círculo luminoso, que se coloca en la cabeza de las imágenes religiosas. ◊ fig. Gloria que alcanza una persona por sus méritos. ◊ *Astr.* Corona o arco luminoso, que en determinadas circunstancias astronómicas rodea al Sol o a la Luna.

ÁURICO, CA adj. De oro.

AURÍCULA f. *Anat.* Cada una de las dos cavidades de la parte anterior del corazón de los batracios, reptiles, aves y mamíferos; reciben sangre venosa. ◊ *Bot.* Prolongación de la parte inferior del limbo de las hojas. ◊ Pabellón de la oreja.

AURICULAR adj. Relativo al oído o a las aurículas del corazón. ◊ m. Dedo auricular, meñique. ◊ Pieza de ciertos aparatos que sirve para escuchar.

AURÍFERO, RA adj. Que lleva o contiene oro.

AURIGA m. poét. Cochero.

AURIÑACIENSE adj. y m. Primer período del paleolítico superior.

AURIOL, Vincent (1884-1966) Político socialista fr., presid. de la IV República (1947-1954).

AURORA f. Luz que precede a la salida del sol. ◊ fig. Principio de algo. ◊ **austral.** *Meteor.* La polar del hemisferio austral. ◊ **boreal.** *Meteor.* La polar del hemisferio septentrional. ◊ **polar.** *Meteor.* Fenómeno luminoso de las zonas altas de la atmósfera, a unos 23° de lat. de los polos.

AURORA *Mit.* Diosa del amanecer, que los rom. identificaron con la griega Eos.

AUSANGATE, Nevado Cumbre andina de Perú; 6 384 m.

AUSCHWITZ Nombre al. de la c. polaca de *Oswiecim*, en cuyas proximidades los nazis tuvieron en funcionamiento cuatro campos de concentración y exterminio.

AUSCULTAR tr. *Med.* Aplicar el oído a ciertos puntos del cuerpo humano para explorar los sonidos y ruidos en las cavidades del pecho o del vientre.

AUSENCIA f. Tiempo en que alguno está ausente. ◊ Falta de alguna cosa.

AUSENTAR tr. Hacer que alguno se aleje de un lugar. ◊ prnl. Alejarse uno.

AUSOLES m. pl. *Amér. Centr.* Grietas en los terrenos volcánicos.

AUSPICIO m. Agüero. ◊ Protección. ◊ pl. Señales que en el comienzo de un negocio parecen presagiar su buena o mala terminación.

Mapa de situación y bandera de **Australia**

AUSTEN, Jane (1775-1817) Novelista brit. costumbrista. *Orgullo y prejuicio, Emma, La abadía de Northanger.*

AUSTERLITZ (checo, *Slavkov*) Localidad de la Rep. Checa, en Moravia. En 1805, victoria de Napoleón contra austriacos y rusos.

Australia. Calle peatonal de Perth

AUSTERO, RA adj. Agrio, áspero al gusto. ◊ Que obra con rigidez y severidad. ❑ AUSTERIDAD.

AUSTIN C. de EE UU, cap. del est. de Texas; 465 600 hab.

AUSTRAL adj. Relativo al austro, y gralte. al polo y al hemisferio sur. ◊ m. Ant. unidad monetaria de Argentina.

AUSTRALASIA Nombre con que se designa al conjunto de las mayores islas de Oceanía.

AUSTRALIA (*Commonwealth of Australia*) Estado de Oceanía integrado por la isla austral hom. y la vecina isla de Tasmania; miembro de la Commonwealth brit., como Est. federal independiente. Forma una gran meseta estepária ocupada al O por una serie de vastos desiertos. Accidentada por los Alpes australianos y la Gran Cordille-

AUSTRALIA

Superficie	7 682 300 km²
Población	17 336 000 hab. (2 hab./km²)
Recursos económicos	
Algodón	433 000 t
Avena	1 615 000 t
Caña de azúcar	2 800 000 t
Cebada	4 250 000 t
Trigo	9 633 000 t
Ganadería	
Cabaña bovina	23 430 000 cabezas
Cabaña ovina	162 774 000 cabezas
Cabaña porcina	2 530 000 cabezas
Riqueza forestal	16 015 000 m³
Pesca	214 400 t
Producción minera	
Cinc	1 048 000 t
Gas natural	21 400 millones de m³
Plata	1 180 t
Oro	242,3 t
Petróleo	25 502 000 t
Uranio	3 530 t
Producción industrial	
Ácido sulfúrico	1 904 000 t
Aluminio	1 235 000 t
Cemento	6 901 000 t
Tejidos de algodón	36 000 000 m³
Indicadores sociológicos	
PNB	287 765 millones de dólares
Renta per cápita	16 590 dólares
Esperanza de vida	77 años
Alfabetismo	100 %

ra Divisoria. La pral. arteria fluvial es el Murray. Clima cálido y seco. Ganadería (máx. productor de lana); cereales, caña de azúcar, patata, algodón; oro, plata, hierro, petróleo, gas natural, titanio, uranio, etc.; ind. textil, siderúrgica, papelera, mecánica, química, eléctrica. Lenguas: inglés (of.), variantes aborígenes. *Rel.*: protestantismo, catolicismo, animismo. U. M.: dólar australiano. Cap., Canberra. C. imp.: Sidney, Melbourne.

□ *Hist.* Permaneció aislada del mundo hasta que en los ss. XVI y XVII los port., esp. y hol. llegaron a sus costas. En 1770, J. Cook tomó posesión de la isla en nombre de Gran Bretaña. La población creció extraordinariamente a causa de la fiebre del oro (1851). Alcanzó la autonomía gubernativa en 1860 y se constituyó en 1901 la Federación de A. Participó en las dos guerras mundiales junto a los aliados. En 1977, llegó al poder M. Frazer, al frente de una coalición de liberales y nacional-agraristas. En 1983, ganaron los laboristas, cuyo líder, B. Hawke, fue elegido primer ministro. En 1996 perdieron la mayoría ante los conservadores, liderados por J. Howard (reelegido en 1998, 2001 y 2004).

AUSTRALIANO, NA adj. y s. De Australia.

AUSTRALOIDE adj. y s. Grupo racial compuesto por los aborígenes australianos, los papúes, los melanesios y los vedda del S de la India y Sri Lanka.

AUSTRALOPITECO m. *Antr.* Homínido fósil. Sus restos se han encontrado en el S y E de África.

AUSTRIA (*Republik Österreich*) Estado centroeuropeo. Los Alpes cruzan el territorio de O a E (Gross Glockner, 3 798 m). Al N, el valle del Danubio, avenado por este río y sus afl. Patata, trigo, cebada, centeno, maíz, vid, remolacha. Ganadería (bovina, ovina, caprina, porcina). Hierro, petróleo, lignito, magnesita. Ind. siderúrgica, textil. Producción eléctrica. Clima continental y alpino. Lenguas: alemán (of.), esloveno, húngaro, checo. *Rel.* catolicismo (90 %), protestantismo. U. M.: euro. Cap., Viena. C. imp.: Graz, Linz, Salzburgo.

Mapa de situación y bandera de **Austria**

□ *Hist.* Fue invadida por numerosos pueblos, hasta que Otón I la incorporó a sus dominios (955). Con la dinastía de la *Casa de A.* se extendió territorialmente y se unió temporalmente a España con Carlos V. En su enfrentamiento con Prusia (1866) perdió la hegemonía germana y se constituyó el imperio de Austria-Hungría. Éste fue vencido en la I Guerra Mundial y se desintegró. En 1918 se proclamó la Rep. federal. Hitler la incorporó al III Reich (1938). Terminada la II Guerra Mundial, fue ocupada por los aliados hasta 1955. A partir de entonces,

AUSTRIA	
Superficie	83 859 km²
Población	7 823 000 hab. (93 hab./km²)
Recursos económicos	
Cebada	1 360 000 t
Maíz	1 524 000 t
Trigo	1 341 000 t
Uva	420 000 t
Ganadería y derivados	
Cabaña bovina	2 584 000 cabezas
Cabaña porcina	3 688 000 cabezas
Producción minera	
Hierro	762 000 t
Lignito	2 510 000 t
Magnesita	1 179 000 t
Petróleo	1 149 000 t
Producción industrial	
Acero	4 186 000 t
Aluminio	80 400 t
Cemento	4 903 000 t
Tejidos de algodón	14 600 t
Indicadores sociológicos	
PNB	157 528 millones de dólares
Renta per cápita	20 380 dólares
Esperanza de vida	76 años
Alfabetismo	100 %

A. mantuvo una política de neutralidad y el gobierno recayó en los socialdemócratas. En las elecciones presid. de 1992 venció el conservador Thomas Klestil, relegido en 1998. Durante su primer mandato A. pasó a formar parte de la Unión Europea. En 2004, triunfó el líder del Partido Socialdemócrata Heinz Fischer.

AUSTRIA, *Casa de* Dinastía de los Habsburgo que reinó en el Sacro Imperio romano germánico (1418-1806), España (1514-1700) y Austria-Hungría (1867-1918).

AUSTRIA-HUNGRÍA Nombre del Est. formado, en 1867, por ambos países, que construyeron un imperio en el centro de Europa. Después de la I Guerra Mundial fue disuelto.

AUSTRIACO, CA o **AUSTRÍACO, CA** adj. y s. De Austria.

AUSTRO m. Viento que sopla del S. ◊ Sur, punto cardinal.

Australoides

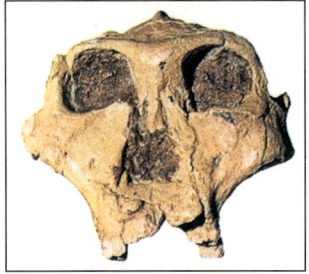

Cráneo fósil de **australopiteco**

Austria. El palacio Schönbrunn de Viena

Autillo

AUSTRO-PRUSIANA, *Guerra* Conflicto que enfrentó a Prusia e Italia con Austria, Baviera, Würtemberg, Sajonia, Hannover, Baden y Hesse. Concluyó con la victoria de Prusia e Italia.
AUTARQUÍA f. Condición o calidad del ser que no necesita de otro para su subsistencia o desarrollo. ◊ Independencia económica de un Estado.
AUTENTICAR tr. Autorizar o legalizar alguna cosa. ◊ Acreditar.
AUTÉNTICO, CA adj. Acreditado de cierto y positivo. ◊ Autorizado; que hace fe pública. ❑ AUTENTICIDAD.
AUTENTIFICAR tr. Autenticar.
AUTILLO m. *Zool.* Ave de hábitos nocturnos, parecida a la lechuza.
AUTISMO m. *Psiq.* Polarización de la vida psíquica hacia el mundo interior del enfermo, con el consiguiente desinterés por su mundo exterior.
AUTO m. *Der.* Una de las formas de resolución judicial. ◊ Composición dramática en que intervienen personajes bíblicos o alegóricos. ◊ Apócope de automóvil. ◊ pl. *Der.* Conjunto de actuaciones o piezas de un procedimiento judicial. ◊ **de fe.** Lectura de la sentencia y castigo público de los condenados por la Inquisición. ◊ **sacramental.** Auto dramático escrito en loor de la Eucaristía.
AUTOBIOGRAFÍA f. Vida de una persona, escrita por ella misma.
AUTOBOMBO m. Elogio desmesurado y público que hace uno de sí mismo.
AUTOBÚS m. Gran vehículo automóvil de transporte público urbano.
AUTOCAMIÓN m. Camión automóvil.
AUTOCAR m. Gran vehículo automóvil para el transporte interurbano de pasajeros.
AUTOCLAVE f. Aparato que mediante una elevada temperatura destruye los gérmenes patógenos.
AUTOCRACIA f. Sistema político en el que el gobernante recibe los poderes de sí mismo y no reconoce ninguna limitación a su autoridad. ❑ AUTÓCRATA.
AUTOCRÍTICA f. Crítica de una obra por su autor.
AUTÓCTONO, NA adj. y s. Originario del país en que vive. ❑ AUTOCTONÍA.
AUTODETERMINACIÓN f. Libre decisión de los pobladores de un territorio acerca de su futuro estatuto político.
AUTODIDACTO, TA adj. y s. Que se instruye por sí mismo.
AUTÓDROMO m. Pista para ensayar automóviles y para competiciones automovilísticas.
AUTOEDICIÓN f. Conjunto de téc-

nicas informáticas que permiten el tratamiento tipográfico de textos, la manipulación de imágenes y la compaginación en un documento.
AUTOENCENDIDO m. Encendido espontáneo de una mezcla de gases en un motor.
AUTOESCUELA f. Escuela de automovilistas.
AUTOGAMIA f. *Biol.* Proceso sexual que se presenta en algunos protozoos y que consiste en la división del núcleo y su posterior reunión.
AUTÓGENO, NA adj. Díc. de la soldadura de metales que se hace fundiendo con el soplete las partes por donde ha de hacerse la unión.
AUTOGESTIÓN f. Gestión directa de una empresa por los propios trabajadores a través de órganos elegidos por ellos.
AUTOGIRO m. *Aer.* Aparato con una hélice horizontal, que puede despegar y tomar tierra casi verticalmente.
AUTOGOBIERNO m. Sistema de administración de partes o dependencias de un país, basado en el reconocimiento de un poder local con atribuciones propias.
AUTÓGRAFO, FA adj. y s. Aplícase a lo escrito de mano de su mismo autor.
AUTOINDUCCIÓN f. *El.* Fuerza electromotriz que aparece en un circuito al variar la intensidad de la corriente que circula por él.
AUTOMACIÓN f. *Ing.* Conjunto de técnicas y aplicaciones que tienen por objeto la regulación de máquinas o sistemas sin la intervención del hombre.
AUTÓMATA f. Aparato dotado de un mecanismo que le imprime movimientos. ◊ Máquina que imita los movimientos de un ser animado. ◊ fig. y fam. Persona que se deja dirigir por otra.
AUTOMÁTICO, CA adj. Relativo al autómata. ◊ Díc. de los mecanismos que funcionan por sí solos. ◊ Que se produce en determinadas circunstancias. ◊ fig. Maquinal. ◊ m. Corchete que se cierra sujetando el macho con los dientes de la hembra. ◊ f. Ciencia que trata de sustituir en un proceso el operador humano por dispositivos mecánicos o electrónicos.
AUTOMATISMO m. *Med.* Ejecución involuntaria de actos. ◊ Sistema automático.

AUTOMATIZACIÓN f. Proceso de mecanización de las actividades industriales para reducir la mano de obra, simplificar el trabajo, etc. ❑ AUTOMATIZAR.
AUTOMOTOR, RA adj. Díc. de los aparatos que funcionan sin intervención ajena. ◊ adj. y m. *Ferr.* Vehículo de propulsión eléctrica o Diesel. ❑ AUTOMOTRIZ.

Automación. Sala de control de una instalación industrial totalmente automatizada

AUTOMÓVIL adj. Que se mueve por sí mismo. ◊ m. *Ing.*Vehículo destinado al transporte de personas.
❑ *Ing.* Las principales partes del automóvil son: 1) Instalación propulsora, constituida por el motor, grupo embrague-cambio y transmisión. 2) Instalación de frenado. 3) Mecanismo de dirección. 4) Suspensión. 5) Carrocería. 6) Chasis o bastidor. ❑ AUTOMOVILISTA.
AUTOMOVILISMO m. Conjunto de conocimientos acerca del automóvil. ◊ Empleo del automóvil con finalidad deportiva. ❑ AUTOMOVILÍSTICO, CA.
AUTONOMÍA f. Potestad que dentro del Estado pueden gozar entidades suyas para regirse. ◊ Estado y condición del pueblo que goza de independencia política. ◊ Vida propia e independiente de un organismo. ◊ fig. Condición del individuo que no depende de nadie.

Órganos mecánicos de un **automóvil**

AUTOPISTA f. Vía para la circulación rápida de automóviles. ◊ *Ing.* **autopistas de la información** Sistema de telecomunicaciones basado en el funcionamiento de una computadora y una línea telefónica, un cable de fibra óptica u otro modo de cableado, que permite conectar terminales distantes entre sí.

AUTOPROPULSIÓN f. Acción de trasladarse una máquina por su propia fuerza motriz.

AUTOPSIA f. *Med.* Examen anatómico del cadáver.

AUTOR, RA m. y f. El que es causa de alguna cosa, o la inventa. ◊ Persona que ha hecho alguna obra científica, literaria o artística.

AUTORIDAD f. Potestad. ◊ Potestad que en cada pueblo ha establecido su constitución para que le rija y gobierne. ◊ Poder que una persona sobre otra. ◊ Persona revestida de algún poder. ◊ Crédito y fe que se da a una persona o cosa en determinada materia. ◊ Texto que se cita en apoyo de lo que se dice. ❏ AUTORITARIO, RIA.

AUTORITARISMO m. Sistema político basado en la sumisión incondicional a la autoridad y su imposición arbitraria.

AUTORIZAR tr. Dar a uno facultad para hacer alguna cosa. ◊ Confirmar una cosa con autoridad, o sentencia de algún autor. ◊ Aprobar. ❏ AUTORIZADO, DA.

AUTORRADIO m. Radiorreceptor para automóviles.

AUTORRETRATO m. Retrato de una persona hecho por ella misma.

Autorretrato de Van Dyck

AUTOSERVICIO m. Sistema de venta en el que el comprador va tomando los artículos que le interesan y los paga al salir del establecimiento.

AUTO-STOP, AUTOSTOP o **AUTO-ESTOP** m. Sistema de viajar en automóviles a los que se para en la carretera.

AUTOSUFICIENCIA f. Sentimiento de la propia suficiencia. ◊ Estado del que puede satisfacer sus necesidades valiéndose de sus propios medios.

AUTOSUGESTIÓN f. *Psic.* Influencia ejercida en nuestro psiquismo por una idea que cultivamos nosotros mismos.

AUTOTOMÍA f. *Zool.* Propiedad de varios grupos zoológicos de desprender a voluntad algunas partes de su cuerpo que posteriormente se regeneran.

AUTÓTROFO, FA adj. y s. *Biol.* Organismos que se nutren exclusivamente de compuestos inorgánicos.

AUTOVÍA m. Tren automotor. ◊ f. Carretera de circulación rápida semejante a las autopistas.

AUVERNIA (*Auvergne*) Región histórica de Francia, en el macizo Central. Actualmente compone la circunscripción regional hom.; 26 013 km², 1 321 200 hab. Cap., Clermont-Ferrand.

AUXILIAR tr. Dar auxilio. ◊ Ayudar a bien morir. ◊ adj. y s. Que auxilia. ◊ Funcionario de categoría subalterna. ◊ Profesor que sustituye a un catedrático. ❏ AUXILIARÍA.

AUXILIO m. Ayuda, socorro.

AUXINA f. *Biol.* Hormona del crecimiento de los vegetales.

AVAL m. Firma que se pone al pie de un documento de crédito para responder de su pago, en caso de no efectuarlo la persona obligada a él. ◊ Escrito en que uno responde de la conducta de otro. ❏ AVALAR; AVALISTA.

AVALANCHA f. Alud. ◊ Tropel, irrupción.

AVALUAR tr. Valuar. ❏ AVALUACIÓN; AVALÚO.

AVANCE m. Anticipo de dinero. ◊ Anticipo de una noticia. ◊ Fragmentos de una película que se presentan con fines publicitarios.

AVANZADA f. Partida de soldados destacada para observar de cerca al enemigo.

AVANZADILLA f. Puesto militar que se adelanta a la avanzada.

AVANZAR tr. Mover o prolongar hacia adelante. ◊ intr. y prnl. Ir hacia adelante. ◊ Acercarse el tiempo a su fin. ◊ intr. fig. Adelantar o mejorar en la acción o estado. ◊ Proponer.

AVARICIA f. Afán de poseer y adquirir riquezas para atesorarlas.

ÁVARO, RA adj. y s. Relativo a los ávaros. ◊ m. pl. Pueblo ant. turcomongol, que en el s. v formó un imperio entre Manchuria y Turfán.

AVARO, RA adj. y s. Avariento. ◊ fig. Que reserva o escatima alguna cosa.

AVASALLAR tr. Someter a obediencia. ◊ fig. Atropellar, actuar a despecho de los derechos ajenos.

AVATAR m. Vicisitud.

AVE f. *Zool.* Animal vertebrado ovíparo de respiración pulmonar y sangre caliente, pico corto, cuerpo cubierto de plumas, y con dos pies y dos alas gralte. aptas para el vuelo. ◊ pl. Clase de estos animales. ◊ **del Paraíso.** Pájaro de color rojizo, cabeza dorada y garganta azul. ◊ **de rapiña.** Cualquiera de las carnívoras que tienen pico y uñas muy robustos, encorvados y puntiagudos. ◊ **rapaz. A.** de rapiña. ☐ *Zool.* Las a. son los únicos animales que poseen plumas. Estas plumas constituyen planos de sustentación en las alas (remeras); dirigen el curso del vuelo en la cola (timoneras); recubren y aislan térmicamente el cuerpo (coberteras y plumón). Dado su oviparismo, carecen de útero y sus oviductos desembocan directamente en la cloaca. La hembra deposita e incuba los huevos en el nido. Las crías de las especies más evolucionadas nacen sin plumas, por lo que dependen totalmente de sus padres. En otros grupos, las crías son capaces de buscar su propio alimento desde que salen del huevo.

AVE Siglas del tren Alta Velocidad Español, cuya línea férrea de Madrid a Sevilla se inauguró en 1992.

AVECINAR tr. y prnl. Acercar. ◊ Avecindar.

AVECINDAR tr. Inscribir a alguien como vecino de una población. ◊ prnl. Establecerse en una población en calidad de vecino. ❏ AVECINDAMIENTO.

AVEFRÍA f. *Zool.* Ave caradriforme de plumaje verde con irisaciones; posee un penacho de plumas en la cabeza.

Avefría

AVEJENTAR tr. y prnl. Poner viejo o hacer parecer viejo a alguien.

AVELLANA f. Fruto del avellano; es redondo, con corteza dura de color canela, dentro de la cual hay una carne blanca, aceitosa y de gusto agradable.

AVELLANAR m. Sitio poblado de avellanos. ◊ tr. Ensanchar los agujeros para los tornillos. ◊ prnl. Arrugarse como los avellanos una persona o cosa.

AVELLANEDA f. Avellanar. ❏ AVELLANEDO.

AVELLANEDA Partido de Argentina, en la prov. de Buenos Aires, al SE de la cap. del país, de cuya agl. urb. forma parte; 334 100 hab. Centro industrial.

AVELLANEDA, *Alonso Fernández de* (s. XVII) Seud. del autor de una *Segunda Parte del Ingenioso hidalgo Don Quijote de la Mancha.* ◊ *Gertrudis Gómez de* (1814-1873) Poetisa romántica cubana. Cultivó también la novela: *Al mar, Sab,* y el teatro: *La sonámbula.* ◊ *Nicolás* (1836-1885) Político arg. Presid. de la rep. en 1874-1880.

AVELLANO m. Arbusto dicotiledóneo caducifolio, con hojas anchas y aserradas, flores masculinas y femeninas, y fruto comestible.

AVEMARÍA f. Oración católica que empieza con la salutación del arcángel Gabriel a María. ◊ Ángelus.

AVEMPACE Nombre cast. de *Ibn Badjá* (m. 1138) Médico arabigoespañol. Uno de los primeros aristotélicos ár. *Comentarios.*

AVENA f. Planta herbácea gramínea, con flores terminales agrupadas en panojas sueltas y reunidas por parejas, usada tanto en la alimentación humana como del ganado.

AVENAR tr. Dar salida a las aguas muertas, o a la humedad de los terrenos, por medio de zanjas. ◊ Evacuar aguas un río en su cuenca. ❏ AVENAMIENTO.

AVENENCIA f. Convenio. ◊ Conformidad.

AVENIDA f. Creciente impetuosa de un río o arroyo. ◊ Vía ancha con árboles a los lados. ◊ fig. Concurrencia de varias cosas.

AVENIDO, DA adj. Con los advs. *bien* o *mal*, concorde con personas o cosas, o al contrario.

AVENIR tr. y prnl. Concordar, ajustar las partes díscordes. ◊ intr. Suceder, efectuarse un hecho. ◊ prnl. Entenderse bien con alguna persona o cosa. ◊ Amoldarse, conformarse con algo. ◊ Hablando de cosas, hallarse en armonía o conformidad. ❑ AVENIDOR, RA; AVENIMIENTO.

AVENTAJAR tr. y prnl. Adelantar, poner en mejor estado. ◊ Mejorar a uno.

AVENTAR tr. Hacer aire a alguna cosa. ◊ Echar al viento los granos en la era. ◊ Impeler el viento alguna cosa. ◊ fig. y fam. Echar. ◊ fig. y fam. Huir. ◊ *Cuba*. En los ingenios, exponer el azúcar al aire y al sol. ❑ AVENTADOR, RA.

AVENTINO Una de las siete colinas de Roma.

AVENTURA f. Suceso extraordinario. ◊ Casualidad. ◊ Relación amorosa breve. ◊ Empresa de resultado incierto.

AVENTURAR tr. y prnl. Arriesgar. ◊ tr. Decir alguna cosa atrevida o de la que se tiene duda o recelo.

AVENTURERO, RA adj. y s. Que busca aventuras. ◊ Aplícase a la persona de oscuros antecedentes que por medios reprobados trata de conquistar un puesto en la sociedad. ◊ *Méx*. Díc. del trigo que se siembra de secano.

AVERAGE (voz ingl.) m. *Dep*. Promedio, cociente, media.

AVERGONZAR tr. Causar vergüenza. ◊ prnl. Tener vergüenza o sentirla.

AVERÍA f. Daño que padecen las mercaderías o géneros. ◊ Lugar donde se crían aves. ◊ fam. Azar, daño o perjuicio.

AVERIAR tr. Ocasionar avería en un mecanismo, vehículo, etc. ◊ prnl. Echarse a perder una cosa.

AVERIGUAR tr. Inquirir, investigar.

AVERNO m. poét. Infierno.

AVERROES Nombre cast. de *Ibn Rosch* (1126-1198) Pensador ár., nacido en Córdoba. Cultivó todas las ciencias. Comentador de Aristóteles. *La destrucción de las destrucciones*.

AVERROÍSMO m. Sist. del filósofo hispanoárabe Averroes.

AVERSIÓN f. Oposición y repugnancia que se tiene a alguna persona o cosa.

AVESTA Conjunto de los 21 libros sagrados del zoroastrismo.

AVESTRUZ m. Ave corredora de cue-

llo largo y cabeza pequeña, la de mayor tamaño entre las aves actuales. Sus plumas son muy apreciadas.

AVETORO m. Ave ciconiforme de la familia ardeidos, de plumaje pardo rojizo y largas patas.

AVEZAR tr. y prnl. Acostumbrar.

AVIACIÓN f. Locomoción aérea por medio de aparatos más pesados que el aire. ◊ *Mil*. Arma del ejército que utiliza con fines bélicos este tipo de locomoción.

AVIADOR, RA adj. y s. Piloto de aviación.

AVIAR tr. Prevenir o disponer alguna cosa para el camino. ◊ Aderezar la comida. ◊ tr. y prnl. fam. Alistar, componer. ◊ fam. Proporcionar a uno lo que le hace falta para algún fin.

AVIARIO, RIA adj. Relativo a las aves. ◊ m. Colección de aves.

AVICEBRÓN Nombre cast. de *Salomón ben Gabirol* (1020-1070) Filósofo hispanojudío. *La fuente de la vida*.

AVICENA Nombre cast. de *Ibn Sina* (980-1037) Filósofo y médico persa. Presenta las doctrinas aristotélicas, con rasgos neoplatónicos en *La curación*.

AVICULTURA f. Rama de la zootecnia que se ocupa de la cría de aves con vistas al aprovechamiento de sus productos.

ÁVIDO, DA adj. Ansioso, codicioso.

AVIESO, SA adj. Torcido. ◊ fig. Maligno.

AVIFAUNA f. Conjunto de las aves de un país.

ÁVILA Prov. de España, en la com. autón. de Castilla y León; 8 048 km²; 163 442 hab. Cereales. Ganado vacuno y ovino. Cap., Ávila. ◊ C. esp. cap. de la prov. hom.; 45 977 hab.

ÁVILA, Juan de (1500-1569) Santo. Predicador esp., autor de epístolas ascéticas. ◊ **Camacho, Manuel** (1897-1955) Militar y político mex. Presid. de la rep. (1940-1946).

AVILÉS Mun. de España, en Asturias; 83 185 hab. Plantas siderúrgicas.

AVINAGRAR tr. y prnl. Poner aceda o agria una cosa. ❑ AVINAGRADO, DA.

AVIÑÓN C. del SE de Francia, cap. del dpto. de Vaucluse; 89 100 hab. Residencia de los papas (1305-1378) y de los antipapas (1378-1408).

AVÍO m. Prevención. ◊ Entre pastores, provisión que llevan para alimentarse. ◊ Conveniencia o provecho personal. ◊ pl. fam. Utensilios para alguna cosa.

AVIÓN m. Vehículo para la navegación aérea, más denso que el aire, cuya sustentación se debe a fuerzas originadas durante su desplazamiento. ◊ *Zool*. Vencejo, pájaro.

❑ *Aer*. Los a. están constituidos por tres elementos básicos: a) *conjunto estructural*, que incluye las *alas*, los *alerones*, el *timón* y el *fuselaje*, donde se alojan los tripulantes y los pasajeros o la carga; b) *grupo motopropulsor*, que puede ser de *hélice* o a reacción; c) *equipos*, que incluyen los instrumentos de gobierno del a., generadores, dispositivos anti o descongelantes y el tren de aterrizaje del aparato.

AVIONETA f. Avión pequeño.

AVIÓNICA f. *Aer*. Estudio de las aplicaciones de la electrónica a la aeronáutica y la astronáutica.

AVIS Segunda de las grandes dinastías reales portuguesas (1385-1580). Toma su nombre de Juan I, maestre de Avis.

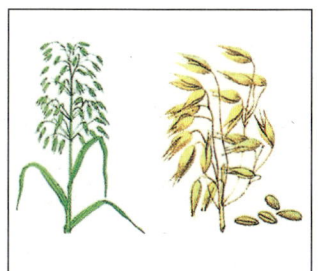
Avena

AVIACIÓN
Diferentes tipos de aviones

Avión ligero de hélice

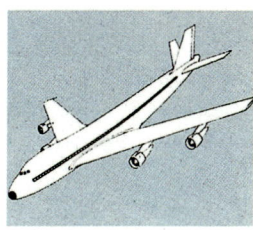

Avión de pasajeros

Avión de ataque e interceptación

Avión militar de transporte

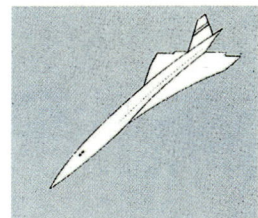

Avión supersónico de pasajeros

Avispa común (a la izquierda)
y **avispón**

AVISADO, DA adj. Prudente, sagaz.
AVISAR tr. Dar noticia de algún hecho.
◊ Advertir o aconsejar. ◊ Llamar a alguien para que preste un servicio.
AVISO m. Noticia dada a alguno. ◊ Indicio. ◊ Anuncio. ◊ Advertencia. ◊ Atención. ◊ Prudencia. ◊ *Taur.* Advertencia de la presidencia al matador que prolonga demasiado la faena.
AVISPA f. Insecto himenóptero, provisto de aguijón, de color negro con anillos amarillos o rojos. Vive asociada y construye el panal de celda hexagonal.
AVISPERO m. Panal que fabrican las avispas. ◊ Conjunto de avispas. ◊ fig. y fam. Asunto enredado.
AVISPÓN m. Insecto himenóptero parecido a la avispa, de tamaño bastante mayor.
AVISTAR tr. Alcanzar con la vista alguna cosa. ◊ prnl. Reunirse una persona con otra.
AVITAMINOSIS f. *Pat.* Nombre de las enfermedades producidas por la falta o ausencia de vitaminas.
AVITUALLAR tr. Proveer de vituallas.
AVIVAR tr. Dar viveza, animar. ◊ fig. Tratándose del fuego, hacer que arda más. ◊ fig. Tratándose de la luz artificial, hacer que dé más claridad. ◊ fig. Hablando de los colores, ponerlos más vivos. ◊ intr. y prnl. Cobrar vida.
AVIZORAR tr. Acechar.
AVOCAR tr. *Der.* Pedir para sí un tribunal superior la causa que se estaba litigando ante otro inferior.
AVOCETA f. Ave caradriforme de cuerpo blanco con manchas negras, pico largo, delgado y encorvado hacia arriba, cola corta y dedos palmeados.
AVOGADRO di Quaregna, Amedeo (1776-1856) Químico it. Uno de los fundadores de la moderna teoría molecular. ◊ **Hipótesis de A.** Todos los gases, a igualdad de volumen, presión y temperatura, tienen el mismo número de moléculas. ◊ **Número de A.** Número de moléculas contenidas en el peso molecular gramo (mol) de cualquier sustancia. El valor aceptado para este número es 6,06 3 10^{23}, determinado por R.A. Millikan.
AVUTARDA f. Ave gruiforme, de color rojo manchado de negro. Su carne es muy apreciada.
AXAYÁCATL Emperador azteca (1469-1481), padre de Moctezuma. Extendió sus dominios sometiendo a pueblos vecinos.
AXIAL adj. Concerniente al algún eje.
AXILA f. Sobaco. ◊ *Bot.* Ángulo formado por la articulación de cualquiera de las partes de la planta con el tronco, la rama o la vaina. ❏ AXILAR.

AXIOLOGÍA f. *Fil.* Teoría de los valores y de los juicios de valor.
AXIOMA m. *Fil.* Principio o proposición que no necesitan demostración.
AXIOMÁTICA f. Conjunto de axiomas en que se basa un sistema teórico.
AXIS m. *Zool.* Segunda vértebra cervical de reptiles, aves y mamíferos.
AXOLOTE m. *Zool. Méx.* Larva de ciertos anfibios de carne muy estimada.
¡AY! interj. con que se expresa aflicción o dolor. ◊ m. Suspiro, quejido.
AYABACA Prov. de Perú, en el dpto. de Piura; 4 989 km², 122 300 hab. ◊ C. de Perú, cap. de la prov. hom.; 4 500 hab.
AYACUCHO Dpto. del centro-sur del Perú; 43 814,80 km², 517 800 hab. Cap., la c. hom. Sit. entre el Apurímac y la cordillera Occidental. R. Pampas y Mantaro. Maíz, cebada, patata. Ganado vacuno, ovino, auquénido. ◊ C. de Perú, cap. del dpto. hom.; 101 600 hab. Universidad, aeropuerto. Fundada por Pizarro en 1539; en sus inmediaciones se celebró la batalla que decidió la independencia del Perú (1824).

Avoceta americana

AYALA Mun. de México, en el est. de Morelos. ◊ **Plan de A.** El proclamado en 1911 por Emiliano Zapata en el que proponía la reforma agraria.
AYALA, Eligio (1880-1930) Militar y político par. Presid. de la rep. (1923-1924 y 1924-1928). Ocupó el Chaco. ◊ **Eusebio** (1875-1942) Político par. Presid. de la rep. en 1921-1923 y en 1932-1936. ◊ **Francisco** (n. 1906) Escritor y periodista esp. *La cabeza del cordero, Muertes de perro, El escritor en la sociedad de masas.* Premio Príncipe de Asturias de las Letras (1998).
AYAPANA f. *Amér.* Planta compuesta, usada como sudorífica.
AYCINENA, Mariano (s. XIX) Político guat., firmante del acta de Independencia. Jefe del Est. entre 1827 y 1829.
AYER adv. tiempo. En el día que precedió inmediatamente al de hoy. ◊ fig. Poco tiempo ha.
AYER, Alfred Julius (1910-1989) Filósofo brit. inscrito en el positivismo lógico. *Filosofía y lenguaje.*
AYLLU m. Núcleo comunitario inca constituido por miembros de un clan.
AYLWIN, Patricio (n. 1918) Abogado y político chil. Presidente 7 veces de la Democracia Cristiana. En 1980 integró la oposición al gobierno de Pinochet. En 1989 resultó vencedor en los comicios para la presid. de la Rep., cargo que ocupó hasta marzo 1994.
AYMARÁ o **AYMARA** adj. y s. Relativo a los aymará. ◊ m. Lengua hablada por las tribus del pueblo aymará: colla, lupaca, collagua, pacasé, caranca, chan-

ca, quillagua, omasuyu, collahuaya. ◊ m. pl. Pueblo amerindio que habita en torno al lago Titicaca, en Bolivia y Perú. Los reinos a. fueron sometidos primero por el inca Pachacutec (1450) y luego por los conquistadores españoles a partir de 1533 (Diego de Agüero y Pedro Martínez de Moguer). En la actualidad son alrededor de un millón y medio de individuos. Úsase también *aimará.*
AYMÉ, Marcel (1902-1967) Novelista y comediógrafo fr. *La yegua verde* (novela); *Clérambard* (teatro).
AYO, AYA m. y f. Persona encargada del cuidado y educación de los niños.
AYOLAS, Juan de (1493-1538) Conquistador esp. Recorrió el Paraná y el Paraguay.
AYORA, Isidro (1879-1978) Político ecuat. Tras la revolución de 1925, fue nombrado presid. del país (1926-1931).
AYOTE m. *Amér. Centr.* Calabaza, fruto.
AYUDA f. Cosa que sirve para ayudar. ◊ Persona o cosa que ayuda. ◊ Medicamento líquido que se introduce por el ano.
AYUDANTE adj. Que ayuda. ◊ com. Funcionario, militar o profesor que trabaja bajo las órdenes de un superior. ❏ AYUDANTÍA.
AYUDAR tr. Prestar cooperación. ◊ P. ext., auxiliar. ◊ prnl. Poner los medios para lograr algo. ◊ Valerse de la cooperación de otro.
AYUNAR intr. Abstenerse de comer o beber.
AYUNO, NA adj. Que no ha comido. ◊ Privado de algún gusto. ◊ fig. Que no tiene noticia de lo que se habla, o no lo comprende. ◊ m. Abstención de alimentos o bebidas, durante un período de tiempo, gralte. por motivos religiosos.
AYUNTAMIENTO m. Corporación compuesta de un alcalde y varios concejales para la administración de un municipio. ◊ Casa consistorial. ◊ Cópula, coito.
AYUTLA C. de México, en el est. de Guerrero; ◊ **Plan de A.** Programa político del mov. encabezado por Álvarez y Comonfort contra Santa Anna, base de la Constitución de 1857.
AYYUB Jan, Muhammad (1907-1974) Político y militar paquistaní. Después del golpe de estado del general Mirza fue nombrado presid. (1958). Reelegido en 1965. Dimitió en 1969.
AZA, Vital (1851-1912) Médico y comediógrafo esp. *El rey que rabió.*
AZABACHE m. *Miner.* Variedad dura y compacta de lignito, susceptible de pulimento.

Patricio **Aylwin**

AZACÁN, NA adj. y s. Que se ocupa en trabajos humildes. ◊ m. Aguador.

AZADA f. Instrumento básicamente para cavar, que consta de una pala de hierro y un mango. ◊ Azadón. ❏ AZA-DADA.

AZADÓN m. Especie de azada.

AZAFATA f. Criada que estaba al servicio personal de la reina. ◊ Empleada que en los aviones atiende a los pasajeros. ◊ Empleada que atiende a viajeros o visitantes en viajes, exposiciones, etc.

AZAFRÁN m. *Bot.* Planta monocotiledónea con bulbos sólidos, estilo filiforme y estigma de color rojo anaranjado. ◊ Estigma de esta planta. Se usa como condimento, como tinte, etc.

AZAFRANAR tr. Teñir de azafrán. ◊ Poner azafrán en un líquido u otra cosa.

AZAGAYA f. Dardo pequeño arrojadizo.

AZAHAR m. Flor del naranjo, del limonero, del cidro, etc. blanca y muy olorosa. Se emplea en medicina y perfumería.

AZALEA f. *Bot.* Arbolito angiosperma dicotiledóneo, cuyas flores contienen una sustancia venenosa.

AZÁNGARO o **ASÁNGARO** Prov. de Perú, en el dpto. de Puno; 6 442 km², 130 600 hab. ◊ C. de Perú, cap. de la prov. hom.; 7 700 hab.

AZAÑA, Manuel (1880-1940) Escritor y político esp. Jefe del gobierno republicano (1931-1933). Presid. de la rep. (1936-1939). *El jardín de los frailes, La corona, Vida de don Juan de Valera.*

AZAR m. Casualidad, caso fortuito. ◊ Desgracia imprevista.

AZARA, Félix de (1746-1811) Marino y naturalista esp. Estudió la fauna del Nuevo Continente. *Viajes a través de América Meridional desde 1781 a 1801.*

AZARAR tr. y prnl. Conturbar, avergonzar. ◊ Torcerse un asunto por un caso imprevisto. ❏ AZARAMIENTO.

AZAREARSE prnl. *Amér.* Azararse. ◊ *Amér.* Irritarse, enfadarse.

AZAROSO, SA adj. Abundante en riesgos.

AZCAPOTZALCO Delegación de México en el Distrito Federal; 601 500 hab. Parte del área metropolitana de Ciudad de México. Ant. c. tolteca, relacionada con la civilización de Teotihuacán.

AZCÁRATE, Gumersindo (1840-1917) Político y sociólogo esp., partidario del krausismo.

AZCÁRRAGA, Marcelo (1832-1915) Militar y político esp. Presid. del gobierno (1901-1902 y 1904-1905).

AZCONA, José Simón (n. 1928) Político de Honduras, del Partido Liberal. Elegido presid. en 1985. ◊ **Rafael** (n. 1926) Novelista y guionista cinematográfico esp. *El pisito, El verdugo.*

AZCUÉNAGA, Miguel de (1754-1833) Militar y político arg. Formó parte de la primera junta tras la revolución de Mayo (1810).

AZEGLIO, Massimo Taparelli, MARQUÉS D' (1798- 1866) Político y escritor it. *Ettore Fieramosca, Niccolo de Lapi.*

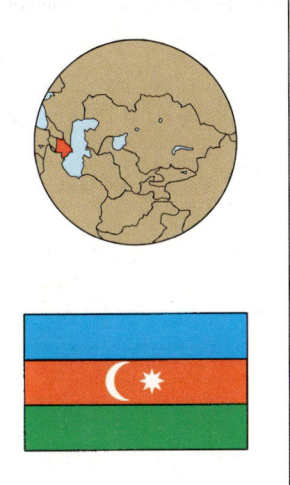

.Mapa de situación y bandera de **Azerbaiján**

AZERBAIJÁN o **AZERBAIDZHAN** (*Azärbaycan Respublikasi*) Est. de Transcaucasia, a orillas del mar Caspio. La cuenca del río Kura ocupa su parte central, bordeada al S por el Pequeño Cáucaso y al N por el Gran Cáucaso (Bazar Diuzi, 4 480 m). El clima de la llanura es suave y con escasa pluviosidad. En las zonas altas es continental. Agricultura intensiva (algodón, trigo, patatas, vid). Ganadería bovina, ovina y caballar. Petróleo. Gas natural. Minería (hierro, aluminio, cobre, plomo, etc.). Ind. textil (seda, tejidos de algodón, alfombras, tapices). Calzado. Fundiciones de acero y aluminio. Ind. química, alimentaria, de la construcción. Lenguas: azerbaijano o azerí (oficial), armenio y ruso. *Rel.*: islamismo chiíta (70 %), sun-

nita (30 %), cristianismo ortodoxo armenio, cristianismo ortodoxo ruso. U. M.: manat. Cap., Bakú. C. prales.: Gandzha y Sumgait. Comprende las regiones autónomas de Najichevan y de Nagorno-Karabaj.

□ *Hist.* Incorporado al imperio zarista tras los tratados ruso-persas de 1813 y 1828. En 1918 formó un estado indep. Los bolcheviques lo ocuparon en 1920, proclamando la rep. soviética. En 1988 las fuertes tensiones étnicas condujeron a un enfrentamiento armado con Armenia por el enclave armenio de Nagorno-Karabaj. Tras los profundos cambios ocurridos en la Unión Soviética se autoproclamó independiente en 1991.

AZERBAIJÁN	
Superficie	86 600 km²
Población 7 174 000 hab. (82 hab./km²)	
Recursos económicos	
Acero	819 700 t
Energía eléctrica	23 300 000 kwh
Petróleo	13 200 000 t
Indicadores sociológicos	
PNB	12 065 millones de dólares
Renta per cápita	1 670 dólares
Esperanza de vida	71 años
Alfabetismo	99 %

AZERBAIJÁN Región del NO de Irán. Dividida desde 1928 en dos prov.: *A. oriental* (67 000 km², 2 838 000 hab.), cap., Tabriz; y *A. occidental* (44 000 km², 1 214 000 hab.), cap., Rezaiyeh.

AZERBAIJANO, NA o **ÁZERÍ** adj. y s. Perteneciente o relativo al Azerbaiján.

ÁZIMO adj. Díc. del pan sin levadura.

AZIMUT m. *Astr.* Acimut.

AZIMUTAL adj. *Astr.* Acimutal.

AZNAR, José María (n. 1953) Político esp., elegido presid. del Partido Popular en 1990. Presid. del gobierno, tras ganar las elecciones en 1996, fue reelegido en 2000, ocupando el cargo hasta 2004. ◊ **Juan Bautista** (1860-1933) Político esp., presid. del último gobierno de la monarquía (1931).

AZÓCAR, Rubén (1901-1965) Poeta y novelista chil. *Gente de la isla.*

ÁZOE m. *Quím.* Nitrógeno.

AZÓFAR m. Latón.

AZOGAR tr. Cubrir con azogue. ◊ Apagar la cal recién salida con poca agua. ◊ prnl. Contraer la enfermedad producida por la absorción de los vapores de mercurio. ◊ fig. y fam. Aturdirse. ❏ AZOGAMIENTO.

AZOGUE m. Mercurio. ◊ Plaza de algún pueblo donde se tiene el trato y comercio público.

AZOGUES C. de Ecuador, cap. de la prov. de Cañar; 21 060 hab. Agricultura, artesanía.

AZOICO adj. Díc. del sedimento o roca que no contiene fósiles. ◊ Díc. del compuesto cuyas moléculas tienen dos átomos de nitrógeno unidos por un enlace doble; utilizado como colorante.

AZOLAR tr. *Carp.* Desbastar la madera con azuela.

AZOR m. *Zool.* Ave falconiforme, de plumaje gris en el dorso y blanco en el vientre.

AZORAR tr. y prnl. fig. Conturbar, avergonzar. ◊ Asustar, perseguir o alcanzar el azor a las aves. ❏ AZORAMIENTO.

Vista nocturna del puerto de Bakú, **Azerbaiján**

Estatua de la diosa Coatlicue, divinidad **azteca** de la tierra (Museo Nacional de Antropología, México)

AZORES (*Açores*) Arch. port. del Atlántico, al O de la costa sudoccidental de la pen. Ibérica; 2 335 km², 243 400 hab. Cap., Ponta Delgada. Prales. islas: Santa María, São Miguel, Terceira, São Jorge, Faial, Pico y Flores.

AZORÍN Seud. de *José Martínez Ruiz* (1873-1967) Literato esp., de la generación del 98. Novelas: *Don Juan, Doña Inés*. Obras teatrales: *Lo invisible*. Ensayo literario: *Los pueblos, La ruta de Don Quijote, Lecturas españolas*.

AZOTADO, DA adj. De varios colores unidos confusamente y sin orden. ◊ m. Reo castigado con pena de azotes.

AZOTAR tr. y prnl. Dar azotes. ◊ tr. Dar golpes con la cola o las alas. ◊ fig. Golpear repetida y violentamente. ❑ AZOTAINA; AZOTAMIENTO; AZOTINA.

AZOTE m. Instrumento de suplicio formado con cuerdas anudadas. ◊ Vara, vergajo o tira de cuero que sirve para azotar. ◊ Azotazo. ◊ Embate o golpe repetido del agua o del aire. ◊ fig. Calamidad, castigo grande. ◊ fig. Persona que es causa de esta calamidad.

AZOTEA f. Cubierta llana de un edificio dispuesta para poder andar por ella.

AZOV, *mar de* Mar interior, entre Ucrania y Rusia; comunica con el mar Negro por el estr. de Kerch; 38 000 km².

AZTECA adj. y s. Relativo a o aztecas. ◊ m. pl. Pueblo ant. de México, establecido en el Anáhuac. ◊ P. ext., mexicano.

❑ *Hist.* Los a. llegaron al valle de México a finales del s. XI. En 1325 fundaron Tenochtitlán. Establecieron una alianza con las ciudades de Texcoco y Tlacopan, y extendieron su dominio sobre toda Mesoamérica en los ss. XIV y XV. Moctezuma I (1440-1469), Axayácatl (1469-1481), Tizoc (1481-1486) y Ahuitzotl (1486-1502) ampliaron las conquistas. Moctezuma II (1502-1520)

recibió con honores a los esp., pero éstos le asesinaron. Su sucesor, Cuitláhuac (1520) derrotó a los esp. en la «Noche Triste». Cuauhtémoc (1521) fue derrotado y ejecutado por los esp., lo que marcó el final del imperio y la cultura aztecas. Basada en clanes patriarcales, su organización social mostraba una división en clases: los nobles y comerciantes, el pueblo y los esclavos. El arte, la ciencia (matemáticas y astronomía), la arquitectura y la literatura alcanzaron gran desarrollo.

AZUA Prov. del S de la República Dominicana; 2 531 km², 202 565 hab. Cap., Azua de Compostela. Café, caña de azúcar, cañamiel, cereales. Carbón.

AZUA DE COMPOSTELA C. de la República Dominicana, cap. de la prov. de Azua; 89 002 hab.

AZUAY Prov. del S de Ecuador; 8 124,7 km², 506 090 hab. Cap., Cuenca. Sit. en el sector meridional de la Sierra. Maíz, caña de azúcar, café, tabaco. Oro, plata, mercurio, mármol.

AZÚCAR amb. *Ind.* Sustancia sólida, blanca, cristalina, de sabor dulce, muy soluble en agua y difícilmente soluble en alcohol. Se extrae especialmente de la caña de azúcar y de la remolacha. ◊ *Quím.* Nombre genérico de los glúcidos o hidratos de carbono. ◊ **moreno** o **morena; negro** o **negra.** El menos puro y refinado que el blanco. ◊ **refinado.** Azúcar de la mayor pureza que se fabrica en las refinerías.

❑ *Quím.* Los glúcidos se dividen en dos grupos: *osas* y *ósidos.* Las osas (monosacáridos, monosas, a. simples) pueden definirse como aldehídos (aldosas) o cetonas (cetosas) que contienen muchos hidroxilos alcohólicos, uno de los cuales se encuentra siempre en posición adyacente al carbonilo: glucosa, fructosa. Los ósidos se dividen en oligósidos (oligosacáridos), poliósidos (polisacáridos) y heterósidos. Los oligósidos (sacarosa, lactosa, maltosa) están formados por un pequeño número de moléculas de osas que se escinden por hidrólisis. Los poliósidos (almidón, glicógeno, celulosa) están formados por muchas moléculas de a. simple.

AZUCARADO, DA adj. Semejante al azúcar.

AZUCARAR tr. Bañar, endulzar con azúcar. ◊ fig. y fam. Suavizar y endulzar.

AZUCARERA f. Vasija para azúcar. ◊ Fábrica en que se elabora el azúcar.

AZUCARERA f. Vasija para azúcar.

AZUCARILLO m. Masa hecha con almíbar, clara de huevo y zumo de limón.

AZUCENA f. *Bot.* Planta herbácea, de tallo alto y flores terminales grandes, blancas y muy olorosas. ◊ Flor de esta planta.

AZUD m. o **AZUDA** f. Máquina con que se saca agua de los ríos para regar.

AZUELA f. Herramienta de carpintero compuesta de una plancha de hierro, con borde cortante y un mango corto.

AZUELA, *Mariano* (1873-1952) Escritor mex. Intervino en la revolución mexicana. *Los de abajo, La malhora.*

AZUFAIFA f. Fruto del azufaifo. Es una drupa elipsoidal, dulce y comestible.

AZUFAIFO m. Árbol ramnáceo, de hojas alternas y flores pequeñas y amarillas.

AZUFRADO, DA adj. Sulfuroso. ◊ Parecido en el color al azufre. ◊ m. Acción de azufrar las vides.

AZUFRAR tr. Echar azufre en alguna cosa. ◊ Impregnar de azufre. ◊ Sahumar con él. ❑ AZUFRADOR, RA; AZUFRAMIENTO.

AZUFRE m. *Quím.* Elemento de símb. S, n. a. 16 y p. a. 32,064.

❑ *Quím.* Es un no metal amarillo que se presenta en estado sólido en dos formas alotrópicas (rómbico y monoclínico), y en tres cuando es líquido. Se combina directamente con la mayoría de los elementos, formando sulfuros, y arde en el aire o en el oxígeno dando anhídrido sulfuroso y algo de anhídrido sulfúrico. Se emplea para la obtención de sus compuestos (ácido sulfúrico, sulfatos, sulfitos).

AZUFRERA f. Mina de azufre.

AZUL adj. y s. Quinto color del espectro solar, puro, comprendido entre el verde y el violeta. ◊ m. El cielo, el espacio. ◊ **celeste.** El más claro. ◊ **de Prusia.** Sustancia compuesta de cianógeno y hierro. Se usa en pintura. ◊ **de ultramar.** Lapislázuli que se usa en pintura. ◊ **marino.** Azul de mar.

AZUL Partido de Argentina, en la prov. de Buenos Aires; 57 000 hab. Centro com. y agropecuario.

AZULADO, DA adj. De color azul o que tira a él.

AZULAR tr. Dar o teñir de azul.

AZULEAR intr. Mostrar alguna cosa el color azul que tiene. ◊ Tirar a azul.

AZULEJO, JA adj. *Amér.* Azulado, azulino. ◊ m. Placa de cerámica vidriada para decorar zócalos, suelos o frisos.

AZULETE m. Tono azulado que se da a la ropa lavada. ◊ Polvo añil usado para ello.

AZUMBRE f. Medida de capacidad para líquidos (2,016 l).

AZUQUERO m. *Amér.* Azucarera.

AZUR adj. y m. *Her.* Color que en pintura se denota con el azul oscuro.

AZURDUY de Padilla, *Juana* (1781-1862) Guerrillera de la indep. de Bolivia. Dirigió la guerrilla con el grado de coronela.

AZURITA f. *Miner.* Carbonato básico de cobre. Cristaliza en el sistema monoclínico. Es de color azul intenso y brillo vítreo. Se presenta como mineral secundario en los yacimientos de cobre.

AZUZAR tr. Incitar a un animal para que embista. ◊ fig. Irritar, estimular.

Azucena atigrada

B

B f. Segunda letra del abecedario esp. y primera de sus consonantes. Su nombre es *be*. ◊ *Fon.* La *b* es bilabial sonora, oclusiva en posición inicial o después de nasal y fricativa, gralte., en otra posición. ◊ *Mús.* Representación del *si* bemol. ◊ *Quím.* Símb. del boro.

Ba *Quím.* Símb. del bario.

BÁAL Dios fenicio-cananeo. Gobernaba sobre el viento y la lluvia.

BAAS Partido político ár. que propugna la unión de los Estados árabes.

BAB EL MANDEB Estr. que une el mar Rojo con el golfo de Adén.

BABA f. Líquido segregado por algunos moluscos terrestres y gusanos. ◊ Saliva de los mamíferos. ◊ *P. Rico.* Palabrería.

BABAHOYO C. de Ecuador, cap. de la prov. de Los Ríos; 50 285 hab.

BABEAR intr. Echar baba.

BABEL amb. fig. y fam. Lugar en que hay confusión. ◊ fig. y fam. Confusión.

BÁBEL, *torre de* Edificio que construyeron los descendientes de Noé para llegar hasta el cielo. Dios castigó su soberbia con la confusión de lenguas.

BÁBEL, *Isaak Emmanuilovich* (1894-1941) Escritor ruso de origen hebreo. *Petróleo, La carta.*

BABERO m. Pedazo de lienzo que se pone a los niños pendiente del cuello y sobre el pecho.

BABEUF, *François-Noël*, llamado GRACCHUS (1760-1797) Revolucionario fr. Tomó parte en la «conspiración de los Iguales» y fue guillotinado.

BABILLA f. *Zool.* En los cuadrúpedos, músculos y tendones de las extremidades posteriores. Articulan el fémur con la tibia y la rótula.

BABILONÍA f. fig. y fam. Babel.

BABILONIA Una de las c. más importantes de la antigüedad, a la orilla del r. Éufrates. Mencionada ya en el s. XVIII a. C., hacia 1830 a. C. aparece la dinastía amorrita, que alcanza su apogeo con Hammurabi (finales del s. XVIII a. C.). Este primer imperio fue abatido por los hititas. A partir del s. IX a. C., permaneció bajo el dominio de los asirios, que fueron derrotados por Nabopolasar (612 a. C.). Así se inició el imperio neobabilónico, primera potencia del Oriente Próximo, sobre todo en tiempo de Nabucodonosor II (605-562), en que la c. alcanzó su máximo esplendor. Muerto éste, B. fue conquistada por los persas (539). La c. fue severa-

mente castigada en 486. Alejandro Magno la ocupó en 331. A su muerte, la c. empezó a declinar definitivamente.

BABILÓNICO, CA adj. Relativo a Babilonia. ◊ fig. Fastuoso, ostentoso.

BABILONIO, NIA adj. y s. De Babilonia.

BABINSKI, *Joseph* (1857-1932) Neurólogo fr. de origen polaco, especialista en semiología neurológica.

BABIRUSA m. Jabalí salvaje de Asia.

BABLE m. *Ling.* Grupo de variantes del leonés, que se habla en algunos valles de Asturias, en el N de España.

BABOR m. *Mar.* Lado izquierdo de la embarcación, mirando de popa a proa.

BABOSA f. *Zool.* Molusco carente de concha, que tiene en el vientre un pie carnoso mediante el cual se arrastra.

BABOSO, SA adj. y s. Que echa babas. ◊ fig. y fam. Aplícase al que no tiene edad y condiciones para lo que hace, dice o intenta. ◊ *Amér.* Bobo.

BABUCHA f. Zapato ligero sin tacón ni talón.

BABUINO m. *Zool.* Gran primate africano de costumbres gregarias.

BABY (voz ing.) com. Niño, bebé.

BACA f. Parte superior de las diligen-

Arte **babilónico**. Adorante de Lassa

cias y automóviles, para transportar equipajes. ◊ *Bot.* Baya del laurel.

BACALADA f. Bacalao curado.

BACALADERO, RA adj. Relativo al bacalao. ◊ m. Barco para la pesca de bacalao.

BACALADILLA f. Pez gádido, parecido al bacalao, cuya carne es apreciada.

BACALAO m. *Zool.* Pez gádido, de cabeza grande y cuerpo cilíndrico. Se consume salado y desecado.

BACALL, *Lauren* (n. 1924) Actriz de cine norteam. *El sueño eterno, Cayo Largo.*

BACANAL adj. Relativo al dios Baco. ◊ fig. y f. Orgía con mucho desorden. ◊ pl. Fiestas en honor del dios Baco.

BACANTE f. *Mit.* Mujer del séquito de Baco. ◊ Sacerdotisa de Baco.

BACARISSE, *Salvador* (1898-1963) Compositor esp. Conciertos para piano, violoncelo y guitarra.

BACAU C. de Rumanía. Cap. del distr. hom.; 165 700 hab.

BACH, *Johann Christian* (1735-1782) Compositor al., hijo de Johann Sebastian. ◊ *Johann Sebastian* (1685-1750) Compositor al. Adaptó gran cantidad de música de diferentes países y épocas, lo que le llevó a realizar la mejor síntesis de la hist. de la música. *Pasión según San Mateo, Pasión según San Juan, Misa en si menor, Magníficat, Conciertos de Brandeburgo.* ◊ *Karl Philipp Emmanuel* (1714-1788) Compositor al., hijo del anterior. ◊ *Wilhelm Friedemann* (1710-1784) Organista y compositor al., hijo de Johann Sebastian.

BACHATA f. *Cuba* y *P. Rico.* Juerga, holgorio.

BACHE m. Depresión en una carretera. ◊ Desigualdad de presión atmosférica que provoca un descenso del avión. ◊ fig. Tropiezo, contratiempo.

BACHICHA com. *Argent., Chile* y *Perú.* Apodo con que se designa al it.

BACHILLER, RA m. y f. Persona que ha cursado la segunda enseñanza. ◊ *Amér.* Persona que ha obtenido el grado de enseñanza secundaria. ❑ BACHILLERATO.

BACÍA f. Vasija, pieza cóncava. ◊ La de metal que usan los barberos para remojar la barba.

BACILO m. Bacteria de forma alargada, de carácter patógeno.

BACÍN m. Vaso de barro, alto y cilíndrico, para recibir excrementos. ◊ Ba-

BACTERIA

La morfología macroscópica y el color de las colonias bacterianas constituyen un primer paso para su reconocimiento.
En la fotografía, colonia discoidal, lisa y amarillenta, de un estafilococo y parte de una colonia ramificada de un bacilo

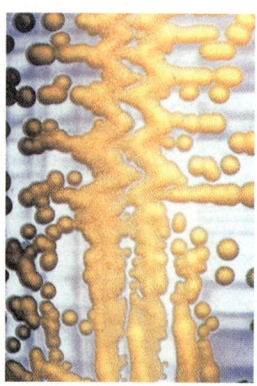

Cultivo de *Escherichia coli*, bacteria responsable de diversos trastornos del aparato digestivo

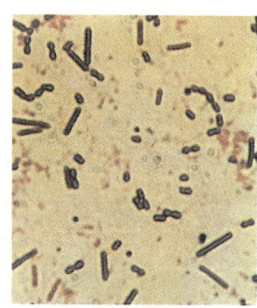

Ejemplo de bacilo: flora bacteriana del yogur

cineta para pedir limosna. ❑ BACINADA.

BACO *Mit.* Nombre rom. de ⇔ Dioniso.

BACON (voz ing.) m. Panceta, tocino, entreverado.

BACON, Francis, BARÓN DE VERULAM (1561-1626) Filósofo y estadista ing. Estableció un método cualitativo-inductivo. *Novum Organum, Ensayos sobre moral, economía y política.* ◊ *Francis* (1909-1992) Pintor irl., representante del expresionismo contemporáneo. Serie de *Las cabezas, Mayo-junio, Tres retratos.* ◊ *Roger* (h. 1214-h. 1294) Filósofo y científico ing., defensor de una ciencia basada en el método experimental. *Opus Maius.*

BACTERIA f. *Biol.* Microorganismo microscópico de organización procariota, perteneciente a la división de los esquizomicetes. ❑ BACTERIANO, NA.
❑ *Biol.* Las b. son indispensables para el resto de seres vivos. Comprenden tipos fisiológicos autótrofos y heterótrofos cuya diversidad de metabolismo, tanto aerobio como anaerobio, sirve para cerrar ciclos en la naturaleza que, de otro modo, quedarían interrumpidos imposibilitando la vida. Algunas son parásitas e incluso patógenas para vegetales y animales.

BACTERICIDA adj. y m. *Biol.* Agente capaz de exterminar bacterias.

BACTERIOLOGÍA f. Parte de la microbiología que estudia las bacterias. ❑ BACTERIÓLOGO, GA.

BACTRIANA Ant. región del Asia Central, que se extendía por el N de Afganistán y el Turquestán ruso. Cap., Bactra.

BÁCULO m. Cayado. ◊ fig. Alivio, consuelo, apoyo.

BADAJO m. Pieza que pende en el interior de las campanas, cencerros y esquilas.

BADAJOZ Prov. esp., en la com. autón. de Extremadura; 21 657 km², 656 882 hab. Agricultura. Hierro, cobre, plomo. ◊ C. esp., cap. de la prov. hom.; 133 519 hab. A orillas del r. Guadiana.

BADALONA C. esp., en la prov. de Barcelona; 205 836 hab. Ind. química, alimentaria y textil.

BADANA f. Piel curtida de carnero u oveja.

BADÉN m. Zanja que forma en el terreno el paso del agua. ◊ Cauce que se hace en una carretera para dar paso a un caudal de agua.

BADEN Región histórica del SO de Alemania, entre el Rin y la Selva Negra. Cap., Karlsruhe. Con Württemberg y Hohenzollern, forma el land de Baden-Württemberg.

BADEN-POWELL, Robert (1857-1941) General brit., fundador de los boy scouts.

BADEN-WÜRTTEMBERG Est. del SO de Alemania; 35 752 km², 9 820 000 hab. Cap., Stuttgart. Selva Negra, meseta de Baviera y Jura de Suabia. Ind. mecánica, textil.

BADÍA y Leblich, Domingo, llamado *Alí-Bey* (1767-1822) Viajero esp. Fue agente de Godoy en África, y en 1908 pasó al servicio de Francia.

BADIÁN m. Árbol magnoliáceo de flores blancas y fruto capsular.

BADIL m. Paleta para mover la lumbre.

BADILA f. Badil.

BADMINTON m. *Dep.* Juego de origen asiático, de reglamento similar al tenis.

BADOGLIO, Pietro (1871-1956) Mariscal it. Dirigió la campaña de Etiopía, presidió el Consejo que derrocó a Mussolini y firmó el armisticio (1943).

BAENA, Juan Alfonso de (1406-1454) Poeta hispanohebraico. *Cancionero de Baena.*

BAEZ, Joan (n. 1941) Cantautora norteam. Composiciones de protesta.

BÁEZ, Buenaventura (1810-1884) Político dom., varias veces presid. de la rep. (1849-1853; 1856-1858; 1865; 1868-1873; 1877). ◊ *Cecilio* (1862-1941) Político y escritor par. Presid. provisional (1905-1906).

BAEZA Flores, Alberto (n. 1914) Poeta chil. *Isla en las islas.*

BAFFIN, Tierra de Isla de Canadá, en el arch. Ártico; 518 000 km².

BAFFIN, William (1584-1622) Navegante ing. Descubrió la bahía que lleva su nombre, entre Groenlandia y Canadá.

BAFFLE m. Pantalla difusora acústica.

BAGA f. *Bot.* Cápsula que contiene las semillas del lino.

BAGÁ m. *Cuba.* Árbol amonáceo cuyo fruto sirve de alimento para el ganado.

BAGACERA f. Lugar de los ingenios de azúcar donde se pone a secar el bagazo.

BAGAJE m. Conjunto de cosas que acompaña a alguien en un traslado. ◊ Equipaje. ◊ fig. Riqueza cultural.

BAGATELA f. Insignificancia, cosa de poco valor.

BAGAZA, Jean-Baptiste (n. 1946) Militar y político de Burundi. Mediante golpe de Estado, se convirtió en presid. de la rep. (1976-1987).

BAGAZO m. Cáscara que queda de la baga del lino. ◊ Residuo de las cosas que se exprimen para sacarles el zumo.

BAGDAD Cap. de Irak, a orillas del Tigris; 3 236 000 hab. Centro com. y de comunicaciones. Ind. textil. Cerveza y cemento. Ant. cap. religiosa del califato abasí.

BAGRE m. *Zool.* Pez de río, carente de escamas, de cabeza muy grande y hocico obtuso.

BAGUAL adj. y s. *Amér.* Bravo, indómito.

BAGUALADA f. *Argent.* Manada de caballos. ◊ *Argent.* Burrada, necedad.

BAGUARÍ m. *Argent., Par.* y *Ur.* Cigüeña de aprox. 1 m de long.

¡BAH! interj. que denota incredulidad o desdén.

BAHAÍSMO m. Mov. religioso islámico derivado de la doctrina de los ciclos proféticos.

Badajoz. Vista de la alcazaba y la ciudad vieja

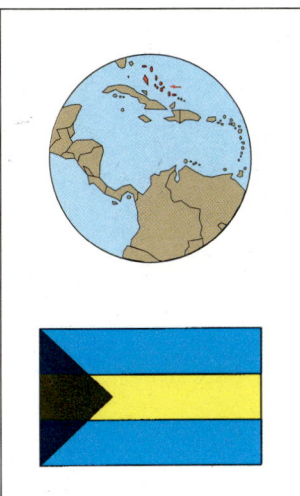

Mapa de situación y bandera
de **Bahamas**

BAHAMAS (*Commonwealth of the Bahamas*) Estado americano de las Antillas constituido por el arch. hom. Consta de unas 30 islas, 660 islotes y 2 400 escollos. Cultivos tropicales y explotación forestal. Turismo. Clima suave y subtropical. Idioma: inglés (of.) y dialecto criollo. *Rel.*: protestante (65 %) y catól. (25 %). U. M.: dólar bahameño. Cap.: Nassau.
□ *Hist.* En la isla de Watling (San Salvador) desembarcó Colón en 1492. A comienzos del s. XVII, las B. fueron colonizadas por los brit. En 1973 consiguieron la indep.

BAHAMAS

Superficie	13 939 km²
Población	259 000 hab. (18 hab./km²)
Recursos económicos	
Caña de azúcar	8 000 ha
Cemento	63 000 t
Energía eléctrica	950 millones de kwh
Riqueza forestal	115 000 m³
Turismo	3 622 000 visitantes
Indicadores sociológicos	
PNB	3 004 millones de dólares
Renta per cápita	11 720 dólares
Esperanza de vida	70 años
Alfabetismo	95%

BAHÍA f. Entrada de mar en la costa, menor que el golfo.
BAHÍA Est. del E de Brasil, a orillas del Atlántico; 556 978 km², 11 625 000 hab. Cap., Salvador. Terreno mesetario. Cacao, caña de azúcar, tabaco, algodón. Ganado vacuno, ovino. Manganeso, cromo, petróleo. Destilerías de azúcar, manufacturas de tabaco y cacao.
BAHÍA BLANCA C. de Argentina, en la prov. de Buenos Aires; 247 000 hab. Sit. cerca de la bahía hom. Nudo ferroviario. Ind. alimentaria y textil. Refinería de petróleo.
BAHÍA HONDA Mun. de Cuba, en Pinar del Río; 41 900 hab.
BAHORUCO Prov. del SO de la República Dominicana; 1 282 km², 92 111

hab. Cap., Neiba. Maíz, plátanos, arroz, caña de azúcar.
BAHR-EL-GHAZAL R. del S de Sudán, afl. del Nilo; 240 km.
BAHREIN (*Dawlat al-Bahrain*) Est. asiático del golfo Arábigo, formado por el arch. hom. Monarquía. Islas prales.: Bahrein, Muharrak, Sitra, Umm, Nasan y Hawar. Petróleo. Clima seco. Lenguas: árabe (of.) e inglés. *Rel.*: islamismo. U. M.: dinar de B. Cap., Manama. C. pral.: Al Muharraq.
□ *Hist.* Dominado por los portugueses desde 1521, pasó a dominio persa (1602-1783) y post. bajo la Corona brit. hasta 1971, año de la indep.

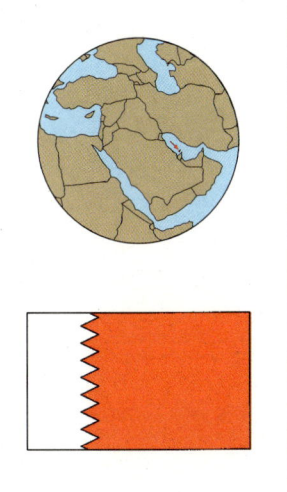

Mapa de situación y bandera
de **Bahrein**

BAHREIN

Superficie	678 km²
Población	516 000 hab. (761 hab/km²)
Recursos económicos	
Aluminio	214 000 t
Dátiles	16 000 t
Petróleo	2 101 000 t
Indicadores sociológicos	
PNB	3 679 millones de dólares
Renta per cápita	6 910 dólares
Esperanza de vida	69 años
Alfabetismo	77%

BAIKAL Lago de Rusia, en la Siberia meridional; 31 500 km².
BAILABLE adj. y m. Música compuesta para bailar.
BAILAR intr. Mover el cuerpo con ritmo, o siguiendo el compás de la música. ◊ Moverse rápidamente una cosa. ◊ Girar rápidamente una cosa en torno de su eje manteniéndose en equilibrio. ◊ Retozar, excitarse las pasiones. ❏ BAILARÍN, NA.
BAILE m. Forma de bailar adaptada a un género musical. ◊ Fiesta en que se baila. ◊ Espectáculo en el que se ejecuta una acción mediante mímica y danzas. ◊ **de San Vito**. Afección convulsiva.
BAILÉN C. esp., en la prov. de Jaén; 17 593 hab. ◊ **Batalla de B.** Victoria del

ejército esp. sobre el fr., en la guerra de la Independencia (1808).
BAILOTEAR intr. Bailar mucho.
BAIRE, *Grito de* Episodio de la historia de Cuba (1895). Marca el inicio de la definitiva guerra de indep. de la isla.
BAJA f. Disminución del precio y estimación de algo. ◊ *Mil.* Falta de un individuo. ◊ Cese de una persona en un empleo, etc. ◊ Acto y papeleta en que el médico certifica cesación en el trabajo.
BAJÁ m. En Turquía, el que obtenía un mando superior. ❏ BAJALATO.
BAJA AUSTRIA ⇨ Austria, Baja.
BAJA CALIFORNIA ⇨ California, Baja.
BAJA NORMANDÍA ⇨ Normandía, Baja.
BAJA SAJONIA ⇨ Sajonia, Baja.
BAJA VERAPAZ ⇨ Verapaz, Baja.
BAJADA f. Camino por donde se desciende desde alguna parte.
BAJAMAR f. Retroceso o descenso del nivel del mar durante las mareas. ◊ Tiempo que dura.
BAJANTE adj. y f. Que baja. ◊ m. Cañería que conduce las aguas de un edificio hasta las cloacas.
BAJAR intr. y prnl. Ir de un lugar a otro que esté más bajo. ◊ intr. Disminuir alguna cosa. ◊ tr. Poner alguna cosa en un lugar inferior al que estaba. ◊ tr., intr. y prnl. Apear de un medio de locomoción. ◊ tr. Inclinar hacia abajo. Disminuir el valor de una cosa. ◊ Descender el sonido de la voz o de un instrumento. ◊ fig. Humillar, abatir.
BAJEL m. Buque, barco.
BAJEZA f. Acción indigna. ◊ fig. Condición de humildad o inferioridad.
BAJIAL m. *Perú.* Lugar bajo, que se inunda en el invierno.
BAJÍO m. Banco de arena. ◊ *Amér.* Terreno bajo.
BAJISTA com. Persona que juega a la baja.
BAJO, JA adj. De poca alt., o lo que está en un lugar inferior respecto a otras cosas de la misma clase. ◊ adv. Abajo. ◊ adv. m. En voz baja. ◊ fig. Humilde, despreciable. ◊ fig. Aplicado a exp. de lenguaje, etc., vulgar, ordinario. ◊ fig. Precio corto, poco considerable. ◊ fig. Sonido que no se oye. ◊ m. Sitio, lugar hondo. ◊ *Mar.* Elevación del fondo que impide flotar a las embarcaciones. ◊ *Mús.* La más grave de las voces humanas, o el instru-

Baile *en la corte de Viena*,
óleo de J. F. Rousseau

mento que produce los sonidos más graves. ◊ *Mús.* Persona que tiene aquella voz o toca este instrumento. ◊ *Mús.* Nota que sirve de base a un acorde. ◊ prep. Debajo de.

BAJÓN m. *Mús.* Instrumento musical semejante al fagot. ◊ fig. y fam. Disminución en el caudal, la salud, etc.

BAJORRELIEVE m. Relieve en el que las figuras sobresalen poco del fondo.

BAJURA f. Falta de elevación.

BAKER, *Josephine* (1906-1975) Artista norteam. de music-hall.

al-BAKR, *Ahmed Hassan* (n. 1914) Mil. y político iraquí. Presid. del gobierno (1968-1979).

BAKÚ Cap. de Azerbaiján, junto al mar Caspio; 1 693 000 hab. Ind. y exportación de petróleo.

BAKUNIN, *Mijaíl Alexandrovich* (1814-1876) Revolucionario ruso y dirigente anarquista. *Los principios de la revolución, Catecismo revolucionario.*

BALA f. Proyectil de arma de fuego. ◊ Fardo comprimido de una mercancía. ◊ Conjunto de diez resmas de papel.

BALACEAR tr. *Amér.* Disparar, tirotear.

BALACERA f. *Amér.* Tiroteo.

BALADA f. Balata. ◊ *Lit.* Composición poética que narra algún suceso, transmitida por vía oral. ◊ *Lit.* Composición poética de origen provenzal.

BALADÍ adj. De poca importancia.

BALADRÓN, NA adj. Bravucón, fanfarrón. ❑ BALADRONADA; BALADRONEAR.

BÁLAGO m. Paja larga de los cereales. ◊ Paja trillada. ❑ BALAGUERO.

BALAGUER, *Joaquín* (1906-2002) Político dom.; nombrado presid. de la rep. en 1960-1962. Fue sucesivamente reelegido entre 1966 y 1978. Nuevamente presid. en 1986, 1990 y 1994.

BALAJ o **BALAJE** m. Rubí morado.

BALAKIREV, *Milij Alekseievich* (1837-1910) Compositor ruso. Formó parte del grupo de los Cinco. Autor de los poemas sinfónicos *Tamar, Rusia* e *Islamey.*

BALALAIKA f. *Mús.* Instrumento musical, empleado en la música popular rusa.

BALANCE m. Movimiento que hace un cuerpo, inclinándose de un lado a otro. ◊ fig. Vacilación. ◊ *Cont.* Valora-

Monasterio de Rousanou en Meteoros (Grecia), en la península de los **Balcanes**

ción del activo y del pasivo, cuyo objeto es la representación y medida de la situación patrimonial de una persona o entidad.

BALANCEAR intr. y prnl. Dar o hacer balances. ◊ intr. fig. Dudar. ◊ tr. Igualar, contrapesar. ❑ BALANCEO.

BALANCÍN m. Madero paralelo al eje de las ruedas delanteras de un carruaje. ◊ Madero a cuyas extremidades se enganchan los tirantes de las caballerías. ◊ Palo largo que usan los volatineros.

BALANDRA f. Embarcación pequeña con cubierta y un solo palo.

BALANDRO m. Balandra pequeña.

BÁLANO o **BALANO** m. *Anat.* Glande.

BALANZA f. Instrumento para medir masas. ◊ *Cont.* Balance. ◊ **comercial.** *Econ.* Uno de los componentes de la balanza de pagos: el de transacciones visibles, formado por exportaciones, importaciones y oro no monetario. ◊ **de pagos.** *Econ.* Documento que resume las transacciones entre un país y el extranjero durante un determinado período. ◊ **de precisión.** *Fís.* La destinada a medir masas con gran exactitud. ◊ **hidrostática.** *Fís.* La destinada a obtener densidades de líquidos.

BALAR intr. Dar balidos.

BALARRASA m. fam. Aguardiente fuerte. ◊ fig. y fam. Tarambana.

BALASTO m. Capa de grava que asienta las traviesas de las vías férreas o el pavimento de una carretera.

BALATA f. *Bot. Amér.* Árbol dicotiledóneo de hojas alternas y flores axilares. ◊ Goma obtenida de este árbol.

BALAÚSTA f. *Bot.* Fruto carnoso, dividido en celdillas.

BALAUSTRE o **BALAÚSTRE** m. Cada una de las columnitas que con los barandales forman barandillas. ❑ BALAUSTRADA.

BALAY f. *Amér.* Cesta de mimbre o carrizo. ◊ *Col.* Cedazo de bejuco.

BALAZO m. Impacto o herida de bala.

BALBÍN, *Ricardo* (1904-1981) Político arg. Miembro de la Unión Cívica Radical, fundaría la UCR del Pueblo.

BALBOA m. Unidad monetaria de Panamá.

BALBOA, *Vasco Núñez de* (1475-1517) Conquistador esp. Gobernador de Darién. Descubrió el océano Pacífico.

BALBUCEAR intr. Balbucir.

BALBUCIR intr. Hablar o leer con pronunciación dificultosa y vacilante.

BALBUENA, *Bernardo de* (1568-1627) Poeta esp. *Bernardo o la victoria de Roncesvalles, Grandeza mexicana.*

BALCANES Pen. mediterránea del S de Europa; 510 000 km². Agricultura y ganadería. Comprende los Est. de Turquía (parte europea), Bulgaria, Grecia, Albania y las naciones federadas yugoslavas hasta 1991 (Macedonia, Serbia y Montenegro, Bosnia-Herzegovina, Croacia y Eslovenia). ◊ Sist. montañoso de la pen. hom. Alt. máx., Botev (2 376 m). ◊ **Guerras de los B.** Conflictos bélicos de principios del s. XX entre los diversos est. de la pen. hom. En la primera guerra (1912), Bulgaria, Serbia, Grecia y Montenegro derrotaron a Turquía, consiguiendo Albania su indep. En la segunda (1913), Serbia, Grecia y Rumania, tras derrotar a Bulgaria, obtuvieron Macedonia, la zona costera de Tracia y la Dobrudja meridional, respectivamente.

Balduino I de Bélgica

BALCÁNICO, CA adj. De los Balcanes.

BALCARCE Partido de Argentina, en la prov. de Buenos Aires; 4 120 km², 39 500 hab. Centro agropecuario.

BALCARCE, *Antonio González* (1777-1819) Militar arg. Vencedor en Suipacha. Gobernador (1814) de Buenos Aires.

BALCÓN m. Hueco abierto desde el suelo de la habitación, con barandilla. ◊ Esta barandilla. ◊ fig. Miranda.

BALDA f. Anaquel de armario o alacena.

BALDAQUÍN o **BALDAQUINO** m. Dosel de seda. ◊ Pabellón que cubre un altar.

BALDAR tr. y prnl. Impedir una enfermedad o accidente el uso de algún miembro. ◊ fig. Causar gran contrariedad. ❑ BALDADO, DA.

BALDE m. Cubo para transportar agua. ◊ Recipiente parecido, para otros usos.

BALDÍO, A adj. y s. Tierra que ni se labra ni está adehesada o es yerma. ◊ adj. Vano, sin fundamento. ◊ Vagabundo.

BALDOMIR, *Alfredo* (1884-1948) Político ur. Presid. de la rep. (1938-1943). Reformó la constitución.

BALDÓN m. Oprobio, injuria. ❑ BALDONAR.

BALDOSA f. Placa de barro cocido, que se usa para solar. ❑ BALDOSAR.

BALDOSÍN m. Baldosa pequeña y fina.

BALDUINO I (1058-1118) Rey de Jerusalén. ◊ **I** (1171-1206) Conde de Flandes; capitaneó la cuarta cruzada y se proclamó emp. de Constantinopla. ◊ **I** (1930-1993) Rey de Bélgica desde 1951, en que su padre Leopoldo III abdicó, hasta su muerte.

BALDUNG, *Hans*, llamado GRIEN (1480?-1545) Pintor y grabador al. *La adoración de los reyes magos.*

BALDUQUE m. Cinta angosta para atar legajos. ◊ *Col.* Belduque, cuchillo.

BALDWIN, *James* (1924-1987) Escritor norteam., de raza negra. *Notas de un nativo, Blues para Mr. Charlie.* ◊ **Stanley,** PRIMER CONDE DE (1867-1947) Político conservador brit. Primer ministro en 1924-1929 y 1935-1937.

BALEAR tr. *Amér.* Herir o matar con bala.

BALEARES Com. autón. esp., en el arch. hom. Comprende las islas de Mallorca, Menorca, Ibiza, Formentera y Cabrera; 5 014 km², 841 669 hab. Cap., Palma de Mallorca. Agricultura y ganadería. Ind. agropecuaria. Turismo. Los musulmanes se apoderaron de ellas en el 902. En 1229, Jaime I las conquistó y a su muerte se creó el reino de Mallorca. En 1983 se constituyó en com. autón.

BALFOUR, *Arthur James*, PRIMER CONDE DE (1848-1930) Político conservador brit. Primer ministro (1902-1906). Apoyó la creación de un Est. judío en Palestina.

BALI Isla de Indonesia, sit. al E de Java; 5 561 km², 2 469 900 hab. Cap., Denpasar. Agricultura y ganadería.

BALIDO m. Voz del carnero, el cordero, la oveja, la cabra, el gamo, el ciervo.

BALIKPAPAN C. de Indonesia, en la costa E de Borneo; 280 700 hab. Petróleo.

BALÍN m. Bala de menor calibre que la ordinaria de fusil. ◊ Munición para pistolas de juguete.

BALÍSTICA f. *Fís.* y *Mil.* Rama de la cinemática que estudia el movimiento de los proyectiles. ❏ BALÍSTICO, CA.

BALIZA f. Señal que se coloca a la entrada de los puertos y en lugares peligrosos. ◊ Señal para limitar pistas terrestres. ❏ BALIZAR; BALIZAMIENTO.

BALJASH Lago salado de Asia central en la rep. de Kazakistán, 18 785 km².

BALLADUR, *Edouard* (n. 1929) Político fr. Ocupó el cargo de primer ministro entre 1993 y 1995.

BALLAGAS, *Emilio* (1910-1954) Poeta cub. *Júbilo y fuga, Antología de poesía negra hispanoamericana.*

BALLENA f. *Zool.* Mamífero cetáceo, el mayor de los animales conocidos. ◊ Cada una de las láminas córneas de la mandíbula superior de la ballena, usadas para la fabricación de las ballenas elásticas. ◊ Cada una de estas tiras. ▢ *Zool.* El nombre de b. debe reservarse para los miembros de las familias balénidos y escríctidos. El tamaño varía entre los 6 m de las b. enanas y los 30 m de la b. azul, que llega a pesar 150 tm. Las b. se alimentan de plancton, que filtran mediante sus barbas. Se pescan para obtener su aceite.

BALLENATO m. Cría de la ballena.

BALLENERO, RA adj. De la pesca de la ballena. ◊ m. Pescador de ballenas. ◊ Buque para la pesca de la ballena.

BALLESTA f. ant. Máquina de guerra para arrojar piedras o saetas. ◊ ant. Arma portátil para disparar flechas, saetas y bodoques. ◊ Armadijo para cazar pájaros. ◊ *Aut.* Muelles del sistema de suspensión de los vehículos.

BALLESTERO m. El que disparaba con ballesta.

BALLET m. Representación de danza y pantomima, acompañada de música, que sigue gralte. un argumento y unas especificaciones coreográficas.

BALLIVIÁN, *Adolfo* (1831-1874) Político bol. Presid. en 1873-1874. ◊ *Hugo* Mil. y político bol. Presid. en 1951-1952. ◊ *José* (1805-1852) Mil. y político bol. Presid. (1841-1847).

BALMACEDA, *José Manuel* (1838-1891) Político chil., presid. de la rep. (1886-1891).

BALMES, *Jaime Luciano* (1810-1848) Filósofo y publicista esp. Eclesiástico,

Baleares. Panorámica de Palma de Mallorca

su ideario está impregnado por el catolicismo. *El criterio, El protestantismo comparado con el catolicismo.*

BALNEARIO, RIA adj. Relativo a baños públicos. ◊ m. Edificio con baños medicinales.

BALOMPIÉ m. Fútbol. ❏ BALOMPÉDICO, CA.

BALÓN m. Fardo grande de mercancías. ◊ Pelota usada en varios juegos. ◊ Recipiente para contener cuerpos gaseosos. ◊ Recipiente esférico de vidrio, con cuello prolongado. ❏ BALONAZO.

BALONCESTO ⇨ Básquet.

BALONMANO ⇨ Handball.

BALONVOLEA ⇨ Voleibol.

BALSA f. Charca. ◊ Conjunto de maderos unidos unos con otros, que forman una plataforma flotante. ◊ *Bot. Amér. Centr.* Madera de un árbol dicotiledóneo de unos 25 m de altura, usada en aeromodelismo, para flotadores, rellenos ligeros en aislamientos, etc. ❏ BALSERO.

BALSÁMICO, CA adj. Que tiene bálsamo o cualidades de tal. ◊ adj. y m. Sustancia que tiene propiedades balsámicas.

BALSAMINA f. *Bot. Amér.* Planta dicotiledónea de fruto capsular, con semillas en forma de almendra. ◊ *Bot. Perú.* Planta geraniácea, usada como vulneraria.

BÁLSAMO m. Sustancia resinosa, aromática y fluida, que exudan ciertos árboles. ◊ *Farm.* Medicamento compuesto de sustancias aromáticas. ◊ fig. Consuelo.

BALSAS Río del S de México que desemboca en el Pacífico. En diversos puntos de su recorrido es llamado *Atoyac* y *Mezcala;* 771 km.

BALTA, *José* (1814-1872) Militar y político per. Presid. en 1868, impulsó las obras públicas. Murió fusilado.

BALTASAR (*Bel-sharr-usur*) Último rey de Babilonia (556-539 a. C.).

BÁLTICO, CA adj. y s. Relativo al mar Báltico y a las regiones circundantes. ◊ **Lenguas bálticas.** *Ling.* Lenguas indoeuropeas (letón, lituano, prusiano), habladas en el E del Báltico.

BÁLTICO (al., *Ostsee;* sueco, *Östersjö;* finl., *Itämeri*) Mar interior del N de Europa; 420 000 km².

BALTIMORE C. y puerto de los EE UU, en el est. de Maryland; 2 174 000 hab. (á. metr.). Centro com. e industrial.

BALUARTE m. Obra de fortificación de figura pentagonal. ◊ fig. Amparo.

BALUBA adj. y s. Relativo a los baluba. ◊ m. pl. Pueblo negroafricano de lengua bantú, que habita en el sur de la Rep. Dem. del Congo.

BALZAC, *Honoré de* (1799-1850) Novelista fr. Escribió *La comedia humana,* título que abarca más de 100 obras. Son magníficos retratos de la soc. de su época. *Eugenia Grandet, Papá Goriot, César Birotteau, Las ilusiones perdidas, El lirio del valle.*

BAMAKO Cap. de Mali, en la región hom.; 404 000 hab. Agricultura. Puerto fluvial.

BAMBA f. Calzado ligero y flexible, de goma y lona, para practicar dep.

BAMBADOR m. *Hond.* Faja que se sujeta a la frente y sirve para llevar pesos grandes en la espalda.

Ballena

BAMBALEAR intr. y prnl. Bambolear. ◊ fig. No estar segura alguna cosa.

BAMBALINA f. Tira de lienzo pintado que cuelga del telar del teatro.

BAMBAMARCA Mun. de Perú, en la prov. de Hualgayoc; 45 800 hab. Agricultura. Ganadería. Minería.

BAMBARA adj. y s. Relativo a los bambara. ◊ m. pl. Pueblo melanoafricano sudanés del grupo mandinga que vive al S de Mali, en Senegal y en Burkina Faso.

BAMBOLEAR intr. y prnl. Balancearse. ❏ BAMBOLEO.

BAMBÚ m. *Bot.* Planta gramínea de tallo leñoso. Sus cañas se usan en la construcción y en la fabricación de muebles, armas, etc. ❏ BAMBUDAL.

BANAL adj. Trivial, común, insustancial. ❏ BANALIDAD.

BANANA f. Plátano. ◊ *Col.* Confite. ❏ BANANERO, RA.

Planta y fruto del **banano**

BANANO m. Plátano, planta monocotiledónea.
BANASTA f. Cesto de mimbres o listas de madera. ❏ BANASTERO, RA.
BANATO Región de Europa Oriental, en el Danubio; 30 000 km². Repartida entre Hungría, Rumania y Serbia y Montenegro.
BANCA f. Asiento de madera, sin respaldo. ◊ Juego en el que el banquero pone una cantidad de dinero y apuestan los demás, a las cartas que eligen, la cantidad que quieren. ◊ *Econ.* Banco, institución económica. ◊ *Econ.* Conjunto de bancos o banqueros. ◊ *Argent.* y *Par.* Asiento en el Parlamento obtenido en las elecciones. ❏ BANCARIO, RIA.
BANCAL m. En los terrenos pendientes, rellano de tierra que se cultiva. ◊ Pedazo de tierra para plantar legumbres, vides, olivos o frutales. ◊ Arena amontonada a la orilla del mar.
BANCARROTA f. Quiebra comercial. ◊ fig. Desastre, descrédito.
BANCHS, Enrique (1888-1968) Poeta arg. de estilo clásico con influencias modernistas. *Las barcas, La urna.*
BANCO m. Asiento para varias personas. ◊ Tablero grueso y pesado que sirve de mesa de trabajo en carpintería. ◊ *Geol.* Estrato de gran espesor. ◊ *Econ.* Institución que actúa como intermediaria en el mercado de dinero y capitales. ◊ *Mar.* Bajo que se prolonga en gran extensión. ◊ *Mar.* Conjunto numeroso de peces que van juntos. ◊ **de datos.** *Comp.* Conjunto de datos almacenados en fichas o discos magnéticos, del que se puede extraer información. ◊ **de sangre.** *Med.* Establecimiento médico donde se conserva sangre humana para transfusiones.
BANCO Interamericano de Desarrollo (BID) Entidad financiera amer., creada paralelamente a la Alianza para el Progreso para financiar a las naciones latinoamericanas. ◊ **Internacional de Reconstrucción y Desarrollo** (*BIRD*) Fundado en 1946, dedica sus recursos a países en vías de desarrollo. Sede en Washington. Forma parte del Banco Mundial. ❏ BANCARIO, RIA.
BANDA f. Cinta que se lleva cruzada sobre el pecho como insignia o distintivo. ◊ Faja o lista. ◊ Baranda de la mesa de billar. ◊ Porción de gente armada. ◊ Bandada. ◊ Lado. ◊ *Mar.* Costado de la nave. ◊ Conjunto mu-

sical de instrumentos de viento y percusión. ◊ **de absorción.** *Fís.* Raya oscura, visible en un espectro luminoso cuando una o varias de sus radiaciones han sido absorbidas por una sustancia que se interpone en la trayectoria de los rayos. ◊ **de frecuencias.** En radiodifusión y televisión, frecuencias comprendidas entre dos límites definidos de frecuencia. ◊ **de sonido o sonora.** Parte de un filme en que el sonido está grabado al margen de la imagen.
BANDA, Hastings Kamuzu (1905-1997) Político de Malawi, impulsor de la indep. Presid. en 1966 y vitalicio desde 1971.
BANDA, mar de Sector marino comprendido entre las pequeñas islas de la Sonda orientales, las Molucas y las Célebes.
BANDA, La C. del centro-norte de Argentina, en la prov. de Santiago del Estero; 80 800 hab. Ind. láctea y textil.
BANDA ORIENTAL Nombre del terr. del virreinato del Río de la Plata.
BANDADA f. Número crecido de aves que vuelan juntas y, p. ext., conjunto de peces. ◊ Grupo bullicioso de personas.
BANDARANAIKE, Sirimavo (1916-2000) Estadista cingalesa. Sucedió a su marido, Solomon Dias Bandaranaike, en la jefatura del gobierno de Sri Lanka (1959-1965 y 1970-1977).
BANDAZO m. *Mar.* Tumbo violento de una embarcación.
BANDEIRA, Manuel (1886-1968) Poeta bras. *Libertinaje.*
BANDEIRANTES m. pl. Aventureros que, formando partidas (*bandeiras*), se internaban en el interior bras. en busca de indígenas que trabajasen las plantaciones de azúcar.
BANDEJA f. Recipiente en el cual se sirve comida, bebidas, etc. ◊ Cajón de mueble con pared delantera rebajada o sin ella.
BANDERA f. Pedazo de tela rectangular sujeto a un mástil. Según su color o dibujo constituye la insignia de una nacionalidad, etc. ◊ Tela semejante usada como adorno. ◊ Insignia de las tropas de infantería. ◊ Tropa que milita bajo la misma bandera. ◊ **blanca** o **de paz.** La enarbolada como señal de paz.
BANDERÍA f. Bando o parcialidad.
BANDERILLA f. Palo armado de una lengüeta de hierro en un extremo que usan los toreros para clavarlo en los toros. ❏ BANDERILLEAR; BANDERILLERO.

Monumento a los **bandeirantes** en São Paulo (Brasil)

BANDERÍN m. Bandera pequeña. ◊ Cabo o soldado que sirve de guía a la infantería.
BANDEROLA f. Bandera pequeña con asta, usada en la milicia, en topografía y en marina. ◊ *Argent., Par. y Ur.* Ventana sobre una puerta.
BANDICUT m. Pequeño canguro australiano.
BANDIDAJE m. Bandolerismo.
BANDIDO, DA adj. y s. Fugitivo de la justicia llamado por bando. ◊ m. Bandolero. ◊ Estafador.
BANDO m. Edicto o mandato solemne. ◊ Facción, parcialidad. ◊ Bandada.
BANDOLA f. *Mús.* Instrumento musical pequeño de cuatro cuerdas.
BANDOLERA f. Correa que se cruza por el pecho y espalda.
BANDOLERO m. Ladrón. ◊ fig. Persona perversa. ❏ BANDOLERISMO.
BANDOLINA f. Bandola.
BANDONEÓN m. Variedad de acordeón, muy popular en Argentina y Uruguay.
BANDUNG C. de Indonesia, cap. de la prov. de Java Occidental; 1 462 600 hab. ◊ **Conferencia de B.** La primera de los países del Tercer Mundo (1955). De ella surgió un amplio mov. de apoyo a la descolonización.
BANDURRIA f. Instrumento musical semejante a la guitarra. ❏ BANDURRISTA.
BANES Mun. de Cuba, en la prov. de Holguín; 85 700 hab. Caña de azúcar.
BANGALORE (*Bengaluru*) C. de la India, cap. del est. de Karnataka. 4 086 500 hab. (agl. urb.). Ind. aeronáutica, textil y del cuero.
BANGKOK (*Krung Thep*) Cap. de Thailandia, a orillas del r. Menam; 5 018 300 hab. (agl. urb.). Templos budistas. Ind. alimentaria, papelera y cementera.

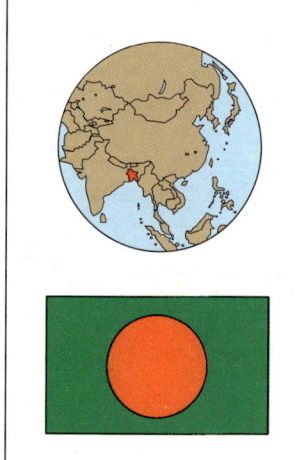

Mapa de situación y bandera de **Bangla Desh**

BANGLA DESH (*Gana Projatantri Bangladesh*) Est. sudasiático, en el golfo de Bengala; república. Ocupa la llanura aluvial del curso bajo del Ganges y del Brahmaputra. Primer productor mundial de yute. Arroz, bambú. Ganadería. Ind. textil y papelera. Acería. Clima

monzónico. Lenguas: bengalí (of.) e ing. *Rel.*: islamismo (80 %), hinduísmo (18,4 %). U. M.: el taka. Cap.: Dacca. C. prales.: Chittagong, Khulna.
□ *Hist.* Formaba parte de Pakistán cuando en 1971 fue proclamada la indep. Tras una guerra, el partido nacionalista awami y su líder Mujibur Rahman consolidaron la soberanía nacional. Asesinado Rahman (1975), fue sustituido por Kondakar Mushtaque Ahmed, que también fue asesinado y, a su vez, sustituido por Mohammad Saayem, aunque el poder había pasado a manos del general Ziaur Rahman, asesinado en 1981. Su sucesor, Abdul Sattar, fue depuesto por el general Ershad, que gobernó hasta 1990 en que dimitió a causa de las protestas populares. En 1991 resultó elegido presid. Abdur Rahman Biswas, sucedido en 1996 por Shahabudin Ahmed.

BANGLA DESH

Superficie	143 998 km²
Población	105 000 000 hab. (729 hab./km²)
Recursos económicos	
Acero	90 000 t
Arroz	28 575 000 t
Cabaña bovina	23 500 000 cabezas
Madera	30 936 000 m³
Tejidos de algodón	65 000 000 m
Yute	977 000 t
Indicadores sociológicos	
PNB	23 449 millones de dólares
Renta per cápita	220 dólares
Esperanza de vida	52 años
Alfabetismo	35%

BANGUI Cap. de la República Centroafricana; 387 100 hab. Sit. a la orilla del r. Ubangui. Centro com. Ind. textil.
BANÍ C. de la República Dominicana, cap. de la prov. de Peravia; 110 353 hab.
BANJA LUKA C. de Bosnia-Herzegovina; 124 000 hab. Ind. del calzado y del tabaco. Centrales termoeléctricas.
BANJARMASIN C. de Indonesia, en Borneo; 381 300 hab. Aceite de copra y caucho. Refinerías.
BANJO m. Instrumento musical, parecido a la guitarra, cuya caja sonora es un pellejo.
BANJUL Cap. de Gambia; 110 000 hab. Sit. en el estuario del r. Gambia.
BANKS, *Tierra de* Isla occidental del arch. Ártico, en el Canadá; 66 500 km².
BANQUERO m. El que se dedica a operaciones bancarias o dirige un banco.
BANQUETA f. Asiento sin respaldo. ◊ Banquillo bajo para poner los pies.
BANQUETE m. Comida para celebrar algún acontecimiento. ◊ Comida espléndida.
BANQUILLO m. Asiento en que se coloca el procesado ante el tribunal.
BANTING, SIR *Frederick Grant* (1891-1941) Médico can., descubridor de la insulina. Nobel de Medicina en 1923.
BANQUISA f. Costra de hielo, que cubre la mayor parte de los océanos Ártico y Antártico.
BANTÚ adj. y s. Relativo a los bantúes ◊ m. pl. Grupo de pueblos melanoafricanos del centro y S de África. ◊ *Ling.* Familia de lenguas africanas habladas por unos 60 millones de individuos.
BÁNZER, *Hugo* (1926-2002) Mil. y político bol. Tras un golpe de estado asumió la presid. de la Rep. (1971-1978). En

Baobab

1997 venció en las elecciones y fue nombrado presid. En 2001 renunció al cargo por motivos de salud.
BAÑADOR m. Traje de baño.
BAÑAR tr. y prnl. Meter el cuerpo o parte de él en un líquido. ◊ tr. Sumergir una cosa en un líquido. ◊ Humedecer en agua alguna cosa. ◊ Tocar un lugar el agua del mar, de un río, etc. ◊ Cubrir una cosa con una capa de otra sustancia. ◊ Tratándose del sol, de la luz o del aire, dar de lleno.
BAÑERA f. Pila para bañarse.
BAÑISTA com. Persona que acude a una playa o balneario para bañarse.
BAÑO m. Agua o líquido para bañarse. ◊ Pila para bañar el cuerpo o parte de él. ◊ Sitio donde hay aguas para bañarse. ◊ Capa de materia extraña con que queda cubierta la cosa bañada. ◊ *Metal.* Masa de metal fundido en la plaza o crisol de un horno. ◊ *Pint.* Mano de color que se da sobre lo ya pintado. ◊ pl. Balneario de aguas medicinales.
BAO m. *Mar.* Pieza que une los costados de un buque y sirve de asiento a las cubiertas.
BAOBAB m. *Bot.* Árbol dicotiledóneo africano tropical, de grandes dimensiones, ramas horizontales y fruto comestible.
BAO-DAI (1913-1997) Emp. de Annam. Proclamó la indep. de Vietnam en 1945. Derrocado en 1955.
BAPTISMO m. *Rel.* Rama del protestantismo, promovida por John Smith hacia 1570-1612, que cuenta con gran número de seguidores en EE UU.
BAPTISTA, *Mariano* (1832-1907) Político bol. Presid. (1892-1896).
BAPTISTERIO m. Lugar donde está la pila bautismal. ◊ Pila bautismal.
BÁQUEANO, NA adj. Baquiano.
BAQUEAR intr. *Mar.* Dejarse llevar una embarcación por la corriente del agua.
BAQUEDANO, *Manuel* (1826-1897) General chil. Dirigió la campaña de 1879 a 1881 contra Perú.
BAQUELITA f. *Quím.* Resina sintética.
BAQUERIZO Moreno, *Alfredo* (1859-1950) Político y escritor ecuat. Presid. de la rep. (1916-1920 y 1931-1932).
BAQUETA f. Varilla que usan los picadores. ◊ *Arq.* Junquillo, moldura. □ BAQUETAZO.
BAQUETEAR tr. Molestar mucho. ◊ Hacer sufrir penalidades. □ BAQUETEADO, DA.

BAQUIANO, NA adj. Experto. ◊ adj. y m. Práctico de los caminos y atajos. ◊ m. Guía para transitar por ellos.
BAQUÍJANO y Carrillo, *José* (1751-1817) Político y escritor per. *Elogio al virrey Jáuregui.*
BAR m. Establecimiento donde se toman bebidas. ◊ *Fís.* Unidad de presión igual a un millón de barias.
BARAHONA Prov. del SO de la República Dominicana; 1 739 km², 174 043 hab. Accidentada por la sierra de Bahoruco. Café, caña de azúcar. Caoba. Yeso y carbón. ◊ C. de la República Dominicana, cap. de la prov. hom.; 49 334 hab.
BARAHÚNDA f. Ruido y confusión.
BARAJA f. Conjunto de naipes que sirve para varios juegos.
BARAJAR tr. En el juego de naipes, mezclar los unos con otros antes de repartirlos. ◊ tr. y prnl. fig. Mezclar y revolver unas personas o cosas con otras. ◊ *Chile.* Impedir, estorbar.
BARAK, *Ehud* (n. 1942) Militar y político israelí. Ministro de Interior y de Exterior en diferentes gob. laboristas. Primer ministro entre 1999 y 2001.
BARAKALDO C. esp., en el País Vasco; prov. de Vizcaya; 94 478 hab. Hierro. Ind. siderúrgica.
BARALT, *Rafael María* (1810-1860) Escritor ven. *Historia antigua y moderna de Venezuela, Diccionario de galicismos.*
BARANDA f. Barandilla.
BARANDAL m. Listón sobre el que se sientan los balaustres. ◊ El que los sujeta por arriba. ◊ Barandilla.
BARANDILLA f. Antepecho del balcón, escalera, etc.
BARATA f. Baratura. ◊ Trueque. ◊ Venta fingida. ◊ *Méx.* Barato.
BARATIJA f. Cosa menuda y de poco valor. Se usa más en pl.
BARATILLO m. Conjunto de cosas de poco precio, que se ponen a la venta. ◊ Puesto en que se venden.
BARATO, TA adj. Vendido o comprado a bajo precio. ◊ fig. Que se logra con poco esfuerzo. ◊ m. Venta de efectos a bajo precio. ◊ adv. modo. Por poco precio. □ BARATEAR; BARATERO, RA; BARATURA.
BARAÚNDA f. Barahúnda.
BARAYA, *Antonio* (1768-1816) Mil. col., héroe de la indep. Fusilado por el dictador Nariño.

Baptisterio de la Iglesia de San Miguel de Terrassa, Barcelona (España)

BARBA f. Parte de la cara, debajo de la boca. ◊ Pelo que nace en esta parte de la cara y en las mejillas. ◊ En el ganado cabrío, mechón de pelo pendiente del pellejo. ◊ Carúnculas colgantes que en la mandíbula inferior tienen algunas aves. ◊ pl. Raíces delgadas de árboles y plantas. ◊ Bordes desiguales del papel de tina. ◊ Prolongaciones filiformes de las plumas de las aves. ◊ **de cabra.** *Bot.* Hierba rosácea de flores en panojas colgantes y blancas. ❑ BARBAR.

BARBACANA f. *Mil.* Obra de defensa avanzada. ◊ Muro que rodea las plazuelas o puertas de algunas iglesias. ◊ Saetera.

BARBACOA f. Parrilla para asar carne o pescado al aire libre. ◊ Carne o pescado así asado. ◊ *Amér.* Especie de camastro. ◊ *C. Rica.* Armazón sobre el que se extienden las plantas enredaderas.

BARBADO, DA adj. y s. Que tiene barbas. ◊ m. Árbol o sarmiento que se planta con raíces. ◊ Renuevo que brota de las raíces de los árboles.

Mapa de situación y bandera de **Barbados**

BARBADOS Est. americano del mar Caribe, constituido por la isla hom., sit. en el arch. de las Pequeñas Antillas. Miembro de la Commonwealth. De naturaleza coralina, el clima es cálido y húmedo. Turismo. Caña de azúcar. Lengua: ing. (of.). *Rel.*: protestante y catól. U. M.: dólar de B. Cap., Bridgetown. Otras c.: Speightstown, Christchurch. Descubierta por los esp. en 1519 y ocupada por los ing. en 1625 hasta 1966, en que consiguió la indep.

BARBADOS	
Superficie	431 km²
Población	258 000 hab. (598 hab./km²)
Recursos económicos	
Azúcar	670 000 t
Cerveza	91 000 hl
Gas natural	32 000 000 m³
Indicadores sociológicos	
PNB	1 711 millones de dólares
Renta per cápita	6 630 dólares
Esperanza de vida	75 años
Alfabetismo	99%

La plaza de Cataluña, en el centro de la ciudad de **Barcelona** (España)

BÁRBARA (s. III) Santa. Venerada como protectora de las tormentas y patrona de la artillería.

BARBARIDAD f. Necedad. ◊ Enormidad.

BARBARIE f. fig. Rusticidad, falta de cultura. ◊ fig. Fiereza.

BARBARISMO m. Vicio del lenguaje, que consiste en pronunciar o escribir mal las palabras, o en emplear vocablos impropios. ◊ fig. Barbaridad.

BÁRBARO, RA adj. y s. *Hist.* Díc. de cualquiera de los pueblos que en el s. V abatieron el imperio rom. y se extendieron por Europa. Eran, en su mayoría, de raza germánica o eslava. ◊ fig. Fiero, cruel. ◊ fig. Arrojado, temerario. ◊ fig. Inculto, grosero.

BARBARROJA Sobrenombre del corsario turco **Jayr al-Din** (1476-1546). Se alió con Francia contra Carlos V de España. Fundó la regencia de Argel.

BARBECHAR tr. Arar la tierra.

BARBECHO m. Tierra de labor que no se siembra durante uno o más años.

BARBERÍA f. Tienda del barbero.

BARBERO, RA adj. Relativo al barbero. ◊ m. El que tiene por oficio afeitar la barba y cortar el pelo. ❑ BARBERIL.

BARBEY d'Aurevilly, *Jules* (1808-1889) Novelista fr., renovador de la novela religiosa. *Le chevalier des Touches.*

BARBIERI, *Francisco Asenjo* (1823-1894) Compositor y musicólogo esp. Zarzuelas: *El barberillo de Lavapiés, Pan y toros.* ◊ *Leandro,* llamado GATO (n. 1935) Saxofonista arg. Musicalmente parte del influjo de Coltrane y añade elementos de inspiración latinoamericana. *Tercer mundo.* ◊ *Vicente* (1903-1956) Poeta arg. *Árbol total, Corazón del oeste.*

BARBILAMPIÑO adj. Díc. del varón adulto que no tiene barba o la tiene escasa.

BARBILLA f. Remate de la barba, mentón. ◊ Apéndice carnoso de la cabeza de algunos tipos de peces. ◊ m. pl. *Col.* Hombre de barba escasa.

BARBITÚRICO, CA adj. *Quím.* Díc. del ácido formado por la combinación de la urea con el ácido malónico. ◊ m. *Med.* Sustancia empleada como sedante.

BARBITURISMO m. Intoxicación producida por barbitúricos.

BARBO m. *Zool.* Pez de agua dulce, que carece de dientes y posee unas características barbillas.

BARBOTAR o **BARBOTEAR** intr. Barbullar, mascullar.

BARBUDA Isla del grupo de las de Sotavento, perteneciente al est. de Antigua y Barbuda; 160 km². C. pral. Codrington.

BARBUDO, DA adj. Que tiene muchas barbas. ◊ Barbado, renuevo de una planta.

BARBULLAR intr. fam. Hablar atropelladamente. ❑ BARBULLÓN, NA.

BARBUSSE, *Henry* (1873-1935) Escritor fr. De carácter realista. *El fuego.*

BARCA f. Embarcación pequeña.

BARCA, *La* Mun. de México, en el est. de Jalisco; 40 648 hab. Ganadería.

BARCAROLA f. Canción popular de Italia. ◊ Canto de marineros.

BARCAZA f. Lanchón para transportar carga.

BARCELONA C. de Venezuela, cap. del est. Anzoátegui y del distr. Bolívar. Forma una gran conurbación con Puerto la Cruz; 236 700 hab. (agl. urb.). Centro com., oleoducto, aeropuerto.

BARCELONA Prov. esp., en la com. autón. de Cataluña; 7 733 km², 4 805 927 hab. Cap., la c. hom. Ind. diversas. Vinos espumosos. Sales potásicas. ◊ C. esp., cap. de Cataluña y de la prov. hom.; 1 503 884 hab. (agl. urb.: 3 200 000 hab. aprox.). Primer centro comercial e industrial de España. Importante puerto. Universidad. Aeropuerto. C. rom.; monumentos románicos y góticos. Sede de los Juegos Olímpicos de 1992. ◊ *Condado de B.* Núcleo originario de Cataluña; nació como un pequeño terr. dependiente de los francos. En 878 Wifredo el Velloso inició una dinastía. Logró su independencia en 988 con Borrell II.

BARCIA f. Ahechaduras que se sacan al limpiar el grano.

BARCO m. Embarcación para transportar mercancías o personas.

BARCO, *Virgilio* (n. 1921) Político col.

En 1986 accedió a la presidencia de la rep., como candidato del Partido Liberal.

BARDAGUERA f. Arbusto salicíneo, usado para hacer cestas.

BARDEEN, John (1908-1991) Físico norteam. Inventor del transistor, junto a W. B. Shockley y W. H. Brattain. Autor de la teoría de la superconductividad. Premio Nobel en 1956 y 1972.

BARDEM, Juan Antonio (1922-2002) Director cinematográfico esp. *Cómicos, Muerte de un ciclista.*

BARDO m. Poeta celta.

BARDOT, Brigitte (n. 1934) Actriz cinematográfica fr. *Y Dios creó a la mujer.*

BAREA, Arturo (1897-1957) Escritor esp. *La forja de un rebelde.*

BAREILLY (*Bareli*) C. de la India, en el est. de Uttar Pradesh; 386 700 hab. Ind. algodonera y ferroviaria.

BAREMO m. Libro o tabla de cuentas ajustadas. ◊ Lista o repertorio de tarifas. ◊ Escala de medicina ponderada para valorar una prueba.

BARENBOIM, Daniel (n. 1942) Pianista y director de orquesta arg. Director de la orquesta de París. Especialista en Beethoven y Mozart.

BARENTS, mar de Sector litoral del océano Ártico, entre Escandinavia, las islas Svalbard y la de Nueva Zembla.

BARENTS, Willem (1560-1597) Explorador hol. Dio su nombre al mar de Barents.

BARI C. de Italia, cap. de la prov. hom. y de la región de Apulia; 342 300 hab. Puerto. Universidad.

BARIA f. *Fís.* Unidad de presión del sistema cegesimal, equivalente a 1 dina por cm².

BARICENTRO m. *Fís.* Centro de gravedad de un cuerpo o de un conjunto de masas puntuales. ◊ *Geom.* Punto donde se cortan las medianas de un triángulo.

BARILLAS, Manuel Lisandro (1844-1907) Político guat. Presid. interino de la rep. en 1885. Presid. de 1886 a 1892.

BARILOCHE, San Carlos de C. de Argentina, en la prov. de Río Negro; 60 300 hab. Centro de deportes invernales.

BARINAS Est. del O de Venezuela; 35 200 km², 456 246 hab. Cap., la c. hom. Comprende un sector de la cordillera de Mérida, una zona de pie de monte llanero-andino y parte de los Llanos. Explotación forestal y ganadería. Arroz, maíz, café, cacao, caña de azúcar. ◊ C. de Venezuela, cap. del est. hom.; 172 600 hab. Ind. de transformación de la madera y lácteas.

BARIO m. *Quím.* Elemento químico de símb. Ba, n. a. 56 y p. a. 137,34. Es un metal alcalinotérreo.

BARISFERA f. Núcleo central del globo terrestre.

BARÍTONO m. *Mús.* Voz media entre la de tenor y la de bajo. ◊ *Mús.* El que tiene esta voz.

BARLACH, Ernst (1870-1938) Dramaturgo y escultor al., de estilo expresionista. Obra literaria: *El día muerto.* Obra escultórica: *Mendiga, Vengador.*

BARLETTA, Leónidas (1902-1975) Poeta, novelista y dramaturgo arg. *Los pobres, La ciudad de un hombre.* ◊ **Nicolás Ardito** (n. 1939) Político pan. Presid. de la rep. (1984-1985).

BARLOVENTO m. *Mar.* Parte de donde viene el viento.

Barnacla. Cuellirroja

BARLOVENTO, Islas Nombre de las Pequeñas Antillas, que se extienden desde Puerto Rico a Trinidad.

BARMAN m. Empleado que en los bares, cafeterías, etc., prepara y sirve las consumiciones.

BARN m. *Fís.* Unidad de superficie equivalente a 10⁻²⁴ cm².

BARNACLA f. *Zool.* Pato marino, ave anseriforme del tamaño de un ganso y de colores más vivos.

BARNARD, Christian (1922-2001) Cirujano sudafricano. Realizó el primer trasplante de corazón humano.

BARNAUL C. de Rusia, cap. del territorio del Altái; 578 000 hab. Agricultura. Ganadería. Industria.

BARNET, Miguel (n. 1940) Escritor cub. Especializado en temas folklóricos y etnográficos. *Biografía de un cimarrón.*

BARNIZ m. Disolución de sustancias resinosas en un líquido volátil; se extiende sobre los objetos para que adquieran lustre. ◊ Baño que se da en crudo al barro, loza y porcelana, y que se vitrifica con la cocción. ❑ BARNIZAR.

BARODA (*Vadodara*) C. de la India, en el estado de Gujarat; 734 500 hab. Ind. químicas, textiles, mecánicas.

BARÓGRAFO m. Barómetro registrador.

BAROJA, Pío (1872-1956) Escritor esp. De su extensa obra, plena de memoria personal o remembranzas históricas, destacan: *El mayorazgo de Labraz, Zalacaín el aventurero, El árbol de la ciencia, La lucha por la vida (La busca, Mala hierba y Aurora Roja).*

BARÓMETRO m. *Fís.* Instrumento para medir la presión atmosférica. ◊ **aneroide.** El constituido por una caja metálica en cuyo interior se ha dispuesto un muelle y se ha hecho el vacío. La deformación debida a la presión exterior se aprecia mediante un índice dispuesto sobre una escala. ◊ **de mercurio.** El que indica la presión a partir de la alt. alcanzada por una columna de mercurio en un tubo de vidrio. ❑ BAROMÉTRICO, CA.

BARÓN m. Título nobiliario que en España sigue al de vizconde. ❑ BARONÍA.

BARONESA f. Mujer del barón. ◊ Mujer que goza una baronía.

BARQUERO, RA m. y f. Persona que dirige la barca.

BARQUILLA f. Molde para pasteles. ◊ Cesto en que van los tripulantes de un globo.

BARQUILLO m. Hoja de pasta de harina y azúcar, a la que se da forma de canuto.

BARQUISIMETO C. del NO de Venezuela, cap. del est. Lara; 702 800 hab. Centro comercial y de comuni-

caciones. Ind. mecánica, textil, alimentaria, maderera.

BARRA f. Pieza de metal u otra materia, de forma prismática o cilíndrica y mucho más larga que gruesa. ◊ Palanca de hierro para levantar cosas de peso. ◊ Rollo de metal sin labrar. ◊ Pieza alargada de pan. ◊ La que suelen tener los bares a lo largo del mostrador, y éste mismo. ◊ Depósito emergido de arenas marinas que aparece cerrando entrantes del mar en las zonas costeras. ◊ *Amér.* Público que asiste a las sesiones de un tribunal, asamblea, etc.

BARRA, Eduardo de la (1839-1900) Escritor chil., autor de tratados sobre el modernismo. *Poesías líricas, Poesías.*

BARRABÁS Bandolero judío. Pilato ofreció a los judíos decidir entre su libertad o la de Jesús. ◊ m. fig. y fam. P. ext., persona díscola.

BARRABASADA f. fam. Travesura grave.

BARRACA f. Vivienda pequeña, de construcción precaria. ◊ *Amér.* Edificio usado para almacén. ❑ BARRAQUISTA.

BARRACÓN m. Construcción ligera, de un solo piso, para albergar tropas o ser usada como almacén.

BARRACUDA f. *Zool.* Pez de esqueleto óseo, cuerpo fusiforme y aletas pequeñas. Es muy voraz y agresivo.

BARRADAS, Rafael (1890-1929) Pintor ur. Influido por el futurismo italiano. *Estampones de Montevideo.*

BARRAGÁN m. Tela de lana impermeable. ◊ Abrigo de esta tela.

BARRAGANA f. Concubina. ❑ BARRAGANÍA.

BARRANCABERMEJA C. del centro-norte de Colombia, en el dpto. de Santander; 122 700 hab. Petróleo.

BARRANCO, CA m. y f. Despeñadero. ◊ Hendidura profunda en la tierra.

BARRANQUILLA C. del N de Colombia, cap. del dpto. del Atlántico; 1 329 579 hab. Imp. puerto fluvial y marítimo. Ind. textil, alimentaria, metalúrgica y maderera. Universidad. Aeropuerto.

BARRAQUER, Ignacio (1884-1965) Oftalmólogo esp. Creó un procedimiento para operar cataratas llamado facoéresis.

BARRAQUISMO m. Fenómeno urbanístico de las grandes c. originado por la formación de núcleos de barracas sin apenas condiciones de habitabilidad.

BARRAR tr. Embarrar con barro. ◊ Poner barras.

Pío Baroja

BARROCO

Fachada de la iglesia del Gesù de Roma, construida por Vignola y Della Porta en 1568-1584

Habacuc y el ángel, escultura en mármol de Bernini, 1656-1666. Capilla Chigi de Santa María del Popolo, Roma

Detalle del *Árbol genealógico de Cristo*, iglesia de Santo Domingo de Oaxaca de Juárez (México)

BARREDA, *Ernesto Mario* (1833-1958) Escritor arg. *Prismas líricos, Una mujer.*
BARREDURA f. pl. Inmundicia que se barre. ◊ Residuo que suele quedar de algunas cosas sueltas y menudas.
BARREIRO, *Cándido* (m. 1880) Político par. Presid. de la rep. (1878-1880). ◊ ***Miguel*** (1780-1847) Político ur. Dirigió la resistencia de Montevideo frente a la invasión port.
BARRENA f. Instrumento para taladrar madera, metal, etc. ◊ Barra de hierro para agujerear rocas, terrenos, etc.
BARRENAR tr. Abrir agujeros con barrena o barreno en algún cuerpo. ◊ fig. Impedirle a uno el logro de alguna cosa.
BARRENDERO, RA m. y f. Persona que tiene por oficio barrer las calles.
BARRENECHEA, *Julio* (1910-1979) Poeta chil. *El espejo del ensueño, Mi ciudad.*
BARRENERO m. El que hace o vende barrenas. ◊ Operario que abre los barrenos en las minas, canteras, etc.
BARRENO m. Barrena grande. ◊ Agujero que se hace con la barrena. ◊ Agujero relleno de pólvora, en una roca o en una obra de fábrica, para hacerla volar. ◊ fig. *Chile.* y *Méx.* Tema o manía.
BARREÑA o **BARREÑO** f. o m. Recipiente para fregar y otros usos semejantes.
BARRER tr. Quitar del suelo con la escoba el polvo, la basura, etc. ◊ fig. Llevarse todo lo que había en alguna parte. ◊ fig. Derrotar, hacer huir.
BARRERA f. Valla para separar, cercar u obstaculizar el paso. ◊ Parapeto para defenderse. ◊ Antepecho en las plazas de toros. ◊ En las plazas de toros, primera fila de asientos. ◊ Obstáculo. ◊ En ciertos juegos deportivos, fila de jugadores que se colocan delante de su meta para protegerla de un lanzamiento contrario. ◊ **del calor.** Fenómenos térmicos que alteran las condiciones de vuelo, producidas en los aviones en vuelo supersónico por rozamiento con el aire. ◊ **del sonido.** Conjunto de dificultades técnicas que se debían vencer para superar la velocidad del sonido.
BARRERO m. Alfarero. ◊ Sitio del que se saca barro. ◊ Barrizal.
BARRÈS, *Maurice* (1862-1923) Escritor y político fr.; jefe intelectual del mov. nacionalista. *Mis cuadernos, El Greco o el secreto de Toledo.*
BARRETINA f. Gorro catalán.
BARRETO, *Mariano* (1856-1927) Filólogo nic. *Vicios de nuestro lenguaje.*
BARRIADA f. Barrio. ◊ Parte de un barrio. ◊ Arrabal, barrio pobre.
BARRIAL adj. *Méx.* Díc. de la tierra gredosa o arcillosa ◊ m. *Amér.* Barrizal.
BARRICA f. Tonel mediano.
BARRICADA f. Parapeto hecho con adoquines, automóviles, etc.
BARRIE, *James Matthew* (1860-1937) Novelista y dramaturgo escocés, autor de *Peter Pan* y de *El admirable Crichton.*
BARRIENTOS, *María* (1884-1946) Soprano esp., que alcanzó gran celebridad en Italia, EE UU y América del Sur. ◊ ***René*** (1919-1969) Mil. y político bol. En 1964 derrocó a Paz Estensoro y logró la presidencia. Salvo en 1966, detentó el poder hasta su muerte.
BARRIGA f. Vientre. ◊ fig. Parte media abultada de una vasija.
BARRIL m. Vasija de madera para conservar licores y géneros. ◊ Unidad es-

Fabricación de un **barril**

tadounidense de capacidad usada para el petróleo y derivados. ◊ *Chile.* Nudo en forma de barrilito.
BARRILA f. Bronca, escándalo.
BARRILETE m. *Carp.* Instrumento de hierro para asegurar sobre el banco los materiales. ◊ *Mar.* Nudo en forma de barril. ◊ *Mús.* Pieza del clarinete inmediata a la boquilla.
BARRILLO m. Barro, granillo rojizo.
BARRIO m. Cada una de las partes en que se dividen las c. y pueblos grandes. ◊ Arrabal. ◊ Caserío dependiente de otra pob.
BARRIOS, *Eduardo* (1884-1963) Escritor chil. *Tamarugal, Gran señor y rajadiablos.* ◊ ***Gerardo*** (1809-1865) General y político salv., presid. de la rep. (en 1858, 1859-1860 y 1861-1863). ◊ ***Justo Rufino*** (1835-1885) Militar y político guat. Presid. de la rep. desde 1873. ◊ **de Chamorro, *Violeta*** ⇒ Chamorro.
BARRIZAL m. Sitio lleno de barro.
BARRO m. Masa que resulta de la unión de tierra y agua. ◊ *Geol.* Sedimento oceánico. ◊ Lodo que se forma en las calles cuando llueve.
BARROCO, CA adj. y m. *Arte.* Díc. del estilo, en especial el empleado en la ornamentación arquitectónica, caracterizado por el predominio de líneas curvas y la profusión de adornos. ◊ Recargado, retorcido, complicado.
□ *Arte.* En el b. domina el afán de impresionar mediante efectos de masa, luz y mov. En arq., se realzaron las curvaturas y la riqueza de ornamentación; en pint., se introdujo la composición en diagonal, la perspectiva aérea y el claroscuro, y en esc., las formas se distorsionaron. Desde España, este estilo se extendió a América Latina, donde alcanzó gran esplendor.
BARROS Arana, *Diego* (1830-1907) Historiador y pedagogo chil. de ideas liberales. *Historia general de Chile.* ◊ **Luco, *Ramón*** (1835-1919) Político chil. Presid. de la rep. en 1910-1915.
BARROTE m. Barra gruesa. ◊ Barra de hierro para afianzar, sostener o reforzar.
BARRUECO m. Perla irregular. ◊ Nódulo esferoidal que suele encontrarse en las rocas.
BARRUNDIA, *José Francisco* (1784-1854) Político guat. Presid. de la Federación Centroamericana (1829-1830). ◊ ***Juan*** (1780-1850) Político guat. Presid. en 1824, fue derrocado por Arce (1826) y repuesto en 1829.

BARRUNTAR tr. Prever o presentir por algún indicio. ❏ BARRUNTE; BARRUNTO.

BARRY, *Charles* (1795-1860) Arquitecto brit. Autor del Parlamento de Londres.

BARRYMORE Familia de actores cinematográficos norteam.: *Lionel* (1878-1945), el mayor de todos, *Ethel* (1879-1959) y *John* (1882-1942), el más popular.

BARTH, *Karl* (1886-1968) Teólogo calvinista suizo de gran influencia en el pensamiento teológico moderno.

BARTHES, *Roland* (1913-1980) Crítico fr. *El grado cero de la escritura, Sobre Racine, Mitologías.*

BARTOK, *Bela* (1881-1945) Compositor húng. Inspirado en canciones populares hung. *Cantata profana, Mikrokosmos.*

BARTOLOMÉ (arameo, *Bar Tolmay*) Santo. Uno de los doce apóstoles.

BARTOLOMEO della Porta, llamado FRA BARTOLOMMEO (1472-1517) Pintor it. *Deposición, Virgen entronizada.*

BÁRTULOS m. pl. fig. Enseres que se manejan.

BARÚC (heb., *Baruk*; h. s. VI a. C.) Profeta del A. T., hijo de Neriyyah.

BARULLO m. fam. Confusión, desorden.

BARUTA Mun. de Venezuela, en el est. Miranda; 121 500 hab.

BASA f. Base o apoyo. ◊ Asiento sobre el que se pone la columna o estatua. ◊ *Arq.* Pieza inferior de la columna.

BASADRE, *Jorge* (n. 1903-1980) Historiador per. *Historia de la república del Perú.*

BASAL adj. Relativo a la base. ◊ Sit. en la base de una formación orgánica o de una construcción.

BASALTO m. *Petr.* Roca volcánica de color oscuro y elevada densidad. Constituido por plagioclasas y minerales máficos, se emplea en adoquinados. ❏ BASÁLTICO, CA.

Formación de columnas hexagonales
de **basalto**

BASAMENTO m. *Arq.* Cuerpo formado por la basa y el pedestal de la columna.

BASAR tr. Asentar algo sobre una base. ◊ tr. y prnl. fig. Fundar.

BASÁRIDE f. *Amér.* Mamífero carnívoro, parecido a la comadreja. Tiene en la cola ocho anillos negros.

BASAURI Mun. esp., en la prov. de Vizcaya; 45 085 hab.

BASCA f. Ansia e inquietud que se experimenta en el estómago.

BÁSCULA f. Balanza para medir pesos grandes.

BASCULAR intr. Realizar un movimiento de vaivén. ◊ En algunos vehículos de transporte, inclinarse la caja para que la carga resbale por su propio peso.

BASE f. Fundamento en que estriba o descansa una cosa. ◊ Conjunto de militantes de una organización política o sindical que no ocupan cargos directivos. ◊ *Arq.* Base de una columna o estatua. ◊ *Geom.* Línea o superficie de una figura que se toma como referencia para determinar la alt. ◊ *Mat.* Expresión que ha de elevarse a una potencia. ◊ *Quím.* Sustancia que combinada con un ácido forma una sal. ◊ *Top.* Longitud medida en el terreno con precisión y reducida al geoide. ◊ **aérea.** *Mil.* Aeropuerto militar. ◊ **de datos.** *Comp.* Conjunto de datos almacenados de forma que pueden servir para todos los programas que los puedan utilizar. ◊ **naval.** *Mil.* Puerto donde se preparan para navegar las fuerzas navales.

BASE-BALL (voz ing.) m. Béisbol.

BASEDOW, *Karl Adolph* (1799-1854) Médico al. Describió los síntomas resultantes del hiperfuncionamiento del tiroides, y que son conocidos como *enfermedad de B.*

BASHKIR adj. y s. Relativo a un pueblo turco de los Urales. ◊ m. pl. Pueblo turco de la rep. de Bashkortostán.

BASIC *Comp.* Siglas de la exp. ing. *Beginners Allpurpose Symbolic Instruction Code.* De alto nivel simbólico de programación introducido en los años 60 para el aprendizaje de programación.

BÁSICO, CA adj. Relativo a la base. ◊ *Geol.* Díc. de la roca cuyo contenido en sílice es inferior al 50 %. ◊ *Quím.* Díc. de la sal en que predomina la base. ◊ Fundamental.

BASILÁN C. de Filipinas, en la isla hom.; 201 400 hab. Pesca.

BASILEA (fr., *Bâle*; al., *Basel*) C. del NO de Suiza que forma el semicantón de Basilea-ciudad; 37 km², 192 000 hab. Centro industrial y financiero.

BASÍLICA f. Edificio público rom. que servía de tribunal y de lugar de reunión. Los cristianos la usaron para su culto. ◊ Iglesia notable. ❏ BASILICAL.

BASILICATA Región del S de Italia; 9 992 km², 610 500 hab. Cap., Potenza. Gas y petróleo.

BASILIO el Grande (329-379) Santo. Padre de la Iglesia gr., iniciador de la vida cenobítica.

BASILISCO m. Animal fabuloso. ◊ Reptil de color verde y del tamaño de una iguana pequeña.

BASHKORTOSTÁN Rep. de Rusia, en la vertiente O de los Urales; 143 000 km², 3 952 000 hab. Cap., Ufá. Petróleo.

BASORA (*Basra*) C. de Irak, cap. de la gobernaduría hom.; 346 500 hab. Pral. puerto del país y del golfo Pérsico.

BÁSQUET o BÁSQUETBOL (voz ing., *basket* o *basketball*) m. *Dep.* Juego de pelota por equipos, que consiste en introducir el balón con la mano en una canasta colocada en el campo adversario.

BASSANI, *Giorgio* (n. 1916) Novelista it. *El jardín de los Finzi-Contini.*

BASSANO, *Jacopo da Ponte* (entre 1510 y 1518-1592) Pintor it., miembro de una dinastía de pintores.

BASE DE DATOS

Satélite de comunicaciones con sus paneles solares desplegados. Estos satélites, situados en órbitas geoestacionarias, permiten a usuarios europeos y americanos consultar bases de datos físicamente ubicadas al otro lado del Atlántico

En una biblioteca, una base de datos bien gestionada permite a las bibliotecarias saber dónde se encuentra exactamente en cada momento cualquier libro o publicación del fondo, y rastrear a través del mismo documentación relevante en relación a un determinado tema, consultando índices y fichas bibliográficas

Una base de datos implica tanto un conjunto coherente de datos como un software que permita la incorporación de nuevos datos y la actualización y consulta de los ya incluidos en la base. La gestión de una gran base de datos exige personal especializado

BASSE-TERRE C. de la isla de Guadalupe, cap. del dpto. hom.; 13 700 hab.

BASSETERRE C. de la isla de San Cristóbal, cap. de San Cristóbal y Nevis; 15 700 hab.

BASTA f. Hilván. ◊ Puntada hecha a trechos en el colchón. ◊ *Perú.* Bastilla.

BASTANTE adj. Que basta. ◊ adv. cantidad. Ni mucho ni poco, ni más ni menos de lo regular. ◊ No poco.

BASTANTEAR intr. y tr. *Der.* Reconocer un abogado el poder otorgado a un procurador. ❑ BASTANTEO.

BASTAR intr. y prnl. Ser suficiente para alguna cosa. ◊ Abundar.

BASTARDILLA f. *Mús.* Especie de flauta. ◊ adj. y f. Letra de imprenta que imita la de mano.

BASTARDO, DA adj. Que degenera de su origen. ◊ Ilegítimo, nacido de padres no casados. ❑ BASTARDEAR; BASTARDÍA.

BASTIDAS, *Rodrigo de* (1460-1526) Navegante esp. Exploró las costas de Colombia y Venezuela. Fundó Santa Marta (1525).

BASTIDOR m. Armazón para fijar lienzos, para armar vidrieras o para decoración de escenarios. ◊ Armazón metálico que soporta la caja de un vagón, automóvil, etc. ◊ *Cuba.* Somier. ◊ *Mar.* Armazón de hierro o bronce en que la hélice apoya su eje cuando no es fija.

BASTILLA f. Doblez que se asegura con puntadas a los extremos de la tela para que ésta no se deshilache.

BASTILLA Fortaleza fr. del s. XIV, convertida en prisión por Richelieu. El pueblo parisino la tomó por asalto el 14 de julio de 1789, por considerarla símbolo del absolutismo monárquico.

La toma de la **Bastilla**

BASTIMENTO m. Embarcación, barco. ◊ Provisión para sustento de una c., ejército, etc. ❑ BASTIMENTAR.

BASTIÓN m. Baluarte, fortificación.

BASTO, TA adj. Grosero, tosco. ◊ Díc. de la persona rústica o grosera. ◊ m. Cualquiera de los naipes del palo de bastos. ◊ pl. Uno de los cuatro palos de la baraja esp.

BASTÓN m. Vara para apoyarse al andar, para golpear, etc. ◊ Insignia de mando. ◊ *Zool.* Célula fotorreceptora de la retina de los vertebrados.

BASTONCILLO m. Galón angosto que sirve para guarnecer. ◊ *Zool.* Bastón.

BASURA f. Inmundicias, desechos que se recogen en las ciudades. ◊ Estiércol de las caballerías. ❑ BASURERO.

BATA f. Prenda usada para estar en casa. ◊ Batín usado para trabajar.

BATACAZO m. Golpe que da una persona cuando cae. ◊ Caída inesperada de un estado o condición. ◊ *Amér.* Merid. Triunfo inesperado.

BATALLA f. Combate de un ejército, armada, etc., con otro. ◊ Justa o torneo. ◊ Distancia de eje a eje en los carruajes de cuatro ruedas. ◊ fig. Agitación interior. ◊ **campal.** *Mil.* La que se da en campo raso.

BATALLAR intr. Pelear. fig. ◊ Disputar, porfiar. ◊ fig. Fluctuar.

BATÁN m. Máquina con gruesos mazos de madera que sirve para golpear, desengrasar y enfurtir los paños. ◊ Edificio en que funciona esta máquina. ◊ *Col.* Tienda en la que se venden productos de lana.

BATATA f. *Bot.* Planta de tubérculos comestibles.

BÁTAVO, VA adj. y s. Ant. pueblo germánico, que habitó en el delta del Rin.

BATE m. Palo, que se utiliza para jugar al béisbol. ❑ BATEADOR; BATEAR.

BATERÍA f. *Mil.* Conjunto de piezas de artillería. ◊ *Mil.* Unidad táctica del arma de artillería, que se compone de cierto número de piezas y de los artilleros que las sirven. ◊ *Mil.* En los buques mayores de guerra, cañones que hay en cada puente. ◊ *Fís.* Conjunto de acumuladores eléctricos conectados entre sí. ◊ *Mús.* Conjunto de instrumentos de percusión en una banda u orquesta. ◊ Persona que los toca. ◊ **de cocina.** Conjunto de utensilios necesarios para la cocina.

BATEY m. *Ant.* Lugar ocupado por las viviendas, barracones, almacenes, etc., en ingenios, etc.

BATIAL adj. Díc. de la zona batimétrica marina que comprende los fondos marinos entre 200 y 2 000 m de profundidad.

BATIBORRILLO o **BATIBURRILLO** m. Baturrillo.

BATIDO, DA adj. Aplícase a los tejidos de seda que resultan con visos distintos. ◊ m. Masa de que se hacen bizcochos. ◊ Claras, yemas o huevos batidos. ◊ Bebida hecha batiendo leche con un helado, fruta, etc.

BATIDOR, RA adj. Que bate. ◊ m. y f. Instrumento para batir manjares, bebidas, etc. ◊ *Guat., Hond.* y *Méx.* Chocolatera, vasija en que se bate el chocolate.

BATIENTE adj. Que bate. ◊ m. Parte del cerco de las puertas y ventanas en que baten cuando se cierran. ◊ Lugar donde la mar bate. ◊ En los claves y pianos, listón de madera forrado de paño en el que baten los macillos.

BATIHOJA m. Batidor de oro o plata. ◊ Artífice que a golpes de mazo labra metales, reduciéndolos a láminas.

BATIMETRÍA f. Estudio de los fondos marinos y de la distribución de los animales y plantas. ❑ BATIMÉTRICO.

BATÍN m. Bata para estar en casa.

BATIR tr. Golpear. ◊ Arruinar, echar por tierra alguna pared, edificio, etc. ◊ Hablando de la tienda o el toldo, recogerlo, desarmarlo. ◊ Hablando del sol, el agua o el aire, dar en una parte sin estorbo alguno. ◊ Mover con ímpetu alguna cosa. ◊ Mover y revolver alguna cosa para que se condense o trabe, o para que se liquide o disuelva. ◊ Martillar una pieza de metal hasta reducirla a chapa. ◊ Derrotar al enemigo. ◊ Acuñar moneda. ◊ Reconocer, recorrer, registrar. ❑ BATIDA; BATIMIENTO.

BATISCAFO m. Nave de inmersión para explorar las profundidades marinas.

BATISFERA f. Aparato de inmersión submarina unido a un buque mediante un cable.

BATISTA f. Lienzo fino muy delgado.

BATISTA, *Fulgencio* (1901-1973) Político y mil. cub. Presid. en 1940-1944, y 1952-1959. Derrocado por Fidel Castro.

BATLLE, *Lorenzo* (1810-1887) Mil. y político ur. Presid. de la rep. (1868-1872). ◊ **Berres, *Luis*** (1897-1964) Político ur. Presid. de la rep. en 1946-1951 y en 1954 y 1955. ◊ **Ibáñez, *Jorge*** (n. 1927) Político ur. Líder del Partido Colorado; en 1999 fue elegido presid. de la rep. para el período 2000-2005. ◊ **Y Ordóñez, *José*** (1856-1929) Político ur. Presid. de la rep. (1903-1907 y 1911-1915).

BATMAN Personaje de cómic creado en 1939 por Bob Kane.

BATOLITO m. *Geol.* Gran masa rocosa, formada básicamente por granito.

BATON ROUGE C. del S de los EE UU, cap. del est. de Luisiana; 219 500 hab. Refinerías de petróleo.

BATRACIO, CIA adj. y m. Anfibio.

BATTENBERG Familia noble al. ◊ *Luis Alejandro de* (1854-1921), MARQUÉS DE MILFORD HAVEN, cambió en 1917 su nombre al. por el brit. de *Mountbatten.*

BATUMI C. de Georgia, cap. de la rep. autón. de Adjaristán; 132 000 hab.

BATUQUEAR tr. *Amér.* Mover con ímpetu.

BATURRILLO m. Mezcla de cosas que no guardan orden.

BATURRO, RRA adj. y s. Rústico aragonés.

BATUTA f. Vara delgada y corta con la que el director de una orquesta indica el compás.

BAUDELAIRE, *Charles* (1821-1867) Poeta fr., de gran influencia en la poesía actual. *Las flores del mal, Pequeños poemas en prosa, Los paraísos artificiales.*

BAUDIO m. *Comp.* Unidad de velocidad de transmisión de la información, equivalente a un bit por segundo.

*Charles **Baudelaire**, por Courbet*

BAUER, Bruno (1809-1882) Filósofo y crítico al. Componente de la izquierda hegeliana. *El cristianismo descubierto.*

BAUHAUS (al., «casa de la construcción») Escuela de arte fundada por W. Gropius en Alemania en 1919. Derivó hacia el diseño industrial.

BAÚL m. Cofre.

BAUM, Vicki (1888-1960) Escritora austr. Autora de las novelas *Gran Hotel, La carrera de Doris Hart.*

BAUMGARTEN, Alexander Gottlieb (1714-1762) Filósofo al., seguidor de la escuela racionalista de Leibniz.

BAUPRÉS m. *Mar.* Palo grueso de la proa de los barcos.

BAUSÁN, NA m. y f. Figura de hombre rellena de paja y vestida con armadura.

BAUTISMO m. *Rel.* Acto por el que una persona queda adscrita a una confesión religiosa. ◇ **de fuego.** Entrar por primera vez en combate. ◇ **de sangre.** Ser herido por vez primera en una acción bélica. ❑ BAUTISMAL.

BAUTISTA m. El que bautiza. ◇ **El Bautista.** P. ant., san Juan, el precursor de Cristo.

BAUTISTERIO m. Baptisterio.

BAUTIZAR tr. Administrar el sacramento del bautismo. ◇ fig. Poner nombre a una cosa. ◇ fig. y fam. Dar a una persona o cosa otro nombre que el que le corresponde. ◇ fig. y fam. Tratándose del vino, mezclarlo con agua.

BAUXITA f. *Miner.* Roca sedimentaria rojiza formada por hidratos de aluminio, óxidos de hierro y silicatos de aluminio. Constituye la pral. fuente para la obtención del aluminio.

BAVIERA (*Bayern*) Est. del SE de la Rep. de Alemania; 70 554 km²; 10 450 000 hab. Cap., Munich. Río Danubio. Selva de Franconia, macizo de Fichtelgebirge y los Alpes. Ganadería y agricultura. ❑ *Hist.* Ducado (788-1805) con las dinastías de los Güelfos y de los Wittelsbach. Reino desde 1806, se adhirió al imperio al. hasta 1918, que adoptó el régimen republicano. En 1945 se convirtió en *land* de la RFA.

BAYA f. *Bot.* Fruto que contiene semillas rodeadas de pulpa. ◇ *Cuba.* Molusco marino con dos valvas. ◇ *Chile.* Chicha de uva.

BAYACETO I (1347-1403) Sultán de los turcos otomanos desde 1389, conquistó Bulgaria y Asia Menor.

BAYADERA f. Bailarina y cantante de la India.

BAYAHONDA f. *R. Dom.* Acacia.

BAYAMO C. de Cuba, cap. de la prov. de Granma; 139 000 hab. Caña de azúcar, arroz, tabaco, café.

BAYAMÓN C. del N de P. Rico, cap. del distr. hom.; 214 900 hab. Azúcar, tabaco. Ind. papelera, metalúrgica.

BAYETA f. Tela de lana poco tupida. ◇ Trapo de fregar el suelo.

BAYEU, Francisco (1734-1795) Pintor esp., ejerció gran ascendiente sobre su cuñado Goya. Frescos (Palacio Real de Madrid, Pilar de Zaragoza).

BAYLE, Pierre (1647-1706) Escritor fr. *Diccionario histórico y crítico.*

BAYLEY, Edgar (1919-1990) Poeta arg. Vanguardista. *La vigilia y el viaje.*

BAYO, YA adj. y s. De color blanco amarillento. Se aplica más comúnmente a los caballos.

BAYONA (*Bayonne*) C. del SO de Francia, en el dpto. de Pyrénées-Atlantiques; 120 000 hab. (agl. urb.).

BAYONETA f. Arma blanca complementaria del fusil.

BAYREUTH C. de Alemania, en Baviera; 70 600 hab. Ind. textil y mecánica. Teatro construido por Luis II.

BAZ, Juan José (1820-1887) Político mex. Defendió la cap. de la invasión de EE UU. Ministro de la Gobernación (1872-1876).

BAZA f. Número de cartas que en ciertos juegos de naipes recoge el que gana la mano.

BAZAINE, François Achille (1811-1888) Mariscal fr. Jefe del cuerpo expedicionario en México.

BAZÁN, Álvaro de, SEGUNDO MARQUÉS DE SANTA CRUZ (1571-1646) Marino esp. Desde 1615, capitán gral. de galeras y, en 1630, gobernador del Milanesado.

BAZAR m. En Oriente, mercado público. ◇ Tienda en que se venden productos diversos.

BAZO, ZA adj. De color moreno y que tira a amarillo. ◇ m. *Anat.* Organo impar parecido a una glándula, situado en la parte posterior izquierda del abdomen. Desempeña un papel imp. en la defensa del organismo.

BAZOFIA f. Desechos de comida. ◇ Comida mala.

BAZOOKA (voz ing.) m. *Mil.* Arma portátil lanzagranadas contra tanques.

BAZUCA m. *Mil.* Bazooka.

BAZUCAR o **BAZUQUEAR** tr. Revolver un líquido moviendo el recipiente en que está. ◇ Traquetear o agitar.

BBC (*British Broadcasting Corporation*) Siglas de la empresa estatal brit. de radiodifusión y televisión.

Be *Quím.* Símb. del berilio.

BE f. Nombre de la letra *b.* ◇ Onomatopeya de la voz del carnero y la oveja.

BEAGLE Canal interoceánico del extremo meridional de América del Sur, entre la isla Grande de Tierra del Fuego por el N y las islas Gordon, Hoste, Navarino, Pícton y Nueva por el S.

BEAT Generation (ing., «generación vencida») Mov. literario norteam., surgido hacia 1950, que propugna el culto a la espontaneidad.

BEATIFICAR tr. Declarar el Sumo Pontífice que se puede dar culto a alguien.

BEATITUD f. Bienaventuranza eterna. ◇ Tratamiento honorífico de algunos patriarcas de la iglesia oriental católica y también del máximo jerarca de la iglesia cismática.

BEATLES, The Conjunto musical brit., muy popular en la década de los 60. Lo formaban Ringo Starr, Paul McCartney, George Harrison y John Lennon.

BEATNIK (voz ing.) adj. y s. Partidario de un movimiento juvenil que en la década 1960-1970 manifestó rebeldía contra la sociedad.

BEATO, TA adj. y s. Feliz o bienaventurado. ◇ Persona beatificada por el Sumo Pontífice. ◇ fig. Que afecta virtud. ◇ m. y f. Persona que viste hábito religioso sin seguir regla determinada. ◇ fam. Persona que frecuenta mucho los templos.

BEATO de Liébana (m. 798) Monje asturiano. Combatió el adopcionismo. *Comentaria ad Apocalypsim.*

Francisco **Bayeu**. *El paseo de las Delicias en Madrid*
(Museo del Prado, Madrid)

Detalle de una página miniada de los *Comentaria ad Apocalypsim* del **Beato de Liébana**

BEAUHARNAIS, *Alexandre,* VIZCON-DE DE (1760-1794) General fr. Estuvo casado con Josefina, la futura emperatriz. Su hijo *Eugène* (1781-1824) acompañó a Napoleón en la campaña de Egipto.

BEAUMARCHAIS, *Pierre Augustin Caron de* (1732-1799) Dramaturgo fr., autor de comedias. *El barbero de Sevilla, Las bodas de Fígaro.*

BEAUMONT, *Francis* (1584-1616) Dramaturgo ing. Escribió numerosas obras con John Fletcher. *El misógino, La tragedia de la doncella.*

BEAUVAIS C. de Francia, cap. del dpto. de Oise; 52 400 hab. Tapices.

BEAUVOIR, *Simone de* (1908-1986) Escritora fr. Plantea el existencialismo sartriano en *La sangre de los demás* y el feminismo en *El segundo sexo.*

BEBÉ, BA m. y f. *Amér. Merid.* Bebé.

BEBÉ m. Nene, niño muy pequeño.

BEBEDERO, RA adj. Bueno para beber. ◊ m. Vaso en que se echa la bebida a las aves domésticas. ◊ Paraje a donde acuden a beber los animales. ◊ Pico saliente de algunas vasijas y que sirve para beber. ◊ Abrevadero.

BEBEDIZO, ZA adj. Potable. ◊ m. Bebida que se da por medicina. ◊ Bebida confeccionada con veneno.

BEBEL, *August* (1840-1913) Político socialdemócrata al. Se opuso a la política imperialista de Bismarck.

BEBER intr. y tr. Ingerir un líquido. ◊ Brindar. ◊ fig. Abusar de las bebidas alcohólicas. ❑ BEBEDOR, RA; BEBIBLE.

BEBEZÓN f. *Col.* y *Cuba.* Borrachera.

BEBIDA f. Líquido que se bebe. ◊ Hábito de tomar bebidas alcohólicas.

BECA f. Insignia que llevaban los colegiales sobre el manto. ◊ Subvención económica para cursar estudios.

BECADA f. Ave caradriforme de la familia escolopácidos, de carne muy apreciada. Llamada también *chocha perdiz,* o simplemente *chocha.*

Becada

BECAR tr. Sufragar o conceder a alguien una beca.

BECCARIA, *Cesare* (1738-1794) Jurisconsulto y economista it. *De los delitos y las penas.*

BECERRA f. Vaca desde que deja de mamar hasta que cumple un año. ◊ *Bot.* Dragón.

BECERRA, *Francisco* (1546-1601) Arquitecto esp. Catedrales de Puebla, Santo Domingo de Quito, Lima y Cuzco.

BECERRO m. Toro desde que deja de mamar hasta que cumple un año. ◊ Piel de ternero curtida. ❑ BECERRADA; BECERRIL.

BECHAMEL m. Salsa hecha de harina, leche y mantequilla.

BECHUANALANDIA ➪ Botswana.

El martirio de Thomas **Becket** según una miniatura de la época

BECKET, *Thomas* (1118-1170) Santo. Prelado ing., arzobispo de Canterbury. Se enfrentó con Enrique II Plantagenet al defender las prerrogativas de la Iglesia. Asesinado por orden del rey.

BECKETT, *Samuel* (1906-1989) Escritor irl., nacionalizado fr. Representante del «teatro del absurdo». Premio Nobel de Literatura en 1969. *Esperando a Godot, Final de partida.*

BÉCQUER, *Gustavo Adolfo* (1836-1870) Escritor romántico esp. Su obra maestra, *Rimas,* es una serie de breves poemas líricos muy conmovedores. Prosa: *Cartas desde mi celda, Leyendas.*

BECQUEREL, *Antoine-Henri* (1852-1908) Físico e ingeniero fr. Premio Nobel de Física en 1903, con los esposos Curie, por sus descubrimientos sobre la radiactividad natural.

BECUADRO m. *Mús.* Signo que expresa que la nota a que se refiere debe sonar con su entonación natural.

BEDA el Venerable (672-735) Santo. Benedictino anglosajón. *Historia eclesiástica de los anglos.*

BEDEL m. En establecimientos de enseñanza, el encargado de mantener el orden fuera de las clases, de señalar la hora de entrada y salida, etc.

BEDFIRD C. de Gran Bretaña, cap. del Bedforshire; 74 200 hab. Ind. del automóvil.

BEDUINO, NA adj. y s. Árabes nómadas del desierto, que habitan en África del NE y en el Oriente Medio.

BEECHER-STOWE, *Harriet Elizabeth* (1811-1896) Escritora norteam., autora de *La cabaña del tío Tom.*

BEETHOVEN, *Ludwig van* (1770-1827) Compositor al. Innovador en la forma (creó el *scherzo*), e inquieto en la instrumentación y en la armonía, conmueve por su humanismo y facilita la aparición del romanticismo. Entre sus obras destacan 9 sinfonías, 5 conciertos para piano y 1 para violín, 32 sonatas y una variada producción de música de cámara.

BEFA f. Grosera expresión de desprecio.

BEFAR intr. Mover los caballos el befo. ◊ tr. Burlar, escarnecer.

BEFO, FA adj. y s. Belfo. ◊ De labios abultados y gruesos. ◊ Zambo.

BEGARDO, DA m. y f. Hereje de los ss. XIII-XIV que defendía la impecabilidad del alma humana cuando llega a la visión directa de Dios.

BEGIN, *Menahem* (1913-1992) Político israelí. Premio Nobel de la Paz en 1978, junto a Anwar el-Sadat. Fundador del partido derechista Likud.

BEGONIA f. *Bot.* Planta perenne dicotiledónea, originaria de América, de la familia begoniáceas.

BEGUINO, NA m. y f. Begardo, da.

BEGUM f. Título de algunas princesas indias.

BEHAVIORISMO m. *Psic.* Conductismo. Llamado también *psicología objetiva.* Entiende la conducta como la totalidad de las reacciones a un estímulo externo.

BEHETRÍA f. Población cuyos vecinos podían recibir por señor a quien quisiesen. ◊ fig. Confusión.

BEHRENS, *Peter* (1868-1940) Arquitecto y decorador al., precursor del racionalismo.

BEHRING, *estrecho de* ➪ Bering, estrecho de.

BEHRING, *Emil Adolf von* (1854-1917) Bacteriólogo al. Demostró que el suero de un ser inmunizado contra una enfermedad infecciosa tiene el poder de inmunizar a otro. Premio Nobel de Medicina en 1901.

BEIGE (voz fr.) adj. y m. De color castaño claro.

BEIRA C. y puerto del centro-sur de Mozambique. Cap. de la prov. de Sofala; 113 800 hab.

BEIRUT Cap. del Líbano; 938 900 hab. El mayor puerto del país y uno de los prales. de Oriente. Tres universidades.

BÉISBOL m. Juego entre dos equipos de nueve jugadores, que deben recorrer ciertos puntos o bases en combinación con el lanzamiento de una pelota.

BÉJART, *Maurice* (n. 1927) Bailarín y coreógrafo fr. Fundó en 1960 el Ballet del Siglo XX.

BEJUCO m. Nombre de diversas plantas tropicales, de tallos largos, usadas para ligaduras, jarcias, tejidos, muebles, bastones, etc. ❑ BEJUCAL.

Menahem **Begin**

BEL m. *Fís.* Unidad de potencia sonora. ⇨ Decibelio.

BELALCÁZAR, *Sebastián de* (1480-1551) Conquistador esp. Organizó la expedición a Quito y fundó Santiago de Guayaquil, Ampudia, Popayán y Neiva.

BELAU ⇨ Palaos.

BELAÚNDE Terry, *Fernando* (1912-2002) Político per., fundador de Acción Popular. Presid. del país en dos periodos (1963-1968 y 1980-1985).

BELCEBÚ (heb., *Báal Zebub*, «Señor de las moscas») En el N. T., jefe supremo de los demonios.

BELDAD f. Belleza, y más particularmente la de la mujer. ◊ Mujer muy bella.

BELDUQUE m. *Amér.* Cuchillo grande de hoja puntiaguda.

BELÉM C. del N del Brasil, cap. del est. de Pará; 1 246 000 hab. Puerto y centro com. de la Amazonia. Ind. alimentaria y química. Caucho y madera.

BELEMNITA f. *Pal.* Fósil constituido por la extremidad del hueso de una clase extinguida de cefalópodos.

BELÉN m. fig. Nacimiento, en la acepción de representación del de Jesucristo. ◊ fig. y fam. Sitio en que hay mucha confusión.

BELÉN C. de Jordania, en las montañas de Judea. Lugar de nacimiento de Jesús.

BELEÑO m. *Bot.* Planta dicotiledónea narcótica, de fruto capsular con semillas pequeñas.

Beleño

BELEROFONTE *Mit.* Héroe que domó a Pegaso y venció a la Quimera.

BELFAST Cap. del Ulster o Irlanda del Norte; 296 900 hab. Centro com. e industrial. Astilleros. Ind. química, textil, alimentaria y metalúrgica.

BELFO, FA adj. y s. Dic. del que tiene más grueso el labio inferior, como suelen tenerlo los caballos. ◊ m. Cualquiera de los dos labios del caballo y otros animales.

BÉLGICA (*Royaume de Belgique; Koninkrijk België*) Estado de Europa occidental; monarquía; 66 km de costas bajas, arenosas y rectilíneas en el mar del Norte. En la zona SE se levanta el macizo de las Ardenas. El Mosa atraviesa el país de SO a NE y en el NO el Escalda riega la llanura de Flandes. Básica-

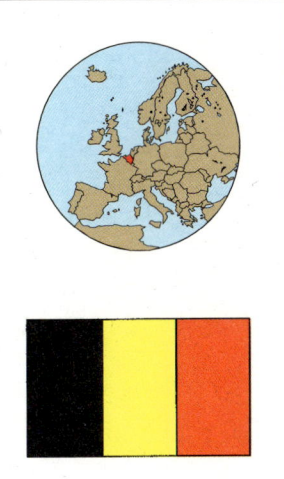

Mapa de situación y bandera
de **Bélgica**

mente industrial, aunque con imp. recursos agrícolas y ganaderos. Clima marítimo con abundantes brumas, temperaturas uniformes y moderadas. Lenguas: francés y neerlandés (oficiales), y alemán. *Rel.:* catól. (95 %), protestantes (0,5 %). U. M.: euro. Cap., Bruselas. C. prales.: Amberes, Lieja.

☐ *Hist.* Roma conquistó este territorio en el año 57 a. C. Invadido por los francos en el s. V. En el tratado de Verdún (843) se repartió el país entre Francia y Lotaringia. Dividido en condados y ducados, en la E. Med. conoció una gran prosperidad. En 1477, se establecieron allí los Habsburgo y, en 1520, comenzó la dominación por parte de la rama española de esta dinastía. En 1581 se produjo la secesión de las regiones septentrionales de los Países Bajos, pero

BÉLGICA	
Superficie	30 518 km²
Población	9 980 000 hab. (327 hab./km²)
Recursos económicos	
Cebada	660 000 t
Patatas	1 950 000 t
Remolacha azucarera	5 800 000 t
Trigo	1 620 000 t
Ganadería y derivados	
Cabaña bovina	3 000 000 cabezas
Cabaña ovina	166 000 cabezas
Cabaña porcina	5 421 000 cabezas
Producción minera	
Carbón	2 357 000 t
Producción industrial	
Acero	9 353 000 t
Ácido sulfúrico	1 906 000 t
Cemento	6 924 000 t
Cobre refinado	297 600 t
Hierro colado	9 353 000 t
Hilaturas de algodón	50 600 t
Indicadores sociológicos	
PNB	192 370 millones de dólares
Renta per cápita	19 300 dólares
Esperanza de vida	76 años
Alfabetismo	100%

Bélgica siguió unida a España hasta 1714, en que pasó a manos austríacas hasta 1795. En los ss. XVII y XVIII, las guerras fronterizas delimitaron el territorio de la actual Bélgica, en la que quedaban englobadas dos comunidades (flamencos y valones). Tras un periodo de sometimiento a Holanda, en 1831 consiguió la indep. y ofreció la corona a Leopoldo de Sajonia-Coburgo. Durante el reinado de Leopoldo II (1865-1909) se inició el desarrollo económico y se comenzó a colonizar el Congo. En 1914, reinando Alberto I (1909-1934), B. se vio envuelta en la I Guerra Mundial. Igualmente padeció las consecuencias de la II Guerra, sufriendo la invasión. En 1951, Leopoldo III abdicó en su hijo Balduino I. Al morir éste sin herederos, en 1993 le sucedió su hermano Alberto II. Desde 1945 se alternan en el poder socialcristianos y socialistas. En 1993 se reformó la constitución, estableciéndose B. como un Estado federal con tres regiones: Flandes, Valonia y Bruselas y la división en dos de Brabante.

BELGRADO (*Beograd*) Cap. de la rep. de Serbia; 1 470 100 hab. (agl. urb.). Cap. de Serbia y Montenegro. Centro comercial e industrial. Universidad.

BELGRANO, *Manuel* (1770-1820) General arg. Derrotó a los realistas en Tucumán (1812) y en Salta (1813). Miembro del primer gobierno nac.

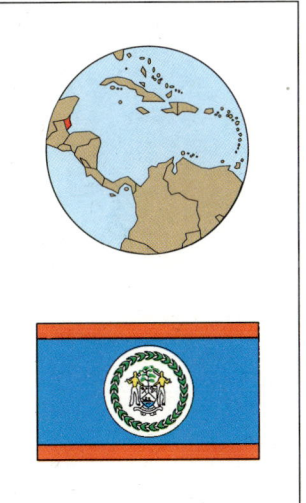

Mapa de situación y bandera
de **Belice**

BELICE (*Belize*) Est. de América Central, sit. en la costa del golfo de Honduras; democracia representativa. Llano en el N y montañoso en el S. Clima tropical. Riqueza forestal y agrícola. Lenguas: ing. (of.) y esp. *Rel.:* catól. (94 %) y protestantes. U.M.: dólar de B. Cap., Belmopan. Pral. núcleo urbano, Belice.

☐ *Hist.* Ant. posesión esp., a partir del s. XVII se instalaron los brit. Gran Bretaña se autoadjudicó el terr. en 1862, pero Guatemala reivindicó el derecho al mismo. En 1981 accedió a la indep. En 1991, Guatemala renunció a su reivindicación sobre el terr.

BELICE

Superficie	22 965 km²
Población	189 000 hab. (8 hab./km²)
Recursos económicos	
Banana	34 000 t
Maíz	20 000 t
Nuez de coco	3 000 t
Pomelo	5 515 000 t
Riqueza forestal	188 000 m³
Producción industrial	
Azúcar	108 000 t
Cerveza	32 000 hl
Indicadores sociológicos	
PNB	389 millones de dólares
Renta per cápita	2 050 dólares
Esperanza de vida	68 años
Alfabetismo	93%

BELICE Río que nace en el dpto. guat. de El Petén y desemboca en el Caribe. 240 km. ◊ C. y puerto del est. hom.; 43 600 hab. Centro comercial.

BELICENSE adj. y s. De Belice.

BELICISMO m. Tendencia a promover conflictos armados. ❏ BELIGERANCIA.

BELISARIO (494-565) General del emp. bizantino Justiniano. Salvó Constantinopla del ataque de los hunos.

BELL, *Alexander Graham* (1847-1922) Físico escocés establecido en EEUU. En 1876 patentó el teléfono, inventado por Antonio Meucci.

BELLACO, CA adj. y s. Malo, ruin. ◊ Astuto.

BELLADONA f. *Bot.* Planta dicotiledónea herbácea. Se emplea como narcótico, antiespasmódico, estimulante cardíaco y para suprimir secreciones.

BELLAY, *Joachim du* (1524-1560) Humanista y retórico fr. *Defensa e ilustración de la lengua francesa, Lamentaciones.*

BELLE ISLE Estrecho que separa la isla de Terranova de la pen. de Labrador.

BELLEZA f. Conjunto de cualidades cuya contemplación produce deleite. ❏ BELLO, LLA.

BELLINI, *Gentile* (1420-1507) Pintor veneciano. Retratista y pintor religioso. ◊ *Giovanni* (1430-1516) Pintor veneciano. Mural del Diluvio y el Arca de Noé para la *Scuola Grande* de San Marcos. ◊ *Vicenzo* (1801-1835) Compositor de óperas it. *Norma, Los puritanos.*

BELLÍSIMA f. *Amér. Centr., Ecuad., Perú y Ven.* Planta trepadora con flores rosas y rojas.

BELLO Mun. de Colombia, en el dpto. de Antioquia; 121 200 hab. Agricultura, ganadería.

BELLO, *Andrés* (1781-1865) Escritor ven. Sus estudios gramaticales aún están vigentes y los jurídicos dieron como resultado el código civil de Chile. Sus poesías crearon un género nac. *Filosofía del entendimiento.*

BELLOTA f. *Bot.* Fruto de la encina, del roble, del alcornoque y de otros árboles del mismo género. Se emplea para alimento de los cerdos. ❏ BELLOTERO, RA.

BELLOW, *Saul* (1915-2005) Periodista y escritor norteam. Premio Nobel de Literatura en 1976. *La víctima, Herzog.*

BELMONDO, *Jean-Paul* (n. 1933) Actor cinematográfico fr. *Al final de la escapada, El hombre de Río.*

BELMOPAN C. de Belice, cap. del est.; 2 900 hab.

BELO HORIZONTE C. del E de Brasil, cap. del est. de Minas Gerais; 2 049 000 hab. (agl. urb.) Centro minero. Ind. metalúrgica, mecánica y química.

BELT (*Baelt*) Nombre de dos estrechos (Grande y Pequeño), que unen el mar Báltico con el estrecho de Kattegat.

BELTRÁN, *Pedro* (1897-1980) Político per. Primer ministro y ministro de Finanzas (1959-1961), fue depuesto por un golpe militar.

BELUCHISTÁN Región del S de Asia. Montañosa y de clima desértico, se extiende por el SE de Irán y el SO de Pakistán. Habitada por los beluchi.

BELUGA f. *Zool.* Delfín de los mares boreales.

BELZÚ, *Manuel Isidoro* (1808-1865) Mil. y político bol. que se sublevó contra Ballivián en 1848. Presid. (1850-1855).

BEMBO m. *Amér.* Bezo, labio grueso.

BEMOL adj. y s. *Mús.* Nota alterada en un semitono por debajo de su sonido natural. ◊ m. *Mús.* Signo (♭) que representa esta alteración.

BEN Bella, *Ahmed* (n. 1916) Político argelino, líder de la indep. Presid. de la rep. en 1963, fue derribado en 1965. ◊ **Gurión,** *David* (1886-1973) Político israelí. Impulsor del mov. sionista. Proclamó en 1948 el est. de Israel.

BENACERRAF, *Baruj* (n. 1920) Inmunólogo ven., nacionalizado norteam. Premio Nobel de Medicina, en 1980, con J. Dausset y G. Snell, por sus investigaciones de los antígenos de trasplante.

BENARÉS (*Varanasi*) C. del NE de la India, en el est. de Uttar Pradesh; 708 600 hab. Templos de Shiva y Annapurna.

BENAVENTE, *Jacinto* (1866-1954) Dramaturgo esp. *Los intereses creados, La malquerida, Señora ama.* Premio Nobel de Literatura en 1922.

BENAVIDES, *Óscar* (1876-1945) Militar y político per. Presid. provisional (1915) y constitucional (1933-1936). Prorrogó su presidencia hasta 1939, anulando las elecciones.

BENCENO m. *Quím.* Hidrocarburo de fórmula C_6H_6, perteneciente a la serie

Estatua de Andrés **Bello** en Caracas

Benedicto XVI

cíclica aromática, que se obtiene en la destilación seca de la hulla. Es un líquido incoloro, volátil e inflamable.

BENCINA f. *Quím.* Mezcla de hidrocarburos resultantes de la destilación fraccionada del petróleo bruto o del alquitrán de hulla.

BENDECIR tr. Alabar. ◊ Colmar de bienes a uno la Providencia. ◊ Invocar la bendición divina. ◊ Consagrar al culto divino alguna cosa. ◊ Formar cruces en el aire con la mano, invocando a la Santísima Trinidad o recitando oraciones. ❏ BENDICIÓN.

BENDITO, TA adj. y s. Santo o bienaventurado. ◊ Dichoso, feliz. ◊ adj. Sencillo y de pocos alcances.

BENEDETTI, *Mario* (n. 1920) Narrador y poeta ur. *La tregua, Montevideanos, Gracias por el fuego, El porvenir de mi pasado.*

BENEDICTINO, NA adj. De la orden de San Benito. ◊ m. Licor que fabrican los frailes de esta orden. ◊ m. pl. Orden monástica fundada en 529 por San Benito de Nursia.

BENEDICTO XIV (1675-1758) Papa [1740-1758]. Famoso canonista. ◊ **XV** (1854-1922) Papa [1914-1922]. Su pontificado se caracterizó por la neutralidad durante la I Guerra Mundial. ◊ **XVI** (*Joseph Aloysius Ratzinger*) Papa al. Sucedió en 2005 a Juan Pablo II.

BENEFACTOR, RA adj. y s. Bienhechor.

BENEFICENCIA f. Virtud de hacer bien. ◊ Conjunto de servicios cuyo fin es socorrer a las personas que no pueden pagar su asistencia médica, etc.

BENEFICIAR tr. y prnl. Hacer bien. ◊ tr. Cultivar una cosa. ◊ Trabajar un terreno. ◊ *Min.* Extraer de una mina las sustancias útiles. ◊ *Min.* Someter estas sustancias al tratamiento metalúrgico. ◊ Hablando de efectos, libranzas y otros créditos, venderlos por menos de lo que importan. ◊ *Amér.* Descuartizar una res para venderla.

BENEFICIARIO, RIA adj. y s. Persona en cuyo favor se ha constituido un seguro, contrato, etc.

BENEFICIO m. Bien que se hace o se recibe. ◊ *Econ.* Diferencia entre los ingresos resultantes de las ventas de los productos y los gastos que ocasiona su producción. ◊ Labor y cultivo que se da a los campos, árboles, etc. ◊ Emolumentos de un eclesiástico. ◊ *Der.* Derecho que compete a uno.

BENÉFICO, CA adj. Que hace bien. ◊

Relativo a la ayuda gratuita que se presta a los necesitados.

BENELUX Acrónimo de la unión aduanera entre Bélgica, *Nederland* (Países Bajos) y Luxemburgo, establecida por el convenio de Londres (1944) y completada por el tratado de La Haya (1958).

BENEMÉRITO, TA adj. Digno de galardón. ◊ **La b.** La guardia civil.

BENEPLÁCITO m. Aprobación.

BENES, *Edward* (1884-1948) Político chec. Presid. del país en 1935-1938 y 1945-1948.

BENET, *Juan* (1927-1993) Escritor español. *Región, La moviola de Eurípides.*

BENEVOLENCIA f. Simpatía hacia las personas. ❑ BENEVOLENTE o BENÉVOLO, LA.

BENGALA f. Fuego artificial que arde con luz de color.

BENGALA Región del S de Asia. Abarca los est. de Bengala Occidental y Banglá Desh. ◊ *Golfo de* Parte del océano Índico, entre la India y Birmania.

BENGALA OCCIDENTAL Est. del NE de la India, a orillas del golfo de Bengala; 87 853 km², 67 982 700 hab. Cap., Calcuta. Arroz, caña de azúcar, tabaco y té. Ind. de yute, caucho y papel.

BENGALÍ adj. y s. De Bengala. ◊ m. *Ling.* Lengua indoeuropea derivada del sánscrito.

BENGASI *(Benghazi)* C. del NE de Libia, cap. de la prov. hom.; 286 900 hab. Ind. alimentaria y textil.

BENI Dpto. del N de Bolivia; 213 564 km², 362 521 hab. Cap., Trinidad. Ganadería. Caucho. Maderas. Cultivos tropicales. ◊ Río de Bolivia; 1 600 km. Unido al Mamoré, da origen al Madeira.

se eleva en el interior. Ríos: Níger y Ouemé. Clima tropical cálido y húmedo. Mandioca y madera. Lenguas: fr. (of.), fon, yoruba. *Rel.*: animista (mayoritaria), cristiana y musulmana. U.M.: franco de B. Cap.: Porto-Novo. C. prales.: Cotonú y Abomey.

❑ *Hist.* Base de tráfico de esclavos, sus costas fueron muy frecuentadas en el s. XVII por fr. y port. En 1851 Francia se instaló en sus pob. costeras. En 1899 lo convirtió en colonia, con el nombre de Dahomey. Autonomía en 1958. Independencia en 1960. En 1975 se proclamó la rep. popular, bajo la presidencia de Kérékou. En 1991 fue elegido presid. Nicéphore Soglo. Kérékou retornó a la presid. en 1996, y fue reelegido en 2001.

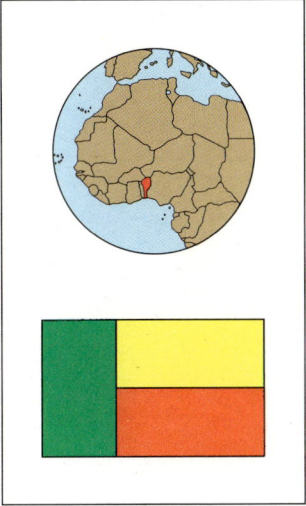

BENIN	
Superficie	112 622 km²
Población	4 889 000 hab. (43 hab./km²)
Recursos económicos	
Aceite de palma	40 000 t
Algodón	67 000 t
Cabaña bovina	955 000 cabezas
Cabaña ovina	970 000 cabezas
Cemento	500 000 t
Riqueza forestal	5 038 000 m³
Indicadores sociológicos	
PNB	1 848 millones de dólares
Renta per cápita	380 dólares
Esperanza de vida	51 años
Alfabetismo	23%

Mapa de situación y bandera de **Benin**

BENITO de Nursia (480-547) Santo. Fundador de la orden benedictina. Fundó, también, el monasterio de Monte Cassino. Su *Regla* rigió la vida monástica europea durante seis siglos.

BENNET, *Arnold* (1867-1931) Novelista brit. retratista de la burguesía provinciana. *Cuentos de comadres, Los Clayhanger.*

BENOIT, *Pierre* (1886-1962) Novelista fr. *Koenigsmark, La Atlántida.*

BENTHAM, *Jeremy* (1748-1832) Filósofo, jurisconsulto y economista ing. Consejero en la Revolución Francesa. *Introducción a los principios de la moral y de la legislación.*

BENTOS m. Conjunto de organismos que viven en el fondo marino. ❑ BENTÓNICO, CA.

BENZ, *Karl* (1844-1929) Ingeniero al. Ideó un motor para automóviles de dos tiempos y otro de cuatro. Formó con Daimler la firma Daimler-Benz.

BENZALDEHÍDO m. *Quím.* Aldehído aromático, líquido, de olor a al-

Benedicto XIV con el cardenal V. Gonzaga, obra de Pannini (Museo de Roma)

BENIMERÍN adj. y m. Individuo que formaba parte de un pueblo beréber de Marruecos que, en el s. XIII, desplazó en España a los almohades.

BENÍN C. del S de Nigeria, cap. del est. de Bendel; 136 000 hab. Centro comercial.

BENIN, *República de (République du Bénin)* Est. del África Occidental, a orillas del golfo de Guinea. Terreno llano que

BENJAMÍN, NA m. y f. fig. Hijo menor.

BENJAMÍN (heb., *Binyamín*) Hijo menor de Jacob y de Raquel.

BENJUÍ m. Resina balsámica de algunos árboles tropicales.

BENLLIURE, *Mariano* (1886-1947) Escultor esp. Naturalismo detallista no exento de romanticismo.

Escultura en bronce del antiguo reino de **Benin**

Berlín. Celebración del segundo centenario de la Puerta de Brandeburgo

mendras amargas, poco soluble en agua.

BENZOICO, CA adj. *Quím.* Díc. de un ácido que se halla en el benjuí, usado para conservar.

BENZOL m. *Quím.* Hidrocarburo que se extrae del alquitrán de hulla. ◊ *Quím.* Benceno.

BEOCIA Región de la ant. Grecia, al NE del golfo de Corinto. Cap., Tebas. Los beocios formaron una liga (s. VI a. C.) que apoyó a Esparta contra Atenas.

BEODEZ f. Embriaguez. ❏ BEODO, DA.

BEORÍ m. *Amér.* Tapir.

BERBERECHO m. *Zool.* Nombre que reciben numerosas especies de moluscos bivalvos, propias gralte. de los mares templados.

BERBERÍA f. *Hond.* Adelfa, planta.

BERBERISCO, CA adj. y s. Beréber.

BERBIQUÍ m. Herramienta para hacer agujeros, consistente en un manubrio provisto de una barrena.

BERCEO, Gonzalo de (1195?-1264?) Poeta cast. Representante del mester de clerecía. *Milagros de Nuestra Señora.*

BERÉBER o **BEREBERE** adj. y s. *Etn.* Individuo de un grupo étnico camita que vive al N de África, especialmente

Mujer **beréber**

en Argelia y Marruecos. ◊ m. *Ling.* Lengua camitosemítica de los beréber.

BÉRÉGOVOY, Pierre (1925-1993) Político socialista fr. Primer ministro (1992-1993).

BERENGUELA (1171-1244) Hija de Alfonso VIII de Castilla, casó con el rey de León Alfonso IX. Al abdicar en su hijo, Fernando III el Santo, se unificaron las coronas de Castilla y León.

BERENGUER, Dámaso (1873-1953) Político esp. jefe del gobierno tras la dimisión de Primo de Rivera (1930-1931).

BERENGUER Ramón I (1006-1035) Conde de Barcelona. Organizó la defensa contra los musulmanes. ◊ **Ramón II, El Fratricida** (1053-1096) Conde de Barcelona, hijo de B. Ramón I.

BERENJENA f. Planta dicotiledónea de la familia solanáceas, fruto alargado y piel purpúrea, amarilla o roja.

BERENJENAL m. Sitio plantado de berenjenas; Lulú, Wozzeck (óperas).

BERG, Alban (1885-1935) Compositor austr. atonalista. *Concierto para violín y orquesta; Lulú, Wozzeck* (óperas).

BERGAMÍN, José (1897-1983) Escritor esp. *Mangas y capirotes, Medea.*

BERGAMO C. del N de Italia, cap. de la prov. hom., en Lombardía; 119 400 hab.

BERGAMOTA f. Variedad de pera muy jugosa. ◊ Variedad de lima muy aromática.

BERGAMOTE o **BERGAMOTO** m. Limero que produce la bergamota. ◊ Peral que produce la bergamota.

BERGANTE m. Pícaro, tunante.

BERGANTÍN m. *Mar.* Velero de dos palos, con velas cuadradas y una cangreja.

BERGEN C. y puerto de Noruega, cap. de la región de Hordaland; 207 300 hab. Astilleros e ind. textil.

BERGER, Óscar (n. 1946) Político guat. Alcalde de C. de Guatemala (1991-1999). Fue elegido presidente en 2003 por el partido Gran Alianza Nacional. Asumió el cargo el 14 de enero de 2004.

BERGIUS, Friedrich (1884-1949) Químico al. Obtuvo combustibles líquidos a partir de la hidrogenación del carbón. Premio Nobel de Química en 1931.

BERGMAN, Ingmar (n. 1918) Director de cine sueco, caracterizado por su preo-

cupación metafísica. *El séptimo sello, El manantial de la doncella, Fresas salvajes, Gritos y susurros, Fanny y Alexander.* ◊ **Ingrid** (1915-1982) Actriz de cine sueca. *Casablanca, Strómboli, Sonata de otoño.*

BERGSON, Henri (1859-1941) Filósofo fr. Basó su fil. en el plano de la conciencia intuitiva. *Material y memoria, Ensayo sobre los datos inmediatos de la conciencia.* Premio Nobel en 1927.

BERIA, Laurenti Pavlovitch (1899-1953) Político sov. Jefe de la policía política en 1942 y, después, ministro del Interior. Tras la muerte de Stalin, fue ejecutado.

BERIBERI m. *Pat.* Enfermedad provocada por una insuficiencia de vitamina B_1. Se caracteriza por edemas, polineuritis y trastornos cardiovasculares.

BERILIO m. *Quím.* Elemento químico de símb. Be, n. a. 4 y p. a. 9,013. Es el más ligero de los alcalinotérreos.

BERILO m. *Miner.* Silicato de aluminio y berilio, cristalizado en el sistema hexagonal.

BERING, Estrecho de Paso de 92 km de ancho que separa Asia de América, y comunica el mar del mismo nombre con el océano glacial Ártico.

BERING o **BÉHRING, Vitus** (1680-1741) Explorador danés. Comprobó que Asia estaba separada de América por el estrecho que lleva su nombre.

BERISSO Partido de Argentina, en la prov. de Buenos Aires; 66 200 hab. Parte del área metropolitana de La Plata.

BERKELEY C. de EEUU (California); 116 700 hab. Universidad.

BERKELEY, George (1685-1753) Filósofo irl. Estudió los problemas del conocimiento. *Tratado sobre los principios del conocimiento humano.*

BERKELIO m. Elemento quím. de símb. Bk, y n. a. 97. Obtenido bombardeando el americio con partículas alfa.

BERKSHIRE Condado de Gran Bretaña, en Inglaterra; 1 256 km², 706 900 hab.

BERLAGE, Hendrik Petrus (1856-1934) Arquitecto hol. Propuso nuevos materiales: hierro, vidrio, hormigón. Bolsa de Amsterdam, Museo Municipal de La Haya.

BERLANGA, Luis García (n. 1921) Director de cine esp. Humor corrosivo y amargo. *Bienvenido Mr. Marshall, Plácido, El verdugo, La escopeta nacional.*

BERLÍN (Berlin) C. y cap. de Alemania, que forma el est. hom., sit. a orillas del r. Spree; 889 km², 3 435 000 hab. Puerta de Brandeburgo. Centro com. e ind. Universidad. Aeropuerto.

❏ *Hist.* Cap. de Prusia desde 1701, ha sufrido la ocupación austr. (1757), rusa (1760) y napoleónica (1806-1808). siendo cap. del imperio alemán desde 1871. Tras la II Guerra Mundial, la c. fue dividida en dos zonas, separadas desde 1961 a 1989 por un muro: el sector occidental, bajo tutela aliada, y el sector oriental, cap. de la República Democrática Alemana.

BERLINA f. Coche cerrado, de dos asientos.

BERLINGA f. Pértiga para remover la masa fundida de un horno metalúrgico.

BERLINGUER, Enrico (1922-1984) Político it. Secretario general del Partido Comunista a partir de 1972. Impulsó la política del compromiso histórico.

BERLIOZ, Héctor (1803-1869) Compositor fr. Representante del temperamento del romanticismo. *La condenación de Fausto, La infancia de Cristo, Carnaval romano.*

BERLUSCONI, *Silvio* (n. 1936) Magnate de la prensa y político it. Fundador de Forza Italia, fue pwrimer ministro entre 1994-1995 y de nuevo desde 2001.

BERMEJO, JA adj. Rubio, rojizo.

BERMEJO R. de Argentina y Bolivia, afl. del Paraguay; 1 045 km.

BERMEJO, *Bartolomé* (s. XV) Pintor esp. de la escuela flamenca. *Piedad del canónigo Desplá, Retablo de Santo Domingo de Silos.*

BERMELLÓN m. Pigmento rojo constituido por cinabrio pulverizado.

BERMUDAS adj. y m. pl. Pantalones que llegan hasta la rodilla.

BERMUDAS Arch. brit. del Atlántico N. Unas 300 islas; 53 km²; 68 000 hab. Cap., Hamilton, 5 000 hab., en Main. Pesca. Cultivos tropicales. Turismo.

BERMÚDEZ, *José Francisco* (1782-1831) Mil. ven. Participó junto a Bolívar en la batalla de Maturín. ◊ ***Juan*** (ss. XV-XVI) Navegante esp., descubridor de las islas Bermudas.

BERMUDO I *el Diácono* (s. VIII) Rey de Asturias [788/789-791]. ◊ **II *el Gotoso*** (h. 955-999) Rey de Galicia [982-999]. ◊ **III** (1016-1037) Rey de León [1027-1037].

BERNA *(Bern)* Cap. de Suiza y del cantón hom., a orillas del r. Aar; 142 100 hab. Ind. siderúrgica, mecánica, ali-

Vista de la Torre del Reloj de **Berna**

mentaria, textil y química.

BERNABÉ (m. 70) Santo. Apóstol cuyo nombre verdadero era José. Nacido en Chipre, predicó en su isla natal.

BERNADOTTE, *Jean* (1736-1844) Mariscal fr. A la muerte del rey sueco Carlos XIII, le sucedió con el nombre de Carlos XIV.

BERNANOS, *Georges* (1888-1948) Novelista fr. Sus obras están marcadas por una preocupación religiosa. *Diario de un cura de aldea, Diálogo de carmelitas.*

BERNARD, *Claude* (1813-1878) Médico fr. Fundador de la fisiología moderna. Descubrió la función glicogénica del hígado y las secreciones internas.

BERNÁRDES, *Arturo da Silva* (1875-1955) Político bras. Presid. de la rep. (1922-1926).

BERNÁRDEZ, *Francisco Luis* (1900-1978) Poeta arg. *El buque, Kindergarten.*

Leonard **Bernstein**

BERNARDIN de Saint-Pierre, *Henri* (1737-1814) Escritor prerromántico fr. *Pablo y Virginia.*

BERNARDINO de Siena (1380-1444) Santo. Reformador de la orden franciscana. Gran orador de masas.

BERNARDO, DA adj. y s. Monje o monja de la orden del Císter.

BERNARDO de Claraval (1091-1153) Santo fr. Doctor de la Iglesia, llamado EL MELIFLUO. Fundador y abad de Claraval, reformador de la orden del Císter. ◊ **Del Carpio** Personaje legendario que, según un cantar de gesta, venció a Carlomagno en Roncesvalles.

BERNHARDT, *Sarah* (1844-1923) Seud. de la actriz fr. *Henriette-Rosine Bernard.* Destacó por su capacidad polifacética, tanto en teatro como en cine.

BERNINI, *Gian Lorenz*o (1598-1680) Arquitecto, escultor y pintor barroco it. *David, Apolo y Dafnis*; fuentes del Tritón y de los Cuatro Ríos.

BERNOULLI, *Jacobo* (1654-1705) Matemático suizo. Realizó el primer tratado sobre la ley de los grandes números. ◊ ***Juan*** (1667-1748) Físico y médico suizo. Realizó aportaciones al cálculo exponencial. ◊ ***Daniel*** (1700-1782) Físico, matemático y médico hol. Enunció el *teorema de B.* para la hidrodinámica.

BERNSTEIN, *Eduard* (1850-1932) Político al., uno de los máximos teóricos de la socialdemocracia. A partir de 1899 atacó las tesis marxistas. *El socialismo teórico y el socialismo práctico.* ◊ ***Leonard*** (1918-1990) Compositor y director de orquesta norteam. *West Side Story.*

BERREAR intr. Dar berridos los animales. ◊ Gritar, cantar o llorar desentonadamente. ❏ BERREO; BERRIDO.

BERRENDO, DA adj. Manchado de dos colores. ◊ adj. y m. Toro que tiene manchas de color distinto del de la capa.

BERRINCHE m. fam. Coraje.

BERRIO, *Pedro Justo* (1827-1875) Político col., presid. de Antioquia.

BERRO m. Planta herbácea crucífera, de sabor picante. Comestible. ❏ BERRIZAL.

BERRO, *Bernardo Prudencio* (1803-1868) Político y escritor ur. Presid. de la rep. (1860-1864).

BERROQUEÑO, ÑA adj. Duro como el granito. ◊ f. Piedra parecida al granito.

BERRUECO m. Tumorcillo del iris. ◊ Tolmo granítico. ❏ BERROCAL.

BERRUGUETE, *Alonso* (1488-1561) Escultor y pintor manierista esp. Creó una escultura vigorosa, característica por las soluciones formales efectistas. Retablos del monasterio de San Benito de Valladolid y sillería de la catedral de Toledo. ◊ ***Pedro*** (m. 1504) Pintor esp. Su pintura representa la etapa de transición del gótico al Renacimiento.

BERTHELOT, *Marcellin* (1827-1907) Químico fr., uno de los fundadores de la termoquímica.

BERTOLUCCI, *Bernardo* (n. 1941) Director de cine it. *El último tango en París, Novecento, El último emperador.*

BERTRAND, *Francisco* (m. 1926) Político hond., presid. (en 1911 y en 1912-1919).

BERUETE, *Aureliano* (1845-1922) Pintor impresionista y crítico de arte esp. Se dedicó preferentemente al paisaje.

BERUTTI, *Arturo* (1862-1938) Compositor arg. *Sinfonía argentina, Evangelina.*

BERWICK, *James Stuart*, DUQUE DE (1670-1734) Mariscal fr., jefe de las fuerzas francesas en España en 1704.

BERZA f. Col, planta. ❏ BARZAL.

BERZELIUS, BARÓN *Jöns Jakob* (1779-1848) Químico sueco. Introdujo la actual nomenclatura de símbolos químicos y fue descubridor de numerosos elementos.

BESAMANOS m. Ceremonia durante la cual se saludaba a los reyes. ◊ Modo de saludar a algunas personas, acercando la mano derecha a la boca.

BESAMEL o BESAMELA f. Bechamel.

BESANA f. Labor de surcos paralelos que se hacen con el arado. ◊ Primer surco que se abre en la tierra.

BESANÇON C. de Francia, cap. del dpto. de Doubs y de la región del Franco Condado; 113 800 hab. Centro industrial.

BESAR tr. Tocar suavemente o acariciar a una persona o cosa con los labios.

San Pedro Mártir en oración, tabla de Pedro **Berruguete** (Museo del Prado, Madrid)

Operación de descarga de un convertidor de **Bessemer**

◊ fig. y fam. Tratándose de cosas inanimadas, tocar unas a otras.
BESKIDES *(Beskidy)* Región montañosa de Europa Central, perteneciente al sist. carpático; en la frontera entre Eslovaquia y Polonia (Babía Gora, 1 725 m).
BESO m. Acción y efecto de besar.
BESSEL, *Friedrich* (1748-1846) Astrónomo al., el primero en medir la distancia entre varias estrellas y la Tierra.
BESSEMER, SIR ***Henry*** (1813-1898) Metalúrgico brit. inventor de un método para la obtención del acero.
BESTEIRO, *Julián* (1870-1940) Político esp. Presidente de las Cortes Constituyentes (1931). Acabada la guerra civil fue condenado a cadena perpetua. Falleció en prisión.
BESTIA f. Animal cuadrúpedo, especialmente los de carga. ◊ adj. y s. fig. Persona ruda e ignorante.
BESTIAL adj. Brutal o irracional. ◊ fig. y fam. De grandeza desmesurada, extraordinario. ❏ BESTIALIDAD.
BESTIARIO m. En la literatura medieval, colección de fábulas referentes a animales.
BEST-SELLER (voz ing.) m. Libro que obtiene un excepcional éxito de venta.
BESUGO m. *Zool.* Pez perciforme, con grandes ojos, de carne muy apreciada.
BESUQUEAR tr. fam. Besar repetidamente.
BETA f. Nombre de la segunda letra del alfabeto griego *(ß)*, que corresponde a la *be* del castellano. ◊ *Fís.* Uno de los tres tipos de radiación, el que consiste en una emisión de electrones.
BETANCOURT, *Rómulo* (1908-1982) Político ven., fundador de Acción Democrática. Presid. (1945-1948 y 1959-1964). Derrotado por Caldera en 1973.

Besugo

BETANCUR, *Belisario* (n. 1923) Político col. Presid. de la rep. (1982-1986) por el Partido Conservador.
BETANZOS, *Juan de* (1510-1576) Cronista esp. *Suma y narración de los incas que los indios llamaron capaccuna.*
BETATRÓN m. *Fís.* Acelerador de partículas por inducción magnética, para la producción de electrones de gran energía.
BETHE, *Hans Albrecht* (n. 1906) Físico al., nacionalizado en EE UU. Autor de la teoría sobre las reacciones nucleares entre el Sol y las estrellas calientes. Premio Nobel de Física en 1967.
BETHENCOURT, *Juan de* (1360-1425) Navegante normando, conquistador de las islas Canarias.
BETHMANN Hollwegg, *Theobald von* (1856-1921) Político al. Canciller del Imperio (1909-1917). Impulsó las tendencias liberalizadoras.
BÉTHUNE C. del N de Francia, en el dpto. de Pas-de-Calais; 145 200 hab. Ind. mecánica y química.
BÉTICA Prov. del imperio romano, en el S de la pen. Ibérica, correspondiente a la actual Andalucía.
BÉTICAS, *cordilleras* o *Sistema* **BÉTICO** Conjunto orográfico de España que se extiende desde Gibraltar hasta el cabo de la Nao (650 m).
BETLEMITA adj. y s. De Belén. ◊ Religioso de la orden fundada en Guatemala en el s. XVII por Pedro de Bethencourt.
BETÓNICA f. *Bot.* Planta dicotiledónea herbácea, de flores moradas o blancas. Usada en medicina.

Betónica

BETSABÉ Mujer israelita, madre de Salomón.
BETTI, *Ugo* (1892-1953) Autor dramático it. *El ama, Tierra quemada.*
BETÚN m. Producto sólido negro que se presenta en la naturaleza o se obtiene como residuo de la destilación del alquitrán de hulla. ◊ Preparado para lustrar el calzado. ❏ BETUNERÍA; BETUNERO.
BEY m. Gobernador de una ciudad o región del antiguo imperio turco. ◊ Título del sultán de Túnez hasta 1957.
BEYLE, *Henri* ⇨ Stendhal.
BÈZE, *Théodore de* (1519-1605) Teólogo protestante fr., colaborador y sucesor de Calvino. *El asno lógico.*
BEZO m. Labio grueso. ◊ Labio. ◊ fig. Carne que se levanta alrededor de la herida enconada. ❏ BEZUDO, DA.

Benazir **Bhutto**

BHOPAL C. del centro-norte de la India, cap. del est. de Madhya Pradesh; 311 000 hab. Centro comercial e industrial.
BHUTAN ⇨ Bután.
BHUBANESWAR C. de la India, cap. del est. de Orissa; 411 500 hab.
BHUTTO, *Ali* (1928-1979) Político paquistaní. Presidente de la república (1971-1973) y primer ministro (1974-1977). ◊ *Benazir* (n. 1953) Política pakistaní. Primera ministro (1988-1990 y 1993-1996).
Bi *Quím.* Símb. del bismuto.
BIAFRA Nombre que tomó la región oriental de Nigeria en 1967, al proclamar su indep.; 76 400 km². Tras una dura guerra, hasta 1970, el gobierno biafreño capituló, y el terr. volvió a Nigeria.
BIAJACA f. *Cuba.* Pez perciforme de ríos y lagunas.
BIAJAIBA f. *Ant.* Pez marino de cola ahorquillada y de carne apreciada.
BIALYSTOK C. de Polonia, cap. del voivodato hom.; 245 400 hab.
BIANUAL adj. y s. Que pasa dos veces al año.
BIAS (s. VI a. C.) Uno de los siete sabios de Grecia.
BIÁXICO, CA adj. Díc. de cristales birrefringentes con dos direcciones de monorrefringencia.
BIBERÓN m. Utensilio para la lactancia artificial. ◊ Líquido que contiene.
BIBIANA (m. 363) Santa. Virgen y mártir rom.
BIBIJAGUA f. *Cuba.* Hormiga perjudicial para los árboles y plantas.
BIBLIA (del gr. *ta Biblía*, «los Libros») Conjunto de libros judíos y cristianos que se cree revelado por Dios. Dividido en A. T. y N. T., el primero narra desde la creación del mundo hasta la sublevación de los Macabeos, y el segundo recoge la misión de Jesús y los primeros tiempos del cristianismo. La Iglesia Catól. reconoce 47 libros en el A. T. y 27 en el N. T. La versión latina más aceptada del A. T. se debe a San Jerónimo y se denomina *Vulgata.* ❏ BÍBLICO, CA.
BIBLIOFILIA f. Pasión por los libros, y especialmente por los raros y curiosos. ❏ BIBLIÓFILO, LA.
BIBLIOGRAFÍA f. Descripción de libros con datos sobre sus ediciones, fechas de impresión, etc. ◊ Catálogo de libros o escritos de una materia. ❏ BIBLIOGRÁFICO, CA; BIBLIÓGRAFO, FA.

BIBLIOLOGÍA f. Estudio del libro en su aspecto histórico y técnico.

BIBLIOTECA f. Local donde existen libros ordenados para su lectura. ◊ Conjunto de estos libros. ❑ BIBLIOTECARIO, RIA.

BIBLIOTECONOMÍA f. Ciencia de la conservación, ordenación, etc., de las bibliotecas.

BIBLOS C. y puerto de la antigua Fenicia. Su origen se remonta al V milenio a. C. Fue emporio del comercio del papiro (*biblos*, en gr.).

BICAMERALISMO m. Existencia de dos cámaras o asambleas parlamentarias en el sistema constitucional de un Estado. ❑ BICAMERAL.

BICARBONATO m. Cada una de las sales del ácido carbónico, especialmente la sal sódica.

BICÉFALO, LA adj. Que tiene dos cabezas.

BÍCEPS adj. *Zool.* De dos cabezas, dos puntas o cabos. ◊ adj. y m. *Anat.* Músculos pares que tienen por arriba dos porciones o cabezas.

BICHA f. fam. Culebra. ◊ *Arq.* Figura fantástica usada como ornato.

BICHERO m. *Mar.* Asta para atracar y desatracar.

BICHO m. Sabandija o animal pequeño. ◊ Bestia. ◊ Toro de lidia. ◊ fig. Persona fea o de aspecto ridículo. ❑ BICHARRACO.

BICI f. Apócope fam. de bicicleta.

BICICLETA f. Vehículo de dos ruedas en que el movimiento de los pies se transmite a la rueda trasera mediante una cadena.

BICICLO m. Velocípedo de dos ruedas, cuyos pedales actúan directamente sobre una de ellas.

BICOCA f. fam. Cosa muy ventajosa y que cuesta poco. ◊ fam. Cosa de poca importancia.

BICOLOR adj. De dos colores.

BICÓNCAVO, VA adj. Díc. del cuerpo que tiene dos superficies cóncavas opuestas.

BICONVEXO, XA adj. Díc. del cuerpo que tiene dos superficies convexas opuestas.

BICOQUETE m. Papalina.

BICORNIO m. Sombrero de dos picos.

BICROMÍA f. *Art. Gráf.* Impresión o grabado en dos colores.

BICÚSPIDE adj. Que tiene dos cúspides.

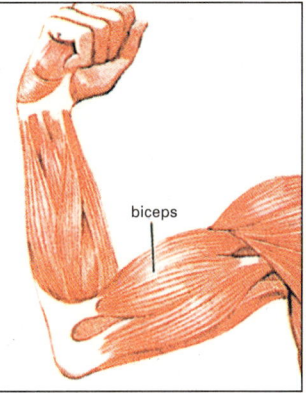

Bíceps braquial

BIDAULT, *Georges* (1899-1983) Político fr. Varias veces ministro de Asuntos Exteriores y presid. del Consejo.

BIDÉ m. Aparato sanitario que se utiliza para lavarse las partes íntimas del cuerpo.

BIDET (voz fr.) m. Bidé.

BIDÓN m. Recipiente metálico para envasar y transportar líquidos.

BIDONVILLE m. Barrio de barracas.

BIEDERMEIER Estilo de mobiliario imperante en Alemania tras las guerras napoleónicas.

BIELA f. Pieza que en las máquinas sirve para transformar el movimiento rectilíneo en rotatorio, o viceversa.

BIELEFELD C. de Alemania en el est. de Renania Septentrional-Westfalia; 301 700 hab. Centro industrial.

BIELINSKI, *Vissarion* (1811-1848) Crítico literario ruso. Propugnador del realismo en su país.

BIELORRUSIA, BYELARUS o **RUSIA BLANCA** (*Respublika Belarus*) Est. de Europa oriental. Situada en extensa zona llana y pantanosa. Ríos prales.: el Niemen, el Dniéper y el Dvina Occidental. Abundantes bosques de abetos y abedules. Clima continental, de inviernos muy fríos y largos, con abundantes nevadas. Economía agropecuaria, en vías de industrialización. Turberas. Ind. mecánica, de transformados metálicos, electrónica y textil. Lenguas: bie-

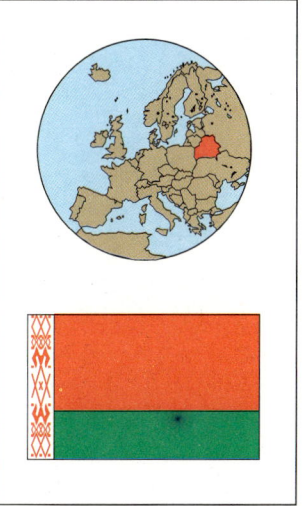

Mapa de situación y bandera
de **Bielorrusia**

lorruso (oficial), ruso. *Rel.*: catolicismo uniato, cristianismo ortodoxo, catolicismo. U.M.: zaihik. Cap., Minsk. C. prales: Gomel, Vitebsk, Moguiliov.

❑ *Hist.* En los s. VIII y IX las tribus eslavas que la poblaban formaron pequeños principados, incorporados más tarde al imperio de Kiev. Después de la invasión mongola de 1240, B. cayó bajo el control del Gran Ducado de Lituania. Unida a Polonia en 1569. En 1772 Catalina la Grande obtuvo el oriente de B. En 1793 y 1795 pasó al poder zarista el resto del país. En 1919 se proclamó la rep. soviética. Los polacos obtuvieron en 1921 la parte occidental de B. La B. soviética fue engrandecida en 1924 y 1926. En 1939, al invadir Polonia los nazis, la URSS ocupó la B. polaca. Tras la II Guerra Mundial, URSS firmó un acuerdo con Polonia por el que ésta cedía todos sus antiguos distritos bielorrusos salvo el de Bialystok. B. se autoproclamó independiente en 1991. El primer presid. fue A. Lukashenko elegido en 1994. Lukashenko, que instauró un régimen autoritario, fue reelegido en 2001.

Bielorrusia. Plaza del centro de Minsk

BIG-BANG

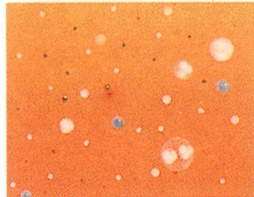
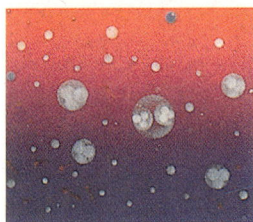

Representación de la evolución del Universo: su nacimiento en el Big-Bang; la aniquilación de las partículas y las antipartículas creadas, con supervivencia sólo de partículas; la formación de átomos de hidrógeno y helio; y la formación de galaxias, estrellas y sistemas planetarios. La física permite explicar la evolución del Universo desde 10^{-43} segundos después del Big-Bang

BIELORRUSIA	
Superficie	207 600 km²
Población 10 200 000 hab.	(49 hab./km²)
Indicadores sociológicos	
PNB	32 131 millones de dólares
Renta per cápita	3 110 dólares
Esperanza de vida	73 años
Alfabetismo	98%

BIELORRUSO, SA adj. y s. De Bielorrusia. ◊ m. *Ling.* Idioma indoeuropeo de la rama eslava oriental hablado en Bielorrusia.
BIELSKO-BIALA C. de Polonia, cap. del voivodato hom.; 174 100 hab.
BIEN m. *Fil.* Valor supremo de la moral. ◊ Utilidad, beneficio. ◊ *Econ.* Cualquiera de las cosas susceptibles de satisfacer necesidades humanas. ◊ adv. modo. Según es debido, perfecta o acertadamente, de buena manera. ◊ Según se apetece o requiere. ◊ Con gusto. ◊ Con buena salud. ◊ Sin inconveniente o dificultad. ◊ Mucho, muy. ◊ Úsase como conjunción distributiva. ◊ m. pl. Hacienda. ◊ **gananciales.** Los adquiridos por el marido o la mujer, o por ambos, durante la sociedad conyugal. ◊ **inmuebles.** Bienes raíces. ◊ **muebles.** Los que pueden trasladarse de una parte a otra, sin menoscabo de la cosa inmueble que los contiene. ◊ **raíces.** Las tierras, edificios, caminos, construcciones y minas; y los adornos, artefactos o derechos a los cuales atribuye la ley consideración de inmuebles.
BIENAL adj. Que sucede cada bienio. ◊ Que dura un bienio. ◊ f. Exposición o concurso organizado cada 2 años.
BIENANDANZA f. Felicidad, fortuna en los sucesos. ❑ BIENANDANTE.
BIENAVENTURADO, DA adj. y s. Que goza de Dios en el cielo. ◊ adj. Afortunado, feliz. ◊ adj. y s. Díc. irónicamente de la persona cándida.
BIENAVENTURANZA f. Vista y posesión de Dios en el cielo. ◊ Prosperidad o felicidad humana. ◊ pl. Las ocho bendiciones que pronunció Jesús.
BIENESTAR m. Comodidad, vida holgada.
BIENGRANADA f. Planta aromática quenopodiácea, usada en medicina.
BIENHABLADO, DA adj. Que habla cortésmente y sin murmurar.
BIENHECHOR, RA adj. y s. Que hace bien a otro.
BIENINTENCIONADO, DA adj. Que tiene buena intención.
BIENIO m. Período de dos años.
BIENQUERENCIA f. Buena voluntad, cariño.
BIENQUISTAR tr. y prnl. Poner bien a una o varias personas con otra u otras.
BIENTEVEO m. Candelecho, choza. ◊ *Amér.* Ave paseriforme insectívora, activa, vivaz y agresiva.
BIENVENIDA f. Llegada feliz. ◊ Parabién que se da a uno por haber llegado con felicidad.
BIENVIVIR intr. Vivir con holgura. ◊ Vivir honestamente.
BIERCE, Ambrose (1842-1914) Escritor y periodista norteam. Estilo humorístico. *Tales of Soldiers and Civilians.*
BIFÁSICO, CA adj. *Fís.* Díc. del sistema de corriente eléctrica alterna con dos fases.

BIFE m. *Amér.* Bistec.
BÍFERO, RA adj. Díc. de las plantas que fructifican dos veces al año.
BÍFIDO, DA adj. *Biol.* Hendido en dos partes.
BIFOCAL adj. *Ópt.* Que tiene dos focos.
BIFRONTE adj. De dos frentes o dos caras.
BIFURCACIÓN f. Punto donde se separan dos o más vías o caminos.
BIFURCARSE prnl. Dividirse en dos ramales, brazos o puntas una cosa.
BIGA m. Carro rom. de dos ruedas, tirado por un tronco de caballos.
BIGAMIA f. *Der.* Estado de un hombre casado con dos mujeres a un mismo tiempo, o de la mujer casada con dos hombres. ◊ *Der.* Segundo matrimonio que contrae el que sobrevive de los dos consortes. ❑ BÍGAMO, MA.
BIGARDO, DA adj. y s. fig. Vago, vicioso. Se aplicó especialmente a los frailes licenciosos.
BIG-BANG exp. ing. *Astr.* Hipótesis sobre el origen del Universo, que supone que éste se originó, hace unos 15 000 millones de años, en una explosión a partir de una singularidad de densidad prácticamente infinita.
BIGNONE, Reynaldo (n. 1928) Militar y político arg. Presid. tras la guerra de las Malvinas. Convocó elecciones.
BIGNONIA f. Planta bignoniácea de grandes flores.

Bignonia

BIGORNIA f. Yunque con dos puntas opuestas.
BIGOTE m. Pelo que nace sobre el labio superior. ◊ *Méx.* Croqueta. ◊ *Mín.* Abertura semicircular que los hornos de cuba tienen en la delantera.
BIGOTERA f. Protección que se pone en los bigotes para dormir. ◊ Puntera del calzado. ◊ Compás pequeño.
BIGOTUDO, DA adj. Que tiene mucho bigote.
BIHAR Est. del NE de la India, al S del Nepal.; 173 876 km², 86 338 900 hab.; Cap., Patna. Azúcar, arroz. Ind. siderúrgica. Carbón, hierro, mica y cobre.
BIJA f. *Amér.* Árbol bixáceo, de cuyo fruto se hace una bebida medicinal. De la semilla se saca una sustancia de color rojo, que se usa en pintura.
BIKILA, Abebe (1932-1973) Atleta etíope, vencedor del maratón en las olimpíadas de Roma y Tokio.

BIKINI m. Bañador femenino de dos piezas.

BIKINI Atolón del Pacífico, en Micronesia, al N de las islas Marshall. Teatro de experimentación atómica en 1946.

BILABIADO, DA adj. *Bot.* Díc. del cáliz o corola cuyo tubo se halla dividido en dos partes.

BILABIAL adj. *Fon.* Díc. del sonido en cuya pronunciación intervienen los dos labios. Letra que lo representa.

BILATERAL adj. Que afecta a dos aspectos de una misma cosa. ◊ *Der.* Díc. del contrato que obliga a ambos contrayentes. ◊ *Geom.* Díc. de un tipo de simetría plana caracterizada por poseer dos ejes de simetría. ◊ adj. y m. *Zool.* Díc. de animales metazoos caracterizados por presentar simetría bilateral.

BILBAO o **BILBO** C. esp., cap. de la prov. de Vizcaya, en el País Vasco; 349 972 hab. Sit. junto al r. Nervión. Segundo puerto del est. Altos hornos. Ind. siderúrgica y de conservas de pescado. Astilleros. Museo Guggenheim.

BILBAO, Francisco (1823-1865) Político y ensayista chil. Procesado y excomulgado por atacar al catolicismo.

BILINGÜE adj. Que habla dos lenguas. ◊ Escrito en dos idiomas.

BILINGÜISMO m. Coexistencia de dos lenguas en un mismo país.

BILIRRUBINA f. *Fisiol.* Pigmento de color amarillento, presente en el plasma sanguíneo combinado con la albúmina hepática.

BILIS f. *Fisiol.* Humor viscoso, amarillento o verdoso, de sabor amargo, segregado por el hígado. Es una secreción digestiva, que fluye al intestino duodeno o se recoge en la vejiga de la hiel (bilirrubina). ❏ BILIAR.

BILLAR m. Juego que se ejecuta impulsando con un taco bolas en una mesa rectangular cubierta de un paño.

BILLETE m. Carta breve. ◊ Pequeño impreso que da derecho para entrar u ocupar asiento en alguna parte. ◊ Pequeño impreso que acredita participación en una rifa o lotería. ◊ **de banco.** Papel moneda que imprime y pone en circulación un banco oficial. ❏ BILLETAJE.

BILLETERO, RA m. y f. Pequeña cartera para guardar billetes de banco.

BILLINI, Francisco Gregorio (1844-1898). Político dom. Presid. de la rep. en 1884-1885.

BILLÓN m. Un millón de millones. Gráficamente se expresa por la unidad seguida de doce ceros. ❏ BILLONÉSIMO, MA.

BÍMANO, NA o **BIMANO, NA** adj. y m. De dos manos.

BIMBA f. fam. Chistera, sombrero.

BIMBALETE m. *Méx.* Columpio. ◊ *Méx.* Palo redondo y largo para sujetar tejados.

BIMESTRE adj. Bimestral. ◊ m. Tiempo de dos meses. ◊ Renta, pensión, etc., que se cobra por cada bimestre. ❏ BIMESTRAL.

BIMETALISMO m. Sistema monetario que admite como patrones el oro y la plata.

BIMOTOR adj. y m. De dos motores.

BIN Laden, Osama (n. 1957) Multimillonario saudí. Musulmán sunnita integrista, se le relaciona con diversas acciones terroristas: contra las Torres Gemelas de Nueva York (1993), contra H. Mubarak en Addis Abeba (1995), contra las embajadas estadounidenses

Museo Guggenheim, **Bilbao**

en Kenia y Tanzania (1998), y contra las Torres Gemelas y el Pentágono (2001).

BINAR tr. Dar segunda reja a las tierras de labor. ◊ Hacer la segunda cava en las viñas. ◊ intr. Celebrar un sacerdote dos misas en día festivo.

BINARIO, RIA adj. Compuesto de dos elementos. ◊ *Mat.* ➭ Numeración.

BINET, Alfred (1857-1911) Médico psicólogo fr. Autor del primer test de inteligencia en función de la edad.

BINGO m. Juego de azar.

BINOCULAR adj. Relativo a los dos ojos.

BINÓCULO m. Anteojo para ambos ojos.

BINOMIO m. *Mat.* Expresión algebraica formada por la suma o la diferencia de dos términos, llamados monomios.

BINZA f. Fárfara del huevo. ◊ Película de la cebolla. ◊ Telilla del cuerpo de un animal.

BIOBÍO Río de Chile. Nace en los Andes y tiene un curso de 370-380 km. Desemboca en el Pacífico.

BIOBÍO Región del centro de Chile, formada por las prov. de Nuble, Biobío, Concepción y Arauco; 37 062,6 km²; 1 861 562 hab. Cap., Concepción. Agricultura y ganadería. ◊ Prov. de Chile; 353 315 hab. Cap., Los Ángeles.

BIOCATALIZADOR, RA adj. y m. *Biol.* Sustancia orgánica utilizada por un organismo vivo para catalizar una reacción química de su metabolismo.

BIOCENOSIS f. *Biol.* Conjunto de animales y vegetales que habitan un mismo territorio, relacionándose por razones de convivencia o de tipo trófico.

BIODEGRADABLE adj. *Biol.* Díc. de las sustancias que pueden ser transformadas en otras químicamente más sencillas.

BIODINÁMICA f. Rama de la fisiología que estudia los fenómenos vitales de los organismos.

BIOELEMENTO m. *Biol.* Elemento químico que entra en la composición de la materia viva.

BIOFÍSICA f. Ciencia que estudia los fenómenos biológicos mediante los métodos de la física.

BIOGÉNESIS f. *Biol.* Teoría que sostiene que todo ser vivo procede de otro ser vivo.

BIOGEOGRAFÍA f. Ciencia que estudia la distribución geográfica de los seres vivos y las causas que la han determinado.

BIOGRAFÍA f. Historia de la vida de una persona. ❏ BIOGRAFIAR; BIÓGRAFO, FA.

BIOKO (ant. *Fernando Poo*) Isla de Guinea Ecuatorial; 2 017 km²; 57 200 hab. Cap., Malabo.

BIOLOGÍA f. Ciencia que estudia los seres vivos, actuales o fósiles, tanto en relación a su organización estructural como en su funcionamiento como máquinas vivientes. ❏ BIÓLOGO, GA.

BIOLUMINISCENCIA f. *Biol.* Emisión de luz por seres vivos.

BIOMA f. *Biol.* Conjunto de asociaciones biológicas o biocenosis que presentan entre sí relaciones ecológicas de nivel superior.

BIOMBO m. Mampara compuesta de varios bastidores unidos por goznes.

BIÓNICA f. *Biol.* Disciplina de la ingeniería genética que reproduce mediante procesos de autorregulación cibernéticos el funcionamiento de los seres vivos como sistemas autoorganizados.

BIOPSIA f. *Cir.* Examen diagnóstico de una porción de tejido de un ser vivo.

BIOQUÍMICA f. *Biol.* Parte de la biología que estudia la constitución química de los seres vivos y los procesos químicos base de las funciones vitales.

BIOSFERA f. Conjunto de las zonas habitadas de la litosfera, atmósfera e hidrosfera.

BIOSÍNTESIS f. Síntesis de cualquier sustancia química verificada en un organismo vivo.

BIOTIPO m. *Biol.* Características hereditarias de un organismo en relación con la información genética de sus cromosomas. ◊ Conjunto de individuos de una población con el mismo fenotipo.

Puente sobre el río **Biobío,** en la región chilena homónima

Birmingham. Vista parcial de la ciudad

BIOTOPO m. *Ecol.* Hábitat local, condicionado por el medio ambiente, donde se desarrollan las poblaciones de una especie.

BIÓXIDO m. *Quím.* Combinación de un radical simple o compuesto con dos átomos de oxígeno.

BIOY Casares, *Adolfo* (1914-1999) Escritor arg. Su narrativa muestra originalidad, humor y sentido de lo mágico. *La invención de Morel, Plan de evasión, Diario de la guerra del cerdo.*

BIPARTICIÓN f. División de una cosa en dos partes.

BIPARTIDISMO m. Sistema de gobierno basado en dos partidos políticos que representan a la mayoría del país.

BÍPEDO, DA adj. y m. De dos pies.

BIPLANO m. Aeroplano cuyas cuatro alas forman dos planos de sustentación paralelos.

BIPLAZA adj. y m. Díc. del vehículo de dos plazas.

BIPOLAR adj. De dos polos.

BIRLAR tr. Tirar por segunda vez la bola en el juego de bolos desde donde se detuvo la primera vez que se tiró. ◊ fig. y fam. Hurtar. ❏ BIRLADOR, RA.

BIRLOCHO m. Carruaje sin cubierta, de cuatro ruedas y cuatro asientos y sin portezuelas.

BIRMANIA ⇨ Myanma.

BIRMANO, NA adj. y s. De Myanma (ant. Birmania). ◊ m. *Ling.* Lengua tibetobirmana hablada en Myanma.

BIRMINGHAM C. de Gran Bretaña, cap. de West Midlands; 920 400 hab. Centro industrial.

BIRMINGHAM C. del SE de EE UU, en Alabama; 284 400 hab. Centro siderúrgico.

BIRREFRINGENCIA f. *Ópt.* Propiedad de ciertos cristales transparentes por la cual duplican la imagen de los objetos observados a través de ellos.

BIRREME adj. y s. Antigua nave de dos órdenes de remos.

BIRRETE m. Birreta. ◊ Gorro de forma prismática, coronado por una borla, distintivo de los profesores universitarios. ◊ Gorro, bonete.

BIRRIA f. Mamarracho, adefesio. ◊ fig. Persona o cosa de poco valor.

BIS adv. cantidad. Se emplea para dar a entender que una cosa debe repetirse o está repetida. ◊ m. Ejecución o declamación, repetida para corresponder a los aplausos del público.

BISABUELO, LA m. y f. Respecto de una persona, el padre o la madre de su abuelo o de su abuela. ◊ m. pl. El bisabuelo y la bisabuela.

BISAGRA f. Conjunto de dos planchitas de metal articuladas entre sí, que sirve para facilitar el movimiento giratorio de las puertas, etc.

BISAR tr. Repetir, a petición del público, un número musical, etc.

BISAYAS ⇨ Visayas.

BISBISAR tr. fam. Musitar. ❏ BISBISEO.

BISCUIT m. Bizcocho.

BISECAR tr. *Geom.* Dividir en dos partes iguales. ❏ BISECCIÓN; BISECTOR, TRIZ.

BISEL m. Corte oblicuo en el borde de una lámina o plancha. ❏ BISELAR.

BISEMANAL adj. Que ocurre dos veces por semana.

BISEXUAL adj. y s. Hermafrodita. ◊ Díc. de los individuos que mantienen relaciones sexuales con individuos de cualquier sexo. ❏ BISEXUALIDAD.

BISIESTO adj. y m. Díc. del año de 366 días.

BISILÁBICO, CA o **BISÍLABO, BA** adj. De dos sílabas.

BISMARCK Arch. de Papuasia-Nueva Guinea. Más de 100 islas; isla pral. Manus. Volcanes. ◊ C. de EE UU, cap. de Dakota del Norte; 49 300 hab.

BISMARCK, Otto von PRÍNCIPE DE (1815-1898) Político al. Jefe del gobierno prusiano (1862-1890), siguió una política militarista cuyo objetivo era la unificación al. Coronó a Guillermo I de Prusia emp. de Alemania.

BISMUTINA f. *Miner.* Sulfuro de bismuto. Cristaliza en el sistema rómbico; peso específico 6,7, dureza 2, color gris o blanco, brillo metálico y sabor dulce.

Otto von Bismarck

BISMUTO m. *Quím.* Elemento químico de símb. Bi, n. a. 83 y p. a. 209,00. Con el antimonio y el arsénico, forma el grupo de elementos nativos semimetálicos.

BISNIETO, TA m. y f. Biznieto.

BISO m. Secreción de una glándula de muchos moluscos lamelibranquios, que toma la forma de filamentos con los cuales se fija el animal a las rocas.

BISOJO, JA adj. y s. Dícese de la persona que tuerce la vista.

BISONTE m. *Zool.* Mamífero artiodáctilo, de gran tamaño y con una giba en la cruz. El b. americano fue antaño

Bisonte americano

muy abundante, pero hoy sólo existen unos pocos miles.

BISOÑÉ m. Peluca que cubre sólo la parte anterior de la cabeza.

BISOÑO, ÑA adj. y s. Soldado o tropa nuevos. ◊ fig. y fam. Nuevo en cualquier arte u oficio. ❏ BISOÑADA.

BISSAU Cap. de Guinea-Bissau; 105 300 hab. Export. de madera, aceite de palma y copra.

BISTÉ o **BISTEC** m. Lonja de carne de vaca.

BISTORTA f. Planta dicotiledónea, de flores en espiga de color encarnado.

BISTRE m. *Pint.* Color pardo amarillento preparado con hollín y óxido de manganeso.

BISTURÍ m. *Cir.* Cuchillo quirúrgico.

BISULFATO m. *Quím.* Sal del ácido sulfúrico en la que uno de los átomos de hidrógeno ha sido sustituido por metal.

BISULFITO m. *Quím.* Cualquiera de las sales ácidas del ácido sulfuroso.

BISUTERÍA f. Joyería de imitación.

BIT m. *Comp.* Contracción de la exp. ing. *binary digit* (cifra binaria), que designa la unidad mínima de información que puede representarse físicamente.

BITA f. *Mar.* Poste de madera o hierro que sirve para dar vuelta a los cables de ancla cuando se fondea la nave.

BITÁCORA f. *Mar.* Aparato en el que se suspende la brújula para que se mantenga horizontal.

BÍTER m. Licor alcohólico amargo, que se obtiene macerando diversas sustancias en ginebra.

BITINIA Ant. región de Asia Menor (Turquía), habitada por colonos tracios; cap., Nicomedia.

BITTI, Bernardo (1548-1610) Pintor y jesuita it., instalado en Perú y Bolivia. Formó la Escuela Cuzqueña.

BITUMINOSO, SA adj. Que tiene betún o se parece a él.

BIVALENTE adj. *Quím.* Que posee valencia dos.

BIVALVO, VA adj. Que tiene dos valvas. ◊ m. pl. *Zool.* Clase de moluscos que poseen dos valvas o conchas; también se les denomina lamelibranquios.

BIZANCIO o **IMPERIO Romano de Oriente** Parte oriental del imperio rom. Se erigió en unidad política independiente en 330/395. Fue gobernado por 5 dinastías: **Isaurios** (717-867); **Macedonios** (867-1057); **Comnenos** y **Angelos** (1057-1204) y **Paleólogos** (1204-1453). Estos últimos fueron incapaces de detener el avance de los otomanos, que tomaron Constantinopla en 1453.

BIZANTINISMO m. Suntuosidad exagerada; exceso de ornamentación artística. ◊ Afición a discusiones bizantinas.

BIZANTINO, NA adj. y s. De Bizancio. ◊ fig. Díc. de la discusión inútil e intempestiva. ◊ **Arte b.** Nacido de la conjunción de elementos helenísticos y orientales, el arte b. presenta abundancia de mosaicos, gran riqueza en orfebrería y en el trabajo del marfil y un gran hieratismo en las figuras. Iglesias de los Santos Sergio y Baco y de Santa Sofía de Constantinopla.

BIZARRÍA f. Gallardía. ◊ Generosidad. ◊ □ BIZARREAR; BIZARRO, RRA.

BIZCO, CA adj. y s. Bisojo. □ BIZCAR; BIZQUEAR.

BIZCOCHO m. Pan sin levadura, que se cuece dos veces para que pueda conservarse mucho tiempo. ◊ Masa compuesta de harina, huevos y azúcar, que se cuece al horno.

BIZERTA (*Binzert*) C. y puerto del N de Tunicia; 94 500 hab. Astilleros. Refinería de petróleo. Acererías.

BIZET, *Georges* (1838-1875) Compositor fr. Compuso óperas (*La Arlesiana, Carmen*), obras corales, sinfonías, oberturas y composiciones pianísticas.

BIZMA f. Emplasto para confortar.

BIZNA f. Película que separa los cuatro gajitos de la nuez.

BIZNAGA f. Planta umbelífera, de tallos lisos, flores blancas y fruto oval y lampiño. □ BIZNAGAL.

BIZNIETO, TA m. y f. Respecto de una persona, hijo o hija de su nieto o nieta.

BJÖRNSON, *Björnstjerne* (1832-1910) Escritor noruego. *Más allá de las fuerzas humanas, Cuando la viña florece*. Premio Nobel de Literatura en 1903.

Bk *Quím*. Símb. del berkelio.

BLACK *Power* (*Poder Negro*) Mov. político y social de los negros norteam., surgido a fines de los años 60 como oposición al sistema de integración racial.

BLACKETT, *Patrick Maynard Stuart* (1897-1974) Físico brit. Estudió los rayos cósmicos y el magnetismo. Premio Nobel de Física en 1948.

BLACKPOOL C. de Gran Bretaña (Inglaterra); 147 900 hab. Balneario.

BLAIR, *Tony* (n. 1953) Político brit. (Partido Laborista). Nombrado Primer Ministro en 1997. Impulsó el acuerdo de paz en Irlanda del Norte (1998). Fue reelegido en las elecciones de junio de 2001 y en las de mayo de 2005.

BLAKE, *William* (1757-1827) Poeta, pintor y grabador brit. Destacan las ilustraciones de sus libros *Cantos de inocencia* y *Cantos de experiencia*.

BLANC, *Louis* (1811-1882) Político e historiador fr. Luchó contra el paro

Mejillones, moluscos de la clase **bivalvos**

Arte **bizantino**. Pantocrátor de la catedral de Monreale (Sicilia)

obrero y propugnó la creación de talleres nacionales. *Organización del trabajo, Historia de la revolución francesa*.

BLANCA f. *Mús*. Nota musical que equivale la mitad de una redonda o dos negras.

BLANCA, *Bahía* Entrante del litoral de Argentina (prov. de Buenos Aires).

BLANCA, *Cordillera* Alineación montañosa de los Andes per. Nevado de Huascarán (6 768 m).

Paisaje de la Cordillera **Blanca**, con el Nevado de Huascarán al fondo

BLANCA de Castilla (1188-1252) Reina de Francia, esposa de Luis VII; regenta durante la minoría de edad de su hijo, san Luis.

BLANCHARD, *María* (1881-1932) Pintora cubista esp. *El niño del helado*.

BLANCO, CA adj. y s. De color de nieve o leche. ◊ adj. Díc. de las cosas que tienen color más claro que otras. ◊ adj. y s. Tratándose de la especie humana, díc. del color de la raza europea o caucásica. ◊ Objeto situado lejos para ejercitar en el tiro y puntería. ◊ P. ext., objeto sobre el cual se dispara un arma de fuego. ◊ Espacio que en los escritos se deja sin llenar. ◊ fig. Fin a que se dirigen nuestros deseos o acciones. □ BLANCURA; BLANCUZCO, CA.

BLANCO Cabo del NO de África, sit. entre Mauritania y el Sáhara Occidental.

BLANCO, *Mar* Golfo del N del sector europeo de Rusia, entre las pen. de Kola y Kanin; 95 000 km².

BLANCO, *Andrés Eloy* (1896-1955) Político y poeta ven. Ministro del Exterior con R. Gallegos. *Tierras que me oyeron, Poda*. ◊ *José Félix* (1782-1872) Político ven. Ministro de Guerra y Marina y de Hacienda. ◊ *Salvador Jorge* (n. 1926) Político dom. Líder del Partido Revolucionario. Presid. de la rep. (1982-1986). ◊ *Amor, Eduardo* (1897-1979) Escritor esp. en lengua gall. *Romances galegos, A esmorga*. ◊ **Encalada, *Manuel*** (1790-1876) Militar y político chil. Derrotó en Chiloé a los españoles en 1826. Presid. provisional en 1826. ◊ **Fombona, *Rufino*** (1874-1944) Escritor modernista ven. *El hombre de hierro, El hombre de oro*. ◊ **White, *José Mª*.** (1775-1841) Seud. de *José M.ª Blanco y Crespo*, escritor esp. Publicó en el exilio *Cartas de España*. ◊ **Y Erenas, *Ramón*,** MARQUÉS DE PEÑA PLATA (1833-1906) Militar esp. Capitán general de Cuba, se vio obligado a entregarla a los EE UU.

BLANDEAR intr. y prnl. Aflojar. ◊ tr. Hacer que uno cambie de parecer.

BLANDENGUE adj. Blando, suave.

BLANDIR tr. Mover un arma u otra cosa con movimiento vibratorio.

BLANDO, DA adj. Tierno, que cede fácilmente al tacto. ◊ Tratándose de los ojos, tierno. ◊ fig. Suave, benigno. ◊ fig. Que no es para el trabajo. ◊ fig. De trato apacible. ◊ fig. y fam. Cobarde, sin valor. □ BLANDUZCO, CA.

BLANDÓN m. Hacha de cera de un pabilo.

BLANDURA f. Emplasto que se aplica a los tumores para que maduren. ◊ Delicadeza. ◊ fig. Dulzura en el trato.

BLANES, *Juan Manuel* (1830-1901) Pintor ur. Temas históricos.

BLANQUEAR tr. Poner blanca una cosa. ◊ Dar manos de cal o de yeso blanco. ◊ intr. Ir tomando color blanco. □ BLANQUEO.

BLANQUECER tr. Bruñir el oro, la plata y otros metales. ◊ Poner blanco.

BLANQUI, *Louis-Auguste* (1805-1881) Revolucionario fr. En su obra *Crítica social* se muestra partidario de un Estado popular y socialista.

BLANQUILLO, LLA adj. y s. Candeal. ◊ m. *Chile* y *Perú*. Durazno de cáscara blanca.

Manuel **Blanco Encalada**

Blasón

Blenda

BLANTYRE C. del S de Malawi, cap. del distr. hom.; 222 200 hab. Ind. textil. Primera c. del país.

BLASCO Ibáñez, *Vicente* (1867-1928**)** Novelista naturalista esp. *Cañas y barro, La barraca, Los 4 jinetes del Apocalipsis* (llevada al cine), *Sangre y arena.*

BLASFEMAR intr. Decir blasfemias. ◊ fig. Maldecir.

BLASFEMIA f. Palabra injuriosa contra Dios o sus santos. ◊ fig. Palabra injuriosa contra alguien. ❏ BLASFEMO, MA.

BLASÓN m. Heráldica. ◊ Señal o pieza que se pone en un escudo. ◊ Escudo de armas. ◊ Honor o gloria.

BLASONAR tr. *Her.* Disponer el escudo de armas según las normas heráldicas. ◊ intr. fig. Hacer ostentación.

BLASTOCELE m. *Biol.* Primera cavidad general del embrión de los animales.

BLASTOCITO m. *Biol.* En el desarrollo embrionario de los mamíferos, vesícula formada por las primeras células derivadas del cigoto.

BLASTODERMO m. *Biol.* Hoja embrionaria formada por una sola capa de células o blastómeros que tapiza la blástula.

BLASTÓMERO m. *Biol.* Célula procedente de la división del cigoto, que da lugar a la blástula.

BLÁSTULA f. *Biol.* Estadio del desarrollo embrionario animal inmediatamente posterior al proceso de segmen-

tación (mórula). Se trata de una esfera microscópica formada por una capa (blastodermo) de células (blastómetros) con una cámara en su interior (blastocele).

BLAUE Reiter, *der* (*El caballero azul***)** Mov. pictórico entre 1909 y 1914 que sentó las bases de los grandes «ismos» de nuestra época.

BLENDA f. *Miner.* Sulfuro de cinc, que se halla en la naturaleza en cristales muy brillantes.

BLENORRAGIA f. *Pat.* Inflamación catarral de la mucosa uretral.

BLENORREA f. *Pat.* Blenorragia crónica.

BLÉRIOT, *Louis* (1872-1936**)** Aviador fr. Fue el primero en atravesar el canal de la Mancha en un monoplano (1909).

BLEST Gana, *Alberto* (1830-1920**)** Escritor chil. *Los trasplantados.*

BLEULER, *Eugen* (1857-1939**)** Psiquiatra suizo, introductor del término *esquizofrenia.*

BLINDAJE m. *Mil.* Revestimiento con que se protegen vehículos militares u otras cosas.

BLINDAR tr. Proteger exteriormente las cosas o lugares contra los efectos de las balas, el fuego, etc. ❏ BLINDADO, DA.

BLOC m. Taco de calendario. ◊ Taco de hojas de papel.

BLOCAR tr. *Dep.* En el fútbol y otros deportes, detener el balón el portero y sujetarlo fuertemente contra el cuerpo.

BLOCH, *Ernst* (1885-1977**)** Filósofo al. Consideró necesaria la utopía marxista como globalización de la concepción histórica. *El principio de la esperanza.* ◊ *Félix* (1905-1983) Físico atómico suizo. Premio Nobel de Física en 1952, con Purcell, por su método de medición de los campos magnéticos en el núcleo atómico. ◊ *Marc* (1886-1944) Historiador fr. *La sociedad feudal.*

BLOEMBERGEN, *Nicolaas* (n. 1920**)** Físico hol., nacionalizado en EE UU. Premio Nobel de Física en 1981 por su trabajo sobre electroscopia de los láser.

BLOEMFONTEIN C. de la República Sudafricana, cap. del est. libre de Orange; 230 700 hab. Ind. mecánica y textil.

BLOK, *Aleksandr Aleksandrovich* (1880-1921**)** Poeta simbolista ruso. *La bella dama, La desconocida, Los Doce.*

BLONDA f. Encaje de seda.

BLONDO, DA adj. Rubio.

BLONDEL, *Maurice* (1861-1949**)** Filó-

sofo fr. Intentó demostrar la vinculación de ciencia y creencia. *La acción.*

BLOOMFIELD, *Leonard* (1887-1949**)** Lingüista norteam. Introductor en su país del estructuralismo. *El lenguaje.*

BLOQUE m. Trozo grande de piedra sin labrar. ◊ Conjunto de hojas de papel superpuestas y pegadas. ◊ Agrupación ocasional de partidos políticos. ◊ Manzana de casas. ◊ Edificio que comprende varias casas de características semejantes.

BLOQUEAR tr. Asediar. ◊ Blocar. ◊ *Mar.* Cortar todo género de comunicaciones a uno o más puertos del país enemigo. ◊ tr. y prnl. Cortar el paso. ◊ tr. *Cont.* Inmovilizar la autoridad una cantidad o crédito. ❏ BLOQUEAJE; BLOQUEO.

BLOY, *Léon* (1846-1917**)** Escritor fr. *La sangre del pobre, La mendiga.*

BLÜCHER, *Gebhard Leberecht von* (1742-1819**)** Mariscal prusiano. Contribuyó a la victoria de Waterloo (1815).

BLUEFIELDS C. de Nicaragua, cap. de la Región Autónoma Atlántico Sur, puerto sobre el Caribe; 17 000 hab.

BLUES m. Canto popular de los negros norteam., fusión de la cultura afric. con la occidental.

BLUFF (voz ing.) m. Fanfarronada.

BLUM, *Léon* (1872-1950**)** Político socialista fr. Promotor del Frente Popular. Jefe de gobierno en 1936 y en 1946.

BLUSA f. Prenda exterior de vestir, que cubre la parte superior del cuerpo.

BLUSÓN m. Blusa larga.

BOA f. *Zool.* Ofidio de gran tamaño, fuerza y corpulencia, que se alimenta de aves y pequeños mamíferos.

BOA VISTA C. de Brasil, cap. del est. de Roraima; 143 000 hab.

BOABDIL (*Abu Abdullah;* m. 1527) Último rey de Granada [1482-1492].

Boabdil, en un detalle de *La rendición de Granada,* de F. Padilla. (Palacio del Senado, Madrid)

BOACO Dpto. de Nicaragua; 4 176,68 km²; 157 973 hab. ◊ Cap. del dpto. hom.; 7 800 hab. Agricultura.

BOARDILLA f. Buharda.

BOATO m. Ostentación en el porte exterior.

BOBADA f. Bobería.

BOBADILLA, *Emilio* (1862-1921**)** Escritor cub. *A fuego lento.* ◊ *Francisco de* (m. 1502) Colonizador esp., enviado en 1500 a Santo Domingo para investigar los actos de Colón y sus hermanos.

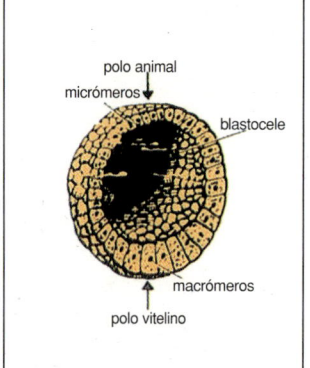

polo animal
micrómeros
blastocele
macrómeros
polo vitelino

Elementos que componen la **blástula**

Giovanni **Boccaccio**

BOBALICÓN, NA adj. y s. fam. Bobo.
BOBBIO, Norberto (1910-2004) Filósofo it. Catedrático de filosofía del derecho, fue un defensor de la democracia.
Autor de: *Elogio de la templanza, El futuro de la democracia* y *Derecha e izquierda*.
BOBERA o **BOBERÍA** f. Dicho o hecho necio.
BOBINA f. Carrete, para devanar o
arrollar en él hilos, alambres, etc. ◊ *El.*
Cilindro de hilo conductor devanado,
con diversas aplicaciones en electricidad. ◊ *Art. Gráf.* Rollo de papel continuo para la impresión. ❏ BOBINAR.
BOBO, BA adj. y s. De corto entendimiento. ◊ Excesivamente candoroso. ◊
Zool. Pez de los ríos de Centroamérica.
BOBSLEIGH (voz ing.) m. *Dep.* Trineo
para deslizarse sobre pistas de hielo o
nieve.
BOCA f. *Anat.* Cavidad con abertura,
en la parte anterior de la cabeza del
hombre y de muchos animales, por la
cual se toma el alimento. ◊ Abertura
anterior de la boca. ◊ fig. Entrada o salida. ◊ fig. Abertura, agujero. ◊ fig. En
ciertas herramientas, parte afilada con
que cortan. ◊ fig. Hablando de vinos,
gusto o sabor. ◊ fig. Órgano de la palabra. ◊ **del estómago.** Parte central de
la región epigástrica.
BOCACALLE f. Entrada de una calle.
◊ Calle secundaria que afluye a otra.
BOCADILLO m. Alimento que se toma
entre almuerzo y comida. ◊ Dulce de
guayaba envuelto en hojas de plátano.
◊ Panecillo relleno con jamón, queso, etc.
◊ *Amér.* Dulce de coco o de boniato.
BOCADO m. Porción de comida que
cabe de una vez en la boca. ◊ Un poco
de comida. ◊ Mordedura que se hace
con los dientes. ◊ Pedazo de cualquier
cosa que se arranca con la boca de una
vez. ◊ Parte del freno que entra en la
boca de la caballería, y también el mismo freno.
BOCAJARRO (A) m. adv. A quemarropa. ◊ fig. De manera inesperada.
BOCAL m. Jarro de boca ancha para
sacar el vino de las tinajas.
BOCAMANGA f. Parte de la manga
que está más cerca de la muñeca.
BOCAMINA f. Boca que sirve de entrada a una mina.
BOCANADA f. Cantidad de líquido
que de una vez se toma en la boca o se
arroja de ella. ◊ Porción de humo que
se echa cuando se fuma.

BOCAS DEL TORO Prov. del NO de
Panamá; 8 745,4 km², 119 336 hab. Cap.,
la ciudad hom. Incluye el arch. del mismo nombre. Agricultura. ◊ C. de Panamá, cap. de la prov. hom.; 22 622 hab.
(en el distr.). Puerto exportador.
BOCAZA o **BOCAZAS** m. fig. y fam.
Persona que habla lo que debería callar.
BOCCACCIO, Giovanni (1313-1375)
Humanista y escritor it. En *Decamerón*,
ensalza el triunfo de los instintos, del
espíritu libre y del amor.
BOCCHERINI, Luigi (1743-1805) Violoncelista y compositor it. Vivió en Madrid y en Berlín como músico de corte.
BOCCIONI, Umberto (1882-1916) Pintor y escultor it., pral. teórico del futurismo en su país.
BOCEL m. *Arq.* Moldura lisa, convexa,
de sección semicircular. ❏ BOCELAR.
BOCERA f. Lo que queda pegado a la
parte exterior de los labios después de
haber comido o bebido. ◊ Boquera.
BOCETO m. *Pint.* Borrón colorido que
hacen los pintores antes de pintar un
cuadro. ◊ *Esc.* Proyecto de la obra escultórica, ligeramente modelado.
BOCHA f. Bola de madera para tirar
en el juego de bochas. ◊ pl. Juego que
consiste en tirar a cierta distancia unas
bolas de madera. ❏ BOCHAR; BOCHAZO;
BOCHISTA.
BOCHE m. Hoyo pequeño que hacen
los muchachos en el suelo para jugar.
BOCHINCHE m. Tumulto, barullo.
BOCHORNO m. Aire caliente y molesto en el estío. ◊ Calor sofocante. ◊
Sonrojo. ◊ Sofocamiento producido
por algo que ofende o avergüenza. ❏
BOCHORNOSO, SA.
BOCHUM C. de la Alemania, en el
est. de Renania Septentrional-Westfalia; 384 800 hab. Centro industrial.
BOCINA f. Cuerno, instrumento musical. ◊ Instrumento de forma cónica
con que se amplifica el sonido. ◊ Instrumento semejante al anterior que se
hace sonar en los automóviles y otros
artefactos; claxon. ◊ *Chile* y *Col.* Trompetilla para los sordos. ❏ BOCINAZO.
BOCIO m. *Pat.* Tumoración de la glándula tiroides que produce abultamiento en la parte anterior del cuello.

Boda en la corte de Borgoña,
miniatura de L. Loyset (Biblioteca
del Arsenal, París)

BÖCKLIN, Arnold (1827-1901) Pintor
romántico suizo. *Centauro y ninfa.*
BODA f. Casamiento, y fiesta con que
se solemniza. Se usa también en pl. ◊
Bodas de diamante. Aniversario sexagésimo de la boda o de otro acontecimiento solemne. ◊ **de oro.** Aniversario quincuagésimo de los mismos
hechos. ◊ **de plata.** Aniversario vigésimo quinto.
BODEGA f. Lugar donde se guarda y
cría el vino. ◊ Cosecha de vino. ◊ Tienda o almacén de vinos. ◊ Despensa en
que se guardan comestibles. ◊ Almacén, depósito. ◊ Granero. ◊ *Mar.* Espacio interior de los buques desde la
cubierta inferior hasta la quilla. ❏ BO-
DEGUERA, RA.
**BODEGA y Quadra, Juan Francisco de
la** (1743-1794) Marino esp. Exploró la
costa del continente amer.
BODEGÓN m. Establecimiento donde se sirven comidas baratas. ◊ Taberna. ◊ *Pint.* Representación de naturalezas inanimadas. ❏ BODEGONERO, RA.
BODHISATTVA m. En el budismo, la
persona que se convertirá en Buda en
el futuro.

Detalle de un **bodegón** de J. D. de Heem

BODIN, Jean (1530-1596) Filósofo y jurista fr., teórico de la monarquía absoluta. *La República.*

BODOCAL adj. Especie de uva negra, de grano gordo, y vid que la produce.

BODOQUE m. Bola de barro endurecida al aire, que servía para tirar con ballesta. ◇ Burujo. ◇ Reborde con que se refuerzan los ojales del colchón. ◇ Relieve de adorno en algunos bordados.

BODRIO m. Comida mala. ◇ Sangre de cerdo mezclada con cebolla para embutir morcillas. ◇ fig. Cosa mal hecha.

BOECIO, Anicio Manlio Torcuato Severino (480-524) Filósofo latino. *La consolación de la filosofía.*

BÓER adj. y s. Díc. de los sudafricanos de origen hol. Se aplica a los descendientes de los ant. inmigrantes europeos que, en buena parte, h. 1835 partieron de la prov. de El Cabo y fundaron los est. de Natal, Orange y Transvaal. ◇ Relativo a la República Sudafricana.

BOFE m. Pulmón. Se usa más en pl.

BOFETADA f. Golpe que se da en el rostro con la mano abierta.

BOFETÓN m. Bofetada. ◇ Tramoya de teatro, que al girar, hace aparecer o desaparecer personas u objetos.

BOFILL i Leví, Ricard (n. 1939) Arquitecto esp., creador del Taller de Arquitectura (1961). *La ciudad en el espacio, experiencia I* (Madrid).

BOGA f. *Zool.* Pez teleósteo, de color plateado y con aletas casi blancas. ◇ fig. Buena aceptación.

BOGAR intr. *Mar.* Remar. ◇ tr. *Min. Chile.* Quitar la escoria al metal.

BOGART, Humphrey (1899-1957) Actor cinematográfico norteam. Óscar en 1952 por su interpretación en *La reina de África. El halcón maltés, Casablanca.*

BOGAVANTE m. *Zool.* Crustáceo marino, con pinzas muy fuertes.

Bogavante

BOGIE m. *Ferr.* Carretón articulado de rodadura de los vehículos ferroviarios, que puede incluir el motor; facilita la inscripción en las curvas y la suavidad de la circulación.

BOGOTÁ Cap. de Colombia y del dpto. de Cundinamarca; 6 850 205 hab. (agl. urb.). Enmarcada en el *Distrito Capital* (1 587 km², 6 865 997 hab.), concentra la mayor parte de la actividad com., ind., financiera y cultural del país. Ind. textil, siderúrgica, metalúrgica, química, editorial, alimentaria. Manufacturas de tabaco. Orfebrería, y mercado de esmeraldas.

☐ *Hist.* Fundada en 1538 por Jiménez de Quesada, fue sucesivamente cap. del virreinato esp. de Nueva Granada

(1719-1810); de la federación de la Gran Colombia (1819-1830); de la federación de Nueva Granada (1831-1863); desde 1863 hasta 1886 de los Estados Unidos de Colombia y, a partir de 1886, de la Rep. de Colombia.

BOGRÁN, Luis (m. 1926) Militar y político hond. Presid. de la rep. (1883-1891).

BOHEMIA (checo, *Ceský*; al., *Böhmen*) Región histórica de la República Checa. Eslavizada en el s. VI y evangelizada en el s. IX. En 1545 quedó incorporada al imperio germánico, bajo los Habsburgo. José II (1780-1790) reprimió los intentos autonomistas. Quedó integrada en el imperio austrohúngaro, hasta el reconocimiento internacional de Checoslovaquia en 1918. Junto con Moravia, en 1992 constituyó la República Checa.

Niels Bohr

BOHEMIO, MIA adj. y s. De Bohemia. ◇ Gitano. ◇ adj. Díc. de la persona de costumbres libres y vida irregular. ◇ Díc. de la vida y costumbres de esta persona. ◇ m. *Ling.* Lengua checa.

BOHÍO m. *Amér.* Cabaña de ramas o cañas.

BÖHL de Faber, Cecilia ➪ Fernán Caballero.

BOHOL Isla de Filipinas, del grupo de las Visayas; 4 117 km²; 806 000 hab.

BOHORDO m. Junco de la espadaña. ◇ Lanza corta arrojadiza, que se usaba en los juegos y fiestas de caballería.

BOHR, Niels (1885-1962) Físico danés. Propuso un modelo atómico basado en la idea de la cuantificación. Premio Nobel de Física en 1922.

BOIARDO, Matteo María, CONDE DE SCANDIANO (1441-1494) Poeta renacentista it. autor de *Orlando enamorado.*

BOICOT m. Interrupción voluntaria e intencionada de toda relación con un individuo, entidad, Est., etc., para obligarlo a ceder a ciertas exigencias. ☐ BOICOTEAR; BOICOTEO.

BOILEAU-DESPRÉAUX, Nicolás (1636-1711) Poeta, preceptista y crítico fr. Contribuyó a la renovación de las letras francesas. *Arte poética.*

BOINA f. Gorra redonda y sin visera, de una pieza.

BOIRA f. Niebla.

BOISE CITY C. de EE UU, cap. del est. de Idaho; 125 700 hab.

BOÎTE (voz fr.) f. Club nocturno, sala de fiestas.

BOJ m. *Bot.* Arbusto dicotiledóneo perennifolio, de madera amarilla, dura y compacta, muy apreciada para el grabado, obras de tornería, etc. ◇ Bolo de madera sobre el cual se cosen los pedazos de cordobán de que se hace el zapato. ◇ *Mar.* Bojeo.

BOJAR tr. *Mar.* Medir el perímetro de una isla, cabo o porción saliente de la costa. ◇ intr. Tener una isla, cabo o porción saliente de la costa tal o cual dimensión en circuito.

BOJE m. Boj. ◇ *Ferr.* Bogie. ☐ BOJEDAL.

BOKASSA, Jean Bedel (1921-1996) Político y militar centroafricano. Presid. de la Rep. Centroafricana en 1966, se proclamó emp. en 1976. Derrocado en 1979.

BOL m. Ponchera. ◇ Taza grande y sin asa. ◇ Redada, o lance de red. ◇ Jábega o red. ◇ Bolo.

BOLA f. Cuerpo esférico. ◇ Betún para el calzado. ◇ Pelota de tenis, golf, etc. ◇ fig. y fam. Embuste. ◇ *Méx.* Rumor falso. ◇ pl. Canicas.

BOLADA f. *Amér.* Ganga, suerte.

BOLADO m. Azucarillo.

BOLAÑOS, Enrique (n. 1928) Político nic. Miembro del Partido Liberal Constitucionalista (PLC). Vicepresidente de la rep. entre 1997 y 2000, en 2001 venció en las elecciones presidenciales.

BOLCHEVIQUISMO o **BOLCHEVISMO** m. *Pol.* El ala izquierda del partido socialdemócrata ruso, bajo la dirección de Lenin desde 1903 y en el poder desde 1917. Cambiaron su nombre por el de Partido Comunista (Bolchevique) en 1918. ☐ BOLCHEVIQUE.

BOLDO m. *Bot. Chile.* Arbusto nictagíneo, usado en medicina.

BOLEADORAS f. pl. Instrumento, usado en Sudamérica, que se arroja a los pies o al cuello de un animal para apresarlo.

BOLEAR intr. En los juegos de trucos y billar, jugar por puro entretenimiento. ◇ *Argent.* Cazar con boleadoras. ☐ BOLEO.

BOLERA f. Boliche para jugar a los bolos.

BOLERO, RA adj. y s. fig. y fam. Que dice muchas mentiras. ◇ m. Aire musical popular esp., cantable y bailable en compás ternario y de movimiento majestuoso. ◇ Chaquetilla corta de señora.

BOLETA f. Cédula de entrada. ◇ *Amér.* Papeleta para votar.

BOLETÍN m. Boleta, cédula, etc. ◇ Periódico que trata de asuntos especiales. ◇ Periódico oficial donde se insertan disposiciones legales.

BOLETO m. *Amér.* Billete de teatro, tren, etc. ◇ Papeleta de sorteo, quiniela, etc.

BOLICHE m. Bola que se usa en el juego de las bochas. ◇ Juego de bolos. ◇ Lugar donde se ejecuta este juego. ◇ *Amér.* Tienda dedicada al despacho y consumo de bebidas y comestibles.

BÓLIDO m. *Astr.* Meteorito que al atravesar la atmósfera explosiona. ◇ fig. Persona o cosa muy rápida. ◇ fig. *Dep.* Vehículo para participar en carreras.

BOLÍGRAFO m. Instrumento para escribir con un tubo de tinta en su interior y una bolita metálica en la punta.

BOLILLA f. *Amér. Merid.* Bola numerada usada en sorteos.

BOLILLO m. Palito torneado para hacer encajes y pasamanería.

BOLÍN m. Bolita del juego de bochas.

BOLINA f. *Mar.* Cabo con que se hala

hacia proa la relinga de barlovento de una vela. ◊ *Mar.* Sonda o cuerda con un peso de plomo. ◊ fig. y fam. Ruido de pendencia o alboroto. ❏ BOLINEAR.

BOLÍVAR m. Unidad monetaria de Venezuela.

Simón **Bolívar**

BOLÍVAR Dpto. de Colombia, junto al mar Caribe; 25 978 km²; 2 137 257 hab. Cap. Cartagena. Zona deltaica del Magdalena; montañas de Santa María; depresión del Mompós; serranía de San Lucas. Agricultura. Ganadería. Ind. petroquímica y mecánica. ◊ Prov. del centro de Ecuador; 3 939,9 km²; 155 088 hab. Cap., Guaranda. Sit. en la Sierra. Agricultura y ganadería. Ind. láctea. ◊ Est. del SE de Venezuela; 238 000 km²; 968 695 hab. Cap., Ciudad Bolívar. Al N presenta tierras bajas de sabana y selva, al S, altas montañas (tepuis) y al SE, la Gran Sabana. Ind. siderúrgica. Electricidad. Ganadería. ◊ Mun. de Colombia, en el dpto. del Cauca; 42 700 hab. Agricultura y ganadería. Oro y cobre. ◊ Pico de Venezuela (5 007 m), cima más alta de la sierra Nevada de Mérida.

BOLÍVAR, *Simón,* llamado EL LIBERTADOR (1783-1830) Militar y político latinoamericano, prócer de la indep. Participó en el mov. general de los cabildos latinoamericanos. Cuando en 1811 el Congreso proclamó la indep., se alistó en el ejército. Tras el éxito de la *Campaña admirable,* proclamó la II república (1814), de la que fue elegido jefe de gobierno. Derrotado por el realista Boves, embarcó hacia Jamaica en 1815, para iniciar una nueva campaña un año después. Tras liberar Nueva Granada (batalla de Boyacá, 1819), proclamó la República de la Gran Colombia, formada por los actuales est. de Colombia, Venezuela, Ecuador y Panamá. En 1822, se reunió con San Martín en Guayaquil. En adelante, trabajó activamente por la unidad latinoamericana. Liberó Perú y convocó un congreso panamericano en Panamá. Pero B. no pudo ver cumplido su sueño. *Manifiesto de Cartagena.*

BOLIVARIANO, NA adj. Relativo a Simón Bolívar.

BOLIVIA Estado situado en la parte occidental de América del Sur.

❏ *Geog. fís.* Su terr., privado de salida al mar, está formado por una zona llana, al E, y otra, al O, que corresponde a la región andina, en la que se levantan las cord. Occidental y Oriental o Real (Illampú, Illimani). Entre ambas se extiende el Altiplano, cubierto en parte por la puna, y, sobre él, las cuencas lacustres del Titicaca y Poopó, y los pantanos salobres de Coipasa y Uyuni, el mayor del Planeta. R.: Beni, Mamoré, Desaguadero, Pilcomayo, Madera y Guaporé. En el Altiplano las temperaturas caen por debajo de 0 °C en invierno, y en verano superan los 20 °C; las precipitaciones son escasas. En las tierras bajas el clima es caluroso y las precipitaciones elevadas.

❏ *Geog. econ.* La pral. riqueza se halla en el subsuelo: estaño (del que es uno de los prales. productores); plata; oro; cobre; bismuto; plomo; cinc; tungsteno; antimonio; petróleo; gas natural. La agr. se destina al consumo local, a excepción del café. De los bosques de la llanura se explota el caucho. Ganadería ovina y bovina; llamas y alpacas. La ind. abarca fundición de estaño en Oruro, cemento, cerveza, tabaco, textil, zapatos, confección, gráficas y mecánica.

❏ *Geog. humana.* La población de ascendencia amerindia que conserva su lengua y costumbres constituye más de la mitad del total. Los cholos, amerindios asimilados y amestizados, integran una cuarta parte. El resto está compuesto por criollos y descendientes de europeos (esp., al., etc.). Lenguas: castellano (oficial), aymara y quechua (oficiales), dialectos tupí-guaraníes, arahuacos y otros. Rep. unitaria. B. está dividida en 9 departamentos. Cap. constitucional: Sucre. Sede del gobierno: La Paz. C. prales: Co-

Mapa de situación y bandera
de **Bolivia**

chabamba, Oruro, Santa Cruz de la Sierra. *Rel.:* mayoría católicos, protestantes y religiones amerindias. U.M.: boliviano.

❏ *Hist.* Habitado por aymarás y guaraníes, el territorio quedó asimilado en el siglo XIII al imperio inca, hasta la conquista esp. Dependió administrativamente del virreinato del Perú y, luego, del de Río de la Plata. La zona tuvo gran prosperidad al descubrirse las minas de Potosí, Porco y Tupiza. Los abusos esp. provocaron diversas revueltas indígenas (Túpac Amaru y Tomás Catari, 1781). En 1809 se inició la lucha por la independencia, que finalizó en 1825 con la fundación de Bolivia. Sucre fue el primer presid. de la nación. En la guerra del Pacífico con Chile, B. perdió su salida al mar. A comienzos del siglo XX, la fuerza política de los militares pasó a los partidos liberal y conservador. En 1932 estalló la guerra del Chaco con Paraguay, que supuso la pérdida de terr. En 1952 el MNR (Movimiento Nacional Revolucionario) subió al poder con Víctor Paz Estenssoro. Los golpes militares y las elecciones impugnadas se sucedieron hasta 1983, con el gobierno civil de Hernán Siles Suazo, al que sucedió en 1985 Paz Estenssoro. En 1989 subió al poder Jaime Paz Zamora, del Movimiento de Izquierda Revolucionaria (MIR). En 1993 el Congreso nombró pres. a Gonzalo Sánchez de Lozada, del MNR, y en 1997 a Hugo Bánzer, de Acción Democrática Nacionalista (ADN), quien renunció en 2001 por motivos de salud. En las elecciones generales de 2002 venció Sánchez de Lozada; no obstante, en 2003, las protestas populares precipitaron su renuncia (octubre). Fue relevado por el vicepresid. Carlos Mesa, quien a su vez se vio forzado a dimitir en junio de 2005, siendo relevado por el pres. de la Corte Suprema, Eduardo Rodríguez.

❏ *Lit.* Los prales. representantes del romanticismo, en poesía, son Ricardo José Bustamante, María Josefa Mujía y M. J. Tovar. En novela, Nataniel Aguirre y el bibliógrafo Gabriel René Moreno. La

BOLIVIA	
Superficie	1 098 581 km²
Población	8 274 325 hab. (7,5 hab./km²)
Recursos económicos	
Arroz	257 000 t
Cacao	4 000 t
Café	30 000 t
Caña de azúcar	355 000 t
Maíz	510 000 t
Mandioca	499 000 t
Patatas	855 000 t
Ganadería y derivados	
Alpacas	343 000 cabezas
Cabaña bovina	5 600 000 cabezas
Cabaña ovina	12 300 000 cabezas
Llamas	1 500 000 cabezas
Riqueza forestal	1 597 000 m³
Producción minera	
Antimonio	7 300 t
Cinc	129 800 t
Cobre	200 t
Estaño	16 800 t
Gas natural	2 700 000 000 m³
Oro	6 t
Petróleo	900 000 t
Plata	337 t
Plomo	20 800 t
Tungsteno	1 200 t
Producción industrial	
Cemento	560 000 t
Cerveza	803 000 hl
Energía eléctrica	1 955 millones de kwh
Hilaturas de algodón	3 300 t
Indicadores sociológicos	
PNB	5 472 millones de dólares
Renta per cápita	770 dólares
Esperanza de vida	67,9 años
Alfabetismo	79,5%

Bolivia. Cumbres del Illimani, en el departamento de La Paz

El presidente interino de **Bolivia**, Eduardo Rodríguez

transición hacia el modernismo se manifiesta en Juan Francisco Bedregal y este movimiento alcanza su plenitud con Ricardo Jaimes Freyre y Mariano Babtista Gumucio. Ya entrado el s. XX destacan Armando Chirveches, Jaime Mendoza, Alcides Arguedas, Carlos Me-

dinaceli, Augusto Céspedes, Franz Tamayo, Adela Zamudio, Augusto Guzmán, Jesús Lara y F. Díez de Medina. Entre los narradores que sobresalen en las últimas décadas están Marcelo Quiroga Santa Cruz, Adolfo Cáceres Romero, Renato Prada Oropesa, Jesús Urza-

gasti y Raúl Teixidó. La poesía boliviana actual tiene sus principales representantes en Yolanda Bedregal, Roberto Echazú, Primo Castrillo, Jaime Sáenz y Alcira Cardona Torrico, entre otros.

BOLIVIANO, NA adj. y s. De Bolivia. ◊ m. Unidad monetaria de Bolivia.

BÖLL, *Heinrich* (1917-1985) Novelista y dramaturgo al. Premio Nobel de Literatura en 1972. *Casa sin amo, Opiniones de un payaso, Retrato de grupo con señora.*

BOLLERÍA f. Establecimiento donde se hacen bollos. ◊ Tienda donde se venden. ❑ BOLLAR.

BOLLO m. Panecillo de harina amasada con huevos, leche, etc. ◊ Elevación en una de las caras de una pieza que ceda sin romperse. ◊ fig. Chichón.

BOLLÓN m. Clavo de cabeza grande, que sirve de adorno. ❑ BOLLONADO, DA.

BOLO, LA adj. *Guat., Hond.* y *Méx.* Ebrio. ◊ m. Trozo de palo labrado en forma cónica o en otra de base plana. ◊ m. Actor independiente de una compañía, contratado para hacer un papel. ◊ Grupo de actores que recorren los pueblos para explotar alguna obra famosa. ◊ pl. Juego que consiste en poner bolos derechos sobre el suelo y en derribarlos, con una bola.

BOLOGNESI, *Francisco* (1816-1880) Militar per., heroico defensor de Arica durante la guerra del Pacífico (1880).

BOLONIA (*Bologna*) C. del N de Italia, cap. de la región Emilia-Romagna y de la prov. hom.; 404 400 hab. Universidad. Centro industrial.

BOLSA f. Saco para llevar o guardar alguna cosa. ◊ Arruga que hace un vestido cuando viene ancho. ◊ Establecimiento público en el que se reúnen los comerciantes, agentes intermediarios, colegiados, banqueros y especuladores, para concertar o cumplir operaciones mercantiles. ◊ Reunión oficial de los que operan con efectos públicos. ◊ Conjunto de operaciones con efectos públicos. ◊ *Min.* Parte de un criadero donde el mineral está reunido con mayor abundancia. ◊ pl. Recipiente que forma las dos cavidades del escroto en las cuales se alojan los testículos. ◊ **de trabajo.** Organismo encargado de recibir ofertas y peticiones de trabajo. ❑ BOLSISTA.

BOLSEAR tr. *Chile.* Pedir a alguien u obtener gratis de él una cosa.

BOLSILLO m. Bolsa para guardar el dinero. ◊ Pequeña bolsa cosida en algunos vestidos. ◊ fig. Bolsa, dinero.

BOLSÍN m. Reunión de los bolsistas para sus tratos, fuera de las horas y sitio de reglamento. ◊ Lugar donde habitualmente se verifica dicha reunión.

BOLSO m. Bolsillo, del dinero y de la ropa. ◊ Bolsa de mano, con cierre, usada para llevar dinero, documentos, etc.

BOLTON C. de Gran Bretaña, en el Gran Manchester; 146 722 hab. Ind. textil.

BOLTZMANN, *Ludwig* (1844-1906) Físico austr. Demostró la ley de radiación del cuerpo negro establecida por J. Stefan. Estableció la relación entre la probabilidad de un estado y su entropía. ◊ **Constante de B.** *Fís.* Equivale al cociente entre la constante universal de los gases y el núm. de Avogadro: k=R/N.

BOLZANO C. de Italia, en la región Trentino-Alto Adigio, cap. de la prov. hom.; 102 100 hab. Centro industrial.

BOMBA f. Máquina para elevar un líquido y darle impulso en una determi-

Gobernantes de Bolivia

1825	Libertador Simón José Antonio de la Santísima Trinidad Bolívar y Palacios
1826	Antonio José de Sucre y Alcalá
1828	Gral. José Mª. Pérez de Urdidinea
1828	Gral. José M. de Velasco Franco
1828	Gral. Pedro Blanco Soto
1829	Gral. José M. de Velasco Franco
1829	Mariscal de Zepita Andrés de Sta. Cruz Calahumana
1831	Mariscal de Zepita Andrés de Sta. Cruz Calahumana
1839	Dr. Mariano E. Calvo Cuéllar
1839	Dr. José María Serrano
1839	Gral. José M. de Velasco Franco
1841	Gral. Sebastián Agneda
1841	Dr. Mariano E. Calvo Cuéllar
1841	Mariscal de Ingavi José Ballivián y Segurola
1847	Gral. Eusebio Guilarte
1848	Gral. José M. de Velasco Franco
1848	Gral. Manuel I. Belzu Humerez
1850	José Gabriel Téllez
1855	Gral. Jorge Córdova
1857	Dr. José Mª. Linares Lizarazu
1861	Junta Mixta de Gobierno: José Mª. Acha, R. Fernández, M.A. Sánchez
1862	Gral. José Mª. Acha Valiente
1864	Gral. José Mª. Melgarejo V.
1871	Gral. Agustín Morales H.
1872	Dr. Tomás Frías Ametller
1873	Gral. Adolfo Ballivián Coll
1874	Dr. Tomás Frías Ametller
1876	Gral. Hilarión Daza Groselle
1880	Gral. Narciso Campero Leyes
1884	Indut. Gregorio Pacheco Leyes
1888	Dr. Aniceto Arce Ruiz
1892	Dr. Mariano Baptista Caserta
1896	Dr. Severo Fernández Alonso
1899	Junta de Gobierno: José Manuel Pando Solares, Serapio Reyes Ortiz, Macario Pinilla
1899	Gral. José M. Pando Solares
1903	Dr. Aníbal Capriles
1904	Gral. Ismael Montes Gamboa
1909	Dr. Eliodoro Villazón Montaño
1913	Gral. Ismael Montes Gamboa
1917	Dr. José Gutiérrez Guerra
1920	Junta civil de Gobierno: Bautista Saavedra Mallea, José Mª. Escalier, J. M. Ramírez
1921	Dr. Bautista Saavedra Mallea
1925	Prof. Felipe Segundo Guzmán
1926	Dr. Hernán Siles Reyes

1930	Junta Militar de Gobierno: C. Blanco Galindo
1931	Dr. Daniel Salamanca Urey
1934	Dr. José Luis Tejada Sorzano
1936	Junta Mixta de Gobierno: David Toro Ruilova
1937	Tcl. Germán Busch Becerra
1939	Gral. Carlos Quintanilla Quiroga
1940	Gral. Enrique Peñaranda Castillo
1943	Gral. Waldo Belmonte
1943	Cnl. Gualberto Villarroel López
1945	Dr. Julián V. Montellano
1946	Junta de Gobierno Civil: Néstor Guillén Olmos
1946	Dr. Tomás Monje Gutiérrez
1947	Dr. Enrique Hertzog Garaizábal
1947	Dr. Mamerto Urriolagoitia Harriague
1948	Dr. Mamerto Urriolagoitia Harriague
1951	Gral. Hugo Ballivián Rojas
1952	Dr. Hernán Siles Zuazo
1952	Dr. Víctor Paz Estenssoro
1956	Dr. Hernán Siles Zuazo
1960	Dr. Víctor Paz Estenssoro
1964	Gral. René Barrientos Ortuño
1965	Gral. René Barrientos Ortuño
1966	Gral. Alfredo Ovando Candía
1966	Gral. René Barrientos Ortuño
1969	Dr. Luis Adolfo Salinas
1969	Gral. Alfredo Ovando Candía
1970	Junta Militar: Efraín Guachalla, Fernando Satori, Alberto Albarracín
1970	Gral. Juan José Torrez Gonzales
1971	Gral. Hugo Bánzer Suárez
1978	Gral. Juan Pereda Asbún
1978	Gral. David Padilla Arancibia
1979	Dr. Walter Guevara Arce
1979	Gral. Alberto Natush Busch
1979	Sra. Lidia Gueiler Tejada
1980	Gral. Luis García Meza
1981	Junta de Gobierno: Celso Torrelio Villa, Waldo Bernal Escalante, Oscar Pamo Rodríguez
1981	Gral. Celso Torrelio Villa
1982	Gral. Guido Vildoso Calderón
1982	Dr. Hernán Siles Zuazo
1985	Dr. Víctor Paz Estenssoro
1989	Lic. Jaime Paz Zamora
1993	Lic. Gonzalo Sánchez de Lozada
1997	Hugo Bánzer Suárez
2001	Jorge Quiroga Ramírez
2002	Lic. Gonzalo Sánchez de Lozada
2003	Lic. Carlos Mesa Gisbert
2005	Dr. Eduardo Rodríguez Veltzé

nada dirección. ◊ Proyectil hueco lleno de materia explosiva y provisto de artificio para que estalle. ◊ En los instrumentos musicales de metal, tubo que por sus extremos enchufa con otros abiertos en la mitad del instrumento, y sirve para la afinación. ◊ fig. y fam. *Amér.* Borrachera. ◊ **aspirante.** *Fís.* La que eleva el líquido por combinación con la presión atmosférica. ◊ **aspirante e impelente.** *Fís.* La que saca el agua de profundidad por aspiración y la impele por un procedimiento mecánico. ◊ **atómica.** *Mil.* Dispositivo explosivo de efectos devastadores, basado en la fisión del uranio 235. ◊ **de cobalto.** *Med.* Aparato que utiliza las radiaciones gamma del cobalto para el tratamiento de tumores. ◊ **de hidrógeno.** *Mil.* Dispositivo explosivo basado en la fisión nuclear. ◊ **de neutrones.** *Mil.* La que mata a partir de las radiaciones de neutrones, sin afectar a los edificios e instalaciones.

BOMBACHA f. *Argent.* Pantalón muy ancho ceñido por la parte inferior.

BOMBACHO adj. y m. pl. Calzón corto, ancho y abierto por un lado, y pantalón, ancho también, cuyos perniles terminan en forma de campana abierta por el costado y con botones para cerrarla.

BOMBAL, *María Luisa* (1910-1980) Novelista chil. *La última niebla, La amortajada.*

BOMBARDA f. ant. Cañón de gran calibre. ◊ Buque de dos palos, armado de morteros en la parte de proa. ◊ Embarcación de cruz, sin cofas y de dos palos.

BOMBARDEAR tr. Arrojar o disparar bombas. ◊ *Fís.* Someter un cuerpo a la acción de ciertas radiaciones o al impacto de neutrones. ❏ BOMBARDEO; BOMBAZO.

BOMBARDERO, RA adj. y m. Preparado para llevar bombas.

BOMBARDINO m. Instrumento musical de viento, semejante al figle.

BOMBARDÓN m. Instrumento musical de viento, que sirve de contrabajo en las bandas militares.

BOMBAY *(Mumbay)* C. de la India, cap. del est. de Maharashtra; 12 571 700 hab. (agl. urb.). Pral. puerto y centro comercial e industrial de la India.

BOMBEAR tr. Arrojar bombas de artillería. ◊ Lanzar por alto una pelota haciendo que siga una trayectoria parabólica. ◊ Sacar o trasegar agua u otro líquido por medio de una bomba.

BOMBEO m. Comba, convexidad.

BOMBERO m. El que trabaja con la bomba hidráulica. ◊ Individuo que se encarga de apagar incendios.

BOMBILLA f. Recipiente de vidrio dentro del cual hay un filamento que se pone incandescente al paso de la corriente eléctrica, produciendo luz. ◊ *Amér.* Caña o tubo delgado que termina en un ensanchamiento lleno de agujeritos, que se utiliza para sorber el mate.

BOMBILLO m. Aparato con sifón para evitar la subida de malos olores en los desagües. ◊ Tubo con un ensanchamiento en la parte inferior, para sacar líquidos. ◊ *Mar.* Bomba pequeña. ◊ *Amér.* Bombilla eléctrica.

BOMBÍN m. fam. Sombrero hongo.

BOMBO, BA adj. fam. Aturdido. ◊ m. Tambor muy grande que se toca con una maza y se emplea en orquestas y en bandas militares. ◊ El que toca este

Pintura en un templo del centro arqueológico maya de **Bonampak**

instrumento. ◊ Caja esférica que sirve para contener números de lotería, papeletas, etc. y que se hace girar antes de sacar uno en suerte. ◊ Elogio exagerado.

BOMBÓN m. Golosina pequeña de chocolate, rellena de crema, licor, etc.

BOMBONA f. Vasija de boca estrecha, barriguda y de bastante capacidad para transportar líquidos. ◊ Vasija metálica fuerte y de cierre hermético que contiene gases o líquidos a presión.

BOMBONAJE m. *Bot.* Planta de hojas alternas, que sirven para fabricar objetos de jipijapa.

BON, *Cabo (Ras Addar)* Promontorio del NE de Tunicia.

BONA *(Annaba)* C. y puerto del NE de Argelia; 255 900 hab. Puerto exportador. Centro industrial.

BONACHÓN, NA adj. y s. fam. Crédulo, sencillo, amable.

BONAERENSE adj. y s. De Buenos Aires.

Bombay. Edificio de la Corporación Municipal

BONAIRE Isla de las Pequeñas Antillas, del grupo de Sotavento; 288 km²; 9 500 hab. Cap., Kralendijk. Colonia neerlandesa con autonomía interna.

BONALD, *Louis Gabriel Ambroise,* VIZCONDE DE (1754-1840) Escritor y político fr., adalid del tradicionalismo. *Ensayo analítico sobre las leyes naturales del orden social.*

BONAMPAK Centro arqueológico maya, en el est. de Chiapas (México). Pinturas murales con jeroglíficos.

BONANCIBLE adj. Tranquilo, sereno, suave.

BONANZA f. Tiempo tranquilo o sereno en el mar. ◊ fig. Prosperidad. ◊ *Min.* Zona de mineral muy rico. ❏ BONANZOSO, SA.

BONAO C. de la República Dominicana, cap. de la prov. de Monseñor Nouel; 134 443 hab.

BONAPARTE, *Jerónimo* (1784-1860) Rey de Westfalia, hermano de Napoleón I. ◊ *José* ➪ José I Bonaparte. ◊ *Luis* (1778-1846) Rey de Holanda, hermano de Napoleón I. ◊ *María Anunciata,* llamada CAROLINA (1782-1839). Hermana de Napoléon I y esposa de Murat, fue reina de Nápoles. ◊ *Napoléon* ➪ Napoléon I. ◊ *Paulina* (1780-1825) PRINCESA DE BORGHESE Y DUQUESA DE GUASTALLA, famosa por su belleza y libertad de costumbres. Acompañó a Napoleón a Elba.

BONAPARTISTA adj. y s. Partidario de Napoleón Bonaparte, o del imperio y dinastía fundados por él.

BONDAD f. Calidad de bueno. ◊ Natural inclinación a hacer el bien. ◊ Amabilidad de carácter. ❏ BONDADOSO, SA.

BONETE m. Gorro de cuatro picos, usado por los eclesiásticos y seminaristas. ◊ Dulcera de vidrio ancha de boca y estrecha de base. ◊ *Zool.* Redecilla de los rumiantes. ❏ BONETERÍA.

BONETERO m. *Bot.* Arbusto dicotiledóneo usado para setos. Su carbón se emplea en la fabricación de la pólvora.

BONGO m. *Amér. Centr.* Canoa usada por los indios. ◊ Pequeño tambor doble de origen africano; se usa más en pl.

BONGO, *Omar* (n. 1935) Político gabonense. En 1967 accedió a la presidencia de la rep.; fue reelegido en 1979.

BONIATO m. *Bot.* Planta dicotiledónea de tubérculos semejantes a la batata. ◊ Tubérculo comestible de esta planta.

BONIFACIO Nombre de nueve papas romanos. ◊ **I** Santo. Papa [418-422]. Defendió los derechos del pontificado en Iliria. ◊ **II** Papa [530-532]. Contribuyó a la desaparición de la herejía semipelagiana. ◊ **V** Papa [619-625]. Contribuyó al desarrollo del cristianismo en Inglaterra. ◊ **VIII** Papa [1294-1303]. Bajo su pontificado Roma volvió a ser centro de la cristiandad.

BONIFACIO (680-754) Santo. Benedictino anglosajón, evangelizador de la Alemania occidental.

BONIFICACIÓN f. Aumento de valor o mejora.

BONIFICAR tr. Abonar en una cuenta. ◊ Descontar una cantidad de otra que se ha de pagar.

BONILLA, *Manuel* (1849-1913) Militar y político hond. Presid. de la rep. (1903-1907 y 1912-1923). ◊ *Policarpo* (1858-1926) Político hond. Presidente desde 1894 hasta 1900. ◊ *San Martín, Adolfo* (1875-1926) Polígrafo esp. Erudito y crítico. *Luis Vives y la filosofía del Renacimiento.*

BONITO, TA adj. Bueno. ◊ Lindo, agraciado, de cierta proporción y belleza. ◊ m. *Zool.* Pez teleósteo muy parecido al atún. ❏ BONITERO, RA; BONIZAL.

BONIZO m. Panizo de poca altura y de granos muy menudos.

BONN C. de Alemania, en Renania del Norte-Westfalia; 291 300 hab. Ind. mecánica. Universidad. Cap. de la ant. RFA (1949-1990). Desde 1991, sede del Senado y de ciertos ministerios.

Catedral de **Bonn** (s. XII)

BONNARD, *Pierre* (1867-1947) Pintor fr. Del impresionismo derivó al intimismo. *Indicios de primavera, El jardín.*

BONO m. Tarjeta o vale canjeable por algún artículo. ◊ *Econ.* Título de deuda pública.

BONZO m. Sacerdote budista y lamaísta.

BOÑIGA f. Excremento del ganado.

BOOGIE-WOOGIE (voz ing.) m. Variante del jazz, de ritmo rápido e insistente.

BOOLE, *George* (1815-1864) Matemático y filósofo ing. Desarrolló el acercamiento algebraico a la lógica. ◊ **Álgebra de B.** *Mat.* La que trata de las operaciones entre las partes de un conjunto.

BOOM (voz ing.) m. *Econ.* Súbita prosperidad económica sin garantías de continuidad.

BOONE, *Daniel* (1735-1820) Pionero y explorador norteam.

BOOTH, *John Wilkes* (1838-1865) Actor norteam. Asesinó a A. Lincoln (1865).

BOOTHIA Península ártica de Canadá. Descubierta por J. Ross en 1829.

BOPP, *Franz* (1791-1867) Lingüista al. *Gramática comparada de las lenguas sánscrita, zenda, griega, latina, lituana, eslava antigua, gótica y alemana.*

BOQUEAR intr. Abrir la boca. ◊ Estar expirando. ◊ fig. y fam. Estar una cosa acabándose. ❏ BOQUEADA.

BOQUERA f. Boca de piedra que se hace en el caz para regar las tierras. ◊ Ventana por donde se echa la paja o heno en el pajar. ◊ *Med.* Excoriación en las comisuras de los labios.

BOQUERÓN m. Abertura grande. ◊ *Zool.* Pez malacopterigio parecido a la sardina.

BOQUERÓN Dpto. de Paraguay, en el Chaco; 91 669 km², 26 296 hab. Cap., Filadelfia. Explotación forestal y ganadera.

BOQUETE m. Entrada estrecha de un lugar o paraje. ◊ Brecha, agujero.

BOQUI m. *Chile.* Especie de enredadera, cuyo tallo se emplea en la fabricación de cestos y canastos.

BOQUIABIERTO, TA adj. Que tiene la boca abierta. ◊ fig. Que está embobado.

BOQUILLA f. Abertura del pantalón, por donde sale la pierna. ◊ Pieza pe-

Cristales de **bórax**

queña y hueca, que se adapta al tubo de varios instrumentos de viento y sirve para producir el sonido. ◊ Tubo pequeño, en cuya parte más ancha se pone el cigarro para fumarlo aspirando el humo por el extremo opuesto. ◊ Abrazadera del fusil. ◊ Pieza donde se produce la llama en los aparatos de alumbrado. ◊ Portalámparas. ◊ Extremo anterior del cigarro puro. ◊ Filtro cilíndrico que llevan los cigarrillos emboquillados.

BORACITA f. *Miner.* Cloroborato de magnesio, dimorfo. A la temperatura ambiente es rómbico y por encima de 256 °C es cúbico.

BORATO m. *Quím.* Sal del ácido bórico.

BÓRAX m. *Geol.* y *Quím.* Borato hidratado de sodio, cristalizado en el sistema monoclínico. Se usa en la industria del vidrio y en farmacia.

BORBOLLAR o **BORBOLLEAR** intr. Hacer borbollones el agua. ❏ BORBOLLEO.

BORBOLLÓN m. Borbotón.

BORBÓN, *casa de* Familia noble cuyas diferentes ramas han ocupado los tronos de Francia [1589-1792 y 1814-1830]; España [1700-1868; 1874-1931 y desde 1975]; Dos Sicilias [1735-1860]; Parma [1731-1860] y Nápoles [1735-1806 y 1815-1816].

BORBÓNICO, CA adj. Relativo a los Borbones.

BORBORIGMO m. *Fisiol.* Ruido que se produce en el intestino humano por los movimientos peristálticos.

BORBOTAR o **BORBOTEAR** intr. Hervir o salir el agua formando borbotones.

BORBOTÓN m. Erupción que hace el agua de abajo para arriba, elevándose sobre la superficie.

BORCEGUÍ m. Calzado que llega hasta más arriba del tobillo, abierto por delante y que se ajusta con correas o cordones.

BORDA f. *Mar.* Vela mayor en las galeras. ◊ *Mar.* Canto superior del costado de un buque. ◊ Choza.

BORDABERRY, *Juan María* (n. 1928) Político ur. Perteneciente al partido colorado, fue presid. de la rep. (1972-1976).

BORDADO, DA adj. fig. Perfecto, sin faltar detalle. ◊ Labor de relieve ejecutada con aguja e hilo. ❏ BORDADURA.

BORDAR tr. Adornar una tela o piel con bordados. ◊ fig. Ejecutar alguna cosa con primor. ❏ BORDADOR, RA.

BORDE adj. Aplícase a plantas y árboles silvestres. ◊ adj. y s. Bastardo, ilegítimo. ◊ m. Extremo u orilla de alguna cosa. ◊ En las vasijas, orilla que tienen alrededor de la boca.

Indicios de primavera, pintura de Pierre **Bonnard**

BORDEAR intr. Andar por la orilla o borde. ◊ fig. Frisar, acercarse mucho a una cosa.

BORDILLO m. Borde de las aceras formado por piedras largas y estrechas.

BORDO m. *Mar.* Lado o costado exterior de la nave.

BORDÓN m. Bastón, con punta de hierro, más alto que un hombre, como el que llevan los peregrinos. ◊ Verso quebrado que se repite al fin de cada copla. ◊ Muletilla, palabra o frase que repite frecuentemente una persona en la conversación. ◊ En los instrumentos musicales de cuerda, cualquiera de las más gruesas que hacen el bajo. ◊ Cuerda de tripa atravesada diametralmente en el parche inferior del tambor.

BORDONEAR intr. Ir tentando o tocando la tierra con el bordón. ◊ Dar palos con el bordón o bastón. ◊ fig . Vagar, planta. ◊ Pulsar el bordón de la guitarra.

BOREAL adj. Septentrional.

BÓREAS m. *Meteor.* Viento N.

BORG, *Björn* (n. 1956) Tenista sueco. Entre 1976 y 1981 ganó diversos torneos del *Grand Slam* y de la Copa Davis.

BORGES, *Jorge Luis* (1899-1986) Escritor arg. Adscrito al mov. ultraísta, escribió el volumen de poesía *Fervor de Buenos Aires*. Su obra se caracteriza por la hondura y búsqueda conceptual expresada con gran riqueza verbal. Premio Cervantes en 1979. *Historia universal de la infamia, Ficciones, Historia de la eternidad, El Aleph, El idioma de los argentinos, Literaturas germánicas*.

Jorge Luis **Borges**

BORGHESE, *Camillo* ⇒ Paulo V.

BORGIA o **BORJA** Familia romana de origen valenciano, entre cuyos miembros hay varios papas y personajes importantes del Renacimiento it. ◊ *César* (1476-1507) Hijo natural del papa Alejandro VI, inspiró a Maquiavelo en *El príncipe*. ◊ *Lucrecia* (1480-1519) Hija natural del papa Alejandro VI, tuvo un imp. papel en las intrigas cortesanas.

BORGOÑA m. Vino de Borgoña.

BORGOÑA (*Bourgogne*) Región histórica, correspondiente a los actuales dptos. de Côte d'Or, Saône-et-Loire y Aïn, y parte de los de Yonne y Aube. ◊ Actual región administrativa de Francia, compuesta por los dptos. de Côte-d'Or, Nièvre, Saône-et-Loire y Yonne; 31 582 km², 1 609 700 hab. Cap., Dijon.

BORGOÑA, *Felipe de* ⇒ Vigarny.

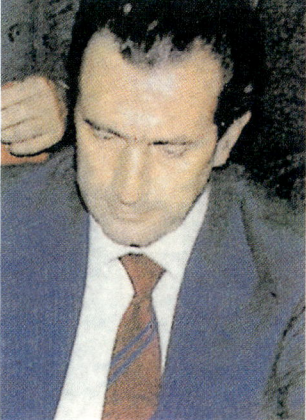

Rodrigo **Borja**

BÓRICO adj. *Quím.* Relativo al boro. ◊ Díc. del ácido o anhídrido derivado del boro trivalente.

BORINQUÉN Denominación de Puerto Rico, que deriva del nombre taino *Borikén*.

BORINQUEÑO, ÑA adj. Puertorriqueño.

BORIS III (1894-1943) Rey de Bulgaria [1918-1943]. Su reinado tuvo un carácter autoritario. Durante la II Guerra Mundial se alió con la Alemania nazi.

BORIS Godunov (1551-1605) Boyardo ruso que fue zar [1598-1605], como sucesor de su cuñado Fedor I.

BORJA ⇒ Borgia. ◊ *Rodrigo* (n. 1935) Político socialdemócrata ecuat. Fundador y líder del Partido Izquierda Democrática. Presid. de la rep. entre 1988 y 1992. ◊ **Y Aragón**, *Francisco de* (h. 1577-1658) PRÍNCIPE DE ESQUILACHE. Virrey del Perú (1614-1621), intentó mejorar la suerte de los indígenas.

BORLA f. Conjunto de hilos o cordoncillos sujetos por un extremo, que se emplea como adorno. ◊ pl. *Bot.* Amaranto, planta.

BORN, *Max* (1882-1970) Físico al., nacionalizado brit. Premio Nobel de Física en 1954, por sus trabajos en el campo de la mecánica cuántica.

BORNE m. Extremo de la lanza que se empleaba en las justas. ◊ *Bot.* Codeso, planta. ◊ *Fís.* Terminal metálico para la conexión eléctrica de un aparato con el exterior.

BORNEAR tr. Dar vuelta, torcer o ladear. ◊ Labrar en contorno las columnas. ◊ *Arq.* Mirar con un solo ojo para examinar si un cuerpo o varios están en una misma línea con otro u otros, o si una superficie tiene alabeo. ◊ *Mar.* Girar el buque sobre sus amarras, estando fondeado. ◊ prnl. Hacer comba la madera. ❏ BORNEADIZO, ZA.

BORNEO (*Kalimantan*) Isla de Insulindia; 736 000 km²; 6 950 000 hab. La parte septentrional pertenece a Indonesia, y la septentrional a Malaysia, excepto Brunei. Arroz y especias.

BORNITA f. *Miner.* Sulfuro de hierro y cobre, que cristaliza en el sistema cúbico, peso específico 4,9 a 5,3, dureza 3, color pardo y brillo metálico.

BORO m. *Quím.* Elemento químico de símb. B, n. a. 5 y p. a. 10,82. Elemento no metálico, forma compuestos halogenados gaseosos y varios hidruros.

BORODÍN, *Alexander* (1833-1887) Compositor romántico ruso. *En las estepas de Asia Central* (poema sinfónico), *El Príncipe Igor* (ópera).

BORODINO Aldea de Rusia, en la región de Moscú, escenario de la última victoria de Napoleón sobre los rusos (1812).

BORONA f. Mijo. ◊ Maíz. ◊ Pan de maíz. ◊ *Amér.* Migaja del pan.

BORORÓ adj. y s. Individuo de un pueblo amerindio del Mato Grosso (Brasil), hoy casi desaparecido.

BORRA f. Cordera de un año. ◊ Parte más basta de la lana. ◊ Pelo de cabra para rellenar pelotas, cojines, etc. ◊ Pelusa del algodón. ◊ Pelusa del polvo que se forma en bolsillos, bajo los muebles, etc. ◊ fig. y fam. Palabras inútiles.

BORRACHERA f. Efecto de emborracharse. ◊ fig. y fam. Exaltación extremada en la manera de hacer o decir alguna cosa.

BORRACHERO m. *Bot. Amér. Merid.* Arbusto dicotiledóneo que despide olor desagradable de día y grato y narcótico de noche.

BORRACHÍN, NA m. y f. Aficionado a beber mucho.

BORRACHO, CHA adj. y s. Ebrio, embriagado por la bebida. ◊ adj. Que se

Borneo. Poblado palafítico de Sabah

embriaga habitualmente. ◊ adj. y m. Díc. del bizcocho borracho.

BORRADOR m. Escrito sobre el que se hacen enmiendas, adiciones o supresiones, y que sirve para elaborar el definitivo. ◊ Libro en que los comerciantes hacen sus apuntes para arreglar después sus cuentas. ◊ Utensilio para borrar la pizarra. ◊ *Amér.* Goma de borrar.

BORRAJA f. *Bot.* Planta dicotiledónea comestible, de flores azules en racimo. Usada en medicina.

BORRAR tr. y prnl. Hacer desaparecer por cualquier medio lo representado con tinta, lápiz, etc. ◊ fig. Desvanecer, hacer que desaparezca una cosa.

BORRASCA f. *Meteor.* Tempestad o temporal fuerte. ◊ fig. Riesgo.

BORRASCOSO, SA adj. Que causa borrascas. ◊ Propenso a ellas. ◊ fig. y fam. Díc. de la vida, diversiones, etc., en que predomina el libertinaje.

BORRASSÀ, Lluís (h. 1360-h. 1424) Pintor catalán, introductor y máximo exponente del estilo gótico internacional.

BORROMEO, Carlos ⇨ Carlos Borromeo.

BORROMINI, Francesco Castelli (1599-1667) Arquitecto barroco it. San Carlo alle Quatro Fontane; oratorio y biblioteca de San Felipe Neri y Santa María in Vallicella; iglesia de Sant'Ivo della Sapienza.

BORRÓN m. Mancha de tinta. ◊ Borrador. ◊ fig. Imperfección que desluce o afea. ◊ fig. Acción indigna que mancha la reputación o fama.

BORROSO, SA adj. Lleno de borra o heces. ◊ Confuso, que no se distingue con claridad. ❑ BORROSIDAD.

BORT m. *Ind.* Variedad de diamante usada como abrasivo por su gran dureza.

BORUJO m. Burujo, bulto pequeño. ◊ Masa que resulta del hueso de la aceituna después de molida y exprimida.

BOSCAJE m. Bosque de corta extensión. ◊ *Pint.* Cuadro que representa un paisaje de árboles, matorrales y animales.

BOSCÁN, Juan (1487-1542) Escritor esp. Petrarquista. Con Garcilaso de la Vega, introdujo la métrica it.

Las tentaciones de San Antonio Abad, tabla de Hieronymus **Bosch** (Museo del Prado, Madrid)

BÓSFORO (turco, *Karadeniz Bogazi*) Estr. que une el mar Negro con el de Märmara.

BOSNIA-HERZEGOVINA *(Bosna i Hercegovina)* Est. del S de Europa, en los Balcanes. Relieve muy montañoso, accidentado por una serie de cadenas que parten de los Alpes Dináricos. Ríos prales.: Sava, Bosna, Drina y sus afl. Extensos bosques. Agric. y ganadería. Minas de hierro, carbón, lignito, cobre, plomo, etc. Ind. siderúrgica, mecánica, química, alimentaria, de electrodomésticos, de materiales de construcción, etc. Lenguas: serbocroata (oficial), serbio, croata. *Rel.*: islamismo sunnita, cristianismo ortodoxo, catolicismo. U.M.: dinar. Cap., Sarajevo. C. prales.: Banja Luka, Tuzla y Mostar.

□ *Hist.* Entre los s. VII-X permaneció unida a Serbia. Incorporada al reino húngaro a mediados del s. XIII. Con Tvrtko I (1353-1391) B.-H., ya inde-

Lluís **Borrassà**. Detalle del retablo de *La Virgen y San Jorge*

BORREGO, GA m. y f. Cordero o cordera de uno a dos años. ◊ m. fig. *Cuba* y *Méx.* Mentira.

BORRELL I (h. 875-911) Conde de Barcelona, Girona y Ausona, hijo de Wifredo el Velloso. ◊ **II** (h. 915-992) Conde de Barcelona, Girona, Ausona y Urgel. Durante su reinado Almanzor destruyó Barcelona.

BORRERO, Manuel María (1883-1978) Historiador y político ecuat. Presid. de la rep. en 1938. ◊ **Y Cortázar, Antonio** (1827-1912) Político y escritor ecuat. Presid. de la rep. de 1875 a 1876.

BORRICA f. Asna.

BORRICO m. Asno. ◊ Armazón que sirve a los carpinteros para apoyar en ella la madera que labran. ◊ adj. y s. fig. Persona muy necia.

BORRIQUERO adj. Díc. de una variedad de cardo de hojas rizadas y espinosas.

BORRIQUETE m. Borrico de carpintero. ◊ *Mar.* Vela que se pone sobre el trinquete.

BOSCH, Jeroen Anthoniszoon van Aken, llamado **Hieronymus** (1450-1516) Pintor flamenco. Su pintura refleja la crisis espiritual del final de la E. Med. Las raíces de sus obras están en las leyendas populares, en las historias de milagros y en las representaciones sacras. *La adoración de los Magos, Las tentaciones de San Antonio, El jardín de las delicias, El carro de heno.*

BOSCH, Juan (1909-2001) Político dom. Fundó el Partido Revolucionario en 1939. En 1963 fue elegido presid., pero el mismo año lo depusieron los militares. ◊ **Karl** (1874-1940) Químico al. Premio Nobel de Química en 1931, por sus trabajos sobre la síntesis del amoniaco. ◊ **Gimpera, Pedro** (1891-1975) Prehistoriador y arqueólogo esp. *Etnología de la península Ibérica.*

BOSCO, Juan (1815-1888) Sacerdote it. Santo. En 1859 fundó la congregación de San Francisco de Sales o salesianos.

BOSCOSO, SA adj. Que abunda en bosques.

Mapa de situación y bandera de **Bosnia-Herzegovina**

pendiente, alcanzó su máximo apogeo. Los turcos se apoderaron del país en 1463. Tras la sublevación antiotomana de 1875, el congreso de Berlín de 1878 colocó a B.-H. bajo la administración de Austria-Hungría, que la anexionó en 1909, una de las causas primarias de la I Guerra Mundial. En 1919 fue integrada en el nuevo reino de Yugoslavia. De 1941 a 1945 perteneció a la Croacia fascista. Reincorporada a Yugoslavia como rep. federada en 1945. En 1992 se declaró rep. independiente, pero la minoría serbia, apoyada por el ejército federal, desató una feroz guerra. En 1995 se firmó el acuerdo de Dayton, por el que se confirmó la indep. del estado bosnio formado por la Federación croato-musulmana y la República serbobosnia. En los comicios de 1996, el musulmán Alija Izetbejovic fue elegido pres. de la jefatura colegiada del Estado, cargo que ejerció hasta su dimisión en 2000.

BOSNIA-HERZEGOVINA

Superficie	51 129 km²
Población	3 675 000 hab. (72 hab./km²)
Recursos económicos	
Acero	72 000 t
Cabaña ovina	276 000 cabezas
Maíz	173 000 t
Riqueza forestal	2 331 000 m³
Indicadores sociológicos	
PNB	7 000 millones de dólares
Renta per cápita	1 500 dólares

BOSNIO, NIA adj. y s. De Bosnia. ◊ Díc. del individuo originario de Bosnia, que pertenece a la comunidad de religión musulmana y habla serbiocroata.
BOSÓN m. *Fís.* Nombre genérico de las partículas con valor entero del *spín*.
BOSQUE m. *Biol.* Comunidad de organismos animales y vegetales, dominada por una agrupación de árboles. ◊ fig. Abundancia desordenada de alguna cosa.
BOSQUEJAR tr. Empezar a trabajar en una obra, sin concluirla. ◊ fig. Indicar con alguna vaguedad un concepto o plan.

Bosque

Bosnia-Herzegovina. Vista parcial de Mostar

BOSQUEJO m. Boceto, esbozo, esquema. ◊ Obra literaria o artística hecha sólo con los elementos esenciales, como preparación para la definitiva.
BOSQUIMANO, NA adj. Relativo al pueblo bosquimano. ◊ adj. y s. *Etn.* Individuo de un pueblo de África autodenominado *san*, que forma la raza khoisánida.
BOSSA Nova f. Término musical bras. aplicado al estilo evolucionado de la samba, aparecido en la primera mitad de la década 1960-1970.
BOSSUET, Jacques-Bénigne (1627-1704) Prelado, escritor y predicador fr. Luchó contra el protestantismo. *Discurso sobre la historia universal, Oraciones fúnebres.*
BOSTA f. Excremento del ganado.
BOSTEZAR intr. Inspirar lenta y profundamente, abriendo mucho la boca. ❏ BOSTEZO.
BOSTON C. y puerto de EE UU. Cap. del est. de Massachusetts; 574 300 hab. (4 171 600 la agl. urb.). Centro industrial y pesquero. Universidades.
BOTA f. Cuero pequeño empegado por su parte interior y cosido por sus bordes, que remata en un cuello con brocal por donde se llena de vino y se bebe. ◊ Cuba. ◊ Calzado que resguarda el pie y parte de la pierna.
BOTADOR m. Palo largo con que se hace fuerza en la arena para impulsar una embarcación. ◊ *Carp.* Instrumento de hierro para arrancar los clavos o para embutir sus cabezas. ◊ *Amér.* Manirroto.
BOTAFUMEIRO m. Incensario. ◊ fig. y fam. Adulación.
BOTANA f. Remiendo que se pone en los agujeros de los odres para que no se salga el líquido. ◊ Taruguito de madera que se pone con el mismo objeto en las cubas de vino. ◊ *Col.* y *Cuba.* Vaina de cuero que se pone a los gallos de pelea en los espolones.
BOTÁNICA f. Parte de la biología que estudia, describe y clasifica los vegetales. ◊ *P. Rico.* Herboristería.
BOTÁNICO, CA adj. Relativo a la botánica. ◊ m. y f. Persona que profesa la botánica o tiene en ella especiales conocimientos.

BOTAR tr. Arrojar o echar fuera con violencia. ◊ Echar al agua un buque. ◊ Despedir, echar. ◊ *Amér.* Echar, arrojar. ◊ intr. Saltar la pelota u otra cosa después de haber chocado con el suelo. ◊ Saltar, levantarse del suelo con ímpetu. ◊ *Amér.* Malgastar, derrochar. ❏ BOTADURA.
BOTARATE m. y adj. fam. Hombre alocado o informal. ◊ Persona manirrota.
BOTAVARA f. *Mar.* Palo horizontal que sirve para cazar la vela cangreja.
BOTE m. Salto o brinco que da el caballo. ◊ Salto que da la pelota al chocar contra el suelo. ◊ Salto que da una persona, u otra cosa cualquiera, botando como la pelota. ◊ Recipiente pequeño, gralte. cilíndrico, que se utiliza para guardar cosas muy diversas. ◊ *Mar.* Barco pequeño, de remo y sin cubierta.
BOTELLA f. Recipiente gralte. cilíndrico y de cuello estrecho, para contener líquidos. ◊ Líquido que cabe en ella. ◊ **de Leyden.** *Fís.* Condensador constituido por una b. de vidrio, que hace el papel de dieléctrico, y electrodos de papel de estaño dentro y fuera de ella. ❏ BOTELLAZO; BOTELLERÍA; BOTELLERO; BOTELLÍN; BOTELLÓN.
BOTERO, Fernando (n. 1932) Pintor col., residente en México y en EE UU. Naturalismo impresionista y satírico.
BOTHA, Louis (1862-1919) General bóer, uno de los creadores de la Unión Sudafricana. Primer ministro [1910-1919]. ◊ *Pieter Willem* (n. 1916) Político sudafricano, elegido primer ministro en 1978. Fue reelegido en 1984.
BOTHE, Walter (1891-1957) Físico al., premio Nobel de Física en 1954, con Max Born, por sus trabajos sobre radiactividad.
BOTICA f. Farmacia. ◊ Conjunto de medicamentos. ◊ fig. Medicamento, droga o mejunje. ❏ BOTICARIO, RIA.
BOTIJA f. Vasija de barro mediana, redonda y de cuello corto y estrecho.
BOTIJO m. Vasija de barro poroso para beber, de abultado vientre, con asa en la parte superior.
BOTILLERÍA f. *Chile.* Comercio de venta de vinos o licores embotellados.

Grupo de bosquimanos

Paisaje del Parque Nacional de Chobe, en el nordeste de **Botswana**

BOTÍN m. Polaina. ◊ Botina. ◊ Despojos cogidos al enemigo. ◊ Producto de cualquier robo. ❑ BOTINERÍA.

BOTINA f. Calzado que pasa algo del tobillo.

BOTIQUÍN m. Habitación, armario o recipiente portátil donde se guardan medicamentos. ◊ Conjunto de estos medicamentos.

BOTNIA Golfo del mar Báltico, entre Suecia y Finlandia. Escasa salinidad.

BOTO, TA adj. Romo, obtuso. ◊ fig. Rudo o torpe. ◊ m. Bota alta de montar.

BOTOCUDO, DA adj. y s. Individuo del pueblo amerindio de los botocudos. ◊ m. pl. Indios bras. de cultura primitiva que llevan discos de madera (botoques) en las orejas y labio inferior.

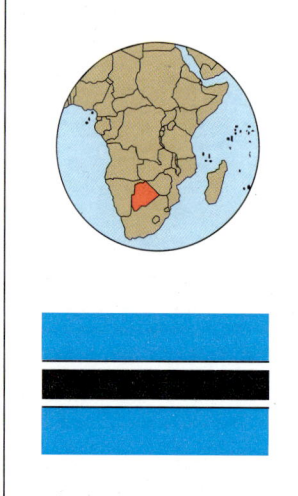

Amerindios **botocudos**

BOTÓN m. Yema de los vegetales. ◊ Flor cerrada y cubierta por las hojas. ◊ Pieza pequeña de metal, madera, plástico, etc., forrada de tela o sin forrar, que se pone en los vestidos para abrocharlos. ◊ Resalto de forma cilíndrica o esférica que se atornilla en algún objeto para que sirva de tirador, asidero, etc. ◊ En el timbre eléctrico, pieza en forma de botón que, al oprimirla, hace que suene aquél. ◊ *Mús.* En los instrumentos musicales de pistones, pieza circular y metálica que recibe la presión del dedo para funcionar.

BOTONES m. Muchacho que sirve en hoteles y otros establecimientos para llevar los recados.

BOTOTO m. *Amér.* Calabaza para llevar agua.

BOTSWANA *(Republic of Botswana)* Est. de África austral; rep. Desierto de Kalahari en el centro y en el S. Clima subdesértico. Sorgo, mijo, maíz. Ganadería. Lenguas: ing. (of.) y setswana. *Rel.:* animistas, protestante, católica, U. M.: el pula. Cap., Gaborone. C. prales.: Serowe, Kanye.

❑ *Hist.* En el s. XVII se establecieron en el país tribus bechuanas. En 1885 fue declarado protectorado brit., con el nombre de Bechuanalandia. En 1961 se promulgó una constitución. En 1966, después de elecciones en las que triunfó el partido democrático, fue declarada la indep. dentro de la Commonwealth.

BOTSWANA	
Superficie	600 372 km²
Población	1 348 000 hab. (2 hab./km²)
Recursos económicos	
Cabaña bovina	2 500 000 cabezas
Cabaña caprina	2 090 000 cabezas
Carbón	635 000 t
Diamantes	17 352 000 quilates
Maíz	4 000 t
Níquel	20 400 t
Riqueza forestal	1 389 000 m³
Sorgo	38 000 t
Indicadores sociológicos	
PNB	3 355 millones de dólares
Renta per cápita	2 590 dólares
Esperanza de vida	68 años
Alfabetismo	74%

BOTTICELLI, *Sandro* (1455-1510) Pintor florentino. *La primavera, El nacimiento de Venus.*

BOU m. Pesca en que dos barcas, apartada la una de la otra, tiran de la red arrastrándola por el fondo. ◊ Embarcación destinada a esta pesca.

BOUCHER, *François* (1703-1770) Pintor fr. representante destacado del arte rococó. *Diana en el baño, La toilette de Venus, Retrato de Mille, O'Murphy.*

BOUDIN, *Eugène Louis* (1824-1898) Pintor fr., precursor del impresionismo. Paisajes y marinas.

BOUGAINVILLE Isla septentrional del arch. melanésico de Salomón, perteneciente a Papuasia-Nueva Guinea; 10 000 km²; 71 800 hab.

BOUGAINVILLE, *Louis Antoine,* CONDE DE (1729-1811) Navegante y escritor fr. *Viaje alrededor del mundo.*

BOULEZ, *Pierre* (n. 1925) Compositor y director de orquesta fr. Su obra es una síntesis del dodecafonismo y los hallazgos rítmicos de Stravinsky y Webern. *El martillo sin dueño.*

BOURBAKI, *Nicolás* Seud. utilizado

Mapa de situación y bandera de **Botswana**

por un grupo de matemáticos fr., entre ellos H. Cartan y C. Chevalley, que emprendieron en 1940 la publicación de *Elementos de Matemáticas*, que abarca la casi totalidad de las matemáticas.

BOURDICHON, *Jean* (h. 1457-1521) Pintor miniaturista fr. Autor del libro *Las Grandes Horas de la Reina Ana de Bretaña*.

BOURGES C. de Francia, cap. del dpto. de Cher; 76 400 hab. Centro industrial y turístico.

BOURGET, *Paul* (1852-1935) Escritor fr. Autor de ensayos y de novelas. *El discípulo, Némesis, Cruel enigma*.

BOURNEMOUTH C. de Gran Bretaña, en Dorset; 144 800 hab. Balneario.

BOUTADE (voz fr.) f. Salida de tono, comentario ingenioso y gratuito.

BOUTIQUE (voz fr.) f. Tienda de modas.

BOUTS, *Dieric* (1400-1475) Pintor gótico flamenco. *Retablo de la Eucaristía*, en la colegiata de San Pedro, en Lovaina.

BOUVARDIA f. *Bot. Amér. Central*. Gén. de plantas dicotiledóneas, de hojas simples y flores muy bellas.

BÓVEDA f. *Arq*. Estructura de perfil arqueado para cubrir el espacio comprendido entre muros o varios pilares. ◊ Habitación subterránea abovedada. ◊ Cripta. ◊ **claustral, de aljibe** o **esquifada**. *Arq*. Aquella cuyos dos cañones cilíndricos se cortan el uno al otro. ◊ **de cañón**. *Arq*. La cilíndrica que cubre el espacio entre dos muros paralelos.

Autorretrato de Sandro **Botticelli**

BOVEDILLA f. *Arq*. Bóveda pequeña entre viga y viga del techo.

BOVES, *José Tomás Rodríguez* (1783-1814) Marino esp. Uno de los máximos dirigentes realistas en la lucha contra los independentistas en la Gran Colombia.

BÓVIDO adj. y m. *Zool*. Mamíferos rumiantes, con cuernos óseos cubiertos por estuche córneo, no caedizos, y que existen tanto en el macho como en la hembra.

BOVINO, NA adj. *Zool*. Relativo al buey o a la vaca. ◊ adj. y m. *Zool*. Mamíferos rumiantes, con el estuche de los cuernos liso, el hocico ancho y desnudo, y la cola larga.

BOX (voz ing.) m. *Aut*. En las competiciones automovilísticas, lugar destinado a repostar los bólidos participantes. Se usa más su pl., boxes.

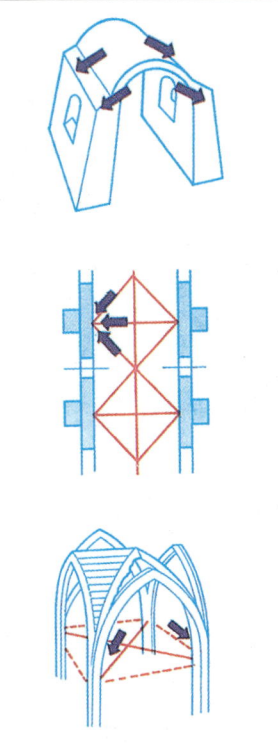

Empuje lateral de una **bóveda** de medio cañón (arriba) y de crucería (en medio y abajo)

BOXEO m. *Dep*. Lucha deportiva basada en la utilización de los puños contra un adversario. ❏ BOXEADOR; BOXEAR.

BÓXER m. y adj. Miembro de una sociedad secreta china. ◊ Raza de perros usados para vigilancia.

BOYA f. Cuerpo flotante sujeto al fondo del mar, de un lago, etc., que se coloca como señal. ◊ Corcho que se pone en la red para que las plomadas no la lleven al fondo.

BOYACÁ Dpto. del centro-este de Colombia; 23 189 km²; 1 394 952 hab. Cap., Tunja. Territorio atravesado por la cord. Oriental andina al O. Ganadería y agricultura. Carbón y hierro. Ind. siderúrgica. Cemento. ◊ **Batalla de B.** Victoria de las tropas de Bolívar sobre las realistas en 1819.

BOYANTE adj. Que boya. ◊ fig. Que tiene fortuna o felicidad creciente.

BOYAR intr. *Mar*. Volver a flotar la embarcación que ha estado en seco.

BOYARDO m. Ant. título de nobleza hereditario en la Rusia zarista.

BOYER, *Charles* (1897-1978) Actor cinematográfico fr. *Mayerling, Seis destinos, El demonio de la noche*.

BOYERIZO o **BOYERO** m. El que guarda bueyes o los conduce.

BOYLE, *Robert* (1627-1691) Físico y químico ing. Fue el primero en emplear el término «análisis químico» en su actual significado. ◊ **Ley de B.** *Fís*. A temperatura constante, los volúmenes ocupados por un gas son inversamente proporcionales a las presiones a las que está sometido. La expresión matemática de esta ley es PV = constante.

BOY-SCOUT (voz ing.) m. Niño afiliado a cierta sociedad que preconiza actividades al aire libre.

BOZA f. *Mar*. Cabo que, hecho firme en la proa de las embarcaciones menores, sirve para amarrarlas.

BOZAL m. Objeto que se pone en el hocico de algunos animales. ◊ Adorno que se pone a los caballos en el bozo.

BOZO m. Vello que apunta sobre el labio superior antes de nacer la barba. ◊ Parte exterior de la boca. ◊ Cuerda que se echa a las caballerías sobre la boca, formando un cabezón con sólo un cabo o rienda.

Br *Quím*. Símb. del bromo.

BRABANTE (*Brabant*) Región histórica actualmente dividida entre Bélgica y Países Bajos.

BRACEADA f. Movimiento de brazos.

BRACEAJE m. Trabajo y labor de las monedas. ◊ Profundidad del mar medida en brazas.

BRACEAR intr. Mover repetidamente los brazos. ◊ Nadar sacando los brazos fuera del agua y volteándolos hacia adelante. ◊ fig. Esforzarse, forcejear. ❏ BRACEO.

BRACERO m. Peón, jornalero.

Braceros segando, en una miniatura medieval

Tycho **Brahe**

BRACHO, *Julio* (1909-1978) Actor y director de cine y teatro mex. *La mujer de todos, La sombra del caudillo.*

BRACMÁN m. Brahmán.

BRACO, CA adj. y s. Perro perdiguero. ◊ fig. y fam. Persona que tiene la nariz roma y levantada.

BRÁCTEA f. *Bot.* Hoja modificada, que nace en el pedúnculo de las flores de ciertas plantas.

BRACTÉOLA f. *Bot.* Bráctea pequeña.

BRADFORD C. de Gran Bretaña, en Yorkshire; 280 700 hab. Centro industrial.

BRADICARDIA f. *Med.* Lentitud del pulso.

BRADLEY, *James* (1693-1762) Astrónomo ing. Descubrió el fenómeno de la aberración de la luz y el de la mutación. ◊ *Francis Herbert* (1846-1924) Filósofo brit. Introductor del neohegelianismo en Inglaterra. *Apariencia y realidad.*

BRAGA f. Calzón, prenda de vestir masculina. Se usa más en pl. ◊ Prenda interior femenina. Se usa más en pl.

BRAGA, *Joaquim Theophilo* (1843-1924) Político y escritor port. Presid. de la rep. en 1915.

BRAGADO, DA adj. Aplícase al buey y a otros animales que tienen la bragadura de diferente color que el resto del cuerpo. ◊ fig. y fam. Aplícase a la persona enérgica y firme.

BRAGANZA, *Casa de* Familia real port. que reinó en Portugal de 1640 a 1910 y en Brasil de 1822 a 1889.

BRAGUERO m. Aparato o vendaje para contener las hernias.

BRAGUETA f. Abertura delantera del pantalón.

BRAHE, *Tycho* (1546-1601) Astrónomo danés. Realizó observaciones muy precisas. Sus datos sirvieron para establecer las leyes del mov. planetario.

BRAHMA Uno de los tres dioses superiores del hinduismo que componen la Trimurti.

BRAHMÁN m. Individuo de la primera de las cuatro castas del hinduismo.

BRAHMANISMO m. *Rel.* Doctrina que reconoce a Brahma como dios supremo. Se basa en la interpretación de los textos sagrados (los *Veda* y los *Upanishad*) y propone los caminos de la ascética física y mental (*yoga*), la contemplación y la adoración. ❑ BRAHMÁNICO, CA.

BRAHMAPUTRA Río del S de Asia.

Nace en el Himalaya. Forma con el Ganges un delta en el golfo de Bengala; 2 900 km.

BRAHMS, *Johannes* (1833-1897) Compositor al. Su obra marca la culminación de la época romántica. Compuso para piano, música de cámara, obras para coros y orquesta, sinfonías y varios *lieder.*

BRAILA C. de Rumania, cap. del distr. hom. 225 000 hab. Astilleros. Celulosa.

BRAILLE, *Louis* (1809-1852) Pedagogo fr., ciego desde los 3 años, inventor de un alfabeto en relieve para ciegos que lleva su nombre.

BRAMA f. Acción y efecto de bramar. Se usa especialmente para designar el celo de los animales salvajes.

BRAMADERO m. *Amér.* Poste al que se amarran los animales para herrarlos, domesticarlos o matarlos. ◊ Sitio adonde acuden con preferencia los ciervos y otros animales salvajes en celo.

BRAMANTE adj. Que brama. ◊ m. y adj. Hilo gordo o cordel delgado hecho de cáñamo. ◊ m. Brabante.

BRAMANTE, *Donato d'Angelo* (1444-1514) Arquitecto y pintor it. Creó el llamado renacimiento bramantesco. Reedificación de la basílica de San Pedro, en Roma.

Johannes **Brahms**

BRAMAR intr. Dar bramidos. ◊ fig. Manifestar uno con gritos y con extraordinaria violencia la ira de que está poseído. ◊ Hacer ruido estrepitoso el viento, el mar, etc.

BRAMIDO m. Voz del toro y de otros animales salvajes. ◊ fig. Grito de cólera. ◊ fig. Ruido grande producido por el aire, el mar, etc.

BRANCO Río de Brasil, afl. del Negro. Nace en el NE del territorio de Roraima; 640 km.

BRANCUSI, *Constantin* (1876-1957) Escultor rumano. Bajo la influencia de Auguste Rodin, abandonó el academicismo. *La sabiduría, Prometeo, El pájaro de oro.*

BRANDEBURGO (*Brandenburg*) Estado del E de Alemania; 29 056 km², 2 580 000 hab. C. prales.: Brandeburgo, Potsdam. Comprende el Berlín Occidental. Ind. Siderúrgica, mecánica, química. ◊ C. de Alemania, en el distr. de Potsdam, junto al r. Havel; 95 200 hab. Puerto fluvial.

Templete de San Pietro in Montorio, Roma, obra de Donato **Bramante**

BRANDO, *Marlon* (1924-2004) Actor cinematográfico norteam. *Un tranvía llamado deseo, El último tango en París, El padrino, Apocalypse now.*

BRANDT, *Karl Herbert Frahm,* llamado WILLY (1913-1992) Político socialdemócrata al. Canciller de la RFA (1969-1974). Presid. del SPD (1975-1987) y de la Internacional Socialista (1976-1992). Premio Nobel de la Paz en 1971.

BRANDY (voz ing.) m. Coñac.

BRANQUIA f. *Zool.* Órgano respiratorio de los animales acuáticos, formado por expansiones filiformes o laminares del cuerpo, muy vascularizadas. Se usa más en pl. ❑ BRANQUIADO, DA; BRANQUIAL.

BRAQUE, *Georges* (1882-1963) Pintor fr. Uno de los iniciadores del cubismo al que incorporó elementos como signos tipográficos (arena, madera y técnicas de *collage*).

BRAQUICÉFALO, LA adj. y s. *Antr.* Persona cuyo cráneo presenta un diámetro transversal igual o algo menor que el anteroposterior. ❑ BRAQUICEFALIA.

BRASA f. Trozo incandescente de carbón, madera u otra materia combustible y sólida.

BRASERO m. Recipiente de metal en el que se hace lumbre para calentarse.

BRÁSIDAS (m. 422 a. C.) General espartano, vencedor de los atenienses en Pylos y Antípolis.

BRASIL m. *Bot.* Árbol dicotiledóneo cuya madera es el palo brasil.

BRASIL (*República Federativa do Brasil*) Est. de América del Sur, el mayor de la misma y el quinto del mundo por su extensión. Lenguas: portugués (of.), tupí, guaraní y otras lenguas amerindias. *Rel.*: mayoría católica, grupos minoritarios protestantes, hebreos. U.M.: real. Cap., Brasilia. C. prales.: São Paulo, Río de Janeiro. B. está dividido en 26 estados y un Distrito Federal.

❑ *Geog. fís.* De relieve bajo, cabe destacar la meseta central, el macizo de las Guyanas al N, y el meridional, formado por las sierras de Mantiqueira, Paranapiacabra, Serra do Mar, etc. Río Amazonas, el más caudaloso y uno de los más largos del mundo, con más de 1 200 afl.: Jurúa, Purús, Madeira, Tapa-

Mapa de situación y bandera
de **Brasil**

Brasil. El Pan de Azúcar, en Río de Janeiro

joz, Xingú, Tocantins, ríos, São Francisco, Paranaíba, Paraná, Uruguay, Paraguay. Existen tres grandes zonas climáticas: la zona ecuatorial en la Amazonía; la subecuatorial en el centro, y la templada al S. Precipitaciones muy desiguales. Zonas de selvas impenetrables y rica vegetación. Destaca por su abundante fauna.

□ *Geog. econ.* La agr. se concentra en la parte oriental de la gran meseta. Café, arroz, maíz, algodón, caña de azúcar, mandioca, alubias, trigo, bananas, patatas, cacao, tabaco, naranjas, vid. Riqueza forestal muy variada. Por el número de cabezas de ganado, se ha convertido en una primera potencia mundial. Las mayores reservas mundiales de hierro en Mato Grosso, Minas Gerais y Amapá. Manganeso, gas natural, petróleo en Bahía, sal marina, cromo y estaño. Ind. irregularmente repartida; prales. centros industriales: São Paulo, Río de Janeiro, Minas Gerais, Río Grande del Sur y Pernambuco.

Luiz Inácio Lula da Silva,
presidente de **Brasil**

□ *Hist.* Descubierto por Vicente Yáñez Pinzón, el año 1500. Por el tratado de Tordesillas (1494) era el rey portugués quien tenía derecho a ese territorio. Los altiplanos fueron colonizados por los ⇨ Bandeirantes, y el Amazonas por los jesuitas. Cuando se deshizo la unión de España y Portugal, el problema de los límites se resolvió en 1777 por el tratado de San Ildefonso. En 1759, el gobierno del marqués de Pombal expulsó a los jesuitas. En 1808, la familia real port. se exilió a Brasil forzada por Napoleón; al regresar, Juan IV dejó como regente a su hijo Pedro que se independizó y se nombró emp. (1822). En 1889, estalló una revolución que destituyó al monarca e implantó la rep. El país vivió una época de auge económico que se acrecentó al alinearse junto a los aliados en la I Guerra Mundial. Pero esta economía, basada en la exportación, se hundió irremisiblemente y como consecuencia sobrevino, en 1930, el golpe de estado de Getulio Vargas, que ejerció una dictadura fascistizante y populista. En 1955 ganó las elecciones el socialdemócrata Kubischek quien llevó a cabo profundas reformas. Desde 1961, Janio Quadras primero y João Goulart, después, intentaron escapar del área de influencia de los EE UU. La consecuencia fue un golpe de Estado mil. que llevó al poder al gral. Castelo Branco. Le sucedieron Costa e Silva (1967), Garrástazu Médici (1969), Ernesto Geisel (1974), y João Baptista Figueiredo (1979). Este último inició una serie de medidas liberalizadoras que culminaron cuando, en 1985, llegó a la presidencia José Sarney. En 1988 una constitución democrática preparó las elecciones para 1989 en las que venció Fernando Collor de Mello. Acusado de corrupción, en 1992 fue cesado y destituido como presid. por el Congreso, supliéndole en el cargo el vicepresidente Itamar Franco. Las elecciones de 1994 dieron el triunfo al socialdemócrata Fernando Henrique Cardoso, quien, tras reformar la Constitución para optar a un nuevo mandato, fue reelegido en 1998. En 2002 fue elegido presid. Luiz Inácio Lula da Silva, del Partido de los Trabajadores.

BRASIL	
Superficie	8 511 996 km^2
Población	146 155 000 hab. (17 hab./km^2)
Recursos económicos	
Algodón	1 130 000 t
Arroz	9 503 000 t
Bananas	5 630 000 t
Cacao	345 000 t
Café	1 497 000 t
Caña de azúcar	262 millones de t
Frijoles	2 751 000 t
Maíz	22 604 000 t
Mandioca	24 632 000 t
Patatas	2 214 000 t
Soja	14 771 000 t
Sorgo	272 000 t
Tabaco	414 000 t
Tomates	2 309 000 t
Trigo	3 077 000 t
Ganadería y derivados	
Aves de corral	582 000 000 cabezas
Cabaña bovina	152 000 000 cabezas
Cabaña caballar	6 200 000 cabezas
Cabaña ovina	20 300 000 cabezas
Cabaña porcina	35 000 000 cabezas
Riqueza forestal	259 243 000 m^3
Pesca	800 000 t
Producción minera	
Bauxita	10 414 000 t
Carbón	4 595 000 t
Fosfatos	2 968 000 t
Gas natural	3 000 000 000 m^3
Hierro	150 000 000 t
Manganeso	1 967 000 t
Oro	56 t
Petróleo	31 612 000 t
Producción industrial	
Acero	20 504 000 t
Ácido sulfúrico	3 809 000 t
Caucho sintético	252 000 t
Energía eléctrica	222 195 millones kwh
Fertilizantes	749 000 t
Fibras artificiales	55 000 t
Neumáticos	29 160 000 unidades
Tejido algodón	1 591 000 m
Indicadores sociológicos	
PNB	447 324 millones de dólares
Renta per cápita	2 920 dólares
Esperanza de vida	58 años
Alfabetismo	81%

Vista parcial de **Bratislava**

BRASILERO, RA o **BRASILEÑO, ÑA** adj. De Brasil.

BRASILIA Cap. de Brasil; 1 596 000 hab. Con el terr. que la rodea forma el Distrito Federal. 5 794 km². Construida (1956-1960) para promover la colonización del interior. Fue diseñada por Lucio Costa.

BRASSENS, *Georges* (1921-1981) Poeta fr. Sus composiciones, cantadas por él mismo, alcanzaron gran difusión.

BRASSOV C. de Rumania, en el distr. hom.; 331 200 hab. Centro industrial.

BRATIANU Familia rumana. Sus miembros estuvieron, en los ss. XIX-XX, al frente del partido liberal: ***Ion*** (1821-1891) En 1881 encabezó una sublevación triunfante contra el gobierno, llevando a término una política dictatorial que finalizó en 1888; ***Ion*** (1864-1927), hijo del anterior, fue diputado, ministro, jefe del partido liberal (1909) y presid. del consejo en cinco ocasiones.

BRATISLAVA (al., *Pressburg*; húng. *Pozsony*) Cap. de Eslovaquia, junto al Danubio: 435 500 hab. Ind. siderometalúrgica y textil. Universidad.

BRATSK C. de Rusia, en Siberia; 240 000 hab. Gran central hidroeléctrica.

BRATTAIN, *Walter* (1902-1987) Físico norteam. Premio Nobel de Física en 1956 por sus investigaciones sobre los semiconductores.

BRAULIO (590-651) Santo. Obispo de Zaragoza, discípulo de san Isidoro.

BRAUN, *Karl Ferdinand* (1850-1918) Físico al. Investigó sobre los fenómenos eléctricos de los rayos catódicos con el tubo que lleva su nombre. Premio Nobel de Física en 1909, junto con Marconi, por sus trabajos en la telegrafía sin hilos. ◊ ***Wernher von*** (1912-1977) Ingeniero al. Durante la II Guerra Mundial construyó las *V-1* y *V-2*. Nacionalizado en los EE UU en 1945, tuvo a su cargo imp. proyectos espaciales amer.

BRAVATA f. Amenaza proferida con arrogancia. ◊ Baladronada.

BRAVEAR intr. Fanfarronear.

BRAVEZA f. Bravura. ◊ Ímpetu del mar embravecido, del viento, etc.

BRAVÍO, A adj. Feroz, indómito, salvaje. ◊ fig. Se dice de los árboles y plantas silvestres.

BRAVO, VA adj. Valiente, esforzado. ◊ Bueno, excelente. ◊ Hablando de animales, fiero, feroz. ◊ Aplícase al mar cuando está alborotado y embravecido. ◊ Áspero, fragoso.

BRAVO, *Juan* [m. 1521] Jefe comunero esp. Vencido junto a sus compañeros Padilla y Maldonado en Villalar, murió decapitado. ◊ ***Nicolás*** (h. 1784-1854) Militar y político méx. Se destacó durante la guerra de Independencia. Intervino en el derrocamiento de Itúrbide. Presid. provisional en 1842.

BRAVO DEL NORTE, *Río* ⇨ Grande.

BRAVO Murillo, *Juan* (1803-1873) Político esp. Ministro de Isabel II (1850), intentó una reforma constitucional de carácter absolutista.

BRAVUCÓN, NA adj. y s. fam. Valiente sólo en la apariencia, fanfarrón. ❑ BRAVUCONADA; BRAVUCONERÍA.

BRAVURA f. Fiereza de los brutos animales. ◊ Esfuerzo o valentía de las personas. ◊ Bravata.

BRAZ, *Wenceslao* (1880-1966) Político bras. Presid. de la rep. (1914-1918). Decidió la participación en la I Guerra Mundial contra los imperios centrales.

BRAZA f. Medida de long. equivalente a 1,6718 m. ◊ Modo de nadar en que los hombros se mantienen a nivel del agua y los brazos se mueven simultáneamente de adelante a atrás, al mismo tiempo que las piernas se encogen y estiran.

BRAZADA f. Movimiento que se hace con los brazos extendiéndolos y recogiéndolos alternativamente. ◊ Brazado. ◊ *Chile, Col.* y *Ven.* Braza, medida de longitud.

BRAZAL m. ant. Pieza de la armadura que cubría el brazo. ◊ Embrazadura del escudo, pavés, etc. ◊ Sangría que se saca de río o acequia grande para regar. ◊ Tira de tela que ciñe el brazo izquierdo por encima del codo y que sirve de distintivo. ◊ *Mar.* Cada uno de los maderos fijados por sus extremos en una y otra banda desde la serviola al tajamar.

BRAZALETE m. Aro que rodea el brazo y se usa como adorno.

BRAZO m. Miembro del cuerpo que comprende desde el hombro a la extremidad de la mano. ◊ Parte de ese miembro desde el hombro hasta el codo. ◊ Cada una de las patas delanteras de los cuadrúpedos. ◊ En algunas lámparas y otros aparatos de iluminación, candelero que sale del cuerpo central y sirve para sostener las luces. ◊ Cada uno de los dos palos que salen desde la mitad del respaldo del sillón hacia adelante. ◊ En la balanza, cada una de las dos mitades de la barra horizontal. ◊ Rama de árbol. ◊ fig. Valor, poder. ◊ *Mec.* Cada una de las distancias del punto de apoyo de la palanca, a las direcciones de la potencia y la resistencia. ◊ pl. fig. Protectores, valedores. ◊ **de gitano.** Pieza de repostería formada de una capa de bizcocho que se unta por encima con crema o dulce de fruta, y se arrolla en forma de cilindro. ◊ **de mar.** Canal ancho y largo del mar que entra tierra adentro.

BRAZOLARGO m. *Amér.* Mono araña.

BRAZUELO m. Parte de las patas delanteras de los cuadrúpedos entre el codo y la rodilla.

BRAZZA, *Pierre Camille de*, CONDE DE SAVORGNAN (1852-1905) Explorador fr. de origen it. Puso bajo dominio de Francia los territorios que actualmente forman Gabón y la República del Congo.

BRAZZAVILLE Cap. de la República del Congo, sit. a la orilla del río Congo; 480 500 hab. (agl. urb.). Aeropuerto. Ind. alimentaria, textil y de la construcción.

BREA f. Líquido denso y negro obtenido por destilación de la hulla o de la madera. ◊ *Mar.* Mezcla de brea, pez, sebo y aceite de pescado usada para calafatear. ◊ *Chile.* Arbusto del que se extraía resina.

BREAK (voz ing.) m. Coche inglés con pescante elevado y dos filas de asientos en la parte trasera. ◊ *Dep.* En tenis, ruptura de servicio.

BREBAJE m. Bebida desagradable compuesta de varios ingredientes.

BRECHA f. Boquete o abertura. ◊ Abertura en una pared. ◊ fig. Impresión hecha en el ánimo.

Detalle de *La rendición de **Breda*,** cuadro de Velázquez (Museo del Prado, Madrid)

BRECHT, Bertold (1898-1956) Poeta y dramaturgo al. Renovador de la técnica teatral mediante el «distanciamiento del espectador». *Galileo Galilei, Madre Coraje, El círculo de tiza caucasiano.*
BREDA C. de Países Bajos, en la prov. de Brabante Septentrional; 119 000 hab. Su rendición a los españoles en 1625, inspiró a Velázquez el cuadro *La rendición de Breda.* ◊ **Compromiso de B.** Acuerdo firmado por Margarita de Parma y los flamencos en favor de la tolerancia religiosa.
BREGA f. Riña o pendencia. ◊ fig. Chasco, zumba, burla.
BREGAR intr. Luchar, reñir unos con otros. ◊ Ajetrearse, trabajar afanosamente. ◊ fig. Luchar con los riesgos y dificultades para superarlos. ◊ tr. Amasar de cierta manera.
BREL, Jacques (1929-1979) Cantautor belga. *Ne me quitte pas, Le plat pays.*
BREMEN Est. de Alemania, constituido por la cap. hom. y la c. de Bremerhaven; 404 km²; 680 000 hab. ◊ C. de Alemania, cap. del est. hom.; 530 500 hab. Uno de los prales. puertos del país. Ind. siderúrgica, textil y química. Manufactura de tabaco. Cerveza. Refinerías de petróleo. Torrefacción de café.
BREMERHAVEN C. y puerto de Alemania (est. de Bremen), en la desembocadura del Weser; 135 100 hab. Pesquerías. Ind. navales y mecánicas. Anteruerto.
BRENAN, Gerald (1894-1987) Hispanista ing. Estudió la España anterior a la guerra civil de 1936. *El laberinto español, Al sur de Granada.*
BRENES, Roberto (1874-1947) Escritor y político costarricense. *Gramática histórica y lógica de la lengua castellana.*
BRENTANO, Clemens (1778-1842) Poeta romántico al. Con Achim von Arnim publicó una colección de canciones medievales al. *Historia del bravo Gaspar y de la bella Ana* (novela). ◊ **Franz** (1838-1907) Filósofo austr. Renovó la concepción de la lógica y de la ética. *El origen del conocimiento moral.*
BREÑA f. Tierra quebrada entre peñas y poblada de maleza. ❑ BREÑAL o BREÑAR.
BREÑA Mun. del Perú, en el dpto. de Lima; 112 800 hab. Agricultura e ind. derivadas.
BRESCIA C. del N de Italia, en Lombardía, cap. de la prov. hom.; 200 800 hab. Centro comercial, industrial y de comunicaciones.
BRESSON, Robert (1907-1999) Direc-

Brescia. Reloj de la plaza de la Loggia

Leonid Ilich **Brezhnev**

tor cinematográfico fr. *El proceso de Juana de Arco, Los ángeles del pecado.*
BREST C. de Francia, en Finisterre (Bretaña); 190 800 hab. Puerto mil. Escuela naval, astilleros.
BREST C. de Bielorrusia, cap. de la prov. hom.; 258 000 hab. Ind. textil y maderera.
BREST-LITOVSK, Tratado de El firmado el 3 de marzo de 1918 entre las potencias centrales (Alemania, Austria-Hungría, Bulgaria, Turquía) y la URSS para poner fin a la participación de ésta en la I Guerra Mundial.
BRETAÑA (bretón, *Breizh;* fr. *Bretagne*) Región histórica del NO de Francia. Cap., Rennes. Comprende los dptos. de Côtes-du-Nord, Finisterre, Ille-et-Vilaine, Morbihan y Loire-Atlantique; 27 208 km², 2 795 600 hab.
BRETE m. Cepo de hierro que sirve para sujetar los pies a los reos. ◊ fig. Aprieto sin refugio o evasiva. ◊ *Argent.* y *Ur.* En las estancias y mataderos, pasadizo corto entre dos estacadas para enfilar el ganado.
BRETÓN, NA adj. y s. De Bretaña. ◊ m. *Ling.* Lengua céltica hablada en Bretaña. ◊ Variedad de col, cuyo troncho echa muchos tallos.
BRETON, André (1896-1966) Poeta surrealista fr. *Manifiesto del surrealismo, El surrealismo y la pintura.* ◊ **Tomás** (1850-1923) Compositor esp. *La verbena de la Paloma.* ◊ **De los Herreros, Manuel** (1796-1873) Comediógrafo esp. *Marcela o ¿cuál de las tres?, Muérete y verás.*
BRETTON WOODS C. de EE UU, en el est. de New Hampshire. En esta c. se celebró la conferencia internacional que dio origen al FMI y al BIRD.
BREUER, Marcel (1902-1981) Arquitecto y diseñador húng. Profesor de la Bauhaus y de Harvard. En colaboración con Pier Luigi Nervi y Bernard Zehrfuss, proyectó la UNESCO de París (1953-1958).
BREVA f. Primer fruto que anualmente da la higuera breval. ◊ Cigarro puro algo aplastado. ◊ fig. Ventaja lograda por alguno. ◊ *Cuba* y *Salv.* Tabaco para mascar. ❑ BREVAL.
BREVE adj. De corta extensión o duración. ◊ *Gram.* Aplicado a palabras, grave o que lleva el acento en la penúltima sílaba. ◊ m. Documento pontificio menos solemne que la bula. ◊ f. *Mús.* Nota musical que vale dos compases mayores.

Brezo. Arbusto, rama y flor

BREVEDAD f. Corta extensión o duración de una cosa, acción o suceso.
BREVIARIO m. Libro que contiene el rezo eclesiástico de todo el año. ◊ Epítome o compendio.
BREZHNEV, Leonid Ilich (1906-1982) Político sov. Presid. de la URSS (1960-1964). En 1964 fue designado primer secretario del partido. En 1977 fue nombrado nuevamente jefe del estado.
BREZO m. Arbusto dicotiledóneo de madera dura y raíces gruesas que sirven para hacer carbón de fragua. ❑ BREZAL.
BRIAND, Aristide (1862-1932) Político socialista fr. Apoyó la Sociedad de Naciones y favoreció el acercamiento franco-alemán. Compartió con Stressemann el Premio Nobel de la Paz en 1926.
BRIANSK C. de la rep. de Rusia, capital de la prov. hom.; 452 000 hab. Centro industrial y de comunicaciones.
BRIBA f. Hampa, picaresca.
BRIBÓN, NA adj. y s. Haragán, dado a la burla. ◊ Pícaro, bellaco.
BRICEÑO, Antonio Nicolás, llamado EL DIABLO (1782-1813) Militar ven. Firmó el Acta de Independencia y se adelantó a Bolívar en la invasión de Venezuela.
BRICEÑO-IRAGORRY, Mario (1897-1958) Escritor y político ven. Presid. del Congreso. Historiador de la época colonial. *El conquistador español.*
BRICOLAGE o **BRICOLAJE** m. Arte de fabricar o arreglar muebles u otros enseres domésticos en casa.
BRIDA f. Freno del caballo con las riendas y el correaje que sirve para sujetarlo a la cabeza del animal. ◊ Reborde circular en el extremo de los tubos metálicos para acoplar unos a otros con tornillos o roblones.

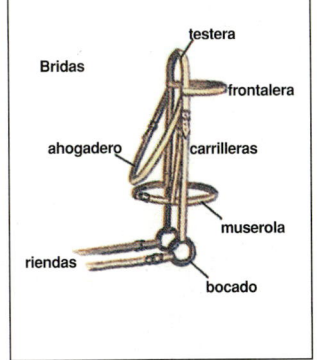

Brida

BRIÓFITO

Los briófitos poseen órganos sexuales masculinos (anteridios) y femeninos (arquegonios). En la fotografía, anteridios de un musgo del género *Polytrichum,* de un bello color rosado, que destaca sobre el verde de las hojas vegetativas

Los musgos, al igual que las hepáticas, viven sobre las rocas, en el suelo y, como el musgo de la fotografía, sobre la corteza de los árboles

Esporófitos del musgo *Polytrichum commune,* con pedúnculo color rojo

BRIDGE (voz ing.) m. Juego de naipes practicado por parejas y con baraja francesa.

BRIDGETOWN Cap. de Barbados, pral. puerto de la isla; 7 500 hab. Destilerías de ron, manufacturas de cigarrillos. Centro turístico.

BRIGADA f. *Mil.* Gran unidad orgánica de un arma determinada, formada por dos o más regimientos o por cuatro o seis batallones. ◊ *Mil.* Grado de la jerarquía militar, entre los de sargento y oficial. ◊ Conjunto de obreros.

BRIGADAS Internacionales *Hist.* Unidades mil. formadas por voluntarios de diversos países, que combatieron del lado de la rep. durante la guerra civil esp. (1936-1939).

BRIGADIER m. ant. General de brigada.

BRIGGS, Henry (1561-1630) Matemático ing. Estableció los logaritmos de base diez y publicó unas tablas (*Logarithmorum Chiliaes prima*) en las que se hallaban los logaritmos con 14 decimales de los mil primeros números naturales.

BRIGHTON C. de Gran Bretaña, en el condado de East Sussex; 146 100 hab. Estación balnearia.

BRÍGIDA (1303-1373) Santa. Mística sueca. Fundó la orden de las Brigitinas.

BRILLANTE adj. Que brilla. ◊ fig. Admirable o sobresaliente. ◊ m. Diamante tallado y pulido.

BRILLANTINA f. Cosmético para dar brillo al cabello.

BRILLAR intr. Resplandecer, despedir rayos luminosos. ◊ fig. Lucir o sobresalir en talento, hermosura, etc.

BRILLAT-SAVARIN, Anthelme (1755-1826) Jurista fr. Autor de *La fisiología del gusto,* tratado de gastronomía.

BRILLAZÓN m. *Argent., Bol.* y *Ur.* Espejismo.

BRILLO m. Lustre o resplandor. ◊ fig. Lucimiento, gloria. ◊ *Fís.* Intensidad luminosa que, en dirección normal, presenta la unidad de superficie de un manantial de luz. ◊ *Miner.* Propiedad física que depende de la superficie del mineral que se considere, del índice de refracción del mismo y de su poder de absorción.

BRINCAR intr. Dar brincos o saltos.

BRINCO m. Movimiento que se hace levantando los pies con ligereza.

BRINDAR intr. Manifestar, al ir a beber vino u otro licor, el bien que se desea a personas o cosas. ◊ intr. y tr. Ofrecer voluntariamente a uno alguna cosa, convidarle con ella. ◊ prnl. Ofrecerse voluntariamente a hacer alguna cosa.

BRINDIS m. Lo que se dice al brindar.

BRINDISI C. y puerto de Italia, cap. de la prov. hom.; 92 100 hab. Astilleros. Ind. petroquímica.

BRÍO m. Energía, pujanza. Se usa más en pl. ◊ fig. Espíritu, resolución. ◊ fig. Garbo, gallardía. ❏ BRIOSO, SA.

BRIÓFITO, TA o **BRIOFITO, TA** adj. y s. *Bot.* Plantas del grupo de las briófitas. ◊ f. pl. Grupo de criptógamas sin vasos y raíces.

BRIQUETA f. Conglomerado de carbón u otra materia en forma de ladrillo.

BRISA f. Viento periódico y local que se debe a un diferente calentamiento de grandes masas rocosas o acuáticas. ◊ Viento suave. ◊ Orujo de la uva.

BRISBANE C. de Australia, cap. del est. de Queensland; 1 138 000 hab. (agl. urb.). Sit. en la costa del Pacífico. Puerto exportador. Astilleros. Centro comercial e industrial.

BRISCA f. Cierto juego de naipes. ◊ El as o el tres de los palos que no son triunfo, en este juego y en el del tute.

BRISCADO, DA adj. Hilo de oro o plata a propósito para emplearse entre seda, en el tejido de ciertas telas.

BRISCAR tr. Tejer o hacer labores con hilo briscado.

BRISGOVIA (*Brisgau*) Región histórica de Alemania; cap., Friburgo. Fue posesión austr. desde el s. XIV hasta 1805 en que se incorporó a Baden.

BRISTOL C. y puerto de Gran Bretaña, en el condado de Gloucester (Inglaterra); 388 000 hab. Astilleros. Centro industrial. Universidad. ◊ *Canal de B.* Golfo del océano Atlántico, al S de Gales.

BRÍSTOL m. Tipo de cartulina.

BRITÁNICAS, Islas Arch. de Europa occidental (312 321 km²), compuesto por las islas de Gran Bretaña, Irlanda y otras menores (Hébridas, Shetland, Orcadas). Políticamente se reparte entre el Reino Unido y la República de Eire.

BRITÁNICO, CA adj. De la ant. Britania. ◊ Relativo a Gran Bretaña.

BRITANO, NA adj. y s. De la ant. Britania. ◊ adj. Británico.

BRITISH Museum Museo de Londres fundado en 1753. El más imp. del mundo.

BRITISH Termal Unit (*BTU*) *Fís.* Unidad ing. de calorimetría definida por la cantidad de calor necesaria para aumentar en 1 °F la temperatura de 1 libra ing. de agua.

BRITTEN, Benjamin (1913-1977) Pianista y compositor brit. Su *Peter Grimes* (1945) marcó el principio de la ópera brit. moderna. Operas: *La vuelta de la tuerca, Curlew River.*

BRIZNA f. Filamento o hebra, especialmente de plantas. ◊ Trozo muy fino y ligero de cualquier cosa.

BRNO (al., *Brünn*) C. de la República Checa, cap. de Moravia; 383 400 hab. Centro comercial e industrial.

BROAD PEAK Pico de la India, de la cadena del Karakorum; 8 051 m.

BROADWAY Arteria pral. de Nueva York, en Manhattan, donde se centra el mundo del espectáculo y la vida nocturna.

BROCA f. Carrete que dentro de la lanzadera lleva el hilo para la trama de ciertos tejidos. ◊ Barrena de boca cónica que se usa con las máquinas de taladrar.

BROCA, Paul (1824-1880) Neurólogo y antropólogo fr. Se le conoce por sus estudios sobre la afasia atáxica (*afasia de B.*), la pequeña circunvolución en la cara interna del hemisferio cerebral (*área de B.*) y el centro del lenguaje (*centro de B.*).

BROCADILLO m. Tela de seda y oro más ligera que el brocado.

BROCADO m. Tela de seda entretejida con oro o plata. ◊ Tejido fuerte de seda con dibujos de distinto color que el del fondo.

BROCAL m. Antepecho que rodea la boca de un pozo. ◊ Boquilla de la vaina de las armas blancas. ◊ *Mil.* Moldura que refuerza la boca de las piezas de artillería. ◊ *Min.* Boca de un pozo.

BROCATEL adj. y s. Mármol con ve-

Broche de cinturón de la época visigótica

tas de colores variados. ◊ m. Tejido adamascado de cáñamo y seda.
BROCEARSE prnl. *Amér. Merid.* Esterilizarse una mina. ❏ BROCEO.
BROCHA f. Escobilla de cerda atada al extremo de un mango que sirve para pintar. ◊ Pincel para enjabonar la barba.
BROCHAL m. *Arq.* Madero atravesado entre otros dos de un suelo, y ensamblado en ellos.
BROCHE m. Conjunto de dos piezas, una de las cuales engancha o encaja en la otra. ◊ *Chile.* Instrumento de metal para unir papeles. ◊ pl. *Ecuad.* Gemelos de camisa.
BROCHETA f. Broqueta.
BROCHÓN m. Escobilla de cerdas atada a un palo para blanquear las paredes.
BROGLIE, *Louis Victor*, PRÍNCIPE DE (1892-1987) Físico fr. Descubridor del carácter ondulatorio del electrón. Premio Nobel de Física en 1929. ◊ *Maurice*, DUQUE DE (1875-1960) Físico fr. Descubrió los espectros de rayos X.
BROKER (voz ing.) com. Persona que se dedica a la compra y venta de acciones empresariales en la Bolsa.
BROMA f. Bulla, diversión. ◊ Chanza, burla. ◊ *Zool.* Molusco marino de aspecto vermiforme. ◊ Masa de cascote, piedra y cal. ❏ BROMEAR.
BROMAR tr. Roer la broma la madera.
BROMATOLOGÍA f. Ciencia que estudia los alimentos y la nutrición. ❏ BROMATÓLOGO, GA.
BROMFIELD, *Louis* (1896-1956) Novelista norteam. Premio Pulitzer por *Precoz otoño.*
BROMHÍDRICO, CA adj. y m. *Quím.* Ácido cuya molécula está formada por un átomo de bromo y otro de hidrógeno.
BROMLEY C. de Gran Bretaña, en el Gran Londres; 299 200 hab.
BROMO m. *Quím.* Elemento químico de símb. Br, n. a. 35 y p. a. 79,916, del grupo de los halógenos.
BROMURO m. *Quím.* Sal del ácido bromhídrico.
BRONCA f. fam. Riña o disputa rui-

dosas. ◊ Reprensión áspera. ◊ Manifestación colectiva y ruidosa de desagrado en un espectáculo público.
BRONCE m. Aleación de cobre y estaño, de color amarillento, tenaz y sonora. ◊ fig. poét. El cañón de artillería, la campana, el clarín o la trompeta. ❏ BRONCEADO, DA; BRONCEADURA.
BRONCEAR tr. Dar color de bronce. ◊ tr. y prnl. Tostar el cutis al sol.
BRONCO, CA adj. Tosco, sin desbastar. ◊ fig. Díc. de la voz y de los instrumentos de música de sonido desagradable y áspero. ◊ fig. De genio y trato áspero. ❏ BRONQUEDAD.
BRONCONEUMONÍA f. *Pat.* Inflamación de la mucosa bronquial y del parénquima pulmonar.
BRONQUIO m. *Anat.* Cada uno de los dos conductos, y sus ramificaciones, en que se bifurca la tráquea para comunicarse con los pulmones. Suele emplearse en pl. ❏ BRONQUIAL.
BRONQUÍOLO o **BRONQUIOLO** m. *Anat.* Última ramificación de los bronquios que termina en el alvéolo pulmonar.
BRONQUITIS f. *Pat.* Inflamación de la membrana mucosa de los bronquios. ❏ BRONQUÍTICO, CA.
BRONTË, *Anne* (1820-1849) Novelista brit., hermana de Charlotte y Emily, autora de *Agnes Grey.* ◊ *Charlotte* (1816-1855) Novelista brit., que narra su infancia en su obra *Jane Eyre.* ◊ *Emily* (1818-1848) Novelista brit., autora de *Cumbres borrascosas.*
BRONTOSAURIO m. *Pal.* Gén. de reptiles dinosaurios fósiles del jurásico superior y del cretácico inferior de EE UU.
BRONZINO, *Angiolo di Cosimo* (1503-1573) Pintor manierista florentino. Entre sus retratos destacan los que realizó para las familias Médicis y Panciatichi.
BROOK, *Peter* (n. 1925) Director teatral brit., famoso por sus versiones shakespearianas (*Tito Andrónico, El rey Lear*) y de autores modernos europeos.
BROOKS, *Richard* (1912-1992) Director cinematográfico norteam. *Crisis, Los profesionales, A sangre fría.*
BROQUA, *Alfonso* (1876-1946) Compositor ur. *Tabaré* (ópera), *Cruz del Sur.*
BROQUEL m. Escudo. ◊ fig. Defensa o amparo.
BROQUETA f. Aguja o estaquilla en que se ensartan o espetan pajarillos, pedazos de carne, etc., para asarlos.
BROTAR intr. Nacer o salir la planta

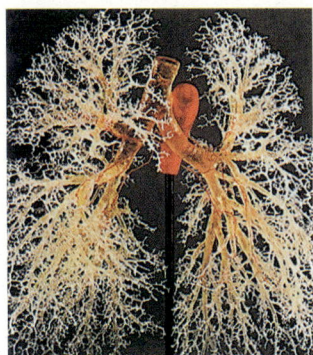

Bronquios

de la tierra. ◊ Salir en la planta renuevos, hojas, etc. ◊ Manar el agua de los manantiales. ◊ fig. Tratándose de viruelas, granos, etc., salir al cutis. ◊ fig. Tener principio o empezar a manifestarse alguna cosa.
BROTE m. Pimpollo o renuevo que empieza a desarrollarse. ◊ Manifestación repentina de una enfermedad o una epidemia; recrudecimiento de una enfermedad o una epidemia latentes.
BROUWER, *Adriaen* (1606-1638) Pintor flamenco. Escenas de los bajos fondos, los ambientes de figón y de juego.
BROWN, *Guillermo* (1777-1857) Marino irl. Comandando la escuadra arg., destruyó la armada realista en el Buceo (1814). ◊ *John* (1800-1859) Colono abolicionista norteam. Ahorcado por alentar la rebelión de los esclavos. ◊ *Robert* (1773-1858) Botánico e investigador escocés. Descubrió el movimiento en zig-zag de las partículas coloidales (*mov. browniano*).
BROWNING (voz ing.) f. Pistola automática.
BROWNING, *Elizabeth Barrett* (1806-1861) Poetisa brit. de exquisita sensibilidad. *Aurora Leigh.* ◊ *Robert* (1812-1889) Poeta brit. *El anillo y el libro.*

El escultor, óleo de **Bronzino** (Museo del Louvre, París)

BROZ, *Josip* ➞ Tito.
BROZA f. Conjunto de hojas, ramas y otros despojos de las plantas. ◊ Desecho o desperdicio de alguna cosa.
BRUCE *Robert* (1274-1329) Rey de Escocia, con el nombre de Roberto I [1314-1329].
BRUCELOSIS f. *Pat.* Enfermedad infecciosa causada por bacterias y transmitida al hombre por los animales vacunos, las cabras y los cerdos.
BRUCES (De) m. adv. Boca abajo.
BRUCITA f. *Miner.* Hidróxido de magnesio natural. Se presenta en cristales o masas compactas.
BRUCKNER, *Anton* (1824-1896) Compositor austr. de música religiosa.
BRUEGHEL, *Jan*, llamado B. DE VELOURS (1568-1625) Pintor flam. Creó un gén. intimista y delicado. *Los cinco sentidos.* ◊ *Pieter,* llamado EL JOVEN (1564-1638) Pintor flam. Destacó por su maestría en la realización de esce-

Mezquita de la ciudad de Bandar Seri Begawan, capital de **Brunei**

nas obsesivas y diabólicas. ◊ *Pieter*, llamado EL VIEJO (1528-1569) Pintor flam. Autor de paisajes y de composiciones apocalípticas, y de escenas populares. *Combate naval en el puerto de Nápoles.*

BRUGHETTI, Faustino (1877-1956) Pintor arg. Trabajó en París y Roma.

BRUJA f. Lechuza, ave rapaz. ◊ Mujer que tiene pacto con el diablo.

BRUJAS (fr., *Bruges*; flam., *Brugge*, «puente») C. del NO de Bélgica, cap. de Flandes Occidental; 118 000 hab. Centro comercial e industrial.

BRUJEAR intr. Hacer brujerías.

BRUJERÍA f. Actividades extraordinarias a las que se dedican los brujos y las brujas.

BRUJIR tr. Grujir los vidrios.

BRUJO, JA adj. Perverso. ◊ Que atrae. ◊ m. Hombre que tiene pacto con el diablo.

BRÚJULA f. Instrumento que señala la dirección Norte-Sur magnética, mediante una aguja magnética que gira alrededor de un eje vertical y que se ha-

lla suspendida de modo que su eje magnético sea horizontal.

BRUJULEAR tr. fig. y fam. Descubrir por indicios y conjeturas algún suceso. ◊ fig. y fam. Procurar por varios medios el logro de algún propósito. ❏ BRU-JULEO.

BRULL, Mariano (1891-1956) Poeta dadaísta cub. *Solo de rosas.*

BRUM, Baltasar (1875-1933) Político ur. Presid. de la rep. entre 1919 y 1923.

BRUMA f. Niebla. ❏ BRUMAL; BRUMO-SO, SA.

BRUMO m. Cera blanca y purificada.

BRUNEI Estado de Asia, al NO de Borneo. Cap., Bandar Seri Begawan. Lengua: malayo. *Rel.* musulmana. U. M. dólar de Brunei. Protectorado brit. desde 1888, en 1984 obtuvo la independencia.

BRUNEI	
Superficie	5 765 km²
Población	264 000 hab. (46 hab./km²)
Recursos económicos	
Búfalos	10 000 cabezas
Energía eléctrica	1 215 millones de kwh
Gas natural	7 500 000 000 m³
Petróleo	7 500 000 t
Riqueza forestal	294 000 m³
Indicadores sociológicos	
PNB	5 640 millones de dólares
Renta per cápita	21 150 dólares
Esperanza de vida	71 años
Alfabetismo	80 %

BRUNELLESCHI, Filippo (1377-1446) Arquitecto y escultor it., uno de los iniciadores del Renacimiento. Palacio Pitti, cúpula de Santa Maria dei Fiore.

BRUNET, Marta (1901-1967) Escritora chil. *Montaña adentro, Humo hacia el Sur, María Nadie.*

BRUNETIÈRE, Ferdinand (1849-1906) Escritor fr., representante de un cristianismo basado en el positivismo y el evolucionismo.

BRUNHILDA Heroína de la mitología germánica, hija de Wotan (Odín).

BRÜNING, Heinrich (1885-1961) Político al. Canciller del Reich (1930-1932), intentó llevar a cabo una política autoritaria.

BRUNO, NA adj. De color negro u oscuro.

BRUNO (1035-1101) Santo. Monje al., fundador de la orden de los cartujos. ◊ *Giordano* (1548-1600) Filósofo y escritor it. Intentó conciliar las doctrinas cristianas con el emanantismo neoplatónico. Condenado a la hoguera por la Inquisición. *De la causa, principio y uno, Del infinito universo y mundos.*

BRUNSWICK (*Braunschwieg*) Antiguo est. al. Derrocada la dinastía Hannover en 1918, se proclamó la rep. En 1934, se integró en el III Reich. ◊ C. de Alemania, en el est. de Baja Sajonia; 253 100 hab. Centro industrial.

BRUÑIR tr. Sacar lustre a una cosa. ◊ *Amér.* Fastidiar.

BRUSCA f. *Bot.* Planta dicotiledónea, originaria de la América tropical. ◊ Chamarasca, leña menuda.

BRUSCO, CA adj. Áspero, desapacible. ◊ Rápido, repentino, pronto. ❏ BRUSQUEDAD.

BRUSELAS (fr., *Bruxelles*; flam., *Brussel*) Cap. de Bélgica y de la prov. de Brabante, a orillas del río Senne; 982 434 hab. (agl. urb.). Centro comercial e industrial. Puerto. Universidades. Cap. de

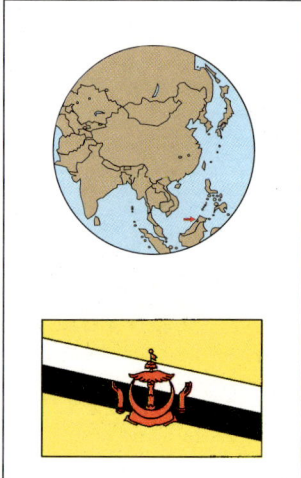

Mapa de situación y bandera de **Brunei**

Atomium de **Bruselas**

los Países Bajos en 1430, fue centro del Imperio con Carlos V. Sede de la UE.

BRUTAL adj. Cruel, violento. ◊ fig. y fam. Enorme, colosal.

BRUTALIDAD f. fig. Incapacidad o falta de razón. ◊ fig. Acción torpe o cruel.

BRUTO, TA adj. y s. Necio, incapaz. ◊ adj. Vicioso, torpe. ◊ Díc. de las cosas toscas y sin pulimento. ◊ m. Animal irracional.

BRUTO, *Lucio Junio* Personaje legendario al que se tiene por fundador de la república rom. Cónsul en el año 509 a. C. ◊ *Marco Junio* (85-42 a. C.) Ahijado de César y uno de sus asesinos (44 a. C.).

BRUYÈRE, *Jean de la* (1645-1696) Prosista fr. *Los caracteres.*

BRUZA f. Cepillo para limpiar las caballerías, los moldes de imprenta, etc.

BRYCE Echenique, *Alfredo* (n. 1939) Escritor per. *Todos los cuentos, La vida exagerada de Martín Romaña, No me esperen en abril.*

BRYNNER, *Yul* (1920-1985) Actor cinematográfico norteam. *Los siete magníficos.*

BTU Siglas de *British Termal Unit.*

BUBA f. Postilla o tumorcillo. ◊ pl. Tumores blandos en la región inguinal y en las axilas y el cuello. ❑ BUBOSO, SA.

BÚBALO, LA m. y f. Búfalo asiático.

BUBI adj. y s. Del pueblo guineano de los bubis. ◊ m. pl. Pueblo melanoafricano que habita en Fernando Poo.

BUBÓN m. *Pat.* Tumefacción inflamatoria de un ganglio linfático. ◊ pl. Bubas. ❑ BUBÓNICO, CA.

BUCAL adj. Relativo a la boca.

BUCANERO m. Corsario que en los ss. XVII y XVIII se entregaba al saqueo de las posesiones de ultramar.

BUCARAM, *Abdalá* (n. 1952) Político ecuat., organizador del Partido Roldosista (1982). Presidente de la rep. en 1996, fue cesado en 1997.

BUCARAMANGA C. del centro-norte de Colombia, cap. del dpto. de Santander; 558 046 hab. Centro agropecuario. Ind. mecánica, alimentaria. Fábricas de cemento. Manufactura de tabaco.

BUCARE o **BÚCARE** m. *Bot. Amér.* Árbol dicotiledóneo que se cultiva para sombra en las plantaciones de café y de cacao.

BUCARELI y Ursúa, *Antonio María* (1717-1779) Militar esp. Gobernador de Cuba y virrey de Nueva España [1771-1779].

BUCAREST *(Bucuresti)* Cap. de Rumania, sit. a orillas del río. Dimbovitza; 2 211 400 hab. (agl. urb.). Centro comercial e industrial.

BÚCARO m. Arcilla roja que despide olor agradable. ◊ Vasija hecha con esta arcilla.

BUCEAR intr. Nadar bajo el agua. ◊ Trabajar como buzo. ◊ fig. Explorar en algún asunto. ❑ BUCEADOR, RA; BUCEO.

BÚCEFALO n. p. m. Nombre del caballo de Alejandro Magno.

BUCHANAN, *James* (1791-1868) Político norteam. Decimoquinto presid. de EE UU (1856-1860). Partidario del esclavismo.

BUCHE m. Bolsa membranosa de las aves que comunica con el esófago. ◊ En algunos animales cuadrúpedos, estómago. ◊ Porción de líquido que cabe en la boca. ◊ fam. Estómago humano.

Sala de Conciertos de **Bucarest**

BUCHENWALD Campo de concentración nazi, instalado en 1937, al NO de Weimar, en el que murieron unos 56 000 deportados.

BUCHINCHE m. Zaquizamí, cuchitril. ◊ *Cuba.* Café o taberna de aspecto pobre.

BUCHNER, *Eduard* (1860-1917) Químico al. Demostró que la fermentación de los azúcares se producía por un grupo de enzimas contenidas en ellos. Premio Nobel de Química en 1907. ◊ *Georg* (1813- 1837) Dramaturgo y novelista al. *Woyzeck.*

BUCK, *Pearl S.* (1892-1973) Novelista norteam. *La buena tierra, Viento del Este, viento del Oeste.* Premio Nobel de Literatura en 1938.

BUCKINGHAM, *George Villiers*, PRIMER DUQUE DE (1592-1628) Político ing., favorito de Jacobo I; se enriqueció escandalosamente.

BUCKINGHAM Palace Residencia londinense de los soberanos británicos.

BUCLE m. Rizo de cabello en forma helicoidal. ◊ *Comp.* Segmento de programa que se ejecuta automáticamente.

BUCO m. Macho de la cabra. ◊ Abertura o agujero.

BUCÓLICA f. *Lit.* Composición poética del gén. bucólico. ◊ fam. Comida.

BUCÓLICO, CA adj. *Lit.* Aplícase al

Buda de Kamakura, Japón

gén. poético que canta la vida pastoril y campestre. Relativo a este género de poesía. ◊ adj. y s. Aplícase al poeta que lo cultiva.

BUCOVINA *(Bukovina)* Región de Europa oriental, entre el Dniéster y los Cárpatos. Cap., Chernovtsi *(Cernauti).* La parte N pertenece a Ucrania y el S a Rumania.

BUDA (sánscrito, *Buddha*, «el Iluminado») Nombre que se da a *Sidhartha Gautama* (560-480 a. C.), fundador del budismo.

BUDAPEST Cap. del centro-norte de Hungría, sit. a orillas del Danubio, resultado de la unión de dos c.: Buda y Pest. Puerto fluvial; 2 072 000 hab. Centro cultural, comercial e industrial. Astilleros. Universidad.

BUDÍN m. Dulce que se prepara con bizcocho, leche, azúcar y frutas secas, cocido todo al baño María. ❑ BUDINERA.

BUDISMO m. Religión fundada por Buda. Según su credo, el *nirvana* se alcanza por la continencia, la vida moralmente recta, la abstención de bebidas alcohólicas y la continua meditación sobre la vanidad del deseo. ❑ BÚDICO, CA; BUDISTA.

BUEN adj. Apócope de bueno.

El Danubio, a su paso por **Budapest**

BUENA ESPERANZA Cabo de la República Sudafricana, sobre la costa atlántica.

BUENAVENTURA f. Buena suerte. ◊ Adivinación de la suerte de las personas.

BUENAVENTURA C. del O de Colombia, en el dpto. de Valle del Cauca; 165 870 hab. Puerto en el Pacífico.

BUENAVENTURA (1221-1274) Santo. Franciscano it. Teólogo y filósofo, llamado DOCTOR SERÁFICO. *Itinerario de la mente a Dios, Breviloquio.*

BUENO, NA adj. Que tiene bondad en su género. ◊ Útil y conveniente. ◊ Agradable, divertido. ◊ Grande, suficiente. ◊ Sano. ◊ Excesivamente cándido. ◊ No deteriorado y que puede servir. ◊ Bastante, suficiente. ◊ Usado como adv. denota aprobación, sorpresa, etc., o equivale a basta o no más.

BUENOS AIRES Lago andino (400 km²), sit. en la frontera chileno-argentina. La parte occidental, perteneciente a Chile, se llama lago General Carrera.

BUENOS AIRES Prov. de Argentina, sit. a orillas del Atlántico, sobre el sec-

Vista nocturna de la **Ciudad de Buenos Aires**

tor SE de la Pampa; 307 571 km², 13 827 203 hab. Terreno es llano, a excepción de las cord. de Tandilia y de Ventania. Avenada por el Paraná, el Salado y el Colorado. Ganadería, agricultura, pesca e ind. derivadas. Refinería de petróleo en Bahía Blanca y La Plata. Ind. metalúrgica, textil y química. Está dividida en 124 partidos, más la isla Martín García de jurisdicción arg. Cap.: La Plata. C. prales.: Ciudad de Buenos Aires, Bahía Blanca, Avellaneda. ◊ *Ciudad de* Cap. de la República Argentina. Forma la división adm. de la Ciudad Autónoma de Buenos Aires; 200 km², 2 776 138 hab. Sit. en la orilla derecha del Río de la Plata. Centro económico del país por su ind., su puerto y el «cinturón hortícola» que la rodea. Ind. cárnica, textil, alimentaria, automovilística, etc. Exportación de carnes, cueros, cereales, etc. Casa Rosada, Catedral (ss. XVII-XVIII). Universidad Nacional.◊ **Gran Buenos Aires** Agl. urb. que comprende el territorio y la población de la Ciudad Autónoma y de 24 partidos de la prov. de Buenos Aires; 3 830 km², 11 051 065 hab. □ *Hist.* Formó parte del virreinato del Perú hasta 1776, en que se constituyó en el núcleo del nuevo virreinato del Río de la Plata. En 1812, pasó a integrar las Provincias Unidas del Río de la Plata. La c. de B. A. fue fundada en 1536 por Pedro Mendoza, pero tuvo que ser abandonada. Fundada de nuevo por Juan de Garay en 1580, su imp. creció a raíz de la creación del virreinato del Río de la Plata (1776). B. A. fue la base de los centralistas en el s. XIX, que llegaron a formar un est. independiente. Cap. federal desde 1880.

BUERO Vallejo, *Antonio* (1916-2000) Dramaturgo esp., introductor de las nuevas corrientes del teatro europeo en la España de la posguerra. *Historia de una escalera, En la ardiente oscuridad, El concierto de San Ovidio, El tragaluz.* Premio Cervantes 1986. Premio Nacional de las Letras 1996.

BUEY m. Macho vacuno castrado. ◊ **almizclero.** Bóvido del tamaño de un carnero y cubierto de pelaje que vive en las zonas árticas. ❑ BUEYUNO, NA.

BUFA f. Burla, bufonada.

BUFADO, DA adj. Díc. del vidrio soplado.

BÚFALO, LA m. y f. *Zool.* Rumiante del mismo gén. que el toro, de cuernos vueltos hacia atrás. ❑ BUFALINO, NA.

BUFANDA f. Prenda larga y estrecha para abrigar el cuello y la boca.

BUFAR intr. Resoplar con furor el toro, el caballo y otros animales. ◊ prnl. Ahuecarse una pared.

BUFÉ o **BUFET** m. Mesa cubierta de manjares y bebidas en cenas frías, cócteles, etc. ◊ Mueble en que se guarda el servicio de mesa.

BUFEO m. *Argent.* y *Perú.* Delfín, cetáceo.

BUFETE m. Mesa de escribir. ◊ fig. Despacho de un abogado. ◊ *Nic.* Mueble para guardar utensilios de cocina.

BUFFALO C. y puerto del NE de EE UU, en el est. de Nueva York, a orillas del lago Erie; 1 242 800 hab. con el área metropolitana. Centro industrial.

BUFFALO BILL (1846-1917) Seud. de *William Frederick Cody.* Militar y aventurero norteam. Participó en la guerra de Secesión y contra los indios.

BUFFER m. *Comp.* Área de memoria que almacena temporalmente la información de entrada o de salida de cualquier periférico.

Antonio **Buero Vallejo**

BUFFET, *Bernard* (1928-1999) Pintor fr. Autor del tríptico *La Pasión*, con personajes modernos.

BUFFON, *George Louis Leclerc*, CONDE DE (1707- 1788) Naturalista y escritor fr., defensor del método experimental en la investigación. *Historia natural.*

BUFIDO m. Voz del animal que bufa. ◊ fig. y fam. Expresión de enojo o enfado.

BUFO, FA adj. Cómico, jocoso, grotesco, chocarrero. ◊ m. y f. Persona que hace el papel de gracioso en la ópera it. ❑ BUFONESCO, CA.

BUFÓN, NA m. y f. Persona que hacía reír a los reyes, cortesanos, etc. ◊ adj. y s. fig. Persona que servilmente hace reír a otros.

BUFONADA f. Dicho o hecho propio de bufón. ◊ Chanza satírica.

BUG Meridional Río de Ucrania. Nace en la meseta de Volinia-Podolia y desemboca en el mar Negro; 750 km. ◊ **Occidental** Río de Ucrania, Bielorrusia y Polonia, afl. del Vístula. Nace en la meseta de Volinia-Podolia en Ucrania; 800 km.

BUGA C. de Colombia, en el dpto. de Valle del Cauca; 84 000 hab. Cultivos tropicales, ganadería.

BUGALLA f. Agalla del roble y otros árboles que sirve para tintes o tinta.

BUGANDA Ant. reino de África oriental. Actualmente es una región de Uganda; 61 609 km², 2 667 400 hab. Cap., Kampala.

Flores de **buganvilla**

BUGANVILLA f. *Bot. Amér.* Arbusto de flores de color rojo morado y hojas pequeñas y verdosas.

BUGATTI, *Ettore* (1882-1947) Industrial it. nacionalizado francés. Fundó una factoría para la fabricación de automóviles deportivos de lujo.

BUGLE m. Instrumento musical de viento, formado por un largo tubo cónico de metal, provisto de pistones.

BUGUI-BUGUI m. Boogie-woogie.

BUHARDILLA f. Ventana en el tejado de una casa. ◊ Desván.

BÚHO m. *Zool.* Ave rapaz nocturna, con el pico corvo y ojos grandes, colocados en la parte anterior de la cabeza.

BUHONERÍA f. Mercancías de poco valor, como botones, agujas, peines, etc. ❑ BUHONERO.

BUILDING (voz ing.) m. Inmueble de muchas plantas y grandes dimensiones.

BUITRE m. *Zool.* Ave rapaz falconiforme, de gran tamaño y cabeza desnuda, que se alimenta de carne muerta y vive en bandadas. ◊ fig. Persona avarienta, tacaña y ambiciosa.

BUITRÓN m. Arte de pesca en forma de cono prolongado. ◊ Red para cazar perdices. ◊ *Amér.* Horno de manga para fundir minerales argentíferos. ◊ *Amér.* Era donde se beneficiaban los minerales argentíferos mezclándolos con azogue y magistral. ◊ *Metal.* Cenicero del hogar en los hornos metalúrgicos.

BUJARÁ C. de Uzbekistán, cap. de la prov. del mismo nombre, 224 000 hab. Centro comercial, administrativo, de comunicaciones e industrial.

BUJARIA Ant. est. del Asia central, con cap. en Bujará. Comprendía las tierras situadas al N de Amu-Dariá.

BUJARIN, *Nicolai Ivanovich* (1888-1938) Político, economista y teórico marxista sov. Participó en la revolución de Octubre de 1917. Encabezó el ala moderada del partido en 1928 y defendió un lento proceso de industrialización (NEP). Murió ejecutado. *La economía mundial y el imperialismo.*

BUJARRÓN adj. y s. Sodomita.

BUJE m. *Mec. apl.* Pieza cilíndrica de hierro o de cobre que guarnece interiormente el cubo de las ruedas de los carruajes.

BUJÍA f. Vela de cera blanca, esperma o estearina. ◊ Candelero en que se pone. ◊ *Fís.* Unidad para medir la intensidad de un foco luminoso, candela. ◊ En los motores de explosión, dispositivo que produce la chispa eléctrica que enciende la mezcla explosiva.

BUJUMBURA Cap. de la Rep. de Burundi; 272 600 hab. Pral. puerto sobre el lago Tanganica. Fábricas de cerveza, cemento. Café.

BUKAVU C. de la Rep. Dem. del Congo, cap. de la región de Kivu; 209 100 hab. Centro comercial, turístico y de comunicaciones.

BUKOWSKI, *Charles* (1920-1994) Escritor norteam. de origen al. *La máquina de follar.*

BULA f. Distintivo que en la ant. Roma llevaban los hijos de los nobles hasta que vestían la toga. ◊ Sello de plomo que va pendiente de ciertos documentos pontificios. ◊ Documento pontificio relativo a materia de fe o de interés general, concesión de privilegios, asuntos judiciales o administrativos, expedido por la cancillería apostólica.

BULAWAYO C. del SO de Zimbabwe; 413 800 hab. Centro industrial y minero. Nudo de comunicaciones.

BULBO m. *Bot.* Ensanchamiento del tallo de algunas plantas, que después de seca la planta puede dar lugar a otra nueva. ◊ **dentario.** *Anat.* Parte blanda contenida en el interior de los dientes. ◊ **piloso.** *Anat.* La porción más abultada del fondo del folículo, que da origen al pelo. ◊ **raquídeo.** *Anat.* Abultamiento de la médula espinal en su parte superior. ❑ BULBOSO, SA.

BULDOG m. Raza de perros de gran tamaño, rechonchos y de nariz chata.

BULDÓZER m. Excavadora con pala y cuchara, usada para sacar y remover tierras.

BULÉ En la ant. Atenas, senado, asamblea.

BULERÍAS f. pl. Cante popular andaluz que se acompaña con palmoteo. ◊ Baile que se ejecuta al son de este cante.

BULEVAR m. Paseo público.

BULGANIN, *Nikolai Alexandrovich* (1895-1975) Político y mariscal sov., presid. del Consejo de la URSS en 1955. Destituido por Jruschov en 1958.

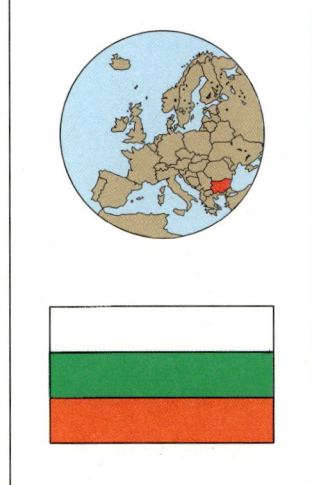

Mapa de situación y bandera
de **Bulgaria**

BULGARIA *(Republika Balgarija)* Estado de Europa sudoriental, sit. al E de la pen. Balcánica.

❑ *Geog.* En el centro del país, se levanta de O a E la cadena de los Balcanes. Al S se abre la llanura ocupada por el río Maritza y sus afluentes. La región meridional está ocupada por los montes Rodope. Clima continental con inviernos rigurosos y veranos cálidos. Precipitaciones abundantes en los Balcanes. Cereales, girasol, tabaco, patata y frutas. Imp. cultivo de rosas que ha creado una ind. de perfumería. Siderúrgica, metalúrgica, mecánica y química. Lenguas: búlgaro (of.), turco. *Rel.* cristianismo ortodoxo (80%), musulmanes (10%). U.M.: lev. Cap. Sofía. C. prales.: Plovdiv, Varna, Ruse.

❑ *Hist.* Los romanos llamaron al territorio búlgaro Mesia inferior. Desde entonces (s. V) hasta el s. XVII, B. se vio sometida a sucesivas invasiones de pueblos vecinos. En el s. XVIII renace el espíritu nacionalista del país. En 1878 consigue la autonomía ante el gobierno turco y, en 1879, se convierte en Est. bajo una monarquía constitucional y un Parlamento unicameral. Al iniciarse la II Guerra Mundial, B. fue ocupada por los al. En 1945, triunfó ampliamente el Frente Patriótico, favorable a la URSS. En 1946, un referéndum dio como resultado la proclamación de la rep. y al año siguiente, una nueva constitución configuró una democracia popular en estrecha relación con la URSS. En 1990 se celebraron las primeras elecciones libres en cuatro décadas, ganadas por los comunistas. En las elecciones presid. de 1996 venció P. Stoyanov. En 2001 el ant. rey Simeón II fue elegido primer ministro, y G. Parvanov, ex comunista, venció en las elecciones presidenciales.

BULGARIA

Superficie	110 994 km^2
Población	8 500 000 hab. (76,5 hab./km^2)
Recursos económicos	
Centeno	1 495 000 t
Girasol	423 000 t
Maíz	2 718 000 t
Remolacha azucarera	868 000 t
Trigo	4 503 000 t
Ganadería y derivados	
Cabaña ovina	7 938 000 cabezas
Cabaña porcina	4 187 000 cabezas
Riqueza forestal	4 099 000 m^3
Producción minera	
Gas natural	117 millones de m^3
Hierro	321 000 t
Lignito	31 526 000 t
Petróleo	60 000 t
Producción industrial	
Acero	2 184 000 t
Cemento	4 710 000 t
Naval	137 000 t
Neumáticos	1 279 000 unidades
Tejidos de algodón	290 millones de m^2
Indicadores sociológicos	
PNB	16 316 millones de dólares
Renta per cápita	1 840 dólares
Esperanza de vida	72 años
Alfabetismo	95 %

BULLA f. Ruido confuso de voces, gritos y risas. ◊ Concurrencia de mucha gente.

BULLDOG (voz ing.) m. Buldog.

BULLDOZER (voz ing.) m. Buldózer.

BULLICIO m. Bulla, ruido confuso. ◊ Alboroto o tumulto. ❑ BULLICIOSO, SA.

Plantación de tabaco al sur de **Bulgaria**

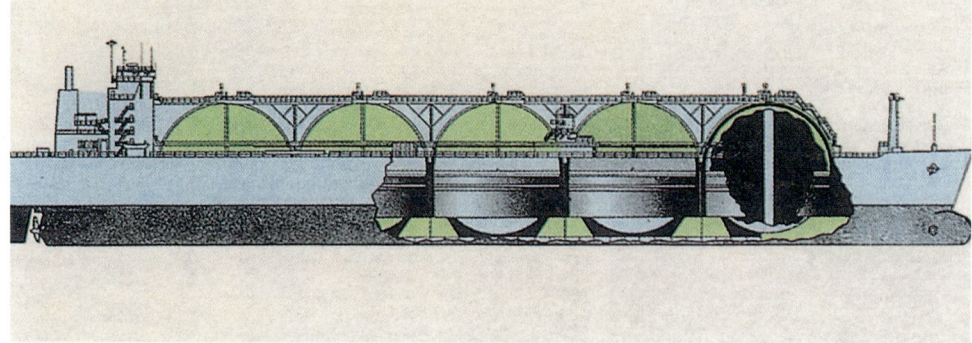

Esquema de un **buque** para el transporte de gas

BULLIR intr. Hervir el agua u otro líquido. ◊ Agitarse una cosa con movimiento parecido al del agua que hierve. ◊ fig. Moverse, agitarse una masa de personas, animales u objetos. ◊ tr. fig. Mover, menear. ❏ BULLIDOR, RA.

BULLÓN m. Tinte que está hirviendo en la caldera. ◊ Botón grueso de metal para guarnecer las cubiertas de los libros grandes.

Bumerán

BULLRICH, *Silvina* (1915-1990) Novelista arg. *La redoma del primer Ángel, Bodas de cristal, La tercera versión.*

BULNES, *Manuel* (1799-1866) Militar y político chil. Participó en la revolución de 1829 y en la guerra contra la Confederación Peruboliviana, durante la cual tomó Lima y venció a Santa Cruz en 1839. Presid. de la rep. (1841-1851).

BULO m. Noticia falsa propalada con algún fin.

BÜLOW, *Bernhard von* (1849-1929) Diplomático y político al. Canciller del Imperio (1900-1909). Alentó la expansión de Alemania. ◊ *Friedrich Wilhelm*, CONDE DE (1755-1816) General prusiano; contribuyó a las victorias de Leipzig y Waterloo

BULTMANN, *Rudolf* (1884-1976) Teólogo protestante al. Propuso la teoría de la «desmitologización» de la Biblia. *Teología del Nuevo Testamento, El Evangelio de Juan, Fe y representación.*

BULTO m. Volumen o tamaño de cualquier cosa. ◊ Cuerpo que por la distancia, por falta de luz o por estar cu-

bierto, no se distingue lo que es. ◊ Elevación causada por cualquier hinchazón. ◊ Busto o estatua. ◊ Fardo, baúl, maleta.

BULWER-LYTTON, *Edward George* (1803-1873) Escritor brit. *Los últimos días de Pompeya.*

BUMEDIÁN, *Huari* (1925-1978) Político argelino. En 1965 derrocó al presid. Ben Bella y tomó el poder. Inició la nacionalización de sectores básicos de la economía (1971) y una reforma agraria (1972).

BUMERÁN o **BUMERANG** m. Arma arrojadiza formada de una lámina de madera encorvada.

BUNCHE, *Ralph Johnson* (1904-1971) Político norteam. de raza negra. Subsecretario de asuntos políticos especiales de la ONU. Premio Nobel de la Paz en 1950 por su participación en la firma del armisticio entre Egipto e Israel (1948-1949).

BUNDESRAT Cámara legislativa de Alemania, compuesta por representantes de los *länders.*

BUNDESTAG Asamblea legislativa de Alemania.

BUNGALOW (voz. ing.) m. Casa de campo de un solo piso con galería exterior.

BUNGE, *Mario* (n. 1919) Filósofo y científico arg. Especialista en temas de fundamentación y metodología de las ciencias. *La ciencia, Intuición y ciencia, La investigación científica.*

BUNIN, *Iván Alexeievich* (1870-1953)

Escritor sov. *La aldea, Las manzanas de Antonov, Sujodol.* Premio Nobel de Literatura en 1933.

BUNIO m. Nabo que se deja para simiente.

BÚNKER (voz al.) m. Casamata, refugio fortificado.

BUNSEN, *Robert Wilhelm* (1811-1899) Químico y físico al. Inventó el mechero de gas que lleva su nombre.

BUNYAN, *John* (1628-1688) Escritor ing. representativo del espiritualismo puritano. *Vida y muerte del señor Badman, El viaje de peregrino.*

BUÑUEL, *Luis* (1900-1983) Director cinematográfico esp., nacionalizado mex. Muy relacionado con la generación del 27, en París se decantó por el surrealismo. *Un perro andaluz, La edad de oro, Nazarín, Viridiana, Tristana, Ese oscuro objeto del deseo.*

BUÑUELO m. Masa de harina frita en aceite. ❏ BUÑOLERÍA; BUÑOLERO, RA.

BUONARROTI, *Philippe* (1761-1837) Revolucionario fr., de origen it. Con Babeuf, fue teórico y cronista de la «conspiración de los Iguales». ◊ *Michelangelo* ⇨ Miguel Ángel.

BUQUE m. Cabida, espacio o capacidad. ◊ *Mar.* Casco de la nave. ◊ Barco de gran tamaño, con cubierta, para navegaciones importantes.

BURBUJA f. Glóbulo de aire u otro gas que sube a la superficie de los líquidos ❏ BURBUJEAR; BURBUJEO.

BURCKHARDT, *Jacob* (1818-1897)

Vista aérea de la catedral de **Burgos**

Historiador suizo. *La cultura del renacimiento en Italia.*
BURDEL adj. Lujurioso, vicioso. ◊ m.
Casa de prostitución. ◊ fig. y fam. Casa
o lugar donde hay mucho ruido y confusión.
BURDEOS m. Vino tinto procedente
de Burdeos. ◊ adj. y s. Color rojo violáceo.
BURDEOS (fr., *Bordeaux*) C. de Francia
cap. del dpto. de la Gironda y de la circunscripción regional de Aquitania;
210 336 hab. (696 400 la agl. urb.). Puerto fluvial. Agricultura. Comercio e ind.
del vino.
BURDO, DA adj. Tosco, grosero.
BURETA f. *Quím.* Tubo de vidrio graduado cuya parte superior está abierta y
la inferior se cierra con llave esmerilada.
BURGAS C. de Bulgaria, cap. del distr.
hom., 197 600 hab. Centro industrial y
minero. Fuentes termales.
BURGER, *Gottfried August* (1747-
1794) Poeta al. Perteneciente al mov. literario *Sturm und Drang.* Autor de la
balada *Leonora.*
BURGESS Wilson, *John,* llamado AN-
THONY (1917-1993) Escritor británico. *La
naranja mecánica, Sinfonía napoleónica, El
hombre del piano.*
BURGKMAIR, *Hans* (1473-1531) Pintor y grabador al. *El triunfo del emperador Maximiliano.*
BURGO m. Ant. aldea. pob. muy pequeña que dependía de otra pral., origen de las ciudades y de la clase burguesa (artesanos y comerciantes).
BURGOMAESTRE m. Primer magistrado municipal de algunas c. de Alemania, Países Bajos, Suiza, etc.
BURGOS Prov. de España, en la com.
autón. de Castilla y León; 14 309 km²,
348 934 hab. Agricultura y ganadería.
Hierro, lignito. Ind. textil, mecánica y
agroalimentaria. ◊ C. esp., cap. de la
prov. hom.; 166 187 hab.
BURGRAVE m. Señor de una ciudad,
título usado antiguamente en Alemania.
BURGUÉS, SA adj. Relativo o perteneciente al burgo o al burgués. ◊ adj. y
s. Persona que disfruta de una posición
económica acomodada. ◊ adj. fig. Vulgar, mediocre.
BURGUESÍA f. *Soc.* Conjunto de burgueses. Se considera que forman parte de la b. los financieros, los empresa-

Los esposos Arnolfini, óleo
de Jan Van Eyck que refleja la vida
de la **burguesía** naciente

rios industriales y comerciales (*alta b.*);
los propietarios de medianas empresas
acomodadas, los ejecutivos, cuadros y
altos mandos de las empresas (*b. media*);
los terratenientes y empresarios industriales y comerciales modestos, los funcionarios, los profesionales liberales y
los artesanos (*pequeña b.*).
BURGUIBA, *Habib* (1903-2000) Político tunecino, fundador del partido independentista (Neo-Destur) en 1934. Presidió el gobierno en 1956. Presid. en 1964,
1969 y 1974. En 1987 fue destituido.
BURGUNDIO, A m. y f. Individuo de
un ant. pueblo germánico del Vístula.
◊ adj. Relativo a este pueblo. ◊ m. pl.
Este mismo pueblo.
BURÍ m. Palma que se cría en Filipinas.
BURIATIA Rep. autónoma de Rusia,
en la Siberia centromeridional; 351 300
km², 1 000 000 hab. Cap., Ulán-Udé.
Agricultura y ganadería. Bosques. Oro,
hierro. Ind. siderúrgica, mecánica y maderera.
BURIEL adj. De color rojo entre negro
y leonado.
BURIL m. Instrumento de acero usado
para grabar metales. ❑ BURILAR.
BURKE, *Edmund* (1729-1797) Escritor
y político irl., adversario de Pitt; apoyó
a los colonos norteam. en contra de las
leyes fiscales brit. *Reflexiones sobre la revolución en Francia.*

Mapa de situación y bandera
de **Burkina Faso**

BURKINA FASO Est. del África occidental; rep. unitaria. Ocupa una altiplanicie regada por afl. de los ríos Volta, Blanco, Rojo y Negro. Clima tropical
de sabana. Agricultura (mijo, sorgo,
maíz, algodón y cacahuete), ganadería
y yacimientos auríferos. Lenguas: fr.
(of.), mandé, pular, idiomas voltaicos.
Rel.: animismo (75 %), islamismo (20 %),
catolicismo. U.M.: franco C.F.A. Cap.:
Uagadugu. C. pral.: Bobo-Dioulasso.
□ *Hist.* Hacia el s. IX los mossi sentaron
las bases del imperio *moro naba,* base
del actual Est. En 1919 el terr. fue conquistado por los fr., que crearon la colonia de Alto Volta. Ésta consiguió la indep. en 1960, pero un golpe militar
suspendió el régimen civil desde 1966
hasta 1977, en que se aprobó una nueva constitución. Tras varios golpes militares, se hizo con el poder el capitán
Thomas Sankara, que en 1984 otorgó al
país la actual denominación. En octubre de 1987 un golpe de Est. dirigido
por el capitán Compaore derrocó a Sankara. En 1991 fue aprobada una nueva constitución y ese mismo año Blaise Compaore fue elegido presidente.

BURKINA FASO	
Superficie	274 200 km²
Población	9 242 000 hab. (34 hab./km²)
Recursos económicos	
Azúcar	26 000 t
Algodón	50 000 t
Cabaña bovina	2 800 000 cabezas
Cabaña caprina	2 600 000 cabezas
Maíz	60 000 t
Mandioca	40 000 t
Mijo	91 500 t
Oro	567 kg
Pesca	7 000 t
Riqueza forestal	7 261 000 m³
Sorgo	600 000 t
Indicadores sociológicos	
PNB	3 213 millones de dólares
Renta per cápita	350 dólares
Esperanza de vida	48 años
Alfabetismo	28%

Burkina Faso. Mezquita de Bobo-Dioulasso

Richard **Burton**

BURLA f. Acción o palabras con que una persona se ríe de algo o alguien, especialmente si es con intención de ridiculizarlo. ◊ Chanza. ◊ Engaño que se hace a alguien abusando de su buena fe. ❏ BURLÓN, NA.

BURLADERO m. *Taur.* Trozo de valla que se pone delante de las barreras o paredes de las plazas y corrales de toros, para que pueda refugiarse el torero.

BURLADOR, RA adj. y s. Que burla. ◊ m. Hombre libertino que suele seducir y engañar a las mujeres y hace gala de deshonrarlas.

BURLAR tr. y prnl. Chasquear. ◊ tr. Engañar, hacer creer lo que no es verdad. ◊ Esquivar a quien va a impedir el paso o a detenerlo. ◊ Frustrar la esperanza, el deseo, etc., de alguno. ◊ intr. y prnl. Hacer burla.

BURLESCO, CA adj. fam. Festivo, jocoso.

BURLETE m. Tira de tela que se pone en los bordes de puertas y ventanas para que no pase el viento.

BURNE-JONES, *Edward Coley* (1833-1898) Pintor brit., Perteneciente a la escuela prerrafaelita. *Merlin y Bibiana.*

BURNS, *Robert* (1759-1796) Poeta escocés. *Cantos populares de Escocia.*

BURÓ m. Escritorio.

BUROCRACIA f. *Soc.* Influencia excesiva de los funcionarios en el gobierno. ◊ Clase social que forman los empleados públicos. ❏ BURÓCRATA; BUROCRÁTICO, CA; BUROCRATIZAR.

BURRA f. Hembra del burro.

BURRADA f. Manada de burros. ◊ fig. En el juego del burro, jugada hecha contra regla. ◊ fig. y fam. Necedad, hecho o dicho, poco acertado o brutal.

BURRAJO m. Estiércol usado como combustible.

BURRO m. Asno, animal solípedo. ◊ Armazón para sujetar una de las cabezas del madero que se ha de aserrar. ◊ Cierto juego de naipes. ◊ fig. *Méx.* Escalera de tijera.

BURROUGHS, *Edgar Rice* (1875-1950) Novelista norteam. creador del popular personaje *Tarzán.*

BURSA C. de Turquía, en el NO de Anatolia, cap. de la prov. hom.; 614 100 hab. Centro industrial. Aguas termales. Fue cap. de los otomanos (1326-1365).

BURSÁTIL adj. *Econ.* Concerniente a la bolsa comercial.

BURTON, *Richard Francis* (1821-1890) Explorador brit., que viajó por Asia, África, Brasil y Paraguay . ◊ *Richard* (1925-1984) Actor cinematográfico brit.

(galés). *Cleopatra, Beckett, El viaje, Equus.* ◊ *Robert* (1577-1640) Escritor ing. *La anatomía de la melancolía.*

BURUJO m. Pella que se forma apretándose unas con otras las partes que debían estar sueltas, especialmente de una masa o de un hilo.

BURUNDANGA f. *P. Rico.* Plato en que entran diferentes hortalizas.

BURUNDI (*Republika y'Uburundi*) Estado centroafricano, sit. al N del lago Tanganica. Configurado básicamente por una altiplanicie surcada por varios ríos, entre los que destaca el Ruvuvu. Clima tropical y pluviosidad irregular. Economía agropecuaria. Cereales, batata, mandioca, café, algodón y tabaco. Ganado caprino y ovino. Pesca en el lago Tanganica. Industria minera. Fabricación de cerveza y cemento. Lenguas: fr. y kirundi (of.); swahili. *Rel.*: católicos (63%), animistas (33%), etc. U.M.: franco de B. Cap.: Bujumbura. ☐ *Hist.* Desde 1884 hasta 1916 el país formó parte del África Oriental Alemana, pero al terminar la Gran Guerra, la Sociedad de Naciones lo puso bajo mandato belga (territorio de Ruanda-Urundi). En 1961, Urundi se separó de

BURUNDI	
Superficie	27 834 km²
Población 5 600 000 hab. (201 hab./km²)	
Recursos económicos	
Cabaña bovina	365 000 cabezas
Cabaña caprina	930 000 cabezas
Cabaña ovina	365 000 cabezas
Cerveza	1 107 000 hl
Mandioca	580 000 t
Plátanos	1 580 000 t
Riqueza forestal	4 212 000 m³
Sorgo	88 000 t
Indicadores sociológicos	
PNB	1 210 millones de dólares
Renta per cápita	210 dólares
Esperanza de vida	48 años
Alfabetismo	50%

Mapa de situación y bandera de **Burundi**

Burundi. Tramo del río Akanyaru, en la frontera con Ruanda

Ruanda y tomó la denominación actual. En 1962 obtuvo definitivamente la indep. Siguieron unos años de intensas luchas internas y conflictos tribales. A partir de 1976, se inició una etapa de una cierta distensión política, truncada por diversos golpes de est. (1987, 1993) y magnicidios (M. Ndadaye, 1993; C. Ntaryamira, 1994). En 1988 la minoría tutsi en el poder perpetró una nueva matanza de hutus, repetida en 1994.

BUS m. fam. Autobús.

BUSCAPERSONAS s. m. Pequeño aparato electrónico que transmite señales acústicas y que se usa para recibir mensajes a distancia.

BUSCAPIÉS m. Cohete que, una vez encendido, corre por el suelo.

BUSCAPIQUES m. *Perú.* Buscapiés.

BUSCAPLEITOS com. Picapleitos.

BUSCAR tr. Hacer gestiones para encontrar alguna persona o cosa. ◊ Irritar, provocar. ❏ BUSCADA.

BUSCAVIDAS com. fam. Persona curiosa en averiguar las vidas ajenas. ◊ fig. y fam. Persona diligente en buscarse el modo de vivir.

BUSCÓN, NA adj. y s. Que busca. ◊ Díc. de la persona que hurta o estafa. ◊ f. Ramera.

BUSH *George* (n. 1924) Político estadoun., del Partido Republicano. Vicepresid. con Reagan (1981-1988), presid. en 1988, pero en 1992 le derrotó el demócrata Bill Clinton. ◊ *George W.* (n. 1946) Político estadoun. del Partido Republicano. Hijo del ex pres. George Bush. Gobernador de Texas desde 1995, en 2001 accedió a la presid. del país. Tras los atentados contra Nueva York y Washington del 11 de septiembre de 2001, impulsó la lucha contra el terrorismo, en el marco de la cual ordenó el ataque contra Afganistán (2001), e Irak (2003). En 2004 fue reelegido presid.

BUSILIS m. fam. Punto en que estriba la dificultad del asunto que se trata.

BUSONI, *Ferruccio* (1866-1924) Compositor it. Publicó *Acerca de la unidad de la música.* Compuso óperas (*Doctor Fausto*), suites sinfónicas y conciertos.

BÚSQUEDA f. Investigación científica.

BUSQUILLO m. fam. *Chile y Perú.* Buscavidas.

BUSTAMANTE, *Anastasio* (1780-1853) Militar y político mex. Presid. en 1830. Derrocado en 1832, gobernó de nuevo entre 1837-1841. ◊ *Carlos María de* (1774-1848) Escritor y político mex. Participó en la guerra de la independencia. Se unió a Santa Anna. *Cuadro histórico de la revolución de la América mexicana, Historia de la invasión de los angloamericanos en México.* ◊ *Ricardo José* (1821-1884) Poeta modernista bol. Autor del Himno Nacional. *Laurel fúnebre al general Ballivián, Un ideal político, leyenda.* ◊ *William Alexander* (1884-1977) Político jamaicano, prócer de la indep. Jefe de gobierno (1962-1968). ◊

George W. **Bush**

Bután. Monasterio budista de Taksang Dzong, en el Himalaya

Rivero, *José Luis* (n. 1894-1989) Abogado y político per. Presidente de la rep. en 1945.
BUSTO m. Escultura o pintura de la cabeza y parte superior del tórax. ◊ Parte superior del cuerpo humano, comprendida entre el cuello y la cintura.
BUSTOS, *Hermenegildo* (1832-1907) Pintor mex., especializado en retratos. ◊ *Juan Bautista* (1779- 1830) Militar y político arg. Jefe del estado mayor del ejército del norte, luchó contra los brit. (1806-1807) y fue elegido gobernador de Córdoba (1820-1828).
BUSTRÓFEDON o **BUSTROFEDON** adv. modo. Manera de escribir que consiste en trazar un renglón de izquierda a derecha, y el siguiente de derecha a izquierda.
BÚTACA f. Silla de brazos con el respaldo inclinado hacia atrás. ◊ Luneta, asiento de teatro.
BUTADIENO m. *Quím.* Hidrocarburo con dos dobles enlaces, de fórmula $CH_2 = CH – CH = CH_2$. Está contenido en los gases que se desprenden en el *cracking* del petróleo.
BUTÁN *(Druk Yul)* Estado del Asia centromeridional. Sit. en la vertiente meridional del Himalaya oriental. Dos zonas climáticas: la del N, cubierta de colinas, con una densa vegetación tropical y clima monzónico; en el S, clima muy frío. Ríos: afl. del Brahmaputra. Agricultura de regadío (arroz, patatas, mijo, agrios, maíz), ganadería trashumante e ind. artesanales. Lenguas: dzongkha (of.), inglés. *Rel.:* budismo mahayana. U.M.: rupia india. Cap.: Thimphu (verano); Punakha (invierno). □ *Hist.* Durante el s. XIX, el gobierno de B. lo compartieron dos soberanos: el *Dharm* rajá, encarnación de Buda y el *Deb* rajá, gobernador político. En 1865, fue invadido por los brit. Desde 1907 lo gobierna la dinastía actual que en 1910 aceptó el protectorado brit., para pasar

en 1949 a la Unión India. En 1971 B. ingresó en la ONU.
BUTANO m. *Quím.* Hidrocarburo saturado gaseoso, incoloro y fácil de transformar en líquido (C_4H_{10}), presente en las emanaciones gaseosas de los pozos de

BUTÁN

Superficie	47 000 km^2
Población	1 476 000 hab. (31 hab./km^2)
Recursos económicos	
Arroz	43 000 t
Cabaña bovina	413 000 cabezas
Cabaña porcina	73 000 cabezas
Maíz	40 000 t
Patatas	33 000 t
Riqueza forestal	3 224 000 t
Indicadores sociológicos	
PNB	260 millones de dólares
Renta per cápita	180 dólares
Esperanza de vida	48 años
Alfabetismo	38%

Mapa de situación y bandera de **Bután**

petróleo y de los productos del *cracking* de los aceites pesados. ❑ BUTANERO, RA.
BUTENANDT, *Adolf Friedrich Johannes* (1903-1995) Químico al. Aisló la foliculina y sintetizó la hormona del cuerpo lúteo. Premio Nobel de Química en 1939.
BUTIFARRA f. Embutido que se come tierno. ◊ *Perú.* Pan dentro del cual se pone un trozo de jamón y ensalada.
BUTILO m. Radical orgánico derivado del butano.
BUTÍRICO, CA adj. *Quím.* Díc. de un ácido graso, líquido, viscoso, parcialmente soluble en agua y alcohol. ◊ Relativo a este ácido.
BUTIRO m. Mantequilla de vaca.
BUTIRÓMETRO m. Instrumento para medir la cantidad de materias grasas de la leche.
BUTLER, *Horacio* (1897-1983) Escenógrafo y pintor arg. Pinturas *(La siesta, Embarcadero).* Escenografías para ballets y óperas (teatros Colón de Buenos Aires, Scala de Milán). ◊ *Samuel* (1612-1680) Poeta brit., célebre por su epopeya satírica *Hundibras.* ◊ *Samuel* (1835-1902) Escritor brit., autor de corrosivas sátiras. *El camino de la carne.*
BUTOR, *Michel* (n. 1926) Novelista fr., representante del «nouveau roman». *El*

Depósitos de almacenamiento de gas
Butano

Butros Ghali

empleo del tiempo, La modificación, Las rosas de los vientos.
BUTROS GHALI, *Butros* (n. 1922) Diplomático egipcio. Ministro de asuntos extranjeros. Secretario general de la ONU (1992-1996).
BUXTEHUDE, *Dietrich* (1637-1707) Compositor y organista germano-danés. Escribió gran número de obras vocales e instrumentales.
BUYO m. Pasta hecha con el fruto de la areca, hojas de betel y cal de conchas, que mascan los naturales de algunos pueblos del Extremo Oriente.
BUZ m. Beso de reconocimiento y reverencia. ◊ Labio de la boca.
BUZAMIENTO m. *Geol*. Ángulo diedro que forma el plano de un estrato con la horizontal.

BUZAR intr. Inclinarse hacia abajo los filones o las capas del terreno. ◊ Bucear.
BUZARDA f. *Mar*. Cada una de las piezas curvas con que se liga y fortalece la proa de la embarcación.
BUZO m. El que trabaja enteramente sumergido en el agua, provisto o no de una escafandra.
BUZÓN m. Agujero por donde se echan las cartas para el correo. ◊ P. ext., caja o receptáculo donde caen los papeles echados por el b. ◊ Tapón de cualquier agujero por donde entra o sale un líquido.
BWANA (voz swahili) m. Amo, señor.

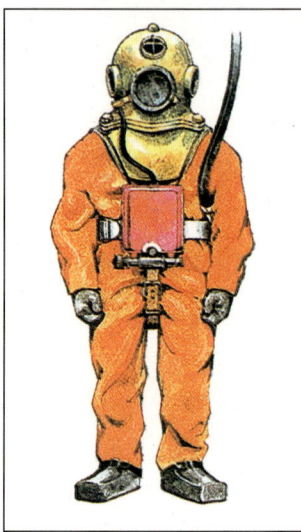

Buzo con escafandra

Lord **Byron**, según un retrato de R. Westall

BYDGOSZCZ (al., *Bromberg*) C. del N de Polonia, cap. del voivodato hom.; 361 400 hab. Centro comercial e industrial.
BYRD, *Richard Evelyn* (1888-1957) Explorador, aviador y marino norteam.; el primero que sobrevoló el polo Norte (1926) y el polo Sur (1929); dirigió varias expediciones a la Antártida.
BYRON, *George Gordon,* LORD (1788-1824) Poeta brit., arquetipo del héroe romántico. *La peregrinación de Childe Harold, Horas de solaz, Mazeppa, Lara, Caín, Don Juan.*
BYTE (voz ing.) m. *Comp*. Cadena fija de ocho bits que se emplea para codificar un carácter. Se denomina también octeto.
BYTOM (al., *Beuthen*) C. de Polonia en la Alta Silesia; 239 200 hab. Gran centro minero e industrial.

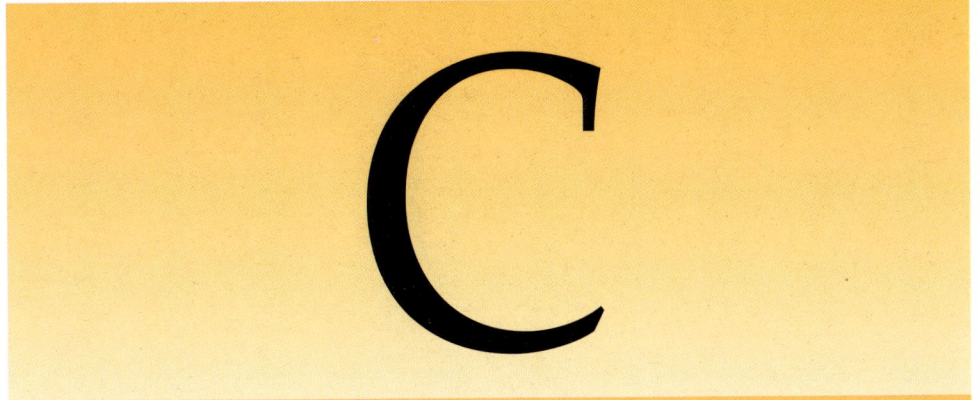

C

C f. Tercera letra del alfabeto español y segunda de sus consonantes. Su nombre es *ce*. Ante las vocales *e*, *i* se pronuncia como *z*, con las mismas variedades de articulación del seseo. En cualquier otra posición se pronuncia con articulación velar, oclusiva y sorda (como *k*). ◊ Con una pequeña vírgula debajo, cedilla. ◊ Núm. rom. equivalente a 100. ◊ *Fís.* Símb. del culombio. ◊ *Fís.* Símb. del grado centesimal o de grado Celsius (°C). ◊ *Quím.* Símb. del carbono.

Ca *Quím.* Símb. del calcio.

¡CA! interj. fam. ¡Quia!

CAABA ⇨ Kaaba.

CAACUPÉ C. de Paraguay, cap. del dpto. de La Cordillera; 9 100 hab. Azúcar, aceite de coco. Turismo.

CAAGUAZÚ Dpto. de Paraguay, accidentado por la cord. hom.; 11 474 km², 462 500 hab. Cap., Coronel Oviedo. Explotación forestal. Café, cereales. Ganadería vacuna. ◊ Mun. de Paraguay, en el dpto. hom.; 58 700 hab. Ganadería, mate.

CAAMAÑO, *Francisco* (1933-1973) Militar y político dom. Dirigió con éxito un levantamiento que impuso la constitución de 1963. ◊ *José María Plácido* (1838-1901) Político ecuat. Presid. de la rep. (1884-1888).

CAAZAPÁ Dpto. del SE de Paraguay; 9 496 km², 132 000 hab. Relieve suave. Tabaco, naranja. Ganadería. Explotación forestal. Cap. la c. hom. (2 900 hab.).

CABAIGUÁN Mun. de Cuba, en la prov. de Sancti Spíritus; 60 500 hab. Ganado vacuno. Tabaco.

CABAL adj. Ajustado a peso, medida o precio. ◊ Díc. de lo que corresponde a cada uno. ◊ fig. Completo, acabado.

CABAL, *José María* (1770-1816) Militar y naturalista col. Liberó a Popayán de los realistas (1815).

CÁBALA f. Tradición oral judía que explicaba el sentido de los libros del A. T. ◊ Arte supersticioso que por medio de combinaciones de las letras hebraicas y de las palabras de la Sagrada Escritura, quiere descubrir su sentido. ◊ fig. Cálculo supersticioso para adivinar una cosa. ◊ fig. y fam. Negociación secreta. ❑ CABALÍSTICO, CA.

CABALGADURA f. Bestia en que se cabalga. ◊ Bestia de carga.

CABALGAR intr. y tr. Montar a caballo. ◊ intr. Andar o pasear a caballo. ◊ tr. Cubrir el caballo u otro animal a su hembra.

CABALGATA f. Conjunto de jinetes, caballos y carruajes que desfilan en una fiesta popular.

CABALLA f. Pez perciforme, de carne bastante apreciada.

CABALLADA f. Manada de caballos. ◊ *Amér.* Animalada.

CABALLÉ, *Montserrat* (n. 1933) Soprano esp. Cultiva la ópera y el concierto.

CABALLERETE m. fam. Joven presumido.

CABALLERÍA f. Cualquier équido que se utiliza como montura. ◊ *Mil.* Cuerpo del ejército formado por soldados a caballo y, modernamente, motorizados. ◊ Nombre de ciertas órdenes militares.

CABALLERIZA f. Estancia de los caballos y bestias de carga. ◊ Conjunto de caballos o mulas de una caballeriza.

CABALLERO m. Hidalgo de calificada nobleza. ◊ El que pertenece a alguna antigua orden de caballería. ◊ El que se porta con nobleza. ◊ Señor, término de cortesía. ◊ **andante.** En los libros de caballerías, el que anda buscando aventuras. ❑ CABALLEROSIDAD; CABALLEROSO, SA.

CABALLERO, *Bernardino* (1839-1912) Militar y político par. Presid. de la rep. (1880-1886). ◊ *Fernán* ⇨ Fernán Caballero. ◊ *Calderón, Eduardo* (1910-1993) Escritor y político col. *El Cristo de espaldas, El buen salvaje, Caín.*

CABALLETE m. Línea de un tejado, de la cual arrancan dos vertientes. ◊ Caballón. ◊ Prominencia de la nariz que la hace corva. ◊ *Zool.* Quilla de las aves. ◊ Armazón en que se coloca el cuadro.

Caballa, pez propio del Atlántico norte

Caballero medieval

CABALLITO m. dim. de caballo. ◊ pl. Tiovivo. ◊ **del diablo.** *Zool.* Insecto ondonato de hermoso color. ◊ **de mar.** *Zool.* Hipocampo, pez teleósteo. ◊ **de San Vicente.** *Cuba* y *Hond.* Caballito del diablo.

CABALLO m. *Zool.* Mamífero équido ungulado. Se domestica con facilidad y es muy inteligente. ◊ Pieza del ajedrez. ◊ Naipe que representa un caballo con su jinete. ◊ Buba. ◊ **de Troya.** Artefacto de madera con que los gr. asaltaron Troya. ◊ **de vapor.** *Fís.* Unidad de potencia que representa la necesaria para levantar, a 1 m de alt. en un segundo, 75 kg de peso. ❑ CABALLAR; CABALLISTA; CABALLUNO, NA.

CABALLÓN m. Lomo entre surco y surco. ◊ El que se levanta con la azada para erar las huertas. ◊ El que se dispone para contener las aguas.

CABÁNYES, *Manuel de* (1808-1833) Poeta esp. *Preludios de mi lira.*

CABAÑA f. Caseta tosca de palos entretejidos con cañas y cubierta de ramas o hierbas. ◊ Conjunto de los ganados de una región, país, etc. ❑ CABAÑERO, RA.

CABAÑAS Dpto. del N de El Salvador; 1 104 km², 136 239 hab. Sit. en la vertiente S de la cord. Centroamericana. Cap., Sensuntepeque. Arroz. Carbón y plata. Central hidroeléctrica. ◊ Mun. de Cuba, en la prov. de Pinar del Río; 33 000 hab. Ganadería. Azúcar.

CABAÑAS, *Trinidad* (m. 1871) Militar y político hond. Presid. de la rep. (1852-1855).

Escena de **Cabaret** del *Moulin Rouge* de París, en un óleo de T. Lautrec

CABARET (voz fr.) m. Local público donde se bebe, se baila y se representan espectáculos. ❏ CABARETERA.
CABÁRRUS, Francisco, CONDE DE (1752-1810) Financiero y político esp. Primer director del Banco Nacional de San Carlos.
CABE prep. Cerca de, junto a.
CABECEAR intr. Mover la cabeza de un sitio a otro, de arriba abajo. ◊ *Mar.* Moverse la embarcación subiendo y bajando la proa. ◊ Inclinarse lo que estaba en equilibrio.
CABECERA f. Principio o parte pral. de algunas cosas. ◊ Parte pral. de un sitio en que se juntan varias personas. ◊ Parte de la cama donde se ponen las almohadas. ◊ Población pral. de un territorio. ◊ *Art. Gráf.* Adorno en la cabeza de una página o capítulo.
CABECILLA com. Jefe de rebeldes. ◊ P. ext., el que capitanea cualquier grupo.
CABELLERA f. El pelo de la cabeza. ◊ *Astr.* Cola luminosa de los cometas.
CABELLO m. Cada uno de los pelos de la cabeza. ◊ Conjunto de todos ellos. ◊ **de ángel.** Dulce de calabaza en almíbar. ◊ *Amér.* Planta enredadera, de ramas larguísimas. ◊ *Chile y Perú.* Planta convolvulácea, especie de cuscuta. ❏ CABELLUDO, DA.
CABELLO de Carbonera, Mercedes (1845-1909) Novelista per. *Blanca Sol.*
CABER intr. Poder contenerse una cosa dentro de otra. ◊ Tener lugar o entrada. ◊ Ser posible.
CABESTRILLO m. Vendaje que se sujeta al cuello para sostener o inmovilizar una mano o brazo.
CABESTRO m. Ramal que se ata a la cabeza de la caballería para llevarla o asegurarla. ◊ Buey manso que sirve de guía en las toradas. ❏ CABESTRAJE.
CABET, Étienne (1788-1856) Socialista fr. Fracasó en su intento de formar una comunidad socialista en EE UU. *Viaje a Icaria.*
CABEZA f. Parte pral. o superior de una cosa. ◊ *Anat.* Parte superior del cuerpo del hombre y superior o anterior de los animales. ◊ Cráneo. ◊ Parte opuesta a la punta del clavo, donde se dan los golpes para clavarlo. ◊ fig. Capacidad, talento. ◊ fig. Persona. ◊ fig. Res. ◊ fig. Población principal de

un sitio. ◊ m. Jefe que gobierna una comunidad. ◊ Jefe de una familia que vive reunida. ◊ **de ajo.** Conjunto de partes que forman el bulbo de la planta llamada ajo. ◊ **de lectura/grabación.** *Comp.* Elemento capaz de traducir las magnetizaciones de tarjetas, cintas, discos o tambores en impulsos eléctricos que recorren los circuitos lógicos de un ordenador, y, a la inversa, capaz de codificar magnéticamente a partir de impulsos suministrados por el ordenador. ◊ **de turco.** fig. y fam. Persona a la que siempre se hace blanco de inculpaciones. ◊ **nuclear.** Bomba nuclear con que van armados algunos misiles.
CABEZA de Vaca, Álvar Núñez (1507-1559) Explorador y conquistador esp. Recorrió la zona sur de los EE UU y el N de México. Gobernador del Río de la Plata.
CABEZADA f. Golpe dado con la cabeza. ◊ Movimiento que hace con la cabeza el que se va durmiendo. ◊ Correaje que ciñe la cabeza de una caballería.
CABEZAL m. Almohada pequeña. ◊ Almohada larga que ocupa toda la cabecera de la cama. ◊ *Ind.* Parte de las máquinas-herramienta en la que van los elementos que transmiten el movimiento del motor al eje o árbol de transmisión.
CABEZAZO m. Cabezada, golpe dado con, o en, la cabeza.
CABEZÓN, NA adj. fam. Cabezudo, de cabeza grande. ◊ fig. Terco. ❏ CABEZONADA.
CABEZOTA f. Cabeza grande. ◊ adj. y s. fig. y fam. Persona testaruda.
CABEZUDO m. Figura de enano de gran cabeza.
CABEZUELA f. *Bot.* Planta herbácea mediterránea usada para hacer escobas.
CABIDA f. Capacidad de una cosa para contener otra.
CABILDANTE m. *Amér. Merid.* Regidor o concejal.
CABE prep. Cerca de, junto a.
CABILDEAR intr. Gestionar con maña para ganar partidarios en un cuerpo o corporación. ❏ CABILDEO; CABILDERO, RA.
CABILDO m. Comunidad de eclesiásticos capitulares de una iglesia. ◊ Ayuntamiento, corporación compuesta de un alcalde y varios concejales.
CABILIA ⇨ Kabilia.
CABIMAS Mun. de Venezuela, en el est. Zulia; 154 700 hab. Puerto. Petróleo.
CABINA f. Pequeño departamento, gralte. aislado. ◊ Locutorio telefónico. ◊ Recinto de un cine, sala de conferencias, etc., donde están los aparatos de proyección. ◊ Departamento en los aviones para la tripulación, y en otros vehículos para el conductor.
CABINDA Distr. de Angola, entre la Rep. Dem. del Congo y la Rep. del Congo; 7 270 km², 107 900 hab. Cap., la c. hom., 21 100 hab. Agricultura. Petróleo.
CABINERA f. *Col.* Azafata de avión.
CABIO m. Listón que se atraviesa a las vigas para formar suelos y techos.
CABIZBAJO, JA adj. Que tiene la cabeza inclinada hacia abajo, por preocupación o vergüenza.
CABLE m. Maroma gruesa. ◊ fam. Cablegrama. ◊ *Mar.* Medida de 120 brazas, equivalentes a 190,64 m. ◊ Hilo

metálico para la conducción de la electricidad y para la telegrafía y telefonía subterránea o submarina. ◊ **submarino.** El eléctrico, aislado, reforzado y tendido bajo el mar. Se emplea en telecomunicaciones. ❏ CABLEGRÁFICO, CA.
CABLEGRAFIAR tr. Transmitir un cablegrama.
CABLEGRAMA m. Telegrama transmitido por cable submarino.
CABO m. Cualquiera de los extremos de las cosas. ◊ Extremo o parte pequeña que queda de alguna cosa. ◊ Hilo o hebra. ◊ fig. Fin. ◊ *Mar.* Cuerda. ◊ *Mil.* Individuo de la clase de tropa, inmediatamente superior al soldado. ◊ pl. Piezas sueltas que se usan con el vestido. ◊ Asunto, tema.
CABO, Ciudad de El (ing., *Cape Town*; afrikaans, *Kaapstad*) C. del SO de la República Sudafricana, cap. de la prov. de El Cabo; 825 800 hab. (agl. urb.). Sede del parlamento. Puerto.
CABO, El Prov. del S de la República Sudafricana; 721 000 km², 6 721 900 hab. Cap., Ciudad de El Cabo.
CABO BRETÓN (*Cap Breton*) Isla del Canadá; 10 282 km². Cap., Sydney.
CABO HAITIANO (*Cap-Haïtien*) C. de Haití, cap. del dpto. Nord; 64 400 hab. Ind. azucarera. Puerto.
CABO ROJO Mun. de Puerto Rico, en el distr. de Mayagüez; 26 060 hab. Azúcar, café, tabaco, salinas.

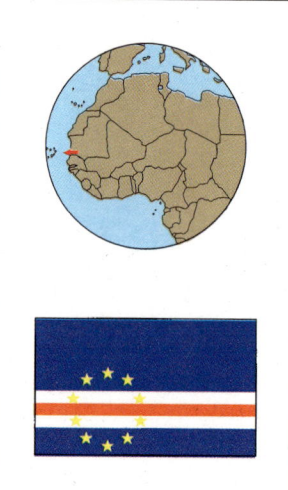

Mapa de situación y bandera de **Cabo Verde**

CABO VERDE (*República do Cabo Verde*) Estado de África constituido por el arch. hom.; rep. sit. en el océano Atlántico. Formado por numerosas islas de origen volcánico. Clima cálido y seco. Agricultura y ganadería. Extracción de sal en las islas de Sal y Maio. Lenguas: port. (of.) y dialecto criollo. *Rel.*: Catolicismo. U. M.: Escudo de C. V. Cap., Praia. C. pral.: Mindelo.
❏ *Hist.* Descubierto por los port. en el s. XV, éstos lo dominaron durante cinco siglos. La lucha contra el régimen colonial la organizó el PAIGC (Partido Africano para la Independencia de Gui-

nea y Cabo Verde). En 1975 Portugal reconoció la plena soberanía del territorio. Se redactó en 1980 una constitución y Arístides Pereira fue el primer presidente de la nación.

CABO VERDE	
Superficie	4 033 km²
Población	341 000 hab. (85 hab./km²)
Recursos económicos	
Bananas	5 000 t
Batata	8 000 t
Cabaña bovina	19 000 cabezas
Cabaña caprina	110 000 cabezas
Cabaña porcina	86 000 cabezas
Energía eléctrica	36 millones de kwh
Maíz	4 000 t
Mandioca	4 000 t
Pesca	7 000 t
Sal	6 500 t
Indicadores sociológicos	
PNB	285 millones de dólares
Renta per cápita	750 dólares
Esperanza de vida	67 años
Alfabetismo	56 %

Cabo Verde. Niños de la isla de Santiago

CABOTAJE m. Navegación y tráfico marítimo a lo largo de la costa.
CABOTO, *Juan* (1450-1498) Navegante it., al servicio de Inglaterra. Con su hijo Sebastián, fue el primero en desembarcar en América del Norte. ◇ *Sebastián* (1476-1557) Exploró los ríos de la Plata, Paraná y Paraguay.
CABRA f. *Zool.* Mamífero rumiante que tiene cuernos curvados hacia atrás, retorcidos en hélice. Trepa con gran facilidad. ◇ Hembra de esta especie. ❏ CABRÍO, A; CABRUNO, NA.
CABRAHÍGO m. Higuera silvestre.
CABRAL, *Amílcar* (1924-1973) Político guineano. Fundó el mov. independentista de Guinea-Bissau. ◇ *José María* (1819-1899) Político dom. Independizó su país de Haití. Presid. de la rep. (1865 y 1866-1868). ◇ *Manuel del* (1907-1999) Poeta dom. *Antología clave, El escupido.* ◇ *Pedro Álvares* (h. 1467-1520) Navegante port. Descubrió Brasil en 1500.
CABREAR tr. y prnl. Molestar, irritar.
CABRERA, *Jerónimo de* (1528-1574) Conquistador esp. Gobernador de Tucumán. Fundador de la c. de Córdoba. ◇ *Miguel* (1695-1768) Pintor mex. Fundador de la Academia de Pintura Mexicana. ◇ I *Grinyó, Ramón* (1806-1877) Militar esp. Participó en las guerras carlistas. Fue comandante gral. de Cataluña, Aragón y Valencia. ◇ *Infante, Guillermo* (1929-2005) Escritor cub. Fundó la cinemateca de Cuba. *Así en la paz como en la guerra, Tres tristes tigres.* Premio Cervantes 1997.
CABRERO, RA m. y f. Pastor de cabras.
CABRESTANTE m. Torno colocado verticalmente, usado para mover grandes pesos.
CABRIA f. Aparato elevador de cargas.
CABRIO m. *Arq.* Madero colocado paralelamente a los pares de una armadura de tejado, para recibir la tablazón.
CABRIOLA f. Salto que se da en la danza, cruzando varias veces los pies en el aire. ◇ fig. Voltereta.
CABRIOLÉ m. Automóvil convertible.
CABRITO m. Cría de la cabra. ◇ fig. y fam. Aplicado a personas, cabrón.
CABRÓN m. Macho de la cabra. ◇ m. y adj. fig. y fam. El casado con mujer

adúltera. ◇ fig. y fam. El que hace cabronadas. ◇ *Amér.* Rufián.
CABRONADA f. fam. Acción infame que permite alguno contra su honra. ◇ fam. Acción malintencionada contra alguien.
CABUJÓN m. Piedra preciosa pulimentada y no tallada, de forma convexa.
CABURE m. *Amér. Merid.* Ave de rapiña pequeña que aturde con sus chillidos a los pájaros.
CABUYA f. Pita, planta. ◇ Fibra de la pita, con que se fabrican cuerdas y tejidos. ◇ *Amér.* Cuerda y especialmente la de pita.
CACA f. fam. Excremento humano, y especialmente el de los niños pequeños. Es voz infantil. ◇ fig. y fam. Defecto o vicio. ◇ fig. y fam. Suciedad.
CACAHUATE m. *Méx.* Cacahuete o maní.
CACAHUETE m. Planta dicotiledónea procedente de América, de flores amarillas, que alargan el pedúnculo, fruto de cáscara coriácea y semillas comestibles. ◇ Fruto y semilla de esta planta. ❏ CACAHUATERO, RA; CACAOTAL.
CACALOTE m. *Méx.* Cuervo, pájaro carnívoro.
CACAMATZIN (h. 1494-1520) Rey de Texcoco. Intentó liberar a Moctezuma II, apresado por los esp.
CACAO m. *Bot.* Árbol dicotiledóneo de América y África tropicales. Su fruto es una vaina. ◇ Semilla de este árbol. Se emplean para elaborar el chocolate. ◇ Moneda de los aztecas que consistía en granos de cacao. ◇ fig. y fam. Barullo, jaleo.
CACAREAR intr. Dar voces el gallo o la gallina. ◇ tr. fig. y fam. Ponderar con exceso las cosas propias. ❏ CACAREO.
CACATÚA f. Ave trepadora de Oceanía, de pico muy encorvado, plumaje blanco y penacho en la cabeza.
CÁCERES Prov. esp., en la com. autón. de Extremadura; 19 945 km², 403 621 hab. Agricultura. ◇ C. de España, cap. de la prov. hom.; 82 716 hab.
CÁCERES, *Andrés Avelino* (1833-1923) Militar y político per. Presid. de la rep. (1886-1890 y 1894-1895). ◇ *Esther de* (1903-1971) Poetisa ur. *Cruz y éxtasis de la pasión.* ◇ *Ramón* (1868-1911) Militar y político dom. Presid. (1906 y 1908). Murió asesinado. ◇ **Díaz de Arismendi, *Luisa*** (1799-1866) Heroína de la indep. ven. Apresada por los realistas, fue enviada a la prisión de Cádiz.

CACERÍA f. Partida de caza. ◇ Conjunto de animales muertos en la caza.
CACEROLA f. Vasija cilíndrica, con asas o mango, usada para cocer y guisar.
CACHA f. Cada una de las dos chapas que cubren o de las dos piezas que forman el mango de navajas y cuchillos y la culata de las pistolas. Se usa más en pl. ◇ fam. Nalga. ◇ Cachete.
CACHACO m. *Col.* Hombre joven, elegante y caballeroso.
CACHALOTE m. *Zool.* Cetáceo de cabeza grande y boca provista de dientes. Puede alcanzar hasta 20 m de largo. Pescado por su grasa y el ámbar gris.
CACHAPOAL Prov. de Chile, en la región del Libertador General Bernardo O'Higgins; 542 901 hab. Cap., Rancagua.
CACHARRO m. Vasija tosca. ◇ Pedazo de ella en que se pueda echar alguna cosa. ◇ Máquina o instrumento viejo o estropeado. ❏ CACHARRERÍA; CACHARRERO, RA.
CACHAVA f. Juego que consiste en hacer entrar con un palo una pelota en hoyuelos abiertos en la tierra. ◇ Cayado.
CACHAZA f. fam. Flema. ❏ CACHAZUDO, DA.
CACHEAR tr. Registrar a gente sospechosa para quitarle las armas u objetos ocultos.
CACHEMIRA f. Casimir.
CACHEMIRA (*Kashmir*) Región septentrional indostánica, sit. entre China, India, Pakistán y Afganistán; 222 800 km². Terreno montañoso: K2 (8 611 m). Supera los 5,5 millones de hab.
CÁCHEO m. *Bot. Rep. Dom.* Palma de la que se obtiene la bebida fermentada hom.
CACHET (voz fr.) m. Estilo propio, carácter.
CACHETADA f. *Amér.* Bofetada.
CACHETE m. Golpe que con el puño cerrado se da en la cabeza o en la cara. ◇ Carrillo de la cara. ◇ Cachetero, puñal. ❏ *Chile, Col.* y *Perú.* CACHETUDO, DA.
CACHETERO m. Puñal corto y agudo. ◇ *Taur.* Puñal con que se remata a las reses. ◇ *Taur.* Torero que remata al toro con este instrumento.
CACHETINA f. Azotaina.
CACHIMBA f. Pipa para fumar. ◇ *Argent.* Cacimba, hoyo.
CACHIPORRA f. Palo con un extremo muy abultado. ◇ adj. *Chile.* Farsante.
CACHIQUEL adj. y s. Grupo indígena que habita en el E de Guatemala. ◇

Cáceres. Vista parcial de la ciudad

CAD-CAM

El proyectista dibuja en la pantalla dando sencillas órdenes de dibujo lineal tras haber cargado un programa de CAD en la memoria de su computadora; este programa le permite, además, obtener vistas en sección y perspectiva a partir de dibujos en planta y alzado

Con un programa de CAD-CAM se logra que una máquina herramienta dotada de control numérico, tal como la de la fotografía, realice las tareas de mecanizado de la pieza proyectada siguiendo las especificaciones del proyecto, sin necesidad de intervención humana

Sencillo e imaginativo dibujo realizado con un plotter

Lengua de la familia maya hablada por este pueblo.

CACHIVACHE m. despect. Vasija, utensilio. Se usa más en pl. ◊ Trasto.

CACHO, CHA adj. Gacho. ◊ m. Pedazo de alguna cosa.

CACHONDEARSE prnl. fam. Burlarse. ❏ CACHONDEO.

CACHONDEZ f. Apetito sexual. ❏ CACHONDO, DA.

CACHORRO, RRA m. y f. Perro de corta edad. ◊ Cría de otros mamíferos.

CACHUA f. *Bol., Ecuad.* y *Perú.* Baile indígena.

CACHUDO, DA adj. *Chile, Col., Ecuad.* y *Méx.* Animal de cuernos grandes.

CACHUPÍN com. Español establecido en América.

CACICA f. Mujer del cacique.

CACICAZGO m. Dignidad de cacique o de cacica. ◊ Territorio que posee el cacique o la cacica.

CACIMBA f. Hoyo que se hace en la playa para buscar agua.

CACIQUE m. *Amér. Centr.* y *Merid.* Jefe en algunas tribus indígenas. ◊ fig. y fam. Persona que en un pueblo ejerce influencia abusiva en asuntos políticos o administrativos. ❏ CACIQUIL.

CACIQUE MARA Mun. de Venezuela, en el est. Zulia; 151 900 hab. Su sector urb. se integra en la c. de Maracaibo.

CACIQUISMO m. Corrupción del ejercicio del poder por una persona, que se basa en consideraciones arbitrarias. ◊ Control político de las oligarquías locales sobre zonas bien determinadas.

CACO m. Ladrón que roba con destreza.

CACOFONÍA f. Repetición frecuente de unas mismas letras o sílabas. ❏ CACOFÓNICO, CA.

CACOGRAFÍA f. Ortografía viciosa.

CACOMITE m. *Méx.* Planta iridácea de raíz comestible.

CACOSMIA f. *Pat.* Alteración del sentido del olfato, que hace percibir olores fétidos sin el estímulo adecuado.

CACTO o **CACTUS** m. *Bot.* Planta dicotiledónea de tallo redondeado, cilíndrico, prismático dividido en paletas ovaladas con espinas o pelos, globosas. Su tallo almacena gran cantidad de agua.

CACUMEN m. fam. Agudeza, perspicacia.

CACUY m. *Argent.* Ave nocturna de color plomizo y párpados ribeteados de amarillo; su canto se asemeja a un lamento.

CAD-CAM (voz ing.) m. *Comp.* Siglas de *Computer Aided Design-Computer Aided Manufacturing* (Diseño asistido por computadora-Fabricación asistida por computadora). Aplicación de las computadoras en el campo del diseño y en el de la fabricación.

CADA adj. para designar separadamente una o más personas o cosas con relación a otras de su especie.

CA'DA Mósto, *Alvise* ⇨ Cadamosto.

CADALSO m. Tablado que se levanta para un acto solemne. ◊ Patíbulo.

CADALSO, *José* (1741-1782) Militar y escritor prerromántico esp. *Eruditos a la violeta, Cartas marruecas.*

CADAMOSTO, *Alvisio* (1432-1488) Navegante veneciano al servicio de Portugal. Descubrió las islas de Cabo Verde.

Leona con sus **cachorros**

CADÁVER m. Cuerpo orgánico después de la muerte. ❏ CADAVÉRICO, CA.

CADDIE (voz ing.) m. El que lleva los palos y pelotas del jugador de golf.

CADENA f. Conjunto de muchos eslabones enlazados entre sí por los extremos. ◊ Cuerda de galeotes o presidiarios que iban a cumplir condena. ◊ fig. Continuación de sucesos. ◊ fig. Conjunto de tiendas, instalaciones, etc., de la misma especie o función, pertenecientes a una misma empresa. ◊ **de montaje.** *Ind.* Proceso en el cual cada operario realiza una o varias operaciones durante el intervalo de tiempo en que la pieza permanece en su zona de trabajo. ◊ **Reacción en c.** *Fís.* Reacción en la cual las partículas necesarias para desencadenarla se obtienen en la propia reacción. ❏ CADENCIOSO, SA.

CADENCIA f. Serie de sonidos o movimientos que se suceden de un modo regular o medido. ◊ Proporcionada distribución de los acentos y de las pausas, en la prosa o verso. ◊ Medida del sonido que regula el movimiento de danza. ◊ Ritmo, sucesión o repetición de sonidos que caracterizan una pieza musical. ❏ CADENCIOSO, SA.

CADENETA f. Labor que se hace con hilo, lana o seda, en figura de cadena.

CADERA f. *Anat.* Cada una de las dos partes salientes formadas a los lados del cuerpo por los huesos superiores de la pelvis. ◊ pl. Caderillas.

CADETE m. Alumno de una academia militar. ◊ adj. y m. Talla de la indumentaria masculina entre la de hombre y la de niño. ◊ *Argent.* y *Bol.* Meritorio.

CADÍ m. Entre musulmanes, juez civil.

CADILLO m. *Bot.* Planta umbelífera, de fruto elipsoidal, erizado de espinas. ◊ *Bot.* Planta compuesta, de frutos aovados, cubiertos de espinas.

CÁDIZ Prov. esp., en la com. autón. de Andalucía; 7 385 km², 1 116 491 hab. Cap., la c. hom. ◊ C. esp., cap. de la prov. hom.; 133 363 hab. Centro industrial y comercial. Astilleros y activo puerto. Entre 1717 y 1790 tuvo el monopolio del comercio con América; en 1812 se promulgó en la c. la primera constitución española.

CADMIO m. *Quím.* Elemento químico de símb. Cd, n. a. 48 y p. a. 112,40. Metal blanco argentino con reflejos azulados, se encuentra en los minerales de cinc; usado como recubrimiento antioxidante del hierro y en reactores nucleares para absorber neutrones.

CADUCAR intr. Perder su fuerza una

ley, testamento, etc. ◊ Extinguirse un derecho, una instancia o recurso. ◊ fig. Arruinarse o acabarse alguna cosa por ant. y gastada. ❏ CADUCIDAD; CADU-CO, CA.

CADUCEO m. Vara delgada, lisa y cilíndrica, rodeada de dos culebras, atributo de Mercurio.

CADUCIFOLIO, A adj. *Bot.* Díc. de los árboles y arbustos de hoja caduca.

CAEN C. de Francia, cap. del dpto. de Calvados y de la región de Baja Normandía; 191 500 hab. Ind. siderúrgica.

CAER intr. y prnl. Venir abajo un cuerpo por su peso. ◊ Desprenderse. ◊ intr. Venir a dar en un engaño. ◊ fig. Incurrir en algún error o en algún daño o peligro. ◊ fig. Tratándose de operaciones del entendimiento, venir en conocimiento, llegar a comprender. ◊ fig. Ir a parar a distinta parte de aquella que uno se propuso al principio. ◊ fig. Estar situado en alguna parte o cerca de ella. ◊ fig. Corresponder un suceso a determinada época del año. ◊ fig. Venir o sentar bien o mal. ◊ fig. Hablando del Sol, del día, de la tarde, etc., acercarse a su ocaso o a su fin. ◊ fig. Sobrevenir. ❏ CAEDIZO, ZA.

CAETANO, *Marcelo José das Neves Alves* (1906-1980) Político port. Presid. del Consejo de Ministros (1968-1974). Mantuvo la línea autoritaria del régimen salazarista.

CAFARNAÚM C. de la ant. Galilea, donde, según los Evangelios, residió Jesús.

CAFÉ m. Cafeto. ◊ Semilla del cafeto. ◊ Infusión de esa semilla tostada y molida. ◊ Establecimiento público donde se toma ésta y otras bebidas. ❏ CAFETE-RO, RA.

CAFÉ Filho, *João Fernandes* (1899-1970) Político bras. Presid. interino tras el suicidio de Vargas (1954-1955).

CAFEÍNA f. Alcaloide blanco obtenido del café, del té y de otros vegetales.

CAFEÍSMO m. Intoxicación por el café.

CAFETERÍA f. Local público donde se sirven cafés y otras bebidas y en algunos casos aperitivos y comidas, gralte. en la barra.

CAFETO m. *Bot.* Planta dicotiledónea de flores blanquecinas, que se transforman en bayas de color rojo que con-

tienen las semillas de las que se extrae el café. ❏ CAFETAL; CAFETALERO, RA.

CAFRE adj. y s. Para los musulmanes, negro del África austral que no profesa la fe mahometana. ◊ *Antr.* Bantú que habita el SE de África.

CAFRUNE, *Jorge* (1938-1978) Cantante y guitarrista arg. Intérprete de composiciones de A. Yupanqui, etc.

CAFTÁN m. Capa usada por turcos y moros.

CAGAFIERRO m. Escoria del hierro fundido.

CAGAJÓN m. Cada una de las porciones del excremento de las caballerías.

CAGAR intr., tr. y prnl. Descargar el vientre de excremento. ◊ tr. fig. y fam. Echar a perder. ◊ prnl. Acobardarse. ❏ CAGADA; CAGADO, DA; CAGALERA; CA-GUETA.

CAGARRUTA f. Cada una de las porciones del excremento del ganado menor.

CAGATAI o **CHAGATAI** (m. 1241) Hijo de Gengis Jan. A la muerte de su padre, fundó un imperio en Asia central.

CAGGIANO, *Antonio* (1889-1976) Prelado arg. Cardenal en 1946. Primado de Argentina entre 1959 y 1975.

CAGLIARI C. y puerto de Italia, cap. de la prov. hom. y de la isla de Cerdeña; 204 200 hab. Centro comercial e industrial.

CAGLIOSTRO, *Giuseppe Balsamo*, CONDE DE (1743-1795) Aventurero it. Condenado por la Inquisición, por practicar la alquimia y la adivinación.

CAGUAMA f. *Amér.* Tortuga marina, de concha verde y carne muy estimada.

CAGUAS C. de Puerto Rico, en el distr. de Guayama; 133 447 hab. Centro agrícola. Mármol.

CAÍ m. *Amér. Merid.* Nombre de distintas especies de monos de talla media, cuerpo robusto y cola prensil.

CAIBARIÉN Mun. de Cuba, en la prov. de Villa Clara; 38 400 hab. Ganadería. Azúcar.

CAICEDO, *Domingo* (1783-1843) Militar y político col. Presid. del consejo de ministros (1828-1830). Vicepresid. de la rep. (1830 y 1840).

CAÍD m. Especie de juez o gobernador, y gralte. jefe, en algunos países musulmanes.

Mezquita Mehmet Ali, en **El Cairo**

CAÍDO, DA adj. Desfallecido, amilanado. ◊ adj. y s. Muerto por una causa política o en la guerra. ◊ f. Declive de alguna cosa.

CAIFÁS (s. I) Sumo sacerdote judío, que recomendó al sanedrín la muerte de Jesucristo.

CAIMÁN m. *Zool.* Saurio de los ríos de América, parecido al cocodrilo, de hocico más corto y ancho. ◊ fig. Persona astuta y taimada.

CAIMÁN (*Cayman*) Arch. antill., sit. al NO de Jamaica y al S de Cuba; 259 km², 25 000 hab. Cap., Georgetown. Islas: Gran C., Pequeño C. y C. Brac. Colonia brit. Pesca de tortugas y tiburones.

CAIMITO m. *Bot. Amér. Central.* Nombre de diversas especies de árboles dicotiledóneos de hojas alternas y coriáceas y flores en axila.

CAIMITO DEL GUAYABAL Mun. de Cuba, en la prov. de La Habana; 27 400 hab.

CAÍN Primogénito de Adán y Eva. Mató a su hermano Abel.

CAINITA f. *Miner.* Clorosulfato de potasio y magnesio.

CAIREL m. Cerco de cabellera postiza. ◊ Guarnición que cuelga de algunas ropas, a modo de fleco. ❏ CAIRELAR.

CAIRO, El (*al-Qahira*) Cap. de Egipto, sit. a orillas del Nilo; 10 000 000 hab. (agl.urb.). Es la mayor c. de África. Alberga imp. museos y monumentos: mezquitas de Amr, Ibn Tulún, la Biblioteca. Universidad de al-Azhar. Centro industrial. Puertos fluviales.

Vista de la ciudad de **Cádiz**, con la catedral a la derecha

Cala. Inflorescencia y hoja

CAIROTA adj. y s. De El Cairo.
CAJA f. Recipiente para guardar o transportar alguna cosa, gralte. provisto de tapa. ◊ Ataúd. ◊ Parte del carruaje en la que van sentados los ocupantes. ◊ Parte exterior de madera que cubre y resguarda algunos instrumentos musicales, o que forma parte pral. de los mismos. ◊ Espacio en que se construye la escalera de un edificio. ◊ Oficina o dependencia de cualquier entidad pública o privada, destinada a percibir cobros, realizar pagos y recibir valores en depósito. ◊ Cuenta de los libros de contabilidad llamados Diario y Mayor. ◊ *Art. Gráf.* Cajón con varias separaciones o cajetines, en cada uno de los cuales se ponen los caracteres que representan una misma letra o signo tipográfico. ◊ **alta.** *Art. Gráf.* Parte de la c. en la que se colocan letras mayúsculas o versales y algunos otros signos. ◊ **baja.** *Art. Gráf.* Parte de la c. en la que se colocan las minúsculas, los números, la puntuación y los espacios. ◊ **de ahorros.** Establecimiento cuyo fin básico es el fomento del ahorro. ◊ **de reclutamiento** o **reclutas.** Organismo militar encargado de la inscripción, clasificación y destino de reclutas. ◊ **fuerte.** La de acero, con doble puerta, alarma y sistemas de cierre, para guardar valores o dinero.
CAJAL, *Santiago Ramón y* ⇨ Ramón y Cajal, Santiago.
CAJAMARCA Dpto. del N de Perú, en el límite con Ecuador; 34 022,88 km², 1 343 500 hab. Sit. en el N de la cordillera Occidental andina. Avenado por el río Marañón, y sus afl. Cereales, patatas y caña de azúcar. Ganadería. Oro, cobre, plata y carbón. ◊ C. del Perú, cap. del dpto. hom.; 92 447 hab. Sit. a 2 720 m de alt. Centro comercial e industrial.
CAJEME Mun. de México, en el est. de Sonora; 182 900 hab. Arroz, algodón.
CAJERO, RA m. y f. El que hace cajas. ◊ El que está al cuidado de la caja en un banco, etc. ◊ **automático** Máquina que funciona conectada a una entidad bancaria y que sirve para que los usuarios realicen operaciones sobre sus cuentas.
CAJETE m. *Guat., Méx.* y *Salv.* Cazuela o escudilla de barro.
CAJETILLA f. Paquete de tabaco.
CAJETÍN m. Sello de mano con que se estampan anotaciones. ◊ Cada una de estas anotaciones. ◊ Listón de madera con dos ranuras en las que se alojan los conductores eléctricos. ◊ *Art. Gráf.* Compartimiento de la caja.
CAJÍ m. *Cuba.* Pez de cola ahorquillada y color morado y amarillo.

CAJIGAL, De la Vega, Francisco (1691-1777) Militar esp. Gobernador y capitán general de Cuba. Virrey interino de Nueva España (1760).
CAJISTA com. Obrero tipógrafo que compone lo que se ha de imprimir.
CAJÓN m. Caja grande. ◊ Caja movible de algunos muebles. ◊ En los estantes, espacio que media entre tabla y tabla. ◊ *Chile.* Cañada larga por cuyo fondo corre algún río o arroyo. ❏ CAJONERÍA o CAJONERA.
CAKCHIQUEL adj. y s. Pueblo amerindio de la familia maya-quiché, que vive en el centro de Guatemala. ◊ m. *Ling.* Lengua amerindia de la familia maya-quiché.
CAL f. Óxido de calcio, sustancia blanca, ligera, cáustica y alcalina que en estado natural se halla siempre combinada con alguna otra. Se la suele llamar cal viva. En contacto con el agua reacciona químicamente con desprendimiento de calor (cal apagada o muerta); mezclada con arena, forma la argamasa o mortero. ❏ CALERA; CALERO, RA; CALIZO, ZA.
CALA f. Acción y efecto de calar un melón y otras frutas semejantes. ◊ *Const.* Rompimiento hecho en una pared o un pavimento para conocer el grosor o su fábrica. ◊ *Mar.* Parte más baja en el interior de un buque. ◊ Ensenada pequeña. ◊ *Bot.* Planta acuática monocotiledónea con hojas radicales de peciolos largos, espádice amarillo y espata blanca.
CALABACERA f. *Bot.* Planta anual dicotiledónea, con tallos muy largos y cubiertos de pelo, hojas lobuladas y flores amarillas. Su fruto es la calabaza.

Calabacera. Planta y fruto

CALABACÍN m. Calabacita cilíndrica de corteza verde y carne blanca.
CALABACINO m. Calabaza seca y hueca, para tener vino u otro líquido.
CALABAZA f. *Bot.* Fruto en pepónide, característico de las calabaceras. ◊ Calabacino. ◊ fig. y fam. Persona inepta y muy ignorante. ◊ fig. y fam. Cabeza. ❏ CALABAZADA; CALABAZAZO; CALABAZAR.
CALABAZO m. Calabaza, fruto de la calabacera. ◊ Calabacín.
CALABOBOS m. fam. Lluvia menuda.
CALABOZO m. Lugar donde se encierra a presos. ◊ Aposento de cárcel, comisaría, cuartel, etc., para incomunicar a los presos.
CALABOZO Mun. de Venezuela, en el est. Guárico; 42 900 hab. Arroz, maíz.
CALABRIA Región de Italia, ribereña de los mares Jónico y Tirreno; 15 080 km²; 2 070 200 hab., cap., Catanzaro. Terr. montañoso. Vid, olivos, naranjos.

CALABRIA, Fernando de Aragón, DUQUE DE (1488-h. 1540) Príncipe heredero de Nápoles. Fernando el Católico le nombró lugarteniente en Cataluña (1505). Carlos I le nombró virrey de Valencia.
CALADA f. Acción y efecto de calar un líquido.
CALADERO m. Sitio para calar las redes.
CALADIO m. *Amér. Merid.* Planta ornamental de hojas muy hermosas.
CALADO m. Labor que se hace con aguja en alguna tela, sacando o juntando hilos. ◊ Labor que consiste en taladrar papel, tela, madera, etc., tomando un dibujo como modelo. ◊ *Mar.* Profundidad que alcanza en el agua la parte sumergida de un barco. ◊ *Mar.* Altura que alcanza la superficie del agua sobre el fondo.
CALAFATEAR tr. *Mar.* Cerrar las junturas de las maderas de las naves con estopa y brea. ❏ CALAFATE; CALAFATEADO; CALAFATEO.
CALAIS C. del N de Francia, en la región Norte; 76 500 hab. Puerto de pasaje, que enlaza con Gran Bretaña.
CALALÚ m. *Cuba.* Potaje de verduras. ◊ *Cuba.* Planta que produce una legumbre con la que se aderreza el calalú. ◊ *Salv.* Quingombó.
CALAMA C. de Chile, en la prov. de El Loa, II Región de Antofagasta. 138 402 hab. Ganadería. Oro y plata.
CALAMAR m. *Zool.* Molusco cefalópodo comestible. Su manto tiene forma de cono y en su parte anterior da paso a la cabeza y a los tentáculos.
CALAMBRE m. Contracción espasmódica, involuntaria, dolorosa y transitoria de un músculo.
CALAMBUCO m. *Amér.* Árbol dicotiledóneo, con flores blancas y olorosas, y frutos redondos y carnosos. Su resina es el bálsamo de María.
CALAMIDAD f. Desgracia que alcanza a muchas personas. ◊ Persona muy torpe. ❏ CALAMITOSO, SA.
CALAMINA f. *Miner.* Hemimorfita. ◊ Cinc fundido.
CALAMITA f. Piedra imán. ◊ Brújula. ◊ Calamite.
CALAMO m. Especie de flauta antigua. ◊ *Bot.* Caña de las plantas monocotiledóneas. ◊ *Bot.* Palmera cuyos tallos se usan en cestería y en ebanistería (cañas de India).
CALAMÓN m. *Zool.* Ave gruiforme, de cabeza roja, lomo verde y vientre violado.
CALAMORRA adj. Díc. de la oveja que tiene lana en la cara. ◊ f. fam. Cabeza humana.
CALANCHA, FRAY Antonio de la (1548-1654) Historiador de Indias bol. *Crónica moralizada del orden de San Agustín en Perú.*
CALANDRIA f. *Zool.* Alondra, ave. ◊ *Ind.* Máquina para reducir el espesor, curvar, alisar, aplanar, pulir, o recubrir de sustancias protectoras diversos materiales (papel, tejidos, etc.).
CALAÑA f. Muestra. ◊ fig. Índole, naturaleza de una persona o cosa.
CÁLAO m. Ave piciforme, propia de países tropicales, con un gran pico coronado por un casco o protuberancia.
CALAPÉ m. *Amér.* Tortuga asada en su concha.

CALAR tr. Penetrar un líquido en un cuerpo permeable. ◊ Atravesar un instrumento, otro cuerpo de una parte a otra. ◊ Imitar la labor del encaje en las telas, sacando o juntando algunos de sus hilos. ◊ Agujerear tela, papel, metal, etc., de forma que resulte un dibujo parecido al encaje. ◊ Cortar de un melón o de otras frutas un pedazo con el fin de probarlas. ◊ tr. y prnl. Dicho de la gorra, el sombrero, etc., ponérselos haciéndolos entrar mucho en la cabeza. ◊ tr. Hablando de algunas armas, ponerlas en disposición de herir. ◊ fig. y fam. Penetrar, comprender el motivo, razón o secreto de una cosa. ◊ *Mar.* Sumergir en el agua las redes o artes de pesca. ◊ intr. *Mar.* Alcanzar un buque en el agua determinada profundidad por la parte más baja de su casco. ◊ prnl. Pararse bruscamente el motor de explosión por producir poca potencia. ◊ Mojarse hasta que el agua, penetrando la ropa, llegue al cuerpo.

CALARCÁ Mun. de Colombia, en el dpto. de Quindío; 50 000 hab.

CALASANCIO, CIA adj. Escolapio.

CALASANZ, *José de* (1556-1648) Santo sacerdote y pedagogo esp.; fundó la congregación de las Escuelas Pías.

CALATRAVA, *Orden de* Orden religiosa y militar esp., fundada en 1158.

CALAVERA f. Esqueleto de la cabeza. ◊ Mariposa de cuerpo grueso y pelado, y alas estrechas, que tiene sobre el tórax una manchas que recuerdan a una calavera. ◊ m. fig. Hombre de vida irregular. ❑ CALAVERADA; CALAVEREAR.

CALCÁNEO m. *Anat.* Hueso corto, situado en la parte posterior del pie, que forma el talón.

CALCAÑAR o **CALCAÑAL** m. Parte posterior de la planta del pie.

CALCAR tr. Sacar copia de un dibujo, inscripción o relieve por contacto del original con el papel o la tela a que han de ser trasladados. ◊ Apretar con el pie. ◊ fig. Imitar, o reproducir con exactitud. ❑ CALCADO; CALCADOR, RA; CALCO.

CALCÁREO, A adj. *Geol.* Díc. del sedimento o de la roca sedimentaria constituida esencialmente por carbonatos de calcio y magnesio.

CALCE m. Llanta de los carruajes. ◊ Porción de hierro o acero que se añade a las herramientas gastadas. ◊ Cuña

para ensanchar el espacio entre dos cuerpos. ◊ Calza, cuña. ◊ *Amér. Centr.* y *Méx.* Pie de un documento.

CALCEDONIA f. *Miner.* Variedad microcristalina, traslúcida y compacta de cuarzo.

CALCEDONIA Ant. c. de Asia Menor (Bitinia), donde en 451 se celebró el concilio ecuménico que condenó a los seguidores de Eutiques.

CÁLCEO m. Calzado que usaban los rom.

CALCEOLARIA f. Planta herbácea anual, de flores blancas en corimbo.

CALCETA f. Media. ❑ CALCETERÍA.

CALCETÍN m. Prenda de punto que cubre el pie y parte de la pierna.

CALCHAQUÍ adj. y s. Pueblo indígena que habitó el valle de Calchaquí, en Tucumán. Fueron dominados por los incas.

CALCÍDICA Pen. de Grecia, en el Egeo. Cereales, vid y olivos. Mármol.

CALCIFICAR tr. Producir por medios artificiales carbonato de cal. ◊ tr. y prnl. Fijar las sales de calcio en tejido orgánico. ❑ CALCIFICACIÓN.

CALCÍMETRO m. Aparato para determinar la cal contenida en las tierras de labor.

CALCINAR tr. Reducir a cal viva los minerales calcáreos, por medio del calor. ◊ Someter al calor los minerales de cualquier clase.

CALCIO m. *Quím.* Elemento químico de símb. Ca., n.a. 20 y p.a. 40,08. Es un metal alcalinotérreo, blanco y muy blando. Su sulfato presenta las formas de yeso, alabastro y anhidrita, y su carbonato, las amorfas de piedra caliza, coral, perlas, cáscara de huevo, etc., y las cristalizadas de mármol, espato de Islandia, aragonito, etc. ❑ CÁLCICO, CA.

CALCITA f. *Miner.* Carbonato cálcico natural, cristalizado en el sistema trigonal. Es el constituyente esencial de las calizas.

CALCOGRAFÍA f. *Art. Gráf.* Sistema para grabar planchas metálicas.

CALCOMANÍA f. Procedimiento que consiste en pasar de un papel a objetos diversos, imágenes coloreadas. ◊ Imagen obtenida por este medio.

CALCOPIRITA f. *Miner.* Sulfuro natural de cobre y hierro, de color negro azulado y amarillento con brillo metálico.

CALCOSINA f. *Miner.* Sulfuro de cobre, que cristaliza en el sistema rómbico.

CALCOTIPIA f. *Art. Gráf.* Procedimiento para reproducir en planchas en relieve una composición tipográfica de caracteres movibles.

CALCULADOR, RA adj. fig. Interesado, egoísta. ◊ adj. y f. Máquina para realizar operaciones de cálculo automáticamente. Puede ser mecánica, electromagnética o electrónica. ◊ m. ⇨ Computador.

CALCULAR tr. Hacer cálculos. ◊ fig. Conjeturar, prever.

CÁLCULO m. Operación con la que se determina el valor de una cantidad cuya relación con el de otra u otras dadas se conoce. ◊ Conjetura. ◊ Reflexión. ◊ *Med.* Concreción anormal, que se forma en la vejiga, los riñones y la vesícula biliar. ◊ **diferencial.** Parte de las matemáticas que estudia el cálculo de las derivadas y sus aplicaciones. ◊ **infinitesimal.** Parte de las matemáticas. Parte de las matemáticas que comprende el cálculo diferencial e integral. ◊ **integral.** Parte de las mate-

máticas que estudia la integración de las funciones. ◊ **lógico.** El que se realiza mediante un sistema de signos que permite formaciones y operaciones conforme a unas reglas explícitas.

CALCUTA (*Kalikata*) C. y puerto de la India, en el delta del Ganges, cap. del est. de Bengala Occidental; 4 388 300 hab. (11 605 800 la agl. urb.). Centro industrial y ferroviario. Aeropuerto.

CALDAS Dpto. de Colombia; 7 888 km², 1 146 847 hab. Cap., Manizales. Relieve montañoso (Nevado de Ruiz, 5 400 m). Agricultura. Ganadería. Oro, plata, mercurio. Ind. textil, maderera, alimentaria, del calzado.

CALDAS, *Francisco José de* (1771-1816) Botánico y geógrafo col., fundador del *Semanario de Nueva Granada.*

CALDEA Ant. región de Mesopotamia. Esta denominación se extendió a toda Babilonia.

CALDEAR tr. y prnl. Calentar mucho. ◊ fig. Excitar, animar.

CALDER, *Alexander* (1898-1976) Escultor norteam. Realizó un tipo de escultura (*mobil*) a la que el equilibrio de las masas proporcionaba movilidad.

Calceolaria. Planta y flor

Calcopirita

Calamón

CALDERA f. Vasija de metal, grande y redonda, que se usa para calentar o cocer algo. ◊ Calderada. ◊ *Argent.* Cafetera, tetera y vasija para hacer el mate. ◊ **de vapor.** *Ing.* Aparato en el que el agua se calienta hasta su ebullición para producir vapor. ❑ CALDERERÍA; CALDERERO.

CALDERA Rodríguez, *Rafael* (n. 1916) Político ven. Líder de la democracia cristiana, del partido COPEI. Presid. de la rep. (1968-1974), dio un giro progresista a la política del país. Ocupó de nuevo la presid. entre 1994 y 1999.

CALDERETA f. Guiso de pescado, cebolla, aceite y vinagre. ◊ Guisado de cordero o cabrito.

CALDERILLA f. Conjunto de monedas de valor inferior al de la unidad monetaria.

CALDERO m. Caldera pequeña con asa sujeta a dos argollas. ◊ Lo que cabe en esta vasija.

CALDERÓN m. *Mús.* Signo que representa la suspensión del movimiento del compás y floreo que suele acompañarlo.

CALDERÓN, Armando (n. 1948) Político salv. Presid de ARENA, ocupó la presid. de la nación entre 1994 y 1999. ◊ *Fernando* (1809-1845) Dramaturgo mex. Romántico. *Hernán o la vuelta del cruzado.* ◊ **De la Barca, Pedro** (1600-1681) Dramaturgo esp. del Siglo de Oro. Se le atribuyen 200 obras, que participan del conceptismo y culteranismo del barroco esp. *El mágico prodigioso, El alcalde de Zalamea, La vida es sueño, El gran teatro del mundo.* ◊ **Fournier, Rafael Ángel** (n. 1950). Abogado cost. Presid. de la nación entre 1990-1994 por el Partido de Unidad Social Cristiana. ◊ **Guardia, Rafael Ángel** (1900-1970) Político cost., del partido Republicano. Presid. de la Rep. (1940-1944).

CALDO m. Líquido que resulta de cocer en agua la vianda. ◊ Aderezo de la ensalada o del gazpacho. ◊ Cualquier jugo vegetal destinado a la alimentación. Se usa más en pl. ◊ **de cultivo.** Líquido preparado para favorecer la proliferación de algunas especies microbianas.

CALDWELL, Erskine (1903-1987) Novelista norteam. *La ruta del tabaco.*

CALÉ m. Gitano de raza.

CALEDONIA Ant. nombre de Escocia.

CALEDONIA, canal de Canal artificial en Escocia, que une el mar del Norte y el Atlántico; 96 km.

CALEDONIA, Nueva ⇨ Nueva Caledonia.

CALEDONIANO, NA adj. y s. De Caledonia. ◊ *Geol.* Ciclo orogénico del paleozoico inferior, que afectó numerosas zonas de la corteza terrestre sobre todo durante el cámbrico y el devónico.

CALEFACCIÓN f. Acción y efecto de calentar o calentarse. ◊ Conjunto de aparatos e instalaciones que realizan esta operación. ❏ CALEFACTOR.

CALENDARIO m. Sistema de división del tiempo en intervalos (días, semanas, meses, años) basado en fenómenos astronómicos. ◊ Almanaque. ◊ **gregoriano.** El que no cuenta como bisiestos los años que terminan siglo. Rige en los países occidentales, Turquía, Japón, etc. ◊ **juliano.** El que considera bisies-

Calendario azteca denominado Piedra del Sol

Calgary. Vista parcial de la ciudad

tos los años cuyo núm. de días es divisible por 4.

CALENDAS f. pl. Primer día de cada mes entre los rom. ◊ Tiempo, periodo, época.

CALÉNDULA f. Planta compuesta de porte herbáceo, con flores amarillentas o anaranjadas.

CALENTAR tr. y prnl. Hacer subir la temperatura. ◊ tr. fig. Avivar o dar calor a una cosa, para que se haga con más celeridad. ◊ fig. y fam. Pegar, golpear. ◊ prnl. Estar rijosos los animales o excitadas sexualmente las personas. ◊ fig. Enfervorizarse en la disputa. ❏ CALENTADOR, RA; CALIENTE.

CALENTURA f. Fiebre. ◊ *Cuba.* Descomposición por fermentación lenta que sufre el tabaco apilado. ◊ *Cuba.* Planta de hojas lanceoladas y florecilla anaranjada. Es emética y se usa en la cordelería. ❏ CALENTURIENTO, TA.

CALERA C. de Chile, en la prov. de Quillota, V Región de Valparaíso; 49 503 hab. Agricultura. Piedra caliza.

CALESA f. Carruaje de dos o cuatro ruedas, con la caja abierta por delante, dos o cuatro asientos y capota de vaqueta. ❏ CALESERO.

CALGARY C. de Canadá, en la prov. de Alberta; 592 700 hab. Centro comercial, ferroviario e industrial. Turismo.

CALI C. de Colombia, cap. del dpto. del Valle del Cauca; 2 287 819 hab. Ind. cafetalera.

CALIBRAR tr. Medir o reconocer el calibre de las armas de fuego o el de otros tubos. ◊ Medir o reconocer el calibre de los proyectiles, o el grueso de los alambres, chapas de metal, etc. ◊ Dar al alambre, al proyectil o al ánima del arma el calibre que se desea.

CALIBRE m. Diámetro interior de las armas de fuego. ◊ P. ext., diámetro del proyectil o de un alambre. ◊ Diámetro interior de muchos objetos huecos; como tubos, conductos, cañerías. ◊ fig. Tamaño, importancia.

CALICANTO m. Obra de mampostería.

CALICATA f. Reconocimiento del subsuelo mediante sonda o barrena.

CALICHE m. Piedrecilla que, introducida por descuido en el barro, se calcina al cocerlo. ◊ *Bol., Chile y Perú.* Nitrato de sosa, salitre de sosa o nitrato cúbico.

CALICHERA f. *Chile.* Yacimiento de caliche, terreno en que hay caliche.

CALICIFORME adj. Díc. de la flor que tiene forma de cáliz.

CALÍCRATES (s. v. a. C.) Arquitecto gr. Constructor, con Fidias e Ictinos, del Partenón.

CALÍCULO m. *Bot.* Conjunto de apéndices foliáceos caliciformes que rodea el cáliz de algunas flores.

CALIDAD f. Manera de ser de una persona o cosa. ◊ Carácter, genio, índole. ◊ fig. Importancia o cualidad de una cosa. ◊ Estado de una persona, su naturaleza, su edad y demás circunstancias y condiciones que se requieren para un cargo o dignidad. ◊ Nobleza del linaje. ◊ *Ing.* Valor absoluto de la tolerancia.

CALIDOSCOPIO m. Instrumento óptico compuesto por tres espejos dispuestos en ángulo que multiplican simétricamente la imagen de varios objetos de colores colocados entre ellos. ❏ CALEIDOSCÓPICO, CA.

CALIFA m. Título de los musulmanes que sucedieron a Mahoma en la jefatura de la comunidad islámica. ❏ CALIFAL.

CALIFATO m. Estructura político-religiosa del Islam, basada en la autoridad del califa. ◊ Terr. gobernado por el califa. ◊ Periodo histórico en que hubo califas.

CALIFICAR tr. Apreciar o determinar las calidades o circunstancias de una persona o cosa. ◊ tr. y prnl. Valorar algo según una escala. ◊ tr. Dar o poner nota a un alumno. ❏ CALIFICACIÓN.

CALIFICATIVO adj. y s. *Gram.* Adjetivo que denota alguna calidad de sustantivo; frases u oraciones que realizan idéntica función.

CALIFORNIA Est. del SO de EE UU, en la costa del Pacífico; 411 049 km², 29 760 000 hab. Cap., Sacramento. Accidentado por dos cord., sierra Nevada (monte Whitney, 4 418 m) y la cadena Costera, que enmarcan el Gran Valle Central. Ríos Sacramento y San Joaquín. Al S y SO, se extienden los desiertos de Mohave y Colorado. Algodón, frutales, cítricos, vid y remolacha. Primer centro pesquero de EE UU. Petróleo, gas natural, mercurio, sales potásicas. Ind. metalúrgica. C. prales.: Los Ángeles y San Francisco. California pertenecía a México hasta 1848, año que quedó incorporada a EE UU por el tratado Guadalupe-Hidalgo. ◊ **Baja C.** Pen. del NO de Méx., bañada al O por el Pacífico y al E por el golfo de California. ◊ **Baja C.** Est. de México que ocupa la mitad septentrional de la pen. hom.; 70 113 km², 2 487 367 hab. Cap., Mexicali. Terreno montañoso (Cerro de la Encantada, 3 088 m). Algodón, hortalizas y frutales. ◊ **Baja C. Sur** Est. de México que ocupa la mitad S de la pen. hom.; 73 677 km², 424 041 hab. Cap., La Paz. Sector semiárido de elevadas temperaturas, accidentado al E por la sierra de la Giganta. Trigo, algodón. Cobre y hierro.

CALIFORNIO m. *Quím.* Elemento artificial, de símbolo Cf, n. a. 98 y p. a. del isótopo más estable 249.

CALÍGINE f. Niebla, oscuridad. ◊ Bochorno. ❏ CALIGINOSO, SA.

CALIGRAFÍA f. Arte de escribir con letra hermosa. ◊ Conjunto de rasgos que caracterizan la escritura de una persona, un documento, etc. ❏ CALIGRAFIAR; CALIGRÁFICO, CA; CALÍGRAFO, FA.

CALIGRAMA m. Disposición tipográfica caprichosa, usada en composiciones poéticas para producir una impresión visual evocadora del objeto o el tema aludido en el poema.

CALÍGULA (12-41 d. C.) Tercer emperador rom.; sucedió a Tiberio en el 37. Se proclamó dios, nombró cónsul a su caballo, hizo ejecutar a inocentes ciudadanos y se atribuyó imaginarias victorias. Murió asesinado.

CALIMA Valle del SO de Colombia, en el dpto. del Valle del Cauca, donde se han realizado hallazgos arqueológicos de una cultura de los ss. VIII-X.

CALÍMACO (s. V a C.) Escultor y arquitecto gr., inventor del capitel corintio.

CALINA f. Neblina. ❏ CALINOSO, SA.

CALÍOPE *Mit. gr.* Madre de Orfeo y de las Sirenas, y musa de la poesía épica y de la elocuencia.

CALIPSO *Mit. gr.* Ninfa marina, hija de Tetis y del Océano, que retuvo a Ulises en la isla de Ogigia.

CALÍSTENES (s. IV a C.) Historiador y filósofo gr. Condenado a muerte por conspirar contra Alejandro Magno.

CALISTENIA f. Ejercicio físico conducente al desarrollo de las fuerzas musculares.

Vista del Parque Nacional de Yosemite, en el estado de **California**

CALIXTO I (m. 222) Santo. Según san Hipólito, asumió el papado de 217 a 222. ❖ **II** (1060-1124) Papa [1119-1124]. Puso fin a la lucha de las Investiduras. ❖ **III** (1378-1458) Papa [1455-1458]. Intentó organizar en Europa una gran cruzada contra los turcos.

CÁLIZ m. Vaso para echar el vino que se ha de consagrar en la misa. ❖ *poét.* Copa o vaso. ❖ *Bot.* Cubierta externa de las flores completas.

CALIZA f. *Geol.* Roca sedimentaria formada por carbonato cálcico. Por calcinamiento, desprende anhídrido carbónico, dejando cal como residuo. Se emplea en la ind. del cemento.

CALLAGHAN, *James* (n. 1912) Político laboralista brit. Jefe del partido y primer ministro (1976-1979).

CALLAMPA f. *Chile.* Seta, hongo. ❖ **Población c.** *Chile.* Cinturón periférico de las grandes ciudades donde se apiñan desordenadamente chabolas.

CALLAO, *El* Prov. constitucional de Perú, junto al Pacífico; 146,98 km², 699 600 hab. Constituye una división adm. especial. ❖ C. de Perú, cap. de la prov. hom. Astilleros, base naval. Ind.

metalúrgica, alimentaria y pesquera. Fundada en 1540, servía de puerto a Lima. Destruida por un terremoto en 1746, fue la última plaza amer. abandonada por los esp. (1826).

CALLAR intr. y prnl. No hablar, guardar silencio una persona. ❖ Cesar de hablar, gritar, hacer ruido, etc. ❖ tr. y prnl. Tener reservada una cosa.

CALLAS, *Maria Kalogeropulos* (1923-1977) Soprano norteam., de origen gr. Destacó como intérprete de óperas italianas.

CALLE f. Camino entre casas o edificios en una población. ❖ *Dep.* Espacio por donde debe ir un atleta o nadador durante una competición deportiva. ❏ CALLEJA; CALLEJUELA.

CALLECALLE amb. *Chile.* Nombre de una planta de flores blancas; medicinal.

CALLEJA, *Félix María de* (1750-1820) General esp., virrey de México en 1813. Venció a Hidalgo en las batallas de San Jerónimo y Puente de Calderón.

CALLEJAS, *Rafael Leonardo* (nacido 1943). Político hond. Elegido presidente de la rep. (1989-1994) por el Partido Nacional de Honduras.

CALLEJEAR intr. Deambular por las calles. ❏ CALLEJEO.

CALLEJERO, RA adj. Relativo a la calle. ❖ m. Guía de calles de una ciudad.

CALLEJÓN m. Calleja, callejuela. ❖ *Taur.* Espacio entre la barrera y la contrabarrera.

CALLES, *Plutarco Elías* (1877-1945) Político mex. Se integró en el Ejército del Noroeste de A. Obregón y formó parte del gobierno de Carranza en 1919. Tras el asesinato de Obregón (1924), le sucedió en la presidencia (1924-1928), realizando imp. reformas agrarias, sociales y docentes.

CALLO m. Dureza que se forma en los pies, manos, rodillas, etc. ❖ *Cir.* Cicatriz que se forma en la reunión de los fragmentos de un hueso fracturado. ❖ pl. Pedazos del estómago de la vaca, ternera o carnero, que se comen guisados. ❏ CALLISTA; CALLOSO, SA.

CALLOSIDAD f. Dureza semejante al callo, pero menos profunda.

CALMA f. Estado de la atmósfera cuando no hay viento. ❖ fig. Cesación o suspensión de algunas cosas. ❖ fig. Paz. ❖ fig. y fam. Cachaza.

CALMANTE adj. y m. *Med.* Medicamento narcótico.

CALMAR tr. y prnl. Sosegar, adormecer, templar.

CALMETTE, *Albert* (1863-1933) Médico fr., descubridor, junto con Guérin, de una vacuna antituberculosa (BCG).

CALMO, MA adj. Díc. del terreno o tierra erial sin árboles ni matas. ❖ Que está en descanso.

CALMUCO, CA adj. y s. Relativo a los calmucos. ❖ m. pl. Pueblo mongol que habita en la república autonoma rusa de Kalmykia.

CALÓ m. Lenguaje de los gitanos esp. ❖ P. ext. jerga del hampa.

CALOOCAN C. de Filipinas, en la isla de Luzón; 467 800 hab.; comprendida en la agl. de Manila.

CALOR m. *Fís.* Manifestación de la energía a cuyas variaciones se deben ciertos fenómenos, especialmente en la dilatación, la contracción y el cambio de estado de los cuerpos. ❖ amb. Sensa-

ción que experimenta el cuerpo animal cuando su temperatura es menos elevada que la de otro cualquiera que le transmite la suya por contacto o radiación. ❖ m. Aumento extraordinario de temperatura que experimenta el cuerpo animal, por causas fisiológicas o morbosas. ❖ fig. Ardimiento, actividad, viveza. ❖ fig. Favor, buena acogida. ❖ fig. Lo más fuerte y vivo de una acción. ❖ **atómico.** *Fís.* Producto del p. a. de un elemento químico por su calor específico. ❖ **específico.** *Fís.* Cantidad de c. necesario para elevar en un grado la temperatura de un gramo de una sustancia. ❏ CÁLIDO, DA; CALIENTE; CALÓRICO, CA; CALORÍFICO, CA; CALORÍFUGO, GA; CALUROSO, SA.

CALORÍA f. *Fís.* Unidad de medida de la cantidad de calor.

Rafael Leonardo **Callejas**

CALORIMETRÍA f. *Fís.* Técnica que se ocupa de la medida de la variación de la cantidad de calor en un proceso. ❏ CALORIMÉTRICO, CA.

CALORÍMETRO m. *Fís.* Aparato para medir el calor específico de los cuerpos.

CALOSTRO m. Primera secreción mamaria de la hembra, poco antes o después del parto.

CALOYO m. Cordero o cabrito recién nacido.

CALPUL m. *Guat.* Reunión.

CALTANISSETTA C. de Italia, en Sicilia; 62 100 hab.; cap. de la prov. hom.

CALUMA f. *Perú.* Cada una de las gargantas de los Andes.

CALUMNIAR tr. Atribuir falsa y maliciosamente a alguno palabras, actos o intenciones deshonrosos.

CALURO m. *Amér. Centr.* Ave trepadora, de plumaje verde y rojo por el cuerpo, y negro y blanco por las alas; pico delgado y encorvado.

CALVA f. Parte de la cabeza de la que se ha caído el pelo. ❖ Parte de una piel, felpa, etc., que ha perdido el pelo por el uso.

CALVARIO m. Vía Crucis. ❖ fig. y fam. Serie de adversidades y sufrimientos.

CALVARIO (heb., *Gólgota*, «montaña de la calavera») Colina cercana a Jerusalén donde, según los Evangelios, ocurrió la crucifixión de Jesucristo.

CALVERO m. Claro en un bosque o arboleda. ❖ Gredal, terreno gredoso.

CALVICIE f. Falta de pelo en la cabeza.

CALVIN, *Melvin* (1911-1997) Bioquímico norteam. Premio Nobel de Quí-

Jean **Calvino**

mica en 1961 por sus investigaciones sobre la fotosíntesis.

CALVINISMO m. Doctrina teológica de Calvino, según la cual la salvación se consigue con la fe, que Dios concede a sus elegidos, y no por las buenas obras. ❏ CALVINISTA.

CALVINO, Jean (1509-1564) Teólogo fr. Tras adherirse públicamente a la Reforma, se estableció en Ginebra, donde desarrolló y aplicó su doctrina. *Ordenanzas eclesiásticas de la iglesia de Ginebra, Institutio christianae religionis.* ◊ *Italo* (1923-1985) Escritor it. *Las ciudades invisibles, El barón rampante.*

CALVO, VA adj. y s. Que ha perdido el pelo de la cabeza. ◊ Tratándose del terreno, pelado, sin vegetación alguna. ◊ Díc. del paño y otros tejidos que han perdido el pelo.

CALVO, Carlos (1824-1906) Jurista arg. *Derecho internacional teórico y práctico.* ◊ **Sotelo, Joaquín** (1905-1993) Académico y dramaturgo esp. *La muralla.* ◊ **Sotelo, José** (1893-1936) Político esp. Ministro de Hacienda durante la dictadura de Primo de Rivera (1925-1930). Murió asesinado. ◊ **Sotelo, Leopoldo** (n. 1926) Político esp. perteneciente a UCD. Presid. del gobierno (1981-1982).

CALZA f. Pantalón. Úsase más en pl. ◊ Cuña con que se calza. ◊ fam. Media.

CALZADA f. Camino empedrado y ancho. ◊ Parte de la calle comprendida entre dos aceras.

CALZADO m. Todo género de zapato, alpargata, abarca, etc., que cubre el pie.

CALZADOR m. Utensilio con el que se ayuda a que el pie entre en el zapato. ◊ *Argent.* y *Bol.* Lapicero.

CALZAR tr. y prnl. Cubrir el pie y algunas veces la pierna con el calzado. ◊ Tratándose de guantes, espuelas, etc., usarlos o llevarlos puestos. ◊ tr. Poner una cuña entre el piso y alguna rueda de un carruaje o máquina, que los inmovilice, o que debajo de cualquier mueble o trasto lo afirme.

CALZO m. Calce.

CALZÓN m. Prenda de vestir del hombre, que cubre la cintura hasta las rodillas. Úsase más en pl. ◊ Pantalón.

CALZONAZOS m. fig. y fam. Hombre que se deja dominar, particularmente por su mujer.

CALZONCILLOS m. pl. Prenda interior de hombre, que puede cubrir des-

de la cintura hasta la ingle, la mitad de los muslos o los tobillos.

CAM (heb., *Ham*, «negro») Hijo de Noé.

CAMA f. Mueble para dormir, descansar, etc. ◊ Plaza para un enfermo en el hospital o sanatorio. ◊ Pieza del arado en la cual encajan por la parte inferior delantera el dental y la reja, y por detrás la esteva. ◊ Sitio donde se echan los animales para su descanso. ◊ **turca.** Sofá ancho, sin respaldo ni brazos.

CAMACHO, Heliodoro (1831-1899) Militar y político bol. Jefe del ejército y del partido Liberal. Participó en el derrocamiento de Daza. ◊ **Marcelino** (n. 1918) Sindicalista y político comunista esp. Secretario gral. de Comisiones Obreras (1957-1987). ◊ **Arturo** (1910-1982) Poeta col. *Presagio de amor, Luna de arena.* ◊ **Roldán, Salvador** (1827-1900) Político liberal col. Gobernador de Panamá. Presid. interino del país.

CAMADA f. Crías de algunos mamíferos que se paren de una vez.

CAMAFEO m. Figura tallada de relieve en ónice u otra piedra dura y preciosa. ◊ Medallón que contiene una de aquellas figuras labradas.

CAMAGUA adj. *Amér. Centr.* y *Méx.* Díc. del maíz que empieza a madurar.

CAMAGÜEY Prov de Cuba, en el sector centro oriental de la isla; 15 839 km², 723 000 hab. Penillanura accidentada por relieves montañosos. Caña de azúcar, tabaco, plátano, arroz. Ganadería. Ind. alimentaria y metalúrgica. ◊ C. de Cuba, cap. de la prov. hom. 286 400 hab. Centro agrícola y ganadero. Ind. Metalúrgica (cromo). Fundada en 1514.

CAMAHUETO m. *Chile.* Animal acuático fabuloso, que simboliza las tempestades y avenidas de los ríos.

CAMAJUANÍ Mun. de Cuba, en la prov. de Villa Clara; 65 000 hab. Tabaco, caña de azúcar. Ind. agropecuarias.

CAMÁLDULA n. p. f. Orden monástica fundada por san Romualdo en el s. XI. ❏ CAMALDULENSE o CAMANDULENSE.

CAMALEÓN m. *Zool.* Reptil saurio, de cuerpo comprimido lateralmente y cola prensil. Posee la facultad de asimilarse al color del medio ambiente. ◊ fig. y fam. Persona que cambia con facilidad de parecer.

Camaleón común

CAMALOTE m. *Amér. Merid.* Planta acuática, de tallo largo y hueco, y hoja en forma de plato. Flores azules. ◊ Conjunto de estas plantas que, enredadas con otras, forman como islas flotantes.

CAMAMBÚ m. *Amér.* Planta silvestre de flor amarilla y fruta blanca y muy dulce.

CAMÁNDULA n. p. f. Camáldula. ◊ f. fig. y fam. Hipocresía. ❏ CAMANDULEAR.

CÁMARA f. Sala o pieza pral. de una casa. ◊ Ayuntamiento, junta. ◊ Nombre de ciertos cuerpos legislativos, que representan a los súbditos de un Est. en la discusión y aprobación de las leyes. En los sistemas bicamerales, se suele distinguir una c. alta y otra baja. ◊ Tomavistas de cine o televisión. ◊ Máquina de fotografiar. ◊ Sala pral. de los barcos. ◊ Tubo de goma interior en los neumáticos. ◊ En las armas de fuego, espacio que ocupa la carga. ◊ com. Operador de cine o televisión. ◊ **cinematográfica.** C. fotográfica que realiza fotografías a un ritmo muy rápido (24 imágenes por segundo). ◊ **de aire.** Espacio hueco entre dos paredes para que sirva de aislamiento. ◊ **de combustión.** Espacio de los motores de combustión interna en el que se quema la mezcla carburante. ◊ **de gas.** Recinto cerrado en el que se da muerte a una persona por medio de gases tóxicos. ◊ **lenta.** Rodaje acelerado de una película para que produzca efecto de lentitud al proyectarla. ◊ **mortuoria.** Capilla ardiente. ◊ **oscura.** Aparato en el que se reproducen, en el fondo de una caja oscura, los objetos exteriores.

CÁMARA, Helder (n. 1909) Prelado bras. Obispo de Recife, en el concilio Vaticano II destacó por su actitud progresista. En 1974 el parlamento nor. le otorgó el «premio del Pueblo para la Paz».

CAMARADA com. Compañero y amigo. ◊ Tratamiento que se dan entre sí los miembros de algunos partidos políticos. ❏ CAMARADERÍA.

Cámara cinematográfica montada en una grúa

CAMARERO, RA m. y f. Empleado que atiende a los clientes o cuida de las habitaciones en hoteles, cafeterías, restaurantes, etc. ◊ Oficial de la cámara del papa o de la casa real. ◊ f. Dama al servicio de la reina. ◊ Criada pral. de una casa.

CAMARGO, José Vicente (m. 1816) Héroe de la indep. bol. Muerto por el coronel Centeno. ◊ **Sergio** (1832-1907) Militar y político col. Presid. interino en 1877.

CAMARILLA f. Conjunto de personas que influyen subrepticiamente en los asuntos del Est. y, p. ext., en otras cosas. ❏ CAMARILLESCO, CA.

CAMARÍN m. Capilla pequeña colocada algo detrás de un altar y en la cual se venera alguna imagen. ◊ Pieza en que se guardan las alhajas y vestidos de una imagen. ◊ En los teatros, cada uno de los cuartos donde los actores se visten para salir a la escena.

CAMARLENGO m. Cardenal que administra los asuntos de la Iglesia mientras la sede está vacante.

CAMARÓN m. *Zool.* Crustáceo marino comestible, con el cuerpo estrecho y encorvado, caparazón terminado por un cuerno largo y dentado.

CAMAROTE m. Dormitorio de los barcos.

CAMASTRO m. despect. Lecho pobre.

CAMBACERES, *Eugenio* (1843-1889) Novelista y periodista arg. Naturalista. *Sin rumbo, En la sangre.*

CAMBACÉRÈS, *Jean Jacques Régis de* (1753-1824) Político y jurista fr. Diputado en la Convención. Napoleón le nombró segundo cónsul.

CAMBALACHE m. fam. Trueque de objetos de poco valor.

CAMBIANTE m. Cambista.

CAMBIAR tr. y prnl. Tomar o hacer tomar, en vez de lo que se tiene, algo que lo sustituya. Se usa también como intr. con la prep. *de.* ◊ tr. Dar o tomar valores o monedas por sus equivalentes. ◊ Intercambiar cosas materiales. ◊ intr. y prnl. Mudar o alterar. ◊ intr. En los vehículos de motor, pasar de una velocidad a otra. ❑ CAMBIADA.

CAMBIAVÍA m. *Col., Cuba* y *Méx.* Guardagujas.

CAMBIASO, *Luca* (1527-1585) Pintor manierista it. *La sagrada familia.*

CAMBIO m. Acción y efecto de cambiar. ◊ Dinero menudo. ◊ Precio de cotización de los valores mercantiles. ◊ Cambio de velocidades. ◊ *Der.* Permuta. ◊ *Econ.* Valor relativo de las monedas de países diferentes o de las de distinta especie de un mismo país. ◊ **de estado.** *Fís.* Proceso termodinámico que sigue una sustancia al cambiar de fase, caracterizado por la existencia de un calor de transformación, por la temperatura constante durante la transformación y por las variaciones de densidad del sistema. ◊ **Libre c.** Sistema

económico que franquea o favorece el comercio, pralm. el internacional.

CAMBISES II (s. VI a. C.) Rey de los medos y persas [528-521 a. C.], hijo y sucesor de Ciro el Grande. Conquistó Egipto, Tripolitania y Cirenaica.

CAMBISTA com. Persona que cambia dinero. ◊ m. Banquero.

CÁMBIUM m. *Bot.* Estrato celular meristemático responsable del crecimiento secundario de tallo y raíces.

CAMBÓ, *Francesc* (1876-1947) Político esp. Catalanista conservador y dirigente de la *Lliga regionalista.*

CAMBOYA *(État du Cambodge)* Estado del SE asiático, sit. en la pen. de Indochina. La región central está ocupada por una vasta llanura avenada por el Mekong y rodeada por los montes Cardamomos y Elefante, al S, y la cord. Dang Reak, al N. Clima tropical monzónico. Agricultura: arroz, maíz, café, tabaco y plátanos. Ganadería: bovina y porcina. Bosques y pesca. Minería: hierro, cobre, fosfatos y piedras preciosas. Ind. automovilística, tabaquera y neumáticos. Grupos étnicos o nac.: khmers, vietnamitas, chinos. Lenguas: khmer (of.), fr. *Rel.:* budismo (98 %). U. M.: riel. C. pral.: la cap., Phnom Penh.

□ *Hist.* Formó parte del gran imperio khmer. En 1863 Francia estableció un protectorado integrado en la Indochina fr. En 1946 se estableció una monarquía constitucional, reconociéndose en 1954 su soberanía total. En 1970 el príncipe Norodom Sihanuk fue derrocado por un golpe militar derechista, que proclamó la rep., bajo el mando de Lon Nol y C. se vio envuelta en la guerra de Indochina. En 1975, tras una ofensiva guerrillera, el FUNK (Frente Unido Nacional de Kampuchea) logró la victoria. El régimen de terror de Pol Pot y los khmers rojos sucumbió en 1979 ante el ejército vietnamita, que instauró un régimen prosoviético, presidido por Heng Samrin. A éste se enfrentaron los khmers rojos, junto con otras fuerzas. En 1988 se iniciaron conversaciones de paz y la retirada de tropas vietnamitas. En 1991 las facciones en lucha firmaron la paz y crearon un Consejo Nacional. En 1993 por una nueva constitución C. se convirtió en monarquía, N. Sihanuk de nuevo en rey y su hijo, N. Ranariddh, en primer ministro. En 1997 se produjo un golpe de Est. liderado por Hun Sen (del ant. partido

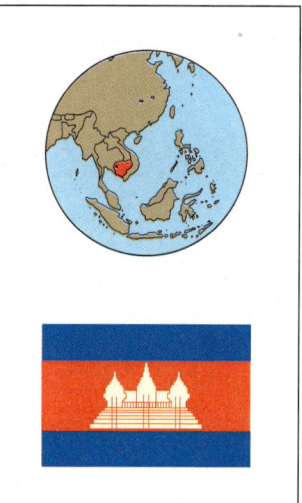

Mapa de situación y bandera
de **Camboya**

comunista), quien fue nombrado primer ministro en 1998, y refrendado en 2003 al vencer en las elecciones generales.

CAMBRAY C. del N de Francia en el dpto. de Nord; 36 000 hab. ◊ **Liga de C.** Alianza entre el papa Julio II, Luis XII de Francia y Fernando el Católico contra la Rep. de Venecia (1508). ◊ **Paz de C.** Tratado entre Francisco I de Francia y Carlos I de España (1529): el rey fr. renunciaba a Flandes, Artois e Italia, y Carlos cedía a Francia Borgoña y el Charolais.

CÁMBRICO, CA adj. y s. Díc. de los ant. pobladores del país de Gales. ◊ m. *Geol.* Primero de los cinco periodos de la era primaria o paleozoica. A inicios del mismo existían ya las prales. clases de invertebrados.

CAMBRIDGE C. de Gran Bretaña, en Inglaterra, cap. del condado hom.; 90 400 hab. Universidad fundada en 1229.

Camarín de la iglesia visigótica de San Pedro de la Nave (Zamora, España)

CAMBOYA

Superficie	181 035 km²
Población	8 781 000 hab. (48 hab./km²)
Recursos económicos	
Arroz	2 400 000 t
Bananas	120 000 t
Búfalos	760 000 cabezas
Cabaña bovina	2 150 000 cabezas
Cabaña porcina	1 610 000 cabezas
Maíz	50 000 t
Mandioca	62 000 t
Naranjas	45 000 t
Nuez de coco	48 000 t
Riqueza forestal	5 929 000 m³
Sal	41 000 t
Tabaco	4 200 millones de cigarrillos
Indicadores sociológicos	
PNB	1 725 millones de dólares
Renta per cápita	200 dólares
Alfabetismo	48%

Camboya. Escalinata del templo de Wat Phnom en Phnom Penh

CAMBRÓN m. o **CAMBRONERA** f. Arbusto de ramas divergentes, torcidas, enmarañadas y espinosas, hojas pequeñas, flores blanquecinas y bayas redondas.

CAMBUÍ m. *R. de la Plata*. Árbol de tronco liso que da semillas coloradas en racimos. ◊ Fruto de este árbol.

CAMBUJO, JA adj. Tratándose de caballerías menores, morcillo.

CAMBUR m. Planta parecida al plátano.

CAMBUTO, TA adj. *Perú*. Rechoncho.

CAMDEN C. de Gran Bretaña (Inglaterra), sit. en el Gran Londres; 175 500 hab.

CAMEDRIO m. Planta de flores purpúreas, usadas como febrífugo.

CAMELAR tr. fam. Galantear, requebrar. ◊ fam. Seducir, engañar adulando. ◊ fam. Amar, querer, desear.

CAMELIA f. Arbusto de hojas perennes, lustrosas, y flores blancas, rojas o rosadas. Flor de este arbusto. ◊ *Cuba*. Amapola.

CAMELLO m. *Zool*. Animal artiodáctilo rumiante oriundo del Asia central, corpulento y algo más alto que el caballo. Tiene el cuello largo, la cabeza pequeña y dos gibas en el dorso. ◊ fig. y fam. Pequeño traficante de drogas.

CAMELO m. fam. Galanteo. ◊ fam. Chasco. ◊ Noticia falsa. ◊ Simulación.

CAMEMBERT m. Queso graso de vaca fabricado en Normandía y Turena.

CAMERALISMO m. *Pol*. Sujeción del poder a las asambleas.

CAMERAMAN (voz ing.) m. Operador, encargado de manejar la cámara cinematográfica.

CAMERINO m. Camarín de un teatro donde se viste el actor para salir a escena.

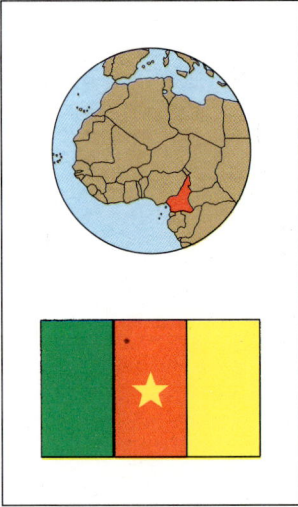

Mapa de situación y bandera
de **Camerún**

CAMERÚN (*République Unie du Cameroun*) Estado de África, en el golfo de Guinea. Rep. Relieve variado: llanura litoral, meseta central (macizo de Adamaoua al N) y cubeta del lago Chad y el Sabel. Ríos prales.: Sanaga y Nyong. Café, tabaco, cacahuetes, sésamo, plátanos, sorgo, mijo y mandioca. Ébano y okumé. Grupos étnicos o nac.: fulbés, hausas, bamileke, fang y otros. Lenguas: fr. e ingl. (of.), bantúes, sudanesas. *Rel.*: animismo (45 %), catolicismo (24 %), islamismo (20 %), protestantismo (20 %). U. M.: franco CFA. Cap., Yaundé; c. pral.: Duala.

□ *Hist*. Durante los ss. XVIII-XIX C. fue una base del com. del marfil y la trata de esclavos. Ocupado en 1916 por tropas fr. e ing. En 1960 el C. fr. consiguió la autonomía interna y en 1960 la definitiva indep. La descolonización brit. supuso la anexión de la parte N a Nigeria y la federación del S con el ant. Camerún fr. En 1972 se sustituyó la forma federal por la rep. unitaria. Ahmadou Ahidjo, del partido oficial, gobernó el país de 1960 a 1982. En 1983 fue elegido Paul Biya y en 1990 se adoptaron medidas para liberalizar la vida política de la nación.

CAMERÚN	
Superficie	475 442 km^2
Población 11 932 000 hab. (25 hab./km^2)	
Recursos económicos	
Aceite de palma	105 000 t
Aluminio	85 600 t
Cabaña bovina	4 700 000 cabezas
Cabaña caprina	3 550 000 cabezas
Cabaña ovina	3 550 000 cabezas
Cacao	95 000 t
Café	58 000 t
Mandioca	1 230 000 t
Maíz	450 000 t
Mijo	63 000 t
Petróleo	8 480 000 t
Riqueza forestal	14 216 000 m^3
Indicadores sociológicos	
PNB1	1 320 millones de dólares
Renta per cápita	940 dólares
Esperanza de vida	55 años
Alfabetismo	55%

CAMERÚN, *Monte* Macizo volcánico del SO de Camerún. Alt. máx., 4 070 m.

CAMILLA f. Mesa armada con unos bastidores plegadizos y un tablero de quita y pon, debajo de la cual hay un enrejado y una tarima para brasero. ◊ Cama pequeña y portátil para transportar heridos o enfermos. □ CAMILLERO.

CAMILO de Lelis (1550-1614) Santo it. Fundó la orden de los camilos.

CAMILUCHO, CHA adj. y s. *Argent*. Indígena jornalero del campo.

CAMINAR intr. Ir de viaje. ◊ Andar. ◊ fig. Seguir su curso las cosas inanimadas. ◊ tr. Andar determinada distancia. □ CAMINANTE.

CAMINATA f. Paseo o recorrido largo y fatigoso.

CAMINO m. Tierra hollada por donde se transita habitualmente. ◊ Cualquier vía de comunicación. ◊ fig. Medio para hacer o conseguir alguna cosa. ◊ **de hierro**. Ferrocarril. ◊ **de Santiago**. Vía Láctea. □ CAMINERO, RA.

CAMIÓN m. Vehículo automóvil de cuatro o más ruedas, grande y fuerte, para transportar cargas pesadas. ◊ En algunas partes, autobús. □ CAMIONERO.

CAMIONETA f. Vehículo automóvil menor que el camión, para transporte de toda clase de mercancías.

CAMISA f. Prenda de vestir de tejido ligero, abrochada por delante. ◊ Telilla con que están inmediatamente cubiertos algunos frutos, legumbres y granos. ◊ Epidermis de los ofidios que se desprende periódicamente. ◊ *Mec. apl.* Revestimiento interior de un artefacto o una pieza mecánica, como el de los hornos de fundición, formado por materiales refractarios. ◊ Funda en forma de red, hecha con fibras de metales raros, con la cual se cubren los mecheros de gas. ◊ **de fuerza**. La abierta por detrás, con mangas cerradas en su extremidad, que se pone a los locos furiosos para inmovilizarles. ◊ **Camisas negras**. Nombre de las milicias fascistas italianas. ◊ **pardas**. Nombre de los militantes del partido nazi alemán. □ CAMISERÍA; CAMISERO, RA.

CAMISETA f. Prenda interior, ajustada y sin cuello, gralte. de punto.

CAMISOLA f. Camisa de hombre o de mujer cuyo cuello y pechera quedan a la vista.

Camerún. Modernos edificios en Yaundé

CAMISÓN m. Camisa larga que usan las mujeres para dormir.

CAMITA adj. y s. Descendiente de Cam. ◊ m. pl. *Etn.* Conjunto de los pueblos no negros del N y E de África, con tal de que no hayan emigrado de Arabia ni de Europa. ❏ CAMÍTICO, CA.

CAMÕES, Luis Vaz de (1524-1580) Poeta port. Su poema *Os Lusíadas*, es una obra maestra del Renacimiento literario europeo.

CAMOMILA f. Manzanilla.

CAMORRA f. fam. Riña o pendencia. ❏ CAMORREAR; CAMORRERO, RA; CAMORRISTA.

CAMORRA Organización secreta dedicada al bandidaje, surgida en Nápoles en 1830.

CAMOTE m. *Amér.* Batata. ◊ fig. *Amér.* Enamoramiento. ◊ fig. *Amér.* Amante, querida. ◊ fig. *Amér.* Mentira, bola.

CAMOTEAR intr. *Méx.* Andar vagando sin acertar con lo que se busca.

CAMP adj. Que adopta una moda pasada.

CAMPAL adj. Relativo al campo. Se aplica pralm. a las batallas.

CAMPAMENTO m. Acción de acampar. ◊ *Mil.* Lugar en despoblado donde se acampa. ◊ Gente acampada. ◊ Instalaciones provisionales donde se acampa.

CAMPANA f. Instrumento de bronce en forma de copa, que suena al ser golpeado por un badajo que tiene en su interior. ◊ fig. Cualquier cosa que tiene forma de campana. ◊ **de buzo** o **subacuática.** Aparato usado para trabajar bajo el agua. ❏ CAMPANEAR; CAMPANEO; CAMPANERO.

CAMPANADA f. Golpe que da el badajo en la campana. ◊ Sonido que hace. ◊ fig. Escándalo.

CAMPANARIO m. Torre de iglesia donde se colocan las campanas.

CAMPANELLA, Tommaso (1568-1639) Religioso dominico it., teólogo, pensador, político y poeta. Escribió *La ciudad del Sol*, doctrina política utópica.

CAMPANIA Región del S de Italia; 13 595 km², 5 630 300 hab. Comprende las prov. de Avellino, Benevento, Caserta, Nápoles y Salerno. Agricultura, industria y minería. Cap., Nápoles.

CAMPANIFORME adj. De forma de campana. ◊ **Cultura del vaso c.** *Prehist.* Cultura megalítica de la pen. Ibérica (2200 a. C. a 1900 a. C.), caracterizada por sus vasijas en forma de campana invertida.

CAMPANIL adj. Díc. del bronce de campanas. ◊ m. Campanario, torre.

CAMPANILLA f. Campana pequeña. ◊ Burbuja. ◊ Úvula de la garganta. ◊ Flor cuya corola es de una pieza, y de figura de campana. ❏ CAMPANILLEAR; CAMPANILLEO.

CAMPANO m. Cencerro. ◊ Esquila. ◊ *Amér.* Árbol cuya madera se emplea en la construcción de buques.

CAMPANUDO, DA adj. Que tiene forma de campana. ◊ Díc. del vocablo de sonido muy sonoro y del lenguaje o estilo hinchado.

CAMPÁNULA f. Farolillo, planta.

CAMPAÑA f. Campo llano sin monte ni aspereza. ◊ Esfuerzos de índole diversa que se aplican a conseguir un fin determinado. ◊ *Mil.* Periodo de actividad no interrumpida o corres-

Camomila

pondiente a cierta época, en tiempos de guerra.

CAMPAR intr. Sobresalir. ◊ Acampar.

CAMPEADOR adj. y s. Decíase del que sobresalía en el campo con acciones señaladas. Por excelencia, el Cid Rodrigo Díaz de Vivar.

CAMPEAR intr. Salir a pacer los animales domésticos, o andar por el campo los que son salvajes. ◊ Campar, sobresalir. ◊ *Chile y R. de la Plata.* Salir al campo en busca de alguna persona, animal o cosa.

CAMPECHANO, NA adj. fam. Franco, dispuesto para cualquier broma o diversión.

CAMPECHE m. *Amér.* Madera dura y negruzca de un árbol dicotiledóneo, usada para teñir de encarnado.

CAMPECHE Est. de México, en la pen. de Yucatán; 51 833 km², 690 689 hab. Relieve constituido por una plataforma caliza de poca alt. Henequén, caña de azúcar, tabaco, arroz y maíz. Chicle y maderas preciosas (cedro y caoba). Prales. c., la cap., Campeche, y Ciudad del Carmen. ◊ C. y puerto de México, cap. del est. hom.; 216 897 hab. Ind. derivadas de la agricultura. Pesca. Catedral barroca.

CAMPECHUELA Mun. de Cuba, en la prov. de Granma; 48 600 hab. Agricultura.

CAMPEÓN, NA m. y f. Persona o equipo que logra ganar una competición deportiva. ◊ fig. Persona que defiende esforzadamente una causa o doctrina.

CAMPEONATO m. Competición deportiva en la que se disputa el título de campeón.

CAMPERO, Narciso (1815-1896) Político y militar bol. Presid. de la rep. de 1880 a 1884. Perdió en Tacna la salida de Bolivia al mar.

CAMPESINO, NA adj. Relativo al campo. ◊ m. y f. Labrador. ❏ CAMPESINADO.

CAMPESTRE adj. Campesino.

CAMPINA GRANDE C. de Brasil, en el est. de Paraíba; 265 600 hab. Ind. algodonera. Agricultura. Aeropuerto.

CAMPINAS C. del SE de Brasil, en el est. de São Paulo; 568 500 hab. Centro industrial.

CAMPING (voz ing.) m. Actividad deportiva que consiste en acampar al aire libre. ◊ Terreno reservado al camping.

CAMPIÑA f. Espacio grande de tierra llana labrantía.

CAMPISTA m. *Amér. Min.* Arrendador de una mina. ◊ com. Persona que practica el camping.

CAMPISTEGUY, Juan (1859-1937) Político ur. Miembro del Partido Colorado. Presid. de la rep. (1927-1931).

CAMPO m. Terreno extenso fuera del poblado. ◊ Tierra de cultivo. ◊ En contraposición a sierra o monte, campiña. ◊ Terreno contiguo a una población. ◊ fig. Ámbito de una actividad. ◊ fig. Asunto, materia. ◊ Lugar de un encuentro deportivo. ◊ fig. En grabados y pinturas, espacio sobre el que se presentan las figuras. ◊ *Fís.* Espacio en que se hace perceptible un determinado fenómeno. ◊ *Her.* Superficie total e interior del escudo, donde se dibujan las particiones y figuras. ◊ *Mil.* Terreno o comarca ocupados por un ejército durante las operaciones de guerra. ◊ **de batalla.** *Mil.* Lugar donde combaten dos ejércitos. ◊ **de concentración.** Lugar en que se recluye a cierto número de personas por razones diversas. ◊ **gravitatorio.** *Fís.* C. de fuerzas creado por uno o varios sistemas de masas materiales. ◊ **santo.** Cementerio católico. ◊ **visual.** *Fisiol.* Espacio que abarca la vista estando el ojo inmóvil. ❏ CAMPERO, RA.

CAMPO, Estanislao del (1834-1880) Escritor arg., autor de *Fausto*, poema gauchesco.

CAMPO GRANDE C. de Brasil, cap. del est. de Mato Grosso do Sul; 526 000 hab. Agricultura. Ind. cárnicas.

Catedral de Campeche

CAMPOAMOR, Ramón de (1817-1901) Escritor esp. *Doloras, Pequeños poemas, Humoradas, Colón, El drama universal.*

CAMPOBASSO C. de Italia, cap. de la prov. hom. y de la región de Molisse; 50 900 hab.

CAMPOMANES, Pedro Rodríguez, CONDE DE (1723-1802) Político esp., representante del despotismo ilustrado. Miembro de los consejos de Castilla y Hacienda (1759-1791). Llevó a cabo imp. medidas reformadoras.

CÁMPORA, Héctor José (1909-1980) Político arg. Elegido presid. en 1973 por el Frente Justicialista de Liberación, renunció para permitir nuevas elecciones con la participación de Perón.

CAMPOS C. del E de Brasil, en el est. de Río de Janeiro; 349 000 hab. Ind. alimentarias.

CAMPOSANTO m. Campo santo, cementerio.

CAMPUS m. Conjunto de edificios y zonas verdes de una ciudad universitaria.

CAMUFLAR tr. y prnl. Disimular una cosa dándole aspecto de otra. ❑ CAMUFLAJE.

CAMUS, *Albert* (1913-1960) Escritor fr. Su obra es de problemática existencialista. Ensayista –*El mito de Sísifo*–, dramaturgo –*Calígula, Los justos*– y novelista –*El extranjero, La peste.* Premio Nobel de Literatura en 1957.

CAN m. Perro. ◊ Kan. ◊ *Arq.* Cabeza de una viga del techo interior, que sostiene la corona de la cornisa. ◊ *Astr.* Nombre de dos constelaciones, el Can Mayor y el Can Menor.

CANA f. Cabello que se ha vuelto blanco. Se usa más en pl.

CANAÁN (heb., *Kenaan*) Hijo de Cam y origen de los cananeos.

CANACO, CA m. y f. Nombre de origen colonial dado impropiamente a indígenas melanesios o polinesios de Oceanía.

Mapa de situación y bandera
de **Canadá**

CANADÁ Estado de América del Norte, en la parte septentrional del subcontinente.
❑ *Geog. fís.* Su inmenso terr. presenta de E a O varias regiones naturales: la cord. de los Apalaches; las tierras bajas del r. San Lorenzo, y de los Grandes Lagos; el escudo canadiense, de terreno erosionado, que se extiende hasta la cuenca del r. Mackenzie; al N se encuentra el arch. Ártico (1 295 000 km²). Islas: Terranova (océano Atlántico) y Vancouver. Río pral.: San Lorenzo. Más de 600 000 km² ocupados por lagos (Superior, Hurón, Erie, Ontario). Costas recortadas. Clima continental, riguroso al N (polar en las zonas árticas) y templado en el S.
❑ *Geog. econ.* Sólo existe un 4,4 % de terreno cultivable. Patata, lino, remolacha y tabaco. Ganado bovino, caballar, ovino y suido. Pesca. Riqueza forestal, que proporciona materia prima para las ind. papeleras. Carbón, petróleo, gas natural, hierro, níquel, amianto, uranio, radio, cobre, plomo y cinc. Metalurgia (acero, cinc, cobre, plomo, aluminio). Ind. de transformación de los productos agrícolas, ganaderos y forestales, la textil, la automovilística y la química. Estado federal. Lenguas: ing. y fr. (of.), esquimal-alastiano y de los grupos algonquino, atabasco e iroqués. *Rel.:* catolicismo, protestantismo. U. M.: dólar canadiense. Cap., Ottawa. C. prales.: Quebec, Toronto, Edmonton, Montreal, Vancouver, Hamilton, Calgary.
❑ *Hist.* Navegantes vikingos llegaron en el s. X a las costas del Labrador y de Terranova. En 1608 Samuel de Champlain fundó Quebec y estableció las bases de la colonia de Nueva Francia. Los colonos ing., con el tratado de Utrecht (1713), impusieron su presencia en la bahía de Hudson. Durante la guerra de los Siete Años, el terr. pasó a dominio brit. En 1791 fue dividido en C. Superior, ing., y C. Inferior fr. En 1840 se reunificaron las dos regiones, y en 1867 se formó la Confederación, a la que más tarde se unieron otros territorios. En 1931 fue reconocido como est. soberano. Pierre Trudeau, del partido liberal, fue designado primer ministro en 1968 y reelegido en varias ocasiones. En 1982 se efectuó la «repatriación» de la constitución canadiense desde el Reino Unido. En los comicios de 1984 y 1988 fue elegido primer ministro el conservador Brian Mulroney, y en 1993 el liberal Jean Chrétien, reelegido en 1997 y 2000. En 2003, le sucedió Paul Joseph Martin, del mismo partido.

CANADÁ

Superficie	9 970 610 km²
Población	27 300 000 hab. (3 hab./km²)
Recursos económicos	
Colza	4 303 000 t
Lino	691 000 t
Maíz	7 319 000 t
Remolacha azucarera	1 085 000 t
Soja	1 406 000 t
Trigo	32 822 000 t
Ganadería y derivados	
Cabaña bovina	12 369 000 cabezas
Cabaña caballar	415 000 cabezas
Cabaña porcina	10 516 000 cabezas
Riqueza forestal	155 475 000 m³
Pesca	1 624 338 t
Producción minera	
Amianto	686 000 t
Carbón	37 672 000 t
Gas natural	128 060 millones de m³
Hierro	23 724 000 t
Níquel	196 900 t
Petróleo	76 351 000 t
Uranio	8 729 t
Recursos industriales	
Acero	12 825 000 t
Ácido sulfúrico	3 560 000 t
Aluminio	1 821 600 t
Automovilística	1 044 299 unidades
Azúcar	1 520 000 t
Caucho sintético	197 000 t
Cemento	10 953 000 t
Energía eléctrica	481 791 mill. de kwh
Fertilizantes	3 190 000 t
Hierro colado	8 268 000 t
Neumáticos	24 571 000 unidades
Papelera	12 122 000 t
Tejidos de algodón	41 300 t
Indicadores sociológicos	
PNB	336 384 millones de dólares
Renta per cápita	13 140 dólares
Esperanza de vida	73 años
Alfabetismo	98%

CANADIENSE adj. y s. De Canadá.

CANAL amb. Cauce artificial de agua. ◊ m. Estrecho marítimo. ◊ amb. Cualquiera de los conductos por los que el agua o los gases circulan en el seno de la tierra. ◊ Teja delgada y muy combada usada para formar en los tejados conductos por donde corre el agua. ◊ Cada uno de estos conductos. ◊ Res muerta y abierta, sin despojos. ◊ *Electr.* Margen de frecuencias entre cuyos límites se realiza una transmisión radioeléctrica.

CANAL, Zona del Terr. a ambas orillas del canal de Panamá; 1 676 km², 45 000 hab. Cedido por Panamá a EE UU. En 1977 se firmó el acuerdo Torrijos-Carter, en virtud del cual la zona del C. volvió a soberanía panameña el 31 de diciembre de 1999.

CANALEJA o **CANALETA** f. Pieza de madera unida a la tolva, por donde pasa el grano a la muela.

CANALEJAS y Méndez, *José* (1854-1912) Político esp., del partido liberal. Jefe del gobierno en 1910-1912.

CANALETTO, *Antonio Canale* (1697-1768) Pintor veneciano, representante de los pintores de vistas ciudadanas.

CANALIZAR tr. Abrir canales. ◊ Regularizar el cauce o la corriente de un río o arroyo. ◊ Aprovechar para el riego o la navegación las aguas corrientes o estancadas, dándoles conveniente dirección por medio de canales o acequias.

CANALIZO, *Valentín* (1794-1850) Militar y político mex., amigo de Santa Anna; siguió a éste en su política.

CANALLA f. fig. y fam. Chusma, gente ruin. ◊ m. fig. y fam. Hombre despreciable. ❑ CANALLADA; CANALLESCO, CA.

CANALÓN m. Conducto que recibe y vierte el agua de los tejados. ◊ Placa rectangular de pasta de harina rellena de carne, pescado, etc., y arrollada; canelón.

CANANA f. Cinto para llevar cartuchos.

CANANEA C. de México, en el est. de Sonora; 21 300 hab. Centro cuprífero. Escenario, en 1906, de una huelga de mineros mex. reprimida violentamente.

CANAPÉ m. Diván, sofá. ◊ Aperitivo consistente en una rebanadita de pan sobre la que se extienden viandas.

CANARIA f. Hembra del canario.

CANARIAS Com. autón. esp., constituida por el arch. hom. Sit. en el océano Atlántico, a 100 km del litoral afr.; 7 242 km², 1 694 477 hab. Capitalidad compartida alternativamente entre Santa Cruz de Tenerife y Las Palmas de Gran Canaria. Terr. montañoso (Teide, 3 718 m). Plátanos, tomates, cereales, tabaco. Pesca. Turismo, conservas, refinería de petróleo. Los Reyes Católicos ultimaron la colonización de C. en 1496, tras vencer a los aborígenes guanches. Com. autón. desde 1982.

CANARIO m. *Zool.* Pájaro originario de las islas Canarias. Mide unos 13 cm de long.; tiene cola ahorquillada, pico cónico y plumaje amarillo, verdoso o blanquecino. De bello canto, se reproduce en cautividad.

CANARIS, *Wilhelm* (1887-1945) Almirante al., jefe del Servicio Secreto en la II Guerra Mundial; participó en el

Canadá. Parque Nacional de Banff, en el estado de Alberta

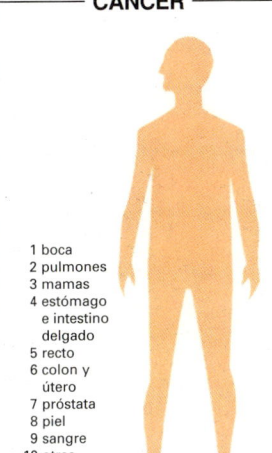

CÁNCER

1 boca
2 pulmones
3 mamas
4 estómago
　e intestino
　delgado
5 recto
6 colon y
　útero
7 próstata
8 piel
9 sangre
10 otras

Órganos en que se localiza con mayor frecuencia un cáncer

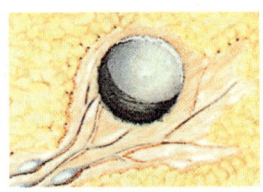

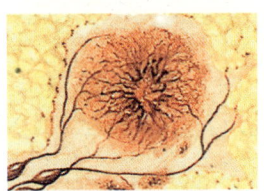

Tumor de mama benigno y maligno. El primero es un quiste relleno de líquido que no se propaga. El segundo, un carcinoma cuyas células han invadido las estructuras adyacentes y se propagan por los vasos linfáticos

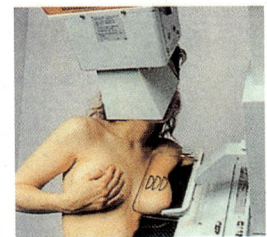

La mamografía es una técnica de exploración radiológica que permite distinguir la presencia de tumores en las glándulas mamarias

complot contra Hitler (1944). Murió ejecutado.

CANASTA f. Cesto de mimbres, ancho de boca, que suele tener dos asas. ◊ Juego de naipes que se practica con dos barajas fr. entre dos bandos de jugadores. ◊ Tanto en el juego del baloncesto.

CANASTERA f. *Zool.* Pájaro insectívoro de unos 23 cm de long., de alas largas y puntiagudas y cola abarquillada.

CANASTILLA f. Cestilla de mimbres en que se tienen pequeños objetos de uso doméstico. ◊ Ropa preparada para la novia o el niño que va a nacer.

CANASTO m. Canasta de forma cilíndrica.

CANATLÁN Mun. de México, en el est. de Durango; 62 100 hab. Agricultura.

CANBERRA Cap. federal de Australia; 256 000 hab. Con el terr. circundante forma un enclave especial (*Australian Capital Territory*) de 2 400 km². Centro adm. y com.

CANCÁN m. Baile de escenario de moda en París h. 1830.

CANCANEAR intr. *Col., C. Rica* y *Méx.* Tartajear, tartamudear.

CANCEL m. Contrapuerta, gralte. de tres hojas, una de frente y dos laterales, ajustadas éstas a las jambas de una puerta de entrada y cerrado todo por un techo.

CANCELA f. Verja baja que cierra el paso en algunas entradas cuando están abiertas las puertas.

CANCELA, Arturo (1892-1956) Escritor arg. *Tres relatos porteños.*

CANCELAR tr. Anular, hacer ineficaz un instrumento público, una inscripción en registro, una nota o una obligación que tenía autoridad o fuerza. ❑ CANCELACIÓN.

CÁNCER m. *Pat.* Tumor maligno, en especial el formado por células epiteliales (⇒ carcinoma). ◊ fig. Lo que destruye algo. ❑ CANCERARSE; CANCERÍGENO, NA; CANCEROSO, SA.

CÁNCER *Astr.* Constelación del Zodíaco. La denominación castellana es Cangrejo. ◊ Cuarto signo del Zodíaco.

CANCERBERO m. *Mit.* Perro de tres cabezas que guardaba la puerta de los infiernos. ◊ fig. Portero o guarda severo. ◊ *Dep.* Guardameta.

CANCHA f. Terreno destinado a la práctica de algunos deportes. ◊ Parte de la explanada del frontón o trinquete en la cual juegan los pelotaris. ◊ *Amér. Merid.* En general, terreno, espacio, local o sitio llano y despejado. ◊ *Amér. Merid.* Hipódromo.

CANCHAL m. Depósito de grandes rocas sueltas.

CANCHALAGUA f. *Bot. Amér.* Planta dicotiledónea anual, parecida a la centaura menor. Se usa en medicina.

CANCHERO, RA adj. *Argent.* y *Chile.* Ducho y experto en determinada actividad. ◊ *Chile.* Se aplica al trabajador encargado de una cancha.

CANCHO m. Peñasco grande. ◊ Canchal. ◊ fam. *Chile.* Propina.

CANCILLA f. Puerta en forma de verja que cierra huertos, corrales o jardines.

CANCILLER m. Empleado auxiliar en las embajadas, legaciones, consulados y agencias diplomáticas y consulares. ◊ Título que lleva, en algunos Est. de Europa, un alto funcionario que es a veces jefe o presidente del gobierno.

CANCILLERÍA f. Oficio de canciller. ◊ Oficina especial en las embajadas, legaciones, consulados y agencias diplomáticas y consulares. ◊ **apostólica.** Oficina rom. que registra y expide las disposiciones pontificias y las bulas. ❑ CANCILLERESCO, CA.

CANCIÓN f. Composición en verso que se puede cantar. ◊ Música con que se canta esta composición. ◊ Nombre de distintas composiciones poéticas. ◊ fig. Cosa dicha con repetición insistente o pesada. ◊ **de cuna.** Cantar con que se procura hacer dormir a los niños.

CANCIÓN de Roldán (*Chanson de Roland*) La más ant. e importante epopeya fr., escrita, al parecer, h. 1100-1125 por un autor anónimo.

CANCIONERO m. Colección de poesía medieval esp.: *C. de Baena* (1445), *C. de Stúñiga* (1458), *C. general*, de Hernando de Castilla (1511).

CANCRO m. Cáncer. ◊ *Bot.* Úlcera que se manifiesta por manchas blancas o rosadas en la corteza de los árboles.

CANDADO m. Cerradura suelta contenida en una caja metálica y provista de un asa que sirve para sujetar puertas, tapas, etc.

Candelabro de siete brazos

CANDAMO, Manuel (1841-1904) Político per., jefe del Partido Civilista. Presid. de la rep. (1903-1904).

CANDAR tr. Cerrar con llave. ◊ P. ext., cerrar de cualquier modo.

CANDEAL adj. y s. Díc. del pan hecho con trigo candeal. ◊ Díc. de una especie de trigo aristado, con la espiga cuadrada y granos ovales.

CANDELA f. Vela para alumbrarse. ◊ Flor del castaño. ◊ Fam. Lumbre, brasa. ◊ *Fís.* Unidad de intensidad luminosa definida como la sesentava parte de la que fluye, por 1 cm² y en dirección normal, del orificio de una cavidad incandescente que se encuentra en la temperatura de fusión del platino.

CANDELA, Félix (1910-1997) Arquitecto mex., nacido en España. Pabellón de rayos cósmicos, en la universidad de México, iglesia de la Milagrosa.

CANDELABRO m. Candelero de dos o más brazos, que se sustenta sobre su pie o sujeto en la pared.

CANDELARIA f. Fiesta de la Purificación (2 febrero).

CANDELARIA Mun. de Venezuela, en el est. de Carabobo; 110 200 hab. Integrado en la c. de Valencia.

CANDELARIA Canobio, Luis (1892-1964) Aviador arg. Fue el primero que cruzó los Andes en avión (1918).

CANDELERO m. Utensilio para sostener la vela o candela. ◊ Velón.

CANDENTE adj. Díc. del cuerpo, gralte. metal, cuando se enrojece o blanquea por la acción del calor. ◊ fig. Díc. del asunto de interés actual y vivo.

CANDÍA C. y puerto de Grecia, en el N de la isla de Creta; 102 400 hab.

CANDIDATO, TA m. y f. Persona que pretende alguna dignidad, honor o cargo. ◊ Persona propuesta para una dignidad o un cargo, aunque no lo solicite. ❏ CANDIDATURA.

CÁNDIDO, DA adj. Blanco. ◊ Sencillo, sin malicia ni doblez. ◊ Simple.

CANDIL m. Utensilio para alumbrar, formado por un recipiente por cuyo borde asoma el extremo de una mecha que queda sumergida en aceite. ◊ Lamparilla manual de aceite, en forma de taza cubierta, que tenía en su borde superior, por un lado, la piquera o mechero, y por otro el asa.

CANDILEJA f. Vaso interior del candil. ◊ pl. Línea de luces en el proscenio del teatro.

CANDOMBE m. *Amér. Merid.* Baile estrepitoso ejecutado por los negros. ◊ Tambor usado para acompañar este baile.

CANDOR m. Suma blancura. ◊ fig. Sinceridad, sencillez y pureza de ánimo.

CANÉ, Luis (1897-1957) Poeta y escritor arg. *Tiempo de vivir.* ◊ **Miguel** (1851-1905) Escritor y político arg. *Juvenilia, Charlas literarias.*

CANECA f. Frasco cilíndrico de barro vidriado, para contener licores. ◊ *Argent.* Vasija o balde de madera. ◊ *Cuba.* Medida de capacidad para líquidos, equivalente a 19 l.

CANELO, LA adj. De color de canela, aplicado especialmente a los perros y caballos. ◊ m. *Bot.* Árbol originario de Ceilán, de tronco liso, flores blancas, y drupas ovales de color pardo azulado. La segunda corteza de sus ramas es la canela. ◊ *Bot. Chile.* Árbol de flores blancas y olorosas, y bayas de color negro. ◊ f. Corteza de las ramas del canelo, de color rojo amarillento y de olor aromático y sabor agradable.

CANELÓN m. Canalón de tejados. ◊ Carámbano largo y puntiagudo que cuelga de las canales. ◊ Rollo de pasta de harina relleno de carne, pescado, etc.

CANELONES Dpto. de Uruguay, ribereño del Atlántico; 4 536 km², 485 028 hab. Relieve poco accidentado. Trigo, maíz, patatas. Ganadería. Cap., la c. hom.; C. pral.: Las Piedras. Turismo. ◊ C. de Uruguay, cap. del dpto. hom., 19 632 hab. Ind. papelera y agropecuaria.

Vista de **Canelones**

CANESÚ m. Cuerpo de vestido de mujer, gralte. sin mangas. ◊ Pieza superior de la camisa o blusa.

CANETTI, Elías (1905-1994) Escritor austr., nacido en Bulgaria. Premio Nobel de Literatura en 1981. *Auto de fe, Masa y poder, El otro proceso de Kafka, La antorcha al oído.*

CANGALLA f. *Argent.* y *Chile.* Desperdicios de los minerales.

CANGALLAR tr. *Chile.* Robar en las minas metales o piedras metalíferas.

CANGALLO Prov. de Perú, en el dpto. de Ayacucho; 68 800 hab. Cap., Cangallo; 10 000 hab.

CANGILÓN m. Recipiente grande de barro o metal, en forma de cántaro, para contener líquidos, y a veces para medirlos. ◊ Vasija de barro o metal, para sacar agua de los pozos y ríos, atada, con otras, a una maroma doble que descansa sobre la rueda de la noria. ◊ Cada vasija de hierro de ciertas dragas que extraen del fondo de los puertos,

ríos, etc., el fango, piedras y arena que los obstruyen.

CANGREJA adj. y s. *Mar.* Vela de cuchillo, de forma trapezoidal.

CANGREJO m. *Zool.* Nombre de ciertos crustáceos decápodos, marinos o de agua dulce, así como de algún otro animal no perteneciente al grupo de los crustáceos. ◊ *Astr.* Cáncer. ◊ *Astr.* Nebulosa situada en la constelación del Toro.

CANGURO m. *Zool.* Mamífero marsupial, herbívoro, propio de Australia y Nueva Guinea. Se mueve a grandes saltos por tener sus extremidades delanteras mucho más cortas que las posteriores. ◊ fig. Persona que cuida niños en sus domicilios, en ausencia de sus familiares.

CANÍBAL adj. y s. Antropófago. ◊ fig. Hombre cruel y feroz. ❏ CANIBALISMO.

CANICA f. Juego de niños que se hace con bolitas de barro, vidrio u otra materia dura. ◊ Cada una de estas bolitas.

CANICHE adj. y s. Díc. de una raza de perros de compañía, inteligentes y hábiles.

CANICIE f. Color cano del pelo.

CANÍCULA f. Periodo del año en que son más fuertes los calores. ❏ CANICULAR.

CÁNIDO, DA adj. y m. Díc. de los individuos de una familia de mamíferos carnívoros cuyo tipo es el perro. ◊ m. pl. *Zool.* Familia de estos animales.

CANIJO, JA adj. y s. fam. Débil y enfermizo.

CANILLA f. Cualquiera de los huesos largos de la pierna o del brazo. ◊ Cualquiera de los huesos prales. del ala de las ave. ◊ Carrete metálico en que se devana la seda o el hilo, y que va dentro de la lanzadera en las máquinas de tejer y coser. ◊ *Col.* Pantorrilla.

CANINDEYÚ Dpto. de Paraguay; 14 667 km², 120 800 hab. Salto del Guairá. Selvas en el E y prados al O. Explotación forestal y ganadería.

CANINO, NA adj. Relativo al can. ◊ adj. y m. Colmillo, diente.

CANJE m. Cambio, trueque o sustitución. ❏ CANJEAR.

CANNAS (lat., *Cannae*) Ant. c. de Apulia, en Italia, donde el 216 a. C. Aníbal derrotó a las legiones rom.

CANNES C. de Francia, en la costa Azul (dpto. de Alpes-Maritimes); 72 300 hab. Centro turístico. Ind. del perfume. ◊ **Festival de C.** Prestigiosa muestra cinematográfica creada en 1946.

CANNING, George (1770-1827) Político brit. Secretario de Estado para Asuntos Exteriores entre 1807-1809 y entre 1822-1827, apoyó a España en la guerra de la Independencia. También ayudó a Latinoamérica en sus luchas por la indep.

CANO, NA adj. Lleno de canas. ◊ fig. Anciano o ant.

CANO, Alonso (1601-1667) Pintor, escultor y arquitecto esp., uno de los prales. maestros del barroco. Pinturas: *El milagro del pozo, La Virgen del Rosario.* Esculturas: *Virgen de Belén, San Diego de Alcalá.* ◊ **Melchor** (1509-1560) Religioso dominico y teólogo esp. *De locis theologicis.*

CANOA f. Embarcación de remo muy estrecha, sin quilla y sin diferencia de forma entre proa y popa. ◊ Bote muy ligero de remo o motor. ◊ *Amér.* Canal para conducir el agua.

CANÓDROMO m. Lugar para las carreras de galgos.

CANON m. Regla. ◊ Regla establecida en algún concilio de la Iglesia sobre el dogma o la disciplina. ◊ Catálogo de los libros sagrados declarados auténticos por la iglesia católica. ◊ Catálogo o lista. ◊ Parte de la misa. ◊ *Arte.* Tipo de las proporciones humanas tomado como base por los artistas. ◊ Prestación pecuniaria periódica que grava una concesión. ◊ *Mús.* Composición de contrapunto en que sucesivamente van entrando las voces, repitiendo o imitando cada una el canto de la que antecede.

CANÓNICO, CA adj. Realizado según los sagrados cánones. ◊ Se aplica a los libros contenidos en el canon de los libros de la Sagrada Escritura.

CANÓNIGO m. El que tiene a su cargo una canonjía.

CANONIZAR tr. Declarar solemnemente el papa la santidad de un fiel. ◊ fig. Calificar de bueno. ◊ fig. Aplaudir, aprobar. ❑ CANONIZACIÓN.

CANONJÍA f. Prebenda por la que se pertenece al cabildo de una iglesia catedral o colegial. ◊ fig. y fam. Empleo de poco trabajo y bastante provecho.

CANORO, RA adj. y f. Díc. del ave de canto grato y melodioso. ◊ Grato y melodioso.

CANOSO, SA adj. Que tiene muchas canas.

CANOVA, *Antonio* (1757-1821) Escultor neoclásico it. *Amor y Psique, Paulina Bonaparte Borghese, como Venus.*

CÁNOVAS del Castillo, *Antonio* (1828-1897) Político esp. Jefe del partido conservador y artífice de la subida al trono de Alfonso XIII y del sistema de turno pacífico de partidos (conservador y liberal) en el poder.

CANSANCIO m. Falta de fuerzas que resulta de haberse fatigado. ◊ fig. Aburrimiento. ❑ CANSINO, NA.

CANSAR tr. y prnl. Causar cansancio. ◊ fig. Enfadar, molestar. ❑ CANSADO, DA.

CANTABLE o **CANTABILE** adj. *Mús.* Que se canta despacio. ◊ m. Parte que el autor del libreto de una zarzuela escribe en versos, para que puedan ponerse en música.

CANTABRIA Región natural e histórica esp., en la cornisa cantábrica, que constituye la com. autón. uniprovincial hom.; 5 289 km², 535 131 hab. Cap., Santander. En su terr. se distinguen la Montaña y la Marina. Pastos naturales, bosques. Pesca. Ind. lechera, siderúrgica, metalúrgica, química. Imp. restos prehistóricos (cueva de Altamira). Las villas de C. pertenecieron al reino astur-leonés y luego al de Castill. Se constituyó en com. autón. en 1982.

CANTÁBRICA, *cordillera* Macizo montañoso del N de España. Alt. máx.: Peña Cerredo (2 648 m).

CANTÁBRICO, *mar* Parte del océano Atlántico, al N de España y O de Francia.

CÁNTABRO, BRA adj. y s. De Cantabria. ◊ *Hist.* Individuo de un ant. pueblo celtíbero del N de España.

CANTAR intr. y tr. Formar con la voz sonidos melodiosos y variados. ◊ intr. Producir algunos insectos sonidos es-

tridentes, haciendo vibrar ciertas partes de su cuerpo. ◊ fig. y fam. Descubrir o confesar lo secreto. ◊ m. Copla breve o composición poética puesta en música para cantarse, o adaptable a alguno de los aires populares. ◊ **de gesta.** Nombre con que se conocen los poemas épicos medievales, que narran hechos de personajes históricos o legendarios. ❑ CANTADOR, RA; CANTANTE.

CANTAR de Mio Cid El más antiguo cantar de gesta en lengua cast. que se conoce, compuesto h. 1140. ◊ **De los cantares** Libro poético y didáctico del A. T., atribuido al rey Salomón.

CÁNTARA f. Medida de capacidad para líquidos, equivalente a 1 613 cl. ◊ Cántaro.

CÁNTARO m. Vasija grande de barro ancha de barriga y estrecha de pie y cuello, gralte. con una o dos asas. ◊ Medida para líquidos.

CANTATA f. *Mús.* Composición para una o varias voces con acompañamiento.

CANTE m. Canto, especialmente el popular.

CANTERA f. Sitio donde se saca piedra, greda u otro material análogo para obras varias. ◊ fig. Talento, ingenio y capacidad que muestra alguna persona.

CANTERAC, *José* (1786-1835) Militar esp. Jefe de Estado Mayor en Perú, conquistó La Paz. Fue derrotado por Sucre en Ayacucho (1824).

Antonio **Cánovas del Castillo**

CANTERBURY C. de Gran Bretaña (Inglaterra); 33 000 hab. Sede del arzobispo primado y centro religioso del país.

CANTERÍA f. Arte de labrar las piedras para las construcciones. ◊ Obra hecha de piedra labrada. ◊ Porción de piedra labrada.

CANTERO m. El que labra las piedras para las construcciones. ◊ Extremo de algunas cosas duras que se pueden partir con facilidad.

CÁNTICO m. Cada una de las composiciones poéticas de los libros sagrados y los litúrgicos que se dan gracias o tributan alabanzas a Dios.

CANTIDAD f. Todo lo que es capaz de medirse o numerarse. ◊ Porción grande de alguna cosa. ◊ Porción indeterminada de dinero. ◊ *Fil.* Una de las ca-

Mario Moreno **Cantinflas**

tegorías fundamentales que se relacionan con la sustancia.

CANTIGA o **CÁNTIGA** (voz gallegoportuguesa) f. *Lit.* Composición poética gallegoportuguesa. Alcanza su máx. esplendor en las *Cantigas de Santa María*, de Alfonso X el Sabio.

CANTILENA o **CANTINELA** f. Cantar, copla, composición poética breve, hecha para que se cante. ◊ fig. y fam. Repetición molesta de alguna cosa.

CÁNTILEVER (voz ing.) m. *Aut.* Sistema de suspensión mediante ballestas fijas al chasis por uno de sus extremos. ◊ *Const.* Puente metálico cuyas vigas prales. se prolongan en voladizo.

CANTIMPLORA f. Vasija de metal para enfriar el agua. ◊ Recipiente aplanado, para llevar la bebida.

CANTINA f. Sótano donde se guarda el vino para el consumo de la casa. ◊ Puesto público en que se venden bebidas y algunos comestibles. ❑ CANTINERO, RA.

CANTINFLAS Seudónimo de *Mario Moreno* (1911-1993) Actor cinematográfico mex. Creó un personaje cómico, representativo del «pelado» de su país. *Abajo el telón, Ahí está el detalle.*

CANTO m. Acción y efecto de cantar. ◊ Arte de cantar. ◊ Poema corto del gén. heroico. ◊ También se llama así a otras composiciones de distinto gén. ◊ Composición lírica, genéricamente hablando. ◊ Cada una de las partes en que se divide el poema épico. ◊ *Mús.* Parte melódica que da carácter a una pieza de música concertante. ◊ Extremidad, punta, esquina o remate de alguna cosa. ◊ Cantón, esquina. ◊ En el cuchillo, o en el sable, lado opuesto al filo. ◊ Corte del libro, opuesto al lomo. ◊ Trozo de piedra. ◊ **rodado.** Piedra alisada y redondeada a fuerza de rodar impulsada por las aguas. ❑ CANTAZO.

CANTÓN m. Esquina de las paredes de una casa. ◊ División administrativa de ciertos países.

CANTÓN (chino, *Guangzhou*; ing., *Kuangchou*) C. de la China meridional; 3 120 000 hab. Cap. de la prov. de Kuangtung. Puerto sobre el r. Chukiang. Centro comercial e industrial.

CANTONALISMO m. Sistema político que aspira a dividir el Estado en cantones casi autónomos. ❑ CANTONALISTA.

CANTONERA f. Pieza que se pone en esquinas de libros, muebles, etc., como refuerzo o adorno. ◊ Rinconera, mesilla.

CANTOR, RA adj. Que tiene por oficio cantar.

CANTOR, Georg Ferdinand (1845-1918) Matemático al. Creó la teoría de conjuntos, que constituye el lenguaje en el que se formula la matemática actual.

CANTORAL m. Libro de coro.

CANTÙ m. *Perú.* Planta de flores muy hermosas, usada para teñir de amarillo.

CANTÚ, Cesare (1804-1895) Historiador y político it. Miembro de la «Joven Italia». *Historia universal.*

CANTURREAR intr. fam. Cantar a media voz. ❏ CANTURREO.

CÁNULA f. Caña pequeña. ◊ Tubo usado en cirugía o que forma parte de aparatos físicos o quirúrgicos. ◊ Tubo terminal o extremo de las jeringas. ❏ CANULAR.

CANUTO m. En las cañas, parte que media entre nudo y nudo. ◊ Trozo de tubo. ◊ *Amér.* Mango de la pluma de escribir.

CANUTO I *(Knut) el Grande* (995-1035) Rey de Dinamarca [1018], Inglaterra [1017] y Noruega [1028]. Reconquistó el trono ing. ◊ **II** *(Knut) el Santo* (1040-1068) Rey de Dinamarca. Reafirmó la autoridad real y concedió privilegios a la Iglesia. Es el patrón de Dinamarca.

CAÑA f. Tallo de las plantas gramíneas. ◊ Nombre común de distintas plantas gramíneas de tallo leñoso, hueco y flexible, hojas anchas, y flores en panojas. ◊ Canilla del brazo o de la pierna. ◊ Tuétano de los huesos. ◊ Parte de la bota que cubre la pierna. ◊ *Arq.* Fuste de la columna. ◊ **de azúcar.** Planta gramínea, originaria de la India, con el tallo leñoso, hojas largas y flores purpúreas en panoja piramidal; el tallo contiene un tejido del que se extrae azúcar. ◊ **de Indias** o **de Bengala.** Cañacoro. ◊ **de pescar.** La que sirve para pescar, y va provista de un sedal en cuyo extremo se coloca el anzuelo. ◊ **dulce** o **melar.** Caña de azúcar. ❏ CAÑAVERAL; CAÑIZAL o CAÑIZAR.

CAÑACORO m. Planta herbácea, con hojas puntiagudas y flores encarnadas.

CAÑADA f. Espacio de tierra entre dos alturas poco distantes entre sí. ◊ Vía para los ganados trashumantes.

Caña de Indias

CAÑAFÍSTOLA f. Árbol, propio de los países intertropicales, con tronco ceniciento y ramoso, hojas compuestas, flores amarillas, y vainas que contienen una pulpa que se usa en medicina. ◊ Fruto de este árbol.

CAÑAHEJA f. Planta umbelífera, de tallo recto, cilíndrico, hojas divididas en tiras y flores amarillas, del cual se extrae una gomorresina.

CAÑAL m. Cañaveral. ◊ Cerco de cañas hecho en los ríos para pescar.

CAÑAMAZO m. Estopa de cáñamo. ◊ Tela tosca de cáñamo. ◊ Tela de tejido ralo, dispuesta para bordar en ella con seda o lana de colores.

CAÑAMELAR m. Plantío de cañas de azúcar.

CÁÑAMO m. *Bot.* Planta anual de tallo erguido, ramoso, hueco y velloso, del cual se obtienen fibras usadas para fabricar tejidos o cuerdas. ◊ Filamento textil de esta planta. ◊ *Amér.* Nombre que se da a varias plantas textiles. ◊ **índico.** Variedad de c. usada para obtener preparados narcóticos (kif, hachís, etc.).

CAÑAMÓN m. Simiente del cáñamo, con núcleo blanco, redondo, cubierto de una corteza gris.

CAÑAR Prov. de Ecuador, en el sector de la Sierra o región andina; 3 122,1 km², 189 347 hab. Cap., Azogues. Al NE se alza el cerro de Ñaupaín (4 329 m). Ind. alimentarias (azúcar, alcohol), del cemento, artesanía y turismo.

CAÑARÍ adj. y s. Individuo de un pueblo amerindio del S de Ecuador del que proceden, en parte, los campesinos de la prov. de Cañar.

CAÑAS, José María (1809-1860) Militar salv. Luchó por la Federación Centroamericana. ◊ **Juan José** (1826-1918) Militar, político y poeta salv. *Días de días.* ◊ **Y Villacorta, José Simeón** (1767-1838) Religioso salv. Miembro de la Asamblea Constituyente de las provincias del Centro de América, hizo aprobar la ley abolicionista.

CAÑERÍA f. Tubería para conducir agua o gas.

CAÑINQUE adj. *Amér.* Enclenque.

CAÑIZA adj. Se dice de la madera que tiene la veta a lo largo.

CAÑIZO m. Tejido hecho con cañas partidas longitudinalmente.

CAÑO m. Tubo corto. ◊ En el órgano, conducto del aire que produce el sonido.

CAÑÓN m. Pieza hueca y larga. ◊ Parte córnea y hueca de la pluma del ave. ◊ Pluma del ave, cuando empieza a nacer. ◊ *Mil.* Pieza de artillería. ◊ Tubo de la escopeta o del fusil. ◊ Paso estrecho entre montañas. ◊ *Col.* Tronco de un árbol. ◊ *Perú.* Camino. ❏ CAÑONAZO; CAÑONEAR.

CAÑONERA f. Tronera, abertura para disparar el cañón.

CAÑONERO, RA adj. Aplícase a los barcos o lanchas que montan algún cañón. ◊ m. *Mil.* Buque de guerra cuyo armamento básico estaba constituido por el cañón.

CAÑUTILLO m. Cuenta de vidrio alargada y fina empleada en pasamanería. ◊ Hilo de oro o de plata rizado para bordar.

CAÑUTO m. En las cañas, sarmientos, etc., parte intermedia entre nudo y nudo. ◊ Canuto. ◊ fig. y fam. Soplón.

Masa terrosa de **caolinita**

CAOBA f. *Bot. Amér.* Árbol de tronco recto y grueso, cuya madera es usada en ebanistería. ◊ Madera de este árbol.

CAOLÍN m. Roca sedimentaria constituida por minerales de arcilla, entre los que predomina la caolinita. Se emplea para fabricar porcelanas.

CAOLINITA f. Filosilicato de aluminio de color blanco y brillo perlado; untuosa al tacto. Es componente fundamental de ciertas arcillas.

CAONABÓ (m. 1496) Cacique de La Española. Destruyó el Fuerte Navidad, primer establecimiento esp. en América.

CAOS m. En las cosmogonías ant., confusión de todos los elementos antes de que fueran separados y ordenados para constituir el universo. ◊ fig. Confusión. ❏ CAÓTICO, CA.

CAPA f. Prenda de abrigo, sin mangas, que cubre desde el cuello, ensanchándose gradualmente hacia la parte inferior. ◊ Trozo de tela roja que usan los toreros durante la lidia. ◊ Sustancia que se sobrepone en una cosa para cubrirla o bañarla. ◊ Porción de algunas cosas que están extendidas unas sobre otras. ◊ Hoja de tabaco que se destina a envolver la tripa, formando el cigarro puro. ◊ fig. Pretexto con que se encubre un designio. ◊ fig. Estamento social. ◊ *Geol.* Estrato, terreno sedimentario. ◊ **pluvial.** La que se usa en ciertos actos de culto divino.

CAPABLANCA, José Raúl (1888-1942) Ajedrecista cub. Campeón del mundo (1921-1927).

CÁPAC Yupanqui (s. XIII) Quinto soberano inca. Sucedió a Mayta Cápac y ensanchó sus dominios hasta el Apurímac.

CAPACHO m. Espuerta de juncos o mimbres. ◊ Media sera de esparto que sirve para varios usos. ◊ Espuerta que usan los albañiles.

CAPACIDAD f. Espacio vacío de alguna cosa, suficiente para contener otra u otras. ◊ Extensión o espacio de algún sitio o local. ◊ Volumen interno de un recipiente. ◊ Aptitud o suficiencia para alguna cosa. ◊ *Der.* Aptitud jurídica para ejercitar un derecho o una función civil, política o administrativa. ◊ **calorífica.** *Fís.* Cantidad de calor necesaria para aumentar en 1 °C la temperatura de un cuerpo. ❑ CAPAZ.

CAPACITAR tr. y prnl. Hacer a uno apto, habilitarle para alguna cosa. ◊ Facultar o comisionar a una persona para hacer algo. ❑ CAPACITACIÓN.

CAPADOCIA Ant. región de Asia Menor. Perteneció a hititas y persas. En el 17 d. C., se convirtió en prov. romana (Cesarea).

CAPAR tr. Extirpar o inutilizar los órganos genitales. ◊ fig. Disminuir o cercenar.

CAPARAZÓN m. Cubierta que se pone encima de algunas cosas para su protección. ◊ Zool. Cubierta coriácea, ósea o caliza que protege las partes blandas del cuerpo de los insectos, arácnidos, quelonios y crustáceos.

CAPARRO m. Perú y Ven. Mono lanoso de pelo blanco.

CAPATAZ m. El que dirige a los operarios.

CAPAZO m. Espuerta grande.

CAPCIOSO, SA adj. Falso, engañoso. ◊ Díc. de las preguntas, argumentaciones, sugerencias, etc., que se hacen para arrancar al contrincante o interlocutor una respuesta que pueda comprometerlo, o que favorezca propósitos de quien las formula. ❑ CAPCIOSIDAD.

CAPDEVILA, Arturo (1889-1967) Escritor arg., autor de poesías (El libro de la noche, Melpómene), ensayos y estudios literarios.

CAPEAR tr. Hacer suertes con la capa al toro o novillo. ◊ fig. y fam. Entretener a uno con engaños o evasivas. ◊ fig. y fam. Eludir un compromiso o trabajo ingratos. ◊ Mar. Sortear el mal tiempo con adecuadas maniobras. CAPEA; CAPEADOR; CAPEO.

CAPEK, Karel (1890-1938) Escritor checo. Autor de novelas (Calvarios, Historias penosas, La fábrica del absoluto) y de la pieza teatral R. U. R.

Cápac Yupanqui

CAPELLÁN m. El que obtiene alguna capellanía. ◊ Sacerdote que dice misa en una capilla privada y está a sueldo de una corporación o de un particular.

CAPELLANÍA f. Fundación en la cual ciertos bienes quedan sujetos al cumplimiento de misas y otras cargas pías.

CAPELLINA f. Pieza de la armadura que cubría la parte superior de la cabeza. ◊ Capucha que usaban algunos campesinos. ◊ Cir. Vendaje en forma de gorro.

CAPELO m. Sombrero rojo de los cardenales. ◊ fig. Dignidad de cardenal.

CAPERUZA f. Bonete que remata en punta.

CAPETO Tercer linaje real de Francia (987-1328), fundado por Hugo Capeto.

CAPI m. Amér. Merid. Maíz. ◊ Chile. Vaina tierna de simiente.

CAPIA f. Argent., Col. y Perú. Variedad de maíz blanco. ◊ Argent. y Col. Dulce de maíz.

CAPIBARA m. Amér. Carpincho, roedor.

CAPICÚA m. Número que se lee lo mismo de derecha a izquierda que de izquierda a derecha.

CAPILAR adj. Relativo al cabello. ◊ Díc. de los fenómenos producidos por la capilaridad. ◊ adj. y m. Anat. Cada uno de los vasos sanguíneos microscópicos, de pared permeable, que comunican las arteriolas con las vénulas.

CAPILARIDAD f. Calidad de capilar. ◊ Fís. Fenómeno que consiste en la elevación o el descenso del nivel de un líquido en el interior de un tubo capilar sumergido en el mismo.

CAPILLA f. Edificio contiguo a una iglesia, o parte integrante de ella, con altar y advocación particular. ◊ Oratorio portátil de los regimientos y otros cuerpos militares. ◊ Oratorio de las casas particulares. ◊ fig. y fam. Pequeño grupo de adictos a uno o a una idea. ◊ **ardiente.** fig. Cámara donde se vela o tributan honras a un cadáver.

CAPIROTAZO m. Golpe que se da haciendo resbalar con violencia, sobre la yema del pulgar, el envés de la última falange de otro dedo de la misma mano.

CAPIROTE adj. Díc. de la res vacuna de distinto color en la cabeza que en el resto del cuerpo. ◊ Muceta de los doctores de cada facultad. ◊ Cucurucho cubierto de tela, que se usa en procesiones. ◊ Caperuza de cuero que se pone a las aves de cetrería. ◊ Capirotazo.

CAPITAL adj. Relativo a la cabeza. ◊ Aplícase a los siete pecados o vicios que son cabeza u origen de otros. ◊ Díc. de la población pral. y cabeza de un estado, prov. o distrito. ◊ fig. Pral. o muy grande. ◊ Díc. de la letra mayúscula. ◊ m. Hacienda, caudal, patrimonio. ◊ Econ. Valor permanente de lo que ocasiona rentas, intereses o frutos. ◊ Econ. Elemento o factor de la producción, formado por la riqueza acumulada, que en cualquier aspecto se destina de nuevo a aquélla en unión del trabajo y de los agentes naturales. ❑ CAPITALIDAD; CAPITALINO, NA.

CAPITAL, El Obra fundamental de K. Marx, editado por F. Engels (1867-1894). Es un exhaustivo análisis del sistema capitalista.

CAPITALISMO m. Sist. económico y político basado en el predominio del capital como factor de producción y creador de riqueza, y cuyos fundamentos son la propiedad privada de los medios de producción y la libertad del mercado. ❑ CAPITALISTA.

CAPITALIZAR tr. Econ. Convertir en capital. ◊ fig. Convertir en beneficioso determinado hecho por parte de una persona u organización. ❑ CAPITALIZACIÓN.

CAPITÁN m. Mil. Oficial del ejército,

a quien reglamentariamente corresponde el mando de una compañía, escuadrón, batería o unidad similar. ◊ El que manda un buque mercante de altura. Antiguamente, solía llamarse así al comandante del barco de guerra. ◊ Genéricamente, caudillo militar. ◊ Jefe de un grupo de gente, equipo deportivo, etc. ❑ CAPITANÍA.

CAPITÁN PRAT Prov. del S de Chile, en la región Aisén del General Carlos Ibáñez del Campo; 2 900 hab. Cap., Cochrane.

CAPITANA f. Mil. Nave en que va embarcado el jefe de una escuadra. ◊ fam. Mujer que es cabeza de una tropa.

CAPITANEAR tr. Mandar tropa. ◊ fig. Mandar gente, aunque no sea militar ni armada.

CAPITEL m. Arq. Parte superior de la columna, decorada según el orden arquitectónico a que corresponda. La arq. gr. creó tres tipos de c.: el dórico, el jónico y el corintio. Los rom. añadirían el toscano y el compuesto.

CAPITOLIO m. Edificio majestuoso y elevado. ◊ Arqueol. Acrópolis.

CAPITOLIO (latín, Mons Capitolinus) Una de las 7 colinas de la ant. Roma, sede de los templos de Júpiter y Minerva.

CAPITOLIO Edificio de Washington, que aloja el Senado y la Cámara de Representantes.

Vista del **Capitolio** de Washington

CAPITULACIÓN f. Convenio, pacto. ◊ Mil. Convenio en que se estipula la rendición de un ejército, plaza o punto fortificado. ◊ pl. Der. Conciertos que se hacen entre los futuros esposos.

CAPITULAR adj. Relativo a un cabildo secular o eclesiástico o al capítulo de una orden. ◊ intr. Pactar, hacer algún ajuste. ◊ Entregarse una plaza de guerra o un cuerpo de tropas bajo determinadas condiciones.

CAPÍTULO m. Junta que celebran los canónigos y clérigos. ◊ Cada una de las divisiones que se hacen en un libro o escrito. ◊ Bot. Inflorescencia de las flores sésiles dispuestas sobre un eje muy corto y más o menos dilatado.

CAPÓ m. Cubierta del motor de un automóvil o avión.

CAPÓN adj. y m. Díc. del hombre y del animal castrado. ◊ m. Pollo que se castra cuando es pequeño, y se ceba. ◊ Haz de sarmientos. ◊ fam. Golpe dado en la cabeza con el nudillo del dedo.

CAPONE, Alphonse, llamado Al (1899-1947) Gángster norteam. de origen it. Durante la Ley Seca se enriqueció con el contrabando de bebidas alcohólicas.

CAPORAL m. Capataz. ◊ *Mil.* Cabo de escuadra.

CAPORETTO Ant. pob. it. (actual *Kobarid,* en Eslovenia), donde, en 1917, tropas it. fueron derrotadas frente a los ejércitos austroalemanes.

CAPOTA f. Tocado femenino, ceñido a la cabeza y sujeto con cintas por debajo de la barba. ◊ Cubierta plegadiza que llevan algunos carruajes y automóviles.

CAPOTAR intr. Volcar un vehículo automóvil quedando en posición invertida, o dar con la proa en tierra un aparato de aviación.

CAPOTAZO m. Suerte del toreo hecha con el capote para ofuscar o detener al toro.

CAPOTE m. Capa con mangas y poco vuelo. ◊ *Mil.* Especie de gabán ceñido al cuerpo y con largos faldones. ◊ *Taur.* Capa corta, ligera, que usan los toreros para la lidia.

CAPOTE, Truman (1924-1984) Novelista norteam. *Otras voces, otros ámbitos, A sangre fría.*

CAPOTEAR tr. Capear al toro de lidia. ◊ fig. Capear, entretener con engaños. ◊ fig. Evadir mañosamente las dificultades y compromisos. ❏ CAPOTEO.

CAPRA, Frank (1897-1991) Director de cine norteam., de origen it., uno de los creadores de la comedia americana. *Sucedió una noche, ¡Qué bello es vivir!*

CAPRI Isla de Italia, en el golfo de Nápoles; 10,36 km², 8 500 hab. Centro turístico.

CAPRICHO m. Deseo irreflexivo. ◊ Obra de arte llena de ingenio. ◊ Deseo vehemente. ❏ CAPRICHOSO, SA.

CAPRICORNIO m. *Astr.* Signo y constelación zodiacales.

CAPSIENSE adj. y m. Cultura que se desarrolló en el NO de África durante el paleolítico superior y el mesolítico, caracterizada por el desarrollo del trabajo del sílex.

Frank **Capra**

Capullo abierto de gusano de seda

CÁPSULA f. Casquete de estaño con que se cierran herméticamente las botellas después de llenas y taponadas con corcho. ◊ En las armas de fuego, cilindro metálico hueco que contiene el fulminante. ◊ *Anat.* Membrana en forma de saco cerrado, que se encuentra en las articulaciones y en otras partes del cuerpo. ◊ *Astron.* Habitáculo hermético donde se coloca la tripulación, animales, instrumentos de investigación y control, etc. ◊ *Bot.* Fruto seco y hueco, que contiene las semillas. ◊ *Farm.* Envoltura insípida y soluble de ciertos medicamentos desagradables al paladar. ❏ CAPSULAR.

CAPTAR tr. y prnl. Atraer a sí. ◊ tr. Percibir por los sentidos. ◊ Recibir imágenes, ondas, etc. ◊ Entender, comprender. ◊ Recoger convenientemente las aguas minerales de un manantial. ❏ CAPTACIÓN; CAPTADOR, RA; CAPTOR, RA.

CAPTURA f. Acción y efecto de capturar. ◊ Fenómeno consistente en la captación de las aguas de un río por las de otro que se ha introducido en su vertiente al efectuar una erosión remontante.

CAPTURAR tr. Prender, apresar. ◊ Cazar o pescar.

CAPUCHA f. Especie de capilla unida a varias prendas de vestir. ◊ Capucho.

CAPUCHINO, NA adj. y s. *Rel.* Religioso descalzo de la orden de San Francisco. ◊ m. *Amér. Centr.* y *Perú.* Especie de mono de la familia cébidos. ◊ f. *Bot.* Planta trepadora ornamental originaria del Perú, de tallos sarmentosos, hojas alternas y flores en forma de capucha.

CAPUCHO m. Pieza del vestido, que sirve para cubrir la cabeza.

CAPUCHÓN m. Capucha grande. ◊ Manto con capucho. ◊ Dominó corto. ◊ Cubierta de la pluma estilográfica, bolígrafo, etc.

CAPULÍ m. *Amér.* Árbol rosáceo, de unos 15 m de alt.

CAPULINA f. *Amér.* Fruto del capulí.

CAPULLO m. Envoltura en la que se encierran algunas orugas para transformarse en mariposas. ◊ Yema floral cuando está próxima a abrirse. ◊ Cascabillo de la bellota. ◊ fig. y fam. Glande.

CAQUETÁ Dpto. del SE de Colombia; 88 965 km², 446 084 hab. Cap., Florencia. Al O se encuentra la cord. oriental Andina; el resto se extiende sobre la llanura amazónica. Arroz, plátano, caña de azúcar. Ganadería. Explotación fo-

restal. ◊ R. de América del Sur, afl. izquierdo del Amazonas, que discurre entre Colombia y Brasil; 2 200 km.

CAQUEXIA f. *Bot.* Decoloración de las partes verdes de las plantas por falta de luz. ◊ *Med.* Estado de trastorno constitucional profundo que produce un extremado adelgazamiento.

CAQUI m. *Bot.* Árbol frutal, originario del Japón. ◊ Tela de algodón o de lana, cuyo color varía, desde el amarillo al ocre al verde gris. ◊ adj. y m. Díc. del color de esta tela.

CARA f. *Anat.* Parte anterior de la cabeza, desde el principio de la frente hasta la punta de la barba. Se dice, p. ext., de algunos animales. ◊ Semblante, manifestación de afecto. ◊ Fachada o frente de alguna cosa. ◊ Superficie de alguna cosa. ◊ Anverso de las monedas. ◊ *Geom.* Cada plano de un ángulo diedro o poliedro. ◊ *Geom.* Cada una de las superficies que forman o limitan un poliedro. ◊ adv. lugar. Hacia.

CARABAO m. Rumiante parecido al búfalo, de color gris azulado y cuernos largos.

CARABA f. En algunas partes, reunión de campesinos en las fiestas y ratos de ocio.

CARABAYLLO Mun. de Perú, en el dpto. de Lima; 53 100 hab. Algodón.

CARABELA f. *Ant.* embarcación de vela, de tres palos, muy ligera, larga y angosta.

CARABINA f. Arma de fuego, portátil, menor que el fusil. ◊ fig. y fam. Mujer que hacía de acompañante de una joven.

CARABINERO m. Soldado destinado a la persecución del contrabando.

CÁRABO m. Embarcación pequeña, de vela y remo, usada por los moros. ◊ *Zool.* Autillo, ave nocturna.

CARABOBO Est. del N de Venezuela, en la costa del mar Caribe; 4 650 km², 1 558 608 hab. Cap., Valencia. Accidentado por la cord. de la Costa y la Serranía del Interior al SE. Algodón, tabaco, café, cacao, maíz, patatas. Ind. textil, química, alimentaria. C. pral.: Puerto Cabello. ◊ **Batallas de C.** En la guerra de independencia amer., enfrentamientos (1814 y 1821) entre los patriotas de Bolívar y las tropas realistas, que fueron vencidas.

CARACAL m. Especie de lince, muy feroz.

CARACALLA, Marco Aurelio (188-217) Emperador rom. (211-217). Promulgó la Constitución Antoniniana (212), que confirió la ciudadanía rom. a todas las prov. del Imperio.

CARACARÁ m. *Argent., Par.* y *Ur.* Ave falconiforme, de color pardo, con alas y cola blanquecinas y pico y garras fuertes.

CARÁ-CARÁ com. *Argent.* Indígena de una tribu que habitaba en la isla de la laguna Iberá, prov. de Corrientes.

CARACAS m. Cacao de la costa de Caracas.

CARACAS Cap. de Venezuela, sit. en el valle hom. de la cord. de la Costa; 3 373 100 hab. Centro com. y financiero. Ind. de la construcción, textil, del calzado, metalúrgica, automovilística, química, alimentaria; fabricación de electrodomésticos, artículos de cuero, etc. Aeropuerto. Universidad. Catedral de Santa Ana (1614), convento de San

Concha de **caracola**

Francisco. Fundada por Diego Losada en 1567, fue, a partir de 1810, el centro del mov. de indep.

CARACOL m. *Zool.* Molusco de concha espiraliforme. ◊ Concha de caracol. ◊ *Anat.* Una de las tres cavidades que constituyen el laberinto del oído, que tiene la forma de un cono hueco en espiral. ◊ Pieza del reloj, cónica, con un surco en el cual se enrosca la cuerda. ◊ Rizo de pelo.

CARACOLA f. Molusco marino, gralte. de gran tamaño.

CARACOLADA f. Guisado de caracoles.

CARACOLILLO m. *Amér. Merid.* Planta de flores grandes, blancas y azules, aromáticas y enroscadas. ◊ Café de grano más pequeño y redondo que el común.

CARÁCTER m. Señal o marca que se imprime, pinta o esculpe en alguna cosa. ◊ Signo de escritura. Se usa más en pl. ◊ *Rel.* Señal espiritual que imprimen algunos sacramentos. ◊ Índole, condición, conjunto de rasgos o circunstancias con que se da a conocer una cosa, distinguiéndose de las demás. ◊ Modo de ser peculiar y privativo de cada persona. ◊ Fuerza y elevación de ánimo, firmeza, energía. ◊ Natural o genio.

CARACTERÍSTICO, CA adj. Relativo al carácter. ◊ adj. y s. Cualidad que da carácter o sirve para distinguir a una persona o cosa de sus semejantes. ◊ m. y f. Actor o actriz que incorporan personajes típicos.

CARACTERIZAR tr. Determinar los atributos peculiares de una persona o cosa, de modo que claramente se distinga de las demás. ◊ prnl. Pintarse la cara o vestirse el actor conforme al tipo o figura que ha de representar.

CARACTEROLOGÍA f. Parte de la psicología que estudia el carácter y personalidad del hombre. ❏ CARACTEROLÓGICO, CA.

CARACÚ m. *Amér.* Hueso con tuétano que se echa en algunos guisos.

CARACUL adj. Variedad de ganado ovino procedente de Asia central, de pelo rizado y cola ancha.

CARADURA adj. y s. Desvergonzado.

CARAFFA, Emilio (1862-1939) Pintor arg. *El paso del Paraná por el general Urquiza*; decoraciones de la catedral de Córdoba.

CARAJÁ adj. y s. Individuo de la tribu bras. de este nombre. ◊ m. pl. Tribu que habita en las orillas del río Araguaya, en los est. bras. de Pará y Piauí.

CARAJO m. vulg. Pene. Se usa como interjección.

CARAMANCHEL m. *Col.* Tugurio, chiribitil. ◊ *Perú.* Cobertizo.

¡CARAMBA! f. Interj. con que se expresa extrañeza, enfado o admiración.

CARÁMBANO m. Pedazo de hielo que cuelga de una gotera.

CARAMBOLA f. Lance del juego de billar en que la bola atacada toca a las otras dos. ◊ fig. y fam. Doble resultado que se alcanza mediante una sola acción. ◊ fig. y fam. Casualidad, azar.

CARAMELO m. Pasta de azúcar hecho almíbar al fuego y endurecido sin cristalizar al enfriarse.

CARAMILLO m. Flautilla de caña, madera o hueso, con sonido muy agudo. ◊ Zampoña, especie de flauta. ◊ fig. Chisme.

CARAN d'Ache Seud. de *Emmanuel Poiré* (1859-1909) Dibujante fr., creador del género periodístico de las «historietas sin palabras».

CARANDAÍ m. *Argent.* Palmera usada en construcción y en cestería, y que produce cera.

CARANDE, Ramón (1887-1986) Historiador y economista esp. *Carlos V y sus banqueros.*

CARANTOÑA f. fam. Halago y caricia que se hacen a uno para conseguir de él alguna cosa. ❏ CARANTOÑERO, RA.

CARAO m. *Amér. Centr.* Árbol copado y alto que da flores en racimos rosados y un fruto leñoso.

CARAPA f. *Amér.* Planta meliácea, de la cual los indígenas extraían un aceite que, mezclado con bija, les servía para teñirse el cuerpo.

CARAPACHO m. Caparazón que cubre las tortugas, los cangrejos, etc.

¡CARAPE! interj. ¡Caramba!

CARAQUEÑO, ÑA adj. y s. De Caracas.

CARÁTULA f. Careta, máscara o mascarilla. ◊ *Amér.* Portada de un libro.

CARAU m. *Argent.* Ave zancuda, de pico largo y encorvado, y color castaño.

CARAVAGGIO, Michelangelo Merisi, llamado (1573-1610) Pintor barroco it. Creador de un realismo impregnado de fuerte patetismo. *Descanso en la huida a Egipto, La Virgen muerta.*

CARAVANA f. Grupo de personas, mercaderes, peregrinos, etc., que atraviesa el desierto. ◊ Hilera de coches que se forma en una carretera cuando el tráfico es intenso. ❏ CARAVANERO.

¡CARAY! interj. ¡Caramba!

CARAZO Dpto. del O de Nicaragua, a orillas del Pacífico, 1 081,40 km², 167 811 hab. El interior está formado por altiplanicies y la costa por una llanura. Café, caña de azúcar, arroz. C. prales.: la cap., Jinotepe, y Diriamba.

CARAZO, Evaristo (1822-1889) Mil. y político nic. Presid. de la rep. (1887-1889). ◊ **Odio, Rodrigo** (n. 1926) Político cost. Creó el Partido de Renovación Nacional y fue presid. de la rep. (1978-1982)

CARBALLIDO, Emilio (n. 1925) Escritor mex. *Las visitaciones del diablo* (novela), *Felicidad* (teatro).

CARBOHIDRATO m. *Quím.* Glúcido.

CARBÓN m. *M. prima.* Materia sólida, ligera, negra y muy combustible, que resulta de la destilación o de la combustión incompleta de la leña o de la descomposición natural incompleta de otros cuerpos orgánicos. ◊ Carboncillo. ◊ Enfermedad de las plantas gramíneas producida por hongos. ◊ **de piedra** o **mineral.** Sustancia fósil, dura, bituminosa y térrea, de color oscuro o casi negro, que resulta de la descomposición lenta de la materia leñosa. Está compuesto principalmente por carbono, hidrógeno, oxígeno y nitrógeno. Se distinguen cuatro tipos: turba, lignito, hulla y antracita. ◊ **vegetal.** El de leña. ❏ CARBONERÍA; CARBONOSO, SA.

CARBONADO m. Diamante negro.

CARBONAR tr. y prnl. Hacer carbón.

CARBONARIO, RIA adj. y s. Díc. de la sociedad secreta it. del s. XIX, que se proponía derrocar las monarquías sostenidas por la Santa Alianza y la unificación de Italia. El mov. se extendió a Francia y España. ◊ CARBONARISMO.

CARBONATO m. *Quím.* Sal resultante de la combinación del ácido carbónico con un radical simple o compuesto.

CARBONCILLO m. Palillo de brezo, sauce, etc., que, carbonizado, sirve para dibujar.

CARBONEAR tr. Hacer carbón de leña.

CARBONERA f. Pila de leña cubierta de arcilla, que se quema con combustión incompleta por falta de oxígeno, para obtener carbón vegetal. ◊ Lugar donde se guarda carbón. ◊ *Col.* Mina de hulla.

Carátula teatral en un mosaico romano del s. II.

CARBONERO, RA adj. Relativo al carbón. ◊ m. El que hace o vende carbón. ◊ *Zool.* Ave paseriforme de pequeño tamaño, pico negro y plumaje vistoso.

CARBÓNICO, CA adj. *Quím.* Que contiene carbono. ◊ *Biol.* y *Quím.* Díc. del ácido débil de fórmula CO_3H_2 y del anhídrido o dióxido de fórmula CO_2. El anhídrido c. es un gas incoloro que está presente en el aire en proporción de un 0,3 por 1000. Se produce en la respiración, fermentaciones, putrefacciones y combustiones. Se emplea para la preparación de bebidas gaseosas y de mezclas frigoríficas.

CARBONÍFERO, RA adj. Díc. del terreno que contiene carbón mineral. ◊ adj. y m. *Geol.* Relativo al periodo durante el cual se formaron las masas de carbón mineral. ◊ m. Quinto periodo de la era primaria, al que corresponde la aparición de los primeros reptiles y el plegamiento herciniano.

Vista de las murallas que rodean
Carcasona

CARBONILLA f. Carbón mineral menudo que suele quedar al mover el grueso. ◊ Residuo menudo del carbón quemado.

CARBONILO m. *Quím*. Óxido de carbono considerado como radical divalente, llamado también grupo ceto.

CARBONIZAR tr. y prnl. Reducir a carbón un cuerpo orgánico. ◊ tr. Destilar carbón, madera u otras sustancias orgánicas. ❑ CARBONIZACIÓN.

CARBONO m. *Quím*. Elemento químico de símb. C, n. a. 6 y p. a. 12,0111. Se encuentra libre en la naturaleza, cristalizado (diamante, grafito) o amorfo (carbones minerales). La capacidad de los átomos de c. de unirse entre sí formando compuestos de elevado peso molecular es la base de la vida.

CARBORUNDO m. Carburo de silicio de gran dureza obtenido por calentamiento en un horno eléctrico de una mezcla de carbón y sílice. Se emplea para pulimentar y para dar resistencia a materiales refractarios.

CARBOXILO m. *Quím*. Radical orgánico monovalente formado por un átomo de carbono, dos de oxígeno y uno de hidrógeno. ❑ CARBOXÍLICO, CA.

CARBUNCLO m. *Miner*. Carbúnculo, variedad del corindón, de color rojo oscuro. Muy estimado en joyería. ◊ Carbunco.

CARBUNCO m. Enfermedad virulenta y contagiosa del ganado, que puede transmitirse al hombre.

CARBÚNCULO m. Rubí.

CARBURADOR m. *Aut*. Dispositivo del sistema de alimentación de los automóviles que mezcla la gasolina con el aire para formar la mezcla carburante.

CARBURANTE m. *Aut*. Mezcla de hidrocarburos que se emplea en los motores de explosión o de combustión interna.

CARBURAR tr. *Quím*. Mezclar los gases o el aire atmosférico con los carburantes gaseosos o con los vapores de los carburantes líquidos, para hacerlos combustibles o detonantes. ❑ CARBURACIÓN.

CARBURO m. *Quím*. Combinación del carbono con otro elemento químico.

CARCA adj. y s. despect. Carlista. ◊ fam. Extremadamente conservador.

CARCAJ m. Aljaba, recipiente portátil donde se llevan las flechas.

CARCAJADA f. Risa impetuosa y ruidosa. ❑ CARCAJEAR.

CARCASA f. *Mec*. En la técnica de las construcciones mecánicas, estructura exterior gralte. compuesta por vigas. ◊ Cierta bomba incendiaria.

CARCASONA (*Carcassonne*) C. de Francia, cap. del dpto. de Aude; 41 200 hab. Uno de los conjuntos monumentales de la Edad Media más imp. del mundo.

CÁRCAVA f. Zanja grande que suelen hacer las avenidas de agua. ◊ Zanja o foso. ◊ Sepultura.

CÁRCEL f. Edificio destinado a tener encerrados a los presos, que han de cumplir penas cortas o preventivas. ◊ Prisión. ❑ CARCELARIO, RIA; CARCELERO, RA.

CARCHI Prov. del N de Ecuador, fronteriza con Colombia; 3 605,1 km², 141 482 hab. Sit. en los Andes, en una altiplanicie atravesada por el río hom. Agricultura (papas), ganadería. Comercio y turismo. Cap., Tulcán.

CARCINOMA m. Tumor epitelial maligno.
☐ *Pat*. El c. configura una neoplasia epitelial maligna que tiende a invadir los tejidos circundantes y a provocar metástasis en regiones distantes del organismo. Se desarrolla más frecuentemente en la piel, intestino grueso, pulmones, estómago, próstata, cuello uterino y mamas.

CARCOMA f. *Zool*. Insecto coleóptero de color oscuro, cuya larva roe la madera. ◊ Polvo que produce este insecto después de digerir la madera. ◊ fig. Cuidado grave y continuo que mortifica y consume al que lo tiene.

CÁRCOVA, Ernesto de la (1867-1927) Pintor arg., de carácter realista y social. *Sin pan y sin trabajo*.

CARDA f. Acción y efecto de cardar. ◊ Cabeza terminal del tallo de la cardencha. Sirve para sacar el pelo a los paños y felpas. ◊ *Ind*. Máquina utilizada en la ind. textil para separar completamente las fibras, eliminar las fibras cortas, etc.

CARDADOR, RA m. y f. Persona que carda la lana. ◊ m. Miriápodo de cuerpo cilíndrico y liso, con poros laterales por donde sale un licor fétido.

CARDAMOMO m. Planta medicinal, especie de amomo.

CARDÁN adj. y m. *Mec. apl*. Acoplamiento por articulación de árboles o ejes mecánicos, que hace posible la transmisión de un movimiento de rotación entre ejes no alineados.

CARDANO, Gerolamo (1501-1576) Médico, matemático y filósofo it. Publicó algoritmos para la resolución de las ecuaciones de tercer y cuarto grados.

CARDAR tr. Preparar con la carda una materia textil para el hilado. ◊ Sacar suavemente el pelo con la carda a los paños y felpas.

CARDENAL m. Cada uno de los prelados que componen el Sacro Colegio. ◊ *Zool. Amér*. Pájaro ceniciento, con un penacho rojo. ◊ Equimosis, mancha en la piel por un golpe. ❑ CARDENALATO; CARDENALICIO.

CARDENAL, Ernesto (n. 1925) Político, poeta, escultor y sacerdote nic. Ministro de Cultura (1979-1988). *La ciudad deshabitada, El conquistador, Hora 0.*

CÁRDENAS C. de Cuba, en la bahía hom., prov. de Matanzas; 54 900 hab. Ind. azucarera; destilerías de alcohol. ◊ Mun. de México, en el est. de Tabasco; 78 900 hab. Agricultura, ganadería.

CÁRDENAS, Adán (1836-1916) Político nic. Presid. de la rep. (1883-1887). ◊ *Cuauhtémoc* (n. 1934) Político mex. Presid. del Partido de la Revolución Democrática (PRD), fue regente de Ciudad de México entre 1997 y 1999. ◊ *Lázaro* (1895-1970) Militar y estadista mex. Participó en la lucha contra el dictador Huerta. Elegido presid. (1934-1940), nacionalizó las empresas ferroviarias y petroleras y prosiguió la reforma agraria.

CARDENILLA f. Variedad de uva menuda, tardía y de color amoratado.

CARDENILLO m. Materia verdosa o azulada, que se forma en los objetos de cobre o sus aleaciones. ◊ Acetato de cobre que se emplea en la pintura.

CARDIÁCEO, A adj. Que tiene forma de corazón.

CARDIACO, CA o **CARDÍACO, CA** adj. Relativo al corazón. ◊ adj. y s. Que padece del corazón.

CARDIAS m. *Anat*. Orificio esofágico del estómago; boca del estómago.

CARDIFF C. y puerto de Gran Bretaña, cap. del País de Gales; 260 600 hab. Carbón, siderurgia, astilleros.

CARDINAL adj. Pral., fundamental. ◊ Cada una de las cuatro partes que dividen el horizonte en otras tantas partes iguales.

CARDINALE, Claudia (n. 1939) Actriz it. *La chica de la maleta, El gatopardo.*

CARDIÓGRAFO m. Aparato que mide y registra los movimientos del corazón. ❑ CARDIOGRAFÍA.

CARDIOGRAMA m. *Med*. Diagrama obtenido por medio del cardiógrafo.

CARDIOLOGÍA f. Parte de la medicina que trata de los conocimientos relativos al corazón y sus funciones. ❑ CARDIÓLOGO, GA.

CARDIOPATÍA f. *Med*. Nombre genérico de las enfermedades del corazón. ❑ CARDIÓPATA.

CARDIOVASCULAR adj. Relativo al corazón y a los vasos sanguíneos.

CARDITIS f. Cardiopatía inflamatoria.

CARDO m. *Bot*. Nombre común de varias especies de plantas compuestas pertenecientes a los gén. *Carduus, Cynara* y otros.

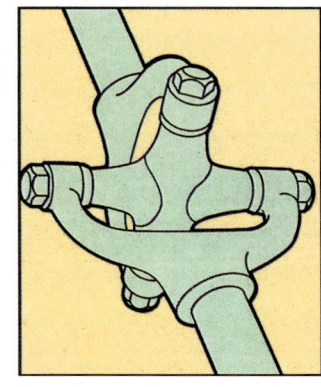

Junta **cardán**

CARDOSO, Fernando Henrique (n. 1931) Sociólogo y político bras. Miembro del Partido de la Social Democràcia Brasilera (PSDB). Ministro de Relaciones Exteriores y Hacienda, con I. Franco, fue presid. del país de 1994 a 2002. ◊ *Onelio Jorge* (1914-1986) Escritor cub. Adscrito al realismo. *El caballo de coral, El hilo y la cuerda.*

CARDOZA y Aragón, Luis (1904-1992) Escritor guat., surrealista. *Luna Park, Torre de Babel, Retorno al futuro.*

CARDOZO, Efraím (1906-1973) Historiador y político par. *El Chaco en régimen de intendencias, Historia paraguaya.*

CARDUCCI, Giosuè (1835-1907) Poeta it. *Odas bárbaras.* Premio Nobel de Literatura en 1906.

CARDUCHO, Bartolomé (1560-1608) Pintor de cámara italiano en la corte de España. *San Francisco, La Santa Cena.*

CÁRDUMEN m. Banco, conjunto de peces. ◊ *Chile.* Multitud de cosas.

CAREAR tr. Poner a una o varias personas en presencia de otra u otras, para comprobar la veracidad de sus afirmaciones. ◊ fig. Cotejar una cosa con otra. ◊ prnl. Verse las personas para algún asunto. ❏ CAREO.

CARELIA (finés, *Karjala*) Región del NO de Europa, entre el golfo de Finlandia y el mar Blanco. Dividida entre Finlandia (prov. de Pohjois-Karjala) y Rusia. ◊ Rep. del NO integrada en la est. de Rusia; 172 000 km², 790 002 hab. Cap., Petrozavodsk.

CARENA f. *Mar.* Casco, en especial los fondos, de una embarcación. ◊ *Mar.* Reparación en el casco de un barco.

CARENAR tr. *Mar.* Reparar el casco de un barco. ❏ CARENADURA; CARENERO.

CARENCIA f. Falta o privación de alguna cosa. ◊ *Med.* Falta o disminución en el aporte alimenticio de una sustancia, sobre todo las vitaminas. ❏ CARECER; CARENTE; CARENCIAL.

CARESTÍA f. Falta o escasez de alguna cosa, sobre todo de víveres. ◊ Precio subido de productos de mucho consumo.

CARETA f. Máscara para cubrir la cara.

CAREY m. Tortuga de mar, muy apreciada por su concha. ◊ Materia córnea obtenida de estas conchas, y que se utiliza para fabricar peines, gafas, etc.

CARGA f. Cosa que hace peso sobre otra. ◊ Cosa transportada. ◊ Unidad de medida de algunos productos. ◊ Cantidad de sustancia explosiva con que se causa la voladura de una mina o barreno. ◊ Cantidad de electricidad contenida en un condensador. ◊ Trabajo útil que suministra un motor en cada unidad de tiempo. ◊ Repuesto o cantidad de sustancia con que se repone o rellena un instrumento, utensilio, etc. ◊ fig. Tributo, imposición, gravamen. ◊ Embestida o ataque contra manifestantes o grupos de personas. ◊ **eléctrica.** *Fís.* Agente físico que existe en todo cuerpo y que determina la existencia de fuerzas eléctricas. Las c. eléctricas pueden ser positivas o negativas, y se atraen o se repelen.

CARGADO, DA adj. Díc. del tiempo o de la atmósfera bochornosos. ◊ Fuerte, espeso, saturado.

CARGADOR m. El que embarca las mercancías para su transporte. ◊ Pieza o instrumento para cargar ciertas armas de fuego. ◊ *Amér.* Mozo de cordel.

Fernando Henrique **Cardoso**

CARGAMENTO m. Conjunto de mercancías que transporta una nave, avión, camión, tren, etc.

CARGAR tr. Poner o echar peso sobre una persona o una bestia. ◊ Embarcar o poner en un vehículo mercancías para transportarlas. ◊ Introducir la carga en el cañón de cualquier arma de fuego. ◊ Hacer pasar una corriente eléctrica a un acumulador. ◊ Poner una carga o repuesto. ◊ Acopiar con abundancia algunas cosas. ◊ fig. Aumentar, agravar el peso de alguna cosa. ◊ fig. Imponer a las personas o cosas un gravamen, carga u obligación. ◊ fig. Imputar, achacar a uno alguna cosa. ◊ tr. Anotar en las cuentas corrientes las partidas que corresponden al debe. ◊ *Mil.* Acometer con fuerza y vigor a los enemigos. ◊ Acometer los agentes de la fuerza pública a manifestantes para dispersarlos. ◊ intr. y prnl. Inclinarse una cosa hacia alguna parte. ◊ intr. Junto con la prep. *con*, llevarse, tomar. ◊ fig. Tomar o tener sobre sí alguna obligación o cuidado. ◊ prnl. Matar a una persona o animal. ◊ Suspender a alguien en un examen. ◊ fig. Tratándose del tiempo, el cielo, el horizonte, etc., irse aglomerando y condensando las nubes.

CARGO m. Carga o peso. ◊ En las cuentas, conjunto de cantidades que uno ha recibido o se anota en el debe. ◊ fig. Dignidad, empleo, oficio. ◊ fig. Obligación, precisión de haber de hacer o cumplir alguna cosa. ◊ fig. Falta que se imputa a uno en su comportamiento.

CARGUERO m. Buque de carga.

CARIACONTECIDO, DA adj. fam. Que muestra en el semblante pena o sobresalto.

CARIACOS m. pl. *Ant.* Indígenas caribes en la época del descubrimiento.

CARIACU m. *Amér.* Mamífero cérvido de pelo pardusco.

CARIAR tr. y prnl. Producir caries.

CARÍAS Andino, Tiburcio (1876-1969) Político y militar hond. Fundador del Partido Nacional. Presid. de la rep. (1933-1949). ◊ **Reyes, Marcos** (1905-1949) Escritor hond. *La heredad, Germinal, Hombres de pensamiento.*

CARIÁTIDE f. *Arq.* Estatua de mujer con traje talar, y que sirve de columna o pilastra.

CARIBDIS ⇨ Escila.

CARIBE adj. y s. Díc. del individuo del pueblo hom., que dominó parte de las

Antillas. ◊ m. Lengua de los caribes. ◊ *Zool. Ven.* Pez pequeño y muy voraz.

CARIBE o **DE LAS ANTILLAS, Mar** División del océano Atlántico, entre el litoral de Venezuela y Yucatán y el arch. de las Antillas.

CARIBÚ m. Mamífero cérvido que habita en la tundra ártica canadiense.

CARICATO m. Bajo cantante que en la ópera hace los papeles de bufo. ◊ *Amér.* Caricatura.

CARICATURA f. Figura ridícula en que se deforman las facciones y el aspecto de alguna persona. ◊ Obra de arte en que claramente o por medio de emblemas y alusiones se ridiculiza a una persona o cosa. ◊ *Amér.* Cortometraje de dibujos animados. ❏ CARICATURAR o CARICATURIZAR; CARICATURESCO, CA; CARICATURISTA.

CARICIA f. Demostración cariñosa que consiste en rozar suavemente con la mano el rostro de una persona, el cuerpo de un animal, etc. ◊ Halago, demostración amorosa.

CARIDAD f. Sentimiento compasivo hacia los que padecen infortunio. ◊ *Rel.* Una de las tres virtudes teologales. ◊ Limosna o auxilio. ❏ CARITATIVO, VA.

CARIDAD, Hermanas de la Nombre de varias congregaciones religosas.

CARIES f. *Med.* Proceso destructivo del hueso, por acción de ciertas bacterias. ◊ **dental.** Destrucción del esmalte y dentina de los dientes por acción de bacterias. ❏ CARIADO, DA.

CARILLÓN m. Grupo de campanas en una misma torre, que producen un sonido armónico por estar acordadas. ◊ Juego de tubos o planchas de acero que producen un sonido musical.

CARINTIA (*Karnten*) Est. del S de Austria; 9 534 km², 537 700 hab. Cap., Klagenfurt. Explotación forestal. Ganadería. Hierro, lignito y galena. Ind. metalúrgica.

CARIÑO m. Afecto, amor. ◊ Expresión y señal de dicho sentimiento. ◊ fig. Esmero con que se hace o trata una cosa. ❏ CARIÑOSO, SA.

CARIOCA adj. y s. De Río de Janeiro.

CARIOCINESIS f. *Biol.* En la división celular indirecta o mitosis, conjunto de los fenómenos necesarios para la división del núcleo celular.

CARIÓPSIDE f. Fruto seco a cuya única semilla está adherido el pericarpio.

Pórtico de las **cariátides** del Erecteion, Atenas

CARIOTIPO m. *Biol.* Dotación cromosómica de las células de un organismo que constituye el soporte físico de la información genética.

CARISMA m. *Teol.* Don gratuito que concede Dios con abundancia a una criatura. ◊ Conjunto de cualidades que dan un atractivo especial a una persona. ❏ CARISMÁTICO, CA.

CARITAS Internationalis Organización católica de beneficencia.

CARITE m. *Cuba.* Pez parecido al pez sierra.

CÁRITES *Mit.* Nombre común de tres diosas, llamadas Gracias.

CARIZ m. Aspecto de la atmósfera. ◊ fig. y fam. Aspecto que presenta un asunto.

CARLANCA f. Collar ancho y fuerte, erizado de puntas de hierro, que preserva a los mastines de las mordeduras de los lobos. ◊ *Amér.* Grillete. ◊ *Chile* y *Hond.* Fastidio, molestia.

CARLINGA f. Parte del avión destinada a la tripulación y a los pasajeros.

CARLISMO m. Doctrina política de los seguidores de Carlos María Isidro, hermano de Fernando VII y pretendiente al trono de España, y de su línea de sucesión (rama carlista). ➪ carlistas, guerras. ❏ CARLISTA.

Carlismo. Combate entre carlistas catalanes y tropas isabelinas en un grabado de la época

CARLISTAS, *guerras* Contiendas civiles que tuvieron lugar en España en el s. XIX, originadas en la derogación de la ley sálica por Fernando VII, que excluía de la línea sucesoria a su hermano Carlos María Isidro, en favor de su hija Isabel. ◊ **primera guerra carlista (1833-1840).** Estalló al acceder al trono Isabel II y en ella se distinguieron Zumalacárregui en el bando carlista y Espartero en el liberal. Acabó con el convenio de Vergara. ◊ **segunda guerra carlista (1846-1849).** Se desarrolló pralm. en Cataluña. ◊ **tercera guerra carlista (1872-1876).** Iniciada reinando Amadeo de Saboya. Tras la restauración de la rama borbónica isabelina en la persona de Alfonso XII, se impusieron las tropas gubernamentales.

CARLOMAGNO (latín, *Carolus Magnus*) (768-814) Rey de los francos [800-814], hijo de Pepino el Breve. Fue coronado emp. de Occidente por León III (800). Unificó gran parte de Europa en el aspecto cultural y religioso.

CARLOMÁN II (751-771) Hijo de Pepino el Breve y hermano de Carlo-

magno. Heredó la Austrasia, que a su muerte pasó a Carlomagno.

CARLOS Nombre de diversos reyes y emperadores.

IMPERIO ROMANO GERMÁNICO

CARLOS I ➪ Carlomagno. ◊ **II** *el Calvo* ➪ Carlos II de Francia. ◊ **IV de Luxemburgo** (1316-1378) Rey de Alemania [1346-1378], de Bohemia [1347-1378] y emp. germánico [1355-1378]. ◊ **V** ➪ Carlos I de España. ◊ **VI** (1685-1740) Rey de Hungría, con el nombre de Carlos III [1711-1740] y de Sicilia, como Carlos IV [1711-1738] y emp. germánico [1711-1740]. Intervino en la guerra de sucesión esp. como pretendiente.

AUSTRIA

CARLOS I (y IV de Hungría; 1887-1922) Emp. de Austria y rey de Hungría [1916-1918]. Abdicó en 1918, al proclamarse la rep.

ESPAÑA

CARLOS I (1500-1558) Príncipe de Países Bajos [1506-1555], rey de España [1517-1556] y emp. de Alemania [1519-1556], con el nombre de Carlos V. De sus abuelos maternos, los Reyes Católicos, obtuvo el dominio de las Indias Occidentales. Enfrentó el avance turco en el Mediterráneo, el acoso fr. sobre Italia y el mov. luterano, encarnado por los príncipes al. que perseguían su indep. ◊ **II** *el Hechizado* (1661-1700) Rey de España [1665-1700]. De débil carácter, delegó sus poderes en validos incapaces. Perdió parte de Flandes y entregó a Francia el Franco Condado. No tuvo descendencia y nombró heredero de la corona a Felipe V. ◊ **III** (1716-1788) Rey de España [1759-1788]. Su reinado se inspiró en los métodos del despotismo ilustrado. Expulsó a los jesuitas, mejoró las vías de comunicación y liberalizó el com. con América. Obtuvo Florida y Menorca (1783). ◊ **IV** (1748-1819) Rey de España [1788-1808]. Paralizó las reformas y dejó el poder en manos de Godoy.

FRANCIA

CARLOS Martel (688-741) Se hizo con el poder a la muerte de Pipino de Heristal (714); gobernó a los francos y unificó el estado merovingio. Venció a los árabes en Poitiers (732). ◊ **I** ➪ Carlomagno. ◊ **II** *el Calvo* (823-877) Rey de Francia [840-877] y emp. de Occidente [875-877]. ◊ **V** *el Sabio* (1338-1380) Rey de Francia [1364-1380]. Venció a los ing., pero fracasó en su intento de conquistar Bretaña. ◊ **VII** (1403-1461) Rey de Francia [1422-1461] Fue reconocido como rey gracias al apoyo de Juana de Arco. ◊ **IX** (1550-1574) Rey de Francia [1560-1574]. Autorizó la matanza de la noche de San Bartolomé (1572). ◊ **X** (1757-1836) Rey de Francia [1824-1830]. Su política conservadora originó la rev. de 1830, en la que fue destronado.

GRAN BRETAÑA

CARLOS I (1600-1649) Rey de Inglaterra, Escocia e Irlanda [1625-1649]. Su enfrentamiento con el parlamento acabó en guerra civil y en rev. Vencido por O. Cromwell, fue juzgado y ejecutado. ◊ **II** (1630-1685) Rey de Inglaterra, Escocia e Irlanda. Restaurador de la monarquía, la oposición parlamentaria le obligó a firmar el *Test Act* y el *Habeas Corpus.*

HUNGRÍA

CARLOS III ➪ Carlos VI, emperador. ◊ **IV** ➪ Carlos I de Austria.

NAVARRA

CARLOS II *el Malo* (1332-1387) Rey de Navarra [1349-1387]. Casado con una hija de Juan II de Francia, apoyó a éste en la represión de la *Jacquerie.*

SICILIA Y NÁPOLES

CARLOS I de Anjou (1226-1285) Rey de Sicilia y de Nápoles. Jefe de los güelfos. Fue destronado por Pedro III de Aragón.

Escena de la vida de **Carlomagno,** según una miniatura francesa

CARLOS X Gustavo (1622-1660) Rey de Suecia [1654-1660]. Conquistó Polonia (1655). ◊ **XI** (1655-1697) Rey de Suecia [1660-1697]. Participó en las luchas por la hegemonía del Báltico. ◊ **XII** (1682-1718) Rey de Suecia [1697-1718]. Derrotó a Dinamarca, Rusia y Sajonia. ◊ **XVI Gustavo** (n. 1946) Rey de Suecia (1973). Sucedió a Gustavo VI Adolfo.
CARLOS Borromeo (1538-1584) Santo. Cardenal-arzobispo de Milán; se le considera como la encarnación del ideal de la Contrarreforma. ◊ **de Viana**, PRÍNCIPE (1420-1461) Hijo de Juan II de Aragón y de Blanca de Navarra. Sublevado contra su padre y derrotado, cat., aragoneses y valencianos lo repusieron en el trono. ◊ **Luis**, CONDE DE MONTEMOLÍN (1818-1861) Príncipe esp., hijo de Carlos María Isidro. Dirigió la segunda guerra carlista (1846-1849). ◊ **María Isidro** (1788-1885) Infante de España, hermano de Fernando VII. Se apoyó en la ley sálica para reivindicar sus derechos al trono esp. provocando la primera guerra carlista.
CARLSBAD ⇨ Karlovy Vary.
CARLYLE, *Thomas* (1795-1881) Crítico e historiador brit. *Historia de la Revolución francesa, El héroe, el culto al héroe y lo heroico en la historia.*
CARMELITA adj. y s. Díc. del religioso de la orden del Carmen. ◊ f. Flor de la capuchina.
CARMELITAS m. y f. pl. Orden religiosa fundada en 1155 por Bertoldo de Calabria y reformada en 1564 por san Juan de la Cruz. La orden femenina fue creada en 1452 y reformada por santa Teresa de Jesús en 1562.
CARMELO Monte de Israel; fue el retiro del profeta Elías.
CARMEN m. Orden de religiosos y religiosas mendicantes fundada en el s. XIII por Simon Stock. ◊ Verso o composición poética. ❑ CARMELITANO.
CARMEN Mun. de México, en el est. de Campeche; 76 700 habs. Pesca, astilleros.
CARMEN, El Dpto. de Argentina, en la prov. de Jujuy; 44 000 hab.
CARMEN DE BOLÍVAR, El Mun. de Colombia, en el dpto. de Bolívar; 48 300 hab. Tabaco, café. Ganadería.
CARMENAR tr. y prnl. Desenredar, desenmarañar y limpiar el cabello, la lana o la seda.
CARMESÍ adj. y s. Aplícase al color de grana dado por el quermes animal y a lo que es de este color.
CARMÍN m. Producto de color rojo intenso. ◊ m. y adj. Este mismo color. ◊ Rosal silvestre cuyas flores son del color antedicho.
CARMINATIVO, VA adj. y s. Sustancia o medicamento que favorece la expulsión de los gases del tubo digestivo.
CARMONA, *António Óscar de Fragoso* (1869-1951) General y político port.; participó en el golpe militar de 1926, que aseguró la dictadura. Confirmado como presid. de la rep. en 1928, llamó a Salazar al gobierno.
CARNAC Aldea de Bretaña en donde se hallan alineamientos megalíticos de 2000-1400 a. C.
CARNADA f. Cebo para pescar o cazar. ◊ fig. y fam. Añagaza, trampa.
CARNAL adj. Lascivo o lujurioso. ◊ Relativo a la lujuria.

Carnalita

CARNALITA f. *Miner.* Cloruro de potasio y magnesio; rómbico; incoloro o diversamente coloreado.
CARNAP, *Rudolf* (1891-1970) Filósofo neopositivista al. Colaborador y director del Círculo de Viena. *La estructura lógica del mundo, Síntesis lógica del lenguaje.*
CARNAVAL m. Los tres días que preceden al miércoles de ceniza. ◊ Fiesta popular que se celebra en tales días. ❑ CARNAVALADA; CARNAVALESCO, CA.
CARNAZA f. Cara de las pieles, que ha estado en contacto con la carne. ◊ Carnada, cebo.
CARNE f. Masa de musculatura estriada, que incluye gralte. tejido conjuntivo y grasa. ◊ En sentido más restringido, se aplica a la musculatura de vaca, ternera, cerdo, cordero y carnero, usada por el hombre para su nutrición. ◊ Parte mollar de la fruta. ◊ Vicio que inclina a la sensualidad. ◊ **de cañón.** fig. Tropa inconsideradamente expuesta a peligro de muerte. ◊ **de gallina.** fig. Aspecto que toma la piel de las personas semejante a la de un ave desplumada, por efecto del frío o del miedo. ❑ CÁRNICO, CA; CARNOSO, SA.
CARNÉ o **CARNET** m. Tarjeta o documentación de identidad.
CARNÉADES de Cirene (hacia 214-129 a. C.) Filósofo gr., el más importante de los platónicos de la Academia Nueva. Su pensamiento es escéptico.
CARNEAR tr. *Amér.* Matar y descuartizar las reses, para aprovechar su carne.
CARNER, *Josep* (1884-1970) Poeta lírico esp. en lengua catalana. *Els fruits saborosos, El cor quiet.*
CARNERO m. Mamífero rumiante, de cuernos arrollados en espiral y lana espesa; es animal doméstico muy apreciado por su carne y por su lana. ◊ Macho de la oveja. ◊ Lugar donde se echan los cadáveres. ◊ Osario.
CARNESTOLENDAS f. pl. Carnaval.
CARNICERÍA o **CARNECERÍA** f. Tienda donde se vende carne al por menor. ◊ Mortandad de gente causada por la guerra u otra gran catástrofe. ◊ *Ecuad.* Matadero, rastro.
CARNICERO, RA adj. y s. *Zool.* Carnívoro. ◊ adj. fig. Cruel, sanguinario, inhumano. ◊ m. y f. Persona que vende carne.
CARNÍVORO, RA adj. y s. *Zool.* Díc. de mamíferos placentarios cuyas extremidades se caracterizan por una avanzada especialización en la caza y en la persecución de presas. ◊ *Bot.* Díc. de ciertas plantas que se nutren de insectos.

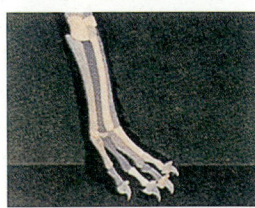

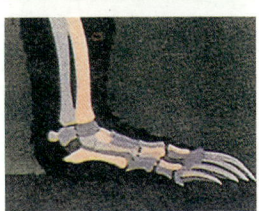

Los mamíferos terrestres del orden carnívoros son en su mayoría digitígrados, es decir que se desplazan apoyándose sólo sobre los dedos de los pies, tal como el zorro (arriba), pero algunos mustélidos y los osos son plantígrados, es decir que apoyan toda la planta del pie al caminar (abajo)

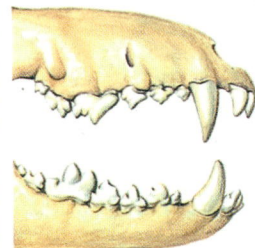

Dientes del lado derecho de un lobo. Destaca el gran desarrollo de los caninos, del último premolar y del primer molar, característica común de los fisípedos (carnívoros terrestres)

CARNOSIDAD f. Carne superflua que crece en una llaga. ◊ Carne irregular que sobresale en alguna parte del cuerpo.

CARNOT, Lazare (1753-1823) Revolucionario fr., creador del ejército rep. ◊ *Marie François* (1837-1894) Político fr. Presid. de la rep. en 1887; afrontó la crisis de la Compañía del Canal de Panamá. ◊ *Nicolás Léonard Sadi* (1796-1832) Ingeniero militar fr. Contribuyó al desarrollo de la termodinámica.

CARNOT, ciclo de *Fís.* Transformación termodinámica cíclica, constituida por dos isotermas y dos adiabáticas.

CARO, RA adj. Que excede mucho del valor o estimación regular. ◊ Subido de precio. ◊ Amado, querido. ◊ adv. modo. A un precio alto o subido. ❏ CARERO, RA.

CARO, José Eusebio (1817-1853) Escritor y político col. Representante del Romanticismo. *El ciprés, Bendición nupcial.* ◊ *Marco Aurelio* (m. 283) Emp. rom. Proclamado por sus tropas. ◊ *Miguel Antonio* (1843-1909) Político y escritor col., presid. de la rep. en 1894. *Gramática de la lengua latina.* ◊ *Rodrigo* (1573-1647) Escritor esp. *Canción a las ruinas de Itálica.* ◊ **Baroja, Julio** (1914-1995) Etnólogo e historiador esp. *Los judíos en la España moderna y contemporánea.*

CAROL I (1839-1914) Rey de Rumania [1881-1914]. Consiguió la indep. del país (1878). ◊ **II** (1893-1953) Rey de Rumania [1930-1940]. Gobernó de modo dictatorial.

CAROLINA Mun. de Puerto Rico, en el distr. de Bayamón; 197 300 hab. Caña de azúcar, tabaco. Industria.

CAROLINA del Norte *(North Carolina)* Est. del E de EE UU, a orillas del Atlántico; 136 413 km², 6 629 000 hab. Cap., Raleigh. Litoral bajo y arenoso. Tabaco, maíz, algodón. Ind. textil y elaboración de tabaco. ◊ **del Sur** *(South Carolina)* Est. del E de EE UU, a orillas del Atlántico; 80 582 km², 3 264 000 hab. Cap., Columbia. C. pral.: Charleston. Ocupado en sus 2/3 partes por la llanura litoral. Algodón, tabaco, cereales, ganado.

CAROLINAS Arch. de Micronesia integrado en los Estados Federados de ➪ Micronesia.

CAROLINGIO, GIA adj. y s. Relativo a Carlomagno, a su dinastía o a su época. El arte c. alcanza su máxima expresión en la capilla Palatina de Aquisgrán.

CARÓN o CARONTE *Mit.* Barquero de los Infiernos, hijo de Erebo y Nyx. Su misión era el transporte de los muertos.

CARONÍ R. de Venezuela, afl. del Orinoco; 925 km. Con el nombre de Cuquenán, nace en Roraima.

CAROSSA, Hans (1878-1956) Novelista y poeta al. *Guías y compañeros, El médico Gión, Diario rumano, Una infancia.*

CAROTENO m. *Biol.* Pigmento de color amarillo o rojo anaranjado que se encuentra en la zanahoria, las hojas verdes, la leche y la sangre.

CARÓTIDA f. *Anat.* Cada una de las dos arterias que por uno y otro lado del cuello llevan la sangre a la cabeza.

CAROZO m. Raspa de la espiga del maíz. ◊ Hueso de algunas frutas.

CARPA f. *Zool.* Pez osteíctio, de agua

Carpa

dulce, con el dorso verdoso y el vientre amarillento, boca pequeña, escamas grandes y una aleta dorsal. ◊ Toldo de circo. ◊ *Amér. Merid.* Toldo, tenderete de feria. ◊ *Chile, Méx.* y *Perú.* Tienda de campaña.

CARPACCIO, Vittore (1465-1526) Pintor veneciano, *Leyenda de santa Úrsula, Vida de san Esteban.*

CÁRPATOS (checo y pol., *Karpaty;* rum., *Carpaţü*) Sist. montañoso alpino de Europa central; alt. máx., el pico Gerlachovka (2 663 m).

CARPE m. Hojaranzo, variedad de jara.

CARPELO m. *Bot.* Hoja transformada que constituye, junto con los primordios u óvulos seminales, el gineceo de las flores femeninas o hermafroditas.

CARPENTIER, Alejo (1904-1980) Novelista cub. Plantea la defensa de la personalidad amer. frente al mundo occidental mecánico y racionalista. *Ecué-Yamba O!, Los pasos perdidos, El reino de este mundo, El siglo de las luces, Guerra del tiempo, La música en Cuba.*

CARPETA f. Especie de cartera para escribir sobre ella y guardar papeles. ◊ Cubierta con que se resguardan y ordenan los legajos. ◊ Cartón, plástico, etc., doblado por la mitad, para guardar papeles.

CARPETANO, NA adj. y s. Díc. de un pueblo hispánico prerromano. ◊ adj. y s. Del reino de Toledo.

CARPINCHO m. *Amér. Merid.* Roedor anfibio que vive a orillas de los ríos y lagunas.

CARPINTERÍA f. Taller en donde trabaja el carpintero. ◊ Oficio de carpintero. ◊ Conjunto de cosas de madera de un edificio, local, etc. ❏ CARPINTERO, RA.

CARPO m. *Anat.* Conjunto de huesos que forman parte del esqueleto de las

Alejo **Carpentier**

extremidades anteriores de los batracios, reptiles y mamíferos.

CARPÓFAGO, GA adj. *Zool.* Díc. del animal que se alimenta de frutos.

CARPOLOGÍA f. *Bot.* Parte de la morfología botánica que estudia el fruto.

CARRÀ, Carlo (1881-1966) Pintor it. Firmante del manifiesto futurista (1910). *La muerte de un anarquista.*

CARRACA f. despect. Artefacto deteriorado o viejo. ◊ Instrumento de madera que produce un ruido seco y desagradable. ◊ *Zool.* Ave coraciforme de pico fuerte y plumaje vistoso, propia de la Europa oriental y mediterránea.

CARRACCI Familia de pintores barrocos it. que fundaron en Bolonia la *Academia degli Incamminati: Agostino* (1557-1602), autor de *La comunión de san Jerónimo y Cristo y la adúltera; Annibale* (1560-1609), que realizó *Hombre comiendo habichuelas, Historia de Rómulo, Venus y Adonis.*

CARRAL m. Barril o tonel a propósito para acarrear vino. ❏ CARRALERO.

CARRALEJA f. *Zool.* Insecto coleóptero, parecido a la cantárida, aunque con élitros cortos y sin alas membranosas.

CARRANZA, Bartolomé (1503-1576) Teólogo esp., dominico, arzobispo de Toledo. Acusado por la Inquisición de herejía. ◊ *Eduardo* (1913-1985) Poeta col. *Los días que ahora son sueños.* ◊ *Venustiano* (1859-1920) Político mex. Lideró el mov. constitucionalista contra Huerta. En 1917 fue elegido presid. de la rep.; desarrolló una política de reformas y promulgó una constitución progresista. Murió asesinado.

CARRAO m. *Ven.* Ave gruiforme y de pico largo.

CARRARA C. de Italia, en la Toscana; 68 600 hab. Canteras de mármol.

CARRASCA f. *Bot.* Árbol dicotiledóneo, parecido a la encina, pero de menor tamaño. ◊ *Amér.* Instrumento musical, consistente en un bordón con muescas que se raspa a compás con un palillo.

CARRASCAL m. Sitio o monte poblado de carrascas. ◊ *Chile.* Pedregal.

CARRASCO m. Carrasca, planta. ◊ *Amér.* Extensión de terreno con vegetación leñosa.

CARRASPERA f. Aspereza y sequedad de la garganta que enronquece la voz. ❏ CARRASPEO; CARRASPEAR; CARRASPOSO, SA.

CARRASQUILLA, Tomás (1858-1940) Novelista costumbrista col. *Frutos de mi tierra, La Marquesa de Yolombó.*

CARREL, Alexis (1873-1944) Fisiólogo fr. Investigó sobre injertos de tejidos y supervivencia de órganos. Premio Nobel de Medicina en 1912.

CARREÑO, María Teresa (1853-1917) Compositora y pianista ven. *Himno a Bolívar,* danzas y obras para piano. ◊ **de Miranda, Juan** (1614-1685) Pintor barroco esp. *El martirio de san Bartolomé.*

CARRERA f. Paso rápido del hombre o del animal, para trasladarse de un sitio a otro. ◊ Sitio destinado para correr. ◊ Camino real o carretera. ◊ Calle que fue antes camino. ◊ Serie de calles que ha de recorrer una comitiva en procesiones y otros actos públicos y solemnes. ◊ *Dep.* Certamen de velocidad. ◊ fig. Línea de puntos que se sueltan en la media o en otro tejido análogo. ◊ fig. Camino o curso que sigue uno en sus acciones. ◊ fig. Profesión de las armas, letras, ciencias, etc. ◊ *Arq.* Viga larga colocada horizontalmente. ◊ pl. Concurso hípico.

CARRERA, *José Miguel* (1785-1821) Patriota, militar y político chil.; en 1811 se convirtió en dictador militar. Depuesto y sustituido por O'Higgins. Recuperó el poder en 1814, pero, tras la derrota de Rancagua, se exilió. ◊ *Rafael* (1814-1865) Político y militar guat. Presid. del país en 1844-1848 y 1851-1865, separó a su país de la Federación Centroamericana. ◊ **Andrade,** *Jorge* (1903-1978) Poeta vanguardista ecuat. *Lugar de origen.*

CÁRRERILLA f. En la danza esp., dos pasos cortos acelerados, hacia adelante, inclinándose a uno u otro lado.

CARRERO Blanco, *Luis* (1903-1973) Político esp. De incondicional adhesión a Franco, en 1973 fue nombrado presid. del gobierno. Murió en atentado.

CARRETA f. Carro de dos ruedas, más bajo que el ordinario, cuyo plano se forma de tres o cinco maderos, y el de en medio más largo, que sirve de lanza, donde se sujeta el yugo. ❏ CARRETADA; CARRETIL.

CARRETE m. Cilindro taladrado por el eje, con bordes en sus bases, en el que se arrollan hilo, alambre, cordel, películas. ◊ Rueda en que llevan los pescadores arrollado el sedal.

CARRETEAR tr. Conducir una cosa en carreta o carro. ◊ Gobernar un carro o carreta. ◊ intr. *Cuba.* Gritar las cotorras y loros.

CARRETERA f. Camino público, ancho y espacioso, pavimentado, destinado al paso de vehículos.

CARRETERO adj. Díc. del camino propio para el paso de carros. ◊ m. El que guía las caballerías o los bueyes que tiran de ellos. ❏ CARRETERIL.

CARRETILLA f. Carro pequeño de mano, que se compone de un cajón, donde se pone la carga; una rueda en la parte anterior, y en la posterior dos pies para descansarlo y dos varas que coge el conductor para dirigirlo. ◊ *Amér.* Carro común de menores dimensiones que la carreta.

CARRETÓN m. Carro pequeño.

CARRICERA f. Planta perenne con flores blanquecinas.

CARRICERO m. Ave paseriforme, de pico fino, y de plumaje pardo o apagado.

CARRICOCHE m. despect. Coche viejo o destartalado.

CARRIEGO, *Evaristo* (1883-1912) Poeta arg. *Misas herejes, La canción del barrio* (poesía); *Flor de arrabal* (cuentos).

CARRIL m. Surco que hacen en la tierra las ruedas. ◊ *Ferr.* Cada una de las guías fijas sobre las que se mueve un mecanismo o vehículo especialmente adaptado para circular sobre raíles. ◊ En las vías públicas, cada banda longitudinal destinada al tránsito de una sola fila de vehículos.

CARRILANO m. *Chile.* Operario del ferrocarril. ◊ *Chile.* Ladrón, bandolero.

CARRILLO m. Parte carnosa de la cara, debajo de la mejilla.

CARRILLO, *Braulio* (1800-1845) Político cost. Presid. por un golpe de Est. (1838), gobernó despóticamente. Exiliado en 1842. ◊ *Francisco* (1851-1926) Caudillo en la indep. cub. Vicepresid.

de la rep. (1921-1925). ◊ *Julián* (1875-1965) Compositor mex. Óperas y sinfonías. *Xochimilco, Ossian.* ◊ *Santiago* (n. 1915) Político esp. Secretario gral. del Partido Comunista de España (1960-1982), eurocomunista expulsado del PC en 1985. ◊ **de Albornoz** ⇨ Albornoz.

CARRIÓN, *Alejandro* (1915-1992) Escritor ecuat. Innovador de la crónica política. *Muerte en la isla, La espina.* ◊ *Benjamín* (1897-1979) Escritor ecuat. *El nuevo relato ecuatoriano. Atahualpa.* ◊ *Jerónimo* (1812-1873) Político ecuat. Presid. de la rep. en 1865-1867.

CARRIZO m. Planta gramínea, de rizoma largo, hojas lanceoladas y flores en panículas grandes. ❏ CARRIZAL.

CARRO m. Carruaje, usualmente de dos ruedas, con lanza o varas para enganchar el tiro, y cuyo armazón consiste en un bastidor con listones o cuerdas para sostener la carga, y varales o tablas en los costados y frentes para sujetarla. ◊ Carga de un carro. ◊ *Mil.* Carro de combate. ◊ *Astr.* Nombre vulgar de las siete estrellas más luminosas de la Osa Mayor. ◊ *Amér.* Automóvil. ◊ **de combate.** *Mil.* Vehículo acorazado de propulsión por cadenas que monta una torreta con armamento poderoso.

CARROCERÍA f. Taller del carrocero. ◊ Parte de los vehículos que se apoya sobre el bastidor y sirve de envolvente de los restantes elementos, al tiempo que permite el transporte de personas y mercancías. ❏ CARROCERO.

CARROLL, *Lewis* (1832-1898) Seud. de *Charles L. Dodgson*, escritor y matemático brit. Utiliza un idioma brillante e ingenioso. *A través del espejo, Alicia en el país de las maravillas.*

CARROMATO m. Carro con dos varas para enganchar una caballería o más en reata, con bolsas para la carga y un toldo de lona. ❏ CARROMATERO.

CARROÑA f. Carne corrompida.

CARROZA f. Coche grande, lujosamente amueblado. ◊ Carruaje muy decorado que participa en los desfiles festivos. ◊ adj. y s. fam. Díc. de la persona mayor o anticuada que no conecta con los jóvenes.

CARRUAJE m. Vehículo formado por una armazón de madera o hierro, montada sobre ruedas. ❏ CARRUAJERO.

CARRUSEL m. Espectáculo en el que varios jinetes ejecutan vistosas evoluciones. ◊ Tiovivo.

Cartago. Ruinas de las termas de Antonino Pío

CARSON CITY C. de EE UU, cap. del est. de Nevada; 40 410 hab.

CÁRSTICO, CA adj. ⇨ Karst.

CARTA f. Escrito de carácter privado que una persona envía a otra, gralte. en sobre cerrado. ◊ Cada uno de los naipes de la baraja. ◊ Constitución escrita de un Estado. ◊ Lista de manjares y bebidas que se pueden tomar en un restaurante o lugar análogo. ◊ **abierta.** La dirigida a una persona y destinada a la publicidad. ◊ **blanca.** La que se da a una autoridad para que obre discrecionalmente. ◊ fig. y fam. Facultad amplia que se da a alguno para obrar en determinado asunto. ◊ **de crédito.** La que se da a una persona para que disfrute de cierto crédito, por cuenta del que la da. ◊ **de naturaleza.** Derecho concedido en un país a un extranjero a ser considerado como natural de él. ◊ **de pago.** Documento en que se declara haber recibido cierta cantidad como pago de una deuda. ❏ CARTEAR.

CARTABÓN m. Instrumento en forma de triángulo rectángulo isósceles, que se emplea en el dibujo lineal.

CARTAGENA C. y puerto del N de Colombia a orillas del Caribe, cap. del dpto. de Bolívar; 978 187 hab. Mercado agropecuario y refinería de petróleo. Ind. alimentaria, química y textil. Fundada en 1533 por Pedro de Heredia; en época colonial fue llamada Cartagena de Indias. ◊ C. esp., en la com. autón. de Murcia; 184 686 hab. Puerto militar. Refinería de petróleo.

CARTAGINENSE Ant. prov. rom. del SE de Hispania. Cap., Cartago Nova.

CARTAGINÉS, SA o **CARTAGINENSE** adj. y s. De Cartago. ◊ Cartaginero.

CARTAGO Prov. del centro de Costa Rica; 3 125 km², 432 395 hab. Relieve montañoso, de origen volcánico. Café, caña de azúcar, maíz, frutales. Ganadería. Oro y cobre. Cap., Cartago. ◊ C. del O de Colombia, en el dpto. del Valle del Cauca; 132 057 hab. Centro agrícola, ganadero e industrial. ◊ C. de Costa Rica, cap. de la prov. hom.; 132 057 hab. Sit. al pie del volcán Irazú.

CARTAGO Ant. c. del N de África, al NE de Tunicia. Fue una gran potencia com., rival de Roma. Esta rivalidad condujo a las guerras púnicas, que terminaron en 146 a. C., con la destrucción de C., después convertida en prov. romana.

James Earl **Carter**

CARTAPACIO m. Cuaderno para escribir o tomar apuntes. ◊ Carpeta para meter libros, libretas, etc. ◊ Carpeta que se coloca sobre la mesa para contener papeles y escribir sobre ella.

CARTEL m. Papel, impreso o manuscrito, que se coloca en un lugar público con objeto de anunciar alguna cosa.

CÁRTEL m. *Econ.* Acuerdo entre varias empresas para regular la producción, la venta o los precios, con el fin de eliminar la competencia.

CARTELERA f. Armazón para fijar carteles o anuncios públicos. ◊ Sección de los periódicos donde aparecen los anuncios de espectáculos.

CÁRTER m. *Ing.* Caja metálica que sirve de protección a elementos móviles del motor (función pasiva), o de recipiente para contener el aceite de lubricación (función activa).

CARTER, *James Earl* (n. 1924) Político norteam. Miembro del Partido Demócrata, fue elegido presid. de EE UU (1976-1980). Premio Nobel de la Paz en 2002.

CARTERA f. Utensilio semejante a las tapas de un libro, con varios compartimientos para llevar billetes, documentos, tarjetas de visita, etc. ◊ Utensilio de igual forma y mayores dimensiones que la cartera de bolsillo, para guardar documentos, libros, etc. ◊ Cargo y funciones de un ministro. ◊ Conjunto de valores o efectos comerciales que forman parte del activo de un comerciante o una empresa. ❑ CARTERÍA; CARTERISTA; CARTERO.

CARTESIANISMO m. *Fil.* Doctrina de Descartes y sus seguidores, y movimiento filosófico originado bajo su influencia en el s. XVII.

CARTIER, *Jacques* (1491-1557) Navegante fr. Descubrió Terranova y el r. San Lorenzo.

CARTÍLAGO m. *Anat.* Tejido de sostén formado por células de morfología variable separadas por una sustancia fundamental sólida, constituida por colágeno y condromucoide. ❑ CARTILAGÍNEO, A; CARTILAGINOSO, SA.

CARTILLA f. Cuaderno pequeño, impreso, que contiene las letras del alfabeto y los primeros rudimentos para aprender a leer. ◊ Cuaderno o libreta donde se anotan ciertos datos, como la cartilla militar, de racionamiento, etc.

CARTISMO m. Mov. político y social obrero, de carácter reformista, que se desarrolló en Gran Bretaña a causa de la crisis económica y por la reforma electoral conservadora de 1832.

CARTOGRAFÍA f. Arte y técnica que, con la ayuda de las ciencias geográficas y sus afines, tiene por objeto la elaboración de mapas. ❑ CARTOGRAFIAR; CARTOGRÁFICO, CA; CARTÓGRAFO, FA.

CARTOMANCIA f. Arte de adivinar lo futuro por medio de los naipes. ❑ CARTOMÁNTICO, CA.

CARTÓN m. Conjunto de varias hojas sobrepuestas de pasta de papel que forman una sola hoja gruesa. ◊ *Pint.* Dibujo o bosquejo que, gralte., se hace en papel grueso, como estudio. ◊ *Amér.* Dibujos animados. Se usa más en pl.

CARTONÉ m. Clase de encuadernación en que las tapas y el lomo van cubiertos de papel.

CARTUCHERA f. Caja destinada a llevar la dotación individual de cartuchos. ◊ Canana.

CARTUCHO m. *Mil.* Carga de pólvora y proyectil, o de pólvora sola, envuelta en un tubo metálico o de cartón. ◊ Envoltorio cilíndrico de monedas de una misma clase. ◊ Cucurucho de dulces. ◊ Bolsa de papel fuerte o de cartulina en que se meten ciertos géneros.

CARTUJA f. Orden monacal fundada por san Bruno, en 1084, cuyos miembros se dedican a la vida contemplativa, dentro de una gran austeridad. ◊ Monasterio o convento de esta orden. ❑ CARTUJO.

Iglesia de la **cartuja** de Miraflores (Burgos)

CARTULARIO m. Códice diplomático de la E. Med. en el que se registraban cartas o documentos.

CARTULINA f. Cartón delgado o papel grueso, que se usa para tarjetas, diplomas, etc.

CARÚNCULA f. *Zool.* Especie de carnosidad que poseen en la cabeza algunos animales, como el pavo y el gallo.

CARÚPANO C. del NE de Venezuela, a orillas del Caribe, en el est. Sucre; 66 200 hab. Puerto comercial. Aeropuerto.

CARUSO, *Enrico* (1873-1921) Tenor dramático it. La amplitud del registro de su voz le permitía abordar partituras muy diversas.

CARVAJAL, *Francisco de* (1464-1548) Conquistador esp., compañero de Pizarro. Famoso por su crueldad. Fue ajusticiado. ◊ *Gaspar de* (1504-1584) Cronista de Indias esp. Dominico. *Relación del nuevo descubrimiento del famoso río Grande de las Amazonas.* ◊ **Y** Lan-

cáster, *José de* (1696-1754) Político esp. Vicepresid. del Consejo de Indias y secretario de Est. (1746-1754).

CARVALLÓN, *Juan de* (1524-1565) Conquistador esp. Alcalde mayor de Nicaragua; inició la colonización de Costa Rica.

CASA f. Edificio destinado a vivienda. ◊ Piso o parte de una casa, en que vive un individuo o una familia. ◊ Familia, individuos que viven juntos. ◊ Descendencia o linaje que tiene un mismo apellido, y viene del mismo origen. ◊ Establecimiento industrial o mercantil. ◊ **consistorial.** Ayuntamiento. ◊ **cuna.** Hospicio. ◊ **de citas.** Burdel. ◊ **de Dios.** Iglesia o templo. ◊ **de empeño.** Establecimiento donde se presta dinero mediante la entrega de alhajas, ropas u otros bienes muebles en prenda. ◊ **de huéspedes.** Aquella en que se da alojamiento, y a veces comida, mediante pensión. ◊ **de moneda.** La destinada para fundir, fabricar y acuñar moneda. ◊ **de putas.** Burdel.

CASA Blanca (ing., *White House*) Residencia del presid. de EE UU, en Washington. Construida en 1792-1800. ◊ **de contratación de las Indias.** *Hist.* Institución fundada en Sevilla en 1503 por los Reyes Católicos, para impulsar y controlar el tráfico con el Nuevo Mundo. ◊ **Rosada.** Residencia del presid. de la República Argentina, en Buenos Aires.

CASABLANCA (*Dar-el-Beida*) C. y puerto de Marruecos, en el Atlántico; 2 139 200 hab. Fundada por los port. en 1515, es la cap. económica y comercial del país. ◊ **Conferencia de C.** La celebrada en 1943 entre Roosevelt y Churchill, para tratar de la invasión de Italia y de la capitulación de los países del Eje.

CASACA f. Vestidura de mangas anchas, con faldones y ceñida al cuerpo. ◊ *Col.* Frac.

CASACCIA, *Gabriel* (1907-1980) Escritor par. *La llaga, Los exiliados.*

CASACIÓN f. *Der.* Anulación de una sentencia.

CASAL, *Julián del* (1863-1893) Poeta cub., precursor del modernismo. *Hojas al viento.*

CASALS, *Pau* (1876-1973) Violoncelista y compositor esp., uno de los mejores instrumentistas de su época. *El pesebre.*

CASAMATA f. *Mil.* Fortificación que consiste en una bóveda de hormigón o acero.

CASANARE Río del E de Colombia, afl. del Meta; 515 km. ◊ Dpto. del E de Colombia; 44 640 km², 309 398 hab. Cap., Yopal.

CASANDRO (h. 358-297 a. C.) Rey de Macedonia (305). Venció a Polipercón, heredero legítimo.

CASANOVA, *Rafael de* (1660-1743) Político esp. Símbolo del nacionalismo cat. por dirigir la resistencia contra las tropas esp. de Felipe V en Barcelona. ◊ **de Seingalt,** *Giacomo* (1725-1798) Aventurero it., célebre por sus intrigas y amores, que relató en sus *Memorias.*

CASAR tr. *Der.* Anular, abrogar, derogar. ◊ intr. y prnl. Contraer matrimonio. ◊ tr. Dar fe del matrimonio un sacerdote o la autoridad civil. ◊ fig. Unir o juntar una cosa con otra. ◊ tr. e intr. fig. Disponer y ordenar algunas cosas de suerte que hagan juego o tengan correspondencia entre sí. ❏ CASADERO, RA; CASAMIENTO; CASAMENTERO, RA.

CASARES, Julio (1877-1964) Erudito esp., autor de estudios filológicos. *Diccionario ideológico de la lengua española.* ◊ **Quiroga, Santiago** (1884-1950) Político esp., nacionalista gallego. Jefe del gobierno y ministro de la Guerra en 1936.

CASAS, FRAY *Bartolomé de Las* (1474-1566) Escritor esp., dominico, obispo de Chiapas. Defensor de los indígenas, sus acusaciones de graves abusos y crueldades por parte de los conquistadores y encomenderos motivaron la promulgación de las *Leyes Nuevas.* Autor de *Brevísima relación de la destrucción de las Indias e Historia general de las Indias.*

CASBAH f. Alcazaba.

CASCABEL m. Bolita hueca de metal, con orificios y un trozo de hierro o latón en su interior, que produce un sonido agradable.

CASCABILLO m. Cascabel. ◊ Cascarilla en que se contiene el grano de trigo o de cebada. ◊ Cúpula de la bellota.

CASCADA f. *Geog.* Salto de agua debido a un brusco desnivel en el cauce de un río.

CASCADAS, *Cordillera de las* (*Cascada Range*) Sistema montañoso de América del Norte, que se extiende desde la Columbia Británica hasta Oregón y California. Alt. máx.: monte Rainier (4 392 m).

CASCAJO m. Guijo, fragmentos de piedra y de otras cosas que se quiebran. ◊ Fruta de cáscara seca.

CASCALOTE m. *Amér.* Árbol muy alto y grueso, cuyo fruto se emplea para curtir y también en medicina.

CASCANUECES m. Instrumento para partir nueces. ◊ *Zool.* Pájaro córvido, de plumaje color vinoso con manchas blancas.

CASCAR tr. y prnl. Quebrantar, romper una cosa quebradiza. ◊ tr. fam. Pegar, golpear. ◊ tr. y prnl. fig. y fam. Quebrantar la salud de uno. ❏ CASCADO, DA; CASCADURA; CASCAMIENTO.

CÁSCARA f. Corteza o cubierta exterior de los huevos, frutas y otras cosas. ◊ Corteza de los árboles. ❏ CASCARUDO, DA.

CASCARÓN m. Cáscara de huevo de

Fray Bartolomé de **Las Casas**

cualquier ave, y más particularmente la rota por el pollo al salir de él.

CASCARRABIAS com. fam. Persona que se enoja fácilmente.

CASCO m. Cráneo. ◊ Pedazo de una vasija, ladrillo, etc., roto. ◊ Pieza de la armadura, que cubre y defiende la cabeza. ◊ Cobertura de metal, fibra, etc., que protege la cabeza de soldados, motoristas, etc. ◊ Recipiente, especialmente botella, destinado a contener un líquido. ◊ *Mar.* Cuerpo de un barco sin la arboladura, maquinaria, etc. ◊ En las bestias caballares, uña del pie o de la mano, que se corta y alisa para sentar la herradura. ◊ Núcleo de una población edificado con continuidad. ◊ pl. fam. Cabeza, parte del cuerpo y también entendimiento.

CASCOS Azules Sobrenombre que se da a las fuerzas internacionales de la ONU.

CASCOTE m. Escombro.

CASEIFICAR tr. Transformar en caseína. ◊ Separar o precipitar la caseína de la leche. ❏ CASEIFICACIÓN.

CASEÍNA f. *Biol.* Sustancia proteínica de la leche, que unida a la manteca forma el queso.

CASERÍA f. Casa aislada en el campo, con edificios dependientes y fincas rústicas unidas o cercanas a ella.

CASERÍO m. Conjunto de casas. ◊ Casería.

CASERNA f. Bóveda a prueba de bombas construida debajo de los baluartes.

CASERO, RA adj. Que se hace en casa o pertenece a ella. ◊ Díc. de la persona muy dada a permanecer en casa. ◊ Sencillo, de confianza. ◊ m. y f. Dueño de alguna casa, que la alquila a otro. ◊ Administrador de ella.

CASERÓN m. Casa muy grande y destartalada.

CASEROS, *Batalla de* Acción bélica de las luchas civiles de Argentina, que puso fin a la tiranía de Rosas (1852); el vencedor fue el general Urquiza.

CASETA f. Casa pequeña de construcción ligera y sin piso alto. ◊ Construcción pequeña que se emplea para algún servicio, pero no para habitarla.

CASETE amb. Cajita que contiene una cinta magnética, virgen o grabada, que puede pasar de una bobina a otra. ◊ Magnetófono de casetes.

CASI adv. cantidad. Cerca de, poco

Giacomo **Casanova**

menos de, aproximadamente, con corta diferencia, por poco.

CASILLA f. Caseta, especialmente la que se destina a un vigilante. ◊ Casa, escaque del tablero de damas o ajedrez. ◊ Cada una de las divisiones del papel rayado verticalmente o en cuadrículas, en que se anotan separados y en orden guarismos u otros datos. ◊ Cada uno de los compartimientos que se hacen en algunas cajas, estanterías y en varios recipientes. ◊ *Amér.* Apartado postal.

CASILLERO m. Mueble con varias divisiones, para tener clasificados papeles y otros objetos.

CASIMIR m. Tela muy fina, lisa, gralte. negra y fabricada con lana merina y en punto de tafetán.

CASIMIRO (1458-1483) Santo. Patrono de Polonia, hijo de Casimiro IV. ◊ **I el Restaurador** (1016-1058) Duque de Polonia [1034-1058]. Reconquistó a los checos la c. de Wroclaw. ◊ **III el Grande** (1309-1370) Rey de Polonia [1333-1370]. Conquistó Galitzia, Podolia y Volinia. ◊ **IV** (1427-1492) Gran duque de Lituania y rey de Polonia [1447-1492]. Hizo concesiones a la nobleza.

CASINO m. Casa de recreo. ◊ Centro de recreo donde se reúnen pesonas que desean conversar, jugar, etc. ◊ Edificio donde se reúnen los miembros de sociedades culturales o recreativas. ◊ Establecimiento de juego.

CASIOPEA f. *Astr.* Constelación boreal.

CASIQUIARE Río del S de Venezuela, afl. del Guainía-Negro; 400 km. Nace en la orilla izquierda del Orinoco.

CASITERITA f. *Miner.* Óxido de estaño, mineral de color pardo y brillo diamantino.

CASO m. Suceso, acontecimiento. ◊ Lance, ocasión o coyuntura. ◊ Asunto de que se trata o que se propone para consultar a alguno. ◊ *Gram.* Variación morfológica del sustantivo, adjetivo, artículo y pronombre de las lenguas de flexión. Los casos son seis: nominativo, genitivo, dativo, acusativo, vocativo y ablativo.

CASO, Alfonso (1896-1970) Antropólogo y arqueólogo mex. Investigó la vida de los aztecas y realizó excavaciones en Monte Albán (Oaxaca). *Las exploraciones de Monte Albán.*

CASONA, Alejandro (1903-1965) Seud. del dramaturgo esp. *Alejandro Rodríguez Álvarez.* Su teatro es una mezcla de lirismo, fantasía y humor. *Nuestra Natacha, La dama del alba.*

CASPA f. Escamillas blancuzcas que se forman en el cuero cabelludo. ◊ La que forman las herpes o queda de las hinchazones o llagas, después de sanas.

CASPIO El mayor mar cerrado del mundo; 424 300 km². Sit. entre la región Caucásica y Asia Central.

¡CÁSPITA! interj. con que se denota extrañeza o admiración.

CASQUETE m. Pieza de la armadura que cubría y defendía la parte superior de la cabeza. ◊ **polar.** Parte de la superficie terrestre comprendida entre el círculo polar y el polo respectivo.

CASQUILLO m. Anillo o abrazadera de metal, que sirve para reforzar la extremidad de una pieza de madera. ◊ Hierro de la saeta o flecha. ◊ Cartucho metálico vacío. ◊ Parte metálica fijada en la bombilla de una lámpara eléctrica, que permite conectar ésta con el circuito.

CASQUIVANO, NA adj. fam. Alegre, atolondrado.

CASSINI, _Gian Domenico_ (1625-1712) Astrónomo it., nacionalizado fr. Descubrió tres satélites de Saturno, el período de rotación de Júpiter y la luz zodiacal.

CASSIRER, _Ernst_ (1874-1945) Filósofo al. Aplicó a la filosofía los métodos de conocimiento y conceptuación de las ciencias físicas.

CASSOLA, _Carlo_ (1917-1987) Novelista it. _Fausto y Ana, El soldado y la muchacha de Bube._

CASTA f. Generación o linaje. ◇ _Soc._ Parte de los hab. de un país que forman un estrato especial sin mezclarse con los demás. ◇ fig. Gremio, institución o estamento militar que practica una política corporativa a ultranza. ◇ fig. Especie o calidad de una cosa.

CASTAGNO, _Andrea del_ (1423-1457) Pintor it. de la escuela florentina. _Crucifixión, Asunción de la Virgen._

CASTAÑA f. Fruto del castaño, del tamaño de la nuez y cubierto de una cáscara correosa de color pardo oscuro. ◇ **pilonga.** Castaña desecada. ❏ CASTAÑAL o CASTAÑAR.

CASTANEDA, _Carlos_ (1925-1998) Etnólogo mex. nacionalizado estadoun. Estudió los indígenas yaquis de Sonora. _Las enseñanzas de Don Juan, Viaje a Ixtlán._

CASTAÑEDA Castro, _Salvador_ (1888-1965) Político y militar salv. Elegido presid. en 1945. Derrocado por un golpe militar en 1948.

CASTAÑETA f. Castañuela, instrumento para el baile. ◇ Chasquido realizado al golpear con fuerza el dedo medio con el pulgar. ◇ Castañola, pez. ◇ _Chile._ Pez de color azul apizarrado por el dorso y plateado por el vientre.

CASTAÑETEAR tr. Tocar las castañuelas. ◇ intr. Traqueteo de los dientes al chocar los de una mandíbula contra los de otra por frío, miedo, etc.

CASTAÑO, ÑA adj. y m. De color de la cáscara de la castaña. ◇ m. _Bot._ Árbol de tronco grueso, copa ancha y redonda, hojas grandes, flores blancas y frutos parecidos al erizo, y cuya simiente es la castaña. ◇ **de Indias.** _Bot._ Árbol de madera blanda y amarillenta, hojas palmeadas, flores en racimos derechos, y fruto muy parecido al del castaño común. Es originario de la India.

CASTAÑOS, _Francisco Javier_ (1758-1852) General esp. Venció al ejército fr. de Dupont en Bailén (1808). Presid. de la Junta de Regencia.

CASTAÑUELA f. Instrumento musical de percusión, compuesto de dos mita-

Castaño. Árbol, flor y fruto

Emilio **Castelar**

des cóncavas, que juntas forman la figura de una castaña. Por medio de un cordón se sujetan al dedo pulgar o al medio y se repican con los demás dedos.

CASTELGANDOLFO Mun. de Italia en el Lacio. Residencia veraniega del papa.

CASTELAO, _Alfonso Rodríguez_ (1886-1950) Político, escritor y dibujante esp. _Sempre en Galiza, Un ollo de vidro._

CASTELAR, _Emilio_ (1832-1899) Escritor y político esp. En 1873 fue presid. de la I Rep. esp. Durante la Restauración, colaboró con Sagasta.

CASTELLANÍA f. Territorio o jurisdicción independiente.

CASTELLANISMO m. Dicho o modo de hablar privativo de las prov. castellanas.

CASTELLANIZAR tr. Dar forma castellana a un vocablo de otro idioma.

CASTELLANO, NA adj. y s. De Castilla. ◇ adj. Perteneciente a esta región de España. ◇ m. Lengua de Castilla, de España y de los países latinoamericanos de ant. colonización española. ◇ Dialecto románico nacido en Castilla la Vieja, del que tuvo su origen esta lengua. ❏ _Lit._ El c. tuvo su cuna en Cantabria y en los pequeños condados dependientes del reino de León, entre ellos Castilla. 1) Se inicia con las primeras manifestaciones en lengua romance, jarchas mozárabes, el mester de juglaría (_Cantar de Mio Cid_) y el mester de clerecía (Berceo y los anónimos autores del _Libro de Apolonio_ y _Libro de Alexandre_). En el s. XIV destacaron: Arcipreste de Hita, don Juan Manuel, canciller Pero López de Ayala. En los dos primeros tercios del s. XV se aprecia un intento de integración a las corrientes humanistas iniciadas en Italia. 2) Renacimiento (s. XVI) y época barroca (s. XVII), llamada Siglo de Oro. El Renacimiento se inicia con un humanista, Nebrija; un poeta, Jorge Manrique; un dramaturgo, Juan del Encina; y la indiscutible _Celestina_. A la primera época pertenecen también: Boscán, Garcilaso, poetas; Lope de Rueda, comediógrafo; y el _Lazarillo_. Mas tarde apareció la Contrarreforma y el misticismo. En periodo barroco surgen dos genios, Cervantes y Lope de Vega, creadores respectivamente de la novela y el teatro modernos. En el s. XVII se dan los mov. conceptista y culteranista: Quevedo, Góngora, Tirso, Alemán,

Gracián, Calderón. 3) El s. XVIII es una etapa de afrancesamiento. 4) En el s. XIX pueden separarse dos periodos: romanticismo (Zorrilla, Espronceda y Bécquer) y realismo-naturalismo (Valera, «Clarín», Pardo Bazán, Galdós, Blasco Ibáñez). 5) La época contemporánea supone notables cambios: modernismo (Manuel Machado), generación del 98 (Unamuno, Azorín, Pío Baroja, Valle-Inclán, Antonio Machado); generación novecentista (Miró, Ortega, Gómez de la Serna); generación del 27 (Guillén, Salinas, Gerardo Diego, Cernuda, Lorca, Alberti, Aleixandre, Dámaso Alonso, Juan Ramón Jiménez). Miguel Hernández representa un momento de transición hacia una poesía más hondamente amorosa y social. Entre los autores de posguerra cabe señalar, en poesía, a León Felipe, Vivanco, Rosales, Celaya, Ridruejo, Otero; en prosa, a Sender, Aub, Ayala, Cela, Delibes, Sánchez Ferlosio, Martín Santos, Torrente Ballester; en teatro, a Buero Vallejo y Alfonso Sastre. A partir de los años sesenta, tras la ruptura con el realismo social de los cincuenta, cabe destacar en poesía: José Ángel Valente, Gil de Biedma, Caballero Bonald, Barral, Félix de Azúa y P. Gimferrer. En prosa, Juan Benet, Juan Marsé, Luis Goytisolo, E. Mendoza, Vázquez Montalbán; en teatro, Francisco Nieva y Antonio Gala.

CASTELLANOS, _Rosario_ (1925-1973) Escritora mex. _Oficio de tinieblas, Ciudad real, Lívida luz, Materia memorable._

CASTELLI, _Juan José_ (1764-1812) Patriota arg., uno de los primeros líderes de la indep.

CASTELLÓN Prov. del E de España, en la Comunidad Valenciana; 6 679 km², 484 566 hab. Naranjas, arroz. Ind. del calzado, cerámica. ◇ **de la Plana** C. de España, cap. de la prov. hom.; 147 667 hab.

CASTELO Branco, _Camilo_ (1825-1890) Novelista port., realista de raíz romántica. _Amor de perdición, Cuentos del Miño._ ◇ _Humberto_ (1900-1967) Militar y político bras. En 1964 capitaneó un golpe de Estado que terminó con el sist. parlamentario su país.

CASTICISMO m. Amor a lo castizo, tanto en el idioma como en las costumbres, usos y modales. ❏ CASTICISTA.

CASTIGAR tr. Imponer algún castigo. ◇ Mortificar y afligir. ◇ Escarmentar; corregir con rigor a uno. ◇ Dañar, perjudicar, estropear.

CASTIGLIONE, _Baldassare de_ (1478-1529) Escritor y político it. Su obra _El cortesano_ define el ideal del hombre del Renacimiento.

CASTIGO m. Pena que se impone al que ha cometido un delito o falta.

CASTILLA Región histórica de la pen. Ibérica cuyos núcleos originarios fueron el condado de C. y el reino de León en el centro de la pen. ❏ _Hist._ El condado de Castilla fue fundado en 931 por Fernán González. En 1035, Fernando I fue proclamado rey de C. y se anexionó el reino de León. Con Fernando III el Santo se produjo una reunificación definitiva con León (1230), la conquista de Murcia, de Andalucía occidental y de Sevilla. Con Fernando de Aragón e Isabel de Castilla (los Reyes Católicos) se inició en el s. XV la unificación de ambos reinos bajo la hegemonía castellana. La nueva ordenación autonómica, aprobada en 1982-1983, dio lugar a las com. autón. de Castilla y León, Castilla-La Mancha y la uniprov. de Madrid.

CASTILLA-LA MANCHA Com. autón. esp.; 79 230 km², 1 760 516 hab. Sit. en la zona centro y centro-sur de la pen. Ibérica. Cap., Toledo. Sist. Central, Sist. Ibérico. Montes de Toledo. Cereales, vid, olivo y patatas. Ganadería. Mercurio, plomo, antimonio, carbón. Constituida en com. autón. en 1982.

CASTILLA Y LEÓN Com. autón. esp.; 94 193 km², 2 456 474 hab. Cap., Valladolid. Sit. en la parte N de la Meseta. Cord. Cantábrica. Sist. Central. Sist. Ibérico. Montes de León. Trigo, leguminosas, viñas. Ganadería. Minería. Constituida en com. autón. en 1983.

CASTILLA Marquesado, Ramón (1796-1867) Militar y político per. Tras derrocar a Vivanco, fue elegido presid. de la rep. (1845-1851). Elegido de nuevo presid. para el periodo 1858-1862.

CASTILLEJO, Cristóbal de (h. 1490-1550) Poeta esp. *Sermón de amores, Diálogo de mujeres.*

CASTILLO. Edificio fortificado con murallas, baluartes y fosos. ◊ Ant. máquina de guerra, en forma de torre de madera, que se colocaba sobre elefantes. ◊ *Her.* Figura que representa una o más torres, en este caso, unidas por cortinas. ◊ *Mar.* Parte de la cubierta alta o pral. del buque, comprendida entre el palo trinquete y la proa.

Castillo de Javier, en Navarra, España

CASTILLO, Francisca Josefa del (1671-1742) Escritora y religiosa col., inscrita en la tradición mística esp. *Vida, Los sentimientos espirituales.* ◊ **Ramón** (1873-1944) Político arg. Presid. de la rep. en 1940. Derrocado por un golpe militar en 1943. ◊ **Armas, Carlos** (1914-1957) Militar y político guat. Con la ayuda norteam., invadió Guatemala (1954), derrocó al presid. electo Arbenz e impuso una constitución conservadora (1956). ◊ **Duany, Demetrio** (1856-1922) Militar y político cub. Colaboró con Shafer en la toma de Santiago de Cuba (1898). ◊ **Solórzano, Alfonso del** (1584-1648) Novelista esp. *La niña de los embustes, El bachiller Trapaza.* ◊ **Y Radá, José María del** (1776-1835) Político col. Formó parte del Colegio constituyente (1811) y del triunvirato que gobernó Nueva Granada. Presidió la conven-

ción de Ocaña. Jefe del gobierno durante la dictadura de Bolívar.

CASTIZO, ZA adj. De buen origen y casta. ◊ Aplícase al lenguaje puro y sin mezcla de voces ni giros extraños. ◊ adj. y s. Cuarterón; nacido en América de mestizo y española o de español y mestiza. ❏ CASTICIDAD.

CASTLEREAGH, Robert Stewart, VIZCONDE DE (1769-1822) Estadista brit., impulsor de las coaliciones contra Napoleón.

CASTO, TA adj. Puro, honesto, opuesto a la sensualidad.

CASTOR m. *Zool.* Mamífero roedor anfibio, de cuerpo grueso, cubierto de pelo castaño, patas cortas, y cola aplastada, oval y escamosa. Se le caza para aprovechar su piel y para extraerle el castóreo. ◊ Pelo de este animal. ◊ Paño o fieltro hecho con pelo del castor.

CÁSTOR y Pólux *Mit.* Semidioses; hermanos gemelos, hijos de Zeus y Leda.

CASTRAR tr. Capar, extirpar o inutilizar las glándulas genitales. ◊ tr. y prnl. Quitar a las colmenas panales con miel. ◊ fig. Debilitar, enervar, apocar. ❏ CASTRACIÓN; CASTRADOR; CASTRAZÓN.

CASTRENSE adj. Relativo al ejército y al estado o profesión militar.

CASTRIES Cap. de Santa Lucía, al NO de la isla; 17 500 hab. Puerto.

CASTRO m. Real o sitio donde estaba acampado y fortificado un ejército. ◊ **Cultura de los c.** Cultura prerromana y rom. de la pen. Ibérica (N de Portugal, Galicia y Asturias), a la que dan nombre los numerosos c. o poblados fortificados.

CASTRO, Américo (1885-1972) Filólogo e historiador esp. nacido en Brasil. Ensayos sobre literatura y la España medieval. *El pensamiento de Cervantes, Judíos, moros y cristianos.* ◊ **Cipriano** (1858-1924) Militar y político ven. Presid. tras derribar a Andrade (1899), instauró un régimen dictatorial. ◊ **Guillen de** (1569- 1613) Dramaturgo esp., de la escuela de Lope. *El conde Alarcos, Las mocedades del Cid.* ◊ **Inés de** ➭ Inés de Castro. ◊ **José María** (1818-1892) Político cost. Presid. de la rep. (1846-1849). Proclamó la rep. soberana e indep. (1848). ◊ **Juan José** (1895-1968) Compositor y director de orquesta arg. *Argentina, Sinfonía de los campos* (sinfonías). ◊ **Julián** (s. XIX) General y político ven. Caudillo de la rev. de Marzo (1858), que derrocó a Monagas. Presid. interino, fue derribado por un golpe militar (1859). ◊ **Rosalía de** (1837-1885) Poetisa esp., figura pral. del renacimiento de las letras gallegas. *La hija del mar, Follas novas, En las orillas del Sar.* ◊ **Ruz, Fidel** (n. 1927) Político cub. Condenado a prisión en 1953 por intentar derribar a Batista, fundó el *Movimiento 26 de julio.* Con un grupo guerrillero, en 1959 derrocó a Batista. En 1961 proclamó el carácter socialista de la revolución cubana. Desde 1959 es primer ministro y desde 1976, jefe del Estado. ◊ **Ruz, Raúl** (n. 1932) Político cub., hermano de Fidel. Desde 1976, es segundo secretario del partido oficial, ministro de las fuerzas armadas y primer vicepresidente.

CASUALIDAD f. Combinación de circunstancias que no se pueden prever ni evitar. ❏ CASUAL.

CASUARIO m. Ave corredora de gran tamaño, de color negro o gris, con un casco óseo en la cabeza y carúnculas azules o rojas.

CASUÍSTICA f. Parte de la teología moral que trata de los casos de conciencia. ◊ Conjunto de casos particulares en cualquier materia. ❏ CASUISTA.

CASULLA f. Vestidura sagrada que se pone el sacerdote sobre las demás que sirven para celebrar la misa.

CATA f. Porción de alguna cosa que se prueba. ◊ *Col.* y *Méx.* Calicata, sondeo en un terreno.

CATABOLISMO m. *Fisiol.* Parte del metabolismo que comprende las reacciones de degradación de los alimentos para dar dióxido de carbono, agua y energía o para formar las moléculas clave del metabolismo intermediario.

CATACAOS Mun. de Perú, en la prov. y dpto. de Piura; 40 800 hab. Algodón; ind. agrícola.

CATACLISMO m. Trastorno de grandes proporciones, como un terremoto o hundimiento. ◊ fig. Gran trastorno en el orden social o político.

CATACUMBAS f. pl. Subterráneos en los cuales los primitivos cristianos enterraban sus muertos y practicaban el culto.

CATADIÓPTRICA f. *Fís.* Parte de la óptica que estudia los efectos combinados de la reflexión y la refracción. ◊ Óptica de los instrumentos en los que intervienen espejos y lentes. ❏ CATADIÓPTRICO, CA.

CATADURA f. Acción y efecto de catar. ◊ Gesto o semblante.

CATAFALCO m. Túmulo adornado con magnificencia, que se pone en los templos para las exequias solemnes.

Rosalía de **Castro**

CATALÁN, NA adj. y s. De Cataluña. ◊ m. Lengua románica hablada en Cataluña, Baleares, Comunidad Valenciana, Andorra, la Cataluña N o fr., la franja oriental de Aragón, zona murciana de Carche y la c. it. de Alguer (Cerdeña).

❏ *Lit.* La etapa medieval está muy vinculada a la Provenza. Con la obra de Ramón Llull aparece la auténtica literatura c. El s. XV aporta la figura del humanista Ausias March, y aparece la novela de caballerías *Tirant lo Blanc* de Joanot Martorell. Las letras catalanas resurgirán en el s. XIX *(Renaixença)*. Pa-

Catalina II de Rusia

ralelamente, Pompeu i Fabra fija las normas gramaticales. Àngel Guimerà y Santiago Rusiñol abren el camino a la obra de Àdrià Gual, Josep Maria de Sagarra, J. Maragall, J. Verdaguer. Tras la guerra civil destacan Salvador Espriu, J. V. Foix, Oliver, G. Ferrater, J. Brossa, N. Oller, P. Corominas, Llorenç Villalonga y Mercè Rodoreda. Las figuras de Eugeni d'Ors y Josep Pla, dominan el ensayo.

CATALANISMO m. Defensa de los valores históricos y culturales de Cataluña. ◊ Mov. político surgido a finales del s. XIX que propugnaba para Cataluña una estructura gubernamental propia. ◊ Préstamo lingüístico del catalán. ❏ CATALANISTA.

CATALEJO m. Anteojo de larga vista.

CATALEPSIA f. Estado psicopatológico consistente en que el enfermo conserva la actitud muscular en que se le pone, sin sensación de fatiga. ❏ CATALÉPTICO, CA.

CATALINA I (1684-1727) Emperatriz de Rusia [1725-1727], esposa y sucesora de Pedro I el Grande. ◊ **II *la Grande*** (1729-1796) Emperatriz de Rusia [1762-1796]. Ejemplo del despotismo ilustrado. Incorporó a Rusia Crimea, Polonia oriental y Lituania. ◊ **de Aragón** (1485-1536) Reina de Inglaterra [1509-1536], hija de los Reyes Católicos. Casada con Enrique VIII, que rompió con la Santa Sede para divorciarse de ella y casarse con Ana Bolena. ◊ **de Médicis** (1519-1589) Reina de Francia, esposa de Enrique II. Regente durante el reinado de Carlos IX. ◊ **Howard** (1522-1542) Reina de Inglaterra, quinta esposa de Enrique VIII (1540) que la mandó decapitar. ◊ **Parr** (1512-1548) Reina de Inglaterra [1543-1547], sexta esposa de Enrique VIII.

CATÁLISIS f. *Quím.* Modificación de la velocidad de una reacción química motivada por la presencia de cuerpos que al finalizar la reacción aparecen inalterados. ❏ CATALÍTICO, CA.

CATALIZADOR adj. y m. *Quím.* Agente o sustancia capaz de acelerar o retardar una reacción, sin alterar el resultado final de la misma.

CATÁLOGO m. Lista o inventario hecho ordenadamente. ❏ CATALOGAR.

CATALUÑA o **CATALUNYA** Com. autón. de España, sit. junto al Mediterráneo; 31 930 km², 6 343 110 hab. Cap.,

Barcelona. Pirineos. Cord. Litoral y Prelitoral. Delta del Ebro. Bosques. Agricultura. Ind. textil, metalúrgica, química, alimentaria, editorial. Turismo. Los condados cat. dependieron de los reyes francos, que crearon la Marca Hispánica. A partir del s. X se independizaron, imponiéndose sobre todos ellos el de Barcelona. En 1137 se unieron al reino de Aragón, y emprendieron, bajo el reinado de Jaime I, una gran expansión por el Mediterráneo. Una vez unida C. a Castilla en el s. XV, conservó sus instituciones, suprimidas finalmente por los Decretos de Nueva Planta (1716). En los ss. XIX-XX, se reavivaron las aspiraciones de autonomía. Durante la II Rep., y hasta la guerra civil (1936-1939), fue restablecida la *Generalitat*, órgano de autogobierno, que se recuperó en 1979, al constituirse C. en com. autón.

CATAMARCA Prov. del NO de Argentina; 102 602 km², 334 568 hab. Cap., San Fernando del Valle de C. Terr. en su mayoría desértico. Comprende: al NO, un sector de la Puna; en la franja occidental, la cord. andina. Ríos prales.: Valle, Belén y Salado o Colorado. Cereales, vid, olivo, frutales y forrajes. Ganadería caprina. Hierro, cobre. Ind. derivadas de la agr. y textil. ◊ C. de Argentina *(San Fernando del Valle de C.)*, cap. de la prov. hom.; 140 741 hab. Centro com., agrícola e industrial. Típica c. colonial, sit. a orillas del r. Valle. Fundada en 1559.

CATANIA C. de Italia, cap. de la prov. hom.; 376 300 hab. Primer puerto del país. Centro industrial y comercial.

CATANZARO C. de Italia, cap. de la prov. hom. y de la región de Calabria; 96 600 hab.

CATAÑO Mun. de Puerto Rico, en el distr. de Bayamón; 34 587 hab.

CATAPLASMA f. Masa plástica y plana que contiene productos medicinales y que se aplica como calmante o emoliente.

CATAPLEXIA f. Asombro o susto que se manifiesta en la cara, especialmente en los ojos. ◊ Catalepsia de los animales.

CATAPULTA f. Máquina bélica ant., utilizada en asedios para arrojar piedras, flechas, etc. ◊ Dispositivo de lanzamiento de aviones desde pistas cortas.

Cataluña. Monasterio románico de Sant Pere de Roda, Girona

CATAR tr. Probar, gustar alguna cosa para examinar su sabor o sazón. ◊ Ver, examinar. ◊ Castrar las colmenas.

CATARATA f. Cascada o salto grande de agua. ◊ Opacidad del cristalino del ojo que produce la ceguera. ◊ pl. Lluvia copiosa.

CÁTARO, RA adj. y s. Relativo a los cátaros. ◊ Díc. de los miembros de diversas sectas de herejes (ss. XI-XII) que buscaban una absoluta pureza de costumbres y sencillez de vida.

CATARRINO, NA adj. y m. *Zool.* Díc. de los primates caracterizados por la carencia de cola prensil, la posesión, en muchas especies, de callosidades isquiáticas bajo la cola, y la orientación hacia abajo de los orificios nasales.

CATARRO m. Flujo o destilación procedente de las membranas mucosas. ◊ Inflamación de estas membranas.

CATARSIS f. En la religión mistérica gr., periodo en que el alma, después de la muerte, debía purgar sus faltas. ◊ *Fisiol.* Expulsión espontánea o provocada de sustancias nocivas al organismo. ◊ *Psic.* Eliminación de recuerdos que perturban la conciencia o el equilibrio nervioso. ❏ CATÁRTICO, CA.

CATASTRO m. Censo y padrón estadístico de las fincas rústicas y urbanas. ❏ CATASTRAL.

CATÁSTROFE f. Última parte del poema dramático, con el desenlace, especialmente cuando es doloroso. ◊ fig. Suceso infausto que altera gravemente el orden regular de las cosas. ❏ CATASTRÓFICO, CA.

CATATONIA f. *Pat.* Tendencia a la contracción tónica de los músculos, de donde resultan actitudes estereotipadas que podrían creerse afectadas.

CATCH (voz ingl.) m. Término abreviado de *catch as catch can*, lucha libre amer.

CATE m. Golpe, bofetada. ◊ fam. Nota de suspenso en los exámenes.

CATEAR tr. Catar, buscar, procurar. ◊ fig. y fam. Suspender en los exámenes a un alumno. ◊ *Amér.* Explorar los terrenos en busca de alguna veta minera.

CATECISMO m. Libro en que se contiene la explicación de la doctrina cristiana. ◊ Obra que contiene la exposición sucinta de alguna ciencia o arte.

CATECÚMENO, NA m. y f. Persona que se está instruyendo en la doctrina católica, con el fin de recibir el bautismo.

CÁTEDRA f. Asiento elevado, desde donde el maestro da lección a los discípulos. ◊ Aula. ◊ Empleo y ejercicio del catedrático. ◊ fig. Facultad o materia particular que enseña un catedrático.

CATEDRAL adj. y f. Iglesia designada como sede del obispo o del arzobispo; la pral. de una diócesis.

CATEDRAL Mun. de Venezuela, en el est. Lara; 80 300 hab.

CATEDRÁTICO, CA m. y f. com. Profesor que desempeña una cátedra en una universidad, instituto, etc.

CATEGORÍA f. *Fil.* En la lógica aristotélica, cada una de las diez nociones abstractas y generales siguientes: sustancia, cantidad, calidad, relación, acción, pasión, lugar, tiempo, situación y hábito. ◊ *Fil.* En la crítica de Kant, cada una de las formas del entendimiento; a saber: cantidad, cualidad, relación y modalidad. ◊ fig. Condición social de unas personas respecto de las demás. ◊ fig. Uno de los diferentes elementos de clasificación que suelen emplearse en las ciencias.

CATEGÓRICO, CA adj. Claro, preciso, que afirma o niega rotundamente.

CATENARIA adj. y f. Curva de equilibrio de un hilo suspendido por sus extremos bajo la acción de la gravedad. ◊ f. Sistema de cable aéreo que alimenta de corriente eléctrica a un vehículo.

CATEQUESIS f. Ejercicio de instruir en cosas pertenecientes a la religión. ❏ CATEQUISTA.

CATEQUIZAR tr. Instruir en la doctrina católica. ◊ Persuadir a alguien hábilmente para que haga cierta cosa.

CATERING (voz ing.) m. Servicio de abastecimiento de comida que brinda una empresa a otras o a particulares.

CATERVA f. Multitud de cosas o personas.

CATÉTER m. *Cir.* Sonda, tienta para exploración. ◊ *Cir.* Tubo cilíndrico utilizado para evacuar líquido o para distender un conducto.

CATETERISMO m. *Cir.* Acto quirúrgico o exploratorio que consiste en introducir un catéter en un conducto o cavidad.

CATETO m. *Geom.* Cada uno de los dos lados que forman el ángulo recto en un triángulo rectángulo.

CATETÓMETRO m. *Fís.* Instrumento que sirve para medir pequeñas longitudes verticales.

CATHER, Willa Sibert (1876-1947) Novelista norteam. *La muerte del arzobispo, Una dama extraviada, Los colonos.*

CATILINA, Lucio Sergio (109-62 a. C.) Político rom., propretor de África. Denunciado por conjura ante el senado por Cicerón.

CATILINARIA adj. y f. Díc. de las oraciones pronunciadas por Cicerón contra Catilina. ◊ f. fig. Escrito o discurso vehemente dirigido contra alguien.

CATINGA f. *Amér.* Olor desagradable que desprenden algunas personas, animales o plantas. ❏ *AMÉR.* CATINGOSO.

CATIÓN m. Ion de carga positiva que en la electrólisis se dirige hacia el cátodo.

CATITE m. Piloncillo que en los ingenios se hace del azúcar más depurado.

CATLEYA f. *Amér.* Planta orquidácea.

CATÓDICO, CA adj. *Fís.* Relativo al cátodo. ◊ **Rayos catódicos.** *Fís.* Corriente de electrones emitidos desde un cátodo de un tubo de descarga, durante el bombardeo del gas que se encuentra en su interior, por medio de iones positivos.

CÁTODO m. *Fís.* Polo negativo de un generador de electricidad o de una batería eléctrica.

CATOLICIDAD f. Universalidad de la doctrina católica.

CATOLICISMO m. Creencia de la iglesia católica. ◊ Comunidad y gremio universal de los que pertenecen a la iglesia católica.

CATÓLICO, CA adj. Universal, que comprende y es común a todos; se aplica a la iglesia rom. desde san Ignacio de Antioquía (s. II). ◊ Verdadero, cierto, infalible, de fe divina. ◊ adj. y s. Que profesa la religión católica. ◊ adj. Relativo a la religión católica.

Catenarias tendidas sobre una vía férrea

CATÓN, Marco Porcio (234-149 a. C.) Político y escritor rom., llamado EL CENSOR. Se opuso al lujo y a las corrientes helenizantes. ◊ *Marco Porcio*, llamado DE ÚTICA (95-46 a. C.) Partidario de la rep. y tradicionalista. Se enfrentó a César, apoyando a Cicerón en contra de Catilina.

CATÓPTRICA f. Parte de la óptica que estudia la reflexión de la luz.

CATORCE adj. Diez más cuatro. ◊ Decimocuarto. Aplicado a los días del mes se emplea como s.m. ◊ m. Conjunto de signos con que se representa el número catorce.

CATORCEAVO, VA adj. y s. Catorzavo.

CATORZAVO, VA adj. y m. Díc. de cada una de las 14 partes iguales en que se divide un todo.

CATRE m. Cama ligera para una sola persona. ◊ fam. Cama, lecho.

CATULO, Cayo Valerio (87-54 a. C.) Poeta lírico latino. Su temática es el erotismo. *Poemas a Lesbia.*

CAUBA f. *Argent.* Arbolito espinoso de la familia cesalpiniáceas, cuya madera se usa en ebanistería.

CAUCA Dpto. del SO de Colombia, en la costa del Pacífico; 29 308 km², 1 321 702 hab. Cap., Popayán. En su relieve se distingue la llanura litoral y el sector montañoso (Cord. Occidental y Central de los Andes). Entre ambas se encuentra la fosa del Patía y el valle alto del Cauca. Café, caña de azúcar, plátanos, arroz, maíz. Riqueza forestal. Oro y platino. ◊ Río de Colombia, afl. del Mag-

dalena; 1 350 km². Nace en la cord. Central, en el dpto. de Cauca.

CAUCASIA Región que se extiende por Rusia, Georgia y Azerbaiján, entre los mares Negro y Caspio. Comprende el Cáucaso y terr. inmediatos.

CAUCASIANO, NA adj. Relativo a la cord. y a la región del Cáucaso.

CAUCÁSICO, CA adj. Aplícase a la raza blanca o indoeuropea, por suponerla oriunda del Cáucaso.

CÁUCASO (*Kavkaz*) Cordillera que se extiende entre el estrecho de Kerch (en el mar Negro) y la pen. de Apsheron (en el Caspio).

CAUCASOIDE adj. y s. Uno de los grandes grupos raciales en que se divide la especie humana (se halla extendido por América, Europa, S de África y Oceanía).

CAUCE m. Lecho de los ríos y arroyos. ◊ Conducto descubierto o acequia por donde corren las aguas para riegos u otros usos.

CAUCHA f. *Chile.* Planta umbelífera espinosa, de hojas lanceoladas, usada como antídoto de la picadura de arañas venenosas.

CAUCHO m. *M. prima.* Látex producido por varias moráceas y euforbiáceas intertropicales, entre las que destaca la *Hevea brasiliensis*, de aplicaciones industriales. ❏ CAUCHAL.

CAUCIÓN f. Prevención, precaución o cautela. ◊ *Der.* Fianza que da una persona por otra. ❏ CAUCIONAR.

CAUDAL adj. Caudaloso, de mucha agua. ◊ Relativo a la cola. ◊ m. Ha-

Plataforma petrolífera en el **Cáucaso**

cienda, bienes de cualquier especie, y más comúnmente dinero. ◊ Cantidad de agua que mana o corre. ❏ CAUDALOSO, SA.

CAUDILLO m. El que como cabeza, guía y manda la gente de guerra. ◊ El que dirige algún gremio, comunidad o cuerpo. ◊ *Pol.* Jefe militar que utiliza la fuerza de las armas para imponer su dominio o conquistar el poder. ❏ CAUDILLAJE; CAUDILLISMO.

CAUPOLICÁN (1505-1558) Jefe araucano. Se distinguió en la lucha contra los esp. y derrotó a Pedro de Valdivia. García Hurtado de Mendoza lo venció en Monte Pino y lo mandó ejecutar. Sus hazañas fueron cantadas por Ercilla en *La Araucana.*

CAUQUENES Prov. del centro de Chile, en la VII Región del Maule; 57 088 hab. ◊ C. de Chile, cap. de la prov. hom.; 41 217 hab. Centro vinícola.

CAURO m. Noroeste, viento que sopla de esta parte.

CAUSA f. *Fil.* Lo que se considera como fundamento u origen de algo. ◊ Motivo o razón para obrar. ◊ Interés o partido. ◊ Litigio, pleito. ◊ *Der.* Proceso criminal que se instruye de oficio o a instancia de parte.

CAUSAL adj. Díc. de la relación de causa que existe entre dos o más hechos, ideas, etc. ◊ f. Razón y motivo de alguna cosa.

CAUSALIDAD f. Causa, origen, principio. ◊ *Fil.* Ley en virtud de la cual se producen efectos. ◊ *Fís.* y *Fil.* Relación que existe entre causa y efecto.

CAUSANTE m. *Der.* Persona de quien proviene el derecho que alguno tiene.

CAUSAR tr. Producir la causa su efecto. ◊ tr. y prnl. Ser causa, razón y motivo de que suceda una cosa.

CAUSEO m. *Chile.* Comida que se hace fuera de horas, ordinariamente de fiambres o cosas secas.

CÁUSTICO, CA adj. Díc. de toda sustancia que ataca y destruye los tejidos de los seres vivos. ◊ fig. Mordaz, agresivo. ◊ adj. y m. Medicamento que produce una escara en los tejidos. ◊ m. Vejigatorio. ❏ CAUSTICIDAD.

CAUTELA f. Precaución y reserva con que se procede. ◊ Astucia y sutileza para engañar. ❏ CAUTELAR; CAUTELOSO, SA.

CAUTERIO m. fig. Lo que corrige o ataja eficazmente algún mal. ◊ *Cir.* Instrumento con el que se aplica calor en un punto con fines terapéuticos, para convertir los tejidos en una escara.

CAUTERIZAR tr. *Cir.* Restañar la sangre, castrar las heridas y curar otras dolencias con el cauterio. ◊ fig. Corregir con aspereza o rigor algún vicio. ❏ CAUTERIZACIÓN.

CAUTÍN Prov. del S de Chile, en la IX Región de La Araucanía; 667 920 hab. Cap., Temuco. Cereales, patatas, forrajes y frutales.

CAUTIVAR tr. Aprisionar al enemigo en la guerra, privándole de libertad. ◊ fig. Atraer, ganar. ❏ CAUTIVADOR, RA; CAUTIVIDAD; CAUTIVERIO; CAUTIVO, VA.

CAUTO, TA adj. Que obra con sagacidad.

CAUTO Río de Cuba; 250 km. Nace en Sierra Maestra y desemboca en el golfo de Guacanayabo.

CAVA adj. y f. *Anat.* Díc. de cada una de las dos venas que van a parar a la aurícula derecha del corazón. ◊ f. Ac-

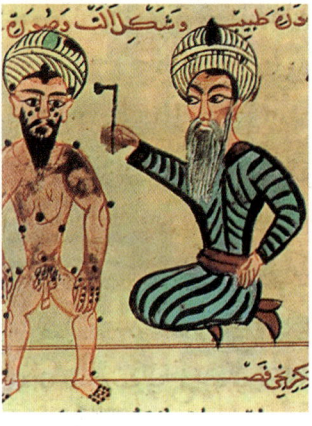

Cauterización de las lesiones de la lepra en un manuscrito árabe

ción de cavar; y más comúnmente, la labor que se hace en las viñas, cavándolas. ◊ Subterráneo abovedado que sirve para conservar los vinos. ◊ Foso, excavación en torno de un fuerte.

CAVACO Silva, *Aníbal* (n. 1939) Político port. Primer ministro de 1985 a 1995, por el PSD.

CAVAFIS, *Constantinos* (1863-1933) Poeta gr. *Las Termópilas, El dios abandona a Antonio.*

CAVALCANTI, *Guido* (1255-1300) Poeta it. Su canción *Una dama me ruega que yo explique* constituye una especie de manifiesto del *stil nuovo.*

CAVALIERI, *Bonaventura* (1598-1647) Matemático y astrónomo it. Introdujo en Italia el uso de los logaritmos de Neper y Briggs.

CAVALLERO, *Pedro Juan* (1786-1821) Patriota par. Presid. del Congreso que proclamó la rep. (1813).

CAVALLINI, *Pietro* (h. 1240-h. 1330) Pintor it. Autor de mosaicos (*Historia de la Virgen,* en Santa Maria in Trastevere), y de frescos.

CAVAR tr. Levantar y mover la tierra con la azada, azadón u otro instrumento semejante. ❏ CAVADIZO, ZA; CAVADURA.

CAVATINA f. Breve fragmento de ópera, parecido a una aria.

Aníbal **Cavaco Silva**

CÁVEA f. Lugar destinado a los espectadores en los teatros gr. y rom.

CAVENDISH, *Henry* (1731-1810) Físico y químico ing., el primero en realizar un estudio minucioso del hidrógeno. Determinó la composición del agua. Calculó la densidad media de la Tierra. Determinó experimentalmente la constante de la gravitación universal.

CAVERNA f. Cavidad natural subterránea o entre rocas. ◊ *Pat.* Cavidad que se forma, en algunos órganos del cuerpo, después de la evacuación del pus de un absceso o por el reblandecimiento de una masa tuberculosa.

CAVERNÍCOLA adj. y s. Que vive en las cavernas.

CAVERNOSO, SA adj. Relativo o semejante a la caverna. ◊ Aplícase a la voz, a la tos o al sonido broncos. ◊ Que tiene muchas cavernas.

CAVIAR m. Conserva hecha de huevas de esturión.

CAVIDAD f. Espacio hueco dentro de un cuerpo.

CAVILACIÓN f. Aprensión infundada, juicio poco meditado.

CAVILAR tr. Pensar mucho en alguna cosa. ❏ CAVILOSO, SA.

CAVITE C. de Filipinas, al S de la isla de Luzón, cap. de la prov. hom.; 87 700 hab. Puerto en la bahía de Manila, donde la escuadra esp. fue destruida en 1898 por la norteam.

CAVOUR, *Camillo,* CONDE DE (1810-1861) Político it. Con Garibaldi, fue el personaje clave de la unidad it. Jefe del gobierno piamontés desde 1852. En 1861, proclamó el reino unido de Italia.

CAYADO m. o **CAYADA** f. Palo o bastón corvo por la parte superior, usado especialmente por los pastores. ◊ Báculo pastoral de los obispos.

CAYAMA f. *Cuba.* Ave ciconiforme, acuática.

CAYAPA adj. y s. Díc. del individuo de una tribu amerindia, de la familia lingüística chibcha, que habita en el NO de Ecuador.

CAYENA (*Cayenne*) Cap. de la Guayana fr.; 38 100 hab. Tratamiento de los productos del hinterland (cacao, madera, ron).

CAYEY Mun. de Puerto Rico, en el distr. de Guayama; 42 200 hab. Caña de azúcar, tabaco, café.

CAYO m. Islote llano y arenoso del mar de las Antillas y del golfo de México.

CAYUCO m. Embarcación india con el fondo plano y sin quilla, que se gobierna con el canalete.

CAZ m. Canal de derivación para tomar el agua y conducirla a donde es aprovechada.

CAZA f. Acción de cazar. ◊ Animales salvajes, antes y después de ser cazados. ◊ m. *Mil.* Avión de guerra destinado a interceptar o derribar los aviones enemigos.

CAZABE m. *Amér.* Torta hecha con harina de raíz de mandioca.

CAZABOMBARDERO m. *Mil.* Avión destinado a portar armas para abatir objetivos tácticos.

CAZADOR, RA adj. y s. Que caza. ◊ adj. Díc. de los animales que persiguen y cazan otros animales.

CAZADORA f. Chaqueta de corte deportivo, ajustada a la cintura y provista de cremallera.

CAZALLA f. Aguardiente muy seco y de alta graduación.

CAZAR tr. Perseguir la caza para matarla. ◊ fig. y fam. Cautivar la voluntad de alguno con halagos o engaños. ◊ fig. y fam. Sorprender a alguno en un descuido o error que desearía ocultar.

CAZASUBMARINO m. *Mil.* Nave destinada a la persecución y destrucción de submarinos.

CAZATORPEDERO m. *Mil.* Buque pequeño y bien armado, usado para perseguir torpederos.

CAZO m. Vasija metálica semiesférica y con mango largo.

CAZOLETA f. Cazuela pequeña. ◊ Pieza de hierro u otro metal, que se pone debajo del puño de la espada y del sable, y sirve para resguardo de la mano. ◊ Receptáculo pequeño que llevan algunos objetos.

CAZÓN m. Pez escuálido muy voraz, de cuerpo casi cilíndrico y dientes agudos y cortantes. Su piel sirve de lija, después de seca.

CAZUELA f. Vasija más ancha que honda, que sirve para guisar. ◊ Guisado que se hace en ella. ◊ Paraíso de los teatros.

CAZURRO, RRA adj. y s. fam. Persona de pocas palabras, aparentemente ignorante, pero astuta.

cc Abrev. de centímetro cúbico. ◊ Abrev. de cuenta corriente. Suele escribirse c/c.

Cd *Quím.* Símb. del cadmio.

CD-DA Abrev. de *Compact Disc Digital Audio* (disco compacto audio digital). CD en el que se almacena audio digital de alta calidad. ◊ **-ROM** Abrev. de *Compact Disc-Read Only Memory* (disco compacto de memoria sólo de lectura). Formato de CD que permite almacenar datos digitalmente codificados.

CE f. Nombre de la letra *c*.

CE Siglas de Comunidad Europea.

Ce *Quím.* Símb. del cerio.

CEA Bermúdez ⇨ Zea Bermúdez.

CEARÁ Est. del NE de Brasil; 145 694 km², 6 401 000 hab. Cap., Fortaleza. Ocupa una penillanura accidentada por algunas sierras. Algodón, caña de azúcar, café. Ganadería y pesca. Producción maderera. Ind. derivadas.

CEAUSESCU, Nicolae (1918-1989) Político rum. Secretario del comité central del partido comunista (1965). En 1967 sucedió a Gheorghiu-Dej en la jefatura del Est. Defendió frente a Breznev la indep. nacional. Presid. de la rep. en 1974. Su nepotismo desembocó en una insurrección civil en 1989, tras la cual fue detenido y ejecutado.

CEBA f. Alimentación abundante y esmerada que se da al ganado.

CEBADA f. *Bot.* y *Agr.* Nombre común de unas plantas herbáceas gramíneas con tallos fistulosos, hojas anchas y lanceoladas y flores agrupadas en espiguillas. Germinada y tostada (malta), se emplea en la fabricación de cerveza y como sucedáneo del café. ◊ Simiente de esta planta. ❏ CEBADERA; CEBADERO.

CEBADILLA f. Especie de cebada silvestre. ◊ Fruto de una planta mex. del mismo género que el eléboro blanco.

CEBADO, DA adj. *Amér.* Díc. de la fiera que por haber probado carne humana, es más temible. ◊ m. Operación que consiste en llenar una bomba hidráulica para facilitar el funcionamiento inicial de la misma.

CEBADOR m. Frasquito en que se llevaba la pólvora para cebar las armas de fuego. ◊ **El.** Dispositivo para cebar un tubo fluorescente.

CEBALLOS, Juan Bautista (1811-1859) Político mex. Presid. del país (1853).

CEBAR tr. Dar o echar cebo a los animales para alimentarlos, engordarlos o atraerlos. ◊ fig. Alimentar, fomentar. ◊ fig. Poner en las armas, proyectiles huecos, torpedos y barrenos, el cebo necesario para inflamarlos. ◊ fig. Hablando de máquinas o aparatos, ponerlos en condiciones para empezar a funcionar. ◊ tr. *Amér. Merid.* Preparar el mate para tomarlo. ◊ prnl., fig. Entregarse con mucha intensidad a una cosa. ◊ fig. Encarnizarse, ensañarse.

CEBICHE m. *Amér.* Guiso de pescado o marisco crudo.

CEBIL m. *R. de la Plata.* Árbol alto y corpulento. Su corteza es un poderoso curtiente.

CEBO m. Comida que se da a los animales para alimentarlos, engordarlos o atraerlos. ◊ Porción de materia explosiva que se coloca en determinados puntos de las armas de fuego, los proyectiles huecos, los torpedos y los barrenos, para producir, al inflamarse, la explosión de la carga.

CEBOLLA f. *Bot.* Planta hortense de hojas cilíndricas, y raíz fibrosa que nace de un bulbo esferoidal, formado de capas tiernas y jugosas, de olor fuerte y sabor picante. Se cultiva por su valor gastronómico y por sus propiedades diuréticas o antiescorbúticas.

Barcas de pesca en **Ceará**

CEBOLLETA f. Planta muy parecida a la cebolla, con el bulbo pequeño y parte de las hojas comestibles. ◊ Cebolla común que, después del invierno, se vuelve a plantar y se come tierna antes de florecer.

CEBOLLINO m. Sementero de cebollas, cuando están en sazón para ser trasplantadas. ◊ Simiente de cebolla.

CEBÓN, NA adj. y s. Díc. del animal que está cebado. ◊ m. Puerco.

CEBRA f. *Zool.* Mamífero équido afr., parecido al asno o al caballo, según las especies. Se caracteriza por su pelo listado transversalmente de negro y blanco amarillento.

CEBRIÁN y Agustín, Pedro, CONDE DE FUENCLARA (1687-1752) Político esp. Virrey de Nueva España (1742-1746).

Cebú

CEBÚ m. Mamífero bóvido, provisto de una giba adiposa sobre el lomo.

CEBÚ Isla de Filipinas, del grupo de las Visayas; 5 088 km², 2 091 600 hab. Montañosa. Azúcar de caña, maíz, tabaco. Carbón. ◊ C. de Filipinas, importante puerto exportador y pral. núcleo urbano de la isla hom.; 490 300 hab.

CECA f. Casa donde se labra moneda.

CECA Siglas de la Comunidad Europea del Carbón y del Acero.

CECAL adj. *Anat.* Relativo al intestino ciego o a cualquier estructura anatómica que termina como un saco.

CECEAR intr. Pronunciar la s con articulación igual o semejante a la de la c ante *e, i,* o a la de la z. ❏ CECEO.

CECH, Svatopluk (1846-1908) Poeta y novelista checo. *Eslavia, Los admitas* (obras épicas) *La excursión del señor Broucek por la Luna* (novela satírica).

CECIDIA f. Excrecencia de un vegetal producida por ácaros, bacterias, etc.

CECILIA (s. III) Santa. Doncella rom. mártir. Patrona de los músicos.

CECINA f. Carne salada, enjuta y seca al aire, sol o humo. ◊ *Ecuad.* Loncha de carne fresca. ❏ CECINAR.

CECOGRAFÍA f. Escritura y modo de escribir de los ciegos. ❏ CECÓGRAFO.

CÉCROPE *Mit.* Primer rey de Ática, de origen egipcio.

CEDA f. Zeda, última letra del alfabeto español.

CEDACEAR intr. Aplicado a la vista, disminuir, oscurecerse.

CEDAZO m. Utensilio formado por una tela metálica o de tejido, sujeta por un aro, que se utiliza para cribar. ◊ Cierta red grande para pescar.

CEDEÑO, Manuel (1781-1821) General ven. Luchó con Bolívar en la primera batalla de Carabobo. Murió en la segunda.

CEDER tr. Dar, transferir, traspasar a otro una cosa, acción o derecho. ◊ intr. Rendirse, sujetarse. ◊ Disminuir, mitigarse.

CEDILLA f. Letra de la antigua escritura castellana (ç).

CEDOARIA f. Raíz medicinal, de sabor acre y de olor aromático, que proviene de una planta de la India Oriental.

CEDRIA f. Resina que se extrae del cedro.

CÉDRIDE f. *Bot.* Fruto del cedro.

CEDRO m. *Bot.* Árbol de tronco grueso y derecho, ramas horizontales y hojas persistentes, casi punzantes. Su madera es compacta y de larguísima duración.

CEDRÓN m. *Amér. Merid.* Planta con frutos en drupa, denominados huevos de pavo o nueces de cedrón.
CÉDULA f. Escrito o documento. ◊ Documento en que se reconoce una obligación.
CEE Siglas de Comunidad Económica Europea.
CEFALALGIA f. *Med.* Dolor de cabeza.
CEFALEA f. Cefalalgia violenta y tenaz.
CEFÁLICO, CA adj. *Anat.* Relativo a la cabeza.
CEFALITIS f. *Med.* Encefalitis.
CEFALOCORDADO, DA adj. y m. *Zool.* Díc. de los individuos de un tipo de animales marinos que poseen una cuerda dorsal uniforme a lo largo del cuerpo.
CEFALONIA *(Kefallinia)* Isla de Grecia, en el mar Jónico; 904 km², 31 300 hab. Cap., Argostoli.
CEFALÓPODO adj. y s. *Zool.* Díc. de los moluscos marinos que tienen la cabeza rodeada de tentáculos a propósito para la natación; se hallan, por lo general, desprovistos de concha y segregan un líquido negruzco con que enturbian el agua con objeto de ocultarse; como el pulpo, el argonauta y el calamar.

Pulpo, molusco marino de la clase
cefalópodos

CEFALORRAQUÍDEO, A adj. *Anat.* Relativo a la cabeza y a la médula espinal. ◊ *Anat.* Díc. del líquido de composición parecida al plasma, que se encuentra alrededor y en cavidades del encéfalo, y rodeando la médula espinal.
CEFEIDA f. *Astr.* Estrella que presenta una variación periódica de su magnitud con oscilaciones que van desde períodos muy breves a otros de hasta 70 días.
CEFEO m. *Astr.* Constelación boreal.
CÉFIRO m. Poniente, viento. ◊ *poét.* Cualquier viento suave y apacible. ◊ Tela de algodón casi transparente y de colores variados.
CEGAR intr. Perder enteramente la vista. ◊ tr. Quitar la vista a alguno. ◊ tr. e intr. fig. Ofuscar el entendimiento, turbar o extinguir la luz de la razón. ◊ tr. fig. Cerrar, tapar alguna cosa que antes estaba hueca o abierta.
CEGATO, TA adj. y s. fam. Corto de vista.
CEGESIMAL adj. *Fís.* Díc. del sistema

que tiene por unidades fundamentales el centímetro (longitud), el gramo (masa) y el segundo (tiempo).
CEGRÍ m. Individuo de una familia del reino musulmán de Granada.
CEGUERA f. Pérdida total de la vista.
CEI *(Comunidad de Estados Independientes)* Confederación de estados integrada por once ex repúblicas sov. (Azerbaijãn, Armenia, Bielorrusia, Kazakistán, Kirguistán, Moldavia, Rusia, Tadjikistán, Turkmenistán, Ucrania y Uzbekistán), cuya formación en diciembre de 1991 supuso el fin de la URSS.
CEIBA, La C. de Honduras, cap. del dpto. de Atlántida; 68 764 hab. Centro agrícola y comercial. Puerto en el Caribe.
CEIBO m. *Amér.* Árbol de flores rojas y brillantes y hojas lanceoladas.
CEILÁN (ing. *Ceylon*) Ant. nombre de ⇨ Sri Lanka.
CEJA f. Parte prominente y curvilínea cubierta de pelo, sobre la cuenca del ojo. ◊ Pelo que la cubre. ◊ fig. Parte que sobresale un poco en algunas cosas. ◊ fig. Cumbre del monte. ◊ *Mús.* Listón que tienen los instrumentos de cuerda entre el clavijero y el mástil, para apoyo y separación de las cuerdas. ◊ *Mús.* Abrazadera que se fija en el mástil de la guitarra para hacer subir la entonación de todas las cuerdas.
CEJAR intr. Retroceder, andar hacia atrás. ◊ fig. Aflojar en un asunto.
CEJIJUNTO, TA adj. Que tiene las cejas muy pobladas de pelo y casi juntas. ◊ fig. Ceñudo.
CEJO m. Niebla que suele levantarse sobre los r. y arroyos después de salir el sol.
CELA, Camilo José (1916-2002) Escritor esp. Sus novelas muestran un extraordinario dominio del lenguaje narrativo, teñido de humor y tremendismo. *La familia de Pascual Duarte, La colmena, Viaje a la Alcarria, San Camilo, Oficio de tinieblas, Madera de boj.* Premio Nobel (1989) y Premio Cervantes (1995).
CELADA f. Pieza de la armadura, que servía para cubrir y defender la cabeza. ◊ Emboscada de gente armada. ◊ Engaño, trampa.
CELADOR, RA m. y f. Vigilante destinado por la autoridad. ❑ CELADURÍA.
CELAM Siglas del ⇨ Consejo Episcopal Latinoamericano.

Camilo José **Cela**

CELAR tr. Procurar con particular cuidado el cumplimiento y observancia de las leyes, estatutos y otras obligaciones o encargos. ◊ Observar los movimientos y acciones de una persona, por recelos que se tienen de ella. ◊ tr. y prnl. Encubrir, ocultar. ◊ tr. Grabar en láminas de metal o madera para sacar estampas. ◊ Cortar con buril o cinceles metal, piedra o madera, para darles forma.
CELAYA Mun. de México, en el est. de Guanajuato; 147 300 hab. Ind. lácteas y textiles. Monumentos neoclásicos.
CELAYA, Gabriel (1911-1991) Nombre literario del poeta esp. *Rafael Gabriel Múgica Celaya. La soledad cerrada, Lo demás es silencio, Poesía urgente.*
CELDA f. Aposento destinado al religioso o religiosa en su convento. ◊ Aposento donde se encierra a los presos en las cárceles celulares. ◊ Celdilla de los panales.
CELDILLA f. Cada una de las casillas de que se componen los panales. ◊ Célula, cavidad pequeña.
CÉLEBES (*Sulawesi*) Arch. de Indonesia, que forma la prov. hom. (189 216 km², 10 409 500 hab.). ◊ Isla indonesia, al E de Borneo, en el arch. hom. Pob. predominantemente malaya. ◊ **Mar de las C.** Mar del océano Pacífico, sit. entre las islas de Borneo, Célebes y Mindanao.
CELEBRAR tr. Alabar, exaltar a una persona o cosa. ◊ Hacer solemnemente alguna ceremonia o acto. ◊ tr. e intr. Decir misa. ❑ CELEBRACIÓN; CELEBRANTE.
CELEBRIDAD f. Fama, renombre que tiene una persona o cosa. ◊ Persona famosa. ❑ CÉLEBRE; CELEBÉRRIMO, MA.
CELENTÉREO o **CELENTERADO, DA** adj. y m. *Zool.* Díc. del animal con órganos célulares distintos, de simetría radiada, provistos de cavidad digestiva central y un sistema de canales periféricos.
CELERIDAD f. Prontitud, rapidez, velocidad.
CELESTA f. Instrumento de percusión, en forma de pequeño piano.
CELESTE adj. Relativo al cielo. ◊ adj. y m. Se aplica al color azul claro. ❑ CELESTIAL.
CELESTINA f. *Miner.* Sulfato de estroncio, gralte. de color azulado y fractura concoidea.
CELESTINO V (h. 1215-1296) Santo it. Organizó la orden monástica de los celestinos. Papa en 1294.
CELIACO, CA o **CELÍACO, CA** adj. Relativo al vientre o a los intestinos.
CELIBATO m. Estado de la persona que no ha contraído matrimonio.
CELIDONIA f. Hierba con tallo ramoso, hojas verdes por encima y amarillentas por el envés, flores en umbela y fruto en vaina.
CÉLINE, Louis Ferdinand (1894-1961) Seud. del escritor y médico fr. *Louis Ferdinand Destouches. Viaje al fin de la noche, De castillo en castillo.*
CELLINI, Benvenuto (1500-1571) Orfebre y escultor florentino. *Perseo cortando la cabeza de la Medusa.*
CELLISQUEAR intr. Caer agua y nieve muy menuda impelidas con fuerza por el viento. ❑ CELLISCA.
CELO m. Cuidado que se pone en el cumplimiento del deber. ◊ Recelo que inspira el bien ajeno. ◊ Aparición periódica del instinto sexual y reproduc-

tor en numerosas especies de animales. ◊ pl. Inquietud y envidia por la relación afectiva de la persona amada con otra persona. ❑ CELOSO, SA.

CELOFÁN m. Material plástico obtenido a partir de la celulosa, en forma de hojas flexibles, transparentes, generalmente incoloras, e impermeables a líquidos y gases.

CELOMA m. *Embriol.* Cavidad interna de un animal, formada entre las dos hojas del mesodermo, cuya existencia permite la formación de órganos complejos.

CELOSÍA f. Enrejado de pequeños listones que se pone a las ventanas para ver sin ser visto. ◊ Celotipia.

CELOTE m. Individuo de un grupo religioso judío, caracterizado por su integrismo.

CELOTIPIA f. Delirio de celos.

CELSIUS, *Anders* (1701-1744) Astrónomo y físico sueco. Inventó la escala termométrica centígrada que lleva su nombre.

CELTA adj. y s. Individuo de un grupo de pueblos indogermánicos que se establecieron en el occidente europeo. ◊ Relativo a dichos pueblos. ◊ m. *Ling.* Lengua hablada por este pueblo.

CELTIBERIA Nombre que dieron algunos historiadores rom. al territorio de la Hispania Tarraconense, que comprendía las actuales prov. de Zaragoza, Teruel, Cuenca, Guadalajara y Soria.

CELTÍBERO, RA o **CELTÍBERO, RA** adj. y s. De la ant. Celtiberia. ◊ m. pl. Pueblo de la pen. Ibérica, resultante de la fusión entre celtas e íberos.

CÉLULA f. Pequeña celda, cavidad o seno. ◊ *Biol.* Unidad anatómica, fisiológica y genética de todos los seres vivos eucariotas. ◊ **fotoeléctrica.** *Fís.* Dispositivo formado por dos electrodos, de los que el cátodo es fotosensible y emite electrones al incidir los rayos luminosos sobre él (efecto fotoeléctrico), estableciéndose así una corriente eléctrica. ❑ CELULAR.

CELULITIS f. *Med.* Afección del tejido conjuntivo y graso subcutáneo, que se localiza preferentemente en los muslos y nalgas.

CELULOIDE m. Disolución sólida de nitrocelulosa en alcanfor. Usado para la fabricación de películas fotográficas.

CELULOSA f. *Biol.* Glúcido polisacárido que forma las membranas de las células vegetales. Se utiliza para fabricar papel, seda artificial, colodión, celuloide y nitrocelulosa. ❑ CELULÓSICO, CA.

CEMENTAR tr. *Metal.* Calentar una pieza de metal en contacto con otra materia en polvo o pasta. ◊ Precipitar una solución de sales de cobre introduciendo en ella trozos de hierro. ❑ CEMENTACIÓN.

CEMENTERIO m. Terreno destinado a enterrar cadáveres.

CEMENTO m. Materia pulverulenta, que amasada con agua se endurece y permite unir cuerpos sólidos. ◊ *Anat.* Tejido óseo que cubre el marfil en la raíz de los dientes de los vertebrados. ◊ *Geol.* Materia mineral que une los fragmentos detríticos de ciertas rocas clásticas. ◊ *Metal.* Materia con que se cementa una pieza de metal. ◊ **armado.** Fábrica hecha con cemento sobre una armadura de barras de hierro o acero. ◊ **Portland.** Cemento hidráulico de color similar a la piedra de las

Carro votivo **celtíbero**
(Museo de Antigüedades
de Saint-Germain-en-Laye, Francia)

canteras inglesas de Portland. Es de gran resistencia. ❑ CEMENTOSO, SA.

CEMPOAL m. *Méx.* Planta herbácea de flores amarillas, usada en medicina.

CEMPOALA Ant. c. de México, al NO de Veracruz. Cap. de una región totonaca. Imp. monumentos (templo del dios del aire). Se rebeló contra las aztecas, aliándose con Hernán Cortés.

CENA f. Comida que se toma por la noche. ◊ P. ant., última cena de Jesucristo con sus apóstoles.

La Santa **Cena**, por Juan de Juanes (Museo del Prado, Madrid)

CENÁCULO m. Sala en que Jesús celebró la última cena. ◊ fig. Reunión poco numerosa de personas que profesan las mismas ideas, y más comúnmente de literatos o artistas.

CENADOR m. Espacio que suele haber en los jardines, cercado y vestido de plantas trepadoras o árboles.

CENADURÍA f. *Méx.* Fonda en que sirven comidas por la noche.

CENAGAL m. Sitio o lugar lleno de cieno. ◊ fig. y fam. Asunto de difícil salida.

CENAR intr. Tomar la cena. ◊ tr. Tomar en la cena tal o cual cosa.

CENCA f. *Perú.* Nombre que se da a la cresta de las aves.

CENCERRO m. Campanilla cilíndrica que suele atarse al pescuezo de las reses.

CENCIDO, DA adj. Díc. de la hierba, dehesa o terreno antes de ser hollado.

CENDAL m. Tela de seda o lino muy delgada y transparente. ◊ Humeral, vestidura sacerdotal. ◊ Barbas de la pluma.

CENDRARS, *Blaise* (1887-1961) Seud. del escritor suizo en lengua fr. *Frédéric Sauser.* Poemas, narraciones y novelas. *El oro, El hombre fulminado.*

CENEFA f. Lista sobrepuesta o tejida en los bordes de las cortinas, doseles, pañuelos, etc. ◊ Dibujo de ornamentación que se pone a lo largo de los muros, pavimentos y techos.

CENESTESIA f. *Psic.* Sensación general que tenemos de la existencia de nuestro cuerpo, con independencia de los sentidos. ❑ CENESTÉSICO, CA.

CENICERO m. Recipiente donde el fumador deja las colillas. ◊ Espacio que hay debajo de la rejilla del hogar, para que en él caiga la ceniza. ◊ Sitio donde se recoge o echa la ceniza.

CENICIENTO, TA adj. De color de ceniza. ◊ f. Persona o cosa injustamente postergada, desconsiderada o despreciada.

CENIT m. *Astr.* Punto de intersección de la bóveda celeste con la vertical que pasa por el observador. ◊ fig. Punto culminante o apogeo de algo. ❑ CENITAL.

CENIZA f. Residuo sólido que queda después de una combustión completa. ◊ fig. Restos de un cadáver. Se usa más en pl. ❑ CENIZOSO, SA.

CENÍZARO m. *C. Rica.* Árbol de copa ancha, que se cubre de flores rosadas o rojas, y cuya fruta, en vainas, sirve de alimento al ganado.

CENIZO, ZA adj. Ceniciento. ◊ m. *Bot.* Planta silvestre con tallo herbáceo, blanquecino, hojas romboidales, verdes por encima y cenicientas por el envés, y flores verdosas en panoja.

CENOBIO m. Monasterio. ◊ *Zool.* Colonia formada a partir de un solo individuo, por gemación repetida.

CENOBITA m. Persona que profesa la vida monástica. ❑ CENOBÍTICO, CA; CENOBITISMO.

CENOCARPO m. *Bot.* Fruto que carece de semillas o, si las posee, son estériles o atrofiadas.

Típico **cenote** de Yucatán (México)

CENOTAFIO m. Monumento funerario que no conserva el cadáver del personaje.

CENOTE m. Laguna, depósito natural de agua alimentado por una corriente subterránea.

CENOZOICO, CA adj. *Geol.* Se aplica a los terrenos o formaciones que componen la parte superior de las tres en que se divide la corteza terrestre.

CENSO m. Padrón o lista de la pob. o riqueza de una nación o pueblo. ◊ Registro general de ciudadanos con derecho de sufragio activo. ❏ CENSAR; CENSATARIO; CENSUARIO.

CENSOR m. Magistrado rom. a cuyo cargo estaba formar el censo. ◊ Funcionario encargado oficialmente de la censura de los impresos, obras literarias, películas, etc., o de los medios de información social. ◊ El que es propenso a murmurar o criticar. ❏ CENSORIO, RIA.

CENSURA f. Dictamen y juicio que se hace o da acerca de una obra o escrito. ◊ Nota, corrección o reprobación de alguna cosa. ◊ Crítica, detracción. ◊ Intervención que ejerce el censor gubernativo en obras literarias, películas, medios de comunicación social, etc. ❏ CENSURABLE.

CENSURAR tr. Formar juicio de una obra u otra cosa. ◊ Corregir, reprobar o notar por mala alguna cosa. ◊ Murmurar, vituperar. ◊ Hacer la censura de un escrito, película, etc.

CENTAURA f. Planta perenne, de tallo ramoso, recto, con hojas grandes y flores de color pardo purpúreo.

CENTAURO m. *Mit.* Monstruo mitad hombre, de la cintura a la cabeza, y mitad caballo.

CENTAURO (latín *Centaurus*) *Astr.* Constelación del hemisferio austral.

CENTAVO, VA adj. y m. Centésimo.

Flor de **centaura**

◊ m. Centésima parte del peso en países latinoamericanos, y del dólar en EE UU.

CENTELLA f. Rayo de poca intensidad. ◊ Chispa de fuego. ❏ CENTELLEAR; CENTELLEO.

CENTENA f. Conjunto de cien unidades.

CENTENAR m. Centena.

CENTENARIO, RIA adj. Relativo a la centena. ◊ adj. y s. Díc. de la persona que tiene alrededor de cien años. ◊ m. Tiempo de cien años. ◊ Día en que se cumplen una o más centenas de años del nacimiento o muerte de alguna persona.

CENTENO m. *Bot.* Planta gramínea anual, de espiga larga, estrecha y comprimida, con granos de figura oblonga, puntiagudos por un extremo y envueltos en un cascabillo áspero por el dorso y terminado en arista. Se emplea para la alimentación y como forraje. ◊ Simiente de esta planta.

CENTÉSIMO, MA adj. Que sigue inmediatamente en orden al o al nonagésimo nono. ◊ adj. y s. Cada una de las cien partes iguales en que se divide un todo. ❏ CENTESIMAL.

CENTIÁREA f. Medida de superficie que equivale a la centésima parte del área (1 m²).

CENTÍGRADO, DA adj. Díc. de la escala dividida en cien grados, y de los termómetros que se ajustan a ella. ◊ Cada uno de estos grados.

CENTIGRAMO m. Peso que es la centésima parte de 1 gr.

CENTILITRO m. Medida de capacidad que equivale a la centésima parte de 1 l.

CENTÍMETRO m. Medida de longitud que es la centésima parte de 1 m.

CÉNTIMO, MA adj. Centésima parte de un todo. ◊ m. Moneda, real o imaginaria, que vale la centésima parte de la unidad monetaria.

CENTINELA amb. *Mil.* Soldado que hace la guardia en algún sitio. ◊ fig. Persona que está en observación de alguna cosa.

CENTLA Mun. de México, en el est. de Tabasco; 42 900 hab. Agricultura.

CENTOLLO m. Crustáceo marino, de caparazón cubierto de pelos y tubérculos ganchudos, y con cinco pares de patas vellosas.

CENTRAL adj. Relativo al centro. ◊ Que está en el centro. ◊ f. Oficina donde están reunidos o centralizados varios servicios públicos de una misma clase. ◊ Casa o establecimiento pral. de algunas órdenes religiosas, o de algunos particulares, como banqueros o industriales. ◊ *Cuba.* y *P. Rico.* Ingenio o fábrica de azúcar. ◊ **eléctrica.** Instalación para producir energía eléctrica a partir de otras formas de energía. Puede ser hidroeléctrica, térmica o nuclear.

CENTRAL Dpto. de Paraguay; 2 465 km², 769 100 hab. Cap., Areguá. Relieve ondulado. Avenado por el r. Paraguay. Algodón, azúcar, arroz, tabaco.

CENTRAL Cord. de los Andes Septentrionales, en Colombia, entre los r. Cauca y Magdalena; long.: 700 km; alt. media: 4 000 m. Cumbres prales.: Nevado de Huila (5 750 m), Nevado de Ruiz (5 400 m). ◊ *Cordillera* Sierra montañosa de Costa Rica, al N de la meseta Central. Alt. superiores a 3 000

m. ◊ *Cordillera* Macizo montañoso de La Española (Grandes Antillas). Alt. máx.: pico Duarte (3 175 m).

CENTRAL, *Macizo* Región natural montañosa del centro y S de Francia. Alt. máx.: Puy de Saney, 1 886 m.

CENTRAL, *Sistema* Cord. de la pen. Ibérica, entre los valles del Duero y el Tajo. Alt. máx.: Pico del Moro Almanzor (2 592 m).

CENTRAL Intelligence Agency (*CIA*) Servicio central de inteligencia norteam., creado en 1947.

CENTRALISMO m. Sistema de organización del Est. cuyas decisiones de gobierno son únicas y dimanan de un mismo centro, sin tener en cuenta las diferentes culturas o pueblos que conviven en él.

CENTRALITA f. Central telefónica, instalada en el domicilio de un abonado.

CENTRALIZAR tr. y prnl. Reunir varias cosas en un centro común, o hacerlas depender de un poder central. ◊ tr. Asumir el poder público facultades atribuidas a organismos locales.

CENTRAR tr. Determinar el punto céntrico de una superficie o de un volumen. ◊ Colocar una cosa de modo que su centro coincida con el de otra. ◊ Hacer que se reúnan en el lugar conveniente los proyectiles de una arma de fuego, los rayos procedentes de un foco luminoso, etc. ◊ tr. y prnl. Dirigir la acción o atención hacia un objetivo determinado.

CENTRIFUGAR tr. Someter una cosa a la acción de la fuerza centrífuga. ❏ CENTRIFUGACIÓN; CENTRIFUGADOR.

CENTRÍFUGO, GA adj. Que aleja del centro. ◊ **Fuerza c.** *Mec.* Fuerza ficticia que se introduce en la descripción dinámica del movimiento circular uniforme cuando se utiliza un sistema de referencia no inercial fijo al cuerpo que describe dicho movimiento.

CENTRÍPETO, TA adj. *Mec.* Que atrae, dirige o impele hacia el centro.

CENTRO m. *Geom.* Punto del círculo, del cual equidistan todos los de la circunferencia correspondiente. ◊ *Geom.* En la esfera, punto del cual equidistan todos los de la superficie. ◊ *Geom.* En los polígonos y poliedros, punto en que todas las diagonales que pasan por él quedan divididas en dos partes iguales. ◊ *Geom.* En las líneas y superficies curvas, punto de intersección de todos los diámetros. ◊ Lo más distante o retirado de la superficie exterior de una cosa. ◊ Lugar de donde parten o a donde convergen acciones particulares coordenadas. ◊ fig. El punto o las calles más concurridas de una población. ◊ **de gravedad.** *Fís.* Punto de aplicación de la resultante de todas las fuerzas que actúan sobre las distintas masas materiales de un cuerpo. ◊ **nervioso.** Grupo de células nerviosas que rigen o controlan una función. ◊ **óptico.** Punto de un sistema óptico centrado, tal que todo rayo que pasa por él no sufre desviación.

CENTRO (fr. *Centre*) Región francesa, 39 151 km², 2 371 000 hab. Cap., Orleans.

CENTROAFRICANA, *República* (*République Centrafricaine*) Est. del centro de África; rep. unitaria. Ocupa una vasta meseta de 500 m de alt. Cap., Bangui.

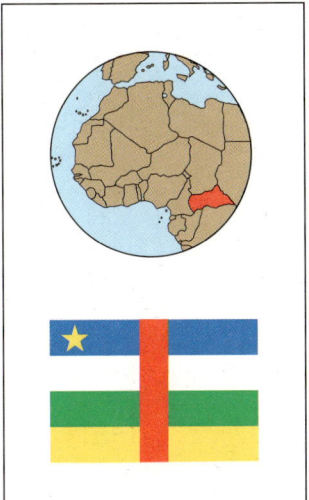

Mapa de situación y bandera
de la **República Centroafricana**

C. prales.: Nana-Mambéré y Bambari.
R. prales.: Ubangui y Chari. Clima subecuatorial. Sabana al N y selva ecuatorial al S. Mijo, maíz, sorgo, café, cacahuetes. Ganadería. Oro, diamantes y
uranio. Ind. agroalimentarias. Grupos
étnicos: banda, baya, mandjia, sara y
otros. Lenguas: fr. (of.), sango, dialectos sudaneses. *Rel.*: animismo (57 %),
islamismo (8 %), protestantismo (15 %),
catolicismo (17 %). U. M.: franco CFA.
□ *Hist.* El terr. fue conquistado por los
fr. entre 1896-1898. Indep. en 1960, en
1966 J. B. Bokassa derrocó a D. Dacko
y emprendió una política autocrática y
tiránica hasta llegar a proclamarse emperador en 1976. Dacko lo derrocó en
1979 pero fue depuesto en 1981 y sustituido por André Colingba. En 1986 se
aprobó una constitución que consagró
el partido único. En 1992 se propuso la
preparación del est. cara al multipartidismo.

REPÚBLICA CENTROAFRICANA	
Superficie	622 436 km²
Población	3 015 000 hab. (5 hab./km²)
Recursos económicos	
Cabaña bovina	2 677 000 cabezas
Cabaña caprina	1 270 000 cabezas
Cabaña porcina	426 000 cabezas
Cacahuetes	106 000 t
Café	17 000 t
Diamantes	380 000 quilates
Energía eléctrica	95 millones de kwh
Maíz	100 000 t
Mandioca	520 000 t
Riqueza forestal	3 490 000 m³
Sorgo	40 000 t
Tejidos de algodón	4 000 000 m
Indicadores sociológicos	
PNB	1 218 millones de dólares
Renta per cápita	390 dólares
Esperanza de vida	47 años
Alfabetismo	48%

CENTROAMÉRICA Área continental
e insular que une los dos grandes hemisferios, N y S, del continente ameri-

cano. La zona continental abarca las tierras comprendidas entre el S de México (Tehuantepec) y el extremo septentrional de América del Sur (Darién). La
porción insular está formada por las islas Antillas.
CENTROAMÉRICA, *Provincias Unidas de* Estado federal constituido, en
1824, por Guatemala, Honduras, El
Salvador, Nicaragua y Costa Rica. En
1832 se separaron El Salvador y en
1838, Costa Rica, Nicaragua y Honduras.
CENTROAMERICANA, *Cordillera* ⇨
Madre Centroamericana, sierra.
CENTROAMERICANO, NA adj. y s.
De Centroamérica.
CENTROEUROPEO, A adj. Díc. de los
países situados en la Europa Central, y
de lo relativo a los mismos. ◊ adj. y s.
De Europa Central.
CENTROSOMA m. *Biol.* Estructura
del citoplasma celular constituida por
una porción protoplasmática, un corpúsculo central y el áster.
CENTUNVIRO m. Cada uno de los
cien ciudadanos que en la ant. Roma
asistían al pretor urbano en los juicios.
CENTUPLICAR tr. y prnl. Hacer cien
veces mayor una cosa. □ CÉNTUPLO, PLA.
CENTURIA f. Número de cien años,
siglo. ◊ En la ant. milicia rom. compañía de cien hombres. □ CENTURIÓN.
CEÑIDOR m. Faja, cinta, correa o cordel con que se ciñe el cuerpo por la cintura.
CEÑIR tr. Rodear, ajustar o apretar la
cintura, el cuerpo, el vestido u otra cosa.
◊ Rodear una cosa a otra. ◊ prnl. fig.
Moderarse o reducirse en los gastos, en
las palabras, etc. ◊ fig. Amoldarse a
una ocupación o trabajo.
CEÑO m. Demostración o señal de enfado y enojo, que se hace arrugando la
frente. ◊ fig. Aspecto imponente y
amenazador que toman ciertas cosas.
CEPA f. Parte del tronco de cualquier
árbol o planta, que está dentro de la tierra y unida a las raíces. ◊ Tronco de la
vid, y por extensión toda la planta. ◊
Raíz o principio de algo.
CEPAL Siglas de la ⇨ Comisión Económica para América Latina y el Caribe.
CEPEDA Samudio, *Álvaro* (1926-1972)
Escritor col. *Todos estábamos a la espera,
La casa grande.* ◊ **Y Ahumada,** *Teresa de*
⇨ Teresa de Jesús.
CEPILLAR tr. Acepillar.
CEPILLO m. Cepo para recoger donativos. ◊ Instrumento de carpintería formado por un prisma que lleva embutido un hierro acerado con filo que
permite pulir madera. ◊ Instrumento
provisto de pequeños manojos de cerdas que forman un conjunto espeso, y
sirve para varios usos de limpieza: c. de
dientes, para la ropa, etc.
CEPO m. Gajo o rama de árbol. ◊ Madero grueso en que se fijan y asientan
la bigornia, yunque, tornillos y otros
instrumentos de los herreros, cerraje-
ros, etc. ◊ Instrumento hecho de dos
maderos que forman en el medio unos
agujeros en los cuales se aseguraba la
garganta o la pierna del reo, juntando
los maderos. ◊ Trampa para cazar lobos u otros animales.
CEQUÍ m. Ant. moneda ár. de oro.
CERA f. Sustancia sólida que segregan
las abejas para formar las cedillas de los

panales. ◊ Sustancia parecida que elaboran algunas plantas. ◊ *Ind.* Materia
de cualidades parecidas a la c. de las
abejas y que precisa elaboración o se
obtiene artificialmente. ◊ **de los oídos.**
Secreción interior de los oídos semejante a la cera. ◊ **virgen.** Entre colmeneros, la que no está aún melada. ◊ La
que está en el panal y sin labrarse. □ CE-
RERÍA; CERERO, RA; CERÍFERO, RA; CEROSO, SA.
CERÁMICA f. Arte de fabricar vasijas
y otros objetos de barro, loza y porcelana. La primera c. conocida proviene
de Irán y Palestina (VI milenio a. C.). La
c. egipcia (3000 a. C.) se extendió por
Mesopotamia, Creta, Grecia y Europa
Occidental. La c. china es la máx. expresión de este arte. □ CERÁMICO, CA.
CERASTA f. Víbora con una especie de
pequeños cuernos sobre los ojos.
CERATO m. *Farm.* Composición que
tiene por base una mezcla de cera y
aceite.
CERBATANA f. Canuto largo que sirve para lanzar, soplando, pequeños
proyectiles. ◊ Trompetilla usada por
los sordos.
CERBERO m. Cancerbero.
CERCA f. Vallado, tapia o muro que se
pone alrededor de algún sitio, heredad
o casa para su resguardo o división. ◊
adv. lugar y tiempo. Próxima o inmediatamente. Antecediendo a nombre o
pronombre a que se refiera, pide la
prep. de. ◊ Con la misma prep., sirve
en lenguaje diplomático para designar
la residencia de un ministro en determinado país extranjero.
CERCADO m. Huerto, prado u otro sitio rodeado de valla, tapia u otra cosa
para su resguardo. ◊ Cerca, valla o tapia. ◊ *Perú.* División territorial que
comprende la cap. de un estado o prov.
y los pueblos que de aquélla dependen.
CERCADO, *El* Mun. de la República
Dominicana, en la prov. de San Juan;
27 718 hab. Café, bananas. Ind. maderera.
CERCANÍA f. Calidad de cercano. ◊
Contorno, alrededores. Se usa más en pl.
CERCANO, NA adj. Próximo, inmediato.
CERCAR tr. Rodear o circunvalar un
sitio con vallado, tapia o muro. ◊ Poner cerco o sitio a una plaza, c. o fortaleza. ◊ Rodear mucha gente a una persona o cosa.

República Centroafricana. Cataratas
del río M'Bali, afluente del Ubangui

CEREAL

Espigas de los cereales más comunes

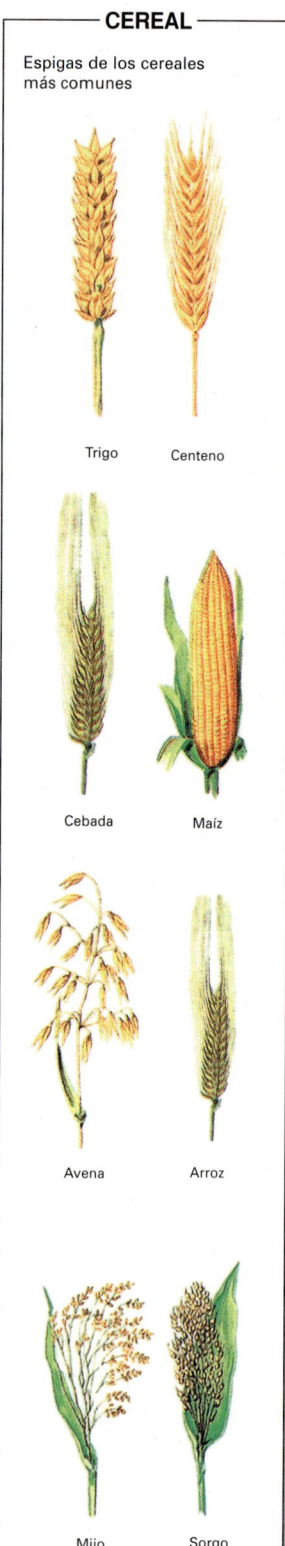

Trigo   Centeno

Cebada   Maíz

Avena   Arroz

Mijo   Sorgo

CERCENAR tr. Cortar las extremidades de alguna cosa. ◊ Disminuir o acortar.

CERCETA f. *Zool.* Ave semejante al ánade silvestre, pero de tamaño algo menor.

CERCHA f. Regla plana y flexible para medir y trazar superficies curvas. ◊ Cada una de las partes de que se compone un aro de mesa, un arco, una baranda, etc.

CERCIORAR tr. y prnl. Asegurar a alguno la verdad de una cosa.

CERCO m. Lo que ciñe o rodea. ◊ Aro de cuba, de rueda y de otros objetos. ◊ Asedio que pone un ejército, rodeando una plaza o c. para combatirla. ◊ Aureola que a nuestra vista se forma alrededor del Sol o de la Luna. ◊ Marco que rodea alguna cosa.

CERCOPITECO m. Gén. de primates cercopitécidos, que incluye 19 especies de monos de pequeño tamaño y hábitos arborícolas, designadas colectivamente con el nombre de monos o micos.

CERDA f. Pelo grueso, duro y largo que tienen las caballerías en la cola y crines, y el del cuerpo del cerdo y jabalí. ◊ Hembra del cerdo.

CERDA, *Manuel Antonio de la* (1780-1828) Político nic. Jefe del Est. (1825-1827). Fue derrocado y fusilado. ◊ **Sandoval, *Gaspar de la*** (1653-1697) Virrey de Nueva España (1688-1697). Impulsó la conquista de Texas.

CERDÁ, *Ildefonso* (1816-1876) Ingeniero y urbanista esp., autor del plan de ensanche de Barcelona.

CERDAÑA o **CERDANYA** Comarca pirenaica de Cataluña, en el valle alto del Segre. La parte oriental pertenece al Est. francés, y la occidental a España.

CERDEÑA Isla y región autón. de Italia, en el Mediterráneo; 24 090 km², 1 648 200 hab. Integrada por las prov. de Cagliari, Nùoro, Oristano y Sassari. Cap. y puerto pral.: Cagliari. Ind. metalúrgica, química, textil y alimentaria. En 1324 pasó a la Corona de Aragón y, en 1713, a Austria, hasta su incorporación a Italia (1861).

CERDO m. *Zool.* Mamífero artiodáctilo que vive en domesticidad y que el hombre aprovecha de manera muy completa. Deriva del jabalí y su cría racional se inició en el s. XVIII. ◊ fig. y fam. Hombre sucio. ◊ **hormiguero.** *Zool.* Mamífero del S de África que se alimenta de hormigas y termes que desentierra mediante sus fuertes uñas e ingiere a través de su hocico tubular.

CEREAL adj. y m. *Bot.* Díc. de las plantas gramíneas de semillas farináceas que se cultivan intensamente para alimento del hombre y de algunos animales. Los más explotados son: trigo, centeno, avena, cebada, arroz, maíz, mijo y sorgo. ❑ CEREALISTA.

CEREBELO m. *Anat.* Formación nerviosa del encéfalo, ubicada en la parte posterior del cráneo, entre el cerebro y el bulbo. Posee un cuerpo central alargado y dos lóbulos laterales, y su función es el control de la ejecución de los movimientos musculares. ❑ CEREBELOSO, SA.

CEREBRAL adj. Relativo al cerebro. ◊ fig. Intelectual.

CEREBRO m. *Anat.* Engrosamiento superior del cordón nervioso de un animal. ◊ fig. Cabeza, en su parte superior, y también entendimiento. ◊ **electrónico.** Computadora.

❑ *Anat.* En el hombre, el c. se halla situado en la caja craneana y está dividido en dos mitades: los hemisferios cerebrales, formados por una corteza de sustancia gris con unos repliegues, llamados circunvoluciones, que envuelven sustancia blanca, en cuyo seno se hallan diversos núcleos de sustancia gris. El c. está recubierto por tres membranas fibrosas, llamadas meninges.

CEREBROESPINAL adj. Díc. de aquello que está relacionado con el cerebro y la médula espinal.

CEREMONIA f. Acto celebrado con solemnidad y según ciertas normas. ◊ Ademán afectado, en obsequio de una persona o cosa.

CEREMONIAL adj. Relativo al uso de las ceremonias. ◊ m. Serie o conjunto de formalidades para cualquier acto público o solemne.

CERES *Astr.* Nombre del primer asteroide que se descubrió en 1801.

CERES Diosa rom. de los cultivos y de la vegetación. Hija de Saturno y Rea.

CEREZA f. Fruto del cerezo. ◊ *C. Rica.* Fruta de un árbol frondoso, cultivado en jardines.

CEREZO m. *Bot.* Árbol frutal con el tronco liso y ramoso, copa abierta, hojas lanceoladas, flores blancas y por fruto la cereza. Su madera se emplea en ebanistería. ❑ CEREZAL.

CEREZO, *Vinicio* (n. 1942) Político guat. Como representante del partido Democracia Cristiana, fue elegido presid. de la rep. (1986-1991).

Vinicio **Cerezo**

CERILLA f. Vela de cera, muy delgada y larga, que se usaba para alumbrar. ◊ Palito, pedazo de papel enrollado o trozo de cartón con fósforo u otra sustancia química inflamable en un extremo, que sirve para encender. ◊ Cerumen. ❑ CERILLERO, RA.

CERILLO m. Cerilla, fósforo. ◊ *Cuba.* Árbol silvestre, cuya madera, muy apreciada, se usa en carpintería y para hacer bastones. ◊ *C. Rica.* Planta de cuya corteza mana una goma amarilla que los indígenas utilizaban para calafatear sus canoas.

CERIO m. *Quím.* Elemento de símb. Ce, n. a. 58 y p. a. 140,12.

CERN Siglas de *Centre Européen pour la Recherche Nucléaire*, organismo de la UNESCO creado en 1953 para lograr una colaboración en las investigaciones nucleares de carácter científico.

CERNA, Vicente (s. XIX) Político y militar guat. Colaborador y sucesor del dictador Carreras (1865-1871).

CERNE m. Parte más dura y sana del tronco de los árboles.

CERNER o **CERNIR** tr. Separar con el cedazo la harina del salvado o las partes gruesas de cualquier otra materia pulverizada. ◊ fig. Atalayar, observar, examinar. ◊ fig. Depurar, afinar los pensamientos y las acciones. ◊ prnl. fig. Amenazar de cerca algún mal.

CERNÍCALO m. *Zool.* Ave falconiforme con cabeza abultada, pico y uñas negros y fuertes, y plumaje rojizo y manchado de negro.

CERNUDA, Luis (1904-1963) Poeta esp. Autor de una obra lírica de gran expresividad superrealista. *Perfil del aire, La realidad y el deseo.*

CERO m. *Mat.* El menor de los números naturales o el cardinal del conjunto vacío. ◊ P. ext., elemento neutro de cualquier grupo abeliano. ◊ *Fís.* Punto desde el cual se cuentan los grados y otras fracciones de medida en la escala de un aparato de medición. ◊ **absoluto.** Punto c. de la escala absoluta de temperaturas, cuyo valor en la escala centígrada es –273, 16 °C.

CERÓN m. Residuo, escoria o heces de los panales de la cera.

CEROPLÁSTICA f. Arte de modelar la cera.

CEROTE m. Mezcla de pez y cera de que usan los zapateros para encerar los hilos con que cosen el calzado.

CERQUILLO m. Corona formada de cabello en la cabeza de los religiosos de algunas órdenes.

CERRADERO, RA adj. y s. Aplícase al lugar que se cierra, o al instrumento con que se ha de cerrar alguna cosa. ◊ m. y f. Parte de la cerradura en la cual penetra el pestillo. ◊ Cordones con que se cierran y abren las bolsas y bolsillos.

CERRADO, DA adj. fig. Incomprensible, oculto y oscuro. ◊ fig. Díc. del cielo o de la atmósfera muy cargados de nubes. ◊ fig. y fam. Aplícase a la persona muy callada, introvertida. ◊ fig. Díc. del que habla con acento provincial o extranjero muy marcado.

CERRADURA f. Mecanismo de metal que se fija en puertas, cajones, etc., y sirve para cerrarlos por medio de pestillos que se hacen jugar con la llave.

CERRAJA f. *Bot.* Planta herbácea compuesta, que constituye un excelente pasto para el ganado.

CERRAJERO, RA m. y f. Persona que hace cerraduras, llaves, candados, cerrojos y otras cosas de hierro. ❏ CERRAJERÍA.

CERRAR tr. Hacer que una cosa no pueda verse por dentro. ◊ tr. e intr. Encajar en su marco la hoja o las hojas de una puerta, o poner cualquier otra cosa delante de lo que estaba abierto, para que deje de estarlo. ◊ tr. Correr el pestillo o cerrojo, echar la llave, enganchar la aldaba. ◊ Tratándose de los cajones de una mesa, de los cuales se haya tirado hacia fuera sin sacarlos del todo, volver a hacerlos entrar en su hueco. ◊ Tratándose de partes del cuerpo del animal o de cosas compuestas de piezas unidas por goznes, tornillos, etc., unirlas al todo de que formen parte. ◊ Encoger, doblar o plegar lo que estaba extendido. ◊ Hacer desaparecer una abertura. ◊ Tratándose de cartas, paquetes, etc.,

Miguel de **Cervantes Saavedra**

disponerlos y pegarlos de modo que no sea posible ver lo que contengan, ni abrirlos. ◊ fig. Concluir ciertas cosas o ponerles término. ◊ Refiriéndose a ajustes, tratos o contratos, darlos por terminados y firmes. ◊ Cercar, rodear con una cerca. ◊ prnl. Hablando de heridas o llagas, cicatrizarse. ◊ prnl. y tr. fig. Unirse, apiñarse. ❏ CERRADOR, RA.

CERRAZÓN f. Oscuridad grande que precede a las tempestades, cubriéndose el cielo de nubes negras. ◊ Incapacidad de comprender algo.

CERRIL adj. Aplícase al terreno escabroso. ◊ fig. y fam. Que se obstina tercamente en una actitud.

CERRO m. Cuello o pescuezo del animal. ◊ Elevación de tierra aislada y de menor altura que el monte o la montaña.

CERRO BOLÍVAR Monte de Venezuela, en el este. Bolívar, donde se encuentra uno de los yacimientos de hierro más ricos del mundo (reserva de 653 mill. t).

CERRO DE LAS MESAS Centro arqueológico de México (Veracruz). Importantes restos de la cultura olmeca.

CERRO DE PASCO C. de Perú, cap. de la prov. y el dpto. de Pasco; 54 148 hab. Centro minero.

CERRO LARGO Dpto. del NE de Uruguay; 13 648 km², 86 564 hab. Relieve accidentado por la Cuchilla Grande, que forma las cuencas de los r. Negro y Tacuarí. Ganadería vacuna y ovina. Cap., Melo.

CERROJAZO m. Acción de echar el cerrojo recia y bruscamente. ◊ fig. Clausura inesperada de una actividad, sesión, etc.

CERROJO m. Barreta de hierro con manija, movible entre dos armellas, que cierra una puerta o ventana.

CERTAMEN m. Desafío, competición, duelo, pelea o batalla entre dos o más personas. ◊ fig. Función literaria en que se argumenta o disputa sobre algún asunto, comúnmente poético. ◊ fig. Concurso literario, artístico o científico.

CERTERO, RA adj. Diestro y seguro en tirar. ◊ Seguro, acertado. ◊ Cierto, sabedor, bien informado.

CERTEZA o **CERTIDUMBRE** f. Conocimiento seguro y claro de alguna cosa.

CERTIFICACIÓN f. Acción y efecto de certificar. ◊ Instrumento o documento en que se asegura la verdad de un hecho.

CERTIFICADO, DA adj. y m. Díc. de la carta o paquete que se certifica. ◊ m. Documento en que se certifica.

CERTIFICAR tr. Asegurar, afirmar, dar por cierta alguna cosa. ◊ Tratándose de cartas o paquetes que se han de remitir por el correo, obtener, mediante pago, un certificado o resguardo con que se pueda acreditar haberlos remitido. ◊ *Der.* Hacer cierta una cosa por medio de instrumento público.

CERULARIO, Miguel (1000-1059) Patriarca de Constantinopla (1043-1059). Artífice del cisma entre las iglesias rom. y oriental.

CERÚLEO, A adj. Azul celeste.

CERUMEN m. Cera de los oídos, de las secreciones de las glándulas sebáceas y ceruminosas de los oídos.

CERUSITA f. *Miner.* Carbonato de plomo, que cristaliza en el sistema rómbico.

CERVAL adj. Cervuno, propio del ciervo o semejante a él. ◊ Díc. del espanto o del miedo atroz.

CERVANTES, Saavedra, Miguel de (1547-1616) Escritor esp., unos de los prales. representantes de las letras universales e iniciador de la novela. En 1584 publicó su primera obra, *La Galatea* (novela pastoril) y en 1585 vio la luz en Madrid la primera parte del *Quijote*. De su producción poética destaca *Viaje del Parnaso*, mientras que de la teatral sobresalen sus entremeses (*La guardia cuidadosa, El retablo de las maravillas*, etc.). Su genialidad, no obstante, se plasma en la prosa: *Los trabajos de Persiles y Sigismunda* (bizantina), las *Novelas ejemplares* (*Rinconete y Cortadillo, La gitanilla, El coloquio de los perros, El licenciado Vidriera, La ilustre fregona*), pero sobre todo *El ingenioso hidalgo don Quijote de la Mancha*, obra maestra de la lit. universal, cuya segunda parte apareció en 1615. ◊ **Premio C.** Galardón que premia el conjunto de la obra literaria de un autor en lengua castellana.

CERVANTINO, NA adj. Propio y característico de Cervantes como escritor, o que tiene semejanza con cualquiera de las dotes o calidades.

CERVATO m. Ciervo menor de seis meses.

CERVERA, Pascual (1839-1909) Marino esp. Mandó la escuadra esp. que fue hundida por la norteam. en Santiago de Cuba en 1898.

CERVEZA f. Bebida alcohólica y carbónica, obtenida pralm. de malta de cebada, agua y lúpulo mediante la fermentación con levaduras. ❏ CERVECERÍA.

CERVICAL adj. Relativo al cuello. ◊ adj. y f. pl. Díc. de cada una de las siete vértebras del cuello.

CÉRVIDO, DA adj. y m. *Zool.* Díc. de

Gamo, mamífero de la familia **cérvidos**

los mamíferos artiodáctilos, rumiantes, de patas largas y esbeltas, caracterizados por poseer una cornamenta ramificada que los machos cambian y aumentan cada año; las hembras sólo poseen cornamenta en algunas especies.

CERVINO (*Matterhorn*) Monte de Suiza (Valais), en la frontera con Italia; 4 482 m. de alt.

CERVIZ f. *Anat.* Parte dorsal del cuello, que en el hombre y en la mayoría de los mamíferos consta de siete vértebras, varios músculos y la piel. ❑ CERVICAL; CERVIGUDO, DA.

CERVUNO, NA adj. Relativo al ciervo. ◊ Parecido a él. ❑ CERVINO, NA.

CESAIRE, Aimé (n. 1913) Escritor martiniqués, en lengua fr. Inspirador del mov. de la negritud. *Cuaderno de un retorno al país natal* (poesía), *La tragedia del rey Cristophe* (drama).

CESALPINO, Andrea (1519-1603) Médico y naturalista it. Estudió la circulación de la sangre. Intentó establecer una clasificación de las plantas.

CESANTE adj. y s. Díc. del empleado que queda sin empleo.

CESAR intr. Suspenderse o acabarse una cosa. ◊ Dejar de desempeñar un empleo o cargo. ◊ Dejar de hacer lo que se está haciendo. ❑ CESACIÓN; CESAMIENTO.

CESAR Dpto. del N de Colombia, separado en 1967 del de Magdalena; 22 905 km², 1 015 888 hab.; Cap., Valledupar. Relieve llano en los sectores central y occidental, accidentado al N por la sierra Nevada de Santa Marta, y al E por la serranía de los Motilones. Ríos: Magdalena y Cesar. Bananas, algodón, café, tabaco, maíz, arroz. Ganadería. Caucho y maderas.

CÉSAR n. p. m. Sobrenombre que llevaron los emperadores rom. y la persona designada para suceder en el imperio. ◊ Emperador, entre los rom.

CÉSAR, Cayo Julio (101-44 a. C.) General rom., político e historiador. Formó el primer triunvirato con Pompeyo y Craso. Muerto éste, se enfrentó con Pompeyo, derrotándole Munda. Sus numerosas victorias extendieron sus fronteras del imperio. Murió asesinado. *De bello gallico* y *De bello civile* se han convertido en clásicos de la lit. latina.

Cayo Julio **César**

CESAREA Nombre de diversas c. ant.: C. de Filipo, en Siria; C. de Palestina o C. Marítima; C. de Capadocia (Kayseri), etc.

CESÁREA f. *Cir.* Operación que consiste en extraer el feto practicando una incisión en la pared del abdomen y en la musculatura uterina.

CESARISMO m. Sistema de gobierno en el cual una sola persona asume y ejerce todos los poderes públicos. ❑ CESARISTA.

CESBRON, Gilbert (1913-1979) Novelista fr. Trató la injusticia social, bajo el prisma católico. *Los santos van al infierno, Perros perdidos sin collar.*

CESE m. Orden por la cual un funcionario deja de desempeñar el cargo que ejercía. ◊ Nota o documento que se expide para que desde aquel día cese el pago de la asignación que tenía algún individuo.

CESIO m. *Quím.* Elemento de símb. Cs, n. a. 55 y p. a. 132,905.

CESIÓN f. Renuncia de alguna cosa, posesión, acción o derecho, que una persona hace a favor de otra.

CESKÉ BUDEJOVICE C. de la rep. Checa, cap. de la prov. de Bohemia Meridional; 93 500 hab. Ind. mecánicas.

CÉSPED m. Hierba menuda y tupida que cubre el suelo.

CÉSPEDES, Carlos Manuel de (1819-1874) Político cub., primer presid. de la República de Cuba, en la época de la lucha por la indep. Participó en el mov. separatista de 1868. ◊ **Y Quesada, Carlos Manuel de** (1871-1939) Político y diplomático cub. Presid. de la Rep. (1933).

CESTA f. Utensilio portátil, de materia flexible, para transportar o guardar alguna cosa. ◊ Especie de pala de tiras de madera de castaño entretejidas, cóncava y en figura de uña, que sirve para jugar a la pelota.

CESTERÍA f. Taller donde se hacen cestos o cestas. ◊ Tienda donde se venden. ◊ Arte del cestero.

CESTERO, Manuel Florentino (1879-1926) Escritor dom. *Cuentos a Lila* y *El canto del cisne.*

CESTO m. Cesta grande. ◊ Armadura de la mano, usada en el pugilato por los ant. atletas.

CESURA f. Separación o pausa en el verso después de cada uno de los acentos métricos.

CETA f. Zeta, letra.

CETÁCEO, A adj. y m. *Zool.* Díc. de los mamíferos pisciformes exclusivamente adaptados a la vida acuática, y gralte. de gran tamaño.

CETINA f. Esperma de la ballena.

CETINA, Gutierre de (1520-1557?) Poeta petrarquista esp. *A unos ojos* (madrigal).

Delfín, mamífero del orden **cetáceos**

CETONA f. *Quím.* Nombre común a numerosos compuestos orgánicos que se obtienen por oxidación de los alcoholes secundarios o por destilación seca de las sales cálcicas de ácidos orgánicos. Se emplean en perfumería, en productos farmacéuticos y en la ind. química.

CETONEMIA f. *Med.* Exceso de cetonas en la sangre.

CETONIA f. Insecto coleóptero con reflejos metálicos que vive en las flores y en los árboles.

CETRERÍA f. Arte de criar, domesticar, enseñar y curar los halcones y demás aves que servían para la caza de volatería. ◊ Caza de aves y algunos cuadrúpedos que se hacía con halcones, azores y otros pájaros.

CETRINO, NA adj. Aplícase al color amarillo verdoso. ◊ Compuesto con cidra o que participa de sus cualidades. ◊ fig. Melancólico y adusto.

CETRO m. Bastón de mando, insignia del poder supremo. ◊ fig. Reinado.

CEUTA C. y puerto esp. en el N de África; 18,5 km², 71 505 hab. Conservas de pescado.

CEVALLOS, Pedro Antonio (1715-1778) Militar y político esp. Gobernador de Buenos Aires y primer virrey de Río de la Plata (1776). ◊ **Pedro Fermín** (1812-1893) Historiador, filólogo, abogado y político ecuat. Fundador del partido liberal. Como ministro de Est. abolió la esclavitud. *Resumen de la historia del Ecuador desde su origen a 1845.*

CEVICOS Mun. de la República Dominicana, en la prov. de Sánchez Ramírez; 11 958 hab. Tabaco.

CÉZANNE, Paul (1839-1906) Pintor fr., precursor del fauvismo, el expresionismo y el cubismo. *Los jugadores de cartas, Las bañistas, Madame Cézanne.*

Autorretrato de Paul **Cézanne**

Cf *Quím.* Símb. del californio.

CFI Siglas de la ⇒ Corporación Financiera Internacional.

CGS Sistema absoluto de unidades cuyas magnitudes fundamentales son la longitud, la masa y el tiempo y sus unidades fundamentales el centímetro, el gramo y el segundo.

CGT Siglas de la ⇒ Confederación General del Trabajo.

CH f. Dígrafo del español que representa el sonido palatal, africado y sordo. Su nombre es *che.* En la escritura es inseparable.

CHA m. Nombre del té en China, Filipinas y algunos países hispanoamericanos.

CHABACANO, NA adj. Sin arte o grosero y de mal gusto. ◊ m. *Méx.* Árbol semejante al albaricoquero. ❑ CHABACANADA o CHABACANERÍA.

CHABAN-DELMAS, *Jacques* (1915-2000) Político fr. Primer ministro en 1969-1972.

CHABOLA f. Choza o caseta en el campo. ◊ Barraca en los suburbios de las grandes ciudades.

CHABROL, *Claude* (n. 1930) Director cinematográfico fr., de la *nouvelle vague*. *Landrú, La década prodigiosa.*

CHAC Dios maya del tiempo atmosférico, de los cuatro puntos cardinales, del trueno y del rayo. Deidad de la agricultura.

CHACABUCO Prov. de Chile, en la región metropolitana de Santiago; 1 977,7 km², 132 798 hab. Cap., Colina. ◊ **Batalla de Ch.** Victoria (12 febrero 1817) de las tropas chil. de San Martín sobre las esp. en el estero de Ch. (Chile). Comienzo del declive esp. en América.

CHACAL m. Mamífero carnívoro cánido, parecido al lobo. Vive en las regiones templadas de Asia y África.

CHACALÍN m. *Amér. Centr.* Camarón.

CHACANA f. *Ecuad.* Camilla, parihuela.

CHACAO Mun. de Venezuela, en el est. Miranda; 78 500 hab. Centro residencial y com. de Caracas.

CHÁCARA f. *Amér.* Chacra, alquería.

CHACARERO, RA adj. y s. *Amér.* Dueño de una chácara, granja. ◊ Persona que trabaja en ella. ◊ f. Danza popular de la campiña argentina.

CHACEL, *Rosa* (1898-1994) Escritora esp. *Memorias de Leticia Valle, Barrio de Maravillas.*

CHACHA f. fam. Niñera. ◊ Por ext., sirvienta.

CHACHACOMANI, *Nevado* Cumbre de 6 553 m en la cord. de Bolivia.

CHACHALACA f. *Méx.* Especie de gallina de cola larga y de plumas amarillentas, sin cresta.

CHACHANI Volcán extinguido del Perú meridional; 6 075 m.

CHACHAPOYAS Prov. de Perú, en el dpto. de Amazonas; 3 111 km², 37 100 hab. ◊ C. de Perú, cap. de la prov. hom. y del dpto. de Amazonas; 15 785 hab. Ind. hotelera y aeropuerto.

CHÁCHARA f. fam. Abundancia de palabras inútiles. ◊ Conversación frívola.

CHACHO, CHA m. y f. fam. Aféresis de muchacho o muchacha.

CHACINA f. Cecina. ◊ Carne de puerco adobada. ❑ CHACINERÍA; CHACINERO, RA.

CHAC-MOOL Escultura de piedra que muestra a una figura reclinada y el rostro vuelto hacia un lado. Propia de la América precolombina (mayas y toltecas).

CHACO m. Montería con ojeo, que hacían antiguamente los indios de la América del Sur. ◊ *Amér. Merid.* Vasta extensión de tierra sin explorar.

CHACO Región natural de América del Sur, entre los Andes al O y el río Paraguay al E; abarca aprox. 800 000 km². Se extiende por el N de Argentina, O de Paraguay, E de Bolivia y S de Brasil. Zona de hundimiento rellenada por se-

dimentaciones. Explotación forestal y cría de ganado bovino. Yacimientos petrolíferos. ◊ **Guerra del Ch.** Conflicto bélico (1932-1938) entre Bolivia y Paraguay por la posesión parcial del Chaco. Paraguay fue la que obtuvo la mayor parte de la zona en litigio.

CHACO Prov. del NE de Argentina, limítrofe con Paraguay; 99 633 km², 984 446 hab. Cap., Resistencia. Terreno llano. Vegetación de estepa herbácea con arboledas. Explotación forestal; cultivos de algodón, maíz, caña de azúcar, etc. Ganado bovino.

CHACOLÍ m. Vino ligero de Euskadi, Cantabria y Chile.

CHACÓN, *Lázaro* (1837-1930) Militar y político guat. Presid. del país en 1927.

CHACONA f. Baile de los ss. XVI y XVII, que se ejecutaba con acompañamiento de castañuelas y de coplas.

CHACOTA f. Bulla mezclada de chanzas y carcajadas.

CHAD (*Tchad*) Lago del centro de África, repartido entre Níger, Nigeria, Camerún y Chad; 16 300 km².

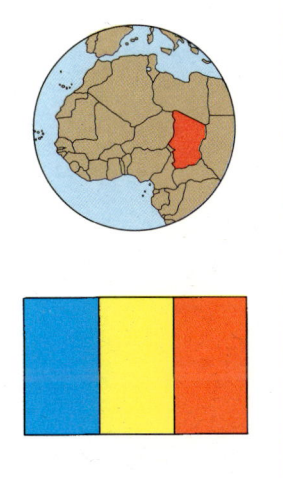

Mapa de situación y bandera de la **República del Chad**

CHAD, República del (*République du Tchad*) Estado de África central. Ocupa una depresión rodeada por el macizo Tibesti y las montañas Enneddi y Ouadaî. Clima tropical al S, semidesértico en el centro y árido al N. Ganadería y agricultura: algodón, cacahuetes, arroz, mijo, dátiles, etc. Ganado bovino, caprino y ovino. Estaño. Ind. agropecuaria. Prales. grupos étnicos: sara, tubu y ár. Lenguas: fr. (of.), ár. y variantes sudanesas. *Rel.:* animismo, islamismo, catolicismo, protestantismo. U. M.: franco CFA. Cap., N'Djamena; c. prales.: Sarh, Moundou. ❑ *Hist.* Chad fue solar de Estados afr. como el Kanem-Bornu (ss. IX-XIX) y el de Baguirmi (ss. XVI-XIX). Consiguió la indep. en 1960, bajo la presidencia de F. Tombalbaye. En 1966 se fundó el FROLINAT (*Front de Liberation National du Tchad*), grupo guerrillero enfrentado al gobierno pro fr., cuya actividad desembocó en la guerra civil. En 1979,

CHAD

Superficie	1 284 000 km²
Población	5 819 000 hab. (5 hab./km²)
Recursos económicos	
Algodón	60 000 t
Batatas	48 000 t
Cabaña bovina	4 400 000 cabezas
Cabaña caprina	2 923 000 cabezas
Cabaña ovina	1 983 000 cabezas
Cacahuetes	115 000 t
Camellos	565 000 cabezas
Cerveza	116 000 hl
Energía eléctrica	82 millones de kwh
Mijo	302 000 t
Pesca	115 000 t
Riqueza forestal	4 033 000 m³
Sal	20 000 t
Indicadores sociológicos	
PNB	1 212 millones de dólares
Renta per cápita	220 dólares
Esperanza de vida	47 años
Alfabetismo	30 %

apoyado por Libia, tomó el poder Oueddei, depuesto en 1982 por H. Habré. En 1987, reconciliados Oueddei y Habré, fue presid. este último. Una nueva Constitución (1989) le designó como jefe de Estado por otros siete años, pero en 1990 fue derrocado por Iddris Déby con el apoyo de la oposición. Déby fue reelegido en 1996 y 2001.

CHADLY *Benjedid* (n. 1929) Militar y político argelino. Sucedió a Bumedián como secretario gral. del Frente de Liberación Nacional y presid. de la rep. (1979-1992).

CHADWICK, SIR *James* (1891-1974) Físico brit., descubridor del neutrón. Premio Nobel de Física en 1935.

CHAFAR tr. y prnl. Aplastar lo que está erguido o levantado. ◊ tr. Arrugar y deslucir la ropa, maltratándola.

CHAFARRINADA f. Borrón o mancha que desluce una cosa.

CHAFLÁN m. Cara que resulta en un sólido al cortar por un plano una esquina o ángulo diedro. ◊ Plano largo y estrecho que, en lugar de esquina, une dos paramentos o superficies que forman ángulo.

CHAGALL, *Marc* (1887-1985) Pintor fr. n. en Bielorrusia. Inicialmente cubista, evolucionó hacia el surrealismo. *El profeta, El circo, El violinista.*

CHAGAS, *Carlos Ribeiro Justiniano* (1879-1934) Médico bras. Descubrió el

Embarcaciones a la orilla del lago **Chad,** del cual la república tomó el nombre

agente de la enfermedad que lleva su nombre, causada por el *Tripanosoma Cruzi* (➞ vinchuca).

CHAGOLLA f. *Méx*. Moneda falsa o muy gastada.

CHAGRA com. *Ecuad*. Campesino. ◊ f. *Col*. Chacra, alquería.

CHAGRES Río de Panamá; 190 km. Desemboca en el mar de las Antillas.

CHAGUAL m. *Amér. Merid*. Planta monocotiledónea cuya médula del tallo nuevo es comestible y las fibras sirven para cordeles.

CHÁGUALON m. *Col*. Árbol del incienso.

CHAIKOVSKI, *Piotr Ilich* (1840-1893) Compositor ruso posromántico. Autor de óperas (*Eugenio Oneguin*), ballets (*El lago de los cisnes, Cascanueces*), sinfonías, conciertos para piano y música de cámara.

CHAIMA adj. y s. Indígenas de una tribu que habita al NO de Venezuela. ◊ m. *Ling*. Dialecto caribe de los chaimas.

CHAIN, *Ernest* (1906-1079) Médico brit. Premio Nobel de Medicina 1945, junto con Fleming y Florey, por el descubrimiento de la penicilina y su aplicación terapéutica.

CHAIRA f. Cuchilla que usan los zapateros para cortar la suela. ◊ Cilindro para avivar el filo de las cuchillas.

CHAJÁ m. *Argent*. y *R. de la Plata*. Ave zancuda, de color gris claro y cuello largo. Se domestica con facilidad.

Escena de la ópera *Eugenio Oneguin*, de Piotr Ilich **Chaikovski**

CHAL m. Paño de seda, lana, etc., mucho más largo que ancho, y que sirve a las mujeres como abrigo o adorno.

CHALA f. *Amér. Merid*. Envoltura de la mazorca del maíz, farfolla.

CHALADO, DA adj. fam. Alelado. ◊ fam. Muy enamorado.

CHALÁN, NA adj. y s. Que trata en compras y ventas, especialmente de caballos u otras bestias, y tiene para ello maña y destreza.

CHALANA f. Embarcación menor, de fondo plano, proa aguda y popa cuadrada, utilizada en parajes de poco fondo.

CHALANEAR tr. Tratar los negocios con maña y destreza propias de chalanes.

CHALAR tr. y prnl. Enloquecer, alelar. ◊ Enamorar.

CHALATE m. *Méx*. Caballejo matalón.

CHALATENANGO Dpto. de El Salva-

dor, sit. al N del país; 2 016 km², 180 627 hab. Cap., Chalatenango. En su relieve destacan la cordillera de Chalatenango al N y los montes de Alotepet y Metapán al E. Ch. es el máx. productor de trigo del país. ◊ C. de El Salvador, cap. del dpto. hom.; 27 600 hab. Aguas minerales, cereales, cobre y plomo.

CHALAZA f. Cada uno de los dos filamentos que sostienen la yema del huevo en medio de la clara.

CHALCHIUHTLICUE Diosa azteca, esposa de Tlaloc. Fue venerada como señora de las aguas sobre la tierra.

CHALCHUAPA Mun. de El Salvador, en el dpto. de Santa Ana; 42 900 hab. Centro comercial. Cultivos tropicales. ◊ C. de El Salvador en el mun. hom.; 23 100 hab.

CHALCO Mun. de México, en el est. de México; 41 500 hab. Centro de abastos agrícolas y ganaderos.

CHALECO m. Prenda de vestir, sin mangas, que se abotona al cuerpo y llega hasta la cintura.

CHALÉ o **CHALET** (voz fr.) m. Casa de madera y tabique a estilo suizo. ◊ Casa de recreo de no grandes dimensiones.

CHALIAPIN, *Feodor Ivanovich* (1873-1938) Cantante y actor sov. Fue famosa su interpretación de *Boris Godunov*, de Mussorgski.

CHALINA f. Corbata de caídas largas.

CHALLENGE (voz ing.) f. *Dep*. Competición en la que el campeón pone en juego su título ante un aspirante, seleccionado por un sistema de eliminatorias sucesivas.

CHÂLONS-SUR-MARNE C. de Francia, cap. del dpto. de Marne; 51 100 hab. Ind. papelera y mecánicas.

CHALOTE adj. y m. Planta herbácea perenne originaria de Asia. Se emplea como condimento lo mismo que la cebolla.

CHALUPA f. Embarcación pequeña, con cubierta y dos palos para velas. ◊ Lancha, bote. ◊ *Méx*. Torta de maíz, pequeña y ovalada.

CHAMACO, CA m. y f. *Méx*. Niño, muchacho.

CHAMACOCO, CA adj. y s. Díc. de individuos de un pueblo amerindio sudamericano en extinción, que ocupa buena parte de la región del Chaco (Paraguay). ◊ adj. Relativo a dicho pueblo.

CHAMAL m. *Argent*., *Bol*. y *Chile*. Paño que usan los indios araucanos envolviéndolo en forma de pantalones.

CHAMANISMO m. Práctica magicorreligiosa de índole animista, propia de Siberia y Asia Central.

CHAMANTO m. *Chile*. Manto de lana fina que usan los campesinos.

CHÁMARA f. Leña menuda que levanta mucha llama sin consistencia ni duración. ◊ Esta misma llama.

CHAMARILEAR tr. Chamar. ❑ CHAMARILEO; CHAMARILERO, RA.

CHAMARIZ m. Pajarillo, poco más pequeño que el jilguero, de plumaje verdoso y amarillento. Vive en cautividad.

CHAMARRO m. *Hond*. y *Méx*. Manta gruesa de lana.

CHAMBELÁN m. Camarlengo.

CHAMBERLAIN, *Austen* (1863-1937) Político brit. Secretario del Foreign Office [1924-1929]. Premio Nobel de la Paz en 1925. ◊ *Neville* (1869-1940) Políti-

Cabeza de **chajá**

co brit., conservador. Fue primer ministro (1937-1940). Firmó los acuerdos de Munich, en 1938. ◊ *Owen* (n. 1920) Físico norteam. Premio Nobel de Física en 1959, junto con E. Segré, por el descubrimiento del antiprotón.

CHAMBÉRY C. de Francia, cap. del dpto. de Saboya; 53 400 hab. Castillo de los duques de Saboya (s. XV).

CHAMBO, *Hoya de* Región natural de Ecuador, en la sierra (prov. de Chimborazo), constituida por una depresión regada por el río del mismo nombre.

CHAMBORD, *Henri*, CONDE DE (1820-1883) Príncipe fr., último de la rama de los Borbones. Pretendiente al trono fr., a la muerte de Carlos X (1836).

CHAMBRANA f. *Arq*. Adorno de piedra o madera alrededor de las puertas, ventanas, etc.

CHAMBURO m. Árbol de grandes hojas que produce una baya comestible. Vive en América tropical.

CHAMICO m. *Amér. Merid*. y *Cuba*. Arbusto silvestre, de hojas grandes dentadas y fruto como un huevo, erizado de púas.

CHAMIZA f. *Bot*. Hierba gramínea silvestre y medicinal. Sirve para techumbre de chozas y casas rústicas.

CHAMIZAL, *El* Terr. mex. que de 1868 a 1967 perteneció a EE UU a causa de una avenida que, al cambiar el curso del río Bravo, lo dejó en su margen.

CHAMIZO m. Árbol medio quemado o chamuscado. ◊ Choza cubierta de chamiza. ◊ Fig. y fam. Tugurio sórdido.

CHAMORRO, *Diego Manuel* (n. 1923) Político nic. Presid. de la rep. (1921-1923). ◊ *Emiliano* (1875-1966) Político nic. Presid. de la rep. en 1916-1921 y en 1926. ◊ *Frutos* (1806-1855) Militar y político nic. Presid. de la rep. (1853-1855). ◊ *Pedro Joaquín* (1818-1890). Político nic. Presid. de la rep. (1874-78). Decretó la enseñanza gratuita y obligatoria. ◊ *Violeta Barrios de* (n. 1927) Política nic. Presidenta de su país, por la Unión Nacional Opositora (UNO), entre 1990 y 1996.

CHAMPA Ant. reino indochino de civilización hindú, existente entre los ss. III y XVII en la zona central del actual Vietnam.

CHAMPÁN m. Vino espumoso que se fabrica en la región fr. de Champaña. ◊ Por ext., vino similar elaborado en otras regiones.

CHAMPAÑA (*Champagne*) Región hist. de Francia, en el E de la cuenca de París. Importante producción agrícola. Ganado vacuno. Famosa por sus vinos espumosos.

CHAMPAÑA-ARDENAS (*Champagne-Ardenne*) Circunscripción de acción regional del NE de Francia. Abarca los dptos. de Ardennes, Aube, Marne y Haute-Marne; 25 606 km², 1 347 900 hab. Cap., Reims.

CHAMPEAR tr. *Chile, Ecuad.* y *Perú*. Tapar con césped.

CHAMPFLEURY, *Jules Husson* (1821-1889) Escritor fr. *Aventuras de Mlle. Mariette, Los burgueses de Molinchart.*

CHAMPIÑÓN m. Nombre común de una seta con sombrerillo carnoso, acampanado, de color blanco pardusco, laminillas negruzcas y pie grueso. Comestible.

CHAMPLAIN Lago del NE de EE UU, entre los est. de Nueva York y Vermont; 1 550 km².

CHAMPLAIN, *Samuel de* (1570-1635) Explorador y colonizador fr. En 1604 fundó Port Royal, y en 1608 Quebec.

CHAMPOLLION, *Jean-François* (1790-1832) Egiptólogo fr. Descifró jeroglíficos sobre la piedra de Rosetta, hallada en Egipto.

CHAMPÚ m. Loción usada para lavar el cabello.

CHAMPÚS m. *Ecuad.* y *Perú*. Gachas de harina de maíz, azúcar y zumo de naranjilla.

CHAMULLAR intr. fam. Charlar, decir.

CHAMUSCAR tr. y prnl. Quemar una cosa por la parte exterior. ❑ CHAMUSCADO, DA, CHAMUSQUINA.

CHAN m. *Guat.* y *Salv.* Chía, semilla de salvia.

CHANCACA f. *Amér.* Azúcar mascabado en panes compactos. ◊ *Ecuad.* Pasta de maíz o trigo tostado y molido con miel.

CHANCAR tr. *Amér.* Triturar. ◊ *Chile* y *Perú*. Golpear, maltratar.

CHANCAY Prov. de Perú, en el dpto. de Lima; 233 000 hab. Cap., Huacho. Algodón, frutales, industria pesquera, puerto. ◊ Pob. de Perú, en el dpto. de Lima, prov. de Huaral. Restos de una cultura precolombina (hacia 1300-1400).

CHANCE (voz ing.) f. Por oportunidad, ocasión, suerte.

CHANCEAR intr. y prnl. Usar de chanzas.

Violeta Barrios de **Chamorro**

CHANCHAMAYO Prov. de Perú, en el dpto. de Junín; 98 500 hab. Cereales, café. ◊ C. del Perú, cap. de la prov. hom.; 59 100 hab.

CHANCHÁN Ant. c. de Perú, cerca de la actual Trujillo, cap. del reino chimú (1000-1470).

CHANCHO, CHA adj. *Amér.* Puerco, sucio, desaseado. ◊ *Amér.* Cerdo. ❑ CHANCHERÍA.

CHANCHULLO m. fam. Manejo ilícito para conseguir un fin, y especialmente para lucrarse. ❑ CHANCHULLERO, RA.

CHANCILLER m. Canciller.

CHANCILLERÍA f. Tribunal superior castellano de justicia (ss. XIV-XIX). De sus ejecutorias no había apelación.

CHANCLA f. Zapato viejo cuyo talón está aplastado por el mucho uso. ◊ Chancleta.

CHANCLETA f. Chinela sin talón que suele usarse dentro de casa. ◊ *Amér.* Mujer, especialmente la recién nacida.

CHANCLO m. Especie de sandalia de madera o suela gruesa, que sirve para preservarse de la humedad. ◊ Zapato grande de goma u otra materia elástica, en que entra el pie calzado.

CHANCRO m. *Pat.* Lesión cutánea de tipo ulceroso típica de ciertas enfermedades venéreas.

CHANDIGARH Terr. de la India; 114 km², 640 700 hab. Cap., la c. hom. (503 000 hab.), que es también cap. de Haryana y Punjab.

CHANDLER, *Raymond* (1888-1959) Escritor norteam., destacó en el género policiaco. *El largo adiós, La dama del lago.*

CHANFAINA f. Guisado de asadura hecha de pedazos menudos. ◊ *Col.* Guiso que se hace con carne de oveja o cordero.

CHANG Ching-kuo (1910-1988) Político formosano. Hijo mayor de Chang Kai-shek. Fue presidente al morir su padre (1975). ◊ **Kai-shek** (1887-1975) General y político chino. Vencido por los comunistas en la guerra civil, se refugió en Taiwan (1950), de la que fue presid. vitalicio.

CHANGADOR m. *R. de la Plata*. Mozo de cuerda.

CHANGCHUN C. del NE de China, cap. de la prov. de Kirin; 1 740 000 hab. Ind. automovilística, de material ferroviario y química.

CHANGLE m. *Chile*. Planta parásita, especie de hongo que crece en algunos árboles; es comestible.

CHANGO, GA adj. y s. *P. Rico, R. Dom.* y *Ven.* Bromista. ◊ *Argent., Bol.* y *Méx.* Muchacho.

CHANGSHA C. de China, cap. de la prov. de Hunan; 1 050 000 hab. Mercado arrocero; ind. metalúrgica y textil. Puerto fluvial.

CHANGZHOU C. de China, en la prov. de Kiangsu; 839 000 hab. Metalurgia, textiles.

CHANIS Pinzón, *Daniel* (1892-1961) Médico y político pan. Presid. de la rep. en 1949.

CHANQUETE m. Pez pequeño comestible.

CHANSONNIER (voz. fr.) m. Cantante de cabaret.

CHANTAJE m. Amenaza de pública difamación que se hace contra alguno, a fin de obtener de él algún provecho.

CHANTICO Diosa azteca del fuego del hogar y del fuego de los volcanes.

El castillo-museo de **Chantilly**

CHANTILLÍ m. Crema de nata batida.

CHANTILLY C. de Francia, famosa por sus fábricas de encajes y sedas. Su castillo del s. XVI guarda una importante colección artística.

CHANTRE (voz fr.) m. En las iglesias catedrales o colegiales, canónigo que dirigía el canto en el coro. ❑ CHANTRÍA.

CHANZA f. Dicho festivo y gracioso. ◊ Burla amable, sin malicia.

CHAÑAR m. *Amér. Merid.* Árbol parecido al olivo, espinoso y de corteza amarilla. ◊ Fruto de este árbol, comestible.

CHAÑARAL Prov. del N de Chile, en la región de Atacama; 32 132 hab. Cap., Chañaral.

CHAPA f. Lámina de metal, madera u otra materia. ◊ Chapeta. ◊ *Amér.* Cerradura. ◊ pl. Juego parecido al de cara y cruz.

CHAPALA Lago del centro-oeste de México, entre los estados de Jalisco y Michoacán; 1 100 km².

CHAPALEAR intr. Chapotear, sonar el agua agitada por los pies y las manos.

CHAPAPOTE m. Asfalto más o menos espeso que se halla en las Antillas.

CHAPAR tr. Chapear, cubrir, con chapas.

CHAPARRA f. Coscoja, árbol. ◊ Chaparro.

CHAPARRAL m. Sitio poblado de chaparros. ◊ Tipo de vegetación que se caracteriza por el predominio de formaciones arbustivas xerófilas.

CHAPARREAR intr. Llover reciamente.

CHAPARRO m. Mata de encina o roble, de muchas ramas y poca altura. ◊ *Bot.* Arbusto de la América Central.

CHAPARRO, RRA adj. y s. fig. y fam. Díc. de la persona rechoncha.

CHAPARRÓN m. Lluvia muy intensa de corta duración. ◊ fig. Copia o muchedumbre de cosas.

CHAPEADO, DA adj. Díc. de lo que está cubierto con chapas. ◊ m. Operación que consiste en recubrir una parte o la totalidad de la superficie de un cuerpo con láminas o chapas muy finas.

CHAPEAR tr. Cubrir con chapas. ◊ *Amér.* Limpiar la tierra de malezas y hierbas con el machete.

CHAPERA f. *Const.* Plano inclinado hecho con maderos, que se usa en las obras en sustitución de escaleras.

CHAPETA f. Mancha de color encendido que suele salir en las mejillas.

CHAPETÓN, NA adj. y s. Díc. del esp.

Chapitel corintio

recién llegado a América, y por ext., del europeo en iguales condiciones. ◊ adj. Inexperto.

CHAPÍ, Ruperto (1851-1909) Compositor esp. de zarzuelas. *La Bruja, El rey que rabió, La revoltosa.*

CHAPICO m. *Chile.* Arbusto dicotiledóneo, cuyas hojas se usan para teñir de amarillo.

CHAPÍN m. Chanclo de corcho, forrado de cordobán.

CHAPISTA com. Persona que trabaja la chapa de metal y las carrocerías de los automóviles.

CHAPITEL m. *Arq.* Remate de las torres que se levanta en figura piramidal. ◊ *Arq.* Capitel, parte superior de la columna. ◊ Pequeño cono de ágata o de otra piedra dura, que encajado en el centro de la aguja imantada, sirve para que ésta se apoye y gire sobre el extremo del estilete.

CHAPLIN, Charles Spencer (1889-1977) Actor y director de cine brit. En 1919 fundó una compañía propia. Creador del famoso personaje «Charlot». *La quimera del oro, El circo, Tiempos modernos, El gran dictador.*

CHAPÓ m. Cierto juego de billar.

CHAPODAR tr. Cortar ramas de los árboles, a fin de que no se envicien. ◊ fig. Cercenar.

CHAPODO m. Trozo de la rama que se chapoda.

CHAPOLA f. *Col.* Mariposa.

CHAPOTEAR tr. Humedecer repetidas veces una cosa con esponja o paño empapado en agua o en otro líquido, sin estregarla. ◊ intr. Sonar el agua batida por los pies o las manos. ❑ CHAPOTEO.

CHAPUCERÍA f. Imperfección en cualquier artefacto. ◊ Obra hecha sin arte. ❑ CHAPUCERO, RA.

CHAPUL m. *Col.* Libélula. ◊ *Amér.* Especie de langosta o saltamontes.

CHAPULÍN m. *Amér.* Langosta, cigarrón.

CHAPULTEPEC Palacio y parque de Ciudad de México. Fue residencia de los virreyes esp. En 1937 fue convertido en museo arqueológico. ◊ **Acta de Ch.** Firmada en 1945. Determinó que todos los países americanos debían ayudarse a defender su independencia.

CHAPURRADO m. Bebida compuesta de varios licores.

CHAPURREAR tr. e intr. Hablar con dificultad un idioma. ◊ tr. fam. Mezclar un licor con otro.

CHAPUZ m. Obra de poca importancia o mal hecha.

CHAPUZA f. Chapuz, chapucería.

CHAPUZAR tr., intr. y prnl. Meter a uno de cabeza en el agua. ❑ CHAPUZÓN.

CHAQUÉ m. Prenda masculina como una chaqueta que, a partir de la cintura, se abre hacia atrás formando faldones.

CHAQUETA f. Prenda exterior de vestir, con mangas y sin faldones. ◊ Americana.

CHAQUETEAR intr. Tener miedo, volverse atrás. ◊ Mudar interesadamente de opinión. ❑ CHAQUETEO; CHAQUETERO, RA.

CHAQUETILLA f. Chaqueta, en general más corta que la ordinaria.

CHAQUETÓN m. Prenda exterior de más abrigo y más larga que la chaqueta.

CHARADA f. Enigma que resulta de formar con las sílabas divididas o trastocadas de una voz, otras dos o más voces.

CHARAL m. Pez osteíctio que vive en lagos de México, y curado al sol, es artículo de comercio.

CHARAMUSCA f. *Méx.* Confitura de azúcar ordinario, mezclada con otras sustancias y acaramelada.

CHARANGA f. Música que consta sólo de instrumentos de viento y percusión.

CHARANGO m. Especie de bandurria pequeña, de cinco cuerdas y sonidos muy agudos, que usan los indios del Perú.

CHARAPE m. *Méx.* Bebida fermentada hecha con pulque, panocha, miel, clavo y canela.

CHARATA f. *Argent.* Ave galliforme.

CHARCA f. Depósito de agua detenida en el terreno, natural o artificialmente. ◊ adj. y s. Díc. del individuo de una tribu aymará que vive al NE del lago Poopó (Bolivia).

CHARCAS, *Audiencia de* Territorio de América del Sur que correspondía al actual boliviano. Fue establecida en 1559; dependió del virreinato del Perú hasta 1776, año en el que pasó al del Río de la Plata.

CHARCO m. Agua detenida en un hoyo de la tierra o del piso.

CHARCOT, Jean-Martin (1825-1893) Médico fr. Estudió los efectos de la hipnosis. Iniciador de la neurología y de la psiquiatría.

CHARCUTERÍA f. Tienda donde se venden alimentos selectos.

CHARI Río de África ecuatorial; 1 200 km. Pral. tributario del lago Chad.

CHARLA f. Disertación oral sin excesivas formalidades.

Fachada del palacio de **Chapultepec**

CHARLAR intr. fam. Hablar mucho y sin ninguna utilidad. ◊ fam. Conversar, platicar por mero pasatiempo. ❑ CHARLATÁN, NA.

CHARLES, Jacques Alexandre César (1746-1823) Físico fr. Inventó el hidrómetro termométrico. ◊ **Mary Eugenia** (nacida 1919) Política de Dominica; elegida primera ministra en 1980.

CHARLESTÓN m. Danza de origen norteam. que en 1928 adquirió gran popularidad en todo el mundo.

CHARLOT ➩ Chaplin, Charles Spencer.

CHARLOTADA f. Festejo taurino bufo. ◊ Actuación pública, colectiva, grotesca o ridícula.

CHARLOTEAR intr. Charlar. ❑ CHARLOTEO.

CHARLOTTE C. de EE UU, en el est. de Carolina del Norte; 250 000 hab (410 000 la aglomeración).

CHARLOTTETOWN C. de Canadá, cap. de la prov. de Príncipe Eduardo; 15 800 hab.

CHARME (voz fr.) m. Encanto, poder de seducción.

CHARNELA f. Bisagra de puertas, ventanas, etc. ◊ Gozne. ◊ *Zool.* Articulación de las dos valvas de los moluscos acéfalos.

CHAROL m. Barniz muy lustroso y permanente. ◊ Cuero con este barniz. ❑ CHAROLAR.

CHAROLADO, DA adj. Lustroso.

CHARPENTIER, Gustave (1860-1956) Compositor fr. Autor de la ópera *Louise.*

CHARQUEAR tr. *Amér.* Acecinar la carne.

CHARQUI m. *Amér. Merid.* Tasajo.

CHARQUICÁN m. *Amér.* Guiso hecho con charqui, ají, patatas, judías y otros ingredientes.

CHARRADA f. Dicho o hecho propio de un charro. ◊ Baile propio de los charros.

CHARRÁN adj. y s. Pillo, tunante. ◊ m. *Zool.* Ave acuática, de pico rojo o negro, largo y puntiagudo y cola ahorquillada.

CHARRETERA f. Divisa militar que se sujeta sobre el hombro. ◊ Jarretera, condecoración. ◊

CHARRO, RRA adj. y s. Aldeano de Salamanca. ◊ m. *Méx.* Jinete o caballista que viste chaqueta bordada, pantalón ajustado y sombrero de ala ancha y alta copa cónica.

CHARRÚA adj. y s. Díc. del individuo perteneciente a las tribus, hoy extinguidas, que habitaban la costa septentrional del Río de la Plata.

CHARTRES C. de Francia, cap. del dpto. Eure-et-Loire; 31 100 hab. Ind. química y eléctrica. Catedral gótica.

CHARTREUSE (voz fr.) m. Licor fabricado por los monjes de la Gran Cartuja, en Isère (Francia).

CHASCA f. Leña menuda.

CHASCAR intr. Dar chasquidos. ◊ Chasquear la madera. ◊ Separar súbitamente del paladar la lengua, produciendo una especie de chasquido.

CHASCARRILLO m. fam. Anécdota ligera o frase de sentido equívoco y gracioso.

CHASCO m. Burla o engaño que se hace a alguno. ◊ fig. Decepción que causa a veces un suceso contrario a lo que se esperaba.

CHASIS m. Armazón, caja del coche.

◊ *Fot.* Bastidor donde se colocan las placas fotográficas.

CHASQUEAR tr. Dar chasco o zumba. ◊ Faltar a lo prometido. ◊ prnl. Frustrar un hecho adverso las esperanzas de alguien.

CHASQUIDO m. Sonido o estallido que se hace con el látigo o la honda. ◊ Ruido seco y súbito que produce al romperse, rajarse o desgajarse alguna cosa.

CHATARRA f. *Metal.* Escoria que deja el mineral de hierro. ◊ Hierro viejo. ◊ Restos metálicos procedentes del desguace de barcos, automóviles, etc.

CHATARRERÍA f. Baratillo, tienda donde se vende chatarra. ❏ CHATARRERO, RA.

CHATEAUBRIAND, *François-René*, VIZCONDE DE (1768-1848) Escritor y político fr. Contribuyó a la introducción del romanticismo en Francia.

CHATO, TA adj. y s. Que tiene la nariz como aplastada. ◊ adj. Díc. también de la nariz que tiene esta figura. ◊ Aplícase a algunas cosas con menos relieve que las de la misma especie. ◊ m. fig. y fam. En las tabernas, vaso bajo y ancho de vino o de otra bebida.

CHATÓN m. Piedra preciosa gruesa engastada en una sortija u otra alhaja.

CHATRIA m. En la India, individuo perteneciente a la segunda casta, o sea, noble, guerrero.

CHATTANOOGA C. de EE UU, en el estado de Tennessee; 120 000 hab. (305 000 la aglomeración). Puerto fluvial en el río Tennessee. Centro industrial.

CHAUCER, *Geoffrey* (1340-1400) Poeta ing. En su pral. obra, los *Cuentos de Canterbury*, en verso, fijó la gramática y la lengua de su país.

CHAUCHA f. *Argent.* y *Ur.* Judía verde. ◊ *Chile.* Moneda de veinte centavos. ◊ *Chile.* Patata temprana o menuda que se deja para simiente.

CHAUVINISMO (fr., *chauvinisme*, de N. Chauvin, personaje célebre por su ardor patriótico) m. Patriotería, exaltación exagerada de los sentimientos patrióticos. ❏ CHAUVINISTA.

CHAVAL, LA m. y f. fam. Niño o joven.

CHAVEA m. fam. Chiquillo, muchacho. ◊ fig. y fem. Novia.

CHAVES, *Francisco de*, llamado EL PIZARRISTA (m. 1541) Conquistador esp. Acompañó a Pizarro en la conquista del Perú. ◊ *Francisco de*, llamado DE CHILE (s. XVI) Conquistador esp. Sirvió a Almagro en las conquistas de Chile y Perú y en la lucha contra Pizarro. ◊ *Nuflo de* (1518-1568) Conquistador esp. En 1560 fundó Santa Cruz de la Sierra.

CHAVETA f. Clavo hendido que se remacha separando las dos mitades de su punta. ◊ Clavija o pasador que impide que se salgan las cosas que sujetan una barra.

CHÁVEZ, *Carlos* (1899-1978) Compositor mex. De inspiración indígena y nacional. En 1928 fundó la Orquesta Sinfónica de México. Obras sinfónicas, ballets, conciertos y música de cámara. ◊ *Coronado* (1807-1881) Político y diplomático hond. Presid. interino de la rep. [1845-1847]. ◊ *Hugo* (nacido 1954) Político y militar ven. En 1992 lideró un fallido golpe de estado. Elegido presid. de la rep. en 1998, fue refrendado en 2000. En 2002 superó un golpe de estado, y en 2004 ganó un referendo revocatorio de su mandato.

CHAVÍN Cultura preincaica que se desarrolló entre los ss. VIII a. C. y I d. C. en la región costera e interior al N de la cordillera andina del Perú. Su cap. era Chavín de Huántar. Numerosos edificios que forman grupos de terrazas superpuestas, decoradas con un típico felino estilizado esculpido, o grabado.

CHAYOTERA f. Planta trepadora americana. Las flores tienen cinco pétalos amarillos y el cáliz acampanado.

CHAZARRETA, *Andrés* (1876-1960) Folclorista y compositor arg. Autor de más de 400 obras.

¡CHE! interj. *Argent. Bol., Ur.* y *Valencia.* Voz con que se llama, se hace detener o se pide atención a una persona. A veces expresa asombro o sorpresa.

CHE f. Nombre del dígrafo *ch.*

CHECA f. Primera policía política de la URSS, sustituida por la GPU (1922), a la que siguieron la NKVD (1934) y la KGB. ◊ Organismo semejante de otros países.

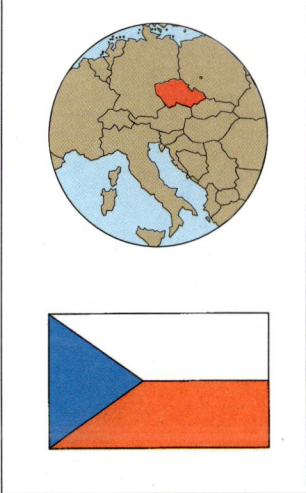

Mapa de situación y bandera
de la **República Checa**

CHECA, *República* (Ceská Republika) Est. de Europa central. Comprende: Bohemia, sit. en el centro y O, y Moravia-Silesia, al E. La meseta central bohemia está rodeada por los Sudetes al NE, donde nace el r. Elba o Labe, los Montes Metálicos al NO y la Selva de Bohemia al SO. Moravia-Silesia, con las Colinas de Moravia al O, se extiende por la llanura del Morava, r. que nace en los Sudetes. Agricultura (trigo, cebada, forrajes, patatas, remolacha azucarera). Minería (lignito, uranio, plomo, cinc, carbón, hierro, gas natural). Ind. siderúrgica, química, mecánica, papelera, del mueble, del cristal, de porcelana, de instrumentos musicales. Turismo. Grupos étnicos: checos (mayoría), eslovacos, alemanes, polacos, gitanos. Lenguas: checo (oficial), eslovaco, alemán, polaco. *Rel.*: catolicismo (mayoría), protestantismo. U. M.: corona. Cap., Praga. C. prales.: Brno, Ostrava, Plzen, Olomouc.

❏ *Hist.* En la E. Media los eslavos antecesores de checos formaron el reino de Bohemia, integrado en el Sacro Imperio (s. XIII) y en los dominios germánicos de los Habsburgo (desde 1620). El nacionalismo checo se manifestó en la fracasada revolución de 1848. Los aliados, al término de la I Guerra Mundial (1918), auspiciaron la unión de los checos y los eslovacos, con la creación de ⇒ Checoslovaquia (1918-1939 y 1945-1992). En 1992, según un pacto mutuo, los jefes de gobierno de la Rep. Checa y de Eslovaquia decidieron dividir el est. checoslovaco. Así, el 1 de enero de 1993 surgió la Rep. Checa indep., con V. Havel como primer presid. En 1999 el país entró en la OTAN. En 2003 Havel cedió la pres. a V. Klaus. Ese mismo año se aprobó por referéndum el ingreso en la Unión Europea, que se hizo efectivo en 2004.

REPÚBLICA CHECA

Superficie	78 864 km^2
Población 10 331 000 hab. (131 hab./km^2)	
Recursos económicos	
Cebada	2 140 000 t
Centeno	262 000 t
Lúpulo	9 889 t
Patata	1 330 000 t
Remolacha azucarera	3 712 000 t
Trigo	3 823 000 t
Uva	43 000 t
Ganadería y derivados	
Aves de corral	26 000 000 cabezas
Cabaña bovina	2 030 000 cabezas
Cabaña ovina	165 000 cabezas
Riqueza forestal	12 910 000 m^3
Pesca	21 823 t
Producción minera	
Carbón	10 886 000 t
Gas natural	290 millones de m^3
Lignito	66 058 000 t
Producción industrial	
Acero	7 184 000 t
Automovilística	181 503 unidades
Cerveza	17 715 000 hl
Energía eléctrica	58 705 millones de kwh
Fibras sintéticas	59 600 t
Hierro colado	5 274 000 t
Indicadores sociológicos	
PNB	39 990 millones de dólares
Renta per cápita	3 870 dólares
Esperanza de vida	73 años
Alfabetismo	95%

República Checa. Vista de Praga

CHECHENIA Rep. de la Federación Rusa; 13 000 km²; 1 200 000 hab.; Cap., Groznii. Agricultura. Petróleo. Ind. química y mecánica. Autoproclamada independiente en 1991, no firmó el tratado de la Federación, y estuvo en guerra con Rusia desde 1994 a 1996, y de nuevo a partir de 1999.

CHECO, CA adj. Relat. a Bohemia y p. ext., a la República Checa y a la extinta Checoslovaquia. ◊ m. *Ling.* Lengua de estos pueblos.

CHECOSLOVAQUIA *(Ceska a Slovenska Federativni Republika)* Ant. est. de Europa central, existente entre 1918-1939 y 1945-1992.

□ *Hist.* Ch. surgió como est. a consecuencia del orden impuesto tras la I Guerra Mundial en el tratado de Versalles. Durante la I Guerra Mundial se organizó el movimiento de la indep., proclamada por T. Masaryk en 1918. En 1938 la región de los Sudetes, de pob. al., fue anexionada por Hitler. Al año siguiente, los nazis ocuparon Praga. La oposición a los nazis culminó con la revolución de Praga (1945). En las elecciones de 1946 los comunistas consiguieron el 38 % de los votos; el golpe de est. de 1948 les permitió asumir todo el poder. En 1968 el presid. A. Dubcek liberalizó la vida política y Ch. fue invadida por las fuerzas del pacto de Varsovia. En 1987 la Asamblea Federal nombra nuevo presid. a Nezval y en 1989 al escritor Václav Havel, reafirmado en las primeras elecciones libres tras 44 años. En 1992, Eslovaquia proclamó su soberanía, lo que motivó la división del país entre Rep. Checa y Rep. Eslovaca, que entró en vigor en 1993.

CHÉJOV, *Antón Pávlovich* (1860-1904) Dramaturgo y novelista ruso. Fundó el Teatro de Arte de Moscú. De su obra teatral sobresalen *La gaviota, El jardín de los cerezos, El tío Vania* y *Las tres hermanas.*

CHEKA ⇨ Checa.

CHELIABINSK C. de Rusia, cap. de la prov. hom., 1 143 000 hab. Siderurgia, ind. mecánica textil y química.

CHELÍN m. Moneda brit. que valía la vigésima parte de la libra esterlina. ◊ Ant. unidad monetaria de Austria.

CHELO m. Violonchelo.

CHEMA m. fam. *Guat.* Quetzal, moneda.

CHEMNITZ C. de Alemania: 317 469 hab. Ind. textil, mecánica. Durante la RDA se llamó Karl-Marx-Stadt.

CHENAUT, *Indalecio* (1808-1871) Militar y político arg. Jefe del ejército durante la guerra con Paraguay (1865).

CHENGCHOU *(Zhengzhou)* C. del centro sur de China, cap. de la prov. de Henan. 1 159 700 hab.

CHENGTU *(Chenghu)* C. del SO de China, cap. de la prov. de Szchuan *(Jichuan)*; 2 640 000 hab.

CHEPA f. fam. Corcova, joroba.

CHEQUE m. Documento en forma de mandato de pago. ◊ **al portador.** El que no lleva el nombre del beneficiario y puede ser cobrado por cualquier persona. ◊ **a la orden.** El que lleva el nombre del beneficiario y sólo es transmisible mediante endoso. ◊ **nominativo.** Aquel que lleva el nombre del beneficiario y sólo puede cobrarlo él, o bien otra persona si el ch. lleva en el reverso la firma de aquél.

CHEQUEAR intr. *Amér.* Girar cheques. ◊ *Amér.* Controlar, confrontar, cotejar. ◊ *Amér.* Facturar un equipaje.

CHEQUEO m. Inspección, examen detallado, especialmente médico. ◊ *Amér.* Control.

CHEQUERA f. *Amér.* Talonario de cheques. ◊ Cartera para guardar el talonario.

CHERNA f. Mero, pez.

CHERNIENKO, *Konstantin* (1911-1985) Político soviético. Secretario del Comité Central del PCUS en 1976; sucedió de Andropov a su muerte (1984).

Chiapas. Centro arqueológico de Palenque

CHEKIANG *(Zhejiang)* Prov. del E de China; 100 000 km², 41 445 930 hab. Cap., Hangchou *(Hangzhou)*. Relieve accidentado en el interior. Arroz, té y carbón.

CHELENSE m. *Prehist.* Periodo del paleolítico inferior, caracterizado por la ind. lítica de artefactos nodulares o «hachas de mano».

CHELI m. Argot que contiene elementos castizos y contraculturales.

CHERNÍGOV C. de Ucrania, cap. de la prov. hom.; 296 000 hab.

CHERNOZEM (voz rusa) m. Suelo negro estepario, rico en materia orgánica.

CHEROKÉS, SA *(salaki;* ing., *cherokee)* adj. y s. Díc. de individuos pertenecientes a un pueblo amerindio norteam., de una rama meridional de los iroqueses.

CHERUBINI, *Luigi* (1760-1842) Compositor it. Autor de óperas *(Medea, Ana-*

creonte) y música religiosa *(Misa de santa Cecilia, Réquiem en re menor).*

CHESAPEAKE Bahía de la costa atlántica de EE UU; su puerto más importante es Baltimore.

CHESTER C. y puerto de Gran Bretaña, en Inglaterra, cap. del Cheshire; 58 400 hab. Metalurgia, energía atómica.

CHESTERTON, *Gilbert Keith* (1874-1936) Escritor ingl. Ensayista *(Herejes)* y novelista *(El candor del padre Brown, La esfera y la cruz, El hombre que fue jueves).*

CHETUMAL C. de México, cap. del est. de Quintana Roo; 208 164 hab. en el municipio. Puerto exportador de madera y chicle.

CHEUQUE m. *Chile.* Flamenco, ave zancuda.

CHEVALIER, *Maurice* (1888-1972) «Chansonnier» y actor fr. Entre sus películas destacan *Gigi* y *Fanny.*

CHEVIOT m. Lana del cordero de Escocia. ◊ Paño que se hace con ella.

CHEVIOT Cordillera de Gran Bretaña, que separa Escocia de Inglaterra.

CHEYENE adj. y s. Díc. de los individuos de una tribu que habitó ant. el est. de Minnesota (EE UU).

CHEYENNE C de EE UU, cap. del est. de Wyoming; 50 000 hab.

CHÍA f. Semilla de una especie de salvia. De su mucílago, con azúcar y zumo de limón, se obtiene un refresco muy usado en México.

CHIANG Ching (1914-1991) Política china. Esposa de Mao Tse-tung, dirigió la Revolución Cultural en el arte.

CHIANG Tse-min (nacido 1926) Político chino. Fue secretario General del Partido Comunista chino entre 1989 y 2002, y presid. de la Rep. entre 1993 y 2003.

CHIANTI Región de Italia, en Toscana; cultivo de la vid. Afamados vinos.

CHIAPAS Est. de Méx., sit. en parte sobre el istmo de Tehuantepec; 73 887 km², 3 920 892 hab. Comprende: la llanura litoral, la Sierra Madre, el valle Central, y la Mesa Central. Destaca el r. Grijalva. Cultivos de café, caña de azúcar, aguacate, cacao, etc. Pequeñas explotaciones mineras e ind. artesanal. Su pob. pertenece a 14 grupos étnicos. Prales. c.: la cap., Tuxtla Gutiérrez; San Cristóbal de las Casas. Restos mayas en Palenque y Bonampak. El terr. de Chiapas fue incorporado desde 1543 por los esp. a la capitanía general de Guatemala y, a raíz de la indep. (1821), se decidió por referéndum (1823) la integración a México. En 1994 estalló una revuelta campesina.

CHIARI, *Roberto Francisco* (1905-1982) Político pan. Presid. de la Rep. (1960-1964). ◊ *Rodolfo* (1869-1937) Político pan. Presid. de la Rep. (1924-1928).

CHIBA Prefectura de Japón, en Honshu; 5 151 km², 5 555 000 hab. Cap. la c. hom. (829 800 hab.)

CHIBCHA adj. y s. *Etn.* Díc. del individuo de un pueblo que habitó Amér. Centr. y Colombia. Los ch. se organizaban en est. independientes aliados, gobernados por un monarca y una poderosa clase sa cerdotal. Los esp. les dominaron (1536) y acabaron con su cultura. ◊ m. *Ling.* Idioma de los chibchas.

CHIBOLO, LA m. y f. *Ecuad.* Cuerpo redondo y pequeño: chichón.

CHIBUQUÍ m. Pipa que usan los turcos para fumar.

CHIC m. Gracia, elegancia.

CHICAGO C. de EE UU en el est. de

Illinois; 7 103 600 hab. (á. metr.) Puerto sobre el lago Michigan; uno de los nudos de comunicaciones más importantes del país. Mataderos, ind. metalúrgica, mecánica, química y alimentaria. Refinerías de petróleo. Astilleros. Centro financiero y bancario.

CHICALÉ m. *Amér. Centr.* Pájaro muy hermoso por los colores de su plumaje.

CHICAMOCHA Río de Colombia, afl. derecho del Magdalena; 400 km. Tras su confluencia con el Suárez, recibe el nombre de Sogamoso.

CHICANO adj. y s. Dic. de los individuos de la minoría de origen mex. afincada en los EE UU.

CHICARRÓN, NA adj. y s. fam. Dic. de la persona de corta edad, muy crecida o desarrollada.

CHICHA f. Bebida alcohólica que resulta de la fermentación del maíz, uvas u otros frutos, en agua azucarada. ◊ fam. Carne comestible.

CHICHARRA f. Cigarra, insecto. ◊ Juguete que hace un ruido tan desapacible como el canto de la cigarra.

CHICHARRO m. Chicharrón. ◊ Jurel, pez.

CHICHARRÓN m. Residuo de las pellas del cerdo, después de derretida la manteca. Dic. también del residuo del sebo de la manteca de otros animales. ◊ fig. Carne requemada.

CHICHE m. *Argent.* Juguete. ◊ *Chile.* Objeto de bisutería.

CHICHÉN-ITZÁ Cap. del imperio maya en México (Yucatán). En el s. x se instaló en ella la tribu tolteca de los Itzá y fundó una nueva dinastía. Chichén, Uxmal y Mayapán formaron la liga de tres c. que dominó el imperio maya durante doscientos años. Los edificios de la época son de estilo tolteca: la pirámide escalonada central, el templo de los Jaguares y de los Guerreros, y el de Chac, dios de la lluvia.

CHICHICASTE m. *Amér. Centr.* Arbusto silvestre de tallo fibroso, que se utiliza para cordelería.

CHICHICASTENANGO C. de Guatelama, en el dpto. de El Quiché; 45 800 hab. Tejidos, de lana y algodón, turismo.

CHICHIGALPA Mun. de Nicaragua, en el dpto. de Chinandega; 27 400 hab. Cereales, legumbres, caña de azúcar.

CHICHILASA f. *Méx.* Hormiga de color rojo, pequeña y muy dañina.

CHICHIMECA adj. y s. Nombre dado a las tribus amerindias procedentes del N de México que tomaron los terr. toltecas de la meseta central a fines del s. XII.

CHICHÓN m. Hematoma subcutáneo de la cabeza hecho por una contusión.

CHICHONERA f. Gorro con armadura adecuada para preservar a los niños de golpes en la cabeza.

CHICLAYO C. de Perú, cap. de la prov. hom. y del dpto. de Lambayeque; 393 418 hab. Centro comercial.

CHICLE o **CHICLÉ** m. Goma de mascar perfumada. ◊ *Méx.* Gomorresina que fluye del tronco del chicozapote. Es masticatoria.

CHICO, CA adj. y s. Pequeño o de poco tamaño. ◊ Niño. ◊ m. Muchacho que hace recados y ayuda, en trabajos de poca importancia. ◊ f. Criada.

CHICO de Santa Cruz Río de Argentina, en la Patagonia (prov. de Santa Cruz); 600 km. Nace en los Andes y desemboca en el Atlántico.

CHICOMECOATL Deidad azteca asociada a la fertilidad y la vegetación, y primordialmente al maíz.

CHICOMÓZTOC Nombre que los nahuas dan a su lugar de origen.

CHICONTEPEC Mun. de México, en el est. de Veracruz; 60 137 hab. Agricultura, ganadería.

CHICORIA f. Achicoria. ◊ CHICO-RIÁCEO.

CHICOTAZO m. *Amér.* Golpe dado con el chicote, látigo. ◊ *Amér.* CHICO-TEAR.

CHICOTE, TA m. y f. Muchacho robusto y lleno de salud. ◊ m. fig. Cigarro puro. ◊ *Amér.* Látigo.

CHICOZAPOTE m. Zapote, árbol.

CHIFLA f. Especie de silbato. ◊ Cuchilla de acero, de corte curvo, con que los encuadernadores y guanteros raspan las pieles.

Castillo o templo de Kukulcán
de **Chichén-Itzá**

CHIFLAR intr. Silbar con la chifla, silbato, o imitar su sonido con la boca. ◊ tr. y prnl. Mofar, hacer burla o escarnio en público. ◊ tr. Adelgazar y raspar las badanas y pieles finas. ◊ prnl. fam. Perder uno la energía de las facultades mentales. ◊ fam. Tener sorbido el seso por una persona o cosa. ◊ CHIFLADO, DA; CHIFLADURA.

CHIFLATO m. Silbato, pito.

CHIFLÓN m. *Amér. Merid.* Viento colado, o corriente sutil de aire. ◊ *Méx.* Canal por donde sale el agua con fuerza.

CHIGNAHUAPAN Mun. de México, en el est. de Puebla; 41 903 hab. Agricultura, minería.

CHIGÜIL m. *Ecuad.* Masa de maíz, manteca y huevos con queso, envuelta en chala y cocida al vapor.

CHIHUÁHUA adj. y s. Dic. de una raza de perros muy pequeños (1-2 kg), oriundos de México.

CHIHUAHUA Est. de México, limitado al N por EE UU; 247 087 km², 3 052 907 hab. En su relieve destacan al O diversas estribaciones de la sierra Madre occidental. Las partes centr. y oriental abarcan un sector de las Llanuras Boreales. R. Bravo y Conchos. Gran parte es desértico. Algodón, alfalfa, frijol, maíz. Ganadería bovina. ◊ C. de Méx., cap. del estado hom; 671 790 hab. Centro comercial de la región minera circundante. Ind. textil, fundiciones, minería. Nudo ferroviario. Catedral (s. XVIII). Universidad.

CHIÍ adj. y s. Relativo al chiísmo. Dic.

en especial de los seguidores de esta tendencia religiosa islámica. ◊ CHIITA.

CHIÍSMO m. Mov. cismático musulmán, extendido, sobre todo, entre los iranios. Nació al plantearse la cuestión básica del califato, y en ella adoptó una posición «legitimista», pues admitía como único imán posible sólo a quien descendiera de Alí.

CHILABA f. Especie de túnica con capucha que usan los moros.

CHILACOA f. *Col.* Especie de chochaperdiz, muy común y abundante.

CHILAM Balam Conjunto de copias (ss. XVI-XVIII) de colecciones de tradiciones anteriores a la conquista esp., procedentes del Yucatán. Escritos en lengua maya.

CHILAPA Mun. de México, en el est. de Guerrero; 85 621 hab. Agricultura, ganadería, explotación forestal.

CHILAQUILE f. *Guat.* Tortillas de maíz con relleno de queso, hierbas y chile.

CHILATE m. *Amér. Centr.* Bebida común, hecha con chile, maíz tostado y cacao.

CHILATOLE m. *Méx.* Guiso de maíz entero, chile y carne de cerdo.

CHILCO m. *Chile.* Fucsia silvestre.

CHILDEBERTO Nombre de tres reyes merovingios: **I** (511-558), hijo de Clodoveo; **II** (570-596), rey de Austrasia y Borgoña; y, **III** (683-711) que reinó bajo la tutela de Pepino el Joven.

CHILDERICO I (436-481) Rey de los francos salios [457-481], padre de Clodoveo; fue desterrado por sus súbditos. ◊ **II** (653-675) Rey de Austrasia [662-675]. Murió asesinado. ◊ **III** (m. 754) Último rey merovingio [743-751]. Destronado por Pepino el Breve.

CHILE m. Ají, pimiento.

CHILE (*República de Chile*) Estado del sudoeste de América del Sur, constituido por una estrecha franja litoral que se extiende entre el océano Pacífico y la cord. de los Andes. Limita al N con Perú, y al E con Bolivia y Argentina. Integran su territorio también la Isla de Pascua.; el arch. Juan Fernández y las islas San Félix, San Ambrosio y Salas y

Mapa de situación y bandera
de **Chile**

Chile. Detalle del puerto de Valparaíso

Gómez. República. Lenguas: español (of.) y mapuche. *Rel.*: catolicismo (89 %), protestantismo. U. M.: peso chileno. Cap., Santiago. Ciudades prales.: Concepción, Valparaíso, Viña del Mar, Talcahuano.

☐ *Geog. física.* Chile comprende tres unidades longitudinales bien diferenciadas: al O, la cordillera de la Costa, con alt. que apenas superan los 1 500 m; en segundo lugar, la depresión central, integrada por pampas desérticas (Tamarugal) y salares (Atacama, Punta Negra) al N, y, más al S, por una serie de cuencas separadas (valles del Copiapó, Limari, Illapel) y por el valle Central chileno (cuencas del Maule y del Biobío); al E, los Andes (Ojos del Salado, 6 879 m), formando el límite con Argentina. Los ríos son cortos, exiguos e irregulares en el N (Camarones, Loa) y más caudalosos en el centro y sur (Maipo, Mataquito, Maule, Biobío). El clima es desértico en el extremo norte, templado en el centro, y oceánico frío en el sur. La vegetación se corresponde con las características climáticas: casi ausente al N a excepción de algunos oasis, y matorral y estepa en la parte central, que en las zonas húmedas dan paso a un denso bosque.

☐ *Geog. económica.* Los principales recursos son la agricultura, la ganadería y, sobre todo, la minería. Entre los cultivos destacan los cereales (trigo, maíz, avena), la patata, la vid, la manzana y la remolacha. En las zonas merid. se explotan los extensos bosques existentes. La cabaña incluye un importante número de ovinos y bovinos. La pesca reviste importancia potencial. Del subsuelo se extrae cobre (El Teniente y El Salvador), hierro, petróleo, gas natural, oro, plata, azufre, carbón, molibdeno, manganeso, etc. En el N se benefician los depósitos de nitratos. En el sector industrial destaca la fabricación de tejidos de algodón, rayón, fibras sintéticas y calzado; la siderurgia, construcciones navales, metalurgia del cobre, congelación de carne, elaboración de azúcar, papel, abonos. Exporta metales y minerales.

☐ *Org. pol.* Desde el Pronunciamiento Militar de septiembre de 1973 hasta la promulgación de la Nueva Constitución Política del Estado de 1980, el Po-

der Ejecutivo fue ejercido por el general Augusto Pinochet. A raíz del referéndum celebrado en 1988, en el que los chilenos se pronunciaron en contra del mantenimiento en el poder de Pinochet, se inciaba en Chile el camino de la transición hacia la democracia.

☐ *Hist.* En la época precolombina, Ch. estaba habitado, en la parte septentrional, por diversos pueblos integrados en el s. XV en el imperio inca; en el centro, por los araucanos (mapuches); y al S por tribus muy primitivas (alacaluf, ona). El primer esp. que penetró en el terr. fue Diego de Almagro (1536). En 1540 Pedro de Valdivia emprendió su conquista, pero en 1553 fue derrotado y muerto por los araucanos de Lautaro. García Hurtado de Mendoza conquistó el territorio e hizo prisionero y mató a Caupolicán (1558), sucesor de Lautaro. La conquista quedó así consolidada. Durante el s. XVII se incrementó la emigración esp. En el s. XVIII Ch. disfrutó de prosperidad económica y desarrollo cultural. En 1812, se promulgó un reglamento constitucional que aseguraba un gobierno autónomo. La victoria esp. (1814) sobre las fuerzas chil. de O'Higgins y Carrera frenó los brotes independentistas. En 1817, el ejército chil. mandado por San Martín venció a las tropas esp., y consolidó la indep. con una nueva victoria en 1818. B. O'Higgins tomó el poder. En 1836 Ch. declaró la guerra a la Confederación Perú-boliviana. Ch. venció (Yungay, 1839) y

se disolvió La Confederación. En las elecciones de 1841 se impuso Bulnes, iniciándose un período de prosperidad. En 1879 estalló la guerra del Pacífico, de nuevo contra Perú y Bolivia. Ch. venció, y Perú cedió el terr. de Tarapacá. En 1886 fue elegido J. M. Balmaceda. A su política progresista se opusieron liberales y conservadores. Una guerra civil (1891) concluyó con el suicidio de Balmaceda. Comenzó así el llamado período parlamentario (1892-1924). La constitución de 1925 reinstauró el presidencialismo. En 1932 una coalición civil-militar dio un golpe de Estado y proclamó la rep. socialista. En las elecciones de 1938 es elegido Aguirre Cerda, candidato del Frente Popular. Le siguieron

CHILE	
Superficie	756 096,3* km²
Población	15 116 000 hab. (19,9 hab./km²)
Recursos económicos	
Arroz	117 000 t
Avena	207 000 t
Cebada	109 000 t
Centeno	9 000 t
Maíz	836 000 t
Naranjas	110 000 t
Patatas	844 000 t
Remolacha azucarera	2 150 000 t
Tabaco	15 000 t
Trigo	1 589 000 t
Vid	1 130 000 t
Ganadería y derivados	
Cabaña bovina	3 300 000 cabezas
Cabaña ovina	6 650 000 cabezas
Cabaña porcina	1 300 000 cabezas
Carne	553 000 t
Llamas y alpacas	33 000 cabezas
Riqueza forestal	18 708 000 m³
Pesca	5 195 418 t
Producción minera	
Carbón	2 183 000 t
Cobre	1 814300 t
Gas natural	950 millones de m³
Guano	5 700 t
Hierro	5 035 000 t
Lignito	40 000 t
Manganeso	12 400 t
Molibdeno	13 830 t
Nitratos	870 000 t
Oro	28 t
Petróleo	842 000 t
Plata	674 t
Sal	1 835 000 t
Producción industrial	
Acero	800 000 t
Automóviles	11 000 unidades
Azúcar	3 590 000 t
Cemento	2 115 000 t
Cerveza	2 653 000 hl
Cobre	1 300 000 t
Energía eléctrica	18 372 millones de kwh
Fertilizantes	130 000 t
Hierro colado	722 000 t
Neumáticos	1 632 000 unidades
Papel	291 000 t
Tabaco	10 011 millones de cigarrillos
Tejidos de algodón	31 000 000 m
Indicadores sociológicos	
PNB	28 897 millones de dólares
Renta per cápita	2 160 dólares
Esperanza de vida	75 años
Alfabetismo	96 %
* Territorio continental americano.	

Ricardo Lagos Escobar, presidente de **Chile**

en el poder otros dos presidentes radicales por el F. P. (J. A. Ríos y González Videla). En las elecc. de 1952 ganó el candidato de la derecha Ibáñez del Campo (1952-1958). Jorge Alessandri, candidato de la derecha, fue elegido presid. en 1958. En 1964 asumió la presid. el demócrata cristiano Eduardo Frei. En 1970 ganó Salvador Allende, candidato de Unidad Popular (coalición de izquierda), que llevó a cabo la chilenización del cobre, la reforma agraria y las nacionalizaciones. En 1973, tras un golpe de Est., la Junta militar encabezada por A. Pinochet se hizo con el poder. En 1988 mediante plebiscito se convocaron elecc. generales para 1989. Venció Patricio Aylwin, y Pinochet abandonó el gobierno en 1990. En 1993 fue elegido el democristiano Eduardo Frei Ruiz-Tagle. En 1998 Pinochet fue detenido en Londres a instancias de la justicia española. En las elecciones de 2000 se impuso el socialista Ricardo Lagos. Liberado por el gobierno británico, Pinochet regresó al país, y en 2003 se inició un nuevo proceso judicial en su contra. Miembro asociado de Mercosur desde 1996, Ch. ha firmado acuerdos de libre comercio con la Unión Europea (2002) y EE UU (2003). En 2005, el Congreso aprobó una reforma de 58 artículos de la Constitución creada durante el gobierno militar de Pinochet.
□ *Arte*. De la dominación incaica destaca el santuario de Licancabur. En el s. XVII los jesuitas llevaron a Ch. artesanos bávaros que crearon valiosas piezas de orfebrería. El arquitecto it. Toesca introdujo el neoclasicismo (palacio de La Moneda). En escultura destaca I. Andía y, en pintura, J. Gil de Castro. En el s. XIX llegan al país R. Moivoisin y C. F. Brunet, que fundaron la Escuela de Arquitectura de Santiago y la de Pintura de Valparaíso. A principios del s. XX destacan en pintura Fray P. Subercaseaux, J. González y, más recientemente R. Mata y E. Castro. En escultura: V. Arias y E. Plaza.
□ *Lit*. El primer escritor es Alonso de Ercilla (1533-1594), *La Araucana*; y Pedro de Oña, el primero nacido en Ch. (1570-h. 1643), *El arauco domado*. Cronistas y clérigos, historiadores y naturalistas, invaden la lit. ch. durante los ss. XVI, XVII y XVIII. En el s. XIX, con la Independencia, surgen: J. J. Vallejo (1811-1858); V. Pérez (1807-1886) y Andrés Bello (1781-1865). El novelista más importante del s. XIX es A. Bles Gana (1830-1920). Al iniciarse el s. XX destacan Augusto D'Halmar (1882-1950), Joaquín Edwards (1887-1968), Manuel Rojas (1896-1973). Del realismo: C. Droguett (1912-1992) y N. Guzmán (1904-1964). De la «generación del 50»: E. Lafourcade, J. Donoso, Jorge Edwards; y después: A. Dorfman, I. Allende, A. Skármeta y R. Bolaño. En poesía: V. Huidobro, G. Mistral, P. de Rokha, P. Neruda y G. Rojas. En filosofía: J. Echevarría, J. Millas y R. Torretti.
CHILENIZAR tr. Dar carácter chileno.
CHILENO, NA adj. y s. De Chile.
CHILINDRINA f. fam. Cosa de poca importancia. ◊ fam. Anécdota ligera, chiste picante.
CHILLA f. Instrumento que sirve a los cazadores para imitar el chillido de la zorra, la liebre, etc.
CHILLÁN C. de Chile, cap. de la prov. de Ñuble; 161 953 hab. Centro comercial y agrícola. Fundada en 1580.

Gobernantes de Chile

1810	Primera Junta de Gobierno	1901-1906	Germán Riesco
1811	Primer Congreso Nacional	1906-1910	Pedro Montt
1812	José Miguel Carrera	1910-1915	Ramón Barros Luco
1813	Junta de Gobierno	1915-1920	Juan L. Sanfuentes
1814	Francisco de la Lastra	1920-1924	Arturo Alessandri Palma
1814-1817	Reconquista española	1925	Luis Barros Borgoño
1817-1823	Bernardo O'Higgins	1925-1927	Emiliano Figueroa
1823-1826	Ramón Freire	1927-1931	Carlos Ibáñez del Campo
1826	Manuel Blanco Encalada	1931-1932	Juan E. Montero
1826-1827	Agustín Eyzaguirre	1932-1938	Arturo Alessandri Palma
1827	Ramón Freire	1938-1941	Pedro Aguirre Cerda
1827-1829	Francisco A. Pinto	1941-1942	Jerónimo Méndez
1830-1831	José Tomás Ovalle	1942-1946	Juan Antonio Ríos
1831-1841	José Joaquín Prieto	1946-1952	Gabriel González Videla
1841-1851	Manuel Bulnes	1952-1958	Carlos Ibáñez del Campo
1851-1861	Manuel Montt	1958-1964	Jorge Alessandri Rodríguez
1861-1871	José J. Pérez	1964-1970	Eduardo Frei Montalva
1871-1876	Federico Errázuriz Zañartu	1970-1973	Salvador Allende Gossens
1876-1881	Aníbal Pinto	1973-1990	Augusto Pinochet Ugarte
1881-1886	Domingo Santa María	1990-1993	Patricio Aylwin
1886-1891	José M. Balmaceda	1994-2000	Eduardo Frei Ruiz-Tagle
1891-1896	Jorge Montt	2000-	Ricardo Lagos Escobar
1896-1901	Federico Errázuriz Echaurren		

Ejercieron temporalmente la presidencia: Fco. R. Vicuña (1829), Fco. Ruiz Tagle (1830), F. Errázuriz (1831), E. Fernández Albano (1910), E. Figueroa (1910), Luis Altamirano (1924-1925), Emilio Bello C. (1925), Luis Barros (1925), Pedro Opazo L. (1931), Juan E. Montero (1931), Manuel Trucco (1931), Carlos Dávila (1932), Guillermo Blanche (1932), Abraham Oyanedel (1932) y Alfredo Duhalde (1946).

CHILLAR intr. Dar chillidos. ◊ Chirriar. ◊ fig. *Pint*. Destacarse los colores con demasiada viveza o estar mal combinados.
CHILLIDA, Eduardo (1924-2002) Escultor esp. Trabajó el hierro, acero, madera, hormigón. *Yunques de ensueño*.
CHILLIDO m. Sonido inarticulado de la voz, agudo y desapacible.
CHILLÓN, NA adj. Díc. de todo sonido agudo y desagradable. ◊ fig. Aplícase a los colores excesivamente vivos o mal combinados.
CHILOÉ Isla de Chile, separada del continente por los golfos de Corcovado y Ancud. La pob. supera los 70 000 hab. ◊ Prov. del S de Chile, en la región de Los Lagos; 154 766 hab. Formada por la isla hom. y algunas islas del arch. de los Chonos y las islas Guaitecas. Explotación forestal, agropecuaria (maíz, patatas, ganadería lanar) y pesca. Ind. derivada de la agr. Cap. Castro.
CHILON Mun. de México, en el est. de Chiapas; 66 649 hab. Agricultura, explotación forestal.
CHILOTE m. *Méx*. Bebida que se hace con pulque y chile.
CHILPANCINGO DE LOS BRAVOS C. de México, cap. del est. de Guerrero; 192 947 hab. Centro agrícola y ganadero. Aeropuerto. Fundada en el s. XVIII, en ella se reunió el primer congreso constituyente mex. (1813).
CHIMALTENANGO Dpto. del centro-sur de Guatemala; 1 979 km², 374 898 hab. Cereales, legumbres, caña de azúcar, café. Ganadería vacuna y lanar. Ind. de la madera. ◊ C. de Guatemala, cap. del dpto. hom.; 34 900 hab. Centro comercial agrícola. Ind. textil.
CHIMANGO m. Ave falconiforme de plumaje oscuro y blanco.
CHIMBORAZO Volcán apagado y cumbre más alta de los Andes ecuatorianos; 6 310 m.
CHIMBORAZO Prov. de Ecuador, sit. en la región de la Sierra, entre las cord. Oriental y Occidental; 6 569 km², 364 682 hab. Cap., Riobamba. En su relieve destaca el pico Chimborazo y las

hoyas Patate, Chambo y Chanchán. Trigo, maíz, cebada. Ind. extractivas, químicas, alimentarias y artesanía.
CHIMBOTE C. de Perú, cap. de la prov. de Santa, en el dpto. de Ancash; 269 900 hab. Siderurgia; puerto pesquero.
CHIMENEA f. Conducto para dar salida al humo que resulta de la combustión. ◊ Hogar o fogón para guisar o calentarse, con un cañón o conducto para la salida de humos. ◊ Excavación estrecha que se abre en el cielo de una labor de mina, o hueco que resulta a causa de un hundimiento. ◊ En alpinismo, paso vertical de paredes muy próximas. ◊ **volcánica**. *Geol*. Conducto que en un volcán une el cráter con el magma; por él sale la lava al exterior.
CHIMKENT C. de Asia central, cap. de la prov. hom. de Kazakistán; 369 000 hab. Minería.
CHIMPANCÉ m. *Zool*. Mamífero primate arborícola. Posee brazos largos y camina sobre las cuatro extremidades, cuyo pulgar es oponible. Su alimentación es vegetariana. Vive en grupos reducidos en África ecuatorial.
CHIMÚ adj. y s. Díc. de un pueblo preincaico sucesor de los mochica, del N del Perú (1000-1470 d. C.). Cap., Chanchán.
CHINA f. Piedra pequeña. ◊ Suerte que echan los muchachos metiendo en el

Vista del volcán **Chimborazo**

puño una piedrecita y, presentando las dos manos cerradas, pierde aquel que señala la mano en que está la piedra.

CHINA, *mar de la* Sector del océano Pacífico, que se extiende a lo largo del litoral chino. Dividido por el estr. de Formosa en Oriental y Meridional.

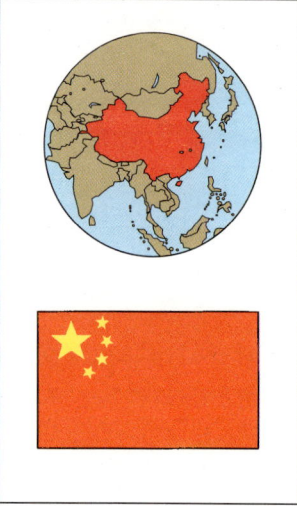

Mapa de situación y bandera de la **República Popular de China**

CHINA, *República Popular de* (*Zhonghua Renmin Gongheguo*) Estado del Asia oriental, tercero del mundo por su extensión. República. Grupos étnicos: Han (94 %); chuang, uigures, tibetanos, manchúes, mongoles. Lenguas: chino (of.), uigur, tibetano, mongol. *Rel.*: confucionismo, budismo, islamismo, taoísmo, catolicismo y otras. U. M.: yuan. Cap., Pekín. C. prales., Shangai, Tientsin, Shenyang, Wuhar, Cantón.
□ *Geog. fís.* Ch., además de Manchuria, se divide en tres zonas fundamentales: la septentrional comprende la gran llanura avenada por el Hoang-ho; la central, constituida por la cuenca roja de Szechuan y las tierras irrigadas por el Yang Tse-kiang, y la meridional, for-

China. Arrozales en la provincia de Yunnan

mada por montañas y colinas atravesadas por el Si-kiang. Al O las mesetas de Yunan y Kueichou. La parte occidental de Ch. se divide en Mongolia Interior, Sinkiang y Tibet. Al N, en Mongolia y el Sinkiang, se encuentran los desiertos de Gobi y Ala Shan. Al S los macizos de Altin Tagh y Kuen Lun, y las cord. tibetanas derivadas del Himalaya. El clima es continental al O, lluvioso al E y tropical en el S, con influencia monzónica.
□ *Geog. económica.* El cultivo pral. es el arroz. Al N predomina el trigo. Otros cultivos: maíz, cebada, mijo, sésamo, cacahuete, remolacha y soja. En el S tabaco, té, algodón, caña de azúcar y frutales. Los bosques (15 % del terr.) dan lugar a ind. derivadas. Ganado de cerda, avicultura, y bovinos, ovinos y caprinos. En pesca, Ch. ocupa el tercer lugar mundial. Yacimientos de hulla y de petróleo. Abundan el hierro y las pizarras bituminosas que han dado origen a una imp. ind. de destilación. Existen yacimientos de estaño, cinc, magnesita, bauxita, fosfatos, gas natural y uranio. Gigantescas centrales térmicas e hidráulicas. Produce acero y energía nuclear, aunque la ind. pral. sigue siendo la textil. El sector sedero, modernizado, se localiza en Shanghai y Cantón. La ind. quím. produce fertilizantes, sosa cáustica y ácidos. Ch. exporta textiles, quím., agr. e importa bienes de equipo.
□ *Org. pol.* La constitución de 1975 describe a Ch. como un «Estado socialista de dictadura del proletariado». El Partido Comunista Chino desempeña un papel fundamental en el país, que está dividido en 21 provincias, 5 regiones autónomas, 3 municipalidades y una región bajo administración especial, Hong Kong. El P. C. controla la asamblea popular nacional, que elige los órganos de gobierno y nombra al presid.
□ *Hist.* Ch. ha estado habitada desde el pleistoceno; han existido colectividades organizadas desde el IV milenio a. C. En la E. de Bronce se sitúa la dinastía Shang o Yin. La de los Chou (1050-249 a. C.), se inicia en el valle del Wey, desplazada luego hacia el Hoangho. De esta segunda época (772-481 a. C.) data el inicio del confucianismo. Entre los s. IV-III a. C. comienza una época feudal que perdurará hasta el s. XX. Un señor feudal, Che Huang-ti, unificó el imperio y se proclamó emperador. Edificó la Gran Muralla y fundó la dinastía T'sin. Con la dinastía Han (206 a. C.-220 d. C.), tuvo lugar la conquista del Turkestán y la invasión del Tonkín. Entre 180 y 618, dividido el imperio, tuvo lugar la época conocida como de los Tres Reinos y las Seis Dinastías; el budismo se implantó en el pueblo. Una revuelta popular colocó en el poder a la dinastía T'ang (618-960), que devolvió al imperio su poderío cultural y económico. Fueron sucedidos por los Sung (960-1280). Su civilización, brillante y refinada, no pudo evitar el dominio mongol. Qubilay Jan, nieto de Gengis Jan, fundó la dinastía Yuan (1260-1368). Los levantamientos populares colocaron en el poder a la dinastía Ming (1368-1644). En el s. XVII, los manchúes invadieron Ch. y fundaron la dinastía Tsing, flo-

China. Palacio del Estado, en Pekín

reciente durante ciento cincuenta años. En 1841, Gran Bretaña se apoderó de Hong Kong. El interés de Japón sobre Corea originó la guerra ch.-jap. en 1894; Ch. acabó derrotada al cabo de un año. Los intereses extranjeros dieron lugar a la guerra de los bóxers en 1900. El Kuomintang proclamó en 1912 la rep. nac., con Sun Yat-sen como presid. El terr. se dividió con la creación de la Rep. Sov. Ch., en 1931, con Mao Tse-tung como presid. La «larga marcha» confirmó la figura de Mao y el poderío comunista. Dos décadas de enfrentamientos con Chang Kai-shek concluyeron con la creación de la Rep. Popular Ch. en 1949, y la expulsión del gobierno nacionalista a Taiwán. En 1966, las luchas internas del PCCh se dirimieron mediante la «revolución cultural». La lucha por el poder a la muerte de Mao (1976) se saldó con la derrota de los «radicales». El nuevo equipo ha iniciado un progresivo abandono de las tesis maoístas. En 1982, el XII congreso del PCCh avanzó en el proceso de reformas y modernización económicas, bajo la dirección de Teng Hsiao-ping. El XIII Congreso, celebrado en 1987, consolidó la reforma desde la cúpula del aparato. Zhao Zi-yang siguió al frente del partido, mientras Li Peng lo hacía al frente del gobierno. El XIV Congreso del PCCh en 1992 aprobó y profundizó la vía del mercado pero se mantuvo en el monolitismo político comunista, que continuó dominado por Teng Hsiao-ping hasta su muerte en 1997. Su sucesor, Chiang Tse-min, presidió el retorno de Hong Kong (1997) y Macao (1999) a la soberanía ch. En 2002 Tse-min cedió la secretaría general del PCCh a Hu Jintao, quien asumió la pres. de la Rep. en 2003.
□ *Arte.* Con la dinastía Shang empezaron las construcciones religiosas. El imperio T'sin vio la aparición de la laca y las primeras representaciones humanas. Durante la dinastía Han se dieron los primeros bordados. La época de las Seis Dinastías vio el florecimiento del arte budista. La época clásica coincidió con la dinastía T'ang y la extensión del budismo. Se descubrió la porcelana y la técnica del vidrio soplado. Durante los Yuan sobresalieron las alfombras y las sedas. La dinastía Ming se caracterizó por la construcción de la «ciudad prohibida». Porcelanas, bordados y pintura alcanzaron su máx. esplendor.

CHINA

Superficie	9 536 499 km²
Población	1 161 320 000 hab.
	(122 hab./km²)
Recursos económicos	
Algodón	5 663 000 t
Arroz	187 450 000 t
Cacahuetes	6 060 000 t
Cebada	3 000 000 t
Maíz	93 350 000 t
Mijo	4 501 000 t
Patatas	35 533 000 t
Remolacha azucarera	16 237 000 t
Sésamo	500 000 t
Soja	9 807 000 t
Sorgo	5 615 000 t
Tabaco	3 121 000 t
Té	566 000 t
Trigo	95 003 000 t
Yute	680 000 t
Ganadería y derivados	
Búfalos	21 635 000 cabezas
Cabaña bovina	81 407 000 cabezas
Cabaña caprina	97 378 000 cabezas
Cabaña ovina	112 820 000 cabezas
Cabaña porcina	363 975 000 cabezas
Riqueza forestal	277 015 000 m³
Pesca	12 095 363 t
Producción minera	
Amianto	192 000 t
Antimonio	15 000 t
Bauxita	3 000 000 t
Carbón	1 080 000 000 t
Cinc	710 000 t
Cobre	350 000 t
Fosfatos	21 552 000 t
Gas natural	16 320 000 000 m³
Hierro	86 080 000 t
Manganeso	640 000 t
Mangnesita	2 000 000 t
Petróleo	142 716 000 t
Sal	28 130 000 t
Producción industrial	
Acero	70 570 000 t
Azúcar	78 360 000 t
Cemento	304 000 000 t
Bicicletas	36 270 000 unidades
Energía eléctrica	618 000 millones kwh
Hierro colado	58 200 000 t
Neumáticos	32 091 000 unidades
Tejidos de algodón	22 556 millones de m²
Indicadores sociológicos	
PNB	424 012 millones de dólares
Renta per cápita	370 dólares
Esperanza de vida	69 años
Alfabetismo	73%

CHINA Nacionalista, *República de la* ⇨ Taiwan.
CHINAMECA Mun. de El Salvador, en el dpto. de San Miguel; 20 000 hab. Café, ganadería.
CHINAMPA f. Terreno de corta extensión en las lagunas vecinas a la Ciudad de México.
CHINANDEGA Dpto. del NO de Nicaragua; 4 822,42 km², 405 283 hab. Los prales. accidentes de su relieve son la sierra de San Francisco y la cord. de Marabios. Caña de azúcar, café, algodón y cacao. Cap., Chinandega, C. prales.: Chichigalpa y Puerto Morazán. ◇ C. de Nicaragua, cap. del dpto. hom.; 97 387 hab. Centro comercial agrícola (algodón, caña de azúcar, café).
CHINAUTLA Mun. de Guatemala, en el dpto. de Guatemala; 32 800 hab.

Caña de azúcar, café, bambú, ind. del carbón.
CHINCHA Prov. del centro de Perú, en el dpto. de Ica; 116 000 hab. ◇ **Alta** C. de Perú, cap. de la prov. hom.; 48 400 hab. Imp. centro comercial e industrial. Textil, algodón.
CHINCHAR tr. Molestar, fastidiar.
CHINCHARRERO m. Sitio donde hay muchas chinches. ◇ *Amér.* Barco pequeño de pesca.
CHINCHE f. *Zool.* Insecto de color rojo oscuro, cuerpo muy aplastado y cabeza inclinada hacia abajo. Es nocturno y taladra la piel humana con picaduras irritantes para chupar sangre.
CHINCHETA f. Clavito metálico de cabeza grande, que sirve para sujetar algo.
CHINCHILLA f. *Zool.* Mamífero roedor, parecido a la ardilla, pero con pelaje gris, más claro por el vientre que por el lomo, muy apreciado en peletería. Es propio de Amér. Merid.

Chinchilla

CHINCHIMÉN m. *Chile.* Especie de nutria de mar.
CHINCHÍN m. *Chile.* Arbusto de hojas mellizas y flores en espigas de color amarillo.
CHINCHINTOR m. *Hond.* Víbora muy venenosa.
CHINCHÓN, *Ana de Osorio,* CONDESA DE (1599-1655) Esposa del virrey de Perú [1628-1639], *Luis Jerónimo,* (1589-1647) CONDE DE CHINCHÓN. Introdujo en Europa el uso de la quina como febrífugo (1632).
CHINCHORRO m. Hamaca ligera tejida de cordeles. Es el lecho usual de los indígenas de Venezuela.
CHINCHOSO, SA adj. fig. y fam. Díc. de la persona molesta y pesada.
CHINCHOU (*Jinzhou*) C. de China, en el NE del país, prov. de Liaoning; 735 000 hab. Minas de carbón. Ind. textil y de material ferroviario.
CHINCOL m. *Amér. Merid.* Pajarillo común, de canto agradable.
CHINDASVINTO (563-653) Rey visigodo de España [642-653]. Promulgó leyes para lograr la igualdad entre hispanorromanos y godos.
CHINÉ adj. Díc. de cierta clase de telas rameadas o de varios colores combinados.
CHINEAR tr. *Amér. Centr.* y *Bol.* Llevar en brazos o a cuestas.
CHINELA f. Calzado a modo de zapato, sin talón, de suela ligera.
CHINGANA f. *Amér.* Taberna en que suele haber canto y baile.
CHINGAR tr. fam. Beber, embriagarse. ◇ intr. *Amér.* Fornicar.
CHINGO, GA adj. *Cuba.* Vulgarismo por pequeño, diminuto.
CHINGUE m. *Chile.* Mofeta, mamífero.

Chip

CHINGUIRITO m. *Cuba* y *Méx.* Aguardiente de caña de calidad inferior.
CHINO, NA adj. y s. De China. ◇ *Amér.* Díc. del descendiente de india y zambo o de indio y zamba. ◇ *Cuba.* Díc. del descendiente de negro y mulata o de mulato y negra. ◇ m. *Ling.* Lengua hablada por los chinos. Comprende las variedades *Wen-li* o mandarín, *wu* y *min.* ◇ *Amér. Merid.* Calificativo cariñoso.
CHIP (voz ing.) m. *Comp.* Pequeña sección de material semiconductor, generalmente silicio, que forma el sustrato sobre el que se fabrican uno o varios circuitos integrados. Es capaz de memorizar datos o de gestionar información.
CHIPÉ f. Verdad, bondad.
CHIPICHIPI m. *Méx.* Llovizna.
CHÍPIL m. *Méx.* Hijo penúltimo.
CHIPILE m. *Méx.* Planta herbácea, vivaz, de hojas comestibles.
CHIPIRÓN m. Calamar que no ha llegado al estado adulto.
CHIPOJO m. *Cuba.* Camaleón, especie de lagarto.
CHIPPENDALE, *Thomas* (1718-1779) Ebanista ing., creador del estilo que lleva su nombre.
CHIPRE (*Kypriake Demokratia-Kibris Cumhuriyeti*) Isla del Mediterráneo oriental que forma el Estado hom. Los

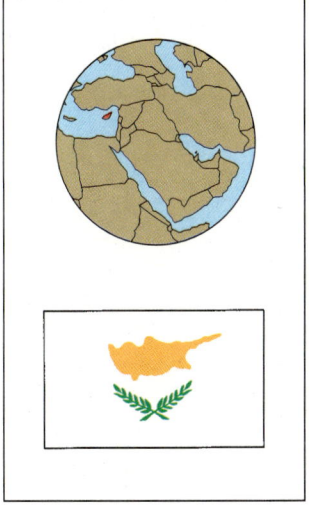

Mapa de situación y bandera de **Chipre**

Chipre. Teatro romano de Salamina

Chirivía. Planta y raíz

montes Olimpo y Pentadáctylos la atraviesan en dirección E-O, separados por la llanura central de Messaria. Clima mediterráneo. Agricultura: trigo, vid, olivo. Cobre, amianto, piritas de hierro. Tabaco. Ind. textil, cemento. República. Grupos étnicos o nacionales: griegos (75 %), turcos (23 %) y otros. Lenguas: griego y turco (of.) *Rel.*: ortodoxa, musulmana y católica. U.M: libra esterlina de Ch. Cap., Nicosia. C. prales: Limassol, Famagusta. □ *Hist.* Entre 1600 y 1000 a. C. se desarrolló el comercio y se introdujo la civ. micénica. Formó parte del imperio de Alejandro Magno y del imperio romano. En 1191 fue conquistada por Inglaterra, a la familia Lusignan la gobernó hasta 1475, pasando luego a los turcos hasta 1878, fecha en que pasó a los brit. Terminada la II Guerra Mundial surgieron los conflictos entre nacionalistas gr. y turcos. Makarios propuso la *enosis*. En 1959 se declaró la indep. En 1974 el presid. Makarios fue derrocado. Turquía invadió el tercio septentrional y, en 1975, proclamó unilateralmente el «Estado turcochipriota». En la zona gr. Spiros Kiprianu sucedió a Makarios (1977) y gobernó hasta 1988, cuando el independiente Georgios Vasiliu asumió la presid. A éste le sucedió en 1993 el conservador Glafcos Clerides. En 2003 Tassos Papadopoulos fue elegido presid. En 2004, se celebró un referéndum para la reunificación de la isla que fue rechazado por los grecochipriotas. Días después C., excluido el N turcochipriota, ingresó en la Unión Europea.

CHIPRE

Superficie	9 251 km²
Población	710 000 hab. (77 hab./km²)
Recursos económicos	
Agrios	312 000 t
Cabaña ovina	500 000 cabezas
Cebada	80 000 t
Cemento	943 000 t
Cobre	12 000 t
Patatas	260 000 t
Vino	600 000 hl
Indicadores sociológicos	
PNB	6 135 millones de dólares
Renta per cápita	8 640 dólares
Alfabetismo	90,5%

CHIPRIOTA adj. y s. De Chipre.
CHIQUEAR tr. *Cuba* y *Méx.* Mimar, acariciar con exceso, especialmente de palabra o por escrito. □ CHIQUEO.

CHIQUERO m. Pocilga. ◊ Toril.
CHIQUIGÜITE m. *Guat.* y *Méx.* Cesto o canasta de mimbres, bejuco o carrizo, sin asas.
CHIQUILÍN, NA adj. dim. de chico. ◊ m. y f. Niño o niña pequeños.
CHIQUILLO, LLA adj. y s. Chico, niño, muchacho. □ CHIQUILLADA; CHIQUILLERÍA.
CHIQUIMULA Dpto. del E de Guatemala; 2 376 km², 268 379 hab. Los r. San José y Jocotán configuran junto con el Lempa, Olope y Shutaque valles con abundantes recursos. Agricultura: tabaco, café, caña de azúcar. Min.: plata, plomo, hierro, cobre. Cap., la c. hom. C. pral.: Esquipulas, con su famosa basílica. ◊ C. de Guatemala, cap. del dpto. hom.; 62 300 hab. Centro agrícola y minero. Ind. de la construcción.
CHIQUIMULILLA Mun. de Guatemala, en el dpto. de Santa Rosa; 29 100 hab.
CHIQUINQUIRÁ Mun. de Venezuela, en el est. Zulia; 42 600 hab. Petróleo. ◊ C. de Colombia, en el dpto. de Boyacá; 44 900 hab. Ganadería; yacimientos de hierro y esmeraldas. Aeropuerto.
CHIQUITO, TA adj. y s. dim. de chico. ◊ Díc. de individuos de un pueblo amerindio que vive en el E de Bolivia (dpto. de Santa Cruz).
CHIRAC, *Jacques* (n. 1932) Político fr. Líder del PRP. Primer ministro (1974-1976 y 1986-1988). Alcalde de París desde 1977. Elegido presid. de Francia en 1995, fue reelegido en 2002.
CHIRCA f. *Amér. Centr.* y *Merid.* Árbol de madera dura, hoja áspera, flores amarillas y fruto en cápsula.
CHIRCATE m. *Col.* Saya de tela tosca.
CHIRIBITA f. Chispa, partícula pequeña y encendida. ◊ pl. fam. Partículas que, vagando en el interior de los ojos, ofuscan la vista.
CHIRIBITIL m. Desván, rincón bajo y estrecho. ◊ fam. Cuarto muy pequeño.
CHIRICO, *Giorgio de* (1888-1978) Pint. it. creador de la «pintura metafísica» consistente en objetos entremezclados.
CHIRIGOTA f. fam. Cuchufleta.
CHIRIGUARE m. *Ven.* Ave de rapiña muy voraz.
CHIRIGÜE m. *Chile.* Avecilla común de alas negras, garganta, pecho y abdomen amarillos y el pico y las patas brunos.
CHIRIMBOLO m. fam. Utensilio, vasija o cosa análoga. Se usa más en pl.
CHIRIMÍA f. Instrumento musical de viento. ◊ m. Músico que lo toca.
CHIRIMOYA f. Fruto del chirimoyo.
CHIRIMOYO m. Árbol dicotiledóneo originario de la América Central. Su fruto es la chirimoya.
CHIRINGUITO m. Establecimiento, gralte. en forma de quiosco, en que se sirven bebidas y comidas simples.
CHIRIPA f. En el juego de billar, suerte favorable que se gana por casualidad. ◊ fig. y fam. Casualidad favorable. □ CHIRIPEAR; CHIRIPERO, RA.
CHIRIPÁ m. *Argent.* y *Chile.* Prenda semejante al chamal que usaban los gauchos.
CHIRIQUÍ, *Golfo de* Amplio entrante en la costa pan., en el litoral del Pacífico. ◊ *Laguna de Ch.* Bahía del NO de Panamá, comunicada con el Caribe. ◊ *Volcán de Ch.* Máx. elevación de Panamá, sit. en la prov. de Chiriquí; 3 478 m. ◊ Prov. del SO de Panamá; 8 653,3 km², 407 849 hab. En su relieve destacan las

sierras Santa Clara y Tabasará de la cord. Central, y el volcán Chiriquí. El resto del terr. es llano. Plátanos, café, cacao. Cap., David.
CHIRIVÍA f. *Bot.* Planta de raíz fusiforme carnosa y comestible.
CHIRLA f. Molusco bivalvo, de menor tamaño que la almeja y que vive en fondos litorales fangosos.
CHIRLAR intr. fam. Hablar atropelladamente y metiendo ruido.
CHIRLE adj. fam. Insípido, insustancial.
CHIRLO m. Herida prolongada en la cara.
CHIRONA f. fam. Cárcel, prisión.
CHIRRIAR intr. Dar sonido agudo una sustancia al penetrarla un calor intenso. ◊ Producir un sonido agudo y desagradable al ludir un objeto con otro. ◊ fig. y fam. Cantar desentonadamente.
CHIRRIDO m. Voz o sonido agudo y desagradable de algunas aves u otros animales. ◊ Cualquier otro sonido agudo y desagradable.
CHIRRIPÓ Río del NE de Costa Rica; 100 km de long. Nace en las laderas del volcán Irazú y afluye al Colorado. ◊ *Cerro* Pico culminante de Costa Rica, en la cordillera de Talamanca; 3 819 m.
CHIRULA f. Flauta vasca.
CHIRULÍ m. *Ven.* Avecilla cuyo canto recuerda el sonido de su nombre.
CHIS interj. para hacer callar a uno.
CHISCARRA f. *Geol.* Roca caliza de tan poca coherencia que se divide fácilmente en fragmentos pequeños.
CHISGARABÍS m. fam. Zascandil, mequetrefe.
CHISME m. Noticia verdadera o falsa con que se pretende indisponer a unas personas con otras o se murmura de alguna. ◊ fam. Baratija o trasto pequeño. □ CHISMEAR; CHISMOSO.
CHISPA f. Partícula pequeña encendida que salta de la lumbre, del hierro herido por el pedernal, etc. ◊ Luz viva, destello. ◊ Gota de lluvia menuda. ◊ fig. Viveza de ingenio. ◊ fam. Borrachera. ◊ **eléctrica.** *Fís.* Descarga brusca y luminosa entre dos cuerpos de diferente potencial separados por un medio mal conductor.
CHISPAZO m. Acción de saltar la chispa de fuego o la eléctrica. ◊ fig. Suceso aislado y de poca entidad que, como señal precede o sigue al conjunto de otros de mayor importancia.
CHISPEAR intr. Echar chispas. ◊ Relucir o brillar mucho. ◊ Llover muy poco, cayendo sólo algunas gotas pequeñas. □ CHISPEANTE.
CHISPORROTEAR intr. fam. Despedir chispas reiteradamente. □ CHISPORROTEO.
CHISQUERO m. Encendedor de bolsillo.

CHIST interj. Chis.

CHISTAR intr. Prorrumpir en alguna voz o hacer ademán de hablar. Se usa más en negación.

CHISTE m. Dicho agudo y gracioso. ◊ Frase, dibujo, etc., de carácter cómico. ◊ Burla o chanza. ❏ CHISTOSO.

CHISTERA f. Cestilla que llevan los pescadores para echar los peces. ◊ Cesta de los pelotaris. ◊ fig. y fam. Sombrero de copa alta.

CHISTU m. Instrumento musical vasco de sonido parecido a una flauta aguda. ❏ CHISTULARI.

CHITA f. Astrágalo, hueso del pie.

CHITÁ C. de la rep. de Rusia, cap., de la región; al E del lago Baikal; 336 000 hab. Ind. del cuero y metalúrgica.

CHITAR intr. Chistar.

CHITE m. *Col.* Arbusto del cual se obtiene carboncillo para dibujar.

CHITÓN interj. para imponer silencio.

CHITRÉ C. de Panamá, cap. de la prov. de Herrera; 38 579 hab. (en el distr.). Centro agropecuario.

CHITTAGONG C. de Bangla Desh, primer puerto del país; 1 388 500 hab. Centro industrial y comercial. Universidad.

CHIVAR tr. y prnl. *Amér.* Fastidiar, molestar, engañar. ◊ prnl. fam. Irse de la lengua; decir algo que perjudica a otro.

CHIVARRAS f. pl. *Méx.* Calzones de cuero peludo de chivo.

CHIVATO, TA m. y f. fam. Soplón. ◊ m. Chivo mayor de seis meses y menor de un año. ❏ CHIVATAZO.

CHIVILCOY Partido de Argentina, en la prov. de Buenos Aires; 54 400 hab. Centro comercial.

CHIVO, VA m. y f. Cría de la cabra, desde que no mama hasta que llega a la edad de procrear. ◊ *Amér.* Perilla, barba.

CHIXOY Río de Guatemala; 400 km. Nace en la sierra Madre.

CHLADNI, Erns (1756-1827) Físico al. Contribuyó decisivamente a la fundación de la acústica moderna.

CHOAPA Prov. del N de Chile, en la región de Coquimbo; 81 681 hab. Cap., Illapel.

CHOCANO, José Santos (1875-1934) Poeta y político per. Ministro de Pancho Villa en México. Modernista. *Alma América, Fiat lux, La epopeya del Morro.*

CHOCANTE adj. Gracioso, chocarrero.

CHOCAR intr. Encontrarse violentamente una cosa con otra. ◊ fig. Pelear, combatir. ◊ fig. Provocar, enojar a uno por genio o por costumbre. ◊ fig. Causar extrañeza o enfado.

CHOCARRERÍA f. Chiste grosero. ❏ CHOCARREAR; CHOCARRERO, RA.

CHOCHA f. Ave común en el S de Europa durante el invierno, de pico largo, recto y delgado y plumaje de color gris rojizo con manchas negras.

CHOCHAPERDIZ f. Chocha.

CHOCHAR intr. *Amér.* Chochear.

CHOCHEAR intr. Tener debilitadas las facultades mentales por efecto de la edad.

CHOCHO, CHA adj. Que chochea. ◊ fig. y fam. Lelo de puro cariño. ◊ m. Altramuz, fruto de él. ◊ fig. y fam. Vulva. ❏ CHOCHERA; CHOCHEZ.

CHOCLO m. Chanclo de madera. ◊ *Amér. Merid.* Mazorca tierna de maíz.

CHOCO, CA adj. *Bol.* Color rojo oscu-

ro. ◊ *Col.* Se aplica a la persona de tez muy morena. ◊ *Guat.* y *Hond.* Tuerto.

CHOCÓ Dpto. del NO de Colombia; 46 530 km², 411 844 hab. Cap. Quibdó. Subsisten grupos indígenas: cunas, chocoes. Relieve llano (valles de Atrato y San Juan) y accidentado por la serranía de Baudó, que se extiende a lo largo de la costa y las estribaciones de la cord. Occidental andina, al E, y la serranía de Darién, en el límite con Panamá. Azúcar, coco, cacao, bananas. Explotación forestal. Oro, plata, platino. C. prales.: Baudó.

Catedral de las Siete Naves, en
Cholula de Rivadabia

CHOCOLATE m. *Ind.* Pasta hecha con cacao y azúcar molidos, a la que gralte. se añade canela o vainilla. ◊ Bebida hecha con esta pasta desleída y cocida en agua o en leche. ❏ CHOCOLATERA; CHOCOLATERÍA; CHOCOLATERO, RA, CHOCOLATÍN.

CHÓFER o **CHOFER** m. Conductor de automóvil.

CHOISEUL, Étienne-François, DUQUE DE (1719-1785) Político fr., ministro de Luis XV. Dirigió la política fr. de 1758 a 1770. Favoreció a los enciclopedistas y expulsó a los jesuitas.

CHOL adj. y s. Díc. del individuo de un pueblo amerindio de la familia lingüística maya.

CHOLA f. fam. Cholla.

CHOLLA f. fam. Cabeza, parte del cuerpo, y también entendimiento.

CHOLLO m. fam. Ganga, bicoca.

CHOLO, LA adj. y s. *Amér.* Díc., especialmente en el ámbito andino, del indígena aculturado y del mestizo.

CHOLÓN adj. y s. Díc. de individuos de un pueblo amerindio, de la fam. ling. chibcha, que habita en el Perú.

CHOLOQUE m. *Amér.* Árbol que da unas bolas de color oscuro, que se emplean como jabón.

CHOLULA DE RIVADABIA C. de México en el est. de Puebla. Se remonta al s. IV a. C. Del s. III d. C. data la estructura de la célebre pirámide.

CHOLUTECA Dpto. del S de Honduras, en la costa del Pacífico; 4 211 km²; 283 816 hab. Llano en el sector costero, y accidentado en el interior por la cordillera Centroamericana. Maíz y arroz. Riqueza forestal. Ganadería vacuna. Minas de oro y plata. Prales. pob.:

la cap., Choluteca; Pespire y San Marcos de Colón. ◊ C. de Honduras, cap. del dpto. hom.; 54 481 hab. Vainilla, café, añil y maderas tintóreas. Jabones, calzados y muebles.

CHOMÓN, Segundo de (1871-1929) Operador de cine esp. Se le atribuye el descubrimiento del trucaje llamado «paso de manivela» o «imagen por imagen».

CHOMSKY, Noam (n. 1918) Lingüista norteam. Ha expuesto el principio del carácter formal de la gram. y propuesto un nuevo método de descripción ling.: el transformacionalismo.

CHONOS Arch. del S de Chile. Se extiende entre las islas Guaitecas y la península de Taitao.

CHONTA f. *Amér. Centr.* y *Perú.* Árbol, variedad de la palma espinosa, cuya madera se emplea en bastones y otros objetos de adorno.

CHONTAL adj. y s. Díc. de individuos pertenecientes a un pueblo amerindio de América Central.

CHONTALES Dpto. de Nicaragua, a orillas del lago Nicaragua; 6 481,27 km², 167 896 hab. Relieve llano junto a las costas y accidentado al N (montañas de Huapi). Caña de azúcar, tabaco, arroz y cítricos. Pral. fuente de riqueza: la forestal. Prales. núcleos: la cap. Juigalpa; Santo Domingo, La Libertad y Acoyapa.

CHOPA f. *Zool.* Pez marino de unos 20 cm de largo, común en las costas mediterráneas.

CHOPERA f. Sitio poblado de chopos.

CHOPÍ m. *Argent.* Nombre de una especie de tordo.

CHOPIN, Frédéric (1810-1849) Pianista y compositor pol. De carácter sensible y ensimismado, a una gran simplicidad melódica une un gran refinamiento armónico. Mazurcas, polonesas, baladas, nocturnos, preludios, valses. Símbolo del nacionalismo pol.

CHOPO m. *Bot.* Nombre común de diversas especies dicotiledóneas del gén. *Populus.* Su denominación más frecuente es ⇒ álamo. La especie mediterránea más común tiene hojas verdes y aserradas, y su madera se usa para pasta de papel.

CHOQUE m. Encuentro violento de una cosa con otra. ◊ fig. Contienda, disputa o desazón con una o más personas. ◊ Combate de breve duración o

Frédéric **Chopin**

que involucra un número reducido de tropas. ◊ *Med.* Patología debida a un traumatismo, una emoción brusca, etc., caracterizada por insuficiencia de la circulación periférica, descenso de la presión sanguínea, pulso rápido y débil, ansiedad y, a veces, inconsciencia. ◊ **eléctrico.** Electrochoque.

CHOQUEZUELA f. Rótula de la rodilla.

CHORIZO m. Pedazo corto de tripa lleno de carne, regularmente de puerco, picada y adobada. ◊ vulg. Ladronzuelo, y por ext., maleante. ❏ CHORICERÍA; CHORICERO, RA.

CHORLA f. Ave, parecida a la ganga, pero de mayor tamaño.

CHORLITO m. *Zool.* Nombre que reciben diversas especies de aves zancudas, de cuello grueso, que anidan en el suelo.

Chorlito dorado

CHORLO m. *Miner.* Silicato natural de alúmina, de color azul celeste.

CHOROLQUE, *Nevado de* Volcán apagado de Bolivia, en la cordillera Central o Real (dpto. de Potosí); 5 603 m. Minas de estaño y bismuto.

CHOROTEGA adj. y s. Dícese de individuos de una tribu amerindia asentada en el litoral nicaragüense del Pacífico.

CHORRADA f. Porción de líquido que se agrega después de dar la medida. ◊ fam. Tontería, estupidez.

CHORREADO, DA adj. Díc. de la res vacuna que tiene el pelo con rayas verticales de color más oscuro que el de la capa. ◊ *Amér.* Sucio, manchado.

CHORREAR intr. Caer un líquido formando chorro. ◊ Salir el líquido goteando. ◊ intr. fig. y fam. Díc. de algunas cosas que van viniendo poco a poco. ❏ CHORREO.

CHORRERA f. Lugar por donde cae una corta porción de algún líquido. ◊ Señal que el agua deja por donde ha corrido. ◊ Trecho corto de río en el que el agua, por causa de un gran declive, corre con mucha velocidad. ◊ Adorno de encaje de las camisas masculinas.

CHORRILLOS C. de Perú, en el dpto. de Lima; 138 700 hab. Escuela militar. Playas turísticas.

CHORRO m. Porción de líquido o de gas, que sale por una parte estrecha con alguna fuerza. ◊ P. ext., caída sucesiva de cosas iguales y menudas.

CHORRÓN m. Cáñamo que se saca limpio al repasar las estopas de la primera rastrillada.

CHORTAL m. Lagunilla formada por un manantial poco abundante que brota en su fondo.

CHORZÓW C. de Polonia, en el voivodato de Katowice; 144 200 hab. Minería.

CHOTA Prov. de Perú en el dpto. de Cajamarca; 140 700 hab. Cap., la población hom.

CHOTACABRAS m. Nombre de diversas aves de pico pequeño y fino y plumaje pardo-grisáceo que les permite camuflarse en el terreno.

CHOTEARSE prnl. Burlarse de alguien. ❏ CHOTEO.

CHOTIS m. Baile muy popular en España.

CHOTO, TA m. y f. Cría de la cabra mientras mama. ◊ En algunas partes, ternero o ternera.

CHOU EN-LAI ⇨ Chu En-lai.

CHOVA f. Especie de cuervo de plumaje negro y pico amarillo o rojizo. ◊ Corneja.

CHOZA f. Cabaña formada de estacas y cubierta de ramas o paja. ◊ Casa tosca y pobre.

CHOZCHORITO m. Mamífero roedor que vive en Bolivia y Argentina.

CHRISTCHURCH C. de Nueva Zelanda, en la Isla Sur, cap. de la prov. de Canterbury; 322 100 hab. Universidad. Materias plásticas, caucho.

CHRISTIAN I (1426-1481) Rey de Dinamarca [1448-1481], Noruega [1450-1481] y Suecia [1457-1471]. Fundador de la dinastía Oldenburg. ◊ **III** (1503-1559) Rey de Dinamarca y Noruega [1534-1559]. Reconquistó Dinamarca y Noruega. Adoptó el luteranismo como religión oficial. ◊ **IV** (1577-1648) Rey de Dinamarca y Noruega [1588-1648]. Intervino en la guerra de los Treinta Años, y fue vencido por Tilly en Lutter (1626). Perdió Jutlandia y tuvo que aceptar la paz de Lübeck (1629). ◊ **IX** (1818-1906) Rey de Dinamarca [1863-1906], sucesor de Federico VII. Pretendió la anexión de los ducados de Schleswig-Holstein, pero el duque Federico de Augustenborg se opuso, originándose la guerra de 1864, en la que Dinamarca perdió ambos ducados. ◊ **X** (1870-1947) Rey de Dinamarca [1912-1947]. Se mantuvo neutral durante la I Guerra Mundial

CHRISTIE, *Agatha* (1891-1976) Novelista ing. célebre por sus relatos policiacos. *Los diez negritos, El misterio del tren azul, La ratonera, Cianuro espumoso,* etc.

CHRISTMAS (voz ing.) m. Tarjeta para felicitar las navidades.

CHRISTOPHE, *Henri* (1767-1820) Dictador y rey de Haití. Se sublevó contra Francia. Fue proclamado presid. en 1807 y en 1811 se proclamó rey. En 1820 estalló una revuelta y se suicidó.

CHRISTOFFEL, *Elwin Bruno* (1829-1900) Matemático al. Importantes contribuciones a la geom. diferencial.

CHROMA Key (voces ing. «clave cromática») Nombre que designa un aparato electrónico utilizado en el tratamiento de imágenes televisivas en color con superposición de dos imágenes tomadas por cámaras diferentes.

CHU En-lai (1898-1976) Político chino. En 1949, tras la proclamación de la Rep. Pop., fue nombrado primer ministro y ministro de Asuntos Exteriores. ◊ **Teh** (1886-1976) Político y militar chino. Organizó el ejército rojo.

CHUÁN m. Miembro de un mov. campesino fr. que, apoyado por la aristocracia, se rebeló contra la I República (1793).

CHUANG Tzu (360-286 a. C.) Pral. representante del taoísmo después de Lao-tse.

CHUBASCO m. Chaparrón o aguacero con mucho viento. ◊ fig. Adversidad o contratiempo transitorios, pero que entorpecen o malogran algún designio.

CHUBASQUERO m. Impermeable, sobretodo.

CHUBUT Río del S de Argentina; 850 km². Nace en la prov. de Río Negro y desemboca en el Atlántico. ◊ Prov. de Argentina en el sector central de Patagonia; 224 686 km², 413 237 hab. Relieve constituido por una meseta. El extremo occidental está accidentado por los Andes patagónicos. Cereales en secano y frutales y hortalizas en regadío. Ganadería lanar. Explotación forestal en la zona montañosa. Petróleo, gas natural. Prales. ciudades: la cap., Rawson, y Comodoro Rivadavia.

CHUCAO m. *Chile.* Pájaro del tamaño del zorzal, de plumaje pardo y que habita en lo más espeso de los bosques.

CHÚCARO, RA adj. *Amér.* Arisco, bravío. Díc. pralm. del ganado vacuno y del caballar y mular aún no desbravado.

CHUCHERÍA f. Cosa de poca impor-

Vista del lago Futalaufquén, en **Chubut**

tancia, pero pulida y delicada. ◊ Alimento ligero y apetitoso.

CHUCHO, CHA m. y f. fam. Perro común. ◊ *Amér. Merid.* Pez pequeño, como el arenque, y de carne muy estimada. ◊ *Cuba.* Obispo, pez.

CHUCHOCA f. *Amér. Merid.* Especie de frangollo o maíz cocido y seco, que se usa como condimento.

CHUECA ➪ f. Tocón. ◊ Hueso redondeado o parte de él que encaja en el hueco de otro en una coyuntura; como la rótula en la rodilla.

CHUECA, Federico (1846-1908) Compositor esp., autor de famosas zarzuelas: *Agua, azucarillos y aguardiente, El año pasado, por agua, La Gran Vía.*

CHUETA (cat., *xueta*) com. Nombre que se da en las islas Baleares a los descendientes de judíos conversos.

CHUFA f. Cada uno de los tubérculos que, a modo de nudos de 1 cm de largo, tiene la planta homónima. ◊ Planta herbácea que vive silvestre en el N de África, península Ibérica y Mediterráneo oriental.

CHUFLA o **CHUFLETA** f. fam. Cuchufleta.

CHUKCHI m. Pueblo paleoasiático mongoloide, en el extremo NE de Siberia.

CHULADA f. Chulería. ◊ Dicho o hecho gracioso con cierta soltura y desenfado.

CHULAPO, PA m. y f. Chulo, tipo madrileño.

CHULEAR tr. y prnl. Burlarse de alguien con gracia y chispa. ◊ intr. y prnl. Pavonearse, presumir.

CHULERÍA f. Cierto aire o gracia en las palabras o ademanes. ◊ Dicho o hecho jactancioso.

CHULETA f. Cada una de las costillas de buey, ternera, cordero o cerdo, destinadas al consumo. ◊ fig. y fam. Bofetada. ◊ fig. y fam. Papelito con apuntes que llevan los estudiantes en los exámenes para consultarlo con disimulo.

CHULO, LA adj. y s. Que hace y dice las cosas con chulería. ◊ Persona de ciertos barrios populares de Madrid, que se distingue por su lenguaje y modales desenfadados. ◊ Rufián. ❏ CHULESCO.

CHULUCANAS Mun. de Perú, cap. de la prov. de Morropón, dpto. de Piura; 72 000 hab. Arroz; ganadería bovina.

CHUMA f. *Argent.* Borrachera.

CHUMACERA f. Pieza de metal o madera, con un hueco en que descansa y gira cualquier eje de maquinaria. ◊ *Mar.* Rebaje semicircular practicado en la falca de las botes, que sirve para que en él juegue el remo.

CHUMACERO, Alí (n. 1918) Poeta méx. *Páramo de sueños, Palabras en reposo.*

CHUMBERA f. *Bot.* Nombre común de algunas plantas cactáceas del gén. *Opuntia.* La especie *O. vulgaris* presenta el tallo tendido y los cladodios ovalados, con espinas muy abundantes, cortas y uniformes. Es originaria de América oriental; se cultiva como seto y por sus frutos comestibles, llamados higos chumbos.

CHUN Doo-Hwan (n. 1931) Militar y político surcoreano. Designado como jefe del estado, fue presidente de la Rep. de 1980 a 1988.

CHUNG Hee Park (1915-1979) Militar y político surcoreano, artífice del golpe

Winston Spencer **Churchill**

militar que en 1961 le sirvió para subir a la presidencia del país. Murió asesinado.

CHUNGA f. fam. Burla, broma. ❏ CHUNGARSE; CHUNGUEARSE.

CHUNGKING (*Chongqing*) C. del SO de China, en la prov. de Szechuan; 2 779 400 hab. Navegación fluvial. Ind. química y textil.

CHUPA f. Parte del vestido que cubría el cuerpo con una faldilla. ◊ Chaqueta, chaquetilla.

CHUPADO, DA adj. fam. Muy flaco, extenuado. ◊ fig. y fam. Muy fácil.

CHUPAR tr. e intr. Sacar o atraer con los labios el jugo o la sustancia de una cosa. ◊ Absorber los vegetales el agua o la humedad. ◊ fig. y fam. Absorber. ◊ prnl. Irse enflaqueciendo o desmedrando. ❏ CHUPADA; CHUPADURA.

CHUPATINTAS m. despect. Oficinista de poca categoría.

CHUPE m. *Chile y Perú.* Guisado muy común, hecho con patatas, carne o pescado, mariscos, queso, huevos, etc.

CHUPETE m. Pieza de goma elástica en forma de pezón que se pone en el biberón. ◊ Objeto semejante, de goma o pasta, que se da a los niños para distraerlos o evitarles las molestias de la dentición. ❏ CHUPETEAR; CHUPETEO; CHUPETÓN.

CHUPINAZO m. Disparo hecho con una especie de mortero en los fuegos artificiales, cuya carga son candelillas.

CHUPÓN, NA adj. fig. y fam. Que chupa. ◊ adj. y s. Que saca dinero con astucia y engaño. ◊ m. Vástago que brota en las ramas prales. en el tronco y aun en las raíces de los árboles, y les chupa la savia y amengua el fruto. ◊ *Amér.* Biberón. ◊ Émbolo de las bombas de desagüe.

CHUPÓPTERO, RA m. y f. fam. Persona que, sin trabajar, disfruta uno o más sueldos.

CHUQUICAMATA C. de Chile, en la prov. de El Loa, en la II Región de Antofagasta; 28 600 hab. Minas de cobre.

CHUQUIRAGUA f. *Amér.* Cierta planta que se cría en los Andes y se usa como febrífugo.

CHUQUISACA Dpto. del S de Bolivia; 51 524 km², 531 522 hab. En su relieve se distingue el sector de montañas y valles de las estribaciones de los Andes y el inicio de la llanura del Chaco en el E. Caña de azúcar, tabaco y arroz; cerea-

les, frutales y vid; patatas, cebada y pastos. Ganadería vacuna y porcina. Petróleo. C. prales.: la cap. Sucre, Azurduy y Padilla. ◊ Ant. nombre de la c. boliviana de Sucre.

CHURCHILL Río de Canadá; nace en el lago La Loche y desemboca en la bahía de Hudson; 1 600 km.

CHURCHILL, SIR **Winston Spencer** (1874-1965) Político brit. Varias veces ministro y primer lord del Almirantazgo (1911). Nombrado primer ministro al estallar la II Guerra Mundial. Participó en las conferencias de Teherán, El Cairo y Yalta. Perdió las elecciones de 1945, pero ganó las de 1951. Premio Nobel de Literatura en 1953. *La crisis mundial, Historia de los pueblos de habla inglesa, Memorias.*

CHURRA f. Ortega, ave.

CHURRASCO m. *Amér. Merid.* Carne asada a la parrilla. ❏ CHURRASQUEAR.

CHURRE m. fam. Pringue que escurre de una cosa grasa. ◊ fig. y fam. Lo que se parece a ella.

CHURRETE m. Mancha que ensucia la cara, las manos u otra parte visible del cuerpo. ❏ CHURRETOSO.

CHURRIGUERA Familia de tallistas, escultores y arquitectos esp. de los ss. XVII y XVIII. ◊ *José Benito* (1665-1725), el más conocido, talló el retablo de la iglesia de San Esteban de Salamanca y planificó la construcción de la c. de Nuevo Baztán.

CHURRIGUERESCO, CA adj. fig. Charro, recargado, de mal gusto. ◊ m. *Arq.* Estilo que se caracteriza por el predominio de la decoración en una arq. clasicista.

CHURRO, RRA adj. y s. Díc. del carnero o de la oveja que tiene las patas y la cabeza cubiertas de pelo grueso, corto y rígido, y cuya lana es más basta y larga que la de la raza merina. ◊ adj. Díc. de esta lana. ◊ m. Fruta de sartén, de la misma masa que se emplea para los buñuelos y de forma cilíndrica estriada. ◊ fam. Chapuza, cosa mal realizada. ❏ CHURRERÍA; CHURRERO, RA.

CHURRUCA y Elorza, Cosme Damián (1761-1805) Marino esp. En 1788 tomó parte en la expedición para explorar el estrecho de Magallanes. Más tarde dirigió una expedición encargada de realizar un atlas marítimo de América del Norte. Murió en la batalla de Trafalgar.

Cosme Damián **Churruca y Elorza**

CHURRUSCO m. Pedazo de pan demasiado tostado o que se empieza a quemar. ❏ CHURRUSCAR.

CHURUMBEL (voz del caló) m. fam. Niño.

CHURUMBELA f. Instrumento de viento, semejante a la chirimía. ◊ Bombilla que se usa en América para tomar el mate.

CHUSCO, CA adj. y s. Que tiene gracia, donaire y picardía. ◊ Pedazo de pan, mendrugo o panecillo. ◊ Pieza de pan de munición.

CHUSMA f. Conjunto de galeotes que servían en las galeras reales. ◊ Conjunto de gente soez. ◊ Muchedumbre de gente.

CHUSQUE m. *Col.* Planta gramínea de mucha alt.; es una especie de bambú.

CHUT o **CHUTE** m. En fútbol, acción y efecto de lanzar el balón de un puntapié. ❏ CHUTAR.

CHUVA f. *Perú.* Cierta especie de mono, propio de la América Meridional.

CHUVACHE adj. y s. Díc. de individuos de un pueblo que habita en la región del Volga medio, en la rep. de Chuvashia.

CHUVASHIA República de Rusia, en la región del Volga medio;18 300 km², 1 336 000 habitantes. Cap., Cheboksari. Cultivo de lúpulo, cáñamo, trigo, centeno, patata, legumbres. Explotación forestal. Industrias madereras, textiles, químicas; fabricación de electrodomésticos.

Detalle de la fuente de la diosa
Cibeles, en Madrid (España)

CHUZO m. Palo armado con un pincho de hierro, que se usa para defenderse y ofender. ◊ *Cuba.* Látigo hecho de vergajo o cuero retorcido que va adelgazándose hacia la punta. ◊ *Chile.* Barra de hierro cilíndrica y puntiaguda, que se usa para abrir suelos.

CHUZÓN, NA adj. y s. Astuto, recatado. ◊ Que tiene gracia para burlarse de otros en la conversación.

CÍA f. *Anat.* Hueso de la cadera.

CIA Siglas de la ➯ Central Intelligence Agency.

CIÁN m. *Art. Gráf.* y *Fot.* Color azul verdoso, complementario del rojo, uno de los fundamentales en la impresión policroma y el tecnicolor.

CIAN- o **CIANO-** *Quím.* Pref. que indica la presencia del radical monovalente CN.

CIANAMIDA f. *Quím.* Amida del ácido ciánico; es una masa cristalina, higroscópica e incolora. Se utiliza como abono y como insecticida o fungicida.

CIANHÍDRICO adj. *Quím.* Díc. de un ácido formado por un átomo de carbono, uno de nitrógeno y otro de hidrógeno, llamado también ácido prúsico. Es un líquido incoloro, de olor a almendras amargas, que hierve a 26 °C y es muy soluble en agua. Tanto él como sus sales, cianuros, son venenos muy peligrosos.

CIANO, Galeazzo, CONDE (1903-1944) Político fascista it. Ministro de Asuntos Exteriores (1936). Votó contra Mussolini en el Gran Consejo (1943). Condenado a muerte y ejecutado.

CIANOFÍCEO, A adj. y f. *Bot.* Díc. de algas del grupo de las cianofíceas. ◊ f. pl. *Bot.* Grupo de algas unicelulares o filamentosas, que poseen clorofila y pigmentos fotosintéticos (ficocianina, ficoeritrina) que les dan su característico color verde azulado.

CIANÓGENO m. *Quím.* Gas incoloro venenoso, de olor penetrante y compuesto de ázoe y carbono, que entra en la composición del azul de Prusia.

CIANOSIS f. *Pat.* Coloración azul, y alguna vez negruzca o lívida, de la piel y las mucosas por un exceso de hemoglobina reducida en la sangre. ❏ CIANÓTICO, CA.

CIANURO m. *Quím.* Sal del ácido cianhídrico, muy tóxico. Se emplea para obtener oro y plata, en galvanoplastia, en fotografía, en la cementación del acero y en la preparación de insecticidas.

CIAR intr. Andar hacia atrás, retroceder.

CIÁTICO, CA adj. *Med.* Díc. de los cuatro troncos nerviosos del plexo sacro que inervan la región pelviana, y especialmente del nervio ciático mayor. ◊ f. *Med.* Inflamación del nervio ciático que provoca un dolor que se extiende desde la nalga hasta el dorso del pie.

CIAXARES I (633-584 a. C.) Rey medo. Se alió con Nabopolasar, rey de Babilonia, y destruyó Nínive.

CIBELES *Mit.* Diosa anatolia de la fertilidad, la Tierra y la vida silvestre. Los gr. la identificaron con Rea. Se introdujo en Roma.

CIBERESPACIO m. Espacio virtual compuesto por las redes de las autopistas de la información y la información que circula por ellas.

CIBERNÉTICA f. Disciplina científica que estudia los sist. y procesos de comunicación y autorregulación, tanto de los seres vivos cuanto de los sist. electrónicos y electromecánicos o de cualquier otro tipo que puedan sustituir a aquéllos.
☐ Se basa en el principio de la *caja negra* de N. Wiener, en la que es difícil conocer su funcionamiento interior, pero se puede estudiar su comportamiento investigando las relaciones lógicas entre los conjuntos de entes que constituyen la entrada (*input*) y la salida (*output*). Un lugar central en la c. lo ocupa el concepto de *información* con sus dos elementos constitutivos: su soporte material (la señal) y su significado (semántica). En cierto sentido, la información puede considerarse como una medida de la organización, y por tanto

análoga a la *entropía*, de modo que un incremento en la información corresponde a un decremento en la entropía. Los seres animados mantienen su organización en equilibrio dinámico con el entorno *regulándose*, guiando el flujo de energía y materiales que vienen del exterior de modo que puedan contrarrestar la tendencia entrópica de la naturaleza. La cantidad de regulación que puede obtenerse está esencialmente limitada por la cantidad de información que es posible recibir. Ha sido la base de la teoría de sistemas y el análisis sistémico, de gran aplicación en las ciencias sociales y psicológicas.

CIBORIO m. Copa para beber, usada entre los ant. gr. y rom. ◊ Baldaquino que corona un altar en los primitivos templos cristianos.

CICATERO, RA adj. y s. Mezquino, ruin, miserable, que escatima lo que debe dar. ◊ adj. Que da importancia a pequeñas cosas o se ofende por ellas. ❏ CICATEAR; CICATERÍA.

CICATRIZ f. Masa formada por fibras conjuntivas, que aparece como fase final de la curación de una herida o de un proceso inflamatorio. ❏ CICATRIZAR.

CÍCERO m. Unidad de medida tipográfica, equivalente a poco más de 4,5 mm.

CICERÓN, Marco Tulio (106-43 a. C.) Orador, escritor y político rom. Nombrado cónsul, consiguió frustrar la conjuración de Catilina. Combatió las dictaduras de César y de Marco Antonio. Murió asesinado. *Filípicas.*

CICERONE m. Persona que enseña y explica las curiosidades de una localidad, edificio, etc.

CICINDELA f. Insecto coleóptero con las antenas insertas en la base de las mandíbulas.

CÍCLADAS (*Kiklades*) Arch. de Grecia, en el mar Egeo; 2 572 km², 83 600 hab. Cap., Hermúpolis.

CICLAMEN m. *Bot.* Nombre común de unas plantas de la familia primuláceas, de rizomas tuberosos, tallos cortos, flores rojas o blanquecinas y fruto en cápsula.

Flores de **ciclamen**

CICLAMOR m. Árbol de tronco y ramas tortuosos, hojas sencillas y acorazonadas, y flores carmesí en racimos.

CICLÁN adj. y s. Que tiene un solo testículo. ◊ m. Borrego cuyos testículos no salen al exterior.

CICLISMO m. Deporte que consiste en hacer carreras de bicicletas. Pueden ser de aficionados o profesionales y efectuarse en carretera o en pista cerrada. Se dividen en: *contra reloj* y en *línea.* ❏ CICLISTA.

CICLO Pref. que significa *círculo.* ◊ *Quím.* Pref. que significa que una molécula es de cadena cerrada. ◊ m. Período de tiempo o cierto número de años que, acabados, se vuelven a contar de nuevo. ◊ Serie de fases por que pasa un fenómeno periódico hasta que se reproduce una fase anterior. ◊ Serie de actos culturales relacionados entre sí. ◊ **menstrual.** Serie de cambios que se repiten periódicamente en el ovario, útero y otros órganos sexuales femeninos.

CICLOIDE f. *Geom.* Curva plana descrita por un punto de la circunferencia cuando ésta rueda, sin deslizamiento, sobre una línea recta. ❏ CICLOIDAL.

CICLOMOTOR m. Bicicleta provista de un pequeño motor auxiliar, o motocicleta ligera que lleva un motor de poca potencia.

CICLÓN m. *Meteor.* Masa de aire caliente, rodeada de otra fría, que se traslada a gran velocidad con movimiento rotacional.

CÍCLOPE m. *Mit.* Cada uno de los gigantes hijos del Cielo y de la Tierra, que tenían sólo un ojo en medio de la frente. ❏ CICLÓPEO, A.

CICLOSILICATO m. *Miner.* Silicato cuyos retículos cristalinos están constituidos por grupos tetraédricos SiO_4.

CICLOSTIL m. Máquina rotativa que sirve para copiar muchas veces un escrito o dibujo sobre una plancha gelatinosa.

CICLÓSTOMA m. Molusco gasterópodo pulmonado, terrestre y de pequeño tamaño, cuya concha presenta una abertura circular.

CICLOTIMIA f. Psicosis maniacodepresiva.

CICLOTÍMICO, CA adj. Relativo a la ciclotimia. ◊ m. y f. *Antr.* Tipo psicológico, caracterizado por la tendencia a los cambios periódicos de humor y sentimiento.

CICLOTRÓN m. *Fís.* Acelerador de partículas elementales que, por la acción combinada de un campo eléctrico y otro magnético, comunica una trayectoria circular a las mismas.

CICUTA f. *Bot.* Hierba venenosa con tallo rollizo y hueco, muy ramoso en lo alto, hojas blandas y fétidas, flores blancas y semilla negruzca. ◊ **menor.** Hierba venenosa semejante al perejil, del que se distingue por su color más oscuro y sus hojas fétidas.

CID m. fig. Hombre fuerte y valiente.

CID Campeador, *Rodrigo Díaz de Vivar,* llamado el (1043-1099) Héroe cast. de la Reconquista, mitificado por la leyenda y la literatura (*Cantar de Mio Cid*). Apoyó a Sancho II en contra de Alfonso VI de León. Desterrado, sometió al rey moro de Valencia.

CÍDRA f. Fruto del cidro, semejante al limón, de corteza de color amarillo, mesocarpio blanco, aromático, comestible, y pulpa ácida y blanquecina. ◊ **cayote.** *Amér. Centr.* Calabaza de la que se hace cabello de ángel.

CIDRA Mun. de Puerto Rico, en el distr. de Guayama; 23 900 hab. Tabaco. Ind. textil.

CIDRO m. Árbol perennifolio cuyo fruto es la cidra.

CIEGO, GA adj. y s. Privado de la vista. ◊ adj. fig. Poseído con vehemencia de alguna pasión. ◊ fig. Ofuscado, alu-

Guerra de los **Cien Años**. Detalle del sitio de Orleans, en una miniatura de la época

cinado. ◊ Cegado, obturado. ◊ m. *Anat.* Primera porción del intestino grueso. ◊ *Ecuad.* Pez de los ríos de este país.

CIEGO DE ÁVILA Prov. de Cuba; 6 910 km², 353 000 hab. Cap., la c. hom. ◊ C. de Cuba, en la prov. hom.; 101 600 hab. Ind. alimentarias.

CIELO m. Espacio en el cual se mueven los astros. ◊ Parte del espacio que parece formar una bóveda sobre la Tierra. ◊ Atmósfera. ◊ *Rel.* Mansión en que los ángeles, los santos y los bienaventurados gozan la presencia de Dios. ◊ Gloria o bienaventuranza. ◊ fig. Parte superior que cubre algunas cosas.

CIEMPIÉS m. Nombre común de los artrópodos miriápodos, de cuerpo alargado, dividido en numerosos segmentos, cada uno de los cuales lleva un par de patas.

CIEN adj. Apócope de ciento. Úsase siempre antes de sustantivo.

CIEN AÑOS, *guerra de los* Lucha sostenida entre Francia e Inglaterra de 1337 a 1453. La causa primera fue la política centralizadora de la corona fr., a la cual se opusieron los reyes ing. que tenían posesiones en Francia. Luego se convirtió en una lucha por la corona fr., al extinguirse la dinastía de los Cape-

Monumento al **Cid Campeador**, en Burgos (España)

tos (1328). La primera fase finalizó con el tratado de Bretigny (1360) por el que Eduardo III renunció a la corona fr. a cambio de su soberanía sobre los feudos del SO fr. A comienzos del s. XV, Enrique V de Inglaterra solicitó de nuevo la corona fr., derrotó a los fr. en Azincourt (1415) y consiguió la firma del tratado de Troyes (1420), por el que Carlos VI de Francia reconocía a Enrique V como heredero al trono fr., lo cual no fue aceptado por el delfín (futuro Carlos VII). Tras la intervención de Juana de Arco los fr. reconquistaron París (1436), Normandía (1449-1450), Guyena (1449-1451) y Burdeos (1453); los ing. conservaron sólo Calais en terr. fr.

CIÉNAGA f. Lugar o paraje lleno de cieno.

CIÉNAGA Mun. de Colombia, en el dpto. del Magdalena; 89 700 hab. Plátano, algodón, tabaco. Ganadería. Pesca.

CIENCIA f. *Fil.* Tipo de conocimiento sistemático y articulado que aspira a formular, mediante lenguajes apropiados y rigurosos (recurriendo en lo posible a la matematización), las leyes que rigen los fenómenos relativos a un determinado sector de la realidad. ◊ fig. Saber o erudición. ◊ fig. Habilidad, maestría, conjunto de conocimientos en cualquier cosa. ◊ pl. Conjunto de conocimientos relativos a las ciencias exactas, fisicoquímicas y naturales. ❏ CIENTÍFICO, CA.

❏ *Fil.* Las c. *formales* (matemática y lógica) estudian las relaciones teóricas entre los conceptos abstractos. Las c. *factuales* estudian los fenómenos de la naturaleza en su expresión teórica (*c. puras*) o práctica (*c. aplicadas*). Otra división imp. es la que se refiere a su objeto de estudio: los fenómenos de la naturaleza, *c. naturales,* las que pueden ser objeto de experiencias controlables en laboratorio, *c. experimentales,* y las que estudian el comportamiento del hombre como individuo y en sociedad, *c. sociales o humanas.*

CIENCIA-FICCIÓN f. Género narrativo cuyos argumentos se desarrollan sobre la base de anticipar literariamente unos presuntos logros científicos, técnicos, biológicos, psicológicos, sociopolíticos, etc., más o menos avanzados respecto a la fecha en que se escribe o se publica el relato.

CIENFUEGOS Prov. de Cuba; 4 185 km², 354 000 hab. Cap., la c. hom. ◊ C. de Cuba, cap. de la prov. hom.; 136 200 hab. Centro agropecuario.

CIENMILÉSIMO, MA adj. y s. Díc. de cada una de las cien mil partes iguales en que se divide un todo.

CIENMILLONÉSIMO, MA adj. y s. Díc. de cada una de los cien millones de partes iguales en que se divide un todo.

CIENO m. Lodo blando que forma depósito en ríos, en lagunas o en sitios bajos y húmedos.

CIÉNTO adj. Diez veces diez. ◊ Centésimo. ◊ m. Signo o conjunto de signos con que se representa el número ciento. ◊ Centena.

CIERNE m. Acción de cerner o fecundarse la flor de ciertas plantas.

CIERRE m. Acción y efecto de cerrar o cerrarse. ◊ Lo que sirve para cerrar. ◊ Dispositivo para juntar y mantener unidas ciertas partes separadas. ◊ Clausura temporal de tiendas y otros establecimientos mercantiles.

CIERTO, TA adj. Conocido como verdadero, seguro, indubitable. ◊ adv. afirmación. Ciertamente.

CIERVA Y Codorníu, *Juan de la* (1893-1936) Ingeniero y aviador esp., inventor del autogiro (1924).

CIERVO m. Mamífero rumiante, esbelto, de pelo áspero, corto y pardo rojizo en verano y gris en invierno; patas largas y cola muy corta. El macho está armado de cuernos. ◊ **volante.** Coleóptero de gran tamaño, negro, con cuatro alas, y las mandíbulas ramosas.

CIERZO m. Viento septentrional inclinado a levante o a poniente.

CIEZA de León, *Pedro* (h. 1520-1554) Historiador esp. *Crónica del Perú.*

CIFRA f. Número, signo con que se representa. ◊ Escritura en que se usan signos, guarismos o letras convencionales, y que sólo puede comprenderse conociendo la clave. ◊ Abreviatura.

CIFRADO, DA adj. Díc. del sistema convencional de lenguaje empleado en transmisiones secretas.

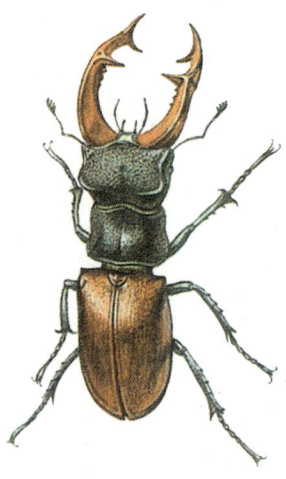

Ciervo volante macho

CIFRAR tr. Escribir en cifra. ◊ tr. fig. Seguido de la prep. en, reducir exclusivamente a cosa, persona o idea determinadas lo que procede de varias causas.

CIGALA f. Crustáceo marino decápodo, de color rosado y caparazón duro, parecido al bogavante pero, gralte., de menor tamaño.

CIGARRA f. Insecto de color verdoso amarillento, con cabeza gruesa, ojos salientes, alas membranosas y abdomen cónico, en cuya extremidad tienen los machos un órgano sonoro que emite un chirrido.

CIGARRERA f. Caja o mueblecillo en que se tienen a la vista cigarros puros. ◊ Petaca de bolsillo.

CIGARRERÍA f. *Amér.* Estanco, tienda donde se venden cigarros y tabaco. ◊ *Amér.* Fábrica de cigarros o cigarrillos.

CIGARRERO m. El que hace o vende cigarros.

CIGARRILLO m. Cigarro pequeño de picadura envuelta en un papel de fumar.

CIGARRO m. Rollo de hojas de tabaco preparado para fumar. ◊ fam. Cigarrillo. ◊ **puro.** Cigarro.

CIGARRÓN m. Saltamontes.

CIGOÑUELA f. Ave de plumaje blanco, con nuca, espalda y alas negras, y pico recto.

CIGOTO m. *Biol.* Resultante de la unión de dos gametos, uno masculino y otro femenino.

CIGUA f. *Ant.* Árbol con tronco maderable, hojas gruesas, elípticas, flores verdosas en grupos axilares, y bayas ovoides. ◊ *Cuba.* Caracol de mar.

CIGÜEÑA f. *Zool.* Ave migradora, de más de 1 m de alt., de cabeza redonda, cuello largo, cuerpo blanco, alas negras, patas largas y rojas, lo mismo que el pico.

CIGÜEÑAL m. *Mec. apl.* Eje que transforma el movimiento alternativo de las bielas de un motor en movimiento circular.

CILANCO m. Charco que deja un río en la orilla al retirar sus aguas, o en el fondo cuando se ha secado.

CILANTRO m. Hierba con tallo lampiño, hojas filiformes, flores rojizas y simiente aromática y estomacal.

CILIADO, DA adj. y m. *Zool.* Que posee cilios. ◊ adj. Díc. de los protozoos caracterizados por la presencia de cilios, de forma variable, gralte. depredadores, casi siempre de agua dulce.

CILICIA *Ant.* región de Anatolia, en Turquía. Helenizada por Alejandro Magno, fue prov. rom. en el s. I a. C.

CILICIO m. Faja de cerdas o de cadenillas de hierro con puntas que se usa para mortificarse.

CILINDRADA f. *Aut.* Capacidad de los cilindros de un motor de explosión cuando el tiempo de admisión llega al máximo.

CILINDRO m. *Geom.* Sólido limitado por una superficie cilíndrica cerrada y dos planos que forman sus bases. ◊ *Mec.* Tubo en que se mueve el émbolo de una máquina. ❑ CILÍNDRICO, CA.

CILINDROEJE m. Prolongación de las neuronas.

CILIO m. Filamento protoplasmático de ciertos protozoos y otras células animales, cuya función se relaciona con el movimiento. ❑ CILIAR.

CIMA f. Lo más alto de los montes, cerros y collados. ◊ La parte más alta de los árboles. ◊ fig. Fin o complemento de alguna obra o cosa. ◊ *Bot.* Conjunto de flores cuyos pedúnculos salen de un mismo punto, y llegan a la misma alt.

CIMABUE, *Giovanni* (1240-1302) Pintor it., maestro de Giotto. *Escenas del Apocalipsis, Virgen de los ángeles.*

CIMAROSA, *Domenico* (1729-1801) Compositor it. Autor de misas, oratorios, cantatas, conciertos, óperas. *El matrimonio secreto* (ópera).

CIMARRON Río de EE UU; 1 100 km. Nace en Nuevo México y desemboca en el Arkansas, cerca de Tulsa (Oklahoma).

CIMARRÓN, NA adj. *Amér.* Díc. del animal doméstico que huye al campo y se hace montaraz. ◊ *Amér.* Decíase del esclavo que huía al monte.

CÍMBALO m. Campana pequeña. ◊ Instrumento musical de percusión, muy popular, usado con frecuencia por los gitanos. ❑ CIMBALERO o CIMBALISTA.

CIMBEL m. Cordel que se ata a la punta del cimillo. ◊ Ave, real o imitada, que sirve de señuelo para cazar.

CIMBORIO o **CIMBORRIO** m. *Arq.* Cuerpo cilíndrico que sirve de base a la cúpula y descansa sobre los arcos torales. ◊ *Arq.* Cúpula en forma redondeada que cubre ciertos edificios.

CIMBRA f. *Arq.* Armazón de madera que sostiene la superficie convexa sobre la cual se van colocando las dovelas de una bóveda o arco. ◊ *Arq.* Vuelta o curvatura de la superficie interior de un arco o bóveda.

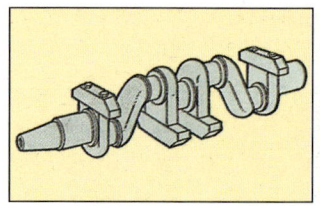

Esquema del **cigüeñal** de un motor de explosión

CIMBREAR o **CIMBRAR** tr. Hacer vibrar en el aire una vara flexible u otra cosa semejante, agarrándola por un extremo. ◊ *Arq.* Colocar las cimbras en una obra. ❑ CIMBREANTE; CIMBREÑO, ÑA; CIMBREO.

CIMBRIO, BRIA o **CIMBRO, BRA** adj. Díc. del individuo de una tribu germánica originaria de Jutlandia que invadió el N de Italia y parte de España.

CIMERA f. Parte superior del casco, que se solía adornar con plumas y otras cosas.

CIMERO, RA adj. Díc. de lo que está en la parte superior y finaliza o remata alguna cosa elevada.

CIMIENTO m. Parte del edificio que está debajo de tierra y sobre la que se apoya toda la construcción. ◊ Terreno sobre el que descansa el mismo edificio. ◊ fig. Principio y raíz de alguna cosa. ❑ CIMENTACIÓN; CIMENTAR.

CIMILLO m. Vara larga y flexible atada a la rama de un árbol. En uno de sus extremos se sujeta un ave que sirve de señuelo.

Virgen de los ángeles, tabla de Giovanni **Cimabue** (Museo del Louvre, París)

CIMITARRA f. Especie de sable curvo usado por turcos y persas.

CIMÓN (h. 510-449 a. C.) General ateniense, hijo de Milcíades, que se distinguió en Salamina y gobernó Atenas.

CINABRIO m. *Miner.* Sulfuro de mercurio cristalizado en el sistema trigonal. Presenta color rojo típico y brillo metálico, y constituye la principal mena del mercurio.

CINACINA f. *Amér. Centr.* y *Merid.* Árbol caducifolio de hoja estrecha y flor olorosa.

CINAMOMO m. Pangino.

CINC m. *Quím.* Elemento químico de símb. Zn, n. a. 30 y p. a. 65,37. Metal blanco azulado de brillo intenso, quebradizo y fácilmente oxidable en aire húmedo. Su mena más importante es su sulfuro (blenda). Se utiliza en varias aleaciones (latón y plata alemana).

CINCEL m. Herramienta con boca acerada y recta de doble bisel, para labrar a golpe de martillo piedras y metales.

CINCELAR tr. Labrar, grabar con cincel en piedras o metales. ❏ CINCELA-DO, DA.

CINCHA f. Banda de cuero o de tejido con que se sujeta la silla o la albarda debajo del vientre de la caballería. ❏ CIN-CHAR.

CINCHO m. Faja ancha. ◊ Aro de hierro con que se aseguran o refuerzan barriles, ruedas, maderos ensamblados, edificios, etc.

CINCINNATI C. de EE UU, en Ohio; 385 500 hab. (1 401 500 la agl. urb.). Sit. a orillas del r. Ohio. Puerto fluvial. Centro industrial.

CINCO adj. Cuatro y uno. ◊ Quinto. Aplicado a los días del mes, también se usa como sustantivo. ◊ m. Signo o cifra con que se representa el número cinco.

CINCOGRAFÍA f. Arte de dibujar o grabar en una plancha de cinc.

CINCOMESINO, NA adj. De cinco meses.

CINCUENTA adj. Cinco veces diez. ◊ Quincuagésimo. ◊ m. Signo o conjunto de signos con que se representa el número cincuenta.

CINCUENTAVO, VA adj. y m. Díc. de cada una de las 50 partes iguales en que se divide un todo.

CINCUENTENA f. Conjunto de 50 unidades homogéneas.

CINCUENTENARIO m. Conmemoración del día en que se cumplen cincuenta años de algún suceso.

CINE m. fam. Cinematógrafo. ◊ Técnica, arte o ind. de representar imágenes en mov. por medio del cinematógrafo. ◊ Aparato proyector que reproduce imágenes. ◊ Local donde se proyectan películas. ❏ CINEASTA.
☐ Se considera a los hermanos Lumière como los fundadores del c. (París, 1895). G. Méliès introdujo el argumento y utilizó los primeros trucos. Con D. W. Griffith las técnicas cinematográficas recibieron un gran impulso.

CINECLUB m. Asociación dedicada a la divulgación de la cultura cinematográfica.

CINEGÉTICA f. Arte de la caza. ❏ CI-NEGÉTICO, CA.

CINEMASCOPE m. Marca registrada de un proceso cinematográfico que filma imágenes de campo superior al normal, que se proyectan sobre una pantalla de formato especial.

CINEMATECA f. Organismo que se ocupa de la conservación de películas y de otros documentos relacionados con el cine.

CINEMÁTICA f. *Fís.* Parte de la mecánica que estudia el movimiento en sus condiciones de espacio y tiempo.

CINEMATOGRAFÍA f. Arte, técnica e ind. del cine.

CINEMATÓGRAFO m. Aparato óptico que produce la impresión de mov. haciendo pasar rápidamente muchas imágenes fotográficas correspondientes a momentos consecutivos. ◊ Establecimiento en que se exhiben películas. ❏ CINEMATOGRÁFICO, CA.

CINERAMA m. Procedimiento cinematográfico consistente en la utilización de tres películas contiguas que, mediante otros tantos proyectores, se reproducen sobre una pantalla cóncava.

CINERARIO, RIA adj. Cinéreo. ◊ Destinado a contener cenizas de cadáveres.

CINESCOPIO m. Tubo de rayos catódicos que se usa en TV para reproducir imágenes.

CINÉTICA f. *Fís.* Rama de la mecánica que estudia el movimiento introduciendo el concepto de masa en la cinemática.

CINÉTICO, CA adj. Relativo al movimiento.

CINGALÉS, SA adj. y s. De Sri Lanka o Ceilán.

CÍNGARO, RA adj. y s. Gitano.

CINGLAR tr. *Metal.* Forjar el hierro para limpiarlo de escorias. ❏ CINGLADO.

CÍNGULO m. Cordón con una borla a cada extremo, que ciñe el alba.

CÍNICO, CA adj. y s. Filósofo de cierta escuela fundada por Antístenes. ◊ Díc. del que actúa en contra de sus principios éticos y alardea de su forma de proceder.

CÍNIFE m. Mosquito común.

CINISMO m. Doctrina de los cínicos. ◊ Desvergüenza en defender o practicar acciones o doctrinas vituperables. ◊ Impudencia, obscenidad descarada.

CINNA, *Lucio Cornelio* (m. 84 a. C.) Cónsul rom. en el 87. Auxiliar de Mario en la lucha contra el partido de Sila.

CINQUECENTO n. p. m. Nombre con

Cine. Fotograma de *La guerra de las galaxias*, aventuras siderales

el que se designa el último periodo del Renacimiento it., correspondiente al s. XVI.

CINTA f. Tejido largo y estrecho que sirve para atar, ceñir o adornar. ◊ *Bot.* Planta perenne con tallos estriados, hojas listadas de blanco y verde, y flores en panoja alargada, mezclada de blanco y violeta. ◊ Película cinematográfica. ◊ *Arq.* Filete, parte más fina de la moldura. ◊ Dispositivo formado por una banda metálica o plástica que, movida automáticamente, traslada mercancías, equipajes, etc. ◊ **aislante.** La que recubre los empalmes de los conductores eléctricos. ❏ CINTEADO, DA; CIN-TERÍA; CINTERO, RA.

CINTARAZO m. Golpe que se da de plano con la espada.

CINTILAR tr. Brillar, centellear.

CINTO m. Cinturón. ◊ Cintura, parte del cuerpo.

CINTRA f. *Arq.* Curvatura de una bóveda o de un arco. ❏ CINTRADO, DA.

CINTURA f. Parte más estrecha del cuerpo humano, por encima de las caderas. ◊ Cinto.

CINTURÓN m. Cinta de cuero o de tejido recio que se usa sobre el vestido o el pantalón para ceñirlo o sujetarlo. ◊ Serie de cosas que rodean a otra. ◊ **de seguridad.** El que se usa para evitar caídas desde alturas peligrosas, o golpes graves en el interior de un vehículo.

CIOLKOVSKIJ, *Konstantin* (1857-1935) Físico sov. Pionero de la astronáutica. Estudió los combustibles líquidos para la navegación espacial y los problemas matemáticos de las trayectorias de las astronaves.

CIPANGO Nombre dado al Japón en la E. Med.

CIPAYO m. Soldado indio al servicio de Francia, Portugal y Gran Bretaña (ss. XVI-XIX). ◊ **Rebelión de los c.** La que se produjo en el valle medio del Ganges, aprovechando la escasez de fuerzas británicas en la India por causa de la guerra de Crimea (1857-1858).

CIPO m. Pilastra erigida en memoria de alguna persona difunta. ◊ Poste en los caminos, para indicar la dirección o la distancia. ◊ Hito.

CIPOLINO, NA adj. y s. Especie de mármol micáceo.

CIPOTE m. fam. Miembro viril.

CIPRÉS m. *Bot.* Árbol monoico de

Ciprés. Árbol y frutos

tronco recto, ramas erguidas, copa espesa y cónica, hojas pequeñas y escamosas y frutos gálbulos.

CIRCASIA Ant. denominación de una región situada al NO del Cáucaso.

CIRCASIANO, NA adj. y s. De Circasia. ◊ Díc. del individuo de un pueblo caucasiano, más conocido actualmente con el nombre de cherkés.

CIRCE Mit. gr. Hechicera de la isla de Ea que, según la Odisea, acogió a Ulises y transformó en cerdos a sus compañeros.

CIRCO m. Lugar destinado entre los rom. para la carrera de carros o caballos. ◊ Edificio u otro local, con gradería para los espectadores y en medio un espacio circular, donde se ejecutan ejercicios ecuestres y gimnásticos, se exhiben animales amaestrados, se practican juegos malabares, etc. ◊ **glaciar.** Depresión semicircular formada por erosión de la nieve o hielo. ❑ CIRCENSE.

CIRCÓN m. Miner. Silicato de circonio, transparente o translúcido. Algunas de sus variedades son gemas apreciadas en joyería (jacinto, jargón de Ceilán).

CIRCONIO m. Quím. Elemento químico de símb. Zr, n. a. 40 y p. a. 91,22. Es un metal de transición del grupo IV del sist. periódico, químicamente similar al titanio. Se emplea para absorber gases en la fabricación de válvulas electrónicas.

CIRCUITO m. Terreno comprendido dentro de un perímetro. ◊ Contorno. ◊ Itinerario de una carrera, viaje, de la sangre, etc. ◊ Conjunto de elementos eléctricos o electrónicos conectados mediante conductores adecuados. ◊ Trayecto cerrado para carreras de automóviles, motocicletas, etc. ◊ Curva cerrada trazada en una superficie. ◊ **impreso.** El. Placa aislante de material plástico recubierta parcialmente de una capa de estaño en aleación. Esta capa dibuja sobre la placa un contorno que corresponde a las conexiones entre los componentes del circuito.

CIRCULACIÓN f. Ordenación del tráfico. ◊ Econ. Movimiento total y ordenado de los productos, monedas, signos de crédito y, en gral., de la riqueza. ◊ **de la sangre.** Fisiol. Mov. de la sangre por el interior del cuerpo de los animales.

CIRCULAR adj. Relativo al círculo. ◊ De figura de círculo. ◊ f. Orden que una autoridad superior dirige a sus subalternos. ◊ Cada una de las cartas o avisos iguales dirigidos a diversas personas para darles conocimiento de alguna cosa. ◊ intr. Andar o moverse en derredor. ◊ Ir y venir. ◊ Correr o pasar alguna cosa de unas personas a otras.

◊ intr. y tr. Salir alguna cosa por una vía y volver por otra al punto de partida. ❑ CIRCULANTE.

CIRCULATORIO, RIA adj. Relativo a la circulación. ◊ **Aparato c.** Anat. y Fisiol. Conjunto de órganos que distribuyen por todas las células del organismo las sustancias nutritivas obtenidas de la ingestión de alimentos y el oxígeno absorbido mediante la respiración.

❑ Anat. y Fisiol. En el hombre, el aparato c. se compone de una bomba muscular, el corazón, que impulsa la sangre hacia las arterias. La ramificación de las arterias forma las arteriolas, sistema que origina las redes capilares, a cuyo nivel la sangre circula lentamente, separada de los tejidos del organismo únicamente por una capa de células, lo que permite el mutuo intercambio de sustancias. La reunión de los capilares constituye las vénulas y éstas forman las venas, que se dirigen al corazón, completándose el sistema cerrado.

CÍRCULO m. Geom. Área o superficie plana limitada por una circunferencia. ◊ Circunferencia. ◊ Casino, círculo de recreo, club. ◊ Agrupación de personas, que en gral. posee un carácter político, económico o científico.

Circo glaciar

CIRCUMPOLAR adj. Que está alrededor del polo.

CIRCUNCENTRO m. Geom. En un triángulo, punto en que concurren las tres mediatrices trazadas sobre los lados.

CIRCUNCIDAR tr. Cortar circularmente una porción del prepucio. ◊ fig. Cercenar. ❑ CIRCUNCISIÓN; CIRCUNCISO.

CIRCUNDAR tr. Cercar, rodear.

CIRCUNFERENCIA f. Geom. Curva plana, lugar geométrico de los puntos que equidistan de uno dado llamado centro de la c. ◊ Contorno de una superficie, territorio, mar, etc.

CIRCUNFLEJO adj. y s. Díc. del acento ortográfico que en algunas lenguas indica la desaparición de una consonante o se usa con carácter diacrítico.

CIRCUNLOCUCIÓN f. o **CIRCUNLOQUIO** m. Rodeo de palabras para expresar algo que hubiera podido explicarse más brevemente.

CIRCUNNAVEGACIÓN f. Acción y efecto de circunnavegar. Las c. más imp. han sido las de Magallanes y Elcano (1519-1522), Francis Drake (1577-1580) y Fernández de Quirós (1595).

CIRCUNNAVEGAR tr. Navegar alrededor. ◊ Dar a un buque la vuelta al mundo.

CIRCUNSCRIBIR tr. Reducir a ciertos límites o términos alguna cosa. ◊ Geom. Construir un polígono cuyos lados sean tangentes a una curva, o un poliedro cuyas caras sean tangentes a una superficie. También, construir un polígono de modo que en sus lados se hallen los vértices de otro (inscrito). ◊ prnl. Ceñirse, concretarse a una ocupación. ❑ CIRCUNSCRITO, TA.

CIRCUNSCRIPCIÓN f. Acción y efecto de circunscribir. ◊ División administrativa, militar, electoral o eclesiástica de un territorio.

CIRCUNSPECCIÓN f. Prudencia. ◊ Seriedad, decoro. ❑ CIRCUNSPECTO, TA.

CIRCUNSTANCIA f. Accidente de tiempo, lugar, modo, etc., que está unido a la sustancia de algún hecho o dicho. ◊ Calidad o requisito. ◊ Conjunto de lo que está en torno a uno. ❑ CIRCUNSTANCIAL; CIRCUNSTANTE.

CIRCUNVALAR tr. Cercar, ceñir, rodear una ciudad, fortaleza, etc. ❑ CIRCUNVALACIÓN.

CIRCUNVOLUCIÓN f. Vuelta o rodeo de alguna cosa. ◊ **cerebral.** Anat. Cada uno de los relieves de la superficie exterior del cerebro, separados por unos surcos llamados anfractuosidades.

CIREBON C. de Indonesia, puerto de la costa N de Java; 223 800 hab.

CIRENAICA (Barqa) Región oriental de Libia. Colonizada por los dorios (s. IV a. C.), fue conquistada por Alejandro Magno; los ár. la ocuparon en 642. Prov. otomana en el s. XVI.

CIRENE (gr., Kyrene) Ant. c. de la Cirenaica, fundada en 631 a. C. por los dorios.

CIRÍLICO, CA adj. Alfabeto usado en Rusia, Bulgaria y Serbia y Montenegro.

CIRILO de Alejandría (376-444) Santo. Patriarca de Alejandría. Se enfrentó a Nestorio, condenándole en el concilio de Éfeso. ◊ **de Tesalónica** (827-869) Santo. Apóstol, junto a Metodio, de los eslavos.

CIRINEO m. fig. y fam. Persona que ayuda a otra en algún empleo o trabajo.

CIRIO m. Vela de cera de un pabilo, larga y gruesa.

CIRO, el Grande (m. 529 a. C.) Rey y fundador del imperio medopersa. Conquistó Lidia, Asia Menor y Babilonia, de la cual se hizo proclamar rey. ◊ **el Joven** (423-401 a. C.) Hijo de Darío II, a la muerte de su padre intentó arrebatar el trono a su hermano Artajerjes II, fue muerto en la batalla de Cunaxa.

CIRRO m. Escirro, tumor. ◊ Zarcillo de la vid. ◊ Meteor. Nube blanca y ligera, de aspecto filamentoso, que se presenta en las regiones superiores de la atmósfera. ❑ CIRROSO, SA.

CIRROCÚMULO m. Meteor. Nube alta constituida por cristales de hielo, en forma de gránulo.

CIRROESTRATO m. Meteor. Nube alta constituida por cristales de hielo, que aparece como un velo blanquecino muy delgado.

CIRROSIS f. Med. Proceso degenerativo de un órgano que origina su trastorno funcional. Puede presentarse en pulmones, corazón, estómago, y en mayor frecuencia en los riñones y sobre todo en el hígado. ❑ CIRRÓTICO, CA.

CIRUELA f. Fruto del ciruelo.

CIRUELO m. *Bot.* Árbol frutal de hojas ovaladas y dentadas, flores blancas, que crecen al mismo tiempo que las hojas y frutos (ciruelas) en drupas pulposas y dulces.

CIRUGÍA f. Parte de la medicina que cura las enfermedades por medio de operaciones hechas con instrumentos adecuados. ◊ **plástica**. La que restablece, mejora o embellece la forma de una parte del cuerpo. ❏ CIRUJANO, NA.

CISALPINA Rep. organizada por Napoleón en el N de Italia en 1797, con cap. en Milán.

CISALPINO, NA adj. Situado entre los Alpes y Roma.

CISANDINO, NA adj. Del lado de acá de los Andes.

CISCAR tr. fam. Ensuciar alguna cosa. ◊ prnl. Cagarse.

CISCO m. Carbón menudo. ◊ fig. y fam. Bullicio, reyerta, alboroto.

CISJORDANIA Parte de Palestina comprendida entre el r. Jordán y la línea de armisticio árabe-israelí de 1949. Anexionada al reino de Transjordania (Jordania) en 1950. En 1967 fue ocupada militarmente por Israel. En 1974 Jordania cedió sus derechos sobre C. y reclamó la creación de un est. palestino. En 1994, la autonomía de Gaza y Jericó abrió la vía a la paz.

CISMA amb. División o separación entre los individuos de un cuerpo o comunidad. ◊ *Rel.* Toda escisión de la unidad eclesiástica. ◊ **de Oriente**. Se originó en el s. IX, y condujo a la creación de la iglesia ortodoxa gr. ◊ **de Occidente**. Causado por la pugna entre los papas de Roma y Aviñón, resuelta por el concilio de Constanza en 1417. ❏ CISMÁTICO, CA.

CISNE m. *Zool.* Ave de plumaje blanco o negro, cabeza pequeña, cuello muy largo y flexible, patas cortas y alas grandes. ◊ *Astr.* Constelación boreal (*Cygnus*).

CISNEROS, *Antonio* (n. 1942) Poeta per. *Destierro, Comentarios reales, Como higuera en un campo de golf*. Premio Nacional de Poesía (1964). ◊ *Francisco Jiménez de* (1436-1517) Eclesiástico y político esp. Regente de Castilla (1506) y de España a la muerte de Fernando (1516). ◊ **Betancourt**, *Salvador* (1828-1914) Político cub. Presid. de la rep. (1873-1875 y 1895-1897).

CISPADAÑA *República* Est. creado por Bonaparte, en 1796, al S del Po, y unido en 1797 a la República Cisalpina.

CISPLATINA, *Provincia* Nombre del Uruguay durante la dominación bras. (1821-1828).

CISTEÍNA f. *Bioq.* Aminoácido esencial que se encuentra libre, en asociaciones peptídicas y en proteínas, especialmente en escleroproteínas (pelo, piel, uñas, etc.).

CISTER m. Orden religiosa de la regla de san Benito, fundada por Roberto de Molesmes en 1098. Restableció la rigurosidad de las reglas primitivas y tuvo una gran influencia política y religiosa. El arte cisterciense señala la transición del románico al gótico. ❏ CISTERCIENSE.

CISTERNA f. Depósito que recoge agua de lluvia o de un manantial. ◊ Depósito de agua de un retrete.

CISTICERCO m. Larva de la tenia que vive enquistada en los músculos de

Ciruelo. Árbol, flores y frutos

ciertos animales. Si es ingerida por el hombre, se desarrolla en el intestino. ❏ CISTICERCOSIS.

CÍSTICO, CA adj. Relativo a la vesícula biliar.

CISTINA f. *Bioq.* Aminoácido formado por la unión de dos moléculas de cisteína.

CISTITIS f. *Med.* Inflamación de la vejiga urinaria.

CISURA f. Rotura o abertura sutil que se hace en cualquier cosa.

CITA f. Día, hora y lugar en que convienen encontrarse dos personas. ◊ Nota que se alega para prueba de lo que se dice o refiere.

CITAR tr. Avisar a uno señalándole día, hora y lugar para tratar de algún asunto. ◊ Referir los autores, textos o lugares que se alegan en comprobación de lo que se dice o escribe. ◊ *Der.* Notificar a una persona el emplazamiento del juez. ❏ CITACIÓN; CITATORIO, RIA.

CÍTARA f. Instrumento musical con tres órdenes de cuerdas, cada uno de ellos compuesto de una entorchada y dos de alambre. ❏ CITARISTA.

CITERIOR adj. Situado de la parte de acá, en contraposición de lo que está de la parte de allá.

CITOLOGÍA f. Parte de la biología que estudia la célula y sus orgánulos. Su desarrollo ha sido paralelo al del microscopio.

CITOPLASMA m. *Biol.* Parte del protoplasma, que en la célula rodea al núcleo. Está constituido por el ➪ hialoplasma.

CITOSTÁTICO, CA adj. y s. *Farm.* Que inhibe el crecimiento y multiplicación de las células. Los c. son muy usados en el tratamiento de los tumores.

CITOSTOMA m. *Anat.* Orificio, gralte. situado en la parte anterior o lateral del cuerpo de los ciliados, a través del cual se introducen los alimentos en el cuerpo.

CÍTRICO, CA adj. Relativo al limón. ◊ m. pl. Agrios, frutos como el limón, la naranja, la piña, etc. ◊ **Ácido c.** *Quím.* Compuesto cristalino, soluble en agua

y en alcohol, que se emplea en la fabricación de bebidas, sales efervescentes, ind. alimentaria, etc. Se obtiene de limones sin madurar y por fermentación de melazas. Actúa como regulador del nivel de calcio en el organismo.

CITROËN, *André* (1878-1935) Ingeniero e industrial fr. A principios de la I Guerra Mundial construyó una fábrica de municiones que más tarde transformó para construir automóviles en serie.

CIUDAD f. Núcleo urbano, de pob. densa. Constituye un complejo demográfico, económico, sociológico y político en el que se ejercen actividades económicas relacionadas con la ind. y los servicios. ◊ **dormitorio**. Núcleo o barrio de características exclusivamente residenciales, cuyos hab. trabajan en otros lugares. ◊ **jardín**. Barrio o parte de una c. en que una porción de cada solar ha de reservarse para jardín. ●

CIUDAD ARCE Mun. de El Salvador, en el dpto. de La Libertad; 25 100 hab. Cereales, caña de azúcar. Centro comercial.

CIUDAD BOLÍVAR C. y puerto fluvial de Venezuela, en la orilla derecha del Orinoco. Cap. del est. Bolívar; 258 100 hab. Centro com. y nudo de comunicaciones. Ind. siderúrgica, maderera; manufactura de tabaco. Export. de mineral de hierro. Fundada en 1595 con el nombre de Santo Tomé de Guayana.

CIUDAD DARÍO Mun. de Nicaragua, en el dpto. de Matagalpa; 28 000 hab. Agricultura. Cuna de Rubén Darío.

CIUDAD DE EL CABO ➪ Cabo, Ciudad de El.

CIUDAD DEL ESTE C. de Paraguay, en el dpto. de Alto Paraná, 110 600 hab. Ind. alimentarias. Denominada antes Puerto Presidente Stroessner.

CIUDAD DEL MAÍZ Mun. de México, en el est. de San Luis Potosí; 45 703 hab. Algodón, caña de azúcar. Ind. alimentaria.

CIUDAD GUAYANA C. del E de Venezuela, en el est. Bolívar; 212 000 hab. Ind. siderúrgica, química y de la constr.

CIUDAD GUZMÁN C. de México, en el est. de Jalisco: 73 919 hab. Agricultura, minería.

CIUDAD JUÁREZ C. de México, en el est. de Chihuahua; 797 679 hab. Ind. cervecera y del algodón. Universidad. Fundada en 1659.

CIUDAD MADERO C. de México, en

Rincón de **Ciudad Bolívar**

el est. de Tamaulipas; 159 644 hab. Centro turístico. Petróleo.
CIUDAD OBREGÓN C. de México, en el est. de Sonora; 161 300 hab. Arroz, trigo, algodón.
CIUDAD OJEDA C. de Venezuela, en el est. Zulia; 88 500 hab. Centro petrolífero a orillas del lago Maracaibo.
CIUDAD REAL Prov. del centro-sur de España en la com. autón. de Castilla-La Mancha; 19 749 km², 478 957 hab. Cap., la prov. hom. Cereales, olivos, vid. Ganadería. Minería. Ind. alimentarias. Refinería de petróleo. ◊ C. esp., cap. de la prov. hom.; 63 251 hab. Ind. alimentarias y de la construcción.
CIUDAD VICTORIA C. de México, cap. del est. de Tamaulipas; 263 063 hab. Centro agrícola y comercial.
CIUDADANÍA f. Calidad y derecho de ciudadano. ◊ Civismo.
CIUDADANO, NA adj. y s. Natural o vecino de una ciudad. ◊ Relativo a la ciudad o a los ciudadanos. ◊ m. y f. El que está en posesión de los derechos que le permiten tomar parte en el gobierno de un país.
CIUDADELA f. Recinto de fortificación permanente en el interior de una plaza, que sirve para dominarla o de último refugio a su guarnición.
CIVETA f. Carnívoro fisípedo del cual se extrae una sustancia utilizada en perfumería.
CÍVICO, CA adj. Civil, ciudadano. ◊ Patriótico. ◊ Doméstico, relativo al domicilio. ◊ Relativo al civismo.
CIVIL adj. Ciudadano, relativo a la ciudad. ◊ Sociable, atento. ◊ Aplícase a la persona que no es militar. ◊ Der. Relativo a las relaciones e intereses privados en orden al estado de las personas, régimen de la familia, condición de los bienes y los contratos.
CIVILIZACIÓN f. Conjunto de ideas, técnicas, costumbres y prácticas artísticas que singularizan el desarrollo de un pueblo o grupo étnico.
CIVILIZAR tr. y prnl. Sacar del estado salvaje a pueblos o personas. ◊ Educar, ilustrar.
CIVISMO m. Serie de cualidades que caracterizan al buen ciudadano. ◊ fig. Cortesía.
CIZALLA f. Máquina para cortar planchas de metal. ◊ Especie de guillotina que sirve para cortar cartones y cartulinas. ◊ Recorte o fragmento de cualquier metal. ❑ CIZALLADO, DA; CIZALLAR.
CIZALLADURA f. Fís. Deformación que sufre un cuerpo al aplicarle una fuerza tangencial en una de sus caras.
CIZAÑA f. Planta anual gramínea, con hojas estrechas y flores en espiguillas terminales comprimidas. La harina de su semilla es venenosa. ◊ fig. Cualquier cosa que daña a otra. ◊ fig. Disensión o enemistad. ❑ CIZAÑAR; CIZAÑERO, RA.
Cl Quím. Símb. del cloro.
CLAC m. Sombrero plegable.
CLADODIO m. Rama o tallo de forma comprimida (incluso laminar), de color verde.
CLAIR, *René* (1898-1981) Seud. de *René Chomette*. Director de cine fr. *Bajo los techos de París*, *Viva la libertad*, *El último millonario*, *Mujeres soñadas*.
CLAMAR intr. Quejarse a gritos, pidiendo ayuda. ◊ Hablar con vehemencia o de manera grave.

La diosa, escultura de Josep **Clarà** (Barcelona, España)

CLAN m. Nombre que en Escocia designaba tribu o familia. ◊ Grupo de parientes de filiación unilateral. ◊ Camarilla, grupo de personas unidas por los mismos intereses.
CLANDESTINO, NA adj. Secreto, oculto. Aplícase gralte. a lo que se hace o se dice secretamente por temor a la ley para eludirla. ❑ CLANDESTINIDAD.
CLAPEYRON, *Émile* (1799-1864) Ingeniero y físico fr. Contribuyó al desarrollo de la termodinámica.
CLAQUE f. Conjunto de personas a las que se facilita la entrada a los teatros para que aplaudan en los momentos oportunos y estimulen de este modo el aplauso del resto del público.
CLARA f. Materia albuminosa y transparente que rodea la yema del huevo.
CLARA (1193-1253) Santa it. Se apartó de la regla benedictina para crear una orden propia, las clarisas.
CLARÀ, *Josep* (1878-1958) Escultor esp. *La diosa*, *Serenidad*, *Juventud*.
CLARABOYA f. Ventana abierta en el techo o en la parte alta de las paredes.
CLARAVAL (*Clairvaux*) Ant. monasterio del Cister, en el dpto. del Aube (Francia), fundado en 1115 por san Bernardo.
CLAREAR tr. Dar claridad. ◊ intr. Empezar a amanecer. ◊ Irse abriendo y disipando el nublado. ◊ prnl. Transparentarse.

Cladodios de una cactácea del género *Opuntia*

CLARET, *Antonio M.ª* ⇨ Antonio M.ª Claret.
CLARETE adj. y s. Vino clarete.
CLARETIANO, NA adj. Relativo a la congregación que fundó san Antonio M.ª Claret en 1849.
CLARIDAD f. Calidad de claro. ◊ Efecto que causa la luz iluminando un espacio, de modo que se distinga lo que hay en él. ◊ Distinción con que por medio de los sentidos percibimos las sensaciones, y por medio de la inteligencia, las ideas.
CLARIFICAR tr. Iluminar, alumbrar. ◊ Aclarar alguna cosa.
CLARÍN m. Instrumento musical de viento, de metal, semejante a la trompeta, pero más pequeño y de sonidos más agudos. ◊ Persona que toca el clarín.
CLARÍN Seud. de *Leopoldo Alas* (1852-1901) Crítico y novelista esp. Cultivó el naturalismo en sus novelas. *La Regenta*, *Su único hijo* y la sensibilidad y el humor en sus cuentos. *¡Adiós Cordera!*
CLARINETE m. Instrumento musical de viento, que se compone de una boquilla de lengüeta de caña, un tubo formado por varias piezas de madera dura, con agujeros que se tapan con los dedos o se cierran con llave, y un pabellón de clarín. ◊ Clarinetista. ❑ CLARINETISTA.
CLARIÓN m. Pasta hecha de yeso mate y greda, que se usa para escribir en los encerados.
CLARIS, *Pau* (1585-1641) Eclesiástico y político esp. Presid. de la *Generalitat de Catalunya*, declaró el principado rep. independiente (1641).
CLARISA adj. y f. Religiosa de la segunda orden de san Francisco, fundada por santa Clara en el s. XIII.
CLARIVIDENCIA f. Facultad de comprender y discernir claramente las cosas. ◊ Penetración, perspicacia. ❑ CLARIVIDENTE.
CLARK, *Colin* (1905-1989) Economista australiano. Divulgó la división de la economía en tres sectores: primario, secundario y terciario. *La renta nacional*, *Las condiciones del progreso económico*. ◊ *Mark Wayne* (1896-1984) General norteam. Dirigió durante la II Guerra Mundial las fuerzas del N de África, Italia y Austria, y en la guerra de Corea las tropas de la ONU.
CLARO, RA adj. Bañado de luz. ◊ Que se distingue bien. ◊ Limpio, puro, despejado. ◊ Transparente y terso; como el agua, el cristal, etc. ◊ Se aplica a las cosas líquidas mezcladas con algunos ingredientes, que no están muy trabadas ni espesas; como el chocolate, la almendrada, etc. ◊ De color poco subido. ◊ Inteligible, fácil de comprender. ◊ Evidente, cierto, manifiesto. ◊ Díc. del tiempo, día, noche, etc., en que está el cielo despejado y sin nubes. ◊ fig. Ilustre, insigne, famoso. ◊ m. Abertura, a modo de claraboya, por donde entra luz. ◊ Espacio o intermedio que hay entre algunas cosas; como en las procesiones, líneas de tropas, sembrados, etc.
CLAROSCURO m. Pint. Conveniente distribución de la luz y de las sombras en un cuadro.
CLASE f. Totalidad de un conjunto de objetos, individuos, sucesos, datos, fenómenos, etc., que se distinguen de

otros por algún rasgo peculiar. ◊ Conjunto de personas que, en una formación social dada, desempeñan igual o parecido papel en la producción económica de bienes, y llevan a cabo una práctica social y política homogénea. ◊ Conjunto de estudiantes que reciben un mismo grado de enseñanza. ◊ Aula. Lección que da el maestro a los discípulos cada día. ◊ En los establecimientos de enseñanza, cada una de las asignaturas a que se destina separadamente determinado tiempo. ◊ Distinción, personalidad. ◊ *Bot.* y *Zool.* Categoría sistemática comprendida entre la división o tipo y el orden. ◊ **media.** La formada por pequeños y medianos industriales y comerciantes, profesiones liberales, etc.

CLASICISMO m. Sistema literario o artístico fundado en la imitación de los modelos de la Antigüedad gr. y rom. El c. se desarrolló en Francia durante el reinado de Luis XIV. Sus prales. representantes fueron Racine, Boileau, La Fontaine, Bossuet, Mme. de Sévigné, Mme. de La Fayette y Poussin. ❑ CLASICISTA.

CLÁSICO, CA adj. y s. Díc. del estilo, autor o época considerado modélico en su especialidad o en su momento. ◊ P. ant. la cultura grecolatina.

CLASIFICAR tr. Ordenar, disponer por clases. ◊ prnl. *Dep.* Obtener determinado puesto en una competición. ◊ Obtener un puesto que permita seguir en competición. ❑ CLASIFICACIÓN; CLASIFICADOR, RA.

CLASISTA adj. y s. Lo que es peculiar de una clase social. ◊ Partidario de las diferencias de clases o que se comporta con conciencia de ello. ❑ CLASISMO.

CLÁSTICO, CA adj. *Geol.* Díc. de las rocas constituidas por fragmentos de rocas procedentes de la erosión de rocas preexistentes.

CLÁUDEL, *Paul* (1868-1955) Escritor y diplomático fr. Sus convicciones religiosas impregnan su obra. *La anunciación a María, El zapato de raso.*

CLAUDIA adj. Díc. de una variedad de ciruela, redonda, de color verde y muy dulce y jugosa.

CLAUDIANO, *Claudio* (370-404) Poeta latino. Sátiras, epigramas y poemas mitológicos.

CLAUDICAR intr. Cojear. ◊ fig. Realizar concesiones ante las presiones insistentes.

CLAUDIO I, *Tiberio Claudio César Augusto Germánico* (10 a. C.-54 d. C.) Emperador rom. [41-54]. Asesinado Calígula, fue nombrado emp. Conquistó el S de Britania y anexionó Tracia y Mauritania. Asesinado por su esposa Agripina. ◊ **II el *Gótico*** (214-270) Emperador rom. [268-270]. Defendió el paso de las Termópilas frente a los bárbaros; derrotó a los godos en la batalla de Naissus.

CLAUSEWITZ, *Karl von* (1780-1831) General y teórico militar prusiano, de origen pol. *De la guerra.*

CLAUSIUS, *Rudolf* (1822-1888) Físico al. Introdujo el concepto de entropía.

CLAUSTRO m. Galería que cerca el patio ppal. de una iglesia o convento. ◊ Junta que interviene en el gobierno de ciertos centros docentes. ◊ Conjunto de profesores de un centro de enseñanza. ❑ CLAUSTRAL.

CLAUSTROFOBIA f. Fobia a los espacios cerrados.

CLÁUSULA f. *Der.* Cada una de las disposiciones de un contrato, tratado, testamento, etc. ◊ *Gram.* Frase.

CLAUSULAR tr. Poner fin a lo que se estaba diciendo. ◊ Poner cláusulas a un contrato, etc.

CLAUSURA f. En los conventos, recinto donde no pueden entrar personas ajenas a la comunidad. ◊ Vida religiosa o en clausura. ◊ Acto solemne con que se terminan o suspenden las deliberaciones de un congreso, un tribunal, etc.

CLAUSURAR tr. Cerrar un congreso, sesión, tribunal, etc.

CLAVA f. Cachiporra más gruesa por un extremo que por otro.

CLAVAR tr. Introducir un clavo u otra cosa aguda, a fuerza de golpes, en un cuerpo. ◊ Asegurar con clavos una cosa en otra. ◊ tr. y prnl. fig. y fam. Engañar a uno perjudicándole.

CLAVE m. Clavicémbalo. ◊ f. Explicación de los signos convenidos para escribir en cifra, o de cualesquiera otros distintos de los conocidos o usuales. ◊ Noticia o idea por la cual se hace comprensible algo que era enigmático. ◊ *Arq.* Piedra con que se cierra el arco o bóveda. ◊ *Mús.* Signo que se pone al principio del pentagrama para determinar el nombre de las notas. ❑ CLAVECINISTA.

CLAVEL m. Planta con tallos nudosos y delgados, hojas largas, estrechas, puntiagudas; flores con cáliz cilíndrico y cinco pétalos de diversos colores. ◊ Flor de esta planta.

CLAVELITO m. Clavel con flores pequeñas de color rosa o blanco. ◊ Flor de esta planta.

CLAVELLINA f. Clavel, pralte. el de flores sencillas. ◊ Planta semejante al clavel común, pero de tallos, hojas y flores más pequeños.

CLAVELÓN m. *Méx.* Planta herbácea de tallo y ramas erguidas, hojas recortadas y flores amarillas y fétidas.

CLAVERA f. Agujero o molde en que se forman las cabezas de los clavos. ◊ Agujero por donde se introduce el clavo.

CLAVERO, RA m. y f. Llavero, persona a quien se confían llaves. ◊ m. Dignatario superior de algunas órdenes

Claustro del monasterio de Santa María de Ripoll (Girona, España)

militares. ◊ *Bot.* Árbol tropical de copa piramidal, hojas opuestas, flores róseas, con cáliz de color rojo oscuro y fruto en drupa. Los capullos de sus flores son los clavos de especia.

CLAVETEAR tr. Guarnecer o adornar con clavos de oro, plata u otro metal alguna cosa. ◊ Herretear.

CLAVICÉMBALO m. Instrumento musical de dos teclados, parecido al piano de media cola. ❑ CLAVICEMBALISTA.

CLAVICORDIO m. Antiguo instrumento musical de cuerdas de alambre y con teclado, semejante al piano de cola.

CLAVÍCULA f. *Anat.* Hueso par, largo y curvo, que se articula con el esternón y la escápula. ❑ CLAVICULAR.

CLAVIJA f. Trozo de madera, metal o de otra materia que se encaja en un taladro hecho al efecto en una pieza sólida para sujetar alguna cosa, para tensar cuerdas de un instrumento musical, etc.

CLAVIJERO, *Francisco Javier* (1731-1787) Jesuita e historiador mex. *Historia antigua de México.*

Claveles

CLAVO m. Pieza de hierro larga y delgada, con cabeza y punta, que sirve para fijarla en alguna parte, o para asegurar una cosa a otra. ◊ Capullo seco de la flor del clavero. Es medicinal, y se usa como especia. ◊ *Hond.* y *Méx.* Parte de una veta rica en metales.

CLAXON m. Bocina eléctrica de los automóviles.

CLAY, *Cassius* (n. 1942) Boxeador norteam. Campeón mundial de los pesos pesados en 1964-1967 y 1974-1978. Adoptó el nombre de Muhammad Alí.

CLEARING (voz ing.) m. Liquidación entre varios copartícipes de un negocio.

CLEMÁTIDE f. Planta medicinal de tallo rojizo, sarmentoso y trepador, y flores blancas y de olor suave.

CLEMENCEAU, *Georges* (1841-1929) Político fr. En 1917 ocupó la presidencia del Consejo. Presidió la firma del tratado de Versalles (1919).

CLEMENCIA f. Virtud que modera el rigor de la justicia. ❑ CLEMENTE.

CLEMENT, *René* (1913-1996) Director de cine fr. *Juegos prohibidos, Arde París.*

CLEMENTE I (s. I). Santo. Elevado al papado el año 87. *Carta a los Corintios.* ◊ **V** (m. 314) Papa. Trasladó la residencia pontificia a Aviñón y presidió el concilio de Vienne. ◊ **VII** (1342-1394) Religioso fr.; en 1378 fue elegido papa de Aviñón. Con él se consuma el cisma de Occidente. ◊ **VII** (1478-1534) Papa. Formó la Liga Santa contra Carlos V.

Clemente V, en una miniatura de las *Decretales Clementinas* (Biblioteca Palatina, Parma)

Excomulgó a Enrique VIII. ◊ **de Alejandría** (h. 150-h. 215) Escritor y eclesiástico gr. Propugnó una gnosis cristiana, aunque todo conocimiento superior suponga la fe.

CLEOPATRA VII (66-30 a. C.) Reina de Egipto (51-30 a. C.), última de la dinastía de los lágidas. Célebre por sus amores con César y con Marco Antonio. Con este último se enfrentó a Octavio; los amantes fueron vencidos en Accio y se suicidaron.

CLEPSIDRA f. Reloj de agua.

CLEPTOMANÍA f. Propensión morbosa al hurto. ❑ CLEPTÓMANO, NA.

CLERECÍA f. Clero, conjunto de clérigos. ◊ Oficio u ocupación de clérigos.

CLERGYMAN (voz. ing.) m. Traje eclesiástico de calle.

CLERICALISMO m. Nombre que suele darse a la influencia excesiva del clero en los asuntos políticos. ◊ Marcada afección y sumisión al clero y a sus directrices.

CLÉRIGO m. El que ha recibido las órdenes sagradas. ◊ El que tiene la primera tonsura. ❑ CLERICAL.

CLERMONT-FERRAND C. de Francia, cap. de la región de Auvernia y del dpto. de Puy-de-Dôme; 254 400 hab. Universidad. Centro turístico e industrial. ◊ **Concilios de C.-F.** El más importante fue el de 1095, presidido por Urbano II, en el que se proclamó la primera cruzada.

CLERO m. Conjunto de clérigos. ◊ Clase sacerdotal en la iglesia católica. ◊ **regular.** El que se liga con los tres votos solemnes de pobreza, obediencia y castidad. ◊ **secular.** El que no hace dichos votos solemnes.

CLEVELAND C. de EE UU, en el est. de Ohio; 573 800 hab. Universidad. Ind. siderúrgica, química y textil, de automóviles. Refinerías de petróleo.

CLEVELAND, *Grover* (1837-1908) Político norteam. Presid. de EE UU (1855). Reelegido en 1893.

CLICHÉ o **CLISÉ** m. Plancha metálica en la que se ha grabado una imagen, para su impresión tipográfica. ◊ Negativo de una fotografía. ◊ Lugar común; expresión que a fuerza de repetirse se ha convertido en un tópico.

CLIENTE, TA com. Respecto del que ejerce alguna profesión, persona que utiliza sus servicios. ◊ Parroquiano de una tienda. ❑ CLIENTELA.

CLIFT, *Montgomery* (1920-1966) Actor cinematográfico estadoun. *Le heredera, Yo confieso, De aquí a la eternidad.*

CLIMA m. Condiciones o estado medio de la atmósfera sobre una área y en un periodo de tiempo determinado. Indica así mismo su variabilidad. ◊ fig. Ambiente social. ❑ CLIMÁTICO, CA.
❑ *Geog.* y *Meteor.* Los prales. elementos que definen un c. son: a) la radiación solar, cuya manifestación es la temperatura; b) la humedad atmosférica (➪ humedad relativa); c) la presión atmosférica. Los factores que mayor influencia tienen son: 1) la latitud; 2) la altitud; 3) la distribución de tierras y mares.

CLIMATERIO m. Período de la vida que precede y sigue a la extinción de la función genital. En la mujer, su consecuencia más importante es la menopausia. ❑ CLIMATÉRICO, CA.

CLIMATIZADOR adj. y m. Díc. del aparato acondicionador de aire.

CLIMATIZAR tr. Crear las condiciones de temperatura y humedad del aire, y a veces presión, convenientes para la salud o la comodidad. ❑ CLIMATIZACIÓN.

CLIMATOLOGÍA f. Ciencia que estudia los climas. ❑ CLIMATOLÓGICO, CA.

CLÍMAX m. *Ret.* Gradación en el tono y sentido de las palabras del discurso. ◊ Momento culminante de un poema o de una acción dramática. ◊ Asociación vegetal estable y equilibrada, típica de una determinada área geográfica cuyos factores climáticos, edáficos y ambientales son también estables.

CLÍNICA f. Parte práctica de la enseñanza de la medicina. ◊ Departamento de los hospitales destinado a dar esta enseñanza. ◊ Hospital privado, gralte., quirúrgico. ❑ CLÍNICO, CA.

CLINTON, *Bill* (n. 1946) Político estadoun., demócrata. Gobernador del estado de Arkansas (1984-1992), venció en las elecciones presidenciales de 1992. Fue reelegido en 1996.

El bautismo de **Clodoveo** en una ilustración de *Las grandes crónicas de Francia*

CLÍO *Mit.* Musa de la poesía épica y de la historia. Hija de Zeus y Mnemósine.

CLIP (voz ing.) m. Sujetapapeles de alambre. ◊ Horquilla para sujetar el pelo.

CLÍPER m. Tipo de velero de arboladura muy alta y casco alargado y estrecho en los extremos. ◊ Avión de servicio transoceánico.

CLISAR tr. *Art. Gráf.* Reproducir con planchas de metal la composición de imprenta o grabados en relieve, de que previamente se ha sacado un molde. ❑ CLISADO.

CLÍSTENES (s. VI a. C) Legislador ateniense. Líder del mov. democrático, dio el derecho de ciudadanía a todos los hombres libres del Ática.

CLITEMNESTRA Esposa de Agamenón y madre de Orestes, Electra, Ifigenia y Crisótemis. Incurrió en adulterio con Egisto y, de acuerdo con él, mató a su marido cuando regresó de Troya. Orestes vengó a su padre, dándoles muerte.

CLÍTORIS m. *Anat.* Pequeño órgano eréctil de gran excitabilidad sexual, situado en la parte elevada de la vulva de la mujer.

CLOACA f. Conducto por donde van las aguas sucias de las poblaciones. ◊ *Anat.* Porción final del intestino recto de las aves.

CLOASMA m. *Pat.* Manchas cutáneas irregulares, de color amarillo oscuro, que aparecen con cierta frecuencia en la cara de las mujeres embarazadas y en algunos estados patológicos.

CLOCAR intr. Cloquear, la gallina.

CLODOVEO I (465-511) Rey merovingio de los francos [481-511]. Convertido al catolicismo, conquistó el N de Francia y extendió sus dominios hasta los Pirineos.

CLOISSONNÉ (voz fr.) m. Técnica oriental de esmaltado.

CLON m. *Biol.* Conjunto de los descendientes de un solo organismo, que puede ser vegetal (por multiplicación asexual vegetativa) o animal (por partenogénesis). Los individuos de un c. son iguales entre sí, tienen la misma dotación genética y las mismas características morfológicas y fisiológicas.

CLONACIÓN f. *Biol.* Producción de clones mediante reproducción asexual.
❑ *Biol.* El c. es un método de reproducción natural en los seres unicelulares y pluricelulares. En el laboratorio se ha logrado el c. de embriones de ratón y de ternero, y en 1997 se consiguió la c. de una oveja a partir de una célula animal adulta. ❑ CLÓNICO.

CLOQUE m. Bichero, croque. ◊ Garfio enastado para enganchar los atunes en las almadrabas.

CLOQUEAR intr. Hacer *clo clo* la gallina clueca. ◊ tr. Enganchar el atún con el cloque en las almadrabas. ❑ CLOQUEO.

CLORACIÓN f. *Quím.* Introducción de átomos de cloro en moléculas orgánicas.

CLORAL m. *Quím.* Líquido oleoso producido por la acción del cloruro sobre el alcohol anhidro. Se usa en medicina como anestésico.

CLORHÍDRICO, CA adj. *Quím.* Díc. de un ácido binario de fórmula HCl (➪ cloro). Juntamente con el sulfúrico es el ácido de mayor importancia industrial.

CLORITA f. Mineral de color verdoso y brillo anacarado, compuesto de un silicato y un aluminato hidratados de magnesio y óxido de hierro.

CLORITO m. *Quím.* Sal del ácido cloroso.

CLORO m. *Quím.* Elemento químico de símb. Cl, n. a. 17 y p. a. 35,457. Pertenece al grupo de los halógenos. Es un gas amarillo verdoso, irritante y más pesado que el aire. Se utiliza en grandes cantidades como agente de blanqueo en las ind. papelera, textil y quím., y para esterilizar el agua potable. ❑ CLORADO, DA; CLÓRICO, CA.

CLOROFÍCEAS f. pl. *Bot.* Clase de algas de color verde.

CLOROFILA f. Pigmento verde de los vegetales, esencial en la fotosíntesis. Su función pral. consiste en absorber las radiaciones luminosas de onda larga, devolviendo después esta energía en forma de energía quím., necesaria para la fotosíntesis. ❑ CLOROFÍLICO, CA.

CLOROFORMO m. *Quím.* Compuesto de carbono, hidrógeno y cloro. Es un líquido denso y de olor característico, que ha sido utilizado como anestésico.

CLOROPLASTO m. *Biol.* Órgano citoplasmático responsable de la función clorofílica.

CLOROSIS f. *Pat.* Anemia de las adolescentes. ◊ *Bot.* Enfermedad de las plantas debida a trastornos en la nutrición, que se manifiesta por la presencia de hojas amarillentas.

CLORURO m. *Quím.* Sal del ácido clorhídrico. ◊ **de sodio**, o **sódico**. *Quím.* Sal común.

CLOTARIO I (497-561) Rey de Neustria [511-551], hijo de Clodoveo I; tras la muerte de sus hermanos quedó como único rey de los francos (558). ◊ **II** (584-629) Rey de Neustria, nieto de Clotario I; llegó a ser único rey de Francia.

CLOTILDE (m. 545). Santa. Reina de los francos, esposa de Clodoveo I.

CLOUET, François (1520-1572) Pintor fr. hijo de Jean C. *Retrato del farmacéutico Pierre Cutte.* ◊ **Jean** (h. 1475-1541) Pintor flam., activo en París como pintor de cámara de Francisco I.

CLOWN (voz ing.) m. Payaso.

CLUB (voz ing.) m. Asociación de personas en torno a unos fines comunes. ❑ CLUBISTA.

CLUECA adj. y f. Díc. de la gallina y otras aves cuando se echan sobre los huevos para empollarlos.

CLUJ Distr. de Rumania, en Transilvania; 738 600 hab. Cap., Cluj-Napoca (301 200 hab.).

CLUNIACENSE adj. y s. Relativo a la congregación benedictina de Cluny. ◊ Díc. del arte desarrollado por este monasterio, sit. en los orígenes del románico.

CLUNY C. de Francia, en el dpto. de Saône-et-Loire. Debe su origen a la famosa abadía benedictina del s. X, fundada por Guillermo de Aquitania.

Cm *Quím.* Símb. del curio.

CNIDARIO, A adj. y m. *Zool.* Díc. de los metazoos del tipo cnidarios. ◊ adj. Relativo a estos animales. ◊ m. pl. Tipo de metazoos que atraviesan a lo largo de su vida dos fases claramente distintas, una fija (fase pólipo) y otra móvil (fase medusa).

CNIDO Ant. c. gr. de Asia Menor, al N de Rodas, fundada por los espartanos.

CNOSOS Ant. cap. del imperio cretense, centro de la civilización minoica h. el 2000 a. C. Ruinas del palacio de Minos.

CNT Siglas de Confederación Nacional del Trabajo.

Detalle de *Las damas en azul*, fresco del palacio de Minos, en **Cnosos**

Co *Quím.* Símb. del cobalto.

COA f. *Amér.* Palo aguzado y endurecido al fuego, de que se valían los amerindios para labrar la tierra.

COACCIÓN f. Fuerza o violencia que se hace a una persona para que ejecute una cosa contra su voluntad. ❑ COACCIONAR; COACTIVO, VA.

COADJUTOR, RA m. y f. Persona que ayuda a otra en sus funciones. ◊ m. Eclesiástico que ayuda al párroco. ❑ COADJUTORÍA; COADYUTORIO, RIA.

COADYUVAR tr. Contribuir, asistir o ayudar a la consecución de alguna cosa. ❑ COADYUVANTE.

COAGULACIÓN f. Precipitación de un coloide, por acción de un agente físico (calor) o químico (alcohol, ácidos). ◊ Fenómeno de solidificación de la sangre, gralte. en contacto con el aire atmosférico.

COAGULAR tr. y prnl. Cuajar, solidificar lo líquido; como la leche, la sangre, etc. ❑ COAGULANTE.

COÁGULO m. Producto de la precipitación de una suspensión. En la leche se forma por precipitación de la albúmina, y en la sangre por la formación de redes de fibrina. ◊ Grumo extraído de un líquido coagulado. ◊ Masa coagulada.

COAHUILA Est. del NE de México; 151 571 km², y 2 298 070 hab. El pral. conjunto del relieve lo constituyen las tierras altas, llanas y áridas de la altiplanicie septentrional. Por el SE del est. penetra la sierra Madre Oriental. Cereales y vid en secano; algodón, caña de azúcar, tabaco y café en regadío. Ganado bovino. Minas de hierro, hulla, playa y oro. Ind.: metalúrgica, alimentaria y textil. Baja densidad de pob. Entre los prales. centros: la cap. Saltillo, Torreón y Monclova.

COALA m. Marsupial australiano, parecido al osezno.

COALESCENCIA f. Unión de varias cosas en una sola. ◊ Unión de partículas en suspensión coloidal para formar gránulos o de gotas en una emulsión para formar otras gotas de mayor tamaño. ❑ COALESCENTE.

COALICIÓN f. Confederación, liga.

COAMO Mun. de Puerto Rico, en el distr. de Ponce; 33 837 hab. Aguas termales. Agricultura.

COANA f. *Anat.* Orificio interno del cuerpo de los vertebrados, que comunica las fosas nasales con la cavidad bucal.

COARTADA f. Demostración por parte del acusado de que en el momento de cometerse el delito imputado se hallaba en lugar distinto al escenario donde se produjo.

COARTAR tr. Limitar, restringir, no conceder enteramente alguna cosa. ◊ Obligar a algo.

COATEPEC C. de México, en el est. de Veracruz; 61 647 hab. Agricultura y ganadería. Ind. textil.

COATEPEQUE Mun. de Guatemala, en el dpto. de Quezaltenango; 40 200 hab. Agricultura. Industria.

COATÍ m. Cuatí.

COATLICUE Diosa azteca de la primavera, de la tierra y de los vendedores de flores.

COATZACOALCOS Río del S de México; 300 km. Afluye al golfo de México.

COATZACOALCOS Mun. de México, en el est. de Veracruz; 232 314 hab. Maíz, arroz, caña de azúcar. Petróleo.

COAUTOR, RA m. y f. Autor o autora con otro u otros.

COAXIAL adj. Que tiene el mismo eje que otro cuerpo. ◊ m. Cable telefónico constituido por uno o más tubos c. y un cierto número de partes o cuadretes intersticiales.

COBA f. fam. Halago o adulación. ❑ COBISTA.

COBÁ Ant. c. maya, en el est. méx. de Quintana Roo. Importantes restos.

COBALTO m. *Quím.* Elemento químico de símb. Co, n. a. 27 y p. a. 58,94. Es un metal de color blanco, rojizo, duro y difícil de fundir. Se emplea en aleaciones de cobre, hierro y acero y su óxido forma la base azul de muchas pinturas. ❑ COBÁLTICO, CA.

COBÁN C. de Guatemala, cap. del dpto. de Alta Verapaz; 14 152 hab. Centro comercial. Fundada por fray Bartolomé de las Casas en 1538.

COBARDE adj. y s. Pusilánime, sin valor ni espíritu. ◊ adj. Hecho con cobardía. ❑ COBARDÍA.

COBAYA m. Roedor de pequeño tamaño, llamado también *conejillo de Indias,* originario de la parte occidental de Sudamérica. Se emplea como animal

Coahuila. Fachada de la catedral de Saltillo

experimental en laboratorios médicos y biológicos.

COBEA f. *Amér. Centr.* Planta enredadera de flores violáceas.

COBERTERA f. Tapadera para ollas y otros utensilios de cocina. ◊ fig. Alcahueta.

COBERTIZO m. Tejado que sale fuera de la pared y sirve para guarecerse de la lluvia. ◊ Sitio cubierto para resguardar de la intemperie.

COBERTOR m. Colcha. ◊ Manta o cobertera de abrigo para la cama.

COBERTURA f. Cubierta, lo que sirve para cubrir.

COBIJA f. Teja que se pone con la parte cóncava hacia abajo. ◊ Cada una de las plumas pequeñas que cubren el arranque de las grandes del ave. ◊ *Amér.* Manta para abrigarse.

COBIJA C. de Bolivia, cap. del dpto. de Pando; 22 324 hab.

COBIJAR tr. y prnl. Cubrir o tapar. ◊ fig. Albergar, dar albergue. ❏ COBIJO.

COBLENZA (*Koblenz*) C. de Alemania en Renania-Palatinado; 111 200 hab. Centro comercial, industrial y vinícola.

COBO, *Bernabé* (1572-1659) Jesuita, cronista y naturalista esp. *Historia del Nuevo Mundo.*

COBOL adj. *Comp.* Díc. de un lenguaje computacional construido para su utilización en la gestión empresarial.

COBRA f. Coyunda para uncir bueyes. ◊ Serpiente venenosa de los países tropicales, sumamente dañina.

Cobra de cuello negro

COBRAR tr. Percibir uno la cantidad que otro le debe. ◊ Recuperar. ◊ Tratándose de ciertos afectos o movimientos del ánimo, tomar o sentir. ◊ Adquirir. ◊ En montería, recoger las reses y piezas que se han herido o muerto. ◊ prnl. Recuperarse, volver en sí. ❏ COBRADOR, RA; COBRANZA; COBRO.

COBRE m. *Quím.* Elemento químico de símb. Cu, n. a. 29 y p. a. 63,54. Es un metal de color rojo pardo, brillante, maleable y dúctil, muy tenaz y duro. Aleado con el estaño forma el bronce; con el cinc, el latón, el metal blanco, etc. Se utiliza en la fabricación de conductores eléctricos, monedas y utros utensilios. ❏ COBREÑO, ÑA; COBRIZO, ZA.

COBRE, *El* Mun. de Cuba, en la prov. de Granma; 53 300 hab. Café. Ganadería. Cobre.

COCA f. *Bot. Perú.* Arbusto de cuyas hojas se extrae la cocaína.

COCADA f. Dulce de coco y azúcar. ◊ *Bol.* y *Col.* Especie de turrón.

COCAÍNA f. Alcaloide obtenido de las hojas de la coca. Se usa como anestésico local. Tiene acción directa sobre el sistema nervioso central, por lo que actúa como droga capaz de crear hábito.

COCAINISMO m. Intoxicación, aguda o crónica, producida por la cocaína.

COCAINOMANÍA f. Hábito morboso de intoxicarse con cocaína. ❏ COCAINÓMANO, NA.

COCAL m. *Perú.* Sitio donde se crían o cultivan los árboles que producen la coca. ◊ *Amér.* Cocotal.

COCAMA adj. y s. *Amér.* Díc. del individuo de ciertas tribus amerindias del alto Amazonas y en el bajo Ucayali. ◊ adj. Relativo a estas tribus. ◊ m. pl. Las mismas tribus.

CÓCCIX m. *Anat.* Hueso impar que forma la terminación de la columna vertebral. Es propio de los vertebrados que carecen de cola. ❏ COCCÍGEO, A.

COCEAR intr. Dar o tirar coces.

COCER tr. Mantener un alimento crudo en agua hirviente para hacerlo comestible. ◊ Someter una cosa a la acción del fuego para que adquiera determinadas propiedades. ◊ Someter alguna cosa a la acción del fuego en un líquido para que comunique a éste ciertas propiedades. ◊ intr. Hervir un líquido. ◊ Fermentar un líquido. ❏ COCCIÓN; COCEDURA; COCIMIENTO.

COCHA f. *Perú.* Espacio grande y despejado, pampa. ◊ *Chile* y *Ecuad.* Laguna, charco.

COCHABAMBA Dpto. de Bolivia; 55 631 km², 1 455 711 hab. Relieve montañoso y accidentado por la cord. Oriental andina (cord. de Cochabamba; Tunari, 5 199 m). Amplios valles: r. Mizque y Caine o Grande. Granero de Bolivia (cereales, patatas). Explotación forestal. Estaño, plomo y oro. ◊ C. de Bolivia, cap. del dpto. hom.; 517 367 hab. Fundada en 1574 con el nombre de Oropesa.

COCHAMBRE amb. fam. Cosa puerca, grasienta y de mal olor. ❏ COCHAMBRERÍA; COCHAMBROSO, SA.

COCHAYUYO m. *Amér. Merid.* Alga marina comestible, cuyo talo, en forma de cinta, alcanza más de 3 m de largo.

COCHE m. Carruaje de cuatro ruedas, de tracción animal o automóvil, con una caja, dentro de la cual hay asientos para dos o más personas. ◊ Vagón de ferrocarril para pasajeros. ◊ Cochino, cerdo. ◊ **cama.** Vagón de ferrocarril con varios compartimientos diseñado para poder dormir en ellos. ◊ **de línea.** El que hace el servicio regular de viajeros entre dos poblaciones. ❏ COCHERO; RA.

Perro de la raza **cocker** spaniel

Cochinilla de la humedad

COCHIFRITO m. Guisado de tajadas de cabrito o cordero, que se fríe después de cocido.

COCHIN (*Kochin*) C. y puerto del S de la India, en el est. de Kerala; 551 600 hab.

COCHINCHINA Región histórica del S de Vietnam, en el delta del Mekong. Conquistada por los fr., fue integrada en 1949 en el ant. Vietnam del Sur.

COCHINILLA f. *Zool.* Crustáceo con el cuerpo anillado, de color ceniciento oscuro y patas muy cortas. Cuando se le toca se hace una bola. ◊ *Zool.* Insecto que vive parásito en las plantas. ◊ Materia colorante obtenida de la cochinilla del nopal.

COCHINILLO m. Cochino o cerdo de leche.

COCHINO, NA m. y f. Cerdo. ◊ Cerdo cebado que se destina a la matanza. ◊ adj. y s. fig. y fam. Díc. de la persona muy sucia y desaseada. ❏ COCHINERÍA; COCHINADA; COCHINERO, RA.

COCHITRIL m. fam. Pocilga. ◊ fig. y fam. Habitación pequeña y desaseada.

COCHRANE, *Thomas* (1775-1860) Almirante ing. al servicio de Chile. Dirigió la flota bras. contra los port. en 1823.

COCHURA f. Cocción. ◊ Masa o porción de pan que se ha amasado para cocer.

COCIDO m. Olla, guiso de carne, tocino, hortalizas y garbanzos.

COCIENTE m. Resultado que se obtiene dividiendo una cantidad por otra. ◊ **intelectual.** Medida o cociente psicométrico de la inteligencia.

COCINA f. Lugar de la casa donde se prepara la comida. ◊ Aparato que proporciona calor para guisar. ◊ fig. Arte o manera especial de guisar de cada país y de cada cocinero.

COCINAR tr. Guisar, preparar los alimentos con el fuego.

COCKER m. Raza de perros de caza, de origen ing., de pelo largo y orejas colgantes.

COCKTAIL (voz. ingl.) m. Cóctel.

COCLÉ Prov. del centro de Panamá, ribereña del Pacífico; 4 927,3 km², 189 579 hab. El relieve es llano, atravesado en el sector central por la cord. Centroamericana. Caña de azúcar, tabaco y café. Ganadería. Pesca. Prales. c.: la cap. (Penonomé), Río Hato y La Pintada.

CÓCLEA f. Rosca de Arquímedes para elevar agua. ◊ *Anat.* Conducto en espiral que en los vertebrados forma parte del oído interno.

COCLEARIA f. Hierba medicinal de hojas acucharadas y flores blancas.

COCO m. Cocotero. ◊ Fruto de este árbol, cubierto de dos cortezas. Con la primera corteza se confeccionan tejidos bastos. De la pulpa se extrae aceite. ◊ fam. Cabeza. ◊ Gusanillo que se cría en algunos frutos y semillas. ◊ Bacteria redondeada que se presenta individualmente o agrupada. ◊ Fantasma para meter miedo a los niños. ◊ fam. Gesto, mueca.

COCO Río del N de Nicaragua, llamado también Segovia; 750 km. Desemboca en el mar Caribe.

COCOBOLO m. *Amér.* Árbol de madera usada en carpintería y ebanistería.

COCODRILO m. *Zool.* Reptil anfibio saurio que vive en los grandes ríos de las regiones intertropicales. Tiene de 4 a 5 m de largo, y está cubierto de escamas durísimas, de color verdoso oscuro con manchas amarillo rojizas. Es temible por su voracidad.

COCOL m. *Méx.* Panecillo en forma de rombo. ❑ *Méx.* COCOLERO.

COCOTERO m. Palmera de las regiones tropicales. Su fruto es el coco. De su pulpa se extraen aceites. ❑ COCOTAL.

COCTEAU, Jean (1889-1963) Escritor fr. Cultivó la novela (*Los hijos terribles*); el drama (*La voz humana*); poesía (*Canto llano*); el ballet. Dibujante y director de cine: *Orfeo, La bella y la bestia.*

CÓCTEL m. Bebida compuesta de diversos licores, jugo de frutas, etc., con hielo. ◊ **molotov.** Artefacto explosivo consistente en una botella llena de gasolina, con una mecha en su boca. ❑ COCTELERA.

COCUMA f. *Perú.* Mazorca de maíz asada.

COCUY m. Cocuyo. ◊ *Amér.* Pita.

COCUYO m. *Zool. Amér.* Insecto coleóptero con dos manchas amarillentas a los lados del tórax, por las cuales despide de noche una luz azulada.

CODA f. *Mús.* Pequeña conclusión que se añade al terminar una pieza repitiendo su último extremo. ◊ *Mús.* Repetición final de una pieza bailable.

CODAL adj. Que consta de un codo. ◊ Que tiene medida o figura de codo. ◊ m. Mugrón de la vid. ◊ *Arq.* Madero atravesado horizontalmente entre las dos jambas de un vano o entre las dos paredes de una excavación, para evitar que se muevan o se desplomen.

CODAZZI, Agustín (1792-1859) Cartógrafo y militar it. *Atlas físico y político de la República de Venezuela, Geografías física y política de la Nueva Granada.*

CODEAR intr. Mover los codos, o dar golpes con ellos frecuentemente. ◊ prnl. fig. Tratarse de igual a igual una persona con otra.

CODEÍNA f. Alcaloide que se extrae del opio y se usa como calmante.

CODERA f. Remiendo o refuerzo que se pone en el codo de una prenda.

CODESO m. Arbusto con hojas compuestas de tres folios, flores amarillo sadas amarillas y fruto en legumbre.

CÓDICE m. Manuscrito ant. en forma de libro.

CODICIA f. Deseo exagerado de poseer dinero, riquezas u otras cosas consideradas buenas. ❑ CODICIAR; CODICIOSO, SA.

CODICILO m. Escrito en el que una persona declara su última voluntad, al margen de las formalidades legales de los testamentos. ❑ CODICILAR.

CODIFICAR tr. Hacer o formar un cuerpo de leyes metódico y sistemático. ◊ Formular un mensaje siguiendo las reglas de un código. ◊ *Comp.* Traducir la información que se quiere introducir en la computadora a un lenguaje que ésta pueda interpretar. ❑ CODIFICACIÓN.

CÓDIGO m. Cuerpo de leyes dispuestas según un plan riguroso y sistemático. ◊ Recopilación de las leyes o estatutos de un país. ◊ Sistema de signos convencionales que permite formular y emitir un mensaje. ◊ Clave que permite descifrar o descodificar un mensaje. ◊ *Comp.* Conjunto de signos convencionales que permiten representar los datos para su manejo en la computadora. ◊ **civil.** *Der.* El que contiene lo estatuido sobre régimen jurídico, aplicable a personas, bienes, modos de adquirir la propiedad, obligaciones y contratos. ◊ **de barras.** *Comp.* Conjunto de rayas verticales u horizontales de distinto espesor que contiene información del producto sobre el que figuran. Se usa para todas las mercancías de venta directa al público y como partitura para los sintetizadores. ◊ **genético.** *Biol.* Sistema de codificación, traducción y transcripción de la información genética acumulada en las moléculas de ADN de los cromosomas. ◊ **penal.** *Der.* El que reúne lo estatuido sobre delitos y faltas, personas responsables de ellos y penas en que incurren.

CODILLO m. En los animales cuadrúpedos, coyuntura del brazo próxima al pecho. ◊ Parte comprendida desde esta coyuntura hasta la rodilla. ◊ Parte de la rama, que queda unida al tronco por el nudo cuando aquélla se corta.

CODO m. Parte posterior y prominente de la articulación del brazo con el antebrazo. ◊ Codillo de los cuadrúpedos. ◊ Trozo de tubo doblado que sirve para variar la dirección recta de las cañerías o tuberías. ◊ Medida lineal que equivale aproximadamente a 42 cm. ❑ CODAZO.

CODÓN m. *Biol.* Triplete de bases nitrogenadas del ARN mensajero que dan lugar, por traducción, a un aminoácido.

CODOÑATE m. Dulce de membrillo.

CODORNIZ f. Ave gallinácea de paso con alas puntiagudas y cola corta.

CODY ⇨ Buffalo Bill.

COEDUCACIÓN f. Educación que se da juntamente a niños o jóvenes de uno y otro sexo.

COEFICIENTE adj. Que juntamente con otra cosa produce un efecto. ◊ m. *Álg.* Número o, en general, factor que, escrito a la izquierda e inmediatamente antes de un monomio, hace oficio de multiplicador. ◊ Cociente.

COELLO, Augusto (1884-1941) Escritor y político hond. Autor del himno nacional. *Canto a la bandera.* ◊ **Claudio** (1642-1693) Pintor esp. *La Sagrada Forma*, en El Escorial; *Don Juan Alarcón.*

COENDÚ m. *Amér. Merid.* Puerco espín de hábitos arborícolas.

COENZIMA m. *Biol.* Sustancia de peso molecular relativamente bajo, cuyo concurso es necesario para que se pueda manifestar la acción de algunas enzimas.

COERCER tr. Contener, refrenar, sujetar. ❑ COERCIÓN; COERCITIVO.

COETÁNEO, A adj. y s. De la misma edad o de la misma época. ◊ P. ext. contemporáneo.

COETZEE, John Maxwell (n. 1940) Escritor sudafricano en lengua inglesa. *Esperando a los Bárbaros, Desgracia.* Premio Nobel de Literatura en 2003.

COEVO, VA adj. Díc. de las cosas que existieron en un mismo tiempo.

COEXISTENCIA f. Existencia simultánea de dos o más cosas. ◊ **pacífica.** Defensa de la convivencia entre países con sistemas políticos y económicos distintos.

COEXISTIR intr. Existir una persona o cosa a la vez que otra. ❑ COEXISTENTE.

COFIA f. Red con que las mujeres se recogían el pelo. ◊ Gorra usada por las mujeres para abrigar y adornar la cabeza. ◊ *Bot.* Cubierta membranosa que protege la extremidad de las raíces.

COFRADÍA f. Asociación devota de personas para un fin religioso. ◊ Gremio o asociación de gentes para un fin determinado. ❑ COFRADE.

COFRE m. Baúl para guardar ropa, joyas, etc.

Cocodrilo del Nilo

Codeso. Arbusto y flores

COFRE DE PEROTE Monte de México, ant. volcán apagado, en la cord. Neovolcánica (est. de Veracruz); 4 282 m. También se le conoce como Nauhcampatépetl.

COGEDOR m. Utensilio en forma de paleta que sirve para recoger la basura, el carbón, la ceniza, etc.

COGER tr. y prnl. Asir, agarrar o tomar. ◊ tr. Recibir en sí alguna cosa. ◊ Ocupar cierto espacio. ◊ Sobrevenir, sorprender. ◊ Contraer una enfermedad. ◊ *Amér.* Copular. ◊ Alcanzar al que o a lo que va delante. ◊ Prender, apresar. ◊ intr. Caber.

COGESTIÓN f. Administración conjunta de una empresa por la dirección y los empleados.

COGIDA fam. Acto de coger el toro a un torero.

COGITATIVO, VA adj. Que tiene facultad de pensar.

COGNAC (voz fr.) m. Coñac.

COGNACIÓN f. Parentesco de consanguinidad por la línea femenina entre los descendientes de un tronco común. ❏ COGNADO, DA.

COGNICIÓN f. Acción y efecto de conocer.

COGNOSCITIVO, VA adj. Díc. de lo que es capaz de conocer. ❏ COGNOSCIBLE.

COGOLLO m. Parte interior y más apretada de la lechuga, la berza y otras hortalizas. ◊ Brote que arrojan los árboles y otras plantas. ◊ fig. Meollo, centro o núcleo de una cosa. ◊ *Amér.* Punta de la caña de azúcar.

COGORZA f. fam. Borrachera.

COGOTE m. Parte superior y posterior del cuello.

COGUJADA f. Pájaro muy semejante a la alondra, de la que se distingue por tener un largo moño puntiagudo, una cola más corta y un pico algo curvado.

COGULLA f. Hábito o ropa exterior que visten varios religiosos monacales.

COHABITAR tr. Habitar juntamente con otro u otros. ◊ Hacer vida marital el hombre y la mujer. ❏ COHABITACIÓN.

COHECHAR tr. Sobornar a un funcionario público. ◊ *Agr.* Dar a la tierra la última vuelta antes de sembrarla. ❏ COHECHADOR, RA; COHECHO.

COHEN, Hermann (1842-1918) Filósofo al., fundador de la Escuela de Marburgo, una de las ramas del neokantismo.

COHERENCIA f. Conexión, relación o unión de unas cosas, ideas, actitudes, etc., con otras. ◊ *Fís.* Cohesión, unión molecular. ❏ COHERENTE.

COHESIÓN f. Acción y efecto de reunirse o adherirse las cosas entre sí o la materia de que están formadas. ◊ Enlace, unión de dos cosas. ◊ *Fís.* Unión íntima entre las moléculas de un cuerpo. ◊ Fuerza de atracción que las mantiene unidas. ❏ COHESIVO, VA.

COHETE m. Artificio pirotécnico que explota en el aire produciendo diversos efectos luminosos. ◊ Aparato de vuelo que se desplaza a causa de la fuerza de reacción que se origina por la expulsión parcial de su masa.

COHIBIR tr. y prnl. Refrenar, reprimir, contener. ❏ COHIBICIÓN.

COHOMBRO m. *Bot.* Planta hortense, variedad de pepino, cuyo fruto es largo y torcido. ◊ Fruto de esta planta. ◊ **de mar.** *Zool.* Animal radia-

Fachada de la catedral de la Santa Cruz de **Coimbra**

do, de piel coriácea, cuerpo cilíndrico y boca rodeada de apéndices ramosos.

COHONESTAR tr. Dar semejanza o visos de buena a una acción.

COHORTE f. Unidad táctica del ant. ejército rom. ◊ fig. Conjunto, serie.

COICOY m. *Chile.* Sapo pequeño, llamado así por su grito particular.

COIHAIQUE Prov. del S de Chile, en la región Aisén del General Carlos Ibáñez del Campo; 51 103 hab. ◊ C. de Chile, cap. de la provincia hom.; 50 141 hab.

COIHUE m. Variedad de jara pequeña propia de los Andes patagónicos.

COIMA f. Manceba. ◊ *Argent.* y *Chile.* Dinero con que se soborna.

COIMBATORE (*Koyamputtur*) C. del S de la India, en el est. de Tamil Nadu; 704 500 hab. Centro textil; ind. del azúcar.

COIMBRA C. del O de Portugal, cap. del distrito hom.; 71 800 hab. Centro cultural. Ind. textil y cerámica.

COINCIDIR intr. Convenir una cosa con otra; ser conforme con ella. ◊ Ocurrir dos o más cosas a un mismo tiempo. ◊ Ajustarse una cosa con otra; confundirse con ella. ◊ Concurrir simultáneamente dos o más personas en un mismo lugar. ◊ Estar de acuerdo en algo. ❏ COINCIDENCIA; COINCIDENTE.

COINÉ f. *Ling.* Lengua común helenística, basada en el dialecto ático, origen del gr. moderno.

COIPÚ m. *Zool. Amér.* Mamífero roedor de tamaño mediano y cola redonda. Se cría en granjas por su piel.

COITO m. Cópula o ayuntamiento carnal de los animales superiores.

COJEAR intr. Andar con irregularidad a causa de algún defecto en la pierna. ◊ Moverse un mueble, por tener algún pie más o menos largo que los demás, o por desigualdad del piso. ◊ Ir poco preparado en un trabajo, estudios, etc. ❏ COJERA; COJITRANCO, CA; COJO, JA.

COJEDES Est. del centro-oeste de Venezuela; 14 800 km², 196 526 hab. Cap., San Carlos. Orográficamente comprende dos zonas; la cord. de la Costa y la serranía del Interior al N; al S los Llanos. Centro ganadero. Pesca fluvial. Arroz, maíz. Amianto.

COJÍN m. Almohadón.

COJINETE m. Almohadilla para coser. ◊ *Ferr.* Pieza de hierro con que se sujetan los carriles a las traviesas. ◊ *Mec.* Dispositivo mecánico que sirve de apoyo y guía a un eje en movimiento.

COJÓN m. Testículo. Se usa más en pl. ◊ fig. y fam. Valor o desfachatez.

COJUTEPEQUE C. de El Salvador, cap. del dpto. de Cuscatlán; 43 600 hab. Caña de azúcar, tabaco, café. Manufactura de tabaco. Fabricación de calzado.

COL f. Planta hortense crucífera, con hojas radiales muy anchas.

COLA f. Parte posterior del cuerpo de algunos animales. ◊ Porción de ropa que en algunos vestidos largos se prolonga por la parte posterior y se lleva gralte. arrastrando. ◊ Punta o extremidad posterior de una cosa. ◊ Apéndice luminoso que suelen tener los cometas. ◊ Hilera de personas que esperan vez. ◊ Último lugar en una clasificación. ◊ Pasta fuerte y pegajosa utilizada para encolar. ◊ **de caballo.** *Bot.* Hierba con hojas filiformes, a manera de cola de caballo. ◊ Peinado en que se recoge el pelo en la parte superior de la cabeza.

COLABORACIONISMO m. Colaboración con un régimen que la mayoría de los ciudadanos considera opresivo e ilegítimo, especialmente si es un régimen de ocupación. ❏ COLABORACIONISTA.

COLABORAR tr. Contribuir con el propio esfuerzo a la consecución o ejecución de algo en lo que trabaja otro u otros. ❏ COLABORACIÓN; COLABORADOR, RA.

COLACIÓN f. Acto de conferir un beneficio eclesiástico, un grado universitario, etc. ◊ Cotejo que se hace de una cosa con otra. ◊ Comida ligera.

COLADA f. Ropa colada. ◊ Lavado periódico de la ropa de la casa. ◊ *Metal.* Extracción de la masa fundida en un horno. ◊ *Metal.* Operación de llenar un molde con metal fundido. ◊ **volcánica.** Masa de lava que fluye por la pendiente del terreno.

COLADERO m. Colador. ◊ Camino o paso estrecho.

COLADOR m. Utensilio formado por una tela, tela metálica o plancha con agujeros, que sirve para colar líquidos.

COLÁGENO m. *Anat.* Proteína fibrosa, componente fundamental de la sustancia intersticial de los tejidos cartilaginoso y óseo.

COLAGOGO, GA adj. Díc. de la sustancia que provoca la evacuación de la bilis.

COLAPSO m. *Med.* Estado de postración extrema y depresión repentina, con debilitamiento de la actividad cardíaca. ◊ fig. Paralización brusca de una actividad cualquiera. ❏ COLAPSAR.

COLAR tr. Pasar un líquido por un cedazo o colador. ◊ Blanquear la ropa después de lavada, metiéndola en lejía caliente. ◊ intr. Pasar por un lugar o paraje estrecho. ◊ fam. Pasar una cosa en virtud de engaño. ◊ prnl. Introducirse en un sitio subrepticiamente.

COLATERAL adj. Díc. de las cosas que están a uno y otro lado de otra principal. ◊ adj. y s. Díc. del pariente que no lo es por línea recta.

COLBERT, Jean Baptiste (1619-1683) Estadista fr. En 1665 fue nombrado por

Luis XIV supervisor general de Finanzas; más tarde, secretario de Estado de la Casa del Rey y de la Marina. Se preocupó de la reorganización financiera del Est. y estimuló la expansión colonial.

COLCHA f. Cobertura de cama que sirve de adorno y abrigo.

COLCHAGUA Prov. del centro de Chile, en la región VI del Libertador General Bernardo O'Higgins; 196 566 hab. Cereales, vid, tabaco. Ganadería. Yacimientos de caliza. Cap., San Fernando.

COLCHÓN m. Especie de saco, relleno de lana o de otra materia esponjosa o blanda, o hecho con muelles, que se coloca sobre el somier de la cama. ❑ COLCHONERÍA; COLCHONERO, RA.

COLCHONETA f. Cojín largo y delgado. ◊ Colchón delgado.

COLCÓTAR m. *Miner.* Óxido de hierro que se encuentra en estado natural, pero que se obtiene casi siempre por calcinación de sulfato ferroso. Se usa como pigmento, en cerámica y, como abrasivo, para pulir cristales ópticos.

COLEADA f. Sacudida o movimiento de la cola de los peces y otros animales.

COLEAR intr. Mover con frecuencia la cola. ◊ *Amér.* Derribar el jinete a la res que huye, cogiéndole la cola.

COLECCIÓN f. Conjunto de cosas, por lo común de una misma clase. ❑ COLECCIONAR; COLECCIONISMO; COLECCIONISTA.

COLECISTITIS f. Inflamación de la vesícula biliar.

COLECTA f. Recaudación de donativos voluntarios. ❑ COLECTAR; COLECTACIÓN.

COLECTIVIDAD f. Conjunto de personas reunidas o concertadas para un fin. ◊ Comunidad humana.

COLECTIVISMO m. Doctrina política que propugna la propiedad colectiva de los medios de producción. ❑ COLECTIVISTA.

COLECTIVIZAR tr. Transformar evolutiva o coactivamente los bienes individuales en colectivos. ❑ COLECTIVIZACIÓN.

COLECTIVO, VA adj. Formado por varias personas o cosas. ◊ Hecho por varios. ◊ Que tiene la virtud de reunir.

COLECTOR m. El que hace alguna colección. ◊ Recaudador. ◊ Alcantarilla principal. ◊ *El.* Parte de la dinamo formada por laminillas de cobre que se hallan conectadas a las escobillas para recoger la corriente. ❑ COLECTURÍA.

COLÉDOCO m. *Anat.* Conducto biliar formado por la reunión de los conductos hepático y cístico, que vierte la bilis en el duodeno.

COLEGA com. Compañero en un colegio, iglesia, corporación o ejercicio.

COLEGIAL, LA m. y f. Niño que asiste a un colegio.

COLEGIARSE prnl. Reunirse en colegio los individuos de una misma profesión o clase. ◊ Inscribirse en un colegio profesional. ❑ COLEGIACIÓN; COLEGIADO, DA.

COLEGIATA f. Iglesia colegial.

COLEGIO m. Establecimiento de enseñanza para niños y jóvenes. ◊ Asociación oficial integrada por personas pertenecientes a la misma profesión, que representa y defiende sus intereses co-

lectivos. ◊ **electoral**. Reunión de electores comprendidos en una misma unidad electoral. ◊ Sitio donde se reúnen para votar. ◊ **mayor**. Residencia de estudiantes universitarios. ◊ **menor**. Residencia de estudiantes de enseñanza media.

COLEGIR tr. Juntar, unir cosas sueltas y esparcidas. ◊ Inferir, deducir.

COLEÓPTERO, RA adj. y m. *Zool.* Díc. de los insectos designados colectivamente como escarabajos, que engloba casi la cuarta parte de los animales conocidos.

CÓLERA f. Bilis. ◊ fig. Ira, enojo, enfado. ◊ m. Enfermedad infecciosa transmitida por contaminación fecal de los alimentos o del agua, caracterizada por vómitos, deposiciones fluidas y frecuentes y violentos dolores intestinales. ❑ COLÉRICO, CA.

COLERIDGE, Samuel Taylor (1772-1834) Poeta romántico, crítico y filósofo ing. Con sus obras filosóficas (*Ayudas a la reflexión*), creó los pilares básicos del idealismo brit. Poemas: *Baladas líricas, Christabel*.

Coleóptero. *Cissites cephalotes* de África oriental

COLESTEROL m. *Fisiol.* Sustancia que existe normalmente en la sangre, bilis, cerebro, ovarios, cápsulas suprarrenales y tejido adiposo. Su acumulación en las paredes de los vasos produce la arteriosclerosis, y en las vías biliares puede formar cálculos.

COLETA o **COLETILLA** f. Trenza de pelo, especialmente la que se hace en la parte posterior de la cabeza. ◊ Cabello recogido y envuelto en una cinta y colgado sobre la espalda. ◊ fig. y fam. Adición breve a lo escrito o hablado.

COLETAZO m. Golpe dado con la cola. ◊ fig. Manifestación de algo que se está acabando.

COLETTE, Gabrielle (1873-1954) Escritora fr. *Claudine, Diálogos de animales, Querido, La vagabunda.*

COLGADOR m. Percha o cosa adecuada para colgar algo.

COLGADURA f. Conjunto de tapices o telas con que se cubren las paredes y balcones de una casa.

COLGAJO m. Cualquier trapo o cosa que cuelga. ◊ *Cir.* Porción de piel sana que en las operaciones quirúrgicas se reserva para cubrir la herida.

COLGANTE m. Joya o adorno colgante. ◊ *Arq.* Festón, adorno.

Colibrí

COLGAR tr. Suspender, poner una cosa pendiente de otra, sin que llegue al suelo. ◊ fig. y fam. Ahorcar. ◊ fig. Imputar, achacar. ◊ intr. Estar una cosa en el aire pendiente o asida de otra. ❑ COLGADOR, RA; COLGAMIENTO.

COLHUÉ HUAPÍ Lago de la Argentina, en Patagonia (prov. de Chubut); 803 km².

COLIBACILO m. Bacilo que vive en el intestino del hombre y de los animales.

COLIBRÍ m. *Amér.* Ave de pequeño tamaño, que recibe el nombre de pájaro mosca. Su plumaje suele ser vistoso, con irisaciones metálicas. El pico, largo y muy delgado, está adaptado a la succión del néctar de las flores.

CÓLICO, CA adj. Relativo al intestino colon. ◊ m. *Pat.* Dolor de colon y, en general, de la cavidad abdominal, que se presenta en accesos. ◊ *Pat.* Dolor agudo e intenso debido a contracciones espasmódicas de un órgano hueco. ◊ **hepático** o **biliar**. El debido a la obstrucción de las vías biliares producida por cálculos. ◊ **miserere**. Oclusión intestinal aguda que determina un estado gravísimo. ◊ **nefrítico** o **renal**. El debido a la obstrucción del uréter.

COLIFLOR f. Variedad cultivada de la col, cuya inflorescencia hipertrofiada tiene los brotes transformados en masas carnosas y compactas.

COLIGARSE prnl. Unirse, confederarse unos con otros para algún fin. ❑ COLIGACIÓN; COLIGADO, DA.

COLIGNY, Gaspard de (1519-1572) Almirante fr. Jefe del partido hugonote. Asesinado en la noche de San Bartolomé.

COLIGÜE m. *Argent.* y *Chile.* Planta gramínea trepadora.

COLILLA f. Punta del cigarro que se tira. ❑ COLILLERO, RA.

COLIMA Est. de México, en el Pacífico; 5 455 km², 542 627 hab. Cap., la c. hom. Relieve montañoso, excepto en la llanura litoral; por el N penetran las estribaciones de la cord. Neovolcánica. Caña de azúcar, plátanos, maíz, frijol y algodón. Riqueza forestal. Ganadería. Hierro, plata y plomo. ◊ C. de Méx., cap. del est. hom.; 129 958 hab. Centro agropecuario y comercial. Aceite de coco y jabón. Yacimientos de arte precolombino.

COLIMA, Nevado de Volcán extinto de la cordillera Neovolcánica de México, en el est. de Jalisco; 4 330 m.

COLIMADOR m. *Ópt.* Dispositivo de determinados instrumentos, que sirve para dirigir visuales o para colimar los rayos luminosos.

COLIMAR tr. *Fís.* Obtener un haz de rayos paralelos a partir de un foco luminoso. ◊ *Fís.* Alinear los elementos constituyentes de un sistema óptico. ❑ COLIMACIÓN.

COLIMBO m. Ave con membranas interdigitales completas, pico comprimido y alas cortas, pero útiles para el vuelo.

COLINA f. Elevación natural de terreno, menor que una montaña. ◊ Base nitrogenada que interviene en la constitución de algunos fosfolípidos, como las lecitinas.

COLINA C. de Chile, cap. de la prov. de Chacabuco, en la Región Metropolitana de Santiago; 77 815 hab. Termas.

COLINDAR intr. Lindar entre sí dos o más fincas, términos, etc. ❑ COLINDANTE.

COLIRIO m. *Farm.* Medicamento líquido o pastoso que se emplea para tratamiento de trastornos oculares o palpebrales.

COLIRROJO m. Ave paseriforme, de pequeño tamaño, que tiene la cola y las coberturas dorsales de color castaño rojizo.

COLISEO m. Teatro para la representación de tragedias y comedias. ◊ n. p. m. Anfiteatro rom. construido en tiempos de Vespasiano y Tito (75-80).

Vista parcial del foso y las gradas del **Coliseo** romano

COLISIÓN f. Choque de dos cuerpos.

COLISTA adj. y s. Díc. del que ocupa el último lugar en una clasificación deportiva.

COLITIS f. *Pat.* Inflamación de colon.

COLLA f. Gorjal, pieza de la armadura. ◊ Arte de pesca compuesto por determinado número de nasas colocadas en fila cuando se calan. ◊ adj. y s. *Argent.* y *Bol.* Díc del indígena que habita en las mesetas andinas. ◊ Individuo de una de las prales. tribus aymaraes.

COLLADO m. Cerro, elevación de poca altura. ◊ Depresión suave por donde se puede pasar fácilmente de un lado a otro de una sierra.

COLLAGE (voz fr.) m. Técnica que consiste en aplicar sobre una superficie materiales y objetos.

COLLAR m. Adorno que se lleva alrededor del cuello. ◊ Insignia de algunas magistraturas, dignidades y órdenes de caballería. ◊ Aro que se pone al cuello de algunos animales. ◊ Faja de plumas que ciertas aves tienen alrededor del cuello, y que se distingue por su color. ◊ *Mec. apl.* Anillo que abraza cualquier pieza circular de una máquina para sujetarla sin impedirle girar.

COLLAREJA f. *Col.* y *C. Rica.* Especie

de paloma silvestre de color azul, muy estimada por su carne.

COLLARÍN m. Alzacuello de los eclesiásticos. ◊ *Arq.* Collarino.

COLLARINO m. *Arq.* Parte inferior del capitel, entre el astrágalo y el tambor.

COLLERA f. Collar de cuero o lona, relleno de borra o paja, que se pone al cuello a las caballerías para que no les haga daño el horcate. ◊ pl. *Argent.* y *Chile.* Gemelos para una camisa.

COLLERÓN m. Collera de lujo, fuerte y ligera, que se usa para los caballos de los coches.

COLLIE m. Perro pastor escocés.

COLLINS, Michael (n. 1930) Astronauta norteam. En 1969 participó en el primer viaje del hombre a la Luna. ◊ *William Wilkie* (1824-1889) Novelista ing., precursor del gén. policiaco. *La dama de blanco, La piedra lunar.*

COLLODI, Carlo Seud. de *Carlo Lorenzini* (1826-1890) Escritor y periodista it., célebre por sus obras de literatura infantil. *Giannetino* y *Pinocho.*

COLLOR DE MELLO, Fernando (n. 1949). Economista y periodista bras. Como candidato populista, ganó en 1989 las elecciones presidenciales. Acusado de corrupción fue destituido en 1992.

COLMADO m. Establecimiento donde se sirven bebidas y refrescos, mariscos, etc. ◊ Tienda de comestibles.

COLMAN, Narciso Ramón (1878-1954) Escritor par. *Mil leyendas guaraníes, Génesis de la raza guaraní.*

COLMAR tr. Llenar hasta el borde. ◊ Dar con abundancia. ◊ Satisfacer plenamente.

COLMAR C. de Francia, cap. del dpto. de Haut-Rhin; 62 500 hab. Centro industrial.

COLMATAR tr. *Geol.* Rellenar una cuenca o depresión por arrastre de materiales sedimentarios. ❑ COLMATACIÓN.

COLMENA f. Alojamiento de un enjambre de abejas, consistente en una cavidad natural o en una caja artificial. ❑ COLMENAR; COLMENERO, RA.

COLMENILLA f. Nombre común de varios hongos comestibles de pie blanquecino y sombrero alveolado.

COLMILLO m. Diente agudo y fuerte, colocado en cada uno de los lados de las hileras que forman los dientes incisivos, entre el último de éstos y la pri-

Caricatura de W. W. **Collins**

mera muela. ◊ Cada uno de los dos dientes incisivos prolongados en forma de cuerno que tienen los elefantes.

COLMO m. Porción de materia pastosa o árida, o de cosas de poco volumen, que sobresale por encima de los bordes del vaso que las contiene. ◊ fig. Complemento o término de alguna cosa. ◊ fig. y fam. Lo que sobrepasa toda precisión o cálculo.

COLOBO m. *Amér.* Mono de cuerpo delgado y cola muy larga, con espesa crin negra sobre el lomo y cara blanca.

COLOCAR tr. y prnl. Poner a una persona o cosa en su lugar. ◊ tr. Hablando de dinero, invertirlo. ◊ tr. y prnl. fig. Proporcionar un empleo. ❑ COLOCACIÓN.

COLOCOLO (m. 1561) Caudillo araucano que junto a Caupolicán, venció a los esp. en la batalla de Tucapel. Derrotado y muerto en la batalla de Quipeo.

COLODIÓN m. Disolución de algodón pólvora o nitrocelulosa en una mezcla de alcohol y éter.

COLODRILLO m. Parte posterior de la cabeza.

COLOFÓN m. *Art. Gráf.* Nota que a veces se pone al final de un libro para indicar el nombre del impresor y la fecha en que concluyó. ◊ fig. Complemento que se añade a una obra literaria.

COLOFONIA f. Resina común, constituida por los ácidos resínicos que quedan cuando de la trementina se extraen, por destilación, los terpenos volátiles (esencia de trementina).

COLOGARITMO m. *Mat.* Para un número dado, valor de su logaritmo en una base determinada, cambiado de signo.

COLOIDE m. *Quím.* Cuerpo que se dispersa en un fluido en partículas (*micelas*) de tamaño comprendido entre 0,2 y 0,1 micras, formando una solución denominada coloidal. Entre los más imp. figuran la albúmina, la goma arábiga, etc. ❑ COLOIDAL; COLOIDEO, A.

COLOLO, Nevado de Pico de Bolivia, en el Nudo de Apolobamba. Alt.: 5 915 m.

COLOMA, Luis (1851-1914) Jesuita y escritor esp. *Pequeñeces, Jeromín.*

COLOMBA Mun. de Guatemala, en el dpto. de Quezaltenango; 29 700 hab. Ganadería. Café, caña de azúcar.

COLOMBIA (*República de Colombia*) Estado perteneciente al conjunto de países andinos de América Meridional. Ubicado en el sector NO del continente. Lenguas: español (of.), lenguas amerindias. *Rel.:* catolicismo. U. M.: el peso. Cap., Bogotá, C. prales.: Medellín, Cali, Barranquilla, Cartagena, Bucaramanga. El país está dividido en 32 departamentos y el Distrito Especial de Bogotá.

❑ *Geog. física.* Los Andes, al entrar en C., se trifurcan en las cord. Oriental (Sierra Nevada del Cocuy, 5 493 m), Central (Nevado del Huila, 5 750 m) y Occidental (Volcán Cumbal, 4 800 m). Entre los volcanes, muchos de ellos ubicados en la cord. Central, destaca el Nevado del Ruiz (5 400 m). Más al N, sobre el Caribe, se encuentra la sierra Nevada de Santa Marta, con la máx. alt. del país (5 800 m en el Pico Cristóbal Colón). La vertiente caribeña com-

Mapa de situación y bandera
de **Colombia**

Gobernantes de Colombia

1810	Junta Suprema (pres. José Miguel Pey)	1872-1874	M. Murillo Toro
1811	Jorge Tadeo Lozano	1874-1876	Santiago Pérez
1811-1812	Antonio Nariño	1876-1878	Aquileo Parra
1812-1813	Camilo Torres	1878-1880	Julián Trujillo
1813-1814	Manuel B. de Álvarez	1880-1882	Rafael Núñez
1814-1815	Triunvirato: J.M. del Castillo y Rada, J. Camacho y J. Fernández Madrid	1882	Clímaco Calderón Fco. J. Zaldúa
1815	Custodio García Rovira, Antonio Villavicencio, Manuel Rodríguez Torices, José Miguel Pey	1882-1884	José E. Otálora
		1884	Ezequiel Hurtado
		1884-1886	Rafael Núñez
		1886-1887	J. M. Campo Serrano
		1887	Eliseo Payán
1815-1816	Camilo Torres	1887-1888	Rafael Núñez
1816	José Fernández Madrid	1888-1892	Carlos Holguín
	Custodio García Rovira	1892-1896	Miguel Antª. Caro
	Liborio Mejía	1896	G. Quintero Calderón
	Fernando Serrano	1896-1898	Miguel Antª. Caro
1816-1819	Pablo Morillo, Francisco Montalvo, Juan Sámano	1898	José M. Marroquín
		1898-1900	M. A. Sanclemente
		1900-1904	José M. Marroquín
	República	1904-1909	R. Reyes. J. Holguín
1819	Simón Bolívar	1909-1910	R. González Valencia
1819-1827	F. de P. Santander	1910-1914	Carlos E. Restrepo
1827-1830	Simón Bolívar	1914-1918	José V. Concha
1830	Joaquín Mosquera Domingo Caicedo	1918-1921	Marco Fidel Suárez
		1921-1922	Jorge Holguín
1830-1831	Rafael Urdaneta	1922-1926	Pedro Nel Ospina
1831-1832	José María Obando	1926-1930	M. Abadía Méndez
1832	José I. de Márquez	1930-1934	E. Olaya Herrera
1832-1837	F. de P. Santander	1934-1938	Alfonso López
1837-1841	José I. de Márquez	1938-1942	Eduardo Santos
1841	J. de D. Aranzazu	1942-1945	Alfonso López
1841-1845	Pedro A. Herrán	1945-1946	Alberto Lleras
1845-1849	Tomás C. Mosquera	1946-1950	Mariano Ospina P.
1849-1853	J. Hilario López	1950-1953	Laureano Gómez R. Urdaneta Arbeláez
1853-1854	José María Obando		
1854	José María Melo	1953-1957	G. Rojas Pinilla
1854-1855	José de Obaldía	1957-1958	Junta Militar
1855-1857	M. M. Mallarino	1958-1962	Alberto Lleras
1857-1861	Mariano Ospina R.	1962-1966	Guillermo L. Valencia
1861	Bartolomé Calvo	1966-1970	Carlos Lleras Restrepo
1861-1864	Tomás C. Mosquera	1970-1974	M. Pastrana Borrero
1864	J. A. de Uricoechea	1974-1978	Alfonso López Michelsen
1864-1866	M. Murillo Toro	1978-1982	Julio C. Turbay Ayala
1866	J. M. Rojas Garrido	1982-1986	Belisario Betancur
1866-1867	Tomás C. Mosquera	1986-1990	Virgilio Barco
1867-1868	Santos Acosta	1990-1994	César Gaviria
1868-1870	Santos Gutiérrez	1994-1998	Ernesto Samper
1870-1872	Eustorgio Salgar	1998-2002	Andrés Pastrana
		2002	Álvaro Uribe

prende el sist. fluvial del Magdalena, con su afl. Cauca. Vertiente del Pacífico: San Juan y Patía. Las vertientes orientales están formadas por el Orinoco y la red amazónica (Putumayo, Caquetá). Gran variedad de climas, condicionada pralm. por los Andes.

□ *Geog. económica.* En las zonas frías se obtienen excelentes pastos, cebada, patatas, maíz y leguminosas. Los climas medios dan café, plátano y caña de azúcar. Las tierras calientes producen coco, caucho, tabaco, cacao y algodón. Ganadería bovina, porcina y ovina. Riqueza minera excepcional: carbón (la mayor reserva del continente), hierro (Boyacá, Tolima, Antioquia), petróleo, platino, oro (Antioquia y Chocó), plata (Tolima), esmeraldas (minas de Muzo y Coscuez). Entre las prales. ind. figura la textil. Imp. producción de sosa en Zipaquirá. Otras ind.: acero, papel, bebidas, vestuario, calzado, artesanía.

□ *Org. pol.* Según la constitución de 1991, el ejecutivo es ejercido por el presid. de la rep.; el legislativo por el congreso (senado y cámara de representantes), concejos municipales y asambleas departamentales. Los órganos del poder judicial son la corte suprema, el consejo de estado y la corte constitucional, entre otros.

□ *Hist.* Antes de la llegada de los esp., existían indígenas caribes en el litoral atlántico, cuenca del Magdalena y Llanos orientales, arahuacos, en la Guajira y los Llanos, quimbayas, en las cord. Central y Occidental, y chibchas, en la cord. Oriental. En 1499, Alonso de Ojeda inició la exploración del país. Tras la conquista, la pob. indígena quedó sometida a los colonos esp. por medio de la encomienda. La estructuración político-territorial correspondió a la Real Audiencia de Santa Fe, creada en 1550, y al Virreinato de Nueva Granada (1719). Conquistada España por las tropas napoleónicas, los criollos trataron de constituir un gobierno compartido. En 1810 una revuelta popular dirigida por José María Carbonell dio como resultado la formación de la junta de gobierno del Nuevo Reino de Granada. Antonio Nariño se enfrentó a la junta enarbolando la bandera del centralismo democrático frente al gobierno federal. De esta pugna surgieron las guerras civiles. En 1812, Simón Bolívar desembarcó en Cartagena y desalojó a los esp. de la costa atlántica; en 1814 tomó Santa Fe y unificó todas las prov. de Nueva Granada, pero tropas esp. reconquistaron parte del terr. El regreso de Bolívar marcó la derrota definitiva de los esp.: batalla de Boyacá (1819). El congreso de Angostura creó la Rep. de la Gran Colombia (Nueva Granada, Venezuela y, posteriormente, Panamá y Ecuador). Tras la muerte de Bolívar (1830), surgió separada del resto, la República de Nueva Granada, transformada en Estados Unidos de Colombia, en 1863. A lo largo del s. XIX, el país se vio abocado a una serie de guerras civiles. La última y más ruinosa de todas fue la llamada de los Mil Días, al término de la cual EE UU se apoderó del istmo de Panamá. Los treinta primeros años del s. XX fueron dominados por el Partido Conservador, que estableció la paz con EE UU. En 1930 fue elegido presid. el liberal Enrique Olaya Herrera. Las reformas de su sucesor, Alfonso López Pumarejo, fueron frenadas por Eduardo Santos (1938-1942). Alberto Lleras Camargo creó una coalición de fuerzas de ambos partidos para oponerse a Jorge Eliécer Gaitán, líder popular. Tras la elección del conservador Mariano Ospina Pérez (1946), se desató lo que se conoce como el periodo de la «violencia» (300 000 muertos). Laureano Gómez fue derribado por el general Gustavo Rojas Pinilla (1953), derrocado, a su vez, por un golpe incruento que dio paso al Frente Nacional, una coalición de liberales y conservadores que llevó a Alberto Lleras Camargo a la presidencia (1958). Le sucedieron Guillermo L. Valencia, Carlos Lleras Restrepo y Misael Pastrana Borrero, con quien finalizan los 16 años de alternancia y paridad política entre liberales y conservadores. A Pastrana Borrero le sucedieron Alfonso López Michelsen (1974-1978), Julio César Turbay Ayala. Los años siguientes registraron una actividad creciente de la guerrilla M-19. A reducirlas se aplicó el nuevo presid. Belisario Betancur, conservador electo en 1982. En 1984 se firmó una tregua entre el gobierno y las prales. guerrillas (FARC y M-19), con una dispar evolución. La presid. pasó en 1986 al liberal Virgilio Barco, sucedido por el también liberal César Gaviria,

COLOMBIA

Superficie	1 141 748 km²
Población	44 531 000 hab. (39 hab./km²)

Recursos económicos

Aceite de palma	268 300 t
Algodón	142 000 t
Ananás	240 000 t
Arroz	1 739 000 t
Bananas	1 630 000 t
Cacao	59 000 t
Café	870 000 t
Maíz	1 274 000 t
Mandioca	2 810 000 t
Patatas	2 372 000 t
Sorgo	738 000 t

Ganadería y derivados

Cabaña bovina	24 875 000 cabezas
Cabaña caballar	1 980 000 cabezas
Cabaña ovina	2 745 000 cabezas
Cabaña porcina	2 700 000 cabezas
Riqueza forestal	19 384 000 m³
Pesca	101 119 t

Producción minera

Carbón	20 468 000 t
Fosfato	37 000 t
Gas natural	3 800 millones de m³
Oro	28 t
Petróleo	22 155 000 t
Plata	8 t
Sal gema	99 300 t
Sal marina	268 000 t

Recursos industriales

Acero	733 000 t
Ácido sulfúrico	75 000 t
Azúcar	1 617 000 t
Cemento	6 360 000 t
Cerveza	11 973 000 hl
Energía eléctrica	36 000 millones de kwh
Fertilizantes	96 000 t
Fibras sintéticas	1 300 t
Hilados de algodón	76 200 t
Hierro colado	347 000 t
Neumáticos	1 915 000 unidades
Papelera	136 000 t
Tabaquera	17 500 000 000 cigarrillos

Indicadores sociológicos

PNB	90 007 millones de dólares
Renta per cápita	2 170 dólares
Esperanza de vida	69 años
Alfabetismo	92 %

vencedor en las elecciones de 1990. En 1991 se aprobó una nueva Constitución. Los comicios de 1994 dieron el triunfo al liberal Ernesto Samper, y en 1998, después de tres presidencias liberales consecutivas, venció el conservador Andrés Pastrana. En las elecciones presidenciales de 2002, Álvaro Uribe, disidente del Partido Liberal, se impuso en la primera vuelta. En 2004 C. ingresó en el Mercosur como miembro asociado.

□ *Lit.* La figura más destacada de la época colonial fue Juan Rodríguez Freyle. Ya en el s. XIX, José Eustasio Rivera creó el tipo de novela realista. Siguieron sus pasos Tomás Carrasquilla, Eduardo Zalame, Manuel Zapata Olivella, Manuel Mejía Vallejo y José Osorio Lizarazo. Con Jorge Zalamea y José Félix Fuenmayor se crea una nueva narrativa, fruto del mito, la leyenda y la fantasía conectadas con la realidad, género que culminará Gabriel García Márquez. Junto a él destacan Germán Espinosa, R., H. Moreno Durán, Óscar Collazos y Álvaro Mutis. El pral. representante de la poesía col. de época colonial fue Domínguez Camargo. En el s. XIX destacaron Rafael Pombo, José Asunción Silva (introductor del modernismo) y Julio Flórez. Ya en el s. XX: Guillermo Valencia, Luis Carlos López, Porfirio Barba, León de Greiff, Álvaro Mutis, entre otros.

□ *Arte.* Los restos más imp. de arte precolombino son los de las culturas tayrona, de San Agustín, chibcha y quimbaya. El s. XVIII irradia la influencia barroca (Pedro Laboría, escultor), Pedro Caballero (tallista). Torres Méndez inicia el costumbrismo pictórico, y Pedro José Figueroa y Epifanio Garay, la escuela retratista. Bajo la influencia del muralismo mex. aparecen figuras como Andrés Santamaría, Gómez Jaramillo, Alberto Acuña. En 1950 el arte col. inicia un movimiento de renovación con Alejandro Obregón. En periodo reciente destaca el arquitecto y urbanista Rogelio Salmona.

COLOMBIA Mun. de Cuba, en la prov. de Las Tunas; 28 900 hab. Caña de azúcar.

COLOMBIANO, NA adj. y s. De Colombia.

COLOMBO (*Kolamba*) Cap. de Sri Lanka, 623 000 hab. Imp. puerto. Exportaciones de caucho, té y copra. Tabaco.

El presidente de **Colombia**, Álvaro Uribe

COLOMBOFILIA f. Cría y educación de palomas mensajeras.

COLON m. *Anat.* Segunda porción del intestino grueso, entre el ciego y el recto. ◊ *Gram.* Parte o miembro pral. del periodo. ◊ *Gram.* Puntuación con que se distinguen esos miembros (punto y coma y dos puntos).

COLÓN m. U. M. de Costa Rica y El Salvador.

COLÓN Arch. de Ecuador, también llamado Galápagos, sit. en el océano Pacífico. Formado por siete islas mayores y numerosos islotes y escollos. Cap., Puerto Baquerizo Moreno, en la isla de San Cristóbal. Es famoso por su fauna y flora, únicas en el mundo (tortugas gigantes o galápagos, iguanas). Constituye la prov. de ↪ Galápagos. ◊ Dpto. de Honduras, a orillas del Caribe; 8 248,8 km², 143 748 hab. Cap., Trujillo. Comprende un área montañosa al O y otra al E y S, separadas por la llanura aluvial del Aguán. Plátanos, café, caña de azúcar, piña. Oro, plata, hierro y níquel. ◊ Prov. de Panamá, en la costa del mar Caribe; 4 890,1 km², 187 745 hab. Cap., Colón. Relieve llano, excepto en el sector meridional ocupado por la cord. Centroamericana. Cultivos tropicales. Carbón, oro y manganeso. ◊ C. de Panamá, cap. de la prov. hom.; 156 289 hab. en el distr. En la isla de Manzanillo. Puerto franco. ◊ Mun. de Cuba, en la prov. de Matanzas; 62 100 hab. Agricultura. Ganadería.

COLÓN, *Bartolomé* (h. 1461-1514) Hermano de Cristóbal C., quien lo nombró adelantado de las Indias. ◊ *Cristóbal* (h. 1451-1506) Navegante genovés. Muy influenciado por las ideas del cosmógrafo florentino Toscanelli, quien sostenía que la distancia oceánica entre Europa y las Indias por occidente era más corta que por oriente. Rechazados sus proyectos de seguir esta ruta marina por Juan II de Portugal, fue recibido en España por los Reyes Católicos en 1486. Éstos acordaron con Colón las Capitulaciones de Santa Fe (1492). El 3 agosto 1492 zarparon de Palos de Moguer tres carabelas, *Santa María, Pinta* y *Niña* y el 12 de octubre C. desembarcó en la isla de Guanahaní, que bautizó con el nombre de San Salvador; después tocó Cuba y Santo Domingo. Hizo tres viajes más (1493, 1498

Colombia. Vista panorámica de la capital, Bogotá

y 1502); en el segundo descubrió las Antillas Menores; en el tercero la costa continental (Venezuela) y en el cuarto la costa de América Central. ◊ *Diego* (1478-1526) Almirante esp., hijo mayor de Cristóbal C.; gobernador de La Española en 1509. ◊ *Hernando* (1488-1539) Cosmógrafo y bibliógrafo esp. Hijo natural de Cristóbal C. *Historia del almirante Don Cristóbal Colón.*

COLONIA f. Conjunto de personas que salen de un país para establecerse en otro. ◊ Terr. fuera de la nación que lo hizo suyo y, ordinariamente, regido por leyes especiales. ◊ Agrupación de animales que viven juntos en gran número. ◊ Agua de colonia.

COLONIA Dpto. del SO de Uruguay, junto al estuario del Río de la Plata; 6 106 km², 119 266 hab. Cap., Colonia del Sacramento. El relieve lo constituyen pequeñas elevaciones que enlazan con las llanuras aluviales del Río de la Plata y del Uruguay. Cereales. Ganadería intensiva. Ind. lácteas. ◊ *del Sacramento* C. de Uruguay, cap. del dpto. de Colonia; 21 714 hab. Centro comercial e industrial. Puerto.

COLONIA (*Köln*) C. de Alemania, en Renania Septentrional-Westfalia, a orillas del Rin; 922 300 hab. Centro comercial, industrial y de comunicaciones. Puerto sobre el Rin. Refinería de petróleo.

COLONIA, *Juan de* (h. 1410-1481). Arquitecto esp., de origen al. Introductor del gótico flamígero en España. Cimborrio y las torres de la catedral de Burgos. ◊ *Simón de* (h. 1450-1511) Arquitecto y escultor esp. Capilla del Condestable, en la catedral de Burgos.

COLONIAL adj. Relativo a la colonia. ◊ Ultramarino. ◊ *Arte c.* Conjunto de elementos artísticos de una colonia; es el resultado de una mezcla del arte de la metrópoli con el indígena. Se aplica especialmente al arte de las ant. colonias esp. de América.

COLONIALISMO m. Tendencia imperialista a la expansión colonial y a la conservación de las colonias. ❏ COLONIALISTA.

COLONIZACIÓN f. Intervención de un pueblo, por la fuerza o por el acuerdo, en un terr. ocupado por otro en un estadio económico y técnico inferior, el cual se convierte en colonia del primero.

Cristóbal **Colón**

COLONIZAR tr. Formar o establecer colonia en un país. ◊ Fijar en un terreno la morada de sus cultivadores. ❏ COLONIZADOR, RA.

COLONNA Familia rom. que desempeñó un importante papel en la historia de la iglesia católica, desde 1100 hasta 1661. Entre sus miembros destacan: *Oddo* (1368-1461), papa bajo el nombre de Martín V; *Marcantonio* (1535-1584), gral. de las galeras pontificias en Lepanto.

COLONO m. El que habita en una colonia. ◊ Labrador que cultiva y labra una heredad por arrendamiento y suele vivir en ella.

COLOQUIO m. Conferencia o plática entre dos o más personas. ◊ Gén. de composición literaria, prosaica o poética, en forma de diálogo. ❏ COLOQUIAL.

COLOR amb. *Fís.* Impresión que los rayos de luz reflejados por un cuerpo producen al incidir en la retina. ◊ Sustancia preparada para pintar. ◊ *Arte.* Colorido de una pintura. ◊ fig. Carácter peculiar de algunas cosas. ◊ Color natural de la tez humana.

COLORADO, DA adj. Que tiene color. ◊ adj. y s. Que tiene color rojo.

COLORADO R. del O de EE UU; 2 250 km. Nace en las montañas Rocosas, penetra en terr. mex. y desagua en el golfo de California. A su paso por Arizona forma el *Gran Cañón.* ◊ **Meseta del C.** Región natural del SO de EE UU. Sit. entre la Gran Cuenca y las montañas Rocosas. El r. Colorado ha excavado profundos cañones. ◊ Est. del O de EE UU; 269 596 km², 3 294 000 hab. Cap., Denver. R. prales.: Colorado, Arkansas y South Platte. Imp. riqueza minera. C. perteneció a México hasta 1848.

COLORADO R. de Argentina; 1 300 km. Nace en los Andes y desemboca en el Atlántico.

COLORANTE m. *Quím.* e *Ind.* Cualquier sustancia capaz de teñir o colorear un material. Los c. tienen gran importancia en casi todas las ramas de la ind.

COLORAR o **COLOREAR** tr. Colorar, dar color. ◊ intr. y prnl. Tirar a colorado. ◊ intr. Empezar a madurar un fruto. ❏ COLORACIÓN.

COLORETE m. Arrebol, cosmético de color rojo.

COLORIDO m. Disposición y grado de intensidad de los diversos colores de una pintura. ◊ Color, carácter peculiar de ciertas cosas.

COLORIMETRÍA f. *Fís.* Rama de la óptica que se ocupa de medir el color difundido o reflejado por una superficie. ◊ *Quím.* Procedimiento de análisis químico fundado en la intensidad del color de las disoluciones. ❏ COLORÍMETRO.

COLORIR tr. Dar color.

COLORISMO m. *Pint.* Tendencia de algunos artistas a dar preferencia al color sobre el dibujo. ◊ *Lit.* Propensión a recargar el estilo con calificativos vigorosos o redundantes. ❏ COLORISTA.

COLOSO m. Estatua de una magnitud extraordinaria. ◊ fig. Persona o cosa que por sus cualidades sobresale muchísimo. ❏ COLOSAL.

COLPITIS f. *Pat.* Inflamación de la vagina.

COLQUICO m. Hierba de hojas planas, flores de color de rosa y frutos se-

COLOR

El color de un objeto depende de qué radiaciones absorbe y cuáles refleja, ya que la luz blanca contiene todas las radiaciones del espectro visible. Newton demostró este hecho con un disco dividido en sectores pintados con todos los colores del espectro, que al girar aparece blanco

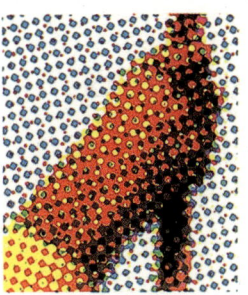

En artes gráficas, para reproducir colores se emplea la técnica de la cuatricromía. Se utilizan tramas ligeramente desplazadas en amarillo, cián, magenta y negro, de manera que cada imagen se descompone en otras cuatro que al superponerse reproducen sus colores reales

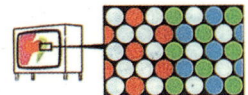

En los sistemas de televisión en color se transmiten tres señales de color, correspondientes al verde, al rojo y al azul. En la pantalla del televisor hay una trama formada por tríos de puntos luminosos verdes, azules y rojos. Cuando estos puntos se iluminan se obtiene la imagen en color por síntesis aditiva

Colza. Planta, flor y fruto

mejantes a una nuez. Se emplea en medicina.

CÓLQUIDA Ant. región del Asia Anterior, junto al mar Negro y al S del Cáucaso.

COLT, Samuel (1814-1862) Inventor norteam. Ideó la pistola de tambor o revólver que lleva su nombre.

COLUMBARIO m. *Arqueol.* En los cementerios rom., lugar donde colocaban las urnas cinerarias.

COLUMBIA R. de América del N; nace en las Rocosas canadienses y desemboca en el Pacífico; 1 953 km. ◇ Distrito federal de EE UU; 178 km², 607 000 hab. Cap., Washington. ◇ C. de EE UU, cap. de Carolina del Sur; 98 000 hab. Centro industrial. Universidad.

COLUMBIA Británica (*British Columbia*) Prov. del O del Canadá; 947 800 km², 3 282 800 hab. Cap., Victoria. Accidentada por las montañas Rocosas y la cadena Costera. Bosques.

COLÚMBIDO, DA adj. y m. *Zool.* Díc. de unas aves de pico corto con orificios nasales, y cuyo vuelo es veloz.

COLUMBRAR tr. Divisar, ver desde lejos una cosa, sin distinguirla bien. ◇ fig. Rastrear o conjeturar por indicios una cosa.

COLUMBUS C. de EE UU, cap. del est. de Ohio; 632 900 hab. (1 377 400 la agl. urb.). Universidad.

COLUMELA, Lucio (s. 1) Escritor latino, nacido en Cádiz. *De re rustica.*

COLUMNA f. *Arq.* Apoyo de forma gralte. cilíndrica, de mucha más altura que diámetro, que sirve para sostener techumbres u otras partes de la fábrica o adornar edificios o muebles. Los elementos prales. que constituyen una c. son, de abajo arriba, la basa, el fuste o caña y el capitel. ◇ Serie o pila de cosas colocadas ordenadamente una sobre otras. ◇ En impresos o manuscritos, cualquiera de las partes en que suelen dividirse las planas por medio de un blanco o línea que las separa de arriba abajo. ◇ fig. Persona o cosa que sirve de amparo, apoyo o protección. ◇ Forma más o menos cilíndrica que toman algunos fluidos en su movimiento ascensional. ◇ *Fís.* Porción de fluido contenido en un cilindro vertical. ◇ *Mil.* Masa de tropas dispuesta en formación de poco frente y mucho fondo. ◇ **vertebral.** *Anat.* Conjunto óseo que forma el esqueleto axial de los vertebrados. En el hombre consta de 24 vértebras móviles (7 cervicales, 12 torácicas y 5 lumbares) y 9 fijas (5 fusionadas en el hueso sacro y 4 que forman el cóccix).

COLUMNATA f. Serie de columnas que sostienen o adornan un edificio.

COLUMNISTA com. Redactor de una columna fija de un periódico.

COLUMPIO m. Asiento suspendido entre dos cuerdas para mecerse. ❑ COLUMPIAR.

COLURO m. *Astr.* Cada uno de los dos círculos máximos de la esfera celeste que pasan por los polos del mundo y cortan a la eclíptica, en los puntos equinocciales y en los solsticiales.

COLUSIÓN f. *Der.* Acuerdo entre varios con ánimo de perjudicar a alguien. ❑ COLUSORIO, RIA.

COLUVIAL adj. *Geol.* Díc. de los materiales detríticos que cubren el fondo de un valle y que han descendido de las vertientes del mismo.

COLZA f. Nombre vulgar de algunas variedades de nabo y colinabo, de cuyas semillas se extrae un aceite empleado en la industria.

COMA f. Signo ortográfico (,) que sirve para indicar la división de las frases o miembros más cortos de la oración o del periodo, que también se emplea en aritmética para separar los enteros de las fracciones decimales. ◇ m. *Pat.* Estado de sopor profundo con abolición del conocimiento, sensibilidad y movilidad. ❑ COMÁTICO, CA; COMATOSO, SA.

COMADRE f. Partera. ◇ La madrina de un niño con relación al padrino y a los padres. ◇ fam. Alcahueta. ◇ fam. Vecina y amiga muy íntima. ❑ COMADREAR; COMADREO.

COMADREJA f. Mamífero carnívoro nocturno de color pardo rojizo por el lomo y blanco por debajo. Es muy vivo y ligero; mata los ratones y otros animales pequeños, y come los huevos de los gallineros y mata las crías.

COMADRÓN m. Cirujano que asiste a la mujer en el acto del parto.

COMADRONA f. Mujer reconocida oficialmente para asistir a las parturientas. ◇ P. ext., partera.

COMALCALCO Mun. de México, en el est. de Tabasco; 71 400 hab. Agricultura; petróleo. Restos de una c. maya.

COMANCHE adj. y s. Individuo de un pueblo amerindio que vivía en tribus en el NO de Texas y en Nuevo México. Actualmente unos 3 000 comanches residen en Oklahoma.

COMANDANCIA f. Empleo de comandante. ◇ Prov. o comarca que está sujeta en lo militar a un comandante. ◇ Edificio, cuartel o dpto. donde se hallan las oficinas de aquel cargo. ◇ **de marina.** Subdivisión de un dpto. marítimo.

COMANDANTE m. Jefe militar de categoría comprendida entre las de capitán y teniente coronel. ◇ Militar que ejerce el mando en ocasiones determinadas, aunque no tenga el empleo de c.

Comadreja

COMANDAR tr. *Mil.* Mandar un ejército, una plaza, un destacamento, una nota, etc.

COMANDITA adj. Díc. de la sociedad comercial en que parte de los socios suministran los fondos sin participar en la gestión de la misma. ❑ COMANDITAR; COMANDITARIO, RIA.

COMANDO m. *Mil.* Mando militar. ◇ *Mil.* Pequeño grupo de tropas de choque. ◇ Cualquier grupo de gente armada.

COMARCA f. División territorial definida por sus rasgos físicos o por características humanas e históricas. ❑ COMARCAL.

COMAYAGUA Dpto. del centro-oeste de Honduras; 5 124 km², 230 090 hab. Cap., Comayagua. Sector montañoso atravesado por el r. Comayagua. Café, tabaco, caña de azúcar, maíz y arroz. Riqueza forestal. Hierro, cobre, oro, plata. Ganadería. ◇ C. de Honduras, cap. del dpto. hom., 37 226 hab. Centro comercial y agrícola. Manufactura de tabaco. Destilerías. Fábricas de jabón.

COMBA f. Inflexión de cuerpos sólidos cuando se encorvan. ◇ Juego que consiste en saltar por encima de una cuerda que se hace pasar por debajo de los pies y sobre la cabeza del que salta. ◇ Esta misma cuerda. ❑ COMBAR; COMBADURA.

COMBATE m. Pelea entre personas o animales. ◇ Acción bélica o pelea en que intervienen fuerzas militares de alguna importancia. ◇ fig. Agitación del espíritu. ◇ fig. Contradecir. ❑ COMBATIVIDAD; COMBATIVO, VA.

COMBATIENTE m. Cada uno de los soldados que componen un ejército. ◇ *Zool.* Ave cuya característica pral. es el cambio de plumaje de los machos en primavera.

COMBATIR intr. y prnl. Pelear. ◇ tr. Acometer, embestir. ◇ Atacar, reprimir, refrenar lo que se considera un mal o daño. ◇ fig. Contradecir. ❑ COMBATIBLE.

COMBES, Émile (1835-1921) Político fr. Desde la jefatura del gobierno (1902-1905), propugnó una total separación entre la Iglesia y el Estado.

COMBINACIÓN f. Unión de dos cosas en un mismo sujeto. ◇ Arreglo y disposición de varias cosas análogas. ◇ Prenda de vestir que usan las mujeres por encima de la ropa interior. ◇ *Mat.* Cada uno de los subconjuntos de *m* elementos que pueden formarse con los *n* elementos de un conjunto dado.

COMBINAR tr. Unir cosas diversas, de manera que formen un compuesto o agregado. ◇ fig. Concertar. ◇ *Quím.* Unir dos o más cuerpos en proporciones atómicas determinadas para formar un compuesto de propiedades distintas de las de los componentes.

COMBINATORIO, RIA adj. Aplícase al arte de combinar. ◇ f. *Mat.* Parte de las matemáticas que estudia las propiedades de los elementos en cuanto a su posición y a los grupos que pueden formarse en dichos elementos.

COMBO, BA adj. Díc. de lo que está combado. ◇ m. Tronco o piedra grande sobre que se asientan las cubas. ◇ *Amér.* Mazo, almadana.

COMBURENTE adj. y m. *Fís.* que hace entrar en combustión o la activa, como el oxígeno.

COMBUSTIBLE adj. Que puede arder. ◇ Que arde con facilidad. ◇ m. Sustancia que, al combinarse con el oxígeno u otro oxidante, arde fácilmente, dando lugar a una combustión. Los combustibles pueden ser sólidos (leña, carbón), líquidos (petróleo, gasolina) y gaseosos (butano). ◊ Carburante que hace funcionar un vehículo, un aparato, etc.

COMBUSTIÓN f. Acción y efecto de arder o quemar. ◊ *Quím.* Combinación de un cuerpo combustible con otro comburente.

COMECON Siglas del Consejo de Ayuda Económica Mutua.

COMEDERO m. Vasija o cajón donde se echa la comida a las aves y otros animales. ◊ Comedor, habitación donde se come.

COMEDIA f. Obra dramática, en prosa o en verso, que pretende divertir y cuyo desenlace es feliz. ◊ Poema dramático. ◊ Género cómico. ◊ Teatro, edificio. ◊ fig. Farsa. ◊ **musical.** Espectáculo teatral o cinematográfico que integra números cantados y bailes. ❑ COMEDIÓGRAFO, FA.

COMEDIANTE, TA m. y f. Actor o actriz. ◊ fig. Persona que aparenta lo que no siente.

COMEDIRSE prnl. Arreglarse, moderarse, contenerse. ◊ Ofrecerse o disponerse para alguna cosa. ❑ COMEDIDO, DA; COMEDIMIENTO.

COMEDÓN m. Grano sebáceo con un puntito negro que se forma en la piel del rostro.

COMEDOR m. Pieza destinada para comer. ◊ Mobiliario de esta pieza. ◊ Establecimiento destinado para servir comidas.

COMEJÉN m. Termes.

COMENDADOR m. Caballero que tiene encomienda en alguna de las órdenes militares o de caballeros.

COMENDADOR C. de la República Dominicana, cap. de la prov. de Elías Piña; 22 769 hab.

COMENDADORA f. Superiora o prelada de los conventos de las órdenes militares, o de religiosas de la Merced.

COMENDERO m. Persona a quien se daba en encomienda alguna villa o lugar, o tenía en ellos algún derecho concedido por los reyes, con obligación de prestar juramento de homenaje.

COMENIUS, Johann Amos (1592-1670) Teólogo y pedagogo chec. *Didactica magna, Janua linguarum reserata, Orbis sensualium pictus.*

COMENSAL com. Persona que vive a la mesa y expensas de otra, en cuya casa habita como familiar o dependiente. ◊ Cada una de las personas que comen en una misma mesa. ◊ adj. y m. Díc. de los animales o plantas que se benefician de una relación de comensalismo.

COMENSALISMO m. *Biol.* Asociación entre organismos de distinta especie en el que el comensal vive sobre su huésped sin producirle beneficio ni daño alguno.

COMENTAR tr. Aclarar un escrito. ◊ fam. Hacer comentarios.

COMENTARIO m. Escrito que sirve de explicación y aclaración de una obra, para que se entienda más fácilmente. ◊ Explicación hablada que apoya una transmisión televisiva. ◊ fam. Conversación sobre alguna persona, por lo general acompañada de murmuración.

Actor de **comedia** en un fresco de Pompeya

COMENTARISTA com. Persona que escribe comentarios. ◊ Persona que hace el comentario en una transmisión televisiva.

COMENZAR tr. Empezar, dar principio a una cosa. ◊ intr. Empezar, tener una cosa principio.

COMER intr. y tr. Masticar y desmenuzar el alimento en la boca y pasarlo al estómago. ◊ intr. Tomar alimento. ◊ Tomar la comida principal del día. ◊ tr. fig. Gastar, consumir, desbaratar la hacienda, el caudal, etc. ◊ m. Comida, alimento.

COMERCIALIZAR tr. Dar a un producto condiciones y organización comerciales para su venta. ❑ COMERCIALIZACIÓN.

COMERCIANTE com. Individuo o sociedad cuya actividad legalmente reconocida es la comercial.

COMERCIAR tr. Negociar comprando y vendiendo o permutando géneros. ◊ fig. Tratar unas personas con otras. ❑ COMERCIABLE; COMERCIAL.

COMERCIO m. *Econ.* Negociación que se hace comprando o vendiendo. ◊ Comunicación y trato de unas gentes o pueblos con otros. ◊ fig. Gremio de comerciantes. ◊ Tienda, almacén, establecimiento comercial. ◊ **al por mayor.** Compra de mercancías a un productor y venta a otro productor o detallista. ◊ **al por menor.** Venta de artículos directamente a los consumidores. ◊ **exterior.** El que una nación tiene con otra. ◊ **interior.** El que tiene lugar en un espacio económico homogéneo, regulado por unas mismas leyes.

COMESTIBLE adj. Que se puede comer. ◊ m. Todo género de alimentos o víveres. Se usa más en pl.

COMETA m. *Astr.* Astro que describe alrededor del Sol una órbita muy excéntrica acompañada de un rastro luminoso llamado cola. ◊ f. Juguete formado por una armazón de tela, de papel o tela y cañas, que se mantiene en el aire por medio de un hilo o bramante.

❑ *Astr.* Un c. consta de cabeza, formado por núcleo y cabellera, y cola. El núcleo está constituido pralm. por un aglomerado de granos de polvo y gases helados, y la cabellera por gases expelidos por el núcleo debido a la acción de las radiaciones solares. La cola es el resultado de los gases o polvo formados en el núcleo y lanzados por la radiación solar o viento solar en dirección opuesta al Sol.

COMETER tr. Hablando de culpas, yerros, faltas, etc., caer, incurrir en ellas. ◊ Hablando de figuras retóricas o gramaticales, usarlas. ◊ Dar comisión mercantil.

COMETIDO m. Comisión encargo. ◊ P. ext., incumbencia, obligación moral.

COMETIERRA f. *Amér.* Ave de cuerpo robusto y abundante plumaje que llega hasta los 125 cm de envergadura.

COMEZÓN f. Picazón que se padece en alguna parte del cuerpo o en todo él. ◊ fig. Desazón interior que ocasiona el deseo o apetito de alguna cosa mientras no se logra.

Cometa Halley fotografiado a su paso cerca de la Tierra

CÓMIC m. Serie de viñetas gráficas que narran una historia cómica, de aventuras, etc. En Latinoamérica reciben el nombre de *historietas* o *muñequitos.*

COMICIOS m. pl. Junta que tenían los rom. para tratar de los asuntos públicos. ◊ Reuniones y actos electorales. Elecciones. ❑ COMICIAL.

CÓMICO, CA adj. Relativo a la comedia. ◊ Gracioso. ◊ Aplícase al actor que representa papeles jocosos. ◊ m. y f. Comediante. ❑ COMICASTRO; COMICIDAD.

COMIDA f. Alimento. ◊ Acción de comer. ◊ Acción de tomar habitualmente alimentos a una hora del día o de la noche. ◊ Alimento que se toma al mediodía o primeras horas de la tarde.

COMIDILLA f. fig. y fam. Tema preferido en alguna murmuración o conversación satírica.

COMIENZO m. Principio, origen y raíz de una cosa.

COMILLAS f. pl. Signo ortográfico («...», "..."o "...") que se pone al principio y al fin de las frases incluidas como citadas o ejemplos en impresos o manuscritos, y también al principio de todos los renglones que estas frases ocupan. ◊ Signo ortográfico ('...') que se usa al principio y al fin de una palabra o frase incluidas como cita o puesta de relieve dentro de un texto entrecomillado más extenso.

COMINO m. Hierba con fruto aromático del mismo nombre, usado en medicina y para condimento. ◊ fig. Persona de tamaño pequeño; niño.

Comino. Planta, flor y fruto

COMISAR tr. Declarar que una cosa ha caído en comiso.

COMISARÍA f. Empleo del comisario. ◊ Oficina del comisario. ◊ *Amér.* Demarcación administrada por un comisario.

COMISARIO m. Persona que desempeña un cargo o una función especial por comisión o delegación de una autoridad superior. ◊ *Amér.* Inspector de policía. ◊ **de policía.** Jefe superior de policía de un distrito.

COMISIÓN f. Orden y facultad que una persona da por escrito a otra para que ejecute algún encargo. ◊ Encargo que una persona da a otra para que haga alguna cosa. ◊ Conjunto de personas encargadas para entender en algún asunto. ◊ Cantidad que uno cobra por ejecutar algún encargo o vender mercancías por cuenta ajena. ❑ COMISIONADO; COMISIONISTA.

COMISIÓN Económica para América Latina y el Caribe (*CEPAL*) Organismo de las Naciones Unidas fundado en 1948, con sede en Santiago de

Arlequín, personaje de la
Commedia dell'arte

Chile. Asesora a los gobiernos en planes de desarrollo industrial y agrario.

COMISIONAR tr. Encargar a alguien una comisión.

COMISIONES Obreras, *Confederación Sindical de* (*CS* de *CCOO*) Unión esp. de sindicatos obreros, legal desde 1976, de tendencia comunista.

COMISO m. *Der.* Pena de perdimiento de la cosa, en que incurre el que comercia en géneros prohibidos. ◊ *Der.* Cosa decomisada o caída en comiso convencional. ❑ COMISORIO, RIA.

COMISURA f. Punto de unión de ciertas partes similares del cuerpo. ◊ Sutura de los huesos del cráneo.

COMITÉ m. Comisión de personas, gralte. elegidas en asamblea, y que negocia determinados asuntos en nombre de aquélla. ◊ **de Salvación Pública.** Organismo creado por la Convención revolucionaria fr. en 1793, encargado de organizar, en caso de urgencia, la defensa del país. El Directorio lo suprimió en 1795. ◊ **Olímpico Internacional** (*COI*) Organismo que establece las normas por las que se rigen las competiciones y la organización de juegos olímpicos.

COMITIVA f. Acompañamiento de personas.

COMMEDIA dell'arte Forma teatral, nacida en Italia a mediados del s. XVI y que se mantuvo viva hasta finales del s. XIX, de movimiento flexible y mímica expresiva.

COMMON Law Nombre dado al derecho consuetudinario anglosajón.

COMMONWEALTH Término utilizado para designar el régimen político instaurado en Inglaterra (1649), y, posteriormente, en Irlanda (1650) y Escocia (1652). ◊ **of Nations.** Asociación de est. y terr. de colonización brit., definida en el estatuto de Westminster (1931). A partir del final de la II Guerra Mundial su sentido fue variando, identificando la asociación de Gran Bretaña con su ant. dominios coloniales, pralm. en lo económico y lo jurídico.

COMNENOS Familia de Bizancio, que fundó una dinastía de emperadores (1057-1185).

COMO adv. modo interr. De qué modo o manera. ◊ adv. modo. Del modo o la manera que. ◊ En sentido comparativo denota idea de equivalencia, semejanza o igualdad, y significa gralte. el modo o la manera que, o a modo o manera de. En este sentido corresponde a menudo con *así tal, tan,* y *tanto.* ◊ Según, conforme. ◊ En calidad de. ◊ Por qué motivo, causa o razón; en fuerza o en virtud de qué. ◊ Así que. ◊ A fin de que, o de modo que. ◊ Empléase como la conj. *que* para introducir una subordinada. ◊ Hace también oficio de conj. condicional, equivaliendo a *si.* ◊ Toma también carácter de conj. causal. Por qué motivo, causa o razón.

COMO Lago sit. al borde de los Alpes it.; 145 km². Centro turístico.

COMO C. de Italia, en Lombardía; 92 700 hab. Centro industrial. Turismo.

CÓMODA f. Mueble con tablero de mesa de tres o cuatro cajones que ocupan todo el frente y sirven para guardar ropa.

COMODIDAD f. Calidad de cómodo. ◊ Conveniencia, conjunto de cosas necesarias para vivir a gusto y con descanso. ◊ Buena disposición de las cosas para el uso que se ha de hacer de ellas. ◊ Ventaja, oportunidad. ◊ Utilidad, interés.

COMODÍN m. En algunos juegos de naipes, carta que tiene el valor que le otorga el que la posee. ◊ fig. Lo que se hace servir para fines diversos, según conviene al que lo usa. ◊ fig. Pretexto habitual y poco justificado.

CÓMODO, DA adj. Conveniente, oportuno, acomodado, fácil, proporcionado.

CÓMODO, *Marco Aurelio* (161-192) Emperador de Roma [180-192]. Gobernó de un modo despótico.

COMODORO m. *Mar.* Nombre que en Inglaterra y otras naciones se da al capitán de navío cuando manda más de dos buques.

COMODORO RIVADAVIA C. de Argentina, en la prov. de Chubut, a orillas del golfo de San Jorge; 96 800 hab. Puerto exportador. Yacimientos petrolíferos, gas.

COMONFORT, *Ignacio* (1812-1863) Político y militar mex. Ministro de la Guerra en 1855 y presid. constitucional en 1857.

COMOQUIERA adv. modo. De cualquier manera.

COMORES (*República Federal Islámica de las Comores*) Est. de África, constituido por el arch. hom., sit. en el océano Índico, unos 300 km al NO de Madagascar. Cap., Moroni. Comprende tres islas mayores (Gran Comore, Anjouan y Mohéli) y numerosos islotes. Len-

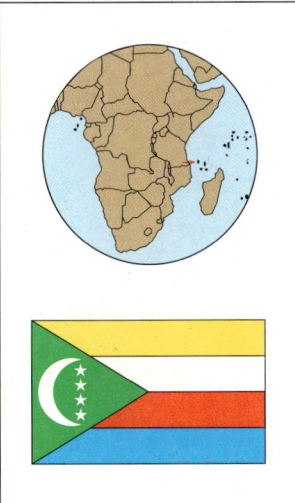

Mapa de situación y bandera
de **Comores**

guas: fr. y ár. (of.); lenguas bantúes. *Rel:*. mayoría musulmana. U. M.: franco de C. Cap., Comores. Producción de vainilla, sisal, copra. Ganadería. Pesca □ *Hist.* Ex colonia fr., independiente desde 1974 (exceptuando la isla de Mayotte, reivindicada por C.). Ahmed Abdallah, primer presidente de la rep., protagonizó la historia de C. hasta su muerte en 1989. En 1997 la isla de Anjouan proclamó la independencia, lo que provocó violentos enfrentamientos.

COMORES	
Superficie	1 862 km²
Población 481 000 hab. (258 hab./km²)	
Recursos económicos	
Arroz	15 000 t
Cabaña bovina	47 000 cabezas
Cabaña caprina	125 000 cabezas
Cabaña ovina	14 000 cabezas
Copra	4 000 t
Maíz	4 000 t
Mandioca	46 000 t
Nuez de coco	50 000 t
Pesca	8 000 t
Indicadores sociológicos	
PNB	245 millones de dólares
Renta per cápita	500 dólares
Esperanza de vida	56 años
Alfabetismo	68%

COMPACTO, TA adj. Díc. de los cuerpos de textura apretada y poco porosa. ◊ fig. Apretado, apiñado. □ COMPACTAR.
COMPADECER tr. Compartir la desgracia ajena, sentirla, dolerse de ella. ◊ tr. y prnl. Inspirar a una persona lástima o pena la desgracia de otra. ◊ prnl. Venir bien una cosa con otra, convenir con ella. ◊ Conformarse o unirse.
COMPADRE m. Padrino del niño respecto de los padres y la madrina de éste. ◊ En algunas partes, amigo. ◊ adj. y s. *Argent.* Chulo. □ COMPADRAZGO; COMPADREAR.
COMPAGINADA f. *Art. Gráf.* Cada una de las pruebas de las planas que resultan de la compaginación de las galeradas.

COMPAGINAR tr. y prnl. Poner en buen orden cosas que tienen alguna conexión o relación mutua. ◊ tr. *Art. Gráf.* Ajustar las galeradas para formar páginas. ◊ prnl. fig. Corresponder o conformarse bien una cosa con otra. □ COMPAGINACIÓN; COMPAGINADOR, RA.
COMPANYS, Lluís (1883-1940) Político esp. Sucedió a Macià como presid. de la *Generalitat* (1934). Murió fusilado al finalizar la guerra civil.
COMPAÑERISMO m. Vínculo que existe entre compañeros. ◊ Armonía y buena correspondencia entre ellos.
COMPAÑERO, RA m. y f. Persona que acompaña a otra para algún fin. ◊ En los colegios, centros de trabajo, etc., cada uno de los individuos que hay en ellos. ◊ Persona que tiene o corre una misma suerte o fortuna con otra.
COMPAÑÍA f. Persona o personas que acompañan a otra u otras. ◊ Sociedad o junta de varias personas unidas por un mismo fin. ◊ Cuerpo de actores formado para representar en un teatro. ◊ *Econ.* Sociedad de hombres de negocios. ◊ *Mil.* Cierta unidad orgánica de soldados a las inmediatas órdenes de un capitán. ◊ **de Jesús.** Orden religiosa fundada por san Ignacio de Loyola.
COMPAÑÍA Francesa de las Indias Compañía de com. fundada por Law en 1719, con la absorción de las ant. compañías de las Indias Orientales, de China y de Senegal. ◊ **Francesa de las Indias Occidentales** Compañía comercial fundada en 1664 por Colbert. Tenía el monopolio de explotación del terr. de África comprendido entre Cabo Verde y cabo de Buena Esperanza y del terr. amer. de Luisiana a Acadia, Guayanas y Antillas. Fue disuelta en 1674. ◊ **Francesa de las Indias Orientales** Compañía fundada por Colbert en 1664. Obtuvo la concesión, por 50 años, del monopolio de navegación y com. en el Índico y el Pacífico. ◊ **Inglesa de las Indias Orientales** Empresa comercial brit. fundada en 1600 para comerciar con India y Extremo Oriente. ◊ **Neerlandesa de las Indias Occidentales** Empresa com. fundada en 1621 para la explotación de las costas occidentales africanas, sit. al S del trópico de Cáncer y de las costas orientales de América. ◊ **Neerlandesa de las Indias Orientales** Empresa mercantil constituida en 1602 con el objeto de arrebatar a los port. el monopolio comercial en las Indias Orientales.
COMPARAR tr. Fijar la atención en dos o más objetos para descubrir sus relaciones o valorar sus diferencias o semejanzas. ◊ Cotejar. □ COMPARACIÓN; COMPARANZA.
COMPARATIVO, VA adj. y s. *Gram.* Grado de significación del adjetivo.
COMPARECER intr. Presentarse uno en algún lugar donde ha sido llamado o convocado. ◊ *Der.* Presentarse uno ante otro para un acto formal, en virtud del llamamiento o intimación que se le ha hecho, o mostrándose parte en algún negocio. □ COMPARECENCIA; COMPARECIENTE.
COMPARSA f. Conjunto de personas que en las representaciones teatrales figuran y no hablan. ◊ Conjunto de personas que en los festejos populares van vestidas con trajes de una misma clase.

Comores. Aspecto de Moroni

COMPARTIMENTO o **COMPARTIMIENTO** m. Cada una de las partes que resultan de dividir un espacio mediante tabiques, paredes, etc.
COMPARTIR tr. Repartir, dividir las cosas en partes. ◊ Participar uno en alguna cosa. □ COMPARTIDOR, RA.
COMPÁS m. Instrumento formado por dos brazos agudos unidos en su extremidad superior por un eje para que puedan abrirse o cerrarse. Sirve para trazar curvas y tomar distancias. ◊ fig. Regla o medida de algunas cosas; como de la vida, de las acciones, etc. ◊ *Mar.* Brújula. ◊ *Mús.* Cada uno de los periodos de tiempo iguales en que se marca el ritmo de una frase musical. ◊ *Mús.* Ritmo o cadencia de una pieza musical.
COMPASAR tr. Medir con el compás. ◊ fig. Arreglar, medir, proporcionar las cosas de modo que ni sobren ni falten. ◊ *Mús.* Dividir en tiempos iguales las composiciones musicales. □ COMPASADO, RA.
COMPASIÓN f. Sentimiento de lástima hacia el mal o desgracia que sufre alguien. □ COMPASIBLE; COMPASIVO, VA.
COMPATIBLE adj. Que tiene aptitud o proporción para unirse o concurrir en un mismo lugar o sujeto. ◊ *Comp.* Díc. de las máquinas que trabajan en un mismo código interno. P. anton., díc. de las computadoras capaces de ejecutar el mismo software que la IBM PC.
COMPATRIOTA com. Persona de la misma patria que otra.
COMPELER tr. Obligar a uno, con fuerza o por autoridad, a que haga lo que no quiere. □ COMPULSIVO, VA.
COMPENDIO m. Síntesis de lo más importante de una exposición oral o escrita. □ COMPENDIAR.
COMPENETRARSE prnl. Penetrar las partículas de una sustancia entre las de otra, o recíprocamente. ◊ fig. Identificarse las personas en ideas y sentimientos. □ COMPENETRACIÓN.
COMPENSACIÓN f. *Der.* Modo de extinguir obligaciones vencidas, entre personas que son recíprocamente acreedoras y deudoras; consiste en dar por pagada la deuda de cada uno en cuantía igual a la de su crédito.
COMPENSAR tr., prnl. e intr. Igualar en opuesto sentido el efecto de una cosa

Competición de esquí

con el de otra. ◊ tr. y prnl. Dar alguna cosa o hacer un beneficio en resarcimiento del daño, perjuicio o disgusto causado. ❏ COMPENSATORIO, RIA.

COMPETENCIA f. Disputa o contienda entre dos o más sujetos sobre alguna cosa. ◊ Rivalidad, oposición. ◊ Incumbencia. ◊ Aptitud, idoneidad. ◊ *Amér.* Competición de tipo deportivo.

COMPETER intr. Pertenecer, tocar o incumbir a uno alguna cosa. ❏ COMPETENTE.

COMPETICIÓN f. Competencia. ◊ Certamen deportivo.

COMPETIR intr. y prnl. Contender dos o más personas aspirando a una misma cosa. ◊ Igualar una cosa a otra análoga, en la perfección o en las propiedades. ❏ COMPETIDOR, RA; COMPETITIVIDAD; COMPETITIVO, VA.

COMPILACIÓN f. Colección de varias noticias, leyes o materias.

COMPILAR tr. Reunir en una sola obra extractos de otros libros o documentos.

COMPINCHARSE prnl. fam. Ponerse de acuerdo dos o más personas para hacer una cosa, sobre todo si es negativa.

COMPINCHE com. fam. Amigo, camarada. ◊ fam. Amigote, compañero de diversiones o de tratos irregulares.

COMPLACER tr. Acceder uno a lo que otro desea y puede serle útil o agradable. ◊ prnl. Alegrarse y tener satisfacción en alguna cosa. ❏ COMPLACENCIA; COMPLACIENTE.

COMPLEJO, JA adj. Díc. de lo que se compone de elementos diversos. ◊ Díc. del núm. compuesto de unidades de diferente especie. ◊ *Mat.* Díc. del núm. formado por otros dos, uno real y otro imaginario. ◊ m. Conjunto o unión de dos o más cosas. ◊ *Psic.* Conjunto de ideas y sentimientos que permanecen reprimidos en el inconsciente y ejercen gran influencia del sujeto. ❏ COMPLEJIDAD; COMPLEXIDAD.

COMPLEMENTAR tr. y prnl. Dar complemento a una cosa.

COMPLEMENTO m. Lo que hace falta agregar a una cosa para completarla. ◊ *Geom.* Ángulo que le falta a otro para completar uno recto. ◊ *Geom.* Arco que, sumado con otro, completa un cuadrante. ◊ *Gram.* Palabra o frase en que recae o se aplica la acción del verbo. ◊ **circunstancial.** *Gram.* El que precisa el significado de la oración, ex-

presando relaciones de lugar, modo, tiempo, causas, etc. ◊ **directo.** *Gram.* Elemento gramatical en que recae inmediatamente la acción verbal. ◊ **indirecto.** *Gram.* Elemento gramatical en que recae indirectamente la acción del verbo. ❏ COMPLETIVO, VA.

COMPLETAR tr. Integrar, hacer cabal una cosa. ◊ Hacerla perfecta en su clase.

COMPLETAS f. pl. Última parte del oficio divino.

COMPLETO, TA adj. Lleno, cabal. ◊ Acabado, perfecto. ❏ COMPLETITUD.

COMPLEXIÓN f. Constitución, naturaleza y relación de los sistemas orgánicos de cada individuo.

COMPLICAR tr. Mezclar, unir cosas diversas entre sí. ◊ tr. y prnl. fig. Enredar, dificultar. ◊ prnl. Confundirse, embrollarse, enmarañarse. ❏ COMPLICACIÓN; COMPLICADO, DA.

CÓMPLICE com. *Der.* Participante o asociado en crimen o culpa imputable a dos o más personas. ❏ COMPLICIDAD.

COMPLOT m. fam. Confabulación entre dos o más personas contra otra u otras. ◊ fam. Trama, intriga.

COMPLUTENSE adj. y s. De Alcalá de Henares.

COMPONENDA f. Arreglo censurable o de carácter inmoral.

COMPONER tr. Formar de varias cosas una, juntándolas y colocándolas en orden. ◊ tr. y prnl. Constituir, formar un cuerpo o agregado de varias cosas o personas. ◊ Hablando de números, sumar o ascender a una determinada cantidad. ◊ Ordenar, reparar lo descompuesto o roto. ◊ tr. y prnl. Ataviar y engalanar. ◊ tr. Tratándose de ciertas obras científicas, literarias o artísticas, producirlas. ◊ *Amér.* Restituir a su lugar los huesos dislocados. ◊ *Art. Gráf.* Formar las palabras, líneas y planas. ◊ intr. Hacer versos. ◊ Producir obras musicales. ❏ COMPONENTE; COMPONIBLE.

COMPORTAMIENTO m. Conducta, manera de comportarse.

COMPORTAR tr. fig. Sufrir, tolerar. ◊ prnl. Portarse, conducirse.

COMPOSICIÓN f. Ajuste, convenio entre dos o más personas. ◊ Compostura, circunspección. ◊ Obra científica, literaria o musical. ◊ Ejercicio de re-

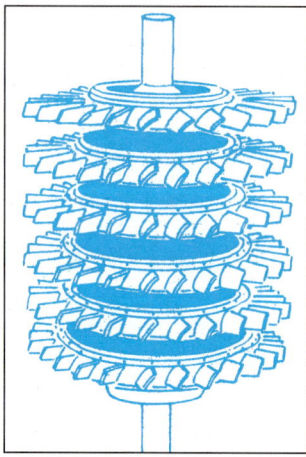

Esquema de un **compresor** de reactor

dacción que se pone a los estudiantes. ◊ *Mús.* Técnica y arte de la creación musical. ◊ *Pint.* y *Esc.* Arte de agrupar las figuras y elementos accesorios para conseguir el mejor efecto.

COMPOSITIVO, VA adj. *Gram.* Aplícase a las preposiciones o partículas con que se forman voces compuestas.

COMPOSITOR, RA adj. y s. Que hace composiciones musicales.

COMPOSTELA Mun. de México, en el est. de Nayarit; 58 800 hab. Tabaco, café, caña de azúcar. Oro, plata. Ganadería.

COMPOSTURA f. Construcción de un todo que consta de varias partes. ◊ Reparo de una cosa descompuesta, maltratada o rota. ◊ Aseo, adorno de una persona o cosa. ◊ Mezcla o preparación con que se adultera o falsifica un género o producto. ◊ Modestia, mesura.

COMPOTA f. Dulce de fruta cocida con agua y azúcar. ❏ COMPOTERA.

COMPRAR tr. Adquirir algo por dinero. ◊ Sobornar. ❏ COMPRA.

COMPRAVENTA f. Contrato por el que una persona se obliga a transmitir a otra el dominio de una cosa, mediante una cantidad de dinero.

COMPRENDER tr. Abrazar, ceñir, rodear por todas partes una cosa. ◊ tr. y prnl. Contener, incluir en sí alguna cosa. ◊ tr. Entender, alcanzar, penetrar. ❏ COMPRENHENSIVO, VA.

COMPRENSIÓN f. Facultad, capacidad o perspicacia para entender y penetrar las cosas. ◊ Actitud comprensiva o tolerante.

COMPRESA f. Pedazo de algodón o gasa con varios dobleces que se emplea como apósito.

COMPRESIBILIDAD f. *Fís.* Variación que presenta el volumen de un cuerpo al ser sometido a una variación de presión.

COMPRESIÓN f. Acción mecánica que ejerce una fuerza exterior sobre un cuerpo, reduciendo el volumen de éste. ◊ Uno de los tiempos del ciclo de trabajo de un motor de combustión interna.

COMPRESOR m. Máquina para comprimir gases a presión superior a la atmosférica.

COMPRIMIDO m. *Farm.* Pastilla que se obtiene por compresión de sus ingredientes.

COMPRIMIR tr. y prnl. Oprimir, apretar, estrechar. ◊ Reprimir y contener. ❏ COMPRESIVO, VA.

COMPROBANTE m. Recibo o cualquier otro tipo de documento para verificar la realización de un contrato.

COMPROBAR tr. Verificar, confirmar una cosa cotejándola con otra o repitiendo las demostraciones que la prueban y acreditan como cierta. ❏ COMPROBACIÓN; COMPROBATORIO, RIA.

COMPROMETER tr. y prnl. Poner de común acuerdo en manos de un tercero la determinación de la diferencia, pleito, etc., sobre que se contiende. ◊ Exponer a alguno, ponerle a riesgo en una acción o caso aventurado. ◊ Constituir a uno en una obligación. ◊ tr. Hacer a una cosa objeto de una obligación o compromiso.

COMPROMISARIO adj. Persona a la que confían otras la solución de un conflicto. ◊ m. Representante de los electores primarios para votar en elecciones de segundo o ulterior grado.

COMPROMISO m. Modo de elección en que los electores son representados por compromisarios. ◊ Convenio entre litigantes, por el cual confían a un tercero el arbitraje de su diferencia. ◊ Obligación contraída, palabra dada, fe empeñada. ◊ Noviazgo y tiempo que dura.
COMPTON, *Arthur Holly* (1892-1962) Físico norteam. Realizó imp. investigaciones sobre los rayos cósmicos. Premio Nobel de Física en 1927, con Charles Wilson. ◊ **Efecto C.** *Fís.* Variación de la longitud de onda de los rayos X cuando existe difusión de los mismos por átomos ligeros.
COMPUERTA f. Media puerta que se coloca a manera de antepecho. ◊ Plancha fuerte encajada en correderas laterales, por las que puede deslizarse verticalmente.
COMPUESTO, TA adj. Formado por varias partes. ◊ adj. y f. *Bot.* Aplícase a plantas dicotiledóneas, herbáceas o arbustivas, que se distinguen por tus hojas simples o sencillas, y por sus flores reunidas en cabezuelas. ◊ adj. *Gram.* Aplícase al vocablo formado por composición de dos o más voces simples. ◊ *Gram.* Díc. de los tiempos de un verbo que se conjugan con el participio pasado precedido de un auxiliar. ◊ m. Agregado de varias cosas.
COMPULSAR tr. Examinar dos o más documentos, cotejándolos o comparándolos entre sí. ◊ *Amér.* Compeler. ❏ COMPULSA.
COMPULSIÓN f. *Der.* Apremio y fuerza que, por mandato de autoridad, se hace a uno, compeliéndole a que ejecute alguna cosa.
COMPUNCIÓN f. Sentimiento o dolor de haber cometido un pecado. ◊ Sentimiento que causa el dolor ajeno.
COMPUNGIR tr. Mover a compunción. ◊ prnl. Contristarse o dolerse uno de alguna culpa o pecado propio, o de la aflicción ajena. ❏ COMPUNGIDO, DA.
COMPUTACIÓN f. Cómputo. ◊ Conjunto de disciplinas y técnicas desarrolladas para el tratamiento automático de la información, considerada como soporte de los conocimientos de la sociedad humana, mediante el uso de computadoras.
COMPUTADOR, RA m. y f. Calculador o calculadora, aparato o máquina de calcular, ordenador. ❏ *Comp.* Para que una c. realice un trabajo se requieren dos componentes: el *hardware,* que es el conjunto de componentes electrónicos, eléctricos y mecánicos que soportan la información y realizan las operaciones básicas, y el *software,* que es el conjunto de instrucciones (programas) y datos que, almacenados en la memoria de la máquina, describen el trabajo a realizar. El *hardware* se compone de varias unidades conectadas entre sí: unidad de entrada, memoria principal, unidad central de procesamiento y unidad de salida.
COMPUTAR tr. Calcular. ❏ CÓMPUTO.
COMTE, *Auguste* (1798-1857) Filósofo fr., fundador del positivismo y padre de la sociología. Según C., el hombre atraviesa por tres estadios: el teológico, el metafísico y el positivo. *Curso de filosofía positiva, Sistema de política positiva.*
COMULGAR tr. Dar la sagrada comunión. ◊ intr. Recibirla. ◊ Coincidir

con otro en ideas o sentimientos. ❏ COMULGATORIO.
COMÚN adj. Díc. de lo que pertenece a todo el mundo. ◊ Corriente, general. ◊ Ordinario, vulgar, corriente y muy sabido. ◊ m. Todo el pueblo de cualquier prov., pueblo o ciudad.
COMUNA f. *Amér.* Municipio. ◊ Conjunto de personas que viven en comunidad al margen de convencionalismos sociales.
COMUNA *(Commune)* Gobierno rev. surgido en París, de marzo a mayo de 1871, de la insurrección armada de obreros artesanos con el apoyo de la guardia nacional, contra el gobierno de Thiers.
COMUNAL adj. Común. ◊ Díc. del patrimonio de un mun. (prados, bosques, dehesas, tierras), cuyo beneficio se dedica a la cobertura de los gastos públicos, o bien es aprovechado directamente por todos los vecinos del mun. ◊ *Amér.* Relativo a la comuna. ◊ m. Común. conjunto de habitantes de un pueblo o lugar.
COMUNERO, RA adj. Popular, agradable. ◊ Relativo a las comunidades de Castilla. ◊ m. El que tiene parte indivisa con otro u otros en un inmueble, un derecho u otra cosa. ◊ pl. Pueblos que tienen comunidad de pastos.
COMUNEROS Movimientos populares del s. XVIII contra las autoridades coloniales de la América esp. Entre 1717 y 1735 se registraron mov. insurreccionales en Paraguay. En 1781, en la comunidad de Socorro, en Nueva Granada, se produjo un levantamiento contra el virrey.
COMUNICACIÓN f. Trato, correspondencia entre personas. ◊ Oficio, escrito en que se comunica algo. ◊ Cualquier medio de enlace, como caminos, canales, vías, etc. ◊ pl. Correos, telégrafos, etc. ◊ **de masas.** *Sociol.* La caracterizada por el uso de medios de gran potencia; prensa, radio, TV.
COMUNICADO m. Nota, declaración o parte que se comunica para conocimiento público.
COMUNICAR tr. Hacer partícipe a otro de lo que uno tiene. ◊ Descubrir, manifestar alguna cosa. ◊ tr. y prnl. Conversar, tratar con otro de palabra o escrito. ◊ prnl. Tratándose de cosas inanimadas, tener correspondencia o paso con otras. ❏ COMUNICATIVO, VA.
COMUNIDAD f. Calidad de común, propio de todos. ◊ Común de algún pueblo, prov. o reino. ◊ Junta o comunidad de personas que viven unidas y bajo ciertas reglas. ◊ pl. Movimiento rev. promovido, esencialmente, por la burguesía ind. y artesanal de algunas c. cast. contra la política de Carlos I y contra los privilegios nobiliarios. Los comuneros fueron derrotados en Villalar (1521), y sus dirigentes ejecutados. ❏ COMUNITARIO, RIA.
COMUNIDAD Andina de Naciones *(CAN)* Organización subregional que en 1996 asumió las funciones del Grupo Andino. Constituida por Bolivia, Colombia, Ecuador, Perú y Venezuela tiene como objetivo lograr un mercado común. ◊ **Económica Europea** *(CEE)* ▷ Unión Europea. ◊ **Europea** *(CE)* Organización constituida como *Comunidad Económica Europea* o *Mercado Común Europeo* por el tratado de Roma (Francia, Italia, RFA, Bélgica, Luxemburgo y Países Bajos) el 25 marzo 1957, renombrada como ▷ Unión Europea, a partir de noviembre 1993. ◊ **Europea de Energía Atómica** *(CEEA o Euratom)* Organización creada, al igual que la CEE, por el tratado de Roma, con el fin de utilizar coordinadamente las técnicas y descubrimientos nucleares. ◊ **Europea del Carbón y del Acero** *(CECA)* Org. creada en 1952 por la RFA, Bélgica, Francia, Italia, Luxemburgo y Países Bajos para controlar su producción de acero y carbón. ◊ **Sudamericana de Naciones** *(CSN)* Bloque de integración política y comercial constituido en 2004, integrado por Argentina, Bolivia, Brasil, Chile, Colombia, Ecuador, Guyana, Paraguay, Perú, Surinam, Uruguay y Venezuela. ◊ **Valenciana** ▷ Valencia.
COMUNIÓN f. Participación en lo común. ◊ En la Iglesia católica, acto de recibir los fieles la eucaristía. ◊ Congregación de personas que profesan la misma fe religiosa. ◊ **de los Santos.** Participación que los fieles tienen y gozan de los bienes espirituales.
COMUNISMO m. *Teor.* Sistema social basado en la colectivización de los bienes de producción, la distribución de los bienes de consumo según las nece-

Escena de la **Comuna** de París de 1871 (Museo Carnavalet, París)

sidades individuales y la desaparición progresiva del Est. ❑ COMUNISTA.
❑ *Hist.* El c. fue la base ideológica de corrientes filosóficas idealistas: Platón *(La república)*, Tomás Moro y Campanella. En sentido estricto, va unido a las corrientes socialistas de tipo marxista, desarrolladas por Lenin, a la creación de la Primera Internacional (1864), a la experiencia de la Comuna de París y a la rev. rusa de 1917. Los regímenes c. se convirtieron en sociedades totalmente estatalizadas.

CON prep. que significa el medio, modo o instrumento que sirve para hacer alguna cosa. ◊ En ciertas loc., aunque. ◊ Juntamente y en compañía.

CONAKRY Cap. de la República de Guinea, en la pen. de Tumbo; 763 000 hab. Centro comercial, administrativo e industrial.

CONATO m. Empeño y esfuerzo en la ejecución de una cosa. ◊ Propensión, tendencia. ◊ *Der.* Intento de delito. ◊ Acto que se inicia y no se acaba.

CONCATENAR tr. Unir o enlazar varias cosas entre sí.

CONCATENACIÓN f. *Ret.* Figura que consiste en repetir la última palabra de una frase al principio de la siguiente, quedando así encadenado el período.

CÓNCAVO, VA adj. Que tiene la superficie más deprimida en el centro que por los bordes.

CONCEBIR intr. y tr. Quedar preñada la hembra. ◊ fig. Formar idea, hacer concepto de una cosa, comprenderla. ◊ tr. fig. Comenzar a sentir alguna pasión.

CONCEDER tr. Dar, otorgar. ◊ Asentir, convenir en algún extremo con los argumentos que se oponen.

CONCEJAL, LA m. y f. Individuo de un concejo o ayuntamiento. ❑ CONCEJALÍA.

CONCEJO m. Ayuntamiento, casa y corporación municipales. ◊ Municipio. ◊ Sesión municipal. ❑ CONCEJIL.

CONCELEBRAR tr. Celebrar varios sacerdotes juntamente la misa u otra función litúrgica.

CONCENTRAR tr. y prnl. fig. Reunir en un centro o punto lo que estaba separado. ◊ Reunirse varias o muchas personas en un mismo lugar, obedeciendo a una misma motivación. ◊ Reunir bajo un mismo dominio la propiedad de diversas parcelas. ◊ *Quím.* Aumentar la cantidad relativa de soluto con respecto al disolvente. ◊ Fijar la atención, la mirada, el pensamiento, etc., sobre algo, con intensidad. ◊ prnl. Reconcentrarse. ❑ CONCENTRACIÓN; CONCENTRADO, DA.

CONCÉNTRICO, CA adj. *Geom.* Díc. de las figuras y de los sólidos que tienen un mismo centro.

CONCEPCIÓN f. Acción y efecto de concebir. ◊ Fiesta con que anualmente celebra la Iglesia el dogma de la Inmaculada Concepción de la Virgen, el día 8 de diciembre.

CONCEPCIÓN Prov. del centro de Chile, en la región de Biobío; 912 889 hab. Imp. región industrial (siderurgia, alimentaria, química) y comercial. Cap., Concepción. ◊ Dpto. del Paraguay, los límites con Brasil; 18 051 km², 181 500 hab. Región llana, fertilizada por los r. Paraguay, Alquidabán, Ypané y Apá. Ganado bovino. Explotación forestal.

Algodón, tabaco, yerba mate. Cap., Concepción. ◊ C. de Chile, cap. de la región de Biobío y de la prov. hom.; 216 061 hab. Con Talcahuano forma una conurbación de más de 500 000 personas. Gran núcleo fabril. Fundada por Pedro de Valdivia en 1551. ◊ C. de Paraguay, cap. del dpto. hom.; 22 900 hab. Puerto sobre el Paraguay. Centro ganadero e industrial. ◊ C. de Argentina, en la prov. de Tucumán; 61 500 hab. (con el término). Centro agrícola.

CONCEPCIÓN DE LA VEGA o **LA VEGA** C. de la República Dominicana, cap. de la prov. de La Vega; 241 917 hab. Centro comercial, agrícola y ganadero.

CONCEPCIÓN DEL URUGUAY C. de Argentina, en la prov. de Entre Ríos; 46 000 hab. Centro comercial. Ind. del cemento.

CONCEPTISMO m. Escuela literaria esp. del s. XVII. Constituye la base de todo el estilo barroco europeo (intenta plasmar el máximo de ideas con el mínimo de palabras). Quevedo, Gracián y Saavedra Fajardo son las figuras más representativas. ❑ CONCEPTISTA.

CONCEPTO m. *Fil.* Representación simbólica de una idea abstracta y general. ◊ Pensamiento expresado con palabras. ◊ Opinión. ◊ Crédito en que se tiene a una persona o cosa. ❑ CONCEPTIVO, VA.

CONCEPTUALISMO m. *Fil.* Sistema que defiende la realidad de las nociones universales y abstractas, en cuanto son conceptos de la mente.

CONCEPTUAR tr. Formar concepto.

CONCERNIR intr. Atañer, tocar o pertenecer.

CONCERTAR tr. Componer, ordenar. ◊ tr. y prnl. Pactar un negocio. ◊ Acordar entre sí voces o instrumentos músicos. ◊ Concordar una cosa con otra. ◊ intr. Concordar, convenir entre sí una cosa con otra. ◊ intr. y tr. Concordar en los accidentes gramaticales dos o más palabras variables. ❑ CONCERTISTA.

CONCERTINA f. *Mús.* Acordeón hexagonal u octogonal.

*La Inmaculada **Concepción**,* óleo de Murillo (Museo del Prado, Madrid)

CONCERTINO m. *Mús.* Violinista primero que en las orquestas toca los solos.

CONCESIÓN f. Otorgamiento gubernativo para el disfrute de una explotación. ◊ Otorgamiento que una empresa hace a otra, o a un particular, de vender sus productos en una población o país distinto. ❑ CONCESIONARIO, RIA.

CONCESIVA adj. y f. *Gram.* Díc. de la oración subordinada que expresa una dificultad para que se cumpla la acción de la oración pral., sin que esta dificultad impida el cumplimiento de la acción. ◊ *Gram.* Díc. también de la conjunción que une la oración subordinada c. con la principal.

CONCHA f. *Zool.* Parte exterior y dura que cubre el cuerpo de muchos moluscos y crustáceos. ◊ Carey, capa delgada que se saca de esta clase de tortugas. ◊ Seno muy cerrado en la costa del mar. ◊ fig. Cualquier cosa que tiene la figura de la concha de los animales.

CONCHA, *José Gutiérrez de la* (1809-1895) General esp. Gobernador de Cuba durante los reinados de Isabel II y Alfonso XII. ◊ *José Vicente* (1867-1929) Político col. Presid. (1914-1918).

CONCHABAR tr. Unir, asociar. ◊ Mezclar la clase inferior de la lana con la superior o mediana. ◊ prnl. fam. Unirse dos o más personas entre sí para algún fin. ❑ CONCHABAMIENTO o CONCHABANZA.

CONCHALÍ C. de Chile, en la Región Metropolitana de Santiago; 133 256 hab. Agricultura. Ganadería. Cobre.

CONCHOS R. de México, afl. del Bravo; 587 km. Aprovechamiento hidroeléctrico.

CONCIENCIA f. *Fil.* Sentimiento interior por el cual una persona reconoce sus propias acciones. ◊ Conocimiento, noción interior del bien que debemos hacer y del mal que debemos evitar. ◊ Conocimiento exacto y reflexivo de las cosas.

CONCIERTO m. Buen orden y disposición de las cosas. ◊ Ajuste o convenio sobre alguna cosa. ◊ Función de música, en que se ejecutan composiciones sueltas. ◊ Composición musical para diversos instrumentos, en que uno o varios actúan como solistas.

CONCILIÁBULO m. Concilio no convocado por autoridad legítima.

CONCILIAR adj. Relativo a los concilios. ◊ m. Persona que asiste a un concilio. ◊ tr. Poner de acuerdo. ◊ Conformar dos o más proposiciones o doctrinas al parecer contrarias. ◊ prnl. Ganarse granjearse, merecer. ❑ CONCILIACIÓN; CONCILIATORIO, RIA.

CONCILIO m. Congreso de obispos y otros eclesiásticos de la Iglesia católica para deliberar y decidir sobre las materias de dogmas y de disciplina.

CONCISIÓN f. Brevedad en el modo de expresar los conceptos. ❑ CONCISO, SA.

CONCITAR tr. Instigar contra otro, promover discordias. ◊ Reunir, congregar.

CÓNCLAVE o **CONCLAVE** m. Lugar donde se reúnen los cardenales en asamblea para elegir papa. ◊ Esta misma asamblea.

CONCLUIR tr. y prnl. Acabar o finalizar una cosa. ◊ Determinar y resolver

sobre todo lo que se ha tratado. ◊ Inferir, deducir una verdad de otras que se admiten, demuestran o presuponen. **CONCLUSIÓN** f. Fin y determinación de una cosa. ◊ Resolución que se ha tomado sobre una materia después de haberla ventilado. ◊ *Der.* Cada una de las afirmaciones numeradas contenidas en el escrito de calificación penal.
CONCOIDE o **CONCOIDEO, A** adj. y f. *Geom.* Nombre genérico de varias curvas, algunas de las cuales tienen forma parecida a una concha.
CONCOMITAR tr. Acompañar una cosa a otra, u obrar juntamente con ella. ❏ CONCOMITANCIA; CONCOMITANTE.

Concha de un gasterópodo

CONCORD C. de EE UU, cap. del est. de Nueva Hampshire; 36 000 hab.
CONCORDANCIA f. Correspondencia o conformidad de una cosa con otra. ◊ *Gram.* Conformidad de accidentes entre dos o más palabras variables.
CONCORDAR tr. Poner de acuerdo lo que no lo está. ◊ intr. Convenir una cosa con otra. ◊ intr. y tr. Formar concordancia gramatical. ❏ CONCORDADOR, RA.
CONCORDATO m. Tratado que el gobierno de un Estado hace con la Santa Sede.
CONCORDE Nombre de un tipo de avión supersónico anglofrancés destinado al transporte de viajeros. Estuvo en servicio entre 1976 y 2003.
CONCORDIA f. Conformidad, unión de voluntades. ◊ Ajuste entre personas que contienden. ❏ CONCORDE.
CONCORDIA C. de Argentina, en la prov. de Entre Ríos; 94 200 hab. Citricultura. Ganadería e ind. derivadas.
CONCORDIA, *La* Mun. de Venezuela, en el est. Táchira; 77 700 hab.
CONCRECIÓN f. Acumulación de varias partículas en una masa sólida. ◊ *Med.* Cálculo. ❏ CONCRECIONAR.
CONCRETAR tr. Combinar, concordar. ◊ Reducir a lo más esencial la materia sobre que se habla o escribe. ◊ prnl. Reducirse a hablar de una sola cosa.
CONCRETO, TA adj. Díc. de cualquier objeto considerado en sí mismo, con exclusión de cuanto pueda serle extraño o accesorio. ◊ *Gram.* Díc. de las palabras que designan un ser o un objeto perceptible por los sentidos.
CONCUBINATO m. Vida que hacen el hombre y la mujer que habitan juntos sin estar casados. ❏ CONCUBINA.
CONCULCAR tr. Hollar, pisotear. ◊ Infringir.
CONCUÑADO, DA m. y f. Cónyuge de una persona respecto del cónyuge de otra persona hermana de aquélla.

CONCUPISCENCIA f. Deseo de placeres, especialmente de los sexuales. ❏ CONCUPISCENTE; CONCUPISCIBLE.
CONCURRIR intr. Juntarse en un mismo lugar o tiempo diferentes personas, sucesos o cosas. ◊ Contribuir con una cantidad para un fin. ◊ Convenir con otro en el parecer o dictamen. ◊ Tomar parte en un concurso. ❏ CONCURRENCIA; CONCURRENTE; CONCURRIDO, DA.
CONCURSO m. Concurrencia de gente, sucesos, circunstancias, etc. ◊ Asistencia o ayuda para una cosa. ◊ Oposición que se hace a algún cargo o dignidad. ◊ Llamamiento a los que quieran encargarse de ejecutar una obra o prestar un servicio, a fin de elegir la propuesta que ofrezca mayores ventajas. ◊ Competición o prueba entre varios participantes para alcanzar un premio. ❏ CONCURSAR.
CONCUSIÓN f. Conmoción violenta. ◊ Exacción hecha por un funcionario público en provecho propio.
CONDADO m. Dignidad honorífica de conde. ◊ Territorio sobre el cual el conde ejercía señorío. ◊ División adm. menor de EE UU, Hungría, Irlanda y Reino Unido.
CONDE m. Título de nobleza, entre el de marqués y vizconde. ❏ CONDAL.
CONDÉ, *Carmen* (1907-1996) Escritora esp. Poemas en prosa, versos y novelas (*Las oscuras raíces*).
CONDÉ, *Luis II*, PRÍNCIPE DE, llamado EL GRAN CONDÉ (1621-1686) Noble fr. Jefe de las tropas fr. en la guerra de los Treinta Años, aniquiló a los tercios esp. en la batalla de Rocroi (1643).
CONDECORACIÓN f. Insignia de honor y distinción. ❏ CONDECORAR.
CONDENAR tr. Pronunciar el juez sentencia imponiendo al reo la pena correspondiente. ◊ Reprobar una doctrina u opinión. ◊ Desaprobar una cosa. ◊ prnl. Incurrir en la pena eterna. ❏ CONDENA; CONDENACIÓN; CONDENATORIO, RIA.
CONDENSADOR m. *Electr.* Sistema constituido por dos conductores dispuestos de manera que sus cargas eléctricas respectivas sean iguales y de signo contrario.
CONDENSAR tr. Convertir un vapor en líquido. ◊ tr. y prnl. Reducir el volumen de una cosa y darle más consistencia. ◊ tr. fig. Reducir en extensión un escrito sin quitarle nada de lo esencial. ❏ CONDENSACIÓN.
CONDES, *Las* Comuna de Chile, en la Región Metropolitana de Santiago; 249 893 hab. Minas de cobre. Agricultura. Ganadería.
CONDESA f. Mujer del conde, o la que por sí heredó u obtuvo un condado.
CONDESCENDER intr. Acomodarse por bondad al gusto y voluntad de otro. ❏ CONDESCENDENCIA; CONDESCENDIENTE.
CONDESTABLE m. El que antiguamente ejercía el mando supremo del ejército.
CONDICIÓN f. Índole de las cosas. ◊ Natural, carácter o genio de los hombres. ◊ Estado, situación especial en que se halla una persona. ◊ Calidad del nacimiento o estado de los hombres. ◊ Calidad o circunstancia con que se hace o promete una cosa. ◊ pl. Aptitud.
CONDICIONAL adj. Que incluye y lleva consigo una condición o requisi-

to. ◊ *Gram.* Díc. de la oración subordinada que establece una condición para que se efectúe la acción expresada en la principal. ◊ Díc. de la conj. o loc. conj. que introduce una condición: *si, con tal que*, etc.
CONDICIONAMIENTO m. Mecanismo fisiológico de asociación entre un estímulo y un proceso de excitación que precede a una o varias iniciativas.
CONDICIONAR intr. Convenir una cosa con otra. ◊ tr. Hacer depender una cosa de alguna condición. ❏ CONDICIONADO, DA.
CONDILLAC, *Étienne Bonnot de* (1715-1780) Filósofo fr. Influido por el cartesianismo. *Tratado de las sensaciones.*
CÓNDILO m. *Anat.* Eminencia redondeada, en la extremidad de un hueso, que forma articulación encajando en el hueco de otro hueso.
CONDIMENTAR tr. Sazonar los manjares. ❏ CONDIMENTO.
CONDISCÍPULO, LA m. y f. Persona que estudia o ha estudiado con otra u otras bajo la dirección de un mismo maestro o en un mismo centro de enseñanza.
CONDOLERSE prnl. Compadecerse de lo que otro siente o padece. ❏ CONDOLENCIA.
CONDOMINIO m. *Der.* Dominio de una cosa que pertenece en común a dos o más personas. Estatuto de un territorio sometido a la soberanía conjunta de dos o más Estados.
CONDÓN m. Preservativo higiénico en forma de bolsa cilíndrica que cubre el miembro viril durante el coito.
CONDONAR tr. Perdonar o remitir una pena o deuda. ❏ CONDONACIÓN.
CÓNDOR m. *Zool.* Ave diurna, de poco más de 1 m de largo y 3 m de envergadura, con la cabeza y cuello desnudos, plumaje de color negro azulado, y collar, espalda y parte superior de las alas blancas. Habita en los Andes.
CONDORCET, *Marie Jean Antoine Caritat*, MARQUÉS DE (1743-1794) Filósofo, matemático y político fr. Realizó investigaciones sobre cálculo integral y cálculo de probabilidades. *Bosquejo de un cuadro histórico de los progresos del espíritu humano.*
CONDOTIERO m. Jefe de los soldados mercenarios. ◊ Soldado mercenario.

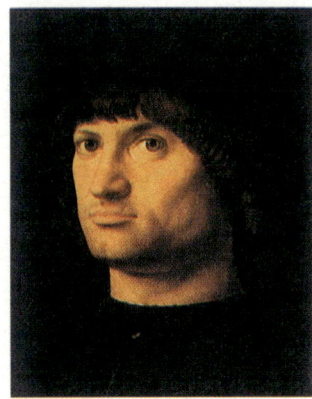

El condotiero, óleo de Antonello de Messina (Museo del Louvre, París)

Taller de **confección** de sábanas

CONDRIOMA m. *Biol.* Conjunto de orgánulos celulares (mitocondrias) presentes en las células eucariotas.
CONDUCIR tr. Llevar de una parte a otra. ◊ Guiar hacia un sitio. ◊ tr. e intr. Guiar un vehículo automóvil. ◊ tr. Dirigir, mandar. ◊ prnl. Proceder de una determinada manera. ❑ CONDUCCIÓN; CONDUCTIVO, VA; CONDUCTOR, RA.
CONDUCTA f. Conducción. ◊ Gobierno, mando, guía, dirección. ◊ Porte o manera con que los hombres gobiernan su vida y dirigen sus acciones.
CONDUCTISMO m. Behaviorismo, doctrina psicológica que se basa en el estudio de las manifestaciones externas de la conducta.
CONDUCTIVIDAD f. *Fís.* Propiedad de un cuerpo de facilitar la propagación del calor, la electricidad, etc., a través de su propia masa.
CONDUCTO m. Canal que sirve para dar paso y salida a las aguas y otras cosas. ◊ Cada uno de los tubos o canales que se hallan en los cuerpos vivos y sirven a las funciones fisiológicas. ◊ fig. Persona a través de la cual se dirige un negocio o pretensión o por quien se tiene noticia de alguna cosa.
CONDUMIO m. fam. Comida.
CONECTAR tr. *Mec. apl.* Combinar el movimiento de una máquina y el de un aparato dependiente de ella. ◊ Poner en contacto, unir. ◊ Enchufar un aparato o máquina a la corriente eléctrica para que funcione. ❑ CONECTIVO, VA.
CONEJA f. Hembra del conejo.
CONEJERA f. Madriguera donde se crían conejos. ◊ fig. y fam. Sótano, cueva o lugar donde se recogen muchas personas.
CONEJILLO de Indias ⇒ Cobaya o cobayo. ◊ fig. y fam. Individuo en quien se experimenta algo.
CONEJO m. Mamífero roedor muy prolífico, de pelo espeso de color ordinariamente gris, orejas largas, patas posteriores más largas que las anteriores y carne comestible.
CONEXIÓN f. Enlace de una cosa con otra. ◊ Unión eléctrica de dos circuitos oscilantes. ❑ CONEXIONAR.
CONEXO, XA adj. Aplícase a la cosa que está enlazada o relacionada con otra.
CONFABULAR intr. Conferir, tratar una cosa entre dos o más personas. ◊ prnl. Ponerse de acuerdo dos o más personas para perjudicar a uno. ❑ CONFABULACIÓN; CONFABULADOR, RA.

CONFECCIÓN f. Hechura de prendas de vestir.
CONFECCIONAR tr. Hacer, preparar, componer, tratándose de obras materiales.
CONFEDERACIÓN f. Alianza o pacto entre algunas personas, naciones o estados. ◊ Conjunto de personas o de estados confederados. ❑ CONFEDERATIVO, VA.
CONFEDERACIÓN Argentina Ant. nombre de la República Argentina (1852-1862). ◊ **Germánica** (1815-1816) Asociación de 38 est. al. creada por el congreso de Viena. Concluyó tras un conflicto armado entre Prusia y Austria que dio lugar a la constitución de la Confederación del Norte de Alemania (1866-1871). ◊ **Granadina** Ant. nombre de Colombia (1858-1862). ◊ **Helvética** ⇒ Suiza. ◊ **Peruboliviana** ⇒ Peruboliviana, Confederación.
CONFEDERACIÓN General del Trabajo (*CGT*) Organización sindical arg., fundada en 1930, muy influida por el peronismo. ◊ **General del Trabajo** (*CGT*) Organización sindical fr. fundada en 1902. El partido comunista es la fuerza con más influencia en su seno. ◊ **Internacional de Sindicatos Libres** (*CISL*) Organización internacional de sindicatos, creada en 1949 por sindicatos nacionales de la Federación Sindical Mundial y por la Federación Norteamericana del Trabajo (AFL). ◊ **Nacional del Trabajo** (*CNT*) Sindicato esp., de orientación anarcosindicalista, fundado en 1910. ◊ **Obrera Boliviana** (*COB*) Organización sindical bol. constituida en 1952 a partir de la f. de mineros.
CONFEDERAR tr. y prnl. Hacer alianza, liga o unión o pacto entre varios. ❑ CONFEDERADO, DA.
CONFERENCIA f. Reunión de varias personas para tratar un asunto. ◊ Lección o disertación pública. ◊ Conversación telefónica interurbana. ❑ CONFERENCIANTE.
CONFERIR tr. Conceder, asignar a uno dignidad, empleo, facultades o derechos.
CONFESAR tr. y prnl. Manifestar o aseverar uno sus hechos, ideas o sentimientos. ◊ Reconocer y declarar uno, obligado por algún motivo, lo que sin ello no reconocería ni declararía. ◊ tr. y prnl. Declarar el penitente al confesor los pecados que ha cometido. ◊ *Der.* Declarar el reo o el litigante ante el juez. ❑ CONFESANTE; CONFESO.
CONFESIÓN f. Declaración que uno hace de lo que sabe, espontáneamente o preguntado por otro. ◊ Declaración, al confesor, de los pecados que uno ha cometido. ◊ Credo religioso que cada uno. ◊ *Der.* Declaración del litigante o del reo en el juicio. ❑ CONFESIONAL.
CONFESIONARIO o **CONFESONARIO** m. Mueble dentro del cual se coloca el sacerdote para oír las confesiones.
CONFESOR m. Sacerdote que confiesa.
CONFETI m. Pedacitos de papel de color que se arrojan en algunas fiestas.
CONFIANZA f. Esperanza firme que se tiene de una persona o cosa. ◊ Ánimo, aliento y vigor para obrar. ◊ Familiaridad en el trato.
CONFIAR intr. Esperar con firmeza y seguridad. ◊ tr. Encargar o poner al cuidado de uno algún asunto.
CONFIDENCIA f. Confianza. ◊ Revelación de un secreto. ❑ CONFIDENCIAL; CONFIDENTE.

CONFIGURACIÓN f. Disposición de las partes que componen un cuerpo y le dan su peculiar figura.
CONFIGURAR tr. y prnl. Dar determinada figura a una cosa.
CONFÍN m. Límite, raya, término. ◊ Horizonte.
CONFINAR intr. Lindar, estar contiguo o inmediato a otro territorio, mar, río, etc. ◊ tr. Desterrar a uno, señalándole un lugar determinado de donde no pueda salir en cierto tiempo.
CONFIRMACIÓN f. Nueva prueba de la verdad y certeza de un suceso, dictamen u otra cosa. ◊ *Rel.* Rito de iniciación en muchas Iglesias, y uno de los siete sacramentos de la católica. ❑ CONFIRMAR.
CONFISCAR tr. Privar el Est. de los bienes patrimoniales a una persona o institución y aplicarlos al fisco. ◊ Apoderarse la policía de algo.
CONFITE m. Pasta hecha de azúcar y otros ingredientes, gralte. en forma de bolitas de varios tamaños. ❑ CONFITAR.
CONFITERÍA f. Establecimiento donde se hacen o venden los dulces.
CONFLAGRACIÓN f. Incendio. ◊ fig. Perturbación repentina y violenta de pueblos o naciones. ◊ P. ext., guerra.
CONFLICTO m. Colisión u oposición de intereses, derechos, pretensiones, etc. ◊ Lo más recio de un combate. ◊ fig. Angustia interior. ◊ fig. Apuro, situación desgraciada y de difícil salida.
CONFLUIR intr. Juntarse dos o más ríos u otras corrientes de agua en un mismo lugar. ◊ fig. Juntarse en un punto dos o más caminos. ◊ fig. Concurrir en un sitio mucha gente que viene de diversas partes. ❑ CONFLUENCIA.
CONFORMACIÓN f. Colocación, distribución de las partes que forman una cosa.
CONFORMAR tr., intr. y prnl. Ajustar una cosa con otra. ◊ intr. y prnl. Convenir una persona con otra. ◊ prnl. Sujetarse uno voluntariamente a hacer o sufrir una cosa que le desagrada.
CONFORME adj. Igual, correspondiente. ◊ Acorde. ◊ Resignado. ◊ adv. modo que denota relaciones de conformidad, correspondencia o modo.
CONFORMIDAD f. Semejanza entre dos personas. ◊ Igualdad, correspondencia de una cosa con otra. ◊ Unión, concordia entre dos o más personas. ◊ Simetría y proporción entre las partes que componen un todo. ◊ Tolerancia y sufrimiento en las adversidades.
CONFORMISTA adj. y s. Que acepta las normas establecidas. ❑ CONFORMISMO.
CONFORT (voz fr.) m. Comodidad.
CONFORTAR tr. y prnl. Dar vigor, espíritu y fuerza. ◊ Animar, alentar, consolar al afligido.
CONFRATERNIDAD f. Hermandad de parentesco o por amistad. ❑ CONFRATERNIZAR.
CONFRONTAR tr. Carear una persona con otra. ◊ Cotejar una cosa con otra. ◊ intr. Confinar, lindar. ❑ CONFRONTACIÓN.
CONFUCIANISMO m. *Rel.* Sistema filosófico y religioso originado en las enseñanzas de Confucio.
CONFUCIO (h. 551-479 a. C.) Filósofo chino. Creador del confucianismo. Publicó los seis *Clásicos*, especie de notas de historiografía, música y principios

de culto, convencido de que con tales escritos lograría contener los males de su época.

CONFUNDIR tr. y prnl. Mezclar cosas diversas de modo que las partes de las unas se incorporen con las de las otras. ◊ tr. Barajar confusamente diferentes cosas que estaban ordenadas. ◊ tr. y prnl. Equivocar, perturbar, desordenar una cosa. ◊ tr. y prnl. fig. Humillar, abatir, avergonzar. ❑ CONFUNDIMIENTO; CONFUSO, SA.

CONFUSIÓN f. Falta de orden, de concierto y de claridad. ◊ fig. Perplejidad, desasosiego. ◊ fig. Abatimiento, humillación. ◊ fig. Afrenta, ignominia. ❑ CONFUSIONISMO.

CONGA f. *Cuba.* Baile popular de origen afr. ◊ Música con que se acompaña.

CONGELAR tr. y prnl. Solidificar o endurecer un líquido sometiéndolo a la acción del frío. ◊ tr. Someter a muy baja temperatura carnes, pescados y otros alimentos para que se conserven hasta el momento de su consumo. ◊ tr. Declarar inmodificables los salarios o los precios. ❑ CONGELACIÓN; CONGELADOR, RA.

CONGÉNERE adj. y s. Del mismo género, de un mismo origen o de la propia derivación.

CONGENIAR intr. Tener dos o más personas genio, carácter o inclinaciones que concuerdan fácilmente. ❑ CONGENIAL.

CONGÉNITO, TA adj. Que se engendra juntamente con otra cosa. ◊ Connatural.

CONGESTIÓN f. *Fisiol.* Acumulación excesiva de sangre en alguna parte del cuerpo. ◊ Aglomeración excesiva de personas o vehículos. ❑ CONGESTIONAR.

CONGLOMERAR tr. Aglomerar. ◊ prnl. Unirse fragmentos de una misma o de diversas sustancias con tal coherencia que resulte una masa compacta. ❑ CONGLOMERACIÓN; CONGLOMERADO; CONGLOMERANTE.

CONGO, *República del* (*République du Congo*) Ant. Congo Medio fr. Estado del África central; república. La mayor parte del país está ocupada por una vasta meseta, avenada por el r. Congo (Zaire). Clima ecuatorial cálido y húmedo. Al N se extiende la sabana y al S la selva. Len-

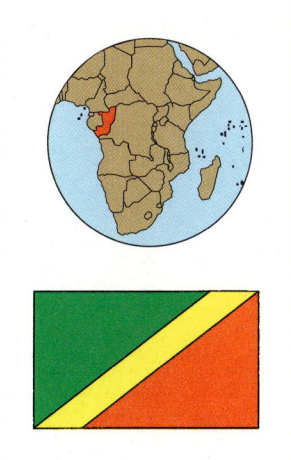

Mapa de situación y bandera de la **República del Congo**

guas: fr. (of.). *Rel.*: Animismo (mayoría). U. M.: franco CFA. Cap., Brazzaville. ❑ *Hist.* El terr. estaba ocupado por varios reinos indígenas (vili, bateké) antes de la llegada de los port. (1472). Durante los ss. XVI a XIX fue un imp. centro de la trata de esclavos. En el s. XIX se establecieron factorías fr. en la costa, y en 1891 se creó la colonia del Congo fr., integrada en 1910 en el África Ecuatorial Francesa. Logró la indep. en 1960. El primer presid. de la rep., F. Youlou, fue derrocado en 1963. Luego se sucedieron numerosos golpes de Est. M. Ngouabi estableció un régimen de partido único. D. Sassou-Nguesso fue elegido presid. en 1979 y reelegido en 1984 y 1989. Pero en 1991 fue depuesto, siendo nombrado presid. A. Milongo, derrocado en 1992. Sin embargo, tras un proceso de transición democrática fue elegido presid. P. Lissouba. En 1997 Sassou-Nguesso, tras meses de guerra civil, se proclamó presid., y en 2002 ganó las elecc. presidenciales.

CONGO, *República Democrática del* (*République Démocratique du Congo*) Estado de África ecuatorial (ant. Congo-Kinshasa y Rep. del Zaire). Macizos de Ruwenzori (5 119 m) y de Karasimbi (4 507 m); montes de Cristal (750 m). R. Congo y sus afl., Lomami, Ubangui y Kasai. Lagos Alberto, Eduardo, Kivu, Tanganica y Moero. Clima ecuatorial. Selva, sabana arbolada y bosque-galería. Agricultura de subsistencia (mandioca, maíz, batata, mijo, sorgo) y cultivos de exportación (algodón, cacahuete, café, cacao, caucho). Maderas preciosas. Cobre, cobalto, cinc, manganeso, oro, estaño, uranio, diamantes. Ind. textil, química, de transformación de minerales y de derivados agropecuarios. Lenguas: fr. (of.), variantes del bantú y sudanesas. *Rel.*: Animismo (mayoría). U. M.: franco congoleño. Cap., Kinshasa.

❑ *Hist.* En 1885 el territorio se constituyó como Est. indep. del Congo, propiedad personal de Leopoldo II, el rey de Bélgica. Éste hubo de ceder su posesión al Est. belga en 1908. En 1960 el rey Balduino concedió la indep. del Congo, siendo elegido presid. Joseph Kasavu-

bu. A los pocos días de la indep. se produjo la insurrección de la fuerza pública, la intervención militar belga y la secesión de los est. de Kasai y Katanga, digirida por Tshombé y sostenida por los belgas. Lumumba y Kasavubu se destituyeron el uno al otro, y el coronel Mobutu tomó el poder. Mobutu suprimió los partidos políticos y asumió la jefatura del Est. En 1967 el Congo-Leopoldville se constituyó en República Democrática del Congo, y en 1971 cambió su nombre por el de Zaire. Tras una rebelión armada, en 1997 Mobutu fue derrocado y sustituido por el líder guerrillero Laurent Kabila, quien rebautizó el país como Rep. Dem. del Congo. El conflicto, en el que se mezclaban intereses económicos, se extendió a los países vecinos. En 2001 L. Kabila fue asesinado y le sucedió su hijo Joseph Kabila.

REPÚBLICA DEMOCRÁTICA DEL CONGO

Superficie	2 344 885 km²
Población	36 672 000 hab. (16 hab./km²)
Recursos económicos	
Aceite de palma	182 000 t
Cabaña bovina	1 600 000 cabezas
Cabaña caprina	3 070 000 cabezas
Cabaña ovina	910 000 cabezas
Café	102 000 t
Cemento	460 000 t
Cerveza	4 378 000 hl
Cinc	45 000 t
Cobalto	20 000 t
Cobre	235 000 t
Diamantes	18 000 000 quilates
Estaño	1 600 t
Oro	225 kg
Plata	50 000 kg
Riqueza forestal	38 904 000 m³
Tejidos de algodón	61 000 m²
Indicadores sociológicos	
PNB	8 123 millones de dólares
Renta per cápita	150 dólares
Esperanza de vida	52 años
Alfabetismo	72 %

REPÚBLICA DEL CONGO

Superficie	342 000 km²
Población	2 346 000 hab. (7 hab./km²)
Recursos económicos	
Aceite de palma	17 000 t
Ananás	117 000 t
Bananas	40 000 t
Cabaña bovina	68 000 cabezas
Cabaña caprina	272 000 cabezas
Cabaña ovina	108 000 cabezas
Cacahuetes	27 000 t
Caña de azúcar	25 000 ha
Cemento	58 000 t
Energía eléctrica	398 millones de kwh
Gas natural	2 000 000 m³
Mandioca	780 000 t
Petróleo	8 076 000 t
Riqueza forestal	3 644 000 m³
Indicadores sociológicos	
PNB	2 623 millones de dólares
Renta per cápita	1 120 dólares
Esperanza de vida	57 años
Alfabetismo	68 %

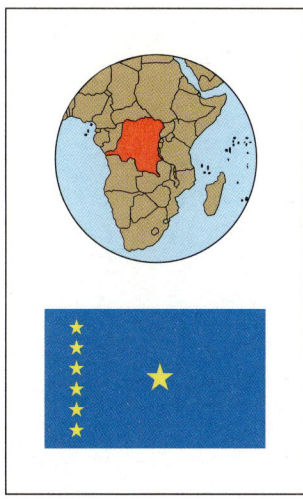

Mapa de situación y bandera de la **República Democrática del Congo**

CONGOJA f. Desmayo, fatiga, angustia y aflicción. ❑ CONGOJOSO, SA.

CONGOSTO m. Pequeño desfiladero abierto por un río a través de rocas duras.

CONGRACIAR tr. y prnl. Conseguir la benevolencia o el afecto de uno.

CONGRATULAR tr. y prnl. Felicitar.

CONGREGACIÓN f. Junta para tratar de uno o más asuntos. ◊ En algunas órdenes religiosas, reunión de muchos monasterios bajo la dirección de un superior general. ◊ Cuerpo o comunidad de sacerdotes seculares, dedicados al ejercicio de los ministerios eclesiásticos, bajo ciertas constituciones. ◊ En la corte pontificia, cualquiera de las juntas compuestas de cardenales, prelados y otras personas. ❑ CONGREGANTE, TA.

CONGREGAR tr. y prnl. Juntar, reunir.

CONGRESO m. Junta o reunión de varias personas para deliberar sobre algún asunto científico, político, etc. ◊ En algunos países, asamblea nacional. ❑ CONGRESAL; CONGRESISTA.

CONGREVE, William (1670-1729) Dramaturgo brit., el más imp. de la Restauración. *El solterón, Así anda el mundo.*

CONGRIO m. Pez anguiliforme, con el cuerpo gris oscuro, cilíndrico, bordes negros en las aletas dorsal y anal, y carne blanca y comestible.

CONGRUENCIA f. Conveniencia, oportunidad. ◊ *Mat.* Relación de equivalencia en el conjunto de números enteros, por la que éstos se clasifican según su resto al dividirlos por otro llamado módulo. ❑ CONGRUENTE; CONGRUO, GRUA.

CÓNICO, CA adj. Relativo al cono. ◊ De forma de cono. ◊ adj. y f. *Geom.* Díc. de la curva que resulta de la intersección de una superficie cónica con un plano. ◊ **Superficie c.** La originada por una recta al girar alrededor de otra que la corta.

CONIDIO m. *Bot.* Tipo de espora vegetal que se forma por gemación en el extremo de una hifa (conidióforo).

CONÍFERO, RA adj. y s. *Bot.* Aplícase a árboles y arbustos dicotiledóneos, de hojas lineales y persistentes, fruto cónico, y ramas de contorno también cónico, como el ciprés, el pino.

CONJETURAR tr. Formar juicio probable de una cosa por indicios y observaciones. ❑ CONJETURA, CONJETURAL.

Bosque de **coníferas**

CONJUGACIÓN f. *Biol.* Mecanismo por el que dos células bacterianas libres se unen temporalmente intercambiando material genético. ◊ *Gram.* Serie ordenada de todas las voces de varia inflexión con que el verbo expresa sus diferentes modos, tiempos, números y personas.

CONJUGADO, DA ◊ adj. *Geom.* Aplícase a cualquier elemento geométrico (punto, recta, plano) relacionado con otro por alguna ley o relación determinada.

CONJUGAR tr. Enlazar o coordinar. ◊ Escribir o decir un verbo con sus distintas inflexiones de modo, tiempo, número y personas.

CONJUNCIÓN f. Junta, unión. ◊ *Astr.* Posición de dos cuerpos celestes tal que al proyectarlos sobre la eclíptica o sobre el ecuador celeste resultan alineados con la Tierra. ◊ *Gram.* Parte de la oración o clase de palabras que sirven para unir dos frases o miembros de ellas. ❑ CONJUNTAR.

CONJUNTIVITIS f. *Med.* Inflamación de la conjuntiva.

CONJUNTIVO, VA adj. Que junta y une una cosa con otra. ◊ Relativo a la conjunción. ◊ *Biol.* Díc. de un tejido mecánico, de unión o conectivo, derivado del mesénquima, formado por células gralte. estrelladas y por fibras, además de una sustancia que se convierte en gelatina. ◊ f. Membrana mucosa que cubre la parte anterior del globo ocular y se extiende por la superficie interna del párpado.

CONJUNTO, TA adj. Unido o contiguo. ◊ Mezclado. ◊ m. Reunión de varias personas o cosas que forman un todo. ◊ Juego de prendas de vestir que se llevan al mismo tiempo. ◊ *Mat.* Serie de elementos matemáticos definidos por una propiedad característica que permite conocer si un elemento determinado pertenece o no a la referida serie.

CONJURAR intr. y prnl. Ligarse con otro, mediante juramento, para algún fin. ◊ tr. fig. Conspirar, uniéndose muchas personas contra alguien. ◊ tr. Juramentar. ◊ Exorcizar. ◊ fig. Impedir, evitar, alejar un daño o peligro. ❑ CONJURA; CONJURACIÓN; CONJURO.

CONLLEVAR tr. Ayudar a uno a sufrir un trabajo o penalidad. ◊ Sufrir a uno, tolerarle. ◊ Ejercitar la paciencia en los casos adversos.

CONMEMORACIÓN f. Memoria o recuerdo que se hace de una persona o cosa. ❑ CONMEMORAR; CONMEMORATIVO, VA.

CONMIGO Ablativo de sing. del pron. personal de 1ª pers. en gén. masculino y femenino.

CONMILITÓN m. Soldado compañero de otro.

CONMINAR tr. Amenazar con daños o castigos. ◊ *Der.* Intimar la autoridad un mandato, bajo apercibimiento de corrección o pena determinada.

CONMISERACIÓN f. Compasión que uno tiene del mal de otro. ❑ CONMISERATIVO, VA.

CONMOCIÓN f. Sacudida, perturbación del ánimo o del cuerpo. ◊ Tumulto, levantamiento. ◊ Movimiento sísmico muy perceptible. ◊ **cerebral**. Trastorno cerebral funcional transitorio, consecuencia de un traumatismo craneal. ❑ CONMOCIONAR.

Joseph **Conrad**

CONMOVER tr. y prnl. Perturbar, inquietar, alterar, mover fuertemente o con eficacia. ◊ Enternecer, mover a compasión. ❑ CONMOVEDOR, RA.

CONMUTAR tr. Trocar, cambiar, permutar una cosa por otra. ❑ CONMUTABILIDAD; CONMUTABLE; CONMUTACIÓN; CONMUTADOR, RA.

CONMUTATIVO, VA adj. Concerniente al cambio. ◊ **Propiedad c.** *Mat.* Para una operación definida en un conjunto, propiedad de que el resultado sea independiente del orden de los elementos que se operan.

CONNÉCTICUT Estado del NE de EE UU; 12 997 km², 3 287 000 hab. Cap., Hartford. Relieve dominado por el valle del río hom. Ind. mecánica, textil y metalúrgica. Centrales térmicas de energía eléctrica.

CONNIVENCIA f. Disimulo o tolerancia en el superior acerca de las transgresiones que cometen sus súbditos. ◊ Confabulación.

CONNOTAR tr. Hacer relación. ◊ Significar la palabra varias ideas, una pral. y las demás complementarias. ❑ CONNOTACIÓN; CONNOTATIVO, VA.

CONO m. *Bot.* Fruto de las coníferas. ◊ *Geom.* Sólido limitado por una superficie cónica. ◊ Cualquier objeto de forma cónica. ◊ Célula sensible a la luz que forma parte de la retina. ◊ **de deyección**. Zona terminal de un torrente, por la que éste desemboca en un valle principal. ◊ **truncado**. *Geom.* Tronco de c. ❑ CONOIDEO, A.

CONOCER tr. Averiguar por el ejercicio de las facultades intelectuales la naturaleza, cualidades y relaciones de las cosas. ◊ Entender, advertir, saber, echar de ver. ◊ tr. y prnl. Tener trato y comunicación con alguno. ◊ tr. Entender en un asunto con facultad legítima para ello. ◊ fig. Tener una persona contacto sexual con otra. ◊ prnl. Juzgar justamente de sí propio. ❑ CONOCEDOR, RA; CONOCIBLE; CONOCIDO, DA.

CONOCIMIENTO m. Entendimiento, inteligencia, razón natural. ◊ Sentido, dominio de las facultades en el hombre. ◊ pl. Ciencia, sabiduría.

CONOIDE m. *Geom.* Sólido limitado por una superficie curva con punta o vértice a semejanza del cono. ◊ *Geom.* Cualquiera de las superficies curvas que están cerradas por una parte y se prolongan indefinidamente por la opuesta.

CONQUE conj. ilativa con la cual se enuncia una consecuencia natural de lo que acaba de decirse.

CONQUIFORME adj. De figura de concha.

CONQUILIOLOGÍA f. Parte de la zoología que trata de las conchas de los moluscos. ❑ CONQUILIÓLOGO, GA.

CONQUISTA f. Persona o cosa conquistada.

CONQUISTADOR, RA adj. y s. Que conquista. ◊ Seductor. ◊ m. *Hist.* Esp. que intervino en la conquista y colonización de las tierras americanas.

CONQUISTAR tr. Adquirir por la fuerza de las armas. ◊ fig. Ganar la voluntad de una persona. ◊ Enamorar.

CONRAD, *Joseph* (1857-1924) Novelista brit., de origen pol. *Lord Jim, El tifón, Azar, El negro del «Narcyssus».*

CONRADO I, *de Franconia* (m. 918) Rey de Germania [911-918]. ◊ **II** *de Franconia* (990-1039) Rey de Germania [1024-1039]. Emp. de Alemania [1027-1039]. Dominó Bohemia y anexionó a sus estados el reino de Borgoña. ◊ **III** *de Suabia* (h. 1093-1152) Emp. de Alemania [1138-1152]. ◊ **IV** *de Suabia* (1228-1254) Emp. de Alemania [1250-1254]. Intentó conquistar el S. de Italia y murió en la lucha.

CONSABIDO, DA adj. Aplícase a la persona o cosa de que ya se ha tratado anteriormente.

CONSAGRAR tr. Hacer sagrada a una persona o cosa. ◊ Pronunciar el sacerdote las palabras de la consagración. ◊ tr. y prnl. Dedicar, ofrecer a Dios por culto o voto una persona o cosa. ◊ tr. fig. Erigir un monumento, para perpetuar la memoria de una persona o suceso. ◊ tr. y prnl. fig. Dedicar con suma eficacia y entusiasmo una cosa a determinado fin. ◊ fig. Dedicar, destinar. ❑ CONSAGRACIÓN; CONSAGRADO, DA.

CONSANGUINIDAD f. Parentesco de las personas que descienden de un mismo tronco. ❑ CONSANGUÍNEO, A.

CONSCIENCIA f. *Fil.* y *Psic.* Conciencia.

CONSCIENTE adj. Que siente, piensa, quiere y obra con cabal conocimiento y plena posesión de sí mismo. ◊ Lo que se hace en estas condiciones.

CONSCRIPCIÓN f. *Amér.* Reclutamiento. ❑ CONSCRIPTO.

CONSECUENCIA f. Proposición que se deduce de otra o de otras, con enlace tan riguroso, que, admitidas o negadas las premisas, es ineludible el admitirla o negarla. ◊ Hecho o acontecimiento que se sigue o resulta de otro.

CONSECUENTE adj. Que sigue en orden respecto de una cosa, o está colocado a su continuación. ◊ Díc. de la persona cuya conducta guarda correspondencia lógica con los principios que profesa. ◊ m. Proposición que se deduce de otra que se llama antecedente. ◊ *Álg.* y *Arit.* Segundo término de una razón. ◊ *Gram.* Segundo de los términos de la relación gramatical.

CONSECUTIVO, VA adj. Que se sigue a otra cosa inmediata o es consecuencia de ella. ◊ *Gram.* Díc. de la oración gramatical que expresa consecuencia de lo indicado en otra. ◊ *Gram.* Díc. de la conj. o loc. conj. que expresa relación de consecuencia *luego, pues, conque, por tanto,* etc.

CONSEGUIR tr. Alcanzar, obtener, lo-

Conserva. Pescado puesto a secar para su conservación

grar lo que se pretende o desea. ❑ CONSECUCIÓN.

CONSEJA f. Cuento, fábula, patraña. ◊ Junta para tratar cosas ilícitas.

CONSEJERO, RA m. y f. Persona que aconseja. ◊ Persona que tiene plaza en algún consejo.

CONSEJO m. Parecer o dictamen que se da o toma para hacer o no hacer una cosa. ◊ Corporación consultiva encargada de informar al gobierno sobre determinada materia de la admon. ◊ Cuerpo administrativo y consultivo en sociedades o compañías particulares. ◊ **de guerra**. Tribunal compuesto de generales, jefes u oficiales que entienden en las causas de la jurisdicción militar. ◊ **de ministros**. Ministerio, cuerpo de ministros. ◊ Reunión de los ministros para tratar de los negocios del Est. **CONSEJO DE AYUDA ECONÓMICA MUTUA** (*COMECON*) Organización económica fundada en 1949, en Moscú. Agrupaba a la URSS, Checoslovaquia, Bulgaria, Hungría, RDA, Polonia, Rumania, Mongolia, Cuba y Vietnam. Disuelta en 1991. ◊ **de Castilla**. Tribunal supremo y cuerpo consultivo de los reyes. ◊ **de Ciento**. Ant. corporación municipal de Barcelona [1249-1714). ◊ **de Europa**. Institución creada en Londres en 1949 para promover las relaciones entre los estados europeos democráticos. Tiene su sede en Estrasburgo. ◊ **de Indias**. Consejo creado en 1511 por Fernando el Católico para los asuntos de las posesiones esp. de ultramar. ◊ **de Seguridad**. Órgano de la ONU en el que sólo EE UU, URSS (más tarde Rusia) China, Francia y Gran Bretaña tienen derecho de veto. ◊ **Epicopal Latinoamericano** (*CELAM*). Creado en 1958 para coordinar las actividades de la Iglesia en Latinoamérica.

CONSENSO m. Asenso, consentimiento en un asunto de todos los miembros de una corporación.

CONSENTIMIENTO m. *Der.* Conformidad de voluntades entre los contratantes, o sea entre la oferta y su aceptación, que es el pral. requisito de los contratos.

CONSENTIR tr. Permitir una cosa o condescender en que se haga. ◊ Creer, tener por cierta una cosa. ◊ Ser compatible, sufrir, admitir. ◊ Mimar a los hijos. ❑ CONSENTIDO, DA; CONSENTIDOR, RA.

CONSERJE m. El que tiene a su cuidado la custodia y limpieza de una casa, o establecimiento público. ❑ CONSERJERÍA.

CONSERVA f. Confitura de frutas. ◊ Sustancia alimenticia conservada en un recipiente herméticamente cerrado, que se guarda mucho tiempo. ❑ CONSERVERÍA; CONSERVERO, RA.

CONSERVADOR, RA adj. y s. Partidario de mantener el orden político y social establecido. ◊ m. y f. Técnico encargado de la conservación de los fondos de un museo o archivo. ❑ CONSERVADURÍA; CONSERVATORÍA.

CONSERVADURISMO m. Actitud de los que son contrarios a los cambios políticos y sociales.

CONSERVAR tr. y prnl. Mantener una cosa o cuidar de su permanencia. ◊ tr. Guardar con cuidado una cosa. ◊ Hacer conservas.

CONSERVATISMO m. *Amér.* Conservadurismo.

CONSERVATORIO, RIA adj. Que contiene y conserva alguna o algunas cosas. ◊ m. Establecimiento, en que se enseñan ciertas artes, en especial la música.

CONSIDERANDO m. *Der.* Cada una de las razones esenciales que preceden y sirven de apoyo al precepto de una ley, fallo, dictamen, etc.

CONSIDÉRANT, *Víctor* (1808-1893) Político y economista fr. Seguidor de Fourier y de las teorías del socialismo. *Principios del socialismo.*

CONSIDERAR tr. Pensar, meditar, reflexionar una cosa con atención y cuidado. ◊ Tratar a una persona con respeto. ◊ tr. y prnl. Juzgar, estimar. ❑ CONSIDERABLE; CONSIDERACIÓN; CONSIDERADO, DA.

CONSIGNA f. *Mil.* Órdenes que se dan al que manda un puesto, y las que éste manda observar al centinela. ◊ Hablando de agrupaciones políticas, sindicales, etc., orden que una persona u organismo dirigente da a los afiliados. ◊ En las estaciones de ferrocarril, aeropuertos, etc., lugar en que los viajeros pueden depositar los equipajes.

CONSIGNAR tr. Señalar y destinar el rédito de una finca o efecto para el pago de una cantidad o renta que se debe o se constituye. ◊ Designar la tesorería o pagaduría que ha de cubrir obligaciones determinadas. ◊ Asentar en un presupuesto una partida para atender a determinados gastos o servicios. ◊ Destinar un sitio para poner en él una cosa. ◊ Entregar por vía de depósito una cosa. ◊ Tratándose de opiniones, votos, doctrinas, hechos, circunstancias, datos, etc., asentarlos por escrito. ◊ Enviar las mercancías a manos de un corresponsal. ◊ Depositar a disposición de la autoridad judicial la cosa debida. ❑ CONSIGNACIÓN.

CONSIGNATARIO m. El que recibe en depósito, por auto judicial, el dinero que otro consigna. ◊ Destinatario de un buque, un cargamento o una partida de mercaderías.

CONSIGO Ablativo de sing. y pl. de la forma reflexiva *se, sí,* del pron. personal de 3ª pers. en gén. masculino y femenino.

CONSIGUIENTE adj. Que depende y se deduce de otra cosa.

CONSISTENCIA f. Duración, estabi-

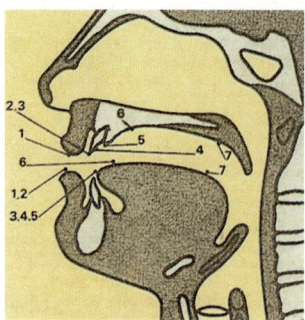

Articulación de los distintos tipos de **consonantes**: 1. labial; 2. labiodental; 3. interdental; 4. dental; 5. alveolar; 6. palatal; 7. velar

lidad, solidez. ◊ Trabazón, entre las partículas de una masa.
CONSISTIR intr. Estribar, estar fundada una cosa en otra. ◊ Ser efecto de una causa. ◊ Estar y criarse una cosa encerrada en otra. ❏ CONSISTENTE.
CONSISTORIO m. Junta que celebra el papa con asistencia de los cardenales. ◊ En algunas partes, ayuntamiento. ❏ CONSISTORIAL.
CONSOLA f. Mesa hecha para estar arrimada a la pared, la cual suele destinarse a sostener reloj, candelabros y otros adornos. ◊ *Comp.* Panel frontal de mandos e indicadores de un equipo de procesamiento de datos, que permite al operador comunicarse directamente con el sistema. Consta en general de un teclado, una pantalla y una impresora.
CONSOLAR tr. y prnl. Aliviar la pena o aflicción de uno. ❏ CONSOLACIÓN; CONSOLATIVO, VA.
CONSOLIDAR tr. Dar firmeza a una cosa. ◊ Liquidar una deuda flotante para convertirla en fija o perpetua. ◊ fig. Asegurar del todo, afianzar más y más una cosa. ◊ prnl. *Der.* Reunirse en un sujeto atributos de un dominio antes disgregado. ❏ CONSOLIDACIÓN, CONSOLIDADO, DA.
CONSOMÉ m. Caldo de carne.
CONSONANCIA f. *Mús.* Cualidad de aquellos sonidos que, oídos simultáneamente, producen efecto agradable. ◊ Identidad de sonido en la terminación de dos palabras, desde la vocal que lleva el acento. ◊ fig. Relación de igualdad o conformidad que tienen algunas cosas entre sí. ❏ CONSONAR.
CONSONANTE adj. y s. Díc. de cualquier voz con respecto a otra de la misma consonancia. ◊ adj. y f. *Fon.* Díc. de la articulación de un sonido que se produce al hablar cuando, a su paso por la laringe y la boca, el aire encuentra algún obstáculo: labios, lengua, dientes, paladar. ◊ Díc. de la letra que corresponde a alguno de estos sonidos. ❏ CONSONÁNTICO, CA.
CONSONANTISMO m. Sistema de consonantes de una lengua o dialecto.
CONSORCIO m. Participación y comunión de una misma suerte con uno o varios. ◊ Unión o compañía de los que viven juntos. ◊ Asociación de empresas para defender intereses comunes.

CONSORTE m. Marido respecto de la mujer, y mujer respecto del marido. ◊ Persona que comparte la suerte de otra.
CONSPICUO, CUA adj. Ilustre, sobresaliente.
CONSPIRAR intr. Unirse algunos contra su superior o soberano. ◊ Unirse contra un particular para hacerle daño. ❏ CONSPIRACIÓN; CONSPIRADOR, RA.
CONSTABLE, *John* (1776-1837) Pintor brit. Precursor del impresionismo. *Carreta de heno, La catedral de Salisbury, Campo de trigo* (grabados).
CONSTANCIA f. Calidad de constante. ◊ Firmeza del ánimo en las resoluciones y en los propósitos. ◊ Exactitud de algún hecho o dicho. ◊ Acción y efecto de hacer constar algo de manera fehaciente.
CONSTANCIO I, *Cloro* (Flavio Valerio; m. 306) Emp. rom. [305-306], padre de Constantino el Grande y fundador de la dinastía de los Flavios. Gobernó junto a Galerio. ◊ **II** (Flavio Julio; 317-361) Emp. rom. [337-361]. Hijo de Constantino el Grande; a la muerte de sus hermanos, rehízo la unidad del Imperio. ◊ **III** (Flavio; m. 421) Emp. rom. [421]. General de Honorio. Casó con Gala Placidia.
CONSTANT, *Benjamin* (1767-1830) Escritor y político fr. *Adolfo, Curso de política constitucional*.
CONSTANTE adj. Que tiene constancia. ◊ Dicho de las cosas, persistente, durable. ◊ Factor que es o se supone inmutable. ◊ f. *Mat.* Función que adopta un mismo valor en cualquier punto.
CONSTANTINA (Koustantina) C. del NE de Argelia; 354 300 hab. Cap. del dpto. hom. Centro agrícola, artesanal, industrial y comercial.
CONSTANTINO Nombre de varios reyes y emperadores.

IMPERIO ROMANO

CONSTANTINO I *el Grande* (280-337) Emp. rom. [306-337]. Proclamó en 313 el Edicto de Milán, que favorecía a los cristianos. En 330 trasladó la cap. a Bizancio (Constantinopla).

IMPERIO DE ORIENTE

CONSTANTINO V (718-775) Emp. bizantino [714-775]. Durante su reinado se iniciaron las luchas iconoclastas. ◊

Constantinopla. Plano del s. XVI

VII *Porfirogéneta* (905-959) Emp. bizantino [911-959)]. Rechazó los ataques húngaros. ◊ **XI** *Paleólogo* (1405-1453) Emp. bizantino. Murió en la defensa de Constantinopla contra los turcos.

GRECIA

CONSTANTINO I (1868-1923) Rey de Grecia [1913-1917 y 1920-1922]. Se mantuvo neutral durante la I Guerra Mundial. ◊ **II** (n. 1940) Rey de Grecia. Abandonó el país tras el golpe militar de 1967.
CONSTANTINOPLA Ant. cap. del imperio bizantino (actual Istambul), fundada en 324 por Constantino el Grande. Imp. centro cultural y comercial en la E. Med. Conquistada por los turcos en 1453.
CONSTANZA (Bodensee) Lago de Europa central, entre Alemania, Suiza y Austria; 540 km².
CONSTANZA (Konstanz) C. de Alemania, Baden-Württemberg. ◊ **Concilio de C.** (1414-1418) El que puso fin al cisma de Occidente. En él se eligió papa a Martín V y se condenó a Jan Huss. ◊ C. y puerto de Rumania, en la Dobrudja; 315 700 hab. Centro industrial y turístico.
CONSTANZA Mun. de República Dominicana, en la prov. de La Vega; 60 099 hab. Trigo. Ind. textil.
CONSTAR intr. Ser cierta y manifiesta una cosa. ◊ Tener un todo determinadas partes.
CONSTATAR tr. Comprobar un hecho, establecer su veracidad, dar constancia de él.
CONSTELACIÓN f. *Astr.* Conjunto de estrellas que aparecen como un grupo autónomo al observador.
CONSTERNAR tr. y prnl. Causar a alguien abatimiento, disgusto, pena o indignación. ❏ CONSTERNACIÓN.
CONSTIPAR tr. Cerrar o apretar los poros, impidiendo la transpiración. ◊ prnl. Acatarrarse, resfriarse. ❏ CONSTIPACIÓN; CONSTIPADO, DA.
CONSTITUCIÓN f. Esencia y calidades de una cosa que la constituyen tal y la diferencian de las demás. ◊ Forma o sistema de gobierno que tiene cada Est. ◊ *Der.* Ley fundamental de la organización de un Est. ◊ Cada una de las ordenanzas o estatutos con que se gobierna una corporación. ◊ *Fisiol.* Conjunto de los caracteres congénitos, morfológicos y fisiológicos de un individuo. ❏ CONSTITUCIONAL; CONSTITUCIONALIDAD.
CONSTITUIR tr. Formar. ◊ Organizar. ◊ tr. y prnl. Establecer, ordenar.
CONSTITUYENTE adj. y f. Díc. de las Cortes convocadas para elaborar o reformar la constitución del Estado.
CONSTREÑIR tr. Obligar, precisar, compeler por fuerza a uno a que haga y ejecute alguna cosa. ◊ *Med.* Apretar y cerrar, como oprimiendo. ❏ CONSTREÑIMIENTO; CONSTRICTIVO, VA; CONSTRICTOR.
CONSTRICCIÓN f. Encogimiento, acción de encoger. ◊ *Pat.* Sensación de opresión.
CONSTRUCCIÓN f. Arte de construir. ◊ Tratándose de edificios, obra construida. ◊ *Gram.* Ordenamiento y disposición de las palabras en la oración y las oraciones en el periodo.

CONSTRUCTIVISMO m. Movimiento estético impulsado en Moscú después de la I Guerra Mundial. Desechaba los cuadros y las esculturas y propugnaba la creación de construcciones en el espacio. Creadores: Naum Gabo, A. Pevsner y Tatlin.

CONSTRUIR tr. Fabricar, erigir, edificar y hacer de nuevo una cosa. ◊ *Gram.* Ordenar las palabras, o unirlas entre sí con arreglo a las leyes de la construcción gramatical. ❏ CONSTRUC-TIBILIDAD; CONSTRUCTIVO, VA; CONSTRUCTOR, RA.

CONSUEGRO, GRA m. y f. Padre o madre de una de dos personas unidas en matrimonio, respecto del padre o madre de la otra.

CONSUELDA f. *Bot.* Hierba de tallo grueso y velloso, hojas ovales, flores en racimos colgantes y rizoma mucilaginoso, usado en medicina.

CONSUELO m. Alivio de la pena, molestia o fatiga que aflige y oprime el ánimo. ◊ Gozo, alegría.

CONSUETUDINARIO, RIA adj. Díc. de lo que es de costumbre. ◊ **Derecho c.** *Der.* Díc. del derecho fundado en la costumbre y los usos del lugar, como el *common law* brit.

CÓNSUL m. Cada uno de los dos magistrados que tenían en la República rom. la suprema autoridad. ◊ Funcionario público que está encargado en una c. extranjera de la protección y defensa de las personas e intereses de los súbditos del país que representa. ❏ CONSULAR.

CONSULADO Sist. político fr. entre 1799 y 1804 formado por tres cónsules, que acumulaba todo el poder en manos del 1er cónsul, Napoleón Bonaparte.

CONSULTA f. Parecer o dictamen que por escrito o de palabra se pide o se da acerca de una cosa. ◊ Visita del médico en su despacho. ◊ Conferencia entre abogados, médicos u otras personas.

CONSULTAR tr. Pedir parecer, dictamen o consejo. ◊ Someter una duda o un caso a la consideración de otro. ◊ Buscar datos en libros, ficheros, etc. ❏ CONSULTIVO, VA; CONSULTOR, RA.

CONSULTORIO m. Establecimiento donde se despachan informes o consultas técnicas. ◊ Local en el que el médico recibe y atiende a sus pacientes. ◊ Sección de los periódicos, revistas y emisoras de radio o televisión destinada a contestar a las preguntas del público.

CONSUMAR tr. Llevar a cabo enteramente. ❏ CONSUMACIÓN; CONSUMADO, DA.

CONSUMIR tr. y prnl. Destruir, extinguir. ◊ Gastar comestibles u otros géneros. ◊ fig. y fam. Desazonar, afligir. ❏ CONSUMICIÓN; CONSUMIDO, DA; CONSUNCIÓN; CONSUNTIVO, VA.

CONSUMO m. Acción y efecto de consumir, utilizar géneros para el sustento. ◊ Gasto. ◊ *Econ.* Utilización por parte del sujeto consumidor, de un bien o servicio producido.

CONSUSTANCIAL o **CONSUBSTANCIAL** adj. Que es de la misma sustancia.

CONTABILIDAD f. Ciencia que se dedica a la captación, representación y medida de los hechos contables (movimientos de fondos, operaciones mercantiles, transacciones comerciales, etc.), en un periodo dado, con el fin de obtener un est. general de cuentas. ◊ Conjunto de cuentas de una empresa, sociedad u organismo público.

CONTABILIZAR tr. Apuntar una partida o cantidad en los libros de cuentas.

CONTABLE adj. Relativo a la contabilidad. ◊ m. y f. Persona que lleva una contabilidad.

CONTACTO m. Acción y efecto de tocarse dos o más cosas. ◊ *El.* Conexión entre dos partes de un circuito. ◊ *El.* Dispositivo para establecer esta conexión. ◊ fig. Persona que puede poner en relación a un individuo con otro, o con un grupo. ❏ CONTACTAR; CONTACTOR.

CONTADOR m. El que tiene por oficio llevar las cuentas de una empresa. ◊ Aparato para llevar cuenta del número de revoluciones de una rueda o mov. de otra pieza de una máquina. ◊ *Fís.* Aparato destinado a medir el volumen de líquido o de gas que pasa por una cañería, o la cantidad de electricidad que recorre un circuito en un tiempo determinado. ◊ **de Geiger-Müller.** Dispositivo para el conteo de partículas emitidas por sustancias radiactivas.

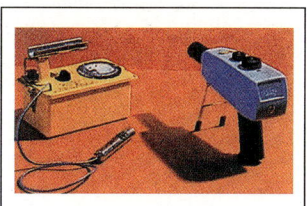

Detectores de **contador de Geiger-Müller**

CONTADORA, isla de Isla de Panamá, prov. de Panamá, en el arch. de las Perñas. ◊ **Grupo de C.**, constituido por Colombia, México, Panamá y Venezuela en 1983 para conseguir la paz en Centroamérica.

CONTADURÍA f. Oficio y oficina del contador. ◊ Administración de un espectáculo público, en donde se expenden los billetes con anticipación y sobreprecio.

CONTAGIAR tr. y prnl. Comunicar o pegar a otro u otros una enfermedad contagiosa. ◊ Comunicar a otro estados de ánimo, costumbres, etc. ❏ CONTAGIO; CONTAGIOSO, SA.

CONTAINER (voz ing.) m. Contenedor.

CONTAMINACIÓN f. Inclusión, en el medio ambiente o en los animales, de microorganismos o sustancias nocivas que alteran el equilibrio ecológico, provocando trastornos en el medio físico y en los organismos vivos o el hombre.

CONTAMINAR tr. y prnl. Penetrar la inmundicia un cuerpo. ◊ tr. Alterar la pureza de los alimentos, las aguas, el aire, etc., con gérmenes patógenos o sustancias nocivas para la salud. ◊ fig. Corromper, viciar o alterar un texto. ◊ tr. y prnl. Pervertir, corromper.

CONTANTE adj. Aplícase al dinero efectivo.

CONTAMINACIÓN

Las grandes masas forestales constituyen los pulmones del planeta; sin embargo, bajo la presión de intereses comerciales, los trópicos sufren una deforestación irreversible

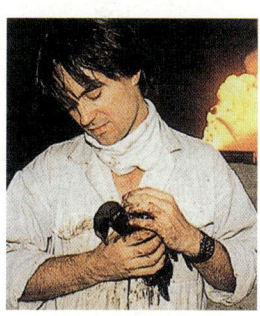

Ave marina con el plumaje empapado de petróleo vertido al mar en un accidente

La lluvia ácida se debe a los óxidos de azufre y nitrógeno emitidos por las chimeneas de las centrales térmicas y de algunas industrias. Sus efectos son evidentes en esta fotografía de un bosque del sur de Alemania

CONTAR tr. Numerar o computar. ◊ Referir un suceso. ◊ Poner o meter en cuenta. ◊ Poner a uno en el núm., clase u opinión que le corresponde. ◊ intr. Hacer cuentas según reglas de aritmética. ❑ CONTADERO, RA.

CONTEMPLAR tr. Poner la atención en alguna cosa material o espiritual. ◊ Complacer a una persona. ◊ *Teol.* Absorberse total y pasivamente en pensar en las cosas divinas. ❑ CONTEMPLACIÓN; CONTEMPLATIVO, VA.

CONTEMPORÁNEO, A adj. y s. Existente al mismo tiempo que otra persona o cosa.

CONTEMPORIZAR intr. Acomodarse uno al gusto o parecer ajeno por algún fin particular. ❑ CONTEMPORIZACIÓN.

CONTENCIOSO, SA adj. Díc. del que por costumbre disputa o contradice todo lo que otros afirman. ◊ *Der.* Aplícase a las materias sobre que se contiende en juicio, o a la forma en que se litiga. ◊ *Der.* Díc. de todos los asuntos sometidos al fallo de los tribunales en forma de litigio.

CONTENDER intr. Lidiar, pelear, batallar. ◊ fig. Disputar, debatir, altercar. ❑ CONTENCIÓN; CONTENDIENTE.

CONTENEDOR m. Recipiente o embalaje metálico para transportar mercancías.

CONTENER tr. y prnl. Llevar dentro de sí una cosa a otra. ◊ Reprimir el movimiento o impulso de un cuerpo. ◊ fig. Reprimir una pasión. ❑ CONTENIDO, DA; CONTENIENTE; CONTENTIVO, VA; CONTINENCIA.

CONTENIDO, DA adj. Que se conduce con moderación y templanza. ◊ m. Lo que se contiene dentro de una cosa. ◊ *Ling.* En glosemática, significado.

CONTENTAR tr. Satisfacer el gusto o las aspiraciones de uno; darle contento. ◊ tr. y prnl. *Amér.* Reconciliar. ◊ prnl. Darse por contento, quedar contento.

CONTENTO, TA adj. Alegre, satisfecho. ◊ m. Alegría, satisfacción.

CONTEO m. Cálculo, valoración. ◊ *Col.* Recuento.

CONTERTULIO, LIA m. y f. Persona que concurre con otras a una tertulia.

CONTESTADOR m. Dispositivo que atiende automáticamente las llamadas telefónicas.

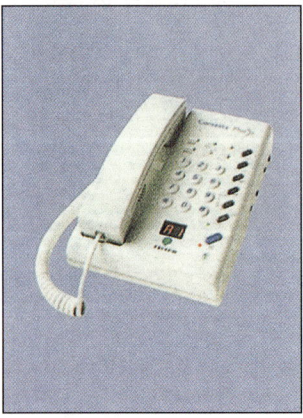
Teléfono **contestador**

Contrabajo

CONTESTAR tr. Responder a lo que se pregunta, se habla o se escribe. ◊ Declarar y atestiguar uno lo mismo que otros han dicho. ◊ Comprobar. ◊ Impugnar, negar. ◊ Replicar. ◊ intr. Convenir una cosa con otra. ❑ CONTESTACIÓN; CONTESTATARIO, RIA.

CONTEXTO m. fig. Serie del discurso, hilo de una narración o historia. ◊ Medio que rodea a un objeto o a un individuo sobre los que influye íntimamente.

CONTEXTURA f. Compaginación, disposición y unión respectiva de las partes que juntas componen un todo. ◊ Contexto. ◊ fig. Configuración corporal del hombre.

CONTIENDA f. Pelea, disputa.

CONTIGO Ablativo de sing. del pron. personal de 2ª persona, en gén. masculino y femenino.

CONTIGÜIDAD f. Inmediación de una cosa a otra. ❑ CONTIGUO, GUA.

CONTINENTE m. Cosa que contiene a otra. ◊ *Geog.* Cada una de las grandes extensiones de tierra que se hallan separadas por los océanos. Los geógrafos distinguen seis grandes c.: Asia, Europa, América del Norte y del Sur, África y Oceanía. ❑ CONTINENTAL.

CONTINGENCIA f. Posibilidad de que una cosa suceda o no suceda. ◊ Riesgo.

CONTINGENTE adj. Que puede suceder o no suceder. ◊ m. Contingencia, cosa que puede suceder. ◊ Parte proporcional con que uno contribuye en unión de otros para un mismo fin. ◊ Cuota que se señala para la importación, exportación o producción de una mercancía. ◊ Grupo de tropa.

CONTINUAR tr. Proseguir uno lo comenzado. ◊ intr. Durar, permanecer. ◊ prnl. Seguir, extenderse.

CONTINUO, NUA adj. Que dura, obra, se hace o se extiende sin interrupción o brusquedades. ◊ Aplícase a las cosas que tienen unión entre sí. ◊ Perseverante en ejercer algún acto. ◊ m. Todo compuesto de partes unidas entre sí. ❑ CONTINUIDAD.

CONTONEARSE prnl. Hacer al andar movimientos afectados con los hombros y caderas. ❑ CONTONEO.

CONTORNEAR o **CONTORNAR** tr. Dar vueltas alrededor o en contorno de un paraje o sitio. ◊ *Pint.* Perfilar, hacer los contornos o perfiles de una figura. ❑ CONTORNADO, DA; CONTORNEO.

CONTORNO m. Territorio o conjunto de parajes de que está rodeada un lugar o una población. ◊ Conjunto de las líneas que limitan una figura o composición.

CONTORSIÓN f. Actitud forzada, movimiento irregular y convulsivo. ◊ Ademán grotesco, mueca. ❑ CONTORCERSE; CONTORSIONARSE; CONTORSIONISTA.

CONTRA prep. con que se denota la oposición y contrariedad de una cosa con otra. ◊ Enfrente. ◊ Hacia.

CONTRAALISIO adj. y m. *Meteor.* Díc. del viento constante que se origina en las proximidades del Ecuador y se desplaza hasta unos 30° de latitud en dirección NE, en el hemisferio norte, y SE, en el hemisferio sur.

CONTRAALMIRANTE m. *Mil.* Oficial general de la armada, inferior al vicealmirante.

CONTRAATAQUE m. *Mil.* Reacción ofensiva contra el avance del enemigo. ❑ CONTRAATACAR.

CONTRABAJO m. El más grave de los instrumentos de cuerda y arco. Posee cuatro cuerdas. ◊ *Mús.* Voz más grave y profunda que la del bajo ordinario.

CONTRABANDO m. Comercio o producción de géneros prohibidos por las leyes. ◊ Géneros y mercancías prohibidos. ❑ CONTRABANDEAR; CONTRABANDISTA.

CONTRABARRERA f. Segunda fila de asientos en los tendidos de las plazas de toros.

CONTRACCIÓN f. *Fisiol.* Proceso de acortamiento de los músculos por acción de un impulso nervioso que supera el umbral de intensidad. ◊ *Gram.* Metaplasmo que consiste en hacer una sola palabra de dos. ◊ *Gram.* Sinéresis.

CONTRACEPCIÓN f. Limitación voluntaria de la fecundidad usando métodos anticonceptivos. ❑ CONTRACEPTIVO, VA.

CONTRACHAPADO, DA o **CONTRAPLACADO, DA** adj. y s. Díc. del tablero formado por varias capas finas de madera, encoladas a presión y con fibras entrecruzadas. ❑ CONTRACHAPAR.

CONTRACTURA f. Contracción involuntaria y dolorosa, duradera o permanente, de uno o más grupos musculares.

CONTRACULTURA f. Mov. radical que presenta alternativas distintas de la vida y la cultura dominantes. N. a finales de los 50, gozó de gran predicamento en la década de los 60.

CONTRADANZA f. Baile de figuras, de ritmo vivo. ◊ Música de este baile.

CONTRADECIR tr. y prnl. Decir uno lo contrario de lo que otro afirma, o negar lo que da por cierto. ◊ prnl. Obrar de forma opuesta a lo que se dice o se piensa. ❑ CONTRADICTORIO, RIA.

CONTRADICCIÓN f. Afirmación y negación que se oponen una a otra y recíprocamente se destruyen. ◊ Oposición, contrariedad. ◊ **Principio de c.** *Fil.* Tautología sintetizada en la sentencia: «Es imposible que una cosa sea y no sea al mismo tiempo y bajo el mismo aspecto.»

CONTRADIRECCIÓN f. Dirección contraria a otra establecida.

CONTRAER tr. Estrechar, juntar una cosa con otra. ◊ Aplicar a un caso o a una proposición particular proposiciones o máximas generales. ◊ Tratándose de costumbres, vicios, deudas, obligaciones, etc., adquirirlos, caer en ellos. ◊ tr. y prnl. Encogerse un nervio, un músculo, etc. ◊ Reducir a menor tamaño. ◊ tr. *Amér.* Aplicarse en un trabajo con decisión. ❏ CONTRÁCTIL; CONTRACTILIDAD; CONTRACTIVO, VA; CONTRAYENTE.

CONTRAESPIONAJE m. Servicio de seguridad encargado de descubrir y reprimir la actuación de los espías enemigos.

CONTRAFUERTE m. Pieza de cuero con que se refuerza el calzado, por la parte del talón. ◊ *Arq.* Machón saliente en el paramento de un muro, para fortalecerlo. ◊ *Geog.* Cadena secundaria de montaña.

Contrafuerte en un muro del monasterio mozárabe de San Miguel de Escalada, León (España)

CONTRAGOLPE m. *Mil.* Contraataque hecho por sorpresa.

CONTRAHECHO, CHA adj. y s. Que tiene torcido o corcovado el cuerpo.

CONTRAHIERBA f. *Amér.* Planta cuya raíz se usa como antídoto contra el veneno de las serpientes.

CONTRAINDICAR tr. *Med.* Disuadir de la utilidad de un remedio que parece conveniente. ❏ CONTRAINDICACIÓN; CONTRAINDICANTE.

CONTRALOR m. *Amér.* Funcionario encargado de examinar la contabilidad oficial.

CONTRALTO m. *Mús.* Voz media entre la de tiple y la de tenor.

CONTRALUZ f. Vista o aspecto de las cosas desde el lado opuesto a la luz. ◊ Fotografía realizada con el foco luminoso situado detrás del objeto.

CONTRAMAESTRE m. En algunas fábricas y talleres, vigilante que dirige a los oficiales y obreros. ◊ *Mar.* Oficial de mar que dirige la marinería bajo las órdenes del oficial.

CONTRAMAESTRE Mun. de Cuba, en la prov. de Santiago de Cuba; 90 300 hab. Ind. alimentaria.

CONTRAOFENSIVA f. *Mil.* Ofensiva para contrarrestar la del enemigo.

CONTRAORDEN f. Orden que revoca otra que antes se ha dado.

CONTRAPARTIDA f. Asiento que se hace para corregir algún error cometido en la contabilidad por partida doble. ◊ Cosa que compensa los efectos contrarios de otra.

CONTRAPELO *(A)* m. adv. Contra la inclinación o dirección natural del pelo. ◊ fig. y fam. Contra el curso natural de una cosa.

CONTRAPESO m. Peso que se pone a la parte contraria de otro para que queden iguales o en equilibrio. ◊ Balancín, palo largo de los volatineros. ◊ fig. Lo que se considera y estima suficiente para equilibrar una cosa que prepondera y excede. ◊ *Chile.* Inquietud. ❏ CONTRAPESAR.

CONTRAPONER tr. Comparar o cotejar una cosa con otra contraria o diversa. ◊ tr. y prnl. Oponer. ❏ CONTRAPOSICIÓN; CONTRAPUESTO, TA.

CONTRAPORTADA f. *Art. Gráf.* Página anterior a la portada. ◊ *Art. Gráf.* Parte opuesta a la portada.

CONTRAPRESTACIÓN f. *Der.* Para cada parte contratante, prestación con la que la otra parte corresponde a la suya.

CONTRAPRODUCENTE adj. Díc. del dicho o acto cuyos efectos son opuestos a la intención con que se profiere o ejecuta.

CONTRAPROPUESTA f. Propuesta contraria a otra.

CONTRAPUNTO m. *Mús.* Concordancia armoniosa de voces contrapuestas. Superposición de líneas melódicas a otra línea considerada como principal, llamada *cantus firmus* o *tenor*. ❏ CONTRAPUNTISTA.

CONTRARIAR tr. Oponerse a las palabras, acciones o voluntad de otro. ◊ Causar despecho. ◊ Oponerse a algo.

CONTRARIEDAD f. Oposición que tiene una cosa con otra. ◊ Accidente que impide o retarda el logro de un deseo.

CONTRARIO, RIA adj. y f. Opuesto a una cosa. ◊ adj. fig. Que daña o perjudica. ◊ m. y f. Persona que tiene enemistad con otra, que sigue pleito, que lucha, contiende o está en oposición con otra.

CONTRARREFORMA f. Movimiento religioso y político que combatió la reforma luterana (ss. XVI y XVII). La c. tuvo su expresión doctrinal en el concilio de Trento (1545-1563).

CONTRARRÉPLICA f. Contestación dada a una réplica. ◊ Dúplica.

CONTRARRESTAR tr. Resistir, hacer frente y oposición. ◊ Volver la pelota desde la parte del saque. ❏ CONTRARRESTO.

CONTRARREVOLUCIÓN f. Movimiento político destinado a combatir una rev., o a destruir sus resultados. ❏ CONTRARREVOLUCIONARIO, RIA.

CONTRASEGURO m. Contrato por el que el asegurador se obliga a devolver al contratante las cuotas percibidas.

CONTRASENTIDO m. Sentido contrario al natural. ◊ Deducción opuesta a los antecedentes. ◊ Dislate, despropósito, necedad.

CONTRASEÑA f. Seña reservada que se dan unas personas a otras para entenderse entre sí.

CONTRASTAR tr. Resistir, hacer frente. ◊ Comprobar y fijar la ley, peso y valor de las monedas o de otros objetos de oro o plata. ◊ Tratándose de pesas y medidas, comprobar su exactitud. ◊ intr. Mostrar notable diferencia, o condiciones opuestas, dos cosas.

CONTRASTE m. Diferencia notable que existe entre personas o cosas. ◊ *Fot.* Brillantez relativa de las partes más oscuras e iluminadas de la imagen.

CONTRATA f. Escritura con que se asegura un contrato. ◊ Contrato que se hace para ejecutar una obra o prestar un servicio por un precio determinado.

CONTRATAR tr. Pactar, convenir, comerciar, hacer contratos o contratas. ◊ tr. y prnl. Ajustar, mediante convenio, algún servicio. ❏ CONTRATACIÓN; CONTRATISTA.

CONTRATIEMPO m. Accidente perjudicial y por lo común inesperado.

CONTRATIPO m. *Art. Gráf.* Molde de un tipo, hueco o en relieve. ◊ *Fot.* Prueba negativa de un positivo o positiva de un negativo.

CONTRATO m. *Der.* Pacto establecido con ciertas formalidades entre dos o más personas, en virtud del cual se obligan recíprocamente a ciertas cosas. ❏ CONTRACTUAL.

CONTRAVENENO m. Medicamento para contrarrestar los efectos del veneno.

CONTRAVENIR tr. Obrar en contra de lo que está mandado.

CONTRAVENTANA f. Puerta que interiormente cierra sobre la vidriera.

CONTRAYENTE adj. y s. Que contrae. Se aplica únicamente a la persona que contrae matrimonio.

CONTRERAS, *Francisco* (1877-1932) Escritor chil. Introdujo el simbolismo en la poesía de su país. *Esmaltines*. ◊ ***Rodrigo de*** (1502-1558) Conquistador esp. Gobernador de Nicaragua. Organizó una expedición para explorar la zona de comunicación entre el lago Nicaragua y el Atlántico.

CONTRIBUCIÓN f. Cosa que se hace o da para contribuir a algo. ◊ *Der.* Pago que están obligados a hacer los ciudadanos para contribuir a sostener los gastos del Estado, la prov. o el municipio. ❏ CONTRIBUTIVO, VA.

CONTRIBUIR tr. Dar o pagar cada uno la cuota que le cabe por un im-

Contrarreforma. Una sesión del Concilio de Trento

puesto o repartimiento. ◊ Concurrir voluntariamente con una cantidad para determinado fin. ❏ CONTRIBUYENTE.

CONTRICIÓN f. *Teol.* Dolor profundo de haber ofendido a Dios. ❏ CONTRITO, TA.

CONTRINCANTE m. Cada uno de los que forman parte de una misma trinca en las oposiciones. ◊ Competidor, rival.

CONTRISTAR tr. y prnl. Afligir, entristecer.

CONTROL m. Comprobación, inspección, intervención, registro. ◊ Dominio, supremacía. ◊ Regulación, limitación. ◊ Lugar donde se controla. ◊ **de la natalidad.** Conjunto de métodos que se emplean para dirigir u orientar la procreación.

CONTROLAR tr. Comprobar, revisar, intervenir, examinar. ◊ Tener bajo su dominio, dirigir. ◊ tr. y prnl. Contener, reprimir.

CONTROVERTIR intr. y tr. Discutir extensa y detenidamente sobre una materia. ❏ CONTROVERSIA; CONTROVERTISTA.

CONTUBERNIO m. Habitación con otra persona. ◊ Cohabitación ilícita. ◊ fig. Alianza vituperable.

CONTUMACIA f. Tenacidad y dureza en mantener un error. ◊ *Der.* Rebeldía, tardanza en comparecer en juicio. ❏ CONTUMAZ.

CONTUMELIA f. Oprobio, injuria u ofensa dicha a una persona en su cara.

CONTUNDENTE adj. Aplícase al instrumento y al acto que producen contusión. ◊ fig. Que produce gran impresión en el ánimo; convenciéndolo. ❏ CONTUNDENCIA.

CONTURBAR tr. y prnl. Alterar, turbar, inquietar. ◊ fig. Intranquilizar, alterar el ánimo. ❏ CONTURBADO, DA.

CONTUSIÓN f. Daño que recibe alguna parte del cuerpo por golpe que no causa herida exterior. ❏ CONTUSIONAR.

CONUCO m. *Amér. Centr.* y *Ant.* Parcela de tierra que cultivan los indígenas o los campesinos pobres.

CONURBACIÓN f. *Soc.* Agrupación urbana con solución de continuidad, de varios núcleos de población.

CONVALECER intr. Recobrar las fuerzas perdidas por enfermedad. ❏ CONVALECENCIA; CONVALECIENTE.

CONVALIDAR tr. Confirmar, revalidar. ◊ En un establecimiento docente, dar por válidos estudios realizados en otro.

CONVECCIÓN f. *Fís.* Tipo de transmisión de la energía calorífica en el seno de un fluido. Depende de las características del movimiento del fluido y de su conductividad interna.

CONVENCER tr. y prnl. Precisar a uno con razones eficaces a que mude de dictamen o abandone el que seguía. ◊ Probarle una cosa de manera que racionalmente no la pueda negar. ❏ CONVENCIDO, DA; CONVENCIMIENTO; CONVINCENTE.

CONVENCIÓN f. Ajuste y concierto entre dos o más personas o entidades. ◊ Conveniencia. ◊ Asamblea de los representantes de un país que asume todos los poderes. ◊ En EE UU, convocatoria de un partido político para elegir el candidato a la presidencia. ◊ **Nacional.** Asamblea constituyente fr. creada en 1792; abolió la monarquía y proclamó la I República. Gobernó hasta 1795. ❏ CONVENCIONAL.

CONVENCIONALISMO m. Conjunto de opiniones o procedimientos basados en ideas falsas que, por comodidad y conveniencia social, se tienen como verdaderas. ❏ CONVENCIONALISTA.

CONVENIENCIA f. Correlación y conformidad entre dos cosas. ◊ Utilidad, provecho. ◊ Ajuste, concierto y convenio. ◊ Acomodo de una persona para servir en una casa. ◊ Decoro.

CONVENIO m. Ajuste, convención. ◊ Pacto, acuerdo.

CONVENIR intr. Ser de un mismo parecer y dictamen. ◊ Acudir o juntarse varias personas en un mismo lugar. ◊ Corresponder, pertenecer. ◊ Importar, ser a propósito, ser conveniente. ◊ prnl. Ajustarse, componerse, concordarse. ❏ CONVENIDO, DA; CONVENIBLE; CONVENIENTE.

CONVENTO m. Casa o monasterio en que viven los religiosos o religiosas. ◊ Comunidad de religiosos o religiosas. ❏ CONVENTUAL; CONVENTUALIDAD.

CONVERGENCIA f. *Ópt.* Valor recíproco de la distancia focal imagen, también llamada potencia.

CONVERGER intr. Dirigirse dos o

más líneas a unirse en un punto. ◊ fig. Concurrir al mismo fin los dictámenes, opiniones o ideas de dos o más personas.

CONVERSACIONAL adj. *Comp.* Forma de trabajo en diálogo con una computadora: cada entrada de datos por parte del operador conduce a una respuesta por parte de la computadora.

CONVERSAR intr. Hablar una o varias personas con otra u otras. ❏ CONVERSA; CONVERSACIÓN; CONVERSADOR, RA.

CONVERSIÓN f. Mutación de una cosa en otra. ◊ Mudanza de vida.

CONVERTIBILIDAD f. Situación en la que la moneda de un país puede cambiarse por las de otros países.

CONVERTIBLE m. Automóvil descapotable. Se usa más en América.

CONVERTIDOR m. Dispositivo para transformar una magnitud física en otra o para variar su valor. ◊ **de Bessemer.** *Metal.* Recipiente metálico basculante recubierto interiormente de material refractario, usado para afinar fundición de hierro.

CONVERTIR tr. y prnl. Mudar o volver una cosa en otra. ◊ Hacer cambiar de religión, parecer u opinión. ◊ prnl. Sustituirse una palabra o proposición por otra de igual significacion. ❏ CONVERSIVO, VA; CONVERSO, SA.

CONVEXO, XA adj. Que tiene, respecto del que mira, la superficie más prominente en el medio que en los extremos. ❏ CONVEXIDAD.

CONVICCIÓN f. Convencimiento. ◊ Idea fuertemente adherida a uno.

CONVICTO, TA adj. *Der.* Díc. del reo a quien legalmente se ha probado su delito, aunque no lo haya confesado.

CONVIDAR tr. Rogar una persona a otra que la acompañe a comer, beber u otra cosa que le resultaría agradable. ◊ fig. Mover, incitar. ❏ CONVIDADO, DA; CONVITE.

CONVIVIR intr. Vivir en compañía de otro u otros, cohabitar. ❏ CONVIVENCIA.

CONVOCAR tr. Citar, llamar a varias personas para que concurran a un lugar o acto determinado. ◊ Aclamar algo el público con sus voces.

CONVOCATORIA f. Anuncio o escrito con que se convoca.

CONVOY m. Escolta o guardia para llevar con seguridad alguna cosa por mar o por tierra. ❏ CONVOYAR.

CONVULSIÓN f. Contracción espasmódica involuntaria, de naturaleza patológica, de los músculos voluntarios. ◊ fig. Agitación violenta de tipo político o social. ◊ Sacudida de la tierra o del mar motivada por fenómenos sísmicos. ❏ CONVULSIONAR; CONVULSIVO, VA; CONVULSO, SA.

CÓNYUGE com. Consorte, el marido con respecto a su esposa, y viceversa. ❏ CONYUGAL.

COÑA f. fam. Chunga, guasa. ◊ fam. Cosa molesta. ❏ COÑEARSE; COÑÓN, NA.

COÑAC m. Aguardiente obtenido por la destilación de vinos flojos y añejado en toneles de roble.

COÑO m. fam. Vulva. ◊ **¡Coño!** interj. que expresa enfado, extrañeza, alegría, etc.

COOK Arch. del océano Pacífico, sit. en Polinesia. Políticamente dependiente de Nueva Zelanda (240,6 km², 21300 hab. polinesios). Isla pral.: Rarotonga. Cap., Avarua. ◊ **estrecho de** Brazo de

Convento dominico, llamado el pequeño Escorial, en Monforte de Lemos, Lugo (España)

mar que separa las islas Norte y Sur de Nueva Zelanda.

COOK, James (1728-1779) Navegante y cartógrafo brit. Descubrió Nueva Zelanda, Nueva Caledonia y las islas Hawai. Sus viajes iniciaron la era de las exploraciones científicas.

COOLIDGE, Calvin (1872-1933) Político norteam., presid. de EE UU (1924-1929).

COOPER, Gary (1901-1961) Actor cinematográfico norteam. *Tres lanceros bengalíes, El sargento York, Solo ante el peligro.* ◊ **James Fenimore** (1789-1851) Novelista norteam. *Los pioneros, El último mohicano.*

COOPERAR tr. Obrar juntamente con otro u otros para un mismo fin. ❏ COOPERACIÓN.

COOPERATIVA f. *Econ.* y *Soc.* Sociedad formada por productores o consumidores para vender o comprar en común, sin intermediarios. ◊ **de consumo.** Asociación de consumidores para procurarse los productos que necesitan, mediante su compra al por mayor o directamente a los fabricantes. ◊ **de producción.** Asociación de trabajadores para asumir colectivamente la gestión empresarial.

COOPERATIVISMO m. Movimiento socioeconómico basado en la asociación voluntaria de productores o consumidores. El s. surgió en el s. XIX en Gran Bretaña y se extendió poco después a casi todo el mundo. Sus prales. impulsores fueron los socialistas utópicos: Saint Simon, Fourier, Blanc y Owen. ❏ COOPERATIVISTA.

COOPTAR tr. Cubrir las vacantes de una corporación mediante el voto de sus integrantes. ❏ COOPTACIÓN.

COORDENADO, DA adj. y f. *Geom.* Díc. de cada una de las líneas o planos de referencia que sirven para determinar la posición de un punto. ◊ **Coordenadas celestes** o **astronómicas.** *Astr.* Valores numéricos mediante los que se determina la posición de los astros en la bóveda celeste. ◊ **geográficas.** Parámetros angulares que determinan la posición de un punto sobre la superficie geométrica de la Tierra.

COORDINACIÓN f. *Gram.* Relación que existe entre oraciones de sentido independiente. ❏ COORDINADO, DA.

COORDINAR tr. Disponer cosas de forma metódica. ❏ COORDINADOR, RA; COORDINATIVO, VA.

COPA f. Vaso con pie para beber. ◊ Todo el líquido que cabe en una copa. ◊ Conjunto de ramas y hojas que forma la parte superior de un árbol. ◊ Parte hueca del sombrero, en que entra la cabeza. ◊ Premio que se concede en algunos certámenes deportivos. ◊ pl. Uno de los cuatro palos de la baraja esp. en cuyos naipes se representan una o varias figuras de c. ❏ COPEAR.

COPACABANA Barrio de Río de Janeiro (Brasil), famoso por sus playas.

COPAL adj. y m. Aplícase a una resina que se emplea en barnices duros de buena calidad.

COPÁN Dpto. del O de Honduras; 3 242 km², 210 874 hab. Cap., Santa Rosa de Copán. Atravesado por la cord. del Merendón. Tabaco, café, caña de azúcar. Maderas preciosas y plantas medicinales. Ganadería. Minería. ◊ **C. Ruinas.** Localidad de Hond. en el dpto.

James **Cook**

de Copán; 2300 hab. Restos monumentales de una imp. c. maya.

COPAR tr. Hacer en los juegos de azar una puesta equivalente a todo el dinero con que responde la banca. ◊ fig. Conseguir en una elección todos los puestos. ◊ fig. Apoderarse de todos los puestos, existencias, etc., de un lugar. ◊ *Mil.* Sorprender o cortar la retirada a una fuerza militar.

COPARTICIPACIÓN f. Acción de participar a la vez con otro en alguna cosa. ❏ COPARTÍCIPE.

COPAYERO m. *Amér. Merid.* Árbol de copa poco poblada, hojas alternas compuestas y flores blancas de cuatro pétalos. Su tronco da el bálsamo de copaiba.

COPELAR tr. Fundir minerales o metales para operaciones metalúrgicas.

COPENHAGUE (*Kobenhavn*) Cap. de Dinamarca, en la isla de Sjaelland; 482 900 hab. (1 365 800 la agl. urb.). Universidad. Ind. harineras, aceite de pescado, cerveza y porcelana. Puerto.

COPERNICANO, NA adj. Relativo a Copérnico. ◊ Conforme al sistema de Copérnico.

COPÉRNICO, Nicolás (1473-1543) Astrónomo polaco. En su obra *De revolutionibus orbium caelestium* (1543) defendió la concepción heliocéntrica del universo, que más tarde aceptaría y mostraría Galileo. Fundador de la astronomía moderna.

COPERO m. El que tenía por oficio traer la copa y dar de beber a su señor. ◊ Mueble usado para contener copas.

COPETE m. Pelo que se trae levantado sobre la frente. ◊ Moño o penacho de plumas que tienen algunas aves en la cabeza. ◊ Mechón de crin que cae al caballo sobre la frente. ◊ Parte superior de la pala del zapato, que sale por encima de la hebilla. ◊ Cima, lo más alto. ❏ COPETUDO, DA.

COPETÍN m. *Amér.* Trago de licor o aperitivo. ◊ *Argent.* Cóctel.

COPEY m. *Amér. Centr.* Árbol de fruto esférico, pequeño y venenoso.

COPIA f. Muchedumbre o abundancia de una cosa. ◊ Traslado o reproducción de un escrito. ◊ Obra de pintura, escultura o de otro gén., que se ejecuta reproduciendo la obra original con entera igualdad. ◊ Imitación servil del estilo o de las obras de escritores o ar-

tistas. ◊ Cada ejemplar obtenido a partir de un cliché fotográfico.

COPIAPÓ Volcán del N de Chile; 6 052 m.

COPIAPÓ Prov. del N de Chile, en la región de Atacama; 90 500 hab. Cap., la c. hom. Maíz. Oro, cobre y plata. ◊ C. de Chile, cap. de la región de Atacama y de la prov. hom.: 79 300 hab.

COPIAR tr. Escribir en una parte lo que está escrito en otra. ◊ Escribir lo que dice otro en un discurso seguido. ◊ Sacar copia de una obra de pintura o escultura. ◊ Imitar la naturaleza en las obras de pintura y escultura. ◊ Imitar servilmente el estilo o las obras de escritores o artistas. ❏ COPIADOR, RA; COPIANTE; COPISTA; COPISTERÍA.

COPILOTO com. Piloto auxiliar.

COPIÓN, NA adj. Persona que copia lo que hace, dice o escribe otra. ◊ m. Copia mala de una obra.

COPIOSIDAD f. Abundancia, copia excesiva de una cosa. ❏ COPIOSO, SA.

COPLA f. Combinación métrica o estrofa. ◊ Composición que sirve de letra en las canciones populares. ◊ Pareja. ◊ pl. fam. Versos. ❏ COPLERO, RA; COPLISTA.

COPLAND, Aaron (1900-1990) Compositor, pianista y director de orquesta norteam. Autor de conciertos (*Concierto para piano y orquesta*), ballets (*Billy el Niño, Rodeo, Primavera apalache*) y obras didácticas.

Vista del puerto de **Copenhague**

COPO m. Porción de cáñamo, lana, lino, algodón, etc., en disposición de hilarse. ◊ Cada una de las porciones de nieve que caen cuando nieva. ◊ Grumo. ◊ Acción de copar. ◊ Bolsa de red, con que terminan varias artes de pesca.

COPÓN m. Copa en la que se guardan hostias consagradas. ◊ *Col.* Red.

COPPOLA, Francis Ford (n. 1939) Director de cine norteam. *El padrino, Apocalypse Now, La ley de la calle.*

COPRA f. Médula del coco de la palma, usada para la obtención de aceite.

COPRODUCCIÓN f. Producción en común. ❏ COPRODUCTOR, RA.

COPROFAGIA f. Tipo de alimentación que consiste en la asimilación de los excrementos de otros seres. ❏ COPRÓFAGO, GA.

COPROPIEDAD f. Condominio.

COPTO, TA adj. y s. *Rel.* Cristiano de Egipto. La iglesia c. se separó de la bi-

CORAL

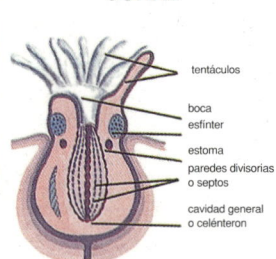

tentáculos
boca
esfinter
estoma
paredes divisorias
o septos
cavidad general
o celénteron

Estructura de un pólipo, cuyo esqueleto calcáreo, cuando el animal muere, queda a descubierto, originando el coral

arrecife   arrecife

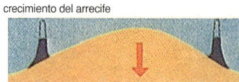

crecimiento del arrecife

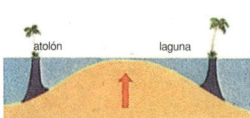

atolón   laguna

Los atolones se forman a partir de un arrecife que crece alrededor de una isla, la cual se hunde por subsidencia y posteriormente asciende de nuevo, con lo que el arrecife sobresale de la superficie

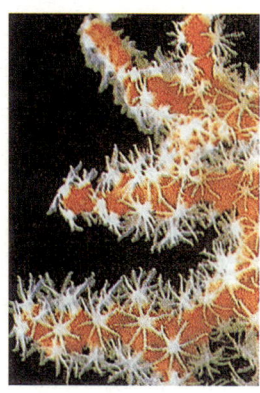

Coral rojo del Mediterráneo, usado en joyería

zantina cuando ésta condenó el monofisismo en el concilio de Calcedonia (451).

CÓPULA f. Atadura, ligamiento de una cosa con otra. ◊ Unión sexual. ◊ *Ling.* y *Lóg.* término que une el predicado con el sujeto.

COPULAR intr. y prnl. Unirse sexualmente el macho y la hembra de los animales superiores. ☐ COPULACIÓN.

COPULATIVO, VA adj. Que liga y junta una cosa con otra. ◊ adj. y f. Díc. de las oraciones gramaticales coordinadas e independientes entre sí. ◊ Díc. de las conj. que unen dos términos o dos frases independientes. ◊ adj. Díc. del verbo que sirve de nexo entre el sujeto y un atributo.

COPYRIGHT (ing., «derecho de copia») m. Derecho del autor o de su concesionario para explotar una obra literaria, científica o artística durante un periodo determinado de tiempo.

COQUE, COK o **COKE** m. Materia carbonosa sólida y de color gris, resultante de la destilación del carbón.

COQUERÍA f. Instalación industrial formada por una batería de hornos en los que se efectúa la coquización.

COQUETEAR intr. Tratar de agradar con medios estudiados. ◊ Procurar agradar a muchos a un tiempo. ◊ Tener trato con partido, ideología, etc., sin entregarse seria o abiertamente a ellos.

COQUETERÍA f. Estudiada afectación en los modales y adornos.

COQUETO, TA adj. fam. Agradable, bonito.

COQUIBACOA Mun. de Venezuela, en el est. Zulia; 199 400 hab.

COQUIMBO IV región de Chile, sit. al N del país; 40 579,9 km², 603 210 hab., cap., La Serena. Accidentada al E por los Andes, que enlazan con la zona costera. Agricultura de secano, excepto en los valles fluviales (frutales). Oro, cobre, hierro, mercurio. ◊ C. de Chile, cap. de la prov. de Elqui; 163 036 hab. Elaboración de vinos. Ind. (cemento, curtidos, fertilizantes y productos químicos). Minería. Puerto.

COQUINA f. Molusco acéfalo, de valvas finas, ovales, muy aplastadas, y de color gris con manchas rojizas.

COQUINO m. *Bot.* Árbol de madera laborable y fruto comestible.

COQUIZAR tr. Transformar la hulla en coque por acción del calor en atmósfera cerrada. ☐ COQUIZACIÓN.

CORACERO m. Soldado de caballería armado de coraza.

CORACOIDES adj. y s. *Anat.* Díc. de la apófisis del omóplato, encorvada en forma de pico de cuervo en la parte más prominente del hombro.

CORAJE m. Impetuosa decisión y esfuerzo del ánimo: valor. ◊ Irritación, ira. ☐ CORAJOSO, SA; CORAJUDO, DA.

CORAL adj. Relativo al coro. ◊ m. *Mús.* Composición vocal armonizada a cuatro voces. ◊ *Zool.* Celentéreo que vive en colonias cuyos individuos están unidos entre sí por un polípero calcáreo y ramificado de color rojo o rosado. ☐ CORALÍFERO, RA; CORALINO, NA.

CORAL, *Mar del* Sector del océano Pacífico entre el NE de Australia, Nueva Guinea, islas Salomón, Nuevas Hébridas y Nueva Caledonia.

CORALILLO m. *Amér. Merid.* Serpiente muy delgada y con anillos rojos, amarillos y negros. Es muy venenosa.

CORAMBRE f. Conjunto de cueros o pellejos. ◊ Cuero, odre. ☐ CORAMBRERO.

CORÁN m. *Rel.* Libro sagrado de los mahometanos. Escrito en ár., contiene cuanto Mahoma predicó a sus fieles inspirado por Alá (Dios). ☐ CORÁNICO, CA.

CORAZA f. Armadura, compuesta de peto y espaldar. ◊ Blindaje. ◊ *Zool.* Concha que protege a las tortugas y galápagos.

CORAZÓN m. *Anat.* Órgano central de la circulación de la sangre, situado en el hombre en la cavidad del pecho, hacia su parte media y algo a la izquierda. ◊ fig. Ánimo. ◊ fig. Voluntad, amor. ◊ fig. Centro de una cosa. ◊ fig. Interior de una cosa inanimada.
☐ *Anat.* El c. del hombre está constituido por una pared de fibras musculares, unidas por tejido conjuntivo, el miocardio, que está revestido exterior e interiormente por membranas serosas, llamadas pericardio y endocardio, respectivamente. En su interior hay cuatro cavidades: dos superiores, llamadas *aurículas*, donde desembocan los grandes troncos venosos, y dos inferiores llamadas *ventrículos*, de donde parten los grandes troncos arteriales.

CORAZONADA f. Impulso espontáneo. ◊ Presentimiento.

CORAZONCILLO m. Hierba medicinal de flores amarillas y frutos capsulares acorazonados y resinosos.

CORBATA f. Tira de tela que se anuda al cuello como adorno. ◊ Cinta adornada que se ata al asta de una bandera.

CORBATÍN m. Corbata corta que se ajusta por detrás con un broche, o por delante con un lazo sin caídas.

CORBETA f. Ant. embarcación de guerra, con tres palos y vela cuadrada. ◊ Buque de guerra moderno que de porte es inferior al de la fragata.

CORBIÈRE, *Tristan* (1845-1875) Poeta fr. *Los amores amarillos.*

CORBUSIER, *Charles-Edouard Jeanneret Gris*, llamado **Le** (1887-1965) Urbanista y arquitecto suizo, nacionalizado fr.; uno de los creadores de la arq. funcional. *Palacio de Cristal* (Marsella), *Refugio del ejército de salvación* (París), *Nôtre Dame du Haut* (Haute-Saône).

CÓRCEGA (fr., *Corse*; it., *Corsica*) Isla fr. en el Mediterráneo occidental, constituida por los dptos. de Haute-Corse;

Capilla de Nôtre Dame du Haut, obra de **Le Corbusier** (Belfort, Francia)

4 666 km², 131 500 hab.; cap., Bastia, y Corse-du-Sud; 4 014 km², 118 200 hab.; cap., Ajaccio. Terr. muy montañoso (Monte Cinto, 2 710 m.). Vid, olivo. Ganadería. Ind. maderera. Centro turístico.

CORCEL m. Caballo ligero.

CORCHEA f. *Mús.* Figura o nota musical cuyo valor es la mitad de una negra.

CORCHETA f. Hembra en que entra el macho de un corchete.

CORCHETE m. Especie de broche compuesto de macho y hembra. ◊ Signo (II) que, colocado vertical u horizontalmente, abraza dos o más guarismos, palabras o renglones en lo manuscrito o impreso, o dos o más pentagramas en la música.

CORCHO m. *Bot.* Parte exterior de la corteza del alcornoque. ◊ Colmena. ◊ Tapón de corcho para las botellas, cántaros, etc. ❏ CORCHERO, RA.

¡CÓRCHOLIS! interj. de extrañeza, contrariedad o enfado.

CORCOVA f. Curvadura anómala de la columna vertebral, o del pecho, o de ambos a la vez. ❏ CORCOVADO, DA; CORCOVAR.

CORCOVO m. Salto que dan algunos animales encorvando el lomo. ❏ CORCOVEAR.

CORCUERA, *Arturo* (n. 1935) Poeta per. *Cantoral, Primavera triunfante.*

CORDADA f. Grupo de alpinistas que realizan la escalada unidos por una cuerda.

CORDADO, DA adj. *Her.* Díc. del instrumento musical o del arco cuyas cuerdas son de distinto esmalte. ◊ adj. y m. *Zool.* Díc. de los animales del tipo cordados. ◊ m. pl. Tipo de animales que poseen notocordio o columna vertebral. Sus formas más primitivas, los procordados, son especies marinas: los tunicados y el anfioxo, que carecen de esqueleto. La mayoría de los c. tienen esqueleto, e integran el subtipo de los vertebrados.

CORDEL m. Cuerda delgada. ◊ Distancia de cinco pasos. ❏ CORDELERÍA; CORDELERO, RA.

CORDERO, RA m. y f. Cría de oveja, que no pasa de un año. ◊ m. Piel de este animal adobada. ◊ fig. Persona mansa y dócil. ◊ fig. Jesucristo. ❏ CORDERINO, NA.

CORDERO, *Juan* (1824-1884) Pintor mex. Temas religiosos e históricos. *La mujer adúltera, Santa Ana, La cazadora.* ◊ *Luis* (1883-1912) Escritor y político ecuat. Presid. de la rep. (1892-1895). *Diccionario del idioma ecuatoriano.*

CORDIAL adj. Que tiene virtud para fortalecer el corazón. ◊ Afectuoso, de corazón. ❏ CORDIALIDAD.

CORDILLERA f. *Geog.* Conjunto de montañas enlazadas entre sí, producto de una misma orogénesis.

CORDILLERA Prov. del centro de Chile, en la región Metropolitana de Santiago; 522 856 hab. Cap., Puente Alto. ◊ *La* Dpto. de Paraguay; 4 948 km², 222 200 hab. Cap., Caacupé. Relieve ondulado. El r. Paraguay forma su límite occidental.

CORDILLERANO, NA adj. *Amér.* Relativo a la cordillera, especialmente a los Andes.

CORDITA Explosivo compuesto fundamentalmente por pólvora y nitroglicerina.

CÓRDOBA m. Unidad monetaria de Nicaragua.

CÓRDOBA Prov. del centro de Argentina; 165 321 km², 3 066 801 hab. En su relieve se distingue un sector montañoso al O, formado por una serie de sierras y altiplanicies (sierra de Córdoba); el resto forma parte de la llanura de la Pampa. Cereales, plantas forrajeras, cacahuetes, frutales. Ganadería. Salinas, canteras de mármol y calizas. Ind. mecánica, alimentaria, textil, química, cementera, abonos. C. prales.: la cap., Córdoba, San Francisco, Río Cuarto, Villa María. ◊ C. de Argentina, cap. de la prov. hom.; 1 267 521 hab. Centro comercial, agrícola, cultural, industrial y de comunicaciones. Universidad. Fundada en 1573 por Luis de Cabrera.

CÓRDOBA Dpto. del NO de Colombia, a orillas del Caribe; 25 020 km², 1 367 010 hab. Relieve llano y de poca alt., excepto en el sector S (sierras de Abibe, Ayapel y San Jerónimo, estribaciones de la cord. Occidental andina). Algodón, arroz, plátanos. Ganadería. Riqueza forestal, pesca. Carbón y petróleo. C. prales., la cap., Montería, Lorica, Sahagún, Ciénaga de Oro.

CÓRDOBA C. de México, en el est. de Veracruz; 120 000 hab. Cultivos tropicales. Turismo.

CÓRDOBA Prov. esp., en la com. autón. de Andalucía; 13 718 km², 761 657 hab. Cereales, olivo, vid, remolacha azucarera, algodón. Ganadería. Antracita y plomo. Ind. derivada de la agricultura. ◊ C. esp., cap. de la prov. hom.; 308 072 hab. ◊ **Emirato y califato de C.** El emirato independiente de C. se formó a la caída del califato omeya de Damasco (773), del que dependían los emires de Al-Andalus. El emirato alcanzó su máx. esplendor con Abd al-Rahman II. Abd al-Rahman III proclamó el califato, que representó para al-Andalus una época de gran prosperidad.

CÓRDOBA, *Jorge* (1822-1861) Militar y político bol. Presid. de la rep. (1855-1858). ◊ *José Mª* (1799-1829) Militar y político col. Se le llamó «el héroe de Ayacucho» por su valor en esa batalla (1824).

CORDOBÁN m. Piel curtida de macho cabrío o de cabra. ◊ *Cuba.* Árbol cuya semilla sirve de alimento a las aves y a los animales domésticos. ❏ CORDOBANERO.

CORDÓN m. Cuerda de seda, lino, lana, etc. ◊ Cable por el que pasa electricidad. ◊ Serie de personas o cosas colocadas a cierta distancia para vigilar o proteger. ◊ *Arq.* Bocel, moldura. ◊ **litoral.** *Geog.* Conjunto de montículos que se forman a lo largo de las costas llanas, por acumulación de arenas o guijarros. ◊ **umbilical.** *Anat.* Conjunto de vasos que unen la placenta de la madre con el vientre del feto.

CÓRDOVA, *Andrés F.* (1892-1983) Político ecuat. Presid. de la rep. (1939-1940). ◊ *Gonzalo* (1863-1928) Político ecuat. Presid. de la rep. (1924-1925). ◊ *Jorge* (1822-1861) Político bol. Presid. de la rep. (1855-1857).

CORDURA f. Prudencia, buen seso, juicio.

COREA f. Danza que por lo común se acompaña con canto. ◊ Afección del sistema nervioso, caracterizada por la aparición de movimientos rápidos y desordenados. Conocida también como baile de San Vito. ❏ COREICO, CA.

República de Corea. Vista de Seúl

COREA País del Extremo Oriente asiático, que ocupa la pen. hom.

□ *Hist.* El primer reino de C. se creó h. el 2333 a. C. En el s. XII a. C. se inició la penetración china. Los port. llegaron en el s. XVI. En 1592 los japoneses la invadieron temporalmente. En 1910 fue incorporada al Japón. Al finalizar la II Guerra Mundial, los soviéticos ocuparon el N y los norteam. el S, estableciéndose el límite entre ambas zonas en el paralelo 38°. En 1948 se organizaron elecciones por separado y se constituyeron los dos Est. coreanos. Las discrepancias entre ambos llevaron a la guerra (1950), al invadir C. del Norte a la del Sur. En 1953 se llegó al armisticio y a la actual división del país. En 1991 se llegó a un acuerdo de cooperación y no agresión.

REPÚBLICA DE COREA

□ *Geog.* Sit. en la parte merid. de la pen. coreana. Paralela a la costa oriental se extiende la cordillera Taebaek, de la que se desprende la cadena Sobaek. Los r. prales. son el Kum y el Han. Clima continental influido por el monzón. Arroz,

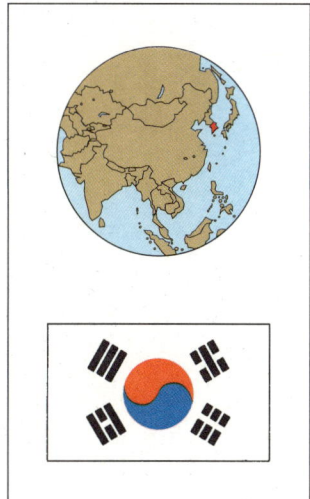

Mapa de situación y bandera de la **República de Corea**

REPÚBLICA DE COREA

Superficie	99 237 km²
Población	43 530 000 hab. (438 hab./km²)
Recursos económicos	
Arroz	7 478 000 t
Cabaña bovina	2 126 000 cabezas
Cabaña porcina	4 528 000 cabezas
Carbón	17 217 000 t
Cebada	340 000 t
Energía eléctrica	118 738 millones de kwh
Hierro	304 000 t
Hierro colado	14 380 000 t
Naranjas	600 000 t
Neumáticos	27 907 000 unidades
Papelera	4 002 000 t
Pesca	2 750 000 t
Riqueza forestal	6 598 000 t
Soja	183 000 t
Tejidos de algodón	609 millones de m²
Indicadores sociológicos	
PNB	274 464 millones de dólares
Renta per cápita	6 340 dólares
Esperanza de vida	70 años
Alfabetismo	96%

cebada, soja, patatas, algodón, tabaco. Pesca; ganadería. Carbón, hierro, ind. textil, metalúrgica y química. Lengua: coreano (of.) *Rel.*: budismo, confucianismo (mayoritarias). U. M.: el won. Cap., Seúl. C. prales.: Pusán, Daegu, Inchon.

□ *Hist.* Syngman Rhee, presid. desde la constitución del Estado, se mantuvo en el cargo hasta 1960, con un régimen tiránico. En las elecciones de ese año fue elegido Chan Myun, derrocado por Chung Hee Park en 1961, quien se mantuvo en el poder hasta su asesinato (1979). En 1980 se produjo una insurrección popular en la c. de Kwangju, sofocada por el futuro presid. Chun Du-Hwan. En 1988 fue elegido presid. Roh Tae Woo. En 1993 le sucedió Kim Young Sam, quien fue reelegido en 1996. En 1998 ganó el opositor Kim Dae Jung, a quien sucedió en la presidencia en 2002, Roh Moo Hyun.

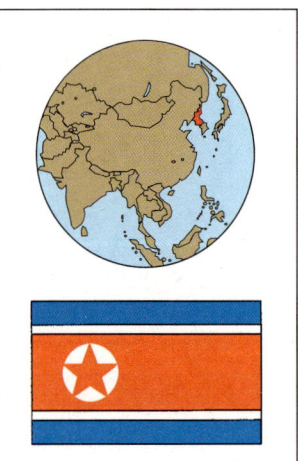

Mapa de situación y bandera de la **República Democrática Popular de Corea**

□ *Geog.* Sit. en la parte septentrional de la pen. coreana. Relieve muy accidentado, salvo al O. Al NE y E se elevan una serie de cadenas paralelas al litoral (alt. máx., Kwanmobong, 2 541 m). R. prales.: Yalu, Tumen y Taedong. Clima continental influenciado por el monzón. Economía socializada. Arroz, maíz; madera. Ganadería; pesca. Carbón, lignito, hierro, energía hidroeléctrica; ind. siderúrgica, química, textil, mecánica, papelera. Lengua: coreano (of.). *Rel.*: budismo, confucianismo. U. M.: el won. Cap., Pyongyang. C. prales.: Chongjin, Kaesong.

□ *Hist.* Kim Il Sung, jefe militar y del gobierno desde 1948 y presid. desde 1973, inició después de la guerra un programa de reforma agraria, nacionalizaciones e industrialización. Muerto Kim Il Sung en 1994, le sucedió su hijo Kim Jong Il.

REPÚBLICA DEMOCRÁTICA POPULAR DE COREA

Superficie	120 538 km²
Población	22 937 000 hab. (190 hab./km²)
Recursos económicos	
Acero	8 000 000 t
Arroz	5 100 000 t
Cabaña bovina	1 350 000 cabezas
Cabaña porcina	3 300 000 cabezas
Carbón	40 700 000 t
Cemento	16 300 000 t
Energía eléctrica	53 500 millones de kwh
Fertilizantes	660 000 t
Hierro	450 000 t
Lignito	13 000 000 t
Maíz	4 500 000 t
Pesca	1 750 000 t
Riqueza forestal	4 692 000 t
Soja	460 000 t
Indicadores sociológicos	
PNB	20 000 millones de dólares
Renta per cápita	800 dólares
Esperanza de vida	70 años
Alfabetismo	90%

COREANO, NA ajd. y s. De Corea. ◊ m. Lengua hablada en Corea.
COREAR tr. Componer música para coros. ◊ Acompañar con coros una composición musical. ◊ fig. Asentir varias personas sumisamente al parecer ajeno. ◊ fig. Aclamar, aplaudir.
CORELLI, *Arcangelo* (1653-1713) Compositor it., autor de *concerti grossi* y obras de cámara. Uno de los creadores de la escuela violinística.
COREO m. Pie de la poesía gr. y latina, compuesto de dos sílabas, la primera larga y la otra breve. ◊ Juego o enlace de los coros en la música.
COREOGRAFÍA f. Arte de componer bailes. ◊ En general, arte de la danza. ❏ COREOGRÁFICO, CA; COREÓGRAFO, FA.
CORFU (*Kerkira*) Isla de Grecia, en el mar Jónico, 641 km², 99 500 hab. Cap., la c. hom. (36 900 hab.). Agricultura. Ind. harinera y papelera.
CORI, *Carl Ferdinand* (1896-1984) Bioquímico checo, nacionalizado norteam. Premio Nobel de Medicina en 1947, con su esposa *Gerty* (1896-1957). ◊ **Ciclo de C.** Ciclo del ácido láctico. En los mamíferos, conjunto de las interrelaciones

entre el metabolismo, glúcido del músculo y del hígado.
CORIÁCEO, A adj. Relativo al cuero. ◊ Parecido a él.
CORIAMBO m. Pie de la poesía gr. y latina, compuesto de un coreo y un yambo.
CORIFEO m. El que guiaba el coro en las tragedias antiguas gr. y rom. ◊ fig. El que es seguido de otros en una opinión, secta o partido.
CORIMBO m. *Bot.* Tipo de inflorescencia en la que los pedúnculos florales parten de distintas alturas sobre el vástago, pero terminan todos en el mismo plano superior.
CORINDÓN m. *Miner.* Óxido de aluminio cristalizado en el sistema trigonal. Es el mineral más duro después del diamante y sus variedades transparentes y uniformemente coloreadas son muy apreciadas como gemas (rubí, zafiro, esmeralda).
CORINTIO, TIA adj. y s. De Corinto.
CORINTO (*Korinthos*) C. y puerto de Grecia en el Peloponeso; 22 700 hab. Cap. del nomo de Corintia (2 290 km², 123 000 hab.). Fue una de las c. más florecientes de la ant. Grecia. ◊ ***istmo de.*** Lengua de la tierra que une el Peloponeso con la Grecia central.
CORINTO C. de Nicaragua, en el dpto. de Chinandega; 14 700 hab. Puerto comercial y exportador.
CORION m. *Anat.* En los reptiles, aves y mamíferos, membrana extraembrionaria que forma la envoltura externa del embrión y de las demás membranas.
CORISTA m. Religioso que asiste al coro. ◊ com. Persona que en óperas u otras funciones musicales canta formando parte del coro.
CORIZA f. Catarro nasal agudo.
CORK C. y puerto de Irlanda, en la costa S.; 136 300 hab. Industria automovilística. Refinería de petróleo.
CORMACK Macleod, *Allan* (nacido 1924) Físico norteam., de origen sudafricano. Premio Nobel de Medicina en 1979, junto a G. N. Hounsfield.
CORMO m. *Bot.* Aparato vegetativo de las plantas superiores, compuesto por un sistema de anclaje y absorción de agua (raíces), un tallo con funciones mecánicas y conductoras de las disoluciones nutritivas, y un conjunto de órganos fotosintéticos (hojas). ❏ CORMÓFITO, TA.
CORMORÁN m. *Zool.* Cuervo marino.
CORNAC o **CORNACA** m. El que guía o conduce un elefante.
CORNADA f. Golpe dado por un animal con la punta del cuerno. ❏ CORNEAR.
CORNALINA f. *Miner.* Ágata de color sangre.
CORNAMENTA f. Cuernos de algunos cuadrúpedos como el toro, vaca, venado y otros.
CORNAMUSA f. Trompeta que en el medio hace una rosca muy grande, y tiene muy ancho el pabellón. ◊ Instrumento rústico, compuesto de un odre y varios cañutos. ◊ *Mar.* Pieza para amarrar los cabos.
CÓRNEA f. *Anat.* Capa transparente y dura, de forma abombada, que forma parte de la porción anterior de la capa externa del globo ocular.
CORNEILLE, *Pierre* (1606-1684) Dramaturgo fr., el creador de la tragedia

clásica fr. *El Cid, Horacio, Cinna, Nicomedes, Edipo, Atila, Tito y Berenice*.

CORNEJA f. Pájaro insectívoro córvido, de cuerpo ceniciento y cabeza, alas y cola negras.

CORNEJO m. Arbusto ramoso, de hojas opuestas, flores blancas, fruto rojo en drupa redonda y madera muy dura.

CORNEJO, José M.ª (s. XIX) Político salv. Presid. desde 1829 a 1832.

CORNELIA (189-110 a. C.) Hija de Escipión el Africano y madre de los Gracos. Renunció a la corona de Egipto.

CORNELIUS, Peter (1783-1867) Pintor al., especialista en frescos. Ilustró el *Fausto* de Goethe.

CORNELLÁ DE LLOBREGAT Mun. esp., en la prov. de Barcelona; 79 979 hab.

CÓRNEO, A adj. De cuerno o parecido a él. ◊ *Bot.* Cornáceo.

CÓRNER m. En fútbol, saque de esquina.

CORNETA f. Instrumento músico de viento, semejante al clarín. ◊ *Mil.* Especie de clarín. ◊ m. El que toca la corneta.

CORNETE m. *Anat.* Cada uno de los pequeños huesos en forma de concha situados en el interior de las fosas nasales, junto al tabique.

CORNETÍN m. Instrumento músico de metal, que tiene casi la misma extensión que el clarín. ◊ El que toca este instrumento.

CORNEZUELO m. Cornatillo. ◊ *Bot.* Hongo parásito del centeno y de otras gramíneas. Contiene dos alcaloides, la ergotoxina y la ergotina, muy tóxicos.

CORNIFORME adj. De figura de cuerno.

CORNIJAL m. Punta, ángulo o esquina.

CORNISA f. *Arq.* Coronamiento compuesto de molduras, o cuerpo voladizo con molduras, que sirve de remate a otro. ◊ Parte saliente en el borde de una meseta, montaña o cerro.

CORNISAMIENTO m. *Arq.* Conjunto de molduras que corona un edificio o un orden de arquitectura.

CORNUCOPIA f. Vaso en figura de cuerno, rebosante de frutas y flores, que entre los gr. y romanos simbolizaba la abundancia. ◊ Espejo de marco tallado y dorado.

CORNUDO, DA adj. Que tiene cuernos, semejante al clarín. ◊ adj. y m. fig. Díc. del marido cuya mujer ha faltado a la fidelidad conyugal.

CORNÚPETA adj. y m. Díc. de la res brava de lidia.

CORO m. Conjunto de personas que ejecutan juntas danzas y cantos. ◊ Conjunto de personas que en una ópera u otra función musical cantan simultáneamente una pieza concertada. ◊ Rezo y canto de las horas canónicas, asistencia a ellas y tiempo que duran. ◊ Parte de la iglesia donde se coloca el coro para cantar los oficios.

CORO C. del NO de Venezuela, cap. del est. Falcón; 131 200 hab. Centro comercial, exportador y comunicaciones. Construcciones coloniales. Fundada en 1527 por Juan de Ampués.

COROGRAFÍA f. Descripción de un país, de una región o de una provincia.

COROIDES f. *Anat.* Membrana del globo ocular, situada entre la esclerótica y la retina. ❏ COROIDEO, A.

COROJO m. Planta monocotiledónea originaria de África y cultivada en

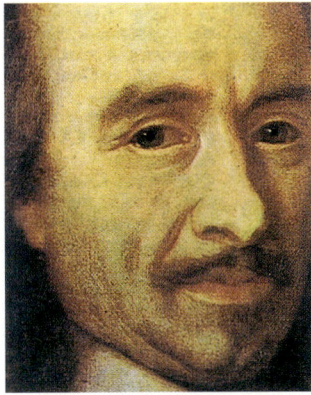

Pierre **Corneille**

América. De su fruto se obtiene una especie de manteca. ❏ *Cuba.* COROJAL.

COROLA f. *Bot.* Segundo verticilo estéril, formado por pétalos que rodea los estambres de las flores masculinas y pistilo de las flores femeninas y ambos tipos de aparato reproductor en las flores hermafroditas.

COROLARIO m. Proposición que se deduce fácilmente de lo demostrado antes.

COROMANDEL (*Koromandal Tat*) Costa sudoriental de la India, en el golfo de Bengala.

COROMINAS, Joan (1905-1997) Filólogo esp., nacionalizado norteam. *Diccionario crítico etimológico de la lengua castellana, Diccionario etimológico y complementario de la lengua catalana*.

CORONA f. Cerco, de diversos materiales, con que se ciñe la cabeza en señal de premio o dignidad real. ◊ Aureola de las imágenes santas. ◊ fig. Dignidad real. ◊ fig. Reino o monarquía. ◊ Unidad monetaria de República Checa, Dinamarca, Islandia, Noruega y Suecia. ◊ Cima de una colina. ◊ Porción descubierta y esmaltada de los dientes de los vertebrados. ◊ *Astr.* Parte más externa de la atmósfera solar. ◊ *Automóv.* Engranaje tallado, parte diferencial de los automóviles. ◊ **fúnebre**. Ofrenda floral, en forma de círculo, que se dedica a un fallecido. ◊ **circular**. *Geom.* Porción de plano, entre dos circunferencias concéntricas.

CORONADO, Carolina (1823-1911) Escritora esp. *El divino Figueroa*.

CORONAMIENTO m. Fin de una obra. ◊ *Arq.* Adorno que se pone en la parte superior del edificio de corona.

CORONAR tr. y prnl. Poner la corona en la cabeza. ◊ tr. fig. Perfeccionar, completar una obra. ◊ intr. y prnl. Asomar la cabeza del feto en el momento del parto. ❏ CORONACIÓN.

CORONARIO, RIA adj. Relativo a la corona. ◊ *Bot.* De figura de corona. ◊ *Anat.* Díc. de las arterias que llevan la sangre al corazón.

CORONAVIRUS m. *Biol.* Familia de virus identificados en 1965. Causan infecciones respiratorias en el hombre y en animales: son agentes etiológicos del 15% de los resfriados comunes y del SARS.

CORONDEL m. *Art. Gráf.* Regleta. ◊ Blanco que hay entre las columnas de un texto impreso.

CORONEL m. Jefe militar que manda un regimiento. ❏ CORONELÍA.

CORONEL C. de Chile en la prov. de Concepción (Región del Biobío); 95 528 hab. Ind. de transformación. Puerto.

CORONEL, Urtecho, José (1906-1994) Poeta vanguardista nic. *Pol-lá d'anata katanta, paranta, La muerte del hombre símbolo*.

CORONEL OVIEDO C. de Paraguay, cap. del dpto. de Caaguazú; 21 800 hab. Centro agropecuario. Ganadería.

CORONILLA f. Parte superior y posterior de la cabeza. ◊ *Argent.* Árbol del que se extrae una tintura roja. La madera se emplea para hacer carbón.

COROT, Jean Baptiste Camille (1796-1875) Pintor fr. Situado en la vanguardia del nuevo realismo. *Vista de Fontainebleau, Puerto de Rouen*.

COROZAL Mun. de Puerto Rico, en el distr. Bayamón; 29 800 hab. Plantaciones de tabaco y frutales.

CORPIÑO m. Almilla o jubón sin mangas.

CORPORACIÓN f. Entidad de tipo asociativo constituida con fines de interés público. ◊ *Amér.* Compañía o sociedad anónima.

CORPORAL adj. Relativo al cuerpo. ◊ m. Lienzo que se extiende en el altar encima del ara para poner sobre él la hostia y el cáliz.

CORPORATIVISMO m. *Soc.* Sistema de organización social basado en organismos públicos, cuya característica pral. es la de englobar a los ciudadanos por profesiones. ❏ CORPORATIVO, VA.

CORPÓREO, A adj. Que tiene cuerpo. ◊ Corporal, relativo al cuerpo. ❏ CORPOREIDAD; CORPOREAR; CORPOREIZAR.

CORPULENCIA f. Grandeza y magnitud de un cuerpo natural o artificial. ❏ CORPUDO, DA; CORPULENTO, TA.

CORPUS m. Recopilación de textos jurídicos, literarios, lingüísticos, etc.

CORPUS n. p. m. Fiesta católica en honor de la eucaristía, instituida en 1264 por Urbano IV; se celebra el jueves siguiente a la octava de Pascua. ◊ **de Sangre** (*Corpus de Sang*) Levantamiento que el 7 de junio de 1640 tuvo lugar en Barcelona, iniciando la guerra de secesión de Cataluña.

Las casas Cabassud, en Ville d'Avray, óleo de J. B. C. **Corot**

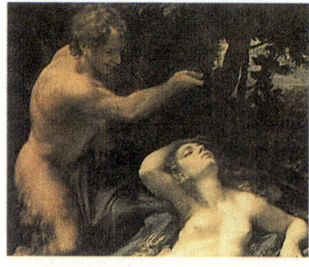

Detalle de *El sueño de Antíope*, óleo de **Correggio** (Museo del Louvre, París)

CORPUS CHRISTI C. de EEUU, en Texas; 284 200 hab. (agl. urb.). Puerto importante en el golfo de México. Ind. química; cemento; refinería de petróleo.

CORPÚSCULO m. Cuerpo muy pequeño, célula, molécula, partícula, elemento. ❏ CORPUSCULAR.

CORRAL m. Sitio cerrado y descubierto, en las casas o en el campo, que sirve habitualmente para guardar animales. ◊ Cercado que se hace en los ríos o en la costa del mar, para encerrar la pesca y cogerla. ◊ Casa, patio o teatro donde se representaban las comedias. ❏ CORRALERO, RA.

CORRALILLO Mun. de Cuba, en la prov. de Villa Clara; 27 100 hab. Caña de azúcar.

CORRASIÓN f. *Geol.* Disgregación mecánica de las rocas por acción del choque de las partículas rocosas transportadas por el viento.

CORREA f. Tira de cuero. ◊ Cinturón. ◊ Flexibilidad y extensión de que es capaz una cosa correosa. ◊ *Mec. apl.* Órgano flexible para transmitir un movimiento entre dos ejes rotativos. ❏ CORREAJE; CORREAZO; CORRERÍA.

CORREA, *Juan* (ss. XVI-XVII) Pintor barroco mex. *Crucifixión, La entrada en Jerusalén.*

CORRECAMINOS m. Ave capaz de correr a gran velocidad. Es propia de América del Norte.

CORRECCIÓN f. Acción y efecto de corregir o de enmendar lo errado o defectuoso. ◊ Calidad de correcto. ◊ Represión o censura de un delito, falta o defecto. ◊ Alteración o cambio en las obras escritas o de otro genéro.

CORRECCIONAL m. Establecimiento penitenciario destinado al cumplimiento de las penas de prisión.

CORRECTIVO, VA adj. Que corrige o atenúa. ◊ Castigo.

CORRECTO, TA adj. Libre de errores o defectos, conforme a las reglas. ◊ Fino, digno, intachable.

CORRECTOR, RA m. y f. El encargado de corregir textos.

CORREDERA f. Pieza que actúa como guía de un elemento móvil llamado cursor. ◊ Tabla o postiguillo de celosía que corre de una parte a otra para abrir o cerrar. ◊ *Argent.* Rápido de río.

CORREDOR, RA adj. y f. *Zool.* Aplícase a las aves de gran tamaño, de mandíbulas cortas y robustas, esternón de figura de escudo y sin quilla, y alas muy cortas. ◊ m. y f. Persona que practica la carrera en competiciones deportivas. ◊ Persona que por oficio interviene en las compras y ventas de ciertos artículos. ◊ Pasillo de una casa. ❏ CORREDURÍA.

CORREGGIO, *Antonio Allegri*, llamado *il* (1489-1535) Pintor it. Su obra anticipó el barroco. Decoró en Parma la bóveda del convento de San Pablo, la *Asunción*, la *Coronación de la Virgen* y la *Ascensión*. Autor también de *Natividad, La Virgen y san Sebastián, Dánae.*

CORREGIDOR m. Funcionario real que desempeñaba funciones judiciales y gubernativas.

CORREGIR tr. Enmendar lo errado. ◊ Advertir, amonestar, reprender. ◊ fig. Disminuir, templar, moderar la actividad de una cosa.

CORREHUELA f. Mata de tallos rastreros, que se enroscan a lo que encuentran.

CORRELACIÓN f. Analogía o relación recíproca entre dos o más cosas. ◊ *Mat.* Grado de dependencia estadística que existe entre dos conjuntos de variables. ❏ CORRELATIVO, VA.

CORRELACIONAR tr. Relacionar.

CORRELIGIONARIO, RIA adj. y s. Que profesa la misma religión que otro. ◊ P. ext., díc. del que tiene la misma opinión pública que otro.

CORRENTADA f. *Amér.* Corriente impetuosa de agua desbordada.

CORRENTOSO, SA adj. *Amér.* Díc. del río o curso de agua de corriente muy rápida.

CORREO m. El que tiene por oficio llevar y traer la correspondencia de un lugar a otro. ◊ Servicio público que tiene por objeto el transporte de la correspondencia, mercancías, de giros, etc. Se usa también en pl. ◊ Sitio o lugar donde se recibe y da la correspondencia. Tren correo. ◊ **electrónico.** *Comp.* Sistema de transmisión de textos, es decir, de informaciones poco estructuradas, desde un terminal a otro, o a una serie de terminales.

CORREOSO, SA adj. Que se doblega y extiende sin romperse. ◊ fig. Díc. del pan y otros alimentos cuando se mastican con dificultad.

CORRER intr. Caminar con velocidad. ◊ Hacer algo con mucha rapidez. ◊ Intervenir en una carrera. ◊ Moverse progresivamente de una parte a otra los fluidos y líquidos. ◊ Ir, pasar, extenderse de una parte a otra. ◊ Tratándose del tiempo, transcurrir, tener curso. ◊ Perseguir, acosar. ◊ Lidiar los toros. ◊ tr. y prnl. Hacer que una cosa pase o se deslice de un lado a otro. ◊ tr. Tratándose de cerrojos, llaves, etc., echar, pasarlos, cerrar con ellos. ◊ Hablando de velos, cortinas, etc., echarlos o tenderlos, y levantarlos o recogerlos. ◊ Estar expuesto a contingencias determi-

nadas o indeterminadas; arrostrarlas, pasar por ellas. ◊ Recorrer. ◊ tr. y prnl. fig. Avergonzar y confundir. ◊ prnl. fig. y fam. Alcanzar el orgasmo. ❏ CORREDIZO, ZA; CORRIMIENTO.

CORRERÍA f. Incursión armada en tierra enemiga. ◊ Viaje corto.

CORRESPONDENCIA f. Correo, conjunto de cartas que se reciben o se expiden. ◊ Significado que una palabra tiene en otro idioma. ◊ Relación entre términos de distintas series o sistemas. ◊ *Mat.* Ley que asocia algunos o todos los elementos de un conjunto A con otros de un conjunto B.

CORRESPONDER intr. Pagar con igualdad, relativa o proporcionalmente, afectos, beneficios o agasajos. ◊ Tocar o pertenecer. ◊ intr. y prnl. Tener proporción o relación una cosa con otra. ◊ prnl. Comunicarse por escrito una persona con otra. ◊ Atenderse y amarse recíprocamente. ◊ Comunicarse una habitación con otra. ❏ CORRESPONDIENTE.

CORRESPONSAL adj. Correspondiente, que tiene correspondencia. ◊ **de prensa.** Colaborador local de un periódico. ❏ CORRESPONSALÍA.

CORRETAJE m. Profesión del corredor comercial. ◊ Lo que cobra por sus servicios.

CORRETEAR intr. fam. Andar de calle en calle, de casa en casa. ◊ fam. Correr en varias direcciones dentro de limitado espacio. ◊ *Amér.* Perseguir a alguien.

CORREVEIDILE com. fam. Persona que lleva y trae cuentos y chismes. ◊ fam. Alcahuete.

CORRIDA f. Carrera, movimiento rápido. ◊ **de toros.** Fiesta que consiste en lidiar cierto número de toros en una plaza cerrada.

CORRIDO, DA adj. Que excede un poco del peso o de la medida. ◊ fig. Avergonzado. ◊ fam. Aplícase a la persona de mundo, experimentada y astuta. ◊ m. Canción popular mex., especie de balada acompañada de guitarras o arpa.

CORRIENTE adj. Díc. de la semana, del mes, del año o del siglo actual o que va transcurriendo. ◊ Hablando de recibos, periódicos, etc., el último aparecido. ◊ Medio común, regular, no extraordinario. ◊ Cierto, sabido, admitido comúnmente. ◊ Que no tiene impedimento ni embarazo para su uso y efecto. ◊ Admitido o autorizado por el uso común o por la costumbre. ◊ Aplicado al estilo, fluido, suelto, fácil. ◊ f. *Fís.* Todo movimiento de partículas que siguen una trayectoria. ◊ Corriente eléctrica. ◊ Movimiento de traslación continuado de las aguas de un río o del mar. ◊ Tiro de aire entre puertas y ventanas de una casa o habitación. ◊ fig. Curso que llevan algunas cosas. *Fís.* ◊ **alterna.** *Fís.* Aquella cuya intensidad varía periódicamente y cambia de dirección, pasando alternativamente por valores positivos y negativos. ◊ **continua.** *Fís.* La que fluye siempre en la misma dirección con intensidad gralte. variable. ◊ **eléctrica.** *Fís.* Flujo de electrones entre dos puntos de un medio conductor cuando, entre dichos puntos, existe una diferencia de potencial.

Catedral de **Corrientes**

CORRIENTES Prov. del NE de Argentina; 88 199 km², 930 991 hab. Cap., la c. hom. Al N se halla una altiplanicie, conocida como la región de los esteros, con numerosos pantanos y lagunas (Iberá); al SE, hay zonas medanosas, la barranca del Paraná y una planicie ondulada; al S se extienden ondulaciones con pendientes suaves. Ríos más imp: el Paraná y el Uruguay. Ganadería vacuna y ovina; algodón, tabaco, arroz, yute, cítricos; bosques; ind. derivadas de los productos agropecuarios. ◊ C. de Argentina, cap. de la prov. hom.; 314 546 hab. Puerto sobre el Paraná. Centro agrícola y comercial. Ind. textil, alimentaria y del cuero; astilleros; almacenaje de petróleos. Fundada en 1588 por Juan de Vera y Aragón.

CORRILLO m. Reunión de personas que forman grupo aparte. ❑ CORRILLERO, RA.

CORRO m. Cerco que forma la gente para hablar, solazarse, etc. ◊ Espacio circular. ◊ Juego de niñas que forman un círculo, cogidas de las manos.

CORROBORAR tr. y prnl. Vivificar y dar mayores fuerzas al débil, desmayado o enflaquecido. ◊ fig. Dar mayor fuerza a la razón o a la opinión aducidas, con muchos datos. ❑ CORROBORACIÓN; CORROBORATIVO, VA.

CORROER tr. y prnl. Desgastar lentamente una cosa como royéndola. ◊ fig. Causar efectos una gran pena o el remordimiento, haciéndose visibles en el semblante o arruinando la salud. ❑ CORROSIVO, VA.

CORROMPER tr. y prnl. Alterar y trastrocar la forma de alguna cosa. ◊ Echar a perder. ◊ tr. Sobornar al juez, o a cualquier persona, con dádivas o de otra manera. ◊ fig. Pervertir o seducir a una mujer o a un menor. ❑ CORRUPCIÓN; CORRUPTO, TA.

CORROSIÓN f. Erosión debida a agentes químicos. ◊ Ataque superficial de un metal por los agentes atmosféricos.

CORSARIO, RIA adj. y s. Díc. del que manda una embarcación armada en corso con patente de su gobierno. ◊ Aplícase a la embarcación armada en corso. ◊ m. Pirata.

CORSÉ m. Prenda interior femenina para ceñir el cuerpo. ❑ CORSETERÍA.

CORSO, SA adj. y s. De Córcega. ◊ m. Ling. Dialecto it. ◊ Campaña que hacían por el mar los buques con patente de su gobierno para perseguir a los piratas.

CORTA f. Acción de cortar árboles, arbustos y otras plantas en los bosques.

CORTACIRCUITOS m. El. Aparato que automáticamente interrumpe la corriente eléctrica. Se conocen con el nombre de fusibles.

CORTADO, DA adj. Ajustado, acomodado, proporcionado. ◊ Aplícase al estilo del escritor que expresa los conceptos separadamente, en cláusulas breves y sueltas. ◊ m. Taza de café con algo de leche.

CORTADOR, RA m. y f. El que en las sastrerías, zapaterías, talleres de costura, etc. corta las piezas de que se compone el objeto.

CORTADURA f. Separación o división hecha en un cuerpo continuo por instrumento o cosa cortante. ◊ Abertura entre dos montañas. ◊ Recortado. ◊ pl. Recortes o sobrantes de alguna cosa.

CORTAFIERRO m. Argent. Cortafrío.

CORTAFRÍO m. Cincel para cortar hierro frío.

CORTAFUEGO m. Agr. Vereda ancha que se deja en los sembrados y montes para que no se propaguen los incendios.

CORTAPISA f. Guarnición de diferente tela, que se ponía en ciertas prendas de vestir. ◊ fig. Condición o restricción con que se concede una cosa.

CORTAPLUMAS m. Navaja pequeña.

CORTAR tr. Dividir una cosa o separar sus partes con algún instrumento. ◊ Dar forma a las diferentes piezas de que se ha de componer una prenda de vestir o calzar. ◊ Hender un fluido o líquido. ◊ Separar o dividir una cosa en dos porciones. ◊ tr. y prnl. Atajar, detener, embarazar, impedir el curso o paso a las cosas. ◊ Dejar de decir algo, o señalar lo que no ha de decirse, en un discurso, un sermón, una comedia, etc. ◊ Recortar. ◊ fig. Suspender, interrumpir. ◊ Tomar una dirección, echarse a andar. ◊ prnl. Turbarse, faltar a uno palabras por causa de la turbación. ◊ prnl. y tr. Tratándose de la leche, salsas, etc., separarse los ingredientes que debían quedar trabados. ◊ Tratándose de dos líneas, superficies o cuerpos que tienen algún elemento común, pasar cada uno de ellos al lado opuesto del otro.

Efectos químicos de la **corrosión** en una escultura de piedra

CORTAVIENTO m. Aparato para reducir en un vehículo la resistencia que presenta el viento.

CORTAZAR Mun. de México, en el est. de Guanajuato; 45 600 hab. Agricultura y ganadería. Ind. conservera.

CORTÁZAR, Julio (1914-1984) Escritor arg. Formó parte de la generación de la postguerra que introdujo imp. cambios en la narrativa. Escribió cuentos fantásticos como *Las armas secretas*, *Historia de cronopios y famas*, *La vuelta al día en ochenta mundos* y *Octaedros*. Entre sus novelas destacan: *Los premios*, *Rayuela*, *62 modelo para armar* y *El libro de Manuel*.

CORTE m. Filo de instrumento con que se corta y taja. ◊ Acción y efecto de cortar. ◊ Cortadura. ◊ Arte y acción de cortar las diferentes piezas de un vestido, de un calzado u otras cosas. ◊ Cantidad de tela o cuero necesaria y bastante para hacer un vestido, un pantalón,

un calzado, etc. ◊ Corta. ◊ Sección de un edificio. ◊ f. Población donde habitualmente reside el gobierno en las monarquías. ◊ Conjunto de todas las personas que componen la familia y comitiva del rey. ◊ Asambleas convocadas por el rey para asesorarle y votar la concesión de subsidios. ◊ Amér. Tribunal de justicia.

CORTEDAD f. Pequeñez y poca extensión de una cosa. ◊ fig. Encogimiento de ánimo.

CORTEJAR tr. Asistir, acompañar a uno, contribuyendo a lo que sea de su agrado. ◊ Galantear, obsequiar a una mujer.

CORTEJO m. Acción de cortejar. ◊ Personas que forman el acompañamiento de una ceremonia. ◊ Fineza, agasajo, regalo.

CORTÉS adj. Atento, comedido, afable, urbano.

CORTÉS Dpto. del NO de Honduras, en la costa del mar Caribe; 3 923 km^2, 630 799 hab. Cap., San Pedro Sula. Accidentado por la sierra de Omoa, al N, y la de Montecillos, al S. Plátanos, café, coco, arroz.

CORTÉS, Hernán (1485-1547) Conquistador y descubridor esp. Participó en la conquista de la isla La Española. En 1519 marchó al Yucatán, iniciando la conquista de México. Fue recibido por Moctezuma, al que secuestró, lo cual dio lugar al levantamiento azteca contra los esp. (*Noche triste*, 1520). La batalla de Otumba frenó a los aztecas y permitió iniciar la marcha final sobre Tenochtitlán. C. fue nombrado capitán general de Nueva España. Acusado de graves cargos regresó a España, donde Carlos I le confirmó en su cargo. Realizó aún algunas expediciones por la costa mex. (1530-1540). En 1541 participó en la expedición a Argel. ◊ **Castro, León** (1882-1946) Político cost. Presid. de la rep. de 1936 a 1940.

CORTESANO, NA adj. Relativo a la corte. ◊ Cortés. ◊ m. Palaciego que sirve al rey en la corte. ◊ f. Prostituta.

CORTESÍA f. Demostración o acto con que se manifiesta la atención, respeto o afecto que tiene una persona a otra. ◊ Regalo, dádiva. ◊ Gracia o merced.

CÓRTEX m. Anat. Corteza.

CORTEZA f. Bot. Parte exterior del árbol, compuesta de varias capas, que lo cubre desde sus raíces hasta la extremidad de sus ramas. ◊ Parte exterior y dura de algunas frutas (cidra, limón, etc.) y otras cosas (pan, queso, etc.). ◊ fig. Exterioridad de una cosa. ◊ **cerebral.** Anat. Revestimiento de sustancia gris que constituye la capa externa de los hemisferios cerebrales. ◊ **terrestre.** Geol. Capa más superficial de la Tierra, de unos 35 km de espesor medio. ❑ CORTEZUDO, DA; CORTICAL.

CORTIJO m. Finca agrícola andaluza que consta de tierra y casa de labor.

CORTINA f. Paño grande con que se cubren y adornan puertas, ventanas. etc.

CORTISONA f. Fisiol. Hormona de la corteza suprarrenal. Su misión pral. es fomentar la formación de glúcidos a partir de las proteínas, con aumento de la glucemia. Tiene efectos contrarios a los de la acción de la insulina.

CORTO, TA adj. Díc. de las cosas que no tienen la extensión que les corresponde. ◊ De poca duración, estimao entidad. ◊ Escaso o defectuoso. ◊ fig. Falto de palabras y expresiones para explicarse. ◊ m. *Cin.* Cortometraje.

CORTOCIRCUITO m. *El.* Circuito producido accidentalmente por contacto entre los conductores sin que la corriente pase por la resistencia.

CORTOMETRAJE m. *Cin.* Película de longitud inferior a 1 500 m.

CORTÓN m. *Zool.* Insecto parecido al grillo, con las dos patas delanteras adaptadas para excavar galerías subterráneas.

CORTONA, *Pietro de* (1596-1669) Pintor, escultor y arquitecto it. Autor de la iglesia de San Lucas y Santa Martina de Roma.

CORÚA f. *Cuba.* Ave pelecaniforme, que se alimenta de peces y mariscos.

CORUJA f. Especie de lechuza.

CORUÑA, A o **LA CORUÑA** Prov. del NO de España, en la com. autón. de Galicia; 7 876 km², 1 096 027 hab. Cap., A Coruña. Ganadería vacuna y de cerda; cereales, patatas, etc.; pesca; hierro, estaño, volframio; ind. alimentarias. ◊ C. esp., en Galicia, cap. de la prov. hom.; 236 379 hab.

A Coruña. Vista aérea del valle del Tambre

CORVA f. Parte de la pierna, opuesta a la rodilla, por donde se dobla y encorva.

CORVADURA f. Parte por donde se dobla o encorva una cosa. ◊ Curvatura. ◊ *Arq.* Parte curva o arqueada del arco o de la bóveda.

CORVALÁN, *Luis* (n. 1915) Político chil. Elegido secretario general del Partido Comunista en 1958, fue arrestado al caer el gobierno de Allende.

CORVEJÓN m. *Anat.* Articulación situada entre la parte inferior de la pierna y superior de la caña.

CÓRVIDO, DA adj. y m. *Zool.* Díc. de los pájaros dentirrostros, cuyo tipo es el cuervo común. Habitan sobre todo en los bosques y páramos del hemisferio norte.

CORVINA f. *Zool.* Pez teleósteo provisto de una boca con muchos dientes, de color pardo con manchas negras en el lomo y plateado en el vientre; vive en el Mediterráneo y en los mares tropicales.

CORVO, VA adj. Arqueado o combado. ◊ m. Garfio. ◊ Corvina.

CORZO, ZA m. y f. Mamífero cérvido rumiante, algo mayor que la cabra, rabón y de color gris rojizo; tiene las cuernas pequeñas, verrugosas y ahorquilladas hacia la punta.

COSA f. Todo lo que tiene entidad, ya sea corporal o espiritual, natural o artificial, real o abstracta. ◊ En ocasiones negativas, nada. ◊ Asunto, cuestión, tema. ◊ Idea, acción o dicho. ◊ *Der.* En contraposición a persona o sujeto, el objeto de las relaciones jurídicas. ◊ *Der.* El objeto material, en oposición a los derechos creados sobre él y a las prestaciones personales.

COSA, *Juan de la* (h. 1449-1510) Navegante y cartógrafo esp. Acompañó a Colón en sus tres primeros viajes a América. Delineó el trazado de las Antillas y de Tierra Firme. Participó en la expedición de Ojeda al Darién.

COSACO, CA adj. y s. Díc. del individuo de los pueblos nómadas o seminómadas instalados, desde el s. XII, en el S de Rusia.

COSAMALOAPÁN Mun. de México, en el est. de Veracruz; 72 700 hab. Caña de azúcar, maíz, café. Ganadería.

mero real le hace corresponder el c. del ángulo cuya medida en radianes es dicho número real. La función c. es periódica, de periodo 2 radianes.

COSENZA C. de Italia, cap. de la prov. hom.; 106 000 hab. Importante catedral.

COSER tr. Unir con hilo dos o más pedazos de tela, cuero u otra materia. ◊ Hacer dobladillos, pespuntes y otras labores de aguja. ◊ fig. Unir una cosa con otra, de suerte que queden muy juntas o pegadas. ◊ Producir varias heridas en el cuerpo con arma punzante.

COSGRAVE, *William Thomas* (1880-1965) Político irl. Primer presid. del Consejo Ejecutivo del Estado Libre de Irlanda (1922-1932).

COSIFICAR tr. Considerar una idea, facultad o persona como si fuera un objeto. ❏ COSIFICACIÓN.

COSLADA Mun. de España, en la prov. de Madrid; 77 884 hab. Centro industrial.

COSME Y DAMIÁN Santos. Según la tradición, fueron dos hermanos médicos, de origen ár., martirizados en el año 300.

COSMÉTICO, CA adj. y m. Díc. del preparado para preservar o embellecer el cutis y el cabello. ◊ f. Arte de aplicar estos preparados.

CÓSMICO, CA adj. Relativo al universo. ◊ *Astr.* Se aplica al orto u ocaso de un astro, que coincide con la salida del Sol.

COSMÓDROMO m. *Astron.* Complejo de instalaciones donde se prepara el montaje y el lanzamiento de vehículos espaciales.

COSMOGONÍA f. *Astr.* Parte de la astronomía que estudia la formación y origen del universo. ❏ COSMOGÓNICO, CA.
❏ *Astr.* Actualmente se admite que la formación de las estrellas se produce por condensación de materia de difusión, fenómeno al que sigue un lanzamiento de materia estelar, que provoca la aparición de *novas* o *supernovas.*

COSMOGRAFÍA f. Descripción astronómica del mundo, o astronomía descriptiva. ❏ COSMOGRÁFICO, CA; COSMÓGRAFO, FA.

COSMOLOGÍA f. *Fil.* Término introducido por Kant que significa doctrina del mundo considerado como un todo organizado. Actualmente el término es sinónimo de cosmogonía. ❏ COSMOLÓGICO, CA; COSMÓLOGO, GA.

COSMONÁUTICA f. Astronáutica. ❏ COSMONAUTA.

COSMOPOLITA adj. y s. Díc. de la persona que considera a todo el mundo como patria suya, y de la que ha vivido en muchos países o ha viajado mucho. ◊ Díc. de lo que es común a todos los países o a la mayoría de ellos. ❏ COSMOPOLITISMO.

COSMOS m. Mundo, universo.

COSO m. Plaza, sitio o lugar cercado donde se corren y lidian toros y se ejecutan otras fiestas públicas. ◊ Calle pral. en algunas poblaciones.

COSQUILLAS f. pl. Sensación nerviosa que se experimenta en ciertas partes del cuerpo cuando son tocadas ligeramente. ❏ COSQUILLAR; COSQUILLEAR; COSQUILLEO.

COSSIGA, *Francesco* (nacido 1928) Político it. Miembro del partido democratacristiano; presidió (1979-1980) dos

COSCOJA f. *Bot.* Árbol dicotiledóneo achaparrado. ◊ Hoja seca de la carrasca o encina. ❏ COSCOJAL o COSCOJAR.

COSCOROBA f. *Argent.* y *Chile.* Ave, especie de cisne, de cuello corto, todo blanco.

COSCORRÓN m. Golpe incruento en la cabeza.

COSECANTE f. y adj. *Trig.* Secante del complemento de un ángulo o de un arco. Es la razón trigonométrica inversa del seno; su símb. es cosec. ◊ **Función c.** Función que a cada número real le hace corresponder la c. del ángulo cuya medida en radianes es dicho número real.

COSECHA f. Conjunto de frutos que se recogen de la tierra; como trigo, cebada, vino, aceite, etc. ◊ Temporada en que se recogen los frutos. ◊ Ocupación de recoger los frutos de la tierra. ❏ COSECHADOR, RA; COSECHAR; COSECHERO, RA.

COSENO m. y adj. *Trig.* En un triángulo rectángulo, el c. de un ángulo agudo es la razón que existe entre el lado contiguo a este ángulo y la hipotenusa. ◊ **Función c.** Función que a cada nú-

gabinetes de corta duración. Presidente de la rep. entre 1985 y 1992.

COSSÍO, *José M.ª de* (1893-1977) Erudito y crítico literario esp. *Los toros* y *Cincuenta años de poesía española* (1850-1900). ◊ ***Manuel Bartolomé*** (1858-1935) Pedagogo e historiador de arte esp. *El Greco.*

COSTA f. Cantidad que se da o se paga por una casa. ◊ Gasto de la manutención del trabajador cuando se añade al salario. ◊ Orilla del mar y tierra que está cerca de ella. ◊ pl. Gastos judiciales.

COSTA, *Joaquín* (1846-1911) Político, jurisconsulto e historiador esp. Impulsor del «regeneracionismo». *Colectivismo agrario en España.* ◊ ***Lucio*** (1902-1998) Arquitecto bras., nacido en Francia. Autor del plano piloto para la urbanización de Brasilia (1956). ◊ **E Gomes, *Francisco da*** (1914-1980) Militar y político port. Participó en la revolución de 1974 y fue presid. del país (1974-1976).

COSTA Azul (*Côte d'Azur*) Costa fr. y monegasca del Mediterráneo. Zona turística. ◊ **Brava** Costa esp., en el Mediterráneo, que se extiende por la prov. de Girona. Zona turística. ◊ **de los Mosquitos** ⇨ Mosquitos, Costa de los.

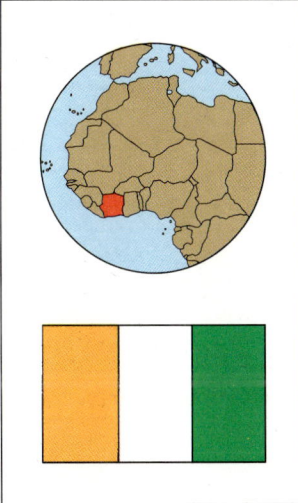

Mapa de situación y bandera de **Costa de Marfil**

COSTA DE MARFIL (*Républiue de Côte d'Ivoire*) Estado de África occidental, rep. Comprende una llanura costera que se prolonga en una meseta interior. La sabana es la vegetación predominante. Ríos prales.: Sassandra, Bandama y Comoé. Clima cálido y húmedo. Café, cacao, plátano, algodón, ananás, mandioca, batata, mijo, sorgo, maíz, arroz. Explotación forestal; manganeso, diamantes, oro; ind. alimentaria y de transformación de la madera. Lenguas: francés (of.) y kwa. *Rel.*: animistas (37 %), musulmanes (34 %) y católicos (22 %). U. M.: el franco CFA. Cap.: Yamoussoukro. C. pral.: Abidján.

☐ *Hist.* El litoral fue descubierto por los port. en el s. XV. A principios del s. XVIII los comerciantes fr. obtuvieron el control de algunos establecimientos. Colonia fr. en 1893 se integró en el África Occidental Francesa en 1899. En 1958

Costa de Marfil. Mezquita de Bouaké

se transformó en est. autónomo, y en 1960 alcanzó la indep. En esa fecha fue elegido presid. Houphouët-Boigny, que ocupó el cargo hasta su muerte (1993); le sustituyó Henri Konan Bedié. Bedié fue derrocado por un golpe de Est. en 1999 y el general R. Gueï asumió la presid. Un año después se celebraron elecciones presid. en las que venció Laurent Gbagbo, quien superó en 2001 un nuevo intento de golpe de estado.

COSTA DE MARFIL	
Superficie	322 463 km²
Población	10 820 000 hab. (34 hab./km²)
Recursos económicos	
Algodón	168 000 t
Arroz	690 000 t
Cabaña caprina	905 000 cabezas
Cabaña ovina	1 150 000 cabezas
Cacao	710 000 t
Café	240 000 t
Caucho	74 000 t
Diamantes	12 000 quilates
Mandioca	1 435 000 t
Petróleo	315 000 t
Tabaco	4 500 000 000 cigarrillos
Indicadores sociológicos	
PNB	8 523 millones de dólares
Renta per cápita	690 dólares
Esperanza de vida	52 años
Alfabetización	54 %

COSTA DE ORO (*Gold Coast*) ⇨ Ghana.
COSTA RICA Estado centroamericano, rep.

☐ *Geog. fís.* Está atravesada en dirección NO y SO por varias cadenas de montañas: la cordillera Volcánica, formada por las cordilleras de Guanacaste y Central y los montes de Tilarán y Aguacate, al NO; al S, la cordillera de Talamanca (cerro Chirripó Grande, 3 820 m). En el Valle Central se asienta la mayor concentración de población. Las zonas N y NE constituyen una llanura muy fértil. Entre los r. destacan el San Juan, el San Carlos, afl. del anterior, y el Reventazón, que afluyen al Caribe. Clima tropical. ☐ *Geog. econ.* Un tercio del suelo está reservado a la explotación forestal. Los productos dedicados a la exportación

son el café, las bananas, el cacao, la caña de azúcar, el tabaco y el algodón. Para el consumo interior se destina la producción de maíz, arroz, patatas, mandioca, aceite de palma, los agrios y el aceite de coco. Ganadería bovina. Oro, plata, hierro (San Ramón), bauxita (valle del General), azufre y manganeso. ☐ *Geog. humana.* La población mayoritaria es criolla (97 %); lengua: castellano. *Rel.*: católica. U. M.: el colón. C. prales.: la cap., San José, Alajuela, Puntarenas, Limón, Heredia, Cartago y Guanacaste. C. está dividida en 7 provincias.

☐ *Hist.* A la llegada de los españoles, existían en el territorio diversos pueblos (chorotegas, huetares y bruncas o borucas), con señoríos dependientes del cacicazgo de Nicoya. En 1502 Cristóbal Colón arribó a sus costas en su cuarto viaje al Nuevo Mundo. El territorio, con el nombre de Veragua, formó parte de la gobernación de Nicuesa. La conquista y colonización del interior se llevó a cabo a partir de 1560 por J. Cavallón, J. de Estrada Rávago y J. Vázquez de Coronado. Durante la época colonial fue incorporada a la capitanía General de Guatemala. En 1821 se proclamó la independencia. Juan Manuel Cañas, gobernador de la metrópoli, quedó al frente de la provincia. En 1822 se integró al Imperio Mexicano. En 1823 formó parte de la Confederación Centroamericana, de la que se separó, en 1838. En 1849 fue elegido presid. Juan Rafael Mora, reelegido en 1853. En 1894 fue elegido presid. Rafael Iglesias, quien concluyó la construcción de los ferrocarriles interoceánicos. En 1948, Rafael A. Calderón, presidente desde 1940, fue derrotado en las elecciones por Otilio Ulate. Al no aceptar Calderón el resultado de los comicios, comenzó una guerra civil. El movimiento encabezado por José Figueres (Liberación Nacional) triunfó, y Ulate fue proclamado presid. En las elecciones de 1953 accedió al poder José Figueres, quien abolió el ejército. En 1958 triunfó el candidato de Unión Nacional, Mario Echandi, a

Mapa de situación y bandera de **Costa Rica**

COSTA RICA

Superficie	51 100 km²
Población 3 810 179 hab. (74,6 hab./km²)	
Recursos económicos	
Aceite de palma	64 000 t
Agrios	91 000 t
Algodón (semillas)	3 200 t
Arroz	98 000 t
Bananas	1 723 300 t
Cacao	2 800 t
Café	855 500 t
Caña de azúcar	40 000 ha
Maíz	11 500 t
Mandioca	17 000 t
Nuez de coco	28 000 t
Patatas	51 000 t
Tabaco	25 500 t
Ganadería y derivados	
Cabaña bovina	2 425 000 cabezas
Cabaña porcina	210 000 cabezas
Riqueza forestal	3 425 000 m³
Pesca	21 133 t
Producción minera	
Oro	800 kg
Sal marina	30 000 t
Producción industrial	
Azúcar	2 987 000 t
Cemento	515 000 t
Energía eléctrica 3 609 millones de kwh	
Fertilizantes	24 000 t
Papelera	18 000 t
Tabaquera	2 030 000 000 cigarrillos
Indicadores sociológicos	
PNB	6 156 millones de dólares
Renta per cápita	1 313 dólares
Esperanza de vida	76 años
Alfabetización	95 %

Abel Pacheco,
presidente de **Costa Rica**

quien sucedió en 1962, Francisco J. Orlich, de Liberación Nacional. En las elecciones de 1966 triunfó José J. Trejos, apoyado por la coalición de partidos. De nuevo, en 1970 resultó elegido presid. José Figueres. Daniel Oduber, de Liberación Nacional, ganó las elecciones de 1974. Le sucedió en 1978, Rodrigo Carazo, de la tendencia demócrata cristiana. Cuatro años más tarde resultó elegido el socialdemócrata Luis A. Monge. En febrero de 1986, triunfó Oscar Arias (Partido Liberación Nacional, PLN) y en 1990, Rafael A. Calderón (Partido Unidad Social Cristiana, PUSC). En 1994 resultó elegido José María Figueres (PLN). En 1998 le sucedió Miguel Ángel Rodríguez (PUSC) y, en 2002, tras la celebración –por primera vez– de una segunda vuelta, Abel Pacheco, también del PUSC. □ *Arte.* La cultura precolombina de la vertiente atlántica se caracteriza por un gran realismo (figuras antropomórficas, vasijas y cuencos con decoración basada en animales y seres humanos). La región de Nicoya destaca por su cerámica policroma, colgantes de jade y metates trípodes. En Diquís se han hallado esculturas y esferas monumentales de piedra. De la época colonial destacan las iglesias de Nicoya, Heredia, Orosi y Ujarrás. En el s. XIX sobresalieron los escultores Fadrique Gutiérrez y Juan Mora G., y los pintores Enrique Echandi y Aquiles Bigot, retratistas. En el s. XX, los escultores Francisco Zúñiga, Juan M. Sánchez, Néstor Zeledón, Max Jiménez y Hernán González; y los pintores Manuel de la Cruz González, Margarita Bertheau,

Fausto Pacheco, Rafael A. García, Teodorico Quirós y F. Amighetti.
□ *Lit.* Destacan los poetas tradicionales Justo A. Facio y José M. Alfaro, y los cultivadores del realismo costumbrista (Aquileo J. Echeverría). El modernismo aparece a finales del s. XIX (Roberto Brenes, Rafael Cardona). Post. se da un concepto original de poesía en Rafael Estrada, Arturo Echeverría, Alfredo Cardona, Isaac F. Azofeifa. Prosistas costumbristas fueron Pío Víquez, Manuel González (Magón), Max Jiménez, Carlos Gagini. Representantes del naturalismo son Joaquín García Monge y Carmen Lyra. En la narrativa social sobresalieron Carlos L. Fallas, Fabián Dobles y Adolfo Herrera García. De la última generación de escritores sobresalen Carmen Naranjo, Mía Gallegos, Ana Istarú y Gabriela Chavarría. El cuentista pral. es Carlos Salazar. Luis Ferrero, José Figueres y Manuel Picado son ensayistas, y dramaturgos del alberto F. Cañas, Samuel Rovinsky, Guido Sáenz y D. Gallegos.
COSTADO m. Cada uno de los dos lados del cuerpo. ◊ Lado derecho o izquierdo de un ejército. ◊ Lado.
COSTA-GAVRAS, *Constantin* (n. 1933) Director de cine fr., de origen gr. *Z, La confesión, Estado de sitio.*
COSTAL adj. Relativo a las costillas. ◊ m. Saco grande de tela ordinaria. □ COSTALADA; COSTALAZO; COSTALERO.
COSTANERA f. Cuesta, pendiente del terreno. ◊ pl. Maderos largos que cargan sobre la viga pral. que forma el caballete de un edificio.
COSTAR intr. Ser comprada o adquirida una cosa por determinado precio. ◊ fig. Causar y ocasionar una cosa desvelo, perjuicio, etc. □ COSTOSO, SA.
COSTARRICENSE o **COSTARRIQUEÑO, ÑA** adj. y s. De Costa Rica.
COSTARRIQUEÑISMO m. Vocablo o giro propio de los cost.
COSTE m. Costa, precio o cantidad que se paga por algo. ◊ Pérdida que supone el empleo de determinados recursos en la consecución de un fin al no poder emplearlos en otro u otros. ◊ **de la vida.** Conjunto de gastos que un individuo o una familia necesita para mantener un nivel de vida.
COSTEAR tr. y prnl. Pagar los gastos de alguna cosa. ◊ tr. Ir navegando sin perder de vista la costa.

COSTERA, Cadena (*Coast Range*) Cordillera de EE UU. Se extiende por los estados de Washington, Oregón y California, y hacia el S por la pen. de California (México). Alt. máx.: montes San Bernardino, 3 506 m.
COSTERO, RA adj. y s. Próximo a la costa. ◊ f. Lado o costado de un fardo u otra cosa semejante. ◊ Cuesta, pendiente del terreno. ◊ Costa, orilla del mar.
COSTILLA f. *Anat.* Cada uno de los huesos planos y alargados, de forma arqueada, dispuestos horizontalmente a lo largo del tórax. ◊ fig. y fam. Mujer propia. ◊ pl. fam. Espalda del cuerpo humano. □ COSTILLAJE; COSTILLAR.
COSTO m. Costa, precio o cantidad que cuesta algo.
COSTRA f. Cubierta o corteza exterior que se endurece o seca sobre una cosa húmeda o blanda. ◊ Postilla de las llagas o granos.
COSTUMBRE f. Hábito adquirido por la repetición de actos de la misma especie. ◊ Lo que por genio o propensión se hace más comúnmente. ◊ pl. Conjunto de cualidades y usos que forman el carácter de una nación o persona.
COSTUMBRISMO m. *Lit.* Género que describe con realismo las costumbres típicas. Alcanzó su máx. apogeo en el s. XIX. □ COSTUMBRISTA.
COSTURA f. Toda labor que está cosiéndose y se halla sin acabar, especialmente si es de ropa blanca. ◊ Serie de puntadas que une dos piezas cosidas. □ COSTURERA.
COSTURERO m. Mesita con cajón y almohadilla, de que se sirven las mujeres para la costura. ◊ Cuarto de costura.
COSTURÓN m. fig. Cicatriz o señal muy visible de una herida o llaga.
COTA f. Armadura ant. a modo de jubón de mallas de hierro. ◊ Cuota. ◊ *Top.* Número que en los planos topográficos indica la alt. de un punto.
COTANA f. Agujero cuadrado que se hace con el escoplo en la madera para encajar allí otro madero o la punta de él.
COTANGENTE f. *Trig.* Razón inversa de la tangente; su símb. es cot o cotg. Dado un ángulo cualquiera a, $\cot a = 1/\operatorname{tg} a$.
COTARRO m. Recinto en que se da albergue por la noche a pobres y vagabundos. ◊ fig. y fam. Reunión bulliciosa.
COTEJAR tr. Confrontar una cosa con otra u otras; compararlas teniéndolas a la vista. □ COTEJO.
COTIDIANO, NA adj. Diario. □ COTIDIANIDAD.
COTILEDÓN o **COTILEDON** m. *Bot.* Parte de la semilla que en muchas especies de plantas rodea el embrión.
COTILEDÓNEO, A adj. *Bot.* Relativo al cotiledón. ◊ adj. y f. *Bot.* Díc. de las plantas cuyo embrión contiene cotiledones.
COTILLA com. y adj. fam. Persona chismosa. □ COTILLEAR; COTILLEO.
COTILLO m. En algunos instrumentos de corte, parte opuesta al filo.
COTILLÓN m. Danza, gralte. en compás de vals, que solía ejecutarse al fin de los bailes de sociedad. ◊ Fiesta y baile con que se termina una fiesta en un día señalado.

COTILO f. *Anat.* Cavidad de un hueso en la que encaja la cabeza de otro.

COTIZAR tr. Publicar en alta voz en la bolsa el precio de los títulos de la deuda del Est., o el de las acciones mercantiles, u otros valores que tienen curso público. ◊ Pagar una cuota, contribuir a escote, etc. ◊ Valorar, señalar el valor de una persona o cosa. ❏ COTIZACIÓN.

COTO m. Terreno acotado. ◊ Mojón que se pone para señalar la división de los términos o de las heredades. ◊ Término, límite. ◊ Postura, tasa. ◊ Medida lineal de medio palmo. ◊ *Zool.* Mono platirrino aullador centro y suramericano. ◊ *Amér. Merid.* Bocio o papera.

COTÓN m. Tela de algodón.

COTONA f. *Amér.* Camiseta fuerte. ◊ *Méx.* Chaqueta de gamuza.

COTONÚU C. y puerto de Benin; 178 000 hab. Exportación de aceite de palma, café, algodón. Centro industrial y de comunicaciones. Aeropuerto.

COTOPAXI Prov. de Ecuador, en la Sierra; 6 071,9 km², 276 324 hab. Relieve montañoso en las estribaciones del volcán hom., con amplias hoyas y valles. Papas, yuca, cebada, haba, maíz. Ganadería vacuna y ovina. Minas de sulfatos y carbonatos. Artesanía. Prales. poblaciones: la cap., Latacunga; Pujilí, Salcedo y Saquisilí. ◊ Volcán activo de Ecuador, en la cordillera Real de los Andes; 5 790 m. En el s. XVIII devastó Quito y Latacunga.

Cumbre nevada del volcán **Cotopaxi**

COTORRA f. *Zool.* Papagayo pequeño. ◊ *Zool.* Urraca. ◊ *Zool.* Ave amer. parecida al papagayo, con alas y cola largas y puntiagudas y colores en que domina el verde. ◊ fig. y fam. Persona habladora. ❏ COTORREAR; COTORREO.

COTUÍ C. de la República Dominicana, cap. de la prov. Sánchez Ramírez, 103 089 hab. Arroz, cacao. Pirita, ámbar, grafito.

COTURNO m. Calzado gr. y rom. que cubría el pie y la pierna, sujetándose con un cordón. ◊ Calzado de suela de corcho sumamente gruesa, usado en las tragedias por los actores ant.

COTUZA f. *Salv.* y *Guat.* Agutí, roedor.

COTY, René (1882-1962) Estadista fr. Presid. (1953-1959).

COUBERTIN, Pierre de (1863-1937) Pedagogo fr. Reinstaurador de los Juegos Olímpicos (1896).

COULOMB m. *Fís.* Nombre del culombio en la nomenclatura internacional.

COULOMB, Charles (1736-1806) Ingeniero y físico fr. Inició el estudio científico de los fenómenos eléctricos. ◊ **Ley de C.** *Fís.* Afirma que dos cuerpos cargados eléctricamente se atraen o se repelen, según sus cargas sean de signo contrario o del mismo signo, con una fuerza directamente proporcional al producto de sus cargas e indirectamente proporcional al cuadrado de la distancia entre ellos.

COUPERIN, François, llamado EL GRANDE (1668-1733) Compositor fr. Obras corales, música de cámara y una extensa producción para el clavecín.

COURBET, Gustave (1819-1877) Pintor fr. Influido en sus inicios por el romanticismo, evolucionó hacia un realismo. *Entierro en Ornans, Cribadores de trigo, Señoritas a orillas del Sena.*

COUSTEAU, Jacques-Yves (1910-1997) Oceanógrafo fr., investigador de la vida submarina. Autor de documentales cinematográficos.

COVACHA f. Cueva pequeña. ◊ Caseta del perro. ◊ *Ecuad.* Tienda de comestibles.

COVADERA f. *Chile* y *Perú.* Depósito natural de guano.

COVADONGA Valle y cueva esp., en Picos de Europa (Asturias), donde tuvo lugar, h. 718-720, un encuentro entre montañeses, mandados por Pelayo, y musulmanes, punto de partida de la Reconquista.

COVALENCIA f. *Quím.* Tipo de enlace que se caracteriza por el comportamiento de pares de electrones entre los átomos que constituyen la molécula. ❏ COVALENTE.

COVARRUBIAS, Alonso de (1488-1570) Arquitecto esp. Evolucionó del decorativismo plateresco al clasicismo. Capilla de los Reyes Nuevos en la catedral de Toledo; puerta nueva de Bisagra. ◊ **Y Orozco, Sebastián** (1539-1613) Lexicógrafo esp. del Siglo de Oro. *Tesoro de la lengua castellana o española.*

COVENTRY C. de Gran Bretaña (Inglaterra), en el Warwickshire; 314 100 hab.

COWARD, Noel (1899-1973) Dramaturgo, actor y guionista cinematográfico. *Torbellino, Vidas privadas, Cabalgata.*

COW-BOY (voz ing.) m. Vaquero de los ranchos norteamericanos.

Jacques-Yves **Cousteau**

COWPER, William (1731-1800) Poeta brit. *Conversaciones en torno a la mesa.*

COXAL adj. Relativo a la cadera. ◊ m. *Anat.* Hueso plano de la pelvis compuesto por tres huesos: ilion, isquion y pubis.

COXIS m. *Anat.* Cóccix.

COYOACÁN Delegación de México, en el Distrito Federal, al S de la cap. del país; 340 000 hab. (en el término). La cabecera municipal es Coyoacán. Ruinas arqueológicas en Cuicuilco y Copilco el Bajo. Conserva barrios coloniales.

COYOL m. *Amér. Centr.* y *Méx.* Palmera de cuyo tronco se extrae una bebida.

COYOLXAUHQUI Diosa azteca, símbolo de la Luna y hermana del Sol.

COYOTE m. Mamífero carnívoro parecido al lobo, de orejas y hocico más puntiagudos, cola larga y tronco robusto. Su hábitat se extiende desde Canadá hasta Costa Rica.

COYOTERO, RA adj. y s. *Amér.* Díc. del perro amaestrado para perseguir a los coyotes. ◊ m. Trampa de coyotes.

COYUNDA f. Correa o soga con que se uncen los bueyes al yugo. ◊ fig. Unión conyugal. ◊ fig. Sujeción o dominio.

COYUNTURA f. *Anat.* Articulación o trabazón movible de un hueso con otro. ◊ fig. Sazón, oportunidad para alguna cosa. ◊ Combinación de factores y circunstancias que rodean o componen un hecho, situación, etc.

COZ f. Sacudimiento violento que hacen las bestias con alguna de las patas. ◊ Golpe que dan con este movimiento. ◊ Retroceso del agua cuando, por encontrar impedimento en su curso, vuelve atrás.

Cr *Quím.* Símb. del cromo.

CRAC m. Onomatopeya para indicar rotura de una cosa. ◊ *Econ.* Crack, quiebra financiera.

CRACK (voz ing.) m. *Econ.* Hundimiento de un sistema económico.

CRACKING m. *Ind.* Transformación de las fracciones del petróleo en productos de menor peso molecular, análogos a la bencina.

CRACOVIA *(Krakow)* C. del S de Polonia, junto al Vístula; 740 300 hab. Centro comercial. Ind. siderúrgica, metalúrgica, mecánica. Cap. del reino de Polonia en los ss. XIV y XV. Formó una rep. entre 1815 y 1846.

CRAIOVA C. del SO de Rumania, a

orillas del r. Jiu, cap. natural de la Oltenia; 260 400 hab. Centro agrícola, comercial e industrial.

CRAMPÓN m. En alpinismo, especie de suela con puntas para caminar sobre nieve o hielo.

CRANACH, Lucas, EL VIEJO (1472-1553) Pintor y grabador al. Contribuyó a la creación de la iconografía protestante. *San Jerónimo, Crucifixión, Descanso en la huida a Egipto, David y Betsabé, El juicio de Paris* y el retrato de Lutero. ◊ **Lucas,** EL JOVEN (1515-1586) Pintor al., hijo del anterior. *Crucifixión, Retrato de un hombre.*

Venus, tabla de L. **Cranach** el Viejo (Museo del Louvre, París)

CRANE, Stephen (1871-1900) Periodista y novelista norteam. De tendencia realista. *Maggie, una muchacha de la calle, La roja insignia del valor.*

CRÁNEO m. *Anat.* Caja ósea en que está contenido el encéfalo y que sirve de sostén a los órganos sensoriales y a la boca, así como a la parte anterior de los aparatos digestivo y respiratorio. Es característico de los vertebrados y su posesión separa a éstos de los cordados inferiores. ❑ CRANEAL o CRANEANO, NA.

CRANEOMETRÍA f. Parte de la craneología que se ocupa de la medición del cráneo humano.

CRANEOPATÍA f. Enfermedad del cráneo.

CRANEOTOMÍA f. Trepanación del cráneo.

CRÁPULA f. Embriaguez o borrachera. ◊ fig. Disipación, libertinaje. ◊ com. Persona viciosa y libertina.

CRASCITAR intr. Graznar el cuervo.

CRASIENTO, TA adj. Grasiento.

CRASIS f. *Gram.* Contracción.

CRASO, SA adj. Grueso, gordo o espeso. ◊ fig. Unido a ciertos sustantivos, indisculpable. ❑ CRASITUD.

CRASO, Marco Licinio (115-53 a. C.) Cónsul rom. que, con César y Pompeyo, formó el primer triunvirato. Combatió a Espartaco.

CRÁTER m. Boca por donde los volcanes arrojan humo, ceniza, lava, fango u otras materias. ◊ Formación lunar semejante a los volcanes terrestres.

CRÁTER *Astr.* Constelación, también llamada *Copa,* sit. debajo de Hidra.

CRÁTERA f. Vasija grande y ancha donde se mezclaba el vino con agua antes de servirlo en Grecia y Roma.

CRAWFORD, Joan (1908-1977) Actriz cinematográfica norteam. *Mujeres, Mildred Pierce* (Oscar de la Academia de Hollywood en 1945), *Johnny Guitar.*

CRAWL (voz ing.) adj. y m. *Dep.* Crol.

CRAXI, Bettino (1934-2000) Político it. Secretario general del Partido Socialista. Jefe de gobierno (1983-1987).

CREACIÓN f. Acto de crear. ◊ Lo creado. ◊ Acción de instituir nuevos cargos. ◊ Obra artística original. ◊ *Rel.* Actos por los que Dios creó la Tierra, el cielo y el hombre.

CREACIONISMO m. Movimiento poético vanguardista iniciado por el chil. Huidobro en 1917 que proclama la autonomía del poema. ◊ *Fil. y Teol.* Doctrina que afirma que el mundo y el hombre han sido creados por un acto divino.

CREAR tr. Producir algo de la nada. ◊ fig. Instituir un nuevo empleo o dignidad. ◊ Inventar. ◊ fig. Establecer, fundar, introducir por vez primera una cosa. ◊ fig. Producir una obra, imitar, formar componer. ❑ CREADOR, RA; CREATIVIDAD; CREATIVO, VA.

CREATINA f. *Fisiol.* Sustancia orgánica originada en el metabolismo del aminoácido glicocola, que en forma de fosfato interviene como suministrador de energía a los músculos.

CRECER intr. Tomar aumento sensible los cuerpos naturales. ◊ Tomar aumento una cosa por añadidura. ◊ Hablando de la Luna, aumentar la parte iluminada visible desde la Tierra. ◊ prnl. Tomar uno mayor autoridad, atrevimiento. ❑ CRECEDERO, RA.

CRECES f. pl. Aumento aparente de volumen que adquiere el trigo en la troje traspalándolo de una parte a otra. ◊ Señales que indican disposición de crecer. ◊ fig. Aumento, exceso en algunas cosas.

CRECIDA f. Aumento de caudal de una corriente de agua.

CRECIENTE f. Crecida. ◊ **de la Luna.** Intervalo que media entre el novilunio y el plenilunio. ◊ **del mar.** Subida del agua del mar por efecto de la marea.

CRECIMIENTO m. Acción y efecto de crecer. ◊ **económico** *Econ.* Media de la diferencia entre la producción al final de un periodo económico y la producción al principio del mismo.

Crátera ibérica conocida como vaso Cazurro (Museo Arqueológico de Barcelona, España)

CREDENCIAL f. Documento que sirve para que un empleado público pueda tomar posesión de su plaza. ◊ pl. Cartas credenciales.

CREDI, Lorenzo di (1459-1537) Pintor florentino, ayudante y colaborador de Leonardo da Vinci. *La madona, el Niño y san Juan, Venus.*

CRÉDITO m. Asenso. ◊ Derecho que uno tiene a recibir de otro alguna cosa, por lo común dinero. ◊ Apoyo, abono, comprobación. ◊ Reputación, fama, autoridad. Tómase, por lo común, en buena parte. ◊ Carta de crédito. ◊ Opinión que goza una persona de que satisfará puntualmente los compromisos que contraiga. ❑ CREDITICIO, CIA.

CREDO m. *Rel.* Símbolo de la fe cristiana, ordenado por los apóstoles, en el cual se contienen los prales. artículos de ella. ◊ fig. Conjunto de doctrinas comunes a una colectividad.

CRÉDULO, LA adj. Que cree ligera o fácilmente. ❑ CREDULIDAD.

CREENCIA f. Firme asentimiento y conformidad con alguna cosa. ◊ Completo crédito que se presta a un hecho o noticia como seguros o ciertos. ◊ Religión, secta.

CREER tr. Tener por cierta una cosa que el entendimiento no alcanza o que no está comprobada o demostrada. ◊ Pensar, juzgar, sospechar una cosa o estar persuadido de ella. ◊ tr. y prnl. Tener una cosa por verosímil o probable. ❑ CREDIBILIDAD; CREYENTE.

CREÍBLE adj. Que puede o merece ser creído.

CREMA adj. Díc. del color blanco amarillento. ◊ f. Nata de la leche. ◊ Natillas espesas. ◊ Confección cosmética para suavizar el cutis, parecida a la crema de leche. ❑ CREMOSO, SA.

CREMACIÓN f. Acción de quemar. ◊ Incineración de los cadáveres. ❑ CREMATORIO, RIA.

CREMALLERA f. Barra dentada para engranar con un piñón y convertir un movimiento circular en rectilíneo, o viceversa. ◊ Cierre compuesto por dos tiras flexibles de pequeños dientes que se traban y destraban según se deslice un cursor deslizante. ◊ *Ferr.* Riel dentado entre los dos de una vía férrea que engrana con una rueda dentada de la locomotora. ◊ *Ferr.* Vehículo que circula por él.

CREMÁSTER m. *Anat.* Músculo que forma la túnica eritroidea de las bolsas escrotales, y cuya contracción eleva el testículo.

CREMATÍSTICA f. Economía política. ◊ Interés pecuniario de un negocio. ❑ CREMATÍSTICO, CA.

CRENCHA f. Raya que divide el cabello en dos partes. ◊ Cada una de estas dos partes.

CREONTE Rey y tirano de Tebas, hermano de Yocasta, madre de Edipo.

CREOSOTA f. Aceite viscoso que se extrae del alquitrán de madera o hulla.

CRÊPE (voz fr.) amb. o **CREP** f. Especie de tortita muy delgada que se hace con harina, leche (o agua) y huevos.

CREPÉ (voz fr.) m. Caucho bruto utilizado en las suelas de los zapatos. ◊ Tejido de lino o algodón de superficie rugosa. ◊ Postizo rizado para el pelo.

CREPITAR intr. Hacer ruido semejante a los chasquidos de la leña que arde.

CREPUSCULAR *Psiq.* Díc. de un estado de semiconciencia que precede y sigue a la pérdida absoluta de conciencia.

CREPÚSCULO m. *Meteor.* Fenómeno atmosférico causado por la reflexión de luz solar en capas superiores de la atmósfera. ◊ Tiempo que dura este fenómeno.

CRESCENDO (voz it.) adv. modo y m. *Mús.* En una partitura, indicación de un aumento gradual en la intensidad del sonido, y signo que lo representa (<).

CRESO (s. VI a. C.) Último rey de Lidia [560-546 a. C.], famoso por sus riquezas.

CRESOL m. *Quím.* Derivado del benceno presente en los alquitranes de hulla y de madera. Se emplea como agente bactericida.

CRESPO, PA adj. Ensortijado o rizado. ◊ Díc. del cabello que forma rizos o sortijillas. ◊ Díc. de las hojas de algunas plantas, cuando están retorcidas. ◊ m. Rizo de pelo ensortijado.

CRESPO, Joaquín (1841-1898) Militar y político ven. Presid. de la rep. de 1884 a 1886 y de 1893 a 1898.

CRESPO Mun. de Venezuela, en el est. Lara; 151 400 hab.

CRESPÓN m. Gasa en que la urdimbre está más retorcida que la trama. ◊ Pedazo de tela negra que se utiliza para denotar luto.

CRESTA f. Carnosidad roja que tienen sobre la cabeza el gallo y algunas otras aves. ◊ Copete, moño de plumas de ciertas aves. ◊ Protuberancia de poca alt. que ofrecen algunos animales, aunque no sea carnosa ni de pluma. ◊ fig. Cumbre peñascosa de una montaña. ◊ Cima de una ola. ❑ CRESTADO, DA.

CRESTERÍA f. *Arq.* Adorno de labores caladas que se usó en el estilo ojival. ◊ *Mil.* Almenaje o coronamiento de las ant. fortificaciones.

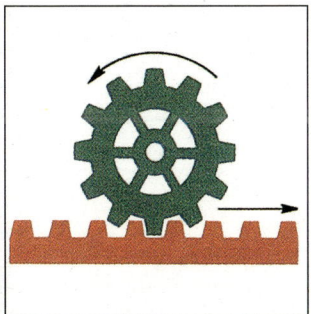

Esquema de un mecanismo de piñón y **cremallera**

CRETA f. *Geol.* Roca sedimentaria calcárea, gralte. blanca y de grano fino, constituida por acumulación de caparazones de foraminíferos, y otras formaciones esqueléticas de organismos diversos.

CRETA (*Kriti*) Isla de Grecia en el Mediterráneo; 8 331 km², 502 165 hab. Cap., Jania (La Canea). Cereales, vid, olivo, agrios, tabaco; ganado ovino y bovino; ind. alimentaria.

❑ *Arte* Del 4000 al 1200 a. C. se desarrolló la cultura cretense o minoica. Entre 2000 y 1700 a. C. se edificaron los palacios de Cnosos y Faistos, y se configuró la cerámica Kamares. Entre 1700-1400 a. C. se crean los palacetes de Hagia Triada y de Gournia, y la pintura al fresco alcanza su esplendor.

CRETÁCICO o **CRETÁCEO, A** adj. y s. *Geol.* Díc. del tercer y último periodo de la era secundaria, con una duración de unos setenta millones de años. ◊ Díc. del terreno inmediatamente posterior al jurásico. ◊ adj. Perteneciente a este terreno.

CRETENSE adj. y s. De Creta.

CRETINISMO m. Enfermedad congénita, debida a la disfunción o ausencia del tiroides, caracterizada por la detención del desarrollo. ❑ CRETINO, NA.

CRETONA f. Tela estampada, de algodón, y fuertemente tejida. Se utiliza en la tapicería.

CREUTZFELDT-JAKOB, *enfermedad de* Pat. Encefalopatía espongiforme subaguda, progresiva y grave, de posible origen genéticocontagioso. Se caracteriza por una pérdida de coordinación y memoria. Existe una nueva variante llamada encefalopatía espongiforme, derivada de la bovina.

CRÍA f. Acción y efecto de criar a los hombres o a los animales. ◊ Niño o animal mientras se está criando. ◊ Conjunto de hijos que tienen de un parto, o en un nido, los animales.

CRIADERO, RA adj. Fecundo en criar. ◊ m. Lugar adonde se trasplantan, para que se críen, los árboles silvestres o los sembrados en almáciga. ◊ Lugar destinado para la cría de los animales. ◊ *Min.* Agregado de sustancias inorgánicas de útil explotación, que naturalmente se hallan entre la masa de un terreno.

CRIADILLA f. En los animales de matadero, testículo. ◊ Patata, tubérculo de esta planta.

CRIADO, DA m. y f. Persona que sirve por un salario, y especialmente la que se emplea en el servicio doméstico.

CRIANZA f. Acción y efecto de criar, especialmente la recibida de las madres o nodrizas durante la lactancia. ◊ Época de la lactancia. ◊ Urbanidad, atención, cortesía.

CRIAR tr. Crear, dar principio a la existencia de una cosa. ◊ tr. y prnl. Producir, engendrar, crear algo con medios humanos. ◊ Nutrir y alimentar la madre o la nodriza al niño con la leche de sus pechos, o con biberón. ◊ Alimentar, cuidar y cebar aves u otros animales. ◊ Instruir, educar y dirigir. ❑ CRIADOR, RA.

CRIATURA f. Toda cosa criada. ◊ Niño recién nacido o de poco tiempo. ◊ Feto antes de nacer.

CRIBA f. Utensilio para cribar. ◊ Cualquiera de los aparatos mecánicos que se emplean para cribar semillas, o para lavar minerales. ❑ CRIBADO, DA.

CRIBAR tr. Limpiar el trigo u otra semilla, por medio de la criba, del polvo, tierra y demás impurezas. ◊ Pasar una semilla, un mineral u otra materia por la criba para separar las partes menudas de las gruesas. ❑ CRIBOSO, SA.

CRIC m. Gato, máquina para elevar grandes pesos e instrumentos.

CRICK, *Francis Harry Compton* (1916-2004) Biólogo e investigador brit. Imp. Trabajos sobre la estructura del ácido nucleico. Premio Nobel de Medicina en 1962, con Watson y Wilkins.

CRICKET (voz ing.) m. Criquet.

CRICOIDES adj. y m. *Anat.* Díc. del cartílago anular inferior de la laringe de los mamíferos.

CRIMEA (*Krim*) Pen. de Ucrania, ribereña del mar Negro y del Azov. Es una

Creta. Palacio de Cnosos

rep. autónoma dentro de Ucrania; 27 000 km², 2 456 000 hab. Cap., Simferopol. C. imp.: Sebastopol. Vid, tabaco, trigo, girasol; ganadería; hierro, gas natural; ind. mecánica, vinícola.

CRIMEA, *guerra de* Conflicto que enfrentó a Rusia con Turquía, Inglaterra, Francia y Cerdeña (1853-1856). Derrotada Rusia, por la paz de París (1856) cedió parte de Besarabia a Moldavia.

CRIMEN m. Delito grave. ◊ fam. Asesinato. ◊ fig. y fam. Cosa muy mal hecha o deplorable.

CRIMINAL adj. Relativo al crimen o constitutivo de crimen. ◊ Díc. de las leyes, acciones, etc., destinadas a perseguir y castigar los crímenes o delitos. ◊ adj. y s. Individuo que comete crímenes o delitos de especial gravedad. ❑ CRIMINALIDAD; CRIMINAR.

CRIMINALISTA adj. y s. Díc. del abogado que ejerce su profesión en asuntos relacionados con derecho penal.

CRIMINOLOGÍA f. Ciencia que estudia el crimen y el comportamiento criminal humano.

CRIN f. Conjunto de cerdas que tienen algunos animales en la parte superior del cuello. Se usa más en pl.

CRINERA f. Parte superior del cuello de las caballerías donde nace la crin.

CRÍO, A m. y f. fam. Niño o niña que se está criando.

CRIOLITA f. *Miner.* Fluoruro de aluminio y sodio. Cristaliza en el sistema monoclínico; color blanco y brillo nacarado.

CRIOLLO, LLA adj. y s. Díc. del hijo de padres europeos, nacido en cualquier otra parte del mundo. ◊ Aplícase al negro nacido en América. ◊ Díc. de los amer. descendientes de europeos. ◊ adj. Aplícase a las cosas o costumbres propias de los países americanos.

CRIOSCOPIA f. *Fís.* Estudio del punto de congelación de las disoluciones.

CRIOTERAPIA f. *Med.* Empleo terapéutico del frío.

CRIPTA f. Lugar subterráneo en que se acostumbra enterrar a los muertos. ◊ Piso subterráneo destinado al culto en una iglesia.

CRÍPTICO, CA adj. Relativo a la criptografía. ◊ Oscuro, enigmático.

CRIPTÓGAMO, MA adj. y f. *Bot.* Díc. de la planta que carece de flores. ◊ f. pl. Grupo taxonómico formado por dichas plantas. Las c. se reproducen mediante alternancia de generaciones, sexualmente por gametos, y asexualmente por esporas. El grupo incluye todos los vegetales inferiores: algas, hongos, líquenes, musgos y helechos.

CRIPTOGRAFÍA f. Arte de escribir con clave secreta o de un modo enigmático. ❑ CRIPTOGRAMA.

CRIPTÓN m. *Quím.* Elemento químico de símb. Kr, n. a. 36 y p. a. 83,7. Es un gas noble, presente en la atmósfera una parte en un millón. Se utiliza en lámparas eléctricas, solo o mezclado con xenón.

CRIQUET m. Juego de pelota, al aire libre, de origen ing.; consiste en colocar a 20 m de distancia dos rastrillos, procurando cada bando derribar con una pelota el rastrillo contrario.

CRISÁLIDA f. *Zool.* Periodo inmóvil de los insectos lepidópteros, que corresponde a la ninfa o la pupa de los otros insectos. Durante el mismo, la mariposa queda encerrada en un ligamento duro y frecuentemente brillante.

CRISANTEMO m. Planta perenne con flores reunidas en cabezuelas, abundantes, pedunculadas, frecuentemente moradas. ◊ Flor de esta planta.

CRISIPO (281-208 a. C.) Filósofo gr., discípulo de Zenón; fundador del estoicismo.

CRISIS f. Cambio brusco en el curso de los acontecimientos, tanto en sentido favorable como adverso. ◊ Paroxismo doloroso en una parte u órgano humano, con trastorno funcional. ◊ **económica.** Situación caracterizada por la sobreproducción de mercancías, el descenso de los precios, la penuria de medios de pago y la bancarrota.

CRISMA amb. Aceite y bálsamo mezclados que consagran los obispos el Jueves Santo.

CRISMAS m. Christmas.

CRISMÓN m. Lábaro, monograma de Cristo.

CRISOBERILO m. *Miner.* Aluminato de berilio cristalizado en el sistema rómbico. Las variedades de color uniforme y límpidas constituyen gamas apreciadas (alexandrita).

CRISOL m. Vaso que se emplea para fundir una materia a temperatura muy elevada. ◊ *Metal.* Cavidad de los hornos que sirve para recibir el metal fundido. ❑ CRISOLADA.

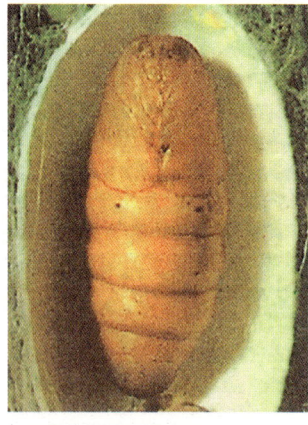

Crisálida de mariposa

Alfredo **Cristiani**

CRISÓLITO m. Variedad de olivino.

CRISÓSTOMO, *Juan* (347-407) Santo. Doctor de la Iglesia gr., llamado CRISÓSTOMO (gr., boca de oro) por su elocuencia. Obispo de Constantinopla.

CRISPAR tr. y prnl. Causar contracción repentina y pasajera en el tejido muscular o en cualquier otro de naturaleza contráctil. ◊ fig. Irritar, enojar, poner nervioso.

CRISPI, *Francesco* (1818-1901) Político it. Compañero y consejero de Garibaldi. Primer ministro en 1887, propició una política nacionalista, autoritaria y conservadora.

CRISTAL m. *Miner.* Forma poliédrica natural que puede adquirir una sustancia con estructura cristalina. ◊ Vidrio incoloro y muy transparente que resulta de la mezcla y fusión de arena silícea con potasa y minio, y que recibe colores permanentes lo mismo que el vidrio común. ◊ Tela de lana muy delgada y con algo de lustre. ◊ Espejo. ◊ **de roca.** Cuarzo cristalizado, incoloro y transparente. ❑ CRISTALERO, RA.

CRISTALERÍA f. Establecimiento donde se fabrican o venden objetos de cristal. ◊ Conjunto de estos mismos objetos. ◊ Parte de la vajilla que consiste en vasos, copas y jarras de cristal.

CRISTALINO, NA adj. De cristal. ◊ Parecido al cristal. ◊ Díc. del estado de la materia cuando sus partículas constituyentes presentan una ordenación interna constante. La materia c. posee tres propiedades esenciales: homogeneidad, anisotropía y simetría. ◊ *Anat.* Cuerpo de forma lenticular situado detrás de la pupila del ojo. Está envuelto por una membrana cuyas celdillas contienen un líquido con cierta sustancia albuminosa.

CRISTALIZACIÓN f. Proceso físicoquímico (evaporación, sublimación, solidificación, etc.) a partir del cual se originan cristales. ◊ Cosa cristalizada.

CRISTALIZADOR m. Recipiente cilíndrico de vidrio que se usa para efectuar la cristalización de cuerpos en disolución.

CRISTALIZAR intr. y prnl. Tomar ciertas sustancias la forma cristalina. ◊ fig. Tomar forma clara y precisa las ideas, sentimientos o deseos de una persona o colectividad. ◊ tr. Hacer tomar la forma cristalina a ciertas sustancias. ❑ CRISTALIZADO, DA.

CRISTALOGRAFÍA f. Ciencia que estudia la materia cristalina, especialmente su estructura interna, su crecimiento, las formas externas que origina (cristales) y sus propiedades físicas y químicas.

CRISTALOIDE m. Sustancia que atraviesa las láminas porosas que no dan paso a los coloides. ❑ CRISTALOIDEO, A.

CRISTALOQUÍMICA f. Ciencia que estudia las partículas constituyentes de la materia cristalina.

CRISTERO, RA adj. y s. Díc. de los partidarios de la sublevación hom. que tuvo lugar en México entre 1926 y 1936 contra la política anticlerical del presid. Plutarco Elías Calles. El mov. perdió fuerza con la firma de los acuerdos de 1929, pero no se extinguió hasta 1936.

CRISTIANAR tr. fam. Bautizar.

CRISTIANDAD f. Conjunto de los fieles que profesan la religión crist. ◊ Observancia de esa ley.

CRISTIANI, *Alfredo* (n. 1947) Político salv. Perteneciente al partido ARENA (Alianza Republicana Nacional). Presidente del país (1989-1994).

CRISTIANISMO m. Religión cristiana basada en las doctrinas de Jesucristo. ◊ Conjunto de fieles cristianos.
☐ *Rel.* Los dogmas más imp. son: el establecimiento de un orden ecuménico de verdades para la salvación del hombre; Dios es el origen y fin de todas las cosas; Dios es uno en naturaleza y trino en persona; el hombre, creado a imagen y semejanza suya, al pecar hizo necesaria la redención.

CRISTIANO, NA adj. y s. Persona que profesa la religión de Cristo. ◊ Relativo a la religión de Cristo.

CRISTINA de Suecia (1626-1689) Reina de Suecia [1632-1654], hija y sucesora de Gustavo Adolfo II. En 1654 abdicó en favor de su primo Carlos Gustavo.

CRISTINO, NA adj. y s. Durante la primera guerra carlista esp., partidario de doña Isabel II.

CRISTO m. El Hijo de Dios, hecho hombre. ◊ Crucifijo.

CRISTO DE ARANZA Mun. de Venezuela, en el est. Zulia; 104 000 hab. Su núcleo urbano se engloba en la c. de Maracaibo.

CRISTÓBAL COLÓN Pico más alto de la sierra Nevada de Santa Marta (Colombia); 5 800 m.

CRITERIO m. Norma para conocer la verdad. ◊ Juicio o discernimiento.

CRITIAS (450-403 a. C.) Político y escritor ateniense. Uno de los treinta tiranos de Atenas.

CRÍTICA f. Arte de juzgar la bondad, verdad y belleza de las cosas. ◊ Cualquier juicio formado sobre una obra de literatura o arte. ◊ Censura de la conducta de alguno. ◊ Conjunto de opiniones vertidas sobre cualquier asunto. ◊ Murmuración.

CRITICAR tr. Juzgar las cosas fundándose en los principios de la ciencia o en las reglas del arte. ◊ Censurar, vituperar las acciones o conducta de alguien.

CRITICISMO m. Método de investigación según el cual a todo trabajo científico debe preceder el examen de la posibilidad del conocimiento de que se trata. ◊ *Fil.* Sistema de Kant.

CRÍTICO, CA adj. Relativo a la crítica. ◊ Relativo a la crisis. Díc. del estado, momento, punto, etc., en que ésta se produce. ◊ Hablando del tiempo, punto, ocasión, etc., el más oportuno, o que debe aprovecharse o atenderse. ◊ com. Persona que juzga una obra literaria, artística, etc. ◊ fam. Que habla con afectación. ❏ CRITICÓN, NA.

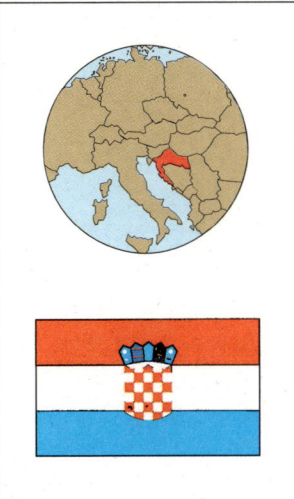

Mapa de situación y bandera
de **Croacia**

CROACIA *(Hrvatska)* Estado del S. de Europa, en los Balcanes, sit. a orillas del mar Adriático. Al S se levantan las montañas de Kapela y Velebit. Ríos prales.: Save y Drave. El Danubio forma el límite oriental. Economía de base agrícola (cereales, remolacha, cáñamo, frutas, etc.). Ricos yacimientos de bauxita, hulla, petróleo, hierro. Ganadería ovina, bovina y porcina. Ind. en creciente desarrollo (metalúrgica, textil, alimentaria, del cemento, mecánica, etc.). Grupos étnicos: croatas (77,9 %), serbios (12,2 %), húng., eslovenos e it. Lenguas: croata (oficial), serbio. *Rel.*: catolicismo (75,6 %), cristianismo ortodoxo (11,1 %), islamismo (1,2 %), protestantismo. U. M.: kuna. Cap., Zagreb; c. prales.: Rijeka, Split. ❏ *Hist.* Est. indep. en 925, bajo el reinado de Tomislav I, en 1102 fue unida a Hungría. Esta unión se mantuvo hasta 1918, salvo periodos de ocupación turca (1526-1699) y fr. (1809-1813) y de anexión a Austria (1849-1868). Integrada al finalizar la I Guerra Mundial en el nuevo est. de Yugoslavia. La oposición nacionalista se manifestó a través del Partido Campesino, que en 1939 consiguió la creación de un banato autónomo de C. Tras la invasión nazi de Yugoslavia en 1941, se constituyó un est. «independiente» de C., con Ánte Pavelic, del partido filofascista «Ustacha», al frente del gobierno. En 1945, el país se adhirió a la República Federal de Yugoslavia. En 1991 el parlamento croata declaró unilateralmente la indep. La intervención del ejército federal se tradujo en una cruenta guerra civil. En 1992 la CE y la ONU reconocieron a C. como est. En 1995, poco antes de que se firmara el acuerdo de Dayton que llevó la paz a los Balcanes, C. recuperó la Krajina con una ofensiva militar. Tras

la muerte de F. Tudjman, presid. de C. desde la indep., en 2000 ganó las elecc. presid. el proeuropeo S. Mesic, y en 2003 venció en las legislativas el partido nacionalista liderado por I. Sanader.

CROACIA

Superficie	56 538 km^2
Población	4 763 900 hab. (84 hab./km^2)
Recursos económicos	
Maíz	2 388 000 t
Patatas	658 000 t
Remolacha azucarera	1 244 000 t
Trigo	1 496 000 t
Vid	427 000 t
Ganadería y derivados	
Aves de corral	16 512 000 cabezas
Cabaña bovina	757 000 cabezas
Cabaña ovina	753 000 cabezas
Cabaña porcina	1 621 000 cabezas
Riqueza forestal	3 566 000 m^3
Pesca	46 700 t
Producción minera	
Bauxita	309 000 t
Carbón	173 000 t
Gas natural	1 989 millones de m^3
Petróleo	2 079 000 t
Producción industrial	
Acero	424 000 t
Aluminio	74 000 t
Azúcar	201 000 t
Cemento	2 653 000 t
Cerveza	2 801 000 hl
Energía eléctrica	23,3 millones de kwh
Papel	327 000 t
Indicadores sociológicos	
PNB	32 800 millones de dólares
Renta per cápita	7 000 dólares
Alfabetismo	94,4 %

CROAR intr. Cantar la rana.
CROATA adj. y s. Díc. del individuo del pueblo eslavo meridional al que pertenecen la mayoría de los habitantes de Croacia y una parte de los de Bosnia-Herzegovina. ◊ De Croacia.
CROCANTE adj. Díc. de ciertas pastas que crujen al mascarlas. ◊ m. Guirlache.
CROCE, *Benedetto* (1866-1952) Filósofo y crítico it. Influido por el historicismo y por el idealismo hegeliano. *La estética como ciencia de la expresión, La lógica como ciencia del concepto puro.*

Croacia. Vista del puerto de Split

CROCHET m. En boxeo, golpe que se da doblando el brazo en forma de gancho.
CROCKETT, *Davy* (1786-1836) Explorador norteam. Figura legendaria, murió en la defensa de El Álamo.
CROISSANT (voz fr.) m. Bollo de pasta algo hojaldrada en forma de media luna.
CROL m. Estilo de natación. Los brazos realizan un movimiento circular alternado y las piernas, extendidas al máximo, efectúan un movimiento pendular alterno hacia arriba y hacia abajo.
CROMADO m. *Metal.* Acción y efecto de cromar. Los objetos c. son más resistentes a la corrosión que los niquelados y cobaltados.
CRO-MAGNON Aldea de Francia, en el dpto. de Dordogne, donde se encontraron, en 1868, esqueletos humanos prehistóricos. El hombre de C. vivió en Europa a finales de la última época glaciar.
CROMAR tr. *Metal.* Dar un baño electrolítico de cromo a los objetos metálicos.
CROMÁTICO, CA adj. Relativo al color. ◊ *Mús.* Aplícase a uno de los tres gén. del sistema musical, y es el que procede por semitonos. ◊ *Ópt.* Díc. del cristal o del instrumento óptico que presenta al ojo del observador los objetos contorneados con los visos y colores del arco iris.
CROMATINA f. *Bioq.* Sustancia presente en el núcleo de las células, formada en su mayor parte por ADN y proteínas.
CROMATISMO m. *Fís* Coloración. ◊ *Mús.* y *Ópt.* Calidad de cromático.
CROMATO m. *Quím.* Nombre común a las sales de ácido crómico.
CROMATÓFORO m. *Biol.* Célula pigmentada de la epidermis de los animales, a la que su color característico. ◊ Nombre común de todos los plastos portadores de pigmentos.
CROMATOGRAFÍA f. Método de separación de los componentes de una mezcla de sustancias, utilizando su migración diferencial cuando se mueven en un medio poroso absorbente.
CROMITA f. Mineral negropardusco de brillo semimetálico. Es un óxido de hierro y cromo. Cristaliza en el sistema cúbico.
CRÓMLECH m. Monumento megalítico. Consiste en una serie de piedras ciclópeas, en forma de monolito, dispuestas en círculo o en rectángulo.
CROMO m. *Quím.* Elemento químico de símb. Cr., n. a. 24 y p. a. 52,01. ◊ Cromolitografía, estampa. ◊ El c. es un metal de transición, de color blanco argentino, duro y cristalino. No existe libre en la naturaleza, y se extrae de la cromita (cromato ferroso). Se emplea en la fabricación de aceros especiales.
CROMOPLASTO m. *Biol.* Orgánulo citoplásmico propio de las células vegetales.
CROMOSFERA f. *Astr.* Parte de la atmósfera solar, comprendida entre la fotosfera y la corona, formada por gases a baja presión.
CROMOSOMA m. *Biol.* Elemento, compuesto por ADN y proteínas básicas, que existe en el interior del núcleo y desempeña un papel muy importan-

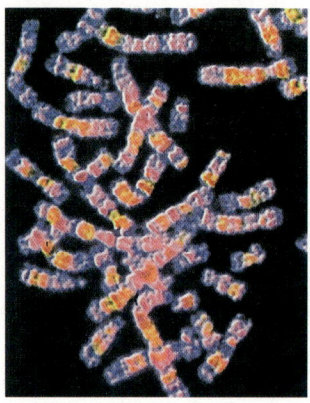

Cromosomas

te en la división celular y en la transmisión de los caracteres hereditarios. ◊ **sexual.** Determinante del sexo; se conocen dos tipos: X (c. de corte normal) e Y (c. de corte reducido). La combinación XX es la propia del sexo femenino y la XY del masculino. ❑ CROMOSÓMICO, CA.

CROMOTERAPIA f. *Med.* Forma de tratamiento que utiliza las propiedades de ciertos colores.

CROMOTIPIA f. *Art. Gráf.* Impresión hecha en colores.

CROMOTIPOGRAFÍA f. *Art. Gráf.* Arte de imprimir en colores. ◊ Obra hecha por este procedimiento.

CROMWELL, Oliver (1599-1658) Político ing. Participó en la guerra civil (1642) y formó parte del tribunal que condenó a muerte a Carlos I. Con el nombramiento de Lord Protector de la nueva rep., actuó como dictador durante diez años. Sometió Irlanda y Escocia.

CRÓNICA f. Historia en que se observa el orden de los tiempos. ◊ Artículo periodístico sobre temas de actualidad. ❑ CRONISTA; CRONÍSTICO, CA.

CRÓNICO, CA adj. Aplícase a las enfermedades largas o dolencias habituales. ◊ Díc. también de ciertos vicios cuando son inveterados. ◊ Que viene de tiempo atrás. ❑ CRONICIDAD.

CRONICÓN m. Breve narración histórica por el orden de los tiempos.

CRONIN, Archilbald Joseph (1896-1981) Médico y novelista brit. *La ciudadela, Las llaves del reino.*

CRÓNLECH ⇨ Crómlech.

CRONO m. *Ling.* Unidad de duración de un sonido. ◊ Apócope de cronómetro.

CRONÓGRAFO m. Aparato para registrar gráficamente el tiempo. ◊ Reloj o aparato para medir tiempos sumamente pequeños.

CRONOLOGÍA o CRONOGRAFÍA f. Ciencia que tiene por objeto determinar el orden y fechas de los sucesos históricos. ◊ Serie de personas o sucesos históricos por orden de fechas. ◊ Manera de computar los tiempos. ❑ CRONÓLOGO, A.

CRONÓMETRO m. Reloj de alta precisión para medir fracciones de tiempo muy pequeñas. ❑ CRONOMETRADOR, RA; CRONOMETRAJE; CRONOMETRAR.

CRONOS *Mit. gr.* Divinidad que per-

sonifica al tiempo y que corresponde al Saturno romano.

CROOKES, William (1832-1910) Científico ing. Descubrió el talio y los rayos catódicos. Premio Nobel de Química en 1907.

CROQUET m. Juego de procedencia brit. consistente en impulsar, con ayuda de una maza, una bola de madera y hacerla pasar bajo unos aros.

CROQUETA f. Fritura que se hace con carne muy picada, pescado u otro ingrediente, mezclado con leche y rebozada con huevo y harina o pan rallado.

CROQUIS m. Diseño ligero de un terreno, paisaje, posición militar.

CROSBY, Harry Lillis, llamado BING (1904-1977) Actor de cine y cantante norteam. *Navidades blancas.*

CROSCITAR intr. Crascitar.

CROSS-COUNTRY (voz ing.) m. Carrera de obstáculos a campo traviesa.

CRÓTALO m. Instrumento musical de percusión semejante a la castañuela. ◊ *Zool. Amér.* Serpiente venenosa que tiene en la punta de la cola unos anillos con los cuales hace cierto ruido.

CROUPIER (voz fr.) m. Crupié.

CROWN o CROWNGLAS (voz ing.) m. Vidrio constituido por borofosfato de bario o de magnesio. Es débilmente dispersante y se emplea en la fabricación de lentes acromáticas.

CROYDON C. de Gran Bretaña, en el condado metropolitano de Londres, del que forma un arrabal; 320 600 hab. Centro industrial.

CRUCE m. Punto donde se cortan dos líneas. ◊ Paso destinado a los peatones. ◊ Interferencia en una comunicación telefónica o telegráfica.

CRUCERÍA f. Sistema constructivo propio del estilo gótico, en que la bóveda se logra con el cruce de arcos diagonales.

CRUCERO adj. y s. *Arq.* Díc. del arco que va de un ángulo al opuesto, en las bóvedas por aristas. ◊ m. Encrucijada de caminos. ◊ Espacio en que se cruzan la nave mayor de una iglesia y la que la atraviesa. ◊ Viaje de placer por mar. ◊ *Mar.* Buque de guerra de gran velocidad y radio de acción, dotado de fuerte armamento.

CRUCETA f. Cada una de las cruces o de las aspas que resultan de la intersección de dos series de líneas paralelas.

Oliver Cromwell

Tañedor de **crótalos** en un manuscrito de las *Cantigas* de Alfonso X el Sabio

CRUCHAGA, Ángel (1893-1964) Poeta vanguardista chil. vanguardista de 1912. *Rostro de Chile, Anillo de jade.*

CRUCIAL adj. Hecho en forma de cruz. ◊ fig. Díc. del momento en que se cruzan tendencias antagónicas que pueden determinar la transformación radical de alguna cosa.

CRUCIFICAR tr. Fijar o clavar en una cruz a una persona. Es género de suplicio de muerte. ◊ fig. y fam. Sacrificar, perjudicar. ❑ CRUCIFIXIÓN.

CRUCIFIJO m. Efigie o imagen de Cristo crucificado.

CRUCIFORME adj. De forma de cruz.

CRUCIGRAMA m. Pasatiempo que consiste en llenar con letras los espacios en blanco de un dibujo geométrico, de forma que leídas en sentido vertical u horizontal dan lugar a palabras cuyo significado se sugiere.

CRUDEZA f. Calidad o estado de algunas cosas que no tienen la suavidad o sazón necesaria. ◊ fig. Rigor o aspereza.

CRUDO, DA adj. Díc. de los comestibles que no están preparados por medio de la acción del fuego. ◊ Se aplica a la fruta que no está en sazón. ◊ Aplícase a algunas cosas cuando no están preparadas o curadas. ◊ Díc. del color parecido al de la seda cruda y al de la lana sin blanquear. ◊ adj. y m. Díc. del petróleo sin refinar. ◊ adj. fig. Cruel, áspero, despiadado. ◊ fig. Tiempo muy frío y destemplado.

CRUEL adj. Que se deleita en hacer mal a un ser viviente. ◊ Que se complace en los padecimientos ajenos. ◊ fig. Insufrible, excesivo. ◊ fig. Sangriento, duro, violento. ❑ CRUELDAD; CRUENTO, TA.

CRUJÍA f. Pasillo largo de algunos edificios que da acceso a las piezas que hay a los lados. ◊ *Arq.* Espacio comprendido entre dos muros de carga. ◊ *Mar.* Espacio de popa a proa en medio de la cubierta del buque.

CRUJIR intr. Hacer cierto ruido algunos cuerpos cuando luden unos con otros o se rompen; como las telas de seda, las maderas, los dientes, etc. ❑ CRUJIDERO, RA; CRUJIDO; CRUJIENTE.

CRUPIÉ o CRUPIER m. En las casas de juego, el que dirige las partidas y canta los números que han salido.

CRURAL adj. Relativo al muslo.

CRUSTÁCEO, A adj. y m. *Zool.* Díc. de los animales artrópodos antenados de respiración branquial, cubiertos gralte. de un caparazón duro o flexible, y que tienen cierto número de patas dispuestas simétricamente.

CRUYFF, *Johan* (n. 1947) Futbolista hol. Jugador del Ajax, F. C. Barcelona y el Feyenoord. Se retiró en 1984.

CRUZ f. Figura formada de dos líneas que se atraviesan o cortan perpendicularmente. ◊ Patíbulo formado por un madero hincado verticalmente y atravesado en su parte superior por otro más corto, en los cuales se clavaban o sujetaban las manos y pies de los condenados a este suplicio. ◊ Insignia y señal de cristiano. ◊ Reverso de las monedas. ◊ Hablando de algunos animales, la parte más alta del lomo, donde se cruzan los huesos de las extremidades anteriores con el espinazo. ◊ Parte del árbol en que termina el tronco y empiezan las ramas. ◊ fig. Peso, carga o trabajo. ◊ **del Sur.** *Astr.* Constelación próxima al círculo polar antártico, compuesta de varias estrellas que forman una cruz. ◊ **de san Andrés.** Aspa. ◊ **gamada.** La griega de brazos acodados. Distintivo nazi. ◊ **griega.** La de palo y travesaño iguales que se cortan en los puntos medios. ◊ **latina.** Aquella cuyo travesaño está a tres cuartos de la altura del palo.

CRUZ, *Francisco* (m. 1895) Político y escritor hond. Presid. de la rep. (1869-1870). *Historia de las islas de Bahía.* ◊ *Juan de la* (1542-1591) Religioso carmelita esp.; en el siglo *Juan de Yepes*; canonizado en 1726. Máx. figura de la literatura mística esp. *Subida al monte Carmelo, Noche obscura del alma, Cántico espiritual y Llama de amor viva.* ◊ SOR *Juana Inés de la* (1651-1695) Poetisa mex.; en el siglo, *Juana de Asbaje*. Figura importante de las letras culteranas hispanoamericanas. *Inundación castálida.* Cultivó el auto sacramental (*El divino Narciso, El cetro de José*) y el teatro profano (*Amor es más laberinto*). ◊ *Ramón de la* (1731-1794) Dramaturgo y sainetero esp. *La casa de Tócame Roque.* ◊ **Goyeneche,** *Luis de la* (1768-1828) Político chil., presid. de la junta suprema que en 1818 proclamó la independencia de Chile. ◊ **Uclés,** *Ramón Ernesto* (1903-1985) Político hond. Presid. de la rep. (1971-1972).

CRUZ Roja Organismo internacional creado en Ginebra por Henri Dunant (1863). Su finalidad primera fue socorrer a los heridos de guerra. Post. amplió su actuación a la protección de la pob. civil y de los presos políticos.

CRUZADA f. Expedición militar contra los musulmanes, que predicaba el sumo pontífice, concediendo indulgencias a los que a ella concurriesen. ◊ Tropa que iba a esta expedición.

CRUZADO, DA adj. y s. El que tomaba la insignia de la cruz para alistarse a una cruzada. ◊ Animal nacido de padres de diferentes castas.

CRUZAMIENTO m. *Biol.* Cruce, unión de individuos de distinta raza. El c. es una técnica empleada en ganadería y botánica para mejorar las razas, obtener individuos más productivos, etc.

CRUZAR tr. Atravesar una cosa sobre otra en forma de cruz. ◊ Atravesar un camino, campo, calle, etc., pasando de una parte a otra. ◊ Dar machos de distinta procedencia a las hembras de los animales de la misma especie para mejorar las castas. ◊ tr. y rec. Intercambiar miradas, palabras, sonrisas, etc. ◊ prnl. Pasar por un punto o camino dos personas o cosas en dirección opuesta. ◊ Atravesarse, interponerse una cosa entre otra. ◊ *Geom.* Pasar una línea a cierta distancia de otra sin cortarla ni serle paralela.

CRUZEIRO m. Ant. unidad monetaria del Brasil.

CTESIAS (s. v a. C.) Historiador gr., médico de Ciro el Joven y de Artaterjes II. *Persika, Indika.*

CTESIFONTE Ant. c. de Mesopotamia, a orillas del Tigris. Cap. del reino de los partos y de los persas sasánidas.

CU f. Nombre de la letra *q.*

Cu *Quím.* Símb. del cobre.

CUACHE adj. y s. *Guat.* Gemelo de un parto.

CUACO m. Harina de la raíz de la yuca.

CUADERNA f. Doble pareja en el juego de tablas. ◊ *Mar.* Cada una de las piezas curvas cuya base o parte inferior encaja en la quilla del buque y desde allí arrancan en dos ramas simétricas, formando como las costillas del casco.

CUADERNILLO m. Conjunto de cinco pliegos de papel, que es la quinta parte de una mano.

CUADERNO m. Conjunto de algunos pliegos de papel, doblados y cosidos en forma de libro. ◊ Libro pequeño en que se lleva la cuenta y razón, o en que se escriben noticias, ordenanzas o instrucciones. ◊ *Art. Gráf.* Compuesto de cuatro pliegos metidos uno dentro de otro.

Henri Dunant, fundador de la **Cruz Roja**

CUADO, DA adj. y s. Pueblo, suevo de origen, que habitó al SE de la ant. Germania, entre Baviera y los Cárpatos.

CUADRA f. Sala o pieza espaciosa. ◊ Caballeriza. ◊ Conjunto de caballos, que suele llevar el nombre del dueño. ◊ Cuarta parte de una milla. ◊ *Amér.* Manzana de casas.

CUADRA, *José de la* (1903-1940) Escritor ecuat. *Los sangurimas, Guásinton, Los monos enloquecidos.* ◊ *Pablo Antonio* (1912-2002) Escritor nic. Su obra jerarquiza lo latinoamericano a través de las tradiciones esp. y católica. *Poemas nicaragüenses, El jaguar y la luna.*

CRUSTÁCEO

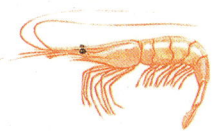

Los malacostráceos constituyen una subclase de los crustáceos, que incluye a los más evolucionados. Entre otros, el cangrejo de mar y los camarones forman parte de esta subclase. Todos ellos son exquisitos mariscos

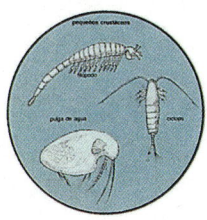

Los pequeños crustáceos se presentan en gran variedad de formas. Los copépodos predominan en el plancton marino, mientras que numerosas pulgas de agua pueblan las aguas dulces

Detalle de una pulga de agua

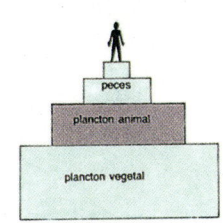

Los pequeños crustáceos constituyen un eslabón crucial en la cadena trófica

CUADRADA f. *Mús.* Breve, figura o nota musical que vale dos compases mayores.

CUADRADILLO m. Cuadrado de las camisas. ◊ Cuadrado, regla prismática de sección cuadrada. ◊ Azúcar de pilón partido en piececitas cuadradas.

CUADRADO, DA adj. y m. *Geom.* Aplícase al cuadrilátero cuyos lados y ángulos son iguales. ◊ adj. Díc. del cuerpo prismático de sección cuadrada. ◊ fig. Perfecto, cabal. ◊ m. Regla prismática de sección cuadrada, que sirve para rayar con igualdad el papel. ◊ *Álg.* y *Arit.* Producto que resulta de multiplicar un número por sí mismo.

CUADRAGENARIO, RIA adj. y s. De cuarenta años.

CUADRAGÉSIMA f. Cuaresma. ❑ CUADRAGESIMAL.

CUADRAGÉSIMO, MA adj. Que sigue inmediatamente en orden al o a lo trigésimo nono. ◊ adj. y s. Díc. de cada una de las 40 partes iguales en que se divide un todo.

CUADRÁNGULO, LA adj. y m. Que tiene cuatro ángulos. ❑ CUADRANGULAR.

CUADRANTE m. Reloj solar, trazado en un plano. ◊ *Astr.* Instrumento compuesto de un cuarto de círculo graduado, con pínulas o anteojos, para medir ángulos. ◊ *Geom.* Cuarta parte del círculo comprendido por los radios perpendiculares entre sí. ◊ *Mar.* Cada una de las cuatro partes en que se consideran divididos el horizonte y la rosa náutica.

CUADRAR tr. Dar a una cosa figura de cuatro, y más propiamente de cuadrado. ◊ Tratándose de cuentas, balances, etc., hacer que coincidan los totales del debe y el haber. ◊ *Álg.* y *Arit.* Elevar un monomio, un polinomio o un número a la segunda potencia, o sea, multiplicarlo una vez por sí mismo. ◊ intr. Conformarse o ajustarse una cosa con otra. ◊ prnl. Quedarse parada una persona con los pies en escuadra.

CUADRATURA f. *Astr.* Situación relativa de dos cuerpos celestes, que en long. o en ascensión recta distan entre sí uno o tres cuartos de círculo.

CUÁDRICA adj. y f. Díc. de la superficie cuyas secciones planas son cónicas.

CUADRÍCULA f. Conjunto de los cuadrados que resultan de cortarse perpendicularmente dos series de rectas paralelas y equidistantes. ❑ CUADRICULAR.

CUÁDRIGA o **CUADRIGA** f. Tiro de cuatro caballos enganchados de frente. ◊ Carro tirado por cuatro caballos de frente, usado en la antigüedad para las carreras del circo y en los triunfos.

CUADRIL m. *Anat.* Hueso que sale de la cía, de entre las dos últimas costillas, y sirve para formar el anca. ◊ Anca de las caballerías y otros animales. ◊ Cadera.

CUADRILÁTERO, RA adj. *Geom.* Que tiene cuatro lados. ◊ m. *Geom.* Polígono de cuatro lados. ◊ En boxeo, ring.

CUADRILLA f. Reunión de personas para el desempeño de algunos oficios o para ciertos fines.

CUADRILONGO, GA adj. Rectangular, relativo al rectángulo. ◊ m. Rectángulo.

CUADRIGENTÉSIMO, MA adj. Que sigue en orden al o a lo tricentésimo nonagésimo nono. ◊ adj. y s. Díc. de cada una de las cuatrocientas partes iguales en que se divide un todo.

CUADRIVIO m. Encrucijada de cuatro caminos.

CUADRO, DRA adj. y m. De figura cuadrada. ◊ m. Rectángulo. ◊ Lienzo, lámina, etc., de pintura. ◊ Marco, cerco que guarnece algunas cosas. ◊ Cada una de las partes en que se divide la acción teatral y que exige cambio de decoración. ◊ Conjunto de nombres, cifras, etc., presentados gráficamente. ◊ Conjunto de cargos directivos de una empresa u organización. Se usa más en plural. ◊ **clínico.** *Med.* Conjunto de síntomas que presenta un enfermo y que caracterizan una enfermedad.

CUADRUMANO, NA o **CUADRÚMANO, NA** adj. y s. *Zool.* Díc. de los animales mamíferos que tienen cuatro manos, con el dedo pulgar oponible a los otros.

CUADRÚPEDO adj. y s. Aplícase el animal de cuatro pies.

CUÁDRUPLE adj. Que contiene un número cuatro veces exactamente.

CUADRUPLICAR tr. Hacer cuádruple una cosa; multiplicar por cuatro una cantidad. ❑ CUADRUPLICACIÓN.

CUÁDRUPLO, PLA adj. y m. Cuádruple.

CUAIMA f. *Ven.* Serpiente muy ágil y venenosa, negra por el lomo y blanquecina por el vientre.

CUAJADA f. Parte caseosa y crasa de la leche, que por el calor o por un cuajo se separa del suero, para hacer queso o requesón. ◊ Requesón hecho con los residuos que quedan al hacer el queso.

CUAJADO, DA adj. fig. y fam. Inmóvil y como paralizado por el asombro que produce alguna cosa. ◊ m. Comida que se hace de carne picada, hierbas o frutas, etc., con huevos y azúcar.

CUAJAR tr. y prnl. Unir y trabar las partes de un líquido, para convertirlo

en sólido. ◊ intr. y prnl. fig. y fam. Lograrse, tener efecto una cosa. ◊ prnl. fig. y fam. Llenarse, poblarse. ◊ m. *Anat.* Última de las cuatro cavidades en que se divide el estómago de los rumiantes. ❑ CUAJADURA.

CUAJARÁ m. *Cuba.* Árbol silvestre que da madera para la construcción.

CUAJARÓN m. Porción de sangre o de otro líquido que se ha cuajado.

CUAJIOTE m. *Amér. Centr.* Planta que produce una goma usada en medicina.

CUAJO m. Materia contenida en el cuajar de los rumiantes que aún no pacen, y sirve para cuajar la leche. ◊ Efecto de cuajar. ◊ Sustancia con que se cuaja un líquido. ◊ *Anat.* Cuajar. ◊ fig. y fam. Calma.

CUAL pron. relativo que con esta sola forma conviene en sing. a los géneros m., f. y n. y que en pl. hace *cuales*. Puede construirse con el art. determinado en todas sus formas, y entonces equivale al pron. de su misma clase *que*. ◊ Se emplea con acento en frases de sentido interrogativo o dubitativo.

CUALESQUIER pron. indet. pl. de cualquier.

CUALESQUIERA pron. indet. pl. de cualquiera.

CUALIDAD f. Cada una de las circunstancias o caracteres, naturales o adquiridos, que distinguen a las personas o cosas. ◊ Calidad, manera de ser. ❑ CUALIFICAR; CUALIFICATIVO, VA.

CUALIFICADO, DA adj. Díc. del obrero capacitado en una de las fases de la producción.

CUALQUIER pron. indet. Cualquiera. Se emplea siempre antepuesto al nombre.

CUALQUIERA pron. indet. Una persona indeterminada, alguno, sea el que fuere. Antepónese y pospónese al nombre y al verbo.

CUÁN adv. cantidad que se usa para encarecer la significación del adjetivo, el participio y otras partes de la oración, excepto el verbo, precediéndolas siempre. ◊ Como correlativo de *tan*, se emplea en sentido comparativo, y denota equivalencia o igualdad.

CUÁNDO adv. tiempo. En el tiempo, en el punto, en la ocasión en que. ◊ En sentido interrogativo y también refiriéndose a verbo anteriormente expresado, equivale a *en qué tiempo*. En tal caso se acompaña de acento prosódico y ortográfico. ◊ Se usa como conj. adversativa con la significación de *aunque*. ◊ Toma así mismo carácter de conj. continuativa, equivaliendo a *puesto que*.

CUANGO *(Kwango)* Río de Angola y la Rep. Dem. del Congo. Nace en la meseta central de Angola y desemboca en Kasai; 1 000 km.

CUANTÍA f. Cantidad, porción de algo. ◊ Suma de cualidades o circunstancias que enaltecen a una persona o la distinguen de las demás.

CUÁNTICO, CA adj. *Fís.* Perteneciente o relativo a los cuantos de energía. ◊ **Mecánica c.** Formulación probabilística de la física atómica que trata como magnitudes de carácter discreto la masa, la energía y la cantidad de movimiento.

CUANTIFICAR tr. Expresar numéricamente una magnitud. ❑ CUANTIFICADOR, RA.

CUANTIOSO, SA adj. Grande en cantidad o número.

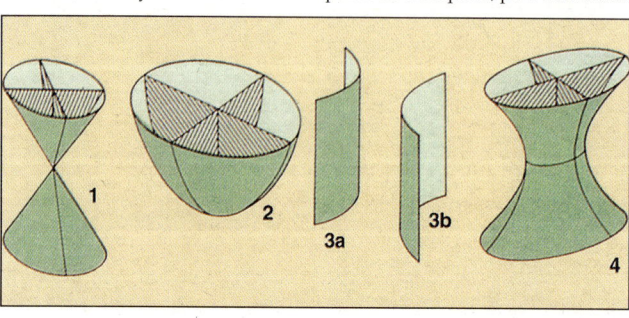

Representación gráfica de diversas **cuádricas**: 1. cono; 2. paraboloide elíptico; 3a y 3b. cilindro hiperbólico; 4. hiperboloide de una hoja

CUANTITATIVO, VA adj. Relativo a cantidad. ◊ Díc. del análisis que determina las porciones de cada ingrediente.
CUANTO, TA adj. Que incluye cantidad indeterminada. Es correlativo de *tanto*. ◊ Exp. enfática con que se pondera la grandeza, número, etc., de una cosa. ◊ Todo lo que. ◊ adv. modo. En cuanto. ◊ adv. cantidad. En qué grado o manera, hasta qué punto, qué cantidad. ◊ Antepuesto a otros adverbios o correspondiéndose con *tanto*, empléase en sentido comparativo y denota idea .de equivalencia o igualdad. ◊ Empleado con verbos expresivos de tiempo, denota duración indeterminada o larga duración. ◊ m. *Fís.* Cantidad elemental de energía, proporcional a la frecuencia de la radiación a la que pertenece.
CUAPÚ m. *Amér.* Árbol del que se extrae un aceite parecido al ricino.
CUÁQUERO, RA m. y f. Miembro de una comunidad religiosa derivada del puritanismo, creada por George Fox, en Inglaterra, a mediados del s. XVII y extendida pralm. por EE.UU.
CUARANGO m. *Perú.* Árbol de tronco liso y corteza de color.
CUARCITA f. *Geol.* Roca constituida esencialmente por cuarzo. Es de color blanco lechoso, gris, o rojizo. Se usa para la construcción de edificios y caminos.
CUARENTA adj. Cuatro veces diez. ◊ Cuadragésimo. ◊ m. Conjunto de signos con que se representa el número cuarenta.

Cuarcita

CUARENTAVO, VA adj. y m. Cuadragésimo, cada una de las cuarenta partes en que se puede dividir un todo.
CUARENTENA f. Conjunto de cuarenta unidades. ◊ Tiempo de cuarenta días, meses o años. ◊ Intervalo de tiempo que permanecen privados de comunicación los que vienen de lugares con epidemia. ◊ fig. y fam. Suspensión del ascenso a una noticia o hecho, por tiempo, para asegurarse de su certidumbre.
CUARENTÓN, NA adj. y s. Díc. de la persona que tiene cuarenta años cumplidos.
CUARESMA f. Tiempo de abstinencia para los católicos, entre el miércoles de Ceniza y la Pascua de Resurrección.
CUARTA f. Cada una de las cuatro partes iguales en que se divide un todo.

◊ Palmo, medida de la mano abierta y extendida desde el extremo del pulgar al del meñique. ◊ *Mús.* En la escala diatónica, intervalo entre una nota y la cuarta anterior o posterior, compuesto de dos tonos y un semitono mayor.
CUARTAGO m. Caballo de mediano cuerpo. ◊ Jaca de poca alzada.
CUARTANA f. Variedad de paludismo con accesos febriles cada cuatro días.
CUARTEAR tr. Partir o dividir una cosa en cuartas partes. ◊ Descuartizar. ◊ prnl. Henderse, rajarse, agrietarse una pared, un techo, etc. ❑ CUARTEAMIENTO.
CUARTEL m. Cuarta parte de una cosa. ◊ *Her.* Cualquiera de las divisiones o subdivisiones de un escudo. ◊ *Mil.* Edificio para alojamiento de la tropa. ❑ CUARTELERO, RA.
CUARTELAZO m. *Mil.* Comisión de jefes y oficiales de un ejército en el cuartel para impedir un pronunciamiento, vigilándose unos a otros. ◊ Pronunciamiento militar.
CUARTELILLO m. Lugar en que se aloja una sección de la tropa.
CUARTERÓN, NA adj. y s. Nacido en América de mestizo y española, o de español y mestiza. ◊ m. Cuarto, cada una de las cuatro partes iguales en que se divide un todo. ◊ Postigo, puertecilla de algunas ventanas.
CUARTETA f. Redondilla. ◊ Combinación métrica que consta de cuatro versos octosílabos, de los cuales asonantan el segundo y el último.
CUARTETO m. Combinación métrica que consta de cuatro versos endecasílabos o de arte mayor, que conciertan generalmente en consonantes, el 1.º con el 4.º y el 2.º con el 3.º ◊ *Mús.* Composición para cantarse a cuatro voces diferentes, o para tocarse por cuatro instrumentos distintos entre sí.
CUARTILLA f. Cuarta parte de una arroba. ◊ Cuarta parte de un pliego de papel.
CUARTILLO m. Medida de capacidad para áridos, cuarta parte de un celemín, equivalente a 1 156 ml. ◊ Medida de líquidos, cuarta parte de una azumbre, equivalente a 504 ml.
CUARTO, TA adj. y s. Que sigue inmediatamente en orden al o a lo tercero. ◊ Díc. de cada una de las cuatro partes iguales en que se divide un todo. ◊ m. Parte de una casa, destinada para una familia. ◊ Habitación, aposento. ◊ Cada una de las cuatro partes en que se divide la hora. ◊ pl. Miembros del cuerpo del animal robusto y fornido. ◊ fig. y fam. Dinero, moneda, caudal.
CUARZO m. *Miner.* Anhídrido silícico cristalizado en el sistema trigonal, de brillo vítreo, incoloro, blanco o muy diversamente coloreado por la presencia de impurezas. Es el mineral más abundante y frecuente de la corteza terrestre. Variedades de c. son: la calcedonia, ágata, jaspe, pedernal o sílex, cristal de roca, amatista, etc. ❑ CUARCÍFERO, RA; CUARZOSO, SA.
CUASI adv. cantidad. Casi.
CUATE, TA adj. y s. *Ecuad.* y *Méx.* Gemelo, díc. de los hermanos de un mismo parto. ◊ *Ecuad.* y *Méx.* Igual o semejante. ◊ *Ecuad.* y *Méx.* Camarada, compañero.
CUATERNARIO, RIA adj. y s. Que consta de cuatro unidades, números o elementos. ◊ *Geol.* Díc. de la última era

en que se divide la historia geológica de la Tierra, con una duración de poco más de un millón y medio de años. Durante esta era se sucedieron periodos glaciares e interglaciares. La era c. se divide en dos grandes periodos: el pleistoceno, que comprende las glaciaciones y los interglaciares, y el holoceno, que abarca los tiempos posteriores a la última glaciación. En la era c. la fauna era ya muy similar a la actual e hizo su aparición el *Homo sapiens*.
CUATERNO, NA adj. De cuatro números.
CUATÍ m. *Argent., Col.* y *R. de la Plata.* Mamífero carnicero.
CUATREÑO, ÑA adj. Díc. del novillo o novilla que tiene cuatro hierbas o años.
CUATRERO adj. y s. Ladrón de ganado.
CUATRICROMÍA f. *Art. Gráf.* Impresión de un grabado a cuatro colores que, combinados, pueden reproducir toda la gama cromática.
CUATRIENIO m. Tiempo y espacio de cuatro años. ❑ CUADRIENAL.
CUATRILLIZO, ZA adj. y s. Díc. de cada uno de los hermanos nacidos en un parto cuádruple.
CUATRILLÓN m. Un millón de trillones, que se expresa por la unidad seguida de 24 ceros.
CUATRIMESTRE adj. Que dura cuatro meses. ◊ m. Espacio de cuatro meses. ❑ CUATRIMESTRAL.
CUATRIMOTOR m. Avión de cuatro motores.
CUATRISÍLABO, BA adj. y m. De cuatro sílabas.
CUATRO adj. Tres y uno. ◊ Cuarto, número que sigue al tercero. Aplicado a los días del mes, se usa también como sustantivo. ◊ m. Signo o cifra con que se representa el número cuatro.
CUATROCENTISTA adj. y s. Díc. de lo que se refiere o pertenece al s. XV.
CUATROCIENTOS, TAS adj. Cuatro veces ciento. ◊ Cuadringentésimo. ◊ m. Conjunto de signos con que se representa el número cuatrocientos.
CUAUHTÉMOC C. de México, en el est. de Chihuahua; 66 900 hab. Agricultura; ganadería; maderas finas.
CUAUHTÉMOC (1497-1525) Último emperador azteca, sobrino de Mocte-

Cuauhtémoc frente a Hernán Cortés, según el *Lienzo de Tlaxcala*

zuma II. Defendió Tenochtitlán de los esp. Fue ejecutado, por mandato de Cortés.

CUAUTITLÁN Mun. de México, en el est. de México; 41 200 hab.

CUAUTLA Mun. de México, en el est. de Morelos; 69 000 hab. Agricultura.

CUBA f. Recipiente de madera, que sirve para contener agua, vino, aceite u otros líquidos. ◊ *fig.* Todo el líquido que cabe en una cuba. ◊ *Metal.* Parte del hueco interior de un horno alto comprendida entre el vientre y el tragante. ❏ CUBERÍA; CUBERO, RA.

Mapa de situación y bandera de **Cuba**

CUBA (*República de Cuba*) Estado americano constituido por la isla hom. Sit. en el mar Caribe, al S de la pen. de Florida.
☐ *Geog. fís.* Accidentada por la sierra de los Órganos, al O, la sierra de Escambray, en el centro, y Sierra Maestra (alt. máx., Pico Turquino, 1 994 m), al SE. El río pral. es el Cauto. El litoral, bordeado por arrecifes coralinos, cuenta con numerosas islas e islotes; la isla más imp. es la de Juventud (ant. Pinos). Clima tropical.
☐ *Geog. econ.* Su pral. fuente de riqueza es la agricultura, especialmente la caña de azúcar. Produce café, tabaco, ananás, agrios, maíz, arroz, patatas; ganado vacuno; cromita, níquel, manganeso, minerales cupríferos, petróleo; ind. alimentarias, textil, tabaquera, siderurgia. Refinerías de petróleo en La Habana, Santiago de Cuba y Cienfuegos.
☐ *Geog. humana.* Población mayoritariamente blanca (70 %), con importantes minorías de mulatos (17 %) y negros (13 %). Lengua: español. *Rel.*: catolicismo. U. M.: peso cubano. C. prales.: la cap., La Habana, Santiago de Cuba, Camagüey, Holguín. C. está dividida en 14 provincias y una Municipalidad especial.
☐ *Hist.* Descubierta por Colón en 1492, que la bautizó con el nombre de Juana, fue conquistada por Diego Velázquez. En 1868, Carlos Manuel Céspedes organizó un gobierno propio e inició la primera guerra de independencia. El conflicto terminó con el pacto de Zan-

jón (1878), incumplido por España. En 1892, José Martí y Máximo Gómez reanudaron la lucha. La intervención de EE UU en el conflicto (1898) concluyó con la derrota española y la ocupación militar norteamericana de la isla. En 1902, Cuba alcanzó finalmente la indep., aunque su economía quedó fuertemente ligada a la norteam. Al régimen dictatorial de Gerardo Machado, siguió el de Batista (1952-1958). Éste tuvo que enfrentarse al *Movimiento 26 de julio*, dirigido por Fidel Castro, que implantó la rev. socialista y nacionalizó la economía. El nuevo régimen se enfrentó al bloqueo económico impuesto por EE UU (1960). En 1961, tras la invasión de la bahía de Cochinos, Cuba se acercó a la URSS. En 1976, Castro fue elegido jefe del Estado y del Gobierno. La retirada del apoyo económico de la extinta URSS y el endurecimiento del bloqueo norteam. iniciaron una grave crisis en la isla. En 1993, se inició una campaña de liberalización económica, y en 1998, el papa Juan Pablo II visitó C. con la intención de promover la apertura del régimen y el fin del bloqueo internacional.
☐ *Arte.* Del s. XVII sobresalen el convento de Santa Clara, y del barroco las iglesias de San Francisco y San Agustín, y el convento de San Francisco de Pavía. Del s. XX destaca la pintura, representada por Carlos Enriques, Amelia Peláez, Mario Carreño, José Mijares, W. Lam, J. Camacho, etc.
☐ *Lit.* En poesía destacan, en el momento de la independencia, José Martí y, post., Regino E. Boti, Agustín Acosta, José M. Poveda y Felipe Pichardo. Hacia la década de 1950 sobresalen Mariano Brull, Eugenio Florit, Emilio Ballegas y Nicolás Guillén. Tras la revolución aparecen Rolando Escardó, Cleva Solís, Roberto Fernández, E. Desmoes, M. Barnet, N. Felipe, J. Martínez Matos y Herberto Padilla. En narrativa cabe citar, tras la independencia, a Emilio Bacardí y Raimundo Cabrera. Naturalistas son Jesús Castellanos, Miguel de Carrión, Carlos Loveira, José Antonio Ramos. Destaca especialmente Alejo Carpentier. Post. sobresalen Raúl Aparicio, Ramón Ferreira, Eliseo Diego, Virgilio Piñeira, José Lezama Lima, G. Cabrera Infante y Óscar Hurtado. En teatro destacan:

Cuba. Fidel Castro

José A. Ramos, Marcelo Salinas, Carlos Felipe, Virgilio Piñeira, E. Hernández Espinosa, A. Paz, H. Quintero, R. Blanco y A. Estorino.

CUBA	
Superficie	110 922 km²
Población	10 730 000 hab. (97 hab./km²)
Recursos económicos	
Acero	270 000 t
Azúcar	7 623 000 t
Cabaña bovina	4 920 000 cabezas
Cabaña caballar	629 000 cabezas
Cabaña porcina	1 900 000 cabezas
Café	26 000 t
Caña de azúcar	74 000 000 t
Cigarros	16 500 000 000 unidades
Cobalto	1 600 t
Níquel	33 300 t
Petróleo	850 000 t
Sal marina	200 000 t
Tabaco	44 000 t
Indicadores sociológicos	
PNB	9 300 millones de dólares
Renta per cápita	870 dólares
Esperanza de vida	76 años
Alfabetismo	94 %

CUBALIBRE m. Combinado a base de ron y un refresco de cola.

CUBANGO Río del África austral; 1 700 km. Nace en Angola. Su curso inferior se denomina Okavango.

CUBANO, NA adj. y s. De cuba.

CUBAS, *Raúl Alberto* (n. 1944) Político. par. Miembro del Partido Colorado. Presidente electo en 1998, dimitió el cargo en 1999.

CUBEBA f. *Bot.* Arbusto trepador, de hojas lisas y fruto a modo de pimienta, de color pardo.

CUBERTURA f. Cobertura, cubierta que tapa alguna cosa.

CUBETA f. Cuba pequeña. ◊ Herrada con asa hecha de tablas endebles. ◊ *Fís.* Depósito de mercurio en la parte inferior del barómetro, que recibe la presión atmosférica, la cual se marca en un tubo. ◊ Recipiente usado en operaciones químicas y fotográficas.

CUBICAR tr. *Álg.* y *Arit.* Elevar un monomio, un polinomio o un número a la tercera potencia, o sea, multiplicarlo dos veces por sí mismo. ◊ Medir el volumen de un cuerpo o la capacidad de un hueco, para apreciarlos en unidades cúbicas. ❏ CUBICACIÓN.

CÚBICO, CA adj. Relativo al cubo. ◊ *Geom.* De figura de cubo geométrico. ◊ *Álg.* Díc. de la raíz tercera de una cantidad. ◊ En cristalografía, dic. del sistema de las formas holoédricas que tienen tres ejes prales. iguales y perpendiculares entre sí.

CUBÍCULO m. Aposento, alcoba.

CUBIERTA f. Lo que se pone por encima de una cosa para taparla. ◊ Forro de papel del libro en rústica. ◊ *Arq.* Parte exterior de la techumbre de un edificio. ◊ *Mar.* Cada uno de los suelos que dividen las estancias de un barco y en especial el que está a la intemperie.

CUBIERTO m. Servicio de mesa que se pone a cada uno de los que han de comer. ◊ Conjunto de viandas que se ponen a un mismo tiempo en la mesa. ◊ Comida que se da en las fondas, por precio determinado. ◊ Techumbre de una casa u otro paraje.

CUBIL m. Sitio donde los animales se recogen para dormir. ◊ Cauce de las aguas corrientes. ❏ CUBILAR.

CUBILETE m. Vaso que usan como molde los cocineros. ◊ Vaso que sirve para menear los dados. ❏ CUBILETEAR.

CUBILOTE m. *Metal.* Horno en el que se refunde el hierro colado para echarlo en los moldes.

CUBISMO m. *Arte.* Escuela y teoría estética que se caracteriza por la imitación, empleo y predominio de figuras geométricas.
❏ *Arte.* La representación simultánea de varios aspectos de un mismo objeto, la técnica de los *collages*, el uso del color como principio constructivo y la geometría de las figuras son otras características suyas. Destacan Picasso, Braque, J. Gris, L. Stein, F. Léger, R. Delaunay, J. Villon, Duchamp, Archipenko, Le Fauconnier. ❏ CUBISTA.

CUBITAL adj. Relativo al codo. ◊ Que tiene un codo de longitud.

CÚBITO m. *Anat.* Hueso que, junto con el radio, forma el antebrazo.

CUBO m. Vaso, gralte. en forma de cono truncado, con una asa para su transporte. ◊ Pieza central en que se encajan los rayos de las ruedas de los carruajes. ◊ *Álg.* y *Arit.* Tercera potencia de un monomio, polinomio o número, que se obtiene multiplicando estas cantidades dos veces por sí mismas. ◊ *Geom.* Poliedro regular limitado por seis cuadrados iguales.

CUBOIDES adj. y s. *Anat.* Díc. del hueso del tarso, situado en el borde externo del pie.

CUBRECAMA f. Sobrecama.

CUBRIR tr. y prnl. Ocultar y tapar una cosa con otra. ◊ tr. Ocultar o disimular una cosa con arte, de modo que aparente ser otra. ◊ Juntarse el macho con la hembra para fecundarla. ◊ Poner el techo a un edificio, o techarlo. ◊ Proteger. ◊ fig. Pagar o satisfacer una deuda o alcance, gastos, etc. ◊ Tratándose de una distancia, recorrerla. ◊ prnl. Ponerse el sombrero, la gorra, etc. ◊ fig. Cautelarse de cualquier responsabilidad, riesgo o perjuicio.

CUCA f. Chufa, tubérculo. ◊ Cuco, oruga de cierta mariposa.

CUCAÑA f. Palo largo, untado de jabón o de grasa, por el cual se ha de trepar o andar para coger un objeto atado a su extremidad. ◊ fig. y fam. Lo que se consigue con poco trabajo o a costa ajena. ❏ CUCAÑERO, RA.

CUCARACHA f. *Zool.* Insecto ortóptero, nocturno y corredor, de color negro por encima y rojizo por debajo. ◊ *Zool.* Insecto del mismo género que el anterior, con el cuerpo rojizo. Es propio de América y abunda en los barcos poco cuidados. ❏ CUCARACHERA.

CUCHARA f. Instrumento compuesto de una palita cóncava y un mango, para llevar a la boca cosas líquidas, blandas o menudas. ◊ *Amér. Central* y *Merid., Cuba* y *Méx.* Llana de albañil. ❏ CUCHARADA; CUCHARERO, RA; CUCHARILLA.

CUCHARÓN m. Cacillo con mango, o cuchara grande para repartir manjares en la mesa.

CUCHÉ adj. Díc. del papel de impresión cubierto de una capa de caolín satinada.

CUCHI o **CUCHÍ** m. *Amér.* Cochino, animal doméstico.

Cudú

CUCHICHEAR intr. Hablar en voz baja o al oído a uno, de modo que otros no se enteren. ❏ CUCHICHEO.

CUCHILLA f. Instrumento compuesto de una hoja muy ancha de hierro acerado de un solo corte, con un mango para manejarlo. ◊ Instrumento de acero que se usa en diversas partes para cortar. ◊ Hoja de afeitar. ◊ fig. Montaña escarpada en forma de cuchilla. ◊ *Amér.* Cortaplumas.

CUCHILLADA f. Golpe de cuchillo, espada u otra arma de corte. ◊ Herida que de este golpe resulta.

CUCHILLO m. Instrumento formado por una hoja de hierro acerado y de un corte solo, con mango de metal, madera u otra cosa. ◊ *Arq.* Conjunto de piezas de madera o hierro que, colocado verticalmente sobre apoyos, sostiene la cubierta de un edificio o el piso de un puente o una cimbra. ❏ CUCHILLERÍA.

CUCHIPANDA f. fam. Comilona, francachela.

CUCHITRIL m. Cochitril.

CUCHUFLETA f. fam. Dicho o palabras de zumba o chanza.

CUCHUGO m. *Amér.* Cada una de las dos cajas de cuero que suelen llevarse en el arzón de la silla de montar.

CUCLILLAS (En) m. adv. Agachado de forma que las asentaderas se acerquen al suelo.

CUCLILLO m. *Zool.* Ave trepadora con plumaje de color de ceniza, azulado por encima, cola negra con pintas blancas y alas pardas.

CUCO, CA adj. fam. Pulido, mono. ◊ adj. y s. fig. y fam. Taimado y astuto. ◊ m. Oruga o larva de cierta mariposa nocturna. ◊ Cuclillo, ave trepadora. ◊ fam. Tahúr.

CUCÚ m. Canto del cuclillo. ◊ Reloj de madera en que, al dar las horas, aparece un cuclillo.

CUCUBÁ m. *Cuba.* Ave nocturna que vive en el hueco de los árboles y cuyo grito semeja un ladrido.

CUCUIZA f. *Méx.* y *Ven.* Hilo obtenido de la pita.

CUCULÍ m. *Chile* y *Perú.* Especie de paloma de color ceniza y con una faja azul alrededor de cada ojo.

CUCURRUCA f. *Argent.* Pájaro pequeño, de color pardo, que se distingue por su grito repetido.

CUCURUCHO m. Papel o cartón arrollado en forma cónica.

CÚCUTA, San José de C. de Colombia, cap. del dpto. de Norte de Santander; 682 671 hab. Centro petrolífero. e ind. (cerveza, textil). Fundada en 1773.

CUCUY o **CUCUYO** m. Cocuyo, insecto.

CUDÚ m. *Zool.* Mamífero artiodáctilo bóvido, que vive en África.

CUECA f. *Chile.* Danza nac., de ritmo vivo, que se baila por parejas.

CUÉLLAR, José Tomás (1830-1894) Escritor mex., entre romántico, realista y costumbrista. *La linterna mágica.*

CUELLO m. *Anat.* Parte del cuerpo que une a la cabeza con el tronco. ◊ Pezón o tallo que arroja cada cabeza de ajos, cebollas, etc. ◊ Parte superior y más angosta de una vasija. ◊ Tira de una tela unida a la parte superior de los vestidos, para cubrir más o menos el pescuezo. ◊ Parte más estrecha y delgada de un cuerpo, especialmente si es redondo. ❏ CUELLICORTO, TA; CUELLILARGO, GA.

CUENCA f. Hortera o escudilla de madera. ◊ Cavidad en que está cada uno de los ojos. ◊ Terr. rodeado de alt. ◊ Terr. cuyas aguas afluyen todas a un mismo río, lago o mar.

CUENCA Prov. de España, en la com. autón. de Castilla-La Mancha; 17 061 km², 200 346 hab. Agricultura. Imp. producción hidroeléctrica. Cap., la c. hom. ◊ C. esp., cap. de la prov. hom.; 46 341 hab. Centro turístico y mercado agrícola. Ind. forestales. En las cercanías se encuentra la ciudad Encantada, conjunto de rocas calcáreas de formas caprichosas.

CUENCA C. de Ecuador, cap. de la prov. de Azuay; 194 981 hab. Ind. del caucho y alimentarias. Refinerías de azúcar. Centro comercial y turístico. Artesanía. Vía de penetración a la Amazonía.

CUENCAMÉ Mun. de México, en el est. de Durango; 322 000 hab. Algodón, trigo, tomate. Ganadería. Oro, cinc, cobre.

CUENCO m. Vaso de barro, hondo y ancho, y sin borde o labio. ◊ Concavidad.

CUENTA f. Cálculo u operación aritmética. ◊ Pliego o papel en que está es-

Casas colgantes de **Cuenca** (España)

crita alguna razón compuesta de varias partidas, que al fin se suman o restan. ◊ Cierto número de hilos que deben tener los tejidos según sus calidades. ◊ Razón, satisfacción de alguna cosa. ◊ Cada una de las bolitas ensartadas que componen el rosario y sirven para llevar la cuenta de las oraciones que se rezan; por semejanza, cualquier bolita ensartada o taladrada para serlo. ◊ Cuidado, incumbencia, cargo, obligación, deber. ◊ Cálculo, cómputo. ◊ **corriente.** *Cont.* Cada una de las que para ir asentando las partidas del debe y haber, se llevan a las personas o entidades a cuyo nombre están abiertas. ◊ **de crédito.** *Cont.* Cuenta corriente en la que el banco o banquero autoriza al titular para disponer, sobre su saldo favorable, de mayor cantidad, que suele fijarse, con exigencia de garantía o sin ella.

CUENTACORRENTISTA com. Persona que tiene cuenta corriente.

CUENTAGOTAS m. Utensilio para verter un líquido gota a gota.

CUENTAHILOS m. Lente de gran aumento que sirve para contar los hilos de un tejido, las líneas o puntos de un grabado, etc.

CUENTAKILÓMETROS m. Aparato que registra el número de kilómetros recorrido por un vehículo.

CUENTARREVOLUCIONES m. Aparato que sirve para calcular la velocidad angular de un eje en movimiento rotativo uniforme.

CUENTISTA adj. y s. fam. Que tiene la costumbre de llevar cuentos o chismes de una parte a otra. ◊ com. Persona que narra o escribe cuentos. ❏ CUENTERO.

CUENTO m. Relación de un suceso. ◊ Relación, de palabra o por escrito, de un suceso falso o de pura invención. ◊ *Lit.* Narración breve escrita en prosa. ◊ Fábula o conseja que se cuenta a los muchachos para divertirlos. ◊ Cómputo. ◊ fam. Chisme o enredo que se cuenta a una persona para ponerla mal con otra.

CUERAZO m. *Ecuad.* Latigazo.

CUERDA f. Conjunto de hilos de lino, cáñamo, cerda, etc., que torcidos forman un solo cuerpo, largo y flexible. Sirve para atar, suspender pesos, etc. ◊ Cada una de las cuerdas o cadenas que sostienen las pesas en los relojes de este

Cordelero torciendo los hilos de una **cuerda,** en un grabado del s. XIV

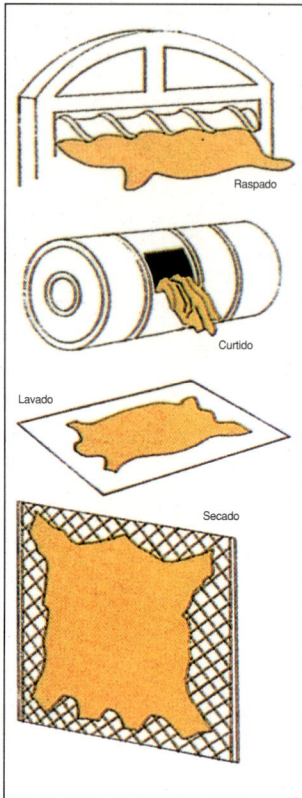

Fases diversas de la transformación del **cuero** crudo en un producto acabado

Raspado

Curtido

Lavado

Secado

nombre. ◊ Conjunto de presos que eran conducidos al presidio, sujetos unos a otros. ◊ Cima aparente de las montañas. ◊ Cordel. ◊ En la cantería, línea de arranque de una bóveda o arco. ◊ *Geom.* Segmento, rectilíneo que une dos puntos de una curva. ◊ *Mús.* Cada una de las cuatro voces fundamentales de bajo, tenor, contralto y tiple. ◊ *Mús.* Extensión de la voz, o sea número de notas que alcanza. ◊ **Cuerdas vocales.** *Anat.* Ligamentos que van de delante atrás en la laringe, capaces de producir vibraciones.

CUERDO, DA adj. y s. Que está en su juicio. ◊ Prudente, que reflexiona antes de determinar.

CUERNA f. Cuerno de res vacuna que se utiliza como vaso. ◊ Cuerno macizo, que algunos animales, como el ciervo, mudan todos los años. ◊ Cornamenta. ◊ Trompa semejante a un cuerno.

CUERNAVACA C. de México, cap. del est. de Morelos; 338 706 hab. Agricultura; azúcar y plátano; manufactura de tabaco. Centro turístico. Pirámide precolombina de Teopanzolco. Palacio-fortaleza construido por Hernán Cortés.

CUERNO m. *Zool.* Prolongación ósea cubierta por una capa epidérmica o por una vaina dura y consistente, que tienen algunos animales en la región frontal. ◊ Antena de los animales articulados. ◊ Instrumento musical de

viento, de forma corva, gralte. de cuerno, que tiene el sonido como de trompa. ◊ fig. Cada una de las dos puntas que se ven en la Luna antes de la primera cuadratura y después de la segunda. ◊ **de la abundancia.** Cornucopia.

CUERO m. Piel que cubre la carne de los animales. ◊ Esta misma piel, después de curtida y preparada para diferentes usos industriales. ◊ Odre para contener líquidos. ◊ **cabelludo.** *Anat.* Conjunto de capas que recubren el cráneo.

CUERPO m. Lo que tiene extensión limitada y produce impresión en nuestros sentidos por calidades que le son propias. ◊ En el hombre y en los animales, materia orgánica que constituye sus diferentes partes. ◊ Parte del vestido que cubre desde el cuello o los hombros hasta la cintura. ◊ Conjunto de lo que se dice en la obra escrita. ◊ Hablando de leyes civiles o canónicas, colección auténtica de ellas. ◊ Espesura de los líquidos. ◊ Cadáver. ◊ Cada una de las partes, que pueden ser independientes, cuando se las considera unidas a otra principal. ◊ *Arq.* Agregado de partes que compone una fábrica u obra de arquitectura hasta una cornisa o imposta. ◊ *Art. Gráf.* Tamaño de los caracteres de cada fundición. ◊ *Geom.* Objeto material tridimensional. ◊ *Mil.* Cierto número de soldados con sus respectivos oficiales. ◊ **del delito.** *Der.* Cosa en que, o con que, se ha cometido un delito, o en la cual existen las señales de él. ◊ **negro.** *Fís.* Cualquier objeto capaz de absorber completamente la radiación electromagnética incidente. ◊ **simple.** *Quím.* Elemento químico. ◊ fig. Descubierta y patentemente.

CUERVO m. *Zool.* Ave carnívora, de plumaje negro, pico cónico, tarsos fuertes, alas de un metro de envergadura, con las mayores remeras en medio, y cola de contorno redondeado.

CUERVO, *Rufino José* (1844-1911) Filólogo col. *Diccionario de construcción y régimen de la lengua castellana.*

CUESTA f. Terreno en pendiente. ◊ fig. A su cargo, sobre sí.

CUESTACIÓN f. Petición o demanda de limosna para un objeto piadoso o benéfico.

CUESTAS, *Juan Lindolfo* (1837-1905) Político ur. Presid. de la rep. en 1897-1903.

CUESTIÓN f. Pregunta que se hace o propone para averiguar la verdad de una cosa controvirtiéndola. ◊ Gresca, riña. ◊ Punto o materia dudosos o discutibles. ◊ Oposición de términos lógicos o de razones respecto a un mismo tema, que exigen detenido estudio para resolver con acierto. ◊ *Mat.* Problema. ❏ CUESTIONAR; CUESTIONABLE.

CUESTIONARIO m. Libro que trata de cuestiones o que sólo tiene cuestiones. ◊ Lista de cuestiones que se proponen con cualquier fin.

CUESTOR m. Magistrado rom. que tenía funciones de carácter fiscal principalmente. ❏ CUESTURA.

CUETO m. Sitio alto y defendido. ◊ Colina de forma cónica, aislada y peñascosa.

CUETO Mun. de Cuba, en la prov. de Holguín; 39 900 hab. Caña de azúcar.

CUEVA f. Cavidad subterránea natural o construida artificialmente.

CUEVA, *Juan de la* (1550-1610) Escritor esp., de influencia petrarquista en sus comienzos. *La tragedia de los siete infantes de Lara.*

CUEVAS, *José Luis* (n. 1934) Pintor mex. contemporáneo; uno de los más importantes de su país.

CUI, *César* (1835-1918) Compositor ruso. Música para piano. Óperas: *Ángela.*

CUIABÁ C. de Brasil, cap. del est. de Matto Grosso; 401 000 hab.

CUIBA f. Planta de tubérculos comestibles que se cultiva en los Andes.

CUICA f. *Amér.* Mamífero marsupial.

CUICO, CA adj. *Amér.* Voz con que se designa a los naturales de otras regiones.

CUICUILCO Ant. centro religioso del Valle de México, sit. en el Pedregal de San Ángel. La pirámide que en él se levanta es la más ant. de América.

CUIDADO m. Solicitud y atención para hacer bien alguna cosa. ◊ Dependencia o negocio que está a cargo de uno. ◊ Recelo, sobresalto, temor. ❏ CUIDADOR, RA.

CUIDAR tr. Poner diligencia, atención y solicitud en la ejecución de una cosa. ◊ Asistir, guardar, conservar. ◊ Discurrir, pensar. ◊ prnl. Mirar uno por su salud, darse buena vida. ❏ CUIDADOSO, SA; CUIDO.

CUILAPA o **CUAJINIQUILAPA** C. de Guatemala, cap. del dpto. de Santa Rosa; 23 627 hab. Café, cereales, piñas.

CUILO (*Kwilu*) Río de Angola y la Rep. Dem. del Congo, afl. de la orilla derecha del Cuango, 1 046 km.

CUITA f. Trabajo, aflicción, desventura. ◊ *Amér.* Estiércol de ave. ❏ CUITADO, DA; *Amér.* CUITEAR.

CUITLÁHUAC (1470-1520) Emperador azteca, sucesor de Moctezuma II. Murió víctima de la viruela.

CUITZEO Lago de México, al N de Morelia, en el est. de Michoacán.

CUJA f. Bolsa de cuero asida a la silla del caballo, para meter el cuento de la lanza o bandera. ◊ *Amér.* Cama. ◊ *Hond.* y *Méx.* Sobre de una carta.

CUKÓR, *George* (1899-1983) Director de cine norteam. *Vivir para gozar, Historias de Filadelfia, Mi bella dama.*

CULANTRILLO m. Helecho con hojas divididas en lóbulos, que se cría en sitios húmedos.

Culantrillo

Culebra de Esculapio

CULATA f. Anca, parte posterior de una caballería. ◊ Pieza de fundición de hierro o de aluminio que se acopla en la parte superior del bloque de los motores de combustión interna, opuesta al cigüeñal, y que limita la cámara de combustión de los cilindros. ◊ Parte posterior de la caja de las armas portátiles. ❏ CULATAZO.

CULEBRA f. *Zool.* Reptil ofidio, de cuerpo cilíndrico y largo, cabeza aplastada, boca grande y piel escamosa.

CULEBREAR intr. Andar formando eses, y pasándose de un lado a otro. ❏ CULEBREO.

CULEBRILLA f. Enfermedad cutánea, a modo de herpes, que se extiende formando líneas onduladas.

CULEBRINA f. Pieza de artillería, larga y de poco calibre. ◊ Meteoro eléctrico y luminoso con apariencia de línea ondulada.

CULEBRÓN m. fig. y fam. Persona muy astuta y solapada. ◊ fig. Serial televisivo de muchos capítulos y carácter melodramático. ◊ fig. y fam. Por ext., conflicto privado muy enredado y exagerado que parece no acabar nunca.

CULERA f. Señal que dejan en las mantillas de los niños las manchas excrementicias. ◊ Remiendo sobre la parte que cubre el culo.

CULHUACÁN Ant. c. tolteca, sit. al SE de México, junto al lago de Texcoco. Fue fundada en el s. XII por un pueblo de agricultores y ganaderos. En el s. XV pasó a formar parte del imperio azteca.

CULI m. Trabajador o criado indígena en las colonias europeas de Asia.

CULIACÁN C. de México, cap. del estado de Sinaloa; 745 573 hab. Agricultura (algodón, maíz, caña de azúcar, cacahuetes, arroz y hortalizas). Ganadería. Minería e ind. textil. Fundada por Nuño de Guzmán en 1531, con el nombre de San Miguel de Navito.

CULÍCIDO adj. *Zool.* Díc. de insectos provistos de una probóscide que contiene cuatro o más cerdas fuertes, las cuales utilizan las hembras para perforar la piel del hombre y los animales y chupar la sangre, con la que se alimentan. Algunas especies son transmisoras de enfermedades como el paludismo y la fiebre amarilla.

CULINARIO, RIA adj. Relativo a la cocina.

CULMINAR intr. Llegar una cosa a la posición más elevada que puede tener. ◊ *Astr.* Pasar un astro por el meridiano

CUEVA

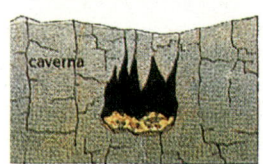

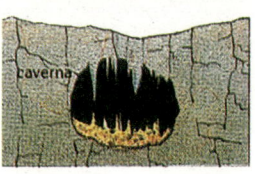

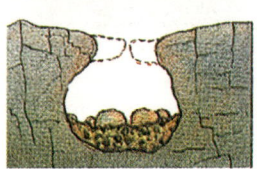

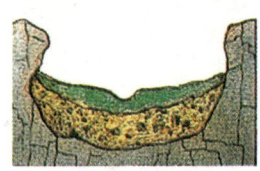

Fases del proceso de formación y evolución de una cueva o caverna. Las cuevas se forman al atacar la roca caliza el agua con dióxido de carbono disuelto. Cuando finalmente cae el techo de la cueva, aparece una depresión que, ensanchada por la erosión, puede dar origen a un valle

Las estalagtitas y estalagmitas se forman cuando el agua que se filtra desde el techo libera, al gotear, los materiales disueltos que arrastra

superior del observador. ❏ CULMINANTE; CULMINACIÓN.

CULO m. Nalgas, carne mollar que, en las personas y ciertos animales, está situada entre el final del espinazo y el nacimiento del muslo. ◊ Zona carnosa que, en los animales, rodea el ano. ◊ Ano. ◊ fig. Extremidad inferior o posterior de una cosa. ◊ fig. y fam. Escasa porción de líquido que queda en el fondo de un vaso.

CULOMBIO m. *Fís.* Unidad de medida de la carga o masa eléctrica, simbolizada por la letra C, y definida como la carga transportada por 1 amperio durante un segundo.

CULÓN, NA adj. y s. Que tiene el culo muy grande en relación con el resto del cuerpo.

CULOTE m. Macizo de hierro que tienen algunos proyectiles en el sitio opuesto a la boca de la espoleta.

CULPA f. Falta más o menos grave, cometida a sabiendas y voluntariamente. ◊ Causa, responsabilidad de una acción o suceso.

CULPABLE adj. y s. Aplícase a aquél a quien se puede echar o se echa la culpa. ◊ Díc. también de las acciones y de las cosas inanimadas. ◊ *Der.* Delincuente responsable de un delito. ❏ CULPABILIDAD.

CULPAR tr. y prnl. Atribuir la culpa. ❏ CULPACIÓN; CULPADO, DA.

CULPEO m. *Chile.* Zorro de color más oscuro y cola menos pelosa que el europeo.

CULTERANISMO m. Estilo literario del s. XVII, caracterizado por la profusión de metáforas, latinismos, conceptos ingeniosos, etc. Góngora fue su máx. representante. ❏ CULTIPARLAR; CULTERANO, NA.

CULTISMO m. Culteranismo. ◊ Palabra culta o erudita.

CULTIVAR tr. Dar a la tierra y a las plantas las labores necesarias para que fructifiquen. ◊ fig. Hablando del conocimiento, del trato o de la amistad, poner todos los medios necesarios para mantenerlos y estrecharlos. ◊ fig. Ejercitarse en las artes, ciencias, lenguas u otras disciplinas. ◊ Hacer crecer, en un medio adecuado, determinados microorganismos, algas, hongos, etc. ❏ CULTIVADO, DA; CULTIVADOR; CULTOR, RA.

CULTIVO m. Siembra y cría de bacterias u otros microorganismos. Se utili

Culto religioso en un templo budista de Bangkok

za frecuentemente en medicina para el diagnóstico de diversas enfermedades infecciosas. ◊ **intensivo.** El que prescinde de los barbechos y mediante abonos y riegos hace que la tierra, sin descansar, produzca las cosechas.

CULTO, TA adj. Díc. de las tierras y plantas cultivadas. ◊ fig. Dotado de las cualidades que provienen de la cultura o instrucción. ◊ fig. Culterano. ◊ m. Conjunto de actos, ceremonias y objetos que manifiestan los sentimientos religiosos de un individuo o comunidad. ◊ P. ext., admiración afectuosa de que son objeto algunas cosas.

CULTURA f. Desarrollo intelectual o artístico. ◊ Civilización. ◊ *Antr.* Conjunto de elementos de índole material o espiritual, organizados lógica y coherentemente, que incluye los conocimientos, las creencias, el arte, la moral, el derecho, los usos y costumbres, y todos los hábitos y aptitudes adquiridos por los hombres en su condición de miembros de la sociedad. ◊ *Fil.* Conjunto de las producciones creativas del hombre que transforman el entorno y éste repercute a su vez modificando aquél. ◊ **popular.** *Antr.* Producción intelectual o material creada por las capas populares de una sociedad. Comprende el folclore, el mito, la leyenda, la fábula, las canciones y la música popular, la artesanía y la indumentaria. ❏ CULTURAL; CULTURIZAR.

CUMANÁ C. de Venezuela, cap. del est. Sucre; 227 400 hab. Intensa actividad pesquera; ind. conservera, textil, del calzado. Fundada en 1515.

CUMARINA f. *Quím.* Sustancia aromática muy difundida en la naturaleza; también se conoce como alcanfor de haba tonca. Forma cristales blancos, de olor a heno fresco. Se utiliza ampliamente en perfumería.

CUMARÚ m. *Amér. Centr.* Árbol cuyo fruto se usa en perfumería y para hacer una bebida embriagadora.

CUMBERLAND Río de EE UU; nace en la meseta de Cumberland y discurre por Kentucky y Tennessee; 1 105 km.

CUMBRE f. Cima o parte superior de un monte. ◊ fig. La mayor elevación de una cosa, o último grado a que puede llegar.

CUMBRE, *Paso de la* En la frontera de Chile y Argentina supera los 3 800 m. También llamado *Bermejo.*

Cultivos de bacterias cromógenas

CÚMEL m. Bebida alcohólica al. y rusa, que tiene por base el comino.

CUMPLEAÑOS m. Aniversario del nacimiento de una persona.

CUMPLIDO, DA adj. Lleno, cabal. ◊ Acabado, perfecto. ◊ Hablando de ciertas cosas, largo o abundante. ◊ Exacto en todos los cumplimientos, atenciones y muestras de urbanidad para con los otros. ◊ m. Acción obsequiosa o muestra de urbanidad.

CUMPLIMENTAR tr. Dar parabién o hacer visita de cumplimiento a uno, con motivo de algún acaecimiento próspero o adverso. ◊ *Der.* Poner en ejecución los despachos u órdenes superiores.

CUMPLIMIENTO m. Cumplido, obsequio. ◊ Oferta que se hace por pura urbanidad o ceremonia. ◊ Perfección en el modo de obrar o de hacer alguna cosa.

CUMPLIR tr. Ejecutar, llevar a efecto. ◊ Remediar a uno y proveerle de lo que le falta. ◊ Dicho de la edad, llegar a tener aquella que se indica, o un número cabal de años o meses. ◊ intr. Hacer uno aquello que debe o que está obligado. ◊ intr. y prnl. Ser el tiempo o día en que termina una obligación, empeño o plazo. ◊ intr. Convenir, importar. ◊ prnl. Verificarse, realizarse. ❏ CUMPLIDOR, RA.

CÚMULO m. Montón, junta de muchas cosas puestas unas sobre otras. ◊ fig. Junta, unión o suma de muchas cosas, aunque no sean materiales. ◊ *Meteor.* Nube densa de desarrollo vertical, de base plana y cima en forma de cúpula. ◊ **estelar.** *Astr.* Agrupación de estrellas de un origen común, como la Vía Láctea.

CUNA f. Camita para niños, con bordes altos y dispuesta para poderla mecer. ◊ En algunas partes, inclusa. ◊ Puente rústico formado por dos maromas paralelas y listones de madera atravesados sobre ellas. ◊ fig. Patria o lugar de nacimiento de alguno. ◊ fig. Estirpe, familia o linaje. ◊ fig. Origen o principio de una cosa. ◊ com. Miembro de cierto pueblo amerindio de la familia lingüística chibcha. ❏ CUNEAR, CUNEO.

CUNAGUARO m. *Ven.* Animal carnicero muy feroz, de cerca de 1 m de largo y piel roja con manchas sobre el lomo y los costados.

CUNCUNA f. *Col.* Paloma silvestre. ◊ *Chile.* Larva de algunos lepidópteros cubierta de pelos, cuyo contacto produce escozor.

CUNDIAMOR m. *Amér.* Planta trepadora, de flores en forma de jazmines y frutos amarillos, con semillas muy rojas.

CUNDINAMARCA Dpto. del centro de Colombia; 22 623 km², 2 266 806 hab. Cap., Bogotá. C. imp.: Facatativá, Girardot, La Palma, Utica, y Zipaquirá. Agricultura (café, caña de azúcar, cacao); ganadería (vacuna u ovina); sal, hierro, carbón, plomo y esmeraldas; ind. textil, del calzado, química, etc. ❏ CUNDINAMARQUÉS, SA.

CUNDIR intr. Extenderse hacia todas partes una cosa. ◊ Propagarse o multiplicarse una cosa. ◊ Dar mucho de sí una cosa.

CUNDUACÁN Mun. de México, en el est. de Tabasco; 44 500 hab. Agricultura. Petróleo.

CUNEIFORME adj. Que tiene forma

de cuña. ◊ Díc. de la escritura realizada mediante signos en forma de cuña para la representación de las lenguas sumeria y acadia. Parece que fue inventada en el S de Mesopotamia, de donde se extendió a los asirios y babilonios.

CUNENE Río de Angola; 1000 km. Nace en la meseta angoleña y desemboca en el Atlántico.

CUNETA f. Zanja en cada uno de los lados de un camino o carretera, para recibir las aguas llovedizas.

CUNHA, Euclides da (1865-1909) Poeta e ingeniero militar bras. *Los sertones, Martín García.*

CUNICULTURA f. Arte de criar conejos para aprovechar su carne y sus productos. ❑ CUNICULICULTOR, RA.

CUNILINGO o CUNNILINGUS m. Actividad erótica que consiste en aplicar la boca o la lengua al clítoris o a la vulva.

CUNQUEIRO, Álvaro (1912-1981) Escritor esp., en cast. y gallego, modernizador de leyendas. *Un hombre que se parecía a Orestes, La otra gente.*

CUÑA f. Pieza de madera o metal terminada en ángulo diedro, muy agudo. Sirve para hender o dividir cuerpos sólidos, para ajustar o apretar uno con otro, para calzarlos o para llenar alguna raja o hueco. ◊ Piedra de empedrar labrada en forma de pirámide truncada.

CUÑADO, DA m. y f. Hermano o hermana del marido respecto de la mujer, y hermano o hermana de la mujer respecto del marido.

CUÑO m. Troquel, para sellar moneda, medallas, etc.

CUOTA f. Parte o porción fija o determinada o para determinarse. ◊ Cantidad asignada a cada contribuyente en el reparto o lista cobratoria. ◊ Cantidad que paga el miembro de una sociedad.

CUPAÑA f. *Ven.* Árbol con cuyo fruto hacen los indígenas tortas alimenticias y una bebida estomacal.

CUPÉ m. Berlina, coche. ◊ En las ant. diligencias, compartimiento situado delante de la baca.

CUPIDO m. fig. Hombre enamoradizo y galanteador. ◊ *Cuba.* Arbusto de hojas finas y flores moradas de cinco pétalos.

CUPIDO *Mit.* Dios rom. del amor, hijo de Venus. Es el Eros de la mitología griega.

CUPILCA f. *Chile.* Mazamorra suelta, preparada con harina tostada de trigo, mezclada con chacolí o chicha de uvas o de manzanas.

CUPLÉ m. Copla, canción, tonadilla. ❑ CUPLETISTA.

CUPO m. Cuota, parte asignada o repartida a un pueblo o a un particular en cualquier impuesto, empréstito o servicio.

CUPÓN m. *Econ.* Cada una de las partes de un documento de la deuda pública o de una sociedad de crédito, que periódicamente se van cortando para presentarlas al cobro de los intereses vencidos. ◊ Parte que se corta de un anuncio, invitación, etc., y que da derecho a algo.

CÚPRICO, CA adj. *Quím.* Díc. de los compuestos de cobre en los que este elemento actúa con valencia tres.

CUPRÍFERO, RA adj. Que tiene venas de cobre o que lleva o contiene cobre.

CUPRITA f. *Miner.* Óxido cuproso natural, que es una importante mena de cobre.

CUPRONÍQUEL m. Moneda esp. ant. ◊ *Metal.* Aleación de cobre, níquel y plomo.

CUPUASSÚ m. *Amér. Merid.* Árbol de frutos comestibles.

CÚPULA f. *Arq.* Bóveda en forma de media esfera que cubre un edificio o parte de él. ◊ *Bot.* Involucro que cubre el fruto en la encina, el avellano, el castaño y otras plantas. ◊ *Mar.* Torre de hierro que tienen algunos buques, que contiene cañones.

CUPULÍFERO, RA adj. y f. *Bot.* Fagáceo.

CUQUEAR tr. *Col.* y *Cuba.* Azuzar.

CURA m. Sacerdote encargado del cuidado e instrucción espiritual de una feligresía. ◊ fam. Sacerdote católico. ◊ f. Curación. ◊ Tratamiento específico a que se somete un enfermo, prescindiendo del éxito que pueda tener. ◊ fam. *Chile.* Borrachera, embriaguez.

CURACA m. *Amér. Merid.* Cacique, potentado o gobernador.

CURAÇAO Isla neerlandesa en el mar Caribe, al N de Venezuela; 444 km², 164 800 hab. Cap., Willemstad. Plantaciones de agrios, explotación de fosfatos. Refinado de petróleo. Incorporada a España en 1499; ocupada por los holandeses en 1634. Pasó a Francia en 1795, y a Gran Bretaña en 1800. Dos años más tarde volvió a poder de Holanda.

CURADO, DA adj. Endurecido, seco, fortalecido o curtido. ◊ fam. *Amér.* Ebrio.

CURADOR, RA adj. y s. Que tiene cuidado de alguna cosa. ◊ Que cura. ◊ m. y f. Persona elegida o nombrada para cuidar de los bienes y negocios del menor, administrarlos por sí. ◊ Persona que cura alguna cosa; como lienzos, pescados, carnes, etc. ❑ CURADURÍA o CURATELA.

CURAGUA f. *Amér. Merid.* Maíz de grano muy duro y hojas dentadas.

CURAMÁGÜEY m. *Cuba.* Enredadera de tallo y pedúnculos peludos y flores grandes.

CURANDERO, RA m. y f. Persona que hace de médico sin serlo. ❑ CURANDERÍA; CURANDERIL; CURANDERISMO.

Detalle de *Venus, **Cupido**, la Locura y el Tiempo*, óleo de A. Bronzino

Cúpula de la basílica de San Pedro de Roma, obra de Miguel Ángel

CURAR intr. y prnl. Sanar, recobrar la salud. ◊ Con la prep. *de*, cuidar de, poner cuidado. ◊ tr. y prnl. Aplicar al enfermo los remedios correspondientes a su enfermedad. ◊ Hablando de las carnes y pescados, prepararlos por medio de la sal, el humo, etc., para que, perdiendo la humedad, se conserven por mucho tiempo. ◊ Curtir y preparar las pieles para usos industriales. ◊ Tener las maderas cortadas mucho tiempo antes de su empleo. ◊ Tratar hilos y lienzos para que se blanqueen. ◊ Secar o preparar convenientemente una cosa para su conservación. ◊ fig. Sanar las dolencias o pasiones del alma. ◊ fig. Remediar un mal. ◊ prnl. fam. *Chile.* Embriagarse, emborracharse. ❑ CURACIÓN; CURATIVA; CURATIVO, VA.

CURARAY Río del Ecuador y Perú, afl. del Napo; 600 km.

CURARE m. Extracto vegetal, resinoso y amargo, obtenido especialmente del maracure, usado como veneno de flechas por los indígenas amazónicos. Actualmente se le da un empleo médico-quirúrgico.

CURASAO m. Licor fabricado con corteza de naranja y otros ingredientes.

CURATO m. Cargo espiritual del cura de almas. ◊ Parroquia, territorio que comprende.

CURBARIL m. *Bot.* Árbol propio de la América tropical, de copa espesa, tronco rugoso, y madera dura y rojiza, usada en ebanistería. Su resina tiene propiedades antirreumáticas.

CURCIO Rufo, Quinto (s. I) Historiador latino influido por Séneca y Tito Livio. *Vida de Alejandro.*

CURCO, CA adj. *Amér.* Jorobado. ◊ f. *Chile.* Joroba.

CURCULIÓNIDO, DA adj. y m. *Zool.* Díc. de los coleópteros conocidos también como gorgojos. Tienen la cabeza alargada en trompa.

CÚRCUMA f. *Bot.* Planta de cuyos rizomas se obtienen la especia hom. y colorantes. Es propia del O de Asia. ◊ Sustancia resinosa y amarilla que se extrae de esta raíz. Se utiliza como reactivo, en tintorería y como especia.

CURDA f. fam. Borrachera, embriaguez.

CURDO, DA ⇒ Kurdo.

CUREÑA f. Armazón en el cual se monta el cañón de artillería. ◊ Palo de la ballesta. ❑ CUREÑAJE.

El matrimonio **Curie**

CURETUÍ m. *R. de la Plata*. Pajarillo común, de color blanco y negro.

CURÍ m. *Amér. Merid*. Árbol resinoso, de tronco recto y elevado, con ramas que se encorvan hacia arriba. Da una piña grande. ◊ *Col*. Cobayo.

CURIA f. Tribunal donde se tratan los negocios contenciosos. ◊ Conjunto de abogados, escribanos, procuradores y empleados en la administración de justicia. ◊ Cuidado, esmero. ◊ Una de las divisiones del ant. pueblo romano.

CURIACIOS Familia de la c. latina de Alba Longa, rival de Roma (→ Horacios.)

CURIAL adj. Relativo a la curia. ◊ m. Empleado subalterno de los tribunales de justicia. ◊ El que tiene empleo u oficio en la curia rom. ❏ CURIALESCO, CA.

CURIARA f. *Amér. Merid*. Embarcación de vela y remo usada por los indígenas, menor que la canoa y más ligera, aunque más larga.

CURIBAY m. *R. de la Plata*. Cierta especie de pino, de fruto muy purgante.

CURICÓ Prov. de Chile, en la región de Maule, limítrofe con la región Libertador Bernardo O'Higgins y la prov. de Talca; 244 053 hab. Cap., Curicó. C. imp.: Llico, Licanten y Hualeñé. Accidentada por los Andes (volcán Peteroa; 4 090 m) y la cordillera de la Costa, que enmarcan el valle Central. Avenada por los ríos Lontué, Mataquito y Teno. Cereales, vid, patatas; ganadería ovina y vacuna; bosques de robles; ind. derivadas de la agricultura y la ganadería. ◊ C. de Chile, cap. de la prov. hom.; 119 585 hab. Centro agrícola y ganadero. Ind. derivadas. ❏ CURICANO, NA.

CURIE o **CURIO** m. *Fís*. Unidad de actividad de una muestra radiactiva. Corresponde a 3,7 3 10^{10} desintegraciones/seg, que es aproximadamente la actividad de 1 g de radio.

CURIE, Marie *(Maria Sklodowska)* (1867-1934) Científica fr., de origen pol. Discípula y esposa de Pierre C. con quien descubrió el polonio y el radio (1898). También descubrió la radiactividad del torio. Premio Nobel de Física, compartido con su esposo y con Becquerel (1903), y de Química (1911). ◊ *Pierre* (1859-1906) Físico fr. Premio Nobel de Física, compartido con su esposa y con Becquerel (1903).

CURIEL m. *Cuba*. Roedor con grandes uñas, casi rabón y parecido al conejillo de Indias.

CURIO m. *Fís*. Curie. ◊ *Quím*. Elemento químico altamente radiactivo, de símb. Cm y n. a. 96. Se conocen 8 isótopos del c.; el más estable, el de p. a. 246, tiene una vida media de 500 años.

CURIOSIDAD f. Deseo de saber y averiguar alguna cosa. ◊ Vicio que lleva a inquirir lo que no debiera importar. ◊ Aseo, limpieza. ◊ Cuidado de hacer una cosa con primor. ◊ Cosa curiosa o primorosa. ❏ CURIOSEAR; CURIOSEO.

CURIOSO, SA adj. y s. Que tiene curiosidad. ◊ adj. Que excita la curiosidad. ◊ Limpio y aseado. ◊ Que trata una cosa con particular cuidado o diligencia. ◊ m. y f. *Amér*. Curandero.

CURIQUINGUE m. *Ecuad*. Ave que se asemeja al buitre por su rostro desnudo. Era el ave sagrada de los incas.

CURITIBA C. del S de Brasil, cap. del est. de Paraná; 1 290 000 hab. Sit. a 900 m de alt. Ind. alimentaria, química y textil; fábricas de papel y cemento.

CURIYÚ m. *Argent*. Anaconda.

CURLANDIA (letón, *Kurzeme*) Región de Letonia, junto al Báltico. Prales. poblaciones: Liepaja y Ventspils. Avena, cebada, centeno, trigo; ganadería; productos lácteos; pesca.

CURLING (voz ingl.) m. Deporte de invierno sobre pista de hielo, que consiste en impulsar una piedra circular y colocarla lo más cerca posible de un punto meta.

CURRICÁN m. Aparejo de pesca de un solo anzuelo, que se lanza por la popa del buque.

CURRÍCULO o **CURRÍCULUM** m. Plan de estudios. ◊ Conjunto de estudios y prácticas destinados a que el alumno desarrolle plenamente sus posibilidades. ◊ Currículum vitae. ❏ CURRICULAR.

CURRÍCULUM VITAE m. Exp. latina que literalmente significa «la carrera de la vida». Es el conjunto de datos relativos a la situación personal, profesional o laboral del candidato a un trabajo.

CURRO, RRA adj. fam. Majo, afectado en su porte, acciones y vestido. ◊ m. fam. Trabajo.

CURROS Enríquez, Manuel (1851-1908) Poeta esp., gallego. Romántico, revolucionario. *Cartas del Norte, Aires da miña terra*.

CURRUCA f. Pájaro canoro insectívoro, de plumaje pardo y blanco.

Vista aérea de **Curitiba**

Curruca rabilarga

CURRUTACO, CA adj. y s. fam. Muy afectado en el uso riguroso de las modas. ◊ fam. Pequeño.

CURRY m. Especia de la India compuesta de jengibre, clavo, azafrán, cilantro, etc.

CURSAR tr. Frecuentar un paraje o hacer con frecuencia alguna cosa. ◊ Estudiar una materia en una universidad o en otro establecimiento de enseñanza. ◊ Dar curso a una solicitud, instancia, expediente, etc. ❏ CURSADO, DA.

CURSI adj. y s. fam. Díc. de la persona que presume de fina y elegante sin serlo. ◊ adj. Se aplica a lo que, con apariencia de elegancia o riqueza, es ridículo y de mal gusto. ❏ CURSILADA; CURSERÍA; CURSILERÍA.

CURSILLO m. Curso breve para completar la preparación, actualizar los conocimientos o facilitar la readaptación profesional. ◊ Breve serie de conferencias acerca de determinada materia. ❏ CURSILLISTA.

CURSIVO, VA adj. y s. Díc. de la letra manuscrita de trazado rápido, inclinada a la derecha, y del carácter tipográfico que imita dicha forma de letra manuscrita.

CURSO m. Dirección o carrera. ◊ En las universidades y escuelas públicas, tiempo señalado en cada año para asistir a oír las lecciones. ◊ Colección de los tratados prales. que se enseña una facultad en las universidades y escuelas públicas. ◊ Serie, continuación, evolución de un proceso. Se usa especialmente referido a enfermedades, acontecimientos, etc. ◊ Circulación, difusión entre las gentes. ◊ Movimiento, real o aparente, de los astros.

CURSOR m. *Mec. apl*. Pieza que se desliza a lo largo de otra mayor en algunos aparatos. ◊ *Comp*. Raya o marca luminosa que indica el lugar que ocupará el carácter que se quiere visualizar en la pantalla de cualquier terminal de computadora. Tiene movilidad programada por toda la pantalla.

CURTIDO, DA p. p. de curtir. ◊ m. *Ind*. Acción de someter la piel a un tratamiento adecuado para evitar su putrefacción y dotarla de flexibilidad y suavidad. ◊ Fruto encurtido.

CURTIR tr. Adobar, aderezar las pieles. ◊ tr. y prnl. fig. Endurecer o tostar, el sol o el aire, el cutis de las personas que andan a la intemperie. ◊ fig. Acos-

Murallas de la fortaleza de Sacsahuamán, cerca de **Cusco**, la antigua capital incaica

tumbrar a uno a la vida dura y a sufrir las inclemencias del tiempo. ◊ tr. fig. *Argent.* y *Ur.* Castigar azotando. ❑ CURTIMBRE; CURTIMIENTO; CURTIDOR, RA; CURTIDURÍA; CURTIENTE.

CURTIUS, *Ernst Robert* (1886-1956) Filólogo y filósofo alsaciano. *Literatura europea y Edad Media latina.*

CURUBO m. *Col.* Especie de enredadera, de fruto comestible.

CURUCÚ m. *Amér. Centr.* Ave trepadora de plumaje sedoso y de hermoso color y larga cola.

CURÚGUÁ m. *Amér. Merid.* Enredadera de fruto amarillo y negro, semejante a la calabaza.

CURUPAY m. *R. de la Plata.* Árbol de corteza curtiente y de buena madera.

CURURO m. *Chile.* Especie de rata campestre, de color negro y muy dañina.

CURUZÚ CUATIÁ Dpto. de Argentina, en la prov. de Corrientes; 38 300 hab. Cultivos de maíz, hortalizas y naranjas. Aeropuerto; nudo ferroviario.

CURVA f. *Geom.* Línea curva. ◊ Tramo curvo de una carretera, camino, línea férrea, etc. ◊ *Mat.* Conjunto de puntos que dependen de uno o dos parámetros, o, intuitivamente, trayectoria descrita por un punto móvil en el plano o en el espacio. ◊ **abierta.** En las carreteras, la de escasa curvatura, que pueden tomar los vehículos sin moderar considerablemente su marcha. ◊ **algebraica.** La que puede ser descrita por una ecuación algebraica. ◊ **cerrada.** La que vuelve al punto de partida. ◊ En las carreteras, la de gran curvatura que deben tomar lentamente los vehículos. ◊ **continua.** La definida por funciones paramétricas continuas, o, intuitivamente, la que no presenta saltos en su trazado, aunque éste tenga cambios bruscos en su dirección. ◊ **de nivel.** Línea que une, en un mapa, los puntos situados a la misma altitud sobre el nivel diferenciable. ❑ CURVILÍNEO, A.

CURVATURA o **CURVIDAD** f. Calidad de curvo; desviación continua respecto de la dirección recta.

CURVO, VA adj. y s. Díc. de todo límite entre dos superficies contiguas que constantemente se va apartando de la dirección recta sin formar ángulos.

CUSA, *Nicolás de* (1401-1464) Filósofo y humanista al. En su *De docta ignorantia* busca un procedimiento que le permita superar los límites del conocimiento racional. Sostuvo una teoría policentrista sobre el universo.

CUSCATLÁN Dpto. de El Salvador, sit. en el sector central; 756 km², 200 844 hab. Cap., Cojutepeque. Caña de azúcar, algodón, café; ganadería.

CUSCO o **CUZCO** Dpto. del S del Perú, en la Sierra; 71 891,97 km², 1 103 500 hab. Cap., Cusco. C. prales: Acomayo, Calca, Paruro y Sicuani. Está atravesado por los Andes Centrales, que se dividen en tres cordilleras: la de Carabaya (nudo de Ausangate, 6 384 m), la de Vilcanota y la de Vilcabamba.Trigo, maíz, patatas, cebada, cacao; ganadería (ovina, llamas, alpacas); oro (Camanti, Quince Mil, Cusco), plomo, hierro, níquel, plata, petróleo. Ind. algodonera en Cusco. ◊ C. de Perú, cap. del dpto. hom.; 255 568 hab. Sit. a 3 416 m de alt., sobre las márgenes del Huatanay, y rodeada de colinas y montañas. Es centro comercial y de comunicaciones. Ind. textil, alimentaria, de curtido de pieles y de fundición. Sede de la Universidad Nacional. Imp. centro turístico. Numerosos monumentos incaicos: plaza de Armas; Coricancha o Templo del Sol; fortaleza de Sacsahuamán; templos de las Estrellas y de la Luna; restos de los templos del Trueno y del Rayo y del Arco Iris, y parte de las murallas que rodeaban la c. ❑ CUZQUEÑO, ÑA.

CUSCUNGO m. *Ecuad.* Especie de búho.

CUSCUTA f. Planta parásita de tallos filiformes, rojizos o amarillentos, sin hojas, con flores sonrosadas y simiente redonda.

CUSPA f. *Ven.* Arbusto semejante a la palmera y cuya corteza se emplea como la quina.

CÚSPIDE f. Cumbre puntiaguda de los montes. ◊ Remate superior de alguna cosa, que tiende a formar punta. ◊ *Geom.* Punto donde concurren los vértices de todos los triángulos que forman las caras de la pirámide, o las generatrices del cono. ❑ CUSPIDAL.

CUSTODIA f. Persona o escolta encargada de custodiar a un preso. ◊ Pieza de oro, plata u otro metal, en que se expone el Santísimo Sacramento a la pública veneración. ◊ Tabernáculo, sagrario.

CUSTODIAR tr. Guardar o proteger con cuidado y vigilancia. ❑ CUSTODIO.

Cúspide de la capilla funeraria del escribano Ramesi. Egipto, año 1300 a. C.

CUTER m. Embarcación con velas al tercio, una cangreja o mesana en un palo chico colocado hacia popa, y varios foques.

CUTERVO Prov. del N de Perú, en el dpto. de Cajamarca; 3 730 km², 119 200 hab. Cap., el mun. hom.; 38 900 hab. Explotaciones mineras y agropecuarias.

CUTÍ m. Tela de lienzo rayado o con otros dibujos usada para cubiertas de colchones.

CUTÍCULA f. Película, piel delgada y delicada. ◊ *Anat.* Epidermis. ◊ *Biol.* Membrana protectora de la célula, formada por sustancias segregadas por el protoplasma. ◊ *Bot.* Película de cutina que cubre el polo externo de las células epidérmicas de los vegetales. Tiene funciones protectoras y antitranspirantes. ◊ *Zool.* Capa externa de las tres que forman la concha de los moluscos, que da una coloración característica a cada especie. ❑ CUTICULAR.

Cuscuta. Planta parásita

Georges **Cuvier**

CUTINA f. Sustancia grasa, de tipo céreo, que recubre e impermeabiliza las
células epidérmicas de las hojas y tallos
verdes.
CUTIRREACCIÓN f. *Med.* Reacción
cutánea que se aprovecha como indicador de ciertas enfermedades.
CUTIS m. Piel que cubre el cuerpo
humano. Díc. pralm. de la del rostro. ◊
Dermis. ❏ CUTÁNEO, A.
CUTTACK (*Kutaka*) C. del NE de la India, en el est. de Orissa; 269 100 hab.
Puerto fluvial sobre el Mahanadi. Centro comercial e industrial. Universidad.

CUTUSA f. *Col.* Especie de tórtola.
CUVIER, *Georges* (1769-1832) Naturalista fr. Fundador de la anatomía comparada y de la paleontología.
CUY m. *Amér. Merid.* Conejillo de Indias.
CUYÁ m. *Cuba.* Árbol de madera dura,
elástica y casi incorruptible.
CUYO, YA pron. relativo que hace el pl.
cuyos, cuyas. Además del carácter relativo, tiene este pron. el de posesivo y
concierta no con su antecedente, que es
el nombre del poseedor, sino con el
nombre de la persona o cosa poseída. ◊
m. fam. Galán o amante de una mujer.
CUYO Región del centro-oeste de Argentina, que comprende las prov. de
Mendoza, San Luis y San Juan.
CUYUNÍ Río de América del Sur, que
nace en la vertiente oriental de la parte
ven. del escudo guayanés y desemboca con el Mazaruni en el estuario del
Esequibo (Guyana); 900 km.
CUZA, *Alejandro Juan* (1820-1873) Primer soberano de Rumanía con el nombre de Alejandro Juan I. En 1861 fundó
el Principado de Rumanía, tributario
de Turquía. Derrocado en 1866.
CUZCO m. Perro pequeño, gozque.
CUZCO ⇨ Cusco.
CUZZANI, *Agustín* (1924-1987) Dramaturgo arg. Alcanzó popularidad con
la farsa satírica *Sempronio.*
CV Abrev. de caballo de vapor.
CYGNUS *Astr.* Constelación del hemisferio boreal.

Nebulosa de la constelación de
Cygnus

CYRANO de Bergerac, *Savinien* (1619-
1655) Escritor fr. Autor de comedias, *El
pedante burlado,* y de la tragedia *La muerte de Agripina.* Rostand le eligió como
héroe de la más célebre de sus obras.
CZARDA f. Danza popular húngara.
CZERNY, *Karl* (1791-1857) Pianista y
compositor austr., alumno de Beethoven y maestro de Listz.
CZESTOCHOWA C. del S de Polonia;
246 600 hab. Sit. a orillas del alto Warta. Centro industrial. Monasterio de la
Virgen Negra.

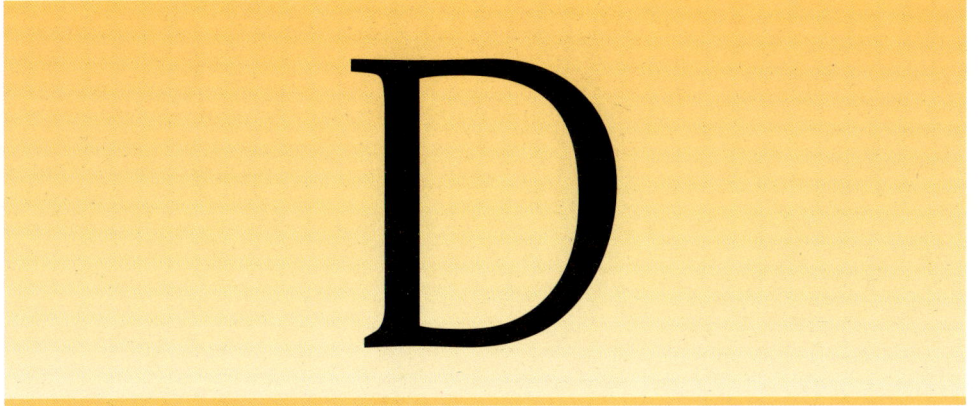

D

D f. Cuarta letra del abecedario español, y tercera de sus consonantes. Su nombre es *de*. ◊ Sexta letra de la numeración rom., que tiene el valor de quinientos. En la notación musical ing. y al., nombre de la nota *re*. ◊ *Mat.* Símb. (d) de diferencial. ◊ *Quím.* Símb. del deuterio.

DA NANG (ant. *Tourane*) C. y puerto de Vietnam, en la bahía hom.; 492 194 hab. Base militar. Centro industrial.

DA ROSA, *Julio C.* (1920-2001) Escritor ur. Dramaturgo (*Más allá de las sierras*), novelista (*Tiempos de negros*) y cuentista (*De sol a sol*).

DABROWA GÓRMICZCA o **DOMBROWA** C. de Polonia, en el voivodato de Katowice; 136 800 hab. Centro minero e industrial.

DACCA Cap. de Bangla Desh, en el delta del Ganges; 3 458 602 hab. (agl. urb.) Centro comercial, agrícola e industrial. Universidad.

DACHA f. Finca de recreo en Rusia.

DACHAU C. de Alemania, al NO de Munich. Campo de exterminio del III Reich.

DACIA Ant. prov. rom., que corresponde aprox. a la actual Rumania.

DACITA f. *Geol.* Roca eruptiva constituida por plagioclasa, cuarzo y minerales ferromagnésicos.

DACKO, *David* (n. 1930) Presid. de la Rep. Centroafricana desde su indep. Derrocado en 1966, recuperó el poder de 1979 a 1981.

DACTILAR adj. Digital.

DACTILOGRAFÍA f. Mecanografía. ◊ Estudio de las impresiones digitales. ❑ DACTILÓGRAFO, FA.

DACTILOSCOPIA f. Estudio de las impresiones digitales, usadas para identificación de las personas.

DADAÍSMO m. Mov. artístico que entre 1915 y 1922 se desarrolló en Europa y EE UU. Representó una fase de transición hacia el surrealismo. ❑ DADAÍSTA.

DADDAH, *Moktar Ould* (1924-2003) Presid. de Mauritania a su indep., fue reelegido en 1966, 1971 y 1976. Derrocado en 1978.

DÁDIVA f. Cosa que se da graciosamente. ❑ DADIVAR; DADIVOSIDAD; DADIVOSO, SA.

DADO m. Pieza cúbica de hueso, marfil, etc., en cuyas caras hay puntos desde uno hasta seis, y que sirve para varios juegos de azar. ◊ Pieza cúbica de metal que se usa en las máquinas como apoyo de los tornillos, ejes, etc.

DADOR, RA adj. y s. Que da. ◊ m. Portador de una carta. ◊ El que libra la letra de cambio.

DADRA Y NAGAR HAVELI Terr. de la India; 491 km², 101 400 hab. Cap., Silvassa.

DAFNE *Mit. gr.* Hija del río Peneo y de Gea.

DAGA f. Arma blanca ant., de hoja corta.

DAGOBERTO I (m. 639) Rey de Austrasia [623-639]. Hijo y sucesor de Clotario II.

DAGUERRE, *Louis-Jacques* (1787-1851) Pintor, decorador e inventor fr. Ideó un procedimiento para impresionar imágenes.

DAGUERROTIPIA f. Primer procedimiento fotográfico. Consiste en fijar imágenes sobre una placa sensibilizada mediante vapores de yodo. ❑ DAGUERROTIPO.

DAGUESTÁN Rep. autónoma del estado de Rusia, en la orilla occidental del mar Caspio; 50 300 km²; 1 792 000 hab. Cap., Majachkala. Agricultura, ganadería y pesca. Petróleo y gas natural.

DAGUILLA m. *Cuba.* Árbol cuya corteza se usa en cordelería y tejidos.

DAHOMEY Ant. nombre de ➭ Benin.

DAIMIO m. Gran señor feudal del Japón.

DAIMLER, *Gottlieb* (1834-1900) Ingeniero al. Patentó un motor que funcionaba con gas de petróleo.

DAINZU Yacimiento arqueológico mex., en Oaxaca. En él se han descubierto losas con dibujos semejantes a los de Monte Albán, y las ruinas de un juego de pelota.

DAJABÓN Prov. de la República Dominicana, junto a Haití; 1 020,73 km²; 58 150 hab. Agricultura y ganadería. Ind. maderera. ◊ C. de la Rep. Dominicana, cap. de la prov. hom.; 25 534 hab.

DAKAR Cap. de Senegal en la pen. de Cabo Verde; 1 608 700 hab. (agl. urb.). Astilleros. Fundiciones. Puerto.

DAKOTA adj. y s. Díc. de individuos de un pueblo amerindio (EE UU) de la familia sioux.

DAKOTA del Norte (*North Dakota*) Est. de EE UU, en el centro-norte del país; 183 119 km²; 639 000 hab. Cap., Bismarck. Río Misuri. Agricultura y ganadería. Lignito, petróleo y gas natural. Ind. alimentaria. ◊ **Del Sur** (*South Dakota*) Est. de EE UU, en el centro-norte del país; 19 730 km²; 696 000 hab. Cap., Pierre. Cereales, ganadería, minas. Ind. lechera y conservera.

DALADIER, *Édouard* (1884-1970) Político radical fr.; presid. del gobierno

Puerto de **Dakar**.

Salvador **Dalí**

(1933-1934 y 1938). Firmó como representante fr. los acuerdos de Munich (1938).

DALAI-LAMA m. Título del jefe supremo del est. y del budismo tib. Considerado como la reencarnación de una divinidad. En 1959, tras dirigir una insurrección contra el poder comunista chino, se refugió en la India. Fue Premio Nobel de la Paz en 1989.

D'ALEMBERT ⇨ Alembert.

DALÍ, *Salvador* (1904-1989) Pintor esp. Uno de los máximos representantes surrealistas. *La cesta de pan, Última Cena, Cristo de San Juan de la Cruz.*

DALIA f. *Bot.* Planta anual de tallo herbáceo, hojas opuestas, ovaladas y dentadas, y flores de botón central amarillo y corola grande con muchos pétalos.

DÁLILA Mujer de Soreq, de la que se enamoró Sansón.

DALLAPICCOLA, *Luigi* (1904-1975) Compositor it. Autor de *Seis coros según Miguel Ángel Buonarotti el Joven, Vuelo de noche*; compuso obras dodecafónicas: *Despiadada.*

DALLAR tr. Segar la hierba con el dalle.

DALLAS C. de EE UU, en el est. de Texas; 3 655 000 hab. (agl. urb.). Centro financiero del petróleo y actividades terciarias. Ind. electrónicas, automovilísticas, aeroespaciales, confección. C. donde fue asesinado J. F. Kennedy (22-11-1963).

DALMACIA (*Dalmacija*) Región de la rep. de Croacia, junto al Adriático. Prales. c.: Split, Dubrovnik y Zadar. Ganadería y pesca. Turismo.

DÁLMATA adj. y s. De Dalmacia. ◊ Raza de perro de compañía, de pelaje blanco manchado de negro. ◊ m. Lengua románica que se habló en el litoral dálmata.

DÁLMATA, *archipiélago* Islas (Pag, Dugi, Otok, Brac, Mljet, etc.), pertenecientes a Croacia, que se extienden frente al litoral de dicho país. Agricultura y pesca.

DALMÁTICO, CA adj. Dálmata. ◊ m. Lengua dálmata. ◊ f. Túnica que tomaron de los dálmatas los ant. rom. ◊ Ornamento litúrgico de los diáconos.

DALTON, *John* (1766-1844) Físico y químico ing. Estudió la ceguera para

los colores (daltonismo) ◊ **Ley de D. para las mezclas gaseosas.** *Fís.* La presión total de una mezcla de gases es igual a la suma de las presiones parciales.

DALTONISMO m. Anomalía en la visión de los colores (discromatopsia) que comporta la confusión o la ceguera del rojo y el verde. ❑ DALTONIANO, NA.

DAMA f. Mujer distinguida. ◊ Mujer pretendida de un hombre. ◊ Actriz que hace los papeles prales. ◊ En el juego de damas, pieza que se corona con otra pieza y puede correr toda la línea. ◊ pl. Juego que se ejecuta en un tablero de 64 escaques y con 24 piezas.

DAMAJUANA f. Botellón de cuerpo abultado y cuello estrecho, cubierto de mimbre.

DAMAN Y DIU Terr. de la India, integrado por las dependencias hom.; 112 km², 101 400 hab. Cap., Daman (26 500 hab.).

DAMANHUR C. del N de Egipto, en el O del delta del Nilo; 170 633 hab. Centro industrial y de comunicaciones.

DAMASCADO, DA adj. Adamascado.

DAMASCENO, NA adj. y s. De Damasco.

DAMASCO m. Tela fuerte con dibujos formados con el tejido. ◊ Árbol, variedad del albaricoquero. ◊ Fruto de este árbol.

DAMASCO (*Ech Cham* o *Dimachq*) Cap. de Siria; 1 251 028 hab. Sit. al borde del desierto de Siria, junto al Antílbano. Cemento, cristales y textiles; seda, tapices, armas, etc. Restos romanos. Gran mezquita omeya (s. VIII).

DAMASQUINADO m. Embutido de metales finos sobre hierro, cobre o acero. ❑ DAMASQUINAR.

DAMASQUINO, NA adj. Damasceno, relativo a Damasco. ◊ Díc. de la ropa u otro objeto hecho con damasco. ◊ f. *Méx.* Planta anual, con tallos ramosos y flores purpúreas.

DAMERO m. Tablero del juego de damas.

DAMISELA f. Moza que presume de dama.

DAMNIFICAR tr. Dañar. ❑ DAMNIFICADO, DA.

Dante Alighieri. Pintura sobre tabla de D. di Michelino, procedente del Duomo de Florencia

DAMOCLES (s. IV a. C.) Allegado de Dionisio, tirano de Siracusa. Invitado por el rey a ocupar su puesto por un día, pudo juzgar por sí mismo cuál era la vida de un monarca. ◊ **Espada de D.** Exp. que simboliza el peligro permanente y constante.

DANDI o **DANDY** m. Hombre elegante. ❑ DANDISMO.

DANDOLO Familia de Venecia que dio varios dux a la rep., entre ellos *Enrico* (1107-1205), que participó en la cuarta cruzada.

DANERI, *Eugenio* (1881-1970) Pintor arg. *El Puente, La costura.*

DANÉS, SA adj. y s. De Dinamarca. ◊ Raza de perros de gran corpulencia. ◊ m. *Ling.* Lengua hablada en Dinamarca.

DANGO m. Ave pelicaniforme de mares cálidos, que interviene en la formación del guano.

DANIEL (heb., *Dios es mi juez*) Príncipe de Judá desterrado a Babilonia. ◊ **Libro de D.** Escrito del A. T.

DANIELL, *John Frederic* (1790-1845) Físico y químico brit., inventor de la pila eléctrica que lleva su nombre.

DANLI Mun. de Honduras, en el dpto. de El Paraíso; 43 703 hab. Tabaco, café, frutas. Ind. lácteas.

D'ANNUNZIO ⇨ Annunzio.

DANTA f. Anta. ◊ Tapir.

DANTE Alighieri (1265-1321) Poeta it. N. en Florencia, intervino en las luchas entre güelfos y gibelinos, por las que sufrió exilio. Formó parte del grupo de poetas del *dolce stil nuovo* y, en sintonía con éstos, tomó como musa inspiradora a su gran amor, Beatriz Portinari. Inició su producción con *Vita nuova*, prosiguió con su *Canzoniere* y culminó su obra en la genial *Divina Comedia*, poema de carácter alegórico. Escribió un tratado político *De Monarchia*, el *Convivio* y *De vulgari eloquentia*, en la que reivindicó la lengua vulgar.

DANTESCO, CA adj. Propio de Dante. ◊ Que inspira terror.

DANTO m. *Amér. Merid.* Pájaro de plumaje negro azulado, provisto de un penacho.

DANTON, *Georges-Jacques* (1759-1794) Político y orador fr., una de las figuras más destacadas de la rev. Acusado de moderado, fue guillotinado en 1794.

DANUBIANO, NA adj. Díc. de los terr. sit. a orillas del r. Danubio.

DANUBIO (al., *Donau;* checo y eslovaco, *Duna;* serbocroata y búlg., *Dunav;* rum., *Dunarea;* ruso, *Dunai*) Río de Europa central y sudoriental. Nace en la Selva Negra (Alemania), y desemboca en el mar Negro. Constituye una imp. vía internacional de tráfico fluvial; 2 850 km.

DANZA f. Conjunto de movimientos que forman una pieza completa de baile. ◊ **de la muerte.** Representación simbólica del poder de la muerte.

DANZADO m. Danza, baile y bailadores.

DANZAR tr. Bailar. ◊ intr. Moverse una cosa con aceleración. ◊ fig. y fam. Mezclarse en un negocio. ❑ DANZADOR, RA.

DANZARÍN, NA m. y f. Persona que danza con destreza. ◊ adj. y s. fig. y fam. Danzante, persona ligera de juicio.

DANZIG ⇨ Gdansk.
DAÑADO, DA adj. Malo. ◊ adj. y s. Condenado. ◊ adj. Díc. de la fruta corroída por un insecto.
DAÑAR tr. y prnl. Causar detrimento, menoscabo, dolor o molestia. ◊ Maltratar o echar a perder una cosa. ❏ DAÑINO, NA; DAÑO; DAÑOSO, SA.
DAOÍZ, Luis (1767-1808) Militar esp. Se puso al frente del levantamiento de Madrid contra la ocupación francesa.
DAR tr. Donar. ◊ Entregar. ◊ Proponer. ◊ Conferir, proveer en alguno un empleo u oficio. ◊ Ordenar. ◊ Conceder. ◊ Convenir en una proposición. ◊ Suponer. ◊ Dar fruto la tierra; rentar un interés. ◊ Someter uno una cosa a la obediencia de otro. ◊ Declarar, tener o tratar. ◊ En el juego de naipes, repartir las cartas a los jugadores. ◊ Untar alguna cosa. ◊ Soltar una cosa. ◊ Junto con algunos sustantivos, hacer, practicar, ejecutar la acción que éstos significan. ◊ Con algunos sustantivos, causar, mover. ◊ tr. e intr. Sonar el reloj sucesivamente las campanadas correspondientes a la hora que sea. ◊ Estar sit. una cosa, mirar, hacia esta o la otra parte. ◊ prnl. Ceder en la resistencia que se hacía. ◊ Suceder, determinar alguna cosa. ◊ fig. Dicho satírico y molesto.
DAR ES SALAAM C. de Tanzania, sit. en la entrada S del canal de Zanzíbar; 851 500 hab. (agl. urb.). Centro industrial. Refinerías de petróleo. Puerto. Cap. del país hasta 1983.

Bahía y puerto de **Dar es Salaam**

DARDANELOS (Çanakkale bogazi) Estr. entre Europa y Asia, que comunica el mar Egeo con el Mármara.
DARDANISMO m. Econ. Destrucción de excedentes agrícolas, para evitar el hundimiento de precios.
DARDO m. Arma arrojadiza semejante a una lanza. ◊ fig. Dicho satírico y molesto.
DARIÉ, Sandú (n. 1908) Pintor y escultor cub. de origen rum. Perteneciente al Grupo de Diez Pintores Concretos Cubanos. Construcción espacial.
DARIÉN Prov. del E de Panamá, la más extensa y la menos poblada; 16 671 km², 55 538 hab. Cap., La Palma. Limita al S y SE con Colombia y al O con el golfo de Panamá. Terreno accidentado. Ganadería. Explotación forestal. ◊ **Golfo de D.** Entrante del mar Caribe, entre

Panamá y Colombia. Su parte más profunda forma el golfo de Urabá, en el límite con Colombia. ◊ **Serranía de D.** Sist. montañoso que separa Panamá y Colombia. Alt. máx.: monte Tacaracuna, 2 280 m.
DARÍO Nombre de varios reyes persas. ◊ **I el Grande** (m. 486 a. C.) Rey de los persas [521-486 a. C.]. Organizó expediciones para engrandecer su reino. Tras la batalla de Maratón, tuvo que renunciar a la conquista de Grecia. ◊ **II Ocos** (m. 404 a. C.) Rey de los persas [422-406 a. C.], recuperó las c. gr. de Anatolia. ◊ **III Codomano** (m. 330 a. C.) Rey de los persas [335-330 a. C.]. Perdió su imperio al ser derrotado por Alejandro Magno.
DARÍO, Rubén Seud. de Félix Rubén García Sarmiento (1867-1916) Poeta nic. Vinculado a la generación del 98, con su obra fecunda e innovadora llegó a ser el más genuino representante de la escuela modernista en lengua castellana. Se distingue por el sentido musical del lenguaje, el ritmo, la métrica libre y su riqueza expresiva. Azul puede considerarse su primera obra de plenitud. Prosas profanas, Cantos de vida y esperanza, Letanía de nuestro señor don Quijote, Los motivos del lobo, Responso a Verlaine.
DARLAN, François (1881-1942) Almirante fr. Ministro del Ejército y vicepresid. del gobierno de Pétain. Murió asesinado.
DARLING Río de Australia, afluente del Murray; 2 450 km.
DARLINGTON C. de Gran Bretaña, en Inglaterra; 85 400 hab. Metalurgia.
DARMSTADT C. de Alemania, en el est. de Hesse; 134 800 hab. Centro industrial.
DÁRSENA f. Parte más resguardada de un puerto, en la que fondean las embarcaciones.
DARTHES, Juan Fernando Camilo (1889-1949) Dramaturgo arg. La última escena, Los que van al infierno, La hermana Josefina.
DARVINISMO o **DARWINISMO** m. Biol. Teoría de la evolución de las especies formulada originalmente por el naturalista Charles R. Darwin, según la cual los seres que poseen características más beneficiosas que otros, tienen más probabilidades de sobrevivir en la lucha por la existencia al transmitir a sus descendientes sus características particulares. ❏ DARVINIANO, NA; DARVINISTA o DARWINISTA.
DARWIN, Charles Robert (1809-1882) Naturalista brit., padre del evolucionismo. Recogió un enorme caudal de observaciones en su viaje por las costas de América del Sur y del Pacífico a bordo del Beagle. El origen de las especies.
DASIURO m. Marsupial de pelaje negro.
DASONOMÍA f. Ciencia que trata del cuidado y aprovechamiento de los montes. ❏ DASONÓMICO, CA.
DATA f. Indicación del lugar y tiempo en que sucede una cosa. ◊ Partidas que en una cuenta componen el descargo de lo recibido.
DATAR tr. Poner la data. ◊ tr. y prnl. Poner en las cuentas lo correspondiente a la data. ◊ Determinar la data de un documento, suceso, etc. ◊ intr. Haber tenido principio una cosa en el tiempo que se determina. ❏ DATACIÓN.

Ruben **Darío**

DATARÍA f. Tribunal de la curia rom.
DÁTIL m. Fruto comestible de la palmera. ◊ Zool. Molusco bivalvo parecido al dátil. ◊ pl. fig. y fam. Los dedos de la mano. ❏ DATILADO,DA; DATILERO, RA.
DATIVO m. Gram. Uno de los casos de la declinación. Hace en la oración función de complemento indirecto.
DATO m. Antecedente necesario para llegar al conocimiento exacto de una cosa. ◊ Documento, testimonio, fundamento. ◊ Título de alta dignidad de algunos países de Oriente.
DATO Iradier, Eduardo (1856-1921) Político esp. Jefe del partido conservador, fue tres veces jefe del gobierno entre 1913 y 1920. Murió en un atentado anarquista.
DAUD Jan, Sardar Muhammad (1909-1978) Militar y político afgano. En 1973 destronó al rey Zahir y proclamó la rep.
DAUDÁ f. Chile. Contrahierba, planta.
DAUDET, Alphonse (1840-1897) Escritor fr. Aunque se le incluye en la escuela naturalista, su obra es ecléctica. Tartarín de Tarascón, Cartas desde mi molino.
DAULE Río de la llanura costera de Ecuador; 320 km. Nace en la cordillera occidental de los Andes y desemboca cerca de Guayaquil.
DAUMIER, Honoré (1808-1879) Dibujante y pintor fr. Caricaturas satíricas. Gargantúa, Lavanderas del Sena.

Charles Robert **Darwin**

David, por Miguel Ángel (Galería de la Academia, Florencia, Italia)

DAUSSET, Jean (nacido 1916) Médico fr. Premio Nobel de Medicina en 1980 por sus estudios sobre los antígenos.

DÁVALOS, Juan Carlos (1887-1959) Escritor arg. *Los gauchos, Salta, su alma y su paisaje.* ◊ **Marcelino** (1871-1923) Dramaturgo mex., de tendencia naturalista y romántica. *El último cuadro, Guadalupe.* ◊ **Y Lissón, Pedro** (1863-1942) Escritor per. *La minería del Perú en el siglo XIX, La ciudad de los Reyes, Historia republicana.*

DAVAO C. de Filipinas, en la isla de Mindanao; 610 400 hab. Puerto exportador de ananás, abacá, copra.

DAVID C. de Panamá, cap. de la prov. de Chiriquí; 113 527 hab. (en el distr.). Centro industrial.

DAVID Hijo de Isaí, segundo rey del pueblo de Israel.

DAVID, Gérard (1460-1523) Pintor flam., el último gran maestro de la escuela de Brujas. *Virgen con santas, El descendimiento de Cristo.* ◊ **Louis** (1748-1825) Pintor fr., fundador de la escuela neoclásica. *El juramento del Juego de Pelota, La coronación de Napoleón I, Marat asesinado en su bañera.*

DÁVILA, Amparo (nacida 1928) Escritora mex. *Perfil de soledades, Meditaciones a orilla del sueño* (poesía); *Tiempo destrozado* (cuentos). ◊ **Carlos Guillermo** (1887-1955) Político chil. Participó en el derrocamiento de Montero. Presid. de la rep. en 1932. ◊ **José Antonio** (1899-1941) Poeta puertorriq. *Vendimia* (obra póstuma). ◊ **Miguel R.** (m. 1927) Político hond. Sucedió a Bonilla en la presidencia (1907). Derrocado en 1911. ◊ **Andrade, César** (1918-1967) Poeta ecuat. Sobresale por su riqueza formal. *Materia real.* ◊ **De Burbano, Memé** (1911-1980) Pianista ecuat. Gran pedagoga, fue directora del Conservatorio Nacional. ◊ **Miranda, Federico** (nacido 1900) Violinista arg. Estudió en Praga y Berlín. Fundador de la Asociación Argentina de Música de Cámara. ◊ **Silva, Ricardo** (1873-1959) Ensayista chil. *Apuntes para una biblioteca heleno-clásica, Apuntes para una biblioteca latino-clásica, Sucinta historia de la filosofía griega.*

DAVIS, Angela (nacida 1944) Política estadoun. De militancia comunista, es uno de los símbolos de la lucha contra la discriminación racial. *Autobiografía.* ◊ **Bette** Seud. de *Ruth Elizabeth Davis* (1908-1989) Actriz teatral y cinematográfica norteam. *Jezabel, El bosque petrificado, La loba, ¿Qué fue de Baby Jane?* ◊ **Jefferson** (1808-1889) Político estadoun. Durante la guerra de Secesión fue presid. de los Estados Confederados del Sur. ◊ **Miles** (1926-1991) Trompetista estadoun. Uno de los creadores del *cool jazz.*

DAVISSON, Clinton Joseph (1881-1958) Físico norteam. Con L. H. Germer, descubrió la difracción de un haz de electrones al atravesar una estructura cristalina. Premio Nobel de Física, con G. P. Thomson, en 1937.

DAVY, SIR Humphrey (1778-1829) Químico brit. Inventor de una lámpara minera de seguridad que lleva su nombre.

DAWES, Charles Gates (1865-1951) Financiero y político norteam. Elaboró el Plan de regulación de las reparaciones económicas de Alemania a los aliados. Premio Nobel de la Paz en 1925.

DAYAN, Moshe (1915-1981) Militar y político israelí. Jefe del Estado Mayor, dirigió la guerra de los Seis Días (1967).

DAYTON C. de EE UU, en el SO del est. de Ohio, sobre el río Great Miami; 850 266 (agl. urb.). Centro aeronáutico. Investigación atómica.

DAZA, Hilarión (1840-1894) Político y militar bol. En 1876, mediante un golpe de est., se hizo con el poder. Derrocado tras su fracaso en la guerra del Pacífico. Murió asesinado.

DDT m. *Quím.* Abrev. del *dicloro-difenil-tricloroetano,* insecticida que se presenta en forma de polvo blanco, soluble en muchos disolventes orgánicos. Altamente tóxico.

DE f. Nombre de la letra *d.* ◊ prep. Denota posesión. ◊ Explica el modo de hacer varias cosas, de suceder otras, etc. ◊ Manifiesta de dónde son, vienen o salen las cosas o las personas. ◊ Sirve para denotar la materia de que está hecha una cosa. ◊ Demuestra lo contenido en una cosa. ◊ Indica también el asunto de que se trata. ◊ Expresa la naturaleza, condición o cualidad. ◊ Sirve para determinar la aplicación de un nombre apelativo. ◊ Desde.

DE LA RÚA, Fernando (n. 1937) Político arg. Senador y diputado por la Unión Cívica Radical, en 1996 fue elegido Jefe de Gobierno (alcalde) de la ciudad de Buenos Aires, y en 1999 obtuvo la victoria en las elecciones presidenciales. Dimitió en diciembre de 2001.

DEA f. Diosa.

DEAMBULAR intr. Andar sin dirección determinada; pasear.

DEAMBULATORIO m. *Arq.* Espacio transitable en las iglesias detrás del altar mayor.

DEÁN m. El cabeza del cabildo después del prelado. ❑ DEANATO o DEANAZGO.

DEAN, James (1931-1955) Actor cinematográfico norteam. *Rebelde sin causa, Al este del Edén, Gigante.*

DEATH VALLEY ➪ Muerte, valle de la.

DEBACLE f. Catástrofe, desastre.

DEBAJO adv. lugar. En lugar inferior. Pide la prep. *de* cuando antecede a un nombre y tiene conexión con él. ◊ fig. Con sumisión a personas o cosas. Pide también la prep. *de* precediendo a un nombre.

DEBALI, Francisco José (1791-1859) Músico brit., instalado en Montevideo. Compuso el Himno Nacional de Uruguay (1845).

DEBATE m. Controversia sobre una cosa entre dos o más personas. ◊ Contienda, lucha.

DEBATIR tr. Altercar, disputar sobre una cosa. ◊ Combatir. ◊ prnl. Agitarse, sacudirse.

DEBE m. *Cont.* Una de las dos partes, la de la izquierda, en que se dividen las cuentas corrientes. Incluye las cantidades que se cargan en la cuenta.

DEBER m. *Fil.* Conformidad de una acción a un orden racional o norma. ◊ Deuda. ◊ tr. Estar obligado a algo por la ley. ◊ Tener obligación de satisfacer una cantidad. ◊ tr. y prnl. Tener por causa.

DEBILIDAD f. Falta de vigor. ◊ fig. Carencia de energía en las cualidades del ánimo. ◊ Afecto. ❑ DÉBIL.

DEBILITACIÓN f. Debilidad.

DEBILITAR tr. y prnl. Disminuir la fuerza o el poder de una persona o cosa. ❑ DEBILITAMIENTO.

DÉBITO m. Deuda. ◊ Débito conyugal. ◊ *Cont.* Conjunto de cantidades anotadas en el debe de una cuenta.

DEBRECEN C. del E de Hungría; 210 000 hab. Industria. Universidad.

DEBREU, Gerard (nacido 1921) Economista norteam. Premio Nobel de Economía en 1983 por su aportación a la teoría del equilibrio general.

DEBS, Eugène-Victor (1855-1926) Político norteam. Uno de los fundadores del Partido Socialista de EE UU.

DEBUSSY, Claude (1862-1918) Pianista y compositor fr. Una de las fig. musicales más originales a partir de influencias literarias vanguardistas. Obras para piano y orquesta, música de cámara, ballet y ópera. *La doncella elegida, Preludio a la siesta de un fauno.*

DEBUT (voz fr.) m. Estreno de un espectáculo; presentación de un artista, escritor, etc. ❑ DEBUTANTE; DEBUTAR.

DEBYE, Peter Joseph Wilhelm (1884-1966) Químico y físico hol. Premio Nobel de Química en 1936 por sus estudios sobre la estructura de los compuestos moleculares por los rayos X.

Miles **Davis**

DÉCADA f. Serie de diez. ◇ Período de diez días o diez años. ◇ División de diez libros o capítulos en una obra histórica.

DECADENCIA f. Ruina de una cultura, imperio.

DECADENTISMO m. *Lit.* Estilo, hacia finales del s. XIX, de los que propenden a un refinamiento exagerado en el uso de las palabras. ❏ DECADENTISTA.

DECAEDRO m. *Geom.* Poliedro de diez caras.

DECAER intr. Ir a menos. ◇ *Mar.* Separarse la embarcación del rumbo. ❏ DECADENTE; DECAÍDO, DA.

DECÁGONO, NA adj. y m. *Geom.* Polígono de diez lados. ❏ DECAGONAL.

DECAGRAMO m. Unidad de peso que equivale a diez gramos.

DECAIMIENTO m. Decadencia. ◇ Desaliento, abatimiento.

DECALITRO m. Medida de capacidad que equivale a diez litros.

DECÁLOGO m. Conjunto de diez reglas necesarias para hacer bien una cosa. ◇ n. p. m. Los diez mandamientos que Dios entregó a Moisés.

DECÁMETRO m. Medida de longitud, que equivale a diez metros.

DECÁN (*Dakshin Pathar*) Pen. sit. al S de la llanura indogangética, que forma la región meridional de la India.

DECANO, NA adj. y s. Miembro más ant. de una comunidad, junta, etc. ◇ Persona nombrada para presidir una corporación o una facultad universitaria. ❏ DECANATO.

DECANTACIÓN f. Separación de un líquido y un sólido o de dos líquidos no miscibles aprovechando la gravedad.

DECANTAR tr. Propalar. ◇ Inclinar una vasija sobre otra para que caiga el líquido sin que salga el poso.

DECAPADO m. *Metal.* Eliminación de las capas de óxidos y de las sustancias grasas que recubren un cuerpo metálico.

DECAPAR intr. *Metal.* Quitar las impurezas que se forman sobre una superficie metálica. ❏ DECAPANTE.

DECAPITAR tr. Cortar la cabeza. ❏ DECAPITACIÓN.

DECÁPODO, DA adj. y m. *Zool.* Díc. de los crustáceos con cinco pares de patas locomotoras. ◇ Moluscos cefalópodos con diez tentáculos, dos de los cuales son más largos y a menudo retráctiles.

DECASÍLABO, BA adj. y s. De diez sílabas.

DECATHLON m. Competición atlética que consta de diez pruebas.

DECELERACIÓN f. Aceleración negativa.

DECELERAR tr. Reducir la velocidad.

DECEMBRISTA adj. y s. Miembros de una soc. secreta rusa que en 1825 intentaron instaurar el sist. constitucional.

DECENA f. Conjunto de diez unidades.

DECENAL adj. Que sucede o se repite cada decenio. ◇ Que dura un decenio.

DECENCIA f. Aseo y adorno correspondiente a cada persona o cosa. ◇ Recato, modestia. ◇ fig. Dignidad en los actos y en las palabras.

DECENIO m. Periodo de diez años.

DECENTE adj. Honesto, debido. ◇ Conforme a la moral sexual. ◇ Con-

forme al estado de la persona. ◇ Adornado sin lujo, con aseo.

DECENVIR o **DECENVIRO** m. Cada uno de los diez magistrados rom. que gobernaron algún tiempo la rep. ❏ DECENVIRAL; DECENVIRATO.

DECEPCIÓN f. Engaño. ◇ Pesar causado por un desengaño. ❏ DECEPCIONAR.

DECESO m. Muerte natural o civil.

DECHADO m. Muestra que se tiene presente para imitar. ◇ fig. Modelo de virtudes o de vicios.

DECIBEL o **DECIBELIO** m. *Fís.* Décima parte del bel, unidad de medida para expresar la intensidad de un sonido.

DECIDIR tr. Formar juicio sobre algo dudoso. ◇ tr. y prnl. Tomar determinación de algo. ◇ Ayudar a otro a que tome cierta determinación. ❏ DECIDIDO, DA; DECISIVO, VA o DECISORIO, RIA.

DECIGRAMO m. Peso que equivale a la décima parte de un gramo.

DECILITRO m. Medida de capacidad, que equivale a la décima parte de un litro.

DECIMAL adj. Aplícase a cada una de las diez partes en que se divide una cantidad. ◇ Díc. del sistema métrico, cuyas unidades son múltiplos o divisores de 10 con respecto a la pral. de cada clase.

DECÍMETRO m. Medida de longitud, que equivale a la décima parte de 1 m.

DÉCIMO, MA adj. Que sigue inmediatamente en orden al o a lo noveno. ◇ adj. y s. Cada una de las diez partes iguales en que se divide un todo. ◇ m. Décima parte del billete de lotería. ◇ Diezmo.

DECIMONÓNICO, CA adj. Relativo al s. XIX.

DECIO (201-251) Emperador rom. [248-251]. Inició la séptima persecución contra los cristianos.

DECIR m. Dicho, palabra. ◇ tr. y prnl. Manifestar el pensamiento. ◇ tr. Asegurar, opinar. ◇ Nombrar. ◇ ❏ DECIDERO, RA; DECIDOR, RA.

DECISIÓN f. Resolución que se toma o se da en una cosa ante la que existen dos o más alternativas. ◇ Firmeza de carácter. ◇ *Der.* Resolución judicial.

DECLAMACIÓN f. Discurso pronunciado contra personas o cosas. ◇ Arte de representar en el teatro.

DECLAMAR intr. Orar en público. ◇ Orar con el fin de ejercitarse en las reglas de la retórica. ◇ Orar con demasiada vehemencia. ◇ intr. y tr. Recitar con la entonación y el gesto convenientes.

DECLAMATORIO, RIA adj. Aplícase al estilo empleado para suplir la falta de afectos capaces de acalorar el ánimo.

DECLARACIÓN de los derechos del hombre y del ciudadano Aprobada en Francia en 1789, reconocía como derechos naturales del hombre la libertad individual, la libertad de pensamiento, la propiedad, etc. ◇ **Universal de los derechos humanos.** Aprobada por la ONU en 1948, define los derechos básicos del hombre, sin distinción de raza, sexo, lengua, religión o política.

DECLARAR tr. Manifestar lo que está oculto o no se entiende. ◇ *Der.* Determinar, decidir los juzgadores. ◇ intr. *Der.* Manifestar los testigos o el reo ante el juez. ◇ prnl. Manifestar el ánimo, los sentimientos. ◇ Producirse. ◇ Manifestarse abiertamente. ❏ DECLARACIÓN; DECLARANTE; DECLARATIVO, VA.

DECLINACIÓN f. Caída o bajada. ◇ fig. Decadencia o menoscabo. ◇ *Astr.* Distancia de un astro al ecuador. ◇ *Gram.* En las lenguas con flexión casual, serie ordenada de las formas que presenta una palabra para desempeñar funciones. ◇ Ángulo que forma un plano vertical con el meridiano del lugar que se considere. ❏ DECLINABLE.

DECLINAR intr. Inclinarse. ◇ fig. Decaer, ir perdiendo en salud, inteligencia, riqueza, etc. ◇ fig. Caminar una cosa a su fin.

DECLIVE m. o **DECLIVIDAD** f. Pendiente, cuesta o inclinación de una superficie.

DECOCCIÓN f. Producto que se obtiene por el cocimiento en agua de sustancias vegetales o minerales.

DECOLORANTE adj. y s. Que decolora. ◇ m. Agente que elimina los colores.

DECOMISO m. Pena en que incurre el que comercia en géneros prohibidos, consistente en la pérdida de los mismos. ❏ DECOMISAR.

DECORACIÓN f. Acción y efecto de decorar. ◇ Cosa que decora. ❏ DECORATIVO, VA.

Decoración. Interior decorado en estilo Luis XVI

DEFENSA ANIMAL

Estructuras de ataque
y de defensa de especies de
distintos grupos taxonómicos:
garra de oso, caparazón
de tortuga, púas de erizo y pico
de águila

Muchos mamíferos de distintos
órdenes tienen en sus afilados
colmillos su principal arma de
ataque y defensa. Tal es el caso
de este papión sagrado

DECORADO m. Decoración, conjunto de elementos que componen la escenografía de un espectáculo.

DECORAR tr. Adornar una cosa o un sitio. ❑ DECORADOR, RA.

DECORO m. Honor, respeto que se debe a una persona. ◊ Circunspección. ◊ Pureza, recato. ◊ Honra, estimación. ❑ DECOROSO, SA.

DECOUD, José Segundo (1848-1908) Escritor par. Fundador de la universidad Nacional. *La educación, La literatura en el Paraguay.*

DECRECER intr. Menguar, disminuir. ❑ DECRECIMIENTO o DECREMENTO.

DECREPITAR intr. Crepitar por la acción del fuego. ❑ DECREPITACIÓN.

DECRÉPITO, TA adj. y s. Aplícase a la edad muy avanzada o persona que por su vejez tiene disminuidas sus facultades. ◊ fig. Díc. de las cosas que han llegado a su última decadencia. ❑ DECREPITUD.

DECRESCENDO m. y adv. modo. *Mús.* Debilitación gradual de la intensidad del sonido.

DECRETAL f. Epístola en la cual el Sumo Pontífice declara alguna duda. ◊ pl. Libro en que están recopiladas las epístolas.

DECRETAR tr. Resolver, decidir la persona que tiene autoridad para ello.

DECRETO m. Resolución o determinación de una autoridad sobre cualquier materia. ◊ Constitución que ordena el papa.

DECÚBITO m. Posición que toman las personas o los animales cuando se echan. ◊ **prono.** El cuerpo yace sobre el pecho y vientre. ◊ **supino.** El cuerpo descansa sobre la espalda.

DECUPLICAR tr. Multiplicar por 10 una cantidad. ❑ DÉCUPLO, PLA.

DECURIA f. Cada una de las diez porciones en que se dividía la curia rom. ◊ En la ant. milicia rom., escuadra de diez soldados gobernada por un cabo. ❑ DECURIÓN; DECURIONATO.

DECURSO m. Sucesión del tiempo.

DEDAL m. Utensilio usado para empujar la aguja cuando se cose. ◊ Dedil.

DÉDALO *Mit.* Arquitecto que construyó el Laberinto para Minos, rey de Creta.

DEDICACIÓN f. Fiesta en que se hace memoria de haberse consagrado un templo. ◊ Inscripción que se coloca en la fachada de un edificio, e indica su destino. ❑ DEDICATIVO, VA; DEDICATORIO, RIA.

DEDICAR tr. Consagrar, destinar una cosa a un fin o uso. ◊ Dirigir a una persona, como obsequio, un objeto y una obra artística o literaria. ◊ tr. y prnl. Emplear, destinar.

DEDICATORIA f. Carta o nota dirigida a la persona a quien se dedica una obra.

DEDILLO (Al) m. adv. fam. que indica que algo se ha aprendido o se sabe a la perfección.

DEDO m. *Anat.* y *Fisiol.* Cada una de las cinco partes en que terminan la mano y el pie del hombre y, en el mismo o menor número, en muchos animales. ◊ Porción de una cosa, del ancho de un dedo.

DEDUCCIÓN f. Acción y efecto de deducir. ◊ Derivación, acción de sacar una cosa de otra o parte de ella. ◊ *Fil.* Método por el cual se procede lógicamente de lo universal a lo particular.

DEDUCIR tr. Sacar consecuencias. ◊ Rebajar, descontar alguna partida de una cantidad.

DEFASAJE m. *Fís.* Diferencia de fase entre dos oscilaciones de la misma frecuencia.

DEFECACIÓN f. Acción y efecto de defecar. ◊ *Fisiol.* Expulsión, a través del orificio anal, de las heces estacionadas en el bajo intestino. ❑ DEFECAR.

DEFECCIÓN f. Acción de separarse uno o más individuos de la causa a que pertenecían.

DEFECTIVO, VA adj. Defectuoso. ◊ adj. y s. *Gram.* Verbo cuya conjugación no es completa.

DEFECTO m. Carencia de las cualidades de una cosa. ◊ Imperfección natural o moral. ❑ DEFECTUOSO, SA.

DEFENDER tr. y prnl. Amparar, librar. ◊ tr. Conservar, sostener una cosa contra el dictamen ajeno. ◊ Vedar, prohibir. ◊ Impedir, estorbar. ◊ Abogar.

DEFENDIDO, DA adj. y s. Persona a quien defiende un abogado.

DEFENESTRAR tr. Arrojar por la ventana. ❑ DEFENESTRACIÓN.

DEFENSA f. Arma, instrumento, etc. con que uno se defiende en un peligro. ◊ Amparo, socorro. ◊ Obra de fortificación para defender una plaza, etc. Se usa más en pl. ◊ *Biol.* Mecanismo de protección de los seres vivos. ◊ *Der.* Razón que se alega en juicio para desvirtuar la acción del demandante. ◊ *Der.* Abogado defensor del litigante o del reo. ◊ *Med.* Conjunto de medios por los que el organismo humano resiste la acción de los agentes que tienden a destruirlo. ❑ DEFENSIÓN.

DEFENSIVA f. Situación o estado del que sólo trata de defenderse.

DEFENSOR, RA adj. y s. Que defiende. ◊ m. *Der.* Persona que en juicio está encargada de la defensa del acusado.

DEFERENCIA f. Adhesión al dictamen o proceder ajeno, por respeto o por moderación. ◊ fig. Muestra de respeto.

DEFERENTE adj. Que defiere al dictamen ajeno. ◊ *Anat.* Que conduce hacia el exterior. ◊ fig. Respetuoso.

DEFERIR intr. Adherirse al dictamen de uno. ◊ tr. Comunicar, dar parte de la jurisdicción o poder.

DEFICIENCIA f. Defecto. ◊ Escasez de algo. ❑ DEFICIENTE.

DÉFICIT m. En el com., lo que falta a las ganancias para que se equilibren con los gastos. ❑ DEFICITARIO, RIA.

DEFINICIÓN f. Proposición que expone los caracteres de una cosa. ◊ Decisión de una duda, pleito o contienda, por autoridad legítima. ❑ DEFINIDO.

DEFINIR tr. Fijar con precisión la significación de una palabra o la naturaleza de una cosa. ◊ Decidir, resolver una cosa. ❑ DEFINITIVO, VA; DEFINITORIO.

DEFLACIÓN f. *Econ.* Exceso de la oferta sobre la demanda, que provoca una disminución de los precios y un aumento del valor del dinero. ❑ DEFLACIONARIO, RIA; DEFLACIONISTA.

DEFLAGRACIÓN f. Combustión rápida que se propaga desde la superficie hacia el interior de la masa. ❑ DEFLAGRADOR, RA.

DEFLAGRAR intr. Arder una sustancia súbitamente con llama y sin explosión.

DEFLECTOR, RA adj. y m. Que produce deflexión. ◊ *Mec.* Órgano para modificar la dirección de una corriente.

DEFLEGMAR tr. Separar de un cuerpo su parte acuosa.

DEFLEXIÓN f. Cambio de dirección.

DEFOE, Daniel (1660-1731) Escritor ing., autor de *Robinson Crusoe, El capitán Singleton, Moll Flanders.*

DEFOLIACIÓN f. Caída prematura de las hojas. ❏ DEFOLIAR.

DEFORESTAR tr. Eliminar las plantas forestales. ❏ DEFORESTACIÓN.

DEFORMACIÓN f. Efecto causado por una fuerza al actuar sobre un cuerpo elástico.

DEFORMAR tr. Hacer deforme una cosa. ◊ tr. y prnl. Alterar la forma de algo. ❏ DEFORMATORIO, RIA.

DEFORME adj. Desproporcionado o irregular en la forma.

DEFORMIDAD f. Calidad de deforme. ◊ Cosa deforme. ◊ fig. Error grosero.

DEFRAUDAR tr. Privar a uno de lo que le toca de derecho. ◊ Eludir el pago de los impuestos. ❏ DEFRAUDACIÓN.

DEFUNCIÓN f. Muerte.

DEGAS, Edgar (1834-1917) Pintor fr. Fue uno de los primeros impresionistas. *La familia Bellelli.* Se especializó en temas de danza y en caballos.

DEGENERACIÓN f. Acción y efecto de degenerar. ◊ Descaecimiento. ◊ *Biol.* Alteración de la estructura de un cuerpo.

DEGENERADO, DA adj. y s. Díc. del individuo de condición mental y moral anormal o depravada, acompañada de estigmas físicos.

DEGENERAR intr. Decaer, no corresponder una persona o cosa a su primera calidad. ◊ fig. Decaer uno de la nobleza de sus antepasados. ❏ DEGENERATIVO, VA.

DEGLUTIR tr. e intr. *Fisiol.* Tragar los alimentos y, en general, hacer pasar de la boca al estómago cualquier sustancia sólida o líquida. ❏ DEGLUCIÓN.

DEGOLLADERO m. Sitio destinado para degollar las reses. ◊ Tablado o cadalso donde se degollaba a los delincuentes.

DEGOLLADO m. Degolladura en los vestidos.

DEGOLLADO, Santos (1811-1861) Militar y político mex. Se incorporó en 1855 a la rev. de Ayutla. Ministro de la Guerra en el gobierno de Benito Juárez. Murió luchando contra las guerrillas conservadoras.

DEGOLLAR tr. Cortar el cuello a una persona o a un animal. ◊ Escotar el cuello de un vestido. ◊ fig. Destruir. ❏ DEGOLLACIÓN; DEGOLLADOR, RA.

DEGOLLINA f. fam. Matanza. ◊ fam. Abundancia de suspensos en un examen.

DEGRADACIÓN f. Acción y efecto de degradar o degradarse. ◊ Humillación.

DEGÜELLO m. Operación de forja para producir un cambio brusco de sección en una pieza.

DEGUSTAR tr. Probar alimentos o bebidas. ❏ DEGUSTACIÓN.

DEHESA f. Tierra acotada destinada a pastos.

DEHIDROGENAR tr. *Quím.* Hacer perder hidrógeno a un compuesto.

DEHISCENCIA f. *Biol.* En embriología, formación de una cavidad por disminución o lisis de algunas células parenquimáticas. ◊ *Bot.* Proceso de abertura de ciertos frutos mediante la aparición de fisuras. ❏ DEHISCENTE.

DEICIDA adj. y s. Díc. de los que dieron muerte a Jesucristo. ❏ DEICIDIO.

DEIDAD f. Ser divino o esencia divina. ◊ Dios de la antigüedad o de los pueblos politeístas.

DEIFICAR tr. Divinizar o suponer divina una persona o cosa. ◊ fig. Ensalzar excesivamente a una persona. ❏ DEIFICACIÓN; DEÍFICO, CA.

DEÍSMO m. Doctrina que niega toda religión revelada. Concibe a Dios como un ente de razón. ❏ DEÍSTA.

DEJA f. Parte que queda entre dos muescas.

Antes de la salida, óleo de Edgar **Degas**

DEJACIÓN f. *Der.* Cesión, desistimiento, abandono de bienes, acciones, etc.

DEJADEZ f. Pereza, abandono de sí mismo o de sus cosas propias. ❏ DEJADO, DEJADA.

DEJAMIENTO m. Dejación. ◊ Flojedad. ◊ Desasimiento, desapego de una cosa. ❏ DEJADO, DA.

DEJAR tr. Soltar una cosa; retirarse o apartarse de ella. ◊ Omitir. ◊ Consentir. ◊ Valer, producir ganancia. ◊ Desamparar. ◊ Encargar. ◊ Faltar. ◊ Disponer uno alguna cosa al ausentarse. ◊ No inquietar ni molestar. ◊ Nombrar. ◊ Dar una cosa a otro el que se ausenta o hace testamento. ◊ Faltar al cariño y estimación de una persona. ◊ tr. y prnl. Cesar. ◊ tr. fam. Prestar. ◊ prnl. Descuidarse de sí mismo. ◊ Entregarse. ◊ Abandonarse.

DEJATIVO, VA adj. Perezoso, flojo.

DEJO m. Fin de una cosa, término o paradero de ella. ◊ Modo de pronunciación y de inflexión de la voz que denota emoción. ◊ Acento peculiar del habla de determinada región. ◊ Inflexión descendente con que termina cada periodo de emisión de voz. ◊ Gusto que queda de la comida o bebida. ◊ Dejamiento. ◊ fig. Placer o disgusto que queda después de una acción. ❏ DEJE.

DEKKER, Thomas (h. 1572-h. 1632) Escritor ing., de un vigoroso realismo. *Cartilla del perfecto galán, La puta honesta, La fiesta del zapatero.*

DEL Contr. de la prep. *de* y el art. *el.*

DELACIÓN f. Acusación, denuncia.

DELACROIX, Eugène (1798-1863) Pintor fr. romántico, influido por los paisajistas brit. y los barrocos esp. y flam. *Las matanzas de Quíos, La libertad guiando al pueblo.*

DELANO, Luis Enrique (1907-1985) Escritor chil., de temática social. *Cuatro meses de guerra civil en Madrid, El viento del rencor.* ◊ **Poli** (nacido 1936) Escritor chil. Autor de *Cambio de máscara* (premio Casa de las Américas 1973), *Dos lagartos en una botella.*

DELANTAL m. Prenda de vestir que se ata a la cintura. ◊ Mandil de trabajo.

DELANTE adv. lugar. Con prioridad de lugar, en sitio detrás del cual está una persona o cosa. ◊ Enfrente. ◊ adv. modo. A la vista.

DELANTERO, RA adj. Que está o va delante. ◊ m. Postillón que gobierna las caballerías delanteras o de guías. ◊ *Dep.* Jugador atacante. ◊ f. Parte anterior de una pob., casa, etc. ◊ En las plazas de toros, teatros, etc., primera fila de cierta clase de asientos. ◊ Cuarto delantero de una prenda de vestir. ◊ Frontera de una pob., casa, etc. ◊ Espacio con que uno se adelanta a otro en el camino. ◊ Canal del libro encuadernado.

DELATAR tr. Revelar a la autoridad el autor de un delito. ◊ Poner de manifiesto algo oculto y reprochable. ◊ prnl. Dar a conocer involuntariamente la intención. ❏ DELATOR, RA.

Eugène **Delacroix**

Ville de París, óleo de Robert **Delaunay** (Museo de Arte moderno, París)

DELAUNAY, Robert (1904-1941) Pintor fr. Influenciado por Cézanne, evolucionó hacia el precubismo. *Saint-Severin, Torre Eiffel.*

DELAWARE Est. de EE UU; 5 295 km², 666 000 hab. Cap., Dover. C. pral.: Wilmington. Terr. llano, con marismas y lagunas. Trigo, maíz y legumbres. Avicultura. Pesca. Ind. quím. y alimentaria. Astilleros. ◊ Río de EE UU. Nace en los montes Catskill, en los Apalaches, discurre en dirección N-S y desemboca en la bahía hom.; 600 km.

DELCO m. En los motores de explosión, dispositivo de encendido eléctrico que distribuye la corriente a las bujías.

DELEBLE adj. Que puede borrarse.

DELECTACIÓN f. Deleitación. ❑ DE-LEITAMIENTO.

DELEDDA, Grazia (1871-1936) Escritora it., representante del verismo it. *Flor de Cerdeña, La justicia.* Premio Nobel de Literatura en 1926.

DELEGACIÓN f. Acción y efecto de delegar. ◊ Cargo de delegado. ◊ Oficina del delegado. ◊ Conjunto de delegados o de personas que asumen una representación.

DELEGADO, DA adj. y s. Persona en quien se delega una facultad o jurisdicción.

DELEGAR tr. Dar una persona a otra la jurisdicción que tiene por su dignidad u oficio. ❑ DELEGATORIO, RIA.

DELEITACIÓN o **DELEITE** m. Placer del ánimo. ◊ Placer sensual. ❑ DELEITABLE; DELEITAR; DELEITOSO, SA.

DELETÉREO, A adj. Mortífero, venenoso.

DELETREAR intr. Pronunciar separadamente las letras de cada sílaba. ◊ fig. Adivinar.

DELETREO m. Acción de deletrear. ◊ Procedimiento para enseñar a leer deletreando.

DELEZNABLE adj. Que se rompe o deshace fácilmente. ◊ Que se desliza y resbala con mucha facilidad. ◊ fig. Poco durable, de poca resistencia.

DELEZNARSE prnl. Deslizarse, resbalarse.

DELFÍN m. *Zool.* Cetáceo, negro por encima y blanquecino por debajo, de cabeza voluminosa, boca grande, hocico agudo, y provisto de una abertura nasal por la que expulsa el agua que traga. ◊ Título que recibía el primogénito del rey de Francia.

DELFINADO *(Dauphiné)* Región histórica del SE de Francia, entre Saboya y Provenza. Unida a Francia en 1349.

DELFINO, Augusto Mario (1906-1961) Escritor arg., autor de cuentos. *Fin de siglo, Para olvidarse de otras guerras.*

DELFOS Ant. c. gr., al SO del Parnaso. Destruida por Constantino. Templo de Apolo.

DELFT C. de Países Bajos, en Holanda Meridional; 85 000 hab. Centro industrial.

DELGA f. En las máquinas eléctricas, cada una de las láminas trapezoidales de cobre que constituyen el colector.

DELGADILLO, Luis A. (1887-1961) Compositor nic. Fue dir. general de Cultura Musical y de la rev. *Armonía. Sinfonía indígena, Sinfonía incaica.*

DÉLGADO, DA adj. Flaco. ◊ Tenue. ◊ Delicado. ◊ fig. Aplicado a terreno o tierra, endeble. ◊ fig. Agudo, sutil. ❑ DELGADEZ; DELGADUCHO, CHA.

DELGADO, José Matías (1768-1833) Político y eclesiástico centroamericano. Participó en el levantamiento nacionalista de El Salvador y en la proclamación de la indep. de Guatemala. En 1823 presidió la asamblea constituyente de las Provincias Unidas del Centro de América. ◊ **Rafael** (1853-1914) Novelista mex., entre el realismo y el romanticismo. *Los parientes ricos, Historia vulgar.*

DELHI *(Dilli)* Terr. de la India; 1 485 km², 9 370 500 hab. Cap. la c. hom. ◊ C. del N de la India; 7 174 800 hab. Su sector moderno (Nueva Delhi) es la cap. del país. Ind. textil, quím. y farmacéutica. Artesanía.

DELIBERAR intr. Considerar el pro y el contra de las decisiones, antes de realizarlas. ◊ tr. Resolver una cosa con premeditación. ❑ DELIBERACIÓN.

DELIBES, Léo (1836-1891) Compositor fr., autor de obras románticas: *Lakmé*, ópera; *Sylvia, Copelia*, ballets. ◊ **Miguel** (n. 1920) Escritor y periodista esp. Premio Cervantes 1994. *Cinco horas con Ma-*

Ruinas del templo de Apolo en **Delfos**

rio, Los santos inocentes, La hoja roja, Diario de un cazador.

DELICADO, DA adj. Fino, atento, tierno. ◊ Débil, delgado, enfermizo. ◊ Quebradizo, fácil de deteriorarse. ◊ Sabroso, regalado. ◊ Difícil, expuesto a contingencias. ◊ Primoroso, fino, exquisito. ◊ Bien parecido. ◊ Sutil, ingenioso. ◊ Suspicaz, fácil de resentirse o enojarse. ◊ Difícil de contentar. ◊ Que procede con escrupulosidad. ❑ DELICA-DEZA; DELICADUCHO, CHA.

DELICADO, Francisco (s. XVI) Escritor y eclesiástico esp. *Retrato de la lozana andaluza.*

DELICIA f. Placer muy intenso del ánimo. ◊ Placer sensual muy vivo. ◊ Aquello que causa delicia. ❑ DELICIO-SO, SA.

DELICIAS C. de México, en el est. de Chihuahua; 82 215 hab. Cereales, ganadería, avicultura. Centro comercial.

DELICUESCENCIA f. *Fís.* Propiedad de algunas sustancias sólidas de absorber la humedad del aire y de disolverse en ella. ❑ DELICUESCENTE.

DELIMITAR tr. Fijar los límites de una cosa. ❑ DELIMITACIÓN.

DELINCUENCIA f. Calidad de delincuente. ◊ Comisión de un delito. ◊ Conjunto de infracciones de normas jurídicas.

DELINEAR tr. Trazar las líneas de una figura. ❑ DELINEACIÓN; DELINEANTE.

DELINQUIR intr. Quebrantar una ley o mandato, cometer delito. ❑ DELIN-CUENTE.

DELIRAR intr. Desvariar, tener perturbada la razón. ◊ fig. Decir o hacer despropósitos.

DELIRIO m. Desorden o perturbación de la razón o de la fantasía. ◊ fig. Despropósito.

DELIRIUM tremens m. *Psiq.* Forma delirante grave de los alcohólicos crónicos.

DELITESCENCIA f. Desaparición de los síntomas de una enfermedad. ◊ *Quím.* Pérdida del agua en partículas menudas que experimenta un cuerpo al cristalizarse.

DELITO m. Culpa, crimen, quebrantamiento de la ley. ◊ Acción u omisión voluntaria, castigada por la ley con pena grave. ❑ DELICTIVO, VA.

DELON, Alain (n. 1935) Actor y productor cinematográfico fr. *Rocco y sus hermanos, Borsalino, El gatopardo.*

DELONEY, Thomas (h. 1543-h. 1607) Poeta y novelista ing. *Narraciones curiosas.*

DELORME, Philibert (h. 1515-1570) Arquitecto renacentista fr. Palacio de las Tullerías; castillo de Diana de Poitiers, en Anet.

DELOS Isla de Grecia, en las Cícladas. Templos a Artemisa y Apolo.

DELTA f. Cuarta letra del alfabeto gr., que corresponde a nuestra *d*. ◊ m. *Geog.* Depósito de aluviones fluviales formado en la desembocadura de ríos o en mares. ◊ *Aer.* Tipo de ala triangular de elevada estabilidad a altas velocidades. ❑ DELTAICO, CA.

DELTA AMACURO Estado del E de Venezuela; 40 200 km²; 91 085 hab. Cap., Tucupita, 27 300 hab. Se extiende sobre el delta del Orinoco, al cual afluye el Amacuro. Cereales, legumbres, frutos tropicales. Explotación forestal. Pesca.

DELTOIDES adj. De figura de delta mayúscula. ◊ adj. y m. *Anat*. Músculo del hombro.

DELUC, *Jean-André* (1727-1817) Físico y meteorólogo suizo. Inventor de la pila seca.

DELVALLE, *Eric Arturo* (n. 1937) Político pan. Presid. de la rep. de 1985 a 1988. Fue destituido del cargo por el general Manuel Antonio Noriega.

DEMACRACIÓN f. Pérdida de carnes por falta de nutrición, por enfermedades, etc. ❏ DEMACRADO, DA; DEMACRARSE.

DEMAGOGIA f. Actitud política oportunista del que ofrece soluciones utópicas, irreales y engañosas al pueblo. ❏ DEMAGÓGICO, CA; DEMAGOGO, GA.

DEMANDA f. Súplica, solicitud. ◊ Pregunta. ◊ Busca. ◊ Pedido de mercancías. ◊ Petición que un litigante sustenta en el juicio. ◊ Escrito en que se ejercitan en juicio acciones civiles. ◊ *Econ*. Para un precio dado, cantidad de un bien que los sujetos económicos están dispuestos a adquirir. ❏ DEMANDAR; DEMANDADO, DA; DEMANDADOR, RA; DEMANDANTE.

DEMARCACIÓN f. Terreno demarcado. ◊ En una división territorial, parte comprendida en cada jurisdicción.

DEMARCAR tr. Señalar los límites o confines de un terreno.

DEMARÍA, *Bernabé* (1827-1910) Pintor y escritor arg. *Las revelaciones de un manuscrito, Poesías líricas, América libre*.

DEMÁS adj. Precedido de los art. *lo, la, los, las*, lo otro, la otra, los otros, o los restantes, las otras. En pl. se usa muchas veces sin art. También se dice solamente... y *demás*, con el significado de etc. ◊ adv. cantidad. Además.

DEMASÍA f. Exceso. ◊ Atrevimiento. ◊ Insolencia, desafuero. ◊ Maldad, delito.

DEMASIADO, DA adj. Que es en demasía, o tiene demasía. ◊ adv. cantidad. En demasía.

DEMENCIA f. *Psíq*. Pérdida de las funciones y actividades de la vida psíquica.

DEMÉRITO m. Falta de mérito. ◊ Acción por la cual se desmerece. ❏ DEMERITORIO, RIA.

DEMÉTER *Mit. gr*. Gran diosa, personificación de la tierra. Hija de Cronos y de Rea.

DEMETRIO I *Poliorcetes* (336-283 a. C.) Rey de Macedonia [306-287 a. C.]. Conquistó Atenas y restableció la Liga de Corinto. ◊ **I** *Soter* (h. 187-150 a. C.) Rey de Siria [162-150 a. C.] después de vencer a su rival Tinarco. ◊ **Ivanovitch** (1583-1591) Zarevich de Rusia, segundo hijo de Iván el Terrible. Boris Godunov le hizo asesinar.

DEMICHELLI, *Pedro Alberto* (1896-1982) Político ur. Presid. de junio a septiembre de 1976.

DEMIURGO m. *Fil*. En la escuela platónica, el divino creador del mundo. ◊ *Fil*. En el gnosticismo, principio activo del universo.

DEMOCRACIA f. *Pol*. Sist. de gobierno en el que la soberanía pertenece al pueblo, que ejerce el poder bien directamente, bien por medio de representantes. ◊ Nación gobernada de esa manera. ◊ **directa.** Aquella en la que los ciudadanos participan directamente por medio de asambleas decisorias. ◊ **representativa, formal o delegada.** Sistema en que los ciudadanos sólo intervienen en la elección de sus representantes, que quedan investidos de la autoridad legislativa y ejecutiva.

☐ *Pol*. El fundamento esencial de todos los sist. democráticos radica en que el origen de la soberanía es la voluntad popular. Sin embargo, los regímenes que se declaran democráticos articulan la participación ciudadana de modos muy distintos. ❏ DEMÓCRATA; DEMOCRÁTICO, CA.

DEMOCRATIZAR tr. y prnl. Hacer demócratas a las personas, o democráticas las cosas. ❏ DEMOCRATIZACIÓN.

DEMÓCRITO (460-370 a. C.) Filósofo gr. Discípulo de Leucipo, se le considera junto a éste fundador de la teoría atomista.

DEMODULADOR m. *Electr*. Dispositivo que separa la onda portadora de la moduladora.

DEMODULAR tr. *El*. y *Electr*. Realizar la operación inversa de la modulación.

DEMOGRAFÍA f. Ciencia cuyo objeto de estudio es la pob. La d. se divide en dos grandes disciplinas: *d. cuantitativa* o *analítica* y *d. cualitativa* o *social*. ❏ DEMOGRÁFICO, CA.

DEMOLER tr. Deshacer, derribar, arruinar, degradar. ❏ DEMOLEDOR, RA; DEMOLICIÓN.

DEMONIO, DEMONCHE o **DEMONTRE** m. *Rel*. Diablo. ◊ Espíritu intermediario entre los dioses y los hombres, propio de varias religiones.

DEMONOLATRÍA f. Culto al diablo. ❏ DEMONÓLATRA.

DEMONOLOGÍA f. Estudio sobre los demonios. ❏ DEMONOLÓGICO, CA.

DEMORA f. Tardanza. ◊ *Amér*. Temporada de ocho meses que debían trabajar los indios en las minas. ◊ *Der*. Tardanza en el cumplimiento de una obligación.

La diosa **Deméter,** escultura de la escuela de Praxíteles

DEMORAR tr. Retardar. ◊ intr. Detenerse en una parte.

DEMÓSTENES (384-322 a. C.) Político ateniense, el más grande orador de la antigüedad. Combatió a Filipo de Macedonia, contra quien pronunció sus famosas *Filípicas*.

DEMOSTRACIÓN f. Señalamiento, manifestación. ◊ Comprobación de un

DEMOGRAFÍA

Una visión maltusiana de la explosión demográfica: la Tierra, constantemente embarazada, sin leche para alimentar a un número excesivo de hijos

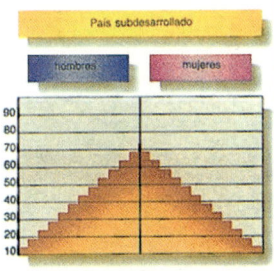

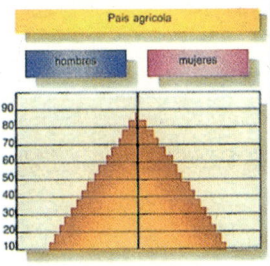

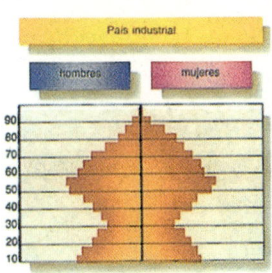

Estas pirámides de población correspondientes a tres tipos distintos de sociedad permiten ser algo más optimista: con el desarrollo económico disminuye la natalidad y la población tiende a estabilizarse

Catherine **Deneuve**

principio o teoría. ◊ Ostentación de fuerza, poder, habilidad, etc. ◊ Razonamiento mediante el que se prueba una proposición.
DEMOSTRAR tr. Manifestar. ◊ Probar. ◊ Enseñar. ◊ *Lóg.* Mostrar que una verdad particular está comprendida en otra universal. ❏ DEMOSTRADOR, RA.
DEMOSTRATIVO, VA adj. Dícese de lo que demuestra. ◊ adj. y s. *Gram.* Adj. que determina el nombre. ◊ adj. y s. *Gram.* Pron. que sustituye al nombre.
DEMÓTICO, CA adj. Aplícase a un género de escritura cursiva empleado por los ant. egipcios.
DEMUDAR tr. Mudar. ◊ Alterar. ◊ prnl. Cambiarse el color o la exp. del semblante. ◊ Alterarse. ❏ DEMUDACIÓN.
DENARIO, RIA adj. y m. Que se refiere al número diez o lo contiene. ◊ m. Ant. moneda rom. de plata, equivalente a diez ases o cuatro sestercios.
DENDRIFORME adj. De figura de árbol.
DENDRITA f. *Miner.* Concreción mineral en forma de ramas de árbol que aparece en las fisuras y juntas de las rocas. ◊ Árbol fósil. ◊ *Biol.* Prolongación protoplasmática arborizada del cuerpo de las neuronas. ❏ DENDRÍTICO, CA.
DENDROGRAFÍA f. Tratado de los árboles. ❏ DENDROGRÁFICO, CA; DENDROIDE o DENDROIDEO, A.
DENEB *Astr.* Estrella pral. de la constelación del Cisne.
DENEGAR tr. No conceder lo que se pide. ❏ DENEGACIÓN.
DENEUVE, Catherine (n. 1943) Nombre artístico de *Catherine Dorléac*, actriz cinematográfica fr. *Los paraguas de Cherburgo, Belle de jour, Tristana.*
DENEVI, Marco (1922-1998) Narrador, dramaturgo y ensayista arg. *Rosaura a las diez, Ceremonia secreta.*
DENGUE m. Melindre, delicadeza afectada. ◊ Esclavina de paño. ◊ *Pat.* Enfermedad febril, epidémica y contagiosa. ◊ *Chile.* Planta herbácea, ramosa, de hojas opuestas y flores rojas, amarillas o blancas. ◊ *Chile.* Flor de esta planta. ❏ DENGOSO, SA; DENGUEAR; DENGUERO, RA.
DENIGRAR tr. Deslustrar, ofender la opinión o fama de una persona. ◊ Injuriar. ❏ DENIGRACIÓN; DENIGRATIVO, VA o DENIGRATORIO, RIA.
DENIKIN, Anton Ivanovich (1872-1947) Militar ruso. Intervino en la I Guerra Mundial y en octubre de 1918 organizó un ejército que se enfrentó a los bolcheviques.

DENIS, Maurice (1870-1943) Pintor fr., del grupo de los nabis. *Las musas, Homenaje a Cézanne.*
DENIZLI C. de Turquía, cap. de la prov. homónima; 171 400 hab.
DENOMINACIÓN f. Nombre, título o renombre con que se distinguen personas y cosas.
DENOMINADO, DA adj. *Arit.* Díc. del número complejo.
DENOMINADOR, RA adj. y s. Que denomina. ◊ m. *Arit.* Elemento de una fracción que indica en cuántas partes iguales se divide la unidad. ◊ **común.** El de varias fracciones a la vez.
DENOMINAR tr. y prnl. Nombrar o distinguir con un título a algunas personas o cosas.
DENOMINATIVO, VA adj. Que implica denominación. ◊ Díc. de la palabra derivada de un nombre.
DENOSTAR tr. Injuriar gravemente, infamar de palabra. ❏ DENOSTADOR, RA.
DENOTACIÓN f. Propiedad que tiene un concepto de poder ser aplicado a otros.
DENOTAR tr. Indicar, anunciar, significar. ❏ DENOTATIVO, VA.
DENSIDAD f. Calidad de denso. ◊ *Fís.* Masa por unidad de volumen de un cuerpo. ◊ **de población.** Núm. de habitantes por unidad de superficie. ◊ **de probabilidad.** *Mat.* Función derivada de una función de distribución estadística. ◊ **eléctrica.** *Fís.* Relación entre la carga de un cuerpo y su volumen, su superficie o su longitud. ◊ **relativa.** *Fís.* Relación entre la masa de un volumen dado de una sustancia a la temperatura *t* y la masa de un volumen igual de agua a 40 °C. Para los gases, relación entre la masa de un volumen dado de un gas y la del mismo volumen de otro gas elegido como patrón, ambos en las mismas condiciones de presión y temperatura.
DENSIFICAR tr. y prnl. Aumentar la densidad.
DENSIMETRÍA f. Medida de las densidades.

Detalle de *Bañistas*, óleo de Maurice **Denis**

DENSÍMETRO m. *Fís.* Areómetro graduado en unidades de densidad.
DENSO, SA adj. Compacto, en contraposición a ralo. ◊ Craso, espeso. ◊ *Fís.* Díc. del cuerpo cuya densidad es elevada. ◊ fig. Apiñado, cerrado. ◊ fig. Oscuro, confuso.
DENTADO, DA adj. Que tiene dientes o puntas parecidas a ellos.
DENTADURA f. *Anat.* Conjunto de dientes, muelas y colmillos de una persona o animal.
DENTAL adj. *Fon.* Díc. de la consonante cuya articulación requiere que la lengua toque en los dientes. ◊ adj. y f. Díc. de la letra que representa este sonido.
DENTAR tr. Formar dientes a una cosa. ◊ intr. Endentecer, echar dientes.
DENTELLAR intr. Dar diente con diente. ❏ DENTELLADO; DA.
DENTELLEAR tr. Clavar los dientes.
DENTELLÓN m. Pieza, a modo de un diente grande, de las cerraduras maestras. ◊ *Arq.* Parte de la adaraja que está entre dos vacíos.
DENTERA f. Sensación desagradable que se experimenta en los dientes y encías. ◊ fig. y fam. Envidia. ◊ fig. y fam. Ansia vehemente.
DENTICIÓN f. Tiempo en que se echa la dentadura. ◊ Clase y núm. de dientes que caracterizan a un animal mamífero, según la especie a que pertenece.
DENTICULAR adj. Que tiene figura de dientes.
DENTÍCULO m. *Arq.* Adorno de figura de paralelepípedo. ◊ **dérmico.** *Zool.* Protuberancia de las escamas de los peces cartilaginosos.
DENTÍFRICO, CA adj. y s. m. Díc. de los polvos, pastas, aguas, etc., para limpiar la dentadura.
DENTINA f. *Anat.* Sustancia dura que forma la capa más interna de los dientes de los vertebrados.
DENTISTA adj. y s. Médico dedicado a conservar la dentadura, curar sus enfermedades y reponer sus faltas. ❏ *Amér. Merid.* DENTISTERÍA.
DENTÓN, NA adj. y s. fam. Dentudo. ◊ m. *Zool.* Pez marino de dientes fuertes, cuerpo comprimido y cola horquillada.
DENTRO adv. lugar y tiempo. A o en la parte interior de un espacio o término.
DENTUDO m. *Cuba.* Tiburón muy voraz.
DENUDAR tr. y prnl. Desnudar, despojar. ❏ DENUDACIÓN.
DENUEDO m. Brío, valor, intrepidez.
DENUESTO m. Injuria grave.
DENUNCIA f. Acción y efecto de denunciar. ◊ *Der.* Noticia que de palabra o por escrito se da a la autoridad competente de haberse cometido algún delito o falta. ◊ Escrito en que consta esta noticia.
DENUNCIAR tr. Noticiar, avisar. ◊ Pronosticar. ◊ Publicar solemnemente. ◊ Declarar oficialmente el estado ilegal, o inconveniente de una cosa. ◊ fig. Delatar. ◊ *Der.* Dar a la autoridad parte o noticia de un daño hecho. ❏ DENUNCIANTE; DENUNCIATORIO, RIA.
DENVER C. de EE UU, cap. del est. de Colorado; 467 600 hab. (1 848 300 la agl. urb.). Con Salt Lake City, pral. centro comercial, financiero y de comunicaciones de las Rocosas. Ind. Refinerías de petróleo.

DEONTOLOGÍA f. Ciencia de los deberes y principios éticos.

DEPARAR tr. Suministrar, conceder. ◊ Poner delante, presentar.

DEPARTAMENTO m. Cada una de las partes en que se divide un territorio, un vehículo, etc. ◊ División administrativa mayor de Francia y de diversos países de América. ◊ Ministerio o ramo de la administración pública. ◊ En las universidades, unidad de docencia e investigación. ❏ DEPARTAMENTAL; DEPARTAMENTALIZAR.

DEPARTIR intr. Hablar, conversar.

DEPAUPERACIÓN f. *Med.* Debilitación del organismo, extenuación.

DEPAUPERAR tr. Empobrecer. ◊ tr. y prnl. Debilitar, extenuar.

DEPENDENCIA f. Subordinación. ◊ Oficina dependiente de otra superior. ◊ Relación de parentesco o amistad. ◊ Conjunto de dependientes. ◊ Espacio dedicado a los servicios de una casa. ◊ *Pat.* Impulso que induce a la búsqueda de droga. ◊ pl. Cosas accesorias a otra principal.

DEPENDER intr. Estar subordinado a una persona o cosa. ◊ Necesitar una persona del auxilio de otra.

DEPENDIENTE, TA m y f. El que sirve a uno. ◊ Empleado que atiende a los clientes.

DEPILAR tr. Arrancar el pelo o vello. ❏ DEPILACIÓN.

DEPLORAR tr. Sentir vivamente un suceso. ❏ DEPLORABLE.

DEPONER tr. Dejar, apartar de sí. ◊ Privar a una persona de su empleo, o degradarla de los honores. ◊ Afirmar. ◊ Quitar una cosa del lugar en que está. ◊ Evacuar el vientre. ❏ DEPONENTE.

DEPORTACIÓN f. Pena impuesta a un delincuente que consiste en expulsarlo del país, fijándole una residencia en lugar apartado. ❏ DEPORTAR.

DEPORTE m. Recreo, pasatiempo, diversión. Ejercicio físico, gralte. al aire libre, practicado para superar una marca o vencer al adversario con sujeción a ciertas reglas. ❏ DEPORTISMO; DEPORTISTA; DEPORTIVO, VA.

DEPORTIVIDAD f. Proceder deportivo que se ajusta a las normas de corrección.

DEPOSICIÓN f. Exposición de una cosa. ◊ Privación de empleo o dignidad. ◊ Evacuación de vientre.

DEPOSITAR tr. Poner bienes bajo la custodia que queda obligada a responder de ellos. ◊ Confiar a uno una cosa amigablemente. ◊ Poner a una persona en lugar donde pueda manifestar su voluntad, habiéndola sacado el juez de donde se teme que le hagan violencia. ◊ Encerrar. ◊ Colocar algo en sitio determinado y por tiempo indefinido. ◊ Sedimentar. ◊ fig. Encomendar a uno alguna cosa. ◊ prnl. Separarse de un líquido una materia en suspensión, cayendo al fondo. ❏ DEPOSITARIO, RIA.

DEPÓSITO m. Cosa depositada. ◊ Lugar donde se deposita. ◊ Derecho por el que una persona entrega a otra una cosa mueble bajo la condición de que ésta la conserve y la devuelva cuando la primera lo pida. ◊ Organismo en el cual quedan concentrados los reclutas que no pueden ir inmediatamente al servicio activo. ◊ En las instalaciones de abastecimiento de agua

Deporte. A la izquierda, windsurf; a la derecha, judo

de las c., recipiente estanco que contiene agua potable.

DEPRAVAR tr. y prnl. Viciar, adulterar, corromper. ❏ DEPRAVACIÓN; DEPRAVADO, DA.

DEPRECACIÓN f. Ruego, petición. ◊ *Ret.* Figura que consiste en dirigir un ruego ferviente. ❏ DEPRECAR; DEPRECATIVO, VA; DEPRECATORIO, RIA.

DEPRECIACIÓN f. Disminución del valor de una cosa. ◊ *Econ.* Disminución del valor, la cantidad o la calidad de un activo. ❏ DEPRECIAR.

DEPREDACIÓN f. Acción y efecto de depredar. ◊ Pillaje, robo con violencia, devastación. ◊ Malversación o exacción injusta por abuso de autoridad o de confianza. ◊ *Ecol.* Modo normal de transmisión de la energía del ecosistema desde los animales presa a los animales depredadores.

DEPREDAR tr. Robar, saquear con violencia y destrozo. ◊ *Zool.* Cazar para subsistir algunos animales a otros. ❏ DEPREDADOR.

DEPRESIÓN f. Acción y efecto de deprimir o deprimirse. ◊ Zona hundida de la corteza terrestre. ◊ Zona atmosférica de bajas presiones. ◊ Estado psíquico de abatimiento. ◊ *Econ.* Descenso de la producción total, la tasa de empleo y otros indicadores de la actividad económica.

DEPRIMIR tr. Disminuir el volumen de un cuerpo por medio de la presión. ◊ Hundir alguna parte de un cuerpo. ◊ tr. y prnl. fig. Humillar, rebajar las cualidades de una persona. ◊ Producir decaimiento del ánimo. ◊ prnl. Disminuir el volumen de un cuerpo o cambiar la forma por un hundimiento. ◊ Aparecer baja una superficie o una línea. ◊ Padecer un síndrome de depresión. ❏ DEPRESIVO, VA; DEPRESOR; DEPRIMENTE; DEPRIMIDO, DA.

DEPRISA adv. modo. Con celeridad.

DEPURAR tr. y prnl. Limpiar. ◊ tr. Rehabilitar a alguien en el ejercicio de un cargo. ◊ Someter a un funcionario a expediente. ❏ DEPURACIÓN; DEPURATORIO, RIA.

DEPURATIVO, VA adj. y s. Díc. del remedio que elimina del organismo las sustancias tóxicas.

DEQUE adv. tiempo fam. Después que.

DÉRAIN, *André* (1880-1954) Pintor fr. Realizó algunas de las telas fauvistas

más importantes (*El puente de Westminster, Vista de Cagnes*).

DERBY (voz ing.) m. Carrera de caballos que se celebra anualmente en Epsom (Gran Bretaña). ◊ P. ext., cualquier competición hípica o deportiva que entraña rivalidad y emoción.

DERBY C. de Gran Bretaña (Inglaterra), junto al r. Derwent; 215 700 hab. Porcelanas. Centro industrial y ferroviario.

DERECHO, CHA adj. Recto. ◊ Erguido. ◊ Que mira hacia la mano derecha, o está al lado de ella. ◊ Aplícase a lo que desde el eje de un río cae a la mano derecha de quien se coloca mirando hacia su desembocadura. ◊ Justo, legítimo. ◊ adv. modo. En derechura. ◊ m. Facultad de hacer o exigir lo que la ley establece en nuestro favor. ◊ Consecuencias naturales del estado de una persona o sus relaciones con respecto a otras. ◊ Acción que se tiene sobre una persona o cosa. ◊ Justicia. ◊ Conjunto de principios y reglas a que están sometidas las relaciones humanas. ◊ Exención, privilegio. ◊ Lado de una tela, papel, etc., en la cual aparecen la labor y el color con más perfección. ◊ Facultad que abraza el estudio del derecho en sus diferentes órdenes. ◊ f. Mano derecha. ◊ *Pol.* Hablando de colectividades políticas, la parte más conservadora. ◊ Conjunto de personas conservadoras. ◊ m. pl. Tanto que se paga por la introducción de mercancía. ◊ Cantidades que se cobran en ciertas profesiones. ❏ DERECHISTA.

DERECHOHABIENTE adj. y com. Díc. de la persona que deriva de su derecho de otra.

DERIVA f. *Mar.* Abatimiento o desvío de la nave de su rumbo. ◊ Error producido en un mecanismo. ◊ *Aer.* Ángulo formado entre el eje de un avión y su trayectoria real. ◊ *Mil.* Valor que se marca en el goniómetro de una pieza de artillería para ajustar la puntería en dirección. ◊ **continental.** *Geol.* Teoría según la cual los continentes se originaron por fragmentación de una gran masa continental con d. de los fragmentos resultantes hasta alcanzar su disposición actual. Fue propuesta por A. Wegener apoyándose en la semejanza en el trazado de las costas de África y de América del Sur y en evidencias paleontológicas.

DERIVACIÓN f. Descendencia, deducción. ◊ Pérdida de fluido en una línea eléctrica. ◊ *El.* Enlace de varios generadores eléctricos que une los polos de igual signo. ◊ *Gram.* Procedimiento por el cual se forman vocablos ampliando o alterando la estructura o significación de otros. ◊ *Mat.* Técnica de obtención de derivadas.

DERIVADO, DA adj. y m. Vocablo formado por derivación. ◊ *Quím.* Producto obtenido de otro. ◊ f. *Mat.* Límite al que tiende la razón entre el incremento de la función y el correspondiente a la variable, cuando este último tiende a cero.

DERIVAR intr. y prnl. Traer su origen de alguna cosa. ◊ intr. Abatir, desviarse el buque de su rumbo. ◊ tr. Encaminar, conducir una cosa de una parte a otra. ◊ Traer una palabra de cierta raíz. ◊ *Mat.* Obtener la derivada de una función.

DERIVATIVO, VA adj. Que implica derivación. ◊ adj. y m. Medicamento que atrae hacia un punto los humores acumulados en otro.

DERKES, *Eleuterio* (1836-1883) Escritor puertorriq. Poeta, periodista y dramaturgo. *Tío Fele.*

DERMATITIS f. *Pat.* Inflamación de la piel.

DERMATOESQUELETO m. Piel engrosada y endurecida, sea por la acumulación de materias quitinosas o calcáreas sobre la epidermis, o bien por haberse producido en la dermis piezas calcificadas.

Armadillo, mamífero provisto de **dermatoesqueleto**

DERMATOLOGÍA f. *Med.* Tratado de las enfermedades de la piel. ❏ DERMATOLÓGICO, CA; DERMATÓLOGO, GA.

DERMATOSIS f. Enfermedad de la piel, que se manifiesta por costras, manchas, etc.

DERMIS f. *Anat.* Capa intermedia de la piel, entre la epidermis y la hipodermis. ❏ DÉRMICO, CA.

DEROGAR tr. Abolir, anular una cosa establecida. ◊ Destruir, reformar. ❏ DEROGACIÓN; DEROGATORIO, RIA.

DERQUI, *Santiago* (1810-1867) Político arg., presid. de la Confederación (1860-1862). Tras ser derrotado en la batalla de Pavón, renunció a su cargo.

DERRAMAR tr. y prnl. Esparcir cosas líquidas o menudas. ◊ Repartir entre

los vecinos de un pueblo los impuestos u otros gastos. ◊ fig. Publicar, divulgar una noticia. ◊ prnl. Esparcirse, desmandarse con desorden. ◊ Desembocar un arroyo o corriente de agua.

DERRAME o **DERRAMO** m. Derramamiento. ◊ Porción de líquido o de semilla que se desperdicia al tiempo de medirlos. ◊ Lo que se sale y pierde de los líquidos, por defecto de los vasos. ◊ *Med.* Acumulación anormal de un líquido en una cavidad.

DERRAPAR intr. Patinar, resbalar las ruedas de un vehículo. ❏ DERRAPAJE.

DERREDOR m. Circuito de una cosa.

DERRETIR tr. y prnl. Liquidar, disolver por medio del calor una cosa sólida, congelada o pastosa. ◊ prnl. fig. Enardecerse en el amor. ◊ fig. y fam. Deshacerse, estar lleno de impaciencia. ❏ DERRETIDO, DA; DERRETIMIENTO.

DERRIBAR tr. Arruinar, demoler, echar a tierra casas, muros, etc. ◊ Hacer dar en el suelo a una persona, animal o cosa. ◊ Tirar al suelo las reses empujándolas con la garrocha. ◊ fig. Hacer perder a uno la privanza, poder o dignidad adquirida. ◊ prnl. Echarse al suelo. ❏ DERRIBADOR; DERRIBO.

DERRICK (voz ing.) m. Torre metálica elevadora del petróleo. ◊ *Constr.* Grúa.

DERROCAR tr. Despeñar, precipitar desde una peña. ◊ fig. Echar por tierra un edificio. ◊ fig. Derribar a una persona, grupo, cuerpo, etc., de su estado o posición. ❏ DERROCAMIENTO.

DERROCHAR tr. Malgastar el dinero, los bienes, etc. ◊ fig. y fam. Tener algo bueno en gran cantidad. ❏ DERROCHE.

DERROTA f. Camino o senda de tierra. ◊ *Mar.* Rumbo que llevan las embarcaciones. ◊ Resultado desfavorable de una batalla, competición deportiva, etc. ❏ DERROTERO.

DERROTAR tr. Disipar, destrozar hacienda, muebles o vestidos. ◊ Arruinar a uno en la salud o en los bienes. ◊ Vencer el ejército, bando o equipo contrario. ◊ prnl. *Mar.* Apartarse la embarcación del rumbo que lleva. ❏ DERROTISMO.

DERRUBIO m. *Geol.* Depósito rocoso detrítico originado por erosión de los relieves. ❏ DERRUBIAR.

DERRUIR tr. Derribar un edificio.

DERRUMBADERO m. Despeñadero. ◊ fig. Riesgo. ❏ DERRUMBO; DERRUMBE.

Derviche en una miniatura del s. XV (Museo Topkapi, Istanbul)

DERRUMBAR tr. y prnl. Precipitar. ◊ *Méx.* prnl. Fracasar una empresa.

DERVICHE m. Especie de monje mahometano. ◊ m. pl. Secta de musulmanes negros que dominaron Sudán de 1881 a 1885.

DES prep. insep. que denota negación, oposición, privación, exceso o fuera de.

DES MOINES C. de EE UU., cap. del est. de Iowa; 193 200 hab. Centro industrial, comercial y agrícola.

DESABARRANCAR tr. Sacar de un barranco o pantano lo que está atascado. ◊ fig. Sacar a uno de una dificultad.

DESABASTECER tr. Dejar de surtir a una persona o a un pueblo de provisiones, o impedir que lleguen donde las necesitan.

DESABORIDO, DA adj. Sin sabor. ◊ Sin sustancia. ◊ adj. y s. fig. y fam. Persona indiferente o sosa. ❏ DESABOR.

DESABRIDO, DA adj. Desagradable por falta de sabor. ◊ Díc. de la ballesta que da un culatazo al disparar. ◊ Tratándose del tiempo, destemplado. ◊ fig. Díc. de la persona de trato áspero. ❏ DESABRIMIENTO; DESABRIR.

DESABRIGAR tr. y prnl. Descubrir, desarropar. ◊ fig. Desamparar. ❏ DESABRIGADO, DA; DESABRIGO.

DESABROCHAR tr. y prnl. Desasir los broches, botones, etc. ◊ fig. Abrir o desplegar una cosa. ◊ prnl. fig. y fam. Manifestar en confianza un suceso o sentimiento.

DESACATO o **DESACATAMIENTO** m. *Der.* Delito contra la autoridad, que consiste en proferir injurias contra ella. ◊ Irreverencia para con las cosas sagradas. ◊ Falta de respeto a los superiores. ❏ DESACATAR.

DESACELERAR tr. Retardar, quitar celeridad. ❏ DESACELERACIÓN.

DESACERTAR intr. No tener acierto, errar. ❏ DESACIERTO.

DESACOMODAR tr. Privar de la comodidad. ◊ tr. y prnl. Quitar la conveniencia u ocupación. ❏ DESACOMODO; DESACOMODADO, DA.

DESACONSEJAR tr. Persuadir a uno lo contrario de lo que tiene resuelto. ❏ DESACONSEJADO.

DESACORDAR tr. Destemplar un instrumento musical.

DESACORDE adj. Díc. de lo que no iguala, conforma o concuerda con otra cosa.

DESACOSTUMBRAR tr. y prnl. Hacer perder la costumbre que uno tiene. ❏ DESACOSTUMBRADO, DA.

DESACREDITAR tr. Disminuir la reputación de una persona, o la estimación de una cosa. ❏ DESACREDITADO, DA.

DESACTIVAR tr. Eliminar la actividad propia de una sustancia, un artefacto, etc.

DESACUERDO m. Disconformidad en los dictámenes o acciones. ◊ Error. ◊ Olvido. ◊ Privación del sentido.

DESAFECTO, TA adj. Que no siente estima por una cosa. ◊ Opuesto. ◊ m. Malquerencia. ❏ DESAFECCIÓN.

DESAFERRAR tr. y prnl. Desasir. ◊ fig. Sacar, apartar a uno del dictamen que defiende.

DESAFIAR tr. Retar a combate, batalla o pelea. ◊ Contender con uno en cosas que requieren fuerza o destreza. ◊ fig. Competir. ❏ DESAFÍO.

DESAFINAR intr. y prnl. *Mús.* Desviarse la voz o el instrumento del punto de la perfecta entonación. ◊ intr. fig. y fam. Decir una cosa indiscreta. ❏ DESAFINACIÓN.

DESAFORAR tr. Quebrantar los fueros que corresponden a uno. ◊ Privar a uno del fuero que goza. ◊ prnl. Descomponerse, descomedirse. ❏ DESAFORADO, RADO.

DESAFORTUNADO, DA adj. Sin fortuna. ◊ Inoportuno, no acertado.

DESAFUERO m. Acto violento contra la ley. ◊ P. ext., acción contraria a las buenas costumbres o a la razón. ◊ *Der.* Hecho que priva de fuero.

DESAGRADAR intr. y rec. Disgustar, fastidiar, causar desagrado. ❏ DESAGRADABLE; DESAGRADO.

DESAGRADECER tr. No corresponder al beneficio recibido. ◊ Desconocer el beneficio que se recibe. ❏ DESAGRADECIDO, DA; DESAGRADECIMIENTO.

DESAGRAVIAR tr. y prnl. Reparar el agravio hecho, dando al ofendido satisfacción cumplida. ◊ Resarcir el perjuicio causado. ❏ DESAGRAVIO.

DESAGREGAR tr. y prnl. Separar una cosa de otra. ❏ DESAGREGACIÓN.

DESAGUADERO Río de Bolivia; nace en el lago Titicaca y desemboca en el lago Poopó; 325 km.

DESAGUAR tr. Extraer, echar el agua de un lugar. ◊ fig. Disipar. ◊ intr. Entrar los ríos en el mar. ◊ prnl. fig. Evacuar el estómago o intestino. ❏ DESAGUADERO o DESAGUAR; DESAGUAZAR.

DESAGÜE m. Desaguadero. ◊ Cloaca. ◊ *Agr.* Acción de sanear los suelos, eliminando la humedad por medio de canales.

DESAGUISADO, DA adj. Hecho contra la ley o la razón. ◊ m. Agravio, denuesto.

DESAHIJAR tr. Apartar en el ganado las crías de las madres. ◊ prnl. Enjambrar las abejas.

DESAHOGAR tr. Dilatar el ánimo a uno; aliviarle. ◊ tr. y prnl. Aliviar el ánimo de la pasión o cuidado que le oprime. ◊ prnl. Recobrarse del calor y fatiga. ◊ Desempeñarse. ◊ Decir una persona a otra el sentimiento o queja que tiene de ella. ❏ DESAHOGADO, DA; DESAHOGO.

DESAHUCIAR tr. y prnl. Quitar a uno toda esperanza de conseguir algo. ◊ tr. Desesperar los médicos de la salud de un enfermo. ◊ Despedir al inquilino. ❏ DESAHUCIO.

DESAIRADO, DA adj. Que carece de gala y donaire. ◊ fig. Que no queda airoso en lo que pretende. ❏ DESAIRE.

DESAIRAR tr. Humillar, desatender a una persona. ◊ Desestimar una cosa.

DESAJUSTAR tr. Desconcertar una cosa de otra. ◊ prnl. No ajustarse a lo convenido. ❏ DESAJUSTE.

DESALENTAR tr. Dificultar el aliento la fatiga o el cansancio. ◊ tr. y prnl. fig. Quitar el ánimo. ❏ DESALIENTO.

DESALINIZAR tr. Eliminar el carácter salino de una cosa. ◊ Producir agua dulce a partir de agua salada o salobre, eliminando las sales que contiene.

DESALIÑO m. Desaseo, descompostura, falta de aliño. ◊ fig. Negligencia, descuido. ❏ DESALIÑADO, DA; DESALIÑAR.

DESALMADO, DA adj. Falto de conciencia. ◊ Cruel, inhumano. ❏ DESALMAMIENTO.

DESALOJAR tr. Sacar de un lugar a una persona o cosa. ◊ Abandonar un lugar. ◊ Desplazar. ◊ intr. Dejar el sitio o morada voluntariamente. ❏ DESALOJAMIENTO; DESALOJO.

DESAMOR m. Mala correspondencia de uno al afecto de otro. ◊ Falta de afecto. ◊ Enemistad. ❏ DESAMORADO, DA; DESAMORAR.

DESAMORTIZACIÓN f. Proceso mediante el cual, durante el s. XIX e incluso a principios del XX, se intentó en España y en América Latina acabar con la inmovilización de la propiedad agrícola. ❏ DESAMOROSO, SA: DESAMORTIZAR.

DESAMPARAR tr. Abandonar a la persona o cosa que lo pide o necesita. ◊ Abandonar un lugar. ◊ *Der.* Dejar una cosa, con renuncia de todo derecho a ella. ❏ DESAMPARO.

DESAMUEBLAR tr. Dejar sin muebles un edificio o parte de él.

DESANCLAR o **DESANCORAR** tr. *Mar.* Levantar las anclas.

DESANDAR tr. Retroceder.

DESANGLES, *Luis* (1861-1940) Pintor dom. En sus cuadros, plasmó motivos nacionalistas y costumbristas, con clara influencia del impresionismo.

DESANGRAR tr. Sacar sangre a una persona o animal. ◊ fig. Agotar un lago. ◊ fig. Arruinar, desplumar. ◊ prnl. Perder mucha sangre. ❏ DESANGRAMIENTO.

DESANIMACIÓN f. Falta de animación o afluencia de gente.

DESÁNIMO m. Desaliento, falta de ánimo. ❏ DESANIMADO, DA; DESANIMAR.

DESANUDAR tr. Deshacer el nudo. ◊ fig. Aclarar lo que está enredado.

DESAPACIBLE adj. Que causa disgusto o enfado, o es desagradable. ❏ DESAPACIBILIDAD.

DESAPAÑAR tr. Descomponer.

DESAPAREAR tr. Separar una de dos cosas que hacían par.

DESAPARECER tr. y prnl. Ocultar una cosa. ◊ intr. Ocultarse una persona o cosa. ❏ DESAPARECIMIENTO; DESAPARICIÓN.

DESAPAREJAR tr. y prnl. Quitar el aparejo a una caballería. ◊ tr. *Mar.* Quitar a un buque el velamen, jarcias, masteleros y vergas.

DESAPASIONAR tr. y prnl. Quitar la pasión que se tiene a una persona o cosa. ❏ DESAPASIONADO, DA.

DESAPEGAR tr. y prnl. Desasir una cosa de otra a la que estaba pegada. ◊ prnl. fig. Apartarse del afecto o afición a una persona o cosa. ❏ DESAPEGO; DESPEGADO, DA; DESPEGADURA; DESPEGAMIENTO; DESPEGO.

DESAPERCIBIMIENTO m. Desprevención, falta de apresto de lo necesario. ❏ DESAPERCIBIDO, DA.

DESAPLICAR tr. y prnl. Quitar o hacer perder la aplicación en el estudio. ❏ DESAPLICACIÓN; DESAPLICADO, DA.

DESAPRENSIÓN f. Falta de aprensión o de escrúpulos. ❏ DESAPRENSIVO, VA.

DESAPROBAR tr. Reprobar. ❏ DESAPROBACIÓN.

DESAPROVECHAR tr. Desperdiciar una cosa. ◊ intr. Perder lo que se había adelantado. ❏ DESAPROVECHADO, DA; DESAPROVECHAMIENTO.

DESARBOLAR tr. *Mar.* Destruir, derribar los palos de la embarcación.

DESARGUES, *Girard* (1593-1661) Ingeniero y arquitecto fr. Uno de los iniciadores de la geometría proyectiva.

DESARMADOR m. Disparador de un arma de fuego. ◊ *Amér. Central* y *Méx.* Destornillador.

DESARMAR tr. Quitar o hacer entregar las armas. ◊ tr. y prnl. Desceñir a una persona las armas que lleva. ◊ tr. Separar las piezas de que se compone una cosa. ◊ Reducir las fuerzas militares de un Est. o su armamento. ◊ Hacer dar un golpe a un animal de asta, de modo que no pueda repetirlo sin cambiar de posición. ◊ Quitar la ballesta del punto en que se ponía para dispararla. ◊ fig. Templar, desvanecer. ◊ Quitar al buque la artillería y el aparejo y amarrar el casco en la dársena. ◊ intr. Reducir las naciones su armamento y fuerzas militares. ❏ DESARMADO, DA.

DESARME m. Reducción de armamento que las naciones proponen para evitar la guerra. ❏ DESARMADURA.

DESARRAIGAR tr. y prnl. Arrancar de raíz un árbol o una planta. ◊ fig. Extirpar una pasión, una costumbre o un vicio. ◊ tr. fig. Apartar a uno de su opinión. ◊ tr. y prnl. fig. Echar a uno de donde vive. ❏ DESARRAIGO.

DESARRAPADO, DA adj. Desharrapado.

DESARREGLAR tr. y prnl. Trastornar, desordenar. ❏ DESARREGLO.

Planta de **desalinización** de agua de mar en Santa Cruz de Tenerife (España)

DESARROLLAR tr. Desenvolver una cosa que estaba arrollada. ◊ tr. y prnl. Hacer que crezca un organismo. fig. Dar incremento a una cosa. ◊ tr. fig. Explicar una teoría, plan, etc., y llevarla a sus últimas consecuencias. ◊ *Mat.* Efectuar operaciones de cálculo, para cambiar la forma de una exp. analítica. ◊ prnl. Suceder una cosa de la manera o en el lugar que se expresa. ❏ DESARROLLABLE; DESARROLLISMO.

DESARROLLO m. En una composición musical, relato, etc., parte que sigue a la·introducción. ◊ **económico**. Fase de la evolución de un país, caracterizada por el aumento de la renta nacional por hab.

DESASEAR tr. Ensuciar.

DESASIMILACIÓN f. Catabolismo.

DESASIR tr. y prnl. Soltar. ◊ prnl. fig. Desprenderse de una cosa.

DESASISTIR tr. Desamparar.

DESASOSEGAR tr. y prnl. Privar de sosiego. ❏ DESASOSIEGO.

DESASTRE m. Desgracia grande. ◊ fig. De calidad deficiente, mala organización, falta de habilidad, etc. ❏ DESASTRADO; DESASTROSO, SA.

DESATACAR tr. Sacar los tacos de las armas de fuego. ◊ prnl. Desabrocharse los pantalones.

DESATANCAR tr. Limpiar un conducto obstruido. ◊ prnl. Desatascarse.

DESATAR tr. y prnl. Desenlazar una cosa de otra. ◊ prnl. fig. Excederse en hablar. ◊ fig. Proceder desordenadamente. ◊ fig. Perder el encogimiento. ❏ DESATADURA; DESATE.

DESATASCAR tr. y prnl. Sacar del atascadero. ◊ tr. Desatancar. ◊ fig. Sacar a uno de una dificultad. ❏ DESATASCO.

DESATENCIÓN f. Falta de atención. ◊ Descortesía, falta de respeto. ❏ DESATENDER; DESATENTO, TA.

DESATENTAR tr. y prnl. Turbar el sentido o hacer perder el tiento. ❏ DESATENTADO, DA.

DESATINAR tr. Desatentar. ◊ intr. Decir o hacer desatinos. ◊ Perder el tino. ❏ DESATINADO, DA; DESATINO.

DESATRACAR tr. y prnl. Separar una embarcación de otra. ◊ intr. Separarse la nave de la costa cuando ofrece peligro.

DESATRANCAR tr. Quitar a la puerta la tranca. ◊ Desatrampar un pozo, una fuente, etc.

DESAUTORIZAR tr. y prnl. Quitar autoridad, crédito o estimación. ❏ DESAUTORIZACIÓN; DESAUTORIZADO, DA.

DESAVENIR tr. y prnl. Faltar la armonía entre las personas. ❏ DESAVENENCIA; DESAVENIDO, DA.

DESAVIAR tr. y prnl. Apartar a alguien del camino que debe seguir. ◊ Privar a uno de lo necesario para algún fin. ❏ DESAVÍO.

DESAYUNAR tr., intr. y prnl. Tomar el desayuno. ◊ prnl. fig. Hablando de un suceso, tener la primera noticia sobre él. ❏ DESAYUNO.

DESAZONAR tr. Quitar el sabor a un manjar. ◊ tr. y prnl. fig. Disgustar. ◊ prnl. fig. Sentirse indispuesto. ❏ DESAZÓN; DESAZONADO, DA.

DESBALAGAR intr. *Méx.* Desbaratar. ◊ *Hond.* Malbaratar.

DESBANCAR tr. Ganar al banquero, los que paran o apuntan, todo el fondo de dinero que puso de contado para jugar con ellos. ◊ fig. Hacer perder a uno

Desayuno en familia

la amistad o cariño de otra persona, ganándola para sí.

DESBANDARSE prnl. Desparramarse. ◊ Apartarse de la compañía de otros. ◊ Desertar. ❏ DESBANDADA.

DESBARAJUSTE m. Desorden. ❏ DESBARAJUSTAR.

DESBARATAMIENTO m. Descomposición.

DESBARATAR tr. Deshacer una cosa. ◊ Disipar los bienes. ◊ fig. Hablando de las cosas inmateriales, cortar, estorbar. ◊ *Mil.* Desconcertar a los contrarios. ◊ intr. Disparatar. ◊ prnl. fig. Hablar u obrar fuera de razón. ❏ DESBARATADO, DA; DESBARATE.

DESBARBAR tr. Cortar las hilachas o pelos. ◊ *Metal.* En las piezas fundidas, eliminar las entradas de colada, aletas y bebederos. ◊ tr. y prnl. fam. Afeitar la barba. ❏ DESBARBADO; DESBARBAR.

DESBARRAR intr. Tirar con la barra a cuanto alcance la fuerza. ◊ Deslizarse. ◊ fig. Discurrir fuera de razón. ❏ DESBARRADA; DESBARRO.

DESBASTAR tr. Quitar las partes más bastas a una cosa que se haya de labrar. ◊ Dar a un bloque de pieza, etc., la forma aproximada que ha de tener. ◊ Gastar, debilitar. ◊ tr. y prnl. fig. Quitar rusticidad a una persona. ❏ DESBASTADOR; DESBASTADURA; DESBASTE.

DESBLOQUEO m. Supresión de las inhibiciones emocionales que se oponen a la exteriorización de conflictos inconscientes o de delirios. ❏ DESBLOQUEAR.

DESBOCAR tr. Quitar la boca a una cosa. ◊ intr. Desembocar. ◊ prnl. Hacerse una caballería insensible a la acción del freno y dispararse. ◊ fig. Desvergonzarse. ◊ Abrirse el cuello de un vestido. ❏ DESBOCADO; DESBOCAMIENTO.

DESBORDAR intr. y prnl. Salir de los bordes. ◊ prnl. Exaltarse las pasiones, sentimientos, etc. ◊ tr. Sobrepasar. ❏ DESBORDAMIENTO; DESBORDANTE; DESBORDE.

DESBRAVAR tr. Amansar. ◊ intr. y prnl. Perder parte de la bravura. ◊ fig. Desahogar el ímpetu de la cólera. ◊ Disminuir la violencia de una corriente de agua. ◊ Perder su fuerza un licor. ❏ DESBRAVADOR; DESBRAVECER; DESBRAVARSE.

DESBRIDAR tr. Quitar la brida a un caballo. ◊ *Cir.* Cortar ciertos tejidos para evitar infecciones. ❏ DESBRIDAMIENTO.

DESBRIZNAR tr. Reducir a briznas. ◊ Sacar los estigmas a la flor del azafrán. ◊ Quitar la brizna a las legumbres.

DESBROZO m. Cantidad de broza que produce la monda de los árboles y la limpieza de las tierras. ❏ DESBROZAR; DESBROZE.

DESCABALGAR intr. Desmontar de una caballería. ◊ tr. y prnl. Desmontar de la cureña el cañón. ❏ DESCABALGADURA.

DESCABELLAR tr. y prnl. Despeinar. ◊ tr. *Taur.* Matar al toro, hiriéndole en la cerviz con la punta de la espada de cruceta. ❏ DESCABELLADO, DA; DESCABELLAMIENTO; DESCABELLO.

DESCABEZAR tr. Quitar la cabeza. ◊ Deshacer el padrón que han hecho los pueblos. ◊ fig. Cortar la parte superior a algunas cosas. ◊ fig. y fam. Empezar a vencer una dificultad. ◊ intr. Terminar una tierra o haza en otra. ◊ prnl. fig. y fam. Descalabazarse. ◊ Desgranarse las espigas de las mieses. ❏ DESCABEZAMIENTO.

DESCABULLIRSE prnl. Escabullirse. ◊ fig. Huir de una dificultad con sutileza. ◊ fig. Eludir la fuerza de las razones contrarias.

DESCACHALANDRADO, DA adj. *Amér.* Descuidado, desaliñado.

DESCACHAZAR tr. *Amér.* Quitar la cachaza.

DESCADERAR tr. y prnl. Causar daño en las caderas.

DESCAECER intr. Perder poco a poco la salud, autoridad, caudal, etc. ❏ DESCAECIMIENTO.

DESCALABAZARSE prnl. fig. y fam. Esforzarse en averiguar una cosa sin lograrlo.

DESCALABRAR tr. y prnl. Herir a uno en la cabeza. ◊ P. ext., herir aunque no sea en la cabeza. ◊ fig. Causar daño. ❏ DESCALABRADO, DA; DESCALABRADURA; DESCALABRO.

DESCALCIFICACIÓN f. Disminución de las sales cálcicas en un hueso. ◊ Operación de disolver el carbonato de calcio de los tejidos para obtener preparaciones microscópicas más claras. ❏ DESCALCIFICAR.

DESCALIFICAR tr. Desconceptuar. ◊ Excluir a uno de una prueba. ❏ DESCALIFICACIÓN.

DESCALZAR tr. y prnl. Quitar el calzado. ◊ Quitar calzos. ◊ Socavar. ◊ prnl. Perder herraduras las caballerías. ◊ fig. Pasar un fraile calzado a descalzo. ❏ DESCALZO, ZA; DESCALCEZ.

DESCAMAR tr. Quitar las escamas a los peces. ◊ prnl. Caerse la piel en forma de escamillas. ❏ DESCAMACIÓN.

DESCAMINAR tr. y prnl. Apartar a uno del camino que debe seguir. ◊ fig. Apartar a uno de un buen propósito.

DESCAMINO m. Cosa que se quiere introducir de contrabando. ◊ fig. Desatino.

DESCAMISADO, DA adj. fam. Sin camisa. ◊ adj. y s. fig. y despect. Muy pobre. ◊ m. Individuo perteneciente a un mov. popular argentino, partidario de Perón. ◊ m. pl. Ese mismo mov.

DESCAMISAR tr. *Col.*, *Guat.* y *Perú.* Arruinar.

DESCAMPADO, DA adj. y m. Terreno libre de tropiezos y espesuras.

DESCANSAR intr. Cesar en el trabajo, reposar. ◊ fig. Tener algún alivio; dar los males alguna tregua. ◊ Desahogarse comunicando a alguien los males. ◊ Dormir. ◊ Confiar en los oficios o el favor de otro. ◊ Estar una cosa asentada sobre otra. ◊ Estar sin cultivo la tierra de labor. ◊ Estar enterrado. ◊ tr. Ayudar a uno en el trabajo. ◊ Asentar una cosa sobre otra. ❑ DESCANSADERO; DESCANSO; DESCANSADO, DA.

DESCANSILLO m. Espacio llano entre dos tramos de escalera.

DESCAPITALIZAR tr. Provocar la pérdida de activos de una empresa. ◊ tr. fig. Hacer perder la riqueza histórica o cultural acumulada por un país o grupo social.

DESCAPOTABLE adj. y m. Automóvil cerrado que se transforma en coche descubierto.

DESCARARSE prnl. Hablar u obrar con descaro. ❑ DESCARADO, DA.

DESCARBONATAR tr. *Quím.* Eliminar el anhídrido carbónico de un compuesto químico. ❑ DESCARBONATACIÓN.

DESCARBURAR tr. *Metal.* Separar el carbono que interviene en la composición de los carburos de hierro. ❑ DESCARBURACIÓN.

DESCARGA f. Aligeramiento de un cuerpo de construcción. ◊ *El.* Paso de corriente de un conductor a otro. ◊ *Fís.* Volumen de fluido que pasa por una conducción. ◊ **cerrada.** *Mil.* Fuego que se hace de una vez. ◊ **electrónica.** *Fís.* Producción de corriente en un gas.

DESCARGAR tr. Quitar la carga. ◊ Quitar a la carne la falda y parte del hueso. ◊ Disparar las armas de fuego. ◊ Extraer la carga a un arma de fuego. ◊ *El.* Anular la tensión eléctrica de un cuerpo. ◊ *Electr.* Producir corriente eléctrica en un gas. ◊ tr. e intr. Dar golpes con violencia. ◊ tr. fig. Exonerar a uno de un cargo. ◊ Deshacerse una nube y caer en lluvia o granizo. ◊ prnl. Dejar el cargo o puesto. ◊ Eximirse uno de las obligaciones de su cargo, encargando a otro de ellas. ❑ DESCARGADERO; DESCARGADOR, RA; DESCARGAMIENTO.

DESCARGO m. Data o salida que en las cuentas se contrapone al cargo o entrada. ◊ Satisfacción o excusa del cargo que se hace a uno. ◊ Cumplimiento de las obligaciones de justicia.

DESCARNADO, DA adj. fig. Díc. de los asuntos crudos expuestos sin paliativos.

DESCARNAR tr. y prnl. Quitar al hueso la carne. ◊ fig. Quitar parte de una cosa. ◊ fig. Apartar a uno de las cosas terrenas. ❑ DESCARNADOR; DESCARNADURA.

DESCARO m. Desvergüenza, atrevimiento.

DESCARRIAR tr. Apartar a uno del carril. ◊ fig. Apartar reses del rebaño. ◊ prnl. Separarse una persona de las demás. ◊ fig. Apartarse de la conducta recta. ❑ DESCARRÍO; DESCARRILAR; DESCARRILADURA o DESCARRILAMIENTO.

DESCARTAR tr. Desechar una cosa. ◊ prnl. Dejar las cartas que se tienen en la mano. ◊ fig. Excusarse una persona de hacer alguna cosa. ❑ DESCARTE.

DESCARTELIZACIÓN f. Proceso de eliminación de las grandes agrupaciones industriales que tuvo lugar en Alemania a partir de 1945.

DESCARTES, *René* (1596-1650) Filósofo y matemático fr., fundador de la filosofía moderna y la máx. figura del racionalismo. El punto de partida de su filosofía es la duda universal y metódica, que prescinde de todo conocimiento no empírico para llegar a la única certeza interior: *pienso, luego existo. Discurso del método, Correspondencia, Tratado de las pasiones del alma.* Creador de la geometría analítica.

DESCASAR tr. y prnl. Separar a los que, no estando legítimamente casados, viven como tales. ◊ tr. Declarar nulo el matrimonio. ◊ tr. y prnl. fig. Turbar la disposición de cosas que casaban bien.

DESCASCARILLAR tr. y prnl. Quitar la cascarilla.

DESCASTADO, DA adj. y s. Que manifiesta poco cariño. ◊ P. ext., díc. del que no corresponde al cariño que le han demostrado.

DESCENDENCIA f. Conjunto de hijos, nietos y demás generaciones sucesivas. ◊ Casta.

DESCENDER intr. Bajar, pasando de un lugar alto a otro bajo. ◊ Caer, fluir, correr una cosa líquida. ◊ Proceder de un mismo principio o persona común, que es la cabeza de la familia. ◊ Proceder una cosa de otra. ◊ tr. Bajar, poner bajo. ❑ DESCENDENTE; DESCENDIENTE; DESCENDIMIENTO; DESCENSO.

René **Descartes** junto a la reina Cristina de Suecia (Museo Nacional de Versalles, Francia)

DESCENTRADO, DA adj. Díc. del instrumento cuyo centro se halla fuera de la posición que debe ocupar. ◊ Fuera de su ambiente.

DESCENTRALIZAR tr. Transferir a diversas corporaciones parte de la autoridad que ejercía el Estado. ❑ DESCENTRALIZACIÓN.

DESCENTRAR tr. y prnl. Sacar una cosa de su centro. ◊ Sacar a uno de su ambiente. ❑ DESCENTRACIÓN; DESCENTRAMIENTO.

DESCEPAR tr. Arrancar de raíz los árboles o plantas que tienen cepa. ◊ fig. Extirpar.

DESCERRAJAR tr. Violentar una cerradura. ◊ fig. y fam. Disparar tiros con arma de fuego. ❑ DESCERRAJADURA.

DESCIFRAR tr. Averiguar el sentido de lo que está escrito en caracteres desconocidos. ◊ fig. Penetrar lo de difícil comprensión. ❑ DESCIFRAMIENTO.

DESCLAVAR tr. Arrancar los clavos. ◊ Quitar una cosa del clavo con que está asegurada. ◊ fig. Desengastar las piedras preciosas de la guarnición de metal. ❑ DESCLAVADOR.

DESCOCAR tr. Quitar a los árboles los cocos o insectos. ◊ prnl. fam. Manifestar demasiada libertad. ❑ DESCOCADO; DESCOCO.

DESCODIFICAR tr. Aplicar inversamente a un mensaje codificado las reglas de su código.

DESCOLGAR tr. Bajar lo que está colgado. ◊ Dejar caer lo que está pendiente de una cadena, cinta, etc. ◊ Quitar las colgaduras de adorno de una casa, iglesia, etc. ◊ prnl. Escurrirse por una cuerda. ◊ fig. y fam. Salir, decir o hacer una cosa inesperada. ◊ fig. y fam. Aparecer inesperadamente una persona.

DESCOLLAR intr. y prnl. Sobresalir. ❑ DESCUELLO.

DESCOLONIZACIÓN f. Proceso que lleva a la indep. política de los pueblos colonizados. ❑ DESCOLONIZAR.

DESCOLORAR tr. y prnl. Quitar o amortiguar el color. ❑ DESCOLORAMIENTO; DESCOLORIR.

DESCOMBRAR tr. Desembarazar un lugar de cosas que estorban. ◊ fig. Despejar un lugar u otra cosa. ❑ DESCOMBRO.

DESCOMEDIRSE prnl. Faltar al respeto. ❑ DESCOMEDIDO; DESCOMEDIMIENTO.

DESCOMPENSACIÓN f. *Pat.* Estado funcional de un órgano en que éste no puede cumplir sus funciones. ❑ DESCOMPENSAR.

DESCOMPONER tr. y prnl. Desordenar. ◊ tr. Separar las partes que forman un compuesto. ◊ tr. y prnl. Estropear un mecanismo. ◊ tr. fig. Indisponer los ánimos. ◊ prnl. Corromperse un cuerpo. ◊ Desazonarse el cuerpo. ◊ fig. Perder uno la serenidad. ❑ DESCOMPOSICIÓN; DESCOMPUESTO, TA.

DESCOMPOSTURA f. Descomposición. ◊ Desaseo en las personas o cosas. ◊ fig. Descaro, falta de moderación, de modestia.

DESCOMPRESIÓN f. Acción de descomprimir. ◊ **Cámara de d.** Dispositivo para socorrer a los buzos afectados por emersiones excesivamente rápidas. ❑ DESCOMPRESOR, RA.

DESCOMPRIMIR tr. Disminuir la compresión.

DESCOMUNAL adj. Extraordinario, enorme.

DESCONCENTRAR tr. y prnl. Perder concentración. ◊ tr. Descongestionar la administración de una organización delegando funciones a ciertas entidades. ❏ DESCONCENTRACIÓN.

DESCONCERTAR tr. y prnl. Pervertir, descomponer el orden y composición de una cosa. ◊ fig. Sorprender, suspender el ánimo. ◊ prnl. Desavenirse las personas o cosas que estaban acordes. ❏ DESCONCERTADO, DA.

DESCONCHABAR tr. *Chile, Guat.* y *Méx.* Descoyuntar.

DESCONCHAR tr. y prnl. Quitar a una pared parte de su enlucido. ❏ DESCONCHADO; DESCONCHÓN.

DESCONCHINFLADO, DA adj. *Chile, Guat.* y *Méx.* Desarreglado, descuajaringado.

DESCONCIERTO m. Descomposición de las partes de un cuerpo o de una máquina. ◊ fig. Desorden, descomposición. ◊ fig. Falta de modo y medida. ◊ fig. Falta de gobierno. ◊ fig. Diarrea.

DESCONECTAR tr. Suprimir una conexión. ◊ Interrumpir el enlace eléctrico entre dos aparatos o con la línea general.

DESCONFIAR intr. No confiar, tener poca seguridad. ❏ DESCONFIADO, DA; DESCONFIANZA.

DESCONGELAR tr. Hacer que cese la congelación de una cosa. ◊ fig. Hacer que cese el bloqueo a un sueldo, etc., que estaba congelado. ❏ DESCONGELACIÓN.

DESCONGESTIONAR tr. Disminuir la congestión. ❏ DESCONGESTIÓN.

Descortezado de troncos

DESCONOCER tr. No recordar la idea que se tuvo de una cosa. ◊ No conocer. ◊ Negar uno ser suya alguna cosa. ◊ Darse por desentendido de una cosa. ◊ fig. No advertir correspondencia entre un acto y la idea que se tiene de una persona o cosa. ◊ fig. Reconocer el cambio experimentado en una persona o cosa. ❏ DESCONOCEDOR, RA; DESCONOCIDO.

DESCONOCIMIENTO m. Ingratitud.

DESCONSIDERAR tr. No guardar la consideración debida. ❏ DESCONSIDERACIÓN; DESCONSIDERADO, DA.

DESCONSOLAR tr. y prnl. Privar de consuelo, afligir. ❏ DESCONSOLADO, DA.

DESCONSUELO m. Angustia pro-

Descubrimiento. Colón desembarcando en América, según un grabado de Thierry de Bry

funda por falta de consuelo. ◊ Tratándose del estómago, desfallecimiento.

DESCONTAR tr. Rebajar una cantidad al tiempo de pagar una cuenta, etc. ◊ fig. Rebajar algo del mérito que se atribuye a una persona. ◊ fig. Dar por cierto o por acaecido. ◊ Abonar al contado una letra de cambio, rebajando los intereses del dinero que se anticipa.

DESCONTENTAMIENTO m. Falta de contento. ◊ Desavenencia.

DESCONTENTAR tr. y prnl. Disgustar. ❏ DESCONTENTADIZO, ZA; DESCONTENTO, TA.

DESCONTROLAR tr. y prnl. Perder el control. ❏ DESCONTROL.

DESCONVENIR tr. y prnl. No convenir en las opiniones. ◊ tr. No convenir entre sí dos objetos visibles. ❏ DESCONVENIENTE.

DESCORAZONAR tr. Arrancar el corazón. ◊ tr. y prnl. fig. Desanimar. ❏ DESCORAZONAMIENTO.

DESCORCHAR tr. Quitar el corcho al alcornoque. ◊ Romper el corcho de la colmena para sacar la miel. ◊ Sacar el corcho que cierra una botella. ❏ DESCORCHADOR, RA; DESCORCHE.

DESCORONAR tr. Quitar la corona. ◊ En las bodegas, bajar las botas vacías de la andana.

DESCORRER tr. Volver uno a correr el espacio que antes había corrido. ◊ Plegar lo que estaba estirado. ◊ intr. y prnl. Escurrir una cosa líquida.

DESCORTESÍA f. Falta de cortesía. ❏ DESCORTÉS.

DESCORTEZAR tr. y prnl. Quitar la corteza. ◊ fig. y fam. Desbastar, pulir a una persona. ❏ DESCORTEZADOR, RA; DESCORTEZADURA; DESCORTEZAMIENTO.

DESCOSER tr. y prnl. Soltar, desprender las puntadas de las cosas que estaban cosidas. ◊ prnl. fig. Descubrir lo que convenía callar. ❏ DESCOSIDO, DA

DESCOTORRAR tr. *Cuba.* Descomponer algo.

DESCOYUNTAMIENTO o **DESCOYUNTO** m. fig. Desazón grande que se siente en el cuerpo.

DESCOYUNTAR tr. y prnl. Desencajar los huesos de su lugar. ◊ tr. fig. Molestar. ◊ tr. y prnl. fig. Deformar un relato o hecho.

DESCRÉDITO m. Disminución de la reputación de las personas, o del valor de las cosas.

DESCREER tr. Faltar a la fe. ◊ Negar el crédito a una persona. ❏ DESCREÍDO, DA; DESCREIMIENTO; DESCREENCIA.

DESCRIBIR tr. Figurar una cosa, representándola de modo que dé cabal idea de ella. ◊ Representar personas o cosas por medio del lenguaje. ◊ Definir una cosa, dando una idea general de sus partes o propiedades. ◊ Con el nombre de una línea, moverse a lo largo de ella. ❏ DESCRIPCIÓN; DESCRIPTIVO, VA.

DESCUAJAR tr. y prnl. Liquidar, desunir las partes de un líquido que estaban condensadas. ◊ fig. y fam. Hacer a uno desesperanzar. ◊ Arrancar de raíz. ❏ DESCUAJE o DESCUAJO.

DESCUARTIZAR tr. Dividir un cuerpo haciéndolo cuartos. ◊ fam. Hacer pedazos alguna cosa. ❏ DESCUARTIZAMIENTO.

DESCUBIERTO, TA adj. Con los verbos *andar, estar,* llevar la cabeza destocada. ◊ Con los verbos *estar, quedar,* expuesto uno a graves cargos o reconvenciones. ◊ *Mil.* Reconocimiento del horizonte. ◊ *Mil.* Reconocimiento para observar si hay enemigos. ◊ m. Déficit.

DESCUBRIMIENTO m. Hallazgo, manifestación de lo que estaba oculto o secreto. ◊ Hallazgo de una tierra o un mar ignorado. P. ant., el primer viaje de Cristóbal Colón en que avistó tierras americanas.

DESCUBRIR tr. Manifestar. ◊ Destapar lo que está tapado. ◊ Hallar lo que estaba ignorado. ◊ Alcanzar a ver. ◊ Venir en conocimiento de una cosa que se ignoraba. ◊ Inventar un producto, etc. ◊ prnl. Quitarse de la cabeza el sombrero. ❏ DESCUBRIDOR, RA.

DESCUENTO m. Rebaja, compensación de una parte de la deuda. ◊ Cantidad que se sustrae al importe de un efecto por pago de su valor antes del vencimiento. ◊ En política económica, medida anticíclica basada en la tasa de redescuento.

DESCUIDAR tr. e intr. Descargar a uno del cuidado que debía tener. ◊ tr. Distraer la atención de uno. ◊ intr. y prnl. No cuidar de las cosas. ❏ DESCUIDADO, DA.

DESCUIDERO, RA adj. y s. Ratero que hurta aprovechándose del descuido ajeno.

DESCUIDO m. Omisión, falta de cuidado. ◊ Olvido. ◊ Acción reparable que desdice de aquel que la ejecuta. ◊ Desliz.

DESCUITADO, DA adj. Que vive sin pesadumbres ni cuidados.

DESDE prep. que denota el punto de que procede, se origina o ha de empezar a contarse una cosa, un hecho o una distancia.

DESDECIR intr. fig. Degenerar una cosa o persona de su origen o clase. ◊ fig. No conformarse una cosa con otra. ◊ Venir a menos. ◊ Cambiar de aspecto una cosa. ◊ prnl. Retractarse de lo dicho.

DESDÉN m. Indiferencia que denota menosprecio. ❏ DESDEÑOSO, SA.

DESDENTADO, DA adj. Que carece de dientes. ◊ adj. y m. *Zool.* Díc. de los animales mamíferos exclusivos del continente americano, sin dientes incisivos, como el armadillo o el oso hormiguero. ◊ m. pl. *Zool.* Orden de estos animales.

DESDENTAR tr. Quitar los dientes.

DESDEÑAR tr. Tratar con desdén a una persona o cosa. ◊ prnl. Tener a menos el hacer o decir una cosa. ❑ DESDEÑABLE.

DESDIBUJARSE prnl. Perder una cosa la precisión de sus perfiles. ❑ DESDIBUJADO, DA.

DESDICHA f. Desgracia, motivo de aflicción. ◊ Pobreza suma, miseria. ❑ DESDICHADO, DA.

DESDOBLAMIENTO m. Separación de un compuesto en sus elementos. ◊ **de la personalidad**. Coexistencia en una misma persona de una conducta normal y otra patológica.

DESDOBLAR tr. y prnl. Extender una cosa que estaba doblada. ◊ fig. Formar dos o más cosas por separación de los elementos que suelen estar juntos en otra.

DESDORAR tr. y prnl. Quitar el oro. ◊ fig. Mancillar la virtud o fama. ❑ DESDORO.

DESEADO Río del S de Argentina; 610 km. Nace en el lago Buenos Aires y desemboca en el Atlántico, formando un estuario.

DESEAR tr. Aspirar al conocimiento o disfrute de una cosa. ◊ Anhelar que acontezca o deje de acontecer algún suceso. ◊ Querer sexualmente a alguien. ❑ DESEOSO, SA.

DESECACIÓN f. Eliminación del agua de una sustancia. ◊ *Quím.* Eliminación del disolvente de una disolución.

DESECAR tr. y prnl. Secar. ❑ DESECADOR, RA; DESECATIVO, VA.

DESECHAR tr. Excluir, reprobar. ◊ Menospreciar. ◊ Renunciar, no admitir una cosa. ◊ Expeler. ◊ Apartar de sí un pesar, temor, etc. ◊ intr. *Amér.* Atajar.

DESECHO m. Lo que queda después de haber escogido lo mejor de una cosa. ◊ Cosa que no sirve. ◊ fig. Desprecio.

DESEMBALAR tr. Desenfardar, deshacer los fardos. ❑ DESEMBALAJE.

DESEMBARAZAR tr. y prnl. Quitar el impedimento que se opone a una cosa. ◊ tr. Evacuar. ◊ prnl. fig. Apartar uno de sí lo que le estorba para conseguir un fin. ◊ *Amér.* Parir. ❑ DESEMBARAZADO, DA.

DESEMBARAZO m. Despejo.

DESEMBARCAR tr. Sacar de la nave lo embarcado. ◊ intr. y prnl. Salir de una embarcación. ◊ Terminar la escalera en la entrada de una habitación. ◊ fig. y fam. Apearse de un carruaje. ◊ Dejar de pertenecer a la dotación de un buque. ❑ DESEMBARCADERO; DESEMBARQUE.

DESEMBARCO m. Rellano donde termina la escalera. ◊ *Mil.* Operación que realiza en tierra la dotación de un buque. ◊ **aéreo**. *Mil.* Descenso en tierra de tropas y material bélico con medios aéreos.

DESEMBARGAR tr. Quitar el impedimento. ◊ *Der.* Alzar el embargo. ❑ DESEMBARGO.

DESEMBARRANCAR tr. e intr. Sacar a flote la nave que está varada.

DESEMBOCADURA f. Paraje por donde un río, canal, etc., desemboca. ◊ Desembarcadero. ❑ DESEMBOCADERO; DESEMBOQUE.

DESEMBOCAR intr. Salir por un sitio estrecho. ◊ Desaguar un río, canal, etc. ◊ Tener una calle salida a otra, a una plaza, etc. ◊ fig. Terminar.

DESEMBOLSAR tr. Sacar lo que está

en la bolsa. ◊ fig. Pagar una cantidad de dinero. ❑ DESEMBOLSO.

DESEMBRAGAR tr. *Mec. apl.* Eliminar el contacto entre las partes móviles de un embrague. ❑ DESEMBRAGUE.

DESEMBROLLAR tr. fam. Desenredar.

DESEMBUCHAR tr. Echar las aves lo que tienen en el buche. ◊ fig. y fam. Decir uno todo cuanto sabe.

DESEMEJAR intr. No parecerse una cosa a otra de su especie. ◊ tr. Desfigurar. ❑ DESEMEJANZA; DESEMEJANTE.

DESEMPACHAR tr. y prnl. Quitar el empacho del estómago. ◊ prnl. fig. Perder la timidez. ❑ DESEMPACHO.

DESEMPAÑAR tr. Limpiar el cristal empañado. ◊ tr. y prnl. Quitar los pañales a un niño.

DESEMPAQUETAR tr. Desenvolver lo que estaba empaquetado. ❑ DESEMPACAR, DESEMPACADO, DA.

DESEMPATAR tr. Deshacer un empate.

DESEMPATE m. *Dep.* Encuentro entre dos participantes que han obtenido la misma puntuación.

DESEMPEDRAR tr. Desencajar las piedras de un empedrado. ◊ fig. Correr desenfrenadamente. ◊ fig. Pasear con frecuencia una calle.

DESEMPEÑAR tr. Sacar lo que estaba en poder de otro en prenda de una deuda. ◊ tr. y prnl. Libertar a uno de los empeños contraídos. ◊ tr. Cumplir. ◊ tr. y prnl. Sacar a uno airoso de un empeño. ◊ Ejecutar lo ideado para una obra literaria o artística. ◊ prnl. *Taur.* En el toreo a caballo, apearse el lidiador para herir al animal con la espada. ❑ DESEMPEÑO.

DESEMPLEO m. Ocio involuntario de cualquiera de los recursos económicos necesarios para la producción. ◊ P. ant., paro, falta de trabajo. ❑ DESEMPLEADO, DA.

DESEMPOLVAR tr. y prnl. Quitar el polvo. ◊ Traer a la memoria algo olvidado.

DESENCADENAR tr. Quitar la cadena al que está amarrado con ella. ◊ fig. Romper el vínculo de las cosas inmateriales. ◊ prnl. fig. Originar movimientos impetuosos de fuerzas naturales. ◊ Dar suelta a movimientos de ánimo, hechos o series de hechos. ◊ prnl. Produ-

cirse con ímpetu un fenómeno natural. ◊ Actuar sin freno pasiones o violencias. ❑ DESENCADENAMIENTO.

DESENCAJAR tr. y prnl. Sacar de su lugar una cosa. ◊ prnl. Desfigurarse el semblante. ❑ DESENCAJAMIENTO; DESENCAJE.

DESENCAMINAR tr. Descaminar. ◊ Sacarle de un propósito.

DESENCANTAR tr. y prnl. Deshacer el encanto. ❑ DESENCANTO.

DESENCHUFAR tr. Desacoplar lo que está enchufado.

DESENCUADERNAR tr. y prnl. Deshacer la encuadernación de un libro, cuaderno, etc.

DESENFADADO, DA adj. Libre. ◊ Tratándose de un sitio o lugar, ancho, capaz.

DESENFADAR tr. prnl. Desenojar.

DESENFADO m. Desenvoltura. ◊ Desahogo del ánimo.

DESENFOCAR tr. y prnl. Enfocar imperfectamente. ◊ tr. fig. Desviarse del tema.

DESENFOQUE m. Enfoque defectuoso.

DESENFRENAR tr. Quitar el freno a las caballerías. ◊ prnl. Entregarse a un vicio. ◊ fig. Desencadenarse una fuerza bruta. ❑ DESENFRENAMIENTO; DESENFRENO.

DESENFUNDAR tr. Quitar la funda.

DESENGANCHAR tr. y prnl. Soltar una cosa que está enganchada. ◊ tr. Quitar las caballerías de tiro de un carruaje.

DESENGAÑAR tr. y prnl. Hacer reconocer el engaño. ◊ tr. Quitar esperanzas. ❑ DESENGAÑADO, DA.

DESENGAÑO m. Conocimiento de la verdad. ◊ Verdad que se dice a uno echándole en cara alguna falta. ◊ pl. Lecciones recibidas por una amarga experiencia.

DESENGRASAR tr. Quitar la grasa. ◊ Limpiar de materias grasas la superficie de una pieza metálica. ❑ DESENGRASADO, DA; DESENGRASE.

DESENLAZAR tr. y prnl. Desatar los lazos. ◊ fig. Desatar el nudo del poema. ◊ tr. fig. Dar solución a un asunto. ❑ DESENLACE.

DESENMARAÑAR tr. Desenredar. ◊ fig. Poner en claro una cosa. ❑ DESMARAÑAR.

Secadero para **desecar** pescado

DESENMASCARAR tr. y prnl. Quitar la máscara. ◊ Descubrir los verdaderos sentimientos.

DESENREDAR tr. Deshacer el enredo. ◊ fig. Poner en orden cosas desordenadas. ◊ prnl. fig. Salir de una dificultad. ❏ DESENREDO.

DESENROSCAR tr. y prnl. Deshacer lo enroscado. ◊ tr. Sacar dando vueltas una pieza introducida en una rosca.

DESENTENDENCIA f. *Perú.* Despego.

DESENTENDERSE prnl. Fingir que no se entiende una cosa. ◊ Prescindir de un asunto.

DESENTERRAR tr. Exhumar, descubrir, sacar lo que está debajo de tierra. ◊ fig. Tratar de algún asunto que se tenía olvidado. ❏ DESENTERRAMIENTO; DESENTIERRAMUERTOS.

DESENTONAR tr. Abatir el entono de uno. ◊ intr. y prnl. Salir del tono que compete. ◊ *Mús.* Subir o bajar demasiado la entonación de la voz de un instrumento. ◊ prnl. fig. Levantar la voz, faltando al respeto. ❏ DESENTONACIÓN o DESENTONAMIENTO.

DESENTONO m. Desproporción en el tono de la voz. ◊ fig. Descompostura en el modo de hablar.

DESENTORNILLAR tr. Destornillar.

DESENTORPECER tr. y prnl. Sacudir la torpeza. ◊ Hacer capaz al que antes era torpe.

DESENTRAÑAR tr. Sacar las entrañas. ◊ fig. Averiguar lo más dificultoso de una materia. ◊ prnl. fig. Desapropiarse uno de cuanto tiene en provecho de otro. ❏ DESENTRAÑAMIENTO.

DESENTRENAR tr. y prnl. Perder el entrenamiento o práctica adquiridos. ❏ DESENTRENAMIENTO o DESENTRENO.

DESENVAINAR tr. Sacar de la vaina la espada. ◊ fig. Sacar las uñas el animal. ◊ fig. y fam. Sacar lo que está oculto.

DESENVOLVER tr. y prnl. Deshacer lo envuelto. ◊ tr. fig. Descifrar una cosa que estaba oscura. ◊ tr. y prnl. fig. Desarrollar alguna cosa. ◊ Explicar una teoría. ◊ prnl. fig. Desempachar, desembarazarse. ◊ fig. Desenredarse, salir de una dificultad. ◊ fig. Obrar con habilidad. ❏ DESENVOLTURA; DESENVOLVEDOR, RA; DESENVOLVIMIENTO.

DESEO m. *Fil.* Movimiento enérgico de la voluntad hacia el conocimiento, posesión o disfrute de una persona o cosa.

DESEQUILIBRAR tr. y prnl. Hacer perder el equilibrio. ❏ DESEQUILIBRADO, DA.

DESEQUILIBRIO m. Falta de equilibrio. ◊ **psíquico.** *Psiq.* Incapacidad patológica de adaptación social.

DESERTAR tr. y prnl. Abandonar un soldado sus obligaciones. ◊ tr. fig. y fam. Abandonar las compañías que se solían frecuentar o el partido, causa, etc., que se defendía. ◊ *Der.* Abandonar la causa. ❏ DESERTOR.

DESESPERACIÓN o **DESESPERANZA** f. *Fil.* Pérdida total de la esperanza. ◊ fig. Cólera, enojo. ❏ DESESPERADO, DA; DESESPERO.

DESESPERANZAR tr. Quitar la esperanza. ◊ prnl. Quedarse sin esperanza.

DESESPERAR tr., intr. y prnl. Desesperanzar. ◊ tr. y prnl. fam. Impacientar. ◊ prnl. Despecharse, intentando quitarse la vida. ❏ DESESPERANTE.

DESESTABILIZADOR, RA adj. Que desestabiliza. Díc. especialmente de lo que compromete o perturba una situación económica o política.

DESESTIMAR tr. Tener en poco. ◊ Denegar. ❏ DESESTIMA o DESESTIMACIÓN.

DESFACHATEZ f. fam. Descaro, desvergüenza. ❏ DESFACHATADO, DA.

DESFALLECER tr. Causar desfallecimiento. ◊ intr. Decaer perdiendo el aliento. ❏ DESFALLECIDO, DA.

DESFALLECIMIENTO m. Disminución de ánimo, decaimiento.

DESFASAR tr. *Fís.* Establecer una diferencia de fase. ◊ intr. Moverse una pieza con diferencia de fase respecto a otra. ◊ tr. y prnl. fig. No ajustarse una persona a un ambiente. ❏ DESFASE.

DESFAVORABLE adj. Poco favorable.

DESFAVORECER tr. Dejar de favorecer a uno. ◊ Contradecir.

DESFIBRAR tr. Quitar las fibras a las materias que las contienen. ❏ DESFIBRADO; DESFIBRADOR, RA.

DESFIGURAR tr. Cambiar el aspecto de una persona o cosa. ◊ Disfrazar el semblante, la intención, etc. ◊ Oscurecer e impedir que se perciban las cosas. ◊ fig. Referir una cosa alterando sus circunstancias. ◊ prnl. Inmutarse por un accidente o por alguna pasión del ánimo. ❏ DESFIGURACIÓN; DESFIGURAMIENTO.

DESFILADERO m. *Mil.* Paso por donde la tropa tiene que desfilar. ◊ Paso estrecho entre montañas.

DESFILAR intr. Marchar gente en fila. ◊ fam. Salir varios, uno tras otro. ◊ *Mil.* Marchar en formación reducida. ◊ *Mil.* Pasar las tropas ante una autoridad. ❏ DESFILE.

DESFLORAR tr. Ajar. ◊ Desvirgar. ◊ fig. Hablando de un asunto, tratarlo superficialmente. ❏ DESFLORACIÓN o DESFLORAMIENTO.

DESFOGAR tr. Dar salida al fuego. ◊ Hablando de la cal, apagarla. ◊ tr. y prnl. fig. Manifestar una pasión. ◊ intr. ❏ DESFOGUE.

DESFONDAR tr. y prnl. Quitar el fondo a un vaso o caja. ◊ tr. Arar profundamente la tierra. ◊ tr. y prnl. Agujerear el fondo de una nave. ❏ DESFONDE.

DESFORTALECER tr. Demoler una fortaleza.

DESFORTIFICAR tr. Quitar la fortificación.

Desfiladero de los Gaitanes (Málaga, España), abierto por el río Guadalhorce

DESGAIRE m. Desaliño en el vestir, andar, etc. ◊ Ademán con que se desestima a una persona o cosa.

DESGAJAR tr. y prnl. Separar la rama del tronco de donde nace. ◊ tr. Despedazar una cosa unida. ◊ prnl. fig. Apartarse una cosa inmoble de otra a que está unida. ❏ DESGAJADURA; DESGAJE.

DESGALGAR tr. y prnl. Despeñar, precipitar. ❏ DESGALGADERO.

DESGANAR tr. Quitar el deseo de hacer una cosa. ◊ prnl. Perder el apetito a la comida. ◊ fig. Cansarse de lo que antes se hacía con gusto. ❏ DESGANA; DESGANADO, DA.

DESGAÑITARSE prnl. fam. Esforzarse uno gritando o voceando. ◊ Enronquecer.

DESGAÑOTAR tr. *Amér.* Cortar el gaznate.

DESGARBADO, DA adj. Falto de garbo.

DESGARRAR tr. y prnl. Rasgar. ◊ tr. fig. Esgarrar. ◊ prnl. fig. Apartarse de la compañía de otros. ❏ DESGARRAMIENTO.

DESGARRO m. Rotura. ◊ fig. Arrojo, descaro. ◊ fig. Afectación de valentía. ◊ *Amér.* Esputo.

DESGARRÓN m. Rasgón grande del vestido. ◊ Jirón del vestido. ❏ DESGARRADURA.

DESGASEAR o **DESGASIFICAR** tr. Eliminar los gases. ❏ DESGASIFICACIÓN.

DESGASTAR tr. y prnl. Consumir poco a poco parte de una cosa. ◊ tr. fig. Pervertir. ◊ prnl. fig. Perder fuerza o poder. ❏ DESGASTE.

DESGLOSAR tr. Quitar la glosa a un escrito. ◊ Separar un escrito de otros. ◊ Examinar un asunto separando cada una de sus partes. ❏ DESGLOSE.

DESGOBERNAR tr. Perturbar el buen orden del gobierno. ◊ prnl. fig. Afectar movimientos de miembros descompuestos. ❏ DESGOBERNADO, DA; DESGOBIERNO.

DESGRACIA f. Suerte adversa. ◊ Caso adverso. ◊ Motivo de aflicción originado por un acontecimiento contrario a lo que se deseaba. ◊ Pérdida de gracia o valimiento. ◊ Desabrimiento en la condición o en el trato. ◊ Falta de gracia. ❏ DESGRACIADO, DA.

DESGRACIAR tr. Desazonar, disgustar. ◊ tr. y prnl. Echar a perder a una persona o cosa, o impedir su desarrollo. ◊ prnl. Desviarse uno del amigo; perder la gracia de alguno. ◊ Malograrse.

DESGRANAR tr. y prnl. Sacar el grano de una cosa. ◊ prnl. Desgastarse el oído o el grano en las armas de fuego. ◊ Soltarse las piezas ensartadas. ❏ DESGRANADOR, RA; DESGRANE.

DESGRAVAR tr. Rebajar los derechos arancelarios o los impuestos. ❏ DESGRAVACIÓN.

DESGUANZARSE prnl. *Amér. Centr.* y *Méx.* Cansarse mucho, desfallecer.

DESGUAÑANGADO, DA adj. *Chile.* Desarreglado, desgalichado.

DESGUAÑANGAR tr. *Amér.* Desvencijar.

DESGUARNECER tr. Quitar la guarnición que servía de adorno. ◊ Quitar la fuerza a una cosa. ◊ Quitar todo aquello que es necesario para el uso de un instrumento mecánico. ◊ Quitar las guarniciones a los animales de tiro.

DESGUAZAR tr. Desbastar con el hacha un madero. ◊ Desbaratar un buque. ◊ Desmontar cualquier estructura. ❏ DESGUACE.

DESHABILLÉ (voz fr.) m. Salto de cama.

DESHABITAR tr. Dejar la habitación. ◊ Dejar sin habitantes una pob. o un terr. ❏ DESHABITADO, DA.

DESHABITUAR tr. y prnl. Hacer perder a uno el hábito que tenía. ❏ DESHA-BITUACIÓN.

DESHACER tr. y prnl. Quitar la forma a una cosa. ◊ Desgastar. ◊ tr. y prnl. Derretir. ◊ tr. Dividir. ◊ Desleír en cosa líquida la que no lo es. ◊ fig. Alterar un tratado. ◊ prnl. Desbaratarse una cosa. ◊ fig. Afligirse mucho, estar impaciente. ◊ fig. Trabajar con ahínco. ◊ fig. Estropearse. ◊ fig. Enflaquecerse. ❏ DES-HACEDOR, RA.

DESHARRAPADO, DA adj. y s. Andrajoso.

DESHELAR tr. y prnl. Liquidar lo que está helado.

DESHEREDAR tr. Excluir a uno de la herencia forzosa. ◊ prnl. fig. Apartarse una de su familia, obrando bajamente. ❏ DESHEREDADO; DESHEREDACIÓN.

DESHIDRATAR tr. y prnl. Privar a un cuerpo o a un organismo del agua que contiene. ❏ DESHIDRATACIÓN; DESHIDRA-TANTE.

DESHIDROGENAR tr. Eliminar el hidrógeno contenido en una sustancia. ❏ DESHIDROGENACIÓN.

DESHIELO m. Época en que se produce la fusión de la nieve o el hielo.

DESHILACHAR tr. y prnl. Sacar hilachas.

DESHILAR tr. Sacar hilos de un tejido. ◊ Cortar la fila de las abejas. ◊ fig. Reducir a hilos una cosa. ◊ intr. Ahilar. ❏ DESHILADO, DA; DESHILADURA.

DESHILVANAR tr. y prnl. Quitar los hilvanes. ◊ Expresar un pensamiento sin orden.

DESHINCHAR tr. Quitar la hinchazón. ◊ fig. Desahogar la cólera. ◊ prnl. Deshacerse la hinchazón. ◊ fig. y fam. Deponer la presunción.

DESHOJAR tr. y prnl. Quitar las hojas. ❏ DESHOJADURA; DESHOJE.

DESHOLLINAR tr. Limpiar las chimeneas, quitándoles el hollín. ◊ P. ext., limpiar con el deshollinador techos y paredes. ❏ DESHOLLINADERA; DESHOLLI-NADOR, RA.

DESHONESTO, TA adj. Indecente, falto de honestidad. ❏ DESHONESTIDAD.

DESHONRAR tr. y prnl. Quitar la honra. ◊ tr. Injuriar. ◊ Escarnecer a uno. ◊ Desflorar a una mujer. ❏ DES-HONOR; DESHONRA; DESHONROSO, SA.

DESHORA f. Tiempo importuno.

DESHUESAR tr. Quitar los huesos a un animal o a la fruta. ❏ DESHUESADOR, RA.

DESHUMANIZAR tr. Privar de carácter humano alguna cosa. ❏ DESHU-MANO, NA.

DESHUMEDECER tr. y prnl. Desecar. ❏ DESHUMIDIFICACIÓN; DESHUMIDIFICA-DOR, RA.

DESIDERIO da Settignano (1430-1464) Escultor florentino. Tumba de Carlo Marsupini en Santa Croce, *Busto de joven, Cabeza de San Juanito.*

DESIDIA f. Negligencia. ❏ DESIDIO-SO, SA.

DESIERTO, TA adj. Despoblado. ◊ Aplícase a la subasta o certamen en que nadie toma parte o en que ningún concursante obtiene la adjudicación. ◊ m. Lugar despoblado de edificios y gentes. ◊ *Geog.* Región de escasas precipitaciones atmosféricas, gran permeabilidad del suelo y activa evaporación. ❏ DESÉRTICO, DESERTIZACIÓN.

DESIGNACIÓN f. *Ling.* Aplicación de un signo lingüístico a un objeto concreto.

DESIGNAR tr. Formar designio. ◊ Señalar una persona o cosa para determinado fin. ◊ Denominar. ❏ DESIGNA-TIVO, VA.

DESIGNIO m. Pensamiento aceptado por la voluntad.

DESIGUAL adj. Que no es igual. ◊ Barrancoso. ◊ Cubierto de asperezas. ◊ fig. Arduo. ◊ fig. Inconstante. ❏ DESI-GUALDAD.

DESIGUALAR tr. Hacer a una persona o cosa desigual a otra. ◊ prnl. Adelantarse.

DESILUSIÓN f. Pérdida de las ilusiones. ◊ Desengaño, conocimiento de la verdad.

DESILUSIONAR tr. Hacer perder a uno las ilusiones. ◊ prnl. Perder ilusiones. ◊ Desengañarse.

DESIMANAR o **DESIMANTAR** tr. y prnl. Hacer perder la imantación a un imán. ❏ DESIMANTACIÓN.

DESINCRUSTANTE adj. Que desincrusta. ◊ adj. y m. Sustancias usadas para eliminar el depósito de sales que se forma en las calderas de vapor, radiadores, etc.

DESINFECTAR tr. y prnl. Destruir los agentes que pueden causar infección. ❏ DESINFECCIÓN; DESINFECTANTE; DESINFI-CIONAR.

DESINFESTAR tr. Destruir los organismos nocivos o no deseados.

DESINFLAR tr. y prnl. Sacar el aire al cuerpo que lo contenía. ◊ fig. Desanimar.

DESINSECTACIÓN tr. Limpiar de insectos.

DESINTEGRACIÓN f. *Fís.* Propiedad de los elementos radiactivos, según la cual la masa del elemento se va transformando en energía radiante y en otros elementos de menor masa.

DESINTEGRADOR, RA adj. y s. Que desintegra. ◊ Díc. del aparato usado para romper un material en fragmentos. ◊ m. Aparato giratorio que produce el quebrantado de los minerales.

DESINTEGRAR tr. y prnl. Descomponer un todo por separación de los elementos.

DESINTERÉS m. Desapego de todo provecho personal. ❏ DESINTERESA-DO, DA.

DESINTERESARSE prnl. Perder uno el interés.

DESINTOXICAR tr. y prnl. Combatir la intoxicación o sus efectos. ❏ DES-INTOXICACIÓN.

DESISTIR intr. Apartarse de un intento. ◊ *Der.* Hablando de un derecho, abdicarlo. ❏ DESISTIMIENTO.

DESLEALTAD f. Falta de lealtad. ❏ DESLEAL.

DESLEÍR tr. y prnl. Disolver las partes de algunos cuerpos por medio de un líquido. ◊ tr. Tratándose de ideas, etc., expresarlas de modo que resulten frías. ❏ DESLEIDURA; DESLEIMIENTO.

DESLENGUAR tr. Quitar la lengua. ◊ prnl. fig. y fam. Desbocarse, desvergonzarse. ❏ DESLENGUADO, DA; DESLEN-GUAMIENTO.

DESIERTO

Los pueblos que viven en el desierto son nómadas que se trasladan continuamente de un lugar a otro llevando consigo sus escasas pertenencias. Tal es el caso de los tuareg del Sahara

En los desiertos de arena, ésta forma dunas que se desplazan empujadas por el viento

En los desiertos rocosos, la erosión eólica moldea la roca según formas caprichosas

DESLIAR tr. y prnl. Deshacer el lío. ◊ tr. Separar las lías del mosto. ❑ DESLÍO.

DESLIGAR tr. y prnl. Desatar. ◊ fig. Desenmarañar una cosa no material. ◊ fig. Absolver de las censuras eclesiásticas. ◊ fig. Dispensar de una obligación. ◊ *Mús.* Hacer sonar las notas con una pausa entre ellas. ❑ DESLIGADURA.

DESLINDAR tr. Señalar los términos de un lugar. ◊ fig. Aclarar una cosa. ❑ DESLINDAMIENTO; DESLINDE.

DESLIZ m. Falta que se comete por flaqueza o inadvertencia. ◊ Porción de azogue que se desliza al tiempo que se limpia la plata. ◊ fig. Equivocación, indiscreción voluntaria.

DESLIZAMIENTO m. *Geol.* Movimiento de rocas por las laderas montañosas.

DESLIZAR tr. Incluir en un escrito, como al descuido, palabras intencionadas. ◊ intr. y prnl. Irse los pies por encima de una superficie. ◊ fig. Decir o hacer una cosa indeliberadamente. ◊ prnl. fig. Escaparse. ◊ fig. Caer en una flaqueza o error. ❑ DESLIZADERO, RA; DESLIZADIZO, ZA.

DESLOMAR tr. y prnl. Quebrantar los lomos. ◊ prnl. fig. Trabajar mucho. ❑ DESLOMADURA.

DESLUCIR tr. y prnl. Quitar la gracia a una cosa. ◊ fig. Desacreditar. ❑ DESLUCIDO, DA; DESLUCIMIENTO.

DESLUMBRAMIENTO m. Perturbación de la visión causada por un estímulo luminoso intenso. ◊ fig. Preocupación del entendimiento.

DESLUMBRAR tr. y prnl. Ofuscar la vista con excesiva luz. ◊ fig. Dejar a uno dudoso, de suerte que no conozca el verdadero designio de otro. ◊ tr. fig. Producir impresión con estudiado lujo. ❑ DESLUMBRANTE.

DESLUSTRAR tr. Quitar el lustre. ◊ Hablando del cristal o del vidrio, quitarle la transparencia.

DESLUSTRE m. Deslucimiento. ◊ fig. Descrédito que causa una acción indecorosa. ❑ DESLUSTROSO, SA.

DESMADRAR tr. Separar de la madre las crías del ganado. ◊ prnl. fig. y fam. Salirse de madre. ◊ fig. y fam. Perder el control de sí mismo. ❑ DESMADRADO, DA; DESMADRE.

DESMÁN m. Exceso, demasía en obras o palabras; tropelía. ◊ Desgracia. ◊ *Zool.* Mamífero insectívoro de hocico en forma de trompa, pelaje pardusco y cola escamosa. Despide olor a almizcle.

DESMANCHAR tr. *Amér.* Quitar las manchas. ◊ prnl. *Amér.* Apartarse de la gente.

DESMANDAR tr. Revocar la orden. ◊ Revocar la manda. ◊ prnl. Descomedirse. ◊ Apartarse de la compañía con

Desmán

Desmonte de un bosque

que se va. ◊ Desmanarse. ❑ DESMANDADO, DA; DESMANDAMIENTO.

DESMANTELAR tr. Echar por tierra los muros de una plaza. ◊ fig. Desamparar una casa. ◊ *Mar.* Desarbolar. ◊ *Mar.* Desarmar y desaparejar una embarcación. ❑ DESMANTELADO, DA; DESMANTELAMIENTO.

DESMARCAR tr. Eliminar una marca. ◊ prnl. *Dep.* Burlar la vigilancia del adversario.

DESMAYADO, DA adj. Aplícase al color apagado.

DESMAYAR tr. Causar desmayo. ◊ intr. fig. Perder el valor. ◊ prnl. Perder el sentido. ❑ DESMAYO.

DESMEDIRSE prnl. Desmandarse, descomedirse o excederse. ❑ DESMEDIDO, DA.

DESMEDRAR tr. y prnl. Deteriorar. ◊ intr. Empeorar. ❑ DESMEDRO.

DESMEJORA f. Deterioro, menoscabo.

DESMEJORAR tr. y prnl. Hacer perder el lustre y perfección. ◊ intr. y prnl. Ir perdiendo la salud. ❑ DESMEJORAMIENTO.

DESMELENAR tr. y prnl. Descomponer y desordenar el cabello. ◊ prnl. fig. Enardecerse. ❑ DESMELENADURA; DESMELENAMIENTO.

DESMEMBRAR tr. Dividir y apartar los miembros del cuerpo. ◊ tr. y prnl. fig. Separar una cosa de otra. ❑ DESMEMBRACIÓN.

DESMEMORIADO, DA adj. y s. Torpe de memoria. ◊ Díc. de la persona que cae en imbecilidad y pierde la conciencia y la memoria. ❑ DESMEMORIA; DESMEMORIARSE.

DESMENTIR tr. Decir a uno que miente. ◊ Sostener la falsedad de un dicho o hecho. ◊ fig. Disimular una cosa para que no se conozca. ◊ fig. Proceder contrariamente a lo que cabía esperar. ❑ DESMENTIDA o DESMENTIDO.

DESMENUZAR tr. y prnl. Deshacer una cosa dividiéndola en partes menudas. ◊ fig. Examinar una cosa detalladamente. ❑ DESMENUZAMIENTO.

DESMERECER tr. Hacerse indigno de favor o alabanza. ◊ intr. Perder una cosa parte de su valor. ◊ Ser una cosa inferior a otra. ❑ DESMERECEDOR, RA.

DESMERECIMIENTO m. Demérito.

DESMESURAR tr. Desarreglar. ◊ prnl. Descomedirse. ❑ DESMESURADO, DA.

DESMIGAJAR tr. y prnl. Hacer migajas una cosa, dividirla y desmenuzarla. ❑ DESMIGAR.

DESMILITARIZAR tr. Suprimir la organización militar de una colectividad, etc. ◊ Desguarnecer de instalaciones militares un territorio. ❑ DESMILITARIZACIÓN.

DESMINERALIZACIÓN f. *Pat.* Disminución de principios minerales, como fósforo, potasa, cal, etc.

DESMIRRIADO, DA adj. fam. Flaco.

DESMITIFICAR tr. Eliminar el sentido mítico. ❑ DESMITIFICACIÓN.

DESMOCHE m. fig. y fam. Serie de cesantías, suspensos, etc. ❑ DESMOCHA.

DESMOLADO, DA adj. Que ha perdido las muelas.

DESMOLER tr. Desgastar, corromper.

DESMONETIZAR tr. Abolir el empleo de un metal para la acuñación de moneda.

DESMONTAR ◊ tr. Cortar en un monte los árboles. ◊ Deshacer un montón de tierra, etc. ◊ Rebajar un terreno. ◊ Separar las piezas de una cosa. ◊ Quitar la cabalgadura. ◊ En algunas armas de fuego, poner el mecanismo de disparar en posición de que no funcione. ❑ DESMONTABLE; DESMONTADURA; DESMONTAJE.

DESMONTE m. Fragmentos de lo desmontado. ◊ Paraje de terreno desmontado.

DESMORALIZAR tr. y prnl. Hacer perder la moral. ◊ Hacer perder el valor. ❑ DESMORALIZACIÓN.

DESMORONAR tr. y prnl. Deshacer o disgregarse poco a poco una materia. Aplícase comúnmente a los edificios en ruinas. ◊ prnl. fig. Venir a menos. ❑ DESMORONADIZO, ZA; DESMORONAMIENTO.

DESMOTAR tr. Quitar las motas a la lana o a la semilla de algodón. ❑ DESMOTADERA; DESMOTADO, DA; DESMOTADOR, RA; DESMOTE.

DESMOULINS, Camille (1760-1794) Político fr. Destacado publicista revolucionario, atacó el régimen de Terror. Fue guillotinado. *El discurso de la «La Lanterne» a los parisienses.*

DESMOVILIZAR tr. Licenciar a personas o tropas movilizadas. ❑ DESMOVILIZACIÓN.

DESNATAR tr. Quitar la nata. ❑ DESNATADORA.

DESNATURALIZAR tr. y prnl. En la antigüedad, desterrar a alguien. ◊ Variar la forma o condiciones de una cosa; desfigurarla, pervertirla. ❑ DESNATURALIZACIÓN; DESNATURALIZADO, DA.

DESNITRIFICAR tr. Extraer el nitrógeno.

DESNIVEL m. Falta de nivel. ◊ Diferencia de altura entre varios puntos.

DESNIVELAR tr. y prnl. Hacer que varias cosas dejen de estar niveladas. ❑ DESNIVELACIÓN.

DESNUCAR tr. y prnl. Desarticular los huesos de la nuca. ◊ Causar la muerte por un golpe en la nuca. ❑ DESNUCAMIENTO.

DESNUDAR tr. y prnl. Quitar el vestido. ◊ tr. fig. Despojar una cosa de lo que la cubre. ◊ prnl. fig. Desapropiarse y apartarse de una cosa.

DESNUDISMO m. Práctica de las personas que en ocasiones exponen el cuerpo desnudo a la acción de los agentes naturales. ❑ DESNUDISTA.

DESNUDO, DA adj. Sin vestido. ◊ fig. Muy mal vestido. ◊ fig. Falto de lo que cubre. ◊ fig. Patente, sin doblez. ◊ m. *Arte*. Figura humana desnuda. ❑ DESNUDEZ.

DESNUTRICIÓN f. Depauperación fisiológica, consecuencia de la aportación insuficiente de materias nutritivas al organismo. ❑ DESNUTRIRSE.

DESOBEDECER tr. No hacer uno lo que le ordenan. ❑ DESOBEDIENCIA; DESOBEDIENTE.

DESOCUPAR tr. Desembarazar un lugar. ◊ Sacar lo que hay dentro de alguna cosa. ◊ prnl. Desembarazarse de un asunto.

DESODORIZAR tr. Eliminar el olor. ❑ DESODORANTE.

DESOÍR tr. Desatender, dejar de oír.

DESOJAR tr. y prnl. Quebrar o romper el ojo de un instrumento, como la aguja, la azada, etc. ◊ prnl. fig. Mirar con ahínco para ver una cosa.

DESOLAR tr. Asolar. ◊ prnl. fig. Afligirse. ❑ DESOLACIÓN; DESOLADOR, RA.

DESOLLAR tr. Quitar la piel de un animal. ◊ fig. Causar a uno grave daño. ❑ DESOLLADERO; DESOLLADO, DA; DESOLLADURA; DESOLLÓN.

DESORBITAR tr. y prnl. Sacar de la órbita.

DESORDEN o **DESORDENAMIENTO** m. o **DESORDENACIÓN** f. Confusión. ◊ Malas costumbres. ◊ Disturbio.

DESORDENAR tr. y prnl. Alterar el orden de una cosa. ◊ prnl. Salir de regla. ❑ DESORDENADO, DA.

DESORGANIZAR tr. y prnl. Desordenar. ❑ DESORGANIZACIÓN.

DESORIENTAR tr. y prnl. Hacer perder la orientación. ◊ fig. Confundir. ❑ DESORIENTACIÓN.

DESOVAR intr. Soltar las hembras de los peces y anfibios sus huevos o huevas.

DESOVE m. Época en que desovan las hembras de los peces y los anfibios.

DESOXIDAR tr. y prnl. *Quím*. Quitar el oxígeno. ◊ tr. Limpiar un metal de óxido. ❑ DESOXIDACIÓN.

DESOXIGENAR tr. y prnl. Desoxidar, quitar el oxígeno. ❑ DESOXIGENACIÓN.

DESPABILADERAS f. pl. Tijeras con que se corta el pabilo ya quemado para avivar la llama.

DESPABILAR tr. Quitar la parte ya quemada del pabilo. ◊ fig. Despachar brevemente. ◊ fig. Robar. ◊ tr. y prnl. fig. Avivar el entendimiento. ◊ fig. y fam. Matar. ◊ prnl. fig. Sacudir el sueño. ❑ DESPABILADO, DA; DESPABILADOR.

DESPACHAR tr. Abreviar un negocio. ◊ Resolver las causas y negocios. ◊ Enviar. ◊ Vender los géneros. ◊ Despedir a una persona. ◊ fig. y fam. Matar. ◊ prnl. Desembarazarse de una cosa. ❑ *Amér*. DESPACHADOR, RA; *Argent*. DESPACHANTE; DESPACHO.

DESPACHO m. Aposento para despachar los negocios o para el estudio. ◊ Comunicación escrita entre el gobierno de una nación y sus representantes en las potencias extranjeras. ◊ Expediente, determinación. ◊ Cédula, título o comisión que se da a uno para algún empleo. ◊ Comunicación transmitida por telégrafo o por teléfono. ◊ *Amér*. En las minas, el ensanche contiguo a las cortaduras.

Desnudo: *La maja desnuda*, óleo de Goya (Museo del Prado, Madrid)

DESPACHURRAR tr. y prnl. fam. Aplastar una cosa apretándola. ◊ tr. fig. y fam. Desconcertar uno lo que va hablando, por su mala explicación. ❑ DESPACHURRAMIENTO.

DESPACIO adv. modo. Poco a poco. ◊ adv. tiempo. Por tiempo dilatado. ◊ *Amér*. En voz baja. ◊ m. *Amér*. Dilación. ❑ DESPACIOSO, SA.

DESPAJAR tr. Apartar la paja del grano. ◊ fig. Cribar tierras y desechos. ❑ DESPAJADOR, RA; DESPAJADURA; DESPAJO.

DESPAMPANAR tr. Quitar los pámpanos a las vides. ◊ Despimpollar. ◊ fig. y fam. Desconcertar. ◊ intr. fig. y fam. Desahogarse uno diciendo lo que siente. ❑ DESPAMPANADURA; DESPAMPANANTE.

DESPANCIJAR o **DESPANZURRAR** tr. y prnl. fam. Romper la panza, despachurrar.

DESPANZURRO m. *Chile*. Disparate.

DESPAPUCHO m. *Perú*. Disparate.

DESPAREJAR tr. y prnl. Deshacer una pareja. ❑ DESPAREJO, JA.

DESPARPAJAR tr. Deshacer una cosa con desaliño. ◊ intr. Hablar mucho.

DESPARPAJO m. fam. Facilidad en hablar u obrar. ◊ fam. *Amér*. Desorden. ❑ DESPARPAJADO, DA.

DESPARRAMAR tr. y prnl. Esparcir por muchas partes lo que estaba junto. ◊ tr. fig. Disipar la hacienda. ◊ prnl. Distraerse. ❑ DESPARRAMADO, DA.

DESPARRAMO m. *Amér*. Acción y

efecto de desparramar. ◊ fig. *Chile*. Desbarajuste.

DESPATARRAR tr. y prnl. fam. Abrir las piernas. ◊ fam. Llenar de miedo o asombro. ◊ prnl. Caerse al suelo, abierto de piernas.

DESPAVORIR intr. y prnl. Llenar de pavor. ❑ DESPAVORIDO, DA.

DESPECHAR tr. y prnl. Dar pesar. ◊ tr. fam. Destetar a los niños.

DESPECHO m. Disgusto causado por un desprecio. ◊ Desesperación. ◊ fam. Destete. ❑ DESPECHADO, DA.

DESPECHUGAR tr. Quitar la pechuga a un ave. ◊ prnl. fig. y fam. Llevar el pecho descubierto. ❑ DESPECHUGADURA.

DESPECTIVO, VA adj. Despreciativo.

DESPEDAZAR tr. y prnl. Hacer pedazos un cuerpo. ❑ DESPEDAZAMIENTO.

DESPEDIR tr. Arrojar una cosa. ◊ Hablando de costas, cabos y puntas, extender éstos hacia el mar algún arrecife, etc. ◊ Quitar a uno la ocupación. ◊ tr. Acompañar por cortesía al que sale de un lugar. ◊ fig. Apartar una cosa no material. ◊ fig. Difundir. ◊ Apartar a la persona que es gravosa. ◊ prnl. Emplear una expresión de afecto para separarse una persona de otra. ❑ DESPEDIDA; DESPIDO.

DESPEGAR tr. y prnl. Apartar dos cosas que están pegadas. ◊ intr. Separarse del suelo, mar, etc., el avión, cohete, etc. ◊ prnl. fig. Apartarse del afecto que se profesa. ◊ fig. No corresponder una cosa con otra. ◊ *C. Rica y Méx*. Desenganchar la caballería de un carruaje. ❑ DESPEGUE.

DESPEINAR tr. y prnl. Deshacer el peinado.

DESPEJAR tr. Desembarazar un sitio. ◊ tr. y prnl. fig. Aclarar. ◊ tr. *Álg*. Separar por medio de cálculo una incógnita de una ecuación. ◊ En algunos deportes, resolver una situación alejando la pelota de la meta propia. ◊ prnl. Adquirir soltura en el trato. ◊ Divertirse. ◊ Aclararse el tiempo. ◊ Bajar la calentura de un enfermo. ❑ DESPEJADO, DA; DESPEJE o DESPEJO.

DESPELLEJAR tr. Quitar el pellejo. ◊ fig. Murmurar mal de uno. ◊ tr. y prnl. fig. y fam. Robarle a alguien o dejarle sin dinero.

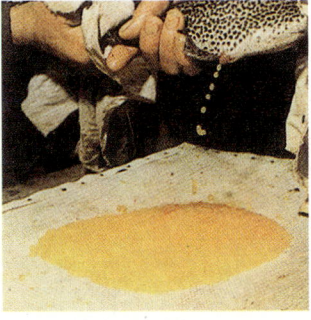

Desove artifical de una trucha

*Vieja **despiojando** a un niño*, óleo de Murillo (Pinacoteca Antigua, Munich).

DESPELOTAR tr. Desgreñar el pelo. ◊ prnl. fam. Robustecerse. ◊ fam. Desnudarse.

DESPELUZAR o **DESPELUZNAR** tr. y prnl. Desordenar el pelo. ◊ Erizar el cabello. ❏ DESPELUZAMIENTO; DESPELUZNANTE.

DESPENSA f. Lugar de la casa, donde se guardan las cosas comestibles. ◊ Provisión de comestibles. ◊ Oficio de despensero. ◊ *Méx.* Lugar en las minas para guardar los minerales ricos. ❏ DESPENSERÍA; DESPENSERO, RA.

DESPEÑAR tr. y prnl. Arrojar a una persona o cosa desde un lugar alto. ◊ prnl. fig. Entregarse una persona a sus pasiones o maldades. ❏ DESPEÑADERO, RA; DESPEÑADIZO, ZA; DESPEÑAMIENTO.

DESPERDICIAR tr. Malbaratar una cosa. ◊ No aprovechar una cosa.

DESPERDICIO m. Derroche. ◊ Residuo de lo que no se aprovecha.

DESPERDIGAR tr. y prnl. Separar. ❏ DESPERDIGAMIENTO.

DESPEREZARSE prnl. Estirar los miembros. ❏ DESPEREZO.

DESPERFECTO m. Leve deterioro.

DESPERSONALIZAR tr. Separar un problema de las características del hablante. ◊ *Psiq.* Sentir extrañeza ante el propio yo. ❏ DESPERSONALIZACIÓN.

DESPERTAR tr. y prnl. Cortar el sueño al que está durmiendo. ◊ tr. fig. Traer a la memoria una cosa. ◊ fig. Hacer que uno recapacite. ◊ fig. Mover. ◊ intr. Dejar de dormir. ◊ fig. Espabilarse. ❏ DESPERTADOR, RA; DESPERTAMIENTO; DESPIERTO, TA.

DESPIADADO, DA adj. Cruel.

DESPIEZAR tr. Despezar. ◊ Descomponer un todo en sus piezas. ❏ DESPIECE; DESPIEZO.

DESPILARAR tr. *Amér.* Derribar pilares.

DESPILFARRAR tr. Malgastar. ◊ prnl. fam. Gastar profusamente.

DESPILFARRO m. Destrozo de la ropa por desidia. ◊ Gasto superfluo. ❏ DESPILFARRADO, DA.

DESPINTAR tr. y prnl. Borrar lo pintado. ◊ tr. fig. Desfigurar un asunto. ◊ fig. y fam. *Chile.* Apartar, tratándose de la mirada. ◊ in tr. fig. Desdecir. ◊ prnl. Borrarse los colores de las cosas.

DESPIOJAR tr. y prnl. Quitar los piojos. ◊ fig. y fam. Sacar a uno de miseria. ❏ DESPIOJE.

DESPISTAR tr. y prnl. Hacer perder la pista. ◊ prnl. Desorientar. ◊ fam. Fingir. ❏ DESPISTADO, DA.

DESPISTE m. Calidad de despistado. ◊ fam. Desorientación. ◊ fam. Error.

DESPLANTAR tr. Desarraigar un árbol o planta. ◊ tr. y prnl. Desviar una cosa de la línea de la plomada. ◊ prnl. En danza y esgrima, perder la postura recta. ❏ DESPLANTADOR, RA.

DESPLANTE m. En danza y esgrima, postura irregular. ◊ fig. Dicho o acto lleno de arrogancia.

DESPLAYADO m. *Argent.* Playa de arena. ◊ *Argent.* Descampado en un bosque.

DESPLAYAR intr. Retirarse el mar de la playa.

DESPLAZADO, DA adj. y s. Inadaptado, descentrado. ◊ adj. Díc. de los emigrantes forzados a salir de su país.

DESPLAZAMIENTO m. *Geom.* Transformación del espacio en la que se conserva la distancia entre cualquier par de puntos. Los únicos d. de la recta son las traslaciones y las simetrías respecto a un punto; los d. del plano son los giros, las traslaciones y las simetrías respecto a una recta; en el espacio ordinario se cuentan las traslaciones, los giros alrededor de un eje, los movimientos helicoidales y las simetrías especulares. ◊ *Mar.* Empuje de una nave. ◊ Espacio que ocupa en el agua el casco de un buque hasta su línea de flotación.

DESPLAZAR tr. Quitar a una persona o cosa de un lugar para ponerla en otro. ◊ *Fís.* Para un cuerpo sumergido en un líquido, desalojar un volumen de este líquido igual al de la parte sumergida. ◊ prnl. Trasladarse.

DESPLEGAR tr. y prnl. Descoger. ◊ tr. fig. Aclarar y hacer patente lo poco inteligible. ◊ fig. Ejercitar una actividad. ◊ tr. y prnl. Hacer pasar las tropas del orden compacto al abierto. ❏ DESPLEGADURA; DESPLIEGUE.

DESPLOMAR tr. Hacer que una cosa pierda la posición vertical. ◊ *Ven.* Regañar. ◊ prnl. Perder la posición vertical. ◊ Caerse una pared. ◊ Caerse sin vida o sin conocimiento una persona. ◊ fig. Arruinarse. ❏ DESPLOME.

DESPLOMO m. Desviación de la posición vertical. ◊ *Ven.* Regaño.

DESPLUMAR tr. y prnl. Quitar las plumas al ave. ◊ tr. fig. Dejar a uno sin dinero. ❏ DESPLUMADURA; DESPLUME.

DESPOBLACIÓN f. o **DESPOBLAMIENTO** m. Falta de la gente que poblaba un lugar. ◊ Descenso de la pob. de un país.

DESPOBLAR tr. y prnl. Reducir a yermo lo que estaba habitado. ◊ tr. fig. Despojar un sitio. ◊ Dejar una mina sin el número de trabajadores que exigían las leyes. ◊ prnl. Dicho de un lugar, ausentarse gran parte del vecindario. ❏ DESPOBLADO; DESPUEBLE o DESPUEBLO.

DESPOJAR tr. Privar a uno de lo que tiene. ◊ Quitar jurídicamente la posesión de los bienes que uno tenía, para dársela a su legítimo dueño. ◊ prnl. Desnudarse. ◊ Desposeerse de una cosa voluntariamente.

DESPOJO m. Presa. ◊ Vientre, asadura, cabeza y manos de las reses muertas. ◊ Alones, molleja, patas, pescuezo y cabeza de las aves muertas. ◊ *Col.* Extracción de los minerales. ◊ pl. Sobras. ◊ Minerales pobres que se venden a los lavaderos. Materiales que se aprovechan de un edificio que se derriba. ◊ Restos mortales.

DESPOLARIZACIÓN f. *Biol.* Proceso de inversión de potencial en la membrana celular.

DESPOLARIZAR tr. Interrumpir el estado de polarización.

DESPOSAR tr. Unir en matrimonio. ◊ prnl. Contraer esponsales. ❏ DESPOSADO, DA; DESPOSANDO, DA.

DESPOSEER tr. Privar a uno de lo que posee. ◊ prnl. Renunciar alguno a lo que posee. ◊ Desapropiarse. ❏ DESPOSEÍDO, DA; DESPOSEIMIENTO.

DESPOSORIO m. Promesa que el hombre y la mujer se hacen de contraer matrimonio. ◊ Casamiento.

DESPOSTAR tr. *Amér.* Descuartizar una res.

DÉSPOTA m. El que ejercía mando supremo en algunos pueblos ant. ◊ com. Persona que gobierna sin sujeción a ley. ◊ fig. Persona que abusa de su poder.

DESPOTISMO m. Autoridad absoluta no limitada por las leyes. ◊ Abuso de superioridad, poder o fuerza en el trato con las demás personas. ◊ **ilustrado**. Sistema de gobierno autoritario de algunas monarquías del s. XVIII; pretendió conciliar las doctrinas de los filósofos de la Ilustración fr. en boga con el poder absoluto del monarca. ❏ DESPÓTICO, CA.

DESPOTIZAR tr. *Amér. Merid.* Tiranizar.

DESPOTRICAR intr. y prnl. fam. Hablar sin reparo. ❏ DESPOTRIQUE.

DESPRECIABLE adj. Digno de desprecio. ◊ *Mat.* Díc. de una cantidad de pequeño valor.

DESPRECIO m. Desestimación. ◊ Desaire. ❏ DESPRECIAR; DESPRECIATIVO, VA.

DESPRENDER tr. y prnl. Desunir. ◊ prnl. fig. Desapropiarse de una cosa. ◊ fig. Deducirse.

DESPRENDIMIENTO m. Desapego de las cosas. ◊ fig. Largueza. ◊ *Pint.* y *Esc.* Representación del descendimiento del cuerpo de Cristo.

DESPREOCUPACIÓN f. Estado del ánimo cuando nada hay en él que le impida juzgar las cosas. ◊ Descuido.

DESPREOCUPARSE prnl. Salir de una preocupación. ◊ Apartar de una persona o cosa la atención. ❏ DESPREOCUPADO, DA.

DESPRESAR tr. *Chile.* Despedazar un ave.

DESPRESTIGIAR tr. y prnl. Quitar el prestigio. ❏ DESPRESTIGIO.

DESPREVENCIÓN f. Falta de prevención o de lo necesario. ❏ DESPREVENIDO, DA.

DESPROPORCIÓN f. Falta de proporción.

DESPROPORCIONAR tr. Quitar la proporción a una cosa. ❏ DESPROPORCIONADO, DA.

DESPROPÓSITO m. Dicho o hecho fuera de sentido o conveniencia. ❏ DESPROPOSITADO, DA.

DESPROVEER tr. Despojar a uno de lo necesario. ❏ DESPROVISTO, TA.

DESPUÉS adv. de tiempo y lugar que denota posterioridad. ◊ Hablando del tiempo, suele emplearse como adjetivo.

DESPUNTAR tr. y prnl. Quitar la punta. ◊ tr. Cortar las ceras vanas de la colmena. ◊ intr. Empezar a brotar las plantas. ◊ fig. Manifestar agudeza. ◊ fig. Adelantarse. ◊ Empezar a amanecer. ❑ DESPUNTADOR; DESPUNTADURA; DESPUNTE.

DESQUICIAR tr. y prnl. Desencajar una cosa. ◊ Descomponer una cosa quitándole la firmeza. ◊ fig. Quitar a una persona la seguridad que debía tener. ◊ tr. fig. Derribar a uno de la privanza. ❑ DESQUICIAMIENTO; DESQUICIO.

DESQUITAR tr. y prnl. Restaurar la pérdida. ◊ fig. Tomar satisfacción o vengarse de un pesar. ❑ DESQUITE.

DESRAIZAR tr. *Amér.* Desenraizar.

Desposorios de la Virgen. Detalle de una tabla del Maestro de Flémalle (Museo del Prado, Madrid)

DESRASPAR tr. Quitar las rapas de la uva.

DESRIELAR intr. *Amér.* Descarrilar.

DESRIÑONAR tr. y prnl. Lastimar el espinazo. ◊ prnl. fig. Trabajar esforzadamente.

DESSALINES, Jean-Jacques (1758-1806) Político haitiano. Antiguo esclavo de raza negra, expulsó a los brit. y se levantó contra los fr. y se adueñó de la isla. Se proclamó emperador pero fue asesinado por Christophe y Pétion.

DESSAU C. de Alemania, junto al r. Mulde; 103 800 hab. Centro industrial.

DESTACAMENTO m. *Mil.* Tropa destacada.

DESTACAR tr. y prnl. Separar del cuerpo pral. una porción de tropa. ◊ Hacer resaltar los objetos de un cuadro. ◊ Sobresalir. ◊ tr., intr. y prnl. Poner de relieve los méritos de uno.

DESTAJO m. Obra que se ajusta por un tanto alzado. ◊ fig. Obra que uno toma por su cuenta. ◊ fig. Con empeño. ◊ *Chile.* A bulto. ❑ DESTAJERO, RA; DESTAJISTA.

DESTAPAR tr. Quitar la tapa. ◊ tr. y prnl. Descubrir lo tapado. ◊ *Méx.* Huir a caballo. ❑ DESTAPADURA.

DESTAPE m. fam. Desnudo en obras teatrales y cinematográficas.

DESTAPONAR tr. Quitar el tapón.

DESTARTALO m. Falta de orden. ❑ DESTARTALADO, DA.

DESTEJER tr. y prnl. Deshacer lo tejido. ◊ fig. Desbaratar lo que estaba dispuesto.

DESTELLAR tr. Despedir destellos.

DESTELLO m. Resplandor vivo y efímero.

DESTEMPLANZA f. Desigualdad del tiempo. ◊ Intemperancia en los afectos o en el uso de algunas cosas. ◊ Alteración en el pulso, que no llega a calentura. ❑ DESTEMPLADO, DA.

DESTEMPLAR tr. Alterar la armonía de una cosa. ◊ Poner en infusión. ◊ tr. y prnl. Destruir la concordancia con que están templados los instrumentos musicales. ◊ prnl. Alterarse el pulso. ◊ tr. y prnl. Perder el temple. ◊ prnl. fig. Perder la moderación en acciones o palabras. ◊ *Amér.* Sentir dentera.

DESTEÑIR tr., intr. y prnl. Quitar el tinte.

DESTERNILLARSE prnl. Romperse las ternillas.

DESTERRAR tr. Echar a uno de un lugar. ◊ Quitar la tierra. ◊ fig. Deponer. ◊ prnl. Expatriarse.

DESTETAR tr. y prnl. Hacer que dejen de mamar el niño o las crías de los animales. ❑ DESTETE.

DESTIEMPO (A) m. adv. Fuera de tiempo.

DESTIERRO m. Pena que consiste en expulsar a una persona de un lugar. ◊ Lugar en que vive el desterrado. ◊ fig. Lugar distante del centro.

DESTILACIÓN f. *Quím.* Acción y efecto de destilar. ◊ Flujo de humores serosos o mucosos. ◊ **seca.** *Quím.* Operación que se realiza calentando cuerpos sólidos, y recogiendo los gases y vapores que se desprenden.

DESTILAR tr. e intr. Separar por medio de calor una sustancia volátil de otras más fijas, enfriando su vapor para reducirla a líquido. ◊ tr. y prnl. Filtrar. ◊ intr. y tr. Correr lo líquido gota a gota. ❑ DESTILADERA; DESTILADOR, RA; DESTILATORIO, RIA; DESTILERÍA.

DESTINAR tr. Ordenar una cosa para algún fin. ◊ Designar el punto o establecimiento en que a un individuo ha de servir el empleo que se le ha conferido. ◊ Designar la ocupación en que ha de servir una persona. ❑ DESTINACIÓN; DESTINATARIO, RIA.

DESTINO m. Hado. ◊ *Fil.* Encadenamiento de los sucesos considerado como necesario. ◊ Circunstancia de serles favorable o adversa esta manera de ocurrir los sucesos a personas o cosas. ◊ Consignación de una cosa o de un sitio para un fin. ◊ Empleo. ◊ Lugar en que un individuo sirve su empleo. ◊ Lugar al que se dirige una persona o cosa.

DESTITUIR tr. Separar a uno de su cargo como castigo. ❑ DESTITUCIÓN.

DESTORNILLAR tr. Sacar un tornillo dándole vueltas. ◊ tr. y prnl. fig. Perder el juicio. ❑ DESATORNILLAR; DESTORNILLADOR; DESTORNILLAMIENTO.

DESTORRENTARSE prnl. *Guat., Hond.* y *Méx.* Perder el tino.

DESTRAL m. Hacha pequeña. ❑ DESTRALERO.

DESTRATAR tr. *Chile, Col.* y *Ven.* Deshacer un trato.

DESTREZA f. Habilidad con que se hace una cosa.

DESTRIPAR tr. Quitar las tripas. ◊ fig. Sacar el interior de una cosa. ◊ fig. Despachurrar. ◊ intr. fam. *Méx.* Abandonar los estudios. ❑ DESTRIPAMIENTO.

DESTRONAR tr. Deponer del reino a uno. ◊ fig. Quitar a uno su preponderancia. ❑ DESTRONAMIENTO.

DESTRONCAR tr. Cortar un árbol por el tronco. ◊ fig. Cortar el cuerpo. ◊ fig. Arruinar a uno. ◊ prnl. y tr. fig. Rendir de fatiga. ◊ fig. Truncar cosas no materiales. ◊ *Chile* y *Méx.* Descuajar plantas. ❑ DESTRONCAMIENTO.

DESTRONQUE m. *Chile* y *Méx.* Descuaje.

DESTROZAR tr. y prnl. Despedazar una cosa. ◊ tr. fig. Estropear. ◊ fig. Gastar mucho. ◊ Derrotar al enemigo. ❑ DESTROZO; DESTROZÓN, NA.

DESTRUCCIÓN f. Ruina, pérdida casi irreparable.

DESTRUCTOR, RA adj. y s. Que destruye. ◊ m. Buque de guerra, de tonelaje medio, preparado para misiones de escolta y de tipo ofensivo.

DESTRUIR tr. y prnl. Arruinar una cosa. ◊ fig. Quitar a uno los medios con que se mantenía. ◊ fig. Malgastar la hacienda. ❑ DESTRUCTIBILIDAD; DESTRUCTIVIDAD; DESTRUCTIVO, VA; DESTRUCTOR, RA.

DESTUSAR tr. *Amér. Centr.* Despinochar el maíz, quitarle la hoja o tusa.

DESUBSTANCIAR tr. Desustanciar.

DESUELLO m. fig. Desvergüenza.

DESULFURAR tr. Eliminar el azufre.

DESUNIR tr. y prnl. Apartar una cosa de otra. ◊ fig. Introducir discordia. ❑ DESUNIÓN.

DESUÑAR tr. Quitar las uñas. ◊ Arrancar las raíces viejas de las plantas. ◊ prnl. fig. y fam. Ocuparse en un trabajo de manos difícil.

DESUSAR tr. y prnl. Desacostumbrar, perder o dejar el uso. ❑ DESUSADO, DA.

DESUSO m. Falta de uso de una cosa.

DESUSTANCIAR tr. y prnl. Quitar la fuerza a una cosa.

DESVAHAR tr. Quitar lo marchito de una planta.

DESVAÍDO, DA adj. Aplícase a la persona alta y desgarbada. ◊ Díc. del color disipado.

DESVAINAR tr. Sacar los granos de las vainas.

DESVALIJAR tr. Quitar el contenido de una maleta. ◊ fig. Despojar a uno del dinero o bienes. ❑ DESVALIJAMIENTO.

DESVALIMIENTO m. Desamparo. ❑ DESVALIDO, DA.

Torres desmetilizadoras en una planta de **destilación** de alcohol

DESVALORAR tr. Quitar valor a una cosa. ◊ Desacreditar.

DESVALORIZAR tr. Desvalorar. ◊ tr. y prnl. *Econ.* Perder valor una moneda fiduciaria. ❏ DESVALORIZACIÓN.

DESVÁN m. Parte más alta de la casa.

DESVANECER tr. y prnl. Disgregar las partículas de un cuerpo en otro. ◊ Inducir a presunción. ◊ fig. Deshacer. ◊ tr. Quitar de la mente una idea. ◊ prnl. Evaporarse la parte espiritosa de una cosa. ◊ tr. y prnl. Turbarse la cabeza por un vahído. ❏ DESVANECIDO, DA; DESVANECEDOR, RA.

DESVANECIMIENTO m. Presunción. ◊ Pérdida transitoria del sentido.

DESVARIAR intr. Delirar.

DESVARÍO m. Dicho o hecho fuera de concierto. ◊ Pérdida de razón. ◊ fig. Cosa que sale del orden común de la naturaleza. ◊ fig. Inconstancia. ❏ DESVARIADO, DA.

DESVELAR tr. Descubrir. ◊ tr. y prnl. Quitar el sueño. ◊ tr. y prnl. fig. Poner cuidado en lo que uno desea hacer. ❏ DESVELAMIENTO; DESVELO.

DESVENCIJAR tr. y prnl. Aflojar las partes de una cosa que estaban unidas.

DESVENTAJA f. Mengua que se nota por comparación. ❏ DESVENTAJOSO, SA.

tención en que estaba. ◊ tr. *Esg.* Separar la espada del contrario.

DESVINCULAR tr. Anular un vínculo. ◊ *Argent.* y *Chile.* Desamortizar. ❏ DESVINCULACIÓN.

DESVÍO m. fig. Despego. ◊ Vía que se aparta de otra principal. ◊ *Argent.* y *Chile.* Apartadero de una línea férrea. ◊ Cada uno de los listones de madera que se sujetan horizontalmente en los andamios para evitar el vaivén.

DESVIRAR tr. Recortar lo superfluo de la suela del zapato. ◊ Recortar el libro el encuadernador. ◊ Dar vueltas al cilindro de los tornos y cabrestantes en sentido contrario a las que se dieron para virar.

DESVIRGAR tr. Quitar la virginidad.

DESVIRTUAR tr. y prnl. Quitar la virtud.

DESVIVIRSE prnl. Mostrar vivo interés por una persona o cosa.

DESVOLCANARSE prnl. *Col.* Derrumbarse.

DETALLAR tr. Referir una cosa con detalles. ◊ Vender al detall.

DETALLE m. Pormenor. ◊ Cosa que completa un todo, pero que no le es indispensable. ◊ Factura o lista detallada. ◊ Cortesía.

Fachada de la fábrica de automóviles Ford en **Detroit**

DESVENTURA f. Desgracia, suerte adversa. ❏ DESAVENTURA; DESVENTURADO, DA.

DESVERGONZARSE prnl. Hablar u obrar con desvergüenza. ❏ DESVERGONZADO, DA.

DESVERGÜENZA f. Falta de vergüenza. ◊ Dicho o hecho impúdico.

DESVESTIR tr. y prnl. Desnudar.

DESVIACIÓN f. Acción y efecto de desviar o desviarse. ◊ Separación lateral de un cuerpo de su posición media. ◊ Separación de la aguja imantada del plano del meridiano magnético. ◊ Separación de un móvil de su trayectoria ordinaria. ◊ *Ópt.* Cambio de dirección de la luz al incidir sobre un dioptrio. ◊ Tramo de una carretera que se aparta de la general para volver a unirse después con ella. ◊ Camino provisional por el que han de circular los vehículos. ◊ *Med.* Paso de los humores por fuera de sus conductos naturales. ◊ *Med.* Cambio de la posición natural de los órganos, y en especial de huesos.

DESVIACIONISMO m. *Pol.* Tendencia del que se aparta de la línea política de su partido. ❏ DESVIACIONISTA.

DESVIAR tr. y prnl. Alejar de su lugar una cosa. ◊ fig. Disuadir a uno de la in-

DETALLISTA com. Persona que se cuida mucho de los detalles. ◊ Comerciante que vende al por menor.

DETECTAR tr. Poner de manifiesto lo que no puede ser observado directamente. ❏ DETECCIÓN; DETECTOR, RA.

DETECTIVE com. Agente de policía secreta. ◊ Persona que realiza investigaciones reservadas.

DETECTOR, RA adj. Que detecta. ◊ m. Aparato o sistema que detecta las ondas electromagnéticas, las radiaciones eléctricas, etc. ◊ **de partículas.** *Fís.* Dispositivo que sirve para detectar la emisión de partículas subatómicas de alta energía.

DETENCIÓN f. Dilación. Privación de libertad. ❏ DETENIDO, DA.

DETENER tr. y prnl. Suspender una cosa. ◊ Arrestar. ◊ Retener. ◊ prnl. Retardarse. ◊ fig. Pararse a considerar una cosa. ❏ DETENIDO, DA; DETENTOR, RA.

DETENTAR tr. *Der.* Retener uno lo que no le pertenece. ❏ DETENTACIÓN; DETENTADOR, RA.

DETERGENTE adj. Que deterge. ◊ adj. y m. *Med.* Detersorio. ◊ m. *Quím.* Sustancia que disminuye la tensión superficial del agua y limpia como el jabón.

DETERGER tr. Limpiar una herida. ◊ Limpiar un objeto sin producir abrasión. ❏ DETERSIÓN; DETERSORIO, RIA.

DETERIORAR tr. y prnl. Estropear. ❏ DETERIORACIÓN; DETERIORO.

DETERMINACIÓN f. Osadía. ◊ En glosemática, relación de dependencia unilateral entre dos términos.

DETERMINAR tr. Fijar los términos de una cosa. ◊ Distinguir. ◊ Señalar una cosa para algún efecto. ◊ tr. y prnl. Tomar resolución. ◊ tr. Hacer tomar una resolución. ◊ *Der.* Sentenciar. ❏ DETERMINADO, DA; DETERMINANTE.

DETERMINATIVO, VA adj. Díc. de lo que determina. ◊ adj. y m. Adjetivo, o nombre precedido de la prep. *de*, que determina la extensión en que se toma un sustantivo.

DETERMINISMO m. *Fil.* Doctrina que somete los acontecimientos del universo a leyes naturales necesarias. ❏ DETERMINISTA.

DETESTAR tr. Maldecir tomando al cielo por testigo. ◊ Aborrecer. ❏ DETESTABLE; DETESTACIÓN.

DETONACIÓN f. Combustión excesivamente rápida de la mezcla de gasolina y aire que produce un golpeteo.

DETONAR intr. Dar estampido o trueno. ❏ DETONADOR, RA; DETONANTE.

DETORSIÓN f. Extensión violenta.

DETRACTAR tr. Detraer. ❏ DETRACTOR, RA.

DETRAER tr. y prnl. Restar o desviar. ◊ fig. Infamar la honra ajena. ❏ DETRACCIÓN.

DETRÁS adv. lugar. En la parte posterior, o con posterioridad de lugar. ◊ fig. En ausencia.

DETRIMENTO m. Destrucción. ◊ Pérdida de la salud o de los intereses. ◊ fig. Daño moral.

DETRITO o **DETRITUS** m. *Geol.* Resultado de la descomposición de una masa sólida en partículas. ❏ DETRÍTICO, CA.

DETROIT C. de los EE UU en el est. de Michigan; 1 204 000 hab. (4 354 000 el á. metr.). Sit. a orillas del río hom. Centro mundial de producción de automóviles. Universidades.

DEUCHER, *Adolphe* (1831-1912) Político suizo. Presid. de la Confederación (1886, 1897-1903 y 1909).

DEUDA f. Obligación que uno tiene de pagar o reintegrar a otro una cosa, o de cumplir un deber. ◊ Pecado. ❏ DEUDOR, RA.

DEUDO, DA m. y f. Pariente.

DEUTERIO m. *Quím.* Isótopo del hidrógeno, de símb. D, constituido por un protón y un neutrón. También se llama *hidrógeno pesado.*

DEUTEROCANÓNICOS adj. Díc. de los libros santos cuya autenticidad ha sido admitida con posterioridad a otros libros canónicos.

DEUTERÓN m. *Quím.* Núcleo del deuterio.

DEUTERONOMIO n. p. m. Quinto libro del Pentateuco.

DEUTEROSTOMA adj. y s. *Zool.* Animales caracterizados por su desarrollo a partir de huevos de segmentación radial o bilateral.

DEUTÓXIDO m. Combinación del oxígeno con un cuerpo en su segundo grado de oxidación.

DEUTSCHER, *Isaac* (1906-1967) Historiador y político pol. Expulsado en 1932 del partido comunista pol. Dirigió

la oposición trotskista. *Rusia después de Stalin; Stalin, una biografía política.*

DEVALUAR tr. y prnl. Disminuir el valor de una cosa, en especial una moneda. ❏ DEVALUACIÓN.

DEVANADERA f. Instrumento para devanar madejas. ◊ Instrumento para hacer mutaciones rápidas en los teatros.

DEVANADO m. *El.* Hilo de cobre aislado.

DEVANAR tr. Arrollar hilo en ovillo. ◊ prnl. *Cuba y Méx.* Retorcerse de risa, dolor, etc. ❏ DEVANADOR, RA.

DEVANEAR intr. Decir o hacer devaneos.

DEVANEO m. Delirio. ◊ Pasatiempo vano o reprensible. ◊ Amorío pasajero.

DEVASTAR tr. Destruir. ❏ DEVASTACIÓN.

DEVENGAR tr. Adquirir derecho o retribución. ❏ DEVENGO.

DEVENIR intr. Sobrevenir. ◊ *Fil.* Llegar a ser. ◊ m. Cambio.

DEVOCIÓN f. Amor y fervor religiosos. ◊ fig. Inclinación. ◊ fig. Costumbre devota. ◊ *Teol.* Prontitud con que uno está dispuesto a hacer la voluntad de Dios. ❏ DEVOCIONARIO; DEVOTO, TA.

DEVOLUCIÓN, guerra de Guerra entre Francia y España (1667-1668). Por la paz de Aquisgrán (1668) España cedió las plazas conquistadas por Francia en el Hainaut y en Flandes, pero recuperaba el Franco-Condado.

DEVOLVER tr. Volver una cosa al estado o situación que tenía. ◊ Restituirla a la persona que la poseía. ◊ Corresponder a un favor o a un agravio. ◊ fam. Vomitar. ◊ prnl. *Amér.* Volverse, regresar. ❏ DEVOLUCIÓN; DEVUELTO, TA.

DEVONIANO, NA o **DEVÓNICO, CA** adj. Relativo al devoniano o devónico. ◊ m. Tercer periodo de la era primaria.

DEVORAR tr. Tragar con ansia. ◊ fig. Consumir. ◊ fig. Consagrar atención a una cosa.

DEWAR, SIR James (1842-1923) Químico y físico escocés. Inventó la botella que lleva su nombre, para la conservación de gases licuados.

DEXTRINA f. *Quím.* Sustancia sólida amorfa de composición análoga a la del almidón. Se usa en la ind. para la producción de adhesivos.

DEXTRISMO m. Empleo de la mano derecha.

DEXTRÓGIRO, RA adj. y m. *Quím.* Cuerpo o sustancia que desvía a la derecha la luz polarizada.

DEXTRORSO, SA adj. *Fís.* Díc. del mov. con giro hacia la derecha.

DEXTROSA f. Glucosa natural dextrógira.

DEYECCIÓN f. Conjunto de materias arrojadas por un volcán. ◊ Defecación de los excrementos. ❏ DEYECTOR, RA.

D'HALMAR, Augusto Goemine Thomson, llamado **Augusto** (1882-1950) Escritor chil., perteneciente a la generación del 1900. *Los alucinados.*

DHARMA (voz sánscrita) m. *Rel.* Verdad eterna que Buda predicó de la vida humana.

DHAULAGIRI Pico del Himalaya central, en territorio nepalés; 8 172 m.

DI Stéfano, Alfredo (n. 1926) Futbolista arg., nacionalizado español. Figura del River Plate y Real Madrid.

DÍA m. Tiempo que emplea la Tierra en dar una vuelta sobre sí misma. ◊

Tiempo que dura la claridad del Sol sobre el horizonte. ◊ Cumpleaños. ◊ pl. fig. Vida. ◊ **astronómico.** Tiempo comprendido entre dos pasos consecutivos del Sol por el meridiano superior. ◊ **del juicio.** Según el dogma católico, último día de los tiempos.

DIABASA f. *Geol.* Roca eruptiva efusiva, constituida por una plagioclasa y piroxenos.

DIABETES f. *Pat.* Grupo de enfermedades metabólicas, la más importante de las cuales afecta al metabolismo de los hidratos de carbono y, en fase avanzada, también al de los lípidos, proteínas y agua. Se caracteriza por un aumento permanente de glucosa en la sangre (hiperglucemia) y en la orina (glucosuria), y se debe a un déficit de la secreción de insulina. ❏ DIABÉTICO, CA.

DIABLEAR intr. fam. Hacer diabluras.

DIABLO m. *Rel.* En el cristianismo, ángel arrojado por Dios al infierno. ◊ fig. Persona de mal genio, o muy traviesa y temeraria. ◊ fig. Persona muy fea. ◊ fig. Persona astuta. ◊ Instrumento de madera en que el jugador de billar apoya el taco. ◊ **de Tasmania.** *Zool.* Marsupial dasiúrido, de cabeza grande, dentadura sólida y fuertes garras. Habita en Tasmania y debe su nombre a sus hábitos carniceros y su pelaje negro. ❏ DIABLESA; DIABLESCO, CA; DIABÓLICO, CA.

Trilobites, artrópodo fósil del periodo
devoniano

DIABLO Isla de la Guayana Francesa, que fue sede de una penitenciaría.

DIABLURA f. Travesura extraordinaria.

DIACLASA f. *Geol.* Superficie de ruptura en una roca, a lo largo de la cual no se ha producido desplazamiento entre los bloques originados.

DIACONADO o **DIACONATO** m. *Rel.* Orden sacra inmediata al sacerdocio.

DIÁCONO m. Ministro eclesiástico que ha recibido la orden inmediata inferior al sacerdocio. ❏ DIACONAL; DIACONÍA; DIACONISA.

DIACRÍTICO, CA adj. Aplícase a los signos ortográficos que sirven para dar a una letra algún valor especial. ◊ *Med.* Díc. de los síntomas con que una enfermedad se distingue de otra.

DIACRONÍA f. Desarrollo o sucesión de hechos a través del tiempo. ❏ DIACRÓNICO, CA.

DIACÚSTICA f. *Fís.* Parte de la acústica que estudia la refracción de los sonidos.

DIADELFOS adj. pl. *Bot.* Díc. de los estambres de una flor cuando están soldados entre sí.

Diablo de Tasmania

DIADEMA f. Faja que antiguamente ceñía la cabeza de los reyes. ◊ Arco que cierra por la parte superior algunas coronas. ◊ Corona. ◊ Adorno de cabeza, en forma de media corona. ❏ DIADEMADO, DA.

DIAFANIZAR tr. Hacer diáfana una cosa.

DIÁFANO, NA adj. Díc. del cuerpo a través del cual pasa la luz casi en su totalidad. ◊ fig. Claro. ❏ DIAFANIDAD.

DIÁFISIS f. *Anat.* Parte media de un hueso largo.

DIAFONÍA f. *Electrón.* Interferencia en las comunicaciones por un canal, debida a los efectos capacitativo y de inducción mutua producidos por otro canal próximo.

DIAFORESIS f. *Med.* Fenómeno de la sudoración. La d. puede ser fisiológica, debida al esfuerzo físico o al calor; patológica, debida a trastornos glandulares o estados febriles y provocada con fines terapéuticos. ❏ DIAFORÉTICO, CA.

DIAFRAGMA m. *Anat.* Tabique músculo-membranoso que separa la cavidad torácica de la del abdomen. ◊ Separación que intercepta la comunicación entre dos partes de un aparato. ◊ Lámina flexible del fonógrafo. ◊ *Bot.* Membrana que establece separaciones en algunos frutos. ◊ *Fot.* Disco horadado que sirve para regular la cantidad de luz que se ha de dejar pasar. ❏ DIAFRAGMÁTICO, CA.

DIAFRAGMAR tr. *Fot.* Regular el diafragma.

DIAGHILEV, Serge de (1872-1929) Coreógrafo ruso, creador de un estilo que revolucionó la estética coreográfica.

DIAGNOSTICAR tr. *Med.* Determinar una enfermedad mediante el examen de sus signos. ❏ DIAGNOSIS.

DIAGNÓSTICO, CA m. *Med.* Conjunto de signos que sirven para fijar el carácter de una enfermedad. ◊ Resultado de diagnosticar algo.

DIAGONAL adj. y f. *Geom.* En un polígono, segmento de recta que une dos vértices no consecutivos. En un poliedro, segmento de recta que une dos vértices de distintas caras.

DIÁGRAFO m. Instrumento para seguir los contornos de un objeto o dibujo y transmitirlos sobre papel.

DIAGRAMA m. Representación gráfica de las relaciones entre varias magnitudes. ◊ Representación gráfica de la disposición de los elementos de alguna cosa. ◊ **floral.** *Bot.* Representación esquemática de los órganos de la flor y sus elementos de simetría.

DIAL adj. Relativo a un día. ◊ m. Su-

Diana *cazadora*. Óleo de autor anónimo de la escuela de Fontainebleau (Museo del Louvre, París)

perficie graduada sobre la que se mueve un indicador que señala una magnitud. ◊ pl. Efemérides.

DIÁLAGA f. *Miner.* Silicato de aluminio, calcio, hierro y magnesio.

DIALÉCTICA f. *Fil.* En sentido gral., arte de razonar o de analizar la realidad. ❑ DIALÉCTICO, CA.

❑ *Fil.* Para Platón, fue el método de alcanzar la unidad de lo inteligible a partir de la multiplicidad de lo sensible. Para Aristóteles, la d. sólo hace referencia a la parte del saber que no es susceptible de certidumbre, sino sólo de probabilidad basada en la apariencia. Santo Tomás la situó como parte de la lógica y Kant retornó a la posición aristotélica. Hegel la consideró como expresión del desarrollo mismo del pensamiento. Marx adoptó de Hegel las tres grandes leyes de la d.: negación de la negación, paso de la cantidad a la cualidad y unidad de los opuestos. Sartre dedicó parte importante de su obra a la *Crítica de la razón dialéctica*.

DIALECTO m. Variedad regional de una lengua. ◊ *Ling.* Lengua en cuanto se la considera con relación al grupo de las varias derivadas de un tronco común. ❑ DIALECTAL; DIALECTALISMO o DIALECTISMO; DIALECTOLOGÍA.

DIALEFA f. Hiato o azeuxis.

DIALIPÉTALO, LA adj. y f. *Bot.* Díc. de la planta angiosperma cuyas flores presentan los pétalos totalmente separados.

DIALISÉPALO, LA adj. y f. *Bot.* Díc. de la planta angiosperma cuyas flores presentan los sépalos totalmente separados.

DIÁLISIS f. Proceso de separación de partículas coloidales o de elevado peso molecular que se hallan en disoluciones cuyo disolvente es de menores dimensiones moleculares. ❑ DIALIZAR; DIALIZADOR.

DIALOGAR o **DIALOGIZAR** intr. Hablar en diálogo. ◊ tr. Escribir una cosa en forma de diálogo.

DIÁLOGO m. Conversación entre dos o más personas. ◊ Obra literaria en que se finge una plática. ◊ Discusión en busca de avenencia. ❑ DIALOGADO, DA; DIALOGAL; DIALOGÍSTICO, CA; DIALOGUISTA.

DIAMAGNETISMO m. *Fís.* Propiedad de determinadas sustancias por la cual, al penetrar en la región de máx. intensidad de un campo magnético, son obligadas a dirigirse a la zona en que el campo es más débil. ❑ DIAMAGNÉTICO, CA.

DIAMANTAR tr. Dar a una cosa el brillo del diamante. ❑ DIAMANTADO, DA.

DIAMANTE m. *Miner.* Carbono puro cristalizado en el sistema cúbico, incoloro o con diversas coloraciones, y brillo característico. Es frágil, pese a ser el mineral más duro que se conoce, buen conductor del calor y mal conductor de la electricidad. ◊ **artificial**. El obtenido con fines industriales, partiendo del carbono. ❑ DIAMANTÍFERO, RA; DIAMANTINO, NA; DIAMANTISTA.

DIÁMETRO m. *Geom.* La mayor de las cuerdas de una circunferencia. ◊ *Geom.* En otras curvas, línea que pasa por el centro, y divide en dos partes un sistema de cuerdas paralelas. ❑ DIAMETRAL.

DIANA f. Toque militar al amanecer. ◊ Punto central de un blanco de tiro.

DIANA *Mit.* Diosa rom. de la Luna, los bosques y la caza, hija de Júpiter y Latona.

DIANDRO, DRA adj. Díc. de la flor que posee dos estambres.

DIANTRE m. fam. Eufemismo por diablo.

DIAPASÓN m. *Mús.* Frecuencia patrón de un sonido. ◊ *Fís.* En acústica, instrumento empleado para generar un sonido de longitud de onda determinada. ◊ *Mús.* Trozo de madera que cubre el mástil. ◊ *Mús.* Regulador.

DIAPENTE m. *Mús.* Intervalo de quinta.

DIAPIRO m. *Geol.* Pliegue anticlinal originado por la extrusión de una masa de rocas plásticas.

DIAPOSITIVA f. Fotografía positiva, sobre cristal o película, destinada a la proyección.

DIARIERO m. *Amér.* Vendedor de diarios.

DIARIO, RIA adj. Correspondiente a todos los días. ◊ m. Libro en que se cogen día a día reflexiones, sucesos, etc. ◊ Relación histórica de lo que ha ido sucediendo día por día. ◊ Periódico que se publica todos los días. ◊ adv. *Amér.* Diariamente. ❑ DIARISTA.

DIARQUÍA f. Sistema de gobierno en el cual dos personas ejercen el poder.

DIARREA f. *Pat.* Desarreglo intestinal que consiste en evacuaciones frecuentes, líquidas o muy fluidas. ❑ DIARREICO, CA.

DIARTROSIS f. *Anat.* Forma de articulación entre dos huesos contiguos, en la que ha desaparecido el disco intermediario central. Permite el más amplio juego de la articulación (hombro, muñeca, rodilla, etc.).

DIAS de Novaes, Bartolomeu (1450-1500) Navegante port. Descubrió el cabo de Buena Esperanza.

DIÁSPERO o **DIASPRO** m. Variedad de jaspe.

DIÁSPORA f. Dispersión de los judíos. ◊ *Bot.* Órgano sexual que se puede separar del vegetal y engendrar otra planta.

DIÁSPORO m. *Miner.* Óxido alumínico hidratado.

DIASTASA. f. Enzima soluble que cataliza la transformación del almidón en maltosa.

DIÁSTOLE f. Licencia poética que consiste en usar como larga una sílaba breve. ◊ *Fisiol.* Movimiento de dilatación del corazón y de las arterias. ◊ Fisiol. Movimiento de dilatación de la duramater y de los senos del cerebro. ❑ DIASTÓLICO, CA.

DIATÉRMANO adj. *Fís.* Díc. del cuerpo que es buen conductor del calor.

DIATERMIA f. *Med.* Producción de calor en los tejidos mediante una corriente de alta frecuencia.

DIÁTESIS f. Predisposición orgánica a contraer una enfermedad.

DIATOMEA f. *Bot.* Alga unicelular y microscópica. ❑ DIATOMÁCEO, A.

Microfotografía de **diatomeas**

DIATÓNICO adj. *Mús.* Díc. de la escala llamada natural, sin alteraciones.

DIATRIBA f. Escrito violento e injurioso.

DIATROPISMO m. Tendencia de ciertos seres vivos a orientarse transversalmente.

DÍAZ, Leopoldo (1862-1947) Poeta y diplomático arg. *Los fuegos fatuos, Las sombras de Hellas*. ◊ **Porfirio** (1830-1915) Militar y político mex., presid. de la rep. en 1876, ocupó este cargo anticonstitucionalmente durante treinta años. En 1911, ante la rev. de Madero, abandonó México. ◊ **Arrieta, Hernán** (1891-1983) Escritor chil., conocido con el seudónimo de ALONE. *La sombra inquieta, Historia personal de la literatura chilena*. ◊ **Casanueva, Humberto** (1908-1992) Poeta y filósofo chil. *Poemas para niños, El blasfemo coronado, Réquiem*. ◊ **Covarrubias, Juan** (1837-1859) Novelista mex. *Gil Gómez el insurgente, El diablo en México*. ◊ **De Solís, Juan** (m. 1516) Navegante esp. Descubridor del Río de la Plata. ◊ **De Vivar, Rodrigo** → Cid. ◊ **Del Castillo, Bernal** (1492-1584) Cronista y conquistador esp. Participó en la expedición de Hernán Cortés a México. Regidor perpetuo de la c. de Guatemala. *Historia verdadera de la conquista de Nueva España*. ◊ **Mirón, Salvador** (1853-1928) Poeta mex. De gran influencia en los líricos modernistas, busca una valoración de lo sucio y lo pobre. *Lascas*. ◊ **Ordaz, Gustavo** (1911-1979) Político mex., presid. de la rep. (1964-1970). ◊ **Rodríguez, Manuel** (1869-1927) Escritor modernista ven. *Sangre patricia, Camino de perfección*.

DIBRANQUIO, A adj. y m. *Zool.* Dícese de los moluscos cefalópodos que se caracterizan por estar provistos de dos branquias.

DIBUJAR tr. y prnl. Delinear en una superficie, y sombrear imitando la figura de un cuerpo. ◊ prnl. Indicarse lo que estaba oculto. ❑ DIBUJANTE.

DIBUJO m. Arte de enseñar a dibujar. ◊ Figura o tema dibujado. ◊ Delineación, figura o imagen ejecutada en claro y oscuro, que toma nombre del material con que se hace. ◊ En los bordados, tejidos, etc., figura y disposición de las labores que los adornan. ◊ **Dibujos animados.** *Cin.* Dibujos filmados que producen la sensación de movimiento. ❑ DICCIONARISTA.

DICCIÓN f. Palabra. ◊ Manera de hablar o escribir. ◊ Manera de pronunciar.

DICCIONARIO m. Libro en que, por orden gralte. alfabético, se explican las palabras de uno o más idiomas, o las de una materia determinada. ◊ Catálogo alfabético de noticias de un mismo gén. ❑ DICCIONARISTA.

DICHA f. Felicidad. ◊ Suerte feliz. ❑ DICHOSO, SA.

DICHARACHO m. fam. Dicho vulgar, o poco decente. ❑ DICHARACHERO, RA.

DICHO m. Palabra con que se expresa oralmente un concepto cabal. ◊ Máxima. ◊ Ocurrencia chistosa. ◊ fam. Expresión insultante. ◊ *Der.* Deposición del testigo.

DICIEMBRE m. Duodécimo mes del año.

DICKENS, *Charles* (1812-1870) Novelista ing., el más grande escritor de la época victoriana. Denuncia en sus novelas las desventuras e injusticias de las clases más humildes y las duras condiciones del nacimiento del capitalismo en Inglaterra, especialmente la explotación de los niños. *Oliver Twist, La pequeña Dorrit, David Copperfield, Los papeles póstumos del Club Pickwick.*

DICKINSON, *Emily* (1830-1886) Poetisa norteam., considerada una de las representantes eminentes de la poesía ochocentista en su país.

DICOTILEDÓNEO, A adj. y s. *Bot.* Plantas cuyo embrión tiene dos cotiledones. ❑ DICOTILEDÓN.

DICOTOMÍA f. *Bot.* Bifurcación de un tallo o de una rama. ◊ *Lóg.* Método de clasificación en que las divisiones y subdivisiones sólo tienen dos partes. ◊ División en dos partes. ❑ DICOTÓMO, MA.

DICROÍSMO m. *Fís.* Propiedad de algunos cuerpos de presentar dos coloraciones. ❑ DICROICO, CA; DICROMÁTICO, CA.

DICTADO m. Texto que se escribe al dictado. ◊ pl. fig. Inspiraciones de la razón.

DICTADOR, RA adj. y s. Que da la pauta a seguir. ◊ m. Magistrado supremo rom., que los cónsules nombraban para que mandase como soberano. ◊ El que asume todos los poderes de un est. moderno. ❑ DICTATORIAL; DICTATORIO, RIA.

DICTADURA f. Dignidad y cargo de dictador. ◊ Tiempo que dura. ◊ *Pol.* Sist. político en el que una persona, o un pequeño grupo de ellas, ejercen el poder sin limitaciones constitucionales. ◊ **del proletariado.** Principio marxista del ejercicio del poder del Est. por la mayoría (proletariado) sobre la minoría (burguesía).

DICTAMEN m. Opinión que se forma sobre una cosa. ❑ DICTAMINAR.

DICTAR tr. Decir algo para que otro lo vaya escribiendo. ◊ Tratándose de leyes, preceptos, etc., darlos, expedirlos. ◊ fig. Inspirar.

Longchamp, **dibujo** a tinta china y pincel de Toulouse-Lautrec

DIDÁCTICO, CA adj. Relativo a la enseñanza. ◊ f. Ciencia que estudia la metodología de la enseñanza.

DIDÁCTILO, LA adj. Que tiene dos dedos.

DIDÉLFIDO, DA o **DIDELFO, FA** adj. y m. *Zool.* Díc. de los mamíferos caracterizados por tener las hembras un marsupio que contiene las mamas y donde permanecen las crías.

DIDEROT, *Denis* (1713-1784) Escritor fr., director y colaborador asiduo de la Enciclopedia. Propagador de la ideología ilustrada. *Santiago el fatalista, El sobrino de Rameau* (nov.) y *El hijo natural, El padre de familia* (dramas).

DÍDIMO, MA adj. *Bot.* Órgano formado por dos lóbulos iguales y simétricos. ◊ m. *Anat.* Testículo.

DIDO *Mit.* Fundadora y reina de Cartago, hija de Belo, rey de Tiro.

DIECINUEVE adj. y s. Diez y nueve. ◊ m. Cifra y signo con que se representa.

DIECIOCHESCO, CA adj. Relativo a s. XVIII. ❑ DIECIOCHISTA.

DIECIOCHO adj. y s. Diez y ocho. ◊ m. Cifra o signo con que se representa.

DIECISÉIS adj. y s. Diez y seis. ◊ m. Cifra o signo con que se representa.

DIECISIETE adj. y s. Diez y siete. ◊ m. Cifra o signo con que se representa.

DIEDRO adj. y m. *Geom.* Díc. del ángulo formado por dos planos que se cortan.

DIEGO, *Gerardo* (1896-1987) Poeta esp. Ha cultivado todos los gén. poéticos. *Poemas adrede, Amor solo.*

DIELÉCTRICO, CA adj. *Fís.* Díc. de cualquier material que ofrece resistencia elevada al paso de la corriente eléctrica.

DIEN BIEN FU Localidad de Vietnam del N, próxima a la frontera de Laos. La derrota de los fr. en este lugar en 1954 fue decisiva para la indep. de Vietnam y consagró la división hasta 1975 entre Vietnam del Norte y del Sur.

DIENCÉFALO m. *Anat.* Estructura situada entre los dos hemisferios cerebrales, formada por el epitálamo, el tálamo óptico y el hipotálamo.

DIENTE m. *Anat.* Cada uno de los huesos que, encajados en las mandíbulas del hombre y de muchos animales, sirven como órgano de masticación o de defensa. ◊ Cada una de las pun-

tas que a los lados de una escotadura tienen en el pico ciertos pájaros. ◊ Parte que se deja sobresaliente en un edificio para que, al continuar la obra, quede todo bien enlazado. ◊ *Mec. apl.* Puntas o resaltos que presentan algunas herramientas o máquinas. ◊ **de ajo.** Cada una de las partes en que se divide la cabeza del ajo. ◊ **de león.** Hierba con flores amarillas.

DIÉRESIS f. Figura de dicción y licencia poética, que consiste en pronunciar separadamente las vocales que forman un diptongo. ◊ Signo ortográfico (¨) que se pone sobre la *u* de las sílabas *gue, gui,* para indicar que esta letra debe pronunciarse.

DIESEL, *Rudolf* (1858-1913) Ingeniero al., inventor del motor de combustión interna que lleva su nombre.

DIESTRO, TRA adj. Aplícase a lo que cae o mira a mano derecha. ◊ Hábil en un arte. ◊ Sagaz para manejar los negocios. ◊ Matador de toros.

DIETA f. *Med.* Régimen de alimentación de un individuo. ◊ Nombre dado a las asambleas o congresos deliberativos de algunos est. confederados. ◊ Retribución que percibe diariamente un trabajador por la prestación de servicios extraordinarios o en razón de su desplazamiento por motivos laborales. Se usa más en pl. ◊ Retribución fijada para los representantes en cortes o cámaras legislativas.

DIETARIO m. Libro en el que se anotan los ingresos y gastos diarios de una casa.

DIETÉTICO, CA adj. Relativo a la dieta. ◊ f. *Med.* Ciencia que estudia los regímenes alimenticios. ❑ DIETISTA.

DIETRICH, *Marlene* Seud. de *Magdalene von Losch* (1902-1992) Actriz cinematográfica y cantante al., naturalizada en EE UU. *El ángel azul, Deseo.*

DIEZ adj. Nueve y uno. ◊ adj. y s. Décimo. ◊ m. Signo con que se representa el núm. diez.

DÍEZ Canseco, *José* (1905-1949) Escritor per., de temática criollista. *El gaviota, El kilómetro 83.* ◊ **De Medina, *Fernando*** (1908-1990) Escritor bol. *Pachakutti.*

DIEZMAR tr. Sacar de diez uno. ◊ Pagar el diezmo. ◊ fig. Causar gran mortandad en un país una calamidad.

DIEZMILÉSIMO, MA adj. y s. Cada una de las diez mil partes en que se divide un todo.

Denis **Diderot,** retrato de Carte von Loo (Museo del Louvre, París)

DIEZMO m. Antiguo tributo equivalente a la décima parte de una cosecha. ◊ **eclesiástico.** Parte de los frutos que pagaban los fieles a la Iglesia. ❑ DIEZMERO, RA.

DIFAMAR tr. Desacreditar a uno propagando cosas contra su buena fama. ◊ Poner una cosa en bajo concepto. ❑ DIFAMACIÓN; DIFAMATORIO, RIA.

DIFERENCIA f. Cualidad o accidente por el cual una cosa se distingue de otra. ◊ Variedad entre cosas de una misma especie. ◊ Controversia de dos o más personas entre sí. ◊ *Álg.* y *Arit.* Resultado de efectuar una sustracción.

DIFERENCIAL adj. Relativo a la diferencia de las cosas. ◊ f. *Mat.* Para una función, producto de su derivada por el incremento de la variable independiente. ◊ Mecanismo que enlaza tres móviles, imponiendo entre sus velocidades la condición de que cada una de ellas sea proporcional a la suma o diferencia de las otras dos. ◊ En un vehículo automóvil, mecanismo de transmisión del par motor a las ruedas motrices, que permite a éstas girar a distintas revoluciones. ❑ DIFERENCIABLE.

DIFERENCIAR tr. Conocer la diversidad de las cosas. ◊ Variar el uso que se hace de las cosas. ◊ *Mat.* Hallar la diferencial de una función. ◊ intr. Discordar. ◊ prnl. Diferir una cosa de otra. ◊ Hacerse notable un sujeto. ❑ DIFERENCIACIÓN; DIFERENCIADOR, RA.

DIFERENDO m. *Amér. Merid.* Diferencia.

DIFERENTE adj. Diverso. ◊ adv. modo. De modo distinto.

DIFERIR tr. Dilatar o suspender la ejecución de una cosa. ◊ intr. Distinguirse una cosa de otra. ❑ DIFERIDO.

DIFICULTAD f. Inconveniente que impide conseguir o entender una cosa. ◊ Réplica propuesta contra una opinión. ❑ DIFÍCIL; DIFICULTADOR, RA.

DIFICULTAR tr. Hacer difícil una cosa, introduciendo complicaciones. ◊ tr. e intr. Tener una cosa por difícil. ❑ DIFICULTOSO, SA.

DIFRACCIÓN f. *Fís.* Fenómeno que se produce cuando un tren de ondas encuentra un obstáculo de dimensiones del orden de su longitud de onda. ❑ DIFRACTAR; DIFRANGENTE.

Anillos de Newton, franjas de interferencia múltiple debida a la **difracción** de la luz

Flores de **digital**

DIFTERIA f. *Pat.* Enfermedad infecciosa, causada por el bacilo de Klebs-Löffler, que afecta gralte. a niños de corta edad. ❑ DIFTÉRICO, CA; DIFTERIRIS.

DIFUMINAR tr. Esfuminar, disfumar.

DIFUNDIR tr. y prnl. Extender. ◊ tr. Transformar los rayos de un foco luminoso en luz que se propaga en todas direcciones. ◊ Introducir en un cuerpo corpúsculos extraños con tendencia a formar una mezcla homogénea. ◊ tr. y prnl. fig. Divulgar noticias, etc. ❑ DIFUSIBLE; DIFUSIVO, VA; DIFUSOR, RA.

DIFUNTO, TA adj. y s. Persona muerta. ◊ m. Cadáver.

DIFUSIÓN f. Calidad de difuso. ◊ *Fís.* Fenómeno mediante el cual las moléculas de varios fluidos situados en un mismo recinto tienden a formar una mezcla homogénea. ◊ Reflexión o refracción de la luz o el calor por las superficies sin pulimentar o por partículas en suspensión.

DIFUSO, SA adj. Ancho. ◊ Poco preciso.

DIGERIR tr. Convertir en el aparato digestivo los alimentos en sustancia propia para la nutrición. ◊ fig. Sufrir una desgracia o una ofensa. ◊ fig. Meditar una cosa. ◊ *Quím.* Cocer alguna cosa al fuego lento.

DIGESTIÓN f. *Biol.* Función de un ser vivo mediante la cual asegura su nutrición. ◊ *Quím.* Infusión, en un líquido, de aquel cuerpo del que se quiere extraer alguna sustancia.

DIGESTIVO, VA adj. Díc. de las operaciones y de las partes del organismo que atañen a la digestión. ◊ adj. y m. Sustancia que facilita la digestión. ◊ m. *Farm.* Medicamento para sostener la supuración de úlceras y heridas. ◊ **Aparato d.** *Anat.* Conjunto de órganos de los animales, cuya función es preparar los alimentos ingeridos para que puedan ser asimilados por las células. ❑ DIGESTIVO, VA; DIGESTÓLOGO.

DIGESTO (*Digesta sive Pandecta iuris*) n. p. m. Corpus de derecho rom. que forma parte del *Corpus Iuris Civilis*.

DIGITADO, DA adj. *Bot.* Díc. de los órganos que terminan a modo de dedos. ◊ *Zool.* Aplícase a los mamíferos cuyos dedos son libres.

DIGITAL adj. Relativo a los dedos. ◊ *Comp.* Díc. de un sistema en el que la información no tiene una variación continua en el tiempo y se codifica tomando valores de un conjunto cerrado, en oposición a analógico. ◊ f. *Bot.* Planta escrofulariácea, de flores en racimo terminal, con corola purpúrea. Usada en medicina. ◊ Flor de esta planta.

DIGITALINA f. Alcaloide extraído de la digital.

DIGITÍGRADO, DA adj. *Zool.* Díc. del animal que al andar apoya sólo los dedos.

DÍGITO adj. y m. Número que puede expresarse con un guarismo. ◊ m. Cada una de las doce partes iguales del diámetro aparente del Sol y el de la Luna en los cómputos de los eclipses. ◊ *Comp.* Cifra.

DIGLOSIA f. Utilización de dos idiomas.

DIGNARSE prnl. Consentir en hacer una cosa.

DIGNIDAD f. Calidad de digno. ◊ Excelencia. ◊ Decoro de las personas en la manera de comportarse. ◊ Cargo honorífico y de autoridad. ◊ Prebenda eclesiástica honorífica. ❑ DIGNATARIO.

DIGNIFICAR tr. y prnl. Hacer digna o presentar como tal a una persona o cosa. ❑ DIGNIFICACIÓN.

DIGNO, NA adj. Que merece algo. ◊ Correspondiente al mérito y condición de una persona o cosa. ◊ Decoroso.

DIGRESIÓN f. Efecto de romper el hilo del discurso. ◊ Relato hecho aparte de un tema. ❑ DIGRESIVO, VA.

DIJON C. de Francia, cap. del dpto. de Côte-d'Or y de la región de Borgoña; 146 700 hab. (230 500 la agl. urb.) Centro ferroviario. Mercado vinícola.

DILACIÓN f. Retardación de una cosa.

DILAPIDAR tr. Malgastar. ❑ DILAPIDACIÓN.

DILATACIÓN f. fig. Desahogo. ◊ *Fís.* Aumento de volumen de un cuerpo cuando se eleva su temperatura. ◊ *Cir.* Procedimiento para aumentar el calibre de un conducto, de una cavidad o de un orificio. ◊ **aparente.** *Fís.* Incremento de volumen de un líquido al ser calentado en un dilatómetro. ◊ **real.** *Fís.* Suma del valor de la d. aparente y la de la vasija. ❑ DILATÓMETRO.

DILATAR tr. y prnl. Extender una cosa, o hacer que ocupe más lugar o tiempo. ◊ tr. Aumentar las dimensiones lineales de un cuerpo sin que se produzca variación de su masa. ◊ tr. y prnl. Diferir. ◊ intr. y prnl. Tardar. ❑ DILATADO, DA; DILATATIVO, VA; DILATORIO, RIA.

DILATORIO, RIA adj. Que sirve para prorrogar y extender un término judicial o la tramitación de un asunto. ◊ f. Dilación. Se usa más en pl.

DILECCIÓN f. Voluntad honesta, amor reflexivo. ❑ DILECTO, TA.

DILEMA m. Argumento formado de dos proposiciones contrarias, de forma que, negada o concedida cualquiera de las dos, queda demostrado lo que se intenta probar.

DILETANTE (voz it.) adj. y com. Aficionado al arte. ◊ despect. El que cultiva un arte o una ciencia sin estar parado. ❑ DILETANTISMO.

DILIGENCIA f. Cuidado en ejecutar una cosa. ◊ Prontitud. ◊ Coche arrastrado por caballerías. ◊ fam. Negocio. ◊ Actuación del secretario judicial en un procedimiento.

DILIGENCIAR tr. Poner medios para el logro de una solicitud. ◊ *Der.* Despachar un asunto mediante las oportunas diligencias. ❑ DILIGENTE.

DILOGÍA f. Ambigüedad, doble sentido.

DILTHEY, *Wilhelm* (1833-1911) Filósofo e historiador al. Elaboró la noción de «ciencias del espíritu». *Ideas sobre una psicología descriptiva y analítica.*

DILUCIDAR tr. Aclarar un asunto. ❑ DILUCIDACIÓN.

DILUIR tr. y prnl. Desleír. ◊ *Quím.* Añadir líquido en las disoluciones. ❑ DILUCIÓN; DILUENTE; DILUYENTE.

DILUVIAL adj. Relativo al diluvio. ◊ adj. y s. *Geol.* Terreno constituido por depósitos de materias sabulosas que fueron arrastradas por corrientes de agua. ◊ adj. *Geol.* Relativo a este terreno.

DILUVIO m. Inundación precedida de copiosas lluvias. ◊ Inundación universal en tiempos de Noé, de la que habla la Biblia. ◊ fig. y fam. Lluvia copiosa. ◊ fig. y fam. Abundancia de una cosa. ❑ DILUVIANO, NA; DILUVIAR.

DIMANAR intr. Proceder el agua de sus manantiales. ❑ DIMANACIÓN.

DIMENSIÓN m. *Mat.* Número que indica los grados de libertad en el movimiento de un punto en un espacio. ◊ *Fís.* Cada una de las magnitudes físicas fundamentales (espacio, masa, tiempo). ◊ Expresión de cualquier magnitud física en función de las magnitudes fundamentales.

DIMENSIONAL adj. Relativo a la dimensión. ◊ *Fís.* Díc. del método de análisis de las ecuaciones físicas que permite determinar la expresión de sus soluciones en función de las magnitudes fundamentales.

DÍMERO, RA adj. Formado por dos partes. ◊ adj. y m. *Zool.* Díc. del insecto que sólo posee dos artejos en los tarsos. ◊ *Quím.* Molécula formada por otras dos idénticas.

DIMINUENDO (voz it.) *Mús.* Disminuyendo o decreciendo gradualmente.

DIMINUTIVO, VA adj. Que tiene cualidad de disminuir o reducir a menos una cosa. ◊ adj. y m. *Gram.* Aplícase a los vocablos a los que se ha añadido un sufijo que denota disminución o afectividad.

DIMINUTO, TA adj. Defectuoso. ◊ Excesivamente pequeño.

DIMITIR tr. Renunciar a un cargo o empleo. ❑ DIMISIÓN; DIMISIONARIO, RIA; DIMITENTE.

DIMORFISMO m. *Biol.* Carácter que presentan algunas especies vegetales o animales y según el cual individuos de una misma especie presentan rasgos morfológicos diferenciados. ◊ *Crist.* Carácter que presentan algunas sustancias y según el cual pueden cristalizar en dos sistemas distintos.

DINA f. *Fís.* Unidad de fuerza en el sistema cegesimal.

DINAMARCA (*Kongeriget Danmark*) Est. del N de Europa; monarquía; perteneciente al área escandinava. Abarca la pen. de Jutlandia y el arch. danés. Terreno llano. Ríos cortos. Clima oceánico. Precipitaciones moderadas. Agricultura, ganadería y pesca. Ind. transformadoras de productos agropecuarios. Cap., Copenhague. C. prales.: Aarhus, Odense y Aalborg. Lenguas: danés (of.), alemán. *Rel.:* protestantismo (mayoritaria), catolicismo, judaísmo. U.M.: corona danesa.
❑ *Hist.* Hacia el año 500, los vikingos se instalaron en D. Durante el reinado de Canuto el Grande (s. XI), los daneses

*El **Diluvio**, fresco de Miguel Ángel en la Capilla Sixtina*

se constituyeron en reino, sometiendo a Inglaterra y Noruega. En 1397, por la unión de Kalmar, se creó una Federación Escandinava bajo un solo monarca hasta la indep. de Suecia (1448). En el s. XVI tuvo lugar la adhesión al luteranismo. En los ss. XVI-XVII, D. se vio envuelta en muchos conflictos por la hegemonía del Báltico. Corona electiva hasta 1852, en que se vinculó al príncipe Cristian de Schleswig-Holstein. Fue ocupada por los nazis en 1940. Concluida la II Guerra Mundial se incorporó a la CEE en 1973. El país ha sido gobernado por socialdemócratas y conservadores. En 1993 se aprobó por referéndum el tratado de Maastricht de unión europea.

DINÁMICA f. *Fís.* Parte de la mecánica que estudia las fuerzas en relación con los efectos que producen en los cuerpos. *Fís.* La d. se basa en los tres principios de Newton (el de inercia, el de proporcionalidad entre fuerza y aceleración, y el de acción y reacción) y su ecuación fundamental es $F = m \times a$, ex-

presión del segundo principio, que relaciona la fuerza aplicada con la masa del cuerpo y la aceleración que éste adquiere.

DINÁMICO, CA adj. Relativo a la fuerza cuando produce mov. ◊ fig. y fam. Díc. de la persona notable por su energía y actividad.

DINAMISMO m. Energía, cualidad o actividad de la persona dinámica. ◊ *Fil.* Sistema que considera el mundo como formado por agrupaciones de elementos simples, cuya esencia es la fuerza.

DINAMITA f. Explosivo compuesto de un 75 % de nitroglicerina y un 25 % de tierra de infusorios. Inventada por A. Nobel en 1866. ❑ DINAMITAR; DINAMITAZO.

DINAMO o **DÍNAMO** f. *El.* Máquina para transformar la·energía mecánica en eléctrica por inducción electromag-

*Mapa de situación y bandera de **Dinamarca***

DINAMARCA		
Superficie		43 093 km²
Población	5 154 000 hab.	(120 hab./km²)
Recursos económicos		
Cebada		4 978 000 t
Centeno		388 000 t
Colza		734 000 t
Remolacha azucarera		3 200 000 t
Trigo		3 629 000 t
Ganadería y derivados		
Cabaña bovina		2 220 000 cabezas
Cabaña ovina		111 000 cabezas
Cabaña porcina		9 489 000 cabezas
Riqueza forestal		2 107 000 m³
Pesca		1 517 211 t
Producción minera		
Energía eléctrica	25 724 millones de kwh	
Gas natura	13 249 millones de m³	
Petróleo		5 994 000 t
Sal		650 000 t
Producción industrial		
Acero		610 000 t
Cemento		1 656 000 t
Cerveza		9 217 000 hl
Naval		416 000 t
Indicadores sociológicos		
PNB	121 695 millones de dólares	
Renta per cápita		23 660 dólares
Esperanza de vida		75 años
Alfabetismo		99%

Dinar de oro del reinado de Abd al-Rahman III (Museo Arqueológico, Madrid)

nética, debida gralte. a la rotación de cuerpos conductores en un campo magnético.

DINAMÓMETRO m. *Fís.* Aparato para medir las fuerzas mecánicas. ❏ DI-NAMOMÉTRICO, CA.

DINAR m. Unidad del sistema monetario de Argelia, Bahrein, Kuwait, Libia, Jordania, Irak, Tunicia y de la mayoría de países indep. surgidos de la desintegración de la antigua Yugoslavia.

DINASTÍA f. Serie de príncipes soberanos en un país, pertenecientes a una familia. ◊ Familia en cuyos individuos se perpetúa el poder o la influencia política, cultural, etc. ❏ DINÁSTICO, CA.

DINERAL m. Cantidad grande de dinero. ❏ DINERADA.

DINERO m. Moneda. ◊ Ant. moneda de plata y cobre de Castilla. ◊ fig. y fam. Caudal. ◊ Nombre de varias monedas antiguas. ◊ *Econ.* Mercancía aceptada como medio de pago y medida de valor. ❏ DINERARIO, RIA; DINERO-SO, SA.

DINGO m. Perro salvaje, de color castaño. Llamado *perro mudo*, habita en Australia.

DINIZ, Julio (1839-1871) Seud. de *Joaquim Guilherme Gomes Coelho.* Escritor port. *Las pupilas del señor rector.*

DINOSAURIO adj. y m. *Pal.* Reptiles fósiles de la era secundaria, gigantescos, de cabeza pequeña, cuello largo, cola robusta y larga y extremidades posteriores más largas que las anteriores.

DINOTERIO m. *Pal.* Mamífero proboscídeo del mioceno, parecido al elefante.

DINTEL m. Parte superior de las puertas, ventanas y otros huecos. ❏ DINTELAR

DIÓCESI o **DIÓCESIS** f. Distrito en que tiene jurisdicción un prelado. ❏ DIOCESANO, NA.

DIOCLECIANO (245-313) Emp. rom. [285-305]. Proclamado emp. por sus soldados en 284. Organizó el sist. de gobierno llamado tetrarquía.

DIODO m. *Electr.* Componente que consiste en dos electrodos de polaridad opuesta y cuya función es dejar pasar la corriente en un sentido. ◊ **de unión.** Constituido por dos semiconductores de naturaleza eléctrica opuesta. ◊ **de vacío.** Consiste en un cátodo de emisión termoiónica y un ánodo de níquel

cerrados herméticamente en una ampolla donde se ha hecho el vacío.

DIÓGENES El Cínico (h. 412-h. 323 a. C.) Filósofo ateniense de la escuela cínica, n. en Sínope. Para él la virtud consistía en el esfuerzo para superar lo adverso y lo favorable. ◊ **Laercio** (s. III) Filósofo e historiador gr., n. en Laercia. *Vidas de los filósofos.*

DIOICO, CA adj. *Bot.* Díc. de las especies vegetales que tienen los órganos reproductores masculino y femenino en distintos individuos.

DIONE *Mit.* Hija de Océano y Tetis o, según otra tradición, de Urano y Gea.

DIONEA f. Planta insectívora.

DIONISIACO, CA o **DIONISÍACO, CA** adj. Relativo a Dioniso. ◊ adj. y s. *Fil.* Para Nietzsche, principio irracional del hombre.

DIONISO *Mit. gr.* Dios de la vegetación y de los campos, en especial de la vid y los vinos, así como del terror y el éxtasis; es el Baco de los rom.

DIONISO I, el Viejo (470-367 a. C.) Tirano de Siracusa. Dio a Siracusa un rango de primer orden dentro del mundo gr. ◊ **Areopagita** (s. I) Obispo y mártir. Primer obispo de Atenas. Se le atribuyen una serie de escritos, llamados del Pseudo-D., de gran influencia en la E. Med. ◊ **De Halicarnaso** (m. 8 a. C.) Historiador y retórico gr. *Las antigüedades romanas.*

DIÓPSIDO m. *Miner.* Silicato de calcio y magnesio, del grupo de los piroxenos, monoclínico, blanquecino y de brillo vítreo.

DIOPTRÍA f. *Ópt.* Unidad de potencia de las lentes, equivalente al inverso de la distancia focal expresada en metros.

DIOPTRIO m. *Ópt.* Sistema que posee una sola superficie refringente. ◊ **esférico.** Esfera que separa dos medios de distinta refringencia.

DIORAMA m. Panorama que se hace con lienzos o papeles pintados.

DIORITA f. *Geol.* Roca eruptiva constituida por plagioclasas y minerales máficos.

DIOS m. En la mayor parte de las religiones, ser supremo, creador del mundo. ◊ Deidad pagana. ◊ fig. Persona o cosa que se venera por encima de todo. ❏ *Rel.* La concepción de un ser superior está ligada al nacimiento y evolución de las diversas religiones y al de-

sarrollo de la soc. humana. El hombre primitivo atribuye a «fuerzas ocultas» la explicación de los fenómenos que no comprende; el desarrollo de las civilizaciones lleva a una personalización de ídolos y fetiches, en seres parecidos al hombre. El politeísmo evoluciona a medida que la soc. eleva su dominio de la naturaleza y concentra las cualidades y las fuerzas superiores en un solo ser que las sintetiza (monoteísmo). Según las diversas concepciones teológicas, la rel. surge de la idea de D. y es consecuencia de su existencia *a priori.*

DIOSA f. Deidad femenina. ◊ **madre.** Deidad que dominó en Oriente y en la cuenca del Mediterráneo.

DIOSCOREÁCEO, A o **DIOSCÓREO, A** adj. y f. *Bot.* Díc. de las plantas monocotiledóneas, herbáceas o leñosas, trepadoras, con fruto en baya o cápsula.

DIOSCÓRIDES (s. I) Botánico gr. Escribió un tratado de farmacología.

DIOUF, Abdou (n. 1935) Político senegalés. Presid. de la rep. entre 1981 y 2000.

DIÓXIDO m. *Quím.* Compuesto formado por dos átomos de oxígeno y uno de otro elemento.

DIPLOCOCO m. *Biol.* Bacterias de forma redondeada, que se agrupan de dos en dos.

DIPLODOCO o **DIPLODOCUS** m. *Pal.* Reptil fósil, dinosaurio, de gran tamaño, cabeza pequeña, cuello muy largo y cola robusta.

DIPLOIDE adj. y m. *Biol.* Dotación cromosómica de los núcleos o células que poseen dos cromosomas de cada tipo. ❏ DIPLONTE.

DIPLOMA m. Documento con sello y armas de un soberano, cuyo original queda archivado. ◊ Título que expide una corporación para acreditar un grado académico, un premio, etc. ❏ DIPLOMAR; DIPLOMADO, DA.

DIPLOMACIA f. Ciencia de los intereses y relaciones oficiales entre naciones. ◊ Conjunto de personas que intervienen en las relaciones internacionales de los estados.

DIPLOMÁTICA f. Arte que enseña las reglas para conocer y distinguir los diplomas. ◊ *Dipl.*omacia.

DIPLOMÁTICO, CA adj. Relativo al diploma. ◊ Relativo a la diplomacia. ◊ Aplícase a los negocios de est. y a las personas que intervienen en ellos. ◊ fig. y fam. Circunspecto. ◊ m. y f. Funcionario de un gobierno que interviene en las relaciones internacionales.

DIPLOPÍA f. Defecto de la visión, en el que se percibe una imagen visual doble.

DIPNEO, A adj. y m. *Zool.* Díc. del animal dotado de respiración branquial y pulmonar.

DÍPOLO adj. Que posee dos polos. ◊ m. *El.* Conjunto de dos cargas iguales y opuestas.

DIPSACÁCEO, A o **DIPSÁCEO, A** adj. y f. *Bot.* Díc. de las plantas dicotiledóneas, de flores en espiga o cabezuela y frutos indehiscentes y coriáceos.

DIPSOMANÍA f. Tendencia al abuso de la bebida. ❏ DIPSOMANIACO, CA o DIPSOMANÍACO, CA; DIPSÓMANO, NA.

DÍPTERO, RA adj. Díc. del edificio que tiene dos costados salientes. ◊ adj. y m. *Zool.* Díc. de los insectos que posee un solo par de alas.

DÍPTICO, CA m. Cuadro o bajorrelie-

Imagen de **Dioniso** en una ánfora griega

ve formado con dos tableros plegables. ◊ Tablas plegables en las que la primitiva Iglesia cristiana anotaba los nombres de los vivos y los muertos.

DIPTONGAR tr. Unir dos vocales, formando en la pronunciación una sola sílaba. ◊ tr. e intr. Desdoblar el sonido de una vocal en dos que formen diptongo. ❏ DIPTONGACIÓN.

DIPTONGO m. Conjunto de dos vocales que forman una sola sílaba.

DIPUTACIÓN f. Conjunto de diputados. ◊ Edificio donde se reúnen los diputados. ◊ Ejercicio del cargo de diputado. ◊ Duración de este cargo.

DIPUTADO, DA m. y f. Persona nombrada por un cuerpo para representarle. ◊ Cada una de las personas nombradas directamente por los electores para representarlas en el Parlamento.

DIPUTAR tr. Destinar una persona o cosa para algún fin. ◊ Elegir un cuerpo a uno o más de sus individuos para que lo representen. ◊ Conceptuar.

DIQUE m. Muro artificial para contener las aguas. ◊ Cavidad revestida de fábrica por la cual entran los buques para limpiar o carenar, y que puede quedar en seco.

El Afsluitdijk es un **dique** de 30 km de largo, que separa el Ijsselmer de Holanda del mar

DIRAC, Paul (1902-1984) Físico ing. Desarrolló la teoría cuántica del electrón. Premio Nobel de Física, con Schrödinger, en 1933.

DIRECCIÓN f. Camino o rumbo que un cuerpo sigue en su movimiento. ◊ Consejo y preceptos con que se encamina a uno. ◊ Conjunto de personas encargadas de dirigir una sociedad, establecimiento, etc. ◊ Cargo de director. ◊ Despacho del director. ◊ Señas de una persona o entidad. ◊ *Mec. apl.* Mecanismo gobernado con el volante que sirve para orientar las ruedas directrices. ❏ DIRECCIONAL.

DIRECTO, TA adj. Derecho o en línea recta. ◊ Díc. de lo que va de una parte a otra sin detenerse en los puntos intermedios. ◊ adj. Aplícase a lo que se encamina derechamente a una mira. ◊ Sin intermediarios.

DIRECTOR, RA adj. y s. Que dirige. ◊ *Geom.* Línea, figura o superficie que

determina las condiciones de generación de otra línea, figura o superficie. ◊ m. y f. Persona que dirige una administración, compañía, película, orquesta, etc. ❏ DIRECTORADO; DIRECTORAL.

DIRECTORIO, RIA adj. Díc. de lo que es a propósito para dirigir. ◊ m. Lo que sirve de norma. ◊ Junta directiva.

DIRECTORIO n.p.m. Gobierno de Francia durante la Rev. (1795-1799). Sucedió a la Convención y dio paso al Consulado.

DIRECTRIZ adj. Forma femenina de director. ◊ f. Conjunto de instrucciones para la ejecución de alguna cosa. Se usa más en pl.

DIRHAM o **DIRHEM** m. Unidad monetaria de Marruecos.

DIRIGIR tr. y prnl. Enderezar una cosa. ◊ Guiar hacia un determinado lugar. ◊ tr. Poner a una carta, fardo, caja, etc., las señas que indiquen a dónde se ha de enviar. ◊ tr. fig. Encaminar la intención y las operaciones a determinado fin. ◊ Gobernar, regir. ◊ Orientar la conciencia de una persona. ◊ Dedicar una obra de ingenio. ❏ DIRECTIVO, VA; DIRIGENTE; DIRIGIBILIDAD; DIRIGIBLE.

DIRIGISMO m. *Econ.* Intervención del Est. en la actividad económica.

DIRIMIR tr. Deshacer. ◊ Acabar una controversia. ❏ DIRIMENTE.

DISACÁRIDO m. *Biol.* Glúcido compuesto por la combinación de dos monosacáridos, con eliminación de una molécula de agua.

DISCAR tr. *Argent.* Marcar un número en el disco del teléfono.

DISCÉPOLO, Armando (1887-1971) Escritor dramático arg. *Mateo, Relojero.*

DISCERNIMIENTO m. *Der.* Apoderamiento judicial que habilita a una persona para ejercer un cargo.

DISCERNIR tr. Distinguir una cosa de otra. ◊ *Der.* Encargar de oficio el juez a uno la tutela de un menor, u otro cargo.

DISCIPLINA f. Conjunto de reglamentos que rigen cuerpos, instituciones o profesiones. ◊ Observancia de estos reglamentos. ◊ Doctrina. ◊ Asignatura. ◊ *Cuba.* Planta parásita de tallos articulados, sin hojas. ❏ DISCIPLINADO, DA; DISCIPLINAL; DISCIPLINARIO, RIA; DISCIPLINAZO.

DISCIPLINAR tr. Instruir, enseñar a uno su profesión. ◊ tr. y prnl. Azotar. ◊ tr. Hacer guardar la disciplina. ❏ DISCIPLINANTE.

DISCÍPULO, LA m. y f. Persona que aprende una doctrina de un maestro. ◊ Persona que sigue la opinión de una escuela.

DISCO m. Lámina circular. ◊ *Dep.* La usada en atletismo. ◊ Placa circular de materia plástica en la que se graba el sonido para que luego pueda reproducirse. ◊ Señal luminosa para el tráfico. ◊ Aspecto bajo el que aparecen el Sol, la Luna y los planetas. ◊ Parte de la hoja comprendida entre sus bordes. ◊ *Anat.* Lámina en forma de lente biconvexa entre dos cuerpos que se vertebran. ◊ **de Newton.** El dividido en sectores, cada uno de los cuales corresponde a un color del espectro visible, y que al girar aparece blanco. ◊ **magnético.** *Comp.* Soporte de almacenamiento en forma de lámina circular, recubierto de una capa de óxido metálico magnetizable. ◊ **óptico.** *Comp.* Soporte de almacenamiento en que la infor-

Discóbolo de Mirón (s. v a. C.)

mación se lee con un rayo láser. ❏ DISCOIDAL.

DISCÓBOLO m. Atleta que arrojaba el disco.

DISCOGRAFÍA f. Arte de impresionar discos fonográficos. ◊ Enumeración de las obras grabadas de un autor, tema u obra. ❏ DISCOGRÁFICO, CA.

DÍSCOLO, LA adj. y s. Avieso, indócil.

DISCOMEDUSA f. *Zool.* Celentéreo de cuerpo plano, con ocho pares de lóbulos oculares.

DISCONFORMIDAD f. Diferencia de unas cosas con otras. ◊ Oposición en los dictámenes o en las voluntades. ❏ DISCONFORME.

DISCONTINUIDAD f. Calidad de discontinuo. ◊ *Econ.* Relación espacio temporal entre cantidades que cambian en función de los precios o de la demanda. ◊ *Geol.* Superficie del interior del globo terrestre que marca un cambio en los materiales del interior de la Tierra. ❏ DISCONTINUO; NUA.

DISCORDANCIA f. Contrariedad, desconformidad.

DISCORDAR intr. Ser opuestas entre sí dos o más cosas. ◊ *Mús.* No estar acordes las voces o los instrumentos. ❏ DISCORDANTE; DISCORDE.

DISCORDIA f. Oposición.

DISCOTECA f. Colección de discos fonográficos. ◊ Mueble donde se guardan. ◊ Local público donde se puede escuchar música y bailar.

DISCRECIÓN f. Don de expresarse con agudeza y oportunidad. ◊ Dicho o expresión discreta. ❏ DISCRECIONAL.

DISCREPANCIA f. Diferencia que resulta al comparar las cosas entre sí. ◊ Disentimiento personal.

DISCREPAR intr. Desdecir una cosa de otra. ◊ Disentir una persona de otra.

DISCRETO, TA adj. y s. Dotado de discreción. ◊ Que no sobresale en ningún aspecto. ◊ *Fís.* Antónimo de continuo. ❏ DISCRETORIO.

DISCRIMINAR tr. Separar una cosa de otra. ◊ Dar trato de inferioridad a una persona o colectividad. ❏ DISCRIMINACIÓN; DISCRIMINANTE.

DISCULPAR tr. y prnl. Dar razones que descarguen de una culpa. ◊ tr. fam. No tomar en cuenta las faltas y omisiones que otro comete. ❏ DISCULPA; DISCULPABLE.

DISCURRIR intr. Andar por diversas partes. ◊ Correr. ◊ Correr un líquido.

◊ fig. Reflexionar. ◊ tr. Inventar una cosa. ◊ Inferir. ❑ DISCURSIVO, VA.

DISCURSO m. Facultad racional con que se infieren unas cosas de otras. ◊ Acto de la facultad discursiva. ◊ Uso de razón. ◊ Reflexión sobre algunos antecedentes o principios. ◊ Serie de las palabras y frases empleadas para manifestar lo que se piensa o siente. ◊ Razonamiento dirigido por una persona a otra u otras. ◊ Escrito en que se discurre sobre una materia para enseñar. ◊ Espacio de tiempo. ❑ DISCURSEAR.

DISCUTIR tr. Examinar particularmente una materia. ◊ tr. e intr. Alegar razones contra el parecer de otro. ◊ tr. Poner objeciones a lo ordenado por otro. ❑ DISCUSIÓN; DISCUTIBLE; DISCUTIDOR, RA.

DISECAR tr. Dividir en partes un vegetal o un animal para su examen. ◊ Preparar los animales muertos para que conserven la apariencia de vivos. ◊ Preparar una planta para que se conserve después de seca. ❑ DISECADOR; DISECACIÓN; DISECCIÓN; DISECTOR, RA.

DISEMINAR tr. y prnl. Sembrar, esparcir. ❑ DISEMINACIÓN.

DISENSIÓN f. Oposición de varios sujetos en los pareceres. ◊ fig. Contienda.

DISENTERÍA f. *Pat.* Enfermedad infecciosa caracterizada por lesiones del intestino grueso, con evacuaciones de materias sanguinolentas. ❑ DISENTÉRICO, CA.

DISENTIR intr. No ajustarse al sentir de otro. ❑ DISENSO; DISENTIMIENTO.

DISEÑAR tr. Hacer un diseño. ❑ DISEÑADOR, RA.

DISEÑO m. Trazo, dibujo, delineación de un objeto, edificio, etc. ◊ Descripción hecha con palabras. ◊ **asistido por computadora** ⇒ Cad/Cam. ◊ **industrial**. *Ind.* Actividad cuyo fin es la delineación artística de productos destinados a ser producidos en serie.

DISÉPALO, LA adj. *Bot.* Díc. del cáliz o la flor que tiene dos sépalos.

DISERTAR intr. Razonar detenida y metódicamente sobre alguna materia. ❑ DISERTACIÓN; DISERTO, TA.

DISFAGIA f. *Pat.* Dificultad de deglutir.

DISFASIA f. Anomalía en el lenguaje.

DISFEMIA f. Cualquier trastorno del lenguaje.

Diseño industrial. Sillas de diseño contemporáneo

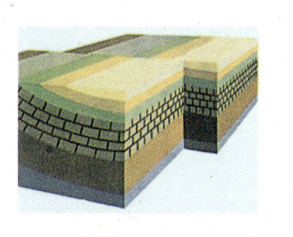

Esquema de una **dislocación** en la que el terreno se ha desplazado horizontalmente

DISFORME adj. Que carece de forma regular. ◊ Feo. ◊ Extraordinariamente grande. ❑ DISFORMIDAD.

DISFRAZ m. Artificio que se usa para desfigurar una cosa. ◊ Traje de máscara.

DISFRAZAR tr. y prnl. Desfigurar la forma de personas o cosas. ◊ fig. Disimular lo que se siente.

DISFRUTAR tr. Percibir los productos y utilidades de una cosa. ◊ tr. e intr. Gozar de bienestar. ◊ intr. Gozar. ❑ DISFRUTE.

DISFUERZO m. *Perú.* Melindre, remilgo.

DISFUNCIÓN f. Alteración de una función orgánica.

DISGREGAR tr. y prnl. Separar, desunir. ❑ DISGREGACIÓN; DISGREGATIVO, VA.

DISGUSTAR tr. y prnl. Causar disgusto. ◊ prnl. Enfadarse uno con otro, o perder la amistad. ❑ DISGUSTADO, DA.

DISGUSTO m. Desazón causada en el paladar por una comida o bebida. ◊ fig. Encuentro enfadoso con uno. ◊ fig. Pesadumbre e inquietud. ◊ fig. Fastidio que causa una persona o cosa. ❑ DISGUSTOSO, SA.

DISIDIR intr. Separarse de una creencia u opinión. ❑ DISIDENCIA; DISIDENTE.

DISÍLABO, BA adj. y m. Bisílabo.

DISIMETRÍA f. *Quím.* Defecto de simetría. ❑ DISIMÉTRICO, CA.

DISIMILAR tr., intr. y prnl. Alterar la articulación de un sonido del habla diferenciándolo de otro. ❑ DISIMILACIÓN.

DISIMILITUD f. Desemejanza. ❑ DISÍMIL.

DISIMULAR tr. Encubrir con astucia la intención. ◊ Fingir desconocimiento de una cosa. ◊ Ocultar algo que uno padece. ◊ Tolerar un desorden, afectando ignorarlo. ◊ Disfrazar las cosas, representándolas distintas de lo que son. ◊ Dispensar. ❑ DISIMULADO, DA.

DISIMULO m. Arte con que se oculta lo que se siente o se sabe. ◊ Indulgencia. ❑ DISIMULACIÓN.

DISIPACIÓN f. Conducta de una persona entregada a las diversiones.

DISIPAR tr. y prnl. Esparcir las partes que forman por aglomeración un cuerpo. ◊ tr. Desperdiciar. ◊ prnl. Evaporarse. ◊ fig. Desvanecerse. ❑ DISIPADO, DA; DISIPADOR, RA.

DISLATE m. Disparate.

DISLEXIA f. Incapacidad de leer comprendiendo lo que se lee. ❑ DISLÉXICO, CA.

DISLOCACIÓN f. Desencajamiento de una cosa. ◊ *Geol.* Fractura a lo largo de la cual se desplaza una parte del terreno. ◊ *Miner.* Irregularidad cristalina, base de la mayoría de las imperfec-

ciones de un cristal metálico. ❑ DISLOCADURA.

DISLOCAR tr. y prnl. Sacar una cosa de su lugar. ◊ tr. Torcer un argumento.

DISLOQUE m. fam. El colmo.

DISMENORREA f. *Pat.* Menstruación dolorosa o difícil.

DISMINUIR tr., intr. y prnl. Hacer menor la extensión, la intensidad o número de alguna cosa.

DISNEA f. Dificultad en la respiración. ❑ DISNEICO, CA.

DISNEY, Walt (1901-1966) Productor cinematográfico norteam., creador de personajes infantiles (Mickey, Donald, Dumbo, Bambi), popularizados por películas de dibujos animados. *Blancanieves y los siete enanitos, Pinocho, Bambi, Dumbo, La Cenicienta, Fantasía.*

DISOCIACIÓN f. *Quím.* Descomposición limitada por la tendencia a combinarse de los cuerpos separados. ◊ *Psiq.* Síntoma esquizofrénico con discordancia entre pensamiento y expresión.

DISOCIAR tr. y prnl. Separar una cosa de otra a la que estaba unida. ◊ Separar los componentes de una sustancia.

DISOLUCIÓN f. *Quím.* Compuesto que resulta de disolver una sustancia en un líquido. Las d. pueden ser sólidas (bronce), líquidas (agua salada) o gaseosas (aire). ◊ Medida de gobierno que pone fin al funcionamiento de un cuerpo legislativo. ◊ fig. Relajación de vida y costumbres. ◊ fig. Relajación y rompimiento de los vínculos existentes entre personas.

DISOLUTO, TA adj. y s. Licencioso.

DISOLVENTE adj. y s. Que disuelve. ◊ m. *Quím.* Componente que en una disolución se halla en mayor proporción.

DISOLVER tr. y prnl. Desunir las partículas o moléculas de un cuerpo por medio de un líquido. ◊ Separar las cosas que estaban unidas. ◊ Deshacer. ❑ DISOLUBLE; DISOLUBILIDAD; DISOLUTIVO, VA.

DISONANCIA f. Sonido desagradable. ◊ fig. Falta de la conformidad o proporción que deben tener algunas cosas. ◊ *Mús.* Acorde no consonante. ❑ DISÓN.

DISONAR intr. Sonar desapaciblemente. ◊ fig. Discrepar. ◊ fig. Parecer mal una cosa. ❑ DISONANTE; DÍSONO, NA.

DISOSMIA f. *Med.* Dificultad en la percepción de los olores.

DISPAR adj. Desigual, diferente.

DISPARADA f. *Amér.* Acción de echar a correr de repente.

DISPARAR tr. Hacer que una máquina despida el cuerpo arrojadizo. ◊ tr. y prnl. Arrojar una cosa. ◊ Hacer funcionar un disparador. ◊ prnl. e intr. Partir sin dirección y precipitadamente lo que tiene movimiento. ◊ Hablar u obrar con violencia y sin razón. ❑ DISPARADERO; DISPARADOR, RA; DISPARO.

DISPARATAR intr. Decir o hacer una cosa fuera de razón. ❑ DISPARATADO, DA; *Amér.* DISPARATADOR; RA; DISPARATERO, RA.

DISPARATE m. Hecho o dicho disparatado.

DISPARATORIO m. Conversación, discurso o escrito lleno de disparates.

DISPARIDAD f. Desemejanza de unas cosas respecto de otras.

DISPENDIO m. Gasto excesivo. ◊ fig. Uso excesivo de hacienda, tiempo o cualquier caudal. ❑ DISPENDIOSO, SA.

DISPENSAR tr. Dar, conceder, otorgar. ◊ tr. y prnl. Eximir de una obligación.

◊ tr. Absolver de falta leve. ❑ DISPENSA; DISPENSADOR, RA.

DISPENSARIO m. Establecimiento destinado a prestar asistencia médica y farmacéutica. ❑ *Chile y Perú.* DISPENSARÍA.

DISPEPSIA f. *Pat.* Alteración de la digestión. ❑ DISPÉPTICO, CA.

DISPERSAR tr. y prnl. Separar lo que estaba reunido. ◊ *Mil.* Romper, desbaratar al enemigo. ❑ DISPERSIVO, VA; DISPERSO, SA.

DISPERSIÓN f. *Fís.* Separación de los colores espectrales de un rayo de luz por medio de un prisma u otro medio adecuado.

Dispersión de la luz por un prisma

DISPLICENCIA f. Desagrado e indiferencia en el trato. ❑ DISPLICENTE.

DISPONER tr. y prnl. Colocar las cosas convenientemente. ◊ Deliberar lo que ha de hacerse. ◊ Preparar. ◊ intr. Ejercitar en las cosas facultades de dominio, enajenarlas o gravarlas. ◊ Valerse de una persona o cosa. ◊ prnl. Prepararse a morir. ❑ DISPUESTO.

DISPONIBILIDAD f. Cualidad de disponible. ◊ *Econ.* Conjunto de fondos o bienes disponibles. ❑ DISPONIBLE.

DISPOSICIÓN f. Aptitud para algún fin. ◊ Estado de salud. ◊ Constitución o gallardía. ◊ Desembarazo en preparar y despachar las cosas. ◊ Deliberación. ◊ Cualquiera de los medios que se emplean para ejecutar un propósito.

DISPOSITIVO, VA adj. Díc. de lo que dispone. ◊ m. Mecanismo dispuesto para obtener un resultado automático. ◊ Orden en que se encuentran las tropas para cumplir una misión.

DISPUTAR tr. Debatir. ◊ tr. e intr. Porfiar y altercar. ◊ tr. Contender con otro para alcanzar alguna cosa. ❑ DISPUTA; DISPUTABLE; DISPUTADOR, RA.

DISQUETE m. *Comp.* Disco magnético portátil, de capacidad reducida, usado para guardar información.

DISQUISICIÓN f. Examen riguroso que se hace de alguna cosa.

DISRAELI, Benjamín, CONDE DE BEACONSFIELD (1804-1881) Político conservador brit. de origen judío. Primer ministro (1868 y 1874-1880). Su gestión marca el apogeo del imperialismo británico.

DISTAL adj. *Anat.* Díc. de la parte de un miembro más separada de la línea media del organismo.

DISTANCIA f. Espacio o intervalo de lugar o de tiempo que media entre dos cosas o sucesos. ◊ fig. Alejamiento, desafecto entre personas. ❑ DISTANCIACIÓN; DISTANCIAR; DISTANTE; DISTAR.

DISTENDER tr. Aflojar. ◊ tr. y prnl. *Med.* Causar una tensión en tejidos, membranas, etc. ❑ DISTENSIÓN.

DÍSTICO, CA adj. *Bot.* Díc. de las hojas, flores y demás partes de las plantas, cuando unas miran a un lado y otras al opuesto. ◊ m. Composición poética de dos versos.

DISTINGUIR tr. Conocer la diferencia que hay de unas cosas a otras. ◊ tr. y prnl. Hacer que una cosa se diferencie de otra por medio de alguna particularidad, señal, etc. ◊ tr. Manifestar la diferencia que hay entre una cosa y otra con la cual se puede confundir. ◊ Ver un objeto, a pesar de que algo dificulte la visión. ◊ prnl. Descollar entre otros. ❑ DISTINCIÓN; DISTINGO; DISTINGUIDO, DA; DISTINTIVO, VA; DISTINTO, TA.

DISTOCIA f. Parto difícil. ❑ DISTÓCICO, CA.

DISTONÍA f. *Pat.* Alteración de la tonicidad o tensión de un tejido u órgano.

DISTORSIÓN f. *Electr.* Alteración que un circuito provoca en una señal que lo atraviesa. ◊ *Med.* Esguince.

DISTORSIONAR tr. Tergiversar algo.

DISTRAER tr. y prnl. Divertir. ◊ Apartar la atención de una persona del objeto a que la aplicaba. ◊ tr. Tratándose de fondos, malversarlos. ❑ DISTRACCIÓN; DISTRAÍDO, DA.

DISTRIBUCIÓN f. *Econ.* Reparto del producto entre los distintos factores que participan en la producción. ◊ *Mec. apl.* Sistema que permite el accionamiento del árbol de levas de un automóvil desde el cigüeñal, de forma que la apertura y cierre de las válvulas de admisión y escape conserven la secuencia adecuada respecto a la posición que ocupa el pistón.

DISTRIBUIR tr. Dividir una cosa entre varios. ◊ tr. y prnl. Dar a cada cosa su oportuna colocación. ❑ DISTRIBUIDOR, RA; DISTRIBUTIVO; DISTRIBUTOR, RA.

DISTRITO m. Cada una de las partes en que se divide una prov., pob. o territorio. ◊ **federal.** En algunos est. federales, unidad administrativa donde se encuentra la cap. del est.

DISTROFIA f. Estado morboso que afecta a la nutrición y al crecimiento. ❑ DISTRÓFICO, CA.

DISTURBAR tr. Perturbar. ❑ DISTURBIO.

DISUADIR tr. Inducir a uno a mudar de dictamen. ❑ DISUASIÓN; DISUASIVO, VA; DISUASORIO, RIA.

DISYUNTIVO, VA adj. Dícese de lo que tiene la capacidad de desunir. ◊ *Gram.* Díc. de la conjunción que uniendo palabras o frases separa las ideas, como *o, ni.* ◊ f. Alternativa entre dos cosas por una de las cuales hay que optar. ❑ DISYUNCIÓN; DISYUNTO.

DISYUNTOR, RA adj. Que separa. ◊ m. *El.* Aparato que abre o cierra el paso de corriente en un circuito en determinadas condiciones.

DITIRAMBO m. Canto en honor de Dioniso. ◊ Composición poética inspirada en un arrebatado entusiasmo. ◊ fig. Alabanza exagerada. ❑ DITIRÁMBICO, CA.

DIURESIS f. *Med.* Cantidad de la secreción urinaria. ❑ DIURÉTICO, CA.

DIURNO, NA adj. Relativo al día.

DIVAGAR intr. Vagar. ◊ Separarse del asunto de que se trata; hablar o escribir sin concierto. ❑ DIVAGACIÓN.

DIVÁN m. Supremo consejo del sultán, entre los turcos. ◊ Banco sin respaldo, con almohadones. ◊ Colección de poesías en alguna lengua oriental.

DIVERGIR intr. Irse apartando unas de otras, dos o más líneas o superficies. ◊ fig. Discordar. ❑ DIVERGENCIA.

DIVERSO, SA adj. De distinta naturaleza, especie, etc. ◊ Desemejante. ◊ pl. Varios. ❑ DIVERSIFICAR; DIVERSIDAD; DIVERSIFICACIÓN; DIVERSIFORME.

DIVERTÍCULO m. *Anat.* Apéndice que aparece en el trayecto del esófago o del intestino.

DIVERTIR tr. y prnl. Apartar. ◊ Entretener. ◊ tr. *Med.* Atraer un humor hacia otra parte. ❑ DIVERSIÓN; DIVERSIVO, VA; DIVERTIDO, DA; DIVERTIMENTO.

DIVIDIR tr. y prnl. Partir. ◊ tr. y fig. Distribuir entre varios. ◊ fig. Desunir los ánimos y voluntades. ◊ *Álg. y Arit.* Averiguar cuántas veces una cantidad (divisor) está contenida en otra (dividendo). ◊ prnl. Separarse uno de la compañía o confianza de otro. ❑ DIVIDENDO; DIVISORIO, RIA; DIVIDUO, DUA.

DIVIESO m. Tumor que se forma en el espesor de la piel.

DIVINIDAD f. Naturaleza divina y esencia del ser de Dios. ◊ fig. Persona o cosa de gran hermosura. ❑ DIVINIZAR; DIVINO, NA.

Benjamín **Disraeli**

Miniatura persa del **diván** de Hafiz
(Biblioteca Nacional, Viena)

DIVISIÓN CELULAR

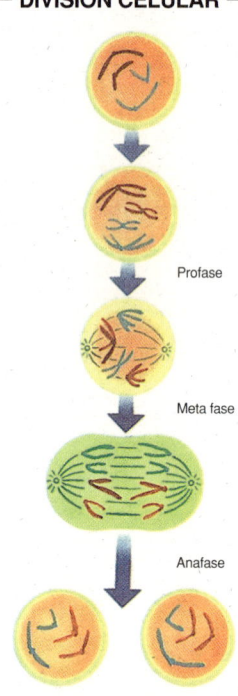

Profase

Meta fase

Anafase

El proceso de división celular que da origen a las células somáticas se denomina mitosis. Otro tipo de división celular, la meiosis, en la que se reduce el número de cromosomas, da origen a las células germinales. El diagrama esquematiza las fases de la mitosis: en la *profase,* la cromatina se condensa, la membrana nuclear desaparece y se forma el áster; en la *metafase,* los cromosomas se reúnen a igual distancia de los dos polos celulares, formando la placa ecuatorial; en la *anafase,* cada cromosoma se escinde en dos cromosomas hijos, que se dirigen hacia los polos del huso; en la *telofase* se forma una nueva membrana alrededor de cada grupo de cromosomas y se divide el citoplasma, formándose dos células hijas

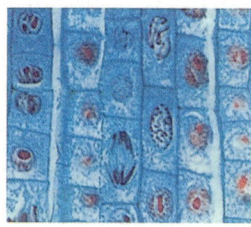

Células de tejido meristemático en diversos estadios del proceso de división celular

DIVISA f. Señal para distinguir personas, grados, etc. ◊ Lazo de cintas con que se distinguen los toros de cada ganadero. ◊ Título de crédito expresado en moneda extranjera y que se paga en el extranjero. ◊ P. ext., la propia moneda extranjera.

DIVISAR tr. Ver, percibir un objeto aunque confusamente.

DIVISIBLE adj. Que puede dividirse. ◊ *Álg.* y *Arit.* Aplícase a la cantidad entera que puede dividirse exactamente por otra entera. ❑ DIVISIBILIDAD.

DIVISIÓN f. fig. Discordia. ◊ *Álg.* y *Arit.* Operación de dividir. ◊ *Mil.* Parte de un ejército capacitada para actuar independientemente o en operaciones de conjunto. Comprende entre diez y veinte mil soldados. ❑ DIVISIONAL; DIVISIONARIO, RIA; DIVISO.

DIVISIONISMO m. *Pint.* Técnica que consiste en yuxtaponer los colores.

DIVISOR, RA adj. Que divide. ◊ adj. y s. *Álg.* y *Arit.* Submúltiplo. ◊ m. *Álg.* y *Arit.* Cantidad por la cual ha de dividirse otra.

DIVO, VA adj. poét. Divino. ◊ adj. y s. Cantante de ópera o de zarzuela. ◊ Persona afamada. ❑ DIVISMO.

DIVORCIAR tr. y prnl. Separar por sentencia legal a dos casados. ◊ fig. Separar personas o cosas que debían estar juntas. ❑ DIVORCIO.

DIVULGAR tr. y prnl. Publicar una cosa. ❑ DIVULGACIÓN.

DIXIELAND adj. y m. Estilo de jazz originado en los estados sureños de EE UU. Combinación de *ragtimes,* aires de marcha y *blues.*

DIYARBAKIR C. de Turquía, cap. de la prov. hom., en la Anatolia Oriental; 305 300 hab. Centro industrial, agrícola y comercial.

DJAKARTA ⇨ Yakarta.

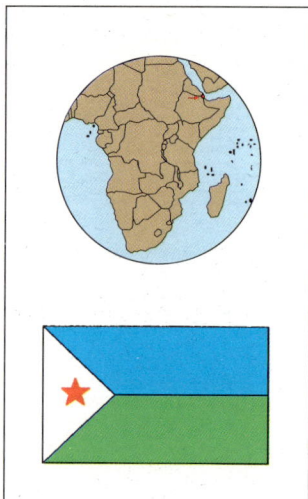

Mapa de situación y bandera
de **Djibuti**

DJIBUTI (*Djibouti*) Est. del E de África, sit. en el golfo de Adén, entre Eritrea, Etiopía y Somalia. Clima árido. Territorio desértico y montañoso. Ganadería. Nudo de comunicaciones. Lenguas: ár. y fr. (of.). *Rel.*: islamismo

DJIBUTI	
Superficie	23 200 km²
Población	541 000 hab. (23 hab./km²)
Recursos económicos	
Cabaña bovina	170 000 cabezas
Cabaña caprina	504 000 cabezas
Cabaña ovina	420 000 cabezas
Camellos	60 000 cabezas
Energía eléctrica	175 000 000 kwh
Indicadores sociológicos	
PNB	550 millones de dólares
Renta per cápita	1 300 dólares
Esperanza de vida	49 años
Alfabetismo	38 %

(mayoritaria) y catolicismo. U.M.: el franco de D. Cap., Djibuti.

☐ *Hist.* La dominación fr. se remonta a 1862. En 1967 D. obtuvo autonomía interna y en 1977 se le concedió la indep.

DJIBUTI Cap. de la rep. hom.; 200 000 hab. Puerto de escala. Estación terminal del ferr. de Addis Abeba (Etiopía).

DJILAS, *Milovan* (1911-1995) Político yug. Participó en la resistencia. Presidió la Asamblea Nacional (1953), hasta su destitución por sus críticas al poder dictatorial comunista.

DNA ⇨ ADN.

DNIÉPER Río de Europa Central. Nace en Rusia y pasa por Bielorrusia y Ucrania; 2 200 km. Comunica los mares Báltico y Negro.

DNIEPRODZERZHINSK C. de Ucrania; 271 000 hab. Sit. en la orilla del Dniéper. Centro industrial.

DNIÉPROPETROVSK C. de Ucrania; 1 153 000 hab. Sit. en la orilla del Dniéper. Centro industrial.

DNIÉSTER (moldavo, *Nistru*) Río de Ucrania y Moldavia; 1 400 km. Nace cerca de la frontera pol. y desemboca en el mar Negro.

DO m. Primera voz de la escala musica. ◊ adv. lugar. poét. Donde.

DOBERMANN adj. y s. Díc. de una raza de perros de labor, de cuerpo grácil y de gran inteligencia y resistencia.

DOBLADILLO m. Pliegue que como remate se hace a la ropa en los bordes. ◊ Hilo usado para hacer calcetas. ❑ DOBLADILLAR.

DOBLAR tr. Aumentar una cosa, haciéndola otro tanto más de lo que era. ◊ Aplicar una sobre otra dos partes de una cosa flexible. ◊ tr., intr. y prnl. Volver una cosa sobre otra. ◊ tr. y prnl. Torcer una cosa encorvándola. ◊ Tratándose de un cabo, punta, etc., pasar la embarcación por delante y ponerse al otro lado. ◊ tr. e intr. Pasar a otro lado de una esquina, cerro, etc., cambiando de dirección en el camino. ◊ tr. *Cin.* Sustituir las palabras del actor que aparece en la pantalla por las de otra persona que no se ve. ◊ intr. Tocar a muerto. ◊ prnl. e intr. fig. Ceder a la persuasión o al interés. ◊ prnl. Hacerse el terreno más desigual. ❑ DOBLADO, DA; DOBLADOR; DOBLADURA; DOBLAJE; DOBLAMIENTO.

DOBLE adj. y m. Duplo. ◊ adj. Díc. de la cosa acompañada de otra semejante y que juntas sirven para el mismo fin. ◊ En las flores, de más hojas que las sencillas. ◊ Toque de campanas por los difuntos. ◊ *Cin.* Actor secundario que sustituye al protagonista de

Instalaciones portuarias en **Djibuti**

la película. ◊ Sosia, persona parecida a otra.

DOBLEGAR tr. y prnl. Doblar o torcer encorvando. ◊ Blandear. ◊ fig. Hacer a uno que desista de un propósito y se preste a otro. ❏ DOBLEGABLE; DOBLEGA-DIZO, ZA.

DOBLESCUDO m. Hierba crucífera, áspera y vellosa, con flores amarillas en racimo.

DOBLETE adj. Entre doble y sencillo. ◊ m. Piedra falsa que se hace con dos pedazos de cristal pegados.

DOBLEZ m. Parte que se dobla en una cosa. ◊ Señal que queda en la parte por donde se dobló. ◊ amb. fig. Astucia con que uno obra, dando a entender lo contrario de lo que siente.

DOBLÓN m. Moneda ant. de oro.

DOBRUDJA (rum., *Dobrogea*) Región de Rumania y Bulgaria; 23 500 km², 1 150 000 hab. Constanza es la cap. del sector rum. y Tolbujin la del búlg. Agricultura.

DOCE adj. Diez y dos. ◊ Duodécimo, que sigue en orden al undécimo. Aplicado a los días del mes, se usa también como s. ◊ m. Conjunto de signos con que se representa el núm. doce. ❏ DO-CENO.

DOCE Río de Brasil. Nace en la Serra do Espinhaço, est. de Minas Gerais, y desemboca en el Atlántico; 977 km.

DOCENA f. Conjunto de 12 cosas iguales.

DOCENCIA f. Enseñanza. ❏ DOCENTE.

DÓCIL adj. Suave, que recibe fácilmente la enseñanza. ◊ Obediente. ◊ Díc. del metal, piedra, etc., que se labra con facilidad. ❏ DOCILIDAD; DOCILITAR.

DOCK (voz ing.) m. Puerto. ◊ Depósito comercial de mercancías.

DOCTOR, RA m. y f. Persona que ha recibido el último grado académico que confiere una universidad. ◊ Persona muy sabia. ◊ Teólogo de gran autoridad. ◊ En lenguaje usual, médico. ◊ **honoris causa**. Título honorífico que conceden las universidades. ❏ DOCTO; DOCTORADO; DOCTORAL; DOCTORAMIENTO; DOCTORANDO, DA.

DOCTOR ARROYO C. de México, en el est. de Nuevo León; 43 000 hab. Agricultura, ganadería, avicultura.

DOCTRINA f. Conjunto de opiniones de una escuela o de una religión. ◊ Li-

bro que la contiene. ❏ DOCTRINAL; DOC-TRINERO; DOCTRINAR.

DOCUMENTO m. Diploma, carta u otro escrito que ilustra acerca de algún hecho. ◊ Escrito donde se prueba una cosa. ❏ DOCUMENTACIÓN; DOCUMENTADO, DA; DOCUMENTAL; DOCUMENTALISTA; DO-CUMENTAR.

DODECAEDRO m. *Geom*. Poliedro de 12 caras.

DODECAFONISMO m. *Mús*. Método de composición que elimina la jerarquía del valor tonal. ❏ DODECA-FONÍA.

DODECÁGONO, NA adj. y m. *Geom*. Polígono de doce ángulos y doce lados.

DODECANESO Arch. de Grecia, en el sector sudoriental del mar Egeo. Constituye el nomo hom.; 2 714 km², 145 100 hab. Cap., Rodas, 41 500 hab. Esponjas.

DODECASÍLABO, BA adj. De doce sílabas. ◊ m. Verso de doce sílabas.

DODOMA Cap. de Tanzania y de la región hom.; 203 000 hab.

DOGAL m. Cuerda con la cual se forma un lazo para atar las caballerías. ◊ Cuerda para ahorcar.

DOGMA m. Punto fundamental de una doctrina. ◊ Conjunto de dogmas. ❏ DOGMATISMO; DOGMATIZAR.

DOGO, GA adj. y s. Díc. del perro alano. ◊ m. Perro grande, de pelo corto y hocico chato.

DOGÓN adj. y s. Díc. del individuo de un pueblo melanoafricano del África occidental (Malí y Burkina Faso), cuyo arte (máscaras y utensilios de metal) son de una extraordinaria belleza y expresividad, así como sus viviendas.

DÓLAR m. U. M. de EE UU. ◊ Moneda oficial de algunos países vinculados a la economía estadounidense.

DOLER intr. Padecer. ◊ Causar repugnancia el hacer una cosa. ◊ prnl. Arrepentirse de haber hecho una cosa. ◊ Pesarle a uno de no poder hacer lo que quisiera, o de un defecto natural. ◊ Compadecerse del mal de otro. ◊ Quejarse. ❏ DOLIENTE.

DOLICOCÉFALO, LA adj. *Antr*. Díc. de la persona cuyo cráneo es muy oval. ❏ DOLICOCEFALIA.

DOLLFUS, Engelbert (1892-1934) Estadista austr. Canciller federal (1932), suspendió el régimen parlamentario.

DOLMEN m. Monumento megalítico formado por grandes piedras verticales que sostienen una o varias en posición horizontal.

DOLO m. Engaño. ◊ *Der*. En los delitos, plena deliberación; en los contratos y otras acciones, intención astuta.

DOLOMÍA f. *Geol*. Roca sedimentaria calcárea, constituida por carbonato de magnesio (dolomita). ❏ DOLOMÍTICO, CA.

DOLOMITA f. *Miner*. Carbonato de calcio y magnesio, trigonal, incoloro o coloreado, muy difundido en la naturaleza. ❏ DOLOMITIZACIÓN.

DOLOMITAS o **ALPES DOLOMÍTI-COS** (*Dolomiti*) Sector SO de los Alpes Orientales it. Alt. máx.: Marmolada (3 342 m).

DOLOR m. *Med*. Sensación molesta de una parte del cuerpo. ◊ Sentimiento, pena. ◊ Arrepentimiento de haber hecho algo. ❏ DOLENCIA; DOLORIDO, DA; DO-LORIMIENTO; DOLOROSO, SA.

DOLORA f. Composición poética de espíritu dramático.

DOLORES HIDALGO C. de México, en el est. de Guanajuato; 102 200 hab. Agricultura. Ganadería. Estaño, oro y plata. ◊ **Grito de D.** Primer acto de rebelión de la indep. mex., dirigido por Miguel Hidalgo, párroco de la población.

DOLOROSA f. Imagen de la Virgen de los Dolores.

DOLOSO, SA adj. Engañoso, fraudulento.

DOM m. Título que se da a algunos religiosos.

DOMAR tr. Amansar al animal. ◊ fig. Sujetar. ❏ DOMA; DOMADOR, RA; DOMA-DURA.

DOMEÑAR tr. Someter, sujetar y rendir.

DOMESTICAR tr. Acostumbrar a la compañía del hombre al animal salvaje. ◊ tr. y prnl. fig. Hacer tratable a una persona que no lo es. ❏ DOMESTICACIÓN.

DOMÉSTICO, CA adj. Relativo a la casa u hogar. ◊ Díc. del animal que se cría junto al hombre. ◊ adj. y s. Criado que sirve en una casa. ◊ Ciclista cuya misión es ayudar al corredor principal. ❏ DOMESTICIDAD.

DOMEYKO Alineación montañosa del N de Chile paralela a los Andes. Alt. superiores a los 5 000 m.

DOMICIANO, Tito Flavio (51-96) Emp. rom. (81-96). Culminó la conquista de Britania.

DOMICILIO m. Morada fija. ◊ Lugar en que legalmente se considera establecida una persona o entidad. ◊ Casa en que uno habita. ❏ DOMICILIAR; DOMI-CILIARIO, RIA.

DOMINANCIA f. En genética, situación de herencia en la que uno de los dos alelos para un carácter tiene una acción predominante.

DOMINAR tr. Tener dominio. ◊ Sujetar. ◊ Divisar una extensión considerable de terreno. ◊ tr. e intr. Sobresalir un monte, edificio, etc., entre otros. ◊ prnl. Reprimirse. ❏ DOMINACIÓN; DOMI-NADOR, RA; DOMINANTE; DOMINATIVO, VA.

DOMINGO m. Primer día de la semana y el festivo por excelencia. ❏ DO-MINGADA; DOMINGUERO, RA; DOMINICAL.

DOMINGO, Plácido (n. 1941) Tenor esp. Destacan sobre todo sus interpretaciones de Verdi y Puccini. ◊ **De Guz-mán** (1170-1221) Santo. Religioso esp.

Fundador de la orden de Predicadores.
◊ **Gundisalvo** (s. XII) Filósofo esp., traductor de obras de filósofos ár. *De processione mundi, De Unitate.*
DOMÍNGUEZ, Lorenzo (1901-1963) Escultor chil. Monumentos a San Martín y a O'Higgins en Mendoza. ◊ *Ramiro* (n. 1929) Poeta par. *Zumos, Ditirambo para coro y flauta, Las cuatro fases del Luisón.* ◊ **Alba, Bernardo** ➪ Sínán.
◊ **Camargo, Hernando** (1601-1656) Poeta col., influido por Góngora. *Poema heroico de san Ignacio de Loyola.*
DOMINICA o **DOMÍNICA** f. En lenguaje Eclesiástico, domingo.

Mapa de situación y bandera
de **Dominica**

DOMINICA Isla de las Pequeñas Antillas. Sit. entre las islas Guadalupe, al N, y Martinica, al S. Clima cálido y húmedo. Naturaleza volcánica. Pesca y frutos tropicales. Pob.: negros y mulatos. Lenguas: ing. (of.) y créole. *Rel.*: protestantismo y catolicismo. Cap., Roseau.
□ *Hist.* Descubierta por Colón en 1493, en 1759 Inglaterra la ocupó y anexionó en 1763. En 1963 alcanzó *status* de est. asociado y en 1978 accedió a la indep.

DOMINICA

Superficie	751 km²
Población	71 000 hab. (94 hab./km²)
Recursos económicos	
Bananas	67 000 t
Copra	2 000 t
Limones	5 000 t
Nuez de coco	12 000 t
Pesca	700 t
Turismo	29 100 visitantes
Indicadores sociológicos	
PNB	175 millones de dólares
Renta per cápita	2 440 dólares
Esperanza de vida	72 años
Alfabetismo	95%

DOMINICANA, *República* Estado americano en el sector oriental de la isla de La Española (Grandes Antillas).
□ *Geog. fís.* Relieve formado por varias cadenas montañosas paralelas: al N la

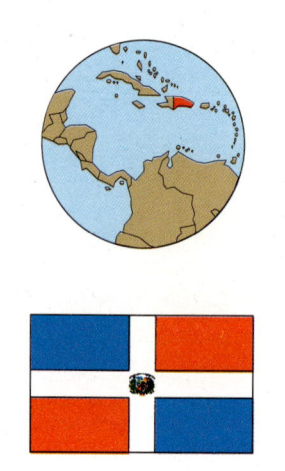

Mapa de situación y bandera
de **República Dominicana**

cord. Septentrional o de Monte Cristi y de NO a SE la cord. de Cibao o Central. Ríos: los dos Yaques, del N y del S, el Yuma, el Ozama y el Macorís. Costas coralígenas. Clima tropical cálido y húmedo.
□ *Geog. econ.* Los prales. cultivos son: caña de azúcar, arroz, tabaco y bananas. Gran reserva de caoba. Ganadería. Bauxita y sal. Ind. derivadas de la agr. y ganadería vacuna y porcina. Exportaciones de azúcar, café y tabaco.
□ *Geog. humana.* Grupos étnicos: mulatos (60 %), blancos (28 %), negros (11,5 %). Lengua: esp. (of.). *Rel.:* mayoría católica. U.M.: el peso. Cap.: Santo Domingo. C. prales.: Santiago de los Caballeros, San Pedro de Macorís. Dividida en 29 prov. y un Distrito Nacional.
□ *Hist.* La parte oriental de La Española, que había caído bajo dominio fr. en 1795, volvió a soberanía española en 1809. En 1821 José Núñez de Cáceres proclamó la independencia, integrando al nuevo Estado en la Federación de la Gran Colombia. Fue ocupada por Haití de 1822 a 1844. De 1861 a 1865 permaneció anexionada a España. A finales del s. XIX se inició la tutela norteam. en la política y en la economía, que culminó con la ocupación militar (1916-1924). Entre 1930 y 1961 el poder estuvo en manos de la familia Trujillo, hasta el asesinato de Rafael Trujillo. El gobierno de Juan Bosch, elegido en 1962, fue derrocado por un golpe militar en 1963. Un golpe constitucional en 1965 fue derrotado con ayuda de EE UU. En las elecciones de 1966 fue elegido Joaquín Balaguer, que conservó el poder en las elecciones de 1970 y 1974. En 1978 ganó las elecciones Antonio Guzmán, que emprendió una política de reforma. Fallecido en 1982 fue elegido presidente Jorge Blanco, a quien sucedió en 1986 Joaquín Balaguer, reelegido en 1990 y 1994. Balaguer fue sustituido en 1996 por Leonel Fernández, del Partido de la Liberación Dominicana. El huracán *Georges* devastó gran parte del país en 1998. En 2000 el socialdemócrata Hipólito Mejía venció en las elec-

ciones presidenciales, y tras los comicios de 2004 Leonel Fernández volvió a ocupar la presid. de la República.
□ *Arte.* Importantes restos arqueológicos del pueblo ciboney y abundantes yacimientos taino. Tras la conquista esp., tuvo lugar un nuevo florecimiento artístico: catedral, casa del Almirante, etc. Del s. XVIII datan las iglesias barrocas.
□ *Lit.* En poesía, al romanticismo le sigue, a fines del s. XIX, el modernismo. Hacia 1921 apareció el «postumismo». En prosa sobresale la novela histórica y la narración costumbrista: Manuel Jesús Galván *(Enriquillo),* Joaquín Pérez *(Fantasías indígenas),* Américo Lugo *(Heliotropo).* Manuel Luis Troncoso ha recogido episodios de la tradición oral *(Narraciones dominicanas).*

REPÚBLICA DOMINICANA

Superficie	48 670 km²
Población	8 230 722 hab. (169 hab./km²)
Recursos económicos	
Cacao	50 000 t
Cacahuetes	35 000 t
Café	46 000 t
Caña	210 000 ha
Copra	27 000 t
Tabaco	25 000 t
Ganadería y derivados	
Cabaña bovina	2 250 000 cabezas
Cabaña caballar	320 000 cabezas
Cabaña caprina	555 000 cabezas
Cabaña porcina	435 000 cabezas
Riqueza forestal	982 000 m³
Pesca	20 000 t
Producción minera	
Bauxita	7 000 t
Níquel	29 100 t
Oro	4 t
Plata	22 t
Sal gema	30 000 t
Producción industrial	
Azúcar	656 000 t
Cemento	1 189 000 t
Cerveza	1 269 000 hl
Energía eléctrica	2 965 millones de kwh
Indicadores sociológicos	
PNB	6 807 millones de dólares
Renta per cápita	950 dólares
Esperanza de vida	67 años
Alfabetismo	83%

República Dominicana. Santiago de los Caballeros, segunda ciudad del país, sobre el río Yaque

DOMINICANISMO m. Locución, giro o modo de hablar propio de los dominicanos.

DOMINICANO, NA adj. y s. Dominic. ◊ De la República Dominicana o de Santo Domingo.

DOMINICO, CA adj. y s. Religioso de la Orden de Santo Domingo. ◊ adj. Relativo a esa orden. ◊ *Cuba* y *Amér. Centr.* Especie de plátano.

DOMINIO m. Poder que uno tiene de usar libremente de lo suyo. ◊ Poder o ascendiente que se tiene sobre otra persona. ◊ Territorio sujeto a un est. ◊ Nombre que reciben los países indep. políticamente, pero vinculados a la Corona brit. (Commonwealth). ◊ **De d. público.** loc. adj. Que sabe todo el mundo. ◊ El que pertenece al est. en bienes que están destinados a un servicio público.

DOMINÓ m. Juego de mesa que se hace con 28 fichas rectangulares, blancas con puntos por la cara y negras por el revés.

DOMO m. *Arq.* Cúpula. ◊ *Geol.* Construcción volcánica que consiste en intrusiones de lava viscosa que han provocado relieves.

DON m. Dádiva. ◊ Cualquiera de los bienes que tenemos. ◊ Gracia para hacer una cosa. ◊ Tratamiento de respeto que se antepone a los nombres propios masculinos. ◊ **de gentes.** Conjunto de gracias que permiten a alguien ganarse la voluntad de las personas. ◊ **nadie.** Hombre mediocre, poco conocido.

DON Río en la parte europea de Rusia; 1 870 km. Nace en la llanura rusa y desemboca en el mar de Azov.

DON Juan Personaje legendario de origen esp., famoso por su vida disoluta y sus aventuras amorosas como conquistador y embaucador de mujeres ingenuas. Ha dado origen a numerosas obras literarias, dramáticas y musicales. ❑ DONJUANESCO, CA; DONJUANISMO.

DONA f. *Chile.* Don, legado testamentario. ◊ pl. Regalos de boda que el novio hace a la novia.

DONACIÓN f. *Der.* Acto por el que una persona transmite la propiedad de una cosa que le pertenece a favor de otra.

DONAIRE m. Discreción y gracia en lo que se dice. ◊ Chiste o dicho gracioso. ◊ Gallardía y agilidad para andar, bailar, etc. ❑ DONAIROSO, SA.

DONAIRE, *Bartolomé* (1790-1860) Músico bol. Autor del melodrama *La coqueta.*

DONAR tr. Traspasar una persona a otra el dominio de una cosa. ❑ DONADOR, RA; DONANTE; DONATARIO.

DONATELLO, *Donato di Nicolo di Betto Bardi*, llamado (1386-1466) Escultor florentino. Dominó el arte del relieve, asimilando en Roma los motivos del arte rom. tardío. Realizó la primera fig. desnuda del Renacimiento, el *David*, en bronce y la de la estatua del condotiero Gattamelata.

DONATISMO m. Herejía afr. de los ss. IV-V. Defendía la superioridad del Padre sobre el Hijo, y de éste sobre el Espíritu Santo.

DONATIVO m. Dádiva, regalo, cesión.

DONBÁSS Cuenca carbonífera en el extremo oriental de Ucrania; 25 000 km².

DONCEL m. Joven noble que aún no

San Jorge, obra de **Donatello** (Museo Nacional del Bargello, Florencia, Italia)

estaba armado caballero. ◊ Adolescente. ◊ adj. Dicho de ciertos frutos, dulce.

DONCELLA f. Mujer que no ha tenido relación sexual. ◊ Muchacha. ◊ Criada. ◊ Budión, pez.

DONCELLEZ f. Virginidad. ❑ DONCELLERÍA.

DONDE adv. lugar. En un lugar. ◊ A veces toma carácter de pron. relativo, y equivale a *en que* o *en el, la, lo que o cual.* ◊ Lo cual. ◊ Adonde.

DONDEQUIERA adv. lugar. En cualquier parte.

DONDIEGO m. Planta herbácea de flores de color rojo, amarillo, blanco o manchado, que se abren de noche y se cierran al ponerse el sol. ◊ **de día.** Planta convolvulácea de flores azules que se abren por el día y cierran por la noche. ◊ **de noche.** Dondiego.

DONEN, *Stanley* (n. 1924) Director de cine norteam. *Un día en Nueva York, Cantando bajo la lluvia.*

DONETSK C. del SE de Ucrania; 1 073 000 hab.; sit. en el Donbáss. Centro industrial y ferroviario.

DONIZETTI, *Gaetano* (1797-1848) Compositor de óperas it. *Elisir d'amore, Don Pasquale, Ana Bolena, La Favorita.*

DONJUÁN m. Dondiego, planta. ◊ Tenorio.

DONNE, *John* (1572-1631) Poeta barroco ing. *La corona, Himno a Dios Padre.*

DONOSIDAD f. Gracia, chiste. ❑ DONOSO, SA.

DONOSO, *José* (1924-1996) Escritor chil. Crítico de la burguesía y de las grandes familias. *Tres novelitas burguesas, Taratua, Adonde van los elefantes.* ◊ **Cortés, *Juan*** (1809-1853) Político y literato esp. Evolucionó del liberalismo a un tradicionalismo exacerbado. *Ensayo sobre el catolicismo.*

DONOSTIARRA adj. y s. De la c. vasca de San Sebastián.

DONOSURA f. Donaire, gracia.

DONQUIJOTESCO, CA adj. Quijotesco.

DOÑA f. Tratamiento de respeto que se aplica a las mujeres y que precede a su nombre propio.

DOPA f. Aminoácido aromático con dos grupos oxidrilo, estado intermedio en la biosíntesis de la adrenalina y de la melanina.

DOPAR intr. y prnl. Drogar.

DOPING (voz ing.) m. Administración de sustancias químicas a un atleta con el fin de aumentar su rendimiento en competición.

DOPPLER, *Christian* (1803-1853) Matemático y físico austr. que describió el fenómeno hom. ◊ **Efecto D.** o **D.-Fizeau.** Cuando un foco emisor de ondas se mueve respecto a un observador, para éste la longitud de onda se contrae.

DOQUIER o **DOQUIERA** adv. lugar. Dondequiera.

DORADA, *La* Mun. de Colombia, en el dpto. de Caldas; 32 000 hab. Agricultura. Ganadería. Centro comercial e industrial.

DORADILLA f. Dorada, pez. ◊ Helecho de hojas cubiertas de escamillas doradas por el envés.

DORADO, DA adj. De color de oro. ◊ fig. Esplendoroso. ◊ *Chile* y *Cuba.* Aplícase a la caballería de color melado. ◊ m. *Zool.* Pez acantopterigio, con el cuerpo muy deprimido, cola bifurcada y colores vivos con reflejos dorados. ◊ pl. Conjunto de adornos metálicos. ◊ f. *Cuba.* Mosca venenosa. ◊ Doradura.

DORAL m. Pájaro, variedad de papamoscas, de color amarillo rojizo.

DORAR tr. Cubrir con oro una superficie. ◊ Dar el color del oro a una cosa. ◊ tr. y prnl. fig. Tostar ligeramente una cosa de comer. ◊ prnl. Tomar color dorado. ❑ DORADOR, RA; DORADURA.

Dondiego de noche

DORDRECHT C. y puerto de los Países Bajos, en Holanda Meridional; 108 000 hab. Centro industrial.

DORÉ, *Gustave* (1833-1883) Dibujante y litógrafo fr. Ilustró los *Cuentos droláticos*, de Balzac, la *Divina Comedia,* de Dante, *El Quijote,* etc.

DORIA (*D'Oria*) Ilustre familia genovesa que dirigió el movimiento gibelino durante la E. Med. Varios de sus miembros fueron marinos: *Zamba* (s. XIII), *Andrea,* (1466-1560), al servicio de Carlos V, que obtuvo el reconocimiento de la indep. de Génova, y *Juan Andrea* (1539-1606).

DÓRICO, CA adj. y m. El más ant. de los órdenes arquitectónicos gr. ◊ m. *Ling.* Dialecto de los dorios.

DÓRIDA (*Doris*) Ant. región de Grecia central, avenada por el río Cefiso. ◊ Ant. región de Asia Menor.

DORÍFORA f. Escarabajo de la patata.

DORÍFORO Estatua de Policleto (s. V a. C.), el canon dórico de la belleza masculina.

DORIO, RIA adj. y s. Díc. del individuo de un pueblo de la ant. Grecia. ◊

m. pl. Pueblo indoeuropeo que penetró en Grecia a partir del s. XII a. C.

DORMICIÓN f. Representación de la muerte o tránsito de la Virgen.

DORMIDA f. Estado por el que pasa cuatro veces el gusano de seda. ◊ Paraje donde las reses y las aves silvestres pasan la noche. ◊ *C. Rica* y *Chile.* Lugar donde se pernocta.

DORMILONA f. Arete, pendiente. Se usa más en pl. ◊ Butaca para dormir la siesta. ◊ *Amér. Centr.* y *Cuba.* Sensitiva, planta. ◊ *Ven.* Camisa femenina de dormir.

DORMIR intr., tr., prnl. Permanecer el hombre o el animal en estado de reposo con suspensión de la actividad de los sentidos. ◊ intr. Pernoctar. ◊ fig. Sosegarse lo que estaba inquieto. ◊ prnl. fig. Adormecerse un miembro. ❑ DORMIDERO, RA; DORMILÓN, NA; DORMITIVO, VA.

DORMITAR intr. Estar medio dormido.

DORMITORIO m. Pieza acondicionada para dormir en ella. ◊ Conjunto de los muebles de esta pieza.

DORNIER, *Claudius* (1884-1969) Industrial al. Construyó varios prototipos de aviones.

DORREGO, *Manuel* (1787-1828) Militar y político arg. Participó en la guerra de indep. Cuando estalló la sublevación de Lavalle (1828), éste le derrotó e hizo fusilar.

DORSAL adj. Relativo al dorso, espalda o lomo. ◊ adj. y f. *Fon.* Consonante que se articula con el dorso de la lengua. ◊ m. Número que se cose en la camiseta de los deportistas para distinguirlos. ◊ **medioceánica** o **submarina.** *Geog.* Elevación del fondo de los océanos en forma de cordillera de montañas.

DORSO m. Revés o espalda de una cosa.

DORTICÓS, *Osvaldo* (1919-1983) Político cub. Presid. tras el triunfo de la rev. (1959-1976).

DORTMUND C. de Alemania, en la cuenca del Ruhr (Renania Septentrional-Westfalia); 579 700 hab. Centro industrial.

DOS adj. Uno y uno. ◊ Segundo, que sigue en orden al primero. ◊ m. Signo con que se representa el núm. dos.

DOS HERMANAS Mun. esp., en la com. autón. de Andalucía (prov. de Sevilla); 101 988 hab. Centro industrial.

Fíódor Mijailovich **Dostoievski**

Dragón volador

DOS PASSOS, *John* (1896-1970) Novelista norteam. Crítico corrosivo de la soc. norteam., representa a la llamada «generación perdida». *USA (Paralelo 42, 1919, La gran moneda),* trilogía, *Tres soldados, Manhattan Transfer.*

DOS ROSAS, *guerra de las* Conflicto civil ing. (s. XV), que enfrentó por el trono a las casas de York y de Lancaster. La guerra terminó definitivamente con un descendiente de los Lancaster, Enrique Tudor, coronado rey como Enrique VII y que casó con Isabel de York.

DOS SICILIAS Hasta 1861, est. formado por los reinos de Sicilia y Nápoles.

DOSCIENTOS, TAS adj. pl. Dos veces ciento. ◊ Ducentésimo. ◊ m. Conjunto de signos con que se representa el núm. doscientos.

DOSEL m. Mueble de adorno que resguarda el sitial o el altar. ◊ Antepuerta.

DOSIFICAR tr. Dividir las dosis de un medicamento. ◊ Graduar la cantidad de otras cosas.

DOSIS f. Toma de medicina que se da al enfermo cada vez. ◊ Cantidad de una cosa.

DOSSIER (voz fr.) m. Expediente.

DOSTOIEVSKI, *Fiódor Mijailovich* (1821-1881) Novelista ruso. Su obra demuestra gran penetración psicológica de los personajes. *Crimen y castigo, El jugador, Los hermanos Karamazov.*

DOTACIÓN f. Aquello con que se dota. ◊ Conjunto de personas que tripulan un buque, especialmente el de guerra. ◊ Conjunto de individuos asignados a una unidad militar, un establecimiento público, etc.

DOTAR tr. Señalar dote a la mujer que va a contraer matrimonio o a profesar en alguna orden religiosa. ◊ Señalar bienes para una fundación o instituto benéfico. ◊ Asignar a una oficina, a un buque, etc., el número de empleados conveniente para el buen servicio.

DOTE amb. Conjunto de bienes que lleva la mujer al matrimonio. ◊ Conjunto de bienes que entrega al convento la religiosa que profesa. ◊ ❑ DOTAL.

DOUGLAS, *Kirk* (n. 1916) Actor cinematográfico norteam. de origen ruso *Espartaco, El loco del pelo rojo.*

DOVELA f. Arq. Piedra labrada en figura de cuña, para formar arcos, etc. ❑ DOVELAJE; DOVELAR.

DOVER C. de EE UU, cap. del est. de Delaware; 27 600 hab.

DOVJENKO, *Aleksandr P.* (1894-1956) Director cinematográfico ruso. *Arsenal, La tierra.*

DOXOLOGÍA f. Fórmula de alabanza a la divinidad, especialmente a la Santísima Trinidad.

DOYLE, SIR *Arthur Conan* (1859-1930) Escritor brit., creador del personaje Sherlock Holmes.

DRACMA f. Moneda gr. de plata. ◊ Ant. unidad monetaria de Grecia.

DRACÓN (s. VII a. C.) Legislador ateniense. Redactó un severo código de leyes. ❑ DRACONIANO, NA.

DRÁCULA Vampiro humano. Personaje pral. de la novela del mismo nombre, escrita en 1897 por B. Stoker.

DRAGA f. Máquina excavadora destinada a extraer materiales diversos que se hallan bajo las aguas.

DRAGAMINAS m. *Mil.* Buque destinado a anular la acción de las minas.

DRAGAR tr. Ahondar y limpiar con draga los puertos de mar, ríos, etc. ❑ DRAGADO, DA.

DRAGO, *Luis María* (1859- 1921) Político arg. Desarrolló la doctrina D., según la cual la deuda contraída por un Est. soberano no podía dar lugar a intervención armada extranjera.

DRAGOMÁN m. Intérprete, trujamán.

DRAGÓN m. *Mit.* Animal parecido a una serpiente con pies y alas. ◊ Especie de lagarto caracterizado por las expansiones de su piel, que forman a los lados del abdomen una especie de paracaídas. ◊ Soldado de un cuerpo que se creó para servir lo mismo a pie que a caballo. ◊ *Astr.* Draco, constelación boreal. ◊ **marino.** Pez teleósteo, rojizo por el lomo y blanco amarillento en los costados.

DRAGONA f. Hembra del dragón. ◊ *Mil.* Especie de charretera. ◊ *Chile* y *Méx.* Fiador de la espada. ◊ *Méx.* Capa con esclavina y capucha.

DRAKE, SIR *Francis* (1545-1596) Corsario ing. Realizó numerosas expediciones contra los galeones esp. que transportaban la plata americana.

DRAMA m. Pieza de teatro cuyo tema puede ser a la vez cómico y trágico. ◊ Gén. literario que comprende las obras escritas para ser representadas. ◊ fig. Suceso en la vida real en que ocurren desgracias. ❑ DRAMÁTICO, CA; DRAMATISMO.

DRAMÁTICA f. Arte que enseña a componer obras dramáticas. ◊ Poesía dramática.

DRAMATIZAR tr. Dar forma y condiciones dramáticas. ◊ Exagerar con apariencias dramáticas. ❑ DRAMATIZACIÓN.

DRAMATURGIA f. Dramática. ❑ DRAMATURGO.

DRAMÓN m. Drama terrorífico y malo.

DRÁSTICO, CA adj. y m. Díc. del medicamento que purga con gran eficacia. ◊ adj. fig. Riguroso.

DRÁVIDA adj. y s. Díc. del individuo de uno de los pueblos del SE de la India.

DRAVÍDICO, CA adj. Drávida. ◊ **Lenguas d.** Grupo de lenguas indias habladas en el Decán.

DREISER, *Theodore* (1871-1945) Escritor norteam., de origen al. *Jennie Gerhardt, El financiero, El titán.*

DRENAR tr. Avenar, desaguar un terreno. ◊ *Cir.* Asegurar la salida de líquidos de alguna parte del cuerpo. ❑ DRENAJE.

DRESDE (*Dresden*) C. de Alemania, cap. del distr. hom.; 519 700 hab. Centro artístico e industrial.

DREYFUS, Alfred (1859-1935) *Mil.* fr. de origen judío. Condenado injustamente por espionaje en favor de los al. El «caso Dreyfus», con su trasfondo antijudío, sacudió a la Francia de 1894.

DRÍA, DRÍADA o **DRÍADE** f. *Mit.* Ninfa de los bosques.

DRIL m. Tela fuerte de hilo o de algodón.

DRIZA f. *Mar.* Cabo con el que se izan y arrían las velas, banderas, etc. ❑ DRIZAR.

DROGA f. Nombre genérico de ciertas sustancias que se emplean en medicina, en la ind. o en las bellas artes. ◊ Medicamento. ◊ Sustancia de efecto estimulante, deprimente, narcótico o alucinógeno, que puede producir hábito. ◊ fig. Embuste. ◊ fig. Trampa. ◊ fig. Cosa que desagrada. ◊ *Chile, Méx.* y *Perú.* Deuda. ❑ DROGAR; DROGUERÍA; DROGUERO, RA; DROGUISTA.

DROGADICCIÓN f. Dependencia psicológica y fisiológica de un individuo respecto a la droga. ❑ DROGADICTO, TA.

DROGUETT, Carlos (1912-1992) Escritor y periodista chil. *Sesenta muertos en la escalera, Escrito en el aire.*

DROMEDARIO m. Camello de una sola giba.

DRONTE o **DODO** m. *Zool.* Ave columbiforme actualmente extinguida.

DROSERA f. Planta cuyas flores aprisionan a los insectos y los digieren.

DROSERÁCEO, A adj. *Bot.* Díc. de las plantas fanerógamas, herbáceas, capaces de digerir las sustancias albuminoideas.

DROSÓFILA adj. y f. Díc. de los insectos dípteros que se utilizan ampliamente en la investigación genética.

DRUIDA m. Sacerdote de la rel. celta.

DRUMOND de Andrade, Carlos (1902-1987) Poeta y novelista bras. *Brezo de almas.*

DRUPA f. *Bot.* Pericarpio carnoso de ciertos frutos, sin valvas o ventallas y con una nuez.

DRUSA f. *Miner.* Agregado cristalino constituido por numerosos cristales implantados en una cavidad rocosa.

DRUSO, SA adj. Díc. del habitante de las cercanías del Líbano, que profesa una religión derivada de la mahometana.

DRUSO, Nerón Claudio (38-9 a. C.) General rom. Tomó la Germania inferior.

DRYDEN, John (1631-1700) Poeta y dramaturgo ing. *Absalón y Aquitofel.*

D'SOLA, Otto (n. 1912) Poeta ven. *De la soledad y las visiones, El viajero mortal.*

DU GUESCLIN, Bertran ⇨ Guesclin, Bertran du.

DUAL adj. Díc. de lo que consta de dos partes. ◊ adj. y s. *Gram.* Díc. del número gramatical que tienen algunas lenguas para indicar que la palabra se refiere a dos personas o cosas.

DUALA (*Douala*) C. y puerto de Camerún, en la parte N del litoral; 841 456 hab. Centro comercial e industrial.

DUALIDAD f. Condición de reunir dos caracteres distintos una misma persona o cosa.

DUALISMO m. Dualidad. ◊ Creencia religiosa de ciertos pueblos ant. que consideraba el universo mantenido por dos

principios. ◊ *Fil.* Doctrina filosófica que explica el origen del universo por la acción de dos principios opuestos.

DUARTE Prov. del N de la República Dominicana; 1 605 km², 274 858 hab. Cap., San Francisco de Macorís. Terreno accidentado al N por la cord. Septentrional. Cacao, tabaco, café, caña de azúcar y arroz. Ganadería e ind.

DUARTE, José Napoleón (1925-1990) Político salv. De tendencia democristiana, fue presid. desde 1984 hasta 1989. Su gobierno se caracterizó por la búsqueda activa de la pacificación del país. ◊ **María Eva** (1919-1952) Política arg., esposa del gral. Perón. Promovió el mov. de los *descamisados*, que llevó al poder a su esposo (1946) y fue la base del justicialismo. ◊ **Frutos, Nicanor** (n. 1956) Político par., miembro del Partido Colorado. Fue ministro de Educación y Cultura entre 1993 y 1997 y entre 1999 y 2001, año en el que asumió la presid. de la Junta de Gobierno de su partido. Resultó vencedor en las elecciones presid. de abril de 2003.

DUBA f. Muro o cerca de tierra.

Drosófila. Mosca del vinagre

DUBAI Uno de los Emiratos Árabes Unidos, sit. al NE de dicho est., junto al golfo Pérsico; 3 750 km², 265 702 hab. Clima árido. Petróleo.

DUBCEK, Alexander (1921-1992) Político chec., promotor de reformas de signo liberal en 1968 («primavera de Praga»). Expulsado del partido, fue rehabilitado y elegido presid. del Parlamento en 1990.

DUBITACIÓN f. Duda. ❑ DUBITABLE; DUBITATIVO, VA.

DUBLÍN (*Baile Átha Cliath*) C. y cap. de la Rep. de Irlanda, en la costa oriental; 526 000 hab. (861 000 la agl. urb.). Primer puerto irl. Ind. químicas, textiles, alimentarias, papeleras. Fabricación de material ferroviario, maquinaria, zapatos, etc. Construcciones navales. Elaboración de cerveza. Catedral de San Patricio.

DUBROVNIK C. de Croacia; 32 000 h. Ant. Ragusa. Obispado católico. Puerto al Adriático. Declarada c. monumental y patrimonio artístico por la UNESCO.

DUBUFFET, Jean (1901-1985) Pintor y escultor fr. Promotor de *L'art brut.*

DUBY, Georges (1919-1996) Historiador fr., investigó la vida cotidiana en la Edad Media. *La Europa de las catedrales.*

DUCADO m. Título o dignidad de duque. ◊ Terr. sobre el que recaía este tí-

José Napoleón **Duarte**

tulo o en el que ejercía jurisdicción un duque. ◊ Est. gobernado por un duque. ◊ Nombre de algunas monedas antiguas.

DUCCIO de Buoninsegna (h. 1255-1319) Pintor it., creador de la escuela sienesa. *Maestà* de la catedral de Siena.

DUCE (voz it.) m. Conductor, jefe. ◊ Nombre que dieron los fascistas italianos a Mussolini.

DUCHA f. Chorro de agua que se hace caer sobre el cuerpo. ◊ Aparato que sirve para ello. ◊ Lista que se forma en los tejidos. ❑ DUCHAR.

DUCHAMP, Marcel (1887-1968) Pintor cubista fr. Se adhirió al cubismo y al dadaísmo. *Desnudo bajando una escalera.*

DUCHESNE, André (1584-1640) Historiador fr. *Historia de Inglaterra, de Escocia y de Irlanda.*

DUCHO, CHA adj. Experimentado, diestro.

DÚCTIL adj. Díc. de los metales que admiten deformaciones en frío sin llegar a romperse. ◊ Aplícase a los metales que se pueden extender en alambres o hilos. ❑ DUCTILIDAD; DUCTILÍMETRO.

DUDA f. Incertidumbre. ◊ *Fil.* Suspensión del juicio ante dos proposiciones.

DUDAR intr. No saber si una cosa es cierta. ◊ tr. Dar poco crédito a una cosa. ❑ DUDOSO, SA.

DUDLEY C. de Gran Bretaña (Inglaterra), en el condado de Stafford; 187 300 hab. Forma parte del á. metr. de Birmingham. Centro industrial.

DUELA f. Cada una de las tablas que forman las paredes curvas de las pipas, cubas, etc. ◊ *Zool.* Gusano plano de forma ovalada, con ventosas, que sufre grandes metamorfosis.

DUELO m. Combate o pelea entre dos, precediendo desafío o reto. ◊ Dolor, lástima o sentimiento. ◊ Demostraciones para manifestar el sentimiento por la muerte de alguno. ◊ Reunión de parientes, amigos o invitados que asisten a la casa mortuoria. ◊ Fatiga. ❑ DUELISTA.

DUENDE m. Diablillo que según se cree causa trastornos en las casas. ◊ fig. Encanto. ❑ DUENDESCO, CA.

DUEÑAS, Francisco (1811-1884) Político salv. Asumió el poder al estallar la guerra con Guatemala (1852). En 1863 volvió al poder, instaurando un régi-

Isadora **Duncan**, según un dibujo de J. Clarà

men dictatorial. Derrocado por los liberales en 1871.

DUEÑO Colón, Braulio (1854-1934) Compositor puertorriq. *Misa en do mayor, Patria, Noche de otoño.*

DUERMEVELA m. fam. Sueño ligero. ◊ fam. Sueño fatigoso y frecuentemente interrumpido.

DUERO (port., *Douro*) Río de la pen. Ibérica, el primero por su caudal; 913 km. Desagua en el Atlántico, en un amplio estuario.

DUGONGO m. Mamífero sirenio.

DUHALDE, Eduardo (n. 1941) Político arg. Peronista. Vicepres. entre 1989-1990, en 1991 fue elegido gobernador de la prov. de Buenos Aires. En enero de 2002 fue designado pres. de la República, ocupando el cargo hasta 2003.

DUHAMEL, Georges (1884-1966) Escritor fr. *Vida y aventuras de Salavin.*

DÜHRING, Eugen Karl (1833-1901) Economista y filósofo al. Positivista de tendencia materialista. *La filosofía, concepción rigurosamente científica del mundo, Economía política y socialismo.* Atacado por Engels en su *AntiDühring*.

DUISBURGO C. de Alemania, en la confluencia del Rin y el Ruhr; 522 700 hab. Primer puerto fluvial de Europa. Centro comercial y financiero.

DUITAMA Mun. de Colombia, dpto. de Boyacá; 48 500 hab. Agricultura, ganadería. Plata y cobre. Ind. harinera.

DUKAS, Paul (1865-1935) Compositor fr. *Sinfonía en do, Ariane et Barbe-Bleu.*

DULA f. Cada una de las porciones de tierra que reciben riego de una misma acequia. ◊ Cada una de las porciones del terreno comunal o en rastrojera, donde pacen los ganados de los vecinos de un pueblo. ❑ DULAR; DULERO.

DULBECCO, Renato (n. 1914) Biólogo norteam., de origen it. Premio Nobel de

Medicina en 1975, junto a H. M. Temin y D. Baltimore, por su trabajo sobre la relación entre los virus y el cáncer.

DULCAMARA f. Planta solanácea, con tallos ramosos, hojas acorazonadas, flores violadas y bayas rojas.

DULCE adj. Que causa cierta sensación suave y agradable al paladar. ◊ Que no es agrio o salobre. ◊ fig. Grato. ◊ fig. Naturalmente afable. ◊ m. Manjar compuesto con azúcar. ◊ Fruta o cualquier otra cosa cocida o compuesta con azúcar. ◊ *Amér. Centr.* Papelón, azúcar morena. ❑ DULCERA; DULCERÍA; DULCERO, RA; DULCÍSONO; DULZAINO, NA; DULZARRÓN, NA o DULZÓN, NA; DULZOR o DULZURA.

DULCE Río del N de Argentina; 630-670 km. Nace en las sierras del O de Tucumán y desemboca en la laguna de Mar Chiquita.

DULCEACUÍCOLA adj. Díc. del animal o de la planta que vive en el agua dulce.

DULCIFICAR tr. y prnl. Volver dulce una cosa. ◊ tr. fig. Mitigar la acerbidad, acrimonia, etc., de una cosa. ❑ DULCIFICACIÓN.

DULCINA f. *Quím.* Sustancia sintética empleada como edulcorante.

DULONG, Pierre-Louis (1785-1858) Químico y físico fr. En 1815 descubrió el cloruro de nitrógeno. ◊ **Ley de D.-Petit.** Para todos los elementos en estado sólido, el producto del calor específico por el p. a. es aproximadamente constante.

DULZAINA f. Instrumento musical de viento.

DUMA f. Asamblea consultiva rusa en tiempo de los zares y parlamento legislativo ruso desde 1993.

DUMAS, Alexandre (1802-1870) Escritor fr., autor de *Enrique III y su corte, Los tres mosqueteros, El conde de Montecristo.* ◊ *Alexandre* (1824-1895) Dramaturgo fr., hijo del anterior. *La dama de las camelias.*

DUMBARTON OAKS, Conferencia de Reunión celebrada en 1944 en esta localidad de Georgetown (EE UU), entre representantes de EE UU, URSS, Gran Bretaña y China, para establecer las bases de la ONU.

Alexandre **Dumas**, hijo (caricatura de S. Giraud)

DUMEZIL, Georges (1898-1986) Antropólogo fr., renovador de los estudios sobre la civilización indoeuropea, a los que aplicó el método estructuralista. *Los dioses de los indoeuropeos.*

DUMPING (voz ing.) m. Venta de un producto al extranjero a precios inferiores a los del mercado nacional.

DUNA f. *Geol.* Colina de arena movediza que forma y empuja el viento.

DUNANT, Henri (1828-1910) Filántropo suizo, fundador de la Cruz Roja. Premio Nobel de la Paz en 1901.

DUNCAN I (m. 1040) Rey de Escocia (1034-1040). Asesinado por Macbeth.

DUNCAN, Isadora (1878-1927) Bailarina norteam. Su estilo influyó en el *ballet* moderno.

DUNDEE C. de Gran Bretaña (Escocia), en el condado de Angus; 174 800 hab. Puerto. Construcciones navales. Centro comercial e industrial.

DUNDERA f. *Amér.* Tontería. ❑ DUNDO, DA.

DUNEDIN C. y puerto de Nueva Zelanda, cap. de la prov. de Otago, en la isla del Sur; 112 800 hab. Ind. alimentaria.

DUNKERQUE (flam. *Duinkerke*) C. de Francia, junto a la frontera belga; 186 400 hab. En 1940, tras la derrota del frente, las tropas francobritánicas reembarcaron en sus playas.

DUNLOP, John Boyd (1840-1921) Veterinario escocés. Inventó la cámara de aire.

DUNS SCOT ⇨ Escoto, John Duns.

DÚO m. *Mús.* Composición que se canta o toca entre dos. ◊ Conjunto de dos intérpretes que cantan o actúan juntos.

DUODECIMAL adj. *Arit.* Díc. de todo sistema aritmético cuya base es el núm. doce.

DUODÉCIMO, MA adj. Que sigue inmediatamente en orden al o a lo undécimo. ◊ adj. y s. Dícese de cada una de las partes iguales en que se divide un todo.

DUODENITIS f. *Pat.* Inflamación de la mucosa duodenal.

DUODENO, NA adj. Duodécimo. ◊ m. *Anat.* Porción inicial del intestino delgado situada en la parte superior y posterior de la cavidad abdominal. ❑ DUODENAL.

DUPIN, Aurore ⇨ Sand, George.

DÚPLEX adj. y s. Que consta de dos elementos, que hace doble función, etc. ◊ En comunicaciones, díc. de una transmisión indep. en dos direcciones que tiene lugar en ambos sentidos simultáneamente. ◊ m. Piso cuyas habitaciones se disponen en dos niveles. ◊ *Metal.* Procedimiento de colada que permite obtener lingotes dobles con distinta composición.

DUPLICACIÓN f. Aberración cromosómica que consiste en la posesión de un genoma duplicado.

DUPLICAR tr. y prnl. Hacer doble una cosa. ◊ tr. Multiplicar por dos una cantidad. ❑ DUPLICADO, DA; DUPLICATIVO, VA.

DUPLICIDAD f. Doblez. ◊ Calidad de dúplice.

DUPLICIDENTADO adj. *Zool.* Díc. de los mamíferos roedores caracterizados por un segundo par de incisivos en la mandíbula superior.

DUPLO, PLA adj. y m. Que contiene un número dos veces exactamente.

DUPONT de Nemours, Pierre Samuel (1739-1817) Político y economista fr. Consejero de Est. durante la restauración monárquica. Con Quesnay, autor de *La fisiocracia*.

DUQUE m. Título nobiliario inferior al de príncipe y superior al de marqués.
DUQUE, *Antonio José* (1871-1902) Ingeniero y arquitecto col. Autor del edificio Duque y del Banco de Colombia.
DUQUE DE CAXIAS C. del SE de Brasil, en el est. de Río de Janeiro; 575 600 hab. Ind. metalúrgica, refinería de petróleo.
DURADERO, RA adj. Que dura o puede durar mucho.
DURALUMINIO m. Aleación de aluminio y cobre con pequeñas cantidades de magnesio, manganeso y silicio, de gran dureza, ligereza y resistencia.
DURAMADRE o **DURAMÁTER** f. *Anat.* La más externa y gruesa de las tres meninges que envuelven el encéfalo y la médula espinal.
DURAMEN m. *Bot.* Parte más seca y compacta del tronco y ramas gruesas de un árbol.
DURÁN, *Carlos* (s. XIX) Político cost. Presid. de la rep. desde 1889 hasta 1890. ◊ *Fernando* (n. 1921) Escritor y político chil. Prales. obras: *De la propiedad de las obras literarias, Velamen.* ◊ *Miguel Custodio* (s. XVIII) Arquitecto mex. Autor de las iglesias de San Lázaro y San Juan, en Ciudad de México. ◊ *Roberto* (n. 1951) boxeador pan. campeón del mundo de los *ligeros* (1972), *welters* (1980) y *superwelters* (1983). ◊ **Ballén, *Sixto*** (n. 1921). Pol. conservador ecuat. Fundador del partido de Unidad Republicana, ocupó la presidencia de su país entre 1992 y 1996. ◊ **Bayona, *Luciano*** (n. 1904) Escritor bol. *Geografía en la sangre* (poesía); *Sequía, En las tierras de Enín* (novela). ◊ **Y Bas, *Manuel*** (1823-1907) Jurisconsulto y político esp., cat. *Escritos sociales, morales y económicos.* ◊ **Y Reynals, *Francisco*** (1899-1958) bacteriólogo esp., descubridor del factor de difusión de las bacterias.
DURAND, *Luis* (1895-1954) Novelista chil. Temática criolla. *Mercedes Urizar, Frontera.*
DURANDO m. Especie de paño que se usaba en Castilla en tiempo de Felipe II.
DURANGO Est. del N de México; 119 648 km², 1 448 661 hab. Cap., la c. hom. C. prales.: Gómez Palacio y Ciudad Lerdo. Terreno montañoso y elevado al S y O (Sierra Madre Occidental).

Sixto **Durán Ballén**

Panorámica de **Durham**

Los sectores N y NE son predominantemente llanos y desérticos, excepto en los valles fluviales. Ríos prales.: el Nazas (580 km) y el Aguanaval (500 km). El clima varía con la altitud. Maíz, fríjol, trigo, árboles frutales. Explotación forestal. Ganado bovino, caballar y ovino. Ind. cárnicas. Hierro, oro y plata. La población comprende unos 12 000 indios tepehuanes, asentados al NO. ◊ C. de México, cap. del est. hom.; 491 436 hab. Sit. a orillas del Tunal, en plena Sierra Madre, a unos 1 900 m de alt. Centro agrícola (cereales, algodón, caña de azúcar) y minero. Ganadería. Industrias. Universidad. Fundada en 1563.
DURANTE adj. Que dura. ◊ adv. tiempo. Se usa con significación semejante a la de mientras.
DURAO, *José de Santa Rita* (h. 1718-1784) Poeta bras. *Caramurú.*
DURAR intr. Continuar siendo. ◊ Subsistir. ❏ DURACIÓN; DURATIVO.
DURAS, *Marguerite* (1914-1996) Novelista fr., encuadrada en el «nouveau roman». *Los caballitos de Tarquinia, La siesta de Monsieur Andesmas, El amante.* Premio Goncourt 1984.
DURAZNENSE adj. y s. De Durazno.
DURAZNERO m. Variedad de melocotón.
DURAZNILLO m. Planta poligonácea, con hojas lanceoladas, flores en espigas y fruto lenticular. ◊ *Argent.* Planta solanácea usada como febrífuga.
DURAZNO m. Duraznero. ◊ Fruto de este árbol. ◊ *Argent.* y *Chile.* Nombre genérico del melocotonero, el pérsico y el durazno.
DURAZNO Dpto. del centro de Uruguay; 11 643 km², 58 859 hab. Delimitado por ríos, se le denomina la Mesopotamia ur. Terreno llano en general y accidentado en el centro. Ganado ovino y vacuno. Cap., Durazno; 33 576 hab. Centro comercial.
DURBAN C. y puerto de la República Sudafricana, en Natal; 843 400 hab. Centro turístico e industrial. Astilleros. Refinería de petróleo.
DURERO, *Alberto* (*Albrecht Dürer,* 1471-1528) Pintor y grabador al. Representa el Renacimiento en el N de Europa. Trabajó en Venecia, donde su pintura evolucionó hacia una mayor plasticidad. Pasó luego a los Países Bajos, donde, influenciado por la Reforma luterana, realizó gran número de retratos.

DUREZA f. Calidad de duro. ◊ Callosidad que se hace en algunas partes del cuerpo. ◊ *Miner.* Resistencia que oponen los minerales a ser rayados. ◊ **de oído.** Sordera leve. ◊ **de una radiación.** Penetración de una radiación electromagnética en un medio metálico en función de la longitud de onda de aquélla.
DURHAM C. de Gran Bretaña, cap. del condado hom.; 26 442 hab. Ind. siderúrgica.
DURILLO m. Arbusto de corteza pardusca, hojas coriáceas, flores blancas y drupas azucaradas. ◊ Cornejo, arbusto.

Autorretrato de Alberto **Durero** (Museo del Prado, Madrid)

DURINA f. Enfermedad contagiosa de las caballerías.
DURKHEIM, *Émile* (1858-1917) Sociólogo fr. Máximo exponente del positivismo y precursor del funcionalismo. *El suicidio, La división del trabajo social.*
DURMIENTE adj. y s. Que duerme. ◊ m. Madero sobre el cual se apoyan otros. ◊ *Amér.* Traviesa de la vía férrea.
DURO, RA adj. Díc. del cuerpo que se resiste a ser labrado, cortado, comprimido o desfigurado. ◊ Díc. del agua con un alto contenido de sales solubles de calcio, magnesio y otros metales pesados. ◊ fig. Fuerte, que resiste bien la

Düsseldorf. El palacio Berath

fatiga. ◊ fig. Áspero. ◊ fig. Ofensivo y malo de tolerar. ◊ fig. Violento. ◊ fig. Terco. ◊ fig. Tratándose del estilo, áspero, falto de armonía. ◊ *Méx.* Borracho. ◊ m. Moneda de plata antigua. ◊ Moneda que vale cinco pesetas. ◊ adv. modo. Con fuerza.

DURÓMETRO m. Instrumento para medir la dureza de un material.

DURRELL, *Lawrence* (1912-1990) Escritor brit. Ha cultivado la poesía *(País privado)* y el drama en verso *(Safo),* pero su obra maestra es la tetralogía *El cuarteto de Alejandría: Justina, Balthazar, Mountolive y Clea.*

DÜRRENMATT, *Friedrich* (1921-1990) Dramaturgo suizo; feroz crítico de la sociedad contemporánea. *Un ángel marcha a Babilonia, Meteoro, Los físicos, La promesa.*

DURRUTI, *Buenaventura* (1896-1936) Anarquista esp. Impulsor de la CNT y dirigente de la FAI.

DUSHANBE Cap. de la república de Tadjikistán; 595 000 hab. Centro industrial.

DÜSSELDORF C. y puerto de Alemania, cap. del est. de Renania Septentrional-Westfalia, a orillas del Rin; 565 900 hab. Principal centro del área industrial Rin-Ruhr. Centro ferroviario.

DUTILLEUX, *Henry* (n. 1916) Compositor fr. *El lobo, Sonetos de Jean Cassou.*

DUTRA, *Enrico Gaspar* (1885-1974) Militar y estadista bras. Sucedió en la presid. a Vargas (1936-1942).

DUUNVIR o **DUUNVIRO** m. Nombre de diferentes magistrados de la ant. Roma. ❏ DUUNVIRAL; DUUNVIRATO.

DUVALIER, *François* (1909-1971) Político haitiano, conocido como PAPA DOC. Elegido presid. de la rep. en 1957, en 1964 se proclamó presid. vitalicio. Desarrolló una política despótica. ◊ **Jean Claude** (n. 1951) Político haitiano, hijo de François D. Presid. vitalicio desde 1971. Derrocado en 1986 por una revuelta.

DUVE, *Christian René de* (n. 1917) Bioquímico belga, especializado en citología bioquímica. Premio Nobel de Medicina en 1974, junto a A. Claude y G.E. Palade.

Bob **Dylan**

DUX m. Príncipe o magistrado supremo en las rep. de Venecia y Génova.

DVD m. Abrev. de *Digital Video Disc.* Sistema multimedia de grabación de datos que permite grabar información de vídeo en un CD.

DVINA Occidental (ruso, *Zapadnaia Dviná;* letón, *Daugava;* al., *Düna*) Río del N de Europa, nace en Rusia y atraviesa Bielorrusia y Letonia; 1 020 km. Desemboca en el Báltico. ◊ **Septentrional** *(Siévernaia Dviná)* Río de Rusia; 1 300 km. Desemboca en el mar Blanco.

DVORAK, *Anton* (1841-1904) Compositor chec. Su obra contiene elementos de la cultura popular checa. Sinfonía del *Nuevo Mundo, Rusalka, Dimitri y Armida* (óperas).

Dy *Quím.* Símb. del disprosio.

DYK, *Víktor* (1877-1931) Escritor chec. *Sátiras y sarcasmos, Pasos leves y pesados.*

DYLAN, *Bob* Nombre artístico de *Robert Zimmerman* (n. 1941) Compositor y cantante norteam. de temas populares o de carácter inconformista y crítico.

Anton **Dvorak**

E

E f. Quinta letra del abecedario esp., y segunda de las vocales. ◊ conj. copulativa. Se usa en vez de la y, para evitar el hiato, antes de las palabras que empiezan por *i* o *hi*. Pero no reemplaza a la *y* en principio de interrogación o admiración, ni cuando la palabra siguiente empieza por *y* o por la sílaba *hie*. ◊ prep. inseparable que denota origen o procedencia, extensión o dilatación. ◊ En minúscula, número real, irracional y trascendente, cuyo valor aproximado es 2,718281 y que se toma como base de los logaritmos neperianos o naturales. ◊ *Quím*. Símb. del einstenio.

¡EA! interj. que se emplea para denotar alguna resolución de la voluntad, o para animar, estimular o excitar. Se usa también repetida.

EANES, *Antonio Ramalho* (n. 1935) Militar y político port. Presid. de la rep. (1976-1986).

EAST LONDON (*Oos Londen*) C. y puerto de la República Sudafricana; 118 300 hab. Centro agrícola e industrial.

EASTMAN, *George* (1854-1932) Industrial norteam., inventor de la película fotográfica de rollo (1889) y de la cámara instantánea.

EBANISTA m. El que tiene por oficio trabajar en ébano y otras maderas finas. ❏ EBANISTERÍA.

ÉBANO m. Árbol exótico de tronco grueso, madera maciza, negra por el centro y blanquecina hacia la corteza. ◊ Madera de este árbol.

EBERT, *Friedrich* (1871-1925) Político socialdemócrata al., presid. desde 1919 a 1925.

EBERTH, *Karl* (1835-1926) Bacteriólogo al., descubridor del bacilo del tifus.

EBONITA f. Caucho vulcanizado. Materia negra y dura de propiedades aislantes, obtenida por la adición, en caliente, de azufre al caucho.

EBRIEDAD f. Embriaguez. ❏ EBRIO, BRIA; EBRIOSO, SA.

EBRO o **EBRE** Río de España. Nace en la prov. de Santander y desemboca en el Mediterráneo, formando delta; 928 km. Se aprovecha para instalaciones hidroeléctricas y para regadío. ◊ **Batalla del E.** *Hist.* Acción bélica de la guerra civil esp. (julio-noviembre 1938). La victoria de las tropas franquistas supuso la caída de Cataluña.

EBULLICIÓN f. Vaporización de la masa de un líquido que se produce al igualarse su presión de vapor con la presión exterior que actúa sobre la superficie libre del líquido. ◊ **Punto de e.** Temperatura a la que hierve un líquido a la presión de 1 atmósfera. ❏ EBULLÓMETRO o EBULLOSCOPIO.

EBULLOSCOPIA f. Estudio de la elevación del punto de ebullición de un líquido cuando se disuelve en él alguna sustancia.

EBÚRNEO, A adj. De marfil, o parecido a él.

EÇA de Queirós, *José María* (1845-1900) Novelista port. adscrito al naturalismo. *Prosas bárbaras, El mandarín*.

ECATEPEC Mun. de México, en el est. de México; 216 400 hab. Centro industrial.

ECBATANA Ant. ciudad de Persia (hoy Hama-dan), cap. del imperio medo (s. VII a. C.). Imp. restos arqueológicos: ricos mausoleos y el León de piedra.

ECCEHOMO m. Imagen de Jesucristo, coronado de espinas. ◊ fig. Persona lacerada, rota, de lastimoso aspecto.

Estatuillas funerarias egipcias talladas en madera de **ébano**

ECHACUERVOS m. fam. Alcahuete, encubridor. ◊ fam. Hombre embustero y despreciable.

ECHANDI Jiménez, *Mario* (1915-1996) Político cost. Presid. de la rep. (1958-1962).

ECHANDÍA, *Darío* (1900-1981) Político col. Dirigente del Partido Liberal. Presid. de la Rep. (1943-1944).

ECHÁNOVE Trujillo, *Carlos Alberto* (1907-1976) Escritor y sociólogo mex. *Yucatán, Diccionario de sociología*.

ECHAR tr. Hacer que una cosa vaya a parar a alguna parte, dándole impulso. ◊ Despedir de sí una cosa. ◊ Hacer que una cosa caiga en sitio determinado. ◊ Hacer salir a uno de algún lugar; apartarle con violencia, por desprecio, castigo, etc. ◊ Deponer a uno de su empleo o dignidad, impidiéndole el ejercicio de ella. ◊ tr. e intr. Brotar y arrojar las plantas sus raíces, hojas, flores y frutos. ◊ tr. Salir una cosa. ◊ Juntar los animales machos con las hembras para la reproducción. ◊ Poner, aplicar. ◊ Tratándose de llaves, cerrojos, pestillos, etc., darles el movimiento necesario para cerrar. ◊ Imponer o cargar. ◊ Atribuir una acción a cierto fin. ◊ Inclinar, reclinar o recostar. ◊ Remitir una cosa a la suerte. ◊ Dar, repartir. ◊ Suponer o conjeturar el precio, distancia, edad, etc., que nos son desconocidos. ◊ Tratándose de comedias u otros espectáculos, representar o ejecutar. ◊ Pronunciar, proferir, decir. ◊ Junto con la prep. *por* y algunos nombres que significan carrera o profesión, seguirla. ◊ Junto con la misma prep., ir por una u otra parte. ◊ prnl. Arrojarse, tirarse. ◊ Arrojarse o precipitarse hacia una persona o cosa. ◊ Tenderse a lo largo del cuerpo en un lecho o en otra parte. ◊ Tenderse uno vestido por un rato más o menos largo. ◊ Ponerse las aves sobre los huevos. ◊ Tratándose del viento, calmarse, sosegarse. ◊ Dedicarse, aplicarse uno a una cosa. ❏ ECHADERO; ECHADURA; ECHAMIENTO.

ECHARPE m. Chal, mantón.

ECHAVE Ibía, *Baltasar de* (1580-1660) Miembro de una familia de pintores mex. Realizó obras religiosas. *San Mateo*. ◊ **Orio,** *Baltasar de* (1548-1620). Influido por el manierismo florentino, destaca en su obra el retablo de Xochimilco. ◊ **Rioja,** *Baltasar de* (1632-1682) Nieto del anterior, de inspiración barroca. *Adoración de los reyes*.

ECOLOGÍA

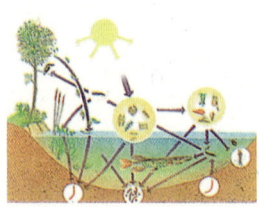

Un estanque es un ejemplo ideal de ecosistema. Sus elementos característicos, situados en un espacio delimitado, son el Sol, la masa de agua y los distintos grupos de seres vivos animales y vegetales presentes, desde las bacterias hasta los peces

La perca es una especie muy común en el tipo de ecosistema detallado en el esquema superior

A nivel del suelo pueden encontrarse hormigas, escarabajos y diversos insectos depredadores, y en la superficie viven microorganismos y gusanos que degradan toda la materia orgánica

ECHEGARAY, José (1832-1916) Ingeniero, político y dramaturgo esp. Premio Nobel de Literatura (1904).
ECHENIQUE, José Rufino (1808-1887) Militar y político per. En 1851 resultó elegido presid.; fue derribado por un movimiento insurreccional (1854-1855).
ECHEVERRI, Camilo Antonio (1828-1887) Político y escritor col. *El perdón, Autobiografía moral.*
ECHEVERRÍA, Alfonso (n. 1922) Escritor chil. *Nausicas.* ◊ *Aquileo* (1866-1909) Poeta cost. *Romances, Concherías, Crónicas y cuentos míos.* ◊ *Esteban* (1805-1851) Escritor y pensador arg. *Rimas, El matadero.* ◊ *José Antonio* (1815-1885) Escritor ven. Vivió en Cuba gran parte de su vida. *Antonelli, Oda.* ◊ *Luis* (n. 1922) Político mex. Presid. de la rep. (1970-1976).
ECHONA f. *Argent.* y *Chile.* Hoz para segar.
ECKERMANN, Johann Peter (1791-1854) Escritor y poeta al., amigo íntimo y protegido de Goethe. *Conversaciones con Goethe.*
ECKHART, MEISTER *Johann* (1260-1327) Místico y teólogo al. Uno de los forjadores del idioma al. como lenguaje filosófico y teológico. Recoge las síntesis doctrinales de Tomás de Aquino y de Alberto Magno, así como la tradición neoplatónica y dionisíaca.
ECLAMPSIA f. *Pat.* Estado de crisis convulsivas, seguidas de coma, que se presenta en los últimos meses del embarazo o en el parto.
ECLECTICISMO m. *Fil.* Escuela filosófica que procura conciliar las doctrinas que parecen mejores, o más verosímiles, de diversos sistemas. ◊ fig. Modo de juzgar u obrar que adopta un temperamento intermedio, en vez de seguir soluciones extremas o bien definidas. ❏ ECLÉCTICO, CA.
ECLESIASTÉS, Libro del (heb., *Qohélet*, «miembro de la asamblea») Escrito del A. T., uno de los más discutidos de la Biblia.
ECLESIÁSTICO, CA adj. Relativo a la Iglesia. ◊ m. Clérigo, sacerdote.
ECLESIÁSTICO, Libro del Escrito del A. T. Lo compuso en hebreo Yeshúa ben Elazar ben Sirá entre los ss. III y II a. C.
ECLÍMETRO m. *Top.* Instrumento con que se mide la inclinación de las pendientes.
ECLIPSAR tr. *Astr.* Causar un astro el eclipse de otro. ◊ tr. y prnl. fig. Oscurecer, deslucir. ◊ prnl. *Astr.* Ocurrir el eclipse de un astro. ◊ fig. Evadirse, desaparecer una persona o cosa.
ECLIPSE m. *Astr.* Ocultación transitoria y total, parcial o anular de un astro, o pérdida de su luz prestada, por interposición de otro cuerpo celeste. ◊ fig. Ausencia, evasión, desaparición transitoria de una persona o cosa. ◊ **lunar.** *Astr.* El que ocurre por interposición de la Tierra entre la Luna y el Sol. ◊ **solar.** *Astr.* El que ocurre por interposición de la Luna entre el Sol y la Tierra.
ECLÍPTICA f. *Astr.* Círculo máx. que resulta de la intersección del plano de la órbita aparente del Sol.
ECLISA f. Plancha metálica que une dos rieles seguidos de una vía férrea.
ECLOSIÓN f. Brote, nacimiento, aparición.
ECO m. Percepción repetida de un sonido debida a su reflexión en superfi-

cies separadas del foco emisor. ◊ *Electr.* Señal captada por el radar tras la reflexión en el blanco. ◊ Sonido que se percibe débil y confusamente. ◊ Composición poética en que se repite dentro o fuera del verso parte de un vocablo, o un vocablo entero. ◊ Repetición de las últimas sílabas o palabras que se cantan a media voz por distinto coro de músicos. ◊ fig. El que, o lo que, imita o repite servilmente aquello que otro dice o que se dice en otra parte. ◊ **múltiple.** El que se repite varias veces, reflejado recíproca y alternativamente por dos cuerpos.
ECO Ninfa, hija del aire y de Gea, que se enamoró de Narciso. Languideció de pena amorosa y de ella sólo quedó la voz o eco.
ECO, Umberto (n. 1932) Semiótico y escritor it. *El problema estético en santo Tomás, La estructura ausente, El nombre de la rosa* (novela).
ECOENCEFALOGRAFÍA f. Método de exploración cerebral que utiliza el registro de ondas sonoras de alta frecuencia (ultrasonidos), las cuales se hacen pasar a través del encéfalo.
ECOGRAFÍA f. *Med.* Técnica de exploración corporal mediante ultrasonidos que, reflejados en los órganos, se visualizan en un monitor.
ECOLOGÍA f. *Biol.* Ciencia que estudia las relaciones entre los seres vivos y el medio en que viven. Depende de la física y de la química para el estudio de los ambientes, de la biología para el de los seres vivos y de las matemáticas para el tratamiento de las relaciones comunes. ❏ ECOLÓGICO, CA; ECÓLOGO, GA; ECOLOGISMO.
ECONOMATO m. Cargo de ecónomo. ◊ Almacén de mercancías creado por un establecimiento privado para que su personal pueda comprar en él en condiciones ventajosas.
ECONOMETRÍA f. Rama auxiliar de la ciencia económica que, mediante el empleo de métodos matemáticos, estudia las relaciones que aparecen en los fenómenos económicos.
ECONOMÍA f. Administración ordenada y prudente de los bienes. ◊ Actividades de una colectividad humana en lo que concierne a la producción y consumo. ◊ Estructura o régimen de una organización o institución. ◊ Escasez o miseria. ◊ Ahorro y buena distribución del trabajo, tiempo, dinero, etc. ◊ pl. Ahorros. ◊ Reducción de gastos en un presupuesto. ◊ **dirigida.** La intervenida por el estado. ◊ **libre o de mercado.** Aquella basada en la libre empresa, la propiedad privada de los medios de producción y el libre juego de la oferta y la demanda. ◊ **mixta.** Aquella con medios de producción privados y públicos. ◊ **política.** Ciencia que trata de la producción y distribución de la riqueza. ◊ **sumergida.** Actividad económica desarrollada al margen de las normas legales. ◊ **Economías de escala.** Ganancias obtenidas al aumentar la producción de una empresa. ❏ ECONÓMICO, CA; ECONOMISTA. ☐ *Econ.* Actualmente se define como la ciencia que estudia e indica los medios que una colectividad ha de emplear para aumentar su propia riqueza, analizando las leyes que regulan el empleo de los medios y la aplicación de los fi-

nes: qué y cuánto hay que producir, dados unos recursos; cómo debe producirse; cómo han de distribuirse los productos entre los individuos de la colectividad. En relación con estos problemas surgen los grandes sectores de la e.: la producción, la distribución, el intercambio y el consumo, más, actualmente, el desarrollo en sí.

ECONOMISMO o **ECONOMICISMO** m. Interpretación mecanicista de los hechos, opuesta al materialismo histórico.

ECONOMIZAR tr. Ahorrar, guardar para más adelante. ◊ fig. Evitar o excusar un trabajo, riesgo, etc. ❏ ECONOMIZADOR, RA.

ECÓNOMO adj. y m. Díc. del cura que hace las veces del párroco. ◊ m. El que está encargado de la administración y el gasto de una casa.

ECOSISTEMA m. *Biol.* Conjunto de seres vivos y sustancias inertes que actúan recíprocamente intercambiando materiales. Funciona como un sistema cerrado por lo que respecta a la materia y como un sistema abierto para la energía que procede del Sol. En un e. se distinguen elementos bióticos productores (vegetales y bacterias quimicosintéticas), bióticos consumidores (herbívoros y carnívoros) y factores abióticos (agua, oxígeno, sustancias orgánicas, etc.).

ECOTIPO m. *Biol.* Cada una de las razas o variedades de una especie que difiere en sus condiciones de vida o ambientales.

ECTASIA f. *Pat.* Estado de dilatación de un órgano hueco.

ÉCTASIS f. Licencia poética que consiste en alargar la sílaba breve para la cabal medida del verso.

ECTODERMO m. *Anat.* Hoja embrionaria más externa, que da origen al sistema nervioso.

ECTOPARÁSITO adj. y m. Díc. de los parásitos que viven en el exterior del huésped.

ECTOPIA f. *Anat.* Situación anómala de un órgano, y en particular de las vísceras.

ECTOPLASMA m. *Biol.* Parte del citoplasma más próxima a la membrana.

ECTROPIÓN m. *Pat.* Inversión permanente y anormal del párpado hacia fuera.

ECUACIÓN f. *Mat.* Igualdad en la que intervienen una o más incógnitas (términos no determinados).
❏ *Mat.* Cada determinación de las incógnitas es una solución de la e. Varias e. de un mismo tipo forman un sistema de e. Según la naturaleza de los términos pueden ser: *e . algebraicas,* cuando toman la forma $P(X_1, ..., X_n)=O$; *e. diferenciales,* en las que aparecen algunas de las derivadas de las funciones incógnita; *e. integrales,* cuando alguna de las funciones incógnita aparece bajo el signo integral; *e. vectoriales,* que habitualmente se reducen a e. numéricas que tiene como incógnitas las componentes de los vectores incógnita de las e. iniciales.

ECUADOR m. *Astr.* Nombre que se da a determinados círculos imaginarios. ◊ **celeste.** El correspondiente a la proyección del e. terrestre sobre la bóveda celeste. ◊ **magnético.** Lugar geométrico de los puntos cuya inclinación magnética es nula. ◊ **terrestre.** Círculo imaginario que pasa por el centro de la Tierra y es perpendicular a la línea de los polos.

ECUADOR *(República del Ecuador)* Estado sit. en el NO de Amér. Merid; república. A su terr. se añaden el arch. de Galápagos o Colón y varias islas dispersas en el océano Pacífico.
❏ *Geog. fís.* Se distinguen en la parte continental del país tres regiones: la Costa, una llanura interrumpida por suaves relieves; la zona interandina o Sierra formada por las cordilleras Occidental (alt. máx.: Chimborazo, 6 310 m) y Oriental (alt. máx.: Cotopaxi, 5 790 m); y la zona oriental o amazónica. En el país existen dos sistemas fluviales cuyos ríos prales. son: Esmeraldas, Guayas (sistema hidrográfico del Pacífico) y, Napo, Paute, Curaray, Pastaza y Zamora (cuenca del Amazonas). En E. se distinguen una estación húmeda (invierno) y otra seca (verano), pero presenta una gran diversidad de zonas climáticas, según la alt., la latitud y la influencia de las corrientes del Niño y Humboldt.
❏ *Geog. econ.* La agricultura ocupa el 80 % de la superficie cultivable y absorbe un tercio de la pob. activa. Los prales. productos de la Costa son: banano, cacao y café; de la Sierra: cereales, leguminosas y tubérculos. La ganadería ha crecido notablemente. Destacan la pesca de atún y el cultivo de camarón. Los recursos minerales más imp. son: petróleo, oro, plata, azufre, sal, hierro. Ind. prales.: alimentaria, textil, química, del cemento y maderera.

Mapa de situación y bandera
de **Ecuador**

❏ *Geog. humana.* El grupo blanco-mestizo abarca el 75 % de la población ecuatoriana. Las nacionalidades indígenas constituyen un 20 % y los grupos afroamericanos representan un 5 %. Lenguas: castellano (of.), quichua, shuar y otras lenguas aborígenes. *Rel.:* catolicismo (90 %), y minorías protestantes y animistas. U. M.: dólar de EE UU. Rep. unitaria. Cap., Quito. C. prales.: Guayaquil, Cuenca, Portoviejo. Ecuador se divide en 21 provincias.

ECUADOR	
Superficie	272 044 km^2
Población	9 648 000 hab. (36 hab./km^2)
Recursos económicos	
Arroz	867 000 t
Banano	2 576 000 t
Café	110 000 t
Caña de azúcar	2 914 000 t
Maíz duro	385 000 t
Papa	362 000 t
Ganadería y derivados	
Bovino	3 997 cabezas
Ovino y caprino	1 500 cabezas
Porcino	1 992 cabezas
Principales productos de exportación (millones de dólares)	
Banano	468
Camarón	340
Cacao	136
Café	93
Petróleo	1 471
Indicadores sociológicos	
PIB total	219 335 millones
PIB por hab.	18 749 millones
Esperanza de vida	67 años
Alfabetismo	89,8 %

❏ *Hist.* Los más antiguos vestigios del hombre en el actual E. datan de 10 000 años a. C. Su etapa agro-alfarera se ubica en Valdivia, h. 3 400 a. C. Post. se desarrolló la organización de curacazgos (caras, quitos, puruhaes, cañaris), con la que terminó de estructurarse el «reino de Quito». Los incas anexionaron Quito en 1478. Sebastián de Benalcázar conquistó el reino de Quito, defendido por Rumiñahui. La independencia del poder español se consiguió en 1822, tras la batalla de Pichincha. E. se constituyó en rep. después de separarse de la gran Colombia en 1830. Juan José Flores asumió la primera magistratura. Le sucedieron conservadores y liberales hasta 1859, año en que Gabriel García Moreno inició su gestión clerical y antiliberal, que duró hasta 1875. En 1895 se inició la Rev. Liberal liderada por Eloy Alfaro, asesinado en 1912, tras lo cual se instauró un periodo de dominación oligárquica-bancaria que concluyó en 1925, con la Rev. Juliana. El *crack* de 1929 agravó la crisis económica y acentuó la tendencia al caudillismo. José María Velasco Ibarra asumió el poder en 1934-1935 y 1944-1947. En los años siguientes se revitalizó la balanza comercial y se vivió un periodo de estabilidad. En 1960 volvió al poder Velasco Ibarra. Fue sustituido por Carlos Julio Arosemena (1961-1963), depuesto a su vez por los militares. Tras varios gobiernos civiles, tuvo lugar un nuevo golpe militar en 1972. En 1979 accedió a la presidencia del país Jaime Roldós. Las elecciones de 1984 dieron el poder al conservador León Febres Cordero. En agosto de 1988 asumió la presidencia el socialdemócrata Rodrigo Borja, de Izquierda Democrática, y en 1992 el conservador Sixto Durán, de Unidad Republicana. En 1996 Abdalá Bucaram fue elegido presid., pero en 1997 fue cesado por el Congreso, que nombró presid. interino a Fabián Alarcón, quien ocupó la presid. hasta agosto de 1998, siendo sustituido por Jamil Mahuad Witt, de Democracia Popular, que venció en las elec-

Alfredo Palacio,
presidente de **Ecuador**

ciones del mismo año. Bajo su gobierno se firmó el Acta Presidencial de Brasilia (26 octubre 1998) que puso fin al conflicto fronterizo con Perú. Sin embargo, la crisis económica y social forzó su sustitución en enero de 2000, asumiendo la presid. Gustavo Noboa. En 2003 le sucedió Lucio Gutiérrez, vencedor en las elecciones presidenciales de 2002. Gutiérrez se vio obligado a renunciar en abril de 2005 debido a la presión popular, y en su lugar el Congreso nombró al vicepresidente Alfredo Palacio.

□ *Lit.* Período colonial: Pedro V. Maldonado, Juan de Velasco y Eugenio Espejo. Luego brilla el neoclásico José Joaquín Olmedo. El romanticismo influyó en Juan León Mera y en el ensayista Juan Montalvo. Modernistas fueron Medardo Angel Silva, Ernesto Noboa y Caamaño, Arturo Borja y Humberto Fierro; naturalista Luis A. Martínez y costumbrista José Antonio Campos. Vanguardismo: Pablo Palacio, Alfredo Gangotena, Jorge Carrera Andrade y Gonzalo Escudero. Realismo social: Grupo de Guayaquil (José de la Cuadra, Alfredo Pareja, Demetrio Aguilera, Joaquín Gallegos y Enrique Gil) e indigenismo (Jorge Icaza). A éstos se agregan Adalberto Ortiz, Angel F. Rojas y Pedro J. Vera. Ensayo: Benjamín Carrión. Hoy en día destacan, entre otros escritores, Abdón Ubidia, Iván Egüez, Jorge Dávila Vásquez, Javier Vásconez, Raúl Pérez Torres, etc. □ *Arte.* Existen imp. restos de monumentos incas en la región Azuay-Cañar. Las obras más destacadas de la época colonial son el templo de San Francisco, el de la Compañía de Jesús y la catedral, y entre sus artistas más representativos cabe mencionar a Diego de Robles, Fray Pedro de Bedón, Miguel de Santiago, Bernardo Legarda. En el s. XIX sobresalieron Antonio Salas, Rafael Troya y Joaquín Pinto. En el s. XX descuellan Camilo Egas, Eduardo Kingman, Osvaldo Guayasamín, Galo Galecio, Enrique Tabara, Gonzalo Endara.
ECUANIMIDAD f. Igualdad y constancia de ánimo. ◊ Imparcialidad. □ ECUÁNIME.
ECUATORIAL adj. Relativo al ecuador. ◊ *Astr.* Díc. del instrumento óptico o radioelectrónico con su eje vertical paralelo al de la Tierra y que gira alrededor de un eje perpendicular al anterior.
ECUATORIANISMO m. Vocablo o giro propio y privativo del lenguaje de los ecuat.

ECUATORIANO, NA adj. y s. De Ecuador.
ECUESTRE adj. Relativo al caballero, o a la orden y ejercicio de la caballería. ◊ Relativo al caballo. ◊ *Arte.* Que representa un personaje a caballo.
ECUMÉNICO, CA adj. Universal, que se extiende a todo el mundo. ◊ Díc. de los concilios generales a los que se convocan todos los obispos del mundo. □ ECUMENICIDAD.
ECUMENISMO m. *Rel.* Movimiento tendente a unificar a todos los cristianos con el objetivo de restaurar la Iglesia universal.
ECZEMA o **ECCEMA** m. *Pat.* Afección cutánea inflamatoria con aparición de vesículas, infiltración, exudación de un líquido seroso y desarrollo de costras. □ ECZEMATIZACIÓN; ECZEMATOSO, SA.
EDAD f. Tiempo que una persona ha vivido, a contar desde que nació. ◊ Duración de las cosas materiales, a contar desde que empezaron a existir. ◊ Cada uno de los periodos en que se considera dividida la vida humana. ◊ *Hist.* Gran periodo de tiempo en que, desde distintos puntos de vista, se considera dividida la historia. ◊ Espacio de años que han corrido de tanto a tanto tiempo. ◊ Edad madura. ◊ **adulta.** Aquella en que el organismo humano alcanza su completo desarrollo. ◊ **avanzada.** Ancianidad. ◊ **del pavo.** Adolescencia. ◊ **de oro.** Tiempo en que las letras, las artes, la política, han tenido mayor incremento y esplendor en un pueblo. ◊ **madura.** La anterior a la ancianidad. ◊ **mental.** Grado de inteligencia. Se determina por medio de tests especiales. ◊ **Mayor de e.** loc. adj. Díc. de la persona que ha llegado a la mayor e. legal. ◊ **Menor de e.** loc. adj. Díc. de la persona que todavía se halla en la menor edad. □ *Hist.* **E. Ant.** (4000 a. C.-476 d. C.). Primera e. de la historia. Abarca desde el descubrimiento de la escritura hasta la invasión de los bárbaros y la caída del imperio rom. ◊ **E. Cont.** Actual e. de la historia, que parte de la Rev. fr. ◊ **E. del Bronce.** Periodo que empieza a finales del neolítico. Se caracteriza por el descubrimiento y uso del bronce para la fabricación de útiles. ◊ **E. del Cobre.** Periodo inicial de la E. de los Metales, antes de que se tratase del cobre con estaño o arsénico para forjar útiles de bronce. ◊ **E. del Hierro.** Periodo (1200-50 a. C.) en que el hierro sustituyó al bronce en la fabricación de objetos. ◊ **E. de los Metales.** Nombre que se da al periodo prehistórico que siguió al neolítico; abarcá la E. del Bronce y la E. del Hierro. ◊ **E. de Piedra.** Paleolítico. ◊ **E. Med.** (476-1453). E. de la historia, que abarca desde la caída de Roma hasta la toma de Constantinopla por los turcos y el fin del imperio bizantino. ◊ **E. Mod.** (1453-1789). Tercera e. de la historia, que comienza con el Renacimiento, comprende la era de los descubrimientos geográficos y la Reforma, y termina con la Rev. fr.
EDAFOGÉNESIS f. *Geol.* Proceso de formación y evolución de los suelos.
EDAFOLOGÍA f. *Geol.* Ciencia que estudia la capa de la corteza terrestre que sirve de soporte a la vegetación. □ EDÁFICO, CA; EDAFÓLOGO, GA.
EDDINGTON, Arthur Stanley (1882-1944) Astrónomo y físico brit. Desarrolló métodos para la determinación de

la masa, la temperatura y la constitución interna de las estrellas.
EDDY, Mary Baker (1821-1910) Reformadora estadoun., fundadora de la *Ciencia cristiana* (*Christian Science*).
EDECÁN m. *Mil.* Ayudante de campo. ◊ fig. y fam. Auxiliar, acompañante, correveidile.
EDELWEISS f. Planta herbácea de inflorescencia lanosa, con hojuelas dispuestas en estrella, característica de las altas montañas de Europa y Asia.
EDEMA m. *Med.* Tumefacción de la piel, ocasionada por la serosidad infiltrada en el tejido celular. □ EDEMATOSO, SA.
EDÉN m. Paraíso terrestre. ◊ fig. Lugar muy ameno y delicioso. □ EDÉNICO, CA.
EDÉN, SIR Anthony (1897-1977) Político conservador brit. Sucedió a Churchill en el cargo de primer ministro (1955-1957).
EDESA Ant. ciudad de Mesopotamia, centro de la civilización siriaca de los ss. II al X. Es la actual Urfa.
EDICIÓN f. Impresión o estampación de una obra o escrito para su publicación. ◊ Conjunto de ejemplares de una obra impresos de una sola vez sobre el mismo molde. ◊ Texto de una obra preparado con criterios filológicos. ◊ **crítica.** La establecida a base de diversas fuentes (manuscritas o impresas) y que consigna las variantes existentes entre ellas. ◊ **príncipe.** La primera, cuando se han hecho varias de una misma obra.
EDICTO m. Mandato, ordenanza, decreto.
EDÍCULO m. Edificio pequeño. ◊ Templete que sirve de tabernáculo, relicario, etc.
EDIFICAR tr. Fabricar, hacer un edificio o mandarlo construir. ◊ fig. Incitar a la virtud con el ejemplo. □ EDIFICACIÓN; EDIFICADOR, RA; EDIFICANTE; EDIFICATIVO, VA; EDIFICATORIO, RIA.
EDIFICIO m. Construcción generalmente grande para vivienda u otros usos.
EDIL m. Magistrado rom. a cuyo cargo estaban las obras públicas. ◊ Concejal, miembro de un ayuntamiento. □ EDILICIO, CIA; EDILIDAD.
EDIMBURGO (ing., *Edinburgh*; gaélico, *Dunedin*) C. de Gran Bretaña, cap. de Escocia; 420 200 hab. Centro administrativo, cultural e industrial.
EDIPO Hijo legendario de Layo y Yocasta, reyes de Tebas. Tal como se le anunció, mató a su padre y casó con su madre.
EDISON, Thomas Alva (1847-1931) Físico norteam. Inventó el fonógrafo (1877), el mimeógrafo, la lámpara eléctrica incandescente y el cinetoscopio (1894); construyó la primera central eléctrica. ◊ **Efecto E.** Emisión de electrones por los metales incandescentes.
EDITAR tr. Publicar por medio de la imprenta, o por cualquier medio de reproducción gráfica, una obra, periódico, folleto, mapa, etc. □ EDITOR, RA.
EDITORIAL adj. Relativo a editores o ediciones. ◊ m. Artículo de fondo no firmado. ◊ f. Empresa editora. □ EDITORIALISTA.
EDMONTON C. de Canadá, cap. de la prov. de Alberta; 574 000 hab. (840 000 hab. la agl. urb.). Centro industrial.
EDOMETRÍA f. Técnica dedicada al estudio del asentamiento del terreno por efecto de los cimientos de una estructura.

EDRAR tr. *Agr*. Binar, dar la segunda reja a las tierras de labor o hacer la segunda caya en las viñas.

EDREDÓN m. Plumón muy fino que producen ciertas aves. ◊ Almohadón que se emplea como cobertor.

EDUARDO I (1239-1307) Rey de Inglaterra [1272-1307]. Conquistó Gales y Escocia y restableció la autoridad real. ◊ **II** (1248-1327) Rey de Inglaterra [1307-1327]. La rivalidad e insurrección de la nobleza permitieron la independencia galesa y provocaron su abdicación. ◊ **III** (1312-1377) Rey de Inglaterra [1327-1377]. Inició la guerra de los Cien Años. ◊ **IV** (1442-1483) Rey de Inglaterra [1461-1483]. Dirigió el partido de la «Rosa Blanca» contra los partidarios de la casa de Lancaster, a los que derrotó. Puso fin a las guerras con Francia. ◊ **VII** (1841-1910) Rey de Gran Bretaña e Irlanda [1901-1910], hijo de la reina Victoria. Artífice de la «Entente Cordiale» (1904) con Francia. ◊ **VIII** (1894-1972) Rey de Gran Bretaña [1936]. Abdicó el mismo año de su coronación, tomando el nombre de duque de Windsor. ◊ **I** (1391-1438) Rey de Portugal [1433-1438]. Intervino en la toma de Ceuta. Notable legislador y literato. ◊ **el Príncipe Negro** (1330-1376) Hijo de Eduardo III. Fue administrador de Aquitania y participó en las batallas de Poitiers y Nájera.

EDUCACIÓN f. Cortesía, urbanidad. ◊ Proceso por el cual una persona desarrolla sus capacidades, para enfrentarse positivamente a un medio social determinado e integrarse a él. ◊ **física**. Gimnasia. ❏ EDUCACIONAL.

EDUCAR tr. Dirigir, enseñar, encaminar. ◊ Desarrollar las facultades intelectuales y morales del niño. ◊ Desarrollar las facultades físicas. ◊ Perfeccionar los sentidos. ◊ Enseñar urbanidad y cortesía. ❏ EDUCABLE; EDUCADO, DA; EDUCADOR, RA; EDUCANDO; EDUCATIVO, VA.

EDUCIR tr. Sacar consecuencias a partir de algo, deducir. ❏ EDUCCIÓN.

EDULCORAR tr. *Farm*. Endulzar. ❏ EDULCORACIÓN; EDULCORANTE.

EDUO, A adj. y s. Díc. de individuos de un ant. pueblo de la Galia. Fueron sometidos por los romanos.

EDWARDS, Alberto (1873-1932) Historiador, escritor y político chil. *La fronda aristocrática en Chile*. ◊ **Jorge** (n. 1931) Escritor y diplomático chil. *Persona non grata, Los convidados de piedra*. Premio Cervantes en 1999. ◊ **Bello, Joaquín** (1886-1968) Escritor chil. *El roto, Criollos en París*.

EDZNÁ Antigua c. maya, en Yucatán (México). En ella se hallan el templo llamado «pirámide de los cinco pisos» y el juego de pelota.

EFE f. Nombre de la letra *f*.

EFE Agencia informativa esp. Distribuye información internacional, nacional, deportiva y gráfica a sus abonados.

EFEBO m. Mancebo, adolescente.

EFECTISMO m. Afán de producir, ante todo, gran efecto en el público. ❏ EFECTISTA.

EFECTIVO, VA adj. Real y verdadero, en oposición a lo quimérico, dudoso o nominal. ◊ Díc. del empleo o cargo de planta, en contraposición al interino, supernumerario o al honorífico. ◊ m. Dinero contante o dinero efectivo. ◊ m. pl. *Mil*. Número de hombres que componen una unidad táctica. ❏ EFECTIVIDAD.

Castillo de Holyroodhouse, en **Edimburgo**

EFECTO m. Resultado de la acción de una causa. ◊ En ciencias experimentales, fenómeno en el curso del cual se produce una transformación energética o, en general, una modificación de las propiedades de un sistema, ligada siempre a una causa. ◊ Impresión hecha en el ánimo. ◊ Fin para que se hace una cosa. ◊ Nombre genérico de los diversos títulos a la orden en los cuales consta la obligación de pagar en una fecha determinada una cantidad de dinero. ◊ Movimiento giratorio que se da a una bola, pelota, etc., al impulsarla, y que la hace desviarse de su trayectoria normal. ◊ pl. Bienes, muebles, enseres. ◊ **Efectos especiales**. Artificios a que se recurre en el rodaje de las películas para dar apariencia de realidad a ciertas escenas. ◊ **Efectos públicos**. Documentos de crédito emitidos por una corporación pública. ◊ **Con**, o **en e.** m. adv. Efectivamente, en realidad, de verdad. ◊ En conclusión, así que.

EFECTUAR tr. Ejecutar una cosa. ◊ prnl. Cumplirse, hacerse efectiva una cosa.

EFÉLIDE f. Peca producida por el sol y el aire.

EFEMÉRIDES f. pl. Libro o comentario en que se refieren los hechos de cada día. ◊ Sucesos notables ocurridos en diferentes épocas, pero un número exacto de años antes de un día determinado.

EFÉMERO m. Lirio hediondo.

EFENDI m. Título honorífico turco.

EFERENTE adj. Que conduce fuera de. ◊ Díc. de los órganos, vasos sanguíneos o nervios que conducen líquidos o corrientes nerviosas desde el centro del cuerpo a su periferia.

EFERVESCENCIA f. Aparición tumultuosa de burbujas en un líquido por el brusco desprendimiento del gas disuelto en él o formado por una reacción química. ◊ fig. Agitación, acaloramiento de los ánimos. ❏ EFERVESCENTE.

ÉFESO C. sit. en el O de Asia Menor. Centro financiero. Contaba con un templo consagrado a Artemisa que era una de las siete maravillas del mundo. ◊ **Concilio de É.** (431-433) Convocado por Teodosio II, condenó el nestorianismo. ❏ EFESINO, NA o EFESIO, SIA.

EFICACIA f. Virtud, actividad y poder para obrar. ❏ EFICAZ.

EFICIENCIA f. Virtud y facultad para lograr un efecto determinado. ❏ EFICIENTE.

EFIGIE f. Imagen, representación de una persona real y verdadera. ◊ fig. Personificación, representación viva de cosa ideal. ❏ EFIGIAR.

EFÍMERO, RA adj. Que tiene la duración de un solo día. ◊ Pasajero, de corta duración.

EFLORESCENCIA f. *Med*. Erupción en la piel. ◊ *Quím*. Conversión espontánea en polvo de diversas sales al perder el agua de cristalización. ❏ EFLORECERSE; EFLORESCENTE.

EFLUVIO m. Emanación que se exhala del cuerpo de los animales. ◊ Emanación, irradiación.

ÉFORO m. Cada uno de los cinco magistrados que elegía el pueblo todos los años en Esparta.

EFRAÍM Segundo hijo del patriarca José. Su tribu, situada en la región central de Palestina, gozó de enorme importancia en la historia del pueblo hebreo.

EFRÉN (h. 306-373) Santo. Escritor y místico cristiano. Doctor de la Iglesia.

EFTA Siglas de la Asociación Europea de Libre Comercio.

EFUGIO m. Recurso para sortear una dificultad.

EFUSIÓN f. Derramamiento de un líquido. ◊ fig. Expansión e intensidad en los efectos generosos o alegres del ánimo. ◊ Salida de gases a través de aberturas pequeñas. ❏ EFUSIVIDAD; EFUSIVO, VA.

EGAS Familia de escultores y arquitectos flam. que trabajaron en España entre los ss. XIV y XV. Destacaron **Hanequín, Enrique**, representante del estilo isabelino, y **Egas Cueman**.

EGAS, Camilo (1897-1962) Pintor, escultor y aguafuertista ecuat. Autor de notables frescos.

El **efebo** de Maratón

EGBERTO *el Grande* (755-839) Rey de Wessex [802-839]. Primer rey anglosajón; logró dominar los reinos de East-Anglia, Mercia y Northumbria.

EGEO *(Egueon)* Mar sit. entre Grecia, Creta y la costa O de Asia Menor. En él se hallan los arch. de las Cícladas y las Espóradas.

EGEO, A adj. Relativo al mar Egeo o a los pueblos que dan a este mar.

EGEO Rey mítico de Atenas, padre de Teseo. Creyendo que el Minotauro había matado a su hijo, se arrojó al mar, que tomó su nombre.

ÉGIDA o **EGIDA** f. Piel de la cabra Amaltea, adornada de la cabeza de Medusa, que es atributo con que se representa a Júpiter y a Minerva. ◊ P. ext., escudo, arma defensiva. ◊ fig. Protección, defensa.

EGINA Isla de Grecia, en el mar Egeo, en el golfo hom.; 85 km², 9 500 hab. Cap., Egina; 6 200 hab.

EGIPCIACO, CA adj. y s. Egipcio, a. ◊ *Med.* Díc. del ungüento compuesto de miel, cardenillo y vinagre, que se usaba en la curación de llagas.

EGIPCIO, CIA adj. y s. De Egipto. ◊ m. Lengua de la familia camitosemítica hablada en el ant. Egipto hasta la época helenística. ◊ Lengua actual de Egipto, dialecto ár. hablado en Egipto y Sudán.

EGIPTO *(al-Jumhuriya-Misr al-Arabiya)* Estado del NE de África. República. □ *Geog.* Su territorio se divide en dos zonas desérticas que enmarcan el valle del Nilo. La banda oriental (desierto arábigo) es montañosa (alt. máx., Gebel Oda; 2 260 m). La occidental es la continuación del desierto de Libia y está bordeada por grandes oasis. La zona más meridional del valle del Nilo está invadida por las aguas de la presa de Asuán, y la más septentrional constituye un delta de 300 km de ancho. Con excepción de este valle, el clima es desértico. Con sólo un 2 % de tierra cultivable, su economía es básicamente agrícola. Algodón, maíz, arroz, caña de azúcar, agrios. Petróleo, manganeso, fosfato. Ind. química, de productos alimentarios, siderúrgica. República uni-

Mapa de situación y bandera de **Egipto**

EGIPTO

Superficie	1 001 449 km²
Población	54 688 000 hab. (58 hab./km²)

Recursos económicos	
Algodón	294 000 t
Arroz	3 152 000 t
Dátiles	595 000 t
Maíz	5 270 000 t
Sorgo	655 000 t
Trigo	4 483 000 t

Ganadería y derivados	
Cabaña bovina	3 500 000 cabezas
Cabaña ovina	4 900 000 cabezas
Camellos	200 000 cabezas
Pesca	312 950 t

Producción minera	
Fosfatos	1 505 000 t
Gas natural	7 490 000 millones de m³
Hierro	1 202 000 t
Petróleo	43 952 000 t
Sal	1 125 000 t

Producción industrial	
Acero	1 400 000 t
Azúcar	1 640 000 t
Energía eléctrica	39 550 millones de kwh

Indicadores sociológicos	
PNB	33 068 millones de dólares
Renta per cápita	620 dólares
Esperanza de vida	61 años
Alfabetismo	52 %

Egipto. Figura que representa a un alto funcionario de la V dinastía

taria. Cap., El Cairo. C. prales.: Alejandría, Gizeh, Imbaba, Port Said, Suez. Lenguas: ár. (of.), nubio y copto. *Rel.*: musulmana (93 %), copta ortodoxa y católica. U. M.: libra egipcia.

□ *Hist.* En el III milenio a. C., la unificación de E., bajo la soberanía del faraón, dio origen a una gran civilización. Se divide en varias épocas, que engloban las treinta dinastías conocidas. Durante la época tinita se construyeron las primeras pirámides. Con la XVIII (h. 1570 a. C.), llegó a la cumbre de su esplendor y el país extendió sus fronteras. Los faraones de la XXVI dinastía tuvieron que someterse a los persas. En 332, Alejandro Magno se apoderaba de E., y los rom. impusieron su dominación tras la batalla de Accio (31 a. C.). En el s. VII, el califa Omar conquistó E. Saladino depuso al último califa fatimí (1169). Los mamelucos trasladaron el califato de Bagdad a El Cairo y sucumbieron ante los turcos en 1517. E. estuvo en poder de los turcos hasta 1882. Con la construcción del canal de Suez empezó la dependencia de Gran Bretaña, que en 1936 concedió la indep. a E., bajo el reinado del rey Faruk I. En los años cincuenta, el general Nasser se enfrentó con Gran Bretaña, nacionalizando el canal y los bienes extranjeros. En la guerra de los Seis Días con Israel (1967) E. perdió la pen. del Sinaí y Gaza. En 1970 murió Nasser. Le sucedió el vicepresid. de la rep., Anwar al-Sadat. En 1973 E. e Israel volvieron a enfrentarse militarmente. En 1979 firmaron la paz y E. recuperó la pen. del Sinaí. Asesinado Sadat (1981), le sustituyó Hosni Mubarak, que fue reelegido presidente en 1987, 1993, 1999 y 2005.

□ *Arte.* Los monumentos más característicos del ant. E. fueron las pirámides, cuyos máximos exponentes son las de Keops, Kefrén y Micerinos. En el reino

nuevo, el templo adquiere mayor importancia que la tumba. Son de destacar los templos de Karnak y Luxor. En la época de Amenhotep IV aparecen esculturas basadas en el estudio de las formas vivas. Además de las esfinges del faraón, es famoso el busto policromado de Nefertiti. La pintura hierática mostraba figuras de perfil, dispuestas en franjas. Ya en la era cristiana, cabe señalar el arte copto y el mameluco.

EGIPTOLOGÍA f. Ciencia que estudia las antigüedades de Egipto. Alcanzó su pleno desarrollo en el s. XIX cuando sobre la «piedra de Roseta» Champollion logró la interpretación de algunos jeroglíficos. □ EGIPTÓLOGO, GA.

ÉGLEFINO m. Pez semejante al bacalao.

ÉGLOGA f. Composición poética del gén. bucólico. En la é. intervienen pastores que dialogan sobre las cosas de la vida campestre. □ EGLÓGICO, CA.

EGO m. *Fil.* El ser individual. ◊ Parte consciente de la persona.

EGOCENTRISMO m. Exagerada exaltación de la propia personalidad, hasta considerarla como centro de toda atención y actividad. □ EGOCÉNTRICO, CA.

EGOFONÍA f. *Med.* Resonancia de la voz que se percibe en los enfermos con derrame de pleura al ser auscultados.

EGOÍSMO m. Inmoderado y excesivo amor que uno tiene a sí mismo y que le hace atender desmedidamente a su propio interés. ◊ Acto sugerido por esta condición personal. □ EGOÍSTA.

EGOLATRÍA f. Culto, adoración, amor excesivo de sí mismo. □ EGÓLATRA; EGOLÁTRICO, CA.

EGOTISMO m. Afán de hablar uno de sí mismo o de afirmar su personalidad. □ EGOTISTA.

EGREGIO, GIA adj. Insigne, ilustre.

EGRESAR intr. *Amér.* Salir de un establecimiento de educación después de haber terminado los estudios correspondientes. ❑ EGRESADO, DA; EGRESO.

EGUREN, José María (1882-1942) Poeta per., iniciador de la moderna poesía per. *Simbólicos, La canción de las figuras.*

EGUSQUIZA, Juan Bautista (1845-1898) Político par. Miembro del partido conservador, fue presid. de la rep. (1894-1898).

¡EH! interj. que se emplea para preguntar, llamar, despreciar, reprender o advertir.

EHIME Prefectura de Japón, en la isla de Honshu; 5 673 km², 1 515 000 hab. Cap., Matsuyama.

EHRENBURG, Ilya Grigórievich (1891-1967) Escritor ruso. *La caída de París* y *La tempestad.*

EHRLICH, Paul (1854-1915) Biólogo al. Premio Nobel de Medicina y Fisiología en 1908. Descubrió el salvarsán contra la sífilis.

EICHELBAUM, Samuel (1894-1967) Dramaturgo arg. *La mala sed, Pájaro de barro* y *Subsuelo.* Autor de cuentos y relatos.

EICHENDORFF, Joseph von (1788-1857) Escritor al., autor de canciones muy populares, novelas (*Presentimiento y presente*) y obras teatrales.

EIDER m. Ave palmípeda cuyo plumón se usa para rellenar almohadones.

EIFFEL, Gustave (1832-1923) Ingeniero fr., conocido por la torre parisina que lleva su nombre.

EIGEN, Manfred (n. 1927) Químico al. Determinó el mecanismo de las reacciones químicas extraordinariamente rápidas. Premio Nobel de Química en 1967.

EIJKMAN, Christiaan (1858-1930) Médico neerlandés. Premio Nobel de Medicina y Fisiología en 1929, por sus estudios sobre el origen del beriberi.

EINAUDI, Luigi (1874-1961) Político y economista it. Presid. de la rep. (1948-1955). *Principios científicos de la hacienda pública.*

EINDHOVEN C. del SE de Países Bajos, en Brabante Septentrional; 374 100 hab. (agl. urb.). Centro industrial.

EINSTEIN, Albert (1879-1955) Físico al., de ascendencia judía, nacionalizado suizo en 1901 y norteam. en 1940. En 1905 publicó su teoría de la relatividad restringida. En 1916 vio la luz su nueva teoría de la relatividad generalizada. En 1921 obtuvo el Premio Nobel de Física por su descubrimiento de la ley del efecto fotoeléctrico y sus trabajos en el campo de la física teórica. En sus últimos años trabajó sobre la teoría unitaria de campos.

EINSTENIO m. Elemento transuránido de símb. E, n. a. 99. Descubierto en 1952.

EIRÁ m. *Argent., Méx.* y *Par.* Especie de aguará.

EIRE Nombre gaélico de Irlanda, usado para designar la República de Irlanda.

EISAI (1141-1215) Monje budista japonés, fundador de la secta o escuela *rinzai* del zen.

EISENHOWER, Dwight David (1890-1969) Militar y político republicano norteam. Dirigió el desembarco de Normandía y comandó la OTAN desde 1950 a 1952. Presid. de su país 1952-1960.

EISENSTEIN, Serge (1898-1948) Director cinematográfico ruso, considerado uno de los grandes cineastas de la historia. *Octubre, El acorazado Potemkin, La huelga, Iván el Terrible.*

EJE m. Varilla que atraviesa un cuerpo giratorio y le sirve de sostén en el mov. ◊ Barra horizontal de unión entre dos ruedas de un vehículo. ◊ Línea que divide por la mitad el ancho de una calle, camino u otra cosa semejante. ◊ fig. Punto esencial de una obra o de una empresa. ◊ fig. Idea, tema u objetivo fundamental de un discurso, razonamiento o conducta. ◊ *Geom.* Recta alrededor de la cual se considera que gira una línea o una superficie. ◊ *Geom.* Diámetro pral. de una curva. ◊ **de coordenadas.** *Geom.* Cada una de las dos o más líneas que sirven para determinar la posición de los puntos de un espacio. ◊ **de la esfera terrestre** o **del mundo.** *Astr.* y *Geog.* Aquél alrededor del cual gira la Tierra y que, prolongado hasta la esfera celeste, determina en ella dos puntos que se llaman polos. ◊ **de simetría.** *Geom.* Línea que divide una figura en dos partes simétricas.

EJE Roma-Berlín Alianza entre Alemania e Italia (1936-1945) firmada por Hitler y Mussolini. A él se adhirieron Japón, Hungría, Rumania y Bulgaria.

EJECUCIÓN f. Manera de ejecutar o hacer alguna cosa. ◊ *Der.* Procedimiento judicial con embargo y venta de bienes para pago de deudas.

EJECUTAR tr. Realizar una obra o cosa. ◊ Ajusticiar. ◊ Desempeñar con arte alguna cosa. ◊ *Der.* Utilizar el procedimiento ejecutivo. ◊ *C. Rica.* Tocar una pieza musical con un instrumento. ❑ EJECUTABLE; EJECUTANTE.

EJECUTIVO, VA adj. Que no da espera ni permite que se difiera a otro tiempo la ejecución. ◊ m. y f. Persona que tiene cargo directivo en una empresa. ◊ Miembro de una comisión ejecutiva. ◊ Junta directiva de una asociación.

EJECUTOR, RA adj. Que ejecuta o hace una cosa. ◊ **de la justicia.** Verdugo. ❑ EJECUTORÍA.

EJECUTORIA f. Título en que consta legalmente la nobleza de una persona o familia. ◊ fig. Timbre, acción que ennoblece. ◊ *Der.* Sentencia que alcanzó la firmeza de cosa juzgada. ❑ EJECUTORIAL; EJECUTORIAR; EJECUTORIO, RIA.

¡EJEM! interj. con que se llama la atención o se deja en suspenso el discurso.

Dwight David **Eisenhower**

EJEMPLAR adj. Que sirve de ejemplo. ◊ m. Original, prototipo, norma representativa. ◊ Cada uno de los escritos impresos, grabados, etc., sacados de un mismo original. ◊ Cada uno de los individuos de una especie o de un género. ◊ Cada uno de los objetos de diverso género que forman una colección científica. ◊ Lo que se ha hecho en igual caso otras veces. ❑ EJEMPLARIDAD.

EJEMPLARIZAR o **EJEMPLIFICAR** tr. Demostrar o autorizar con ejemplos lo que se dice. ❑ EJEMPLIFICACIÓN.

EJEMPLO m. Caso o hecho sucedido en otro tiempo, propuesto como modelo para su imitación cuando es positivo o para su omisión cuando es negativo. ◊ Hecho o texto que se cita para comprobar, ilustrar o autorizar un aserto, doctrina u opinión.

Albert **Einstein**

EJERCER tr. e intr. Practicar los actos propios de un oficio, facultad, virtud, etc.

EJERCICIO m. Acción de ejercitarse u ocuparse en una cosa. ◊ Paseo u otro esfuerzo corporal para conservar la salud. ◊ Tiempo durante el cual rige una ley de presupuestos. ◊ Cada una de las pruebas a que se somete el opositor. ◊ *Cont.* Periodo, gralte. un año, al final del cual se afectúan el inventario, la regularización del libro de cuentas y el balance. ◊ *Mil.* Movimientos y evoluciones militares con que los soldados se ejercitan y adiestran.

EJERCITAR tr. Dedicarse al ejercicio de un arte, oficio o profesión. ◊ Hacer que uno aprenda una cosa mediante la práctica de ella. ◊ prnl. Repetir muchos actos para adiestrarse en la ejecución de una cosa. ❑ EJERCITACIÓN; EJERCITANTE.

EJÉRCITO m. Fuerzas militares unidas en un cuerpo a las órdenes de un general. ◊ Conjunto de las fuerzas aéreas o terrestres de una nación. ◊ Gran unidad integrada por varios cuerpos de ejército. ◊ fig. Colectividad numerosa organizada para la realización de un fin.

EJIDO m. Campo comunal, lindante con un asentamiento de población, en el que se recogen los ganados o se establecen las eras. En México constituye la base de la reforma agraria iniciada en 1917.

EJOTE m. *Amér. Centr.* y *Méx.* Vaina del fríjol cuando está tierna.

EKATERINODAR ⇨ Yekaterinodar.

EL art. deter. en gén. m. y núm. singular.

ÉL pron. personal de 3ª pers. en gén. masculino y núm. singular.

EL SALVADOR Estado del istmo centroamericano. República. Etnias: mestizos (70%), amerindios (20%), criollos (10%). Lenguas: español (of.), nahua, maya. *Rel.*: catolicismo (mayoritaria). U. M.: el colón y el dólar de EE UU. Cap., San Salvador. C. prales.: Santa Ana, San Miguel. El Savador está dividido en 14 departamentos.

□ *Geog. física*. En su relieve se distinguen, al N la sierra Madre salv. y al S, la cordillera Costera, en la que existen volcanes en actividad (Santa Ana, 2 385 m; San Vicente, 2 174 m). Entre ambas cadenas se extiende la depresión Central. La costa está ocupada por una llanura aluvial. Clima tropical. El pral. río es el Lempa. Lagos de origen volcánico o tectónico (Coatepeque, Guija, Ilopango).

□ *Geog. económica*. La pral. actividad es la agricultura, dedicada sobre todo a los productos de plantación (café, algodón, caña de azúcar) y a los cultivos de subsistencia (maíz, habichuelas). Las prales. cabañas son la bovina y la porcina. Ind. de transformación de productos agrícolas (manufacturas de tabaco, refino de azúcar, ind. cervecera). Ind. de tejidos e hilados de algodón, química y producción de energía eléctrica.

□ *Hist.* Una civilización anterior a los mayas habitó el terr. que h. el s. III pasó a formar parte del imperio maya. Al producirse la decadencia maya, se mezclaron con ellos los pipiles, procedentes de México. En 1524, Pedro de Alvarado organizó la conquista de la región centroamericana, culminada hacia 1550. En 1576, el área de El S., que pertenecía a la capitanía general de Guatemala, fue dividida en tres provincias. Una de ellas, El S., fue promovida a intendencia en 1778. En 1821 se proclamó la indep. Cuando la junta de Guatemala aceptó la incorporación al imperio mex. de Iturbide, San Salvador creó su propia junta de gobierno y se separó de Guatemala. Tras un fracasado intento salvadoreño de «federarse» con EE UU y una breve ocupación del terr. por Iturbide, se proclamó la indep. (1823), tanto de España como de México. El mismo congreso convocó una asamblea destinada a crear una rep. federal en Centroamérica. La idea fue ejecutada por F. de Morazán. Disuelta la Rep. Federal de Centroamérica (1838), en 1841 se proclamó la Rep. de El S., siendo presid. provisional J. Lindo. En 1895 el presid. R. A. Gutiérrez suscribió el pacto de Amapala, por el que surgió la Unión Centroamericana, formada por Honduras, Nicaragua y El S. En 1906 estalló la guerra con Guatemala. Entre 1913 y 1927 se instauró un periodo llamado de «la oligarquía de familia» (la de Meléndez), que coincidió con el control de la economía por las compañías norteam. La «aristocracia del café» y los gobiernos militares marcaron

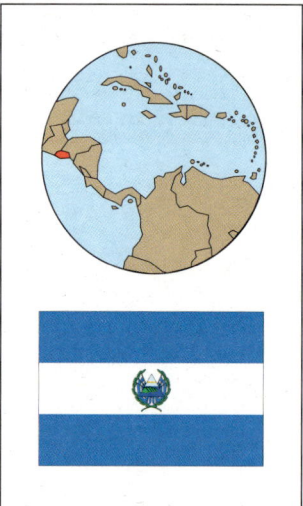

Mapa de situación y bandera
de **El Salvador**

EL SALVADOR

Superficie	21 040,79 km²
Población	6 031 326 hab. (258 hab./km²)

Recursos económicos

Algodón	60 000 t
Arroz	61 000 t
Bananas	63 000 t
Caña de azúcar	43 000 ha
Café	149 000 t
Frijoles	67 000 t
Maíz	504 000 t
Mandioca	32 000 t
Naranjas	107 000 t
Nuez de coco	78 000 t
Sorgo	163 000 t

Ganadería

Cabaña bovina	1 243 000 cabezas
Cabaña porcina	320 000 cabezas
Riqueza forestal	4 566 000 m³

Producción minera

Plata	700 kg
Sal	3 000 t

Producción industrial

Azúcar	287 000 t
Cemento	444 000 t
Cerveza	344 000 hl
Fertilizantes	3 000 t
Hilados de algodón	4 300 t
Tabaco	1 961 millones de cigarrillos

Indicadores sociológicos

PNB	5 967 millones de dólares
Renta per cápita	1 070 dólares
Esperanza de vida	66 años
Alfabetismo	73 %

El Salvador. Elías Antonio Saca

desde entonces la historia de El S. En 1969, un partido de fútbol entre los equipos de Honduras y El S. derivó en graves incidentes («guerra del fútbol»). En 1972, se impuso en la presidencia el candidato oficialista, coronel A. A. Molina, a quien sucedió en 1977 el general C. H. Romero. Éste, desbordado por la violencia guerrillera y contraguerrillera, fue desplazado en 1979 por una Junta militar encabezada por los coroneles Majano y A. Gutiérrez. En 1980 es nombrado presid. el democristiano Napoleón Duarte. Tras las elecciones de 1982, la Asamblea Constituyente nombró presid. al conservador A. Magaña. Los comicios de 1984 dieron de nuevo el poder a Duarte. La extrema derecha, representada por ARENA (Alianza Republicana Nacionalista), obtuvo la mayoría en el parlamento después de las elecciones de 1988 y triunfó en las presidenciales de 1989 con su candidato Alfredo Cristiani. En 1992 se firmó el fin de la guerra civil, tras 12 años de lucha. El Frente Farabundo Martí para la Liberación Nacional (FMLN) pasó a ser partido político legal. Las elecciones de 1994 dieron la presid. a Armando Calderón, líder de ARENA. Dicha formación política conservadora repitió victoria en las elecciones presidenciales de 1999, en las que fue elegido Francisco Flores, y 2004, con Elías Antonio Saca como candidato.

□ *Arte*. Quedan interesantes restos del imperio maya (Tehuacán y Cihuatán). Existen también abundantes restos de los pipiles: yacimientos de La Campana de San Andrés y Tazumal. La cerámica llamada plombífera constituye un estilo propio de El S. Del periodo colonial quedan pocos edificios, a causa de los terremotos. Entre los edificados post. a la independencia destacan el teatro nacional y la ant. universidad.

□ *Lit.* La pral. figura de la poesía romántica es F. Gavidia. El modernismo está representado por J. Valdés, R. Contreras, Guerra Trigueros y V. Rosales. En la siguiente generación destacan C. Lars, A. Espino y Serafín Quiteño. Aparece un grupo de poetas comprometidos con la lucha política: Lovato, Geoffroy Rivas, Chávez Velasco. Otro grupo cultiva una poesía de tipo lírico e intimista: C. Alegría, D. Guerra, A. Morales Martínez Orantes, Menéndez Leal. En prosa se inicia el s. XIX con narraciones costumbristas: J. M. Lagos, A.

Vista de San Salvador, capital de
El Salvador

Bonilla. La denuncia social no tardó en asociarse al costumbrismo: R. González Montalvo, Rodríguez Ruiz, H. Lindo. R. Triguero cultivó una prosa artística.

ELABORAR tr. Preparar un producto por medio de un trabajo adecuado. ❏ ELABORACIÓN.

ELAM Ant. país sit. junto al golfo Pérsico. Se ignora el origen de los elamitas que fueron conquistados por Asurbanipal en el s. VI a. C. ❏ ELAMITA.

ELÁSTICA f. Prenda interior de punto.

ELASTICIDAD f. Calidad de elástico. ◊ *Fís.* Propiedad de los cuerpos en virtud de la cual recuperan su ext. y figura primitivas al cesar la fuerza que los alteraba. ◊ **Límite de e.** *Fís.* Punto límite de la deformación de un cuerpo, a partir del cual se produce una deformación permanente, aun cuando cese la fuerza aplicada.

ELÁSTICO, CA adj. Díc. del cuerpo que puede recobrar más o menos completamente su figura y extensión luego que cesa la acción de la causa que las modificaba. ◊ fig. Acomodaticio. ◊ m. Tejido que tiene elasticidad.

ELASTÓMERO m. Materia con propiedades elásticas semejantes a las del caucho.

ELAYÓMETRO m. Instrumento para medir la cantidad de aceite que contiene una sustancia oleaginosa.

ELBA (al., *Elbe*; checo *Labe*) Río de Europa central. Nace en los montes Gigantes (República Checa) y desemboca en el mar del Norte; 1 165 km.

ELBA Isla it. en el mar Tirreno; 223 km², 30 000 hab. Cap., Portoferraio. Turismo, hierro, agricultura. En ella estuvo confinado Napoleón.

ELBRÚS La más alta cumbre del Cáucaso, en Rusia (5 633 m); es un volcán extinguido.

ELBURZ (*Alborz*) Cord. del N de Irán; alt. máx., pico Demavend (5 604 m).

ELCANO, Juan Sebastián (1476-1526) Navegante esp.; el primer marino que dio la vuelta al mundo. Tomó el mando de la expedición tras la muerte de Magallanes.

ELCHE o **ELX** C. esp., en la Comunidad Valenciana, prov. de Alicante; 194 767 hab. Dátiles. Caucho. Ind. del calzado. ◊ **Dama de E.** Busto ibérico de composición frontal y geométrica, con numerosos adornos, s. III a. C.

ELDA C. esp., en la prov. de Alicante; 54 350 hab. Ind. del calzado y alimentarias.

ELE f. Nombre de la letra *l.*

ELEATA adj. y s. Relativo a la escuela filosófica de Elea o filósofo de dicha escuela. ❏ ELEÁTICO, CA.

ELÉBORO m. Planta perenne. ◊ **blanco.** Vedegambre, planta. ◊ **negro.** Planta cuya raíz es fétida y muy purgante.

ELECCIÓN f. *Pol.* Nombramiento que se hace por votos. ◊ Deliberación, libertad para obrar. ❏ ELECTIVO, VA; ELECTORAL.

ELECCIONARIO adj. *Amér.* Electoral.

ELECTO m. El elegido o nombrado para una dignidad, empleo, etc., mientras no toma posesión.

ELECTORADO m. Conjunto de electores. ◊ Estado soberano de Alemania cuyo príncipe era elector. ❏ ELECTOR, RA.

ELECTRA Personaje legendario de la ant. Grecia, hija de Agamenón y de Clitemnestra. Junto con su hermano Orestes vengó el asesinato de su padre.

ELECTRICIDAD f. *Fís.* Una de las formas de la energía, debida al movimiento de electrones. ❏ ELÉCTRICO, CA. □ *Hist.* En 1747 Franklin distinguió entre electrización positiva y negativa. Priestley y Coulomb descubrieron la ley de atracción y repulsión de cargas eléctricas. Volta construyó la primera pila eléctrica. En 1820, Oersted descubrió la relación entre magnetismo y electricidad, y en 1831 Faraday consiguió la producción de corrientes eléctricas inducidas mediante un campo magnético variable. En 1865 Maxwell estableció la teoría electromagnética que, salvo algunas restricciones, está todavía vigente, a pesar de la teoría cuántica y de la relatividad.

ELECTRICISTA adj. y s. Perito en aplicaciones científicas y mecánicas de la electricidad. ◊ com. Obrero especializado en instalaciones eléctricas.

ELECTRIFICAR tr. Sustituir cualquier forma de energía, empleada en máquinas o instalaciones, por la energía eléctrica. ◊ Proveer de electricidad a un país, una zona, etc. ❏ ELECTRIFICACIÓN.

ELECTRIZAR tr. y prnl. Comunicar o producir la electricidad en un cuerpo. ◊ fig. Exaltar, avivar el ánimo. ❏ ELECTRIZACIÓN.

ELECTRO m. Ámbar. ◊ Aleación de cuatro partes de oro y una de plata, cuyo color es parecido al del ámbar.

ELECTROACÚSTICA f. Rama de la electrotecnia que trata de aquellas corrientes eléctricas alternas cuya frecuencia está comprendida dentro de la escala de las vibraciones audibles.

ELECTROCARDIOGRAFÍA f. Parte de la medicina que estudia la obtención e interpretación de los electrocardiogramas. ❏ ELECTROCARDIÓGRAFO.

ELECTROCARDIOGRAMA m. Gráfico de la actividad eléctrica del corazón.

ELECTROCINÉTICA f. Parte de la electricidad que estudia el movimiento de las cargas eléctricas en los conductores.

ELECTROCUTAR tr. y prnl. Matar por medio de una corriente o descarga eléctrica. ❏ ELECTROCUCIÓN.

ELECTRODINÁMICA f. Parte de la física que estudia los fenómenos y leyes de la electricidad en movimiento. ❏ ELECTRODINÁMICO, CA.

ELECTRODINAMÓMETRO m. Dispositivo para medir la intensidad de una corriente alterna.

Juan Sebastián **Elcano**

ELECTRODO m. Cada uno de los dos conductores utilizados en una electrólisis. ◊ Elemento pral. de la soldadura eléctrica por arco.

ELECTRODOMÉSTICO adj. y m. Díc. de cualquier aparato eléctrico o electrónico que se utiliza en el hogar.

ELECTROENCEFALOGRAFÍA f. Parte de la medicina que se ocupa de la obtención e interpretación de los electroencefalogramas. ❏ ELECTROENCEFALÓGRAFO.

ELECTROENCEFALOGRAMA m. Gráfico obtenido con un electroencefalógrafo.

ELECTROFORESIS f. Fenómeno consistente en el movimiento de las partículas coloidales en una solución sometida a un campo eléctrico.

ELECTRÓFORO m. *Fís.* Aparato para la producción de cargas eléctricas por inducción.

ELECTRÓGENO, NA adj. Que engendra electricidad. ◊ m. Generador eléctrico.

ELECTROIMÁN m. *Fís.* Pieza de hierro dulce imantada por una corriente eléctrica.

ELECTRÓLISIS f. *Quím.* Descomposición de una sustancia por medio de la corriente eléctrica. Cuando a una disolución de un electrólito se le aplica una corriente eléctrica continua, se establece una migración iónica entre el ánodo que atrae los iones negativos y el cátodo que lo hace con los positivos. ❏ ELECTROLIZAR; ELECTROLÍTICO, CA.

ELECTRÓLITO m. Sustancia que, disuelta en agua, hace que la disolución sea conductora de la electricidad.

ELECTROMAGNETISMO m. Parte de la electricidad que trata de las cargas y corrientes eléctricas y sus interacciones a través de los campos eléctricos y magnéticos. ❏ ELECTROMAGNÉTICO, CA.

ELECTROMECÁNICO, CA adj. Díc. de la instalación industrial en la que se usa la electricidad para producir trabajo mecánico.

ELECTROMETALURGIA f. Conjunto de procedimientos metalúrgicos que utilizan la corriente eléctrica como fuente de energía térmica. Para ello se emplean los hornos eléctricos de resistencia, de arco o de inducción. ❏ ELECTROMETALÚRGICO, CA.

ELECTROMETRÍA f. Parte de la electricidad que estudia la medida de la intensidad de las corrientes.

ELECTRÓMETRO m. *Fís.* Aparato para medir la cantidad de electricidad de un cuerpo.

ELECTROMOTOR, RA adj. y m. *Fís.* Díc. de toda máquina en que se transforma la energía eléctrica en trabajo mecánico.

ELECTROMOTRIZ adj. Díc. de la fuerza que origina la corriente eléctrica producida por un generador.

ELECTRÓN m. Partícula elemental, eléctricamente negativa, de los átomos, de masa $9,11 \cdot 10^{-31}$ kg y carga $1,602 \cdot 10^{-19}$ culombios.

ELECTRÓNICA f. Parte de la física que estudia los haces de electrones libres. □ *Hist.* En 1883 Edison observó que, al colocar una placa metálica junto al filamento de una lámpara de incandescencia, aparecía corriente eléctrica cuando la placa estaba a potencial positivo y cesaba al invertir la polaridad (efecto

George **Eliot**

Edison). En 1907 Forest inventó el trio-do insertando una rejilla de control entre el filamento y la placa del diodo. Las investigaciones sobre semiconductores llevaron a la acción ejercida del transistor en 1948, que desempeñó un papel esencial en la técnica de la radio, la televisión y las grandes computadoras de la primera generación. Actualmente los grandes avances de la e. se dan en la microelectrónica. ❏ ELECTRÓNICO, CA.

ELECTRONVOLTIO m. Cantidad de energía que adquiere un electrón cuando es acelerado al someterlo a la diferencia de potencial de un voltio. Un e. (símbolo eV) equivale a $1,60 \cdot 10^{-19}$ julios.

ELECTROÓPTICA f. Parte de la física que estudia la acción ejercida por un campo eléctrico sobre la emisión, propagación y absorción de la luz.

ELECTROPOSITIVO, VA adj. *Quím.* Díc. de los elementos cuyos átomos tienden a transformarse en iones positivos por la facilidad con que pierden uno o varios electrones.

ELECTROQUÍMICO, CA adj. Relat. a la electroquímica. ◊ f. Parte de la física que trata de las leyes referentes a la producción de la electricidad por combinaciones químicas.

ELECTROSCOPIO m. Aparato para poner de manifiesto la presencia de cargas eléctricas.

ELECTROSHOCK m. *Psiq.* Método terapéutico consistente en la aplicación al cerebro de una corriente eléctrica que produce pérdida de conciencia seguida de convulsiones. ❏ ELECTROCHOQUE.

ELECTROSTÁTICA f. Parte de la electricidad que se ocupa del estudio de las acciones entre cargas eléctricas en reposo.

ELECTROTECNIA f. Estudio de las aplicaciones técnicas de la electricidad.

ELECTROTERAPIA f. *Med.* Empleo de la electricidad en el tratamiento de enfermedades.

ELECTROTIPIA o **ELECTROGRAFÍA** f. Proceso electrolítico para la obtención de planchas para la impresión.

ELECTUARIO m. Díc. de los medicamentos de consistencia líquida, pastosa o sólida, compuestos por vegetales, y cierta cantidad de miel, jarabe o azúcar.

ELEFANTA f. Hembra del elefante.

ELEFANTE m. *Zool.* Mamífero, el mayor animal terrestre actual y del que existen dos especies, la índica y la africana, que se distinguen por el mayor tamaño de las orejas, la frente abombada y mayores dimensiones del e. africano. ❏ ELEFANTINO, NA.

ELEFANTIASIS f. *Med.* Síndrome caracterizado por el aumento patológico de algunas partes del cuerpo. ❏ ELEFANTIÁSICO, CA.

ELEGANCIA f. Calidad de elegante. ◊ Forma bella de expresar los pensamientos.

ELEGANTE adj. Dotado de gracia, nobleza y sencillez; airoso, bien proporcionado, de buen gusto. ◊ adj. y s. Díc. de la persona que viste con entera sujeción a la moda.

ELEGÍA f. *Lit.* Composición poética del gén. lírico, en que se lamenta la muerte de una persona o un acontecimiento desgraciado. Es de origen gr. ❏ ELEGIACO, CA o ELEGÍACO, CA o ÉLEGO, GA.

ELEGIR tr. Escoger, preferir a una persona o cosa para un fin. ◊ Nombrar por elección para un cargo o dignidad. ❏ ELEGIBLE; ELEGIBILIDAD.

ELEMENTAL adj. Relat. al elemento. ◊ fig. Fundamental, primordial. ◊ Referente a los elementos o principios de una ciencia o arte. ◊ Obvio, evidente. ❏ ELEMENTALIDAD.

ELEMENTO m. *Quím.* Sustancia constituida por átomos de iguales propiedades químicas, imposible de descomponer en otras más sencillas por métodos químicos. Se conocen 114 e., que se reúnen en la tabla periódica de Mendeléiev. ◊ *El.* Cada una de las partes de que consta un acumulador eléctrico. ◊ *Fil.* Cada uno de los principios inmediatos fundamentales que se consideraban en la constitución de los cuerpos. ◊ Principio de una ciencia o un sistema. ◊ Fundamento, móvil o parte integrante de una cosa. ◊ Componente de una agrupación humana. ◊ fig. y fam. Persona de cortos alcances. ◊ pl. Fundamentos y primeros principios de las ciencias y artes. ◊ fig. Medios, recursos.

ELEMÍ m. *Bot.* Resina sólida que se saca de un árbol terebintáceo y se usa en la composición de barnices.

ELENA de Troya → Helena.

ELENCO m. Catálogo, índice. ◊ Nómina de una compañía de teatro o de circo.

ELEUSINO, NA adj. Relativo a Eleusis. Díc. gralte. de los misterios que se celebraban en aquella ciudad en honor de Deméter y Coré.

ELEVACIÓN f. Altura, encumbramiento en lo material o en lo moral. ◊ Acción de alzar el sacerdote en la misa la hostia o el cáliz. ◊ fig. Suspensión, enajenamiento de los sentidos. ◊ fig. Exaltación a un puesto, empleo o dignidad. ❏ ELEVAMIENTO.

ELEVADO, DA adj. fig. Sublime. ◊ Alto, levantado a gran altitud.

ELEVADOR, RA adj. Que eleva. ◊ m. *Fís.* Aparato eléctrico cuya fuerza electromotriz se suma a la tensión de otra fuerza de energía eléctrica. ◊ *Amér.* Ascensor o montacargas.

ELEVAR tr. y prnl. Alzar o levantar una cosa. ◊ tr. fig. Levantar, impulsar hacia cosas altas; esforzar. ◊ tr. y prnl. fig. Colocar a uno en un puesto honorífico. ◊ fig. Transportarse, enajenarse, quedar fuera de sí. ◊ fig. Envanecerse, engreírse.

ELGAR, *Edward* (1857-1934) Organista y compositor brit. Oratorio *El sueño de Geronte,* las *Variaciones enigma,* y el poema sinfónico *Falstaff.*

ELHÚYAR, *Fausto de* (1755-1833) Químico y mineralogo esp. Aisló por vez primera el tungsteno.

ELIADE, *Mircea* (1907-1986) Escritor rum. Estudioso de las religiones primitivas. *El mito del eterno retorno, Lo sagrado y lo profano.*

ELÍAS Profeta del pueblo judío. Se le atribuye un *Apocalipsis* que lleva su nombre.

ELÍAS, *Domingo* (1805-1867) Político per. Accedió al poder en 1844. En 1853 encabezó la oposición contra Echenique.

ELÍAS PIÑA Prov. de la Rep. Dominicana; 1 426 km², 59 669 hab. Cap., Comendador. Accidentada por la cord. Central. Caña de azúcar, algodón, maíz y frutas tropicales. Ganadería.

ÉLIDE *(Elis)* Ant. región de Grecia, en el NO del Peloponeso; sus c. más importantes eran Elis y Olimpia.

ELIDIR tr. Frustrar, debilitar, desvanecer una cosa. ◊ *Gram.* Suprimir la vocal con que acaba una palabra cuando la que sigue empieza con otra vocal. ❏ ELISIÓN.

ELIMINAR tr. Quitar, separar una cosa; prescindir de ella. ◊ tr. y prnl. Alejar, excluir a una o a muchas personas de una agrupación o de un asunto. ◊ tr. *Mat.* Hacer que, por medio del cálculo, desaparezca de un conjunto de ecuaciones con varias incógnitas una de éstas. ◊ *Med.* Expeler una sustancia nociva al organismo. ❏ ELIMINACIÓN; ELIMINATORIO, RIA.

ELÍO, *Francisco Javier* (1767-1822) General esp. Gobernador de Montevideo, se enfrentó sin éxito al movimiento insurgente. En España se distinguió por su absolutismo y sus crueldades. Murió ejecutado en el Trienio Liberal.

ELIOT, *George* (1819-1880) Seud. de *Mary Ann Evans.* Escritora realista brit. *El molino junto al Floss, Silas Marner.* ◊ *Thomas Stearns* (1888-1965) Escritor norteam., nacionalizado brit. Poeta, ensayista y dramaturgo. Premio Nobel en 1948. Poesía: *Miércoles de ceniza, Cuatro cuartetos.* Ensayos: *La función de la poesía.* Teatro: *Reunión de familia, Cocktail party.*

ELIPSE f. *Geom.* Curva cerrada definida como el lugar geométrico de los puntos cuya suma de distancias a dos

Duke **Ellington**

puntos, llamados focos, es una constante dada. Posee centro y dos ejes de simetría. ❏ ELIPSÓGRAFO, ELÍPTICO, CA.

ELIPSIS f. *Gram.* Figura de construcción en la que se omiten palabras en la oración, sin que ésta deje de tener sentido. ❏ ELÍPTICO, CA.

ELIPSOIDE m. *Geom.* Sólido limitado en todos sentidos, cuyas secciones planas son todas elipses o círculos. Posee centro y tres ejes de simetría. ❏ ELIPSOIDAL.

ELÍSEO, A adj. Relat. al Elíseo.

ELÍSEO n.p. m. *Mit.* Lugar al que eran conducidos los muertos elegidos por los dioses, llamado también Campos Elíseos.

ELISEO (s. IX a. C.) Profeta de Israel, discípulo y sucesor de Elías.

ELITE f. Minoría que ejerce su poder o influencia incluso fuera de su entorno, debido a razones económicas, de fuerza, de linaje o de reconocimiento social. ❏ ELITISTA.

ÉLITRO m. *Zool.* Cada una de las dos piezas córneas que cubren las alas de los coleópteros y los ortópteros.

ELIXIR o **ELÍXIR** m. Piedra filosofal. ◊ Licor compuesto de diferentes sustancias medicinales, disueltas, por lo regular, en alcohol. ◊ fig. Remedio maravilloso.

ELLA pron. personal de tercera persona, en gén. femenino y núm. sing.

ELLESMERE Isla del Canadá, en el océano Glacial Ártico, al NO de Groenlandia; 200 000 km². Glaciares. Alt. máx. 2 000 m. Abundantes fiordos.

ELLINGTON, Edward Kennedy, llamado DUKE (1899-1974) Pianista, director de orquesta y compositor negro norteam. Gran músico de jazz, destacó la melodía sobre la armonía.

ELLO pron. personal de tercera persona en gén. neutro.

ELLOS, ELLAS pron. personal de tercera persona en gén. masculino y femenino y número plural.

ELOCUCIÓN f. Manera de hacer uso de la palabra para expresar los conceptos. ◊ Modo de elegir y distribuir las palabras y los pensamientos en el discurso.

ELOCUENCIA f. Facultad de hablar o escribir de modo eficaz para deleitar y persuadir. ◊ Eficacia para persuadir y conmover que tienen las palabras, los gestos o los ademanes. ❏ ELOCUENTE.

ELOGIO m. Alabanza de las buenas cualidades y mérito de una persona o cosa. ❏ ELOGIAR; ELOGIOSO, SA.

ELOHIM Nombre de Dios, en hebreo, referido al Ser Supremo del A. T.

ELONGACIÓN f. *Astr.* Diferencia de longitud entre un planeta y el Sol. ◊ *Med.* Alargamiento accidental de un miembro o de un nervio. ◊ *Fís.* En un movimiento oscilatorio, distancia que en cada momento separa el móvil vibrante del punto de equilibrio.

ELOY (h. 588-660) Santo fr. Orfebre de profesión. Obispo de Noyon. Patrono de los orfebres y metalúrgicos.

ELQUI R. de Chile en la región de Coquimbo; 240 km. Se forma con la confluencia de los r. Turbio y Claro y desemboca en el Pacífico, en la bahía de Coquimbo.

ELTSIN, Boris ⇨ Yeltsin, Boris.

ÉLUARD, Paul (1895-1952) Seud. de *Eugène Grindel*. Poeta fr. Uno de los máx.

representante del movimiento surrealista. *Morir de no morir, Poesía y verdad.*

ELUCIDAR tr. Poner en claro, dilucidar. ❏ ELUCIDACIÓN.

ELUCTABLE adj. Que se puede vencer luchando.

ELUCUBRAR tr. Lucubrar. ❏ ELUCUBRACIÓN.

ELUDIR tr. Huir la dificultad, o salir de ella con algún artificio. ◊ Hacer vana, o hacer que no tenga efecto, una cosa por medio de algún artificio. ❏ ELUSIÓN; ELUSIVO, VA.

ELUVIÓN m. *Geol.* Conjunto de fragmentos de roca, disgregados por los agentes atmosféricos, que permanecen en el lugar de su formación.

ELYTIS, Odysseus Alepoudhelfis (1911-1996) Poeta gr. Premio Nobel de Literatura en 1979. *Seis y un remordimiento para el cielo, María Nefeli.*

ELZEVIR o **ELZEVIER** Familia hol. de libreros e impresores de los ss. XVI-XVII. Se establecieron en Leiden.

EMACIACIÓN f. *Pat.* Adelgazamiento morboso.

E-MAIL *Comp.* Correo electrónico.

EMANANTISMO m. Doctrina panteísta según la cual todas las cosas proceden de Dios por emanación. ❏ EMANANTISTA.

EMANAR intr. Proceder, traer origen y principio una cosa de otra. ◊ Desprenderse de los cuerpos las sustancias volátiles.

EMANCIPACIÓN f. *Der.* Uno de los procedimientos para poner término a la patria potestad. Tiene lugar por mayoría de edad, matrimonio, concesión paterna o concesión del est. ◊ Proceso por el que un territorio colonial toma conciencia de sí mismo y se lanza a la lucha por la indep.

EMANCIPAR tr. y prnl. Libertar de la patria potestad, de la tutela o de la servidumbre. ◊ prnl. fig. Salir de la sujeción en que se estaba.

EMASCULACIÓN f. Castración masculina, en especial la extirpación completa de testículos y pene. ❏ EMASCULAR.

EMBADURNAR tr. y prnl. Untar, embarrar, manchar, pintarrajear.

EMBAÍR tr. Embaucar, hacer creer lo que no es. ❏ EMBAICIÓN; EMBAIMIENTO.

EMBAJADA f. Mensaje para tratar algún asunto de importancia. ◊ Cargo de embajador. ◊ Casa en que reside el embajador. ◊ Conjunto de los empleados que tiene a sus órdenes, y otras personas de su comitiva oficial. ◊ fam. Proposición o exigencia impertinente.

EMBAJADOR, RA m. y f. Agente diplomático con carácter de ministro público, a quien se considera como representante de la persona misma del jefe que le envía ◊ fig. Emisario, mensajero. ◊ f. Mujer del embajador.

EMBALAJE m. Caja o cubierta con que se resguardan los objetos que han de transportarse a puntos distantes. ◊ Coste de este embalaje.

EMBALAR tr. Hacer balas o colocar convenientemente dentro de cubiertas los objetos que han de transportarse. ◊ Espantar los peces para que se enmallen, golpeando el fondo de la barca o la superficie del mar. ◊ intr. y prnl. Hablando de un corredor o un móvil, lanzarse a gran velocidad, gralte. con dificultad para refrenarla. ◊ prnl. fig. Dejarse llevar por un afán, deseo, sentimiento, etc.

EMBALDOSADO m. Pavimento solado con baldosas. ◊ Operación de embaldosar.

EMBALDOSAR tr. Solar con baldosas. ❏ EMBALDOSADURA.

EMBALSAMAR tr. Llenar de sustancias balsámicas u olorosas las cavidades de los cadáveres, como se hacía ant., o inyectar en los vasos orgánicos ciertos líquidos cuya composición varía, o bien emplear otros diversos medios para preservar de la corrupción o putrefacción los cuerpos muertos. ◊ tr. y prnl. Perfumar, aromatizar. ❏ EMBALSAMAMIENTO.

EMBALSAR tr. *Mar.* Colocar en un balso a una persona o cosa para izarla a un sitio alto donde deba prestar servicio. ◊ tr. y prnl. Meter en balsa. ◊ Rebalsar. ❏ EMBALSADERO.

Embalse del Vellón sobre el río Tajo, en Madrid (España)

EMBALSE m. Balsa artificial donde se almacenan las aguas de un río o arroyo. ◊ Cantidad de aguas así acopiadas.

EMBANCARSE prnl. *Méx.* Entre fundidores de metales, pegarse a las paredes del horno los materiales escoriados. ◊ *Chile* y *Ecuad.* Cegarse un r., lago, etc., por los terrenos de aluvión. ◊ *Mar.* Varar la embarcación en un banco.

EMBARAZAR tr. Impedir, estorbar, retardar una cosa. ◊ tr. y prnl. Poner encinta a una mujer. ◊ prnl. Hallarse impedido con cualquier embarazo. ❏ EMBARAZADO, DA.

EMBARAZO m. Dificultad, obstrucción. ◊ *Fisiol.* Estado de la mujer, que comprende desde la fecundación del óvulo hasta el parto. ◊ Tiempo que dura este estado. ◊ **extrauterino.** *Fisiol.* Anidación del huevo fuera de la cavidad uterina. ❏ EMBARAZOSO, SA.

❏ *Fisiol.* El embarazo humano dura de 270 a 280 días, es decir, 40 semanas. Se caracteriza por amenorrea, mareos matinales, aumento del tamaño de las mamas y pigmentación de los pezones y areolas, y aumento del volumen del abdomen.

EMBARCACIÓN f. Barco. ◊ Embarco. ◊ Tiempo que dura la navegación de una parte a otra.

EMBARCADERO m. Muelle. ◊ Lugar o artefacto fijo, destinado para embarcar.

EMBARCAR tr. Meter personas, mercancías, o cualquier otra cosa en un barco, tren o avión. ◊ *Mar.* Destinar a alguien a un buque. ◊ tr. y prnl. fig. Hacer que uno intervenga en una empresa difícil o arriesgada. ❏ EMBARCO; EMBARQUE.

EMBARGAR tr. Embarazar, impedir,

detener. ◊ fig. Suspender, paralizarse los sentidos y las facultades anímicas. ◊ *Der.* Retener bienes de una persona, por mandamiento judicial, para que pueda responder de deudas u otras responsabilidades pecuniarias. ❏ EMBARGABLE.

EMBARGO m. Indigestión, empacho del estómago. ◊ *Der.* Retención, traba o secuestro de bienes por mandamiento de juez competente. ◊ Prohibición del comercio o transporte de armas u otros efectos útiles para la guerra, decretada por un gobierno.

EMBARRADA f. fig. *Amér.* Patochada, error manifiesto. ❏ EMBARRADOR, RA.

EMBARRADILLA f. *Méx.* Especie de empanadilla de dulce.

EMBARRADO m. Revoco de barro o tierra en paredes y muros.

EMBARRANCAR intr. y tr. *Mar.* Varar con violencia, encallándose el buque en el fondo. ◊ prnl. e intr. Atascarse en un barranco o atolladero.

EMBARRAR tr. Untar y cubrir con barro. ◊ tr. y prnl. Manchar con barro. ◊ tr. Embadurnar, manchar con cualquier sustancia viscosa. ◊ Enjalbegar las paredes. ◊ Introducir el extremo de una barra entre un objeto firme y otro que se quiere mover.

EMBARULLAR tr. fam. Confundir, mezclar desordenadamente unas cosas con otras. ◊ fam. Confundir a uno. ◊ fam. Hacer las cosas atropelladamente, sin orden ni cuidado.

EMBASAMIENTO m. *Arq.* Basa larga y continuada sobre la que estriba el edificio o parte de él.

EMBASTAR tr. Asegurar al bastidor la tela que se ha de bordar. ◊ Poner bastas a los colchones. ◊ Hilvanar una tela. ❏ EMBASTE.

EMBASTECER intr. Engrosar, engordar. ◊ prnl. Ponerse basto o tosco.

EMBATE m. Golpe impetuoso de mar. ◊ Acometida impetuosa. Se dice también de lo inmaterial. ◊ *Mar.* Viento fresco y suave que reina en el verano a la orilla del mar.

EMBAUCAR tr. Engañar, alucinar. ❏ EMBAUCAMIENTO.

EMBAZAR tr. Teñir de color pardo o bazo. ◊ tr. y prnl. Detener el fango u otra cosa blanda a una dura. ◊ Atascar o detener una cosa en su acción. ◊ tr. Dejar a uno sin acción, sin sentido y sin espíritu; pasmar, confundir. ❏ EMBAZADOR, RA; EMBAZADURA.

EMBEBECER tr. Entretener, divertir, embelesar. ◊ prnl. Quedar embelesado o pasmado. ❏ EMBEBECIMIENTO.

EMBEBER tr. Absorber un cuerpo sólido otro en estado líquido. ◊ Empapar, impregnar de líquido una cosa porosa o esponjosa. ◊ Contener, encerrar una cosa dentro de sí a otra. ◊ Encajar, embutir, meter una cosa dentro de otra. ◊ intr. Encogerse, apretarse, tupirse. ◊ prnl. Instruirse radicalmente y con fundamento en una materia o negocio. ❏ EMBEBIDO, DA.

EMBELECAR tr. Engañar con artificios y falsas apariencias. ❏ EMBELECO; EMBELEQUERO, RA.

EMBELESAR tr. y prnl. Suspender, arrebatar, cautivar los sentidos. ❏ EMBELESAMIENTO; EMBELESO.

EMBELLECER tr. y prnl. Hacer o poner bella a una persona o cosa. ❏ EMBELLECEDOR, RA; EMBELLECIMIENTO.

EMBERO m. *Bot.* Árbol afr. apreciado por su madera. ◊ Madera de este árbol.

EMBERRINCHARSE prnl. fam. Encolerizarse. Díc. comúnmente de los niños.

EMBESTIR tr. Venir con ímpetu sobre una persona o cosa para apoderarse de ella o causarle daño. ◊ fig. y fam. Acometer a uno pidiéndole dinero, o bien para inducirle a alguna cosa. ◊ intr. fig. y fam. Arremeter, chocar a la vista alguna cosa. ❏ EMBESTIDA; EMBESTIDOR, RA; EMBESTIDURA.

EMBETUNAR tr. Cubrir una cosa con betún.

EMBIJADO, DA adj. *Méx.* Dispar, formado de piezas desiguales.

EMBLANDECER tr y prnl. Ablandar. ◊ prnl. fig. Condescender, compadecerse.

EMBLANQUECER tr. Blanquear, poner blanca una cosa. ◊ prnl. Ponerse blanco lo que antes era de otro color. ❏ EMBLANQUECIMIENTO.

EMBLEMA m. Jeroglífico, símbolo o empresa con un lema que declara el concepto que encierra. ◊ Cualquier cosa que es representación simbólica de otra. ❏ EMBLEMÁTICO, CA.

EMBOBAR tr. Entretener a uno; tenerle suspenso y admirado. ◊ prnl. Quedarse uno suspenso, absorto y admirado. ❏ EMBOBAMIENTO.

EMBOCADURA f. *Mús.* Boquilla de un instrumento. ◊ Bocado del freno. ◊ Hablando de vinos, gusto o sabor. ◊ Paraje por donde los buques pueden penetrar en los ríos que desaguan en el mar. ◊ Boca del escenario de un teatro. ◊ fig. *Col.* y *Nic.* Madera, buena disposición.

EMBOCAR tr. Meter por la boca una cosa. ◊ tr. y prnl. Entrar por una parte estrecha. ◊ Comenzar un empeño o negocio. ◊ *Mús.* Aplicar los labios a la boquilla de un instrumento de viento.

EMBOLADO m. fig. En el teatro, papel corto y desairado, y por extensión cualquier caso de deslucimiento. ◊ Toro embolado. ◊ fig. y fam. Artificio engañoso.

EMBOLADOR m. *Col.* Limpiabotas.

EMBOLAR tr. Poner bolas de madera en las puntas de los cuernos del toro para que no pueda herir con ellos. ◊ Dar bola o betún al calzado.

EMBOLATAR tr. Engañar con mentiras o falsas promesas. ◊ *Col.* Dilatar, demorar. ◊ *Col.* Enredar, enmarañar, embrollar. ◊ prnl. *Col.* Estar absorbido por un asunto, entretenerse, engolfarse en él. ◊ *Col.* Perderse, extraviarse. ◊ *Col.* Alborotarse. ◊ *Pan.* Entregarse al jolgorio.

EMBOLIA f. *Pat.* Obstrucción de una arteria o vena por un émbolo.

ÉMBOLO m. *Mec. apl.* Pieza que se desliza por el interior de un cilindro con movimiento oscilatorio. ◊ *Med.* Coágulo, burbuja de aire u otro cuerpo extraño productor de la embolia.

EMBOLSAR tr. Guardar una cosa en la bolsa. ◊ tr. y prnl. Cobrar. ❏ EMBOLSO.

EMBONAR tr. Mejorar o hacer buena una cosa. ◊ *Cuba, Ecuad.* y *Méx.* Empalmar, unir una cosa a otra. ◊ *Mar.* Forrar exteriormente con tablones el casco de un buque. ❏ EMBONADO, DA; EMBONO.

EMBOQUE m. Paso de la bola por el aro, o de otra cosa por una parte estrecha. ◊ fig. y fam. Engaño. ◊ *Chile.* Boliche, juguete.

EMBOQUILLAR tr. Poner boquillas a los cigarrillos de papel. ◊ Labrar la boca de un barreno, o preparar la entrada de una galería o de un túnel. ❏ EMBOQUILLADO.

EMBORRACHACABRAS f. *Bot.* Mata cuyas hojas, ricas en tanino, se usan para curtir.

EMBORRACHAR tr. Causar embriaguez. ◊ tr. y prnl. Atontar, perturbar, adormecer. ◊ prnl. Beber vino u otro licor hasta perder el uso de la razón. ◊ Mezclarse y confundirse los varios colores de una tela por efecto del agua o de la humedad. ❏ EMBORRACHAMIENTO.

EMBORRASCAR tr. y prnl. Irritar, alterar. ◊ prnl. Hacerse borrascoso, dicho del tiempo. ◊ *Argent., Hond.* y *Méx.* Tratándose de minas, empobrecerse o perderse la veta.

EMBORRIZAR tr. Dar la primera carda a la lana para hilarla.

EMBORRONAR tr. Llenar de borrones un papel. ◊ fig. Escribir de prisa, desaliñadamente o con poca premeditación.

EMBOSCADA f. Ocultación de una o varias personas en parte retirada para atacar por sorpresa. ◊ fig. Maquinación en daño de alguno.

EMBOSCAR tr. y prnl. *Mil.* Poner encubierta una partida de gente para una operación militar. ◊ prnl. Entrarse u ocultarse entre el ramaje. ◊ Mantenerse a cubierto sin hacer frente a una obligación. ❏ EMBOSCADURA.

EMBOTAR tr. y prnl. Engrosar los filos y puntas de las armas y otros instrumentos cortantes. ◊ fig. Debilitar, hacer menos activa y eficaz una cosa. ❏ EMBOTADOR, RA; EMBOTADURA; EMBOTAMIENTO.

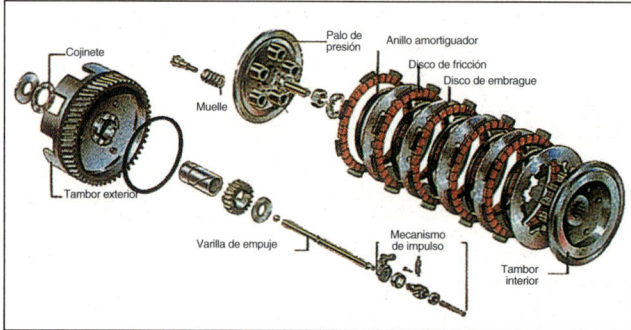

Despiece de un **embrague** multidisco

EMBOTELLAR tr. Echar líquido en botellas. ◊ fig. Acorralar a una persona; inmovilizar un negocio, una mercancía, etc. ❏ EMBOTELLADO, DA; EMBOTELLADOR, RA; EMBOTELLAMIENTO.

EMBOVEDAR tr. Abovedar. ◊ Poner o encerrar alguna cosa en una bóveda.

EMBOZAR tr. y prnl. Cubrir el rostro por la parte inferior hasta las narices o los ojos. ◊ tr. fig. Disfrazar, ocultar con palabras o con acciones una cosa para que no se entienda fácilmente.

EMBOZO m. Parte de la capa, manto u otra cosa, con que uno se cubre el rostro. ◊ Doblez de la sábana por la parte que toca al rostro. ◊ fig. Recato artificioso con que se dice o hace alguna cosa.

EMBRAGAR tr. *Mec. apl.* Hacer que un eje participe del movimiento de otro por medio de un mecanismo adecuado.

EMBRAGUE m. Acción de embragar. ◊ *Mec. apl.* Mecanismo dispuesto para que un eje participe o no, a voluntad, del movimiento de otro.

EMBRAVECER tr. y prnl. Irritar, enfurecer. ❏ EMBRAVECIMIENTO.

EMBRAZAR tr. Meter el brazo izquierdo por la embrazadura del escudo. ❏ EMBRAZADURA.

EMBREAR tr. Untar con brea. ❏ EMBREADO, DA; EMBREADURA.

EMBRIAGAR tr. Causar embriaguez. ◊ tr. y prnl. Atontar, perturbar, adormecer. ◊ fig. Enajenar, producir mucho placer o felicidad.

EMBRIAGUEZ f. *Med.* Intoxicación aguda producida por la ingestión de alcohol etílico. ◊ fig. Enajenamiento del ánimo.

EMBRIDAR tr. Poner la brida a las caballerías. ◊ fig. Sujetar, someter, refrenar.

EMBRIOGENIA f. *Biol.* Formación y desarrollo del embrión. ❏ EMBRIOGÉNICO, CA.

EMBRIOLOGÍA f. *Biol.* Ciencia que estudia el desarrollo de los seres vivos durante el periodo embrionario. ❏ EMBRIOLÓGICO, CA.

EMBRIÓN m. *Biol.* Primeras fases de un ser vivo después de la fecundación del óvulo. ◊ En la especie humana, producto de la concepción hasta el final del tercer mes. ◊ fig. Principio, informe todavía, de una cosa. ❏ EMBRIONARIO, RIA.

EMBRIOPATÍA f. *Pat.* Afección del embrión o del feto que origina malformaciones congénitas y alteraciones nerviosas.

EMBROCAR tr. Vaciar una vasija en otra. ◊ tr. y prnl. *Hond.* y *Méx.* Poner boca abajo una vasija un plato, y p. ext., cualquier otra cosa.

EMBROLLO m. Enredo, confusión, maraña. ◊ Embuste, mentira. ◊ fig. Situación embarazosa. ❏ EMBROLLAR; EMBROLLÓN, NA; EMBROLLOSO, SA.

EMBROMAR tr. Meter broma y gresca. ◊ Engañar a uno con trapacerías. ◊ Usar de chanzas con uno por diversión. ◊ tr., intr. y prnl. *Chile* y *Méx.* Detener, hacer perder el tiempo. ◊ tr. *Argent.*, *Chile, Col., Cuba* y *P. Rico.* Fastidiar, molestar. ◊ tr. y prnl. *Argent.*, *Chile* y *P. Rico.* Perjudicar, ocasionar un daño moral o material.

EMBRUJAR tr. Hechizar, trastornar a uno o la salud con prácticas supersticiosas. ❏ EMBRUJAMIENTO; EMBRUJO.

EMBRUTECER tr. y prnl. Entorpecer y casi privar a uno del uso de la razón. ❏ EMBRUTECIMIENTO.

EMBUCHADO m. Tripa rellena con carne de cerdo picada. ◊ Tripa con otra clase de relleno, y especialmente de lomo de cerdo. ◊ fig. Introducción fraudulenta de votos en una urna electoral, para favorecer determinada candidatura. ◊ *Cuba.* Enfermedad de las aves producida por haber comido mucho, o malos alimentos.

EMBUCHAR tr. Embutir carne picada en un buche o tripa de animal. ◊ Introducir comida en el buche de un ave. ◊ fam. Comer mucho y casi sin mascar, engullir. ❏ EMBUCHADOR, RA.

EMBUDO m. Instrumento hueco en figura de cono y rematado en un canuto, que sirve para trasvasar líquidos. ◊ Depresión, excavación o agujero cuya forma se asemeja, más o menos, al utensilio hom. o a su corte longitudinal. ◊ fig. Engaño, enredo. ❏ EMBUDAR; EMBUDISTA.

EMBUSTE m. Mentira disfrazada con artificio. ◊ pl. Alhajas de poco valor. ❏ EMBUSTEAR; EMBUSTERÍA; EMBUSTERO, RA.

EMBUTIDO m. Obra de taracea o de mosaico. ◊ Embuchado de cerdo. ◊ Tripa con otra clase de relleno. ◊ *Amér.* Entredós de bordado o de encaje. ◊ *Ind.* Procedimiento para fabricar por presión o percusión objetos de metal con matriz o molde apropiados.

EMBUTIR tr. Hacer embutidos. ◊ Llenar, meter una cosa dentro de otra y apretarla. ◊ Dar a una chapa metálica la forma de un molde o matriz prensándola o golpeándola sobre ellos. ◊ tr. y prnl. fig. Incluir, colocar una cosa dentro de otra. ◊ tr. y prnl. fig. y fam. Embocar, engullir. ❏ EMBUTIDOR, RA.

EME f. Nombre de la letra *m*.

EMERGENCIA f. Ocurrencia, accidente que sobreviene.

EMERGER intr. Brotar, salir del agua u otro líquido. ❏ EMERGENTE.

EMERITENSE adj. y s. De Mérida.

EMÉRITO, TA adj. Se aplica a la persona que ha cesado de un empleo o cargo, pero que sigue recibiendo alguna remuneración. ◊ Jubilado.

EMERSIÓN f. Aparición de un cuerpo que estaba sumergido en un fluido. ◊ Salida de un astro después de un eclipse u ocultación.

EMERSON, *Ralph Waldo* (1803-1882) Ensayista y filósofo norteam. (*Sociedad y soledad, Hombres representativos*).

EMÉTICO, CA adj. y m. *Farm.* Dícese de la sustancia que provoca o determina el vómito. ◊ m. Tartrato de potasa y de antimonio.

EMETINA f. *Farm.* Pral. alcaloide aislado de la ipecacuana, a la que comunica su acción vomitiva.

EMIGRACIÓN f. Acción de emigrar. ◊ Conjunto de emigrantes. ❏ EMIGRATORIO, RIA.

EMIGRAR intr. Dejar una persona su propio país con ánimo de establecerse en otro extranjero. ◊ Ausentarse temporalmente del propio país para hacer en otro determinadas faenas. ◊ P. ext., abandonar la residencia habitual, trasladándose a otra dentro del propio país, en busca de mejores medios de vida. ◊ Cambiar periódicamente de clima o localidad algunas especies animales. ❏ EMIGRADO, DA; EMIGRANTE.

EMILIA-ROMAÑA (*Emilia-Romagna*) Región del N de Italia; 22 125 km², 3 909 500 hab. Cap., Bolonia. Gas natural; refinería de azúcar e ind. láctea.

EMINENCIA f. Altura o elevación del terreno. ◊ fig. Excelencia o sublimidad de ingenio, virtud u otra dote del alma. ◊ Título de honor que se da a los cardenales. ❏ EMINENTE.

EMINESCU, *Mihail* (1850-1889) Escritor rum., uno de los más importantes posrománticos europeos. *Venus y la madona, El pobre Dionisio*.

EMIR m. Príncipe o jefe árabe. ◊ Título adoptado por los herederos de Mahoma.

EMIRATO m. Dignidad de emir. ◊ Tiempo que dura el gobierno de un emir. ◊ Territorio gobernado por un emir.

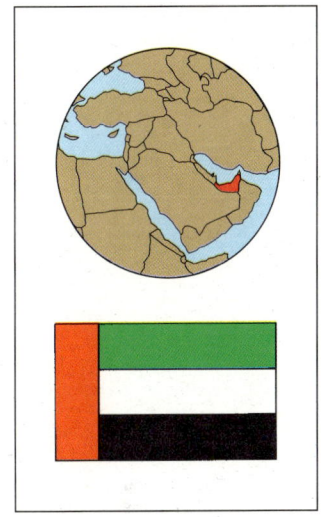

Mapa de situación y bandera de **Emiratos Árabes Unidos**

EMIRATOS ÁRABES UNIDOS (*Ittihad al-Amirat al-Arabiya*) Estado del E de Arabia.

❏ *Geog.* El terreno es, por lo general, llano y arenoso (desierto de Rub al-Jali); h. el E lo accidentan las estribaciones de los relieves del N de Omán. Clima árido y muy caluroso. Litoral muy recortado en el golfo Pérsico, con abundantes islas. La pral. riqueza es el petróleo. Dátiles, legumbres. Ganadería. Pesca (ostras perlíferas). Ind. artesanal (tapices, curtidos). Es una federación de siete monarquías. Cap., Abu Dhabi. C. prales.: Dubai, Sharjah. Lengua: ár. (of.). Rel.: musulmana. U. M.: el dirham.

EMIRATOS ÁRABES UNIDOS	
Superficie	83 600 km²
Población	1 945 000 hab. (23 hab./km²)
Recursos económicos	
Pesca	70 075 t
Petróleo	101 959 000 t
Indicadores sociológicos	
PNB	32 813 millones de dólares
Renta per cápita	20 000 dólares
Esperanza de vida	72 años
Alfabetismo	66 %

□ *Hist.* Este territorio fue organizado políticamente por Gran Bretaña en 1853, que implantó un protectorado en 1892. Alcanzada la indep. en 1971, los sucesivos gobiernos han estado en manos de los jeques de Abu Dhabi y Dubai. En la guerra del Golfo combatieron a Irak.

EMISARIO, RIA m. y f. Mensajero que se envía para indagar lo que se desea saber, para comunicar a alguien una cosa o para establecer contactos secretos. ◊ m. Curso de agua que nace en un lago o que da salida a sus aguas.

EMISIÓN f. Conjunto de títulos o efectos públicos que de una vez se crean para ponerlos en circulación. ◊ *Fís.* Producción de átomos, corpúsculos o radiaciones electromagnéticas (térmicas, luminosas, rayos gamma) por un determinado medio físico. ◊ Transmisión a distancia de señales, sonidos o imágenes, por medio de ondas hertzianas.

EMITIR tr. Arrojar, exhalar o echar hacia fuera una cosa. ◊ Poner en circulación papel moneda, efectos públicos, etc. ◊ Dar, manifestar, hacer público. ◊ Lanzar ondas hertzianas para transmitir señales. □ EMISOR, RA.

EMOCIÓN f. Estado de ánimo caracterizado por una conmoción orgánica consiguiente a impresiones de los sentidos, ideas o recuerdos. Las e. fundamentales son: alegría, pena, miedo, cólera, amor y repulsión. □ EMOCIONAL; EMOCIONAR.

EMOLIENTE adj. y s. *Farm.* Díc. de la sustancia usada para ablandar la piel y las mucosas.

EMOLUMENTO m. Gaje, utilidad o propina que corresponde a un cargo o empleo. Se usa más en pl.

EMOTIVO, VA adj. Relativo a la emoción. ◊ Que produce emoción. ◊ Sensible a las emociones. □ EMOTIVIDAD.

EMPACADOR, RA adj. Que empaca. ◊ f. Máquina destinada a comprimir materiales (algodón, paja, etc.) para su transporte.

EMPACAR tr. Empaquetar, encajonar. ◊ *Amér.* Plantarse una bestia.

EMPACHAR tr. y prnl. Estorbar, embarazar. ◊ Indigestar. ◊ prnl. Avergonzarse, cortarse, turbarse. □ EMPACHADO, DA; EMPACHO; EMPACHOSO, SA.

EMPACÓN, NA adj. *Argent.* y *Perú.* Aplícase al caballo o yegua que se empaca.

EMPADRARSE prnl. Encariñarse con exceso el niño con su padre o sus padres.

EMPADRONAR tr. y prnl. Inscribir en un padrón. □ EMPADRONADOR; EMPADRONAMIENTO.

EMPAJAR tr. Cubrir o rellenar con paja. ◊ prnl. *Chile.* Echar los cereales mucha paja y poco fruto.

EMPALAGAR tr. y prnl. Causar hastío un manjar, especialmente si es dulce. ◊ fig. Enfadar, fastidiar. □ EMPALAGAMIENTO; EMPALAGO; EMPALAGOSO, SA.

EMPALAR tr. Espetar a uno en un palo. ◊ prnl. *Chile.* Obstinarse, encapricharse. ◊ *Chile.* Envararse, arrecirse. □ EMPALAMIENTO.

EMPALIDECER intr. Palidecer.

EMPALIZADA f. Estacada, obra hecha de estacas. □ EMPALIZAR.

EMPALMAR tr. Juntar dos cosas, ingiriéndolas o entrelazándolas de modo que queden a continuación de una otra. ◊ fig. Ligar o combinar planes, ideas, acciones. ◊ intr. Unirse o combi-

Sala de **empaquetado** de café en una factoría de Campiñas (Brasil)

narse un tren, coche, carretera, etc., con otro. ◊ Seguir o suceder una cosa a continuación de otra sin interrupción. □ EMPALMADOR, RA; EMPALMADURA.

EMPALME m. Conexión eléctrica.

EMPALME Mun. de México, en el est. de Sonora; 34 100 hab. Puerto a orillas del golfo de California. Agricultura.

EMPAMPARSE prnl. *Amér. Merid.* Extraviarse en la pampa.

EMPANADILLA f. Pastel pequeño, aplastado, que se hace doblando la masa sobre sí misma para cubrir con ella el relleno de dulce, de carne picada o de otro manjar.

EMPANAR tr. Encerrar una cosa en masa o pan, para cocerla en el horno. ◊ Rebozar con pan rallado un manjar para freírlo. ◊ *Agr.* Sembrar de trigo las tierras. □ EMPANADO, DA.

EMPANTANAR tr. y prnl. Llenar de agua un terreno, dejándolo hecho un pantano. ◊ fig. Detener el curso de un asunto. ◊ fig. Detener, embarazar o impedir el curso de un negocio.

EMPANZARSE prnl. Darse un hartazgo de comida o bebida.

EMPAÑAR tr. Envolver a las criaturas en pañales. ◊ tr. y prnl. Quitar la tersura, brillo o diafanidad. ◊ fig. Oscurecer o manchar el mérito, el honor o la fama de una persona. □ EMPAÑADO, DA; EMPAÑADURA; EMPAÑAMIENTO.

EMPAPAR tr. y prnl. Humedecer una cosa de modo que quede enteramente penetrada de un líquido. ◊ Absorber una cosa dentro de sus poros o huecos algún líquido. ◊ tr. Absorber un líquido con un cuerpo esponjoso o poroso. ◊ tr. y prnl. Penetrar un líquido los poros o huecos de un cuerpo. ◊ prnl. fig. Imbuirse de un afecto, idea o doctrina. □ EMPAPAMIENTO.

EMPAPELAR tr. Envolver en papel. ◊ Forrar de papel una superficie. ◊ fig. y fam. Formar causa criminal a uno. □ EMPAPELADO, DA.

EMPAQUE m. Materiales que forman la envoltura de los paquetes. ◊ fam. Catadura, aire de una persona. ◊ Seriedad con algo de afectación. ◊ *Chile, Perú* y *P. Rico.* Descaro, desfachatez.

EMPAQUETAR tr. Formar paquetes. ◊ Colocar convenientemente los paquetes dentro de bultos mayores, como fardos, cajas, etc., para su transporte. ◊ fig. Acomodar o acomodarse

en un recinto un número excesivo de personas. □ EMPAQUETADO, DA.

EMPARAMAR tr. y prnl. *Col.* y *Ven.* Aterir, helar. ◊ *Col.* y *Ven.* Mojar.

EMPAREDADO, DA adj. y s. Recluso por castigo, penitencia o propia voluntad. ◊ m. fig. Porción pequeña de jamón u otra vianda, entre dos rebanadas de pan.

EMPAREDAR tr. y prnl. Encerrar a una persona entre paredes, sin comunicación alguna. ◊ tr. Ocultar alguna cosa entre paredes. □ EMPAREDAMIENTO.

EMPAREJAR tr. y prnl. Formar una pareja. ◊ tr. Poner una cosa a nivel con otra. ◊ *Agr.* Igualar la tierra, nivelándola. ◊ Ser igual o pareja una cosa con otra. ◊ fig. Ponerse al nivel de otro más avanzado en un estudio o tarea. □ EMPAREJADURA; EMPAREJAMIENTO.

EMPARENTAR intr. Contraer parentesco por vía de casamiento. ◊ Tener una cosa relación de afinidad o semejanza con otra.

EMPARRADO m. Conjunto de los vástagos y hojas de una o más parras que, sostenidas con un armazón, forman cubierta. ◊ Armazón que sostiene la parra u otra planta trepadora. □ EMPARRAR.

EMPARRILLADO m. Conjunto de barras cruzadas y trabadas horizontalmente para afirmar los cimientos en terrenos flojos. ◊ *Arq.* Zampeado.

EMPARRILLAR tr. Asar en parrillas. ◊ *Arq.* Zampear.

EMPASTAR tr. Cubrir de pasta una cosa. ◊ Encuadernar en pasta los libros. ◊ Rellenar con pasta el hueco producido por la caries en los dientes. ◊ *Pint.* Poner el color en bastante cantidad para que no deje ver la imprimación ni el primer dibujo. □ EMPASTADOR, RA; EMPASTE.

EMPASTELAR tr. y prnl. *Art. Gráf.* Mezclar las letras de un molde de modo que no formen sentido; mezclar suertes o fundiciones distintas. □ EMPASTELAMIENTO.

EMPATAR tr., intr. y prnl. Tratándose de una votación, hacer que en ella sean tantos los votos en pro como en contra. ◊ tr. Obtener dos o más contrincantes el mismo número de votos o de puntos en un concurso, oposición o competición. ◊ *Amér.* Empalmar, juntar una cosa a otra. □ EMPATE.

EMPATÍA f. *Psic.* Capacidad de sentir y comprender las emociones ajenas como propias.

EMPAVESADO, DA adj. Armado o provisto de pavés. ◊ m. Soldado que llevaba arma defensiva. ◊ *Mar.* Conjunto de banderas y gallardetes con que se empavesan los buques. ◊ *Mar.* Faja de una o paño azul o encarnado, con franjas blancas, para adornar las bordas y las colas de los buques. □ EMPAVESAR.

EMPECINADO, Juan Martín Díaz, llamado EL (1775-1825) Guerrillero esp. de la guerra de la Independencia. En 1820 secundó a Riego en sublevación. Fue capturado y ejecutado por los absolutistas.

EMPECINAR tr. Untar de pecina o de pez alguna cosa. ◊ prnl. Obstinarse, aferrarse, encapricharse. □ EMPECINADO, DA; EMPECINAMIENTO.

EMPEDERNIR tr. y prnl. Endurecer mucho. ◊ prnl. fig. Hacerse insensible, duro de corazón. □ EMPEDERNIDO, DA.

EMPÉDOCLES de Agrigento (490-430 a. C.) Filósofo gr. Establece una pluralidad cuantitativa de los elementos que constituyen el ser (teoría de los cuatro elementos).

EMPEDRAR tr. Cubrir el suelo con piedras ajustadas unas con otras. ◊ fig. Llenar de desigualdades una superficie con objetos extraños a ella. ◊ P. ext., díc. de otras cosas que se ponen en abundancia. ❏ EMPEDRADO, DA; EMPEDRAMIENTO.

EMPEINE m. Parte inferior del vientre entre las ingles. ◊ Parte superior del pie. ◊ Parte de la bota desde la caña a la pala.

EMPELECHAR tr. Unir, juntar o aplicar chapas de mármol. ◊ Chapear de mármol una superficie.

EMPELLA f. Pala, parte del zapato que cubre el pie desde la punta hasta la mitad. ◊ En algunas partes, pella o manteca del cerdo.

EMPELLAR tr. Empujar, dar empellones.

EMPELLÓN m. Empujón recio que se da con el cuerpo.

EMPELOTARSE prnl. fam. Enredarse, confundirse, reñir. ◊ Desnudarse, quedarse en pelota.

EMPENACHAR tr. Adornar con penachos.

EMPENTA f. Punto para sotener una cosa.

EMPENTAR tr. Empujar, empellar. ◊ Unir la excavaciones o las obras de fortificación de modo que queden bien seguidas.

EMPEÑAR tr. Dar o dejar una cosa en prenda para seguridad de la satisfacción o pago. ◊ tr. y prnl. Precisar, obligar ◊ tr. Poner a uno por empeño o medianero para conseguir alguna cosa. ◊ prnl. Endeudarse, entramparse. ◊ Insistir con tesón en una cosa. ◊ Interceder, hacer uno el oficio de mediador para que otro consiga lo que pretende. ◊ tr. y prnl. Empezar, trabarse una lucha. ◊ Mar. Aventurarse o exponerse un buque a riesgos y averías sobre la costa. ❏ EMPEÑADO, DA.

EMPEÑO m. Obligación de pagar en que se constituye el que empeña una cosa, o se empeña. ◊ Obligación en que uno se halla constituido por su honra, por su conciencia o por otro motivo. ◊ Deseo vehemente de hacer o conseguir una cosa. ◊ Objeto a que se dirige. ◊ Tesón y constancia en conseguir una cosa o un intento. ◊ Persona que se ha empeñado por alguno. ◊ Recomendación, súplica en favor de una persona o cosa.

EMPEORAR tr. Poner o volver peor. ◊ intr. y prnl. Ponerse peor. ❏ EMPEORAMIENTO.

EMPEQUEÑECER tr. Minorar una cosa o amenguar su importancia. ❏ EMPEQUEÑECIMIENTO.

EMPERADOR m. Título de dignidad dado al jefe supremo del ant. imperio rom. ◊ Título de mayor dignidad dado a ciertos soberanos. ◊ Zool. Pez espada. Es catalanismo usado en Cuba.

EMPERATRIZ f. Mujer del emperador. ◊ Soberana de un imperio.

EMPEREJILAR o **EMPERIFOLLAR** tr. y prnl. fam. Adornar a una persona con profusión y esmero.

EMPERNADO m. Min. Sistema utilizado para dar una mayor consistencia al techo de la excavación mediante pernos.

EMPERNAR tr. Clavar una cosa con pernos.

EMPERO conj. adversativa. Pero. ◊ Sin embargo.

EMPERRARSE prnl. fam. Obstinarse, empeñarse en no ceder. ❏ EMPERRAMIENTO.

EMPERRO m. Perra, rabieta.

EMPERTIGAR tr. Chile. Atar al yugo el pértigo de un carro; uncir.

EMPETATAR tr. Guat., Méx. y Perú. Esterar, colocar en el suelo las esteras o petates con objeto de defenderse del frío.

EMPEZAR tr. Comenzar, dar principio a una cosa. ◊ Iniciar el uso o consumo de ella. ◊ intr. Tener principio una cosa.

EMPICARSE prnl. Aficionarse demasiado.

EMPICHARSE prnl. Ven. Pudrirse.

EMPIECE m. fam. Comienzo.

EMPIEMA m. Med. Acumulación serosa en la cavidad de las pleuras.

EMPILCHARSE prnl. Argent. y Ur. Vestirse.

EMPINADO, DA adj. Muy alto. ◊ fig. Estirado, orgulloso.

EMPINAR tr. Enderezar y levantar en alto. ◊ Inclinar mucho una vasija para beber. ◊ tr. e intr., fig. y fam. Beber mucho. ◊ prnl. Ponerse uno sobre las puntas de los pies. ❏ EMPINADURA; EMPINAMIENTO.

EMPINGOROTADO, DA adj. Díc. de la persona engreída por su elevada posición social.

EMPIPARSE prnl. Chile, Ecuad. y P. Rico. Apiparse, ahitarse. ❏ EMPIPADA.

EMPÍREO, A adj. Díc. del cielo o paraíso. ◊ Perteneciente al cielo espiritual. ◊ fig. Celestial.

EMPIREUMA m. Olor y sabor particulares que toman las sustancias animales orgánicas sometidas a fuego violento. ❏ EMPIREUMÁTICO, CA.

EMPIRIOCRITICISMO m. Doctrina filosófica de Ricardo Avenarius (s. XIX), según la cual sólo la experiencia pura lleva al conocimiento natural del mundo.

EMPIRISMO m. Sistema o procedimiento fundado en una mera práctica o rutina. ◊ Fil. Sistema que propugna la experiencia como exclusivo origen de todo conocimiento humano. Sus prales. exponentes fueron Bacon, Hobbes, Locke y Hume. ❏ EMPÍRICO, CA.

EMPITONAR tr. Taur. Alcanzar la res al lidiador cogiéndolo con los pitones.

EMPLASTAR tr. Poner emplastos. ◊ tr. y prnl. fig. Componer con afeites y adornos postizos. ◊ prnl. Ensuciarse con alguna porquería. ❏ EMPLASTADURA; EMPLASTAMIENTO.

EMPLASTO m. Farm. Preparado a base de una sustancia reblandecida por el calor y esparcida sobre un paño, con fines terapéuticos. ◊ fig. y fam. Componenda, arreglo desmañado y poco satisfactorio. ◊ fig. y fam. Parche, pegote. ❏ EMPLÁSTICO, CA.

EMPLAZAR tr. Colocar, situar. ◊ Citar a una persona en determinado tiempo y lugar. ◊ Der. Citar al demandado con señalamiento del plazo dentro del cual necesitará comparecer en el juicio. ❏ EMPLAZAMIENTO.

EMPLEADO, DA m. y f. Persona que realiza funciones de cualquier tipo para una empresa o el gobierno.

EMPLEAR tr. y prnl. Ocupar a uno encargándole un negocio, comisión o puesto. ◊ tr. Destinar a uno al servicio público. ◊ Gastar el dinero en una

Thomas Hobbes, uno de los principales exponentes del **empirismo**

compra. ◊ Gastar, consumir, ocupar. ◊ Usar. ❏ Amér. EMPLEADOR, RA.

EMPLEO m. Destino, ocupación, oficio. ◊ Mil. Jerarquía o categoría personal.

EMPLOMAR tr. Cubrir, asegurar o soldar una cosa con plomo. ◊ Argent. y Ur. Empastar un diente o muela. ❏ EMPLOMADO, DA; EMPLOMADURA.

EMPLUMAR tr. Poner plumas a algo. ◊ Ecuad. y Ven. Enviar a uno a algún sitio de castigo. ◊ intr. Emplumecer. ◊ Amér. Merid. Fugarse, huir, alzar el vuelo.

EMPLUMECER intr. Echar plumas las aves.

EMPOBRECER tr. Hacer que uno venga al estado de pobreza. ◊ Quím. Disminuir la proporción de un elemento activo en una mezcla, en un mineral o en una reacción. ◊ intr. y prnl. Venir a estado de pobreza una persona. ◊ Decaer, venir a menos una cosa material o inmaterial. ❏ EMPOBRECIMIENTO.

EMPOLLAR tr. y prnl. Calentar el ave los huevos, poniéndose sobre ellos para sacar pollos. ◊ tr. fig. y fam. Meditar o estudiar un asunto con mucha más detención de la necesaria. ◊ Entre estudiantes, preparar mucho las lecciones. ❏ EMPOLLADURA; EMPOLLÓN, NA.

EMPOLVAR tr. Echar polvo. ◊ tr. y prnl. Echar polvos de tocador en los cabellos o en el rostro. ◊ prnl. Cubrirse de polvo. ❏ EMPOLVORAMIENTO.

EMPONZOÑAR tr. y prnl. Dar ponzoña a uno o inficionar una cosa con ponzoña. ◊ fig. Inficionar, echar a perder, dañar. ❏ EMPONZOÑADOR, RA; EMPONZOÑAMIENTO.

EMPORCAR tr. y prnl. Ensuciar.

EMPORIO m. Centro comercial donde concurre gente de diversos países. ◊ Lugar famoso por su actividad.

EMPOTRAR tr. Meter una cosa en la pared o en el suelo, asegurándola con fábrica. ❏ EMPOTRAMIENTO.

EMPOZAR tr. y prnl. Meter o echar en un pozo. ◊ tr. Poner el cáñamo o el lino en pozas o charcas para su maceración. ◊ intr. Amér. Quedar el agua detenida en el terreno formando pozas o charcos.

EMPRENDER tr. Acometer y comenzar una obra o empresa. ◊ fam. Con nombres de personas regidos de las prep. a o con, acometer a uno para importunarle, reprenderle, suplicarle o reñir con él. ❏ EMPRENDEDOR, RA.

Emú

EMPREÑAR tr. Hacer concebir a la hembra. ◊ fig. y fam. Causar molestias a una persona. ◊ prnl. Hacerse preñada la hembra.

EMPRESA f. Acción dificultosa que valerosamente se comienza. ◊ Cierto símb. o figura enigmática, que alude a lo que se intenta conseguir o denota alguna prenda de que se hace alarde. ◊ Intento de hacer una cosa. ◊ *Econ.* Sociedad mercantil o industrial. ◊ Obra llevada a efecto. ❏ EMPRESARIADO; EMPRESARIAL.

EMPRESARIO, RIA m. y f. Pers. que por concesión o por contrata ejecuta una obra o explota un servicio público. ◊ Pers. que explota un espectáculo o diversión. ◊ Patrono, persona que contrata obreros o empleados.

EMPRÉSTITO m. Préstamo que toma el Est. o una corporación. ◊ Cantidad así prestada.

EMPUJADA f. *Ven.* Empujón.

EMPUJAR tr. Hacer fuerza contra una cosa para moverla, sostenerla o rechazarla. ◊ fig. Hacer presión, influir, intrigar para conseguir una cosa.

EMPUJE m. Esfuerzo producido por el peso de una bóveda o por el de las tierras de un muelle o malecón, sobre las paredes que los sostienen. ◊ fig. Brío, arranque, resolución con que se acomete una empresa. ◊ *Aer.* y *Astron.* Acción propulsora debida a una variación de la cantidad de movimiento. ◊ **hidrostático.** *Fís.* Fuerza de sentido opuesto a la que están sometidos todos los cuerpos total o parcialmente sumergidos en un fluido.

EMPUJÓN m. Impulso que se da con fuerza para apartar o mover a una persona o cosa. ◊ Avance rápido que se da a una obra.

EMPUÑADURA f. Guarnición o puño de la espada. ◊ Puño del bastón o del paraguas.

EMPUTECER tr. y prnl. Prostituir a una mujer.

EMÚ m. Ave corredora de gran tamaño, plumaje marrón y cabeza casi desnuda.

EMULAR tr. y prnl. Imitar las acciones de otro procurando igualarle y aun excederle. ❏ EMULACIÓN; ÉMULO, LA.

EMULGENTE adj. Emulsivo. ◊ *Anat.* Díc. de las arterias y de las venas que conducen la sangre que va a los riñones.

EMULSIÓN f. Líquido integrado por dos sustancias no miscibles, una de las cuales se halla dispersada en la otra en forma de gotas pequeñísimas. ◊ **nuclear.** *Fís.* Placa fotográfica empleada para la observación y estudio de las trayectorias de las partículas subatómicas. ◊ **sensible.** *Fot.* Compuesto sensible a la luz, que se extiende en forma de ca-

pas sobre un soporte y sirve para impresionar fotografías y sacar copias.

EMULSIONAR tr. Hacer que una sustancia, por lo general grasa, adquiera el estado de emulsión. ◊ *Fot.* Aplicar la emulsión sobre su soporte. ❏ EMULSÍGENO; EMULSIONANTE; EMULSIVO, VA; EMULSOR.

EN prep. que indica en qué lugar, tiempo o modo se determinan las acciones de los verbos a que se refiere. ◊ Algunas veces, *sobre.* ◊ Seguida de un infinitivo, *por.* ◊ Unida a un gerundio, *luego que, después que.*

ENACEITAR tr. Untar con aceite. ◊ prnl. Ponerse aceitosa o rancia una cosa.

ENACERAR tr. Hacer alguna cosa como de acero. ◊ fig. Endurecer, vigorizar.

ENAGUA f. Prenda de vestir de la mujer, especie de saya que se usaba debajo de la falda exterior. Se usa más en pl.

ENAGUACHAR o **ENAGUAR** tr. Llenar de agua con exceso. ◊ tr. y prnl. Causar en el estómago estorbo o pesadez el beber mucho o el comer mucha fruta.

ENAJENACIÓN o **ENAJENAMIENTO** f. fig. Distracción, falta de atención. ◊ **mental.** Locura, desvarío.

ENAJENAR tr. y prnl. Pasar o transmitir a otro el dominio de una cosa. ◊ tr. fig. Sacar a uno fuera de sí. ◊ prnl. Desposeerse, privarse de algo. ◊ prnl. y tr. Apartarse del trato con alguna persona. ❏ ENAJENADO, DA.

ENÁLAGE f. *Gram.* Figura que consiste en mudar las partes de la oración o sus accidentes.

ENALBARDAR tr. Echar o poner la albarda. ◊ fig. Rebozar o cubrir con huevo, harina, etc., lo que se ha de freír.

ENALTECER tr. y prnl. Ensalzar. ❏ ENALTECIMIENTO.

ENAMORAR tr. Excitar en uno la pasión del amor. ◊ Decir requiebros. ◊ prnl. Prendarse de amor de una persona. ◊ Aficionarse a una cosa. ❏ ENAMORADIZO, ZA; ENAMORADO, DA; ENAMORADOR, RA; ENAMORAMIENTO.

ENANCARSE prnl. *Amér.* Montar a las ancas. ◊ *Amér.* Meterse uno donde no le llaman.

ENANISMO m. *Med.* Trastorno del crecimiento del que resulta una talla inferior a la media de la especie.

ENANO, NA adj. fig. Díc. de lo que es diminuto en su especie. ◊ m. y f. Persona de extraordinaria pequeñez.

ENARBOLAR tr. Levantar en alto. ◊ prnl. Encabritarse. ◊ Enfadarse, enfurecerse.

ENARCAR tr. y prnl. Arquear, poner en arco. ◊ prnl. Encogerse, achicarse. ◊ *Méx.* Encabritarse el caballo.

ENARDECER tr. y prnl. Excitar o avivar una pasión del ánimo, una pugna o disputa, etc. ◊ prnl. Encenderse, requemarse una parte del cuerpo del animal por congestión o inflamación. ❏ ENARDECIMIENTO.

ENARENAR tr. y prnl. Echar arena o cubrir con ella. ◊ tr. *Min.* Mezclar cierta cantidad de arena fina con las lamas argentíferas. ◊ prnl. Encallar o varar las embarcaciones.

ENARGITA f. *Miner.* Sulfoarseniuro de cobre; se presenta en cristales alargados del sistema rómbico, de color gris o negro y brillo metálico.

ENARMONÍA f. *Mús.* Relación de dos sonidos distintos que, por la convención del sistema temperado, se consideran iguales.

ENARTROSIS f. *Anat.* Articulación movible de una parte esférica de un hueso que encaja en una cavidad.

ENASTAR tr. Poner el mango o asta a un arma o instrumento. ❏ ENASTADO, DA.

ENCABALGAMIENTO m. Cureña, carro u otra cosa en que se montaba la artillería. ◊ Armazón de maderos cruzados donde se apoya alguna cosa. ◊ Desacuerdo que a veces se produce en el verso entre la unidad sintáctica y la unidad métrica cuando aquélla se excede en los límites del verso y continúa en el siguiente. ❏ ENCABALGAR; ENCABALLAR.

ENCABESTRAR tr. Poner el cabestro a los animales. ◊ Hacer que las reses bravas sigan a los cabestros. ◊ fig. Seducir a uno. ◊ prnl. Enredar la bestia una mano en el cabestro.

ENCABEZAMIENTO m. Acción de encabezar o empadronar. ◊ Registro o padrón de vecinos para la imposición de los tributos. ◊ Fórmula con que comienzan algunos escritos.

ENCABEZAR tr. Registrar, poner en matrícula a uno. ◊ Iniciar una suscripción o lista. ◊ Poner el encabezamiento de un escrito. ◊ Aumentar la parte espiritosa de un vino con otro más fuerte o con alcohol. ◊ *Carp.* Unir dos tablones o vigas por sus extremos.

ENCABRITARSE prnl. Empinarse el caballo, levantando las manos. ◊ fig. Tratándose de embarcaciones, aeroplanos, automóviles, etc., levantarse la parte anterior o delantera súbitamente hacia arriba.

ENCABRONAR tr. y prnl. *Argent.* y *Cuba.* Encolerizar.

ENCACHADO, DA adj. *Chile.* Bien presentado. ◊ m. *Const.* Revestimiento de piedra u hormigón con que se fortalece el cauce de una corriente de agua.

ENCADENADO, DA adj. Díc. de la estrofa cuyo primer verso repite en todo o en parte las palabras del último verso de la estrofa precedente, y también del verso que comienza con la última palabra del anterior. ◊ m. *Arq.* Cadena. ◊ *Cin.* Trucaje usado para empalmar dos secuencias cinematográficas; con él se hace desaparecer gradualmente la última imagen de la primera secuencia mientras va apareciendo la primera imagen de la secuencia siguiente.

ENCADENAR tr. Ligar y atar con cadena. ◊ tr. y prnl. fig. Trabar y unir unas cosas con otras. ◊ fig. Dejar a uno sin movimiento y sin acción. ❏ ENCADENACIÓN; ENCADENAMIENTO.

ENCAJAR tr. Meter una cosa dentro de otra ajustadamente. ◊ Hacer entrar ajustada y con fuerza una cosa en otra. ◊ Encerrar y meter en alguna parte una cosa. ◊ fig. y fam. Decir una cosa ya sea con oportunidad, ya extemporánea o inoportunamente. ◊ fig. y fam. Disparar, dar o arrojar. ◊ fig. Hacer oír a uno alguna cosa, causándole molestia o enfado. ◊ prnl. Meterse uno en parte estrecha; como en un concurso grande de gente, en un hueco de pared, etc. ❏ ENCAJADOR, RA; ENCAJADURA.

ENCAJE m. Acción de encajar una cosa en otra. ◊ Sitio o hueco en que se encaja una cosa. ◇ Ajuste de dos piezas que cierran o se adaptan entre sí. ◇ Medida de una cosa para que venga justa con otra. ◇ Cierto tejido de mallas, lazadas o calados con labores que se hace con bolillos, aguja de coser o de gancho, etc., o bien a máquina. ❑ ENCAJERO, RA.

ENCAJONAR tr. Meter y guardar una cosa dentro de uno o más cajones. ◇ tr. y prnl. Meter en un sitio angosto. ◇ tr. Construir cimientos en cajones o zanjas abiertas. ◇ Reforzar un muro a trechos con machones, formando encajonados. ❑ ENCAJONAMIENTO.

ENCALABERNARSE prnl. fam. *Cuba.* Obstinarse, emperrarse.

ENCALABRINAR tr. y prnl. Llenar la cabeza de un vapor o hálito que la turbe. ◇ tr. Excitar, irritar. ◇ prnl. fam. Enamorarse perdidamente. ◇ fam. Empeñarse en una cosa sin darse a razones. ❑ ENCALABRINAMIENTO.

ENCALILLARSE prnl. *Chile.* Entramparse.

ENCALLAR intr. Dar la embarcación en arena o piedras, quedando en ellas sin movimiento. ◇ fig. No poder salir adelante en un negocio o empresa. ◇ prnl. Endurecerse algunos alimentos por quedar interrumpida su cocción. ❑ ENCALLADERO; ENCALLADURA.

ENCALLECER intr. y prnl. Criar callos o endurecerse la carne a manera de callo. ◇ prnl. fig. Endurecerse con la costumbre en los trabajos o en los vicios.

ENCALMAR tr. y prnl. Tranquilizar, serenar. ◇ prnl. Tratándose del tiempo o del viento, quedar en calma. ◇ Hablando de negocios o transacciones, tener poca actividad. ◇ Sofocarse o enfermar por exceso de calor o de trabajo.

ENCALVECER intr. Perder el pelo.

ENCAMAR tr. Tender o echar una cosa en el suelo. ◇ prnl. Echarse o meterse en la cama por enfermedad. ◇ Agazaparse o echarse la caza en los sitios que busca para su descanso. ◇ *Agr.* Echarse o abatirse las mieses. ◇ fam. *Argent.* y *Ur.* Tener cópula carnal. ❑ ENCAMADO, DA.

ENCAMINAR tr. Poner en camino, enseñar el camino. ◇ tr. y prnl. Dirigir hacia un punto determinado. ◇ tr. fig. Enderezar la intención a un fin determinado.

ENCAMISADO m. *Mec. apl.* Revestimiento que se aplica a ciertos objetos a fin de aumentar su resistencia a la corrosión. ◇ *Mec. apl.* En los motores de explosión, operación de encamisar. ❑ ENCAMISAR.

ENCAMOTARSE prnl. fam. *Argent., Chile, C. Rica y Ecuad.* Enamorarse, amartelarse.

ENCANALLAR tr. y prnl. Corromper, envilecer.

ENCANAR tr. *Argent. y Col.* Meter a alguien en la cárcel. ◇ prnl. Paralizarse a causa de un llanto o risa fuerte.

ENCANDILAR tr. y prnl. Deslumbrar acercando mucho a los ojos el candil u otra luz. ◇ fig. Deslumbrar, alucinar con apariencias. ◇ fig. Encender o avivar los ojos la bebida o la pasión. ◇ Despertar o excitar el sentimiento o deseo amoroso. ◇ prnl. *P. Rico.* Enfadarse. ❑ ENCANDILADO, DA; ENCANDILADOR, RA.

ENCANECER intr. Ponerse cano. ◇ intr. fig. Envejecer una persona.

ENCANIJADO, DA adj. *Ecuad.* Aterido, arrecido.

ENCANIJAR tr. y prnl. Poner flaco y enfermizo. ❑ ENCANIJAMIENTO.

ENCANTAR tr. Obrar maravillas por medio de fórmulas y conjuros mágicos. ◇ fig. Cautivar la atención con la hermosura o el talento. ❑ ENCANTACIÓN; ENCANTADO, DA; ENCANTADOR, RA; ENCANTAMIENTO; ENCANTO; ENCANTORIO.

ENCANTE m. Lugar donde se venden y se compran objetos usados.

ENCAÑADA f. Cañada, garganta o paso.

ENCAÑADO m. Conducto hecho de caños, o de otro modo, para conducir el agua. ◇ Enrejado o celosía de cañas que se pone en jardines, dependencias, etc.

ENCAÑAR tr. Hacer pasar el agua por encañados. ◇ Sanear de humedad las tierras por medio de encañados. ◇ Poner cañas para sostener las plantas. ◇ intr. y prnl. *Agr.* Empezar a formar caña los tallos tiernos de los cereales.

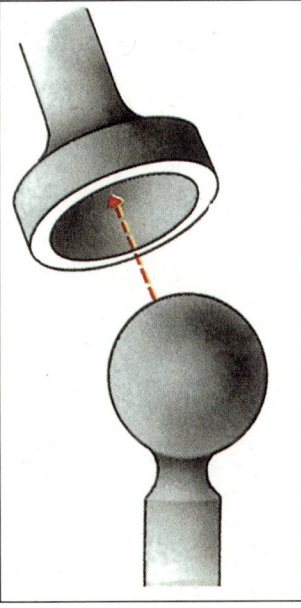

Esquema de una **enartrosis**

ENCAÑIZAR tr. Poner cañizos a los gusanos de seda. ◇ Cubrir con cañizos una bovedilla u otra cosa cualquiera. ❑ ENCAÑIZADA; ENCAÑIZADA.

ENCAÑONAR tr. Dirigir o encaminar una cosa para que entre por un cañón. ◇ Entre tejedores, encañar o encanillar. ◇ Asestar o dirigir un arma de fuego contra una persona o cosa. ◇ intr. Echar cañones las aves cuando crían o mudan la pluma. ❑ ENCAÑONADO, DA.

ENCAPIROTAR tr. y prnl. Poner el capirote.

ENCAPOTAR tr. y prnl. Cubrir con el capote. ◇ prnl. fig. Poner el rostro ceñudo y con sobrecejo. ◇ Cubrirse el cielo de nubes oscuras. ❑ ENCAPOTADURA o ENCAPOTAMIENTO.

ENCAPRICHARSE prnl. Empeñarse uno en conseguir su capricho. ◇ Cobrar o tener capricho por una persona o cosa.

ENCAPUCHAR tr. y prnl. Cubrir o tapar con capucha. ❑ ENCAPUCHADO, DA.

ENCARAMAR tr. y prnl. Levantar o subir a una persona o cosa a lugar dificultoso de alcanzar. ◇ fig. y fam. Alabar, encarecer con extremo. ◇ fig. y fam. Elevar a una posición importante o a un puesto honorífico.

ENCARAR intr. y prnl. Ponerse uno cara a cara, enfrente y cerca de otro. ◇ tr. Apuntar un arma, dirigir a alguna parte la puntería. ◇ tr. y prnl. fig. Hacer frente a un problema o dificultad. ❑ ENCARAMIENTO.

ENCARCELAR tr. Poner a uno preso en la cárcel. ❑ ENCARCELACIÓN; ENCARCELAMIENTO.

ENCARGADO, DA adj. Que ha recibido un encargo. ◇ m. y f. Persona que tiene a su cargo una casa, un establecimiento, un negocio, etc., en representación del dueño o interesado.

ENCARGAR tr. y prnl. Encomendar, poner una cosa al cuidado de uno. ◇ tr. Recomendar, aconsejar, prevenir. ◇ Pedir que se traiga o envíe de otro lugar alguna cosa. ❑ ENCARGO.

ENCARIÑAR tr. y prnl. Aficionar, despertar o excitar cariño.

ENCARNACIÓN f. Díc. especialmente del acto de encarnarse Jesús en las entrañas de María. ◇ fig. Personificación o símb. de una idea, doctrina, etc.

ENCARNACIÓN C. de Paraguay, cap. del dpto. de Itapúa; 27 600 hab. Agricultura e ind. derivadas. Puerto muy importante a orillas del Paraná.

ENCARNACIÓN DE DÍAZ C. de México, en el est. de Jalisco; 29 700 hab. Ind. alimenticias. Avicultura y apicultura.

ENCARNADO, DA adj. y s. De color de carne. ◇ Colorado, rojo.

ENCARNADURA f. Disposición de los tejidos del cuerpo para cicatrizar o reparar sus lesiones.

ENCARNAR intr. Revestir una sustancia espiritual, una idea, etc., de un cuerpo de carne. Díc. pralm. del acto de hacerse hombre el Verbo divino. ◇ Criar carne cuando se va mejorando y sanando una herida. ◇ Introducirse por la carne la saeta, espada u otra arma. ◇ *Art. Gráf.* Estampar bien una tinta sobre el papel, o una tinta sobre otra. ◇ tr. fig. Personificar, representar alguna idea, doctrina, etc. ◇ fig. Representar un personaje de una obra dramática. ◇ Dar color de carne a las esculturas. ◇ prnl. Introducirse una uña, al crecer, en las partes blandas que la rodean. ◇ fig. Mezclarse, unirse, incorporarse una cosa con otra.

ENCARNIZAR tr. Cebar un perro en la carne de otro animal para que se haga fiero. ◇ tr. y prnl. fig. Encruelecer, irritar, enfurecer. ◇ prnl. Cebarse con ansia los animales hambrientos cuando matan una res. ◇ fig. Mostrarse cruel contra una persona. ◇ *Mil.* Batirse con furor dos cuerpos de tropas enemigas. ❑ ENCARNIZADO, DA; ENCARNIZAMIENTO.

ENCARO m. Acción de mirar a uno cara a cara con atención. ◇ Acción de encarar o apuntar un arma. ◇ Puntería. ◇ Parte de la culata de la escopeta donde se apoya la mejilla al hacer la puntería.

ENCARPETAR tr. Guardar papeles en carpetas. ◇ *Argent., Chile, Ecuad. y Perú.*

Dar carpetazo, dejar detenido un expediente.

ENCARRILAR tr. Encaminar, dirigir y enderezar una cosa. ◊ Colocar sobre los carriles o rieles un vehículo descarrilado. ◊ fig. Dirigir por el rumbo acertado una pretensión o expediente que iba por mal camino. ◊ prnl. Encarrilarse. ❑ ENCARRILADERA.

ENCARTACIÓN f. Empadronamiento en virtud de carta de privilegio. ◊ Reconocimiento de vasallaje que hacían al señor los pueblos, pagándole tributo. ◊ Pueblo que reconocía este vasallaje.

ENCARTAR tr. Proscribir a un reo constituido en rebeldía. ◊ Incluir a uno en una dependencia, compañía o negociado. ◊ Incluir a uno en los padrones. ◊ En los juegos de naipes, jugar al contrario o al compañero carta a la cual pueda servir del palo. ◊ prnl. En los juegos de naipes, tomar uno cartas, o quedarse con ellas, del mismo palo que otro. ❑ ENCARTADO, DA; ENCARTAMIENTO.

ENCARTE m. *Art. Gráf.* Hoja que se incluye, pegándola, en un libro o revista ya impresos.

ENCARTONAR tr. Poner cartones o resguardar con cartones una cosa. ◊ Encuadernar con cartones cubiertos de papel. ❑ ENCARTONADOR, RA.

ENCARTUCHAR tr. y prnl. *Chile, Col., Ecuad.* y *P. Rico.* Enrollar en forma de cucurucho.

ENCASILLAR tr. Poner en casillas. ◊ Clasificar personas o cosas distribuyéndolas en sus sitios correspondientes. ◊ Señalar el gobierno a un candidato para las elecciones de diputados. ❑ ENCASILLADO.

ENCASQUETAR tr. y prnl. Encajar bien en la cabeza el sombrero. ◊ fig. Meter a uno algo en la cabeza. ◊ tr. fig. Encajar. ◊ prnl. Metérsele a uno algo en la cabeza, arraigada y obstinadamente.

ENCASQUILLAR tr. Poner casquillos. ◊ *Amér.* Herrar caballerías o bueyes. prnl. Dicho de las armas automáticas, dejar de funcionar por haber quedado fuera de su sitio la vaina de un cartucho o el cartucho mismo. ◊ fig. y fam. *Cuba.* Acobardarse, acoquinarse. ◊ *Amér.* ENCASQUILLADOR.

ENCASTAR tr. Mejorar una raza o casta de animales. ◊ intr. Procrear, hacer casta.

ENCASTILLADO, DA adj. fig. Altivo y soberbio.

ENCASTILLAR tr. Fortificar con castillos un pueblo o paraje. ◊ prnl. Encerrarse en un castillo y hacerse allí fuerte para defenderse. ◊ fig. Obstinarse uno en su parecer.

ENCAUCHADO, DA adj. *Amér.* Díc. de la tela impermeabilizada con caucho. ◊ m. *Col., Ecuad.* y *Ven.* Poncho impermeabilizado con caucho. ❑ ENCAUCHAR.

ENCAUSAR tr. Formar causa a uno.

ENCÁUSTICO, CA adj. *Pint.* Díc. de la pintura hecha al encausto. ◊ m. Preparado de cera para preservar de la humedad la piedra, la madera o las paredes, y darles brillo.

ENCAUSTO o **ENCAUSTE** m. Tinta roja con que escribían los emp. ◊ *Pint.* Combustión. ◊ Pintar al e. Pintar por medio del fuego.

ENCAUZAR tr. Abrir cauce. ◊ fig. Encaminar, dirigir por buen camino. ❑ ENCAUZAMIENTO.

ENCEFALITIS f. *Pat.* Inflamación del encéfalo. ◊ **letárgica.** *Pat.* Variedad infecciosa de la encefalitis, caracterizada por la tendencia prolongada a la somnolencia.

ENCÉFALO m. *Anat.* Parte del sistema nervioso central de los vertebrados, contenida en la cavidad craneal. Se compone del cerebro, con sus dos hemisferios, el cerebelo y el tronco cerebral. ❑ ENCEFÁLICO, CA.

ENCEFALOGRAFÍA f. Radiografía del cráneo.

ENCEFALOMIELITIS f. *Pat.* Inflamación simultánea del encéfalo y de la médula espinal.

ENCEFALOPATÍA f. *Pat.* Trastorno propio del encéfalo. ◊ **espongiforme.** *Pat.* Enfermedad neurológica progresiva y fatal, variante de la enfermedad de Creutzfeldt-Jakob en humanos.

ENCEGUECER tr. Cegar, privar de la visión. ◊ tr. y prnl. fig. Cegar, ofuscar el entendimiento. ◊ intr. y prnl. Sufrir ceguera, perder la vista.

ENCELAR tr. Dar celos. ◊ prnl. Concebir celos de una persona. ◊ Estar en celo un animal. ❑ ENCELAMIENTO.

ENCENAGARSE prnl. Meterse en el cieno. ◊ Ensuciarse, mancharse con cieno. ◊ fig. Entregarse a los vicios. ❑ ENCENAGADO, DA.

ENCENDER tr. Hacer que una cosa arda. ◊ Pegar fuego, incendiar. ◊ tr. y prnl. Causar ardor y encendimiento. ◊ tr. Conectar un circuito eléctrico. ◊ fig. Tratándose de guerras, suscitar, ocasionar. ◊ fig. Incitar, inflamar, enardecer. ◊ prnl. fig. Ponerse colorado, ruborizarse. ❑ ENCENDEDOR; ENCENDIMIENTO.

ENCENDIDO, DA adj. De color rojo muy subido. ◊ m. *Aut.* Conjunto de la instalación eléctrica y aparatos destinados a producir la chispa en los motores de explosión. ◊ *Aut.* La misma inflamación del carburante.

ENCEPAR tr. Meter en el cepo. ◊ Echar la caja al cañón de un arma de fuego. ◊ *Carp.* Asegurar piezas por medio de cepos. ◊ intr. y prnl. Echar las plantas raíces que penetren bien en la tierra. ❑ ENCEPADURA; ENCEPE.

ENCERADO, DA adj. De color de cera. ◊ m. Lienzo impermeabilizado con cera u otra materia. ◊ Cuadro de una sustancia apropiada, que se usa en las escuelas para escribir en él con clarión. ◊ Capa tenue de cera con que se cubren los entarimados y muebles. ❑ ENCERAR; ENCERADOR, RA.

ENCERRAR tr. Meter a una persona o cosa en lugar de donde no pueda salir. ◊ fig. Incluir, contener. ◊ prnl. fig. Recogerse en una clausura o religión. ◊ Obstinarse uno en su parecer. ❑ ENCERRADOR, RA; ENCERRADURA o ENCERRAMIENTO.

ENCERRONA f. fam. Retiro voluntario. ◊ Situación, preparada de antemano, en que se coloca a una persona para obligarla a que haga algo.

ENCESTAR tr. Poner, recoger algo en una cesta. ◊ *Dep.* En baloncesto, introducir el balón en el cesto contrario. ❑ ENCESTADOR, RA; ENCESTE.

ENCHARCAR tr. y prnl. Cubrir de agua una parte de terreno que queda como si fuera un charco. ◊ Enaguachar el estómago. ❑ ENCHARCAMIENTO.

ENCHILADA f. *Guat.* y *Méx.* Torta de maíz aderezada con chile y rellena de diversos manjares.

ENCHILAR tr. *C. Rica, Hond.* y *Méx.* Untar, aderezar con chile. ◊ tr. y prnl. fig. *Méx.* Picar, molestar, irritar. ◊ tr. fig. *C. Rica.* Dar o recibir un chasco.

ENCHIRONAR tr. fam. Meter a uno en chirona, encarcelar.

ENCHUFAR tr. e intr. Ajustar la boca de un caño en la de otro. ◊ fig. Combinar, enlazar un negocio con otro. ◊ *El.* Establecer una conexión eléctrica mediante un enchufe. ◊ fam. despect. Proporcionar un cargo, empleo o situación ventajosos atendiendo a recomendaciones o influencias. ◊ prnl. fam. despect. Obtenerlos. ❑ ENCHUFADO, DA; ENCHUFISMO; ENCHUFISTA.

ENCHUFE m. *El.* Aparato que consta de dos piezas que se encajan una en otra cuando se quiere establecer una conexión eléctrica.

ENCHULARSE prnl. Hacer vida de chulo o rufián. ◊ Encapricharse una puta de un chulo.

ENCÍA f. *Anat.* Tejido fibroso denso recubierto por mucosa que cubre los arcos dentarios y se adhiere al cuello de los dientes.

ENCÍCLICA f. Carta que el Papa dirige a todos los obispos del orbe católico.

ENCICLOPEDIA f. Conjunto de todas las ciencias. ◊ Obra en que se trata de muchas ciencias. ◊ Conjunto de tratados pertenecientes a diversas ciencias o artes. ◊ Enciclopedismo. ◊ Diccionario enciclopédico. ❑ ENCICLOPÉDICO, CA.

☐ *Hist.* Los antecedentes de la e. se remontan a las *Etimologías* de san Isidoro de Sevilla (s. VII) y al Diccionario Universal de Salomón, obispo de Constanza, aunque la e. por ant. es la ➪ *Enciclopedia* de los ilustrados fr. En ellas tiende a desempeñar un papel más imp. la ilustración, aunque persiste el objetivo de compendiar la universalidad de los saberes.

ENCICLOPEDIA o **Diccionario razonado de las Ciencias, las Artes y los Oficios** *(Encyclopédie)* Vasta obra (17 tomos) que logró reunir todo el saber de la época. Dirigida por Diderot, colaboraron en ella los más destacados representantes de la intelectualidad fr. del s. XVIII. Su publicación finalizó en 1772.

ENCICLOPEDISMO m. Conjunto de doctrinas profesadas por los autores de la Enciclopedia, desarrollada en Francia a mediados del s. XVIII. ❑ ENCICLOPEDISTA.

ENCIELAR tr. *Chile.* Poner a una cosa cielo o cubierta.

ENCIERRO m. Lugar donde se encierra. ◊ Clausura, recogimiento. ◊ Prisión muy estrecha. ◊ Acto de traer los toros a encerrar en el toril. ◊ Toril.

ENCIMA adv. lugar. En lugar o puesto superior respecto de otro inferior. ◊ Sobre sí, sobre la propia persona.

ENCINA f. o **ENCINO** m. *Bot.* Árbol que tiene por fruto bellotas, y su madera es muy dura y compacta. ◊ Madera de este árbol. ❑ ENCINAL; ENCINAR.

ENCINA, Juan del (1468-1529) Músico, poeta y dramaturgo esp. Considerado el fundador del teatro español. En el *Cancionero* se halla recogida la mayor parte de su producción literaria.

ENCINTA adj. Embarazada.

ENCINTAR tr. Adornar, engalanar con cintas. ◊ Poner el cintero a los novillos. ◊ Poner las cintas de un solado o de una acera.

ENCLAUSTRAR tr. y prnl. Encerrar en un claustro. ◊ fig. Meter, esconder en un paraje oculto.

ENCLAVADO, DA adj. y s. Díc. del sitio encerrado dentro del área de otro. ◊ Díc. del objeto encajado en otro.

ENCLAVADURA f. Muesca por donde se unen dos maderas o tablas.

ENCLAVAR tr. Asegurar con clavos. ◊ Producir una herida a la caballería por introducir mucho el clavo al herrarla. ◊ fig. Traspasar, atravesar de parte a parte. ◊ fig. y fam. Engañar a uno. ❏ ENCLAVACIÓN; ENCLAVAMIENTO.

ENCLAVE m. Terr. incluido en otro mayor y de distintas características. ◊ Grupo étnico o político que convive o se encuentra inserto dentro de uno más extenso y de características diferentes.

ENCLENQUE adj. y s. Falto de salud, débil. ◊ *Argent.*, *Méx.* y *Amér. Central.* Muy flaco.

ENCLISIS f. *Gram.* Unión de una palabra enclítica a la que la precede.

ENCLÍTICO, CA adj. y s. Díc. de la partícula o parte de la oración que se liga con el vocablo precedente, formando con él una sola palabra.

ENCLOCAR o **ENCLUECAR** intr. Ponerse clueca un ave.

ENCOBAR intr. y prnl. Permanecer las aves y animales ovíparos encima de los huevos para empollarlos.

El trabajo en una fábrica, ilustración aparecida en la primera edición de la **Enciclopedia** francesa

ENCOFRADO m. *Const.* Molde hecho con tableros o chapas de metal en el que se vacía el hormigón hasta que fragua. ◊ Tapial. ◊ *Min.* Revestimiento de madera para sostener las tierras en las galerías de las minas. ❏ ENCOFRAR.

ENCOGER tr. y prnl. Retirar contrayendo. Díc. del cuerpo y de sus miembros. ◊ fig. Apocar el ánimo. ◊ intr. Disminuir de tamaño algunas cosas al secarse. ◊ prnl. fig. Tener cortedad.

ENCOGIDO, DA adj. y s. fig. Corto de ánimo, apocado. ❏ ENCOGIMIENTO.

ENCOLADURA f. Aplicación de una o más capas de cola caliente a una superficie que ha de pintarse al temple.

ENCOLAR tr. Pegar con cola una cosa. ◊ tr. Clarificar vinos. ◊ Dar la encoladura a las superficies que han de pintarse al temple. ❏ ENCOLADO, DA.

ENCOLERIZAR tr. y prnl. Hacer que uno se ponga colérico.

ENCOMENDAR tr. Encargar a uno que haga alguna cosa o que cuide de ella o de una persona. ◊ Dar encomienda, hacer comendador a uno. ◊ intr. Llegar a tener encomienda de orden. ◊ prnl. Entregarse, confiarse al amparo de uno. ◊ Enviar recados o memorias. ❏ ENCOMENDAMIENTO.

ENCOMIAR tr. Alabar con encarecimiento a una persona o cosa. ❏ ENCOMIABLE; ENCOMIÁSTICO, CA; ENCOMIO.

ENCOMIASTA m. Panegirista.

ENCOMIENDA f. Encargo. ◊ Dignidad de algunos caballeros de las órdenes militares. ◊ Recomendación, elogio. ◊ Amparo, patrocinio, custodia. ◊ *Amér.* Paquete postal. ◊ pl. Recados, memorias.

❏ *Hist.* La e. fue una institución del derecho cast. medieval que, trasladada a América, constituyeron los pilares básicos de la dominación colonial esp. en América. Consistía en la cesión que el monarca efectuaba del derecho a percibir tributos de los indígenas de un terr. (*e. de tributo*) que se asignaba a un súbdito esp. o en forma de servicios personales (*e. de servicios*), a cambio de que el encomendero se encargara de la instrucción y evangelización de los indígenas.

ENCOÑADURA f. Enconamiento, inflamación de una herida.

ENCONAR tr. y prnl. Inflamar, empeorar la llaga o parte lastimada del cuerpo. ◊ fig. Irritar, exasperar el ánimo contra uno. ❏ ENCONAMIENTO; ENCONOSO, SA.

ENCONO m. Animadversión, rencor.

ENCONTRADIZO, ZA adj. Que se encuentra con otra cosa o persona.

ENCONTRADO, DA adj. Puesto enfrente. ◊ Opuesto, contrario, antitético.

ENCONTRAR tr. Dar con una persona o cosa que se busca. ◊ Dar con una persona o cosa sin buscarla. ◊ intr. Tropezar uno con otro. ◊ prnl. Oponerse, enemistarse uno con o tro. ◊ Hallarse y concurrir juntas a un mismo lugar dos o más personas. ◊ Hallarse, estar. ◊ Hablando de las opiniones, dictámenes, etc., opinar diferentemente, discordar unos de otros. ◊ Hablando de los afectos, las voluntades, los genios, etc., conformar, convenir, coincidir.

ENCONTRÓN o **ENCONTRONAZO** m. Golpe que da una cosa con otra cuando una de ellas, o las dos, van impelidas y se encuentran.

ENCOPETAR tr. y prnl. Elevar en alto o formar copete. ◊ prnl. Engreírse, presumir demasiado. ❏ ENCOPETADO, DA.

ENCORAJAR tr. Dar valor, ánimo y coraje. ◊ prnl. Encenderse en coraje.

ENCORAJINAR tr. y prnl. Encolerizar a alguien, hacer que tome una corajina.

ENCORAR tr. Cubrir con cuero una cosa. ◊ Meter y encerrar una cosa dentro de un cuero. ◊ tr. y prnl. Formar piel una llaga. ❏ ENCORIACIÓN.

ENCORCHAR tr. Coger los enjambres de las abejas y cebarlas para que entren en las colmenas. ◊ Poner tapones de corcho a las botellas. ❏ ENCORCHADOR, RA.

ENCORDAR tr. Poner cuerdas a los intrumentos de música. ◊ Apretar un cuerpo con una cuerda. ◊ prnl. *Dep.* En escalada, unirse con la cuerda de seguridad los escaladores. ❏ ENCORDADURA.

ENCORDELAR tr. Poner cordeles a una cosa, proveer de cordeles. ◊ Atar algo con cordeles.

ENCORNADURA f. Forma o disposición de los cuernos en el toro, ciervo, etc. ◊ Cornamenta. ❏ ENCORNADO, DA.

ENCORNUDAR tr. fig. Hacer cornudo a uno. ◊ intr. Echar o criar cuernos.

ENCORSETAR tr. y prnl. Poner corsé, especialmente cuando se ciñe mucho.

ENCORVAR tr. y prnl. Doblar una cosa poniéndola curva. ◊ prnl. fig. Inclinarse, ladearse. ❏ ENCORVADURA; ENCORVAMIENTO.

ENCRASAR tr. y prnl. Poner craso un líquido. ◊ Fertilizar las tierras con abonos.

ENCRESPAR tr. y prnl. Ensortijar, rizar; díc. más especialmente del cabello. ◊ Erizar el pelo, plumaje, etc., por alguna impresión fuerte, como el miedo. ◊ Enfurecer, irritar y agitar, dicho de personas y animales. ◊ Producir grandes olas en el mar. ❏ ENCRESPADO, DA; ENCRESPADOR, RA; ENCRESPADURA; ENCRESPAMIENTO.

ENCRESTADO, DA adj. fig. Ensoberbecido, levantado, altivo.

ENCRESTARSE prnl. Poner las aves tiesa la cresta.

ENCRISTALAR tr. Acristalar.

ENCRUCIJADA f. Paraje en donde se cruzan dos o más calles o caminos. ◊ fig. Alternativa, opción. ◊ fig. Ocasión que se aprovecha para hacer daño a uno; asechanza.

ENCRUDECER tr. y prnl. Hacer que una cosa tenga apariencia u otra condición de cruda. ◊ fig. Exasperar, irritar.

ENCRUELECER tr. Instigar a uno a que piense y obre con crueldad. ◊ prnl. Hacerse cruel.

ENCUADERNACIÓN f. Forro o cubierta de cartón, pergamino u otra cosa, que se pone a los libros para resguardo de sus hojas. ◊ Taller donde se encuaderna.

ENCUADERNAR tr. Juntar y coser varios pliegos o cuadernos y ponerles cubiertas. ❏ ENCUADERNADOR, RA.

ENCUADRAR tr. Encerrar en un marco. ◊ fig. Encajar, ajustar una cosa dentro de otra. ◊ fig. Encerrar o incluir dentro de sí una cosa; bordearla, determinar sus límites. ◊ *Cin.*, *Fot.* y *TV.* Realizar el encuadre de las imágenes.

ENCUADRE m. *Cin.*, *Fot.* y *TV.* Acción de orientar la cámara de manera que el visor delimite exactamente el campo que se desea abarcar. ◊ Este mismo campo.

ENCUBRIMIENTO m. *Der.* Participación en las responsabilidades de un de-

Taller de **encuadernación**

lito por aprovechar los efectos de él, impedir que se descubra, etc.

ENCUBRIR tr. y prnl. Ocultar una cosa o no manifestarla. ◊ Impedir que llegue a saberse una cosa. ◊ Hacerse responsable de encubrimiento de un delito. ❑ ENCUBIERTO, TA; ENCUBRIDIZO, ZA; ENCUBRIDOR.

ENCUENTRO m. Acto de coincidir en un punto dos o más cosas. ◊ Acto de encontrarse o hallarse dos o más personas. ◊ Oposición, contradicción. ◊ Competición deportiva. ◊ *Arq.* Macizo comprendido entre un ángulo de un edificio y el vano más inmediato. ◊ *Mil.* Choque, por lo general inesperado, de las tropas combatientes. ◊ Axila, sobaco. ◊ pl. En las aves, parte del ala pegada a los pechos. ◊ *Art. Gráf.* Claros que se dejan al imprimir para después estampar allí letras con tinta de otro color.

ENCUERAR tr. y prnl. Desnudar a una persona.

ENCUESTA f. Averiguación o pesquisa. ◊ Acopio de datos obtenidos mediante consulta o interrogatorio. ❑ ENCUESTADOR, RA.

ENCUESTAR tr. Someter cualquier cuestión a encuesta. ◊ Interrogar a las personas con ese fin. ◊ intr. Hacer encuestas.

ENCUMBRAMIENTO m. Altura, elevación. ◊ fig. Ensalzamiento, exaltación.

ENCUMBRAR tr. y prnl. Levantar en alto. ◊ fig. Ensalzar, engrandecer a uno colocándolo en puestos o empleos honoríficos. ◊ tr. Subir la cumbre, pasarla. ◊ prnl. Envanecerse, ensoberbecerse. ❑ EENCUMBRADO, DA.

ENCURRUCARSE prnl. *Amér.* Acurrucarse.

ENCURTIR tr. Conservar en vinagre ciertos frutos o legumbres. ❑ ENCURTIDO, DA.

ENDARA Galimany, Guillermo (n. 1936) Abogado pan. Presid. entre 1989 y 1994.

ENDE (Por) m. adv. Por tanto.

ENDEBLE adj. Débil, de poca resistencia. ◊ fig. De escaso mérito. ❑ ENDEBLEZ; ENDEBLUCHO, CHA.

ENDECÁGONO, NA adj. y m. *Geom.* Aplícase al polígono de once ángulos y once lados.

ENDECASÍLABO, BA adj. y s. De

Guillermo **Endara**

once sílabas. ◊ m. Verso de once sílabas, muy usado entre los clásicos it. ◊ **anapéstico** o **de flauta gallega.** El que lleva acento en las sílabas cuarta y séptima. ❑ ENDECASILÁBICO, CA.

ENDECHA f. Canción triste. Se usa más en pl. ◊ Combinación métrica de cuatro versos de seis o siete sílabas, asonantados. ❑ ENDECHAR; ENDECHADERA.

ENDEMIA f. Enfermedad que reina habitualmente, o en épocas fijas, en un país o región.

ENDÉMICO, CA adj. fig. Díc. de actos o sucesos que se repiten frecuentemente en un país. ◊ *Med.* Relativo a la endemia. ◊ En ecología, díc. de cualquier planta o animal confinado en un determinado país o región. ❑ ENDEMOEPIDÉMICO, CA.

ENDEMONIAR tr. Introducir los demonios en el cuerpo de una persona. ◊ tr. y prnl. fig. y fam. Irritar, encolerizar a uno. ❑ ENDEMONIADO, DA.

ENDENTAR tr. Encajar una cosa en otra, como los dientes y los piñones de las ruedas. ◊ Poner dientes a una rueda. ❑ ENDENTADO, DA.

ENDENTECER intr. Empezar los niños a echar los dientes.

ENDEREZAR tr. y prnl. Poner derecho lo que está torcido. ◊ Poner derecho o vertical lo que está inclinado o tendido. ◊ tr. Remitir, dirigir, dedicar. ◊ tr. y prnl. fig. Gobernar bien. ◊ tr. Enmendar, corregir, castigar. ◊ prnl. fig. Disponerse, encaminarse a lograr un intento. ❑ ENDEREZADOR, RA.

ENDEUDARSE prnl. Llenarse de deudas. ◊ Reconocerse obligado.

ENDIABLAR tr. Introducir los diablos en el cuerpo de uno. ◊ tr. y prnl. fig. y fam. Dañar, pervertir. ◊ prnl. Encolerizarse uno demasiado.

ENDÍADIS f. *Ret.* Figura por la cual se expresa un solo concepto con dos nombres coordinados.

ENDIBIA f. Escarola, especie de achicoria muy apreciada en la preparación de ensaladas.

ENDILGAR tr. Encajar, endosar a otro algo desagradable o impertinente.

ENDIOSAR tr. Elevar a uno a la divinidad. ◊ prnl. fig. Erguirse, entonarse, ensoberbecerse. ◊ fig. Suspenderse, embebecerse. ❑ ENDIOSAMIENTO.

ENDOCARDIO m. *Anat.* Membrana serosa que tapiza las cavidades del corazón.

ENDOCARDITIS f. *Pat.* Inflamación aguda o crónica del endocardio.

ENDOCARPIO m. *Bot.* Capa interna de las tres que forman el pericarpio de los frutos.

ENDOCRINO, NA adj. *Fisiol.* Relativo a las hormonas o a las secreciones internas. ◊ *Fisiol.* Díc. de la glándula que vierte directamente sus secreciones en la sangre. ◊ **Sistema e.** *Fisiol.* Conjunto de agrupaciones celulares cuyos productos de secreción se vierten en la sangre.

ENDOCRINOLOGÍA f. Ciencia biológica que estudia la formación, función y efecto de las glándulas endocrinas. ❑ ENDOCRINOLÓGICO, CA; ENDOCRINÓLOGO, GA.

ENDODERMIS f. *Bot.* Tejido, formado gralte. por una capa de células, que en los vegetales se halla separando diversos tejidos internos.

ENDODERMO m. *Embriol.* Hoja interna del blastodermo, de la que deriva el epitelio de los aparatos respiratorio y urinario, y el aparato digestivo. ❑ ENDODÉRMICO, CA.

ENDOESQUELETO m. Esqueleto interno de los animales.

ENDOGAMIA f. Matrimonio entre individuos de una misma tribu, casta, linaje o grupo social. ◊ P. ext., se aplica a la regla o práctica de contraer matrimonio personas de ascendencia común. ◊ *Biol.* Fecundación mediante la unión de células de igual origen. ❑ ENDOGÁMICO, CA.

ENDOGÉNESIS f. *Biol.* División de una célula envuelta por una membrana resistente que impide la separación de las células hijas.

ENDÓGENO, NA adj. Que se origina o nace en el interior. ◊ Que se origina por causas internas.

ENDOMETRIO m. *Anat.* Mucosa que reviste la cavidad interna del útero.

ENDOMETRITIS f. *Pat.* Inflamación del endometrio, gralte. por infección gonocócica.

ENDOMICETALES m. pl. *Bot.* Orden de hongos ascomicetos, de micelio poco desarrollado, entre los que se encuentran las levaduras y los fermentos.

ENDOMINGARSE prnl. Vestirse con la ropa de fiesta. ❑ ENDOMINGADO, DA.

ENDOMORFISMO m. *Geol.* Endometamorfismo. ◊ *Mat.* Aplicación homomórfica de una estructura algebraica en sí misma.

ENDOPARÁSITO, TA adj. y m. *Biol.* Parásito que vive en el interior de un animal o planta.

ENDOPLASMA m. *Biol.* Zona del citoplasma más próxima al núcleo, que contiene la mayoría de los orgánulos citoplasmáticos.

ENDORREÍSMO m. *Geog.* Carácter de las regiones con red hidrográfica de cursos permanentes sin salida al mar. ❑ ENDORREICO, CA.

ENDOSAR tr. Ceder a favor de otro un documento de crédito expedido a la orden, haciéndolo así constar al dorso. ◊ fig. Trasladar a uno una carga, trabajo o cosa no apetecible. ❑ ENDOSATARIO, RIA; ENDOSE.

ENDOSCOPIA f. *Med.* Técnica de diagnosis basada en la exploración directa del cuerpo humano mediante el endoscopio.

ENDOSCOPIO m. Nombre de varios aparatos para explorar cavidades internas del organismo.

ENDOSFERA f. Parte central del globo terráqueo. Su temperatura se estima entre 1 500 y 3 000 °C.

ENDÓSMOSIS o **ENDOSMOSIS** f. *Fís.* Corriente de fuera adentro, que se establece cuando dos líquidos de distinta densidad están separados por una membrana. ❑ ENDOSMÓMETRO.

ENDOSO o **ENDORSO** m. Lo que se escribe al dorso de un documento para endosarlo.

ENDOSPERMA m. *Bot.* Tejido de reserva de las semillas, procedente del gametófito femenino.

ENDÓSPORA f. *Bot.* Célula de la reproducción asexual, formada en el interior de los esporangios.

ENDOTELIO m. *Anat.* Tejido epitelial de células planas que recubre el interior de los vasos y de las cavidades serosas y articulares.

ENDOTÉRMICO, CA adj. *Quím.* Díc. del compuesto que se ha formado a partir de cuerpos simples con absorción de calor, y de la reacción que absorbe calor.

ENDOVENOSO, SA adj. Intravenoso.

ENDRIAGO m. Monstruo fabuloso, con mezcla de facciones humanas y de varias fieras.

ENDRINO, NA adj. De color negro azulado, parecido al de la endrina. ◊ m. Ciruelo silvestre de fruto pequeño negro azulado y áspero al gusto. ◊ f. Fruto del endrino. ❏ ENDRINAL.

ENDROGARSE prnl. *P. Rico.* Drogarse, usar estupefacientes. ◊ *Chile, Méx.* y *Perú.* Entramparse, contraer deudas o drogas.

ENDULZAR tr. y prnl. Poner dulce una cosa. ◊ tr. y prnl. fig. Suavizar, hacer llevadero un trabajo, disgusto o incomodidad. ❏ ENDULCE.

ENDURAR tr. y prnl. Endurecer. ◊ tr. Sufrir, tolerar. ◊ Diferir o dilatar una cosa. ◊ Economizar, escasear el gasto. ❏ ENDURADOR, RA.

ENDURECER tr. y prnl. Poner dura una cosa. ◊ fig. Robustecer los cuerpos; hacerlos más aptos para el trabajo y la fatiga. ◊ tr. fig. Hacer a uno áspero, severo, exigente. ◊ prnl. Negarse a la piedad, obstinarse en el rigor.

ENDURECIMIENTO m. fig. Obstinación, tenacidad.

ENE f. Nombre de la letra *n* y del signo potencial indeterminado en álgebra. ◊ adj. Denota cantidad indeterminada.

ENEA f. Anea, planta. ❏ ENEAL.

ENEÁGONO adj. y m. *Geom.* Díc. del polígono de nueve ángulos y nueve lados.

ENEAS Personaje legendario, hijo de Anquises y Afrodita.

ENEASÍLABO, BA adj. y s. De nueve sílabas.

ENEBRINA f. Fruto del enebro.

ENEBRO m. *Bot.* Arbusto cupresáceo de flores escamosas, de color pardo rojizo, y fruto en bayas esféricas de color negro azulado. La madera es rojiza, fuerte y olorosa. ◊ Madera de esta planta. ❏ ENEBRAL.

ENELDO m. Hierba umbelífera, con hojas divididas en lacinias y flores amarillas en círculo.

ENEMA f. *Med.* Inyección de un líquido en el recto, con fines terapéuticos.

ENEMIGO, GA adj. Contrario, opuesto. ◊ m. y f. El que tiene mala voluntad a otro y le desea o hace mal. ◊ m. El contrario en la guerra. ◊ Diablo, demonio. ◊ f. Enemistad, odio, oposición.

ENEMISTAR tr. y prnl. Hacer a uno enemigo de otro, o hacer perder la amistad. ❏ ENEMISTAD.

ENEOLÍTICO, CA adj. Relativo al periodo de transición entre la edad de piedra pulimentada y la del bronce. Datado en el Próximo Oriente hacia 5 000 a. C.

ENERGÉTICO, CA adj. Relativo a la energía. ◊ *Fil.* Díc. de la teoría positivista que admite la energía como única realidad, fuente de todos los fenómenos. ◊ f. *Fís.* Ciencia que trata de la energía.

ENERGÍA f. Eficacia, poder, virtud para obrar. ◊ Fuerza de voluntad, vigor y tesón en la actividad. ◊ *Fís.* Capacidad de un sistema para realizar un trabajo, con las propiedades de la conservación y la interconvertibilidad. ◊

Flores de **endrino**

atómica. *Fís.* La requerida para mantener la estructura del núcleo atómico. ◊ **calorífica.** *Fís.* La desarrollada en forma de calor. ◊ **cinética.** *Fís.* La que posee un cuerpo libre sobre el que actúa un sistema de fuerzas. ◊ **de enlace.** *Quím.* La necesaria para separar dos átomos unidos por un enlace químico. ◊ **eléctrica.** *Fís.* La que poseen los electrones que circulan por un conductor. ◊ **interna.** *Fís.* La almacenada en un sistema. ◊ **libre.** *Fís.* Cantidad máx. de e. de un sistema que puede convertirse en trabajo útil cuando éste experimenta una transformación a presión y temperatura constantes. ◊ **potencial.** *Fís.* La que posee un cuerpo cuando se halla en un campo de fuerzas. ◊ **radiante.** *Fís.* La asociada a las ondas electromagnéticas. ◊ **solar.** La procedente del Sol. ◊ **química.** La liberada o absorbida por un sistema en el transcurso de una reacción química. ◊ **E. alternativas.** Fuentes primarias de e. renovables y exentas de contaminación ambiental. ❏ ENÉRGICO, CA.

ENERGÚMENO, NA m. y f. Persona poseída del demonio. ◊ fig. La que está furiosa.

ENERO m. Primer mes del año. Tiene 31 días.

ENERVACIÓN f. Afeminación. ◊ *Cir.* Sección de un nervio, neurotomía. ◊ *Med.* Agotamiento de la energía nerviosa.

ENERVAR tr. y prnl. Debilitar, quitar las fuerzas. ◊ fig. Debilitar la fuerza de las razones o argumentos. ◊ tr. Excitar, poner nervioso. ❏ ENERVAMIENTO.

ENESCO, *George* (1881-1955) Violinista, pianista y compositor rum., fundador de la escuela nacional rum. de música.

ENÉSIMO, MA adj. Díc. del número indeterminado de veces que se repite una cosa. ◊ *Mat.* Díc. del lugar indeterminado en una serie.

ENFADO m. Impresión desagradable y molesta que hacen en el ánimo algunas cosas. ◊ Afán, trabajo. ◊ Enojo, disgusto. ❏ ENFADADIZO, ZA; ENFADAR; ENFADOSO, SA.

ENFALDAR tr. y prnl. Recoger las faldas o las sayas. ◊ tr. Cortar las ramas bajas para que crezcan y formen copa las superiores.

ENFALDO m. Falda o cualquier ropa talar enfaldada. ◊ Sitio, seno o cavidad que hacen las ropas enfaldadas para llevar algunas cosas.

ENFANGAR tr. y prnl. Cubrir de fango una cosa o meterla en él. ◊ prnl. fig. y fam. Mezclarse en negocios innobles

y vergonzosos. ◊ fig. Entregarse con excesivo afán a placeres sensuales.

ENFARDAR tr. Hacer o arreglar fardos. ◊ Empaquetar mercaderías. ❏ ENFARDELADOR, RA; ENFARDELAR; ENFARDELADURA.

ÉNFASIS m. Fuerza de expresión o de entonación con que se quiere realzar la importancia de lo que se dice o se lee. ◊ Afectación en la expresión, en el tono de la voz o en el gesto. ◊ *Ret.* Figura que consiste en dar a entender más de lo que realmente se expresa. ❏ ENFÁTICO, CA.

ENFATIZAR intr. Expresarse con énfasis. ◊ tr. Poner énfasis en la expresión de alguna cosa.

ENFERMAR intr. y prnl. Contraer enfermedad el hombre o el animal. ◊ fig. Enfermar los vegetales. ◊ tr. Causar enfermedad. ◊ fig. Debilitar, quitar firmeza, menoscabar, invalidar.

ENFERMEDAD f. *Med.* Alteración más o menos grave de la salud. ◊ fig. Alteración más o menos grave en la fisiología del cuerpo vegetal. ◊ fig. Pasión o alteración en lo moral o espiritual.

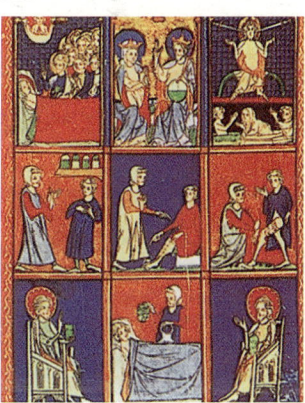

Enfermedad. Detalle de una miniatura de la *Miscelánea médica* de Roger de Salerno

ENFERMERÍA f. Local o dependencia para enfermos o heridos. ◊ Conjunto de los enfermos de determinado lugar o tiempo.

ENFERMIZO, ZA adj. Que tiene poca salud; que enferma con frecuencia. ◊ Capaz de ocasionar enfermedades. ◊ Propio de un enfermo.

ENFERMO, MA adj. y s. Que padece enfermedad. ◊ adj. Enfermizo. ❏ ENFERMERO, RA; ENFERMUCHO, CHA.

ENFERMOSO, SA adj. *Col., Ecuad., Hond.* y *Méx.* Enfermizo.

ENFERVORIZAR tr. y prnl. Infundir buen ánimo, fervor, celo ardiente.

ENFEUDAR tr. Dar en feudo un reino, territorio, ciudad, etc. ❏ ENFEUDACIÓN.

ENFIELD C. de Gran Bretaña, al N de Londres; 263 100 hab. Ind. de armas y electrónica.

ENFIESTARSE prnl. *Chile, Col., Hond., Méx.* y *Ven.* Estar de fiesta, divertirse.

ENFILAR tr. Pasar por un hilo, cuerda o alambre, ensartándolas, cosas como perlas, cuentas o anillos. ◊ Enhebrar la aguja. ◊ tr. Dirigir la vista, ver o divisar en determinada dirección. ◊ tr., intr. y prnl. Tomar una determinada dirección. ◊ tr. *Mil.* Colocar la artillería al flanco de un frente fortificado, de un puesto o de una tropa, para batirlo con fuego directo. ❏ ENFILACIÓN; ENFILADO, DA.

ENFISEMA m. *Pat.* Tumefacción producida por aire o gas en el tejido pulmonar, en el celular o en la piel. ❏ ENFISEMATOSO, SA.

ENFITEUSIS amb. Cesión perpetua o por largo tiempo del dominio útil de un inmueble, mediante el pago anual de un canon. ◊ Contrato enfitéutico. ❏ ENFITEUTA; ENFITÉUTICO, CA.

ENFLAQUECER tr. Poner flaco a uno, minorando su corpulencia o fuerzas. ◊ fig. Debilitar, enervar. ◊ intr. y prnl. Ponerse flaco. ◊ fig. Desmayar, perder ánimo. ❏ ENFLAQUECIMIENTO.

ENFLAUTAR tr. Hinchar, soplar. ◊ fam. Alcahuetear. ◊ fam. Alucinar, engañar. ◊ *Col.*, *Guat.* y *Méx.* Encajar algo inoportuno o molesto. ❏ ENFLAUTADOR, RA.

ENFOCAR tr. Hacer que la imagen de un objeto producida en el foco de una lente se recoja con claridad sobre un plano u objeto determinado. ◊ fig. Descubrir y comprender los puntos esenciales de un problema, para tratarlo acertadamente. ❏ ENFOQUE.

ENFOSCAR tr. Tapar los agujeros que quedan en una pared después de labrada. ◊ *Const.* Guarnecer con mortero un muro. ◊ prnl. Ponerse hosco y ceñudo. ◊ Encapotarse, cubrirse el cielo de nubes. ❏ ENFOSCADO, DA.

ENFRASCAR tr. Echar o meter en frascos algunas cosas. ◊ prnl. Enzarzarse, meterse en una espesura. ◊ Entregarse alguien a una cosa con gran interés y atención. ❏ ENFRASCADO, DA; ENFRASCAMIENTO.

ENFRENAR tr. Poner el freno al caballo. ◊ Enseñarle a que obedezca. ◊ Contenerlo y sujetarlo. ◊ tr. y prnl. fig. Refrenar, reprimir.

ENFRENTAR tr., intr. y prnl. Afrontar, poner frente a frente. ◊ tr. y prnl. Afrontar, hacer frente, oponer. ❏ ENFRENTAMIENTO.

ENFRENTE adv. lugar. A la parte opuesta, en punto que mira a otro, o que está delante de otro. ◊ adv. modo. En contra, en pugna.

ENFRIAMIENTO m. Indisposición que se caracteriza por síntomas catarrales, resultado de la acción del frío atmosférico sobre el cuerpo. ◊ En física nuclear, disminución de la actividad radiactiva de un material a causa de su desintegración.

ENFRIAR tr., intr. y prnl. Poner o hacer que se ponga fría una cosa. ◊ tr. y prnl. fig. Entibiar los afectos, templar la fuerza y el ardor de las pasiones; amortiguar la eficacia en las obras. ◊ tr. *Méx.* y *P. Rico.* Matar. ◊ prnl. Quedarse fría una persona. ❏ ENFRIADERA; ENFRIADERO; ENFRIADOR, RA.

ENFRONTAR tr. e intr. Llegar al frente de alguna cosa. ◊ Afrontar, hacer frente.

ENFULLINARSE prnl. *Chile* y *Méx.* Atufarse.

ENFUNDAR tr. Poner una cosa dentro de su funda. ◊ Llenar, henchir. ❏ ENFUNDADURA.

ENFURECER tr. y prnl. Irritar a uno, o ponerle furioso. ◊ tr. Ensoberbecer. ◊ prnl. fig. Alborotarse, alterarse. ❏ ENFURECIMIENTO.

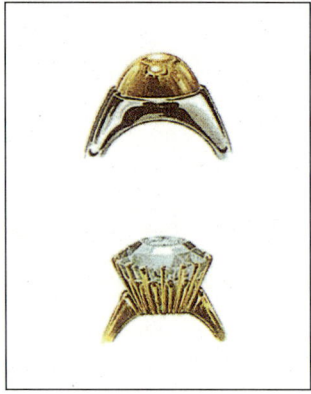

Engaste. Arriba, de pestaña; abajo, de garras

ENFURRUÑARSE o **ENFURRUSCARSE** prnl. fam. Ponerse enfadado. ◊ fam. Enfoscarse, encapotarse el cielo. ❏ ENFURRUÑAMIENTO.

ENFURTIR tr. y prnl. Dar en el batán a los paños y otros tejidos de lana el cuerpo correspondiente. ◊ Apelmazar el pelo. ❏ ENFURTIDO, DA.

ENGALABERNAR tr. *Col.* Embarbillar.

ENGALANAR tr. y prnl. Poner galana una cosa, adornar.

ENGALLAR tr. Levantar el cuello. ◊ prnl. Erguirse, estirarse. ◊ fig. Comportarse con arrogancia, adoptar una actitud retadora. ❏ ENGALLADO, DA; ENGALLADOR; ENGALLAMIENTO; ENGALLE.

ENGANCHAR tr., intr. y prnl. Agarrar una cosa con gancho o colgarla de él. ◊ tr. e intr. Poner las caballerías en los carruajes de manera que puedan tirar de ellos. ◊ tr. fig. y fam. Atraer a uno con arte, captar su afecto o su voluntad. ◊ Coger el toro al bulto y levantarlo con los pitones. ◊ prnl. Sentar plaza de soldado.

ENGANCHE m. Pieza o aparato dispuesto para enganchar.

ENGAÑABOBOS com. fam. Persona que pretende embaucar o deslumbrar. ◊ Cosa que engaña o defrauda con su apariencia.

ENGAÑAR tr. Dar a la mentira apariencia de verdad. ◊ Inducir a otro a creer y tener por cierto lo que no es. ◊ Producir ilusión, como acontece con algunos fenómenos naturales. ◊ Entretener, distraer. ◊ Hacer más apetitoso un manjar. ◊ Engatusar. ◊ prnl. Cerrar los ojos a la verdad, por ser más grato el error. ◊ Equivocarse. ◊ Faltar a la fidelidad conyugal. ❏ ENGAÑADOR, RA; ENGAÑOSO, SA.

ENGAÑIFA f. fam. Engaño artificioso con apariencia de utilidad.

ENGAÑO m. Falta de verdad, falsedad. ◊ Cualquier arte o armadijo para pescar. ◊ *Taur.* Muleta o capa de que se sirve el torero para engañar al toro.

ENGARBADO, DA adj. Díc. del árbol que al ser derribado queda sostenido por la copa de otro.

ENGARBARSE prnl. Encaramarse las aves a lo más alto de un árbol o de otra cosa.

ENGARCE m. Metal en que se engarza alguna cosa.

ENGARGANTAR tr. Meter una cosa por la garganta o tragadero, como se hace con las aves cuando se ceban a mano. ◊ intr. Engranar. ◊ intr. y prnl. Meter el pie en el estribo hasta la garganta.

ENGARROTAR tr. y prnl. Causar entumecimiento de los miembros por efecto del frío.

ENGARZAR tr. Trabar una cosa con otra u otras, formando cadena, por medio de hilo de metal. ◊ Rizar el pelo. ◊ Engastar. ◊ prnl. En algunas partes, enzarzarse, enredarse unos con otros.

ENGASTAR tr. Encajar una cosa en otra.

ENGASTE m. Guarnición de metal que abraza y asegura lo que se engasta. ◊ Perla desigual que por un lado es llana o chata y por el otro redonda.

ENGATUSAR tr. fam. Ganar la voluntad de uno con halagos.

ENGELS C. de Rusia, junto al Volga; 177 000 hab. Centro industrial.

ENGELS, *Friedrich* (1820-1895) Filósofo y economista al. Junto a Karl Marx propusieron una nueva concepción del mundo, basada en el materialismo histórico-dialéctico. En 1845 publicó *La situación de las clases trabajadoras en Inglaterra*, y en 1848 colaboró con Marx en la redacción de *El manifiesto comunista*. Su obra, *El Anti-Dühring*, constituyó el primer intento de sistematización filosófico-científica del cuerpo teórico del marxismo. También realizó aportaciones esenciales al marxismo en otras áreas científicas, destacando: *El origen de la familia, la propiedad privada y el estado, Ludwig Feuerbach y el fin de la filosofía clásica alemana*.

Friedrich **Engels.** Escultura en bronce de W. Howard

ENGENDRAR tr. Procrear, propagar la propia especie. ◊ tr. y prnl. fig. Causar, ocasionar, formar. ❏ ENGENDRAMIENTO.

ENGENDRO m. Feto. ◊ Criatura informe que nace sin la proporción debida. ◊ fig. Plan, designio u obra intelectual mal concebidos.

ENGLOBAR tr. Incluir o considerar reunidas varias cosas en una sola.

ENGOLADO, DA adj. Díc. de la voz, articulación o acento que tiene resonancia en el fondo de la boca o en la garganta. ◊ fig. Díc. del hablar afectadamente grave y enfático. ◊ Fatuo. ❏ ENGOLAR; ENGOLAMIENTO.

ENGOLFAR tr. *Mar.* Meter una embarcación en el golfo. ◊ intr. y prnl. *Mar.* Entrar una embarcación muy adentro del mar. ◊ prnl. y tr. fig. Meterse mucho en el asunto, dejarse llevar, arrebatarse de un pensamiento o afecto.

ENGOLOSINAR tr. Excitar el deseo de uno con algún atractivo. ◊ prnl. Aficionarse, tomar gusto a una cosa.

ENGOMADO, DA adj. *Chile.* Peripuesto, acicalado.

ENGOMAR tr. Impregnar y untar de goma. ❑ ENGOMADURA.

ENGORDA f. *Chile* y *Méx.* Engorde, ceba. ◊ *Chile* y *Méx.* Conjunto de animales que se ceban para la matanza.

ENGORDAR tr. Cebar, dar mucho de comer para poner gordo. ◊ intr. y prnl. Ponerse gordo. ◊ intr. fig. y fam. Hacerse rico. ❑ ENGORDADERO; ENGORDE.

ENGORRO m. Embarazo, impedimento. ❑ ENGORROSO, SA.

ENGRANAJE m. Efecto de engranar. ◊ *Mec. apl.* Conjunto de dientes de una máquina que transmite el movimiento entre dos ejes sin pérdida de potencia. ◊ fig. Enlace, trabazón de ideas, circunstancias o hechos.

ENGRANAR intr. Encajar los dientes de una rueda. ◊ fig. Enlazar, trabar.

ENGRANDECER tr. Aumentar, hacer grande una cosa. ◊ Alabar, exagerar. ◊ tr. y prnl. fig. Elevar a uno a grado o dignidad superior. ❑ ENGRANDECIMIENTO.

ENGRANE m. Movimiento simultáneo de deslizamiento y rodadura en que las partes salientes de una rueda dentada encajan en los entrantes de otra.

ENGRAPAR tr. Enlazar o unir con grapas. ❑ ENGRAPADORA.

ENGRASAR tr. Dar sustancia y crasitud a una cosa. ◊ tr. y prnl. Untar, manchar con pringue o grasa. ◊ Untar ciertas partes de una máquina con aceites u otras sustancias lubricantes para disminuir el rozamiento. ◊ prnl. *Méx.* Contraer la enfermedad del saturnismo. ❑ ENGRASACIÓN; ENGRASADOR, RA; ENGRASE.

ENGREÍR tr. y prnl. Envanecer. ◊ *Amér.* Encariñar, aficionar.

ENGRESCAR tr. y prnl. Incitar a riña. ◊ Meter a otros en broma, o en una diversión.

ENGRINGARSE prnl. *Amér.* Seguir uno las costumbres de los gringos o extranjeros.

ENGROSAR tr. y prnl. Hacer gruesa y más corpulenta una cosa. ◊ tr. fig. Aumentar el número de una colectividad. ◊ intr. Tomar carnes y hacerse más grueso y corpulento. ❑ ENGROSAMIENTO.

ENGRUDO m. Suspensión turbia de los granos de almidón tratados previamente con agua caliente. El e. forma una jalea consistente. ❑ ENGRUDAR.

ENGRUMECERSE prnl. Hacerse grumos.

ENGUALDRAPAR tr. Poner la gualdrapa a una bestia.

ENGUANTAR tr. y prnl. Cubrir la mano con el guante.

ENGUEDEJADO, DA adj. Aplícase al pelo que está hecho guedejas. ◊ Díc. también de la persona que lleva el cabello de este modo.

ENGUIRNALDAR tr. Adornar con guirnalda.

ENGUITARRARSE prnl. *Ven.* Vestirse de levita u otro traje de ceremonia.

ENGULLIR tr. e intr. Tragar la comida atropelladamente y sin masticarla.

ENGURRUÑAR tr. y prnl. Encoger, arrugar. ◊ prnl. Encogerse, entristecerse.

ENGUSGARSE prnl. Aterirse de frío.

ENHARINAR tr. y prnl. Manchar de harina; cubrir con ella la superficie de una cosa.

ENHEBRAR tr. Pasar la hebra por el ojo de la aguja o por el agujero de las cuentas, perlas, etc.

ENHESTAR tr. y prnl. Levantar en alto, poner derecha y levantada una cosa. ❑ ENHIESTO, TA.

ENHILAR tr. Enhebrar. ◊ Enfilar. ◊ intr. Encaminarse a un fin.

ENHORABUENA f. Felicitación. ◊ adv. modo. Con bien, con felicidad.

Casas **enjalbegadas** en Baena, Córdoba (España)

ENHORAMALA adv. modo que se emplea para denotar disgusto, enfado o desaprobación.

ENHORQUETAR tr. y prnl. *Amér.* Poner a horcajadas.

ENIGMA m. Dicho o conjunto de palabras de sentido encubierto para que sea difícil entenderlo. ◊ P. ext., dicho o cosa que difícilmente puede entenderse o interpretarse. ❑ ENIGMÁTICO, CA; ENIGMATISTA.

ENIWETOK Atolón de las Marshall, en Micronesia, en el que se probó la primera bomba de hidrógeno (1952).

ENJABONAR tr. Jabonar. ◊ fig. y fam. Dar jabón, adular. ◊ fig. Reprender a uno, increparle. ❑ ENJABONADO, DA; ENJABONADURA.

ENJAEZAR tr. Poner los jaeces a las caballerías.

ENJALBEGAR tr. Blanquear las paredes. ◊ tr. y prnl. fig. Afeitar, componer el rostro con afeites. ❑ ENJALBEGADO, DA; ENJALBEGADURA.

ENJAMBRAR tr. Coger las abejas que andan esparcidas, o los enjambres que están fuera de las colmenas. ◊ Sacar un enjambre de una colmena ◊ intr. Separarse de la colmena alguna porción de abejas con su reina. ❑ ENJAMBRADERO; ENJAMBRAZÓN.

ENJAMBRE m. Conjunto de abejas que, con su reina, salen juntas de una colmena. ◊ fig. Muchedumbre de personas o cosas juntas. ◊ *Astr.* Grupo numeroso de pequeños cuerpos celestes, gralte. meteoritos. ◊ En física nuclear, haz de trayectorias de partículas procedentes de una desintegración.

ENJARETAR tr. Hacer pasar por una jareta una cinta. ◊ fig. y fam. Hacer o

decir algo sin intermisión y atropelladamente. ◊ fig. y fam. Endilgar, encajar algo molesto o inoportuno. ◊ *Argent.*, *Méx.* y *Ven.* fam. Intercalar.

ENJAULAR tr. Poner dentro de la jaula. ◊ fig. y fam. Meter en la cárcel.

ENJOYAR tr. Adornar con joyas. ◊ fig. Adornar, hermosear, enriquecer. ◊ Engastar piedras preciosas en una joya.

ENJOYELADO, DA adj. Aplícase al oro o plata convertido en joyas o joyeles. ◊ Adornado de joyeles.

ENJUAGAR tr. y prnl. Limpiar la boca y dentadura con agua u otro licor. ◊ tr. Aclarar y limpiar con agua lo que se ha jabonado o fregado. ❑ ENJUAGADURA.

ENJUAGUE m. Acción de enjuagar. ◊ Agua u otro licor que sirve para enjuagar. ◊ fig. Negociación oculta y artificiosa.

ENJUGAR tr. Quitar la humedad a una cosa, secarla. ◊ tr. y prnl. Limpiar la humedad que echa de sí el cuerpo. ◊ fig. Cancelar, extinguir una deuda o un déficit. ❑ ENJUGADOR, RA.

ENJUICIAR tr. fig. Someter una cuestión a examen o juicio. ◊ *Der.* Instruir una causa. ◊ *Der.* Juzgar o sentenciar una causa. ◊ *Der.* Sujetar a uno a juicio. ❑ ENJUICIAMIENTO.

ENJUNDIA f. Gordura que las aves tienen en la overa. ◊ Unto y gordura de cualquier animal. ◊ fig. Lo más sustancioso e importante de alguna cosa no material. ◊ fig. Fuerza, vigor, arrestos. ◊ fig. Constitución connatural de una persona. ❑ ENJUNDIOSO, SA.

ENJUTA f. *Arq.* Cada uno de los triángulos que deja en un cuadrado el círculo inscrito en él. ◊ *Arq.* Pechina.

ENJUTO, TA adj. Delgado, seco. ❑ ENJUTEZ.

ENKI Uno de los tres dioses supremos del panteón sumerio, señor de los infiernos, también llamado Ea.

ENLACE m. Acción de enlazar. Unión, conexión de una cosa con otra. ◊ Dicho de los trenes, empalme. ◊ fig. Parentesco. ◊ Persona que sirve para que se comuniquen otras entre sí. ◊ *Quím.* Unión entre los átomos de un compuesto. ◊ *Quím.* Hay tres tipos de e. químico: iónico o electrovalente, covalente y metálico.

ENLADRILLAR tr. Solar, formar de ladrillos el pavimento. ❑ ENLADRILLADO, DA.

Enjambre de abejas

Enlatado de caviar en una factoría de Rusia

ENLATAR tr. Meter alguna cosa en cajas o botes de hojalata. ◊ Cubrir un techo o formar una cerca con latas. ❑ ENLATADO, DA.

ENLAZAR tr. Coger o juntar una cosa con lazos. ◊ tr. y prnl. Dar enlace o trabazón a unas cosas con otras. ◊ tr. Aprisionar un animal arrojándole el lazo. ◊ prnl. fig. Casar, contraer matrimonio. ◊ fig. Unirse las familias por medio de casamientos.

ENLIGAR tr. Untar con liga, enviscar. ◊ prnl. Enredarse el pájaro en la liga.

ENLIL Una de las tres grandes divinidades sumerias, señor del viento.

ENLOBREGUECER tr. y prnl. Oscurecer, poner lóbrego. ◊ tr. Dar con lodo a una tapia.

ENLODAR tr. Manchar con lodo. ◊ fig. Manchar, infamar. ◊ tr. Dar de lodo a una tapia, embarrar.

ENLOQUECER tr. Hacer perder el juicio a uno. ◊ intr. Volverse loco. ◊ *Agr.* Dejar los árboles de dar fruto o darlo con irregularidad. ◊ fam. Chiflar. ❑ ENLOQUECEDOR, RA; ENLOQUECIMIENTO.

ENLOSAR tr. Cubrir el suelo con losas unidas y ordenadas. ❑ ENLOSADO, DA.

ENLUCIR tr. Poner una capa de yeso o mezcla a las paredes, techos o fachadas de los edificios. ◊ Limpiar, poner tersa y brillante una superficie. ❑ ENLUCIDO, DA.

ENLUTAR tr. y prnl. Cubrir de luto. ◊ fig. Oscurecer, privar de luz. ◊ tr. fig. Entristecer.

ENMADERAR tr. Cubrir con madera. ◊ Construir el maderamen de un edificio. ❑ ENMADERACIÓN; ENMADERADO, DA; ENMADERAMIENTO.

ENMADRARSE prnl. Encariñarse excesivamente el hijo con la madre.

ENMAGRECER tr., intr. y prnl. Enflaquecer.

ENMALLE m. Arte de pesca que consiste en redes que se colocan en posición vertical. ❑ ENMALLARSE.

ENMANGAR tr. Poner mango a un instrumento.

ENMARAÑAR tr. y prnl. Enredar una cosa. ◊ fig. Enredar un asunto haciendo más difícil su buen éxito. ◊ prnl. Cubrirse de celajes el cielo.

ENMARARSE prnl. *Mar.* Entrar la nave en alta mar.

ENMARCAR tr. Encerrar en un marco.

ENMASCARAR tr. y prnl. Cubrir el rostro con máscara. ◊ fig. Encubrir, disfrazar. ❑ ENMASCARADO, DA; ENMASCARAMIENTO.

ENMENDAR tr. y prnl. Corregir, quitar defectos. ◊ Resarcir, subsanar los daños. ◊ *Der.* Rectificar un tribunal superior la sentencia dada por él mismo, y que suplicó alguna de las partes. ◊ *Mar.* Variar el rumbo. ❑ ENMENDADURA; ENMENDANTE.

ENMIENDA f. Expurgo o eliminación de un error. ◊ Satisfacción y pago del daño hecho. ◊ Propuesta de variante, de un proyecto, informe, etc. ◊ *Der.* En los escritos, rectificación perceptible de errores materiales, la cual debe salvarse al final. ◊ pl. *Agr.* Sustancias que se mezclan con las tierras para hacerlas más productivas.

ENMOHECER tr. y prnl. Cubrir de moho una cosa. ◊ prnl. fig. Inutilizarse, caer en desuso. ❑ ENMOHECIMIENTO.

ENMONARSE prnl. Pillar una mona, emborracharse.

ENMUDECER tr. Hacer callar. ◊ intr. Quedar mudo, perder el habla. ◊ fig. Guardar uno silencio, callarse. ❑ ENMUDECIMIENTO.

ENNEGRECER tr. y prnl. Teñir de negro, poner negro. ◊ prnl. fig. Nublarse.

ENNEGRECIMIENTO m. *Fot.* Fenómeno por el cual se hace visible una imagen latente durante la operación del revelado.

ENNIO, Quinto (239-169 a. C.) Escritor latino. *Los anales.*

ENNOBLECER tr. fig. Adornar, enriquecer una c., un templo, etc. ◊ fig. Ilustrar, dignificar, realzar y dar esplendor.

ENOC Primer hijo de Caín. ◊ Séptimo patriarca, padre de Matusalén. La lit. pseudoepigráfica le transformó en autor de obras de índole apocalíptica: *Libros primero, segundo y tercero de Enoc, Libro eslavo de Enoc.*

ENODIO m. Ciervo de tres a cinco años de edad.

ENOJAR tr. y prnl. Causar enojo. ◊ tr. Molestar, desazonar. ◊ prnl. fig. Irritarse, enfurecerse. ❑ ENOJADIZO, ZA; *Chile* y *Méx.* ENOJÓN, NA; ENOJOSO, SA.

ENOJO m. Ira, cólera. ◊ Molestia, pesar, trabajo. Se usa más en plural.

ENOL m. *Quím.* Alcohol no saturado de la serie etilénica, que contiene un oxhidrilo próximo a un doble enlace. –C(OH)=.

Enredadera de campanillas

ENOLOGÍA f. Conjunto de conocimientos relativos a los vinos. ❑ ENOLÓGICO, CA; ENÓLOGO.

ENORGULLECER tr. y prnl. Llenar de orgullo.

ENORMIDAD f. Exceso, tamaño desmedido. ◊ fig. Gravedad. ◊ Despropósito, desatino. ❑ ENORME.

ENOTECNIA f. Arte de elaborar los vinos.

ENQUISTARSE prnl. *Med.* Formarse un quiste. ❑ ENQUISTADO, DA; ENQUISTAMIENTO.

ENRABIAR tr. y prnl. Encolerizar.

ENRAIZAR intr. Arraigar, echar raíces.

ENRAMAR tr. Enlazar y entretejer varios ramos. ◊ *Mar.* Arbolar y afirmar las cuadernas del buque en construcción. ◊ intr. Echar ramas un árbol. ◊ prnl. Ocultarse entre ramas. ❑ ENRAMADO; ENRAME.

ENRANCIAR tr. y prnl. Poner o hacer rancia una cosa.

ENRARECER tr. y prnl. Dilatar un cuerpo gaseoso haciéndolo menos denso. ◊ tr., intr. y prnl. Hacer que escasee, que sea rara una cosa. ❑ ENRARECIMIENTO.

ENRASAR tr. en intr. *Const.* Igualar una obra con otra, de suerte que tengan una misma altura. ◊ *Const.* Hacer que quede plana y lisa la superficie de una obra. ❑ ENRASADO, DA; ENRASE.

ENREDADERA adj. y s. Díc. de las plantas de tallo voluble o trepador. ◊ f. *Bot.* Planta de tallos trepadores y flores en campanillas róseas, con cinco radios más oscuros. ◊ **de campanillas.** *Bot.* Planta trepadora, de hojas acorazonadas, anchas, y flores campanudas, moradas, azules o abigarradas.

ENREDAR tr. Prender con red. ◊ Tender las redes o armarlas para cazar. ◊ tr. y prnl. Enlazar, entretejer, enmarañar una cosa con otra. ◊ tr. Meter discordia o cizaña. ◊ fig. Meter en un mal asunto. ◊ intr. Travesear, revolver. ◊ prnl. Sobrevenir dificultades y complicaciones en un asunto. ◊ fam. Amancebarse. ❑ ENREDADOR, RA; *Argent., Chile, Ecuad.* y *Perú.* ENREDISTA.

ENREDO m. Maraña que resulta de trabarse entre sí desordenadamente los hilos u otras cosas flexibles. ◊ fig. Travesura o inquietud. ◊ fig. Engaño, mentira que ocasiona disturbios. ◊ fig. Complicación difícil de salvar. ◊ fig. En los poemas épico y dramático y la novela, conjunto de los sucesos, enlazados unos con otros, que preceden al desenlace. ❑ ENREDOSO, SA.

ENREJAR tr. Poner, fijar la reja en el arado. ◊ Herir con la reja del arado los pies de los bueyes, caballerías, etc. ◊ Cercar con rejas, cañas o varas los huertos, jardines, etc.; poner rejas en los huecos de un edificio. ◊ *Méx.* Zurcir la ropa. ◊ *Amér.* Poner el rejo o soga a un animal, manearlo. ❑ ENREJADO.

ENREVESADO, DA adj. Revesado.

ENRIAR tr. Meter en el agua por algunos días el lino, cáñamo o esparto para su maceración. ❑ ENRIAMIENTO.

ENRIELAR tr. Hacer rieles. ◊ tr. y prnl. *Chile* y *Méx.* Meter en el riel, encarrilar. ◊ tr. fig. *Chile.* Encarrilar.

ENRIQUE Nombre de diversos reyes y emperadores de varios países.

ALEMANIA

ENRIQUE II, *el Santo* (973-1024) Emp. de Alemania [1002-1024]. Rey de Italia, y emp. (1014). ◊ **III**, *el Negro* (1017-1056) Emp. de Alemania [1039-1056]. Impuso su soberanía a eslavos, bohemios y polacos. ◊ **IV**, *el Grande* (h. 1050-1106) Emp. de Alemania [1056-1106]. Se enfrentó con el papa Gregorio VII. ◊ **V** (1081-1125) Emp. de Alemania [1106-1125]. Siguió el enfrentamiento con la Iglesia. Firmó con el Papado el concordato de Worms. ◊ **VI** (1165-1197) Emp. de Alemania [1190-1197]. Intentó unir al imperio el reino de Sicilia. ◊ **VII de Luxemburgo** (1269-1313) Emp. de Alemania, intentó pacificar Italia.

CASTILLA

ENRIQUE I (1203-1217) Rey de Castilla [1214-1217]. ◊ **II de Trastámara** (1333-1379) Rey de Castilla y de León [1369-1379], hijo bastardo de Alfonso XI. Se apoyó en la nobleza en su lucha por el trono, estabilizó la dinastía y pacificó el país. ◊ **III**, *el Doliente* (1379-1406) Rey de Castilla y de León [1390-1406]. Combatió a la nobleza y anuló el poder de las cortes. ◊ **IV**, *el Impotente* (1423-1474) Rey de Castilla y de León [1454-1474]. Destituido por una coalición nobiliaria (farsa de Ávila).

FRANCIA

ENRIQUE II (1519-1559) Rey de Francia [1547-1559]. Fue derrotado por Felipe II de España en San Quintín. ◊ **III** (1551-1589) Rey de Francia [1574-1589]. Concedió la libertad de cultos en la paz de Beaulieu (1576). ◊ **IV** (1533-1610) Rey de Francia [1589-1610] y de Navarra [1562-1610]. Aseguró la pacificación religiosa con el edicto de Nantes (1598).

INGLATERRA

ENRIQUE I (1068-1135) Rey de Inglaterra [1100-1135] y duque de Normandía [1106-1135]. Tomó el poder tras un golpe de est. y conquistó Normandía. ◊ **II** *Plantagenet* (1133-1189) Rey de Inglaterra [1154-1189]. Por las constituciones de Clarendon (1164) se enfrentó a la Iglesia y a Thomas Becket, al que

Enrique VIII de Inglaterra

mandó matar. ◊ **III** (1207-1272) Rey de Inglaterra [1216-1272]. Perdió a manos de Francia la Auvernia y otras regiones. ◊ **IV de Lancaster** (1367-1413) Rey de Inglaterra [1399-1413], fundador de la dinastía de los Lancaster. Usurpó el poder a Ricardo II. ◊ **V** (1387-1422) Rey de Inglaterra [1413-1422]. Derrotó a los fr. en Azincourt (1415). ◊ **VI** (1421-1471) Rey de Inglaterra [1422-1461 y 1470-1471]. Durante su agitado reinado se levantó la familia York (guerra de las Dos Rosas). ◊ **VII** (1457-1509) Rey de Inglaterra [1485-1509]. Jefe de la familia de Lancaster, se emparentó con los York, y puso fin a la guerra de las Dos Rosas. ◊ **VIII** (1491-1547). Rey de Inglaterra e Irlanda [1509-1547]. Casó con Catalina de Aragón, de la cual quiso divorciarse al no tener descendencia. Al oponerse León X, se hizo reconocer como jefe supremo de la iglesia de su país. Contrajo matrimonio en cinco ocasiones.

PORTUGAL

ENRIQUE *el Navegante* (1384-1460) Príncipe port., hijo de Juan II. Impulsó el descubrimiento de tierras afr.

ENRIQUE y Tarancón, *Vicente* ➪ Tarancón, Vicente Enrique y.

ENRIQUECER tr. Hacer rica a una persona, comarca, etc. ◊ fig. Adornar, engrandecer. ◊ intr. y prnl. Hacerse uno rico. ◊ tr. Prosperar notablemente un país, una empresa, etc. ❑ ENRIQUECIMIENTO.

ENRÍQUEZ Familia cast., una de las más poderosas del reino durante la Baja E. Med. y principios de la E. Mod. Él fundador de la familia fue **Alfonso** (1354-1429), hijo bastardo de Enrique II y primer almirante de Castilla. ◊ *Alberto* (1894-1962) Militar y político ecuat. Presidente 1937-1938. ◊ *Carlos* (1901-1957) Pintor cub. Influido por el surrealismo. *Desnudo, El rapto de las mulatas, Retrato de Marta.* ◊ **de Almansa, Martín** (s. XVI) Virrey de Nueva España (1568-1580); estableció la Inquisición en América. De 1581 a 1583 fue virrey del Perú.

ENRIQUILLO Lago salado del SO de la República Dominicana, entre las provincias de Independencia y Bahoruco; 265 km². ◊ Mun. de la República Dominicana; 15 978 hab. Café. Industria maderera.

ENRISCAR tr. fig. Levantar, elevar. ◊ prnl. Guarecerse, meterse entre riscos y peñascos. ❑ ENRISCADO, DA; ENRISCAMIENTO; ENRISTRE.

ENRISTRAR tr. Poner la lanza en el ristre. ◊ Poner la lanza horizontal bajo el brazo derecho, bien afianzada para acometer.

ENROCAR tr. En el juego del ajedrez, mover simultáneamente el rey a la torre del mismo bando, trasladándose el rey dos casillas hacia la torre y colocándose ésta a su lado, saltando por encima del mismo. ❑ ENROQUE.

ENROJECER tr. y prnl. Poner roja una cosa con el calor o el fuego. ◊ tr. Dar color rojo. ◊ prnl. y tr. Encenderse el rostro. ◊ intr. Ruborizarse. ❑ ENROJAR; ENROJECIMIENTO.

ENROLAR tr. y prnl. Inscribir un individuo en el rol o lista de tripulantes de un barco mercante. ◊ prnl. Alistar-

se, inscribirse en el ejército, en un partido político u otra organización.

ENROLLAR tr. Arrollar, poner en forma de rollo. ◊ tr. y pron. *Argent.* Agradar, estar ocupado, conversar, molestar. ❑ ENROLLADOR, RA.

ENRONQUECER tr. y prnl. Poner ronco a uno. ❑ ENRONQUECIMIENTO.

ENROSCAR tr. y prnl. Torcer, doblar en redondo; poner en forma de rosca una cosa. ◊ tr. Introducir una cosa vuelta de rosca. ❑ ENROSCADURA.

ENROSTRAR tr. *Amér.* Echar en cara, reprochar.

ENSABANAR tr. y prnl. Cubrir con sábanas. ◊ tr. *Const.* Dar a una pared una mano de yeso blanco. ❑ ENSABANADO, DA.

ENSACADOR, RA adj. y s. El que ensaca. ◊ f. Máquina para ensacar productos en polvo.

El príncipe **Enrique II** *el Navegante* de Portugal

ENSACAR tr. Meter algo en un saco.

ENSAIMADA f. Bollo formado por una tira de pasta hojaldrada revuelta en espiral.

ENSALADA f. Hortaliza aderezada con sal, aceite, vinagre, etc. ◊ fig. Mezcla confusa de cosas sin conexión. ◊ *Cuba.* Refresco preparado con agua de limón, hierbabuena y piña. ◊ **rusa.** La compuesta de patata, zanahoria, remolacha, guisantes y otras viandas, y aderezada con salsa mayonesa.

ENSALADERA f. Fuente honda en que se sirve la ensalada.

ENSALADILLA f. Cualquier manjar frío semejante a la ensalada rusa. ◊ Bocados de dulce de diferentes géneros.

ENSALIVAR tr. y prnl. Llenar de saliva.

ENSALMAR tr. Componer los huesos dislocados o rotos. ◊ Curar con ensalmos. ❑ ENSALMADOR, RA.

ENSALMO m. Modo supersticioso de curar con palabras mágicas.

ENSALZAR tr. Engrandecer, exaltar. ◊ tr. y prnl. Alabar, elogiar. ❑ ENSALZAMIENTO.

ENSAMBLAJE m. Unión o acoplamiento de dos piezas que no requieren ser reforzadas por tornillos o clavos para permitir su desmontaje.

ENSAMBLAR tr. Unir, juntar.

ENSANCHAR tr. Extender, dilatar la anchura de una cosa. ◊ intr. y prnl. fig. Desvanecerse, engreírse. ❑ ENSANCHADOR, RA; ENSANCHAMIENTO.

ENSANCHE m. Dilatación, extensión. ◊ Parte de tela que se remete en la costura del vestido para poderlo ensanchar. ◊ Terreno dedicado a nuevas edificaciones en las afueras de una población, y conjunto de los edificios que en este terreno se han construido.

ENSANGRENTAR tr. y prnl. Manchar con sangre. ◊ prnl. fig. Irritarse mucho en una disputa.

ENSAÑAR tr. Irritar, enfurecer. ◊ prnl. Deleitarse en causar el mayor daño posible a algún que ya no está en condiciones de defenderse. ❏ ENSAÑAMIENTO.

ENSARTAR tr. Pasar por un hilo, alambre, etc., varias cosas. ◊ Enhebrar. ◊ Espetar, atravesar, introducir. ◊ fig. Decir muchas cosas sin orden ni conexión.

ENSAYAR tr. Probar, reconocer una cosa antes de usar de ella. ◊ Hacer la prueba de un espectáculo antes de ejecutarlo en público. ◊ Probar la calidad de los minerales o la ley de los metales preciosos. ◊ prnl. Probar a hacer una cosa para ejecutarla después con más perfección. ❏ ENSAYADOR, RA; ENSAYE.

ENSAYISMO m. Género literario constituido por los ensayos. ❏ ENSAYISTA.

ENSAYO m. Escrito en prosa, de carácter didáctico. Tiene un carácter eminentemente subjetivo, sin pretensiones doctrinales. ◊ **general.** Representación completa de una obra dramática, antes de presentarla al público. ◊ **mineralógico.** Operación para conocer la composición química de los minerales.

ENSCHEDE C. del E de Países Bajos, en la prov. de Overijssel; 144 600 hab. Ind. textil, mecánica, química.

ENSEBAR tr. Untar con sebo.

ENSEGUIDA m. adv. En seguida.

ENSENADA Partido de Argentina, en la prov. de Buenos Aires; 41 300 hab. Puerto pesquero. ◊ Mun. de México, en el est. de Baja California; 115 400 hab. Minas de cobre. Centro pesquero.

ENSENADA, Zenón de Somodevilla, MARQUÉS DE LA (1702-1781) Político esp. Ocupó varios ministerios con Felipe V y con Carlos III.

ENSENADO, DA adj. Dispuesto a manera o en forma de seno. ◊ f. Entrada del mar en la tierra formando seno.

ENSEÑA f. Insignia o estandarte.

ENSEÑANZA f. Sistema y método de dar instrucción. ◊ Ejemplo o suceso que nos sirve de experiencia o de escarmiento. ◊ **audiovisual.** Técnica de e. basada en el empleo de filmes, fotocopias, fotos, grabados, cintas magnetofónicas, etc. ◊ **especial.** Instrucción de los inadaptados y retrasados escolares de todas las categorías. ◊ **superior.** La que comprende los estudios especiales que requiere cada profesión o carrera. ◊ **Primera e.** La de las nociones más elementales que se aprenden en la escuela. ◊ **Segunda e.** La intermedia entre la primaria y la superior, y que comprende los estudios de cultura general.

ENSEÑAR tr. Instruir. ◊ Dar advertencia, ejemplo o escarmiento. ◊ Indicar, dar señas de una cosa. ◊ Mostrar o exponer una cosa, para que sea vista y apreciada. ◊ Dejar ver una cosa involuntariamente. ◊ prnl. Acostumbrarse, habituarse a una cosa. ❏ ENSEÑADO, DA.

ENSEÑOREARSE tr. y prnl. Hacerse señor y dueño de una cosa. ❏ ENSEÑORAMIENTO.

ENSERES m. pl. Muebles, instrumentos necesarios en una casa o para el ejercicio de una profesión.

ENSERIARSE prnl. *Cuba, Perú, P. Rico* y *Ven.* Ponerse serio.

ENSIFORME adj. En forma de espada.

ENSILAR tr. Encerrar en el silo los granos, semillas y forraje. ❏ ENSILAJE.

ENSILLAR tr. Poner la silla a la caballería.

ENSIMISMARSE prnl. Abstraerse. ◊ *Chile, Col.* y *Ecuad.* Envanecerse, engreírse. ❏ ENSIMISMADO, DA; ENSIMISMAMIENTO.

ENSOBERBECER tr. y prnl. Causar o excitar soberbia en alguno. ◊ prnl. fig. Agitarse el mar.

ENSOMBRECER tr. Oscurecer, cubrir de sombras. ◊ prnl. fig. Entristecerse.

ENSOPAR tr. Hacer sopa con el pan, empapándolo. ◊ tr. y prnl. *Argent., Cuba, Hond., P. Rico* y *Ven.* Empapar, poner hecho una sopa.

ENSOR, James (1860-1949) Pintor belga. Expresionismo vinculado a la tradición flam. *Entrada de Cristo en Bruselas.*

ENSORDECER tr. Causar sordera. ◊ *Fon.* Convertir una consonante sonora en sorda. ◊ intr. Contraer sordera, quedarse sordo. ❏ ENSORDECIMIENTO.

ENSORTIJAR tr. y prnl. Rizar, encrespar el cabello, hilo, etc. ❏ ENSORTIJAMIENTO.

ENSTATITA f. *Miner.* Silicato de magnesio con indicios de hierro; es un mineral del grupo de los piroxenos, de color verde, frecuente en las rocas básicas.

ENSUCIAR tr. y prnl. Manchar, poner sucia una cosa. ◊ intr. fam. Evacuar el vientre. ◊ prnl. Hacer las necesidades corporales en la cama o en los vestidos. ❏ ENSUCIAMIENTO.

ENSUEÑO m. Sueño, cosa que se sueña. ◊ Ilusión, fantasía. ❏ ENSOÑADOR, RA.

ENTABLAMENTO m. *Arq.* Cornisamento.

ENTABLAR tr. Cubrir, cercar o asegurar con tablas una cosa. ◊ Entablillar. ◊ Colocar las piezas del ajedrez, de las damas, etc., en sus respectivos lugares para empezar el juego. ◊ En ajedrez, resultar empate o tablas una partida. ◊ Disponer, preparar, emprender. ◊ Dar comienzo a alguna cosa. ◊ tr. y prnl. *Argent.* Acostumbrar al ganado mayor a que ande en manada. ❏ ENTABLACIÓN; ENTABLADO, DA; ENTABLADURA; ENTABLE.

ENTABLILLAR tr. *Cir.* Sujetar con tablillas y vendaje. ❏ ENTABLILLADURA.

ENTALEGAR tr. Meter una cosa en talegos. ◊ Atesorar dinero.

ENTALLAR tr. Esculpir o grabar en madera, piedra, bronce, mármol, etc. ◊ Hacer una incisión en el tronco de algunos árboles para extraer la resina. ◊ Hacer cortes en una pieza de madera para ensamblarla con otra. ◊ tr., intr. y prnl. Formar el talle. ◊ intr. Venir bien o mal el vestido al talle. ❏ ENTALLADO, DA; ENTALLADURA; ENTALLAMIENTO.

ENTALPÍA f. *Fís.* Función de estado cuya variación mide la cantidad de calor suministrada o cedida por un sistema cuando evoluciona a presión constante.

ENTAPIZAR tr. Cubrir con tapices o forrar con telas. ◊ tr. y prnl. fig. Cubrir o revestir una superficie con alguna cosa.

ENTARIMAR tr. Cubrir el suelo con tablas o tarimas. ❏ ENTARIMADO, DA.

ÉNTASIS f. *Arq.* Parte más abultada del fuste de algunas columnas.

ENTE m. Lo que es, existe o puede existir. ◊ fam. Sujeto ridículo. ◊ **de razón.** *Fil.* El que sólo existe en el entendimiento y no tiene ser verdadero.

ENTEBBE C. de Uganda, ant. cap. administrativa; 21 100 hab. Sit. a orillas del lago Victoria; a 1 175 m.

ENTECO, CA adj. Enfermizo, débil, flaco.

ENTELEQUIA f. *Fil.* Cosa real que lleva en sí el principio de su acción y que tiende por sí misma a su fin propio. ◊ Cosa irreal.

ENTENA f. *Mar.* Verga muy larga a la cual se asegura la vela latina. ◊ Madero redondo de gran longitud.

ENTENADO, DA m. y f. Alnado, hijastro.

ENTENÇA, Berenguer d' (m. 1307) Noble cat. Lugarteniente de Roger de Flor y, a la muerte de éste, jefe de los almogávares.

ENTENDEDERAS f. pl. fam. Entendimiento.

ENTENDER tr. Tener idea clara de las cosas; comprenderlas. ◊ Saber con perfección una cosa. ◊ Conocer, penetrar. ◊ Discurrir, inferir, deducir. ◊ Tener intención o mostrar voluntad de hacer una cosa. ◊ Creer, pensar, juzgar. ◊ prnl. Conocerse, comprenderse a sí mismo. ◊ Tener un motivo o razón oculto para obrar de cierto modo. ◊ rec. Ir dos o más de conformidad en un ne-

Enseñanza en una escuela monacal de la Edad Media

gocio. ◊ Tener hombre y mujer alguna relación de carácter amoroso oculto. ◊ Tener uno autoridad, facultad o jurisdicción para conocer sobre una materia determinada. ❏ ENTENDEDOR, RA; ENTENDIDO, DA.

ENTENDIMIENTO m. Facultad de comprender. ◊ Juicio, sentido lógico. ◊ Razón humana. ◊ Buen acuerdo, relación amistosa entre los pueblos o sus gobiernos.

ENTENEBRECER tr. y prnl. Oscurecer.

ENTENTE (voz fr.) f. Inteligencia, trato secreto, convenio, pacto, concierto.

Entierro en Ormans, óleo de G. Coubert. Museo del Louvre, París

ENTENTE Cordial Exp. utilizada para designar el acercamiento entre Gran Bretaña y Francia a partir de 1904. ◊ **Pequeña e.** Alianza firmada entre Checoslovaquia, Rumania y Yugoslavia, después de la I Guerra Mundial, para cooperar en el mantenimiento de la paz. Se disolvió en 1939. ◊ **Triple e.** Alianza firmada entre Francia y Rusia, en 1893, a la que se sumó Gran Bretaña en 1907. Acuerdo militar, de carácter defensivo, que constituyó la base del bloque aliado de la I Guerra Mundial.

ENTERADO, DA adj. Sabelotodo. ◊ *Chile.* Orgulloso, engreído, entonado. ◊ m. Señal, firma o anagrama, que se pone al pie o al margen de un documento, circular, etc., con el fin de constatar que uno se ha enterado de su contenido.

ENTERALGIA f. *Pat.* Dolor intestinal agudo.

ENTERAR tr. Informar, instruir, notificar. ◊ *Argent.* y *Chile.* Completar, integrar una cantidad. ◊ *Col., C. Rica, Hond.* y *Méx.* Pagar, entregar dinero.

ENTEREZA f. Integridad, perfección. ◊ fig. Integridad, rectitud en la administración de justicia. ◊ fig. Fortaleza, firmeza de ánimo.

ENTERITIS f. *Pat.* Inflamación de la membrana mucosa de los intestinos.

ENTERNECER tr. y prnl. Ablandar, poner tierna y blanda una cosa. ◊ fig. Inspirar ternura, por compasión u otro motivo. ❏ ENTERNECIMIENTO.

ENTERO, RA adj. Cabal, cumplido, sin falta alguna. ◊ Aplícase al animal no

castrado. ◊ fig. y fam. Díc. del que tiene entereza o firmeza de ánimo. ◊ fig. Robusto, sano. ◊ fig. Recto, justo. ◊ fig. Díc. de la mujer virgen. ◊ *Bot.* Díc. de la hoja cuyo borde no presenta senos ni fisuras. ◊ *Chile, Col., C. Rica* y *Méx.* Entrega de dinero. ◊ adj. y m. *Arit.* Díc. de todo número que pertenece al conjunto Z = 0, ± 1, ± 2, ... ± *n*, ... ❏ ENTERIZO, ZA; *Hond.* ENTEROSO, SA.

ENTEROCOLITIS f. *Pat.* Inflamación del intestino delgado, del ciego y del colon.

ENTERRAMIENTO m. Entierro. ◊ Sepulcro. ◊ Sepultura. ❏ ENTERRADOR, RA.

ENTERRAR tr. Poner debajo de tierra. ◊ Dar sepultura a un cadáver. ◊ fig. Sobrevivir a alguno. ◊ fig. Hacer desaparecer una cosa debajo de otra. ◊ fig. Arrinconar, relegar al olvido. ◊ tr. y prnl. *Chile, Hond.* y *P. Rico.* Clavar un instrumento punzante.

ENTERRATORIO m. *Argent.* y *Chile.* Cementerio.

ENTESAR tr. Dar mayor fuerza, vigor o tensión a una cosa. ◊ Poner tirante una cosa.

ENTIBAR intr. Estribar. ◊ tr. *Min.* Apuntalar con maderas las excavaciones. ❏ ENTIBACIÓN; ENTIBADOR.

ENTIBIAR tr. y prnl. Poner tibio un líquido. ◊ tr. fig. Templar, quitar fuerza a los afectos y pasiones. ❏ ENTIBIADERO.

ENTIDAD f. *Fil.* Lo que constituye la esencia o la forma de una cosa. ◊ Ente o ser. ◊ Valor o importancia de una cosa. ◊ Conjunto de personas que forman una sociedad con fines comerciales, médicos, etc.

ENTIERRO m. Sitio en que se entierran los difuntos. ◊ El cadáver que se lleva a enterrar y su acompañamiento.

ENTIMEMA m. *Lóg.* Silogismo incompleto que, por sobrentenderse una de las premisas, sólo consta de dos proposiciones.

ENTINTAR tr. Untar o teñir con tinta. ◊ fig. Teñir, dar color.

ENTISE m. *Cuba.* Cinta para atarse el calzado las mujeres.

ENTOLDAR tr. Cubrir con toldos. ◊ Cubrir con tapices, sedas o paños las paredes. ◊ fig. Nublarse. ❏ ENTOLDADO, DA; ENTOLDAMIENTO.

ENTOMÓFILO, LA adj. Aficionado a los insectos. ◊ *Bot.* Díc. de las plantas en las que la polinización se verifica por medio de los insectos.

ENTOMOLOGÍA f. *Zool.* Parte de la zoología que trata del estudio de los insectos. ❏ ENTOMOLÓGICO, CA; ENTOMÓLOGO, GA.

ENTONACIÓN f. Inflexión de la voz según el sentido de lo que se dice, la emoción o intención que se expresa y el estilo o acento en que se habla. ◊ fig. Entono.

ENTONAR tr. e intr. Cantar ajustado al tono. ◊ tr. Dar determinado tono a la voz. ◊ Empezar uno a cantar una cosa para que los demás continúen en el mismo tono. ◊ *Med.* Dar tensión y vigor al organismo. ◊ *Pint.* Armonizar los colores. ◊ prnl. Desvanecerse, engreírse. ❏ ENTONADOR, RA.

ENTONCES adv. tiempo. En aquel tiempo u ocasión. ◊ adv. modo. En tal caso, siendo así.

ENTONO m. Entonación. ◊ fig. Arrogancia.

ENTONTECER tr. Poner a uno tonto. ◊ intr. y prnl. Volverse tonto. ❏ ENTONTECIMIENTO.

ENTORCHADO m. Cuerda o hilo de seda, cubierto con otro de seda, o de metal, retorcido alrededor. ◊ Bordado en oro o plata, que como distintivo llevan en el uniforme los ministros, generales y otros altos funcionarios.

ENTORCHAR tr. Cubrir un hilo o cuerda enroscándole otro de metal.

ENTORNAR tr. Volver la puerta o la ventana hacia donde se cierra. ◊ Díc. también de los ojos cuando no se cierran por completo.

ENTORNO m. Contorno. ◊ Ambiente, lo que rodea a alguien o algo. ◊ **de un punto.** *Mat.* Para un punto *x* perteneciente a un conjunto *C*, todo subconjunto de *E* que conteng a un conjunto abierto *A* al cual pertenezca *x*.

ENTORPECER tr. y prnl. Poner torpe. ◊ fig. Turbar, oscurecer el entendimiento, el espíritu, el ingenio. ◊ fig. Retardar, dificultar. ❏ ENTORPECIMIENTO.

ENTRADA f. Espacio por donde se entra a alguna parte. ◊ Acción de entrar en alguna parte. ◊ En un diccionario, cada uno de los términos que se definen. ◊ Acto de ser uno recibido en un consejo, comunidad, etc., o de empezar a gozar de una dignidad, empleo, etc. ◊ fig. Arbitrio, facultad para hacer alguna cosa. ◊ En los teatros y otros lugares donde se dan espectáculos, concurso o personas que asisten. ◊ Producto de cada función. ◊ Billete que sirve para entrar en una sala de espectáculos. ◊ Principio de oración, libro, etc. ◊ Cada uno de los platos que se sirven antes del plato principal. ◊ Cada uno de los ángulos entrantes que forma el pelo en la parte superior de la frente. ◊ Caudal que entra en poder de uno. ◊ Primeros días del año, del mes, de una estación, etc. ◊ *Cuba* y *Méx.* Arremetida, zurra. ◊ *Comp.* Introducción de datos en una computadora. ◊ *Dep.* En fútbol, baloncesto, etc., acción de entrar a un contrario. ◊ *Mús.* Momento preciso en que cada voz o instrumento ha de entrar a tomar parte en la ejecución de una pieza musical.

ENTRADOR, RA adj. *Amér.* Que acomete fácilmente empresas arriesgadas. ◊ *Chile.* Entrometido, intruso.

ENTRAMADO m. Armazón de madera o hierro que sirve para dar forma

Entramado

y trabazón a las paredes y techos de un edificio en construcción. ❑ ENTRAMAR.

ENTRAMBOS, BAS adj. pl. Ambos.

ENTRAMPAR tr. y prnl. Hacer a un animal caer en la trampa. ◊ tr. fig. Engañar artificiosamente. ◊ fig. y fam. Enredar un negocio. ◊ prnl. Meterse en un trampal o atolladero. ◊ fig. y fam. Empeñarse, endeudarse.

ENTRAÑA f. Cada uno de los órganos contenidos en las prales. cavidades del cuerpo. ◊ Lo más íntimo o esencial de una cosa o asunto. ◊ pl. fig. Lo más oculto y escondido. ◊ fig. El centro, lo que está en medio. ◊ fig. Voluntad, afecto del ánimo. ◊ fig. Índole y genio de una persona.

ENTRAÑABLE adj. Íntimo, muy afectuoso.

ENTRAÑAR tr. y prnl. Introducir en lo más hondo. ◊ tr. Contener, llevar dentro de sí..

ENTRAR intr. Ir o pasar de fuera adentro. ◊ Pasar por una parte para introducirse en otra. ◊ Encajar o poderse meter una cosa en otra, o dentro de otra. ◊ Penetrar o introducirse. ◊ Acometer, arremeter. ◊ fig. Ser admitido o tener entrada en alguna parte. ◊ fig. Empezar a formar parte de una corporación. ◊ fig. Tratándose de carreras, profesiones, etc., dedicarse a ellas. ◊ fig. Dicho de escritos o discursos, empezar. ◊ Dep. En fútbol, baloncesto, etc., ir un jugador al encuentro de un contrario para arrebatarle la pelota. ◊ fig. Emplearse o caber cierta porción o número de cosas para algún fin. ◊ fig. Estar incluida una cosa en otra que se expresa. ◊ fig. Formar parte de ciertas cosas. ◊ fig. Junto con la prep. *a* y el infinitivo de otros verbos, dar principio a la acción de ellos. ◊ fig. Seguido de la prep. *en* y de un nombre, empezar a sentir lo que este nombre signifique. ◊ fig. Seguido de la prep. *en* y de un nombre, intervenir o tomar parte en lo que este nombre signifique. ◊ *Mús.* Empezar a cantar, tocar o bailar en el momento preciso. ◊ tr. Meter, introducir o hacer entrar. ◊ Invadir. ◊ prnl. Meterse o introducirse en alguna parte.

ENTRE prep. que denota situación o estado en medio de dos o más cosas o acciones. ◊ Dentro de, en lo interior. ◊ Expresa estado intermedio. ◊ En el número. ◊ Significa cooperación de dos o más personas o cosas. ◊ En composición con otro vocablo, limita o atenúa su significación. ◊ Expresa también situación o calidad intermedia.

ENTRE RÍOS Prov. de Argentina, en el S de la región denominada Mesopotamia; 78 781 km², 1 158 147 hab. Cap., Paraná. C. prales.: Concordia, Concepción del Uruguay, Gualeguaychú, etc. Sit. entre los ríos Paraná y Uruguay. Está accidentada por las cordilleras de Montiel al O y la Grande al E. Maíz, trigo, avena, lino, girasol, alfalfa, tártago, agrios. Ganadería. Ind. de transformación de productos agropecuarios. Su colonización empezó en 1580 y recibió un nuevo impulso a partir de 1635, gracias a los esfuerzos del gobernador Hernando Arias de Saavedra.

ENTREABRIR tr. y prnl. Abrir un poco.

ENTRECANO, NA adj. Díc. del cabello o barba a medio encanecer. ◊ Aplícase al sujeto que tiene así el cabello.

La Municipalidad de Paraná, la capital de la provincia de **Entre Ríos**

ENTRECASTEAUX Islas de Oceanía, entre Nueva Guinea y las Salomón; 3 750 km², 36 000 hab., melanesios. Forman parte de Papua-Nueva Guinea.

ENTRECAVAR tr. Cavar ligeramente. ❑ ENTRECAVA.

ENTRECEJO m. Espacio que hay entre las cejas. ◊ fig. Ceño, sobrecejo.

ENTRECHOCAR tr. y prnl. Chocar dos cosas.

ENTRECOGER tr. Coger a una persona o cosa de manera que no se pueda escapar. ◊ fig. Estrechar, apremiar a uno con argumentos o amenazas. ❑ ENTRECOGEDURA.

ENTRECOMILLAR tr. Poner entre comillas. ❑ ENTRECOMILLADO, DA.

ENTRECORTAR tr. Cortar una cosa sin acabar de dividirla. ❑ ENTRECORTADO, DA; ENTRECORTADURA.

ENTRECOT m. Voz de origen fr. que se utiliza para designar un filete de carne de bovino extraído de entre las costillas; solomillo, chuleta.

ENTRECRUZAR tr. y prnl. Cruzar dos o más cosas entre sí, entrelazar.

ENTREDÍA m. *Ecuad.* Piscolabis.

ENTREDICHO m. Prohibición de hacer o decir alguna cosa. ◊ Censura eclesiástica que prohíbe el uso de los divinos oficios o de algunos sacramentos.

ENTREDÓS m. Tira bordada o de encaje que se cose entre dos telas.

ENTREFILETE m. Suelto en un periódico.

ENTREFINO, NA adj. De calidad media entre lo fino y lo basto.

ENTREFORRO m. Entretela de una prenda.

ENTREGA f. Cosa que se entrega de una vez. ◊ Cada uno de los cuadernos impresos en que se divide y expende un libro que se publica por partes. ◊ *Arq.* Parte de un sillar o madero que se introduce en la pared.

ENTREGAR tr. Poner en poder de otro. ◊ Introducir el extremo de una pieza de construcción en el asiento donde ha de fijarse. ◊ prnl. Ponerse en manos de uno, sometiéndose a su dirección o arbitrio. ◊ Recibir uno realmente una cosa o encargarse de ella. ◊ Dedicarse enteramente a una cosa. ◊ Abandonarse, dejarse dominar. ◊ Declararse vencido o sin fuerzas para continuar un empeño o trabajo. ❑ ENTREGADO, DA; ENTREGAMIENTO.

ENTREHIERRO m. Trayecto de aire que forma parte del circuito magnético de un electroimán.

ENTRELAZAR tr. y prnl. Enlazar, entretejer una cosa con otra. ❑ ENTRELAZAMIENTO.

ENTRELINEAR tr. Escribir algo que se intercala entre dos líneas. ❑ ENTRELÍNEA.

ENTREMEDIAS adv. tiempo y lugar. Entre uno y otro tiempo, espacio, lugar o cosa.

ENTREMÉS m. Cualquiera de los manjares que se ponen en las mesas para picar de ellos mientras se sirven los platos. Usado más en pl. ◊ *Lit.* Obra teatral breve de tema jocoso o burlesco. En sus inicios, el e. se intercalaba en la obra pral. durante los entreactos. ❑ ENTREMESISTA.

ENTREMETER o **ENTROMETER** tr. Meter una cosa entre otras. ◊ prnl. Meterse uno donde no le llaman. ◊ Ponerse en medio o entre otros. ❑ ENTREMETIMIENTO; ENTROMETIMIENTO.

ENTREMEZCLAR tr. Mezclar una cosa con otra sin confundirlas.

ENTRENADOR m. *Dep.* Persona que cuida la forma física de los deportistas y los adiestra técnicamente. ◊ Persona que entrena animales.

ENTRENAR tr. y prnl. Adiestrar, preparar o prepararse para algo. ❑ ENTRENAMIENTO.

ENTREOÍR tr. Oír una cosa sin percibirla bien o entenderla del todo.

ENTREPAÑO m. Parte de pared comprendida entre dos columnas o dos huecos. ◊ Anaquel del estante o de la alacena.

ENTREPIERNAS f. pl. Parte interior de los muslos. Se usa también en sing. ◊ *Chile.* Taparrabos, traje de baño.

ENTREPITO, TA adj. *Ven.* Entremetido.

ENTRESACAR tr. Sacar unas cosas de entre otras. ◊ Aclarar un monte, cortando algunos árboles, o espaciar las plantas que han nacido muy juntas. ◊ Cortar parte del cabello cuando éste es demasiado espeso.

ENTRESIJO m. Mesenterio. ◊ fig. Cosa oculta, escondida.

ENTRESUELO m. Piso entre el bajo y el principal de una casa. ◊ Piso bajo levantado más de un metro sobre el nivel de la calle.

ENTRETALLAR tr. Trabajar una cosa a media talla o bajo relieve. ◊ Grabar, esculpir. ◊ Hacer en una tela calados o recortados. ◊ prnl. Encajarse unas cosas con otras. ❑ ENTRETALLA o ENTRETALLADURA.

ENTRETANTO adv. tiempo. Entre tanto. Se usa también como s. precedido del art. *el* o de un demostrativo.

ENTRETECHO m. *Chile.* Desván, sobrado.

ENTRETEJER tr. Meter en la tela que se teje hilos diferentes para que hagan distinta labor. ◊ Trabar y enlazar una cosa con otra. ◊ fig. Incluir palabras, periodos o versos ajenos en un libro o escrito. ❑ ENTRETEJEDURA; ENTRETEJIMIENTO.

ENTRETELA f. Lienzo que como refuerzo se pone entre la tela y el forro de una prenda de vestir. ◊ pl. fig. y fam. Lo íntimo del corazón. ❑ ENTRETELAR.

ENTRETENCIÓN f. *Amér.* Entretenimiento.

ENTRETENER tr. y prnl. Tener a uno detenido y en espera. ◊ tr. Hacer me-

nos molesta y más llevadera una cosa.
◊ Divertir, recrear el ánimo de uno. ◊
Dar largas, con pretextos, al despacho
de un asunto. ◊ Mantener, conservar.
◊ prnl. Divertirse. ❏ ENTRETENIMIENTO.
ENTRETENIDO, DA adj. Chistoso, divertido, de genio y humor festivo y alegre. ◊ f. fam. Querida, mujer amancebada.
ENTRETIEMPO m. Tiempo de primavera y otoño.
ENTREVER tr. Ver confusamente una cosa. ◊ Conjeturarla, sospecharla, adivinarla.
ENTREVERADO, DA adj. Que tiene interpoladas cosas varias o vetas. ◊ m. *Ven.* Asadura de cordero o de cabrito.
ENTREVERAR tr. Mezclar, introducir una cosa entre otras. ◊ prnl. *Argent.* Mezclarse desordenadamente personas, animales o cosas. ◊ tr. y prnl. *Argent.* Chocar dos masas de caballería y luchar cuerpo a cuerpo.
ENTREVERO m. *Argent., Chile y Ur.* Acción y efecto de entreverarse. ◊ *Argent. y Chile.* Confusión, desorden.
ENTREVÍA f. *Ferr.* Espacio libre que queda entre dos rieles o vías.
ENTREVISTA f. Encuentro convenido entre dos o más personas para tratar de un asunto, informar al público, etc. ❏ ENTREVISTADOR, RA.
ENTREVISTAR tr. Mantener una conversación, con una o varias personas, acerca de varios extremos, para informar al público de sus respuestas. ◊ prnl. Tener una entrevista con una persona.
ENTRISTECER tr. Causar tristeza. ◊ Poner aspecto triste. ◊ prnl. Ponerse triste y melancólico. ❏ ENTRISTECIMIENTO.
ENTRONCAR tr. Afirmar el parentesco de una persona con el tronco o linaje de otra. ◊ intr. Tener, o contraer, parentesco con un linaje o persona. ◊ tr. y prnl. *Cuba, Méx. y P. Rico.* Empalmar dos líneas de transporte. ❏ ENTRONCAMIENTO; ENTRONQUE.
ENTRONIZAR tr. Colocar en el trono. ◊ fig. Ensalzar a uno; colocarle en alto estado. ◊ prnl. fig. Engreírse, envanecerse. ❏ ENTRONIZACIÓN.
ENTROPÍA f. *Fís.* Magnitud que determina el grado de desorden molecular que existe en los sistemas termodinámicos.
ENTUBAR tr. Poner tubos en alguna cosa. ❏ ENTUBACIÓN; ENTUBAMIENTO.
ENTUERTO m. Tuerto o agravio.
ENTUMECER tr. y prnl. Impedir, entorpecer el movimiento de un miembro o nervio. ◊ prnl. fig. Alterarse, hincharse. ❏ ENTUMECIMIENTO.
ENTURBIAR tr. y prnl. Hacer o poner turbia una cosa. ◊ fig. Turbar, alterar el orden.
ENTUSIASMO m. Exaltación de las sibilas. ◊ Inspiración fogosa y arrebatada del escritor o del artista. ◊ Exaltación y fogosidad del ánimo, excitado por cosa que le admire o cautive. ◊ Adhesión fervorosa que mueve a favorecer una causa o empeño. ❏ ENTUSIASMAR; ENTUSIASTA; ENTUSIÁSTICO, CA.
ENUGU C. del SE de Nigeria, cap. del est. Anambra; 187 000 hab. Minas de hulla. Ind. metalúrgica y alimentaria.
ENUMERACIÓN f. Expresión sucesiva y ordenada de las partes de que consta un todo, de las especies que comprende un género, etc. ◊ Cómpu-

to o cuenta numeral de las cosas. ◊ Figura que consiste en resumir varias ideas o discursos. ❏ ENUMERAR; ENUMERATIVO, VA.
ENUNCIADO m. Oración o secuencia de oraciones gramaticales. ◊ Palabras con que se enuncia el teorema que se va a demostrar, el problema que se va a resolver, etc.
ENUNCIAR tr. Expresar uno breve y sencillamente una idea. ◊ Indicar los datos y condiciones de un problema. ❏ ENUNCIACIÓN; ENUNCIATIVO.
ENURESIS f. Incontinencia en la emisión de orina.
ENVAINAR tr. Meter en la vaina una arma blanca. ◊ Envolver una cosa a otra ciñéndola a manera de vaina.
ENVALENTONAR tr. Infundir valentía o más bien arrogancia. ◊ prnl. Cobrar valentía o echárselas de valiente. ❏ ENVALENTONAMIENTO.
ENVANECER tr. y prnl. Infundir soberbia o vanagloria a uno. ◊ *Chile.* Quedarse vano el fruto de una planta por haberse secado o podrido su meollo. ❏ ENVANECIMIENTO.
ENVARAR tr. y prnl. Entorpecer, impedir el movimiento de un miembro. ❏ ENVARAMIENTO.
ENVASAR tr. Echar un líquido en una vasija. ❏ ENVASADOR, RA.
ENVASE m. Recipiente o vasija en que se conservan y transportan ciertos gé-

Envase. Sección de envasado de una cooperativa agrícola

Envergadura de las alas de un cóndor

neros. ◊ Todo lo que envuelve o contiene artículos de comercio para conservarlos o transportarlos.
ENVEJECER tr. Hacer vieja a una persona o cosa. ◊ intr. y prnl. Hacerse viejo o ant. una persona o cosa. ◊ intr. Durar, permanecer por mucho tiempo. ❏ ENVEJECIDO, DA.
ENVEJECIMIENTO m. ◊ *Metal.* Cambio en las propiedades, pralm. con aumento de dureza, de un metal o una aleación al mantenerla a una determinada temperatura.
ENVELOPE m. *Amér.* Sobre de cartas.
ENVENENAR tr. y prnl. Emponzoñar, inficionar con veneno. ◊ tr. fig. Acriminar; interpretar en mal sentido las palabras o acciones. ◊ fig. Emponzoñar, dañar. ❏ ENVENENAMIENTO.
ENVER Pachá (1881-1922) General y político turco. Forzó la entrada de Turquía en la I Guerra Mundial.
ENVERGADURA f. *Mar.* Ancho de una vela contado en el grátil. ◊ Distancia entre las puntas de las alas de las aves cuando están completamente abiertas. ◊ Longitud de las alas de un avión, de un extremo a otro de las mismas. ◊ fig. Importancia, fuste, prestigio.
ENVÉS m. Revés. ◊ *Bot.* Cara inferior de una hoja. ◊ fam. Espalda de una persona. ❏ ENVESADO, DA.
ENVETARSE prnl. *Perú.* Comenzar a asfixiarse por las emanaciones de las vetas de una mina.
ENVIAR tr. Hacer que una persona vaya a alguna parte. ◊ Hacer que una cosa se dirija o sea llevada a alguna parte. ❏ ENVIADIZO, ZA; ENVIADO, DA.
ENVICIAR tr. Corromper con un vicio. ◊ intr. Echar las plantas muchas hojas y poco fruto. ◊ prnl. Aficionarse demasiadamente a una cosa. ❏ ENVICIAMIENTO.
ENVIDAR tr. Hacer envite a uno en el juego.
ENVIDIA f. Tristeza o pesar del bien ajeno. ◊ Emulación, deseo honesto. ❏ ENVIDIAR; ENVIDIABLE; ENVIDIOSO, SA.
ENVIGADO C. de Colombia, en el dpto. de Antioquía; 69 900 hab. Ganadería, agricultura e ind. derivadas.
ENVILECER tr. Hacer vil y despreciable una cosa. ◊ prnl. Perder uno la estimación que tenía. ❏ ENVILECIMIENTO.
ENVINADO, DA adj. *Méx.* De color de vino.
ENVINAR tr. Echar vino en el agua.
ENVÍO m. Remesa. ◊ Estrofa final de una composición poética en la lírica medieval.
ENVISCAR tr. Untar con liga las ramas de las plantas para cazar pájaros. ◊ prnl. Pegarse los pájaros y los insectos con la liga.

ENVITE m. Apuesta que se hace en algunos juegos, parando, además de los tantos ordinarios, cierta cantidad a un lance o suerte. ◊ fig. Ofrecimiento de una cosa. ◊ Envión, empujón.

ENVIUDAR intr. Quedar viudo o viuda.

ENVOLTORIO m. Lío. ◊ Defecto en el paño, por haberse mezclado alguna especie de lana diferente.

ENVOLTURA f. Capa exterior que cubre una cosa.

ENVOLVENTE adj. Que envuelve. ◊ *Geom.* Para una familia de curvas o de superficies, díc., respectivamente, de la curva o superficie que es tangente a cada una de las de la familia.

ENVOLVER tr. Cubrir una cosa parcial o totalmente, rodeándola y ciñéndola con algo. ◊ Arrollar o devanar un hilo, cinta, etc., en alguna cosa. ◊ fig. En una disputa, dejar a uno cortado sin salida. ◊ *Mil.* Rebasar por uno de sus extremos la línea de combate del enemigo y acometerle por todos lados. ◊ tr. y prnl. fig. Mezclar o complicar a uno en un asunto. ◊ prnl. fig. Amancebarse. ❑ ENVOLVEDERO; ENVOLVENTE, RA; ENVOLVIMIENTO.

ENVUELTO m. *Méx.* Tortilla de maíz en forma de rollo y guisada.

ENYESAR tr. Tapar o acomodar con yeso. ◊ Igualar o allanar una cosa con yeso. ◊ Escayolar. ❑ ENYESADO.

ENZARZAR tr. Poner zarzas en una cosa o cubrirla de ellas. ◊ tr. y prnl. fig. Sembrar discordias. ◊ prnl. Enredarse en las zarzas, matorrales, etc. ◊ fig. Meterse en negocios arduos. ◊ fig. Reñir, pelearse.

ENZIMA amb. *Biol.* Biocatalizador proteico que actúa sobre el metabolismo celular. Las e. se clasifican en hidrolasas, isomerasas, oxidorreductasas, transferasas, y liasas y ligasas.

ENZIMOLOGÍA f. Rama de la bioquímica que trata del estudio de las enzimas, sus características, funcionalismos y cinética, y aplicaciones.

ENZINAS, Francisco de (1520-1552) Humanista esp., traductor de Plutarco, Luciano y Tito Livio. Defensor de la Reforma protestante.

ENZOOTIA f. Enfermedad que acomete a una o más especies de animales en determinado territorio.

EÑE m. Nombre de la letra *ñ*.

EOCENO adj. y m. *Geol.y Pal.* Díc. del período geológico de la era terciaria durante el que aparecieron prácticamente todos los grupos de mamíferos actuales. ❑ EOCÉNICO, CA.

EOLIA (*Aiolis*) Ant. región gr. de Asia Menor, entre Tróade y Jonia. Anexionada al imperio rom. en el año 133 a. C.

EOLIAS, Islas ⇨ Lípari.

EÓLICO, CA adj. y s. Eolio. ◊ *Ling.* Díc. de uno de los cuatro prales. dialectos de la lengua gr., hablado en Eolia. ◊ adj. Relativo a este dialecto. ◊ Relativo a Eolo. ◊ Relativo al viento. ◊ Producido o accionado por el viento. ◊ **Erosión e.** Proceso erosivo en que el agente pral. es el viento cargado de partículas rocosas en suspensión.

EOLITO m. Piedra de sílex, cuya forma natural se asemeja a la de algunos utensilios prehistóricos.

EOLO *Mit. gr.* Dios de los vientos.

EÓN m. En el gnosticismo, cada una de las inteligencias eternas emanadas de la divinidad suprema.

EOS *Mit.* Divinidad gr., la Aurora de los rom. Madre de los vientos.

¡EPA! interj. *Hond., Méx.y Ven.* ¡Hola! ◊ *Chile.* interj. Usada para animar. ¡Ea! ¡Upa!

EPACTA f. Número de días transcurridos entre el último novilunio y el día 1 de enero.

EPAMINONDAS (418-368 a. C.) General y político beocio. Invadió el Peloponeso para afianzar la hegemonía tebana.

EPAZOTE m. *Méx.* Pazote, planta.

EPECUÉN Lago salado de Argentina, en la prov. de Buenos Aires; 400 km². Balnearios.

EPERLANO m. Pez de los grandes ríos del N de Europa, muy parecido a la trucha.

ÉPICA f. Gén. literario, en verso, cuyas obras reciben el nombre de epopeyas. ❑ ÉPICO, CA.

EPICARPIO m. *Bot.* Capa tegumentaria que, a modo de protección, rodea los frutos de muchas plantas.

EPICENTRO m. Centro del área de perturbación de un fenómeno sísmico que cae sobre el hipocentro.

EPICICLO m. Circunferencia que se suponía describía un planeta con velocidad angular constante, en el sistema de Tolomeo.

EPICTETO (s. I-II) Filósofo estoico de origen gr. Expuso una doctrina próxima al cristianismo.

EPICUREÍSMO m. *Fil.* Sistema basado en las doctrinas de Epicuro de Samos. El e. busca la realización de la felicidad humana, el placer espiritual y la erradicación del temor y el dolor. ❑ EPICÚREO, A.

EPICURO (342-270 a. C.) Filósofo gr. Nació en Samos. Para E. la felicidad es el bien en la vida, y la ética, el fundamento de toda filosofía, debe orientarse hacia su consecución.

EPIDAURO Ant. c. de Grecia, en la Argólida, junto al mar Egeo. Santuario de Esculapio.

EPIDEMIA f. Enfermedad infecciosa que ataca a un tiempo a gran número de personas. ❑ *Amér.* EPIDEMIADO, DA; EPIDEMIAL; EPIDEMICIDAD; EPIDÉMICO, CA.

EPIDEMIOLOGÍA f. *Med.* Tratado de las epidemias.

EPIDERMIS f. *Anat.* Tejido epitelial que forma la parte externa de la piel. ◊ *Bot.* Membrana formada por una sola capa de células que cubre el tallo y las hojas de las pteridofitas y de las fanerógamas herbáceas. ❑ EPIDÉRMICO, CA.

EPIDIASCOPIO o **EPIDIÁSCOPO** m. Aparato de proyección por reflexión o por transparencia, que sirve para recoger en una pantalla las imágenes de cuerpos opacos o o diapositivas, respectivamente.

EPIDÍDIMO m. *Anat.* Primera porción de la vía seminal, que conduce el líquido seminal desde el testículo hacia la vesícula seminal.

EPIDOTA f. *Miner.* Mineral del grupo de los silicatos de aluminio, calcio y hierro.

EPIFANÍA f. Festividad que celebra la Iglesia el 6 de enero, y que también se llama de la Adoración de los Reyes. ◊ Manifestación, aparición.

EPIFENÓMENO m. Fenómeno o síntoma accidental que acompaña a otro principal.

EPÍFISIS f. *Anat.* Glándula endocrina del interior del cerebro que regula el desarrollo de los caracteres sexuales. ◊ Parte terminal de los huesos largos.

EPÍFITO, TA adj. *Bot.* Díc. del vegetal que, sin ser parásito, vive sobre otros.

EPIGASTRIO m. *Anat.* Región del abdomen, desde el esternón hasta cerca del ombligo. ❑ EPIGÁSTRICO, CA.

EPIGEO, A adj. *Bot.* Díc. de la planta o de la parte de ella que aparece sobre la tierra, por oposición a la parte subterránea.

EPIGLOTIS f. *Anat.* Cartílago sujeto a la parte posterior de la lengua, el cual tapa la glotis al tiempo de la deglución.

EPÍGONO m. El que sigue las huellas de otro; especialmente díc. del que sigue una escuela o un estilo de una generación anterior.

EPÍGRAFE m. Resumen, cita o sentencia que suele ponerse a la cabeza de una obra científica o literaria, o de cada uno de sus capítulos o divisiones. ◊ Inscripción en piedra, metal, etc.

EPIGRAFÍA f. Ciencia cuyo objeto es conocer e interpretar las inscripciones. ❑ EPIGRÁFICO, CA; EPIGRAFISTA.

EPIGRAMA m. Inscripción en piedra o metal. ◊ *Lit.* Composición poética breve, por lo común festiva o satírica. ◊ fig. Pensamiento mordaz o satírico expresado con brevedad y agudeza. ❑ EPIGRAMÁTICO, CA.

EPILEPSIA f. *Pat.* Síndrome cerebral crónico que se manifiesta con crisis de convulsiones acompañadas de pérdida de conciencia. ❑ EPILÉPTICO, CA; EPILEPTIFORME.

EPÍLOGO m. Recapitulación de todo lo dicho en una composición literaria. ◊ fig. Conjunto o compendio. ◊ Última parte de algunas obras dramáticas y novelas, que es consecuencia de la acción pral. o está relacionada con ella, dando así al poema nuevo y definitivo remate. ❑ EPILOGAR

EPIPALEOLÍTICO adj. y m. *Prehist.* Díc. del período llamado también mesolítico, que se extiende entre el paleolítico y el neolítico.

EPIPLÓN m. *Anat.* Repliegue del peritoneo que une varias vísceras abdominales. ◊ Omento.

EPIRO (*Epeiros* o *Ipiros*) Ant. región histórica gr., ribereña del mar Jónico. ◊ Región hom. que ocupa la mayor parte del territorio de la ant. E. (9 203 km², 324 500 hab.).

Teatro de **Epidauro**

EPIROGÉNESIS f. Movimiento tectónico de gran radio de curvatura que afecta a extensas zonas de la corteza terrestre.

EPISCOPADO m. Dignidad de obispo. ◊ Época y duración del gobierno de un obispo. ◊ Conjunto de obispos. ❏ EPISCOPAL.

EPISCOPALISMO m. *Rel.* Sistema o doctrina de los canonistas favorables a la potestad episcopal y adversarios de la supremacía pontificia. ◊ Doctrina de ciertas iglesias protestantes, entre ellas la anglicana y la protestante episcopaliana de los EE UU. ❏ EPISCOPALIANO, NA.

EPISCOPIO m. Aparato para la proyección de objetos opacos, fotografías e impresos.

EPISODIO m. Acción secundaria de la pral., pero enlazada con ella en un poema épico o dramático, o en una novela. ◊ Cada una de las acciones parciales o partes integrantes de la acción principal. ◊ Digresión en obras de otro género o en el discurso. ◊ Incidente, suceso enlazado con otros que forman un todo o conjunto. ❏ EPISÓDICO, CA.

EPISTEMOLOGÍA f. *Fil.* Estudio crítico del conocimiento científico. ❏ EPISTEMOLÓGICO, CA.

EPÍSTOLA f. Carta misiva que se escribe a los ausentes. ◊ Cada uno de los escritos de un apóstol, pertenecientes al gén. epistolar. ◊ Parte de la misa en que se lee una e. ◊ *Lit.* Composición poética dirigida a una persona cuyo fin es moralizar, instruir o satirizar. ❏ EPISTOLAR; EPISTOLARIO; EPISTOLERO; EPISTOLÓGRAFO, FA.

EPITAFIO m. Inscripción sobre un sepulcro o en la lápida o lámina colocada junto al enterramiento.

EPITALAMIO m. Composición lírica en celebridad de una boda. ❏ EPITALÁMICO, CA.

EPITELIO m. *Anat.* Tejido tenue que cubre exteriormente las mucosas y glándulas del cuerpo. ❏ EPITELIAL.

EPITELIOMA m. *Pat.* Cáncer de la piel.

EPÍTEMA f. *Farm.* Medicamento tópico que se aplica en forma de fomento, cataplasma o polvo.

EPÍTETO m. Adj. o p. cuyo fin pral. es caracterizar el nombre.

EPÍTOME m. Resumen o compendio de una obra extensa. ◊ *Ret.* Figura que consiste, después de dichas muchas palabras, en repetir las primeras para mayor claridad. ❏ EPITOMAR.

EPIZOARIO m. *Zool.* Animal que vive como parásito sobre el cuerpo de otro.

EPIZOOTIA f. Enfermedad que ataca a una o más especies animales de un territorio determinado. ◊ *Chile.* Glosopeda. ❏ EPIZOÓTICO, CA; EPIZOOTIOLOGÍA.

ÉPOCA f. Era, fecha histórica que se utiliza para cómputos cronológicos. ◊ Periodo de tiempo que se señala por los hechos históricos durante él acaecidos. ◊ P. ext., cualquier espacio de tiempo. ◊ Temporada de considerable duración.

EPODO m. Último verso de la estancia, repetido muchas veces. ◊ En la poesía gr., tercera parte del canto lírico compuesto de estrofa, antistrofa y epodo.

EPÓNIMO, MA adj. Que da nombre a un pueblo, a una tribu, a un periodo, etc.

EPOPEYA f. *Lit.* Poema narrativo, extenso, gralte. de fuerte carácter nacional, protagonizado por un héroe. ◊ fig. Conjunto de hechos gloriosos.

ÉPSILON f. Nombre de la *e* breve del alfabeto griego (e).

EPSOMITA f. *Miner.* Sulfato de magnesio hidratado.

EPULÓN m. Comilón.

EQUIANGULAR adj. *Geom.* Díc. de la figura cuyos ángulos son iguales.

EQUIDAD f. Igualdad de ánimo. ◊ Propensión a dejarse guiar por el sentimiento del deber. ◊ Justicia natural por oposición a la letra de la ley positiva. ◊ Moderación en el precio de las cosas o en las condiciones de los contratos. ❏ EQUITATIVO, VA.

EQUIDIFERENCIA f. *Mat.* Igualdad de dos razones por diferencia.

EQUIDISTAR tr. Hallarse una o más cosas a igual distancia de otra determinada, o entre sí. ❏ EQUIDISTANCIA; EQUIDISTANTE.

EQUIDNA f. Mamífero de forma globoide y dorso cubierto de espinas, de Australia y Nueva Guinea.

EQUILÁTERO, RA adj. *Geom.* Aplícase a las figuras, en particular al triángulo, cuyos lados son iguales entre sí.

EQUILIBRAR tr. y prnl. Hacer que una cosa se ponga en equilibrio. ◊ tr. fig. Hacer que una cosa no exceda a otra, manteniéndolas proporcionalmente iguales.

EQUILIBRIO m. Estado de un cuerpo o sistema cuando la resultante de las fuerzas que actúan sobre él es nula. ◊ fig. Contrapeso, contrarresto, armonía entre cosas diversas. ◊ fig. Ecuanimidad, mesura. ◊ pl. fig. Actos de contemporización encaminados a sostener una situación dificultosa. ◊ **estable.** El del cuerpo que, al moverse de su posición de e., tiende a volver a ella. ◊ **indiferente.** El del cuerpo que permanece en e., cualquiera que sea la posición en que se coloque. ◊ **inestable.** El del cuerpo que, al apartarse de su posición de e., ya no la recupera. ◊ **térmico.** El que se establece entre dos o más cuerpos cuando tienen igual temperatura. ❏ EQUILIBRADO, DA; EQUILIBRISMO; EQUILIBRISTA.

EQUIMOSIS f. *Med.* Mancha más o menos extensa que aparece en la piel de una extravasación sanguínea.

EQUINO, NA adj. poét. Relativo al caballo. ◊ m. *Arq.* Moldura convexa, más ancha por su terminación que en su arranque. ◊ *Zool.* Erizo marino.

EQUINOCCIO m. *Astr.* Cada uno de los dos puntos de intersección de la eclíptica con el ecuador celeste. A lo largo del año se presentan dos e.: el de primavera (el 21 de marzo) y el e. de otoño (el 22 de septiembre). ❏ EQUINOCCIAL.

EQUINOCOCO m. *Zool.* Pequeño gusano parásito de los carnívoros. En el hombre da lugar a quistes hidatídicos.

EQUINOCOCOSIS f. *Med.* Enfermedad parasitaria producida por el cisticerco de la tenia equinococo.

EQUINODERMO, MA adj. y m. *Zool.* Díc. de los animales del tipo equinodermos. ◊ m. pl. *Zool.* Tipo de celomados, deuterostomas, exclusivamente marinos, con simetría bilateral en las primeras fases de su desarrollo y radial cuando adultos. Presenta un esqueleto dérmico de caliza, gralte. provisto de espinas.

EQUIPAJE m. Conjunto de cosas que se llevan en los viajes. ◊ *Mar.* Tripulación.

EQUINODERMO

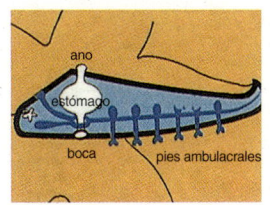

El aparato ambulacral de los equinodermos consiste en una serie de canales que se comunican con el medio marino y se llenan de agua para extender los pies ambulacrales

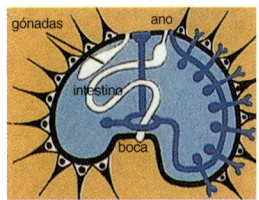

Salvo excepciones, el aparato digestivo se compone de una boca ventral, un estómago (evaginable en las estrellas), un intestino y un ano

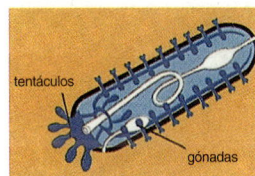

Las holoturias tienen forma alargada, no radial, y alrededor de la boca tienen tentáculos que utilizan para capturar su alimento

Exoesqueleto de erizo de mar, visto por la región anal, que muestra simetría pentámera

EQUIPAL m. *Méx.* Silla de varas entretejidas, con el asiento y el respaldo de cuero o de palma tejida.

EQUIPAR tr. y prnl. Proveer a uno de las cosas necesarias para su uso particular. ◊ *Mar.* Proveer a una nave de gente, víveres, municiones y todo lo necesario para su avío y defensa.

EQUIPARAR tr. Comparar una cosa con otra considerándolas iguales o equivalentes.

EQUIPO m. Grupo de operarios organizado para un servicio determinado. ◊ Cada uno de los grupos que se disputan el triunfo en ciertos deportes, bando. ◊ Conjunto de ropas y otras cosas para uso particular de una persona. ◊ Colección de utensilios, instrumentos y aparatos especiales para su trabajo.

EQUIPOLENCIA f. *Lóg.* Equivalencia. ◊ *Mat.* Equivalencia entre vectores libres. ❏ EQUIPOLENTE.

EQUIPONDERAR intr. Ser una cosa de igual peso que otra.

EQUIPOTENCIAL adj. *Fís.* Del mismo potencial. ❏ EQUIPOTENTE.

EQUIS f. Nombre de la letra *x*, y del signo de la incógnita en los cálculos.

EQUITACIÓN f. Arte de montar y manejar bien el caballo. ◊ Acción y deporte de montar a caballo. ❏ *Amér.* EQUITADOR.

EQUIVALENCIA f. Calidad de equivalente. ◊ Igualdad en el valor, potencia o eficacia de dos o más cosas.

EQUIVALENTE adj. Que equivale a otra cosa. ◊ *Mat.* Díc. de los elementos de un conjunto que se corresponden por una relación de equivalencia.

EQUIVOCAR tr. y prnl. Tener o tomar una cosa por otra, juzgando u obrando desacertadamente. ◊ intr. Usar de equívocos, hablando o escribiendo. ❏ EQUIVOCACIÓN.

EQUÍVOCO, CA adj. Que puede entenderse en varios sentidos o dar ocasión a juicios diversos. ◊ m. Palabra cuya significación conviene a diferentes cosas. ◊ *Ret.* Figura que consiste en emplear en el discurso palabras equívocas. ◊ Equivocación, error. ❏ EQUIVOQUISTA.

Er *Quím.* Símb. del erbio.

ERA f. Punto fijo y fecha determinada de un suceso, desde el cual se empiezan a contar los años. ◊ *Geol.* Unidad cronogeológica de primer orden en que se distinguen los tiempos geológicos. Se distinguen cinco e.: precámbrica, paleozoica, mesozoica, cenozoica y antropozoica. ◊ Espacio de tierra donde se trillan las mieses. ◊ Cuadro pequeño de tierra destinado al cultivo de flores u hortalizas. ◊ *Min.* Sitio llano cerca de las mismas, donde se machacan y limpian los minerales. ◊ *cristiana.* Cómputo de tiempo que empieza a contarse por años desde el nacimiento de Jesucristo.

ERAL, LA m. y f. Res vacuna de más de un año y que no pasa de dos. ❏ ERAR.

ERARIO m. Tesoro público. ◊ Lugar donde se guarda.

ERASMISMO m. *Fil.* Movimiento ideológico del s. XVI, derivado de las doctrinas de Erasmo de Rotterdam. ❏ ERASMIANO, NA; ERASMISTA.

ERASMO de Rotterdam, *Desiderio* (h. 1466-1536) Sacerdote y filósofo humanista hol. Ejerció una gran influencia en el pensamiento de la Europa de su tiempo. Su obra más conocida es el *Elogio de la locura*, en la que critica a la je-

Erik XIV de Suecia

rarquía eclesiástica y ridiculiza las convenciones sociales.

ERATÓSTENES de Cirene (h. 275-h. 194 a. C.) Sabio gr. dedicado a las matemáticas, la geografía y la filosofía. Estableció los fundamentos de la geografía matemática.

ERAUSO, *Catalina de,* llamada LA MONJA ALFÉREZ (1592-1635) Aventurera esp.; huyó del convento en 1607; en América se alistó en el ejército para luchar contra los indios chilenos.

ERBIO m. *Quím.* Elemento de símb. Er, n. a. 68 y p. a. 167,27. Es un metal de la familia de los lantánidos.

ERCILLA, *Alonso de* (1533-1594) Poeta esp. En 1555 marchó a las Indias y tomó parte en la lucha por la conquista de Chile. *La Araucana.*

ERE f. Nombre de la letra *r* en su sonido suave.

EREBO m. poét. Infierno.

EREBUS Volcán de la Antártida, en la isla de Ross: 4 023 m de alt.

ERECCIÓN f. Enderezamiento del pene o clítoris producida por el aflujo de sangre. ◊ Fundación o institución. ◊ Tensión. ❏ ERÉCTIL; ERECTILIDAD; ERECTO, TA; ERECTOR.

EREMITA m. Ermitaño de los primeros tiempos del cristianismo. ❏ EREMÍTICO, CA; EREMITISMO.

ERETISMO m. *Psic.* Estado de gran irritabilidad neuropsíquica que se manifiesta por respuestas excesivas en relación a la cuantía del estímulo que las provoca.

EREVÁN ➩ Yereván.

ERFURT C. de Alemania, cap. del distrito hom. Sit. a orillas del r. Gera; 214 600 hab. Centro comercial e industrial.

ERG m. Suelo desértico y arenoso de relieve ondulado. ◊ *Fís.* Nombre del ergio en la nomenclatura internacional.

ERGIO m. *Fís.* Unidad de trabajo del sistema CGS, definida como el trabajo requerido para desplazar 1 cm el punto de aplicación de una fuerza de 1 dina en la dirección de ésta.

ERGO conj. latina. Por tanto, luego, pues. Se usa en silogismos y también festivamente.

ERGONÓMICO, CA adj. *Comp.* Díc. del dispositivo especialmente diseñado para hacer agradable su manejo.

ERGOTISMO m. Intoxicación aguda o crónica producida por el cornezuelo del centeno.

ERGOTIZAR tr. Abusar del sistema de argumentación silogística. ❏ ERGOTISTA.

ERGUIR tr. Levantar y poner derecha una cosa. ◊ prnl. Levantarse o ponerse derecho. ◊ fig. Engreírse, ensoberbecerse. ❏ ERGUIMIENTO.

ERHARD, *Ludwig* (1897-1977) Político cristiano-demócrata y economista al. Canciller (1963-1966).

ERIAL adj. y m. Aplícase a la tierra o campo sin cultivar.

ERIDANUS *Astr.* Constelación que se encuentra al O de Orion y que contiene una nebulosa.

ERIE Lago de Norteamérica de origen glaciar, en la frontera entre EE UU y Canadá; 25 612 km².

ERIGIR tr. Fundar, instituir o levantar. ◊ tr. y prnl. Constituir a una persona o cosa con un carácter que antes no tenía.

ERIK Nombre de varios reyes escandinavos.

DINAMARCA

ERIK V Glipping, *el Bizco* (h. 1249-1286). Puso las bases de la constitución danesa. ◊ **VI,** Menved [1274-1319] Rey de Dinamarca [1286-1319], se enfrentó al clero.

NORUEGA

ERIK de Pomerania (1382-1459) Rey de Noruega [1389-1442], de Dinamarca y de Suecia [1396-1439]. Fue coronado en la dieta de Kalmar (1397) y post. destituido.

SUECIA

ERIK XI, *Eriksson* (h. 1216-1250) Rey de Suecia [1222-1250]. A su muerte se inició la dinastía Folkung. ◊ **XIV** (1533-1577) Rey de Suecia [1560-1568]. Ocupó Estonia.

ERIK, *el Rojo* (940-1010) Explorador nor. Descubrió Groenlandia h. 985.

ERÍN Nombre gaélico de Irlanda.

ERISIPELA f. *Pat.* Inflamación superficial de la piel que se manifiesta por su color encendido y va comúnmente acompañada de fiebre. ❏ ERISIPELAR; ERISIPELATOSO, SA.

ERITEMA m. *Pat.* Enrojecimiento congestivo y temporal de la piel que se presenta en los procesos inflamatorios locales y en quemaduras de primer grado.

ERITREA (*Ertira*) Est. de África, nororiental. Incluye las islas de Dahlak.

Vista del puerto de Massawa, al norte de **Eritrea**

Mapa de situación y bandera
de **Eritrea**

Relieve dominado por una altiplanicie de más de 3 000 m. Avenada por el Barka, el Gash y el Satit. Clima diverso, según la alt. Cereales, café, tabaco, algodón. Ganadería. Salinas. Lenguas: tigré, tigriña, it. *Rel.*: cristianismo copto, islamismo. U.M.: birr. Cap.: Asmara. C. prales.: Massawa, Keren.
□ *Hist.* Colonia it. desde 1890 a 1941, fue luego administrada por Gran Bretaña entre 1941-1952. Este año la ONU la convirtió en est. federado de Etiopía. En 1962 fue anexionada por Etiopía. En abril de 1993, se celebró un referéndum que aprobó la indep. del terr.

ERITREA	
Superficie	121 143 km²
Población	3 325 000 hab. (27 hab./km²)
Recursos económicos	
Pesca	5 000 t
Riqueza forestal	39 640 000 m³
Sal	110 000 t
Indicadores sociológicos	
Marina mercante	175 naves
(arqueo bruto)	69 500 t
Red ferroviaria	306 km

ERITRITA f. *Miner.* Arseniato hidratado de cobalto, monoclínico, de color rojo brillante.
ERITROBLASTO m. *Biol.* Célula nucleada incolora de la médula ósea, precursora del hematie.
ERITROCITO m. *Biol.* Glóbulo rojo de la sangre.
ERIVÁN ⇨ Yereván.
ERIZAR tr. y prnl. Levantar, poner rígida y tiesa una cosa, como las púas del erizo; díc. especialmente del pelo. ◊ tr. fig. Llenar o rodear una cosa de obstáculos, asperezas, etc. ❑ ERIZADO, DA.
ERIZO m. *Zool.* Mamífero insectívoro, con el dorso y los costados cubiertos de púas agudas, la cabeza pequeña, las patas y la cola muy cortas. ◊ *Bot.* Planta con ramas entrecruzadas y espinosas y flores azules o violadas. ◊ Invo-

lucro espinoso de la castaña y otros frutos. ◊ *Zool.* Pez con el cuerpo erizado de púas. Es propio de los mares intertropicales. ◊ **de mar,** o **marino.** *Zool.* Equinodermo, de figura de esfera aplanada, cubierto con una concha caliza llena de púas.
ERMITA f. Capilla o santuario situado por lo común en despoblado.
ERMITAGE Museo de San Petersburgo, sit. en el palacio de Invierno.
ERMITAÑO, ÑA m. y f. Persona que vive en la ermita y cuida de ella. ◊ m. El que vive en soledad. ◊ *Zool.* Crustáceo de abdomen desprovisto de caparazón. El animal protege el abdomen alojándolo en una concha vacía de caracol.
ERNST, Max (1891-1976) Pintor y escultor surrealista al. *Pareja zoomorfa, Sueño de revolución.*
EROGAR tr. Adjudicar, repartir bienes. ◊ *Amér.* Desembolsar dinero, pagar, gastar. ❑ EROGACIÓN.
EROS *Mit. gr.* Dios del amor, correspondiente al Cupido y al Amor rom.
EROSIÓN f. Desgaste producido en la superficie de un cuerpo por la fricción continua de otros. ◊ *Geol.* Conjunto de procesos que causan variaciones en el relieve de la superficie terrestre. ❑ EROSIVO, VA.
EROSIONAR tr. Producir erosión. ◊ tr. y prnl. fig. Desgastar el prestigio o influencia de una persona, una institución, etc.
EROSTRATISMO m. *Psic.* Tendencia a cometer actos delictivos para conseguir renombre.
EROTISMO m. Amor sensual, gusto por las satisfacciones sexuales. ◊ *Pat.* Estado de hiperexaltación del instinto sexual. ❑ ERÓTICO, CA.
EROTOMANÍA f. *Psiq.* Trastorno mental centrado en una obsesión sexual. ❑ EROTÓMANO, NA.
ERRADICAR tr. Arrancar de raíz. ❑ ERRADICACIÓN.
ERRAR tr. e intr. No acertar; equivocarse. ◊ tr. Faltar, no cumplir con lo que se debe. ◊ intr. Andar vagando de una parte a otra. ◊ Divagar el pensamiento, la imaginación, la atención. ◊ prnl. Equivocarse. ❑ ERRABUNDO, DA; ERRADIZO, ZA; ERRADO, DA; ERRANTE; ERRÁTICO, CA; ERRÁTIL.
ERRATA f. Equivocación material cometida en lo impreso o manuscrito.
ERRÁZURIZ Echaurren, Federico (1850-1901) Político chil. Presid. 1896-1901. ◊ **Echaurren, Isidoro** (1835-1898) Escritor y político chil. *Hombres y cosas durante la guerra.* ◊ **Zañartu, Federico** (1825-1877) Político chil. Presid. de la rep. (1871-1876).
ERRE f. Nombre de la letra *r* en su sonido fuerte.
ERRONA f. *Chile.* Suerte en que no acierta el jugador.
ERROR m. Concepto equivocado o juicio falso. ◊ Acción desacertada o equivocada. ◊ Cosa hecha erradamente. ◊ Diferencia en el peso, medida, etc., con respecto a lo que se pesa o mide.
ERUBESCENCIA f. Rubor, vergüenza. ❑ ERUBESCENTE.
ERUCTAR intr. Expeler con ruido por la boca los gases del estómago. ❑ ERUCTACIÓN; ERUCTO.
ERUDICIÓN f. Conocimiento profundo adquirido mediante el estudio sobre una o varias materias. ❑ ERUDITO, TA.

EROSIÓN

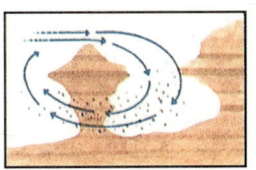

Utilizando partículas de arena como abrasivo, el viento produce curiosas formas en las rocas

Los glaciares avanzan excavando su circo y arrastrando material rocoso que depositan en su zona terminal en forma de morrenas

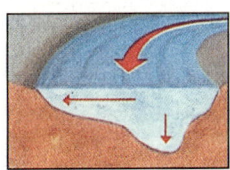

El agua del río desgasta el lecho y arrastra materiales que se depositan en la desembocadura, dando origen a un delta

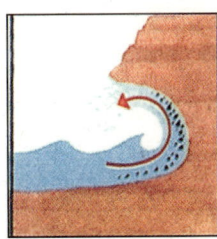

El continuo oleaje erosiona la costa y forma numerosos entrantes

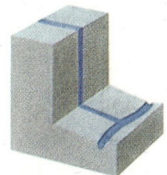

La caída del agua desde lo alto de las cascadas erosiona su pie y lo hace retroceder

ERUPCIÓN f. Aparición en la piel o las mucosas de granos, manchas o vesículas. ◊ Emisión repentina y violenta de lavas, gases, etc., a través de un cráter volcánico. ❏ ERUPTIVO, VA.

ERVIGIO (m. 687) Rey de los visigodos [680-687]. Revisó el *Código* de Recesvinto.

ERZGEBIRGE ➪ Metálicos, montes.

ERZURUM C. del E de Turquía (ant. Garin o Karin); 252 600 hab. Centro comercial.

ES prep. insep. que, lo mismo que *ex*, denota fuera o más allá; privación; atenuación del significado del simple. A veces no es más que partícula expletiva. **Es** *Quím*. Símb. del einsteinio.

ESAKI, *Leo* (n. 1925) Físico japonés. Descubridor de una nueva característica de la resistencia negativa, utilizada en la construcción del diodo. Premio Nobel de Física en 1973, junto con I. Giaever y B. D. Josephson.

ESAÚ Hijo primogénito de Isaac y Rebeca, y hermano de Jacob, al cual vendió su primogenitura por un plato de lentejas.

ESBELTO, TA adj. Gallardo, delgado, alto y de elegante figura. ❏ ESBELTEZ.

ESBIRRO m. Alguacil, policía. ◊ El que tiene por oficio prender a las personas. ◊ El que sirve a otro para ejecutar violencias y desafueros.

ESBOZAR tr. Bosquejar.

ESBOZO m. Bosquejo, boceto. ◊ *Biol*. Formación embrionaria que no ha alcanzado aún su forma y estructura definitivas.

ESCABECHAR tr. Echar en escabeche. ◊ tr. fig. y fam. Matar violentamente. ◊ fig. y fam. Suspender o reprobar en un examen. ❏ ESCABECHADO, DA.

ESCABECHE m. Salsa o adobo con vinagre, hojas de laurel y otros ingredientes, para conservar los pescados y otros manjares. ◊ Manjar escabechado. ◊ *Chile*. Encurtido.

ESCABECHINA f. fig. Gran destrozo, estrago. ◊ fam. Abundancia de suspensos en un examen.

ESCABEL m. Tarima pequeña que se pone delante de la silla para que descansen los pies del que se sienta en ésta. ◊ Asiento pequeño hecho de tablas, sin respaldo. ◊ fig. Persona o circunstancias de que uno se aprovecha para medrar.

ESCABIOSA f. Planta herbácea, con tallo velloso, hojas inferiores ovaladas

Flores de **escabiosa**

y muy lobuladas las superiores; flores en cabezuela con corola azulada. ◊ *Cuba*. Planta silvestre, escrofulariácea, con florecillas blancas.

ESCABROSO, SA adj. Desigual, lleno de embarazos. ◊ fig. Áspero, duro, de mala condición. ◊ fig. Que está al borde de lo inconveniente o de lo inmoral. ❏ ESCABROSIDAD.

ESCABULLIRSE prnl. Irse o escaparse de entre las manos. ◊ fig. Salirse uno de la compañía en que estaba sin que lo echen de ver.

ESCACHALANDRADO, DA adj. *Amér*. Descuidado, desgarbado.

ESCACHARRAR tr. y prnl. Romper un cacharro. ◊ fig. Malograr, estropear una cosa.

ESCAFANDRA f. Traje hermético que garantiza la supervivencia en un ambiente distinto del normal (grandes alturas, agua o espacio cósmico).

ESCAFOIDES adj. *Anat*. Díc. del hueso más externo y grueso de la fila primera del carpo y del hueso del pie situado delante del astrágalo.

ESCAJOCOTE m. *Amér. Centr*. Árbol corpulento, de madera compacta, que produce una fruta agridulce.

ESCALA f. Escalera de mano. ◊ Sucesión ordenada de cosas distintas, pero de la misma especie. ◊ Relación entre una longitud y su representación sobre un mapa, plano o fotografía. ◊ Cualquier sistema que, por comparación con una unidad, permita medir una determinada magnitud. ◊ *Mar*. Lugar o puerto adonde tocan de ordinario las embarcaciones. ◊ *Mil*. Escalafón. ◊ *Mús*. Sucesión diatónica de las siete notas musicales. ◊ **solfeica.** *Mús*. Es la resultante de la sistematización de la pitagórica; en ella la octava está dividida en 53 grados-comas y un tono vale 9 comas. ◊ **termométrica.** La utilizada para la medición de temperaturas.

ESCALABRAR tr y prnl. Descalabrar.

ESCALADA f. Deporte que consiste en trepar por pronunciadas pendientes de roca o hielo. ◊ fig. Intensificación pro-

Escalada libre

gresiva de una acción política o militar. ❏ ESCALADOR, RA.

ESCALAFÓN m. Lista de los individuos de una corporación, clasificados según su grado, antigüedad, etc.

ESCÁLAMO m. Estaca pequeña y redonda, fijada en el borde de una embarcación, a la cual se ata al remo.

ESCALAR adj. Díc. de la magnitud que puede expresarse mediante un solo núm., sin que sea preciso fijar su dirección y sentido. ◊ tr. Entrar en una plaza fuerte u otro lugar valiéndose de escalas. ◊ Subir, trepar por una pendiente o una altura. ◊ P. ext., entrar subrepticia o violentamente en un lugar cerrado, rompiendo una pared, un tejado, etc. ◊ fig. Subir, no siempre por buenas artes, a elevadas dignidades. ❏ ESCALADO, DA; ESCALAMIENTO.

ESCALDADO, DA adj. fam. Escarmentado, receloso. ◊ fam. Libre, deshonesto.

ESCALDAR tr. Bañar con agua hirviendo una cosa. ◊ Abrasar con fuego una cosa poniéndola al rojo. ◊ prnl. Escocerse la piel. ❏ ESCALDADURA.

ESCALENO adj. y m. *Geom*. Díc. del triángulo de tres lados desiguales. ◊ *Anat*. Díc. de cada uno de los tres músculos de la región lateral del cuello.

ESCALERA f. Serie de escalones que sirve para subir y bajar. ◊ Armazón de dos largueros y varios travesaños con que se prolonga por su parte trasera la carreta o el carro. ◊ Reunión de naipes de valor correlativo. ◊ fig. Trasquilón recto o línea de desigual nivel que las tijeras dejan en el pelo mal cortado. ◊ **de caracol.** La de forma espiral, seguida y sin ningún descanso. ◊ **de mano.** La portátil, compuesta de dos largueros en que están encajados transversalmente a iguales distancias unos travesaños que sirven de escalones.

ESCALERILLA f. Escalera de corto número de escalones. ◊ En los juegos de naipes, tres cartas en una mano, de números consecutivos. ◊ Instrumento de hierro para abrir y explorar la boca de las caballerías.

ESCALFAR tr. Cocer en un líquido hirviendo los huevos sin la cáscara. ◊ tr. y prnl. Cocer el pan con demasiado fuego.

ESCALO m. Acción de escalar. ◊ Trabajo de zapa o boquete practicado para salir de un lugar cerrado o penetrar en él.

ESCALOFRÍO m. Indisposición del cuerpo con estremecimiento y sensación de frío y calor. Se usa más en pl. ◊ Sensación semejante producida por una emoción intensa, generalmente de terror.

ESCALÓN m. Peldaño. ◊ fig. Grado a que se asciende en dignidad. ◊ fig. Paso o medio con que uno adelanta sus pretensiones.

ESCALÓN *Pedro José* (1857-1912) Estadista salv. Presid. de la rep. (1903-1907).

ESCALONAR tr. y prnl. Situar ordenadamente personas o cosas de trecho en trecho. ◊ tr. Distribuir en tiempos sucesivos las diversas partes de una serie. ❏ ESCALONAMIENTO.

ESCALOPA o **ESCALOPE** m. Loncha delgada de vaca o de ternera empanada y frita.

ESCALPELO m. *Cir*. Bisturí de mango

fijo usado pralm. en las disecciones anatómicas. ❏ ESCALPAR.

ESCAMA f. *Zool.* Membrana córnea, delgada y en forma de escudete, que suele cubrir la piel de peces y reptiles. ◊ fig. Lo que tiene forma de escama. ◊ fig. Recelo, desconfianza. ❏ ESCAMIFORME; ESCAMADO, DA.

ESCAMAR tr. Quitar las escamas a los peces. ◊ Labrar en figura de escamas. ◊ tr. y prnl. fig. y fam. Hacer que uno entre en cuidado, recelo o desconfianza. ❏ ESCAMADURA; ESCAMÓN, NA.

ESCAMONDAR tr. Limpiar los árboles quitándoles las ramas inútiles. ◊ fig. Quitar a una cosa lo superfluo y dañoso. ❏ ESCAMONDA; ESCAMONDADURA; ESCAMONDO.

ESCAMONEA f. Gomorresina muy purgante que se extrae de una hierba convolvulácea de Siria.

ESCAMOSO, SA adj. Que tiene escamas.

ESCAMOTEAR tr. Hacer un juego de manos por el que desaparezcan a ojos vistas las cosas que el jugador maneja. ◊ fig. Robar una cosa con agilidad y astucia. ◊ fig. Hacer desaparecer de un modo arbitrario algún asunto o dificultad. ❏ ESCAMOTEO.

ESCAMPAR tr. Despejar, desembarazar un sitio. ◊ intr. Cesar de llover. ◊ fig. Suspender el empeño con que se intenta hacer una cosa. ◊ *Amér.* Guarecerse de la lluvia. ❏ ESCAMPADA; ESCAMPADO, DA.

ESCAMUJO m. Rama o vara de olivo quitada del árbol.

ESCANCIAR tr. Echar el vino; servirlo en las mesas y convites. ◊ intr. Beber vino. ❏ ESCANCIA.

ESCANDA f. Trigo de paja dura y corta.

ESCANDALERA f. fam. Escándalo grande.

ESCANDALIZAR tr. y prnl. Causar escándalo. ◊ prnl. Excandecerse, enojarse.

ESCANDALLAR tr. Sondear, medir el fondo del mar con el escandallo. ◊ *Econ.* Efectuar un escandallo.

ESCANDALLO m. Parte de la sonda que sirve para reconocer la profundidad del mar y para recoger muestras del fondo. ◊ Procedimiento para determinar el valor, peso o calidad de un conjunto de cosas tomando al azar una muestra de ellas. ◊ fig. *Econ.* Determinación del precio estimado de coste de una mercancía, que se utiliza como base para el cálculo del precio de venta.

ESCÁNDALO m. Modo de comportamiento que, por su carácter anticonvencional, provoca un desajuste funcional o un movimiento de repulsa. ◊ Alboroto, tumulto, inquietud, ruido. ◊ Desenfreno, desvergüenza, mal ejemplo. ◊ fig. Asombro, pasmo, admiración. ❏ ESCANDALOSO, SA.

ESCANDINAVIA Conjunto de países formado, en esencia, por Dinamarca, Suecia y Noruega. Además suelen incluirse Finlandia, las islas Feroe e Islandia. ◊ *Península de E.* La formada por Suecia y Noruega (774 000 km²) y bañada por el océano Glaciar Ártico, el Atlántico, el Mar del Norte y el Báltico. Sus costas son muy recortadas (fiordos). Importantes lagos y riqueza forestal.

ESCANDINAVO, VA adj. y s. De Escandinavia. ◊ *Ling.* Díc. de las lenguas germánicas del grupo septentrional.

ESCANDIO m. *Quím.* Elemento de símb. Sc, n. a. 21 y p. a. 44,96. Es un metal cuyas prales. menas son la gadolinita y la zuxenita.

ESCANDIR tr. Medir el verso. ❏ ESCANDIÓN.

ESCÁNER o **SCANNER** m. *Art. Gráf.* Dispositivo de exploración óptica que se utiliza para elaborar negativos de selección de color a partir de transparencias en color, para obtener el cliché o el fotolito de una ilustración o de un texto con trama. ◊ *Med.* Dispositivo para explorar el cuerpo humano mediante rayos X, con el fin de obtener, gracias a exposiciones realizadas desde distintos ángulos, diferentes imágenes de una misma región corporal.

ESCANIA (*Skane*) Región del S de Suecia; 11 028 km² (325 de lagos), 1 027 500 hab. Cap., Malmö. Agricultura. Ganadería. Ind. alimentaria.

ESCANTILLÓN m. Regla o patrón para trazar las líneas y fijar las dimensiones según las cuales se han de labrar las piezas. ◊ Escuadría de la madera.

ESCAÑO m. Banco con respaldo y capaz para sentarse tres o más personas. ◊ Puesto y asiento de cada diputado en el Congreso, de cada senador en el Senado; etc.

ESCAPAR tr. Librar, sacar de un trabajo, mal o peligro. ◊ intr. y prnl. Salir de un encierro o un peligro; como de una prisión, una enfermedad, etc. ◊ Salir uno deprisa y ocultamente. ◊ prnl. Salirse un líquido o un gas de un depósito, cañería, canal, etc., por algún resquicio. ◊ prnl. e intr. Quedar fuera del dominio o influencia de alguna persona o cosa. ❏ ESCAPADA o ESCAPAMIENTO.

ESCAPARATE m. Especie de estante con vidrieras. ◊ Hueco que hay en la fachada de algunas tiendas, resguardado con cristales en la parte exterior, y que sirve para colocar en él muestras de los géneros. ◊ *Amér.* Armario. ❏ ESCAPARATISTA.

ESCAPATORIA f. fam. Excusa y modo de evadirse uno del aprieto en que se halla.

ESCAPE m. Acción de escapar. ◊ Fuga de un gas o de un líquido. ◊ En los motores de explosión, salida de los gases quemados dentro del cilindro. ◊ En algunas máquinas, pieza que separándose deja obrar a un muelle, rueda u otra cosa que sujetaba.

ESCAPO m. *Arq.* Fuste de la columna. ◊ *Bot.* Bohordo.

ESCÁPULA f. *Anat.* Omóplato. ❏ ESCAPULAR.

ESCAPULARIO m. Distintivo de algunas órdenes religiosas, usado también por los seglares como signo de devoción, que consiste en una tira de tela que cuelga sobre el pecho y la espalda.

ESCAQUE m. Cada una de las casillas cuadradas e iguales, blancas y negras alternadamente, en que se divide el tablero del ajedrez y el del juego de damas. ◊ Juego del ajedrez. ❏ ESCAQUEADO, DA.

ESCARA f. Costra oscura que resulta de la necrosis de la piel y tejidos subdérmicos.

ESCARABAJO m. *Zool.* Cualquiera de las especies de insectos que componen el orden coleópteros. ◊ P. ext., aunque erróneamente, se aplica a insectos de otros órdenes, como cucarachas, chin-

Proceso de fotograbado mediante **escáner**

ches, etc. ◊ fig. y fam. Persona pequeña de cuerpo y de mala figura. ◊ **pelotero.** *Zool.* Coleóptero coprófago que construye bolas de estiércol en cuyo interior pone los huevos.

ESCARAMUJO m. *Bot.* Arbusto caducifolio que tiene por fruto una baya de color rojo cuando está madura. ◊ *Bot.* Fruto de este arbusto. ◊ *Zool.* Percebe.

ESCARAMUZA f. Refriega de poca importancia sostenida especialmente por las avanzadas de los ejércitos. ◊ fig. Riña o discusión de poca importancia. ❏ ESCARAMUZAR.

ESCARAPELA f. Divisa compuesta de cintas, gralte. de varios colores, fruncidas o formando lazadas alrededor de un punto. ◊ Riña o quimera.

ESCARAPELAR intr. Reñir, trabar disputas unos con otros. ◊ intr. y prnl. *Amér.* Descascarar, desconchar. ◊ intr. *Col.* Ajar, manosear. ◊ prnl. *Méx.* y *Perú.* Ponérsele a uno carne de gallina.

ESCARBADIENTES m. Mondadientes.

ESCARBAR tr. Rayar o remover repetidamente la superficie de la tierra. ◊ Limpiar los dientes o los oídos. ◊ fig. Inquirir curiosamente lo que está algo encubierto u oculto. ❏ ESCARBADURA; ESCARBO.

ESCARCEADOR, RA adj. *Amér.* Díc. del caballo brioso que suele hacer muchos escarceos.

ESCARCELA f. Especie de bolsa pen-

Escarabajo sagrado de Jopri. Detalle de un sarcófago del Imperio Medio egipcio (Museo Británico, Londres)

diente de la cintura. ◊ Mochila del cazador, hecha de red. ◊ Especie de cofia de mujer. ◊ Parte de la armadura que caía desde la cintura al muslo.

ESCARCEO m. Movimiento en la superficie del mar, con pequeñas olas ampolladas. ◊ fig. Rodeo, divagación.

ESCARCHA f. Conjunto de diminutos cristales de hielo que se forman por sublimación del vapor de agua atmosférico. ❏ ESCARCHADO, DA; ESCARCHE.

ESCARCHAR tr. Preparar confituras de modo que el azúcar cristalice en lo exterior como si fuese escarcha. ◊ Hacer que en una botella que contiene aguardiente cristalice azúcar sobre un ramo de anís que en ella se introduce. ◊ intr. Congelarse el rocío que cae en las noches frías.

ESCARDAR tr. Entresacar y arrancar las hierbas malas de los sembrados. ◊ fig. Apartar lo malo de lo bueno para que no se confunda. ❏ ESCARDA; ESCARDADURA.

ESCARDILLO m. En algunas partes, vilano del cardo. ◊ Luz que un cuerpo brillante, al moverse, refleja en la sombra.

ESCARIADO m. *Ind.* Operación mecánica que tiene por objeto repasar agujeros taladrados con broca para pasarlos a las medidas convenientes y con la lisura adecuada.

ESCARIAR tr. Agrandar o redondear un agujero abierto en metal. ❏ ESCARIADOR.

ESCARIFICADOR m. Instrumento armado de cuchillos de acero para cortar verticalmente la tierra y las raíces. ◊ *Cir.* Instrumento con varias puntas aceradas que se emplea para escarificar.

ESCARIFICAR tr. Labrar la tierra con el escarificador. ◊ *Antr.* Práctica corriente en algunas culturas afr. de realizarse incisiones en la cara con fines rituales o mágicos. ◊ *Cir.* Escarizar. ❏ ESCARIFICACIÓN.

ESCARIZAR tr. *Cir.* Quitar la escara que se cría alrededor de las llagas.

ESCARLATA f. Color carmesí fino, menos subido que el de la grana. ◊ Tela de este color. ◊ Grana fina. ◊ Escarlatina, enfermedad.

ESCARLATINA f. Tela de lana de color carmesí. ◊ *Pat.* Enfermedad infecciosa que produce fiebre y extensa erupción cutánea.

ESCARMENTAR tr. Corregir con rigor al que ha errado, para que se enmiende. ◊ intr. Tomar enseñanza de lo que uno ha visto y experimentado.

ESCARMIENTO m. Desengaño, aviso y cautela, adquiridos con la experiencia del daño, error o perjuicio que uno ha reconocido en sus acciones o en las ajenas. ◊ Castigo, multa, pena.

ESCARNECER tr. Hacer mofa y burla de otro. ❏ ESCARNECIMIENTO.

ESCAROLA f. *Bot.* Planta herbácea de hojas rizadas dispuestas en roseta. ◊ Cuello alechugado que se usó ant. ❏ ESCAROLADO, DA.

ESCARPA f. Declive áspero de cualquier terreno. ◊ Cincel.

ESCARPADO, DA adj. Que tiene escarpa o gran pendiente. ◊ Díc. de las alt. que no tienen subida ni bajada transitables o las tienen muy peligrosas.

ESCARPAR tr. Limpiar por medio del escarpelo. ◊ Cortar una montaña o terreno, poniéndolo en plano inclinado.

ESCARPIA f. Clavo con cabeza acodillada.

ESCARPÍN m. Zapato de una suela y de una costura. ◊ Calzado interior, para abrigo del pie, que se coloca encima de la media o del calcetín. ◊ *Argent.* y *Ur.* Zapatito de lana que usan los niños de corta edad y los adultos para dormir.

ESCARZANO adj. *Arq.* Díc. del arco menor que el semicírculo del mismo radio.

ESCASEAR tr. Dar poco y de mala gana. ◊ Ahorrar, excusar. ◊ Cortar un sillar o un madero por un plano oblicuo a sus caras. ◊ intr. Faltar, estar escaso. ❏ ESCASERO, RA.

ESCASEZ f. Cortedad, mezquindad con que se hace una cosa. ◊ Poquedad, mengua de una cosa. ◊ Pobreza o falta de lo necesario para subsistir.

ESCASO, SA adj. Corto, poco, limitado. ◊ Falto, corto, no cabal. ◊ Mezquino, nada liberal ni dadivoso. ◊ Demasiado económico.

ESCATIMAR tr. Cercenar, escasear lo que se ha de dar.

ESCATOFAGIA f. Inclinación a comer excrementos. ❏ ESCATÓFAGO, GA.

ESCATÓFILO, LA adj. Díc. de los insectos cuyas larvas se desarrollan entre excrementos.

ESCATOLOGÍA f. Parte de la teología que estudia el destino final del hombre y del universo. ◊ Teorías referentes a dicho destino. ◊ Tratado de los excrementos. ❏ ESCATOLÓGICO, CA.

ESCAYOLA f. Yeso calcinado, amasado en agua; se emplea para sacar moldes, reforzar vendas y gasas, etc. ◊ Estuco.

ESCAYOLAR tr. Endurecer las vendas con escayola a fin de que mantengan en una misma posición los huesos rotos o dislocados. ❏ ESCAYOLISTA.

ESCENA f. Parte del teatro en que se hacen las representaciones. ◊ Cada una de las divisiones del acto de la obra dramática. ◊ fig. Arte de la declamación. ◊ fig. Teatro, literatura dramática. ◊ fig. Manifestación de la vida real digna de atención. ◊ fig. Acto en el que se descubre algo teatral y fingido para impresionar el ánimo. ❏ ESCÉNICO, CA.

ESCENARIO m. Parte del teatro dispuesta convenientemente para que en ella se puedan colocar las decoraciones

Escena de *El enfermo imaginario*, de Molière

y representar. ◊ fig. Conjunto de circunstancias que se consideran en torno de una persona o suceso.

ESCENIFICAR tr. Dar forma dramática a una obra literaria para ponerla en escena. ❏ ESCENIFICACIÓN.

ESCENOGRAFÍA f. Arte y técnica de disponer los elementos decorativos de la escena para apoyar y subrayar la acción teatral. ◊ Conjunto de decorados de una obra teatral. ❏ ESCENOGRAFÍA; ESCANOGRÁFICO, CA.

ESCEPTICISMO m. *Fil.* Doctrina filosófica que afirma la posibilidad de poseer con certeza una verdad de carácter general, o que el hombre es incapaz de conocerla, caso de que exista. ◊ Incredulidad o duda acerca de la verdad o eficacia de alguna cosa. ❏ ESCÉPTICO, CA.

ESCHENBACH, Wolfram von (s. XII-XIII) Poeta al., autor de poesías líricas y epopeyas. Autor del poema *Parzival*.

ESCIFOZOOS m. pl. *Zool.* Animales celenterados, marinos y pelágicos, conocidos vulgarmente como medusas. Su tamaño puede llegar a más de 1 m de diámetro y a muchos metros de largo. De colores pálidos y transparentes debido al gran contenido de agua, su aspecto es el de una sombrilla con su borde provisto de numerosos tentáculos y con un apéndice en su centro, el manubrio. Carecen de velo y poseen cápsulas urticantes.

ESCILA *Mit.* Monstruo que personificaba un escollo del estrecho de Messina; tenía figura de perro con seis cabezas.

ESCINDIR tr. Cortar, dividir, separar.

ESCIPIÓN el Africano (*Publio Cornelio Escipión*; 235-183 a. C.) General rom. Expulsó a los cartagineses de la pen. Ibérica y puso fin a la segunda guerra púnica. Participó en la campaña contra Antíoco III de Siria. ◊ **Emiliano** (*Publio Cornelio Escipión*; 185-129 a. C.) General rom. Cónsul en 147. Dirigió el ejército durante la tercera guerra púnica y la guerra de Numancia.

ESCIRRO m. *Pat.* Tumor epitelial maligno con abundante tejido conectivo y consistencia dura. ❏ ESCIRROSO, SA.

ESCISIÓN f. Rompimiento, desavenencia. ◊ *Biol.* Proceso de división celular muy general en los microorganismos. ◊ **nuclear.** *Fís.* Rotura de un núcleo atómico en dos porciones aproximadamente iguales.

ESCITA adj. y s. Díc. del individuo de un pueblo de origen iranio, procedente de Asia central. Se instalaron en Armenia, S de Rusia, el Danubio y los Cárpatos.

ESCLARECER tr. Iluminar, poner clara y luciente una cosa. ◊ fig. Ennoblecer, ilustrar, hacer claro y famoso a uno. ◊ fig. Iluminar, ilustrar el entendimiento. ◊ fig. Poner en claro. ◊ intr. Apuntar la luz y claridad del día; empezar a amanecer. ❏ ESCLARECIMIENTO.

ESCLARECIDO, DA adj. Claro, ilustre, insigne.

ESCLAVATURA f. *Argent.* y *Perú.* Conjunto de esclavos que poseía cada hacienda.

ESCLAVINA f. Capa corta que cubre los hombros. A veces va unida a otra prenda.

ESCLAVITUD f. Estado de esclavo. ◊ fig. Congregación en que varias personas se ejercitan en actos de devoción. ◊ fig. Sujeción excesiva por la cual se ve sometida una persona. ❑ ESCLAVISTA.

▭ *Hist.* La e. es una de las instituciones más ant. que conoce la historia; con el hundimiento del Imperio romano, la e. quedó restringida y suavizada bajo la forma de servidumbre. El descubrimiento de América dio un nuevo impulso a la e., desarrollándose un extenso mercado de esclavos negros que eran trasladados desde sus tierras africanas al Nuevo Mundo para surtir las necesidades de las grandes propiedades agrícolas. Los prales. puntos de destino fueron las Antillas, el Brasil port. y el sur de los EE UU. Gran Bretaña abolió definitivamente la e. en 1833, y Francia en 1848. El intento de suprimirla en EE UU provocó la guerra civil (1863). Las colonias esp. y port. tardaron aún algunos años: en Puerto Rico se abolió la e. en 1873; en Cuba, en 1866; dos años más tarde se promulga en Brasil la «ley áurea» que liberaba a los esclavos sin indemnización a sus propietarios.

ESCLAVIZAR tr. Hacer esclavo a uno. ◊ fig. Tener a uno muy sujeto y dominado.

ESCLAVO, VA adj. y s. Díc. del hombre o la mujer que por estar bajo el dominio de otro carece de libertad. ◊ fig. Sometido riguroso o fuertemente a deber, pasión, afecto, vicio, etc., que priva de libertad. ◊ fig. Rendido, obediente, enamorado. ◊ m. y f. Persona alistada en alguna cofradía de esclavitud. ◊ f. Pulsera sin adornos y que no se abre.

ESCLAVOS, Costa de los (*Slave Coast*) Ant. nombre del litoral del golfo de Benin, en el golfo de Guinea.

ESCLAVOS, Gran Lago de los (*Great Slave Lake*) Lago de Canadá, en los territorios del Noroeste; 28 438 km².

ESCLERÉNQUIMA m. *Bot.* Tejido vegetal de sostén, formado a partir del colénquima.

ESCLERODERMIA f. *Pat.* Enfermedad crónica caracterizada por esclerosis de la piel y del tejido subcutáneo.

ESCLERÓMETRO m. *Miner.* Instrumento para medir la dureza de un cuerpo.

ESCLEROPROTEÍNA f. *Biol.* Proteína muy estable, insoluble en agua y en soluciones alcalinas, que se halla en los tejidos de revestimiento de los animales (colágeno, queratina).

ESCLEROSIS f. *Pat.* Endurecimiento de un órgano o tejido por proliferación de elementos conjuntivos; se produce como fase final de un proceso inflamatorio crónico o en órganos que han perdido su función. ❑ ESCLEROSADO, DA; ESCLEROSAR; ESCLERÓSICO, CA; ESCLEROSO, SA; ESCLERÓTICO, CA.

ESCLERÓTICA f. *Anat.* Capa externa del globo ocular. Es de color blanco nacarado, gruesa, resistente y fibrosa. ❑ ESCLERAL.

ESCLUSA f. Recinto de fábrica, con puertas de entrada y salida, que se construye en un canal de navegación para que los barcos puedan pasar de un tramo a otro de diferente nivel, llenando de agua o vaciando el espacio comprendido entre dichas puertas.

ESCOBA f. Utensilio utilizado para barrer y que está compuesto por un palo o caña, que lleva atado un haz de ra-

mas flexibles u otros filamentos. ◊ *Bot.* Mata de flores amarillas. ◊ **amagosa.** *Hond.* Canchalagua. ◊ **babosa.** *Hond.* y *Col.* Malvácea cuyas hojas se utilizan como cataplasmas. ◊ **negra.** *C. Rica* y *Nic.* Arbusto pequeño de flor pequeña y blanquecina y punto rojo una vez maduro. ❑ ESCOBAZO; ESCOBADA; ESCOBADERA.

ESCOBAJO m. Escoba vieja. ◊ Raspa que queda del racimo después de quitarle las uvas.

ESCOBAR m. Sitio donde abunda la planta llamada escoba. ◊ tr. Barrer con escoba.

ESCOBAR, Federico (1861-1912) Poeta pan. *Hojas secas, Instantáneas, La ley marcial, La hija natural* (teatro). ◊ *José Bernardo* (s. XIX) Abogado y político guat. Presid. de la rep. en 1848. ◊ *Patricio* (m. 1912) Militar y político par. Presid. de la Rep. (1886-1890). ◊ *Vicente* (1762-1834) Pintor cub. Gran retratista. Retratos de Doña Aquilina Bermúdez y Don Lorenzo Albo y Bermúdez. ◊ **Y Mendoza, Antonio de** (1589-1669) Escritor y jesuita esp. *San Ignacio, Liber Theologiae moralis.*

ESCOBEDO, José (1898-1916) Pintor mex. Fundador del Círculo de Artistas Independientes. *Atardecer, Impresión.* ◊ *Mariano* (1820-1907) General y político liberal méx. Combatió la invasión de EE UU y la intervención francesa.

ESCOBILLA f. Cepillo para limpiar. ◊ Escobita formada de cerdas o de alambres de que se usa para limpiar. ◊ Cardencha, planta. ◊ Mazorca de cardo silvestre que sirve para cardar la seda. ◊ *Cuba.* Escobeta del pavo. ◊ *El.* Pieza conductora destinada a establecer contacto eléctrico con una superficie en movimiento. ❑ ESCOBILLAR; *Amér.* ESCOBILLEO.

ESCOBINA f. Serrín que hace la barrena cuando se agujerea con ella. ◊ Limadura de un metal cualquiera.

ESCOCER intr. Producirse una sensación muy desagradable, parecida a la quemadura. ◊ fig. Producirse en el ánimo una impresión molesta o amarga. ◊ prnl. Sentirse o dolerse. ◊ Ponerse irritadas y rubicundas algunas partes del cuerpo. ❑ ESCOCEDURA; ESCOCIMIENTO.

ESCOCÉS, SA adj. y s. De Escocia. ◊ adj. y s. Aplícase a telas de rayas perpendiculares que forman cuadros de

varios colores. ◊ *Ling.* Forma dialectal del ing. hablada en Escocia.

ESCOCIA f. Moldura de perfil cóncavo, cuya sección se compone de dos arcos de circunferencia de distinto radio, tangentes entre sí.

ESCOCIA (ing., *Scotland*; gaélico, *Alba*) País sit. al N de Gran Bretaña; 78 783 km², 4 957 000 hab. Cap., Edimburgo. Relieve y costas muy accidentadas. Clima oceánico. Ganadería. Cereales, patatas, yute. Pesca. Carbón, petróleo. Ind. siderúrgica, metalúrgica, whisky. ▭ En el s. IX se creó el reino de E. que, dominado en diversos períodos por Inglaterra, fue unido a ésta en 1603.

ESCODA f. Instrumento de hierro, a manera de martillo, con corte en ambos lados, enastado en un mango, para labrar piedras y picar paredes. ❑ ESCODAR.

ESCOFINA f. Herramienta a modo de lima, de dientes gruesos y triangulares, muy usada para desbastar. ◊ **de ajustar.** *Carp.* Pieza de hierro o acero para trabajar e igualar las piezas en el cepo de ajustar. ❑ ESCOFINAR.

ESCOGER tr. Tomar o elegir una o más personas o cosas entre otras.

ESCOGIDA f. *Cuba.* Tarea de separar las distintas clases de tabaco. ◊ *Cuba.* Local donde se hace esa tarea y reunión de operarios a ella dedicados. ❑ ESCOGIDO, DA; ESCOGIMIENTO.

ESCOLAPIO, PIA adj. De la orden de las Escuelas Pías. ◊ m. Clérigo regular de la orden de las Escuelas Pías, fundada en Roma (1597) por san José de Calasanz y dedicada a la enseñanza. ◊ f. Religiosa que sigue la regla de las Escuelas Pías.

ESCOLAR adj. Relativo al estudiante o a la escuela. ◊ m. Alumno que asiste a alguna escuela, pralm. si es de enseñanza elemental. ❑ ESCOLARIEGO, GA.

ESCOLARIDAD f. Conjunto de cursos que un estudiante sigue en un establecimiento docente.

ESCOLÁSTICA f. *Fil.* Escolasticismo. ▭ La e. constituyó el sistema teológico-filosófico característico de la E. Med. Representó un intento de hacer compatibles la razón natural y el conocimiento revelado. Fueron los escolásticos próximos al s. XIII (Alberto Magno, santo Tomás), quienes distinguieron y concordaron fe y razón. ❑ ESCOLÁSTICO, CA.

ESCOLASTICISMO m. Conjunto de

Escocia. Castillo de Filean Donen

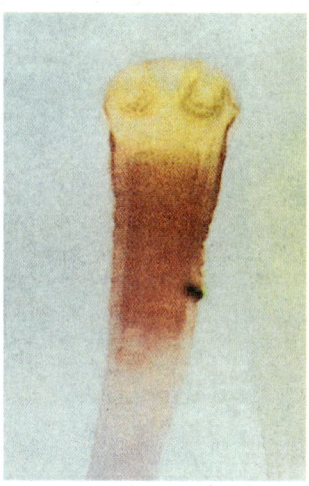

Escólex de solitaria

sistemas teológico-filosóficos de la Ed. Med., en que dominan los preceptos de Aristóteles.

ESCÓLEX m. *Zool.* Primer segmento de los cestodos, provisto de ventosas y, a veces, de ganchos, con los que se fija al cuerpo del huésped.

ESCOLIO m. Nota que se pone a un texto para explicarlo. ❏ ESCOLIADOR; ESCOLIAR; ESCOLIASTA.

ESCOLIOSIS f. Desviación lateral y permanente de la columna vertebral.

ESCOLLERA f. Dique formado por piedras tiradas al agua, para proteger una obra de la acción de las olas o de las corrientes.

ESCOLLO m. Peñasco que está a flor de agua o que no se descubre bien. ◊ fig. Peligro, riesgo. ◊ fig. Dificultad, obstáculo.

ESCOLOPENDRA f. *Zool.* Miriápodo, de unos 10 cm, tropical y venenoso. ◊ **de agua.** *Zool.* Anélido marino, de unos 30 cm, casi cilíndrico y color verde irisado.

ESCOLTA f. Partida de soldados o embarcación destinada a escoltar. ◊ Acompañamiento en señal de reverencia. ❏ ESCOLTAR.

ESCOMBRAR tr. Desembarazar de escombros o de estorbos. ◊ fig. Desembarazar, limpiar. ❏ ESCOMBRA.

ESCOMBRO m. Desecho, broza y cascote que queda de una obra de albañilería o de un edificio derribado. ◊ Desechos de la explotación de una mina. ◊ Caballa, pez. ❏ ESCOMBRERA.

ESCONDER tr y prnl. Encubrir, ocultar, retirar una cosa a un sitio secreto. ◊ fig. Encerrar, incluir y contener en sí una cosa que no es manifiesta a todos. ❏ ESCONDEDERO; ESCONDIMIENTO.

ESCONDITE m. Escondrijo. ◊ Juego de muchachos en el que unos se esconden y otros buscan a los escondidos.

ESCONDRIJO m. Lugar oculto y retirado, propio para esconder alguna cosa.

ESCOPETA f. Arma de fuego portátil con uno o dos cañones, con los mecanismos de carga y descarga montados en una caja de madera. ◊ Persona que caza o tira con escopeta. ❏ ESCOPETAZO.

ESCOPETERÍA f. Gente armada de escopetas. ◊ Multitud de escopetazos.

ESCOPETERO m. El que va armado con escopeta. ◊ El que fabrica escopetas o las vende. ◊ *Zool.* Coleóptero zoófago, de cuerpo rojizo y élitros azulados, que vive debajo de piedras. Lanza una sustancia que se volatiliza en contacto con el aire y produce una pequeña detonación.

ESCOPLO m. *Carp.* Herramienta de hierro acerado, con mango de madera y boca formada por un bisel. ❏ ESCOPLADURA o VESCOPLEDURA; ESCOPLETAR.

ESCOPOLAMINA f. Alcaloide de algunas solanáceas, anticolinérgico. Se emplea en el delirio alcohólico y en los trastornos parkinsonianos.

ESCORA f. *Mar.* Línea que une los puntos de mayor anchura de las cuadernas de un buque. ◊ *Mar.* Inclinación que toma un buque al ceder al esfuerzo de sus velas. ❏ ESCORAR.

ESCORBUTO m. *Pat.* Enfermedad producida por la falta de vitamina C, caracterizada por debilidad muscular, ulceraciones de encías y hemorragias. ❏ ESCORBÚTICO, CA.

ESCORCHAR tr. Desollar.

ESCORDIO m. *Bot.* Hierba labiada, con flores de corolas azules o purpúreas, en verticilos poco cuajados.

ESCORIA f. *Metal.* Sustancia vítrea, constituida por silicatos cálcicos, que sobrenada en el crisol de los hornos de fundir metales. ◊ Materia que se martillazos suelta el hierro candente. ◊ Lava esponjosa de los volcanes. ◊ fig. Cosa vil, desechada. ❏ ESCORIAL.

ESCORIACIÓN f. Excoriación.

ESCORIAL, San Lorenzo del E. Monasterio esp., sit. en El Escorial, construido por orden de Felipe II para conmemorar el triunfo en la batalla de San Quintín.

ESCORPINA f. Pez osteíctio perciforme, de cabeza gruesa y espinosa y vientre grande, que abunda en el Mediterráneo y en el Atlántico.

ESCORPIÓN m. *Zool.* Cualquiera de los miembros del orden escorpiones. ◊ *Zool.* Pez muy parecido a la escorpina, de mayor tamaño. ◊ *Astr.* Octavo signo del Zodíaco, que el Sol recorre aparentemente al mediar el otoño. ◊ *Astr.* Constelación zodiacal que se halla delante del mismo signo y un poco hacia el oriente.

ESCORRENTÍA f. Corriente de agua que se vierte al rebasar un depósito o cauce. ◊ Aliviadero. ◊ Libre circulación, sobre un terreno, del agua de la lluvia.

ESCORZAR tr. Representar, acortándolas según las reglas de la perspectiva, las cosas que se extienden en sentido perpendicular u oblicuo al plano del papel o lienzo sobre que se pinta. ❏ ESCORZADO; ESCORZO.

ESCORZONERA f. Hierba de flores amarillas, raíz carnosa, y corteza negra que cocida se usa como diurético y como alimento.

ESCOTA f. *Mar.* Cabo que sirve para cazar las velas.

ESCOTA, Nazario (s. XIX) Político nic. Presid. interino de la rep. en 1855.

ESCOTADO m. o **ESCOTADURA** f. Corte hecho en una prenda de vestir por la parte del cuello. ◊ En los teatros, abertura grande que se hace en el tablado para las tramoyas. ◊ Cortadura, cercenadura que parece que altera la forma completa de una cosa.

ESCOTAR tr. Cortar una cosa para acomodarla a la medida que se necesita. ◊ Extraer agua de un río, arroyo o laguna, sangrándolos. ◊ Pagar la parte que toca a cada uno de todo el coste hecho en común por varias personas.

ESCOTE m. Escotadura de un vestido. ◊ Parte del busto que queda descubierto por estar escotado el vestido. ◊ Parte o cuota que cabe a cada uno por razón del gasto hecho en común por varias personas.

ESCOTILLA f. *Mar.* Cada una de las aberturas que hay en las diversas cubiertas, para el servicio del buque.

ESCOTILLÓN m. Trampa cerradiza en el suelo, especialmente la que hay en los escenarios.

ESCOTO, TA adj. y s. Díc. del individuo perteneciente al grupo de colonos irlandeses que se instalaron en el litoral e islas vecinas del E de Escocia, a principios del s. VI.

ESCOTO, John Duns (1266-1308) Filósofo y teólogo esc. Aunque agustiniano, aceptó en parte a Aristóteles. ❏ ESCOTISMO; ESCOTISTA.

ESCOTOMA m. *Pat.* Síntoma de varias lesiones oculares, caracterizado por una mancha oscura o centelleante que cubre parte del campo visual.

ESCOZOR m. Sensación dolorosa como la que produce una quemadura. ◊ fig. Sentimiento causado en el ánimo por una pena o desazón.

ESCRIBA m. Doctor e intérprete de la ley entre los hebreos. ◊ En la Antigüedad, escribano, notario. ❏ ESCRIBANA.

ESCRIBANÍA f. Oficio que ejercen los escribanos públicos. ◊ Oficina del escribano. ◊ Papelera o escritorio. ◊ Recado de escribir.

ESCRIBANO m. Nombre ant. del notario, vigente en algunos países de América. ◊ Secretario. ◊ *Zool.* Ave de plumaje pardo y pico cónico. ❏ ESCRIBANIL.

ESCRIBIR tr. Representar las palabras o las ideas con letras u otros signos. ◊ Trazar las notas y demás signos de la

Detalle del monasterio de San Lorenzo de **El Escorial** en un óleo anónimo

música. ◊ Componer libros, discursos, etc. ◊ Comunicar a uno por escrito alguna cosa. ◊ prnl. Inscribirse. ❏ ESCRIBIDOR; ESCRIBIENTE.

ESCRIPIA f. Cesta que lleva el pescador de caña.

ESCRITO, TA m. Carta o cualquier papel manuscrito. ◊ Obra o composición científica o literaria. ◊ *Der.* Pedimento o alegato en pleito o causa.

ESCRITOR, RA m. y f. Persona que escribe. ◊ Autor de obras escritas o impresas.

ESCRITORIO m. Mueble cerrado, con divisiones en su parte interior para guardar papeles.

ESCRITURA f. Arte de escribir. ◊ Documento escrito. ◊ Documento otorgado por una persona ante testigos y notario. ◊ Obra escrita. ◊ Por ant., la Biblia. Se usa también en pl. ◊ **privada.** La que se otorga sin notario. ◊ **pública.** La que se otorga ante notario y testigos.
❏ *Hist.* La e. se inició con la representación gráfica de los objetos. Post., se aplicó un signo a cada sílaba y a cada letra, dando origen a la e. fonética alfabética.

ESCRITURAR tr. Hacer constar con escritura pública y en forma legal un otorgamiento o un hecho. ❏ ESCRITURACIÓN.

ESCRIVÁ de Balaguer, *san Josemaría* (1902-1975) Sacerdote esp. Fundador del Opus Dei. Beatificado en 1992, fue canonizado en 2002.

ESCRÓFULA f. *Pat.* Tumefacción fría de los ganglios linfáticos ❏ ESCROFULOSO, SA.

ESCROFULARIA f. Planta con tallo lampiño y nudoso, hojas acorazonadas y flores en panoja, de corola pardusca.

ESCROFULISMO m. f. Enfermedad que se caracteriza por la aparición de escrófulas.

ESCROTO m. *Anat.* Bolsa formada por la evaginación de una pequeña porción de la pared abdominal anterior y destinada a albergar y proteger el testículo.

ESCRÚPULO m. Duda o recelo que trae inquieto y desasosegado el ánimo. ◊ Escrupulosidad. ◊ China que se mete en el zapato y lastima el pie. ❏ ESCRUPULOSO; SA.

ESCRUPULOSIDAD f. Exactitud en el examen y averiguación de las cosas y en el estricto cumplimiento de lo que uno emprende o toma a su cargo.

ESCRUTAR tr. Escudriñar, indagar, examinar cuidadosamente, explorar. ◊ Reconocer y computar los votos que para elecciones se han dado secretamente. ❏ ESCRUTADOR; RA.

ESCRUTINIO m. Examen minucioso y diligente que se hace sobre una cosa. ◊ Comprobación de los votos emitidos en una elección u otro acto análogo. ❏ ESCRUTIÑADOR.

ESCUADRA f. Instrumento de figura de triángulo rectángulo, o compuesto solamente de dos reglas que forman ángulo recto. ◊ Pieza de hierro u otro metal, con dos ramas en ángulo recto, con que se aseguran las ensambladuras de las maderas. ◊ *Mil.* Cierto número de soldados con su cabo. ◊ Conjunto de buques mercantes o de guerra. ◊ *Astr.* Constelación austral situada al sur del Ara o Altar.

ESCUADRAR tr. Labrar o disponer un objeto de modo que sus caras planas formen entre sí ángulos rectos.

ESCUADRILLA f. Escuadra compuesta de buques de pequeño porte. ◊ Determinado número de aviones que realizan un mismo vuelo dirigidos por un jefe.

ESCUADRÓN m. *Mil.* Unidad de caballería mandada gralte. por un capitán. ◊ *Mil.* Unidad aérea equiparable al batallón.

ESCUÁLIDO, DA adj. Sucio, asqueroso. ◊ Flaco, macilento. ❏ ESCUALIDEZ.

ESCUALIFORME adj. y m. *Zool.* Selacio.

ESCUALO m. *Zool.* Pez de aletas cartilaginosas, cuerpo fusiforme, boca grande en la parte inferior de la cabeza y dientes triangulares.

ESCUCHA f. Acción de escuchar. ◊ *Mil.* Centinela que se adelanta de noche para observar de cerca los movimientos del enemigo. ◊ En los conventos y colegios de religiosas, la que tiene por oficio acompañar en el locutorio a las que reciben visitas de personas de fuera.

ESCUCHAR tr. Aplicar el oído para oír. ◊ Prestar atención a lo que se oye. ◊ Dar oídos, atender a un aviso, consejo o sugestión. ◊ prnl. Hablar o recitar con pausas afectadas. ❏ ESCUCHÓN, NA.

ESCUCHIMIZADO, DA adj. Muy flaco y débil.

ESCUDAR tr. y prnl. Amparar y resguardar con el escudo. ◊ tr. fig. Resguardar y defender a una persona del peligro que le está amenazando. ◊ prnl. fig. Valerse uno de algún medio, favor y amparo para justificarse, salir de un riesgo o evitar el peligro.

ESCUDERÍA f. Servicio y ministerio del escudero. ◊ Peña, organización,

Diversos tipos de **escuadra**

etc., que posee automóviles y motocicletas de carreras y cuenta con pilotos y técnicos a su servicio.

ESCUDERO, RA adj. Relativo al empleo de escudero. ◊ m. Paje o sirviente que llevaba el escudo al caballero en tanto que no usaba de él. ◊ El que asistía a una persona de distinción a cambio de un estipendio. ◊ Criado que servía a una señora. ❏ ESCUDERAJE; ESCUDERAR; ESCUDERIL.

ESCUDETE m. Objeto semejante a un escudo pequeño. ◊ Escudo de una cerradura. ◊ Pedacito de lienzo que sirve de fuerza en los cortes de la ropa blanca. ◊ Nenúfar, planta.

ESCUDILLA f. Vasija ancha y de forma de media esfera.

ESCUDO m. Arma defensiva para cubrirse y resguardarse de las ofensivas, que se llevaba en el brazo izquierdo. ◊ *Mil.* Chapa de acero que llevan las piezas de artillería para que sirva de defensa. ◊ Moneda ant. de oro. ◊ Peso duro, ant. moneda de plata. ◊ Moneda de plata que valía diez reales de vellón. ◊ Ant. unidad monetaria de Portugal. ◊ Escudo de armas. ◊ fig. Amparo, defensa. ◊ **de armas.** Campo, superficie o espacio de distintas figuras en que se pintan los blasones de un reino, c. o familia. ◊ Espaldilla del jabalí. ❏ ESCUTIFORME.

ESCUDRIÑAR tr. Examinar, inquirir y averiguar cuidadosamente una cosa y sus circunstancias. ❏ ESCUDRIÑADOR, RA; ESCUDRIÑAMIENTO.

ESCUELA f. Establecimiento público donde se imparte la enseñanza primaria o cualquier género de instrucción. ◊ Conjunto de profesores y alumnos de una misma enseñanza. ◊ Doctrina, principio y sistema de cada autor y maestro. ◊ Características comunes que en literatura y en arte distinguen a un grupo, una época, región, etc. ◊ fig. Lo que da ejemplo y experiencia. ◊ **normal.** Aquella en que se obtiene el título de maestro de primera enseñanza.

ESCUELANTE m. *Col.*, *Méx.* y *Ven.* Escolar.

ESCUELERO, RA adj. y s. *Argent.* Escolar. ◊ m. y f. fam. *Amér.* Maestro de escuela.

ESCUERZO m. Sapo. ◊ fig. y fam. Persona flaca y desmedrada.

ESCUETO, TA adj. Descubierto, libre, desembarazado. ◊ Sin adornos o sin ambages, estricto.

ESCUINAPA Mun. de México, en el est. de Sinaloa; 30 800 hab. Agricultura, ganadería y pesca. Centro comercial.

ESCUINTLA Dpto. del S de Guatemala; 4 384 km², 592 647 hab. Cap., la c. hom. Sit. en las estribaciones meridionales del Eje Volcánico (volcán Pacaya 2 544 m). Caña de azúcar, algodón, frutas, maíz, frijol. Ganadería. Refinerías de azúcar. Ind. papelera. Su pral. puerto es San José. ◊ C. de Guatemala, cap. del dpto. hom.; 95 100 hab.

ESCUINTLE m. *Méx.* Perro callejero.

ESCULAPIO *Mit. gr.* Dios de la medicina.

ESCULCAR tr. Espiar, averiguar con diligencia. ◊ *Amér.* Registrar para buscar algo oculto.

ESCULPIR tr. Labrar a mano una obra de escultura. ◊ Grabar algo en hueco o en relieve sobre una superficie.

ESCULTISMO m. Movimiento juvenil

Escultura. Arriba: korai arcaica griega del siglo VI a. C. Abajo: monolitos de la isla de Pascua

internacional (boy-scout) con fines educativos y de promoción de la salud física y del amor a la naturaleza.

ESCULTURA f. Arte de modelar, tallar y esculpir, representando figuras de bulto. ◊ Obra de un escultor. ◊ Fundición o vaciado que se forma en los moldes de las esculturas hechas a mano. ❑ ES-CULTOR, RA; ESCULTÓRICO, CA; ESCULTURAL.

ESCUPIR intr. Arrojar saliva por la boca. ◊ tr. Arrojar por la boca algo como escupiendo. ◊ fig. Echar de sí con desprecio una cosa. ◊ fig. Despedir un cuerpo a la superficie otra sustancia que estaba mezclada o unida con él. ◊ fig. Despedir o arrojar con violencia una cosa. ❑ ESCUPIDERA; ESCUPIDERO; ESCUPIDOR, RA.

ESCUPITAJO m. fam. saliva, flema o sangre escupida

ESCUPITINAJO m. fam. Escupitajo.

ESCURANA f. Amér. Oscuridad, cerrazón.

ESCURREPLATOS m. Utensilio de cocina para escurrir los platos, vasos, etc., recién lavados.

ESCURRIDO, DA adj. Estrecho de caderas. ◊ Méx. y P. Rico. Corrido, aver-

gonzado. ◊ m. Acción y efecto de escurrir o escurrirse.

ESCURRIDURAS f. pl. Últimas gotas de un licor que quedan en la vasija.

ESCURRIR tr. Apurar las últimas gotas de un licor que han quedado en una vasija. ◊ tr. y prnl. Hacer que una cosa empapada en un líquido despida la parte que quedaba detenida. ◊ intr. Destilar y caer gota a gota. ◊ intr. y prnl. Deslizar y correr una cosa por encima de otra. ◊ prnl. Escapar, salir huyendo. ◊ Correrse, decir más de lo que se debe o quiere decir. ❑ ESCURRIDERO; ESCURRIDIZO, ZA; ESCURRIDOR.

ESCUSA f. Derecho que el dueño de una finca o de una ganadería concede a sus empleados para que puedan apacentar un corto núm. de cabezas de ganado propias.

ESCUSADO, DA adj. Reservado, o separado del uso común. ◊ m. Retrete.

ESCUTARI (albanés, Shkodrës; serbocroata, Skadarsko) Lago de la península Balcánica dividido entre Montenegro y Albania; 391 km².

ESDRAS (s. V a. C.) Sacerdote y escriba judío. Reconstruyó Jerusalén después del cautiverio de Babilonia.

ESDRÚJULO, LA adj. y s. Aplícase al vocablo cuya acentuación prosódica carga en la antepenúltima sílaba.

ESE f. Nombre de la letra s. ◊ Eslabón de cadena que tiene la figura de una ese.

ESE, ESA, ESO, ESOS, ESAS Formas del pron. demostrativo en los tres gén. m., y f. y n., y en ambos núm. sing. y pl. Hacen oficio de adjetivos cuando van unidos al nombre.

ESENCIA f. Fil. Naturaleza de las cosas. ◊ Lo permanente e invariable en ellas. ◊ Quím. Sustancia volátil de olor intenso. ◊ Extracto concentrado de cierta sustancia. ◊ **Quinta e.** Quinto elemento que componía el universo según la filosofía ant. ◊ Entre los alquimistas, principio fundamental de la composición de los cuerpos. ◊ fig. Lo más puro, importante y característico ❑ ESENCIAL.

❑ Fil. Se considera e. aquello que la mente concibe como principio de una realidad individual y que es la raíz de sus propiedades. En la filosofía moderna se distingue entre e. nominal y e. real.

ESENCIERO m. Frasco para esencia.

ESENIN, Sergei Alexandrovich (1895-1925) Poeta ruso. Fiesta, Pugachev.

ESENIO, NIA adj. y s. Díc. del individuo de una secta judía que rechazaba la doctrina de la resurrección. ◊ adj. Relativo a esta secta. ❑ ESENISMO.

ESFACELARSE prnl. Gangrenarse un tejido.

ESFACELO m. Parte de tejido gangrenado que se desprende.

ESFENOIDES adj. y m. Anat. Díc. del hueso de la parte anterior y media de la base del cráneo ❑ ESFENOIDAL.

ESFERA f. Geom. Lugar geométrico de los puntos del espacio que equidistan de otro interior llamado centro. ◊ Plano en el que giran las manecillas del reloj. ◊ fig. Clase o condición de una persona. ◊ fig. Espacio a que se extiende o alcanza la acción o el influjo de algo. ◊ **armilar.** Aparato compuesto de varios círculos que representan los de la esfera celeste, y en cuyo centro se colo-

ca un pequeño globo que figura la Tierra. ◊ **celeste.** Esfera ideal, concéntrica con la terráquea, y en la cual se mueven aparentemente los astros. ◊ **de actividad.** Espacio a que se extiende o alcanza la virtud de cualquier agente. ◊ **terráquea o terrestre.** Globo terráqueo o terrestre. ❑ ESFERICIDAD; ESFÉRICO, CA.

ESFEROGRÁFICA f. Argent. Bolígrafo.

ESFEROIDE m. Geom. Cuerpo de forma parecida a la esfera.

ESFERÓMETRO m. Instrumento para medir pequeños espesores y determinar el radio de curvatura de superficies esféricas.

ESFIGMÓGRAFO m. Med. Instrumento para registrar la forma e intensidad de las pulsaciones arteriales.

ESFIGMOMANÓMETRO m. Med. Aparato para medir la presión arterial.

ESFINGE f. Mit. Animal fabuloso, parte mujer y parte león. En Grecia, en el camino de Tebas, proponía acertijos a los viandantes, a quienes devoraba si no los resolvían. ◊ Mariposa crepuscular.

ESFINGOSINA f. Quím. Sustancia orgánica de 18 átomos de carbono que se origina de un ácido graso y de la serina.

ESFÍNTER m. Anat. Músculo en forma de anillo con que se abre y cierra el orificio de una cavidad del cuerpo.

ESFORZAR tr. Dar o comunicar fuerza o vigor. ◊ Infundir ánimo o valor. ◊ intr. Tomar ánimo. ◊ prnl. Hacer esfuerzos física o moralmente con algún fin. ❑ ESFORZADO, DA.

ESFUERZO m. Empleo enérgico de la fuerza física, del vigor o actividad del ánimo. ◊ Ánimo, vigor, brío, valor. ◊ Empleo de elementos costosos en la consecución de algún fin.

ESFUMAR tr. Esfuminar. ◊ Pint. Rebajar los tonos de una composición, logrando cierto aspecto de vaguedad y lejanía. ◊ prnl. fig. Disiparse, desvanecerse.

ESFUMINAR tr. Extender los trazos del lápiz frotando con el esfumino.

ESFUMINO m. Rollito de papel o de piel que sirve para esfumar.

ESGRAFIAR tr. Dibujar sobre una superficie que tiene dos capas o colores sobrepuestos, de manera que al rascar la capa exterior aparezca el color que está debajo.

ESGRIMA f. Arte de jugar y manejar la espada, sable y otras armas blancas. ◊ Dep. Deporte basado en este arte.

ESGRIMIR tr. Practicar la esgrima. ◊ fig. Usar de una cosa como arma para lograr algún intento. ❑ ESGRIMIDOR, RA; ESGRIMIDURA; Amér. ESGRIMISTA.

ESGUINCE m. Ademán hecho con el cuerpo, hurtándolo para evitar un golpe. ◊ Movimiento y gesto con que se demuestra disgusto o desdén. ◊ Distensión o rotura de un ligamento o de las fibras musculares próximas a una articulación.

ESKISEHIR C. del NO de Turquía; 367 300 hab. Sit. junto al r. Porsuk. Centro ferroviario e industrial.

ESLABÓN m. Pieza en forma de anillo o de otra curva cerrada que, enlazada con otras, forma cadena. ◊ Hierro acerado con que se saca fuego de un pedernal. ◊ Alacrán negro que al atacar se pone en forma de eslabón. ❑ ES-LABONAR.

ESLAVA, *Miguel Hilarión* (1807-1878) Compositor, pedagogo y musicólogo esp. Publicó una vasta antología de composiciones religiosas. *Lira sacrohispana.*

ESLAVO, VA adj. Díc. de un pueblo ant. que se extendió pralm. por el nordeste de Europa. ◊ *Ling.* Aplícase a su lengua y a cada una de las que de ella se derivan (esloveno, serbocroata, búlgaro, checoslovaco, polaco, lekhito, ruso, bielorruso y ucraniano). ◊ m. Lengua eslava. ◊ m. pl. Pueblo eslavo. ❑ ESLAVISMO; ESLAVISTA; ESLAVÓFILO, LA.

ESLAVONIA *(Slavonija)* Región de Croacia, entre los ríos Drave, Danubio y Save. Accidentada por macizos aislados. Zonas llanas pantanosas, cubiertas de praderas y bosques. Cereales y ganadería intensiva. C. prales.: Osijek, Slavonska Pozhega, Vinkovci. La pob., alrededor de 2 000 000 de hab., es en su mayoría croata. Durante la E. Med. formó parte del reino de Croacia; conquistada por los turcos (s. XVI), fue liberada por los Habsburgo en 1699. Incorporada a Yugoslavia después de la II Guerra Mundial, pasó a formar parte del nuevo est. de Croacia en 1992. ❑ ESLAVÓN, NA.

ESLINGA f. Maroma provista de ganchos para levantar grandes pesos.

ESLIZÓN m. Saurio de cuerpo largo y pies muy cortos, con cuatro rayas pardas en el lomo.

ESLOGAN m. Fórmula publicitaria para anunciar un producto. ◊ Lema, consigna.

ESLORA f. *Mar.* Longitud de la nave desde el codaste a la roda por la parte de adentro.

Mapa de situación y bandera de **Eslovaquia**

ESLOVAQUIA o **REPÚBLICA ESLOVACA** *(Slovenská Republika)* Est. de Europa central. Región montañosa, accidentada por ramificaciones de los Cárpatos, excepto el S, donde abarca parte de la llanura de Panonia. Regada por el r. Danubio. Clima continental. Cereales, patatas, remolacha, tabaco, vid. Ganadería, avicultura. Explotación

Eslovaquia. Prados en el macizo de los Tatra

forestal. Ind. siderúrgica, metalúrgica, papelera, textil, alimentaria. Grupos étnicos: eslovacos, húng., ucranianos, polacos, gitanos. Lenguas: eslovaco (of.), húng., ucraniano, ruso. *Rel.:* catolicismo (mayoritario), cristianismo ortodoxo. U.M.: corona. Cap., Bratislava. C. prales.: Kosice, Nitra, Presov, Banská. ❑ *Hist.* Los eslovacos formaron parte del reino eslavo de Samo (s. VII) y del imperio de la Gran Moravia (s. IX). Tras la invasión otomana de Hungría (1526) pasó a poder de los Habsburgo. En el congreso eslovaco de 1918 acordó la unión con los países checos para formar Checoslovaquia. En 1939 el partido populista filonazi del obispo Hinkla proclamó la indep. bajo la protección de Hitler. En 1945 se restableció Checoslovaquia, bajo la órbita de la URSS. El 1 de enero de 1993, E. se separó pacíficamente de la Rep. Checa, y fue admitida en la ONU. En 2004 ingresó en la OTAN y en la Unión Europea.

ESLOVENIA *(Republika Slovenija)* Est. de la pen. Balcánica. Se abre al mar, a través del puerto de Kiper, en la pen. de Istria. Región montañosa, accidentada por los Alpes eslovenos. Región de colinas al NE, y mesetas calcáreas y poljés al centro y S. Avenada por los r. Drave,

ESLOVAQUIA	
Superficie	49 036 km²
Población	5 270 000 hab. (107 hab./km²)
Recursos económicos	
Carbón	2 810 000 t
Energía eléctrica	24 068 millones de kwh
Patatas	670 000 t
Remolacha	1 502 000 t
Riqueza forestal	4 399 000 m³
Trigo	2 124 000 t
Indicadores sociológicos	
PNB	8 000 millones de dólares
Renta per cápita	1 600 dólares
Esperanza de vida	68 años
Alfabetismo	100 %

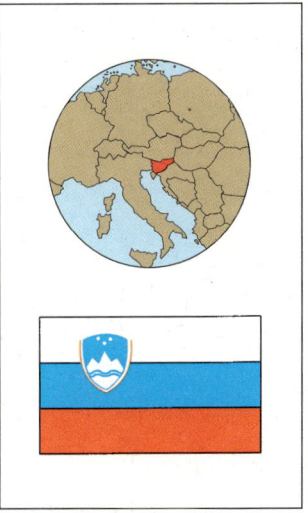

Mapa de situación y bandera de **Eslovenia**

Save y Mur. Clima continental. Bosques caducifolios y praderas. Cereales, vid, patatas. Ganadería. Explotación forestal. Lignito, plomo, cinc, mercurio, pirita, gas, petróleo. Ind. siderúrgica, metalúrgica, electromecánica, química, textil. Grupos étnicos: eslovenos (90,5 %), croatas (2,9 %), serbios (2,2 %), sudeslavos musulmanes, húng., it. Lenguas: esloveno (of.), croata, serbio, húng., it. *Rel.:* catolicismo. U.M.: tolar. Cap., Liubliana. C. prales.: Maribor, Celje. ❑ *Hist.* Los eslovenos se asentaron en el terr. actual en el s. VI. Se integró en el imperio de Samo hasta 658, y luego estuvo bajo la soberanía de Baviera, hasta que Carlomagno lo conquistó. Bajo dominio de los Habsburgo desde el s. XIII, en 1866-1867 E. quedó dividida entre Italia, Hungría y Austria. En 1918 entró a formar parte de Yugoslavia. En 1991 declaró su indep., lo que provo-

Eslovenia. El cañón Vintgar, formado por el río Radovna

ESLOVENIA

Superficie	20 251 km²
Población	1 975 000 hab. (98 hab./km²)

Recursos económicos

Cabaña bovina	553 000 cabezas
Carbón	5 583 000 t
Cemento	1 143 000 t
Energía eléctrica	12 399 millones de kwh
Maíz	338 000 t
Papel	480 000 t
Riqueza forestal	2 435 000 m³

Indicadores sociológicos

PNB	12 090 millones de dólares
Renta per cápita	6 052 dólares
Esperanza de vida	73 años
Alfabetismo	99%

có la intervención del ejército federal. La CE reconoció a E. como est. en enero de 1992. En 2004 ingresó en la OTAN y en la Unión Europea. ❏ ESLOVENO, NA.

ESMALCALDA, *Liga de* Coalición formada en 1531 por los príncipes al. y Francia para defender el protestantismo en Alemania. Fue derrotada por Carlos V en la batalla de Mühlberg (1547).

ESMALTE m. Barniz vítreo que por medio de la fusión se adhiere a la porcelana, loza, metales, etc. ◇ Objeto cubierto o adornado de esmalte. ◇ Labor que se hace con el esmalte sobre un metal. ◇ Color azul que se hace fundiendo vidrio con óxido de cobalto. ◇ fig. Lustre, esplendor o adorno. ◇ *Anat.* Materia dura y blanca que cubre la parte de los dientes que está fuera de las encías. ❏ ESMALTAR; ESMALTADO, DA.

ESMERALDA f. *Miner.* Piedra fina, silicato de aluminio y berilio teñida de verde por el óxido de cromo. ◇ *Cuba.* Pez parecido a la anguila. ❏ ESMERALDEÑO; ÑA; ESMERALDINO, NA.

ESMERALDA Mun. de Cuba, en la prov. de Camagüey; 29 700 hab. Frutos tropicales, tabaco, caña de azúcar. Ganadería.

ESMERALDAS Prov. del NO de Ecuador. Cap., la c. hom. Terreno llano. La avenan numerosos ríos, entre los que destacan el Esmeraldas, el Cayapas y el Santiago. Economía agrícola. Cacao, café, caña de azúcar, arroz, bananas. Riqueza forestal. Refinería de petróleo. En la isla Tolita se halla un imp. yacimiento arqueológico (550 a. C.-500 d. C.). ◇ C. de Ecuador, cap. de la prov. hom.; 98 558 hab. Puerto. Centro agrícola e industrial. Pesca. Ind. maderera. ◇ Río del NO de Ecuador, formado por la unión del Quinindé con el Guayllabamba; unos 80 km. Desemboca en el Pacífico. Navegable en buena parte de su curso.

ESMERAR tr. Pulir, limpiar. ◇ prnl. Poner sumo cuidado en ser cabal y perfecto. ◇ Obrar con acierto y lucimiento. ❏ ESMERADO, DA; ESMERADOR, RA.

ESMEREJÓN m. Azor, ave de rapiña.

ESMERIL m. *Geol.* Roca negruzca compuesta de corindón, mica y óxido de hierro. Raya todos los cuerpos, excepto el diamante.

ESMERILAR tr. Pulir algo o deslustrar el vidrio con esmeril o con otra sustancia. ❏ ESMERILADO.

ESMERO m. Sumo cuidado y atención diligente en hacer cosas.

ESMIRNA Ant. c. gr. del Asia Menor, la actual c. turca de Izmir. Fundada por los eolios en el s. VII a. C.

ESMIRRIADO, DA adj. Flaco, raquítico.

ESMOQUIN m. Prenda masculina de etiqueta, a modo de chaqueta sin faldones.

ESNAOLA, *Juan Pedro* (1808-1878) Pianista y compositor arg. Autor de la versión actual del Himno nacional argentino, *Minué Federal, Gran Sinfonía.*

ESNOBISMO m. Exagerada admiración por todo lo que es de moda. ❏ ESNOB.

ESÓFAGO m. *Anat.* Conducto del aparato digestivo, de unos 25 cm, que une la faringe con el estómago. ❏ ESOFÁGICO, CA.

ESOPO (ss. VII-VI a. C.) Fabulista gr. ❏ ESÓPICO.

ESOTÉRICO, CA adj. Oculto, reservado. ❏ ESOTERISMO.

ESOTRO, TRA pron. demostrativo y adj. Ese otro, esa otra.

ESPABILADERAS f. pl. Despabiladeras.

ESPABILAR tr. Despabilar.

ESPACHURRAR tr. Despachurrar.

ESPACIADOR, RA m. En una máquina de escribir, tecla que, al pulsarla, deja un espacio en blanco.

ESPACIAR tr. Poner espacio entre las cosas. ◇ Esparcirse, divulgar. ◇ *Art. Gráf.* Separar las dicciones, las letras o los renglones con espacios o con reglas. ◇ prnl. fig. Dilatarse en el discurso o en lo que se escribe.

ESPACIO m. *Fil.* Continente de todos los objetos sensibles que coexisten. ◇ Parte de este continente que ocupa cada objeto sensible. ◇ Capacidad de terreno o lugar. ◇ Transcurso de tiempo. ◇ Tardanza, lentitud. ◇ *Art. Gráf.* Pieza de metal que sirve para separar las dicciones y poner mayor distancia entre las letras. ◇ *Mús.* Separación que hay entre las rayas del pentagrama. ◇ **cósmico.** E. que se extiende fuera de los límites de la Tierra, a partir de 100 km de la superficie. ◇ **económico.** E. abstracto en el que se extiende un sistema económico. Puede ser desde una empresa hasta una nación, incluidos sus mercados exteriores. ❏ ESPACIAL.

ESPACIOSIDAD f. Anchura, capacidad.

ESPACIOSO, SA adj. Ancho, dilatado, vasto. ◇ Lento, pausado, flemático.

ESPADA f. Arma blanca larga, recta, aguda y cortante, con guarnición y empuñadura. ◇ Persona diestra en su manejo. ◇ En el juego de naipes, cualquiera de las cartas del palo de espadas. ◇ pl. Uno de los cuatro palos de la baraja española. ◇ m. Torero que hace profesión de matar toros; matador. ◇ **de Damocles.** fig. Amenaza persistente de un peligro. ◇ **de dos filos.** fig. Díc. del procedimiento, medio, etc., que puede producir a la vez efectos contrarios. ◇ **Primer,** o **primera, e.** Entre toreros, el pral. en esta clase. ◇ fig. y fam. Persona sobresaliente en alguna disciplina, arte o destreza. ❏ ESPADERÍA; ESPADERO.

ESPADACHÍN m. El que maneja bien la espada. ◇ El que se cree valiente y es amigo de pendencias.

ESPADAÑA f. *Bot.* Hierba de tallo largo con una mazorca que después de

seca suelta una especie de pelusa. Sus hojas se emplean en cestería. ◇ Campanario de una sola pared en la que están abiertos los huecos para las campanas. ❏ ESPADAÑAL.

ESPADERO, *Nicolás* (1832-1890) Pianista y compositor cub. Uno de los prales. representantes del romanticismo. *Canto del alma, Ossian, Gran vals satánico.*

ESPÁDICE m. Receptáculo común de varias flores, encerrado en la espata.

ESPADILLA f. Especie de machete de madera. ◇ Remo grande que hace oficio de timón en algunas embarcaciones menores.

ESPADÍN m. Espada de hoja muy estrecha que se usa como prenda de ciertos uniformes.

ESPADÓN m. fam. Personaje de elevada jerarquía. ◇ Hombre castrado.

ESPAGÍRICA f. Arte de depurar los metales.

ESPAGUETI m. Pasta alimenticia de harina de trigo en forma de cilindros largos.

ESPAILLAT Prov. del N de la República Dominicana, ribereña del Atlántico; 839 km², 210 897 hab. Cap., Moca. Accidentada por la cordillera Septentrional. Café, cacao, tabaco, arroz, maíz.

ESPAILLAT, *Ulises* (1823-1878) Político y escritor dom. Elegido presid. en 1876, renunció el mismo año.

ESPÁLAX m. Roedor espalácido. Excavador. Posee ojos atrofiados bajo la piel. Vive en zonas esteparias.

ESPALDA f. Parte posterior del cuerpo humano, desde los hombros hasta la cintura. Se usa más en pl. ◇ Parte del vestido que corresponde a la espalda. ◇ *Dep.* Modalidad de natación. ◇ pl. Envés o parte posterior de una cosa. ❏ ESPALDUDO, DA.

Esopo, por Diego Velázquez. Museo del Prado, Madrid

ESPALDAR m. Parte de la coraza que sirve para cubrir y defender la espalda. ◊ Respaldo de una silla o banco. ◊ Espalda, parte posterior del cuerpo. ◊ Enrejado sobrepuesto a una pared para que por él trepen y se extiendan ciertas plantas. ◊ *Zool.* Parte dorsal de la coraza de los quelonios.

ESPALDARAZO m. Golpe dado en la espalda con la espada o la mano, de plano. ◊ fig. Reconocimiento de la competencia o habilidad suficientes a que ha llegado alguno en una profesión o actividad.

ESPALDERO m. *Ven.* El que sigue a otro. ◊ *Ven.* Asistente de un militar.

ESPALDILLA f. Omoplato. ◊ Cuarto delantero de algunas reses.

ESPALTO m. *Pint.* Color oscuro, transparente y dulce para veladuras.

ESPANTAJO m. Lo que se pone en un lugar para espantar. ◊ fig. Cualquier cosa que por su representación o figura infunde vano temor. ◊ fig. y fam. Persona molesta y despreciable.

ESPANTALOBOS m. Arbusto papilionáceo, con flores amarillas en grupos axilares y fruto en vainas infladas, que producen ruido al chocar unas con otras.

ESPANTAPÁJAROS m. Espantajo que se pone en los sembrados y en los árboles para ahuyentar los pájaros.

ESPANTAR tr. e intr. Causar espanto, dar susto. ◊ tr. Ojear, echar de un lugar a una persona o animal. ◊ prnl. Admirarse, maravillarse. ◊ Sentir espanto, asustarse. ▢ ESPANTADA; ESPANTADIZO, ZA.

ESPANTO m. Terror, asombro, consternación. ◊ Amenaza o demostración con que se infunde miedo. ◊ Enfermedad causada por el espanto. ◊ *Amér.* Fantasma, aparecido. Se usa más en pl.

ESPANTOSO, SA adj. Que causa espanto. ◊ Maravilloso, asombroso. ◊ Enorme.

ESPAÑA Estado de la Europa meridional. Junto con Portugal ocupa la pen. Ibérica. ▢ *Geog. fís.* El relieve está centrado por la Meseta, que está dividida por el sistema Central. Al N se extiende la cor-

Mapa de situación y bandera de **España**

dillera Cantábrica, al E el sistema Ibérico; al S., Sierra Morena separa la Meseta del valle del Guadalquivir. Al NE se encuentra la depresión del Ebro, limitada al N por los Pirineos (alt. máx., Aneto, 3 404 m). Al SE, la cordillera Penibética, con Sierra Nevada que presenta al pico más elevado de la pen. (Mulhacén, 3 481 m), la depresión penibética y la cordillera Subbética. Los montes vascos, al N, y el sistema litoral catalán al NE, completan el relieve. Las costas son a menudo acantiladas. Los ríos se reparten en tres vertientes: la cantábrica (Nalón, Nervión y Bidasoa), la atlántica (Duero, Tajo, Guadiana, Miño, Guadalquivir), y la mediterránea (Ter, Llobregat, Ebro, Turia, Júcar, Segura). Clima océanico en el N y valle del Guadalquivir, continental en el interior y mediterráneo en el E y SE. ▢ *Geog. econ.* En las regiones húmedas del N se cultiva maíz, patatas y legumbres. En la E. seca se cultivan cereales, vino y olivos. Las zonas regadas de las llanuras andaluzas cultivan remolacha azucarera, el lino, el cáñamo, los cítricos, las frutas, las hortalizas y el algodón. La ganadería ovina está muy extendida, mientras que el ganado vacuno sólo se asienta en el N. La pesca es importante en el Cantábrico, en Huelva y en Canarias. La minería produce pralm. hierro, plomo, cobre, cinc, mercurio, sales potásicas y carbón. Es considerable la producción hidroeléctrica. La ind. se concentra en el País Vasco, Cataluña y la zona centro. Destacan la siderúrgica, la metalúrgica, la química, la del cemento, la textil y el turismo. ▢ *Geog. humana.* Las migraciones han determinado un desequilibrio en la distribución de la población, que se ha desplazado a las zonas industriales, sit. en la periferia y en Madrid, hallándose en el interior zonas semidesiertas. Lengua: castellano (of.); el catalán, euskera y el gallego son cooficiales en sus respectivas com. autón. *Rel.:* el catolicismo es predominante; existen minorías protestantes, judías e islámicas. U.M.: euro. Cap., Madrid. C. prales.: Barcelona, Valencia, Sevilla, Zaragoza, Bilbao. España está dividida en 17 comunidades autónomas, 2 ciudades autónomas y 50 provincias.

España. Papelera en la ría de Navia

▢ *Hist.* Los primeros pobladores aparecieron en la pen. Ibérica h. el 600 000 a. C. Durante el segundo milenio aparecieron las culturas del Argar y de Tartesos. Durante el I milenio penetraron en la Península diversos pueblos indoeuropeos. Los fenicios se instalaron en el litoral mediterráneo a partir del 1 100 a. C. La colonización gr. se inició a comienzos del s. VIII a. C. Los romanos convirtieron a E. en una provincia del Imperio en el s. III a. C. Después de la caída de Roma, la Península fue invadida por suevos, vándalos, alanos y visigodos. Estos últimos consiguieron establecer un reino con cap. en Toledo. Tras la batalla de Guadalete (711), los musulmanes se apoderaron de la península. Fundaron el califato de Córdoba (929-1031). A partir del s. X, los reinos y condados cristianos del N de la Península desarrollaron campañas contra los musulmanes (▷ Reconquista). En el s. XIII los cristianos reconquistaron el reino de Murcia, y gran parte de Andalucía. En este mismo siglo la Corona de Aragón inició su dominio del Mediterráneo (Valencia, Mallorca, Sicilia). Bajo el reinado de los Reyes Católicos se produjo la unión dinástica de Castilla y Aragón, la conquista del reino de Granada y el descubrimiento de América. Durante el reinado de Carlos II se conquistaron los imperios azteca e inca. Bajo Felipe II se incorporó Portugal. El s. XVII estuvo marcado por la decadencia política y económica. El s. XVIII se inauguró con la instauración de la dinastía borbónica y la guerra de Sucesión (1701-1714). El reinado de Carlos III representó un periodo reformista, con un renacimiento económico y cultural. Durante el reinado de Fernando VII (1808-1833) se produjo la invasión fr., que provocó la Guerra de la Indep. esp. (1808-1814). En estos años se independizaron la mayoría de las colonias amer. El siglo XIX vivió las guerras carlistas, la I República (1873-1874) y la Restauración Borbónica con Alfonso XII. En 1898 se independizaron Cuba y Filipinas. Durante el reinado de Alfonso XIII (1902-1931) se agudizaron los conflictos sociales y el general Primo de Rivera ejerció una dictadura entre 1923 y 1929. En 1931 se proclamó la II Re-

ESPAÑA

Superficie	504 790 km²
Población 40 847 371 hab. (81 hab./km²)	
Recursos económicos	
Aceitunas	2 891 000 t
Maíz	3 151 000 t
Naranjas	2 504 000 t
Tomates	2 764 000 t
Trigo	5 392 000 t
Uva	5 087 000 t
Vino	31 107 000 hl
Ganadería y derivados	
Cabaña bovina	5 126 000 cabezas
Cabaña caprina	3 700 000 cabezas
Cabaña ovina	24 500 000 cabezas
Cabaña porcina	16 100 000 cabezas
Riqueza forestal	17 758 000 m³
Pesca	1 458 134 t
Producción minera	
Azufre	950 000 t
Carbón	14 743 000 t
Cinc	261 300 t
Hierro	1 506 000 t
Lignito	21 070 000 t
Plomo	49 200 t
Potasa	690 000 t
Sal	3 175 000 t
Producción industrial	
Aceite	608 000 t
Automóviles	1 773 000 unidades
Azúcar	1 037 000 t
Cemento	28 092 000 t
Energía eléctrica	150 622 millones kwh
Fertilizantes	936 000 t
Hierro colado	5 404 000 t
Neumáticos	24 696 000 unidades
Papel	3 273 000 t
Plásticos y resinas	2 078 000 t
Tejidos de algodón	98 000 t
Indicadores sociológicos	
PNB	486 614 millones de dólares
Renta per cápita	13 970 dólares
Esperanza de vida	77 años
Alfabetismo	95 %

pública, que inició una etapa de reformas y de enfrentamientos políticos que desembocó en la Guerra Civil (1936-1939), y en la post. dictadura del general Franco, hasta su muerte en 1975. En 1977 se celebraron las primeras elecciones democráticas, ganadas por A. Suárez, y en 1978 se proclamó una nueva constitución. Los socialistas, con F. González, gobernaron de 1982 a 1996. Durante su mandato E. ingresó en la Unión Europea y la OTAN (1986). En 1996 el Partido Popular ganó las elecciones legislativas y J. M. Aznar asumió la presidencia del gobierno y obtuvo sus primeros logros con la Unión Económica y Monetaria (1998). En 2000 fue reelegido por mayoría absoluta. Sin embargo, en 2004 los socialistas vencieron en las elecciones y J. L. Rodríguez Zapatero accedió a la presidencia. □ *Arte.* En la época prehistórica se desarrolló el arte rupestre (Altamira, Cogull). Vestigios imp. de la ant. cultura ibérica son los Toros de Guisando y la Dama de Elche. De la dominación rom. perduran numerosas obras públicas (acueductos, anfiteatros, etc.). En la E. Med. florecieron el arte asturiano, el hispanomusulmán (Alhambra de Granada, mezquita de Córdoba), el románico (Santiago, Ripoll) y el gótico (catedrales de Burgos, Toledo). El Renacimiento culminó con la construcción del Escorial y la obra pictórica de El Greco. El s. XVII es el siglo de oro del arte esp. En la pintura destacaron Velázquez, Zurbarán y Murillo, y en la escultura Alonso Cano y Pedro de Mena. En el s. XVIII se introdujo el gusto clasicista y oficial fr. (Aranjuez, Palacio Real de Madrid). A finales de este siglo y principios del XIX inició su obra el gran pintor Francisco de Goya. Hacia finales del siglo irrumpió el modernismo, con arquitectos como Antonio Gaudí y pintores como Ramón Casas. Entre los pintores más imp. del s. XX destacan Joaquín Sorolla, Ignacio Zuloaga, Juan Gris, Joan Miró, Pablo Picasso, Salvador Dalí, Antoni Tàpies, Antonio Saura, Josep Guinovart y Miquel Barceló. En la escultura contemporánea son representativos Pablo Gargallo, Manolo Hugué, Josep Clará, Pablo Serrano, Eduardo Chillida, Jorge de Oteiza y Josep M. Subirachs. En la arquitectura destacan el funcionalismo (J. L. Sert, Bergamín), el monumentalismo de la posguerra y la eclosión de nuevas tendencias a partir de 1950 (Bohigas, Coderch, Bofill, Moneo, Calatrava). □ *Lit.* Literatura en lengua cast. (➪ castellano), cat. (➪ catalán), gallega (➪ gallego) y vasca (➪ euskera).

ESPAÑOL, LA adj. y s. De España. ◊ m. *Ling.* Lengua románica (castellano), of. de España, de dieciocho rep. hispanoamericanas, así como de Puerto Rico, junto con el ing.; de Filipinas, también con el ing. y el tagalo, y de los ant. territorios esp. en África. Es además idioma nativo de algunas zonas de los EE UU, y de algunas islas de las Antillas. Lo emplean, también, colonias judías de África, Balcanes y Próximo Oriente.

ESPAÑOLA, *La* Isla del grupo de las Grandes Antillas. 75 842 km², 11 601 000 hab. Políticamente está dividida en dos est.: Haití y la República Dominicana.

ESPAÑOLIZAR tr. Dar carácter español. ◊ Dar forma esp. a un vocablo o expresión de otro idioma. ◊ prnl. Tomar carácter esp. □ ESPAÑOLIZACIÓN.

ESPARADRAPO m. Tira de tela cubierta por una cara de un emplasto adherente usado para sujetar vendajes, cubrir una herida, etc.

ESPARAVÁN m. Gavilán, ave de rapiña. ◊ Tumor en la parte interna e inferior del corvejón de los solípedos.

ESPARAVEL m. Red redonda para pescar en los ríos y parajes de poco fondo. ◊ *Const.* Tablita de madera que sir-

La Española. Ayuntamiento de Puerto Príncipe, Haití

ve para tener la mezcla que se ha de aplicar con la llana o la paleta.

ESPARCIMIENTO f. Desembarazo, franqueza en el trato, alegría. ◊ Diversión, recreo, desahogo.

ESPARCIR tr. y prnl. Separar, extender lo que está junto o amontonado; derramar extendiendo. ◊ fig. Divulgar, publicar, extender una noticia. ◊ Divertir, desahogar, recrear.

ESPÁRRAGO m. *Bot.* Planta que en primavera produce abundantes yemas de tallo recto y blanco, y cabezuelas comestibles de color verde. ◊ Yema comestible que produce la raíz de la esparraguera. ◊ Palo largo y derecho para asegurar con otros un entoldado. ◊ Madero atravesado por estacas pequeñas a distancias iguales, para que sirva de escalera. □ ESPARRAGADOR, RA; ESPARRAGAL; ESPARRAGUERO, RA.

ESPARRAGUINA f. Fosfato de cal cristalizado de color verdoso.

ESPARRANCARSE prnl. fam. Abrirse de piernas. □ ESPARRANCADO, DA.

ESPARTA (*Lacedemonia, Laconia*) C. de Grecia, cap. del nomo de Laconia; 13 000 hab. ◊ *Hist.* Ciudad estado de la ant. Grecia, en el Peloponeso. Nació en el s. IX a. C. Se enfrentó con Atenas en la guerra del Peloponeso (431-404 a. C.). Fue aniquilada por la Liga Aquea, en Selasia (222 a. C.). □ ESPARTANO, NA.

ESPARTA Mun. de Honduras, en el dpto. de Atlántida; 21 500 hab.

ESPARTACO (m. 71 a. C.) Gladiador rom. Encabezó una sublevación de esclavos, fue vencido y muerto por Craso.

ESPARTAQUISMO m. Mov. comunista fundado por Karl Liebknecht y Rosa Luxemburg, surgido del partido socialdemócrata al. En 1919 dirigió una insurrección armada que fue fácilmente sofocada, y Liebknecht y Luxemburg fueron asesinados. □ ESPARTAQUISTA.

ESPARTEÍNA f. *Farm.* Alcaloide oleoso y tóxico que se obtiene de la retama y se usa como tónico cardiaco.

ESPARTERO, *Baldomero*, DUQUE DE LA VICTORIA (1793-1879) General y político esp. Regente de Isabel II, destacó en la primera guerra carlista.

ESPARTO m. *Bot.* Planta gramínea, de hojas radicales, tan arrolladas sobre sí y a lo largo que aparecen como filiformes, duras y tenacísimas. ◊ Hojas de esta planta empleadas para hacer sogas, esteras, pasta para fabricar papel, etc. □ ESPARTAL; ESPARTERÍA; ESPARTERO, RA; ESPARTIZAL.

ESPARVERO m. Ave falconiforme, muy común en América del Sur, especialmente en Argentina.

ESPASMO m. Enfriamiento. ◊ *Fisiol.* Contracción muscular involuntaria. □ ESPASMÓDICO, CA; ESPASMÓGENO, NA.

ESPASMOFILIA f. Estado constitucional de la infancia caracterizado por la hiperexcitabilidad de los nervios motores periféricos.

ESPATA f. Hoja protectora, grande y de colores vivos, que rodea las inflorescencias de las plantas aráceas.

ESPATARRARSE prnl. fam. Despatarrarse.

ESPATO m. *Miner.* Cualquier mineral de estructura laminar. ◊ **calizo.** Caliza cristalizada en romboedros. ◊ **de Islandia.** Espato calizo muy transparente. ◊ **flúor.** Fluorita. ◊ **pesado.** Baritina. □ ESPÁTICO, CA.

ESPÁTULA f. Paleta gralte. pequeña, con bordes afilados y mango largo. ◊ *Zool.* Ave de pico deprimido y ensanchado en la punta. ❏ ESPATULADO, DA.

ESPECIA f. Cualquiera de las sustancias aromáticas de origen vegetal con que se sazonan los guisos. ❏ ESPECERÍA; ESPECIERÍA; ESPECIERO, RA.

ESPECIACIÓN f. *Biol.* Evolución entre especies.

ESPECIAL adj. Singular o particular, que se diferencia de lo común, ordinario o general. ◊ Muy adecuado o propio para algún efecto.

ESPECIALIDAD f. Particularidad, singularidad. ◊ Rama de una ciencia, arte o actividad a la cual se dedica una persona. ❏ ESPECIALIZAR.

ESPECIALIZACIÓN f *Biol.* Conjunto de fenómenos que conducen, por medio de la diferenciación celular, a la obtención de células distintas en su fisiología.

ESPECIE f. Conjunto de cosas semejantes entre sí por tener uno o varios caracteres comunes. ◊ Idea de un objeto representada en el intelecto. ◊ Caso, asunto. ◊ Tema, proposición. ◊ *Biol.* Categoría taxonómica que agrupa al conjunto de seres que presentan las mismas características. ◊ *Mús.* Cada una de las vocales en la composición.

ESPECIFICAR tr. Explicar, declarar con individualidad una cosa. ◊ Fijar o determinar de modo preciso. ❏ ESPECIFICACIÓN; ESPECIFICATIVO, VA.

ESPECÍFICO, CA adj. Que caracteriza y distingue una especie o una sustancia de otra. ◊ m. Medicamento especialmente apropiado para tratar una enfermedad determinada. ◊ Medicamento de propiedades generales, fabricado al por mayor. ❏ ESPECIFICIDAD.

ESPÉCIMEN m. Muestra, modelo, señal.

ESPECTÁCULO m. Función o diversión pública. ◊ Aquello que se ofrece a la vista o a la contemplación intelectual, y es capaz de atraer la atención. ◊ Acción que causa escándalo o gran extrañeza. ❏ ESPECTACULAR; ESPECTACULARIDAD; ESPECTADOR, RA.

ESPECTRO m. Imagen fantasmagórica que se presenta a los ojos o a la fantasía. ◊ *Fís.* Resultado obtenido al desdoblar un haz heterogéneo de radiación electromagnética en sus distintos componentes de diferente longitud de onda. ◊ *Med.* Amplitud de la serie de especies microbianas sobre las que es terapéuticamente activo un medicamento. ◊ **de una estrella.** *Astr.* El obtenido desdoblando la radiación electromagnética de una estrella. ❏ ESPECTRAL.

ESPECTROFOTÓMETRO m. *Fís.* Instrumento para desdoblar un haz heterogéneo de radiación electromagnética en sus distintos componentes y dar una indicación de la transferencia de energía entre cada uno de ellos y una sustancia en estudio. ❏ ESPECTROFOTOMETRÍA; ESPECTROFOTOMÉTRICO, CA.

ESPECTRÓGRAFO m. *Fís.* Espectroscopio o espectrómetro dispuesto para la obtención de espectrogramas. ❏ ESPECTROGRAFÍA.

ESPECTROGRAMA m. *Fís.* Fotografía o distribución de los elementos componentes de un espectro.

ESPECTROHELIÓGRAFO m. *Ast.* y

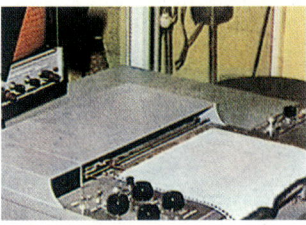

Espectrómetro

Fís. Espectroscopio para fotografiar monocromáticamente las protuberancias solares o el disco del Sol. ❏ ESPECTROHELIOGRAMA.

ESPECTROMETRÍA f. *Fís.* Estudio de las intensidades de radiación electromagnéticas de diversa longitud de onda emitidas o absorbidas por las sustancias. ❏ ESPECTROMÉTRICO, CA.

ESPECTRÓMETRO m. *Fís.* Espectroscopio graduado que determina y mide las características correspondientes a las componentes de un espectro.

ESPECTROSCOPIA m. *Fís.* y *Quím.* Técnica que estudia la producción y observación de los espectros visibles. ◊ Conjunto de conocimientos referentes al análisis espectroscópico. ❏ ESPECTROSCÓPICO, CA.

ESPECTROSCOPIO m. *Fís.* y *Quím.* Instrumento para obtener y observar espectros visibles.

ESPECULAR tr. Registrar, mirar con atención una cosa. ◊ fig. Meditar, contemplar, reflexionar. ◊ intr. Comerciar, traficar. ◊ Procurar provecho o ganancia fuera del tráfico mercantil. ❏ ESPECULACIÓN; ESPECULATIVO, VA.

ESPÉCULO m. *Med.* Instrumento para dilatar y mantener abierta la entrada de ciertas cavidades orgánicas, permitiendo el examen de éstas.

ESPEJEAR intr. Relucir o resplandecer.

ESPEJERA f. *Cuba.* Llaga de las caballerías producida por los arreos o la espuela.

ESPEJISMO m. *Ópt.* Ilusión debida a la reflexión total de la luz cuando atraviesa capas de aire de densidad distinta. ◊ fig. Ilusión de la imaginación.

ESPEJO m. *Ópt.* Superficie lisa y pulimentada, gralte. de vidrio o cristal, en la que se reflejan los rayos luminosos. ◊ fig. Aquello en que se ve una cosa como retratada. ◊ fig. Modelo o dechado digno de estudio e imitación. ◊ *Arq.* Adorno aovado que se entalla en las molduras huecas. ◊ pl. Remolino de pelos en la parte anterior del pecho del caballo. ❏ ESPEJADO, DA.

ESPEJO, Francisco (1758-1814) Patriota ven. Se unió al movimiento revolucionario (1810) y fue nombrado presid. de la alta corte de justicia. Boves le hizo fusilar. ◊ *Francisco Eugenio de Santa Cruz* (1747-1795) Patriota ecuat. Partidario de reformas económicas y sociales, fue detenido y falleció poco después. *Nuevo Luciano o despertador de ingenios.*

ESPEJUELO m. Yeso cristalizado en láminas brillantes. ◊ Hoja de talco. ◊ Conserva de cidra o calabaza. ◊ pl. Cristales que se ponen en los anteojos y los anteojos mismos.

ESPELEOLOGÍA f. Disciplina que estudia las cavidades naturales subterrá-

neas (cavernas o grutas). ❏ ESPELEOLÓGICO, CA; ESPELEÓLOGO, GA.

ESPELTA f. Variedad del trigo. Se cultiva en Alemania y en Suiza.

ESPELUNCA f. Cueva, gruta tenebrosa.

ESPELUZAR tr. y prnl. Despeluzar el pelo.

ESPELUZNAR tr. y prnl. Despeluzar el pelo. ❏ ESPELUZNANTE.

ESPELUZNO m. fam. Escalofrío.

ESPERA f. Plazo señalado por el juez para ejecutar una cosa. ◊ Calma, facultad de saberse contener. ◊ Puesto para cazar esperando en él hasta que la caza acuda espontáneamente.

ESPERANTO m. Idioma creado en 1887 por el médico Zamenhof, con idea de que pudiese servir internacionalmente como lengua auxiliar. ❏ ESPERANTISTA.

ESPERANZA f. Estado de ánimo en el cual se nos presenta como posible lo que deseamos. ◊ *Rel.* Entre los católicos, virtud teologal por la que los creyentes esperan conseguir de Dios los bienes prometidos. ❏ ESPERANZAR.

ESPERANZA Mun. de la República Dominicana, en la prov. de Valverde; 81 708 hab. Cacao, café. Apicultura.

ESPERANZA La C. de Honduras, cap. del dpto. de Intibucá; 4 017 hab.

ESPERAR tr. Tener esperanza de conseguir lo que se desea. ◊ tr. e intr. Creer que ha de suceder alguna cosa, especialmente si es favorable. ◊ tr. Permanecer en sitio a donde se cree que ha de ir alguna persona o en donde se presume que ha de ocurrir alguna cosa. ◊ Detenerse en el obrar hasta que suceda algo. ◊ Ser inminente o estar inmediata alguna cosa.

ESPEREZARSE prnl. Desperezarse.

ESPERMA amb. Semen de los animales machos. ◊ **de ballena.** Sustancia grasa que se extrae del cráneo del cachalote. Se emplea para hacer velas y

Espeleología

también en algunos medicamentos. ❑ ESPERMÁTICO, CA.

ESPERMACETI m. Esperma de ballena.

ESPERMATICIDA adj. y m. Que destruye los espermatozoides.

ESPERMÁTIDA f. *Biol.* Cada una de las células de los testículos de los animales machos que dan origen a los espermatozoides.

ESPERMATÓFITO, TA adj. y s. *Bot.* Dic. del vegetal que se reproduce por semillas.

ESPERMATOGÉNESIS f. *Biol.* Proceso durante el cual tiene lugar la maduración y desarrollo de la célula sexual masculina o espermatozoide.

ESPERMATORREA f. *Med.* Pérdida involuntaria de la esperma sin mediar el acto sexual.

ESPERMATOZOIDE m. *Fisiol.* Célula sexual masculina, provista de un largo y único flagelo, capaz de fecundar el óvulo para dar lugar al huevo, del que surgirá un nuevo ser. ◊ *Bot.* Gameto masculino de las plantas criptógamas.

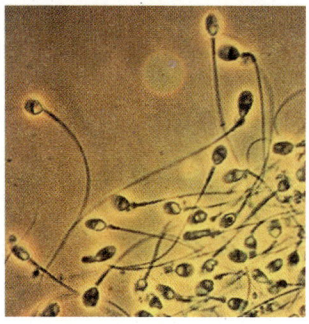

Espermatozoides humanos vistos al microscopio

ESPERPENTO m. fam. Persona o cosa notable por su fealdad, desaliño o mala traza. ◊ Desatino, absurdo. ❑ ESPER-PÉNTICO, CA.

ESPESAR tr. Condensar lo líquido. ◊ Unir, apretar una cosa con otra haciéndola más tupida. ◊ prnl. Juntarse, unirse y apretarse las cosas unas con otras. ❑ ESPESO, SA.

ESPESOR m. Grueso de un sólido. ◊ Densidad o condensación de un fluido.

ESPESURA f. fig. Cabellera muy espesa. ◊ fig. Lugar muy poblado de árboles y matorrales. ◊ fig. Desaseo y suciedad.

ESPETAR tr. Atravesar con el asador. ◊ Atravesar, clavar un instrumento puntiagudo. ◊ fig. y fam. Decir a uno de palabra o por escrito alguna cosa, causándole sorpresa o molestia. ◊ prnl. Ponerse tieso, afectando gravedad. ◊ fig. y fam. Encajarse, asegurarse, afianzarse. ❑ ESPETADO, DA.

ESPETERA f. Tabla con garfios en que se cuelgan carnes, aves y utensilios de cocina. ◊ Conjunto de los utensilios de cocina que son de metal y se cuelgan en la espetera. ◊ fig. Pechos de mujer.

ESPETÓN m. Hierro largo y delgado. ◊ Hurgonero de horno. ◊ Alfiler grande. ◊ Golpe dado con el espetón. ◊ Aguja, pez. ◊ *Zool.* Pez osteíctio de carne muy estimada, que es propio del Mediterráneo, del mar Negro y del Atlántico.

Espinas de cactus

ESPÍA com. Persona que, al servicio de una organización o gobierno, obtiene información secreta relativa a otra organización o gobierno. ◊ *Mar.* Cabo o calabrote que sirve para espiar. ❑ ESPIAR; ESPIONAJE.

ESPICANARDO m. Hierba valerianácea que se cría en la India y tiene la raíz perenne y aromática. ◊ Raíz de esta planta. ◊ Planta gramínea de la India con rizoma acompañado de numerosas raicillas fibrosas, de olor agradable. ◊ Raíz de esta planta.

ESPICHAR tr. Pinchar. ◊ intr. fam. Morir. ◊ *Amér.* Discursear, arengar.

ESPÍCULA f. Espiga de pequeño tamaño. ◊ *Bot.* Espiguilla, inflorescencia de las gramíneas. ◊ *Zool.* Cada uno de los elementos de naturaleza inorgánica que forman el esqueleto de ciertas esponjas.

ESPIGA f. Conjunto de flores o frutos dispuestos a lo largo de un tallo común, como en el trigo y el espliego. ◊ Parte de una herramienta o de otro objeto, adelgazada para introducirla en el mango. ◊ Parte superior de la espada, en donde se asegura la guarnición. ◊ Extremo de un madero cuyo espesor se ha disminuido para que encaje en un hueco. ◊ Clavo de hierro pequeño y sin cabeza. ◊ Badajo de campana. ◊ Espoleta de bomba. ◊ *Mar.* Una de las velas de la galera. ❑ ESPECIFORME.

ESPIGADILLA f. *Bot.* Planta herbácea de tallo ascendente, semejante a la cebada silvestre.

ESPIGADO, DA adj. Aplícase a algunas plantas anuales cuando se las deja crecer hasta la completa madurez de la semilla. ◊ Dic. del árbol nuevo de tronco muy elevado. ◊ En forma de espiga. ◊ fig. Alto, crecido de cuerpo.

ESPIGAR tr. Coger las espigas que han quedado en el rastrojo. ◊ tr. e intr. fig. Tomar de uno o más libros, rebuscando acá y allá, ciertos datos. ◊ tr. Hacer la espiga en las maderas que han de entrar en otras. ◊ prnl. Crecer algunas hortalizas más de lo debido para servir de alimento. ◊ Crecer notablemente una persona. ❑ ESPIGADERA; ESPIGADORA; ESPIGUEO.

ESPIGÓN m. Aguijón, palo aguzado para aguijar. ◊ Espiga o punta de un instrumento puntiagudo. ◊ Mazorca o panoja. ◊ Cerro alto, pelado y puntiagudo. ◊ Macizo saliente que se construye a la orilla de un río o en la costa del mar.

ESPIGUILLA f. Cinta angosta o fleco con picos. ◊ Cada una de las espigas pe-

queñas que forman la pral. en algunas plantas. ◊ Planta gramínea con el tallo comprimido, hojas lampiñas y flores en panoja sin aristas. ◊ Flor del álamo.

ESPÍN m. Puerco espín. ◊ *Fís.* Momento cinético intrínseco de las partículas elementales.

ESPINA f. *Bot.* Formación, gralte. dura, que suele encontrarse en número variable en las plantas adaptadas a los lugares secos, con misiones protectoras contra el ataque de los animales. ◊ Astilla pequeña y puntiaguda de la madera, esparto u otra cosa áspera. ◊ *Zool.* Cada una de las piezas óseas largas, delgadas y puntiagudas que forman parte del esqueleto de muchos peces. ◊ fig. Escrúpulo, recelo, sospecha. ◊ fig. Pesar íntimo y duradero. ◊ Apófisis ósea larga y delgada. ◊ **de cruz.** *Argent.* y *Perú.* Arbusto. La corteza de las raíces produce espuma en el agua y sirve para lavar tejidos de lana. ◊ **dorsal.** Espinazo. ❑ ESPINAL; ESPÍNEO, A.

ESPINA, Concha (1877-1955) Novelista y poetisa esp. *La niña de Luzmela, La esfinge maragata.*

ESPINACA f. Planta quenopodiácea, con hojas radicales, estrechas y suaves, que, hervida, se consume como verdura.

ESPINAL, El Mun. de Colombia, en el dpto. de Tolima; 43 900 hab. Tabaco, caña, ajonjolí, maíz. Ganadería. Material ferroviario.

ESPINAR tr. intr. y prnl. Punzar, herir con espina. ◊ m. Sitio poblado de espinos. ◊ fig. Dificultad, embarazo, enredo. ❑ ESPINADURA.

ESPINAZO m. *Anat.* Eje del neuroesqueleto de los animales vertebrados, situado a lo largo de la línea media dorsal del cuerpo y formado por una serie de huesos cortos o vértebras, dispuestos en fila y articulados entre sí. ◊ *Arq.* Clave de una bóveda o de un arco.

ESPINEL, Vicente (1550-1624) Poeta y novelista esp. Autor de la novela picaresca *Vida del escudero Marcos de Obregón.* Inventó la décima espinela.

ESPINELA f. *Métr.* Décima. ◊ *Geol.* Mineral cuyo color varía según su composición química e impurezas.

ESPINGARDA f. *Mil.* Cañón de artillería mayor que el falconete. ◊ Escopeta muy larga que usaban los ár.

ESPINILLA f. Parte anterior de la tibia. ◊ Especie de barrillo que aparece en la piel y que proviene de la obstrucción del conducto secretor de las glándulas sebáceas. ❑ ESPINILLERA.

ESPINILLO m. *Amér. Merid.* Árbol mimosáceo del que se aprovecha su madera. ◊ *C. Rica.* Planta ruderal. ◊ *Cuba.* Arbusto cesalpiniáceo, de flores amarillas.

ESPINO m. Planta arbustiva caracterizada por la posesión de espinas. ◊ *Argent.* y *Chile.* Arbusto de flores muy olorosas, del que se benefician la madera, sus frutos y la corteza. ◊ *Cuba.* Arbusto de madera muy dura con vetas retorcidas. ◊ **artificial.** Alambrada con pinchos. ◊ **cerval.** Arbusto que tiene por fruto drupas negras, cuya semilla se emplea como purgante.

ESPÍNOLA, Ambrosio (1569-1630) General esp., de origen genovés. Intervino en la guerra de los Treinta Años y conquistó parte del Palatinado (1620). ◊ **Francisco** (1901-1973) Escritor ur. *Sombras sobre la tierra, La fuga en el espejo.*

ESPINOSA, Gaspar (m. 1537) Con-

quistador esp. Fue uno de los fundadores de la c. de Panamá. ◊ *Guillermo* (n. 1905) Director de orquesta col. Fundador de la Orquesta Sinfónica Nacional de Bogotá. Director, en Washington, de la División de Música de la Unión Panamericana. ◊ *Javier* (1815-1870) Político ecuat. Presid. de la rep. 1867-1869 ◊ *Nicolás* (s. XIX) Político salv. Presid. de la Rep. (1836-1837). ◊ *Pedro de* (1578-1650) Escritor esp. *La fábula de Genil.* Recopiló una antología poética, *Las flores de poetas ilustres.* ◊ **Medrano,** *Juan de* (1632-1688) Sacerdote y escritor culterano y conceptista per. *Apologética en favor de don Luis de Góngora.*
ESPINOSO, SA adj. Que tiene espinas. ◊ fig. Arduo, difícil, intrincado. ◊ m. *Zool.* Pez gasterosteriforme de agua dulce, también conocido como espinocha.
ESPINOZA Dueñas, *Francisco* (n. 1926) Pintor per. Sus óleos, de acentuado expresionismo, tratan la problemática del hombre actual con fuerte contraste de colores.
ESPIRA f. *Arq.* Parte de la basa de la columna, que está encima del plinto. ◊ *Geom.* Línea en espiral. ◊ Cada una de las vueltas de una hélice o de una espiral.
ESPIRAL adj. Relativo a la espira. ◊ f. *Geom.* Curva engendrada por un punto que gira alrededor de otro mientras se acerca o se aleja de él en una dirección determinada. ◊ Muelle espiral del volante de un reloj. ❑ ESPIROIDAL o ESPIROIDE.
ESPIRAR tr. Exhalar buen o mal olor. ◊ Infundir espíritu, animar. ◊ intr. Tomar aliento, alentar. ◊ tr. e intr. Expeler el aire aspirado. ❑ ESPIRACIÓN; ESPIRADOR, RA.
ESPIRILO m. Bacteria en forma de filamento alargado y arrollado en hélice.
ESPIRITAR tr. y prnl. Endemoniar. ◊ fig. y fam. Agitar, conmover.
ESPIRITISMO m. Creencia que afirma la posibilidad de comunicar con los espíritus de los muertos. ❑ ESPIRITISTA.
ESPIRITOSO, SA adj. Vivo, animoso. ◊ Que contiene mucho espíritu y es fácil de exhalarse; como algunos licores.
ESPIRITROMPA f. Aparato bucal chupador de los insectos lepidópteros.
ESPÍRITU m. *Teol.* Ser inmaterial y dotado de razón. ◊ Alma racional. ◊ Don sobrenatural. ◊ Virtud, ciencia mística. ◊ Vigor natural y virtud que alienta y fortifica el cuerpo para obrar. ◊ Ánimo, valor. ◊ Vivacidad, ingenio. ◊ Demonio. ◊ Vapor sutilísimo que exhala un licor o un cuerpo. ◊ Parte o porción más pura y sutil que se extrae de algunos cuerpos por medio de operaciones químicas. ◊ fig. Principio generador, carácter íntimo, esencia de una cosa. ◊ **de contradicción.** Individuo inclinado a contradecir siempre. ◊ **santo.** *Teol.* Tercera persona de la Santísima Trinidad, que procede igualmente del Padre y del Hijo.
ESPÍRITU SANTO (*Espírito Santo*) Est. de Brasil, en la costa central del país; 45 737 km², 2 499 000 hab. Cap., Vitória. Terr. montañoso. Café, cacao. Hierro, carbón, bauxita. Ind. textil.
ESPIRITUAL adj. y s. Relativo al espíritu. ◊ No apegado a lo mundano. ◊ m. *Mús.* Canto religioso nacido entre los negros del S de los EE UU por post. influyó en el origen del *jazz.* ❑ ESPIRITUALIDAD.
ESPIRITUALISMO m. *Fil.* Doctrina que supone la existencia de otros seres, además de los materiales. ◊ *Fil.* Sistema

que defiende la esencia espiritual y la inmortalidad del alma. ❑ ESPIRITUALISTA.
ESPIRITUALIZAR tr. Hacer espiritual a una persona por medio de la gracia. ◊ Figurarse o considerar como espiritual lo que de suyo es corpóreo.
ESPIRITUSANTO m. *C. Rica* y *Nic.* Flor blanca de gran tamaño de una especie determinada de cacto. ◊ *Amer. Centr.* y *Méx.* Especie de orquídea.
ESPIRÓMETRO m. Aparato para medir la capacidad respiratoria pulmonar.
ESPIROQUETA f. Bacilo en espiral de muchas vueltas, apretadas. Es causa de algunas enfermedades, como la sífilis y la fiebre recurrente. ❑ ESPIROQUETOSIS.
ESPITA f. Medida lineal de un palmo. ◊ Canuto que se mete en el agujero de una vasija para que salga por él su contenido. ❑ ESPITAR.
ESPLÁ, Óscar (1886-1976) Compositor esp. de inspiración popular. *La nochebuena del diablo, Canciones playeras.*
ESPLENDER intr. Resplandecer. ❑ ESPLENDENTE; ESPLENDEROSO, SA.
ESPLENDIDEZ f. Abundancia, larguez**a.**
ESPLÉNDIDO, DA adj. Magnífico, ostentoso. ◊ Resplandeciente. ◊ Generoso, que gasta con abundancia.
ESPLENDOR m. Resplandor. ◊ fig. Lustre, nobleza. ◊ fig. Auge, apogeo.
ESPLENIO m. *Anat.* Músculo par que une las vértebras cervicales con la cabeza.
ESPLENITIS f. *Med.* Inflamación del bazo.
ESPLUGAS o **ESPLUGUES DE LLOBREGAT** Mun. esp., en la com. autón. de Cataluña (prov. de Barcelona); 45 127 hab.
ESPOLEAR tr. Picar con la espuela a la cabalgadura. ◊ Avivar, estimular a uno. ❑ ESPOLADA o ESPOLAZO; ESPOLEADURA; ESPOLEO; *Amér.* ESPUELEAR.
ESPOLETA f. Dispositivo que se coloca en la boquilla de las bombas, granadas y torpedos, para dar fuego a su carga.
ESPOLIAR tr. Expoliar.
ESPOLÍN m. Espuela fija en el tacón de la bota. ◊ *Bot.* Planta gramínea, con flores en panoja, llenas de pelo largo y blanco. ❑ ESPOLINAR.
ESPOLIO m. Bienes derivados de rentas eclesiásticas que deja al morir un prelado.
ESPOLÓN m. Apófisis ósea que tienen en el tarso varias gallináceas. ◊ Tajamar de un puente. ◊ Malecón que suele hacerse a orillas de los ríos o del mar para contener las aguas. ◊ *Mar.* Punta en que remata la proa de la nave. ◊ *Mar.* Pieza de hierro aguda, afilada y saliente en la proa de las ant. galeras para embestir y echar a pique el buque enemigo. ◊ Ramal corto y escarpado que parte de una sierra. ◊ Contrafuerte de un muro. ❑ ESPOLONADA; ESPOLONAZO.
ESPOLVOREAR tr. y prnl. Despolvorear. ◊ tr. Esparcir sobre una cosa otra hecha polvo. ❑ ESPOLVORIZAR.
ESPÓNDIL m. Vértebra.
ESPONDILOSIS f. *Pat.* Grupo de enfermedades caracterizadas por la inflamación y fusión de las vértebras.
ESPONGIARIO m. Esponja. ◊ adj. Relativo a la esponja.
ESPONJA f. *Zool.* Cualquiera de los animales pluricelulares pertenecientes al grupo de los poríferos. ◊ Todo cuerpo que sirve como utensilio de limpieza similar a las e. auténticas ❑ ESPONJOSIDAD; ESPONJOSO, SA.

ESPONJA

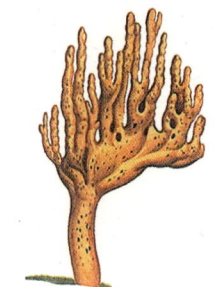

Esponja arborescente

Esponja de baño

Esponja pan

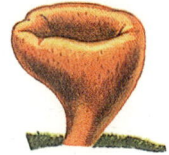

Esponja de cáliz

Esponja de recipiente

La mayoría de las especies de esponjas viven en el mar, fijas sobre las rocas o los fondos arenosos. Presentan gran variedad de formas, algunas de las cuales se reproducen en el dibujo

Esporófitos de un musgo

ESPONJAR tr. Ahuecar, hacer más poroso un cuerpo. ◊ prnl. fig. Engreírse, envanecerse. ◊ fam. Adquirir una persona cierta lozanía, que indica salud y bienestar. ❏ ESPONJADURA.

ESPONJERA f. Recipiente para colocar la esponja que se usa para el aseo personal.

ESPONSALES m. pl. Mutua promesa de casarse que se hacen y aceptan el varón y la mujer. ◊ *Der.* Promesa pública de matrimonio. ❏ ESPONSALICIO, CIA.

ESPONTANEARSE prnl. Descubrir a otro voluntariamente cualquier hecho o pensamiento propio, secreto o ignorado.

ESPONTANEIDAD f. Calidad de espontáneo. ◊ Expresión natural y fácil del pensamiento.

ESPONTÁNEO, A adj. Voluntario y de propio movimiento. ◊ Que se produce sin cultivo y sin cuidados del hombre. ◊ m. y f. Espectador que interviene por propia iniciativa en un espectáculo, especialmente en una corrida de toros.

ESPORA f. *Biol.* Célula asexuada de las plantas criptógamas que es capaz de formar un individuo adulto, sin necesidad de unirse a otra.

ESPÓRADAS (*Sporádes*) Arch. de Grecia, en el mar Egeo. Se divide en dos grupos: E. Septentrionales y E. Meridionales.

ESPORÁDICO, CA adj. Díc. de las enfermedades que no tienen carácter epidémico ni endémico. ◊ fig. Díc. de lo que es ocasional, sin ostensible enlace con antecedentes ni consiguientes.

ESPORANGIO m. *Biol.* Órgano que contiene las esporas, que son expulsadas al llegar a la madurez.

ESPOROCARPIO m. Fruto o cápsula que contiene sujetas las esporas por filamentos o cordoncillos.

ESPORÓFITO m. *Bot.* En una planta con alternancia de generaciones, generación que presenta esporas asexuales.

ESPOROZOOS m. pl. *Zool.* Clase de protozoos, cuyos miembros comparten características secundarias, como el ser parásitos, reproducirse por es-

poras y carecer de apéndices locomotores.

ESPORTILLO m. Capacho de esparto o de palma.

ESPORTIVO, VA adj. *Pan.* Generoso.

ESPOSADO, DA adj. y s. Desposado.

ESPOSAR tr. Sujetar a uno con esposas.

ESPOSO, SA m. y f. Persona que ha contraído esponsales. ◊ Persona casada. ◊ f. *Amér.* Anillo episcopal.

ESPOZ y Mina, *Francisco* (1781-1836) General esp. Dirigió las partidas navarras en la guerra de la Indep. Apoyó el levantamiento liberal de Riego y luchó contra los carlistas.

ESPRIELLA, *Ricardo de la* (n. 1934) Político pan. Vicepresid. de la rep. en 1978 y presid. en 1982-1984.

ESPRIU, *Salvador* (1913-1985) Poeta y dramaturgo esp., cat. *Cementerio de Sinera, La piel de toro*.

ESPRONCEDA, *José de* (1808-1842) Poeta esp. *Canción del pirata, Himno al Sol, Pelayo, estudiante de Salamanca*.

ESPUELA f. Espiga de metal que se ajusta al calcañar para picar a la cabalgadura. ◊ fig. Aviso, estímulo. ◊ *Amér.* Garrón o espolón de las aves. ◊ *Argent.* y *Chile.* Espoleta de las aves. ◊ **de caballero.** Hierba con flores azules, róseas o blancas y cáliz prolongado en una punta cual si fuera una espuela.

ESPUERTA f. Especie de cesta de esparto, palma u otra materia, con dos asas pequeñas. ❏ ESPORTADA; ESPORTAR; ESPORTILLA; ESPORTILLERO.

ESPULGAR tr. y prnl. Limpiar de pulgas o piojos. ◊ fig. Examinar una cosa con cuidado. ❏ ESPULGO.

ESPUMA f. Conjunto de burbujas que se forman en la superficie de los líquidos, y se adhieren entre sí. ◊ Parte del jugo y de impurezas que sobrenadan al cocer ciertas sustancias. ◊ fig. y fam. Nata, lo más estimado. ◊ **de mar.** *Miner.* Silicato de magnesio hidratado, de color blanco, ligero y suave. ❏ ESPUMAJE; ESPUMAJOSO, SA; ESPUMANTE; ESPUMOSO, SA.

ESPUMADERA f. Paleta circular llena de agujeros, con que se saca la espuma del caldo.

ESPUMAR tr. Quitar la espuma de un líquido. ◊ intr. Hacer espuma. ◊ fig. Crecer, aumentar rápidamente.

ESPUMARAJO m. Saliva arrojada en gran abundancia por la boca. ❏ ESPUMAJEAR.

ESPUMUY f. *Guat.* Paloma silvestre.

ESPURIO, RIA adj. Bastardo. ◊ fig. Falso, adulterado.

ESPURREAR tr. Rociar una cosa con un líquido expelido por la boca.

ESPUTO m. Conjunto de secreciones mucosas y exudativas de la mucosa bronquial inflamada; se expulsa mediante el golpe de tos. ❏ ESPUTAR.

ESQUEJE m. Fragmento de raíz, tallo u hoja capaz de reproducir asexualmente toda la planta. Muy empleado en agricultura y jardinería. ❏ ESQUEJAR.

ESQUELA f. Carta breve. ◊ Papel impreso en que se dan citas, se hacen invitaciones o se comunican ciertas noticias a varias personas. ◊ Aviso de la muerte de una persona que se publica en un periódico.

ESQUELETO m. *Anat.* Sistema orgánico de soporte de los animales. ◊ fig. y fam. Sujeto muy flaco. ◊ fig. Armadura sobre la cual se arma algo. ◊ fig.

Amér. Modelo o patrón impreso en que se dejan blancos que se rellenan a mano. ◊ fig. *Chile.* Bosquejo de una obra literaria. ❏ ESQUELETADO, DA; ESQUELÉTICO, CA.

❏ *Anat.* El e. puede ser externo (exoesqueleto) o interno (endoesqueleto), o siendo interno estar sólo recubierto por la epidermis (dermatoesqueleto). Las sustancias constitutivas del esqueleto pueden ser varias: sílice, carbonato cálcico, sustancias semejantes a la celulosa, etc.

ESQUEMA m. Representación gráfica y simbólica de algo. ◊ Representación de una cosa atendiendo sólo a sus líneas o caracteres más significativos. ❏ ESQUEMÁTICO, CA; ESQUEMATIZAR.

ESQUEMATISMO m. Procedimiento esquemático para la exposición de doctrinas.

ESQUERO m. Bolsa de cuero que solía llevarse atada al cinto.

ESQUÍ m. Especie de patín alargado y curvado hacia arriba en su parte delantera, que se usa para deslizarse sobre la nieve o el agua. ◊ Deporte practicado sobre estos patines. ❏ ESQUIADOR, RA; ESQUIAR.

ESQUIFE m. *Mar.* Embarcación pequeña que se lleva en un buque para saltar a tierra. ◊ *Arq.* Cañón de bóveda en forma cilíndrica. ❏ ESQUIFADA.

ESQUILA f. Cencerro en forma de campana. ◊ Campana pequeña. ◊ Esquileo del ganado. ◊ Camarón, crustáceo.

ESQUILACHE, *Leopoldo de Gregorio*, MARQUÉS DE (h. 1700-1785) Político siciliano. Fue ministro de Carlos III. En marzo de 1766 tuvo que hacer frente al motín de E., por el que fue sustituido.

ESQUILAR tr. Cortar con las tijeras el pelo, o lana de los ganados y otros animales. ❏ ESQUILADOR, RA; ESQUILEO.

ESQUILMAR tr. Coger el fruto de las haciendas, heredades y ganados. ◊ Chupar con exceso las plantas el jugo de la tierra. ◊ fig. Empobrecer.

ESQUILMO m. Frutos y provechos que se sacan de las haciendas y ganados. ◊ *Chile.* Escobajo de la uva. ◊ *Méx.* Provechos accesorios de menor cuantía que se obtienen del cultivo o de la ganadería.

ESQUILO (525-456 a. C.) Dramaturgo gr., de profundo sentimiento religioso y solemne grandiosidad. De sus nu-

Busto de **Esquilo** (Museo Capitolino, Roma)

merosas obras sólo se conservan siete tragedias: *Las suplicantes, Los siete contra Tebas, Los persas, Prometeo encadenado,* y la trilogía *La Orestíada (Agamenón, Las coéforas y Las Euménides).*

ESQUIMAL *(Inuit)* adj. y s. Díc. del individuo de un pueblo mongoloide que vive en las costas S y SO de Groenlandia, el N de Canadá, Alaska y el extremo SE de Siberia. Cazadores y pescadores, están viviendo un acelerado proceso de mestizaje y aculturación. Viven en iglús y hablan una lengua emparentada con las aleutianas.

ESQUINA f. Ángulo exterior formado por el encuentro de dos superficies, pralm. la que resulta del encuentro de las paredes de un edificio.

ESQUINAR tr. e intr. Hacer o formar esquina. ◊ tr. Poner en esquina alguna cosa. ◊ Escuadrar un madero. ◊ tr. y prnl. fig. Poner a mal, indisponer. ❏ ESQUINADO, DA.

ESQUINAZO m. fam. Esquina. ◊ *Argent.* y *Chile.* Serenata.

ESQUINERA f. *Amér.* Rinconera, mueble.

ESQUINES (390-314 a. C.) Orador ateniense, que mantuvo varios enfrentamientos con Demóstenes. Se conservan tres de sus discursos.

ESQUIPULAS Mun. de Guatemala, en el dpto. de Chiquimula; 19 300 hab. Ind. del calzado y de la construcción. Aguas sulfurosas. Santuario de peregrinación (Santuario del Señor de Esquipulas), el más famoso de Centroamérica. ◊ **Acuerdos de E.** Acuerdos suscritos entre los países centroamericanos (Costa Rica, Guatemala, Honduras, Nicaragua, El Salvador) entre 1986 y 1987 para acabar con la crisis regional.

ESQUIRLA f. Astilla desprendida de un hueso, piedra, cristal, etc.

ESQUIROL m. Obrero que sustituye a un huelguista o que no sigue las consignas de la huelga.

ESQUISTO m. *Geol.* Roca metamórfica de composición diversa que se separa en superficies casi paralelas. ◊ **bituminoso.** *Geol.* Roca arcillosa de alto contenido en materia orgánica. ❏ ESQUISTOSIDAD; ESQUISTOSO, SA.

ESQUITE m. *Amér. Centr.* y *Méx.* Rosetas de maíz.

ESQUIVAR tr. Evitar, rehusar. ◊ prnl. Retraerse, retirarse, excusarse.

ESQUIVEL, Aniceto (s. XIX) Político cost. Presid. de la rep. en 1876. ◊ **Antonio M.ª** (1806-1857) Pintor esp. Uno de los fundadores del Liceo artístico y literario de Madrid. *Una lectura de Zorrilla en el estudio del pintor, Julián Romea.* ◊ **Ibarra,** *Ascensión* (1848-1927) Político cost. Presid. de la rep. (1902-1906).

ESQUIVEZ f. Despego, aspereza, desagrado. ❏ ESQUIVO, VA.

ESQUIZÓFITO, TA adj. y s. Díc. de todo vegetal que se reproduce por división.

ESQUIZOFRENIA f. *Psiq.* Trastorno de la personalidad caracterizado por la escisión de las funciones afectivas e intelectivas. ❏ ESQUIZOFRÉNICO, CA.

ESQUIZOTIMIA f. *Psic.* Conjunto de caracteres psicotípicos propios de la persona tímida y retraída, replegada sobre sí misma, y ordinariamente de intensa actividad mental endógena.

ESSAD Bajá (1863-1920) General y político albanés. Fue dictador en 1914-1916. Murió asesinado.

ESSEN C. de Alemania, en Renania Septentrional-Westfalia; 625 700 hab. Sit. en el Ruhr. Ind. siderúrgica, automovilística, química, mecánicas.

ESSEQUIBO o **ESEQUIBO** Río de Guyana. Nace en la frontera con Brasil y desemboca en el Atlántico, al O de Georgetown; 750 a 1 000 km.

ESTABILIDAD f. Cualidad de estable y firme en el espacio; permanencia, duración en el tiempo. ◊ Propiedad por la cual un vehículo tiende a recuperar su posición de equilibrio. ◊ En un sistema cibernético, tendencia a recuperar una magnitud, un valor considerado normal. ◊ **atmosférica.** *Meteor.* Superposición de las capas en orden de densidad decreciente hacia arriba. ❏ ESTABLE.

ESTABILIZACIÓN f. ◊ *Econ.* Política económica de control de la inflación, con medidas fiscales, monetarias y de control del gasto público.

ESTABILIZADOR, RA adj. y s. Que estabiliza. ◊ adj. y m. Díc. del mecanismo que se añade a un aeroplano, nave, etc., para aumentar su estabilidad. ◊ *Quím.* Díc. de la sustancia que por catálisis negativa se opone a la descomposición de una combinación poco estable.

ESTABILIZAR tr. Dar a alguna cosa estabilidad. ◊ Fijar y garantizar oficialmente el valor de una moneda circulante en relación con el patrón oro o con otra moneda canjeable por el mismo metal, a fin de evitar las oscilaciones del cambio.

ESTABLECER tr. Fundar, instituir. ◊ Formular un principio, pensamiento, etc., de carácter general. ◊ Abrir por su cuenta un establecimiento mercantil o industrial. ◊ Empezar a desempeñar una profesión u oficio.

ESTABLECIMIENTO m. Ley, ordenanza, estatuto. ◊ Fundación, institución. ◊ Cosa fundada o establecida. ◊ Colocación o suerte estable de una persona. ◊ Lugar donde habitualmente se ejerce una industria o profesión.

ESTABLO m. Lugar cubierto en que se encierra ganado. ◊ fig. y fam. Lugar muy sucio. ◊ *Cuba.* Cochera.

ESTABULAR tr. Criar y mantener el ganado en establos. ❏ ESTABULACIÓN.

ESTACA f. Palo con una punta en un extremo para fijarlo en tierra, pared u otra parte. ◊ Rama sin raíces, que se planta para que se haga árbol. ◊ Clavo de hierro que sirve para clavar vigas y maderos. ◊ *Amér. Merid.* Pertenencia de una mina que se concede a los peticionarios mediante ciertos trámites. ❏ ESTACAZO.

ESTACADA f. Cualquier obra hecha de estacas clavadas en la tierra. ◊ Palenque o campo de batalla. ◊ Lugar señalado para un desafío.

ESTACADURA f. Conjunto de estacas que sujetan la caja y los varales de un carro.

ESTACAR tr. Fijar en la tierra una estaca y atar a ella una bestia. ◊ Señalar en el terreno con estacas una línea. ◊ *Amér.* Sujetar, clavar o delimitar con estacas. ◊ prnl. fig. Quedarse inmóvil y tieso a manera de estaca. ◊ *Amér.* Clavarse uno una astilla.

Detalle de *Una lectura de Zorrilla en el estudio del pintor,* óleo de Antonio M.ª **Esquivel**

ESTACHA f. Cuerda o cable atado al arpón que se clava a las ballenas para matarlas. ◊ *Mar.* Cabo que desde un buque se tiende a cualquier objeto fijo.

ESTACIÓN f. *Astr.* Cada uno de los cuatro periodos en que se divide el año. ◊ Periodo de tiempo señalado por una actividad o ciertas condiciones climáticas. ◊ Visita que se hace por devoción a las iglesias o altares, deteniéndose allí algún tiempo a orar delante del Santísimo Sacramento. ◊ Estancia, morada, asiento. ◊ Sitio donde habitualmente hacen parada los trenes y el edificio en que están las oficinas y dependencias. ◊ Punto y oficina donde se expiden y reciben despachos de telecomunicación. ◊ Conjunto de instalaciones de una emisora de radio o televisión. ◊ Centro que recoge, analiza y observa fenómenos naturales o artificiales. ◊ Detención aparente de los planetas en sus órbitas. ◊ Sitio que cada especie vegetal o animal prefiere. ◊ **espacial.** *Astron.* Vehículo espacial destinado a permanecer en órbita en torno a la Tierra durante un largo periodo de tiempo, pudiendo recibir la visita de astronautas llegados a bordo de lanzaderas o cápsulas espaciales. ❏ ESTACIONAL; ESTACIONERO, RA. ◊ *Astr.* Las e. corresponden a los periodos de tiempo que tarda la Tierra en recorrer los arcos de eclíptica determinados por los equinoccios y los solsticios. En las zonas templadas se distinguen claramente cuatro e.: primavera, verano, otoño e invierno. En las zonas tropicales únicamente se distinguen una estación seca y cálida y otra fría y húmeda. En las zonas ecuatoriales no hay diferencias estacionales.

ESTACIONAR tr. y prnl. Situar en un lugar, colocar. ◊ prnl. Quedarse estacionario, estancarse. ❏ ESTACIONAMIENTO.

ESTACIONARIO, RIA adj. fig. Díc. de lo que permanece en el mismo estado o situación. ◊ *Astr.* y *Astron.* Aplícase al astro o a la astronave cuya velocidad relativa es totalmente nula.

ESTADA f. Demora que se hace en un lugar.

ESTADÍA f. Detención, estancia. ◇ Tiempo que permanece el modelo ante el artista. ◇ *Top.* Regla graduada que sirve para la medición indirecta de distancias. ◇ Cada uno de los días que transcurren después del plazo estipulado para la carga o descarga de un buque mercante, por los cuales se ha de pagar un tanto de indemnización. Se usa más en pl. ◇ Por ext., la misma indemnización.

ESTADIDAD f. *P. Rico.* Condición de estado federal.

ESTADIO m. Recinto con graderías para distintas competiciones deportivas. ◇ Distancia o longitud que viene a ser la octava parte de una milla. ◇ Fase, periodo relativamente corto.

ESTADÍSTICA f. Censo o recuento de la pob., de los recursos naturales e industriales o de cualquier otra manifestación de un Estado, prov., clase, etc. ◇ Resultado de este recuento o censo. ◇ Presentación ordenada de los resultados numéricos de un suceso, por medio de gráficos, tablas, etc. ◇ Rama de las matemáticas que se ocupa de establecer leyes generales a partir de los datos correspondientes a muestras, mediante la aplicación del cálculo de probabilidades. ☐ ESTADÍSTICO, CA.

ESTADO m. Situación en que está una persona o cosa, en relación con los cambios que influyen en su condición. ◇ *Soc.* Orden, jerarquía y calidad de las personas que componían un pueblo. ◇ Clase o condición a la cual está sujeto cada uno. ◇ *Pol.* Unidad política organizada. ◇ **civil.** Condición de cada persona en relación con los derechos y obligaciones civiles. ◇ **de excepción.** Supresión de derechos del ciudadano para conservar el orden establecido. ◇ **de guerra.** El de una pob. en tiempo de guerra, y el que a éste se equipara por motivos de orden público. ◇ **de sitio.** Suspensión de las garantías constitucionales. ◇ **federal.** El compuesto por E. que tienen autonomía y soberanía para su gobierno interior. ◇ **mayor.** *Mil.* Cuerpo de oficiales encargado de informar técnicamente a los superiores y procurar el cumplimiento de las órdenes. ◇ **metastable.** *Fís.* y *Quím.* E. inestable que pasa al e. estable por una acción mínima. ☐ ESTADISTA; ESTATAL.
☐ *Pol.* Los E. modernos fueron las formas de organización política surgidas con el Renacimiento. Maquiavelo y Bodin proclamaban la soberanía del É. por encima de la tutela religiosa imperante en la E. Med. El E. moderno se inició con la monarquía autoritaria, pronto convertida en absoluta. Con el E. absoluto se abrió paso al capitalismo y se reforzó la unidad nacional. El desarrollo capitalista y la filosofía de Montesquieu y Locke derivaron, en el s. XIX, hacia el É. liberal o de derecho, basado en la separación de poderes. En el s. XX, con la eclosión del fascismo y el triunfo del estalinismo en los países del Este, se consolidaron varios E. totalitarios.

ESTADOS PONTIFICIOS Territorios de Italia central, que fueron posesión del papa. Su origen es del s. XVIII. En 1870 fueron anexionados al reino de Italia.

ESTADOS UNIDOS DE AMÉRICA (*United States of America*) Estado de América cuyo núcleo territorial forma un gran rectángulo por el centro del

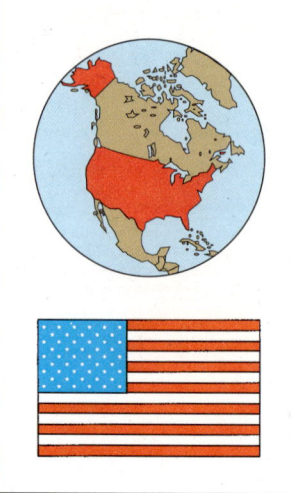

Mapa de situación y bandera
de **Estados Unidos**

subcontinente norteam.; Rep. federal. Incluye Alaska y las islas Hawai. Dependencias suyas son las islas Vírgenes, Puerto Rico, la parte oriental de Samoa y las islas y atolones de Micronesia.
☐ *Geog. física.* De E a O se encuentran: a) una llanura costera que termina hacia el S en la pen. de Florida; b) el macizo de los Apalaches; c) una zona de llanuras que se extiende desde los Grandes Lagos hasta el golfo de México; d) las montañas Rocosas, que alcanzan alt. de más de 4 000 m; más al O se encuentra la Gran Cuenca, y mesetas como la Columbia, al N, y la del Colorado, al S, cortada por el río hom. Los ríos más imp. que desaguan en el Pacífico son: Columbia, San Joaquín, Sacramento y Colorado; en el Atlántico, el Misisipí y sus afl. (Misuri, Ohio, Tennessee, Arkansas, Rojo). A las aguas continentales se añade la existencia de los Grandes Lagos (Superior, Michigan, Hurón, Erie y Ontario), unidos entre sí por rápidos o cataratas (Niágara). Climáticamente existe una diferencia muy marcada entre E y O. El sector occidental va del clima estepario al mediterráneo. En el E el clima es templado-frío, continental y tropical.
☐ *Geog. económica.* Al O la agricultura se desarrolla en California y en los valles de las Rocosas. Al E las regiones agrícolas se disponen en una serie de «cinturones» o *belts*: de la región de los Grandes Lagos a Nueva Inglaterra se halla el Cinturón Lechero, zona ganadera y hortícola; el Cinturón del Trigo ocupa las grandes llanuras centrales; más al S de los Grandes Lagos, el cultivo de maíz asociado a la cría de ganado porcino comprende el Cinturón del Maíz; en las zonas más cálidas se encuentra el Cinturón del Algodón; hacia el S los cultivos se diversifican: en la costa del golfo de México se obtienen arroz y caña de azúcar, mientras que en Florida y California prospera la producción de cítricos. El 31,6 % de la superficie está ocupada por bosques. La pesca es imp. en Nueva Inglaterra. La solidez de su eco-

ESTADOS UNIDOS

Superficie	9 372 614 km²
Población	260 341 000 hab. (28 hab./km²)

Recursos económicos

Aceitunas	54 000 t
Algodón	6 132 000 t
Arroz	7 006 000 t
Avena	3 520 000 t
Cacahuetes	2 242 000 t
Caña de azúcar	364 000 ha
Cebada	10 113 000 t
Centeno	248 000 t
Maíz	189 867 000 t
Naranjas	7 258 000 t
Remolacha azucarera	25 263 000 t
Soja	54 039 000 t
Sorgo	14 720 000 t
Tabaco	753 000 t
Trigo	53 915 000 t

Ganadería y derivados

Cabaña bovina	98 896 000 cabezas
Cabaña ovina	11 200 000 cabezas
Cabaña porcina	524 427 000 cabezas
Carne	29 720 000 t
Leche	67 373 000 t

Riqueza forestal	501 000 000 m³
Pesca	5 856 000 t

Producción minera

Carbón	861 434 000 t
Cobre	1 631 000 t
Fosfatos	46 343 000 t
Gas natural	502 260 millones de m³
Hierro	34 942 000 t
Lignito	82 606 000 t
Petróleo	369 679 000 t
Plomo	476 700 t
Uranio	3 420 t

Producción industrial

Acero	79 206 000 t
Ácido sulfúrico	37 198 000 t
Aluminio	4 121 200 t
Automóviles	5 439 866 unidades
Azúcar	6 531 000 t
Cemento	70 944 000 t
Energía eléctrica	3 031 058 millones de kwh
Fibras sintéticas	1 260 000 t
Gasolina	298 814 000 t
Naval	21 980 000 t
Neumáticos	210 660 000 t
Tabaco	701 272 000 000 cigarrillos
Televisores	15 168 000 unidades

Indicadores sociológicos

PNB	5 686 038 millones de dólares
Renta per cápita	22 560 dólares
Esperanza de vida	76 años
Alfabetismo	99 %

nomía se apoya en la extraordinaria riqueza mineral y energética, basada en el hierro y el cobre, el cinc, el plomo, el azufre y el manganeso. También posee imp. yacimientos de fosfatos, oro, plata, bauxita y carbón. Posee una gran riqueza petrolífera. La ind. potente y diversificada, tradicionalmente se ha emplazado en las c. del NE. Últimamente se han creado nuevos focos en Arizona, Texas y en la fachada del Pacífico.
☐ *Geog. humana.* EE UU es un auténtico mosaico de razas. En la actualidad, el 87 % de sus hab. son caucasoides, el 11 % negroides, el 0,6 % amerindios, y el 0,6 % mongoloides asiáticos. El crecimiento natural de la población es lento. Estados Unidos se divide en 50 estados y un distrito federal.

Estados Unidos. A la izquierda, atentado contra las Torres Gemelas de Nueva York el 11 de septiembre de 2001. A la derecha, el presidente George W. Bush.

□ *Hist.* Su territorio fue colonizado por tres naciones europeas: España ocupó Florida, California y parte del O. Los fr. se instalaron en Misisipí y Luisiana. La costa atlántica fue colonizada por los ing. En 1776 tuvo lugar la declaración de Independencia, reconocida por Inglaterra en el tratado de Versalles (1783). En 1787 se redactó la Constitución. En 1803 se compró Luisiana a Francia. En 1824 Monroe anunció su famosa doctrina de «América para los americanos». Tras dos años de guerra con México, en 1848, se anexionaron Texas, California y Utah. Las diferencias entre el N y el S, y la polémica sobre la esclavitud, desembocaron en la guerra de Secesión (1861-1865), que terminó con la victoria unionista. Los EE UU se convirtieron en veinte años en la primera potencia industrial del mundo. En la I Guerra Mundial intervinieron en favor de los aliados. El *crac* económico de 1929 fue superado gracias al programa de Roosevelt, conocido como *New Deal*. En 1941 entraron en la segunda guerra mundial en apoyo de los aliados. Al terminar se empezó la guerra fría contra el bloque soviético. Entre 1950 y 1952 participó en la guerra de Corea. La elección de J.F. Kennedy en 1961 supuso la intervención en Vietnam, terminada por Nixon en 1975. La presidencia de R. Reagan (1980-1988) supuso el incremento del intervencionismo exterior. En su segundo mandato, Reagan firmó acuerdos sobre reducción armamentística con el líder sov. Gorbachov. Su sucesor, George Bush intervino en la Guerra del Golfo (1991). En 1992 fue elegido Bill Clinton, reelegido en 1996, quien intervino decisivamente para terminar con el conflicto de la antigua Yugoslavia. En las elecciones presid. de 2000 resultó vencedor el candidato republicano George W. Bush. El 11 de septiembre de 2001 una sucesión de atentados suicidas con aviones contra Nueva York y Washington ocasionó miles de víctimas. Estas acciones fueron atribuidas a grupos islámicos vinculados al millonario saudí O. Bin Laden. EE UU atacó Afganistán (octubre), país donde suponía que Bin Laden se había refugiado, haciendo caer el régimen talibán (diciembre). Más tarde EE UU acusó a Irak de poseer armas de destrucción masiva, y el 20 de marzo de 2003 inició una ofensiva. El 14 de abril cayó el régimen de Hussein (quien fue capturado en diciembre) y se instauró en Irak una administración transitoria estadounidense –aunque continuaron los enfrentamientos–, que se mantuvo en el poder hasta junio de 2004. En noviembre de ese mismo año, Bush fue reelegido presid.
□ *Arte. Arq.* En el s. XVIII y parte del XIX predominaron el georgiano, el neoclásico (Capitolio de Washington y la Casa Blanca) y el neogótico, por este orden. Las grandes construcciones metálicas aparecieron a mediados del s. XIX. Entre los arquitectos de la escuela de Chicago (último cuarto de s. XIX) sobresalen Sullivan, Richardson y Wright. El *International Style*, del primer cuarto de s. XX, contó con Le Corbusier, Gropius, Mies Van der Rohe, Lescaze, R. Neutra. En esta época se construyeron el centro Rockefeller, la casa Kaufmann y el museo Guggenheim. La arquitectura norteam. post. a la II Guerra Mundial contó con la aportación de europeos como Gropius, Van der Rohe, etc. En los últimos tiempos han aparecido el movimiento moderno y el posmoderno. Al primero pertenecen Goldsberg, Murphy y R. y N. Meier, del *Five Architects*. Al posmodernismo pertenecen Ph. Johnson, Burges, R. Venturi, Moore, Stern, O. Chry y M. Graves. ◊ *Esc.* En el s. XIX destacaron Frazee y Rush. En la escultura monumental sobresale Borglum. Del primer tercio del s. XX son P. Manship y J. Davidson. Tras la II Guerra Mundial destacan el trascendentalismo (Calder) y el arte minimal (Judd, Bell, Morris, Flavin y Hunt). ◊ *Pint.* A principios del s. XIX la escuela de Hudson rompía con la influencia brit. Después de la II Guerra Mundial, Nueva York se convirtió en el centro mundial del arte; y aparecieron imp. movimientos como el *Action Painting* (J. Pollock), el *pop-art*, el hiperrealismo, el arte animal, el *body-art*, el *land art*, el *funk-art* y el arte conceptual. Ya en la década de los ochenta nació el *pattern art* (Kusher, MacConnel, Pipps, etc.). Actualmente destacan A. Bialobroda, H. Buchwald, L. Chase, E. Fischl, N. Graves, S. Guilliam, K. Haring, B. Jensen, R. Moskowitz, S. Rothenberg, D. Salle, J. Schnabel y D. Sultan.
□ *Lit.* El primer gran escritor fue John Smith. El puritanismo impulsó una literatura testifical (W. Bradford, J. Winhtrop, J. Cotton, R. Williams, etc.). Con el periodo revolucionario (1765-1789) surgen el ensayo político, la sátira y la oratoria (Trumbull, Freneau y Odell). La tercera etapa de la literatura norteam. es el romanticismo (Washington Irving, Alan Poe). A mediados del s. XIX surge la escuela de los «clásicos» (Emerson, Thoreau, Hawthorne, Russel, etc.). Junto a ellos preparan el realismo H. Melville, W. Whitman y M. Twain. H. James es representante del realismo. En el XX destaca el naturalismo (S. Crane, F. Norris, Th. Dreiser, J.) y la novela social (S. Fitzgerald, S. Lewis, J.Dos Passos, G. Stein, W. Faulkner, J. Steinbeck, T. Wolfe, E. Hemingway, A. Miller, etc.). La poesía se renueva con la aparición del movimiento «Nueva Poesía» (1890), que cuenta con Dickinson, Grane, Hovoy, Moody, etc. Hacia 1913, Ezra Pound reunió un grupo de poetas bajo el nombre de «imaginistas» (Jeffers, Behet, T. S. Eliot, C. Aiken, A. McLeish). El renacimiento teatral se sitúa hacia 1910. Después de la I Guerra Mundial se inicia el teatro experimental (E. O'Neill). Dramaturgos de la posguerra son, entre otros, Tennessee Williams, Arthur Miller, E. Albee. Entre los novelistas de la década de los setenta, muy influidos por las consecuencias de la guerra del Vietnam, destacan W. Styron, J. Hawkes, I. B. Singer, J. Updike (premio Pulitzer 1982), Truman Capote, S. Bellow (Nobel de Literatura 1976), N. Mailer, J. Baldwiny E. Cleaver. En poesía destacan R. Lowell, E. Bishop, S. Plath, y A. Ginsberg. El teatro en los últimos años se centra en la labor de los grupos independientes.

ESTADOUNIDENSE adj. y s. De Estados Unidos de América.

ESTAFAR tr. Pedir o sacar dinero o cosas de valor con artificios y engaños, y con ánimo de no pagar. ◊ Cometer alguno de los delitos que se caracterizan por el lucro como fin y el engaño o abuso de confianza como medio. ❏ ESTAFA; ESTAFADOR, RA.

ESTAFETA f. Correo ordinario que iba de un lugar a otro. ◊ Casa u oficina del correo. ❏ ESTAFETERO, RA.

ESTAFILOCOCO m. *Pat.* Nombre dado a ciertas bacterias de forma redondeada, que se agrupan como en racimo. ❏ ESTAFILOCOCIA.

ESTAFISAGRIA f. Planta ranunculácea, venenosa, con flores azules de cuatro hojas en espiga terminal.

ESTALACTITA f. Concreción calcárea que suele hallarse pendiente del techo de las cavernas.

ESTALAGMITA f. Concreción calcárea del suelo de numerosas cavidades subterráneas.

ESTALINISMO m. Sistema político basado en las teorías de Stalin y sus partidarios. ❏ ESTALINISTA.

ESTALLAR intr. Henderse o reventar de golpe una cosa, con chasquido. ◊ Restallar. ◊ fig. Sobrevenir, ocurrir violentamente alguna cosa. ◊ fig. Sentir o manifestar repentina y violentamente una pasión o afecto del ánimo. ❏ ESTALLIDO.

ESTAMBRE m. Parte del vellón de lana que se compone de hebras largas. ◊ Hilo formado de estas hebras. ◊ Tela tejida con este hilo. ◊ *Bot.* Órgano sexual masculino de las plantas fanerógamas. ❏ ESTAMBRAR; ESTAMINAL; ESTAMÍNEA; A; ESTAMINÍFERO, RA.

ESTAMBUL ⇨ Istanbul.

ESTAMENTO m. *Soc.* Grupo social integrado por las personas que tienen una misma situación jurídica y gozan de unos mismos privilegios. La sociedad

Estandartes en la abadía
de Westminster, Londres

del Antiguo Régimen estuvo conformada por tres e. sociales: el clero, la nobleza y el estado llano. ❏ ESTAMENTAL.
ESTAMEÑA f. Tejido de lana ordinaria que tiene la urdimbre y la trama de estambre.
ESTAMPA f. Efigie o figura impresa. ◊ fig. Figura total de una persona o animal. ◊ fig. Imprenta o impresión. ◊ Huella del pie. ◊ ❏ ESTAMPERÍA; ESTAMPERO, RA.
ESTAMPADO, DA adj. y s. Aplícase a varios tejidos en que se forman y estampan diferentes labores o dibujos. ◊ Díc. del objeto que por presión o percusión se fabrica con matriz o molde apropiado.
ESTAMPAR tr. Imprimir, sacar en estampa. ◊ Señalar o imprimir una cosa en otra. ◊ fam. Arrojar a una persona o cosa o hacerla chocar contra algo. ◊ fig. Imprimir algo en el ánimo. ❏ ESTAMPACIÓN.
ESTAMPIDA f. Estampido. ◊ Carrera rápida e impetuosa que emprende una persona, animal o conjunto de animales.
ESTAMPIDO m. Ruido fuerte y seco producido por una detonación.
ESTAMPILLA f. Sello que contiene en facsímil la firma y rúbrica de una persona. ◊ Sello con un letrero para estampar en ciertos documentos. ◊ Amér. Sello de correos o fiscal.
ESTAMPILLAR tr. Marcar con estampilla. ❏ ESTAMPILLADOR, RA.
ESTANCAR tr. y prnl. Detener el curso de una cosa. ◊ tr. Prohibir el curso libre de determinada mercancía, concediendo su venta a determinadas personas o entidades. ◊ tr. y prnl. fig. Suspender la marcha de un negocio, asunto, etc. ❏ ESTANCAMIENTO.
ESTANCIA f. Mansión, habitación y asiento en un lugar. ◊ Aposento o cuarto donde se habita ordinariamente. ◊ Permanencia durante cierto tiempo en un lugar determinado. ◊ Cada uno de los días que está el enfermo en el hospital, y cantidad diaria que devenga. ◊ Estrofa. ◊ Amér. Hacienda de campo destinada al cultivo, y especialmente a la ganadería. ◊ Cuba y Ven. Quinta. ❏ ESTANCIERO, RA.
ESTANCO, CA adj. Mar. Que no hace agua por sus costuras. ◊ m. Prohibición de la venta libre de algunas cosas. ◊ Der. Sitio donde se venden géneros es-

tancados, especialmente sellos, tabaco y cerillas. ◊ Ecuad. Aguardentería. ❏ ESTANQUEIDAD; ESTANQUIDAD.
ESTÁNDAR m. Tipo, modelo, patrón, nivel.
ESTANDARIZAR tr. Tipificar, ajustar a un tipo, modelo o norma. ❏ ESTANDARIZACIÓN.
ESTANDARTE m. Insignia o bandera que usan los cuerpos montados y algunas corporaciones civiles o religiosas.
ESTANQUE m. Receptáculo de agua construido para proveer el riego, criar peces, etc.
ESTANQUERO, RA m. y f. Persona que tiene a su cargo la venta pública del tabaco y otros géneros estancados.
ESTANTE adj. Fijo y permanente en un lugar. ◊ m. Armario con anaqueles y sin puertas, que sirve para colocar libros, papeles u otras cosas. ◊ Cada uno de estos anaqueles, ya formen parte de un mueble, ya vayan sueltos. ◊ Cada uno de los cuatro pies derechos que sostienen la armadura de algunas máquinas. ◊ Amér. Madero incorruptible que hincado en el suelo da sostén al armazón de las casas en las ciudades tropicales.
ESTANTERÍA f. Juego de estantes o de anaqueles. ◊ Mueble formado por ellos.
ESTANTIGUA f. Procesión de fantasmas, o fantasma que se ofrece a la vista por la noche, causando pavor y espanto. ◊ fig. y fam. Persona muy alta y seca, mal vestida.
ESTAÑAR tr. Metal. Recubrir con estaño ciertas piezas metálicas para evitar su corrosión superficial. ◊ Soldar una cosa con estaño. ❏ ESTAÑADO, DA; ESTAÑADOR, RA; ESTAÑADURA.
ESTAÑO m. Quím. Elemento de símb. Sn, n.a. 50 y p.a. 118,70. Se obtiene por reducción de la casiterita con carbón. ❏ ESTANNÍFERO, RA; ESTAÑERO, RA.
❏ Quím. El e. es un metal blanco, más blando que el cinc, pero más duro que el plomo, dúctil y maleable a 100 °C, quebradizo a 200 °C y que, por debajo de –18 °C, se transforma en un polvo gris. El e. se alea fácilmente con el cobre, formando los bronces. Se usa como recubrimiento protector del hierro en la hojalata y en la fabricación de múltiples aleaciones.
ESTAQUILLA f. Espiga de madera o caña que sirve para asegurar los tacones del calzado. ◊ Clavo pequeño de hierro, de figura piramidal y sin cabeza. ◊ Estaca, clavo largo. ❏ ESTAQUILLAR.
ESTAQUILLADOR m. Lezna gruesa y corta con que los zapateros hacen taladros en los tacones para poner las estaquillas.
ESTAR intr. y prnl. Existir, hallarse con cierta permanencia en un lugar, situación, condición, etc. ◊ Tocar o atañer. ◊ Tratándose de prendas de vestir, sentar o caer bien o mal. ◊ prnl. Detenerse o tardarse en alguna cosa o en alguna parte. ◊ intr. Junto con algunos adj., sentir o tener actualmente la calidad que ellos significan. ◊ Junto con la partícula a y algunos nombres, obligarse o estar dispuesto o ejecutar lo que el nombre significa. ◊ Junto con la prep. con seguida de un nombre de persona, vivir en compañía de esta persona. ◊ Con la prep. con, avistarse con otra persona. ◊ Junto con la prep. de, estar ejecutando una cosa o entendiendo de ella. ◊ Junto con la prep. para y el infi-

nitivo de algunos verbos, o seguida de algunos s., denota la disposición próxima o determinada de hacer lo que significa el verbo o el sustantivo. ◊ Junto con la prep. por y el infinitivo de algunos verbos, no haberse ejecutado aún, haberse dejado de ejecutar, o hallarse uno casi determinado a hacer alguna cosa. ◊ Junto con la prep. por, estar a favor de una persona o cosa.
ESTARCIR tr. Estampar dibujos pasando una brocha por una chapa en que están previamente recortados. ❏ ESTARCIDO, DA.
ESTASIS f. Med. Cualquier detención o acúmulo de las materias líquidas que se desplazan a lo largo de los diversos conductos del organismo.
ESTÁTICO, CA adj. Perteneciente o relativo a la estática. ◊ Que permanece en un mismo estado, sin mudanza en él. ◊ f. Fís. Parte de la mecánica que estudia el equilibrio de los cuerpos. ◊ Econ. Método de análisis que estudia las variables o relaciones cambiantes de modelos existentes en un momento dado.
ESTATIFICAR tr. Convertir en estático.
ESTATISMO m. Tendencia que exalta la plenitud del poder y la preeminencia del Estado. ◊ Inmovilidad de lo estático, que permanece en un mismo estado.
ESTATOCISTO m. Órgano sensorial de muchos animales que registra los cambios de posición.
ESTÁTOR m. Parte fija de la máquina en los motores y generadores eléctricos, en cuyo interior gira el rotor.
ESTATORREACTOR m. Aer. Motor de reacción sin órganos móviles. Está constituido por una tobera en la que el aire se introduce y se comprime.
ESTATOSCOPIO m. Aer. Instrumento para medir las variaciones de altura.
ESTATUA f. Figura de bulto que puede estar labrada sobre materiales muy diversos. ❏ ESTATUAR; ESTATUARIO, RIA.
ESTATUARIA f. Arte de hacer estatuas.
ESTATÚDER m. Jefe o magistrado supremo de la ant. Rep. de Países Bajos.
ESTATUIR tr. Establecer, ordenar, determinar. ◊ Demostrar, asentar como verdad una doctrina o un hecho.
ESTATURA f. Alt. de una persona desde los pies a la cabeza.
ESTATUTO m. Establecimiento, regla que tiene fuerza de ley. ◊ P. ext., cualquier ordenamiento eficaz para obligar (contrato, testamento). ◊ **de autonomía.** Pol. En España, ordenamiento jurídico especial otorgado a una nacionalidad o región. ❏ ESTATUTARIO, RIA.
ESTE m. Oriente, levante. ◊ Viento que viene de la parte de oriente.
ESTE, ESTA, ESTO, ESTOS, ESTAS Formas del pron. demostrativo en los tres gén. m., f. y n., y en sing. y pl. Hacen oficio de adjetivos cuando van unidos al nombre. Cuando hacen oficio de s., el m. y el f. se escriben con tilde si dan lugar a anfibología.
ESTEÁRICO, CA adj. De estearina. ◊ Quím. Díc. de un ácido orgánico que posee 18 átomos de carbono y se usa en las ind. de pinturas, jabones y cosméticos.
ESTEARINA f. Quím. Compuesto que, junto con la palmitina, se encuentra en las grasas vegetales y animales y en la llamada cera de Japón. ◊ Mezcla de ácidos palmítico y esteárico que se emplea para fabricar bujías, y también en cosmética y farmacia.

ESTEATITA f. Variedad de talco que se presenta en masas compactas o escamosas, de color gris o verde. ◊ Material cerámico que se emplea como aislante eléctrico.

ESTEATOPIGIA f. Notable exuberancia de panículo adiposo subcutáneo en las nalgas.

ESTEATORNÍTIDO, DA adj. y m. *Zool*. Díc. de las aves pertenecientes a la familia esteatornítidos. ◊ m. pl. *Zool*. Familia de aves caprimulgiformes que comprende una sola especie, el guácharo, localizada en Venezuela y Colombia.

ESTEBA f. *Bot*. Planta gramínea que sirve de pasto. ◊ Pértiga gruesa.

ESTEBAN (m. hacia 36) Santo. Primer mártir cristiano. Festividad: 26 de diciembre.

ESTEBAN Nombre propio de varios reyes, emperadores y papas, entre ellos:

HUNGRÍA

ESTEBAN I, *El Santo* (m. 1038) Rey de Hungría [1000-1038]. Incorporó Transilvania y parte de Eslovaquia al Est. húng.

SERBIA

ESTEBAN IV, *Uros, El Grande* (m. 1280) Rey de Serbia [1243-1276]. Respetó la libertad religiosa. ◊ **VIII** *Uros Decanski* (1271-1334) Rey de Serbia [1321-1331]. Derrotó a los búlgaros en Kjustendil (1330). ◊ **IX** *Uros Dusan* (1308-1355) Rey de Serbia [1331-1346] y emp. [1346-1355]. Conquistó Macedonia y Albania.

PAPADO

ESTEBAN III (m. 772) Papa it. [768-772]. Privó a los laicos de intervenir en la elección papal. ◊ **V** (m. 891) Papa it. [885-891]. Se opuso a Focio.

ESTÉBANEZ Calderón, *Serafín* (1799-1867) Escritor esp.; *Cristianos y moriscos*.

ESTEBANILLO González (s. XVII) Novelista esp. Bufón picaresco del duque de Amalfi. *Vida y hechos de Estebanillo González, hombre de buen humor.*

ESTEFANITA f. *Miner*. Sulfoantimoniuro de plata que cristaliza en el sistema rómbico; es una importante mena de plata.

ESTEFANOTE m. *Col., P. Rico y Ven.* Planta asclepiadácea de hermosas flores blancas.

ESTEGOCÉFALO, LA adj. y s. *Pal*. Díc. de los animales anfibios prehistóricos de gran tamaño que aparecieron en el devónico y se extinguieron en el triásico. Se caracterizaban por tener el cráneo recubierto de placas córneas. ◊ m. pl. *Pal*. Grupo de estos anfibios.

ESTEGOMÍA f. Mosquito transmisor de la fiebre amarilla.

ESTEGOSAURIO m. *Pal*. Reptil del periodo cretácico, caracterizado por poseer una cresta de grandes placas óseas sobre la línea media del dorso.

ESTELA f. Señal o rastro que deja tras sí en la superficie del agua una embarcación u otro cuerpo en movimiento, o el que deja en el aire un cuerpo luminoso en movimiento. ◊ *Arte*. Monumento conmemorativo que se erige sobre el suelo en forma de lápida, pedestal o cipo.

ESTELAR adj. Relativo a las estrellas.

ESTELÍ Dpto. del NO de Nicaragua; 2 229,69 km², 197 021 hab. Cap., c. hom. Relieve conformado por mesetas. Café, algodón. Explotación maderera. Antimonio. ◊ C. de Nicaragua, cap. del dpto. hom.; 71 550 hab. Centro de comunicaciones y de producción y exportación de café.

ESTELIÓN m. Salamanquesa, reptil. ◊ Piedra que decían se hallaba en la cabeza de los sapos viejos, y que tenía virtud contra el veneno.

ESTELLA, FRAY *Diego de* (1524-1578) Escritor místico esp. *Vanidad del mundo, Cien meditaciones del amor de Dios.*

ESTENOCARDIA f. *Med*. Angina de pecho.

ESTENOGRAFÍA f. Taquigrafía.

ESTENOHALINO, NA adj. *Biol*. Díc. de los organismos incapaces de soportar cambios de salinidad en el medio donde habitan.

ESTENORDESTE m. Punto del horizonte entre el E y el NE, a igual distancia de ambos. ◊ Viento que sopla de esta parte.

ESTENOSIS f. *Pat*. Estrechez, estrechamiento de un conducto u orificio anatómico.

ESTENOTÉRMICO, CA adj. *Biol*. Díc. del organismo incapaz de soportar cambios de temperatura en el medio donde habita.

ESTENOTIPIA f. Estenografía mecánica.

ESTÉNTOR Guerrero gr. que combatió en Troya a las órdenes de Agamenón. Era célebre por la potencia de su voz.

ESTENTÓREO, A adj. Muy fuerte, ruidoso o retumbante, aplicado al acento o a la voz.

ESTEPA f. *Geog*. Llanura muy extensa caracterizada por la rareza y discontinuidad de la vegetación. ◊ *Bot*. Mata resinosa de ramas leñosas y erguidas, hojas elípticas, flores de corola grande y blanca y fruto capsular aovado. ❑ ESTEPAR; ESTEPARIO, RIA.

ESTEPAL m. *Méx*. Especie de jaspe rojo.

ESTEPILLA f. Mata de la familia cistáceas de flores grandes y fruto capsular.

ESTEQUIOMETRÍA f. *Quím*. Estudio de las proporciones ponderales o volumétricas de las sustancias reaccionantes. ❑ ESTEQUIOMÉTRICO,CA.

ESTER Mujer heb., esposa del rey persa Asuero, ante quien intervino para salvar a los judíos establecidos en Persia. ◊ **Libro de E.** Libro histórico de la Biblia. Narra el suceso referido.

ÉSTER m. *Quím*. Resultado de la combinación de un ácido y un alcohol.

ESTERA f. Tejido grueso de esparto, juncos, palma, etc., o formado por varias pleitas cosidas, que sirve para cubrir el suelo de las habitaciones y otros usos. ❑ ESTERAR; ESTERERÍA; ESTERERO, RA.

ESTERCOLAR m. Estercolero, lugar donde se recoge el estiércol. ◊ intr. Echar de sí la bestia el excremento. ❑ ESTERCOLADURA o ESTERCOLAMIENTO.

ESTERCOLERO m. Mozo que recoge el estiércol. ◊ Lugar donde se recoge el estiércol.

ESTÉREO m. Unidad de medida para leña, equivalente a 1 m³. ◊ Apócope de estereofónico.

ESTEREOCROMÍA f. Procedimiento para fijar los colores en las pinturas murales mediante una solución de silicato potásico.

ESTEREOFONÍA f. Técnica de grabación y reproducción de sonidos. ❑ ESTEREOFÓNICO, CA.

ESTEREOGRAFÍA f. Representación de los sólidos en un plano.

ESTEREOGRÁFICO, CA adj. Relativo a la estereografía. ◊ *Geom*. Díc. de la proyección perspectiva de un sólido en un plano.

ESTEREOISOMERÍA f. *Quím*. Isomería en la que los isómeros se diferencian por la distinta distribución espacial de los átomos en la molécula.

ESTEREOMETRÍA f. Parte de la geometría que estudia la medida de los sólidos.

ESTEREOQUÍMICA f. *Quím*. Estudio de la estructura de las moléculas teniendo en cuenta la disposición espacial de sus átomos.

ESTEREOSCOPIA f. Conjunto de principios que regulan la observación binocular y sus medios de obtención. ❑ ESTEREOSCÓPICO, CA.

ESTEREOSCOPIO m. Aparato que, por medio de dos fotografías de un mismo objeto tomadas desde distintos puntos de vista, permite ver el objeto en relieve.

Estepa de Asia central, utilizada como zona de pastoreo

ESTEREOTIPIA f. *Art. Gráf.* Sistema de impresión que, en vez de moldes compuestos de letras sueltas, usa planchas, curvadas y en relieve, donde cada página está fundida en una pieza. ◊ Taller donde se estereotipa. ◊ Máquina de estereotipar. ◊ Repetición involuntaria e intempestiva de un gesto, acción o palabra. Ocurre pralm. en ciertos dementes. ❏ ESTEREOTIPAR; ESTEREOTIPADO, DA.

ESTEREOTIPO m. Cliché de imprenta. ◊ fig. Opinión o concepción muy simplificada de algo o alguien. ◊ *Soc.* Díc. del prejuicio, aceptado por un grupo, acerca de un personaje o de un aspecto de la estructura social.

ESTEREOTOMÍA f. Arte de cortar materiales para la construcción y ornamentación.

ESTERIFICACIÓN f. *Quím.* Reacción entre un alcohol y un ácido, mediante la cual se obtiene un éster y agua.

ESTÉRIL adj. Que no da fruto, o no produce nada.

ESTERILIDAD f. Calidad de estéril. ◊ Falta o ausencia de cosecha; carestía de frutos. ◊ Imposibilidad de generar individuos hijos por parte de las hembras, o de originar gametos por parte de los machos.

ESTERILIZAR tr. y prnl. Hacer infecundo y estéril lo que antes no lo era. ◊ tr. Destruir los gérmenes patógenos del agua, material quirúrgico, heridas, etc. ◊ Extirpar las glándulas reproductoras o aplicarles radiaciones o sustancias que inhiban su función. ❏ ESTERILIZACIÓN; ESTERILIZADOR, RA.

ESTERILLA f. Trencilla de hilo de oro o plata. ◊ Pleita estrecha de paja. ◊ Tejido ralo con ligamento derivado del tafetán. ◊ *Argent.* Rejilla para construir asientos.

ESTERLINA adj. ⇨ Libra esterlina.

ESTERNOCLEIDOMASTOIDEO adj. y m. *Anat.* Músculo de la región anterolateral del cuello.

ESTERNÓN m. *Anat.* Hueso plano, impar y medio, de la parte anterior del tórax, con escotaduras articulares para las costillas. ❏ ESTERNAL.

ESTERO m. Terreno inmediato a la orilla de una ría, por el cual se extienden las aguas de las mareas. ◊ *Argent.* Terreno bajo pantanoso, intransitable, que suele llenarse de agua y que abunda en

Esterilización. Elaboración de antibióticos en condiciones asépticas

plantas acuáticas. ◊ *Chile.* Arroyo, riachuelo. ◊ *Ven.* Aguazal, charca.

ESTEROIDE adj. y m. Díc. de ciertas sustancias orgánicas de naturaleza lipídica.

ESTEROL m. *Fisiol.* Sustancia esteroide de elevado peso molecular que se halla en los tejidos vegetales y animales. En los vertebrados, se denomina colesterol.

ESTERQUILINIO m. Muladar, lugar donde se amontonan desperdicios o estiércol.

ESTERTOR m. Ruido que en los moribundos produce el paso del aire a través de las mucosidades acumuladas en la laringe, tráquea y bronquios gruesos. ◊ Ruido anormal producido por el paso del aire por el árbol respiratorio alterado.

ESTESIÓMETRO m. Instrumento para medir la sensibilidad táctil.

ESTESUDESTE m. Punto del horizonte entre el E y el SE, a igual distancia entre ambos. ◊ Viento que sopla de esta parte.

ESTÉTICA f. Ciencia que trata de la belleza y de la teoría fundamental y filosófica del arte. ❏ ESTETA; ESTÉTICO, CA.

ESTETICISMO m. Valoración de los estilos artísticos, exclusivamente desde el ángulo estético.

ESTETOSCOPIA f. *Med.* Exploración de los órganos contenidos en la cavidad del pecho, por medio del estetoscopio.

ESTETOSCOPIO m. Aparato para la auscultación de los latidos del corazón, los ruidos respiratorios y los de otros órganos del cuerpo.

ESTEVA f. Pieza corva y trasera del arado, sobre la cual lleva la mano el que ara.

ESTEVADO, DA adj. y s. Que tiene las piernas torcidas en arco.

ESTÉVEZ, Antonio (n. 1916) Compositor y director de orquesta ven. *Suite orquestal, Cantata criolla, Concierto.*

ESTIAJE m. Nivel más bajo o caudal mínimo que en ciertas épocas del año tienen las aguas de un río, estero, la-

guna, etc., por causa de la sequía. ◊ Período que dura este nivel bajo.

ESTIBAR tr. Apretar materiales o cosas sueltas para que ocupen el menor espacio posible. ◊ Distribuir convenientemente todos los pesos del buque. ❏ ESTIBA; ESTIBADOR.

ESTIBINA f. *Miner.* Sulfuro de antimonio que cristaliza en el sistema rómbico. Es la pral. mena de antimonio.

ESTIBIO m. Antimonio.

ESTIÉRCOL m. Excremento de cualquier animal. ◊ Materias orgánicas podridas que se destinan al abono de las tierras.

ESTIGARRIBIA, José Félix (1888-1940) Militar y político par. Presid. de la rep. en 1939.

ESTIGIA *Mit. gr.* Laguna o río de los infiernos. ❏ ESTIGIO, GIA.

ESTIGMA m. Marca o señal en el cuerpo. ◊ Marca impuesta con hierro candente. ◊ *Pat.* Lesión orgánica o trastorno funcional que indica enfermedad constitucional y hereditaria. ◊ *Teol.* Huella impresa sobrenaturalmente en el cuerpo de algunos santos. ◊ *Zool.* Cada una de las pequeñas aberturas que tienen en el abdomen los insectos para respirar. ❏ ESTIGMATIZAR.

ESTIGMATISMO m. *Ópt.* Propiedad de ciertos sistemas, consistente en que a cada punto objeto corresponde un único punto imagen. ❏ ESTIGMÁTICO, CA.

ESTILAR tr. e intr. Usar, acostumbrar, estar de moda. También se usa con el pron. *se.*

ESTILETE m. Estilo pequeño. ◊ Púa o punzón. ◊ Puñal de hoja muy estrecha y aguda.

ESTILISMO m. *Lit.* Tendencia a valorar el estilo de forma exagerada. ❏ ESTILISTA.

ESTILÍSTICA f. *Ling.* Estudio del estilo o de la expresión lingüística en general.

ESTILITA adj. y s. Díc. del anacoreta que vivía en lo alto de un pórtico o de una columna en ruinas.

ESTILIZAR tr. Interpretar o describir convencionalmente la forma de un objeto haciendo resaltar tan sólo sus rasgos más característicos. ❏ ESTILIZACIÓN.

ESTILO m. Punzón con el cual escribían los antiguos en tablas enceradas. ◊ Gnomon del reloj de sol. ◊ Modo, manera, forma. ◊ Uso, práctica, costumbre, moda. ◊ Manera de escribir o de hablar peculiar y privativa de un escritor o de un orador. ◊ Carácter propio que da a sus obras el artista. ◊ *Bot.* Parte del pistilo que sostiene el estigma. ◊ *Mar.* Púa sobre la cual está montada la aguja magnética. ❏ ESTILÍSTICO, CA.

ESTILÓBATO m. *Arq.* Macizo corrido sobre el cual se apoya una columnata.

ESTILOGRÁFICO, CA adj. Díc. de la pluma cuyo mango hueco va lleno de tinta, la cual, al escribir, baja automáticamente a los puntos en la cantidad necesaria.

ESTILÓGRAFO m. *Col. y Nic.* Pluma estilográfica con su portaplumas.

ESTIMA f. Consideración y aprecio. ◊ *Mar.* Concepto aproximado que se forma de la situación del buque.

ESTIMACIÓN f. Aprecio y valor que se da y en que se tasa o considera una cosa. ◊ Aprecio, consideración, afecto. ◊ Acción y efecto de estimar, evaluar. ◊ Valoración numérica total de una

San Francisco recibiendo los **estigmas,** *tabla de Giotto (Museo del Louvre, París)*

unidad social a partir de datos incompletos. ❏ ESTIMABLE.

ESTIMAR tr. Apreciar, poner precio, evaluar las cosas. ◊ Juzgar, creer. ◊ tr. y prnl. Hacer aprecio y estimación de una persona o cosa. ❏ ESTIMADOR, RÁ; ESTIMATIVO, VA; ESTIMATORIO, RIA.

ESTIMATIVA f. Facultad del espíritu con que hace juicio del aprecio que merecen las cosas. ◊ Instinto de los animales.

ESTIMULAR tr. Aguijonear, picar, punzar. ◊ fig. Incitar, avivar. ❏ ESTIMULANTE.

ESTÍMULO m. Incitación a obrar. ◊ *Fisiol.* Todo cambio producido en el medio ambiente situado alrededor de un organismo, de tal modo que éste lo capte y, consecuentemente, sus acciones se modifiquen en cierto grado.

ESTINCO m. Lagarto amarillento plateado, con bandas negras, de los arenales del norte de África.

ESTÍO m. poét. Verano. ❏ ESTIVAL.

ESTIPENDIO m. Remuneración que se da a una persona por su trabajo y servicio. ❏ ESTIPENDIAR.

ESTÍPITE m. Pilastra en forma de pirámide truncada, con la base menor hacia abajo. ◊ *Bot.* Tallo largo y no ramificado, característico de las palmáceas.

ESTÍPTICO, CA adj. Que tiene sabor metálico astringente. ◊ Que padece estreñimiento de vientre. ◊ fig. Estreñido, avaro, mezquino. ◊ *Med.* Que tiene virtud de estipticar. ❏ ESTIPTICIDAD; *Amér.* ESTIPTIQUEZ o ESTITIQUEZ.

ESTÍPULA f. *Bot.* Apéndice foliáceo colocado en los lados del pecíolo y que suele tener una función protectora. ❏ ESTIPULADO, DA.

ESTIPULAR tr. *Der.* Hacer contrato verbal. ◊ Convenir, concertar, acordar. ❏ ESTIPULACIÓN; ESTIPULANTE.

ESTIQUE m. Cincel de boca dentellada.

ESTIQUIRÍN m. *Hond.* Búho, ave.

ESTIRA f. Especie de cuchilla de cobre con que los zurradores raen el cuero.

ESTIRADO, DA adj. fig. Que afecta gravedad o esmero en su traje ◊ fig. Entonado y orgulloso en su trato con los demás.

ESTIRAR tr. y prnl. Alargar, dilatar una cosa, extendiéndola con fuerza para que dé de sí. ◊ tr. Planchar ligeramente la ropa blanca para quitarle las arrugas. ◊ fig. Hablando del dinero, gastarlo con cuidado para atender con él al mayor número posible de necesidades. ◊ fig. Alargar, ensanchar el dictamen, la opinión, la jurisdicción más de lo que se debe. ◊ intr. y prnl. Crecer una persona. ◊ prnl. Desplegar o mover brazos o piernas para desentumecerlos. ❏ ESTIRAJE; ESTIRAMIENTO.

ESTIRENO m. *Quím.* Hidrocarburo bencénico, líquido, que hierve a 140 °C. Se polimeriza fácilmente dando un vidrio orgánico incoloro (poliestireno).

ESTIRIA (*Steiermark*) Est. federado de Austria; 16 387 km², 1 184 200 hab. Cap., Graz. Accidentado por los Tauern. R. prales.: Enns y Mur. Cereales, remolacha. Ganadería. Lignito, hierro. Ind. siderúrgica y metalúrgica.

ESTIRÓN m. Acción con que uno estira o arranca con fuerza una cosa. ◊ Crecimiento rápido en altura.

ESTIRPE f. Raíz y tronco de una familia o linaje.

ESTIVACIÓN f. Periodo de vida latente que tiene lugar en ciertos animales en la época más calurosa del año.

ESTOCADA f. Golpe que se tira de punta con la espada o estoque. ◊ Herida que resulta de él.

ESTOCOLMO (*Stockholm*) Cap. de Suecia; puerto junto al Báltico, 653 500 hab. Ind. mecánica, química, refinerías de petróleo. Centro comercial, cultural y turístico.

ESTOFA f. Tela o tejido labrado, gralte. de seda. ◊ fig. Calidad, clase.

ESTOFADO m. Adorno que resulta de estofar un dorado. ◊ Guiso que consiste en condimentar un manjar y ponerlo todo en crudo en una vasija bien tapada para que cueza a fuego lento.

ESTOFAR tr. Labrar a manera de bordado, rellenando de algodón o lana entre dos telas, fomando encima algunas labores. ◊ Pintar sobre el oro bruñido algunos relieves al temple. ◊ Hacer el guiso llamado estofado. ❏ ESTOFO.

ESTOICISMO m. *Fil.* Escuela filosófica fundada por Zenón en Atenas, que se desarrolló entre el 300 a. C. y el 200 d. C. Sostenía que la virtud y la aceptación de la adversidad eran el medio de lograr la felicidad. ◊ fig. Fortaleza de carácter y dominio sobre la propia sensibilidad y la desgracia. ❏ ESTOICO, CA.

ESTOLA f. Vestidura de los gr. y rom., adornada con una franja que ceñía la cintura y caía por detrás hasta el suelo. ◊ Ornamento sagrado que consiste en una banda larga de tela. ◊ Banda larga de piel que usan las señoras para abrigarse el cuello.

ESTÓLIDO, DA adj. y s. Bobo, estúpido, que no comprende ni discurre. ❏ ESTOLIDEZ.

ESTOLÓN m. *Bot.* Vástago rastrero que echa a trechos raíces que producen nuevas plantas. Existen también e. aéreos en plantas epífitas.

ESTOMA m. *Bot.* Cada una de las pequeñísimas aberturas que hay en la epidermis de las hojas de los vegetales para facilitar el intercambio de fases entre la planta y el exterior.

ESTOMAGAR tr. Empachar, afectar. ◊ fam. Causar fastidio o enfado.

ESTÓMAGO m. *Anat.* y Fisiol. Víscera hueca, que es una dilatación del aparato digestivo, en la que se hace la quimificación de los alimentos. Se comunica con el esófago a través del cardias y con el intestino delgado a través del píloro. ❏ ESTOMACAL; ESTOMÁQUICO, CA; ESTOMÁTICO, CA.

ESTOMATITIS f. *Med.* Inflamación de la mucosa bucal.

ESTOMATOLOGÍA f. Rama de la medicina que estudia la boca y sus enfermedades. ❏ ESTOMATÓLOGO, GA.

ESTOMATÓPODO adj. y m. Crustáceo marino del orden malacostráceos cuyo caparazón cubre únicamente los segmentos torácicos anteriores.

Mapa de situación y bandera de **Estonia**

ESTONIA (*Eesti Vabariik*) Est. del N de Europa. Incluye 1 500 islas (las mayores: Hiiumaa y Saaremaa). Relieve muy uniforme con algunos lagos (Peipus, Pskov). R. prales.: Pärnu, Keila, Kasari, Narva. Clima frío. Patatas, cereales, lino. Ganadería. Esquistos bituminosos. Ind. petroquímica, química, mecánica. Grupos étnicos: estonios (65 %), rusos (30,3 %), ucranianos (3,1 %), bielorrusos (1,6 %), fineses, hebreos. Lenguas: estonio (of.), ruso. *Rel.*: luteranismo

ESTONIA	
Superficie	45 100 km²
Población	1 582 000 hab. (35 hab./km²)
Recursos económicos	
Cabaña bovina	708 000 cabezas
Cabaña ovina y caprina	143 000 cabezas
Cabaña porcina	799 000 cabezas
Patatas	592 100 t
Pesca	370 000 t
Riqueza forestal	1 693 000 m³
Trigo	939 400 t
Energía eléctrica	17 000 millones de kwh
Esquistos bituminosos	22 400 000 t
Papel	77 000 t
Indicadores sociológicos	
PNB	6 088 millones de dólares
Renta per cápita	3 830 dólares
Esperanza de vida	71 años

Vista de la ciudad vieja de **Estocolmo**

(mayoría), cristianismo ortodoxo y uniato. U.M.: corona. Cap., Tallinn. C. prales.: Tartu, Narva, Kohtla-Järve. □*Hist.* Hacia el s. IX los estonios entraron en contacto con los vikingos y durante los s. XI y XII con los rusos de Kiev. Entre 1208-1227 cayó en manos al. En 1561 el S de E. pasó a Polonia y tres años más tarde el NE a Suecia. En 1721, por el tratado de Nystad, pasó a depender de Rusia. En 1918, E. se declaró indep. Anexionada por la URSS (1940). En 1991 se separó de la URSS, declarándose indep. En 2004 E. ingresó en la OTAN y en la Unión Europea.

Estonia. Vista parcial de Tallinn

ESTONIO, NIA adj. y s. Díc. de los individuos de un pueblo de estirpe finesa, que habita pralm. en Estonia. ◊ m. Lengua ugrofinesa hablada por este pueblo. ◊ De Estonia.
ESTOPA f. Parte basta o gruesa del lino o del cáñamo. ◊ Tela gruesa tejida con la hilaza de la estopa. ◊ Pelo que aparece al trabajar algunas maderas. □ ESTOPADA; ESTOPEÑO, ÑA; ESTOPOSO, SA.
ESTOPÓN m. Lo más grueso y áspero de la estopa. ◊ Tejido que se fabrica de este hilado.
ESTOQUE m. Espada angosta, que sólo puede herir de punta. ◊ Arma blanca formada por una varilla de acero aguzada que suele llevarse metida en un bastón. ◊ Espada para matar toros en la lidia. □ ESTOQUEAR; ESTOQUEADOR; ESTOQUEO.
ESTOQUILLO m. *Argent.* y *Chile.* Planta ciperácea de tallo triangular y cortante.
ESTOR m. Cortina transparente que cubre el hueco de una puerta o balcón.
ESTORAQUE m. Árbol de cuyo tronco se obtiene una gomorresina muy olorosa. ◊ Esta gomorresina. ◊ **líquido.** *Amér.* Bálsamo de consistencia pastosa, del cual se extrae el ácido cinámico.
ESTORBAR tr. Poner obstáculo a la ejecución de una cosa. ◊ fig. Molestar, incomodar. □ ESTORBADOR, RA; ESTORBO.
ESTORNINO m. Ave de cabeza pequeña, de plumaje negro con reflejos y pintas blancas.
ESTORNUDAR intr. Arrojar con estrépito por la nariz y la boca el aire de los pulmones. □ ESTORNUDO; ESTORNUTATORIO, RIA.

ESTOTRO, TRA pron. demostrativo, contr. de este, esta, o esto, y otro u otra.
ESTOVAÍNA f. Anestésico local muy empleado en oftalmología.
ESTOVAR tr. Rehogar, cocer una vianda a fuego lento sin agua y con aceite o manteca.
ESTRABISMO m. Deformidad ocular de los bizcos. □ ESTRÁBICO, CA.
ESTRABÓN (h. 63 a. C.-h. 21 d. C.) Geógrafo gr. Tras recorrer gran parte del imperio rom., compuso *Geografía.*
ESTRADA f. Camino.
ESTRADA, *Ángel de* (1872-1923) Escritor arg. *Alma nómada, Redención, La ilusión, Las tres gracias* y *El triunfo de las rosas.* ◊ ***Emilio*** (1855-1911) Político ecuat. Presid. de la Rep. en 1911. ◊ ***Genaro*** (1887-1937) Escritor y político mex. Autor de *Visionario de la Nueva España.* Elaboró la doctrina Estrada, por la cual se oponía a la política de EE UU de reconocimiento condicionado de los regímenes surgidos de movimientos revolucionarios. ◊ ***Juan José*** (1865-1947) Militar nic. Presid. de la Rep. 1910-1911 ◊ ***Cabrera, Manuel*** (1857-1924) Político guat. Presid. de la Rep. entre 1898 y 1920. ◊ ***Palma, Tomás*** (1835-1906) Político cub. Primer presid. de la Rep. (1902-1906).
ESTRADO m. Tarima cubierta con alfombra sobre la cual se pone el trono real o la mesa presidencial en actos solemnes. ◊ Sitio de honor en un salón de actos. ◊ Entablado en que se ponen los panes amasados antes de cocerlos. ◊ pl. Salas de tribunales, donde los jueces oyen y sentencian los pleitos.
ESTRAFALARIO, RIA adj. y s. fam. Desaliñado en el vestido o en el porte. ◊ fig. y fam. Extravagante en el modo de pensar o en las acciones.
ESTRAGAR tr. y prnl. Viciar, corromper. ◊ tr. Causar estrago. □ ESTRAGADOR, RA; ESTRAGAMIENTO. ·
ESTRAGO m. Daño hecho en guerra. ◊ Daño, ruina, asolamiento.
ESTRAGÓN m. Hierba de la familia compuestas, cuyas hojas se usan como condimento.
ESTRAMBÓTICO, CA adj. fam. Extravagante, irregular y sin orden.
ESTRAMONIO m. Hierba solanácea, con hojas grandes, anchas y dentadas, usadas como medicamento para las afecciones asmáticas.
ESTRANGULAR tr. y prnl. Ahogar oprimiendo el cuello hasta impedir la respiración. ◊ tr. y prnl. *Cir.* Interceptar la comunicación de una parte del cuerpo por medio de presión o ligadura. □ ESTRANGULACIÓN; ESTRANGULADO, DA; ESTRANGULADOR, RA; ESTRANGULAMIENTO.
ESTRANGURIA f. Micción dolorosa, gota a gota, con tenesmo de la vejiga.
ESTRAPERLO m. fam. Sobreprecio con que se obtienen ilícitamente artículos o servicios sujetos a tasa. ◊ fam. Chanchullo. □ ESTRAPERLEAR; ESTRAPERLISTA.
ESTRASBURGO (fr., *Strasbourg*; al. *Strassburg*) C. del NE de Francia, cap. de la región de Alsacia y del dpto. de Bas-Rhin, a orillas del r. Ill, 388 500 hab. Activo puerto fluvial. Centro industrial. Sede del Consejo de Europa.
ESTRATAGEMA f. Ardid de guerra, engaño. ◊ fig. Astucia, engaño artificioso.

Estratos

ESTRATEGA com. o **ESTRATEGO** m. Persona versada en estrategia. ◊ Ant. jefe del ejército gr.
ESTRATEGIA f. Arte de dirigir las operaciones militares. ◊ fig. Arte, traza para dirigir un asunto. □ ESTRATÉGICO, CA.
ESTRATIFICACIÓN f. *Geol.* Disposición en estratos de una masa de material rocoso.
ESTRATIGRAFÍA f. *Geol.* Parte de la geología que estudia la disposición y caracteres de las rocas estratificadas.
ESTRATO m. *Geol.* Capa rocosa de espesor variable, que constituye los terrenos sedimentarios. ◊ *Meteor.* Capa de nubes, baja y uniforme, semejante a la niebla. ◊ Capa o nivel de una sociedad.
ESTRATOCÚMULO m. Capa de nubes a poca altitud y de mucha extensión, que cubren gran parte del cielo.
ESTRATOSFERA f. *Meteor.* Región de la atmósfera desde los 10 hasta los 80 km de altura. Contiene una capa de ozono que absorbe la casi totalidad de los rayos ultravioleta procedentes del Sol. □ ESTRATOSFÉRICO, CA.
ESTRAZA f. Trapo, pedazo o desecho de ropa basta. ◊ ⇨ Papel.
ESTRECHAR tr. Reducir a menor ancho o espacio una cosa. ◊ fig. Apretar. ◊ fig. Ceñirse, apretarse. ◊ fig. Cercenar uno el gasto, la familia, la habitación. ◊ fig. Unirse y enlazarse una persona a otra con mayor intimidad. □ ESTRECHAMIENTO.
ESTRECHEZ f. Escasez de anchura. ◊ Escasez de tiempo. ◊ Enlace estrecho de una cosa con otra. ◊ fig. Amistad íntima. ◊ fig. Aprieto. ◊ fig. Recogimiento y austeridad de vida. ◊ fig. Escasez notable; falta de lo necesario para subsistir. □ ESTRECHURA.
ESTRECHO, CHA adj. Que tiene poca anchura. ◊ Ajustado, apretado. ◊ fig. Se dice del parentesco cercano y de la amistad íntima. ◊ fig. Rígido, austero. ◊ fig. Miserable, tacaño. ◊ fig. Estrechez, aprieto. ◊ *Geog.* Paso angosto comprendido entre dos tierras y por el cual se comunica un mar con otro.
ESTREGAR tr. y prnl. Frotar con fuerza una cosa sobre otra para dar a ésta calor, limpieza, tersura, etc. □ ESTREGADERA; ESTREGADERO; ESTREGADURA; ESTREGAMIENTO.
ESTREGÓN m. Roce fuerte, refregón.

ESTRELLA f. *Astr*. Cuerpo celeste que brilla con luz propia. ◊ Lunar de pelos blancos que tienen algunas caballerías en medio de la frente. ◊ Objeto de figura de estrella. ◊ fig. Signo, hado o destino. ◊ fig. Persona que sobresale en su profesión por sus dotes excepcionales. ◊ **binaria o doble.** Sistema de dos e. que se mueven en torno al baricentro de dicho sistema. ◊ **circumpolar.** La que se halla siempre por encima del horizonte. ◊ **de mar.** *Biol*. Equinodermo de cuerpo comprimido, en forma de e. de cinco puntas y totalmente cubierto por una concha caliza. ◊ **fugaz.** Cuerpo luminoso que suele verse repentinamente en la atmósfera y se mueve con gran velocidad. ◊ **matutina.** Planeta visible a ojo desnudo cuando sale antes que el Sol. ◊ **múltiple.** Sistema de dos o más e. que ópticamente aparecen como una sola. ◊ **polar.** La que está en el extremo de la lanza de la Osa Menor. ◊ **variable.** E. cuyo brillo no es constante. ◊ **vespertina.** Planeta visible a ojo desnudo cuando se pone depués que el Sol. ❏ ESTRELLA-DO, DA.

❏ *Astr*. Una e. está compuesta por una masa gaseosa incandescente, cuya temperatura y presión aumentan rápidamente hacia el centro. La vida de las e. varía desde un millón hasta diez billones de años. Para la identificación de las e. se utilizan su brillo y su situación; los parámetros fundamentales son ascensión recta y declinación, y brillo o magnitud aparente. Por su tamaño se dividen en: supergigantes, gigantes, normales y enanas (nuestro sol), etc. En nuestra galaxia existen unos cien mil millones de e., de las que se ven a ojo desnudo unas seis mil.

ESTRELLAR tr. y prnl. Sembrar o llenar de estrellas. ◊ fam. Arrojar con violencia una cosa contra otra haciéndola pedazos. ◊ tr. Dicho de los huevos, freírlos. ◊ prnl. Quedar malparado o matarse por efecto de un choque violento contra una superficie dura. ◊ fig. Fracasar en una pretensión por tropezar contra un obstáculo insuperable.

ESTRELLATO m. Condición de la persona que ha conseguido ser estrella del espectáculo.

ESTREMADURA Región y ant. prov. del litoral Centro-Sur de Portugal. Bastante llana. Agricultura (cereales, olivo, vid) y pesca. Turismo. Los prales. centros urbanos son Lisboa y Setúbal.

ESTREMECER tr. Conmover, hacer temblar. ◊ prnl. Temblar con movimiento agitado y repentino. ◊ fig. Sentir una repentina sacudida nerviosa o sobresalto en el ánimo. ❏ ESTREMECEDOR, RA; ESTREMECIMIENTO; *Col*. ESTREMEZÓN.

ESTRENAR tr. Hacer uso por primera vez de una cosa. ◊ Tratándose de ciertos espectáculos públicos, representarlos por primera vez. ◊ prnl. Empezar uno a desempeñar un empleo, oficio, encargo, etc. ◊ Hacer un vendedor la primera transacción de cada día. ❏ ESTRENO; ESTRENISTA.

ESTREÑIR tr. y prnl. Retrasar el curso del contenido intestinal y dificultar su evacuación. ❏ ESTREÑIDO, DA; ESTREÑIMIENTO,

ESTRÉPITO m. Ruido considerable, estruendo. ◊ fig. Ostentación en la realización de algo. ❏ ESTREPITOSO, SA.

ESTREPTOCOCO m. *Med*. Nombre dado a microbios de forma redondeada que se agrupan en forma de cadenita. Existen tres tipos: los e. lácticos, que viven en la leche acidificándola; los e. fecales, que viven en el tubo digestivo; y los e. respiratorios, que viven en el tracto respiratorio y en la boca. ❏ ESTREPTOCOCIA; ESTREPTOCÓCICO, CA.

ESTREPTOMICINA f. *Med*. Antibiótico que posee acción contra la tuberculosis y contra otras enfemedades. La e. está indicada para infecciones resistentes a la penicilina.

ESTRÉS m. *Psic*. Situación de agotamiento físico general de un individuo, producida por un estado nervioso.

ESTRÍA f. *Arq*. Mediacaña en hueco, que se suele labrar en algunas columnas o pilastras de arriba abajo. ◊ P. ext., cada una de las rayas en hueco que suelen tener algunos cuerpos. ❏ ESTRIAR.

Columnas con **estrías** en las ruinas de la palestra de Olimpia (Grecia)

ESTRIBACIÓN f. *Geog*. Estribo o ramal de montañas.

ESTRIBAR intr. Descansar el peso de una cosa en otra sólida y firme. ◊ fig. Fundarse, apoyarse. ❏ ESTRIBADERO.

ESTRIBILLO m. Expresión en verso, que se repite después de cada estrofa en algunas composiciones líricas. ◊ Bordón, muletilla.

ESTRIBO m. Pieza en que el jinete apoya los pies cuando va montado. ◊ Especie de escalón que sirve para subir o bajar de los carruajes. ◊ Chapa de hierro doblada en ángulo recto por sus dos extremos, que se emplea para asegurar la unión de ciertas piezas. ◊ fig. Apoyo, fundamento. ◊ *Arq*. Contrafuerte. ◊ *Geog*. Estribación. ◊ *Fisiol*. Uno de los huesecillos del oído medio. ❏ ESTRIBERÍA.

ESTRIBOR m. *Mar*. Costado derecho del navío mirando de popa a proa.

ESTRICNINA f. *Quím*. Alcaloide que se extrae de algunos vegetales, y es un veneno muy activo. Se usa en medicina como analéptico. ❏ ESTRICNISMO.

ESTRICOTE m. *Ven*. Vida desordenada o licenciosa.

ESTRICTO, TA adj. Estrecho, ajustado enteramente a la necesidad o a la ley. ❏ *Argent., Chile* y *Perú*. ESTRICTEZ.

ESTRIDENCIA f. Sonido estridente. ◊ Violencia de la expresión o de la acción.

ESTRIDENTE adj. Aplícase al sonido agudo, desapacible y chirriante. ◊ poét. Que causa ruido y estruendo.

ESTRIDOR m. Sonido agudo, desapacible y chirriante. ❏ ESTRIDULAR; ESTRIDULOSO, SA.

Explosión de una supernova vista por un artista. Cuando una estrella masiva muere dando origen a una supernova, durante unos días refulge tanto como una galaxia entera; después sólo quedará un núcleo de materia de enorme densidad (estrella de neutrones)

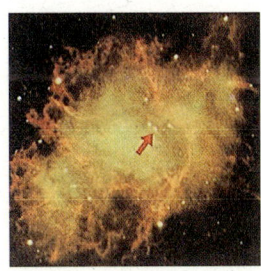

En 1928, el astrónomo E. Hubble asoció la nebulosa del Cangrejo con los restos de una supernova de la que dan noticia los anales chinos en 1054

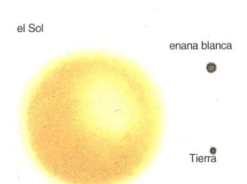

Tamaños relativos del Sol, la Tierra y una enana blanca

ESTRILO m. *Argent*. Enojo, enfado.
ESTRO m. Inspiración de poetas y artistas. ◊ Período de celo o ardor sexual de los mamíferos. ◊ *Zool*. Moscardón. ◊ *Zool*. Rezno, larva de un díptero.
ESTROBILACIÓN m. *Biol*. Proceso de gemación, en el que un individuo origina un conjunto apiñado de otros.
ESTRÓBILO m. *Biol*. Conjunto de órganos o de segmentos que adoptan forma de piña.
ESTROBOSCOPIO m. Dispositivo óptico que permite observar cuerpos dotados de elevada velocidad angular, como si estuvieran inmóviles o poseyendo un movimiento lento. ❑ ESTROBOSCOPIA.
ESTROFA f. Cualquiera de las partes de que constan algunas composiciones poéticas. ❑ ESTRÓFICO, CA.
ESTROFANTINA f. Sustancia cristalina que se extrae del estrofanto, y se utiliza en medicina por sus propiedades cardiotónicas.
ESTROFANTO m. Planta apocinácea de cuyas semillas se extrae la estrofantina.
ESTRÓFULO m. Dermatosis de la infancia, caracterizada por la erupción de pequeñas pápulas pruriginosas.
ESTRÓGENO m. *Fisiol*. Hormona sexual femenina que estimula el crecimiento y desarrollo de las peculiaridades corporales de la mujer.
ESTRONCIANA f. Óxido de estroncio que en la naturaleza se halla combinado con los ácidos carbónico y sulfúrico. Se obtiene artificialmente en forma de polvo gris.
ESTRONCIANITA f. Mineral formado por un carbonato de estroncio; es incoloro o verde, de brillo cristalino, y se emplea en pirotecnia por el color rojo que comunica a la llama.
ESTRONCIO m. Elemento químico de símb. Sr, n. a. 38 y p. a. 87,63. Es un metal blanco muy oxidable. El nitrato de e. se emplea en pirotecnia.
ESTROPAJO m. Planta cucurbitácea, cuyo fruto desecado se usa como cepillo de aseo para fricciones. ◊ Porción de esparto machacado, que sirve para fregar. ◊ fig. Desecho, persona o cosa despreciable. ❑ ESTROPAJEAR; ESTROPAJEO.
ESTROPAJOSO, SA adj. fig. y fam. Aplícase a la lengua o persona que pro-

Cristales de celestina, carbonato de **estroncio**

nuncia las palabras de manera confusa. ◊ fig. y fam. Díc. de la persona muy desaseada y andrajosa. ◊ fig. y fam. Aplícase a las cosas que son fibrosas y ásperas.
ESTROPEAR tr. y prnl. Maltratar a uno, dejándole lisiado. ◊ Maltratar o deteriorar una cosa. ◊ tr. Echar a perder, malograr cualquier asunto o proyecto. ◊ Volver a batir el mortero o mezcla de cal. ❑ ESTROPICIO.
ESTRUCTURA f. Organización tal de las partes por la que el todo resultante posee cohesión y permanencia. ◊ *Fil*. Conjunto de elementos interrelacionados que forman un todo. ◊ Distribución de las partes de un edificio, del cuerpo o de otra cosa. ◊ Armadura de un edificio. ◊ fig. Orden con que está compuesta una obra de ingenio. ◊ *Quím*. Disposición de los átomos en las moléculas. ◊ **económica.** Situación de los recursos físicos y humanos de un terr., y sus relaciones de interdependencia. ❑ ESTRUCTURAL.
ESTRUCTURALISMO m. Método de investigación que aprehende la realidad a través de la estructura. ❑ ESTRUCTURALISTA.

Esturión

ESTRUCTURAR tr. Distribuir, ordenar las partes de una obra o de un cuerpo. ❑ ESTRUCTURACIÓN.
ESTRUENDO m. Ruido grande. ◊ fig. Confusión, bullicio. ◊ fig. Aparato, pompa. ❑ ESTRUENDOSO, SA.
ESTRUJAR tr. Apretar una cosa para sacarle el zumo. ◊ Apretar a uno y comprimirle fuerte y violentamente. ◊ fig. y fam. Agotar; sacar todo el partido posible. ❑ ESTRUJADOR, RA; ESTRUJADURA; ESTRUJAMIENTO; ESTRUJÓN.
ESTUARDO Nombre de la ant. familia escocesa de los Stewart (llamados Stuart desde 1542). De ella provinieron los reyes de Escocia a partir de 1371 y hasta 1688, y los de Inglaterra de 1603 a 1688.
ESTUARIO m. Desembocadura fluvial caracterizada por la considerable penetración o invasión de las aguas marinas.
ESTUCAR tr. Dar a una cosa con estuco. ◊ Colocar sobre una superficie las piezas de estuco previamente moldeadas. ❑ ESTUCADO; ESTUCADOR; ESTUQUERÍA; ESTUQUISTA.
ESTUCHE m. Caja o envoltura para guardar y proteger algún objeto, gralte. delicado. ❑ ESTUCHAR; ESTUCHISTA.
ESTUCO m. Masa de yeso blanco y agua de cola. ◊ Revestimiento con cal apagada, mármol pulverizado, yeso y creta, que se usa para labores en relieve imitando el mármol.
ESTUCURÚ m. *C. Rica*. Búho grande.
ESTUDIANTE adj. y s. Que estudia. ◊ com. Persona que cursa estudios, particularmente de grado medio o supe-

rior. ◊ m. El que tenía por ejercicio estudiar los papeles a los actores dramáticos. ❑ ESTUDIANTIL; ESTUDIANTINO, NA.
ESTUDIAR tr. Ejercitar el entendimiento para comprender o aprender algo. ◊ Cursar en las universidades o en otros centros de enseñanza. ◊ Aprender o tomar de memoria. ◊ *Pint*. Dibujar con modelo o del natural.
ESTUDIO m. Esfuerzo que pone el entendimiento aplicándose a conocer y comprender alguna cosa. ◊ Obra en que un autor estudia una cuestión. ◊ Pieza donde estudian y trabajan los que profesan las letras o las artes. ◊ Apartamento, en general no muy grande, utilizado como lugar de estudio, trabajos de tipo creativo, etc., que a veces se utiliza como vivienda. ◊ *Pint*. Dibujo o pintura que se hace como preparación para otra obra principal. ❑ ESTUDIOSIDAD; ESTUDIOSO, SA.
ESTUFA f. Aparato o dispositivo que sirve para calentar las habitaciones. ◊ Invernáculo. ◊ Aparato que se utiliza para secar o desinfectar por medio del calor. ◊ Aposento destinado en los baños termales a producir en los enfermos un sudor copioso. ❑ ESTUFISTA.

ESTULTICIA f. Necedad, tontería. ❑ ESTULTO, TA.
ESTUPEFACCIÓN f. Pasmo o estupor. ❑ ESTUPEFACTIVO, VA; ESTUPEFACTO, TA.
ESTUPEFACIENTE m. *Med*. Sustancia narcótica que produce sopor y puede crear hábito, como los opiáceos (opio y morfina) y derivados (heroína, metadona). También se consideran e. otras sustancias, como la cocaína, la marihuana, las anfetaminas (estimulantes psíquicos y vegetativos), el LSD, etc.
ESTUPENDO, DA adj. Admirable, asombroso, pasmoso.
ESTÚPIDO, DA adj. y s. Necio, falto de inteligencia. ◊ Díc. de los dichos o hechos propios de un estúpido. ◊ Estupefacto, poseído de estupor. ❑ ESTUPIDEZ.
ESTUPIÑÁN, Nelson (n. 1915) Escritor ecuat. *Cuando los guacayanes florecían*.
ESTUPOR m. *Med*. Disminución o paralización de las funciones intelectuales, gralte. acompañada de rigidez muscular. ◊ fig. Asombro, pasmo.
ESTUPRO m. *Der*. Violación de una doncella menor.
ESTURIÓN m. Pez de mar, de carne comestible; con sus huevas se prepara el caviar, y con la vejiga seca se obtiene una gelatina llamada cola de pescado.
ESVÁSTICA f. Cruz gamada.
ESVIAJE m. *Arq*. Oblicuidad de la superficie de un muro o del eje de una bóveda.
ETA f. Nombre de la *e* larga del alfabeto griego.

ETA Siglas de Euskadi ta Askatasuna.

ETALAJE m. Parte de la cavidad de la cuba de los hornos altos, inferior al vientre y encima de la obra, donde se completa la reducción de la mena por los gases del combustible.

ETANO m. *Quím.* Hidrocarburo saturado, de dos átomos de carbono. Posee un importante interés industrial.

ETANOL m. *Quím.* Alcohol etílico. Se obtiene en fase de vapor, pasando etileno y vapor de agua a presión sobre un catalizador de ácido fosfórico.

ETAPA f. Cada uno de los lugares en que se hace un alto en un viaje o marcha. ◊ fig. Época o avance parcial en el desarrollo de una acción u obra.

ETCÉTERA f. Voz con que se sustituye la parte final de una exposición o enumeración.

ETCHOJOA Mun. de México, en el est. de Sonora; 55 600 hab. Agricultura.

ÉTER m. poét. Cielo, bóveda celeste. ◊ *Fís.* Fluido hipotético, invisible, imponderable y elástico que se suponía llenaba todo el espacio. ◊ *Quím.* Compuesto que resulta de la combinación de un ácido con un alcohol o de un alcohol con otro o consigo mismo. ◊ **é. dietílico, é. etílico o simplemente é.** Es un líquido incoloro de olor dulzaino, cuyo vapor forma con el aire una mezcla detonante. Se usa como disolvente y como anestésico. ❑ ETÉREO.

ETERIZAR tr. *Med.* Administrar éter por las vías respiratorias. ◊ *Quím.* Combinar con éter una sustancia. ❑ ETERIZACIÓN.

ETERNIDAD f. Cualidad de eterno. ◊ El tiempo considerado como extensión sin principio ni fin. ◊ Espacio de tiempo muy largo. ◊ El tiempo que sigue a la muerte. ❑ ETERNO, NA.

ETERNIZAR tr. y prnl. Hacer durar o prolongar demasiado una cosa. ◊ tr. Perpetuar la duración de una cosa.

ETERNO, NA adj. Que no tiene principio ni fin. ◊ Que no tiene fin. ◊ fig. Que dura mucho tiempo.

ÉTICA f. Parte de la filosofía que trata de la moral. ❑ ÉTICO, CA. ☐ *Fil.* La é. estudia los actos morales, sus fundamentos y cómo se vinculan en la determinación de la conducta humana.

ETILENO m. *Quím.* Gas incoloro, de sabor dulce y olor agradable, que con el aire forma una mezcla explosiva. Es un compuesto esencial en la ind. química orgánica. ❑ ETILÉNICO, CA.

ETÍLICO, CA adj. *Quím.* Díc. de los compuestos derivados del etano. ◊ fig. Alcohólico.

ETILISMO m. Alcoholismo.

ETILO m. *Quím.* Radical del etano, compuesto por dos átomos de carbono y cinco de hidrógeno.

ÉTIMO m. Palabra de la que procede etimológicamente un término.

ETIMOLOGÍA f. Origen de las palabras, razón de su existencia, de su significación y de su forma. ◊ Parte de la gramática que estudia aisladamente estos aspectos de las palabras. ❑ ETIMOLÓGICO, CA; ETIMOLOGISTA; ETIMOLOGIZAR; ETIMÓLOGO.

ETIOLOGÍA f. *Fil.* Estudio sobre las causas de las cosas. ◊ *Med.* Parte de la medicina que estudia las causas de las enfermedades. ❑ ETIOLÓGICO, CA.

ETÍOPE adj. y s. De Etiopía. ◊ Etiópico. ◊ m. Combinación artificial de azu-

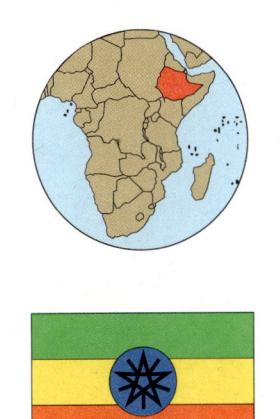

Mapa de situación y bandera de **Etiopía**

fre y azogue, que sirve para fabricar bermellón.

ETIOPÍA *(Yatyiopya)* Estado de África oriental.
☐ *Geog.* En el conjunto destacan la meseta etiópica al O, el macizo de Harar al E y la meseta somalí. La red hidrográfica comprende el Nilo, el Azul, el Omo, el Awash, el Webbe Shibeli y el Genale. El más imp. de sus lagos es el Tana. El clima, tropical por su latitud, varía sensiblemente por la alt. Cereales, café, plantas oleaginosas, caña de azúcar. Explotación forestal. Ganadería, plata, oro, hierro, cobre, cinc, sal. Ind. textil, del cemento, alimentaria, tabaquera, refinado de petróleo. Grupos étnicos o nac.: amharas, gallas, somalíes, tigrés, tigriñas, danakiles y otros. Lenguas: amhárico, galla, somalí, tigriña y otras. Religiones: cristianismo copto (50 %), islamismo (30 %), animismo (14 %), catolicismo (0,7 %), y otras. U. M.: birr. Cap., Addis Abeba. C. prales.: Gondar, Dessié.
☐ *Hist.* Los orígenes históricos de E. hay que buscarlos en el reino de Axum, que

ETIOPÍA

Superficie	1 130 139 km²
Población 50 058 000 hab. (44 hab./km²)	

Recursos económicos

Azúcar	198 000 t
Cabaña bovina	26 000 000 cabezas
Cabaña ovina	23 450 000 cabezas
Camellos	1 020 000 cabezas
Cemento	159 000 t
Maíz	1 275 000 t
Mijo	145 000 t
Oro	373 kg
Sorgo	870 000 t
Pesca	3 750 t
Sal	118 000 t
Tejidos de algodón	92 000 m
Trigo	675 000 t

Indicadores sociológicos

PNB	6 144 millones de dólares
Renta per cápita	120 dólares
Esperanza de vida	48 años
Alfabetismo	13 %

existía ya en el s. II a. C. En el s. IV se introdujo el cristianismo. El poderoso reino empezó a decaer tras la derrota de La Meca (570) frente a los musulmanes. Entre los ss. XV-XVI se reconquistó el terr. En 1855, un jefe enérgico, Kassa, unificó el país y se coronó emp. Desde los últimos años del s. XIX se hizo efectiva la penetración it. en E. En 1952 la ONU aprobó la federación de E. y Eritrea, convertida en prov. post. En 1974 los militares derrocaron al emp. Haile Selassie. En 1977 un nuevo golpe de estado llevó al poder a Mengistu Haile Mariam, que implantó un régimen marxista con el apoyo de la URSS y Cuba, que se mantuvo en el poder hasta 1991. En 1993 Eritrea se independizó de E., que perdió así su salida al mar Rojo. En 1998 estalló la guerra fronteriza entre Eritrea y E. que duró hasta 2000. El país no logró superar los males endémicos, y en 2002 un nuevo episodio de crisis alimentaria y hambruna amenazó la vida de millones de personas.

ETIÓPICO, CA adj. Relativo a Etiopía. ◊ adj. y s. Díc. de quienes viven pralm. en Etiopía, Djibuti y Somalia. ◊ m. Familia de lenguas habladas en Etiopía.

Sede financiera en Addis Abeba, capital de **Etiopía**

ETIQUETA f. Ceremonial que se debe observar en las casas reales y en actos públicos solemnes. ◊ P. ext., ceremonia en la manera de tratarse. ◊ Marbete, rótulo. ◊ *Comp.* ◊ Cada uno de los nombres de todos los ficheros almacenados en una unidad de almacenamiento externo. ❏ ETIQUETAR.

ETMOIDES m. Hueso impar y medio de la base del cráneo, de las órbitas y de las fosas nasales. ❏ ETMOIDAL.

ETNA Volcán activo de Sicilia (Italia); 3 340 m. Sus mayores erupciones se produjeron en 1669, 1879 y 1950.

ETNIA f. Agrupación natural de individuos de igual cultura que admite grupos raciales y organizaciones sociales varias. ❏ ÉTNICO, CA; ETNOCENTRISMO.

ETNOGRAFÍA f. Ciencia que tiene por objeto el estudio y descripción de las razas o los pueblos. ❏ ETNOGRÁFICO, CA; ETNÓGRAFO.

ETNOLOGÍA f. Ciencia que estudia las razas y los pueblos. ❏ ETNOLÓGICO, CA; ETNÓLOGO.

ETOLIA (*Aitolía*) Ant. región de Grecia central, al N del golfo de Patrás (golfo de Corinto) y al E del r. Ajeloos.

ETOLOGÍA f. *Biol.* Ciencia que estudia el comportamiento animal en relación con el medio ambiente.

ETOPEYA f. *Ret.* Descripción del carácter, acciones y costumbres de una persona.

ETRURIA Región de la ant. Italia; aprox. ocupaba la actual Toscana.

Arte **etrusco**. Sárcofago con pareja de esposos, en terracota, procedente de Cerveteri (s. VI a. C.)

ETRUSCO, CA adj. y s. De Etruria. ◊ m. Lengua de los etruscos. ❏ ETRUSCOLOGÍA.

❏ *Arte.* Los e. utilizaron el arco y la bóveda en sus construcciones. Las obras más características son los sarcófagos con las estatuas de los esposos recostados en el lecho, hallados en Cerveteri.

Eu *Quím.* Símb. del europio.

EUBEA (*Evvia* o *Euboia*) Isla de Grecia en el mar Egeo. Cap., Calcis o Jalki.

EUBOLIA f. Virtud que ayuda a hablar con prudencia.

EUCALIPTO m. Árbol mirtáceo de rápido crecimiento, cuya madera se utiliza para la construcción y para obtener celulosa.

EUCLIDES (ss. IV-III a. C.) Matemático alejandrino. Publicó numerosas obras, entre las que destacan los *Elementos*. Divididos en trece libros, constituyen una recopilación de gran parte de las matemáticas conocidas en tiempo de E. ❏ EUCLIDIANO, NA.

EUCOLOGIO m. Devocionario que contiene los oficios del domingo y prales. fiestas del año.

EUDEMONISMO m. Doctrina moral que identifica la virtud con la alegría de realizar el bien.

EUDIÓMETRO m. *Fís.* y *Quím.* Tubo de vidrio muy resistente destinado a contener gases que han de reaccionar químicamente mediante la chispa eléctrica. ❏ EUDIOMETRÍA.

EUDOXO de Cnido (408-355 a. C.) Matemático y astrónomo gr. Fijó la duración del año solar en 365 días y 6 horas.

EUFEMISMO m. Modo de evitar una palabra desagradable para el hablante, sustituyéndola por otra o por una perífrasis que alude indirectamente al mismo significado. ❏ EUFEMÍSTICO, CA.

EUFONÍA f. Sonoridad agradable que resulta de la acertada combinación de los elementos acústicos de la palabra. ❏ EUFÓNICO, CA.

EUFORBIO m. Planta afr. de la cual se saca un zumo usado en medicina como purgante. ◊ Resina de esta planta.

EUFORIA f. Facilidad para resistir una enfermedad. ◊ *Med.* Estado normal de las funciones orgánicas. ◊ Exaltación del estado de ánimo que se traduce en alegría y optimismo expansivos. ❏ EUFÓRICO, CA.

EUFRASIA f. Hierba escrofulariácea de flores pequeñas, axilares, blancas, con rayas purpúreas y una mancha amarilla.

EUFRATES (turco, *Firat*; ár., *al-Furat*) Río de Asia. Nace al NE de Turquía. En Bassora se une al Tigris, formando el Chat-el-Arab; 2 700-2 800 km.

EUFROSINA *Mit. gr.* Una de las tres Gracias. Expresa la serenidad.

EUGENESIA f. Aplicación de las leyes biológicas de la herencia al perfeccionamiento de una especie. ❏ EUGENÉSICO, CA.

EUGENIO III (m. 1153) Papa [1145-1153]. Presidió el concilio de Reims y firmó el tratado de Constanza. ◊ **IV** (1383-1447) Papa [1431-1447]. Quiso unir las iglesias de Oriente y Occidente.

EUGENIO de Saboya (1663-1736) General fr. al servicio de Austria. Luchó en la guerra de Sucesión española.

*Orfeo y **Eurídice*** (fragmento central), de Poussin. Museo del Louvre. París

EULALIA de Mérida (m. h. 304) Santa. Doncella de Hispania, mártir.

EULER, *Leonhard* (1707-1783) Matemático suizo. Sus contribuciones más importantes las llevó a cabo en la teoría de números, en el análisis matemático, en la parte relativa a funciones de variable compleja.

EUNUCO m. Hombre castrado. ◊ *Hist.* En el Oriente ant., ministro o empleado favorito de un rey. ❏ EUNUQUISMO.

EUNUCOIDISMO m. Deficiencia del desarrollo de las glándulas endocrinas de los órganos sexuales.

EUPATORIO m. Planta herbácea de flores blancas y róseas, olorosas y raíz fusiforme usada como purgante.

EUPÁTRIDA m. En la ant. Grecia, miembro de la nobleza hereditaria, descendiente de los conquistadores del Ática.

EUPEPSIA f. *Med.* Digestión normal. ❏ EUPÉPTICO, CA.

EUPLOIDE adj. y m. Díc. de los organismos o de las células de los mismos cuya dotación genética posee un número completo de genomas. ❏ EUPLOIDÍA.

EURASIA Conjunto formado por Asia y Europa. ❏ EURASIÁTICO, CA.

EURATOM Siglas de Comunidad Europea de Energía Atómica.

EUREKA Voz gr. usada como interjección de alegría cuando se halla algo que se busca con afán.

EURICO (h. 420-484) Rey visigodo [446-484]. Compiló las leyes visigóticas en el código que lleva su nombre.

EURÍDICE *Mit. gr.* Esposa de Orfeo; éste no pudo rescatarla del Hades porque se volvió a mirarla, contra la prohibición de Perséfone, antes de haber salido al mundo exterior.

EURÍPIDES (480-405 a. C.) Poeta dramático gr., n. en Salamina; es el gran renovador del teatro helénico y trágico gr. *Medea, Fedra, Electra, Hécuba, Alcestes, Ifigenia en Áulida*.

EURO m. Unidad monetaria de doce de los estados miembros de la Unión Europea: Alemania, Austria, Bélgica, España, Finlandia, Francia, Grecia, Irlanda, Italia, Luxemburgo, Países Bajos y Portugal.

EUROPA Uno de los cinco continentes del mundo (unos 10,5 millones de km²). Constituye una pen., la más occidental de la masa emergida eurasiática. Se halla sit. en el hemisferio boreal, casi por completo en la zona templada N, a excepción del pequeño sector situado más allá del círculo polar ártico. Está limitada al N por el océano Glaciar Ártico, al O por el Atlántico, al S por los mares Mediterráneo y Negro, el Cáucaso y el mar Caspio, y el E por los Urales, el río Ural y el mar Caspio.
□ *Geog. fís.* Se distinguen dos grandes conjuntos montañosos, uno ant. al N y otro de cadenas jóvenes al S, y entre ambos una serie de llanuras. En el conjunto ant. se encuentran los Alpes de Es-

Europa. Vista panorámica del macizo de los Alpes

EUROPA, ESTADOS Y TERRITORIOS

Estados	Km²	Habitantes	Densidad	Capital
Albania	28 748	3 301 000	114	Tirana
Alemania	356 854	79 800 000	223	Berlín
Andorra	453	57 000	126	Andorra la Vella
Austria	83 859	7 823 000	93	Viena
Bélgica	30 518	9 980 000	327	Bruselas
Bielorrusia	207 600	10 200 000	49	Minsk
Bosnia-Herzegovina	51 129	4 400 000	86	Sarajevo
Bulgaria	110 994	8 500 000	76	Sofía
Checa, Rep.	78 864	10 300 000	131	Praga
Croacia	56 538	4 765 000	84	Zagreb
Dinamarca	43 093	5 154 000	120	Copenhague
Islas Feroe	1 399	48 000	34	Thorshavn
Eslovaquia	49 036	5 270 000	107	Bratislava
Eslovenia	20 251	1 975 000	98	Liubliana
España*	504 790	40 847 000	81	Madrid
Estonia	45 100	1 582 000	35	Tallinn
Finlandia	338 145	5 029 000	15	Helsinki
Francia	543 965	56 615 000	104	París
Gran Bretaña	244 100	54 487 000	223	Londres
Isla de Man	588	70 000	119	Douglas
Islas del Canal	195	143 000	733	St. Peter Port
Grecia	131 957	10 269 000	78	Atenas
Hungría	93 033	10 341 000	111	Budapest
Irlanda	70 285	3 523 000	50	Dublín
Islandia	102 819	258 000	3	Reykjavik
Italia	301 302	56 778 000	188	Roma
Letonia	64 500	2 648 000	41	Riga
Liechtenstein	160	29 000	181	Vaduz
Lituania	65 200	3 741 000	57	Vilnius o Vilna
Luxemburgo	2 586	385 000	149	Luxemburgo
Macedonia	25 713	2 034 000	79	Skopje
Malta	316	357 000	1 129	La Valetta
Moldavia	33 700	4 363 000	129	Kishiniov
Mónaco	1,95	30 000	15 385	Mónaco
Noruega	323 877	4 262 000	13	Oslo
Dep. árticas	63 080	3 000	0,05	
Países Bajos	41 526	15 100 000	364	Amsterdam
Polonia	312 685	38 244 000	122	Varsovia
Portugal	91 985	9 600 000	105	Lisboa
Rumania	237 500	22 750 000	96	Bucarest
Rusia (terr. europeo)	4 424 900	133 240 000	30	Moscú
San Marino	60,57	23 000	378	San Marino
Serbia y Montenegro	102 173	10 337 000	101	Belgrado
Suecia	449 964	8 642 000	19	Estocolmo
Suiza	41 285	6 871 000	166	Berna
Turquía (terr. europeo)	23 764	5 944 000	250	Ankara
Ucrania	603 700	51 944 000	86	Kiev
Vaticano	0,44	1 000	2 272	C. del Vaticano
EUROPA	10 402 703,96	712 169 000	68	

* Territorio continental europeo.

Europa. Sesión en el Parlamento de Estrasburgo, una de las instituciones básicas de la Unión Europea

candinavia, los montes Grampianos, los Peninos, los Cambrianos, el macizo Galaico, los montes de Toledo, el macizo Armoricano, el Central fr., los Vosgos, el macizo de las Ardenas, el Renano, la Selva Negra, el Harz, el Cuadrilátero de Bohemia y la cadena de los Urales. Pertenecen al grupo del S, el sistema Bético, los Pirineos, los Alpes, los Alpes Dináricos, la cadena del Pindo, los Cárpatos, los Alpes de Transilvania, los Balcanes y la cordillera del Cáucaso. La llanura se extiende desde el golfo de Vizcaya por Francia, Bélgica, Países Bajos, N de Alemania, Rusia, y se prolonga en la cuenca del Támesis. El Volga es el río más imp. Destacan también: el Rin, el Vístula, el Elba, el Tajo, el Loire, el Ebro, el Ródano, el Po, el Danubio, el Ural y el Dniéper. Los lagos están en los países bálticos y en la región alpina. El clima es templado, aunque varía con la altitud. ◻ *Geog. econ.* La mayor producción agrícola se da en cerales, forrajes, hortalizas, frutas, vid, olivo, patatas y remolacha azucarera. La riqueza forestal ha retrocedido frente a la agricultura y la ganadería, excepto en los países del N. El ganado vacuno abunda en el área atlántica, el lanar en la mediterránea, y el de cerda y el caballar tienen un reparto equilibrado. La pesca alcanza la tercera parte de la producción mundial. Los recursos mineros se centran en el hierro y la hulla, y es deficitaria en petróleo, aunque sus recursos han experimentado un gran crecimiento con la explotación de la plataforma submarina del mar del Norte. Otros productos imp. son el mercurio, el uranio, el cobre, el cinc y el plomo. Las ind. de mayor producción son la siderúrgica, la siderometalúrgica, la automovilística, la textil, la química, la de artículos de precisión y bienes de consumo, la forestal y la alimentaria. Europa ha emprendido una profunda reconversión ind., que ha disminuido el peso del sector secundario clásico, en beneficio de las nuevas tecnologías informáticas y de telecomunicaciones, así como el sector servicios. ◻ EUROPEIDAD; EUROPEÍSMO; EUROPEO, A.

EUROPA *Mit. gr.* Hija de Fénix (o de Agenor) y de Telefasa. Zeus se enamoró de ella, la transportó a Creta y tuvo de ella a Minos, Sapedón y Radamanto.
EUROPA, Picos de Macizo montañoso del N de España. Alt. máx., Peña Cerredo (2 648 m) y Peña Vieja (2 613 m).
EUROPIO m. *Quím.* Elemento de símb. Eu y n. a. 63. Metal gris, maleable.
EUSCALDUNA m. y f. Persona que habla euskara. ◊ adj. Vasco.
EUSCARO, RA adj. Relativo al euskara. ◊ m. Lengua vasca.
EUSEBIO (265-340) Obispo de Cesarea en 313. *Historia eclesiástica, Vida de Constantino*.
EUSKADI o **EUZKADI** Denominación nacionalista del País Vasco. Desde 1979, nombre of. de la comunidad autónoma esp. que comprende las prov. de Álava *(Araba)*, Guipúzcoa *(Gipuzkoa)* y Vizcaya *(Bizcaia)*.
EUSKÁDI ta Askatasuna (País Vasco y Libertad) ETA. Organización político-militar vasca creada en 1959. Sus postulados son la reunificación e independencia del País Vasco bajo el socialismo (alternativa KAS).
EUSKARA o **EUSKERA** o **EUSQUERA** m. Lengua de origen remoto e impreciso, tal vez caucásico, que se habla en el N de España y el SO de Francia, en parte del País Vasco. ◊ Vascuence, lengua de los vascos. ◊ adj. Relativo a dicha lengua.
◻ *Ling.* y *Lit.* El e. actual presenta varios dialectos en territorio esp. y fr., pero se ha realizado un esfuerzo de unificación normativa a partir del batúa (Koldo Mitxelena), hoy consagrado como vehículo of. y literario.
◻ *Lit.* Se conservan oralmente fragmentos de poesía épica medieval. El libro más ant. conocido es *Linguae Vasconum Primitiae* (1545). A partir del Romanticismo se suceden diversos poetas, entre los que cabe citar a José María Iparraguirre *(Gernikako arbola)*; Orixe (seudónimo de Nicolás de Ormaechea), autor de *Euskaldunak* (1950), auténtica epopeya del pueblo vasco; Xavier de Lizardi.

Tras el fin de la dictadura tuvo lugar una eclosión cultural, tanto en la literatura (Mendiguren, Urkizu, Unzueta, Lasa, Saizarbitoria, Atxaga, Sarrionandia), como en cine (Uribe, Armendariz, Médem) o música (Imanol, Lertxundi, Laboa), en la que han tenido gran importancia las *ikastolas* (escuelas en euskara).
EUSTACHI, *Bartolomeo* (1510-1574) Médico it., autor de varios estudios de anatomía, en especial la comunicación entre la faringe y el oído medio ⊳ trompa de Eustaquio.
EUSTATISMO m. Teoría que explica las variaciones de nivel de los océanos por causas geológicas diversas.
EUTANASIA f. Muerte sin sufrimiento físico. ◊ Teoría que defiende la licitud de acortar la vida de un enfermo incurable, para poner fin a sus sufrimientos físicos. ◻ EUTANÁSICO, CA.
EUTERIO, RIA adj. y m. *Zool.* Placentario.
EUTERPE *Mit. gr.* Musa de la música.
EUTIQUES (378-454) Heresiarca bizantino. Afirmó que sólo existe una naturaleza en Jesucristo, pues la divina ha absorbido a la humana. ◻ EUTIQUIANO, NA.
EUTROFIA f. Estado normal de nutrición de un tejido, órgano o ser vivo. ◻ EUTRÓFICO, CA.
EUTROPIO (s. IV) Historiador latino. *Breviario de la historia romana.*
EVA Primera mujer y madre de la humanidad, según la Biblia. Aparece como la primera víctima del espíritu del mal.
EVACUAR tr. Desocupar alguna cosa. ◊ Expeler un ser orgánico humores o excrementos. ◊ Desempeñar un encargo, informe o cosa semejante. ◊ *Der.* Cumplir un trámite. ◊ *Med.* Sacar, extraer los humores viciados del cuerpo humano. ◊ *Mil.* Dejar una plaza o un lugar las tropas que había allí. ◻ EVACUACIÓN; EVACUATIVO, VA; EVACUATORIO, RIA.
EVADIR tr. y prnl. Evitar un daño o peligro inminente; eludir con arte o astucia una dificultad prevista. ◊ prnl. Fugarse, escaparse.
EVALUAR tr. Señalar el valor de una cosa. ◊ Estimar, apreciar, calcular el valor de una cosa. ◊ Comprobar el rendimiento escolar de un alumno mediante una reunión a la que asisten todos los profesores del mismo. ◻ EVALUACIÓN.
EVANESCENTE adj. Que se desvanece o esfuma. ◻ EVANESCENCIA.
EVANGELIARIO m. Libro que contiene los evangelios de cada día del año.
EVANGÉLICO, CA adj. Relativo al Evangelio. ◊ adj. y s. Relativo a las iglesias surgidas de la Reforma protestante. ◊ Miembro de las mismas. ◊ adj. Díc. particularmente de una secta formada por la fusión del culto luterano y del calvinista.
EVANGELIO m. *Rel.* Doctrina de Jesucristo. ◊ Capítulo tomado de uno de los cuatro libros de los evangelios que se lee durante la misa. ◊ fig. y fam. Verdad indiscutible. ◊ **Evangelios apócrifos** Escritos anónimos atribuidos a personajes del N.T. que la Iglesia Católica no admite en su canon.
◻ *Rel.* La iglesia cristiana reconoce sólo cuatro e.: los de Mateo, Marcos, Lucas y Juan. Fueron escritos en ss. I-II d. C.
EVANGELISMO m. Movimiento reformador del s. XVI. ◊ Doctrina de las iglesias reformadas evangelistas.

EVANGELISTA m. Cada uno de los cuatro escritores sagrados que escribieron el Evangelio. ◊ Persona destinada a cantar el Evangelio en las iglesias. ◊ *Méx.* Memorialista.

EVANGELIZAR tr. Predicar el Evangelio. ❏ EVANGELIZACIÓN; EVANGELIZADOR, RA.

EVANS, *Arthur* (1851-1941) Arqueólogo brit. Descubrió el palacio de Cnosos en Creta (1900-1908).

EVANS-PRITCHARD, *Edward* (1903-1973) Antropólogo brit. Gran renovador de los estudios de antropología política. *Sistemas políticos africanos.* Realizó numerosos estudios de campo en África, *Los nuer*, y sobre las religiones afr., *Teorías de la religión primitiva.*

EVAPORACIÓN f. Transformación de un líquido al estado gaseoso a cualquier temperatura.

EVAPORADOR, RA adj. Que evapora o sirve para evaporar. ◊ m. En la industria alimentaria, aparato que sirve para deshidratar frutas y legumbres. ◊ **rotatorio.** Aparato empleado en los laboratorios químicos para concentrar disoluciones evaporando los disolventes.

EVAPORAR tr. y prnl. Convertir en vapor un líquido. ◊ fig. Disipar, desvanecer. ◊ prnl. fig. Fugarse, desaparecer sin ser notado. ❏ EVAPORABLE; EVAPORATORIO, RIA.

EVAPORITA f. Roca o depósito mineral originado por precipitación de las sales disueltas en las aguas de una cuenca marina cerrada o laguna, debido a la evaporación parcial o total de dichas aguas.

EVAPORIZAR tr., intr. y prnl. Vaporizar. ❏ EVAPORIZACIÓN.

EVAPOTRANSPIRACIÓN f. Evaporación del agua en un terreno, originada por la transpiración de las plantas.

EVASIÓN f. Recurso para evadir una dificultad. ◊ **de capitales.** Exportación fraudulenta de dinero a otro país a fin de obtener una mayor rentabilidad y seguridad. ◊ **fiscal.** Acción del contribuyente para eludir un determinado impuesto.

EVASIVA f. Efugio para eludir una dificultad. ❏ EVASIVO, VA; EVASOR, RA.

EVECCIÓN f. *Astr.* Perturbación periódica en el movimiento de la Luna, producida por la atracción solar. El período de e. es de 31,5 días.

EVENTO m. Acontecimiento imprevisto.

EVENTRACIÓN f. *Med.* Hernia ventral.

EVENTUAL adj. Sujeto a cualquier evento o contingencia. ◊ Aplícase a los emolumentos anejos a un empleo fuera de su dotación fija. ◊ Díc. de ciertos fondos destinados en algunas oficinas a gastos accidentales. ◊ Aplícase al trabajador que no goza de situación fija en la plantilla de una empresa. ❏ EVENTUALIDAD.

EVEREST (*Chomolungma, Jomokangkar* o *Zhumulangmafeng*) Monte más alto del mundo, en la cordillera del Himalaya, entre Nepal y Tíbet; 8 848 m. Sir Edmund Percival Hillary y el *sherpa* Tensing fueron los primeros hombres en alcanzar la cima (1953).

EVERGLADES Región pantanosa del S de Florida (EE UU), sit. alrededor del lago Okeechobee. Ha sido drenada y cultivada en parte, mientras que el resto forma un parque nacional.

EVERTSZ, *Juancho* (n. 1913) Político antillano neerlandés. Primer ministro entre 1973 y 1977.

EVICCIÓN f. *Der.* Despojo que sufre el poseedor, y en especial el comprador de una cosa.

EVIDENCIA f. Certeza manifiesta y tan perceptible de una cosa, que nadie puede racionalmente dudar de ella. ❏ EVIDENCIAR; EVIDENTE.

EVITAR tr. Apartar algún daño; precaver, impedir que suceda. ◊ Excusar, huir de incurrir en algo. ◊ Huir de tratar a uno; apartarse de su comunicación. ❏ EVITABLE; EVITACIÓN.

EVITERNO, NA adj. Que habiendo tenido principio, se considera que no tendrá fin.

EVOCAR tr. Llamar, hacer aparecer. ◊ fig. Traer alguna cosa a la memoria. ❏ EVOCABLE; EVOCACIÓN; EVOCADOR, RA; EVOCATIVO, VA.

EVOLUCIÓN f. Desarrollo de las cosas o de los organismos, por medio del cual pasan gradualmente de un estado a otro. ◊ *Biol.* Proceso de cambio de las especies vivientes, que desemboca en la aparición de otras distintas a través de la adaptación al medio y la llamada selección natural en la lucha por la existencia. ◊ Movimiento que hacen las tropas o los buques, pasando de unas formaciones a otras. ◊ fig. Mudanza de conducta o de actitud. ◊ fig. Desarrollo o transformación de las ideas o de las teorías. ❏ EVOLUTIVO, VA.
❏ *Biol.* La e. se contrapone al fijismo y supera al evolucionismo lamarkiano, que consideraba las transformaciones adaptativas al medio como el mecanismo evolutivo. Según el darwinismo se produce por la selección natural basada en la variabilidad intraespecífica de las especies (mutaciones), de modo que los más eficaces tienen mayor probabilidad de supervivencia y en consecuencia serán los que transmitirán los caracteres a la descendencia. ❏ EVOLUCIONAR.

EVOLUCIONISMO m. Doctrina que aplica a todo orden de conocimientos la ley universal de la transformación de lo simple a lo complejo. ❏ EVOLUCIONISTA.

EVREN, *Kenan* (n. 1918) Militar y político turco. Presid. de 1982 a 1989.

ÉVREUX C. de Francia, cap. del dpto. de Eure; 45 000 hab. Centro industrial.

EVTUSHENKO, *Yevgueni* (n. 1933) Poeta ruso. *Los herederos de Stalin.*

EX prep. inseparable que denota más ordinariamente fuera o más allá. ◊ An-

El monte **Everest**

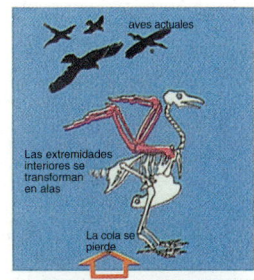
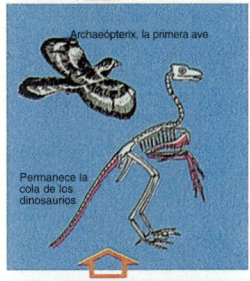

EVOLUCIÓN

Millones de años de evolución: de los peces a las aves

época actual

aves actuales

Las extremidades inferiores se transforman en alas

La cola se pierde

Archaeópterix, la primera ave

Permanece la cola de los dinosaurios

Dinosaurio

Las aletas se transforman en patas

celacanto

Conquista de la tierra por los vertebrados

Se conocen pocos detalles de la evolución de los vertebrados en la etapa anterior a los teleósteos

Organismos pluricelulares marinos

tepuesta a nombres de dignidades o cargos, y a nombres o adjetivos de persona, indica que ésta ha dejado de ser lo que aquéllos significan.

EX AEQUO m. adv. latino que significa con igual mérito o en circunstancias iguales.

EX CATEDRA m. adv. latino. Se aplica al Papa cuando éste enseña a toda la Iglesia o define dogmas.

EXABRUPTO m. Salida de tono; dicho o ademán inconveniente e inesperado, que se manifiesta con rudeza.

EXACCIÓN f. Acción y efecto de exigir impuestos, multas, deudas, etc. ◊ Cobro injusto y violento. ❏ EXACTOR.

EXACERBAR tr. y prnl. Irritar, causar muy grave enfado o enojo. ◊ Agravar o avivar una enfermedad, una pasión, una molestia, etc. ❏ EXACERBACIÓN.

EXACTITUD f. Puntualidad y fidelidad en la ejecución de una cosa. ❏ EXACTO, TA.

EXAGERACIÓN f. Cosa que traspasa los límites de lo justo, verdadero o razonable.

EXAGERAR tr. Encarecer, dar proporciones excesivas a una cosa. ❏ EXAGERADO, DA; EXAGERADOR, RA; EXAGERATIVO, VA.

EXALTAR tr. Elevar a una persona o cosa a mayor auge o dignidad. ◊ fig. Realzar el mérito o circunstancias de uno con demasiado encarecimiento. ◊ prnl. Dejarse arrebatar de una pasión, perdiendo la moderación y la calma. ❏ EXALTACIÓN; EXALTADO, DA; EXALTADOR, RA.

EXAMEN m. Indagación que se hace acerca de las cualidades y circunstancias de una cosa o de un hecho. ◊ Prueba a que se somete al candidato a un grado o empleo.

EXAMINAR tr. Inquirir, investigar, escudriñar con diligencia y cuidado una cosa. ◊ tr. y prnl. Juzgar la suficiencia, aptitud o conocimientos de una persona, gralte. en los estudios, por medio de unas pruebas determinadas. ❏ EXAMINADOR, RA; EXAMINANDO, DA.

EXANGÜE adj. Desangrado, falto de sangre. ◊ fig. Sin ningunas fuerzas, aniquilado. ◊ fig. Muerto.

EXÁNIME adj. Sin señales de vida. ◊ fig. Sumamente debilitado, desmayado. ❏ EXANIMACIÓN.

EXARCA m. Gobernador de las prov.

que en Italia pertenecían al imperio de Oriente. ◊ En la Iglesia gr., dignidad inmediatamente inferior a la de patriarca. ❏ EXARCADO.

EXASPERAR tr. y prnl. Lastimar, irritar una parte dolorida o delicada. ◊ fig. Irritar, enfurecer, dar gran motivo de enojo. ❏ EXASPERACIÓN; EXASPERADOR, RA.

EXCARCELAR tr. y prnl. Poner en libertad al preso, por mandamiento judicial, bajo fianza o sin ella. ❏ EXCARCELABLE; EXCARCELACIÓN.

EXCAVAR tr. Hacer hoyo o cavidad. ◊ Descubrir y quitar la tierra de alrededor de las plantas para beneficiarlas. ❏ EXCAVACIÓN; EXCAVADOR, RA; EXCAVA.

EXCEDENTE adj. Que excede. ◊ Excesivo. ◊ adj. y m. Sobrante. ◊ Díc. del empleado público que temporalmente deja su cargo. ❏ EXCEDENCIA.

EXCEDER tr. Ser una persona o cosa más grande o aventajada que otra con que se compara en alguna línea. ◊ intr. y prnl. Propasarse, ir más allá de lo lícito o razonable.

EXCELENCIA f. Superior calidad o bondad. ◊ Tratamiento de respeto que se da a algunas personas. ◊ Por antonomasia. ❏ EXCELENTE; EXCELENTÍSIMO, MA.

EXCENTRICIDAD f. Rareza o extravagancia de carácter. ◊ Dicho o hecho raro o extravagante. ◊ Geom. Distancia media entre el centro de la elipse y uno de sus focos.

EXCÉNTRICO, CA adj. De carácter raro, extravagante. ◊ Geom. Que tiene un centro diferente. ◊ f. Mec. Pieza que gira alrededor de un punto que no es su centro de figura. ❏ EXCENTRICISMO.

EXCEPCIÓN f. Cosa que se aparta de la regla o condición general de las demás de su especie. ◊ Der. Título, motivo jurídico que el demandado alega para hacer ineficaz la acción del demandante. ❏ EXCEPCIONAL.

EXCEPTO adv. modo. A excepción de, fuera de, menos.

EXCEPTUAR tr. y prnl. Excluir a una persona o cosa de la generalidad de lo que se trata o de la regla común. ❏ EXCEPTIVO, VA.

EXCESO m. Parte que excede y pasa más allá de la medida o regla. ◊ Lo que sale en cualquier línea de los límites de lo ordinario o de lo lícito. ◊ Aquello en

que una cosa excede a otra. ◊ Abuso, delito o crimen. Se usa mucho en pl. ◊ Exceso de peso. ❏ EXCESIVO, VA.

EXCIPIENTE m. Sustancia biológicamente inactiva que se añade a los fármacos para darles la forma.

EXCITACIÓN f. Efecto que produce un excitante al actuar sobre una célula, un órgano o un organismo.

EXCITADOR, RA adj. Que produce excitación. ◊ m. Fís. Aparato que sirve para producir la descarga eléctrica entre dos puntos que tengan potenciales muy diferentes.

EXCITAR tr. Mover, estimular. ◊ prnl. Animarse por el enojo, el entusiasmo, la alegría, etc. ❏ EXCITANTE; EXCITABILIDAD; EXCITABLE; EXCITATIVO, VA.

EXCLAMAR intr. y tr. Emitir palabras con fuerza o vehemencia para expresar un vivo afecto o movimiento del ánimo, o para dar vigor y eficacia a lo que se dice. ❏ EXCLAMACIÓN.

EXCLAUSTRAR tr. Permitir u ordenar a un religioso que abandone el claustro. ❏ EXCLAUSTRACIÓN; EXCLAUSTRADO, DA.

EXCLUIR tr. Echar a una persona o cosa fuera del lugar que ocupaba. ◊ Descartar, rechazar o negar la posibilidad de alguna cosa. ❏ EXCLUIBLE; EXCLUIDOR, RA; EXCLUSIÓN; EXCLUYO, VA.

EXCLUSIVA f. Repulsa para no admitir a uno en un empleo, comunidad o cargo. ◊ Privilegio de hacer algo que no está permitido a los demás.

EXCLUSIVE adv. modo. Con exclusión. ◊ Significa que el último número o la última cosa de que se hizo mención no se toma en cuenta.

EXCLUSIVISMO m. Obstinada adhesión a una cosa, sin prestar atención a las demás que deben ser tenidas en cuenta. ❏ EXCLUSIVISTA.

EXCOMBATIENTE adj. y s. Que peleó bajo alguna bandera militar o por alguna causa política.

EXCOMULGAR tr. Apartar la autoridad eclesiástica competente a alguien de la comunión de los fieles y del uso de los sacramentos. ❏ EXCOMULGADO; EXCOMULGADOR; EXCOMUNIÓN.

EXCORIAR tr. y prnl. Gastar o arrancar el cutis o el epitelio, quedando al descubierto la carne. ❏ EXCORIACIÓN.

EXCRECENCIA f. Biol. Crecimiento parcial y externo de un órgano de un vegetal o de un animal.

EXCREMENTO m. Residuos del alimento que, después de hecha la digestión, despide el cuerpo. ◊ Cualquier materia asquerosa que despiden de sí la boca, nariz u otras vías del cuerpo. ◊ El que se produce en las plantas por putrefacción. ❏ EXCREMENTAL; EXCREMENTICIO, CIA; EXCREMENTOSO, SA.

EXCRETAR intr. Expeler el excremento. ◊ Expeler las sustancias elaboradas por las glándulas. ❏ EXCRECIÓN; EXCRETO, TA; EXCRETOR, RA; EXCRETORIO, RIA.

EXCULPAR tr. y prnl. Descargar a uno de culpa. ❏ EXCULPACIÓN.

EXCURSIÓN f. Recorrido breve con fin recreativo fuera del lugar donde se vive habitualmente. ❏ EXCURSIONISMO; EXCURSIONISTA.

EXCUSADO, DA adj. Que por privilegio está libre de pagar tributos. ◊ Superfluo e inútil. ◊ Reservado o separado del uso común. ◊ Lo que no hay precisión de hacer o decir. ◊ m. Retrete.

EXCUSAR tr. y prnl. Exponer y alegar

Excavaciones arqueológicas en Kasi (antiguo nombre budista de Varanasi o Benarés)

causas o razones para sacar libre a uno de la culpa que se le imputa. ◊ tr. Evitar, impedir, precaver que una cosa perjudicial se ejecute o suceda. ◊ tr. y prnl. Rehusar hacer una cosa. ◊ tr. Eximir y libertar del pago de tributos o de un servicio personal. ❑ EXCUSA; EXCUSABLE; EXCUSO.

EXECRACIÓN f. Pérdida del carácter sagrado de un lugar, por profanación o accidente.

EXECRAR tr. Condenar y maldecir. ◊ Aborrecer, detestar. ◊ Vituperar o reprobar severamente. ❑ EXECRABLE; EXECRADO, DA; EXECRATORIO, RIA.

EXÉGESIS f. Explicación, interpretación, especialmente de los libros de la Sagrada Escritura. ❑ EXÉGETA o EXEGETA; EXEGÉTICO, CA.

EXENTO, TA adj. Libre, desembarazado de una cosa. ◊ Aplícase al sitio o edificio que está descubierto por todas partes.

EXEQUÁTUR m. Pase que da la autoridad civil de un Est. a las bulas pontificias para su observancia. ◊ Autorización que otorga el jefe de un Est. a los agentes extranjeros para que en su terr. puedan ejercer las funciones propias de sus cargos.

EXEQUIAS f. pl. Honras funerales.

EXETER C. de Gran Bretaña, capital del condado de Devon; 95 600 hab. Monumentos, restos medievales.

Detalle de la fachada principal de la catedral de **Exeter**

EXFOLIACIÓN f. *Med.* Pérdida o caída de la epidermis en forma de escamas.

EXFOLIADOR, RA adj. *Chile.* Taco de hojas de papel ligeramente pegadas.

EXFOLIAR tr. y prnl. Dividir una cosa en láminas o escamas.

EXHALACIÓN f. Estrella fugaz. ◊ Rayo, centella. ◊ Vapor o vaho que un cuerpo desprende por evaporación.

EXHALAR tr. Despedir gases, vapores u olores. ◊ fig. Lanzar suspiros, quejas, etc. ◊ prnl. fig. Afanarse con anhelo por conseguir algo.

EXHAUSTIVO, VA adj. Que agota o apura por completo.

EXHAUSTO, TA adj. Enteramente apurado y agotado.

EXHIBICIÓN f. Manifestación sexual o agresiva de algunos animales consistente en mostrar determinadas partes del cuerpo a un congénere.

EXHIBICIONISMO m. Deseo de exhibirse o llamar la atención. ◊ *Psic.* Impulso que consiste en el deseo obsesivo de mostrar los órganos genitales propios a personas del otro sexo o en público. ❑ EXHIBICIONISTA.

EXHIBIDOR, RA adj. Que exhibe. ◊ adj. y s. Díc. de la persona, o de la empresa, dedicada a la proyección pública de películas cinematográficas.

EXHIBIR tr. y prnl. Manifestar, mostrar en público. ◊ tr. Lucir, mostrar con orgullo. ◊ *Méx.* Pagar una cantidad. ◊ *Der.* Presentar documentos ante quien corresponda.

EXHORTAR tr. Inducir a uno con palabras, razones y ruegos a que haga o deje de hacer alguna cosa. ❑ EXHORTACIÓN; EXHORTATIVO, VA; EXHORTATORIO, RIA.

EXHORTO m. *Der.* Despacho que libra un juez a otro para que lleve a cabo alguna acción.

EXHUMAR tr. Desenterrar un cadáver o restos humanos. ◊ fig. Desenterrar, sacar a luz lo perdido u olvidado. ❑ EXHUMACIÓN.

EXIGIR tr. Cobrar, sacar de uno por autoridad pública dinero u otra cosa. ◊ fig. Pedir una cosa algún requisito necesario para que se haga. ◊ fig. Demandar imperiosamente. ❑ EXIGENCIA; EXIGENTE; EXIGIBILIDAD; EXIGIBLE.

EXIGUO, GUA adj. Insuficiente, escaso. ❑ EXIGÜIDAD.

EXILIAR tr. Expulsar a uno de un territorio. ◊ prnl. Expatriarse, gralte. por motivos políticos. ❑ EXILADO, DA; EXILIADO, DA.

EXILIO m. Alejamiento de una persona de la tierra en que vive. ◊ Expatriación, gralte. por motivos políticos. ◊ Efecto de estar exiliada una persona. ◊ Lugar en que vive el exiliado.

EXIMIO, MIA adj. Muy excelente.

EXIMIR tr. y prnl. Libertar de cargas, cuidados, culpas, etc. ❑ EXENCIÓN.

EXISTENCIA f. *Fil.* Acto de existir. Se define como la concreción del ser en su actualidad, en su efectividad o en cualquier modo definido de ser. ◊ Vida del hombre. ◊ pl. Cosas que no han tenido aún el uso a que se las destina.

EXISTENCIALISMO m. *Fil.* Tendencia filosófica contemporánea, defendida por M. Heidegger y J. P. Sartre, entre otros, que parte del principio de que la descripción de la existencia del hombre es prioritaria a cualquier consideración sobre su esencia. Su objeto es describir la propia existencia interrogante. ❑ EXISTENCIALISTA.

EXISTIR intr. Tener realidad algo. ◊ Tener vida. ◊ Haber, estar, hallarse. ❑ EXISTENCIAL.

ÉXITO m. Fin o terminación de un negocio o dependencia. ◊ Resultado feliz de un negocio, actuación, etc. ❑ EXITOSO, SA.

EXOBIOLOGÍA f. *Biol.* Estudio de los fenómenos vitales que se manifiestan fuera de la Tierra.

EXOCÉTIDO m. Pez con aletas dorsales desarrolladas que le permiten planear fuera del agua.

EXOCRINO, NA adj. *Biol.* Díc. de las glándulas cuyas secreciones se vierten al exterior o al aparato digestivo, como las sudoríparas, gástricas, etc.

ÉXODO m. Salida de los israelitas de

Éxodo. El paso del mar Rojo en una miniatura de Belbello di Pavia

Egipto. ◊ fig. Emigración de un pueblo.

ÉXODO *Libro* del Segundo libro del Pentateuco.

EXOESQUELETO m. Esqueleto externo de algunos animales.

EXOGAMIA f. Práctica de contraer matrimonio con cónyuge de distinta tribu o ascendencia. ◊ Cruzamiento de individuos no unidos por ningún tipo de parentesco. ◊ *Biol.* Cubrimiento de una hembra por un macho perteneciente a una especie distinta. ❑ EXOGÁMICO, CA.

EXÓGENO, NA adj. Que se origina en el exterior de una cosa.

EXONERAR tr. y prnl. Aliviar, descargar de peso u obligación. ◊ tr. Privar o destituir a alguno de un empleo. ❑ EXONERACIÓN.

EXORBITAR tr. Exagerar. ❑ EXORBITANCIA; EXORBITANTE.

EXORCISMO m. Conjuro contra el espíritu maligno. ❑ EXORCIZAR; EXORCISTA.

EXORDIO m. Introducción, preámbulo de una obra o discurso.

EXORNAR tr. y prnl. Adornar, hermosear. ◊ tr. Tratándose del lenguaje escrito o hablado, amenizarlo o embellecerlo con galas retóricas. ❑ EXORNACIÓN.

EXOSFERA f. Última capa de la atmósfera terrestre.

EXÓSMOSIS f. *Fís.* En el fenómeno de la ósmosis, flujo de disolvente dirigido en el sentido de la fase más concentrada a la menos.

EXOTÉRICO, CA adj. Común, accesible para el vulgo.

EXOTÉRMICO, CA adj. *Fís. y Quím.* Díc. de todo proceso físico o reacción química que tiene lugar con desprendimiento de calor.

EXÓTICO, CA adj. Extranjero. Se aplica comúnmente a las voces, plantas y drogas. ◊ Extraño, chocante, extravagante. ❑ EXOTICIDAD; EXOTIQUEZ.

EXOTISMO m. Carácter de lo exótico. ◊ Tendencia a exaltar o imitar costumbres e ideas extranjeras.

EXPANDIR tr. y prnl. Extender, dilatar, ensanchar, difundir.

EXPANSIBILIDAD f. *Fís.* Propiedad que tiene un cuerpo de poder ocupar mayor espacio que el que ocupa.

EXPANSIÓN f. fig. Acción de desahogar al exterior de un modo efusivo cualquier afecto o pensamiento. ◊ Recreo, ocio, diversión. ◊ **del universo.** Teoría formulada por Sitter en 1917 según la cual el universo se encuentra en un estado de evolución continua debido al movimiento de dispersión de las galaxias. ◊ **de un gas.** *Fís.* Aumento de volumen de un gas mediante disminución de la presión o por aumento de la temperatura. ❑ EXPANSIONARSE; EXPANSIONISMO; EXPANSIVO, VA.

EXPATRIARSE prnl. Abandonar uno su patria. ❑ EXPATRIACIÓN; EXPATRIADO, DA.

EXPECTACIÓN f. Intensidad con que se espera una cosa. ◊ Contemplación de lo que se expone o muestra al público. ❑ EXPECTABLE; EXPECTANTE.

EXPECTATIVA f. Esperanza de conseguir una cosa. ◊ Posibilidad de conseguir un derecho, herencia, empleo u otra cosa, al ocurrir un suceso que se prevé.

EXPECTORAR tr. Arrancar y arrojar por la boca las flemas y secreciones que se depositan en los órganos respiratorios. ❑ EXPECTORACIÓN; EXPECTORANTE.

EXPEDICIÓN f. Desembarazo y prontitud en decir o hacer. ◊ Viaje o marcha de un grupo de personas para realizar una empresa en punto distante. ◊ Conjunto de personas que realizan dicho viaje o marcha. ❑ EXPEDICIONARIO, RIA; EXPEDICIONERO.

EXPEDIENTE m. Negocio que se sigue sin juicio contradictorio en los tribunales. ◊ Conjunto de todos los papeles correspondientes a un asunto o negocio. ◊ Arbitrio o pretexto para dar salida a una dificultad. ◊ Despacho, curso de los negocios y causas. ◊ Desembarazo y prontitud en el manejo de los negocios. ❑ EXPEDIENTAR; EXPEDIENTEO.

EXPEDIR tr. Dar curso a las causas y negocios. ◊ Despachar, extender por escrito un documento. ◊ Pronunciar un auto. ◊ Remitir, enviar.

EXPEDITIVO, VA adj. Que tiene facilidad en dar expediente o salida en un negocio.

EXPEDITO, TA adj. Desembarazado, pronto a obrar.

EXPELER tr. Arrojar, echar de alguna parte a una persona o cosa.

EXPENDEDURÍA f. Tienda en que se vende por menor tabaco y otros efectos.

EXPENDER tr. Gastar, hacer expensas. ◊ Vender efectos de propiedad ajena por encargo de su dueño. ◊ Vender al menudeo. ◊ *Der.* Dar salida por menor a la moneda falsa. ❑ EXPENDEDOR, RA.

EXPENDIO m. *Argent., Méx. y Perú.* Expendición, venta al menudeo. ◊ *Méx.* Expendeduría.

EXPENSAS f. pl. Gastos, costas.

EXPERIENCIA f. Enseñanza que se adquiere con el uso de la práctica. ◊ Experimento. ◊ *Fil.* Proceso de adaptación que el contacto con la realidad impone al sujeto. Se refiere, en términos generales, a todo conocimiento que se adquiere mediante la práctica o la acción.

EXPERIMENTACIÓN f. Método científico de investigación, fundado en la realización voluntaria de fenómenos.

EXPERIMENTALISMO m. Método experimental.

EXPERIMENTAR tr. Probar y exami-

nar prácticamente una cosa. ◊ Hacer operaciones destinadas a descubrir, comprobar o demostrar determinados fenómenos o principios científicos. ◊ Notar, echar de ver en sí una cosa. ◊ Recibir las cosas modificación, cambio o mudanza. ◊ Sufrir, padecer. ❑ EXPERIMENTADO, DA; EXPERIMENTADOR, RA; EXPERIMENTAL; EXPERIMENTO.

EXPERTICIA f. *Ven.* Prueba pericial.

EXPERTO, TA adj. Práctico, hábil, experimentado. ◊ m. Perito.

EXPIAR tr. Borrar las culpas por medio de algún sacrificio. ◊ Sufrir el delincuente la pena impuesta por los tribunales. ◊ fig. Padecer las consecuencias de desaciertos o de malos procederes. ◊ fig. Purificar una cosa profanada; como un templo, etc. ❑ EXPIACIÓN; EXPIATIVO, VA; EXPIATORIO, RIA.

EXPIRAR intr. Morir, acabar la vida. ◊ Acabarse, fenecer una cosa. ❑ EXPIRACIÓN.

EXPLANAR tr. Allanar, poner llana una superficie. ◊ Dar al terreno la nivelación o el declive que se desea. ◊ fig. Declarar, explicar. ❑ EXPLANADA; EXPLANACIÓN.

EXPLAYAR tr. y prnl. Ensanchar, extender. ◊ prnl. fig. Difundirse, dilatarse, extenderse. ◊ fig. Esparcirse, irse a divertir al campo. ◊ fig. Confiarse de una persona comunicándole algún secreto o intimidad.

EXPLICAR tr. y prnl. Hablar sobre una cosa para hacerla comprender o conocer a otros. ◊ tr. Enseñar, dar clases. ◊ Justificar, exculpar palabras o acciones, declarando que no hubo en ellas intención de agravio para otra persona. ◊ prnl. Llegar a comprender la razón de alguna cosa; darse cuenta de ella. ❑ EXPLICACIÓN; EXPLICADERAS; EXPLICADOR, RA; EXPLICATIVO, VA.

EXPLÍCITO, TA adj. Que expresa clara y determinantemente una cosa. ❑ EXPLICITAR; EXPLICITUD.

EXPLORACIÓN f. *Med.* Conjunto de técnicas empleadas para determinar la naturaleza de una enfermedad.

EXPLORADOR, RA adj. y s. Que explora. ◊ m. y f. Muchacho afiliado a una institución cuya finalidad es combinar el excursionismo con el cultivo

La embarcación *Gjøa*, de Amundsen, en una **expedición** hacia el oeste. Pintura de Otto Sinding

del compañerismo y de otras virtudes.

EXPLORAR tr. Reconocer o averiguar con diligencia una cosa.

EXPLOSIÓN f. Reacción química violenta, con gran desprendimiento de energía calorífica y emisión de gases, que se desarrolla en un brevísimo lapso de tiempo. ◊ Estallido. ◊ Dilatación repentina de un gas en el interior de un cuerpo hueco, sin que éste estalle ni se rompa. ◊ fig. Manifestación violenta de ciertos afectos del ánimo. ❑ EXPLOSIONAR.

EXPLOSIVO, VA adj. Que hace o puede hacer explosión. ◊ adj. y m. *Quím.* Díc. de la sustancia o mezcla de sustancias capaces de sufrir una oxidación muy rápida en la que se libera gran cantidad de energía. ❑ EXPLOSOR.

EXPLOTAR tr. Extraer de las minas la riqueza que contienen. ◊ fig. Sacar utilidad de un negocio o ind. en provecho propio. ◊ fig. Aplicar en provecho propio, por lo general de un modo abusivo, las cualidades o sentimientos de una persona, o un suceso o circunstancia cualquiera. ◊ Estallar, reventar, hacer explosión. ❑ EXPLOTACIÓN; EXPLOTABLE.

EXPOLIAR tr. Despojar con violencia o con iniquidad. ❑ EXPOLIACIÓN; EXPOLIADOR, RA.

EXPOLIO m. Botín del vencedor. ◊ Bienes derivados de rentas eclesiásticas que dejaban los obispos a su muerte.

EXPONENCIAL adj. *Mat.* Relativo al exponente. ◊ **Curva e.** Representación gráfica de una función e. ◊ **Función e.** Función que a cada número real x hace corresponder a^x siendo a real y positivo.

EXPONENTE adj. y s. Que expone. ◊ m. *Mat.* Número o expresión que denota la potencia a que se ha de elevar otro número u otra expresión.

EXPONER tr. Presentar una cosa, exhibirla. ◊ Colocar una cosa para que reciba la acción de un agente o influencia. ◊ Declarar, interpretar el sentido genuino de una palabra, texto o doctrina difícil de entender. ◊ tr. y prnl. Arriesgar. ◊ tr. Dejar abandonado a un niño recién nacido en un paraje público. ❑ EXPOSITIVO, VA; EXPÓSITO, TA.

EXPORTAR tr. Enviar géneros del propio país a otro. ❑ EXPORTACIÓN.

EXPOSICIÓN f. Representación que se hace por escrito, pidiendo o reclamando una cosa. ◊ Manifestación pública de artículos de ind. o de artes y ciencias. ◊ *Fot.* Tiempo durante el cual se expone a la luz una placa fotográfica o un papel sensible para que se impresione. ❑ EXPOSITOR, RA.

EXPOSÍMETRO m. *Fot.* Aparato que mide la intensidad de luz que ilumina el objeto a fin de determinar el tiempo de exposición.

EXPRÉS adj. y s. Díc. del tren expreso. ◊ Café obtenido con la cafetera.

EXPRESAR tr. Manifestar con palabras lo que uno quiere dar a entender. ◊ Dar indicio al exterior del estado o los movimientos del ánimo por medios distintos de la palabra. ◊ prnl. Darse a entender por medio de la palabra o de otra manera.

EXPRESIÓN f. Declaración de una cosa para darla a entender. ◊ *Ling.* Palabra o locución. ◊ Efecto de expresar algo sin palabras. ◊ Cosa que se regala en demostración de afecto a quien se quiere obsequiar. ◊ Acción de exprimir. ◊ *Álg.* Conjunto de términos que representa una cantidad. ◊ pl. Memorias, recuerdos, saludos.

EXPRESIONISMO m. *Arte.* Movimiento estético que se caracteriza por la expresión anímica del arte frente a la sensorialidad del impresionismo. ◊ **abstracto.** *Pint.* Movimiento pictórico informalista surgido en EE UU a partir de 1951, en contraposición al *Action Painting.* ❏ EXPRESIONISTA.
❏ *Arte.* Van Gogh es considerado el iniciador del e. moderno. Las máx. personalidades fueron Munch, Nolde, Kokoschka, Dix, Grosz, Rouault, Ensor, Soutine y Solana; y el mejor escultor, Barlach. El cine al. lo adoptó tras la Gran Guerra (R. Wiene, F. W. Murnau, G. W. Pabst, F. Lang) y sus elementos y técnicas fueron post. utilizados por muchos directores (O. Welles, I. Bergman, etc.).
EXPRESIVO, VA adj. Díc. de la persona que manifiesta con gran viveza lo que siente o piensa. ◊ Dicho de cualquier manifestación mímica, oral, escrita, musical o plástica, que muestra con viveza los sentimientos de la persona que se manifiesta por aquellos medios. ◊ Característico, típico. ◊ Cariñoso, afectuoso. ❏ EXPRESIVIDAD.
EXPRESO, SA adj. Claro, patente, especificado. ◊ adj. y s. Tren expreso. ◊ m. Correo extraordinario, despachado con una noticia o aviso determinado. ◊ adv. modo. Ex profeso, con particular intento.
EXPRIMIR tr. Extraer el zumo o líquido de una cosa que lo tenga o esté empapada en él, apretándola o retorciéndola. ◊ fig. Estrujar, agotar una cosa. ◊ fig. Expresar, manifestar. ❏ EXPRIMIDOR, RA.
EXPROPIAR tr. Desposeer legalmente a una cosa a su propietario, dándole a cambio, por lo común, una indemnización. ❏ EXPROPIACIÓN.
EXPUESTO, TA adj. Peligroso.
EXPUGNAR tr. Tomar por asalto una c., plaza, castillo, etc. ❏ EXPUGNACIÓN.
EXPULSAR tr. Echar a alguien de un sitio. ◊ Hacer que salga una cosa de algún sitio. ❏ EXPULSIÓN; EXPULSIVO, VA; EXPULSO, SA.
EXPULSOR, RA adj. Que expulsa. ◊ m. Mecanismo de algunas máquinas que expulsa la pieza obtenida. ◊ Mecanismo de las armas de fuego para expulsar los cartuchos vacíos.
EXPURGAR tr. Limpiar o purificar una cosa. ◊ fig. Tachar algún pasaje de un libro o impreso por orden de la autoridad competente. ❏ EXPURGACIÓN; EXPURGATIVO, VA; EXPURGO.
EXQUISITO, TA adj. De singular y extraordinaria invención, calidad, belleza, gusto, sabor, etc. ❏ EXQUISITEZ.
EXTASIARSE prnl. Arrobarse, enajenarse, quedarse absorto.
ÉXTASIS m. Estado de un individuo que se halla como fuera del mundo sensible. ◊ P. ext., estado de suma admiración por alguien o algo. ◊ *Teol.* Estado del alma, caracterizado interiormente por cierta unión mística con Dios, y exteriormente por una suspensión mayor o menor del ejercicio de los sentidos. ◊ EXTÁTICO, CA; EXTATISMO.
EXTEMPORÁNEO, A adj. Impropio del tiempo en que sucede o se hace. ◊ Inoportuno, inadecuado. ❏ EXTEMPORANEIDAD.

Expresionismo. Escena de *El hombre de las figuras de cera*, film del director Paul Leni

EXTENDER tr. y prnl. Abrir, desdoblar, desarrugar una cosa para que se muestre en toda su extensión. ◊ Hacer llegar una cosa a muchos sitios. ◊ Ocupar cierta cantidad de tiempo, durar. ◊ Escribir un documento, escritura, recibo. ❏ EXTENSIBILIDAD; EXTENSIBLE; EXTENSIVO, VA; EXTENSO, SA; EXTENSOR, RA.
EXTENSIÓN f. Espacio ocupado por un cuerpo. ◊ *Lóg.* Propiedad de concepto que expresa el conjunto de objetos a los que aquél puede atribuirse. ◊ *Gram.* Tratando del significado de las palabras, ampliación del mismo a otro concepto relacionado con el originario. ◊ Relativo a otros países. ◊ m. Superficie externa de los cuerpos.
EXTERIORIDAD f. Cosa exterior o externa. ◊ Apariencia de las cosas, o porte de una persona. ◊ Demostración con que se aparenta un afecto del ánimo.
EXTERIORIZAR tr. y prnl. Hacer patente, revelar o mostrar algo al exterior. ❏ EXTERIORIZACIÓN.
EXTERMINAR tr. fig. Destruir totalmente una especie de cosas. ◊ fig. Desolar, devastar por fuerza de armas. ❏ EXTERMINACIÓN; EXTERMINIO.
EXTERNO, NA adj. Díc. de lo que obra o se manifiesta al exterior. ◊ Díc. de la persona que no come ni duerme en el lugar de estudio o trabajo. ◊ *Anat.* Relativo a la parte más exterior o superficial del organismo. ❏ EXTERNADO.
EXTINGUIR tr. y prnl. Apagar, hacer que cese el fuego o la luz. ◊ Hacer que cesen o se acaben del todo ciertas cosas. ❏ EXTINCIÓN; EXTINTIVO, VA; EXTINTO, TA; EXTINTOR, RA.
EXTIRPAR tr. Arrancar de cuajo o de raíz. ◊ fig. Acabar del todo con una cosa. ◊ *Cir.* Erradicar o separar quirúrgicamente una parte del organismo. ❏ EXTIRPACIÓN; EXTIRPADOR, RA.
EXTORSIONAR tr. Usurpar, arrebatar. ◊ Causar extorsión o daño. ❏ EXTORSIÓN.
EXTRA prep. insep. que significa *fuera de.* ◊ En estilo familiar suele emplearse aislada, significando además. ◊ adj.

fam. Extraordinario, óptimo. ◊ m. fam. Gaje, plus. ◊ Plato extraordinario que no figura en el cubierto ordinario. ◊ *Cin.* Comparsa, persona que presta un servicio accidental.
EXTRACCIÓN f. Operación consistente en separar de una materia prima productos con ciertas propiedades análogas. ◊ *Min.* Acción de sacar a la superficie los materiales arrancados en la mina. ◊ Todo lo relacionado con dicha operación. ◊ En el juego de la lotería, acto de sacar algunos números con sus respectivas suertes. ◊ Origen, linaje. ❏ EXTRACTOR, RA.
EXTRACTO m. Resumen de un escrito. ◊ *Der.* Apuntamiento o resumen de un expediente o de pleito contencioso administrativo. ◊ *Quím.* Sustancia resultante de la evaporación de ciertas disoluciones. ❏ EXTRACTAR.
EXTRADICIÓN f. Procedimiento por el que un Est. hace entrega a otro de una persona acusada o condenada para que se cumpla la ley del Est. que la reclama.
EXTRAER tr. Sacar. ◊ *Álg.* y *Arit.* Tratándose de raíces, averiguar cuáles son las de una cantidad dada. ◊ *Quím.* Separar algunas de las partes de que se componen los cuerpos.
EXTRALIMITARSE tr. y prnl. fig. Excederse en el uso de facultades o atribuciones.
EXTRAMUROS adj. lugar. Fuera del recinto de una c., villa o lugar.
EXTRANJERÍA f. Calidad y condición del extranjero residente en un país. ◊ Sistema o conjunto de normas reguladoras de la condición y los intereses de los extranjeros en un país.
EXTRANJERISMO m. Afición desmedida a costumbres extranjeras. ◊ Voz, frase o giro de un idioma empleados en otro.
EXTRANJERO, RA adj. y s. Natural de una nación con respecto a los naturales de cualquiera otra. ◊ m. Toda nación que no es la propia.
EXTRAÑAR tr. y prnl. Desterrar a un

Éxtasis de Santa Teresa, escultura de Bernini

Extremadura. Teatro romano de Mérida

país extranjero. ◊ Privar a uno del trato y comunicación que se tenía con él. ◊ Sorprender, producir extrañeza. ◊ tr. Sentir la novedad de alguna cosa que usamos, echando de menos la que nos es habitual. ◊ Encontrar extraña una cosa o sentir su falta. ◊ ❑ EXTRAÑACIÓN; EXTRAÑAMIENTO.

EXTRAÑEZA f. Anormalidad, rareza. ◊ Desavenencia entre los que eran amigos. ◊ Admiración, novedad.

EXTRAÑO, ÑA adj. y s. De nación, familia o profesión distinta de la que se nombra o sobrentiende. ◊ adj. Raro, singular, extravagante. ◊ Díc. de lo que es ajeno a la naturaleza o condición de una cosa de la cual forma parte.

EXTRAOFICIAL adj. Oficioso, no oficial.

EXTRAORDINARIO, RIA adj. Fuera del orden o regla natural o común. ◊ m. Correo especial que se despacha con urgencia. ◊ Plato o manjar que se añade a la comida diaria. ◊ Número de un periódico que se publica por algún motivo especial.

EXTRAPOLAR tr. *Mat.* Determinar el valor de una función en un punto exterior a un intervalo del que se conocen sus valores. ◊ Generalizar. ❑ EXTRAPOLACIÓN.

EXTRARRADIO m. Parte o zona, la más exterior del término municipal, que rodea el casco urbano de una pob.

EXTRASÍSTOLE f. *Med.* Trastorno de la excitabilidad de los restos embrionarios del corazón.

EXTRATERRESTRE adj. Ajeno a la tierra, a la vida terrestre.

EXTRATERRITORIAL adj. Díc. de lo que está o se considera fuera del territorio de la propia jurisdicción. ❑ EXTRATERRITORIALIDAD.

EXTRAVAGANTE adj. y s. Raro, extraño, desacostumbrado, excesivamente peculiar u original. ◊ Comportamiento basado en lo anterior. ❑ EXTRAVAGANCIA.

EXTRAVASARSE prnl. Salirse un líquido de su vaso. Particularmente, la sangre de los vasos sanguíneos. ❑ EXTRAVASACIÓN.

EXTRAVERSIÓN o EXTROVERSIÓN f. *Psic.* Propensión a salir hacia afuera, a interesarse por lo exterior, que caracteriza un cierto tipo de personalidad. ❑ EXTRAVERTIDO, DA o EXTROVERTIDO, DA.

EXTRAVIADO, DA adj. De costumbres desordenadas. ◊ Tratando de lugares, poco transitado, apartado. ◊ Díc. de la persona que anda perdida.

EXTRAVIAR tr. y prnl. Hacer perder el camino. ◊ tr. Poner una cosa en otro lugar que el que debía ocupar. ◊ Hablando de la vista o de la mirada, no fijarla en objeto determinado. ◊ prnl. No encontrarse una cosa en su sitio e ignorarse su paradero. ❑ EXTRAVÍO.

EXTREMADO, DA adj. Sumamente bueno o malo en su género. ◊ Exagerado, que sale de lo normal.

EXTREMADURA Com. autón. de España, en el sector O de la Meseta Meridional; 41 602 km², 1 058 503 hab. Integrada por la prov. de Cáceres y Badajoz. Cap., Mérida. Penillanura regada por el Tajo y sus afl. Agricultura, ganadería, minería e ind. Ocupada por los rom. y por los ár., fue reconquistada en el s. XIII. En el s. XVIII se intentó frenar la despoblación. Los ss. XIX y XX se señalan por la fuerte presencia del caciquismo. Com. autón. desde 1983.

EXTREMAR tr. Llevar una cosa al extremo. ◊ Entre ganaderos, apartar la crías de sus madres. ◊ prnl. Emplear uno todo esmero en la ejecución de una cosa.

EXTREMAUNCIÓN f. Uno de los sacramentos de la Iglesia que consiste en la unción con óleo sagrado hecha a los fieles que se hallan en peligro inminente de morir.

EXTREMEÑO, ÑA adj. y s. De Extremadura. ◊ m. Habla cast. propia de Extremadura.

EXTREMIDAD f. Parte extrema o última de una cosa. ◊ *Anat.* Cualquiera de los miembros pares de los vertebrados. ◊ pl. *Zool.* Parte distal de un organismo. En los peces, las aletas pares, pectorales y abdominales. En los vertebrados terrestres, las patas. En las aves, las e. anteriores se transforman en alas.

EXTREMISMO m. Tendencia a adoptar ideas extremas, especialmente en política. ❑ EXTREMISTA.

EXTREMO, MA adj. Último. ◊ Apli-

case a lo más intenso, elevado o activo de cualquier cosa. ◊ Excesivo, sumo, mucho. ◊ Distante. ◊ m. Parte primera o parte última de una cosa. ◊ Punto último a que puede llegar una cosa. ◊ Esmero sumo en una operación. ◊ Punto, materia, parte. ◊ pl. Manifestaciones exageradas y vehementes.

EXTREMO ORIENTE Exp. geográfica para designar los países de Asia oriental, que estrictamente comprende China, Corea, Taiwan y Japón.

EXTREMOSO, SA adj. Extremado en actitudes, reacciones, etc. ◊ Muy expresivo en demostraciones cariñosas.

EXTRÍNSECO, CA adj. Externo, no esencial a la naturaleza de una cosa, sino adquirido o superpuesto a ella.

EXTROVERSIÓN f. ⇨ Extraversión.

EXTRUSIÓN f. *Geol.* Aparición de materia volcánica por subida y salida. ◊ *Ind.* Paso a presión de un metal fundido o de una masa plástica a través de una hilera. ❑ EXTRUDIR; EXTRUSIVO, VA.

EXUBERANCIA f. Abundancia grande, plenitud y riqueza excesiva. ❑ EXUBERANTE.

EXUDACIÓN f. Concentración anormal, en la superficie de una pieza, de uno de sus componentes.

EXUDADO m. *Med.* Producto de la exudación, gralte. por extravasación de la sangre en las inflamaciones. ◊ Líquido que rezuma de los órganos de las plantas al ser lesionados, o por otras causas patológicas. ❑ EXUDAR.

EXULTAR intr. Mostrar alegría con gran excitación. ❑ EXULTACIÓN.

EXVOTO m. Don u ofrenda dedicada a la divinidad en agradecimiento por un beneficio recibido.

EYACULAR tr. Expeler, evacuar. ◊ Lanzar con rapidez y fuerza el contenido de un órgano, cavidad o depósito, en particular el semen secretado por los testículos. ❑ EYACULACIÓN.

EYADEMA, Gnassingbé, antes *Étienne* (n. 1935) Militar y político togolés. Presid. de la Rep. 1967.

EYECTAR tr. Proyectar al exterior. ◊ fam. Expulsar, reenviar. ❑ EYECCIÓN; EYECTOR.

EYRE Lago salado del S de Australia; 8 900 km². Sit. a 11 m. bajo el nivel del mar.

EYZAGUIRRE, Agustín (1768-1837) Político chil. Miembro de la junta de gobierno de 1813. Presid. interino de Chile (1826-1827). ◊ *G. Jaime* (1908-1968) Historiador chil. *Privilegios diplomáticos, Ventura de Pedro Valdivia.*

EZCURRA, Juan Antonio (1859-1905) Militar y político par. Presid. de 1902 a 1904.

EZEQUÍAS (h. 715-h. 686 a. C.) Rey de Judá. Hizo una reforma religiosa. Fue atacado por el rey asirio Senaquerib.

EZEQUIEL (s. VI a. C.) Uno de los profetas mayores del A. T.

EZETA, Carlos (1855-1903) Militar y político salv. Presid. de la Rep. de 1890 a 1894.

EZQUERDEAR intr. Torcerse a la izquierda de la visual una hilada de sillares, un muro, etc.

EZRA de Tudela, Abraham IBN (h. 1093-h. 1167) Pensador heb., n. en España. Su filosofía tiene un carácter predominantemente teológico y apologético. *Yesod Mora, Shaar ha Shamayyin.* Astronomía. *Tratado del astrolabio, Fundamentos de las tablas astronómicas.*

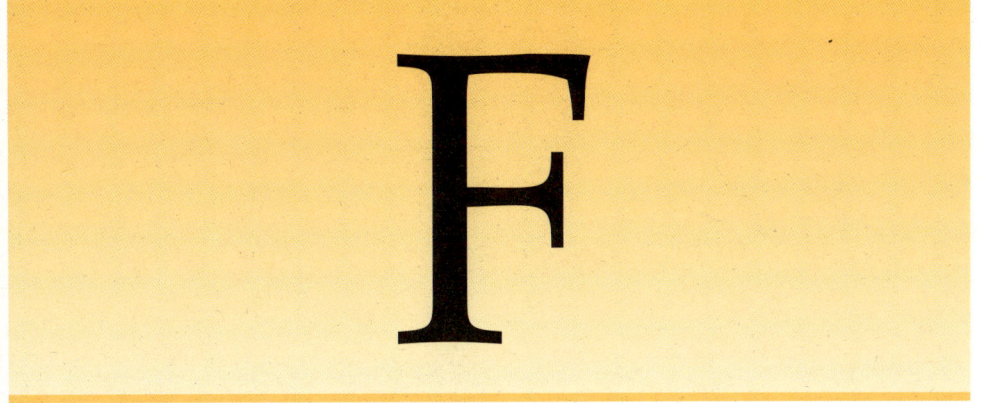

F

F f. Sexta letra del alfabeto esp. y cuarta de sus consonantes; su nombre es *efe*. Labiodental, fricativa, sorda. ◊ *Fís.* Símb. de faradio y de Fahrenheit (°F). ◊ *Quím.* Símb. del flúor.

FA m. *Mús.* Cuarta nota de la escala fundamental.

FABIAN Society (Sociedad Fabiana) Movimiento socialista brit., fundado en 1884. Contribuyó a la creación del partido laborista.

FABIO MÁXIMO, *Quinto* (275-203 a. C.) Dictador rom. (217), llamado *Cunctator* (Contemporizador). Relevado del mando frente a Aníbal, fue repuesto en él tras la derrota romana en Cannas (216) y venció a los cartagineses.

FABIUS, *Laurent* (nacido 1946) Político fr. Militante socialista. Primer ministro (1984-1986).

FABRA, *Pompeu* (1868-1948) Filólogo esp., cat. *Gramàtica catalana* y *Diccionari general de la llengua catalana*.

FÁBRICA f. Fabricación. ◊ Lugar donde se fabrica una cosa. ◊ Cualquier construcción o parte de ella hecha con piedra o ladrillo y argamasa. ◊ Invención, artificio de algo no material. ❑ FABRIL.

FABRICAR tr. Transformar materias primas en productos más aptos para satisfacer necesidades humanas, por medio de una tecnología adecuada. ◊ Construir un edificio, un dique, un muro o cosa análoga. ◊ P. ext., elaborar. ❑ FABRICANTE.

FÁBULA f. Rumor, habladuría. ◊ Relación falsa, sin ningún fundamento. ◊ Suceso o acción ficticia que se narra o se representa para deleitar.
❑ *Lit.* Composición alegórica, gralte. protagonizada por animales, que contiene una enseñanza.

FABULOSO, SA adj. Falso, de pura invención. ◊ fig. y fam. Extraordinario, magnífico.

FACA f. Cuchillo corto. ◊ Cualquier cuchillo de grandes dimensiones y con punta, que suele llevarse envainado. ❑ FACÓN.

FACCIÓN f. Conjunto de gente amotinada o rebelada. ◊ Bando o grupo que apoya o sigue el partido de alguno. ◊ Cualquiera de las partes del rostro humano. Se usa más en pl. ❑ FACCIONARIO, RIA; FACCIOSO, SA.

FACETA f. Cada una de las caras de un cuerpo poliédrico, cuando son pequeñas. ◊ *Zool.* Cada una de las córneas de los ojos compuestos de los artrópodos. ◊ fig. Cada uno de los aspectos que se pueden considerar en un asunto.

FACHA f. fam. Traza, aspecto. ◊ m. y f. fam. Mamarracho, adefesio. ◊ *Chile.* Jactancia. ◊ fam. Fascista. ❑ FACHOSO, SA.

FACHADA f. Parte exterior y pral. de un edificio. ◊ fig. y fam. Presencia, aspecto.

FACIAL adj. Perteneciente al rostro.

FACIES f. *Geol.* Conjunto de características litológicas y paleontológicas de una roca sedimentaria.

FÁCIL adj. Que se puede hacer sin mucho trabajo. ◊ Que puede suceder con mucha probabilidad. ❑ FACILIDAD; FACILITAR; FACTIBLE.

FACINEROSO, SA adj. y s. Delincuente habitual. ◊ m. Hombre malvado.

FACSÍMIL m. y adj. Perfecta imitación o reproducción de una forma, escrito, dibujo, etc.

FÁCTICO, CA adj. Relativo a los hechos. ◊ Basado en hechos o limitado a ellos.

FACTO (De) loc. adv. latina. De hecho.

FACTOR m. Entre comerciantes, apoderado para traficar en nombre y por cuenta del poderdante. ◊ Empleado que en las estaciones de ferrocarriles cuida de la recepción, expedición y entrega de los equipajes, mercancías, etc. ◊ *Mat.* Cada uno de los elementos que forman un producto. ◊ fig. Elemento, concausa.

FACTORÍA f. Empleo y oficina del factor. ◊ Establecimiento de comercio, pralm. el sit. en país colonial. ◊ Fábrica o complejo industrial.

FACTORIAL adj. Relativo a los factores. ◊ m. *Mat.* Producto formado por todos los números naturales consecutivos desde la unidad hasta otro dado.

FACTURA f. Hechura. ◊ Cuenta que los factores dan del coste y costas de las mercancías compradas y que remiten a sus corresponsales. ◊ Relación de artículos u objetos comprendidos en una venta, o cualquier operación de comercio. ◊ Cuenta detallada de cada una de estas operaciones.

FACTURAR tr. Extender las facturas. ◊ Registrar en las estaciones de ferrocarriles equipajes o mercancías para que sean remitidos a su destino. ❑ FACTURACIÓN.

FACULTAD f. Aptitud, potencia física o moral. ◊ Poder, derecho para hacer alguna cosa. ◊ En las universidades, cuerpo de doctores o maestros de una ciencia. ◊ Cada una de las grandes divisiones de una universidad, correspondiente a una rama del saber. ◊ Local en que funciona dicha división de una universidad. ❑ FACULTAR.

FACULTATIVO, VA adj. Perteneciente a una facultad. ◊ Perteneciente a la facultad o poder que uno tiene para hacer alguna cosa. ◊ Potestativo. ◊ m. y f. Médico o cirujano.

Sección de embotellado de una **fábrica** de detergentes

Fábula del elefante y la liebre. Miniatura de *Calila y Dimna* de Bidpai. Arte árabe del s. XIV

FACUNDIA f. Afluencia, facilidad en el hablar. ❏ FACUNDO, DA.

FADÉIEV, Alexandr Alexandrovich (1901-1956) Novelista sov. *La joven guardia*, la trilogía *El último de los uhdegs*.

FADO m. Canción popular portuguesa de tema sentimental y melancólico.

FAENA f. Trabajo corporal. ◊ *fig.* Trabajo mental. ◊ Mala pasada. ◊ Servicio que se hace a una persona. ◊ *Taur.* Cada una de las operaciones que, en la plaza, efectúa el diestro durante la lidia.

FAENAR tr. *Argent.* Matar reses y descuartizarlas o prepararlas para el consumo. ◊ tr. e intr. Pescar.

FAGNANO Lago de Argentina, de origen glaciar, sit. en la Isla Grande de Tierra del Fuego; 550 km². El extremo occidental pertenece a Chile.

FAGOCITAR tr. *Biol.* Englobar una célula a otros microorganismos mediante la emisión de prolongaciones llamadas pseudópodos. ❏ FAGOCITO; FAGOCITOSIS.

FALACIA f. Engaño para dañar a otro. ◊ Hábito de emplear falsedades en daño ajeno.

FALANGE f. Cuerpo de infantería de los gr., pesadamente armado. ◊ Cuerpo de tropas numeroso. ◊ *Anat.* Cada uno de los huesos de los dedos. ◊ Denominación de varias organizaciones políticas de características paramilitares e ideología fascista; F. Española (➪ FET y de las JONS), F. Libanesa. ❏ FALANGISTA.

FALANGETA f. *Anat.* Falange tercera o ungular de cada dedo.

FALANGINA f. *Anat.* Falange segunda de cada dedo.

FALAZ adj. *Díc.* de la persona que tiene el vicio de la falacia.

FALCA f. Defecto de una tabla o madero que les impide ser perfectamente lisos o rectos.

FALCADO, DA adj. Que forma una curvatura semejante a la de la hoz.

FALCINI, Luis (1889-1973) Escultor arg. Influido por el impresionismo. *Mujer del éxodo, Mujer frente al mar, Racimos.*

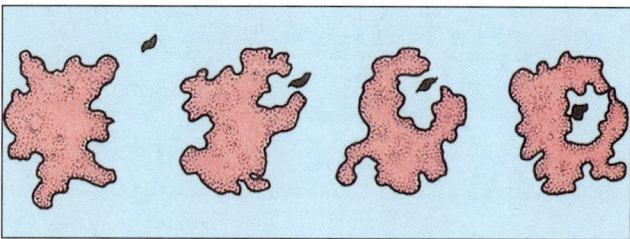
Fagocitar: proceso de fagocitosis en una ameba

FAGOT m. Instrumento músico de viento que se toca con una boquilla de caña. ❏ FAGOTISTA.

FAHRENHEIT, Daniel Gabriel (1686-1736) Físico al. En 1724 estableció la escala de temperaturas que lleva su nombre. En ella el punto de fusión del hielo se toma a un equivalente de 32 °C y el punto de ebullición del agua a 212 °C. Al dividir este intervalo en 180 partes iguales se obtiene el grado Fahrenheit (°F).

FAI Siglas de Federación Anarquista Ibérica.

FAIR Play (voz ing.) m. Juego limpio.

FAIRBANKS, Douglas (1883-1939) Actor norteam., del cine mudo. *El signo del Zorro, Robín de los bosques, El ladrón de Bagdad.*

FAISAL ➪ Faysal.

FAISÁN m. Ave galliforme terrestre, de tamaño medio y carne muy apreciada. ❏ FAISANA; FAISANERÍA.

FAJA f. Tira de tela con que se rodea el cuerpo por la cintura, dándole varias vueltas. ◊ Cualquier lista mucho más larga que ancha. ◊ Insignia propia de algunos cargos.

FAJARDO m. Pastel de hojaldre relleno de carne.

FAJARDO Mun. de Puerto Rico, en el distr. de Humacao; 23 000 hab. Centro comercial. Ind. azucarera y del tabaco.

FAJÍN m. Ceñidor de seda que usan los generales y ciertos funcionarios.

FAJO m. Haz o atado.

FAJÓN m. *Ar.* Recuadro ancho de yeso alrededor de los huecos de las puertas y ventanas. ◊ *Arq.* Arco adherente a una bóveda.

FALCÓN Est. del NO de Venezuela, en la costa del Caribe; 24 800 km², 632 513 hab. Cap., Coro. Comprende la península de Paraguaná. Maíz, caña de azúcar, yuca, plátanos, arroz, tabaco. Petróleo, carbón, salinas, canteras de piedra caliza. Refinerías de petróleo. Explotación forestal. Pesca.

FALCÓN, Juan Crisóstomo (1820-1870) Militar y político ven. Presid. de la rep. (1863-1868).

FALDA f. Parte de toda ropa talar desde la cintura abajo. Se usa más en pl. ◊ Vestidura o parte del vestido de mujer que con más o menos vuelo cae desde la cintura abajo. ◊ Cada una de las partes de una prenda de vestir que cae suelta. ◊ Carne de la res que cuelga de las agujas. ◊ Regazo. ◊ Ala del sombrero, que rodea la copa. ◊ *fig.* Parte baja o inferior de los montes o sierras. ❏ FALDEAR.

Ejemplar de **faisán**

FALDERO, RA adj. Relativo a la falda. ◊ *fig.* Aficionado a estar entre mujeres.

FALDÓN m. Falda suelta al aire. ◊ Parte inferior de alguna ropa, colgadura, etc. ◊ *Arq.* Vertiente triangular de un tejado.

FALENA f. Mariposa de cuerpo delgado y alas anchas y débiles.

FALIBLE adj. Que puede engañarse o engañar. ◊ Que puede faltar o fallar. ❏ FALIBILIDAD.

FALKLAND ➪ Malvinas.

FALLA f. Defecto, falta. ◊ Defecto material de una cosa que merma su resistencia. ◊ Incumplimiento de una obligación ◊ *Geol.* Fractura en una masa rocosa, a lo largo de la cual se producen desplazamientos de los bloques originados. ◊ En Valencia, hoguera que los vecinos encienden en las calles la víspera de san José.

FALLA, Manuel de (1876-1946) Compositor esp. *La vida breve, El amor brujo, El sombrero de tres picos, Noches en los jardines de España.*

FALLADA, Hans (1893-1947) Seud. del novelista al. **Rudolf Ditzen**. *Campesinos, bonzos y bombas, Cada uno muere solo.*

FALLAR tr. *Der.* Decidir un litigio o proceso. ◊ intr. Frustrarse o salir fallida una cosa. ❏ FALLO, LLA.

FALLECER intr. Morir. ◊ Acabarse una cosa. ❏ FALLECIMIENTO.

FALLERO, RA m. y f. Persona que toma parte en las fallas de Valencia.

FALLIDO, DA adj. Frustrado. ◊ adj. y s. Quebrado o sin crédito. ◊ Díc. de la cantidad, crédito, etc., que se considera incobrable.

FALO m. Miembro viril, pene. ❏ FÁLICO, CA.

FALOIDINA f. Veneno que contienen las setas de la especie amanita.

FALSARIO, RIA adj. y s. Que falsea una cosa. ◊ Que acostumbra a mentir o hacer falsedades.

FALSEAR tr. Adulterar una cosa. ◊ intr. Perder una cosa su resistencia. ◊ Disonar una cuerda de un instrumento. ❏ FALSEAMIENTO.

FALSEDAD f. Falta de verdad. ◊ Falta de conformidad entre las palabras, las ideas y las cosas. ◊ *Der.* Cualquiera de las mutaciones u ocultaciones de la verdad.

FALSETE m. Corcho para tapar una cuba cuando se quita la canilla. ◊ *Mús.* Voz más aguda que la natural.

FALSIFICACIÓN f. *Der.* Alteración que se comete en una cosa o en sus cualidades fundamentales con objeto de engañar o perjudicar a un tercero. ❏ FALSIFICAR.

FALSO, SA adj. Engañoso, fingido. ◊ Contrario a la verdad. ◊ Falsario. ◊ Díc. de la moneda que se hace imitando la legítima. ◊ *Chile.* Cobarde.

FALTA f. Privación de algo necesario o útil. ◊ Defecto en el obrar. ◊ Ausencia de una persona del sitio en que hubiera debido estar. ◊ Supresión de la regla en la mujer, pralm. durante el embarazo. ◊ En el juego de la pelota, cualquier acción contra lo que establece el reglamento. ◊ *Der.* Infracción voluntaria de la ley a la cual está señalada sanción leve.

FALTAR intr. No existir una cosa que debiera haber. ◊ Consumirse, acabar. ◊ No corresponder una cosa al efecto que se esperaba de ella. ◊ No acudir a una cita u obligación. ◊ Hallarse ausente una persona del sitio en que suele estar. ◊ No cumplir uno con lo que debe. ◊ Dejar de asistir a otro, o no tratarle con la consideración debida. ❏ FALTO, TA.

FALTRIQUERA f. Bolsillo de las prendas de vestir. ◊ Bolsillo que se atan las mujeres a la cintura.

FALÚ, *Eduardo* (nacido 1920) Compositor y concertista arg. *Romance a la muerte de Juan Lavalle, Variaciones de milonga.*

FALÚA f. Embarcación menor con carroza.

FALUCHO m. Embarcación costanera con una vela latina. ◊ *Argent.* Sombrero de dos picos y ala abarquillada.

FAMA f. Noticia o voz común de una cosa. ◊ Opinión que las gentes tienen de una persona. ◊ Opinión común de la excelencia de un sujeto en su profesión o arte. ❏ FAMOSO, SA.

FAMATINA Sierra de Argentina, perteneciente al grupo de las pampeanas, en la prov. de la Rioja. Pico Co. Manuel Belgrano (6 250 m).

FAMÉLICO, CA adj. Hambriento.

FAMILIA f. Personas emparentadas entre sí que viven juntas. ◊ Conjunto de ascendientes, descendientes, colaterales y afines de un linaje. ◊ Parentela inmediata de uno. ◊ Prole. ◊ Conjunto de individuos que tienen algo en común. ◊ Categoría taxonómica, usada en botánica y zoología, que agrupa todos los gén. que presentan características comunes.

FAMILIAR adj. Perteneciente a la familia. ◊ Díc. de aquello que uno tiene muy sabido o en que es muy experto. ◊ Aplicado al trato, llano y sin ceremonia. ◊ Aplicado al lenguaje, estilo, etc., natural, sencillo. ◊ m. Deudo o pariente de una persona, y especialmente el que forma parte de su familia. ◊ El que tiene trato frecuente y de confianza con uno.

FAN (voz ing.) com. Abreviatura de *fanatic;* admirador entusiasta de una persona o gran aficionado a una cosa. Su pl. *es fans.*

FANAL m. Farol grande que sirve de señal nocturna en puertos, naves, etc. ◊ Campana de cristal para resguardar del polvo o del aire lo que se cubre con ella.

FANÁTICO, CA adj. y s. Que defiende algo apasionadamente. ◊ adj. Entusiasmado ciegamente por una cosa. ◊ Intolerante. ❏ FANATISMO; FANATIZAR.

FANDANGO m. Baile esp., de movimiento vivo y tres tiempos. ◊ Música y coplas con que se acompaña. ◊ fig. y fam. Bullicio, trapatiesta.

FANDANGUILLO m. Baile popular parecido al fandango, y copla con que se acompaña.

FANEGA f. Medida de capacidad para áridos que equivale a unos 55 litros y medio.

FANERÓGAMO, MA adj. y f. *Bot.* Díc. de la planta perteneciente a las fanerógamas. ◊ f. pl. *Bot.* División vegetal que agrupa a los espermatofitos, es decir, a las plantas con semillas.

FANFANI, *Amintore* (1908-1999) Político y economista it. Dirigente del partido democratacristiano. Primer ministro (1954, 1958-1959, 1960-1963, 1982-1983).

FANFARRIA f. fam. Jactancia, baladronada, bravata. ◊ Conjunto musical formado pralm. de instrumentos de metal.

FANFARRÓN, NA adj. y s. Que alardea de lo que no es, y en particular de valiente. ◊ Bravucón, chulo.

FANG adj. y s. Díc. del individuo de una etnia bantú que habita en el centronorte de Gabón, en Guinea Ecuatorial y en el S de Camerún.

FANGIO, *Juan Manuel* (1911-1995) Automovilista deportivo arg. Fue campeón del mundo de Fórmula 1 en 1951, 1954, 1955, 1956 y 1957.

FANGO m. Lodo que se forma con los sedimentos térreos en los sitios donde hay agua detenida.

FANTASÍA f. Facultad que tiene la mente de reproducir por medio de imágenes las cosas. ◊ Imagen formada por la fantasía. ❏ FANTASEAR; FANTASIOSO, SA; FANTÁSTICO, CA.

FANTASMA m. Visión quimérica, ser no real que alguien cree ver. ◊ fig. Persona presuntuosa. ◊ Espantajo o persona disfrazada para asustar a la gente.

FANTASMAGORÍA f. Arte de representar figuras por medio de una ilusión óptica. ◊ fig. Ilusión de los sentidos, desprovista de realidad.

FANTIN-LATOUR, *Henri* (1836-1904) Pintor fr. *Homenaje a Delacroix, El taller de Batignolles, La familia Doboure.*

FANTOCHE m. Títere, muñeco. ◊ fig. Persona ridículamente presumida, de poco juicio o de aspecto grotesco.

FAO Siglas de *Food and Agriculture Organization.* Organismo internacional constituido por la ONU en 1945 para elevar el nivel de vida de la población rural y mejorar la producción agrícola, forestal y pesquera. Tiene su sede en Roma.

FAQUIR m. Santón mahometano que vive de limosna y practica ciertos ejercicios ascéticos. ◊ En la India, mendigo musulmán o asceta de otras sectas hindúes. ◊ Artista de circo cuyo espectáculo consiste en mortificaciones de apariencia extraordinaria.

FAR WEST (ing., «Lejano Oeste») Nombre con que se denominaba, en la época de la colonización, la región de EE UU sit. al O del Mississippi.

FARABÍ o **al-FARABÍ** (s. X) Filósofo, matemático, médico y músico ár. Fue

La **familia** en una estampa romántica

Michael **Faraday**

el primer divulgador de la filosofía de Aristóteles entre los árabes.

FARADAY m. Unidad electrolítica de cantidad de carga. Equivale a unos 96 500 culombios.

FARADAY, *Michael* (1791-1867) Químico y físico ing. Sentó las bases para las aplicaciones de la electricidad. Introdujo el concepto de campo eléctrico, así como el de líneas de fuerza para representarlo.

FARADIO m. *Fís.* Unidad de capacidad eléctrica en el sistema Giorgi; su símbolo es F. Es la capacidad que posee un condensador en el que, al aplicarle la carga de un culombio, aparece una diferencia de potencial igual a un voltio.

FARALLÓN m. Roca alta y cortada a pico que sobresale en el mar o en tierra firme.

FARÁNDULA f. Profesión de los cómicos. ◊ fig. y fam. Faramalla, charla.

FARAÓN m. Soberano del antiguo Egipto.

FARDO m. Paquete, bulto, lío de ropa u otra cosa. ❏ FARDERÍA.

FARDÓN, NA adj. fam. Díc. de la persona o cosa elegante. ◊ fam. Díc. de la persona presumida.

FARERO, RA m. y f. Empleado que se encarga de vigilar un faro.

FARFULLA f. fam. Defecto del que habla balbuciente y de prisa. ◊ *Amér.* Fanfarronería. FARFULLAR; FARFULLERO, RA.

FARIA m. y f. Cigarro ordinario hecho con tripa de hebra larga.

FARINGE f. *Anat.* Porción del tubo digestivo de los animales comprendida entre la cavidad bucal y el esófago. ❏ FARÍNGEO, A.

FARINGITIS f. *Pat.* Inflamación de la mucosa de la faringe.

FARISEO m. Miembro de una secta del judaísmo caracterizado por una observancia rigurosa y formal de la Ley mosaica. ◊ fig. Hombre hipócrita. ❏ FARISAICO, CA; FARISAÍSMO; FARISEÍSMO.

FARMACIA f. Ciencia que reconoce, recoge y conserva las drogas simples, y prepara los medicamentos compuestos. ◊ Botica, laboratorio y despacho del farmacéutico. ❏ FARMACÉUTICO, CA.

FÁRMACO m. Medicamento.

FARMACOLOGÍA f. Estudio de la acción dinámica y fisiológica de los fármacos. ❏ FARMACOLÓGICO, CA.

FARMACOPEA f. Libro oficial de cada país que regula la preparación de me-

FASES DE LA LUNA

Serie de fotografías de la Luna entre dos fases sucesivas de luna nueva o novilunio:

a) luna nueva
b) cuarto creciente
c) luna llena o plenilunio
d) cuarto menguante
e) nuevo novilunio

dicamentos. ◊ Arte de preparar los medicamentos.

FARNACES II (63-47 a. C.) Rey del Bósforo Cimerio, hijo de Mitrídates Eupator el Grande.

FARNESIO (*Farnese*) Familia rom. que poseyó el ducado de Parma de 1545 a 1731. ◊ *Alessandro* (1468-1549), papa en 1534 con el nombre de Paulo III. Incorporó a su linaje Parma y Piacenza. ◊ *Alejandro* (1545-1592) General de Felipe II de España. Se distinguió en la batalla de Lepanto y sucedió a Juan de Austria en el cargo de gobernador de los Países Bajos.

FARO m. Torre alta en las costas, con luz en su parte superior, para que sirva de señal a los navegantes. ◊ Farol potente.

FAROL m. Caja formada de vidrios o de otra materia transparente, y dentro de la cual se pone luz para que alumbre. ◊ fig. En el juego, jugada falsa hecha para desorientar. ◊ fig. Acción o rasgo con el que alguien se luce mucho.

FAROLA f. Farol grande, propio para iluminar las calles. ◊ Fanal de los puertos.

FAROLILLO m. Farol hecho con papeles de colores, que sirve de adorno en verbenas o fiestas. ◊ *Bot.* Planta trepadora, con flores de color blanco amarillento.

FAROS Ant. isla de Egipto. Sede del famoso faro de Alejandría (s. III a. C.).

FARRA f. Juerga.

FÁRRAGO m. Conjunto de cosas superfluas y mal ordenadas. ❑ FARRAGO-SO, SA.

FARRELL, *Edelmiro Julián* (1887-1982) Militar y político arg. Ocupó la presidencia en 1944. En 1946 entregó el poder a Perón.

FARROW, *Mia* (nacida 1945) Actriz de cine norteam. *La semilla del diablo, John y Mary, El gran Gatsby, La rosa púrpura de El Cairo.*

FARRUCO, CA adj. fam. Valiente, impávido. ◊ Terco, obstinado.

FARSA f. Pieza cómica breve. ◊ fig. Enredo, tramoya para engañar. ❑ FARSANTE.

FARSALIA Ant. c. de Grecia, en Tesalia (hoy Farsala), en la que tuvo lugar la victoria final de César sobre Pompeyo (48 a. C.).

FARUK I (1920-1965) Rey de Egipto [1936-1952], hijo de Fuad I. Depuesto por el general Naguib.

FASCES f. pl. Insignia del cónsul rom., que se componía de un haz de varas sosteniendo una hacha. ◊ Emblema del fascismo it.

FASCÍCULO m. Cada una de las entregas que sucesivamente se van publicando de un libro. ◊ *Anat.* Haz de fibras musculares.

FASCINAR tr. Embrujar. ◊ fig. Engañar, alucinar, deslumbrar. ❑ FASCINACIÓN; FASCINANTE.

FASCISMO m. Movimiento político it., fundado en 1919 por Mussolini, que defedía un Est. totalitario, corporativo e imperialista y que gobernó Italia entre 1922-1945. ◊ Doctrina de este partido político. ◊ Doctrinas semejantes de otros países.

FASE f. Cada uno de los distintos estados sucesivos de un fenómeno, teoría, doctrina, etc. ◊ *Astr.* Cada uno de los distintos aspectos que presentan la

Luna, Marte y los planetas interiores según la variación de la iluminación solar que reciben. ◊ *El.* Cada una de las componentes primarias de una corriente alterna.

FASSBINDER, *Rainer Werner* (1946-1982) Director de cine al. *Las amargas lágrimas de Petra von Kant, El matrimonio de María Braun, Lili Marlen, Lola.*

FASTIAL m. *Arq.* Piedra más alta de un edificio.

FASTIDIO m. Desazón por una comida mal digerida o un olor desagradable. ◊ fig. Enfado, cansancio, hastío, repugnancia. ❑ FASTIDIAR.

FASTO, TA adj. y s. Díc. del día, año, etc., venturoso. ◊ m. Fausto, lujo. ◊ m. pl. Entre los rom., calendario en que se anotaban por meses y días sus fiestas, juegos y cosas memorables. ❑ FASTUOSO, SA.

al-FATAH (*Haraka li-tahrir Filastin*) Organización nacionalista palestina que comenzó a actuar en 1965 contra la ocupación israelí. Integrada en la Organización para la Liberación de Palestina.

FATAL adj. Determinado por el hecho o destino. ◊ Desgraciado, infeliz. ◊ Malo. ❑ FATALIDAD.

FATÍDICO, CA adj. Que anuncia o pronostica el porvenir, por lo general desgraciado.

FATIGA f. Agitación, cansancio. ◊ Molestia ocasionada por la respiración frecuente o difícil. ◊ Náusea. Se usa más en pl. ◊ fig. Molestia, penalidad. Se usa más en pl. ◊ *Méc. apl.* Desgaste de los metales que los expone a rotura debido a la reducción gradual de sus propiedades. ❑ FATIGAR.

FÁTIMA C. de Portugal, en el distr. de Santarém: 1 200 h. Santuario de la Virgen.

FÁTIMA (m. hacia 633) Hija de Mahoma y esposa de Alí, el cuarto califa islámico.

FATIMÍ adj. y s. Díc. del individuo perteneciente a una dinastía ár. que reinó en África del N y Egipto entre los ss. X-XII.

FATUIDAD f. Falta de entendimiento. ◊ Dicho o hecho necio. ◊ Presunción, vanidad ridícula. ❑ FATUO, A.

FAUCES f. pl. Parte posterior de la boca de los mamíferos. ❑ FAUCAL.

FAULKNER, *William* (1897-1962) Novelista norteam. *Santuario, El ruido y la furia, ¡Absalón, Absalón!* Premio Nobel de Literatura en 1948.

Mia **Farrow**

FAUNA f. Conjunto de especies animales que habitan en determinados ambientes y territorios.

FAUNO m. *Mit.* Divinidad rom., correspondiente al sátiro gr.

FAURÉ, Gabriel (1845-1924) Compositor fr. *Claro de luna, Espejismos, Réquiem.*

FAUSTO, TA adj. Feliz, afortunado. ◊ m. Suntuosidad y lujo extraordinario.

FAUSTO Héroe de una leyenda de origen al., que vendió su alma al diablo a cambio del secreto de la ciencia, el poder y los placeres.

FAUVISMO m. *Pint.* Movimiento formado en París a principios del siglo XX y centrado en la preocupación por exaltar los colores puros. Pertenecieron a él Henri Matisse, Marquet, Derain, Vlaminck, Dufy, Braque y Van Dongen.

FAVELA f. *Amér.* Tugurio o chabola.

FAVOR m. Ayuda que se concede a uno. ◊ Honra, beneficio.

FAVORABLE adj. Conveniente. ◊ Propicio.

FAVORECER tr. Ayudar a uno. ◊ Apoyar un intento, empresa u opinión.

FAVORITISMO m. Preferencia dada al favor sobre el mérito o la equidad.

FAVORITO, TA adj. Que es con preferencia estimado. ◊ m. y f. Persona que priva con un rey o personaje. ◊ El considerado como posible ganador en una competición o similar.

FAX m. Telefax.

FAYALITA f. *Miner.* Silicato de hierro.

FAYETTE, Marie-Joseph Paul Yves Roch Gilbert Motier, MARQUÉS DE La (1757-1834) General y político fr. Luchó en Norteamérica en favor de los colonos insurrectos. Como revolucionario liberal, fue nombrado jefe de la Guardia Nacional. ◊ *Marie-Madeleine Pioche de la Vergne, CONDESA DE La* (1634-1693) Escritora fr. Precursora de la novela psicológica.

FAYSAL I (1883-1933) primer rey de Irak [1921-1933]. ◊ **II** (1935-1958) Rey de Irak desde 1939. Fue asesinado durante la insurrección que dio origen a la república.

FAYUM f.N C. del Alto Egipto, cap. de la prov. hom.; 133 600 hab. Ind. textil y manufacturera del tabaco. Importantes ruinas grecorromanas.

FAZ f. Rostro o cara. ◊ Vista o lado de una cosa. ◊ Anverso de las monedas.

FBI (*Federal Bureau of Investigation*) Policía federal en EE UU. Fundado en 1908, depende del Departamento de Justicia.

FE f. *Teol.* La primera de las tres virtudes teologales. ◊ Confianza, buen concepto que se tiene de una persona o cosa. ◊ Creencia que se da a las cosas por la autoridad del que las dice o por la fama pública. ◊ Seguridad de que una cosa sea cierta. ◊ Documento que certifica la verdad de una cosa o la existencia de una persona.

Fe *Quím.* Símbolo del hierro.

FEBRERO m. Segundo mes del año, que en los comunes tiene veintiocho días y en los bisiestos veintinueve.

FEBRES Cordero, León (nacido 1931) Político de Ecuador. Presid. de la rep. (1984-1988) por la coalición conservadora Frente de Reconstrucción Nacional.

FEBRÍCULA F. *Med.* Hipertermia prolongada, de origen infeccioso o nervioso.

FEBRIL adj. Relativo a la fiebre. ◊ fig.

Ardoroso, desasosegado. ◊ Intenso. ◊ Vehemente.

FEBRONIO, Justino (1701-1790) Teólogo al. Impulsor del movimiento contra la intervención del papa en asuntos temporales.

FECAL adj. Relativo al excremento intestinal.

FECHA f. Data, indicación de tiempo. ◊ Cada día transcurrido. ◊ Tiempo o momento actual. ❏ FECHADOR.

FECHAR tr. Poner fecha a un escrito. ❏ Determinar la fecha de un documento, obra de arte, etc.

FECHORÍA f. Mala acción.

FÉCULA f. Tejido nutritivo de reserva, o sustancia que lo forma, de las formaciones destinadas al almacenamiento de principios inmediatos energéticos. Se halla pralm. en los tubérculos.

FECUNDACIÓN f. Acción de fecundar. ◊ *Biol.* Unión de los gametos masculino y femenino para formar el cigoto. ◊ **artificial.** La que se realiza sin acto sexual, por medio de inseminación. ◊ **in vitro.** Extracción del óvulo del cuerpo de la madre, para su f. en una probeta y post. reimplantación en el útero.

FECUNDAR tr. Hacer fecunda o productiva una cosa. ◊ *Biol.* Unirse el elemento reproductor masculino al femenino para dar origen a un nuevo ser. ❏ FECUNDO, DA.

FEDATARIO m. Notario u otro funcionario que goza de fe pública.

FEDAYIN (árabe, «redentor») adj. y s. Díc. de los guerrilleros palestinos que desde 1949 combaten contra Israel.

FEDERACIÓN f. Acción de federar. ◊ Organismo, entidad o Estado, formado a partir de otros preexistentes, que mantienen ciertas formas de autonomía. ◊ Estado federal. ◊ Poder central del mismo. ❏ FEDERAL.

FEDERACIÓN Americana del Trabajo (*American Federation of Labor, AFL*) Organización de sindicatos obreros norteam., creada en 1868. En 1955 se fusionó con la CIO (*Congress for Industrial Organizations*). ◊ **Anarquista Ibérica** (*FAI*) Organización anarquista esp., fundada en 1927. Durante la guerra civil extendió su influencia sobre la CNT, con la que se fusionó. ◊ **Obrera Regional Argentina** (*FORA*) Organización anarcosindicalista arg. fundada en 1904. Alcanzó su máxima influencia en 1918. Su oposición a la integración en la CGT le restó preponderancia. ◊ **Sindical Mundial** (*FSM*) Organización creada en 1945 por iniciativa de los sindicatos soviéticos, que agrupó a trabajadores de 54 países.

FEDERALISMO m. *Pol.* Sistema basado en el reparto de poder y competencias entre una entidad estatal y central y otras voluntariamente subordinadas a ésta. ◊ *Pol.* Doctrina que propugna este sistema, inspirada en P.-J. Proudhon. ❏ FEDERALISTA.

FEDERAR tr. y prnl. Hacer alianza o pacto entre varios al objeto de formar federación.

FEDERICO Nombre de los siguientes emperadores y reyes:

ALEMANIA

FEDERICO I, Barbarroja (h. 1122-1190) Emperador germánico [1152-1190]. Derrotado en Legnano (1176), por la paz

de Constanza se sometió al papa. ◊ **II** (1194-1250) Emperador germánico [1212-1250], nieto de Federico I, Barbarroja. Se enfrentó al papado, y fue excomulgado por Gregorio IX.

PRUSIA

FEDERICO I (1657-1713) Elector de Brandeburgo desde 1688 y rey de Prusia [1701-1713]. ◊ **II, el Grande** (1712-1786) Rey de Prusia [1740-1786]. Vencedor en la guerra de los Siete Años. ◊ **Guillermo I, el Rey Sargento** (1688-1740) Rey de Prusia [1713-1740]. Se anexionó la Pomerania occidental y Stettin. ◊ **Guillermo II** (1744-1797) Rey de Prusia [1786-1797]. Vencido por Francia. ◊ **Guillermo III** (1770-1840) Rey de Prusia [1797-1840]. Derrotado por Napoleón en Jena y Auerstedt.

Federico I Barbarroja, detalle de una miniatura medieval

FEDERMANN, Nicolás (hacia 1510-1542) Explorador al. Por cuenta de la Compañía de los Welser recorrió Venezuela. *Historia indiana.*

FEDRA *Mit. gr.* Hija de Minos y Pasifae y esposa de Teseo.

FEDRO (hacia 15 a. C.-50 d. C.) Escritor lat. *Fábulas.*

FEED-BACK (voz. ing.) f. *Electr.* ⇨ Realimentación, retroacción.

FEHACIENTE adj. *Der.* Que da fe en juicio. ◊ Que prueba de manera cierta.

FEIJOO, Benito Jerónimo, FRAY (1676-1764) Escritor y pensador esp., el mejor representante de la Ilustración en España. *Teatro crítico universal, Cartas eruditas y curiosas.*

FEIRA DE SANTANA C. de Brasil, en el est. de Bahía; 289 500 hab. Textiles, ferias de ganado.

FELACIÓN f. Succión del pene, que constituye una de las formas de sexualidad oral.

FELDESPATO m. *Miner.* Aluminiosilicato de potasio, sodio o calcio, que forma parte de muchas rocas. ❏ FELDESPÁTICO.

FELIBRISMO m. Movimiento literario de Occitania (Provenza), centrado alrededor de la figura del poeta F. Mistral.

FELICIDAD f. *Fil.* Estado del ánimo que se complace en la posesión de un bien. ◊ Satisfacción, contento. ◊ Suerte feliz.

FELICITAR tr. y prnl. Manifestar a una persona la satisfacción que se experimenta con motivo de algún suceso, favorable para ella. ❏ FELICITACIÓN.

FÉLIDOS m. pl. *Zool.* Familia de mamíferos carnívoros de cabeza redondeada, orejas cortas y puntiagudas, y garras retráctiles. Son f. los gatos, linces, ocelotes, leones, jaguares, tigres, etc.
FELIGRÉS, SA m. y f. Persona que pertenece a determinada parroquia. ◊ fam. Parroquiano, cliente.
FELINO, NA adj. Relativo al gato.
FELIPE Nombre de diversos duques y reyes:

FELIPE I, *el Hermoso* (1478-1506) Soberano de Países Bajos y rey de Castilla [1504-1506], casado con Juana, hija de los Reyes Católicos. ◊ **II** (1527-1598) Rey de España [1556-1598]. Derrotó a los fr. en San Quintín. Se apoderó de Portugal, y luchó contra los turcos (victoria de Lepanto) y los protestantes (Países Bajos). La *Armada Invencible*, expedición que envió contra Inglaterra, fracasó. ◊ **III** (1578-1621) Rey de España [1598-1621]. Firmó la paz con Inglaterra, y la tregua de los Doce Años con las Provincias Unidas. Intervino en la guerra de los Treinta Años. ◊ **IV** (1605-1665) Rey de España [1621-1665]. Reconoció la indep. de Países Bajos (1648) y, por la paz de los Pirineos (1659), cedió a Francia el Rosellón, la Cerdaña y el Artois. En su reinado se produjeron las sublevaciones de Cataluña y Portugal, que obtuvo su indep. ◊ **V** (1683-1746) Rey de España [1700-1746]. Tuvo que hacer frente a las pretensiones del archiduque Carlos de Austria al trono esp. en la guerra de Sucesión. Reformó la estructura estatal en sentido centralista. ◊ **de Borbón y de Grecia** (nacido 1968) Hijo de Juan Carlos I de Borbón y de Sofía de Grecia. Príncipe de Asturias y heredero de la corona española.

FELIPE II, *Augusto* (1165-1223) Rey de Francia [1180-1223]. Dirigió con Ricardo Corazón de León la III Cruzada. ◊ **III,** *el Atrevido* (1245-1285) Rey de Francia [1270-1285]. Incorporó Tolosa, Poitou y Auvernia. ◊ **IV,** *el Hermoso* (1286-1314) Rey de Francia [1285-1314]. Unió Navarra a Francia por su matrimonio con Juana de Navarra. Excomulgado por el papa Bonifacio VIII,

Felipe II, rey de España

Fotograma de *Giulietta de los espíritus,* de Federico **Fellini**

nombró un papa al morir éste que provocó el cisma de Aviñón. ◊ **VI** *de Valois* (1293-1350) Rey de Francia [1328-1350]. En su reinado dio comienzo la guerra de los Cien Años.

FELIPE de Grecia, DUQUE DE EDIMBURGO (nacido 1921) Príncipe consorte de Gran Bretaña, casado con Isabel II.
FELIPE Santo. Uno de los doce apóstoles. Murió clavado en una cruz invertida. ◊ **Neri** (1515-1595) Santo. Fundador de la sociedad secular *Oratorio Italiano.*
FELIPE, León ⇨ León Felipe.
FELIPILLO (s. XVI) Indígena per. Bautizado e instruido en la lengua española, sirvió como intérprete a Pizarro, Diego de Soto y Almagro. Murió ahorcado.
FÉLIX, *María* Seud. de la actriz cinematográfica mex. *María de los Ángeles F. Güereña* (1914-2002). *Enamorada, Río escondido.*
FELIZ adj. Que tiene o goza felicidad. ◊ Que ocasiona felicidad. ◊ Aplicado a obras de entendimiento, oportuno, acertado.
FELLINI, *Federico* (1920-1993). Director cinematográfico it. Del neorrealismo evolucionó hacia un cine imaginativo y poético: *La strada, Las noches de Cabiria, La dolce vita, Ocho y medio, Julieta de los espíritus, Amarcord, Casanova, Ginger y Fred.*
FELONÍA f. Deslealtad, traición. ❏ FELÓN, NA.
FELPA f. Tejido que tiene pelo por la haz. ◊ fig. y fam. Zurra de golpes. ❏ FELPAR; FELPOSO, SA.
FELPUDO, DA adj. Tejido afelpado. ◊ m. Esterilla afelpada que se coloca ordinariamente a la entrada de las casas.
FEMENINO, NA adj. Propio de la mujer. ◊ Díc. del ser dotado de órganos para ser fecundado. ◊ fig. Débil, endeble. ◊ *Gram.* Relativo al gén. femenino. ❏ FEMINEIDAD; FEMINIDAD.
FÉMINA f. Mujer, persona del sexo femenino.
FEMINISMO m. Mov. que busca la emancipación de la mujer luchando por la igualdad de derechos entre los sexos y la abolición de todo tipo de discriminaciones por razón de sexo. ❏ *Hist.* Hitos imp. son el sufragio universal, conseguido a raíz de la lucha de las sufragistas, y a la aparición del mov.

de liberación de la mujer a partir de los años sesenta. ❏ FEMINISTA.
FEMINIZACIÓN f. Acción de dar gén. femenino a un nombre originariamente masculino o neutro. ◊ *Biol.* Desarrollo de las características femeninas.
FEMINOIDE adj. Díc. del varón que tiene ciertos rasgos femeninos.
FEMORAL adj. Relativo al fémur.
FÉMUR m. *Anat.* Hueso del muslo, el más largo y de mayor peso del cuerpo. ◊ *Zool.* Segmento de las patas de insectos y arácnidos.
FENECER tr. Poner fin a una cosa, terminarla. ◊ intr. Morir o fallecer. ◊ Acabarse una cosa. ❏ FENECIMIENTO.
FÉNELON, *François Salignac de la Mothe* (1651-1715) Prelado y escritor fr. *Diálogos de los muertos* y *Aventuras de Telémaco.*
FENICIA Ant. región del Mediterráneo oriental, que ocupa el Líbano y una parte de Siria e Israel.
❏ *Hist.* Las prales. c. de F. fueron Tiro, Sidón y Biblos. Comerciantes, los fenicios fundaron muchas c. (en España, Gadir, Cartago, etc.). También inventaron el primer alfabeto conocido.
FENICIO, CIA adj. y s. De Fenicia.
FENILO m. *Quím.* Radical monovalente que resulta de quitar un átomo de hidrógeno al benceno.
FÉNIX m. Ave fabulosa, que se dice es única y que renace de sus cenizas. ◊ fig. Persona que destaca sobre las demás por sus cualidades. ◊ *Astr.* Phoenix, constelación.
FENOCRISTAL adj. *Miner.* Díc. de los cristales de gran tamaño y bien cristalizados, fácilmente reconocibles en una masa rocosa.
FENOL m. *Quím.* Compuesto orgánico en el que uno o más átomos de H del núcleo bencénico han sido sustituidos por grupos OH. Se emplea en la fabricación de colorantes, medicamentos, plásticos, etc. ❏ FENÓLICO, CA.
FENOMENAL adj. Relativo al fenómeno. ◊ fam. Muy bueno, estupendo.
FENÓMENO m. *Fil.* Toda apariencia o manifestación, tanto del orden material como del espiritual. ◊ Cosa extraordinaria y sorprendente. ◊ fam. Persona o animal monstruoso. ❏ FENOMÉNICO, CA.
FENOMENOLOGÍA f. Descripción de un fenómeno o grupo de fenómenos. ◊ *Fil.* Corriente del pensamiento que se basa en el estudio de los fenómenos sociales y naturales. Su pral. representante es Husserl.
FENOPLASTO m. *Quím.* Material plástico que resulta de la condensación del fenol con el formaldehído.
FENOTIPO m. *Biol.* Conjunto de caracteres hereditarios que se manifiestan a nivel externo y que vienen condicionados por el genotipo o conjunto de genes. ❏ FENOTÍPICO.
FEO, A adj. Que carece de belleza y hermosura. ◊ fig. Que causa desagrado o aversión. ◊ fig. De mal aspecto. ◊ m. fam. Desaire. ❏ FEALDAD.
FEOFÍCEAS f. pl. *Bot.* Clase de algas pluricelulares de color amarillo pardusco, también llamadas algas pardas. Habitan en aguas marinas templadas y frías.
FERACIDAD f. Fertilidad, fecundidad. ❏ FERAZ.
FÉRETRO m. Caja o andas en que se llevan a enterrar los difuntos.

FERGUSON, *William* (m. 1828). Revolucionario irl. Participó en el proceso de indep. latinoamericana. Murió por salvar a Bolívar de un atentado.
FERIA f. Cualquiera de los días de la semana, excepto el sábado y domingo. ◊ Descanso y suspensión del trabajo. ◊ Mercado que se celebra al aire libre en fechas señaladas. ◊ Recinto o paraje público o raje en que están expuestos los enseres para aquel mercado. ◊ Conjunto de instalaciones de diversión. ❏ FERIAL; FERIANTE.
FERIAR tr. y prnl. Comprar en la feria. ◊ Regalar. ◊ tr. Vender, comprar o permutar una cosa por otra. ◊ Suspender el trabajo por uno o varios días.
FERMAT, *Pierre de* (1601-1665) Matemático fr. Conocido por la ecuación que lleva su nombre, se le deben también contribuciones a la teoría de probabilidades y a la geometría.
FERMENTACIÓN f. *Biol.* Degradación anaeróbica de los compuestos orgánicos realizada por las enzimas de ciertos microorganismos, llamados fermentos.
FERMENTAR intr. Producirse un proceso químico por la acción de un fermento. ◊ fig. Alterarse los ánimos. ◊ tr. Producir la fermentación.
FERMENTO m. *Biol.* Enzima. ◊ *Biol.* Microorganismo capaz de producir fermentaciones en condiciones anaerobias.
FERMI, *Enrico* (1901-1955) Físico it. Premio Nobel de Física en 1938 por haber identificado nuevos elementos radiactivos obtenidos por bombardeo con neutrones.
FERMIO m. *Quím.* Elemento radiactivo. Símb. Fm. Se obtiene bombardeando el U 238 con iones de O.
FERNÁN Caballero Seud. de *Cecilia Böhl de Faber* (1796-1877) Novelista esp. Su novela *La gaviota* (1849) inaugura el realismo en España. ◊ **Gómez,** *Fernando* (n. 1921). Escritor, actor y director de cine y teatro esp. *Crimen imperfecto, El viaje a ninguna parte.* En 2000 ingresó en la Real Academia Española de la Lengua. ◊ **González** (h. 930-970) Primer conde indep. de Castilla [950-970].
FERNÁNDEZ, *Alejo* (h. 1470-1543) Pintor esp., de probable origen al. *Tríptico de la Cena,* en el Pilar de Zaragoza. ◊ **Emilio** (1904-1986) Director y actor cinematográfico mex., llamado el *Indio Fernández. María Candelaria, Flor silvestre, La perla, Enamorada, Pueblito.* ◊ **Jorge** (nacido 1912) Político y escritor ecuat., de tendencia realista. *Antonio ha sido una hipérbole, Agua, Los que viven por sus manos.* ◊ **Juan** (h. 1530-1599) Navegante esp. Descubrió las islas que llevan su nombre, cerca de Chile. ◊ **Leonel** (n. 1945) Político dom. Líder del Partido de la Liberación Dominicana. Presid. de la Rep. entre 1996 y 2000, y a partir de 2004. ◊ **Macedonio** (1874-1952) Escritor arg. De tendencia modernista y anarquizante. *Poemas, No toda es vigilia la de los ojos abiertos, Papeles de Recienvenido.* ◊ **Alonso,** *Severo* (1859-1925) Político bol. Presid. de la rep. de 1896 a 1899, fue derrocado. ◊ **De Avellaneda,** *Alonso* ▷ Avellaneda. ◊ **De Córdoba,** *Gonzalo,* llamado EL GRAN CAPITÁN (1453-1515) Militar esp. Actuó al servicio de Fernando el Católico, que lo nombró virrey de Nápoles por sus victorias sobre los fr. ◊ **De**

Lizardi, *José Joaquín* (1776-1827) Novelista y pensador mex. *El periquillo Sarniento, Vida y hechos del famoso caballero don Catrín de la Fachenda.* ◊ **De Oviedo,** *Gonzalo* (1478-1557) Escritor y cronista esp., uno de los más destacados historiadores de Indias. *Historia general y natural de las Indias.* ◊ **De Quirós,** *Pedro* (1560-1615) Navegante port. al servicio de España. Descubrió la isla Espíritu Santo (Nuevas Hébridas). ◊ **Flórez,** *Wenceslao* (1879-1964) Novelista y periodista esp. *Volvoreta, El secreto de Barba Azul, El malvado Carabel.* ◊ **Maldonado,** *Jorge* (n. 1922) Político y militar per. Primer ministro, ministro de la Guerra y jefe del Ejército (1976). ◊ **Moreno,** *Baldomero* (1886-1950) Poeta arg. *Seguidillas, Parva, La patria desconocida, Memorias, vida y desaparición de un médico.* ◊ **Retamar,** *Roberto* (n. 1930) Poeta y ensayista cub. *Patrias, Vueltas de la antigua esperanza, Que veremos arder, Papelería, Calibán.* ◊ **Santos,** *Jesús* (1926-1988) Novelista esp. *Los bravos, El hombre de los santos, Las catedrales, Jaque a la dama* (premio Planeta 1982). ◊ **Shaw,** *Carlos* (1865-1911) Comediógrafo y poeta esp. Autor de libretos para zarzuela: *La revoltosa* (con música de Chapí). ◊ **Shaw,** *Guillermo* (1893-1965) Sainetero y libretista de zarzuelas esp. *Doña Francisquita.*
FERNANDO Nombre de diversos emperadores y reyes:

IMPERIO ROMANO GERMÁNICO

FERNANDO I (1503-1564) Rey de Bohemia y Hungría [1527], rey de romanos [1531] y emperador germánico [1558-1564]. ◊ **II** (1578-1637) Emperador de Alemania [1619-1637]. Rey de Bohemia [1617] y Hungría [1618]. Provocó la guerra de los Treinta Años. ◊ **III** (1608-1657) Emperador de Alemania [1637-1657]. Rey de Bohemia [1625] y de Hungría [1627].

ARAGÓN

FERNANDO I de Antequera (1380-1416) Rey de Aragón y Sicilia [1412-1416] Elegido rey de Aragón en el compromiso de Caspe, iniciando la dinastía cast. de los Trastámara en Aragón. ◊ **II,**

Fernando II el Católico. Detalle de una tabla atribuida al Maestro Bartolomé (Museo del Prado, Madrid)

Fernando VII retratado por V. López

el Católico (1452-1516) Rey de Aragón [1479] y de Sicilia [1468]. Casó con Isabel de Castilla, uniéndose dinásticamente ambos reinos. Concluyó la reconquista de España con la toma de Granada (1492), se anexionó Navarra (1512) y expulsó de España a judíos y moriscos. Durante su reinado se produjo el descubrimiento de América por Cristóbal Colón (1492).

AUSTRIA

FERNANDO I (1703-1875) Emperador de Austria [1835-1848], rey de Bohemia y Hungría [1830-1848].

CASTILLA Y LEÓN

FERNANDO III, *el Santo* (1201-1252) Rey de Castilla [1217-1252] y de León [1230-1252]. Conquistó Córdoba (1236), Jaén (1246), Sevilla (1248) y Cádiz (1250). ◊ **V,** *el Católico* ▷ Fernando II de Aragón.

ESPAÑA

FERNANDO VI (1713-1759) Rey de España [1746-1759]. Dejó el gobierno en manos de sus ministros, Carvajal y Ensenada. Su gobierno se caracterizó por la neutralidad y la paz. ◊ **VII,** *el Deseado* (1784-1833) Rey de España [1808-1833]. Obligado por Napoleón a recluirse en Bayona, abdicó en favor de José I Bonaparte. De regreso a España, abolió la Constitución de 1812. Tuvo que aceptar de nuevo la Constitución en el llamado trienio liberal (1820-1823), que se cerró con la intervención de la Santa Alianza. Provocó las guerras carlistas, al abolir la ley Sálica. Durante su reinado se produjo el fin de la dominación colonial en el continente americano.
FERNANDO de Noronha Arch. y territorio de Brasil, en el océano Atlántico; 26 km², 1 300 hab. Cap., Remedios. Aeropuerto. Penitenciaría.
FERNANDO Poo Ant. nombre de ▷ Bioko.
FEROCIDAD f. Fiereza, crueldad. ◊ Atrocidad, dicho o hecho insensato.
FERODO m. *Mec. apl.* Material formado con hilos metálicos y fibras de amianto, utilizado pralm. en las zapatas de los frenos.
FEROE *(Faeröerne, Föroyar)* Arch. de Dinamarca, entre Islandia y Gran Bretaña; 1 398 km², 45 000 hab. Cap., Thorshavn. Pesca (merluza); caza de la ballena.

Ferrocarril de Barcelona a Mataró (1848)

FEROZ adj. Que obra con ferocidad y dureza. ◊ fam. Tremendo; aplicado a sensaciones, molesto.

FERRÁN y Clúa, Jaime (1852-1929) Médico esp. Inventor del procedimiento de la vacuna anticolérica e introductor de un método intensivo de vacuna antirrábica.

FERRARA Cap. de la prov. hom., 145 000 hab. Centro ind. y com. Catedral, palacio de los Este y Communale.

FERRATER, Gabriel (1922-1972) Poeta y lingüísta esp., catalán. *Les dones i els dies.* ◊ **Mora, José** (1912-1991). Filósofo esp. cat. *Diccionario de filosofía.*

FERREIRO, Celso Emilio (1914-1979). Poeta esp. Realizó su obra en lengua gall.; *Cartafol de poesía* y *Longa noite de pedra.*

FERREO, A adj. De hierro o que tiene sus propiedades. ◊ fig. Duro, tenaz.

FERRER, José (1912-1992) Actor y director cinematográfico puertorriq. Óscar en 1950 por su interpretación en *Cyrano de Bergerac.* ◊ **Bassa, Jaume** (1290-1348) Pintor y miniaturista cat. Mural de la capilla de San Miguel en el monasterio de Pedralbes, en Barcelona (1346-1348). ◊ **Y Guardia, Francisco** (1859-1909) Pedagogo esp., creador de la *Escuela Moderna.* Acusado de los sucesos de la Semana Trágica, fue fusilado.

FERRERA, Francisco (1794-1851) Militar y político hond. Presid. de la rep. en 1834 y 1840-1845.

FERRERI, Marco (n. 1928) Director de cine it. *El pisito, La grande bouffe, Ordinaria locura.*

FERRERÍA f. Herrería.

FERRETERÍA f. Comercio de hierro. ◊ Conjunto de objetos de hierro que se venden en las ferreterías. ◊ *Amér.* Quincallería. ❏ FERRETERO, RA.

FERREYRA Basso, Juan G. (1910-1984) Poeta arg. Autor de *Rosa de arcilla, El mineral, El árbol, El caballo, Paisano muerto en el río.*

FERRICIANURO m. *Quím.* Sal del ácido ferricianhídrico, usada como indicador químico en las reacciones de oxidación-reducción.

FÉRRICO, CA adj. *Metal.* y *Quím.* Aplícase a los compuestos o a las mezclas o aleaciones del hierro.

FERRÍFERO, RA adj. Que contiene hierro.

FERRITA f. *Metal.* Forma alotrópica del hierro que aparece en ciertas aleaciones. ◊ Sustancia semiconductora y ferromagnética, que posee numerosas aplicaciones en electrónica y en computación.

FERROCARRIL m. Medio de transporte terrestre consistente en un convoy o vehículo, en gral. compuesto de locomotora y varios vagones, que circulan sobre dos vías paralelas de hierro.

FERROCIANURO m. *Quím.* Sal del ácido ferrocianhídrico. Se usa para fabricar pigmentos y tintes; el f. férrico es el azul de Prusia.

FERROL, El C. y puerto esp., en Galicia (prov. de A Coruña); 85 130 hab. Astilleros, ind. textiles, confección, muebles, pesquera.

FERROMAGNETISMO m. *Fís.* Propiedad de algunas sustancias, como el hierro, cobalto y níquel, de presentar grandes intensidades de imanación. ❏ FERROMAGNÉTICO, CA.

FERROSO, SA adj. *Quím.* Aplícase a las combinaciones del hierro en las que este metal es divalente.

FERROVIARIO, RIA adj. Relativo a las vías férreas. ◊ m. y f. Empleado de ferrocarriles.

FERRUGINOSO, SA adj. Díc. del mineral, agua o medicamento que contiene hierro.

FERRY (voz ing.) m. Barco destinado al transporte de trenes y automóviles.

FÉRTIL adj. Feraz, productivo, rico. ◊ fig. Díc. del año en que la tierra produce en abundancia, y, p. ext., del ingenio. ❏ FERTILIDAD.

FERTILIZAR tr. Fecundizar la tierra. ❏ FERTILIZACIÓN; FERTILIZANTE.

FÉRULA f. Cañaheja, planta ◊ fig. Autoridad o poder despóticos. ❏ FERULÁCEO, A.

FERVOR m. Calor intenso. ◊ fig. Celo ardiente. ❏ FERVIENTE; FERVOROSO, SA.

FESTEJAR tr. Conmemorar, celebrar algo con fiestas. ◊ Obsequiar, agasajar a alguien. ◊ Cortejar.

FESTEJO m. Acción y efecto de festejar. ◊ pl. Actos públicos que se realizan en las fiestas populares.

FESTÍN m. Banquete espléndido.

FESTIVAL m. Fiesta, especialmente musical.

FESTIVIDAD f. Fiesta con que se celebra una cosa. ◊ Día festivo en que la Iglesia católica celebra algún misterio a un santo.

FESTIVO, VA adj. Chistoso, agudo. ◊ Alegre, humorístico. ◊ Solemne, digno de celebrarse.

FESTÓN m. Guirnalda de flores, frutas y hojas. ◊ Bordado que adorna el borde de una cosa. ❏ FESTONEADO.

FET y de las JONS Siglas de Falange Española Tradicionalista y de las Jun-

tas de Ofensiva Nacional Sindicalista, agrupación política esp., resultado de la unificación, en 1937, de varias organizaciones fascistas y tradicionalistas.

FETAL adj. Relativo al feto. ◊ Díc. de la etapa evolutiva del embrión humano que comienza al final de la sexta semana de la gestación.

FETÉN adj. Estupendo. ◊ f. La verdad.

FETICHE m. Ídolo u objeto de culto en pueblos no industrializados. ◊ Talismán. ◊ Objeto en el que se fijan obsesiones o fantasías eróticas.

FETICHISMO m. Culto de los fetiches. ◊ *Psic.* Estado en que un objeto inanimado queda asociado a situaciones emocionales relacionadas con el impulso sexual. ❏ FETICHISTA.

FETIDEZ f. Hediondez, pestilencia, mal olor. ❏ FÉTIDO, DA.

FETO m. Producto de la concepción de una hembra vivípara. ◊ Este mismo producto abortado.

FEUDAL adj. Relativo al feudo y a la organización política y social fundada en él y al tiempo de la E. Med. en que aquél estuvo en vigor.

FEUDALISMO m. Sistema feudal de gobierno y de organización de la propiedad.

❏ *Hist.* El f. arraigó en Europa occidental en los ss. IX a XIII, y se prolongó

Feudalismo. Acto de vasallaje en una miniatura del *Liber Feudorum Maior* (Archivo de la Corona de Aragón, Barcelona)

hasta el triunfo de las revoluciones burguesas. La sociedad se estratificó (los tres órdenes: caballeros, clérigos y campesinos). El modo de producción feudal se basaba en el cultivo de la tierra por una capa social sujeta a su trabajo (siervos de la gleba) y dependiente de un señor que se apoderaba, a cambio de su protección, de los excedentes agrícolas.

FEUDATARIO, RIA adj. y s. El que estaba investido de un feudo y obligado a pagar por el mismo.

FEUDO m. Contrato por el cual el señor cedía una tierra a su vasallo, obligándose éste a guardar fidelidad. ◊ Territorio dado en feudo. ◊ Reconocimiento o tributo con cuya condición se concede el feudo.

FEUERBACH, Ludwig (1804-1872) Filósofo al. Su *Esencia del cristianismo* influyó en Marx y Engels.

FEZ m. Gorro de fieltro rojo, en forma de cono truncado, usado por los moros y los turcos.

FEZ (*Fes*) C. de Marruecos, cap. de la prov. hom.; 448 800 hab. Universidad, central hidroeléctrica, industria textil.

FEZZÁN Región desértica del SO de Libia; 600 000 km², 55 000 hab. Petróleo.

FIABLE adj. Díc. de la persona a quien se puede fiar. ◊ Díc. de los datos, previsiones, piezas, instrumentos, etc., que merecen confianza. ❏ FIABILIDAD.

FIADOR, RA m. y f. Persona que fía a otra para la seguridad de aquello a que está obligada. ◊ m. Pasador de hierro que sirve para afianzar las puertas por el lado de adentro. ◊ Pieza con que se afirma una cosa para que no se mueva.

FIALLO, Fabio (1866-1942) Poeta dom. *Primavera sentimental, Canciones de la tarde.*

FIAMBRE adj. y m. Que después de asado o cocido se ha dejado enfriar para no comerlo caliente. ◊ m. fig. y fam. Cadáver.

FIAMBRERA f. Cacerola con tapa bien ajustada, que sirve para llevar la comida fuera de casa. ◊ *Argent.* Fresquera.

FIANNA Fail (gaélico, «soldados del destino») Partido nacionalista irlandés, fundado en 1927.

FIANZA f. Obligación que uno contrae de hacer aquello a que otro se ha obligado si éste no lo cumple. ◊ Prenda que da el contratante en seguridad del buen cumplimiento de su obligación.

FIAR tr. Asegurar uno que otro cumplirá lo que promete, o pagará lo que debe, obligándose, en caso de que no lo haga, a satisfacer por él. ◊ Vender sin tomar el precio de contado. ◊ tr. y prnl. Dar o comunicar una cosa en confianza. ◊ intr. Esperar con firmeza algo grato.

FIASCO m. Fracaso, chasco.

FIBRA f. *Biol.* Células alargadas o de morfología filiforme. ◊ *Fís.* y *Quím.* Cuerpo dotado de una estructura molecular de carácter unidimensional. ◊ Filamento natural u obtenido por procedimiento químico en la ind. textil. ◊ **óptica.** Cuerpo sintético, gralte. flexible, por cuyo interior se propagan los rayos luminosos, y con un coeficiente de absorción muy pequeño. ❏ FIBROSO.

FIBRILACIÓN f. *Pat.* Afección del corazón caracterizada por contracciones muy rápidas, pero ineficaces para el impulso sanguíneo.

FIBRINA f. Proteína plasmática insoluble formada en la sangre por polimerización del fibrinógeno, que constituye la red filamentosa de la coagulación.

FIBROMA m. *Med.* Tumor benigno del tejido conjuntivo. Es nodular y puede alcanzar gran tamaño.

FIBROSIS f. Formación de tejido conjuntivo fibroso en el seno de un tejido o víscera.

FÍBULA f. Hebilla a manera de imperdible.

Taller de tintado de pieles en **Fez**

FICCIÓN f. Invención.

FICHA f. Hoja de papel o cartulina para anotar datos de manera ordenada. ◊ Pieza pequeña de marfil, madera, etc., que representa un valor o se utiliza para algo.

FICHAR tr. En algunos juegos de mesa, mover la ficha. ◊ Hacer la ficha antropométrica de un individuo. ◊ fig. y fam. Refiriéndose a una persona, clasificarla entre aquellas que se miran con desconfianza. ◊ Contratar un club deportivo a un jugador. ❏ FICHAJE.

FICHERO m. Caja o mueble donde se guardan, ordenadas, las fichas. ◊ Colección de fichas referentes a un mismo tema.

FICHTE, Johann Gottlieb (1762-1814) Filósofo al. Idealista, intentó reunir bajo un principio supremo la teoría del conocimiento, la filosofía práctica y la teoría de la religión: *Fundamentos de toda doctrina de la ciencia, Fundamentos de derecho natural según los principios de la teoría de la ciencia, El destino del hombre.*

FICOMICETE adj. y m. *Bot.* Díc. de hongos de la clase ficomicetes. ◊ m. pl. *Bot.* Clase de hongos acuáticos, saprófitos o parásitos, con micelio ramificado carente de tabiques transversales.

FICTICIO, CIA adj. Fingido o fabuloso. ◊ Aparente, convencional.

FICUS m. *Bot.* Género de plantas arbustivas o arbóreas. Pertenecen a él la higuera, el f. de las pagodas, y el sicomoro.

FIDEDIGNO, NA adj. Digno de fe y crédito.

FIDEICOMISO m. *Der.* Donación de una herencia a una persona para que haga con ella lo que se le encarga. ◊ Territorio colocado temporalmente por la ONU bajo la administración de una potencia.

FIDEÍSMO m. Doctrina que sostiene que ciertas verdades, por ser inaccesibles para la razón, sólo pueden alcanzarse con la fe.

FIDELIDAD f. Lealtad. ◊ Exactitud en la ejecución de una cosa.

FIDEO m. Pasta de harina de trigo, en forma de cuerda delgada, que sirve para sopa. Se usa más en pl. ◊ fig. y fam. Persona muy delgada.

FIDIAS (h. 490-431 a. C.) Escultor ateniense. Encargado por Pericles de las obras del Partenón, ejecutó la *Atenea Parthenos* e intervino en las esculturas del frontón y de las metopas.

FIDJI ⇨ Fiji.

FIDUCIARIO, RIA adj. y s. *Der.* Persona que recibe una herencia con encargo de darle determinado destino. ◊ adj. Cosa que no tiene un valor real sino de crédito.

FIEBRE f. Síntoma de enfermedad, que consiste en elevación de la temperatura del cuerpo y frecuencia del pulso y de la respiración. ◊ fig. Viva agitación producida por una causa moral. ◊ **aftosa.** Glosopeda. ◊ **amarilla.** Enfermedad endémica de los países tropicales de América y África. ◊ **de Malta** o **mediterránea.** Brucelosis. ◊ **tifoidea.** Infección intestinal, causada por el bacilo de Eberth.

FIEL adj. Persona que corresponde a la confianza puesta en ella. ◊ Exacto, conforme a la verdad. ◊ adj. y s. Creyente de alguna religión, y que cumple con sus normas. ◊ m. Aguja de las balanzas romanas, que se sitúa verticalmente cuando hay igualdad en los pesos comparados.

FIELDING, Henry (1707-1754) Escritor satírico ing. *Historias de las aventuras de Joseph Andrews y de su amigo el señor Abraham Adams, La historia del expósito Tom Jones.*

FIELTRO m. Especie de paño no tejido que resulta de conglomerar borra, lana o pelo. ◊ Sombrero, capote o alfombra hechos de fieltro.

FIERA f. Animal indómito y carnicero. ◊ fig. Persona cruel o de carácter violento. ❏ FIEREZA.

José María **Figueres**

FIERO, RA adj. Relativo a las fieras. ◊ Duro, intratable. ◊ Feo. ◊ fig. Horroroso, terrible.

FIERRO m. Hierro. ◊ *Amér.* Marca para el ganado.

FIESTA f. Alegría, diversión. ◊ Reunión de gente para divertirse. ◊ Conjunto de actos extraordinarios con que se celebra un acontecimiento. ◊ fam. Chanza, broma. ◊ Día en que se celebra alguna solemnidad.

FIGANA f. *Ven.* Ave gallinácea, de unos 25 cm de long., de cuello largo, color pardo rayado de negro y patas amarillas. Fácil de domesticar.

FÍGARO Seud. de Mariano José de ⇨ Larra.

FIGLE m. Instrumento músico de viento, que consiste en un tubo largo de latón, doblado y con llaves o pistones.

FIGUEIREDO, *João Baptista de Oliveira* (1918-1999) Militar y político bras. Participó en el golpe de Est. de 1964. En 1978 accedió a la presidencia. En 1985 convocó elecciones presidenciales.

FIGUERAS y Moragas, *Estanislao* (1819-1882) Político esp. Jefe del poder ejecutivo al ser proclamada la I República (1873), dimitió a los cuatro meses.

FIGUEREDO, *Pedro* (1819-1870) Político cub. Compuso el himno nacional cubano. Fue ejecutado por los españoles.

FIGUERES, *José* (1907-1990) Máximo líder político de Costa Rica. Presid. de la junta fundadora de la Segunda República (1948-1949); presid. de la rep. (1953-1957 y 1970-1974). Abolió el ejército. ◊ **Olsen,** *José María* (n. 1954) Político cost. Presid. de la rep. en 1994-1998, por el Partido de Liberación Nacional (PLN).

FIGUEROA, *Fernando* (1849-1912) Militar y político salv. Presid. de la rep. de 1907 a 1911. ◊ **Alcorta,** *José* (1860-1931) Político y abogado arg. Presid. de 1906 a 1910. Realizó grandes reformas económicas. ◊ **Larraín,** *Emiliano* (1866-1931) Político chil. Presid. interino en 1910. Volvió a ocupar la presidencia de la rep. de 1925 a 1927.

FIGUEROLA, *Laureano* (1810-1903) Economista y político esp. Estableció la peseta como unidad monetaria.

FIGURA f. Forma exterior de un cuerpo por la cual se diferencia de otro. ◊ Cara, rostro. ◊ Estatua o pintura que representa el cuerpo de un hombre o animal. ◊ Personaje, celebridad. ◊ Cosa que representa o significa otra. ◊ Nota musical. ◊ Cambio de colocación

de los bailarines en una danza. ◊ Figurería, mueca. ◊ *Geom.* Espacio cerrado por líneas o superficies. ◊ *Ret.* Modo de hablar para hacer el lenguaje más original y atractivo.

FIGURADO, DA adj. Aplícase al canto o música cuyas notas tienen diferente valor según su diversa figura. ◊ Que usa figuras retóricas. ◊ Díc. del sentido en que se toman las palabras o frases para que denoten idea diversa de la que realmente significan.

FIGURANTE, TA m. y f. Comparsa de teatro.

FIGURAR tr. Formar la figura de una cosa. ◊ Aparentar, fingir. ◊ intr. Formar parte de un número determinado de personas o cosas. ◊ Tener autoridad y representación. ◊ prnl. Imaginarse.

FIGURATIVO, VA adj. Que es o sirve de representación o figura de otra cosa. ◊ Díc. del arte y de los artistas que representan figuras de la realidad externa y concreta, en oposición al arte abstracto.

FIGURÍN m. Dibujo o modelo pequeño para los trajes y adornos de moda. ◊ fig. Persona vestida con elegancia afectada.

FIGURÓN m. fig. y fam. Hombre que aparenta más de lo que es.

FIJADO m. Operación que tiene por objeto eliminar, de una placa o película fotográfica, el bromuro de plata no atacado por la luz, para dejar sólo el precipitado de plata que forma la imagen visible.

FIJAR tr. Clavar, asegurar un cuerpo en otro. ◊ Pegar con engrudo, etc., especialmente los carteles. ◊ tr. y prnl. Hacer fija o estable alguna cosa. ◊ Determinar, precisar de un modo cierto. ◊ Dirigir o aplicar intensamente. ◊ Introducir el mortero en las juntas de piedras cuando están calzadas. ◊ *Fot.* Hacer que la imagen impresionada quede inalterable a la acción de la luz. ◊ prnl. Atender, notar. ❑ FIJACIÓN; FIJADOR, RA.

FIJEZA f. Firmeza, seguridad de opinión. ◊ Persistencia, continuidad.

FIJI o **FIDJI** (*Viti*) Estado de Oceanía, en Polinesia; integrado por el arch. hom.

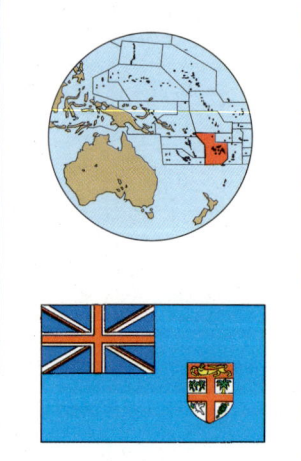

Mapa de situación y bandera de **Fiji**

FIJI

Superficie	18 272 km²
Población	738 000 hab. (40 hab./km²)
Recursos económicos	
Azúcar	389 000 t
Caña de azúcar	73 000 ha
Energía eléctrica	331 000 000 kwh
Mandioca	36 000 t
Oro	4 221 kg
Nuez de coco	239 000 t
Riqueza forestal	307 000 m³
Indicadores sociológicos	
PNB	1377 millones de dólares
Renta per cápita	1 830 dólares
Esperanza de vida	71 años
Alfabetismo	85 %

Filadelfia. Vista del City Hall (Ayuntamiento)

y la isla de Rotuma. Viti Levu y Vanua Levu son las más importantes. Relieve accidentado. Clima tropical. Caña de azúcar, plátanos, palmera de coco, arroz, batatas, mandioca. Riqueza forestal. Oro, manganeso. Lenguas: ing. y fijiano (of.), hindi. *Rel.*: metodismo (40 %), catolicismo (8 %), anglicanismo, confucianismo. U. M.: el dólar fijiano. Cap., Suva.
◻ *Hist.* El arch. fue descubierto en 1643 por el hol. Tasman. En 1874 fue anexionado por Gran Bretaña. Alcanzó la indep. en 1970, dentro de la Commonwealth.

FIJO, JA adj. Firme, asegurado. ◊ Permanente y no expuesto a movimiento o alteración.

FILA f. Orden que guardan varias personas o cosas colocadas en línea. ◊ fam. Antipatía, ojeriza. ◊ *Mil.* Línea que los soldados forman de frente, hombro con hombro. ◊ pl. fig. Bando, facción.

FILACTERIA f. Objeto ritual del judaísmo ortodoxo. ◊ Cinta con inscripciones o leyendas en pinturas, esculturas.

FILADELFIA (*Philadelphia*) C. y puerto fluvial de EE UU, en el est. de Pensilvania; 4 716 800 hab. (agl. urb.). Ind. pesada, textil y alimentaria. En ella se firmó la Declaración de Independencia (1776).

FILAMENTO m. Hilo delgado, de cualquier sustancia. ◊ Hilo metálico destinado a soportar altas temperatūras en las válvulas electrónicas y lámparas de incandescencia. ❏ FILAMENTOSO, SA.

FILÁNTROPO m. El que se distingue por el amor a sus semejantes, el que emplea una actividad o un dinero en beneficio de los demás. ❏ FILANTROPÍA; FILANTRÓPICO, CA.

FILARIA f. *Zool.* Nemátodo parásito del hombre y de otros vertebrados. Provoca distintas enfermedades, entre ellas, la elefantiasis y la filiariosis.

FILARMÓNICO, CA adj. y s. Apasionado por la música. ◊ adj. y f. Díc. de algunas sociedades musicales y de ciertos conjuntos orquestales. ❏ FILARMONÍA.

FILATELIA f. Conjunto de conocimientos sobre los sellos. ❏ FILATÉLICO, CA; FILATELISTA.

FILETE m. Solomillo. ◊ Pequeña lonja de carne magra o de pescado limpio de raspas. ◊ Miembro de moldura, a modo de lista larga y angosta. ◊ Línea fina que sirve de adorno en un dibujo. ◊ Espiral saliente del tornillo.

FILETEADO m. Operación mecánica en la que se abren ranuras en una superficie de revolución. ❏ FILETEADOR.

FILFA f. fam. Mentira, noticia falsa.

FILIA Sufijo que significa *afición*. ◊ f. Simpatía apasionada por alguna cosa.

FILIACIÓN f. Documento en que constan los datos personales de un individuo. ◊ Procedencia de los hijos respecto a los padres. ◊ Señas personales de cualquier individuo. ❏ FILIAR.

FILIAL adj. Perteneciente al hijo. ◊ adj. y f. Aplícase al establecimiento o empresa que depende de otro.

FILIBUSTERO m. Pirata del s. XVII que operaba en las Antillas. ◊ El que trabajaba por la emancipación de las ant. prov. ultramarinas esp. ❏ FILIBUSTERISMO.

FILIFORME adj. Que tiene forma o apariencia de hilo.

FILIGRANA f. Trabajo de orfebrería realizado con hilos de oro o plata unidos y soldados con gran perfección y delicadeza. ◊ fig. Cosa fina y delicada. ◊ Marca transparente hecha en el papel al tiempo de fabricarlo.

FILIPÉNDULA f. Planta herbácea de flores en corimbos y raíces de mucha fécula astringente.

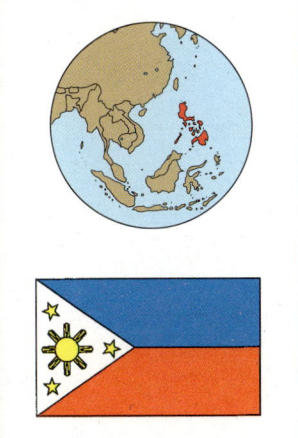

Mapa de situación y bandera de **Filipinas**

Filatelia. Sello para coleccionistas

FILÍPICA f. Invectiva, represión violenta.

FILIPINAS *(Pilipinas)* Estado insular (rep.) de SE de Asia que agrupa más de 7 000 islas (Luzón, Mindanao, Samar, Negros, Panay, Palawan, Mindoro, Leyte, Cebú, Bohol y Masbate). Relieve muy montañoso, de origen volcánico. R. prales.: Cagayán, en Luzón; Agusán y Pulangi, en Mindanao. Clima tropical con influencia monzónica. Arroz, maíz, plátanos, mandioca, batata, ananás, caña de azúcar, tabaco, palmera de coco. Pesca. Madera. Refinería de azúcar, hilaturas de algodón, manufactura de tabaco. Lenguas: tagalo (of.), ing., esp. *Rel.*: catolicismo (84%), Iglesia filipina indep. (6,2%), islamismo (4,3%). U. M.: el peso filipino. Cap., Manila. C. prales.: Quezón City, Davao, Cebú.
☐ *Hist.* Descubiertas en 1521 por Fernando de Magallanes, fueron conquistadas para España por Miguel López de Legazpi y fray Andrés de Urdaneta. Al producirse la guerra hispano-norteam., los nacionalistas, acaudillados por Emilio Aguinaldo, proclamaron la indep. (1898), pero las islas fueron cedidas a EE UU por el tratado de París. Ocupadas por los japoneses durante la II Guerra Mundial. En 1946 consiguió la total indep. En 1965 fue elegido presid. Fernando Marcos, que gobernó dictatorialmente hasta 1986, en que accedió a la presidencia Corazón Aquino, tras un alzamiento popular. En las elecciones de 1992 resultó vencedor Fidel Ramos, reelegido en 1995. La oposición, liderada por Joseph Estrada, ganó los comicios de 1998. En 2001, Estrada fue obligado a dimitir y le sustituyó Gloria Macapagal Arroyo.

FILIPINAS	
Superficie	300 000 km²
Población	62 000 000 hab. (207 hab./km²)
Recursos económicos	
Arroz	9 670 000 t
Búfalos	2 710 000 cabezas
Cabaña bovina	1 677 000 cabezas
Carbón	1 170 000 t
Caucho natural	201 000 t
Copra	1 930 000 t
Oro	24 590 kg
Pesca	2 208 823 t
Plátanos	3 545 000 t
Riqueza forestal	38 559 000 m³
Tabaco	71 500 cigarrillos
Indicadores sociológicos	
PNB	46 138 millones de dólares
Renta per cápita	740 dólares
Esperanza de vida	65 años
Alfabetismo	90 %

FILIPINO, NA adj. y s. De Filipinas. ◊ Relativo a Felipe II, rey de España, o a la época de su reinado.

FILIPO II (h. 382-336 a. C.) Rey de Macedonia [h. 356-336 a. C.], padre de Alejandro Magno. Derrotó a los atenienses en Queronea (338 a. C.). ◊ **V** (h. 238-179 a. C.) Rey de Macedonia [221-179 a. C.]. Vencido por los rom. en Cinoscéfalos (197 a. C.).

FILIPOS Ant. c. al N del Egeo. Conquistada por Filipo a los tracios en 358 a. C.

FILISTEO, A adj. y s. Díc. del individuo de una pequeña nación enemiga de los israelitas, que existió al N de Egipto y se estableció en las costas de Palestina h. 1200 a. C. ◊ m. y f. fig. Persona vulgar o despreciable. ◊ m. Hombre alto y de gran corpulencia.

FILITA f. *Geol.* Roca formada por cuarzo, feldespato, plaquitas de mica y clorita.

FILM (voz ing.) m. Filme.

FILMAR tr. Tomar o impresionar escenas, paisajes, personas o cosas en movimiento en una película. ❏ FILMACIÓN; FILMADOR, RA.

FILME m. Película cinematográfica.

FILMINA f. Diapositiva.

FILMOGRAFÍA f. Descripción o conocimiento de filmes o microfilmes. ◊ Relación de películas de un mismo director, productor o actor, o relacionadas con un determinado tema.

FILMOTECA f. Lugar donde se guardan los filmes para su estudio.

FILO m. Arista o borde agudo de un instrumento cortante. ◊ Punto o línea que divide una cosa en dos partes iguales.

FILODIO m. *Bot.* Peciolo muy ensanchado.

FILÓFAGO, GA adj. y s. *Zool.* Que se alimenta de hojas.

FILOGENIA f. *Biol.* Desarrollo evolutivo del grupo al que pertenece una determinada especie.

FILOLOGÍA f. Estudio científico de la lengua y literatura de un pueblo a través de la crítica de los textos escritos. ❏ FILOLÓGICO, CA; FILÓLOGO, GA.

FILÓN m. *Geol.* Masa metalífera o pétrea que rellena una ant. quiebra de las rocas de un terreno. ◊ fig. Negocio del que se espera un gran provecho.

FILÓN de Alejandría (h. 25 a. C.-50 d. C.) Filósofo gr. de origen heb. Pretendió conciliar la revelación heb. con la cultura griega.

FILOSILICATO m. *Miner.* Silicato cuyo retículo cristalino está formado por una superposición de estratos de tetraedros de SiO_4, dispuestos en mallas hexagonales.

FILOSOFAR intr. Discurrir acerca de una cosa con razones filosóficas. ◊ fam. En sentido irónico, meditar o exponer ideas sin valor sobre cosas trascendentales.

FILOSOFÍA f. Conjunto de concepciones sobre los principios y las causas del ser de las cosas, del universo y del hombre. ◊ Cualquier conjunto sistemático de pensamiento de esta clase. ◊ fig. Serenidad, conformidad. ❏ FILOSÓFICA, CA; FILÓSOFO, FA.

FILOXERA f. *Zool.* Insecto homóptero que vive como parásito en las hojas y raíces de la vid. ◊ Enfermedad producida en la vid por este insecto.

FILTRACIÓN f. Separación de las partículas sólidas que se hallan en un medio líquido, o de las sólidas o líquidas que se hallan en un medio gaseoso.

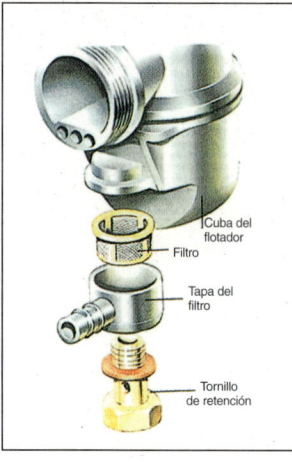

Filtro de un carburador

FILTRAR tr. Hacer pasar un líquido por un filtro. ◊ intr. y prnl. Penetrar un líquido a través de otro cuerpo sólido. ◊ intr. Dejar un cuerpo sólido pasar un líquido a través de sus poros o resquicios. ◊ prnl. fig. Trascender una noticia o información.

FILTRO m. Aparato a través del cual se hace pasar un líquido que se pretende clarificar. ◊ Manantial de agua dulce en la costa del mar. ◊ *Ópt.* Pantalla que se interpone al paso de la luz para excluir ciertos rayos.

FIMOSIS f. Estrechez congénita de la abertura del prepucio, que le impide deslizarse hacia atrás sobre el pene y dejar el glande descubierto.

FIN m. Término o consumación de una cosa. ◊ Objeto o motivo con que se ejecuta una cosa.

FINAL adj. Que remata o perfecciona una cosa. ◊ f. Última y decisiva competición en un concurso. ◻ FINALIZAR.

FINALIDAD f. fig. Fin con que o por que se hace una cosa.

FINALISTA com. Cada uno de los que llegan a la prueba final en una competición, elección. ◊ Partidario de la doctrina de las causas finales.

FINANCIAR tr. Aportar dinero para una empresa. ◊ Sufragar los gastos de una actividad, obra, etc. ◻ FINANCIACIÓN; FINANCIERO, RA.

FINANZAS f. pl. Conjunto de actividades económicas relacionadas con los negocios y la banca.

FIÑAR intr. Fallecer, morir. ◻ FINADO, DA.

FINCA f. Propiedad inmueble.
FINÉS, SA adj. y s. Finlandés. ◊ adj. De Finlandia.
FINEZA f. Delicadeza y primor. ◊ Acción o dicho con que uno da a entender el amor que tiene a otro.
FINGERMANN, *Gregorio* (1890-1977) Psicólogo arg. *Psicología aplicada a la educación, Fundamentos de psicotécnica, Lecciones de psicología, Lecciones de lógica.*
FINGIR tr. y prnl. Dar a entender lo que no es cierto. ◊ tr. Simular, aparentar. ◻ FINGIMIENTO.
FINIQUITAR tr. Saldar una cuenta. ◊ fig. y fam. Acabar, concluir, rematar. ◻ FINIQUITO.
FINISECULAR adj. Relativo al fin de siglo.
FINISTERRE Cabo del NO de España, en la costa atlántica de Galicia.
FINITO, TA adj. Que tiene fin o límite. ◊ *Mat.* Díc. de un conjunto cuyos elementos pueden contarse. ◻ FINITUD.
FINLANDÉS, SA adj. y s. De Finlandia.
FINLANDIA (finés, *Suomi*; sueco, *Finland*) Estado del N de Europa. Gran número de lagos. Al N se halla Laponia.

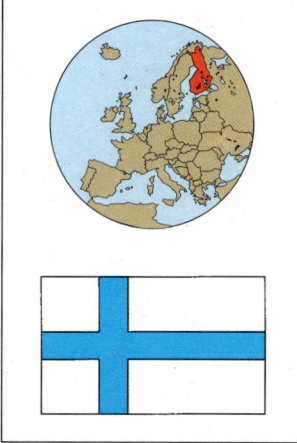

Mapa de situación y bandera de **Finlandia**

Los Alpes Escandinavos accidentan el extremo N-NO. Clima muy frío. La explotación forestal es el pral. recurso. Producción de pasta de papel y papel. Avena, trigo, patatas, remolacha azucarera. Ganado bovino, porcino, ovino y de renos. Pesca. Minas de piritas de hierro, cobre, azufre, hierro. Lenguas: finés (93,5%) y sueco (6,3%). *Rel.*: pro-

testante. U. M.: euro. Cap., Helsinki. C. prales.: Tampéra, Turku.
◻ *Hist.* Conquistada y cristianizada por Suecia en los ss. XII y XIII . En 1581 se constituyó en Gran Ducado. En 1721, F. cedió a Rusia el itsmo de Carelia. Por los acuerdos de Tilsit, el zar Alejandro I se apoderó de F. Después de la rev. rusa, F. proclamó la indep. (1917). Durante la II Guerra Mundial fue invadida por la URSS, que se anexionó parte de su territorio. Transcurridos los difíciles años de la posguerra, se emprendió una política de amistad con la URSS, a la vez que de equilibrio con los grandes bloques. Urho Kekkonen, presid. de la rep. desde 1945, renunció al cargo en 1981. En 1982 le sucedió Mauno Koivisto. En 1994 el socialdemócrata Martti Ahtisaar relevó a M. Koivisto en la presid. En 1995 entró a formar parte de la Unión Europea y en 2000 Tarja Halonen fue elegida presid. de la República.

FINLANDIA	
Superficie	338 145 km²
Población 5 029 000 hab. (15 hab./km²)	
Recursos económicos	
Avena	1 155 000 t
Patatas	672 000 t
Remolacha azucarera	1 043 000 t
Trigo	431 000 t
Ganadería y derivados	
Cabaña bovina	1 315 000 cabezas
Cabaña ovina	57 000 cabezas
Cabaña porcina	1 290 000 cabezas
Renos	285 900 cabezas
Riqueza forestal	41 647 000 m³
Pesca	97 391 t
Producción industrial	
Energía eléctrica	54 508 000 000 kwh
Papel	7 351 000 t
Indicadores sociológicos	
PNB	121 982 millones de dólares
Renta per cápita	24 400 dólares
Esperanza de vida	76 años
Alfabetismo	100%

FINLANDIA, *golfo de* Profundo entrante del mar Báltico, entre Finlandia, Estonia y la costa de Rusia. Recibe las aguas del río Neva, que lo une con el lago Ladoga.
FIÑO, NA adj. Delicado y de buena calidad en su especie. ◊ Delgado, sutil. ◊ Díc. de la persona delgada y de facciones delicadas. ◊ Educado, cortés. ◊ Astuto, sagaz. ◊ Tratándose de metales, muy depurado o acendrado.
FINOUGRIO, GRIA adj. Díc. del conjunto de pueblos euroasiáticos de la familia urálica y de las lenguas habladas por ellos.
FINTA f. Ademán o amago que se hace con intención de engañar a uno.
FINURA f. Primor, delicadeza.
FIOFÍO m. *Chile.* Pajarillo insectívoro, de plumaje verde aceitunado, blanquecino en el vientre y la garganta, y con una cresta blanca.
FIONIA (*Fyn*) Isla de Dinamarca, separada de Jutlandia por el Pequeño Belt; 3 486 km², 453 900 hab. Cap., Odense. Agricultura. Ganadería.
FIORAVANTI, *José* (1896-1977) Escultor arg. *Mi hermana María, Mujer con libro,* monumento a Simón Bolívar. ◊ *Octavio* (1894-1970) Escultor arg. Monumento a J. de San Martín.

El lago Koitere, en **Finlandia**

FIORDO m. Golfo estrecho y profundo, entre montañas de laderas abruptas, formado por los glaciares durante el periodo cuaternario.

FIQUE m. *Amér.* Fibra de la pita.

FIRMA f. Nombre y apellido, o título de una persona, que ésta pone con rúbrica o sin ella al pie de un escrito. ◊ Conjunto de documentos que se presentan a un jefe para que los firme. ◊ Acto de firmarlos. ◊ Empresa o casa comercial. ❏ FIRMAR.

FIRMAMENTO m. La bóveda celeste.

FIRME adj. Estable, fuerte. ◊ fig. Entero, constante, que no se deja dominar. ◊ Capa sólida de terreno, sobre la que se puede cimentar. ◊ adv. de modo. Con firmeza.

FIRMEZA f. Estabilidad, fortaleza. ◊ fig. Entereza, constancia.

FIRULETE m. *Amér. Merid.* Adorno superfluo.

FISCAL adj. Pertenciente al fisco o al oficio de fiscal. ◊ m. Funcionario que representa y ejerce el ministerio público en los tribunales y promueve la administración de justicia en lo criminal. ◊ fig. Persona que juzga severamente las acciones de alguien.

FISCO m. Tesoro público. ◊ Entidad encargada de recaudar los impuestos.

FISGAR tr. Indagar sin discreción cosas ajenas. ◊ Pescar con fisga. ❏ FISGÓN, NA; FISGONEAR.

FISHER, *Irving* (1867-1947) Matemático y economista norteam. Fue uno de los primeros en aplicar métodos matemáticos en economía.

FÍSICA f. Ciencia cuyo objetivo es explicar los fenómenos naturales relativos a la materia y a la energía, y situarlos en una concepción unitaria de validez universal.

FÍSICO, CA adj. Relativo a la física. ◊ Aplicado a lo material. ◊ m. El que profesa la física. ◊ Aspecto de una persona.

FISIOCRACIA f. Doctrina económica surgida en Francia en el s. XVIII, opuesta al mercantilismo, que atribuía exclusivamente a la agricultura y a la tierra el origen de la riqueza. ❏ FISIÓCRATA.

FISIOGNOMÍA f. Estudio de la conducta y carácter de los seres humanos mediante las características corporales, la expresión y los gestos.

FISIOLOGÍA f. Ciencia que estudia el funcionamiento de los seres vivos, en lo que respecta a sus funciones vitales, ocupándose de las actividades de órganos y tejidos. ❏ FISIOLÓGICO, CA; FISIÓLOGO, GA.

FISIÓN f. *Fís.* Escisión del núcleo de un átomo pesado al ser bombardeado con neutrones, que produce núcleos radiactivos y la liberación de gran cantidad de energía. Es el fundamento de los reactores nucleares y bombas atómicas.

FISIOTERAPIA f. Tratamiento de determinadas enfermedades o incapacidades utilizando medios físicos. ❏ FISIOTERAPEUTA; FISIOTERAPISTA.

FISONOMÍA f. Aspecto particular del rostro de una persona. ◊ fig. Aspecto exterior de las cosas. ❏ FISONÓMICO, CA; FISONOMISTA.

FÍSTULA f. Cañón o arcaduz por donde cuela el agua. ◊ Instrumento musical de aire a manera de flauta. ◊ *Pat.* Conducto anormal, ulcerado y estrecho que se abre en la piel o en las membranas mucosas. ❏ FISTULAR.

FISURA f. Fractura longitudinal de un hueso. ◊ Cualquier hendidura en un organismo o en una cosa.

FITÓFAGO adj. y m. Díc. del organismo heterótrofo que se alimenta de sustancias vegetales.

FITOGRAFÍA f. Parte de la botánica dedicada a la descripción de las plantas. ❏ FITÓGRAFO, FA.

FITOLOGÍA f. Botánica.

FITOPATOLOGÍA f. Parte de la botánica que estudia las anormalidades vegetales, así como la etiología y el desarrollo de las enfermedades de las plantas y remedios para combatirlas.

FITTIPALDI, *Emerson* (n. 1946) Corredor automovilista bras. Campeón del mundo de Fórmula 1 en 1972 y 1974.

FITZ ROY Monte granítico de los Andes patagónicos en el límite chileno-argentino. 3 405 m.

FITZGERALD, *Ella* (1918-1996) Cantante norteam. Gran intérprete de temas de *jazz* y de *blues*. ◊ *Francis Scott* (1896-1940) Novelista norteam. *Los malditos y los bellos*, *El gran Gatsby*, *A este lado del paraíso*, *Suave es la noche*.

FLÁCCIDO, DA adj. Flojo, sin consistencia. ❏ FLACCIDEZ.

FLACO, CA adj. Díc. de la persona o animal de pocas carnes. ◊ fig. Flojo, sin fuerzas para resistir. ◊ fig. Endeble. ◊ m. Defecto moral o afición predominante de las personas.

FLAGELAR tr. y prnl. Maltratar con azotes. ◊ fig. Vituperar, censurar acremente. ❏ FLAGELACIÓN; FLAGELANTE.

FLAGELO m. *Zool.* Cada una de las prolongaciones finas y móviles que tienen algunos microorganismos y que sirven para cambiar de posición y de lugar. ◊ Azote o instrumento destinado para azotar. ◊ Calamidad.

FLAGRANTE adj. Que flagra. ◊ Que se está ejecutando actualmente, o es de tal evidencia que no necesita pruebas.

FLAGRAR intr. Arder o resplandecer como fuego o llama.

FLAHERTY, *Robert* (1884-1951) Director cinematográfico norteam. Cultivó el cine documental. *Nanuk el esquimal*, *Hombres de Aran*, *Guernica*.

FLAMA f. Llama. ◊ Reflejo o reverberación de la llama. ❏ FLÁMEO, A.

FLAMANTE adj. Resplandeciente. ◊ Acabado de hacer o de estrenar.

FLAMEAR intr. Despedir llamas. ◊ Someter algo a la acción de una llama. ◊ fig. Ondear las grímpolas y flámulas, o la vela del buque. ❏ FLAMEO.

FLAMENCO, CA adj. y s. De Flandes. ◊ Robusto y colorado. ◊ Díc. de lo andaluz. ◊ *Arte.* Díc. de las corrientes artísticas que se desarrollaron en Flandes (act. Bélgica). ◊ m. *Ling.* Idioma flamenco, emparentado con el neerlandés. ◊ Valentón o achulado. ◊ Ave de patas y cuello muy largos, pico curvado hacia abajo y plumaje blanco y rosado. ◊ Expresión musical andaluza, gralte. cantada.

FLAMÍGERO, RA adj. Que arroja o despide llamas, o imita su figura. ◊ adj. y m. Último periodo del arte gótico que se caracteriza por su decoración en forma de llamas o lenguas de fuego.

FLAN m. Plato que se hace mezclando

FIORDO

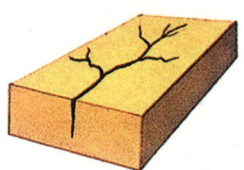

Origen de los fiordos

Fractura del lecho rocoso de una costa

La erosión del agua ahonda la fractura y forma un valle en forma de V

Un profundo valle se forma antes de que el período glaciar comience

Durante el período glaciar, el hielo profundizó este valle y le confirió su característica forma en U

yemas de huevo, leche y azúcar, en un molde de forma troncocónica. ◊ Cualquier guiso confeccionado en un molde de esa forma. ❑ FLANERA.

FLANCO m. Cada una de las dos partes laterales de un cuerpo considerado de frente. ◊ Costado, lado de un buque o de un cuerpo de tropa. ◊ Costado, lado, cadera de un animal. ◊ *Mil.* Cada uno de los muros que unen al recinto fortificado las caras de un baluarte.

FLANDES *(Vlaanderen)* Región del NO de Europa, ribereña del mar del Norte; 8 500 km². Se extiende por Francia, Bélgica y Países Bajos. La zona marítima presenta una economía agrícola y ganadera. El F. interior está muy industrializado. C. imp.: Amberes, Gante, Brujas, Ostende. Incorporado a la dinastía de los Habsburgo en 1477, bajo el reinado de Carlos I entró a formar parte del imperio esp. hasta 1713. En 1830 pasó a formar parte del reino de Bélgica

La ciudad de Brujas, en **Flandes**

FLANQUEAR tr. Estar colocado al flanco o lado de una cosa. ❑ FLANQUEADO, DA; FLANQUEO.

FLAQUEAR intr. Estar a punto de fallar la resistencia física o moral de algo o de alguien. ◊ fig. Decaer de ánimo, aflojar en una acción.

FLAQUEZA f. Mengua de carnes. ◊ fig. Debilidad, falta de vigor. ◊ Acción reprensible cometida por debilidad, especialmente de la carne.

FLASH (voz ing.) m. *Fot.* Aparato que permite obtener destellos de luz muy intensa, empleado para efectuar fotografías de noche o en lugares escasamente iluminados.

FLASH-BACK (voz ing.) m. *Cin.* Acción retrospectiva intercalada en la acción pral. de una película.

FLATO m. Acumulación molesta de gases en el tubo digestivo. ◊ *Amér.* Melancolía, murria. ❑ FLATULENCIA.

FLAUBERT, *Gustave* (1821-1880) Novelista fr. Perteneciente a la corriente realista. *Madame Bovary, Salambó, La educación sentimental* y *Tres cuentos*.

FLAUTA f. Instrumento musical de viento, en forma de tubo, con embocadura y agujeros circulares, que producen diversos sonidos según se tapan o destapan. ◊ m. Flautista. ❑ FLAUTADO; FLAUTISTA.

FLAUTÍN m. Flauta pequeña, de tono agudo y penetrante. ◊ Persona que toca este instrumento.

FLAVIO Nombre familiar de dos dinastías imperiales rom., a las que pertenecieron, entre otros, Vespasiano, Tito, Domiciano y Constantino el Grande.

FLAVO, VA adj. De color entre amarillo y rojo.

FLÉBITIS f. *Pat.* Inflamación de las venas.

FLEBOTROMBOSIS f. *Pat.* Formación de un coágulo en una vena.

FLECHA f. Arma arrojadiza que se dispara con un arco. ◊ Indicador de dirección. ❑ FLECHAR.

FLECHILLA f. *Amér. Merid.* Semilla de una gramínea, cuyo tegumento tiene un enganche en forma de arpón o flecha.

FLECO m. Adorno compuesto por una serie de hilos o cordoncillos colgantes. ◊ fig. Borde de una tela deshilachada.

FLEJE m. Tira de chapa de hierro para asegurar las duelas de toneles y las balas de ciertas mercancías.

FLEMA f. fig. Cachaza, tranquilidad. ◊ Mucosidad que se arroja por la boca. ❑ FLEMÁTICO, CA; FLEMOSO, SA; FLEMUDO.

FLEMING, SIR *Alexander* (1881-1955) Bacteriólogo brit. Descubrió la penicilina. Premio Nobel de Medicina en 1945.

FLEMÓN m. Inflamación purulenta del tejido conjuntivo laxo, con poca formación de pus y escasa reacción limitante del organismo.

FLEQUILLO m. Cabello cortado que cae sobre la frente a modo de fleco.

FLETA, *Miguel* (1897-1938) Tenor esp. Actuó en los más importantes teatros de Europa y América.

FLETÁN m. Pez de cuerpo plano y piel grisácea, cuya carne es comestible.

FLETAR tr. Alquilar la nave o alguna parte de ella para conducir personas o mercaderías. ◊ tr. y prnl. Embarcar mercaderías o personas en una nave para su transporte. ◊ tr. *Amér.* Alquilar una bestia de carga, carro o carruaje. ❑ FLETADOR, RA; FLETANTE.

FLETE m. Precio estipulado por el alquiler de la nave o de una parte de ella. ◊ Carga de un buque. ◊ *Amér.* Carga transportada por mar o por tierra.

FLEXIBLE adj. Que se dobla fácilmente. ◊ fig. Que cede o se acomoda al dictamen de otro. ❑ FLEXIBILIZAR.

FLEXIÓN f. *Fís.* Deformación transversal producida en un cuerpo elástico al ser sometido a una fuerza capaz de

Sir Alexander **Fleming**

superar su resistencia. ◊ *Gram.* Alteración que experimentan las voces conjugables y las declinaciones con el cambio de desinencias. ❑ FLEXIONAL.

FLEXOR, RA adj. Que dobla o hace que una cosa se doble con movimiento de flexión.

FLINT m. Determinada clase de vidrio óptico de alta potencia dispersiva.

FLIPAR (voz ing.) tr. Fascinar, cautivar, embelesar. ◊ prnl. Drogarse, alucinar por ingestión de estupefacientes.

FLIRT o **FLIRTEO** m. Relación amorosa superficial y pasajera. ❑ FLIRTEAR.

FLOCULACIÓN f. Fenómeno presentado por las disoluciones coloidales, consistente en la precipitación en forma de pequeños copos.

FLOJO, JA adj. Poco apretado o poco tirante. ◊ Que no tiene mucha actividad o vigor. ◊ adj. y s. fig. Perezoso, negligente y descuidado en las operaciones. ❑ FLOJEAR; FLOJEDAD.

FLOR f. *Bot.* Conjunto de los órganos de reproducción de las plantas fanerógamas, por lo general de formas y colores vistosos y con aroma. ◊ Lo más escogido de una cosa. ◊ Nata del vino. ◊ Parte más sutil y ligera de los minerales, que se pega en lo más alto del alambique. ◊ Piropo. ❑ FLORÍFERO, RA.

FLOR, *Roger de*, llamado *Roger Blum* (h. 1265-1305) Aventurero cat. Al mando de los → almogávares en apoyo del emp. bizantino Andrónico II Paleólogo, logró brillantes victorias. Fue asesinado.

FLORA f. *Ecol.* Conjunto de especies vegetales que pueblan determinados territorios y ambientes.

FLORACIÓN f. *Bot.* Florescencia. ◊ Proceso de desarrollo de las flores.

FLORAL adj. Relativo a la flor. ◊ pl. Díc. de las fiestas o juegos que celebraban los gentiles en honor de la diosa Flora.

FLOREAR tr. Adornar con flores. ◊ Tocar dos o tres cuerdas de la guitarra con tres dedos sucesivamente sin parar, formando así un sonido continuado. ◊ fam. Echar flores, piropos.

FLORECER tr. e intr. Echar flores las plantas. ◊ fig. Prosperar, crecer en riqueza o reputación. ◊ prnl. Hablando de algunas cosas, como el queso, pan, etc., ponerse mohosas. ❑ FLORECIMIENTO.

FLORENCIA C. de Colombia, cap. del dpto. del Caquetá; 123 038 hab. Arroz, caña de azúcar, bananas y maíz.

FLORENCIA *(Firenze)* C. de Italia, cap. de Toscana y de la prov. hom. (3 514 km², 967 437 hab.); 403 300 hab. Centro industrial, artístico, cultural y turístico. Universidad.
❏ *Hist.* Centro de la cultura con Lorenzo el Magnífico. Palacio Viejo y galería de los Uffizi en la plaza de la Signoria; catedral de Santa María dei Fiori; basílicas de Santa María Novella y Santa Croce. Palacios de los Médicis, Strozzi, Rucellai y Pitti (museo).

FLORENCIO VARELA Partido de Argentina, en la prov. de Buenos Aires; 173 500 hab.

FLORERO, RA adj. y s. fig. Persona que utiliza palabras ocurrentes y lisonjeras. ◊ El que vende flores. ◊ Vaso para poner flores. ◊ Maceta con flores.

FLORES Isla de Indonesia, perteneciente al grupo de las Sonda Menores. 14 157 km², 700 000 hab. Cap., Ende.

FLORES Dpto. del SO de Uruguay; 5 144 km², 25 104 hab. Cap., Trinidad. Ganadería.

FLORES C. de Guatemala, cap. del dpto. de Petén; 20 200 hab. Extracción de chicle y manufacturas de la madera.

FLORES, *Francisco* (n. 1959) Político salv. Líder de ARENA, ocupó la presid. de la rep. (1999-2004). ◊ *Juan José* (1800-1864) General y político ecuat. Proclamó la autonomía de Ecuador. Primer presid. de Ecuador (1830-1835), reelegido en 1839 y 1843. ◊ *Lola* (1925-1995) Actriz, bailarina y cantante esp. Especializada en el cante esp. y flamenco. ◊ *Venancio* (1803-1868) Militar y político ur. Presid. del país en 1854-1865 y en 1865-1868. ◊ Facussé, *Carlos Roberto* (n. 1950) Político hond. Ministro de la Presidencia (1982-1986) y presid. del Congreso, ocupó la presid. de la rep. (1999-2002). ◊ *Jijón, Antonio* (1833-1912) Político y escritor ecuat. Presid. de la rep. (1888-1892).

FLORESCENCIA f. Eflorescencia. ◊ Acción de florecer. ◊ Época en que las plantas florecen.

FLORESTA f. Terreno frondoso y poblado de árboles.

FLORETE m. Esgrima con espadín. ◊ Espadín para el ejercicio de este juego.

FLÓREZ, *Enrique* (1702-1773) Historiador y teólogo esp. *España sagrada.*

FLORIANÓPOLIS C. del S del Brasil, cap. del est. de Santa Catarina; 255 000 hab. Centro comercial. Ind. alimentarias.

FLORICULTURA f. Cultivo de las flores. ◊ Arte que lo enseña.

FLORIDA Estado del S de EE UU, en la pen. hom.; 151 939 km², 12 938 000 hab. Cap., Tallahassee. Algodón, frutas, arroz. Pesca. Fosfatos. Descubierta por V. Yáñez Pinzón y A. Vespucio (1498).

FLORIDA Mun. de Cuba, en la prov. de Camagüey; 66 100 hab. Ingenios azucareros.

FLORIDA Dpto. del S de Uruguay; 10 417 km², 68 181 hab. Cap., la c. hom. Lo atraviesa la Cuchilla Grande Inf. Cereales y fruta. Ganado. ◊ C. de Uruguay, cap. del dpto. hom.; 31 128 hab.

FLORIDABLANCA Mun. de Colombia, en el dpto. de Santanter; 44 000 hab. Agricultura, ganadería vacuna y equina, fábrica de curtidos.

FLORIDABLANCA, *José Moñino y Redondo,* CONDE DE (1728-1808) Estadista esp., representante de la Ilustración esp. Primer ministro de Carlos III y de Carlos IV. Presid. de la Junta Central al comenzar la guerra de la Independencia.

FLORÍDEO, A adj. y f. *Bot.* Díc. de algas de la clase florídeas. ◊ f. pl. *Bot.* Clase de algas que comprende a las rodofíceas, pluricelulares, con talo formado por filamentos o láminas, con reproducción asexual por tetrásporas y sexual por gametos.

FLORIDO, DA adj. Que tiene flores. ◊ fig. Díc. de lo más escogido de alguna cosa. ◊ fig. Díc. del lenguaje o estilo adornado con galas retóricas.

FLORILEGIO m. fig. Colección de trozos selectos de materias literarias.

FLORÍN m. Ant. unidad monetaria de los Países Bajos.

FLORIPONDIO m. Arbusto del Perú, de flores en forma de embudo. ◊ fig. Adorno de mal gusto en forma de flor.

FLORISTA com. Persona que vende flores. ❏ FLORISTERÍA.

Isla artificial en Miami Beach, en la península de **Florida** (EE UU)

FLORIT, *Eugenio* (1903-1999) Poeta cub. *Trópico, De tiempo y agonía.*

FLORITURA f. Adorno en el canto y en otras cosas diversas.

FLOTA f. Conjunto que forman los barcos mercantes de un país, compañía o naviera o línea marítima. ◊ Conjunto de aviones para un servicio determinado.

FLOTADOR m. Aparato para determinar el nivel de un líquido o regular la salida del mismo. ◊ Salvavidas.

FLOTAR intr. Mantenerse en la superficie de un líquido sin sumergirse. ◊ Sostenerse en el seno de un fluido aeriforme. ◊ Ondear en el aire. ❏ FLOTABILIDAD; FLOTABLE; FLOTACIÓN; FLOTANTE.

FLOTILLA f. Flota compuesta de buques pequeños o de aviones.

FLUCTUACIÓN f. Diferencia entre el valor instantáneo de una cantidad fluctuante y su valor normal. ◊ fig. Irresolución o duda con que vacila uno.

FLUCTUAR intr. Acción y efecto de fluctuar. ◊ Vacilar un cuerpo sobre las aguas por el movimiento agitado de ellas. ◊ fig. Vacilar o dudar.

FLUENCIA f. Acción y efecto de fluir. ◊ Lugar donde mana o comienza a fluir un líquido.

FLUIDO, A adj. y m. Díc. de los cuerpos cuyas moléculas tienen una débil fuerza de unión, de modo que pueden deslizarse unas sobre otras (líquidos), o desplazarse libremente (gases), adoptando la forma del recipiente. ◊ fig. Referido al lenguaje y estilo, el que es espontáneo y fácil. ❏ FLUIDEZ.

FLUIR intr. Correr un líquido. ◊ Salir las palabras o ideas de la boca o de la mente de alguien.

FLUJO m. Acción y efecto de fluir. ◊ *Econ.* Mov. de las magnitudes macroeconómicas en función de su volumen y unidad de tiempo. ◊ *Med.* Derrame abundante de un líquido o secreción orgánica. ◊ **calorífico.** Cantidad de calor que atraviesa una superficie por unidad de tiempo. ◊ **magnético.** Número total de líneas de inducción magnética que atraviesa una superficie.

FLÚOR m. *Quím.* Elemento químico de símb. F, n. a. 0 y p. a. 19,00. Es un no metal gaseoso del grupo de los halógenos, de color amarillo pálido. No se encuentra libre en la naturaleza.

FLUORESCENCIA f. Propiedad que tienen algunos cuerpos de mostrarse luminosos, mientras reciben la excitación de ciertas radiaciones.

FLUORESCENTE adj. y m. *El.* Tubo de vidrio recubierto en su interior de materiales f. que emiten luz.

FLUORHÍDRICO adj. *Quím.* Díc. de un ácido compuesto de flúor e hidrógeno.

FLUORITA f. *Miner.* Fluoruro de calcio, que cristaliza en el sistema cúbico.

FLUORURO m. *Quím.* Sal del ácido fluorhídrico.

FLUVIAL adj. Relativo a los ríos.

FLYNN, Errol (1909-1959) Actor cinematográfico norteam. *Robín de los bosques.*

FM *Quím.* Símb. del fermio.

FMI Siglas de ➪ Fondo Monetario Internacional.

FO, Dario (n. 1926) Autor y director teatral it. *Muerte accidental de un anarquista.* Premio Nobel de Literatura en 1997.

FOB En el comercio internacional, cláusula que establece ciertas obligaciones para el vendedor, como el pago de los gastos de transporte hasta el buque.

FOBIA Sufijo que indica repulsión, aversión, etc. ◊ f. *Psic.* Temor patológico ante la presencia de un ser o de un objeto, o ante cierta situación.

FOCA f. Mamífero pinnípedo carnívoro de pelo gris y extremidades adaptadas a un régimen de vida marino.

FOCAL adj. Referente a un foco de una lente, de un espejo o de una cónica.

FOCEA *(Phokaia)* Ant. c. de Asia Menor,

Cristales de **fluorita**

cerca de Esmirna. Estableció diversas colonias en el Mediterráneo occidental.

FOCH, Ferdinand (1851-1929) Mariscal fr. Dirigió con éxito la Entente contra los al. en la I Guerra Mundial.

FOCHA f. Foja, ave.

FÓCIDA (*Phokis*) Ant. región de Grecia, al N del golfo de Corinto; forma un nomo. Cap. Anfisa o Amfisa.

FOCIO (h. 815-h. 899) Patriarca de Constantinopla. Rompió con Roma, tras negar la unidad de la Trinidad.

FOCO m. Punto en donde convergen cosas de distintas procedencias. ◊ *Fís.* Punto donde vienen a reunirse los rayos luminosos reflejados por un espejo cóncavo o refractado por una lente. ◊ Lámpara que tiene una luz muy potente. ◊ *Geom.* Punto cuya distancia a cualquiera de los de una curva se puede expresar en función racional y entera de las coordenadas de dichos puntos.

FOEHN m. Viento cálido y seco que sopla con violencia en la ladera de sotavento de ciertas montañas.

FOFO, FA adj. Esponjoso y de poca consistencia.

FOGAJE m. *Argent* y *Méx.* Fuego, erupción de la piel. ◊ *Amér.* Bochorno, calor.

FOGATA f. Fuego que levanta llama.

FOGGIA C. de Italia, cap. de la prov. hom. (7 185 km², 697 500 hab.). Fábricas de harina y pastas, metalurgia.

FOGÓN m. Sitio adecuado en las cocinas para hacer fuego y guisar. ◊ En las calderas de las máquinas de vapor, lugar destinado a contener el combustible. ◊ *Amér.* Fuego, fogata u hornillo rústico. ❑ FOGONERO.

FOGONAZO m. Llama momentánea que acompaña a un disparo o explosión.

FOGOSIDAD f. Entusiasmo e ímpetu. ❑ FOGOSO, SA; FOGUEO.

FOGUEAR tr. Limpiar una arma cargándola con poca pólvora y disparándola. ◊ prnl. fig. Acostumbrar a alguien a las penalidades de un estado u ocupación.

FÖHN m. Foehn.

FOIE-GRAS (voz fr.) m. Pasta hecha de hígado de ganso cebado.

FOIX, Josep Vicenç (1894-1987) Poeta esp., cat. vanguardista. *Sol i del dol, Les irreals omegues.*

FOJA f. Ave zancuda, nadadora, de plumaje negro con reflejos grises.

FOLCLOR o **FOLKLORE** m. Conjunto de creencias, artesanías, costumbres, etc., que forman parte de la tradición de un pueblo. ◊ Ciencia que las estudia. ❑ FOLCLÓRICO, CA; FOLCLORISTA.

FOLIÁCEO, A adj. *Bot.* Perteneciente a las hojas de las plantas. ◊ Que tiene estructura laminar.

FOLIACIÓN f. Serie numerada de los folios de un escrito. ◊ *Bot.* Acción de echar hojas las plantas. ❑ FOLIAR.

FOLICULINA f. Hormona femenina de naturaleza esteroide y función directa en la manifestación de los caracteres sexuales secundarios.

FOLÍCULO m. Formación con morfología y funciones variables, que rodea o protege distintos órganos (f. piloso, f. dentario, f. sebáceo, etc.).

FOLIO m. Hoja del libro o cuaderno. ◊ Tamaño de papel igual a la mitad de un pliego. ◊ Titulillo o encabezamiento en las páginas de un libro.

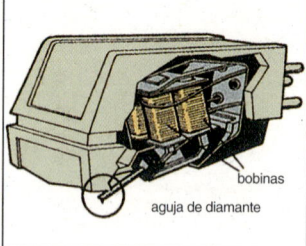

Esquema de un **fonocaptador** de tocadiscos

bobinas

aguja de diamante

FOLÍOLO m. *Bot.* Cada una de las hojuelas de una hoja compuesta.

FOLK (voz ing.) adj. y m. Díc. de la música de raíz popular, revitalizada en la época actual.

FOLLAJE m. Conjunto de hojas de los árboles y otras plantas.

FOLLAR tr. Soplar con fuelle. ◊ Formar o componer en hojas algo. ◊ tr., intr. y prnl. Realizar el acto sexual. ◊ fig. Perjudicar. ◊ prnl. Soltar una ventosidad sin ruido. ❑ FOLLADOR, RA.

FOLLETÍN m. Novela de intriga con sucesos dramáticos publicada por entregas. ◊ Suceso increíble o exagerado.

FOLLETO m. Publicación impresa, no periódica y de corta extensión. ◊ Cualquier impreso de propaganda.

FOLLÓN, NA m. Alboroto, discusión tumultuosa. ◊ Asunto pesado o enojoso. ◊ Cohete que se dispara sin trueno.

FOMENTAR tr. Aumentar la actividad de una cosa. ◊ fig. Proteger una cosa.

FOMENTO m. Acción y efecto de fomentar. ◊ Materia con que se alimenta un fenómeno. ◊ Auxilio, protección.

FOMENTO Mun. de Cuba, en la prov. de Sancti Spíritus; 35 600 hab. Tabaco.

FON m. *Fís.* Unidad de medida de la intensidad de sensación sonora.

FONACIÓN f. Emisión de sonidos por los seres vivos.

FONADOR adj. Se aplica a los órganos usados en la emisión del lenguaje hablado.

FONDA f. Establecimiento público donde se da hospedaje y se sirven comidas. ◊ *Chile.* Puesto o cantina en que se despachan comidas y bebidas. FONDISTA.

FONDA, Henry (1905-1982) Actor cinematográfico y teatral norteam. *Pasión de los fuertes, Falso culpable, El estanque dorado.* ◊ **Jane** (n. 1937) Actriz cinematográfica norteam. *La jauría humana, El regreso.*

Fonolita

FONDEADERO m. Paraje de profundidad suficiente para que la embarcación pueda dar fondo.

FONDEADO, DA adj. *Amér.* Acaudalado, adinerado, que está en fondos.

FONDEAR tr. Reconocer el fondo del agua. ◊ tr. e intr. *Mar.* Asegurar una embarcación por medio de anclas o grandes pesos.

FONDO m. Parte inferior de una cosa hueca. ◊ Hablando del mar, de los ríos o estanques, superficie sólida sobre la cual está el agua. ◊ Profundidad. ◊ Color o dibujo que cubre una superficie y sobre el cual resaltan los adornos, dibujos o manchas de otros colores. ◊ Caudal o conjunto de bienes. ◊ Conjunto de libros o publicaciones de una librería, biblioteca o editorial. ◊ Cantidad de dinero. ◊ fig. Lo pral. de una cosa, en oposición a la forma. ◊ *Dep.* Prueba de resistencia.

FONDO MONETARIO INTERNACIONAL (*FMI*) Organismo internacional creado en 1944 por los acuerdos de Bretton Woods, para fomentar la cooperación económica y estabilizar los tipos de cambio.

FONDUE (voz fr.) f. Plato a base de queso fundido. ◊ Aparato para hacerlo.

FONEMA m. *Ling.* En fonética, cada uno de los sonidos articulados de una lengua. ◊ *Ling.* La más pequeña unidad fonológica de una lengua.

FONENDÓSCOPIO m. Aparato para la práctica de la auscultación.

FONÉTICO, CA adj. y s. De la voz humana o del sonido en general. ◊ f. Parte de la lingüística que estudia los sonidos del lenguaje hablado. ❑ FONETISMO; FONETISTA.

FONIATRÍA f. *Med.* Parte de la medicina que se dedica a las enfermedades de los órganos de la fonación.

FONO m. *Argent., Bol.* y *Chile.* Auricular telefónico.

FONOCAPTADOR m. Elemento captador de sonidos que funciona como transformador de señales mecánicas en eléctricas.

FONÓGRAFO m. Aparato que registra y reproduce cualquier sonido por un procedimiento mecánico. ❑ FONOGRÁFICO, CA.

FONOLITA f. *Geol.* Roca volcánica formada por feldespato alcalino, plagioclasa sódica, feldespatoides y elementos máficos.

FONOLOGÍA f. Rama de la lingüística que estudia los elementos fónicos, atendiendo a su respectivo valor funcional dentro del sistema propio de cada lengua. ❑ FONOLÓGICO, CA; FONÓLOGO.

FONÓMETRO m. Aparato para medir la intensidad de los sonidos.

FONOTECA f. Colección o archivo de documentos sonoros de todo tipo.

FONSECA Golfo de Centroamérica, en el Pacífico, entre El Salvador, Honduras y Nicaragua.

FONSECA, Manuel Deodoro da (1827-1892) General y político bras. Proclamó la República. Presid. en 1891.

FONTAINE, Jean de la (1621-1695) Escritor fr. *Cuentos* y *Fábulas.*

FONTAINEBLEAU C. de Francia, en el dpto. de Seine-et-Marne. Turismo. En F. se concertó el tratado entre Godoy y Napoleón para el reparto de Portugal; también tuvo lugar la primera abdicación de Napoleón (1814).

FONTANA f. poét. Fuente. ◊ Aparato por el que sale el agua de la cañería. ◊ Construcción por la que sale agua.

FONTANA, Domenico (1543-1607) Arquitecto y urbanista it. Representa la transición del manierismo al barroco. ◊ *Lucio* (1899-1968) Pintor y escultor arg., de origen italiano. Concibe el espacio como vacío.

FONTANELA f. Cada uno de los espacios membranosos que hay en el cráneo humano antes de su completa osificación.

FONTANERÍA f. Técnica del fontanero. ◊ Conjunto de conductos por donde se dirige el agua.

FONTANERO, RA m. y f. Persona que instala y arregla conducciones de agua, etc.

FOOTING (voz ing.) m. *Dep.* Forma de entrenamiento atlético consistente en carreras cortas a paso moderado y ejercicios de relajación.

FOQUE m. *Mar.* Vela triangular que se orienta y amura sobre el bauprés.

FORAJIDO, DA adj. y s. Díc. del malhechor que anda habitualmente fuera de poblado, huyendo de la justicia.

FORAL adj. Perteneciente al fuero.

FORÁNEO, A adj. Forastero, extraño.

FORASTERO, RA adj. y s. Díc. de la persona que vive o está en un lugar de donde no es vecina y en donde no ha nacido. ◊ fig. Extraño, ajeno.

FORCEJEAR intr. Hacer fuerza para vencer alguna resistencia. ◊ fig. Resistir, contradecir tenazmente. ❏ FORCEJEO o FORCEJO.

FÓRCEPS m. Instrumento utilizado para extraer el feto en un parto difícil.

FORD, Gerald (n. 1913) Político norteam. En 1974 sustituyó en la presidencia al dimitido Nixon. ◊ *Henry* (1863-1947) Industrial norteam. Fundó la *Ford Motor Company* e implantó la producción en serie. ◊ *John* (1895-1973) Seud. de Sean O'Fearna. Director cinematográfico norteam. Trató sobre todo temas del Oeste. *El caballo de hierro, La diligencia, La conquista del Oeste.*

FOREIGN OFFICE Nombre del ministerio brit. de Asuntos Exteriores.

FORENSE adj. Perteneciente al foro, al derecho o a la administración de justicia. ◊ m. Médico.

FORESTAL adj. Relativo a los bosques.

FORESTAR tr. Poblar un terreno con plantas forestales.

FORFAIT (voz fr.) m. Contrato en el que se fija por anticipado el precio de una o más prestaciones.

FORINT m. Unidad monetaria húngara.

FORJA f. Fragua del platero. ◊ Herrería. ◊ Mezcla, argamasa.

FORJAR tr. *Ind.* Dar la primera forma con el martillo a cualquier pieza de metal. ◊ Fabricar y formar. ◊ fig. Inventar, fingir, fabricar. ❏ FORJADO, DA; FORJADURA.

FORMA f. Apariencia externa. ◊ Manera y modo de proceder en una cosa. ◊ Molde en que se vacía y forma alguna cosa. ◊ Aptitud, modo y disposición de hacer una cosa. ◊ Calidades de estilo o modo de expresar las ideas. ◊ Pan ázimo que sirve para la comunión. ◊ *Der.* Cuestiones procesales en contraposición al fondo del pleito o causa.

FORMACIÓN f. Educación. ◊ Adiestramiento. ◊ Conjunto de rocas o ma-

Gerald **Ford**

sas minerales con caracteres geológicos comunes. ◊ Reunión ordenada de tropas.

FORMAL adj. Perteneciente a la forma. ◊ Que tiene formalidad. ◊ Aplícase a la persona seria.

FORMALDEHÍDO m. *Quím.* Aldehído de la oxidación del alcohol metílico. Su disolución acuosa al 35-40 % (formol) se emplea como desinfectante y para endurecer y conservar piezas anatómicas.

FORMALIDAD f. Exactitud, puntualidad y consecuencia en las acciones. ◊ Ceremonial en un acto público. ◊ Seriedad.

FORMALISMO m. Rigurosa observancia de la forma, procedimiento o método. ◊ *Fil.* Tendencia a ocuparse de los caracteres formales. ❏ FORMALISTA.

FORMALIZAR tr. Dar la última forma a una cosa. ◊ Revestir una cosa de los requisitos legales.

FORMAR tr. Dar forma. ◊ Juntar y congregar diferentes personas o cosas. ◊ Crear o constituir. ◊ *Mil.* Poner en orden las tropas o soldados. ◊ Criar, educar, adiestrar. ◊ prnl. Adquirir una persona desarrollo y aptitud en lo físico o en lo moral.

FORMATO m. Tamaño de un libro, un impreso, una fotografía, etc. ◊ *Comp.* Aspecto de un documento informático. ◊ Descripción estructural de una secuencia de datos. ❏ FORMATEAR.

FORMENT, Damián (hacia 1480-1540) Escultor esp. Retablos mayor del Pilar y del monasterio de Poblet.

FORMENTERA Isla de las Baleares, al S de Ibiza; 76,9 km², 5 553 hab. Turismo.

FORMICA f. Nombre de una marca registrada que ha pasado a designar cierto tipo de material plástico empleado para revestimiento de maderas.

FÓRMICO adj. *Quím.* Díc. del ácido metanoico. Es un líquido incoloro, de olor irritante, presente en abejas, hormigas, ortigas, etc.

FORMIDABLE adj. Muy temible y que infunde asombro. ◊ Excesivamente grande. ◊ Muy bueno.

FORMOL m. *Quím.* Disolución acuosa de formaldehído, aproximadamente al 40 %.

FORMÓN m. *Carp.* Instrumento semejante al escoplo, pero más ancho de boca.

FORMOSA ⊳ Taiwan.

FORMOSA Prov. del norte de Argentina, en la región del Chaco; 72 066 km², 486 559 hab. Cap., Formosa. R. Paraguay. Terreno llano y boscoso. Clima cálido. Ind. maderera y cultivos de algodón. ◊ C. de Argentina, cap. de la prov. hom.; 198 074 hab. Ganadería. Ind. maderera y alimentaria.

FÓRMULA f. Medio propuesto para resolver un asunto controvertido o ejecutar una cosa difícil. ◊ Resultado de tipo general expresado por medio de símb. matemáticos. ◊ Receta para confeccionar algún producto. ◊ *Aut.* Categoría de automóviles de competición. ◊ *Quím.* Representación simbólica de la molécula de una sustancia. ❏ FORMULACIÓN.

FORMULAR tr. Reducir a términos claros y precisos una proposición, etc. ◊ Recetar. ◊ Expresar, manifestar.

FORMULARIO, RIA adj. Díc. de lo que se hace por fórmula. ◊ m. Libro o escrito en que se contienen fórmulas.

FORMULISMO m. Excesivo apego a las fórmulas. ◊ Tendencia a preferir la apariencia de las cosas a su esencia. ❏ FORMULISTA.

FORNER, Juan Pablo (1756-1798) Erudito y escritor esp. *Exequias de la lengua castellana.* ◊ *Raquel* (1902-1988) Pintora arg. *Ritmos, Tarot, Transmutación.*

FORNICAR intr. y tr. Tener ayuntamiento o cópula carnal fuera del matrimonio.

FORNIDO, DA adj. Robusto.

FORNITURA f. Piezas de repuesto de un reloj o de otro mecanismo de precisión. ◊ Conjunto de botones, adornos, etc., usados en prendas de vestir.

FORO m. Plaza donde se trataban en Roma los negocios públicos. ◊ P. ext., sitio en que los tribunales oyen y determinan las causas. ◊ Parte del escenario opuesta a la embocadura.

FORRAJE m. Verde que se da al ganado. ◊ Pienso de cualquier clase.

FORRAR tr. Poner forro a una cosa. ◊ prnl. fam. Enriquecerse.

FORRO m. Abrigo o cubierta con que se reviste una cosa por la parte interior o exterior. ◊ Cubierta de libro.

Vista parcial del **foro** de Roma

FOTOGRAFÍA

Daguerrotipo con la imagen de L. J. M. Daguerre, inventor de la daguerrotipia, en 1846. Para realizar un daguerrotipo se trata una plancha de cobre plateada con vapor de yodo, formándose yoduro de plata fotosensible. Cuando la luz alcanza la plancha, el yoduro de plata sufre un cambio químico y se forma una imagen latente, que se hace visible revelando con vapor de mercurio

Fotografía de una gota de agua al caer obtenida con flash electrónico y una cámara de alta velocidad

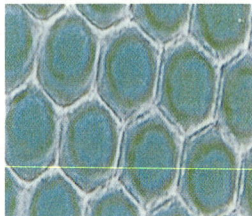

Microfotografía del ojo compuesto de un insecto

La primera cámara para daguerrotipia fabricada en serie, en 1839

FORT WORTH C. de EE UU, en el est. de Texas; 393 500 hab. Ind. automovilística, aeronáutica y refinerías de petróleo. Con Dallas forma una conurbación.

FORTACHÓN, NA adj. fam. Fornido.

FORTALEZA f. Fuerza y vigor. ◊ Virtud cardinal que consiste en vencer el temor y huir de la temeridad. ◊ Recinto fortificado. ❏ FORTALECER.

FORTALEZA C. y puerto de Brasil, cap. del est. de Ceará; 1 758 000 hab. Ind. textil, alimentaria y química. Refinería de petróleo y pesca de langosta.

FORT-DE-FRANCE Cap. de la Martinica (Antillas francesas); 100 700 hab. Puerto. Ind. ligeras.

FORTE (voz it.) adv. modo y m. *Mús.* Indicación que señala una ejecución fuerte en el sonido.

FORTIFICAR tr. Dar vigor y fuerza material o moral. ◊ tr. y prnl. Hacer fuerte con obras de defensa un lugar para resistir los ataques del enemigo. ❏ FORTIFICACIÓN.

FORTÍN m. Fuerte pequeño.

FORTRAN m. Lenguaje de proceso de datos semejante al lenguaje aritmético.

FORTUITO, TA adj. Que sucede accidental y casualmente.

FORTUNA f. Suerte favorable. ◊ Encadenamiento de los sucesos, considerado como fortuito. ◊ Hacienda, capital.

FORTUNA *Mit.* Diosa romana de la felicidad y del azar.

FORTÚNY i Marsal, Marià (1838-1874) Pintor esp. *La Vicaría, Odalisca.*

FORÚNCULO m. *Pat.* Infección y necrosis del conjunto formado por el folículo piloso, glándula sebácea y tejido conjuntivo circundante.

FORZAR tr. Hacer fuerza o violencia. ◊ Violar a alguien. ◊ Tomar u ocupar por fuerza. ◊ tr. y prnl. fig. Obligar a que se ejecute una cosa. ❏ FORZADO, DA; FORZOSO, SA.

FORZUDO, DA adj. Que tiene grandes fuerzas.

FOSA f. Sepultura, enterramiento. ◊ Excavación profunda. ◊ Cavidad del cuerpo humano (f. nasal, f. navicular, etc.). ◊ **abisal.** *Geog.* Depresión de los océanos de varios miles de metros de profundidad. ◊ **tectónica.** *Geog.* Depresión de la corteza terrestre limitada por dos fallas importantes o dos sistemas de fallas en escaleras.

FOSCOLO, Ugo (1778-1827) Poeta y novelista it., autor de odas vibrantes. *Las últimas cartas de Jacobo Ortis.*

FOSFATO m. *Quím.* Sal o éster de un ácido fosfórico, especialmente del ortofosfórico. Los f. son importantes como abonos. ❏ FOSFATAR; FOSFÁTICO, CA.

FOSFITO m. *Quím.* Sal formada por el ácido fosforoso y una base.

FOSFORESCENCIA f. Propiedad que tienen algunas sustancias de mostrarse luminosas.

FOSFORITA f. *Geol.* Roca sedimentaria de color blanco amarillento, formada por fosfatos, que se emplea como abono.

FÓSFORO m *Quím.* Elemento químico de símb. P, n. a. 15 y p. a. 30,975. Es un no metal de la familia del nitrógeno. Se encuentra en abundancia en minerales. ❏ FOSFORERO, RA; FOSFÓRICO, CA; FOSFOROSO, SA.

FOSFURO m. *Quím.* Compuesto resultante de la unión de fósforo con el hidrógeno o con un metal.

FÓSIL m. Restos mineralizados de un organismo de épocas geológicas pasadas, que se encuentran en la corteza terrestre. ◊ fig. y fam. Viejo, anticuado. ❏ FOSILIZACIÓN; FOSILÍFERO, RA.

FOSO m. Hoyo. ◊ En los teatros, piso inferior del escenario. ◊ En los garajes y talleres mecánicos, excavación que permite arreglar desde abajo la máquina colocada encima. ◊ Excavación profunda que circunda una fortaleza.

FOT m. *Fís.* Unidad de iluminación que equivale a 10^4 *lux.*

FOTO Afijo que significa *luz.* ◊ f. Apócope de fotografía.

FOTOCÉLULA f. *Ing.* Aparato consistente en una superficie fotosensible emisora de electrones y un colector, mantenido a un potencial positivo respecto del emisor, que los recoge.

FOTOCOMPOSICIÓN f. *Art. Gráf.* Sistema de composición de tipos de imprenta mediante la proyección de imágenes luminosas de las letras.

FOTOCONDUCTOR, RA adj. y m. Díc. de los cuerpos cuya conductividad eléctrica varía según la intensidad de la luz que los ilumina. ❏ FOTOCONDUCTOR.

FOTOCOPIA f. Fotografía obtenida directamente sobre el papel. ❏ FOTOCOPIADOR, RA; FOTOCOPIAR.

FOTOELECTRICIDAD f. Electricidad producida por la acción de la luz u otras radiaciones electromagnéticas sobre ciertas sustancias.

FOTOFOBIA f. Imposibilidad de tolerar la luz. ❏ FOTÓFOBO, BA.

FOTOFORESIS f. Migración de partículas suspendidas bajo la influencia de la luz.

FOTOGENIA f. Propiedad de las personas, objetos o ambientes, adecuados para proporcionar imágenes de calidad estética. ❏ FOTOGÉNICO, CA.

FOTOGRABADO m. *Art. Gráf.* Procedimiento fotográfico para reproducir letras o imágenes sobre planchas metálicas. ◊ *Art. Gráf.* Plancha grabada con este procedimiento, y lámina impresa con ella.

FOTOGRAFÍA f. Procedimiento de reproducción de las imágenes que se forman en una cámara oscura, basado en la propiedad fotoquímica que tiene la luz de ennegrecer las sales de plata. ◊ Imagen obtenida por este medio. ◊ Descripción hecha con mucho detalle. ❏ FOTOGRAFIAR; FOTOGRÁFICO, CA; FOTÓGRAFO, FA.

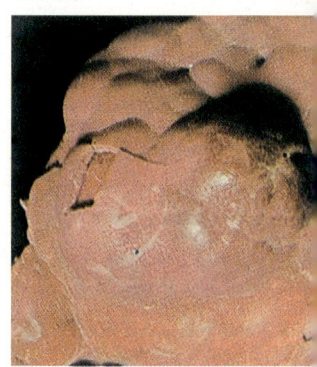

Seudomalaquita o fosforocalcita, **fosfato** hidratado de cobre

FOTOGRAMA m. Cualquiera de las imágenes de una película cinematográfica.

FOTOGRAMETRÍA f. Método para hallar las dimensiones reales de un objeto utilizando fotografías del mismo.

FOTÓLISIS f. Proceso de rompimiento de las moléculas por la acción de la luz.

FOTOLITO m. Cliché fotográfico que reproduce el original sobre película o soporte transparente.

FOTOLITOGRAFÍA f. *Art. Gráf.* Procedimiento para fijar imágenes en una plancha mediante la acción química de la luz. ❏ FOTOLITOGRAFIAR.

FOTOLUMINISCENCIA f. *Fís.* Emisión de luz como consecuencia de la absorción previa de una radiación.

FOTOMECÁNICO, CA adj. *Art. Gráf.* Díc. de los procesos que se desarrollan en el fotograbado, y de la impresión tipográfica que se realiza con las planchas obtenidas con ellos.

FOTOMETRÍA f. Parte de la óptica, que trata de las leyes relativas a la intensidad de la luz y de los métodos para medirla.

FOTÓMETRO m. Instrumento utilizado para medir la intensidad de un foco luminoso. ❏ FOTOMÉTRICO, CA.

FOTOMONTAJE m. Procedimiento consistente en yuxtaponer fotografías para obtener un conjunto armónico.

FOTÓN m. *Fís.* Cuanto de energía electromagnética. Es una partícula sin masa cuya energía depende de la frecuencia de la onda de la que el f. es el cuanto.

FOTONOVELA f. Narración constituida por una sucesión de fotografías con textos explicativos o diálogos.

FOTOQUÍMICA f. Estudio de los efectos químicos provocados por las relaciones entre la materia y la luz.

FOTOSENSIBLE adj. Sensible a las radiaciones luminosas.

FOTOSFERA f. Capa solar de la que procede la casi totalidad de la radiación electromagnética visible en luz blanca.

FOTOSÍNTESIS f. *Biofís.* Proceso mediante el cual las plantas verdes sintetizan sustancias complejas, ricas en energía, a partir dióxido de carbono, agua y minerales, aprovechando la energía de la luz solar, absorbida por la clorofila.

FOTOTERAPIA f. *Med.* Método de curación por la acción de la luz.

FOTOTIPIA f. *Art. Gráf.* Procedimiento de reproducir clichés fotográficos sobre una capa de gelatina, extendida sobre cristal o cobre.

FOTOTROPISMO m. *Bot.* Tropismo producido por estímulo de la luz.

FOTOVOLTAICO, CA adj. *Fís.* Que genera energía eléctrica bajo la acción de un flujo luminoso.

FOUCAULT, Léon (1819-1868) Físico fr. Inventó el giroscopio. Descubrió las corrientes eléctricas parásitas de los cuerpos conductores sometidos a campos magnéticos variables y demostró el mov. de rotación de la Tierra. ◊ *Michel* (1926-1984) Filósofo fr., representante del estructuralismo. *Historia de la locura.*

FOUCHÉ, Joseph (1759-1820) Político fr. Fue ministro de Policía en el Directorio, con Napoleón y con Luis XVIII.

FOUQUET, Jean (h. 1420-h. 1477) Pintor y miniaturista fr. Autor del *Libro de Horas* de Étienne Chevalier.

FOURIER, Charles (1772-1837) Teórico fr. del socialismo utópico. Propuso la creación de unidades de producción y consumo o *falanges*, basadas en un cooperativismo integral y autosuficiente y que habitarían en un gran recinto o *falansterio*.

FOX Quesada, Vicente (nacido 1942) Político y empresario mex. Líder del Partido de Acción Nacional (PAN), en 1995 se convirtió en gobernador de Guanajuato y en 2000 ganó las elecciones presid.

FOX-TERRIER (voz ingl.) m. Perro de caza ingl., tamaño mediano y pelo corto; útil para la caza.

Fr *Quím.* Símb. del francio.

FRA Angelico ➪ Angelico.

FRAC m. Chaqueta masculina de ceremonia que por delante llega a la cintura y por detrás tiene dos faldones largos.

FRACASAR intr. Romperse una cosa. ◊ fig. Frustrarse. ◊ Tener un resultado adverso en un negocio. ◊ FRACASO.

FRACCIÓN f. División de una cosa en partes. ◊ Cada una de las partes con relación al todo. ◊ *Mat.* Número quebrado. ◊ **decimal.** *Mat.* Aquella cuyo denominador es la unidad seguida de ceros. ❏ FRACCIONAR; FRACCIONARIO, RIA.

FRACTURA f. Lugar por donde se rompe un cuerpo. ◊ Falla. ◊ *Med.* Rotura de un hueso. ❏ FRACTURAR.

FRAGA Iribarne, Manuel (n. 1922) Político esp. Ministro de Información y Turismo (1962-1969) y de Gobernación (1975-1976). Fundador de Alianza Popular. Elegido presidente de la Xunta de Galicia en 1990 y reelegido en 1993.

FRAGANCIA f. Olor suave y delicioso. ❏ FRAGANTE.

FRAGATA f. Pequeño buque de guerra con misiones de patrulla y escolta. ◊ *Zool.* Rabihorcado.

FRÁGIL. adj. Quebradizo. ◊ fig. De naturaleza débil. ❏ FRAGILIDAD.

FRAGMENTO m. Parte de algunas cosas quebradas o partidas. ◊ fig. Escrito incompleto. ❏ FRAGMENTAR.

FRAGOR m. Ruido, estruendo.

FRAGOSO, SA adj. Áspero, intrincado. ◊ Ruidoso, estrepitoso. ❏ FRAGOSIDAD.

FRAGUA f. *Metal.* Hogar para calentar las piezas antes del forjado. ◊ Taller donde está el horno y se trabaja el hierro a golpes de martillo.

FRAGUAR tr. Forjar metales. ◊ intr. Endurecerse un conglomerante, como yeso o cemento, debido a ciertos fenómenos físicos y químicos entre sus componentes. ◊ fig. Maquinar un lío, embuste, etc. ❏ FRAGUADO, DA; FRAGUADOR, RA.

Joseph **Fouché**

La invención de la Santa Cruz. Detalle de los frescos de Piero della **Francesca** en la Iglesia de San Francisco (Arezzo, Italia)

FRAILE m. Nombre que se da a los religiosos de ciertas órdenes. ◊ fam. Monje de cualquier orden.

FRAILECILLO m. Avefría. ◊ Ave característica por su pico triangular.

FRAILEJÓN m. *Amér.* Planta que crece en los páramos y que produce una resina muy apreciada.

FRAMBUESA f. Fruto del frambueso.

FRAMBUESO m. Arbusto espinoso, de hojas compuestas y flores pequeñas, de color blanco verdoso. Su fruto es la frambuesa.

FRANCA C. de Brasil, en el est. de São Paulo; 86 900 hab. Ind. alimentaria.

FRANCACHELA f. fam. Comida a la que concurren varias personas con ánimo de divertirse. ◊ Juerga, reunión alegre y desordenada.

FRANCE, Anatole, seud. de *François-Anatole Thibault* (1844-1924) Novelista fr. *El crimen de Silvestre Bonnard, La isla de los pingüinos.* Nobel de Literatura (1921).

FRANCE-PRESSE Agencia informativa fr., una de las prales. del mundo (siglas AFP).

FRANCÉS, SA adj. y s. De Francia. ◊ m. *Ling.* Lengua que se habla en Francia y en otros países.

**FRANCESCA, Piero di Benedetto, llamado *Piero della* (h. 1420-1492) Pintor it. del Renacimiento. Frescos de la iglesia de San Francisco (Arezzo).

FRANCFORT del Main (*Frankfurt am Main*) C. de Alemania, en el est. de Hesse; 599 600 hab. Centro industrial y comercial. Importante feria del libro. Aeropuerto. Catedral (ss. XIII-XIV).

FRANCIA (*France; Republique Française*) Est. de Europa occidental.

□ *Geog. fís.* Formado por una serie de planicies, rodeadas al E por el Jura y los Alpes (Mont-Blanc, 4 810 m) y al S por los Pirineos. Accidentado también por el macizo de las Ardenas al N, el de los Vosgos al NE, el Armoricano al O y el macizo Central en el centro-sudeste. R. prales.: Sena, Loira, Garona, Rin, Mosa, Mosela y Ródano. Clima templado.

□ *Geog. econ.* Próspera agricultura. Los mayores cultivos son el trigo y el maíz, seguidos de los demás cereales. Arroz en el delta del Ródano. Vid (F. es uno de los primeros productores mundiales de vino), remolacha, lino y tabaco. Horti-

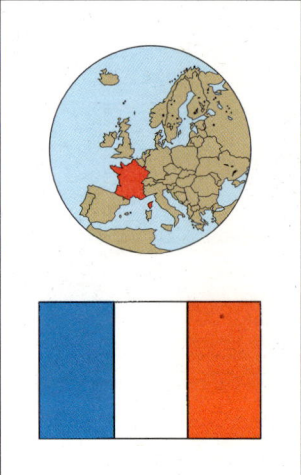

Mapa de situación y bandera
de **Francia**

cultura, fruticultura y floricultura. Bovino. Pesca. Yacimientos de hierro, hulla, potasa y bauxita. Ind. siderúrgica, de construcción naval, metalúrgica, automovilística, aeronáutica y ferroviaria, textil, química. Refinerías de petróleo. Otras ind.: del vidrio, de la cerámica, de la perfumería, del papel y del cuero.
□ *Org. pol.* Es una rep. unitaria. Lenguas: francés (of.), occitano, bretón, corso, vasco, catalán, etc. *Rel.*: catolicismo (87,8 %), minorías protestante e islámica. U. M.: euro. Cap., París. C. prales.: Lyon, Marsella, Burdeos, Toulouse. F. está dividida en 23 regiones.
□ *Hist.* Los celtas (galos) fueron los primeros hab. históricamente conocidos. Julio César, en el 49 a. C., completó la conquista de la Galia. El rey franco Clodoveo inició, en el s. V, la dinastía merovingia. Carlomagno, fue coronado emp. de Occidente en 800. Sus nietos se repartieron su reino por el tratado de Verdún (843). Felipe IV el Hermoso [1285-1314] afianzó la fuerza del Est. y provocó el cisma de Aviñón. La muerte de sus tres hijos sin descendencia masculina dio origen a la guerra de los Cien Años entre F. e Inglaterra. Luis XI fue el primero en establecer la monarquía absoluta. En el s. XVI estallaron las guerras de religión. Enrique IV de Borbón promulgó el Edicto de Nantes (1589), por el que concedía una amplia tolerancia a los protestantes. Luis XIII se enfrentó a los Austria (guerra de los Treinta Años). Con Luis XIV, el absolutismo alcanzó el máx. desarrollo. La decadencia, con Luis XVI, propició la Revolución fr. (1785). En 1792 se proclamó la I República, que desembocó en el Terror (1792-1794). Tras el Directorio (1795-1799) y el Consulado, Napoleón Bonaparte fue coronado emp. y se hizo dueño de Europa. Su derrota en Waterloo (1815) supuso la restauración monárquica de Luis XVIII. La crisis de la monarquía burguesa condujo a las jornadas revolucionarias de 1848 y la proclamación de la II República. Luis Napoleón Bonaparte, elegido presid., proclamó el II Imperio en 1852. Tras la derrota ante Prusia

en Sedán (1870), se proclamó la III República, que en 1871 sofocó la sublevación de la Comuna de París. F. se convirtió en la segunda potencia colonial del mundo. Vinculada a la Triple Entente, F. participó en la I Guerra Mundial (1914-1918). En 1936, el Frente Popular ganó las elecciones. En 1939 estalló la II Guerra Mundial y F. fue ocupada por los ejércitos al. Después de la derrota del nazismo, el general Charles de Gaulle instauró la IV República. Los conflictos de la descolonización presidieron esta época. Tras la retirada de Indochina (1954) y la guerra con Argelia, De Gaulle ocupó de nuevo el poder en 1958 (proclamación de la V República). La revuelta de mayo de 1968 supuso el final de la era gaullista. En 1969, a De Gaulle le sucedió Georges Pompidou, seguidor de su política. En las elecciones de 1974 venció el candidato conservador Valéry Giscard d'Estaing. En 1981, el socialista François Mitterrand accedió a la presidencia, cargo para el que fue reelegido en 1988. Tras sendas derrotas en las elecciones legislativas tuvo que coahabitar con gobiernos conservadores (1986-1988 y 1993-1995). En 1995 fue elegido presid. el neogaullista J. Chirac. En 1997 el socialista Lionel Jospin venció en las elecciones generales, iniciando un nuevo período de cohabitación. Sin embargo, tras las elecciones presidenciales de 2002, en las que Chirac fue reelegido, Jospin dimitió y Jean-Pierre Raffarin asumió la jefatura del gobierno.
□ *Arte.* Del periodo galorromano se conservan templos y anfiteatros (Arles, Nîmes). En el s. X aparece el románico (Cluny, Vézelay, Moissac, etc.). En el s. XII surge el gótico (Chartres, Reims, Amiens, París). En el s. XVII, con Luis XIV, se impone un arte monumental y académico (Versalles). En el s. XVIII florece el rococó. A principios del s. XIX se vuelve a la arquitectura neoclásica. A mediados del siglo triunfa el romanticismo (Delacroix, Géricault). A finales del siglo nace el impresionismo (Manet, Monet, Degas, Renoir, Van Gogh, Gauguin, Cézanne, Toulouse-Lautrec). En escultura destaca la

Francia. Catedral de Nôtre Dame, en París

figura de Rodin. París se convierte en centro de las vanguardias: fauvismo, cubismo, surrealismo, etc. En arquitectura, Le Corbusier, crea el funcionalismo. En los últimos años se han realizado imp. proyectos arquitectónicos en París: el barrio de la Villette, el Centro Pompidou.
□ *Lit.* En el s. XII surgen los cantares de gesta (*El cantar de Roldán*) y la «novela de corte» (Chrétien de Troyes). En los ss. XIV y XV, sobresalieron Rutebeuf y Villon. El Renacimiento da origen a la Pléyade (Du Bellay y Ronsard). Rabelais es el primer gran escritor en prosa. El clasicismo define el s. XVIII. En teatro, Corneille, Racine y, sobre todo, Molière, son las figuras más descollantes. La Fontaine (*Fábulas*) y Bossuet (*Sermones*) amplían las posibilidades de la lengua. El s. XVIII da lugar al movimiento enciclopédico (Diderot, D'Alembert, Voltaire). Rousseau anuncia el romanticismo del s. XIX, que se afirma con Victor Hugo y Musset. Balzac cultiva el realismo y Flaubert el naturalismo. Baudelaire, Verlaine, Rimbaud y Mallarmé revolucionan la poesía, y Marcel Proust, la novela. Con la I Guerra Mundial aparecen los movimientos vanguardistas (surrealismo: Breton, Éluard, Aragon). En el teatro triunfan Giraudoux y Anouilh y en la narrativa Gide. Tras el existencialismo (Sartre, Camus) y el *nouveau roman* (Robbe-Grillet), las figuras del momento son M. Simon, M. Duras, M. Yourcenar, N. Sarraute, M. Tournier y el checo, nacionalizado fr., M. Kundera.

FRANCIA	
Superficie	543 965 km^2
Población 56 615 000 hab. (104 hab./km^2)	
Recursos económicos	
Cebada	10 651 000 t
Maíz	12 787 000 t
Patatas	6 300 000 t
Remolacha azucarera	29 280 000 t
Trigo	34 483 000 t
Uva	7 020 000 t
Vino	62 000 000 hl
Ganadería	
Cabaña bovina	21 446 000 cabezas
Cabaña caballar	322 000 cabezas
Cabaña ovina	11 490 000 cabezas
Cabaña porcina	12 239 000 cabezas
Riqueza forestal	44 718 000 m^3
Pesca	896 841 t
Producción minera	
Bauxita	183 000 t
Carbón	11 000 000 t
Gas natural	3 400 000 000 m^3
Potasa	1 404 000 t
Producción industrial	
Acero	18 434 000 t
Aluminio	286 000 t
Automovilística	3 187 634 unidades
Calzado	194 700 000 pares
Caucho sintético	515 000 t
Cemento	26 497 000 t
Energía eléctrica	419 584 millones de kwh
Energía nuclear	314 081 millones de kwh
Fibras artificiales	59 000 t
Naval	80 774 t
Neumáticos	54 536 000 unidades
Indicadores sociológicos	
PNB	1 167 749 millones de dólares
Renta per cápita	20 600 dólares
Esperanza de vida	77 años
Alfabetismo	99 %

FRANCIA, *José Gaspar Rodríguez* (1766-1840) Político par. Gobernó dictatorialmente su país de 1814 a 1840.
FRANCIO m. *Quím.* Elemento radiactivo del grupo de los actínidos, de símb. Fr., n. a. 87 y p. a. del isótopo más estable 223.
FRANCISCANO, NA adj. y s. Díc. del religioso de la orden fundada por san Francisco de Asís en 1210. ◊ Relativo a esta orden.
FRANCISCO Nombre de reyes y emperadores:

IMPERIO ROMANO GERMÁNICO

FRANCISCO II (1768-1836). Último emperador del Sacro Imperio [1792-1806] y primer emp. hereditario de Austria [1804-1835].

AUSTRIA

FRANCISCO José I (1830-1916) Emp. de Austria [1848-1916] y rey de Hungría [1867-1916]. Tras la rev. de 1848 se vio obligado a formar un est. federal, y en 1867 reconoció la división del imperio.

FRANCIA

FRANCISCO I (1494-1547) Rey de Francia [1515-1547]. Disputó la corona imperial a Carlos V. Por la paz de Cambrai (1529) renunció a sus pretensiones sobre Italia.
FRANCISCO de Asís (h. 1182-1226) Santo. Fundador de los franciscanos. *Cántico al sol.* ◊ **De Borja** (1510-1572) Santo. Tercer general de los jesuitas. ◊ **De Paula** (1416-1507) Santo. Fundó los frailes mínimos. ◊ **De Sales** (1567-1622) Santo. Fundó la orden de la Visitación (salesas). ◊ **Javier** (1506-1552) Santo. Jesuita esp. Nuncio del papa en la India port.
FRANCISCO José, *Tierra de* (*Zemliá Frantsa-Iósifa*) Arch. ruso, en el océano Ártico. Comprende unas 60 islas.
FRANCISCO MORAZÁN Dpto. del centro sudeste de Honduras; 8 619 km²; 781 601 hab. Cap., Tegucigalpa. Se extiende sobre la altiplanicie central. Cultivos de tabaco y café. Ganadería.
FRANCK, *César-Auguste* (1822-1890) Pianista y compositor belga, nacionalizado fr. *Variaciones sinfónicas, Preludio, coral y fuga, Las eólidas, Sinfonía en re.*
FRANCMASONERÍA f. ⇨ Masonería.
FRANCO, CA adj. y s. Generoso. ◊ Simpático. ◊ Sincero. ◊ Sencillo de trato. ◊ Libre, exento, que no paga. ◊ m. Unidad monetaria de Suiza y otros estados. ant. unidad monetaria de Francia, Bélgica y Luxemburgo.
FRANCO, *Itamar* (n. 1930) Político bras. Fue vicepresid. (1989) y presid. (1992-1994) al ser destituido Collor de Mello. ◊ *Luis Leopoldo* (n. 1898) Escritor argentino. *La flauta de caña, Los hijos de Llastay.* ◊ *Bahamonde, Francisco* (1892-1975) Militar esp. En 1936 se sumó a la sublevación contra la República. Tras la guerra civil (1939), adoptó el título de *Caudillo* y gobernó dictatorialmente hasta su muerte.
FRANCO-CONDADO (*Franche-Comté*) Ant. región y prov. del E de Francia. Desde 1556 hasta 1688 formó parte

Francisco José I, emperador de Austria

de la monarquía española. ◊ Circunscripción regional fr.; 16 202 km²; 1 097 300 hab. Cap., Besançon.
FRANCÓFILO, LA adj. Que simpatiza con Francia o con los franceses.
FRANCOLÍN m. Ave semejante a la perdiz, cuya carne es muy estimada.
FRANCONIA (*Franken*) Ant. región de Alemania, englobada en Baviera.
FRANCOTIRADOR, RA m. y f. Tirador aislado. ◊ fig. Persona que actúa aisladamente.
FRANELA f. Tejido de lana o algodón, ligeramente batanado.
FRANJA f. Guarnición tejida, que sirve para adornar los vestidos u otras cosas. ◊ Faja, lista o tira en general.
FRANK, *Anna* (1929-1945) Joven hol., de origen judío. Víctima del nazismo, es autora de un famoso *Diario.*
FRANKFORT C. de EE UU, cap. del est. de Kentucky; 26 000 hab.
FRANKFURT m. Bocadillo caliente de salchicha de Francfort, con mostaza.
FRANKFURT ⇨ Francfort.
FRANKLIN m. *Fís.* Unidad cegesimal de carga electrostática. Es la que situada en el vacío a 1 cm de otra igual, la repele con la fuerza de 1 dina.
FRANKLIN, *Aretha* (n. 1942) Pianista y cantante norteam. Su repertorio se compone de temas *gospel, blues* y canciones populares. ◊ *Benjamin* (1706-1790) Filósofo, físico y político norteam. Inventó el pararrayos. Redactó con Jefferson y John Adams (1776) la declaración de indep.
FRANQUEAR tr. Libertar, exceptuar a uno de una contribución. ◊ Desembarazar, quitar los impedimentos que estorban; abrir camino. ◊ Pagar en sellos el porte por el correo. ◊ prnl. Descubrir uno su interior a otro. ❏ FRANQUEO.
FRANQUEZA f. Libertad, exención. ◊ Generosidad. ◊ fig. Sinceridad. ◊ Confianza o familiaridad en el trato.
FRANQUÍA f. Situación en la cual un buque tiene paso franco para hacerse a la mar o tomar determinado rumbo.
FRANQUICIA f. Exención para no pagar derechos de correo o de aduanas.
FRASCA f. Hojarasca y ramas pequeñas.
FRASCO m. Vaso de cuello recogido que sirve para contener líquidos, sustancias en polvo, etc. ❏ FRASQUERA.
FRASE f. *Ling.* Unidad mínima de comunicación, con autonomía sintáctica.

◊ *Gram.* Conjunto de palabras con sentido, pero que no forman una oración. ◊ Locución. ❏ FRASEAR.
FRASEOLOGÍA f. Excesivo recargamiento de palabras. ◊ Conjunto de frases hechas, locuciones, etc., de una lengua.
FRATÁS m. *Const.* Instrumento para alisar el enlucido. ❏ FRATASAR.
FRATERNIDAD f. Unión entre hermanos o entre los que se tratan como tales. ❏ FRATERNAL; FRATERNO, A.
FRATERNIZAR intr. Iniciar o sostener entre sí una relación muy afectuosa personas que no son hermanos.
FRATRICIDIO m. Muerte de una persona, ejecutada por su propio hermano. ❏ FRATRICIDA.
FRAUDE m. Engaño mediante el cual alguien perjudica a otro y se beneficia a sí mismo. ◊ *Der.* Acto realizado para usurpar derechos o eludir obligaciones legales. ❏ FRAUDULENTO, TA.
FRAUNHOFER, *Joseph von* (1787-1826) Óptico al. Analizó los fenómenos de difracción, mejoró el microscopio e investigó el espectro solar.
FRAY m. Apócope de fraile. ◊ Frey.
FRAY BENTOS C. de Uruguay, cap. del dpto. de Río Negro; 23 122 hab. Centro comercial.
FREÁTICO, CA adj. Relativo a las aguas acumuladas en el subsuelo. Díc. de la capa del subsuelo que las contiene.
FRECUENCIA f. Repetición a menudo de un acto o suceso. ◊ Cantidad de veces que se repite. ◊ *Fís.* En un mov. periódico, número de vibraciones por unidad de tiempo. Se mide en hertz.
FRECUENCÍMETRO m. *El.* Aparato utilizado para determinar la frecuencia de una corriente eléctrica alterna.
FRECUENTAR tr. Repetir un acto a menudo. Concurrir con frecuencia a un lugar o tratar con frecuencia a alguien. ❏ FRECUENTACIÓN; FRECUENTE.
FREDERICTON C. de Canadá, cap. de la prov. de Nueva Brunswick; 44 400 hab.
FREE cinema (ing. «cine libre») Movimiento cinematográfico brit. cuyas premisas eran el realismo y el contenido social. Destacaron Lindsay Anderson, Karel Reisz y Tony Richardson.
FREETOWN C. y cap. de Sierra Leona; 214 400 hab. Base naval, exportación.
FREGADERO m. Recipiente que se halla en la cocina para fregar los cacharros.

Benjamin **Franklin**

FREGADO, DA adj. *Argent.* y *Chile.* Majadero, enfadoso. ◊ m. fig. y fam. Enredo. ◊ Discusión o contienda.

FREGAR tr. Restregar con fuerza una cosa con otra. ◊ Lavar las vasijas restregándolas con el estropajo. ◊ tr. y prnl. fig. y fam. *Amér.* Fastidiar, molestar, jorobar. ❏ FREGADOR, RA.

FREGONA f. Utensilio doméstico para fregar el suelo. ◊ Criada que sirve en la cocina y friega. ❏ FREGONIL.

FREI Montalva, *Eduardo* (1911-1982) Político chil. Dirigente del partido cristianodemócrata, fue elegido presidente del país (1964-1970). Llevó a cabo moderadas reformas económicas y sociales. ◊ **Ruiz-Tagle, *Eduardo*** (n. 1942) Político chil. Presidente de la república entre 1994 y 2000.

Eduardo **Frei Ruiz-Tagle**

FREÍR tr. y prnl. Guisar un alimento poniéndolo al fuego en una sartén con aceite o grasa. ◊ fig. Mortificar, exasperar. ❏ FREIDURA; FREIDURÍA.

FREIRE, *Paulo* (n. 1921-1997) Pedagogo bras. Para él, la educación debe dar capacidad de reflexión y de acción sobre el mundo para transformarlo. *Pedagogía del oprimido.* ◊ **Ramón** (1787-1851) Militar y político chileno. Intervino en la lucha por la indep. Ostentó el poder supremo entre 1823 y 1827.

FRÉJOL m. Judía, planta y legumbre.

FRELIMO Siglas de ⇨ Frente de Liberación de Mozambique.

FRENAR tr. Moderar o parar con el freno el movimiento de un vehículo o máquina. ◊ fig. Contener, moderar el ímpetu o la actividad. ❏ FRENAZO.

FRENESÍ m. Delirio. ◊ fig. Violenta exaltación del ánimo. ❏ FRENÉTICO, CA.

FRENILLO m. *Anat.* Membrana que sujeta la lengua por la línea media de la parte inferior. ◊ *Anat.* Ligamento que sujeta el prepucio al glande.

FRENO m. *Mec. apl.* Aparato que sirve en las máquinas y vehículos para moderar o detener el movimiento. ◊ Instrumento de hierro que se ajusta a la boca de las caballerías para gobernarlas. ◊ fig. Sujeción que se pone uno para moderar sus acciones.

FRENOPATÍA f. Psiquiatría, parte de la medicina que estudia las enfermedades mentales. ❏ FRENÓPATA.

FRENTE f. Parte superior de la cara entre las sienes, desde encima de los ojos hasta que empieza la vuelta del cráneo.

◊ Parte delantera de una cosa, a diferencia de sus lados. ◊ m. *Mil.* Extensión o línea de territorio continuo en que combaten los ejércitos. ◊ Coalición entre formaciones políticas. ◊ *Meteor.* Intersección de la superficie terrestre con la discontinuidad que separa dos masas de aire de diferentes características. ◊ adv. lugar. En lugar opuesto. ◊ adv. modo. En contra, en pugna.

FRENTE Amplio Coalición ur. de izquierdas constituida en 1971. Tras ser proscrita en 1973, concurrió a las elecciones de 1984, a partir de las cuales rompió con el tradicional bipartidismo. ◊ **De Liberación de Mozambique** (FRELIMO). Movimiento politicomilitar creado en 1962 para conseguir la indep. de este país. ◊ **De Liberación Nacional** (FLN). Movimiento de liberación fundado en Argelia en 1954. ◊ **Farabundo Martí de Liberación Nacional** (FFMLN). Movimiento politicomilitar salv., formado por cinco organizaciones guerrilleras de diverso signo. ◊ **Nacional de Liberación de Vietnam del Sur** o **Vietcong** (FNL). Movimiento de liberación de Vietnam del sur fundado en 1960. Dirigió la lucha contra las fuerzas de Saigón y las fuerzas norteam. ◊ **País Solidario** (Frepaso). Formación política arg. nacida en 1994. En 1997 formó con UCR la Alianza, coalición electoral que obtuvo la victoria en las elecciones presidenciales de 1999. ◊ **Popular.** Nombre de varias coaliciones electorales de la izquierda y el centro izquierda constituidas para impedir el avance del fascismo, en España (1936-1939), en Francia (1936-1938) y en Chile (1938-1948). ◊ **Sandinista de Liberación Nacional** (FSLN). Movimiento politicomilitar nic. creado en 1961. Consiguió derrocar al dictador Somoza en 1979. ◊ **Sindical Democrático.** Movimiento sindical per. fundado en 1980. Agrupa los prales. sindicatos.

FREO m. Canal estrecho entre dos tierras.

FREÓN m. *Quím.* Compuesto fluorado alifático, usado como líquido refrigerante para frigoríficos y acondicionadores.

FREPASO ⇨ Frente País Solidario.

FRESA f. *Bot.* Fruto del fresal. ◊ *Mec. apl.* Herramienta rotatoria de corte múltiple usada en las máquinas fresadoras.

FRESAL f. Planta herbácea con hojas grandes, trifolioladas; flores blancas y frutos pequeños que reciben el nombre de fresa. ◊ Terreno de fresales.

Fresa

FRESAR tr. Mecanizar metales con la herramienta llamada fresa o la máquina fresadora. ❏ FRESADO; FRESADOR, RA.

FRESCO, CA adj. Moderadamente frío. ◊ Reciente, acabado de hacer, coger, etc. ◊ fig. De aspecto sano y de buen color. ◊ adj. y s. fig. Sereno. ◊ fig. y fam. Desvergonzado. ◊ adj. fig. Díc. de las telas delgadas y ligeras. ◊ m. Frío moderado. ◊ *Arte.* Técnica pictórica que consiste en aplicar colores minerales disueltos en agua, sobre un muro debidamente preparado. ◊ *Amér.* Refresco. ❏ FRESCOR; FRESCOTE, TA; FRESCURA.

FRESNEL, *Augustin-Jean* (1788-1827) Físico, matemático e ingeniero fr. Sus investigaciones matemáticas fundamentaron la teoría ondulatoria de la luz.

FRESNILLO de González Echevarría Mun. de México, en el est. de Zacatecas; 103 500 hab. Minería, agricultura.

FRESNO m. *Bot.* Nombre común de los árboles o arbustos caducifolios del gén. *Fraxinus.* ❏ FRESNAL; FRESNEDA.

FRESÓN m. Fruto de un fresal oriundo de Chile.

FRESQUERA f. Especie de jaula, para conservar frescos algunos comestibles.

FRESQUERÍA f. *Amér.* Botillería, despacho de refrescos.

FREUD, *Sigmund* (1856-1939) Médico austr. Creador del psicoanálisis, distinguió en la actividad anímica un fondo inconsciente; un «super yo», represor del inconsciente, y un «yo», que define la personalidad del sujeto. *La interpretación de los sueños, Tótem y tabú.*

FREZA f. Desove. ◊ Huevos de los peces, y pescado recién nacido de ellos. ◊ Estiércol de algunos animales. ◊ Tiempo en que durante cada muda come el gusano de seda. ❏ FREZAR.

FRIALDAD f. Sensación que proviene de la falta de calor. ◊ Frigidez. ◊ fig. Indiferencia, poco interés.

FRÍAS, *Tomás* (1805-1884) Político bol. Presid. provisional del país de 1872 a 1873 y de 1874 a 1876.

FRIBURGO de Brisgovia (*Freiburg im Breisgau*) C. de Alemania, en el est. de Baden-Wurtemberg; 181 300 hab.

FRICANDÓ m. Guiso de carne, gralte. con setas.

FRICATIVO, VA adj. *Fon.* Díc. de las consonantes (f, s, z, ʃ) cuya articulación hace salir el aire con un roce.

FRICCIÓN f. Rozamiento entre superficies de dos cuerpos en contacto. ◊ pl. fig. Desavenencias. ❏ FRICCIONAR.

FRIEDMAN, *Milton* (n. 1912) Economista norteam. Defiende las virtudes de la economía de mercado liberal. Premio Nobel de Economía en 1976.

FRIEGA f. Remedio que se hace restregando alguna parte del cuerpo. ◊ *Chile.* Tunda, zurra.

FRIGIA (*Phrygia*) Ant. región de Asia Menor, entre el río Sangario y la cuenca superior del Meandro.

FRIGIDEZ f. Frialdad sexual, especialmente la femenina. ❏ FRÍGIDO, DA.

FRIGIO, A adj. y s. De Frigia. Los f. alcanzaron en el s. VIII a. C. la hegemonía en Asia Menor.

FRIGORÍA f. Unidad utilizada en ind. frigorífica. Consiste en la cantidad de calor que se debe sustraer a un kg de agua para que su temperatura descienda 1 ℃.

FRIGORÍFICO, CA adj. y m. Díc. de las cámaras o espacios enfriados artificialmente para conservar alimentos.

FRÍJOL o **FRIJOL** m. Fréjol, judía.
FRIJOLILLO m. *Cuba*. Árbol dicotiledóneo silvestre, cuyo fruto sirve de alimento al ganado.
FRÍO, A adj. Se aplica a los cuerpos cuya temperatura es muy inferior a la del ambiente. ◊ Díc. de los colores que producen un efecto sedante. ◊ fig. Impotente o indiferente al placer sexual. ◊ fig. Indiferente. ◊ Sensación producida por la pérdida o la falta de calor. ◊ adj. Nada acogedor. ◊ Tranquilo, calculador, inmutable.
FRIOLERO, RA adj. Muy sensible al frío. ◊ f. fam. irónico. Gran cantidad de una cosa, especialmente dinero.
FRISAR tr. Levantar y retorcer los pelillos de algún tejido. ◊ fig. Aproximarse a la edad o num. expresados.
FRISCA f. *Chile*. Soba, tunda, zurra.
FRISCH, *Max* (1911-1991) Novelista y dramaturgo suizo, de lengua al. *Stiller*, *Homo faber*, *La muralla china*. ◊ ***Ragnar*** (1895-1973) Economista norteam., precursor de la econometría. Premio Nobel de Economía en 1969.
FRISIA (al., *Friesland*; neerlandés, *Vriesland*) Región junto al mar del Norte, repartida entre los Países Bajos y Alemania.
FRISO m. *Arq*. Parte del cornisamento que media entre el arquitrabe y la cornisa. ◊ Faja que suele pintarse o ponerse de otro material en la parte superior o inferior de las paredes.
FRISÓN, NA adj. y s. De Frisia.
FRITADA f. Conjunto de cosas fritas.
FRITANGA f. Fritada, especialmente la abundante en grasa.
FRITAR tr. *Argent.* y *Col.* Freír.
FRITO, TA adj. fam. Exasperado, fastidiado. ◊ m. Fritada. ◊ Manjar frito.
FRIUL-VENECIA JULIA (*Friuli-Venezia Giulia*) Región autónoma del NE de Italia, junto al Adriático; 7 844 km², 1 197 700 hab. Cap., Trieste. Cereales, patatas, hortalizas, vid. Ganado bovino y porcino. Siderurgia, astilleros.
FRÍVOLO, LA adj. Insustancial, ligero, veleidoso. ◊ Irresponsable, tornadizo.
FRÖBEL, *Friedrich* (1782-1852) Pedagogo al. Creador de los jardines de infancia (*Kindergarten*), utilizó el juego como medio de educación.
FROBISHER, SIR *Martin* (1535-1594) Navegante inglés. Intentó sin éxito encontrar un paso hacia China y participó en la lucha contra la Armada Invencible.
FROISSART, *Jean* (hacia 1337-1410) Historiador fr. Famoso por sus *Crónicas*.
FROMM, *Erich* (1900-1980) Psiquiatra y sociólogo norteam. de origen al. Destacó la importancia de los factores culturales en la motivación de la conducta. *El miedo a la libertad*.
FRONDA f. Vendaje que se emplea en el tratamiento de fracturas y heridas. ◊ Fronde.
FRONDA, *La* Insurrección de la nobleza fr. y del parlamento de París (1648-1653) para limitar el poder del regente Mazarino. Fue aplastada en 1653.
FRONDE m. *Bot*. Cada una de las hojas grandes de los pteridófitos.
FRONDIZI, *Arturo* (1908-1995) Político arg. Presid. de 1958 a 1962, en que fue derrocado por un golpe de est. militar.
FRONDOSO, SA adj. Abundante de

Frisos decorativos en el ábside de la iglesia de Santa María. Quintanilla de las Viñas (Burgos, España)

hojas y ramas. ◊ Abundante en árboles que forman espesura. □ FRONDOSIDAD.
FRONTAL adj. De la frente. ◊ adj. y m. *Anat*. Hueso impar, plano, simétrico, que forma el esqueleto de la frente. ◊ *Arq*. Carrera, viga horizontal.
FRONTALIDAD f. Posición de estar situado de frente.
FRONTERA f. Confín de un estado. ◊ Fachada. ◊ fig. Barrera, límite. Se usa más en pl. □ FRONTERIZO, ZA.
FRONTERO, RA adj. Puesto y colocado enfrente.
FRONTIS m. *Arq*. Fachada o frontispicio.
FRONTISPICIO m. Fachada o delantera de un edificio, libro, etc. ◊ fig. y fam. Cara, rostro. ◊ *Arq*. Frontón, remate de una fachada.
FRONTÓN m. Pared contra la cual se lanza la pelota en algunos juegos. ◊ Edificio o sitio dispuesto para jugar a la pelota vasca. ◊ *Arq*. Remate triangular de una fachada o de un pórtico.
FROST, *Robert Lee* (1874-1963) Poeta norteam. *Un árbol testigo*, *Nueva Hampshire*, *La máscara de la razón*.
FROTAR tr. y prnl. Pasar muchas veces una cosa sobre otra con fuerza. □ FROTACIÓN; FROTADOR, RA; FROTADURA.
FRUCTIFICACIÓN f. *Bot*. Formación de los frutos de las fanerógamas angiospermas.
FRUCTIFICAR intr. Dar fruto. ◊ fig. Producir utilidad una cosa. □ FRUCTÍFERO, RA; FRUCTUOSO, SA.
FRUCTOSA f. *Quím*. Monosacárido que está muy extendido en el reino vegetal.
FRUGAL adj. Parco en comer y beber. ◊ Aplícase a las cosas en que se manifiesta esa parquedad. □ FRUGALIDAD.
FRUGÍVORO, RA adj. y s. Aplícase al animal que se alimenta de frutos.
FRUGONI, *Emilio* (1880-1969) Poeta y político ur. Fundador del Partido Socialista del Uruguay. *Los himnos*.
FRUIR intr. Gozar, sentir un placer intenso. □ FRUENTE; FRUICIÓN.
FRUMENTARIO, RIA adj. Relativo al trigo y otros cereales. □ FRUMENTICIO, CIA.
FRUNCE m. Adorno que resultaba de fruncir una tela.
FRUNCIR tr. Arrugar la frente y las cejas. ◊ Recoger una tela haciendo en ella

unas arrugas pequeñas. □ FRUNCIDO, DA; FRUNCIMIENTO.
FRUNZE Nombre que recibía en la URSS Pishpek, c. y cap. de Kirguisistán.
FRUSLERÍA f. Cosa de poco valor o entidad. ◊ fig. y fam. Dicho o hecho de poca sustancia.
FRUSTRAR tr. Privar a uno de lo que esperaba. ◊ tr. y prnl. Dejar sin efecto, malograr un intento. □ FRUSTRACIÓN; FRUSTRATORIO, RIA.
FRUTA f. Fruto de ciertos vegetales, comestible, de sabor agradable y apariencia, en general, vistosa. □ FRUTERÍA; FRUTERO, RA.
FRUTAL adj. y s. Díc. de los vegetales en general y de los árboles en particular que producen frutos comestibles.
FRÚTICE m. Cualquier planta casi leñosa y de aspecto semejante al de los arbustos. □ FRUTICOSO, SA.
FRUTICULTURA f. *Bot*. Estudio de las condiciones y técnicas de mejoramiento genético y cultivo de los frutales.
FRUTILLA f. *Amér. Merid*. Fresón.
FRUTO m. *Bot*. Órgano propio de las plantas fanerógamas, producto de la fecundación del ovario, y que contiene las semillas, a las que protege y nutre. ◊ P. ext., el hijo que se está formando en el seno de una mujer. ◊ Cualquier producción de provecho que dé la tierra. ◊ La del ingenio o del trabajo humano. ◊ fig. Utilidad, provecho.
FRY, *Chistopher* (n. 1907) Dramaturgo brit. *Venus contemplada* y *No quemen a la dama*.
FTÁLICO, CA adj. *Quím*. Ácido ortodicarboxílico, que se origina en la oxidación catalítica de la naftalina.
FUAD I, *Ahmed* (1868-1936) Rey de Egipto [1922-1936]. Promovió la vida intelectual y artística de su país.
FUCHOU (*Fuzhou*) C. del SE de China, cap. de la prov. de Fukien; 1 120 000 hab. Puerto. Centro comercial e industrial.
FUCSIA f. *Bot*. Arbusto con flores colgantes de color rojo oscuro. Originario de América Central y Merid. ◊ adj. y f. Díc. del color rojo o rosa subido.
FUCSINA f. Materia colorante sólida que se emplea para teñir de rojo oscuro.
FUEGO m. Calor y luz producidos por combustión. ◊ Materia encendida en brasa o llama. ◊ Incendio. ◊ Efecto de disparar las armas de fuego. ◊ **de Santelmo**. Meteoro ígneo que aparece en los mástiles de las embarcaciones por efecto de la electricidad atmosférica. ◊ **fatuo.** Inflamación de ciertas materias

Flores de **fucsia**

que se elevan de las sustancias orgánicas en putrefacción. ◊ **Fuegos artificiales.** Cohetes y otros artificios de pólvora, que se hacen para diversión.

FUEGUINO, NA adj. y s. Nombre dado a los primitivos hab. amerindios de la isla Grande de Tierra del Fuego y de los arch. adyacentes. ◊ adj. Relativo a la Tierra del Fuego.

FUELLE m. Instrumento para recoger aire y lanzarlo con dirección determinada. ◊ Bolsa de cuero de la gaita gallega. ◊ Arruga del vestido. ◊ Pieza plegable en los lados de bolsos, carteras, etc.

FUEL-OIL (voz ing.) m. Combustible líquido, residuo en la destilación del petróleo bruto.

FUENTE f. Manantial de agua, que brota de la tierra. ◊ Aparato o artificio con que se hace salir el agua, trayéndola encañada. ◊ Construcción que sirve para que salga el agua por uno o muchos caños dispuestos en él. ◊ Pila bautismal. ◊ Plato grande que se usa para servir la comida. ◊ fig. Principio o fundamento de una cosa. ◊ fig. Aquello de que fluye un líquido. ◊ *Fís.* Sistema emisor de un flujo material o energético.

FUENTES, Carlos (n. 1928) Escritor mex., cultivador del realismo fantástico. *La muerte de Artemio Cruz, Cambio de piel, Terra nostra, Los años con Laura Díaz, Inquieta compañía.* Premio Cervantes 1987 y premio Príncipe de Asturias de las Letras 1994. ◊ **Del Arco, Antonio** (s. XVIII) Dramaturgo arg. Autor de *Loa*, primera pieza teatral argentina.

FUERA adv. lugar y tiempo. A o en la parte exterior de cualquier espacio o término real o imaginario.

FUERABORDA f. Pequeña embarcación propulsada por un motor sit. fuera del casco.

FUERO m. Jurisdicción, poder. ◊ Nombre de algunas compilaciones de leyes. ◊ Privilegio y exención que se conceden a una prov., c. o persona. ◊ *Der.* Competencia a la que legalmente las partes están sometidas y por derecho les corresponde. ❑ FUERISMO; FUERISTA.

FUERTE adj. Que tiene fuerza y resistencia. ◊ Duro, que no se deja fácilmente labrar. ◊ fig. Grave, excesivo. ◊ fig. Que impresiona el gusto, olfato, etcétera. ◊ m. Recinto fortificado. ◊ fig.

Aquello a que una persona tiene más afición o en que más sobresale. ◊ adv. modo. Fuertemente. ◊ Con exceso.

FUERTE, El Mun. de México, en el est. de Sinaloa; 61 600 hab. Agricultura.

FUERTE OLIMPO C. de Paraguay, cap. del dpto. de Alto Paraguay; 1 900 hab.

FUERTES, Gloria (1918-1999) Poetisa esp. *Cangura para todo, ...que estás en la tierra.*

FUERTEVENTURA Isla esp. de la prov. de Las Palmas (Canarias); 1 722 km²; 18 200 hab. Cap., Puerto del Rosario.

FUERZA f. Vigor y capacidad para mover una cosa que tenga peso o haga resistencia. ◊ Eficacia que tiene algo para realizar un trabajo o esfuerzo, o producir un efecto. ◊ Resistencia, capacidad de soportar un peso o de oponerse a un impulso. ◊ Virtud y eficacia natural que las cosas tienen en sí. ◊ Acto de obligar a uno a que dé asenso a una cosa, o a que la haga. ◊ Violencia que se hace a una mujer para gozarla. ◊ *Mec.* Magnitud vectorial que al actuar sobre un cuerpo produce una aceleración. ◊ Corriente eléctrica para uso industrial o doméstico. ◊ pl. Tropa o gente de guerra y demás aprestos militares. ◊ **armada.** Conjunto de los ejércitos de tierra, mar y aire de un país o de una organización supranacional. ◊ **centrífuga.** Fuerza de igual dirección y módulo que la centrípeta, pero cuyo sentido es opuesto. ◊ **centrípeta.** Fuerza de dirección normal a la trayectoria del cuerpo. ◊ **de inercia.** La que la masa de un cuerpo opone a las fuerzas externas, de acuerdo con el principio de acción y reacción. ◊ **electromotriz** *(f.e.m.).* Magnitud que mide la capacidad de un sistema para convertir la energía eléctrica en cualquier otra forma de energía, siendo el proceso reversible. ◊ **gravitatoria.** La que se desarrolla entre dos cuerpos cuando se hallan en un campo gravitatorio. ◊ **magnetomotriz.** La que produce un flujo magnético en un circuito magnético. ◊ **pública.** Agentes de la autoridad encargados de mantener el orden.

FUFÚ m. *Col., Cuba* y *P. Rico.* Comida hecha de plátano, ñame o calabaza.

FUGA f. Huida. ◊ Salida accidental de un fluido. ◊ *Mús.* Composición que gira

sobre un tema y su contrapunto, repetidos por diferentes tonos. ❑ FUGARSE.

FUGAZ adj. Que huye con velocidad. ◊ fig. De corta duración. ❑ FUGACIDAD.

FUGGER Familia de comerciantes de Augsburgo, que alcanzó su máx. riqueza y poderío en el s. XVI, financiando a los Habsburgo.

FUGITIVO, VA adj. y s. Que anda huyendo y escondiéndose. ◊ adj. Que pasa muy aprisa.

FÜHRER (voz al.) m. Caudillo, título que adoptó Adolf Hitler en 1934.

FUJI YAMA *(Fuji San)* Volcán del Japón, cerca de Yokohama, en la isla de Honshu, máx. altitud del país (3 776 m). Santuario de peregrinación.

FUJIMORI, Alberto Kenyo (n. 1938) Político per. Líder de CAMBIO 90, ganó las elecciones presidenciales de 1990. En 1992 disolvió el Parlamento y en 1993 reformó la Constitución. Fue reelegido presid. en 1995 y 2000. Seis meses después de su reelección, en un marco de crisis política, anunció su dimisión.

FUJITA, Tsuguharu (1886-1968) Pintor japonés. Combinó lo occidental con la tradición japonesa. *Mi interior, Café.*

FUKIEN *(Fujian)* Prov. del SE de China; 120 000 km², 30 048 224 hab. Cap., Fuchou. Sit. en la costa del estr. de Taiwan. Té, caña de azúcar, arroz.

FUKUI Prefectura de Japón, en la isla de Honshu; 4 192 km², 824 000 hab. Cap., la c. hom. (252 800 hab.)

FUKUOKA Prefectura de Japón, en la isla de Kyushu; 4 963 km², 4 811 000 hab. Cap., la c. hom. (1 237 000 hab.).

FUKUSHIMA Prefectura de Japón, en la isla de Honshu; 13 784 km², 2 104 000 hab. Cap., la c. hom. (277 500 hab.).

FULANO, NA m. y f. Voz con que se suple el nombre de una persona.

FULAR m. Tela fina de seda. ◊ Pañuelo para el cuello o bufanda de esa tela u otra semejante.

FULBE adj. y s. Díc. del individuo de un pueblo de África occidental, extendido entre Senegal y el E del lago Chad. Comprende unos 7 millones de personas. ❑ FULA, FULANI.

FULCRO m. Punto de apoyo de la palanca.

FULERO, RA adj. fam. Chapucero, poco útil. ◊ Persona falsa o charlatana.

FULGIR intr. Brillar, resplandecer. ❑ FULGIDO.

FULGOR m. Resplandor y brillantez propios.

FULGURACIÓN f. *Astr.* Aumento brusco de brillo en regiones solares cercanas a grupos de manchas.

FULGURAR intr. Brillar, resplandecer. ❑ FULGURANTE; FULGUROSO.

FULGURITA f. Tubo vitrificado producido por la caída de un rayo en tierras silíceas.

FULIGINOSO, SA adj. Oscurecido, tiznado. ❑ FULIGINOSIDAD.

FULLERÍA f. Trampa en el juego. ◊ fig. Astucia con que se pretende engañar. ❑ FULLEAR; FULLERESCO, CA; FULLERO, RA.

FULL-TIME (voz ing.) adv. modo. Con plena dedicación.

FULMINANTE adj. Que fulmina. ◊ Aplícase a las enfermedades muy graves y repentinas. ◊ Súbito, muy rápido y de efecto inmediato. ◊ adj. y m. Explosivo muy sensible a la percusión y a la temperatura, empleado como generador de la explosión. ◊ Detonante.

Fuerteventura. Vista de un pequeño municipio en la costa oriental de la isla

FULMINAR tr. Arrojar rayos. ◊ fig. Arrojar bombas y balas. ◊ Herir o aniquilar a alguien o algo un rayo o una corriente eléctrica. ◊ fig. Amenazar, dirigir a alguien una mirada colérica. ◊ intr. Explotar. ❏ FULMINACIÓN.

FULMINATO m. Quím. Sal explosiva del ácido fulmínico con bases de plata, cinc, cadmio o mercurio.

FULMÍNEO, A adj. Que participa de las propiedades del rayo.

FULTON, Robert (1765-1815) Ingeniero e inventor norteam. Aplicó la máquina de vapor, por primera vez, a un buque.

Alberto Kenyo **Fujimori**

FUMAR tr. e intr. Aspirar y despedir el humo del tabaco, opio, etc. ◊ fig. y fam. Dejar de acudir a una obligación. ❏ FUMADA; FUMADERO; FUMADOR, RA.

FUMARADA f. Porción de humo que sale de una vez. ◊ Tabaco que cabe en la pipa.

FUMARIA f. Hierba con flores en espigas, de color purpúreo.

FUMAROLA f. Geol. Emisión de gases a elevada temperatura a través de la fisura y grietas de una zona relacionada con un aparato volcánico.

FUMIGAR tr. Desinfectar por medio de humo, gas o vapores adecuados. ◊ Combatir las plagas de insectos y otros organismos nocivos por este medio. ❏ FUMIGACIÓN; FUMIGADOR, RA; FUMIGANTE.

FUMISTA m. El que hace, vende o arregla cocinas, chimeneas o estufas. ❏ FUMISTERÍA.

FUNABASHI C. de Japón, en la isla de Honshu; 507 000 hab. Ind. maderera.

FUNÁMBULO, LA m. y f. Acróbata que realiza ejercicios en la cuerda o el alambre.

FUNCHAL C. de Portugal, cap. del arch. de Madera, sit. al S de la isla Madera; 48 600 hab. Centro turístico. Puerto exportador y pesquero. Aeropuerto.

FUNCHE m. Amér. Especie de gachas de harina de maíz.

FUNCIÓN f. Capacidad de acción de un ser, un órgano o aparato de los seres vivos, máquinas o instrumentos. ◊ Acción y ejercicio de un empleo, facultad u oficio. ◊ Acto público que concurre mucha gente. ◊ Representación de un espectáculo. ◊ Gram. Papel que desempeña un término. ◊ Mat. Cantidad cuyo valor depende de otras can-

tidades variables. ◊ Soc. Papel desempeñado por una parte del cuerpo social. ◊ **trigonométrica**. Mat. La determinada al establecer una correspondencia entre el conjunto de valores de un ángulo y el conjunto de valores posibles de una razón trigonométrica.

FUNCIONAL adj. Relativo a las funciones. ◊ Díc. de construcciones, muebles, etc., cuya disposición busca la eficacia en las funciones que les son propias y pospone lo ornamental. ◊ Med. Díc. de la enfermedad que no va acompañada de lesiones visibles.

FUNCIONALISMO m. Arte. Movimiento arquitectónico surgido en 1920 y basado en el principio de que la forma debe reflejar una función.

FUNCIONAR intr. Ejecutar una persona, máquina, etc., las funciones que le son propias. ❏ FUNCIONAMIENTO.

FUNCIONARIO, RIA m. y f. Empleado del est. que desempeña funciones públicas.

FUNDA f. Cubierta con que se envuelve una cosa para resguardarla.

FUNDACIÓN f. Principio u origen de una cosa. ◊ Der. Entidad benéfica o cultural constituida y sostenida con los bienes de un particular. ❏ FUNDACIONAL; FUNDADOR, RA.

FUNDACIÓN C. de Colombia, en el dpto. del Magdalena; 40 000 hab. Agricultura. Ganadería.

FUNDAMENTAL adj. Que sirve de fundamento o es lo pral. en una cosa.

FUNDAMENTALISMO m. Rel. Movimiento basado en la interpretación literal de la Biblia. ◊ **islámico**. Rel. Movimiento religioso-político fundado en la estricta observancia del Corán en la soc. civil y el rechazo de lo occidental.

FUNDAMENTO m. Cimiento en que se funda un edificio u otra cosa. ◊ Hablándose de personas, seriedad, formalidad. ◊ Razón pral. o motivo. ◊ fig. Raíz u origen. ◊ pl. Primeras nociones de alguna ciencia, arte o técnica. ❏ FUNDAMENTAR; FUNDAMENTACIÓN.

FUNDAR tr. Edificar materialmente. ◊ tr. y prnl. Estribar, armar alguna cosa material sobre otra. ◊ Erigir, instituir una entidad benéfica o cultural. ◊ tr. prnl. Establecer, crear. ◊ fig. Apoyar con motivos y razones.

FUNDENTE adj. Que facilita la fundición. ◊ Fís. Que está fundiéndose.

FUNDICIÓN f. Fábrica en que se funden metales. ◊ Hierro colado. ◊ Metal. Conjunto de operaciones ligadas a la técnica de licuación de ciertos metales y de su colada en moldes adecuados para obtener determinadas piezas.

FUNDILLOS m. pl. Chile. Calzón.

FUNDIR tr. y prnl. Hacer pasar del estado sólido al líquido. ◊ Dejar de funcionar un artefacto eléctrico por haberse quemado el hilo de resistencia. ◊ Dar forma en moldes al metal en fusión. ◊ prnl. fig. Unirse intereses, ideas o partidos en pugna. ◊ tr. y prnl. fig. y fam. Amér. Arruinarse, hundirse. ❏ FUNDIDO, DA; FUNDIDOR, RA.

FUNDO m. Der. Finca rústica.

FÚNEBRE adj. Relativo a los difuntos. ◊ fig. Muy triste, luctuoso, funesto.

FUNERAL m. Pompa y solemnidad con que se hace un entierro. ◊ Exequias.

FUNERARIO, RIA adj. Funeral. ◊ f. Empresa que se encarga de proveer los servicios que requieren los entierros.

FUNES, Gregorio (1749-1829) Eclesiástico y político arg. Unido al movimiento indep., fue miembro de la Junta Grande. Ensayo de la historia civil de Paraguay, Buenos Aires y Tucumán.

FUNESTO, TA adj. Aciago; que es origen de pesares. ◊ Triste y desgraciado.

FUNGIBLE adj. Que se consume con el uso.

FUNGICIDA adj. y m. Díc. del producto que destruye los hongos.

FUNGIR intr. Desempeñar un empleo o cargo. ◊ Cuba y P. Rico. Dárselas, presumir de algo.

FUNICULAR m. Ing. Vehículo para salvar grandes pendientes, propulsado por un cable accionado por un motor eléctrico.

FUNÍCULO m. Bot. Filamento que relaciona los primordios seminales de los vegetales con las plantas de las hojas carpelares, o las semillas con la pared del fruto tras la fecundación.

FUNINGUE adj. Chile y Cuba. Díc. de la persona débil, tímida o enclenque.

FURCIA f. Prostituta.

FURGÓN m. Vagón de ferrocarril en que se transportan los equipajes.

FURGONETA f. Automóvil cubierto, más pequeño que el camión, destinado al reparto de mercancías.

FURIA f. Ira exaltada. ◊ Acceso de demencia. ◊ fig. Persona muy colérica. ◊ fig. Actividad violenta. ❏ FURIOSO, SA.

FUROR m. Cólera, ira exaltada. ◊ fig. Furia, agitación violenta. ◊ fig. Frenesí, locura, afición extraordinaria. ◊ Momento de mayor intensidad de una moda o costumbre. ❏ FURIBUNDO, DA.

FURRIEL m. Mil. Soldado que nombra los servicios, reparte la correspondencia, distribuye el pan, etc.

Colada de una **fundición**

FURTIVO, VA adj. Que se hace a escondidas y como a hurto. ◊ adj. y m. Que caza, pesca o hace leña sin permiso.

FUSA f. Mús. Nota cuyo valor es la mitad de la semicorchea.

FUSAGASUGÁ Mun. de Colombia, en el dpto. de Cundinamarca; 40 000 hab. Ganadería, minas, fábricas de chocolate.

FUSELAJE m. En los aviones y planeadores, conjunto de elementos portantes.

FUSHUN C. del NE de China, en la prov. de Liaoning; 1 241 000 hab. Siderurgia. Refinería. Ind. química.

FUSIBLE adj. Que puede fundirse. ◊ m. *El.* Hilo o chapa metálica que se coloca en algunas partes de las instalaciones eléctricas para que, cuando la corriente sea excesiva, la interrumpa fundiéndose. ◊ *El.* Dispositivo en que ese hilo va colocado. ❏ FUSIBILIDAD.

FUSIFORME adj. De figura de huso.

FUSIL m. Arma de fuego portátil que constituye el armamento básico del combatiente convencional y por excelencia de la infantería. ◊ **ametrallador.** Arma automática portátil, que realiza, a voluntad, el disparo tiro a tiro o a ráfagas. ◊ **automático.** El que se recarga y se dispara por sí solo. ◊ **de repetición.** El que utiliza un cargador con varios cartuchos que se disparan sucesivamente. ❏ FUSILAZO; FUSILERÍA; FUSILERO, RA.

FUSILAR tr. Ejecutar a una persona con una descarga de fusilería. ◊ fig. y fam. Plagiar trozos o ideas de obras ajenas. ❏ FUSILAMIENTO.

FUSIÓN f. Fenómeno que consiste en la transformación de un sólido en líquido por acción del calor. ◊ fig. Unión de intereses, ideas, partidos o empresas que antes estaban en pugna. ◊ **nuclear.** *Fís.* Proceso de combinación de dos núcleos ligeros para formar uno más pesado, con gran desprendimiento de energía. ❏ FUSIONAR; FUSIONISTA.

FUSOR m. Vaso o instrumento que sirve para fundir.

FUSTA f. Leña delgada. ◊ Vara flexible o látigo largo y delgado.

Fustes estriados en la *Maison carrée* de Nimes (Francia)

FUSTÁN m. Tela gruesa de algodón con pelo por una de sus caras.

FUSTE m. Madera. ◊ Vara, palo largo. ◊ Cada una de las dos piezas de madera de la silla del caballo. ◊ fig. Fundamento de un discurso, negocio, etc. ◊ fig. Nervio, sustancia o entidad. ◊ *Arq.* Parte de la columna que media entre el capitel y la basa. ◊ *Bot.* Vástago, conjunto de tallo y las hojas.

FUSTER, Joan (1922-1992) Escritor esp. en lengua cat. *El descrédito de la realidad. Nosotros los valencianos.*

FUSTIGAR tr. Dar azotes. ◊ fig. Censurar con dureza. ❏ FUSTIGACIÓN.

FUTA YALÓN *(Fouta Djallon)* Macizo montañoso al O de la Rep. de Guinea. En él nacen los ríos Gambia, Níger y Bafing.

FÚTBOL o **FUTBOL** m. Juego de pelota que se realiza entre dos equipos de once jugadores. Cada equipo tiene que introducir el balón en la portería contraria sin que ningún jugador, excepto el portero, pueda tocar la pelota con las manos. ❏ FUTBOLISTA; FUTBOLÍSTICO, CA.

FUTBOLÍN m. Juego de salón en el que figurillas accionadas mecánicamente remedan un partido de fútbol.

FUTILIDAD f. Poca o ninguna importancia de una cosa. ❏ FÚTIL.

FUTURIBLE adj. y m. Díc. del futuro condicionado o contingente.

FUTURISMO m. *Arte* y *Lit.* Movimiento literario y artístico promovido por el poeta F.T. Marinetti en Italia en 1909. Exaltaba la ciencia y consideraba la máquina como el máx. exponente de la belleza. ❏ FUTURISTA.

FUTURO, RA adj. Que está por venir. ◊ m. fam. Novio que tiene con su novia compromiso formal. ◊ *Gram.* Tiempo del verbo con que se expresa una acción que ha de realizarse en un tiempo que aún no ha llegado.

FUTUROLOGÍA f. Conjunto de los estudios que pretenden predecir científicamente el futuro del hombre. ❏ FUTURÓLOGO, GA.

G

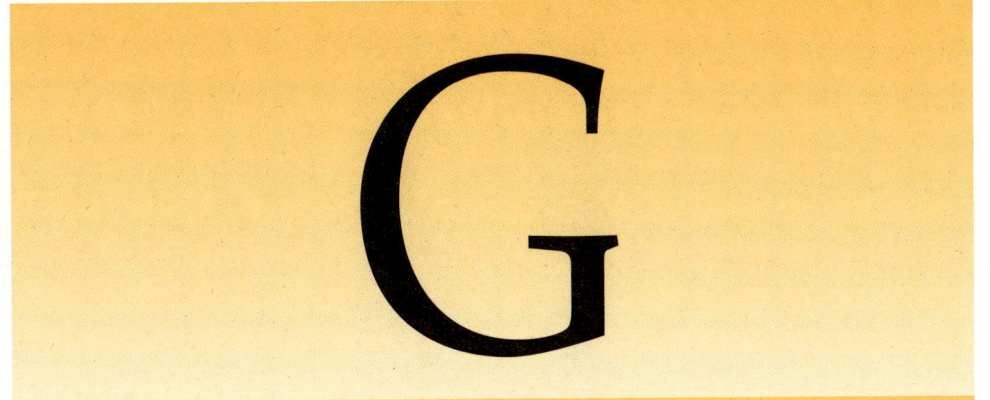

G f. Séptima letra y quinta consonante del alfabeto esp. En su grafía, este fonema se presenta de dos maneras, según la vocal que le siga. Ante *e, i*, se representa por *gu* (guerra). Ante *a, o, u*, se escribe *g* (gallo). ◊ Símb. del gramo.

Ga *Quím.* Símb. del galio.

GABACHO, CHA adj. y s. Natural de algunos pueblos de los Pirineos. ◊ fam. despect. Francés. ❏ GABACHADA.

GABÁN m. Abrigo, sobretodo.

GABARDINA f. Sobretodo de tela impermeable. ◊ Tela de tejido diagonal.

GABARRA f. Barcaza utilizada para transporte, carga y descarga en los puertos y en navegación fluvial. ❏ GABARRERO.

GABELA f. Tributo, impuesto. ◊ fig. Carga.

GABES, golfo Profundo entrante del litoral S de Túnicia, en el Mediterráneo.

GABIN, Jean Seud. de Jean Alexis Moncorgé (1904-1976) Actor cinematográfico fr. *La bandera, La gran ilusión*.

GABINETE m. Habitación menor que la sala. ◊ Conjunto de muebles para un gabinete. ◊ Ministerio. ◊ Consejo de ministros.

GABLE, Clark (1901-1960) Actor cinematográfico norteam. *Rebelión a bordo, Lo que el viento se llevó*.

GABÓN (*République Gabonaise*) Est. del África ecuatorial; rep. presidencialista.

El valle del Ogooué, río pral., prolonga la llanura litoral hacia el int., accidentado por los montes Cristal y ocupado por una altiplanicie. Clima ecuatorial. Maderas preciadas; hierro, manganeso, petróleo, gas natural, uranio, oro, diamantes. Cultivos de subsistencia (mandioca, maíz, batata) y de export. (cacao, cacahuetes, plátanos, café). Lenguas: fr. (of.) y lenguas bantúes. *Rel.*: catolicismo (65,2 %) y protestantismo (18,8 %), rel. animistas (15 %) e islamismo (1 %). U.M.: franco C.F.A. Cap.: Libreville. C. imp.: Port-Gentil.
□ *Hist.* Visitado por los port. desde el s. XV, que iniciaron la trata esclavista. Francia emprendió su colonización en 1839: fue incluido en el Congo fr. (1890), luego convertido en colonia separada (1910). Indep. desde 1960. León M'Ba, fue su primer presid. (1960-1967). Le sucedió Bernard-Albert Bongo (Omar Bongo), quien estableció el partido único. Pero diversos intentos de golpe de estado (1985 y 1989) y la presión popular le obligaron a iniciar la democratización a partir de 1990.

GABÓN

Superficie	267 667 km²
Población	1 350 000 hab. (5 hab./km²)
Recursos económicos	
Bananas	9 000 t
Cacahuetes	16 000 t
Cacao	2 000 t
Maíz	20 000 t
Mandioca	250 000 t
Manganeso	1 200 000 t
Riqueza forestal	3 789 000 m³
Petróleo	13 493 000 t
Gas natural	1 950 000 000 m³
Uranio	700 t
Indicadores sociológicos	
PNB	4 419 millones de dólares
Renta per cápita	3 780 dólares
Esperanza de vida	54 años
Alfabetismo	61%

GABOR, Dennis (1909-1979) Físico húng., nacionalizado brit. Inventor de la holografía (1958). Premio Nobel de Física en 1971.

GABORONE Cap. de Botswana; 79 100 hab. Sit. a orillas del río Notwani.

GABRIEL, San Arcángel que anunció a la Virgen María que sería la madre del Salvador.

GABRIEL Y Galán, José María (1870-1905) Poeta esp. *Extremeñas, Castellanas*.

GABRO m. Roca eruptiva formada de augita, olivino, hornblenda y plagioclasas cálcicas.

GACELA f. Mamífero rumiante que vive en las sabanas del S de Asia y del N, E y centro de África. Es un antílope no muy grande, cuerpo y patas gráciles, y cuernos de forma variable. ❏ GACEL.

GACETA f. Periódico en que se dan noticias literarias, administrativas, etc.

GACETILLA f. Parte de un periódico destinada a la inserción de noticias cortas. ❏ GACETILLERO, RA.

GACHA f. Masa muy blanda. ◊ *Col.* y *Ven.* Cuenco de loza. ◊ pl. Comida compuesta de harina cocida con agua y sal, y aderezada con leche, miel, etc.

GACHÍ f. Mujer, muchacha.

GACHO, CHA adj. Encorvado hacia la tierra.

GACHÓ m. Hombre, muchacho.

GACHUMBO m. *Amér. Merid.* Cubierta leñosa de varios frutos, de los cuales se hacen vasijas.

GACHUPÍN m. Español que iba a establecerse a América.

GAD Séptimo hijo de Jacob, o epónimo de la tribu de su nombre.

GADDA, Carlo Emilio (1893-1973) Escritor it. *La Virgen de los filósofos, La canción del dolor*.

al-GADDAFI, Muammar (n. 1942) Militar y político libio. En 1969 derrocó al rey Idris I e instauró una república socialista de marcado carácter islámico.

GADES Ant. nombre de Cádiz (España). ❏ GADITANO, NA.

GÁDIDO, DA adj. Díc. de los peces osteíctios, pralm. marinos, de cuerpo cubierto de escamas cicloideas.

GADOLINIO m. Metal del grupo de tierras raras en la clasificación periódica. Símb. Gd, peso atómico 156,9, núm. atómico 64, valencia 3.

Gádido

Mapa de situación y bandera de **Gabón**

GAÉLICO, CA adj. y s. *Ling.* Idioma céltico de Irlanda y Escocia.
GAFA f. Gancho para sujetar o agarrar. ◊ Grapa de metal. ◊ pl. Instrumento óptico de dos cristales montados en armadura que se sujeta a las orejas.
GAFAR tr. Arrebatar una cosa con las uñas o con un instrumento corvo. ◊ Componer con gafas o grapas los objetos rotos. ◊ tr. e intr. fam. Dar mala suerte.
GAFE m. fam. Aguafiestas.
GAFETE m. Corchete, broche metálico.
GAG m. Situación cómica e inesperada en cine, variedades, etc.
GAGARIN, Yuri Alekséevich (1934-1968) Cosmonauta sov., el primero que realizó un vuelo cósmico.
GAGINI, Carlos (1865-1925) Filósofo y literato costarric. *Diccionario de barbarismos.*
GAGUEAR intr. *Amér.* Tartamudear.
GAIAC m. *Amér.* Madera dura y pesada, de color pardo, que se obtiene de una serie de plantas del gén. *Guaiacum.*
GAINSBOROUGH, Thomas (1727-1788) Pintor romántico brit., retratista y paisajista. *Mr. and Mrs. Andrews; The Watering Place.*

Detalle de *Mr. and Mrs. Andrews*, óleo de Thomas **Gainsborough** (National Gallery, Londres)

GAÍNZA, Gabino (h. 1750-h. 1825) Militar esp. Enviado a Guatemala como gobernador y capitán general (1820), se unió a los rebeldes y proclamó la independencia del país (1821).
GAITA f. Instrumento musical de viento formado por un odre y tres tubos con agujeros como la flauta. ◊ Instrumento musical de cuerdas y teclas. ◊ Especie de chirimía. ◊ fig. y fam. Cosa ardua o engorrosa. ❏ GAITERO, RA.
GAITÁN, Jorge Eliecer (1903-1948) Político col. Destacado dirigente del partido liberal y del movimiento popular contra el caciquismo, fue asesinado.
GAITANA, La (s. XVI) Heroína col. que, siendo cacica de la tribu de los yalcones, dirigió la revuelta contra el conquistador Añasco, al que derrotó y mandó ejecutar en suplicio lento.
GAJE m. Salario que corresponde a un destino o empleo. Se usa más en pl.
GAJO m. Rama de árbol. ◊ Racimo apiñado de cualquier fruta. ◊ División interior de ciertas frutas. ◊ *Amér.* Barbilla.

GAL m. Unidad de aceleración en el sistema cegesimal. Equivale a 1 cm/seg².
GALA f. Vestido suntuoso y lucido. ◊ Gracia, garbo. ◊ Lo más selecto de una cosa. ◊ *Cuba y Méx.* Propina, premio. ◊ pl. Trajes, joyas y demás artículos de lujo que se poseen y ostentan.
GALA, Antonio (n. 1937) Escritor y dramaturgo esp. *Los verdes campos del Edén, Anillos para una dama, Petra regalada, El cementerio de los pájaros.*
GALA Placidia (h. 386-450) Emperatriz romana, hija de Teodosio I. Gobernó el Imperio durante la minoridad de su hijo Valentiniano III.
GALACTITA f. Arcilla detersoria que se deshace en el agua, poniéndola de color de leche.
GALACTÓFORO, RA adj. Que transporta leche, como los conductos excretores de las glándulas mamarias.
GALACTOGOGO, GA adj. Que aumenta la secreción de la leche. ❏ GALACTÓGENO, NA.
GALACTOSA f. Monosacárido de seis átomos de carbono, de tipo aldehídico (aldosa), que forma parte de la lactosa.
GALAICO, CA adj. y s. Gallego.
GALAICO, macizo Conjunto montañoso del NO de España.
GALAICOPORTUGUÉS, SA adj. y m. Díc. de la lengua hablada en Galicia y Portugal. ◊ adj. *Lit.* Díc. de la escuela literaria que, durante la E. Med., floreció en ambos territorios.
GALÁN adj. Apócope de galano. ◊ m. Hombre de buen semblante, bien proporcionado y airoso. ◊ El que galantea a una mujer. ◊ Actor que representa un papel pral. ❏ GALANTERÍA; GALANURA.
GÁLANO, NA adj. Vestido, adornado o dispuesto con gusto. ◊ fig. Elegante, gallardo.
GALANTEAR tr. Ser galante con una mujer. ❏ GALANTE; GALANTEO.
GALÁPAGO m. Reptil acuático parecido a la tortuga. ◊ Dental del arado. ◊ Aparato que sirve para sujetar fuertemente una pieza que se trabaja. ◊ Molde en que se hace la teja. ◊ Lingote corto de plomo, estaño o cobre.
GALÁPAGOS Prov. de Ecuador constituida por el arch. de Colón, sit. en el océano Pacífico. Región insular de 8 010 km², 9 785 hab. Cap., Puerto Baquerizo Moreno, ⇒ Colón, archipiélago de.
GALARDÓN m. Recompensa por los méritos o servicios. ❏ GALARDONAR.
GALATEA *Mit. gr.* Ninfa, hija de Nereo y de Doris, enamorada de Acis.
GALATI C. del E de Rumania; 285 000 hab. Puerto exportador. Centro pesquero. Astilleros. Ind. Metalúrgica, química, textil, alimentaria. Nudo ferroviario.
GALAXIA f. *Astr.* Sistema estelar en forma de disco, que comprende de 100 000 a 150 000 millones de estrellas y nebulosas. ❏ GALÁCTICO, CA.
❏ *Astr.* El universo contiene más de 70 000 000 g. La clasificación más empleada es la de Hubble, basada en la forma: g. elípticas, espirales e irregulares. En los últimos años se han descubierto diversos tipos de g., como las **g. compactas** azules, las **g. Seyfert** (con un núcleo muy brillante que emite radiación X), los quasares, las **g. N**, etc.
GALAXIA o **VÍA LÁCTEA** *Astr.* Sis-

tema galáctico al que pertenece el Sol. Está formada por un disco de unos 100 000 años luz de diámetro.
GALBA, Servio Sulpicio (h. 5 a. C.-69 d. C.) Emperador rom. [68-69]. Proclamado emperador por sus tropas, fue asesinado por los pretorianos.
GALBANA f. fam. Pereza, desidia.
GÁLBANO m. Gomorresina obtenida de las especies del gén. Ferula del N de Persia.
GALBRAITH, John Kenneth (n. 1908) Economista norteam. de tendencia liberal. *La sociedad opulenta.*
GÁLBULO m. Fruto del ciprés en forma de cono corto.
GALEANA, Hermenegildo (1762-1814) Patriota mex. Lugarteniente de Morelos, dirigió la toma del castillo de Acapulco y de Oaxaca.
GALEANA Mun. de Méx; en el est. Nuevo León; 40 069 hab. Ganadería, madera.
GALEANO, Eduardo (n. 1940) Escritor ur. Analiza críticamente la realidad latinoamericana. *Las venas abiertas de América Latina, Vagamundo.*
GALEGA f. Planta de jardín, con flores blancas, azuladas o rojizas, en panojas axilares.
GALENA f. Mineral de sulfuro de plomo natural de color gris plúmbeo y brillo metálico que se explota para la obtención de plomo y para beneficiar la plata, el oro, etc.
GALENO, NA adj. *Mar.* Díc. del viento o brisa suave. ◊ m. fam. Médico.
GALENO, Claudio (h. 131-h. 200) Médico gr. Su obra tuvo gran influencia en la medicina hasta el s. XVII.
GALEÓN m. Bajel grande de vela, parecido a la galera, usado antiguamente.
GALEOTA f. Galera ligera.
GALEOTE m. Remero forzado de las galeras.
GALEOTTI Torres, Rodolfo (n. 1912) Escultor guat., autor del monumento al general Rufino Barrios.
GALERA f. Embarcación de vela latina y remo. ◊ Carro grande, para transportar personas. ◊ *Amér. Centr. y Méx.* Cobertizo, tinglado. ◊ *Amér. Merid.* Sombrero de copa. ◊ *Art. Gráf.* Tabla rectangular para poner las líneas de letras que va componiendo el cajista.
GALERADA f. *Art. Gráf.* Trozo de composición que se pone en una galera. ◊ Prueba de la composición.
GALERAS Volcán de Colombia, en la cordillera de los Andes, cerca de Pasto; 4 276 m.
GALERÍA f. Habitación espaciosa y cubierta, con muchas ventanas. ◊ Corredor descubierto o con vidrieras, que da luz a las piezas interiores en las casas. ◊ Tienda o almacén grandes. ◊ Colección de obras artísticas. ◊ Camino en las minas y otras obras subterráneas.
GALERIO (m. 311) Emperador rom., junto a Constancio Cloro [305-311].
GALERNA f. Viento del NO, súbito y borrascoso, en el Cantábrico.
GALES (galés, *Cymru*; ing., *Wales*) País del O de Gran Bretañ; 20 768 km², 2 798 500 hab. Recursos agropecuarios y mineros (carbón, hierro, estaño, cinc, cobre), que han sustentado una ind. siderometalúrgica y naval de gran tradición. Cap., Cardiff. Poblado por los celtas, fue sometido por Eduardo I de

Galicia. Puerto pesquero de A Coruña

Inglaterra, aunque su anexión no fue definitiva hasta Enrique VIII.

GALÉS, SA adj. y s. De Gales. ◊ m. Idioma galés, lengua céltica, hablada en el país de Gales por un 26 % de sus habitantes.

GALGA f. Piedra grande que, desde una cuesta, baja rodando. ◊ Palo que sirve de freno en el carro.

GALGO adj. y m. Díc. del perro lebreloide, de cuerpo esbelto y grácil, y patas largas. ❑ GALGUEÑO, ÑA.

GALIA Nombre dado por los rom. a los países habitados por los celtas.
❑ *Hist.* Los romanos distinguían la G. Cisalpina y la G. Transalpina. La Transalpina comprendía el territorio limitado por los Alpes, el Rin, el Atlántico, los Pirineos y el Mediterráneo. Tras la conquista total por César, la G. quedó dividida administrativamente en las prov. Narbonense, Bélgica, Aquitania y Lugdunense o Lionense. Los francos terminaron con los últimos restos de la dominación rom. en 486.

GALIAS, Guerra de las Campañas realizadas por Julio César, tras ser nombrado gobernador de la Galia meridional (58 a. C.), que culminaron con la rendición del jefe galo Vercigéntorix (52 a. C.).

GÁLIBO m. Arco de hierro que sirve para probar si los vagones cargados pueden pasar por túneles y puentes. ◊ fig. Elegancia. ❑ GALIBAR.

GALICANISMO m. Doctrina del s. XVII, según la cual el Papa carecía de jurisdicción sobre Francia y su autoridad se hallaba limitada por los concilios.

GALICIA o **GALIZA** Com. autón. de España, sit. en el ángulo NO de la pen. Ibérica, a orillas del Atlántico; 29 434 km², 2 695 880 hab. El relieve está configurado por el macizo Galaico. R. Miño y su afl. el Sil. Agricultura (minifundismo). Construcciones navales, automóviles, derivados de la pesca. Grandes puertos: El Ferrol, Vigo y A Coruña. Cap., Santiago de Compostela. El terr. fue arrebatado a los ár. desde el s. VIII por la Reconquista cristiana, y el reino de Galicia (1065-1071), reintegrado por la fuerza a la Corona de Castilla. Bajo la II República obtuvo un estatuto de autonomía en 1936. En 1980 recuperó la autonomía.

GALICISMO m. Giro propio de la lengua francesa. ◊ Vocablo o giro de esta lengua empleado en otra. ❑ GALICISTA.

GÁLICO, CA adj. De las Galias. ◊ m. Sífilis. ◊ **Ácido gálico.** Sustancia blanca, cristalina, soluble en agua, reductora y que produce reacción coloreada con el ion férrico. Se utiliza en la fabricación de tintas azules.

GALIENO, Publio Licinio (h. 218-268) Emperador rom. [260-268]. Hijo de Valeriano, con quien compartió el poder desde 253.

GALILEA (Galil) Región del N de Palestina. Desde 1948 Israel se arrogó militarmente su pertenencia. C. prales.: Haifa y Nazaret. Tierra de hondas resonancias bíblicas, su arabización comenzó el s. VII.

GALILEO, A adj. y s. De Galilea. ◊ P. ext. Cristo, cristiano.

GALILEO Galilei (1564-1642) Físico, matemático y astrónomo it. Demostró que la caída libre de los graves se produce según un movimiento uniformemente acelerado y perfeccionó el telescopio, lo que le permitió descubrir las irregularidades de la superficie lunar, los satélites de Júpiter y la composición de la Vía Láctea. En 1613 publicó su *Historia y demostraciones relativas a las manchas solares y a sus accidentes*, obra pro copernicana. En 1615 el primer proceso inquisitorial le obligó a abandonar sus opiniones. A raíz de su libro *Diálogos acerca de los Sistemas Máximos* (1632) la Inquisición le obligó a abjurar de sus ideas.

GALILEO *Astr.* Proyecto espacial de la NASA para la observación de los alrededores de Júpiter. La sonda espacial y el satélite, lanzados en 1985, alcanzaron Júpiter en 1988.

GALIMATÍAS m. fam. Lenguaje oscuro. ◊ fig. y fam. Confusión, enredo.

GALINDO, Beatriz, llamada LA LATINA (1475-1535) Humanista esp., profesora de latín de Isabel la Católica. ◊ *Sergio* (1926-1993) Escritor mex. *Polvos de arroz, La comparsa, Nudo.*

GALIO m. Elemento químico de símb. Ga, peso atómico 69,72, núm. atómico 31. Metal de color blanco argentino, que se obtiene por electrólisis de los productos del refino del cinc, o de la bauxita.

GALITZIA (polaco, *Galicja*) Región de Europa central, sit. al N de los Cárpatos; 78 000 km². Repartida, desde la II Guerra Mundial, entre Polonia (c. pral., Cracovia) y Ucrania (c. pral., Lvov).

GALL, Franz Josep (1758-1828) Médico al., fundador de la frenología.

GALLA u **OROMO** adj. y s. Individuos de un pueblo etiópico de lengua cuscítica que viven en el O y SO de Etiopía y en el N de Kenia. ◊ m. Lengua cuscítica hablada por dicho pueblo.

GALLADURA f. Pinta como de sangre que se halla en la yema del huevo fecundado.

GALLARDETE m. Banderín que sirve como adorno o señal.

GALLARDÍA f. Buena presencia. ◊ Resolución para acometer las empresas. ❑ GALLARDEAR; GALLARDO, DA.

GALLEAR tr. Cubrir el gallo a las gallinas. ◊ intr. fig. y fam. Presumir.

GALLEGO, GA adj. y s. De Galicia, región histórica de España. ◊ adj. y s. *Amér.* Inmigrante esp. ◊ m. Lengua románica occidental, hablada en la com. autón. de Galicia (España) y en sectores occidentales de las vecinas León, Zamora y Asturias.
❑ *Lit.* La primera y floreciente etapa de las letras g. se halla inmersa en la lit. galaicoportuguesa de la E. Med. El renacer vino preparado por el Romanticismo, con Rosalía de Castro y Noriega, Cabanillas y Taibo. Esta rica herencia y la labor de galleguistas eminentes como Castelao han fructificado tanto en las escuelas poéticas de hoy (de Amado Carballo y Blanco Amor a Alvaro Cunqueiro y Cuña Novás) como en la novela (E. Correa Calderón, E. Montes), el ensayo, la crítica y el teatro.

GALLEGO, Juan Nicasio (1777-1853) Poeta esp. neoclásico y prerromántico. *Oda al Dos de Mayo.*

GALLEGOS Río del S de Argent., en la prov. de Santa Cruz; unos 300 km. Desemboca en el Atlántico.

GALLEGOS, José Rafael de (1784-1850) Político costarric. Jefe del est. [1833-1835 y 1845-1846]. ◊ *Rómulo* (1884-1969) Escritor y político ven. *Doña Bárbara, Cantaclaro y Canaima.* Presid. de la Rep. en 1948.

GALLEGUISMO m. Palabra o expresión propia del idioma gallego. ◊ *Hist.* Movimiento y doctrina política que propugnan la obtención de autogobierno para la región gallega.

GALLEO m. Jactancia, presunción. ◊ *Metal.* Rugosidad del metal al enfriarse rápidamente después de fundido.

Joven madre y niños **galla**

GALLERO, RA adj. y s. *Amér.* Aficionado a las riñas de gallos. ◊ m. Criador de gallos de pelea.

GALLETA f. Bizcocho. ◊ Pasta compuesta de harina, azúcar y otras sustancias, cocida al horno. ◊ fam. Cachete, bofetada. ◊ Carbón, variedad de antracita. ◊ *Argent.* Vasija sin asa para el mate.

GALLIFORME adj. Díc. de las aves con escasa capacidad de vuelo, patas adaptadas a escarbar en el suelo y crías nidífugas, como la gallina y el pavo.

GALLINA f. Hembra del gallo, ave galliforme. ◊ com. fig. y fam. Persona cobarde. ◊ **ciega.** Juego de muchachos. ❏ GALLINÁCEA, A; GALLINERÍA; GALLINERO, RA.

GALLINAZA f. Ave de rapiña. ◊ Excremento de gallina.

GALLINERO m. Paraíso de los cines y teatros.

GALLIPATO m. Anfibio que vive en estanques y posee hábitos nocturnos.

GALLIPAVO m. Pavo. ◊ fig. y fam. Gallo.

GALLITO m. fig. El que sobresale en alguna parte. ◊ fig. Matón. ◊ *C. Rica.* Caballito del diablo. ◊ *Col.* Flechita con una púa. ◊ *Cuba.* Ave con cresta, espolones en las alas y plumaje rojo y negro; ojos pardos, pies verdosos.

GALLO m. Ave galliforme de cabeza con una cresta roja y carnosa, y tarsos con espolones largos y agudos. ◊ Pez osteíctio marino, comestible. ◊ fig. El que todo lo quiere mandar. ◊ fig. y fam. Nota falsa que emite el que canta o habla. ◊ fig. y fam. Esputo. ◊ *Col.* Rehilete; volante. ◊ m. y adj. *Amér.* Hombre fuerte, valiente. ◊ **silvestre.** Urogallo.

GALLO Sobrenombre de la dinastía de toreros formada por ***Fernando Gómez*** (1847-1897) y sobre todo sus hijos, ***Rafael*** (1882-1960) [GALLITO] y ***José Gómez Ortega*** (1895-1920) [JOSELITO].

GALLOCRESTA f. Cresta de gallo, planta.

GALLÓN m. *Arq.* Labor que adorna algunos boceles.

GALLUP, *George Horace* (1901-1981) Experto norteam. en estadística, fundador del Instituto hom.

GALO, LA adj. y s. De la Galia. ◊ m. Ant. lengua céltica de las Galias.

Gallo y **gallina**

GALOIS, *Evariste* (1811-1832) Matemático fr. Iniciador de la teoría de grupos.

GALÓN m. Tejido a manera de cinta. ◊ *Mil.* Distintivo que llevan en el brazo o en la bocamanga diferentes clases del ejército. ◊ Medida ing. de capacidad, para los líquidos; equivale a unos cuatro litros y medio. ❏ GALONEAR.

GALOPADA f. Carrera o galope.

GALOPANTE adj. fig. Aplícase a las enfermedades que causan la muerte rápidamente.

GALOPE m. *Eq.* Paso más veloz del caballo. ❏ GALOPAR.

GALOPÍN m. Muchacho desharrapado y desvergonzado. ◊ Granuja.

GALPÓN m. *Amér. Merid.* Cobertizo grande.

GALSWORTHY, *John* (1864-1933) Novelista y dramaturgo ing. *La saga de los Forsyte, Flor sombría, La casa de campo, La caja de plata, Justicia.* Premio Nobel de Literatura en 1932.

GALTIERI, *Leopoldo Fortunato* (1926-2003) Militar y político arg. Presid. de facto (1981-1982) por designación de la Junta Militar. Condenado a prisión por el fracaso en la guerra de las Malvinas y por su responsabilidad al frente del gobierno militar. Liberado en 1989.

GALTON, SIR *Francis* (1822-1911) Antropólogo y naturalista ing. Realizó estudios sobre genética. Inició la eugenesia.

GALUPPI, *Baldassare* (1706-1785) Clavecinista y compositor it., autor de más de 100 óperas. Óperas bufas. *El filósofo del campo, El mundo de la luna.*

GALVÁN, *Manuel de Jesús* (1834-1911) Político y escritor dom. *Enriquillo.*

GALVANI, *Luigi* (1737-1798) Físico y médico it. Descubrió la contracción de los músculos por medio de un estímulo eléctrico.

GALVANISMO m. *Fís.* Electricidad desarrollada por contacto de dos metales sumergidos en un líquido. ◊ Uso terapéutico de corrientes eléctricas. ❏ GALVÁNICO, CA.

GALVANIZACIÓN f. Tratamiento aplicado a las superficies metálicas consistente en cubrirlas con un revestimiento de otro metal resistente a la corrosión. ❏ GALVANIZADO; GALVANIZAR.

GALVANÓMETRO m. Aparato para detectar o medir corrientes eléctricas de poca intensidad, mediante la interacción entre un conductor por el que circula una corriente, y un campo magnético.

GALVANOPLASTIA f. *Fís.* Técnica de reproducción de objetos, por electrodeposición, a partir de moldes. ❏ GALVANO; GALVANOPLÁSTICO, CA.

GALVANOSCOPIO m. Galvanómetro que señala el paso de una corriente, pero que no mide su intensidad.

GALVANOSTEGIA f. Técnica de recubrimiento de objetos metálicos por una capa metálica, por procedimientos electroquímicos.

GÁLVEZ, *Bernardo de*, CONDE DE (1756-1794) *Mil.* esp., virrey de Nueva España [1785-1786]. Gobernador de Luisiana en 1777. ◊ *José de*, MARQUÉS DE LA SONORA (1720-1787) Político esp. Visitador del virreinato de Nueva España. Nombrado secretario de Indias (1775), creó el virreinato del Río de la Plata. ◊ *Juan Manuel* (1887-1955) Político hond.

Presid. de la República [1949-1955]. ◊ *Manuel* (1882-1962) Escritor arg. *Nacha Regules, Historia del arrabal, Humaitá, Los caminos de la muerte* y *Jornadas de agonía.* ◊ *Mariano* (1792-1862) Político guat. Jefe de est. en 1831, fue derrocado en 1838. ◊ *Matías de* (1717-1784) Gobernador de Guatemala [1779-1783] y virrey de Nueva España entre 1783 y 1784. ◊ *Eguskiza, José* (1819-1966) Político y poeta per. Símbolo de la independencia continental, murió en el combate del Callao. ◊ *Suárez, Alfredo* (1899-1946) Pintor guat. de temas regionales y folklóricos. ◊ **Y Alfonso,** *José María* (1834-1906) Político cub. Fundó el Partido Liberal Autonomista y fue presid. del gobierno autónomo [1898-1899].

GAMA f. Escala musical. ◊ fig. Gradación. ◊ *Fís.* Serie ordenada por el valor creciente de una magnitud.

GAMA, *José Basilio du* (1740-1795) Poeta bras. Criticó a los jesuitas. *Uruguay*, poema épico. ◊ **Vasco de** (1469-1524) Navegante port. Descubrió la ruta a la India por el cabo de Buena Esperanza. Virrey de la India, impuso el dominio port. desde Goa a Cochin.

GAMALIEL Churata Seud. de *Arturo Peralta* (1897-1969) Escritor per. *El pez de oro, Antología.*

GAMARRA, *Agustín* (1785-1841) Militar y político per. Elegido presid. en 1829, fue destituido en 1833. Ayudado por los chil. derrotó en Yungai (1839) a la confederación Perú-boliviana y se autonombró presid. Invadió Bolivia, pero fue derrotado en la batalla de Ingavi en la que murió.

GAMBA f. Crustáceo decápodo.

GAMBERRO, RRA adj. y s. Grosero, incivil. ❏ GAMBERRADA; GAMBERRISMO.

GAMBETA f. Movimiento hecho con las piernas al danzar. ◊ Corveta. ◊ *Argent.* y *Bol.* Esguince, además. ◊ fig. *Argent.* y *Ur.* Evasiva. ❏ GAMBETEAR.

GAMBETTA, *León* (1838-1882) Político fr. Presid. del gobierno en 1881.

GAMBIA (*Republic of Gambia*) Est. del África occidental; rep. Se extiende a lo

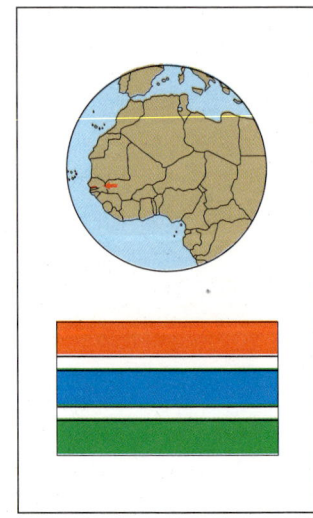

Mapa de situación y bandera de **Gambia**

largo del curso medio e inferior del r. Gambia. Sólo algunas colinas en el E y el O alteran su llana morfología. Clima tropical. Economía agrícola (cacahuetes, nuez de palma, arroz, mandioca, maíz, algodón), pecuaria y forestal. Ind. alimentaria. Grupos étnicos: mandingo, fulbe, uolof, jola y serahuli. Lenguas: ing. (of.) y dialectos de etnias locales. *Rel.*: islamismo (80 %), animistas (11 %), minorías cristianas. U.M.: el dalasi. Cap. y única c. imp.: Banjul.

☐ *Hist.* Los primeros establecimientos port. (s. XV), fueron suplantados por la colonización brit. en el s. XVIII. Indep. desde 1965, en el seno de la Commonwealth, al proclamarse la rep. en 1970 su primer ministro David K. Jawara pasó a ser presid. En 1982 se efectuó la confederación con el Senegal, disuelta en 1989. Jawara fue reelegido en 1992, pero en 1994, un golpe de estado colocó en el poder a Yahya Jameh.

GAMBIA

Superficie	11 295 km²
Población	884 000 hab. (78 hab./km²)
Recursos económicos	
Aceite de palma	3 000 t
Algodón	1 000 t (fibra)
Arroz	21 000 t
Cabaña bovina	410 000 cabezas
Cabaña caprina	205 000 cabezas
Cabaña ovina	175 000 cabezas
Cacahuetes	85 000 t
Maíz	25 000 t
Nuez de palma	2 000 t
Mijo	51 000 t
Mandioca	6 000 t
Riqueza forestal	928 000 m³
Indicadores sociológicos	
PNB	322 millones de dólares
Renta per cápita	360 dólares
Esperanza de vida	44 años
Alfabetismo	27%

GAMBOA, Federico (1864-1939) Escritor y político mex. Uno de los prales. representantes del naturalismo mex. *Esbozos contemporáneos, Santa.*

GAMBUSIA f. Pez originario de América, usado como agente eficaz en la lucha contra los insectos acuáticos.

GAMETO m. *Biol.* Cada una de las dos células que, en la reproducción sexual, se fusionan originando el cigoto.

GAMETÓFITO m. En los vegetales que presentan alternancia de generaciones, planta que corresponde a la generación sexuada, originada por reproducción asexual (espora).

GAMETOGÉNESIS f. *Biol.* Proceso de formación de los gametos a partir de las células primordiales de las gónadas.

GÁMEZ, Rodrigo (n. 1936) Científico costarric., descubridor del «virus rayado fino» del maíz.

GAMMA f. Tercera letra del alfabeto gr. que corresponde a la ge castellana. ◊ Unidad de peso, equivalente a una millonésima de gramo. ◊ **Rayos gamma.** *Fís.* Radiación. ☐ GAMUNO, NA.

GAMMAGLOBULINA f. Tipo especial de globulina de la sangre.

GAMMAGRAFÍA f. *Med.* Técnica de diagnóstico que permite visualizar directamente un órgano interno del cuerpo que contiene una cierta cantidad de un isótopo emisor de radiaciones gamma.

GAMÓ m. Mamífero rumiante. Presenta cuernos ramificados que, a partir de los cuatro años, adoptan la forma de pala. ☐ GAMUNO, NA.

GAMÓN m. *Bot.* Planta con hojas en figura de espada y flores blancas en espiga apretada. Se emplea en medicina.

GAMONAL m. Tierra en que se crían gamones. ◊ *Amér.* Cacique de pueblo.

GAMONITO m. Retoño de algunos árboles y plantas.

GAMOPÉTALO, LA adj. Díc. de las flores o las corolas formadas por pétalos parcial o totalmente soldados.

GAMOSÉPALO, LA adj. Relativo a flores cuyos cálices están formados por sépalos total o parcialmente soldados.

GAMUZA f. Especie de antílope del tamaño de una cabra grande. ◊ Piel de la gamuza. ◊ Piel de aspecto semejante al de la gamuza. ◊ Tejido que la imita. ☐ GAMUCERÍA; GAMUZADO, DA.

GANA f. Deseo, apetito, propensión natural.

GANADERÍA f. Conjunto de ganados de un país, una región o una hacienda. ◊ Raza especial de ganado. ◊ *Econ.* Crianza y tráfico de ganados.

GANADERO, RA adj. Dícese de ciertos animales que acompañan al ganado. ◊ m. y f. Dueño de ganados, que trata en ellos. ◊ El que cuida del ganado.

GANADO, DA m. Conjunto de animales domésticos que se apacientan y andan juntos. ◊ Conjunto de abejas de una colmena. ◊ **de cerda.** Los cerdos. ◊ **mayor.** Los bueyes, vacas, etc. ◊ **menor.** Las ovejas, cabras, etc.

GANANCIA f. Diferencia positiva entre el precio de venta y el de coste. ☐ GANANCIOSO, SA.

GANANCIAL adj. Propio de la ganancia o perteneciente a ella. ◊ pl. Bienes gananciales.

GAÑAPÁN m. Hombre que lleva cargas o recados. ◊ fig. y fam. Hombre rudo y tosco.

GANAR tr. Adquirir caudal o aumentarlo. ◊ tr. e intr. Lograr la victoria. ◊ tr. Conquistar. ◊ Llegar al sitio que se pretende. ◊ Captarse la voluntad de alguien. ◊ tr. y prnl. Lograr algo. ◊ tr. e intr. fig. Aventajar. ◊ intr. Mejorar, prosperar. ☐ GANADOR, RA.

GANCHILLO m. Aguja de gancho. ◊ Labor o acción de trabajar con aguja de gancho.

GANCHO m. Instrumento corvo y puntiagudo que sirve para prender, agarrar o colgar una cosa. ◊ Pedazo que queda en el árbol cuando se rompe una rama. ◊ fig. y fam. El que tiene facilidad para atraer clientes. ◊ *Amér.* Horquilla para sujetar el pelo. ◊ Cierto tipo de puñetazo. ☐ GANCHOSO, SA; GANCHUDO, DA.

GANDHI, Mohandas Karamchand, llamado MAHATMA («alma grande») (1869-1948) Filósofo y político indio. Adalid del nacionalismo indio. Predicó la resistencia pasiva contra el colonialismo inglés y dirigió la lucha por la indep. Murió asesinado. ◊ *Rajiv* (1944-1991) Político indio. Primer ministro tras el asesinato de su madre, Indira, en 1984. Murió en un atentado. ◊ *Shrimati Indira* (1917-1984). Estadista india. Hija de Nehru. Primera ministra (1966-1977). Volvió a ganar las eleccio-

Campanilla, flor **gamopétala**

nes de 1980. Murió asesinada por un nacionalista sij.

GANDHINAGAR C. de la India, cap. del est. de Sikkim; 121 700 hab.

GANDÍA, Enrique de (n. 1906) Historiador arg. *Historia de las ideas políticas en la Argentina.*

GANDUL, LA adj. y s. fam. Vagabundo, holgazán. ☐ GANDULEAR, GANDULERÍA.

GANGA f. Ave columbiforme con patas robustas cubiertas de plumas. ◊ Mineral que no es útil para la explotación industrial y que acompaña a otro de valor económico. ◊ fig. Cosa apreciable que se adquiere a poca costa o con poco trabajo. ☐ GANGUERO, RA.

GANGES (*Ganga*) Río de la India y de Bangla Desh; 2 700 km. Nace en la vertiente meridional del Himalaya y desemboca en el golfo de Bengala, formando el mayor delta del mundo (7 700 km²). Es el río sagrado de los hindúes.

GANGLIO m. *Anat.* Abultamiento que se halla en los nervios o en los vasos linfáticos. ☐ GANGLIONAR.

GANGRENA f. Muerte local de un tejido, acompañada de putrefacción. ◊ Enfermedad de los árboles que corroe los tejidos. ☐ GANGRENARSE; GANGRENOSO, SA.

GÁNGSTER (voz ing.) m. Miembro de una banda criminal. ◊ fig. Estafador, pistolero, malhechor. ☐ GÁNGSTERISMO.

Mahatma **Gandhi**

Gante. Casas gremiales de los armadores y los salchicheros

GANGTOK C. de la India, cap. del est. de Sikkim; 25 000 hab.

GANGUEAR intr. Hablar con resonancia nasal. ❏ GANGOSO.

GANIMEDES *Mit. gr.* Príncipe troyano hijo de Tros o de Laomedonte y de Calirroe.

GANIVET, *Ángel* (1865-1898) Ensayista y pensador esp. Precursor de la generación del 98. *El porvenir de España.*

GANSO, SA m. y f. Ave de pico anaranjado, de la cual se obtiene el *foie-gras.* ◊ Ánsar, ave palmípeda.

GANTE (fr., *Gand;* flamenco, *Gent*) C. y puerto de Bélgica; 237 687 hab. Imp. centro industrial, cuyo ramo textil remonta su tradición a la Baja E. Med.

GANZÚA f. Alambre fuerte y doblado por una punta, para abrir las cerraduras. ◊ fig. y fam. Ladrón muy hábil.

GAÑÁN m. Mozo de labranza. ◊ fig. Hombre fuerte y tosco. ❏ *Amér.* GAÑANÍA.

GAÑIR intr. Aullar algunos animales con gritos agudos cuando les maltratan. ◊ Graznar las aves. ◊ fig. y fam. Respirar con ruido las personas. ❏ GAÑIDO.

GAÑOTE m. fam. Gaznate, interior de la garganta.

GAONA, *Juan Bautista* (1846-1912) Político per. de tendencia liberal. Presid. de la rep. [1904-1912].

GAOS, *José* (1900-1970) Filósofo esp. *Sobre Ortega y Gasset, Orígenes de la filosofía y de su historia.*

GAP m. *Comp.* Intervalo entre dos palabras, bloques o registros.

GARABATO m. Gancho, instrumento. ◊ Trazo dibujado sin tratar de representar nada. ◊ pl. Garfios de hierro que sirven para sacar objetos de un pozo. ◊ *Amér.* Horca, instrumento de labranza. ◊ pl. Escritura mal trazada. ❏ GARABATEAR.

GARABITO m. Asiento y casilla de madera que usan las vendedoras en la plaza. ◊ Gancho, garabato.

GARAIKOETXEA, *Carlos* (n. 1939) Político esp., vasco. Presid. del Gobierno Vasco autónomico [1980-1984].

GARAJE m. Local destinado a guardar automóviles. ◊ *Amér.* Prostíbulo.

GARAMBAINA f. Adorno de mal gusto. ◊ pl. fam. Visajes o ademanes ridículos.

GARAMBULLO m. *Méx.* Cacto que tiene por fruto una tuna pequeña roja, comestible.

GARANDUMBA f. *Amér. Merid.* Embarcación.

GARANTÍA f. Fianza, prenda. ◊ Cosa que asegura y protege contra algún riesgo. ◊ **Garantías constitucionales.** Derechos que la constitución le est. reconoce a los ciudadanos. ❏ GARANTE; GARANTIR; GARANTIZAR.

GARAÑÓN m. Asno, caballo o camello macho destinado a la reproducción. ◊ *Amér.* Hombre mujeriego.

GARAPIÑA f. Estado del líquido que se solidifica formando grumos. ◊ *Amér.* Bebida refrescante hecha de corteza de piña o con jugo de naranja. ❏ GARAPIÑAR.

GARATA f. *P. Rico* y *R. Dom.* Pelea.

GARAUDY, *Roger* (n. 1913) Filósofo y político fr. *La alternativa, Una nueva civilización.*

GARAY, *Juan de* (h. 1528-1583) Explorador y colonizador esp. Fundó, en 1573, la ciudad de Santa Fe y, en 1580, la actual Buenos Aires.

GARBANCILLO m. *Ven.* Arbusto espinoso, de flores moradas y fruto parecido al garbanzo.

GARBANZO m. Planta herbácea con fruto en vaina y semillas comestibles. ◊ Semilla de esta planta. ❏ GARBANCERO, RA; GARBANZAL.

GARBEAR intr. y prnl. fam. Trampear. ◊ tr. Robar. ◊ int. Mostrar garbo.

GARBEO m. Paseo, acción de pasearse.

GARBILLO m. Criba de esparto con que se garbilla el grano. ◊ *Min.* Criba con que se apartan de los minerales la tierra y las gangas. ❏ GARBILLAR.

GARBO m. Desenvoltura y gracia en los movimientos del cuerpo. ◊ fig. Gracia y perfección que se da a las cosas. ❏ GARBOSO, SA.

GARBO, *Greta* (1905-1990) Seud. de la actriz cinematográfica sueca *G. Louisa Gustaffson. Cristina de Suecia, Ninotchka.*

GARBÓN m. *Zool.* Macho de la perdiz.

GARCETA f. Ave de plumaje blanco y cabeza con penacho corto.

GARCI, *José Luis* (n. 1944) Crítico y realizador cinematográfico esp. *Asignatura pendiente, El crack.* Oscar de Hollywood 1982 por *Volver a empezar.*

GARCÍA Nombre de diversos condes y reyes de la pen. Ibérica.

GARCÍA I (m. 914) Rey de León [910-914]. Derrotó a los musulmanes en Arnedo y repobló la Rioja y el valle del Duero.

GARCÍA Sánchez I (915-970) Rey de Navarra [926-970]. Participó en la coalición cristiana que derrotó a Abd al-Rahman III en Simancas (939). ◊ **Sánchez III** (m. 1054) Rey de Navarra [1035-1054]. Conquistó Calahorra a los musulmanes. ◊ **Ramírez,** *El Restaurador* (m. 1150) Rey de Navarra [1134-1150]. Derrotó a Berenguer IV en Gallur (1137) y apoyó a Alfonso VII de Castilla en la reconquista de Almería. **GARCÍA,** *Aleixo* (? h. 1525) Conquistador port. En sus expediciones llegó hasta los Andes y conoció a los incas. ◊ *Carlos Poléstico* (1896-1971) Político filipino, gobernador de Bohol y presid. de 1857 a 1961. ◊ *Lisardo* (1842-1937) Político ecuat. Elegido presid. en 1905, fue derrotado por Alfaro al año siguiente. ◊ **Abril,** *Antón* (n. 1933) Compositor esp. *Tres villancicos, Diez canciones infantiles, Celibidachiana.* ◊ **Bacca,** *Juan David* (1901-1992) Filósofo esp. *Introducción a la lógica moderna, Introducción literaria a la filosofía, Metafísica natural, estabilizada y problemática.* ◊ **Bárcena,** *Rafael* (1907-1961) Poeta, escritor y profesor cub. *Sed, Redescubrimiento de Dios.* ◊ **Calderón,** *Francisco* (1834-1905) Jurista y político per. Elegido presid. (1881). *Diccionario de legislación.* ◊ **Calderón,** *Francisco* (1883-1953) Diplomático y escritor per. *Las democracias latinas de América, Hombres e ideas y Europa inquieta.* ◊ **Calderón,** *Ventura* (1886-1959) Narrador per. *La venganza del cóndor.* ◊ **De la Huerta,** *Vicente* (1734-1787) Autor dramático esp. *Raquel,* la mejor tragedia neoclásica esp. ◊ **De Quevedo,** *José Heriberto* (1819-1871) Escritor ven. *Coriolano, Isabel de Médicis* (teatro). ◊ **Godoy,** *Federico* (1857-1924) Escritor dom. Autor de la trilogía *Rufinito, Alma dominicana* y *Guanuma,* una de las obras maestras de su país. ◊ **Godoy,** *Héctor* (1921-1970) Político dom. Presid. provisional en 1965-1966. ◊ **Gómez,** *Emilio* (1905-1995) Arabista esp. Obras de creación *Cinco poetas musulmanes,* traducciones *El libro de las banderas de los campeones* y *El collar de la paloma* de Ibn Hazm. ◊ **González,** *Vicente* (1833-1886) Patriota y militar cub. Presid. de la Rep. en 1877-1888. ◊ **Granados,** *Miguel* (1807-1878) Militar y político guat. de tendencia liberal. Presid. de la Rep. en 1871-1873. ◊ **Hortelano,** *Juan* (1928-1992) Escritor esp. Representante del «behaviorismo» de posguerra. *Nuevas amistades, Gente de Madrid, El gran momento de Mary Tribune.* ◊ **Icazbalceta,** *Joaquín* (1825-1894) Historiador y bibliógrafo mex., especialista de la cultura colonial mex. *Bibliografía mexicana del s.* XVI, *Vocabulario de mexicanismos.* ◊ **Iñíguez,** *Calixto* (1832-1898) General cub. Tomó parte en la insurrección de 1868-1878 y organizó la «guerra Chiquita» (1879). De EE UU preparó una expedición que desembarcó en Oriente. ◊ **Lorca,** *Federico* (1898-1936) Poeta y autor dramático

Federico **García Lorca,** por G. Prieto

esp. Accedió a la fama con su *Romancero gitano*. Destaca su obra poética por el prodigioso cromatismo, la plasticidad, la gracia y originalidad de sus metáforas: *Canciones, Poema del cante jondo, Llanto por Ignacio Sánchez Mejías, Poeta en Nueva York*. Fue un excelente dramaturgo: *Bodas de sangre, Yerma, La casa de Bernarda Alba, Mariana Pineda, La zapatera prodigiosa*. ◊ **Márquez, Gabriel** (n. 1928) Escritor col. Sus primeros relatos (*La hojarasca, El coronel no tiene quien le escriba, La mala hora*) tantean la impresionante creación realista y mítica del pueblo y la historia de Macondo en *Cien años de soledad* (1967), novela que presenta la historia, los problemas y las vivencias centrales de Latinoamérica. *El otoño del patriarca, Crónica de una muerte anunciada, El amor en los tiempos del cólera, Noticia de un secuestro, Vivir para contarla* (memorias), *Memoria de mis putas tristes*. Premio Nobel de Literatura en 1982. ◊ **Menocal, Mario** (1866-1941) Político cub. Presid. de la Rep. en 1913 y en 1917. ◊ **Meza, Luis** (n. 1930) Militar y político bol. Tomó el poder en 1980 mediante golpe de estado. Renunció en 1981. ◊ **Moreno, Gabriel** (1821-1875) Político ecuat. Presid. de la Rep. (1861-1865 y 1869-1875). Ejerció una dictadura teocrática de total intransigencia religiosa. ◊ **Morente, Manuel** (1888-1942) Filósofo esp. *Lecciones preliminares de filosofía*. ◊ **Morillo, Roberto** (1911-2003) Compositor arg. autor de ópera y cantatas. ◊ **Nieto, José** (1914-2001) Poeta esp. *Víspera hacia ti, Tregua, Sonetos por mi hija, La hora undécima*. Premio Cervantes 1996. ◊ **Pavón, Francisco** (1919-1989) Escritor, ensayista y crítico literario. *El rapto de las Sabinas, Las hermanas Coloradas*. ◊ **Pérez, Alan** (n. 1949) Abogado y político per. Secretario general del APRA, obtuvo la victoria en los comicios para la presidencia de 1985. Su política se caracterizó por nuevas directrices en relación a la deuda externa y a la forma de afrontar los problemas internos. En 2001 fue derrotado en las elecc. presid. por A. Toledo. ◊ **Ponce, Juan** (1932-2003) Escritor mex. Relatos y novelas. *La noche, Imagen primera, La invitación, La vida perdurable*. ◊ **Prieto, Manuel** MARQUÉS DE ALHUCEMAS (1859-1938) Político esp. Presid. del gobierno en 1912, 1917 y 1922. ◊ **Robles, Alfonso** (1911-1991) Diplomático y jurista mex. Representante permanente de su país en la ONU (1971-1975) y en la conferencia de desarme de Ginebra. Premio Nobel de la Paz, junto con Alvar Myrdal, en 1982. *De la carta del Atlántico a la conferencia de San Francisco, La Asamblea general del desarme*. ◊ **Rovira, Custodio** (1780-1816) Patriota col., comandó el ejército del Norte. Fusilado por Morillo en 1816.
GARCILASO de la Vega (h. 1501-1536) Poeta esp. Autor de églogas, canciones (*A la flor de Cnido*), elegías y sonetos de temas renacentistas. ◊ *El Inca* (1539-1616) Cronista de Indias. *Comentarios reales que tratan del origen de los Incas, Historia general del Perú, La Florida*.
GARCITA f. Ave de cuello y pico de notable longitud, propia de las Antillas y de América del Norte.
GARDA El mayor lago de Italia, situado entre el Véneto, la Lombardía y el Trentino-Alto Adigio; 370 km². Turismo.

Gabriel **García Márquez**

GARDEL, Carlos (1887-1935) Cantante y actor cinematográfico arg. de origen francés. Alcanzó fama universal por su personal interpretación del tango. Intervino en las películas *Flor de durazno, Luces de Buenos Aires, Tango bar*.
GARDENIA f. Planta arbustiva con hojas elípticas y flores solitarias, grandes, blancas, de olor agradable. ◊ Flor de este arbusto.
GARDNER, Ava (1922-1990) Actriz de cine norteam. *Mogambo, La noche de la iguana*.
GARDUÑA f. Mamífero carnívoro nocturno cuya piel es muy apreciada. Semejante a la marta, aunque más pequeño, es un feroz depredador.
GARFIELD, James Abram (1831-1881) Político norteam. Presid. de EE UU en 1881.
GARFIO m. Gancho para agarrar objetos. ❏ GARFEAR.
GARGAJO m. Flema, mucosidad que se expele por la garganta. ❏ GARGAJEADA; GARGAJEAR; GARGAJEO; GARGAJOSO, SA.
GARGALLO, Pablo (1881-1934) Escultor esp. Su producción va del realismo a la abstracción. *Profeta*.
GARGANTA f. Parte anterior del cuello. ◊ Espacio interno entre el velo del paladar y la entrada del esófago. ◊ Voz del cantante. ◊ fig. Parte del pie, por donde está unido con la pierna. ◊ fig. Estrechura de montes u otros parajes. ◊ fig. Parte más estrecha y delgada de un cuerpo.
GARGANTEAR intr. Cantar haciendo gorgoritos con la garganta. ❏ GARGANTEO.
GARGANTILLA f. Collar corto. ◊ Cuenta de collar.
GÁRGARA f. Acción de mantener un líquido en la garganta, como enjuagatorio. Se usa más en pl. ◊ pl. *Amér.* Gargarismo. ❏ GARGARIZAR.
GARGARISMO m. Acción de gargarizar. ◊ Fármaco o licor utilizado para hacer gárgaras.
GÁRGOLA f. Caño de desagüe decorativo de los tejados para verter el agua pluvial.
GARIBALDI, Giuseppe (1807-1882) Militar y político it. Se puso al servicio de Brasil y Gran Bretaña, en contra de los movimientos nacionalistas rioplatenses. En Italia combatió a los austriacos. Diputado en 1849, apoyó a la Rep. romana. Posteriormente se alió con Víc-

tor Manuel II. Al frente de sus «camisas rojas» conquistó Sicilia y Nápoles e intentó tomar Roma.
GARIBAY, Pedro de (1729-1815) Militar esp., virrey de Méx. [1808-1809].
GARITA f. Torrecilla o casilla para abrigo de centinelas, vigilantes, etc. ◊ Pequeña portería.
GARITEA f. *Bol.* y *Ecuad.* Embarcación de casco plano, similar a la chalupa.
GARITO m. Lugar clandestino de juegos de azar. ◊ Ganancia que se saca de la casa del juego. ❏ GARITERO.
GARLAND, Hamlin (1860-1940) Escritor norteam. realista. *Vida de un muchacho en la pradera*. ◊ **Judy** (1922-1969) Cantante y actriz cinematográfica norteam. *El mago de Oz, Ha nacido una estrella*.
GARLITO m. Especie de nasa. ◊ fig. y fam. Trampa, celada.
GARLOCHA f. Garrocha.
GARLOPA f. *Carp.* Cepillo largo y con puño.
GARMENDIA, Salvador (1928-2001) Escritor ven. *Los pequeños seres, Los pies de barro, Memorias de Altagracia*.
GARNACHA f. Vestidura talar de los togados. ◊ Variedad de uva negra. ◊ Vino de esta uva.
GARNICA f. *Bol.* Ají muy picante.
GARNIER, Charles (1825-1898) Arquitecto fr., uno de los máximos representantes de la arquitectura del Segundo Imperio. Realizó el nuevo edificio de la Ópera parisina.
GARONA (*Garonne*) Río del S de Francia; unos 575 km. Nace en los Pirineos centrales y desemboca en el Atlántico.
GARRA f. Mano o pie de animal armada de uñas corvas, fuertes y agudas. ◊ fig. Mano del hombre. ◊ *Amér.* Cuero endurecido y arrugado.
GARRAFA f. Vasija ancha y redonda, con un cuello largo y angosto. ◊ *Argent.* Bombona metálica para gases o líquidos volátiles.
GARRAFAL adj. Díc. de cierta especie de guindas y cerezas gordas, y de los árboles que las producen. ◊ adj. fig. Exorbitante, muy grande.
GARRAFÓN m. Garrafa grande. ◊ Damajuana o castaña. ◊ *Amér.* Medida de capacidad para líquidos, equivalente a 25 botellas.
GARRANCHO m. Gancho, parte dura y saliente del tronco o rama de una planta.

Garcilaso de la Vega, por el Pontormo

GAS

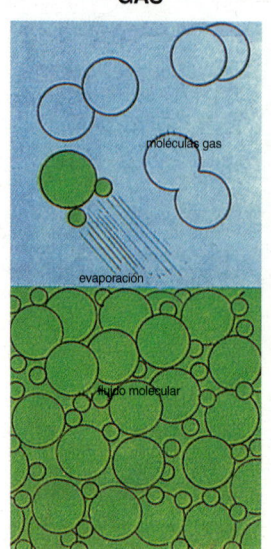

moléculas gas

evaporación

fluido molecular

La materia puede encontrarse en diferentes estados de agregación: sólido, líquido y gaseoso. A temperatura ordinaria, algunas moléculas de un líquido pueden escapar de las demás pasando a la fase vapor (evaporación)

La producción de gas natural exige la construcción de grandes gasómetros para su almacenamiento

Planta para el tratamiento y licuefacción de gas

GARRAPATA f. Arácnido traqueal ácaro; vive parásito sobre ciertos animales.

GARRAPATEA f. Nota musical, mitad de la semifusa.

GARRAPATERO m. *Col.* y *Ecuad.* Ave de pico corvo, pecho blanco y alas negras.

GARRAPATO m. Rasgo caprichoso hecho con la pluma. ❑ GARRAPATEAR.

GARRAPIÑA f. Garapiña.

GARRAPO, PA adj. y s. fam. Avaricioso.

GARRASTAZU Médici, *Emilio* (1905-1985) Militar y político bras. Jefe de los servicios de inteligencia (1967). Presid. de 1969 a 1974.

GARRIDO, DA adj. Apuesto. ❑ GARRIDEZA.

GARRIGA f. Formación vegetal mediterránea.

GARROBA f. Algarroba, fruto. ❑ GARROBAL.

GARROBO m. *Amér. Centr.* Saurio de fuerte piel escamosa.

GARROCHA f. Vara con un arponcillo. ◊ Vara para picar toros. ◊ *Méx.* Vara de los boyeros para picar a la yunta. ❑ GARROCHAR; GARROCHAZO; GARROCHEAR.

GARROCHÓN m. Rejón para la lidia.

GARRÓN m. Espolón de ave. ◊ Extremo de la pata de algunos animales.*

GARRONUDA f. *Bol.* Palmera notable por sus raíces.

GARROTE m. Palo utilizado como bastón, arma, etc. ◊ Estaca. ◊ Procedimiento de ejecutar a los condenados. ◊ Defecto de un dibujo por la interrupción de alguna línea. ◊ *Méx.* Freno del coche. ❑ GARROTAZO; GARROTEAR.

GARROTILLO m. Difteria del aparato respiratorio.

GARROTÍN m. Baile gitano de fines del s. XIX. ◊ *Ven.* Sombrero de mujer.

GARROTIZA f. *Ecuad.* y *Méx.* Paliza.

GARRUCHA f. Utensilio para elevar pesos.

GARRUDO, DA adj. Que tiene mucha garra. ◊ *Méx.* Forzudo, vigoroso.

GÁRRULO, LA adj. Aplícase al ave que canta o chirría mucho. ◊ fig. Díc. de la persona charlatana. ◊ Díc. de cosas que hacen ruido continuado.

GARÚA f. Llovizna. ◊ *P. Rico.* Pelea.

GARUFA f. *Argent.* Fiesta, parranda.

GARVEY, Marcus (1887-1940) Político jamaicano. Defendió la idea de África como patria legítima de los negros.

GARZA f. Ave de patas y pico algo largos, y silueta esbelta. En Europa existen dos especies: g. real y g. imperial.

GARZA GARCÍA Mun. de México en el est. Nuevo León; 45 983 hab. Cebada.

GARZO, ZA adj. De color azulado. ◊ m. Agárico, hongo.

GARZÓN m. Joven bien dispuesto. ◊ *Ven.* Ave parecida a la garza real, sin plumas en la cabeza.

GAS m. *Fís.* Estado de agregación de la materia caracterizado por una débil fuerza de cohesión entre sus moléculas. ◊ *Quím.* Carburo de hidrógeno con mezcla de otros gases, obtenido por la destilación del carbón de piedra. ◊ *Amér. Centr.* Petróleo. ◊ **de los pantanos.** Mezcla de g., en la que predomina el metano, formada por putrefacción de la materia vegetal acumulada en las aguas encharcadas. ◊ **de petróleo li-**

cuado. *Petroq.* Mezcla hecha a base de propano y butano, que constituye un combustible universal, de uso doméstico e industrial. ◊ **lacrimógeno.** Líquido volátil que al ponerse en contacto con los ojos irrita la conjuntiva, provocando vivo escozor y lagrimeo. ◊ **natural.** *Quím.* G. inflamable que se encuentra bajo la corteza terrestre junto a los yacimientos de petróleo. Contiene metano y también etano, propano y otros hidrocarburos. ◊ **noble.** *Quím.* Cada uno de los elementos químicos del grupo 0 de la tabla periódica: el helio, neón, argón, criptón, xenón y radón.

GASA f. Tela muy suave y transparente. ◊ Banda de tejido muy ralo, usada en cirugía.

GASCA, Pedro de la (1485-1567) Prelado esp. Presid. de la Audiencia del Perú. Autor de una *Historia del Perú*.

GASCÓN, NA adj. y s. De Gascuña. ◊ *Ling.* Lengua hablada en Gascuña.

GASCUÑA *(Gascogne)* Región histórica del SO de Francia. ◊ Área de las hablas gasconas.

GASEAR tr. Someter un organismo o una sustancia a la acción de gases. ◊ En ind. textil, chamuscar.

GASODUCTO m. Conducto para transportar combustible gaseoso.

GASEOSO, SA adj. Que se halla en estado de gas. ◊ f. Bebida que se prepara disolviendo en agua ácido carbónico y un jarabe.

GASIFICAR tr. Hacer que un combustible sólido o líquido pase al estado de gas. ◊ Instalar una red fija de distribución de gas. ❑ GASIFICABLE; GASIFICACIÓN.

GASÓGENO m. *Ing.* Aparato productor de gases combustibles partiendo de combustibles sólidos. ◊ Mezcla de bencina y alcohol, usada para el alumbrado y para quitar manchas.

GASOIL o **GAS-OIL** m. Mezcla de hidrocarburos obtenida por destilación de crudos de petróleo. Su punto de inflamación es de 76 °C. Se emplea como combustible para motores Diesel y para calefacción.

GASOLENO m. Gasolina.

GASÓLEO m. Gasoil.

GASOLINA f. Líquido incoloro, volátil e inflamable, procedente de la mezcla de hidrocarburos. Se emplea como combustible en los motores de explosión.

GASOLINERA f. Establecimiento donde se vende gasolina. ◊ Lancha automóvil con motor de gasolina.

GASÓMETRO m. Recipiente destinado a almacenar gas industrial a presión constante.

GASPAR HERNÁNDEZ Mun. de la Rep. Dom., en la prov. de Espaillat; 41 003 hab. Agricultura.

GASPERI, Alcide de (1881-1954) Político it. Jefe del gobierno de 1945 a 1953. Primer secretario general de la democracia cristiana en 1943. Uno de los prales. promotores de la unidad europea.

GASSENDI, Pierre (1592-1655), Matemático, físico y filósofo fr., partidario del atomismo materialista de Epicuro y Lucrecio.

GASSER, Herbert Spencer (1888-1963) Fisiólogo norteam. Investigó las diferenciaciones funcionales de las fibras nerviosas. Premio Nobel de Medicina en 1944.

GASSMAN, *Vittorio* (1922-2000) Actor teatral y cinematográfico it. *Arroz amargo, La escapada, Perfume de mujer, La familia, El largo invierno.*

GASTADO, DA adj. Debilitado, borrado con el uso. ◊ Díc. de la persona decaída de su vigor físico o de su prestigio moral. ◊ Dic. de un asunto manido.

GASTADOR, RA adj. y s. Que gasta mucho dinero. ◊ m. En los presidios, el que va condenado a los trabajos públicos. ◊ *Mil.* Soldado que abre trincheras. ◊ *Mil.* Soldado que en un batallón está destinado pralm. a franquear el paso en las marchas.

GASTAR tr. Expender o emplear el dinero en una cosa. ◊ tr. y prnl. Destruir, consumir, acabar. ◊ tr. Destruir, asolar un territorio. ◊ tr. y prnl. Deteriorar una cosa. ◊ tr. Usar, poseer. ❏ GASTADERO; GASTADURA; GASTAMIENTO.

GASTERÓPODO, DA adj. y m. *Zool.* Aplícase a los moluscos que tienen en el vientre un pie carnoso mediante el cual se arrastran; su boca está rodeada de tentáculos y su cuerpo está gralte. protegido por una concha.

Babosa, molusco de la clase
gasterópodos

GASTO m. Lo que se ha gastado o se gasta. ◊ *Fís.* Cantidad de líquido o de gas que pasa por un orificio cada unidad de tiempo. ◊ **público.** El que realiza la administración.

GASTRALGIA f. *Pat.* Dolor de estómago.

GASTRECTOMÍA f. *Cir.* Extirpación, total o parcial, del estómago.

GÁSTRICO, CA adj. *Med.* Perteneciente al estómago.

GASTRITIS f. *Pat.* Inflamación de la mucosa gástrica.

GASTROENTERITIS f. *Pat.* Inflamación de la mucosa gástrica y del intestino delgado.

GASTROINTESTINAL adj. Relativo al estómago y a los intestinos.

GASTRONOMÍA f. Conjunto de conocimientos y actividades relacionadas con el buen comer. ❏ GASTRONÓMICO, CA; GASTRÓNOMO, MA.

GASTROPATÍA f. Enfermedad del estómago.

GASTRORRAGIA f. *Pat.* Hemorragia del estómago, producida por úlcera o por neoplasia.

GASTROSCOPIA f. *Med.* Exploración del estómago, mediante endoscopios introducidos por la boca y que permiten visualizar la cavidad gástrica. ❏ GASTROSCOPIO.

GASTROSTOMÍA f. *Med.* Comunicación quirúrgica entre el estómago y la pared abdominal, que se practica gralte. en las obstrucciones altas del tubo digestivo, para alimentar al paciente.

GÁSTRULA f. *Biol.* Estadio embrional del desarrollo, caracterizado por la aparición del endodermo. ❏ GASTRULACIÓN.

GATA f. Hembra del gato. ◊ *Cuba.* Pez de figura de tiburón.

GATAS (A) m. adv. Con pies y manos en el suelo.

GATEADO, DA adj. Semejante al gato. ◊ m. Madera americana veteada.

GATEAR intr. Trepar como los gatos. ◊ fam. Andar a gatas. ◊ intr. *Amér.* Andar en amoríos clandestinos.

GATERA f. Agujero para pasar los gatos. ◊ com. Gatillo, ratero.

GATES (*Ghats*) Conjuntos montañosos que limitan el Decán (India).

GATILLO m. Tenazas para extraer muelas. ◊ Disparador de las armas de fuego. ◊ Pieza con que se une y traba lo que se quiere asegurar. ❏ GATILLAZO.

GATO m. *Zool.* Mamífero carnívoro doméstico. ◊ Máquina con un engranaje de piñón y cremallera, que sirve para levantar grandes pesos a poca altura. ◊ Bolso para guardar dinero. ◊ fig. y fam. Ladrón, ratero. ◊ fig. y fam. Hombre sagaz, astuto. ◊ *Argent.* Danza popular. ◊ *Argent.* Música que acompaña ese baile. ◊ **de Angora.** Gato de pelo muy largo, procedente de Angora, en el Asia Menor. ◊ **montés.** Especie de gato salvaje. ◊ **pampeano.** *Argent.* y *Ur.* Gato de pelaje gris con manchas rojizas. ❏ GATERO, RA; GATUNO, NA.

GATOPARDO m. Onza, mamífero carnívoro.

GATÚN Embalse de la zona del canal de Panamá, formado por el río Chagres; 420 km² y 38 km de long.

GATUPERIO m. Mezcla de diversas sustancias incoherentes. ◊ fig. y fam. Embrollo, intriga.

GAUCHADA f. *Amér.* Acción propia de un gaucho.

GAUCHAJE m. *Amér.* Conjunto o reunión de gauchos. ◊ *Argent.* y *Chile.* La plebe.

GAUCHEAR intr. *Argent.* Andar errante.

GAUCHESCO, CA adj. Relativo al gaucho. ◊ *Lit.* Díc. de las obras literarias que tienen al gaucho y sus costumbres por tema.

□ *Lit.* El estilo g. constituyó un movimiento posromántico y costumbrista que en Argentina y Uruguay buscó la creación de una literatura nacional en el entronque con la poesía popular, de tradición oral. Destacaron Hilario Ascasubi, Estanislao del Campo, José Hernández (*Martín Fierro*, 1872-1879).

GAUCHISMO m. Movimiento artístico rioplatense relacionado con los gauchos.

GAUCHO, CHA adj. y s. Natural de las pampas del Río de la Plata en la Argentina, Uruguay y Río Grande do Sul. ◊ *Argent.* y *Chile.* Buen jinete. ◊ *Argent.* y *Chile.* Astuto. ◊ m. *Ecuad.* Sombrero de paja con ala muy grande.

GAUDÍ, *Antoni* (1852-1926) Arquitecto modernista esp., catalán. Trabajó principalmente en Barcelona. Palacio Güell (1885-1889), Casa Batlló (1905-1907), Parque Güell y *la Pedrera* (1905-1910). Su obra más monumental es la inacabada Sagrada Familia.

GAUGUIN, *Paul* (1848-1903) Pintor fr. Pasó del impresionismo a un misticismo naturalista. Alcanzó su madurez pictórica en las islas de Oceanía. *Visión después del sermón, Nevermone, El oro de sus cuerpos.*

GAULLE, *Charles de* (1890-1970) General y político fr. Jefe de la Resistencia a la ocupación al. y presid. del primer gobierno tras la liberación (1944-1946). En 1958 instauró la V República y alcanzó la presidencia. Concedió la independencia a Argelia en 1961 y ganó las elecciones en 1965.

GAULLISMO m. Movimiento político fr. creado a partir del RPF (*Rassemblement du peuple français*) de De Gaulle y fundamentado en las líneas de la política de éste.

GAUSS m. *Fís.* Unidad de inducción magnética.

GAUSS, *Karl Friedrich* (1777-1855) Matemático al. Hizo la primera demostración del teorema fundamental del álgebra, según el cual todo polinomio admite una raíz, real o imaginaria. ◊ **Teorema de Gauss.** *Fís.* El flujo que sale de una superficie cualquiera, en cuyo interior existen cargas eléctricas, es igual al cociente entre la suma algebraica de dichas cargas y la constante dieléctrica del medio.

GAUTIER, *Théophile* (1811-1872) Poeta, novelista y crítico fr. *Esmaltes y camafeos, El capitán Fracasse, Viaje a España.*

Gaucho

Antoni **Gaudí**. Fachada del Nacimiento de la Sagrada Familia

GAVETA f. Cajón corredizo de los escritorios.

GAVIA f. Zanja que se abre en la tierra para desagüe o linde de propiedades. ◊ Gaviota. ◊ *Mar.* Vela que se coloca en el mastelero mayor.

GAVIAL m. Reptil parecido al cocodrilo.

GAVIDIA, *Francisco Antonio* (1864-1955) Poeta salv. considerado como el patriarca de las letras de su país. *Pensamientos.*

GAVILÁN m. *Zool.* Ave rapaz falconiforme de color gris oscuro por encima y rojizo o blancuzco por debajo, y de 30 a 40 cm de largo. Se alimenta de pequeños mamíferos y de otras aves.

GAVILANA f. *C. Rica.* Planta herbácea compuesta, usada como tónico y febrífugo.

GAVILLA f. Fajo, haz de sarmientos, cañas, ramas, mieses, etc. ❑ GAVILLAR; GAVILLERO.

GAVIÓN m. *Const.* Cestón relleno de tierra o piedra usado en obras de defensa e hidráulicas. ◊ *Zool.* Ave parecida a la gaviota, de unos 70 cm de long.

GAVIOTA f. Ave marina de plumaje gralte. blanco y dorso ceniciento, que se alimenta de peces. Anida en acantilados de las costas atlánticas, en inmensas colonias.

GAVIRIA, *César* (n. 1947). Economista col. Presidente de Colombia entre 1990 y 1994. Secretario general de la OEA desde 1994 hasta 2004.

César **Gaviria**

GAY adj. y m. Homosexual, que lucha por la supresión de las discriminaciones por razón de sexo. ◊ adj. Perteneciente o relativo a la homosexualidad.

GAY, *John* (1685-1732) Poeta y dramaturgo brit. de estilo satírico. *La semana del pastor, La ópera del mendigo.*

GAYA f. Lista de diverso color que el fondo.

GAYARRE, *Julián* (1844-1890) Tenor esp., que destacó en la interpretación de Wagner.

GAY-LUSSAC, *Joseph Louis* (1778-1850) Físico y químico fr. Formuló la ley de la dilatación de los gases, estudió las propiedades de los ácidos clorhídrico y clórico e investigó sobre el yodo y el ácido yodhídrico.

GAYÓ (s. II) Jurisconsulto rom. Se conservan fragmentos de sus obras en el *Digesto* y las *Instituciones.*

Géiser del Parque Nacional
de Yellowstone (EE UU)

GAYOLA f. Jaula. ◊ fig. y fam. Cárcel, prisión.

GAYUBA f. Mata verde y ramosa, con flores de corola blanca o sonrosada. ◊ *Chile.* Arbusto medicinal de bayas rojas, comestibles.

GAZA Terr. de Palestina, en su litoral meridional; 363 km², 493 700 hab. Cereales, horticultura. Cap., la c. hom. (40 000 hab.). En 1994 las tropas israelíes abandonaron el terr., al que se concedió auton. política, con Yasser Arafat como jefe del ejecutivo.

GAZAPERA f. Madriguera de conejos.

GAZAPO m. Cría de conejo. ◊ fig. y fam. Hombre astuto. ◊ fig. y fam. Mentira.

GAZIANTEP C. de Turquía; 466 302 hab. Ant. Aintab. Centro comercial y manufacturero.

GAZMOÑO, ÑA adj. y s. Mojigato, escrupuloso sincera o simuladamente en cosas de moral. ❑ GAZMOÑERÍA.

GAZNÁPIRO, RA adj. y s. Palurdo, simplón.

GAZNATE m. Garganta. ◊ Fruta de sartén en forma de g. ◊ *Méx.* Dulce de piña o coco.

GAZPACHO m. Sopa, gralte. fría, hecha con pedacitos de pan, tomate, aceite, vinagre, sal, ajo y cebolla.

GAZUZA f. fam. Hambre.

Gd *Quím.* Símb. del gadolinio.

GDANSK C. de Polonia, cap. del voivodato hom.; 467 200 hab. Puerto. Centro comercial e industrial. Fábricas. Astilleros. Ant. Danzig.

GDYNIA C. y puerto de Polonia, en el voivodato de Gdansk; 243 100 hab. Pral. base naval del país.

GE f. Nombre de la letra g. ◊ adj. y s. *Etn.* Individuo perteneciente a una familia de pueblos de cultura primitiva, que habitan en el O de la meseta bras. ◊ m. *Ling.* Familia lingüística, también llamada tapuya, que comprende gran variedad de dialectos.

Ge *Quím.* Símb. del germanio.

GEA *Mit. gr.* Diosa de la Tierra. Considerada madre universal.

GECO m. Animal de hábitos arborícolas, con capacidad para realizar cortos vuelos.

GEDEÓN Quinto juez de Israel. Libró a su pueblo de los ataques de los nómadas.

GEFFRARD, *Nicholas-Fabre* (1806-1879) Militar y político haitiano. Instauró la Rep. Derrocado por Salnave en 1867.

GEHENNA f. Lugar en el que, según la Biblia, permanecerán los impíos hasta la resurrección.

GEIGER, *Hans* (1882-1945) Físico al. Determinó la carga de las partículas alfa y demostró que el núm. atómico representa el núm. de protones del núcleo e inventó el detector de partículas que lleva su nombre (*contador G.*).

GEISEL, *Ernesto* (1908-1996) Militar y político bras. Presid. en 1974-1978, debió hacer frente al crecimiento de la deuda exterior y a una crisis política.

GÉISER m. Fuente termal volcánica en forma de surtidor, que emite agua y vapor.

GEISHA f. Joven japonesa dedicada al entretenimiento de los hombres mediante la conversación, la danza y el canto.

GEL m. Sistema coloidal de dos fases, una sólida y otra líquida, como la gelatina. ❑ GELIFICACIÓN.

GELATINA f. *Quím.* Sustancia coloidal, sólida, incolora y transparente cuando es pura, inodora, insípida y de gran coherencia. ❑ GELATINAR; GELATINOSO, SA.

GÉLIDO, DA adj. Helado o muy frío.

GELL-MANN, *Murray* (n. 1929) Físico norteam. Son notables sus trabajos con partículas elementales. Premio Nobel de Física en 1969.

GELÓN (muerto h. 478 a. C.) Tirano de Gela y Siracusa.

GELSENKIRCHEN C. de Alemania, en el est. de Renania Septentrional-Westfalia; 287 956 hab. Centro carbonífero. Ind. siderúrgica. Fabricación de maquinaria, productos químicos, cristal.

GEMA f. *Quím.* Roca u otra sustancia natural que se utiliza para ornamentación. Puede alcanzar un gran valor, como en el caso del diamante, esmeralda, zafiro, rubí, topacio, turquesa, etc. ◊ *Bot.* Yema o botón en los vegetales. ❑ GEMOSO, SA.

GEMACIÓN f. *Bot.* Primer desarrollo de la gema. ◊ *Zool.* Reproducción asexual de algunos vertebrados por yemas que se desarrollan sobre el individuo madre, hasta independizarse.

GEMAYEL, *Amin* (n. 1942) Político libanés. Diputado en 1970. Presid. tras el asesinato de su hermano Bechir en 1982.

GEMELO, LA adj. y s. *Zool.* Díc. de los hermanos nacidos de un mismo parto. ◊ Aplícase a los elementos iguales de diversos órdenes que, apareados, cooperan a un mismo fin. ◊ adj. y m. *Anat.* Músculo de la parte posterior de la pierna, constituido por dos haces. ◊ m. pl. Anteojos. ◊ *Astr.* Géminis, constelación.

GEMINADO, DA adj. Partido, dividido. ◊ *Fon.* Díc. del sonido que se pronuncia en dos momentos sucesivos.

GEMINI Serie de cápsulas espaciales estadounidenses destinadas a la realización de vuelos orbitales alrededor de la Tierra. El programa G. se desarrolló entre 1964 y 1966.

GÉMINIS m. *Astr.* Tercer signo y constelación del Zodíaco. Sus estrellas más brillantes son Cástor y Pólux.

GEMIR intr. Expresar con sonido y voz lastimera pena y dolor. ◊ fig. Aullar algunos animales. ❑ GEMIDO; GEMIDOR, RA.

GEMOLOGÍA f. Ciencia que estudia las propiedades y características de las gemas. ❑ GEMOLÓGICO, CA; GEMÓLOGO, GA.

GEN m. Gene.

GENCIANA f. Planta dicotiledónea herbácea, usada en medicina como tónica y febrífuga. ❏ GENCIANINA.

GENDARME m. Agente de policía.

GENDARMERÍA f. Cuerpo de tropa de los gendarmes. ◊ Cuartel o puesto de gendarmes.

GENE m. *Génet.* Unidad de acción, mutación y recombinación del material genético presente en los cromosomas y formada por un segmento de ADN, que es responsable de los caracteres hereditarios. ❏ GÉNICO, CA.

GENEALOGÍA f. Serie de progenitores y ascendientes de cada individuo. ◊ Escrito que la contiene. ❏ GENEALOGISTA.

GENERACIÓN f. Sucesión de descendientes en línea recta. ◊ Conjunto de personas de similar edad. ◊ **Generación del 98.** *Lit.* Término acuñado por Azorín en 1914, que designa a un grupo de escritores de lengua castellana: Valle-Inclán, Unamuno, Benavente, Baroja, Manuel Bueno, Maeztu, Rubén Darío y el propio Azorín. ◊ **espontánea.** *Biol.* Formación de individuos vivos a partir de sustratos inanimados. ❏ GENERABLE.

GENERADOR adj. *Geom.* Díc. de las líneas o de las figuras que por su movimiento engendran, respectivamente, una figura o un sólido geométrico. ◊ m. En las máquinas, aquella parte que produce la fuerza o energía. ◊ *Ing.* Máquina que proporciona energía eléctrica.

GENERAL adj. Común a todos los individuos que constituyen un todo, o a muchos objetos. ◊ Común, frecuente, usual. ◊ m. *Mil.* Jefe perteneciente a jerarquías superiores del ejército. ◊ Superior de algunas órdenes religiosas. ❏ GENERALATO.

GENERAL CARRERA Prov. del S de Chile, en la región Aisén del General Carlos Ibáñez del Campo (región XI); 12 406 km², 6 921 hab. Cap. Chile Chico.

GENERALA f. *Mil.* Toque para que las fuerzas de una guarnición se pongan sobre las armas.

GENERALIDAD f. Mayoría de los individuos u objetos que componen una clase o todo. ◊ Vaguedad en lo que se dice o escribe.

GENERALÍSIMO m. General con el mando supremo de los ejércitos de un Estado.

GENERALITAT En la Corona de Aragón, pral. órgano político catalán, surgido como delegación permanente de las Cortes. ◊ Nombre del Gobierno autón. de Cataluña en 1931-1939 y desde 1977. Nacida en el s. XIV, fue suprimida por Felipe V al principiar el s. XVIII y recuperada durante la segunda rep. esp. Tras el paréntesis del franquismo, fue restaurada en 1977.

GENERALIZAR tr. y prnl. Hacer público o común algo. ◊ tr. Considerar y tratar en común cualquier cuestión, sin contraerla a caso determinado. ◊ Abstraer lo que es común a muchas cosas para formar un concepto general que comprenda todas.

GENERAR tr. Producir. ◊ Procrear. ❏ GENERATIVO, VA.

GENERATRIZ adj. y f. *Geom.* Díc. de la línea o figura generadora. ◊ Díc. de la máquina que convierte la energía mecánica en eléctrica.

GENÉRICO, CA adj. Común a muchas especies. ◊ *Gram.* Perteneciente al género.

GÉNERO m. Especie, conjunto de cosas, animales o plantas que tienen caracteres comunes. ◊ Modo de hacer una cosa. ◊ Clase o manera. ◊ En bellas artes, variedades que se distinguen en las creaciones respectivas según el fin a que obedecen, la índole del asunto, el modo de tratarlo, etc. ◊ Mercancía. ◊ *Lit.* Cada uno de los apartados (g. literarios) en que puede clasificarse una obra. ◊ *Gram.* Accidente que clasifica a los sustantivos en categorías. ◊ **chico.** Género teatral constituido por obras líricas menores. ◊ **común de dos.** *Gram.* El de los nombres de personas de una sola terminación para el masculino y el femenino. ◊ **epiceno.** *Gram.* El del nombre de animales de una misma terminación y artículo que designan el macho y la hembra. ◊ **femenino.** *Gram.* El del nombre que puede ser acompañado por atributos femeninos y que no es ni común ni epiceno. ◊ **masculino.** *Gram.* El del nombre que puede ser acompañado por atributos masculinos y que no es ni común ni epiceno. ◊ **neutro.** *Gram.* El de la palabra que puede ser acompañada por el artículo neutro lo.

GENEROSO, SA adj. De ilustre linaje. ◊ Magnánimo, de buenos sentimientos. ◊ Desprendido, desinteresado. ❏ GENEROSIDAD.

GENÉSICO, CA adj. Perteneciente o relativo a la generación.

GÉNESIS n. p. m. *Rel.* Primer libro de la Biblia. ◊ f. Origen o principio de una cosa.

GENET, Jean (1910-1986) Novelista, poeta y autor teatral fr. Autor de polémicas obras (*Nuestra Señora de las Flores*). Alcanzó también el éxito en teatro: *Las criadas, Los negros, El balcón, Los biombos.*

GENETA f. Mamífero carnívoro abundante en la Europa meridional. De pelaje pardo con manchas negras, alcanza unos 70 cm de long., sin contar la cola.

GENÉTICA f. *Biol.* Ciencia biológica que estudia la variabilidad y la herencia de los seres vivos. ❏ GENÉTICO, CA.

GENGIS JAN o **GENGIS KAN** (h. 1167-1227) Fundador del imp. mongol, su verdadero nombre era *Temudjin.* Elegido rey mongol [1196] y, tras dominar toda Mongolia (1205), jan supremo de los mongoles o rey universal (Gengis Jan). Su poderoso ejército conquistó el reino de Tangut (1205-1209) y tomó Pekín (1215). En 1218 inició una campaña por Asia central y llegó hasta el Volga.

GENIAL adj. Propio del genio. ◊ Placentero, que causa alegría. ◊ Aplicado a personas, dotada de genio creador. ◊ Gracioso, ocurrente. ❏ GENIALIDAD.

GENIL R. de España, afl. del Guadalquivir; 358 km.

GENIO m. Índole o inclinación según la cual dirige uno comúnmente sus acciones. ◊ Facultad para crear o inventar. ◊ fig. Sujeto dotado de esta facultad. ◊ *Mit.* Deidad que los ant. gentiles suponían engendradora de cuanto hay en la naturaleza.

GENITAL adj. Que sirve para la generación. ◊ Relativo a los órganos reproductores. ◊ *Anat.* **Aparato genital.** Conjunto de los órganos de la reproducción. ◊ m. pl. *Anat.* Órganos de la reproducción.

GENITIVO, VA adj. Que puede engendrar y producir una cosa. ◊ m. *Gram.* Uno de los casos de la declinación que denota relación de propiedad, posesión o pertenencia; su equivalente en cast. lleva antepuesta la preposición de.

GENITOURINARIO adj. *Anat.* Díc. del conjunto del aparato reproductor y excretor de los animales superiores y del hombre.

GENÍZARO, RA adj. Jenízaro.

GENNES, Pierre-Gilles de (n. 1932) Físico fr. Premio Nobel de Física en 1991, por sus descubrimientos sobre cristales líquidos y polímeros.

GENOCIDIO m. Exterminio de un grupo social.

GENOMA m. *Biol.* Conjunto de cromosomas de un núcleo, célula o individuo.

GENOTIPO m. *Biol.* Conjunto de los factores hereditarios que los organismos reciben de sus padres por medio de los gametos. ❏ GENOTÍPICO, CA.

GÉNOVA C. y puerto del N de Italia, cap. de la región de Liguria y de la prov. hom., a orillas del golfo hom.; 735 600 hab. Es un gran centro com. y exporta-

Génova. Puente y estación

Geoda de ágata y cuarzo

dor, así como industrial (siderometalurgia, electrotecnia y astilleros pralm.) Catedral (s. XII). Fundada en el s. v a. C., su período de mayor grandeza fue el medieval. Fue una de las potencias hegemónicas en el Mediterráneo. Desde 1815 se integró en el reino del Piamonte. ◊ **golfo de** Golfo del mar Ligur, en el N de Italia.

GENOVÉS, SA adj. y s. De Génova.

GENOVÉS, Juan (n. 1930) Pintor esp. relacionado con el pop y el neofigurativismo. *La puerta, El preso, La calle.*

GENOVEVA (h. 420-h. 512) Santa. Patrona de París; según la leyenda, predijo la derrota de los hunos.

GENS f. *Etn.* Grupo compuesto por varias familias que llevan el mismo nombre y descienden de antepasados comunes.

GENSERICO (m. 477) Rey de los vándalos que conquistó el N de África.

GENTE f. Conjunto de personas. ◊ Tropa de soldados. ◊ fam. Familia, parentela. ◊ *Amér.* Persona decente. ◊ fam. Vulgo, gente popular.

GENTIL adj. y s. Idólatra o pagano. ◊ Brioso, galán, gracioso.

GENTILE, Giovanni (1875-1944) Filósofo it., representante del moderno hegelianismo en Italia. *Teoría del espíritu.*

GENTILEZA f. Gallardía, buen aire y disposición de cuerpo; garbo y bizarría. ◊ Urbanidad, cortesía.

GENTILHOMBRE m. Título ant. de algunos servidores del rey. ◊ Caballero.

GENTILICIO, CIA adj. y s. Que expresa la nacionalidad o naturaleza.

GENTÍO m. Afluencia de mucha gente.

GENTLEMAN (voz ing.) m. Caballero de educación distinguida.

GENUFLEXIÓN f. Inclinación hecha doblando la rodilla, como señal de reverencia.

GENUINO, NA adj. Auténtico, propio, legítimo.

GEOANTICLINAL adj. y m. Zona que separa las cuencas parciales de un geosinclinal.

GEOBIOLOGÍA f. Ciencia que estudia la evolución geológica de la Tierra en relación con la evolución de la materia viva y de los organismos vivientes.

GEOBOTÁNICA f. Parte de la botánica que estudia la distribución de las especies vegetales y sus relaciones con el medio ambiente.

GEOCÉNTRICO, CA adj. Relativo al centro de la Tierra. ◊ Díc. de los sistemas cosmológicos que suponían a la Tierra como centro del Universo. ◊ *Astr.* Aplícase a la lat. y long. de un planeta consideradas desde la Tierra.

GEOCRONOLOGÍA f. Ciencia que estudia la edad y las relaciones de sucesión temporal de las formaciones rocosas.

GEODA f. Asociación de minerales cristalizados que tapizan una cavidad rocosa.

GEODESIA f. *Geol.* Ciencia que estudia la forma geométrica y las dimensiones de la Tierra.

GEODÉSICO, CA adj. *Geom.* Díc. de la línea que une dos puntos de una superficie esférica, según la trayectoria de mínima longitud.

GEODINÁMICA f. Ciencia geológica que estudia los procesos que modifican la corteza terrestre, determinando el relieve de nuestro planeta.

GEOFAGIA f. *Biol.* Facultad de ciertos animales para tragar tierra para alimentarse. ☐ GEÓFAGO, GA.

GEOFFROY Saint-Hilaire, Étienne (1772-1844) Naturalista fr., precursor del evolucionismo. *Curso de historia natural de los mamíferos, Nociones sintéticas de filosofía natural.*

GEOFÍSICA f. *Geol.* Parte de la geología que aplica los principios y métodos de la física al estudio de la Tierra. ☐ GEOFÍSICO, CA.

GEÓFONO m. Sismógrafo utilizado en las prospecciones sísmicas petroleras.

GEOGRAFÍA f. Ciencia que estudia la ubicación y distribución en el espacio de cuantos fenómenos y elementos se manifiestan en la superficie terrestre. ◊ **económica.** Parte de la g. humana que estudia la producción y distribución de la riqueza, de los medios de transporte, las fuentes de energía y la organización del trabajo. ◊ **física.** Rama de la g. regional que estudia el clima, el relieve, la hidrografía y los mares. ◊ **general.** La que analiza el espacio genéricamente. ◊ **humana.** La que trata de los hechos en que interviene el hombre. ◊ **política.** La que se interesa en los fenómenos del poder y de las organizaciones políticas como el estado. ☐ GEOGRÁFICO, CA; GEÓGRAFO, FA.

GEOIDE m. Superficie de referencia ideal de la Tierra, que se puede definir como la superficie equipotencial del campo gravitatorio terrestre.

GEOLOGÍA f. Ciencia que estudia la composición, estructura y evolución de la Tierra. La gran diversidad de disciplinas que abarca la g. da lugar a un conjunto de *ciencias geológicas.* Las más importantes son: cristalografía, mineralogía, estratigrafía, paleontología, g. económica y geotécnica, oceanografía, tectónica, litografía, etc. ☐ GEOLÓGICO, CA; GEÓLOGO, GA.

GEOMETRÍA f. *Mat.* Estudio de las propiedades y relaciones formales de las figuras del plano y del espacio. Actualmente, la g. estudia también los espacios abstractos, lo que la pone en íntima relación con otras ramas de las matemáticas (álgebra, análisis matemático y topología). ◊ **analítica.** Parte de las matemáticas que estudia las propiedades de las líneas y superficies representadas mediante ecuaciones. ◊ **descriptiva.** La que trata de la resolución de problemas en el espacio mediante diversas representaciones del mismo sobre un plano. ◊ **diferencial.** La que enuncia las propiedades de las configuraciones geométricas en el ámbito de uno de sus elementos de carácter general. ◊ **elíptica** o **de Riemann.** La g. no euclídea que toma como postulado la inexistencia de rectas paralelas. ◊ **euclídea.** La que se deduce de los axiomas y postulados de Euclides, y trata cuestiones del plano y del espacio. ◊ **hiperbólica** o **de Lobachewski.** La que toma como postulado el que por un punto exterior a una recta se puede trazar más de una paralela a la misma. ◊ **no euclídea.** La construida prescindiendo del quinto postulado de Euclides ◊ **proyectiva.** La que estudia las propiedades comunes a las diversas representaciones de una misma figura plana y que resulten invariantes mediante la proyección de la figura, desde un punto, sobre un nuevo plano. ☐ GEÓMETRA; GEOMETRAL; GEOMÉTRICO, CA.

GEOMORFOLOGÍA f. Ciencia que estudia el relieve terrestre y su evolución. ☐ GEOMORFOLÓGICO, CA.

GEOPOLÍTICA f. Teoría que considera la vida y el destino de los pueblos estrechamente condicionados por el terr., en relación con el cual trata de demostrar ineluctables fuerzas históricas y geográficas.

GEOQUÍMICA f. Rama de la geología que estudia la distribución de los elementos químicos en la Tierra. ☐ GEOQUÍMICO, CA.

GEORGE, Stefan (1868-1933) Poeta al. Influido por los simbolistas. *Himnos, Peregrinajes, Heliogábalo, El séptimo círculo, El nuevo reino.*

GEORGETOWN Cap. de Guyana; 187 600 hab. Puerto en el Atlántico; exporta bauxita, caña de azúcar, frutos tropicales, etc. Pesca.

GEORGIA (*Sakartvelos Respublika*) Est.

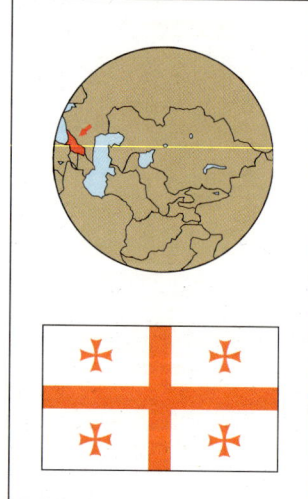

Mapa de situación y bandera de **Georgia**

de Transcaucasia. Incluye las rep. autónomas de Abjasia y Adjaristán o Adzharia y la región autónoma de Osetia del Sur. Relieve montañoso, con sus mayores alt. en el Gran Cáucaso (5 201 m). Clima continental en el int., cálido en la costa y semiárido en el E. Rica agricultura (cereales, vid, algodón, agrios, tabaco) y minería (carbón, petróleo, manganeso). Ind. siderúrgica, metalúrgica, construcciones mecánicas. Refinería de petróleo en el puerto de Batumi. Grupos étnicos: georgianos, armenios, rusos, azerbaijanos, etc. Lenguas: georgiano (of.), ruso, abjasio, asetio. *Rel.*: cristianismo ortodoxo georgiano, islamismo, cristianismo ortodoxo armenio. U.M.: lari. Cap., Tbilisi. C. prales.: Kutaisi, Batumi, Sujumi. ☐ *Hist.* En el s. VI los kolchu fundaron el reino de Cólquida. Conquistada por Alejandro Magno, recobró la indep. el 323 a. C. con Farnabazo, que inició una serie de cuatro dinastías, entre las que destacan las de los Sasánidas (267-570). Sufrió el dominio de árabes, mongoles y turcos. En 1783 se acogió a la protección de Rusia, que la anexionó en 1802. En 1918 se declaró indep., pero en 1921 se convirtió en rep. sov., integrada luego en la RSFS de Transcaucasia. En 1936 pasó a ser rep. federada de la URSS, hasta que en 1991 se autoproclamó indep. En 1992 fue elegido presid. E. Shevardnadze, quien pacificó el país y lo integró en la CEI (1993). Fue reelegido en 1995 y 2000. Tras las elecc. parlamentarias de 2003 se vio obligado a dimitir por una revuelta popular. M. Saakashvili fue elegido presid. en los comicios de enero de 2004.

GEORGIA

Superficie	69 700 km²
Población	5 464 000 hab. (78 hab./km²)

Recursos económicos

Aves de corral	24 002 000 cabezas
Cabaña bovina	1 427 000 cabezas
Cabaña ovina y caprina	1 834 000 cabezas
Cabaña porcina	1 028 000 t

Indicadores sociológicos

PNB	9 000 millones de dólares
Renta per cápita	1 640 dólares
Esperanza de vida	73 años

GEORGIA Est. del SE de EE UU junto al océano Atlántico; 152 576 km², 6 478 000 hab. Cap., Atlanta. En el N están las estribaciones de las Blue Mountains (Montañas Azules). Su ind. transforma los productos primarios (algodonera, maderera, conservera) y mineros (bauxita). Son también c. imp. Augusta, Columbus y Savannah.

GEORGIANO, NA adj. y s. De la Rep. de Georgia o del est. homónimo de los EE UU.

GEORGIAS del Sur Arch. subantártico de Argentina, que está integrado en la prov. de Tierra del Fuego, Antártida e Islas del Atlántico Sur; 3 560 km², 25 hab. Bases balleneras.

GEÓRGICA f. Obra relacionada con la agricultura.

GEOSINCLINAL adj. y m. Depresión de la corteza terrestre que ha sufrido un continuo hundimiento y una importante sedimentación.

GEOTECNIA f. Ciencia que estudia las estructuras tectónicas y los materiales de la corteza terrestre para su utilización en ingeniería. ☐ GEOTÉCNICO, CA.

GEOTERMIA f. Rama de la geofísica que trata de los fenómenos térmicos internos de la Tierra.

GEOTROPISMO m. Tropismo motivado por la gravedad terrestre.

GERANIO m. Planta geraniácea, muy cultivada en los jardines, con flores en umbela.

GÉRARD, François (1770-1837) Pintor fr., autor de los retratos de Mme. Récamier y de Napoleón. *Batalla de Austerlitz, Dafnis y Cloe.*

GERBERTO de Aurillac (muerto 1003) Filósofo medieval. Fue papa con el nombre de Silvestre II. *Sobre lo racional y el uso de la razón.*

GERENCIA f. Cargo de gerente. ◊ Gestión que le incumbe. ◊ Oficina del gerente.

GERENTE m. El que dirige los negocios en una sociedad o empresa mercantil.

GERHARD, Roberto (1896-1970) Compositor esp., de origen suizo. *Don Quijote, Collages.*

GERHARDT, Paul (1607-1676) Poeta al. y pastor luterano. *Todos los bosques en paz, Ordena tus caminos.*

GERIATRÍA f. Parte de la medicina que estudia la vejez y los medios para curar las enfermedades propias de ésta. ☐ GERIATRA.

GÉRICAULT, Théodore (1791-1824) Pintor romántico fr. *La balsa de la Medusa.*

GERIFALTE m. Ave rapaz, especie de halcón grande. Se utilizó en cetrería. ◊ fig. Persona que sobresale en cualquier línea.

GERIÓN *Mit. gr.* Gigante monstruoso de tres cuerpos.

GERMANA de Foix (h. 1488-1537) Reina de Aragón (1506-1516), sobrina de Luis XII de Francia. Dirigió la represión contra la sublevación de las germanías.

GERMANÍA f. Argot del hampa, en España, usado en los s. XVI y XVII. ◊ Caló, jerga de gitanos. ◊ *Hist.* Nombre que tomaron las hermandades formadas por los gremios de Valencia a principios del s. XVI, y levantadas en armas contra la oligarquía nobiliaria.

GERMANIA Nombre que dieron los

La balsa de la Medusa, óleo de Théodore **Géricault**

rom. a las vastas, aunque imprecisas, áreas al E del Rin, donde a partir del s. I se estabilizó la frontera de su imperio.

GERMÁNICO, CA adj. De Alemania o de sus habitantes. ◊ adj. y m. *Ling.* Díc. de la lengua indoeuropea que hablaron los pueblos germanos.

GERMÁNICO, Julio César (15 a. C.-19 d. C.) General rom. Procónsul y comandante en jefe de las prov. de Galia y Germania. Adquirió gran popularidad con las expediciones a territorio germano (años 14-16).

GERMANIO m. *Quím.* Elemento metálico, de símb. Ge, núm. atómico 32, peso atómico 72,6. Es un metal de color blanco grisáceo, de brillo metálico, cristalizado, y de densidad 5,46. Funde a 958 °C.

GERMANISMO m. Vocablo o giro de origen al. o propio de la lengua alemana. ☐ GERMANISTA; GERMANÍSTICA.

GERMANO, NA adj. y s. Díc. de los pueblos indoeuropeos que invadieron el imperio romano a partir del s. IV.

GERMANÓFILO, LA adj. y s. Que simpatiza con Alemania o con los alemanes.

GERMEN m. Principio básico de un organismo. ◊ Huevo fecundado. ◊ Embrión de una planta, contenido en la semilla. ◊ Microorganismo capaz de originar una enfermedad. ◊ fig. Origen de una cosa.

GERMICIDA adj. y m. Bactericida.

GERMINAR intr. Brotar y comenzar a crecer las plantas. ◊ fig. Brotar, desarrollarse cosas morales o abstractas. ☐ GERMINACIÓN; GERMINATIVO, VA.

GERÖ, Ernö (1898-1980) Político húng. Ministro del Interior (1953) y secretario general del partido comunista (1956), fue sustituido por Kadar.

GERONA ⇒ Girona.

GERÓNIMO (1829-1909) Jefe de los apaches chiricahua, que ofreció una tenaz resistencia a la penetración norteam.

GERONTOCRACIA f. Gobierno de los ancianos.

GERONTOLOGÍA f. Ciencia que estudia la vejez y los fenómenos que la acompañan. ☐ GERONTÓLOGO, GA.

GERSHWIN, George (1898-1937) Pianista y compositor norteam., célebre por sus operetas, música de películas, conciertos y sinfonías. Precursor del *jazz sinfónico. Rapsodia en azul, Un americano en París* y *Porgy and Bess.*

GERUNDIO m. *Gram.* Forma verbal invariable del modo infinitivo, que denota la idea del verbo en abstracto y, gralte., tiene carácter adverbial.

GERUSIA f. En la ant. Grecia, especialmente en Esparta, consejo de ancianos (*gerontes*).

GESSNER, *Salomón* (1730-1788) Poeta y pintor suizo rococó. *Idilios.*

GESTA f. Conjunto de hechos memorables de algún personaje o pueblo. ◊ **Cantar de gesta.** Poema épico tradicional.

GESTACIÓN f. *Fisiol.* Proceso durante el cual se desarrolla el embrión y el feto de los mamíferos vivíparos. ◊ *fig.* Periodo en el cual se está preparando algo. ☐ GESTAR.

GESTALT (voz al.) f. *Psic.* Conjunto de experiencias y de conductas interdependientes que forman una totalidad estructural distinta a sus elementos componentes. ◊ **Escuela de la G.** La que sostiene una teoría de la percepción según la cual el todo se percibe antes que sus partes.

GESTAPO Policía política al. bajo el régimen nazi, fundada en 1933.

GESTATORIO, RIA adj. Que ha de llevarse a brazos.

GESTIDO, *Óscar* (1901-1967) Militar y político ur. Presid. de la nación (1967).

GESTIONAR tr. Hacer diligencias para lograr un negocio o fin. ☐ GESTIÓN.

GESTO m. Exp. con que se muestran los diversos estados de ánimo. ◊ Movimiento exagerado del rostro por hábito o enfermedad. ◊ Rasgo notable de carácter o de conducta de una persona. ☐ GESTICULAR; GESTUDO, DA.

GESTOR, RA m. y f. Miembro de una sociedad mercantil que participa en la administración de ésta.

GETAFE C. de España en la com. autón. de Madrid, prov. de Madrid; 151 479 hab. Ind. metalúrgicas y aeronáuticas, maquinaria y frigoríficos.

GÉTULO, LA adj. Natural de Getulia, ant. país del África, al sur de Numidia. ◊ Relativo a este país.

GÉYSER m. Géiser.

GHALI, *Brutos* ⇨ Butros Ghali, Butros.

GHANA (*Republic of Ghana*) Est. de África occidental; Rep. unitaria. Su llanura costera se va elevando hacia el int. hasta alcanzar la altiplanicie central; la depresión del Volta, que conforma la red hidrográfica con sus afl., preside el sector centro-O. Clima tropical. Cacao (tercer productor mundial), cereales, cacahuetes, nuez de coco, café. Explotación forestal (madera, caucho) y minera: oro, manganeso, diamantes, bauxita, petróleo. Lenguas: ing. (of.) lenguas indígenas como el kwa y el mossi. *Rel.*: cristianas (43 %), animistas (38 %) e islámica (12 %). U.M.: el cedi. Cap., Accra. C. imp.: Kumasi.

☐ *Hist.* Conocido por los port. desde 1471, su riqueza aurífera le valió el ant. nombre de Costa de Oro. La colonización brit. (1874) determinó la ruina de la poderosa civilización ashanti en el int. Indep. en 1957, su primer presid. K. Nkrumah fue depuesto en 1969. A partir de 1979 se instaló en el poder el teniente de aviación Jerry Rawlings. En 1991, el gobierno puso en marcha un proceso de democratización y en 1992

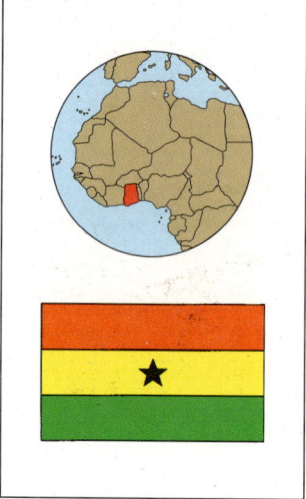

Mapa de situación y bandera de **Ghana**

se celebraron elecciones. Éstas dieron la victoria a Rawlings, quien fue reelegido, a su vez, en 1996.

GHANA	
Superficie	238 538 km²
Población	13 509 000 hab. (65 hab./km²)
Recursos económicos	
Arroz	151 000 t
Cacao	295 000 t
Caucho	4 000 t
Maíz	932 000 t
Mandioca	360 000 t
Mijo	112 000 t
Sorgo	241 000 t
Ganadería y derivados	
Aves de corral	11 000 000 cabezas
Cabaña bovina	1 300 000 cabezas
Cabaña caprina	2 600 000 cabezas
Cabaña ovina	2 500 000 cabezas
Cabaña porcina	620 000 cabezas
Riqueza forestal	17 169 000 m³
Pesca	391 770 t
Producción minera	
Bauxita	334 000 t
Diamantes	515 000 quilates
Manganeso	98 000 t
Oro	17 t
Petróleo	25 000 t
Plata	1 000 t
Sal	50 000 t
Producción industrial	
Aluminio	175 400 t
Cemento	600 000 t
Cerveza	628 000 hl
Energía eléctrica	2 100 millones de kwh
Indicadores sociológicos	
PNB	6 176 millones de dólares
Renta per cápita	400 dólares
Esperanza de vida	55 años
Alfabetismo	60 %

GHANÉS, SA adj. y s. De Ghana.

GHEORGHIU-DEJ, *Gheorghe* (1901-1965) Político comunista rum. Primer ministro de 1952 a 1955 y presid. del Consejo de Estado (1961-1965).

GHETTO (voz it.) m. Gueto.

GHIBERTI, *Lorenzo* (1378-1455) Escultor y arquitecto it. Su obra maestra, en la que colaboró Brunelleschi, es la cúpula de la catedral de Florencia.

GHIRALDO, *Alberto* (1874-1946) Poeta y dramaturgo romántico arg. *Alma gaucha* (teatro), *Carne doliente.*

GHIRLANDAIO, *Domenico di Tomaso Bigordi,* llamado (1449-1494) Pintor it. Participó en la decoración de la capilla Sixtina (*Vocación de los apóstoles*).

GIACOMETTI, *Alberto* (1901-1966) Escultor suizo. Influido por la escultura africana y el expresionismo formal. Desde 1935 su obra se centra en la forma humana. *El bosque, Hombre en marcha.*

GIA-LONG (1762-1820) Emperador de Annam [1802-1820], gracias a la ayuda fr.

GIAP, *Vô Nguyên* (n. 1912) Político y militar vietnamita. Artífice de la victoria de Dien Bien Fu y de la batalla final de la guerra del Vietnam (1975).

GIAUQUE, *William Francis* (1895-1982) Químico norteam. Descubrió los isótopos de oxígeno. Premio Nobel de Química en 1949.

GIBA f. Corcova, joroba. ◊ *fig.* y *fam.* Molestia, incomodidad. ☐ GIBOSIDAD.

GIBBON, *Edward* (1737-1794) Historiador brit. *Historia de la decadencia y ruina del imperio romano.*

GIBELINO, NA adj. y s. Partidario de los emperadores de Alemania, en la E. Media.

GIBÓN m. Mamífero catarrino arborícola con largas extremidades anteriores.

Gibón

GIBRALTAR Colonia brit., sit. en el extremo meridional de España. Consta de una única c., emplazada al pie del rocoso peñón de G.; 6 km², 29 073 hab. Imp. base naval y militar. Com. portuario. Turismo. Fue arrebatada a España en 1704. ◊ **Estrecho de Gibraltar.** Brazo de mar que comunica el Mediterráneo con el Atlántico y que separa el borde más meridional de Europa de África. Su anchura mínima es de 14 km.

GIDE, *André* (1869-1951) Escritor fr. *Los alimentos terrestres, El inmoralista, La puerta estrecha, Las cuevas del Vaticano, Corydon.*

GIEREK, *Edward* (1913-2001) Político polaco. Secretario general del POUP (1970-1980).

GIFU Prefectura de Japón, en la isla de Honshu; 10 956 km²; 2 067 000. Cap., la c. hom. (410 300 hab.). Centro ind., ferroviario y pesquero.

GIGABYTE m. *Comp.* Unidad de medida de memoria que equivale a 1 024 megabytes.

GIGANTA f. Mujer que excede mucho en estatura a las demás. ◊ Girasol, planta.

IGANTA, sierra de la Cadena montañosa del NO de México, en la pen. de aja California. Alt. máx. 1 776 m.
IGANTE adj. De gran tamaño. ◊ Gigantón, figura grotesca de algunas fiestas. ◊ Ser mitológico de tamaño y aspecto monstruoso. ❏ GIGANTESCO, CA; GANTEZ.
IGANTEA f. Girasol, planta.
IGANTISMO m. Anomalía caracterizada por un exceso de crecimiento.
IGOLO (voz fr.) m. Joven amante de na mujer rica y de edad madura que da protección económica.
IJÓN C. de España, en el Principado e Asturias; 266 419 hab. Fábricas metal., textiles, azucareras, conserveras, c. Puertos comercial y pesquero.
IL, Rafael (1913-1986) Director de ne esp. Don Quijote. ◊ **De Biedma, ime** (1929-1990) Poeta esp. Compañeros de viaje, Diario de un poeta seriamente enfermo. ◊ **De Hontañón, Rodrigo** (500-1577) Arquitecto esp., uno de los máximos representantes del estilo plateresco. Fachada de la universidad de lcalá de Henares. ◊ **De Taboada y emos, Francisco** (h. 1736-1810) Marino esp. Virrey de Nueva Granada y del erú. ◊ **Fortoul, José** (1861-1942) Político e historiador ven. Presid. provisional de la Rep. (1913-1914). ◊ **Y Carrasco, Enrique** (1815-1846) Novelista y poeta esp. El señor de Bembibre. ◊ **Y Zárate, Antonio** (1793-1861) Dramaturgo sp. de influencia romántica. Don Álvaro de Luna, Carlos II el Hechizado.
ILA Río del SO de EE UU, afl. del Colorado; 1 048 km. Discurre por Nuevo léxico y Arizona.
IL-ALBERT, Juan (1904-1994) Escritor esp. Concierto en mi menor, La metafísica convaleciente, Cartas a un amigo.
ILBERT Arch. de Micronesia que forma parte de Kiribati; 259 km², 47 700 ab. Agricultura (nuez de coco, copra) pesca.
ILBERT, William (1544-1603) Físico rit. Estudió el magnetismo terrestre. e la ha dado el nombre de gilbert a la nidad de fuerza magnetomotriz.
ILGAMESH, Epopeya de Poema en ngua acádica conservado en doce tablillas de arcilla, procedentes de la biblioteca de Asurbanipal en Nínive, que arra las hazañas de este rey-héroe mítico, fundador de la c. de Uruk.
ILL, Juan Bautista, (m. 1877) Político par. Presid. de la Rep. en 1874.
ILLESPIE, John Birks, llamado DIZZY (1917-1993) Trompetista, arreglista y director de orquesta norteam. Uno de los eadores del bop.
ILLETTE, King Camp (1855-1932) Inventor norteam., creó la hoja de afeitar ue lleva su nombre.
IL-ROBLES y Quiñones, José María (1898-1980) Político esp., fundador de CEDA. Ministro de la Guerra en 934.
IMBERNAT, Antonio de (1734-1816) irujano esp. Describió el ligamento de nombre e ideó un método para la peración de la hernia crural.
IMNASIA f. Técnica para desarrollar dar flexibilidad al cuerpo por medio e ejercicios. ❏ GIMNASTA; GIMNÁSTICO, CA.
IMNASIO m. Lugar destinado a ercicios gimnásticos. ◊ Centro de enseñanza media.
IMNOSPERMO, MA adj. y f. Bot.

Díc. de las plantas de una subdivisión de las fanerógamas, diferenciada de las angiospermas por tener la semilla sobre una hoja fértil.
GIMNOTO m. Especie de anguila grande que produce descargas eléctricas.
GIMOTEAR intr. fam. o despect. de gemir; hacerlo sin gran causa y de modo ridículo. ❏ GIMOTEO.
GINASTERA, Alberto (1916-1983) Compositor arg. Autor de conciertos, ballets y óperas. Concierto argentino, Impresiones de la puna, Panambí, Don Rodrigo, Bomarzo, Beatriz Cenci, Milena.
GINEBRA f. Bebida alcohólica aromatizada con enebro.
GINEBRA (fr. Genève; al., Genf) C. y cantón de Suiza, entre el lago Leman y la frontera fr.; 158 900 hab. (la agl. urb., 373 423 hab.). Centro industrial, financiero y turístico. Sede de numerosas conferencias y de algunos organismos internacionales. ◊ **Convenciones de G.** Serie de acuerdos tomados en sucesivas conferencias internacionales sobre las condiciones de los soldados, heridos, enfermos, prisioneros de guerra y civiles.
GINECEO m. Dependencia retirada que los gr. destinaban a habitación de sus mujeres. ◊ Bot. Conjunto de carpelos y primordios seminales de la flor.
GINECOLOGÍA f. Parte de la medicina que trata de las enfermedades propias de la mujer. ❏ GINECOLÓGICO, CA; GINECÓLOGO, GA.
GINECOPATÍA f. Nombre genérico de las afecciones de los órganos genitales de la mujer.
GINER de los Ríos, Francisco (1839-1915) Escritor y pedagogo esp. Fundó la Institución Libre de Enseñanza. Estudios sobre educación.
GINETA f. Jineta, mamífero.
GINGIVITIS f. Inflamación de las encías. ❏ GINGIVAL.
GINSBERG, Allen (1926-1997) Poeta norteam. de la beat generation. Aullido, Kaddish.
GINSÉN m. Raíz de la planta china Panax ginseng, que posee propiedades tonificantes.
GINZBURG, Natalia (1916-1991) Escritora it. Nunca debes preguntarme, Las pequeñas virtudes.

Realización de ejercicios de **gimnasia** con anillas

Gran surtidor del lago Leman, en **Ginebra**

GIOLITTI, Giovanni (1842-1928) Político it. Jefe de gobierno (1892-1893). Desde 1903 hasta 1904 encabezó los sucesivos gobiernos en los que se ha dado en llamar «la dictadura de Giolitti». En 1920-1921 volvió a formar gobierno.
GIONO, Jean (1895-1970) Novelista fr. Pan, El gran rebaño, El canto del mundo, Angelo, Viaje a Italia.
GIORDANO, Luca (1632-1705) Pintor barroco it., llamado en España LUCAS JORDÁN. Jesús entre los doctores, Juicio de Paris.
GIORGI, Giovanni (1871-1950) Físico e ingeniero it. Ideó un sistema de unidades.
GIOTTO (h. 1266-1337) Pintor y arquitecto it. de la escuela toscana. Vida de san Francisco, Muerte del caballero Celano. Como arquitecto, una de sus mejores obras es el Campanile de la catedral de Florencia.
GIRA f. Excursión o viaje, volviendo al punto de partida. ◊ Serie de actuaciones de una compañía teatral o de un artista en diferentes localidades.
GIRAL, José (1879-1962) Político esp. Presid. del gobierno al comienzo de la guerra civil (1936). Presid. del gobierno republicano en el exilio (1945-1947).
GIRALDA Torre de la catedral de Sevilla, construida en época almohade (1148-1189) como alminar de la mezquita.
GIRÁNDULA f. Rueda llena de cohetes que gira despidiéndolos. ◊ Artificio para arrojar el agua de las fuentes con variedad de juegos.
GIRAR intr. Moverse circularmente. ◊ fig. Desarrollarse una conversación, negocio, etc., en torno a un tema dado. ◊ Desviarse de la dirección inicial. ◊ intr. y tr. Expedir una orden de pago, en especial una letra de cambio.
GIRARDOT Mun. de Colombia en el dpto. de Cundinamarca; 61 829 hab. Industria textil.
GIRARDOT, Atanasio (1791-1813) Militar col. Luchó junto a Bolívar en Venezuela, muriendo en la batalla de Bárbula.
GIRASOL m. Bot. Perú. Planta anual compuesta, con flores terminales, grandes, amarillas, y fruto con semillas negruzcas, comestibles.
GIRATORIO, RIA adj. Que puede girar o moverse alrededor de algo. ◊ f.

▬ GLACIACIÓN ▬

En la historia geológica de la Tierra han existido numerosos periodos glaciares, de los que el último fue el Würm, que terminó hace unos 10 000 años

La última glaciación cubrió de hielo todo el norte de Europa; en las costas, los glaciares formaron enormes placas de hielo flotante de las que se desprendían grandes icebergs

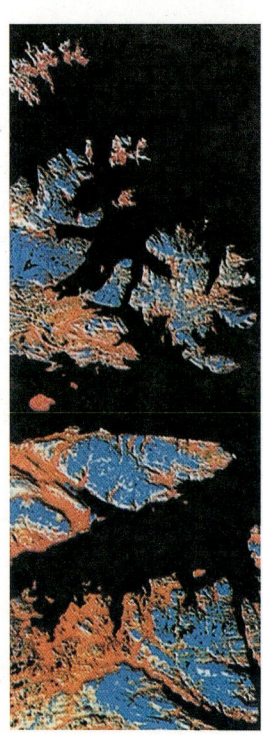

Imagen de satélite de las costas de Laponia, labradas por los hielos del cuaternario

Mueble que gira alrededor de un eje y se usa para colocar libros y papeles.
GIRAUDOUX, Jean (1882-1944) Novelista, dramaturgo y ensayista fr. *Provinciales, Simón el patético, Judith, Electra, Ondina, La loca de Chaillot.*
GIRO m. Movimiento circular. ◊ Dirección que se da a una conversación, a un negocio o asunto. ◊ Tratándose del lenguaje, estructura especial de la frase o manera de estar ordenadas las palabras para expresar un concepto. ◊ Movimiento o transferencia de dinero por medio de letras, libranzas, etc. ◊ **postal.** Envío de dinero a través de las oficinas de correos. ◊ **telegráfico.** Envío de dinero por mediación de las oficinas de telégrafos.
GIRÓ, Juan Francisco (1791-1860) Político ur. Participó en la guerra de Independencia. Presid. de 1852 a 1853.
GÍROLA f. *Arq.* Nave que rodea el ábside en la arquitectura románica y gótica.
GIRÓMETRO m. Aparato para medir la velocidad de rotación de una máquina.
GIRONA Prov. de España, en el NE de Cataluña; 5 886 km², 565 304 hab. Cap., la c. hom. Cereales, forrajes; ind. alimenticia, textil y del corcho. Imp. turismo. ◊ C. de España, cap. de la prov. hom.; 74 879 hab. Centro com. Notables monumentos medievales.
GIRONDINO, NA adj. y s. Miembro de un partido político formado en Francia durante la Revolución, y este mismo partido, que representaba los intereses de la gran burguesía. ◊ De la Gironda.
GIRONDO, Oliverio (1891-1967) Poeta arg., integrado en el grupo vanguardista «Martín Fierro». *Calcomanías, La masmédula.*
GIRONELLA, José María (1917-2003) Novelista esp. *Los cipreses creen en Dios, Un millón de muertos.*
GIROSCOPIO m. Aparato que puede girar velozmente alrededor de su eje de simetría, conservando constantemente su orientación. ❏ GIROSCÓPICO, CA.
GIRÓSTATO m. Nombre genérico que designa cualquier sólido capaz de girar rápidamente alrededor de su eje de rotación.
GIRRI, Alberto (1919-1991) Poeta arg. *En la letra, Ambigua selva, Quien habla no está muerto, El motivo es el poema;* y el libro de cuentos *Prosas.*
GIS m. *Col.* Barrita para escribir en las pizarras. ◊ *Méx.* Pulque, licor.
GISCARD d'Estaing, Valéry (n. 1926) Político fr. Presid. (1974-1981).
GISH, Lillian (1896-1993) Actriz norteam. *El nacimiento de una nación, Intolerancia, Las dos tormentas.*
GITANO, NA adj. y s. Individuo de ciertos pueblos nómadas que, procedentes de la India, se establecieron en el N de África, Europa y América. ◊ m. Caló, lengua hablada por los gitanos. ❏ GITANADA; GITANESCO, CA; GITANISMO.
GIULINI, Carlo María (n. 1914) Director de orquesta it. Ha dirigido las orquestas sinfónicas de Milán, de Chicago, de Viena y de Los Ángeles.
GIZEH, (al-*Giza*) C. del Bajo Egipto, en la orilla izquierda del Nilo, frente a El Cairo, de cuya aglomeración forma parte; 571 300 hab. Ind. textil. Pirámides. Esfinge hom. y ruinas de Menfis.

GJELLERUP, Karl (1857-1919) Escrito danés. *Un idealista, Antígona. Herencia moral, Rómulo* y *Tono de sol mayor.* Pre mio Nobel de Literatura en 1917, com partido con Pontoppidan.
GLACIACIÓN f. *Geol.* Periodo duran te el cual, debido al enfriamiento del cl ma, extensas zonas de la superficie te rrestre quedan cubiertas por casquete glaciares y por glaciares de montaña.
GLACIAL adj. Helado, muy frío. ◊ Que hace helar o helarse. ◊ *Geog.* Apl case a las tierras y mares que están e las zonas glaciales. ◊ *Díc.* del periodo que comprende el final de la era tercia ria, durante el cual se manifiesta u gradual enfriamiento del clima. ◊ **Ar tártico, Océano** ⇒ Antártico. ◊ **Ártic Océano** ⇒ Ártico.
GLACIAR m. *Geog.* Helero, masa con siderable de hielo en las montañas. ◊ **alpino** o **de montaña.** Masa de hiel gralte. en movimiento, que ocupa pe queñas depresiones o valles de monta ña. ◊ **continental** o **inlandsis.** Cas quete g. ◊ **de meseta** o **escandinave** G. que ocupa superficies poco acc dentadas.
GLACIARISMO m. Glaciología. ◊ *Geol.* Modelación del relieve terrestr por los glaciares.
GLACIOLOGÍA f. Ciencia que estu dia las diversas formas en que se pre senta el hielo en la naturaleza.
GLACIS m. *Mil.* Explanada. ◊ Super ficie erosiva de un terreno, propia d regiones secas. Suele iniciarse en un montaña y terminar en una llanura d colmatación.
GLADIADOR m. El que en los juego públicos rom. luchaba contra otro hom bre o contra una fiera.
GLADIOLO o **GLADÍOLO** m. Plan ta herbácea ornamental, con tubércul bulbiformes, hojas largas y flores roja
GLADSTONE, William Ewart (180 1898) Político brit. Primer ministr (1868-1874, 1880-1885, 1886 y 189 1894).
GLAMOUR (voz ing.) m. Encanto m gico e irresistible.
GLANDE m. *Anat.* Bálano, extremida del pene constituida por una expansió del cuerpo esponjoso. ◊ f. *Bot.* Bellot
GLÁNDULA f. *Bot.* Órgano uni o plu ricelular que segrega sustancias inút les o nocivas para una planta. ◊ *Fisio* Órgano para la elaboración, secreció o excreción de sustancias del organis mo humano. ◊ **endocrina.** De secre ción interna, que vierte su producto, la hormonas, en la sangre (suprarrenale tiroides, hipófisis). ◊ **exocrina.** De se creción externa, que vierte sus produc tos por un conducto al exterior o a un cavidad (lagrimales, mamarias, etc.). ◊ **pineal.** Epífisis, órgano nervioso del er céfalo. ◊ **pituitaria.** Hipófisis. ◊ **seb cea.** Cualquiera de las que están situa das en la piel del cuerpo (salvo las d las palmas de la mano o de los pies). ◊ **suprarrenal.** Cada uno de los dos órga nos situados en contacto con el riñón d los batracios, reptiles, aves y mamífero que segregan la adrenalina y los cort coides. ❏ GLANDULAR; GLANDULOSO, SA.
GLASÉ m. Tafetán de mucho brillo. ◊ *Amér.* Charol. ❏ GLASEADO, DA.
GLASEAR tr. Dar brillo a la superfici de algunas cosas.
GLASER, Donald Arthur (n. 1926) F

sico estadounidense. Construyó la primera cámara de burbujas. Premio Nobel de Física en 1960.

GLASGOW C. y puerto de Gran Bretaña, en Escocia; 762 288 hab. (1 765 000 hab. la agl. urb.). Centro carbonífero y siderúrgico. Astilleros. Fundiciones, acerías. Metal. Ind. textiles, químicas.

GLÁSNOST (voz rusa) f. Término empleado para referirse a la transparencia informativa de un gobierno, una de las principales consignas de la *perestroika* promovida por M. Gorbachov en la antigua URSS.

GLASTO m. Planta herbácea de cuyas hojas se saca un color análogo al del añil.

GLAUCO, CA adj. Verde claro.

GLAUCOMA m. *Pat.* Afección del ojo caracterizada por un aumento de la presión intraocular y la disminución del campo visual.

GLAUCONITA f. *Miner.* Silicato hidratado de aluminio y hierro, del grupo de las micas. Cristaliza en el sistema monoclínico; dureza 2.

GLEBA f. Terrón que se levanta con el arado. ◊ **Siervo de la g.** *Hist.* El que dependía de la tierra que cultivaba y era vendido con ella.

GLEEN, John (n. 1921) Astronauta norteam.; el primero de su país que realizó un vuelo alrededor de la Tierra (1962).

GLICEMIA f. *Fisiol.* Glucemia.

GLICÉRIDO m. *Quím.* Éster de la glicerina.

GLICERINA f. Líquido que se encuentra en muchas grasas y aceites naturales. Aplicaciones industriales en la fabricación de explosivos y en perfumería.

GLICINA f. *Bot.* Planta papilionácea, con flores azuladas en racimos. Originaria de Amér. del Sur y de China. ◊ *Biol.* Glicocola.

GLICOCOLA f. *Biol.* Aminoácido constituyente de las proteínas.

GLICOL m. *Quím.* Compuesto orgánico con dos grupos oxhidrilos unidos a diferentes átomos de carbono.

GLIFO m. *Arq.* Motivo ornamental consistente en canalillos grabados sobre una superficie lisa. ◊ Signo utilizado por los mayas para representar los días y las horas.

GLINKA, Mijaíl Ivánovich (1804-1857) Compositor ruso. Su ópera, *Una vida por el zar* o *Iván Susanin* (1836), señala el nacimiento de la escuela musical rusa.

GLÍPTICA f. Arte de grabar las piedras finas y los cuños para imprimir monedas y medallas.

GLIPTOGÉNESIS f. Acción y efecto de adquirir la superficie terrestre su relieve.

GLIPTOTECA f. Colección de piedras grabadas.

GLIRONIA f. *Perú.* Pequeño marsupial insectívoro.

GLIWICE (al., *Gleiwitz*) C. del S de Polonia, Alta Silesia; 212 500 hab. Ind. siderúrgica y metal.

GLOBAL adj. Tomado en conjunto. ❏ GLOBALIZAR; GLOBALIZACIÓN.

GLOBO m. Cuerpo esférico. ◊ Especie de fanal de cristal con que se cubre una luz. ◊ **aerostático.** *Aér.* Recipiente esférico o cilíndrico que contiene un gas menos denso que el aire, lo que permite la

Globo aerostático

elevación del aparato. El valor del empuje ascensional viene dado por el principio de Arquímedes. ◊ **cautivo.** El que por estar destinado a la observación permanece sujeto a tierra por un cable. ◊ **celeste.** Esfera en cuya superficie se representan las constelaciones solares. ◊ **dirigible.** Zepelín. ◊ **sonda.** El que lleva aparatos registradores para estudios meteorológicos. ◊ **terráqueo** o **terrestre.** Esfera con cuya superficie se figura la disposición de las tierras y mares de nuestro planeta. ❏ GLOBOSO, SA.

GLOBULARIA f. Planta herbácea perenne de la familia globulariáceas, propia de lugares áridos y herbosos de Amér. Centr. y Merid. ❏ GLOBURALIÁCEO, A.

GLOBULINA f. *Biol.* Proteína compuesta por veinte aminoácidos, insoluble o poco soluble en agua, soluble en soluciones salinas diluidas y que precipita con sulfato amónico.

GLÓBULO m. dim. de globo. ◊ Corpúsculo esférico de algunos líquidos orgánicos. ◊ **blanco.** *Fisiol.* Célula nucleada y ameboidea de la sangre, llamada también *leucocito.* ◊ **rojo.** *Fisiol.* Eritrocito. ❏ GLOBULAR; GLOBULOSO, SA.

GLOMÉRULO m. *Fisiol.* Formación histológica originada por túbulos arrollados y protegidos por tejido conectivo. ◊ **de Malpighi,** o **renal.** *Fisiol.* Corpúsculo sit. en el riñón, que sirve para filtrar la sangre y elaborar la orina.

GLORIA f. Bienaventuranza. ◊ Lo que ennoblece e ilustra. ◊ Reputación, fama. ◊ Cosa que produce gran placer. ◊ Grandeza, esplendor, magnificencia. ◊ m. Cántico o rezo de la misa. ❏ GLORIAR.

GLORIETA f. Cenador de un jardín. ◊ Plaza donde desembocan varias calles o alamedas.

GLORIFICAR tr. Ensalzar a Dios. ◊ Alabar exageradamente a alguien. ◊ prnl. Complacerse. ❏ GLORIFICACIÓN; GLORIFICADOR, RA.

GLORIOSO, SA adj. Digno de honor y alabanza. ◊ *Rel.* Se aplica a cosas o seres celestiales. Merecedor de gloria y fama. ◊ fig. Revolución esp. de 1868.

GLOSA f. Explicación o comentario de un texto. ◊ Nota en un documento o libro de cuentas. ◊ Composición poética en que se repiten unos versos al final de las estrofas. ◊ *Mús.* Variación libre sobre un tema. ◊ *Col.* Reprimenda. ❏ GLOSAR; GLOSE.

GLOSARIO m. Catálogo o vocabulario de palabras, con su explicación.

GLOSEMA m. *Ling.* La unidad mínima capaz de transmitir un significado.

GLOSEMÁTICA f. *Ling.* Teoría del lenguaje desarrollada por el danés Hjelmslev.

GLOSITIS f. Inflamación de la lengua.

GLOSOFARÍNGEO, A adj. Relativo a la lengua y a la faringe.

GLOSOLALIA f. Perturbación del lenguaje, por la que el enfermo crea palabras.

GLOSOPEDA f. Fiebre aftosa de los ganados.

GLOTIS f. *Anat.* Abertura triangular de la laringe situada entre las cuerdas vocales inferiores. ❏ GLÓTICO, CA.

GLOTÓN adj. y s. Que come con exceso. ◊ m. *Zool.* Mamífero carnívoro, propio de los países del N de Europa, parecido al tejón. ❏ GLOTONEAR; GLOTONERÍA.

GLOXÍNEA f. Planta de jardín bulbosa, de flores acampanadas, originaria de Amér. del Sur.

GLUCEMIA f. *Fisiol.* Concentración de glucosa en la sangre. Si es permanente, reviste carácter patológico (diabetes).

GLÚCIDO m. *Quím.* Nombre genérico de los compuestos de carbono, hidrógeno y oxígeno a los que es común la fórmula general $C_nH_{2n}O_n$.

GLUCK, Cristoph Willibald (1714-1787) Compositor al. Introdujo en la corte de Viena la ópera cómica francesa. Compuso óperas (*Ifigenia en Áulida, Ifigenia en Táuride, Orfeo y Eurídice*), ballets y pantomimas, música religiosa (*De profundis*), sinfonías, sonatas, etc.

GLUCOGÉNESIS f. *Fisiol.* Formación de glúcidos complejos a partir de monosacáridos.

GLUCÓGENO m. *Biol.* Polisacárido de la glucosa, base de los glúcidos de reserva del metabolismo animal.

GLUCÓMETRO m. Aparato para medir la cantidad de azúcar de un líquido.

GLUCOSA f. *Quím.* Monosacárido de color blanco, sabor dulce y soluble en agua. Se encuentran indicios en la orina de los diabéticos. Se utiliza como edulcorante y en farmacia.

GLUCÓSIDO m. *Quím.* Heterósido.

GLUCOSURIA f. *Pat.* Presencia de glucosa en orina. Es característica de la *diabetes mellitus.*

Glotón

Detalle de una espiga de trigo, con las **glumas** y los estambres ya maduros

GLUMA f. *Bot.* Cubierta de las plantas gramíneas, compuesta de dos valvas sit. debajo del ovario.

GLUTÁMICO, CA adj. Del ácido glutámico. ◊ m. *Biol.* y *Quím.* Aminoácido base en la constitución de las proteínas.

GLUTEN m. Sustancia de reserva proteica de los vegetales formada en su mayor parte por glutelinas.

GLÚTEO, A adj. Relativo a las nalgas. ◊ adj. y m. *Anat.* Díc. de los tres músculos situados en la parte posterior de la pelvis ósea.

GNEIS m. *Geol.* Roca de estructura pizarrosa e igual composición que el granito.

GNOMO m. Ser fantástico de la mitología del N de Europa, de origen oriental, enano y barbudo, que habita en el interior de la tierra, en los bosques.

GNOSEOLOGÍA f. *Fil.* Doctrina o teoría del conocimiento. ❏ GNOSEOLÓGICO, CA.

GNOSIS f. *Rel.* Conocimiento absoluto e intuitivo, fruto de la iluminación espontánea, y reservado a los iniciados. ◊ *Rel.* Doctrina de los gnósticos.

GNOSTICISMO m. *Rel.* Doctrina filosófico-religiosa de los primeros siglos de la Iglesia, que basa la salvación en la gnosis. Es una religión sincrética que mezcla elementos del misticismo oriental con tradiciones hebreas (la cábala) y helenísticas. ❏ GNÓSTICO, CA.

GOA Est. de la India; 3 701 km², 1 168 600 hab. Cap., Panjim.

GOBELIN Familia fr. de tintoreros y tapiceros, originaria de Flandes. Adquirieron considerable fama durante el s. XIX. ❏ GOBELINO.

GOBERNADOR, RA adj. y s. Que gobierna. ◊ s. Jefe superior de una prov., c. o terr.

GOBERNALLE m. *Mar.* Timón.

GOBERNANTA f. Mujer encargada de la administración en una casa o institución. ◊ *Argent.* Institutriz, aya.

GOBERNANTE adj. Que gobierna. ◊ s. Persona que gobierna un país o forma parte de un gobierno.

GOBERNAR tr. e intr. Mandar con autoridad o regir una cosa. ◊ tr. y prnl. Guiar y dirigir.

GOBI (chino, *Shamo*; mongol, *Gov*) Desierto de Asia central, en el S de Mongolia y en el N de China, aprox. de 1 millón de km².

GOBIERNISTA adj. *Amér.* Gubernamental.

GOBIERNO m. Forma política. ◊ Conjunto de los ministros de un est. ◊ Empleo, ministerio y dignidad de gobernador, o de otra autoridad pública que se encargue de regir una prov., etc. ◊ Terr. en que tiene jurisdicción y su sede. ◊ Tiempo que dura su ejercicio. ◊ Gobernalle . ◊ **absoluto**. Aquél en que todos los poderes se hallan concentrados en una sola mano o cuerpo, sin limitación. ◊ **parlamentario**. Aquél sujeto al control de las Cámaras libremente elegidas. ◊ **representativo**. Aquél en que concurre la nación, en diversas formas y por medio de representantes, a la formación de las leyes. ❏ GOBERNACIÓN; GOBERNATIVO, VA.

GOBINEAU, Joseph Arthur, CONDE DE (1816-1882) Diplomático y escritor fr., precursor del nazismo. *Ensayo sobre la desigualdad de las razas humanas.*

GOBIO m. Pez de río, de pequeño tamaño, cuerpo alargado, flancos verdes moteados y vientre plateado.

GOCE m. Placer, particularmente el sexual.

GODARD, Jean-Luc (n. 1930) Director de cine fr., miembro de la *nouvelle vague*. *Al final de la escapada, Pierrot el loco, Yo te saludo, María.*

GODAVARI Río de la India, en el centro del Decán; 1 450-1 500 km. Nace en los Gates Occidentales y desemboca en el golfo de Bengala.

GÖDEL, Kurt (1906-1978) Lógico y matemático checo. Demostró la consistencia de la hipótesis cantoriana del continuo y el teorema y la prueba de la incompletitud semántica (prueba de G.).

GODO, DA adj. y s. Díc. de los individuos de un ant. pueblo germano que se estableció en la desembocadura del Vístula en el s. I a. C., y más tarde en los terr. al N del mar Negro. A partir del s. III, en que se asentaron en la cuenca del Danubio, se dividieron en dos grupos: *ostrogodos* (g. orientales) y *visigodos* (g. occidentales). ◊ fig. y fam. En Canarias, esp. peninsular. ◊ adj. y s. *Argent.*, *Chile* y *Col.* Nombre con que se designaba a los esp. en la guerra de la independencia americana y que todavía se usa en algunos lugares.

GODOFREDO de Bouillon (1061-1100) Noble fr., duque de la Baja Lorena. Fue uno de los jefes del ejército cristiano en el asalto a Jerusalén (1099). ◊ **De Estrasburgo** (m. h. 1215) Poeta medieval al. *Tristán e Isolda.*

GODOY, Lucila ⇨ Mistral, Gabriela. ◊ *Manuel de* (1767-1851) Político esp., privado de Carlos IV (1767-1808) y favorito de la reina M. Luisa. Primer ministro en 1792. Firmó con Napoleón el tratado de Fontainebleau (1807).

GODOY CRUZ C. de Argentina, en la prov. de Mendoza; 80 000 hab. Ind. vinícolas, harineras, curtidurías, destilerías de alcohol, refinerías de aceite.

GODUNOV, Boris ⇨ Boris Godunov.

GODWIN, William (1756-1836) Pastor protestante de origen brit. Teórico anarquista. *Informe sobre los principios de la justicia social y su influencia en la virtud y felicidad comunes.*

GOEBBELS, Joseph Paul (1897-1945) Político al. Ministro de Propaganda e Información durante el gobierno de Hitler (1933-1945).

Manuel de **Godoy,** detalle de un cuadro de Goya

GOERING, Hermann (1893-1946) Mariscal al. Ministro de Aviación y presid. del Reichstag (1932) en el régimen nazi.

GOETHE, Johann Wolfgang (1749-1832) Escritor al., el más representativo de la lit. clásica al. Su obra culmina en un idealismo naturalista. Cultivó todos los gén. literarios. En 1774 escribió la novela *Los sufrimientos del joven Werther.* Tras su viaje a Italia, el drama *Ifigenia* (1779-1786) y la tragedia *Torcuato Tasso* (1789). De finales del s. XVIII son *El enterrador de tesoros, El aprendiz de brujo, La novia de Corinto* (baladas), *Los años de aprendizaje de Wilhelm Meister* (novela), y *Hermann y Dorotea* (poema épico). En 1808 apareció la primera parte de *Fausto.* En 1809 publicó *Las afinidades electivas,* en la que aborda el conflicto entre el instinto y la moral.

GOETHITA f. *Miner.* Hidróxido de hierro que cristaliza en el sistema rómbico, de color pardo; se utiliza como mineral de hierro.

GOFIO m. Harina gruesa de maíz, trigo o cebada tostada. ◊ *Nic.* y *Ven.* Alfajor hecho con harina de maíz o de cazabe y papelón. ◊ *Cuba* y *P. Rico.* Comida hecha con harina de maíz tostado y azúcar.

GOGOL, Nikolai Vasilievich (1809-1852) Novelista ruso, creador del realismo crítico. *Arabescos, La perspectiva Nevski, El retrato, Almas muertas, Memorias de un loco* (cuentos).

GOIÂNIA C. de Brasil, cap. del est. de Goiás; 921 000 hab. Centro comercial.

GOIÁS Est. de Brasil, sit. en las altiplanicies del int.; 340 166 km², 4 082 000 hab. Cap., Goiania. Accidentado al S por la Serra dos Pirineus (1 380 m). Arroz, algodón, café, ganado vacuno, extracción de níquel. Desde 1960 se halla dentro de los límites de este est. el Distrito Federal de Brasilia.

GOL m. En ciertos juegos, tanto que se obtiene al introducir la pelota en la meta contraria. ❏ GOLEAR.

GOLA f. Garganta. ◊ *Arq.* Moldura cuyo perfil tiene la figura de una *s.*

GOLÁN, altos de Montes sit. en la frontera sirio-israelí, al S del monte Hermón. En 1967 la zona fue ocupada por Israel.

GOLDING, William (1911-1993) Escritor brit. Premio Nobel de Literatura en 1983. *El señor de las moscas. Ritos de paso, Un diario egipcio.*

GOLDONI, *Carlo* (1707-1793) Comediógrafo it. Piezas cómicas realistas costumbristas. *La familia del anticuario, La posadera.*

GOLDSMITH, *Oliver* (1728-1774) Escritor ing., de origen irlandés. *Vida de Richard Nash, Ciudadano del mundo, El vicario de Wakefield.*

GOLETA f. Velero pequeño y ligero, de dos o tres palos y bordas poco elevadas.

GOLF m. Deporte de origen escocés, que consiste en impeler con palos una pelota para introducirla en unos agujeros con el menor número de golpes.

GOLFO, FA m. y f. Pilluelo. ◊ Sinvergüenza, de mal vivir. ◊ f. Prostituta. ◊ m. *Geog.* Gran porción de mar que se interna en la tierra entre dos cabos.

GOLFO, *corriente del* Corriente cálida del Atlántico que va del golfo de México a Noruega.

GOLFO, *Guerra del* Conflicto armado motivado por la invasión de Kuwait por parte de Irak (agosto 1990). El 17 de enero 1991 comenzaron las hostilidades y el 28 de febrero se rindió Irak ante la fuerza multinacional, aceptando las condiciones de la ONU.

GOLGI, *Camillo* (1844-1926) Médico e histólogo it. Creador de un método de tinción. Descubridor del aparato y las células que llevan su nombre. Premio Nobel de Medicina en 1906, con Ramón y Cajal.

GÓLGOTA Nombre heb. del Calvario.

GOLIARDO, DA adj. Dado a la gula y a la vida desordenada. ◊ m. En la E. Med., clérigo o estudiante vagabundo que llevaba vida irregular.

GOLIAT Gigante filisteo que fue m. por David.

GOLILLA f. Adorno del cuello de los ministros togados y demás curiales. ◊ Trozo de tubo que sirve para empalmar los caños de barro. ◊ *Bol.* Chalina del gaucho. ◊ *Cuba.* Parte superior de la cola de una cometa.

GOLLERÍA f. Manjar exquisito y delicado.

GOLLETE m. Parte superior del cuello, por donde se une a la cabeza. ◊ Cuello estrecho que tienen algunas vasijas.

GOLONDRINA f. *Zool.* Ave paseriforme de pico negro y corto, cuerpo negro azulado por encima y blanco por debajo, y cola larga y muy ahorquillada. ◊ Barca pequeña de motor para viajeros.

GOLONDRINO m. Pollo de la golondrina. ◊ Forúnculo en el sobaco.

GOLOSINA f. Manjar exquisito, gralte., dulce, de poco alimento. ❑ GOLOSO, SA.

Golondrina

GOLPE m. Choque violento de dos cuerpos. ◊ Multitud, copia o abundancia de una cosa. ◊ Suceso repentino. ◊ Ocurrencia. ◊ Desgracia, infortunio. ◊ fig. Admiración, sorpresa. ◊ *Méx.* Mazo de hierro. ◊ *Ven.* Trago de licor. ◊ **de Estado.** Acto violento por el que se toma el poder de un Estado. ◊ **de fortuna.** Suceso extraordinario que sobreviene de repente. ◊ **de gracia.** El que se da para rematar al que está mortalmente herido. ◊ **de mar.** Ola fuerte que quiebra en las embarcaciones, islas, peñascos y costas del mar. ◊ **de vista.** Galicismo por ojeada, mirada. ◊ Apreciación rápida de una cosa. ❑ GOLPAZO; GOLPEAR; GOLPEADURA; GOLPEO; GOLPETEAR; GOLPETEO.

GOLPEADOR m. *Argent., Chile* y *Col.* Aldaba de las puertas.

GOLPISMO m. Actitud favorable a los golpes de Estado. ❑ GOLPISTA.

GOLPIZA f. *Amér.* Paliza, zurra.

GOMA f. Sustancia viscosa que fluye de diversos vegetales. ◊ Tira de goma elástica a modo de cinta. ◊ Condón. ◊ *Amér. Centr.* Malestar después de una borrachera. ◊ **arábiga.** La que producen ciertas acacias muy abundantes en Arabia. ◊ **de borrar.** La elástica, preparada para borrar el lápiz o la tinta. ◊ **de mascar.** Chicle. ◊ **elástica.** Caucho. ❑ *Amér.* GOMAL.

GOMEL C. en la república de Bielorrusia; 248 000 hab. Ind. del automóvil, de maquinaria textil, maderera.

GOMENSORO, *Tomás* (1810-1900) Político ur. Presid. provisional de la Rep. (1872-1873).

GOMERA, *La* Mun. de Guatemala, en el dpto. Escuintla; 28 868 hab. Ganadería.

GOMERA, *La* Isla esp. de las Canarias, prov. de Santa Cruz de Tenerife; 354 km², 18 285 hab. Cap., San Sebastián de la Gomera. Plátanos, tomates y patatas.

GOMES, *Carlos* (1836-1896) Compositor bras. Autor de la ópera *Il Guarany.*

GÓMEZ, *José Miguel* (1858-1921) Político cub. Presid. de la Rep. (1909-1913). ◊ *Juan Vicente* (1859-1935) Político ven. Presid. de la Rep. desde 1910 hasta su muerte, salvo en los períodos 1914-1922 y 1929-1931. ◊ *Laureano* (1889-1965) Político y periodista col. Presid. en 1950 y en 1953. ◊ *Máximo* (1836-1905) Patriota cub., héroe de la independencia de su país. Inició con Maceo, Martí y García la insurrección de 1895, que puso fin a la dominación esp. ◊ *Carrillo, Enrique* (1873-1927) Escritor y periodista guat. *El Japón heroico y galante.* ◊ **De Avellaneda,** *Gertrudis* ⇨ Avellaneda, Gertrudis Gómez de. ◊ **De La Serna,** *Ramón* (1888-1963) Escritor esp. *El torero Caracho, La viuda blanca y negra, El Rastro, Ramonismo, Retratos contemporáneos, Greguerías.* ◊ **Farias,** *Valentín* (1781-1858) Político mex. Vicepresid. con Santa Anna (1833-1834, 1846-1847), asumió la presid. durante las ausencias de éste. Se distinguió por su política liberal. ◊ **Pedraza,** *Manuel* (1789-1851) Militar y político mex. Combatió en el ejército realista hasta 1821. Elegido presid. en 1828 no pudo desempeñar su cargo a causa del motín de la Acordada. ◊ **Restrepo,** *Antonio* (1869-1947) Poeta y crítico col. *Historia de la literatura colombiana.*

GÓMEZ PALACIO C. de México, en

el est. de Durango; 110 215 hab. Fundaciones, centro comercial.

GOMINA f. Fijador del cabello.

GOMORRA ⇨ Sodoma.

GOMORRESINA f. Jugo lechoso que fluye de varias plantas.

GOMOSO, SA adj. Que tiene goma o se parece a ella.

GOMULKA, *Wladislaw* (1905-1982) Político pol. Secretario general del partido comunista polaco (1943-1948). Acusado de nacionalismo y expulsado del partido en 1949. En 1956 se le rehabilitó y reasumió la secretaría general, que abandonó en 1970.

GÓNADA o **GONADA** f. Órgano del aparato reproductor de los animales en el que se forman y liberan los gametos. Las g. que producen óvulos reciben el nombre de *ovarios* y las que producen espermatozoides, el de *testículos.*

GONÇALVES, *Nuno* (s. XV) Pintor port. Probable autor del *Políptico de San Vicente,* en Lisboa. ◊ *Vasco* (n. 1921) Militar y político port. Uno de los prales. dirigentes del levantamiento militar contra M. Caetano (1974). Primer ministro (1974-1975). ◊ **Dias,** *Antonio* (1832-1864) Poeta romántico bras. *Los timbiras, El que debe morir.*

GONCOURT, *Edmond* (1822-1896) Novelista naturalista fr. Escribió en colaboración con su hermano **Jules** (1830-1870) *Germinia Lacerteux* y la comedia *Henriette Maréchal.* Fundó la Academia Goncourt, que otorga el premio homónimo.

GÓNDOLA f. Embarcación veneciana, larga, esbelta y con la proa y la popa elevadas. ◊ *Chile* y *Col.* Ómnibus. ❑ GONDOLERO.

GONDRA, *Manuel* (1872-1927) Político y escritor par. Presid. de la rep. en 1910, fue derrocado pero recuperó el poder y gobernó entre 1920 y 1921.

GONDWANA Región montañosa de la India, rica en hulla. Cap., Nagpur. Pertenece, según algunas teorías, a un continente que durante la era primaria habría reunido en un mismo bloque India, África, Madagascar, Australia, Amér. del Sur y la Antártida.

GONG m. Instrumento de percusión formado por un disco rebordeado de una aleación metálica muy sonora. Se toca golpeándolo con una maza.

GÓNGORA y Argote, *Luis de* (1561-1627) Poeta esp. En su obra se distin-

Luis de **Góngora y Argote**

guen dos vertientes: la culta y la popular. A la primera corresponde la creación del culteranismo, representado por *Soledades, Fábula de Polifemo y Galatea* y el *Panegírico al duque de Lerma.* La vertiente popular fue la que le dio fama. *Dejadme llorar, orillas del mar, Ande yo caliente, Amarrado al duro banco.* Dentro del género caballeresco, *Angélica y Medoro.* Sonetos: *Ilustre y hermosísima María.*

Mijail **Gorbachov**

GONGORISMO m. Culteranismo.
GONIDIO m. *Bot.* Alga que interviene en la constitución del talo de los líquenes.
GONIOMETRÍA f. *Metrol.* Rama de la tecnología que se ocupa de la medición de los ángulos.
GONIÓMETRO m. Instrumento para medir ángulos.
GONOCOCO m. Bacteria productora de la gonorrea o blenorragia. ❑ GONO-COCIA.
GONORREA f. Flujo mucoso de la uretra.
GONZAGA, Tomás Antonio (1744-1810) Poeta romántico bras. *Marilia de Dircea.*
GONZÁLEZ, Juan Francisco (1853-1933) Pintor chil., romántico. Pintó paisajes, flores y cabezas femeninas. ◊ *Julio* (1876-1942) Escultor cubista esp. *Hombre cactus, La Montserrat.* ◊ *Manuel* (1833-1893) Militar y político mex. Fue presid. de la Rep. entre 1880 y 1884. ◊ *Bravo, Luis* (1811-1871) Político esp. Presid. del gobierno en 1843 y 1868. ◊ *Casanova, Pablo* (n. 1922) Sociólogo mex. Profesor y rector de la Universidad autónoma de México (1970-1972). *La ideología norteamericana sobre inversiones extranjeras.* ◊ *Dávila, Gil* (h. 1480-h. 1526) Conquistador esp. Exploró Nicaragua y Honduras. ◊ *De Amezúa, Agustín* (1881-1956) Erudito esp., autor de notables estudios sobre el Siglo de Oro y Lope de Vega. ◊ *Gamarra, Francisco* (1890-1972) Pintor y músico per. Acuarelas y retratos. Premio Nacional de música, 1959. ◊ *Garza, Roque* (1885-1962) Político y militar mex. Presid. de la Rep. de enero a junio de 1915. ◊ *León, Adriano* (n. 1931) Escritor ven. Destaca los aspectos negativos de la sociedad venezolana: *Las hogueras más altas, Hombre que daba sed* y *País portátil.* ◊ *Macchi, Luis Ángel* (n. 1947) Político par. Accedió a la presid. de la Rep. en 1999 tras la

dimisión de R. Cubas ocupó el cargo hasta 2003. ◊ **Márquez, Felipe** (n. 1942) Político esp. Secretario del PSOE (1974-1997). Presid. del gobierno en 1982, consiguió así mismo la victoria en 1986, 1989 y 1993, pero fue derrotado en 1996.
GONZALO de Córdoba ➪ Fernández de Córdoba.
GOODMAN, Benny (1909-1986) Músico y compositor norteam., virtuoso del clarinete. Lideró una de las *bigbands* más populares de los años 30.
GORBACHOV, Mijail (n. 1931) Político sov. Secretario general del Partido Comunista, en 1985. Su aperturismo *(perestroika)* permitió la democratización de la URSS y los países del Este, y supuso el fin de la guerra fría, por lo que le fue concedido el Premio Nobel de la Paz en 1990. Elegido presid. de la URSS, tras la creación de la CEI (1991), dimitió.
GORDIANO I, Marco Antonio (h. 157-238) Emperador rom. [238]. ◊ **II, Marco Antonio** (192 238) Emperador rom. Su padre Gordiano I le asoció al título imperial. ◊ **III, Marco Antonio** (h. 223-244) Emperador rom. [238-244]. Venció a los persas y los expulsó de Etiopía.
GORDIMER, Nadine (n. 1923) Novelista sudafricana, en inglés. Refleja las difíciles relaciones de las etnias en la Rep. Sudafricana. *Hay algo, ahí fuera.* Premio Nobel de Literatura en 1991.
GORDINFLÓN, NA adj. fam. De gordura fofa.
GORDO, DA adj. Que tiene muchas carnes. ◊ Muy abultado y corpulento. ◊ Que excede del grosor corriente. ◊ m. Sebo o manteca del animal. ◊ f. *Méx.* Tortilla de maíz gruesa.
GORDOLOBO m. Planta vivaz herbácea con hojas blanquecinas, gruesas y oblongas.
GORDURA f. Tejido adiposo que existe entre los órganos. ◊ Abundancia de carnes y grasas en personas y animales. ◊ *Argent.* y *P. Rico.* Crema de la leche. .
GORE, Albert, llamado AL (n. 1948) Político estadoun. Vicepresidente durante el mandato de B. Clinton (1993-2000). Concurrió a las elecciones presidenciales de 2000 por el Partido Demócrata.
GORGIAS (s. V-IV a. C.) Filósofo y retórico sofista gr., *De la naturaleza o del no ser.*
GORGOJO m. *Zool.* Insecto coleóptero, fitófago (300 000 especies). Ataca plantas útiles al hombre.

Máximo **Gorki**

GORGONAS *Mit. gr.* Las tres hijas de Forco y de Ceto: Medusa, Esteno y Euríale. ❑ GORGÓNEO, A.
GORGORITO m. fam. Quiebro que se hace con la voz en la garganta. Se usa más en pl. ❑ GORGORITEAR.
GORGOTEO m. Ruido producido por el movimiento de un líquido o un gas en el interior de alguna cavidad. ❑ GORGOR; gorgotear.
GORGUERA f. Adorno del cuello de lienzo plegado y alechugado.
GORILA m. Mamífero primate antropoide, de gran tamaño, que habita en el África tropical.
GORJA f. Garganta.
GORJEAR intr. Hacer quiebros con la voz en la garganta, aplicado a la voz humana y a la de los pájaros. ◊ prnl. *Amér.* Burlarse, bromear. ◊ Empezar a hablar el niño. ❑ GORJEO.
GORKI ➪ Nizhnii Novgorod.
GORKI, Máximo Seud. de *Alexei Maximovitch Piechkov* (1868-1936) Escritor ruso. *Los bajos fondos, Los pequeños burgueses, La madre.* En *Los Artamonov* y *La vida de Klim Shanguin,* explica la revolución como consecuencia de la degeneración de la sociedad burguesa.
GORLOVKA C. de Ucrania, sit. en el E de esta rep.; 337 000 hab. Centro minero.
GORNO ALTÁI Rep. de Rusia, en Siberia occidental; 92 600 km², 192 000 hab. Cap., Gorno-Altajsk. Constituye la parte SE del terr. de Altái. Densos bosques. Ganado ovino y vacuno. Minas de oro, mercurio, etc. Ind. maderera, textil.
GOROSTIZA, Celestino (1904-1967) Dramaturgo mex. *La escuela del amor, La Malinche.* ◊ *José* (1901-1973) Poeta y diplomático mex. *Canciones para cantar en las barcas* y *Muerte sin fin.* ◊ *Manuel Eduardo de* (1789-1851) Escritor mex. *Contigo, pan y cebolla, Don Dieguito.*
GORRA f. Prenda con visera para cubrir la cabeza. ◊ m. fig. Gorrón. ❑ GORRERÍA; GORRERO, RA; GORRETADA.
GORREAR intr. fam. Comer, vivir a costa ajena.
GORRINO, NA m. y f. Cerdo pequeño. ◊ Cerdo. ◊ fig. Persona desaseada.
GORRIÓN m. Diversas aves paseriformes pequeñas, rechonchas y de pico cónico, adaptadas al régimen granívoro, aunque se alimentan también de insectos. ◊ *Amér. Centr.* Pájaro mosca o colibrí.
GORRISTA adj. y s. Gorrón.
GORRO m. Pieza para cubrir la cabeza. ◊ **frigio.** El que usaban los ant. frigios, emblema de la libertad de los revolucionarios fr. de 1793.
GORRÓN, NA adj. y s. Que tiene por hábito comer, vivir o divertirse a costa ajena. ◊ *Amér. Centr.* Egoísta. ◊ *Mec. apl.* Espiga en que termina el extremo inferior de un árbol vertical para servirle de apoyo y facilitar su rotación. ❑ GORRONERÍA.
GOSPEL (voz ing.) m. Canto religioso de los negros de EE UU, desarrollado a partir de los años 30.
GOSSAERT, Jan (1480-h. 1525) Pintor flamenco, también llamado MABUSE. *Dánae, Pareja de ancianos.*
GOTA f. Partícula esferoidal desprendida de la masa de un líquido. ◊ Enfermedad que causa hinchazón dolorosa en ciertas articulaciones. ◊ **fría.** *Meteor.* Borrasca de pequeñas dimensiones originada en altura, entre 5 000 y 9 000 m, que se puede propagar hasta el suelo.

GOTEAR intr. Caer un líquido gota a gota. ◊ Comenzar a llover a gotas espaciadas. ❑ GOTEO.

GÖTEBORG C. del SO de Suecia, cap. del län de Göteborg-Bohus; 431 900 hab. Primer puerto del país. Ind. textiles, metalúrgicas, de automóviles, refinería de petróleo. Astilleros. Centro financiero y comercial. Universidad.

GOTERA f. Filtración de agua de lluvia a través de un techo o pared. ◊ pl. *Amér.* Alrededores de una población.

GOTERO m. *Amér.* Cuentagotas.

GOTERÓN m. Gota grande de agua de lluvia. ◊ *Arq.* Canal en la cara inferior de la corona de la cornisa.

GÓTICO, CA adj. Perteneciente a los godos. ◊ adj. y s. Arte que en la Europa occidental se desarrolla por evolución del románico desde el s. XII hasta el Renacimiento. ◊ m. *Ling.* Lengua germánica que hablaron los godos.
❑ *Arq.* Sus inicios vienen señalados por el arco apuntado y la bóveda sobre crucería de ojivas, en las catedrales del N de Francia (Amiens, Reims). El estilo g. evolucionó hasta llegar, en el s. XV, al *g. flamígero*, con una progresiva complicación en el trazado de los arcos y las aberturas, bóvedas estrellada y bóvedas de abanico.
❑ *Esc.* Durante el s. XIII se observó una pérdida de la rigidez románica y una tendencia hacia un realismo idealizado.
❑ *Pint. y artesanía.* En un primer momento se difundió desde Francia el g. lineal, inspirado en la técnica de las vidrieras: contornos redondeados y gruesos y colores planos. En el s. XIV surgió una corriente italianizante, con un sentido mayor del volumen y de la proporción (Simone Martini, Giotto). La interpretación de las diversas tendencias desembocaría en el g. internacional. Al llegar el s. XV, la escuela flamenca dio a conocer la técnica del óleo (Van Eyck, Van der Weyden).

GOTINGA *(Göttingen)* C. de Alemania, en la Baja Sajonia; 120 242 hab. Universidad (1737). Centro de investigación atómica.

GOTLAND Isla de Suecia, en el mar Báltico; 3 140 km², 56 840 hab. Cap., Visby. Cereales. Ovinos y vacunos. Pesca.

GOUACHE (voz fr.) m. Técnica de pintura.

GOULART, *Joâo Belchior* (1918-1976) Político bras. Vicepresid. en 1955 y 1960; al dimitir Quadros ocupó la presid. Fue derrocado en 1964.

GOUNOD, *Charles* (1818-1893) Compositor romántico fr. *Fausto, Romeo y Julieta.*

GOURMET (voz fr.) com. Persona aficionada a comer bien y entendida en vinos y manjares.

GOYA y Lucientes, *Francisco José de* (1746-1828) Pintor y grabador esp. Captó los rasgos esenciales de sus personajes con una sinceridad sorprendente. (*La maja desnuda, La condesa de Chinchón*). Desde 1799 hasta la guerra de la Independencia, culminó su arte como retratista (*La familia de Carlos IV*). Su observación directa de la guerra (1808-1814) le llevó a representar episodios como *Los Fusilamientos* y *El Dos de Mayo*; grabó *Los Desastres de la Guerra* y la serie sobre la *Tauromaquia*. En los *Disparates* aparece su interés por lo fantástico. ❑ GOYESCO, CA.

GOYENECHE, *José Manuel de* (1776-1846) Militar esp. Gobernador de Cuzco.

GOYTISOLO, *José Agustín* (1928-1999) Poeta esp. *Años decisivos, Palabras para Julia, Final de un adiós.* ◊ ***Juan*** (n. 1931) Novelista y ensayista esp. *La resaca, Fin de fiesta, Juan sin Tierra.* ◊ ***Luis*** (n. 1935) Novelista y ensayista esp. *Los verdes de mayo hasta el mar, Estela del fuego que se aleja, Fábulas.*

GOZAR intr. y prnl. Experimentar gozo. ◊ tr. e intr. Tener alguna cosa útil

GÓTICO

El estilo gótico surgió en el siglo XII en Francia. Las catedrales, como la de Nôtre Dame de París, representan la más acabada expresión de su espíritu

Peregrinos dirigiéndose a Canterbury en una vidriera del siglo XIII. Catedral de Canterbury, Inglaterra

La estrecha y puntiaguda caligrafía gótica presenta la misma verticalidad que caracteriza a la arquitectura

La nevada, cartón para tapiz de Francisco José de **Goya y Lucientes**

o beneficiosa. ◊ tr. Poseer sexualmente a alguien.

GOZNE m. Herraje con que se fijan puertas y ventanas al quicial para que giren. ◊ Bisagra.

GOZO m. Sentimiento de alegría y placer. ◊ pl. Composición poética en loor de la Virgen o de los santos. ❑ GOZOSO, SA.

GOZZOLI, Benozzo (1420-1497) Pintor florentino. Autor de frescos. *Cortejo de los Reyes Magos.*

GPU Siglas de *Gosudarstvennoye Politickeskoye Upravlenie*, policía secreta rusa.

GRABADO m. Técnica artística para reproducir un dibujo, y cuya finalidad es la multiplicación gráfica. ◊ Estampa producida por medio de la impresión de láminas grabadas. ◊ **al agua fuerte.** Procedimiento en que se emplea la acción del ácido nítrico sobre una lámina de metal. ◊ **al agua tinta.** El que se hace cubriendo la lámina con polvos de resina, que quedan después grabados mediante la acción del agua fuerte. ◊ **a puntos,** o **punteado.** El que resulta de dibujar los objetos con puntos hechos a buril. ◊ **sobre madera** (o xilografía). El que se realiza sobre madera, en cuyo caso se entinta la superficie de la talla y se aplica sobre la misma un papel para obtener una calca del grabado.

GRABAR tr. Señalar con incisión o abrir y labrar en hueco o en relieve sobre una superficie, un letrero, figura, etc. ◊ tr. y prnl. fig. Fijar una impresión profundamente en el ánimo. ◊ tr. Registrar los sonidos por medio de un disco, cinta magnetofónica, etc., de manera que se puedan reproducir. ◊ *Comp.* Copiar información de una unidad de almacenamiento a otra. ❑ GRABACIÓN; GRABADOR, RA; GRABADURA.

GRACEJO m. Gracia. ◊ *Guat.* Payaso.

GRACIA f. Actitud amistosa o protectora hacia alguien. ◊ *Rel.* Ayuda sobrenatural concedida por Dios a los hombres. ◊ Don natural que hace agradable a la persona. ◊ Atractivo que se advierte en la fisonomía de algunas personas. ◊ Concesión gratuita. ◊ Afabilidad. ◊ Garbo en la ejecución de una cosa. ◊ Chiste, dicho agudo. ◊ Perdón o indulto que concede el rey. ◊ pl. *Mit.*

Triunfo de santo Tomás de Aquino, tabla atribuida a Benozo **Gozzoli**

Divinidades mitológicas, hijas de Venus. ❑ GRACIABLE.

GRACIÁN, Baltasar (1601-1658) Escritor esp., de estilo conceptista. *Agudeza y arte de ingenio, El criticón.*

GRACIAS C. de Honduras, cap. del dpto. de Lempira; 3 854 hab. Cereales.

GRACIAS A DIOS Cabo de la costa E de América Central, entre Nicaragua y Honduras. ◊ Dpto. del E de Honduras; 16 997 km², 33 684 hab. Cap., Brus Laguna. Productos agrícolas tropicales. Oro, plata, plomo, níquel.

GRÁCIL adj. Sutil, delgado o menudo. ❑ GRACILIDAD.

GRACIOLA f. Hierba vivaz con flores en forma de embudo, blancas o amarillentas.

GRACIOSO, SA adj. Aplícase a la persona o cosa que tiene gracia o que es aguda. ◊ Que se da de balde o de gracia.

GRACO, Cayo Sempronio (154-121 a. C.) Político romano. Restauró la ley agraria e implantó una política destinada a limitar los privilegios senatoriales en favor de los caballeros y la plebe. ◊ *Tiberio Sempronio* (h. 162-133 a. C.) Político romano. Propuso la repartición de las tierras estatales.

GRADA f. Peldaño. ◊ Asiento a manera de escalón corrido. ◊ Tarima que se suele poner al pie de los altares. ◊ Instrumento para allanar la tierra después de arada. ◊ pl. Escalinata delante de un edificio. ◊ *Amér.* Atrio, espacio ante un edificio. ◊ *Ecuad.* Escalera. ❑ GRADADO, DA; GRADAR; GRADERÍO.

GRADACIÓN f. Serie de cosas ordenada gradualmente. ◊ Periodo armónico musical que va subiendo de grado en grado. ◊ Figura poética y retórica que ofrece una serie de ideas en progresión ascendente o descendente en su significación.

GRADIENTE m. *Fís.* y *Mat.* Término que significa incremento de una magnitud cuando varía entre dos puntos según una dirección determinada. ◊ **geotérmico.** *Geof.* Núm. de grados centígrados que aumenta la temperatura en el interior de la Tierra por cada cien metros de profundidad.

GRADILLA f. Escalerilla portátil.

GLADIOLO o **GLADÍOLO** m. Gladiolo, planta.

GRADO m. Peldaño. ◊ Cada una de las generaciones que marcan el parentesco entre las personas. ◊ fig. Cada uno de los diversos estados o calidades que puede tener una cosa. ◊ Unidad de medida de ciertos valores físicos. ◊ Voluntad, gusto. ◊ *Alg.* Núm. de orden que expresa el de factores de la misma especie que entran en un término o en una parte de él. ◊ *Der.* Cada una de las diferentes instancias que puede tener un pleito. ◊ **centesimal.** *Geom.* Unidad de medida de ángulos, la centésima parte de un cuadrante de circunferencia. ◊ **sexagesimal.** *Geom.* Unidad de medida de ángulos, la nonagésima parte de un cuadrante de circunferencia.

GRADUACIÓN f. Número de grados que tiene una cosa o la proporción de ciertos componentes. ◊ *Mil.* Categoría de un militar.

GRADUADO, DA adj. y s. Díc. del que ha alcanzado un grado universitario. ◊ adj. Dividido en grados.

GRADUAL adj. Que está por grados o

va de grado en grado. ◊ m. Parte de la misa, que se reza entre la epístola y el evangelio.

GRADUAR tr. Dar a una cosa el grado que le corresponde. ◊ Apreciar en una cosa el grado que tiene. ◊ Dividir y ordenar una cosa en estados correlativos. ◊ tr. y prnl. En las universidades, otorgar el grado y título de bachiller, licenciado o doctor. ❑ GRADUADOR, RA.

GRAFFITI (voz it.) m. pl. Grafitos, letreros o dibujos.

GRAFÍA f. Conjunto de letras o signos que se emplea para representar sonidos.

GRÁFICO, CA adj. y s. Aplícase a las descripciones, operaciones y demostraciones representadas por medio de figuras o signos. ◊ adj. fig. Aplícase al modo de hablar que expone las cosas con la misma claridad que si estuvieran dibujadas. ◊ m. y f. Representación gráfica de una relación cuantitativa propia de un fenómeno cualquiera.

GRAFISMO m. Cada una de las particularidades de la letra de una persona, o el conjunto de todas ellas. ◊ Conjunto de técnicas artísticas y tipográficas en el campo de la comunicación visual escrita o pictórica. ❑ GRAFISTA.

GRAFITO m. *Miner.* Mineral de textura compacta, color negro agrisado, lustre metálico y compuesto por carbono cristalizado en el sistema hexagonal. ◊ Letrero o dibujo trazado o grabado en paredes u otras superficies resistentes.

Grafito

GRAFOLOGÍA f. Técnica de interpretación del carácter de una persona a través de su escritura. ❑ GRAFÓLOGO, GA.

GRAFÓMETRO m. Semicírculo que sirve para medir ángulos en las operaciones topográficas.

GRAGEA f. Pequeña porción de materia medicamentosa recubierta de una sustancia azucarada.

GRAHAM, Thomas (1805-1869) Químico escocés. Estudió la difusión de los gases y el ácido fosfórico.

GRAJA f. Ave paseriforme, de color negro brillante, con la cara y el pico claros. Unos 45 cm de largo.

GRAJILLA f. Ave paseriforme, menor que la graja y con tonos grises en su plumaje negro; vive en casi toda Europa.

GRAJO m. Graja, ave.

GRAMA f. *Bot.* Planta medicinal gramínea, con el tallo rastrero, que echa raicillas por los nudos.

GRAMÁJE m. Peso del papel o del cartón, expresado en gramos por metro cuadrado.

GRAMÁTICA f. Ciencia que describe sistemáticamente y en su totalidad el lenguaje o las lenguas. ◊ En sentido más restringido, disciplina que atiende a los aspectos sintácticos y morfológicos del lenguaje o de las lenguas. ◊ **comparada.** La que estudia las relaciones que pueden establecerse entre dos o más lenguas. ◊ **estructural.** La que concibe el lenguaje como una realidad autónoma y formal, describiéndolo mediante un sistema de oposiciones. ◊ **parda.** fam. Habilidad para manejarse, picardía. ❑ GRAMATICAL; GRAMÁTICO, CA.

GRAMIL m. *Carp.* Instrumento para trazar en la madera líneas paralelas al canto de la pieza labrada.

GRAMILLA f. Tabla donde se colocan los manojos de lino o cáñamo para agramarlos. ◊ *Argent.* Planta gramínea, utilizada para pasto.

GRAMÍNEO, A adj. y f. *Bot.* Aplícase a plantas monocotiledóneas que tienen tallos cilíndricos, flores dispuestas en espigas y grano cubierto por las escamas de la flor.

GRAMO m. *Fís.* Unidad de masa en el sistema cegesimal, igual a la milésima parte del kilogramo masa patrón.

GRAMÓFONO m. Aparato que reproduce el sonido grabado sobre un disco.

GRAMOLA f. Gramófono provisto de bocina interior, portátil o en forma de mueble.

GRAMSCI, Antonio (1891-1937) Pensador y político it. Fue uno de los fundadores del partido comunista italiano. *Cartas desde la cárcel.*

GRAN adj. Apócope de grande. Sólo se usa antepuesto al nombre en singular.

GRAN BARRERA (*Great Barrier Reef*) Serie de arrecifes coralíferos de la costa E de Queensland (Australia); 260 000 km² de extensión.

GRAN BRETAÑA E IRLANDA DEL NORTE, Reino Unido de (*United Kingdom of Great Britain and Northern Ireland*) Est. de Europa occidental; monarquía constitucional de carácter parlamentario. Ocupa la totalidad del arch. brit., las pequeñas islas Anglonormandas y el sector NE de la isla de Irlanda.
❑ *Geog. fís.* Se diferencian dos grandes sectores en su terr.: el N y O, montañoso, aunque sus alineaciones no rebasen los 1 400 m; y el S y SE, de tierras llanas cuyos materiales sedimentarios originan relieves en cuesta. Los ríos, cortos y caudalosos, avenan grandes cuencas: Dee, Trent, Ouse, Támesis, Severn. Clima oceánico, templado y húmedo. Vegetación de tipo atlántico.
❑ *Geog. econ.* El peso del sector primario recae más en la ganadería, favorecida por la abundancia de pastos, que en la agricultura, dedicada pralm. a la remolacha azucarera, el lúpulo, los cereales y las patatas. Pesca relevante. Las explotaciones hulleras se hallan hoy en regresión. Petróleo y gas natural en Escocia y la plataforma continental del mar del Norte. También las ind. tradicionales (textil, siderometalúrgica, naval, automovilística) han sufrido una reconversión profunda. Desarrollo de las ramas químicas, aeronáutica y electrónica, alimentarias, etc.

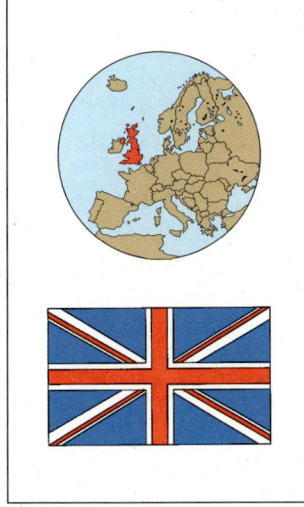

Mapa de situación y bandera de **Gran Bretaña**

❑ *Geog. humana.* Gran Bretaña está integrada por Inglaterra, Escocia, Gales, Irlanda del Norte o Ulster, Isla de Man e Islas del Canal. Tiene el mayor porcentaje de pob. no blanca del continente europeo. Lengua: ing. y gaélicas (escocesa y galesa). *Rel.*: anglicanismo y presbiterianismo (Escocia), fuerte minoría catól., islamismo entre los inmigrantes asiáticos y africanos. Cap., Londres. C. imp.: Birmingham, Manchester, Leeds, Glasgow y Liverpool.
❑ *Hist.* En el I milenio a. C. se produjeron las invasiones celtas. La dominación rom., iniciada en tiempos de César (55 a. C.), fue parcial. El cristianismo se introdujo en el s. III. A principios de la E. Med. fue conquistada por las tribus germ. de los jutos, sajones y anglos, que constituyeron diversos reinos (la heptarquía anglosajona), al cabo unificados (s. IX); en Gales subsistió un reducto céltico. El poder anglosajón periclitó ante las incursiones escandinavas. Eduardo III el Confesor restableció la autoridad anglosajona (1042), pero a su muerte el duque de Normandía, Guillermo I, desembarcó en la isla y se hizo coronar soberano de Inglaterra. En el reinado de Juan sin Tierra, los barones sublevados impusieron la *Carta Magna* (1215), pieza básica para la futura constitución del Parlamento. La guerra de los Cien Años (ss. XIV y XV) con Francia concluyó con la pérdida de las posesiones en suelo fr. excepto Calais. Le seguiría la guerra civil de las Dos Rosas entre las casas de York y de Lancaster, cuya beneficiaria fue la dinastía Tudor (1485). La monarquía absoluta fue asegurada por Enrique VIII, quien introdujo, además, la Reforma protestante; durante su reinado se remató la sujeción de Gales e Irlanda, iniciada en el Medievo. Los diversos episodios de la Revolución ing. (guerra civil y ejecución, en 1649, del rey Carlos I, dictadura de Cromwell) se saldaron con el triunfo del constitucionalismo, sancionado por la coronación de Guillermo III de Holanda (1688). En

GRAN BRETAÑA

Superficie	244 883 km²
Población	54 700 000 hab. (223 hab./km²)

Recursos económicos	
Avena	527 000 t
Cebada	7 700 000 t
Lúpulo	4 000 t
Patatas	6 700 000 t
Remolacha azucarera	7 340 000 t
Tomates	139 000 t
Trigo	14 300 000 t

Ganadería y derivados	
Cabaña bovina	11 846 000 cabezas
Cabaña ovina	29 954 000 cabezas
Cabaña porcina	7 379 000 cabezas
Carne	3 505 000 t
Lana	52 500 t
Leche	15 022 000 t
Mantequilla	114 000 t
Queso	310 000 t

Riqueza forestal	6 455 000 m³
Pesca	803 535 t

Producción minera	
Carbón	89 303 000 t
Gas natural	54 080 millones de m³
Petróleo	88 010 000 t
Sal	5 532 000 t

Producción industrial	
Acero	16 295 000 t
Ácido sulfúrico	1 977 000 t
Aluminio	294 000 t
Automóviles	1 236 900 unidades
Azúcar	12 920 000 t
Cemento	14 736 000 t
Cerveza	70 800 000 hl
Cigarrillos	112 000 millones
Coque metalúrgico	8 329 000 t
Energía eléctrica	318 979 millones de kwh
Fertilizantes	952 000 t
Hierro (fundición)	12 062 000 t
Hilados de algodón	44 000 t
Hilados de lana	113 000 t
Materias plásticas	2 209 000 t
Plomo	164 000 t
Tractores	82 551 unidades

Indicadores sociológicos	
PNB	963 696 millones de dólares
Renta per cápita	16 750 dólares
Esperanza de vida	75 años
Alfabetismo	99%

1707, por el Acta de Unión, se fusionaron Inglaterra y Escocia, constituyendo el Reino Unido de G.B. En 1714 fue entronizada la dinastía Hannover, bajo la cual la expansión económica y colonial compensó la pérdida de los terr. estadounidenses (1776). Votada la unión con Irlanda en 1800, tras las guerras napoleónicas G.B. se convirtió en la primera potencia com. e industrial del mundo. Bajo la reina Victoria (1837-1901) culminó el imperialismo brit. Después de la I Guerra Mundial se reconoció el Estado libre de Irlanda (1921), pero reteniendo el Ulster. El estatuto de Westminster (1931) transformó el imperio en una asociación libre de países o Commonwealth. Tras la II Guerra Mundial, en que G.B. estuvo hábilmente conducida por W. Churchill, los EE UU tomaron el relevo en el predominio occidental. En 1952 subió al trono Isabel II. Durante su reinado prosiguió la alternancia en el gobierno de los partidos laborista (H. Wilson, J. Callaghan) y conservador (H. MacMi-

Gran Bretaña. Retrato de la reina
Isabel I

llan, E. Heath), pero en 1979 se inició un
largo período de dominio de estos últimos (Margaret Thatcher, John Major). En
1997 los laboristas ganaron las elecciones
y Tony Blair fue nombrado primer ministro. Durante su mandato se concedió
la autonomía a Gales y Escocia y se firmaron los acuerdos del Viernes Santo
para la pacificación de Irlanda del N. Fue
reelegido en 2001, y en 2005 consiguió
un histórico tercer mandato. Los atentados de julio de 2005 en Londres (bombas
en tres vagones de metro y en un autobús), perpetrados por jóvenes radicales
islamistas, reabrieron el debate sobre la
política británica en Oriente Próximo.
□ *Arte.* Tras una etapa de influencias ca-
rolingias, arraigó el románico de raíz an-
glonormanda: catedrales de Lincoln y
Durham. El gótico bajomedieval adoptó una serie de formas autóctonas (catedral de Canterbury, *King's College* de
Cambridge). En el período isabelino
triunfó la simbiosis con las fórmulas renacentistas, pródigas en imágenes religiosas y en la pintura retratista. En los siglos siguientes, las mejores realizaciones
correspondieron a las escuelas pictóricas:
Reynolds y Gainsborough en el s. XVIII,
Turner y Constable en el s. XIX, a más de
la eclosión del mov. prerrafaelita a fines
de la misma centuria. El s. XX deparó la
continua investigación de la plástica escultórica a cargo de Henry Moore, B.
Hepworth, Paolozzi, Caro, etc. La pintura registró las experiencias poscubis-
tas de B. Nicholson y P. Nash y las ex-
presionistas de G. Sutherland y F. Bacon.
Al mov. pop de los 50 sucedió el del arte
conceptual, el llamado arte pobre y la
nueva figuración.
□ *Lit.* ⇨ inglés, sa, ⇨ galés, sa.
GRAN CANARIA Isla esp. del arch.
canario; 1 533 km²; 730 622 hab. Cap.,
Las Palmas de Gran Canaria. De origen
volcánico. Agricultura y ganadería. Turismo. Comercio.
GRAN COLOMBIA, *República de la*
Est. sudamericano constituido por Bo-
lívar a raíz de su victoria en Boyacá
(1819). Reunió a Venezuela, Ecuador y
Colombia (1819-1830).
GRAN CORDILLERA DIVISORIA
(Great Dividing Range) Alineación mon-
tañosa del E de Australia. Alt. máx.:
Kosciusko (2 230 m).
GRAN CUENCA *(Great Basin)* Exten-

sa región del O de EE UU, de más de
1 000 000 km², entre Sierra Nevada al O
y los montes Wasatch al E. Oro y plata.
GRAN LAGO SALADO Lago de EE
UU, en el est. de Utah, sit. a 1 280 m, al
pie de los montes Wasatch; 3 885 km².
GRANA f. Granazón. ◊ Semilla menuda de varios vegetales. ◊ Tiempo en
que se cuaja el grano de trigo, lino, etc.
◊ Cochinilla, insecto. ◊ Quermes, insecto. ◊ Excrecencia que el quermes
forma en la coscoja y que produce color rojo.
GRANADA f. Fruto del granado. ◊
Globo lleno de pólvora, con una espoleta que actúa de detonante, para arro-
jarla a mano. □ GRANADERA.
GRANADA *(Grenada)* Est. insular
americano, en el mar Caribe; asociado
al Reino Unido, dentro de la Commonwealth; sit. en el arco de las Pequeñas Antillas, comprende la isla
hom. y varias menores del arch. de las
Granadinas meridionales (Windward).
Son de origen volcánico. Clima tropical marítimo. Economía agrícola. Pob.
negra (53 %), mulata y mestiza (ambos
grupos, 43 %), contingentes asiáticos.
Lengua: ing. (of.). *Rel.*: protestantismo
y catolicismo. U.M.: el dólar del Caribe
oriental. Cap., Saint George's.
□ *Hist.* La isla de G. fue descubierta por
Colón, que le dio el nombre de Concepción. Posesión fr. (desde 1650) y luego brit. (a partir de 1783) obtuvo la indep. en 1974. M. Bishop implantó en
1979 un gobierno izquierdista; depuesto y ejecutado por militares (1983), tras
lo que se produjo la intervención ar-

GRANADA

Superficie	344 km²
Población	101 000 hab. (293 hab./km²)
Recursos económicos	
Bananas	11 000 t
Cacao	2 000 t
Nuez de coco	7 000 t
Pesca	1 800 t *
Indicadores sociológicos	
PIB	198 millones de dólares
Renta per cápita	2 180 dólares
Esperanza de vida	69 años
Alfabetismo	85 %

mada de EE UU. En 1984 fue nombrado primer ministro H. Blaise y en 1990,
N. Braithwaite.
GRANADA Prov. del S de España, en
Andalucía; 12 531 km², 821 660 hab. Cap.,
la c. hom. Hortalizas, remolacha, caña de
azúcar, olivo. Ind. alimentaria. Hierro y
plomo. ◊ C. de España, cap. de la prov.
hom.; 240 661 hab. Centro com. e industrial. Conserva testimonios de su pasado ár.: jardines y palacios de la Alhambra y el Generalife. Monumentos
renacentistas: palacio de Carlos V, Capilla Real (panteón de los Reyes Católicos)
y la catedral. ◊ *Reino de* Último reino
musulmán de España, con cap. en la c.
hom. Regido por la dinastía nazarí entre
los ss. XIII y XV, fue conquistado por los
Reyes Católicos (1492).
GRANADA Dpto. del O de Nicaragua; 1039,68 km², 179 438 hab. Cap., la
c. hom. (88 600 hab.), fundada en 1524.
Sit. en la orilla NO del lago Nicaragua,
comprende la isla Zapatera.

Mapa de situación y bandera
de **Granada**

GRANADA, *Luis de* FRAY (1504-1588)
Predicador y escritor esp. Figura cumbre de la ascética esp. en el Siglo de
Oro. *Guía de pecadores, Introducción al
símbolo de la fe.*
GRANADERO m. Soldado que arrojaba granadas de mano. ◊ Soldado de
elevada estatura perteneciente a una
compañía que formaba a la cabeza del
regimiento.
GRANADILLA f. Flor de la pasionaria.
GRANADILLO m. *Amér.* Árbol de
madera dura muy apreciada en ebanistería.
GRANADO, DA adj. fig. Notable,
principal. ◊ fig. Maduro, experto.
GRANADO m. Árbol con flores rojas
y pétalos doblados. Su fruto es la granada. □ GRANADAL.
GRANADOS, *Enrique* (1867-1916) Pianista y compositor esp. *Danzas españolas* y *Goyescas*, ambas para piano.
GRANAR intr. Formarse y crecer el
grano de algunos frutos. □ GRANAZÓN.
GRANATE m. Mineral del grupo de
los granates. ◊ Color rojo oscuro. ◊ m.
pl. Grupo de minerales que químicamente corresponden a silicatos de metales divalentes y trivalentes y que cristalizan en el sistema cúbico.
GRANDE adj. Que excede a lo común
y regular. Aplicado a cosas no corpó-
reas, fuerte, intenso. ◊ Importante, famoso. ◊ *Méx.* De cierta edad. ◊ m. Prócer, magnate. ◊ Persona de la nobleza.
◊ **de España.** Título superior de la nobleza esp., otorgado por primera vez en
1520 por Carlos V.
GRANDE Río de Brasil; 1 050 km.
Nace en la sierra de Mantiqueira y se
une al Paranaiba para formar el Paraná. ◊ o **Bravo del Norte** Río de Norteamérica; 2 890 km. Nace en las montañas Rocosas (Colorado) y forma
frontera entre EE UU y México desde
El Paso hasta su desembocadura en el
golfo de México ◊ Río de Argentina,
en la prov. de Mendoza: 290 km. Nace
en los Andes y afluye al Colorado. ◊
Grande de Matagalpa Río de Nicaragua; 555 km. Desemboca en el mar Ca-

ribe. ◊ o **Guapay** Río de Bolivia; 240 km. Nace en los Andes y, al confluir con el Ichillo-Chaparé, toma el nombre de Mamoré.

GRANDE, *Bahía* Bahía del S de Argentina, en el litoral de la prov. de Santa Cruz.

GRANDES LAGOS Región de Amér. del Norte, sit. entre Canadá y EE UU, en la que se encuentran los lagos Superior, Michigan, Hurón, Erie y Ontario.

GRANDEZA f. Tamaño excesivo de una cosa respecto de otra del mismo género. ◊ Majestad y poder. ◊ Tamaño, magnitud. ◊ Excelencia moral.

GRANDILOCUENCIA f. Elocuencia muy elevada. ◊ Estilo ampuloso. ❑ GRANDILOCUENTE; GRANDÍLOCUO, CUA.

GRANDIOSIDAD f. Admirable grandeza, magnificencia. ❑ GRANDIOSO, SA.

GRANDULLÓN, NA adj. y s. fam. Díc. del muchacho muy crecido para su edad.

GRANEADO, DA adj. Reducido a grano. ◊ Salpicado de pintas.

GRANEAR tr. Esparcir el grano o semilla en un terreno. ◊ Convertir en grano la masa de pólvora.

GRANEL (*A*) m. adv. Manera de vender una cosa, sin envasar ni empaquetar. ◊ fig. De montón, en abundancia.

GRANERO m. Sitio en donde se guarda el grano.

GRANIT, *Ragnar Arthur* (1900-1991) Neurofisiólogo finl. Premio Nobel de Medicina en 1967 por sus estudios sobre la visión.

GRANITO m. *Geol.* Roca compacta y dura, compuesta de feldespato, cuarzo y mica. Se utiliza básicamente en la construcción. ❑ GRANÍTICO, CA.

GRANIZADA f. Precipitación abundante de granizo. ◊ fig. Multitud de cosas que caen o se manifiestan continuada y abundantemente. ◊ Bebida helada.

GRANIZADO m. Refresco hecho con hielo machacado y esencia o jugo de fruta.

GRANIZAL m. *Chile y Col.* Granizada.

GRANIZO m. Precipitación atmosférica constituida por agua congelada originada en nubes tormentosas. ❑ GRANIZAR.

GRANJA f. Hacienda de campo, con caserío, huerta y establo. ◊ Lugar destinado a la cría de aves y otros animales de corral. ❑ GRANJERÍA; GRANJERO, RA.

GRANJA, *La* C. de Chile en la región Metropolitana de Santiago; 132 520 hab.

GRANJA, La ⇒ San Ildefonso.

GRANJEAR tr. y prnl. Adquirir, conseguir, captar.

GRANMA Prov. del E de Cuba; 8 400 km², 773 000 hab. Cap., Bayamo. Arroz, manganeso, astilleros.

GRANO m. Semilla de los cereales o de otras plantas. ◊ Porción de otras cosas. ◊ Cada una de las partecillas como de arena de la masa de algunos cuerpos. ◊ Especie de tumorcillo. ◊ Cuarta parte de un quilate. ◊ fig. Pequeña contribución que uno hace para una obra. ❑ GRANÍVORO, RA; GRANOSO, SA.

GRANT, *Cary* (1904-1986) Seud. de *Archibald Alexander Leach*. Actor cinematográfico norteam. *Charada, Sospecha, Encadenados.* ◊ ***Ulysses Simpson*** (1822-1885) General y político norteam. Presid. en 1868 y 1872.

GRANUJA f. Uva desgranada y separada de los racimos. ◊ Granillo interior

de la uva y de otras frutas. ◊ Persona que engaña, comete fraudes, etc. ❑ GRANUJADO, DA; GRANUJERÍA.

GRANULAR adj. Que presenta granos. ◊ tr. Reducir a granillos una masa. ◊ prnl. Cubrirse de granos pequeños una parte del cuerpo. ❑ GRANULACIÓN.

GRÁNULO m. Bolita de azúcar y goma arábiga con muy corta dosis de algún medicamento. ❑ GRANULOSO, SA.

GRANVELA, *Antonio Perrenot* (1517-1586) Cardenal y político esp., de origen fr. Consejero de Carlos V y colaborador de Felipe II.

GRANZA f. Rubia, planta. ◊ Residuo que queda de las semillas cuando se avientan y acriban. ◊ pl. Desechos que salen del yeso cuando se cierne.

GRAO m. Playa que sirve de desembarcadero.

GRAPA f. Pieza de metal, cuyos dos extremos, doblados, se clavan para sujetar tablas, papeles, etc. ◊ *Argent.* Especie de anisado o ginebra. ❑ GRAPAR; GRAPADOR, RA.

GRASA f. Manteca, unto o sebo de un animal. ◊ Mugre o suciedad de la ropa. ◊ Lubricante graso. ◊ *Biol.* Sustancia elaborada por animales y vegetales que se encuentra, respectivamente, en el tejido adiposo y en las semillas de ciertas plantas. ◊ pl. *Metal.* Escorias que produce el baño de metales antes de hacer la colada. ❑ GRASIENTO, TA; GRASO, SA; GRASOSO, SA; GRASURA.

GRASS, *Günter* (n. 1927) Escritor al. *El tambor de hojalata, El rodaballo, Los plebeyos ensayan la rebelión* (teatro). En 1999 obtuvo los premios Príncipe de Asturias de las Letras y Nobel de Literatura.

GRATIFICACIÓN f. Propina, recompensa pecuniaria. ◊ Remuneración fija por el desempeño de un servicio, añadida al sueldo.

GRATIFICAR tr. Recompensar con una gratificación. ◊ Dar gusto, complacer. ◊ Compensar.

GRATINAR tr. Recubrir un alimento con una salsa y dorarlo en el horno.

GRATIS adj. modo. De balde.

GRATITUD f. Sentimiento por el cual nos consideramos obligados a agradecer un favor.

GRATO, TA adj. Gustoso, agradable. ◊ *Bol. y Chile.* Agradecido, fórmula para dar las gracias.

GRATUITO, TA adj. De balde, sin pagar. ◊ Infundado. ❑ GRATUIDAD.

GRAU, *Jacinto* (1877-1958) Dramaturgo esp. Se caracteriza por una búsqueda de la originalidad. *El señor de Pigmalión.* ◊ **San Martín, *Ramón*** (1889-1969) Político y médico cub. Presid. de la Rep. (1933-1934) y (1944-1948).

GRAVA f. Piedra machacada con que se cubre y allana el piso de los caminos. ❑ GRAVERA.

GRAVAMEN m. Carga que pesa sobre alguien o sobre una finca o una renta.

GRAVAR tr. Cargar, pesar una persona o cosa. ◊ Imponer un gravamen.

GRAVE adj. y m. Díc. de lo que pesa. ◊ adj. Grande. ◊ Aplícase al que está enfermo de cuidado. ◊ Serio; que causa respeto. ◊ Arduo, difícil. ◊ Díc. del sonido hueco y bajo. ◊ Aplícase a la palabra cuyo acento prosódico carga en su penúltima sílaba.

GRAVEDAD f. *Fís.* Atracción manifestada entre un cuerpo celeste y los sit. en su superficie o cerca de ella. ◊ Se-

GRASA

En las plantas, el dióxido de carbono se combina con el agua para formar glucosa, carbohidrato a partir del cual se generan las grasas, que químicamente están constituidas por una mezcla de ésteres de la glicerina con los ácidos grasos (aceites). En cambio, los aceites o grasas minerales están constituidos por mezclas de hidrocarburos

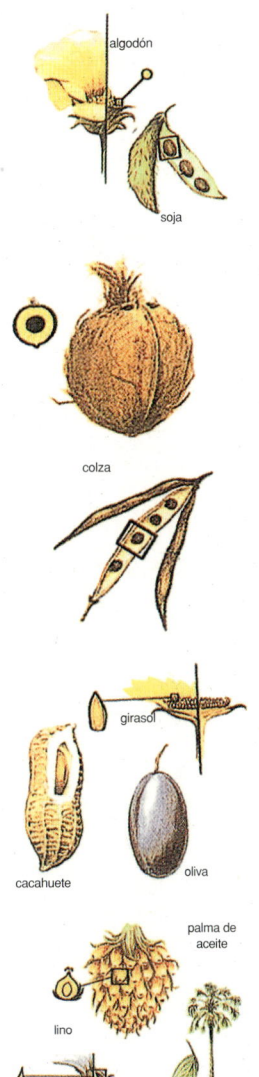

algodón

soja

colza

girasol

cacahuete

oliva

palma de aceite

lino

carnauba

Algunas de las plantas utilizadas por el hombre para la obtención de aceites vegetales

riedad, dignidad, solemnidad. ◊ **Aceleración de la g.** Aceleración de caída de los cuerpos en la superficie terrestre; se designa con la letra *g* y disminuye a medida que aumenta la altura.

GRAVES, *Robert Ranke* (1895-1985) Escritor brit. *Yo, Claudio.*

GRAVIDEZ f. Preñez, gestación.

GRÁVIDO, DA adj. poét. Cargado, lleno, abundante. ◊ Díc. de la mujer encinta.

GRAVILLA f. Fragmento de roca con un diámetro máximo de 10 mm.

GRAVÍMETRO m. *Fís.* Instrumento para determinar el peso específico de los cuerpos. ◊ Instrumento para medir la aceleración de la gravedad.

GRAVITACIÓN f. *Fís.* Fenómeno que se manifiesta mediante la fuerza de atracción que existe entre dos masas. ◊ **universal.** Principio formulado por Newton que establece que la fuerza de atracción entre dos masas es directamente proporcional al producto de los valores de las mismas e inversamente proporcional al cuadrado de la distancia que las separa.

GRAVITAR intr. Moverse un cuerpo por la atracción gravitatoria de otro. ◊ Descansar o hacer fuerza un cuerpo sobre otro. ◊ fig. Cargar, ser una carga. ❑ GRAVITATORIO, RIA.

GRAVOSO, SA adj. Molesto, pesado. ◊ Que ocasiona gasto.

GRAY, *Thomas* (1716-1771) Poeta romántico, ing. *Elegía escrita en un cementerio rural.*

GRAZ C. de Austria, cap. del est. de Estiria; 243 166 hab. Universidad. Catedral del s. XV. Centro industrial.

GRAZNIDO m. Voz de algunas aves; como el cuervo, el grajo, el ganso, etc. ❑ GRAZNAR.

GRECA f. Faja de adorno en que se repite la misma combinación de elementos. ◊ *Amér.* Cafetera de filtro.

GRECIA *(Hellas)* Est. de Europa meridional; Rep. parlamentaria. Comprende un sector de la pen. Balcánica, la gran isla de Creta, las islas Jónicas (Corfú, Cefalonia, Zante) y las islas del mar Egeo (Cícladas y Espóradas).

Mapa de situación y bandera de **Grecia**

□ *Geog. fís.* Muy montañoso, destaca entre sus alineaciones la cord. del Pindo (alt. máx., Smolikas, 2 637 m), que se prolonga al S con las cadenas del Peloponeso. Ríos cortos y torrenciales. Clima mediterráneo.

□ *Geog. econ.* Tiene un 34 % de su pob. activa empleada en la agricultura. El capítulo ganadero se resiente del desequilibrio entre el ganado vacuno y unas cabañas ovina y caprina mucho más nutridas. Un aprovechamiento forestal es el de la resina. La pesca constituye una riqueza imp. Del subsuelo se extrae una gama de productos variados (lignito, hierro y piritas, cinc, plomo, bauxita, etc.). La ind., poco desarrollada, se basa en los ramos textil, de cuero y alimentario. En los últimos años han surgido grandes plantas siderometalúrgicas, químicas y refinadoras del petróleo.

□ *Geog. humana.* Hay minorías búlgaras, macedonias, turcas y armenias. Los gr. propiamente dichos representan alrededor del 97 %. Lengua: el gr. *Rel.:* cristiana ortodoxa, grupos musulmanes (la minoría búlgara). U.M.: euro. Cap.: Atenas. C. imp.: Salónica, Patrás, Candia, Larisa.

□ *Hist.* La civilización helénica, que puso los cimientos de la occidental, estuvo precedida por la cicládica, en las islas del Egeo, la cretense o minoica en Creta y la micénica en la parte continental (invasión de los aqueos, s. XV a. C.). A mediados del s. XII a. C. tuvieron lugar las invasiones dorias. El país se fraccionó en ciudades-estado auton. e indep. *(polis)*. Pronto despuntaron Atenas, donde triunfó desde el s. VI a. C. la democracia, y Esparta, militarista y oligárquica. Estas *polis* gr. hicieron frente en el s. V a. C. a los persas, en las guerras médicas. Atenas se convirtió bajo la dirección de Pericles en el centro intelectual y político del mundo helénico. El conflicto hegemónico con Esparta se dirimió en la guerra del Peloponeso (431-104 a. C.), resuelta a favor de los espartanos. Contra ellos se levantó poco después un mov. dirigido por Tebas, pero en el s. IV a. C. la *polis* se derrumbó y G. cayó bajo la dominación de la monarquía macedónica. Las conquistas de Alejandro Magno expandieron el helenismo hasta el Indo y Egipto. En el año 146 a. C. el terr. gr. pasó a poder de Roma, y al dividirse este Imperio se incorporó a Bizancio. Al caer Constantinopla en manos de los cruzados (1204), se fragmentó en principados. Los turcos conquistaron el país entre los ss. XIV y XV. Las potencias europeas proclamaron en el Protocolo de Londres (1830) la indep. de G. y erigieron un régimen de monarquía absoluta en 1862. En 1875 se introdujo el sist. parlamentario. En las guerras balcánicas y en la I Guerra Mundial, G. participó al lado de los aliados. Tras la ocupación al. de la II Guerra Mundial, los grupos guerrilleros de la Resistencia desencadenaron la guerra civil; el concurso brit. fue decisivo para el triunfo gubernamental (1947). A la muerte de Pablo I (1947-1964) le sucedió su hijo Constantino II, quien en 1967 ratificó un golpe militar por oficiales de extrema derecha; pero poco más tarde tuvo que abandonar el país. Se implantó un régimen dictatorial (sucesivamente regido por Papadopoulos y Giziakis) y se proclamó la Rep., aprobada en referéndum

GRECIA	
Superficie	131 957 km²
Población 10 269 000 hab. (111 hab./km²)	
Recursos económicos	
Aceite	355 000 t
Aceitunas	1 800 000 t
Azúcar	297 000 t
Bauxita	2 134 400 t
Cabaña bovina	634 000 cabezas
Cabaña ovina	9 759 000 cabezas
Cabaña porcina	1 143 000 cabezas
Cebada	500 000 t
Cemento	13 944 000 t
Lignito	51 896 000 t
Maíz	1 700 000 t
Naranjas	7 030 000 t
Patatas	1 100 000 t
Remolacha azucarera	3 350 000 t
Riqueza forestal	2 037 000 m³
Tabaco	178 000 t
Tomates	1 990 000 t
Trigo	2 750 000 t
Uva	1 300 000 t
Vino	4 500 000 hl
Indicadores sociológicos	
PNB	65 504 millones de dólares
Renta per cápita	6 230 dólares
Esperanza de vida	77 años
Alfabetismo	93,2%

(1973). El conflicto chipriota de 1974 aparejó la caída del régimen militar. K. Karamanlis llevó el proceso de normalización democrática, con una nueva Constitución (1975), bajo un régimen republicano. Las elecciones de 1981 y 1985 dieron el gobierno al socialista Papandreu y las de 1990 a los conservadores, pero en las de 1993 venció de nuevo Papandreu. Éste dimitió en 1996 y fue sustituido por Costas Simitis, reelegido en 2000. En 2004, el partido Nueva Democracia, liderado por K. Karamanlis, sobrino del expresidente Karamanlis, ganó las elecciones.

□ *Arte.* Tras las civilizaciones prehelénicas (cretense, micénica) apareció el estilo geométrico (900-750 a. C.), considerado como el inicio del período arcaico (900-480 a. C.). A partir del s. VII a. C. floreció el estilo dórico en arquitectura y post. el jónico. Un tercer estilo, el corintio, se afirmó en el periodo

Grecia. Ánfora micénica, del s. XIV a. C., hallada en Marina de Agrigento, Sicilia

llamado clásico (480-323 a. C.). Destacó el Partenón ateniense. La escultura rompió el esquematismo y alcanzó la armonía perfecta entre las proporciones del cuerpo humano. Descollaron Fidias, Mirón y Policleto. El periodo helenístico (323-30 a. C.) se caracterizó por el eclecticismo. Durante la E. Med., el arte bizantino presentó en G. ciertas peculiaridades locales.

□ *Lit.* Las primera obras maestras de la G. clásica son la *Ilíada* y la *Odisea*, de Homero (s. VIII a. C.). En la poesía religiosa destacaron Hesíodo, Calímaco y Píndaro; en la lírica, Safo. El gran gén. literario fue la tragedia, llevada a sus cimas por Esquilo, Sófocles y Eurípides. La comedia culminó con Aristófanes y, ya en el período helenístico, con Menandro. El renacer literario tuvo lugar entre los ss. XV y XVIII con el auge de la literatura popular y regional, que se concretaría en las primeras décadas del s. XX en la afirmación de la literatura nacional. Palamas y Kavafis, que ya entroncan con el s. XX, y Kazantzakis, comprometido con la lucha social, son las figuras más relevantes.

GRECO, CA adj. y s. Griego.
GRECO, *Doménicos Theotocópoulos* llamado *El* (h. 1541-1614) Pintor cretense activo en Italia y España. Destacó por su peculiar estilo y sus dotes excepcionales en la captación psicológica de los personajes. *Expolio, Martirio de san Mauricio, Entierro del conde de Orgaz, El caballero de la mano en el pecho, Cardenal Juan de Tavera.*
GRECOLATINO, NA adj. Relativo a gr. y latinos.
GRECORROMANO, NA adj. Relativo a gr. y rom. o propio de los dos pueblos. ◊ adj. y f. *Dep.* Díc. de un tipo de lucha.
GREDA f. Arcilla arenosa que se usa pralm. para quitar manchas.
GREDOS, *sierra de* Cadena montañosa esp., en el sistema Central.
GREEN, *Julien* (1900-1998) Escritor fr. de origen norteam. *Adrianne Mesurat, Leviathan, El visionario, Diario.*
GREENE, *Graham* (1904-1991) Novelista ing. *Orient express, El revés de la trama, Monseñor Quijote, El poder y la gloria, El tercer hombre, El ídolo caído, Nuestro agente en La Habana.*
GREENPEACE Organización ecologista, de ámbito internacional.
GREENWICH Distrito del SE de Londres, a la derecha del Támesis; 216 100 hab. Ind. química y textil.
GREGARIO, RIA adj. Díc. del que está en compañía de otros sin distinción. ◊ fig. Díc. del que sigue servilmente las ideas o iniciativas ajenas. ◊ Díc. de los seres que viven en grupo con los de su misma especie.
GREGARISMO m. Tendencia de ciertas especies de animales a vivir agrupados en unidades superiores.
GREGORIANO, NA adj. *Liturgia.* Díc. del canto litúrgico de la iglesia rom., según la forma del s. IX. ◊ Díc. del año, calendario, cómputo y era que reformó Gregorio XIII en 1582.
GREGORIO I Magno (h. 540-h. 604) Santo. Papa [590-604]. Reformó la liturgia y la disciplina pastoral. ◊ **VII** (h. 1020-1085) Santo. Papa [1073-1085]. Sostuvo la *lucha de las investiduras* con Enrique IV de Alemania. ◊ **XIII** (1502-

1585) Papa [1572-1585]. Reformó el calendario. ◊ **XVI** (1765-1846) Papa [1831-1846]. Reprimió las sublevaciones de los estados pontificios.
GREGORIO Nacianceno (329-389) Santo. Doctor de la Iglesia. Patriarca de Constantinopla. ◊ **De Tours** (538-594) Santo. Obispo de Tours. Autor de una *Historia de los francos.*
GREGUERÍA f. Algarabía, gritería confusa. ◊ *Lit.* Término creado por Ramón Gómez de la Serna para designar un gén. de su invención que puede definirse como concepto personal, sublimado y agudo, de algo real.
GREMIAL adj. De un gremio o relacionado con un gremio o profesión.
GREMIALISMO m. Tendencia a formar gremios. ◊ Doctrina que propugna esta tendencia. □ GREMIALISTA.

Detalle de la Adoración de los pastores, óleo de **El Greco** *(Museo del Prado, Madrid)*

GREMIO m. Corporación de personas del mismo oficio o profesión. ◊ *Hist.* Corporación que formaban los maestros, artesanos y aprendices de un mismo oficio en la E. Med. Sujeto a una reglamentación minuciosa, garantizaba la calidad de la obra, fijaba su precio y evitaba la competencia.
GRENOBLE C. de Francia, cap. del dpto. de Isère, sit. a orillas del río hom. 169 740 hab. (400 000 hab. la agl. urb.). Metal., ind. alimentaria, textil, quím. Estación deportiva de invierno. Catedral (ss. XII-XIII).
GREÑA f. Cabellera revuelta y desarreglada. ◊ Lo que está enredado. □ GREÑUDO, DA.
GRES m. *Geol.* Roca sedimentaria muy dura, formada por granos de cuarzo y un cemento silíceo o calcáreo. Utilizada en construcción, en el adoquinado y para fabricación de muelas.
GRESCA f. Ruido de personas que se divierten, discuten o riñen. ◊ Riña.
GREVILLO m. *C. Rica.* Árbol grande, de flores rojas o amarillas y semillas oblongas.
GREY f. Rebaño. ◊ fig. Congregación de fieles cristianos bajo sus pastores.
GREY, *Jane* LADY (1537-1554) Princesa ing., nieta de Enrique VII. Fue procla-

mada reina (1553) gracias al partido protestante. María Tudor hizo valer sus derechos y Lady Jane fue decapitada. ◊ **Zane** (1875-1939) Novelista norteam. *Caravana de héroes, La heroína de Fort Henry, El espíritu de la frontera.*
GRIAL m. Vaso sagrado identificado por la literatura medieval con el cáliz de la Última Cena.
GRIEG, *Edvard* (1843-1907) Pianista, director de orquesta y compositor noruego. *Sigurd Jorsalfar, Peer Gynt.* 10 vol. de *Piezas líricas.*
GRIEGO, GA adj. y s. De Grecia. ◊ m. *Ling.* Lengua griega.
GRIETA f. Hendidura alargada y estrecha en una materia. □ GRIETARSE.
GRIFA f. Marihuana.
GRIFFITH, *David Wark* (1875-1948) Director cinematográfico norteam. *El nacimiento de una nación, Intolerancia.*
GRIFO, FA adj. *Méx.* Díc. de la persona intoxicada con marihuana, y a veces del borracho. ◊ m. Animal fabuloso, mitad águila y mitad león. ◊ Llave para cerrar o dar salida a un líquido. □ GRIFERÍA.
GRIFÓN m. Raza de perro de pelo áspero.
GRIJALVA, *Juan de* (1490-1527) Navegante y explorador esp. Acompañó a Diego Velázquez en la conquista de Cuba. Exploró Yucatán.
GRILL (voz ing.) m. Parrilla. ◊ Fuego situado en la parte superior de los hornos de gas.
GRILLETE m. Arco de hierro con dos agujeros, por los cuales se pasa un perno para asegurar una cadena.
GRILLO m. *Zool.* Insecto ortóptero, de color negro rojizo. El macho produce un sonido agudo y monótono. ◊ Tallo que arrojan las semillas cuando empiezan a nacer. ◊ m. pl. Conjunto de dos grilletes con un perno común, que se colocaba en los pies de los presos. □ GRILLERA.
GRILLPARZER, *Franz* (1791-1872) Dramaturgo y poeta austr. *Safo, El vellocino de oro, Tristia ex Ponto.*
GRIMA f. Desazón, disgusto, horror que causa una cosa.
GRIMM, *Jakob* (1785-1863) Filólogo y escritor al. En colaboración con su hermano *Wilhelm* (1786-1859) publicó una colección de *Cuentos* infantiles. Destacados germanistas, ambos fundaron, junto con Bopp, la filología comparada.

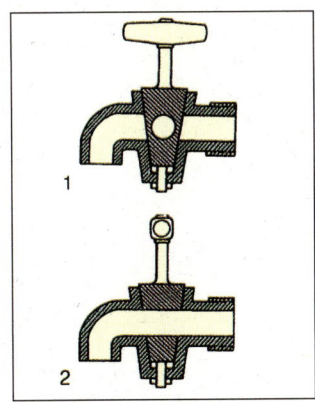

Grifo cerrado (1) y abierto (2)

Detalle de *Le journal*, óleo de Juan **Gris** (Museo de Arte de Basilea, Suiza)

GRIMMELSHAUSEN, *Johan Jakob Christoffel von* (1625-1676) Novelista al. Inspirándose en la novela picaresca española, escribió *Simplicissimus*.

GRINGO, GA adj. y s. fam. Extranjero, especialmente de habla ing. ◊ *Amér.* Norteam. ❏ *Amér.* GRINGADA.

GRIPA f. *Col.* y *Ur.* Gripe o catarro.

GRIPE f. *Pat.* Enfermedad de origen vírico, de carácter epidémico y pandémico, con manifestaciones especialmente catarrales. ❏ GRIPAL; GRIPOSO, SA.

GRIS adj. y s. Díc. del color que resulta de la mezcla del blanco y negro. ◊ fig. Triste, lánguido, apagado. ❏ GRISÁCEO, A; GRISEAR; GRÍSEO, A.

GRIS, Juan Seud. de *José Victoriano González* (1887-1927) Pintor esp., uno de los máx. representantes del cubismo. *Le journal, Homenaje a Picasso.*

GRISMA f. *Chile, Guat.* y *Hond.* Gota, pizca, brizna.

GRISÓN, NA adj. y s. Del cantón suizo de los Grisones. ◊ m. *Ling.* Dialecto occidental del retorrománico, constituido por el engadino, el habla del valle de Münster y el romanche.

GRISONES (retorrománico, *Grischun*; al., *Graubünden*; it., *Grigioni*) Cantón del E de Suiza, limítrofe con Austria e Italia; 7 109 km², 169 000 hab. Cap., Chur o Coira. Accidentado por los Alpes Orientales.

GRISÚ m. Mezcla explosiva de metano y aire que se desprende en las minas de carbón. ❏ GRISÚMETRO.

GRITAR intr. Levantar la voz más de lo acostumbrado. ◊ tr. e intr. Manifestar el público desaprobación y desagrado en forma ruidosa. ❏ *Perú.* GRITONEAR.

GRITO m. Sonido inarticulado, palabra o exp. proferidos con fuerza y violencia. ◊ Manifestación vehemente de un sentimiento. ❏ GRITERÍA; GRITERÍO.

GRIZZLY m. Oso de gran tamaño.

GRO m. Tela de seda sin brillo.

GROCIO, Hugo (1583-1645) Teólogo, historiador y jurisconsulto holandés. *Sobre el derecho de guerra y paz.*

GROENLANDÉS, SA adj. y s. De Groenlandia.

GROENLANDIA (*Gronland*) Isla del NE del continente americano, dependiente de Dinamarca; 2 175 600 km², unos 55 000 hab. Cap., Godthab (11 026 hab.). Clima polar. Yacimientos de crio-

lita, grafito, carbón, plomo, cinc. Pesca (bacalao, merluza). Ind. conservera. La expedición vikinga de Erik el Rojo arribó a sus costas en 983. Alcanzó la autonomía en 1979.

GROG (voz ing.) m. Ponche hecho con ron o coñac, agua caliente o té, y azúcar.

GROGUI adj. Díc. del boxeador tambaleante, casi sin conocimiento.

GROMO m. Yema de los árboles.

GROMYKO, Andrei (1909-1989) Diplomático sov. Ministro de Asuntos Exteriores (1957-1985) y Jefe del Estado (1985) de la URSS.

GRONCHI, Giovanni (1887-1978) Político it. Presid. de la Rep. (1955-1962).

GRONINGA (*Groningen*) Prov. del N de los Países Bajos; 2 326 km², 561 119 hab. Patatas, remolacha, cereales. Ganado vacuno. Gas natural. Ind. mecánica, alimentaria. Cap., la c. hom.; 168 119 hab. (206 200 la agl. urb.).

GROPIUS, Walter (1883-1969) Arquitecto al. En 1919 fundó la escuela de la Bauhaus.

GROS, Antoine-Jean BARÓN DE (1771-1835) Pintor neoclásico fr. Uno de los precursores del romanticismo. *Campo de batalla de Eylau, Wagram.*

GROSELLA f. Fruto del grosellero.

GROSELLERO m. Arbusto dicotiledóneo de uno o dos metros de altura, cuyo fruto es una pequeña baya denominada grosella.

GROSERÍA f. Descortesía, falta grande de atención y respeto. ◊ Tosquedad en el trabajo de manos. ❏ GROSERO, RA.

GROSOR m. Espesor de un cuerpo.

GROSULARIA f. *Miner.* Variedad de granate de color verdoso o amarillento.

GROSZ, Georg (1893-1959) Pintor y caricaturista al. perteneciente a la escuela expresionista.

GROTESCO, CA adj. Extravagante. ◊ Irregular, grosero y de mal gusto.

GROUSSAC, Paul (1848-1929) Erudito y crítico arg., de origen fr. Cultivó la narrativa (*Fruto vedado*) y el teatro (*La divisa punzó*).

GROZNII C. de Rusia, cap. de la Rep. autónoma de Chechenia; 341 300 hab. Gas natural y yacimientos petrolíferos. Centro industrial. Refinerías de petróleo.

GRÚA f. *Ing.* Aparato para elevar cargas. ◊ Vehículo automóvil provisto de grúa que se usa para remolcar otros vehículos.

GRÚA Talamanca, Miguel de la (?-h.

Grúa portuaria

1750) Administrador colonial esp. Virrey de Nueva España.

GRUESO, SA adj. Corpulento y abultado. ◊ m. Corpulencia de una cosa. ◊ Que excede de lo normal. ◊ Parte pral. de un todo. ◊ Espesor de una cosa. ◊ f. Número de doce docenas.

GRUIR intr. Gritar las grullas.

GRUJA f. Hormigón de piedras, arena y cemento.

GRULLA f. *Zool.* Ave de cuello y patas largos y pico recto y puntiagudo, gralte. migradora, de distribución casi cosmopolita.

GRULLO adj. *Méx.* Caballo ceniciento. ◊ *Argent.* Potro o caballo grande y gordo.

GRUMETE m. Muchacho que aprende el oficio de marinero ayudando a la tripulación.

GRUMO m. Pequeña porción más compacta que se encuentra en una masa de una sustancia diluida en un líquido.

GRÜNEWALD, Matthias (h. 1470-1528) Pintor al., máximo representante del gótico germano en su última fase.

GRUÑIDO m. Voz del cerdo. ◊ Voz del perro u otros animales. ◊ fig. Sonidos roncos que emite una persona.

GRUÑIR intr. Dar gruñidos. ◊ fig. Murmurar entre dientes. ❏ GRUÑÓN, NA.

GRUPA f. Parte posterior del dorso de una caballería, por delante del nacimiento de la cola.

GRUPO m. Conjunto de personas o cosas situadas en un mismo lugar o con características comunes. ◊ Cada uno de los conjuntos de cosas en que se divide otro más grande. ◊ *Mat.* Estructura algebraica definida en un conjunto que posea una operación (ley de composición interna), cuyas propiedades son: 1) asociatividad; 2) existencia de elemento neutro; 3) existencia de elemento simétrico e inverso. ◊ *Quím.* Cada una de las columnas del sistema periódico. ◊ **electrógeno.** *El.* Generador eléctrico portátil. ◊ **sanguíneo.** Cada uno de los tipos en que se clasifica la sangre de los mamíferos según contenga o no determinados aglutinógenos en sus hematíes, leucocitos o plaquetas. Los g. son cuatro: A, B, AB y O, y cada uno de ellos puede ser Rh positivo o Rh negativo.

GRUTA f. Cavidad subterránea en riscos y peñas, sea natural o artificial.

GRUYÈRE adj. y m. Queso con grandes ojos, originario de la comarca suiza de Gruyère.

GRYPHIUS, Andreas (1616-1664) Poeta y dramaturgo al. *León el Armenio, Carlos Estuardo, Catalina de Georgia y Cardenio.*

GUA m. Hoyo que hacen los muchachos en el suelo para jugar con bolitas o canicas. ◊ **¡Gua!** interj. *Bol., Col., Perú* y *Ven.* Se usa para expresar temor o admiración.

GUABÁN m. *Cuba.* Árbol silvestre, de semilla venenosa, cuya madera es utilizada para mangos de herramientas.

GUABICO m. *Cuba.* Árbol anonáceo de madera dura y fina.

GUABIRÁ m. *Argent.* Árbol grande, de fruto amarillo del tamaño de una guinda.

GUABUL m. *Hond.* Bebida de plátano maduro.

GUACA f. *Bol.* y *Perú.* Sepulcro de los

ant. indios. ◊ *Amér.* Tesoro escondido.

GUACAL m. *Amér. Centr.* Árbol de frutos redondos de pericarpio leñoso. Los g. se utilizan como vasijas. ◊ *Amér. Centr.* La vasija así formada.

GUACALOTE m. *Cuba.* Planta trepadora.

GUACAMAYO m. Ave sudamericana, mayor que los restantes loros, de plumaje muy vistoso.

GUACAMOLE m. *Amér. Centr.* Ensalada de aguacate.

GUACAMOTE m. *Méx.* Yuca, especie de mandioca. ❑ GUACAMOTERO, RA.

GUACARA Mun. de Venezuela, en el est. Carabobo; 40 371 hab. Agricultura.

GUÁCARO, RA m. y f. *Amér.* Campesino.

GUACHACAY m. *Chile.* Aguardiente.

GUACHAFITA f. *Amér.* Desorden, algazara.

GUACHAPELÍ m. *Ecuad.* Árbol leguminoso, parecido a la acacia.

GUACHARACA f. *Col.* Aire popular. ◊ *Col.* Instrumento musical.

GUÁCHARO m. *Amér. Centr.* Pájaro dentirrostro nocturno, de plumaje rojizo, con manchas verdes y blancas.

GUACHE m. *Col. y Ven.* Hombre villano, canalla. ◊ *Méx.* Persona del interior del país. ❑ GUACHEAR.

GUACHICOLA f. *Amér.* Aguardiente de caña.

GUACHINANGO, GA adj. *Amér. Centr.* Astuto, zalamero. ◊ *Cuba.* Mexicano. ◊ m. *Cuba y Méx.* Pagro, pez.

GUACHO, CHA adj. *Argent.* Díc. de la cría que ha perdido la madre. ◊ adj. y s. *Amér.* Huérfano, desmadrado. ◊ m. Cría de un animal, especialmente pollo de un pájaro. ◊ *Amér.* Aguardiente del último orujo de la uva.

GUACIA f. Acacia, árbol.

GUÁCIMA f. *Ant.* Árbol silvestre, de madera muy resistente, usado para hormas, etc.

GUACO m. Planta compuesta, con flores blancas de olor nauseabundo. ◊ *C. Rica.* Ave de cuerpo negro y vientre blanco, pico negro y fuerte, alas cortas y cola larga.

GUADAL m. *Argent.* Extensión de tierra arcillosa muy suelta y que cuando llueve se convierte en un barrizal.

GUADALAJARA Prov. esp., en Castilla-La Mancha; 12 190 km², 174 999 hab. Agricultura y ganadería. ◊ C. de España, cap. de la prov. hom.; 68 248 hab. Puente y murallas ár.

GUADALAJARA C. de México, cap. del est. de Jalisco; 1 646 319 hab. Ind. textil y alimentaria, fabricación de calzados y cerámica, montaje de automóviles. Cristóbal de Oñate la fundó en 1532. Notables edificios de época colonial: catedral (1561-1618), iglesias barrocas y neoclásicas, palacio de la Audiencia. La universidad autónoma está decorada con frescos de J. Clemente Orozco.

GUADALETE Río de España, en Andalucía (prov. de Cádiz). Escenario de la batalla en la que los musulmanes derrotaron a Don Rodrigo, último rey visigodo (711).

GUADALQUIVIR Río de España, en Andalucía; 590 km. Nace en la sierra de Cazorla y desemboca en el Atlántico.

GUADALUPE (*Guadeloupe)* Isla de las Pequeñas Antillas; 1 438 km², 335 000 hab. Con las islas de Marie Galante, Les

Saintes, La Désirade, Petite-Terre, Saint-Barthélemy y la parte fr. de Saint-Martin forma un dpto. fr. de ultramar (1 703 km², 387 000 hab.). Cap., Basse-Terre (13 656 hab.). Economía agrícola.

GUADALUPE C. de Costa Rica en la prov. de San José, 61 600 hab. Café, cereales y hortalizas. Aves. Ganado vacuno. Ind. lechera. ◊ C. de México, en el est. de Nuevo León; 159 930 hab., en el extrarradio de Monterrey.

GUADALUPE HIDALGO Delegación de México, en el Distrito Federal; 130 000 hab. En sus proximidades se levanta el monasterio de Nuestra Señora de Guadalupe, de estilo barroco colonial (1695-1790). ◊ **Tratado de G.** Acuerdo firmado entre EE UU y México en 1848 y que puso fin a la guerra entre ambos. Determinó la cesión a EE UU de Texas, Nuevo México, Alta California y parte de Tamaulipas.

GUADAMECÍ m. Cuero adobado y adornado con dibujos.

GUADAÑA f. Instrumento para segar a ras de tierra. ❑ GUADAÑAR; GUADAÑADOR, RA.

GUADAÑO m. *Cuba y Méx.* Bote pequeño con carroza usado en los puertos.

GUADARRAMA, sierra de Macizo montañoso de España, en el sistema Central. Pico culminante, Peñalara (2 430 m).

GUADIANA Río de España y Portugal; 744 km.

GUADUA f. *Amér.* Especie de bambú muy grueso y alto. ❑ GUADAL.

GUAGUA f. Chuchería. ◊ *Amér.* Niño de teta. ◊ Ómnibus de servicio público.

GUAGUASÍ m. *Cuba.* Árbol silvestre, de su tronco fluye una resina aromática usada como purgante.

GUAICAIPURO (m. 1568) Cacique. Luchó contra los esp. conquistadores del valle de Caracas.

GUÁIMARO Mun. de Cuba. en la prov. de Camagüey; 50 104 hab. Caña de azúcar.

GUAINÍA Dpto. de Colombia; 72 238 km², 40 786 hab. Cap., Puerto Inírida.

GUAIRA f. *Perú.* Hornillo de barro en que los indios funden los minerales de plata. ◊ *Amér. Centr.* Flauta de varios tubos que usan los indios.

GUAIRA, La C. del N de Venezuela cap. del est. Vargas, en la costa del Ca-

ribe; 26 000 hab. Puerto de Caracas. Centro com. Núcleo turístico. Fundada en 1588.

GUAIRÁ Dpto. del centro-E de Paraguay; 3 846 km², 179 800 hab. Cap., Villarrica. Accidentado en su sector oriental por la cord. de Caaguazú. Explotación forestal, ganado vacuno y productos tropicales.

GUAITECAS Arch. de Chile, sit. frente al litoral, al S de la isla de Chiloé.

GUAJACA f. *Cuba.* Planta monocotiledónea usada para rellenar colchones.

GUAJIRA, La Dpto. de Colombia, sit. en la pen. hom.; 20 848 km², 508 650 hab. Cap., Riohacha. Sus sectores altos pertenecen a la sierra Nevada de Santa María y a la sierra de Perijá. Recursos sobre todo ganaderos. Ostras perlíferas. Salinas, yeso, cal, carbón.

GUAJIRO, RA m. y f. *R. Dom.* Campesino. ◊ adj. *Cuba.* Rústico, campestre. ◊ adj. y s. Individuo de un pueblo amerindio que habita la pen. de Guajira (Colombia y Venezuela).

GUAJOLOTE m. *Méx.* Pavo.

GUAL, Pedro (1784-1862) Político ven. Vicepresid. de la Rep. (1860), por renuncia del presid. Tovar, accedió a la presidencia (1861).

GUALÁN Mun. de Guatemala en el dpto. de Zacapa; 22 914 hab. Ganadería. Ind. del calzado.

GUALDA f. Planta bienal de flores amarillas que se emplea para teñir de este color. ❑ GUALDADO, DA; GUALDO, DA.

GUALDRAPA f. Cobertura larga que cubre las ancas de la cabalgadura.

GUALEGUAYCHÚ C. de Argentina, en la prov. de Entre Ríos; 51 400 hab. Puerto fluvial sobre el río hom. Centro comercial. ◊ Dpto. de la prov. de Entre Ríos; 91 658 hab.

GUALHUE m. *Amér.* Terreno húmedo, gralte. a la orilla de un río.

GUALILLA f. *Ecuad.* Mamífero roedor, abundante en los bosques andinos.

GUALLATIRI Volcán del N de Chile, en Tarapacá; 6 063 m.

GUAM La mayor y más meridional de las islas Marianas (Micronesia), en el Pacífico; 549 km², 106 000 hab. Cap., Agaña. Ant. posesión esp., pasó a EE UU en 1898. Entre 1941 y 1949 estuvo bajo control de Japón. Es un territorio de EE UU no incorporado.

Vista de **Guadalajara**, México

GUAMÁ m. *Cuba.* Árbol dicotiledóneo con fruto en legumbre, del que se hacen cuerdas.

GUAMÁ C. de Cuba en la prov. de Santiago; 28 946 hab. Parque Nacional.

GUAMBO m. *Amér.* Machete pequeño. ◊ Plátano verde.

GUAMIL m. *Hond.* Planta que brota en tierras roturadas. ◊ *Hond.* Terreno montañoso donde se repite una siembra.

GUAMO m. Árbol dicotiledóneo sudamericano que se planta para dar sombra en los cafetales. Su fruto es la guama.

GUAMPA f. o **GUAMPARO** m. *Argent.* y *Chile.* Aliara. ◊ *Argent.* y *Ur.* Cuerno.

GUAN m. Ave galliforme de hasta 90 cm de largo. Se agrupa en bandadas en las selvas sudamericanas.

GUANABACOA C. de Cuba en la prov. Ciudad de la Habana, 93 190 hab. Forma parte de la agl. urb. de La Habana.

GUANABANA f. *Amér.* Fruto del guanábano.

GUANÁBANO m. Árbol de fruto acorazonado con pulpa de sabor muy grato.

GUANACASTE m. *Amér. Centr.* Árbol dicotiledóneo gigantesco, de hojas que se cierran durante la noche.

GUANACASTE Cord. de Costa Rica, que forma parte de la Centroamericana y recibe también el nombre de Volcánica. Máx. alt., volcán Miravalles (2 028 m). ◊ Prov. del NO de Costa Rica; 10 141 km², 264 238 hab. Cap., Liberia. Comprende la pen. de Nicoya. Accidentada por la cord. hom. Cereales, ganado vacuno y porcino, algunas ind. derivadas.

GUANACO, CA m. y f. Mamífero rumiante salvaje parecido a la llama. Habita en los Andes meridionales. Su carne y su piel son muy estimadas.

GUANAHANÍ Nombre que daban los indígenas a la primera isla americana descubierta por Colón en 1492. Posiblemente la actual Watling.

GUANAJUATO Est. de Méx., sit. en la parte central de la rep.; 30 589 km², 4 663 032 hab. El terr. es muy montañoso. En el centro hay una planicie, el Bajío. Al N lo accidentan las sierras de Guanajuato, Media Luna, Gorda, San Pedro, etc., mientras que por el S lo hacen derivaciones de la cord. Neovolcá-

Vista de la ciudad de **Guanajuáto**

nica. Maíz, fríjol y frutales. Oro, plata, cobre y cinc. Ind. de hilados y tejidos, calzado, construcción, etc. Refinería de petróleo y fábrica de lubricantes. ◊ C. de Méx., cap. del est. hom.; 141 196 hab. Minería (oro y plata), agricultura y ganadería. Vidrio, alfarería y tejidos. C. colonial, con edificios barrocos. Catedral.

GUANARE Río de Venezuela, subafluente del Orinoco; 332 km. Nace en la cord. de Mérida y se une al Portuguesa. ◊ C. de Venezuela, cap. del est. Portuguesa; 64 000 hab. Centro agrícola. Ind. maderera. Basílica de la Virgen de Coromoto. Fundada en 1593.

GUANAY m. *Amér.* Remero. ◊ Trabajador del puerto.

GUANCHE adj. y s. *Etn.* Individuo de la etnia que poblaba las islas Canarias en la época de su conquista por los españoles.

GUANDÚ m. *C. Rica, Cuba* y *Hond.* Arbusto dicotiledóneo; tiene por fruto unas vainas que encierran una legumbre.

GUANE Mun. de Cuba, en la prov. de Pinar del Río; 32 355 hab. Tabaco.

GUANÍ m. *Cuba.* Pajarito, especie de colibrí.

GUÁNICA Mun. de P. Rico en el distr. Mayagüez; 19 984 hab. Pesca y exportación.

GUANÍN m. *Ant.* y *Col.* Oro de baja ley elaborado por los indios. ◊ Joya de este metal.

GUANINA f. *Cuba.* Planta herbácea cuyas semillas se emplean como sucedáneo del café.

GUANIPA Río del NE de Venezuela; 340 km. Nace en la mesa de Guanipa y desemboca en el golfo de Paria.

GUIANIQUÍ m. *Amér. Centr.* y *Ant.* Bejuco que crece en las sierras y se utiliza para hacer cestos.

GUANO m. Producto amarillento formado por compuestos de fósforo y nitrógeno, originado en climas áridos por la transformación de espesas capas de excrementos de aves marinas. Se usa como abono. ◊ *Cuba.* Nombre genérico de varias palmeras. □ *Amér.* GUANAL; GUANERA.

GUANOCO Lago de Venezuela; 4,50 km². Uno de los mayores depósitos de asfalto del mundo.

GUANTADA f. Bofetada.

GUANTÁNAMO Prov. del SE de Cuba; 6 221 km², 485 000 hab. Cacao, café, madera. Base naval norteam. reclamada por Cuba. ◊ C. de Cuba, cap. de la prov. hom.; 215 800 hab. Centro agrícola y comercial. Ind. alimentaria.

GUANTE m. Prenda para la mano. □ GUANTERÍA.

GUANTELETE m. Manopla.

GUANTERO, RA m. y f. Persona que vende guantes. ◊ f. Caja del salpicadero de los automóviles para guardar cosas.

GUAÑIL m. *Chile.* Arbusto con hojas lanceladas y flores en panoja.

GUAPO, PA adj. fam. Ostentoso en el vestir. ◊ fam. Bien parecido. ◊ fam. Bonito. ◊ m. Fanfarrón, bravucón.

GUAPORÉ (*Iténez*) Río de Sudamérica; 1 600 km. Nace en Brasil (chapada dos Parecis) y afluye al Mamoré.

GUARACÁRO m. *Ven.* Planta dicotiledónea de tallos retorcidos y semilla comestible.

GUARACHA f. Baile semejante al zapateado. ◊ *Ant.* Canción festiva.

Jefe **guaraní**

GUARACHE m. *Méx.* Sandalia tosca de cuero.

GUARANDA C. de Ecuador, cap. de la prov. de Bolívar; 15 730 hab. Cereales, frutales. Ganadería ovina. Centro comercial y vía de comunicación con la Costa.

GUARANGO, GA adj. *Argent.* y *Chile.* Incivil, mal educado. ◊ m. *Ecuad.* y *Perú.* Especie de aromo silvestre.

GUARANÍ adj. y s. *Etn.* Individuo de una etnia que se extiende desde el Orinoco al Río de la Plata. ◊ m. *Ling.* Lengua guaraní. Procede del tupí n. (abeñeenge) y comprende varios dialectos. Lengua of. en Paraguay. ◊ Unidad monetaria del Paraguay. □ GUARANISMO.
□ *Etn.* Los supervivientes g. constituyen el elemento étnico básico en Paraguay y ocupan también zonas marginales de Brasil. La colonización esp. (s. XVI) originó un considerable número de mestizos. Establecidos los jesuitas (1609) en el Paraguay, los g. fueron encuadrados (hasta 1767) en reducciones. A fines del s. XVIII, tras la expulsión de los jesuitas, los g. se dispersaron, fusionándose en gran medida con el resto de la pob. paraguaya.

GUARÁPILLO m. *Amér.* Bebida fermentada de zarzaparrilla.

GUARAPO m. Jugo de la caña dulce exprimida que produce el azúcar. ◊ adj. *Guat.* Díc. de la caña vieja que fermenta.

GUARAPUAVA C. de Brasil en el est. de Paraná; 125 174 hab. Centro agrícola. Ind. alimentarias.

GUARATINGUETÁ C. de Brasil en el est. de São Paulo; 55 100 hab. Industria.

GUARAUNO, NA adj. y s. Individuo de ciertas tribus amerindias que habitan en Venezuela y Guyana, desde el delta del Orinoco hasta cerca de la desembocadura del Esequibo.

GUARDA com. Persona que tiene a su cargo la conservación de una cosa. ◊ Tutela. ◊ Observancia y cumplimiento de un mandato. ◊ Hojas de papel blanco que ponen los encuadernadores al principio y al fin de los libros. Se usa más en pl. ◊ Guarnición de la espada. ◊ **jurado.** Aquel que vigila los intereses de particulares, corporaciones o empresas.

GUARDABARRERA com. Persona que en las líneas de ferrocarriles custodia un paso a nivel.

GUARDABARROS m. Chapa que va sobre las ruedas de los vehículos para evitar las salpicaduras.

GUARDABOSQUE m. Individuo que vigila los bosques.

GUARDABRISA m. Fanal de cristal donde se colocan las velas. ◊ *Méx.* Mampara.

GUARCANTÓN m. Poste de piedra para resguardar de los carruajes las esquinas de los edificios. ◊ Poste de piedra que se coloca al lado del camino.

GUARDACOSTAS m. Buque utilizado para defender las costas y perseguir el contrabando.

GUARDAESPALDA m. Persona que acompaña a otra con la misión de protegerla.

GUARDAFRENOS m. Empleado que tiene a su cargo los frenos en los ferrocarriles.

GUARDAGANADO m. *Argent.* Foso cubierto por travesaños paralelos en la entrada de las estancias para impedir el paso del ganado, pero no el de los vehículos.

GUARDAGUJAS m. Empleado que en los ferrocarriles se cuida del manejo de las agujas.

GUARDAMANO m. Guarnición de la espada.

GUARDAMETA m. Portero de un equipo de fútbol.

GUARDAMONTE m. En las armas de fuego, pieza de metal sobre el disparador para protegerlo. ◊ Capote de monte.

GUARDAMUEBLES m. Local para guardar muebles.

GUARDAPESCA m. Buque de pequeño porte destinado a vigilar el cumplimiento de los reglamentos de pesca marítima.

GUARDAPOLVO m. Resguardo para preservar una cosa del polvo. ◊ Sobretodo, tela para preservar el traje del polvo.

GUARDAR tr. Cuidar, vigilar algo. ◊ Observar y cumplir lo que cada uno debe por obligación. ◊ tr. e intr. Conservar o retener una cosa. ◊ prnl. Recelarse y precaverse de un riesgo. ◊ Poner cuidado en dejar de ejecutar una cosa que no es conveniente.

GUARDARRAYA f. *Cuba.* Linde de una heredad.

GUARDARROPA m. Armario donde se guarda la ropa. ◊ Abrótano.

GUARDARROPÍA f. En el teatro, conjunto de trajes y de efectos necesarios para las representaciones. ◊ En un local público, lugar donde se guardan prendas de vestir y otros efectos.

GUARDATINAJO m. Mamífero roedor propio de las Pampas.

GUARDAVACAS f. *Amér.* Zanja con estacas para evitar que los animales se acerquen a la vía férrea.

GUARDAVALLA m. *Amér.* Portero, guardameta, arquero.

GUARDERÍA f. Ocupación del guarda. ◊ **infantil.** Establecimiento donde se cuida y atiende a los niños de corta edad.

GUARDÉS, SA m. y f. Persona encargada de guardar o custodiar una cosa. ◊ Guardabarrera.

GUARDI, Francesco (1712-1793) Pintor it. de la escuela veneciana. *Plaza de San Marcos, La Salute.*

GUARDIA f. Conjunto de gente armada que defiende un puesto. ◊ Defensa, protección. ◊ Nombre de ciertos cuerpos armados. ◊ m. Individuo de uno de estos cuerpos. ◊ **civil.** Cuerpo fundado en España en 1844 para mantener el orden público en la zona rural del país. ◊ **de tráfico.** La destinada a regular el tráfico. ◊ **marina.** El que se educa para ser oficial en la armada. ◊ *Argent.* y *Par.* Oficial que, al terminar sus estudios en la Escuela naval, recibe el grado y empleo inferior de la carrera. ◊ **municipal.** La que, dependiente de los ayuntamientos, mantiene en las ciudades el respeto a las ordenanzas municipales. ◊ **urbano.** Guardia municipal dedicado a regular el tráfico.

GUARDIA, Ernesto de la (1904-1983) Político pan. Presid. de la Rep. (1956-1960). ◊ *Ricardo Adolfo de la* (1899-1969) Político pan. Presid. de la Rep. (1941-1945). ◊ *Gutiérrez, Tomás* (1832-1882) Político costarric. Promovió la rebelión que derrocó a Jiménez en 1870. Presid. de la Rep. (1870-1882).

GUARDIÁN, NA m. y f. Persona que guarda una cosa.

GUARDILLA f. Buhardilla.

GUARDINI, Romano (1885-1968) Teólogo al. de origen it. *El espíritu de la liturgia, El Señor.*

GUARDIOLA, Santos (h. 1812-1862) Militar y político hond. Presid. de la Rep. (1856-1862). Durante su mandato Gran Bretaña devolvió a Honduras la Mosquitia hondureña y las islas de la Bahía.

GUARECER tr. Guardar y asegurar una cosa. ◊ Curar. ◊ prnl. Refugiarse en alguna parte.

GUARÉN m. *Chile.* Rata grande de dedos palmeados.

GUARESCHI, Giovanni (1908-1969) Escritor it. Creador de Don Camilo, protagonista de *El pequeño mundo de don Camilo* y *La vuelta de don Camilo.*

GUARÍ m. *Chile.* Garganta.

GUARIA f. *C. Rica.* Planta herbácea vivaz que adorna tejados y tapias.

GUARIAO m. *Cuba.* Ave zancuda, de plumaje oscuro con manchas blancas. Carne blanca y gustosa.

GUÁRICO Est. del centro-N de Venezuela; 64 986 km², 616 988 hab. Cap., San Juan de los Morros. En su terr. se distinguen tres sectores: Montes, Llanos Altos y Llanos Bajos. Dos grandes sistemas hidrográficos: el del Unare y el del Orinoco-Apure. Arroz, maíz, tabaco, algodón. Notable riqueza ganadera en los Llanos. Petróleo, yeso, hulla y níquel. ◊ Río de Venezuela, subafl. del Orinoco; 362 km. Nace en la serranía del Interior y se une al Apure.

GUARIDA f. Cueva o espesura donde se guarecen los animales. ◊ Refugio de gente, especialmente maleante.

GUARIMÁN m. Árbol americano, de flores blancas y frutos en baya, usado como condimento. ◊ Fruto de este árbol.

GUARINI, Guarino (1624-1663) Arquitecto it. En Turín realizó el palacio Carignano, la iglesia de San Lorenzo y la capilla del Santo Sudario.

GUARISAPO m. *Chile.* Renacuajo.

GUARISMO m. Cada uno de los signos o cifras arábigas que expresan una cantidad. ◊ Expresión de cantidad, compuesta de dos o más cifras.

GUARNECER tr. Poner en un sitio accesorios, complementos o adornos. ◊

Uniformes antiguos de la **guardia civil** española (litografía del Archivo Histórico Nacional, Madrid)

Dotar, proveer, equipar. ◊ *Const.* Revocar o revestir las paredes de un edificio.

GUARNICIÓN f. Adorno en los vestidos, colgaduras, etc. ◊ Engaste, soporte de metal en que se sientan las piedras preciosas. ◊ *Mil.* Tropa que defiende una plaza. ◊ Acompañamiento de verdura que se sirve con un plato de carne o pescado. ◊ pl. Díc. del conjunto de correajes de las caballerías.

GUARO m. *Amér. Centr.* Aguardiente de caña.

GUARRADA f. Acción sucia. ◊ fig. Acción injusta de que se hace víctima a una persona.

GUARRO, RRA adj. y s. Puerco. ❑ GUARRERÍA; GUARRERO.

GUARRÚS m. *Ven.* Bebida extraída del arroz.

GUASA f. fam. Falta de gracia. ◊ fam. Chanza. ◊ *Cuba.* Pez de color verde amarillento con manchas oscuras. ❑ GUASEARSE.

GUASÁBARA f. *Col.* y *P. Rico.* Motín, algarada.

GUASANGA f. *Amér.* Bulla. ◊ *Guat.* Pelotera.

GUASAVE Mun. de México en el est. de Sinaloa; 149 663 hab. Agricultura, ganadería y pesca.

GUASIPONGO m. *Amér.* Terreno que reciben los trabajadores de una hacienda.

GUASO, SA m. y f. *Chile.* Rústico, campesino.

GUASÓN, NA adj. y s. fam. Que tiene guasa. ◊ fam. Burlón, bromista.

GUASQUEADO, DA adj. *Ur.* Curtido.

GUASTATOYA C. de Guatemala, cap. del dpto. de El Progreso; 5 145 hab.

GUATA f. Algodón en rama laminado empleado con fines sanitarios y en sastrería. ◊ *Bol.* Cordel. ◊ *Cuba.* Mentira. ◊ *Ecuad.* Amigo. ◊ *Guat.* Escopeta de doble cañón. ◊ *Chile.* Alabeo. ❑ GUATEADO, DA.

GUATE m. *Amér. Centr.* Maíz tierno usado como forraje. ◊ *Col.* Boato, lujo.

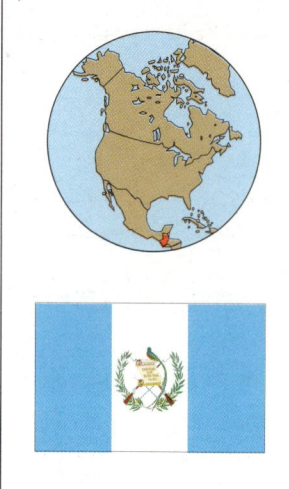

Mapa de situación y bandera
de **Guatemala**

Templo II de Tikal,
en **Guatemala**

Óscar Berger,
presidente de **Guatemala**

GUATEMALA Est. de Centroamérica, el más septentrional del istmo; Rep. unitaria presidencialista.
□ *Geog. fís.* Relieve de predominio montañoso. La sierra Madre de Chiapas se prolonga en G. en dos ramales: la sierra de los Cuchumatanes al N y la sierra Madre al S. La segunda cruza el país de O a E y comprende en su zona media la Altiplanicie Central. Sobre la llanura litoral del Pacífico se eleva la espina dorsal centroamericana, el Eje Volcánico,

GUATEMALA	
Superficie	108 889 km²
Población 10 322 000 hab. (95 hab./km²)	
Recursos económicos	
Algodón	38 000 t (fibra)
Ananás	48 000 t
Arroz	42 000 t
Bananas	470 000 t
Cacao	1 000 t
Café	195 000 t
Caña de azúcar	123 000 ha
Frijoles	110 000 t
Maíz	1 150 000 t
Patatas	51 000 t
Sorgo	80 000 t
Tomates	128 000 t
Ganadería y derivados	
Cabaña bovina	1 695 000 cabezas
Cabaña caballar	114 000 cabezas
Cabaña ovina	675 000 cabezas
Cabaña porcina	1 110 000 cabezas
Riqueza forestal	7 822 000 m³
Producción minera e industrial	
Antimonio	1 200 t
Azúcar	918 000 t
Cemento	611 000 t
Cerveza	869 000 hl
Cigarrillos	1 997 000 millones
Petróleo	175 000 t
Indicadores sociológicos	
PNB	8 816 millones de dólares
Renta per cápita	930 dólares
Esperanza de vida	64 años
Alfabetismo	65 %

con cumbres superiores a los 4 000 m (Tajumulco, Tacaná). Al N, El Petén forma parte de la plataforma calcárea del Yucatán. Clima tropical. Los ríos prales. son los de la vertiente atlántica: Motagua, Usumacinta. Lagos a destacar: el Izabal, el Atitlán y el Petén Itzá.
□ *Geog. econ.* El papel de la agricultura es preponderante. Los prales. cultivos son los plátanos, la caña de azúcar, el algodón, el cardamomo e, indispensable para la alimentación interna, el maíz. Bosques ricos en madera, quina y chicle. La cabaña ganadera más imp., la bovina, se concentra pralm. en la costa del Pacífico. Existen algunos depósitos minerales, pero su relevancia es escasa. La ind. se reduce a la transformación de productos agrícolas (tabaco, azúcar, cerveza, textiles) y a la fabricación del cemento. Refinerías de petróleo en Escuintla y Puerto Barrios.
□ *Geog. humana.* La pob. se compone mayoritariamente de amerindios (50 %) y de mestizos (30 %), siendo el resto blancos criollos y europeos. Lengua: español (of.) e idiomas indígenas, especialmente el maya, el quiché y el cakchiquel. *Rel.:* mayoría católica. U.M.: el quetzal. Cap., Guatemala. C. imp.; Quetzaltenango, Escuintla, Mazatenango, Retalhuleu y Puerto Barrios. G. está dividida en 22 departamentos.
□ *Hist.* A la llegada de los esp. el imperio maya se hallaba dividido en señoríos independientes que luchaban entre sí. Ello facilitó la conquista, emprendida en 1523 por Pedro de Alvarado y afianzada a lo largo del s. XVI. A partir de 1542 se constituyó la capitanía general de G., que comprendía América Central, excepto Panamá. En 1821 se proclamó la independencia, a la que siguió una breve unión con México (hasta 1822). Igualmente efímera resultó la formación de una federación con los demás est. actuales del istmo (Provincias Unidas del Centro de América) menos Panamá. Al desintegrarse la federación, G. alcanzó de nuevo la independencia (1839), ratificada por la Constitución de 1847. En su historia política son cruciales cuatro periodos de gobiernos autoritarios: los de Rafael Carrera (1839-1865), Justo Rufino Barrios (1873-1885), Manuel Estrada Cabrera (1898-1920) y Jorge Ubico (1931-1944). Rufino Barrios secularizó los bie-

nes de la Iglesia, sentó la libertad de cultos e impulsó la enseñanza y un cierto desarrollo económico. En 1941 se declaró la guerra a las potencias del Eje. A la caída de Ubico (1944), el gobierno de Juan José Arévalo (hasta 1951) prefiguró nuevas orientaciones reformistas y nacionalistas, que tuvieron su máx. exponente en el presid. Jacobo Arbenz (1951-1954), quien emprendió una moderada reforma agraria, pero chocó con los intereses de los EE UU y fue derrocado por el coronel Carlos Castillo Armas. Sus sucesores Ydígoras Fuentes (1958-1963), Enrique Peralta (hasta 1966) y Julio César Montenegro (hasta 1970) mantuvieron la política conservadora. Se sucedió un período de inestabilidad política y social con regímenes militares, hasta que el general Oscar Humberto Mejía depuso en 1983 al general Efraín Ríos Montt. En 1986, con la nueva Constitución, accedió a la presid. Vinicio Cerezo. De 1991 a 1993 fue presid. Jorge Serrano, quien, tras intentar un autogolpe, fue sustituido por Ramiro de León Carpio. En las elecciones de 1996 venció el Partido de Avanzada Nacional y ocupó la presid. Álvaro Arzú, que firmó un acuerdo de paz con la guerrilla. En los comicios de 1999 fue elegido pres. Alfonso Portillo, del Frente Republicano Guatemalteco; y en los de 2003 venció Óscar Berger, del partido conservador Gran Alianza Nacional, que asumió en 2004.
□ *Arte.* Los restos más ant. e imp. de la cultura maya han aparecido en los yacimientos arqueológicos de Tikal y Uaxactún. Tras la conquista, la arquitectura colonial adoptó una ornamentación barroca en estuco y yeso: edificios barrocos en la cap. y templos de Camotán, Jacotenango y Quezaltepeque. La estatuaria religiosa dio figuras como Quirio Castaño, el autor del *Cristo negro* del santuario de Esquípulas. En el siglo siguiente destacaron los escultores Alonso de Paz, fray Cristóbal de Ochoa, fray Félix y, denotando la influencia de Zurbarán, los pintores Antonio de Montújar y Pedro de Liendo. Un mov. de retorno a las fuentes precolombinas (a partir de 1920) se concretó en la pintura: Carlos Valentí, Rafael Rodríguez Padilla, Alfredo Gálvez Suárez. Entre los artistas contemporáneos destacan Rodolfo Galeotti Torres,

Roberto González, Goiry, Guillermo Grajeda Mena y Dagoberto Vásquez. □ *Lit.* Un libro capital de la literatura precolombina es el *Popol Vuh*, relato cosmogónico y genealógico quiché. Fray Francisco Jiménez fue el primer traductor del *Popol Vuh*. Los cronistas laicos han dejado un animado retablo de la conquista, vida, gobierno y costumbres de la capitanía general de G. Al s. XVIII pertenece el primer gran poeta, Rafael Landívar. En el s. XIX, la poesía narrativa tuvo su máx. figura en José Batres Montúfar; la novela histórica fue cultivada, entre otros, por José Milla y Vidaurre. Tras la renovación modernista (Gómez Carrillo, Rafael Arévalo Martínez) sobrevino la creación vanguardista de los años 30: Miguel Ángel Asturias y Luis Cardoza y Aragón. Entre las figuras actuales sobresale Mario Monteforte Toledo.

GUATEMALA Dpto. del centro-S de Guatemala; 2 126 km², 2 188 652 hab. Cap., la c. hom. Ocupa la altiplanicie Central. Accidentado por el Eje Neovolcánico al S, sector que encierra la cuenca lacustre de Amatitlán. Café, caña de azúcar, tabaco, maíz, fríjoles. ◊ C. de Guatemala, cap. del dpto. hom. y de la Rep.; 1 366 848 hab. Su actual emplazamiento data de 1776. Centro comercial del país. Es sede de escuelas técnicas y militares y de la universidad de San Carlos, fundada en 1768.

GUATEMALTECO, CA adj. De Guatemala.

GUATEQUE m. fam. Baile bullicioso, jolgorio. ◊ Fiesta casera en que se baila.

GUATERO m. *Chile*. Bolsa de caucho con agua, de uso terapéutico.

GUATUSA f. *C. Rica., Ecuad.* y *Hond.* Roedor parecido a la paca, de carne muy gustosa.

GUAU Onomat. Voz del perro.

GUAVIARE Río del E de Colombia, afl. izquierdo del Orinoco; 1 350 km. Nace en la cord. Oriental andina con el nombre de Guayabero, recibe al Inírida y desemboca en el Orinoco. ◊ Dpto. de Colombia; 42 327 km², 126 795 hab. Cap., San José del Guaviare.

¡GUAY! Interj. poét. ¡Ay!

GUAYA f. Lloro o lamento.

GUAYABA f. Fruto del guayabo. ◊ *Amér.* Grano de café de mala calidad.

GUAYABEAR intr. *Argent.* Mentir. ◊ tr. *Guat.* Besar.

GUAYABERA f. Chaquetilla de tela ligera.

GUAYABO m. *Amér.* Árbol de hojas compuestas, flores blancas y fruto en forma de pera, denominado guayaba. ◊ fam. Muchacha joven y atractiva. □ GUAYABAL.

GUAYACA f. *Amér. Merid.* Bolsa. ◊ fig. Amuleto.

GUAYACO m. Palo santo.

GUAYACOL m. Líquido oleoso, obtenido del guayaco o por destilación fraccionada de la creosota. Tiene aplicaciones terapéuticas.

GUAYAMA C. de Puerto Rico en el distr. hom.; 41 588 hab. Centro agrícola y ganadero.

GUAYANA Región natural de América del Sur, entre el Orinoco, la cuenca del Amazonas y la llanura litoral atlántica. Está repartida entre Brasil, Venezuela, Surinam y Guyana, además de la G. fr. ◊ **Esequiba.** Extensa región de

Guyana, sit. al O del río Esequibo, que comprende unos 150 000 km² del terr. de aquella Rep. Reivindicada por Venezuela. ◊ **Francesa** (*Guyanne Française*) Dpto. fr. de ultramar que ocupa el terr. de Guayana comprendido entre los ríos Maroni y Oyapock; 83 534 km² y 115 000 hab. Selvas. Caña de azúcar, plátanos y maíz. Bauxita. Lenguas: fr. (of.) y criollo. *Rel.*: católica. U.M.: franco fr. Cap., Cayena. Colonizada por Francia en 1604, se convirtió en penal. Desde 1946 es terr. de ultramar. ◊ **Holandesa.** ⇒Surinam.

GUAYANÉS, SA adj. y s. De Guayana.

GUAYANILLA Mun. de Puerto Rico en el distr. Mayagüez; 21 581 hab. Industria petroquímica.

GUAYAQUIL Golfo del Pacífico, entre la punta de Santa Elena (Ecuador) y el cabo Blanco (Perú). ◊ C. y puerto de Ecuador, cap. de la prov. de Guayas; 1 508 444 hab. Puerto marítimo fluvial. Ind. química y alimentaria, refino de petróleo. Imp. centro financiero y comercial. Aeropuerto. Universidad. La c. fue fundada en 1535 por Sebastián de Belalcázar. ◊ **Entrevista de G.** La realizada en esta c. entre los libertadores Bolívar y San Martín en 1822, para dar término a las luchas por la indep. de Sudamérica.

GUAYAS Río de Ecuador, formado por la unión del Daule y el Babahoyo; 389 km. Desemboca formando un amplio delta en el Pacífico, en el golfo de Guayaquil. ◊ Prov. del Ecuador, ribereña del Pacífico; 20 502,5 km², 2 515 146 hab. Cap., Guayaquil. Las cord. de Colonche y Changón, en el N, son la excepción a su terr. llano. R. pral., el Guayas. Arroz, cacao, banano. Ganadería. Pesca. Petróleo.

GUAYASAMÍN, Oswaldo (1919-1999) Pintor ecuat. Sus cuadros representan los problemas indígenas. Expresionista cercano a la abstracción.

GUAYCURÚ adj. y s. Individuo perteneciente a un grupo de pueblos amerindios emparentados lingüísticamente, que habitan en el Chaco.

GUAYLLABAMBA o **GUAILLABAMBA** Río del N del Ecuador; 230 km. Una de las ramas madre del Esmeraldas. Nace en la cord. andina.

GUAYMAS C. y puerto del NO de México, en el est. de Sonora; 86 900 hab. Pesca. Ind. conservera.

GUAYNABO Mun. de Puerto Rico en el distr. de Bayamón; 92 886 hab. Caña de azúcar, ind. alimentaria.

GUAYUSA f. *Ecuad.* Planta cuya infusión reemplaza al té, parecida al mate del Paraguay.

GUAZUBIRÁ m. *Argent.* Venado del monte.

GUBERNATIVO, VA adj. Concerniente al gobierno.

GUBERNISTA adj. y s. *Amér.* Adicto a la política gubernamental.

GUBIA f. Formón de mediacaña.

GÜECHO m. *Amér. Centr.* Bocio, tumor indoloro.

GÜECHO o **GETXO** Mun. esp., en Euskadi, prov. de Vizcaya; 82 285 hab. Forma parte de la agl. urb. de Bilbao.

GUEDEJA f. Cabellera larga. ◊ Melena del león.

GÜELFO, FA adj. y s. Partidario de los papas, en la E. Media.

GÜEMES, Juan Francisco de (1628-

Guayaquil, situada en la orilla derecha del río Guayas

1768) Militar esp. Capitán general de Cuba y virrey de Nueva España. Creó la Real Compañía de Comercio de la Habana. ◊ *Martín* (1758-1821) Militar arg. Se adhirió al mov. emancipador y encabezó las guerrillas de su país. Murió en la defensa de Salta.

GUEPARDO m. Carnívoro félido que vive en Asia y África.

GUERNICA o **GERNIKA** Mun. esp., en Euskadi, en la prov. de Vizcaya. El *árbol de G.* simboliza las libertades vascas. Destruida en parte por la aviación alemana en 1937. Sede del Parlamento vasco tras la aprobación del *Estatuto de G.*

GUERRA f. Lucha armada entre dos o más países. ◊ Toda especie de lucha y combate. ◊ **civil.** La que entablan entre sí los habitantes de un mismo pueblo o nación. ◊ **fría.** Situación de hostilidad entre naciones sin llegar al empleo de las armas. La exp. designó el antagonismo entre los bloques occidental y soviético entre 1945 y 1962. □ **I Guerra Mundial** (1914-1918) Conflicto que tuvo su causa inmediata en el asesinato en Sarajevo (junio 1914) del archiduque Francisco Fernando, heredero del imperio austrohúngaro. Al declarar éste la guerra a Serbia, la concatenación de alianzas de la Triple Entente (Francia, Gran Bretaña y Rusia) y de las potencias centrales (Alemania, Austria-Hungría) generalizó en pocos días la extensión del conflicto. Japón se adhirió al bando aliado, lo mismo que Italia (1915) y Rumania (1916); Turquía se alineó con los imperios centrales, junto con Bulgaria (1915). El rápido avance al. en el O fue detenido en el Marne. En el E, la presión rusa fue contenida en Tanneberg (1914), y al siguiente año los al. conquistaron Polonia y Serbia. Los desastres militares de los aliados en 1917 y la defección de Rusia (revolución soviética) fueron compensados por la entrada de los EE UU en la guerra, que permitió derrotar la gran ofensiva al. de 1918. Los acontecimientos revolucionarios en Alemania y en Austria-Hungría precipitaron la firma de la paz en noviembre de 1918.

☐ **II Guerra Mundial** (1939-1945) Conflicto desencadenado por la invasión nazi de Polonia (1 septiembre 1939), que provocó la declaración de guerra por parte de Francia y Gran Bretaña. Al rápido aplastamiento de Polonia siguió la ocupación al. de Dinamarca, Noruega, los Países Bajos y Luxemburgo (1940). La gran ofensiva en terr. fr. obligó a Francia a pedir el armisticio (1940). Italia la había agredido pocos días antes. Tras las rápidas campañas de Grecia y Yugoslavia y el desembarco del *Afrika Corps* de Rommel en el N de África, Hitler lanzó sus ejércitos sobre la URSS (junio 1941). En Oriente, los japoneses hundieron la flota norteam. en Pearl Harbor (diciembre 1941), lo que les permitió conquistar el SE asiático, desde Myanma (Birmania) a Indonesia y Filipinas. Los al. llegaron a las puertas de Moscú y Leningrado, siendo detenidos por el invierno ruso y la contraofensiva soviética. Se produjeron los desembarcos aliados en el N de África (1942), en Sicilia (1943) y en Normandía (1944) y la evacuación al. de la URSS, los Balcanes, Hungría y Polonia, hasta el definitivo repliegue en torno a Berlín. En mayo de 1945, tras el suicidio de Hitler, se firmó la capitulación; la paz sería acordada según los términos de la conferencia de Yalta. Los norteam. destrozaron la flota japonesa (1943) y avanzaron de isla en isla. Las bombas atómicas lanzadas sobre Hiroshima y Nagasaki determinaron la rendición del Japón (1945).
GUERRA, *Rui* (n. 1931) Director y actor de cine bras. *Os cafajestes, Los fusiles* ◇ **Junqueiro, *Abilio*** (1850-1923) Poeta port. *La muerte de Don Juan.*
GUERREAR intr. Hacer guerra. ◇ fig. Resistir, rebatir o contradecir.
GUERRERO, RA adj. Relativo a la guerra. ◇ Que guerrea. ◇ adj. y s. fig. y fam. Travieso, molesto. ◇ m. Soldado. ◇ f. Chaqueta de uniforme militar.
GUERRERO Est. del S de México, a orillas del Pacífico; 63 794 km², 3 079 649 hab. Cap., Chilpancingo. Accidentado por la sierra Madre del Sur; entre ésta y la sierra de Taxco se extiende la depresión del r. Balsas. Algodón, café, tabaco, cereales, caña de azúcar. Riqueza forestal. Plata, oro, mercurio, hierro, carbón, plomo. Ind. alimentaria, azúcar, textil. Fundado en 1849. ◇ Mun. de México, en el est. de Chihuahua; 41 467 hab.
GUERRERO, *Francisco* (1528-1599) Compositor esp., autor de misas, motetes e himnos. ◇ ***María*** (1867-1928) Actriz teatral esp. Tuvo su propia compañía. ◇ ***Vicente*** (1783-1831) Guerrillero y político mex. Participó en la lucha por la indep. El motín de la Acordada le llevó a la presidencia del país (1829), pero fue derrocado. Fusilado en Oaxaca. ◇ **Y Torres, *Francisco*** (s. XVIII) Arquitecto barroco mex. La capilla del Pocito es su obra más imp.
GUERRILLA f. Táctica de combate que consiste en el hostigamiento del enemigo por pequeños grupos armados. ◇ Partida de paisanos que acosa al enemigo. ☐ GUERRILLEAR; GUERRILLERO, RA.
GUESCLIN, *Bertran du* (h. 1320-1380) Guerrero fr.. Luchó contra los ing. en la guerra de Bretaña. Derrotó a Pedro I de Castilla en la batalla de Montiel (1369).
GUETO m. Barrio habitado por judíos o reservado para ellos con carácter de

Ejecuciones en la **Guillotina**. Grabado de la Biblioteca Nacional de París

obligatoriedad. ◇ *Soc.* Por ext., barrio en el que viven personas de cualquier minoría social o inmigrados.
GUEVARA, *Antonio de* (1480-1545) Escritor esp. *Reloj de príncipes, Menosprecio de corte y alabanza de aldea.* ◇ ***Ernesto***, llamado CHE (1928-1967) Revolucionario cub. de origen arg. Participó en la campaña castrista contra Batista y tuvo diversos cargos en el nuevo gobierno revolucionario. Marchó a Bolivia para promover la guerrilla, donde murió en una emboscada. *La guerra de guerrillas, Diario de Bolivia.*
GUGGIARI, *José Patricio* (1884-1957) Político per. presid. de la rep. (1928-1932).
GUÍA com. Persona que conduce y enseña a otra el camino. ◇ fig. Persona que enseña y dirige a otra. ◇ m. *Mil.* Sargento o cabo que alinea la tropa. ◇ f. Lo que en sentido figurado dirige o encamina. ◇ Tratado en que se dan preceptos para orientar en cosas. ◇ Lista de datos referentes a una materia. ◇ Pieza o cuerda que en las máquinas y otros aparatos sirve para obligar a otra pieza a que siga en su mov. un camino determinado.
GUIAR tr. Ir delante mostrando el camino. ◇ Conducir un vehículo. ◇ fig. Dirigir. ◇ prnl. Dejarse uno dirigir o llevar por otro, o por indicios, señales, etc. ☐ GUIADOR, RA.
GUICCIARDINI, *Francesco* (1483-1540) Historiador florentino. *Historia de Italia.*
GUIDO, *José María* (1910-1975) Político arg. Presid. tras la deposición de Frondizi (1962-1963). ◇ **D'Arezzo** (h. 990-1050) Monje it. Teórico musical. *Micrologus de arte música.* ◇ **Y Spano, *Carlos*** (1872-1918) Poeta arg. Mezcla el romanticismo con el clasicismo. *México, Ráfagas, Ecos lejanos.*
GUIJA f. Piedra pequeña y redonda de las orillas de ríos. ◇ Almorta, legumbre.
GUIJARRO m. Canto rodado, fragmento rocoso de unos 4 a 74 mm.
GUIJO m. Conjunto de guijas para consolidar los caminos.
GUILARTE, *Eusebio* (1799-1849) Militar y político bol. Luchó junto a Bolívar. Presid. en 1847.
GUILLAME m. Cepillo estrecho de carpintero.
GUILLARSE prnl. Irse o huirse. ◇ Chiflarse.
GUILLAUME, *Charles-Edouard* (1861-1938) Físico suizo. Sus estudios le lle-

varon a establecer la capacidad del litro. Premio Nobel de Física en 1920.
GUILLÉN, *Jorge* (1893-1984) Poeta esp. Con Lorca y Alberti, el más importante de su generación. *Cántico, Clamor.* ◇ ***Nicolás*** (1902-1989) Poeta cub. Creador de la poesía afrocubana; lo social y el ritmo se conjugan en su obra. *Sóngoro cosongo, Cuba libre.*
GUILLERMO Nombre de diversos monarcas y emperadores.

ALEMANIA

GUILLERMO I (1797-1888) Rey de Prusia [1861-1888] y emperador de Alemania [1871-1888]. Creador del II Reich. ◇ **II** (1859-1941) Rey de Prusia y emperador de Alemania [1888-1918]. Su agresiva política exterior contribuyó al estallido de la guerra en 1914.

HOLANDA Y PAÍSES BAJOS

GUILLERMO I de Nassau, *el Taciturno* (1533-1584) Príncipe de Orange y estatúder de las Provincias Unidas, encabezó la sublevación contra Felipe II. ◇ **I** (1772-1843) Rey de los Países Bajos y gran duque de Luxemburgo [1815-1840], proclamado rey por el congreso de Viena (1815). ◇ **II** (1792-1849) Rey de los Países Bajos y gran duque de Luxemburgo [1840-1849]. ◇ **III** (1817-1890). Con él terminó la unión personal entre Holanda y Luxemburgo.

INGLATERRA Y GRAN BRETAÑA

GUILLERMO I, *el Conquistador* (h. 1027-1087) Duque de Normandía [1035-1087] y rey de Inglaterra [1066-1087]. Rey de Inglaterra tras derrotar a Harold II en Hastings. ◇ **III de Nassau** (1650-1702) Estatúder de las Provincias Unidas [1672-1702] y rey de Inglaterra, Escocia e Irlanda [1689-1702]. Dirigió la resistencia de las Provincias Unidas contra la invasión fr. ◇ **IV** (1765-1837) Rey de Gran Bretaña, Irlanda y Hannover [1830-1837].
GUILLERMO Tell (s. XIV) Héroe legendario de la independencia suiza. Inspiró la obra dramática de Schiller (1804) y la ópera de Rossini (1829).
GUILLOTINA f. Máquina para decapitar a los condenados a muerte. ◇ Máquina de cortar papel. ☐ GUILLOTINAR.
GUIMARAES Rosa, *João* (1908-1976) Novelista bras. *Cuerpo de baile, El milagro, Gran sertao: veredas.*
GUINCHO m. Pincho de palo. ◇ *Cuba.* Ave de rapiña.
GUINDA f. Fruto del guindo.
GUINDILLA f. Fruto del guindillo de Indias. ◇ Pimiento pequeño y encarnado, que pica mucho.
GUINDILLO DE INDIAS m. Planta arbustiva, especie de pimiento, cultivada en jardines.
GUINDO m. Árbol, especie de cerezo, de hojas más pequeñas y de fruto más redondo y ácido.
GUINEA f. Ant. moneda ing. de oro.
GUINEA, *golfo de* Amplia entrada de la costa atlántica africana, entre el cabo Palmas (Liberia) y el cabo López (Gabón). ◇ Región costera del África occidental, bañada por el Atlántico, que se reparten políticamente diversos est. del área. Se extiende entre los cabos Verde y López.

GUINEA *(Républiqe de Guinée)* Est. de África occidental, en el Atlántico; Rep. La llanura litoral se eleva en forma de terrazas hasta alcanzar en el int. el macizo de Futa Yalón; en el S los montes Nimba (1 854 m). Regado pralm. por el Níger. Clima tropical. Cultivos de subsistencia (maíz, mandioca, sorgo) y de export. (arroz, agrios, ananás, plátanos, cacahuetes, café, etc.). Minería (bauxita, diamantes, hierro) y explotación forestal. Lengua: fr. (of.) e idiomas sudaneses. *Rel.*: islamismo (68 %), animismo (30 %) y pequeños grupos católicos. U.M.: el franco de G. Cap., Conakry. C. imp., Kindia.

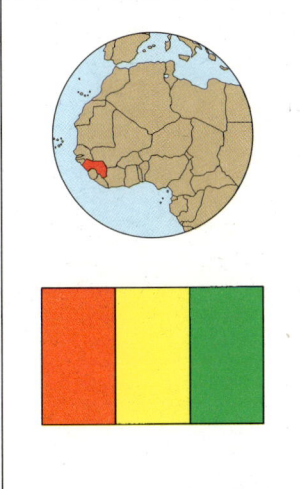

Mapa de situación y bandera de **Guinea**

□ *Hist.* Inexplorada por los europeos hasta el s. XIX, fue colonizada por Francia a partir de 1837. Indep. en 1958. La vida política estuvo señoreada por Sékou Touré, quien impuso férreamente una variante de los socialismos africanos. A su muerte, en 1984, le sucedió

GUINEA

Superficie	245 857 km²
Población 10 322 000 hab. (95 hab./km²)	
Recursos económicos	
Agrios	163 000 t
Ananás	38 000 t
Arroz	628 000 t
Bananas	110 000 t
Bauxita	17 054 000 t
Cabaña bovina	1 800 000 cabezas
Cacahuetes	52 000 t
Café	8 000 t
Diamantes	135 000 quilates
Maíz	79 000 t
Mandioca	450 000 t
Pesca	32 000 t
Riqueza forestal	4 034 000 m³
Sorgo	35 000 t
Indicadores sociológicos	
PNB	2 669 millones de dólares
Renta per cápita	450 dólares
Esperanza de vida	44 años
Alfabetismo	28 %

Vista de Conakry, capital de **Guinea**

en la presidencia L. Beavogui, depuesto por un golpe militar este año, que elevó a Lansana Conté, iniciador de la democratización del régimen con elecciones multipartidistas en 1993.

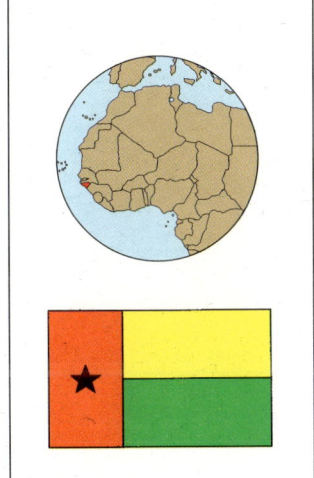

Mapa de situación y bandera de **Guinea-Bissau**

GUINEA-BISSAU *(Guiné-Bissau)* Est. de África occidental, a orillas del Atlántico; Rep. Su llano terr. asciende hacia el int. en una sucesión de plataformas y mesetas que riegan los ríos Cacheu, Geba y Corubal. Clima tropical. Economía agrícola (cereales, cacahuetes, aceite de palma, copra), complementada por la explotación forestal. Lengua: port. (of.) y las indígenas sudanesas, además de un criollo-port. *Rel.*: animismo (60 %), islamismo (30 %), núcleos católicos. U.M.: el peso guineano. Cap., Bissau.
□ *Hist.* Descubierta en el s. XV por los port., que hasta 1915 no se aseguraron la sumisión de las tribus del int. En 1962 surgió la guerrilla antiportuguesa. L. Cabral accedió a la presid. tras ser reconocida la indep. del país (1974). En 1980 Cabral fue depuesto por un golpe de Est. Le sucedió el comandante J. B. Vieira. En 1991 se instauró el multipar-

tidismo. En 1994, Vieira fue refrendado como presid. de la Rep. En 2000 K. Ialá fue elegido presid., pero en 2003 fue derrocado por un golpe de Est. Henrique Rosa fue designado presid. interino.

GUINEA-BISSAU

Superficie	36 125 km²
Población 984 000 hab. (27 hab./km²)	
Recursos económicos	
Aceite de palma	5 000 t
Arroz	118 000 t
Cabaña bovina	410 000 cabezas
Cabaña caprina	208 000 cabezas
Cabaña porcina	293 000 cabezas
Cacahuetes	20 000 t
Copra	5 000 t
Riqueza forestal	567 000 m³
Indicadores sociológicos	
PNB	194 millones de dólares
Renta per cápita	190 dólares
Esperanza de vida	43 años
Alfabetismo	36%

GUINEA ECUATORIAL Est. del África ecuatorial; Rep. presidencialista; sit. en el golfo de Guinea, comprende el terr. continental de Mbini (ant. Río Muni) y las islas de Bioko (ant. Fernando Poo), Annobón, Corisco y las dos Elobey. La parte continental está formada por altiplanicies, accidentadas por algunos macizos. Red hidrográfica constituida por el Campo, el Benito y el Muni. Clima ecuatorial, muy húmedo. Cacao, café, plátanos, palma oleífera. Imp. riqueza forestal (ébano, okumé). Lengua: esp. (of.), fang y bubi (bantúes). *Rel.*: católica (80 %) y animistas. U.M.: franco C.F.A. Cap., Malabo. C. y puerto imp., Bata.

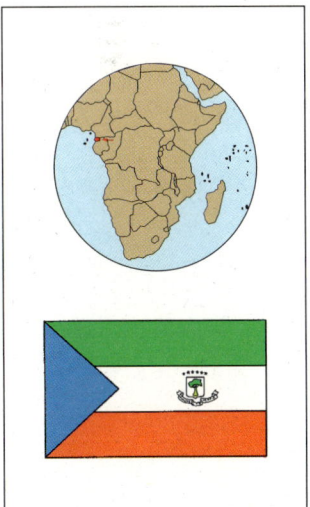

Mapa de situación y bandera de **Guinea Ecuatorial**

□ *Hist.* Portugal, instalado en las islas desde el s. XV, las cedió a España en 1778. El dominio sobre la franja continental aguardó a 1901. Indep. en 1968, el régimen autocrático de F. Macías Nguema llevó a la emigración a buena parte de la pob. En 1979 fue derrocado

GUSANO

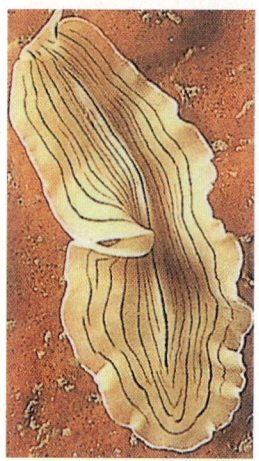

El término gusano engloba un gran número de invertebrados de cuerpo alargado, cilíndrico o acintado que corresponde a especies de diversos grupos taxonómicos, especialmente anélidos como las sabelarias (arriba), platelmintos como las planarias (centro) y nematodos, como las anguílulas

Guinea Ecuatorial. Detalle de la bahía de Malabo, en la isla de Bioko

y ejecutado por Teodoro Obiang, quien estableció un régimen dictatorial. Las elecciones de 1993, fueron calificadas de fraudulentas.

GUINEA ECUATORIAL

Superficie	28 051 km²
Población	356 000 hab. (13 hab./km²)
Recursos económicos	
Aceite de palma	5 000 t
Bananas	17 000 t
Cacao	7 000 t
Café	7 000 t
Nuez de coco	8 000 t
Indicadores sociológicos	
PNB	142 millones de dólares
Renta per cápita	330 dólares
Esperanza de vida	47 años
Alfabetismo	50%

GUINEANO, NA adj. y s. De la región de Guinea o de alguna de las rep. africanas del mismo nombre.

GÜINES Mun. de Cuba, en la prov. de La Habana; 41 552 hab. Manufacturas de tabaco.

GUINNESS, Alec (1914-2000) Actor teatral y cinematográfico brit. *El quinteto de la muerte, El puente sobre el río Kwai, La guerra de las galaxias.*

GUIÑAPO m. Andrajo o trapo roto o deslucido. ◊ *Chile.* Maíz molido que sirve para hacer chicha.

GUIÑAR tr. Cerrar un ojo momentáneamente quedando el otro abierto. ◊ *Guat.* Tirar con fuerza. ❑ GUIÑO.

GUIÑOL m. Representación teatral por medio de títeres. ❑ GUIÑOLESCO, CA.

GUIÓN m. Cruz que va delante del prelado o de la comunidad con insignia propia. ◊ Estandarte del rey o de un jefe de hueste. ◊ Pendón pequeño o bandera arrollada que se lleva en algunas procesiones. ◊ Argumento de una obra cinematográfica, radiofónica o televisiva. ◊ Ave delantera de las bandadas emigrantes. ◊ Signo ortográfico (-) que se pone al fin del renglón que termina con una palabra incompleta que continúa en la línea siguiente. Se usa para unir las dos partes de alguna palabra compuesta. Para separar las oraciones incidentales, que no se ligan con ninguno de los miembros del periodo, se usan guiones más largos; también para indicar en los diálogos cuándo habla cada interlocutor, etc. ❑ GUIONISTA.

GÜIPIL m. *Méx.* Camisa de las indias.

GUIPUR m. Tejido de encaje de malla gruesa.

GUIPÚZCOA o **GIPUZKOA** Prov. de España, en Euskadi; 1 997 km² y 673 563 hab. Cap., San Sebastián. Agricultura (forrajes), pesca e ind. metalúrgica y textil muy desarrolladas.

GÜIRA DE MELENA Mun. de Cuba, en la prov. de La Habana; 30 829 hab. Tabaco.

GÜIRALDES, Ricardo (1886-1927) Escritor arg. Su novela *Don Segundo Sombra* es una excelente descripción de la Pampa.

GUIRIGAY m. fam. Lenguaje ininteligible.

GUIRIOR, Manuel de (1708-1788) Militar y político esp. Virrey de Nueva Granada.

GÜIRÍS m. *Amér. Centr.* Persona práctica en minas.

GUIRLACHE m. Turrón de almendras tostadas y caramelo.

GUIRNÁLDA f. Corona abierta, tejida de flores, papel, etc.

GÜIRO m. *Bol.* y *Perú.* Tallo del maíz verde.

GUISA f. Modo, manera.

GUISA Rama de la familia ducal de Lorena. Intervino en las luchas religiosas de Francia. El miembro más célebre fue Enrique (1550-1588), que dirigió la matanza de la noche de San Bartolomé.

GUISADO m. Guiso preparado con salsa, después de rehogado el manjar.

GUISANDO Mun. esp., en Castilla-

Toros de **Guisando**

León (prov. de Ávila). ◊ **Toros de G.** Esculturas zoomorfas del s. II a. C.

GUISANTE m. Planta leguminosa, con fruto en vaina. ◊ Semilla de esta planta.

GUISAR tr. Cocer los alimentos en una salsa después de rehogados. ◊ fig. Ordenar, aderezar una cosa. ❏ GUISO.

GUITA f. Cuerda de cáñamo. ◊ fam. Dinero.

GUITARRA f. Instrumento musical de seis cuerdas, que se pulsan con los dedos de la mano derecha, mientras las pisan los de la izquierda donde conviene al tono. ◊ *Ven.* Traje de fiesta. ❏ GUITARRISTA.

GUITARRILLO m. Guitarra pequeña de cuatro cuerdas.

GUITRY, *Sacha* (1885-1957) Escritor, actor y director cinematográfico y teatral fr., de origen ruso. *La palabra de Cambronne, Las dos palomas.*

GUIZADO, *José Ramón* (1899-1964) Político pan. Sucedió a Remón en la presid. de la Rep. tras su asesinato (1955). Acusado del crimen y absuelto (1957).

GUIZOT, *François* (1787-1874) Político e historiador fr. *Historia general de la civilización en Europa.*

Guisante

GUJARAT o **GUJERAT** Est. del O de la India; 195 984 km², 41 174 300 hab. Cap., Gandhinagar. C. pral., Ahmadabad. Clima cálido. Econ. agrícola y minera (petróleo, bauxita).

GUJRANWALA C. de Pakistán, en la prov. de Punjab; 366 000 hab. Metalurgia.

GULA f. Apetito desordenado de comer y beber.

GULLSTRAND, *Allvar* (1862-1930) Médico sueco, inventor del oftalmoscopio binocular. Premio Nobel de Medicina en 1911.

GUMÍA f. Arma blanca morisca.

GUMÍA Prefectura de Japón, en la isla de Honshu; 6 356 km², 1 966 000 hab. Cap., Maebashi.

GUNDER Frank, *André* (n. 1929) Economista norteam. de origen al. *Capitalismo y subdesarrollo en América Latina.*

GUPTA Dinastía india que reinó en la cuenca del Ganges desde el s. IV al VI.

GURABO Mun. de Puerto Rico, en el distr. de Humacao; 26 093 hab. Caña de azúcar y tabaco.

GURDO m. *R. Dom.* Moneda nacional.

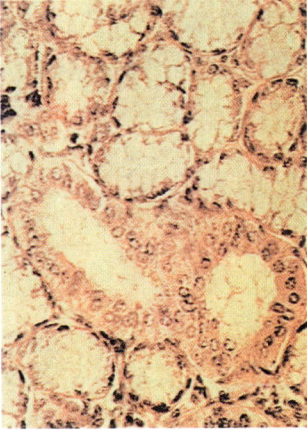

Gusto. Las papilas caliciformes registran los sabores amargos

GURÍ m. *Argent.* Muchacho indio.

GURIDI, *Jesús* (1886-1961) Compositor de óperas y zarzuelas esp. *Mirentxu, Amaya, El caserío, Diez melodías vascas.*

GURISA f. *Argent.* Muchacha india.

GURKA adj. y s. Individuo de un pueblo de origen y lengua indoarios y religión hindú, que forma el grupo dominante en Nepal desde el s. XVIII.

GURRUMIÑO, NA adj. fam. Ruin. ◊ m. fam. Marido condescendiente con las infidelidades de la mujer. ◊ m. y f. *Méx.* Chiquillo.

GURU o **GURÚ** adj. y m. (voz sánscrita) Maestro espiritual que enseña los principios de la fe en la India y la ejecución de los actos rituales.

GURUPI Río de Brasil; 480 km. Desemboca en el Atlántico.

GUSANEAR intr. Hormiguear.

GUSANERA f. Sitio donde se crían gusanos. ◊ fig. y fam. Pasión que domina en el ánimo.

GUSANILLO m. Género de labor menuda que se hace en los tejidos de lienzo y otras telas.

GUSANO m. Nombre genérico de animales invertebrados, bilaterales, de cuerpo alargado y desprovistos de esqueleto. El término tuvo vigencia taxo-

Johannes Gensfleisch **Gutenberg**

nómica, pero actualmente sólo se mantiene en el lenguaje vulgar, con un sentido más amplio, pues incluye también las fases larvarias de muchos insectos. ◊ Lombriz. ◊ Oruga, larva. ◊ **de luz.** Luciérnaga. ◊ **de seda.** Larva de la mariposa de la seda.

GUSARAPO, PA m. y f. Especie de gusano que se cría en los líquidos.

GUSTAR tr. Sentir en el paladar el sabor de las cosas. ◊ Experimentar. ◊ intr. Agradar una cosa; parecer bien. ◊ Desear, querer y gozar una cosa.

GUSTAVO Nombre de algunos reyes de Suecia.

GUSTAVO I Vasa (1496-1560) Rey de Suecia [1523-1560]. Expulsó a los daneses. ◊ **II Adolfo** (1594-1632) Rey de Suecia [1611-1632]. Intervino en la guerra de los Treinta Años. ◊ **III** (1746-1792) Rey de Suecia [1771-1792]. ◊ **IV Adolfo** (1778-1837) Rey de Suecia [1792-1809]. Perdió la Pomerania sueca y Finlandia. ◊ **V** (1858-1950) Rey de Suecia [1907-1950]. ◊ **VI Adolfo** (1882-1973) Rey de Suecia [1950-1973].

GUSTO m. Sentido que permite distinguir el sabor de las cosas. ◊ Sabor que tienen las cosas. ◊ Placer o deleite. ◊ Propia voluntad o determinación. ◊ Facultad de sentir lo bello. ◊ Manera de sentirse o ejecutarse la obra artística o literaria en país o tiempo determinado. ◊ Capricho, diversión. ❏ GUSTAZO; GUSTILLO; GUSTOSO, SA.

Página de la Biblia de **Gutenberg**, decorada con los motivos vegetales

GUTACIÓN f. Fenómeno frecuente en los vegetales sometidos a periodos nocturnos húmedos y calurosos, que consiste en la expulsión de agua a través de los estomas acuíferos.

GUTAGAMBA f. Árbol del SE asiático, del que fluye una gomorresina que se usa en acuarela.

GUTAPERCHA f. Goma translúcida insoluble en el agua, obtenida del tronco de un árbol de la India. Se emplea en farmacia, para aislamientos eléctricos y como cemento dentario.

GUTENBERG, *Johannes Gensfleisch* (h. 1394-1468) Impresor al., inventor del sistema de imprenta con caracteres móviles. Imprimió la *Biblia latina.*

Mapa de situación y bandera
de **Guyana**

Guyana. Cascadas de Kaieteur

GUTIÉRREZ, *Eduardo* (1851-1889)
Novelista y periodista arg. *Juan Moreira* (novela gauchesca) y *Hormiga negra*.
◊ *Santos* (1820-1872) Militar y político
col. Presid. de la Rep. entre 1868 y 1870.
◊ **Alea, *Tomás*** (1928-1996) Director de
cine cub. *Para Elisa, Fresa y chocolate,
Guantanamera*. ◊ **Borbúa, *Lucio*** (n.
1957) Militar y político ecuat. Asumió
la presid. de la rep. en 2003 y fue destituido por el Congreso en abril de 2005,
acusado de actuar al margen de la
Constitución. ◊ **Nájera, *Manuel*** (1859-
1895) Poeta y periodista mex. Precursor del modernismo. *Cuentos frágiles,
Poesía*. ◊ **Solana, *José*** ⇨ Solana.
GUTÍFERO, RA adj. y f. *Bot.* Árboles
y arbustos dicotiledóneos de la zona tó-
rrida que segregan jugos resinosos, llamados gutas o gutagambas.
GUTURAL adj. Relativo a la garganta.
◊ *Fon.* Díc. de las consonantes velares.
GUYANA *(Republic of Guyana)* Est. sudamericano; Rep. presidencialista, au-

totitulada Rep. Cooperativa. La llanura litoral se prolonga en el int. hasta enlazar con la depresión formada por la
red hidrográfica del Esequibo. Recursos agrícolas, forestales y mineros. Gran
mezcla étnica (oriundos de la India, 51
%; negros, 30,7 %; amerindios, 4,4 %).
Lengua: ing. (of.), diversas lenguas hindúes, variantes del *créole*. *Rel.*: mayoría
protestante, núcleos católicos, hinduistas e islámicos. U.M.: el dólar de G.
Cap., Georgetown.
□ *Hist.* Visitada por Colón (1498), fue
disputada entre holandeses y brit. Éstos la ocuparon desde 1796 y la convirtieron en Colonia en 1831. Independiente en 1966. En 1970 se proclamó la
rep., con Arthur Chung como presid.
y Forbes Burnham como primer ministro, nombrado presid. en 1980. A su
muerte (1983) lo fue Desmond Hoyle,
sustituido en 1992 por Cheddi Jagan.
En 1999 accedió a la presid. Bharrat
Jagdeo.
GÜZLA f. Instrumento musical de una
sola cuerda y en forma de guitarra.
GUZMÁN, *Alberto* (n. 1927) Escultor
per. En sus obras, la luz juega un papel
muy importante y dinámico. ◊ ***Antonio Leocadio*** (1801-1884) Político y es-

GUYANA	
Superficie	214 970 km^2
Población	800 000 hab. (4 hab./km^2)
Recursos económicos	
Arroz	250 000 t
Azúcar de caña	145 000 t
Bananas	20 000 t
Nuez de coco	48 000 t
Riqueza forestal	225 000 m^3
Diamantes	7 000 quilates
Oro	585 kg
Bauxita	2 204 000 t
Cerveza	134 000 hl
Ron	183 000 hl
Indicadores sociológicos	
PNB	233 millones de dólares
Renta per cápita	290 dólares
Esperanza de vida	65 años
Alfabetismo	96 %

critor ven. Fundó los diarios *El Argos* y
El Colombino. ◊ ***Gaspar de*** ⇨ Olivares.
◊ ***Martín Luis*** (1887-1977) Escritor y
político mex. Coronel del ejército revolucionario en 1914. *Memorias de Pancho
Villa*. ◊ **Blanco, *Antonio*** (1829-1898)
Militar y político ven. Presid. de la
Rep. (1870-1877, 1879-1884 y 1886-
1888). ◊ ***El Bueno*** llamado *Alonso Pérez de Guzmán* (1256-1309) Caballero
cast. Encargado por Sancho IV de la
defensa de Tarifa, sacrificó la vida de
su hijo por no entregar la plaza a los
benimerines. ◊ **Fernández, *Antonio***
(1910-1982) Político dom. de ideología
liberal. Derrotó a Balaguer en las elecciones de 1978.
GWALIOR *(Gwaliyar)* C. de la India,
en el N del est. de Madhya Pradesh;
539 000 hab. Agricultura. Ganadería.
Centro comercial e industrial. Monumentos de la Edad Media.
GYMKHANA (voz ing.) f. Competición deportiva de habilidad en automóvil, etc.
GYÖR (al., *Raab*) C. del NO de Hungría; 129 000 hab. Centro de comunicaciones y comercial. Puerto. Ind. siderometalúrgica, textil, alimentaria.

H

H f. Octava letra del abecedario esp. y sexta de sus consonantes. Su nombre es *hache*, y actualmente no tiene sonido. ◊ Abrev. de hora. ◊ *Quím.* En mayúscula, símb. del hidrógeno. ◊ *Fís.* En minúscula, símb. de la constante de Planck.

¡HA! interj. ¡Ah!

HAAKON I, *el Bueno* (h. 920-h. 961) Rey de Noruega desde 935. Gobernó con acierto y abrazó el cristianismo. ◊ **IV,** *el Viejo* (1204-1263) Rey de Noruega [1217-1263]. Anexionó Islandia en 1262. ◊ **VII** (1872-1957) Rey de Noruega [1905-1957]. Abandonó su país en 1940, al ser invadido por Alemania.

HAARLEM C. de los Países Bajos; 217 200 hab. Ind. navales, químicas y mecánicas.

HABA f. Planta herbácea, anual, leguminosa, con flores amariposadas, olorosas y fruto en vaina. ◊ Fruto y semilla de esta planta. ◊ Simiente de ciertos frutos, como el café, cacao, etc. ◊ En algunos lugares, habichuela, judía. ◊ *Min.* Trozo de mineral redondeado y envuelto por la ganga.

HABACUC El octavo de los doce profetas menores del A. T. ◊ **Libro de H.** Escrito profético del A. T., notable por su perfección literaria.

HABANA, *Ciudad de La* Prov. de Cuba, formada pralm. por la c. hom.; 724 km², 2 119 000 hab. ◊ **La H.** Prov. de Cuba, que rodea la prov. de C. de La H.; 5 745 km², 630 000 hab. Cap., la c. hom. ◊ C. de Cuba cap. del estado y de las prov. de La H. y Ciudad de La H.; 2 119 000 hab. Puerto de gran tráfico. Cuenta con edificios notables, entre ellos la Catedral (1690) y la iglesia de San Agustín (1608). El actual emplazamiento data de 1519. Pronto experimentó un notable auge económico, consecuencia de su situación en la ruta entre Nueva España y la pen. Ibérica. Las ind. del tabaco y el azúcar hicieron de ella un importante centro comercial.

HABANERO, RA adj. y s. De La Habana. ◊ adj. Relativo a esta c. ◊ f. Baile originario de La Habana. ◊ Música de este baile. ◊ Canción que se acompaña con esta música.

HABANO, NA adj. Relativo a La Habana, y p. ext., a la isla de Cuba. ◊ Díc. del color del tabaco claro. ◊ m. Cigarro puro elaborado en Cuba.

HÁBEAS Corpus m. *Der.* Institución jurídica que garantiza la libertad personal del individuo a fin de evitar los arrestos y detenciones arbitrarias.

HABER m. Hacienda. ◊ Cantidad que se devenga periódicamente en retribución de servicios personales. ◊ *Cont.* Una de las dos partes en que se divide un libro contable y en la cual se registran las cantidades que se acreditan. ◊ tr. Poseer, tener una cosa. ◊ Apoderarse uno de alguna persona o cosa. ◊ Verbo auxiliar que sirve para conjugar otros verbos en los tiempos compuestos. ◊ impers. Se usa sólo en tercera pers. del sing. y en el infinit. ◊ Acaecer, ocurrir, sobrevenir. ◊ Estar realmente en alguna parte. ◊ Hallarse o existir. ◊ Denotando transcurso del tiempo, hacer. ◊ prnl. Portarse, proceder bien o mal.

HABER, *Fritz* (1868-1934) Químico al. Realizó la síntesis del amoniaco. Premio Nobel de Química en 1918.

HABERMAS, *Jürgen* (n. 1929) Filósofo y sociólogo al. Representante de la Escuela de Frankfurt. Se caracteriza por su crítica marxista del positivismo.

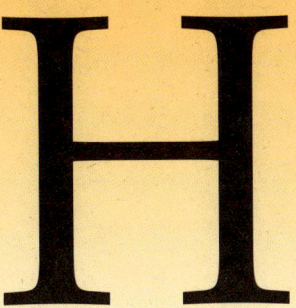
Vista de **La Habana**

Teoría y práctica, Problemas de legitimación en el capitalismo avanzado. Premio Príncipe de Asturias de Ciencias Sociales en 2003.

HABICHUELA f. Judía, planta leguminosa. ◊ Fruto y semilla de esta planta.

HABILIDAD f. Capacidad y disposición para una cosa. ◊ Cada una de las cosas que una persona ejecuta con destreza. ❏ HÁBIL; HABILIDOSO, SA; *Chile.* HABILOSO, SA.

HABILITAR tr. Hacer a una persona o cosa hábil o apta. ◊ tr. y prnl. Facilitar a uno lo que necesita. ❏ HABILITACIÓN; HABILITADO, DA; HABILITADOR, RA.

HABITACIÓN f. Edificio o parte de él que se destina para habitarlo. ◊ Cualquiera de los aposentos de la casa, especialmente el dormitorio.

HABITÁCULO m. Habitación, edificio para ser habitado. ◊ Lugar que reúne las condiciones apropiadas para que viva una especie animal o vegetal.

HABITAR tr. e intr. Vivir, morar. ❏ HABITABILIDAD; HABITABLE; HABITANTE.

HÁBITAT m. Conjunto de factores ambientales en los que vive, de un modo natural, una determinada especie animal o vegetal.

HÁBITO m. Vestido o traje que cada uno usa según su estado o ministerio, y especialmente el de los religiosos. ◊ Modo especial de proceder o conducirse, adquirido por repetición de actos iguales o semejantes u originados por tendencias instintivas. ◊ En cristalografía, modo de disponerse los cristales. ◊ *Zool.* Comportamiento normal que caracteriza a una especie animal. ❏ HABITUAL.

HABITUAR tr. y prnl. Acostumbrar o hacer que uno se acostumbre a una cosa. ◊ tr. Producir habituación un medicamento o una droga. ❏ HABITUACIÓN.

HABLA f. Facultad de hablar. ◊ Acción de hablar. ◊ *Ling.* Acto individual del ejercicio del lenguaje, en contraposición a lengua. ◊ Idioma, lenguaje, dialecto.

HABLAR intr. Articular palabras para darse a entender. ◊ Proferir palabras ciertas aves. ◊ Conversar. ◊ Pronunciar un discurso. ◊ intr. y prnl. Tratar, convenir, concertar. ◊ intr. Expresarse de uno u otro modo. ◊ Tratar de algo por escrito. ◊ Dirigir la palabra a una persona. ◊ tr. Conocer un idioma, emplearlo. ◊ Decir. prnl. ◊ Comunicarse, tratarse de palabra una persona con otra. ❏ HABLADOR, RA; HABLADURÍA.

Georg Friedrich **Haendel** tocando el clavicémbalo en la corte inglesa

HABRÉ, Hissène (n. 1940) Político chadiano. Líder de las Fuerzas Armadas del Norte (FAN) desde 1977. En 1982 asumió la jefatura del est. tras su victoria militar sobre el presid. Oueddei.

HABSBURGO Familia de origen austr. que ciñó la corona imperial al. desde 1273 hasta el fin del Imperio, la esp. desde Carlos V hasta 1700, y la austr. hasta 1918.

HABYALIMANAM, *Juvenal* (1937-1994) Militar y político ruandés. En 1973 encabezó un golpe militar y se hizo con la presid. Asesinado en atentado, junto al presid. de Burundi.

HACENDOSO, SA adj. Diligente en las faenas domésticas.

HACER tr. Producir una cosa material o intelectual; darle el primer ser. ◊ Fabricar, formar. ◊ tr. y prnl. Ejecutar, realizar. ◊ tr. Caber, contener, ocasionar. ◊ Disponer, arreglar, aderezar. ◊ Habituar, acostumbrar. ◊ Junto con algunos nombres, significa la acción que indican éstos. ◊ Con nombre o pronombre personal en acusativo, creer o suponer. ◊ tr. y prnl. Con las preps. *con* o *de*, proveer. ◊ tr. e intr. Ejercer, representar, actuar. ◊ tr. Obligar a algo. ◊ intr. Importar, convenir. ◊ Corresponder, concordar. ◊ Procurar, intentar. ◊ prnl. Crecer, aumentarse. ◊ Volverse, transformarse. ◊ fam. Habituarse, acostumbrarse. ◊ Hallarse, existir, situarse. ◊ impers. Presentarse el tiempo o estado atmosférico. ◊ Haber transcurrido cierto tiempo. ❑ HACEDERO, RA; HACEDOR, RA.

HACHA f. Herramienta cortante compuesta por una pala unida a un mango. ◊ Vela de cera, grande y gruesa, con varios pabilos. ◊ Mecha de esparto y alquitrán. ❑ HACHAR; HACHAZO; HACHERO.

HACHE f. Nombre de la letra *h*.

HACHEMITA adj. y s. Relativo a una dinastía ár. contemporánea. Subsiste en Jordania, con el rey Hussein.

HACHIOJI C. de Japón, próxima a la agl. de Tokio; 426 700 hab. Nudo ferroviario. Ind. textil.

HACHÍS m. Extracto obtenido del cáñamo índico, que contiene esencias, alcaloides y resinas.

HACHÓN m. Vela grande de cera.

HACIA prep. que expresa dirección. ◊ prep. temporal. Alrededor de, cerca de.

HACIENDA f. Finca agrícola. ◊ Bienes que uno tiene. ◊ **pública.** *Econ.* Conjunto de haberes, rentas, impuestos, etc., del est. ❑ HACENDADO, DA; HACENDAR; HACENDERO, RA; HACENDISTA.

HACINAR tr. Poner los haces unos sobre otros formando hacina. ◊ tr. y prnl. fig. Amontonar, acumular, juntar sin orden. ❑ HACINA; HACINACIÓN; HACINAMIENTO.

HADA f. Ser fantástico con forma de mujer y poderes sobrenaturales.

HADES *Mit. gr.* Reino tenebroso al que iban las almas de los muertos. ◊ Dios de los muertos.

HADO m. *Mit.* Dios que, según los ant. gr. y rom., disponía lo que había de suceder. ◊ Destino.

HAECKEL, *Ernst* (1834-1919) Biólogo al. Seguidor de las teorías evolucionistas de Darwin. *Morfología general de los organismos, Historia natural de la creación.* ◊ **Ley de H.** o **ley biogenética fundamental.** Principio formulado en 1866, según el cual el crecimiento del embrión reproduce en sí la línea evolutiva de sus antecesores.

HAEDO, *cuchilla de* Alineación orográfica del O de Uruguay, en dirección N-S.

HAENDEL, *Georg Friedrich* (1685-1759) Clavecinista, organista y compositor al. Representante del barroco tardío, fue un gran maestro del contrapunto. *El Mesías, Música acuática, Música para los reales fuegos artificiales, Rinaldo* (ópera).

HAFIZ, Sams Al-Din, *Muhammad* (h. 1320-h. 1389) Poeta lírico persa. Temas tradicionales del sensualismo árabe.

HAFNIO m. Elemento químico de símb. Hf, n. a. 72, núm. de masa 178,50. Es un metal pesado de propiedades parecidas a las del circonio.

HAGEN C. de Alemania, en el est. de Renania Septentrional-Westfalia; 207 600 hab. Centro productor de acero.

HAGGARD, *Henry Rider* (1856-1925) Escritor brit. de novelas de acción. *Las minas del rey Salomón, Ella.*

HAGIOGRAFÍA f. Historia de las vidas de los santos. ❑ HAGIOGRÁFICO, CA; HAGIÓGRAFO.

HAGONDANGE-BRIEY C. de Francia, en Lorena; 132 700 hab. Cuenca carbonífera. Ind. siderúrgica.

HAHN, *Otto* (1879-1968) Físico y químico al. Realizó, con Fritz Strassmann, la fisión de los núcleos del uranio y del torio. Premio Nobel de Química en 1944.

HAHNEMAN, *Samuel Friedrich* (1755-1843) Terapeuta al., fundador de la homeopatía.

HAIFA C. y puerto del N de Israel, al pie del Monte Carmelo; 229 000 hab. Cap. del distr. hom. Centro industrial y comercial. Refinería.

HAIFONG *(Haiphong)* C. y puerto de Vietnam, en el delta del río Rojo; 1 279 100 hab. Centro industrial.

HAI-KAI m. Pequeño poema japonés de 17 sílabas, repartidas en tres versos, dos pentasílabos que encuadran a un heptasílabo.

HAILE Selassie (1891-1975) Nombre regio del *ras Tafari Makonnen*, emp. de Etiopía [1930-1974]. En 1936 tuvo que abandonar el país ante la invasión it. En 1941 recuperó el trono, ayudado por los brit. Fue derrocado por los militares en 1974 y murió en prisión.

HAINÁN Isla del sur de China; 37 000 km², 3 000 000 hab. Depende de la prov. de Kuangtung. C. pral.: Haikou. Agricultura (café, caña de azúcar, té, arroz, tabaco) y ganadería. Caucho. Copra. Minas de hierro.

HAINAUT (flamenco, *Henegouwen*) Región histórica, repartida entre Bélgica y Francia. C. prales.: Mons, Charleroi, Valenciennes, Tournai.

HAITÍ *(République d'Haïti)* Estado amer. que comprende la parte occidental de la isla de La Española y las pequeñas islas de Gonaïves y Tortuga. El relieve presenta tres cadenas montañosas más o menos paralelas. R. pral.: Artibònite. Clima cálido y húmedo. País pobre dependiente de EE UU, su pral. riqueza reside en la agricultura. Ind. muy reducida. Rep. unitaria. Lenguas: francés (of.), criollo, esp. *Rel.*: catolicismo (89 %), vudú, muy extendido. U. M.: el gourde. Cap., Puerto Príncipe. C. prales.: Cap-Haïtien, Gonaïves.
❑ *Hist.* En 1804, Dessalines proclamó la indep. y se erigió en emp. En 1822,

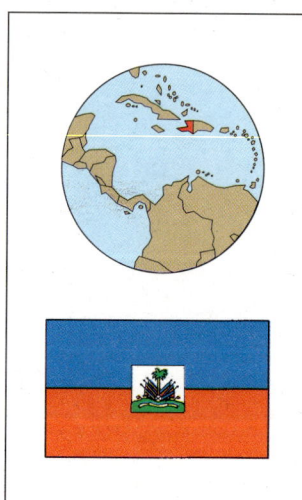

Mapa de situación y bandera de **Haití**

las tropas haitianas se apoderaron de la parte oriental de La Española, que no recobró su indep. hasta 1844. La gran inestabilidad política del país sirvió a EE UU de pretexto para invadirlo y ejercer un control absoluto hasta 1934. En 1957 fue elegido presid. François Duvalier que gobernó dictatorialmente. Su hijo Jean-Claude le sucedió a su muerte en 1971. En 1986 una insurrección popular le obligó a exiliarse y el ejército se hizo con el poder mediante un Consejo Nacional de Gobierno, presidido por Henri Namphy. En 1988 fue elegido presid. Leslie François Manigat, depuesto por Namphy, derrocado por P. Avril. Tras una presid. provisional de Ertha Pascal Trouillot, en 1991 fue elegido presid. Jean-Bertrand Aristide, siendo derrocado el mismo año. Gracias al apoyo de EE UU, retornó en 1994. Se celebraron elecciones en 1995 y René Préval fue nombrado presid. En las elecciones de 2000, J.-B. Aristide, único candidato que concurría en los comicios, fue elegido presid. En 2004 renunció al cargo y abandonó el país. El presid. de la Corte Suprema, Boniface Alexandre, asumió el poder interinamente.

HAITÍ	
Superficie	27 400 km²
Población	6 625 000 hab. (242 hab./km²)
Recursos económicos	
Arroz	120 000 t
Azúcar	30 000 t
Bananas	220 000 t
Batatas	380 000 t
Bauxita	374 000 t
Cabaña bovina	1 400 000 cabezas
Cabaña caballar	435 000 cabezas
Cabaña caprina	1 200 000 cabezas
Cabaña porcina	930 000 cabezas
Café	37 000 t
Cacahuetes	45 000 t
Maíz	145 000 t
Riqueza forestal	5 840 000 m³
Indicadores sociológicos	
PNB	2 471 millones de dólares
Renta per cápita	370 dólares
Esperanza de vida	56 años
Alfabetismo	53 %

al-HAKAM I (797-822) Emir de Córdoba. Sofocó varias sublevaciones. ◊ **II** (m. 976) Califa omeya de Córdoba. Extendió la influencia cordobesa al N de África.

¡HALA! interj. que se emplea para infundir aliento o para meter prisa.

HALACH-UINIC m. Nombre que recibía el gobernador supremo de las ciudades-estado mayas. Al parecer, era la principal autoridad civil y religiosa.

HALAGAR tr. Dar a uno muestras de afecto. ◊ fig. Agradar, deleitar. ◊ Dar motivo de satisfacción o envanecimiento. ❏ HALAGO; HALAGÜEÑO, ÑA.

HALAR tr. *Mar.* Tirar de un cabo, de una lona o de un remo. ◊ *Cuba.* Tirar hacia sí de una cosa.

HALCÓN m. *Zool.* Ave rapaz de pequeño tamaño y plumaje pardo leonado. Caza lanzándose en picado a gran velocidad. Su fuerza y precisión lo han hecho muy valioso en cetrería. ❏ HALCONADO, DA; HALCONERÍA; HALCONERO, RA.

HALECHE m. Boquerón, pez.

HALES, *Alejandro de* (h. 1185-1245) Teólogo franciscano ing. Intentó conciliar las doctrinas de san Agustín con las aristotélicas y platónicas.

HALÉVY, *Jacques François Fromental* (1799-1862) Compositor fr., autor de óperas. *La judía, El relámpago.*

HALFFTER, *Cristóbal* (n. 1930) Director de orquesta y compositor esp. Destacan entre sus obras: *Concertino, Secuencias.* ◊ ***Ernesto*** (1905-1989) Compositor y director de orquesta esp. Su estilo es muy ecléctico. *Sinfonietta, Rapsodia portuguesa, Fantasía galaica.* ◊ ***Rodolfo*** (1900-1987) Compositor esp. Se ha orientado hacia el dodecafonismo de Schönberg. *Obertura concertante, Concierto para violín y orquesta.*

HALIBUT m. Pez propio de los mares fríos. De su hígado se extrae el aceite de este nombre.

HALICARNASO Ant. c. doria, en Asia Menor. Destruida en 334 a. C. por Alejandro Magno.

HALIETO m. Ave rapaz semejante al águila, que se alimenta de peces.

HALIFAX C. y puerto de Canadá, cap. de la prov. de Nueva Escocia; 113 600 hab (320 500 la agl. urb.). Astilleros. Refinería. ◊ C. de Gran Bretaña, en Yorkshire; 87 400 hab. Industria textil.

HALIFAX, *Edward Frederick Lindley Wood*, CONDE DE (1881-1959) Político conservador brit. Virrey de la India (1926-1931) y ministro de Asuntos Exteriores (1938-1940).

HALITA f. *Miner.* Cloruro de sodio, ClNa, también denominado sal gema o sal común. Cristaliza en el sistema cúbico; peso específico 2,1; dureza 2; incoloro o coloreado por impurezas; brillo vítreo y característico sabor salado.

HÁLITO m. Aliento que sale por la boca. ◊ Vapor que una cosa arroja. ◊ *Poét.* Soplo suave y apacible del aire.

HALITOSIS f. Fetidez del aliento.

HALL (voz ing.) m. Vestíbulo, recibimiento, zaguán.

HALLAR tr. Dar con una persona o cosa sin buscarla. ◊ Encontrar lo que se busca. ◊ Inventar. ◊ Ver, observar. ◊ prnl. Estar presente. ◊ Estar alegre, enfermo, etc. ❏ HALLADO, DA; HALLAZGO.

HALLE an der Saale C. de Alemania, cap. del distr. de Halle, a orillas del Saale; 236 900 hab. Centro industrial. Universidad.

HALLEY, *Edmund* (1656-1742) Astrónomo brit. *Sinopsis de la astronomía de los cometas, Tablas astronómicas.* ◊ **Cometa**

Edmund **Halley**

La gitana, óleo de Frans **Hals** (Museo del Louvre, París)

H. *Astr.* Descrito por Edmund H. en 1682, tiene un periodo de 76 años. Sus apariciones más recientes son las de 1910 y 1986.

HALLSTATT C. de Austria; 2 100 hab. Da nombre a un yacimiento tipo de la primera E. del Hierro europea, que se desarrolla a partir del s. VIII a. C. (periodo H.) y que, en el s. V a. C., origina la cultura de La Tène.

HALLULLA f. *Chile.* Pan hecho de masa más fina y de forma más delgada que el del común.

HALMSTAD C. y puerto de Suecia, cap. del län de Halland; 77 000 hab. Granito. Centro industrial.

HALO m. Fenómeno óptico atmosférico consistente en un anillo luminoso, gralte. concéntrico, alrededor del Sol o de la Luna. ◊ Círculo de luz difusa en torno de un cuerpo luminoso. ◊ Aureola, resplandor alrededor de la cabeza o la figura entera de las imágenes de santos. ❏ HALÓN.

HALÓFILO, LA adj. *Bot.* Aplícase a las plantas que viven en terrenos salados.

HALÓFITO, TA adj. y s. Díc. de la planta halófila no acuática.

HALÓGENOS m. pl. *Quím.* Conjunto de elementos no metálicos que forman el VII grupo del sistema periódico, caracterizados por su fuerte electronegatividad. El grupo VII contiene los elementos: flúor (F), cloro (Cl), bromo (Br), yodo (I) y astato (At).

HALOIDEO, A adj. *Quím.* Díc. de las sales formadas por un metal y un metaloide.

HALPERIN, *Tulio* (n. 1926) Historiador arg. *Historia contemporánea de la América Latina, Hispanoamérica después de la independencia.*

HALS, *Frans* (h. 1580-1666) Pintor hol. Destacan sus retratos y escenas al aire libre. *Gitana, Descartes, Retrato de dos esposos, Oficiales de la guardia cívica de San Jorge.*

HÄLSINGBORG C. y puerto de Suecia, en el litoral del Sund; 104 700 hab. Centro industrial. Astilleros.

HALTEROFILIA f. Deporte del levantamiento de pesos. Los ejercicios se dividen en tres especialidades: fuerza, arrancada y dos tiempos.

HAMA C. del O de Siria; 176 700 hab. Centro comercial e industrial.

HAMACA f. Tira ancha de lona, tejido

fuerte o red que, colgada horizontalmente por sus extremos, sirve de cama y columpio.

HAMADÁN C. del Irán, sit. al pie de la vertiente NE del monte Alvand; 165 800 hab. Centro comercial e industrial. Es la ant. Ecbatana, cap. del imperio de los medos.

HAMADRÍADE m. Simio del NE de África, con la cabeza cubierta por una espesa melena.

HÁMAGO m. Sustancia correosa y amarilla de sabor amargo, que labran las abejas.

HAMAMATSU C. de Japón, en la isla Honshu; 514 100 hab. Ind. textil y alimentaria.

HAMBRE f. *Fisiol.* Sensación subjetiva originada por las contracciones del estómago y duodeno, y por la disminución de la tasa de ciertos constituyentes sanguíneos (glucosa, etc.). El elemento psíquico es igualmente importante. ◊ Escasez de alimentos básicos que causa miseria generalizada. ◊ fig. Apetito o deseo ardiente de una cosa. ❏ HAMBRIENTO, TA; HAMBRUNA.

HAMBURGO Est. de Alemania, conformado por la c. hom.; 755 km², 1 660 000 hab. Primer puerto del país, sit. en el estuario del Elba. Centro industrial. Universidad. Perteneció a la Liga Hanseática y al imperio al. Durante la II Guerra Mundial sufrió los bombardeos más duros del frente occidental.

HAMBURGUESA f. Trozo de carne picada, aderezada y preparada en forma de bistec.

HAMILTON C. de Canadá, junto al lago Ontario; 306 400 hab. Siderurgia. **HAMILTON**, *Alexander* (1755-1804) Político y economista norteam. Colaborador de Washington, participó activamente en la guerra de la indep. y en la redacción de la Constitución de EE UU. ◊ *William* (1788-1856) Filósofo brit. *Lecciones de metafísica y lógica.*

HAMM C. de Alemania, en el est. de Renania Septentrional-Westfalia; 166 600 hab. Carbón.

HAMMARSKJÖLD, *Dag Hjalmar* (1905-1961) Político y diplomático sueco. En 1953 fue nombrado secretario gral. de las Naciones Unidas. Premio Nobel de la Paz en 1961.

Mercaderes en el puerto de Hamburgo, ciudad de la **Hansa** teutónica, según ilustración de un manuscrito de fines del s. XV

HAMMETT, *Dashiell* (1894-1961) Novelista norteam. Creador de la novela policíaca realista norteam., post. llamada «novela negra». *Cosecha roja, La maldición de los Dain, El halcón maltés, La llave de cristal.*

HAMMURABI Sexto rey de la dinastía amorrita de Babilonia [1729-1686 a. C.]. Creó el primer imperio babilónico y sistematizó la legislación.

HAMPA f. Género de vida de gente maleante, pícaros y rufianes, que vivían antiguamente en España y que formaban una comunidad. ◊ P. ext., gente que se dedica a negocios ilícitos. ❏ HAMPÓN.

HAMPTON, *Lionel* (n. 1913) Pianista, percusionista y vibrafonista de *jazz* norteam. Brillante solista e improvisador, en 1940 formó una gran orquesta.

HAMSTER m. Mamífero roedor europeo.

HAMSUN, *Knut Pedersen* (1859-1952) Novelista nor. Premio Nobel de Literatura en 1920. *Hambre, Pan, Victoria.*

HAN Dinastía china, fundada por Lieu-Pang (206 a. C.-221 d. C.).

HANDBALL m. *Dep.* Juego de pelota parecido al fútbol en el que sólo se emplean las manos, excepto el portero.

HANDICAP (voz ing.) m. En competiciones deportivas, compensación de las desigualdades de los participantes para nivelar sus posibilidades. ◊ Desventaja de un equipo o participante. ◊ fig. Condición o circunstancia desventajosa.

HANGAR m. Estructura cubierta destinada a guarecer los aviones.

HANGCHOU o **HANG CHEU** C. y puerto costero de China, cap. de la prov. de Chekiang; 1 480 000 hab. Ind. sederas y del papel. Ant. cap. de la dinastía Sung (ss. XII-XIII).

HANNÓN (s. V a. C.) Navegante cartaginés que exploró las costas occidentales de África y fundó varias ciudades.

HANNOVER Ant. est. del N de Alemania. Se extendía desde el mar del Norte hasta Hesse-Nassau, y de los Países Bajos al Elba. En 1945 pasó a formar parte del *land* de Baja Sajonia. ◊ C. de Alemania, cap. de la Baja Sajonia; 514 000 hab. ◊ **Casa de.** Familia noble al. que reinó en Gran Bretaña a partir de Jorge I (1660-1727). En 1917, Jorge V cambió el nombre por el de casa de Windsor.

HANOI Capital de Vietnam, sit. en el delta del Tonkín. Centro de comunicaciones, administrativo, comercial e industrial; 2 570 900 hab.

HANSA f. Asociación de ciudades comerciales surgida en 1260, llamada también Liga Hanseática. Monopolizó el comercio de los mares del Norte y Báltico. A finales del s. XIV llegó a su apogeo, con Lübeck como centro pral. Desapareció en el s. XVII. ❏ HANSEÁTICO, CA.

HAPLOIDE adj. y m. Díc. de los organismos, células o núcleos que presentan una sola dotación de cromosomas. ❏ HAPLOIDÍA.

HAPLOLOGÍA f. Simplificación de palabras por síncopa de una o más sílabas.

HAPLONTE adj. y m. Díc. de los organismos que poseen una dotación haploide de cromosomas.

HAPPENING (voz ing.) m. Manifestación semiteatral en la que los parti-

cipantes, actores-espectadores, se desenvuelven con plena libertad.

HARAGÁN, NA adj. y s. Gandul, holgazán. ❏ HARAGANEAR; HARAGANERÍA.

HARALD I Harfager (h. 850-933) Rey de Noruega [872-933]. Unificó el país y reorganizó el sistema fiscal. ◊ **III Hardraade** (m. 1066) Rey de Noruega [1046-1066]. Intentó invadir Inglaterra, pero fue derrotado y muerto.

HARAPO m. Andrajo. ◊ Aguardiente de poquísimos grados. ❏ HARAPIENTO, TA; HARAPOSO, SA.

HARAQUIRI m. En Japón, suicidio ritual que consiste en abrirse el vientre con una espada.

HARARE Cap. de Zimbabwe, en el altiplano de Mashonaland; 656 000 hab. Centro industrial.

HARAVICO m. *Perú.* Aravico, poeta de los antiguos per.

HARBIN C. de China, en Manchuria, cap. de la prov. de Heilungkiang, a orillas del río Sungari; 2 550 000 hab. Centro industrial y ferroviario.

HARDEN, SIR *Arthur* (1865-1940) Químico brit. Realizó investigaciones sobre las fermentaciones de los azúcares. Premio Nobel de Química en 1929, con Euler-Chelpin.

HARDING, *Warren Gamaliel* (1865-1923) Político norteam. Elegido presid. de EE UU (1920), restableció el proteccionismo, restringió la inmigración.

Warren Gamaliel **Harding**

HARDWARE (voz ing.) m. *Comp.* Conjunto de componentes físicos (cables, tornillos, placas, etc.) que constituyen una computadora.

HARDY, *Oliver* (1892-1957) Actor cinematográfico norteam. Famoso a partir de 1929 por sus interpretaciones cómicas junto a Stan Laurel. ◊ *Thomas* (1840-1928) Novelista y poeta brit. *Lejos del mundanal ruido, Retorno al país natal, Judas el Oscuro.*

HARÉN m. Departamento de las casas de los musulmanes en que viven las mujeres. ◊ Conjunto de todas las mujeres que viven bajo la dependencia de un jefe de familia entre los musulmanes.

HARIJA f. Polvillo que el aire levanta del grano cuando se muele, o de la harina cuando se cierne.

HARINA f. Producto alimenticio obtenido por la molturación y cernido de los granos de cereales, especialmente del trigo, o de las semillas de diversas leguminosas. ◊ Este mismo polvo despojado del salvado o la cascarilla. ◊ Polvo procedente de algunos tubérculos secos y molidos. ◊ fig. Polvo menudo a que se reducen algunas materias sólidas. ❏ HARINERO, RA; HARINOSO, SA.

HARLEM Barrio de Nueva York, habitado por unas 500 000 personas, en su mayoría de raza negra u origen puertorriq.

HARLOW, *Jean* (1911-1937) Actriz cinematográfica norteam. *Ángeles del infierno, Tierra de pasión, Mares de China.*

HARMONÍA f. Armonía.

HARNACK, *Adolf von* (1851-1930) Teólogo luterano e historiador eclesiástico al. *La esencia del cristianismo.*

HARNERO m. Criba.

HARNERUELO m. *Argent.* Paño horizontal del centro de los techos labrados o alfarjes.

HAROLD II (h. 1022-1066) Rey de Inglaterra [1066]. Sometió a los galeses y a su vez fue vencido por Guillermo el Conquistador en Hastings el mismo año de su coronación.

HARPÍA f. Arpía.

HARPILLERA f. Arpillera.

¡HARRE! interj. y m. Arre. ❏ HARREAR.

HARRIMAN, *William Averell* (1891-1986) Político norteam. Embajador en la URSS (1943-1946), gobernador de Nueva York (1954-1958), consejero del presid. Kennedy y embajador volante de EE UU.

HARRISBURG C. de EE UU, cap. del est. de Pensilvania; 52 400 hab. Centrales nucleares.

HARRISON *Benjamín* (1833-1901) Político norteam., presid. de EE UU en 1889-1893.

HARTAR tr., intr. y prnl. Saciar el apetito de comer o beber. ◊ tr. y fig. Satisfacer el gusto o deseo de una cosa. ◊ tr. y prnl. fig. Fastidiar, cansar. ❏ HARTAZGO; HARTO, TA; HARTURA.

HARTE, *Francis Brett* (1836-1902) Escritor norteam. *La suerte de Campo Roaring.*

HARTFORD C. de EE UU, cap. del est. Connecticut; 139 700 hab. Puerto sobre el estuario del Connecticut. Centro comercial, financiero e industrial.

HARTMANN, *Eduard von* (1842-1906) Filósofo al. Propugnó el desarrollo cultural como salvación de la humanidad. *Filosofía del inconsciente, La religión del futuro.* ◊ *Nicolai* (1882-1950) Filósofo al. Influenciado inicialmente por el idealismo neokantiano, después se inclinó hacia la fenomenología. *Metafísica del conocimiento, Filosofía de la naturaleza.*

HARTUNG, *Hans* (1904-1989) Pintor fr. de origen al. Creador de la abstracción gestual o lírica.

HARTZENBUSCH, *Juan Eugenio* (1806-1880) Dramaturgo y crítico esp. *Los amantes de Teruel.*

HARUM al-Rashid (766-809) Quinto califa musulmán de Bagdad. Se le identifica como figura central de *Las mil y una noches.*

HARVARD University La más antigua universidad norteam., fundada en 1636 en Cambridge (Massachusetts).

HARVEY, *William* (1578-1657) Médico y fisiólogo brit. Descubridor de la circulación de la sangre.

HARYANA Est. del NO de la India; 44 222 km², 16 317 700 hab. Cap., Chan-

digarh. Corresponde a la mitad meridional del Punjab indio. Gran variedad de cultivos. Ind. mecánicas y farmacéuticas.

HARZ Macizo montañoso al., entre las cuencas del Weser y el Elba.

HASÁN II (1929-1999) Rey de Marruecos (1961-1999). En 1975 ocupó el Sahara Occidental. A su muerte, fue sucedido por su hijo Muhammad VI.

HASTA prep. para expresar el término o fin de una cosa. ◊ Conj. copulativa, significando *también* o *aún.*

HASTIAL m. Fachada puntiaguda de un edificio formada por las dos vertientes del tejado. ◊ *Min.* Cara lateral de una excavación.

HASTINGS C. de Gran Bretaña, en el S de Inglaterra. ◊ **Batalla de H.** La que en 1066 decidió la conquista de Inglaterra por Guillermo de Normandía.

HASTÍO m. Repugnancia a la comida. ◊ fig. Disgusto, tedio. ❏ HASTIAR.

HATAJO m. Pequeño grupo de ganado. ◊ despect. Grupo de personas o cosas.

HATO m. Ropa y pequeño ajuar de uso personal. ◊ Cierto número de ganado mayor o menor. ◊ *Cuba* y *Ven.* Hacienda destinada a la cría de ganado.

HATO MAYOR Prov. de la República Dominicana; 1 330 km²; 81 074 hab. Cap., Hato Mayor del Rey (59 283 hab.). Caña de azúcar, café.

HATSHEPSUT (s. XV a. C.) Reina de la XVIII dinastía del ant. Egipto [h. 1490 a. C.-h. 1470]. Desplazó a su sobrino Tutmés III del poder.

HATTERAS Cabo de EE UU, en Carolina del Norte.

HATUEY (m. 1511) Cacique indígena de La Española. Dirigió en Cuba la resistencia contra Diego de Velázquez. Fue capturado y quemado vivo.

HAUGHEY, *Charles James* (n. 1925) Político irl. Presid. del Fianna Fáil y primer ministro (1979-1981).

HAUPTMANN, *Gerhart* (1862-1946) Poeta, dramaturgo y novelista al. *Los tejedores, Antes de que el Sol se levante, Till Eulenspiegel.* Premio Nobel de Literatura en 1912.

HAUSA adj. y s. Díc. del individuo de un pueblo melanoafricano que vive al N de Nigeria, S de Níger y N de Camerún.

HAUSSMANN, *Georges* (1809-1891)

Político fr. Nombrado por Napoleón III prefecto del Sena. Hizo construir en París grandes avenidas, la Ópera Nueva y la red de alcantarillado.

HAUSTORIO m. Órgano chupador en forma de tubo o de pequeño tallo que poseen, sobre todo, las plantas parásitas.

HAVEL, *Vaclav* (n. 1936). Escritor chec. Designado pres. de Checoslovaquia en 1989. Primer presidente de la República Checa hasta 2003. *Las fiestas del jardín, Cartas a Olga.*

HAVELANGE, *João* (n. 1916) Deportista bras. En la olimpiada de Berlín destacó como nadador. Miembro del COI (1963) y presid. de la FIFA (1974).

HAVILLAND, *Olivia de* (n. 1916) Actriz de cine norteam. *Robin de los Bosques, Lo que el viento se llevó.*

HAVRE, *El* C. de Francia, en la Alta Normandía; 264 000 hab. Puerto en el estuario del Sena. Centro industrial y comercial.

HAWAI o **HAWAII** (antes *islas Sandwich*) Arch. de Polinesia, al S del Trópico de Cáncer. Est. de EE UU; 16 759 km², 1 135 000 hab. Cap., Honolulú. Caña de azúcar, piña amer. En el sector servicios, el turismo ocupa un imp. lugar. ◊ Isla del arch. de las Hawai, la mayor y más meridional. Muy montañosa, comprende los volcanes Mauna Kea (4 205 m) y Mauna Loa (4 168 m), este último activo.

HAWAIANO, NA adj. y s. De las islas Hawai. ◊ Díc. de un tipo de erupción volcánica, caracterizada por la emisión de lavas muy fluidas.

HAWKING, *Stephen William* (n. 1942) Físico brit. Ha realizado imp. trabajos al aplicar la teoría de la relatividad y la física cuántica al estudio del universo. *Historia del tiempo. Del big bang a los agujeros negros.*

HAWKINS, *John* (1532-1595) Pirata y almirante ing., el primero de su país en practicar la trata de esclavos negros de África a las Indias Occidentales. Almirante de una de las flotas que destruyeron la Invencible.

HAWKS, *Howard* (1896-1977) Director de cine norteam. *El sargento York, Río Bravo, Hatari.*

HAWTHORNE, *Nathaniel* (1804-1864) Novelista norteam. *La carta escarlata, La casa de las siete torres.*

HAYA f. Árbol de corteza lisa y made-

Hawai. Embarcadero en la playa de Waikiki

ra blanca, que crece hasta 30 m de altura. ◊ Madera de este árbol. ❏ HAYAL o HAYEDO.

HAYA, La (neerlandés, *Den Haag*; ant. *'s Gravenhage*) C. de los Países Bajos, cap. de Holanda Meridional; 443 500 hab. (672 000 hab. la agl. urb.). Residencia de la familia real y del gobierno. Sede del Tribunal internacional de Justicia.

HAYA de la Torre, Víctor Raúl (1895-1979) Político per., organizador de la Alianza Popular Revolucionaria Americana (APRA). Sufrió prisión y exilio en diversas ocasiones, hasta que regresó en 1956. En 1962 obtuvo la mayoría frente a Belaúnde Terry, pero un golpe militar anuló las elecciones. Al año siguiente, perdió ante Belaúnde por un escaso número de votos. *Por la emancipación de la América Latina, Ideario y acción aprista, Espacio-tiempo histórico, Treinta años de aprismo, Antiimperialismo y el Apra.*

HAYACA f. *Ven.* Pastel de harina de maíz relleno con pescado o carne y otros ingredientes.

HAYDN, Franz Joseph (1732-1809) Compositor austr. Su estilo es original y de una invención melódica rica y espontánea. Fijó el esquema de la sinfonía y de la sonata clásicas. Su estilo arranca del barroco tardío de Austria y Alemania del Sur, al que se añade la ópera bufa italiana. Destacan las 14 misas, las sinfonías londinenses y los oratorios sinfónicos.

HAYEK, Friedrich August von (1899-1992) Economista austr. Especialista en materia monetaria y de ciclos económicos. Premio Nobel de Economía, compartido con G. Myrdal, en 1974.

HAYES, Rutherford (1822-1893) Político norteam. Republicano. Presid. de EE UU (1877-1881).

HAYO m. Coca, árbol. ◊ Mezcla de hojas de coca y sales calizas que mascan los indígenas colombianos.

HAYUCO m. Fruto del haya.

HAYWORTH, Rita (1918-1987) Actriz cinematográfica norteam., cuyo nombre verdadero era *Margarita Cansino. Gilda, Sangre y arena, La dama de Shanghai.*

HAZ f. Cara o rostro. ◊ fig. Cara exterior opuesta al envés. ◊ *Bot.* Cara superior de las hojas, gralte. más brillante que la inferior o envés. ◊ m. Porción atada de mieses, lino, hierbas, leña u otras cosas semejantes. ◊ *Anat.* Fascículo de fibras musculares o nerviosas. ◊ *Fís.* Conjunto de rayos que caracterizan la propagación de energía, especialmente la electromagnética, comprendidos en un ángulo sólido determinado por un parámetro angular llamado abertura.

HAZA f. Porción de tierra labrantía.

HAZAÑA f. Acción de mucho valor o esfuerzo.

HAZMERREÍR m. fam. Persona ridícula y extravagante.

He *Quím.* Símb. del helio.

HE Forma impersonal del verbo *haber*, que junto con los adverbios aquí y allí, o con los pronombres *me, te, la, le, lo, las, los*, sirve para señalar o mostrar una persona o cosa. ◊ interj. Voz con que se llama a uno.

HEARST, William Randolph (1863-1951) Político y periodista norteam., propietario de una gran cadena de

periódicos y agencias informativas, que utilizó como arma de propaganda.

HEATH, Edward (n. 1916) Político brit. Miembro del partido conservador. Primer ministro de 1970 a 1974.

HEBBEL, Friedrich (1813-1863) Poeta y dramaturgo al. *Judit, Genoveva, María Magdalena* y la trilogía *Los Nibelungos.*

HEBDÓMADA f. Semana. ◊ Periodo de siete años. ❏ HEBDOMADARIO, RIA.

HEBE *Mit. gr.* Hija de Zeus y de Hera, diosa de la juventud. Los rom. la llamaron Juventas.

HEBILLA f. Pieza de metal para ajustar y unir las orejas de los zapatos, las correas, etc. ❏ HEBILLERO, RA.

HEBRA f. Porción de hilo que se mete por el ojo de una aguja para coser. ◊ Estigma de la flor del azafrán. ◊ Cada partícula del tabaco cortado en filamentos. ◊ Fibra de la carne. ◊ Filamento de las materias textiles.

HEBRAÍSMO m. Profesión de la ley de Moisés. ◊ Giro o modo de hablar propio de la lengua hebrea. ❏ HEBRAÍSTA; HEBRAIZANTE; HEBRAIZAR.

HEBREO, A adj. y s. Díc. del individuo de un pueblo semita que conquistó y habitó Palestina y que también se llama israelita y judío. ◊ Díc. del que profesa la ley de Moisés. ◊ *Ling.* Lengua de los hebreos. Pertenece al grupo de lenguas semíticas.
❏ *Hist.* Hacia el s. XX a. C. los h. emigraron con Abraham, según relato bíblico, al país de Canaán o Palestina. Un grupo emigró a Egipto y permaneció allí hasta que, perseguidos, huyeron dirigidos por Moisés a Palestina. La dispersión del pueblo h. por todo el mundo se incrementó a causa de varias ocupaciones de su terr., consumándose tras la destrucción del templo de Jerusalén. Desde la E. Med. sufrieron persecuciones que culminaron en el genocidio nazi de la II Guerra Mundial.
❏ *Lit.* La literatura bíblica abarca la historia de Israel desde el s. XV a. C., aproximadamente, hasta el llamado «postexilio» (537-63 a. C.). El ciclo rabínico (63 a. C.-950 d. C.) se origina a partir de una actividad intelectual de carácter eminentemente religioso. Hacia el 950 comienza el ciclo de la fértil literatura judeohispanoárabe. El siguiente ciclo, el sionismo, es un gran movimiento politicosocial que procura llevar a cabo la

Hebreo. El rey David, en un códice de 1460

reunión del pueblo judío en el solar de sus mayores y reconstruir en él su nacionalidad perdida. Existe una copiosa literatura en lenguas no h.: la judeoaramea, la judeohelenística, la judeoárabe, la judeoespañola, con el ladino y la literatura sefardí, la judeoalemana, etc.

HÉBRIDAS (*The Hebrides*) Islas brit., al NO de Escocia; forman dos arch. (*Inner y Outer H.*). Cap., Stornoway; 2 898 km², 31 500 hab.

HEBRÓN (ár., *al-Khalil*) C. de Palestina. Dominio ár. desde 636. Ocupada por las tropas israelíes en 1967.

HECATEO de Mileto (s. VI a. C.) Historiador y geógrafo gr., *Viaje alrededor del mundo (Periégesis), Genealogías.*

HECATOMBE f. Sacrificio de cien bueyes u otras víctimas, que en la Antigüedad se hacía a los dioses. ◊ fig. Matanza, mortandad de personas.

HECHICERÍA f. Conjunto de prácticas mágicas mediante las cuales se pretende dominar sucesos y acontecimientos, someter la voluntad ajena o influir en el destino. ◊ Hechizo. ◊ Acto mágico de hechizar.

HECHICERO, RA adj. y s. Que practica el arte de hechizar. ◊ fig. Que atrae o cautiva la voluntad.

HECHIZAR tr. Ejercer un maleficio sobre alguien por medio de la hechicería. ◊ fig. Despertar admiración, afecto o deseo.

HECHIZO, ZA adj. Ficticio o postizo. ◊ *Amér.* Fabricado en el país. ◊ m. Cualquier práctica supersticiosa que usan los hechiceros para intentar el logro de sus fines. ◊ Cosa u objeto que se emplea en tales prácticas. ◊ fig. Atractivo o encanto intenso.

HECHO, CHA adj. Perfecto, maduro. ◊ Con algunos nombres precedidos del artículo *un*, semejante a las cosas significadas por tales nombres. ◊ Aplicado a nombres de cantidad con el adv. *bien*, denota que la cantidad es algo más de lo que se expresa. ◊ Con los adv. *bien* o *mal*, y aplicado a personas o animales, significa conformado. ◊ Aceptado, resuelto. ◊ m. Acción u obra. ◊ *Fil.* Suceso, acontecimiento. ◊ Asunto o materia de que se trata.

HECHOR m. *Argent.* y *Ven.* Garañón, caballo semental.

HECHOS de los apóstoles Último de los libros históricos de la Biblia, debido a Lucas. Es la historia de las misiones de los apóstoles.

HECHURA f. Acción y efecto de confeccionar una prenda de vestir. ◊ Forma exterior o figura que se da a las cosas.

HECTÁREA f. Medida de superficie equivalente a 100 áreas y a 10 000 m².

HECTIQUEZ f. *Med.* Tisis. ❏ HÉCTICO, CA.

HECTOGRAMO m. Medida de peso, que tiene 100 gramos.

HECTOLITRO m. Medida de capacidad, que tiene 100 litros.

HECTÓMETRO m. Medida de longitud, que tiene 100 metros.

HÉCTOR Héroe troyano, personaje de la *Ilíada*, hijo de Príamo y Hécuba y esposo de Andrómaca. Muerto por Aquiles.

HECTOVATIO m. Unidad de trabajo eléctrico equivalente a 100 vatios.

HÉCUBA Reina troyana, esposa de Príamo y madre de diecinueve hijos, entre los cuales sobresalieron Héctor y Paris.

HEDER intr. Despedir un olor muy

malo y penetrante. ◊ fig. Enfadar, cansar, ser intolerable.

HEDIONDO, DA adj. Que despide hedor. ◊ fig. Molesto, insufrible. ◊ fig. Repugnante física o moralmente. ❑ HEDIONDEZ.

HEDJAZ, HEJAZ o **HIJAZ** Región de Arabia Saudita, ribereña del mar Rojo; 300 400 km², 3 000 000 hab. Cap., La Meca. Minas de oro. Cuna del islamismo (s. VII).

HEDONISMO m. Doctrina ética que identifica el bien con el placer y que propugna evitar todo dolor. ❑ HEDONISTA; HEDONÍSTICO, CA.

HEDOR m. Olor desagradable, que gralte. proviene de sustancias orgánicas en descomposición.

HEFESTO *Mit. gr.* Dios del fuego, de la fragua y de los metales.

HEGEL, Georg Wilhelm Friedrich (1770-1831) Filósofo al. Característico de su pensamiento es el método dialéctico en el que los conceptos evolucionan internamente en tres momentos o fases: tesis (afirmación), antítesis (negación) y síntesis, que reúne y supera la contradicción de los dos momentos precedentes. El sistema hegeliano se propone estudiar la realidad en su autodespliegue dialéctico hasta el Espíritu absoluto, esencia de todo lo real, que es el constante progreso de la humanidad, el Estado prusiano. *Fenomenología del espíritu, La ciencia de la lógica, Lecciones sobre filosofía del derecho, Filosofía de la historia, Filosofía de la religión.*

HEGELIANISMO m. Sistema filosófico, fundado en la primera mitad del s. XIX por Hegel. Desde un principio se perfilaron dos tendencias antagónicas, la derecha (Erdman, Fischer, Prantl), que insistía en el arquetipo del espíritu absoluto; y la izquierda (Bauer, Strauss, Feuerbach, el joven Marx, Stirner), atea y revolucionaria. ❑ HEGELIANO, NA.

HEGEMONÍA f. Supremacía política, cultural, económica o militar de un Est. o clase social sobre otro u otros. ❑ HEGEMÓNICO, CA.

HÉGIRA f. Era de los mahometanos, que se cuenta desde el 15 de julio de 622, día de la huida de Mahoma de La Meca a Medina. Desde ese momento se perfilaron dos tendencias antagónicas,

HEIDEGGER, Martin (1889-1976) Filósofo al. En su obra *El ser y el tiempo*, analiza la existencia humana, ya que el hombre es el único ser capaz de preguntar acerca de sí mismo. *Carta sobre el humanismo.*

HEIDELBERG C. de Alemania, en Baden-Württemberg, sobre el Neckar; 133 700 hab. Universidad, una de las más ant. de Alemania.

HEIDENSTAM, Verner von (1859-1940) Escritor y poeta sueco. Exaltó el nacionalismo de su patria. *Carolinos, Nuevos poemas.* Premio Nobel de Literatura en 1916.

HEILBRONN C. de Alemania, en Baden-Württemberg, a orillas del Neckar; 110 700 hab. Centro industrial.

HEILUNKIANG (*Heilongjiang*) Prov. del NE de China, en Manchuria; 453 300 km², 35 214 873 hab. Cap., Harbin. Cereales. Minas de oro y carbón.

HEINE, Heinrich (1797-1856) Escritor al. Discípulo de Hegel y amigo de Marx. Uno de los iniciadores del mov. de la «joven Alemania». *El regreso, El ocaso de los dioses.*

HEISENBERG, Werner (1901-1976) Físico al. Autor de un modelo estructural del núcleo atómico. Aplicó la mecánica cuántica al estudio del átomo y formuló el principio de indeterminación. Premio Nobel de Física en 1932.

HELADA f. Congelación de los líquidos, producida por el descenso de la temperatura.

HÉLADE Nombre aplicado a las tierras habitadas por los ant. helenos. Actualmente, nombre del Est. gr. (*Hellas*). ❑ HELÁDICO, CA.

HELADERA f. Aparato para hacer helados. ◊ Nevera.

HELADERÍA f. Establecimiento donde se hacen y venden helados. ❑ HELADERO, RA.

HELADO, DA adj. Muy frío. ◊ fig. Suspenso, atónito, pasmado. ◊ fig. Esquivo, desdeñoso. ◊ m. Postre o refresco compuesto de productos lácteos, azúcar y otros ingredientes cuya mezcla y disolución se somete a un proceso de congelación de manera que adquiere el aspecto de una crema consistente. ◊ adj. fig. *Ven.* Confitado, cubierto de azúcar.

HELAJE m. *Col.* Frío intenso.

HELAR tr., intr. y prnl. Congelar, cuajar, coagular o endurecer un líquido por la pérdida de calor. ◊ tr. fig. Dejar a uno suspenso y pasmado; sobrecogerle. ◊ fig. Desalentar, acobardar. ◊ prnl. Ponerse una persona o cosa muy fría o yerta. ◊ Secarse las plantas a causa del frío. ❑ HELABLE; HELADOR, RA; HELAMIENTO.

HELECHO m. Nombre común de las plantas pteridófitas. En general viven en lugares húmedos y sombríos.

HELENA Heroína gr., una de las figuras prales. de la *Ilíada*. Esposa de Menelao, su fuga con el troyano Paris provocó la guerra de Troya.

HELENA C. de EE UU, cap. del est. de Montana; 24 600 hab.

HELÉNICO, CA adj. Griego, relativo a Grecia.

HELENISMO m. Palabra o construcción procedente del idioma gr. ◊ Empleo de tales giros en otro idioma. ◊ Influencia ejercida por la civilización gr.

HELENISTA m. y f. Persona que se dedica al estudio de la cultura, la lengua y la civilización griegas.

HELENÍSTICO, CA adj. Relativo al helenismo. ◊ *Hist.* Díc. del periodo histórico que se extiende desde la muerte de Alejandro Magno hasta la anexión de Egipto por Roma (323 a. C.-30 a. C.).

Vista parcial de **Heidelberg**

Helecho

❑ *Arte.* La pral. aportación en arq. fue el desarrollo de la urbanística. En esc. predominan los personajes en actitudes dramáticas. La pint. es conocida por los frescos de Pompeya y Herculano.

HELENO, NA adj. Relativo a Grecia. ◊ adj. y s. De ese país. ◊ Díc. del individuo de cualquiera de los pueblos que se instaló en Grecia (aqueos, dorios, jonios y eolios).

HELERO m. Masa de hielo que rodea las nieves perpetuas en las altas montañas.

HELESPONTO Ant. nombre del estrecho de los Dardanelos (Turquía).

HÉLICE f. *Mec. apl.* Mecanismo constituido por un número variable de aspas o palas que, al girar alrededor de un eje, producen una fuerza propulsora. ◊ Parte más externa y periférica del pabellón de la oreja del hombre. ◊ *Geom.* Curva de longitud indefinida que da vueltas en la superficie de un cilindro, formando ángulos iguales en todas las generatrices.

HELICOIDE m. *Geom.* Superficie alabeada engendrada por una recta que se mueve apoyándose en una hélice y en el eje del cilindro que la contiene. ❑ HELICOIDAL.

HELICÓN m. fig. Instrumento musical de viento parecido a la tuba y de grandes dimensiones.

HELICÓPTERO m. *Aer.* Aeronave sustentada y propulsada por una gran hélice de plano horizontal. Su capacidad de aterrizar y despegar verticalmente, así como de mantenerse en vuelo en un punto fijo, lo hacen insustituible en gran número de aplicaciones.

HELIO m. Elemento químico de símb. He, n. a. 2 y p. a. 4,003. Gas noble de densidad 0,1784 que licua a –269 °C. Se emplea para llenar globos y dirigibles y en los tubos de neón.

HELIOCENTRISMO m. Sistema cosmológico copernicano, que postula al Sol como centro de los movimientos de los planetas. ❑ HELIOCÉNTRICO, CA.

HELIODORO (s. III) Escritor gr. Autor de la novela *Etiópicas o los amores de Teágenes y Cariclea.*

HELIOGÁBALO (204-222) Emp. rom. [218-222]. Impuso al dios solar de su ciudad natal, Emesa, como dios supremo del Imperio. Los pretorianos lo asesinaron.

Microfotografía de una chinche, insecto **hematófago**

HELIOGRABADO m. Procedimiento para obtener en planchas, y mediante la acción de la luz solar, grabados en relieve. ◊ Estampa obtenida por este procedimiento.

HELIÓGRAFO m. Instrumento destinado a hacer señales telegráficas por medio de la reflexión de un rayo de sol en un espejo plano. ◊ *Meteor.* Aparato que se emplea para medir la duración de la insolación.

HELIÓMETRO m. Instrumento que se utiliza para medir distancias angulares entre dos astros, o su diámetro aparente.

HELIÓPOLIS Nombre gr. de On, población del ant. Egipto, al S del delta del Nilo. Fue un imp. centro político y cultural del Imperio Nuevo.

HELIOS *Mit. gr.* Divinidad del Sol y de la luz solar.

HELIOSIS f. *Pat.* Insolación.

HELIÓSTATO m. Instrumento que refleja los rayos solares en una dirección determinada.

HELIOTERAPIA f. Tratamiento de enfermedades mediante baños de sol.

HELIOTROPISMO m. Fenómeno que ofrecen ciertas plantas de dirigir sus flores, sus tallos o sus hojas hacia el Sol.

HELIOTROPO m. Planta de flores pequeñas y azuladas, procedente de América del S. ◊ Ágata de color verde oscuro con manchas rojizas.

HELIPUERTO m. Aeropuerto para uso exclusivo de helicópteros. ◊ Zona destinada al despegue o aterrizaje de estas aeronaves.

HÉLIX m. Repliegue semicircular que forma el reborde del pabellón de la oreja.

HELLMAN, Lillian (1905-1948) Dramaturga norteam., famosa por sus guiones cinematográficos. *La loba, Mujer inacabada, Pentimento.*

HELMAND Río de Afganistán; 1 200 km. Nace al O de Kabul, y desemboca en la región fronteriza con Irán.

HELMHOLTZ, Hermann Ludwig Ferdinand von (1821-1894) Físico y fisiólogo al. Realizó investigaciones sobre electromagnetismo y mecánica de los fluidos, y enunció el principio de conservación de la energía.

HELMINTIASIS f. Nombre de las enfermedades causadas por la existencia de helmintos en el tubo digestivo.

HELMINTO m. Gusano intestinal que

parasita al hombre y los animales. ❑ HELMÍNTICO, CA.

HELSINKI (sueco, *Helsingfors*) Cap. de Finlandia. 484 500 hab. (932 400 hab. la agl. urb.). Primer puerto del país. Centro industrial. Astilleros.

HELVECIA o **HELVETIA** Sector E de las Galias, que abarcaba aprox. la actual Suiza.

HELVECIO, CIA adj. y s. Díc. de los individuos de un ant. pueblo celta que habitó Helvecia entre los ss. III y II a. C. ◊ m. pl. Este mismo pueblo.

HELVÉTICO, CA adj. y s. Helvecio. ◊ adj. Relativo a Suiza.

HELVETIUS, Claude Adrien (1715-1771) Filósofo fr. Influido por Locke y Condillac, trató de aplicar el empirismo a la ciencia política. *Acerca del espíritu.*

HEMATEMESIS f. Vómito de sangre procedente de una lesión de la mucosa digestiva.

HEMÁTICO, CA adj. Perteneciente a la sangre.

HEMATÍE m. Glóbulo rojo de la sangre.

HEMATITES f. Óxido de hierro, que cristaliza en el sistema hexagonal; peso específico 5,3; dureza 5 a 6; color oscuro y brillo metálico. Frecuente y abundante en la naturaleza. Se utiliza como mineral de hierro y como material colorante cuando se presenta en formas terrosas (ocre).

HEMATOCRITO m. Aparato centrifugador que permite la separación de los glóbulos y plasma sanguíneo.

HEMATÓFAGO adj. *Zool.* Díc. de todo animal que se alimenta de sangre. Los h. presentan un aparato bucal adaptado para cortar la piel de las presas y para succionar su líquido hemático.

HEMATOLOGÍA f. Ciencia biológica que estudia la composición, estructura y función de la sangre. ◊ Parte de la medicina que trata de las enfermedades de la sangre.

HEMATOMA m. Derrame de sangre en el interior de los tejidos orgánicos, producido por la rotura de uno o varios vasos.

HEMATOPOYESIS f. Conjunto de fenómenos que conducen a la formación y maduración de los elementos que componen la sangre. ❑ HEMATOPOYÉTICO, CA; HEMOPOYÉTICO, CA.

HEMATOSIS f. Conversión de la sangre venosa en arterial mediante su oxigenación.

HEMATURIA f. *Med.* Emisión de orina que contiene sangre.

HEMBRA f. Animal del sexo femenino. ◊ Mujer. ◊ En las plantas dioicas, la que da frutos. ◊ fig. Pieza que tiene un hueco o agujero por donde otra se introduce y encaja. ◊ El mismo agujero.

HEMBRAJE m. *Amér.* Conjunto de las hembras de un ganado.

HEMERÁLOPE adj. Díc. de la persona que de noche pierde la facultad de ver. ❑ HEMERALOPÍA.

HEMEROTECA f. Biblioteca en que se guardan publicaciones periódicas. ◊ Colección de diarios y revistas, y lugar donde se guardan.

HEMICICLO m. Semicírculo. ◊ Salón, aula, graderíos, etc., en forma de anfiteatro. ◊ Espacio central del salón de sesiones del Congreso.

HEMIEDRÍA f. Grupo de operaciones

Ernest **Hemingway**

de simetría que engendra formas cristalográficas con la mitad de caras que las engendradas por la clase holoédrica de su sistema. ❑ HEMIEDRO.

HEMINGWAY, Ernest (1899-1961) Novelista estadoun. Su estilo ha influido poderosamente en la literatura norteam., y ha creado escuela en el extranjero. *Fiesta, Adiós a las armas, Por quién doblan las campanas, El viejo y el mar.* Premio Nobel de Literatura en 1954.

HEMIPLEJÍA f. Parálisis de todo un lado del cuerpo. ❑ HEMIPLÉJICO, CA.

HEMÍPTERO, RA adj. *Zool.* Díc. de los insectos con aparato bucal chupador y cuatro alas, las dos anteriores coriáceas.

HEMISFERIO m. *Astr.* Cada una de las mitades del globo terráqueo divididas por el Ecuador (hemisferios austral y boreal) o por un meridiano (hemisferios oriental y occidental).

HEMISTIQUIO m. Mitad de un verso.

HEMOCIANINA f. Pigmento cromoproteido de la sangre de algunos moluscos y crustáceos, de color verde azulado, parecido a la hemoglobina y con la misma función, pero con un átomo de cobre en lugar del de hierro.

HEMOCULTIVO m. Técnica bacteriológica que consiste en sembrar sangre de un enfermo en algún medio de cultivo adecuado.

HEMODIÁLISIS f. Método de depuración de la sangre por medio de un riñón artificial.

HEMOFILIA f. Hemopatía debida a la deficiencia de un factor de coagulación de la sangre. ❑ HEMOFÍLICO, CA.

HEMOGLOBINA f. Pigmento rojo de los hematíes. Constituida por la unión de un grupo prostético con una proteína, la globina. La h. se satura de oxígeno a altas presiones de éste en los pulmones y lo libera a bajas presiones en los tejidos.

HEMÓLISIS f. Proceso de degeneración, muerte y solubilización de los glóbulos rojos de la sangre. ❑ HEMOLÍTICO, CA.

HEMOPATÍA f. Enfermedad de la sangre.

HEMOPTISIS f. *Med.* Emisión por vía oral de sangre procedente de los pulmones. ❑ HEMOPTÍSICO, CA.

HEMORRAGIA f. Flujo de sangre de cualquier parte del cuerpo. ❑ HEMORRÁGICO, CA.

HEMORROIDE f. *Med*. Almorrana, variz de las venas del ano. ❏ HEMORROIDAL; HEMORROISA.

HEMOSTASIA f. *Pat*. Conjunto de procesos que impiden la salida de sangre al exterior cuando existe una lesión vascular.

HEMOSTÁTICO, CA adj. y m. *Farm*. Díc. de todo medio físico o químico que favorece la hemostasia.

HEMOTECA f. Banco de sangre; centro de recogida y almacén de sangre destinada a transfusiones.

HENCHIR tr. Ocupar con alguna cosa un espacio vacío. ◊ prnl. Hartarse de comida. ❏ HENCHIMIENTO.

HENDER tr. y prnl. Abrir o rayar un cuerpo sólido sin dividirlo del todo. ◊ fig. Atravesar o cortar un fluido. ◊ fig. Abrirse paso entre una muchedumbre de gente o de otra cosa.

HENDERSON, Arthur (1863-1935) Político laborista brit., varias veces ministro. Presidió la conferencia del desarme en Ginebra (1932-1933). Premio Nobel de la Paz en 1934.

HENDIDURA f. Abertura o grieta larga y estrecha.

HENDRIX, Jimi (1945-1970) Cantante y músico norteam. Renovó profundamente el rock y destacó por su virtuosismo con la guitarra eléctrica.

HENEQUÉN m. Pita, planta.

HENO m. Nombre común de las especies de plantas, gralte. gramíneas, que forman la vegetación de prados y pastos naturales y artificiales. ◊ Hierba segada, seca, para alimento del ganado. ❏ HENAR.

HENRIO m. Castellanización de henry, unidad de inductancia eléctrica.

HENRÍQUEZ, Camilo (1769-1825) Político y escritor chil. Luchó en favor de la indep. de Chile y en contra de la esclavitud. Fundó el periódico *La Aurora de Chile*. ◊ **Ureña, Max** (1885-1968) Escritor dom. *Fosforescencia* (poesía), *Episodios nacionales, Breve historia del modernismo* (ensayo). ◊ **Ureña, Pedro** (1884-1946) Escritor y filólogo dom. Poeta modernista (*El nacimiento de Dionisio*), crítico literario y pensador de tendencias socialistas. ◊ **Y Carvajal, Francisco** (1859-1935) Político y médico dom. Presid. de la rep. en 1916, tuvo que renunciar obligado por la política intervencionista de EE UU.

HENRY m. Unidad de inductancia. La que presenta una bobina en la que aparece una fuerza electromotriz de 1 voltio para una variación de intensidad de 1 amperio por segundo.

HENRY, William (1774-1836) Físico y químico brit. Determinó la composición química del amoniaco y formuló la ley de solubilidad de los gases.

HEÑIR tr. Amasar, sobar la masa del pan con los puños.

HENZADA C. de Myanma; 284 300 hab. Puerto fluvial. Madera.

HEPARINA f. Sustancia anticoagulante utilizada en el tratamiento de las trombosis intravasculares y para prevenir su aparición.

HEPÁTICO, CA adj. y s. *Med*. Que padece del hígado. ◊ adj. Relativo a esta víscera. ◊ f. *Bot*. Planta con hojas radicales, flores azuladas o rojizas, y fruto seco con muchas semillas. Usada en medicina.

HEPATITIS f. *Pat*. Inflamación del hígado.

HEPBURN, Audrey (1929-1993) Actriz cinematográfica brit. *Vacaciones en Roma* (Óscar en 1953), *My fair Lady, Desayuno con diamantes*. ◊ **Katharine** (1909-2003) Actriz cinematográfica norteam. *La reina de África, Vacaciones en Venecia, El león en invierno, La loca de Chaillot*.

HEPTAEDRO m. Sólido terminado por siete caras.

HEPTÁGONO, NA adj. y s. *Geom*. Aplícase al polígono de siete lados. ❏ HEPTAGONAL.

HEPTÁMETRO adj. y s. Verso que consta de siete pies.

HEPTANO m. Séptimo hidrocarburo saturado de la serie alifática.

HEPTARQUÍA f. Nombre del conjunto de reinos fundados por los anglosajones en Gran Bretaña (ss. VI-IX).

HEPTASÍLABO, BA adj. y s. Que consta de siete sílabas.

HERA *Mit. gr*. Hija de Cronos y Rea, hermana y esposa de Zeus. Reina del Olimpo.

HERACLES *Mit. gr*. Hijo de Zeus y de Alcmena, ilustre por su fuerza y valor sobrehumanos; identificado con el *Hércules* romano.

HERACLIO I (575-480 a. C.) Emp. de Oriente [610-641]. Fundador de la dinastía que reinó hasta 717.

HERÁCLITO (540-480 a. C.) Filósofo gr. nacido en Éfeso. Desarrolló los principios de la filosofía dialéctica en *Sobre la naturaleza*. Todo es devenir y el cambio es el resultado de la lucha de los contrarios y su síntesis.

HERÁLDICA f. Ciencia del blasón, arte de interpretar y descubrir los escudos de armas de cada linaje, ciudad o persona. ❏ HERÁLDICO, CA; HERALDISTA.

HERALDO m. Oficial medieval que transmitía mensajes, anunciaba decretos y ordenaba las ceremonias y los juegos públicos. ◊ Mensajero.

HERAUD, Javier (1942-1963) Poeta per. Obra de gran contenido social. *El río, El viaje*.

HERBÁCEO, A adj. Que tiene la naturaleza o calidades de la hierba. ◊ Díc. de plantas cuyo tallo y ramas tienen la misma consistencia que las hojas; son gralte. verdes, no producen madera y mueren tras unos meses de vegetación.

HERBAJE m. Conjunto de hierbas de los prados y dehesas.

HERBARIO, RIA adj. Relativo a las hierbas y plantas. ◊ m. y f. Persona entendida en botánica. ◊ Conjunto de plantas secadas y prensadas, clasificadas y determinadas en cuanto al momento, lugar, fecha, condiciones de recolección, etc.

HERBART, Johann-Friedrich (1776-1841) Filósofo y pedagogo al. Se opuso al idealismo romántico y aplicó métodos matemáticos a la psicología. *Psicología como ciencia, Pedagogía general*.

HERBAZAL m. Sitio poblado de hierbas.

HERBECER intr. Empezar a nacer la hierba.

HERBERO m. Esófago del animal rumiante.

HERBICIDA adj. y s. Díc. del producto químico que combate al desarrollo de la maleza. ◊ adj. Desherbador.

HERBÍVORO, RA adj. Díc. de aquellos animales que se alimentan de vegetales y en especial de los que pacen hierbas.

HERBÍVORO

Para el hombre, el pastoreo de herbívoros constituye la mejor manera de asegurarse el suministro de proteínas animales, algo que esta pintura rupestre de Tassili (Sahara argelino) demuestra que ya conocía el hombre de la Edad de Piedra

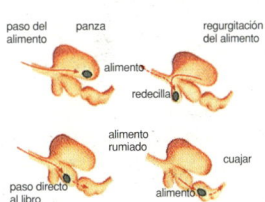

Los rumiantes poseen un estómago dividido en cuatro cámaras, y mastican y digieren el alimento después de haberlo engullido y regurgitado

No todos los herbívoros son rumiantes. Los équidos tienen un estómago simple, pero pueden digerir la celulosa merced a un voluminoso ciego que alberga bacterias y ciliados

HERBOLARIO, RIA m. y f. El que tiene tienda en que vende hierbas y plantas medicinales. ◊ m. Tienda donde se venden plantas medicinales.

HERBORISTERÍA f. Tienda donde se venden plantas medicinales.

HERBORIZAR intr. *Bot.* Recoger plantas para estudiarlas o coleccionarlas. ❏ HERBORIZACIÓN; HERBORIZADOR, RA.

HERCINIANO adj. y m. Relativo al último plegamiento del periodo carbonífero; en él se formó la estructura de los yacimientos carboníferos más importantes de Europa.

HERCIO m. Castellanización de hertz.

HERCULANO Ant. ciudad de Italia, al E de Nápoles, sepultada por una erupción del Vesubio (79). Descubierta en 1709.

HERCÚLEO, A adj. Relativo a Hércules. ◊ Que tiene mucha fuerza y robustez.

HÉRCULES m. fig. Hombre de mucha fuerza. ◊ n. p. m. *Astr.* Constelación boreal situada al occidente de la Lira.

HÉRCULES Nombre latino de ⇨ Heracles.

HERDER, *Johann Gottfried* (1744-1803) Filósofo y teólogo al. Discípulo de Kant, se opuso a la filosofía trascendental de éste. *Entendimiento y experiencia, razón y lenguaje, una metacrítica de la razón pura.*

HEREDAD f. Porción de terreno cultivado perteneciente a un mismo dueño. ◊ Hacienda de campo, bienes raíces o posesiones.

HEREDAR tr. Suceder por disposición testamentaria o legal los bienes y acciones que tenía uno al tiempo de su muerte. ◊ Darle a uno heredades o bienes raíces. ◊ Recibir los seres vivos determinados caracteres biológicos que tienen sus progenitores. ❏ HEREDADO, DA; HEREDERO, RA.

HEREDIA Prov. del N de Costa Rica; 2 656 km², 354 732 hab. Abarca parte de la meseta Central. Café, caña de azúcar, maíz. Ganadería. ◊ C. de Costa Rica,

cap. de la prov. hom.; 103 894 hab. Centro agropecuario e industrial.

HEREDIA, *José María de* (1842-1905) Poeta fr. de origen cub., destacado representante de la escuela parnasiana. *Los Trofeos.* ◊ **Y Campuzano, *José María de*** (1803-1839) Poeta cub. de formación clasicista e inspiración romántica. *Niágara, Al teocalli de Choluca, Los últimos romanos, Himno del desterrado.*

HEREDITARIO, RIA adj. Relativo a la herencia o que se adquiere por ella. ◊ fig. Aplícase a las inclinaciones, virtudes, vicios o enfermedades que pasan de padres a hijos.

HEREJÍA f. Doctrina que la Iglesia considera contraria a la fe católica. ◊ fig. Sentencia errónea contra los principios de una ciencia o arte. ◊ fig. Disparate, acto desacertado. ❏ HEREJE; HERESIARCA; HERÉTICO, CA.

HERENCIA f. Derecho de heredar. ◊ Bienes, derechos y obligaciones que se heredan. ◊ Lo que se ha recibido de los antepasados. ◊ *Biol.* Mecanismo por el que se transmiten de unas generaciones a otras los factores que determinan los caracteres genéticos. ◊ *Biol.* Conjunto de estos caracteres.

HERIDA f. Lesión traumática con solución de continuidad de la piel. ◊ fig. Ofensa, agravio. ◊ fig. Pena o sufrimiento.

HERIR tr. Producir una herida a una persona o animal. ◊ Romper un cuerpo vegetal. ◊ Impresionar o excitar algún sentido, especialmente el del oído. ◊ fig. Mover, excitar en el ánimo alguna pasión o sentimiento. ◊ fig. Ofender, agraviar. ❏ HERIDO, DA.

HERMA m. Busto sin brazos colocado sobre un estípite.

HERMAFRODITA adj. y s. Individuo que presenta órganos reproductores masculinos y femeninos. ◊ Vegetal cuyas flores tienen a la vez estambres y pistilos. ❏ HERMAFRODITISMO.

HERMAFRODITO *Mit. gr.* Deidad bisexual de probable origen oriental, hijo de Hermes y Afrodita.

HERMANAR tr. Unir, uniformar. ◊ tr. y prnl. Hacer a uno hermano de otro en un sentido espiritual. ❏ HERMANABLE; HERMANADO, DA; HERMANAMIENTO.

HERMANASTRO, TRA m. y f. Hijo de uno de los dos consortes con respecto al hijo del otro.

HERMANDAD f. Relación de parentesco que hay entre hermanos. ◊ fig. Amistad íntima. ◊ fig. Correspondencia que guardan varias cosas entre sí. ◊ fig. Cofradía. ◊ Liga o confederación. ◊ **Santa H.** Asociación que se creó en España (1476) para la persecución de maleantes y el mantenimiento del orden público.

HERMANO, NA m. y f. Persona que con respecto a otra tiene los mismos padres, o sólo el mismo padre o la misma madre. ◊ Lego de una comunidad regular.

HERMENEGILDO (m. 585) Santo. Hijo del rey visigodo Leovigildo. Abjuró del arrianismo, por lo que fue decapitado.

HERMENÉUTICO, CA adj. Relativo a la hermenéutica. ◊ f. Método para la interpretación de textos. ❏ HERMENEUTA.

HERMES *Mit. gr.* Hijo de Zeus y Maia. Conducía los muertos al Hades.

HERMES Trimegisto Personaje legendario, a quien los neoplatónicos tuvieron por el ant. sabio iniciador de la literatura hermética.

HERMÉTICO, CA adj. *Fil.* Díc. de las especulaciones, escritos y partidarios de ciertos libros de alquimia, astrología, medicina mágica, misticismo, etc., atribuidos a Hermes, legendario filósofo egipcio. ◊ Díc. de lo que cierra una abertura sin dejar pasar ni el aire. ◊ Impenetrable, cerrado. ◊ Secreto. ❏ HERMETICIDAD; HERMETISMO.

HERMITE Arch. de Chile, en el S de Tierra del Fuego, en la prov. de Magallanes. Las islas más importantes son Hermite y Hornos.

HERMÓN (*Jebel ech Cheij*) Macizo montañoso de Siria y Líbano. Alt. máx. 2 814 m., en el pico hom.

HERMOSEAR tr. y prnl. Hacer o poner hermosa a una persona o cosa.

HERMOSILLO C. del NO de México, cap. del est. de Sonora; 609 829 hab. Centro industrial, agrícola y minero.

HERMOSURA f. Belleza de las cosas que pueden ser percibidas por el oído o por la vista. ❏ HERMOSO, SA.

HERNANDARIAS de Saavedra, sobrenombre de *Hernando Arias de Saavedra* (1564-1634) Conquistador esp. Gobernador del Río de la Plata, promulgó ordenanzas en defensa de los indios.

HERNÁNDEZ, *Daniel* (1856-1932) Pintor per. Influido por el impresionismo. *Retrato de Simón Bolívar, La perezosa.* ◊ **Felisberto** (1902-1964) Escritor ur. *Por los tiempos de Clemente Colling, El caballo perdido, Nadie encendía las lámparas, La casa inundada.* ◊ **Gregorio** (h. 1576-1636) Imaginero barroco esp. Autor de imágenes destinadas a pasos procesionales: la *Dolorosa, Cristo yacente*, la *Piedad.* ◊ **José** (1834-1886) Poeta arg. Autor del célebre *Martín Fierro*, epopeya gaucha que adquirió carácter de poema nacional. ◊ **Miguel** (1910-1942) poeta esp. Su poesía, de estilo barroco, alcanza la emoción y fuerza de un impulso popular. *El rayo que no cesa, Vien-*

Piedad, obra de Gregorio **Hernández** (Museo Nacional de Escultura, Valladolid, España)

to del pueblo. ◊ **Catá, Alfonso** (1885-1940) Escritor cub. De actitud crítica, ensayística y especulativa. *Los frutos ácidos, El ángel de Sodoma, La voluntad de Dios.* ◊ **Colón, Rafael** (n. 1936) Político puertorriq. Líder del Partido Popular Democrático, partidario del estatuto de estado asociado, ha sido elegido gobernador en 1972-1976 y 1984-1988. ◊ **Gómez, Manuel** (n. 1928) Pintor abstracto col. Pintura de gran efecto cromático y de notable equilibrio compositivo. ◊ **Martínez, Maximiliano** (1882-1966) Político y militar salv. Presid. de la rep. en 1931, tras derrocar a Araujo. En 1944 fue derrocado.

HERNE C. de Alemania, en el *land* de Renania del Norte-Westfalia, en el Ruhr; 173 200 hab. Minas de carbón. Centro industrial.

HERNIA f. Salida de vísceras abdominales a través de algún orificio preexistente en la pared abdominal.

HERNIARSE prnl. Sufrir una hernia. ◊ fig. y fam. Realizar un gran esfuerzo. ❑ HERNIADO, DA.

HERODES Agripa I (10 a. C.-44 d. C.) Rey de los judíos [41-44]. Persiguió a los cristianos. ◊ **II** (27-100) Rey de los judíos [50-h. 93]. Combatió en las filas rom. en el sitio de Jerusalén. ◊ **Antipas** (h. 20 a. C.-39 d. C.). Tetrarca de Galilea y de Perea [4 a. C.-39 d. C.]. Hizo decapitar a Juan Bautista. Pilato le envió a Jesús, pero Herodes no quiso tomar partido. ◊ **El Grande** (73 -4 a. C.) Rey de Judea [40-4 a. C.]. Se le atribuye la matanza en Belén de niños varones, poco despues del nacimiento de Cristo.

HERODÍAS (7 a C.-30 d. C.) Nieta de Herodes el Grande. Casó con Herodes Filipo, y luego con Herodes Antipas. Instigadora de la muerte de san Juan Bautista.

HERODOTO de Halicarnaso (480-425 a. C.) Historiador gr. Su *Historia* consta de nueve libros cuyo tema pral. son las guerras médicas.

HÉROE m. *Mit.* Hijo de un dios o una diosa y un mortal. ◊ Persona que ha realizado una acción que requería mucho valor. ◊ Personaje pral. de una obra literaria o de una aventura. ❑ HEROICIDAD; HEROÍSMO.

HEROICO, CA adj. Aplícase a las personas famosas por sus hazañas o virtudes y, p. ext., dícese también de las acciones. ◊ Aplícase también a la poesía en que se narran o cantan hechos memorables.

HEROÍNA f. Mujer ilustre y famosa por sus grandes hechos. ◊ La que lleva a cabo un hecho heroico. ◊ Protagonista de una obra literaria. ◊ Opiáceo semisintético derivado de la morfina y utilizado como analgésico. Se usa de modo muy restringido por su gran capacidad de producir el hábito.

HEROÍNOMANÍA f. Toxicomanía debida a la heroína, parecida a la morfinomanía pero de curso y desenlace más rápidos.

HERÓN el Viejo (s. II a. C.), llamado también *Herón de Alejandría.* Físico y matemático gr., autor de numerosos tratados de mecánica. *La neumática* y *Los autómatas, Catóptrica.*

HERPES amb. Erupción cutánea acompañada de escozor y debida al agrupamiento de pequeñas ampollas.

HERRADURA f. Hierro que se clava a las caballerías en los cascos. ◊ Murciélago que tiene los orificios nasales rodeados por una membrana en forma de herradura.

HERRAJE m. Conjunto de piezas de hierro o acero con el que se guarnece algo. ◊ Conjunto de herraduras y clavos con que éstas se aseguran. ◊ *Argent.* Herradura.

HERRAMIENTA f. Cualquier instrumento empleado, manualmente o por medio de máquinas accionadas, en trabajos artesanales o industriales. ◊ Conjunto de estos instrumentos.

HERRÁN, Pedro Alcántara (1800-1872) Militar y político col. Presid. de la rep. en 1841-1845, adoptó numerosas medidas conservadoras. ◊ **Saturnino** (1887-1918) Pintor mex. *La criolla del mantón, La ofrenda.*

HERRAR tr. Ajustar y clavar las herraduras a las caballerías, o los callos a los bueyes. ◊ Marcar con un hierro candente los ganados, artefactos, etc. ◊ Guarnecer de hierro un artefacto. ❑ HERRADERO; HERRADOR; *Col.* HERRANZA.

HERRERA Prov. del centro-S de Panamá; 2 340,7 km², 101 198 hab. Cap., Chitré. Terreno llano. Maíz, caña de azúcar y tabaco. Ganadería. Ind. alimentaria.

HERRERA, Carlos (1856-1930) Político guat. Presid. de 1920 a 1921. ◊ **Dionisio** (1783-1850) Político centroamer. Elegido jefe del est. de Honduras en 1924. Derrocado en 1827 por el gobierno federal, fue enviado a Nicaragua, siendo allí elegido presid. en 1829. ◊ **Ernesto,** llamado GINESILLO DE PASAMONTE (1877-1917) Dramaturgo ur., uno de los renovadores del teatro ur. moderno. *La moral de Misiá Paca, El león ciego, El pan nuestro.* ◊ **Felipe** (nacido 1922) Economista chil. Ministro de Finanzas (1953), director del Banco de Chile (1953-1958). *¿Desarrollo económico o estabilidad monetaria? América Latina integrada.* ◊ **Fernando de** (1549-1597) Poeta esp. Precursor del barroco. *A la batalla de Lepanto, Anotaciones a Garcilaso.* ◊ **Flavio** (1899-1974) Novelista guat., de temática indigenista. *El Tigre.* ◊ **Juan de** (1530-1597) Arquitecto esp. Intervino en la dirección de las obras del monasterio de El Escorial, en el alcázar de Toledo, en el palacio de Aranjuez. ◊ **Luis Alberto** (1873-1959) Político y escritor ur. Líder del Partido Blanco, fundó los diarios *La Democracia* y *El Debate.* ◊ **Campíns, Luis** (n. 1925) Político ven. Vencedor en las elecciones presidenciales de 1978 al frente del partido socialcristiano (COPEI), ocupó la presidencia de la rep. entre 1979 y 1984. ◊ **Y Reissig, Julio** (1875-1910) Poeta modernista ur. *Las pascuas del tiempo, La torre de las esfinges.* ◊ **Y Tordesillas, Antonio de** (1559-1625) Historiador esp., cronista de Castilla y de Indias.

HERRERILLO m. Ave paseriforme, con alas y cola de color azul y parte inferior amarilla.

HERRERO m. Artesano que trabaja el hierro en un pequeño taller. ◊ *Chile* y *P. Rico.* Herrador. ❑ HERRERÍA.

HERRETE m. Cabo de alambre que se pone a los cordones, cintas, etc., para que puedan entrar fácilmente por los ojetes. ◊ *Amér.* Aparato para herrar.

HERRIOT, Édouard (1872-1957) Polí-

Herrerillo común

tico fr. Presid. del partido radical en 1919. Fue tres veces jefe de gobierno.

HERRUMBRE f. Capa de hidróxido férrico hidratado, formado por la acción del aire húmedo sobre el hierro. También se llama orín. ❑ HERRUMBROSO, SA.

HERSCHEL, SIR **William** (1738-1822) Astrónomo brit. Descubrió el planeta Urano, dos de sus satélites y otros dos satélites de Saturno. Fundó la astronomía estelar, implantó un sistema de clasificación de las nebulosas.

HERTOGENBOSCH (*'s-Hertogenbosch*) C. de Países Bajos, cap. de la prov. de Brabante Septentrional; 89 200 hab. Centro comercial, agropecuario e industrial. Astilleros.

HERTZ m. *Fís.* Unidad de frecuencia correspondiente a un periodo de 1 segundo. Se denomina también ciclo/seg. Su símbolo es Hz.

HERTZ, Heinrich (1857-1894) Físico al. Descubrió las ondas hertzianas, demostrando que éstas presentan las mismas propiedades que la luz.

HERTZIANA adj. *Fís.* Díc. de la onda electromagnética.

HERTZOG, Enrique (1897-1980) Político bol. Presid. de la rep. (1947-1949).

HÉRULO, LA adj. y s. Individuo de un pueblo que en el s. III habitó en la desembocadura del Rin y en las costas del mar Negro.

HERVÁS y Panduro, Lorenzo (1735-1809) Ensayista y filólogo esp., jesuita. Por su *Catálogo de las lenguas* es considerado el padre de la filología comparada.

Lorenzo **Hervás y Panduro**

Herzegovina. El río Neretva a su paso por Mostar

HERVIDERO m. Agitación de los líquidos cuando hierven. ◊ fig. Muchedumbre de personas o de animales.
HERVIDO m. *Amér.* Cocido u olla.
HERVIR tr. e intr. Poner o ponerse un líquido en la fase de ebullición. ◊ intr. fig. Hablando de efectos y pasiones, indica su viveza, intensidad y vehemencia. ❑ HERVIDOR; HERVOR; HERVOROSO, SA.
HERZEGOVINA (*Hercegovina* o *Ercegovina*) Región de la pen. de los Balcanes, al S de Bosnia, con la que forma la rep. federada de Bosnia-Herzegovina. C. pral., Mostar; 63 300 hab.
HERZEN, Alexandr (1812-1870) Escritor ruso. Se inclinó hacia el socialismo utópico. *El pueblo ruso y el socialismo. ¿De quién es la culpa?*
HERZL, Theodor (1860-1904) Escritor húng. de raza judía, promotor del sionismo. *El Estado judío.*
HERZOG, Werner (n. 1942) Director de cine al. *Aguirre, la cólera de Dios, El enigma de Kaspar Hauser, Nosferatu, el vampiro de la noche, Fitzcarraldo.*
HESIODO (s. VIII a. C.) El más ant. de los poetas gr. *Los trabajos y los días, Teogonía.*
HESPERIA (Tierra del ocaso) Nombre gr. de Italia; posteriormente los rom. llamaron así a España.
HESPÉRIDES *Mit. gr.* Ninfas del atardecer. Poseían un jardín con un árbol que daba manzanas de oro.
HESPERIDIO m. *Bot.* Fruto en baya propio de los cítricos, formado por diez carpelos cerrados con septos membranosos llenos de células filamentosas.
HESS, Germain Henry (1802-1850) Químico ruso. Descubrió el ácido sacárico y realizó también imp. descubrimientos en termodinámica. ◊ *Rudolf* (1894-1987) Político al. Secretario de Hitler. En 1941 se lanzó en paracaídas sobre Escocia. Detenido por los brit., fue condenado en Nuremberg. ◊ *Víctor* (1883-1964) Físico austr. Premio Nobel de Física (1936) con Anderson por su descubrimiento de los rayos cósmicos.
HESSE (*Hessen*) Est. del centro de Alemania; 21 114 km², 5 770 000 hab. Cap., Wiesbaden. Relieve peniplanizado. Ríos: Rin, Main, Lahn, Fulda y Eder. Agricultura. Ind. automovilística, de maquinaria, de productos químicos y de material científico.

HESSE, Hermann (1877-1962) Novelista al. Su arte se caracteriza por una nitidez y un rigor clásicos. *Demian, El lobo estepario, El juego de abalorios.* Premio Nobel de Literatura en 1946.
HESTON, Charlton (n. 1921) Actor cinematográfico norteam. *Los diez mandamientos, Ben-Hur, 55 días en Pekín.*
HETERA f. En la ant. Grecia, dama cortesana. ◊ Mujer pública.
HETEROCERCO, CA adj. Díc. de la aleta caudal que presenta un lóbulo dorsal mayor que el lóbulo ventral.
HETEROCLAMÍDEO, A adj. Díc. de las plantas con cáliz verde y corola de vivos colores.
HETERÓCLITO, TA adj. fig. Irregular, extraño y fuera de orden.
HETERÓCTONO, NA adj. Díc. de los organismos que viven en zonas geográficas distintas de aquellas de las que son originarios.
HETERODOXO, XA adj. y s. Que es contrario o se aparta de lo admitido como válido en el aspecto doctrinal o moral. ❑ HETERODOXIA.
HETEROGAMIA f. *Biol.* Proceso de reproducción sexual en el que los gametos femeninos son mayores que los masculinos. Es bastante general en los animales y en los vegetales.
HETEROGÉNEO, A adj. Compuesto de partes de diversa naturaleza. ❑ HETEROGENEIDAD.
HETEROMORFISMO m. *Geol.* y *Quím.* Propiedad por la que algunas sustancias con organización y estructura idénticas se presentan bajo forma distinta.
HETERONIMIA f. *Ling.* Procedencia de distintos étimos en palabras de significado muy próximo. ❑ HETERÓNIMO.
HETERÓNOMO, MA adj. Díc. del que está sometido a un poder extraño que le impide el libre desarrollo de su naturaleza.
HETEROSEXUAL adj. y s. Por oposición a homosexual, díc. de la relación erótica entre individuos de diferente sexo. ◊ *Bot.* Díc. de las plantas con flores masculinas y femeninas.
HETERÓTROFO, FA adj. y m. *Biol.* Díc. del organismo viviente que para su alimentación necesita de las materias orgánicas sintetizadas por otros organismos.
HEUREAUX, Ulises (1845-1899) Militar y político dom. Presid. de la rep. (1882-1884 y 1887-1889).
HEURÍSTICO, CA adj. Relativo a la heurística. ◊ f. Arte de inventar. ◊ Parte de la historia que se ocupa de la búsqueda e investigación de fuentes, especialmente documentos.
HEUSS, Theodor (1884-1963) Político y escritor al. Creó el partido liberal. Presid. de la RFA (1949-1959).
HEVESY de Heves, Joseph Georg (1885-1966) Químico húng. En colaboración con Bohr descubrió el hafnio. Premio Nobel de Química en 1943.
HEXADECIMAL adj. *Comp.* Díc. del sistema de numeración de base 16. Se utilizan las cifras del 0 al 9 seguidas de las seis primeras letras del alfabeto, para representar los números de 0 al 15.
HEXAEDRO m. *Geom.* Sólido de seis caras. ◊ **regular,** *Geom.* Cubo.
HEXÁGONO, NA adj. y m. *Geom.* Díc. del polígono de seis ángulos y seis lados. ❑ HEXAGONAL.

Hermann **Hesse,** retrato de Morgethaer

HEXÁMETRO adj. y m. Verso de la poesía gr. y latina que consta de seis pies.
HEXÁPODO, DA adj. y m. Que tiene seis pies.
HEXASÍLABO, BA adj. y s. De seis sílabas.
HEYERDAHL, Thor (1914-2002) Etnólogo y explorador nor. En 1947 realizó la travesía de Perú a Polinesia en balsa (Kon-Tiki). *La aventura de la Kon-Tiki, Indios de América en el Pacífico.*
HEYSE, Paul (1830-1914) Escritor al. Cuentos con una marcada influencia italiana. *L'Arrabbiata, Cuentos de Milán.* Premio Nobel de Literatura en 1900.
HEZ f. Poso o sedimento de algunos líquidos. Se usa más en pl. ◊ fig. Desecho, lo más despreciable. ◊ pl. Excremento o residuos de la digestión.
Hf *Quím.* Símb. del hafnio.
Hg *Quím.* Símb. del mercurio.
HIALINO, NA adj. Diáfano como el vidrio, o parecido a él.
HIATO m. Encuentro de dos vocales que se pronuncian en sílabas distintas. ◊ Cacofonía que resulta del encuentro de vocales que no forman diptongo.
HIBERNACIÓN f. *Biol.* Proceso de disminución de los fenómenos vitales para el ahorro de energía.
HIBERNAR intr. Ser tiempo de invierno. ◊ Pasar el invierno en estado latente. ◊ Pasar el invierno en algún lugar.
HÍBRIDO, DA adj. Aplícase al animal o al vegetal que procede de dos individuos de distinta especie. ◊ fig. Díc. de todo lo que es producto de elementos de distinta naturaleza. ◊ Díc. de la palabra compuesta de elementos procedentes de lenguas distintas.
HICACO m. *Ant.* Arbusto de fruto en drupa, del tamaño, forma y color de la ciruela claudia.
HICKEN, Cristóbal María (1875-1933) Naturalista arg. Realizó numerosas expediciones por el terr. de su país.
HICOTEA f. *Amér.* Tortuga comestible de agua dulce.
HICSO adj. y s. Díc. de individuos de un ant. pueblo que invadió Egipto hacia 1650 a. C. Los h. dominaron el Alto Egipto y establecieron su cap. en Avaris. ◊ adj. Relativo a ese pueblo. ◊ m. pl. Ese mismo pueblo.
HIDALGO, GA m. y f. Persona noble pero sin título. ◊ adj. fig. Díc. de la per-

sona de ánimo generoso y noble. ❏ HI-
DALGUEZ; HIDALGUÍA.

HIDALGO Est. del centro-E de México; 20 987 km², 2 235 591 hab. Cap., Pachuca. El terr. se extiende en su mayor
parte por el altiplanicie meridional.
Agricultura imp. en los valles. Maíz, trigo, cebada, alfalfa, maguey, tabaco,
café, forrajes y caña de azúcar. Ganadería. Plata, plomo, oro, cobre y hierro.
Fundiciones. Hasta 1869 formó parte
del est. de México. Imp. restos arqueológicos en Tula, ant. cap. tolteca. ◊
Mun. de México, en el est. de Michoacán; 94 040 hab. Ganadería. Explotación
forestal. Curtidurías.

HIDALGO, *Alberto* (1894-1967) Poeta
per. vanguardista. *Panoplia lírica, Simplismo.* ◊ *Bartolomé* (1782-1822) Poeta
gauchesco rioplatense. *Diálogos patrió-
icos.* ◊ **De Cisneros,** *Baltasar* (1755-
1829) Militar y político esp. Virrey del
R. de la Plata (1809), no consiguió frenar el mov. revolucionario. ◊ **Y Costi-
la,** *Miguel* (1753-1811) Sacerdote mex.,
iniciador del mov. de indep. de su país.
La noche del 16 de septiembre de 1810
lanzó la proclama independentista, conocida como «grito de Dolores». Fue
capturado y ejecutado.

HIDALGO DEL PARRAL C. de México, en el est. de Chihuahua; 90 703
hab. Fruticultura, cereales. Minería.

HIDÁTIDE f. Larva de una tenia intestinal del perro y de otros animales
que en las vísceras humanas adquiere
gran tamaño. ◊ *Pat.* Quiste hidatídico.
❏ HIDATÍDICO, CA.

HIDATIDOSIS f. *Pat.* Síndrome causado por la larva de la tenia del perro
al desarrollarse en los órganos del hombre y de ciertos animales.

HIDATODO m. Cada uno de los órganos vegetales destinados a la secreción del agua.

HIDRA f. Culebra acuática, venenosa,
de las costas del mar Pacífico. ◊ Pólipo
de agua dulce cuyo cuerpo consiste en
un saco tubular cerrado por una extremidad y con varios tentáculos en la
otra.

HIDRA *Astr.* Constelación cuyo nombre latino es *Hydra.* ◊ *Mit. gr.* Monstruo
de siete cabezas, muerto por Hércules.

HIDRÁCIDO m. *Quím.* Ácido compuesto de hidrógeno y un halógeno o
un anfígeno.

HIDRACINA f. *Quím.* Líquido incoloro, de olor parecido al del amoníaco,
muy higroscópico. Se emplea como
combustible de cohetes, para evitar la
corrosión de las calderas, en la síntesis
de productos farmacéuticos, etc.

HIDRARGILITA f. Óxido hidratado
de aluminio; es un mineral de color
blanco.

HIDRARGIRISMO m. *Pat.* Intoxicación crónica originada por la absorción
de mercurio.

HIDRATACIÓN f. Acción y efecto de
hidratar. ◊ *Quím.* Fijación de agua por
las moléculas de un cuerpo.

HIDRATAR tr. y prnl. *Quím.* Combinar una sustancia con el agua.

HIDRATO m. *Quím.* Producto resultante de la combinación de una sustancia química con el agua. ◊ **de carbono.** *Quím.* Glúcido.

HIDRÁULICO, CA adj. Que se mueve por medio del agua. ◊ f. *Fís.* Parte
de la mecánica que estudia los líquidos.

Miguel **Hidalgo** en el «grito
de Dolores», de J. O'Gorman (Museo
Nacional de Historia, México)

◊ Técnica de la conducción, contenido
y elevamiento de las aguas.

HÍDRICO, CA adj. Relativo al agua. ◊
Quím. Sufijo utilizado en la denominación de los hidrácidos.

HIDROAVIÓN m. *Aer.* Aeroplano con
características específicas que le permiten posarse y despegar en el agua.

HIDROBIOLOGÍA f. Estudio de los
organismos acuáticos.

HIDROCARBURO m. *Quím.* Compuesto orgánico que contiene carbono
e hidrógeno únicamente. ◊ **Hidrocarburos acetilénicos.** Compuestos orgánicos de fórmula general $C_nH_{2n}-2$ con
enlace triple. ◊ **acíclicos.** Compuestos
orgánicos en los que los átomos de carbono forman cadenas abiertas; pueden
clasificarse en saturados e insaturados.
◊ **alifáticos.** Los cíclicos. ◊ **aromáticos.**
Los que constan de una cadena ce-
rrada no saturada y poseen unas propiedades especiales derivadas de su
constitución. ◊ **naturales.** Sustancias
orgánicas naturales constituidas por
una mezcla de h., que se encuentran almacenados en las rocas de la corteza terrestre.

HIDROCEFALIA f. *Pat.* Dilatación de
los ventrículos cerebrales por aumento
de la cantidad de líquido cefalorraquídeo.

HIDROCELE m. *Pat.* Hidropesía de la
túnica serosa del testículo.

HIDROCINCITA f. *Miner.* Carbonato
hidratado de cinc. Cristaliza en el sist.
monoclínico y tiene color blanco.

HIDRODINÁMICA f. Parte de la física que estudia el movimiento de los
fluidos sometidos a la acción de fuerzas.

HIDROELÉCTRICO, CA adj. Relativo a la energía eléctrica obtenida por
fuerza hidráulica.

HIDRÓFILO, LA adj. Díc. de la sustancia que absorbe el agua con gran facilidad. ◊ adj. y m. *Biol.* Díc. de los organismos que habitan en ambientes
húmedos. ◊ m. pl. *Zool.* Insectos coleópteros que viven en el agua.

HIDRÓFITO, TA adj. y s. Díc. de las
plantas que viven en el agua y que tienen una estructura adaptada para este
medio especial de vida.

HIDROFOBIA f. Aversión al agua y a
los líquidos en general. ◊ Rabia, enfermedad. ❏ HIDRÓFOBO, BA.

HIDRÓFONO m. Aparato que recoge
los sonidos producidos debajo del agua
y que se empleaba para detectar la presencia de submarinos.

HIDRÓFUGO, GA adj. Díc. de las sustancias que evitan la humedad o las fil-
traciones.

HIDROGENACIÓN f. *Quím.* Reacción entre el hidrógeno y compuestos
químicos, que se realiza a presión elevada y en presencia de catalizadores.

HIDRÓGENO m. *Quím.* Elemento de
símbolo H; n. a. 1; p. a. 1,0080.
❏ *Quím.* El h. es un gas, cuya densidad
en condiciones normales es 0,08987 g/l.
Se obtiene a partir del agua, por electrólisis o por desplazamiento por el sodio, potasio o calcio. Es inodoro, incoloro e insípido, poco soluble en agua.
Es la sustancia más ligera, unas catorce veces menos pesado que el aire. Se
emplea en metalurgia para la obtención
de metales de alta pureza; en el soplete oxhídrico, y en la hidrogenación de
aceites.

HIDROGEOLOGÍA f. *Geol.* Ciencia
que estudia las aguas subterráneas.

HIDROGRAFÍA f. Parte de la geografía física que trata de la situación y características de las aguas sobre la superficie terrestre. ◊ Conjunto de mares
y aguas corrientes de una zona. ❏ HI-
DROGRÁFICO, CA; HIDRÓGRAFO.

HIDRÓLISIS f. *Quím.* Descomposición de un compuesto químico por la
acción del agua. ❏ HIDROLIZAR.

HIDROLOGÍA f. *Geol.* Ciencia que estudia las aguas superficiales desde el
punto de vista geológico. ❏ HIDROLÓ-
GICO, CA.

HIDROMETRÍA f. *Fís.* Parte de la hidrodinámica que trata del modo de
medir el caudal, la velocidad o la presión de los líquidos en mov. ❏ HI-
DROMÉTRICO, CA.

HIDRÓMETRO m. Instrumento para
medir el caudal, la velocidad o la presión de un líquido en mov.

HIDROPESÍA f. *Pat.* Acumulación de
líquido seroso en una cavidad o en el
tejido celular. ❏ HIDRÓPICO, CA.

HIDROPLANO m. Embarcación pro-

Aparato de Kipp para la obtención
de **hidrógeno** en el laboratorio

vista de aletas inclinadas que, a medida que aumenta la velocidad de desplazamiento, sostienen una parte cada vez mayor del peso hasta que, finalmente, el casco sube y navega fuera del agua.

HIDROQUINONA f. *Quím.* Polvo blanco formado por agujas incoloras que funden a 170 °C, soluble en agua. Es el *p*-dioxibenceno (HO-C$_6$H$_4$-OH), que se obtiene por reducción de la *p*-quinona. Por sus propiedades reductoras se utiliza como revelador fotográfico.

HIDROSFERA f. *Geog.* y *Geol.* Conjunto de aguas superficiales de la corteza terrestre: oceánicas (1,4 x 10⁹ km³), lacustres (2,5 x 105 km³) y vapor de agua atmosférico (1,3 x 103 km³).
□ *Geog.* y *Geol.* Los océanos son las grandes reservas de agua de la h., donde se inicia y cierra el ciclo del agua en la naturaleza. Las especiales características térmicas del agua determinan que la h. actúe como un termostato, que regula la temperatura de grandes superficies de la Tierra.

HIDROSOLUBLE adj. Que es soluble en el agua.

HIDROSTÁTICA f. *Fís.* Parte de la mecánica que estudia los fluidos en equilibrio. □ HIDROSTÁTICO, CA.

HIDROTÉCNICA f. Arte de construir máquinas y aparatos hidráulicos.

HIDROTERAPIA f. Tratamiento de las enfermedades mediante la aplicación del agua. □ HIDROTERÁPICO, CA.

HIDROTERMAL adj. *Geol.* Díc. del fenómeno en el que el agente pral. es el agua a elevada temperatura y con gran cantidad de sustancias en disolución.

HIDRÓXIDO m. *Quím.* Combinación que deriva del agua por sustitución de uno de sus átomos de hidrógeno por un metal.

HIDROXILO adj. y m. *Quím.* Díc. del grupo OH formado por un átomo de oxígeno y otro de hidrógeno, característico de los álcalis o bases.

HIDROZOO adj. y m. *Zool.* Díc. de los animales cnidarios, caracterizados por su simetría tetrámera o polímera, y sus ciclos biológicos, en los que predomina la fase pólipo, si bien en muchos grupos ésta alterna con la fase medusa. Casi todas las especies son marinas,

Colonia de sifonóforos, cnidarios de la clase **hidrozoos**

gralte. propias del litoral. Suelen vivir fijadas sobre un sustrato rocoso, sobre hojas, algas, etc.

HIDRURO m. Combinación del hidrógeno con un metal.

HIEDRA f. Arbusto trepador con ramas estériles que se fijan a los sustratos y ramas fértiles; flores amarillentas y frutos de color negro.

HIEL f. Bilis. ◊ fig. Amargura, aspereza. ◊ pl. fig. Trabajos, adversidades.

HIELO m. *Fís.* Estado sólido y cristalino que adquiere el agua cuando en condiciones normales de presión la temperatura llega a 0 °C. ◊ fig. Frialdad.

HIENA f. Mamífero carnívoro, que se alimenta de carroña. ◊ fig. Persona cruel e inhumana.

HIERÁTICO, CA adj. Relativo a las cosas sagradas o a los sacerdotes. ◊ fig. Díc. también del estilo o ademán que tiene o afecta solemnidad extrema. □ HIERATISMO.

HIERBA f. *Bot.* Cualquiera de las plantas de pequeño porte, anuales o perennes, cuyo cormo carece de elementos leñosos y que, normalmente, muere o queda en estado de latencia en cada período vegetativo. ◊ Conjunto de muchas hierbas que nacen en un terreno. ◊ Pastos que hay en las dehesas para los ganados. ◊ fig. y fam. Droga suave, especialmente marihuana. ◊ **cana.** Planta con semillas coronadas de vilanos blancos, que semejan pelos canos. ◊ **del Paraguay.** *Amér. Merid.* Especie de acebo de fruto en drupa roja, con cuatro huesecillos de almendra venenosa.

HIERBABUENA f. Planta de olor agradable que se emplea como condimento.

HIEROFANTE m. Sacerdote que en la ant. Grecia dirigía las ceremonias de iniciación en los misterios sagrados.

HIERÓN I *el Viejo* (m. h. 466 a. C.) Tirano de Siracusa [478-466 a. C.]. Se apoderó de Catania y derrotó a los etruscos en Cumas. ◊ **II** *el Joven* (306-h. 215 a. C.) Tirano de Siracusa [265-h. 215]. Se alió a los cartagineses en la primera guerra púnica. Pactó más tarde con los rom.

HIERRA f. *Amér.* Acción y efecto de marcar los ganados con hierro.

HIERRO m. *Quím.* Elemento de símb. Fe, n. a. 26, p. a. 55,85. ◊ Marca o señal hecha con hierro. ◊ Punta de hierro de un arma o de un instrumento. ◊ fig. *Cuba.* Reja o labor de arado. ◊ pl. Prisiones de hierro; como cadenas, grillos, etc. ◊ **colado.** *Metal.* El que sale fundido de los altos hornos. ◊ **dulce.** *Metal.* El libre de impurezas que se trabaja con facilidad en frío. ◊ **fundido.** *Metal.* Hierro colado.
□ *Metal.* El h. de fundición contiene, además, carbono, silicio, fósforo, manganeso y azufre. El h. puro, obtenido por reducción del óxido con el hidrógeno, es un metal blanco, blando, dúctil y maleable. No es atacado apreciablemente por el agua pura, pero se oxida en agua que contenga oxígeno disuelto.

HIERRO Isla de España, en las Canarias (prov. de Santa Cruz de Tenerife); 224 km², 8 682 hab. C. pral., Valverde. Agricultura y ganadería.

HIERRO, *Edad del* ➪ Edad del Hierro.

HIERRO, *José* (1922-2002) Poeta esp. *Alegría. Tierra sin nosotros, Cuaderno de Nueva York.* Premio Cervantes en 1998.

HIFA f. *Bot.* Cada uno de los filamentos aislados que forman el cuerpo vegetativo de los hongos.

HI-FI En radiotecnia, abrev. de la exp. ing. *high fidelity*, «alta fidelidad».

HIGADILLO m. Hígado de los animales pequeños, particularmente de las aves.

HÍGADO m. *Anat.* Glándula digestiva de gran tamaño y de funciones muy complejas, que se encuentra en todos los vertebrados. ◊ fig. Ánimo, valentía. Se usa más en pl.
□ *Anat.* Las funciones del h. son: secreción de bilis, formación de glucógenos, fijación de las grasas, síntesis de proteínas esenciales para el organismo, contribución a la formación y destrucción de los hematíes y a la desintoxicación del cuerpo.

HIGHLANDS Tierras altas de Escocia. Extensos pastos. Ganadería. Pesca. Avena, cebada y forrajes.

HIGHSMITH, Patricia (1921-1995) Escritora norteam. *Extraños en un tren, A pleno sol, Tras los pasos de Ripley.*

HIGIENE f. Parte de la medicina que trata de las normas de conservación de la salud, estudiando las relaciones del ser humano con el medio ambiente a fin de mejorar las condiciones sanitarias. ◊ fig. Limpieza, aseo de las viviendas y poblaciones. ◊ **mental.** Rama de la higiene destinada a mantener la salud psíquica y asegurar la profilaxis de las neurosis y la psicosis. □ HIGIÉNICO, CA; HIGIENISTA; HIGIENIZAR.

HIGO m. Infrutescencia en sicono de la higuera. Comestible, en su constitución intervienen numerosas flores y órganos anexos. ◊ **chumbo, de pala** o **de tuna.** Fruto del nopal o higuera de Indias.

Higos

HIGRÓFILO adj. y s. Díc. de las plantas que viven en lugares muy húmedos.

HIGROMETRÍA f. Parte de la meteorología que se ocupa de los métodos de determinación de la humedad atmosférica. □ HIGROMÉTRICO, CA.

HIGRÓMETRO m. Instrumento para medir el grado de humedad relativa de un gas. En meteorología se emplea para medir la humedad relativa del aire.

HIGROSTATO m. Aparato destinado a mantener un determinado grado de humedad en un ambiente.

HIGUERA f. Planta arbórea propia de

a región mediterránea. Sus frutos son a breva y el higo. ◊ **chumba.** Nopal. ❑ HIGUERAL.

HIGUERÓN m. *Amér.* Árbol tropical cuya madera se emplea para la construcción de embarcaciones.

HIGÜEY C. de la República Dominicana, cap. de la prov. de La Altagracia; 35 500 hab.

HIJASTRO, TRA m. y f. Respecto de uno de los cónyuges, hijo o hija que el otro ha tenido de un matrimonio anterior.

HIJEAR intr. *Amér.* Ahijar, retoñar.

HIJO, JA m. y f. Persona o animal, respecto de su padre o de su madre. ◊ fig. Cualquier persona con respecto a la localidad o país donde ha nacido. ◊ fig. Religioso con relación al patriarca fundador de su orden y a la casa donde tomó el hábito. ◊ Nombre que se suele dar al yerno y a la nuera respecto de los suegros. ◊ m. Tallo tierno o retoño de una planta. ◊ m. pl. Descendientes. ◊ **bastardo.** El nacido de unión ilícita y cuyos padres no podían contraer matrimonio al tiempo de la concepción ni al del nacimiento. ◊ **de algo.** Hidalgo. ◊ **de papá.** El de familia acomodada. ◊ **de puta.** exp. injuriosa y de desprecio. ◊ **ilegítimo.** El de padre y madre no unidos entre sí por matrimonio. ◊ **legítimo.** El nacido de legítimo matrimonio. ◊ **natural.** El nacido de padres solteros que podían casarse al tiempo de tenerle. ◊ **político.** Yerno o nuera.

HIJODALGO m. Hidalgo.

HIJUELO m. Retoño de planta.

HILA f. Formación en línea. ◊ Tripa delgada. ◊ Hebra que se saca de un lienzo usado, y sirve para curar llagas y heridas. Se usa más en pl.

HILACHA f. Pedazo de hila que se desprende de una tela. ◊ Resto, residuo.

HILADA f. Formación en línea. ◊ Serie horizontal de ladrillos o piedras que se van poniendo en un edificio.

HILADILLO m. Hilo que sale de la maraña de la seda. ◊ Cinta estrecha de hilo o seda.

HILAR tr. Reducir a un hilo una fibra textil. ◊ Sacar de sí algunos insectos la hebra para formar el capullo. ◊ fig. Discurrir, trazar o inferir unas cosas de otras. ❑ HILADO, DA; HILANDERÍA; HILANDERO, RA.

HILARIDAD f. Exp. tranquila de alegría y de satisfacción. ◊ Risa ruidosa, gralte. en una reunión. ❑ HILARANTE.

HILARIO de Poitiers (315-367) Santo. Obispo de Poitiers, y doctor de la Iglesia. *Sobre la Trinidad.*

HILATURA f. *Ind.* Proceso de conversión de una masa de fibras textiles sueltas en hilos de longitud indefinida y de diámetro uniforme.

HILAZA f. Hilado, fibra textil reducida a hilo. ◊ Hilo gordo y desigual. ◊ Hilo con que se teje cualquier tela.

HILBERT, David (1862-1943) Matemático al. En sus *Fundamentos de geometría* abordaba la cuestión de la independencia y coherencia lógica de los diversos sist. de axiomas de la geometría.

HILDEBRANDSLIED (*Canto de Hildebrando*) Poema épico, el más ant. que se conoce en lengua al. (ss. VIII-IX).

HILDEBRANDT, Johann Lukas von

(1668-1745) Arquitecto austr. Palacio del Belvedere en Viena y la residencia de Würzburg.

HILDESHEIM C. de Alemania, en Baja Sajonia; 99 500 hab. Centro ind. Antigua ciudad hanseática.

HILEMORFISMO m. Término del lenguaje filosófico que designa el sistema aristotélico que explica la composición de los cuerpos naturales, según el cual todo cuerpo natural consta de dos principios: materia prima y forma sustancial, relacionados entre sí como la potencia y el acto.

HILERA f. Orden o formación en línea de un número de personas o cosas. ◊ Herramienta para producir alambre o hilo metálico partiendo de material laminado. ◊ *Zool.* Abertura del cuerpo de algunos animales por la que sale al exterior la seda que segregan.

HILERO m. Señal que forma la dirección de las corrientes en las aguas del mar o de los ríos.

HILIO m. *Anat.* Parte de un órgano parenquimatoso por donde entran y salen vasos, nervios linfáticos y canales excretores.

HILL, Benjamín (1874-1920) Militar mex. Durante la rev. mex. combatió contra Huerta, se unió a Obregón y tomó la c. de México (1914).

HILLARY, SIR Edmund Percival (n. 1919) Alpinista y explorador neozelandés, que, junto con el *sherpa* Tensing, alcanzó la cima del Everest en 1953.

HILO m. Hebra larga y delgada que se forma mediante la hilatura de materias textiles. ◊ Ropa blanca de lino o cáñamo. ◊ Alambre muy delgado que se saca de los metales con la hilera. ◊ Filamento que segregan ciertos insectos y arácnidos. ◊ Filo, arista, borde. ◊ fig. Chorro muy delgado de un líquido. ◊ fig. Continuación o serie del discurso y de otras cosas.

HILOZOÍSMO m. *Fil.* Teoría de estoicos y epicúreos que considera a la materia dotada de vida.

HILVÁN m. Costura de puntadas largas con que se une y prepara lo que se ha de coser después. ◊ *Chile.* Hilo que se emplea para hilvanar.

HILVANAR tr. Unir con hilvanes lo que se ha de coser después. ◊ fig. y fam. Hacer algo con precipitación. ◊ fig. Enlazar o coordinar ideas, frases, etc. ❑ HILVANADO, DA.

HILVERSUM C. de Países Bajos (prov. de Holanda Septentrional); 87 200 hab. Ind. textil y metalúrgica.

HIMACHAL Pradesh Estado del NO de la India, en el Himalaya occidental; 55 673 km², 5 111 100 hab. Cap., Simla. Agricultura. Ganadería. Ind. textil.

HIMALAYA Cord. del S de Asia, de 2 800 km de long. y una anchura media de 300 km. Se extiende por Pakistán, India, Tíbet, Nepal, Sikkim y Bután. Dos alineaciones: Pequeño H. y Gran H., donde está el pico más alto del mundo, el Everest (8 848 m).

HIMEJI C. de Japón; 452 900 hab. Ind. siderúrgica, mecánica, química, textil. Castillo medieval (s. XIV). Templo budista.

HIMEN m. Fino diafragma densamente vascularizado, que se sitúa entre el conducto vaginal externo y el vestíbulo de la vagina, cerrando parcialmente aquél en la mujer virgen.

Hilatura

HIMENEO m. Boda o casamiento. ◊ Epitalamio.

HIMENEO *Mit. gr.* Dios del desposorio, hijo de Apolo. También llamado Himen.

HIMENÓPTERO, RA adj. y m. *Zool.* Díc. de los insectos holometábolos, evolucionados, que poseen grandes ojos compuestos, un ganglio cerebral complejo y un aparato bucal de tipo chupador o lamedor. El ciclo biológico de los h. tiene como rasgo común la existencia de una metamorfosis completa. El grupo comprende más de 100 000 especies.

HIMMLER, Heinrich (1900-1945) Político al. Hitler le nombró jefe de la Gestapo (1934). Fue el pral. responsable del genocidio judío. Se suicidó.

HIMNO m. Composición lírica destinada a expresar sentimientos inspirados en algo digno de alabanza. ❑ HIMNARIO.

HINAYANA m. Forma o tradición más ant. del budismo. Los hinayanistas predominan en Sri Lanka, Myanma, Camboya, Laos y Thailandia.

HINCAPIÉ m. Acción de hincar el pie para hacer fuerza. ◊ **Hacer** uno **h.** fam. Insistir con tesón en una cosa.

HINCAR tr. Introducir o clavar una cosa en otra. ◊ Apoyar una cosa en otra como para clavarla. ❑ HINCADA; HINCADURA.

El **Himalaya** en Pumori, Nepal

HINCHA f. com. Partidario entusiasta y apasionado de un equipo deportivo o de una persona famosa.

HINCHAR tr. y prnl. Hacer que aumente de volumen algún objeto, llenándolo de aire u otra cosa. ◊ fig. Aumentar el agua de un río, arroyo, etc. ◊ tr. fig. Exagerar, abultar una noticia o un suceso. ◊ fig. y fam. Fastidiar, molestar. ◊ prnl. Aumentar de volumen una parte del cuerpo, por herida o golpe o por causa patológica. ◊ Hacer alguna cosa con exceso, como comer, beber, trabajar, etc. ◊ fig. Envanecerse. ❑ HINCHADO, DA; HINCHAMIENTO; HINCHAZÓN.

HINDEMITH, *Paul* (1895-1963) Violinista y compositor al. Es el autor más fecundo entre las dos guerras.

HINDENBURG, *Paul von Beneckendorff* (1847-1934) Militar y político prusiano. Presid. del Reich (1925 y 1932). En 1933 aceptó a Hitler como canciller.

HINDI m. *Ling.* Lengua hablada en la región central de la India y lengua federal of. de este país.

HINDU KUSH Cadena montañosa de Asia, al NE de Afganistán; 900 km de long. Alt. máx., Tirich Mir (7 690 m).

HINDUISMO m. *Rel.* Conjunto de doctrinas, ritos y creencias que a partir del brahmanismo se han desarrollado en la India desde el s. IX. El cuerpo de doctrina se contiene en el *Ramayana*, el *Mahabharata* y los *Vedas*. El pral. principio moral consiste en no dañar a ningún ser vivo. ❑ HINDÚ; HINDUISTA.

HINIESTA f. Retama.

HINOJO m. Planta de flores pequeñas y amarillas, que desprende un olor agradable y se usa como condimento. ◊ Rodilla. Se usa más en pl.

HINSHELWOOD SIR *Cyril Norman* (1879-1967) Químico brit. Premio Nobel de Química en 1956, con Semenov. Investigó sobre la cinética química y sobre las relaciones biológicas.

HINTERLAND (voz al.) m. Área o territorio que depende económica y culturalmente de un centro comercial próximo. ◊ Terr. interior, por oposición a litoral.

HIOGLOSO, SA adj. *Anat.* Díc. de un músculo sit. en la porción lateroinferior de la lengua.

HIOIDES m. *Anat.* Hueso situado en la base de la lengua y encima de la laringe. ❑ HIOIDEO, A.

HIOSCIAMINA f. Alcaloide que se extrae de un beleño empleado en la Antigüedad por su acción antiespasmódica y sedante.

HIPAR intr. Tener hipo. ◊ Resollar los perros cuando van siguiendo la caza. ◊ Fatigarse mucho. ◊ Gimotear. ◊ fig. Desear con ansia una cosa. ❑ HIPIDO.

HIPARCO de Nicea (s. II a. C.) Astrónomo gr. Descubrió la precesión de los equinoccios, compuso un catálogo de estrellas y utilizó por vez primera procedimientos trigonométricos de cálculo.

HÍPER m. fam. Hipermercado.

HIPÉRBATON m. *Gram.* Figura de construcción consistente en invertir el orden lógico en que deben colocarse las palabras.

HIPÉRBOLA f. *Geom.* Curva cónica, que es el lugar geométrico de los puntos del plano cuya diferencia de distancias a dos puntos fijos, llamados focos, es constante en valor absoluto.

Hipocampo

HIPÉRBOLE f. *Ret.* Figura que consiste en aumentar o disminuir excesivamente la verdad de aquello de que se habla. ❑ HIPERBÓLICO, CA; HIPERBOLIZAR.

HIPERBOLOIDE m. *Geom.* Superficie cuyas secciones planas son elipses, círculos o hipérbolas, y que se extiende indefinidamente en dos sentidos opuestos.

HIPERBÓREO, A adj. Aplícase a las regiones muy septentrionales y a los pueblos, animales y plantas que viven en ellas.

HIPERCLORHIDRIA f. Exceso de ácido clorhídrico en el jugo gástrico.

HIPEREMIA f. *Med.* Congestión sanguínea en un órgano o parte del cuerpo.

HIPERESTESIA f. Sensibilidad excesiva y dolorosa. ❑ HIPERESTESIAR; HIPERESTÉSICO, CA.

HIPERICÓN m. Planta herbácea que presenta hojas simples y enteras; flores agrupadas en cimas terminales corimbiformes, de pétalos amarillos, y frutos en cápsula.

HIPERMERCADO m. Supermercado de grandes dimensiones.

HIPERMETROPÍA f. Alteración de la refracción ocular en la cual, con la acomodación completamente relajada, la imagen de un objeto lejano se forma detrás de la retina. ❑ HIPERMÉTROPE.

HIPERÓN m. *Fís.* Partícula perteneciente a la componente dura de las radiaciones secundarias de origen cósmico.

Hipócrates de Cos en una miniatura medieval

HIPERPLASIA f. Excesiva multiplicación de células normales en un órgano o tejido.

HIPERREALISMO m. *Arte.* Mov. artístico figurativo cuyo propósito es descubrir fríamente la realidad mediante la plasmación casi fotográfica y ampliada de lo ya existente.

HIPERSENSIBILIDAD f. Sensibilidad mayor que la normal. ❑ HIPERSENSIBLE.

HIPERTENSIÓN f. *Med.* Aumento de tono o tensión en general. Especialmente indica la h. arterial. ❑ HIPERTENSO, SA.

HIPERTERMIA f. Aumento de la temperatura del cuerpo.

HIPERTIROIDISMO m. Exageración de las secreciones tiroideas. Se denomina también enfermedad de Basedow.

HIPERTONÍA f. Tono o tensión exagerados, especialmente el tono muscular.

HIPERTROFIA f. *Med.* Aumento excesivo del volumen de un órgano. ◊ fig. Desarrollo excesivo de cualquier cosa. ❑ HIPERTROFIARSE; HIPERTRÓFICO, CA.

HÍPICA f. Deporte ecuestre. ❑ HÍPICO, CA.

HIPNOSIS f. Estado de semiconsciencia, inducido artificialmente, en el que existe un aumento del automatismo y de las manifestaciones del inconsciente. ❑ HIPNÓTICO, CA; HIPNOTISMO.

HIPNOTIZAR tr. Producir hipnosis. ◊ fig. Fascinar a alguien. ❑ HIPNOTIZACIÓN.

HIPO m. Ruido gutural explosivo provocado por contracciones del diafragma. ❑ HIPOSO, SA.

HIPOACUSIA f. Disminución de la agudeza auditiva.

HIPOCAMPO m. *Zool.* Caballo marino.

HIPOCAUSTO m. Habitación que entre los gr. y los rom. se caldeaba por debajo de su pavimento.

HIPOCENTRO m. Punto del interior de la corteza terrestre en el que se origina un movimiento sísmico o terremoto.

HIPOCICLOIDAL adj. y f. *Geom.* Díc. de la curva descrita por un punto de una circunferencia cuando ésta rueda tangencialmente y sin deslizamiento por el interior de otra circunferencia.

HIPOCICLOIDE f. Curva hipocicloidal.

HIPOCLORHIDRIA f. Disminución de la acidez (debida al ácido clorhídrico) normal del jugo gástrico.

HIPOCLORITO m. *Quím.* Sal del ácido hipocloroso. Los h. de sodio y de potasio son los más comunes, y se emplean para fabricar lejías y desinfectantes.

HIPOCONDRÍA f. *Pat.* Trastorno mental caracterizado por la preocupación injustificada del paciente por las funciones de su propio organismo y por los problemas de su salud. ❑ HIPOCONDRIACO, CA.

HIPOCONDRIO m. *Anat.* Cada una de las dos partes laterales de la región epigástrica, situada debajo de las costillas falsas. Se usa más en pl.

HIPÓCRATES de Cos (460-377 a. C.) Médico gr. Con él comienza la observación científica natural en la medicina. Destacó la importancia de la dietética. Influyó de un modo decisivo en la medicina ant.

HIPOCRESÍA f. Fingimiento de cualidades o sentimientos, y especialmente de devoción o virtud. ❑ HIPÓCRITA.

HIPODERMIS f. Tejido celular subcutáneo. Su totalidad forma el llamado panículo adiposo, el cual es simultáneamente un depósito de grasa y de agua, y un cojinete captador de presiones. ❑ HIPODÉRMICO, CA.

HIPÓDROMO m. Recinto para competiciones hípicas, especialmente carreras.

HIPÓFISIS f. *Anat.* Glándula de secreción interna, situada en la base del encéfalo, que regula el funcionamiento de otras glándulas con las hormonas que segrega.

HIPOGASTRIO m. *Anat.* Región inferior del abdomen, comprendida entre ambas fosas ilíacas. ❑ HIPOGÁSTRICO, CA.

HIPOGEO m. Cavidad subterránea que servía como habitación, lugar de culto o enterramiento.

HIPOGLOSO, SA adj. *Anat.* Que está debajo de la lengua.

HIPOGLUCEMIA f. *Pat.* Disminución de la concentración de glucosa en la sangre por debajo de los límites normales.

HIPOGONADISMO m. Disminución de la fisiología de las glándulas sexuales.

HIPÓLITA *Mit. gr.* Reina de las amazonas, hija de Ares y Otrira.

HIPÓLITO *Mit. gr.* Hijo de Teseo e Hipólita o de Antíope, hermana de ésta.

HIPOLOGÍA f. Parte de la veterinaria que trata de los caballos. ❑ HIPÓLOGO.

HIPOPÓTAMO m. Mamífero artiodáctilo de aspecto rechoncho y con un gran hocico redondo. Vive semisumergido en los ríos africanos, saliendo de noche del agua para forrajear.

HIPÓSTASIS f. *Fil.* El ser o la sustancia, de la cual los fenómenos son su manifestación. ◊ *Teol.* Supuesto o persona. Úsase más hablando de las tres personas de la Santísima Trinidad. ❑ HIPOSTÁTICO, CA.

HIPÓSTILO, LA adj. *Arq.* Sostenido por columnas.

HIPOTÁLAMO m. *Anat.* Porción central del diencéfalo destinada a la regulación de las prales. funciones de la vida vegetativa.

HIPOTECA f. Gravamen sobre bienes inmuebles por el que quedan adscritos como garantía de una obligación por que se garantiza el pago de un crédito. ❑ HIPOTECAR; HIPOTECARIO, RIA.

HIPOTENSIÓN f. Tensión muy baja de la sangre en el aparato circulatorio. ❑ HIPOTENSO, SA.

HIPOTENUSA f. *Geom.* Lado mayor de un triángulo rectángulo, opuesto al ángulo recto.

HIPOTERMIA f. *Fisiol.* Disminución de la temperatura corporal por debajo de lo normal.

HIPÓTESIS f. Suposición de una cosa para sacar de ella una consecuencia. ◊ *Lóg.* Antecedente de toda proposición hipotética. ❑ HIPOTÉTICO, CA.

HIPOTIROIDISMO m. Cuadro patológico causado por insuficiencia de la actividad del tiroides.

HIPOTONÍA f. *Pat.* Tonicidad disminuida, especialmente en los músculos. ❑ HIPOTÓNICO, CA.

HIPOVITAMINOSIS f. Nombre genérico de los síndromes debidos a un déficit de vitaminas.

HIPPARION m. *Pal.* Équido del mioceno y plioceno, en la era terciaria, muy similar al caballo actual.

HIPPIE adj. y s. Díc. del individuo perteneciente a un mov. juvenil nacido en la década de los años sesenta y caracterizado por el pacifismo y la práctica de una vida natural y al margen de la sociedad capitalista y de consumo.

HIPSOMETRÍA f. Parte de la topografía que se ocupa de la medición de las alturas. ❑ HIPSOMÉTRICO, CA.

HIROHITO (1901-1989) Emperador de Japón desde 1926. Impulsó el belicismo expansionista de su país. La derrota ante EE UU (1945) le obligó a establecer una monarquía constitucional.

HIROSHIGE, *Ando* (1797-1858) Grabador y pintor jap. Influyó en el impresionismo europeo. *Paisaje con arco iris, La carretera de Tokaido, Vistas de Kioto, Cien vistas de Edo.*

Hiroshige. Detalle de *Paisaje nocturno de Kanbara* (Museo de Arte Oriental, Génova)

HIROSHIMA Prefectura de Japón, en la isla de Honshu; 8 467 km², 2 850 000 hab. Cap., la c. hom. (1 085 700 hab.). Puerto comercial y pesquero. El 6 de agosto de 1945 se lanzó sobre H. la primera bomba atómica.

HIRSUTISMO m. Síndrome que se da en algunas mujeres, que consiste en el desarrollo del sistema piloso en regiones normalmente carentes de pelo.

HIRSUTO, TA adj. Díc. del pelo disperso y duro y de lo que está cubierto de pelo de esta clase o de púas o espinas.

HISAM I (757-796) Emir de Córdoba [788-796], hijo de Abd al-Rahman I. Organizó expediciones contra los reinos cristianos. ◊ **II** (965-h. 1013) Califa de Córdoba [976-1013]. En su minoría de edad (hasta 1010), fue Almanzor quien, de hecho, gobernó el califato.

HISOPO m. Mata muy olorosa usada en medicina y perfumería. ◊ Aspersorio para el agua bendita. ◊ Manojo de ramitas que se usa con este mismo fin.

HISPALIS Nombre latino de Sevilla.

HISPANIA Nombre latino de la pen. Ibérica. Tras varias divisiones territoriales, a finales del s. III se dividía en Bética, Lusitania, Tarraconense, Cartaginense y Gallaecia.

HISPÁNICO, CA adj. Español, relativo a España. ◊ Relativo a la ant. Hispania.

HISPANIDAD f. Carácter genérico de los pueblos de lengua y cultura españolas. ◊ Conjunto y comunidad de los pueblos hispanos.

HISPANIOLA Nombre con que Colón bautizó a la isla de La Española.

HISPANISMO m. *Ling.* Palabra esp. que ha llegado a formar parte del léxico de otro idioma. ◊ Estudio que filólogos e historiadores realizan sobre aspectos culturales y sociales de España. ❑ HISPANISTA.

HISPANIZAR tr. Españolizar.

HISPANO, NA adj. Hispánico. ◊ adj. y s. Español. ◊ Hispanoamericano.

HISPANOAMÉRICA f. Denominación del conjunto de países del continente americano nacidos de la colonización española.

HISPANOAMERICANISMO m. Doctrina que tiende a fomentar la solidaridad entre los pueblos hispanoamericanos.

HISPANOAMERICANO, NA adj. Relativo a los países de Hispanoamérica. ◊ Díc. de los países de Amér. en que se habla esp. y de los individuos de habla esp. nacidos en ellos. ◊ *Lit.* Lit. de esos países. → Latinoamericano, na ◊ *Arte.* Díc. del arte realizado en esos países siguiendo los estilos en boga en España, especialmente durante los ss. XVI-XVIII.
□ *Arte.* En el campo de la arq., el arte h. resultó ser la conjunción de modelos esp. con formas autóctonas. Se utilizaron los estilos gótico, mudéjar, renacimiento, barroco y, sobre todo, churrigueresco. La tipología característica de la arq. h. estaba concentrada en construcciones religiosas: iglesias, monasterios, ermitas, etc. Entre ellas destacan las de México, Quito, Lima y Cuzco.

HISPANOÁRABE adj. y s. De la España musulmana. ◊ adj. Relativo a ella. ◊ *Arte.* Estilo artístico desarrollado en España durante la ocupación árabe. Entre las obras más imp. destacan la gran mezquita de Córdoba, Medina al-Zahra y la Alhambra.

HISPANÓFILO, LA adj. y s. Díc. del extranjero aficionado a la cultura e historia de España.

HISPANOHABLANTE adj. y s. Díc. de la persona, comunidad o país que tiene como lengua materna el español.

HISPANO-NORTEAMERICANA, *Guerra* Lucha armada entre España y EE UU (1898) como consecuencia del apoyo estadounidense a los insurgentes cubanos. Los desastres de Cavite y Santiago obligaron a España a firmar la pérdida de sus últimas colonias.

HISPANORROMANO, NA adj. y s. De la España romana.

HISTAMINA f. Sustancia orgánica, presente en el cornezuelo del centeno y en el organismo animal, que se libera en el *shock* traumático, en la inflamación y en los fenómenos anafilácticos e interviene así mismo en la secreción gástrica y en las reacciones alérgicas. ❑ HISTAMÍNICO, CA.

HISTERIA f. *Psiq.* Neurosis que provoca trastornos diversos: dolor de cabeza, pérdida de la voz, crisis de ansiedad, dolor abdominal, convulsiones, etc. ❑ HISTÉRICO, CA.

Arte **hitita**. Jarra de oro decorada
con motivos geométricos repujados
(Museo Arqueológico de Ankara,
Turquía)

HISTOLOGÍA f. Parte de la anatomía
que trata del estudio microscópico de
los tejidos orgánicos. ❑ HISTOLÓGICO, CA;
HISTÓLOGO, GA.
HISTORIA f. Conocimiento del pasado de la humanidad, desde la aparición
del ser humano hasta nuestros días. ◊
Obra histórica compuesta por un escritor. ◊ Obra en la que se refieren los
acontecimientos de un pueblo o personaje. ◊ Conjunto de acontecimientos de
carácter privado ocurridos a una persona. ◊ fig. Narración inventada. ◊ **natural.** Conjunto de ciencias que estudian
los animales, vegetales y minerales. ◊
universal. La de todos los tiempos y
pueblos del mundo. ❑ HISTORIADOR, RÁ;
HISTORICIDAD; HISTÓRICO, CA.
HISTORIAL adj. Relativo a la historia.
◊ m. Reseña circunstanciada de los antecedentes de un negocio, o de los servicios o carrera de un funcionario o de
cualquier otra persona.
HISTORIAR tr. Contar o escribir historias. ◊ fam. *Amér.* Complicar, confundir, enmarañar. ◊ Pintar o representar un suceso histórico o fabuloso
en cuadros, estampas o tapices.
HISTORICISMO m. *Fil.* Doctrina que
subraya de modo especial el carácter
histórico de la realidad, y más específicamente de la realidad humana. Hegel,
Ranke, Dilthey y Croce fueron sus prales. representantes.
HISTORIETA f. Cuento breve y divertido, anécdota. ◊ Cómic, historia
breve ilustrada.
HISTORIOGRAFÍA f. Conjunto de libros de historia. ◊ Estudio biográfico
y crítico de los escritos sobre historia
y sus fuentes, y de los autores que han
tratado de estas materias. ❑ HISTO-
RIOGRÁFICO, CA.
HISTRIÓN m. El que representaba
disfrazado en la comedia o tragedia antigua. ◊ Actor teatral. ◊ Persona que
se conduce de manera teatral. ❑ HIS-
TRIÓNICO, CA; HISTRIONISMO.
HIT (voz ing.) m. Referido a grabaciones musicales, triunfo, éxito.
HITA, Arcipreste de ➔ Arcipreste de
Hita.

HITCHCOCK, Alfred (1899-1980) Director de cine brit., nacionalizado norteam. Gran maestro del suspense. *Rebeca* (Oscar en 1940), *El hombre que sabía
demasiado, Recuerda, Extraños en un tren,
Falso culpable, Vértigo, Psicosis, Los pájaros.*
HITITA adj. y s. Individuo de un pueblo indoeuropeo que apareció h. el 2000
a. C. en Asia Menor central, donde formó un poderoso est. El imperio h. se divide en dos etapas: Ant. imperio h.
(1640-1380 a. C.) y Nuevo imperio h.
(1380-1200 a. C.). ◊ adj. Relativo a ese
pueblo. ◊ m. pl. Ese mismo pueblo.
HITLER, Adolf (1889-1945) Político al.,
de origen austr. Convirtió el partido
obrero alemán en el partido nacionalsocialista, cuya ideología resumió en su
obra *Mein Kampf.* Nombrado canciller
en 1933, disolvió el parlamento, prohibió partidos y sindicatos, creó los campos de concentración y procedió a la liquidación sistemática de comunistas y
judíos. En 1939 desencadenó la II Guerra Mundial al invadir Polonia. Murió
en 1945, se cree que por suicidio. ❑ HIT-
LERIANO, NA.
HITO, TA adj. Unido, inmediato. ◊
Fijo, firme. ◊ m. Mojón o poste de piedra.
HITTORF, Johann Wilhelm (1824-
1914) Físico y químico al. Descubrió los
rayos catódicos. También estudió el espectro solar e investigó las propiedades
del selenio y del fósforo.
HJELMSLEV, Louis Trolle (1899-1965)
Lingüista danés, fundador del Círculo
Lingüístico de Copenhague. En *Principios fundamentales del lenguaje* expuso
las bases de la ➔ glosemática.
Ho *Quím.* Símb. del holmio.
HO CHI MINH (1890-1969) Político vietnamita. Fundó el partido comunista indochino en 1930 y, tras la indep., ostentó los cargos de secretario gral. del
partido, presid. de la República Democrática (Vietnam del Norte) y jefe de gobierno.
HO CHI MINH, Ciudad (*Thanh-Phô Hô
Chi Minh*; ant. *Saigón*) C. de Vietnam;
3 420 000 hab. Constituye la mayor concentración urbana, comercial e industrial del país. Tras la reunificación de
Vietnam (1975), recibió su actual denominación.
HOACÍN m. *Amér. Merid.* Ave de las
selvas, que vive gralte. en las copas de
los árboles.
HOANG-HO o **HUANG-HO** R. del N
de China, llamado también *Amarillo*;
4 845 km. Desemboca en el golfo de
Chihli formando un gran delta. ◊ Prov.
de China; 167 000 km², 85 509 535 hab.
Cap., Chengchou.
HOBART C. de Australia, cap. del est.
de Tasmania; 174 000 hab. Puerto. Ind.
metalúrgica.
HOBBEMA, Meindert (1638-1709) Pintor hol. Se distinguió en la pintura de
paisaje. *La avenida de Middelharnis.*
HOBBES, Thomas (1588-1679) Filósofo ing. H. define al hombre como ser
antisocial en constante guerra de todos
contra todos. El interés en subsistir sin
temor a ser destruido conduce al «contrato social». *Elementos de la ley natural
y política, Leviathan.*
HOBBY (voz ing.) m. Afición o pasatiempo.
HOCHHUTH, Rolf (n. 1931) Drama-

turgo al., autor de obras de contenido
histórico crítico. *El Vicario, Lisístrata y l[...]
OTAN.*
HOCICAR tr. Levantar la tierra con e[...]
hocico. ◊ intr. Dar de hocicos en algo [...]
contra algo. ◊ fig. y fam. Tropezar cor[...]
un obstáculo insuperable.
HOCICO m. Parte más o menos pro[...]
longada de la cabeza de algunos ani[...]
males, que se hallan la boca y la na[...]
riz. ◊ Boca de persona cuando tiene lo[...]
labios muy abultados.
HOCIQUERA f. *Perú.* Bozal de los ani[...]
males.
HOCKEY (voz ing.) m. *Dep.* Juego en[...]
tre dos equipos que golpean una pelo[...]
ta con un palo de extremo curvo (*stick*[...]
para introducirla en la portería contra[...]
ria. Varias modalidades: h. sobre hier[...]
ba, h. sobre hielo y h. sobre patines.
HOCO m. *Amér. Centr.* Pauji, ave.
HODEIDA (*al-Hudaydah*) C. y puerto[...]
del Yemen, en el litoral del mar Rojo[...]
126 400 hab. Exportación de café y dá[...]
tiles. Pral. puerto del país.
HODGKIN, Dorothy Mary (1910[...]
1994) Química brit. Realizó investiga[...]
ciones cristalofísicas y cristaloquímicas[...]
y determinó las estructuras de la peni[...]
cilina y la vitamina B₁₂. Se le concedi[...]
el Premio Nobel de Química en 1964[...]
◊ **Thomas** (1798-1866) Médico bri[...]
Describió la enfermedad que lleva s[...]
nombre (linfogranuloma maligno), l[...]
cual ataca preferentemente los tejido[...]
linfoadenoides y produce un aument[...]
progresivo e indoloro de los gangli[...]
linfáticos con afectación grave del es[...]
tado general.
HODJA, Enver ➔ Hoxha.
HOFEI (*Hefei*) C. de la República Po[...]
pular China, cap. de la prov. de Anh[...]
wei; 800 000 hab. Mercado agrícola[...]
Ind. textil.
HOFFMAN, Dustin (n. 1937) Actor d[...]
cine norteam. *El graduado, Pequeño gra[...]
hombre, Kramer contra Kramer* (Oscar a[...]
mejor actor en 1979), *Tootsie.* ◊ **Ern[...]
Theodor Amadeus** (1776-1822) Escrito[...]
músico y pintor al. Dotado de una gra[...]
imaginación. *El elixir del diablo, Casc[...]
nueces.*
HOFMANNSTHAL, Hugo von (187[...]
1929) Poeta y escritor dramático aust[...]
*Cualquiera, Él gran teatro del mundo [...]
Salzburgo.*

Jugador de **hockey** sobre hielo

HOGAÑO adv. tiempo. fam. En este año, en el año presente. ◊ P. ext., en esta época.

HOGAR m. Sitio donde se coloca la lumbre en las cocinas, chimeneas, hornos de fundición, etc. ◊ Hoguera. ◊ fig. Casa o domicilio. ◊ fig. Vida de familia. ❑ HOGAREÑO, ÑA.

HOGARTH, William (1697-1764) Pintor y grabador ing. *Vida de una cortesana, Vida de un libertino.*

HOGAZA f. Pan grande de más de dos libras. ◊ Pan de harina mal cernida, con algo de salvado.

HOGUERA f. Porción de materias combustibles que, encendidas, levantan mucha llama.

HOHENSTAUFEN Dinastía al. que rigió el imperio germánico de 1138 a 1254. Mantuvo constantes luchas con los papas.

HOHENZOLLERN Dinastía prusiana que reinó en Prusia y Alemania. A ella pertenecía Guillermo II, rey de Prusia y último emp. de Alemania (1918).

HOJA f. *Bot.* Órgano laminar que nace en la extremidad de los tallos y ramas de los vegetales, cuya función pral. es realizar la fotosíntesis. ◊ Pétalo. ◊ Lámina delgada de cualquier materia. ◊ En los libros y cuadernos, cada una de las partes iguales que resultan al doblar el papel para formar el pliego. ◊ Cuchilla de las armas blancas y herramientas. ◊ En las puertas, ventanas, etc., cada una de las partes que se abren y se cierran. ◊ **acicular.** *Bot.* La que es larga, puntiaguda y por lo común perenne, como las del pino. ◊ **compuesta.** *Bot.* La que está dividida en varias hojuelas separadamente articuladas. ◊ **de afeitar.** Laminilla muy delgada de acero que, colocada en un instrumento especial, sirve para afeitar. ◊ **digitada.** *Bot.* La compuesta cuyas hojuelas nacen del peciolo común, separándose a manera de los dedos de la mano abierta. ◊ **entera.** *Bot.* La que no tiene ningún seno ni escotadura en sus bordes. ◊ **envainadora.** *Bot.* La que envuelve el tallo. ◊ **perfoliada.** *Bot.* La que por su base y nacimiento rodea enteramente el tallo, pero sin formar tubo. ◊ **sentada.** *Bot.* La que carece de peciolo. ❑ HOJOSO, SA. ❑ *Bot.* Las h. poseen diversas partes: limbo o lámina foliar, peciolo y base foliar. Están formadas por: una epidermis, con o sin estomas; un parénquima en empalizada, de células prismáticas fotosintéticas; un parénquima lagunar, de células redondeadas por las que pasan los nervios conductores, y la epidermis inferior, gralte. con estomas.

HOJALATA f. *Metal.* Chapa de hierro o acero con revestimiento de estaño. Muy usada en la ind. del envase. ❑ HOJALATERÍA; HOJALATERO, RA.

HOJALDRA f. *Amér.* Hojaldre. ◊ *C. Rica.* Rosca o torta.

HOJALDRE m. Pasta amasada con manteca que, cocida al horno, forma hojas delgadas superpuestas. ❑ HOJALDRADO, DA; HOJALDRAR; HOJALDRERO, RA.

HOJARASCA f. Conjunto de las hojas que han caído de los árboles. ◊ Excesiva frondosidad de algunos árboles o plantas. ◊ fig. Cosa inútil y de poca sustancia.

HOJEAR tr. Mover o pasar ligeramente las hojas de un libro. ◊ Moverse las hojas de los árboles.

La vendedora de camarones, óleo sobre lienzo de William **Hogarth** (Galería Tate, Londres)

HOJEDA, Diego de (1570-1616) Poeta esp., sevillano, dominico. *La Cristiada.*

HOJUELA f. dim. de hoja. ◊ Masa frita muy extendida y delgada. ◊ *Cuba.* Hojaldre. ◊ Hoja pequeña que forma parte de otra compuesta.

HOKKAIDO Isla del Japón, la más septentrional del arch., y prefectura; 78 523 km², 5 644 000 hab. Cap., Sapporo. Pesca. Carbón y azufre. Industria papelera, siderúrgica y alimentaria.

HOKUSAI, Katsushika (1769-1849) Dibujante y grabador jap. Notable paisajista. *Treinta y seis vistas del Fuji. Ocho vistas de Edo.*

¡HOLA! interj. que se emplea para saludar familiarmente o denotar extrañeza.

HOLANDA f. Lienzo muy fino de origen holandés.

HOLANDA (*Holland*) Región del O de Países Bajos, dividida en dos prov., H. Septentrional y H. Meridional. C. prales., La Haya, Ámsterdam y Rotterdam. Terreno llano, bajo el nivel del mar. Agricultura.

HOLANDÉS, SA adj. y s. De Holanda o de Países Bajos. ◊ adj. Relativo a esa nación de Europa. ◊ adj. y f. Hoja de papel de 28 por 22 cm. ◊ m. Idioma hablado en Holanda.

HOLBACH, Paul Heinrich Dietrich, BARÓN DE (1723-1789) Filósofo materialista fr., de origen al. *El cristianismo al descubierto, Sistema de la naturaleza.*

HOLBEIN, Hans, llamado EL JOVEN (1497-1543) Pintor y grabador al., hijo de Hans Holbein el Viejo. Retratista de la corte en Inglaterra. Fueron sus modelos Enrique VIII y sus esposas, el duque de Norfolk, etc. ◊ **Hans,** llamado EL VIEJO (1465-1524) Pintor al. Retratos, proyectos de obras de orfebrería.

HÖLDERLIN, Friedrich (1770-1843) Poeta romántico al. En su obra palpita el romanticismo. *Cantos del destino.*

HOLDING (voz ing.) m. *Econ.* Monopolio en forma de sociedad anónima cuyo fin es controlar otras empresas por medio de acciones.

HOLGAR intr. Descansar, tomar aliento después de una fatiga. ◊ Estar ocioso, no trabajar. ◊ intr. y prnl. Alegrarse de una cosa. ◊ prnl. Divertirse. ❑ HOLGADO, DA; HOLGANZA.

HOLGAZANEAR tr. Estar voluntariamente ocioso, o trabajando muy poco. ❑ HOLGAZÁN, NA; HOLGAZANERÍA.

HOLGORIO m. fam. Regocijo, diversión bulliciosa.

HOLGUÍN Prov. del E de Cuba; 9 296 km², 972 000 hab. Cap., la c. hom. Ind. metalúrgicas. ◊ C. de Cuba, cap. de la prov. hom.; 236 900 hab. Ind. agropecuarias.

HOLGUÍN, Andrés (n. 1918) Escritor col. *La poesía inconclusa y otros ensayos, Las mejores poesías colombianas.* ◊ **Carlos** (1832-1894) Político y escritor col., presid. de la rep. en 1888-1890 y 1890-1892. *Cartas políticas.* ◊ **Jorge** (1848-1928) Político col. Miembro del Partido Conservador. Presid. de la rep. en 1909, y de 1921 a 1922.

HOLGURA f. Anchura. ◊ Anchura excesiva. ◊ Regocijo, diversión entre muchos. ◊ Desahogo, bienestar, disfrute de recursos suficientes para vivir sin estrechez.

HOLIDAY, Billie (1915-1959) Cantante norteam. Fue la cantante de *blues* más imp. de los años 30.

HOLLAR tr. Pisar con los pies. ◊ fig. Abatir, humillar. ❑ HOLLADERO, RA.

HOLLEJO m. Piel delgada que cubre algunas frutas leguminosas. ❑ HOLLEJUDO, DA.

HOLLÍN m. Sustancia negra formada por carbono impuro pulverizado.

HOLLYWOOD C. de EE UU, en el est. de California; 185 000 hab. Antiguo barrio de Los Ángeles. Centro de la ind. cinematográfica norteam. y mundial.

HOLMIO m. *Quím.* Elemento de símb. Ho, n. a. 67, p. a. 164,97. Es un metal de color amarillo que pertenece al grupo de los lantánidos.

HOLOCAUSTO m. *Rel.* Entre los judíos, sacrificio en que se quemaba a la víctima. ◊ fig. Acto de abnegación, sacrificio que se hace por amor.

HOLOCENO m. *Geol.* Último período del cuaternario, que comprende los tiempos posteriores a la última glaciación. Se inició hace unos diez mil años.

HOLOFERNES (m. 689 a. C.) General de Nabucodonosor, que invadió Judea y fue muerto por Judith.

HOLOGRAFÍA f. *Fot.* Procedimiento para conseguir una imagen con sensación de relieve, basado en las interferencias que producen la superposición de dos haces de rayos láser.

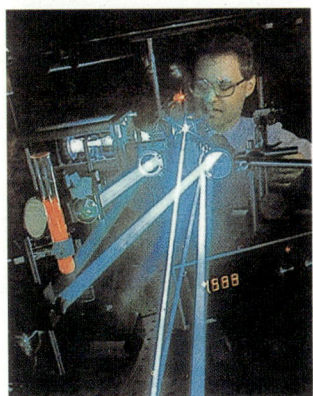

Holografía

HOLOGRAMA f. *Fot.* Imagen óptica obtenida mediante el método holográfico.

HOLOTURIA f. Cualquiera de los holoturioideos. Conocidos vulgarmente como pepinos o cohombros de mar.

HOLOTURIOIDEO, A adj. y m. *Zool.* Díc. de animales equinodermos, de cuerpo alargado y blando. Son animales bentónicos, presentes en todos los mares, gralte. a enormes profundidades.

HOMBRE m. *Antr.* y *Zool.* Animal racional clasificado desde el punto de vista zoológico como mamífero del orden de los primates, suborden de los antropoides y clase de los homínidos. ◊ Especie humana, en general. ◊ Varón. ◊ El que ha llegado a la edad viril. ◊ Marido, esposo. ◊ **público.** El que interviene públicamente en los negocios políticos. ◊ **rana.** Escafandrista. ❑ HOMBRACHO; HOMBRADA; HOMBRUNO, NA; HOMINICACO; HOMÚNCULO.

HOMBREAR intr. Querer el joven parecer hombre hecho.

HOMBRERA f. Pieza de la armadura que cubría los hombros. ◊ Adorno de algunos vestidos y uniformes en la parte correspondiente a los hombros.

HOMBRÍA f. Calidad de hombre. ◊ Entereza, valor. ◊ **de bien.** Honradez.

HOMBRO m. *Anat.* Parte del cuerpo humano comprendida entre el cuello y la articulación del omóplato con el húmero. ◊ Parte superior y lateral del tronco de los cuadrumanos.

HOME Rule Movimiento autonomista irl. (1870-1914) que propugnaba la creación de un parlamento en Dublín y la abrogación de la ley de la unión con Inglaterra.

HOMENAJE m. Juramento solemne de fidelidad que se hacía antiguamente a un rey o señor. ◊ Acto o serie de actos que se celebran en honor de una persona. ◊ fig. Sumisión, veneración, respeto hacia una persona. ❑ HOMENAJEADO, DA; HOMENAJEAR.

HOMEOPATÍA f. *Med.* Sistema terapéutico que consiste en curar las enfermedades mediante sustancias cuyos efectos son semejantes a los síntomas que se quieren combatir. ❑ HOMEÓPATA; HOMEOPÁTICO, CA.

HOMEOTERMO, MA adj. y m. *Biol.* Díc. de los animales con temperatura

Busto de **Homero** (Museo Capitolino, Roma)

corporal constante y en un determinado nivel (entre 36 y 40 °C), que es el óptimo para el conjunto de todas sus reacciones bioquímicas. ❑ HOMEOTERMIA.

HOMERO (s. VIII a. C.) Poeta épico gr. Se le atribuyen la *Ilíada*, la *Odisea*, los *Himnos homéricos* y la *Batracomiomaquia*. Tanto la *Ilíada* como la *Odisea* abren las puertas de la creación poética occidental.

HOMICIDIO m. Muerte causada a una persona por otra. ❑ HOMICIDA.

HOMILÍA f. Explicación o discurso dirigido a los fieles sobre materias religiosas u otras que afectan a la comunidad.

HOMÍNIDO, DA adj. y m. *Zool.* Díc. de primates de la familia homínidos. ◊ m. pl. *Zool.* Familia de mamíferos primates, que cuenta con una sola especie, el hombre (*Homo sapiens*).

HOMINIZACIÓN f. Conjunto de fenómenos evolutivos que condujeron a la aparición del hombre.

HOMO m. En la clasificación zoológica, nombre del gén. humano.

HOMOCERCA adj. Díc. de la aleta caudal de los peces, que está formada por dos lóbulos iguales y simétricos.

HOMOCROMÍA f. Camuflaje consistente en la adquisición por parte de un animal de la coloración del entorno, sin variación de su forma.

HOMOFONÍA f. Igualdad en la pronunciación de dos palabras de significación distinta. ❑ HOMÓFONO, NA.

HOMOGENEIZACIÓN f. Acción y efecto de homogeneizar. ◊ Tratamiento al que se someten ciertos líquidos, como la leche, para impedir la disociación en su masa de los elementos constitutivos.

HOMOGENEIZAR tr. Transformar en homogéneo un compuesto o mezcla de elementos.

HOMOGÉNEO, A adj. Relativo a un mismo género. ◊ Díc. del compuesto cuyos elementos son de igual naturaleza o condición. ❑ HOMOGENEIDAD.

HOMÓGRAFO, FA adj. Aplícase a las palabras de distinta significación que se escriben de igual manera.

HOMOLOGAR tr. Registrar y autorizar oficial o privadamente una determinada técnica o producto, un aparato, etc. ◊ Registrar y confirmar un organismo autorizado el resultado de una prueba deportiva. ❑ HOMOLOGACIÓN.

HOMOLOGÍA f. *Mat.* Aplicación biunívoca entre puntos del plano tal que un punto y su transformado están alineados con un punto fijo, llamado punto de la homología.

HOMÓLOGO, GA adj. y s. Díc. de la persona que se halla en las mismas condiciones de vida, trabajo, etc., que otra. ◊ *Geom.* Díc. de los lados que se corresponden en dos o más figuras semejantes.

HOMÓNIMO, MA adj. y s. Díc. de las palabras que siendo iguales por su forma tienen distinta significación. ◊ adj. Tocayo, persona que tiene el mismo nombre que otra. ❑ HOMONIMIA.

HOMÓPTERO, RA adj. y m. *Zool.* Díc. de insectos hemípteros de boca picadora-chupadora, provista de un estilete con el que absorben el alimento.

HOMOSEXUALIDAD f. Inclinación erótica hacia individuos del mismo

sexo. ◊ Práctica de dicha relación. ❑ HOMOSEXUAL.

HOMS C. del O de Siria, a orillas del Orontes; 354 500 hab. Es la ant. Emesa. Cereales, olivo, algodón. Ind. alimentaria y textil (seda).

HONAN (*Henan*) Prov. del centro-norte de China, en la cuenca de Hoang-ho; 167 000 km², 75 910 000 hab. Cap., Chengchou. Comprende una zona llana, al E, y una montañosa al O (montes Chin Ling) y NO (montes Taihang). Agricultura. Sericicultura. Hierro y carbón. Ind. agrícolas.

HONDA f. Tira de una materia flexible, como el cuero, para disparar piedras a distancia. ❑ HONDERO.

HONDO, DA adj. Que tiene profundidad. ◊ Aplícase a la parte del terreno que está más baja que todo lo circundante. ◊ fig. Profundo, alto o recóndito. ◊ fig. Tratándose de un sentimiento, intenso, extremado. ◊ Díc. de un estilo del cante andaluz o flamenco. (Se llama también *Cante jondo*.)

HONDO Isla de Japón. ⇨ Honshu.

HONDO Río de Centroamérica; 240 km. Nace al N de Guatemala y desemboca en el Caribe.

HONDONADA f. Espacio de terreno hondo.

HONDURAS, Golfo de Profundo entrante de la costa centroamer. del Caribe, entre la pen. de Yucatán, al O, y el litoral hond. al S.

Mapa de situación y bandera
de **Honduras**

HONDURAS Estado de América Central, con costas en el mar Caribe al N y en el océano Pacífico al S.
☐ *Geog. fís.* Relieve montañoso, determinado por la cord. Centroamericana, que lo atraviesa de NO a SE. La depresión del r. Ulúa al N y Goascorán al S divide el país en dos regiones. En la occidental se hallan las sierras de Merendón, Calaque, Opalaca y Montecillos. En la oriental, las de Comayagua, Nombre de Dios. R., Ulúa, Aguán, Patuca, Coco, Choluteca. Clima tropical.
☐ *Geog. econ. y humana.* El pral. recurso es la agricultura: bananas, café, tabaco,

HONDURAS

Superficie	112 492 km²
Población	6 048 156 hab. (53,7 hab./km²)

Recursos económicos

Aceite de palma	80 000 t
Ananás	130 000 t
Arroz	56 000 t
Bananas	1 100 000 t
Café	122 000 t
Frijoles	52 000 t
Maíz	552 000 t
Naranjas	50 000 t
Nuez de coco	7 000 t

Ganadería

Cabaña bovina	2 388 000 cabezas
Cabaña caballar	170 000 cabezas
Cabaña porcina	740 000 cabezas
Riqueza forestal	6 165 000 m³
Pesca	15 442 t

Producción minera

Antimonio	25 t
Cinc	38 300 t
Plata	43 t
Plomo	16 000 t
Sal	32 000 t

Producción industrial

Azúcar	186 000 t
Cemento	326 000 t
Cerveza	548 000 hl
Energía eléctrica	1 105 millones de kwh
Tejidos de algodón	10 000 000 m

Indicadores sociológicos

PNB	3 010 millones de dólares
Renta per cápita	570 dólares
Esperanza de vida	65 años
Alfabetismo	73 %

algodón. El maíz, el arroz, el sorgo, la mandioca y las patatas constituyen la base de la alimentación local. Otros productos: nuez de coco, caña de azúcar, agrios y ananás. Intensa explotación forestal. Bovino y porcino. Yacimientos de petróleo en Mosquitia. Ind. alimentaria, maderera, textil, del calzado, del tabaco y del cemento. Pob.: mestizos (69 %), amerindios (20 %), negros y zambos (8,2 %) y blancos (2,8 %). República. Lenguas: español (of.), dialectos de la familia maya. *Rel.*: catolicismo (86 %). U. M.: el lempira. Cap., Tegucigalpa. C. prales.: San Pedro Sula, La Ceiba. H. está dividida en 18 departamentos. □ *Hist.* Antes de la llegada de los esp., Honduras, estaba vinculada a la civilización maya. En 1502 Cristóbal Colón llegó a las costas de H. y en 1523 fue conquistada por Pedro de Alvarado, dependiendo la colonia del virreinato de

Honduras. Ricardo Maduro

Nueva España. Proclamada la indep. en 1821, pasó a formar parte de las Prov. Unidas de Centroamérica, separándose en 1839 para formar un est. soberano. Francisco Ferrera fue el primer presid. de la rep. EE UU ocupó militarmente el país de 1911 a 1933. A partir de esa fecha se han sucedido diversos regímenes dictatoriales, exceptuando el breve periodo constitucional de 1956 a 1963. En 1969 El Salvador ocupó temporalmente parte de su terr. fronterizo («guerra del fútbol»). En las elecciones de 1981 salió vencedor Roberto Suazo, del Partido Liberal. La Asamblea Nac. Constituyente promulgó una nueva Constitución. En 1985 fue elegido presid. José Simón Azcona y en 1990 lo fue Rafael L. Callejas. En las elecciones de 1993 el Partido Nacional perdió la hegemonía que ostentaba desde 1980, en favor del Partido Liberal de Carlos R. Reina. En las elecciones de 1997, en las que la mayor novedad fue la tímida aparición de la izquierda, aglutinada en torno al Partido de Unificación Democrática, ganó la presidencia el candidato liberal Carlos R. Flores. El Partido Nacional retornó al gobierno en 2002 tras la victoria de Ricardo Maduro en las elecciones presidenciales de noviembre de 2001. □ *Arte.* En la zona de Ulúa-Yojoa, la influencia de la cultura maya (pirámides, escalinatas, etc.) es evidente. El barroco del s. XVIII está representado por la catedral de Comayagua, la de Tegucigalpa y la iglesia de los Dolores, en esta última ciudad. □ *Lit.* A finales del s. XVIII se inició el mov. literario hond. con la difusión de la la Ilustración. Destacan José Cecilio del Valle y José Trinidad Reyes, el primer poeta hond. Carlos F. Gutiérrez escribió *Angelina*, la primera novela de H. En el s. XX destacan los poetas Claudio Barrera, Daniel Laínez, David Moya, Óscar Acosta y Pompeyo del Valle; en la narrativa sobresalen Carlos Izaguirre, Marcos Carías, Eduardo Bahr.

HONDURAS Británica Ant. denominación de ⇨ Belice.

HONECKER, Erich (1912-1994) Político al. Fue secretario general del Partido Socialista Unificado de la RDA (1971-1989) y jefe de Est. (1976-1989).

HONEGGER, Arthur (1892-1955) Compositor suizo. *Pascua en Nueva York*, para soprano y cuarteto de cuerdas; *Pastoral de verano, Antígona*, ópera sobre libreto de J. Cocteau.

HONESTIDAD f. Compostura, decencia y moderación en la pers., acciones y palabras. ◊ Recato, pudor. ◊ Decoro, modestia. □ HONESTO, TA.

HONG KONG Colonia brit. de Asia, entre 1841 y julio de 1997, situada a orillas del mar de la China Meridional; 1 090 km², 5 423 000 hab. Su incorporación a China prevé un estatuto de administración especial durante 50 años.

HONGO m. *Bot.* Cualquiera de las plantas acotiledóneas y carentes de clorofila que viven sobre materias orgánicas en descomposición o parásitas de vegetales o animales, algunas de las cuales son comestibles. ◊ Sombrero de fieltro o castor y de copa aovada. ◊ *Med.* Excrecencia fungosa que crece en las úlceras o heridas e impide la cicatrización de las mismas.

HONOLULÚ C. de EE UU, cap. y puerto de Hawai, en la isla de Oahú;

HONGO

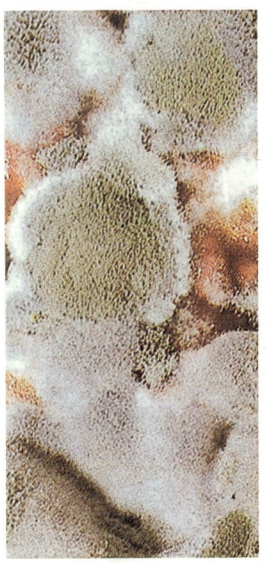

El grupo de los hongos incluye miles de especies macroscópicas y microscópicas, muchas de las cuales, como estos hongos de *Penicillium*, son útiles para el hombre

Muchos hongos son comestibles. Aquí aparecen, de arriba abajo, el *Lycoperdon* (orden gasteromicetales), la colmenilla (orden ascomicetes) y la oronja (orden himenomicetales)

Paisaje nevado en las cercanías de Kioto (isla de **Honshu**)

365 200 hab. (836 200 la agl. urb.). Centro turístico. Ind. conservera.

HONOR m. Cualidad que impulsa al hombre a comportarse de modo que merezca la consideración y respeto de la gente. ◊ Honestidad. ◊ Dignidad, cargo o empleo. ◊ Demostraciones que se hacen a una persona por cortesía o como reconocimiento de su importancia. ❑ HONORABLE; HONORÍFICO, CA.

HONORARIO, RIA adj. Que sirve para honrar a uno. ◊ Aplícase al que tiene los honores y no la propiedad de una dignidad o empleo. ◊ m. Gaje o sueldo de honor. ◊ Retribución percibida en las profesiones liberales.

HONORIO I (m. 638) Papa [625-638]. Impulsó las misiones en Inglaterra. ◊ **III** (m. 1227) Papa [1216-1227]. Autorizó las órdenes mendicantes. ◊ *Flavio* (384-423) Primer emp. rom. de Occidente [395-423]. No pudo evitar que Alarico entrase en Roma. Perdió Hispania, Galia y Britania.

HONRA f. Dignidad, conducta intachable. ◊ pl. Honras fúnebres, oficio solemne por los difuntos.

HONRAR tr. Respetar a una persona. ◊ Enaltecer o premiar su mérito. ◊ prnl. Tener uno a honra ser o hacer alguna cosa. ❑ HONRADEZ; HONRADO, DA; HONRAMIENTO; HONRILLA; HONROSO, SA.

Detalle de *El juramento de los Horacios*, obra de Louis David, Museo del Louvre, París

HONSHU La mayor y pral. isla de Japón; 231 090 km², 99 254 000 hab. C. prales.: Tokio, Osaka y Nagoya. Gran actividad tectónica, traducida en erupciones volcánicas: Chokai, Fuji Yama. Agricultura. Sericultura. Ganadería, Carbón, hierro, petróleo, cobre. Industria. Pesca.

HONTANAL m. Sitio en que nacen fuentes o manantiales.

HOOD, *Robin* ⇨ Robin Hood.

HOOFT, *Pieter Cornelisz* (1581-1647) Escritor hol., el máx. representante del Renacimiento de su país. *La historia holandesa, Waremar.*

HOOKE, *Robert* (1655-1703) Científico brit. Formuló la teoría de los movimientos planetarios y estudió diversas cuestiones de mecánica. ◊ **Ley de H.** *Fís.* En los cuerpos elásticos y hasta un límite que depende del material de que se trate, las deformaciones son proporcionales a los esfuerzos que las producen.

HOOVER, *Herbert Clark* (1874-1964) Político norteam., presid. de EE UU de 1928 a 1932.

¡HOPA! interj. *Amér. Merid.* ¡Hola!

HOPEI (*Hebei*) Prov. del N de China; 187 800 km², 61 082 439 hab. Cap., Shihkiachuang. Terreno llano aluvial al E. Al N y NO el territorio alcanza los 2 000 m de alt. Agricultura. Ganadería. Minas de carbón, hierro.

HOPI adj. y m. *Etn.* Pueblo amerindio de la familia lingüística uto-azteca y de la cultura pueblo.

HOPKINS, *sir Frederick Gowland* (1861-1947) Bioquímico brit. Premio Nobel de Medicina en 1929, junto con C. Eijkman, por sus estudios sobre las vitaminas.

HOPO m. Tupé o mechón de pelo. ◊ Rabo o cola que tiene mucho pelo o lana.

HORA f. Intervalo de tiempo equivalente a una veinticuatroava parte del día. ◊ Momento oportuno y determinado para una cosa. ◊ Momento determinado del día. ◊ Espacio de tiempo o momento indeterminado. ◊ Distancia de una legua. ◊ adv. tiempo. Ahora.

HORACIO Flaco, *Quinto* (65-8 a. C.) Poeta latino. Sus obras conquistaron el interés de Virgilio. Son imp. sus *Épodos, Odas, Sátiras* y *Epístolas*. La más famosa de estas últimas es la *Epístola a los Pisones* o *Arte poética*.

HORADAR tr. Agujerear una cosa atravesándola de parte a parte.

HORARIO, RIA adj. Relativo a la horas. ◊ m. Saetilla o mano de reloj que señala las horas. ◊ Reloj. ◊ Cuadro indicador de las horas en que deben ejecutarse determinados actos.

HORCA f. Aparato formado por una barra horizontal, sostenida por otras verticales, y de la que cuelga una cuerda para ahorcar a los condenados. ◊ Palo que remata en dos o más púas y que se emplea para diversas tareas agrícolas. ◊ Palo que remata en dos puntas y sirve para sostener las ramas de los árboles, armar los parrales, etc. ◊ *P. Rico* y *Ven.* Cuelga, regalo.

HORCADURA f. Parte del tronco de los árboles, donde se divide éste en ramas. ◊ Ángulo que forman dos ramas que salen del mismo punto.

HORCAJADAS (*A*) m. adv. Postura

del que se monta en una caballería o se sienta en cualquier sitio, echando una pierna por cada lado.

HORCAJO m. Horca de madera que se pone al pescuezo de las mulas para trabajar. ◊ Confluencia de dos ríos o de dos montañas.

HORCHATA f. Bebida refrescante hecha con el jugo de chufas, almendras, etc., mezclado con agua y azúcar. ❑ HORCHATERÍA; HORCHATERO, RA.

HORDA f. Tipo de agrupamiento de escasa organización social. ◊ fig. Grupo de gente que actúa sin disciplina ni moderación.

HORDA DE ORO (*Kiptchak* o *Qipchaq*) El más occidental de los janatos mongoles surgidos tras la muerte de Gengis Jan. Establecido en los ss. XIII y XIV.

HORERO m. fam. *Amér.* Horario de reloj.

HORIZONTAL adj. Que está en el horizonte o paralelo a él. ◊ adj. y s. *Dic.* de la línea, disposición o dirección que va de derecha a izquierda o viceversa. ❑ HORIZONTALIDAD.

HORIZONTE m. *Geog.* Línea que limita la superficie terrestre a que alcanza la vista del observador, y en la cual parece que se junta el cielo con la tierra. ◊ fig. Conjunto de posibilidades o perspectivas que se ofrecen en el asunto o materia.

HORKHEIMER, *Max* (1895-1973) Filósofo y sociólogo al., de la escuela de Frankfurt. Aplicó el materialismo dialéctico y elementos de antropología psicoanalítica a la crítica social. *Teoría tradicional y teoría crítica, Dialéctica de la Ilustración* (con T. W. Adorno).

HORMA f. Molde con que se fabrica o forma una cosa, como el usado por los zapateros. ◊ Pared de piedra seca. ◊ *Cuba* y *Perú*. Vasija de barro en que se elabora el pan de azúcar.

HORMIGA f. *Zool.* Insecto himenóptero que vive en sociedad y construye galerías subterráneas. ❑ *Zool.* La vida de las h. se desarrolla en el hormiguero, en cuyo interior viven las distintas castas de h.: la reina, única hembra fértil, de mayor tamaño que los restantes individuos; los machos, en número de uno o pocos, suelen acompañar a la reina, y las obreras, o hembras estériles, de menor tamaño, que forman la casi totalidad de la población.

HORMIGÓN m. *Const.* Mezcla uniforme de cemento y arena, grava o guijo. ◊ *Chile.* Insecto semejante a la hormiga. ❑ HORMIGONERA.

HORMIGUEAR intr. Experimentar hormigueo en alguna parte del cuerpo. ◊ fig. Bullir, ponerse en movimiento, aplicado a una multitud. ❑ HORMIGANTE.

HORMIGUEO m. Sensación, en alguna parte del cuerpo, semejante a la que producirían las hormigas corriendo por él. ◊ fig. Desazón, física o moral.

HORMIGUERO, RA adj. Relativo a la hormiga. ◊ Que se alimenta de hormigas. ◊ m. *Zool.* Comunidad de hormigas y lugar donde éstas se crían y se alojan, normalmente subterráneo y formando galerías. ◊ fig. Lugar en que hay mucha gente puesta en movimiento.

HORMIGUILLAR tr. *Amér.* Revolver el mineral argentífero con el magistral y la sal común. ❑ HORMIGUILLO.

HORMONA f. *Biol.* Producto de las glándulas de secreción interna que regula la mayor parte del proceso metabólico. Las h. pueden ser proteicas, esteroideas o amínicas. ❏ HORMONAL.

HORNACINA f. *Arq.* Hueco en forma de arco para colocar una estatua, un jarrón o un altar.

HORNADA f. Cantidad de pan y otras cosas que se cuece de una vez en el horno. ◊ fig. y fam. Conjunto de cosas que se terminan o terminar algo al mismo tiempo.

HORNAZA f. Hornillo de los plateros y fundidores de metales. ◊ *Pint.* Color amarillo claro que usan los alfareros para vidriar. ❏ HORNACERO.

HORNBLENDA f. Mineral del grupo de los anfíboles, muy abundante en la naturaleza como uno de los componentes de las rocas eruptivas.

HORNERO, RA m. y f. Persona que tiene por oficio cocer pan en el horno. ◊ m. *Argent.* Pájaro furnárido, de color pardo acanelado, que hace su nido de barro y en figura de horno.

HORNILLO m. Horno manual. ◊ Concavidad que se hace en la mina, donde se mete el explosivo para producir una voladura.

HORNO m. *Ing.* Recipiente destinado a la producción de energía calorífica o a la reacción de elementos químicos para obtener un producto. ◊ Parte de los fogones de las cocinas que sirve para asar o calentar viandas. ◊ Tahona en que se cuece y vende pan. ◊ **Alto h.** *Metal.* El que se emplea para la producción del hierro a partir de sus óxidos mediante un proceso de reducción química. ❏ HORNEAR; HORNERA; HORNERÍA.

❏ *Metal.* El esquema funcional del alto h. puede reducirse al movimiento de dos masas: una, gaseosa con movimiento ascendente, provocado por la inyección de aire en la base del recipiente, y una masa descendente de la carga. Con su encuentro se producen diversas reacciones. En la zona llamada de reducción tiene lugar la formación de hierro a partir de sus óxidos; en la zona de fusión, la masa de hierro y escoria se licúa durante el proceso descendente y se deposita en el crisol o solera. La escoria, más ligera, flota, lo que permite eliminarla separadamente; el material restante, hierro, se deja solidificar en forma de lingotes.

HORNOS, Cabo de El punto más meridional de América. Doblado en 1578 por el ing. Drake.

HORÓSCOPO m. Predicción del futuro realizada por los astrólogos a partir de la posición relativa de los astros del sistema solar y de los signos del Zodiaco en un momento dado.

HORQUILLA f. Alfiler doblado que se emplea para sujetar. ◊ Nombre dado a numerosas piezas mecánicas que recuerdan la forma de una horca.

HORRAR tr. *Amér.* Ahorrar.

HÓRREO m. Granero o lugar donde se recogen los granos.

HORRIPILAR tr. y prnl. Hacer que se ericen los cabellos. ◊ Causar horror y espanto. ❏ HORRIPILACIÓN.

HORRO, RRA adj. Díc. del esclavo que alcanza la libertad. ◊ Libre, desembarazado.

HORROR m. Miedo causado por una

Hornblenda

cosa terrible y espantosa. ◊ fig. Atrocidad, enormidad. Se usa más en pl. ❏ HORRENDO, DA; HORRIBLE; HORRORÍFICO, CA; HORRORIZAR; HORROROSO, SA.

HORST (voz al.) m. *Geol.* Macizo elevado y limitado, respecto a los bloques colindantes, por importantes fallas escalonadas.

HORTA, Víctor (1861-1947) Arquitecto belga, uno de los máx. representantes del modernismo. Su primera gran obra fue el hotel Tassel.

HORTALIZA f. Nombre común que se aplica a las especies vegetales que se cultivan en los huertos, así como a sus órganos comestibles.

HORTELANO, NA adj. Relativo a huertas. ◊ m. y f. El que por oficio cuida y cultiva huertas. ◊ *Zool.* Pájaro de plumaje gris verdoso en la cabeza, pecho y espalda.

HORTENSE adj. De las huertas.

HORTENSIA f. Planta herbácea con hojas ovaladas, dentadas, flores de color rosa, violetas o azules, agrupadas en cimas, y fruto en cápsula. Es originaria de China y se cultiva por su valor ornamental.

HORTERA adj. y s. fam. Ordinario, basto, grosero.

HORTHY de Nagybánya, Miklós (1868-1957) Político húng. Con el apoyo del ejército consiguió ser nombrado regente (1920-1944). Durante su gobierno dictatorial, fue hostil a comunistas y judíos.

HORTICULTURA f. Ciencia y técnica biológica, parte de la botánica aplicada, que trata del cultivo y mejora genética de las hortalizas. ❏ HORTICULTOR, RA.

HORUS *Mit.* En la religión egipcia, dios del cielo, adorado en forma de halcón, que era su animal sagrado.

HOSSANA (voz heb.) m. Exclamación de júbilo usada en la liturgia católica.

HOSCO, CA adj. Díc. del color moreno muy oscuro. ◊ Ceñudo, áspero e intratable.

HOSPEDAJE m. Alojamiento y asistencia que se da a una persona. ◊ Cantidad que se paga por estar de huésped.

HOSPEDAR tr. y prnl. Recibir uno en su casa huéspedes. ❏ HOSPEDERO, RA.

HOSPEDERÍA f. Habitación destinada en las comunidades para recibir a los huéspedes. ◊ Casa destinada al alojamiento. ◊ Hospedaje.

HOSPICIO m. Casa para albergar pobres. ◊ Asilo en que se da manteni-

miento y educación a niños pobres, abandonados o huérfanos. ❏ HOSPICIANO, NA.

HOSPITAL m. Establecimiento donde se da tratamiento a enfermos y heridos. ◊ Casa para recoger pobres y peregrinos por tiempo limitado.

HOSPITALARIO, RIA adj. Díc. del que acoge con agrado a quienes recibe en su casa. ◊ Se aplica a una serie de órdenes religiosas creadas para atender a los enfermos.

HOSPITALET DE LLOBREGAT Mun. esp., en Cataluña (prov. de Barcelona); 239 019 hab. Sit. a 7 km del centro de Barcelona, a la que está unido. Centro industrial.

HOSPITALIDAD f. Virtud que se ejercita con peregrinos, menesterosos y desvalidos, recogiéndoles y prestándoles la debida asistencia en sus necesidades. ◊ Buena acogida y recibimiento que se hace a los forasteros o visitantes. ❏ HOSPITALICIO, CIA.

HOSPITALIZAR tr. Ingresar en un hospital o clínica a un enfermo. ❏ HOSPITALIZACIÓN.

HOSTELERÍA f. Ind. que se ocupa de proporcionar a huéspedes y viajeros alojamiento, comida y otros servicios, mediante pago. ❏ HOSTELERO, RA.

HOSTERÍA u **HOSTAL** f. Casa donde, pagando, se da de comer y alojamiento.

HOSTIA f. Lo que se ofrece en sacrificio. ◊ Hoja redonda y delgada de pan ázimo, que se hace para el sacrificio de la misa. ◊ P. ext., oblea hecha para comer, con harina, huevo y azúcar batidos en agua o leche. ❏ HOSTIARIO; HOSTIERO, RA.

HOSTIGAR tr. Azotar, castigar con látigo. ◊ fig. Perseguir, molestar a uno. ❏ HOSTIGAMIENTO.

HOSTIL adj. Contrario o enemigo.

HOSTILIDAD f. Calidad de hostil. ◊ Acción hostil. ◊ Agresión armada que desencadena un Estado o grupo armado.

HOSTILIZAR tr. Hacer daño a enemigos.

HOSTOS, Eugenio M.ª (1839-1903) Escritor, pedagogo y político puertorriq. Partidario de la indep. de las Antillas. *Moral social, Lecciones de derecho constitucional.*

Estatua de **Horus** en el templo de Edfú (Egipto)

HOTEL m. Establecimiento de hostelería de mayor categoría que la fonda. ◊ Casa aislada y habitada por una sola familia. ❏ HOTELERO, RA.

HOTENTOTE, TA adj. y s. De un pueblo africano del grupo racial khoisánido, que habita en Namibia. ◊ adj. Relativo a ese pueblo.

HOUSSAY, *Bernardo Alberto* (1887-1971) Fisiólogo y endocrinólogo arg. Premio Nobel de Medicina en 1947, con Carl y Gerly Cori. Describió el fenómeno de la hipoglucemia y el aumento de la sensibilidad a la insulina producidos por la hipofisectomía (fenómeno de H.) y médica.

HOUSTON C. de EE UU, en el est. de Texas, al N de la bahía de Galveston; 1 594 100 hab. (2 905 400 hab. agl. urb.). Puerto artificial. Industrias. Refinerías. Centros de investigación espacial (NASA) e industrial.

HOVERCRAFT m. Vehículo que se desplaza sobre un medio sólido o líquido y a escasa alt. de éste gracias a una capa o colchón de aire entre la base y la superficie del medio.

HOWRACH C. del NE de la India, en Bengala Occidental; 744 400 hab. Forma parte de la agl. de Calcuta. Centro ind.

HOXHA, *Enver* (1908-1985) Político alb. Presid. de su país de 1944 a 1954. Secretario del Partido del Trabajo (1941-1985), promovió una línea política marxista-leninista.

HOY adv. tiempo. En este día, en el día presente. ◊ En el tiempo presente, actualmente.

HOYA f. Concavidad grande formada en la tierra. ◊ Hoyo para enterrar un cadáver, sepultura. ◊ Llano extenso rodeado de montañas.

HOYAR intr. *Chile* y *Cuba*. Abrir hoyos para plantar. ❏ HOYADOR.

HOYO m. Concavidad natural o artificial de la tierra o de alguna superficie. ◊ Sepultura. ❏ HOYOSO, SA.

HOYUELO m. Hoyo en el centro de la barba y también el que se forma en la mejilla de algunas personas al sonreír.

HOZ f. Instrumento de hoja acerada y corva para segar. ◊ Angostura de un valle profundo, o la de un río que corre por entre dos sierras. ❏ HOZADA.

HP Símb. de caballo de vapor *(horse power)*, unidad de potencia. 1 HP = 75 kilopondímetros por segundo = 735 vatios. Difiere ligeramente del CV.

HSINCHU *(Xinzhu)* C. del NO de Taiwan; 290 000 hab. Centro comercial. Ind. química.

HSÜN TZU (h. 312-h. 238 a. C.) Pensador chino, uno de los fundadores, con Confucio y Mencio, del confucianismo.

HU Jintao (n. 1942) Político chino. Miembro del Partido Comunista (PCCh) desde 1964, fue designado secretario general del mismo en 2002, y un año más tarde asumió la presid. de la Rep.

HU Yao-bang (1915-1989) Político chino. Tras la muerte de Mao, fue elegido secretario general del partido (1980). Destituido en 1987.

HUA Kuo-Feng (n. 1921) Político chino. Fue jefe de gobierno y vicepres. del comité central (1976). A la muerte de Mao, impuso una vía de apertura a Occidente. Su poder declinó a partir de 1980.

HUACA m. En la religión preincaica, creencia en el valor religioso de cuanto se tenía por sagrado o sobrenatural.

HUACHAFERÍA f. *Perú.* Cursilería. ❏ HUACHAFO, FA; HUACHAFOSO, SA.

HUACHO m. *Ecuad.* Surco, hendedura que se hace con el arado en la tierra.

HUACHO Mun. de Perú, en el dpto. de Lima; 79 600 hab. Puerto de mar. Núcleo agrícola y comercial.

HUAICO m. *Perú.* Torrentera, avenida. ◊ *Chile.* Hondonada.

HUAIRO (voz quechua) m. *Perú.* Árbol de flores hermosas cuyo fruto es el huairuro.

HUAIRURO (voz quechua) m. Fruto del huairo, usado por los indígenas como adorno.

HUALCÁN, *Nevado de* Pico de la cord. Blanca, en Perú; 6 150 m de alt.

HUALLAGA Río de Perú, afl. derecho del Marañón, unos 1 000 km. Nace en la vertiente oriental de los Andes.

HUANCAVELICA Dpto. de Perú central; 22 131,50 km², 413 800 hab. Cap., la c. hom. La cord. Occidental andina lo divide en dos regiones, una orientada al Pacífico, en la que predominan altiplanicies, y otra al interior, muy

montañosa. Agricultura y ganadería. Importantes yacimientos mineros. Ind. de derivados agropecuarios. ◊ C. de Perú, cap. del dpto. hom.; 31 523 hab. Sus minas de mercurio tuvieron una gran importancia en la época virreinal. Fundada en 1570.

HUANCAYO C. de Perú, cap. del dpto. de Junín; 279 839 hab. Centro comercial, agrícola y ganadero de su región. Ind. alimentarias.

HUANGO (voz quechua) m. Peinado en forma de larga trenza de las indias ecuatorianas.

HUÁNUCO Dpto. de Perú central; 37 722,24 km², 717 700 hab. Cap., la c. hom. La cord. Central andina lo recorre de S a N. R. prales.: Marañón, Huallaga y Pachitea. Café, caña de azúcar, algodón, patatas y cereales. Ganadería. Maderas. Minería, caucho. ◊ C. de Perú, cap. del dpto. hom.; 118 814 hab. Imp. ruinas incaicas en sus cercanías.

HUAPANGO m. *Méx.* Fandango.

HUARAL Mun. de Perú, en el dpto. de Lima; 51 300 hab. Algodón, caña de azúcar.

HUARAZ C. de Perú. cap. del dpto. de Ancash; 67 538 hab. Centro agrícola y comercial. Minería.

HUARI Yacimiento arqueológico de Perú, dpto. de Ayacucho. Centro secundario de la cultura preincaica de Tiahuanaco.

HUÁSCAR (m. 1532) Inca de Perú. Hijo de Huayna Cápac y sucesor suyo, junto a su hermano Atahualpa. Éste le derrotó y ordenó su muerte.

HUASCARÁN, *Nevado de* Pico de Perú, punto culminante de la cord. Blanca; 6 768 m.

HUASO adj. y s. *Chile.* Díc. del campesino o vaquero.

HUASTECO, CA adj. y s. Individuo de uno de los más. ant. pueblos de México, afín a los mayas, que habitaba en los est. de Tamaulipas, Veracruz y parte de San Luis Potosí. En la actualidad sobreviven unos 50 000.

HUATABAMPO Mun. de México, en el est. de Sonora; 44 600 hab. Agricultura (cereales, algodón). Ganadería.

HUAYNA Cápac (m. 1525) Inca de Perú. Durante su reinado, el imperio alcanzó su mayor extensión.

HUCHA f. Alcancía, caja pequeña o recipiente, gralte. cerrado y con una ranura, para guardar dinero. ◊ fig. Ahorros.

HUDDERSFIELD C. de Gran Bretaña, en el centro-norte de Inglaterra; 123 900 hab. Ind. textil, química, mecánica.

HUDSON Río de EE UU que discurre a través del est. de Nueva York; 580 km. Desemboca en la bahía de Nueva York.

HUDSON, *Bahía de* Mar interior de Canadá, unido al océano Atlántico por el estr. hom.

HUÉ C. de Vietnam, en el delta del río hom.; 209 000 hab. Incluida en Vietnam del Sur (1954), en 1975 fue ocupada por los guerrilleros comunistas.

HUEBRA f. Espacio que se ara en un día.

HUECO, CA adj. y s. Cóncavo o vacío. ◊ adj. Díc. de lo que tiene sonido retumbante y profundo. ◊ Díc. del lenguaje, estilo, etc., afectado y trivial. ◊ Mullido y esponjoso. ◊ m. Intervalo de tiempo o lugar. ◊ *Argent.* Terreno baldío.

HUECOGRABADO m. *Art. Gráf.* Procedimiento para obtener fotograbados

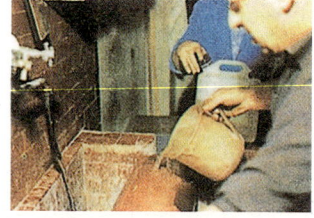

Huecograbado. 1. a 3. Fases de preparación de un cilindro para la impresión; 4. Fotografía de la película de cobre extendida sobre el cilindro

en hueco que puedan tirarse en máquinas rotativas. ◊ *Art. Gráf.* Grabado que se obtiene por ese procedimiento.

HUECÚ m. *Chile.* Sitio cenagoso y cubierto de hierba.

HUEHUETENANGO Dpto. del O de Guatemala; 7 400 km², 790 183 hab. Cap., la c. hom. Territorio muy montañoso, ocupado por la sierra de los Cuchumatanes. Café, chile, tabaco, cereales, patatas, alfalfa. Ganadería. ◊ C. de Guatemala, cap. del dpto. hom.; 53 500 hab. Centro industrial.

HUEJUTLA DE REYES Mun. de México, en el est. de Hidalgo; 46 300 hab. Agricultura. Ganadería. Petróleo.

HUELGA f. Cesación voluntaria en el trabajo de los obreros de una empresa, ramo, región, etc., con el fin de conseguir concesiones económicas, políticas o sindicales. ◊ Tiempo que media sin labrarse la tierra. ◊ Descanso, diversión. ◊ **de celo.** Aquella en la que los trabajadores cumplen estricta y únicamente la reglamentación laboral. ◊ **general.** La que se plantea simultáneamente en todos los oficios de una o varias localidades. ❏ HUELGUISTA; HUELGUÍSTICO, CA.

HUELGO m. Aliento, respiración, resuello. ◊ Holgura, anchura. ◊ Distancia entre superficies de dos piezas encajadas.

HUELLA f. Señal que deja el pie en la tierra que pisa. ◊ Rostro, señal, vestigio. ◊ Acción de hollar. ◊ **dactilar.** Impresión dactilar.

HUELVA Prov. esp., en la com. autón. de Andalucía; 10 085 km², 462 579 hab. Trigo, vid, olivo. Ganadería. Imp. actividad pesquera. Puerto export. del mineral. ◊ C. esp., cap. de la prov. hom.; 142 284 hab. Centro industrial.

HUEMUL m. Rumiante amer., parecido a la gamuza, que habita en los Andes.

HUÉRFANO, NA adj. y s. Persona que carece de uno de los padres o de ambos. ◊ *Chile y Perú.* El recién nacido que se abandona en un lugar público. ◊ adj. fig. Falto de amparo.

HUERO, RA adj. fig. Vano, vacío y sin sustancia.

HUERTA f. Terreno de regadío destinado al cultivo de hortalizas y árboles frutales. ◊ En algunas partes, tierra de regadío. ❏ HUERTANO, NA; HUERTERO, RA.

HUERTA, Adolfo de la (1881-1955) Político méx. A la muerte de Carranza fue elegido presid. provisional de la rep. (1920). ◊ *Victoriano* (1845-1916) Político y militar mex. Derribó a Madero y ordenó su asesinato. Él mismo se hizo designar presid. y contra él se alzaron Carranza, Villa y Zapata, lo que le obligó a dimitir en 1914.

HUERTO m. Sitio de corta extensión en que se plantan verduras, legumbres y, pralm., árboles frutales.

HUESA f. Sepultura, hoyo para enterrar un cadáver.

HUESCA Prov. esp., en la com. autón. de Aragón; 15 613 km², 206 502 hab. Mercado agrícola. Ind. concentrada en Sabiñánigo y Monzón. ◊ C. esp., cap. de la prov. hom.; 46 243 hab.

HUESERO, RA m. y f. *Guat.* Persona que solicita hueso, empleo.

HUESILLO m. *Amér. Merid.* Durazno secado al sol.

HUESO m. *Anat.* Formación resistente y dura, de color blanquecino; en su conjunto los h. constituyen el esqueleto de la mayoría de los vertebrados. ◊ Endocarpio leñoso de las drupas, en el que se contiene la semilla. ◊ fig. Lo que causa trabajo o incomodidad. ◊ fig. Persona de carácter desagradable o de trato difícil. ◊ *Amér. Centr.* Destino, empleo oficial. ❏ HUESOSO, SA; HUESUDO, DA. ❏ *Anat.* Los h. constan pralm. de la sustancia ósea y de la médula ósea, contenida en el interior de la primera. La sustancia ósea está exteriormente recubierta por el periostio, membrana rica en vasos y nervios, y por medio de la cual se establece la conexión de los h. con los cartílagos, los tendones y los músculos, así como con otras formaciones vecinas. Según su forma, los h. se dividen en largos y cortos.

HUÉSPED, DA m. y f. Persona alojada en casa ajena. ◊ Persona que hospeda en su casa a uno. ◊ *Biol.* Organismo que es parasitado por otro.

HUESTE f. Ejército en campaña. Se usa más en pl. ◊ fig. Conjunto de los secuaces o partidarios de una persona o de una causa.

HUEVA f. Masa que forman los huevecillos de ciertos pescados, encerrada en una bolsa oval.

HUEVADA f. fam. *Chile y Perú.* Disparate, bobada. ◊ *Guat. y P. Rico.* Conjunto de huevos.

HUEVERA f. Cajita de forma adecuada para transportar o guardar huevos. ◊ Conducto membranoso que tienen las aves en el cual se forma la clara y la cáscara de los huevos.

HUEVO m. *Zool.* Célula rodeada de reserva nutritiva y de cubiertas protectoras producida por las hembras de los animales ovíparos, la cual, de ser fecundada, da lugar al embrión. ◊ *Biol.* Célula resultante de la fusión del gameto masculino y femenino en la reproducción de las plantas y de los animales y que, al desarrollarse, forma un nuevo ser. ◊ El de las aves de corral. ◊ fam. Testículo. ◊ **duro.** El cocido, con la cáscara, en agua hirviendo. ◊ **pasado por agua.** El cocido ligeramente con la cáscara. ◊ **tibio.** *Guat., Hond. y Méx.* Huevo pasado por agua. ❏ HUEVERÍA; HUEVERO.

HUEVÓN, NA adj. y s. fam. *Amér.* Lento, bobalicón, ingenuo.

HUGHES, Davis (1831-1900) Ingeniero norteam., de origen brit. Inventó un aparato telegráfico impresor que lleva su nombre (telégrafo de H.).

HUGO, Victor (1802-1885) Escritor fr. Su prólogo al drama *Cromwell* se considera el manifiesto del romanticismo. Abarcó todos los gén. literarios. Dramas: *Hernani, El rey se divierte, Ruy Blas;* poesías: *La leyenda de los siglos, Contemplaciones;* novelas: *Los miserables, Nuestra señora de París.* ◊ *Capeto* (h. 941-996) Duque de Francia (956-987) y rey de Francia [987-996], iniciador de la dinastía de los Capeto.

HUGONOTE, TA adj. y s. Nombre que se aplicaba a los calvinistas franceses.

HUGUET, Jaume (h. 1414-1492) Pintor cat. de la última etapa del gótico. *Tríptico de San Jorge,* en el museo de Barcelona.

HUHETOT (*Huhehaote* o *Kueisuí*) C. de China, cap. de Mongolia Interior; 750 000 hab. Mercado comercial.

HUICHOL adj. y s. Díc. del individuo de un pueblo amerindio de México, de la familia lingüística uto-azteca.

HUIDA f. Acción de huir. ◊ Ensanche que se deja en mechinales y otros agujeros para poder meter y sacar con facilidad maderos.

HUIDOBRO, Vicente (1893-1948) Poeta chil. Uno de los artífices del creacioismo. *El espejo de agua, Altazar.*

HUILA, Nevado de Volcán andino de Colombia; 5 750 m.

HUILA Dpto. de Colombia, en el centro-sudeste, entre las cord. Central y Oriental, en el valle del alto Magdalena; 19 890 km², 967 831 hab. Cap., Neiva. R. pral.: el Magdalena. Arroz, algodón, tabaco, cacao, café, maíz y patatas. Ganadería. Oro, hierro, cobre, carbón. Ind. agropecuarias en la capital.

HUILHUIL m. *Chile.* Persona harapienta o andrajosa. ❏ HUILIENTO, TA.

HUIMANGUILLO Mun. de Méx., en el est. de Tabasco; 70 000 hab. Tabaco, caña de azúcar, café. Ganadería.

HUINCHA f. *Chile.* Cinta para medir distancias cortas.

HUINCHADA f. *Chile.* Medida de 10, 20 o 25 m, según los que tenga la huincha con que se mide.

HUIPIL m. *Amér. Centr.* Camisa de mujer.

HUIR intr. y prnl. Marcharse rápidamente de un lugar para evitar un daño o peligro. ◊ intr. y tr. Apartarse de alguien o evitar algo molesto o perjudicial. ❏ HUIDO, DA; HUIDERO, RA; HUIDIZO, ZA.

HUIRO m. *Chile.* Nombre común de varias algas marinas muy abundantes en las costas.

HUISACHE m. *Guat.* Picapleitos, leguleyo. ◊ *Méx.* Escribiente.

HUISQUILAR m. *Guat.* Planta trepadora espinosa, cuyo fruto es el huisquil.

HUITZILOPOCHTLI En la religión del México precolombino, dios de la guerra de los hab. de Tenochtitlán (Ciudad de México).

HUIZINGA, Johan (1872-1945) Historiador hol., crítico de gran penetración. *El otoño de la Edad Media, Homo ludens.*

HULE m. Caucho o goma elástica. ◊ Tela pintada al óleo y barnizada para que resulte impermeable. ◊ m. pl. *Amér. Centr.* Ligas de goma.

HULL (*Kingston-upon-Hull*) C. de Gran Bretaña, en Inglaterra, condado de York; 268 300 hab. Puerto pesquero y comercial. Ind. químicas. Universidad.

Victor **Hugo**

T. Moro, representante del
humanismo

HULL, Cordell (1871-1955) Político norteam., secretario de Estado de 1933 a 1944. Premio Nobel de la Paz en 1945.
HULLA f. *Geol.* Combustible mineral sólido procedente de la fosilización de sedimentos vegetales del período carbonífero. Su poder calorífico oscila entre 7 000 y 9 000 cal/kg. ❏ HULLERO, RA.
HUMACAO Distr. de Puerto Rico, sit. al E de la isla; 1 429 km², 394 000 hab. Caña de azúcar, café, arroz, tabaco. Ind. derivadas. ◊ C. de Puerto Rico, cap. del distr. hom.; 55 203 hab. Centro comercial y agrícola.
HUMANIDAD f. Naturaleza humana. ◊ Gén. humano. ◊ Bondad, compasión hacia otros. ◊ Afabilidad, simpatía. ◊ pl. P. ext., estudio y conocimiento del conjunto de disciplinas que no tienen una aplicación práctica inmediata.
HUMANISMO m. Cultivo y conocimiento de las humanidades. ◊ Doctrina de los humanistas del Renacimiento. Revalorizó el pensamiento clásico. Propugnaba una actitud antropocéntrica y racionalista, excluyendo de la filosofía los presupuestos teológicos. Sus prales. representantes fueron Erasmo, Maquiavelo, T. Moro. ❏ HUMANISTA; HUMANÍSTICO, CA.
HUMANITARISMO m. Humanidad, compasión de las desgracias ajenas. ❏ HUMANITARIO, RIA.
HUMANIZAR tr. y prnl. Humanar, hacer o hacerse más humano. ❏ HUMANIZACIÓN.
HUMANO, NA adj. Relativo al hombre o propio de él. ◊ fig. Aplícase a la persona que se solidariza con las desgracias de sus semejantes. ◊ m. Ser humano.
HUMAR tr. fam. *Amér.* Ahumar.
HUMAREDA f. Abundancia de humo.
HUMBERTO I (1844-1900) Rey de Italia (1878-1900). Formó, con Alemania y Austria-Hungría, la Triple Alianza. ◊ II (1904-1983) Rey de Italia. Su reinado acabó a los 23 días, al proclamarse la rep. en 1946.
HUMBOLDT, Corriente de, también llamada *corriente del Perú.* Corriente fría del océano Pacífico que discurre paralela a las costas de Chile y Perú en dirección S a N.
HUMBOLDT, Alexander von (1769-1859) Geógrafo y naturalista al. Fruto de sus observaciones por la América

esp. y por el Asia central es su obra *Kosmos.* ◊ *Karl Wilhelm von* (1767-1835) Lingüista y pensador al. *Investigación sobre los primitivos habitantes de España a través de la lengua vasca.*
HUME, David (1711-1776) Filósofo empirista brit. Para H. las ideas proceden de las impresiones originarias. *Ensayos morales y políticos, Historia de Inglaterra, Tratado de la naturaleza humana.*
HUMEAR intr. y prnl. Echar humo. ◊ intr. Arrojar una cosa vaho que se parece al humo. ◊ tr. *Amér.* Fumigar.
HUMECTAR tr. Humedecer. ◊ Producir humedad. ❏ HUMECTATIVO, VA.
HUMEDAD f. Calidad o estado de húmedo. ◊ Cantidad de vapor acuoso contenida en alguna sustancia. ◊ **absoluta.** Masa de vapor de agua contenida en una unidad de volumen de aire. ◊ **atmosférica o relativa.** Relación entre la humedad absoluta en un momento dado y la cantidad de vapor de agua necesaria para saturar 1 m³ de aire a la misma temperatura.
HUMEDECER tr. y prnl. Mojar ligeramente algo.
HÚMEDO, DA adj. Ácueo o que participa de la naturaleza del agua. ◊ Ligeramente impregnado de agua o de otro líquido. ◊ Se aplica al clima, país, etc., con una elevada humedad atmosférica. ❏ HUMEDAL.
HUMERAL adj. *Zool.* Relativo al húmero. ◊ *Anat.* Díc. de la arteria que acompaña al húmero e irriga los tejidos del brazo. ◊ *Anat.* Díc. de la vena que acompaña a la arteria humeral.
HUMERO m. Cañón de chimenea, por donde sale el humo. ◊ *Col.* Humareda.
HÚMERO m. *Anat.* Hueso del brazo entre el hombro y el codo.
HUMIFICACIÓN f. Proceso de descomposición de la materia vegetal con formación del humus.
HUMILDAD f. Ausencia completa de orgullo. ◊ Sumisión. ❏ HUMILDE.
HUMILLAR tr. Bajar, inclinar una parte del cuerpo en señal de acatamiento. ◊ fig. Abatir el orgullo y altivez de uno. ◊ prnl. Hacer actos de humildad. ❏ HUMILLACIÓN; HUMILLANTE.
HUMITA f. *Amér.* Pasta de maíz tierno rallado, mezclada con ají y otros condimentos. ❏ HUMITERO, RA.
HUMO m. Resultado de una combustión incompleta. Consiste en partículas sólidas o líquidas transportadas por la corriente de los gases o el aire caliente originado en este proceso. ◊ Vapor que exhala cualquier cosa que fermenta. ◊ pl. Hogares o casas. ◊ fig. Vanidad. ❏ HUMOSO, SA.
HUMOR m. Cualquiera de los líquidos del cuerpo del animal. ◊ fig. Disposición de ánimo habitual o pasajera. ◊ fig. Buena disposición de ánimo. ◊ Cualidad consistente en saber descubrir y mostrar los aspectos cómicos y ridículos de personas o situaciones.
HUMORISMO m. Humor, aptitud para ver las cosas por su lado gracioso o ridículo. ❏ HUMORÍSTICO, CA.
HUMORISTA adj. y s. Díc. del que habla, escribe, dibuja o considera las cosas con humor.
HUMUS m. *Biol.* Materia orgánica del suelo procedente de la descomposición, por fermentación o putrefacción, de los restos vegetales y animales.
HUNABKU *Mit.* En la religión maya,

creador y mantenedor del mundo y de los hombres, y padre de los dioses.
HUNAHAU *Mit.* En la religión maya, dios del Mitnal o mundo inferior, de la muerte, la oscuridad, el frío y el norte.
HUNÁN Prov. del S de China; 210 000 km², 60 659 754 hab. Cap., Changsha. Relieve montañoso. En el NE se halla la depresión del lago Tung Ting. R. prales.: Siang y Yüan. Agricultura. Plomo, cinc, mercurio, antimonio.
HUNDIR tr. Sumir, meter en lo hondo. ◊ fig. Abrumar, abatir. ◊ fig. Confundir a uno, vencerle con razones. ◊ fig. Destruir, arruinar. ◊ prnl. Arruinarse un edificio, sumergirse una cosa. ❏ HUNDIMIENTO.
HÚNGARO, RA adj. y s. De Hungría. ◊ Lengua que se habla en Hungría, donde es oficial.

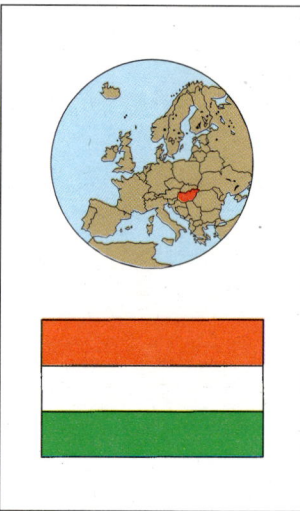

Mapa de situación y bandera
de **Hungría**

HUNGRÍA (*Magyar Nepöztársaság*) Est. de Europa centrooriental. Geomorfológicamente cabe distinguir: al N la Dorsal hún.; al NO la Pequeña Llanura y la Transdanubia; al E del Danubio, la Gran Llanura con dos regiones (la del Danubio-Tisza y la Transtisza o estepa húngara). R. prales.: el Danubio, que atraviesa el país del N a S, y el Tisza. Clima continental. Los cereales ocupan el 60 % de las tierras cultivadas. También son importantes las patatas y el viñedo. Se explota lignito, hulla, petróleo y bauxita. Ind. siderúrgica, metalúrgica, mecánica, textil, etc. República. Lengua: el húngaro. *Rel.*: católicos rom., luteranos, ortodoxos, judíos. U. M.: el forint. Cap., Budapest. C. prales.: Miskolc, Debrecen, Szeged.
❏ *Hist.* En el 10 d. C. el emp. Augusto convirtió el país en prov. rom., la Panonia. A partir del s. IV sufrió invasiones de vándalos, alanos, ávaros y en 895 de los magiares. Esteban I [1000-1038] impuso el catolicismo y dio al reino una administración común. En el s. XV tuvo que hacer frente a los turcos. H. quedó dividida en dos zonas de influencia, una apoyada por Austria y la otra por el imperio otomano. Tras la

Hungría. La iglesia de San Matías en la colina de Buda, lugar emblemático de la capital, Budapest

conquista de Buda y de Transilvania por los austr., H. fue cedida a los Habsburgo (1699). La preponderancia austr. quedó mitigada por el compromiso de 1867, que dio origen a la monarquía austrohúngara. Tras la I Guerra Mundial, H. recobró la indep., pero con las fronteras muy reducidas. En la II Guerra, los húng. lucharon junto a Alemania contra la URSS, pero vencidos los al., H. cayó bajo la influencia sov. En 1949 se proclamó la República Popular Húngara. En 1956 un levantamiento nacional fue aplastado por las tropas sov. El partido comunista húng., dirigido por János Kadar desde 1956, inició a finales de los setenta una política de reformas sociales y económicas tendentes a una mayor indep. respecto a la URSS. En 1988 se produjeron grandes cambios en la escena política

HUNGRÍA

Superficie	93 033 km²
Población	10 341 000 hab. (111 hab./km²)

Recursos económicos

Cabaña bovina	1 571 000 cabezas
Cabaña ovina	1 865 000 cabezas
Cabaña porcina	8 000 000 cabezas
Cebada	1 552 000 t
Maíz	7 509 000 t
Patatas	1 226 000 t
Trigo	5 954 000 t
Riqueza forestal	6 604 000 m³

Producción minera

Bauxita	2 037 000 t
Carbón	1 695 000 t
Lignito	15 279 000 t

Producción industrial

Acero	1 931 000 t
Ácido nítrico	726 000 t
Azúcar	736 000 t
Cerveza	10 830 000 hl
Energía eléctrica	28 411 millones de kwh
Hierro colado	1 311 000 t
Vino	5 470 000 hl

Indicadores sociológicos

PNB	28 244 millones de dólares
Renta per cápita	2 690 dólares
Esperanza de vida	70 años
Alfabetismo	100 %

húngara. Las reformas profundas fueron emprendidas por Karoly Grosz, jefe de gobierno y nuevo secretario general del PSOH, e Imre Poszgay, presid. del Frente Popular Patriótico. Fue elegido presid. un no comunista, Bruno Straub. En las elecciones generales libres de 1990 ganó la oposición liderada por Gyula Horn. En 1998 se impuso Viktor Orban, del bloque derechista Fidesz-MPP. En 1999, H. entró en la OTAN. La coalición gobernante se consolidó en 2000 con la elección presid. de su candidato, Ferenc Mádl. No obstante, en las elecciones legislativas de 2002 se impuso el socialista Peter Medgyessy. En 2004 H. ingresó en la Unión Europea.
HUNO, NA adj. y s. Díc. del individuo de un pueblo nómada de origen mongol que penetró en Europa en el s. IV. A la muerte de Atila (454), los h. se disgregaron. ◊ adj. Relativo a ese pueblo. ◊ m. pl. Ese mismo pueblo.
HUPEI (*Hupeh, Hubei*) Prov. de China central; 185 900 km², 53 969 210 hab. Cap., Wuhan. Arroz, trigo, algodón. Hierro. Ind. siderúrgica y textil.
HURACÁN m. *Meteor*. Masa de viento tropical que gira alrededor de un centro de muy baja presión a velocidades del orden de 150 km/h o más. ◊ Viento de fuerza extraordinaria. ◊ fig. Cosa que destruye o que causa grandes males. ❏ HURACANADO, DA.
HURAÑO, ÑA adj. Que rehúye el trato o la conversación con las personas. ❏ HURAÑÍA.
HURGAR tr. Menear o remover insistentemente una cosa. ◊ fig. Incitar, conmover. ◊ fig. Fisgar.
HURGUETE m. *Argent.* y *Chile*. Hurón, escudriñador.
HURÍ f. Mujer bellísima que el Corán promete a los fieles musulmanes en el más allá.
HURÓN m. *Zool*. Variedad semidoméstica del turón. Mustélido de cuerpo esbelto y hábitos agresivos que se emplea como auxiliar en la caza del conejo. ◊ adj. y s. Díc. del individuo de una tribu amerindia que formaba parte del pueblo iroqués, en la región de los Grandes Lagos. ◊ m. fig. y fam. Persona que se mete en todo. ◊ adj. y m. fig. y fam. Díc. de la persona huraña. ❏ HURONEAR.
HURÓN Lago de América del Norte,
en la frontera entre EE UU y Canadá; 59 500 km². Comunica con los lagos Superior, Erie y Michigan.
HURONIANO adj. y m. *Geol*. Díc. del conjunto de plegamientos que se produjeron en la era precámbrica.
HURTADILLAS (A) m. adv. Furtivamente; sin que nadie lo note.
HURTADO, Ezequiel (1825-1890) Militar y político col. Presid. en 1884, en ausencia de Núñez. ◊ **de Mendoza, Diego** (1503-1575) Poeta e historiador esp., representante del humanismo. Se le ha atribuido la paternidad del *Lazarillo, La Guerra de Granada*. ◊ **Larrea, Osvaldo** (n. 1940) Político ecuat. Vicepresidente con Roldós (1979), a la muerte de éste accedió a la presidencia de la rep. (1981-1984).
HURTAR tr. Robar sin intimidación ni violencia. ◊ No dar el peso o medida cabal. ◊ fig. Plagiar, presentar como propios escritos o ideas de otro. ❏ HURTO.
HUS, Jan (1373-1415) Reformador religioso chec. Rector de la universidad de Praga. Su ideología originó el mov. husita. Murió en la hoguera.
HUSAK, Gustav (1913-1991) Político chec. Tras la invasión sov. (1968), sustituyó a Dubcek como secretario general del partido comunista. Presid. de la rep. (1975-1987).
HÚSAR m. Soldado de caballería ligera; su armamento y uniforme imitaban los del ejército húngaro.
HUSAYN I (1935-1999) Rey de Jordania desde 1952. En 1967 participó en la guerra contra Israel y perdió Jerusalén y Cisjordania. A partir de 1980 medió en el conflicto árabe-israelí.
HUSILLO m. Barra cilíndrica de hierro o acero, con un filetado a modo de tornillo, que en ciertas máquinas se utiliza para producir y controlar por medio de accionamientos adecuados el mov. de avance y retroceso. ◊ *Chile*. Canilla provista de hilo y sin lanzadera que se usa en el telar para tramar.
HUSITA adj. Díc. de los seguidores del reformador religioso chec. Jan Hus. Propugnaban la libertad de predicación y la pobreza de los eclesiásticos, y constituyeron un mov. revolucionario de carácter nacionalista y antifeudal. En 1434 los h. radicales fueron derrotados en Lipany por una alianza entre católicos y h. moderados.

Imagen de satélite del huracán **Katrina**, en el momento en que penetra en la costa estadounidense del Golfo de México, en agosto de 2005

Saddam **Hussein**

HUSMEAR tr. Rastrear con el olfato una cosa. ◊ fig. y fam. Andar indagando una cosa con disimulo. ◊ intr. Empezar a oler mal una cosa.

HUSO m. Instrumento manual que se utiliza para hilar torciendo la hebra y devanando en él lo hilado. ◊ Instrumento de hierro para devanar la seda. ◊ Cilindro de un torno. ◊ **horario.** Cada uno de los veinticuatro en que se considera divida la superficie terrestre a fin de establecer la hora legal. El primer h. horario es el de Greenwich, cuyo meridiano medio, 0°, determina la hora de Europa occidental. ❑ HUSADA.

HUSSEIN, *Saddam* (n. 1937) Militar y político iraquí. Presid. desde 1979, en 1980 declaró la guerra a Irán, que duró ocho años. En 1990, H. invadió el emirato de Kuwait, provocando la Guerra del Golfo en enero 1991. La contienda terminó el 28 de febrero al aceptar Irak las condiciones de la ONU. En 2002, H. de-

bió aceptar el retorno de los inspectores de la ONU (retirados en 1998) en un intento por frenar la ofensiva de EE UU, que, aun así, se inició el 20 de marzo de 2003. Veinte días después cayó el régimen de Saddam H., que desapareció tras la caída de Bagdad, pero fue capturado el 13 de diciembre cerca de Tikrit, su ciudad natal.

HUSSERL, *Edmund* (1859-1938) Filósofo al. Abrió con sus trabajos un nuevo campo a la filosofía: la fenomenología. *Ideas para una fenomenología pura y filosofía fenomenológica, Lógica formal y trascendental.*

HUSTON, *John* (1906-1987) Director de cine norteam., nacionalizado irl. *El halcón maltés, La jungla de asfalto, El tesoro de Sierra Madre, Vidas rebeldes, Bajo el volcán, Dublineses.*

HUTU adj. y s. Díc. de individuos de un pueblo melanoafricano del grupo bantú, que forma el grueso de la pob. de Ruanda y Burundi. ◊ adj. Relativo

Escena de *Dublineses,* testamento cinematográfico de John **Huston**

Christiaan **Huygens**

a ese pueblo. ◊ m. pl. Ese mismo pueblo.

HUXLEY, *Aldous* (1894-1963) Escritor inglés. Autor de novelas *(Contrapunto, Un mundo feliz, La isla, Los demonios de Loudun)* y de ensayos *(La filosofía perenne, Las puertas de la percepción).*

¡HUY! interj. que denota asombro, melindre o dolor físico agudo. Se usa también repetida.

HUYGENS, *Christiaan* (1629-1695) Físico, astrónomo y matemático hol. Fundó la teoría ondulatoria de la luz.

HYDERABAD *(Haidarabad)* C. de la India, cap. del est. de Andhra Pradesh; 4 280 300 hab. Ind. metalúrgica, mecánica, textil, química, papelera, alimentaria. Universidad.

HYDERABAD C. del SE de Pakistán; 795 000 hab. Ind. metalúrgicas, química, alimentaria.

HYOGO Prefectura de Japón, en la isla de Honshu; 8 381 km², 5 405 000 hab. Cap., Kobe. Centro industrial.

Hz *Fís.* Símb. del hertz.

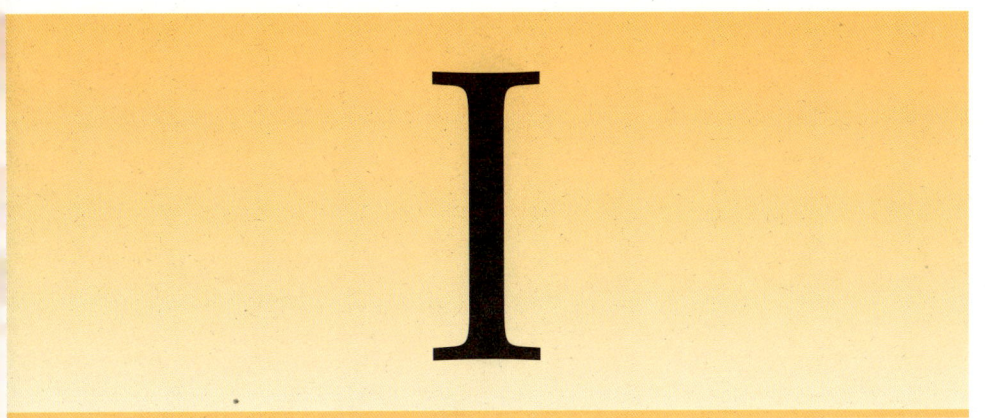

I

I f. Novena letra del alfabeto esp., y tercera de sus vocales. ◊ Letra numeral que tiene el valor de uno en la numeración romana. ◊ *Fís.* Símb. con que comúnmente se designa la intensidad de corriente eléctrica. ◊ *Mat.* Símb. (*i*) con el que se representa el número $\sqrt{-1}$, la unidad imaginaria. ◊ *Quím.* Símb. del yodo. ◊ **griega.** Ye.

IASI o **YASSY** C. del E de Rumanía, en Moldavia; 305 600 hab. Productos farmacéuticos, ind. textiles y alimentarias.

IATA Siglas de *International Air Transport Association* (Asociación Internacional de Transporte Aéreo). Organismo creado en 1945 por las compañías regulares de aviación para unificar formas de pago, tarifa y pasajes.

IBADÁN *(Ibadan)* C. del O de Nigeria; 847 000 hab. Centro agrícola y comercial. Ind. textiles y alimentarias. Universidad.

IBAGUÉ C. del centro-oeste de Colombia, cap. del dpto. del Tolima; 412 820 hab. Agricultura tropical y yacimientos de feldespato. Importante centro industrial. Aeropuerto. Universidad.

IBÁÑEZ Del Campo, Carlos (1877-1960) Militar y político chil. En 1927 fue elegido presid., pero se exilió en 1931. Desempeñó un segundo mandato entre 1952 y 1958.

IBARAKI Prefectura de Japón, en la isla de Honshu; 6 094 km², 2 845 000 hab. Cap., Mito. ◊ C. de Japón, al S de Honshu; 254 080 hab. Mercado agrícola.

IBARBOUROU, Juana de (1892-1979) Poetisa ur. Es la gran figura femenina de la poesía hispanoamericana. Se inspiró en el amor y la naturaleza. *La laguna, Bajo la lluvia, El pozo, Raíz salvaje, Despecho y lacería.*

IBARGÜENGOITIA, Jorge (1928-1983) Escritor méx. *El atentado, Clotilde en su casa* (teatro); *Los relámpagos de agosto, Los conspiradores* (novela).

IBARRA C. del N de Ecuador, cap. de la prov. de Imbabura; 80 991 hab. Turismo.

IBÁRRURI, Dolores, (1895-1990), llamada LA PASIONARIA. Dirigente obrera esp. Secretaria general del partido comunista (1942-1960) y presidenta del mismo desde 1960. Exiliada en Moscú (1939-1977).

IBERIA Ant. denominación gr. de la zona regada por el río Iber y, p. ext., de la pen.

IBÉRICA, Península Pen. del SO de Europa, sit. entre el océano Atlántico, el mar Mediterráneo y el mar Cantábrico. Comprende tres Est.: España, Portugal y Andorra. Superficie total: 581 000 km².

IBÉRICO, CA adj. y s. Relativo a Iberia o a la pen. Ibérica. ◊ m. Lengua de los ant. iberos.

IBÉRICO, sistema Cordillera esp. que separa la Meseta de la depresión del Ebro. Altura máx., Moncayo (2 313 m).

IBERISMO m. Estudio de la cultura ibérica. ◊ Doctrina política que propugna la unión de España y Portugal.

IBERO, RA adj. y s. Díc. de individuos de unos ant. pueblos de la pen. Ibérica, en donde desarrollaron una cultura en los s. VI a II a. C. Posiblemente se habían instalado en la pen. hacia el s. IX a. C. Se hallaban organizados en tribus y se dedicaban a la agricultura y gana-

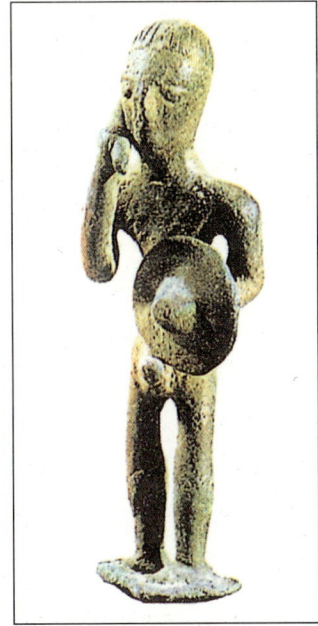

Guerrero **ibero**. Estatuilla hallada en Despeñaperros (Museo Arqueológico, Madrid)

dería. ◊ Perteneciente o relativo a estos pueblos. ◊ Ibérico.

□ *Arte*. La arquitectura tiene en el castro de Ullastret (Girona) unos de sus mejores ejemplos. Las mejores representaciones esculturales son zoomórficas (esfinge de Agost, Bicha de Balazote, leona de Baena). En los santuarios se han encontrado figuritas que pudieran ser exvotos (dama de Elche, dama de Cerro de los Santos). Son de gran interés los restos cerámicos de San Miguel de Liria.

IBEROAMÉRICA o **AMÉRICA LATINA** Parte del continente americano colonizada por España o por Portugal.

IBEROAMERICANO, NA adj. y s. Relativo a los países del continente americano colonizado por España y Portugal.

ÍBICE m. *Zool.* Mamífero artiodáctilo también llamado *cabra montés*. Vive en regiones montañosas, incluso de más de 5 000 m.

IBÍDEM adv. latino utilizado en las notas o citas de un texto con la significación de *en la misma obra, en el mismo lugar*. Se abrevia *ibíd.*

IBIS f. Ave de pico largo y curvado y plumaje blanco y negro, animal sagrado para los antiguos egipcios.

IBIZA *(Eivissa)* Isla esp., en el arch. y com. autón. de Baleares; 542 km² y 88 076 hab. De suelo accidentado (sierras Mayol, la Mola). Cultivos de tipo mediterráneo e ind. derivadas de la agricultura. ◊ *(La Vila d'Eivissa)* Mun. esp., cuya cabecera es cap. de la isla hom.; 34 826 hab. Puerto exportador de sal y productos agrarios. Centro turístico. Ind. alimentaria. Aeropuerto.

IBN Hazm (m. 1063) Polígrafo musulmán esp. Polemista, poeta, exegeta, teólogo, moralista e historiador. *Historia crítica de las religiones, sectas y escuelas, Libro de los caracteres y la conducta.* ◊ **Jaldún** (1332-1406) El más famoso de los historiadores árabes. Compuso una obra histórica titulada *Kitab al-Ibar* (*Historia universal*), precedida de unos *Prolegómenos.* ◊ **Quzman** (m. 1159) Poeta árabe esp., autor de un cancionero. Es el gran difusor de la *moaxaja* y el *zéjel.* ◊ **Saud** (1880-1953) Sultán de Nedjed, jefe de los wahabitas. En 1926 conquistó el reino de Hedjaz, formando con este territorio y el Nedjed el reino de Arabia Saudita. ◊ **Tufayl** (m. 1186) Filósofo, médico y poeta hispanomusulmán. Escribió una obra de carácter filosófico que, en 1671, adaptó Pococke, dándole el título de *Philosophus autodidactus.*

IBO adj. y s. Díc. de individuos de un pueblo melanoafricano del SE de Nigeria. Su intento de obtener la indep. (Biafra) fue sofocado (1967-1970). ◊ adj. Relativo a este pueblo.

IBSEN, *Henrik* (1828-1906) Dramaturgo noruego, iniciador del teatro de tesis y del teatro social. *Brandt, Peer Gynt, Espectros, Casa de muñecas.*

ICA Dpto. del Perú, ribereño del océano Pacífico; 21 327,86 km², 607 600 hab. Cap., la c. hom. Comprende extensas planicies desérticas en descenso hacia el mar. Al E lo accidenta la Cordillera Occidental andina. Valles fluviales del Pisco, Ica, Grande. Algodón, frijoles, vid, frutas, cereales. Ganadería. Hierro, oro. Pesca (San Andrés) y derivados (conservas). En el valle del I. se desarrolló una civilización preincaica contemporánea a la de Nazca y de la cultura de los *chinchas.* ◊ C. de Perú, cap. del dpto. hom.; 161 501 hab. Centro agrícola. Ind. alimentarias.

ÍCARO *Mit. gr.* Hijo de Dédalo. Huyó del Laberinto de Creta con unas alas pegadas con cera, que se derritieron al acercarse al Sol.

ICAZA, *Francisco de* (1863-1925) Crítico y poeta mex. *Supercherías y errores cervantinos, Las novelas ejemplares de Cervantes.* ◊ ***Jorge*** (1906-1978) Novelista y dramaturgo ecuat. Su obra es una ardorosa defensa del indígena: *Huasipungo, Cholos, Atrapados.*

ICEBERG m. Témpano o masa flotante de hielo en los mares polares, originado por fragmentaciones del frente de un glaciar.

ICEFIELD m. Campo de hielo de gran extensión formado en el mismo lugar de su ubicación.

ICHO m. Planta gramínea, propia de los Andes.

ICNOGRAFÍA f. Delineación de la planta de un edificio. ❏ ICNOGRÁFICO, CA.

ICÓNICO, CA adj. Relativo al icono. ◊ Díc. del signo que participa de la naturaleza de la cosa significada.

ICONO m. *Arte.* Imagen, gralte. religiosa, pintada o grabada en plancha de madera, oro, etc., esmaltada o ejecutada en mosaico.

ICONOCLASTA adj. y s. Individuo de

Virgen de Konevetz, **icono** ruso del s. XVI

un movimiento religioso del s. VIII, promovido por los emp. bizantinos, que se oponía al culto de las imágenes. ◊ P. ext., díc. de quienes no respetan las tradiciones.

ICONOGRAFÍA f. Tratado descriptivo o colección de imágenes o retratos. ◊ Conjunto de representaciones gráficas relativas a un personaje, objeto o asunto determinado. ❏ ICONOGRÁFICO, CA.

ICONOLOGÍA f. Representación de virtudes, vicios y otras ideas con la figura de personas.

ICONOSCOPIO m. *Electr.* En TV, tubo analizador utilizado para la exploración de la imagen. ◊ *Fot.* Lente divergente usada para enfocar las imágenes.

ICONOSTASIO m. Mampara con iconos, que en las iglesias orientales separa el altar del resto.

ICOSAEDRO m. Poliedro regular de veinte caras que son triángulos equiláteros.

ICTERICIA f. *Pat.* Síndrome caracterizado por un exceso de pigmentos biliares (bilirrubina y derivados) en la sangre, que impregnan la piel y las mucosas, dándoles una coloración amarillenta.

ICTÍNEO, A adj. Semejante a un pez.

ICTIÓFAGO, GA adj. y s. Que se alimenta de peces.

ICTIOLOGÍA f. Parte de la zoología que se ocupa del estudio de los peces. ❏ ICTIOLÓGICO, CA; ICTIÓLOGO, GA.

ICTIOSAURO m. *Pal.* Reptil gigantesco de la época secundaria adaptado a la vida acuática y con las extremidades transformadas en aletas.

ICTIOSIS f. Afección de la piel, caracterizada por la sequedad de los tegumentos y la formación de escamas. Suele ser hereditaria.

ICTUS m. En la versificación, apoyo rítmico sobre una sílaba larga o acentuada. ◊ *Med.* Fenómeno patológico que se manifiesta súbitamente.

IDAHO Est. del NO de EE UU; 216 432 km², 1 007 000 hab. Cap., Boise City. Su territorio se extiende sobre la vertiente O de las Rocosas. Riqueza forestal. Trigo, maíz, remolacha azucarera, alfalfa. Ganadería. Plata, plomo, oro, cinc, cobre, uranio, antimonio, fosfatos. Ind. maderera y alimentaria.

IDEA f. *Fil.* Cualquier representación existente en la mente o cualquier elaboración de ella por las que se relaciona con el mundo. ◊ Propósito. ◊ Concepto o juicio formado de una persona o cosa. ◊ Esquema, proyecto. ◊ pl. Convicciones, creencias, opiniones.

IDEACIÓN f. Génesis y proceso en la formación de las ideas.

IDEAL adj. Relativo a la idea. ◊ Que sólo existe en la imaginación. ◊ Excelente, perfecto en su línea. ◊ m. Prototipo, modelo al que se aspira.

IDEALISMO m. *Fil.* Condición de los sistemas metafísicos que consideran la idea como principio del ser y del conocer. ◊ Tendencia a idealizar las cosas dejándose influir más por ideales que por consideraciones prácticas. ❏ IDEALISTA.

IDEALIZAR tr. Elevar las cosas sobre la realidad sensible por medio de la inteligencia o fantasía.

IDEAR tr. Discurrir, pensar, concebir. ◊ Trazar, inventar.

IDEARIO m. Conjunto de las ideas básicas de un individuo, escuela, partido, etc. ◊ Ideología, conjunto de ideas fundamentales que caracterizan una manera de pensar.

IDEÁTICO, CA adj. *Amér.* Maniático.

ÍDEM pron. latino que significa *el mismo* o *lo mismo,* y se suele usar para evitar repeticiones.

IDÉNTICO, CA adj. y s. Díc. de lo que es completamente igual a otra cosa con que se compara.

IDENTIDAD f. Calidad de idéntico. ◊ Conjunto de circunstancias que determinan quién y qué es una persona. ◊ *Fil.* Concepto según el cual toda cosa es igual a ella misma. ◊ *Mat.* Igualdad entre expresiones algebraicas o analíticas, que se cumple para todo valor de las variables.

IDENTIFICAR tr. y prnl. Hacer que dos o más cosas que en realidad son distintas aparezcan y se consideren como una misma. ◊ tr. Reconocer si una persona o cosa es la misma que se supone o se busca.

IDEOGRAMA m. Imagen convencional o símb. que significa un ser o una idea, pero no palabras o frases que los representen. ◊ Símb. que expresa una palabra, morfema o frase, sin representar cada sílaba o fonema.

IDEOLOGÍA f. Conjunto de ideas, creencias y módulos del pensamiento que caracterizan a un grupo, clase, religión, partido político, etc. ◊ *Fil.* Estudio de las ideas para fundamentar el saber humano. Maquiavelo, Hegel y Marx consideraron la i. como enmascaramiento de una situación politicosocial. ❏ IDEOLÓGICO, CA; IDEÓLOGO, GA.

IDIARTE Borda, *Juan* (1844-1897) Político ur. Presid. de la rep. en 1894. Fundador del Banco Nacional.

IDILIO m. Composición poética de carácter bucólico o pastoril. ◊ Coloquio amoroso y, p. ext., episodio o aventura amorosa. ❏ IDÍLICO, CA.

IDIOCIA f. Detención acentuada del desarrollo de las funciones mentales.

IDIOMA m. *Ling.* Lengua de un país. El concepto de i. surge cuando una comunidad es consciente de poseer una lengua propia, distinta a las demás. ◊ Lenguaje propio de un grupo humano. ❏ IDIOMÁTICO, CA.

Henrik **Ibsen**

IDIOMATISMO m. Rasgo lingüístico (léxico, morfológico o sintáctico) peculiar y característico de una lengua y que carece de modelo exacto en otra.

IDIOSINCRASIA f. Índole del temperamento y carácter de cada individuo. P. ext. se aplica a pueblos y naciones. ❑ IDIOSINCRÁSICO, CA.

IDIOTA adj. y s. Persona que padece idiotez. ◊ adj. Díc. de la persona incapaz de aprender o de escasa inteligencia. ❑ IDIOTIZAR.

IDIOTEZ f. Trastorno mental, caracterizado por la falta congénita y completa de las facultades intelectuales. ◊ Tontería, hecho o dicho propio del idiota.

IDIOTISMO m. Ignorancia, falta de instrucción. ◊ Locución propia de una lengua, pero anómala dentro de su sistema gramatical.

IDO, DA adj. Díc. de la persona que está falta de juicio.

IDOLATRAR tr. Adorar ídolos. ◊ tr. e intr. fig. Amar excesivamente a una persona o cosa. ❑ IDÓLATRA; IDOLATRÍA; IDOLÁTRICO, CA.

ÍDOLO m. Objeto inanimado al que se considera dotado de poder sobrenatural y al que se rinde culto. ◊ fig. Persona o cosa excesivamente amada.

IDÓNEO, A adj. Que tiene disposición o aptitud para una cosa. ❑ IDONEIDAD.

IDRIS I (1890-1983) Rey de Libia. Elegido por la Asamblea Nacional (1950), fue depuesto por un golpe militar (1969).

IDUMEA o **EDOM** Ant. región de Palestina, al S de Judea.

IDUS m. pl. En el ant. calendario romano, nombre de los días 15 de marzo, mayo, julio y octubre, y 13 de los meses restantes.

IFÉ C. del SO de Nigeria; 176 000 hab. Algodón, plata. Ind. del cacao. Fue sede de la cultura yoruba.

IFIGENIA *Mit. gr.* Hija de Agamenón, salvada por Artemisa cuando iba a ser sacrificada por su padre.

IFNI Territorio del SO de Marruecos, junto al Atlántico; 1 500 km², 50 000 hab. Cap., Sidi Ifni. Ant. prov. esp.

IGLESIA f. Congregación de fieles que siguen la religión de Cristo. ◊ Gobierno eclesiástico general del Papa, concilios y prelados. ◊ Diócesis; territorio de la jurisdicción de los prelados. ◊ Cada una de las religiones que se separaron del cristianismo. ◊ Templo cristiano. ◊ **anglicana.** La oficial en Gran Bretaña. Rechaza la autoridad del pontífice romano. ◊ **católica.** Sociedad nacida alrededor de la persona de Jesucristo y unida a Él por la vida divina. ◊ **evangélica.** Fusión de la luterana y la calvinista. ◊ **mayor.** La pral. de cada pueblo. ◊ **metropolitana.** La que es sede de un arzobispo. ◊ **ortodoxa.** Nombre del conjunto de I. orientales separadas de la de Roma a raíz del cisma de 1054. ◊ **parroquial.** La de una feligresía. ◊ **reformada.** Nombre de las comunidades protestantes.

IGLESIAS, *Julio* (n. 1945) Cantante esp., residente en EE UU. De su estilo destaca su aspecto melódico y sentimental. ◊ *Miguel* (1822-1901) Militar y político per., presid. de la rep. de 1883 a 1886. ◊ **Posse, *Pablo*** (1850-1925) Político socialista español. Fundó, en 1879, el Partido Socialista Obrero Español (PSOE) y en 1888 la Unión General de Trabajadores (UGT). ◊ **Villoud, *Héctor*** (nacido 1913) Compositor arg. *El oro del Inca* (ópera), *Amancay* (ballet).

IGLÚ m. Vivienda invernal de los esquimales, construida, en forma de semiesfera, con bloques de hielo.

IGNACIO (797-877) Santo. Patriarca de Constantinopla. ◊ (m. 107) Santo. Obispo de Antioquía; durante la persecución de Trajano, fue arrojado a las fieras. ◊ **De Loyola** (1491-1556) Santo. Militar y religioso esp., fundador de la Compañía de Jesús.

ÍGNEO, A adj. De fuego o que tiene alguna de sus cualidades. ◊ De color de fuego. ◊ *Geol.* Díc. del proceso petrográfico o de la roca originada en el interior de la corteza terrestre a elevada temperatura.

IGNICIÓN f. Estado de un cuerpo que arde o está incandescente. ◊ Inflamación de la mezcla de aire y carburante en un motor de explosión.

IGNÍFUGO, GA adj. Que disminuye o anula la combustibilidad de los cuerpos.

IGNOMINIA f. Afrenta pública que uno padece con causa o sin ella. ❑ IGNOMINIOSO, SA.

IGNORANCIA f. Falta de instrucción o de conocimientos sobre algo. ❑ IGNORANTE.

IGNORAR tr. No saber algo o no tener noticia de ello. ◊ Desentenderse de algo o de alguien, no hacer caso.

IGNOTO, TA adj. No conocido ni descubierto.

IGUAL adj. De la misma naturaleza, forma, cantidad o calidad de otra cosa. ◊ Liso, que no tiene cuestas ni profundidades. ◊ Muy parecido o semejante. ◊ Constante, no variable. ◊ Del mismo valor y aprecio. ◊ adj. y s. De la misma clase o condición. ◊ m. *Mat.* Signo de la igualdad, formado de dos rayas horizontales y paralelas (=).

IGUALA f. Ajuste o contrato de cierta cosa o cierto servicio.

Ifni. Puerta amurallada en Sidi Ifni

Ignacio de Loyola

IGUALA DE LA INDEPENDENCIA C. de México, en el est. de Guerrero; 45 400 hab. Minas de manganeso, oro y plata. ◊ **Plan de I.** Manifiesto de Iturbide (1821) en el que se proclamó la indep. mexicana.

IGUALAR tr. y prnl. Poner al igual con otra a una persona o cosa. ◊ tr. fig. Juzgar sin diferencia, o estimar a uno y tenerle en la misma opinión o afecto que a otro. ◊ Hablando de la tierra, allanar. ◊ intr. y prnl. Ser una cosa igual a otra.

IGUALATORIO m. Asociación de médicos y clientes en que éstos, mediante iguala, reciben la asistencia de aquéllos.

IGUALDAD f. Relación existente entre dos cosas iguales. ◊ Correspondencia y proporción que resulta de muchas partes que uniformemente componen un todo. ◊ *Mat.* Caso particular de la relación de equivalencia. Se dice que hay i. entre dos conjuntos cuando todo elemento de uno lo es del otro y recíprocamente. ❑ IGUALITARIO, RIA.

IGUANA f. *Zool.* Reptil saurio propio de las zonas tropicales y subtropicales de América. Algunas especies superan el metro de longitud.

IGUANODONTE m. *Pal.* Reptil dinosaurio de gran tamaño (unos 10 m de largo) que vivió durante el cretácico. Caminaba erguido sobre las patas posteriores.

IGUAZÚ (*Iguaçu*) Río del S de Brasil; 1 320 km. Nace en la Serra do Mar y desemboca en el Paraná. Forma las cataratas de su nombre (Salto Grande de Santa María, de 70 m de alt.).

IJADA f. Cualquiera de las dos cavidades simétricamente colocadas entre las costillas falsas y los huesos de las caderas. ◊ En los peces, parte anterior e inferior del cuerpo.

IJSSELMEER Lago del N de Países Bajos, extendido entre Holanda Septentrional y Frisia. Se formó en 1932 con la construcción de un dique que separó el entonces golfo de Zuiderzee del mar.

ILACIÓN f. Conexión lógica entre antecedente y consecuente. ◊ Enlace de las partes de un discurso, razonamiento.

ILATIVO, VA adj. Que se infiere o puede inferirse. ◊ *Gram.* Díc. de un tipo de conjunción.

ILDEFONSO (607-667) Santo. Arzo-

Illinois. Vista de una calle de Chicago

bispo de Toledo. *La virginidad de Santa María contra tres infieles.*

ÎLE-DE-FRANCE Región de Francia, articulada en torno a la agl. urb. de París; 12 012 km², 10 661 600 hab. Cap., París. Imp. centro industrial y de actividades terciarias.

ILEGAL adj. Que no es legal; contrario a la ley. ❏ ILEGALIDAD.

ILEGIBLE adj. Que no puede o no debe leerse.

ILEGITIMIDAD f. Falta de algún requisito para ser legítima una cosa. ❏ ILEGÍTIMO, MA.

ÍLEO m. *Med.* Oclusión intestinal que provoca la detención absoluta del tránsito de su contenido.

ILEOCECAL adj. *Anat.* Relativo a la zona de unión de los intestinos íleon y ciego.

ÍLEON m. *Anat.* Parte final, correspondiente a tres quintas partes de la longitud total del intestino delgado, entre el yeyuno y el ciego.

ILERGETE o **ILERGETA** adj. y s. Díc. de un pueblo prerromano esp. ◊ adj. y s. Díc. de los individuos de este pueblo. ◊ adj. Relativo a este pueblo.

ILESHA C. del SO de Nigeria, en el est. de Western; 224 000 hab. Algodón, cacao. Oro.

ILESO, SA adj. Que no ha recibido lesión o daño.

ILETRADO, DA adj. Falto de cultura o de instrucción.

ILI (chino, *Yili-ho*) Río de China y de Kazakistán, en Asia central; unos 1 400 km. Se forma en Sinkiang de la unión del Kunges y el Tekes y desemboca en el lago Baljash.

ILÍACO, CA adj. *Anat.* Relativo al íleon.

ILÍCITO, TA adj. No permitido legal ni moralmente. ❏ ILICITUD.

ILIMITADO, DA adj. Que no tiene límites.

ILION m. *Anat.* Hueso del coxal que forma el saliente de la cadera.

ILIÓN ⇨ Troya.

ILIRIA Ant. región adriática, habitada por los ilirios, correspondiente a parte de Bosnia-Herzegovina, Croacia, Serbia y Montenegro y Albania. Formó un reino propio, sometido post. por Roma.

ILIRIO, RIA adj. y s. Díc. del individuo de un pueblo indoeuropeo. ◊ adj. Relativo a este pueblo y a la región de Iliria.

ILLAMPU, *Nevado de* Pico de los Andes bolivianos; 6 421 m.

ILLIA, *Arturo Umberto* (1900-1983) Político arg. Candidato de la Unión Cívica Radical del Pueblo, fue elegido presid. de la república en 1963. Derrocado en 1966.

ILLICH, *Iván* (1926-2002) Pedagogo austr. Ha propuesto modelos pedagógicos alternativos. *Una sociedad sin escuela.*

ILLIMANI Macizo del O de Bolivia, al SE de La Paz. Alt. máx., 6 322 m.

ILLINOIS Río de EE UU, afl. izquierdo del Mississippi; 410 km.

ILLINOIS Est. del centro-nordeste de EE UU; 145 934 km², 11 431 000 hab. Cap., Springfield. C. prales.: Chicago, Rockford. Forma parte de las Grandes Llanuras norteam. Avenado por los r. Mississippi, Ohio, Wabash e Illinois. Maíz, avena, trigo, soja. Ganadería. Hulla, petróleo, gas natural. Ind. siderúrgica, mecánica.

ILLUECA, *Jorge* (n. 1918) Político pan. Vicepresid. de la rep. (1982). Tras la dimisión de Espriella (1984), ocupó interinamente la presidencia.

ILMEN Lago sit. en la parte NO de Rusia, al S de Leningrado.

ILMENITA f. *Miner.* Óxido de hierro y titanio. Cristaliza en el sist. romboédrico. Color negro y brillo metálico. Frecuente en rocas eruptivas y arena.

ILÓGICO, CA adj. Que carece de lógica.

ÍLOTA com. Esclavo del estado de Esparta. ◊ fig. El que se halla desposeído de los derechos de ciudadano.

ILUMINACIÓN f. Conjunto de luces dispuestas para alumbrar algo. ◊ Miniatura que adorna los manuscritos.

ILUMINADO, DA adj. y s. Díc. del miembro de una sociedad eticorreligiosa, secreta y herética, fundada en 1776 por Adam Weishaupt en Baviera. ◊ m. pl. Esta misma secta.

ILUMINANCIA f. *Fís.* Flujo luminoso por unidad de superficie, directamente proporcional al coseno del ángulo de incidencia e inversamente proporcional al cuadrado de la distancia del foco. Unidades: sist. Giorgi, el lux; sist. CGS, el phot.

ILUMINAR tr. Alumbrar, dar luz. ◊ Adornar con muchas luces los templos, casas u otros sitios. ◊ Dar color a las figuras, letras, etc., de una estampa, libro, grabado, etc. ◊ fig. Ilustrar el entendimiento con ciencias o estudios. ◊ *Teol.* Ilustrar interiormente Dios a la criatura.

ILUMINISMO m. Teoría de los iluminados. ◊ Nombre con que también se denomina a la Ilustración. ❏ ILUMINISTA.

ILUSIÓN f. Falsa percepción de un objeto a causa de una errónea interpretación de las sensaciones. ◊ Esperanza carente de fundamento. ◊ Alegría que produce la próxima realización de algo que se desea.

ILUSIONAR tr. Hacer que uno se forje ilusiones. ◊ prnl. Forjarse ilusiones.

ILUSIONISTA com. Artista que produce efectos ilusorios mediante juegos de manos, trucos, etc. ❏ ILUSIONISMO.

ILUSO, SA adj. y s. Engañado, seducido, preocupado. ◊ adj. Propenso a ilusionarse, soñador.

ILUSORIO, RIA adj. Capaz de engañar. ◊ Nulo y sin efecto.

ILUSTRACIÓN f. Representación gráfica que complementa y explica un texto. ◊ *Hist.* Movimiento cultural, característico del s. XVIII, que propugnaba la aplicación de la razón en todos los órdenes de la vida. En Francia encontró a sus prales. ideólogos: Montesquieu, Voltaire, Rousseau, Diderot, D'Alembert, que plasmaron esta actitud en la *Enciclopedia.* Otros imp. ilustrados fueron Hume (Gran Bretaña), Kant (Alemania), Aranda, Floridablanca, Jovellanos (España).

ILUSTRADO, DA adj. Díc. de la persona de entendimiento e instrucción. ◊ Relativo a la Ilustración. ◊ adj. y s. Partidario de este movimiento.

ILUSTRAR tr. y prnl. Dar luz al entendimiento. ◊ tr. Aclarar un punto o materia con palabras, imágenes o de otro modo. ◊ Adornar un impreso con láminas o grabados alusivos al texto. ◊ tr. y prnl. fig. Instruir, civilizar. ❏ ILUSTRATIVO, VA.

ILUSTRE adj. De distinguida prosapia. ◊ Insigne, célebre. ◊ Título de dignidad.

ILUSTRÍSIMO, MA adj. sup. de ilustre, que como tratamiento se da a ciertas personas por razón de su cargo o dignidad.

IMAGEN f. Representación grabada, pintada, dibujada o esculpida de una persona o cosa. ◊ Figura, representación, semejanza y apariencia de una cosa. ◊ Palabra o exp. que sugiere algo con lo que tiene cierta relación o analogía. ◊ Reproducción mental de un objeto a través de los sentidos. ◊ *Ópt.* Reproducción de un objeto debida a la convergencia de los rayos luminosos que, procedentes del objeto, atraviesan un sistema óptico (caso de las lentes) o se reflejan en él (caso de los espejos). ◊ *Electr.* Conjunto de elementos luminiscentes (puntos y líneas) que en una pantalla reproducen un objeto (caso de la TV) o su posición o trayectoria (caso del radar). ◊ **real.** *Ópt.* La que puede ser proyectada en una pantalla. ◊ **tridimensional.** La de un objeto tridimensional formada por un sistema óptico. ◊ **virtual.** *Ópt.* La que no puede proyectarse en una pantalla.

IMAGINACIÓN f. Facultad de reproducir mentalmente objetos ausentes y de crear imágenes mentales de algo no percibido antes o inexistente. ◊ Imagen formada por la fantasía. ❏ IMAGINABLE; IMAGINAR; IMAGINATIVO, VA.

IMAGINARIA f. *Mil.* Guardia de reserva. ◊ m. *Mil.* Soldado que por turno vela durante la noche en cada dormitorio de un cuartel.

IMAGINARIO, RIA adj. Que sólo tiene existencia en la imaginación.

IMAGINATIVA f. Potencia o facultad de imaginar. ◊ Sentido común.

IMAGINERÍA f. Bordado que imita la

pintura. ◊ Talla o pintura de imágenes sagradas. ◊ Conjunto de imágenes literarias de un autor, escuela o época. ❏ IMAGINERO, RA.

IMAGO f. Resultado de la última metamorfosis del insecto, cuando éste ya ha adquirido su aspecto definitivo.

IMAM m. *Rel.* Encargado de presidir y dirigir la oración en común de los musulmanes. Se le atribuyen facultades milagrosas y gran autoridad religiosa. ◊ Título de ciertos soberanos musulmanes.

IMÁN m. *Fís.* Cuerpo que atrae al hierro, bien por naturaleza, bien por propiedades adquiridas. Presenta dos polos, norte y sur, en los que se concentra la fuerza adhesiva. ◊ *Rel.* Imam. ◊ fig. Atractivo que ejerce algo, particularmente una persona. ◊ **artificial.** *Fís.* El constituido por una barra de un material ferromagnético, rodeado gralte. de un conductor y formando así una bobina. Al pasar la corriente eléctrica, la barra se imana fuertemente. ◊ **natural.** *Miner.* Magnetita.

IMANTAR tr. y prnl. Comunicar a un cuerpo propiedades magnéticas.

IMATACA, *serranía de* Alineación montañosa del macizo de la Guayana, al NE de Bolívar (Venezuela).

IMBABURA Macizo volcánico de Ecuador, sit. en la cordillera Occidental de los Andes, al SO de Ibarra. Alt. máx.: 4 630 m. ◊ Prov. del N de Ecuador; 4 559,3 km², 265 499 hab. Cap., Ibarra. Sit. en la Sierra (Andes). Abundantes cuencas lacustres (San Pablo, Yaguarcocha, Cuicocha). Cereales, patatas, caña de azúcar. Ganadería. Ind. textil. Artesanías y turismo.

IMBÉCIL adj. y s. Alelado, escaso de razón. ◊ Tonto, majadero.

IMBECILIDAD f. Déficit de desarrollo mental en que el sujeto posee una edad mental definitiva comprendida entre los tres y siete años. ◊ Tontería, acción o dicho imbécil.

IMBERBE adj. Díc. del joven que todavía no tiene barba.

IMBERT, *Julio* (n. 1918) Poeta y dramaturgo arg. *La noche más larga del año* (teatro), *El camino* (poesía).

IMBOMBERA f. *Ven.* Anemia.

IMBORNAL m. Agujero por donde se vacía el agua de lluvia de los terrados. ◊ *Mar.* Agujero para dar salida a las aguas que embarca el buque en los golpes de mar.

IMBORRABLE adj. Indeleble, que no se puede borrar.

IMBRICADO, DA adj. Díc. de las cosas que están sobrepuestas, como las tejas y las escamas. ◊ *Bot.* Díc. del tallo que está cubierto de escamas, y también de las hojas traslapadas.

IMBRICAR tr. Sobreponer parcialmente una serie de cosas.

IMBUIR tr. y prnl. Infundir, persuadir, inculcar.

IMBUNCHE m. Brujo que, según creencia de los araucanos, roba los niños pequeños. ◊ fig. *Chile.* Maleficio. ◊ fig. *Chile.* Asunto embrollado.

IMHOTEP (s. XVII a. C.) Arquitecto egipcio. Construcción en Saqqara de la primera pirámide escalonada.

IMITACIÓN f. Cosa hecha a imitación de otra. ❏ IMITATIVO, VA.

IMITAR tr. Ejecutar una cosa a ejemplo o semejanza de otra. ❏ IMITABLE; IMITADO, DA.

IMOSCAPO m. *Arq.* Parte inferior del fuste de una columna.

IMPACIENCIA f. Cualidad de impaciente. ◊ Exasperación, irritación.

IMPACIENTAR tr. Hacer que uno pierda la paciencia. ◊ prnl. Perder la paciencia.

IMPACIENTE adj. Que no tiene paciencia. ◊ Que tiene mucha prisa o deseos de que ocurra cierta cosa.

IMPACTAR tr. Provocar un choque físico. ◊ Impresionar.

IMPACTO m. Choque de un proyectil u otra cosa contra algo. ◊ Huella producida por este choque. ◊ fig. Efecto que produce en alguien o algo un suceso o acción.

IMPAGADO, DA adj. y m. Que no se ha pagado. Díc. en especial del efecto mercantil, pasado su día de vencimiento.

IMPAGO adj. fam. *Argent., Chile* y *Ecuad.* Díc. de la persona a quien no se ha pagado.

IMPALA m. Rumiante antilopino bóvido que vive en África.

IMPALPABLE adj. Que no produce sensación al tacto. ◊ fig. Ligero, sutil.

IMPAR adj. Que no tiene par o igual. ◊ Díc. de los números enteros que no son divisibles por 2.

IMPARABLE adj. Que no se puede parar.

IMPARCIALIDAD f. Falta de designio anticipado o de prevención en favor o en contra de personas o cosas, que resulta poderse juzgar o proceder con rectitud. ❏ IMPARCIAL.

IMPARIPINNADO, DA adj. *Bot.* Díc. de la hoja pinnada con un número impar de folíolos.

IMPARISÍLABO, BA adj. Se aplica a las palabras, versos, etc., formados por un número impar de sílabas.

IMPARTIR tr. Repartir, comunicar, dar.

IMPASIBLE adj. Incapaz de padecer. ◊ Indiferente, imperturbable. ❏ IMPASIBILIDAD.

IMPASSE (voz fr.) m. Atolladero, callejón sin salida.

IMPAVIDEZ f. Valor y serenidad de ánimo ante los peligros. ❏ IMPÁVIDO, DA.

IMPECABLE adj. Incapaz de pecar. ◊ fig. Intachable, perfecto, irreprochable. ❏ IMPECABILIDAD.

IMPEDANCIA f. *Fís.* Cociente entre la tensión eficaz aplicada a un circuito eléctrico o electrónico y la intensidad que por él circula.

IMPEDIDO, DA adj. y s. Díc. de la persona que no puede moverse por incapacidad física o que no puede utilizar uno de sus miembros; tullido.

IMPEDIMENTA f. Bagaje que suele llevar la tropa y dificulta las marchas y operaciones.

IMPEDIMENTO m. Obstáculo, estorbo para una cosa. ◊ Cualquiera de las circunstancias que hacen ilícito o nulo el matrimonio.

IMPEDIR tr. Estorbar, imposibilitar la ejecución de una cosa. ◊ Suspender, embargar el ánimo. ❏ IMPEDITIVO, VA.

IMPELER tr. Dar empuje para producir movimiento. ◊ fig. Incitar, estimular.

IMPENETRABILIDAD f. Propiedad de los cuerpos según la cual dos no pueden ocupar simultáneamente un mismo lugar en el espacio.

IMPENETRABLE adj. Que no puede penetrar. ◊ Que no puede ser conocido o descubierto.

IMPENITENCIA f. Obstinación en el pecado. ❏ IMPENITENTE.

IMPENSABLE adj. Que no se puede racionalmente pensar; absurdo.

IMPENSADO, DA adj. Se aplica a las cosas que suceden sin pensar en ellas o sin esperarlas.

IMPEPINABLE adj. fam. Indudable.

IMPERAR intr. Ejercer la dignidad imperial. Mandar, dominar. ❏ IMPERANTE.

IMPERATIVO, VA adj. y m. Que impera o manda. ◊ adj. *Gram.* Díc. de un modo del verbo.

IMPERCEPTIBLE adj. Que no se puede percibir. ❏ IMPERCEPTIBILIDAD.

IMPERDIBLE adj. Que no puede perderse. ◊ m. Alfiler que se abrocha de modo que no pueda abrirse fácilmente.

IMPERDONABLE adj. Que no se debe o puede perdonar.

IMPERECEDERO, RA adj. Que no perece. ◊ fig. Inmortal, eterno.

IMPERFECCIÓN f. Falta de perfección. ◊ Falta o defecto.

IMPERFECTO, TA adj. No perfecto. ◊ Principiado y no concluido o perfeccionado. ◊ adj. y m. *Gram.* Díc. de una forma gramatical del futuro y del pretérito del verbo.

IMPERIAL adj. Perteneciente al emperador o al imperio. ◊ f. Sitio con asientos que algunos carruajes tienen encima de la cubierta.

IMPERIALISMO m. *Econ.* y *Pol.* Política nacional expansionista y de dominio económico. ❏ IMPERIALISTA.

❑ *Econ.* y *Pol.* Marx apuntó la tendencia del capitalismo a expansionarse, anunciando que ello significaría un proceso de concentración de capitales. Posteriormente, S. Amín y A. Gunder

Guillermo I, que proclamó el segundo **imperio alemán** en 1871

Frank han elaborado el concepto de «economía mundial», en la que la hegemonía correspondería a los países «centrales» o industrialmente desarrollados, en tanto que los países «periféricos» (el llamado Tercer Mundo) serían las economías dependientes.

IMPERICIA f. Falta de pericia o habilidad en una ciencia o arte.

IMPERIO m. Acción de imperar o mandar con autoridad. ◊ Dignidad, ejercicio de emp. ◊ Espacio de tiempo que dura el gobierno de un emp. ◊ Tiempo durante el cual hubo emp. en determinado país. ◊ Estados sujetos a un emp. ◊ Organización política constituida por un est. central poderoso y varias dependencias. Es el producto lógico de la conquista. ◊ **alemán.** Constituido en 1871 bajo el gobierno del rey de Prusia Guillermo I (II Reich) y abolido en 1918 después de la abdicación de Guillermo II. Hitler lo restableció en 1934 (III Reich). ◊ **austrohúngaro.** ⇨ Austria-Hungría. ◊ **británico.** Conjunto de territorios que, hasta 1931, estuvieron bajo soberanía británica. Dio paso a la Commonwealth. ◊ **de Occidente.** Parte occidental del i. romano adjudicada a Honorio en el reparto hecho por Teodosio en 395. ◊ **de Oriente.** ⇨ Bizancio. ◊ **español.** Conjunto de países que estuvieron sometidos a España. ◊ **inca.** ⇨ inca. ◊ **romano.** ⇨ Roma. ◊ **Primer Imperio Francés.** Régimen que tuvo Francia entre 1804, año en que la República concedió a Napoleón Bonaparte el título de emp., y 1814, año de su abdicación. ◊ **Segundo Imperio Francés.** Régimen que tuvo Francia entre 1852, año en que Napoleón III asumió todos los poderes y se proclamó emp., y 1870, cuando fue derrocado.

IMPERIOSO, SA adj. Díc. del que manda autoritariamente. ◊ Que conlleva fuerza o exigencia.

IMPERMEABILIZACIÓN f. Procedimiento para impermeabilizar ciertos cuerpos o superficies.

IMPERMEABLE adj. Que no puede ser atravesado por agua u otro líquido. ◊ m. Sobretodo hecho con tela impermeable. ❑ IMPERMEABILIDAD; IMPERMEABILIZAR.

IMPERSONAL adj. Que no pertenece ni se aplica a una persona en particular. ◊ *Gram.* Díc. de una clase de verbos. ❑ IMPERSONALIDAD.

IMPERTÉRRITO, TA adj. Díc. de aquel a quien no se asusta fácilmente o a quien nada intimida.

IMPERTINENTE adj. Inoportuno o improcedente. ◊ adj. y s. Indiscreto. ◊ Exigente. ❑ IMPERTINENCIA.

IMPERTURBABLE adj. Que no se perturba. ❑ IMPERTURBABILIDAD.

IMPÉTIGO m. *Pat.* Infección cutánea causada por bacterias, que produce aparición de pústulas que tras secarse se convierten en escamas amarillentas.

IMPETRAR tr. Conseguir una gracia que se ha solicitado. ◊ Implorar. ❑ IMPETRACIÓN; IMPETRATORIO, RIA.

ÍMPETU m. Movimiento acelerado y violento. ◊ La misma fuerza o violencia. ❑ IMPETUOSIDAD; IMPETUOSO, SA.

IMPHAL C. de la India, cap. del est. de Manipur; 196 300 hab.

IMPÍO, A adj. Falto de piedad o de religión.

IMPLACABLE adj. Que no se puede aplacar.

IMPLANTAR tr. Establecer y poner en ejecución doctrinas nuevas, instituciones, prácticas o costumbres. ◊ *Amér.* Establecer, plantear. ◊ prnl. *Biol.* Establecerse un elemento (óvulo, dientes, pelo, etc.) en el lugar destinado para recibirlo. ❑ IMPLANTACIÓN.

IMPLICACIÓN f. Contradicción, oposición de los términos entre sí. ◊ Relación o repercusión que entraña una cosa. ◊ *Der.* Estado de una persona relacionada con una infracción de la ley.

IMPLICAR tr. y prnl. Envolver, enredar. ◊ fig. Contener, llevar en sí, significar. ◊ intr. Obstar, impedir, envolver contradicción. Se usa más con adv. de negación. ❑ IMPLICATORIO, RIA.

IMPLÍCITO, TA adj. Díc. de aquello que se considera incluido en una proposición sin que necesariamente se exprese.

IMPLORAR tr. Pedir con ruegos o lágrimas una cosa.

IMPLOSIÓN f. Acción de romperse hacia dentro con estruendo las paredes de una cavidad en cuyo interior existe una presión inferior a la exterior.

IMPLOSIVO, VA adj. y f. *Fon.* Díc. de la articulación o sonido oclusivo que por ser final de sílaba, como la *p* de *apto* o la *c* de *néctar*, termina sin la abertura súbita de los consonantes explosivas.

IMPLUVIO m. Espacio descubierto en medio del atrio de las casas romanas, para recoger el agua de lluvia.

IMPOLUTO, TA adj. Limpio, sin manchar.

IMPONDERABLE adj. Que no puede pesarse. ◊ m. Factor imprevisible que interviene en un suceso, cuyas consecuencias no se pueden calcular de antemano.

IMPONER tr. y prnl. Poner una carga, obligación u otra cosa. ◊ tr. e intr. Infundir respeto o miedo ◊ tr. Poner di-

Impluvio de la casa del Fauno, en Pompeya

nero a rédito o en depósito. ◊ prnl. Hacer uno valer su autoridad. ◊ Extenderse, arraigar una costumbre, etc.

IMPOPULAR adj. Que no es grato a la mayoría. ❑ IMPOPULARIDAD.

IMPORTACIÓN f. *Econ.* Entrada de productos extranjeros. ◊ Conjunto de cosas importadas.

IMPORTANCIA f. Calidad de lo que importa o conviene. Que tiene valor, interés o categoría. ❑ IMPORTANTE.

IMPORTAR intr. Convenir, interesar, ser de mucha entidad o consecuencia. ◊ tr. Hablando del precio de la cosas, valer una cantidad. ◊ Introducir en un país géneros, artículos, costumbres o juegos extranjeros. ❑ IMPORTADOR, RA.

IMPORTE m. Cuantía de un precio, deuda, etc.

IMPORTUNAR tr. Incomodar o molestar con una pretensión o solicitud.

IMPOSIBILIDAD f. Falta de posibilidad para existir una cosa o para hacerla.

IMPOSIBILITADO, DA adj. Tullido, privado de movimiento.

IMPOSIBILITAR tr. Quitar la posibilidad de ejecutar o conseguir una cosa.

IMPOSIBLE adj. y m. No posible. ◊ Sumamente difícil. ◊ adj. Inaguantable, enfadoso, intratable.

IMPOSICIÓN f. Carga u obligación que se impone. ◊ Exigencia desmedida. ◊ Cantidad colocada en una cuenta.

IMPOSITIVO, VA adj. Relativo a los impuestos.

IMPOSITOR, RA adj. y s. Que impone.

IMPOSTA f. *Arq.* Hilada de sillares en que se asienta un arco.

IMPOSTOR, RA adj. y s. Que finge o engaña con apariencia de verdad. ◊ Díc. de la persona que se hace pasar por otra. ❑ IMPOSTURA.

IMPOTENCIA f. Falta de poder para hacer una cosa. ◊ Incapacidad para realizar el coito o para engendrar o concebir. ❑ IMPOTENTE.

IMPRACTICABLE adj. Que no se puede practicar. ◊ Intransitable.

IMPRECAR tr. Proferir palabras con que se pida que alguien reciba mal o daño. ❑ IMPRECACIÓN; IMPRECATORIO, RIA.

IMPRECISIÓN f. Falta de precisión. ❑ IMPRECISO, SA.

IMPREGNAR tr. y prnl. Introducir entre las moléculas de un cuerpo las de otro en cantidad perceptible, sin que se produzca combinación. ◊ Empapar una cosa porosa hasta que ya no admita más líquido. ❑ IMPREGNACIÓN.

IMPRENTA f. Arte de imprimir. ◊ Taller donde se imprime. ◊ Forma de letra con que se imprime una obra. ◊ fig. Lo que se publica impreso. ◊ *Chile.* Acción de imprentar.

❑ *Hist.* Desde el s. VI los chinos conocían la xilografía, que pasó a Europa en el s. XII. Hacia 1435, Gutemberg inició la impresión tipográfica. El primer impreso esp. data de h. 1468. México fue el primer país latinoamericano donde llegó la i. (h. 1535). Post. pasó a Perú (1583), entre 1600 y 1700 a Paraguay, Colombia y Cuba; y tardíamente a Argentina (1763) y Venezuela (1808).

IMPRENTAR tr. *Chile.* Planchar. ◊ *Chile.* Proyectar, idear.

IMPRESCINDIBLE adj. Díc. de aquello de que no se puede prescindir.

IMPRESCRIPTIBLE adj. Que no puede prescribir. ❑ IMPRESCRIPTIBILIDAD.

IMPRESENTABLE adj. Que no es digno de presentarse o de ser presentado.

IMPRESIÓN f. Marca que una cosa deja en otra apretándola. ◊ Calidad o forma de letra con que está impresa una obra. ◊ Obra impresa. ◊ Efecto o alteración que causa en un cuerpo otro extraño. ◊ fig. Efecto producido sobre los sentidos o sobre el espíritu.

IMPRESIONAR tr. y prnl. Fijar por medio de la persuasión en el ánimo de otro una especie, o hacer que la conciba con fuerza y viveza. ◊ tr. Exponer una superficie convenientemente preparada a la acción de las vibraciones acústicas o luminosas, de manera que queden fijadas en ella y puedan ser reproducidas por procedimientos fonográficos o fotográficos. ◊ tr. y prnl. Conmover hondamente. ❑ IMPRESIONABILIDAD; IMPRESIONABLE; IMPRESIONANTE.

IMPRESIONISMO m. Movimiento esencialmente pictórico que nació en Francia en la segunda mitad del s. XIX. ❑ IMPRESIONISTA.
❑ *Hist.* Los primeros impresionistas fueron Bazille, Monet, Sisley, Renoir, Pissarro, Cézanne, Guillaumin, Degas y Manet. Convertían la superficie del lienzo en un conjunto de luz y de color que disuelve los contornos. Seurat, Gauguin y Van Gogh pertenecen a la segunda generación.

Impresionismo. *Final de un arabesco*, pastel de E. Degas

IMPRESO m. Libro, folleto u hoja impresos. ◊ Formulario i. con espacios en blanco para llenar.

IMPRESOR, RA m. y f. Persona que tiene una imprenta. ◊ Persona que trabaja en ella. ◊ f. Dispositivo periférico de un ordenador, que escribe caracteres alfanuméricos y especiales sobre papel.

IMPREVISIÓN f. Falta de previsión. ❑ IMPREVISOR, RA; IMPREVISTO, TA.

IMPRIMACIÓN f. Conjunto de ingredientes con que se imprima.

IMPRIMAR tr. Preparar con los ingredientes necesarios las cosas que han de ser pintadas o teñidas.

IMPRIMÁTUR m. fig. Licencia que da la autoridad eclesiástica para imprimir un escrito.

IMPRIMIR tr. Señalar en el papel o en

una materia semejante los textos o dibujos, apretándolos en la prensa. ◊ fig. Fijar algo en el ánimo de alguien.

ÍMPROBO, BA adj. Falto de probidad, malvado. ◊ Aplícase al trabajo excesivo y continuado.

IMPROCEDENTE adj. No conforme a derecho. ◊ Inadecuado, extemporáneo. ❑ IMPROCEDENCIA.

IMPRODUCTIVO, VA adj. Díc. de lo que no produce.

IMPROMPTU m. *Mús.* Composición con carácter de improvisación.

IMPRONTA f. Reproducción de imágenes en hueco o de relieve, realizada en una materia blanda o moldeable. ◊ fig. Marca que en el orden moral deja una cosa en otra.

IMPROPERIO m. Injuria grave de palabra.

IMPROPIO, PIA adj. Que no tiene las cualidades convenientes según las circunstancias. ◊ Ajeno, extraño. ❑ IMPROPIEDAD.

IMPRORROGABLE adj. Que no se puede prorrogar.

IMPROVISACIÓN f. Obra improvisada.

IMPROVISAR tr. Hacer una cosa de pronto, sin estudio ni preparación alguna.

IMPRUDENCIA f. Falta de prudencia. ❑ IMPRUDENTE.

IMPÚBER adj. y s. Que no ha llegado aún a la pubertad.

IMPUDICIA f. Descaro, desvergüenza. ❑ IMPÚDICO, CA.

IMPUDOR m. Falta de pudor y de honestidad. ◊ Cinismo en defender cosas vituperables.

IMPUESTO m. Contribución con que el Est. grava los bienes de individuos y empresas y su trabajo, para sufragar los gastos públicos. ◊ **directo.** El que grava directamente los incrementos de renta del contribuyente. ◊ **indirecto.** El que grava los productos fabricados y puestos a la venta. ◊ **sobre el valor añadido** (*IVA*). El que grava el valor añadido en cada fase del proceso de producción. ◊ **sobre la renta.** El que grava la renta global de las personas físicas y jurídicas. ◊ Tributo, carga.

IMPUGNAR tr. Combatir, refutar. ❑ IMPUGNABLE; IMPUGNACIÓN.

IMPULSAR tr. Empujar para producir movimiento. ◊ Estimular, promover una acción.

IMPULSIVO, VA adj. Díc. de lo que impele o puede impeler. ◊ Díc. del que, llevado de un impulso afectivo, habla o procede sin reflexión ni cautela. ❑ IMPULSIVIDAD.

IMPULSO m. Instigación, sugestión. ◊ *Fís.* Producto de la intensidad de la fuerza por su tiempo de duración. ◊ *Psic.* Tendencia irreflexiva e irresistible a ejecutar un acto. ◊ Grupo de oscilaciones de elevada frecuencia y de muy corta duración, transmitidas periódicamente por una radioemisora. ◊ **nervioso.** Conjunto de fenómenos electroquímicos que suceden en los nervios y que sirven para transmitir información sensorial hacia los centros nerviosos e información efectora desde éstos hasta los órganos más periféricos.

IMPUNIDAD f. Falta de castigo. ❑ IMPUNE.

IMPUREZA f. Mezcla de partículas extrañas a un cuerpo o materia. ◊ Falta

IMPRESIÓN

Antes de llegar a imprimir una obra es necesario preparar los dos elementos básicos que la componen: texto e ilustración. El primero se compone en linotipias o modernos sistemas informáticos, para luego plasmarse en su forma final en película fotográfica. Por su parte, la ilustración debe ser filmada en cuatricromía, es decir, que los colores originales de la imagen se reproducirán por superposición de cuatro películas (magenta, cián, amarillo y negro). Para la exploración de las imágenes, actualmente se emplean escáneres que dan directamente las tramas correspondientes a cada una de las cuatro películas

Una vez realizada la impresión se procede al plegado y, en su caso, corte del papel, para dar la forma definitiva a la obra de que se trate (libro, revista, folleto, etc.), que posteriormente será encuadernada o grapada, según proceda

Inca. Ruinas de Machu-Picchu

de pureza; obscenidad. ◊ fig. Mancha o defecto moral. ❏ IMPURO, RA.

IMPUTABILIDAD f. Calidad de imputable. ◊ Responsabilidad moral.

IMPUTAR tr. Atribuir a otro una culpa, delito o acción. ◊ Señalar la aplicación o inversión de una cantidad, sea al entregarla, sea al tomar razón de ella en cuenta. ❏ IMPUTABLE; IMPUTACIÓN.

IN Prep. insep. que se convierte en *im* delante de *b* o *p*.; en *i*, por *il*, delante de *l*, y en *ir* delante de *r*. Por regla general equivale a *en*. ◊ Pref. negativo o privativo latino que con ese mismo valor se usa en castellano.

INACABABLE adj. Que no se puede acabar, que no se le ve el fin.

INACCESIBLE adj. No accesible.

INACEPTABLE adj. Que no se puede aceptar o creer.

INACTIVAR intr. Hacer perder la actividad. ◊ prnl. Perder algo su actividad. ❏ INACTIVACIÓN; INACTIVIDAD; INACTIVO, A.

INADAPTADO, DA adj. y s. Díc. del individuo no integrado al medio en que vive.

INAGOTABLE adj. Que no se puede agotar.

INAGUANTABLE adj. Que no se puede aguantar o sufrir.

INAJENABLE adj. Inalienable.

INALÁMBRICO, CA adj. Díc. del sistema eléctrico de comunicación carente de alambres conductores.

INALIENABLE adj. Que no se puede enajenar.

INAMBARI Río de Perú, afl. derecho del Madre de Dios; 450 km.

INAMBÚ m. *Amér. Merid.* Ave de cuerpo robusto, cuello largo y cabeza pequeña, cuya carne es comestible. También recibe el nombre de *pollo de la Pampa.*

INAMOVIBLE adj. Que no es movible. ❏ INAMOVILIDAD.

INANE adj. Vano, fútil. ❏ INANIDAD.

INANICIÓN f. Estado de agotamiento causado principalmente por una prolongada privación de alimentos.

INANIMADO, DA adj. Que no tiene vida. ◊ Desmayado, sin sentido.

INAPELABLE adj. Se aplica a la sentencia o fallo que no se puede apelar. ◊ fig. Irremediable, inevitable.

INAPETENCIA f. Falta de apetito. ❏ INAPETENTE.

INAPRECIABLE adj. Que no se puede apreciar o distinguir. ◊ Inestimable.

INARTICULADO, DA adj. No articulado. ◊ Díc. también de los sonidos de la voz con que no se forman palabras.

INAUDIBLE adj. Que no se puede oír.

INAUDITO, TA adj. Nunca oído. ◊ fig. Inconcebible, increíble.

INAUGURAR tr. Dar principio a una cosa con cierta solemnidad. ◊ Abrir solemnemente un establecimiento público. ◊ Celebrar el estreno de una obra, edificio o monumento con alguna ceremonia. ❏ INAUGURACIÓN; INAUGURAL.

INCA adj y s. Grupo étnico peruano que creó un imp. imperio en los tiempos inmediatamente anteriores a la conquista esp. Se trataba de una sociedad fuertemente jerarquizada en la que la tierra pertenecía al Estado y era explotada en régimen de colectividad. ◊ adj. Perteneciente al pueblo inca. ◊ m. Nombre de soberano quechua y, p. ext., del conjunto de pueblos y territorios sometidos a su autoridad. ◊ Moneda de oro de la rep. del Perú.
❏ *Hist.* El origen del pueblo i. fue probablemente la cultura *colla* (ss. XIII-XV) del altiplano bol. Un grupo de familias debió de trasladarse al valle del Cuzco, donde consiguió imponerse, y adoptó la lengua quechua. El primer soberano, Manco Cápac, fundó la c. de Cuzco, cuyos límites no se traspasaron hasta el reinado de Cápac Yupanqui, el primer conquistador. Pachacútec rechazó a los chanca y llegó hasta el altiplano de Bolivia y a los valles andinos. Con su coronación (1438) comienza realmente el imperio incaico. Su hijo, Tupac Yupanqui, se adentró en el actual Ecuador. Su sucesor, Huayna Cápac (1493-1525), consolidó el imperio, pero al morir lo repartió entre su heredero legítimo, Huáscar, y Atahualpa, fruto de su relación con una princesa de Quito. En 1525 estalló entre ambos hermanos una guerra durante la cual se produjo la llegada de Pizarro, hecho que puso fin a la autonomía de los incas.
❏ *Arte.* Sobresalieron los incas en la arquitectura ciclópea, de enormes piedras irregulares que encajaban sin ningún cemento. Famosas son la fortaleza de Sacsahuamán, situada sobre Cuzco, y la de Machu-Picchu, edificada por los

incas fugitivos de la conquista esp. La orfebrería y el arte plumaria alcanzaron un nivel muy alto, en tanto que la escultura, los tejidos y la cerámica estuvieron menos evolucionados.

INCA Roca (s. XIII) Soberano inca. Mediante un golpe de Estado se impuso como único soberano de las tribus.

INCAHUASI, *Cerro* Pico de los Andes, entre Argentina y Chile; 6 638 m.

INCAICO, CA adj. Relativo a los incas.

INCALIFICABLE adj. Que no se puede calificar. ◊ Muy vituperable.

INCANDESCENCIA f. Estado de un cuerpo que, por elevación de su temperatura, emite luz. ❏ INCANDESCENTE.

INCANSABLE adj. Incapaz de cansarse.

INCAPACIDAD f. Falta de capacidad para hacer, recibir o aprender una cosa. ◊ fig. Rudeza, falta de entendimiento. ❏ INCAPAZ.

INCAPACITAR tr. Decretar la falta de capacidad civil de personas mayores de edad. ◊ Decretar la carencia, en una persona, de las condiciones legales para ocupar un cargo público. ◊ INCAPACITADO, DA.

INCARDINAR tr. y prnl. Admitir un obispo como súbdito propio a un eclesiástico de otra diócesis. ❏ INCARDINACIÓN.

INCAUTARSE prnl. Tomar posesión un tribunal, u otra autoridad competente, de bienes particulares. ◊ Apoderarse alguien de una cosa arbitrariamente. ❏ INCAUTACIÓN.

INCAUTO, TA adj. Que no tiene cautela. ◊ Falto de malicia y fácil de engañar.

INCENDIARIO, RIA adj. y s. Díc. del que voluntariamente provoca un incendio. ◊ fig. Escandaloso, subversivo.

INCENDIO m. Fuego grande que se propaga y causa estragos. ◊ fig. Pasión vehemente, impetuosa. ❏ INCENDIAR.

INCENSAR tr. Dirigir con el incensario el humo del incienso hacia una persona o cosa. ◊ fig. Lisonjear.

INCENSARIO m. Braserillo con cadenillas y tapa, que sirve para incensar.

INCENTIVO, VA adj. y m. Que mueve o excita a desear o hacer una cosa.

INCERTIDUMBRE f. Falta de certidumbre.

INCESANTE adj. Que no cesa.

INCESTO m. Relación sexual entre parientes de primer grado. ❏ INCESTUOSO, SA.

INCHÁUSTEGUI Cabral, *Héctor* (1912-1979) Escritor dom. *Poemas de una sola angustia, Miedo en un puñado de polvo.*

INCHÓN (*Incheon* o *Chemulpo*) C. del NO de la República de Corea, sit. al O de Seúl; 1 084 700 hab. Centro industrial.

INCIDENCIA f. Lo que sucede en el curso de un asunto y que está relacionado con él. ◊ *Geom.* Caída de una línea, de un plano o de un cuerpo o la de un rayo de luz, sobre otro cuerpo, plano, línea o punto.

INCIDENTE adj. y m. Que sobreviene en el curso de un asunto y tiene con éste algún enlace. ◊ Disputa, riña, pelea.

INCIDIR intr. Incurrir en una falta, error, etc. ◊ Hacer incisión. ◊ Chocar un rayo de luz, proyectil, etc., contra aquello a que va dirigido.

INCIENSO m. Gomorresina de olor aromático al arder, que se extrae de varios árboles. ◊ *Cuba.* Planta aromática. ◊ fig. Lisonja.

INCIERTO, TA adj. No verdadero. ◊ Inconstante, no seguro. ◊ Desconocido, no sabido.

INCINERAR tr. Reducir una cosa a cenizas, especialmente un cadáver. ❑ INCINERACIÓN; INCINERADOR, RA.

INCIPIENTE adj. Que empieza.

INCISIÓN f. Hendidura hecha con instrumento cortante en algunos cuerpos. ◊ Corte o pausa tras el acento en poesía. ❑ INCISORIO, RIA; INCISURA.

INCISIVO, VA adj. Apto para abrir o cortar. ◊ adj. y m. *Anat.* Díc. de los dientes mediales de la mandíbula de los mamíferos, utilizados normalmente para cortar los alimentos, cuyo núm. varía, desde 12 en los marsupiales e insectívoros hasta dos en ciertos quirópteros.

INCISO, SA adj. Cortado, dicho del estilo. ◊ *Gram.* Oración breve intercalada en el contexto y relacionada con él.

INCITAR tr. Estimular a uno para que ejecute una cosa. ❑ INCITACIÓN.

INCIVILIDAD f. Falta de civilidad, cultura o buena educación. ❑ INCIVIL; INCIVILIZADO, DA.

INCLEMENCIA f. Falta de clemencia. ◊ fig. Rigor de la estación, especialmente en el invierno.

INCLINACIÓN f. Reverencia. ◊ Afecto, propensión a una cosa. ◊ *Astr.* Ángulo formado por el plano de la eclíptica y el plano de la órbita de un planeta. ◊ *Geom.* Dirección de una línea o superficie en relación a otra. ◊ **magnética.** Ángulo que forma una aguja imantada con la horizontal. ❑ INCLINÓMETRO.

INCLINAR tr. y prnl. Torcer, separar de la posición vertical u horizontal. ◊ Apartar una cosa de su posición perpendicular a otra. ◊ tr. fig. Persuadir. ◊ prnl. Propender a hacer, pensar o sentir una cosa. ❑ INCLINATIVO, VA.

ÍNCLITO, TA adj. Ilustre, esclarecido, afamado.

INCLUIR tr. Poner una cosa dentro de otra o dentro de sus límites. ◊ Contener una cosa a otra, o llevarla implícita. ❑ INCLUSIVO, VA.

INCLUSA f. Casa en donde se recoge y cría a los niños expósitos. ❑ INCLUSERO, RA.

INCLUSIÓN f. Cosa incluida en otra u otras. ◊ Estructura normal o patológica que se encuentra en el interior de la célula y que resulta de sus procesos metabólicos.

INCLUSIVE adv. modo. Incluyendo el último objeto nombrado.

INCLUSO, SA adj. Díc. de lo que está incluido en otra cosa. ◊ adv. modo. Con inclusión de. ◊ prep. y conj. Hasta, aun.

INCOAR tr. Comenzar una cosa, especialmente un proceso o alguna otra actuación oficial. ❑ INCOACIÓN.

INCÓGNITO, TA adj. No conocido. ◊ adj. y f. *Mat.* Díc. de la cantidad desconocida que se determina resolviendo una ecuación.

INCOHERENCIA f. Falta de coherencia. ❑ INCOHERENTE.

INCOLORO, RA adj. Que carece de color.

INCÓLUME adj. Sano, sin lesión ni menoscabo. ❑ INCOLUMIDAD.

INCOMBUSTIBLE adj. Díc. del cuerpo que no arde ni se altera ante la acción del fuego. ❑ INCOMBUSTIBILIDAD.

INCOMODAR tr. y prnl. Causar incomodidad. ◊ Enfadar, molestar. ❑ INCÓMODO, DA.

INCOMODIDAD f. Falta de comodidad. ◊ Molestia, fatiga. ◊ Disgusto.

INCOMPARABLE adj. Que no tiene o no admite comparación.

INCOMPARECENCIA f. Falta de asistencia a un acto o lugar al que hay obligación de comparecer.

INCOMPATIBLE adj. No compatible con otra cosa. ❑ INCOMPATIBILIDAD.

INCOMPETENCIA f. Falta de competencia o de jurisdicción. ❑ INCOMPETENTE.

INCOMPLETO, TA adj. No completo.

INCOMPRENDIDO, DA adj. y s. Díc. de la persona que no es comprendida por los demás.

Brújula para medir la **inclinación magnética**

INCOMPRENSIBLE adj. Que no se puede comprender. ◊ Inconcebible. ❑ INCOMPRENSIBILIDAD.

INCOMPRESIBLE adj. Que no se puede comprimir o reducir a menor volumen. ❑ INCOMPRESIBILIDAD.

INCOMUNICAR tr. Aislar, dejar incomunicadas a personas o cosas. ◊ prnl. Aislarse, negarse al trato con otras personas. ❑ INCOMUNICACIÓN; INCOMUNICADO, DA.

INCONCEBIBLE adj. Que no puede concebirse o comprenderse.

INCONCLUSO, SA adj. No acabado, no concluido.

INCONCRETO, TA adj. Vago, impreciso.

INCONDICIONAL adj. Absoluto, sin restricción. ◊ com. Persona adepta a otra o a una idea, sin limitación o condición ninguna.

INCONEXIÓN f. Falta de conexión o unión de una cosa con otra. ❑ INCONEXO, XA.

INCONFESABLE adj. Díc. de lo que por ser vergonzoso no puede confesarse.

INCONFORME adj. y s. Persona que mantiene una actitud contraria a lo establecido en el orden moral, político, social, estético, etc. ◊ Disconforme.

INCONFORMISTA com. Persona hostil a lo establecido. ❑ INCONFORMISMO.

INCONGRUENCIA f. Sin congruen-

cia. ◊ Cosa incongruente. ❑ INCONGRUENTE.

INCONMENSURABLE adj. Díc. de aquello que no ha sido medido o evaluado. ◊ *Mat.* Se aplica a las cantidades que no tienen unidad común de medida, es decir, cuya razón es un número irracional. ◊ fam. Grandísimo o inmenso. ❑ INCOMENSURABILIDAD.

INCONMOVIBLE adj. Que no se puede conmover o alterar.

INCONSCIENCIA f. Estado del individuo que ha perdido la facultad de percibir los estímulos externos y de controlar los propios actos y reacciones.

INCONSCIENTE adj. y s. No consciente, que actúa sin reflexión ni prudencia. ◊ Que no está consciente; desmayado, aturdido.

INCONSECUENCIA f. Falta de consecuencia en lo que se dice o hace. ◊ Acción o cosa inconsecuente.

INCONSECUENTE adj. y s. Que no se sigue o deduce de otra cosa. ◊ Que procede con inconsecuencia.

INCONSISTENCIA f. Falta de consistencia. ❑ INCONSISTENTE.

INCONSTANCIA f. Falta de estabilidad y permanencia de una cosa. ◊ Facilidad y ligereza con que uno cambia de opinión, de amigos, etc. ❑ INCONSTANTE.

INCONSTITUCIONALIDAD f. Oposición de una ley, de un decreto o de un acto a los preceptos de la constitución. ❑ INCONSTITUCIONAL.

INCONTABLE adj. Que no puede contarse. ◊ Muy difícil de contar, numerosísimo.

INCONTENIBLE adj. Que no se puede contener o refrenar.

INCONTESTABLE adj. Que no se puede impugnar ni dudar con fundamento. ❑ INCONTESTABILIDAD.

INCONTINENCIA f. Falta de continencia. ◊ *Med.* Emisión involuntaria de orina o de materias fecales. ❑ INCONTINENTE.

INCONTRASTABLE adj. Que no se puede vencer o conquistar. ◊ Que no se puede impugnar fundamente. ◊ fig. Que no se deja reducir o convencer.

INCONTROLABLE adj. Que no se puede controlar. ❑ INCONTROLADO, DA.

INCONTROVERTIBLE adj. Que no admite duda ni disputa.

INCONVENIENTE adj. No conveniente. ◊ m. Impedimento u obstáculo que hay para hacer una cosa. ◊ Daño y perjuicio que resulta de ejecutarla. ❑ INCONVENIENCIA.

INCORDIAR tr. Molestar, agobiar, importunar. ❑ INCORDIO.

INCORPORAR tr. Agregar, unir dos o más cosas, para que formen un todo. ◊ Introducir algo en un todo ya constituido. ◊ tr. y prnl. Levantar la mitad superior del cuerpo cuando se está echado o tendido. ◊ prnl. Entrar a formar parte de una asociación o a tomar parte en una actividad. ❑ INCORPORACIÓN.

INCORPÓREO, A adj. No corpóreo.

INCORRECTO, TA adj. No correcto. ❑ INCORRECCIÓN.

INCORREGIBLE adj. No corregible. ◊ Díc. de las personas a las que no se puede corregir o disuadir de sus malas costumbres.

INCORRUPTIBLE adj. No corruptible. ◊ fig. Que no se puede pervertir. ❑ INCORRUPTO, TA.

INCREDULIDAD f. Repugnancia o dificultad en creer una cosa. ◊ Falta de fe religiosa. ❏ INCRÉDULO, LA.

INCREÍBLE adj. Que no puede creerse. ◊ fig. Muy difícil de creer.

INCREMENTAR tr. Aumentar, acrecentar.

INCREMENTO m. Aumento, acrecentamiento. ◊ Parte aumentada. ◊ *Mat.* Diferencia (positiva o negativa) entre dos valores de una variable o función.

INCREPAR tr. Reprender con dureza y severidad. ◊ Insultar a alguien. ❏ INCREPACIÓN.

INCRIMINAR tr. Acriminar con fuerza o insistencia. ◊ Exagerar un delito, culpa o defecto. ❏ INCRIMINACIÓN.

INCRUENTO, TA adj. No sangriento.

INCRUSTACIÓN f. Cosa incrustada. ◊ Adorno que se introduce en una superficie lisa y dura, de manera que permanezca firme. ◊ Capa de carbonato cálcico en las paredes de las calderas.

INCRUSTAR tr. Embutir en una superficie lisa y dura piedras, metales, etc., formando dibujos. ◊ tr. Fijar una idea con firmeza. ◊ prnl. Penetrar y quedar adherido un cuerpo en otro, sin formar un todo. ❏ INCRUSTANTE.

INCUBACIÓN f. Periodo comprendido entre la penetración del agente infeccioso en un organismo y la aparición de los síntomas que caracterizan una determinada enfermedad infecciosa. ◊ Proceso de cuidado de los huevos desde su puesta hasta su eclosión.

INCUBADORA f. Aparato que sirve para la incubación artificial de los huevos de las aves domésticas. ◊ *Med.* Aparato utilizado para el cuidado de los niños prematuros.

INCUBAR intr. Encobar. ◊ tr. Empollar, ponerse el ave sobre los huevos para calentarlos y sacar las crías. ◊ prnl. Desarrollarse una enfermedad desde sus inicios hasta las primeras manifestaciones de sus efectos.

INCULCAR tr. y prnl. Apretar una cosa contra otra. ◊ tr. fig. Repetir con empeño muchas veces una cosa a uno. ◊ fig. Infundir con ahínco en la mente una idea, un concepto, etc.

INCULPAR tr. Acusar a uno de una cosa. ❏ INCULPACIÓN.

INCULTURA f. Falta de cultivo o de cultura. ❏ INCULTO, TA.

INCUMBENCIA f. Obligación de hacer una cosa.

Incubadora utilizada en una maternidad

INCUMBIR intr. Estar a cargo de uno una cosa.

INCUNABLE adj. y m. Díc. de cada uno de los libros impresos en un periodo comprendido desde la invención de la imprenta hasta el año 1500.

INCURABLE adj. y s. Que no se puede curar o no puede sanar. ◊ fig. Incorregible, irremediable. ❏ INCURABILIDAD.

INCURIA f. Poco cuidado, negligencia.

INCURRIR intr. Cometer. ◊ Causar, atraerse.

INCURSIÓN f. *Mil.* Correría.

INCURSIONAR intr. *Amér.* Realizar una incursión de guerra.

INDAGAR tr. Averiguar, intentar inquirir una cosa discurriendo o con preguntas. ❏ INDAGACIÓN; INDAGATORIO, RIA.

ÍNDANTRENO m. *Quím.* Nombre común a varios colorantes orgánicos derivados de la antraquinona.

INDEBIDO, DA adj. Que no es obligatorio ni exigible. ◊ Ilícito, injusto.

INDECENTE adj. Muy sucio. ◊ Desarreglado. ◊ Que ofende al pudor. ◊ Indecoroso. ❏ INDECENCIA.

INDECISIÓN f. Irresolución, dificultad en decidirse. ❏ INDECISO, SA.

INDECORO m. Falta de decoro. ❏ INDECOROSO, SA.

INDEFECTIBLE adj. Que no puede faltar o dejar de ser. ❏ INDEFECTIBILIDAD.

INDEFENSIÓN f. Falta de defensa; situación del que está indefenso. ❏ INDEFENSO, SA.

INDEFINIBLE adj. Que no se puede definir.

INDEFINIDO, DA adj. No definido. ◊ Que no tiene límites precisos. ◊ Díc. de la proposición que no tiene signos que la determinen.

INDEHISCENTE adj. *Bot.* No dehiscente. Díc. de los frutos.

INDELEBLE adj. Que no se puede borrar o quitar.

INDEMNIDAD f. Estado o situación del que está libre de padecer algún daño o perjuicio. ❏ INDEMNE.

INDEMNIZAR tr. y prnl. Resarcir de un daño o perjuicio. ❏ INDEMNIZACIÓN.

INDEPENDENCIA f. Falta de dependencia. ◊ Libertad, autonomía, y especialmente la de un Est. que no depende de otro. ◊ Entereza, firmeza de carácter.

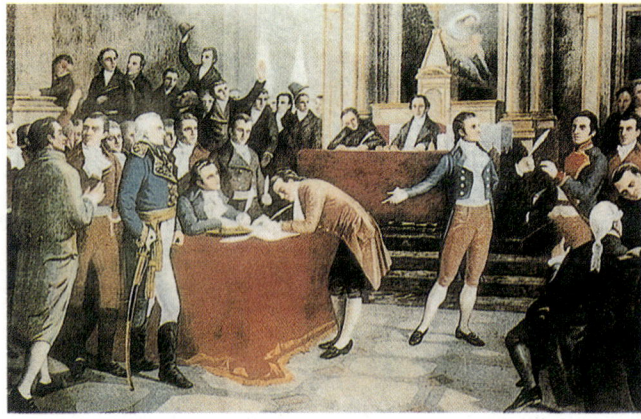

Guerra de la **Independencia Hispanoamericana.** *Firma del acta de independencia de Venezuela*, por Tovar y Tovar

INDEPENDENCIA Prov. del O de la República Dominicana; 2 066 km², 46 870 hab. Cap., Jimani. Cereales, café y legumbres.

Independencia Española, *Guerra de la* Lucha sostenida por el pueblo esp. contra la invasión de las tropas fr. de Napoleón (1808-1814). La lucha comenzó con el levantamiento popular de Madrid, el 2 mayo 1808, ante la defección de la familia real. El signo de la guerra se decidió en 1813, con las derrotas fr. en Vitoria y San Marcial, y en 1814 Fernando VII volvía a España.

Independencia Hispanoamericana, *Guerra de la* Movimiento del cual resultó la indep. de las colonias esp. de América, salvo Cuba y Puerto Rico. Cuando ocurrieron las abdicaciones de Bayona, los americanos proclamaron su adhesión a Fernando VII, pero, tras la disolución de la junta central, las juntas americanas organizaron ejércitos y se depuso a las autoridades nombradas. Los grandes libertadores fueron Bolívar y San Martín. El primero, tras las batallas de Carabobo y Boyacá (1819), consiguió la indep. de Venezuela y Colombia, mientras que el segundo, partiendo de Argentina, que había proclamado su indep. en el congreso de Tucumán (1816), independizaba a Chile con la victoria de Maipú y, junto a Bolívar, Perú, donde vencieron definitivamente a los esp. en 1824 (Ayacucho). Anteriormente México había proclamado su indep. en 1821, con Agustín de Iturbide. En América central la emancipación fue obra de elementos independentistas en contacto con Iturbide. El 24 junio 1823, se declaró la indep. de las Provincias Unidas de Centroamérica (El Salvador, Nicaragua, Honduras y Costa Rica).

Independencia Norteamericana, *Guerra de la* Lucha sostenida por los colonos brit. de América del Norte, contra la metrópoli (1775-1783). En el congreso de Filadelfia, los delegados de los est. redactaron una declaración de derechos (1774). El conflicto armado se inició en 1775 con el combate de Lexington. El 4 julio 1776 se efectuó una Declaración de Independencia. La batalla decisiva fue la de Yorktown (1781), en la que capituló el general brit. Cornwallis. Inglaterra reconoció la indep. de los EE UU por el tratado de Versalles de 1783.

INDEPENDENTISMO m. En un país que no tiene independencia política, movimiento que la propugna o reclama. ❏ INDEPENDENTISTA.

INDEPENDIENTE adj. Que no tiene dependencia, que no depende de otro. ◊ Autónomo. ◊ fig. Díc. de la persona que sostiene sus derechos u opiniones, sin que la doblen respetos, halagos ni amenazas, o de la que no busca apoyo o colaboración de los demás.

INDEPENDIZAR tr. y prnl. Hacer independiente a una persona o cosa.

INDESCRIPTIBLE adj. Que no se puede describir. ◊ Muy difícil de describir.

INDESEABLE adj. y s. Díc. de la persona, especialmente extranjera, cuya permanencia en un país consideran peligrosa para la tranquilidad pública.

INDETERMINACIÓN f. Falta de precisión en una cosa, o de resolución en una persona.

INDETERMINISMO m. *Fil.* Sistema que expresa la idea de que los acontecimientos no están necesariamente determinados. ❏ INDETERMINISTA.

INDEXACIÓN f. *Comp.* Clasificar los registros de un fichero anterior, según una clave que relacione la dirección del registro precedente.

INDEXAR tr. Ajustar el valor de un elemento, variable, en función de un índice determinado que modifica los anteriores valores de aquél.

INDIA Estado de Asia meridional. Comprende la plataforma peninsular del Decán, bordeada por las cadenas montañosas de los Gates; la llanura Indogangética y, en el extremo septentrional, la cord. del Himalaya. Avenada por los r. Indo, Ganges, Brahmaputra, etc. Clima tropical monzónico.
❏ *Geog. econ. y humana.* La agricultura proporciona la mayor fuente de ingresos. Arroz, trigo, mijo, sorgo, maíz, cebada, té, caña de azúcar, café, tabaco, cacahuetes, algodón y yute. Sus grandes rebaños vacunos apenas son explotados debido a preceptos religiosos.

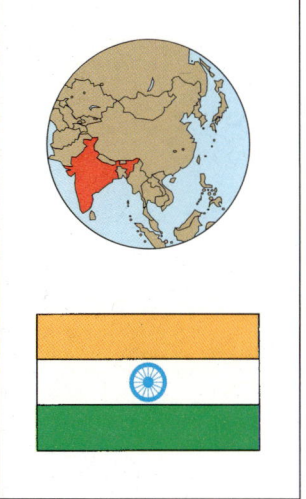

Mapa de situación y bandera de **India**

Grandes riquezas minerales y energéticas: petróleo, energía eléctrica, hierro, bauxita, mica y sal. Ind. siderúrgica, química, energética, textil. Su pob. está constituida por un mosaico de grupos étnicos (indoarios, drávidas, australoides, chino-tibetanos, etc.). Es una república federal en el ámbito de la Commonwealth. Está dividida en 25 estados y 7 territorios. Lenguas: hindi, inglés (of. federales); asamés, bengalí, sánscrito, punjabí, etc., hasta un total de 179 lenguas y 544 dialectos. *Rel.*: hinduismo (83 %), islamismo (11 %), minorías sij, budistas, cristianas. U.M.: la rupia. Cap., Nueva Delhi. C. prales.: Calcuta, Bombay, Delhi, Madrás, Hyderabad.
❏ *Hist.* A partir del 3000 a. C. se desarrolló en el valle del Indo una notable civilización. Los arios llegaron hacia 1500 a. C. e introdujeron el sistema de castas y el sánscrito. Los persas la invadieron entre los ss. VI y V a. C., y Alejandro Magno en el 326 a. C. Asoka llegó a dominar, en el s. III a. C., casi toda la I. Con Chandragupta I (305-326) se inició la dinastía gupta, que finalizó con la invasión de los hunos heftalíes (s. V). En el s. X se inició la penetración ár. Tamerlán invadió la I. en 1398, como preludio del imperio mongol de la I., establecido por Baber en 1526 y que duró hasta 1707. En el s. XVII Gran Bretaña inició la colonización del país, que fue seguida de la dominación casi total, a mediados del s. XIX. En 1877 la reina Victoria fue coronada emperatriz de la I., y a finales de siglo comenzó a extenderse el mov. independentista indio (fundación del Congreso Nacional Indio, 1885). Gandhi empleó, como forma de lucha, la resistencia pasiva. En 1947 se proclamó la indep. de la I., sobre la base de dos est. soberanos, musulmán uno (Pakistán) e hindú el otro (Unión India). Desde 1947 a 1964 fue primer ministro J. Nehru, que en 1950 proclamó la Rep. En 1965 la I. y Pakistán se enfrentaron a causa de Cachemira. La primera ministra I. Gandhi (1966-1977 y 1980-1984) fortaleció su país frente a los est. vecinos, pero en 1984 fue asesinada por miembros de la minoría sij. La sustituyó su hijo, R. Gandhi, quien también fue asesinado (1991). En 1992 S. Dayal Sharma, del Partido del Congreso, asumió la presid.; en 1997 fue sucedido por K. Raman, de la casta de los «intocables», cuya política reavivó las tensiones con Pakistán (escalada de pruebas nucleares, enfrentamientos en Cachemira). En 2002 A. Abdul Kalam fue elegido presid. En los comicios generales de 2004 ganó el Partido del Congreso, liderado por S. Gandhi, viuda de R. Gandhi, y M. Singh fue nombado primer ministro.
❏ *Arte.* Los edificios más famosos de la ant. fueron los *stupa*, que albergaban las reliquias de Buda, y los *chaitya*, templos excavados en la roca. Del s. V destacan los templos de los Kushana. Con la dinastía gupta (320-650) la escultura alcanza gran perfección. Del s. VII datan los santuarios rupestres hinduistas de Ellora y el templo subterráneo de la isla de Elephanta. Lo mejor de la escultura monumental se debe a la dinastía de los Pallava (*Descendimiento del Ganges*). Desde el s. XIII el arte oficial fue musulmán. El Taj-Mahal se construyó en el s. XVII. Del periodo colonial brit. sobresalen la catedral de San Juan y el ayun-

tamiento de Bombay; del s. XX, el Victoria Memorial Hall de Calcuta (1912) y la urbanización de Chandigarh, diseñada por Le Corbusier.
❏ *Lit.* Los *Vedas* constituyen la primera manifestación literaria de la I. Sus textos fundamentales son el *Rigveda, Yajurveda, Samaveda* y *Atharveda*. Las epopeyas más famosas son el *Mahabhara-*

India. Krishna, uno de los dioses más populares del hinduismo, con su amada Radha

INDIA	
Superficie	3 287 782 km²
Población	849 638 000 hab.
	(258 hab./km²)
Recursos económicos	
Arroz	110 945 000 t
Cacahuetes	7 000 000 t
Caucho	330 000 t
Patatas	15 254 000 t
Sorgo	10 800 000 t
Té	730 000 t
Trigo	54 522 000 t
Yute	1 620 000 t
Ganadería	
Búfalos	77 000 000 cabezas
Cabaña bovina	198 400 000 cabezas
Cabaña caballar	965 000 cabezas
Cabaña caprina	112 000 000 cabezas
Cabaña ovina	55 700 000 cabezas
Camellos	1 490 000 cabezas
Riqueza forestal	274 460 000 m³
Pesca	3 790 598 t
Producción minera	
Bauxita	4 835 000 t
Carbón	201 829 000 t
Fosfatos	659 000 t
Hierro	34 950 000 t
Producción industrial	
Acero	14 963 000 t
Ácido sulfúrico	3 293 000 t
Aluminio	504 000 t
Azúcar	12 528 000 t
Cemento	12 528 000 t
Energía eléctrica	286 035 millones de kwh
Hierro colado	12 300 000 t
Tejidos algodón	11 012 millones de m
Indicadores sociológicos	
PNB	284 688 millones de dólares
Renta per cápita	330 dólares
Esperanza de vida	60 años
Alfabetismo	48 %

ta (s. IV a. C. al IV d. C.) y el *Ramayana* (s. II). Dieciocho son las *Puranas* que nos han llegado. La literatura hinduista posterior está representada por los *Agama*, libros filosóficos y litúrgicos, los *Tantra* y el *Código de Visnú*. El *Pantchatantra*, recopilación de cuentos y fábulas, y su reelaboración, el *Hitopadesa*, fueron asimilados por la literatura universal. Hacia el año 300 da comienzo la literatura clásica, en la que destacan Kalidasa, Ghatakarpara, Yajadeva y Bhartrihari. En el s. XIII, el predominio musulmán supone la aniquilación de la lengua sánscrita. En idioma hindi han escrito los reformadores Kabir y Narak, la poetisa Mira-Bai, Surdas, Bihari-al y Sur-sagal. En la actualidad, el bengalí es la pral. lengua literaria. El autor más popular del s. XX ha sido el premio Nobel, Rabindranath Tagore.

INDIADA f. *Amér.* Conjunto o muchedumbre de indios.

INDIANA Est. del centro-este de EE UU; 93 719 km², 5 544 000 hab. Cap., Indianápolis. Extensa llanura surcada por diversos ríos (Wabash, White, Ohio). Maíz, productos hortícolas y frutales. Hulla, gas natural. Ind. siderúrgica, mecánica, conservera y maderera.

INDIANÁPOLIS C. de EE UU, cap. del est. de Indiana; 731 300 hab. Mercado cerealista. Ind. textil, alimentaria, mecánica. Sede de la prueba automovilística anual de las *500 millas*.

INDIANO, NA adj. y s. Natural, pero no originario de América; o sea, de las Indias Occidentales. ◊ adj. Perteneciente a ellas. ◊ adj. y s. Díc. también del que vuelve rico de América.

INDIAS Nombre usado en la E. Med. a las regiones del S y SE de Asia. Port. y esp. lo aplicaron a los territorios conquistados en Latinoamérica. Post. se distinguió entre las I. Orientales (los terr. asiáticos) y las Occidentales (las tierras americanas). ◊ **Leyes de I.** Conjunto de leyes dictadas por los reyes esp. o sus representantes, para ser aplicadas exclusivamente en sus dominios del Nuevo Mundo. ◊ **Occidentales, Federación de las** (West Indies) Estado federal, existente de 1958 a 1962, constituido por las ant. colonias brit. de las Antillas.

INDÍBIL (m. hacia 205 a. C.) Caudillo ilergete que dirigió varias sublevaciones de las tribus ibéricas de la Hispania Tarraconense contra Roma.

INDICACIÓN f. Lo que se usa para indicar. ◊ Aviso u observación. ◊ *Chile.* Propuesta o consulta.

INDICADOR m. Nombre genérico de los aparatos destinados a medir o indicar una presión, una velocidad, una fuerza, etc. ◊ *Quím.* Compuesto capaz de indicar, gralte. mediante un cambio de color, un pH determinado, el fin de una reacción, etc.

INDICAR tr. Dar a entender una cosa con señales. ◊ Señalar un determinado medicamento para el tratamiento de una enfermedad.

INDICATIVO, VA adj. Que indica o sirve para indicar. ◊ adj. y m. *Gram.* Díc. del modo del verbo que expresa certeza y realidad.

ÍNDICE adj. y s. Díc. del segundo dedo de la mano. ◊ m. Indicio o señal de una cosa. ◊ Lista o enumeración breve, y por orden, de libros, capítulos o cosas

notables. ◊ Catálogo en el cual están escritos los autores o materias de las obras que se conservan en una biblioteca. ◊ Cada una de las manecillas de un reloj. ◊ Gnomon de un cuadrante solar. ◊ *Mat.* Número o letra que se coloca en la abertura del signo radical y sirve para indicar el grado de la raíz.

INDICIAR tr. Dar indicios. ◊ Sospechar.

INDICIO m. Acción o señal que da a conocer lo oculto. ◊ Primera manifestación de una cosa. ❑ INDICIARIO, RIA.

ÍNDICO, CA adj. Perteneciente a la India. ◊ m. Lengua hablada en la India.

ÍNDICO, océano Extensión marina, situada entre Asia, África, Australia, Insulindia y el océano Glacial Antártico. Entre sus principales divisiones se encuentran los mares Rojo, Arábigo, de Timor, y los golfos Pérsico y de Bengala. Abarca unos 75 000 000 km².

INDIFERENCIA f. Estado de ánimo propio del que no se siente inclinado ni repelido por un objeto, persona o asunto determinados.

INDIFERENCIADO, DA adj. Que no se diferencia o que no posee caracteres diferenciados.

INDIFERENTE adj. No determinado por sí a una cosa más que a otra. ◊ Que no importa que sea o se haga de una o de otra forma. ◊ adj. y s. Que no demuestra afecto o interés hacia nada.

INDÍGENA adj. y s. Natural del país en que vive; autóctono. ◊ *Amér.* Aborigen o mestizo no asimilado. ❑ *Amér.* La conquista y civilización europeas afectaron muy seriamente a los indígenas americanos, produciéndose un descenso demográfico de enormes proporciones. Actualmente, el número de i. se estima en unos 30 millones, concentrados preferentemente en México, Guatemala y países andinos.

INDIGENCIA f. Falta de medios o recursos, miseria. ❑ INDIGENTE.

INDIGENISMO m. Estudio de los pueblos indígenas americanos. ◊ Movimiento politicosocial americano en favor de la rehabilitación cultural y étnica del elemento indígena. ◊ Voz de procedencia indígena. ❑ INDIGENISTA.

INDIGESTARSE prnl. No sentar bien una comida. ◊ fig. y fam. No agradarle a uno alguien. ❑ INDIGESTO, TA.

Niña **indígena** de Maranhão, Brasil

Indio navajo de una reserva norteamericana

INDIGESTIÓN f. Falta de digestión. ◊ Indisposición que se padece por no haber digerido normalmente los alimentos.

INDIGNACIÓN f. Enfado violento y desprecio que provoca una cosa o persona injusta.

INDIGNAR tr. y prnl. Irritar, enfadar vehementemente a uno. ❑ INDIGNANTE.

INDIGNO, NA adj. Que no corresponde a las circunstancias de un sujeto, o es inferior a la calidad y mérito de la persona con quien se trata. ◊ No merecedor de cierto beneficio. ◊ Merecedor de desprecio. ◊ Degradante, vergonzoso. ❑ INDIGNIDAD.

ÍNDIGO m. Colorante azul, estable a la luz y al lavado, y sólido a los ácidos y a los álcalis. Se puede obtener de la planta del añil.

INDIGUIRKA Río de Rusia, en Siberia oriental. Desemboca en el océano Ártico; 1 700 km.

INDIO, DIA adj. y s. De la India. ◊ *Hist.* Nombre dado a los indígenas americanos por los descubridores esp., al creer erróneamente que habían llegado a las Indias Orientales. ◊ m. *Quím.* Metal de símb. In, n. a. 49 y p. a. 114,82.

INDIRECTO, TA adj. Que no va rectamente a un fin, aunque se encamine a él. ◊ f. Medio indirecto de que uno se vale para no significar claramente una cosa y darla, sin embargo, a entender.

INDISCIPLINA f. Falta de disciplina. ❑ INDISCIPLINADO, DA; INDISCIPLINARSE.

INDISCRECIÓN f. Falta de discreción y de prudencia. ◊ fig. Dicho o hecho indiscreto. ❑ INDISCRETO, TA.

INDISCRIMINADO, DA adj. Indistinto, no discriminado.

INDISCUTIBLE adj. No discutible por ser muy evidente.

INDISOLUBLE adj. Que no se puede disolver. ❑ INDISOLUBILIDAD.

INDISPENSABLE adj. Que no se puede dispensar ni excusar. ◊ Que es necesario que suceda.

INDISPONER tr. y prnl. Privar de la disposición conveniente para una cosa. ◊ Enemistar a las personas. ◊ tr. Causar indisposición. ◊ prnl. Experimentarla.

INDISPOSICIÓN f. Falta de disposición y de preparación para una cosa. ◊ Malestar, enfermedad leve. ❑ INDISPUESTO, TA.

INDISTINTO, TA adj. Que no se distingue de otra cosa. ◊ Que no se percibe distintamente.

INDITA f. *Méx.* Corrido, romance. ◊ Danza.

INDIVIDUALISMO m. *Fil.* Sistema que da primacía al individuo como sujeto y fin de todas las leyes y relaciones morales y políticas. ◊ Propensión a obrar según el propio albedrío, prescindiendo de intereses colectivos. ❏ INDIVIDUALISTA.

INDIVIDUALIZAR tr. Especificar una cosa. ◊ Determinar individuos comprendidos en la especie.

INDIVIDUO, DUA adj. Individual. ◊ Que no puede ser dividido. ◊ m. Ser organizado, respecto de la especie a que pertenece. ◊ Persona considerada por separado dentro de una colectividad. ◊ m. y f. fam. Persona cuyo nombre y condición se ignoran o no se quieren decir. ❏ INDIVIDUAL; INDIVIDUALIDAD.

INDIVISIÓN f. Carencia de división. ◊ *Der.* Estado de condominio o de comunidad de bienes entre dos o más partícipes. ❏ INDIVISIBLE; INDIVISO, SA.

INDO (*Sindh*) Río de Asia meridional (China, India, Pakistán); 3 180 km de long. Nace en los montes Kailas (Tíbet) y desemboca en el mar Arábigo.

INDOCHINA Pen. del SE de Asia, sit. entre el golfo de Bengala y el mar de Andamán, por el O, y el golfo de Siam y el mar de China Meridional, por el E. Políticamente está dividida entre Myanma, Thailandia, Laos, Vietnam, Camboya, Malaysia y Singapur. Los relieves arrancan del Himalaya y se dirigen hacia el S y el SE. Los ríos prales. son el Rojo, Menam, Mekong, Irawadi y Saluén. Economía agrícola (arroz, caña de azúcar, maíz, algodón) y forestal (caucho). ◊ **Francesa.** Nombre dado a los territorios ocupados por Francia desde el s. XIX (Camboya, Laos, Tonquín, Annam y Cochinchina). La derrota de Dien Bien Fu (1954) acabó con la presencia fr. en esta región asiática.

INDOCHINO, NA adj. y s. De Indochina.

INDOCTO, TA adj. Ignorante, inculto.

INDOCUMENTADO, DA adj. y s. Díc. de quien carece de documento para acreditar su personalidad.

INDOEUROPEO, A adj. y s. Díc. de los individuos de pueblos de lenguas indoeuropeas. El concepto i. es de carácter únicamente lingüístico. ◊ m. *Ling.* Nombre de una lengua no documentada, de la que deriva el latín, cuya existencia se deduce de la semejanza observada entre diversas lenguas de Europa y Asia. ◊ adj. y s. *Ling.* Díc. de estas lenguas. ◊ adj. Relativo a estos pueblos y lenguas.

INDOGANGÉTICA, Llanura Extensa planicie aluvial del N de la India, entre la cordillera del Himalaya, al N, y el Decán, al S. La avenan el Ganges, el Indo y el Brahmaputra.

INDOGERMÁNICO, CA adj. Indoeuropeo.

INDOL m. *Quím.* Compuesto cuya molécula está formada por la condensación de un anillo bencénico y un anillo pirrólico.

ÍNDOLE f. Condición e inclinación natural propia de cada uno. ◊ Naturaleza y condición de las cosas.

INDOLENTE adj. Que no se afecta o conmueve. ◊ Flojo, perezoso. ❏ INDOLENCIA.

INDOLORO, RA adj. Que no causa dolor.

INDOMABLE adj. Que no se puede domar. ◊ fig. Difícil de someter. ❏ INDOMABILIDAD.

INDÓMITO, TA adj. No domado. ◊ Que no se puede domar. ◊ fig. Difícil de sujetar o reprimir.

INDONESIA (*Republik Indonesia*) Estado del Asia sudoriental, correspondiente en su mayor parte a la región de Insulindia. Comprende unas 3 000 islas del océano Índico, el Pacífico y el mar de China Meridional.

❏ *Geog. fís.* Al O se hallan las grandes islas de Sumatra, Borneo y Java; en el centro, las Célebes y la parte occidental de las de la Sonda, y al E, las Molucas, las islas de la Sonda oriental y la parte occidental de Nueva Guinea. Montañosas y volcánicas, están bañadas por mares interiores (de Java, de Flores, de Banda, de las Molucas). Los r. prales. son el Kapuas y el Barito, en Borneo. Clima ecuatorial con influencia monzónica.

❏ *Geog. econ.* El cultivo del arroz ocupa el 40 % de la superficie agrícola. Son también importantes la producción de mandioca, maíz, caucho, caña de azúcar, café, tabaco y palma. Los bosques son intensamente explotados (teca). La pesca reviste gran importancia. Es rica en minerales (petróleo, estaño, bauxita). Destacan la ind. siderúrgica, refinerías y transformación de productos agrícolas. República unitaria presidencialista. El grupo étnico mayoritario es el malayo; minorías chinas y australoides. Lenguas: bahasa indonesio (of.), variantes malayas y papúes. *Rel.*: islamismo (85 %); minorías cristianas, budistas e hinduistas. U.M.: la rupia indonesia. Cap., Yakarta. C. prales.: Surabaya, Bandung, Semarang, Palembang.

❏ *Hist.* En el s. VII se contituyó el Imperio de Sri Vijaya. Su hegemonía fue sustituida en el s. XIV por el Imperio Majapahit, que cayó en el s. XIII, al introducirse el islamismo. En 1511 los port. llegaron a I. Fueron desplazados por los hol. (1602). Después de la invasión jap. durante la II Guerra Mundial, se proclamó la indep. (1945), no reconocida por los Países Bajos hasta 1949. El primer presid., Sukarno, que llevó a

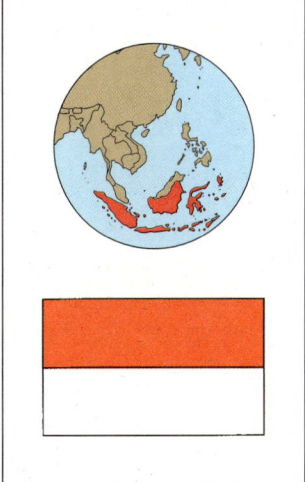

Mapa de situación y bandera de **Indonesia**

INDONESIA

Superficie	1 904 443 km^2
Población	227 553 000 hab. (119 hab./km^2)
Recursos económicos	
Arroz	44 321 000 t
Azúcar	2 334 000 t
Bananas	2 400 000 t
Bauxita	1 406 000 t
Búfalos	3 500 000 cabezas
Cabaña bovina	10 350 000 cabezas
Cabaña caprina	11 300 000 cabezas
Cacahuetes	920 000 t
Estaño	30 100 t
Fertilizantes	2 033 000 t
Maíz	6 409 000 t
Neumáticos	10 080 000 unidades
Pesca	3 080 450 t
Petróleo	70 388 000 t
Riqueza forestal	171 532 000 m^3
Soja	1 549 000 t
Indicadores sociológicos	
PNB	111 409 millones de dólares
Renta per cápita	610 dólares
Esperanza de vida	60 años
Alfabetismo	74 %

Indonesia. Campesinos javaneses

Industria. Astilleros en Japón

cabo una política centralista y filocomunista, fue derrocado por el general Suharto en 1967. El nuevo régimen desencadenó una dura represión y se enfrentó a la sublevación papúa de Nueva Guinea y al mov. guerrillero independentista de las Molucas. En 1975 I. invadió la ex colonia port. de Timor Oriental. El general Suharto ocupó la presid. desde 1973 hasta 1998, siendo sucedido por Y. Habibie. Tras las elecciones de 1999 A. Wahid fue designado presid. Ese mismo año un referendo aprobó la independencia de Timor Oriental. En 2001 la vicepresid. M. Sukarnoputri asumió la presid. en sustitución de Wahid, procesado por corrupción, y en 2002 se hizo efectiva la independencia de Timor Oriental. En 2004 se celebraron las primeras elecciones presidenciales directas, en las que se impuso S. Bambang Yudhoyono.
INDONÉSICO, CA adj. y s. Indonesio.
INDONESIO, SIA adj. y s. De Indonesia. ◊ Individuo de una subraza mongoloide, denominada también protomalaya, que vive en Indochina e Insulindia.
INDORE *(Indaor)* C. de la India, en Madhya Pradesh; 829 300 hab. Ind. textil.
INDOSTÁN Región del N de la India. Se denomina también así el área donde el hindi es la lengua usual, y, en sentido amplio, toda la India.
INDOSTÁNICO, CA adj. Relativo al Indostán.
INDRI m. Mono de gran tamaño (hasta 1 m de largo) y hábitos nocturnos, que vive en Madagascar.
INDUBITABLE adj. Indudable.
INDUCCIÓN f. *Fil.* Razonamiento que consiste en sacar de hechos particulares una conclusión general. ◊ **eléctrica.** *Fís.* Vector introducido por Maxwell en el estudio del campo eléctrico y cuyo módulo representa la carga desplazada por unidad de superficie en un dieléctrico. ◊ **magnética.** *Fís.* Acción de un campo magnético sobre un conductor por el que circula corriente eléctrica. ❑ INDUCTIVO.
INDUCIDO, DA adj. y m. *El.* Díc. del circuito que está bajo la influencia de un campo magnético, que da lugar a una fuerza electromotriz en él. ◊ m. *El.* Cilindro de hierro sobre el que están devanadas las espiras de un dinamo. ◊ *El.* Díc. de la corriente eléctrica producida por inducción.
INDUCIR tr. Instigar, mover a uno. ◊ *Fil.* Razonar, partiendo de los hechos

para llegar a una conclusión general. ◊ *Fís.* Producir fenómenos eléctricos de inducción. ◊ *Amér.* Provocar.
INDUCTANCIA f. *Fís.* Flujo (L) por unidad de intensidad (I) que atraviesa todas las espiras (N) de una bobina: $L = N \cdot \Delta \phi / \Delta I$. Su unidad es el henrio (H).
INDUCTOR, RA adj. y m. *Fís.* Díc. de cualquier dispositivo o circuito que crea un campo magnético a su alrededor y bajo cuya influencia está el inducido.
INDUDABLE adj. Que no puede dudarse.
INDULGENCIA f. Facilidad en perdonar o disimular las culpas o en conceder gracias. ◊ *Rel.* Entre los católicos, remisión de la pena temporal debida por los pecados. ❑ INDULGENCIAR; INDULGENTE.
INDULTAR tr. Perdonar a uno el todo o parte de la pena que tiene impuesta, o conmutarla por otra.
INDULTO m. Gracia otorgada a los condenados por la que se les remite la pena, en todo o en parte, o bien se les conmuta por otra de menor gravedad.
INDUMENTARIA f. Conjunto de las prendas de vestir.
INDURÁIN, Miguel (n. 1964) Ciclista esp. Ganador cinco veces consecutivas del Tour de Francia, y dos del Giro de Italia. Medalla de oro en las Olimpiadas de 1996. Premio Príncipe de Asturias de los Deportes (1992).
INDUSTRIA f. Destreza para hacer una cosa. ◊ Aplicación del trabajo humano a la transformación de primeras materias hasta hacerlas útiles para la satisfacción de necesidades. ◊ Conjunto de instalaciones para estas actividades. ◊ Planta industrial.
❑ *Hist.* Las primeras máquinas de vapor contribuyeron decisivamente, a principios del s. XVIII, a la aparición de las fábricas modernas y del proletariado industrial. Los sucesivos avances en el empleo de diversas fuentes de energía (carbón, agua, petróleo, átomo) contribuyeron al perfeccionamiento de la i., que comenzó a fabricar productos en serie y en cadena, a perfeccionar los instrumentos y a basarse en una especialización extrema. En los últimos años, la aplicación de nuevas tecnologías (microelectrónica, informática, etc.) a la i., la expansión de sus campos de aplicación y la investigación han introducido insospechados cambios en imp. sectores industriales.

INDUSTRIAL adj. Relativo a la industria. ◊ adj. y s. Díc. del que se dedica a la ind. como empresario.
INDUSTRIALIZAR tr. Dar carácter industrial a algo. ◊ Dar predominio a la industrialización en la estructura económica de un país. ◊ prnl. Tomar carácter industrial. ❑ INDUSTRIALIZACIÓN.
INDUSTRIOSO, SA adj. Que obra con industria. ◊ Que se dedica con ahínco al trabajo.
INECUACIÓN f. *Mat.* Relación de desigualdad entre diversos términos en la que figuran incógnitas.
INÉDITO, TA adj. Escrito y no publicado. ◊ P. ext., díc. de los hechos no conocidos, nuevos.
INEFABLE adj. Que con palabras no se puede explicar. ❑ INEFABILIDAD.
INEFICACIA f. Falta de eficacia y actividad. ❑ INEFICAZ.
INELUCTABLE adj. Díc. de aquello contra lo cual no se puede luchar.
INENARRABLE adj. Que es muy difícil o imposible de describir.
INEPTO, TA adj. No apto o a propósito para algo. ◊ adj. y s. Necio e incapaz. ❑ INEPTITUD.
INEQUÍVOCO, CA adj. Que no admite duda.
INERCIA f. Flojedad, desidia. ◊ *Fís.* Propiedad de la materia por la cual tiende a permanecer en su estado de reposo o de movimiento uniforme. ❑ INERCIAL.
INERME adj. Que está sin armas. ◊ *Bot.* y *Zool.* Desprovisto de espinas o pinchos.
INERTE adj. Sin actividad o movimiento propio. ◊ Flojo, desidioso.
INERVACIÓN f. *Fisiol.* Distribución de nervios o de energía nerviosa en alguna parte del organismo. ❑ INERVADOR, RA.
INESCRUTABLE adj. Que no se puede saber o conocer.
INESPERADO, DA adj. Que sucede sin esperarse.
INESTABILIDAD f. Falta de estabilidad.
INESTIMABLE adj. Que posee demasiado valor para ser debidamente apreciado.
INEVITABLE adj. Que no se puede evitar.
INEXACTITUD f. Falta de exactitud. ❑ INEXACTO, TA.
INEXCUSABLE adj. Que no se puede excusar.
INEXISTENCIA f. Falta de existencia; carencia. ❑ INEXISTENTE.
INEXORABLE adj. Que no se deja vencer por ruegos. ❑ INEXORABILIDAD.
INEXPERIENCIA f. Falta de experiencia. ❑ INEXPERTO, TA.
INEXPLICADO, DA adj. Falto de la debida explicación.
INEXPRESIVO, VA adj. Que carece de expresión.
INEXPUGNABLE adj. Que no se puede conquistar a fuerza de armas. ◊ fig. Que no se deja vencer ni persuadir.
INEXTINGUIBLE adj. No extinguible. ◊ fig. De perpetua o larga duración.
INEXTRICABLE adj. Muy intrincado y confuso.
INFALIBILIDAD f. Calidad de infalible. ◊ *Rel.* Según la Iglesia católica, prerrogativa sobrenatural que poseen la Iglesia y el Papa, los cuales no pueden errar cuando profesan y definen la doctrina revelada en materias de fe y moral.
INFALIBLE adj. Que no puede engañar, equivocarse o fallar. ◊ Seguro, cierto.

INFAMAR tr. y prnl. Difamar, ofender o desacreditar a alguien.

INFAMIA f. Descrédito, deshonra. ◊ Maldad, vileza. ❏ INFAME.

INFANCIA f. Primera etapa en el desarrollo físico e intelectual de un ser humano, que dura desde que nace hasta la pubertad. ◊ fig. Conjunto de los niños. ◊ fig. Primer periodo de existencia de una cosa.

INFANTA f. Niña de corta edad. ◊ Cualquiera de las hijas legítimas del rey, nacidas después del príncipe o de la princesa. ◊ Mujer de un infante.

INFANTE m. Niño de corta edad. ◊ Cualquiera de los hijos varones y legítimos del rey, nacidos después del príncipe o de la princesa. ◊ Soldado que sirve a pie.

INFANTE, Pedro (1917-1956) Actor y cantante mex. Intervino en numerosas películas musicales: La feria de las flores y Tizoc.

INFANTERÍA f. Mil. Arma combatiente que constituye el pral. núcleo del ejército de tierra. ◊ **de marina.** Mil. La destinada a dar la guarnición a los buques de guerra y departamentos marítimos. ◊ **ligera.** Mil. La que sirve en guerrillas, avanzadas y descubiertas.

INFANTICIDIO m. Muerte dada violentamente a un niño. ❏ INFANTICIDA.

INFANTIL adj. Perteneciente a la infancia. ◊ fig. Inocente, cándido.

INFANTILISMO m. Persistencia, después de la pubertad, de los rasgos propios de la infancia, por un retraso en el desarrollo.

INFARTO m. Med. Hinchazón u obstrucción de parte de un órgano, que provoca la interrupción del aporte sanguíneo y necrosis. ◊ **de miocardio.** Med. El producido por oclusión de una arteria coronaria responsable de la irrigación del músculo cardiaco.

INFATIGABLE adj. Incansable.

INFAUSTO, TA adj. Desgraciado, infeliz.

INFECCIÓN f. Med. Penetración y desarrollo de agentes patógenos en los tejidos de un huésped, ocasionándole efectos nocivos. ❏ INFECCIONAR.

INFECTAR tr. y prnl. Causar infección en un organismo, o transmitirla éste a otro. ◊ fig. Corromper con malas doctrinas o ejemplos. ❏ INFECCIOSO, SA; INFECTO, TA.

INFELICIDAD f. Desgracia, suerte adversa. ❏ INFELIZ.

INFERIOR adj. Que está debajo de otra cosa o más bajo que ella. ◊ Que es menos que otra cosa en su calidad o en su cantidad. ◊ adj. y s. Díc. de la persona sujeta u subordinada a otra. ❏ INFERIORIDAD.

INFERIR tr. Deducir una cosa de otra. ◊ Conducir a un resultado. ◊ Tratándose de ofensas, agravios, heridas, etc., hacerlos o causarlos. ❏ INFERENCIA.

INFERNAL adj. Relativo al infierno. ◊ fig. Muy malo. ◊ fig. y fam. Díc. de lo que causa mucho disgusto o enfado.

INFESTAR tr. y prnl. Inficionar, apestar. ◊ tr. Causar estragos los animales y las plantas advenedizas en los campos cultivados y aun en las casas. ❏ INFESTACIÓN.

INFICIONAR tr. y prnl. Infectar. ◊ Envenenar.

INFIDELIDAD f. Falta de fidelidad. ◊ Carencia de la fe católica.

Detalle del **Infierno**, de Luca Signorelli. Capilla de San Brizio de la Catedral de Orvieto (Italia)

INFIEL adj. Falto de fidelidad; desleal. ◊ adj. y s. Que no profesa la fe que uno tiene por verdadera.

INFIERNILLO m. Aparato metálico con lamparilla de alcohol que se utiliza para calentar agua o hacer cocimientos. ◊ P. ext., díc. de cualquier utensilio eléctrico y portátil destinado al mismo fin. ◊ C. Rica. Pequeño cono de pólvora amasada con agua que arde lentamente.

INFIERNITO m. Cuba. Luz de bengala.

INFIERNO m. Según las antiguas creencias paganas, lugar donde iban las almas de los muertos. ◊ Según la religión cristiana, lugar donde sufren castigo eterno los espíritus rebelados contra Dios y las almas caídas en pecado mortal. ◊ Tormento y castigo de los condenados. ◊ fig. y fam. Situación desgraciada o adversa.

INFIJO adj. y m. Gram. Afijo con función o significado propios, que se introduce en el interior de una palabra.

INFILTRACIÓN f. Med. Acumulación de líquido orgánico en algunos tejidos, especialmente en el celular.

INFILTRAR tr. y prnl. Introducir un líquido entre los poros de un sólido. ◊ prnl. Penetrar subrepticiamente en el territorio enemigo. ◊ Introducirse en un partido político, corporación, etc., para espionaje, sabotaje, etc.

ÍNFIMO, MA adj. En el orden y graduación de las cosas, díc. de la que es última y menos que las demás. ◊ Díc. de lo más vil en cualquier línea.

INFINIDAD f. Calidad de infinito. ◊ fig. Gran número de cosas o personas.

INFINITESIMAL adj. Mat. Aplícase a las cantidades infinitamente pequeñas.

INFINITÉSIMO, MA adj. y m. Mat. Díc. de la sucesión o de la función cuyo límite es cero cuando la variable tiende a un cierto valor.

INFINITIVO adj. y s. Gram. Díc. del modo del verbo que no expresa por sí mismo número ni persona ni tiempo determinados.

INFINITO, TA adj. y s. Fil. Que no tiene fin. ◊ Muy numeroso y grande. ◊ m.

Mat. Signo, en forma de ocho tendido (∞), que sirve para expresar un valor mayor que cualquier cantidad asignable.

INFLACIÓN f. fig. Engreimiento y vanidad. ◊ Econ. Desequilibrio producido por el aumento de los precios o de los créditos. Provoca una circulación excesiva de dinero y su desvalorización. ❏ INFLACIONARIO, RIA; INFLACIONISTA.

INFLAMABLE adj. Fácil de inflamarse.

INFLAMACIÓN f. Reacción local del organismo frente a la agresión de un agente exterior. ❏ INFLAMATORIO, RIA.

INFLAMAR tr. y prnl. Encender una cosa levantando llama. ◊ fig. Enardecer las pasiones y afectos del ánimo. ◊ prnl. Producirse inflamación, alteración patológica.

INFLAR tr. y prnl. Hinchar una cosa con aire u otra sustancia aeriforme. ◊ tr. y fig. Exagerar hechos, noticias, etc. ◊ tr. y prnl. fig. Engreír.

INFLEXIBLE adj. Incapaz de torcerse. ◊ fig. Que no se conmueve ni desiste de su propósito. ❏ INFLEXIBILIDAD.

INFLEXIÓN f. Torcimiento de una cosa que estaba recta o plana. ◊ Cambio de tono o de acento en la voz. ◊ Geom. Punto de una curva en que cambia de sentido su curvatura.

INFLIGIR tr. Imponer una pena o un castigo corporal.

INFLORESCENCIA f. Bot. Conjunto de las ramificaciones florales de una planta. Puede ser racemosa o cimosa.

INFLUENCIA f. fig. Poder, autoridad. ◊ Fís. Efecto producido a distancia. ◊ fig. Poder, autoridad de una persona para con otra o para intervenir en un negocio. ❏ INFLUENCIAR; INFLUENTE.

INFLUENZA f. Gripe.

INFLUIR tr. e intr. Producir una cosa sobre otra ciertos efectos. ◊ fig. Ejercer una persona o cosa predominio o fuerza moral en el ánimo.

INFLUJO m. Influencia. ◊ Flujo de la marea.

INFOGRAFÍA f. Comp. Técnica de creación de imágenes y representación gráfica mediante la utilización de computadora.

INFOLIO m. Libro en folio.

INFORMACIÓN f. Oficina donde se informa. ◊ Averiguación jurídica. ◊ Conjunto de noticias o datos. ◊ Reseña dada por los medios de comunicación. ◊ **Medios de i.** Entes que transmiten las noticias al público.

INFORMAL adj. Que no guarda las reglas prevenidas. ◊ adj. y s. Díc. de la persona que en su porte y conducta no observa la conveniente gravedad y puntualidad. ❏ INFORMALIDAD.

INFORMAR tr. y prnl. Comunicar, dar noticia de una cosa. ◊ tr. Fil. Dar forma sustancial a una cosa. ◊ Der. Hablar en estrados los fiscales y los abogados. ❏ INFORMADOR, RA; INFORMATIVO, VA.

INFORMÁTICA ⇒ Computación.

INFORME adj. Que no tiene la forma y perfección que le corresponde. ◊ De forma vaga e indeterminada. ◊ m. Conjunto de datos acerca de una persona o asuntos determinados. ❏ INFORMIDAD.

INFORTUNIO m. Suerte desdichada. ◊ Estado desgraciado en que se encuentra una persona. ◊ Hecho desgraciado. ❏ INFORTUNADO, DA.

INFRA Prep. insep. que indica inferioridad.

INGENIERÍA GENÉTICA

Como explica el profesor A. Kahn del Instituto Nacional de Sanidad y de Investigación Médica de París, un gen ausente o dañado significa que una proteína estará ausente o será defectuosa, y eso es precisamente una enfermedad genética

El primer ensayo de aplicar la terapia génica a una enfermedad hereditaria se realizó en 1990 en una niña de cuatro años afectada de inmunodeficiencia combinada grave: una «niña burbuja» obligada a vivir totalmente aislada del mundo exterior

Los métodos de la ingeniería genética permitirán una nueva revolución en la producción de alimentos. Ya se han logrado tomates, idénticos en textura y sabor a los naturales, que se mantienen frescos durante mucho más tiempo

INFRACCIÓN f. Quebrantamiento de una ley, tratado o norma. ❏ INFRACTOR, RA.

INFRAESTRUCTURA f. Conjunto de servicios básicos para el funcionamiento de una economía. ◊ Base de una cosa, por oposición o superestructura.

INFRAHUMANO, NA adj. Inferior a lo humano.

INFRANQUEABLE adj. Imposible o difícil de franquear.

INFRARROJO, JA adj. y s. Una de las radiaciones del espectro solar.

INFRASCRITO, TA adj. y s. Que firma al fin de un escrito. ◊ adj. Dicho abajo o después de un escrito.

INFRASONIDO m. *Fís.* Sonido de frecuencia inferior a 20 ciclos por segundo, imperceptible para el oído humano.

INFRAVALORAR tr. Disminuir la importancia de una cosa.

INFRINGIR tr. Quebrantar leyes, órdenes, etc.

INFRUCTUOSO, SA adj. Ineficaz, inútil para algún fin. ❏ INFRUCTUOSIDAD.

INFRUTESCENCIA f. *Bot.* Fructificación formada por agrupación de varios frutillos.

ÍNFULA f. Cada una de las dos cintas anchas que cuelgan por la parte posterior de la mitra episcopal. ◊ pl. fig. Presunción o vanidad.

INFUMABLE adj. Díc. del tabaco pésimo, ya por su calidad, ya por defecto de fabricación. ◊ P. ext., todo aquello que es de mala calidad, inaceptable.

INFUNDADO, DA adj. Que carece de fundamento real o racional.

INFUNDIO m. Mentira, patraña, embuste.

INFUNDIR tr. Provocar cierto estado de ánimo, sentimiento o impulso moral.

INFUSIBLE adj. Que no puede fundirse o derretirse. ❏ INFUSIBILIDAD.

INFUSIÓN f. En el sacramento del bautismo, acción de echar el agua sobre el que se bautiza. ◊ Acción de extraer de las sustancias orgánicas las partes solubles en agua, a una temperatura mayor que la del ambiente y menor que la del agua hirviendo. ◊ Producto líquido así obtenido.

INGA m. Inca, soberano del Perú. ◊ Árbol tropical americano, de madera pesada y parecida a la del nogal.

INGAVI, *Batalla de* Combate que tuvo lugar cerca de la localidad boliviana de Viacha entre los ejércitos per. y bol. La derrota peruana aseguró la independencia de Bolivia.

INGENIAR tr. Trazar o inventar ingeniosamente. ◊ prnl. Discurrir trazas y modos para conseguir una cosa o ejecutarla.

INGENIERÍA f. Ciencia y arte de aplicar los conocimientos científicos a la invención, perfeccionamiento o utilización de la técnica ind. en todas sus facetas. ◊ **genética.** Disciplina que estudia la manipulación, trasplante y síntesis de material genético.

INGENIERO, RA m. y f. Persona que profesa o ejerce la ingeniería.

INGENIEROS, *José de* (1877-1925) Escritor y médico arg. Precursor de la sociología. *Sociología argentina.*

INGENIO m. Facultad humana para discurrir o inventar. ◊ Intuición, facultades poéticas y creadoras. ◊ Maña para conseguir lo que se desea. ◊ Má-

quina o artificio mecánico. ◊ *Amér.* Plantación de caña de azúcar. ◊ **de azúcar.** Planta industrial destinada a obtener el azúcar. ❏ INGENIOSO, SA.

INGÉNITO, TA adj. No engendrado. ◊ Connatural y como nacido con uno.

INGENTE adj. Muy grande.

INGENUIDAD f. Sinceridad, candor, buena fe. ❏ INGENUO, NUA.

INGERIR tr. Introducir algo en el estómago pasando por la boca. ❏ INGESTIÓN.

INGLATERRA *(England)* País de Gran Bretaña, en la parte meridional de la isla; 130 439 km², 46 161 500 hab. C. prales.: Londres, Manchester, Birmingham y Leeds. En el relieve destacan dos zonas: el N, montañoso, con el macizo de Cumberland, y los Peninos, que van de N a S. En el SO están los macizos de Devon y Cornualles. Ríos imp.: Avon, Támesis, Ouse, Trent, Severn, Derwent, Swale. Cereales, remolacha azucarera; pastos. Ganadería vacuna (leche y carne), ovina (lana). Pesca. Carbón, cobre, cinc, plomo. Ind. siderúrgica, metalúrgica y textil.

INGLE f. Región del cuerpo donde converge cada una de las extremidades inferiores con el tronco.

INGLÉS, SA adj. y s. De Inglaterra. ◊ m. *Ling.* Lengua inglesa. ◊ adj. *Perú.* Díc. de una raza de gallos.

❏ *Ling.* Lengua del subgrupo germánico occ. hablada en Gran Bretaña y EE UU, y en los países que han estado, o siguen todavía dominados por brit. y norteam.

❏ *Lit.* El poema más ant. escrito en ing. es *Beowulf* (700). La prosa medieval es sobre todo histórica y doctrinal (Beda, Alcuino). Tras la conquista normanda aparecen los ciclos de poemas caballerescos. G. Chaucer, a finales del s. XIV, puso en contacto la poesía ing. con la europea. La poesía renacentista está representada por J. Donne, y la prosa por humanistas de la talla de T. Moro y F. Bacon. Pero el gran milagro del Renacimiento fue el teatro: C. Marlowe, W. Shakespeare, Ben Johnson. Con la Restauración de 1660 llega la influencia fr. neoclásica y racionalista. Dryden la acusa en la poesía y en la tragedia. Entre todos ellos destaca el genio poético de J. Milton. La creación más so-

Literatura **inglesa.** Escena de *Hamlet,* de William Shakespeare

bresaliente del s. XVIII es la novela realista (Richardson, Fielding, Defoe, Swift). El s. XIX presenta la irrupción del romanticismo ing.: Wordsworth, Coleridge, Byron, Shelley y Keats, a quienes siguieron los victorianos Tennyson y Browning. En la novela romántica aparecen los nombres de W. Scott y J. Austen, y en la de la época victoriana Ch. Dickens, W. Thackeray y las hermanas Brontë. El teatro, que al entrar el s. XX estaba marcado por la influencia de O. Wilde y G. B. Shaw, se ha renovado en el presente siglo con las aportaciones de J. B. Priestley, J. Osborne, S. O'Casey, S. Beckett, A. Wesker y H. Pinter. En la poesía contemporánea sobresalen W. B. Yeats, T. S. Eliot, Dylan Thomas y R. Graves; en la narrativa, R. Kipling, G. K. Chesterton, D. H. Lawrence, H. G. Wells, J. Joyce, V. Woolf, A. Huxley, E. Waugh, L. Durrell, G. Greene, I. Murdoch, A. Burgess y D. Lessing; y en el ensayo B. Russell, J. Huxley.

INGRATITUD f. Desagradecimiento, olvido de los beneficios o favores recibidos.

INGRATO, TA adj. Desagradecido. ◊ Desapacible, desagradable. ◊ Díc. de lo que no compensa el trabajo que cuesta.

INGRAVIDEZ f. Calidad de ingrávido. ◊ Ausencia de peso, característica de los vuelos espaciales con gravedad cero.

INGRÁVIDO, DA adj. Sin peso, leve.

INGREDIENTE m. Lo que entra en la composición de una mezcla.

INGRES, Jean-Auguste-Dominique (1780-1867) Pintor fr. Su pintura tiene un cierto sensualismo. *El baño turco, El voto de Luis XIII, La gran bañista.*

INGRESAR intr. Entrar en un lugar. ◊ intr. y tr. Hacer una imposición de dinero en un banco, o caja; percibir una cantidad. ◊ intr. Entrar a formar parte de una corporación, sociedad, empresa, etc.

INGRESO m. Espacio por donde se entra. ◊ Acción de entrar. ◊ Acto de ser admitido en una corporación, de empezar a gozar de un empleo, etc. ◊ Cantidad de dinero que se percibe con regularidad. Se usa más en pl. ◊ Cantidad que se carga a favor de una cuenta bancaria.

ÍNGRIMO, MA adj. *Amér.* Sólo, aislado.

INGUINAL adj. Relativo a las ingles.

INGURGITAR tr. *Fisiol.* Engullir.

INGUSHETIA o INGUSHIA Rep. de la Federación Rusa; 6 300 km², 13 000 hab. Cap., Nazran. Hasta 1992 formó la rep. de Checheno-Ingushia.

INHÁBIL adj. Falto de habilidad o instrucción. ◊ Que no tiene las cualidades necesarias para hacer una cosa. ◊ *Der.* Díc. del día feriado y también de las horas nocturnas, durante las cuales no deben practicarse actuaciones.

INHABILITAR tr. Declarar a uno inhábil o incapaz de ejercer u obtener cargos públicos, o de ejercitar derechos civiles o políticos. ◊ tr. y prnl. Imposibilitar para una cosa. ❑ INHABILITA-CIÓN.

INHABITABLE adj. No habitable.

INHALADOR m. Aparato para efectuar inhalaciones.

INHALAR tr. Aspirar, con un fin terapéutico, ciertos vapores o líquidos pulverizados. ❑ INHALACIÓN.

INHERENCIA f. Unión de cosas inse-parables por su naturaleza, o que sólo se pueden separar mentalmente.

INHERENTE adj. Que por su naturaleza está de tal manera unido a otra cosa, que no se puede separar.

INHIBICIÓN f. Proceso mediante el cual se impide la manifestación de un comportamiento.

INHIBIR tr. *Der.* Impedir que un juez prosiga en el conocimiento de una causa. ◊ tr. y prnl. *Med.* Suspender transitoriamente una función o actividad del organismo mediante la acción de un estímulo adecuado. ◊ prnl. Echarse fuera de un asunto, o abstenerse de entrar en él. ❑ INHIBIDOR, RA.

INHÓSPITO, TA adj. Inhospitalario, que no ofrece seguridad.

INHUMANO, NA adj. Falto de humanidad, cruel. ❑ INHUMANIDAD.

INHUMAR tr. Enterrar un cadáver. ❑ INHUMACIÓN.

INIA f. Delfín fluvial que vive en los r. de la selva amazónica.

INICIACIÓN f. Admisión de una persona entre los adeptos de una religión, secta o sociedad secreta mediante un ritual.

INICIAL adj. Perteneciente al origen o principio de las cosas. ◊ adj. y s. Díc. de la primera letra de una palabra, capítulo, etc.

Madame Devauçay, óleo de Jean-Auguste-Dominique **Ingres** (Museo de Chantilly, Francia)

INICIAR tr. Empezar una acción o actividad. ◊ Proporcionar a alguien los primeros conocimientos de una cosa. ◊ Admitir a uno a la participación de una cosa secreta.

INICIATIVA f. Idea que sirve para iniciar o hacer una cosa. ◊ Acción de adelantarse a los demás en hablar u obrar. ◊ Cualidad personal que inclina a esta acción.

INICIO m. Comienzo, principio.

INICUO, CUA adj. Contrario a la equidad. ◊ Malvado, injusto.

INIMAGINABLE adj. No imaginable.

ININTELIGIBLE adj. No inteligible.

ININTERRUMPIDO, DA adj. Continuado, sin interrupción.

INIQUIDAD f. Maldad, injusticia grande.

INÍRIDA Río de Colombia, afl. derecho del Guaviare; unos 725 km.

INJERIR tr. Introducir una cosa en otra. ◊ prnl. Entremeterse. ❑ INJERENCIA.

Injerto de hendidura

INJERTAR tr. *Agr.* Inerir en un tallo, tronco o raíz de un vegetal una rama de otro con alguna yema para que quede unido a aquél. ◊ *Med.* Implantar sobre un cuerpo humano o animal partes tomadas de otra región del mismo individuo o de otro.

INJERTO m. *Agr.* Parte de una planta, con una o más yemas, que se implanta en una hendidura practicada en otro vegetal. ◊ *Med.* Operación consistente en implantar sobre un cuerpo, humano o animal, tejidos tomados de otra región del mismo individuo o de otros.

INJURIAR tr. Ultrajar, ofender. ◊ Dañar. ❑ INJURIA; INJURIOSO.

INJUSTICIA f. Acción contraria a la justicia. ◊ Falta de justicia.

INJUSTO, TA adj. No justo.

INLANDSIS m. Glaciar continental. Acumulación de hielos continentales que ocupan grandes extensiones (el de la Antártida, el de Groenlandia).

INMACULADA Término que se refiere a la preservación de pecado original en la Virgen María. Dogma de fe católico, definido por Pío X.

INMACULADO, DA adj. Que no tiene mancha.

INMADUREZ f. Falta de madurez. ❑ INMADURO, RA.

INMANENCIA f. Calidad de inmanente. ◊ *Fil.* Propiedad de ciertas acciones de permanecer y completarse dentro del sujeto, como las de pensar y querer.

INMANENTE adj. *Fil.* Díc. de lo que es inherente a algún ser o va unido de un modo inseparable a su esencia.

INMARCESIBLE adj. Que no se puede marchitar.

INMATERIAL adj. No material.

INMEDIACIÓN f. Calidad de inmediato. ◊ pl. Contornos que rodean un lugar.

INMEDIATO, TA adj. Contiguo o muy cercano. ◊ Instantáneo.

INMEMORIAL adj. Tan antiguo, que no hay memoria de cuándo empezó.

INMENSO, SA adj. Que no tiene medida. ◊ fig. Muy grande o muy difícil de medirse o contarse. ❑ INMENSIDAD.

INMERECIDO, DA adj. No merecido.

INMERSIÓN f. Acción de introducir o introducirse una cosa en un líquido. ◊ *Astr.* Entrada de un astro en el cono de la sombra que proyecta otro.

INMERSO, SA adj. Sumergido, abismado.

INMIGRAR intr. Llegar a un país para establecerse en él. ❏ INMIGRACIÓN; INMIGRANTE; INMIGRATORIO, RIA.

INMINENTE adj. Que amenaza o está para suceder prontamente. ❏ INMINENCIA.

INMISARIO adj. Díc. del río que desemboca en un lago.

INMISCUIR tr. Poner una sustancia en otra para que resulte una mezcla. ◊ prnl. fig. Entremeterse en un asunto o negocio.

INMISERICORDE adj. *Amér.* Díc. de la persona que no tiene misericordia.

INMOBILIARIO, RIA adj. Relativo a cosas inmuebles. ◊ f. Empresa dedicada a la construcción y adquisición de edificios.

INMODESTIA f. Falta de modestia.

INMOLAR tr. Ofrecer sacrificios a la divinidad. ◊ prnl. fig. Dar la vida, la hacienda, etc., en provecho u honor de una persona o cosa. ❏ INMOLACIÓN.

INMORAL adj. Que se opone a la moral.

INMORALIDAD f. Falta de moralidad, desarreglo en las costumbres. ◊ Acción inmoral.

INMORTAL adj. No mortal. ◊ fig. Que dura tiempo indefinido.

INMORTALIDAD f. Calidad de inmortal. ◊ fig. Duración indefinida de una cosa en la memoria de los hombres. ❏ INMORTALIZAR.

INMÓVIL adj. Que no se mueve; firme, invariable. ❏ INMOVILIDAD.

INMOVILISMO m. Posición de los que rechazan por principio cualquier medida que modifique la situación existente. ❏ INMOVILISTA.

INMOVILIZAR tr. Hacer que una cosa quede inmóvil. ◊ Invertir un caudal en bienes de lenta o difícil realización. ◊ prnl. Quedarse o permanecer inmóvil. ❏ INMOVILIZACIÓN.

INMUEBLE adj. y m. Díc. de aquellos bienes que la ley considera no muebles: tierras, edificios, etc. ◊ m. Edificio de varios pisos.

INMUNDICIA f. Suciedad, basura. ◊ fig. Situación inmoral.

INMUNDO, DA adj. Sucio y asqueroso. ◊ fig. Díc. de aquello cuyo uso estaba prohibido a los judíos por su ley.

INMUNE adj. Exento de ciertos oficios, cargos, gravámenes o penas. ◊ No atacable por ciertas enfermedades.

INMUNIDAD f. Calidad de inmune. ◊ *Biol.* Capacidad de un organismo para resistir y vencer la acción de un agente nocivo. ◊ **diplomática.** La que exime a los representantes diplomáticos de ser sometidos a la jurisdicción de la nación donde ejercen su cargo. ◊ **parlamentaria.** Prerrogativa de los representantes parlamentarios, que los exime de ser detenidos o juzgados, sin autorización del respectivo cuerpo legislativo.

INMUNIZAR tr. Hacer inmune.

INMUNODEFICIENCIA f. Estado anormal del sistema inmunitario por el que la inmunidad celular o la humoral son inadecuadas y disminuyen la resistencia a las infecciones.

INMUNOLOGÍA f. *Med.* Parte de la medicina que estudia los fenómenos relativos a la inmunidad.

INMUTAR tr. Alterar una cosa. ◊ prnl.

El río **Inn** a su paso por Wasserburg, Alemania

fig. Sentir cierta conmoción repentina del ánimo, manifestándola externamente. ❏ INMUTABLE; INMUTACIÓN; INMUTATIVO, VA.

INN Río de Europa central, afl. del Danubio. Nace en los Grisones; 525 km.

INNATISMO m. *Fil.* Sistema según el cual existen unas ideas, hábitos mentales o principios poseídos por todos los hombres, no por adquisición, sino de manera natural y espontánea.

INNATO, TA adj. Connatural y como nacido con el mismo sujeto.

INNECESARIO, RIA adj. No necesario.

INNEGABLE adj. Que no se puede negar.

INNOBLE adj. Que no es noble.

INNOVAR tr. Cambiar las cosas, introduciendo novedades. ◊ INNOVACIÓN; INNOVADOR, RA; INNOVAMIENTO.

INNSBRUCK C. de Austria, cap. del Tirol; 117 300 hab. Importante centro comercial y turístico. Universidad.

INNUMERABLE adj. Que no se puede reducir a número.

INOBSERVANCIA f. Falta de observancia.

INOCENCIA f. Estado del que está limpio de culpa. ◊ Exención de toda culpa. ◊ Candor, simplicidad, sencillez.

INOCENCIO I (m. 417) Santo. Papa elegido en 402. ◊ **II** (m. 1143) Papa [1130-1143]. Convocó el II concilio de Letrán. ◊ **III** (1160-1216) Papa [1198-

Inocencio III

1216]. Convocó la cuarta cruzada y el IV concilio de Letrán. ◊ **IV** (1190-1254) Papa. Convocó el XIII Concilio ecuménico. ◊ **VI** (m. 1362) Papa [1352-1362]. Confió al cardenal Gil de Albornoz el restablecimiento de la soberanía papal sobre los est. pontificios. ◊ **X** (1574-1655) Papa [1644-1655]. Condenó las cinco proposiciones de Jansenio. ◊ **XI** Papa [1676-1689]. Fortaleció la Contrarreforma.

INOCENTADA f. fam. Broma o chasco que se da a uno en el día de los Santos Inocentes. ◊ fam. Engaño ridículo en que uno cae por descuido o por falta de malicia.

INOCENTE adj. y s. Libre de culpa. ◊ Cándido, fácil de engañar. ◊ adj. Que no daña, o no es nocivo. ◊ **Santos Inocentes.** Nombre dado a los niños menores de dos años muertos por Herodes con la intención de desembarazarse de Jesús.

INOCULACIÓN f. *Biol.* Método de transmisión de microorganismos desde un cultivo artificial al interior de un ser vivo (vacunación) o de una sustancia orgánica.

INOCULAR tr. y prnl. *Biol.* Transmitir a algo un conjunto de microorganismos.

INOCUO, CUA adj. Que no hace daño.

INODORO, RA adj. Que no tiene olor. ◊ m. Taza de retrete provista de sifón.

INOFENSIVO, VA adj. Incapaz de ofender. ◊ fig. Que no puede causar daño ni molestia.

INOLVIDABLE adj. Que no puede o no debe olvidarse.

INÖNÜ, Ismet (1884-1973) Político y militar turco. Presid. de la república (1938-1950). El golpe de Est. del general Gursel le llevó de nuevo al poder en 1961 hasta su dimisión en 1965.

INOPERANTE adj. No operante, ineficaz.

INOPIA f. Indigencia, ignorancia.

INOPINADO, DA adj. Que sucede sin haber pensado en ello, o sin esperarse.

INOPORTUNO, NA adj. Fuera de tiempo o de propósito.

INORGÁNICO, CA adj. Díc. de cualquier cuerpo sin órganos para la vida, como son los minerales. ◊ Díc. de la parte de la química que trata de los elementos de origen mineral.

INOXIDABLE adj. Que no se puede oxidar.

INPUT m. *Econ.* Insumo.

INQUEBRANTABLE adj. Que persiste sin quebranto, o no puede quebrantarse.

INQUIETAR tr. Quitar el sosiego, preocupar. ❏ INQUIETANTE.

INQUIETUD f. Falta de quietud, desasosiego, desazón. ◊ Alboroto, conmoción. ❏ INQUIETO, TA.

INQUILINAJE m. *Chile.* Sistema de relación de trabajo agrario semifeudal.

INQUILINO, NA m. y f. Persona que ha tomado una casa o parte de ella en alquiler para habitarla. ◊ *Chile.* Colono, labrador. ◊ *Amér.* Habitante.

INQUINA f. Aversión, mala voluntad.

INQUIRIR tr. Indagar o examinar cuidadosamente una cosa. ❏ INQUIRIDOR, RA; INQUISITIVO, VA; INQUISITORIO, RIA.

INQUISICIÓN f. *Hist.* Tribunal eclesiástico, establecido para inquirir y castigar los delitos contra la fe. ◊ Casa

donde se juntaba este tribunal. ❏ IN-QUISITORIAL.
❏ *Hist.* Fundada por Gregorio IX (1231), la I. declinó a finales de la E. Med. y tomó nueva importancia con el protestantismo. En España fue introducida en el Reino de Aragón (s. XIII) y reinstaurada por los Reyes Católicos (1478) para combatir a judíos y moriscos. Suprimida en 1820.

INQUISIDOR, RA adj. y s. Inquiridor. ◊ m. Juez eclesiástico que conocía de las causas de fe.

INRI m. Nombre que resulta de las iniciales de *Iesus Nazarenus Rex Iudaeorum*, rótulo latino de la Santa Cruz. ◊ fig. Nota de burla o de afrenta.

INSACIABLE adj. Que no se puede saciar o hartar. ❏ INSACIABILIDAD.

INSALIVAR tr. Mezclar los alimentos con la saliva en la boca. ❏ INSALIVACIÓN.

INSALUBRIDAD f. Falta de salubridad. ❏ INSALUBRE.

INSANO, NA adj. Loco, demente. ◊ Malsano. ❏ INSANABLE; INSANIA.

INSATISFACCIÓN f. Falta de satisfacción. ❏ INSATISFACTORIO, RIA; INSATISFECHO, CHA.

INSCRIBIR tr. Grabar letreros en metal, piedra u otra materia. ◊ tr. y prnl. Apuntar el nombre de una persona entre los de otras. ◊ tr. *Geom.* Trazar una figura dentro de otra, de modo que estén ambas en contacto en varios de los puntos de sus perímetros. ❏ INSCRIPTO, TA; INSCRITO, TA.

INSCRIPCIÓN f. Caracteres grabados en piedra, metal u otra materia. ◊ Anotación o asiento en el gran libro de la deuda pública.

INSECTICIDA m. Sustancia química con efecto negativo sobre la viabilidad o fertilidad de los insectos. Actualmente se utilizan sustancias hormonales del crecimiento de los insectos, frente a las cuales éstos no pueden ganar resistencia.

INSECTÍVOROS m. pl. *Zool.* Mamíferos placentarios, de pequeño tamaño, hocico largo y afilado y dientes puntiagudos, propios del hemisferio norte, Antillas y África (topos y musarañas).

INSECTO adj. y m. Díc. de los artrópodos caracterizados por la posesión de mandíbulas y antenas, tres pares de patas y, gralte., dos pares de alas.
❏ *Zool.* El cuerpo de los i. se divide en cabeza, tórax y abdomen. En la cabeza se encuentran dos antenas y los ojos, que pueden ser simples ocelos o compuestos, formados por numerosas unidades oculares. El tórax se divide en tres segmentos: pro-, meso- y metatórax. Las patas, un par en cada segmento del tórax, están formadas por la coxa, el trocánter, el fémur, la tibia y el tarso. De la parte dorsal del tórax salen dos pares de alas que faltan en algunos grupos. El abdomen consta, por lo menos, de siete segmentos, todos ellos con unos orificios respiratorios a los lados, los espiráculos, que comunican con las tráqueas. Los segmentos octavo y noveno se convierten en los oviscaptos u órganos de puesta de las hembras, y en los machos se modifican para dar el órgano copulador.

INSEGURIDAD f. Falta de seguridad. ❏ INSEGURO, RA.

INSEMINACIÓN f. *Biol.* Conjunto de procesos por los que el semen llega al óvulo tras la cópula. ◊ **artificial.** La realizada fuera de toda relación sexual.

INSENSATEZ f. Necedad, falta de sentido o razón. ◊ fig. Dicho o hecho insensato. ❏ INSENSATO, TA.

INSENSIBILIDAD f. Falta de sensibilidad. ◊ fig. Dureza de corazón. ❏ INSENSIBILIZAR; INSENSIBILIZACIÓN.

INSENSIBLE adj. Que carece de facultad sensitiva. ◊ Privado de sentido. ◊ Imperceptible. ◊ adj. y s. fig. Que no siente las cosas que causan dolor o mueven a lástima.

INSEPARABLE adj. Que no se puede separar. ◊ fig. Díc. de las personas estrechamente unidas con vínculos de amistad o de amor.

INSEPULTO, TA adj. Díc. del cadáver no sepultado.

INSERTAR tr. Incluir una cosa en otra, especialmente un texto en otro. ❏ INSERCIÓN.

INSERVIBLE adj. Que no sirve.

INSIDIA f. Engaño o acechanza para hacer daño a otro. ❏ INSIDIAR; INSIDIOSO, SA.

INSIGNE adj. Célebre, famoso.

Fumigación de frutales con **insecticida** para prevenir y erradicar las plagas

INSIGNIA f. Señal o distintivo honorífico. ◊ Bandera. ◊ Emblema, gralte. metálico, que suele colocarse en la solapa, como un distintivo de un club, una sociedad, etc.

INSIGNIFICANCIA f. Pequeñez, insuficiencia, inutilidad. ❏ INSIGNIFICANTE.

INSINUAR tr. Dar a entender una cosa indicándola ligeramente. ◊ prnl. Introducirse con habilidad en el ánimo de uno, ganando su afecto. ❏ INSINUACIÓN; INSINUANTE; INSINUATIVO, VA.

INSÍPIDO, DA adj. Falto de sabor. ◊ fig. Falto de espíritu, gracia o viveza. ❏ INSIPIDEZ.

INSISTIR intr. Instar reiteradamente; mantenerse firme en una cosa. ◊ Repetir varias veces lo mismo para conseguir lo que uno se propone. ❏ INSISTENCIA; INSISTENTE.

INSOBORNABLE adj. Que no puede ser sobornado.

INSOCIABILIDAD f. Falta de sociabilidad. ❏ INSOCIABLE.

INSOLACIÓN f. Enfermedad causada por la exposición excesiva a los rayos solares. ◊ *Meteor.* Tiempo en que, durante el día, luce el sol sin nubes.

INSOLAR tr. Poner al sol una cosa. ◊ *Art. Gráf.* Exponer a la acción de luz artificial intensa una placa con una emulsión sensible, para que se realice la impresión de la imagen. ◊ prnl. Enfermar por demasiado ardor del sol.

INSOLENCIA f. Atrevimiento, descaro. ◊ Dicho o hecho ofensivo e insultante. ❏ INSOLENTAR; INSOLENTE.

INSÓLITO, TA adj. No común ni ordinario.

INSOLUBLE adj. Que no puede disolverse ni diluirse. ◊ Que no se puede resolver o desatar. ❏ INSOLUBILIDAD.

INSOLVENCIA f. Incapacidad de pagar una deuda. ❏ INSOLVENTE.

INSOMNIO m. Trastorno del sueño, caracterizado por la dificultad de iniciar éste o por una disminución de su duración normal. ❏ INSOMNE.

INSONDABLE adj. Que no se puede sondear. ◊ fig. Que no se puede averiguar o saber a fondo.

INSONORIZAR tr. Aislar un lugar de ruidos. ❏ INSONORIZACIÓN; INSONORO.

INSOPORTABLE adj. Insufrible, intolerable.

INSOSLAYABLE adj. Que no puede soslayarse, ineludible.

INSOSPECHADO, DA adj. No sospechado.

INSOSTENIBLE adj. Que no se puede sostener. ◊ fig. Que no se puede defender con razones.

INSPECCIÓN f. Cargo de velar sobre una cosa. ◊ Examen o reconocimiento de una cosa. ❏ INSPECCIONAR.

INSPECTOR, RA adj. y s. Que por oficio examina y controla una cosa.

INSPECTORÍA f. *Chile.* Comisaría de policía.

INSPIRAR tr. Aspirar, hacer penetrar el aire en los pulmones. ◊ fig. Infundir en el ánimo afectos o ideas. ◊ fig. Iluminar Dios el entendimiento de uno. ❏ INSPIRACIÓN.

INSTALAR tr. y prnl. Poner en posesión de un empleo o beneficio. ◊ tr. Colocar en su debido lugar. ◊ Colocar en un lugar o edificio los aparatos y accesorios que en él se hayan de utilizar. ◊ prnl. Establecerse, fijar residencia. ❏ INSTALACIÓN; INSTALADOR, RA.

INSTANCIA f. Memorial, solicitud. ◊ *Der.* Cada uno de los grados jurisdiccionales que la ley tiene establecidos para ventilar y sentenciar los juicios y pleitos.

INSTANTÁNEO, A adj. Que sólo dura un instante. ◊ f. Placa fotográfica que se obtiene sin exposición y con gran abertura de diafragma. ◊ Negativo o copia de la placa así obtenida.

INSTANTE m. Porción brevísima de tiempo.

INSTAR tr. Repetir la súplica o petición. ◊ intr. Urgir la pronta ejecución de una cosa.

INSTAURAR tr. Establecer, fundar, instituir. ◊ Renovar, restaurar. ❏ INSTAURACIÓN; INSTAURATIVO, VA.

INSTIGAR tr. Incitar, provocar, o inducir a uno a que haga una cosa. ❏ INSTIGACIÓN.

INSTILAR tr. Echar gota a gota un líquido en algún sitio. ◊ fig. Infundir insensiblemente en el ánimo una cosa.

INSTINTO m. Estímulo interior que determina a los animales a una acción

Instrumento. Tambores africanos ashanti (Ghana)

dirigida a la conservación o a la reproducción. ◊ Facultad para valorar ciertas cosas. ❏ INSTINTIVO, VA.

INSTITUCIÓN f. Establecimiento o fundación de una cosa. ◊ Cosa establecida o fundada. ◊ Instrucción, educación. ◊ pl. Colección metódica de los principios de una ciencia, arte, etc. ◊ Órganos constitucionales del poder soberano en la nación, y más comúnmente, la monarquía. ◊ **Libre de Enseñanza.** Centro pedagógico esp. creado en 1876 por un grupo de profesores influidos por el krausismo (Giner de los Ríos, Azcárate, Figuerola y Salmerón). Adoptó un sistema de enseñanza integral, dentro de un clima laico y racionalista. ❏ INSTITUCIONAL; INSTITUCIONALIZAR.

INSTITUIR tr. Fundar, establecer algo nuevo. ❏ INSTITUYENTE.

INSTITUTO m. Corporación científica, literaria, benéfica, etc. ◊ Edificio en que funciona alguna de estas corporaciones. ◊ Establecimiento dedicado a la investigación científica o a la enseñanza.

INSTITUTRIZ f. Maestra encargada de la educación de los niños, en el hogar doméstico.

INSTRUCCIÓN f. Caudal de conocimientos adquiridos. ◊ Curso que sigue un expediente que se está instruyendo. ◊ pl. Conjunto de reglas para ejecutar algo o para el manejo de algo.

INSTRUIR tr. Enseñar. ◊ tr. y prnl. Informar a uno acerca de una cosa. ◊ tr. Formalizar un proceso o expediente conforme a las reglas de derecho. ❏ INSTRUCTIVO, VA; INSTRUCTOR, RA; INSTRUIDO, DA.

INSTRUMENTACIÓN f. Mús. Acción de distribuir cada una de las partes de una composición entre los instrumentos que la ejecutarán. ◊ Conjunto de aparatos para la medición, regulación y análisis de procesos industriales.

INSTRUMENTAL adj. Relativo al instrumento. ◊ Der. Relativo a los instrumentos públicos. ◊ m. Conjunto de instrumentos de una orquesta, de un cirujano, etc.

INSTRUMENTAR tr. Mús. Arreglar una composición para varios instrumentos.

INSTRUMENTISTA com. Músico que utiliza un instrumento en sus ejecucio-

nes musicales. ◊ Fabricante de instrumentos músicos, quirúrgicos, etc.

INSTRUMENTO m. Objeto que sirve para un trabajo o una operación. ◊ Utensilio, herramienta, aparato o máquina. ◊ Persona o cosa a través de la que se consigue algo. ◊ Mús. Aparato que sirve para la producción de sonidos musicales.
☐ Mús. Los *i. de madera* son de cuerda (piano, guitarra, violín, etc.) o *de viento* (flauta, oboe, clarinete, etc.). Los *i. de metal* pueden ser *de viento* (trompeta, trompa, trombón, órgano, gaita, etc.) o *de percusión* (timbal, tambor, campanas, gong, xilófono, castañuelas, etc.).

INSÚA, Alberto (1885-1963) Novelista, dramaturgo y periodista esp., de origen cubano. *El negro que tenía el alma blanca.*

INSUBORDINAR tr. Introducir la insubordinación. ◊ prnl. Quebrantar la subordinación, sublevarse. ❏ INSUBORDINACIÓN; INSUBORDINADO, DA.

INSUFICIENCIA f. Inferioridad, incapacidad. ◊ Estado de un tejido o de un órgano incapaz de mantener la integridad de sus funciones.

INSUFLAR tr. Introducir en un órgano o en una cavidad aire o una sustancia pulverizada, especialmente con fines terapéuticos. ❏ INSUFLACIÓN.

INSUFRIBLE adj. Que no se puede sufrir. ◊ fig. Muy difícil de sufrir.

ÍNSULA f. Isla. ❏ INSULAR.

INSULINA f. Fisiol. Hormona segregada por el páncreas que regula la cantidad de glucosa en la sangre. Su carencia determina la diabetes.

INSULINDIA Conjunto de islas formado por Indonesia, parte de Malasia, Timor y Brunei.

INSULSO, SA adj. Insípido, falto de sabor. ◊ fig. Falto de gracia y viveza. ❏ INSULSEZ.

INSULTADA f. Hond. Insulto.

INSULTAR tr. Ofender a uno provocándole con palabras o acciones. ❏ INSULTANTE.

INSULTO m. Palabra o exp. empleada para insultar.

INSUMISIÓN f. Falta de sumisión. ❏ INSUMISO, SA.

INSUMO m. Econ. Cada uno de los factores que intervienen en la producción de bienes o servicios. ◊ Conjunto de todos ellos.

INSUPERABLE adj. No superable.

INSURGENTE adj. y s. Levantado o sublevado.

INSURRECCIÓN f. Sublevación o rebelión contra el régimen constituido. ❏ INSURRECCIONAL; INSURRECCIONAR; INSURRECTO, TA.

INSUSTANCIAL adj. De poca o ninguna sustancia. ❏ INSUSTANCIALIDAD.

INSUSTITUIBLE adj. Que no puede sustituirse.

INTACHABLE adj. Que no admite o merece tacha.

INTACTO, TA adj. No tocado o palpado. ◊ fig. Que no ha padecido alteración o deterioro. ◊ fig. Puro, sin mezcla.

INTANGIBLE adj. Que no debe o no puede tocarse. ❏ INTANGIBILIDAD.

INTEGRACIÓN f. Mat. Operación cuyo objeto es averiguar la función primitiva de una función diferencial.

INTEGRADO, DA adj. El. Díc. del circuito en el que todos sus componentes e interconexiones se realizan simultá-

neamente sobre la misma plaquita de sílice.

INTEGRAL adj. Fil. Aplícase a las partes que entran en la composición de un todo. ◊ adj. y f. Mat. Díc. de la ecuación o función en la que intervienen signos de integración.

INTEGRAR tr. Formar las partes de un todo. ◊ Mat. Determinar una expresión o cantidad de la que se conoce la diferencial. ❏ INTEGRANTE.

INTEGRISMO m. Rel. Tendencia político-religiosa conservadora, sostenida por algunos sectores del catolicismo. ❏ INTEGRISTA.

ÍNTEGRO, GRA adj. Completo. ◊ fig. Recto, honrado, intachable. ❏ INTEGRIDAD.

INTELECTO m. Entendimiento, inteligencia, facultad con que piensa el hombre. ❏ INTELECCIÓN; INTELECTIVA; INTELECTIVO, VA.

INTELECTUAL adj. Relativo al entendimiento. ◊ Espiritual o sin cuerpo. ◊ adj. y s. Díc. de la persona dedicada a trabajos que requieren de modo especial el empleo de la inteligencia. ❏ INTELECTUALIDAD.

INTELECTUALISMO m. Fil. Doctrina que sostiene la preeminencia del entendimiento sobre la sensibilidad y la voluntad.

INTELIGENCIA f. Facultad de comprender, de conocer, discernimiento. ◊ Psic. Aptitud para relacionar las percepciones sensoriales o para abstraer y asociar conceptos. Conocimiento. ◊ Avenencia. ◊ **artificial.** Comp. Concepto que engloba todas las tecnologías que estudian la creación de máquinas (robots, autómatas, etc.), y también los programas que se ejecutan siguiendo un método parecido a la inteligencia humana.

INTELIGENTE adj. Sabio, instruido. ◊ Hábil. ◊ Dotado de facultad intelectiva.

INTELIGIBLE adj. Que puede ser entendido.

INTEMPERANCIA f. Falta de templanza. ❏ INTEMPERADO, DA; INTEMPERANTE.

INTEMPERIE f. Destemplanza o desigualdad del tiempo.

INTEMPESTIVO, VA adj. Que es fuera de tiempo y razón.

INTEMPORAL adj. Independiente del curso del tiempo.

INTENCIÓN f. Determinación de la voluntad en orden a un fin. ◊ Deseo, voluntad. ◊ Cautelosa advertencia con que uno habla o procede. ❏ INTENCIONAL; INTENCIONALIDAD.

INTENDENCIA f. Dirección y gobierno de una cosa. ◊ Distrito que se extiende a la jurisdicción del intendente. ◊ Col. División administrativa de categoría intermedia entre la de dpto. y comisaría.

INTENDENTE m. Jefe superior económico. ◊ Jefe de fábricas y otras empresas explotadas por cuenta del erario. ◊ Mil. En el ejército y en la marina, jefe superior de los servicios de administración.

INTENSIDAD f. Grado de energía de un agente natural o mecánico, de una cualidad, de una exp., etc. ◊ fig. Vehemencia de los sentimientos. ◊ Fís. Término genérico que se utiliza para expresar el valor de ciertas magnitudes.

INTENSIFICAR tr. y prnl. Hacer que una cosa adquiera mayor intensidad de la que tenía. ❏ INTENSIFICACIÓN.

INTENSIVO, VA adj. *Agr.* Díc. de un determinado tipo de cultivo de la tierra. ◊ Aplícase a un determinado horario o jornada laborales.

INTENTAR tr. Tener intención de hacer una cosa. ◊ Iniciar la ejecución de la misma. ◊ Procurar o pretender.

INTENTO m. Propósito, intención. ◊ Cosa intentada. ❏ INTENTONA.

INTER prep. insep. que significa *entre* o *en medio*.

INTERACCIÓN f. Acción que se ejerce recíprocamente entre dos o más obetos, agentes, funciones, etc.

INTERACTIVO adj. Díc. del sistema electrónico de comunicación que permite al usuario escoger, entre una amplia gama de opciones, la información que recibe según su interés.

INTERAMERICANO, NA adj. y s. Panamericano. ◊ **Conferencias Interamericanas.** Denominación que reciben las reuniones internacionales entre Estados americanos. Se celebraron desde 1889 hasta la creación de la Organización de Estados Americanos en 1948.

INTERANDINO, NA adj. *Amér.* Relativo a los Estados o naciones que están a uno y otro lado de los Andes.

INTERCALAR tr. Interponer o poner una cosa entre otras. ❏ INTERCALADO, DA.

INTERCAMBIAR tr. Cambiar mutuamente. ❏ INTERCAMBIABLE; INTERCAMBIADOR, RA.

INTERCAMBIO m. Reciprocidad de consideraciones y servicios entre corporaciones análogas de diversos países. ◊ *Econ.* Acto mediante el cual un sujeto cede a otro parte de los bienes que están a su disposición, recibiendo bienes distintos a cambio.

INTERCEDER intr. Rogar por otro para alcanzarle una gracia o librarle de un mal. ❏ INTERCESIÓN; INTERCESOR, RA.

INTERCELULAR adj. *Biol.* Díc. de la materia orgánica situada entre las células de un tejido.

INTERCEPTAR tr. Apoderarse de una cosa antes que llegue al lugar o a la persona a que se destina. ◊ Detener una

Antenas parabólicas de un radiotelescopio de **interferometría** de amplia base

cosa en su camino. ◊ Obstruir una vía de comunicación. ❏ INTERCEPTOR, RA.

INTERCOLUMNIO m. Espacio que hay entre dos columnas.

INTERCOMUNICACIÓN f. Comunicación recíproca. ◊ Comunicación telefónica entre dos distintas dependencias de un edificio o recinto. ❏ INTERCOMUNICADOR, RA.

INTERCONTINENTAL adj. Que une o sirve para la unión entre dos o más continentes.

INTERCOSTAL adj. *Anat.* Que está entre dos costillas.

INTERDENTAL adj. *Fon.* Díc. del sonido articulado entre los dientes.

INTERDICCIÓN f. Prohibición, incapacitación. ◊ *Der.* Denominación de las penas restrictivas de la capacidad jurídica, de la libertad o de ciertos derechos.

INTERDICTO m. Entredicho. ◊ *Der.* Juicio posesorio, sumario o sumarísimo.

INTERÉS m. Provecho, utilidad. ◊ Valor que en sí tiene una cosa. ◊ *Econ.* Compensación que el capitalista recibe por el uso del capital (i. originario del capital) o por la cesión a otros (i. de los préstamos) en un periodo determinado de tiempo y con un cierto riesgo. ◊ Inclinación del ánimo. ◊ pl. Bienes de fortuna. ◊ Conveniencia o necesidad de carácter colectivo. ◊ **compuesto.** *Econ.* El que produce un capital cuando los i. simples devengados se acumulan a él, o sea, se capitalizan para producir nuevos intereses. ◊ **simple.** *Econ.* El que produce un capital en cada unidad de tiempo, que en general es un año.

INTERESAR intr. y prnl. Tener interés en una cosa o persona. ◊ tr. Dar parte a uno en un negocio. ◊ Cautivar la atención y el ánimo con lo que se dice o escribe. ◊ Inspirar afecto o interés. ◊ Producir una cosa alteración en un órgano del cuerpo. ❏ INTERESADO, DA; INTERESANTE.

INTERESTELAR adj. *Astr.* Díc. del espacio y de la materia que se halla entre las estrellas.

INTERFASE f. *Comp.* Medio físico y lógico común y necesario de dos sistemas para intercambiar comunicación.

*El **intendente** Ebih-il*, estatua de alabastro yesoso de Mari (III milenio a. C.) Museo del Louvre, París

INTERFECTO, TA adj. y s. Díc. de la persona que ha muerto violentamente.

INTERFERENCIA f. *Fís.* Fenómeno producido en una región influenciada simultáneamente por dos focos emisores de ondas del mismo periodo, y de modo que la diferencia de fase entre ellos sea constante (condición de coherencia).

INTERFERIR tr. y prnl. Cruzar, interponer algo en el camino de una cosa, o en una acción. ◊ tr. e intr. Causar interferencia.

INTERFERÓMETRO m. *Fís.* Instrumento utilizado para estudiar los fenómenos de interferencia.

INTERFERÓN m. *Biol.* Sustancia defensiva, de naturaleza proteica, capaz de detener el ciclo reproductivo de los virus y de interferir en su crecimiento y manifestaciones líticas y patógenas.

INTERFLUVIO m. Superficie de terreno que está comprendida entre dos cauces fluviales.

INTERFONO m. Instalación para la intercomunicación telefónica en el interior de un edificio.

INTERGLACIAR m. *Geol.* Periodo comprendido entre dos glaciaciones y caracterizado por el predominio de climas más templados y cálidos que durante aquéllas.

ÍNTERIN m. Tiempo que dura el desempeño interino de un cargo, interinidad. ◊ adv. tiempo. Entretanto o mientras.

INTERINO, NA adj. y s. Que sirve por algún tiempo supliendo la falta de otra persona o cosa.

INTERIOR adj. Que está de la parte de adentro. ◊ Propio de la nación y no del extranjero. ◊ Díc. de la habitación sin vistas a la calle. ◊ Ánimo o espíritu. ◊ La parte interior de una cosa. ❏ INTERIORIZAR.

INTERIORIDAD f. Calidad de interior. ◊ pl. Cosas privadas de las personas, familias o corporaciones.

INTERIORISMO m. Acondicionamiento decorativo de los espacios interiores de la arquitectura.

INTERJECCIÓN f. *Gram.* Voz que expresa alguna impresión súbita, como asombro, sorpresa, dolor, etc.

INTERLÍNEA f. Espacio que queda entre dos líneas escritas o impresas. ❏ INTERLINEAL.

INTERLINEAR tr. Escribir entre dos renglones. ◊ *Art. Gráf.* Espaciar la composición poniendo regletas entre los renglones o usando otro método.

INTERLOCK (voz ing.) m. Telar circular para géneros de punto. ◊ Tejido fabricado por esta máquina.

INTERLOCUCIÓN f. Diálogo. ❏ INTERLOCUTOR, RA.

INTERLUDIO m. Breve fragmento musical que sirve de introducción o de intermedio.

INTERMEDIAR intr. Mediar, existir una cosa en medio de otras. ❏ INTERMEDIARIO, RIA.

INTERMEDIO, DIA adj. Que está en medio de los extremos de lugar o tiempo. ◊ m. Espacio de un tiempo a otro o de una acción a otra. ◊ Entreacto de una representación dramática.

INTERMEZZO (voz it.) m. Intermedio musical.

INTERMINABLE adj. Que no tiene término o fin. ◊ Que cansa o aburre.

INTERMISIÓN f. Interrupción de una acción durante un tiempo determinado.
INTERMITENTE adj. Que se interrumpe o cesa y prosigue o se repite. ◇ adj. y m. Aplícase a los dispositivos indicadores de dirección de los automóviles. ❏ INTERMITENCIA.
INTERMITIR tr. Suspender por algún tiempo una cosa; interrumpir su continuación.
INTERNACIONAL adj. y s. Relativo a dos o más naciones. ◇ n. p. f. Nombre de algunas organizaciones supranacionales de la clase obrera. ◇ **Socialista** Organización política fundada en Frankfurt (1951). Continuadora de la Segunda I., agrupa a partidos socialistas y socialdemócratas. ◇ **Primera** I. Asociación Internacional de Trabajadores (AIT) fundada en Londres en 1864. Estuvo presidida por las tensiones entre marxistas y anarquistas. En el Congreso de La Haya (1872) se llegó a la ruptura. ◇ **Segunda** I. Organización política fundada en París en 1889. Aparecieron dos tendencias: la revolucionaria y la reformista. Su escisión originó la Tercera I. La Segunda I. se reunificó, siguiendo una línea socialdemócrata (I. Socialista). ◇ **Tercera** I. Organización política fundada en 1919 en Moscú para dirigir la revolución mundial. Disuelta en 1943. ◇ **Cuarta** I. Organización comunista y antiestalinista fundada por Trotsky (1938). Se fraccionó tras el asesinato de su fundador.
INTERNACIONALISMO m. Sistema socialista que preconiza la unión internacional de los obreros para obtener ciertas reivindicaciones.
INTERNACIONALIZAR tr. Someter a la autoridad conjunta de varias naciones o de un organismo que las represente, territorios o asuntos que dependían de la autoridad de un solo Estado.
INTERNADO, DA m. Estado y régimen del alumno interno. ◇ Conjunto de alumnos internos. ◇ Estado y régimen de quienes viven internos en establecimientos sanitarios o benéficos. ◇ Establecimiento donde viven personas internas.
INTERNAR tr. Conducir o llevar tierra adentro a una persona o cosa. ◇ Recluir a alguien. ◇ intr. Penetrar, introducirse. ◇ prnl. Avanzar hacia dentro. ❏ INTERNAMIENTO.
INTERNAUTA com. Usuario de la red Internet.
INTERNET Red descentralizada de computadoras distribuidas por el mundo, que ofrece múltiples maneras de acceder a una ingente cantidad de información, obtenida gracias a la interconexión de las computadoras de universidades, organismos gubernamentales y bases de datos de empresas especializadas.
INTERNISTA adj. y s. Díc. del médico que se dedica especialmente al estudio y tratamiento de enfermedades que afectan a los órganos internos.
INTERNO, NA adj. Interior. ◇ adj. y s. Díc. del alumno que vive en un establecimiento de enseñanza. ◇ Díc. del recluido en un establecimiento especial. ◇ Díc. del alumno de Medicina que presta servicios auxiliares en alguna cátedra o clínica.

INTEROCEÁNICO, CA adj. Que pone en comunicación dos océanos.
INTERPELAR tr. Recurrir a uno solicitando su protección. ◇ Exigir a uno explicaciones sobre un hecho. ◇ En el régimen parlamentario, usar un diputado o senador de la palabra para iniciar o plantear una discusión ajena a los proyectos de ley y a las proposiciones. ❏ INTERPELACIÓN.
INTERPLANETARIO, RIA adj. Díc. del espacio entre planetas. ◇ Díc. del viaje de un planeta a otro.
INTERPOL Acrónimo de la *Organización Internacional de Policía Criminal*, cuyo objetivo es la coordinación policial para la captura de delincuentes, a escala internacional.
INTERPOLACIÓN f. *Mat.* Proceso mediante el cual, conocidos los valores que toma una función en dos puntos a, b, se determina, con cierto grado de aproximación, el valor que toma en un punto comprendido entre a y b.
INTERPOLAR tr. Poner una cosa entre otras. ◇ Introducir palabras o frases en obras y escritos ajenos. ◇ *Mat.* Efectuar una interpolación.
INTERPONER tr. Interpolar una cosa entre otras. ◇ tr. y prnl. Poner por intercesor a uno. ◇ tr. *Der.* Formalizar algún recurso legal. ❏ INTERPOSICIÓN.
INTERPRETAR tr. Explicar el sentido de una cosa. ◇ Traducir de una lengua a otra. ◇ Comprender y expresar bien o mal el asunto o materia de que se trata. ◇ Representar una obra de teatro o ejecutar una composición musical o un baile con propósito coreográfico. ❏ INTERPRETACIÓN; INTERPRETATIVO, VA.
INTÉRPRETE com. Persona que traduce de una lengua a otra. ◇ Que representa un papel. ◇ Músico que interpreta una obra.
INTERREGNO m. Espacio de tiempo en que un Est. no tiene soberano. ◇ P. ext., tiempo durante el cual una cosa se interrumpe.
INTERROGACIÓN f. Pregunta. ◇ Signo ortográfico (¿?) que se pone al principio y fin de palabra o cláusula interrogativa. ❏ INTERROGATIVO, VA.
INTERROGANTE adj. Que interroga. ◇ m. Signo de la interrogación.
INTERROGAR tr. Preguntar.
INTERROGATORIO m. Procedimiento de instrucción que consiste en

Interpretación. Representación de *Madre Coraje*, de B. Brecht

preguntar al presunto autor de un delito o infracción. ◇ Serie de preguntas, comúnmente formuladas por escrito.
INTERRUMPIR tr. Cortar la continuación de una acción en el lugar o en el tiempo. ◇ Atravesarse uno con su palabra mientras otro está hablando. ❏ INTERRUPCIÓN; INTERRUPTO, TA.
INTERRUPTOR m. *El.* y *Electr.* Elemento, básico en cualquier circuito, que se utiliza para abrir o cerrar el paso a la corriente eléctrica.
INTERSECCIÓN f. *Geom.* Encuentro de dos líneas, dos superficies o dos sólidos que recíprocamente se cortan, y punto, línea o superficie que resulte de dicho encuentro. ◇ **de conjuntos.** *Mat.* Operación mediante la cual de dos o más conjuntos se forma otro, cuyos elementos son los comunes a los primeros. Se suele simbolizar mediante el signo.
INTERSTICIO m. Espacio pequeño que media entre dos cuerpos o entre dos partes de un mismo cuerpo. ◇ Intervalo de lugar o tiempo. ❏ INTERSTICIAL.
INTERTROPICAL adj. Relativo a los países sit. entre los dos trópicos, y a sus habitantes.
INTERURBANO, NA adj. Díc. de las relaciones y servicios de comunicación existentes entre dos ciudades.
INTERVALO m. Distancia entre dos puntos o tiempo entre dos períodos. ◇ Conjunto de los valores que toman una magnitud entre dos límites dados. ◇ *Mús.* Diferencia de tono entre los sonidos de dos notas.
INTERVENCIÓN f. Oficina del interventor. ◇ Acción de inmiscuirse en los asuntos de un Estado por parte de otro u otros. ◇ *Cir.* Operación.
INTERVENCIONISMO m. Injerencia de un Estado en los asuntos internos de otro. ◇ Práctica sistemática de la intervención en el extranjero. ◇ *Econ.* Intervención estatal en la actividad económica. ❏ INTERVENCIONISTA.
INTERVENIR intr. Tomar parte en un asunto. ◇ Interponer uno su autoridad. ◇ Mediar o interponerse. ◇ Sobrevenir, acontecer. ◇ tr. Examinar, fiscalizar las cuentas o la administración de una cosa. ◇ *Cir.* Realizar una operación.
INTERVENTOR m. Empleado que autoriza y fiscaliza ciertas operaciones a fin de que se hagan con legalidad.
INTERVIÚ f. Anglicismo por entrevista.
INTESTADO, DA adj. y s. *Der.* Que muere sin hacer testamento válido. ◇ m. *Der.* Caudal sucesorio acerca del cual no existen o no rigen disposiciones testamentarias.
INTESTINO m. *Anat.* Víscera tubular del aparato digestivo situada en la cavidad abdominal, que se prolonga desde el estómago hasta el ano. ❏ INTESTINAL.
❏ *Anat.* En el i. se procesa parte de la digestión y toda la absorción, y es vía de eliminación de residuos. Se consideran dos tramos separados por la válvula ileocecal: el i. delgado, formado por el duodeno, yeyuno e íleon, y el i. grueso, formado por el ciego, el colon, el asa sigmoidea y el recto.
INTI m. Unidad monetaria de Perú.
INTI En la religión inca, el Sol, hijo del dios creador Pachacamac.
INTIBUCÁ Dpto. del S de Honduras,

limítrofe con El Salvador; 3 072 km², 119 921 hab. Cap., La Esperanza. Relieve montañoso. Agricultura (cereales, café, caña de azúcar, plátanos) y ganadería.

INTIMAR tr. Notificar, hacer saber una cosa, especialmente con autoridad o fuerza para ser obedecido. ◊ intr. y prnl. fig. Introducirse en el afecto o ánimo de uno. ❏ INTIMA; INTIMACIÓN.

INTIMIDAD f. Amistad íntima. ◊ Carácter de lo que es íntimo.

INTIMIDAR tr. y prnl. Causar o infundir miedo. ❏ INTIMIDACIÓN.

ÍNTIMO, MA adj. Más interior o interno. ◊ Aplícase a la amistad muy estrecha y al amigo de confianza. ◊ Se aplica al lugar acogedor y tranquilo.

INTOCABLE adj. y s. Intangible, que no se puede tocar. ◊ Soc. Díc. del individuo de ciertas castas inferiores de la India.

INTOLERABLE adj. Que no se puede tolerar.

INTOLERANCIA f. Actitud cerrada y violenta frente a los que expresan opiniones o creencias diferentes. ◊ Incapacidad para soportar ciertos medicamentos, alimentos, etc. ❏ INTOLERANTE.

INTOXICAR tr. y prnl. Inficionar con sustancias tóxicas, envenenar. ◊ fig. y fam. Abusar o hacer un uso excesivo de algo. ❏ INTOXICACIÓN.

INTRACELULAR adj. Que está situado u ocurre dentro de una célula o células.

INTRADÓS m. Arq. Superficie interior y cóncava de un arco o bóveda.

INTRAMUROS adv. lugar. Dentro de una ciudad, villa o lugar.

INTRAMUSCULAR adj. Que está o se pone dentro de una masa muscular. Se aplica especialmente a ciertas inyecciones.

INTRANQUILIDAD f. Falta de tranquilidad; inquietud. ❏ INTRANQUILIZAR; INTRANQUILO, LA.

INTRANSIGENCIA f. Condición del que no transige con lo que es contrario a sus gustos, hábitos, ideas, etc. ❏ INTRANSIGENTE.

INTRANSITABLE adj. Aplícase al lugar o sitio por donde no se puede transitar.

INTRANSITIVO adj. Gram. Díc. del verbo que no tiene complemento directo.

INTRASCENDENTE adj. No trascendente; de poca importancia. ❏ INTRAS-CENDENCIA; INTRASCENDENTAL.

INTRATABLE adj. No tratable ni manejable. ◊ fig. Insociable, de mal carácter. ❏ INTRATABILIDAD.

INTRAVENOSO, SA adj. Díc. de lo que está o se pone dentro de una vena. Se aplica especialmente a ciertas inyecciones.

INTREPIDEZ f. Arrojo, valor en los peligros. ◊ fig. Osadía o falta de reflexión. ❏ INTRÉPIDO, DA.

INTRIGA f. Acción que se ejecuta con astucia y ocultamente para conseguir un fin. ◊ Enredo, embrollo. ◊ Curiosidad que despierta algo en alguien. ❏ INTRIGANTE; INTRIGAR.

INTRINCAR tr. y prnl. Enredar o enmarañar una cosa. ◊ fig. Confundir los pensamientos o conceptos. ❏ INTRIN-CADO, DA.

INTRÍNGULIS m. fam. Intención disimulada que se entrevé o supone en una persona o acción.

INTRÍNSECO, CA adj. Íntimo, esencial. ◊ Geom. Aplícase a las propiedades de un ente geométrico que no dependen del sistema de referencia adoptado ◊ **Valor i.** de una cosa. El que tiene de por sí.

INTRODUCCIÓN f. Exordio o preámbulo de un libro o discurso. ◊ Mús. Parte inicial de una obra instrumental.

INTRODUCIR tr. y prnl. Dar entrada a una persona en un lugar. ◊ tr. Meter una cosa en otra. ◊ fig. Hacer adoptar, poner en uso. ❏ INTRODUCTOR, RA.

INTROITO m. Principio de un escrito o de una oración. ◊ Lo primero que dice el sacerdote en el altar al dar principio a la misa.

INTROSPECCIÓN f. Método de observación de los estados de conciencia de un sujeto, por él mismo. ❏ INTROS-PECTIVO, VA.

Intradoses decorados del Panteón de los Reyes de San Isidoro de León (España)

INTROVERSIÓN f. Psic. Actitud por la que se presta mayor importancia a la vida interior que a la realidad externa. ❏ INTROVERSO, SA; INTROVERTIDO, DA.

INTROYECCIÓN f. Psic. Mecanismo inconsciente de incorporación imaginaria de un objeto o de una persona.

INTRUSIÓN f. Acción de introducirse sin derecho en un sitio. ◊ Geol. Mecanismo de alojamiento de los magmas en el interior de la corteza terrestre. ❏ INTRUSIVO, VA.

INTRUSISMO m. Ejercicio de una actividad, especialmente profesional, sin capacidad legal para ello.

INTRUSO, SA adj. Que se ha introducido sin derecho. ◊ adj. y s. Detentador de alguna cosa alcanzada por intrusión.

INTUBAR tr. Med. Introducir una cánula o sonda en un conducto o cavidad. ❏ INTUBACIÓN.

INTUICIÓN f. Fil. Modo de conocimiento en que el objeto es captado por el entendimiento sin necesidad de razonamiento. ◊ fam. Facilidad de conocer las cosas a primer a vista o de darse cuenta de ellas cuando aún no son patentes para todos.

INTUIR tr. Percibir clara e instantáneamente una idea sin el proceso del razonamiento. ❏ INTUITIVO, VA.

INTUMESCENCIA f. Hinchazón, aumento del volumen de algunas cosas. ❏ INTUMESCENTE.

INUNDAR tr. y prnl. Cubrir el agua u otro líquido un lugar al desbordarse del cauce o continente en que está. ◊ fig. Llenar con exceso. ❏ INUNDACIÓN.

INURRIA, Mateo (1869-1924) Escultor esp., andaluz. Sus obras más interesantes son los desnudos femeninos.

INUSITADO, TA adj. No usado. Poco frecuente o habitual.

INUSUAL adj. No usual.

INÚTIL adj. No útil. ◊ adj. y s. Persona incapacitada para trabajar o moverse por algún impedimento físico. ❏ INU-TILIDAD.

INUTILIZAR tr. y prnl. Hacer inútil o nula una cosa.

INVADIR tr. Entrar por fuerza en una parte. ◊ fig. Entrar injustificadamente en funciones ajenas.

INVAGINAR tr. Doblar los bordes de la boca de un tubo o de una vejiga, haciendo que se introduzcan en el interior del mismo. ❏ INVAGINACIÓN.

INVALIDAR tr. Hacer inválida, nula o de ningún valor y efecto una cosa. ❏ IN-VALIDACIÓN.

INVÁLIDO, DA adj. y s. Que no tiene fuerza ni vigor. ◊ adj. fig. Nulo. ◊ adj. y s. Díc. de la persona que adolece de un defecto físico o mental que le impide o dificulta alguna de sus actividades. ❏ INVALIDEZ.

INVAR m. Metal. Aleación formada por acero (64 %) y níquel (36 %). Se utiliza en instrumentos de precisión.

INVARIABLE adj. Que no padece o no puede padecer variación.

INVARIANTE adj. y s. Díc. de los entes y magnitudes físicas, químicas o matemáticas que se conservan después de un conjunto de transformaciones.

INVASIÓN f. Med. Difusión rápida de microbios patógenos en un organismo. ◊ Irrupción de una fuerza militar en un país. ◊ P. ext., ocupación general de un lugar. ❏ INVASOR, RA.

INVECTIVA f. Discurso o escrito acre y violento contra personas o cosas.

INVENCIBLE adj. Que no puede ser vencido.

INVENCIÓN f. Cosa inventada. ◊ Hallazgo. ◊ Engaño, ficción.

INVENTAR tr. Hallar o descubrir una cosa nueva o no conocida. ◊ tr. y prnl. Hallar, imaginar, crear. ◊ tr. Contar hechos falsos. ❏ INVENTIVO, VA; INVENTO; IN-VENTOR, RA.

INVENTARIO m. Relación de los bienes muebles. ◊ Cont. Relación estimativa de los bienes y derechos que posee una empresa en un momento dado, y de las sumas que debe. ❏ IN-VENTARIAR.

INVERNÁCULO m. Lugar abrigado artificialmente para defender las plantas del frío.

INVERNADA f. Estación de invierno. ◊ Amér. Tiempo del engorde del ganado y campo destinado para dicho engorde.

INVERNADERO m. Sitio a propósito para pasar el invierno, y destinado a este fin. ◊ Lugar protegido donde se cultivan plantas en condiciones ambientales adecuadas. ◊ **efecto i.** Calentamiento de la Tierra y de la capa adyacente a la atmósfera, al actuar el dióxido de carbono a modo de filtro que impide el escape de calor hacia las capas atmosféricas exteriores.

INVERNAR intr. Pasar el invierno en

una parte. ◊ Ser tiempo de invierno. ◊ *Argent.* Pastar el ganado en invernadas.
INVEROSÍMIL adj. Que no tiene apariencia de verdad. ❏ INVEROSIMILITUD.
INVERSIÓN f. Homosexualidad. ◊ Cambio en el orden regular de una frase o en el significado de los conceptos. ◊ *Econ.* Empleo de capital en la producción general de bienes o en el aumento de la reserva de bienes productivos. ◊ *Fot.* Proceso que permite obtener directamente una imagen positiva sobre la capa fotosensible impresionada. ◊ **térmica.** *Meteor.* Fenómeno climático consistente en el enfriamiento por irradiación durante la noche y el recalentamiento durante el día de las capas de aire que están en contacto con el suelo en una depresión o en el fondo de un valle.
INVERSO, SA adj. Alterado, trastornado.
INVERSOR, RA adj. Que invierte. ◊ adj. y m. *Mec. apl.* Díc. del mecanismo que permite cambiar el sentido de giro de un árbol de motor. ◊ *El.* Díc. del circuito que transforma la corriente continua en alterna. ❏ INVERSIONISTA.
INVERTEBRADO adj. y m. *Zool.* Díc. del animal que carece de vértebras.
INVERTIDO, DA adj. y s. Homosexual.
INVERTIR tr. y prnl. Cambiar el orden, la dirección o la disposición de algo por su contrario. ◊ tr. Emplear dinero en aplicaciones productivas.
INVESTIDURA f. *Hist.* En el feudalismo, acto por el que un señor concedía una tierra, un oficio o un cargo, a un vasallo. ◊ Carácter que se obtiene con la toma de posesión de ciertos cargos. ◊ Voto parlamentario para designar presidente del Consejo. ◊ **Guerra o querella de las I.** Conflicto entre el papado y el Sacro Imperio por el nombramiento de obispos y abades.
INVESTIGAR tr. Hacer diligencias para descubrir una cosa. ◊ Estudiar o trabajar para hacer descubrimientos científicos. ❏ INVESTIGACIÓN; INVESTIGADOR, RA.
INVESTIR tr. Conferir una dignidad o cargo importante.
INVETERADO, DA adj. Antiguo, arraigado.

Ceremonia de **investidura** feudal. Miniatura del *Liber Feudorum Ceritaniae*, del s. XII (Archivo de la Corona de Aragón, Barcelona. España)

INVICTO, TA adj. No vencido.
INVIDENCIA f. Falta de visión. ◊ Envidia. ❏ INVIDENTE.
INVIERNO m. Estación que sigue al otoño y precede a la primavera, y dura desde el 22 de diciembre al 21 de marzo en el hemisferio norte, y desde el 22 de junio al 22 de septiembre en el hemisferio sur. Es la estación más fría del año. ◊ En el ecuador, temporada de lluvias que dura aproximadamente unos seis meses. ❏ INVERNAL.
INVIOLABILIDAD f. Protección especial que poseen ciertas personas (embajadores, diplomáticos, etc.), así como sus bienes.
INVISIBLE adj. Incapaz de ser visto. ◊ fam. Se aplica a cosas demasiado pequeñas. ❏ INVISIBILIDAD.
INVITAR tr. Llamar a uno para un convite o para asistir a algún acto. ◊ Incitar, estimular. ❏ INVITACIÓN; INVITADO, DA.
INVOCACIÓN f. *Lit.* Parte del poema en que el poeta invoca a una musa o divinidad.
INVOCAR tr. Pedir auxilio o ayuda a alguien. ◊ Acogerse a una ley, costumbre o razón; exponerla, alegarla.
INVOLUCIÓN f. *Biol.* Proceso de regresión o desaparición de un órgano, tejido o estructura. ◊ P. ext., cambio retrógrado o proceso regresivo de otra índole.
INVOLUCRAR tr. Incluir o mezclar en los discursos o escritos cuestiones o asuntos extraños al objeto de aquéllos.
INVOLUCRO m. *Bot.* Verticilo de brácteas, situado en el arranque del conjunto de varias flores agrupadas, como en la zanahoria.
INVOLUNTARIO, RIA adj. No voluntario. ❏ INVOLUNTARIEDAD.
INVULNERABLE adj. Que no puede ser herido. ❏ INVULNERABILIDAD.
INYECCIÓN f. Líquido inyectado. ◊ *Med.* Introducción en los tejidos orgánicos de un líquido a presión, mediante una jeringa. ◊ Introducción, a presión, de combustible en una masa de aire, de modo que se forme una mezcla capaz de ser quemada en la cámara de combustión de un motor. ◊ Fluido inyectado.
INYECTABLE adj. y m. Díc. de la sustancia o medicamento preparados para usarlos en inyecciones.
INYECTAR tr. Introducir a presión un fluido en un cuerpo o en una cavidad. ❏ INYECTADO, DA; INYECTOR, RA.
ÍÑIGO Arista (h. 770-852) Jefe vascón, primer rey de Pamplona.
ION m. *Quím.* Átomo o grupo de átomos que ha perdido o adquirido uno o más electrones y, por tanto, posee una o más cargas elementales, positivas o negativas. ❏ IÓNICO, CA.
IONESCO, Eugène (1912-1994) Dramaturgo rum. en lengua fr. Representante del teatro del absurdo. *La cantante calva, Rinoceronte* y *El rey se muere*.
IONIZACIÓN f. Fenómeno por el que los átomos, o grupos de átomos, se transforman en iones. ❏ IONIZAR.
IONOSFERA f. Capa de la atmósfera sit. entre los 80 y 400 km, cuyos componentes se hallan ionizados debido a la acción de los rayos ultravioletas, que son parcialmente absorbidos.
IOTA f. Novena letra del alfabeto gr., que corresponde a la *i* del español.

IOWA Est. de los EE UU, sit. en las Grandes Llanuras, entre el Misisipí y el Misuri; 145 753 km², 2 777 000 hab. Cap., Des Moines. Relieve ondulado. Cereales; ganadería; ind. mecánica, conservera.
IPARRAGUIRRE, José Mª de (1820-1881) Músico y poeta esp. en lengua vasca, autor del himno vasco *Gernikako arbola.*
IPECACUANA f. *Bot.* Planta de Amér. Merid., cuya raíz tiene propiedades eméticas, tónicas, purgantes y sudoríficas.
IPERITA f. Líquido cuyos vapores destruyen los bronquios y lesionan la piel, empleado en la guerra de 1914-1918 con el nombre de gas mostaza.
IPOH C. de Malasia, en la península de Malaca, cap. del estado de Perak; 300 700 hab. Centro minero del estaño.
ÍPSILON f. Vigésima letra del alfabeto gr., que corresponde a la que en castellano se llama *i griega* o *ye.*
IPSWICH C. de Gran Bretaña, cap. del condado del East Suffolk; 120 400 hab. Ind. mecánicas, químicas y alimentarias.
IPUCHE, Pedro Leandro (1889-1976) Escritor ur. *Engarces, Júbilo y miedo.*
IQUIQUE C. de Chile, cap. de la región de Tarapacá; 238 950 hab. Importante puerto del Pacífico. Centro pesquero. Ind. alimentarias; astilleros; refinerías de petróleo.
IQUITOS C. del Perú, cap. del dpto. de Loreto; 274 759 hab. Ind. textil; refinerías de petróleo.
IR intr. y prnl. Moverse de un lugar hacia otro. ◊ intr. Venir, acomodarse una cosa con otra. ◊ Caminar de acá para allá. ◊ Extenderse una cosa de un punto a otro. ◊ Obrar, proceder. ◊ Con un gerundio, efectuarse la acción del verbo. ◊ Con el p. p. de los tr., significa padecer su acción, y con el de los reflexivos, ejecutarla. ◊ Con la prep. *a* y un infinitivo, significa disponerse para la acción del verbo con que se junta. ◊ Con la prep. *con,* tener lo que el nombre significa. ◊ Con la prep. *contra,* perseguir, y también sentir y pensar lo contrario de lo que significa el nombre a que se aplica. ◊ Con la prep. *por,* seguir una carrera. ◊ Con la misma prep., ir a traer una cosa. ◊ prnl. Estarse muriendo. ◊ Deslizarse, perder el equilibrio. ◊ Gastarse, consumirse una cosa.
Ir *Quím.* Símb. del iridio.
IRA f. Enfado muy violento, en que se pierde el dominio sobre sí mismo.
IRA Siglas del *Irish Republican Army* (Ejército Republicano Irlandés). Organización paramilitar irl. que luchó por la independencia de su país y que apoya a los católicos del Ulster.
IRACUNDIA f. Propensión a la ira. ◊ Cólera o enojo. ❏ IRACUNDO, DA.
IRAK (*al-Jumhuriya al-Iraqia*) Estado del Asia occidental, rep. El Tigris y el Éufrates, que forman el Chat-el Arab, avenan la llanura de Mesopotamia. La zona N y NE es montañosa, y al O y SO hay altiplanicies áridas. Clima cálido. Produce trigo, arroz, cebada, tabaco, algodón, semillas oleaginosas, dátiles; petróleo, gas natural; ind. textil, tabaquera y azúcar; ganadería. Grupos étnicos o nacionales: ár., kurdos, turcos, asirios e iraníes. Lenguas: ár. (of.), kurdo. *Rel.:* islamismo (98 %), cristianismo, yazidismo, judaísmo. U.M.: dinar.

Mapa de situación y bandera de **Irak**

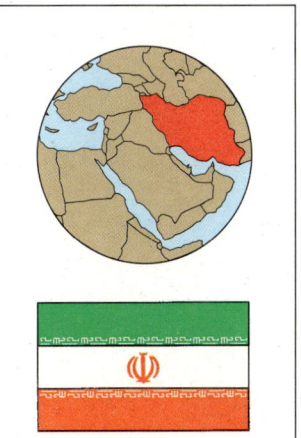

Mapa de situación y bandera de **Irán**

IRÁN

Superficie	1 648 196 km^2
Población	56 250 000 hab. (34 hab./km^2)
Recursos económicos	
Búfalos	300 000 cabezas
Cabaña caprina	24 000 000 cabezas
Cabaña ovina	45 000 000 cabezas
Cebada	3 600 000 t
Cemento	12 520 000 t
Energía eléctrica	56 000 millones
Gas natural	21 990 millones m^3
Hierro	1 046 000 t
Petróleo	157 082 000 t
Riqueza forestal	6 727 000 m^3
Trigo	8 900 000 t
Indicadores sociológicos	
PNB	127 366 millones de dólares
Renta per cápita	2 320 dólares
Esperanza de vida	66 años
Alfabetismo	62 %

IRAK

Superficie	434 128 km^2
Población	17 903 000 hab. (41 hab./km^2)
Recursos económicos	
Azufre	800 000 t
Cabaña caprina	1 350 000 cabezas
Cabaña ovina	7 800 000 cabezas
Camellos	40 000 cabezas
Cemento	13 000 000 t
Dátiles	450 000 t
Energía eléctrica	29 160 millones de kwh
Fertilizantes	450 000 t
Gas natural	6 300 000 000 m^3
Petróleo	100 638 000 t
Trigo	525 000 t
Indicadores sociológicos	
PNB	1 600 millones de dólares
Renta per cápita	800 dólares
Esperanza de vida	65 años
Alfabetismo	60 %

□ *Hist.* En la región mesopotámica florecieron las civilizaciones sumeria, babilónica y asiria. Dominada por los persas, por Alejandro Magno y por los árabes, y finalmente por los otomanos. Gran Bretaña ocupó I. en 1914 e impuso la monarquía (1921) en la persona de Faysal Ibn Husayn. Alcanzó la total soberanía en 1932. Al año siguiente subió al trono Gazi I (1933-1939), al que siguieron en el poder varios militares y Faysal II (1953-1958). En 1958, el general Kassen proclamó la rep. En 1963 se produjo un nuevo levantamiento militar. La situación en el Kurdistán se agravó hasta desembocar en una guerra abierta en 1974, sofocada gracias a un acuerdo con Irán. Saddam Hussein emprendió una guerra con Irán en 1980, que terminó sin vencedor en 1988. En 1990 I. invadió Kuwait, del que fue desalojado por una coalición internacional en la Guerra del Golfo (1991). En marzo de 2003, EE UU declaró la guerra a I. (bajo la acusación de poseer armas de destrucción masiva), que culminó unos meses después con la caída de Hussein y el establecimiento de una administración norteam. transitoria. En las elecciones de enero de 2005 venció la lista chií, y en abril Jalal Talabani fue nombrado pres.

IRÁKLION C. y puerto de Grecia, en el N de la isla de Creta; 102 400 hab. Agricultura e ind. derivadas.
IRÁN Gran meseta elevada de Asia occidental. Comprende Irán, parte de Afganistán y del Beluchistán paquistaní.
IRÁN (*Keshvaré Shahenshahiyé Irán*) Estado del Asia occidental, rep., sit. entre las regiones arábiga e índica. Al N, los montes Elburz forman una barrera frente a la costa del mar Caspio. Al S y SO, los Zagros constituyen una serie de galerías calcáreas. El interior del país está formado por un conjunto de altiplanicies que reciben el nombre de meseta de Irán. Clima árido. Cereales, algodón, tabaco, remolacha azucarera; ganadería ovina (lana); cría del esturión (caviar). El petróleo es la base de la economía. Gas natural, carbón y hierro. Refinerías de petróleo, ind. textil (alfombras). Grupos étnicos o nacionales: persas, turcos, ár., kurdos, zíngaros, armenios. Lenguas: persa (of.), kurdo, turco. *Rel.*: islamismo chiíta (mayoritario). U.M.: el rial.
□ *Hist.* H. el s. VII a. C. los medos sometieron a los persas y fundaron el primer imperio iranio. Ciro II unió a ambos pueblos. Con Darío I el imperio llegó a su máxima extensión. Tras la invasión de Alejandro Magno (330 a. C.), Persia pasó a depender del imperio seléucida, al que se opusieron los partos. Los sasánidas se impusieron a los partos y crearon un imperio. El dominio político ár., iniciado en el 634, significó el abandono del mazdeísmo. Los mongoles conquistaron Persia (1220) y fueron desplazados por Tamerlán (1335). Los turcos dominaron el territorio desde 1747 a 1925. Al iniciarse el s. XX, I. estaba controlado económicamente por Gran Bretaña. En 1925 Reza Jan depuso al último sah y subió al trono con el nombre de Sah Reza. El país fue invadido por tropas brit. y soviéticas en 1941. El sah fue deportado y le sucedió su hijo M. Reza Pahlevi. Lo derribó una insurrección popular, alentada por el ayatollah Khomeiny, en 1979, que instauró una república islámica. La invasión iraquí dio origen a una cruenta guerra entre ambos países (⇨ Irán-

Irak, Guerra). En 1989 falleció Khomeiny y fue sustituido por A. Khamenei como líder supremo. Hashemi Rafsanjani asumió la presidencia ese mismo año. Las elecciones presidenciales de 1997 dieron la victoria al reformista Mohamed Jatamí, reelegido en 2001. En 2000, liberales y reformistas obtuvieron la mayoría en el Parlamento, pero en las legislativas de 2004, los conservadores se hicieron de nuevo con el control parlamentario. En las presidenciales de 2005 se impuso el conservador Mahmoud Ahmadinejad.
IRÁN-IRAK, *Guerra* Conflicto bélico que enfrentó a Irak e Irán entre 1980-1988. Concluyó sin un vencedor.
IRANÍ adj. De Irán.
IRANIO, NIA adj. y s. Díc. de los ant. pueblos establecidos en la meseta iraní.
IRAPUATO C. de México, en el est. de Guanajuato; 136 700 hab. Mercado agropecuario.
IRAQUÍ adj. y s. De Irak.
IRARRÁZABAL Alcalde, *Ramón Luis* (1809-1856) Político chil. Vicepresid. de la rep., asumió el cargo de presid. por enfermedad de Bulnes (1844-1845).
IRASCIBLE adj. Propenso a irritarse.
IRAWADI o **IRRAWADDY** Río de Myanma; 2 250 km. Formado por la confluencia del Mali y del Nami.
IRAZÚ Volcán más alto de Costa Rica (3 432 m), en la prov. de Cartago.
IRENE (h. 752-803) Emperatriz de Oriente [797-802]. Desde 780, gobernó como regente de su hijo Constantino VI, a quien posteriormente destronó.
IRENEO (s. II) Santo. Obispo de Lyon.
IRIAN Nombre indonesio de Nueva Guinea.

Irán. Minarete de la mezquita real de Isfahán

Tomás de **Iriarte,** por J. Inza
(Museo del Prado, Madrid)

IRIAN Occidental (*Irian Yaya*) Prov. de Indonesia, en la isla de Nueva Guinea; 421 981 km², 1 173 900 hab. Cap., Yayapura. Petróleo; palma de coco.
IRIARTE, Tomás de (1750-1791) Escritor y dramaturgo esp. *Fábulas literarias.*
IRIDIO m. *Quím.* Elemento de símb. Ir, n. a. 77 y p. a. 193,2. Es un metal blanco amarillento, más resistente a los ácidos que el platino, difícilmente fusible y algo más denso que el oro.
IRIS m. Arco iris. ◊ *Anat.* Membrana circular, diversamente coloreada, de la parte anterior del ojo, entre la córnea y el cristalino, provista de un orificio en su centro, la pupila, y fibras musculares que actúan como un diafragma.
IRIS, Esperanza (1888-1962) Cantante mex. de opereta. Entre sus creaciones destacan *La viuda alegre* y *El conde de Luxemburgo.*
IRISACIONES f. pl. Vislumbre que se produce en las láminas de los metales candentes cuando se pasan por el agua.
IRISAR intr. Presentar un cuerpo reflejos de luz, con algunos o todos los colores del arco iris. ❒ IRIDISCENTE; IRISADO, DA.
IRISARRI, Antonio José de (1786-1868) Escritor y político guat. *Las belemíticas, Cuestiones de filología.*
IRKUTSK C. de Rusia, junto al lago Baikal; 597 000 hab. Centro económico y administrativo de Siberia central.
IRLANDA, mar de Sector marino comprendido entre Gran Bretaña e Irlanda.
IRLANDA (gaélico, *Eire;* ing. *Ireland*) Isla del NO de Europa que forma parte del arch. brit.; 84 400 km². Desde 1922 está dividida políticamente en Rep. de Irlanda, o Eire, y Ulster, dependiente de Gran Bretaña.
❒ *Geog. fís.* Accidentada por los montes Donegal, Wicklow, Mourne y Mac Gillycuddys Reeks (alt. máx.: Carrantuohill, 1 041 m.). Posee numerosos lagos (Shannon, Blackwater, Suir, Nore, Barrow). Clima oceánico.
❒ *Hist.* Habitada desde la prehistoria por los pictos, que fueron sometidos por los celtas (s. v a . C.). Invadida y ocupada por los escandinavos desde el s. XIII al XI. En 1170 los ing. emprendieron la conquista de la isla. A principios del s. XX el *Sinn Fein* reclamó la indep. En 1921 , después de dos años de luchas guerrilleras, Gran Bretaña reconocía la indep. del Estado Libre de I.

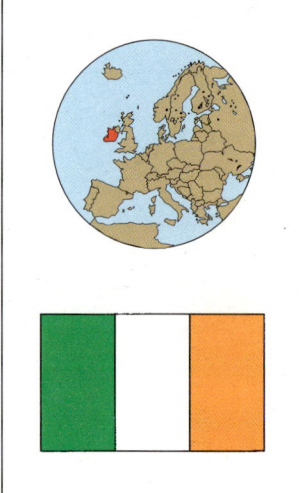

Mapa de situación y bandera
de **Irlanda**

(Eire) dentro de la Commonwealth, pero mantenía unida a la Corona la parte NE de la isla (Ulster).
IRLANDA o EIRE, *República de (Poblacht Nah' Éireann)* Estado del NO de Europa que ocupa la mayor parte (83,2 %) de la isla hom. República. Lenguas: irlandés, inglés (of.). *Rel.* Catolicismo (95 %), protestantismo, anglicanismo. U.M.: euro. Cap., Dublín. C. prales.: Cork, Limerick.
❒ *Geog. econ.* Destaca la ganadería (bovina, ovina) y la producción de cereales (avena, cebada, trigo), patatas y remolacha. Modesta producción de carbón, turba, plomo y cinc. Ind. agropecuaria, textil, caucho y química.
❒ *Hist.* Tras la constitución del Estado Libre de I. (1921), Eamon de Valera creó Fianna Fail (1926) y fue elegido primer ministro (1932-1947). En 1949 se proclamó la república, presidida por De

Valera (1959-1966). En 1985 Gran Bretaña e Irlanda firmaron un acuerdo que permitía al gobierno de Dublín tutelar los intereses de la minoría católica del Ulster. En 1987 el Fianna Fail venció en las elecciones, convirtiéndose Charles Haughey en primer ministro (sustituido en 1992 por Albert Reynolds). En 1990 resultó elegida presid. Mary Robinson. En 1993 se iniciaron conversaciones de paz para Irlanda del Norte con Gran Bretaña e IRA.

IRLANDA

Superficie	70 285 km²
Población	3 523 000 hab. (50 hab./km²)
Recursos económicos	
Avena	10 000 t
Cebada	1 281 000 t
Patatas	650 000 t
Trigo	703 000 t
Ganadería	
Cabaña bovina	6 029 000 cabezas
Cabaña ovina	6 001 000 cabezas
Mantequilla	151 000 t
Riqueza forestal	1 527 000 m³
Pesca	203 500 t
Producción minera	
Carbón	35 000 t
Cinc	188 000 t
Gas natural	3 763 millones de m³
Plomo	39 900 t
Producción industrial	
Acero	325 000 t
Cemento	1 600 000 t
Cerveza	5 094 000 hl
Fertilizantes	266 000 t
Tejidos de lana	2 100 000 m²
Indicadores sociológicos	
PNB	37 738 millones de dólares
Renta per cápita	10 780 dólares
Esperanza de vida	76 años
Alfabetismo	99 %

IRLANDA DEL NORTE o ULSTER (*Northern Ireland*) País del Reino Unido de Gran Bretaña. Extremo NO de la isla irlandesa; 14 120 km², 1 570 000 hab.
❒ *Geog. econ.* Al sector agropecuario se une una importante ind. textil y de construcciones navales y aeronáuticas. Agricultura (avena, patatas y lino). Ganadería bovina, ovina y porcina.
❒ *Hist.* En 1920 los condados de Antrim, Down, Armagh, Londonderry, Tyrone y Fermanagh constituyeron I. del Norte o Ulster como entidad de la Corona brit. y secesionada del Estado Libre de Irlanda. Desde entonces no cesaron la actividad del IRA y los enfrentamientos entre católicos y protestantes. En 1994 ambos grupos aceptaron un alto el fuego. Tras el fracaso de esta tregua, en 1997 se iniciaron nuevas conversaciones de pacto.
IRLANDÉS, SA adj. y s. De Irlanda. ◊ *Ling.* Lengua gaélica of. de Irlanda.
IRONÍA f. Burla fina y disimulada. ◊ *Ret.* Figura que consiste en dar a entender lo contrario de lo que se dice. ❒ IRÓNICO, CA; IRONISTA; IRONIZAR.
IROQUÉS, SA adj. y s. Díc de los individuos de un pueblo indígena norteam. que habitaba en los valles del San Lorenzo y el Susquehanna y en las orillas de los Grandes Lagos. Sobreviven unos 5 000, en el est. de Nueva York.

Irlanda del Norte. La Queen's University, en Belfast

IRRACIONAL adj. y s. Que carece de razón. ◊ adj. Opuesto a la razón. ◊ *Mat.* Aplícase a los núm. reales que no pueden expresarse como enteros ni fraccionarios. ❏ IRRACIONALIDAD.

IRRACIONALISMO m. *Fil.* Grupo de doctrinas que coinciden en atribuir a la razón y a todo lo racional un papel secundario en el conocimiento. ❏ IRRACIONALISTA.

IRRADIACIÓN f. *Fís.* Energía radiante que por unidad de tiempo incide sobre la unidad de área de cualquier superficie que se halle en el interior de otra, que a su vez esté llena de radiación isótropa.

IRRADIAR tr. Emitir irradiación. ◊ Someter un cuerpo a la acción de una irradiación lumínica, calorífica, etc. ◊ fig. Emanar, propagar, reflejar.

IRREAL adj. No real; falto de realidad. ❏ IRREALIDAD.

IRRECONCILIABLE adj. Aplícase al que no quiere volver a la paz y amistad con otro.

IRREDENTISMO m. Doctrina según la cual un país aspira a reconquistar todas las regiones que, sit. más allá de sus fronteras, forman parte de él por sus costumbres o su lengua. ◊ Mov. nacionalista surgido en Italia hacia 1878.

IRREDENTO, TA adj. Que permanece sin redimir. Díc. especialmente del terr. una nación pretende anexionarse por razones históricas, de lengua, raza u otras.

IRREDUCTIBLE adj. Que no se puede reducir. ◊ *Mat.* Díc. de aquellas expresiones algebraicas, gralte. polinomios, que no son descomponibles en producto de otras. Entre números enteros, equivale a primo.

IRREFLEXIÓN f. Falta de reflexión. ❏ IRREFLEXIVO, VA.

IRREGULAR adj. Que va fuera de regla, contrario a ella. ◊ Que no sucede ordinariamente. ◊ Que no es regular, simétrico o uniforme, constante o puntual. ❏ IRREGULARIDAD.

IRRELEVANTE adj. Que carece de importancia o significación. ❏ IRRELEVANCIA.

IRRELIGIÓN f. Falta de religión. ❏ IRRELIGIOSIDAD; IRRELIGIOSO, SA.

IRREMEDIABLE adj. Que no se puede remediar.

IRREMISIBLE adj. Que no se puede remitir o perdonar.

IRRESISTIBLE adj. Que no se puede resistir. ◊ fig. y fam. Muy hermoso.

IRRESOLUBLE adj. Díc. de lo que no se puede resolver o determinar.

IRRESPIRABLE adj. Que no puede respirarse. ◊ fig. Díc. de la atmósfera desagradable que se crea en un grupo.

IRRESPONSABLE adj. y s. Díc. de la persona a quien no se puede exigir responsabilidad. ◊ Díc. de la persona que actúa sin medir las consecuencias de sus actos ni responder de ellos. ❏ IRRESPONSABILIDAD.

IRRETROACTIVIDAD f. Principio jurídico que rechaza el efecto retroactivo de las leyes, salvo declaración expresa de éstas, o, en lo penal, que la nueva disposición sea favorable al reo.

IRREVERENCIAR tr. No tratar con la debida reverencia; profanar. ❏ IRREVERENCIA; IRREVERENTE.

IRREVERSIBLE adj. Que no es reversible. ◊ *Fís* y *Quím.* Díc. de ciertos procesos en los que ni el sistema que evoluciona ni el medio exterior inmediato pueden ser integrados a sus estados iniciales. Según el segundo principio de la termodinámica, todos los procesos naturales son irreversibles. ❏ IRREVERSIBILIDAD.

IRRIGAR tr. Rociar con un líquido alguna parte del cuerpo. ◊ Aplicar el riego a un terreno. ◊ Llevar la sangre a los tejidos a través de los vasos. ❏ IRRIGACIÓN.

IRRISIÓN f. Burla insultante. ❏ IRRISORIO, RIA.

IRRITAR tr. y prnl. Hacer sentir ira. ◊ Incitar, aumentar. ◊ Provocar algo en el cuerpo escozor o enrojecimiento. ❏ IRRITABLE; IRRITABILIDAD; IRRITACIÓN.

IRROGAR tr. y prnl. Tratándose de perjuicios o daños, causar, ocasionar. ❏ IRROGACIÓN.

IRRUMPIR tr. Entrar violentamente en un lugar. ❏ IRRUPCIÓN.

IRTISH Río de Rusia, en Siberia, afl. del Ob; unos 2 900 km. Nace en el Altái, al N de China.

IRÚN C. esp., en el País Vasco (prov. de Guipúzcoa); 56 601 hab. Ind. metalúrgica, química y alimentaria. Centro comercial.

IRUPÉ (voz guaraní) m. *Bot. Argent.*, *Bol.* y *Par.* Victoria regia, planta de hojas anchas y flores blancas con centro rojo.

IRVING, *Washington* (1783-1859) Ensayista e historiador norteam. *Cuentos de la Alhambra, Historia de Nueva York.*

ISAAC Patriarca hebreo, hijo de Abraham y Sara. Yahweh exigió a su padre que lo sacrificara como muestra de fidelidad.

ISAACS, *Jorge* (1837-1895) Escritor col. Su fama la debe a *María*, retablo de costumbres.

ISABEL Nombre de varias reinas.

◆ ESPAÑA

ISABEL I, *la Católica* (1451-1504) Reina de Castilla [1474-1504]. Hija de Juan II de Castilla y hermanastra del rey Enrique IV de Castilla, que en 1468, por el pacto de los Toros de Guisando, la reconoció como heredera. Casó en secreto con Fernando, que heredaría la Corona de Aragón; Enrique la desheredó nombrando heredera a Juana la Beltraneja. A la muerte de Enrique, I. se proclamó reina con el apoyo de Roma. En

Isabel I de Castilla

Isabel II de Inglaterra

la batalla de Toro (1476) derrotó a las fuerzas leales. En 1478, creó el tribunal de la Inquisición. Bajo su reinado se conquistó el reino de Granada (1481-1492), se llevó adelante el proyecto que significó el descubrimiento de América por Cristóbal Colón. ◊ **II** (1830-1904) Reina de España [1833-1868]. Por la Pragmática Sanción de 1789 fue proclamada reina a la muerte de su padre Fernando VII (1833). En 1833 se produjo el alzamiento carlista, derrotado en 1839. En 1840 ocupó la regencia el general Espartero hasta 1843, fecha en que se proclamó por las cortes la mayoría de edad de I. Tuvo que afrontar la revolución en 1854. Tras la revolución de 1868 se exilió.

INGLATERRA

ISABEL I (1533-1603) Reina de Inglaterra e Irlanda [1558-1603], hija de Enrique VIII y de Ana Bolena. Dirigió una severa represión, sobre todo a partir de 1581, contra los católicos y, a partir de 1583, contra los puritanos. La ejecución de María Estuardo (1587) encendió la guerra abierta entre España e Inglaterra. Durante su reinado, se constituyó la Compañía de las Indias Orientales (1600). ◊ **II** (n. 1926) Reina de Gran Bretaña e Irlanda del Norte, Canadá, Australia, Nueva Zelanda, Jamaica, Trinidad y Tobago, Granada, Barbados, Mauricio y Fiji, y jefe de la Commonwealth. Hija de Jorge VI, en 1952 sucedió a su padre.

RUSIA

ISABEL *Petrovna* (1709-1762) Emperatriz de Rusia [1741-1762]. Hija de Pedro el Grande y de Catalina I, subió al trono tras ser derrocado Iván VI.

ISABEL (s. I) Santa. Esposa de Zacarías y madre de san Juan Bautista.

ISABEL, *Estilo* Nombre dado a la arquitectura, vinculada al gótico, desarrollada en Castilla y Andalucía a fines del s. XV y principios del s. XVI.

ISABEL Clara Eugenia (1566-1633) Infanta esp., hija de Felipe II, que le cedió el gobierno de los Países Bajos [1598-1621]. ◊ **de Farnesio** (1692-1766) Reina de España [1714-1724 y 1724-1746]. Segunda esposa de Felipe V, a quien dominó de un modo absoluto. Al morir

ISLAMISMO

El Islam, que fue fundado por Mahoma en Arabia en el s. VII d. C., impone cinco obligaciones básicas: la fe (al menos una vez en la vida debe decirse con fe la fórmula: «no hay otro Dios que Alá y Mahoma es su profeta»; la plegaria (cuatro veces al día, con la cara vuelta a La Meca); el ayuno (practicado durante el mes de Ramadán); la limosna y la peregrinación a La Meca al menos una vez en la vida, aunque puede hacerse por procuración. La expansión de la religión islámica se debió a las conquistas militares de los árabes, que en menos de un siglo crearon un imperio que se extendía desde el Indo hasta el Atlántico

Interior de la Gran Mezquita de Damasco, capital del califato omeya (650-750)

su hijastro Fernando VI, fue nombrada regente (1759) hasta la llegada de Carlos III de Nápoles. ◊ **de Francia** (1292-1358) Reina de Inglaterra. Esposa de Eduardo II de Inglaterra, huyó a Francia. Organizó la invasión de Inglaterra (1327). Eduardo II se vio obligado a dimitir y fue asesinado. I. reinó hasta 1330, como regente de Eduardo III. ◊ **de Portugal** (1503-1539) Reina de España y emperatriz de Alemania [1526-1539], nieta de los Reyes Católicos e hija de Manuel el Afortunado de Portugal. Actuó como regente de ambas Coronas durante las ausencias de Carlos I (1529-1533 y 1535-1536). ◊ **de Valois** (1545-1568) Reina de España [1559-1568]. Hija de Enrique II de Francia y de Catalina de Médicis; tercera esposa de Felipe II de España.

ISABELA, La Nombre del establecimiento fundado por Colón en la costa N de La Española.

ISABELINO, NA adj. Díc. del reinado de Isabel I de Inglaterra. ◊ Díc. del estilo artístico desarrollado en España en el reinado de Isabel II.

ISAÍAS El primero de los profetas mayores. ◊ **Libro de I.** Escrito del A. T. Narra hechos históricos y profecías.

ISAMITT, Carlos (1887-1974) Compositor y musicólogo chil. Estudió la música araucana.

ISANGAS f. pl. Perú. Especie de nasas para pescar camarones.

ISBA f. Vivienda de madera propia de los lugares fríos de Rusia y adoptada por otros pueblos septentrionales.

ISBERT, José (1886-1966) Actor esp. Artista de teatro y cine. Bienvenido Mr. Marshall, Calabuch, El verdugo.

ISEO o **ISOLDA** ⇨ Tristán.

ISFAHÁN (Esfahan) C. del centro-oeste de Irán; 661 500 hab. Imp. centro ganadero y comercial. Ind. textil, siderúrgica, alimentaria. Artesanía.

ISHIKAWA Prefectura de Japón, en la isla de Honshu; 4 198 km², 1 165 000 hab. Cap., Kanzawa.

ISIDORO (h. 560-636) Santo. Arzobispo de Sevilla. Su obra pral., las Etimologías, es una verdadera enciclopedia, altamente apreciada en la E. Med.

ISIDRO Labrador (1070-1130) Santo esp. Patrón de los agricultores y de la villa de Madrid.

ISIS Diosa egipcia, esposa de Osiris y madre de Horus. Personificaba el cielo.

ISLA f. Geog. Porción de tierra rodeada enteramente de agua. ◊ Manzana de casas. ◊ fig. Conjunto de árboles aislados y que no está junto a un río.

ISLA, José Francisco de (1706-1781) Escritor esp., jesuita. Historia del famoso predicador fray Gerundio de Campazas, alias Zotes.

ISLAM m. ⇨ Islamismo. ◊ Conjunto de territorios unificados y sometidos a la fe musulmana. ❑ ISLAMIZAR.

ISLAMABAD Cap. de Pakistán, construida a 15 km de Rawalpindi; 204 000 hab.

ISLÁMICO, CA adj. Relativo al Islam. ◊ Se aplica al estilo artístico ligado estrechamente a la religión islámica (⇨ musulmán, arte).

ISLAMISMO m. Rel. Conjunto de dogmas y preceptos de la religión de Mahoma. ❑ ISLAMITA.

□ Rel. El libro sagrado, el Corán, y la tradición oral (sunna), sumados a lo dicho por Mahoma, forman la ley islámica (saría). Sus dogmas consisten en reconocer la unicidad divina, creer en los ángeles, Mahoma, el Corán y el juicio final. La comunidad islámica se escindió en tres grupos: sunníes, jarichíes y chiíes (⇨ fundamentalismo).

ISLANDÉS, SA adj. y s. De Islandia. ◊ m. Ling. Lengua nórdica indoeuropea del grupo germánico, hablada en Islandia.

Mapa de situación y bandera de **Islandia**

ISLANDIA (Lydhveldidh Island) Estado del Atlántico N. de Europa. República. Comprende la isla hom., sit. al SE de Groenlandia. Constituida por una meseta recubierta en parte por glaciares. Conos volcánicos (Hekla) y géiseres. Clima frío. Pesca (actividad pral.), caza de la ballena. Ganadería ovina; patatas. Ind. conservera. Lengua: islandés (of.). Rel.: protestantismo (99 %). U.M.: corona islandesa. Cap., Reykjavik.

□ Hist. Hacia el año 700, monjes irl. llegaron a sus costas. A finales del s. IX se produjo la invasión vikinga. En 930 se

ISLANDIA

Superficie	102 819 km²
Población	258 000 hab. (3 hab./km²)
Recursos económicos	
Aluminio	89 000 t
Cabaña bovina	73 000 cabezas
Cabaña caballar	69 000 cabezas
Cabaña ovina	700 000 cabezas
Cemento	120 000 t
Cerveza	51 000 hl
Energía eléctrica	4 610 millones de kwh
Fertilizantes	10 000 t
Patatas	12 000 t
Pesca	1 507 635 t
Pesca salada	88 000 t
Indicadores sociológicos	
PNB	5 814 millones de dólares
Renta per cápita	22 580 dólares
Esperanza de vida	78 años
Alfabetismo	100 %

Israel. Iglesia de Getsemaní y Monte de los Olivos, en Jerusalén

reó un Estado aristocrático. A partir de 1262 estuvo bajo soberanía noruega y danesa desde la unión de ambos países (1380) hasta la II Guerra Mundial. En 1944 se proclamó la República independiente. En 1980 fue elegida presid. Vigdís Finnbogadóttir apoyada por los partidos de izquierda (reelegida en 1984, 1988 y 1992).

ISLAS de la Bahía Dpto. insular de Honduras; 261 km², 21 209 hab. Cap., Roatán. Compuesto por las islas de Roatán, Guanaja, Utila, Morat, Elena, Barbareta y numerosos islotes del Caribe. Cacao, arroz, café, caña de azúcar; pesca, astilleros; aceites vegetales.

ISLEÑO, ÑA adj. y s. Natural de una isla. ◊ adj. Perteneciente a una isla.

ISLOTE m. Isla pequeña y despoblada.

ISMAEL Hijo de Abraham y de Agar, considerado como el primer antepasado de los ismaelitas o árabes.

ISMAELITA adj. y s. Descendiente de Ismael. ◊ Díc. de los árabes.

ISMAÍLIA (al-Ismailiya) C. de Egipto, a orillas del lago Timsah, en el canal de Suez; 145 900 hab. Ind. electrotécnica y alimentaria. Puerto petrolero.

ISÓBARO, RA adj. Isobárico. ◊ f. *Fís.* Lugar geométrico de los puntos de un sistema que poseen igual presión. En meteorología, los mapas del tiempo se constituyen mediante el trazado de i. ◊ Elementos isóbaros. Elementos con igual n. m. pero distinto n. a.

ISOBÁRICO, CA adj. Aplícase a los lugares de igual presión atmosférica. ◊ Díc. pralm. de las líneas que en la superficie de la Tierra pasan por puntos de igual alt. media del barómetro.

ISOCLINAL adj. *Geol.* Díc. del pliegue cuyos flancos presentan igual ángulo de buzamiento y en la misma dirección.

ISOCLINA, NA adj. y f. Díc. de la línea que es el lugar geométrico de los puntos de la superficie terrestre que presentan una misma inclinación magnética.

ISÓCRATES (436-338 a. C.) Orador y político ateniense. *Panegírico, A Filipo, Panatenaico.*

ISOCROMÁTICO, CA adj. Que es igualmente sensible a los colores del espectro.

ISOCRONISMO m. *Fís.* Propiedad de algunos sistemas vibratorios u oscilantes según la cual éstos dan, en el mismo tiempo, igual núm. de oscilaciones.

ISÓCRONO, NA adj. De igual duración.

ISÓFONO, NA adj. Del mismo sonido.

ISOGAMIA f. *Biol.* Fecundación propia de animales y vegetales inferiores, en la que es imposible distinguir los gametos de los dos sexos.

ISÓGONO, NA adj. *Geom.* Díc. de las figuras o cuerpos cuyos ángulos correspondientes son iguales.

ISOHIETA adj. y f. *Meteor.* Díc. de la línea que, en los mapas, une los puntos donde se registra anualmente la misma cantidad de lluvia.

ISOHIPSO, SA adj. Que tiene el mismo nivel. ◊ Díc. de una línea imaginaria que une los puntos de la superficie terrestre de igual altitud.

ISOMERÍA f. Calidad de isómero.

ISOMERIZACIÓN f. *Quím.* Procedimiento que convierte la cadena recta de los hidrocarburos parafínicos en una cadena ramificada.

ISÓMERO, RA adj. y m. *Quím.* Díc. del compuesto de igual fórmula empírica que otro, pero de propiedades distintas.

ISOMORFISMO m. Calidad de isomorfo. ◊ En cristalografía, igualdad o estrecha semejanza de formas cristalinas entre sustancias de composición química semejante.

ISOMORFO, FA adj. Aplícase a los cuerpos de diferente composición química e igual forma cristalina, y que pueden cristalizar asociados.

ISOPRENO m. *Quím.* Hidrocarburo insaturado de cinco átomos de carbono. Es un líquido que hierve a 34 °C y que se polimeriza fácilmente. Se obtiene a partir del acetileno y el derivado sodado de la acetona.

ISOS Ant. c. de Cilicia (Asia Menor), donde en 333 a. C. el rey Darío III de Persia fue derrotado por Alejandro Magno.

ISÓSCELES adj. *Geom.* Díc. del triángulo, y también del trapecio, que tiene dos lados iguales.

ISOSTASIA f. *Geol.* Condición ideal de equilibrio a la que tienden los distintos bloques de la corteza terrestre. ❏ ISOSTÁTICO, CA.

ISOTÉRMICO, CA o **ISOTERMO, MA** adj. y s. *Fís.* Díc. de la línea que es el lugar geométrico de los puntos de un sistema que poseen igual temperatura. ◊ *Fís.* Díc. del proceso que tiene lugar a temperatura constante.

ISOTÓNICO, CA adj. Soluciones que a la misma temperatura tienen igual presión osmótica.

ISÓTOPO adj. y m. *Quím.* Díc. de los elementos que poseen el mismo n. a. pero diferente masa atómica. ◊ **Isótopos radiactivos.** *Quím.* Los que espontáneamente se desintegran con emisión de radiaciones α, β y γ. ❏ ISOTOPÍA.

ISOTROPÍA f. *Fís.* Fenómeno por el que ciertos cuerpos presentan propiedades que no dependen de la dirección en que se miden. ❏ ISÓTROPO, PA.

ISPAHÁN ▷ Isfahán.

ISQUEMIA f. *Pat.* Falta de aporte sanguíneo a un tejido u órgano, que de ser persistente conduce a una necrosis.

ISQUION m. *Anat.* Hueso embrionario que en los mamíferos adultos se une al ilion y al pubis y constituye la parte posteroinferior de éste. ❏ ISQUIÁTICO, CA.

ISRAEL (*Medinat Yisrael*) Estado del Próximo Oriente. República. La llanura litoral se prolonga hacia el interior y se eleva hacia una altiplanicie. Al S se encuentra el desierto del Neguev. Clima mediterráneo y árido. Cereales, olivo, agrios, uva, legumbres, algodón, remolacha azucarera. Ganadería (bovina, ovina, caprina). Potasa, bromo, magnesio, petróleo. Ind. textil, alimentaria, metalúrgica, química, mecánica. Lenguas: heb. (of) y ár. *Rel.*: hebrea (83 %), musulmana (13 %), cristiana. U.M.: el shekel. Cap., Jerusalén. C. prales.: Tel Aviv, Haifa.

☐ *Hist.* Después de que T. Herzl fundara en 1897 el movimiento sionista, numerosos hebr. de la diáspora emprendieron el éxodo a Palestina, ocupada por tropas brit. desde 1917. Ante los enfrentamientos entre ár. y judíos, la ONU decidió crear dos est. palestinos, uno ár. y otro judío, y la interna-

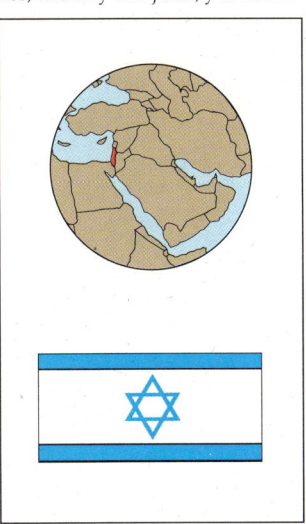

Mapa de situación y bandera de **Israel**

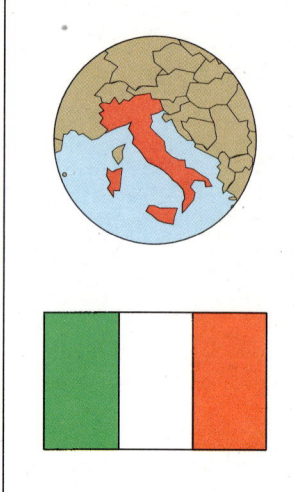

Mapa de situación y bandera de **Italia**

ISRAEL

Superficie	20 700 km²
Población	4 975 000 hab. (240 hab./km²)

Recursos económicos	
Algodón	36 000 t
Cabaña bovina	331 000 cabezas
Cabaña ovina	375 000 cabezas
Energía eléctrica	20 730 millones de kwh
Fertilizantes	890 600 t
Fosfatos	2 428 000 t
Hilados de algodón	14 700 t
Naranjas	567 000 t
Potasa	1 271 000 t
Riqueza forestal	113 000 m³
Sal	402 000 t
Trigo	160 000 t
Uva	96 000 t

Indicadores sociológicos	
PNB	59 128 millones de dólares
Renta per cápita	11 330 dólares
Esperanza de vida	76 años
Alfabetismo	92 %

cionalización de Jerusalén. I. proclamó la independencia en 1948, con Ch. Weizmann como presid. y D. Ben Gurión como primer ministro. Los Estados ár. no aceptaron la resolución de la ONU e invadieron I. Los judíos rechazaron el ataque y se apoderaron de Nazareth, Galilea occidental y el Neguev. Al mismo tiempo, Jerusalén fue dividida en dos partes. En 1967 («guerra de los seis días»), I. se anexionó Gaza, el Sinaí, la c. vieja de Jerusalén, Cisjordania y los altos del Golán. En 1973, con Golda Meir como jefe del gobierno, se produjo otro conflicto bélico, que se saldó con una retirada parcial del Sinaí. En 1979 se firmó un tratado de paz con Egipto. En 1982 I. invadió y ocupó la mayor parte del Líbano. Tras las elecciones de 1984, Shimon Peres, laborista, e Isaac Shamir, del Likud, se alternaron al frente de un gobierno de coalición. Las presiones de EE UU impulsaron a I. a negociar con sus vecinos ár. y una delegación palestina. Con Y. Rabin, elegido jefe de gobierno en 1992, se logró el reconocimiento mutuo entre I. y la OLP, la autonomía de Gaza y Jericó en 1993, y el regreso de Y. Arafat como jefe del ejecutivo provisional palestino (1994). En las elecciones de 1996 venció B. Netanyahu (Likud), quien paralizó el proceso de paz. En las elecciones anticipadas de 1999 ganó el laborista E. Barak, quien ordenó la retirada del ejército israelí del S. del Líbano (mayo 2000). El agravamiento del conflicto motivó el adelanto de las elecciones (febrero 2001), en las que venció Ariel Sharon (Likud), reelegido en enero de 2003. Tras la muerte de Arafat en 2004, Sharon y Abu Mazen, el nuevo presidente de la Autoridad Nacional Palestina, acordaron un alto el fuego en febrero de 2005. En agosto de ese mismo año se inició la retirada de Israel de Gaza y Cisjordania.

ISRAELITA adj. y s. Hebreo, de Israel.
ISTANBUL C. del NO de Turquía (ant. Constantinopla), en el estr. del Bósforo; 5 494 900 hab. Puerto. Ind. metalúrgica, química, tabaquera. Basílica de Santa Sofía, mezquita de Solimán, palacio de Topkapi. Cap. del imp. otomano hasta 1923.
ISTMO m. *Geog.* Lengua de tierra que une dos continentes o una península con un continente.

ISTRIA (*Istra*) Pen. del NO de la gran pen. Balcánica, a orillas del Tirreno. Ocupada por los partisanos en 1945, fue cedida a Yugoslavia, salvo la zona de Trieste, incorporada a Italia en 1947. En 1991, una pequeña zona pasó a formar parte de Eslovenia y el resto se integró en Croacia.
ISTÚRIZ, Francisco Javier de (1790-1871) Político esp. Liberal, fue presid. de las cortes y jefe de gobierno (1836, 1846-1847 y 1858).
ITAGÜI C. de Colombia, en el dpto. de Antioquia; 137 620 hab. Cultivos tropicales. Ganado vacuno y equino. Ind. textiles y de curtidos.
ITALIA (*Reppublica Italiana*) Estado de Europa meridional.
□ *Geog. fís.* Convencionalmente se divide en tres partes: a) I. continental, que corresponde al valle del Po y sus afl. Al N se levantan los Alpes (alt. máx.: Paradiso, Cervino, Mont-Blanc, Monte Rosa). Cuencas lacustres (Garda, Como y Mayor). Clima continental. b) I. peninsular, atravesada por los Apeninos (alt. máx.: Corno). Ríos Arno, Ombrone, Tíber, etc. Clima mediterráneo. c) I. insular. Comprende Sicilia, Cerdeña, y la pequeña isla de Elba, etc. Clima mediterráneo. Costas muy dispares.
□ *Geog. econ.* I. es un país industrializado, sobre todo la zona septentrional, aunque la agricultura (vid, olivo, cereales) y la ganadería (vacuna, ovina, suida) tienen una fuerte presencia. Además, existen yacimientos minerales (hierro, mercurio, azufre y mármol). Ind. metalúrgica, mecánica, textil y química. Italia es una república bizantina. Lenguas: italiano (of. y mayoritaria), friulano, alemán, cat., etc. *Rel.*: catolicismo (mayoritaria). U.M.: euro. Cap., Roma. C. prales.: Milán, Nápoles, Turín, Génova, Florencia, Venecia. I. está dividida en 20 regiones.
□ *Hist.* Los etruscos llegaron a I. en el s. XVIII a. C. y desplazaron a los gr. La invasión gala fue aprovechada por Roma para afirmar su indep. y conquistar toda la pen. (s. IV-II a. C.). Roma impuso la unidad y creó un imperio, al que pusieron fin los germanos en 476. Tras las invasiones de bizantinos y lombardos, el papado tomó la defensa de la pen. La oposición entre el papa y el emperador al. permitió a Génova, Florencia, Venecia y Milán consolidar su indep. En el s. XIII se produjo la intervención de la Corona de Aragón, especialmente en Sicilia y Nápoles. En el s. XVI las luchas entre España y Francia tuvieron a I. como escenario. Tras la guerra de Sucesión esp., Austria tomó el relevo de España en I. El absolutismo austriaco provocó las revoluciones de 1820, 1830 y 1848. En 1852 Cavour fue nombrado presid. del consejo en Piamonte. Se inició el proceso de unificación nacional. En 1861 se proclamó el reino de I. En 1870 Garibaldi tomó Roma y el papa perdió los Estados Pontificios. I. intervino en la I Guerra Mundial a favor de los aliados. El movimiento fascista llevó a Mussolini al poder (1922) después de la Marcha sobre Roma. Aliada con Alemania, entró en la II Guerra Mundial y atacó Albania, Yugoslavia y Grecia. En 1943 Mussolini fue depuesto y un gobierno presidido por Badoglio firmó el armisticio con los aliados. En 1946 se proclamó la república. Entre 1948 y 1962 dominaron los democratacristianos, sustitui-

Italia. Vista de Portofino, en Liguria

dos por gobiernos de centroizquierda hasta 1973. Después de 1976, se ensayó la fórmula de un gobierno democrata-cristiano con apoyo implícito del partido comunista («compromiso histórico»). En 1980 se volvió a los gobiernos de centroizquierda. Tras un periodo republicano, representado por Spadolini, Fanfani fue elegido de nuevo jefe de gobierno en 1982. En 1983 los acuerdos del «pentapartido» llevaron al poder al socialista B. Craxi, hasta 1987. En 1985 el democristiano F. Cossiga sucedió al socialista S. Pertini como jefe del estado. Tras los gobiernos efímeros de A. Fanfani, G. Goria y C. De Mita, en 1989 asumió la presidencia G. Andreotti (DC). Para implantar un gobierno estable, en 1992 dimitió el primer ministro G. Andreotti y un día después, el presid. F. Cossiga. Tras largas deliberaciones, en mayo, fue elegido presid. el democristiano Oscar L. Scalfaro. En las elecciones de 1994 venció la coalición de derechas encabezada por Silvio Berlusconi, quien formó gobierno. Rota la coalición, Lamberto Dini formó un nuevo gob. Los comicios de 1996 dieron el triunfo a la coalición de izquierdas El Olivo, y la presidencia del gobierno recayó sucesivamente en Romano Prodi, Massimo D'Alema y Giuliano Amato. En mayo de 2001 se celebraron nuevas elecciones en las que la coalición conservadora Casa de las Libertades obtuvo la mayoría absoluta, y Silvio Berlusconi fue nombrado primer ministro. ❏ *Arte.* Las grandes construcciones románicas fueron San Ambrosio de Milán y San Miguel de Pavía. Góticas son las catedrales de Siena, Orvieto y Milán. En escultura destacaron los Písano y Arnolfo di Cambio; en pintura, Cimabue y Giotto. Los grandes artistas del Renacimiento fueron Brunelleschi, Donatello, Leonardo, Bramante, Miguel Ángel, Rafael, Tiziano, Tintoretto y Veronés. En el s. XVI apareció el manierismo. La pintura barroca it. tuvo dos focos: la escuela boloñesa y Caravaggio. En la arquitectura destacaron Borromini y Bernini (también escultor). A mediados del s. XVIII retornó el gusto por la antigüedad clásica. En el s. XIX recinte tuvo en Canova, Piermarini y Appiani a sus mejores defensores. De la primera mitad del s. XX sobresalen Boccioni, Carrà, Severini, Balla, Chirico y Sant'Elia. Tras la II Guerra Mundial aparecen dos tendencias: la realista y la abstracta. ❏ *Lit.* La literatura it. arranca de la primera mitad del s. XIII con san Francisco de Asís, san Girardo Patecchio de Cremona y la escuela de poesía de Federico II. La escuela siciliana da lugar a una poesía cortés (Guittone d'Arezzo). Llenan el s. XIV Dante, Petrarca y Boccaccio. Entre 1375 y 1475, el humanismo está presente en todos los campos. Con Lorenzo el Magnífico se inicia la poesía de la segunda mitad del s. XV (L. Pulci, M. Boiardo, Sannazaro). La poesía del *Quattrocento* culmina en el *Orlando furioso,* de Ariosto. En el s. XVI destaca la poesía de T. Tasso. De la poesía barroca destaca G. Marino. En el teatro surge el melodrama y la *Commedia dell'arte.* La Arcadia (P. Metastasio) y la Ilustración (C. Goldoni y G. Parini) llenan el s. XVIII. El neoclasicismo está representado por V. Monti. Poetas románticos son Foscolo, Leopardi y

ITALIA

Superficie	301 302 km²
Población	56 778 100 hab. (188 hab./km²)
Recursos económicos	
Aceite de oliva	765 000 t
Aceitunas	3 934 000 t
Arroz	1 244 000 t
Azúcar	1 330 000 t
Cabaña bovina	3 202 000 t
Cabaña ovina	10 435 000 t
Cabaña porcina	8 549 000 t
Ener. eléctrica	205 251 millones de kwh
Gas natural	18 109 millones de m³
Maíz	6 308 000 t
Patatas	2 289 000 t
Trigo	9 532 000 t
Uva	9 397 000 t
Vino	59 150 000 t
Indicadores sociológicos	
PNB	1 072 198 millones de dólares
Renta per cápita	18 580 dólares
Esperanza de vida	77 años
Alfabetismo	98 %

Manzoni. Grossi y Guerrazzi escriben novela histórica. La oposición al romanticismo corre a cargo de la *Scapigliatura* y de Carducci. Realista es la escuela del verismo (Capuana, Verga). En la última década del s. XIX y los primeros años del s. XX aparecen el irracionalismo intuicionista de G. D'Annunzio y el futurismo (Marinetti). En el período de entreguerras destaca la poesía de G. Ungaretti, E. Montale y S. Quasimodo. A la caída del fascismo emerge una corriente de fuerte contenido crítico y social: C. Pavese,

Italia. Detalle de *El nacimiento de Venus,* óleo sobre tabla de S. Botticelli (Galería de los Uffizi, Florencia)

A. Moravia, V. Pratolini, C. Zavattini. De las últimas generaciones cabe mencionar a G. Bassani, L. Sciascia, G. Arpino, P. P. Pasolini, I. Calvino, E. Morante, Umberto Eco. En el teatro contemporáneo sobresalen Luigi Pirandello y Dario Fo.

ITALIANISMO m. Giro o modo de hablar propio y privativo de la lengua italiana. ◊ Vocablo o giro de esta lengua empleado en otra.

ITALIANO, NA adj. y s. De Italia. ◊ m. *Ling.* Lengua indoeuropea, del tronco itálico, que se habla en Italia, en el cantón suizo de Tesino, en la zona S del país grisón, en parte de Dalmacia y Córcega y en los lugares de inmigración it. (EE UU, Argentina y Brasil). Como las restantes lenguas románicas, deriva del latín.

ITÁLICO, CA adj. Relativo a Italia. Díc. en particular de lo perteneciente a Italia antigua.

ÍTALO, LA adj. y s. De Italia.

ITANAGAR C. de la India, cap. del est. de Arunachal Pradesh; 14 100 hab.

ITAPICURU Río del NE de Brasil, en Maranhão; 1 650 km. Desemboca en el Atlántico.

ITAPÚA Dpto. del S de Paraguay; 16 525 km², 371 600 hab. Cap., Encarnación. Lo accidenta la cordillera de Caaguazú. Tabaco, caña de azúcar, mate. Ganadería; explotación forestal. Ind. alimentarias.

ÍTEM adv. latino que se usa para hacer distinción de artículos o capítulos en un texto y también para indicar una adición. ◊ m. fig. Cada uno de dichos artículos o capítulos.

ITERAR tr. Repetir. ❏ ITERABLE; ITERACIÓN; ITERATIVO, VA.

ITERBIO m. *Quím.* Elemento de símb. Yb; n. a. 70; p. a. 175,5. Es un metal del grupo de los lantánidos, cuyas sales son incoloras.

ITINERANTE adj. Ambulante.

ITINERARIO, RIA adj. Perteneciente a caminos. ◊ m. Descripción de un camino, expresando los lugares por donde se ha de transitar.

ITRIO m. *Quím.* Elemento de símb. Y; n. a. 39; p. a. 88,92. Es un metal del grupo de las tierras raras, que forma un polvo brillante y negruzco.

ITURBI, José (1895-1980) Pianista y compositor esp. *Pequeña danza española,* para piano.

ITURBIDE, Agustín de (1783-1824) Militar y político mex. En 1812 el virrey Apodaca le encomendó la tarea de sofocar la insurrección de Guerrero en el sur del país. Tras varios fracasos militares inició con el dirigente rebelde unas conversaciones de las que resultó el plan de Iguala o de las Tres Garantías (1821). Más tarde, se proclamó la indep. del país. En 1822 el Congreso constituyente trató de atajar el poder de I., pero éste se proclamó emp. y disolvió el Congreso, lo que provocó la sublevación de Santa-Anna. Falto del apoyo del ejército, en 1823 I. abdicó y se exilió. A su regreso fue ejecutado.

ITURRIGARAY, José Joaquín de (1742-1815) Militar y político esp. Virrey de Nueva España. Apoyó la junta independentista formada en 1808.

ITUZAINGÓ Victoria de las tropas argentinouruguayas sobre las brasileñas (1827). Decidió la independencia de Uruguay.

ITZÁ adj. y s. Individuo perteneciente a un pueblo amerindio del grupo maya

Itzamná, dios supremo maya

que vivía en la zona de Yucatán desde 492. Actualmente quedan algunos descendientes suyos en el Petén guatemalteco y en Honduras Británica.

ITZAMNÁ En la religión maya, dios supremo, creador de todas las cosas.

ITZCÓATL (1380-1440) Cuarto rey azteca [1428-1440]. Liberó a los aztecas de la servidumbre de Azcapotzalco, y concertó con Texcoco y Tlacopan la liga de las tres ciudades.

ITZPAPALOTL Diosa azteca de la Muerte.

IVÁN III Vasilievich, *el Grande* (1440-1505) Gran príncipe de Moscú y de todas las Rusias [1462-1505]. Reunió todos los principados del N a NE de Rusia en un solo est., y anexionó las c. de Novgorod, Tver y Riazán. ◊ **IV Vasilievich, *el Terrible*** (1530-1584) Duque de Moscovia y zar de Rusia [1533-1584], primer príncipe ruso que tomó el nombre de zar de forma oficial. De 1552 a 1556 conquistó los ja-

natos de Kazán y de Astrakán. Se enfrentó a Suecia, Lituania, Dinamarca y Polonia. A partir de 1558 comenzó la colonización y conquista de Siberia. En 1564 se inició un período de represión, dirigida pralm. contra los boyardos, que le valió el sobrenombre de «el Terrible».

IVANOVO C. de la república de Rusia, al NE de Moscú; 474 000 hab. Centro textil algodonero.

IWATE Prefectura de Japón, en la isla de Honshu; 15 277 km², 1 117 000 hab. Cap., Morioka.

IWO C. del SO de Nigeria; 296 200 hab. Cacao. Ind. algodonera. Mercado agrícola.

IXCHEL Diosa maya de la Luna, del agua y de la fecundidad femenina.

IXIL adj. y s. Díc. de individuos de una tribu amerindia del grupo mam, que viven en el centro de Guatemala. Suman unas 20 000 personas. ◊ adj. Concerniente a dicha tribu. ◊ m. pl. Esta misma tribu.

IZABAL Dpto. de Guatemala, junto al golfo de Honduras; 9 038 km², 287 500 hab. Cap., Puerto Barrios. Café, cacao, arroz, caña de azúcar; maderas tintóreas. ◊ Lago de Guatemala, el mayor del país, entre la sierra de Santa Cruz y las montañas de Mico, y la sierra de las Minas; 589 km². Recibe las aguas del Polochic. Su desagüe es el río Dulce.

IZALCO Volcán de El Salvador; 1 885 m. Se le denomina *faro del Pacífico*.

IZAR tr. *Mar.* Elevar alguna cosa tirando de la cuerda, cable, etc. del que está colgada, el cual pasa, al efecto, por un punto más elevado.

IZMIR C. del O de Turquía, a orillas del Egeo, en el golfo hom.; 946 300 hab. Centro comercial e industrial. Refinería de petróleo.

IZMIT C. del NO de Turquía, a orillas del mar de Mármara; 236 100 hab. Cen-

Vista del lago Izabal

tro comercial e industrial. Es la ant. *Nicomedia.*

IZOTE m. Planta de la América Central; es una especie de palma, de flores blancas, muy olorosas, que suelen comerse en conserva.

IZOZOG o **PARAPETI, *bañados del*** Zona pantanosa del SE de Bolivia, en la prov. de Santa Cruz.

IZQUIERDO, DA adj. Que está situado del lado del corazón en el hombre; p. ext., que cae o mira hacia ese lado. ◊ Zurdo. ◊ Torcido, no recto. ◊ f. Mano izquierda. ◊ *Pol.* Conjunto de individuos, partidos políticos, etc., que propugnan cambios sociales profundos. ❑ IZQUIERDISTA.

IZTACALCO Delegación de México, Distrito Federal; 448 322 hab.

IZTAPALAPA Delegación de México, Distrito Federal; 1 490 522 hab.

IZÚCAR de Matamoros Mun. de México, en el est. de Puebla; 62 860 hab. Refinerías de cobre, plata y azúcar.

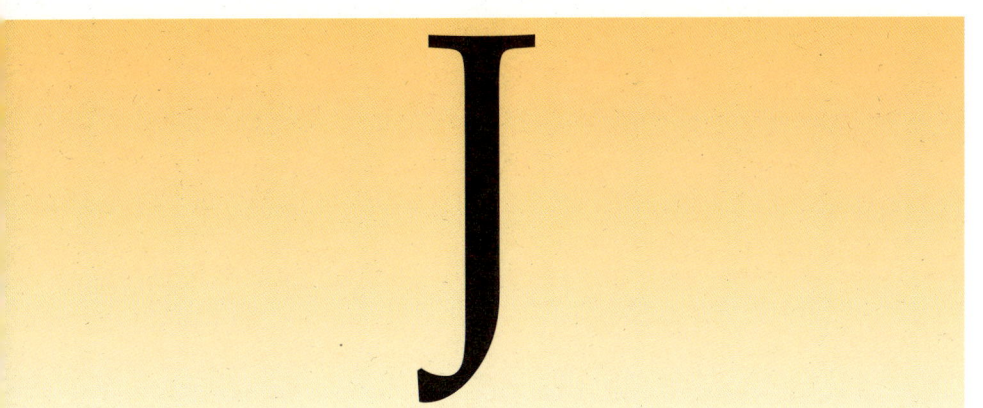

J

J f. Décima letra del abecedario esp. y séptima de sus consonantes. Su nombre es *jota*. ◊ *Fís.* Símb. del julio.

JABA f. *Cuba*. Especie de cesta, de junco. ◊ *Amér.* Especie de cajón de forma enrejada para transportar la loza. ◊ fig. *Ven.* Miseria, inopia.

JABALÍ m. *Zool.* Mamífero que vive en los bosques de Eurasia y N de África. Los colmillos inferiores de los machos alcanzan gran desarrollo.

JABALINA f. Hembra del jabalí. ◊ Arma arrojadiza usada en la caza mayor. ◊ Instrumento en forma de lanza que lanzan los atletas en las competiciones.

JABALPUR (*Jubbulpore*) C. de la India, en el est. de Madhya Pradesh; 614 200 hab. Ind. metalúrgica.

JABARDO m. Enjambre pequeño que se separa de una colmena. ◊ fig. y fam. aglomeración de gente. ❑ JABARDEAR; JABARDILLO.

JABÁROVSK Terr. de la república de Rusia, junto al mar de Ojotsk; 824 600 km², 1 824 000 hab. ◊ Cap. del territorio hom.; 601 000 hab. Refinerías de petróleo.

JABATO, TA adj. y s. Valiente, atrevido. ◊ m. Cría del jabalí.

JÁBEGA f. Red muy larga, compuesta de un copo y dos bandas, de las cuales se tira desde tierra. ◊ Embarcación más pequeña que el jabeque. ❑ JABEGOTE; JABEGUERO, RA.

JABEQUE m. Embarcación de tres palos, con velas latinas.

JABÍ adj. y m. Especie de manzana silvestre y pequeña. ◊ Árbol de América intertropical cuya madera se emplea en construcciones navales.

JABILLA f. Planta trepadora y de flores anaranjadas. Propia de América tropical.

JABILLO m. Árbol de América tropical, cuya madera se emplea para hacer canoas.

JABÓN m. *Ind.* Pasta soluble en agua que sirve para lavar, resultado de la combinación de un álcali con los ácidos grasos. ◊ *Argent.* y *P. Rico.* Susto. ◊ **de sastre.** Esteatita blanca que los sastres emplean para señalar en las telas el sitio por donde han de cortar o coser. ❑ JABONERÍA; JABONERO, RA; JABONOSO, SA.

JABONAR tr. Fregar la ropa u otras cosas con jabón y agua para lavarlas o ablandarlas. ◊ Humedecer la barba con agua jabonosa para afeitarla. ❑ JABONADO, DA; JABONADURA.

Jabalí

JABONCILLO m. Pastilla de jabón aromatizada. ◊ *Chile.* Jabón en polvo o disuelto que se usa para rasurarse. ◊ Árbol sapindáceo de América; la pulpa de su fruto produce jabón. ◊ *Farm.* Jabón medicinal. ◊ Jabón de sastre.

JABORANDI m. Árbol originario del Brasil. La infusión de sus hojas promueve la salivación y la transpiración.

JABOTÍ m. *Amér.* Especie de tortuga de concha negra.

JACA f. Caballo de poca alzada. ◊ Yegua, hembra del caballo. ◊ *Argent.* Gallo de combate. ◊ *Cuba.* Caballo castrado. ◊ *Perú.* Yegua de poca alzada.

JACAL m. *Amér.* Choza.

JACALATE m. *C. Rica.* Mala hierba de las sabanas de las comarcas cálidas. ◊ Planta semileñosa, de flores amarillas.

JACALÓN m. *Méx.* Colgadizo, cobertizo.

JACAMARA m. Ave trepadora que habita en los bosques del Brasil.

JACAPA f. Pájaro que vive en los bosques de América Central y Meridional.

JACAPUCAYO m. Planta de América tropical cuyo fruto es de gran tamaño.

JACAREAR intr. Cantar jácaras. ❑ JACARANDOSO, SA; JACARERO, RA.

JÁCARA f. Romance en que se cuentan hechos de rufianes y maleantes. ◊ Cierta música para cantar y bailar. ◊ Ronda nocturna de gente alegre. ❑ JACARANDO, DA.

JÁCENA f. *Arq.* Viga maestra.

JACHACALDO m. *Perú.* Caldo de diversas hierbas.

JACHALÍ m. Árbol de América tropical, de madera muy apreciada en ebanistería.

JACINTO m. Planta bulbosa, de flores olorosas, blancas, azules, rosadas o amarillentas, en espiga. ◊ Flor de esta planta. ◊ Circón, piedra preciosa.

JACK m. Planta arbórea propia de las zonas tropicales. ◊ *Electr.* Receptáculo en el que se establece una conexión introduciendo una clavija.

JACKSON C. de EE UU, cap. del est. de Misisipí, sobre el r. Pearl; 196 600 hab. Ind. textil y metalúrgica.

JACKSON, *Andrew* (1767-1845) General norteam., séptimo presid. de EE UU, elegido en 1828 y 1832. ◊ *John Huglings* (1835-1911) Médico brit., uno de los fundadores de la neurología moderna. Describió la epilepsia jacksoniana.

JACKSONVILLE C. de EE UU, en el est. de Florida; 540 900 hab. Puerto y centro comercial. Turismo.

JACO m. Cota de malla de manga corta. ◊ Caballo pequeño y poco apreciado.

JACOB Hijo de Isaac y Rebeca, hermano de Esaú y, según la tradición bíblica, padre de las doce tribus de Israel. También llamado ISRAEL.

JACOBEO, A adj. Relativo al apóstol Santiago.

JACOBI, *Friedrich Heinrich* (1743-1819) Filósofo al. Intuicionista y opuesto al racionalismo y al criticismo kantiano. *Sobre la empresa del criticismo de reducir la razón al entendimiento.*

JACOBINO, NA adj. y s. Miembros de un partido revolucionario fr. nacido durante la Revolución. Su máx. figura fue Robespierre. Influyeron en la Convención y en el Comité de Salvación Pública. ❑ JACOBINISMO.

JACOBITA adj. y s. Díc. del seguidor de Jacobo Baradeo, que reorganizó la Iglesia siria (s. VI). ◊ Díc. de los partidarios de Jacobo II de Inglaterra.

Inflorescencia de **jacinto**

Jaguar

JACOBO I (1566-1625) Rey de Inglaterra, Irlanda y, con el nombre de J. VI, de Escocia. ◊ **II** (1633-1701) Rey de Inglaterra, Irlanda y, con el nombre de J. VII, de Escocia. Destronado en 1688 por su yerno, Guillermo de Nassau.

JACONTA f. *Bol.* Especie de puchero de carne, tubérculos y fruta que suele comerse por Navidad.

JACQUARD adj. y m. *Ind.* Díc. de la máquina que se aplica a los telares para la reproducción sobre la tela de dibujos de diferentes colores.

JACTARSE prnl. Alabarse uno excesiva y presuntuosamente de la propia excelencia, y también de la que él mismo se atribuye. ❑ JACTANCIA; JACTANCIOSO, SA.

JACÚ m. *Bol.* Pan, yuca o plátano que sirve para comer con los demás manjares.

JACULATORIO, RIA adj. Breve y fervoroso. ◊ f. Oración breve.

JACUZZI m. Bañera equipada con un sistema de propulsión de aire que provoca remolinos y sirve para hacerse masajes.

JADE m. *Miner.* Piedra muy dura y de aspecto jabonoso, que suele hallarse entre las rocas estratificadas cristalinas.

JADEAR intr. Respirar con dificultad. ❑ JADEO.

JADEÍTA f. *Miner.* Inosilicato de sodio y aluminio, de color blanquecino y brillo vítreo. Se utiliza para tallar objetos de adorno.

JAÉN Prov. esp., en la com. autón. de Andalucía; 13 498 km², 643 820 hab. Cap., la c. hom. C. prales.: Linares, Úbeda. Olivos, cereales. Plomo, cinc. Ind. oleícola, metalúrgica. ◊ C. esp., cap. de la prov. hom.; 112 590 hab. ❑ JAENÉS, SA; JIENENSE.

JAEZ m. Cualquier adorno que se pone a las caballerías. Se usa más en pl. ◊ fig. Calidad o propiedad de una cosa. ❑ JAECERO, RA; JAEZAR.

JAFET Uno de los tres hijos de Noé.

JAFÉTICO, CA adj. y s. Se aplicaba a los pueblos y razas que, según el Génesis, descendían de Jafet, y habían poblado Europa.

JAFFA (heb., *Yafo*) C. palestina, junto al Mediterráneo. Forma una conurbación con Tel Aviv.

JAFFNA *(Yapanatta)* C. de Sri Lanka; 118 200 hab. Comercio y pesca.

JAGAN, Cheddi (1918-1997) Político guyanés. Primer ministro (1961-1964). Reelegido en 1992.

JAGELLÓN Dinastía lituano-polaca, fundada por Ladislao II; reinó en Polonia y Lituania [1386-1572], Hungría [1440-1444 y 1490-1526] y Bohemia [1471-1526].

JAGUA f. Árbol de América intertropical, de fruto grande, drupáceo y pulpa agridulce. ◊ Fruto de este árbol. ◊ *Col.* Arenilla ferruginosa que queda en la batea donde se lava el oro.

JAGUAR m. *Zool.* Mamífero carnicero, que vive en América. La piel es de color leonado, con grandes manchas en forma de ocelos.

JAGUARETÉ m. *Amér.* Jaguar.

JAGUAY m. Árbol de Cuba, de madera amarilla, empleada en ebanistería. ◊ *Perú.* Balsa de agua. ◊ Aguada.

JAGÜEY m. Bejuco de Cuba, que crece enlazándose con otro árbol. ◊ *Amér.* Balsa de agua. ◊ fig. *Cuba.* Persona desleal. ❑ JAGUEL; JAGÜEL; JAHUEL.

JAGÜILLA f. Árbol de Cuba, de madera blanco amarilla. ◊ *Amér.* Especie de jabalí.

JAHARRAR tr. Cubrir con una capa de yeso o mortero el paramento de una pared. ❑ JAHARRO.

JAIBA f. *Amér.* Cangrejo de río y de mar. ◊ com. *Amér.* Persona astuta. ◊ *Cuba.* Persona perezosa.

JAIBERO m. *Chile.* Canasta para atrapar jaibas.

JAIME Nombre de diversos monarcas:

ARAGÓN Y CATALUÑA

JAIME I el Conquistador (1208-1276) Rey de Aragón y Cataluña. Conquistó Mallorca, Valencia y Murcia. ◊ **II** (1267-1327) Rey de Aragón [1291]. Durante su reinado se independizó Sicilia.

MALLORCA

JAIME I ⇨ Jaime I de Aragón y Cataluña. ◊ **II** (1243-1311) Rey de Mallorca [1276-1311]. Disputó su reino con Pedro III de Aragón. ◊ **III** (1315-1349) Rey de Mallorca [1324-1343]. Derrotado y muerto en la batalla de Lluchmajor.

JAIME ⇨ Santiago, santo.

JAIMES Freyre, Ricardo (1868-1933) Poeta e historiador bol. Fundó, con Rubén Darío, la *Revista de América*. Autor de *Castalia Bárbara, Los sueños son vida.*

JAIMIQUÍ m. Árbol de Cuba, con cuyo fruto se alimenta al ganado vacuno y de cerda.

JAÍNISMO m. Religión india, fundada en el s. VI a. C. por Nataputta o *Jina* como reacción al brahmanismo. Se divide en dos sectas prales.: digambaras y svetambaras. Su principio fundamental es el *ahimsa* o no-violencia.

JAIPUR C. del NO de la India, cap. del estado de Rajasthan; 1 514 400 hab. Ind. textil, metalúrgica; comercio.

JAJÁ m. *Argent.* El chajá o arauco, ave zancuda.

¡JA, JA, JA! interj. con que se denota la risa.

JAKASIA Prov. autónoma de Rusia, en el S de Siberia. Integrada en el terr. de Krasnoyarsk; 61 900 km², 569 000 hab. Cap., Ábakán. Cereales. Madera. Ganadería. Cobre, molibdeno, hierro.

JAKASIO, SIA adj. y s. Individuo de un pueblo mongoloide de Jakasia (Rusia). ◊ m. Lengua de este pueblo.

JAL m. *Méx.* Arena gruesa de acarreo que puede contener granos de oro. ◊ Pedazo de piedra pómez.

JALADO, DA adj. *Amér. Centr.* Pálido, ojeroso, demacrado, extenuado.

JALAPA Dpto. del E de Guatemala;

2 063 km², 206 355 hab. Sit. en la altiplanicie central y atravesado por el eje volcánico guatemaltecosalvadoreño. Agricultura (manzanas) y ganadería.

JALAPA ENRÍQUEZ ⇨ Xalapa Enríquez.

JALAR tr. fam. Halar, tirar de una cuerda. ◊ fam. Tirar, atraer. ◊ Comer con apetito. ◊ prnl. e intr. *Amér.* Largarse, irse.

JALBEGUE m. Blanqueo hecho con cal o arcilla blanca. ❑ JALBEGAR.

JALEA f. Conserva transparente y gelatinosa, a base de pectina, hecha con zumos de frutas. ◊ *Farm.* Cualquier preparado de consistencia gelatinosa y azucarado. ◊ **real.** Secreción de las glándulas de las abejas obreras, destinada a la nutrición de las larvas y de la abeja reina.

JALEAR tr. Llamar a los perros a voces para seguir la caza. ◊ tr. y prnl. Animar a los que bailan, cantan, etc. ◊ *Chile.* Importunar; burlarse.

JALEO m. *C. Rica.* Amoríos, galanteos, arrumacos. ◊ Cierto baile popular andaluz. ◊ fam. Diversión bulliciosa. ◊ fam. Alboroto, tumulto.

JALERA f. *Cuba.* Borrachera.

JALIFA m. Autoridad suprema del ant. Marruecos que, por delegación del sultán, desempeñaba las funciones de éste. ❑ JALIFATO.

JALISCO, CA adj. *Méx.* Ebrio, borracho. ◊ *Méx.* Sombrero de paja.

JALISCO Est. del centro-oeste de México, ribereño del Pacífico; 80 137 km², 6 322 002 hab. Cap., Guadalajara. Terreno accidentado por la sierra Madre Occidental, sierra Volcánica Transversal y sierra Madre del Sur. Agricultura, ganadería. Ind. alimentaria y textil. ❑ JALISCIENSE.

JALLO, LLA adj. *Méx.* Presumido, quisquilloso.

JALÓN m. Vara con regatón de hierro para clavarla en tierra y determinar puntos fijos cuando se levanta el plano de un terreno. ◊ fig. Hito o momento importante. ◊ *Amér. Centr.* Novio, galán. ◊ fam. *Amér.* Tirón. ◊ *Guat.* y *Méx.* Trago de licor. ◊ *Amér.* Trecho, distancia. ❑ JALONAR.

JALONA adj. *Amér. Centr.* Mujer coqueta.

Jalisco. Fachada del Palacio del Gobierno de Guadalajara

JALOQUE m. Sudeste, viento.
JAMA f. *Hond.* Iguana pequeña.
JAMAICA f. *Amér. Centr.* Especie de feria que se celebra para reunir dinero con un fin benéfico. ◊ *C. Rica.* Árbol pequeño, de flores blancas y frutos aromáticos.

Mapa de situación y bandera
de **Jamaica**

JAMAICA (*Dominion of Jamaica*) Isla y estado de las Grandes Antillas, sit. en el Caribe, al S de Cuba.
□ *Geog.* Relieve accidentado en el que destacan, al E, las montañas Azules (alt. máx.: Blue Peak, 2 296 m). La región occidental está ocupada por una meseta. Ríos cortos y torrenciales (Minho). Clima tropical. Plátanos, caña de azúcar, café, maíz, patatas. Ganadería. Bauxita. Ind. alimentaria, metalúrgica, turismo. Cap., Kingston. C. pral.: Montego Bay. Lengua: inglés (of.). Rel.: protestantes (93 %), católicos. U.M.: dólar jamaicano.

JAMAICA	
Superficie	10 991 km²
Población	2 344 000 hab. (213 hab./km²)
Recursos económicos	
Azúcar	237 000 t
Bananas	128 000 t
Batata	17 000 t
Bauxita	11 609 000 t
Cabaña bovina	300 000 cabezas
Cabaña caprina	440 000 cabezas
Cabaña porcina	250 000 cabezas
Cacao	2 000 t
Cigarrillos	1 273 000 000 unidades
Cigarros	9 000 000 unidades
Copra	8 000 t
Naranja	60 000 t
Nuez de coco	78 000 t
Pesca	10 432 t
Ron	181 000 hl
Indicadores sociológicos	
PNB	3 365 millones de dólares
Renta per cápita	1 380 dólares
Esperanza de vida	77 años
Alfabetismo	98 %

Jamaica. Celebración del carnaval
en Kingston

□ *Hist.* Habitada por indios arahuacos, fue descubierta por Colón (1494) y colonizada por Esquivel. El inglés Penn se apoderó de J. en 1655. Unida a la federación de las Indias Occidentales, logró la indep. en 1962, como est. miembro de la Commonwealth. ❑ JA-MAICANO, NA.
JAMÁN m. *Méx.* Tela blanca, manta cruda.
JAMAR tr. y prnl. fam. Tomar alimento, comer.
JAMÁS adv. tiempo. Nunca. Pospuesto a este adv. y a *siempre*, refuerza el sentido de una y otra voz.
JAMBA f. Cada una de las dos piezas verticales del marco de puertas o ventanas, que sostienen un dintel o arco.
JAMBADO, DA adj. *Méx.* Glotón. ◊ *Méx.* Que sufre los efectos de comer en exceso.
JAMBAR tr. *Hond.* y *Méx.* Comer.
JÁMBLICO (h. 250-h. 330) Filósofo sirio neoplatónico, influido por las doctrinas pitagóricas. *De los misterios.*
JAMELGO m. fam. Caballo flaco y desgarbado.
JAMES, Henry (1843-1916) Novelista norteam. *Roderik Hudson, Bostonianas, Retrato de una dama, La vuelta de tuerca, Los embajadores.* ◊ **William** (1842-1910) Filósofo norteam. Se le considera el fundador del pragmatismo. *Las variedades de la experiencia religiosa.*
JAMESONITA f. *Miner.* Sulfuro de antimonio y plomo.
JAMICHE m. *Col.* Montón de materiales destrozados. ◊ *Col.* Cascajo o piedras menudas.
JAMMU C. de la India, cap. con Srinagar del est. de Jammu-Kashmir; 206 100 hab.
JAMMU-KASHMIR Est. del N de la India; 222 236 km²; 7 818 700 hab. Capitalidad compartida entre las c. Jammu y Srinagar.
JAMÓN m. Carne curada de la pierna del cerdo. ◊ **en dulce.** El que se cuece en vino blanco. *Cuba.* Vivir a expensas del estado.
JAMONA adj. y f. fam. Aplícase a la mujer que ha pasado de la juventud, especialmente si es gruesa. ◊ fam. Díc. de la mujer bien formada.
JAMONCILLO m. *Méx.* Dulce de leche.
JÁMPARO m. *Col.* Chalupa, bote.
JAMPIRUNCO m. *Perú.* Curandero ambulante.

JAMPÓN, NA adj. *Guat.* Satisfecho, vanidoso. ◊ *Guat.* Obsequioso.
JAMSHEDPUR C. del NE de la India, en el est. de Bihar; 438 400 hab. Industria.
JAMUGAS f. pl. Silla de tijera que se coloca sobre el aparejo de las caballerías.
JAMUNDÍ Mun. de Colombia, en el dpto. de Valle del Cauca; 31 600 hab. Ganadería; caña de azúcar.
JAMURAR tr. Achicar el agua.
JAN m. Título de los soberanos mongoles y los jefes tártaros y después de los caudillos de Oriente Medio y la India. ◊ *Cuba.* Estaca para sembrar haciendo hoyos. ❑ JANATO.
JANACEK, Leos (1854-1928) Compositor checo. Óperas: *Jenufa, Misa glagolítica.* Sinfonías: *Tarás Bulba .*
JANANO, NA adj. *Guat.* y *Salv.* Díc. del que tiene labio leporino.
JANE adj. *Hond.* Janano.
JANEIRO m. *Ecuad.* Planta gramínea que se usa para alimento del ganado.
JANGADA f. fam. Tontería, estupidez. ◊ fam. Trastada. ◊ Balsa de maderos.
JANICHE adj. *Hond.* y *Salv.* Janano.
JANICO Mun. de la República Dominicana, en la prov. de Santiago; 33 727 hab.
JANIPARA f. Árbol de Brasil, cuyo fruto se emplea contra la disentería.
JANO *Mit.* Dios romano, protector de las casas y c., y de los caminos.
JANSENIO (1585-1638) Seud. de *Cornelis Otto Jansen*, teólogo hol. Criticó la escolástica. Su *Augustinus* fue la base del jansenismo.
JANSENISMO m. Movimiento religioso-teológico fr. iniciado por el abad de Saint-Cyran, condenado por la Iglesia. Debe su nombre a Jansenio. Fue defendido por Pascal. Limitaba el libre albedrío humano. ❑ JANSENISTA.
JANTI-MANSI, Circunscripción nacional de los Distrito étnico integrado en la prov. de Tiumen (rep. de Rusia); 523 100 km²; 979 000 hab. Cap., Janti-Mansiisk; 24 800 hab. Pob. compuesta por janti u ostiacos y mansi o vogules.
JAPÓN mar del Sector marino sit. entre el arch. japonés, las costas de Corea y Rusia.
JAPÓN (*Nihon* o *Nippon*) Estado insu-

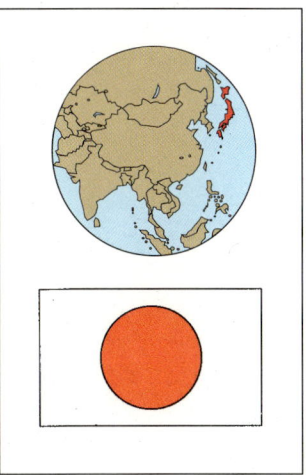

Mapa de situación y bandera de **Japón**

Japón. Templo de Nara, en la isla de Honshu

JAPÓN

Superficie	372 819 km²
Población	123 921 000 hab
	(332 hab/km²)
Recursos económicos	
Arroz	12 005 000 t
Mandarinas	2 040 000 t
Patatas	3 700 000 t
Soja	260 000 t
Tabaco	71 000 t
Té	90 000 t
Trigo	860 000 t
Ganadería	
Cabaña bovina	4 863 000 cabezas
Cabaña porcina	11 335 000 cabezas
Riqueza forestal	29 813 000 m³
Pesca	10 353 555 t
Producción minera	
Carbón	8 262 000 t
Cinc	133 000 t
Cobre	12 000 t
Cromo	2 000 t
Hierro	21 000 t
Manganeso	1 500 t
Plata	171 000 kg
Plomo	18 000 t
Producción industrial	
Acero	109 649 000 t
Ácido clorhídrico	799 000 t
Ácido nítrico	683 000 t
Ácido sulfúrico	6 887 200 t
Aluminio	32 000 t
Automovilística	9 753 069 unidades
Azúcar	915 000 t
Cemento	84 445 000 t
Cerveza	65 636 000 hl
En. eléctrica	857 273 millones de kWh
Fertilizantes	1 318 000 t
Hierro colado	79 985 000 t
Naval	7 718 000 t
Neumáticos	153 226 000 unidades
Papelera	28 088 000 t
Plásticos	5 310 000 t
Sosa cáustica	3 800 000 t
Tejidos de rayón	708 millones de m²
Televisores	13 243 000 unidades
Indicadores sociológicos	
PNB	3 337 191 millones de dólares
Renta per cápita	26 920 dólares
Esperanza de vida	79 años
Alfabetismo	99 %

lar de Asia Oriental, bañado por el Pacífico, el mar de la China Oriental y el del Japón. Está formado por 1 042 islas. Las más imp. son Honshu, Hokkaido, Shikoku y Kyushu. Monarquía constitucional. Lenguas: japonés (of.), ing., ainu. Grupos étnicos: japoneses y minorías de ainus, coreanos, chinos. *Rel.:* sintoísmo, budismo, protestantismo, otras. U.M.: el yen. Cap., Tokio. C. prales.: Osaka, Yokohama, Nagoya, Kyoto. □ *Geog. fís.* El arco insular japonés es uno de los tres que bordean el continente asiático. Existen más de 200 conos volcánicos, muchos todavía activos (Fuji Yama, Asama Yama, etc.). Los r. son cortos y las costas recortadas. El clima está sujeto al monzón.

□ *Geog. econ.* J. ha conseguido una de las tasas de crecimiento económico más altas del mundo. Los cultivos más imp. son el arroz, el azúcar, las hortalizas y las frutas. Los bosques tienen una elevada productividad. Es uno de los prales. países pesqueros. La escasez de carbón determina el aprovechamiento de la hidroelectricidad y de la energía atómica. Ind. siderúrgicas, mecánicas, electrónicas, petroquímicas, del caucho sintético, fibras textiles, naval. Japón está dividido en 47 prefecturas.

□ *Hist.* Hasta el s. VIII J. estuvo repartido en numerosos clanes, uno de los cuales, el imperial, ostentaba una cierta primacía. La organización imperial fue obra de Shotoku Taishi [593-622]. En el período Heian (794-1185), se estableció un sistema de tipo feudal. En el s. XII la familia Minamoto se erigió en *shogun*, dejando al emp. sin autoridad. En 1542 llegaron los primeros port. *Tokugawa* reunificó el país. El aislamiento de J. se mantuvo hasta que en 1853 fueron abiertos dos puertos al comercio con EE UU. El país inició una rápida modernización y crecimiento. Durante la II Guerra Mundial se unió al Eje, y se rindió tras sufrir el efecto de las bombas atómicas sobre Hiroshima y Nagasaki. En 1952, por el tratado de paz de San Francisco, J. recobró su indep. Desde entonces, el Partido Liberal Demócrata (PLD) gobernó de forma continuada el país, hasta que en 1993 perdió la mayoría absoluta. En 1989 murió el emperador Hirohito, sucediéndole su hijo Akihito. Desde 1996 se sucedieron diferentes gobiernos liberales dirigidos por Ryutaro Hashimoto, Keizo Obuchi, Yoshiro Mori y, desde 2001, Junichiro Koizumi (refrendado en 2003 y en 2005). □ *Arte. Arq.* Del s. VII destaca el conjunto monástico de Horyuji. Los períodos Nara y Heian están influenciados por China. En el s. XV rige el orden estructural, y en el s. XVI se erigen suntuosos castillos. A partir del período Meiji (1868-1912) destaca el contacto occ. En el s. XX se produce la unión entre la tradición y el racionalismo occidental, con Maekewa, Kenzo Tange, etc. Tori (s. X) fue el autor del *Buda Sakyamuni*. El s. X supone una apertura al realismo. En la época Kamakura (1185-1333) surge la monumentalidad de las estatuas. En los ss. XVIII al XIX se labra el marfil y se combina escultura con decoración. En el s. XX destacan Tadahiro Ono y Shindo Tsuji. La cerámica prehistórica da nombre a la cultura Jomon. Del

periodo Yayoi es la cerámica con incisiones y objetos de bronce. Hacia el s. X surgen las lacas ornamentadas, y en la época *samurai*, el retrato. En el s. XVI aparece el *sumi-e*. La época Tokugawa (ss. XVII al XIX) es el periodo de la decoración por excelencia. En el s. XIX destacan Fujita, Nameki y Tabushi.

JAPONÉS, SA adj. y s. De Japón. ◊ adj. Relativo a Japón. ◊ m. *Ling.* Lengua de Japón, nacida de la conjunción entre la lengua clásica escrita y el lenguaje hablado moderno.

JAQUECA f. Migraña. Accesos de cefalalgia localizada en la mitad derecha o izquierda de la cabeza.

JAQUETÓN m. *Zool.* Tiburón de gran tamaño, de extraordinaria voracidad. Vive en todos los mares, pralm. en aguas cálidas.

JARA f. Arbusto abundantísimo en España. ◊ Palo puntiagudo y endurecido al fuego, que se usaba como arma arrojadiza. ◊ *Méx.* y *Guat.* Flecha.

JARABACOA Mun. de la República Dominicana, en la prov. de La Vega; 62 162 hab. Ganadería. Explotación forestal.

JARABE m. Bebida compuesta por azúcar cocido en agua y zumos refrescantes o sustancias medicinales. ◊ fig. Cualquier bebida excesivamente dulce. ◊ *Méx.* Baile popular parecido al zapateado. ❑ JARABEAR.

JARACATAL m. *Guat.* Abundancia, multitud.

JARACATE m. *Guat.* Árbol de flor amarilla y rápida reproducción.

JARACÓLITO m. *Perú.* Baile indio.

JARAGUA f. Arbusto de Cuba.

JARAL m. Sitio poblado de jaras. ◊ fig. Lo que está muy enredado o intrincado.

JARAMA R. de España, afl. derecho del Tajo.

JARAMAGO m. Planta de flores amarillas, pequeñas, en espigas alargadas.

JARAMILLO, Escobar *Jaime* (n. 1933) Escritor col. Perteneciente al mov. «nadaísta». *Cincuenta años de atraso en poesía, Los poemas de la ofensa.* ◊ **Giraldo, Alipio** (n. 1913) Pintor col. Murales de la Universidad Nacional de Bogotá.

JARAMUGO m. Cría de pez.

JARANA f. fam. Diversión bulliciosa y alegre. ◊ fam. Pendencia, tumulto. ◊ fam. Trampa, engaño, burla. ◊ *Amér. Centr.* Deuda. ◊ *Amér. Centr.* Baile popular.

JARANEAR intr. fam. Andar en jaranas. ◊ *Amér. Centr.* Estafar. ◊ *Chile* y *Cuba.* Bromear. ❑ JARANERO, RA; JARANISTA.

JARBACA f. *C. Rica.* Maíz crudo triturado, para la alimentación de las aves de corral.

JARCA f. Especie de acacia de Bolivia, de madera colorada, que se emplea en la construcción.

JARCHA f. Estrofa que remataba los poemas ár. o heb. llamados *moaxaja.* En España datan del s. XI.

JARCIA f. Carga de muchas cosas distintas. ◊ *Mar.* Aparejos y cabos de un buque. Se usa más en pl. ◊ Conjunto de instrumentos y redes para pescar.

JARDIEL Poncela, Enrique (1901-1952) Novelista y dramaturgo español. Novela: *Amor se escribe sin h.* Teatro: *Eloísa está debajo de un almendro.*

JARDÍN m. Terreno en donde se cultivan plantas, en especial ornamentales. ◊ *Mar.* En los buques, retrete. ◊ Mancha que deslustra y afea la esmeralda. ◊ **de infancia.** Establecimiento para niños de edad preescolar. ❑ JARDINERÍA; JARDINERO.

JARDINERA f. La que por oficio cuida y cultiva un jardín. ◊ Mujer del jardinero. ◊ Mueble para colocar macetas con flores y las mismas flores.

JAREA f. *Méx.* Gazuza, hambre.

JARETA f. *C. Rica.* Bragueta, abertura de los pantalones.

JARICO m. *Cuba.* Especie de galápago.

JARIFO, FA adj. Adornado o vistoso.

JARILLA f. Árbol de América.

JARKOV C. de Ucrania; 1 540 000 hab. Centro ind. Ant. fortaleza militar.

JARO, RA adj. y s. Díc. del animal que tiene el pelo rojizo. ◊ m. *Bot.* Planta con rizoma corto y tuberoso, que se usa como expectorante y purgante.

JAROCHO, CHA adj. y s. De Veracruz. ◊ Persona de modales bruscos. ◊ m. y f. *Méx.* Campesino de Veracruz.

JAROPE m. Jarabe. ◊ fig. y fam. Bebida desagradable. ❑ JAROPAR; JAROPEAR; JAROPEO.

JARRA f. Vasija con cuello y boca anchos y una o más asas. ❑ JARRERO.

JARRETAR tr. y prnl. fig. Enervar, quitar las fuerzas.

JARRETE m. Corva de la rodilla. ◊ Corvejón de los cuadrúpedos. ◊ *Col.* Talón.

JARRETERA f. Liga con que se ata la media o el calzón por el jarrete.

JARRETERA, orden de la Ant. orden militar ing. creada por Eduardo III.

JARRO m. Vasija a manera de jarra y con sólo un asa. ◊ Cantidad de líquido que cabe en ella.

JARRÓN m. Pieza arquitectónica en forma de jarro. ◊ Vaso decorativo artísticamente labrado.

JARRY, Alfred (1873-1907) Escritor fr. Fundó el movimiento patafísico. *Ubu rey, Ubu encadenado, Ubu en el patíbulo.*

JARTUM Cap. de la República de Sudán, sit. sobre el Nilo Azul; 557 000 hab. Comercio; ind. mecánica y textil.

JARUZELSKI, Wojciech (n. 1923) Militar pol. Primer ministro entre 1981 y 1989.

JASÓN *Mit. gr.* Jefe de los Argonautas que rescataron el Vellocino de Oro. Le ayudó Medea, a la que luego abandonó.

JASPE m. *Miner.* Calcedonia opaca o traslúcida, de muy diversa coloración: verde con manchas rojas, verde puerro o gris.

JASPEAR tr. Pintar imitando las vetas y salpicaduras del jaspe. ❑ JASPEADO, DA.

JASPERS, Karl (1883-1969) Filósofo existencialista al. *Filosofía de la existencia, Razón y existencia.*

JASPIA f. *Guat.* El sustento diario.

JATATA f. Especie de palmiche de Bolivia con el que se hace un trenzado muy fino.

JATE m. Planta de Honduras, de cuyas hojas se hace una tintura como la de árnica.

JATÍA f. Árbol de América, de madera correosa que se emplea en ebanistería.

JATIBONICO Mun. de Cuba, en la prov. de Camagüey; 21 600 hab. Ind. azucarera.

JATICO m. *Guat.* Canastillo para un recién nacido.

JAUJA f. Lugar en que se supone hay prosperidad y abundancia.

JAULA f. Caja de madera, alambres, etc., para encerrar animales. ◊ Embalaje de madera formado con tablas o listones. ◊ Armazón que se emplea en las minas para subir y bajar los operarios y los materiales.

JÁUREGUI, Juan de (1583-1641) Poeta, pintor y crítico esp. *Antídoto contra las Soledades, Discurso poético.*

JAURÈS, Jean (1859-1914) Político fr. Participó en la fundación del partido socialista fr. (1901) y fundó *L'Humanité* (1904).

JAURÍA f. Conjunto de perros que cazan dirigidos por un perrero.

JAVA (*Djawa*) Isla del arch. de la Sonda, en Indonesia; 126 701 km²; 82 015 300 hab. C. prales.: Yakarta y Surabaya. Té, caña de azúcar, café, tabaco; madera. Fosfatos, oro, petróleo. Ind. textil, metalúrgica, química.

JAVANÉS, SA adj. y s. De Java. ◊ adj. Relativo a Java. ◊ m. *Ling.* Lengua malayopolinesia de Java y Sumatra.

JÁWARA, Dawda Kairaba (n. 1924) Político de Gambia, presid. de la rep. entre 1970 y 1994.

JAYABACANÁ f. Árbol de Cuba, cuya savia se emplea en la curación de erupciones cutáneas.

JAYAJABICO m. Arbusto de Cuba, de corteza amarga y resinosa. ◊ Árbol de Cuba, cuyo fruto es diurético y astringente.

JAYÁN, NA m. y f. Persona de gran estatura y de muchas fuerzas.

JAYAÓ m. Pez de las Antillas, de apreciada carne.

JAYÚN m. *Cuba.* Especie de junco, planta.

JÁZARO, RA adj. y s. Individuo de un pueblo turco que se asentó en el Volga inferior y en el Kubán (s. VII). ◊ adj. Relativo a este pueblo.

JAZMÍN m. Arbusto de flores muy olorosas. ◊ Flor de este arbusto.

JAZZ m. *Mús.* Gén. derivado de los cantos y melodías de los negros norteam. ☐ *Mús.* El j. nació en el S de EE UU a finales del s. XIX. Louis Armstrong le aportó el *swing.* Duke Ellington y Count Basie dominaron el j. de los años 40. Post. aparecieron-el estilo *bop* (Ch. Parker, D. Guillespie), el *cool.* (Miles Davis), el *hard bop* (S. Rollins, J. Coltrane) y el *free jazz* (O. Coleman, Ch. Mingus, K. Jarret).

JEAN, Paul Seud. de *Friedrich Richter* (1763-1825) Novelista y poeta romántico al. *Hesperus, La logia invisible, Titán.*

JEDIVE m. Título que llevaba el virrey de Egipto.

JEEP m. Vehículo ligero para todo terreno con tracción en las cuatro ruedas.

JEFA f. Superiora de un cuerpo u oficio. ◊ Mujer del jefe.

JEFE m. Persona que tiene a otras bajo sus órdenes. ◊ Cabeza o presid. de un partido o corporación. ◊ m. *Mil.* En el ejército y la marina, categoría superior a la de capitán e inferior a la de general. ◊ **de Estado.** Autoridad superior de un país. ◊ **de gobierno.** Presid. del consejo de ministros o gabinete. ❑ JEFATURA; JEFAZO.

JEFFERSON CITY C. de EE.UU, cap del estado de Misuri; 35 000 hab.

JEFFERSON, Thomas (1743-1826) Po-

JARDÍN

Parque del Laberinto de Horta (Barcelona, España), jardín de inspiración neoclásica realizado en 1794 por el italiano Domenico Bagutti.

Vista aérea del palacio de Vaux-le-Vicomte (Francia), con sus espléndidos jardines, obra de André Le Nôtre (1656-1661), exponente del modelo francés de jardines rectilíneos

Jardín «seco» del templo de Ryoanji (Japón). Realizado en arena y piedra, este tipo de jardín constituye un elemento de meditación empleado por el budismo zen

lítico, arquitecto y pedagogo norteam. Redactó la *Declaración de Independencia.* Tercer presid. de EE.UU.

JEHOVÁ Escritura convencional de Yahweh.

JEHUITE m. *Méx.* Maleza.

JEJÉN m. Díptero propio de América, de tamaño inferior al del mosquito y de picadura más irritante.

JEME m. Distancia que hay entre los extremos de los dedos pulgar e índice, cuando están separados al máximo. Sirve de medida. ◊ fig. y fam. Rostro o talle de mujer, palmito.

JEMIQUEAR intr. *Chile.* Jeremiquear. ❏ JEMIQUEO.

JENA C. de Alemania, en Turingia; 106 600 hab. Ind. mecánica y óptica.

JENABES m. Mostaza, planta. ◊ Semilla de esta planta.

JENGIBRE m. Planta de la India, cuyo rizoma, de olor aromático, se usa en medicina y como especia.

JENIQUÉN m. *Cuba.* Pita, planta.

JENÍZARO, RA adj. fig. Mezcla de dos especies de cosas. ◊ m. Soldado de las fuerzas regulares de infantería organizadas por los turcos en el s. XIV.

JENNER, *Edward* (1749-1823) Médico y naturalista brit., introdujo la vacunación contra la viruela.

JENNY f. Nombre que se dio a la primera máquina de hilar, inventada en 1764 por el brit. Th. Higgs.

JENÓCRATES (h. 396-h. 314 a. C.) Filósofo gr., discípulo de Platón. Subdividió la filosofía en lógica, física y ética.

JENOFONTE (h. 430-355 a. C.) Militar y escritor gr. Dirigió la retirada de los Diez mil después de la batalla de Cunaxa, y la refirió en su *Anábasis.*

Jenofonte

JENSEN, *Johannes Wilhelm* (1873-1950) Poeta y novelista danés. *El largo viaje, Gudrun.* Premio Nobel de Literatura (1944).

JEQUE m. Entre los musulmanes, caudillo. ◊ Entre los musulmanes, tratamiento respetuoso reservado a los sabios, los religiosos y los ancianos.

JEQUITINHONHA R. del E de Brasil; 805 km. Nace en la chapada Diamantina y desemboca en el Atlántico.

JERARCA com. Persona que tiene elevada categoría en una organización, empresa, etc.

JERARQUÍA f. Orden o grado de las

Ruinas del palacio de **Jerjes** en Persépolis

distintas personas o cosas de un conjunto. ◊ Cada una de las categorías de una organización. ◊ Persona importante dentro de una organización. ❏ JERÁRQUICO, CA; JERARQUIZAR.

JERBA ⇨ Djerba.

JERBO m. Mamífero roedor, del tamaño de una rata, que vive en el norte de África.

JEREMÍAS com. fig. Persona que continuamente se está lamentando. ❏ JEREMIACO, CA; JEREMIADA.

JEREMÍAS (h. 650-h. 586 a. C.) Profeta del pueblo de Israel. ◊ **Epístola de J.** Escrito del A. T. Se dirige a los cautivos de la primera deportación y ataca la idolatría. ◊ **Libro de J.** Escrito del A. T. Recoge profecías, noticias históricas y biográficas.

JEREMIQUEAR intr. *Amér.* Lloriquear, gimotear. ❏ JEREMIQUEO.

JEREZ m. Vino blanco de fina calidad, gralte. seco y de alta graduación alcohólica, producido prlam. en Jerez de la Frontera (España).

JEREZ Mun. de México, en el est. de Zacatecas; 49 500 hab. ❏ JEREZANO, NA.

JEREZ DE LA FRONTERA Mun. de España, en la prov. de Cádiz; 183 273 hab. Imp. producción vinícola. ❏ JEREZANO, NA.

JERGA f. Lengua especial que hablan los miembros de un grupo social diferenciado. ◊ Palabras usadas en el lenguaje familiar y vulgar que no están aceptadas. ◊ Lengua complicada o incomprensible. ◊ Tela de lana gruesa y tosca. ◊ Jergón. ❏ JERGAL.

JERGÓN m. Colchón de paja sin bastas. ◊ *Miner.* Circón de color verdoso.

JERGUILLA f. Tela delgada que se parece en el tejido a la jerga. ◊ *Chile.* Carne vacuna de la parte del cogote.

JERICÓ (ár., *Ariha*; heb., *Yerijo*) C. de Jordania, 13 000 hab. Fue conquistada por Josué. Ocupada por Israel en la guerra de los Seis Días (1967), en 1993 accedió a una autonomía provisional junto con Gaza.

JERIFE m. Descendiente de Mahoma por su hija Fátima, esposa de Alí. ◊ Individuo de la dinastía reinante en Marruecos.

JERIGONZA f. fig. y fam. Lenguaje de mal gusto y difícil de entender. ◊ fig. y fam. Acción extraña y ridícula.

JERINGA f. Instrumento que sirve

para aspirar o impeler ciertos líquidos ◊ fig. y fam. Molestia, importunación ❏ JERINGAR; JERINGAZO; JERINGUEAR.

JERINGUILLA f. Jeringa pequeña que sirve para poner inyecciones. ◊ Ar busto de flores muy fragantes.

JERJES I (h. 519-465 a. C.) Rey de Persia. Ocupó Grecia y fue rechazado po los gr. en Salamina (480).

JEROBOAM I (s. X a. C.) Rey de Israel [935-910 a. C.]. Sucedió a Salomón. ◊ **II** (s. VIII a. C.) Rey de Israel. Restableció las ant. fronteras de su país.

JEROGLÍFICO m. Escritura que representa las palabras por signos. Fue muy utilizado en la antigüedad. ◊ Conjunto de signos o figuras con que se expresa una frase, gralte. por pasatiempo.

JERÓNIMO, MA adj. y s. Díc. del religioso de las congregaciones eremíticas fundadas bajo la advocación de san Jerónimo.

JERÓNIMO (h. 342-420) Santo. Compendió la Biblia llamada *Vulgata.* Festividad: 30 septiembre.

JERÓNIMO Jefe de los apaches. (⇨ Gerónimo).

JEROSOLIMITANO, NA adj. y s. De Jerusalén. ◊ adj. Relativo a esta c. de Palestina.

JERSEY m. Prenda de vestir, de punto que cubre de los hombros a la cintura y se ciñe más o menos al cuerpo.

JERSEY Isla brit., la mayor y más meridional de las Anglonormandas; 116 km², 76 100 hab. Cap., Saint-Hélier.

JERSON C. de Ucrania, a orillas del Dniéper; 346 000 hab. Centro ind., astilleros, diques secos.

JERUSALÉN (heb., *Yerushalayim*; ár., *al-Quds*) C. de Israel, sit. en una meseta y rodeada por los montículos bíblicos; 428 700 hab. Centro comercial; ind. mecánica, textil, papelera. Muro de las Lamentaciones.

❏ *Hist.* Desde la antigüedad fue ocupada por diversos pueblos. En 1948, árabes y judíos se la disputaron, y la c. quedó dividida entre Jordania e Israel. En 1967 Israel ocupó la parte jordana y la proclamó capital del Estado.

JERUZA f. *Amér. Centr.* La cárcel.

JESUCRISTO Jesús, el Cristo o Mesías.

JESUITA adj. y s. Díc. del religioso de la Compañía de Jesús, orden fundada en 1534 por san Ignacio de Loyola. JESUÍTICO, CA; JESUITISMO.

JESÚS m. Representación de Jesucristo niño. ◊ Como interj. denota admiración, dolor, susto o lástima. Se usa también como respuesta al estornudo.

JESÚS (heb., «salvador») Fundador del cristianismo. Según los Evangelios, fue hijo de María y concebido por obra del Espíritu Santo. Con su bautismo por Juan Bautista, J. quedó reconocido como el Mesías. H. el 28, inició su vida pública. Acompañado por sus discípulos, recorrió Palestina predicando una interpretación estricta de la ley mosaica. Se le declaró culpable de impiedad al manifestarse hijo de Dios; condenado a muerte fue crucificado. Resucitó a los tres días y post. ascendió a los cielos.

JET (voz ing.) m. Nombre que se da a los aviones a reacción.

JETA f. Boca saliente. ◊ fam. Cara o parte anterior de la cabeza. ◊ Hocico de cerdo. ◊ Grifo de una cañería, caldera, etc. ◊ fig. y fam. Caradura, desfachatez. ❑ JETÓN, NA; JETUDO, DA.

JEZABEL (s. IX a. C.) Esposa de Ajab, rey de Israel, al que convenció para que introdujese en el reino el culto a Baal y Astarté.

JHELUM R. de India (Cachemira) y Pakistán, afl. del Chenab; 715 km.

JI f. Vigésima segunda letra del alfabeto gr. Se representa con *c* o *qu*.

JÍA f. Arbusto de Cuba; espinoso y de hojas opuestas.

JÍBARO, RA adj. y s. *Amér.* Díc. de la gente rústica. ◊ *Antr.* Díc. del individuo de un pueblo indígena del E de Ecuador. Son cazadores de cabezas humanas, a las que reducen de tamaño. ◊ adj. Relativo a este pueblo.

JIBE m. *Cuba.* Cedazo o tamiz.

JIBIA f. Sepia, molusco cefalópodo parecido al calamar. ◊ Jibión, pieza caliza de la jibia.

JÍCAMA f. *Amér. Centr.* Nombre de varias plantas tuberosas, medicinales o comestibles.

JICAQUE adj. *Guat.* y *Hond.* Cerril o inculto.

JÍCARA f. Taza pequeña. ◊ *Amér.* Vasija pequeña de calabaza. ◊ fig. *C. Rica.* Cara, rostro. ◊ *Cuba.* Fruto del jícaro. ◊ *Méx.* Arquilla en que se llevan frutas, panecillos, etc.

JÍCARO m. *Amér.* Güira, árbol.

JICOTE m. Avispa gruesa de Honduras. ◊ *Hond.* Panal de esta avispa.

JICOTEA f. *Cuba.* Tortuga acuática.

JIDDA o **JEDDA** C. de Arabia Saudita, junto al mar Rojo; 561 100 hab. Primer centro comercial del país.

JIFA f. Desperdicio que se tira en el matadero al descuartizar las reses.

JIFERO, RA adj. Perteneciente al matadero. ◊ fig. y fam. Sucio, soez. ◊ m. Cuchillo con que matan las reses. ◊ Oficial que mata las reses. ❑ JIFERÍA.

JIGUA f. Árbol de Cuba, cuya madera se usa para hacer muebles.

JIGUAGUA f. Pez del mar de las Antillas.

JIGUANÍ Mun. de Cuba en la prov. de Granma; 75 500 hab. Café; ganadería.

JIGÜE m. Árbol leguminoso de Cuba. ◊ *Cuba.* Fantasma que se creía salía de los ríos.

JIGÜERA f. *Cuba.* Vasija de güira.

JIGUILLO m. *P. Rico.* Arbusto de corteza y hojas aromáticas.

JIJÓN m. Árbol de Cuba, de madera parecida a la caoba.

JIJONA f. Variedad de trigo álaga. ◊ m. Turrón de almendras que se elabora en la c. esp. de Jijona (prov. de Alicante).

JILGUERA f. Hembra del jilguero.

JILGUERO m. Pájaro, de vistoso plumaje negro y amarillo y de armonioso canto, que vive en casi toda Europa.

JILIBIOSO, SA adj. *Chile.* Díc. de la persona que se queja o llora sin motivo.

JILONG ⇨ Keelung.

JILOTE m. *Amér. Centr.* y *Méx.* Mazorca de maíz, cuando sus granos no han cuajado aún.

JIMAGUA adj. *Cuba.* Gemelo, mellizo.

JIMANÍ C. de la República Dominicana, cap. de la prov. de Independencia; 8 622 hab.

JIMENA Díaz Dama asturiana, prima de Alfonso VI, que casó en 1074 con el Cid.

JIMÉNEZ, Enrique A. (1888-1970) Político panameño. Presid. interino de 1945 a 1948. ◊ *Juan Isidro* (1846-1919) Político dom. Presid. en 1899 y 1902. ◊ *Juan Ramón* (1881-1958) Poeta esp. En una primera etapa, influenciado por el simbolismo fr. y el modernismo. Su obra más imp.: *Platero y yo.* Premio Nobel de Literatura en 1956. ◊ *Manuel* (1808-1854) Militar y político dom. Presid. de la rep. de 1848 a 1849. ◊ *Ricardo* (1859-1945) Político cost. Presid. de la rep. de 1910 a 1914, de 1924 a 1928 y de 1932 a 1936. ◊ *De Quesada, Gonzalo* (1509-1579) Conquistador y escritor esp. Exploró el río Magdalena y fundó Santa Fe (1538). ◊ *Leal, Orlando* (n. 1941) Director de cine cub. *El Super, La otra Cuba, Conducta impropia,* codirigida con Néstor Almendros. ◊ *Lozano, José* (n. 1930) Escritor y periodista esp. Premio Cervantes en 2002. ◊ *Rueda, Julio* (1896-1961) Escritor mex. Cultivó la novela, el teatro y la crítica.

JIMERITO m. *Hond.* Especie de abeja pequeña.

JINETA f. *Zool.* Mamífero carnicero que segrega una sustancia de fetidez insoportable, la algalia. ◊ Arte de montar a caballo, que consiste en llevar los estribos cortos. ◊ *Amér.* Mujer que monta a caballo.

JINETE m. Soldado de a caballo. ◊ El que cabalga.

JINETEAR intr. Andar a caballo. ◊ tr. *Amér.* Domar caballos. ◊ prnl. *Col.* Montar a caballo.

JINGLAR intr. Moverse de una parte a otra colgado, como en el columpio.

JINGOÍSMO m. Patriotería exaltada contra las demás naciones. ❑ JINGOÍSTA.

JINNAH, Mohamed Alí (1876-1948) Político y jurista paquistaní. Presid. del primer gobierno de Pakistán.

JINOTEGA Dpto. del N de Nicaragua; 9 222,40 km², 315 218 hab. Cap., la c. hom. Accidentado de SO a NE por la cord. Isabelia. Cereales, café, caña de azúcar; molinos de harina; ind. del café. ◊ C. de Nicaragua, cap. del dpto. hom.; 12 400 habitantes.

JINOTEPE C. de Nicaragua, cap. del dpto. de Carazo; 23 500 hab.

JIÑA f. *Chile.* Cosa muy pequeña. ◊ *Cuba.* Excremento humano.

JIÑAR intr. fam. Aliviar el vientre.

Jinetes marroquíes

Juan Ramon **Jiménez**

JIÑICUITE m. Árbol de Honduras, que se utiliza para setos vivos.

JIÑOCUABE m. *Amér. Centr.* Árbol de gran tamaño cuya goma se emplea en la curación de úlceras.

JIOTE m. *Amér. Centr.* y *Méx.* Empeine, enfermedad cutánea.

JIPA f. *Col.* Sombrero de jipijapa.

JIPATO, TA adj. *Amér.* Pálido, de color amarillento. ◊ *Cuba.* Díc. de las frutas que han perdido su peculiar sustancia.

JIPIJAPA f. Tira fina, flexible y muy tenaz, que se saca de las hojas del bombonaje, y se emplea en América meridional para tejer sombreros y otros objetos. ◊ m. Sombrero de esta materia.

JIQUILETE m. *Bot.* Planta de las Antillas, de cuyas hojas se obtiene añil.

JIRA f. Pedazo algo grande y largo que se corta o rasga de una tela. ◊ Merienda o banquete entre amigos.

JIRAFA f. *Zool.* Mamífero rumiante africano, de cuello largo y esbelto.

JIRÓN m. Pedazo desgarrado del vestido o de otra ropa. ◊ fig. Cualquier cosa que se ha separado de otra, desgarrándose. ◊ Pendón que remata en punta. ◊ fig. Parte pequeña de un todo. ❑ JIRONADO, DA.

JITOMATE m. *Méx.* Especie de tomate muy rojo.

JIU-JITSU m. Método japonés de ataque y defensa personal en el que se necesita conocer las leyes del equilibrio y las partes vulnerables del cuerpo. De él deriva el judo.

¡JO! interj. con que se manifiesta la risa. Suele usarse repetida. ◊ Voz para detener las caballerías, ¡so!

JOÃO PESSOA C. del NE de Brasil (ant. Paraíba), cap. del est. de Paraíba; 497 000 hab. Cultivo de algodón.

JOAQUÍN Santo. Esposo de santa Ana y padre de la Virgen María.

JOB m. fig. Hombre de mucha paciencia.

JOB Personaje del A. T. que se distinguió por su paciencia. ◊ **Libro de J.** Escrito del A. T. que presenta a J., su rectitud y las aflicciones que sufre.

JOBÓ m. Árbol americano de fruto amarillo parecido a la ciruela.

JOCO, CA adj. *Amér. Centr.* Agrio, acre.

JOCOQUE m. *Méx.* Leche cortada; nata agria. ◊ *Méx.* Preparación hecha con esta leche.

JOCOSO, SA adj. Gracioso, chistoso, festivo, alegre. ❑ JOCOSERÍO, RIA; JOCOSIDAD.

L. B. **Johnson** con los astronautas
McDivitt y White

JOCOTAL m. Especie de jobo o ciruelo de América Central.
JOCOTE m. *Amér. Centr.* Fruto del jocotal.
JOCOYOL m. *Méx.* Acedera.
JOCOYOTE m. *Méx.* Benjamín, hijo
menor.
JOCÚ m. Pez del mar de las Antillas,
parecido al pagro.
JOCUMA amarilla f. Árbol de Cuba,
de cuya madera, muy fuerte, se hacen
muebles.
JOCUNDIDAD f. Alegría, jovialidad.
JOCUNDO, DA adj. Plácido, alegre.
JODER tr. fam. Realizar el coito. ◇ tr.
y prnl. fam. Fastidiar, importunar. ◇
fam. Romper, estropear. ◇ tr. fam. Robar. ❏ JODEDOR, RA; JODIDO, DA; JODIENDA.
JODHPUR C. del NO de India, en el
est. de Rajasthan; 506 300 hab. Artesanía de marfil y laca.
JODÓN, NA adj. y s. *Méx., R. de la Plata.* Bromista. ◇ Persona que embauca.
JOEL Segundo de los profetas menores del A. T.
JOFAINA f. Vasija de gran diámetro y
poca profundidad, que sirve pralm.
para lavarse la cara y las manos.
JOFFRE, *Joseph* (1852-1931) Militar fr.
Jefe del estado mayor durante la I Guerra Mundial consiguió la victoria del
Marne (1914).
JOGJAKARTA ➪ Yogyakarta.
JOHANNESBURGO *(Johannesburg)* C.
de la Rep. Sudafricana (Transvaal);
1 408 000 hab. Gran centro industrial.
JOHNSON, *Andrew* (1808-1875) Polí-
tico norteam. Presid. de EE UU (1865-
1869), se opuso a la igualdad racial. ◇
Lyndon Baines (1908-1973) Político norteam. Presid de EE UU; sucedió a J. F.
Kennedy (1963-1969).
JOHORE Bahru C. de Malaysia, cap.
del est. de J.; 249 900 hab. Centro comercial. Ind. conservera.
JOJOTO m. *Ven.* Fruto del maíz en
leche.
JOKER (voz ing.) m. En los juegos de
naipes, comodín.
JOLA f. *Méx.* Cambio, moneda.
JOLGORIO m. fam. Diversión alegre
y bulliciosa.
¡JOLÍN! interj. que puede expresar enfado, admiración, sorpresa, etc. Suele
usarse en pl.
JOLIOT-CURIE, *Frédéric* (1900-1958)
e *Irène* (1897-1956) Físicos fr. En 1932

descubrieron el neutrón y determina-
ron su masa. Realizaron trabajos sobre
la radiactividad artificial. Obtuvieron
el premio Nobel de Química en 1935.
En 1948 Frédéric dotó a su país de la
primera pila atómica.
JOLÓ, *Archipiélago de* ➪ Sulú.
JOLÓ, *Mar de* ➪ Sulú.
JOLOTE m. *Hond., Guat.* y *Méx.* Uno
de los nombres del pavo.
JOMA f. *Méx.* Joroba. ❏ JOMADO, DA;
JOMAR.
JOMEINI ➪ Khomeiny.
JONÁS Quinto de los profetas meno-
res del Antiguo Testamento ◇ **Libro de
J.** Escrito profético del A. T. que narra
la negativa de Jonás a predicar el casti-
go de Nínive.
JONIA Ant. región de Asia Menor ha-
bitada por los jonios. C. prales.: Samos,
Focea, Éfeso, Mileto. ❏ JONIO, NIA.
JÓNICAS, *islas* Arch. gr., en el mar
Jónico. Formado por las islas de Corfú, Paxos, Léucade, Ítaca, Cefalonia y
Zante.
JÓNICO, CA adj. y s. De Jonia. ◇ adj.
Relativo a las regiones de este nombre
de Grecia y Asia antiguas. ◇ *Arq.* Díc.
de uno de los cinco órdenes arquitectónicos. ◇ Dialecto de los jonios. Usado por Homero, Hipócrates y Herodoto. ◇ **Escuela j.** Grupo de filósofos gr.
de tendencia racional y realista. Descollaron Tales, Anaximandro, Anaxímenes y Heráclito de Éfeso.
JÓNICO, *mar* Parte del Mediterráneo
sit. entre Grecia e Italia. Profundidad
máx., 4 594 m.
JONJA f. *Chile.* Remedo del modo de
hablar o gesticular de una persona.
JÖNKÖPING C. de Suecia, sobre el
lago Vättern; 107 000 hab. Puerto lacustre. Centro industrial.
JONSON, *Ben* (1573-1637) Dramaturgo ing. *La conspiración de Catilina, Vol-
pone.*
JONUCO m. *Méx.* Chiribitil, cuarto oscuro.
JOPER Río en la parte europea de Rusia; 900 km. Afl. del Don.
JORA f. *Amér.* Maíz preparado para
hacer chicha.
JORASÁN o **JURASÁN** ➪ Khorasán.
JORDAENS, *Jacob* (1593-1678) Pintor
flam. Versiones de la *Alegoría de la fecundidad* y las *Metamorfosis.*
JORDÁN, *Lucas* ➪ Giordano, Luca.
JORDANIA *(al-Mamlaka al-Urdunniya
al-Hashimiya)* Est. del Próximo Oriente,
monarquía. Al O se halla la depresión
de El Ghor, seguida por una alineación
montañosa (alt. máx.: Jebel Ram, 2 000
m); hacia el E, una región descendente que da paso al desierto de Siria. R.
pral.: Jordán. Clima subtropical. Cereales, leguminosas, agrios, vid, olivos. Ganadería ovina y caprina. Potasa, fosfatos. Ind. tabaquera, refinería. Cap.,
Ammán. C. prales.: Zarqa, Irbid. Etnias:
ár. (mayoría) y otras. Lenguas: árabes
(of.) y otras. Rel.: islamismo (mayoría), cristianismo. U.M.: el dinar.
□ *Hist.* Ocupada por los reinos de Am-
món, Moab y Edom, invadida por hebreos, asirios, neobabilonios, persas, romanos y otomanos. Durante la I Guerra
Mundial, Gran Bretaña la convirtió en
el protectorado de Transjordania. En
1946 se creó el reino hachemita de
Transjordania, con Abdullah como rey.
En 1949 se anexionó Cisjordania y se

JORDANIA

Superficie	97 740 km²
Población	3 285 000 hab. (34 hab./km²)

Recursos económicos

Aceitunas	40 000 t
Cabaña caprina	500 000 cabezas
Cabaña ovina	1400 000 cabezas
Camellos	18 000 cabezas
Cemento	1 780 000 t
Cerveza	46 000 hl
Fosfatos	5 925 000 t
Naranjas	55 000 t
Sal	18 000 t
Tabaco	4 100 000 cigarrillos
Tomates	300 000 t
Trigo	40 000 t
Uva	40 000 t

Indicadores sociológicos

PNB	3 881 millones de dólares
Renta per cápita	1 120 dólares
Esperanza de vida	67 años
Alfabetismo	79 %

transformó en el reino de J. A Abdullah
le sucedieron Talal (1951-1952) y Husayn (1952). En 1967 J. perdió, frente a
Israel, Cisjordania y Jerusalén. En 1988
renunció a la soberanía jordana sobre
estos terr. y en 1994, tras el acuerdo de
paz palestino-israelí, firmó con Israel
una declaración que dio por finalizado
el conflicto. ❏ JORDANO, NA.
JORFE m. Muro de sostenimiento de
tierras. ◇ Peñasco tajado que forma
despeñadero.
JORGE Nombre de diversos monarcas:

GRAN BRETAÑA

JORGE I (1660-1727) Rey de Gran Bretaña e Irlanda [1714-1727] y elector de
Hannover [1698-1727]. ◇ **II** (1683-1760)
Rey de Gran Bretaña e Irlanda y elector
de Hannover [1727-1760]. Intervino en
la guerra de Sucesión de Austria y en
la de los Siete Años. ◇ **III** (1738-1820)
Rey de Gran Bretaña e Irlanda [1760-
1820], elector [1760-1814] y rey de Han-

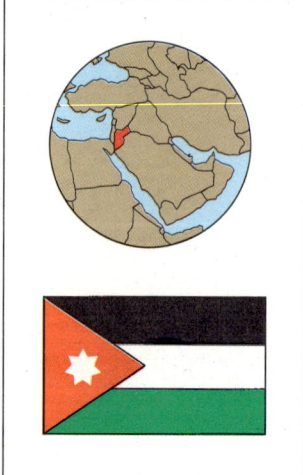

Mapa de situación y bandera
de **Jordania**

nover [1814-1820]. Hubo de reconocer la independencia de EE UU (1783). ◇ **IV** (1762-1830) Rey de Gran Bretaña e Irlanda y rey de Hannover [1820-1830]. Concedió la ley de emancipación de los católicos (1829). ◇ **V** (1865-1936) Rey de Gran Bretaña e Irlanda [1910-1936]. Durante su reinado se fundó la Commonwealth (1931). ◇ **VI** (1895-1952) Rey de Gran Bretaña [1936-1952].

GRECIA

JORGE I (1845-1913) Rey de Grecia [1863-1913]. Consiguió la llamada Liga Balcánica y declaró la guerra a Turquía. ◇ **II** (1890-1947) Rey de Grecia [1922-1923 y 1935-1947]. Se exilió al triunfar los venizelistas en las elecciones (1923) y durante la ocupación al. (1941).
JORGE (s. III-IV) Santo. Según la tradición, fue soldado de Diocleciano, al que se opuso por perseguir a los cristianos. Festividad: 23 de abril.
JORGUÍN, NA m. y f. Persona que hace hechicerías. ❏ JORGUINERÍA.
JORNADA f. Camino que se anda regularmente en un día de viaje. ◇ Todo el camino o viaje. ◇ Expedición militar. ◇ Tiempo de duración del trabajo diario. ◇ fig. Lance, circunstancia. ◇ fig. Tiempo que dura la vida del hombre. ◇ fig. Acto, en los dramas antiguos. ◇ **intensiva.** Horario continuado de trabajo que suprime el descanso del mediodía.
JORNAL m. Remuneración ganada por cada día de trabajo. ◇ Medida de tierra de extensión varia. ❏ JORNALERO, RA.
JOROBA f. Corcova, chepa. ◇ fig. y fam. Impertinencia y molestia enfadosa. ❏ JOROBADO, DA; JOROBETA; JOROBAR; JOROBADURA.
JORONGO m. Méx. Poncho, especie de capote.
JOROPO m. Música y danza popular ven., de zapateo y diversas figuras, que se ha extendido a los países vecinos. ◇ Ven. Fiesta hogareña.
JORSABAD ➔ Khorsabad.
JORUNGO m. Ven. Gringo, extranjero.
JOSAFAT, *Valle de* Valle en donde se reunirán, por orden divina, todos los pueblos para el juicio final. Tradicionalmente se identifica con el valle de Cedrón, al este de Jerusalén.
JOSÉ Nombre de diversos reyes y emperadores:

IMPERIO GERMÁNICO

JOSÉ I (1678-1711) Rey de Hungría [1687], rey de romanos [1690], archiduque de Austria y emp. [1705-1711]. Conquistó Baviera. ◇ **II** (1741-1790) Emp. de Alemania y corregente de los est. de los Habsburgo [1765-1780]. Se anexionó Galitzia y Bucovina. Perdió Países Bajos en 1789.

ESPAÑA

JOSÉ I Bonaparte (1768-1844) Hermano de Napoleón, recibió de éste la corona de Nápoles [1806] y después la esp. [1808].

PORTUGAL

JOSÉ I (1714-1777) Rey de Portugal [1750-1777]. Suprimió los cargos hereditarios.

Jorge I de Gran Bretaña

JOSÉ (s. XVIII a. C.) Hijo de Jacob y de Raquel. Interpretando los sueños del faraón, predijo siete años de abundancia y otros siete de escasez para Egipto. ◇ **De Calasanz** (1556-1648) Sacerdote y maestro esp. Fundó las Escuelas Pías. Festividad: 25 de agosto.
JOSEFINA (*Marie Josephe Rose Tascher de la Pagerie*, 1763-1814) Dama fr., primera esposa de Napoleón.
JOSEFINISMO m. Sistema político que propugna el absolutismo del est., especialmente en materia religiosa. ❏ JOSEFINISTA.
JOSEFINO, NA adj. y s. De San José, prov., cantón y cap. de Costa Rica.
JOSEFO, Flavio (37-h. 100) Político e historiador judío. Autor de *La guerra judía, Antigüedades judaicas*.
JOSPIN, Lionel (n. 1937) Político fr. Primer Ministro entre 1997 y 2002.
JOSTEDALSBREEN Glaciar noruego que se extiende en la región montañosa del SO del país; 900 km². Sobrepasa los 2 000 m de altura.
JOSUÉ (s. XIII a. C.) Caudillo heb., dirigió la conquista de la Tierra Prometida. ◇ **Libro de J.** Sexto escrito histórico del A. T., que narra la conquista de la Tierra Prometida.

José I Bonaparte

JOTA f. Nombre de la letra *j*. ◇ Copla y baile popular esp. de origen ár. ◇ Potaje de bledos y otras verduras. ◇ *Amér.* Ojota, sandalia.
JOTE m. Especie de buitre de Chile.
JOTO adj. *Méx.* Afeminado. ◇ *Col.* Maleta, lío.
JORTURO m. Pez cubano de río, de carne agradable.
JOUHAUX, Léon (1879-1954) Político y sindicalista fr. Premio Nobel de la Paz en 1951.
JOULE m. *Fís.* Nombre del julio, unidad de trabajo, en la nomenclatura internacional.
JOULE, James Prescott (1818-1889) Físico brit. Investigó la conversión de la energía de unas formas a otras. Sus trabajos experimentales fundamentaron la teoría mecánica del calor. ◇ **Efecto j.** *Fís.* Desprendimiento de calor en los conductores por los que circula corriente eléctrica.
JOVELLANOS, Gaspar Melchor de (1744-1811) Político, economista y escritor esp. Ministro de Carlos IV, elaboró un plan para la reforma agraria. ◇ **Salvador** (1833-1876) Político par. Presid. de la rep. de 1871 a 1874.
JOVEN adj. y s. De poca edad. ◇ com. Persona que está en la juventud. ◇ adj. fig. Que conserva o posee el espíritu o las características propias de la juventud. ❏ JOVENZUELO, LA.
JOVEN Irlanda Movimiento revolucionario irl. Organizó levantamientos campesinos. ◇ **Italia** Organización revolucionaria fundada en 1831, que tenía como objetivo la unificación it. ◇ **Turquía** Movimiento liberal creado en 1868 contra el sultán Abdulaziz.
JOVIAL adj. Alegre, de buen humor, apacible. ❏ JOVIALIDAD.
JOYA f. Objeto de adorno hecho de materiales ricos, pralm. de metales y piedras preciosas. ◇ Persona de muy buenas cualidades. ◇ Brocamantón, broche de adorno. ◇ Cordón que rodea el fuste de una columna. ❏ JOYERÍA; JOYERO.
JOYANTE adj. Díc. de la seda muy fina y de mucho lustre.
JOYCE, James (1822-1941) Escritor irl. Su obra más imp., *Ulises*, es una recreación de la *Odisea* adaptada a la c. de Dublín y al día 16 de junio de 1904, escrita con una absoluta maestría técnica. *El despertar de Finnegan, Dublineses, Retrato del artista adolescente*.
JOYEL m. Joya pequeña. ❏ JOYELERO.
JOYOLINA f. fam. *Guat.* La cárcel.
JOYUYO m. Ave de vivos colores. Habita en América del Norte.
JRUSCHOV, Nikita Serguéievich (1894-1971) Político soviético. Primer secretario del PCUS (1953) y presid. del consejo de ministros (1958). Inició la desestalinización y la llamada coexistencia pacífica. Depuesto en 1964.
JUÁGARZO m. Jaguarzo, arbusto.
JUAGAZA f. *Col.* En los trapiches, meloja.
JUAN m. *Méx.* y *Bol.* Soldado, militar sin graduación.
JUAN Nombre de varios reyes, emperadores y papas:

IMPERIO DE ORIENTE

JUAN I Tzimiscés (925-976) Emp. de Oriente [969-976]. Reconquistó Palestina, excepto Jerusalén. ◇ **II Comneno**

(1088-1143) Emp. de Oriente [1118-1143]. Derrotó a los pechenegos y se impuso en Serbia. ◊ **V Paleólogo** (1332-1391) Emp. de Oriente [1341-1391]. Gobernó junto con Cantacuzeno en una primera etapa, y post. se puso bajo la tutela turca para conservar el trono. ◊ **VI Cantacuzeno** (h. 1293-1383) Emp. de Oriente [1341-1355]. Actuó como emperador asociado con Juan V. ◊ **VIII Paleólogo** (1390-1448) Emp. de Oriente [1425-1448]. Recibió ayuda latina contra los turcos a cambio de acceder a la unión de las dos Iglesias.

Aragón y Cataluña

JUAN I (1350-1396) Rey de Aragón y Cataluña [1387-1396]. Se enfrentó a la invasión de Cataluña por el conde de Armagnac, a las matanzas de judíos de 1391 y a la revuelta de Cerdeña. ◊ **II** (1398-1479) Rey de Aragón [1458-1479] y rey de Navarra [1425-1479]. Apoyó a la pequeña burguesía gremial catalana, lo que le enfrentó a la oligarquía y llevó a la guerra civil.

Castilla y León

JUAN I (1358-1390) Rey de Castilla [1379-1390]. Se enfrentó con Portugal por cuestiones sucesorias. Apoyó al papa de Aviñón. ◊ **II** (1405-1454) Rey de Castilla [1406-1454]. En su reinado la alta nobleza se enfrentó a la pequeña nobleza y a los sectores urbanos encabezados por el condestable Álvaro de Luna.

España

JUAN Carlos I (n. 1938) Rey de España desde 1975. Fue designado por las Cortes Españolas, a propuesta de Franco, como sucesor de éste (1969). ◊ **De Borbón y de Battenberg,** CONDE DE BARCELONA (1913-1993) Hijo de Alfonso XIII. Renunció a sus derechos dinásticos en favor de su hijo Juan Carlos I (1977).

Francia

JUAN II el Bueno (1319-1364) Rey de Francia [1350]. Sucesor de Felipe VI. Derrotado por los ing. en Poitiers (1356).

Juan Carlos I de España

JUAN Sin Tierra (1167-1216) Rey de Inglaterra [1199-1216]. Perdió Bretaña, Anjou, Normandía y Turena. Otorgó la Carta Magna (1215).

Portugal

JUAN I el Grande (1357-1433) Rey de Portugal [1385-1433]. Conquistó Ceuta y derrotó a los castellanos en Aljubarrota. ◊ **II el Perfecto** (1455-1495) Rey de Portugal [1481-1495]. Contribuyó a la expansión port. ◊ **IV** (1604-1656) Rey de Portugal [1640-1656]. Apoyó la revolución nobiliaria contra Felipe IV. ◊ **VI el Clemente** (1767-1826) Rey de Portugal [1816-1826]. Aceptó la indep. de Brasil (1822).

Suecia

JUAN III Vasa (1537-1592) Rey de Suecia desde 1568. Terminó la guerra con Dinamarca y conquistó la Carelia y la Ingria.

Papado

JUAN XII (937-964) Papa [955-964]. Coronó al emp. Otón I. Fue acusado de inmoralidad. ◊ **XXII** (1245-1334) Papa [1316-1334]. Se estableció en Aviñón. Definió la doctrina católica sobre el derecho de propiedad. ◊ **XXIII** (*Angelo Giuseppe Roncalli*, 1881-1963) Convocó el concilio Vaticano II (1962) y abogó por las relaciones con las otras iglesias y la independencia de la iglesia católica con respecto a los partidos políticos. ◊ **Pablo I** (*Albino Luciani*, 1912-1978) Papa it. elegido el 26 de agosto de 1978. Murió aprox. un mes después. ◊ **Pablo II** (*Karol Wojtyla*, 1920-2005) Papa pol., sucesor de J. Pablo I. *Catecismo de la Iglesia Católica* y la encíclica *Veritatis splendor*. **JUAN Bautista** (h. 5 a. C.-h. 30 d. C.) Santo. Bautizó a Jesús. Fue decapitado a petición de Salomé. Festividad: 24 junio. ◊ **Dámaso** (m. h. 749) Santo. Tuvo gran influencia en la filosofía escolástica. ◊ **De Austria** (1545-1578) Hijo natural de Carlos V. Consiguió la victoria de Lepanto frente a los turcos (1571) y fue gobernador de los Países Bajos. ◊ **De Leyden** (h. 1510-1563) Líder del movimiento anabaptista al. Decretó la comunidad de bienes. ◊ **De Salisbury** (h. 1115-1180) Filósofo escolástico ing. *Metalogicon, Polycraticus.* ◊ **Evangelista** Santo. Cuarto evangelista. Autor del cuarto *Evangelio*, las tres *Epístolas* que llevan su nombre y el *Apocalipsis.* ◊ **Manuel, Don** (1282-1348) Político y escritor esp. *Libro de Patronio* o *Conde Lucanor.* ◊ **Sin Miedo** (1371-1419) Duque de Borgoña [1404]. Derrotado por los turcos en Nicópolis. Disputó a Luis de Orleáns el gobierno de Francia. **JUANA** (1439-1475) Reina de Castilla [1455-1475]. Hija de Duarte de Portugal y esposa de Enrique IV de Castilla. **La Beltraneja** (1462-1530) Hija de Enrique IV de Castilla a la que se consideró hija de Beltrán de la Cueva. ◊ **I,** llamada J. la Loca (1479-1555) Reina de Castilla [1504-1555]. Hija de los Reyes Católicos y esposa de Felipe el Hermoso. Ante su incapacidad mental, actuaron como regentes Fernando el Católico y

Carlos V. ◊ **De Arco** (1412-1431) Santa fr., conocida como la Doncella de Orleáns. Derrotó a los ing. en Patay. Apresada por los borgoñones en el asedio de París. Murió en la hoguera. Festividad: 30 mayo ◊ **Enríquez** (1425-1468) Reina de Navarra [1447-1468] y de Aragón [1458-1468]. Fue corregente de Carlos de Viana y de Fernando el Católico. **JUANCHI** m. *Guat.* Especie de gato montés. **JUANETE** m. Pómulo muy abultado. ◊ Hueso del nacimiento del dedo grueso del pie, cuando sobresale demasiado. ◊ *Mar.* Cada una de las vergas que se cruzan sobre las gavias, y las velas que en aquéllas se envergan. ◊ pl. *Hond.* Las caderas. ☐ JUANETERO; JUANETUDO, DA. **JUANILLO** m. *Perú.* Propina, soborno. **JUÁREZ** Sierra del NO de México, que forma el sector septentrional de la cord. que recorre la pen. de Baja California. Alt. máx.: Cerro Colorado, 2 000 m. **JUÁREZ, Ciudad** ⇨ Ciudad Juárez. **JUÁREZ, Benito** (1806-1872) Político mex. Proclamado presid. (1859), promulgó las leyes de Reforma y derrotó a los conservadores (1861). La imposición de Maximiliano como emp. inició una nueva guerra. Fusilado Maximiliano (1867), fue reelegido presid. ◊ *Luis* (m. 1635) Pintor mex. *La oración en el huerto, La aparición de la Virgen a San Ildefonso.* ☐ **Celman, Miguel** (1844-1909) Político arg. Militó en el partido liberal. Presid. de la Rep. (1886-1890) **JUAY** m. *Méx.* Cuchillo. **JUBA** R. de Somalia ⇨ Yuba.

Benito Pablo **Juárez**

JUBEA f. Género de palmeras de Chile. **JUBILAR** adj. Relativo al jubileo. ◊ tr. Eximir del servicio, por razón de ancianidad o imposibilidad física, a un funcionario o empleado, al que se otorga una pensión vitalicia. ◊ fig. y fam. Desechar por inútil una cosa. ◊ intr. y prnl. Alegrarse, regocijarse. ◊ prnl. Conseguir la jubilación. ◊ *Cuba* y *Méx.* Instruirse en un asunto, adquirir práctica. ◊ *Col.* Venir a menos. ◊ *Ven.* Hacer novillos. ☐ JUBILACIÓN. **JUBILEO** m. Fiesta pública que celebraban los israelitas cada cincuenta años. ◊ Entre los cristianos, indulgencia plenaria concedida por el papa en ciertos tiempos y en algunas ocasiones. ◊ fig. Concurrencia frecuente de muchas personas en algún sitio.

JÚBILO m. Alegría intensa y ostensible. ❑ JUBILOSO, SA.

JUBO m. Culebra pequeña, muy común en la isla de Cuba.

JUBÓN m. Vestidura que cubre desde los hombros hasta la cintura, ceñida y ajustada al cuerpo.

JÚCAR (*Xúquer*) R. de España, de la vertiente mediterránea; 500 km.

JÚCARO m. Árbol de las Antillas, de flores sin corola, fruto parecido a la aceituna y madera durísima.

JUCHITÁN DE ZARAGOZA Mun. de México, en el est. de Oaxaca, junto a la laguna Superior; 37 700 hab. Café, caña de azúcar.

JUCO, CA adj. *Hond.* Agrio, fermentado.

JUCUARÁN Mun. de El Salvador, en el dpto. de Usulután; 19 100 hab.

JUDÁ, Reino de Estado heb. formado a la muerte de Salomón (935-587 a. C.). Desapareció tras la toma de Jerusalén por Nabucodonosor II, rey de Babilonia y Nínive.

JUDÁ Cuarto hijo de Jacob y Lía. El terr. de su tribu se hallaba al O del mar Muerto, entre el Mediterráneo, Jerusalén y el desierto de Cades.

JUDAH HA-LEVÍ ⇒ Halevi.

JUDAICO, CA adj. Perteneciente o relativo a los judíos. ◊ f. *Pal.* Púa de equino fósil.

JUDAÍSMO m. *Rel.* Hebraísmo, religión judía. ❑ JUDAIZAR; JUDAIZANTE.
❑ *Rel.* En el j. se distinguen dos épocas: la ant., que termina al cerrarse el *Talmud* (h. 1040), y la rabínica, que llega hasta el s. XIX.

JUDAS m. *C. Rica.* Diablillo, muchacho travieso, pícaro. ◊ Muñeco o maniquí relleno de petardos y cohetes, que se quema el domingo de Pascua.

JUDAS Iscariote Uno de los doce apóstoles, el que traicionó a Jesús. ◊ **Macabeo** ⇒ Macabeo. ◊ **Tadeo** Uno de los doce apóstoles, hermano de Santiago el Menor y pariente de Jesucristo. Escribió la *Epístola de San Judas.*

JUDEA (hebr., *Yehuda*; ár., *al-Yahudiyya*) Región del S de Palestina. C. prales.: Jerusalén, Hebrón. Conquistada por Israel en 1967.

JUDEOESPAÑOL, LA adj. Relativo a los sefardíes y a su lengua. ◊ adj. y m. *Ling.* Modalidad de castellano conservada por los descendientes de los judíos expulsados de España en 1492. También llamado *sefardí.*

JUDERÍA f. Barrio habitado por los judíos en la Edad Media. ◊ Contribución pagada por los judíos.

JUDÍA f. *Bot.* Nombre común de ciertas especies comestibles, de tallo ramoso y trepador, hojas articuladas y frutos en legumbre alargada y aguzada en los extremos. ◊ Fruto de estas plantas. ◊ Semilla de estas plantas.

JUDICATURA f. Ejercicio de juzgar. ◊ Dignidad o empleo de juez. ◊ Tiempo que dura. ◊ Cuerpo constituido por los jueces de un país.

JUDICIAL adj. Relativo al juicio, a la administración de justicia o a la judicatura.

JUDÍO, A adj. y s. Hebreo, israelita. ◊ De Judea. ◊ adj. Relativo a este país. ◊ Díc. del que profesa el judaísmo. ◊ *Cuba.* Pájaro negro con reflejos azules.

JUDIÓN m. Variedad de judía, de hoja mayor y más redonda y con las vainas más anchas.

JUDIT Heroína bíblica que decapitó a Holofernes cuando invadió Judea. ◊ **Libro de J.** Escrito deuterocanónico del A. T., que narra la hazaña de Judit.

JUDO m. Deporte derivado del ant. método japonés de lucha sin armas llamado jiu-jitsu. ❑ JUDOKA.

JUECES, Libro de los Escrito histórico del A. T., el séptimo en orden tras el *Libro de Josué.*

JUEGO m. Ejercicio recreativo sometido a determinadas reglas y convenciones, que se practica con ánimo de diversión. ◊ En sentido absoluto, juego de naipes. ◊ Disposición con que están unidas dos cosas, de suerte que sin separarse puedan tener movimientos. ◊ El mismo movimiento. ◊ Determinado número de cosas relacionadas entre sí y que sirven al mismo fin. ◊ fig. Habilidad para conseguir una cosa. ◊ pl. Fiestas y espectáculos públicos, especialmente los de tipo deportivo. ◊ **de envite.** Cada uno de aquellos en que se apuesta dinero. ◊ **de ingenio.** Ejercicio de entendimiento con acertijos, adivinanzas, etc. ◊ **de manos.** Agilidad de manos con que los prestidigitadores engañan a los espectadores con varios gén. de entretenimientos. ◊ **de naipes.** Cada uno de los que se juegan con ellos, y se distinguen por nombres especiales. ◊ **de palabras.** Entretenimiento que consiste en usar palabras en sentido equívoco. ◊ **juegos malabares.** Ejercicios de agilidad y destreza. ◊ **Juegos Olímpicos.** Olimpiadas. ◊ **de caracteres.** *Comp.* Conjunto de caracteres que maneja una computadora. Conjunto de tipos de una impresora. ◊ **Teoría de los j.** *Mat.* Parte de la teoría gral. de la decisión que estudia el comportamiento adecuado de un individuo frente a diversas estrategias de actuación, basadas en la posibilidad de acción de otros individuos. ◊ **Fuera de j.** Posición antirreglamentaria en que se encuentra un jugador, en el fútbol o en otros juegos.

JUERGA f. fam. Diversión bulliciosa de varias personas. ❑ JUERGUISTA.

JUEVES m. Quinto día de la semana. ◊ **Jueves Santo.** El de la Semana Santa.

JUEZ m. El que tiene autoridad y potestad para juzgar y sentenciar. ◊ En las justas públicas y certámenes literarios, el que cuida de que se observen las leyes impuestas en ellos. ◊ **árbitro.** *Der.* Juez elegido mediante compromiso de las partes. ◊ **de línea.** En el fútbol, cada uno de los dos j. auxiliares del árbitro. ◊ **de paz.** El encargado de resolver las cuestiones de poca importancia. ◊ **de primera instancia y de instrucción.** El que conoce en primera instancia. ◊ **de raya.** *Argent.* El que falla sobre el resultado de una carrera de caballos. ◊ **municipal.** El que, nombrado para un término municipal, conoce de los actos de conciliación y de los juicios verbales y de faltas.

JUGADA f. Acción de jugar el jugador cada vez que le toca. ◊ Lance de juego que así se origina. ◊ fig. Acción mala e inesperada contra uno, treta.

JUGAR intr. Hacer algo con el solo fin de entretenerse o divertirse. ◊ Travesear, retozar. ◊ Tomar parte en uno de los juegos sometidos a reglas. ◊ Llevar a cabo el jugador un acto propio del

JUDAÍSMO

Moisés guió a los hebreos a la tierra de sus antepasados y sentó las bases del judaísmo, caracterizado por el monoteísmo y la idea de que el pueblo de Israel es el «pueblo elegido» por Dios

El candelabro de siete brazos constituye, junto con la estrella de seis puntas (estrella de David), uno de los símbolos del pueblo judío y de su religión

En Jerusalén, los judíos ortodoxos acuden a rezar junto al Muro de las Lamentaciones

Juglares en un detalle de una miniatura de las *Cantigas de Santa María* de Alfonso X el Sabio

juego cada vez que le toca intervenir en él. ◊ intr. Hacer juego o convenir una cosa con otra. ◊ Tener parte en un negocio. ◊ tr. Tratándose de partidas de juego, realizarlas. ◊ Tratándose de armas, saberlas manejar. ◊ tr. y prnl. Arriesgar, aventurar. ❏ JUGADOR, RA.

JUGARRETA f. fam. Jugada mal hecha. ◊ fig. y fam. Mala pasada, engaño.

JUGENDSTIL ⇨ Modernismo.

JUGLAR adj. y s. Chistoso, picaresco. ◊ Juglaresco. ◊ m. Artista ambulante de la E. Med., que se ganaba la vida recitando poemas, tocando instrumentos musicales o ejecutando acrobacias. ❏ JUGLARESA; JUGLARESCO, CA; JUGLARÍA; JUGLERÍA.

JUGO m. Zumo de sustancias animales o vegetales. ◊ *Fisiol.* Líquido que contienen ciertos tejidos orgánicos. ◊ **digestivo.** *Fisiol.* Sustancias hidrolíticas y enzimáticas que van tratando el bolo alimenticio en su recorrido por el tracto digestivo. ◊ **gástrico.** *Fisiol.* Secreción de las glándulas de la mucosa del estómago, cuya acción sobre los alimentos produce una pasta semilíquida y ácida, llamada quimo, que penetra a intervalos en el duodeno.

JUGOSO, SA adj. Que tiene jugo. ◊ fig. Sustancioso. ◊ fig. Valioso, estimable. ❏ JUGOSIDAD.

JUGUETE m. Objeto que sirve como entretenimiento y para juegos infantiles. ◊ Chanza o burla. ◊ Persona o cosa dominada por fuerza material o moral que la mueve a su arbitrio.

JUGUETEAR intr. Entretenerse jugando y retozando. ❏ JUGUETEO; JUGUETÓN, NA.

JUGUETERÍA f. Comercio de juguetes. ◊ Tienda donde se venden.

JUICIO m. *Der.* Conocimiento de una causa de la que se dicta sentencia. ◊ *Fil.* Facultad del entendimiento. ◊ Acto de comparar dos ideas para conocer su relación. ◊ Estado de sana razón. ◊ Opinión o dictamen. ◊ **final.** *Teol.* El que ha de hacer Jesucristo en el fin del mundo. ❏ JUICIOSO, SA.

JUIGALPA C. de Nicaragua, cap. del dpto. de Chontales; 25 600 hab.

JUIL m. *Méx.* Especie de trucha.

JUILA f. *Amér. Centr.* Rueda.

JUILÍN m. *Guat.* y *Hond.* Pececillo de río.

JUIZ DE FORA C. de Brasil, en el S del est. de Minas Gerais; 307 800 hab. Ind. textil.

JUJUY Prov. del NO de Argent.; 53 219 km², 611 888 hab. Cap., San Salvador de Jujuy. La zona occidental forma parte de la región de la Puna. La mitad oriental de la prov. comprende, de O a E, la Precordillera. Caña de azúcar; tabaco; ganadería; hierro, plomo, cinc.

JUKE-BOX (voz ing.) m. Gramófono que funciona con monedas.

JULEPE m. Poción de aguas destiladas, jarabes y otras materias medicinales. ◊ Cierto juego de naipes. ◊ fig. y fam. Reprimenda, castigo. ◊ fig. *Amér.* Susto, miedo. ◊ *Amér.* Trabajo, fatiga.

JULIACA C. de Perú, en el dpto. de Puno, cap. de la prov. de San Román; 78 000 hab. Cereales y patatas.

JULIANA f. *Bot.* Planta de hojas oblongas, flores blanquecinas o lilas y frutos en silícula.

JULIANA (1909-2004) Reina de Países Bajos [1948-1980]. Sucedió a su madre, Guillermina, al abdicar ésta en 1948.

JULIANO, Flavio Claudio, llamado EL APÓSTATA (331-363) Emperador rom. [361-363]. Restableció el paganismo.

JULIAS adj. y f. pl. *Argent.* Fiestas conmemorativas de la Independencia argentina (9 julio 1816).

JULIO m. Séptimo mes del año. ◊ *Fís.* Unidad de trabajo en el sistema Giorgi. Se define como el trabajo realizado por la fuerza de un newton que se desplaza un metro según su recta de acción. Símb. J.

JULIO I (m. 352) Santo. Papa [337-352]. Convocó el concilio de Sárdica. ◊ **II** (1443-1513) *Giuliano della Rovere*. Papa [1503-1513]. Reorganizó los Estados Pontificios con la Liga de Cambrai. ◊ **III** (1487-1555). Papa [1550-1555]. Clausuró el Concilio de Trento (1552).

JULIO César ⇨ César. ◊ **Romano** ⇨ Romano.

JULLUNDUR C. del NO de India, en el est. de Punjab; 405 700 hab. Ind. aceitera y textil.

JUMA f. fam. Jumera, borrachera.

JUMENTO m. Asno. ❏ JUMENTAL.

JUNACATÉ m. *Hond.* Variedad de cebolla que huele a ajo.

JUNCAL, Cerro Pico de los Andes, en la frontera entre Chile y Argentina (Mendoza); alt., 5 965 m.

JUNCIA f. Planta ciperácea, medicinal y olorosa, sobre todo el rizoma. ❏ JUNCIAL.

JUNCIÓN f. *Chile.* Confluencia de dos ríos.

JUNCO m. *Bot.* Planta monocotiledónea, con ramas aéreas provistas de una médula esponjosa, flores hermafroditas y frutos en cápsula. Sus flexibles tallos se usan en cestería. ◊ *Mar.* Embarcación plana, de proa redondeada, de madera, propia de Extremo Oriente. ❏ JUNCAL; JUNCOSO; SA.

JUNDIAÍ C. de Brasil, en el est. de São Paulo; 258 800 hab. Industrias.

JUNEAU C. de EE UU, cap. del est. de Alaska; 26 800 hab.

JUNG, Carl Gustav (1875-1961) Psiquiatra suizo. Desarrolló el postulado del inconsciente colectivo y los arquetipos. *Psicología y religión, Consciente e inconsciente.*

JUNGFRAU Pico de los Alpes Berneses (Suiza); 4 161 m de alt. Observatorio meteorológico.

JUNGLA f. Selva; terreno cubierto de vegetación muy espesa.

JUNI, Juan de (hacia 1507-1577) Escultor fr. Renacentista, autor de la *Virgen de los Cuchillos.*

JUNÍN Dpto. de Perú; 44 409,67 km², 1 113 200 hab. Cap., Huancayo. Sit. entre la vertiente oriental de la cordillera de Huayhuash y los r. Ene y Tambo. El r. Mantaro forma un amplio valle. Cereales y café; ganadería; oro, plata, cobre, plomo, cinc. ◊ **Batalla de J.** Victoria de Bolívar sobre el general esp. Canterac en la meseta de J. (1824).

JUNÍN C. de Argentina, junto al Salado, en la prov. de Buenos Aires; 62 500 hab. Centro agrícola y ganadero.

JUNIO m. Sexto mes del año.

JÚNIOR m. Voz latina que significa más joven y se usa para distinguir a dos personas del mismo nombre y de edad distinta. ◊ Religioso joven sujeto aún a la enseñanza y obediencia del maestro de novicios. ◊ *Dep.* Categoría de los practicantes cuya edad oscila entre los 17 y 20 años.

JUNÍPERO m. Enebro.

JUNKER m. Nombre con el que, en Alemania, se designaba a los hijos de los terratenientes nobles. A partir del s. XIX, el término fue usado para designar a los terratenientes conservadores.

JUNKERS, Hugo (1859-1935) Industrial al. Inventor (calorímetro) y constructor de aviones.

JUNO *Mit.* Diosa romana, correspondiente a la Hera gr. Regía el cielo, o la Luna, la tierra y la fertilidad.

JUNQUERA f. Junco, planta. ❏ JUNCAR; JUNQUERAL.

JUNQUILLO m. Planta de jardinería, especie de narciso, de flores muy olorosas. ◊ *Arq.* Moldura redonda y más delgada que el bocel.

JUNTA f. Reunión para tratar un asunto. ◊ Cada una de las sesiones que se celebran. ◊ *Pol.* Conjunto de individuos que dirigen los asuntos de una colectividad. ◊ *Mar.* Empalme, costura. ◊ *Mec. apl.* Elemento de unión entre piezas. ◊ pl. *Amér.* Confluencia de dos ríos. ◊ **de dilatación.** *Const.* Espacio que se deja para permitir la dilatación de los materiales.

Julio II, detalle de un retrato de Rafael

El planeta **Júpiter** visto al telescopio

□ *Pol. J. Provinciales.* Organismos de gobierno. surgidos en España e Hispanoamérica, al estallar la guerra de la Independencia. La J. Suprema Central (1808), gobernó durante la ocupación napoleónica. En la América hispánica pronto se convirtieron en los embriones del proceso independentista.

JUNTAR tr. Unir unas cosas con otras. ◇ tr. Acumular, acopiar o reunir en cantidad. ◇ Entornar puertas o ventanas. ◇ prnl. Acercarse mucho a uno. ◇ Acompañarse, andar con uno. ◇ Practicar el coito. ◇ Vivir conyugalmente un hombre y una mujer sin estar casados.
JUNTO, TA adj. Unido, cercano. ◇ adv. lugar. Seguido de la prep. *a*, cerca de.◇ adv. modo. Juntamente, a la vez.
JUNTURA f. Parte o lugar en que se juntan y unen dos o más cosas. ◇ *Zool.* Unión de los huesos; según el modo como se unen se llama claval, nodátil o serrátil.
JUPA f. *Amér. Centr.* Calabaza redonda. ◇ *Hond.* Cabeza.
JÚPITER m. *Astr.* El mayor de los planetas del sistema solar. Recorre su órbita a una distancia media de 778 millones de km del Sol en casi 12 años. De diámetro once veces superior al de la Tierra, está sumamente achatado por los polos, debido a su elevada velocidad de rotación: 9 h. y 50 minutos. Su densidad es 1,33 veces la del agua, muy inferior a la de 5,52 de la Tierra. La atmósfera difiere mucho de la terrestre, la temperatura (–170 °C) y alta presión. J. tiene 16 satélites, los cuatro prales.: Ío, Europa, Ganímedes y Calisto.
JÚPITER *Mit.* Dios del cielo, la luz diurna, el trueno y el rayo, jefe del panteón romano. Identificado con Zeus.
JUQUE m. *C. Rica* y *Salv.* Zambomba.
JURA f. Acción de jurar solemnemente la sumisión a ciertos preceptos u obligaciones. ◇ Juramento.
JURA Cadena montañosa que sirve de divisoria entre Francia y Suiza.
JURADO, DA adj. Que ha prestado juramento al encargarse del desempeño de su función u oficio. ◇ m. Cuerpo colegiado no profesional ni permanente cuyo cometido es determinar y declarar el hecho justiciable o la culpabilidad del acusado. ◇ Cada uno de los individuos que componen dicho tribunal. ◇ Cada uno de los individuos que constituyen el tribunal examinador en exposiciones, concursos, etc. ◇ Conjunto de estos individuos. ❑ JURADOR, RA; JURADURÍA.
JURADO, Katy (1927-2002) Actriz mex. Prales. películas: *La vida inútil de Pito Pérez, Lanza rota.*
JURAMENTO m. Afirmación o negación solemne de una cosa. ◇ Blasfemia o reniego. ❑ JURAMENTAR.
JURAR tr. Afirmar o negar solemnemente una cosa. ◇ Reconocer solemnemente la soberanía de un príncipe. ◇ Someterse solemnemente a los preceptos constitucionales de un país, estatutos de las órdenes religiosas, etc. ◇ intr. Blasfemar, renegar. ❑ JURADOR, RA.
JURÁSICO, CA adj. y m. *Geol.* Díc. del segundo periodo de la era mesozoica, con una duración aproximada de unos 50 millones de años (de –185 a –135 millones de años), que se caracteriza por el predominio de los ammonites, los grandes reptiles y la aparición de las aves en el reino animal. Entre los vegetales predominan las gimnospermas.
JUREL m. Pez comestible poco apreciado. A veces forma bancos muy numerosos como preparación para la freza.
JURERO, RA adj. y s. *Chile* y *Perú.* Testigo falso.
JURIDICIDAD f. Tendencia al predominio de las soluciones de estricto derecho en los asuntos políticos y sociales.
JURÍDICO, CA adj. Que atañe al derecho, o se ajusta a él.
JURISDICCIÓN f. Autoridad que tiene uno para gobernar y hacer ejecutar las leyes o para aplicarlas en juicio. ◇ Término de un lugar. ◇ Territorio en que un juez ejerce sus facultades de tal. ◇ Autoridad o dominio sobre otro. ❑ JURISDICCIONAL.
JURISPRUDENCIA f. Ciencia del derecho. ◇ Enseñanza doctrinal que dimana de las decisiones o fallos de autoridades gubernativas o judiciales. ◇ Norma de juicio que suple omisiones de la ley, y que se funda en las prácticas seguidas en casos análogos. ❑ JURISPERICIA; JURISPERITO, TA.
JURISTA com. Persona que estudia o profesa la ciencia del derecho. ◇ Persona que tiene juro o derecho a una cosa.
JURUÁ R. de Perú y Brasil; 1 900 km. Nace en territorio peruano y desemboca en el Amazonas.
JURUTUNGO m. *P. Rico.* Lugar lejano.
JUSTA f. Torneo en que acreditaban los caballeros su destreza en el manejo de las armas. ◇ fig. Competición o certamen intelectual, científico o literario.
JUSTICIA f. Orden de convivencia humana que consiste en la igualdad de todos los miembros de la comunidad. ◇ Comportamiento justo. ◇ Equidad, rectitud. ◇ Poder judicial. ◇ Ministro o tribunal que ejerce justicia. ◇ Pena o castigo público. ◇ fam. Castigo de muerte. ◇ Atributo de Dios por el cual premia o castiga a cada uno según sus merecimientos. ◇ Una de las cuatro virtudes cardinales. ❑ JUSTIFICADO, DA; JUSTIFICADOR, RA.
JUSTICIALISMO m. Movimiento político arg. fundado por Perón. Pretendía crear un capitalismo nacional y la aplicación de una legislación social avanzada que permitiera encuadrar a la clase obrera en un régimen corporativo. ❑ JUSTICIALISTA.

Fósil vegetal del período **Jurásico**, hallado en Lleida (España)

JUSTICIERO, RA adj. Que observa y hace observar estrictamente la justicia. ◇ Que observa estrictamente la justicia en el castigo de los delitos.
JUSTIFICAR tr. Probar una cosa con razones, testigos y documentos. ◇ Rectificar o hacer justa una cosa. ◇ Ajustar, arreglar una cosa con exactitud. ◇ tr. y prnl. Probar la inocencia de uno. ◇ *Art. Gráf.* Igualar el largo de las líneas compuestas. ◇ *Teol.* Hacer Dios justo a uno dándole la gracia. ❑ JUSTIFICACIÓN; JUSTIFICANTE; JUSTIFICATIVO, VA.
JUSTILLO m. Prenda interior sin mangas, que ciñe el cuerpo hasta la cintura.
JUSTINIANO I (482-565) Emperador de Oriente [527-565]. Conquistó Italia y el S de la pen. Ibérica. Bajo su mandato se realizó el Código que lleva su nombre. ◇ **II** (669-711) Emperador de

La Justicia, escultura en mármol de Giovanni Pisano

El emperador **Justiniano I**. Detalle de un mosaico de san Vital de Ravena

Oriente [685-695 y 705-711]. Su política fiscal provocó una rebelión popular que le costó perder el trono provisionalmente. ❑ JUSTINIANEO, A.

JUSTINO I (450-527) Emperador de Oriente [518-527]. Consiguió la unidad de la Iglesia Católica. ◇ **II** (m. 578) Emperador de Oriente [565-578]. Perdió parte de Italia, España e Iliria.

JUSTIPRECIAR tr. Apreciar o tasar una cosa. ❑ JUSTIPRECIACIÓN; JUSTIPRECIO.

JUSTO, TA adj. y s. Díc. del que obra según la moral y la ley. ◇ Que respeta plenamente los principios de la religión. ◇ adj. Díc. de lo que está de acuerdo con los principios de la moral o de la ley. ◇ Exacto, que no tiene en número, peso o medida ni más ni menos que lo que debe tener. ◇ Apretado o que ajusta bien con otra cosa. ❑ JUSTEZA; JUSTEDAD.

JUSTO, *Agustín Pedro* (1876-1943) Mil. y pol. arg. Presid. (1931-1938).

JUTA f. *Ecuad.* y *Perú.* Ave palmípeda, variedad de ganso doméstico.

JUTAÍ R. del NO de Brasil, afl. del Solimões (Amazonas medio). 1 200 km.

JUTE m. Molusco fluvial de Honduras y Guatemala.

JUTÍA f. *Cuba.* Roedor semejante a la rata.

JUTIAPA Dpto. del SE de Guatemala; 3 219 km², 378 661 hab. Cap., la c. hom. Accidentado por el eje volcánico guatemaltecosalvadoreño. Agricultura (cereales, café, cacao y tabaco) y ganadería. ◇ C. de Guatemala, cap. del dpto. hom.; 88 900 hab.

JUTICALPA C. de Honduras, cap. del dpto. de Olancho; 19 622 hab.

JUTLANDIA (danés, *Jylland;* al., *Jutland*) Pen. del N de Europa, en Dinamarca; 29 767 km², 2 348 400 hab. Sit. entre el mar del Norte y el Báltico. ◇ **Batalla de J.** Combate naval de la I Guerra Mundial al. y brit., librado en J.

JUVARA, *Filippo* (1676-1736) Arquitecto it. Construyó el complejo basilical de Superga en Turín. Realizó el proyecto para el palacio real de Madrid.

JUVENAL, *Décimo Junio* (60-140) Poeta latino. En sus *Sátiras* criticó la sociedad de su tiempo.

JUVENTUD f. Periodo de la vida humana que media entre la niñez y la edad viril. Fisiológicamente de difícil delimitación. Corresponde en términos generales al periodo anterior a la edad adulta, en el que el individuo adquiere pleno desarrollo corporal. ◇ Conjunto de jóvenes. ◇ Primeros tiempos de alguna cosa. ◇ Energía, vigor, frescura. ❑ JUVENIL.

JUVENTUD (ant. *Pinos*) Pequeña isla, sit. frente al litoral SO de Cuba, que integra el Municipio especial de Isla de la

Salón del palacio Stupingi, en Turín, construido en 1721 por Filippo **Juvara**

Juventud; 2 411 km², 71 000 hab. Cap., Nueva Gerona.

JUVIA f. *Ven.* Árbol cuyo fruto contiene una almendra de la que se saca aceite. ◇ Fruto de este árbol.

JUZGADO m. Conjunto de jueces de un tribunal. ◇ Tribunal de un solo juez. ◇ Territorio de su jurisdicción. ◇ Sitio donde se juzga. ◇ Dignidad de juez. ◇ **de Indias.** Organismo fundado en 1535 en Cádiz, dependiente de la Casa de Contratación de Sevilla.

JUZGAR tr. Formar juicio sobre una cosa o persona. ◇ Ejercer sus funciones un juez. ◇ Estar convencido de una cosa, creerla. ◇ *Fil.* Afirmar, previa la comparación de dos o más ideas, las relaciones que existen entre ellas.

K

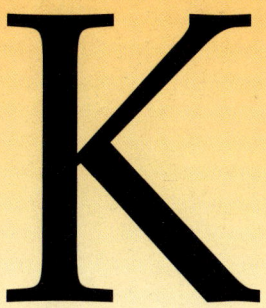

K f. Undécima letra del abecedario esp. y novena de sus consonantes. Su nombre es *ka*. ◊ *Comp.* Múltiplo del byte, equivalente a 2^{10} bytes. También se llama kbyte o kilobyte. ◊ *Fís.* Unidad de medida de la temperatura, grado Kelvin, en la escala absoluta (°K). ◊ *Mat.* Uno de los símbolos que designan un valor constante. ◊ *Quím.* Símbolo del potasio.

K 2 (*Dapsang* o *Godwin Austen*) La cima más elevada del macizo del Karakorum, al N de Cachemira; 8 611 m.

KA f. Nombre de la letra *k*.

KAABA Edificio en el patio central de la mezquita de La Meca. En ella está la Piedra Negra, que besan los peregrinos musulmanes.

KABARDINO, NA adj. y s. Díc. de individuos de un pueblo cherkés del Cáucaso. ◊ m. Lengua de este pueblo.

KABARDINO-BALKARIA República autónoma de Rusia; 12 500 km², 715 000 hab. En la vertiente N del Cáucaso. Agricultura, ind. mecánica.

KABILA, Laurent (1939-2001) Político de la Rep. Dem. del Congo. Líder guerrillero, presid. desde 1997. Fue asesinado.

KABUL Cap. de Afganistán, junto al río hom.; 1 036 500 hab. Centro comercial e industrial.

KACHAMPA f. *Perú.* Danza guerrera de ritmo frenético.

KAÇKAR DAGI Cumbre montañosa al NE de Turquía, sobre el mar Negro, máxima alt. de los montes Pónticos; 3 937 m.

KADAR, János (1912-1989) Político húng. Miembro del partido comunista. Jefe del gobierno (1956-1988).

KADUNA C. del centro-norte de Nigeria, a orillas del río hom.; 202 000 hab. Centro agrícola e industrial.

KAESONG (*Gaeseong*) C. de la Rep. Democrática de Corea; 240 000 hab. Ind. ligera. Ant. cap.

KAFKA, Franz (1883-1924) Escritor checo en lengua al. Sus novelas y narraciones abordan la angustia del hombre. *La metamorfosis, La colonia penitenciaria, El proceso, El castillo.*

KAFKIANO, NA adj. Díc. de los procesos burocráticos largos. ◊ Monstruoso, fantástico.

KAFTÉN m. *Argent.* Alcahuete.

KAGAWA Prefectura de Japón, en la isla de Shikoku, 1 860 km², 1 023 000 hab. Cap., Takamatsu.

KAGEL, Mauricio (n. 1931) Compositor arg. Introductor de los procedimientos aleatorios en el teatro musical. *Anagramma, Heterofonía, Fonofonía.*

KAGOSHIMA Prefectura de Japón, en la isla de Kyushu; 4 963 km², 4 811 000 hab. Cap., la c. hom. (536 700 hab.). Puerto y centro ind.

KAGUÁN m. Mamífero que alcanza 40 cm de long.; pelaje oscuro. Habitan en Indonesia.

KAHLO, Frida (1910-1954) Pintora mex., esposa de Diego Rivera. *Fulang-Chang y yo, Las dos Fridas, Autorretrato.*

KAHUIS m. *Argent.* Palo largo usado por los indígenas del Chaco para marcar el compás.

KAHN, Louis (1901-1974) Arquitecto norteam., de origen ruso. Yale Art Gallery (New Haven), Balneario de Trenton (Nueva Jersey).

KAIFENG C. de China, en la prov. de Honan; 300 000 hab. Ind. alimentaria, textil.

KÁISER m. Título de algunos emperadores de Alemania.

KAISER, Georg (1878-1945) Dramaturgo al.; representante del expresionismo. Autor de *Los burgueses de Calais, Gas.*

KAKEMONO m. Pintura jap. realizada sobre una tira vertical de seda o de papel.

KÁKI adj. y m. Caqui, tela y color. ◊ m. Árboles tropicales, de fruto en baya.

KALA-AZAR m. *Pat.* Enfermedad tropical consistente en la tumefacción del bazo y caracterizada por fiebres irregulares, síndrome hemorrágico, anemia interna y desnutrición.

KALAHARI Desierto de África, en Botswana; 259 000 km². Habitado pralm. por bosquimanos.

KALGAN (*Changchiakou* o *Zhangjiakou*) C. de China, en la prov. de Hopei; 920 900 hab. Ind. textil y química.

KALI En el hinduismo, aspecto femenino o activo de la energía de la divinidad, esposa de Siva.

KALIDASA (s. v) Escritor indio, el más significativo del período clásico. *El reconocimiento de Sakuntala, Meghaduta.*

KALIMANTAN Nombre indonesio de Borneo.

KALININ ⇨ Tver.

KALININ, Mijail Ivanovich (1875-1946) Político sov. En 1923 presidió el comité central del PCUS. Apoyó la política de Stalin.

KALININGRADO (ant. *Königsberg*) C. de Rusia (401 000 hab.), cap. de la prov. hom. (15 100 km², 871 000 hab.). Ind. maderera, papelera y de construcción naval. Puerto comercial.

KALKA adj. y s. Díc. de individuos del pueblo mongol, la mayoría de la pob. de la Rep. Popular de Mongolia.

KALMAR C. y puerto de Suecia, junto al estr., hom.; 53 700 hab. ◊ **Unión de K.** La pactada entre Dinamarca, Suecia y Noruega (1397-1523).

KALMUKO adj. y s. Calmuco.

KALMYKIA Rep. autónoma de Rusia; 75 900 km², 320 000 hab. Cap., Elista (85 000 hab.). Sit. al NO del mar Caspio. Agricultura; ganadería y pesca. Ind. conservera y materiales de construcción.

KALUGA C. de Rusia, al SO de Moscú y sobre el río Oka; 312 000 hab. Cap. de la prov. autón. hom.; 29 900 km², 1 067 000 hab. Ind. madereras, mecánicas y eléctricas. Yacimientos de petróleo.

KAMA Río de Rusia, afl. del Volga; 2 032 km. Navegable en la mayor parte de su curso.

KAMA En el hinduismo, dios del amor.

KAMACITA f. Aleación de hierro y níquel, frecuente en los meteoritos.

KAMAKURA C. de Japón, en el centro-sur de la isla de Honshu; 175 500 hab. Cap. de Japón en 1192-1333. Conserva una famosa estatua de Buda.

KAMBA adj. y s. Díc. de individuos de un pueblo melanoafricano bantú, de Kenia. ◊ m. Lengua de este pueblo.

Franz **Kafka**

KAMCHATKA Pen. del extremo oriental de Siberia, en la prov. rusa hom.; 472 300 km², 466 000 hab. Caza, explotación forestal y agricultura.

KÁMENEV, *Lev Borissovich Rosenfeld*, llamado (1883-1936) Político sov. Formó con Stalin y Zinóviev la troika que se hizo cargo del poder en 1922. Se opuso a la política de Stalin (1926). Fue procesado y ejecutado.

KAMIKAZE m. En la II Guerra Mundial, apelativo dado a los pilotos japoneses suicidas.

KAMINALJUYÚ Yacimiento arqueológico de Guatemala, a poca distancia de la cap. Centro ceremonial premaya.

KAMPALA C. y cap. de Uganda, y del distr. hom., junto al lago Victoria, en región de Buganda; 458 500 hab. Centro comercial.

KAMPUCHEA Nombre oficial, en lengua kmer, de la República de Camboya de 1979 a 1989.

KAN m. Príncipe o jefe, entre los tártaros.

KAN En la religión maya, signo del cuarto día ritual. Se le asociaba al dios del maíz, Ah Bolom Tzacab.

KANAGAWA Prefectura de Japón, en la isla de Honshu; 2 403 km², 7 980 000 hab. Cap., Yokohama.

KANANGA C. de la República Democrática del Congo; 704 300 hab. Ind. textil. Centro comercial.

KANARIS, *Konstantinos* (1790-1877) Marino y político gr. Héroe en la guerra de independencia. Jefe del gobierno en 1864-1865 y 1877, reinando Jorge I.

KANATO m. Janato.

KANAZAWA C. de Japón, en la isla de Honshu; 430 480 hab. Artesanía, ind. textil, metalúrgica.

KANCHA f. *Amér.* Cancha, campo vallado usado como redil para el ganado.

KANCHAJUNGA o **KÁNCHENJUNGA** Cima del Himalaya, sit. entre Sikkim y Nepal; 8 578 m.

KANDINSKY, *Wassily* (1866-1944) Pintor ruso, considerado el creador de la pintura abstracta. *Sobre los puentes, Azul cielo.*

KANG-HI (1654-1722) Emperador manchú de la China. Ocupó Taiwan y el Tibet, frenó a los rusos en Siberia e intervino en Mongolia.

KANO Escuela de pintores-decoradores japoneses, fundada por Motonobu.

KANO C. del N de Nigeria; 551 800 hab. Ganadería; ind. textil y alimentaria.

Sobre los puentes, óleo de W. **Kandinsky**

Zona de pastos de **Karacháievo-Cherkesia**

KANPUR (*Cawnpore*) C. de la India, en Uttar Pradesh; 1 481 800 hab. Ind. del cuero, textil, química.

KANSAS Est. del centro-oeste de los EE UU; 213 098 km², 2 478 000 hab. Cap., Topeka. Formado por una planicie avenada por el Kansas y el Arkansas. Cereales; ganado; petróleo, gas natural, carbón; ind. alimentaria, mecánica.

KANSAS CITY Nombre de dos ciudades de EE UU, que forman un solo núcleo urbano; 1 518 000 hab. Ind. alimentarias, cárnicas y metalúrgicas.

KANSU (*Gansu*) Prov. del NO de China; 454 000 km², 22 371 141 hab. Cap., Lanchou (*Lanzhou*). Mesetas semidesérticas. Trigo, tabaco, algodón; ganadería; petróleo.

KANT, *Immanuel* (1724-1804) Filósofo al. Creador del criticismo y el método trascendental. En *Crítica de la razón pura* (1781), rompe con toda tradición filosófica anterior, creando el nuevo método «trascendental», que definió como «el conocimiento que versa, no sobre los mismos objetos, sino sobre nuestro modo de conocerlos». En la *Crítica de la razón práctica*, K. propone una solución a la contradicción entre intuición sensible y el conocimiento *en sí* de la metafísica, mediante el imperativo categórico a que está llamada la conciencia moral. En la *Crítica del juicio*, K. examina el orden estético, cuyo principio apriorístico es la finalidad. ❏ KANTIANO, NA.

KANTISMO m. Sistema filosófico de I. Kant, basado en la crítica del entendimiento y la sensibilidad.

KANZAWA C. de Japón, cap. de la prefectura de Ishikawa; 442 900 hab.

KAOHSIUNG (*Gaoxiong*) C. y puerto del SO de Taiwan; 1 343 000 hab. Ind. metalúrgica. Refinería de crudos.

KAPITSA, *Piotr Leonidovich* (1894-1984) Físico sov. Pral. creador de la bomba atómica.

KAPPA f. Décima letra del alfabeto gr., que corresponde a la que en el nuestro se llama *ka*.

KAPUAS Río de Indonesia, en la parte occidental de Borneo; 1 150 km.

KARA, *Mar de* Parte del océano Glacial Ártico, al N de Rusia, entre las islas de Nueva Zembla y Tierra del Norte y el litoral del centro-oeste de Siberia.

KÁRACHÁIEVO-CHERKESIA Rep. autónoma de Rusia, sit. en la vertiente N del Gran Cáucaso; 14 100 km², 418 000 hab. Cap., Cherkessk (113 000 hab.). Agricultura, ganadería, carbón, plomo; ind. alimentarias, textiles, madereras, mecánicas.

KARACHI C. y puerto de Pakistán; 5 103 000 hab. Ind. textil, química. Refinería. Ant. cap. del país.

KARAGANDÁ C. de la república de Kazakistán; 617 000 hab. Cuenca hullera; ind. siderometalúrgica.

KARAGJORGJE, *Gjorgje Petrovic*, llamado (1752-1817) Patriota servio, fundó un estado independiente (1808-1813).

KARAJAN, *Herbert von* (1908-1989) Compositor y director de orquesta austr. Director de la Filarmónica de Berlín (1953-1989).

KARAKALPAKIA Rep. autónoma a orillas del mar de Aral, en est. de Uzbekistán; 164 900 km², 1 214 000 hab. Desierto del Kizil Kum y meseta de Ustiurt. Cap., Nukús. Algodón; ganadería (karakul); pesca; ind. textil.

KARAKALPÁKO, KA adj. y s. Díc. de un pueblo turco musulmán que vive en la rep. de Karakalpakia.

KARA-KITAI o **KARA-JITAY** Nombre de un ant. imperio de Asia central, formado en el s. XII por los mongoles kitai. En 1218 fue conquistado por Gengis Jan.

KARAKORUM Macizo montañoso del N de Cachemira (India, China y Pakistán), sit. entre el macizo de Kuen Lun, al N, y la cuenca del Indo, al S. Su máxima alt. corresponde al pico K 2 (8 611 m).

KARAKORUM (*Khara-Khorin*) Ant. cap. del imperio mongol creado por Gengis Jan. Sus sucesores mantuvieron en ella la cap. hasta 1264.

KARAMANLIS, *Konstantinos* (1907-1998) Político gr. Presid. desde 1974 a 1985.

KARATE m. Modalidad de lucha japonesa. El k. tuvo su origen en el s. VI y se perfeccionó en el XVII. ❏ KARATECA.

KAREN adj. y s. Díc. de un pueblo de Myanma (est. de Karen y Kayah), mayoritariamente budista. ◊ m. Lenguas tibetobirmanas de este pueblo.

KARITÉ m. Árbol cuyas semillas se utilizan en cosmética.

KARLFELDT, *Erik Axel* (1864-1931) Poeta sueco. Premio Nobel, póstumo, en 1931. *Baladas de Fridolin, Hösthorn.*

KARL-MARX-STADT Nombre con el que se designó a la ciudad de Chemnitz durante la época de la RDA.

KARLOFF, *Boris* (1887-1969) Actor cinematográfico norteam., de origen ing., especializado en papeles de terror. *Frankenstein, La momia.*

KARLOVY VARY (al., *Karlsbad*) C. de la Rep. Checa, en Bohemia occidental; 58 500 hab. Cristalerías, estación termal.

KARLSRUHE C. de Alemania, en el est. de Baden-Württemberg; 269 600 hab. Ind. metalúrgica; refinería de petróleo.

KARMA m. *Rel.* En el hinduismo y el budismo, ley de causa y efecto que rige los actos físicos y morales. La suma de ellos modela el k. de cada ser.

KARNAK Población del S de Egipto, en la orilla derecha del Nilo, a dos km de Luxor. Templo dedicado al dios Amón, con la célebre sala hipóstila.

KARNATAKA Est. del SO de la India,

en la costa de Malabar; 191 773 km², 44 806 500 hab. Cap., Bangalore. Agricultura; explotación forestal; oro, manganeso, hierro, mica, amianto; ind. metalúrgica, textil.

KARST m. *Geol.* Tipo de relieve de las regiones formadas por calizas y otras rocas calcáreas a causa de su permeabilidad. ❏ KÁRSTICO, CA.

KART m. Vehículo de una sola plaza, desprovisto de suspensión, diferencial y carrocería. ❏ KARTING.

KASAI Río de África ecuatorial, afl. del Congo; 2 000 km. Nace en Angola, y desemboca en el Congo en Kwamouth.

KASAI Región del centro-sudoeste de la República Democrática del Congo, notable por la riqueza diamantífera. Está dividida en dos prov.: K. Occidental (156 967 km², 2 287 500 hab., cap., Kananga) y K. Oriental (168 216 km², 2 402 600 hab., cap., Mbuji-Mayi).

KASAVUBU, *Joseph* (1913-1969) Político congoleño. Presid. de la Rep. (1960-1965). Derrocado por Mobutu.

KASHMIR Adaptación del nombre autóctono de Cachemira.

KASOLITA f. Silicato de uranio y plomo, que cristaliza en el sist. monoclínico; color amarillo castaño, y brillo resinoso.

KASPAROV, *Garri* (n. 1963) Ajedrecista azerbaijano. Campeón mundial en numerosas ocasiones desde 1985.

KASSEL C. de Alemania, en el est. de Hesse sobre el r. Fulda; 185 000 hab. Centro industrial.

KASSEM, *Abd al-Karim* (1914-1963) Político y general iraquí. En 1958 derrocó la monarquía del rey Faisal. Jefe de Gobierno (1958-1963).

KASTLER, *Alfred* (1902-1996) Físico fr. Premio Nobel de Física, en 1966, por sus investigaciones sobre óptica.

KATANGA ⇨ Shaba.

KATIUSCA f. Bota de goma, gralte. alta, que sirve para protegerse del agua.

KATMANDÚ Cap. del Nepal, sit. en la parte S del Himalaya central, a 1 450 m de alt.; 394 000 hab. Ind. alimentaria, textil, tabaquera.

KATOWICE (al., *Kattowitz*) C. del S de Polonia, en Silesia; 363 300 hab. Centro industrial y minero.

KATTEGAT Estr. de poca profundidad, que separa Suecia de Jutlandia (Dinamarca) y comunica los mares del Norte y Báltico.

Templos de **Katmandú**

KAUFFMANN, *Angelika* (1741-1807) Pintora suiza. Retratista y autora de cuadros mitológicos (*Ninfa dormida y pastor*).

KAUNAS (ruso, *Kovno*; polaco, *Kowno*) C. de la república de Lituania; 423 000 hab. Ind. textiles, mecánicas y químicas. Cap. entre 1918-1940.

KAUNDA, *Kenneth David* (n. 1924) Político de Zambia. Proclamó la indep. del país en 1964. Presid. hasta 1991.

KAUTSKY, *Karl* (1854-1938) Político al. Se opuso a la lucha revolucionaria como medio de conquistar el poder y preconizó la vía pacífica a través del parlamento. *La revolución social* y *La concepción materialista de la historia*.

KAVARATTI C. de la India, cap. del terr. de Lakshadweep; 7 000 hab.

KAWABATA, *Yasunari* (1899-1972) Novelista jap., premio Nobel de Literatura en 1968. *El bailarín de Izu, País de nieve.*

KAWAGUCHI C. de Japón, en el centro-este de la isla de Honshu, al N de Tokio; 403 000 hab. Ind. textil y siderúrgica.

KAWASAKI C. de Japón, en la isla de Honshu; 1 088 600 hab. Sit. en la bahía de Tokio. Ind. textil y siderúrgica. Refinería de petróleo.

KAYAK m. Canoa de pesca de Groenlandia, hecha de piel de foca y de madera. ◊ Canoa deportiva hecha de tela alquitranada.

KAYSERI C. de Turquía; 378 500 hab. Ind. alimentaria, aeronáutica, automovilística.

KAZAKISTÁN Est. de Asia central. El relieve presenta la depresión aralocaspiana, mesetas y una serie de estribaciones del Altái y el Tian Shan. Ríos prales.: Ishim, Irtish, Sir-Daría, Chu, Ili, Turgai, Emba y Ural. Clima continental, con escasa pluviosidad. Cereales, plantas industriales, arroz, patatas, hortalizas y vid; ganadería (ovinos, caprinos, bovinos, caballos y camellos). Carbón, hierro, cobre, manganeso, plomo, cinc, petróleo, gas natural; ind. siderúrgica, metalúrgica,

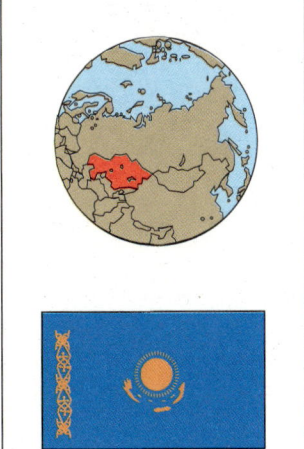

Mapa de situación y bandera de **Kazakistán**

KAZAKISTÁN	
Superficie	2 717 300 km²
Población	1 6 792 000 hab. (6 hab./km²)
Indicadores sociológicos	
PNB	41 691 millones de dólares
Renta per cápita	2 470 dólares
Esperanza de vida	69 años
Crecimiento vegetativo	1,5 %

química, textil. Grupos étnicos: kazakos, rusos, al., ucranianos, tártaros. Lenguas: kazako (of.), ruso. *Rel.*: cristianismo ortodoxo, islamismo sunnita, protestantismo. U. M.: tengue. Cap., Aqmola. C. prales.: Karaganda, Chimkent, Semipalatinsk.

❏ *Hist.* El país cayó bajo dominio ruso en 1731, al declararse vasallo del zar el jan de la Pequeña Horda. En 1920 los bolcheviques proclamaron la rep. autónoma de los Kirguises, transformada en rep. federal en 1936. Ésta se autoproclamó indep. en 1991 y se integró en la Comunidad de Estados Independientes (CEI).

KAZAKO, KA adj. y s. Díc. de un pueblo turcomongol de religión musulmana que vive en Kazakistán y en las rep. vecinas.

KAZÁN C. de Rusia, cap. de la rep. de Tartaria o Tatarstán; 1 094 000 hab. Ind. mecánica y química.

KAZAN, *Elia Kazanjoglus*, llamado ELIA (1909-2003) Director teatral y cinematográfico norteam. En su producción cabe citar *Un tranvía llamado deseo, ¡Viva Zapata!, La ley del silencio, Al este del Edén, Esplendor en la yerba, América, América, Los visitantes.*

KAZANTZAKIS, *Nikos* (1885-1957) Escritor gr. *Alexis Zorba* (novela), *El pobre de Asís* (biografía), *Ulises* y *Teseo* (dramas) y *Cristo de nuevo crucificado.*

KAZBEK Macizo volcánico en el SO de Europa, en el límite entre Rusia y Georgia, una de las mayores cimas del Cáucaso (5 047 m.).

Kc Símb. del kilociclo.

Kcal Símb. de la kilocaloría.

KEATON, *Joseph Francis*, llamado BUSTER (1896-1966) Actor y director cinematográfico norteam. *El navegante, El maquinista de la General, El cameraman.*

KEATS, *John* (1795-1821) Poeta brit., uno de los grandes líricos de la poesía ing. *Endymion, Lamia, Isabella, Hyperion.*

KEELUNG (*Chilung, Tsilung* o *Jilong*) C. del N de Taiwan; 351 000 hab. Centro comercial.

KEFIR m. Bebida alcohólica obtenida a partir de leche, por la acción de una mezcla de levaduras y bacilos, que son capaces de transformar la lactosa en alcohol.

KEITA, *Modibo* (1915-1977) Político de Malí. Presid. de la rep. (1960-1968).

KEKCHI adj. y s. Díc. de individuos de un pueblo amerindio centroamericano, del grupo mayaquiché, que vive en Guatemala (dptos. de Alta Verapaz, Izabal y Petén) y en Belice.

KEKKONEN, *Urho* (1900-1986) Político finl. Primer ministro y presid. de la rep. de 1956 a 1981.

KEKULÉ, *Friedrich August* (1829-1896) Químico al. Descubrió la tetravalencia del carbono y estableció la fórmula del benceno (anillo bencénico).

KELLOGG, *Frank Billings* (1856-1937) Político norteam. Secretario de Estado, fue uno de los promotores del pacto internacional Briand-Kellogg (1928), que condenaba la guerra. Premio Nobel de la Paz en 1929.

KELLY, *Gene* (1912-1996) Bailarín, actor y director de cine estadoun. *Un americano en París, Cantando bajo la lluvia* y *Hello, Dolly.*

KELVIN, *William Thomson,* LORD (1824-1907) Físico brit. Estudió la termodinámica y la electricidad y descubrió el efecto de Joule-Thomson (1852). Estableció una escala teórica de temperaturas que lleva su nombre.

KEMEROVO C. de la rep. de Rusia; 507 000 hab. Fábricas de coque e ind. química.

KEMPIS, *Tomás de* (h. 1380-1471) Místico agustino al. Escribió obras de edificación espiritual: *La imitación de Cristo.*

KENDALL, *Edward Calvin* (1886-1972) Bioquímico norteam. Aisló la hormona de la glándula tiroides, a la que llamó tiroxina. Premio Nobel de Medicina en 1950.

KENIA Macizo volcánico de Kenia, al NE de Nairobi. Cima pral.: 5 199 metros.

KENIA (*Jamhuri ya Kenya*) Est. de África oriental. Hacia el O están los grandes macizos volcánicos (montes Kenia y Elgon). Al S se encuentra el lago Rodolfo y la región del Rift Valley. En la parte meridional, la llanura costera se hace estrecha y pantanosa. Río pral.: el Tana. Clima tropical. Caña de azúcar, plátanos, sisal, café, té, algodón, cereales; ganadería; maderas preciosas; oro, carbonato sódico, cobre, amianto; ind. siderúrgica, fertilizantes, conservas, cervezas, refinería de crudo. Grupos étnicos o nac.: kikuyu, luo, luhyas, kambas, kisii, merus, mij y kendas. Lenguas: swahili (of.), kikuyu, kamba, ing. *Rel.:* animista, islámica, protestante. U.M.: el chelín. C. prales: Nairobi, la cap., Mombasa y Kisumu.

□ *Hist.* Poblada por bantúes y, post., por masais, se vio sometida a la Com-

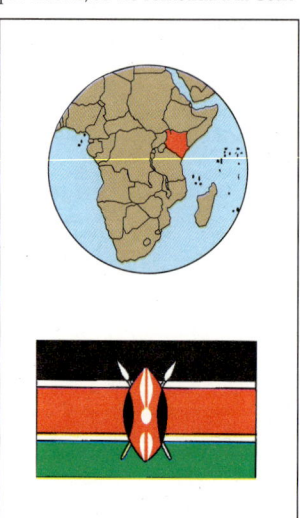

Mapa de situación y bandera de **Kenia**

KENIA	
Superficie	582 646 km²
Población	23 183 000 hab. (40 hab./km²)
Recursos económicos	
Azúcar	532 000 t
Cabaña bovina	13 7000 000 cabezas
Cabaña caprina	8 100 000 cabezas
Café	90 000 t
Camellos	820 000 cabezas
Cemento	1 512 000 t
Cerveza	3 311 000 hl
Maíz	2 250 000 t
Mandioca	650 000 t
Pesca	142 417 t
Riqueza forestal	35 580 000 m³
Sal	32 000 t
Té	204 000 t
Indicadores sociológicos	
PNB	8 505 millones de dólares
Renta per cápita	340 dólares
Esperanza de vida	60 años
Alfabetismo	59 %

---

pañía brit. del África Oriental (1887). Los excesos cometidos por la metrópoli provocaron la aparición del mov. mau-mau. Consiguió la independencia en 1963. El primer presid. de la Rep. fue J. Kenyatta. K. apoyó a Etiopía en el conflicto con Somalia. Muerto Kenyatta (1978), asumió el poder Arap Moi. En 2002, Mwai Kibaki ganó las elecciones presidenciales.

KENITRA C. de Marruecos, al N de Rabat; 188 200 hab.

KENNEDY, *John Fitzgerald* (1917-1963) Político norteam. Presid. de los EE UU como candidato del Partido Demócrata (1960-1963). Se enfrentó a los soviéticos en la crisis de los misiles de Cuba (1962) e inició la escalada militar en Indochina. Murió asesinado en Dallas. ◊ *Margaret* (1896-1967) Novelista brit., de acendrado lirismo. *La ninfa constante.* ◊ *Robert Francis* (1925-1968) Político norteam., hermano de John, asesinado durante la campaña electoral para la nominación demócrata.

KENOTRÓN m. Lámpara de dos electrodos para rectificar corrientes de alta tensión. Se emplea en los aparatos de rayos X.

KENTUCKY Est. del centro-este de EE UU; 104 661 km², 3 685 000 hab. Cap., Frankfort. Avenado por el Kentucky, Green, Cumberland y Tennessee. Tabaco, maíz; ganadería; carbón, petróleo, gas natural. Ind. conservera, siderúrgica, química. ◊ Río de EE UU, afl. del Ohio; 410 km.

KENYATTA, *Jomo* (1893-1978) Político de Kenia. Presid. de la Rep. (1964-1978).

KEOPS (s. XVI a. C.) Faraón egipcio, segundo de la IV dinastía. Levantó la mayor de las tres pirámides de Gizeh.

KEPÍS m. Quepis.

KEPLER, *Johannes* (1571-1630) Astrónomo y matemático al. Seguidor de las teorías heliocéntricas de Copérnico, en 1609 publicó *Astronomía nova*, dando a conocer las dos primeras leyes relativas al movimiento de los planetas, y, en 1619, en *De Harmonia mundi,* la tercera.

KERALA Est. de la India, en el SO de la pen. del Decán; 38 864 km², 29 032 800 hab. Cap., Trivandrum. Economía agrí-

---

John Fitzgerald **Kennedy**

cola y ganadera. Producción artesanal e ind. algodonera y química.

KERCH Estr. entre Ucrania y Rusia, que comunica el mar de Azov con el mar Negro.

KERENSKI, *Alexandr Feodorovich* (1881-1970) Político ruso. Presid. del gobierno provisional de febrero de 1917 hasta la Revolución de Octubre.

KERGUELEN Arch. fr. del océano Índico austral. Además de la isla hom., comprende 400 islotes.

KERKIRA ⇨ Corfú.

KERMANSHAH C. del O de Irán, cap. de la prov. de Kermanshahan; 290 600 hab. Refinería, industria textil.

KERMES m. Insecto parecido a la cochinilla de tierra, quermes.

KERMESSE f. En Países Bajos, fiesta popular anual. ◊ P. ext., fiesta al aire libre.

KERNITA f. *Miner.* Borato sódico hidratado, de brillo vítreo.

KERO m. *Perú.* Vasija de madera usada por los antiguos incas en sus ceremonias.

KEROSENO m. Queroseno.

KEROUAC, *Jack* (1922-1969) Escritor norteam. Su libro *En el camino* (1957) influyó en el mov. *beatnik.*

KERR, *John* (1824-1907) Físico, matemático y teólogo escocés, colaborador de Kelvin. Trabajó en el campo de la óptica y del electromagnetismo. ◊ **Célula de K.** Pequeño recipiente de vidrio con dos electrodos metálicos y lleno de nitrobenceno puro; es parte integrante del dispositivo empleado para medir la velocidad de la luz. ◊ **Efecto electroóptico de K.** Una lámina de vidrio sometida a un campo eléctrico intenso se hace birrefringente.

KERTÉSZ, *Imre* (n. 1929) Escritor húng. *Sin destino, Fiasco, Kaddish por el hijo no nacido* y *Liquidación.* Premio Nobel de Literatura en 2002.

KERULEN Río de Mongolia y China; 1 250 km. Desemboca en el lago Hulun.

KET Río de Rusia, en Siberia occidental, afl. derecho del Obi; 1 000 km.

KETCHUP (voz ing.) m. Salsa de tomate especiada.

KEYNES, *John Maynard* (1883-1946) Economista brit., gran renovador de la teoría económica del periodo de entreguerras. Su obra fundamental, *Teoría general del empleo, del interés y de la moneda,* sirvió de base a las políticas económicas tras la II Guerra Mundial. ❑ KEYNESIANISMO.

KEYSERLING, Hermann, CONDE DE (1880-1946) Escritor lituano. *Diario de viaje de un filósofo* y *Europa: análisis espectral de un continente.*

KHACHATURIAN, Aram (1904-1978) Compositor sov. que sintetizó los temas populares con la armonización modernista. Dos sinfonías: *Gayaneh* y *Espartaco,* ballets.

KHAMAKE m. *Bol.* Zorro.

KHAMENEI, *Alí* (n. 1940) Líder religioso y político iraní. Elegido presid. en 1981.

KHARTUM ⇨ Jartum.

KHAYYAM, Omar (1052-h. 1124) Poeta, matemático y astrónomo persa. *Rubaʼiyat,* su obra maestra, se refiere a la brevedad de la vida y lo efímero de los placeres.

KHMER adj. y s. *Etn.* Díc. de los individuos de un pueblo mongoloide, que forma el grueso de la pob. de Camboya. Los k. iniciaron la expansión por el Mekong medio hacia el s. VI, formando un poderoso est. cuyo máx. apogeo tuvo lugar entre los ss. IX-XII. En 1863 se convirtió en protectorado fr. Poseyeron un alto grado de civilización y fueron grandes constructores (palacio de Angkor Vat). ◊ Camboyano. ◊ adj. Relativo a este pueblo. ◊ m. Lengua del grupo mon-khmer.

KHOISAN adj. y s. Díc. de un grupo racial afr. integrado por los hotentotes y los bosquimanos.

KHOMEINY o **JOMEINI,** *Ruhollah* (1900-1989) Líder religioso (*ayatollah,* o *reflejo de Alá*) y político iraní. Exiliado en 1964, regresó en 1979, formando una república islámica, antioccidental, que fomentó movimientos islamicos en otros países.

Ruhollah **Khomeiny**

KHORASÁN Prov. del NE de Irán; 313 337 km², 3 265 500 hab. Terreno elevado, estepario o desértico. Clima continental extremado. Cereales, tabaco y algodón. Ant. Partia.

KHORSABAD Localidad del NE de Irak, al N de Mosul. Excavaciones realizadas en 1843-1855 descubrieron la ciudad asiria de Dur Sarrukin, fundada por Sargón II en el s. VIII a. C.

KIANG m. Caballo salvaje que vive en las montañas de Asia central y Tíbet.

KIANGSI (*Jiangxi*) Prov. del centro-sur de China; 166 600 km², 37 710 281 hab. Accidentada por los montes Wuyi.

Ríos: Kan y Yang Tse-kiang. Arroz, té; algodón; carbón, hierro. Cap., Nanchang.

KIANGSU (*Jiangsu*) Prov. del E de China; 100 000 km², 67 056 519 hab. Regada por el Yang Tse-Kiang. Cuencas lacustres de Hung-tse y Tai. Cap., Nankín.

KIBBUTZ m. *Econ. Pol.* Explotación agrícola israelí que se rige por el sist. de autogestión.

KIEL C. de Alemania, cap. del Schleswig-Holstein; 245 750 hab. Pesca; ind. conservera, naval, química. ◊ **Canal de K.** Canal que une el mar del Norte con el Báltico (98 km).

KIERKEGAARD, Sören (1813-1855) Filósofo y teólogo danés, uno de los prales. precedentes del existencialismo. K. afirmó que la verdad es la subjetividad. Sostuvo que ser individuo es lo más propio e íntimo del hombre, de ahí su valor absoluto. *Estadios en el camino de la vida. Temor y temblor, Migajas filosóficas, El concepto de angustia* y *Diario.*

KIESELGUHR f. Variedad de sílceo hidratado que forma tierras fósiles de esqueletos de diatomeas o de radiolarios, empleada en la fabricación de dinamita.

KIESERITA f. Sulfato de magnesio hidratado, incoloro o blanquecino, y brillo vítreo.

KIESINGER, Kurt Georg (1904-1988) Político al. Canciller (1966-1969).

KIEV Cap. de la república de Ucrania, a orillas del Dniéper; 2 500 000 hab. Centro comercial e industrial. Astilleros. Catedral de Santa Sofía (s. XI), monasterios de San Miguel (s. XII) y Perchersk (s. XI) e iglesia barroca de San Andrés (s. XVIII).

KIF m. Quif, preparado de cáñamo.

KIGALI Cap. de Ruanda; 116 000 hab. Sit. en el centro del país. Centro comercial.

KIKUYU adj. y s. Díc. de individuos de un pueblo melanoafricano de lengua bantú, que habita en el centro de Kenia. ◊ m. Lengua bantú hablada por dicho pueblo.

KILIMANJARO Montaña volcánica de Tanzania, la mayor de África. Culmina en el pico Kibo (5 895 m).

KILO Prefijo que significa mil veces su valor. ◊ adj. *Amér.* Estupendo. ◊ m. Abreviatura de kilogramo.

KILOBYTE m. *Comp.* Unidad de medida de memoria central y de dispositivos de almacenamiento externo, que equivale a 1 024 bytes.

KILOCALORÍA f. *Fís.* Unidad térmica equivalente a mil calorías.

KILOGRÁMETRO m. *Fís.* Forma ant. de kilopondímetro.

KILOGRAMO m. Unidad de masa del sistema Giorgi, equivalente a la masa de un decímetro cúbico de agua destilada a 4 °C. Símbolo: kg. Prácticamente es la masa del patrón de platino iridiado de la Oficina Internacional de Pesas y Medidas de Sèvres (París). ◊ **fuerza.** Kilopondio.

KILOHERTZIO m. Unidad de medida de la frecuencia, equivalente a mil hertzios. Símbolo: kHz.

KILOLITRO m. Medida de capacidad, que tiene mil litros, o sea un metro cúbico.

KILOMETRAR tr. Señalar las distancias medidas en kilómetros, con postes, mojones, etc. ❏ KILOMETRAJE.

Vista parcial de la catedral de Santa Sofía, en **Kiev**

KILÓMETRO m. Medida de longitud, que tiene mil metros. ◊ **cuadrado.** Medida de superficie, que es un cuadrado de un kilómetro de lado. ❏ KILOMÉTRICO, CA.

KILOPONDIO m. *Fís.* Unidad de fuerza en el sistema técnico. Símbolo: kp.

KILOTÓN m. Unidad de potencia explosiva equivalente a 1 000 t de TNT.

KILOVAR m. Unidad de potencia de una reactancia, equivalente a mil vars. Símbolo: kvar.

KILOVATIO m. Unidad de potencia equivalente a mil vatios. ◊ **hora.** m. Unidad de energía equivalente al trabajo realizado en una hora por un motor que desarrolla una potencia constante de un kilovatio. Símbolo: kwh.

KILT m. Falda corta de los montañeses escoceses.

KIM Il Sung (1912-1994) Político norcoreano. Secretario general del Partido Comunista y presid. de Corea del Norte desde 1948 hasta su muerte.

KIM Young Sam (n. 1928) Político surcoreano. Presidente desde 1992.

KIMBERLITA f. Roca efusiva de composición semejante a la de las peridotitas, constituida por olivino, biotita y granate.

KIMONO m. Túnica larga y amplia usada en Japón.

KINCAJÚ m. *Brasil.* Coatí.

KINDERGARTEN m. Jardín de infancia.

KINESCOPIO m. Tubo de imagen en televisión.

al-KINDI, Abu Yusuf (s. IX) Filósofo ár. Tradujo las obras de Aristóteles.

KINESTESIA f. Sensibilidad nerviosa que deriva de la información de los órganos propioceptores, que suministran datos sobre el estado de motilidad de las diversas zonas corporales.

KINETINA f. *Bot.* Sustancia de acción hormonal de las plantas superiores, que actúa como aceleradora de la división celular en el crecimiento vegetal.

KINETOSCOPIO m. Aparato inventado por Edison, consistente en la combinación de un proyector fotográfico y un fonógrafo, que producen la sensación de movimiento.

KING Martin Luther (1929-1968). Pastor protestante norteam. de raza negra. Líder pacifista de la integración racial, fue asesinado en Memphis. Premio Nobel de la Paz en 1964.

KINGMAN, *Eduardo* (1913-1997) Pintor ecuat. Destacado muralista y representante del indigenismo.

KINGSTON Cap. de Jamaica, en la costa SE de la isla; 100 600 hab. (662 500 hab. la agl. urb.). Puerto com.; ind. textil.

KINICH AHAU En la religión maya, divinidad de Campeche y dios del Sol.

KINSHASA (ant. *Leopoldville*) Cap. de la República Democrática del Congo, junto al río hom.; 2 653 500 hab. Centro ind. Fundada por Stanley en 1881.

KIOSCO m. Quiosco.

KIOTO o **KYOTO** Prefectura. de Japón, en la isla de Honshu; 4 613 km², 2 603 000 hab. Cap., la c. hom. (1 461 100 hab.). Artesanía e ind. Ant. cap. imperial (794-1868).

KIOWA adj. y s. Díc. de los individuos de un pueblo indígena de América del Norte, establecido en reservas de Colorado y Oklahoma.

KIPLING, *Rudyard* (1865-1936). Escritor brit. nacido en Bombay. *Baladas, Los siete mares, El libro de la selva* y *Kim*. Premio Nobel de Literatura en 1907.

KIRCHHOFF, *Gustav* (1824-1887). Físico al. Descubrió importantes leyes de la electricidad. Con Bunsen inició el análisis espectral. Estudió la emisión y absorción de las radiaciones electromagnéticas.

KIRCHNER, *Néstor* (n. 1950) Político arg. Miembro del Partido Justicialista. Gobernador de Santa Cruz entre 1991 y 2003, año en el que disputó la pres. en la primera vuelta electoral, accediendo como favorito a la segunda ronda, pero, al retirarse su oponente, Carlos Menem, K. fue nombrado pres.

KIRGUÍS, SA adj. y s. Díc. de individuos de un pueblo turcomongol, de religión musulmana, que habita en Kirguisistán, China y Afganistán. ◊ m. Lengua turca de este pueblo.

KIRGUISISTÁN Est. de Asia central, junto al Sinkiang. Clima de montaña. Cereales, algodón, patatas, tabaco, vid; ganadería; antimonio, mercurio, cinc,

Grupo coral de **kirguises**, pueblo de Kirguisistán

KIRGUISISTÁN	
Superficie	198 500 km²
Población	4 422 000 hab. (22 hab./km²)
Indicadores sociológicos	
PNB	6 900 millones de dólares
Renta per cápita	1 550 dólares
Esperanza de vida	69 años
Crecimiento vegetativo	2,3 %

KIRIBATI	
Superficie	849 km²
Población	73 000 hab. (86 hab./km²)
Recursos económicos	
Copra	8 000 t
Nuez de coco	63 000 t
Pesca	30 000 t
Indicadores sociológicos	
PNB	53 millones de dólares
Renta per cápita	750 dólares
Esperanza de vida	58 años
Alfabetismo	90 %

plomo, hulla, gas natural; ind. mecánica, automovilística, etc. Grupos étnicos: kirguisos, rusos, uzbekos, ucranianos, etc. Lenguas: kirguís (of.), ruso. *Rel.*: islamismo sunnita (mayoría), cristianismo ortodoxo, protestantismo. U.M.: som. Cap., Pishpek. C. prales.: Osh. ☐ *Hist.* Sometida a los mongoles (s. XIII) y a los oiratos, recobró su libertad en 1758. Incorporada al imperio ruso entre 1855 y 1876. Prov. autónoma de la RSFS de Rusia (1924), rep. autónoma (1926) y rep. federada (1936). Se auto-

proclamó independiente en 1991 y logró su indep. efectiva al disolverse la URSS tras la creación de la CEI, en la que se integró.

KIRIBATI Est. de Oceanía; rep. Comprende las islas Gilbert, Ocean (o Banaba), Fenix y Line. Cap., Bairiki, en el atolón de Tarawa. Copra, fosfatos. Ant. colonia brit., accedió a la indep. en 1979.

KIRIE m. Invocación que se hace al principio de la misa. Se usa más en plural.

KIRIELEISÓN adj. fam. *Amér.* Necio, tonto. ◊ m. Kirie. ◊ fam. Canto de los entierros y oficio de difuntos.

KIRIN (*Jilin*) Prov. del NE de China, en Manchuria; 187 400 km² y 24 658 721 hab. Cap., Changchun. Soja, trigo; carbón y cobre. ◊ C. de China, en la prov. hom., a orillas del Sungari; 1 099 000 hab. Ind. de la madera y química.

KIRKUK C. del N de Irak; 167 500 hab. Sit. al pie de los Zagros. Petróleo, refinerías.

KIROV C. en la república de Rusia, a orillas del Viatka; 411 000 hab. Ind. metalúrgica, textil.

KIROVOGRADO C. en el centro-oeste de Ucrania; 263 000 hab. Ind. alimentaria, maquinaria agrícola.

KIRSCH m. Aguardiente obtenido por destilación del zumo fermentado de cerezas.

KISANGANI (ant. *Stanleyville*) C. del NE de la República Democrática del Congo; 339 200 hab. Ind. del tabaco, textil y química.

KISH Ciudad sumeria de la Baja Mesopotamia (actual *el-Oheimir*), que ha

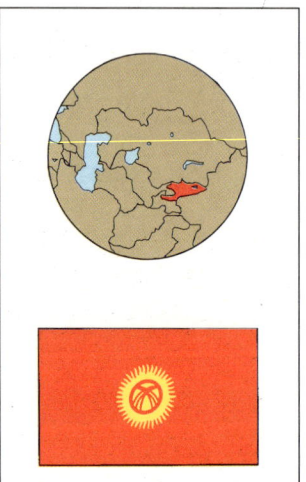

Mapa de situación y bandera de **Kirguisistán**

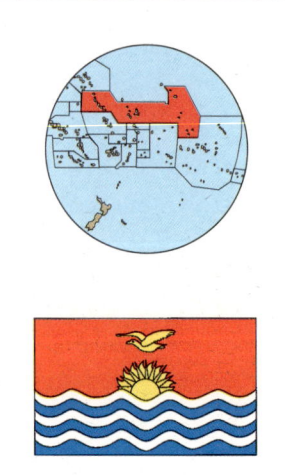

Mapa de situación y bandera de **Kiribati**

proporcionado tablillas con escritura cuneiforme, obras de arte e interesantes restos arquitectónicos.

KISHINIOV (rum., *Chisinau*) Cap. de la rep. de Moldavia; 665 000 hab. Ind. alimentaria y mecánica.

KISSINGER, *Henry* (n. 1923) Político norteam. Asesor de seguridad nacional y secretario de Estado con Nixon. Negoció la retirada de Vietnam e intervino como mediador en el conflicto árabe-judío. Premio Nobel de la Paz en 1973.

KIT m. Sistema presentado por piezas montables por el propio usuario. Con esta presentación se abarata el producto.

KITAKYUSHU C. del Japón, en el N de la isla de Kyushu; 1 056 400 hab. Ind. siderúrgica, mecánica, química.

KI-TAN o **KHITAY** adj. y s. Dícese de los individuos de un antiguo pueblo que ocupó el N de China (s. x) y fundó el reino de Lâo, con cap. en Pekín (ss. x-xii).

KITCHENER C. del SE de Canadá, en la prov. de Ontario; 139 700 hab. (287 800 la agl. urb.). Centro industrial.

KITCHENER, *Horatio Herbert* (1850-1916) Militar brit. Luchó contra el mahdi en Sudán (1898) y los bóers en Sudáfrica (1899-1902). Ministro de guerra en 1914.

KITTIKACHORN, *Thanom* (n. 1911) Político thailandés. Primer ministro (1958-1973).

KITWE C. del N de Zambia, próxima a la República Democrática del Congo; 314 800 hab. Centro minero.

KIVI, *Alexis* (1834-1872) Escritor finl., realista y padre de la literatura finesa. *Los siete hermanos.*

KIVU Lago de África centrooriental, sit. entre Ruanda y República Democrática del Congo; 2 650 km².

KIWI m. Nombre común de unas aves apterigiformes que viven en Nueva Zelanda.

KIZILIRMAK Río de Turquía asiática, que desemboca en el mar Negro; 1 000 km.

KLAGES, *Ludwig* (1872-1956) Filósofo al., que impulsó los estudios de caracterología. *Los fundamentos de la caracterología.*

KLAIPĔDA (ant. *Memel*) C. y puerto en la rep. de Lituania; 195 000 hab. Ind. maderera, textil y química.

KLAMATH Río del O de EE UU, en los estados de Oregón y California; 440 km.

KLÉBER, *Jean Baptiste* (1753-1800) Militar fr. Se distinguió en la campaña de Egipto (1798-1800).

KLEE, *Paul* (1879-1940) Pintor y grabador suizo. Participó con Kandinsky y Marc en la tercera exposición de *El caballero azul*. Desde 1920 a 1931 fue profesor en la Bauhaus. Es uno de los prales. impulsores de la escuela abstracta.

KLEENEX (voz ing.) m. Marca comercial que ha pasado a designar un tipo de pañuelo de papel.

KLEIN, *Felix* (1849-1925) Geómetra al. Publicó en 1872 su *programa de Erlangen*, que da un tratamiento unitario a todas las geometrías conocidas.

KLEIST, *Heinrich von* (1771-1811) Poeta, dramaturgo y novelista al., gran figura del romanticismo. *Federico de Homburg.*

KLERK, *Frederik Willem De* (n. 1936) Político sudafricano. Pres. (1989-1994), abolió el *apartheid* y propició las primeras elecciones libres y multirraciales ganadas por N. Mandela en 1994.

KLIMT, *Gustav* (1862-1918) Pintor y decorador aust. Influyó en Giorgio de Chirico y Kokoschka.

KLINE, *Franz* (1910-1962) Pintor norteam., uno de los iniciadores del expresionismo abstracto.

KLINGER, *Friedrich Maximilian von* (1752-1831) Dramaturgo y poeta al. Su drama *Sturm und Drang* (1776) dio nombre a una corriente de finales del s. xviii.

KLIPPE m. *Geol.* En tectónica, fragmento de un manto de corrimiento que ha quedado aislado por erosión.

KLISTRÓN m. Tubo electrónico para frecuencias muy elevadas.

KLOPSTOCK, *Friedrich Gottlieb* (1724-1803) Poeta al., iniciador del romanticismo. *El Mesías, La muerte de Adán.*

KNOCK-OUT (voz ing.) m. *Dep.* En boxeo, golpe que pone a uno de los púgiles fuera de combate (*K.O.*)

KNOX, *John* (h. 1514-1572) Reformador religioso escocés. Colaboró en la redacción del *Libro de oración común*, que fijó el contenido doctrinal de la Reforma religiosa ing.

KOALA ⇨ Coala.

KOB m. Mamífero de casi un metro y medio de alt. y cuernos enroscados. Habita en África central.

KOBAYASHI, *Masaki* (n. 1916) Director cinematográfico japonés. *La condición humana, La herencia, Rebelión, Kwaidan.*

KOBE C. de Japón, en el SE de la isla de Honshu; 1 477 400 hab. Ind. naval, siderúrgica, mecánica, textil y automovilística.

KOCH, *Robert* (1843-1910) Bacteriólogo al. Descubrió el bacilo del carbunco, el de la tuberculosis, y el vibrión colérico. Premio Nobel de Medicina en 1905.

KOCHI Prefectura de Japón, en la isla de Shikoku; 7 104 km², 825 000 hab. Cap., la c. hom. (317 100 hab.). Pesca. Ind. maderera, del papel y conservera.

KOCKIA f. Planta herbácea ornamental.

KODÁLY, *Zoltán* (1882-1967) Compositor húng. *Te Deum, Psalmus hungaricus.*

KODIAK adj. y m. Díc. del oso de Alaska, el mayor de los úrsidos actuales.

KOESTLER, *Arthur* (1905-1983) Escritor húng. en ing. En su juventud mili-

Robert **Koch**

Helmut **Kohl**

tó en las filas comunistas y abandonó el partido ante las purgas estalinianas. *El cero y el infinito, El yogui, El testamento español, Reflexiones sobre la pena capital.*

KOFU C. de Japón, cap. de la prefectura de Yamanashi; 200 600 hab.

KOHIMA C. de la India, cap. del est. de Naga Pradesh; 53 100 hab.

KOHL, *Helmut* (n. 1930) Político al. Presid. de la Unión Cristiano Demócrata, Canciller de la RFA desde 1983 y de la Alemania unificada desde 1990 hasta 1998.

KOIVISTO, *Mauno* (n. 1923) Político finl. Presid. de la Rep. (1982-1994).

KOINÉ f. Lengua común de la Grecia clásica, basada en el dialecto ático.

KO-KO m. *Amér.* Coco, fantasma para asustar a los niños.

KOKOSCHKA, *Oskar* (1886-1980) Pintor y escritor austr. Uno de los grandes de la pintura expresionista. *Mi vida.*

KOLA Península del NO de Rusia, entre el mar de Barents y el Blanco. Poblada por rusos y lapones. Cobre, níquel y fosfatos; ind. pesquera y maderera.

KOLAROV, *Vasil* (1877-1950) Político búlg. Presid. de la Rep. (1946-1947) y del consejo de ministros (1949-1950).

KOLCHAK, *Alexandr Vasilievich* (1874-1920) Almirante ruso. Con el apoyo del Reino Unido, Francia y EE UU se constituyó en jefe de las fuerzas antibolcheviques (1918). Logró dominar Siberia, pero fue capturado y ejecutado.

KOLHAPUR C. de la India, en el est. de Maharashtra; 340 600 hab. Restos de santuarios budistas. Ind. alimentaria, textil y papelera.

KOLIMA Río de Siberia oriental; 2 600 km.

KOLJOZ m. *Econ. pol.* Explotación agrícola sov. de tipo cooperativo.

KOLLONTAI, *Aleksandra Michajlovna* (1872-1952) Política y feminista sov. Primera mujer con cargo diplomático.

KOMI o **ZIRIANO** adj. y s. Díc. de individuos de un pueblo ugrofinés de Rusia. ◊ Lengua de este pueblo, de la familia urálica.

KOMI Rep. de Rusia; 415 900 km², 1 263 000 hab. Cap., Siktivkar. Explotación forestal; ind. maderera; hulla, petróleo, gas natural, asfaltita; centeno.

KOMINFORM Oficina de información creada en 1947 por el PCUS para coordinar las actividades de los partidos comunistas.

La balsa **Kon-Tiki**, navegando
por Polinesia

KOMINTERN Abrev. de la III Internacional o Internacional comunista.
KOMI-PERMIATSKI, *Circunscripción nacional de los* Distr. étnico establecido en el NO de la prov. de Perm (Rusia); 32 900 km², 164 000 hab. Cap., Kudimkar.
KOMMUNARSK ⇨ Lugansk.
KOMSOMOL Abrev. de la Organización de las Juventudes Comunistas de la antigua URSS.
KOMSOMOLSK DEL AMUR (*Komsomolsknana-Amure*) C. y puerto de Rusia; 300 000 hab. Refinería. Centro industrial.
KÖNIGSBERG Nombre al. de la ant. cap. de Prusia Or., actual Kaliningrado.
KON-TIKI Balsa utilizada por el etnólogo nor. Heyerdahl en una de sus expediciones.
KONYA C. de Turquía, en Anatolia; 438 900 hab. Oro, plata, sal; ind. algodonera, azucarera; artesanía, tapices.
KOONING, *Willem de* (1904-1997) Pintor neerlandés. Figura del vanguardismo. Se integró en la *action painting (1948)*. Destaca su serie titulada *Mujer*.
KORDA, *Alexander* (1893-1956) Director y productor de cine brit. *La vida privada de Enrique VIII, Rembrandt*.
KORDOFÁN Región de Sudán; 380 547 km², 3 093 300 hab. Población negra, ár. y mestiza. Agricultura y ganadería. Formó parte del Sudán angloegipcio (1899).

Mujer, óleo de Willem de **Kooning**

KORIYAMA C. de Japón, en el centronorte de la isla de Honshu; 301 700 hab. Ind. textil y química.
KORN, *Alejandro* (1860-1936) Filósofo arg. Defensor de la intuición como forma de conocimiento. Influido por Kant.
KORNBERG, *Arthur* (n. 1918) Biólogo norteam. Investigó sobre la síntesis de los ácidos nucleicos. Premio Nobel de Medicina con Severo Ochoa en 1959.
KORNÍLOV, *Lavr* (1870-1918) General ruso. Con la rev. de febrero de 1917 fue nombrado jefe supremo del VIII ejército. Opuesto a Kerenski, intentó un golpe de Estado, pero fue derrotado y detenido.
KOROLENKO, *Vladimir* (1853-1921) Escritor ruso. Deportado a Siberia (1881-1884) por sus ideas socialistas. *Las murallas del bosque, El día del juicio*.
KORSI, *Demetrio* (1899-1957) Poeta pan., inspirado en el folclore de su país. *Los poemas extraños, Canciones efímeras*.
KOSCIUSKO Monte del SE de Australia, alt. máxima del país; 2 230 m.
KOSCIUSZKO, *Tadeusz* (1746-1817) Militar y político pol. Acaudilló la lucha por la liberación de su país contra Rusia (1792-1794), en la que fue derrotado.
KÓSICE, *Gyula* (n. 1924) Escritor y escultor arg. de origen checo. *Invención, Peso y medida de Alberto Hidalgo*.
KOSOVO Región de Serbia (Serbia y Montenegro); 10 887 km², 1 677 000 hab. Cap., Pristina. Agricultura y ganadería.
□ *Hist.* Zona central del reino de Serbia entre los siglos XIII y XIV, los turcos la invadieron en 1389. Sin embargo, gracias al nacionalismo albanés, K. se convirtió en un foco de resistencia a la ocupación otomana. Tras la indep. de Serbia, en el s. XIX, y de Albania (1912), se definieron las actuales fronteras (1918) que comportaron, tras la I Guerra Mundial, el nacimiento de un nacionalismo albanés. En 1980 estallaron las reivindicaciones nacionalistas. En 1990 S. Milosevic llevó a cabo una dura represión y eliminó la autonomía de K. La política ultranacionalista serbia sobre K. desató la guerra entre Serbia y la OTAN (1999) que concluyó con la retirada del ejército serbio.
KÓSSEL, *Albrecht* (1853-1927) Fisiólogo al. Premio Nobel (1910) por sus trabajos sobre química celular y proteínas.
KOSSUTH, *Lajos* (1802-1894) Político húng. Se opuso a la dominación de los Habsburgo y en 1849 proclamó la indep. Se exilió tras la invasión rusa (1849).
KOSTROMÁ C. de la rep. de Rusia; 269 000 hab. Ind. alimentaria, mecánica.
KOSTUNICA, *Vojislav* (n. 1944) Político serbio. Nacionalista moderado, encabezó la oposición al régimen de Slobodan Milosevic. Presid. de Yugoslavia (actual Serbia y Montenegro), entre 2000 y 2003.
KOUNTCHÉ, *Seyni* (1931-1987) Político y militar de Níger. Jefe de estado (1974-1989).
KOWLOON (*Jiulong*) C. de Hong Kong (China), en la pen. hom.; 799 100 hab. Centro industrial.
KOZHIKODE o **KOZHIKODA** (ant. *Calicut*) C. de la India, en el estado de Kerala; 394 400 hab. Primer puerto visitado por Vasco de Gama en 1498.
KRAKATOA (*Rakata*) Isla volcánica situada en el estrecho de la Sonda, entre Sumatra y Java. Conocida por la violentísima erupción volcánica, seguida de explosión y maremoto, de 1883.

KRAMER, *Stanley* (1913-2001) Productor y director de cine estadoun. Productor de *El ídolo de barro, Hombres, Solo ante el peligro*, dirigió *Vencedores o vencidos*.
KRASNO, *Rodolfo* (n. 1926) Escultor argentino, creador del neograbado y las esculturas autómatas.
KRASNODAR ⇨ Yekaterinodar.
KRASNOYARSK o **KRASNOIARSK** Terr. de la rep. de Rusia en la Siberia central con una extensión de 2 401 600 km² y 3 430 000 hab. ◊ C. de Rusia, cap. del territorio hom.; 648 200 hab. Sit. en el S de Siberia central, a orillas del Yeniséi. Ind. metalúrgica y aeronáutica.
KRAUS, *Alfredo* (1927-1999) Tenor esp., dotado de una gran técnica vocal y de una refinada expresividad.
KRAUSE, *Karl Christian Friedrich* (1781-1832) Filósofo al. Según él, la historia culminará en la «humanidad racional», superando el Estado y la Iglesia. *El ideal de la humanidad*.
KRAUSISMO m. *Fil.* Sistema filosófico de K. Krause, que influyó en muchos intelectuales esp. (Sanz del Río, Giner de los Ríos, G. de Azcárate, etc.). Su liberalismo, el anticlericalismo y la renovación pedagógica, fueron sus características. ⇨ KRAUSISTA.
KRAVCHUCK, *Leonid* (n. 1934) Pol. ucraniano. Presid. de la Rep. (1991-1994).
KREBS, *Hans Adolf* (1900-1981) Bioquímico al. Estudió el metabolismo de los glúcidos, obteniendo el premio Nobel de Medicina en 1953. ◊ **Ciclo de K.** *Biol.* Serie de reacciones metabólicas que tienen lugar en las mitocondrias, cuya misión es la obtención de energía.
KREFELD C. de Alemania, en Renania Septentrional-Westfalia; 217 300 hab. Sedas y terciopelos. Ind. mecánica, metalúrgica y química.
KREISKÝ, *Bruno* (1911-1990) Político austr., socialista. Canciller (1970-1983).
KREISLER, *Fritz* (1875-1962) Violinista austr. Compuso piezas para violín.
KREMLIN m. Parte fortificada de una ciudad rusa. Por ant., díc. de la sede del gobierno ruso en Moscú.
KRETSCHMER, *Ernest* (1888-1964) Médico psiquiatra al. En su obra *Constitución y carácter* realizó una clasificación biotipológica humana de carácter psicológico: *atlético, asténico* y *pícnico*. *Psicología médica* y *Sobre la histeria*.
KREUTZER, *Rodolphe* (1766-1831) Violinista y músico fr. Dirigió la ópera de París desde 1817 hasta su muerte. Beethoven le dedicó *Sonata a Kreutzer*.
KRIPTÓN m. Criptón.
KRISHNA (*Kistna*) Río del S de la India, nace en los Gates occidentales y desemboca en el golfo de Bengala; 1 280 km.
KRISHNÁ Octava encarnación del dios Visnú, narrada en el *Mahabharata*.
KRISHNAMURTI, *Jiddu* (1897-1986) Pensador religioso indio, predicó una doctrina que aspira a alcanzar lo múltiple mediante un pensamiento libre, en constante evolución.
KRIVOI ROG C. de la rep. de Ucrania, sit. en el centrosudoeste de dicho país; 684 000 hab. Hierro; ind. siderometalúrgica. Central nuclear.
KROEBER, *Alfred Louis* (1876-1960) Antropólogo norteam. Sus prales. trabajos estuvieron dedicados a los indígenas del Oeste americano.
KRONPRINZ m. Ant. título del príncipe heredero en Alemania y Austria.

KRONSTADT C. y puerto fortificado de Rusia, prov. de San Petersburgo; 85 000 hab. Escenario de la revolución anarquista contra el régimen sov. en 1921, duramente reprimida por Trotski.

KROPOTKIN, *Piotr Alexeievich,* PRÍNCIPE (1842-1921) Anarquista y agitador ruso, seguidor de Bakunin, que intentó dotar al anarquismo de un contenido científico. *Palabras de un sublevado, La conquista del pan.*

KRUGER, *Paulus* (1825-1904) Político sudafricano. Presid. de la rep. del Transvaal (1883), se enfrentó a la anexión inglesa en la guerra de los bóers (1899-1902), en que fueron derrotados.

KRUPP Familia de industriales al. **Friedrich** (1787-1826) montó en Essen (1811) una fundición de acero que sus sucesores, **Alfred** (1812-1887) y **Friedrich Alfred** (1854-1902), ampliaron y convirtieron en una de las prales. empresas metalúrgicas del mundo. **Bertha** (1886-1957), heredera del negocio, casó en 1906 con **Gustav von Bohlen** (1870-1950), quien adoptó el nombre de **Krupp von Bohlen**. El hijo del matrimonio, **Alfred** (1907-1967), fue procesado en Nuremberg por ayudar al rearme.

KRUPSKAIA, *Nadiezhda Konstantinovna* (1869-1939) Revolucionaria rusa. Esposa de Lenin (1897), después de la revolución de 1917 obtuvo el cargo de comisaria del pueblo para la Educación.

KRUSCHEV ➪ Jruschov.

KSHATRIYA m. La segunda de las cuatro castas hereditarias tradicionales de la India.

KU KLUX KLAN Sociedad secreta de EE UU fundada en 1866, orientada a sostener el poder de los blancos.

KUALA LUMPUR Cap. de Malasia, en la pen. de Malaca; es también cap. de Malasia federal y del est. de Selangor; 937 900 hab. Minería e ind. Caucho y material ferroviario.

KUÁNGSI CHUANG (*Guangxizhuang*) Región autónoma del SE de China; 230 000 km², 42 245 765 hab. Cap., Nanning. Arroz, caña de azúcar, algodón.

KUANGTUNG (*Guangdong*) Prov. de China, junto al mar de China Meridional; 178 000 km², 62 829 236 hab. Cap., Cantón. Arroz, caña de azúcar. Su territorio comprende las colonias de Hong Kong y Macao.

KUAN-YIN Diosa del budismo popular chino. La adora como la Señora de la misericordia.

KUBA adj. y s. Bakuba.

KUBÁN Región de Rusia en el S de la parte europea de su territorio. Aproximadamente corresponde al territorio de Yekaterinodar. ◊ Río de Rusia; 900 km. Desemboca en el mar de Azov en forma de delta.

KUBILAI KAN ➪ Qubilay Jan.

KUBITSCHEK, *Juscelino* (1902-1976). Político bras. Presid. de la rep. (1955-1960).

KUBOTTA, *Arturo* (n. 1932) Pintor per. Cultiva el realismo y la abstracción. *Éxtasis mixto, Casos en el mundo.*

KUBRICK, *Stanley* (1928-1999) Director de cine norteam. *Atraco perfecto, Senderos de gloria, Espartaco, ¿Teléfono rojo?, volamos hacia Moscú, 2001, una odisea del espacio, La naranja mecánica, Barry Lyndon, La chaqueta metálica.*

KUDÚ m. Antílope africano de largos cuernos, pelaje gris o leonado.

KUEICHOU (*Guizhou*) Prov. del S de China; 176 300 km², 32 391 066 hab. Cap., Kueiyang. Arroz, maíz, algodón; ganado bovino; carbón, hierro.

KUEIYANG (*Guiyang*) C. de China, cap. de la prov. de Kueichou; 1 300 000 hab. Ind. textil, metalúrgica.

KUEN LUN (*Kunlun*) Sistema montañoso de Asia central, en el O de la Rep. Popular China, que separa el Sinkiang del Tíbet. Alt. máxima, 7 546 m.

KUHN, *Rodolfo* (n. 1934) Director de cine arg. *Los jóvenes viejos, Pajarito Gómez, El ídolo, El señor Galíndez.*

KUIBISHEV ➪ Samara

KUKULCÁN En la religión maya, dios cultural y nacional del Mayapán, equivalente al Quetzalcóatl de los aztecas.

KULAK m. Agricultor ruso que poseía tierras propias y disfrutaba de una posición acomodada. Stalin los eliminó al colectivizar la tierra (1928).

KULTURKAMPF m. Campaña emprendida por Bismarck contra el partido católico (1971-1875).

La estación de ferrocarriles y el Sulaiman Road en **Kuala Lumpur**

KUMAMOTO Prefectura de Japón, en la isla de Kyushu; 7 408 km², 1 840 000 hab. Cap., la c. hom. (579 300 hab.). Ind. textil, química.

KUMASI C. de Ghana, cap. de la región de Ashanti; 489 000 hab. Cacao, ind. alimentaria.

KUMAYRI (ant. *Alexandropol* y *Leninakan*) C. de Armenia; 223 000 hab. Ind. textil; alimentaria.

KUMIK adj. y s. Díc. de individuos de un pueblo turco que vive en la rep. de Daguestán (Rusia), al S del río Terek.

KUMMEL m. Cúmel, aguardiente de comino.

KUMULENO m. Hidrocarburo que contiene en su molécula varios dobles enlaces acumulados.

KUN, *Belá* (1886-1939) Político húng. Presid. de la rep. soviética de Hungría de marzo a agosto de 1919.

KUNDERA, *Milan* (n. 1929) Escritor checo. *La insoportable levedad del ser, La inmortalidad.*

KUMMING C. de China, cap. de la prov. de Yunnan; 1 430 000 hab. Ind. textil, mecánica.

KUNZITA f. Espodumena de color violeta, usada en joyería.

KUOMINTANG Nombre chino del Partido Nacional del Pueblo, grupo político formado por Sun Yat-sen en 1908. Chang Kai-shek rompió con el ala izquierdista del mismo y llevó a cabo la represión de la sublevación popular de Shangai. La capitulación japonesa de 1945 volvió a enfrentar a los comunistas y el K. Derrotado por Mao Tse-tung, en 1949 Chang Kai-shek se refugió en Taiwan.

KUPRIN, *Alexander* (1870-1938) Novelista ruso. Criticó la sociedad zarista. *El duelo, Yamd.*

KURASHIKI C. de Japón, al SE de la isla de Honshu; 413 700 hab. Ind. textil.

KURDISTÁN Región de Asia occidental, habitada por el pueblo kurdo, que abarca el SE de Turquía, el N de Irak y el NO de Irán. De 150 000 a 200 000 km² de relieve accidentado y avenada por numerosos ríos.

KURDO, DA adj. y s. *Etn.* Díc. de individuos de un pueblo caucasoide, dereligión musulmana, que viven en la región de Kurdistán. La población k., que se extiende por Turquía, Irak, Irán, Siria y el Cáucaso, reclama su reconocimiento como nación, por lo que sufre una dura represión. ◊ m. Lengua indoeuropea de clase irania hablada por este pueblo.

KURE C. de Japón, en la isla de Honshu; 226 500 hab. Sit. en el S de la isla; imp. puerto del mar Interior, en la bahía de Hiroshima. Base naval. Astilleros.

KURGAN C. de la rep. de Rusia; 343 000 hab. En el SO de la llanura de Siberia occidental.

KURILES (japonés, *Chisima-Retto*) Cadena de islas que separa el mar de Ojotsk del Pacífico. Pertenece a la prov. rusa de Sajalín. De naturaleza volcánica, su fauna marina es riquísima. Japón las cedió a la URSS en 1945, pero en 1992 solicitó su devolución.

KUROSAWA, *Akira* (1910-1998) Director de cine japonés. *Rashomon, El idiota, Vivir, Do-deska-den, Los siete samurais, Dersu Uzala, Ran y Los sueños.*

KURO-SHIVO Corriente cálida del Pacífico Norte que desde las Filipinas corre hacia el NE, alcanzando las costas de Japón y el litoral occidental de América del Norte.

KURSK C. de la rep de Rusia; 420 000 hab. Ind. alimentaria, textil, metalúrgica.

Muchachas **kurdas** en Birecik, Turquía

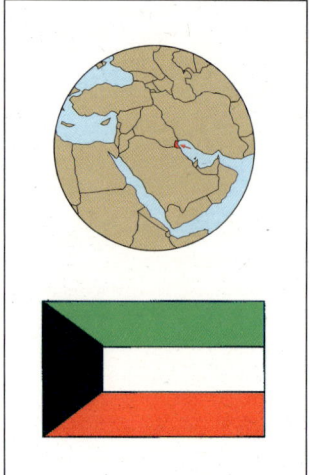

Mapa de situación y bandera
de **Kuwait**

KUSHIRO C. de Japón, en la isla de Hokkaido, junto al océano Pacífico; 214 545 hab. Imp. puerto pesquero y comercial. Ind. de la madera.
KUTÚZOV, *Mijail Illarionovich Golenischev* (1745-1813) Mariscal ruso. Al invadir Napoleón Rusia, se le confió el mando del ejército (1812).
KUWAIT *(Dawlat al-Kuwait)* Est. de Arabia; monarquía. Formado por una gran llanura desértica. Profunda bahía frente a la isla de Fulaika. Clima desértico. Las actividades económicas tradicionales han sido sustituidas, desde 1964, por la explotación de los pozos petrolíferos, en la región de Burgan y Magwa. Grupos étnicos o nac.: ár., persas, armenios y europeos. Lengua: árabe (of.), ing. y otras. *Rel.*: musulmana (94 %), cristiana. U.M.: el dinar. C. prales.: al-Kuwait, la cap., Hawalli y Salminya.
□ *Hist*. En los ş. XVIII y XIX fue tributario del imperio otomano, y protectorado ing. desde 1914. A partir de 1946 compañías brit. y norteam. iniciaron la explotación petrolífera. Independiente desde 1961. Desde 1965 a 1977 reinó el emir Sabah al-Salim al-Sabah y, a partir de esta fecha, reina Jaber al-Ahmad al-Sabah. En 1990 fue invadido por Irak; al no retirarse en el plazo fijado por la ONU estalló la guerra del Golfo (enero-febrero de 1991) que devolvió la soberanía a K.
al-KUWAIT Cap. de Kuwait, puerto sobre la bahía hom. y el golfo Pérsico; 167 750 hab. Refino de crudo.

KUWAIT	
Superficie	17 818 km²
Población	2 241 000 hab. (126 hab./km²)
Recursos económicos	
Cemento	800 000 t
Ener. eléctrica	20 610 millones de kwh
Fertilizantes	386 000 t
Gas natural	4 000 millones de t
Petróleo	59 550 000 t
Indicadores sociológicos	
PNB	15 000 millones de dólares
Renta per cápita	14 000 dólares
Esperanza de vida	75 años
Alfabetismo	73 %

Kwangju. Vista parcial de un templo

KUZNETS, *Simon* (1901-1985) Economista norteam. de origen ucraniano. Premio Nobel de Economía en 1971. *Movimientos seculares en la producción y los precios, Crecimiento y estructura económica.*
KWANGJU C. del SO de la República de Corea; 727 600 hab. Centro industrial textil.
KWANTI En el taoísmo, dios de la guerra, al que veneraban los soldados.
KYOTO ➪ Kioto.
KYPRIANOU, *Spyros* (n. 1933) Político chipriota. Presid. (1977-1988).
KYUSHU La más meridional de las cuatro grandes islas del Japón; 42 163 km², 13 296 000 hab. Arroz, legumbres, tabaco, caña de azúcar. Pesca. Yacimientos de hulla que han dado lugar a imp. centros ind. C. prales.: Kukuoka, Nagasaki, Omuta y la gran conurbación de Kitakyushu (Kokura, Moje, Wakamatsu, Yawata).

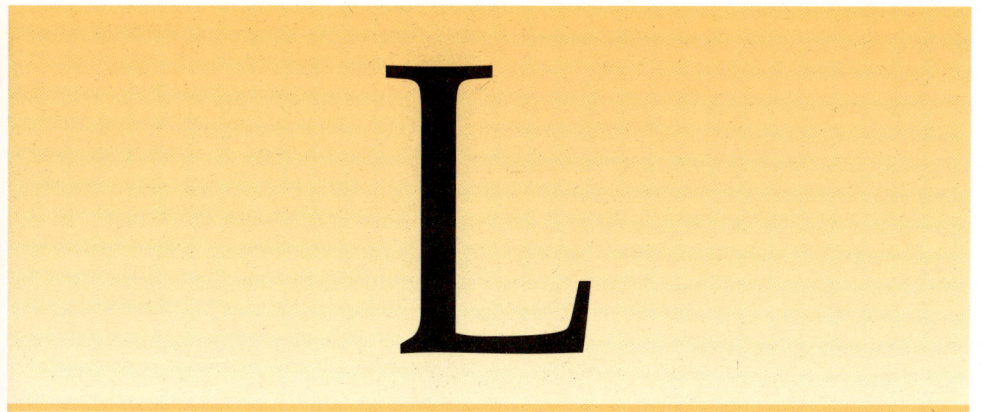

L

L f. Duodécima letra del abecedario esp., y novena de sus consonantes. Su nombre es *ele*. ◊ En su forma mayúscula, letra numeral que tiene el valor de 50 en la numeración romana. ◊ Símb. del litro.

LA Art. determinado en gén. femenino y núm. singular. ◊ Acusativo del pron. personal de tercera persona en gén. femenino y núm. singular. No admite prep., y puede usarse como sufijo. ◊ m. *Mús.* Sexta nota de la escala de do.

La *Quím.* Símb. del lantano.

LA BRUYÈRE ⇨ Bruyère, Jean de La.

LA FAYETTE ⇨ Fayette, marqués de La.

LA FONTAINE ⇨ Fontaine, Jean de La.

LÁBARO m. Estandarte de los emperadores romanos, al que se incorporó, a partir de Constantino, la cruz y el monograma de Cristo.

LABEL (voz ing.) m. Marca creada por un sindicato profesional y colocada sobre un producto certificando su origen y las condiciones de fabricación.

LABIA f. fam. Habilidad para decir cosas agradables o convencer con palabras. ❏ *Amér.* LABIOSO, SA.

LABIADO, DA adj. *Bot.* Díc. de la planta, de la flor, etc., que tienen el cáliz o la corola provistos de dos labios. ◊ adj. y f. *Bot.* Díc. de las plantas dicotiledóneas, herbáceas o arbustivas, de hojas simples y opuestas, con glándulas secretoras de esencias y flores con corola labiada.

LABIAL adj. Relativo a los labios. ◊ *Fon.* Díc. de la consonante cuya pronunciación depende pralm. de los labios, como la *b*.

LÁBIL adj. Que resbala fácilmente. ◊ Frágil, caduco, débil. ◊ *Psic.* Díc. del individuo que presenta inestabilidad psíquica o afectiva. ◊ *Quím.* Díc. del compuesto que es fácil de transformar en otro más estable. ❏ LABILIDAD.

LABIO m. Cada uno de los dos repliegues musculomembranosos que limitan la abertura externa de la boca. ◊ *Bot.* Cada uno de los lóbulos de la corola de las labiadas. ◊ **L. vulvares.** Pliegues cutáneos que constituyen la porción más externa de la vulva.

LABIODENTAL adj. y f. *Fon.* Díc. de la consonante cuyo punto de articulación se sitúa donde inciden el labio inferior y el borde de los incisivos superiores.

LABNÁ C. maya del centro de Yucatán, perteneciente al estilo Puuc (s. VIII d. C.).

LABOR f. m. Trabajo. ◊ Trabajo de cosido, bordado o tejido, realizado a mano o a máquina. ◊ Labranza, en especial la de las tierras que se siembran. ◊ Cada uno de los grupos de productos que se confeccionan en las fábricas de tabacos. ◊ pl. Trabajos domésticos realizados por la mujer que no tiene profesión.

LABORABLE adj. Que se puede laborar o trabajar. ◊ Díc. del día no festivo.

LABORAL adj. Perteneciente o relativo al trabajo, en su aspecto económico, jurídico y social.

LABORALISTA adj. y s. Díc. del abogado especializado en derecho laboral.

LABORAR tr. Labrar. ◊ intr. Gestionar o intrigar con algún designio.

LABORATORIO m. Local en el que se realizan experimentos o análisis químicos, o se elaboran medicamentos y otros productos químicos. ◊ Local dispuesto y equipado para la investigación.

LABOREAR tr. Labrar o trabajar una cosa. ◊ Hacer excavaciones en una mina. ❏ LABOREO.

LABORIOSO, SA adj. Trabajador, aficionado al trabajo. ◊ Trabajoso, penoso. ❏ LABORIOSIDAD.

LABORISMO m. *Pol.* Mov. político brit., de orientación socialista reformis-

Flor de oreja de león, arbusto de la familia **labiadas**

ta y no marxista, que, desde principios del s. XX, se ha convertido en partido turnante en el poder. ❏ LABORISTA.

LABRADO, DA adj. Aplícase a las telas o géneros que tienen alguna labor. ◊ m. Campo labrado. Se usa más en pl.

LABRADOR, RA m. y f. Persona que posee hacienda de campo y la cultiva por su cuenta.

LABRADOR Península del NE de Canadá (prov. de Quebec y Terranova), sit. entre el Atlántico y la bahía de Hudson; 1 300 000 km². Unas 20 000 personas entre esquimales y descendientes de europeos. Pieles, bacalao, minas de hierro, energía hidroeléctrica. ◊ **Corriente del L.** La que se origina en el NO del Atlántico, uniéndose en L. al Gulf Stream.

LABRADOR Ruiz, *Enrique* (n. 1902) Novelista cubano. *Sangre hambrienta, Laberinto, Cresival y Anteo.*

LABRANTÍO, A adj. y m. Aplícase al campo o tierra de labor.

LABRANZA f. Cultivo de los campos. ◊ Hacienda de campo o tierras de labor.

LABRAR tr. Trabajar una materia. ◊ Cultivar la tierra. ◊ Arar.

LABRIEGO, GA m. y f. Persona que vive en el campo, dedicada a las faenas de la tierra.

LABRO m. *Zool.* Labio superior de la boca de los insectos.

LABRUSCA f. Vid silvestre.

LABURO m. fam. *R. de la Plata.* Trabajo, sitio donde se trabaja.

LACA f. Látex que se extrae de ciertos árboles y arbustos de Extremo Oriente. ◊ Materia resinosa originada por cochinillas que viven sobre diversos árboles, usada para la fabricación de barnices, lacre, masilla y cemento. ◊ Líquido que sirve para fijar el peinado. ❏ LACAR.

LACALLE, *Luis Alberto* (n. 1941) Abogado y político ur. Presidente de la rep. por el Partido Nacional (1990-1995).

LACAN, *Jacques* (1901-1981) Psiquiatra y filósofo fr. Intentó una síntesis entre el psicoanálisis y el estructuralismo. *Escritos.*

LACANDÓN, NA adj. y s. Díc. de individuos de un pueblo amerindio de la familia lingüística mayaquiché, que habitan en el Petén de Guatemala y en est. mex. de Chiapas. ◊ m. pl. Este mismo pueblo.

LACAYO m. Criado de librea. ◊ fig. Persona aduladora o servil.

LACEADOR m. *Amér.* Hombre que lacea las reses.

LACEAR tr. Adornar con lazos. ◊ Atar con lazos. ◊ Atrapar con lazo los animales.

LACEDEMONIA ⇨ Esparta.

LACERAR tr. y prnl. Lastimar, golpear, magullar, herir. ◊ tr. fig. Dañar, vulnerar. ◊ intr. Padecer, pasar trabajos. ❏ LACERACIÓN; LACERADO, DA.

LACERO m. Persona diestra en manejar el lazo para apresar ciertos animales. ◊ Empleado municipal encargado de recoger perros vagabundos.

LACÉRTIDO, DA adj. y m. *Zool.* Díc. de cada una de las 180 especies de reptiles saurios, de nombre vulgar lagartos y lagartijas, que viven en Asia, Europa y norte de África.

LACHA f. fig. y fam. Pundonor, vergüenza.

LACINIA f. *Bot.* Segmento estrecho y alargado de cualquier órgano laminar, hoja, pétalo, etc., y dc los que son más o menos filamentosos, como los estigmas. ❏ LACINIADO, DA.

LACIO, CIA adj. Marchito, ajado. ◊ Flojo, sin vigor. ◊ Díc. del cabello que cae sin formar ondas ni rizos.

LACIO *(Lazio)* Región del centro-oeste de Italia; 17 227 km², 5 140 400 hab. Cap., Roma. Río pral.: Tíber. Cultivos mediterráneos, frutales y legumbres. Ganado ovino. Ind. electromecánica, electrónica, alimentaria. Turismo.

LACLOS, Pierre-Ambroise-François Choderlos de (1741-1803) Militar y literato francés. *Relaciones peligrosas, La educación de la mujer.*

LACOLITO m. *Geol.* Masa rocosa en forma de cúpula, originada por intrusión de magmas fundidos en el interior de roças preexistentes.

LACÓN m. Brazuelo del cerdo curado.

LACÓNICO, CA adj. Breve, conciso, compendioso. ❏ LACONISMO.

LACRA f. Huella de una enfermedad o achaque. ◊ Defecto o vicio, físico o moral.

LACRAR tr. Cerrar con lacre. ◊ tr. y prnl. Dañar la salud de uno; contagiarle una enfermedad. ◊ tr. fig. Dañar o perjudicar a uno en sus intereses.

LACRE m. Mezcla sólida, gralte. de color bermellón, obtenida por la fusión de materias resinosas y sustancias minerales, que se usa para cerrar y sellar cartas, documentos, botellas, etc. ◊ *Col.* Árbol productor de resina.

LACRIMAL adj. Relativo a las lágrimas.

LACRIMÓGENO, NA adj. Que produce lagrimeo. Díc. especialmente de ciertos gases.

LACRIMOSO, SA adj. Que tiene lágrimas. ◊ Que mueve a llanto.

LACTALBÚMINA f. *Biol.* Proteína de la leche.

LACTANCIA f. Periodo de la vida en que la criatura mama. ❏ LACTANTE.

LACTAR tr. Amamantar. ◊ intr. Nutrirse con leche.

LACTASA f. *Biol.* Enzima que desdobla la molécula de lactosa en glucosa y galactosa.

LÁCTEO, A adj. Perteneciente a la leche o parecido a ella.

LACTICINIO m. Leche o cualquier producto compuesto con ella.

LÁCTICO adj. *Quím.* Relativo a la leche. ◊ Díc. del fermento que actuando

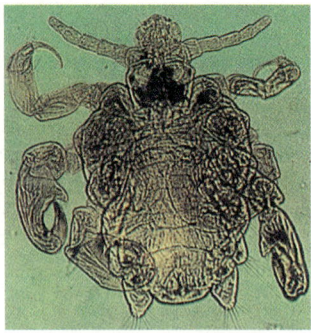

Microfotografía de una **ladilla**

sobre la lactosa la convierte en ácido láctico. ◊ **Ácido l.** *Quím.* Ácido orgánico de tres átomos de carbono, que se forma por fermentación de la lactosa.

LACTOSA f. Azúcar compuesto por glucosa y galactosa, que se encuentra en la leche de los mamíferos.

LACUNZA, Manuel (1731-1801) Escritor y jesuita chil. *La venida del Mesías en gloria y majestad.*

LACUSTRE adj. Relativo a los lagos.

LÁDANO m. Producto resinoso que fluye espontáneamente de las hojas y ramas de la jara. Se usa en perfumería.

LADEAR tr., intr. y prnl. Inclinar y torcer una cosa hacia un lado. ◊ intr. Andar por las laderas. ◊ prnl. fig. Apartarse para evitar algo o a alguien. ◊ fig. y fam. *Chile.* Enamorarse. ❏ LADEADO, DA; LADEO.

LADERA f. Declive de un monte o de una altura.

LADILLA f. *Zool.* Insecto anopluro que vive parásito en las partes vellosas del cuerpo humano.

LADILLO m. *Art. Gráf.* Texto breve que suele colocarse en el margen para indicar el contenido de la página.

LADINO, NA adj. Que habla con facilidad alguna o algunas lenguas además de la propia. ◊ fig. Astuto, sagaz. ◊ adj. y s. *Amér. Centr.* y *Méx.* Díc. del hijo de blanco e india. ◊ *Ling.* Nombre que los lingüistas it. dan al retorrománico, lengua románica perteneciente al grupo itálico.

LADISLAO I Árpad (h. 1040-1095) Santo. Rey de Hungría [1077-1095]. Incorporó Croacia a sus dominios. ◊ **I el Enano** (1260-1333) Duque y rey de Polonia [1320-1333]. Artífice de la reunificación del país. ◊ **II Jagellón** (h. 1350-1434) Rey de Polonia [1386-1434]. Fundador de la dinastía de los Jagellones. Convertido al catolicismo.

LADO m. Parte del cuerpo entre el brazo y el hueso de la cadera. ◊ Parte lateral. ◊ Mitad del cuerpo del animal desde el pie hasta la cabeza. ◊ Paraje, sitio. ◊ Parte próxima a los bordes. ◊ Cara, cada una de las superficies de un cuerpo laminar. ◊ Cada una de las dos caras de una cosa. ◊ fig. Cada uno de los aspectos por que se puede considerar una persona o cosa. ◊ Cada una de las dos líneas que forman un ángulo. ◊ Cada una de las líneas que limitan un polígono.

LADOGA (ruso, *Ladozhskoie*; finés, *Laatokka*) El mayor lago de Europa, en el NO de Rusia, entre San Petersburgo y la frontera rusofinlandesa; 18 400 km².

Varios ríos y canales lo unen al lago Onega y al mar Báltico.

LADRAR intr. Dar ladridos el perro. ◊ fig. y fam. Amenazar sin acometer. ◊ fig. y fam. Insultar o criticar ásperamente a alguien. ❏ LADRA; LADRADOR, RA.

LADRIDO m. Voz que emite el perro. ◊ fig. y fam. Murmuración, calumnia.

LADRILLAR tr. Poner ladrillos, enladrillar. ◊ m. Sitio o lugar donde se fabrican ladrillos. ❏ LADRILLADO, DA; LADRILLADOR.

LADRILLO m. *Const.* Material elaborado con tierra arcillosa amasada con agua, moldeada, sometida a un primer secado y cocida después en hornos especiales. ❏ LADRILLAZO; LADRILLOSO, SA.

LADRÓN, NA adj. y s. Que hurta o roba. ◊ m. Dispositivo para sustraer o desviar el caudal de un fluido. ◊ Enchufe que se adapta al casquillo de una lámpara para tomar corriente.

LADRONERA f. Lugar donde se recogen y ocultan los ladrones. ◊ Ladrón de un río o acequia. ◊ Alcancía, hucha.

LADRONZUELO, LA m. y f. Ratero.

LADY (voz ing.) f. Señora, mujer de un lord. ◊ Dama.

LAERTES *Mit.* Rey de Ítaca, padre de Ulises.

LAFORET, Carmen (1921-2004) Novelista esp. *Nada, La mujer nueva.*

LAFORGUE, Jules (1860-1887) Poeta lírico fr. Simbolista. *Lamentaciones, Moralidades legendarias.*

LAFOURCADE, Enrique (n. 1927) Novelista chil. *Pena de muerte, La fiesta del rey Acab, En el fondo, Palomita Blanca.*

LAFUENTE, Modesto (1806-1866) Escritor esp. *Historia de España.*

LAGAR m. Sitio donde se estruja o prensa la uva, la manzana o la aceituna para obtener el mosto, la sidra o el aceite. ◊ Edificio donde hay un lagar. ❏ LAGARERO.

LAGAREJO m. Uva destinada al consumo, que se echa a perder.

LAGARTA f. Hembra del lagarto. ◊ Oruga de la encina.

LAGARTEAR tr. *Chile.* Sujetar a uno

Ermita del Cristo de la Luz (Toledo, España), con fábrica de **ladrillo**

por los brazos y apretárselos con el fin de atormentarlo o vencerlo en la lucha.

LAGARTERA f. Madriguera del lagarto.

LAGARTIJA f. Reptil lacértido de pequeño tamaño.

LAGARTO m. Reptil saurio de mediano tamaño, sumamente ágil, inofensivo y muy útil para la agricultura por la gran cantidad de insectos que devora. ◊ fig. y fam. Hombre astuto, taimado.

LAGASH Ant. c. sumeria en el Shatt al-Hai, curso de agua que unía los ríos Éufrates y Tigris.

LAGERKVIST, Pär (1891-1974) Escritor sueco. *Motivos, Hierro y hombres, La eterna sonrisa* (poesía), *El invisible* (drama), *El verdugo, El enano, Barrabás* (novela). Premio Nobel de Literatura en 1951.

LAGERLÖF, Selma (1858-1940) Novelista sueca. *El maravilloso viaje de Nils Holgersson.* Premio Nobel de Literatura en 1909.

LÁGIDA Dinastía (306-30 a. C.) fundada por Tolomeo, general de Alejandro Magno, que gobernó Egipto hasta su conquista por Roma.

LAGO m. *Geog.* Masa de agua dulce o salada que ocupa una zona deprimida de la corteza terrestre. Por su origen pueden ser glaciares, volcánicos, endorreicos (zonas sin drenaje al mar), kársticos (en regiones calcáreas) o de presa (por acumulación de agua junto a una presa o barrera).

LAGOS C. de Nigeria, ant. cap.; 1 068 000 hab. Puerto. Caucho, aceite de palma Ind. textil, alimentaria, mecánica.

LAGOS, Los Región del centro-sur de Chile; 67 013 km², 1 073 135 hab. Cap., Puerto Montt. Numerosos lagos. Cereales, ganadería, explotación forestal. Pesca e ind. derivadas.

LAGOS Escobar, Ricardo (n. 1938) Político chil. Miembro del Partido Socialista, fue ministro de Educación y Obras Públicas en los gobiernos de P. Aylwin y E. Frei, respectivamente. En enero de 2000 fue elegido presidente.

LAGRANGE, Joseph Louis de (1736-1813) Matemático y físico fr. Trabajó en el cálculo de variaciones; creador de la mecánica racional.

LÁGRIMA f. Gota segregada por la glándula lagrimal y vertida en la parte externa del globo ocular. Suele usarse en pl. ◊ Adorno en forma de gota. ◊ pl. fig. Pesadumbres, adversidades, dolores. ◊ **Lágrimas de cocodrilo.** fig. Las que vierte una persona aparentando un dolor que no siente.

LAGRIMAL adj. Aplícase a los órganos de secreción y excreción de las lágrimas. ◊ m. *Anat.* Extremidad del ojo próxima a la nariz.

LAGRIMEAR intr. Segregar lágrimas los ojos. ◊ Llorar con frecuencia y facilidad. ❏ LAGRIMEO.

LAGRIMOSO, SA adj. Aplícase a los ojos tiernos y húmedos y a la persona o animal que los tiene en tal estado. ◊ Lacrimoso, que mueve a llanto.

LAGUÁ f. *Bol.* y *Perú.* Puches o gachas con fécula de patatas heladas o de chuño.

LAGUERRE, Enrique (n. 1906) Escritor puertorriq., perteneciente a la «generación del 30». *La llamarada, La ceiba en el tiesto, El fuego y su aire.*

LAGUNA f. Depósito natural de agua, menor que el lago. ◊ fig. Omisión en un texto o en un trabajo. ◊ fig. Fallo en la memoria. ◊ Defecto o vacío en un conjunto o serie. ❏ LAGUNOSO, SA.

LAGUNA, La C. de España, en Canarias, en la isla de Tenerife (prov. de Santa Cruz de Tenerife); 107 400 hab. Universidad. Aeropuerto.

LAGUNA, Andrés (1499-1559) Humanista y médico esp. Fue médico de Carlos V y del papa Julio III. *Viaje de Turquía.*

LAGUNAR m. Hueco que dejan los maderos con que se forma el artesonado. ◊ Charco.

LAHORE C. del NE de Pakistán, cap. de la prov. del Punjab; 2 922 000 hab. Mercado agrícola y centro ind. Universidad. Aeropuerto.

LAICISMO m. Doctrina que propugna la independencia del hombre, la sociedad y el Estado de toda influencia religiosa.

LAICIZAR tr. Hacer laico o independiente de toda influencia religiosa.

LAICO, CA adj. y s. Lego, o que no tiene órdenes clericales. ◊ adj. Díc. de la escuela o enseñanza en que se prescinde de la instrucción religiosa. ❏ LAICADO; LAICAL; LAICIDAD.

LAÍN Entralgo, Pedro (1908-2001) Médico y escritor esp. Presid. de la Real Academia Española (1982-1987). *España como problema, La generación del 98.*

LAÍNEZ, Daniel (1914-1959) Poeta hond. *Cristales de Bohemia, Misas rojas, Poemas regionales, Sendas del Sol.* ◊ *Diego* (1512-1565) Jesuita esp. Formó parte del grupo fundador de la Compañía de Jesús.

LAIR, Clara (1895-1974) Poetisa puertorriq. *Arras de cristal, Trópico amargo, Más allá del poniente.*

LAÍSMO m. Empleo incorrecto de la forma *la,* originariamente complemento directo, en función de complemento indirecto referido a persona femenina.

LAJA f. Lancha, piedra lisa. ◊ *Chile* y *Hond.* Arenilla usada para fregar.

LAJES Mun. bras., en el est. de Santa Catarina; 55 000 hab.

LAKAS, Demetrio (1925-1999) Político pan. Presid. del gobierno provisional (1969) y de la república (1972-1978).

LAKSHADWEEP Terr. de la India (islas Laquedivas, Minicoy y Amindivas); 32 km², 51 700 hab. Cap., Kavaratti.

LALEO m. Fase prelingüística del niño, el cual emite sonidos, más o menos articulados, sin significación.

LAM, Wifredo (1902-1982) Pintor cub. Estilo expresionista *(La jungla, Trópico de Capricornio).*

LAMA f. Cieno propio del fondo de los mares, ríos y lugares de agua estancada. ◊ *Prado.* ◊ Alga de los charcales. ◊ *Amér.* Musgo. ◊ *Bol.* y *Col.* Moho, cardenillo. ◊ *Chile.* Tejido de lana con flecos en los bordes. ◊ m. Patriarca de la iglesia tibetana (lamaísmo) a quien se considera como la encarnación de un Bodhisattva.

LAMAÍSMO m. Forma tibetana del budismo. ❏ LAMAÍSTA.

LAMARCK, Jean-Baptiste de Monet, CABALLERO DE (1744-1828) Naturalista fr. Formuló la teoría de la herencia de los caracteres adquiridos como clave de la transformación de las especies. *Filosofía zoológica.*

LAMARCKISMO o **LAMARQUISMO** m. Doctrina de Lamarck, que atribuye a los seres vivos la facultad de reaccionar ante las influencias externas

LAGO

Un lago que reciba gran aporte de nutrientes puede desarrollar una gran variedad de formas de vida, desde plantas flotantes y sumergidas hasta formas planctónicas, insectos, crustáceos y peces

Los lagos de montaña son en general profundos, ya que se forman por acumulación de agua en grietas del lecho rocoso. Son lagos pobres en elementos biógenos, por lo que apenas desarrollan formas de vida importantes

En cambio, los lagos de llanura, formados al cerrarse un valle o una depresión, suelen ser proco profundos, ricos en elementos nutritivos, y desarrollan una flora y una fauna variadas

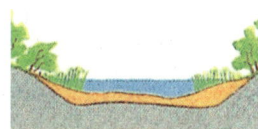

La vegetación que crece en sus orillas forma suelo en las mismas

La vegetación termina por invadir el interior del lago, que se colmata

Alphonse de **Lamartine**, por Gérard

con modificaciones adaptativas de su organización, que se fijan por herencia.
LAMARTINE, *Alphonse de* (1790-1869) Poeta y político fr., una de las grandes figuras del romanticismo. *Meditaciones poéticas, Rafael* (novela), *Historia de los Girondinos* (ensayo).
LAMAS, *Andrés* (1817-1891) Historiador y político ur. *Noticia histórica sobre la república oriental del Uruguay, Las lenguas americanas.*
LAMB, *Charles* (1775-1834) Ensayista brit., uno de los grandes maestros del gén. *(Ensayos de Elías).*
LAMBAYEQUE Dpto. del NO de Perú; 13 250 km², 935 300 hab. Se extiende desde las estribaciones de la cord. Occidental de los Andes hasta el Pacífico. R. pral.: el hom. Al NO se extiende el desierto de Sechura. Cultivos de arroz, maíz, algodón, yuca y caña de azúcar. Ganadería ovina. Apicultura. Ind. agroalimentarias y textiles. Cap., Chiclayo. ◊ C. de Perú, cap. de la prov. hom., en el dpto. de Lambayeque; 30 000 hab. En sus proximidades, imp. yacimientos arqueológicos de una cultura precolombina intermedia entre las culturas mochica y chimú.
LAMBDA f. Undécima letra del alfabeto gr., que corresponde a nuestra *ele.*
LAMBER tr. *Amér.* Lamer. ❑ LAMBE-TAZO.
LAMBERT m. *Fís.* Unidad de luminancia que equivale a 1 lumen por cm².
LAMBIDO, DA adj. *Amér.* y *Méx.* Relamido. ◊ *Ecuad.* y *Col.* Descarado.
LAMBÓN, NA adj. *Col.* Adulador, soplón.
LAMBRIJA f. Lombriz.
LAMEDAL m. Sitio donde hay mucho cieno.
LAMELIBRANQUIO, QUIA adj. *Zool.* Díc. del molusco de concha bivalva, como la almeja, el mejillón, etc.
LAMENTABLE adj. Que merece ser sentido o es digno de llorarse. ◊ Que infunde tristeza.
LAMENTACIONES, *Libro de las* Rel. Libro profético del Antiguo Testamento, atribuido a Jeremías, que contiene los *Trenos* (cantos lúgubres) sobre la destrucción de Jerusalén.
LAMENTAR tr., intr. y prnl. Sentir una cosa con llanto, sollozos u otras demostraciones de dolor. ◊ prnl. Quejarse, manifestar con palabras contrariedad, sentimientos, disgusto o pena por

algo. ❑ LAMENTACIÓN; LAMENTADOR, RA; LAMENTO; LAMIDO, DA.
LAMER tr. y prnl. Pasar repetidas veces la lengua por una cosa. ◊ tr. fig. Tocar suavemente una cosa. ❑ LAMEDURA.
LAMETÓN m. Acción de lamer con ansia.
LAMIA f. *Mit.* Monstruo con rostro de mujer y cuerpo de dragón. ◊ Especie de tiburón que puede alcanzar 3 m de longitud.
LÁMINA f. Plancha delgada de metal o de otra materia. ◊ Plancha grabada. ◊ Estampa, figura que se traslada al papel u otra materia. ◊ Pintura hecha en cobre. ◊ Parte ensanchada de las hojas, pétalos y sépalos. ◊ Parte delgada y plana de los huesos, cartílagos, tejidos y membranas de los seres orgánicos. ❑ LAMELIFORME; LAMINABLE; LAMINADO, DA.
LAMINACIÓN f. *Ind.* Método para obtener planchas, chapas y perfiles metálicos haciendo pasar el metal entre dos cilindros o matrices.
LAMINADOR, RA adj. y s. *Ind.* Díc. de la máquina que lleva a cabo la operación de laminación. ◊ m. El que tiene por oficio hacer láminas de metal.
LAMINAR adj. De forma de lámina. ◊ Aplícase a la estructura de un cuerpo cuando sus láminas u hojas están sobrepuestas y paralelamente colocadas. ◊ tr. Tirar láminas, planchas o barras con el laminador. ◊ Guarnecer con láminas.
LAMPA f. *Chile* y *Perú.* Azada, laya. ❑ LAMPEAR; LAMPERO.
LAMPADARIO m. Pie vertical con brazos, que sostiene las lámparas.
LAMPALAGUA adj. y s. *Argent.* Tragón, glotón. ◊ f. Boa acuática de América.
LÁMPARA f. Aparato para obtener luz artificial. En 1879, Edison inventó la l. eléctrica o de incandescencia. ◊ Utensilio que sirve de soporte a una o varias luces. ◊ Lamparón, mancha de aceite o grasa que cae en la ropa. ◊ **de arco.** Fuente de luz que consiste en dos electrodos entre los cuales se produce una descarga de arco eléctrico muy luminosa y rica en radiaciones ultravioleta. ◊ **de cuarzo.** Aquella cuyo bulbo es de cuarzo y emite radiaciones ultravioleta. ◊ **de incandescencia.** La que contiene un filamento metálico, habitualmente de volframio, por el que al pasar la corriente eléctrica se produce

Tren de **laminación**

una emisión de luz. ◊ **de neón.** L., gralte. en forma de tubo, con un electrodo en cada extremo; entre ellos se establece el arco, que contiene gas neón enrarecido. ◊ La que en su interior contiene un metal en estado de vapor (sodio, mercurio, etc.). ❑ LAMPARERO, RA; LAMPARISTA.
LAMPARAZO m. *Col.* Trago.
LAMPARERÍA f. Taller, tienda o almacén del lamparero.
LAMPARILLA f. Candelilla que se enciende en un vaso con aceite. ◊ Plato o vaso en que ésta se pone. ◊ Álamo temblón.
LÁMPARO, RA adj. *Col.* Pelón, sin blanca, pobre.
LAMPARÓN m. Mancha de aceite en la ropa. ◊ *Med.* Escrófula en el cuello.
LAMPAZO m. Planta herbácea compuesta cuyo involucro tiene escamas con espinas en anzuelo.
LAMPEDUSA, *Giuseppe Thomas* PRÍNCIPE DE (1896-1957) Escritor it., autor de la novela *El gatopardo*, vigoroso relato sobre la decadencia de la nobleza.
LAMPIÑO, ÑA adj. Díc. del hombre que no tiene barba. ◊ Que tiene poco pelo o vello. ◊ *Bot.* Falto de pelos.
LAMPISTERÍA f. Fontanería, taller o tienda del electricista. ❑ LAMPISTA.
LAMPREA f. Pez ciclóstomo de cuerpo cilíndrico, liso y viscoso, de un metro de largo, que vive asido por la boca a las rocas. Su carne es muy estimada.
LAMPREADO m. Guiso chileno hecho con charqui y otros ingredientes.
LAMPUGA f. Pez marino, acantopterigio, comestible.
LÁMPUSO, SA adj. *Cuba.* Atrevido, desvergonzado.
LANA f. Producto epidérmico propio del ganado lanar. ◊ Tejido de lana y vestido que de él se hace. La fibra de lana está constituida por una capa cuticular exterior de células escamosas, imbricadas, y por un tejido fundamental interior. ◊ f. pl. *Méx.* Dinero. ◊ **de vidrio.** Fibra finísima de vidrio que se emplea como aislante, tanto del sonido como térmico, en la ind. de la construcción, y para los plásticos con fibras de vidrio. ❑ LANAR; LANERÍA; LANERO, RA; LANOSO, SA.
LANCASTER Familia noble de Inglaterra, fundada por **Edmundo** (1245-1296).
LANCASTER, *Burt* (1913-1994) Actor, productor y director cinematográfico norteam. *El fuego y la palabra, El gatopardo, Novecento.*
LANCE m. Acción y efecto de lanzar. ◊ Acción de echar la red para pescar. ◊ Pesca que se saca de una vez. ◊ Trance u ocasión crítica. ◊ Acontecimiento. ◊ Jugada. ◊ Encuentro, riña. ◊ *Taur.* Suerte de capa.
LANCEOLADO, DA adj. *Bot.* Díc. de los órganos laminares (hojas, pétalos, etc.) elípticos y apuntados en los dos extremos.
LANCERO m. Soldado que pelea con lanza. ◊ El que usa o lleva lanza; como los vaqueros y toreros.
LANCETA f. Instrumento de acero de doble filo y punta muy aguda, usado para sangrar, vacunar y abrir tumores. ❑ LANCETADA; LANCETAZO.
LANCHA f. Piedra lisa, plana y de poco grueso. ◊ Bote, embarcación.

Barca. ◊ fam. *Ecuad.* Niebla, helada, escarcha. ◊ **motora.** La propulsada por motor de explosión. ◊ **rápida.** *Mil.* La de desplazamiento inferior a las 200 t y cuya velocidad es gralte. de 20 a 50 nudos. ❑ LANCHERO.

LANCHOU *(Lanzhou)* C. del NO de China, cap. de la prov. de Kansu, a orillas del Hoang-ho; 1 430 000 hab. Centro industrial y comercial. Puerto fluvial. Aeropuerto. Universidad. Planta atómica.

LANCINAR tr. y prnl. Punzar, desgarrar.

LAND m. Cada uno de los estados que componen la República Federal de Alemania.

LANDA f. Llanura arenosa donde sólo crecen matorrales y hierbas.

LANDAETA, *Juan José* (1780-1814) Compositor ven. Autor del himno nacional de Venezuela y de música religiosa.

LANDALUZE, *Víctor Patricio* (1825-1889) Pintor cub. costumbrista. *Tipos y costumbres de la isla de Cuba.*

LANDAU, *Lev Davidovich* (1908-1968) Físico sov. Estudió los rayos cósmicos y desarrolló la teoría de las micropartículas y el antiferromagnetismo. Premio Nobel de Física en 1962.

LANDGRAVE m. Título de algunos señores del Sacro Imperio romano germánico.

LANDÍVAR, *Rafael* (1731-1793) Poeta guatemalteco, jesuita. *Rusticatio mexicana.*

LANDÓ m. Coche de cuatro ruedas, con capotas delantera y trasera, tirado por caballos.

LANDOWSKA, *Wanda* (1877-1959) Clavecinista pol., famosa por sus interpretaciones de J. S. Bach.

LANDSTEINER, *Karl* (1868-1943) Médico austr., descubridor de los grupos sanguíneos y del factor *Rh.* Premio Nobel de Medicina en 1930.

LANG, *Fritz* (1890-1976) Director cinematográfico al.: *El doctor Mabuse, Metrópolis, M., el vampiro de Düsseldorf, Mientras la ciudad duerme, Sólo se vive una vez.*

LANGA f. Truchuela o bacalao curado.

LÁNGARO, RA adj. *Amér. Centr.* Vagabundo. ◊ *C. Rica.* Larguirucho.

LANGE, *Norah* (1906-1972) Escritora arg. *La calle de la tarde* (poesía); *Personas en la sala, Cuadernos de infancia* (novela).

LANGOSTA f. *Zool.* Crustáceo decápodo cuyo abdomen es muy apreciado como alimento. Distintas variedades de l. viven en los fondos litorales de prácticamente todos los océanos. ◊ *Zool.* Insecto ortóptero semejante a un saltamontes, del que se distingue tan sólo

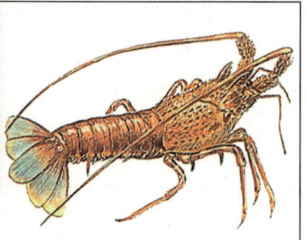
Langosta marina

por el tamaño, y que periódicamente experimenta un aumento de la tasa de natalidad constituyendo perniciosas plagas.

LANGOSTINO m. Crustáceo decápodo marino cuya carne es muy apreciada. ❑ LANGOSTÍN.

LANGREO Mun. de España, en el Principado de Asturias; 45 731 hab. Centro minero y siderúrgico.

LANGUEDOC Región histórica del S de Francia, que ocupa parcialmente la circunscripción de acción regional Languedoc-Rosellón. En la Alta E. Med. conoció un periodo de gran esplendor, centrado en el condado de Tolosa, que impuso su hegemonía a toda la región, con el desarrollo de la poesía trovadoresca. ◊ **Rosellón** *(Languedoc-Roussillon)* Circunscripción de acción regional del S de Francia, integrada por los dptos. de Aude, Gard, Hérault, Lozère y Pyrénés-Orientales; 27 376 km², 2 115 000 hab. Cap., Montpellier.

LANGUIDECER intr. Adolecer de languidez. ◊ Desanimarse.

LANGUIDEZ f. Flaqueza, debilidad. ◊ Falta de espíritu, valor o energía. ❑ LÁNGUIDO, DA.

LANGUR m. Mono de pelaje largo y de hábitos arborícolas, que se halla en África y Asia.

LANGUSO, SA adj. *Méx.* Astuto, sagaz. ◊ *Méx.* Larguirucho.

LANILLA f. Pelillo que le queda al paño por la haz. ◊ Tejido de lana fina.

LANÍN Volcán de los Andes, en la frontera argentino-chilena; supera los 3 700 m de alt.

LANOLINA f. Grasa de lana, que se emplea en la preparación de ungüentos.

LANOSIDAD f. Pelusa de algunas hojas y frutas. ❑ LANUGINOSO, SA.

LANSING C. de EE UU, cap. del estado de Michigan; 127 300 hab. Importantes industrias automovilística, de motores y de maquinaria. Centro comercial.

LANSQUENETE m. Soldado de infantería al. que sirvió, como mercenario, en España.

LANTÁNIDO m. *Quím.* Cada uno de los elementos del grupo de los lantánidos o tierras raras, de n. a. de 57 a 71, todos ellos químicamente muy parecidos. El más imp. es el cerio, usado en análisis químicos.

LANTANO m. *Quím.* Metal lantánido de símb. La, n. a. 57 y p. a. 138,92. Se usa en metalurgia, óptica y cerámica.

LANUDO, DA adj. Que tiene mucha lana o vello.

LANUSSE, *Alejandro Agustín* (1918-1996) Militar y político arg. Participó en el golpe de Estado que llevó al poder al general Onganía, al que depuso en 1970. Presid. de la rep. (1971-1973), convocó elecciones. *Mi testimonio.*

LANZA f. Arma ofensiva compuesta de un asta y de un hierro puntiagudo y cortante. ◊ Tubo de metal con que rematan las mangas de riego. ❑ LANZADA o LANZAZO.

LANZACOHETES adj. y m. Díc. del afuste que sirve para el lanzamiento de cohetes.

LANZADERA f. En la fabricación de tejidos, pieza hueca y alargada que coloca las hiladas transversales a través de la urdimbre. ◊ Pieza abarquillada

Acueducto romano en **Languedoc**

de las máquinas de coser. ◊ **espacial.** *Astr.* Propulsor destinado a colocar un vehículo espacial en torno a la Tierra, o a enviarlo fuera del campo de atracción gravitatoria de nuestro planeta.

LANZADO, DA adj. Muy veloz. ◊ Emprendido con mucho ánimo. ◊ Impetuoso, fogoso, decidido.

LANZAGRANADAS m. Arma portátil que dispara granadas.

LANZALLAMAS m. Dispositivo bélico que proyecta un chorro de fuego.

LANZAMIENTO m. Hacer partir un cohete, un proyectil o una aeronave mediante algún sistema de propulsión. ◊ En ciertos juegos de balón, acción de lanzar la pelota para castigar una falta.

LANZAMISIL adj. y m. Díc. de la plataforma desde la que se lanzan los misiles.

LANZAR tr. y prnl. Arrojar. ◊ Hacer partir un cohete, un proyectil o una aeronave. ◊ tr. Soltar, dejar libre. ◊ *Der.* Despojar a uno de la posesión o tenencia de alguna cosa. ◊ prnl. Emprender una acción con decisión o irreflexión.

LANZAROTE Isla esp., en las Canarias (prov. de las Palmas); 806 km², 29 500 hab. Cap., Arrecife. Conos y tubos volcánicos. Pesca; salinas; turismo.

LANZAROTE Nombre cast. de *Lancelot du Lac,* héroe legendario del ciclo de la Tabla Redonda, amante de la reina Ginebra.

LANZATORPEDOS adj. Díc. de un aparato que, en ciertos buques de guerra, sirve para lanzar torpedos.

LAÑA f. Grapa para unir dos piezas. ◊ Coco verde.

LAÑAR tr. Trabar, unir con lañas una cosa.

LAOCOONTE *Mit.* Sacerdote troyano. Profanó el templo de Apolo y se opuso a la entrada en Troya del caballo de madera, por lo que Atenea le hizo estrangular.

LAOS *(République Démocratique Populaire Lao).* Est. del SE de Asia, rep., en Indochina. Relieve montañoso. Al NE aparece la meseta de Tran Ninh y más al S la cord. Annamita hasta llegar a la meseta de Bolovens. Río pral.: Mekong. Su valle representa el único sector llano del país. Clima tropical húmedo sometido al monzón. Arroz, tabaco, maíz, café; ganadería (búfalos, bovina y porcina); riqueza forestal (teca); estaño; ind. artesanal (tejidos, alfarería, orfebrería).

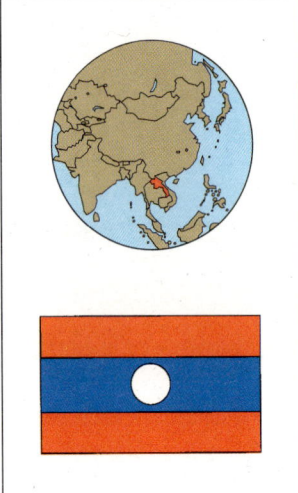

Mapa de situación y bandera de **Laos**

Grupos étnicos o nac.: thai, mois, vietnamitas y chinos. Lenguas: lao y fr. (oficiales). *Rel.*: budismo (mayoritaria), protestantismo (1,4 %), catolicismo (1,07 %), animismo. U.M.: el nuevo kip. C. prales.: Vientiane, la cap., Savannakhet, Luang Prabang.
□ *Hist.* L. perteneció hasta el s. XII al reino de Camboya. Fue invadida por los vietnamitas (1479) y por birmanos (1574). Pasó a ser controlada por los fr. desde 1893. En 1949 obtuvo la indep. dentro de la Unión Francesa. Se formaron dos gobiernos, el of., presidido por Suvanna Fuma, y el revolucionario del Neo Lao Itsala (Frente Unificado). Desde 1957 a 1960, la intervención derechista y del ejército para cambiar el signo de las elecciones llevó a la guerra civil. El nuevo gobierno de coalición fue controlado por el ejército, mientras que el Pathet Lao dominaba en las tres quintas partes del país, hasta que en 1975 consiguió dominar todo el territorio y se proclamó la República Democrática Popular de Laos, con el príncipe Sufanuvong, del Pathet Lao,

como presid. En 1986 dimitió y le sustituyó en el cargo Phoumi Vongvichit. Desde entonces han sido presid. Kayson Phomvihan (1991), Nouak Phoumsavan (1992) y Khantay Siphandon (1998).
LAOSIANO, NA adj. y s. De Laos. ◊ m. Lengua hablada en Laos.
LAO-TSÉ Filósofo chino, fundador del taoísmo.
LAPA f. *Zool.* Molusco gasterópodo comestible que vive asido fuertemente a las rocas de las costas. ◊ fig. Persona pegajosa e inoportuna.
LAPACHAR m. Terreno cenagoso.
LAPACHO m. *Amér. Merid.* Árbol de grandes dimensiones, cuya madera se emplea en construcción y en ebanistería. ◊ Madera de este árbol.
LAPAROSCOPIA f. *Med.* Exploración de la cavidad abdominal, distendida por la inyección previa de aire.
LAPAROTOMÍA f. *Cir.* Intervención quirúrgica consistente en abrir las paredes abdominales y el peritoneo.
LAPESA, Rafael (n. 1908) Filólogo esp. *Historia de la lengua española.*
LAPICERA f. *Argent.* Lapicero. ◊ *Chile.* Portaplumas.
LAPICERO m. Instrumento en que se pone el lápiz para servirse de él. ◊ Lápiz, barrita de grafito.
LÁPIDA f. Piedra llana en que se pone una inscripción.
LAPIDAR tr. Apedrear, matar a pedradas. ◊ *Amér.* Labrar piedras preciosas. □ LAPIDACIÓN.
LAPIDARIO, RIA adj. Relativo a las piedras preciosas. ◊ Relativo a las inscripciones en lápidas, de estilo conciso.
LAPÍDEO, A adj. De piedra.
LAPILLI m. *Geol.* Material de origen volcánico constituido por fragmentos del tamaño de un guisante.
LAPISLÁZULI m. Lazurita.
LAPITA m. *Mit.* Individuos gigantescos de Tesalia, cerca del Olimpo. Exterminaron a los centauros.
LÁPIZ m. Nombre de varias sustancias minerales que sirven para dibujar. ◊ Barrita de grafito envuelta en madera. ◊ **óptico.** *Comp.* Periférico de entrada de datos que sustituye al teclado. Provisto de una célula fotoeléctrica, hace que la computadora reconozca los caracteres cuando el l. los enfoca.
LAPLACE, Pierre Simon, MARQUÉS DE

(1749-1827) Astrónomo, físico y matemático fr. En 1796 formuló una de las primeras teorías sobre el origen del sistema solar, conocida como *Hipótesis nebular de L. Mecánica celeste.*
LAPÓN, NA adj. y s. De Laponia. ◊ *Etn.* Díc. de individuos que viven en Laponia. ◊ adj. Relativo a este pueblo. ◊ m. *Ling.* Lengua ugrofinesa de los lapones. □ *Etn.* Procedían de Asia Central y se asentaron en la Fenoscandia. Unos 34 500 individuos, que viven en Noruega, Suecia, Finlandia y Rusia.
LAPONIA (sueco y nor., *Lappland*; finés, *Lapin*) Región de unos 400 000 a 500 000 km², sit. al N de Europa, junto a los océanos Atlántico y Glaciar Ártico. Al O, los Alpes Escandinavos. El lago más imp. es el Inari.
LAPSO m. Curso de un intervalo de tiempo. ◊ Caída en error.
LAPSUS m. Exp. latina que significa *error inconsciente* al escribir, hablar o actuar.
LAQUE m. *Amér.* Boleadora.
LAQUEAR tr. Barnizar con laca. ◊ *Chile.* Atrapar o derribar a un animal valiéndose del laque. □ LAQUEADO, DA.
LAQUEDIVAS, islas (*Laksha divi*) Arch. de islas coralinas del océano Índico, sit. al O de Malabar (India). Con Minicoy y Amindivas forma Lakshadweep.
LAR m. *Mit.* Cada uno de los dioses rom. del hogar. Protegían campos y haciendas. Se usa más en pl. ◊ Hogar. ◊ pl. fig. Casa propia u hogar.
LARA Est. del NO de Venezuela; 19 800 km², 1 270 196 hab. Cap., Barquisimeto. Está accidentada al N por las cord. del sistema Lara-Falcón, y al S la atraviesan las estribaciones andinas de la Sierra de Mérida. R. pral.: Toyuco Café, caña de azúcar, sisal. Ganadería vacuna y caprina. Ind. alimentaria, de la construcción, etc.
LARA, Agustín (1901-1970) Compositor mex. de música ligera. *Granada, María bonita, Solamente una vez, Madrid.* ◊ **Jesús** (1898-1980) Escritor bol. indigenista. *Sinchikay* (novela); *La poesía quechua, Leyendas quechuas.* ◊ **Juan Jacinto** (1780-1859) General venezolano destacó en la guerra de la Independencia de su país.
LARACHE (*al-Áraich*) C. y puerto del N de Marruecos; 50 000 hab. Ant. po-

LAOS	
Superficie	236 800 km²
Población	4 262 000 hab. (18 hab./km²)
Recursos económicos	
Ananás	32 000 t
Arroz	1 400 000 t
Búfalos	1 100 000 cabezas
Cabaña bovina	865 000 cabezas
Cabaña porcina	1 390 000 cabezas
Estaño	100 t
Maíz	60 000 t
Mandioca	66 000 t
Naranjas	22 000 t
Patatas	33 000 t
Pesca	20 000 t
Riqueza forestal	4 139 000 m³
Tabaco	1 200 000 000 cigarrillos
Indicadores sociológicos	
PNB	965 millones de dólares
Renta per cápita	230 dólares
Esperanza de vida	50 años
Alfabetismo	84 %

Laponia. Reunión de lapones con los trineos tradicionales

sesión esp. Mezquitas y ruinas de la antigua colonia fenicia de Lixus.

LARDEAR tr. Untar con lardo o grasa. ◇ Pringar, echar a uno pringue.

LARDERO adj. Díc. del jueves inmediato a las carnestolendas.

LARDO m. Lo gordo del tocino.

LAREDO Bru, *Federico* (1875-1946) Político cub. Presid. de la rep. (1936-1940).

LARGA f. El más largo de los tacos de billar. ◇ Dilación, retraso. Se usa más con el verbo dar y en pl.

LARGAR tr. Soltar, dejar libre, un tiro. ◇ fam. Despedir a alguien. ◇ prnl. fam. Irse uno con presteza o disimulo.

LARGO, GA adj. Que tiene más o menos longitud. ◇ Que tiene excesiva longitud. ◇ Que dura mucho tiempo. ◇ Persona alta. ◇ fig. Copioso, abundante. ◇ fig. Dilatado, extenso. ◇ fig. Pronto, expedito. ◇ *Mar.* Arriado, suelto. ◇ m. Longitud. ◇ *Mús.* Uno de los movimientos de la música, que equivale a lento. ◇ adv. modo. Sin escasez, con abundancia.

LARGO Caballero, *Francisco* (1869-1946) Político esp. Secretario de la UGT en 1918. Jefe de gobierno de 1936 a 1937.

Francisco **Largo Caballero**

LARGOMETRAJE m. Película cinematográfica cuya proyección dura más de una hora.

LARGOR m. Longitud.

LARGUERO m. Cada uno de los palos que se ponen a lo largo de una obra de carpintería. ◇ En diversos deportes, poste transversal que une los dos postes de la meta. ◇ Cabezal, almohada larga.

LARGUEZA f. Longitud. ◇ Generosidad.

LARGUIRUCHO, CHA adj. fam. Aplícase a las personas y cosas muy largas.

LARINGE f. *Anat.* Órgano de fonación en los mamíferos. ❏ LARÍNGEO, A.
▢ *Anat.* En el hombre la l., sit. entre la tráquea y la faringe, consta de un armazón musculocartilaginoso, formado por varios elementos móviles, unidos por ligamentos y músculos. En su interior existen unos repliegues musculomembranosos, que constituyen las cuerdas vocales.

LARINGECTOMÍA f. *Cir.* Extirpación quirúrgica de la laringe.

LARINGITIS f. Inflamación de la laringe.

LARINGOLOGÍA f. Parte de la patología que estudia las enfermedades de la laringe. ❏ LARINGÓLOGO, GA.

LARINGOSCOPIO m. Instrumento para el examen de la garganta.

LAROUSSE, *Pierre* (1817-1875) Lexicógrafo y editor fr., racionalista y anticlerical, fundador de la casa editorial homónima.

LARRA, *Mariano José de* (1809-1837) Escritor esp. Aparte de sus incursiones en el campo de la poesía, teatro *(Macías),* y la novela *(El doncel de don Pedro el Doliente),* destacó por sus artículos periodísticos.

LARREA, *Juan* (1895-1980) Escritor esp. *Versión celeste, Del surrealismo al Machupichu.* ◇ **Alba,** *Luis* (1895-1980) Militar y político ecuat. Presid. de la rep. en 1931.

LARRETA, *Enrique Rodríguez* (1875-1961) Novelista arg. *La gloria de don Ramiro, Zogoibi, Orillas del Ebro.*

LARS, *Claudia* (1899-1975) Poetisa salv. *Estrellas en el pozo, Escuela de pájaros, Presencia en el tiempo.*

LARVA f. Fase del desarrollo de algunos animales, comprendida entre la salida del huevo y el estado adulto. Animal que se halla en la fase larvaria. ❏ LARVAL.

LARVADO, DA adj. *Pat.* Aplícase a las enfermedades cuyos síntomas ocultan su verdadera naturaleza.

LAS HERAS, *Juan Gualberto Gregorio de* (1780-1866) Militar y político arg. Presid. interino (1825-1826).

LASAÑA f. Pasta it. rellena y cortada a cuadros.

LASCA f. Trozo pequeño y delgado desprendido de una piedra.

LÁSCARIS, *Konstantinos* (h. 1434-h. 1501) Erudito y filólogo bizantino. *Erotémata* (gramática gr.).

LASCAUX Cueva del dpto. fr. de Dordoña, descubierta en 1940. Pinturas rupestres del magdaleniense.

LASCIVO, VA adj. y s. Díc. de la persona dominada por el deseo sexual. ❏ LASCIVIA.

LASCURAIN, *Pedro* (1856-1952) Abogado y político mex. Presid. interino de la rep. tras la caída de Madero.

LÁSER m. *Fís.* Voz formada por las siglas de *Light Amplification by Stimulated Emission of Radiation,* o sea, amplificación de la luz por emisión estimulada de radiación. Es una fuente de luz monocromática y coherente (con las oscilaciones en fase), que presenta múltiples aplicaciones en el estudio de los microorganismos, en cirugía, telecomunicaciones, telemetría, astronáutica, artes gráficas, etc.

LASITUD f. Cansancio, falta de vigor.

LASO, SA adj. Cansado, falto de fuerzas o de ánimo. ◇ Díc. del hilo sin torcer.

LASSALLE, *Ferdinand* (1825-1864) Pensador y político socialista al. Se mostró partidario de las cooperativas de producción apoyadas por el Est. y negó la propiedad individual. *Sistema de los derechos adquiridos.*

LASSUS, *Roland de* (h. 1532-1594) Compositor belga, el máx. representante de la música religiosa del s. XVI.

LASTARRIA, *José Victoriano* (1817-1888) Escritor chil., uno de los introductores del romanticismo en su país. *Recuerdos literarios.*

LÁSER

Láser de gas utilizado para la obtención de un holograma, método de grabación y reproducción de imágenes que utiliza la interferencia de dos haces de luz láser

Láser de rubí, de color rojo, el primer tipo de láser que se construyó

Esquema de un láser de rubí, constituido por una varilla de rubí que alberga átomos de cromo rodeada de un tubo de destellos helicoidal

LÁSTIMA f. Compasión. ◊ Objeto que provoca compasión. ◊ Quejido. ◊ Cosa que causa disgusto ❏ LASTIMERO, RA; LAS-TIMOSO, SA.

LASTIMAR tr. y prnl. Herir o hacer daño. ◊ tr. Compadecer. ◊ fig. Ofender. ◊ prnl. Dolerse del mal de uno. ◊ Quejarse, dar muestras de dolor y sentimiento. ❏ LASTIMADOR, RA; LASTIMA-DURA.

LASTRA f. Lancha, piedra lisa.

LASTRAR tr. Poner el lastre a la embarcación.

LASTRE m. Carga muerta que llevan los barcos, globos y dirigibles. ◊ fig. Algo que impide moverse con libertad.

LATA f. Tabla delgada sobre la cual se aseguran las tejas. ◊ Hoja de lata. ◊ Envase hecho de hojalata. ◊ Discurso o conversación fastidiosa. ❏ LATAZO; LA-TERÍA; LATERO, RA.

LATACUNGA C. de Ecuador, cap. de la prov. de Cotopaxi, 39 882 hab. Agricultura y ganadería. Ind. alimentaria y del papel.

LATAKIA (al-Ladhiqiya) C. de Siria, pral. puerto del país, en el Mediterráneo; 197 000 hab. Tabaco, algodón y cereales. Como Laodicea fue cap. de una de las satrapías del imperio seléucida.

LATCHAM, Ricardo (1903-1965) Escritor chil. *Escalpelo, Itinerario de la inquietud, Doce ensayos, Carnet crítico*.

LATEAR tr. *Chile.* Molestar con un discurso o conversación fastidiosa.

LATENTE adj. Oculto y escondido. ❏ LATENCIA.

LATERAL adj. Que está al lado de una cosa. ◊ fig. Lo que no viene por línea recta.

LATERALIDAD f. *Fisiol.* Predominio funcional de un lado del cuerpo humano sobre el otro.

LATERITA f. Arcilla ferruginosa originada por alteración meteórica de rocas ígneas básicas o ultrabásicas. Las l. en las que predomina el aluminio se denominan bauxitas. ❏ LATERIZACIÓN.

LÁTEX m. *Bot.* Sustancia lechosa, blanquecina, que corresponde al jugo de las células que componen los tubos laticíferos. Sirve para la obtención de diversas materias de interés industrial, como el caucho, la gutapercha, el opio, etc.

LATICÍFERO adj. *Bot.* Díc. de los vasos de los vegetales que conducen el látex.

LATIDO m. Golpe producido por el movimiento alternativo de dilatación y contracción del corazón contra la pared del pecho, o de las arterias contra los tejidos que las cubren. ◊ Sensación dolorosa a causa de infección e inflamación.

LATIFOLIO, LIA adj. Díc. de la hoja de lámina ancha.

LATIFUNDIO m. *Econ.* Finca rústica de gran extensión. ❏ LATIFUNDISTA.

LATIFUNDISMO m. Tipo de distribución de la propiedad de la tierra caracterizado por el predominio de los latifundios.

LATIGAZO m. Golpe dado con el látigo. ◊ Chasquido del látigo. ◊ fig. Reprensión áspera.

LÁTIGO m. Azote de cuero, largo y delgado. ◊ Cuerda o correa con que se aprieta la cincha. ◊ *Amér.* Latigazo. ❏ LATIGUEAR.

LATIGUILLO m. Vástago que nace de la base del tallo. ◊ Exp. sin originalidad empleada abusivamente.

LATÍN m. *Ling.* Lengua indoeuropea del grupo itálico, hablada por los ant. rom. ◊ **clásico.** El de los escritores rom. de mediados del s. I a. C. hasta el XIV d. C. ◊ **tardío o bajo l.** El utilizado desde el 200 d. C. hasta la aparición de las lenguas romances. ◊ **vulgar.** El popular y familiar que originó las lenguas romances.

LATINAJO m. fam. Latín malo y macarrónico. ◊ fam. Voz o fr. latina usada en cast. Se usa más en plural.

LATINISMO m. Giro propio de la lengua latina. ◊ Empleo de tales giros o construcciones en otro idioma.

LATINISTA com. Persona que cultiva la lengua y literatura latinas.

LATINIZAR tr. Dar forma latina a voces de otra lengua. ◊ Introducir la cultura latina. ❏ LATINIZACIÓN.

LATINO Héroe epónimo de los latinos, hijo de Ulises y de Circe.

LATINO, NA adj. y s. Del Lacio o de los pueblos vasallos de la ant. Roma. ◊ Relativo a la lengua latina o propio de ella. ◊ Aplícase a la iglesia cristiana de Occidente, en contraposición de la gr.

Laurel. Árbol, hojas y flores

LATINOAMÉRICA ▷ América Latina.

LATINOAMERICANO, NA adj. Relativo a los países de América que fueron colonizados por naciones latinas: España, Portugal o Francia. ◊ m. y f. Oriundo o habitante de estos países.

LATIR intr. Dar latidos el corazón, las arterias, etc. ◊ tr. *Ven.* Dar la lata, molestar. ❏ LATIENTE.

LATITUD f. Anchura. ◊ La menor de las dos dimensiones que tienen las cosas o figuras planas, en contraposición a la mayor o longitud. ◊ **astronómica.** Ángulo que forman la vertical de un lugar y el plano ecuatorial celeste. ◊ **geográfica.** Ángulo que forman la normal a la superficie del geoide y el plano ecuatorial terrestre. ❏ LATITUDINAL.

LATO, TA adj. Dilatado, extendido. ◊ fig. Aplícase al sentido que por ext. se da a las palabras.

LATÓN m. *Metal.* Aleación de cobre y cinc en proporciones variables. Las adiciones de diversos metales mejoran determinadas características.

LATORRE, Mariano (1886-1955) Novelista chil., iniciador de la escuela criollista. *Zurzulita.* ◊ **Yempen, Lorenzo**

(1840-1916) Militar y político ur. Presid. del país en 1876, gobernó de forma dictatorial. De nuevo presid. de 1879 a 1880, en que dimitió.

LATOSO, SA adj. Fastidioso, pesado.

LATRÍA adj. y f. Culto y adoración que sólo se debe a Dios. ❏ LATRÉUTICO, CA.

LATROCINIO m. Robo o fraude.

LATTUADA, Alberto (n. 1914) Director de cine it., neorrealista. *Sin piedad, El alcalde, El escribano y su abrigo*.

LAUCA o **LAUCADURA** f. *Chile.* Peladura o alopecia. ❏ LAUCO, CA.

LAUCHA f. *Argent.* y *Chile.* Especie de ratón pequeño. ◊ m. *Argent.* y *Ur.* Hombre listo. ◊ *Chile.* Persona flaca.

LAÚD m. Instrumento musical de cuerda. ◊ Embarcación pequeña del Mediterráneo. ◊ *Zool.* Tortuga marina que habita en el Atlántico.

LAUDABLE adj. Digno de alabanza.

LÁUDANO m. Solución hidroalcohólica de opio, azafrán y canela que se emplea como antiespasmódico. ◊ Extracto de opio.

LAUDATORIO, RIA adj. Que alaba o contiene alabanza. ◊ f. Escrito u oración en alabanza.

LAUDE f. Lápida sepulcral. ◊ pl. Una de las partes del oficio divino.

LAUDO m. *Der.* Fallo emitido por los árbitros que resuelven un compromiso. ❏ LAUDAR.

LAUGERUD García, Kjell Eugenio (n. 1930) Militar y político guat. Presid. de la rep. (1974-1978).

LAUGHTON, Charles (1899-1962) Actor brit. *La vida privada de Enrique VIII, Rebelión a bordo, Testigo de cargo*.

LAURÁCEO, A adj. y f. *Bot.* Díc. de plantas dicotiledóneas, con hojas aromáticas y frutos en baya con una sola semilla.

LAUREAR tr. Coronar con laurel. ◊ fig. Premiar, honrar. ❏ LAUREADO, DA.

LAUREL m. *Bot.* Planta arbustiva o arbórea, con hojas reunidas en umbelas y provistas en el envés de glándulas aromáticas. Sus hojas tienen propiedades carminativas y estimulantes. ◊ fig. Corona, premio.

LAUREL, Stan (1890-1965) Actor cinematográfico norteam. Formó pareja con Oliver Hardy. *Estudiantes en Oxford, Los dos legionarios, Quesos y besos*.

LAURENCIO o **LAWRENCIO** m. *Quím.* Elemento de símb. Lw y n. a. 103, que no existe libre en la naturaleza, obtenido artificialmente en 1961.

LAUREOLA f. Corona de laurel con que se premiaban las acciones heroicas. ◊ Aureola.

LAURO m. Laurel ◊ fig. Gloria, alabanza, triunfo.

LAUROCERASO m. Árbol exótico, cuyas hojas se emplean en medicina popular.

LAUSANA (*Lausanne*) C. del O de Suiza, cap. del cantón de Vaud; 255 900 hab. Siderurgia, ind. mecánica, textil, química, de precisión. Catedral gótica. Centro cultural. ◊ **Tratado de L.** Pacto entre Turquía y las naciones aliadas (Gran Bretaña, Francia, Italia y Japón) firmado en 1923. Turquía obtuvo la rectificación a su favor de la frontera con Siria y el dominio sobre Asia Menor.

LAUTARO (1534-1557) Caudillo araucano. Se sublevó contra los españoles en 1553. Tomó varias c. y se dirigió contra Santiago. Fue atacado por sorpresa, los araucanos derrotados y L., símbolo del sentimiento libertador, muerto.

LAUTARO, logia Sociedad masónica fundada en 1912, en Buenos Aires, que tenía afiliados en Bolivia, Perú y Uruguay. Impulsó la indep. americana.

LAUTRÉAMONT, CONDE DE (1846-1870) Seud. de *Isidore Ducasse*. Poeta fr., n. en Montevideo. En 1869 publicó los *Cantos de Maldoror*, obra de un pesimismo radical, y en 1870 *Poesías*.

LAVA f. *Geol.* Material rocoso fundido, de origen magmático, que emerge a la superficie terrestre a través de los cráteres volcánicos a temperaturas que oscilan entre los 700 y 1 200 °C. ◊ *Min.* Operación de lavar metales.

Río de **lava** en el volcán Schabubembe, en República Democrática del Congo

LAVABO m. Recipiente, provisto de pie y grifo, para lavarse. ◊ Cuarto dispuesto para la limpieza y el aseo personales. ◊ P. ext., retrete.

LAVADERO m. Lugar en que se lava la ropa. ◊ *Amér.* Paraje del lecho de un río o arroyo, donde se recogen arenas auríferas y se lavan.

LAVADO m. Pintura a la aguada hecha con un solo color. ◊ Operación de desengrase de lanas y tejidos antes de teñirlos. ◊ **de cerebro.** *Psic.* Técnica para manipular la personalidad y la voluntad de un individuo.

LAVADOR m. Instrumento de hierro para limpiar las armas de fuego.

LAVADORA adj. y f. Díc. de la máquina para lavar la ropa.

LAVAL, Pierre (1883-1945) Político fr. Como jefe de gobierno de Vichy, colaboró con los nazis. Condenado a muerte en 1945.

LAVALLE, Juan (1797-1841) General arg. Destacó en la lucha por la independencia a las órdenes de San Martín. Intentó derrocar a Rosas, pero fue derrotado por Oribe.

LAVALLEJA (ant. *Minas*) Dpto. del SE de Uruguay; 10 016 km², 60 925 hab. Cap., Minas. Terreno llano y ondulado, accidentado al O por la Cuchilla Grande Principal. Ganadería. Girasoles y cereales.

LAVALLEJA, Juan Antonio (h. 1786-1853) Militar y prócer ur., uno de los «tres tenientes de Artigas», junto a Oribe y Rivera. Jefe de la campaña de Los Treinta y Tres Orientales. Presid. provisional en 1830. Derrotado por Rivera (1834).

LAVAMANOS m. Pequeño lavabo para lavarse las manos.

LAVANCO m. Pato bravío.

LAVANDA f. *Bot.* Planta herbácea, tomentosa, fragante, con hojas oblongas y flores tubulosas. ◊ Perfume que se extrae de estas plantas.

LAVANDERÍA f. Establecimiento comercial para el lavado de la ropa.

LAVANDERO, RA m. y f. Persona que tiene por oficio lavar la ropa. ◊ f. *Zool.* Ave paseriforme insectívora, de plumaje gris y característicos movimientos al andar, también llamada nevatilla y aguzanieves.

LAVÁNDULA f. Espliego.

LAVAOJOS m. Copita adaptable a la órbita del ojo, para aplicar a éste un líquido medicamentoso.

LAVAPLATOS adj. y s. Máquina para lavar los platos.

LAVAR tr. y prnl. Limpiar con agua u otro líquido. ◊ tr. Dar la última mano al blanqueo con un paño mojado. ◊ fig. Purificar, quitar un defecto o mancha. ❏ LAVABLE.

LAVARDÉN, Manuel José de (1754-1809) Escritor arg. *Oda al Paraná*.

LAVATIVA f. Líquido que se introduce por el ano con fines terapéuticos o para provocar la defecación. ◊ Jeringa o instrumento para introducir este líquido. ◊ Enema.

LAVATORIO m. Ceremonia que hace el sacerdote en la misa lavándose los dedos. ◊ Cocimiento medicinal para limpiar una parte externa del cuerpo. ◊ *Amér.* Lavabo.

LAVAVAJILLAS m. fam. Lavaplatos.

LAVERAN, Alphonse (1845-1922) Médico fr. Descubrió el parásito causante del paludismo. Premio Nobel de Medicina en 1907.

LAVÍN Acevedo, Carlos (1883-1962) Compositor chil. *Suite andina, Fiesta araucana*.

LAVOISIER, Antoine-Laurent de (1743-1794) Químico fr., que acabó con la teoría del flogisto demostrando que toda combustión es un proceso de oxidación. Introdujo el método cuantitativo en química, y en su *Tratado elemental de química* estableció una nomenclatura de los elementos. Murió guillotinado durante el Terror.

LAW, John (1671-1729) Economista escocés. Defendió el mercantilismo y la libre emisión de papel moneda. *Consideraciones sobre el numerario y el comercio*.

LAWRENCE, David Herbert (1885-1930) Novelista brit. Denunció la hipocresía de la sociedad victoriana. *El transgresor, Mujeres enamoradas, El amante de Lady Chatterley*. ◊ **Ernest Orlando** (1901-1959) Físico norteam. Inventó el ciclotrón. Colaboró en la preparación de la bomba atómica separando el uranio 235. Premio Nobel de Física en 1939. ◊ **Thomas Edward,** llamado *Lawrence de Arabia* (1888-1935) Militar, diplomático y escritor brit. Atrajo a los ár. a favor de Gran Bretaña durante la I Guerra Mundial y los levantó contra el dominio otomano. *Los siete pilares de la sabiduría*.

LAXANTE m. *Farm.* Medicamento o sustancia que estimula la evacuación intestinal.

LAXAR tr. y prnl. Aflojar, disminuir la tensión de una cosa. ◊ Favorecer la evacuación intestinal. ❏ LAXACIÓN; LAXAMIENTO; LAXATIVO, VA.

LAXISMO m. Doctrina teológico-moral, opuesta al jansenismo, que defendía la no observancia de una ley moral cuando entraba en conflicto con los propios actos. ❏ LAXISTA.

LAXNESS, Halldor Kiljan (1907-1998) Escritor isl. *Salka Valka, Hombres libres.* Premio Nobel de Literatura en 1955.

LAXO, XA adj. Flojo. ◊ fig. Relajado, libre. ❏ LAXIDAD; LAXITUD.

LAZADA f. Atadura o nudo que tirando de uno de los cabos se desata con facilidad. ◊ Lazo de adorno.

LAZAR tr. Coger o sujetar con lazo. ◊ *Méx.* Enlazar.

LAZARETO m. Lugar donde se somete a cuarentena a los viajeros sospechosos de haber adquirido una enfermedad contagiosa. ◊ Hospital de leprosos.

LAZARILLO m. Muchacho que guía y dirige a un ciego. ◊ adj. Díc. de los perros adiestrados de que se sirven los ciegos.

LAZARILLO de Tormes Novela esp. que inicia en Occidente el gén. picaresco. Se conoce a partir de tres ediciones publicadas en 1554. Ha sido atribuida, entre otros, al padre Juan de Ortega, a Diego Hurtado de Mendoza y a Sebastián de Horozco.

LÁZARO Santo. Amigo y discípulo de Cristo. En el evangelio de san Juan se relata el milagro de la resurrección.

LÁZARO Carreter, Fernando (1923-2004) Lingüista español. *Diccionario de términos filológicos*.

LAZO m. Atadura o nudo que sirve de adorno. ◊ Adorno de metal que imita al lazo. ◊ Lazada. ◊ Cuerda con una lazada corrediza en uno de sus extremos, que sirve para sujetar toros, caballos, etc. ◊ fig. Trampa, acechanza. ◊ fig. Vínculo, obligación.

Antoine-Laurent de **Lavoisier** y su esposa

LAZURITA f. Tectosilicato de sodio y calcio, más conocido como lapislázuli, de color azul y brillo vítreo, utilizado como piedra ornamental.

LE Dativo del pron. personal de tercera persona en gén. masculino o femenino y núm. singular, y acusativo del mismo pron. en igual núm. y sólo en gén. masculino.

LÊ DUC THO (1910-1990) Político vietnamita. Fundador del partido comunista de Indochina (1929) y del Vietminh. Negoció los acuerdos de paz sobre Vietnam. Premio Nobel de la Paz (1973), con Kissinger, que rechazó.

LEADER (voz ing.) m. Líder, jefe de grupo o de partido político.

LEAL adj. y s. Incapaz de traicionar o engañar. ◊ adj. Díc. de las acciones inspiradas por la lealtad.

LEALTAD f. Cumplimiento de las leyes de la fidelidad y el honor. ◊ Amor o gratitud que muestran al hombre algunos animales. ◊ Legalidad, verdad, realidad.

LEAN, David (1908-1991) Director de cine brit. *El puente sobre el río Kwai, Doctor Zhivago.*

LEANDRO de Sevilla (m. h. 600) Santo. Eclesiástico y escritor esp. Arzobispo de Sevilla h. 578.

LEANTE, César (n. 1928) Escritor cub. *La rueda y la serpiente.*

LEASING (voz ing.) m. Arrendamiento con opción a comprar lo arrendado al cabo de cierto tiempo.

LEBRATO m. Liebre nueva o de poco tiempo. ❑ LEBRATÓN.

LEBREL adj. y m. Díc. de una variedad de perro de orejas caídas, lomo recto y patas hacia atrás. Apropiado para la caza de la liebre.

LEBRIJA Río de Colombia, afl. del Magdalena; 225 km.

LEBRILLO m. Vasija que sirve para lavar ropa.

LEBRUN, Albert (1871-1950) Político fr. Presid. de la rep. (1932-1940).

LECCIÓN f. Lectura. ◊ Conjunto de conocimientos impartidos en una vez. ◊ Capítulo o partes en que están divididos algunos escritos. ◊ Todo lo que cada vez señala el maestro al discípulo para que lo estudie. ◊ fig. Amonestación, acontecimiento o acción ajena que, de palabra o con el ejemplo, nos enseña el modo de conducirnos.

LECHA f. Licor seminal de los peces. ◊ Cada una de las dos bolsas que lo contienen.

LECHADA f. Masa fina de cal o yeso para blanquear paredes.

LECHAL adj. y m. Díc. del animal de cría que mama, y en especial del cordero. ◊ adj. Díc. de las plantas y frutos que tienen un zumo blanco semejante a la leche. ◊ m. Este mismo zumo.

LECHE f. *Biol.* Líquido blanco y opaco segregado por las glándulas mamarias de las hembras de los mamíferos. La l. es una suspensión en agua de grasa, lactosa, proteínas, vitaminas A y B, sustancias minerales y una abundante flora bacteriana. De la l. se obtienen mantequilla, queso, yogur, etc. ◊ *Bot.* Látex, jugo blanco que se extrae de algunas semillas. ◊ fig. Semen. ◊ Golpe, puñetazo, bofetón. ◊ Humor, estado de ánimo. ◊ **condensada.** La que se obtiene adicionando un 12 % de azúcar y eliminando al vacío las tres cuartas partes del agua que contiene. ◊ **en polvo.** La que resulta de la extracción casi total del agua. ◊ **homogeneizada.** La que se obtiene desintegrando los glóbulos de grasa. ◊ **pasteurizada.** La esterilizada mediante un calentamiento, seguido de un enfriamiento rápido. ❑ LECHERO, RA.

LECHECILLAS f. pl. Mollejas de cabrito, cordero, etc. ◊ Asadura, entrañas del animal.

LECHEMIEL f. *Col.* Nombre común de las especies del gén. *Lacmellia*, peque-

ños árboles que manan un látex venenoso.

LECHERÍA f. Sitio o puesto donde se vende leche.

LECHETREZNA f. Planta dicotiledónea, cuyo jugo, lechoso, se ha usado en medicina.

LECHIGADA f. Conjunto de animalillos que han nacido de un parto y se crían juntos en un mismo sitio. ◊ fig. y fam. Cuadrilla de personas de mal vivir.

LECHIGUANA f. *Bol.* y *Argent.* Avispa melera.

LECHÍN, Juan (1912-2001) Político bol. Pral. dirigente sindical de su país desde 1944, encabezó el ala izquierda del MNR. Fue vicepresidente (1960-1964). Máximo dirigente de la poderosa central minera COB.

LECHO m. Cama. ◊ Cama para el ganado. ◊ fig. Madre de río, o terreno por donde corren sus aguas. ◊ fig. Fondo del mar. ◊ *Geol.* Estrato.

LECHÓN m. Cochinillo que todavía mama.

LECHOSO, SA adj. Que tiene apariencia de leche. ◊ Aplícase a las plantas y frutos que tienen un jugo blanco semejante a la leche.

LECHUGA f. Planta compuesta, cultivada en huerta, cuyas hojas se comen en ensalada. ❑ LECHUGADO, DA.

LECHUGUILLA f. Lechuga silvestre. ◊ *Cuba.* Especie de alga de río. ◊ *C. Rica.* Mala hierba en los sembrados.

LECHUGUINO m. Lechuga pequeña antes de ser transplantada. ◊ adj. y m. fig. y fam. Hombre joven que sigue rigurosamente la moda.

LECHUZA f. *Zool.* Ave rapaz, de distribución mundial, cabeza grande y redondeada, ojos rodeados por grandes círculos radiales de plumas, pico corto, plumaje leonado claro, blanco en el vientre. Se alimenta de pequeños mamíferos, lagartos y serpientes.

LECITINA f. m. *Quím.* Lipoide constituido por esterificación de la glicerina mediante dos ácidos grasos y una molécula de ácido fosfórico, presente en las membranas de los seres vivos.

LECONTE de Lisle, Charles-Marie (1818-1894) Poeta fr.; Fundó el grupo de los *parnasianos. Poemas bárbaros.*

LECTIVO, VA adj. Díc. del tiempo y días en que se imparte enseñanza en los centros docentes.

Lechuza

LECTOR m. El que en las comunidades religiosas enseña filosofía, teología o moral. ◊ Profesor adjunto que da lecciones prácticas de su idioma en una universidad extranjera. ◊ *Comp.* Periférico que recoge información de un soporte (cinta de papel, tarjetas, cinta magnética) y la introduce en la computadora para su tratamiento.

LECTORADO m. Una de las divisiones del sacramento del orden, la segunda de las menores. ◊ Cargo de lector de idiomas.

LECTURA f. Acción de leer. ◊ Obra o cosa leída. ◊ Interpretación del sentido de un texto.

LEDESMA, Alonso de (1562-1623) Poeta esp., iniciador del conceptismo: *Conceptos espirituales.*

LEE, Robert Edward (1807-1870) General norteam. Jefe del ejército de Virginia del Norte durante la guerra de Secesión, derrotó a los nordistas en Richmond y en Frederiksburg. Fue vencido en Gettysburg.

LEEDS C. de Gran Bretaña, en el N de Inglaterra, condado de York (West Riding); 448 500 hab. (1 700 000 hab., agl. urb.). Centro textil y siderometalúrgico. Nudo de comunicaciones.

LEER tr. Pasar la vista por lo escrito para conocer su contenido. ◊ Enseñar un profesor a sus oyentes alguna materia. ◊ Interpretar un texto. ◊ Convertir en impulsos eléctricos la información contenida en algún soporte físico, que se da a una computadora. ❑ LEGIBLE; LEÍBLE.

LEEUWENHOECK, Antony van (1632-1723) Biólogo neerl., creador de la microbiología. Observó también los glóbulos rojos de la sangre.

LEEWARD Grupo de islas de las Pequeñas Antillas. Comprende las islas Vírgenes americanas y brit., Antigua, San Cristóbal-Nevis-Anguila y Dominica, Montserrat, Guadalupe, Saba, Sint Eustatius y la parte septentrional de Sint Maarten.

LEFEBVRE, Henri (1901-1991) Filósofo marxista fr. Crítico del marxismo ortodoxo. *La crítica de la vida cotidiana, El pensamiento de Marx.* ◊ **Marcel** (1905-1991) Prelado fr. Realizó ordenaciones contra la voluntad del Vaticano, y Paulo VI le suspendió *a divinis* (1976). En 1988 fue excomulgado.

LEGACIÓN f. Cargo que da un gobierno a un individuo para que le represente cerca de otro gobierno extranjero. ◊ Conjunto de los empleados que el legado tiene a sus órdenes. ◊ Casa u oficina del legado.

LEGADO m. Manda que deja un testador a una o varias personas. ◊ Individuo que una autoridad eclesiástica o civil envía a otra para tratar un negocio.

LEGAJO m. Conjunto de papeles reunidos por tratar de una misma materia.

LEGAL adj. Prescrito por ley y conforme a ella. ◊ Fiel en el cumplimiento de su cargo. ❑ LEGALIDAD.

LEGALISTA adj. Que antepone a toda otra consideración la aplicación literal de las leyes.

LEGALIZAR tr. Dar estado legal a una cosa. ◊ Comprobar y certificar la autenticidad de un documento o una firma. ❑ LEGALIZACIÓN.

LÉGAMO m. Cieno, lodo. ◊ Parte arcillosa de las tierras de labor.

LEGANÉS Mun. esp., en la com. autón. de Madrid (prov. de Madrid); 173 584 hab. Forma parte del área metropolitana de Madrid.

LEGAÑA f. Humor viscoso segregado por las glándulas sebáceas de los párpados. ❑ LEGAÑOSO, SA.

LEGAR tr. Dejar una persona a otra alguna manda en su testamento. ◊ Enviar a uno de legado o con una legacía. ◊ fig. Transmitir ideas, artes, etc.

LEGATARIO, RIA m. y f. Persona natural o jurídica beneficiada por un legado.

LEGAZPI, Miguel López de (h. 1510-1572) Navegante y militar esp. Jefe de la expedición que había de colonizar las Filipinas. Fundó Manila (1571).

LEGENDARIO, RIA adj. Relativo a las leyendas.

LÉGER, Fernand (1881-1955) Pintor fr. Sus primeras obras revelan influencias impresionistas, pero pronto (1909) se adhirió al grupo cubista. Post. retornó a una estética realista.

Vivian **Leigh** junto a Clark Gable en
Lo que el viento se llevó

LEGIÓN f. Unidad del ejército rom., compuesta de infantería y caballería. Hacia el año 100 a. C. una l. comprendía 6 000 hombres. Cada l. se dividía en 10 cohortes. ◊ Nombre que suele darse a ciertos cuerpos de tropas. ◊ fig. Número indeterminado y copioso de personas o espíritus. ◊ **Cóndor.** Fuerzas aéreas al. que combatieron en la guerra civil esp. (1936-1939).

LEGIONARIO m. Soldado de algún cuerpo de los que tienen nombre de legión.

LEGISLACIÓN f. Conjunto de leyes por las cuales se gobierna un Estado, o una materia determinada. ◊ Ciencia de las leyes.

LEGISLAR intr. y tr. Dar, hacer o establecer leyes. ❑ LEGISLADOR, RA.

LEGISLATIVO, VA adj. Aplícase al derecho de hacer leyes. ◊ Aplícase al código de leyes.

LEGISLATURA f. Tiempo durante el cual funcionan los cuerpos legislativos o las comisiones parlamentarias formadas a tal efecto. ◊ *Argent., Méx.* y *Perú.* Asamblea legislativa. ◊ *Méx.* Cámara de diputados.

LEGISTA com. Profesor de jurisprudencia. ◊ El que estudia jurisprudencia o leyes.

LEGITIMAR tr. Justificar la verdad de una cosa o la calidad de una persona o cosa conforme a las leyes. ◊ Hacer legítimo al hijo que no lo era. ◊ Habilitar a una persona para un oficio o empleo. ◊ Adquirir legitimidad un régimen político. ❑ LEGITIMACIÓN; LEGITIMADOR, RA.

LEGITIMISMO m. Doctrina que afirma la legitimidad de una rama de una dinastía. ❑ LEGITIMISTA.

LEGÍTIMO, MA adj. Conforme a las leyes. ◊ Genuino y verdadero en cualquier línea. ◊ Díc. del hijo nacido de unión conyugal consagrada por la ley. ❑ LEGITIMIDAD.

LEGNICA (al., *Liegnitz*) C. del SO de Polonia, en la Baja Silesia; 97 700 hab., cap. del voivodato hom. Centro industrial.

LEGO, GA adj. y s. Que no tiene órdenes clericales. ◊ Falto de letras o noticias.

LEGRAR tr. *Cir.* Raspar con la legra la superficie de los huesos o una superficie mucosa, como la del útero. ❑ LEGRACIÓN; LEGRADO; LEGRADURA.

LEGUA f. Medida itineraria equivalente a 5 572,7 m. ◊ **marítima.** La que equivale a 5 555 m.

LEGUÍA, Augusto Bernardino (1863-1932) Político per. Presid. (1908-1902) y dictador (1919-1930). Inició el movimiento «Patria nueva».

LEGUIZAMÓN, Martiniano (1858-1935) Escritor arg. *Recuerdos de la tierra, Calandria* (obra teatral), *Montaraz.*

LEGULEYO m. El que trata de leyes sin conocerlas suficientemente.

LEGUMBRE f. Fruto simple, dehiscente, que en la madurez se abre por la sutura y por el nervio medio. Es característico de la mayoría de las especies de leguminosas, como la judía, el guisante, etc. ◊ P. ext., cualquier planta que se cultiva en las huertas.

LEGUMINOSO, SA adj. y f. *Bot.* Díc. de plantas y árboles dicotiledóneos, con fruto en legumbre y varias semillas sin albumen.

LEHAR, Franz (1870-1948) Compositor austr. de origen húng. Compuso célebres operetas. *La viuda alegre, El conde de Luxemburgo.*

LEHM (voz al.) m. *Geol.* Depósito originado por descalcificación de las rocas por acción del agua de filtración.

LEIBNIZ, Gottfried Wilhelm (1646-1716) Filósofo y matemático al. En teoría del conocimiento se opuso al empirismo de Locke. Autor de importantes obras filosóficas: *Hipótesis sobre una nueva física, Nuevos ensayos sobre el entendimiento humano, Ensayos de teodicea, Monadología.* Como matemático, su pral. trabajo (1684) es el *Nuevo método para la determinación de los máximos y los mínimos*, en el que expone las ideas fundamentales del cálculo infinitesimal.

LEICESTER C. brit., en Inglaterra; 279 800 hab., cap. del condado hom. (2 553 km², 863 700 hab.). Ind. textil, del calzado, mecánica.

LEIDEN C. de Países Bajos, en el NO de Holanda Meridional; 104 700 hab. Ind. textil, metalúrgica; artes gráficas.

LEÍDO, DA adj. Díc. del que ha l. mucho y es hombre de mucha erudicción.

LEIF Ericsson Navegante normando, hijo de Eric el Rojo. Probablemente arribó a las costas de América del Norte (h. 1 000).

LEIGH, Vivian (1913-1967) Actriz cinematográfica brit. *Lo que el viento se llevó, Un tranvía llamado deseo.*

LEIPZIG C. de Alemania, en Sajonia; 557 200 hab. Ind. mecánica, electrónica, editorial, textil, etc. ◊ **Batalla de L.** Combate desarrollado ante esta c. entre las tropas de Napoleón y los ejércitos aliados de Prusia, Austria, Rusia y Suecia (16-19 octubre 1813), que concluyó con la retirada fr.

LEÍSMO m. Uso de la forma *le*, originariamente complemento indirecto para cualquier gén., en función de complemento directo referido a persona masculina. ❑ LEÍSTA.

LEITMOTIV (al., «motivo conductor») m. Tema básico de una composición poética o musical, que se repite continuamente. ◊ P. ext., tema pral. sobre el que gira una obra, discurso, etc.

LEIVA, Ponciano (s. XIX) Militar y político hond. Derrocó al presid. Arias (1847) y accedió a la presidencia, pero fue destituido (1849). Presid. interino en 1886, fue elegido presid. constitucional (1891-1893). ◊ **Y de la Cerda, Juan Francisco,** MARQUÉS DE LEIVA Y DE LADRADA (1604-1678) Administrador colonial esp. Virrey de Nueva España (1660-1664).

LEJANÍA f. Parte remota o distante de un lugar.

LEJANO, NA adj. Distante, apartado.

LEJÍA f. Solución acuosa de hidróxidos o carbonatos alcalinos, empleada para neutralizar ácidos, efectuar trabajos de limpieza industrial, o para el lavado de ropa.

LEJOS adv. lugar y tiempo. A gran distancia; en lugar o tiempo distante o remoto.

LEK m. Unidad monetaria de Albania.

LELO, LA adj. y s. Fatuo, pasmado.

LELOIR, Luis Federico (1906-1987) Bioquímico fr., nacionalizado arg. Sus investigaciones en torno a los ácidos nucleicos le valieron el premio Nobel de Química en 1970.

LEMA m. Argumento breve que precede a ciertas obras lit. ◊ Letra o mote que se pone en los emblemas para hacerlos más comprensibles. ◊ Tema de un discurso. ◊ Contraseña usada en los concursos para evitar que el nombre del concursante influya sobre el fallo del jurado.

LEMAN o **DE GINEBRA, Lago** Cuenca lacustre del SO de Suiza (cantón de Vaud), fronteriza con Francia (Alta Saboya); 582 km².

Perspectiva del lago **Leman**
desde Ginebra

Vladimir Ilich Ulianov, llamado **Lenin**, ante los trabajadores y soldados revolucionarios de 1917

LEMMING m. Pequeño roedor de pelaje color de ante, que habita en el hemisferio norte.

LEMNISCATA f. Lugar geométrico de los puntos del plano cuyo producto de distancias a otros dos (F, F'), también del plano, es constante e igual al cuadrado de la distancia $a = \overline{FF'}/2$.

LEMNOS (*Limnos*) Isla de Grecia (nomo de Lesbos), en el mar Egeo; 24 000 hab. Cap., Kastron. Vid. frutales.

LEMOS, Pedro Antonio Fernández de Castro, CONDE DE (1632-1672) Administrador esp. Virrey de Perú (1667-1672), pacificó el virreinato.

LEMOSÍN Región fr., 16 942 km², 722 900 hab. Cap., Limoges.

LEMOSÍN, NA adj. y s. De Limoges. ◊ m. *Ling.* Dialecto provenzal hablado en la región hom.

LEMPA Río de América Central; unos 300 km. Nace en Guatemala, cruza por Honduras y El Salvador, y desemboca en el Pacífico.

LEMPIRA m. Unidad monetaria de Honduras.

LEMPIRA Dpto. del SO de Honduras; 4 228 km², 170 472 hab. Cap., Gracias. Los prales. relieves son la sierra de Opalaca y los cerros de Celaque. Café, tabaco, arroz, trigo; ganadería.

LÉMUR m. Gén. de mamíferos cuadrúmanos, con los dientes incisivos de la mandíbula inferior inclinados hacia adelante y la cola muy larga. Son frugívoros y propios de Madagascar.

LENA f. Aliento, vigor.

LENA Río de Rusia, en Siberia Oriental; 4 400 km. Nace cerca del lago Baikal y desemboca en el mar de Laptev (océano Ártico).

LENARD, Philipp Edward Anton von (1862-1947) Físico al. Premio Nobel de Física en 1905 por sus investigaciones sobre los tubos catódicos.

LENCERÍA f. Conjunto de lienzos de distintos géneros, o comercio de los mismos. ◊ Tienda de lienzos. ◊ Ropa blanca de una persona, familia, etc.

LENCO, CA adj. *Hond.* Tartamudo.

LENDRERA f. Peine de púas finas y espesas.

LENE adj. Suave o blando al tacto. ◊ Dulce, agradable. ◊ Leve, ligero.

LENGUA f. *Anat.* Órgano muscular situado en la cavidad de la boca de los vertebrados y que sirve para gustar, deglutir y articular los sonidos de la voz. ◊ *Ling.* Cada una de las distintas manifestaciones que el lenguaje adopta en las diferentes comunidades humanas. ◊ Lengüeta, fiel de la balanza. ◊ Nombre de varias plantas cuyas formas recuerdan la de la lengua. ◊ **de fuego.** Cada una de las llamas en figura de l. que bajaron sobre las cabezas de los apóstoles en el día de Pentecostés. ◊ Cada una de las llamas que se levantan en una hoguera o en un incendio. ◊ **de gato.** *Chile.* Planta de hojas aovadas y pedúnculos axilares con una, dos o tres flores envueltas por cuatro brácteas. Sus raíces se usan en tintorería. ◊ **materna.** La que se habla en un país, respecto de los naturales de él. ◊ **muerta.** La que antiguamente se habló y no se habla ya. ◊ **viva.** La que actualmente se habla en un país o nación.

□ *Ling.* A principios del s. XX Ferdinand de Saussure distinguió en el lenguaje: lengua y habla. La l., según él, es una serie de signos que coexisten en una época dada al servicio de los hablantes y que constituye una estructura perfecta. El habla es la parte individual del lenguaje. Hay unas 3 000 l., agrupadas en 19 familias.

LENGUADO m. Pez subranquial, de cuerpo oblongo y comprimido, cuya carne es muy apreciada.

LENGUAJE m. *Ling.* Conjunto sistemático de signos que permite la comunicación verbal. ◊ Facultad y manera de expresarse. ◊ Idioma de un pueblo o nación. ◊ fig. Conjunto de señales que dan a entender una cosa. ◊ *Comp.* Notación con la que se escribe un programa de computadora. ◊ **conversacional.** *Comp.* L. interactivo. Permite el diálogo entre el usuario y la computadora. ◊ **de programación.** *Comp.* Sistema de signos y símb. que permite la construcción de programas con los que la computadora puede operar. Los hay de alto nivel, APL, BASIC, LOGO, FORTRAN, PASCAL, y de bajo nivel, ASSEMBLER. ◊ **máquina.** *Comp.* El único que se corresponde con el funcionamiento de la computadora, por lo que permite explotar al máx. la capacidad del equipo. ◊ **simbólico.** *Comp.* Cualquier l. más evolucionado que el l. máquina.

LENGUARAZ adj. Deslenguado, atrevido en el hablar.

LENGÜETA f. Laminilla movible de metal que tienen algunos instrumentos musicales de viento y ciertas máquinas hidráulicas o de aire. ◊ Tira de piel que suelen tener los zapatos en la parte del cierre por debajo de los cordones. ◊ Espiga prolongada a lo largo del canto de una tabla para que encaje en la ranura de otra. ◊ adj. *Amér.* Charlatán.

LENGÜETEAR intr. *Hond.* Hablar mucho y sin sustancia. ◊ tr. Lamer.

LENGUÓN, NA adj. *Méx.* Atrevido en el hablar.

LENIDAD f. Blandura en exigir el cumplimiento de los deberes o en castigar las faltas.

LENIFICAR tr. Suavizar, ablandar. ❏ LENIFICACIÓN; LENIFICATIVO, VA.

LENIN, Vladimir Ilich Ulianov (1870-1924) Político y teórico social sov. Exiliado en Alemania, publicó *¿Qué hacer?* (1902), donde expuso su concepción de la r. y del partido revolucionario, como una élite de revolucionarios profesionales. Rompió con el ala moderada y minoritaria (mencheviques) de los socialdemócratas después del fracaso de la rev. de 1905. Tras el éxito de la rev. de febrero de 1917, regresó del exilio y preparó la insurrección bolchevique (*Tesis de abril*), que triunfó en octubre, asumiendo entonces el cargo de presid. del Comisariado del Pueblo de la nueva República Socialista Soviética. En 1919 impulsó la creación de la III Internacional. Tras la etapa de la guerra civil, el comunismo de guerra, hizo aprobar una nueva política económica, basada en la propiedad privada de la tierra (NEP), como fase transitoria. *El Estado y la revolución, El imperialismo, fase superior del capitalismo, Materialismo y empiriocriticismo.*

LENINABAD ⇒ Khodzhent.

LENINAKAN ⇒ Kumayri.

LENINGRADO ⇒ San Petersburgo.

LENINISMO m. *Pol.* Conjunto de ideas políticas y sociales derivadas del pensamiento de Lenin.

□ *Pol.* El l. constituye una corriente del marxismo que propugna: el internacionalismo proletario; la necesidad de un partido de vanguardia del proletariado que dirija la rev.; la articulación de la democracia de los trabajadores en la dictadura del proletariado, como etapa para alcanzar la sociedad sin clases y la progresiva extinción del Estado. ❏ LENINISTA.

LENITIVO, VA adj. Que tiene virtud de ablandar y suavizar. ◊ m. Medicamento que sirve para ablandar o suavizar.

LENNON, John (1940-1980) Compositor y cantante de música *pop*, de nacionalidad brit. Uno de los componentes de los *Beatles.*

LENS C. del N de Francia, en el dpto. de Pas-de-Calais; 313 000 hab. la agl. urb. Centro minero. ◊ **Batalla de L.** Victoria fr. (1648) sobre las tropas austroespañolas, que determinó la paz de Westfalia.

LENTE f. *Ópt.* Medio óptico, gralte. de vidrio, limitado por dos dioptrios de los que al menos uno es curvo. ◊ pl. Cristales para miopes o présbitas, con armadura que permite sujetarlos en la nariz. ◊ **convergente.** La que concentra los rayos de un haz paralelos al eje óptico. ◊ **divergente.** La que tiene la propiedad de diverger los rayos de un haz que sean paralelos al eje óptico. ◊ **electrónica.** Sistema formado por bobinas eléctricas que crean campos magnéticos, que, al ser atravesados por partículas elementales, sufren una desviación similar a la sufrida por la luz al atravesar un sistema óptico.

❑ *Ópt.* La clasificación de las l. por su forma atiende a las características geométricas de los dioptrios (l. biconvexa, planoconvexa, menisco convergente, bicóncava, planocóncava y menisco divergente). Elementos geométricos de una l.: los centros de curvatura, que son los de los dioptrios que limitan la l.; eje pral. es la recta que pasa por los dos centros de curvatura; foco pral. es el punto en que se reúnen después de atravesarla los rayos luminosos procedentes de un haz paralelo al eje pral.; distancia focal es la que hay entre el foco pral. y el centro de la l.; la convergencia de una l. es la inversa de su distancia focal y se mide en dioptrías.

LENTEJA f. *Bot.* Planta leguminosa, cuyas semillas son alimenticias y muy nutritivas. ◊ *Bot.* Fruto de esta planta. ◊ Peso en que remata el péndulo del reloj.

LENTEJUELA f. Laminilla redonda de metal con la que se hacen bordados.

LENTICELA f. Abertura en forma de cráter de volcán de los troncos y cortezas suberificadas de las plantas, que permite el paso del aire atmosférico al interior del parénquima cortical.

LENTICULAR adj. Parecido a la semilla de la lenteja. ◊ m. y adj. *Anat.* Pequeña apófisis del huesecillo yunque que funciona como articulación del estribo.

LENTILLA f. Lente de contacto que se adapta a la córnea del ojo.

LENTISCO m. Mata o arbusto siempre verde, de madera rojiza, dura y aromática.

LENTO, TA adj. Pausado en el movimiento o en la operación, que va despacio. ◊ Poco vigoroso y eficaz. ❑ LENTIFICAR; LENTITUD.

LENZ, *Rodolfo* (1863-1938) Filólogo chil., de origen al. Estudió las lenguas indígenas y el esp. de América.

LEÑA f. Conjunto de ramas y troncos destinados a hacer fuego. ◊ fig. y fam. Castigo, paliza.

LEÑADOR, RA m. y f. Persona que corta leña. ◊ El que vende leña, leñero.

LEÑAZO m. fam. Garrotazo.

LEÑERO, *Vicente* (n. 1933) Escritor mex. *La voz adolorida, Los albañiles.*

LEÑO m. Trozo de árbol después de cortado y limpio de ramas. ◊ Parte sólida de los árboles bajo la corteza. ◊ Conjunto de los vasos leñosos de un vegetal. ❑ LEÑOSO, SA.

LEO *Astr.* Constelación boreal (León), sit. cerca de la descendente de la eclíptica; dista de nosotros 68 años luz. ◊ Quinto signo del Zodíaco.

LEÓN m. *Zool.* Mamífero carnívoro félido. Se alimenta de animales hervíboros y caza en grupos. Limitado al África Oriental y a la pen. de Kathiawar, en la India. ◊ fig. Hombre audaz y valiente. ◊ fig. *Chile.* Especie de tigre de pelo leonado. ◊ **americano.** *Zool.* Puma. ◊ **marino.** *Zool.* Mamífero carnívoro, propio de los mares templados y fríos de América. Los machos adultos tienen una corta melena en el cue-

llo, y pueden alcanzar hasta 3 m de largo. ❑ LEONADO, DA.

LEÓN, *golfo de* (*golfe du Lion*) Golfo del Mediterráneo, desde el cabo de Creus (España) hasta el delta del Ródano (Francia).

LEÓN, *reino de* Est. cristiano de la pen. Ibérica. García I heredó de Alfonso III de Asturias las tierras del futuro reino de L. Con Ramiro II se colonizó el valle del Duero y L. fue el reino hegemónico de la pen. Al ocupar el trono Fernando I de Castilla, L. quedó unido a Castilla, salvo en los periodos 1065-1072 y 1157-1214.

LEÓN Prov. del NO de España, en Castilla y León; 15 468 km², 488 751 hab. Cap., la c. hom. Agricultura; ganadería; hierro, antracita, hulla; ind. poco imp. ◊ C. esp., cap. de la prov. hom.; 130 916 hab. Colegiata de San Isidoro, catedral gótica, convento de San Marcos, de estilo plateresco.

LEÓN Dpto. del O de Nicaragua; 5 138,03 km², 373 665 hab. El relieve está configurado por la cadena volcánica Cordillera de los Marraibos. Algodón, maíz, café, cacao, caña de azúcar. Cap., la c. hom.; 123 865 hab. Ind. agropecuaria. Cap. del país hasta mediados del s. XIX.

LEÓN o **LEÓN DE LOS ALDAMAS** C. del centro de México, en el est. de Guanajuato; 656 000 hab. Agricultura; centro industrial (textiles, calzados, cemento, ind. alimentaria) y de servicios.

LEÓN III, *el Isáurico* (675-741) Emperador de Oriente [717-741]. Fundó la dinastía isáurica. ◊ **V, *el Armenio*** (m. 820) Emperador de Oriente [813-820]. Restableció la iconoclastia. Murió asesinado.

LEÓN Nombre de varios papas: **LEÓN I, *el Grande*** (m. 461) Santo. Papa rom. [440-461]. Defendió Roma de los bárbaros. ◊ **III** Santo. Papa rom. [795-816]. Coronó a Carlomagno como emp. de Occidente. ◊ **IX** (1002-1054) Papa [1048-1054]. Inició la reforma de la Iglesia y luchó contra la simonía. ◊ **X** (1475-1521) Papa [1513-1521]. Fue gran mecenas del Renacimiento. ◊ **XIII** (1810-1903) Papa rom. [1878-1903]. Su encíclica *Rerum novarum* es fundamental en la doctrina social de la Iglesia.

LEÓN, *Alonso de* (1637-1691) Militar y político esp. Gobernador del Nuevo Reino de León y de Coauhila. *Historia de Nuevo León, con noticias sobre Coauhila, Texas y Nuevo México.* ◊ **Carlos Augusto** (1914-1997) Escritor ven. *Los pa-*

Ramiro de **León** Carpio

Leonardo da Vinci

sos vivientes, A solas con la vida (poesía), *La muerte de Hollywood* (prosa). ◊ **Luis de,** FRAY (1527-1591) Escritor y poeta esp. Sintetizó el neoescolasticismo, el platonismo, la patrística, la tradición clásica y la Biblia. *La perfecta casada, De los nombres de Cristo, Salmos de David, Odas, Bucólicas, A la vida retirada, Noche serena, En la Ascensión.* ◊ **Carpio, *Ramiro de*** (1942-2002) Político guat. Elegido por el Congreso para ocupar la presidencia, tras el fracasado autogolpe de Serrano en mayo de 1993. En 1996 le sucedió A. Arzú.◊ **Felipe,** seud. de *Felipe Camino Gallego* (1884-1968) Poeta esp. *Versos y oraciones del caminante, Español del éxodo y del llanto, Ganarás la luz, Antología rota.* ◊ Hebreo ➪ Abarbanel, Judas León. ◊ **Pinelo, *Antonio de*** (h. 1590-1660) Cronista esp. de Indias. *Tratado de confirmaciones reales de encomiendas y oficios y casos en que se requieren para las Indias Occidentales.* ◊ **Valencia, *Guillermo*** (1908-1971) Político col. Presid. de 1962 a 1966.

LEONA f. Hembra del león. ◊ fig. Mujer audaz, imperiosa y valiente.

LEONARDO da Vinci (1452-1519) Pintor, escultor, arquitecto, ingeniero e inventor it. En su pintura desarrolla la técnica del *sfumato. Virgen de las Rocas, Santa Ana, Ginevra dei Benci, Dama del armiño, La Gioconda, La última Cena.* Estudió mecánica, trabajó sobre geometría, estática, dinámica y sistemas hidráulicos; investigó cuestiones de botánica, geología y anatomía.

LEONCAVALLO, *Ruggiero* (1858-1919) Compositor it. *Il pagliacci* (ópera).

LEONE, *Giovanni* (n. 1908) Político it. Demócrata cristiano, presidió dos gobiernos de transición, en 1963 y 1968. Presid. de la rep. (1971-1978).

LEONERA f. Lugar en que se tienen encerrados los leones. ◊ fig. y fam. Casa de juego. ◊ fig. y fam. Habitación desarreglada, desordenada.

LEONI, Leone, llamado L'ARETINO (1509-1590) Escultor y medellista it. *Carlos V abatiendo el furor* (escultura). ◊ **Pompeo** (1533-1608) Escultor y grabador it. Mausoleos y esculturas del retablo mayor del monasterio de El Escorial. ◊ **Raúl** (1905-1971) Político ven. Presid. de la rep. (1964-1969), impulsó una tímida reforma agraria.

LEÓNIDAS (m. 480 a. C.) Rey de Esparta [h. 490-480 a. C.]. Defendió el paso de las Termópilas, frente a Jerjes.

Representación de la batalla de **Lepanto,** en un cuadro anónimo

LEONINO, NA adj. Relativo al león. ◊ *Der.* Díc. del contrato oneroso en que toda la ventaja o ganancia se atribuye a una de las partes.

LEONTIEF, Wassily (1906-1999) Economista norteam., de origen ruso, creador de la tabla *input-output* para modelos macroeconómicos de equilibrio y de proceso. Premio Nobel de Economía en 1973.

LEOPARDI, Giacomo (1798-1837) Escritor it., el gran lírico del romanticismo en su país. *Canciones, Idilios, Proximidad de la muerte, Cantos del pastor errante, Pensamientos, Epistolario.*

LEOPARDO m. Mamífero carnívoro félido, de pelaje leonado claro con manchas negras, que en algunas variedades es totalmente negro. Vive en casi toda África y en el S y SE de Asia.

LEOPOLDO Nombre de diversos reyes y emperadores:

AUSTRIA

LEOPOLDO I (1640-1705) Rey de Hungría [1655-1705], archiduque y emp. de Austria [1657-1705] y rey de Bohemia [1658-1705], creador del imperio austr. ◊ **II** (1747-1792) Emp. de Austria [1791] y rey de Bohemia y Hungría. Firmó la paz con los turcos.

BÉLGICA

LEOPOLDO I (1790-1865) Primer rey de Bélgica [1831-1865]. ◊ **II** (1835-1909) Rey de Bélgica [1865-1909]. En 1885 fue reconocido como soberano del Congo a título personal, pero en 1908 se vio obligado a cederlo a Bélgica. ◊ **III** (1901-1983) Rey de Bélgica [1934-1951]. En 1940, tras la invasión al., ordenó a la resistencia que depusiera las armas. Ante las críticas de que era objeto, abdicó, en 1951.

LEOPOLDVILLE Ant. nombre de ⇨ Kinshasa.

LEOTARDO m. Prenda a modo de braga que se prolonga por dos medias, de modo que cubre el cuerpo desde la cintura hasta los pies.

LEOVIGILDO (m. 586) Rey visigodo de España [573-586]. Unificó política y jurídicamente el país. Convocó el sínodo de Toledo (580).

LEPANTO Nombre medieval de la actual pob. gr. de Navpaktos, sit. en la Grecia continental. El golfo de L. fue escenario de la famosa batalla hom. (7 octubre 1571), en la que la flota de la Liga Santa, compuesta por España, Venecia y el Papado, y mandada por don Juan de Austria, venció a la otomana.

LEPERADA f. *Amér. Centr.* y *Méx.* Acción o dicho de lépero.

LÉPERO, RA adj. y s. *Amér.* Díc. del individuo grosero y desagradable. ◊ *Cuba.* Astuto, ladino.

LÉPIDO, Marco Emilio (m. h. 13 a. C.) Triunviro romano con Augusto y Marco Antonio.

LEPIDÓPTERO, RA adj. y m. *Zool.* Díc. de los insectos, conocidos comúnmente como mariposas, que después de pasar por los estados de oruga y crisálida, tienen cabeza pequeña con grandes antenas y aparato bucal chupador, abdomen prolongado, y dos pares de alas, gralte. de colores vistosos.

LEPÓRINO, NA adj. Relativo a la liebre.

LEPRA f. *Pat.* Proceso infeccioso crónico, ocasionado por el bacilo de Hansen, que se presenta en forma de manchas blancas, con pérdida de sensibilidad. ◊ *Vet.* Enfermedad, pralm. de los cerdos, producida por el cisticerco de la tenia común. ❏ LEPROSO, SA.

LEPROSERÍA f. Hospital de leprosos.

LEPTÓN m. *Fís.* Partícula elemental ligera, de masa inferior a la del protón.

LEPTOSPIROSIS f. Infección originada por la bacteria *Leptospira,* acompañada de fiebres y hemorragias.

LERDO, DA adj. y s. Pesado y torpe en el andar. Díc. más comúnmente de las bestias. ◊ fig. Tardo y torpe para comprender o ejecutar una cosa.

LERDO de Tejada, Sebastián (1827-1889) Político mex. Ocupó la presidencia a la muerte de Juárez (1872). Centralizó la administración e incluyó en la constitución las Leyes de Reforma (1859). Tras su reelección en 1876, el pronunciamiento de Porfirio Díaz le obligó a abandonar la presidencia.

LÉRIDA ⇨ Lleida.

LERMA, Francisco de Sandoval y Rojas, DUQUE DE (1553-1623) Político esp., valido de Felipe III. Las dificultades financieras le indujeron a una política exterior pacifista.

LERMA-SANTIAGO Sistema fluvial mex. compuesto por los ríos Lerma, Grande de Santiago y el lago Chapala. El Lerma nace en las lagunas de su nombre y desemboca en el lago Chapala. De éste surge el Grande de Santiago que desemboca en el Pacífico.

LERMONTOV, Mijail (1814-1841) Poeta ruso. *El demonio, Terrible* (poesía), *Un héroe de nuestro tiempo* (prosa).

LERROUX, Alejandro (1864-1949) Político esp. En 1914 fundó el Partido Radical. Encabezó cuatro gobiernos centristas entre 1933 y 1935.

LESAGE, Alain-René (1668-1747) Escritor fr. *El diablo cojuelo, Historia de Gil Blas de Santillana.*

LESBIANO, NA o **LÉSBICO, CA** adj. Lesbio. ◊ f. Mujer homosexual.

LESBOS o **MITILENE** Isla de Grecia, en el N del Egeo. Cap., Mitilene. Tabaco, vid, olivos, frutales. Ganado lanar.

LESEAR intr. *Chile.* Tontear, necear.

LESIÓN f. Daño causado por una herida, golpe o enfermedad. ◊ fig. Cualquier daño o perjuicio. ❏ LESIONAR.

LESIVO, VA adj. Que causa lesión.

LESO, SA adj. Agraviado, lastimado, ofendido.

LESOTHO (*Kingdom of Lesotho*) Est. de África austral, monarquía, ant. Basutolandia. Enclavada dentro de la Rep. Sudafricana. País montuoso, ocupado en su parte occidental por una meseta y en la oriental por los montes Drakensberg. Ríos Orange y Caledon. Clima árido. Cereales; ganado (ovino, caprino, vacuno y caballar); diamantes. Grupos étnicos o nac.: basutos (sothos), del grupo bantú. Lenguas: ing. y sesotho (of.). *Rel.*: cristianismo (mayoritario), animismo, islamismo. U.M.: el loti. C. pral.: Maseru, la cap.

☐ *Hist.* La amenaza de los bóers obligó a los basutos a aceptar el protectorado de la colonia de El Cabo, pero tras la guerra con los bóers pasaron a depender de Gran Bretaña (1844). En 1966, reino ind. con Moshoeshoe II. En 1970 el ex primer ministro Jonathan forzó al rey a exiliarse, aunque regresó poco

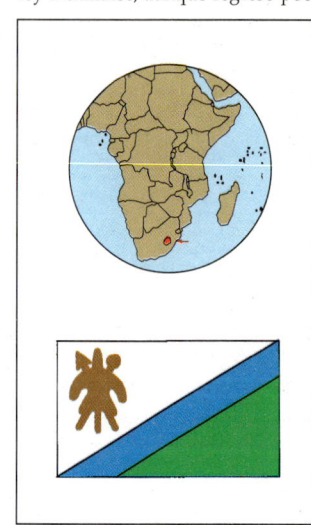

Mapa de situación y bandera de **Lesotho**

LESOTHO

Superficie	30 355 km²
Población 1 806 000 hab. (59 hab./km²)	

Recursos económicos

Cabaña bovina	540 000 cabezas
Cabaña caballar	122 000 cabezas
Cabaña caprina	1 060 000 cabezas
Cabaña ovina	1 470 000 cabezas
Maíz	95 000 t
Piedras preciosas	52 291 quilates
Sorgo	18 000 t
Trigo	10 000 t

Indicadores sociológicos

PNB	1 053 millones de dólares
Renta per cápita	580 dólares
Esperanza de vida	56 años
Alfabetismo	52 %

después e inició un gobierno autoritario. Jonathan fue derrocado en 1986 por un golpe militar. Fue elegido Justin Lekhanya como primer ministro.

LESSEPS, Ferdinand, VIZCONDE DE (1805-1894) Diplomático e ingeniero fr. Proyectó y realizó el canal de Suez (1869).

LESSING, Gotthold Ephraim (1729-1781) Escritor y filósofo al. Su actividad crítico-didáctica queda plasmada en *Laocoonte* y en *Dramaturgia hamburguesa.* Más filosófica es *La educación del género humano.*

LESTER, Richard (n. 1932) Director de cine norteam. *¡Qué noche la de aquel día!, Golfus de Roma.*

LETAL adj. Mortífero. ❑ LETALIDAD.

LETANÍA f. Rogativa que se hace a Dios invocando a la Santísima Trinidad y poniendo por medianeros a Jesucristo, la Virgen y los santos. También se usa en pl. ◊ fig. y fam. Lista, enumeración seguida de muchos nombres o frases.

LETARGO m. Estado de somnolencia profunda y prolongada causado por enfermedades nerviosas, infecciosas o tóxicas. ◊ Tipo especial de hibernación de algunos mamíferos alpinos o de las zonas polares. ◊ Periodo de inhibición en el crecimiento de las plantas. ❑ LETÁRGICO, CA; LETARGOSO.

LETELIER Llona, Alfonso (1912-1994) Compositor chil. *Magdalena, Concierto para cuerdas.*

LETICIA C. de Colombia, cap. del Dpto. del Amazonas; 27 782 hab. ◊ **Conflicto de L.** *Hist.* Enfrentamiento armado entre Perú y Bolivia como resultado de la cesión por parte de Perú del distrito de L. a Colombia tras la guerra de 1922-1923. Tras la conquista por las tropas per., volvió a la soberanía col. a raíz del arbitraje de Río de Janeiro (1934).

LETÓN, NA adj. y s. Díc. del individuo de un pueblo báltico que constituye la mayoría de la pob. de la rep. de Letonia. ◊ m. *Ling.* Lengua indoeuropea del grupo báltico, hablada en Letonia.

LETONIA (*Latvijas Respublika*) Est. de Europa a orillas del mar Báltico. Terreno ondulado, avenado por los r. Dáugava, Lielupe y Venta. Cebada, centeno, lino, remolacha, forrajes, patatas; ganadería (bovina, porcina); explotación forestal; pesca; aprovechamiento de turberas; ind. conservera, textil, papelera, material ferroviario, abonos. Grupos

LETONIA

Superficie	64 500 km²
Población 2 648 000 hab. (41 hab./km²)	

Recursos económicos

Lino	3 000 t
Patatas	1 016 000 t
Remolacha azucarera	439 100 t
Trigo	1 622 000 t

Ganadería y derivados

Aves de corral	10 321 000 cabezas
Cabaña bovina	535 000 cabezas
Cabaña ovina y caprina	165 000 cabezas
Cabaña porcina	1 401 000 cabezas

Riqueza forestal	1 526 000 m³

Producción industrial

Acero	731 000 t
Azúcar	248 000 t
Cemento	744 000 t
Cerveza	874 000 hl
Energía eléctrica	6 647 millones de kwh
Fibras sintéticas	50 900 t
Papel	107 000 t
Tejido de algodón	125 millones de m³

Indicadores sociológicos

PNB	9 193 millones de dólares
Renta per cápita	3 410 dólares
Esperanza de vida	70 años
Alfabetismo	98 %

étnicos: letones, rusos, bielorrusos, polacos, ucranianos. Lenguas: letón (of.), ruso. *Rel.:* luteranismo (mayoría), cristianismo ortodoxo. U.M.: lat. Cap.: Riga. C. prales.: Daugavpils, Liepaja.

❑ *Hist.* Habitada por tribus ugrofinesas y luego por bálticos y livones, fue dominada por diversos pueblos: al. (s. XII), polacos (s. XVI), suecos (1621), rusos (1710). En 1918 se proclamó la indep., pero en 1940 fue incorporada a la URSS. Ocupada por la Alemania nazi en 1940, retornó a poder sov. en 1944. En 1991 recuperó su indep. En 2004 ingresó en la OTAN y en la Unión Europea.

LETRA f. Cada uno de los signos gráficos que corresponden a un sonido o fonema de la lengua. ◊ Cada uno de

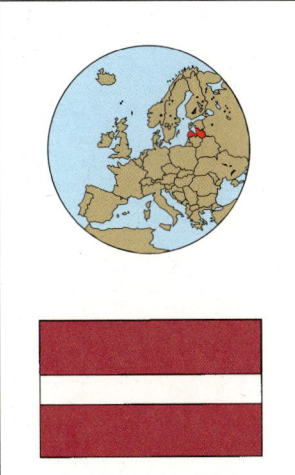

Mapa de situación y bandera de **Letonia**

estos sonidos. ◊ Cada estilo de escritura que se diferencia de los demás por la forma peculiar de las letras. ◊ Sentido propio de las palabras empleadas en un texto, a diferencia del sentido figurado. ◊ Conjunto de las palabras puestas en música para ser cantadas. ◊ Letra de cambio. ◊ pl. Saber, conocimientos humanos en general, en oposición a las ciencias matemáticas y de la naturaleza. ◊ **de cambio.** Documento mercantil mediante el cual un acreedor pide a su deudor que pague cierta cantidad. ◊ **mayúscula.** La de mayor tamaño y distinta figura que la minúscula. ◊ **minúscula.** La que es menor y de figura distinta, por regla general, de la mayúscula.

LETRADO, DA adj. Sabio, docto o instruido. ◊ m. Abogado titulado en derecho.

LETRÁN Conjunto monumental de Roma, residencia papal hasta 1308. ◊ **Tratado de L.** Acuerdo firmado por Pío XI y Mussolini (1929); mediante él se reconoció al primero la soberanía temporal sobre la Ciudad del Vaticano.

LETRERO m. Palabra o conjunto de palabras escritas para hacer saber o publicar una cosa.

LETRILLA f. Composición poética de versos cortos que suele ponerse en música.

LETRINA f. Retrete, lugar destinado en las casas para evacuar los excrementos.

LEU m. Unidad monetaria de Rumania y Moldavia.

LÉUCADE (*Lefkas*) Isla de Grecia, en el mar Jónico. Cap., Léucade. Vid, tabaco, olivo.

LEUCEMIA f. *Med.* Enfermedad de la sangre, caracterizada por la proliferación neoplásica de glóbulos blancos en la médula ósea y en los ganglios linfáticos, vertiéndose en la sangre gran cantidad de leucocitos inmaduros atípicos (aguda) o de leucocitos en todas sus fases de maduración (crónica).

LEUCIPO (s. V a. C.) Filósofo gr. Junto con Demócrito, creó la doctrina del atomismo.

LEUCITA f. *Miner.* Tectosilicato de potasio, típico de las rocas alcalinas pobres en sílice, como ciertos basaltos y fonolitas.

LEUCOCITO m. *Fisiol.* Glóbulo blanco de la sangre. Los l. son células incoloras, ameboides. Por quimiotaxis pueden desplazarse hacia focos de infección donde fagocitan a las bacterias. Existen tres tipos: linfocitos, granulocitos y monocitos.

LEUCOCITOSIS f. Aumento del núm. de leucocitos contenidos en la sangre.

LEUCOMA f. Manchita blanca de la córnea que es causa de disminución del campo visual.

LEUCOPENIA f. Disminución del número de leucocitos de la sangre.

LEUCOPLASIA f. *Pat.* Inflamación crónica de una mucosa, pralm. en la boca y en la vulva.

LEUCORREA f. Flujo blanquecino de las vías genitales femeninas.

LEV m. Unidad monetaria de Bulgaria.

LEVA f. Salida de las embarcaciones del puerto. ◊ Enganche de gente para el servicio del ejército. ◊ Acción de levarse o irse. ◊ *Mec. apl.* Elemento de re-

Cajita de hueso de ballena, con escenas de la **leyenda** de los Nibelungos. Museo Barguello, Florencia

volución, de perfil no circular, empleado para transformar el movimiento rotatorio en movimiento alternativo. ◊ *Amér.* Levita.

LEVADIZO, ZA adj. Que se levanta o puede levantar con algún artificio.

LEVADURA f. Hongo del grupo levaduras. ◊ fig. Germen de algún fuerte sentimiento o pasión. ◊ f. pl. *Biol.* Grupo de hongos unicelulares, carentes de micelio, que provocan la fermentación de los sustratos orgánicos sobre los que viven. Se emplean para la fabricación del pan, el vino y la cerveza.

LEVANTAMIENTO m. Sedición, alboroto popular. ◊ Sublimidad, elevación. ◊ *Top.* Conjunto de operaciones topográficas para recoger los datos necesarios para la representación de una porción de la superficie terrestre.

LEVANTAR tr. y prnl. Mover de abajo hacia arriba una cosa. ◊ Poner una cosa en lugar más alto. ◊ Poner derecho o en posición vertical lo inclinado. ◊ tr. Dirigir hacia arriba los ojos, la mirada, etc. ◊ Quitar una cosa de donde está. ◊ Construir, edificar. ◊ Abandonar un sitio, llevándose lo que en él hay para trasladarlo a otro lugar. ◊ fig. Erigir, instituir. ◊ fig. Dar mayor fuerza a la voz. ◊ fig. Hacer que cesen ciertas penas o prohibiciones. ◊ tr. y prnl. Rebelar, sublevar. ◊ prnl. Salir de la cama. ❏ LEVANTADO, DA; LEVANTADOR, RA.

LEVANTE m. Oriente, punto por donde sale el Sol. ◊ Viento que sopla de la parte oriental. ◊ Países del E del Mediterráneo. ◊ Nombre genérico de las comarcas mediterráneas de España. ◊ *Chile.* Derecho pagado al dueño por la tala de un bosque. ❏ LEVANTINO, NA.

LEVANTISCO, CA adj. Inquieto y turbulento.

LEVAR tr. *Mar.* Hablando de las anclas, recoger, o sea arrancar y suspender la que está fondeada.

LEVE adj. Ligero, de poco peso. ◊ fig. De poca importancia. ❏ LEVEDAD.

LEVERKUSEN C. de Alemania, en Renania Septentrional-Westfalia; 155 500 hab. Ind. química y textil.

LEVERRIER, *Joseph* (1811-1877) Astrónomo fr. Demostró la existencia de Neptuno.

LEVÍ Tercer hijo de Jacob y de Lía. Su tribu se transformó en la casta sacerdotal de Israel.

LEVI, *Carlo* (1902-1975) Escritor it. *Cristo se detuvo en Éboli.*

LEVIATÁN m. Monstruo marino, descrito en el Antiguo Testamento.

LEVIATÁN Obra pral. de Thomas Hobbes, considerado el primer tratado de ciencia política. En él se describe al «hombre como un lobo para otro hombre», pero de este sentimiento de miedo surge el contrato social.

LEVIGACIÓN f. Procedimiento para separar los componentes de una mezcla de sólidos de distinta densidad. ❏ LEVIGAR.

LEVILLIER, *Roberto* (1886-1969) Historiador y diplomático arg. *Orígenes argentinos, La Argentina del s. XVI.*

LEVINGSTON, *Roberto Marcelo* (n. 1920) Militar arg. En 1970, tras el derrocamiento de Onganía, fue nombrado presid. de la rep. Destituido en 1971.

LÉVI-STRAUSS, *Claude* (n. 1908) Antropólogo fr., fundador de la antropología estructural. *Las estructuras elementales del parentesco, Antropología estructural, El pensamiento salvaje.*

LEVITA m. Israelita de la tribu de Leví. ◊ P. ext., sacerdote, eclesiástico. ◊ f. Vestidura masculina con mangas y faldones hasta la rodilla. ❏ LEVÍTICO, CA.

LEVITACIÓN f. Sensación alucinatoria de elevarse en el aire o flotar en él. ◊ Suspensión en el aire de un cuerpo u objeto.

LEVÍTICO, *Libro del* Tercer escrito del Pentateuco, que trata de los ministros del culto.

LEVITÓN m. Levita más larga y de paño más grueso que la de vestir.

LEVÓGIRO, RA adj. *Fís.* y *Quím.* Díc. de las sustancias ópticamente activas que desvían hacia la izquierda el plano de la luz polarizada que las atraviesa.

LEVULOSA f. Fructosa.

LÉVY-BRUHL, *Lucien* (1857-1939) Sociólogo fr. Consideró la moral como un aspecto de la sociología. *La moral y la ciencia de las costumbres.*

LEWIN, *Kurt* (1890-1947) Psicólogo y sociólogo al. En EE UU fundó un centro de estudio de la dinámica de grupo. *Teoría dinámica de la personalidad.*

LEWIS, *Jerry* (n. 1926) Actor y director de cine norteam., uno de los cómicos más imp. de la posguerra. *El profesor chiflado, El rey de la comedia.* ◊ *Sinclair* (1885-1951) Novelista norteam. *Calle Mayor, Babbitt, Elmer Gantry.* Premio Nobel de Literatura en 1930.

LEWISHAM C. de Gran Bretaña, en Inglaterra (condado de Kent); 231 900 hab., en el Gran Londres.

LEXEMA m. *Ling.* Unidad de significación de un radical, una palabra o una palabra compuesta.

LÉXICO, CA adj. Relativo al léxico o al vocabulario de una lengua. ◊ m. Conjunto de palabras, locuciones, etc., de una lengua. ◊ Diccionario de la lengua gr., y, p. ext., de cualquier otra lengua. ◊ Caudal de voces, modismos y giros de un autor.

LEXICOGRAFÍA f. Técnica de componer léxicos o diccionarios. ❏ LEXICOGRÁFICO, CA; LEXICÓGRAFO, FA.

LEXICOLOGÍA f. *Ling.* Estudio del vocabulario de una lengua. ❏ LEXICOLÓGICO, CA; LEXICÓLOGO, GA.

LEXINGTON C. de EE UU, en Massachusetts. ◊ Batalla de L. Combate entre los colonos y las tropas ing. que dio comienzo a la guerra de la indep. norteam. (1775).

LEY f. Regla y norma constante e invariable de las cosas. ◊ Precepto dictado por la suprema autoridad, en que se manda o prohíbe una cosa. ◊ Disposición votada por el parlamento y sancionada por el jefe del Estado. ◊ Religión. ◊ Lealtad, fidelidad. ◊ Calidad, peso o medida. ◊ Proporción en que un metal noble entra en una aleación. ◊ Cantidad de metal contenida en una mena. ◊ Conjunto de las leyes, o cuerpo del derecho civil. ◊ **marcial.** *Der.* La de orden público, una vez declarado el estado de guerra. ◊ **sálica.** La que excluía del trono a las hembras y sus descendientes. ◊ **Leyes de Indias.** *Hist.* Conjunto de disposiciones legales promulgadas por los reyes de España o por sus delegados para ser aplicadas exclusivamente en el gobierno de las tierras americanas.

LEYENDA f. Relación de sucesos que tienen más de maravillosos que de verdaderos. ◊ Inscripción de una moneda o medalla. ◊ Pie o texto que acompaña y explica un grabado, plano, etc. ❏ LEYENDARIO, RIA.

LEYTE Isla de Filipinas, al SO de la isla de Samar; 6 268 km², 1 302 600 hab. C. pral.: Tlacoban. ◊ Batalla de L. Serie de combates navales y aéreos entre japoneses y norteam. (1944), que finalizaron con la derrota nipona.

LEZAMA Lima, *José* (1912-1976) Escritor cub. La cumbre de su producción, *Paradiso* (1968), es una novela poética de gran ambición lingüística. *Tratados de La Habana, La expresión americana.*

LEZNA f. Instrumento que usan los zapateros para agujerear, coser y despuntar.

LHASA C. del SO de China, cap. de la región autónoma del Tíbet; 105 000 hab. Fue residencia tradicional del Dalai Lama.

Li *Quím.* Símb. del litio.

LI Peng (n. 1928) Político chino. Dirigente comunista, ocupó diversos cargos ministeriales. Ocupó el cargo de primer ministro entre 1988 y 1998.

LÍA f. Soga de esparto, tejida como trenza, para atar y asegurar los fardos, cargas y otras cosas. ◊ Heces. Se usa más en pl.

Palacio del Dalai Lama en la ciudad de **Lhasa**

LIANA f. Planta trepadora, delgada y alargada, propia de las selvas tropicales.
LIAO-HO Río del NE de China; 1 450 km.
LIAONING Prov. del NE de China, en Manchuria; 145 700 km², 39 459 697 hab. Cap., Shenyag. Mijo, maíz, sorgo, algodón; hierro, carbón.
LIAOTUNG (*Liadong*) Pen. del NE de China (prov. de Liaoning), bañada por el golfo hom.
LIAR tr. Atar y asegurar los fardos y cargas con lías. ◊ Envolver una cosa con papeles, cuerda, cinta, etc. ◊ Hablando de cigarrillos, darles forma envolviendo la picadura en el papel de fumar. ◊ tr. y prnl. fig. y fam. Engañar a uno, envolverlo en un compromiso. ◊ prnl. Enredarse con fin deshonesto dos personas; amancebarse.
LIBACIÓN f. Ceremonia religiosa de los ant. paganos, que consistía en llenar un vaso de vino o de otro licor y derramarlo después de haberlo probado.
LÍBANO, cordillera del (*Jebel Lubnan*) Alineación montañosa del O del Líbano. Alt. máx., Qornet es-Sauda, 3 083 m.
LÍBANO (*al-Jumhuriya al-Lubnaniya*) Estado del Próximo Oriente, rep., sit. junto al Mediterráneo. País montañoso, cruzado por los montes del Líbano y del Antilíbano. Entre ambos se halla la depresión de Bekaa o Beqaa, avenada por el Orontes y el Litani. Clima determinado por la alt. Agricultura; ganadería; avicultura; ind. textil, alimentaria, cemento, joyas, refinería de petróleo. Grupos étnicos o nac.: ár. (maronitas, drusos, palestinos, sirios), armenios, gr. Lenguas: ár. (of.), ing. y fr. *Rel.*: cristianismo (70 %) e islamismo (29 %). U.M.: la libra libanesa. C. prales.: la cap., Beirut, Trípoli.
☐ *Hist.* Solar de la civilización fenicia, que disputado por los prales. imperios. Desde 1516 al término de la I Guerra Mundial estuvo bajo dominio turco. En 1918 fue ocupado por Francia, y en 1941 por los brit. En 1943 consiguió la indep. A partir de 1974 se agravaron las tensiones entre cristianos y musulmanes. El conflicto desembocó en una gue-

Líbano. Panteón de Baalbek, uno de los vestigios grecolatinos

rra (1975-1976). En 1982, L. fue invadido por Israel. Al retirarse Israel de parte del terr. ocupado se inició una nueva lucha entre las distintas facciones políticas. En 1984 se constituyó un gobierno de Unidad Nacional, presidido por Rachid Karame, asesinado en 1987. En 1985, los israelíes abandonaron buena parte del sector meridional del país, reservándose una franja de seguridad. Tras la ocupación de tres cuartas partes del terr. por parte de Siria, este país se erigió en árbitro de su destino. En 1991, Siria impulsó una nueva constitución y la reorganización del L., para lo cual desarmó a todas sus milicias. En mayo de 2000 el ejército israelí se retiró de las zonas que todavía ocupaba en el S del país.

LÍBANO	
Superficie	10 400 km²
Población	2 965 000 hab. (285 hab./km²)
Recursos económicos	
Aceitunas	40 000 t
Cabaña caprina	400 000 cabezas
Cabaña ovina	205 000 cabezas
Camellos	1 000 cabezas
Cemento	900 000 t
Limones	65 000 t
Naranjas	270 000 t
Riqueza forestal	467 000 m³
Sal	3 000 t
Tabaco	1 800 000 000 cigarrillos
Trigo	50 000 t
Uva	200 000 t
Indicadores sociológicos	
PNB	2 800 millones de dólares
Renta per cápita	1 020 dólares
Esperanza de vida	66 años
Alfabetismo	80 %

LIBAR tr. Chupar suavemente el jugo de una cosa. ◊ Chupar los insectos el néctar de las flores. ◊ Hacer la libación para el sacrificio. ◊ Probar un licor.
LIBELO m. Escrito sarcástico que denigra a una persona o una cosa.
LIBÉLULA f. *Zool.* Insecto odonato de tórax robusto, abdomen estilizado y dos pares de alas membranosas, transparentes y de gran tamaño. Sus larvas, acuáticas, son extraordinariamente voraces.
LÍBER m. *Bot.* Conjunto de vasos libe-

rianos de un vegetal, que conducen la savia elaborada.
LIBERACIÓN f. Acción de poner en libertad. ◊ Recibo que se da al deudor cuando paga. ◊ Cancelación de la carga que grava un inmueble. ◊ Culminación de la lucha por expulsar al ocupante extranjero de un territorio. ◊ *Chile.* Parto.
LIBERAL adj. Que obra con liberalidad. ◊ Díc. de la cosa hecha con ella. ◊ Expedito, pronto para ejecutar cualquier cosa. ◊ Díc. de ciertas profesiones, como medicina, abogacía, etc., que se ejercen en libre competencia. ◊ adj. y s. Que profesa doctrinas favorables a la libertad política en los estados. ◊ Partidario del liberalismo.
LIBERALIDAD f. Virtud que consiste en distribuir generosamente sus bienes sin esperar recompensa. ◊ Generosidad, desprendimiento.
LIBERALISMO m. Conjunto de ideas que defienden la primacía del individuo frente al Estado y la supresión de las trabas a la actividad económica.
LIBERALIZAR tr. y prnl. Hacer liberal en el orden político a una persona o cosa. ☐ LIBERALIZACIÓN.
LIBERAR tr. y prnl. Libertar, eximir a uno de una obligación. ◊ Librar a un país de la ocupación extranjera. ☐ LIBERATORIO, RIA.

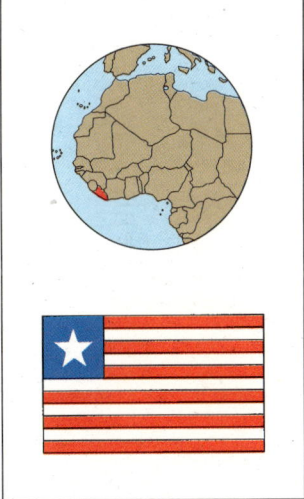

Mapa de situación y bandera de **Liberia**

LIBERIA (*Republic of Liberia*) Estado de África occidental, rep. Formado por una meseta ondulada, cubierta de bosque tropical. Ríos prales.: Loffa, Saint Paul, Saint John, Cess y Cavally. Clima cálido y húmedo. Café, cacao, agrios, arroz, maíz, mandioca; palmera de aceite; copra; hierro; refinerías de crudo. Grupos étnicos o nac.: kpelles, bassa, gios, kru, mandingos, etc. Lenguas: ing. (of.) y dialectos sudaneses (mande-tan, mande-fu, kru, etc.). *Rel.*: animista (mayoritaria). U.M.: el dólar liberiano. C. pral.: la cap., Monrovia.
☐ *Hist.* A partir de 1822 la *American Colonization Society* norteam. fundó diversos establecimientos. En 1847 se pro-

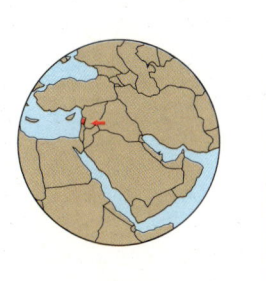

Mapa de situación y bandera de **Líbano**

LIBERIA

LIBERIA	
Superficie	111 369 km²
Población	2 520 000 hab. (23 hab./km²)
Recursos económicos	
Aceite de palma	31 000 t
Arroz	110 000 t
Azúcar	5 000 t
Cabaña caprina	220 000 cabezas
Cabaña ovina	220 000 cabezas
Caucho	90 000 t
Cerveza	158 000 hl
Diamantes	130 000 quilates
Hierro	8 011 000 t
Mandioca	300 000 t
Oro	700 kg
Pesca	16 000 t
Riqueza forestal	6 056 000 m²
Indicadores sociológicos	
PNB	540 millones de dólares
Renta per cápita	200 dólares
Esperanza de vida	55 años
Alfabetismo	46 %

clamó la indep. En 1857 se le anexionó el est. afr. indep. de Maryland. Durante la II Guerra Mundial se alineó con los aliados. W. Tubman fue presid. de L. entre 1943 y 1971. En 1980 un golpe de Est. liderado por S. Doe depuso a Tolbert (en el poder desde 1971). Doe fue asesinado en 1990 durante violentos combates. En 1997 C. Taylor fue elegido presid. Los combates se reanudaron en 1999, y Taylor dimitió en 2003. Ese mismo año G. Bryant fue elegido jefe de gobierno. **LIBERIA** C. del NO de Costa Rica, cap. de la prov. de Guanacaste; 46 703 hab. Centro agropecuario.
LIBERTAD f. Facultad humana de determinar los propios actos. ◊ Estado o condición del que no es esclavo. ◊ Estado del que no está preso. ◊ Falta de sujeción y subordinación. ◊ Facultad de hacer y decir cuanto no se oponga a las leyes y a las buenas costumbres. ◊ Prerrogativa, privilegio, licencia. Se usa mucho en pl. ◊ Licencia u osada familiaridad. ◊ Desembarazo, franqueza. ◊ Facilidad, soltura, disposición natural para hacer una cosa con destreza. ◊ **condicional.** Beneficio de abandonar la prisión que puede concederse a los penados en el último periodo de su con-

Liberia. Perspectiva general de Monrovia

dena. ◊ **provisional.** Situación o beneficio de que pueden gozar los procesados, no sometiéndolos durante la causa a prisión preventiva.
LIBERTAD, La Dpto. de Perú, sit. entre la cord. andina y el océano Pacífico; 23 241 km², 1 243 500 hab. Cap., Trujillo; c. prales.: Otuzco, Santiago de Chuco y San Pedro de Iloc. En la sierra, perteneciente a la cord. Occidental de los Andes, destaca el pico Huailillas (4 947 m). Avenado por el Marañón. Caña de azúcar, arroz. Yacimientos de oro (Pataz), plata (Huamachuco) y carbón (Huayday). Ind. química (Trujillo), metalúrgica (Quiruvilca), del cemento.
LIBERTAD, La Dpto. del centro-oeste de El Salvador; 1 653 km², 522 071 hab. Cap., Nueva San Salvador o Santa Tecla. Centros imp.: Puerto de La libertad y Quezaltepeque. Terreno montañoso. Avenado al N por la cuenca fluvial del Lempa.
LIBERTADOR, El *Amér.* Sobrenombre por excelencia de Simón Bolívar.
LIBERTADOR GENERAL BERNARDO O'HIGGINS Región VI del centro de Chile; 16 387 km², 780 627 hab. Cap., Rancagua. Minas de cobre.
LIBERTAR tr. y prnl. Poner en libertad. ◊ Eximir a uno de una obligación. ◊ tr. Preservar, salvar.
LIBERTARIO, RIA adj. Anarquista, antiautoritario; persona que defiende la supresión del Estado.
LIBERTICIDA adj. y s. Que anula la libertad.
LIBERTINAJE m. Desenfreno en las obras o en las palabras. ◊ Falta de respeto a la religión.
LIBERTINO, NA adj. y s. Díc. de la persona entregada al libertinaje. ◊ Partidario de la exaltación de la libertad personal más allá de los límites que imponen las leyes religiosas y morales.
LIBERTO, TA m. y f. Esclavo a quien se ha dado libertad.
LIBIA (*Jamahiriya al-Arabiya al-Libiya ash-sha'biya al-ishtirakiya*) Estado del N de África, rep. Desde las alt. del Jebel el-Achdar el relieve desciende hacia una depresión, de la que arranca el de-

LIBIA

LIBIA	
Superficie	1 775 500 km²
Población	4 325 000 hab. (2 hab./km²)
Recursos económicos	
Aceitunas	70 000 t
Cabaña caprina	1 200 000 cabezas
Cabaña ovina	5 500 000 cabezas
Camellos	150 000 cabezas
Cemento	2 700 000 t
Dátiles	75 000 t
Gas natural	6 550 millones de m³
Petróleo	67 162 000 t
Tabaco	3 500 millones de cigarrillos
Trigo	120 000 t
Indicadores sociológicos	
PNB	30 740 millones de dólares
Renta per cápita	6 680 dólares
Esperanza de vida	68 años
Alfabetismo	74 %

sierto de Libia. La altiplanicie estepari[a] se extiende por Tripolitania y Fezzan. El S está accidentado por el Tíbesti. Cli[ma] mediterráneo en la costa y seco [y] caluroso en el interior. Cebada, trigo, olivo; ganadería (ovina, caprina, aves), pesca (esponjas). Petróleo y gas natu[ral]. Grupos étnicos o nac.: ár., bérébe[res], tubus, negros. Lenguas: ár. (of.), ing., it. y beréber. *Rel.*: musulmán (of[icial] del Estado), católica. U.M.: el dinar. C[iud.] prales.: Trípoli, la cap., y Bengasi.
□ *Hist.* La parte occidental del país (Ci[re]naica) y la occidental (Tripolitania) fueron integradas por los rom. Post. L[ibia] fue invadida por los musulmanes y lo[s] turcos. Tripolitania se independizó du[ra]nte el reinado de Karamanli (1711[-]1853) y Cirenaica estuvo unida a Egip[to] hasta 1798. Tras la guerra italo-turca (1911-1912) fue cedida a Italia. En 1951 conquistó la indep. con la monarquía de Senusis. En 1969 una junta milita[r] instauró la Rep. Muammar al-Gaddaf[i] pasó a presidir el Consejo de la Revo[lu]ción. Desde 1977 L. es la «Jamahiriy[a] árabe líbica socialista popular». El en[f]rentamiento con EE UU desembocó e[n] ataques norteam. contra Bengasi y Trí[po]li en 1986. La moderación demos[trada en la guerra del Golfo, no evit[ó] un nuevo contencioso (1992) co[n] EE UU, Gran Bretaña y Francia por ne[garse a entregar a agentes libios acusa[dos de realizar atentados.
LIBIDO f. *Psic.* Fuerza con que se ma[nifiesta el instinto sexual, como forma de aspiración al placer, sea o no genital, y a todas las emociones sentimentales. El término fue acuñado por Freud y Jung lo aplicó a toda energía psíquica.
LIBIO, BIA adj. y s. De Libia. ◊ m. *Ling.* Dialecto ár. hablado en Libia.
LIBRA f. Ant. medida de peso de va[lor variable, según los pueblos. ◊ Me[di]da de peso anglosajona, equivalente a[453,59 g. ◊ Unidad monetaria de vario[s] países cuyo valor se fija según la parida[d] de la l. esterlina. ◊ Medida de capacida[d] que contiene una libra de un líquido.
LIBRA *Astr.* Constelación zodiacal (Ba[lanza) del hemisferio austral. ◊ Sépti[mo signo del Zodiaco.
LIBRADO, DA m. y f. Persona contra[la que se gira una letra de cambio.
LIBRADOR, RA m. y f. Persona que[gira una letra de cambio.

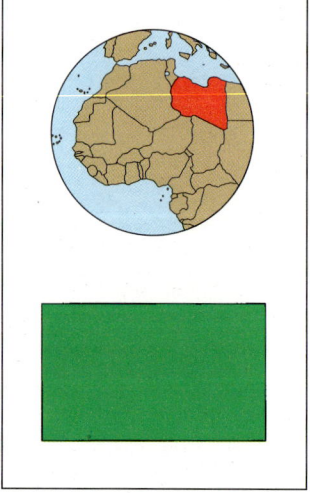

Mapa de situación y bandera de **Libia**

LIBRAMIENTO m. Orden que se da por escrito para que uno pague.

LIBRANZA f. Orden de pago que una persona da a otra para que liquide cierta cantidad a una tercera.

LIBRAR tr. y prnl. Sacar o preservar a uno de una dificultad, mal o peligro. ◊ tr. Poner confianza en una persona. ◊ Dar, expedir. ◊ Girar una letra de cambio, cheque, etc. ◊ intr. fam. Disfrutar los empleados de su día de descanso. ◊ Parir la mujer.

LIBRE adj. Que tiene facultad para obrar o no hacerlo. ◊ Que no es esclavo. ◊ Que no está preso. ◊ Atrevido, irrespetuoso. ◊ Suelto, no sujeto. ◊ Exento, privilegiado. ◊ Soltero. ◊ Independiente. ◊ Desembarazado o exento de un daño o peligro.

LIBREA f. Uniforme con levita que llevan algunos empleados y criados. ◊ Colorido del pelaje de los mamíferos o del plumaje de las aves.

LIBRECAMBIO m. *Econ.* Sistema que propugna el libre comercio entre las nac. sin trabas aduaneras, aranceles, etc. Defendido por D. Ricardo, Adam Smith y Stuart Mill. ❏ LIBRECAMBISMO; LIBRECAMBISTA.

LIBREPENSAMIENTO m. Doctrina que reclama para la razón individual independencia absoluta de todo criterio sobrenatural en materia religiosa. ❏ LIBREPENSADOR, RA.

LIBRERÍA f. Biblioteca, local en que se tienen libros o conjunto de éstos. ◊ Tienda donde se venden libros. ◊ Mueble con estantes para colocar libros. ❏ LIBRERIL.

LIBRERO m. El que vende libros. ◊ *Méx.* Estante de libros.

LIBRESCO, CA adj. Relativo al libro. ◊ Díc. del que se inspira en la lectura de los libros y no en la realidad de la vida.

LIBRETA f. Cuaderno destinado a escribir en él anotaciones o cuentas. ◊ La que expide una caja de ahorros.

LIBRETO m. Texto de una obra musical escénica: ópera, zarzuela, oratorio, etc. ❏ LIBRETISTA.

LIBREVILLE Cap. de Gabón, sit. al O del país, junto al océano Atlántico, en el estuario del Gabón; 257 000 hab. Centro administrativo y comercial. Puerto. Aeropuerto.

LIBRO m. Conjunto de obras manuscritas o impresas ordenadas para la lec-

Libro. Miniatura del manuscrito de Gante del s. XV, que representa a san Lucas (Biblioteca Real, Estocolmo)

tura. ◊ Obra de bastante extensión para formar volumen. ◊ Cada parte en que se divide la obra científica o literaria. ◊ Libreto. ◊ fig. Contribución o impuesto. ◊ *Zool.* Tercera de las cavidades en que se divide el estómago de los rumiantes. ◊ **de caballerías.** Especie de novela ant. en la que se cuentan aventuras de caballeros andantes. Proliferaron de los s. XII al XVI. ◊ **de caja.** *Cont.* Libro para anotar el movimiento del dinero. ◊ **de texto.** El que estudian los escolares. ◊ **sagrado.** Cada uno de los de la Biblia. Se usa más en pl.

LICANCÁBUR Volcán de los Andes, en la frontera chileno-boliviana; 5 916 m de altitud.

LICANTROPÍA f. *Psic.* Trastorno de la personalidad que induce a un individuo a creerse lobo. ❏ LICÁNTROPO, PA.

LICAÓN m. *Zool.* Mamífero cánido semejante al lobo, con la piel coloreada de negro, blanco y amarillo, que vive en la sabana africana.

LICENCIA f. Facultad o permiso para hacer una cosa. ◊ Documento en que consta la l. ◊ Abusiva libertad en decir u obrar. ◊ Grado de licenciado. ◊ **absoluta.** La que se concede a los militares, eximiéndolos completamente del servicio. ◊ **fiscal.** Impuesto directo que deben pagar las empresas comerciales e industriales por el nuevo ejercicio de sus actividades. ◊ **para manejar.** *Amér.* Carnet de conducir.

LICENCIADO, DA m. y f. Persona que ha obtenido en una facultad universitaria el grado que le habilita para ejercer una profesión. ◊ Tratamiento que se da a los abogados. ◊ Soldado que ha recibido su licencia absoluta.

LICENCIAR tr. Dar permiso o licencia. ◊ Despedir a uno. ◊ Conferir el grado de licenciado. ◊ Dar a los soldados su licencia absoluta. ◊ prnl. Tomar el grado de licenciado. ❏ LICENCIAMIENTO.

LICENCIATURA f. Grado de licenciado. ◊ Acto de recibirlo. ◊ Estudios necesarios para obtener este grado.

LICENCIOSO, SA adj. Atrevido, disoluto.

LICEO m. Uno de los tres ant. gimnasios de Atenas, donde enseñó Aristóteles. ◊ Escuela aristotélica. ◊ Nombre de ciertas sociedades literarias o de recreo. ◊ En algunos países, centro de enseñanza media.

LICIA (*Lykia*) Ant. región del SO de Asia Menor, entre Panfilia, Caria y el mar Egeo.

LICITAR tr. *Der.* Ofrecer precio por una cosa en subasta o almoneda. ◊ *Amér.* Vender en pública subasta. ❏ LICITACIÓN.

LÍCITO, TA adj. Justo, permitido. ◊ Que es de la ley. ❏ LICITUD.

LICOPODIO m. Especie de musgo que crece en lugares húmedos y sombríos.

LICOR m. Cuerpo líquido. ◊ Bebida espiritosa, compuesta de alcohol, agua, azúcar y esencias aromáticas. ❏ LICORERÍA; LICORISTA; LICOROSO, SA.

LICORERA f. Utensilio de mesa, donde se colocan las botellas o frascos de licor. ◊ Botella para guardar licores.

LICTOR m. Funcionario romano que precedía a los magistrados llevando las fasces.

LICUADORA adj. y s. Díc. del aparato que sirve para licuar algo.

LICUAR tr. y prnl. Convertir en líquido. ◊ Fundir un metal sin que se derritan las demás materias con que se encuentra combinado. ❏ LICUACIÓN.

LICUEFACER tr. y prnl. Licuar. ❏ LICUEFACCIÓN; LICUEFACTIVO, VA.

LICURGO Legislador legendario de la ant. Esparta.

LICURGO m. fig. Legislador.

LID f. Combate, pelea. ◊ fig. Disputa.

LÍDER com. Impulsor o iniciador de una conducta social. ◊ Dirigente, jefe con la aceptación voluntaria de sus seguidores. ◊ *Dep.* El que va en cabeza de una clasificación. ❏ LIDERATO; LIDERAZGO.

LIDIA Ant. región de Asia Menor, entre Misia, Caria, Frigia y el mar Egeo. Alcanzó su máx. esplendor bajo el rey Creso (s. VI a. C.).

LIDIAR intr. Batallar, pelear. ◊ fig. Hacer frente a uno, oponérsele. ◊ fig. Tratar con una o más personas que causan molestia. ◊ tr. *Taur.* Burlar al toro esquivando sus acometidas hasta darle muerte según las reglas del toreo. ❏ LIDIA; LIDIADERO, RA; LIDIADOR, RA.

LIDO m. *Geog.* Litoral arenoso frente a una bahía o laguna, a la que puede cerrar completamente.

LIEBIG, Justus (1803-1873) Químico al. Introdujo el concepto de radical en química orgánica; obtuvo el ácido acético a partir del alcohol. Fundador de los *Anales de química*.

LIEBKNECHT, Karl (1871-1919) Político socialista al. Fundador, con Rosa Luxemburg, del grupo Espartaco. En 1919 dirigió la insurrección de Berlín, c. en la que fue detenido y ejecutado. ◊ *Wilhelm* (1826-1900) Político socialista al. Creó, en 1869, el Partido Obrero Socialdemócrata.

LIEBRE f. Mamífero con largas patas, adaptadas a la carrera y al salto, y con orejas también largas. Viven en zonas de matorral y bosque abierto.

LIECHTENSTEIN (*Fürstentum Liechtenstein*) Est. de Europa central, sit. entre Austria y Suiza; monarquía constitucional. Terr. cruzado por los Alpes y

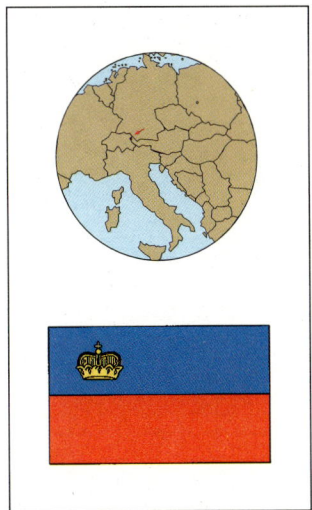

Mapa de situación y bandera de **Liechtenstein**

Liechtenstein. Vista parcial
del castillo de Vaduz

avenado por el Rin. Clima alpino. Cereales, patatas; ganadería bovina; avicultura; ind. textil; energía eléctrica; turismo. Lenguas: alemán, alemannish. *Rel.*: catolicismo, protestantismo. U.M.: franco suizo. Cap.: Vaduz. C. prales.: Schaan.

□ *Hist.* Los señoríos de Schellenberg y Vaduz, feudos de la familia Liechtenstein, se unificaron con el nombre actual en 1719. L. formó parte de la Confederación Germánica (1815-1866). Estuvo ligado económicamente a Austria hasta 1919, en que se inclinó por la colaboración con Suiza.

LIECHTENSTEIN	
Superficie	160 km²
Población	29 000 hab. (181 hab./km²)
Recursos económicos	
Energía eléctrica	54 millones de kwh
Patata	12 000 t
Indicadores sociológicos	
PNB	1 000 millones de dólares
Renta per cápita	33 000 dólares
Esperanza de vida	79 años
Alfabetismo	100 %

LIED (voz al.) m. Poema musical cantado, propio del romanticismo germano.
LIEJA (fr., *Liège;* flam., *Luik*) C. de Bélgica, cap. de la prov. hom. y del sector valón; 211 500 hab. Sit. en una cuenca minera. Centro industrial.
LIENCILLO m. *Amér.* Tela burda de algodón.
LIENDRE f. Huevo de piojo que suele estar adherido a los pelos de los animales huéspedes de este parásito.
LIENZO m. Tela de lino, cáñamo o algodón. ◊ Pañuelo de lienzo. ◊ Pintura hecha sobre lienzo. ◊ Fachada o pared de un edificio.
LIFAR, *Serge* (1905-1986) Bailarín y coreógrafo ruso. Primera figura en la compañía de Ballets rusos, actuó con los ballets de la Ópera de París y de Montecarlo.
LIGA f. Cinta o banda de tejido elástico con que se aseguran las medias. ◊ Venda o faja. ◊ Unión o mezcla. ◊ Aleación. ◊ Confederación, alianza entre Estados. ◊ P. ext.: agrupación de indi-

viduos o colectividades humanas con alguna finalidad. ◊ *Dep.* Competición en que cada uno de los equipos ha de jugar con todos los demás de su categoría. ◊ *Guat.* y *Cuba.* Ligación.
LIGA o **SANTA Liga** Partido católico fr. que defendía a la iglesia católica frente a los hugonotes. Protagonizó las guerras de religión del reinado de Enrique III. ◊ **Árabe.** Creada el 22 de marzo de 1945, reunía a Egipto, Arabia Saudita, Jordania, Irak, Yemen, Siria y Líbano. Luego se adhirieron Libia, Sudán, Tunicia, Marruecos, Somalia y Argelia. En 1996 reunía a un total de 22 Estados miembros. Tiene su sede en El Cairo. ◊ **Del Interior.** Coalición de nueve prov. del centro y N. de Argentina, formada en 1930 por el general José M.ª Paz ante la elección de Rosas como gobernador de Buenos Aires. La guerra empezó en enero de 1831 y en ella la L. fue derrotada. ◊ **Del Litoral** o **Pacto Federal.** Coalición de prov. arg. Tras el derrocamiento y muerte de Dorrego (1828), se constituyó en 1831, ante la formación en el interior de la L. Unitaria. Participaron Buenos Aires, las prov. de Santa Fe, Entre Ríos y Corrientes. Con la victoria de su ejército sobre el general Paz, las prov. del interior se unieron también al pacto federal, y se inició el gobierno de Rosas. ◊ **Hanseática** ➪ Hansa. ◊ **Santa.** Nombre de distintas coaliciones militares. La primera nació en 1495 entre Fernando el Católico, Venecia, Milán, el papa Alejandro VI, el emp. Maximiliano e Inglaterra, para frenar el avance fr. en Nápoles. ◊ Alianza promovida por Julio II en 1511, entre el Vaticano, Venecia, España, el imperio germánico e Inglaterra, para frenar a los fr. en el Milanesado. ◊ Coalición formada por España, Venecia y el Pontificado en 1571, por iniciativa de Pío V, ante los avances turcos en el Mediterráneo.
LIGADURA f. Vuelta que se da apretando una cosa con liga u otra atadura. ◊ fig. Sujeción con que una cosa está unida a otra. ◊ *Cir.* Operación por la que se suspende la circulación de un vaso sanguíneo mediante un hilo.
LIGAMEN m. Maleficio para esterilizar a alguien.
LIGAMENTO m. Cordón fibroso que liga los huesos de las articulaciones. ◊ Pliegue membranoso que enlaza cualquier órgano del cuerpo de un animal. □ LIGAMENTOSO, SA.
LIGAR tr. Atar. ◊ Alear metales. ◊ Unir o enlazar. ◊ fig. Usar de algún maleficio. ◊ tr. y prnl. fig. Obligar. ◊ tr. *Cuba.* Contratar por determinado precio el producto de una cosecha antes de la recolección. ◊ intr. En ciertos juegos de naipes, juntar dos o más cartas para una jugada. ◊ prnl. Confederarse, unirse para algún fin. ◊ tr. e intr. fam. Mantener relaciones amorosas que no se formalizan ni suponen compromiso. ◊ intr. fam. Ser compatibles o avenirse dos personas o cosas. □ LIGACIÓN; LIGADO, DA; LIGAMIENTO.
LIGAZÓN f. Unión, trabazón de una cosa con otra.
LIGEREAR intr. *Chile.* Andar de prisa o despachar algo con ligereza.
LIGEREZA f. Presteza, agilidad. ◊ Levedad o poco peso de una cosa. ◊ fig. Inconstancia, inestabilidad. ◊ fig. He-

cho o dicho de alguna importancia, pero irreflexivo.
LIGERO, RA adj. Que pesa poco. ◊ Ágil, veloz. ◊ Aplícase al sueño que se interrumpe fácilmente. ◊ Leve, de poca importancia y consideración. ◊ fig. Hablando de alimentos, que pronto y fácilmente se digiere. ◊ fig. Inconstante, que cambia fácilmente de opinión.
LIGNIFICAR tr. Dar contextura de madera. ◊ prnl. *Bot.* Tomar consistencia de madera, pasar de la consistencia herbácea a la leñosa. □ LIGNIFICACIÓN.
LIGNINA f. *Bot.* Sustancia de protección de las membranas de las células de los tejidos de acción mecánica y de sostén de las plantas.
LIGNITO m. *Geol.* Carbón mineral que contiene 60-75 % de carbono, 20-25 % de oxígeno y 5,5 % de hidrógeno. Poder calorífico de unas 7 000 calorías/kg. Se utiliza para la producción de energía y la calefacción doméstica, y en la industria química.
LÍGNUM Crucis m. Reliquia de la cruz de Jesucristo.
LIGUANO, NA adj. *Chile.* Díc. de una raza de carneros de lana gruesa y larga.
LIGUE m. fam. Relación amorosa pasajera. ◊ fam. Persona con la que se mantiene esta relación.
LIGUERO m. Especie de faja estrecha a la que se sujeta el extremo superior de las ligas de las mujeres.
LÍGULA f. *Bot.* Apéndice membranoso, entre el limbo y el pecíolo de las hojas de algunas gramíneas. ◊ Flor de la inflorescencia en capítulo con un pétalo mucho mayor que los demás.
LIGUR m. Individuo de un ant. pueblo preindoeuropeo que habitaba la actual Liguria y Provenza.
LIGURIA Región del N de Italia. Comprende las prov. de Génova, Imperia, La Spezia y Savona; 5 418 km², 1 676 300 hab. Cap., Génova. Cereales, hortalizas, flores, olivo; ind. química, naval, metalúrgica; comercio; turismo en la Riviera.
LIHN, *Enrique* (1928-1987) Poeta chil. Cultivó también el periodismo, el teatro y la pintura.
LIJA f. Pez marino, de unos 70 cm de largo y de piel cubierta de una especie de dentículos córneos. Su carne es comestible, pero no muy apreciada. ◊ Piel seca de este pez o de otro selacio, que se emplea para limpiar y pulir metales y maderas. ◊ Papel de lija, papel con polvos o arenillas de vidrio que sirve para pulir madera o metales. □ LIJAR.
LIKASI (ant. *Jadotville*) C. del S de la República Democrática del Congo, en la prov. de Shaba; 146 400 hab. Centro minero. Ind. metalúrgica y química.
LILA f. *Bot.* Nombre común de varias especies de plantas, originarias de Persia, de flores de color morado claro y olorosas. ◊ m. Color morado claro.
LILIPUT País fantástico, poblado de personajes diminutos, imaginado por J. Swift en su novela *Los viajes de Gulliver.* □ LILIPUTIENSE.
LILLE C. del N de Francia, cap. del dpto. y de la región del Nord; 172 142 hab. (959 200 hab. la agl. urb.). Centro com. e ind. Aeropuerto.
LILLO, *Baldomero* (1867-1923) Escritor chil., influido por el naturalismo fr. *Sub-Terra, Sub-Sole.* ◊ *Eusebio* (1826-

1910) Poeta chil., autor del himno nacional de su país.

LILONGWE C. de Malawi, en la zona central del país; cap. del Est.; 103 000 hab.

LIMA f. Fruto del limero. ◊ Herramienta de acero templado que se usa para el trabajo de materiales duros. ◊ fig. Madero que se coloca en el ángulo que forman dos vertientes de un tejado y en el cual se apoyan los pares cortos de la armadura. ◊ Este mismo ángulo.

LIMA Dpto. de Perú, sit. junto al Pacífico; 33 250 km², 6 707 300 hab. Accidentado por la cord. Occidental. La parte llana corresponde a la llanura litoral y a los valles fluviales. Cereales, hortalizas, caña de azúcar; pesca; carbón, cobre. Creciente industrialización en la cap., Lima, la pral. población. ◊ Cap. del Perú y del país; aglr. urb. Lima-Callao, 6 404 500 hab. Centro industrial y comercial. Ind. textil, alimentaria (harinas, aceites, conservas), química, de la construcción, automovilística, del calzado, neumáticos, etc. Centro de comunicaciones. Numerosos monumentos y edificios de la época colonial: la llamada Casa de Pilatos (ss. XVII), el palacio de los marqueses de Torre Tagle (s. XVIII), la Quinta de Presa (s. XVIII), la catedral (ss. XVI-XVIII), las iglesias de San Francisco (s. XVI-XVII), Santo Domingo (s. XVI) y San Pedro (s. XVII). Ocho universidades. Biblioteca Nacional. Numerosos museos e instituciones culturales. La c. fue fundada en 1535 por Pizarro con el nombre de Ciudad de los Reyes. Fue capital del virreinato español del Perú.

LIMADURAS f. pl. Partecillas menudas que con la lima u otra herramienta se arrancan al limar.

LIMAR tr. Cortar o alisar los metales, la madera, etc., con la lima. ◊ fig. Pulir una obra. ❑ LIMADO; LIMADOR, RA.

LIMARÍ Prov. de Chile, en la región de Coquimbo; 156 158 hab. Cap., Ovalle. ◊ R. de Chile en la prov. hom.; 200 km.

LIMATÓN m. Lima de figura redonda, gruesa y áspera. ◊ *Chile, Col.* y *Hond.* Lima para desgastar y alisar metales, madera, etc.

LIMAY Río de Argentina; 430 km. Recoge las aguas del lago Nahuel Huapi (prov. de Neuquén) y se une con el Neuquén para formar el río Negro.

LIMAZO m. Viscosidad o babaza.

LIMBO m. Lugar adonde van las almas de los que, antes del uso de la razón, mueren sin el bautismo. ◊ Borde de una cosa, y en especial, orla o extremidad de la vestidura. ◊ Contorno aparente de un astro. ◊ *Bot.* Parte laminar, gralte. verde, de la hoja; en su porción superior (la haz) recibe directamente los rayos solares para la fotosíntesis, y su parte inferior (el envés) suele estar protegida por pilosidad, pubescencia, etc.

LIMBOURG (s. XV) Apellido de tres miniaturistas fr. de origen flamenco, **Pol, Hennequin** y **Hermann**. *Las muy ricas horas del duque de Berry.*

LIMBURGO Región histórica de Europa, que se extendía a ambos lados del río Mosa. A partir de 1830 quedó dividida entre Bélgica y Países Bajos.

LIMEN m. Umbral. ◊ Entrada al conocimiento de una materia.

Lima. Vista de la Plaza de Armas

LIMERO m. *Bot.* Planta con frutos en hesperidio, globosos, mamelonados y de sabor dulce (limas). Es originario del sur de Asia.

LIMES m. Frontera del imperio romano.

LIMFJORDEN Corredor marítimo de unos 124 km que comunica el mar del Norte con el Kattegat.

LIMITADO, DA adj. No infinito. ◊ No general. ◊ Pequeño. ◊ m. pl. Pocos.

LIMITADOR adj. y m. Díc. del dispositivo eléctrico o electrónico que limita el valor de una amplitud de onda.

LIMITAR tr. Poner límites a un terreno. ◊ tr. y prnl. fig. Acortar, ceñir. ◊ fig. Poner límites a la jurisdicción de una autoridad o a los derechos de una persona. ◊ intr. Lindar, estar contiguos dos terrenos. ❑ LIMITACIÓN; LIMITATIVO, VA.

LÍMITE m. Línea, punto o momento que señala la separación entre dos cosas. ◊ Fin, término.

LIMÍTROFE adj. Confinante, aledaño, vecino.

LIMNOLOGÍA f. Ciencia biológica, parte de la ecología, que trata de la investigación del medio lacustre en lo que se refiere tanto a las condiciones físicas y químicas del entorno como a las relaciones troficodinámicas de las poblaciones que viven en el mismo.

LIMO m. *Geol.* Depósito sedimentario detrítico constituido por partículas de pequeñísimo tamaño. Son típicos de lagos, pantanos y aguas tranquilas, aunque también pueden ser de origen eólico, como los loes. ❑ LIMOSO, SA.

LIMOGES C. de Francia, cap. del Lemosín y del dpto. de Haute-Vienne; 170 100 hab. Centro comercial e industrial. Célebre ind. de porcelana.

LIMÓN m. Fruto del limonero, de color amarillo y pulpa ácida comestible. ◊ Limonero, árbol.

LIMÓN Prov. del E de Costa Rica, junto al Caribe; 9 188 km², 339 295 hab. La parte O está accidentada por las estribaciones de las cord. Central y de Talamanca. Bananas, cacao, coco, cereales. ◊ C. de Costa Rica, cap. de la prov. hom.; 89 933 hab.; pral. puerto del país en el Caribe. Refinería de petróleo.

LIMÓN, *José* (1908-1972) Bailarín y coreógrafo mex. Actuó en Europa y fue profesor de danza en varias universidades norteam.

LIMONADA f. Bebida compuesta de agua, azúcar y zumo de limón.

LIMONAR m. Sitio plantado de limones. ◊ *Guat.* Limonero, árbol.

LIMONERO m. *Bot.* Planta arbórea, con hojas oblongas, flores fragantes y frutos en hesperidio ricos en vitamina C y ácido cítrico. De la corteza se fabrica un alcohol medicinal.

LIMONITA f. *Miner.* Óxido hidratado de hierro, el mineral de hierro más abundante en la naturaleza, que se emplea como mena de dicho metal. Se forma por oxidación superficial de los yacimientos ferríferos.

LIMOSNA f. Lo que se da para socorrer una necesidad. ❑ LIMOSNERO, RA.

LIMPIABARROS m. Utensilio que se coloca en la entrada de las casas para limpiar el barro del calzado.

LIMPIABOTAS m. El que por oficio limpia y lustra botas y zapatos.

LIMPIAPARABRISAS m. Mecanismo que se adapta a la parte exterior del parabrisas y que aparta la lluvia o la nieve que cae sobre aquél.

LIMPIAR tr. y prnl. Quitar la suciedad de una cosa. ◊ tr. fig. Purificar. ◊ fig. Ahuyentar de una parte a los que son perjudiciales en ella. ◊ fig. Podar. ◊ fig. y fam. Hurtar. ◊ *Méx.* Castigar, azotar. ◊ *Argent.* Matar. ❑ LIMPIADA; LIMPIADOR, RA.

LÍMPIDO, DA adj. poét. Limpio, puro, inmaculado.

LIMPIEZA f. Calidad de limpio. ◊ Acción y efecto de limpiar o limpiarse. ◊ fig. Pureza, castidad. ◊ fig. Integridad, honradez. ◊ fig. Precisión, perfección con que se ejecutan ciertas cosas. ◊ fig. Observación estricta de las reglas del juego.

LIMPIO, PIA adj. Que no tiene mancha o suciedad. ◊ Que no tiene mezcla de otra cosa. ◊ Aseado y pulcro. ◊ fig. Exento, libre. ◊ fig. y fam. Que ha perdido todo su dinero.

LIMPOPO Río del África austral; unos 1 600 km. Nace en el SO de Transvaal (República Sudafricana) y desemboca en el océano Índico.

LIMUSINA f. Automóvil, gralte. lujoso, de cuatro puertas y a veces con un cristal de separación entre el asiento delantero y el espacio reservado a los pasajeros.

LIN Piao (1908-1971) Político y militar chino. Comandante del I Ejército rojo (1932). El IX Congreso del partido co-

Limonita iridiscente sobre cristal de cuarzo

munista chino le designó sucesor de Mao (1969).

LINA f. *Chile.* Pelo de lana gruesa y basta.

LINAJE m. Ascendencia o descendencia de cualquier familia. ◊ fig. Clase o condición de una cosa. ❏ LINAJUDO, DA.

LINAO m. *Chile.* Especie de juego de pelota que se practica en la isla de Chiloé.

LINARES Prov. del centro de Chile, en la región de Maule; 253 990 hab. Trigo, patatas; explotación forestal; ganado ovino y vacuno; refinerías de azúcar. ◊ C. de Chile, cap. de la prov. hom.; 83 249 hab. Ind. alimentarias, de la construcción, artesanas. Fundada en 1755.

LINARES C. esp., en Andalucía (prov. de Jaén); 57 578 hab. Aceite, frutas, hortalizas; plomo, cobre; ind. metalúrgica, automovilística.

LINARES, José María (1810-1861) Político bol. Primer presid. civil de Bolivia, tras derrocar al presid. Córdova en 1857. ◊ **Rivas, Manuel** (1878-1938) Dramaturgo y novelista esp. *El abolengo, La garra.*

LINAZA f. Simiente del lino de la que se extrae un aceite con aplicaciones industriales y medicinales.

LINCE m. Mamífero carnívoro félido, muy parecido al gato montés. ◊ m. y adj. El que tiene vista aguda. ◊ fig. Persona aguda, sagaz.

LINCE C. de Perú, en el dpto. de Lima; 79 000 hab. Forma parte de la agl. urb. de Lima.

LINCHAR tr. Castigar, usualmente con la muerte, sin proceso y tumultuariamente, a un sospechoso. ❏ LINCHAMIENTO.

LINCOLN C. de EE UU, cap. del estado de Nebraska; 192 000 hab. la agl. urb. Centro industrial y comercial. Mercado agrícola y ganadero.

LINCOLN, Abraham (1809-1865) Político norteam., republicano. Antiesclavista, alcanzó la presidencia de EE UU en 1860, lo que provocó la separación de varios estados de la Unión y la guerra civil (1861-1865). En 1863 se abolió la esclavitud. Fue reelegido presid. en 1864. Un fanático sudista, John W. Booth, le asesinó.

LINDAR intr. Estar contiguos dos terr., terrenos o fincas.

LINDBERGH, Charles (1902-1974) Aviador norteam. En 1927 realizó la pri-

Abraham **Lincoln**

mera travesía aérea, sin escalas, del océano Atlántico.

LINDE amb. Límite, término o línea que divide.

LINDE, Karl von (1842-1934) Ingeniero al. Obtuvo el hielo artificial y el aire líquido.

LINDER, Max (1893-1925) Actor y director cinematográfico fr. *Max patinador, Max pedicuro, Víctima de la quinina.*

LINDERO, RA adj. Que linda con una cosa. ◊ m. Linde.

LINDEZA f. Calidad de lindo. ◊ Hecho o dicho gracioso. ◊ pl. Irónicamente, insultos o improperios.

LINDO, DA adj. Hermoso, grato a la vista. ◊ fig. Bueno, exquisito.

LINDO, Hugo (1917-1985) Escritor salv. *El anzuelo de Dios* (novela), *Aquí se cuentan cuentos.*

LINDÓN m. Caballete en que los hortelanos suelen poner las esparragueras y otras plantas.

LÍNEA f. *Geom.* Conjunto de puntos que resulta de la intersección de dos superficies. ◊ Renglón de un escrito. ◊ Raya en un cuerpo cualquiera. ◊ Vía de comunicación o de transporte. ◊ Frente, terr. donde combaten dos ejércitos. ◊ *Electr.* En la técnica de televisión, exploración horizontal sobre la imagen. ◊ **de flotación.** La que separa la parte sumergida del casco de la que no lo está. ◊ **de fuerza.** La tangente en un punto a la dirección de un campo de fuerzas en este punto. ◊ **telefónica o telegráfica.** Conjunto de aparatos e hilos conductores del teléfono o del telégrafo. ◊ **Líneas aéreas.** Vías de transporte y comunicación en el espacio aéreo, servidas por compañías de aviación.

LÍNEA de la Concepción, La C. esp., en Andalucía (prov. de Cádiz); 59 437 hab. A 2 km de Gibraltar.

LINEAL adj. Aplícase al dibujo que se representa sólo por medio de líneas.

LINFA f. *Fisiol.* Parte del plasma sanguíneo que atraviesa las paredes de los vasos capilares, se difunde por los intersticios de los tejidos, y, después de cargarse de sustancias producidas por la actividad de las células, entra en los vasos linfáticos, por los que circula hasta incorporarse a la sangre venosa. ❏ LINFÁTICO, CA; LINFOIDE.

LINFATISMO m. Tendencia a los infartos e inflamaciones de los ganglios, y a la degeneración escrofulosa y tuberculosa.

LINFOBLASTO m. Célula generadora de linfocitos.

LINFOCITO m. *Fisiol.* Variedad de leucocito. Constituye del 25 al 33 % del total de glóbulos en la sangre.

LINFOCITOSIS f. *Med.* Aumento del número de linfocitos en la sangre.

LINGOTAZO m. fam. Trago de vino o de cualquier otra bebida alcohólica.

LINGOTE m. Bloque metálico sólido que resulta de la colada en moldes (lingoteras) de las fundiciones de hierro, acero, plata, oro, platino o aleaciones.

LINGUAL adj. Relativo a la lengua. ◊ *Fon.* Díc. de los fonemas en cuya articulación interviene la lengua pralm.

LINGUE m. *Chile.* Árbol alto y frondoso, de corteza lisa, utilizado en ebanistería y construcción.

LINGÜÍSTICA f. Ciencia que se ocupa de la descripción y explicación de

los hechos del lenguaje en sus niveles fónico, léxico y sintáctico. ❏ LINGÜISTA; LINGÜÍSTICO, CA.

LINIER m. *Dep.* Juez de línea.

LINIERS, Santiago (1753-1810) Militar fr., al servicio de España. En 1806 expulsó a las tropas brit. de Buenos Aires. Virrey del Río de la Plata, en 1810 se enfrentó a los insurgentes independentistas. Hecho prisionero, fue fusilado.

LINIMENTO m. Preparado farmacéutico a base de aceite y bálsamos, que se aplica por vía externa, mediante fricción, contra dolores musculares y articulares.

LINITIS f. Aumento del grosor de la pared gástrica.

LINNÉ o **LINNEO, Carl von** (1707-1778) Naturalista y médico sueco. Autor de la clasificación de las plantas y de los animales por medio de sus semejanzas estructurales. Propuso la nomenclatura utilizada todavía, según la cual cada especie se nombra por dos palabras (genérica y específica) en latín o lengua latinizada. *Species plantarum, Systema naturae.*

Carl von **Linné**

LINO m. *Bot.* Nombre común de diversas especies de plantas herbáceas textiles. El l. común es una de las plantas textiles más importantes. ◊ Materia textil que se saca de los tallos de las plantas del lino.

LINO (s. I) Santo. Papa, sucesor de Pedro (67-79).

LINÓLEO o **LINÓLEUM** m. Preparado de corcho, harina de madera, aceite de linaza y resina, que impregna y recubre un tejido de fieltro o arpillera.

LINOTIPIA f. *Art. Gráf.* Máquina de componer de la cual sale la línea en una sola pieza. La composición se efectúa sobre un teclado cuyas teclas liberan las matrices, que pasan al componedor. Una vez justificadas las líneas, éstas se funden y las matrices son almacenadas. ❏ LINOTIPISTA.

LINTERNA f. Lamparilla portátil que funciona con pilas. ◊ Torrecilla con ventanales que remata torres, tejados o cúpulas. ◊ **mágica.** Aparato óptico con el cual, por medio de lentes, se proyectan sobre una pantalla imágenes pintadas en vidrio.

LINTERNILLA f. *Amér. Centr.* Ventanilla o claraboya situada encima de la puerta.

557 ━━━━━━━━━━━━━━━ **LIRÓN**

LINUDO, DA adj. *Chile*. Díc. del animal que tiene lina, y también del tejido hecho con ella.

LINYERA m. *Argent.* y *Ur.* Atado en que se guardan ropa y otros efectos personales. ◊ *Argent.* y *Ur.* Vagabundo.

LINZ C. del N de Austria, cap. del est. de Alta Austria; 200 000 hab. Imp. centro comercial e industrial.

LÍO m. Ropa u otras cosas atadas. ◊ fig. y fam. Embrollo. ◊ fig. y fam. Trato sexual habitual con una persona, fuera del matrimonio. ❏ LIOSO, SA.

LIOFILIZACIÓN f. Procedimiento de eliminación del agua de ciertos materiales orgánicos, mediante congelación y deshidratación por sublimación al vacío. ❏ LIOFILIZAR.

LIONESA f. Pequeño pastel hecho con harina, huevos, mantequilla y azúcar, y rellenado de nata o crema.

LÍPARI Arch. de Italia, en el mar Tirreno, al N de Sicilia, constituido por siete islas e islotes; 117 km², unos 15 000 hab. Piedra pómez.

LIPARITA f. *Geol.* Variedad de roca eruptiva de origen volcánico, cuyos prales. componentes son el cuarzo y la ortoclasa.

LIPASA f. *Biol.* Enzima que desdobla las grasas en ácidos grasos y glicerina. Se encuentra en el páncreas, el hígado y la pared intestinal.

LIPEMIA f. *Pat.* Contenido de grasas neutras, ácidos grasos, fosfolípidos y colesterol en la sangre. Aumentan en diversos trastornos metabólicos.

LÍPETSK o **LÍPECK** C. de Rusia; 447 000 hab. Ind. siderúrgica, metalúrgica, mecánica.

LIPIDIA f. *Cuba* y *Méx.* Impertinencia, majadería. ◊ *Amér. Centr.* Miseria, indigencia. ◊ *Chile*. Indigestión.

LÍPIDO m. *Biol.* Principio inmediato compuesto preponderantemente por carbono, hidrógeno y oxígeno. Los l. funcionan a modo de sustancias energéticas de reserva. Comprenden las grasas, ceras y lipoides.

LIPOTIMIA f. *Méd.* Pérdida súbita y pasajera del conocimiento, debida a un déficit de la irrigación cerebral que provoca una anoxia.

LIPPI, Filippino (h. 1457-1504) Pintor it., hijo de Fra Filippo Lippi. *La visión de san Bernardo*, para la Trinità de Florencia. ◊ FRA *Filippo* (h. 1406-1469) Pintor it. de la escuela toscana. Su obra refleja las influencias de Massaccio y de fra Angelico.

LIQUEN m. *Bot.* Vegetal del grupo líquenes. ◊ m. pl. *Bot.* División de vegetales criptogámicos constituidos por la asociación de una especie de hongos y otra de algas.

LIQUIDAR tr. Hacer líquida una cosa sólida o gaseosa. ◊ fig. Saldar una cuenta. ◊ fig. Poner término a una cosa. ◊ *Der.* Hacer ajuste final de cuentas una casa de comercio para cesar en él. ◊ Vender con rebaja una o más mercancías hasta agotar las existencias. ◊ fig. Matar. ❏ LIQUIDACIÓN.

LIQUIDEZ f. Grado de convertibilidad en dinero de cualquier elemento patrimonial. En el comercio internacional, oferta global de dinero y activos.

LÍQUIDO, DA adj. y m. Díc. de un estado de la materia caracterizado por tener volumen propio, adaptarse a la forma del recipiente que lo contiene,

poder fluir, ser muy poco compresible y pasar al estado de vapor a cualquier temperatura. ◊ En comercio, saldo resultante entre el debe y el haber. ◊ **cefalorraquídeo.** *Fisiol.* L. seroso que baña el encéfalo y la médula espinal, y regula la circulación sanguínea cerebral. ◊ **imponible.** Cuantía que sirve de base para la cuota tributaria.

LIQUILIQUE m. *Col.* y *Ven.* Blusa o camisa de tela recia.

LIRA f. Ant. Instrumento de cuerda compuesto de caja de resonancia, montantes, travesaño y un núm. variable de cuerdas. ◊ *Métr.* Estrofa de cinco versos y rima consonante. ◊ Combinación de rima de seis versos de distinta medida, y en la cual riman los cuatro primeros alternadamente, y los dos últimos entre sí. ◊ Ant. unidad monetaria de Italia ◊ Unidad monetaria de Turquía.

Detalle de *La Virgen con el Niño y dos ángeles*, temple sobre tabla de F. **Lippi**

LIRCAY Río de Chile, afl. del Mantaro. ◊ **Batalla de L.** Encuentro (abril 1830) junto al río L., que puso fin a la guerra civil chilena (1829-1830) con el triunfo de los conservadores de Ovalle y Prieto sobre los liberales acaudillados por Freire.

LÍRICO, CA adj. Perteneciente a la lira o a la poesía propia para el canto. ◊ Díc. del gén. de poesía en que el poeta canta sus propios afectos e ideas, y, por regla general, de todas las obras en verso que no son épicas o dramáticas. ◊ adj. y s. Díc. del poeta cultivador de este gén. en poesía. ◊ Díc. de las obras musicales y cantables que se adaptan a la acción teatral de un libreto, como la ópera, la opereta y la zarzuela. ◊ f. Poesía lírica, gén. literario. Antiguamente se llamaban así todas las composiciones que se acompañaban con la lira (ditirambos, idilios, odas). ❏ LIRISMO.

LIRIO m. Nombre de diversas especies de plantas herbáceas, gralte. provistas de rizoma, con flores en racimos y frutos en cápsula dehiscente. Las especies más comunes son el l. cárdeno o común, el l. pálido, de flores ligeramente azuladas; el l. blanco, de flores blanquecinas; el l. de Florencia, con flores blancas y rizoma, es utilizado en perfumería y para la fabricación de dentífrico.

LIRÓN m. Mamífero roedor del tamaño de una ardilla que vive en los bos-

LIQUEN

Según su morfología, los líquenes se dividen en varios grupos biológicos

Los líquenes crustáceos forman costras firmemente unidas a sus sustratos

Los fruticosos tienen ramificaciones arborescentes

Los foliáceos recuerdan el aspecto de las hojas

ques de Asia y Europa y permanece aletargado en las épocas frías del año. ◊ fig. Persona dormilona.
LIS f. Lirio. ◊ *Her.* Forma de esta flor.
LISA f. Pez de río, parecido a la locha, de carne insípida.
LISBOA Cap. de Portugal y del distrito hom.; 817 600 hab. Sit. sobre la orilla derecha del Tajo. Gran puerto comercial. Centro industrial. Astilleros. Refinería de petróleo. Centro pesquero. Catedral del s. XII. Universidad fundada en 1290.

tienen derecho a emitir su voto en unas elecciones. ◊ Relación de los candidatos que un grupo determinado presenta en unas elecciones. ◊ **negra.** Relación secreta en la que se inscribe los nombres de las personas o entidades proscritas. ❏ LISTAR.
LISTA, *Alberto* (1775-1848) Poeta neoclásico esp. *Al sueño, A la muerte de Jesús, A la sabiduría.*
LISTADO, DA adj. Que forma o tiene listas. ◊ m. Salida impresa de una computadora.

junto de las producciones literarias de una nación, época o género. ◊ P. ext., conjunto de obras que versan sobre una ciencia o técnica. ❏ LITERARIO, RIA.
❏ A grandes rasgos puede distinguirse en la l. el género narrativo, que abarca, dentro de la l. en prosa, la novela, el relato y el cuento. La poesía constituye un género caracterizado por la utilización del verso, la métrica y la rima. Los géneros dramáticos abarcan la tragedia, la comedia y la tragicomedia. El ensayo constituye un género literario en prosa que debe su nombre a los *Essais* de Montaigne. Junto a ellos existen las llamadas «novelas de quiosco» (géneros «rosa», «policíaco», etc.), los «cómics» y determinados melodramas llevados a los medios audiovisuales.
LITIASIS f. *Pat.* Mal de piedra, precipitación con formación de cálculos en el conducto excretorio de un órgano.
LITIGAR tr. Pleitear, disputar en juicio. ◊ intr. fig. Disputar o reñir. ❏ LITIGACIÓN; LITIGANTE.
LITIGIO m. Pleito, altercado en juicio. ◊ fig. Disputa, contienda.
LITIO m. *Quím.* Elemento de símb. Li; n. a. 3; p. a. 6,940. Metal alcalino, muy difundido en la naturaleza, aunque en una proporción muy pequeña; es el más ligero de todos los metales.
LITISCONSORTE com. *Der.* Persona que litiga por la misma causa que otra, formando con ella una sola parte.
LITISEXPENSAS f. pl. *Der.* Gastos de un pleito.
LITOCLASA f. *Geol.* Grieta o hendidura en la masa de las rocas.
LITÓFAGO, GA adj. Díc. de los moluscos que perforan las rocas y hacen en ellas su habitación.
LITOGRAFÍA f. *Art. Gráf.* Procedimiento para reproducir escritos, dibujos y grabados, inventado por L. Senefelder en 1796. Post. este nombre, reservado al grabado sobre piedra, se extendió también al realizado sobre metal. ◊ Cada lámina obtenida por este procedimiento. ❏ LITOGRAFIAR; LITOGRÁFICO, CA; LITÓGRAFO, FA.
LITOLOGÍA f. Parte de la geología que trata de las rocas sedimentarias.
LITORAL adj. Relativo a la orilla o costa del mar. ◊ m. Costa de un país o terr.
LITOSFERA f. Capa superficial rocosa de la Tierra. También se la llama corteza terrestre.
LITOTRICIA f. *Cir.* Tratamiento de los cálculos urinarios o biliares que consiste en la trituración de los mismos a través de la aplicación de ondas.
LITRE m. *Chile.* Árbol de frutos pequeños y dulces, de los cuales se hace chicha.
LITRO m. Unidad métrica de capacidad que sirve indistintamente para líquidos o áridos. Es el volumen que ocupa 1 kg de agua destilada a 3,99 °C. Equivale a 1 000 cm³. ◊ *Chile.* Tejido de lana basta.
LITTIN, *Miguel* (n. 1942) Director cinematográfico chil. *Por la tierra ajena, El chacal de Nahueltoro, Compañero presidente, Actas de Marusia, La aventura de Miguel Littin, clandestino en Chile.*
LITTLE ROCK C. de EE UU, cap. del estado de Arkansas; 175 800 hab. Centro comercial e industrial.

Lisboa. Vista de la ciudad, con el castillo de San Jorge al fondo

LISCANO, *Juan* (1914-2001) Poeta ven. *Humano destino, Nombrar contra el tiempo, Tiempo dedesandado.*
LISIADO, DA adj. y s. Díc. de la persona que tiene alguna imperfección orgánica.
LISIAR tr. y prnl. Producir lesión en alguna parte del cuerpo.
LISIAS (h. 440-h. 380 a. C.) Orador gr., que contribuyó a la restauración de la democracia en Atenas. *Contra Eratóstenes* (discurso).
LISIPO (s. IV a. C.) Escultor gr. de la corte de Alejandro Magno. Esculpió varios bustos del monarca y unas 1 500 estatuas. *Apoxiómenos, Hércules.*
LISIS f. Remisión gradual y favorable de una enfermedad. ◊ Destrucción de células bacterianas, de glóbulos rojos, etc., debida a la acción de anticuerpos o de agentes físicos o químicos.
LISO, SA adj. Igual, sin aspereza; sin adornos. ◊ Aplícase a las telas sin labrar ni adornar. ◊ *Amér.* Desvergonzado, atrevido. ◊ m. Cara plana y extensa de una roca.
LISONJA f. Alabanza o atención que se dedica a una persona. ❏ LISONJEADOR, RA; LISONJEAR; LISONJERO, RA.
LIST, *Friedrich* (1789-1846) Economista al., acérrimo partidario del proteccionismo. *Sistema nacional de economía política.*
LISTA f. Tira de tela, papel, etc. ◊ Raya de color en una tela o tejido. ◊ Catálogo, relación ordenada de personas, datos, cosas, etc. ◊ **de correos.** Apartado en una oficina de correos al cual se puede dirigir la correspondencia sin indicación del domicilio del destinatario. ◊ **electoral.** Relación de personas que

LISTÍN m. Lista pequeña o extractada de otra más extensa. ◊ **telefónico.** Lista en que se relaciona el nombre, dirección y núm. de teléfono de los abonados a este servicio.
LISTO, TA adj. Diligente, hábil, mañoso. ◊ Inteligente. ◊ Dispuesto, preparado. ◊ Sagaz, avisado.
LISTÓN m. Cinta de seda más estrecha que la colonia. ◊ Pedazo de tabla estrecho y largo.
LISURA f. Igualdad y tersura de la superficie de una cosa. ◊ fig. *Guat.* y *Perú.* Palabra o acción grosera e irrespetuosa.
LISZT, *Franz* (1811-1886) Compositor húng. Destacan las obras para piano y los poemas sinfónicos, precursores de la revolución wagneriana.
LITARGIRIO m. Monóxido de plomo. Se forma mediante oxidación del plomo a temperatura elevada. Se emplea en la ind. del vidrio y de esmaltes.
LITERA f. Vehículo sin ruedas y con dos varas laterales, que es llevado por hombres o caballerías. ◊ Cada una de las camas que se colocan una encima de otra.
LITERAL adj. Conforme a la letra del texto, o al sentido exacto y propio. ◊ Díc. de la traducción en que se vierten todas y por su orden, en cuanto es posible, las palabras del original. ❏ LITERALIDAD.
LITERATO, TA adj. y s. Aplícase a la persona entendida en literatura. ◊ m. y f. Escritor, persona que escribe por profesión.
LITERATURA f. Arte que emplea como instrumento la palabra. ◊ Estudio que versa sobre este arte. ◊ Con-

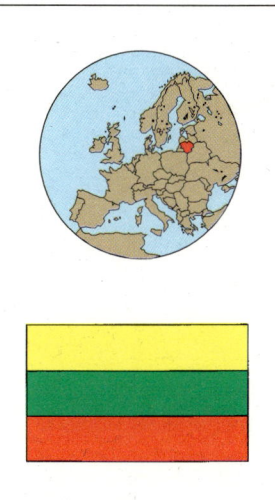

Mapa de situación y bandera
de **Lituania**

LITUANIA

Superficie	65 200 km²
Población	3 741 000 hab. (57 hab./km²)
Recursos económicos	
Ácido sulfúrico	512 000 t
Cabaña bovina	2 422 000 cabezas
Ener. eléctrica	29 363 millones de kwh
Papel	117 000 t
Patata	1 508 000 t
Pesca	317 000 t
Remolacha azucarera	811 000 t
Trigo	3 348 000 t
Indicadores sociológicos	
PNB	10 220 millones de dólares
Renta per cápita	2 710 dólares
Esperanza de vida	72 años
Crecimiento vegetativo	0,9 %

LITUANIA (*Lietuvos Respublika*) Est. de Europa Oriental, rep. parlamentaria a orillas del Báltico. Terreno llano y ondulado, con grandes extensiones de bosques y praderas. Lagos de origen glacial. Avenado por el Niemen o Nemunas y sus afl. Clima frío. Riqueza básicamente agrícola (lino, remolacha azucarera). Grupos étnicos: lituanos, rusos, polacos, bielorrusos, etc. Lenguas: lituano (of.), polaco, ruso. Rel.: catolicismo (mayoría), cristianismo ortodoxo. U.M.: lita. Cap.: Vilnius o Vilna. C. prales.: Kaunas, Klaipeda, Siauliai.
❑ *Hist.* Los lituanos se ubicaron en el s. X en el curso inferior del Niemen. El imperio lituano fue incorporado a Polonia en 1569. Desde el s. XVIII, cayó bajo dominio ruso. Durante la I Guerra Mundial se proclamó indep., pasando a depender de Polonia Vilna y su terr. circundante. Incorporada a la URSS en 1940. En 1991 el parlamento lituano declaró y consiguió la independencia de la rep. En 2004 L. ingresó en la OTAN y en la Unión Europea.
LITUANO, NA adj. y s. Díc. de individuos de un pueblo báltico que vive en la rep. de Lituania, con minorías en Le-

tonia y NE de Polonia. ◊ De Lituania. ◊ adj. Relativo a Lituania. ◊ m. Lengua del grupo báltico hablada en Lituania.
LITURGIA f. Conjunto de ritos que acompañan a una ceremonia religiosa. ❑ LITÚRGICO, CA.
LIU Shao-Shi (1905-1974) Político chino. Presid. de la Rep. en 1959, fue tachado de revisionista y destituido en 1968.
LIUBLIANA o **LJUBLJANA** C. y cap. de Eslovenia 303 500 hab. Centro comercial e industrial.
LIUDO, DA. adj. *Amér.* Flojo, laxo. ◊ Leudo.
LIVERPOOL C. y puerto de Gran Bretaña, en el O de Inglaterra, en Lancashire; 510 300 hab. (1 500 000 hab. la agl. urb. de Merseyside). Segundo puerto del país. Centro industrial.
LIVIA *Drusila* (55 a. C.-29 d. C.) Dama romana, esposa de Augusto y madre de Tiberio.
LIVIANO, NA adj. Ligero, de poco peso. ◊ fig. Fácil, inconstante. ◊ De poca importancia. ◊ fig. Lascivo, incontinente. ❑ LIVIANDAD.
LÍVIDO, DA adj. Amoratado, que tira a morado. ◊ Aplicado a personas, muy pálido. ❑ LIVIDEZ.)
LIVING (voz ing.) m. Sala de estar.
LIVINGSTONE, *David* (1813-1873) Misionero y explorador escocés. Recorrió el Zambeze (1853-1856), descubrió los lagos Ngami, Nyassa (1859) y Moero (1869), y las cataratas del Victoria, y exploró la región del lago Tanganica, donde le encontró Stanley, que había partido en su búsqueda.
LIVONIA (al., *Livland*) Región histórica en Estonia y Letonia, sit. entre el lago Peipus y el golfo de Riga (mar Báltico). Anteriormente perteneció a Polonia y Suecia. Catalina de Rusia se la anexionó en 1772.
LIVORNO (*Liorna*) C. y puerto de Italia, cap. de la prov. hom., en Toscana; 175 100 hab. Imp. centro comercial e industrial. Puerto.
LIXIVIACIÓN f. *Quím.* Operación mediante la cual, haciendo que un líquido atraviese una sustancia pulverizada, se logra extraer de ésta todos los principios que sean solubles en dicho líquido. ❑ LIXIVIAR.
LIZ, *Domingo* (n. 1931) Escultor y pintor dom. Vanguardista. *Orígenes I, Orígenes III.*
LIZA f. Terreno dispuesto para la lucha. ◊ Combate, riña.
LIZARDO, *Pedro Francisco* (n. 1920) Poeta ven. *Canción del agua clara, Pura, encendida rosa.*
LIZASO, *Félix* (1891-1967) Escritor cub. *Martí y la utopía de América, José Martí, recuento del centenario.*
LIZO m. Hilo fuerte que sirve de urdimbre para ciertos tejidos. Se usa más en pl.
LJUBLJANA ⇨ Liubliana.
LL f. Dígrafo del español que representa el sonido palatal, lateral, fricativo y sonoro. En la escritura es inseparable. Su nombre es *elle.*
LLACA f. Especie de zarigüeya de Chile y Argentina, de pelaje ceniciento con una mancha negra sobre cada ojo.
LLAGA f. Herida difícil de cerrar, tanto material como del espíritu. ❑ LLAGAR.
LLAIMA Volcán andino de Chile, en la prov. de Cautín; 3 125 m.

Encuentro entre **Livingstone** (a la izquierda) y Stanley, según un grabado de la época

LLAMA f. *Quím.* Fenómeno luminoso o no, que acompaña gralte. a la combustión de una sustancia gaseosa o de una finísima suspensión de partículas líquidas o sólidas cuando arden mezcladas con el oxígeno del aire. ◊ *Zool.* Mamífero rumiante, camélido, propio de Sudamérica, domesticado; los indígenas aprovechan su capacidad de carga, su carne y su lana. ❑ LLAMEAR; LLAMEANTE.
LLAMADA f. Llamamiento o acción de llamar. ◊ Señal que se pone en escritos para dirigir al lector a una cita, nota, etc. ◊ Atracción ejercida sobre alguien por cierta cosa.
LLAMADOR m. Avisador, que lleva avisos. ◊ Aldaba de las puertas para llamar con ella. ◊ Botón del timbre eléctrico.
LLAMAR tr. Dar voces a uno o hacer ademanes para que venga o para advertirle alguna cosa. ◊ Invocar, pedir auxilio oral o mentalmente. ◊ Convocar, citar. ◊ Nombrar, apellidar. ◊ fig. Atraer. ◊ *Der.* Hacer llamamiento o designación de personas de estirpe para una sucesión, cargo, etc. ◊ intr. Hacer sonar la aldaba, un timbre, etc. ◊ Utilizar el teléfono ◊ prnl. Tener tal o cual nombre o apellido. ❑ LLAMAMIENTO.
LLAMARADA f. Llama que se levanta del fuego y se apaga pronto. ◊ fig. Acceso brusco y de corta duración de un estado de ánimo.
LLAMATIVO, VA adj. Que llama la atención exageradamente.
LLAMPO m. *Chile.* Polvo o tierra de metal.
LLANADA f. Campo llano, llanura.
LLANCA f. *Chile.* Mineral de cobre de color verde azulado. ◊ Adorno hecho con este mineral.
LLANERO, RA m. y f. Habitante de las llanuras. ◊ adj. y s. De los Llanos de Venezuela y Colombia.
LLANEZA f. fig. Sencillez, familiaridad en el trato. ◊ fig. Sencillez en el estilo.
LLANO, NA adj. Liso o plano. ◊ No inclinado. ◊ fig. Amable y asequible en el trato. ◊ fig. Estilo sincero y carente de adornos. ◊ Allanado, conforme. ◊ fig. Aplicado a las palabras, grave, con el acento prosódico en la penúltima sílaba. ◊ m. Llanura. ◊ f. Herramienta que usan los albañiles y enyesadores

Llantén

para extender y allanar el yeso o la argamasa. ◊ Cada una de las caras de una hoja de papel. ◊ Campo llano.
LLANO ESTACADO (*Staked Plain*) Región de EE UU, al O de Texas; 150 000 km². Meseta calcárea avenada por el Pecos y el Canadian. Petróleo, gas natural.
LLANOS, Los Extensa región natural de Venezuela y del NE de Colombia, que comprende parte de la cuenca del Orinoco. Los Ll. corresponden a una gran llanura aluvial sit. entre el delta del Orinoco, la cordillera de los Andes, la serranía del interior venezolana y el macizo de las Guayanas. Ganadería.
LLANQUE m. *Perú.* Especie de sandalia.
LLANQUIHUE Lago de Chile, entre la prov. hom. y la de Osorno; unos 800 km².
LLANQUIHUE Prov. de Chile, en la región de Los Lagos; 321 493 hab. Cap., Puerto Montt. Patatas, trigo, avena, manzanas; ganadería ovina y bovina; pesca; ind. alimentarias y derivadas de la madera.
LLANTA f. Cerco metálico exterior de las ruedas de automóviles, bicicletas, etc., en el que van encajados los neumáticos. ◊ Berza de hojas grandes y que no repolla.
LLANTÉN m. Planta herbácea muy común en los sitios húmedos.
LLANTERA f. fam. Llorera, llanto.
LLANTERÍA f. *Chile.* Llanto ruidoso de varias personas.
LLANTO m. Efusión de lágrimas acompañada frecuentemente de lamentos y sollozos.
LLANURA f. Igualdad de la superficie de una cosa. ◊ Terreno uniforme y dilatado, sin altos ni bajos pronunciados; si supera los 200 m de alt. recibe el nombre de meseta.
LLAPANGO, GA adj. y s. *Ecuad.* Que no usa calzado.
LLARETA f. *Chile.* Planta cuyo tallo destila una resina transparente que se usa para curar heridas.
LLAVE f. Instrumento metálico con guardas que se acomodan a las de una cerradura y que sirve para abrirla o cerrarla. ◊ Herramienta que sirve para apretar o aflojar tuercas. ◊ Instrumento que sirve para facilitar o impedir el paso de un fluido por un conducto. ◊ Instrumento de metal que sirve para

dar cuerda a los relojes. ◊ Tecla móvil de algunos instrumentos musicales de viento. ◊ Corchete, en los manuscritos o impresos. ◊ fig. Medio para descubrir lo oculto o secreto. ◊ *Dep.* Presa, movimiento en la lucha para agarrar al contrario e inmovilizarle. ◊ *Mús.* Clave del pentagrama. ◊ **de paso.** La que abre o cierra el circuito de un fluido. ◊ **inglesa.** Herramienta cuyo mango gira y abre más o menos las dos partes que forman la cabeza para adaptarse a la tuerca que se quiere apretar o aflojar. ◊ **maestra.** La que abre y cierra toda clase de cerraduras.
LLAVERO m. Anillo, cadenita o cartera pequeña de cuero, en que se guardan las llaves.
LLAVÍN m. Llave pequeña con que se abre el picaporte.
LLEGAR intr. Venir, arribar de un sitio a otro. ◊ Durar hasta época o tiempo determinado. ◊ Tocar por su turno una cosa o acción a uno. ◊ Conseguir el fin a que se aspira. ◊ Tocar, alcanzar una cosa. ◊ Ascender, importar. ◊ prnl. Acercarse una cosa a otra. ◊ Ir a algún sitio cercano. ◊ Unirse, adherirse. ❑ LLEGADA.
LLEIDA Prov. del NE de España, en la com. autón. de Cataluña; 12 028 km², 362 206 hab. Cap., la c. hom. Trigo, frutas, hortalizas, olivo; ganadería (ovina, vacuna); ind. alimentaria, química, mecánica, energía eléctrica. ◊ C. esp., en Cataluña, en la prov. hom.; 112 199 hab. Imp. mercado agrícola y centro comercial. Ind. alimentaria, metalúrgica, química.
LLEIVÚN m. *Chile.* Planta cuyos tallos se emplean para hacer lazos, atar sarmientos, etc.
LLENA f. Crecida que hace salir de madre a un río o arroyo.
LLENAR tr. y prnl. Ocupar con alguna cosa un espacio vacío. ◊ tr. fig. Desempeñar, ocupar dignamente un lugar o empleo. ◊ fig. Parecer bien, satisfacer una cosa. ◊ fig. Colmar abundantemente. ◊ prnl. fam. Hartarse de comida o bebida. ❑ LLENADOR, RA.
LLENO, NA adj. Ocupado completamente por otra cosa. ◊ Que tiene abundancia de algo. ◊ Hablando de la Luna, plenilunio. ◊ Gran concurrencia a un espectáculo.
LLERAS Camargo, Alberto (1906-1990) Periodista y político col. Miembro del

Lleida. Vista de la catedral

Partido Liberal. En 1945-1946 asumió provisionalmente la presidencia del país. Como candidato del Frente Nacional fue presid. de Colombia de 1958 a 1962. ◊ **Restrepo, Carlos** (1908-1994) Político col., miembro del Partido Liberal. Fue elegido presid. de la rep. (1966-1970). Consiguió algunas modificaciones constitucionales.
LLEVADERO, RA adj. Fácil de sufrir, tolerable.
LLEVAR tr. Transportar una cosa de una parte a otra. ◊ Cobrar el precio o los derechos de una cosa. ◊ Tolerar, sufrir. ◊ Persuadir a uno, atraerle a su opinión. ◊ Guiar, dirigir. ◊ Traer puesto el vestido, la ropa, etc., o en los bolsillos dinero, papeles u otra cosa. ◊ Lograr, conseguir. ◊ Exceder, aventajar. ❑ LLEVADA; LLEVADOR, RA.
LLICLLA f. *Bol., Ecuad.* y *Perú.* Manta que llevan las mujeres andinas a la espalda.
LLIMONA, Joan (1860-1926) Pintor esp., hermano de Josep Ll. *Haciendo puntilla, El párroco, Oraciones.* ◊ *Josep* (1864-1934) Escultor esp. Relacionado con Maillol y M. Hugué. *Cristo resucitado, Entierro de Cristo,* relieves del templo de Pompeia, en Barcelona.
LLOBREGAT Río de España, de la vertiente mediterránea cat. Nace en Castellar de N'Hug y desemboca al S-SO de Barcelona.
LLORAR tr. e intr. Derramar lágrimas. ◊ tr. e intr. fig. Caer el licor gota a gota, destilar una cosa algún líquido. ◊ tr. fig. Sentir vivamente una desgracia. ❑ LLORERA; LLORO.
LLORENS i Artigas, Josep (1892-1980) Ceramista y tratadista de arte esp. Colaboró con Joan Miró en algunos plafones (edificio de la UNESCO en París, aeropuerto de Barcelona).
LLORENTE, Juan Antonio (1756-1823) Eclesiástico y escritor esp. *Historia crítica de la Inquisición en España.*
LLORIQUEAR intr. Llorar débil y monótonamente. ❑ LLORIQUEO.
LLORÓN, NA adj. y s. Que llora mucho o fácilmente. ◊ f. Plañidera. ◊ f. pl. *Argent.* y *Ur.* Espuelas grandes usadas por los gauchos.
LLOROSO, SA adj. Que tiene señales de haber llorado o de ir a llorar. ◊ Que causa tristeza.
LLOVEDIZO, ZA adj. Que tiene goteras o deja pasar el agua.
LLOVER intr. y tr. Caer agua de las nubes. ◊ fig. Caer sobre uno con abundancia una cosa.
LLOVIZNAR intr. Caer de las nubes gotas menudas. ❑ LLOVIZNA.
LLOYD, Harold (1893-1971) Actor cómico norteam. Intervino en más de 200 películas.
LLOYD George, David (1863-1945) Político brit., galés. En 1916, primer ministro. Firmó el tratado de Versalles.
LLULL, Ramon (h. 1235-1315) Filósofo, místico y literato cat., nacido en Mallorca. Autor de *Ars magna* o *Ars generalis* (obra filosófica). Notable poeta y creador de la prosa literaria en cat. *Blanquerna* (novela), *Libro de maravillas, Libro de contemplación* (mística), *Canto de Ramón, Árbol de ciencia, El desconsuelo.*
LLULLAILLACO Cerro Volcán andino, en la frontera chileno-argentina; 6 739 m.
LLÚRIA, Roger de (h. 1250-1305) Ma-

rino siciliano. Almirante de Aragón en la expedición del rey Jaime a Sicilia, venció a las tropas de Fadrique en el cabo Orlando (1299) y Ponza (1300).

LLUVIA f. Acción de llover. ◊ Agua que cae de la atmósfera. ◊ fig. Afluencia de muchas cosas al mismo tiempo o seguidas. ◊ *Chile.* Ducha. ◊ **ácida.** Precipitación con elevado contenido de ácido sulfúrico que produce graves pérdidas en los sistemas ecológicos.

LLUVIOSO, SA adj. Aplícase al tiempo o al país en que llueve mucho.

LO art. determinado, en gén. neutro. ◊ Acusativo del pron. personal de tercera persona, en gén. masculino o neutro y núm. singular.

LOA f. Acción de loar. ◊ En el teatro clásico esp., prólogo, discurso con que solía darse principio a la función.

LOA, El Prov. de Chile, en la región de Antofagasta; 143 689 hab. Cap., Calama. Cobre. ◊ Río del N de Chile, en la región de Antofagasta, el más largo del país; 440 km.

LOAR tr. Alabar. ❑ LOABLE; LOADOR, RA.

LOBA f. Hembra del lobo. ◊ Lomo no removido por el arado, entre surco y surco. ◊ Sotana.

LOBACHEWSKI, *Nicolas Ivanovich* (1793-1856) Geómetra ruso. Construyó una geometría en la que resultaba falso el quinto postulado de Euclides.

LOBANILLO m. Tumor superficial e indoloro que se forma en algunas partes del cuerpo.

LOBATO m. Cachorro del lobo.

LOBBY (voz ing.) m. Grupo de personas que intentan influir y presionar en asuntos públicos. En Europa se conoce como grupo de presión.

LOBEIRA, *Vasco de* (1365?-1405) Escritor port., al que se atribuye la paternidad del *Amadís de Gaula.*

LOBEZNO m. Lobo pequeño. ◊ Lobato.

LOBO, BA adj. *Méx.* Hijo de negro e india, o al contrario; zambo. ◊ m. *Zool.* Mamífero carnívoro cánido, que vive en buena parte de Eurasia y de América del Norte. Posee pelaje pardo, a veces algo rojizo. Caza en manadas. ◊ *Zool.* Pez parecido a la locha, con man-

chas y listas parduscas a lo largo del cuerpo. ◊ *Bot.* y *Zool.* Lóbulo, porción redondeada y saliente de un órgano.

LOBO *Astr.* Constelación cuya denominación latina es *Lupus.*

LOBOTOMÍA f. *Cir.* Sección de un lóbulo.

LÓBREGO, GA adj. Oscuro, tenebroso. ◊ fig. Triste, melancólico. ❑ LOBREGUEZ.

LOBULADO, DA adj. *Bot.* y *Zool.* De figura de lóbulo. ◊ *Bot.* y *Zool.* Que tiene lóbulos.

LÓBULO m. Cada una de las partes que sobresalen en el borde de una cosa. ◊ *Zool.* Porción inferior y carnosa de la oreja. ◊ *Bot.* y *Zool.* Porción redondeada y saliente de un órgano cualquiera.

LOCACIÓN f. Acción de arrendar una cosa.

LOCADOR, RA m. y f. *Chile, Perú* y *Ven.* Arrendador.

LOCAL adj. Perteneciente al lugar. ◊ Municipal o provincial, por oposición a general o nacional. ◊ m. Sitio o lugar cerrado y cubierto.

LOCALIDAD f. Lugar o población. ◊ Plaza o asiento en los locales destinados a espectáculos públicos. ◊ Billete que da derecho a entrar o a ocupar asiento en dichos espectáculos.

LOCALISMO m. Preferencia por una determinada pob. o comarca. ◊ Vocablo o locución de uso limitado a una comarca o una población. ❑ LOCALISTA.

LOCALIZAR tr. y prnl. Fijar, encerrar en límites determinados. ◊ Determinar el lugar en que se halla una persona o cosa. ❑ LOCALIZACIÓN; LOCALIZADOR, RA.

LOCAR tr. *Amér.* Alquilar.

LOCARNO C. del S de Suiza, a orillas del lago Mayor. ◊ **Pacto de L.** Nombre de una serie de acuerdos firmados en 1925 por Alemania, Francia, Italia, Gran Bretaña, Checoslovaquia, Bélgica y Polonia para asegurar las fronteras fijadas en Versalles.

LOCATARIO, RIA m. y f. Arrendatario.

LOCATIVO, VA adj. Relativo al contrato de locación o arriendo. ◊ adj. y m. *Gram.* Dic. del caso de la declinación que expresa la relación del lugar «en donde» algo sucede y análogamente el tiempo «en el que» o «cuando» algo sucede.

LOCH m. En Escocia, fiordo o lago de excavación glaciar.

LOCHA f. Pez semejante a la carpa, que se cría en los lagos y ríos de agua fría y cuya carne es muy fina.

LOCHNER, *Stefan* (h. 1405-1451) Pintor al. Tríptico de la *Epifanía* de la catedral de Colonia, *Virgen del rosal.*

LOCIÓN f. Lavadura, acción y efecto de lavar alguna parte del cuerpo con un líquido específico para la limpieza o medicación. ◊ Este mismo producto.

LOCKE, *John* (1632-1704) Filósofo empirista ing. Su pensamiento político, plasmado en *Cartas sobre la tolerancia* y *Tratados sobre gobierno civil,* gira en torno a la teoría de que la soberanía pertenece a la comunidad. Como filósofo, en su *Ensayo sobre el entendimiento humano,* abordó el problema del origen del conocimiento: el entendimiento es una tabla rasa sin nada escrito.

LOCK-OUT (voz ing.) m. Suspensión de la actividad laboral decidida por los

patronos para luchar contra las reivindicaciones de los obreros.

LOCO, CA adj. y s. Que ha perdido la razón. ◊ Imprudente, arriesgado.

LOCOMOCIÓN f. Traslación de un punto a otro. ◊ *Zool.* Proceso mediante el cual un animal se desplaza para buscar alimento, condiciones ambientales más adecuadas, su supervivencia, etc.

LOCOMOTOR, RA adj. Propio para la locomoción. ◊ f. *Ferr.* Vehículo ferroviario autopropulsado destinado pralm. a remolcar otras unidades.
❑ *Ferr.* La l. de vapor consta de una caldera y un motor en el cual la energía del vapor procedente de la caldera se transforma en energía mecánica. Las l. eléctricas toman la corriente de un tendido aéreo mediante pantógrafos colectores o a través de un tercer carril y mediante la zapata colectora. La introducción de las l. Diesel se inicia con la aplicación de motores lentos (de 600 a 800 rpm) y se extiende rápidamente a los motores semilentos (de 1 000 a 1 200 rpm) y rápidos (1 500 rpm).

LOCOMÓVIL adj. Dic. de lo que es capaz de desplazarse.

LOCRO m. *Amér.* Guisado de carne, patatas o maíz y otros ingredientes.

LOCUAZ adj. Que habla mucho o demasiado. ❑ LOCUACIDAD.

LOCUCIÓN f. Modo de hablar. ◊ Conjunto habitual de palabras que, aunque escritas separadamente, tienen, en cuanto agrupación, una unidad de significado. ◊ Frase.

LOCURA f. *Psiq.* Término convencional con el que se designan ciertos trastornos mentales. ◊ Acción imprudente e insensata. ◊ fig. Afecto exagerado por alguien o entusiasmo desmedido por algo.

LOCUTOR, RA m. y f. Persona que habla ante el micrófono en las estaciones de radio o televisión para dar noticias, programas, etc.

LOCUTORIO m. Departamento que, dividido comúnmente por una reja, se destina en los conventos y en las cárceles para que los visitantes puedan hablar con las monjas o los presos. ◊ Cabina individual de teléfono público.

LODAZAL m. Sitio o paraje lleno de lodo.

LODO m. Barro que forma el agua de las lluvias al mezclarse con la tierra.

Locutorio telefónico en Estocolmo

Lobo

Logroño. Vista del paseo del Espolón, en la capital

LODZ C. de Polonia, en el voivodato hom.; 850 000 hab. Centro de la ind. textil algodonera. Productos químicos y metálicos; construcciones mecánicas; aparatos eléctricos.

LOESS m. *Geol.* Depósito sedimentario originado por acción eólica. Está formado por un limo amarillento, fino, delezable y gralte. de composición calcárea.

LOFOTEN Arch. de Noruega, en el océano Glacial Ártico. Pesca del bacalao.

LOGARITMACIÓN f. *Mat.* Operación cuyo objeto es encontrar el exponente al que debe elevarse un núm. real dado, para obtener otro también real y conocido.

LOGARITMO, MA adj. *Mat.* Díc. de la función que asigna a cada núm. real positivo su logaritmo. ◊ m. *Mat.* Resultado de efectuar una logaritmación. ❏ LOGARÍTMICO, CA.
□ *Mat.* Los sistemas de l. más empleados son los que tienen como base el núm. e, sistema de l. neperianos, y el de base diez, o sistema de l. decimales.

LOGIA f. Galería porticada, a veces decorada con pinturas, que abunda en las construcciones antiguas de Italia. ◊ Local donde celebran sus asambleas los francmasones. ◊ Asamblea de francmasones.

LÓGICA f. *Fil.* Ciencia formal que estudia el conocimiento, entendido como proceso discursivo. ◊ Razonamiento, método. ◊ **booleana.** *Comp.* Parte de la l. debida a George Boole, en la que se tratan las operaciones l. binarias fundamentales AND, OR y NOT; a partir de ellas se definen otras más complicadas.

LÓGICO, CA adj. Relativo a la lógica. ◊ adj. y s. Díc. de toda consecuencia natural.

LOGÍSTICA f. *Mil.* Técnica que estudia los métodos de transporte y avituallamiento de las tropas en campaña. ◊ Aprovisionamiento. ❏ LOGÍSTICO, CA.

LOGO m. *Comp.* Lenguaje de programación para la enseñanza, que recurre esencialmente a los gráficos.

LOGOGRIFO m. Pasatiempo que consiste en deducir una serie de palabras, a partir de sus definiciones, teniendo como base las letras de otra palabra

cuyo significado se propone en términos oscuros o enigmáticos. ❏ LOGOGRÍFICO, CA.

LOGOMAQUIA f. Discusión o disputa basada en un desacuerdo puramente verbal, ateniéndose a la letra y no al fondo de la cuestión.

LOGOPEDIA f. Técnica terapéutica que trata de corregir las deficiencias y trastornos del lenguaje. ❏ LOGOPEDA.

LOGORREA f. Flujo incontenible de palabras dichas sin orden ni concierto.

LOGOS m. *Fil.* Término gr. que equivale a palabra, concepto, expresión, razón. La teología cristiana lo asimiló a la segunda persona de la Santísima Trinidad.

LOGOTIPO m. *Art. Gráf.* Grupo de letras fundidas en un solo bloque para facilitar la composición tipográfica. ◊ Diseño que distingue una marca, un nombre de empresa o un producto.

LOGRAR tr. Conseguir lo que se intenta o desea. ◊ Gozar o disfrutar una cosa. ◊ prnl. Llegar a su perfección una cosa.

LOGRO m. Acción y efecto de lograr. ◊ Ganancia, lucro. ◊ Ganancia o lucro excesivo, usura.

LOGROÑO C. esp., sit. a orillas del Ebro, cap. de la Comunidad Autónoma de La Rioja; 133 058 hab. Mercado agrícola.

LOICA f. *Argent.* y *Chile.* Pájaro que se domestica con facilidad y es muy estimado por su canto dulce y melodioso.

LOIRA *(Loire)* Río del centro-norte de Francia; 1 010 km. Nace en el monte Gerbier de Jonc y desemboca en el Atlántico formando un estuario.

LOÍSMO m. *Gram.* Empleo, no aceptado por la Real Academia, de la forma *lo* en función de complemento indirecto referido a persona masculina.

LOJA Punto de convergencia de los sectores septentrional y central de la cord. andina, en el S de Ecuador, junto a Perú.

LOJA Prov. del S. de Ecuador; 10 793 km², 384 698 hab. Cap., la c. hom. Accidentada por los Andes. R. Catamayo, Puyango y Macará. Agricultura (cereales, legumbres, caña de azúcar, café, algodón) y ganadería bovina. Minas de oro, cobre y hierro. ◊ C. de Ecuador, cap. de la prov. hom.; 94 305 hab. Centro comercial agrícola y ganadero. Ind. textil. Fundada en 1548.

LOLLAND o **LAALAND** Isla de Dinamarca, en el Báltico. Con la isla de Falster, forma la región de Lolland-Falster.

LOMA f. Elevación del terreno, suave y prolongada.

LOMADA f. *Argent., Par.* y *Ur.* Loma.

LOMAMI Río de la Rep. Dem. del Congo, afl. izquierdo del Congo o Zaire; 1 450 km.

LOMAS DE ZAMORA Partido de Argentina, en la prov. de Buenos Aires; 510 100 hab. Ind.

LOMBARDA f. Cañón ant. de gran calibre, bombarda. ◊ Variedad de berza.

LOMBARDÍA Región del N de Italia; 23 859 km², 8 856 100 hab. Dividida en dos sectores, los Alpes y la llanura del Po. Lagos Mayor y Garda. Centeno, trigo, maíz; ganado bovino y porcino; ind. metalúrgica, mecánica, textil. Las prales. c., además de la cap., Milán, son Brescia, Bérgamo, Monza.

LOMBARDINI, Manuel María (1802-1853) Militar mex. Presid. de la rep. tras

la renuncia de Ceballos. En 1853 cedió el poder a Santa Anna.

LOMBARDO, DA ➯ Longobardo, da.

LOMBARDO Toledano, Vicente (1894-1969) Político mex., organizador de la Confederación de Trabajadores (1936). Fundó el Partido Popular en 1948.

LOMBOK Isla de Indonesia, en el arch. de la Sonda; 4 990 km², 1 300 000 hab. La pral. c. es Mataram.

LOMBOY, Reinaldo (1910-1974) Escritor chil. Perteneciente a la «generación de 1938». *Ranquil.*

LOMBRIZ f. Anélido oligoqueto, que vive en la capa superficial del suelo, donde excava galerías y se alimenta de la materia orgánica contenida en la tierra. ◊ **de los niños.** Nematodo, parásito del hombre, que vive en el recto provocando intenso prurito en el ano. ◊ **intestinal.** Nematodo que vive en el tubo digestivo de distintos vertebrados. ◊ Solitaria, tenia.

LOMBROSO, Cesare (1836-1909) Criminólogo it. Sostuvo que las inclinaciones criminales de los delincuentes obedecían más a estados patológicos o anomalías físicas que a factores de tipo social o económico.

LOMÉ Cap. de Togo; 235 000 hab. Puerto a orillas del golfo de Guinea. Centro comercial. Núcleo ferroviario.

LOMERA f. Correa que se coloca en el lomo de la caballería, para que mantenga en su lugar las demás piezas de la guarnición. ◊ Trozo de piel o de tela que se coloca en el lomo del libro encuadernado en media pasta.

LOMILLERÍA f. *Amér.* Taller y tienda del guarnicionero.

LOMO m. Parte inferior y central de la espalda. Se usa más en pl. ◊ En los cuadrúpedos, todo el espinazo. ◊ Carne del cerdo que forma esta parte del animal. ◊ Parte del libro opuesta al corte de las hojas. ◊ Tierra que levanta el arado entre surco y surco.

LOMONÓSOV, Mijail (1711-1765) Científico y escritor ruso. Sistematizó los conocimientos geológicos de su época. Fundador de la lengua rusa moderna literaria. *Retórica general, Gramática rusa.*

LON Nol (1913-1995) Militar y político camboyano. Ocupó el gobierno (1967 y 1969) ayudado por la extrema derecha. Apoyó la intervención de EE UU en la zona. Fue derrocado en 1975.

Lago de Como, en **Lombardía**

LONA f. Tela fuerte de algodón o cáñamo, para velas, toldos, etc.
LONARDI, *Eduardo* (1896-1956) Militar y político arg. Dirigió el levantamiento de 1955, y ocupó la presidencia del gobierno en 1955.
LONCHA f. Lancha, laja, piedra lisa y plana. ◊ Lonja, cosa larga y ancha.
LONCO m. *Chile.* Cuello o pescuezo.
LONDON ⇨ Londres.
LONDON C. del SE de Canadá, en la prov. de Ontario; 254 300 hab. (2 828 400 hab. la agl. urb.). Centro comercial e industrial.
LONDON, *Jack* (1876-1916) Escritor norteam. Autor de novelas de aventuras. *Colmillo blanco, El lobo de los mares.*
LONDONDERRY o **DERRY** (gaélico, *Dhoire*) C. y puerto de Irlanda del Norte, cap. del distrito hom.; 51 200 hab. Escenario de enfrentamientos entre unionistas brit. y nacionalistas irl.
LONDRES (*London*) Cap. del Reino Unido de Gran Bretaña e Irlanda del Norte. Sit. a orillas del Támesis. El Gran Londres totaliza unos 1 580 km² y suma unos 6 377 900 hab. Es el centro político, financiero, bursátil y artístico del país. Ind. siderúrgica, metalúrgica, mecánica, ligera, textil y alimentaria. Durante la E. Med. fue cap. del reino de Essex. Constituida en mun. (1191), vio ampliados sus privilegios a raíz de la promulgación de la Carta Magna (1215). La c. sufrió un gran incendio en 1666. Fue durante el s. XIX el primer centro mundial de las finanzas y el comercio. En la II Guerra Mundial sufrió devastadores bombardeos de la Luftwaffe.
LONDRINA C. del S de Brasil, en el N del estado de Paraná; 302 000 hab. Café, algodón. Fundada en 1933.
LONG BEACH C. y puerto de EE UU, en el est. de California; 361 400 hab. Incluida en la zona metropolitana de Los Ángeles.
LONG ISLAND Isla de EE UU, en el est. de Nueva York, sit. en el Atlántico. Comprende los barrios neoyorquinos de Brooklyn y Queens.
LONG Play exp. ing. que significa *larga duración* y se aplica a los discos de 30 cm de diámetro cuyo sonido debe reproducirse a 33 1/3 rpm.
LONGANIMIDAD f. Grandeza y constancia de ánimo en las adversidades.
LONGANIZA f. Pedazo de tripa angosta rellena de carne de cerdo picada y adobada.
LONGEVIDAD f. Circunstancia de alcanzar una edad avanzada. ❏ LONGEVO, VA.
LONGFELLOW, *Henry Wadsworth* (1807-1882) Poeta romántico norteam. *Evangelina* y *Hiawatha* (poemas), *El estudiante español* (comedia).
LONGITUD f. Dimensión que expresa el valor de una distancia. Como unidad fundamental de l. se emplea el metro. ◊ *Geog.* Distancia de un lugar respecto al primer meridiano, calculada en grados sobre el ecuador. ◊ **de onda.** *Fís.* En una vibración periódica, distancia entre dos puntos que se encuentran en el mismo estado de fase. ❏ LONGITUDINAL.
LONGITUDINAL o **CENTRAL** Valle de Chile, sit. entre la cord. de los Andes

Londres. La Torre del Parlamento, con el reloj *Big Ben*

y la de la Costa. En él se encuentran las prales. ciudades.
LONGO, GA m. y f. *Ecuad.* Indio joven.
LONGOBARDO, DA adj. y s. Díc. de individuos de un pueblo instalado desde el s. I junto al río Elba. ◊ adj. Relativo a dicho pueblo.
LONJA f. Cosa larga, ancha y poco gruesa, que se corta o separa de otra. ◊ Edificio público donde se venden cosas al por mayor.
LONTANANZA f. *Pint.* Términos de un cuadro más distantes del plano principal.
LOOR m. Alabanza, elogio.
LOPE DE RUEDA ⇨ Rueda, Lope de.
LOPE DE VEGA ⇨ Vega y Carpio, Lope Félix de.
LÓPEZ, *Carlos Antonio* (1792-1862) Político par. Presid. de la rep. (1844-1862), gobernó como autócrata. ◊ *Francisco Solano* (1827-1870) Militar y político par., hijo de Carlos Antonio. Presid. de la rep. a la muerte de su padre (1862-1870). Debió hacer frente a la agresión de la Triple Alianza (Uruguay, Brasil, Argentina). La guerra finalizó tras la desesperada resistencia de Cerro Cora, en la que L. halló la muerte. ◊ *Ismael* (1880-1962) Escritor col. Influido por el modernismo. *El jardín de las Hespérides, Elegías caucanas.* ◊ *José Hilario* (1798-1869) Político y militar col. Se alzó contra Bolívar y ocupó la presid. de la rep. (1849-1853). ◊ *Narciso* (1797-1851) Militar cub., de origen ven. Elegido gobernador en Cuba, fue destituido por sus contactos con los autonomistas. En 1850 organizó un desembarco pero fue apresado y ejecutado. ◊ *Vicente Fidel* (1815-1903) Político e historiador arg. *Historia de la revolución argentina, Historia de la República Argentina.* ◊ **Aldana, *Fernando*** (1784-1841) Jurisconsulto per. Intervino en las luchas por la indep. de su país y colaboró con San Martín. ◊ **Arellano, *Osvaldo*** (n. 1921) Militar y político hond. Autor de un golpe de Estado contra Villeda Morales (1963), fue presid. de la rep. 1965-1971 y de 1972 a 1975. ◊ **Buchardo, *Carlos*** (1881-1948) Compositor arg. *Escenas argentinas* (suite sinfónica), *Il sogno di Alma* (ópera), *La*

Perichona (comedia musical). ◊ **Contreras, *Eleazar*** (1883-1973) Político y militar ven., presid. de la rep. (1935-1941). ◊ **De Ayala, *Adelardo*** (1829-1879) Comediógrafo esp. Redactor del manifiesto *España con honra*, de la revolución de 1868. Autor de *El tejado de vidrio, El tanto por ciento, Consuelo.* ◊ **De Ayala, *Pedro*,** llamado EL CANCILLER DE AYALA (1332-1407) Escritor y político esp. Su obra poética se condensa en el *Rimado de Palacio*, mezcla de elementos satíricos y didácticos. En prosa, ha dejado unas *Crónicas.* ◊ **De Gómara. *Francisco*** (1512-1562) Historiador esp. *Historia general de las Indias, Crónica de la conquista de la Nueva España.* ◊ **De Jerez, *Francisco*** (ss. XV-XVI) Cronista esp. de Indias. *Verdadera relación de la conquista del Perú y provincia del Cuzco, llamada la nueva Castilla.* ◊ **De Mendoza, *Íñigo*** ⇨ Santillana, marqués de. ◊ **De Mesa, *Luis*** (1884-1967) Escritor y político col. *Civilización contemporánea, Introducción a la historia de la cultura en Colombia, Iola, La tragedia de Nosle* (novelas). ◊ **De Romaña, *Eduardo*** (1847-1912) Político per. Elegido presid. por el partido civilista (1899-1903), formó un gobierno mixto de civilistas y demócratas. ◊ **Ibor, *Juan José*** (1906-1991) Psiquiatra y escritor esp. *Lo vivo y lo*

Alfonso **López Michelsen**

muerto del psicoanálisis freudiano, El libro de la vida sexual. ◊ **Mateos,** *Adolfo* (1910-1969) Político mex. Presid. de la rep. (1958-1964). Amplió la reforma agraria. ◊ **Michelsen,** *Alfonso* (n. 1914) Político col. del partido Liberal. Presid. en 1974. Durante su mandato se agudizó la crisis política, económica y social; en 1978 cedió el cargo a Turbay Ayala. ◊ **Pacheco,** *Diego* (1599-1653) Administrador esp. Virrey de Nueva España (1640-1642). ◊ **Portillo,** *José* (1920-2004) Político y jurista mex. Candidato presidencial por el PRI en las elecciones de 1976. Durante su mandato, extendido hasta 1982, México experimentó un gran desarrollo económico y social. ◊ **Pumarejo,** *Alfonso* (1886-1959) Político col. De orientación liberal, ocupó dos veces la presidencia de su país. Durante su primer mandato (1934-1938) organizó la estructura sindical. Reelegido (1942-1944), impulsó la reforma agraria. ◊ **Rayón,** *Ignacio* (1773-1832) Patriota mex. Secretario de Hidalgo, le sucedió en la jefatura de la lucha independentista, pero fue detenido y condenado a muerte, aunque le fue conmutada la pena. ◊ **Rubio,** *José* (1903-1996) Escritor esp. *La casa de naipes* (teatro), *Las manos inocentes, Nunca es tarde.* ◊ **Silva,** *José* (1860-1925) Escritor costumbrista esp., autor de numerosos sainetes y libretos de zarzuelas. *La revoltosa* (con Fernández Shaw). ◊ **Vázquez,** *José Luis* (n. 1923) Actor cinematográfico esp. *Peppermint frappé, La prima Angélica, Mi querida señorita.* ◊ **Velarde,** *Ramón* (1888-1921) Poeta mex. *La sangre devota, El son del corazón, Zozobra.* ◊ **Y Fuentes,** *Gregorio* (1897-1966) Novelista mex. *Campamento, Tierra* (dedicada a E. Zapata), *El indio, Milpa, potrero y monte.*

LOQUEAR intr. Decir o hacer locuras. ◊ fig. Regocijarse con demasiado alboroto.

LOQUERÍA f. *Amér.* Manicomio.

LOQUERO, RA m. y f. Persona empleada en un manicomio. ◊ fam. *Amér.* Locura.

LOQUIOS m. pl. Pérdida de líquidos por la vagina durante las primeras semanas posteriores al parto.

Legiones romanos con **loriga** segmentada. Detalle de la columna de Antonino Pío, Ciudad del Vaticano

LORA f. *Amér.* Loro o papagayo.

LORCA C. esp., en la com. autón. de Murcia; 77 477 hab. Centro agrícola y comercial. Ind. textil, alimentaria.

LORD m. Título honorífico brit. de la nobleza y de ciertos cargos relevantes.

LORDOSIS f. Curvatura anormal de los huesos, especialmente de la columna vertebral, con la convexidad dirigida hacia adelante.

LOREN, *Sofia Sciccolone,* llamada SOFÍA (n. 1934) Actriz cinematográfica it. *Dos mujeres,* por la que obtuvo el Óscar, *La condesa de Hong Kong.*

LORENA (fr., *Lorraine;* al., *Lothringen*) Región histórica y circunscripción de acción regional del NE de Francia; 23 547 km², 2 305 800 hab. Cap., Nancy. C. imp.: Metz, Thionville. Accidentada por los Volgos, las cuestas del Mosela y del Mosa y los montes Faucilles. Sal, hulla, hierro; ind. siderometalúrgicas, termoeléctricas. Entre 1871 y 1919, la parte NE perteneció a Alemania, que volvió a ocuparla durante la II Guerra Mundial.

LORENA, *Claude Gelée,* llamado **Claudio de** (1600-1682) Pintor fr. *Un puerto de mar con el sol poniente, El embarque de Santa Úrsula, Una fiesta campesina.*

LORENGAR, *Pilar* (1928-1996) Seud. de *Lorenza Pilar García* Soprano esp. Interpretó un repertorio extenso y variado.

LORENTZ, *Hendrik Antoon* (1853-1928) Físico neerl., autor de la teoría electrónica de la materia; elaboró las ecuaciones que llevan su nombre, las cuales permitieron a Einstein establecer la teoría de la relatividad. Premio Nobel de Física en 1902.

LORENZ, *Konrad* (1903-1989) Fisiólogo austr., fundador de la escuela «etológica positiva». Premio Nobel de Medicina en 1973.

LORENZETTI, *Ambrogio* (m. h. 1348) Pintor it. de la escuela de Siena. *Las alegorías del buen y el mal gobierno*

LORENZO (h. 210-258) Santo. Diácono del papa Sixto II, sufrió el martirio.

LORETO Dpto. del NE de Perú, sit. en la Amazonia; 348 177 km², 654 100 hab. Relieve llano, avenado por los ríos Napo (afl., Curaray), Ucayali y Marañón (afl., Tigre, Pastaza, Huallaga). Arroz, algodón, café, cacao, vainilla, canela, tabaco. La pral. actividad es esencialmente forestal. Pesca, comercio fluvial y extracción de petróleo. Además de la cap., Iquitos, otros núcleos imp. son Yurimaguas y Santa María de Nanay.

LORIGA f. Armadura para defensa del cuerpo, hecha de láminas pequeñas de acero. ❑ LORIGADO, DA.

LORO m. Ave de plumaje multicolor, y gran habilidad para imitar la voz humana; p. ext., todos los miembros del orden psitaciformes. ◊ fig. y fam. Persona que habla mucho.

LOSA f. Piedra llana y de poco grueso. ◊ fig. Sepulcro de cadáver. ❑ LOSADO, DA.

LOSCHMIDT, *Joseph* (1909-1984) Físico austr. que trabajó sobre la teoría cinética de los gases. ◊ **Número de L.** *Fís.* El número de moléculas contenido en 1 cm³ de cualquier gas a 1 atmosfera de presión y 0 °C de temperatura es $26{,}8 \cdot 10^{18}$.

LOSETA f. Ladrillo fino para solar, baldosa. ◊ Trampa formada con una losa pequeña.

Lotario, miniatura del *Evangelario del rey* (Biblioteca Nacional, París)

LOSEY, *Joseph* (1909-1984) Director de cine norteam. *Accidente, El mensajero, Casa de muñecas, Las rutas del Sur.*

LOT Personaje bíblico, sobrino de Abraham.

LOTA f. Pez de unos 60 cm de largo, que vive en las aguas costeras del Mediterráneo y del Atlántico.

LOTA C. y puerto del centro-sur de Chile, en la prov. de Concepción; 49 089 hab. Sit. en el golfo de Arauco. Carbón. Refinería de cobre.

LOTARINGIA Reino formado en 855 por Lotario I con parte de los actuales terr. de Bélgica, Luxemburgo, Alemania y Suiza. Post. fue dividido en los ducados de Alta y Baja Lorena.

LOTARIO I (795-855) Emp. de Occidente y rey de Italia. Por el tratado de Verdún conservó el gobierno de Italia y de una parte del centro de Europa.

LOTE m. Cada una de las partes en que se divide un todo que se ha de distribuir entre varias personas. ◊ Premio del juego de la lotería o similares. ◊ Cada una de las parcelas en que se divide un terreno destinado a la edificación. ◊ Conjunto de objetos que se venden juntos.

LOTERÍA f. Juego público en que se premian varios billetes sacados a la suerte entre un gran número de ellos. ◊ Juego casero en que se imita la lotería primitiva con números puestos en cartones y extrayendo algunos de una bolsa o caja. ◊ fig. Cosa incierta o azarosa. ❑ LOTERO, RA.

LOTI, *Pierre* (1850-1923) Seud. de Julien Viaud, escritor fr., célebre por sus novelas sobre temas exóticos. *Pescador de Islandia, Ramuntcho.*

LOTO m. Planta acuática con hojas redondeadas, flores blancas, grandes y fragantes y semillas comestibles.

LOUIS, *Joe* Nombre deportivo de *Joseph Louis Barrow* (1914-1981) Boxeador norteam., campeón mundial de los grandes pesos desde 1937 hasta 1949.

LOUISVILLE C. de EE UU, en el estado de Kentucky; 298 500 hab. Tabaco y madera. Núcleo industrial.

LOURDES C. del S de Francia, en Midi-Pirineos. Santuario mariano. Centro de peregrinaciones católicas.

LOURENÇO MARQUES ⇨ Maputo.

LOUVERTURE, *Toussaint* ⇨ Toussaint Louverture.

LOUVRE Ant. residencia palaciega de los reyes de Francia, en París. Convertida en uno de los mayores y más imp. museos del mundo (1793).

LOVAINA (fr. *Louvain;* flamenco, *Leuven*) C. de Bélgica, en Brabante; 84 900 hab. Centro industrial. Universidad católica fundada en 1425. Ayuntamiento gótico.

LOVECRAFT, *Howard Philip* (1890-1937) Novelista norteam., especialista en ciencia-ficción. *El alquimista, El color que cayó del cielo, El horror de Dunwich.*

LOVEIRA y Chivino, *Carlos* (1882-1928) Novelista cub. *Los inmorales, Juan Criollo.*

LOWRY, *Clarence Malcolm* (1909-1957) Novelista y poeta brit. *Ultramarina, Bajo el volcán* (ambientada en México).

LOXODROMIA f. Cualquier curva trazada sobre la superficie terrestre, que corte equiangularmente los meridianos. ❑ LOXODRÓMICO, CA.

LOYNAZ, *Dulce María* (1903-1997) Poeta cub. Premio Cervantes, 1992. *Juegos de agua, Poemas náufragos, Últimos días de una casa.*

LOYO m. Hongo chileno, comestible.

LOZA f. Barro fino, cocido y barnizado, de que están hechos los platos, tazas, jícaras, etc. ◊ Conjunto de estos objetos destinados al ajuar doméstico.

LOZANÍA f. Aspecto de verdor y frondosidad en las plantas. ◊ En los hombres y animales, juventud y vigor. ❑ LOZANO, NA.

LOZANO, *Abigail* (1821-1866) Poeta ven., romántico. *Oda a Bolívar, Oda a Barquisimeto, Tristezas del alma.* ◊ **Díaz,** *Julio* (1885-1957) Político hond. Presid. de la rep. (1954-1956). ◊ **y Lozano,** *Juan* (1902-1979) Escritor col. *Horario primaveral, Joyería, Ensayos.*

LP Abreviatura de *long play.*

LPS *Comp.* Líneas por segundo. Expresión de la velocidad de ejecución de una impresora de alta velocidad.

LSD Siglas de la dietilamida del ácido lisérgico, sustancia psicoestimulante capaz de provocar alucinaciones.

Lu *Quím.* Símb. del lutecio.

LÚA f. Guante de esparto para limpiar las caballerías.

LUANDA Cap. de Angola, sit. al NO del país; 1 200 000 hab. Puerto exportador. Centro comercial y administrativo. Ind. alimentaria y del tabaco. Refinería de petróleo.

LUANG PRABANG C. del NO de Laos. Sit. a orillas del Mekong. Ant. cap. laosiana hasta 1560.

LÜBECK C. del NE de Alemania, en Schleswig-Holstein; 211 700 hab. Centro industrial; uno de los prales. puertos del país. Ciudad libre y centro dirigente de la Liga Hanseática en los s. XIII-XVI.

LUBINA f. Róbalo, pez marino de carne muy apreciada.

LUBITSCH, *Ernst* (1892-1947) Director de cine norteam. de origen al. *Madame du Barry, El abanico de lady Windermere, Una mujer para dos, Ninotchka, Ser o no ser.*

LUBLIN C. del E de Polonia; 324 100 hab., cap. del voivodato hom. (6 792 km², 976 900 hab.). Centro industrial. Catedral del s. XIII.

LUBRICACIÓN o LUBRIFICACIÓN f. *Mec. apl.* Operación que tiene por ob-

Louvre. La Pirámide de Cristal, en el centro del Patio Central

jeto anular o disminuir la resistencia debida al rozamiento que aparece en el mov. relativo entre dos superficies en contacto. La l. es indispensable en los motores y cuando los metales se mecanizan por medio de máquinas-herramienta, en cuyo caso consiste en la interposición entre las dos superficies de una delgada película de aceite. ❑ LUBRICADOR, RA; LUBRICAR o LUBRIFICAR; LUBRICATIVO, VA.

LUBRICANTE o LUBRIFICANTE adj. y s. Díc. de toda sustancia útil para lubricar, gralte. aceites minerales derivados del petróleo bruto y aceite de ricino.

LÚBRICO, CA adj. Resbaladizo. ◊ fig. Propenso a la lujuria. ◊ fig. Lascivo, lujurioso. ❑ LUBRICIDAD.

LUBUMBASHI (ant. *Élisabethville*) C. del S de la República Democrática del Congo, cap. de la prov. de Shaba; 451 300 hab. Minería e industria.

LUCAS (s. I) Santo. Autor del tercer Evangelio sinóptico y de los *Hechos de los Apóstoles.* ◊ **Evangelio de L.** Escrito del N.T., el último de los sinópticos, compuesto hacia el año 70. Emplea la lengua helenística o *koiné.*

LUCAS García, *Fernando Romeo* (n. 1925) Militar y político guat. Presid. de 1978 hasta 1982.

LUCAYAS ⇨ Bahamas.

LUCERA f. Ventana o claraboya, en la parte alta de los edificios.

Puerto de la ciudad de **Luanda**

LUCERNA (al., *Luzern;* fr. *Lucerne*) C. de Suiza; 61 700 hab. (158 000 hab. la agl. urb.), cap. del cantón hom. (1 492 km², 300 300 hab.). Importante centro turístico e industrial. Vestigios medievales.

LUCERO m. El planeta Venus. ◊ Cualquier astro de los que aparecen más grandes y brillantes. ◊ Lunar blanco y grande que tienen en la frente algunos cuadrúpedos. ◊ fig. Cada uno de los ojos de la cara.

LUCHA f. Combate, lid, disputa. ◊ Pelea cuerpo a cuerpo entre dos o más contendientes. ◊ **de clases.** *Fil.* y *Pol.* Conflicto de intereses entre la clase poseedora de los medios de producción y la que hace rendir esos medios. ◊ **grecorromana.** Combate deportivo en el que uno de los luchadores intenta inmovilizar a su adversario colocándole los dos omóplatos contra el suelo. ◊ **libre.** Aquella en la que se emplean llaves y golpes, dentro de ciertas reglas.

LUCHAR intr. Contender dos personas a brazo partido. ◊ Pelear, combatir. ◊ fig. Disputar, bregar, abrirse paso en la vida. ❑ LUCHADOR, RA.

LUCÍA (s. IV) Santa. Joven siciliana que, según la tradición, m. martirizada por defender su virginidad. Patrona de los ciegos.

LUCIANO de Samosata (120-190) Escritor gr., autor de una abundante obra satírica recogida en sus *Diálogos.*

LUCIDO, DA adj. Que hace o desempeña las cosas con gracia, liberalidad y esplendor. ◊ Bien ejecutado.

LÚCIDO, DA adj. poét. Luciente. ◊ fig. Claro en el razonamiento, en el estilo, etc. ◊ En condiciones de pensar normalmente. ❑ LUCIDEZ.

LUCIÉRNAGA f. *Zool.* Insecto coleóptero. El macho tiene la cabeza oculta por el tórax, élitros que cubren todo el abdomen y patas finas y prolongadas. La hembra, que carece de alas y élitros, tiene patas cortas y abdomen muy prolongado y formado por anillos negruzcos de borde amarillo que despiden una luz fosforescente de color blanco verdoso.

LUCIFER n. p. m. *Rel.* El príncipe de los ángeles rebeldes. ◊ fig. Hombre soberbio y maligno. ❑ LUCIFERINO, NA.

LUCIFERINA f. Sustancia lipídica que al ser catalizada por la luciferasa reac-

ciona con el oxígeno y produce bioluminiscencia.

LUCÍFERO, RA adj. Resplandeciente,
luminoso, que da luz.

LUCIO m. Pez de agua dulce que llega a medir más de 1 m de largo; vive
en la zona septentrional de Eurasia. Es
un voraz depredador.

Lucio

LUCIO Vero (130-169) Emp. rom. [161-
169], que gobernó junto con su hermano adoptivo Marco Aurelio.

LUCIR intr. Brillar, resplandecer. ◇ intr.
y prnl. fig. Sobresalir, aventajar. ◇ intr.
fig. Corresponder el provecho al trabajo en cualquier obra. ◇ tr. Iluminar, comunicar luz y claridad. ◇ *Amér.* Tener
un buen aspecto exterior. ◇ Blanquear con yeso las paredes. ◇ prnl. Vestirse y adornarse con esmero. ❏ LUCIDOR,
RA; LUCIMIENTO.

LUCKNOW (*Lakhnau*) C. del N de la
India, cap. del estado de Uttar Pradesh;
1 592 000 hab. Centro industrial. Artesanía.

LUCRAR tr. Lograr lo que se desea. ◇
prnl. Sacar provecho de un negocio o
encargo. ❏ LUCRATIVO, VA.

LUCRECIA (m. 509 a. C.) Dama rom.,
esposa de Lucio Tarquino. Se suicidó
tras haber sido violada por Sexto Tarquino, hijo del rey Tarquino el Soberbio; provocó una reacción popular que
terminó con la monarquía.

LUCRECIO Caro, *Tito* (98-55 a. C.)
Poeta lat., autor del poema *De rerum
natura*, en el que expone la filosofía de
Epicuro.

LUCRO m. Ganancia o provecho que
se saca de una cosa. ❏ LUCROSO, SA.

LUCTUOSO, SA adj. Causante de tristeza o dolor.

LUCUBRAR tr. Trabajar velando y con
aplicación en obras de ingenio. ❏ LU-
CUBRACIÓN.

LÚCULO, *Lucio Licinio* (h. 106-h. 57 a.
C.) General rom. Acompañó a Sila en
la guerra contra Mitrídates.

LÚCUMO m. *Chile* y *Perú.* Árbol cuyo
fruto, del tamaño de una manzana pequeña, se guarda algún tiempo en paja
antes de comerlo.

LUDENDORFF, *Erich von* (1865-1937)
Militar y político al. Derrotado en las
elecciones presidenciales de 1925, en las
que se presentaba como candidato del
nacionalsocialismo.

LUDHIANA C. del NO de la India, en
el estado de Punjab; 607 100 hab. Importante ind. textil. Metalurgia pesada y fabricación de maquinaria.

LÚDICO, CA adj. Relativo al juego.

LUDIR tr. Frotar, restregar una cosa
con otra.

LUDOVICO EL MORO ⇨ Sforza.

LUDOVICO PÍO ⇨ Luis I el Piadoso.

LUDWING *Emil* (1881-1948) Escritor
al. Autor de biografías: *Goethe, Napoleón, Bismarck, Miguel Ángel.*

LÚES f. Infección sifilítica. ❏ LUÉTI-
CO, CA.

LUEGO adv. tiempo. Prontamente, sin
dilación. ◇ Después de este tiempo o
momento. ◇ conj. ilativa que denota la
deducción o consecuencia inferida de
un antecedente.

LUENGO, GA adj. Largo.

LUGANO m. Pájaro de fácil domesticación, que suele imitar el canto de
otros pájaros.

LUGANO Lago sit. entre Suiza e Italia,
en la vertiente meridional de los Alpes
Lepontinos. En sus orillas, la c. hom.,
famoso centro turístico.

LUGANSK (ant. *Kommunarsk, Voroshi-
lovsk* y *Alchevsk*) C. en la rep. de Ucrania; 124 000 hab. Minería; industria.

LUGAR m. Espacio ocupado o que
puede serlo por un cuerpo. ◇ Sitio o
paraje. ◇ Ciudad, villa o aldea. ◇ Población pequeña. ◇ Pasaje, texto, autoridad o sentencia. ◇ Tiempo, empleo,
dignidad, oficio. ◇ Causa, motivo u
ocasión para hacer o no hacer una cosa.
◇ Sitio que en una serie ordenada de
personas ocupa cada una de ellas. ◇ **común.** Tópico.

LUGAREÑO, ÑA adj. y s. Natural o
relativo a un lugar o población pequeña.

LUGARTENIENTE m. El que tiene
autoridad y poder para sustituir a otro
en un cargo. ❏ LUGARTENENCIA.

LUGO Prov. de España, en la comunidad autónoma de Galicia, junto al
Cantábrico; 9 803 km², 357 648 hab.
Centeno, trigo, maíz, patatas, viñedos;
ganado vacuno; explotación forestal;
pesca; ind. conservera, láctea, cárnica,
del cemento y maderera. ◇ C. de España, en Galicia, cap. de la prov. hom.;
88 414 hab. Centro comercial y administrativo. Ind. alimentaria. Fundada
por los rom. (*Lucus Augusti*).

LUGONES, *Leopoldo* (1874-1938) Escritor arg. Poesías de sabor bucólico: *Las
montañas de oro*, y modernistas; temas
de la tierra, sobre todo: *La guerra gaucha, El payador, Poemas solariegos.*

LÚGUBRE adj. Fúnebre, sombrío.

LUINI, *Bernardino* (h. 1480-1532) Pintor it. del Renacimiento. *Crucifixión, La
caridad romana.*

LUIS m. Antigua moneda de oro fr.

LUIS Nombre de diversos reyes y emperadores:

Vista de **Lugano**

Luis XII de España

IMPERIO GERMÁNICO

LUIS I, *el Piadoso* o *Ludovico Pío*
(778-840) Emperador de Occidente y
rey de los francos [814]. Asignó su reino a cada uno de sus hijos, con lo que
provocó una guerra civil. ◇ **II, *el Germánico*** (804-876) Rey de los francos
orientales [817-843] y de Germania
[843-876], hijo de Luis I. Agrupó los terr.
que formarían el futuro estado alemán.

BAVIERA

LUIS I (1786-1868) Rey de Baviera [1825-
1848]. Una revolución le obligó a abdicar en su hijo. ◇ **II** (1845-1886). Acusado
de enajenación mental, fue recluido.

ESPAÑA

LUIS I (1707-1724) Rey de España
[1724] al abdicar su padre Felipe V.

FRANCIA

LUIS VI, *el Gordo* (1081-1137) Rey de
Francia [1108-1137]. ◇ **VII, *el Joven***
(1120-1180) Rey de Francia [1137-1180].
Inició la lucha entre Capetos y Plantagenet. ◇ **VIII, *el León*** (1187-1226) Rey
de Francia [1223-1226]. Tomó parte en
la cruzada contra los albigenses y se
apoderó de Aviñón. ◇ **IX** (1214-1270)
Santo. Rey de Francia [1226-1270]. Emprendió la séptima y la octava cruzadas. Murió en el curso de esta última.
◇ **XI** (1423-1483) Rey de Francia [1461-
1483]. Firmó el tratado de Arras por el
que Borgoña y el Franco Condado pasaron a Francia. Post. consiguió los territorios de Maine, Anjou y Provenza.
◇ **XII** (1462-1515) Rey de Francia [1498-
1515]. ◇ **XIII, *el Justo*** (1601-1643) Rey
de Francia [1610-1643]. Tuvo como primer ministro a Richelieu. ◇ **XIV, *el Rey
Sol*** (1638-1715) Rey de Francia. Desarrolló una política absolutista. Quiso
imponer la hegemonía fr. en Europa. ◇
XV (1710-1774) Rey de Francia [1715-
1774]. Dejó el gobierno en manos del
cardenal Fleury. ◇ **XVI** (1754-1793) Rey
de Francia [1774-1792]. Tras las reformas frustradas de sus ministros, no
pudo impedir la incorporación a los Estados Generales del «tercer estado».
Ello precipitó la revolución de 1789 y
su muerte en la guillotina. ◇ **XVII**

(1785-1795), segundo hijo de Luis XV. A la muerte de su padre, los realistas y las potencias extranjeras lo proclamaron rey. ◊ **XVIII** (1755-1824) Rey de Francia, hermano de Luis XVI. En 1814 el Senado le llamó a París para entregarle la corona. ◊ **Felipe** (1773-1850) Rey de Francia [1830-1848]. Gobernó protegiendo los intereses de la alta burguesía financiera e industrial. La revolución de 1848 le obligó a dimitir.

HUNGRÍA

LUIS I, *el Grande* (1326-1382) Rey de Hungría y Polonia. Intentó extender la hegemonía húng. en los Balcanes.

PORTUGAL

LUIS I (1838-1889) Rey de Portugal. Abolió la esclavitud en las colonias y emprendió un proceso de desamortización de los bienes eclesiásticos.
LUIS GONZAGA (1568-1591) Santo. Jesuita it., patrón de la juventud.
LUIS NAPOLEÓN ⇨ Napoleón III.
LUISA f. Planta de jardín, que tiene olor muy agradable, y sus hojas se usan en infusión.
LUISIANA Ant. terr. colonial de América del N que se extendía desde la región de los Grandes Lagos hasta el golfo de México, y desde el valle del río Misisipí hasta Texas y Nuevo México. Explorada por los esp., La Salle la incorporó a Francia. La parte occidental fue cedida a España en 1763. Napoleón I volvió a adquirirla y la vendió a EE UU. La parte sit. al E del Misisipí fue anexionada por Gran Bretaña e integrada en EE UU tras su indep. La parte S de la región ingresó en la Unión en 1812.
LUISIÁNA (*Louisiana*) Est. de los EE UU, sit. en el S del país; 123 677 km², 4 220 000 hab. El terr., formado por los aluviones del Misisipí, es llano. Algodón, caña de azúcar, trigo, maíz; ganadería (porcina, bovina); petróleo, gas natural, azufre. Aparte de la cap., Baton Rouge, la pral. c. es Nueva Orleáns.
LUJÁN C. de Argentina, en la prov. de Buenos Aires; 68 700 hab. Ind. alimentarias, textiles. Basílica y santuario de Nuestra Señora de Luján. Centro de peregrinaciones.
LUJAR tr. *Amér. Centr.* Ludir.
LUJO m. Ostentación de riqueza, suntuosidad. ◊ Lo que resulta demasiado costoso en dinero, tiempo, etc. ❑ LUJOSO, SA.
LUJURIA f. Deseo sexual exagerado o vicioso. ◊ Exceso en algunas cosas. ❑ LUJURIOSO, SA.
LUJURIANTE adj. Exuberante, que tiene mucha abundancia.
LUKÁCS, *György* (1885-1971) Filósofo y político húng. En 1914 publicó *Teoría de la novela*. En el exilio escribió *Historia y conciencia de clase* y *Moses Hess y el problema de la dialéctica idealista*. Post. destacan *La novela histórica, Balzac y el realismo francés, Ensayos sobre el realismo*.
LULA da Silva, *Luiz Inácio* (n. 1945) Político bras. En 1980 fundó el Partido de los Trabajadores, al frente del cual venció en las elecciones presid. de 2002. Premio Príncipe de Asturias de Cooperación Internacional en 2003.
LULIO, *Raimundo* ⇨ Llull.
LULLY, *Jean Baptiste* (1632-1687) Compositor fr. Autor de numerosos ballets,

Jean Baptiste **Lully**

comedias-ballet (en colaboración con Molière), óperas y música religiosa.
LULO m. *Chile*. Envoltorio, lío o paquete, no grande y de forma cilíndrica.
LULÚ adj. y s. Raza de perros de pequeño tamaño y pelaje leonado abundante.
LUMA f. *Chile*. Árbol que crece hasta 20 m de alt. Su madera se utiliza en la construcción de carretas.
LUMBAGO m. Proceso doloroso en la musculatura lumbar, debido gralte. a una hernia de disco.
LUMBAR adj. Perteneciente a los lomos y caderas.
LUMBRE f. Materia combustible encendida. ◊ Espacio que una puerta, claraboya, tronera, etc., deja franco a la entrada de la luz. ◊ Luz de los cuerpos en combustión.
LUMBRERA f. Cuerpo que despide luz. ◊ Abertura, tronera o caño que desde el techo de una habitación, o desde la bóveda de una galería, comunica con el exterior y proporciona luz o ventilación. ◊ fig. Persona insigne y esclarecida.
LUMEN m. *Fís.* Unidad de flujo luminoso.
LUMIÈRE, *Louis* (1864-1948) Químico fr. Inventó con su hermano *Auguste* el cinematógrafo (1895). Reflejó en sus *films-minute* múltiples escenas de la realidad diaria: *Salida del puerto*.

LUMINAL m. Nombre comercial de un derivado del ácido barbitúrico que se emplea en medicina como sedante.
LUMINANCIA f. *Ópt.* Cantidad de luz emitida por un foco de luz no puntual.
LUMINARIA f. Luz que se pone en ventanas y calles como adorno. Se usa más en pl. ◊ Luz que arde en las iglesias delante del altar.
LUMINISCENCIA f. Emisión de luz por una molécula que ha sido excitada mediante la absorción de energía.
LUMINOSIDAD f. Calidad de luminoso. ◊ *Astr.* Flujo total de energía luminosa de un astro, que es independiente de su distancia a la Tierra.
LUMINOSO, SA adj. Que despide luz.
LUMINOTECNIA f. Iluminación con luz artificial para fines industriales o artísticos. ❑ LUMINOTÉCNICO, CA.
LUMPEN o **LUMPENPROLETARIADO** m. Proletariado miserable. Estrato social urbano que forma las capas más pobres: obreros ocasionales, vagabundos, etc.
LUMUMBA, *Patrice* (1925-1960) Líder revolucionario congoleño. En 1958 fundó el Movimiento Nacional Congoleño. Tras la independencia, fue primer ministro. Murió asesinado.
LUNA f. Luz que el satélite Luna refleja de la que recibe del Sol. ◊ Lunación. ◊ Satélite. ◊ Pieza de cristal o de vidrio cristalino que se emplea en vidrieras, escaparates y otros usos. ◊ Espejo. ◊ Luneta de las gafas. ◊ **creciente.** La Luna desde su conjunción hasta el plenilunio. ◊ **de miel.** fig. Temporada subsiguiente al matrimonio. ◊ **llena.** La Luna en el tiempo de su oposición con el Sol. ◊ **menguante.** La Luna desde el plenilunio hasta su conjunción. ◊ **nueva.** La Luna en el tiempo de su conjunción con el Sol. ◊ **Media.** Figura de cuarto de luna creciente o menguante. ◊ fig. Islamismo, mahometismo. ◊ fig. Imperio turco.
LUNA f. *Astr.* y *Astron.* Satélite natural de la Tierra, que gira alrededor de ésta en órbita elíptica a una distancia media de 384 000 km, con una velocidad media de 1,02 km/seg y con un periodo de rotación que coincide con el de revolución de 27 días, 7 horas, 43 minutos y 11,5 segundos. No tiene atmósfera y las temperaturas oscilan en-

Vista de la **Luna** desde unos 185.000 km

Álvaro de **Luna** en un detalle del retablo de la catedral de Toledo

tre –150 °C y 130 °C. Su topografía presenta numerosos cráteres, grandes llanuras y cordilleras con elevaciones de hasta 6 000 m. El primer alunizaje del hombre tuvo lugar el 21 de julio de 1969, en que el módulo lunar del vehículo norteam. Apolo XI posó en el mar de la Tranquilidad, y los astronautas Armstrong y Aldrin fueron los primeros hombres que pisaron la Luna. En 1998, la sonda estadounidense *Lunar Prospector* detectó la presencia de agua en forma de escarcha y cristales de hielo en la superficie lunar.

LUNA, *Álvaro de* (h. 1390-1453) Político cast., valido de Juan II. Condestable de Castilla desde 1419. La nobleza consiguió del rey su prisión y muerte. ◊ ***Pedro de*** (1328-1424) Cardenal aragonés, nombrado papa con el nombre de Benedicto XIII durante el cisma de Occidente. Depuesto por los concilios de Pisa (1409) y Constanza (1417), no quiso dimitir su cargo. ◊ ***Pizarro, Francisco Javier de*** (1780-1855) Político y eclesiástico per. Independentista. Presid. del primer Congreso Constituyente (1822).

LUNACIÓN f. Día lunar.

LUNADO, DA adj. Que tiene figura de media luna.

LUNAR adj. Relativo a la Luna. ◊ m. Pequeña mancha en el rostro u otra parte del cuerpo, producida por una acumulación de pigmento en la piel. ◊ fig. Defecto o tacha de poca entidad.

LUNÁTICO, CA adj. y s. Que padece locura por intervalos.

LUNCH (voz ing.) m. Comida ligera que se ofrece a los invitados a una fiesta o celebración. ◊ Almuerzo.

LUNES m. Primer día de la semana civil y segundo de la litúrgica.

LUNETA f. Cristal o vidrio de las gafas. ◊ En los teatros, butaca frente al escenario en la planta inferior.

LUNFARDO m. *Argent.*, *Perú.* y *Ur.* Ratero, ladrón. ◊ *Argent.* Chulo, rufián. ◊ Lenguaje de delincuentes, propio de Buenos Aires y alrededores, y que post. se ha extendido a la lengua popular.

LÚNULA f. *Geom.* Figura de dos arcos de círculo cuya concavidad es del mismo sentido. ◊ Espacio blanquecino semilunar en la raíz de las uñas.

LUPA f. Lente convergente que da una imagen aumentada de los objetos que se colocan entre ella y su foco.

LUPANAR m. Prostíbulo. ❑ LUPANARIO, RIA.

LÚPULO m. Planta herbácea voluble, con frutos en aquenio. Las glándulas de los conos fructíferos se emplean en la fabricación de la cerveza.

LUPUS m. Tuberculosis cutánea.

LUPUS *Astr.* Constelación que se extiende entre la estrella roja Antar de *Scorpius* y la alfa de *Centaurus*.

LUQUETE m. *Chile.* Rodaja.

LURIA, *Salvatore Edward* (1912-1991) Biólogo estadoun. de origen it. Llevó a cabo imp. trabajos en biología molecular. Premio Nobel de Medicina en 1969.

LURISTÁN (*Lorestan*) Región del O de Irán, que forma una prov. (28 800 km, 915 800 hab.). Cap., Khorramabad.

LUSAKA Cap. de Zambia, sit. en el centro-sur del país; 538 500 hab. Centro comercial agrícola. Fabricación de cemento y tractores. Algodón.

LUSINCHI, *Jaime* (n. 1924) Pediatra y político ven. Afiliado al partido Acción Democrática. Presid. de Venezuela entre 1984 y 1989.

LUSITANIA Ant. región del O de la península Ibérica, habitada por los lusitanos.

LUSITANO, NA adj. y s. Díc. de los individuos de un pueblo prerromano que habitaba la Lusitania. ◊ adj. y s. De Portugal.

LUSO, SA adj. y s. Lusitano.

LUSTRABOTÁS m. *Amér.* Limpiabotas.

LUSTRADOR m. *Argent.* y *Nic.* Limpiabotas.

LUSTRAR tr. Purificar con sacrificios y ceremonias las cosas que se creen impuras. ◊ Dar lustre a una cosa. ◊ Andar, peregrinar. ❑ LUSTRACIÓN.

LUSTRE m. Brillo de las cosas tersas o bruñidas. ◊ Betún. ◊ fig. Esplendor, gloria. ❑ LUSTROSO, SA.

LUSTRINA f. *Chile.* Betún.

LUSTRO m. Periodo de tiempo que abarca cinco años.

LÜTA C. del NE de China, en la península de Liaotung (prov. de Liaoning); 1 600 000 hab. Está constituida por la unión de las ciudades de Lüshun y Talien.

LUTECIA (*Lutetia Parisiorum*) Ant. c. de la Galia romana sobre una isla del Sena. Núcleo originario de París.

Lúpulo

Martín **Lutero**

LUTECIO m. Elemento químico, encuadrado en el grupo de las tierras raras, de símb. Lu, n. a. 71 y p. a. 174,99.

LUTERANISMO m. *Rel.* Forma de protestantismo derivado de las doctrinas de Lutero. ❑ LUTERANO, NA.

❑ *Rel.* Para Lutero, la Biblia representa la única guía que el hombre necesita en la búsqueda de la verdad espiritual. La fe se debe a la gracia divina, pero el fiel sigue siendo responsable de sus actos. Únicamente se admiten los sacramentos del bautismo y de la eucaristía. Las iglesias luteranas predominan en los países escandinavos, EE UU y Alemania.

Rosa **Luxemburg**

LUTERO, *Martín* (1483-1546) Reformador al. y creador de la prosa moderna en su país. Ingresó en los agustinos. Sus opiniones motivaron que León X le excomulgara. Condenado por la Dieta, hubo de recluirse en Wartburgo. Entre sus obras destacan los artículos de *Esmalcalda*, los *Catecismos*, *Comentario a la Epístola de los romanos; a los gálatas; a los hebreos*, etc. L. concedía autoridad sólo a la Biblia, consideraba a la Iglesia una institución humana y que el pecado original destruye el libre albedrío.

LUTHULI, *Albert John* (1898-1967) Político sudafricano de raza negra. Uno de los líderes en la lucha contra el *apartheid*. Premio Nobel de la Paz en 1960.

LUTO m. Signo exterior de duelo. ◊ Vestido negro que se usa por la muerte de alguien. ◊ Dolor, aflicción.

LUX m. *Fís.* Unidad de iluminancia.

LUXACIÓN f. Pérdida de contacto entre las superficies articulares de dos huesos.

LUXEMBURG, *Rosa* (1876-1919) Revolucionaria al., de origen polaco. Perteneció al ala izquierda de la socialdemocracia. Formó con Liebknecht el grupo espartaquista, que suscitó la fallida insurrección de Berlín de 1919. Murió asesinada. *Reforma o revolución, La acumulación de capital.*

LUXEMBURGO (fr., *Grand-Duché de Luxembourg*; luxemburgués, *Grousherzogdem Le zebuurg*) Estado de Europa occidental, monarquía. Comprende el *Oesling*, tierras altas de la parte meridional de la meseta de las Ardenas, y el *Gutland*, al S, prolongación de la Lorena. Ríos prales.: Mosela, Lauer y Alzette. Clima continental. Trigo, cebada,

Luxemburgo. Barrio antiguo de la capital

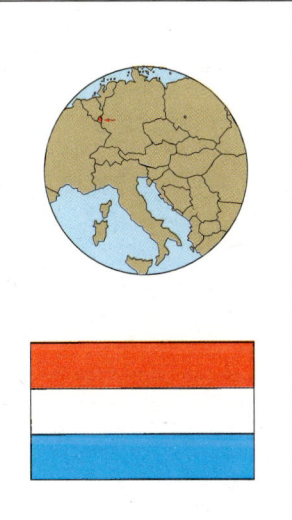

Mapa de situación y bandera de **Luxemburgo**

LUXEMBURGO

Superficie	2 586 km²
Población	385 000 hab. (149 hab./km²)
Recursos económicos	
Acero	3 379 000 t
Cabaña bovina	220 000 cabezas
Cabaña porcina	67 000 cabezas
Cebada	65 000 t
Cemento	636 000 t
Cerveza	572 000 hl
Ener. eléctrica	1 327 millones de kwh
Hierro colado	2 463 000 t
Riqueza forestal	327 000 m³
Trigo	39 000 t
Vino	86 000 hl
Indicadores sociológicos	
PNB	11 761 millones de dólares
Renta per cápita	31 080 dólares
Esperanza de vida	75 años
Alfabetismo	99 %

patatas; ganadería (bovina, aves); hierro; ind. siderúrgica. Grupos étnicos o nac.: germánicos, con profundas influencias fr. Numerosos inmigrantes. Lenguas: fr. y luxemburgués. *Rel.*: catolicismo. U.M.: euro. C. pral.: Luxemburgo, la cap.

□ *Hist.* Su origen se remonta al s. X. Adquirido por Felipe III el Bueno de Borgoña (1441), pasó después a la casa de Austria. Post. perteneció a Francia, Austria, la Confederación Helvética y a los Países Bajos. Después de la revolución de 1830, la parte occidental formó parte del nuevo reino de Bélgica. Tras la conferencia de Londres (1867), la parte oriental se constituyó en un ducado independiente. ◊ Cap. del gran ducado de Luxemburgo, sit. al S del país; 114 200 hab. Ind. siderúrgica, mecánica, cervecera. Sede de la CECA. Surgió junto al castillo de Lützelburg en el s. X.

LUXEMBURGUÉS, SA adj. y s. De Luxemburgo.

LUXOR C. del Alto Egipto, junto al Nilo y en las proximidades de la ant. Tebas. Célebre templo dedicado a Amón, construido por Amenhotep III y reformado por Ramsés II.

LUZ f. *Fís.* Energía radiante que un observador percibe a través de las sensa-

Luxor. Columnas papiriformes del patio de Amenofis III

LUZ

La luz visible es la parte del espectro electromagnético que puede percibir el ojo humano. Corresponde a longitudes de onda comprendidas entre 4 y 7,5 diezmilésimas de milímetro

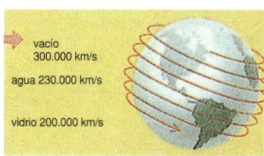

La velocidad de la luz depende del índice de refracción del medio por el que viaja

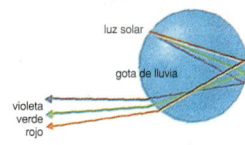

El arco iris es debido a la refracción de la luz en las gotas de agua de la atmósfera

La refracción es la causa de que una caña introducida en un vaso de agua parezca doblada

Plantaciones de arroz en la isla de **Luzón**

ciones visuales. ◊ Cualquiera de las radiaciones del espectro solar. ◊ Claridad o destello que irradian los cuerpos en combustión, ignición o incandescencia. ◊ Utensilio que sirve para alumbrar, como vela, candelero, lámpara, etc. ◊ fig. Día. ◊ Corriente eléctrica. ◊ Dimensión horizontal interior de un vano o de una habitación. ◊ *Pint.* Punto desde donde se ilumina y alumbra toda la historia y objetos pintados en un lienzo. ◊ Aclaración o ayuda. ◊ pl. fig. Ilustración, cultura. ◊ **artificial.** La que no es producida por el Sol. ◊ **coherente.** La constituida por radiaciones de una sola longitud de onda. ◊ **eléctrica.** La que se produce por medio de la electricidad. ◊ **natural.** La que no es artificial. ◊ **zodiacal.** Claridad que ilumina vagamente el cielo poco antes de la salida del Sol y poco después de su puesta. ❑ LUMÍNICO, CA.

☐ *Fís.* La l. está constituida por todas las radiaciones electromagnéticas de longitud de onda comprendida entre 0,4 y 0,8 m. La velocidad de la l. depende del medio atravesado; en el vacío es de unos 300 000 km/seg.

LUZ León Y Caballero, *José de la* (1800-1862) Filósofo y pedagogo cub. *Elencos, Curso de filosofía, Aforismos.*

LUZÁN, *Ignacio de* (1702-1754) Poeta y preceptista esp., introductor en España, mediante su *Poética,* de la crítica y la tendencia neoclásica.

LUZBEL m. Lucifer, el demonio.

LUZÓN Isla de Filipinas, la mayor y pral. del arch.; 108 172 km², 23 900 800 hab. Arroz, palma cocotera, caña de azúcar, tabaco, abacá. Oro, cromo. C. pral., Manila.

LVOV (ucraniano, *Lviv;* polaco, *Lwow;* al., *Lemberg)* C. del O de Ucrania; 742 000 hab. Importante centro industrial (metalurgia, construcción de automóviles, textil, alimentación). Dominio polaco de 1340 a 1772. Pasó a Austria hasta 1918. Pasó de nuevo a Polonia (1918-1939). De 1944 a 1991 estuvo anexionada a la URSS.

LW *Quím.* Símb. del laurencio.

LYALLPUR C. de Pakistán, en el Punjab, al SO de Lahore; 822 500 hab. Centro comercial de una región agrícola. Ind. textil y alimentaria.

LYCRA (voz fr.) f. Tejido sintético, muy elástico y brillante, que se usa sobre todo en prendas de vestir.

LYELL, *Charles* (1797-1875) Geólogo brit. Autor de *Principios de geología.* Su obra establece las bases de la geología moderna.

LYLY, *John* (1553-1606) Escritor ing., autor de la novela *Euphues,* que inició, y de la que tomó su nombre, el eufuismo. *Metamorfosis de amor.*

LYNCH, *Benito* (1880-1915) Novelista argentino. *Los caranchos de la Florida, El inglés de los güesos, El romance de un gaucho,* obras de ambiente pampero. ◊ *John,* llamado JACK (n. 1917) Político irl. del *Fianna Fáil.* En 1966 pasó a dirigir su partido y fue nombrado primer ministro de 1966 a 1973 y de 1977 a 1979. ◊ *Marta* (1925-1985) Escritora argentina. *La alfombra roja, Cuentos tristes, Año de juegos.*

LYON C. de Francia, cap. del dpto. de Rhône y de la circunscripción regional Ródano-Alpes; 415 487 hab. (1 262 200 hab. la agl. urb.). Ind. textil, metalúrgica, química, mecánica, electrónica, papelera, del cemento. Bolsa. Importante nudo de comunicaciones. Es la antigua *Lugdunum* romana.

Calle de Barre, **Lyon**

M

M f. Decimotercera letra del abecedario español y décima de sus consonantes. Su nombre es *eme*. Su articulación es bilabial, nasal, oclusiva y sonora. ◊ Letra numeral que tiene el valor de mil en la numeración romana. ◊ *Astr.* Símbolo que designa el catálogo Messier.

MAAS Nombre neerlandés del río ⇨ Mosa.

MAASTRICHT C. del extremo SE de Países Bajos, cap. de la prov. de Limburgo; 114 000 hab. Ind. textiles, papeleras, del cristal, de cerámica, alimentarias (cerveza). ◊ **Tratado de M.** El firmado entre los doce gobiernos de la CEE que estableció las bases para la Unión Europea política, económica y monetaria. Entró en vigor el 1 de noviembre de 1993.

MABÍ m. *P. Rico* y *R. Dom.* Árbol pequeño de corteza amarga.

MABILLON, Jean (1632-1707) Benedictino fr. Uno de los introductores de la crítica histórica en la diplomacia moderna. *De re diplomatica.*

MABINGA f. *Cuba* y *Méx.* Estiércol. ◊ *Cuba* y *Méx.* Tabaco de calidad inferior.

MABITA com. *Ven.* Persona desafortunada que tiene desgracia en todo. ◊ *Ven.* Mal de ojo.

MABLY, Gabriel Bonnot de (1709-1785) Escritor político fr. Su *Tratado de legislación* influyó en la Rev. Francesa.

Mac Pref. de origen céltico que significa *hijo* y que precede a numerosos apellidos irl. y escoceses. Para los personajes consiguientes, ⇨ Mc.

MACA f. Señal que queda en la fruta por algún golpe que ha recibido. ◊ Defecto ligero que tienen algunas cosas.

MACA f. *Argent.* Ave palmípeda que vive en las aguas dulces. Se alimenta de peces, crustáceos, insectos, moluscos y de ciertos vegetales. ◊ *Amér. Merid.* adj. s. Díc. de los individuos de un pueblo indígena que vive en Paraguay. ◊ adj. Relativo a dicho pueblo. ◊ m. pl. Este mismo pueblo.

MACABEO m. Cada uno de los individuos pertenecientes a una familia judía que se opuso a la helenización realizada por Antíoco IV de Siria. ◊ **Libros de los Macabeos.** Dos obras deuterocanónicas, que se encuentran en el canon católico y en el gr. (junto a los dos apócrifos).

MACABRO, BRA adj. Díc. de lo que participa de la fealdad y repulsión de la muerte.

Toma de **Maastricht** por las tropas españolas (1579). (Monasterio de El Escorial, España)

MACACHÍN m. *Arg.* y *Ur.* Planta de flores amarillas o violadas, hojas parecidas a las del trébol y tubérculo comestible. Usada en medicina.

MACACINAS m. pl. *Hond.* y *Méx.* Zapatos toscos de cuero, sin tacón, usados por los indígenas.

MACACO, CA adj. *Amér.* Feo, deforme. ◊ m. *Zool.* Primate de África y sudeste de Asia. ◊ *Hond.* Moneda macuquina del valor de un peso.

MACACOA f. *P. Rico.* Mala suerte. ◊ *Ven.* Melancolía, tristeza.

MACADÁN m. Mezcla de piedra y aglomerante utilizada en la pavimentación de vías públicas. El conjunto, apisonado, proporciona firmes lisos y consistentes. ❏ MACADAMIZAR.

MACAGUA f. Ave rapaz diurna de los bosques de América meridional. ◊ *Ven.* Serpiente venenosa de las regiones cálidas. ◊ *Cuba.* Árbol de madera dura y fibrosa. ◊ **terciopelo.** *Ven.* Serpiente venenosa de las montañas.

MACAGÜITA f. *Ven.* Palma espinosa. ◊ Fruto de este árbol.

MACAL m. *Méx.* Tubérculo semejante a la yuca. ◊ *Chile.* Plantío de maqui.

MACANA f. *Amér.* Arma ofensiva, a manera de machete, que usaban los indígenas. ◊ *Cuba.* Garrote grueso de madera. ◊ fig. Artículo de comercio que por su deterioro o falta de novedad queda sin fácil salida. ◊ fig. *Amér.* Disparate, tontería. ◊ *Amér. Centr.* Especie de azada. ◊ *Argent.* Chisme, cosa o error de palabra o de hecho. ❏ MACANAZO; MACANEAR.

MACANO m. *Chile.* Color oscuro que se usa para teñir lana. ◊ Árbol de Panamá.

MACANUDO, DA adj. fam. Estupendo, magnífico. ◊ *Chile.* Grande, abultado. ◊ *Argent.* y *Chile.* Disparatado. ◊ *Col.* y *Ecuad.* Arduo.

MACAO m. *Cuba.* Crustáceo parecido al ermitaño. ◊ fam. *Cuba.* Apodo de desprecio.

MACAO (port., *Macau*; chino, *Aomen*) Antigua dependencia autónoma de Portugal devuelta a China en 1999; adquirió el estatuto de región autónoma bajo administración especial. 17 km², 356 000 hab. Comprende la pen. de Macao, con la c. hom. y las islas de Taipa y Coloane. Pesca, fabricación de fuegos de artificio. Turismo.

MACAÓN f. Mariposa diurna de alas amarillas marcadas de negro, con las inferiores bordeadas por dos franjas azules.

MACAPÁ C. del N de Brasil, cap. del territorio de Amapá; 180 000 hab. Ind. metalúrgica.

MACARRA m. Hombre que vive a costa de las prostitutas. ◊ P. ext. El que vive a costa de una mujer.

MACARRÓN m. Pasta alimenticia de harina de trigo amasada a la que se da forma tubular. Se usa más en pl. ◊ Hombre que vive a expensas de las prostitutas.

MACARRONEA f. Composición burlesca, gralte. en verso, en que se mezclan palabras latinas con otras de una lengua vulgar a las cuales se da terminación latina. ❏ MACARRÓNICO, CA.

MACARSE prnl. Empezar a pudrirse la fruta por los golpes que ha recibido.

MACARTISMO o **MACCARTHYSMO** m. Época de la historia de EE UU caracterizada por una serie de medidas anticomunistas promovidas por el senador McCarthy.

MACAS C. de Ecuador, cap. de la prov. de Morona Santiago; 8 246 hab.

MACAULAY, Thomas Babington (1800-1859) Político e historiador brit., autor de *Historia de Inglaterra*.

MACAZ m. *Perú.* Especie de paca, roedor.

MACAZUCHIL m. *Méx.* Planta cuyo fruto perfuma el chocolate y otras bebidas.

MACBETH (m. 1057) Rey de Escocia [1040-1057]. Su figura histórica fue recogida por Shakespeare en una de sus mejores tragedias.

MACEAR tr. Dar golpes con el mazo o la maza. ◊ intr. fig. Machacar, porfiar. ❑ MACEO.

MACEDONIA f. Ensalada de frutas.

Mapa de situación y bandera de **Macedonia**

MACEDONIA Región del N de Grecia, limítrofe con Albania, Bosnia, Serbia y Montenegro y Bulgaria; 34 177 km², 1 122 000 hab. C. prales.: Salónica, Kavala, Sérrai. Cereales, frutas, tabaco, algodón. La pob. es mayoritariamente gr. ◊ Región histórica del SE de Europa, en la pen. de los Balcanes. Se extiende al N y a orillas del mar Egeo, entre Epiro y Tracia. Dividida entre Bulgaria, Grecia y la rep. indep. de Macedonia. En la formación de M. intervinieron pueblos de raza gr. junto a elementos tracios e ilirios. El reinado de Filipo II (359 a. C.) marcó el inicio de la hegemonía de M., que culminó con Alejandro Magno. **MACEDONIA** (*Republika Makedonija*) Est. de Europa, en el SE de la pen. Balcánica; ocupa el NO de la región histórica hom. Terreno montañoso y elevado. Clima continental. Agricultura. Explotación forestal. Minería. Ind. siderúrgi-

Macedonia. Iglesia de San Juan Bogoslov, junto al lago Ohrid

MACEDONIA

Superficie	25 713 km²
Población	2 034 000 hab. (79 hab./km²)
Recursos económicos	
Acero	247 000 t
Aves de corral	5 729 000 cabezas
Azúcar	140 000 t
Cabaña ovina	2 297 000 cabezas
Cemento	639 000 t
Energía eléctrica	5 755 millones de kwh
Lignito	6 635 000 t
Maíz	141 000 t
Patata	135 000 t
Remolacha azucarera	106 000 t
Riqueza forestal	1 063 000 m³
Trigo	341 000 t
Indicadores sociológicos	
Renta per cápita	5 675 dólares
Esperanza de vida	72 años
Alfabetismo	89 %

ca, metalúrgica, mecánica, química, textil, alimentaria y papelera. Grupos étnicos: macedonios, albaneses, turcos, rumanos, etc. Lenguas: macedonio (of.), albanés. *Rel.*: cristianismo ortodoxo, islamismo. U.M.: dinar. Cap., Skopje. C. prales.: Bitola, Prilep, Kumanovo. ❑ *Hist.*: Incorporada a Serbia en 1913 y a Yugoslavia en 1918. En 1991 se declaró indep. y, pese a la oposición de Grecia, fue reconocida internacionalmente en abril de 1991. En 2001 sufrió las incursiones de la guerrilla albanokosovar en el N, lo que provocó enfrentamientos con el ejército macedonio. En 1999, Bor Boris Trajkovski fue elegido presid., pero en febrero de 2004 murió en un accidente aéreo. En las elecciones presidenciales celebradas en abril del mismo año, venció Branko Crvenkovski, líder del partido Alianza Social-Demócrata.
MACEDONIO m. *Ling.* Lengua indoeuropea hablada en la ant. Macedonia. ◊ *Ling.* Lengua eslava actual hablada por el pueblo macedonio. ❑ MACEDÓNICO, CA.
MACEIÓ C. del NE de Brasil, cap. del est. de Alagoas; 328 000 hab. Centro comercial. Puerto exportador de azúcar y algodón. Ind. alimentaria, textil y metalúrgica.
MACEO, Antonio (1845-1896) Militar cub. Uno de los caudillos independentistas de la isla. Rechazó la paz de Zanjón (1878) y con J. Martí y M. Gómez dirigió la guerra de Independencia.
MACERAR tr. Ablandar una cosa, estrujándola o manteniéndola sumergida en un líquido.
MACETA f. Tiesto de barro para plantas. ◊ Mango de algunas herramientas. ◊ Martillo de cantero. ◊ *Amér.* Mazo. ◊ *Chile.* Ramillete, mazo de flores. ◊ fig. y fam. *Méx.* Cabeza. ◊ *Bot.* Corimbo. ◊ *Argent., Bol., Chile, Par. y Ur.* Caballo viejo que anda con dificultad. ◊ adj. *P. Rico.* Avariento. ❑ MACETERO.
MACH m. Unidad de velocidad equivalente a del sonido en el aire.
MACH, Ernst (1838-1916) Físico y filósofo austr. Fundador del empiriocriticismo, las leyes científicas eran para él puramente descriptivas (positivismo).
MACHA f. *Chile.* Molusco de mar, comestible. ◊ *Amér.* Marimacho. ◊ *Argent.* Broma, burla.
MACHACAR tr. Golpear una cosa para romperla o deformarla. ◊ intr. fig. Insis-

tir importuna y pesadamente sobre una cosa. ❑ MACHACA; MACHACADOR, RA; MACHACÓN; NA; MACHACONERÍA; *Amér.* MACHAQUEAR; MACHAQUEO; MACHAQUERÍA.
MACHADO, Antonio (1875-1939) Poeta esp. En 1927 fue elegido académico de la Lengua. A principios de 1939 se refugió en Francia, donde murió poco después. Con su hermano Manuel colaboró en algunas obras teatrales, aunque en un tono menor que su obra poética. *Soledades, galerías y otros poemas, Campos de Castilla, Proverbios y cantares.* ◊ *Gerardo* (1871-1939) Político cub. Dictador de 1925 a 1933. ◊ *Manuel* (1874-1947) Poeta esp., hermano de Antonio M. Estilo colorista y airoso inspirado en el popularismo. *Alma, El cante jondo, Horas de oro.* ◊ **de Assis, Joaquim Maria** (1839-1908) Escritor bras. Novelista y poeta. *Americanas, Chrysalidas, Phalenas.*
MACHAJE m. *Chile.* Conjunto de animales machos.
MACHALA C. del S de Ecuador, cap. de la prov. de El Oro; 144 197 hab. Centro agropecuario. Bananas.
MACHANGO, GA adj. *Chile.* Machacón. ◊ m. *Amér.* Especie de mono. ◊ f. *Chile.* Machaquería.

Antonio **Machado**

MACHAULT, Guillaume de (h. 1300-1377) Poeta y músico fr. Autor de obras polifónicas, rondós, baladas, etc. De su obra poética destaca el *Libre du Voir Dit.*
MACHETE m. Arma más corta que la espada; es ancha, de mucho peso y de un solo filo. ❑ MACHETAZO; MACHETERO, RA.
MACHETEAR tr. Golpear con el machete. ◊ *Mar.* Clavar estacas. ◊ *Col.* Porfiar. ◊ *Méx.* Trabajar. ◊ *Méx.* Estudiar mucho.
MACHETÓN m. *Ven.* Militar rudo y autoritario. ◊ *Amér. Centr.* General que llega a presid. por una cuartelada.
MACHI o **MACHÍ** com. *Argent.* y *Chile.* Curandero.
MACHIAVELLI, Niccolò ⇨ Maquiavelo.
MÁCHICA f. *Perú.* Harina de maíz tostado que comen los indígenas.
MACHIGUA f. *Hond.* Lavazas de maíz.
MACHIHEMBRAR tr. *Carp.* Ensamblar dos piezas de madera a caja y espiga o a ranura y lengüeta. ❑ MACHIHEMBRADO, DA; MACHIHEMBRADORA.
MACHÍN m. *Col.* y *Ven.* Mico, mono.

MACHÍN, Antonio (1901-1977) Cantante cub. Introductor del bolero en España. *Angelitos negros, El manisero.*
MACHINCUEPA f. *Méx.* Voltereta.
MACHISTA adj. Que tiene poca o ninguna consideración hacia las mujeres por creerlas inferiores a los hombres. ❏ MACHISMO.
MACHO m. Animal de sexo masculino. ◊ Mulo. ◊ Planta que fecunda a otra. ◊ Parte del corchete que se engancha en la hembra. ◊ En los artefactos, pieza que entra dentro de otra. ◊ m. y adj. fig. Hombre necio. ◊ fig. y fam. *Cuba.* Grano de arroz con cáscara. ◊ *Cuba.* Puerco. ◊ *Arq.* Pilar que sostiene un techo o un arco. ◊ adj. Fuerte. ◊ adj. y m. Hombre valiente. ◊ *Amér. Centr.* Extranjero rubio. ◊ **cabrío.** Cabrón o macho de la cabra.
MACHOTA f. Especie de mazo. ◊ fam. Mujer hombruna, marimacho. ◊ *P. Rico.* Mujer garrida y lozana.
MACHOTE m. fam. Hombre vigoroso, bien plantado. ◊ *Méx.* Señal que se pone para medir los destajos en las minas. ◊ *Hond.* Borrador, minuta.
MACHU PICCHU Ant. ciudad inca sit. cerca de Cusco, en los Andes de Perú. Construida en la cima de la montaña de Huayna Picchu, a 3 100 m de alt. Restos de murallas y numerosos templos. Descubierta por Hiram A. Bingham en 1912.
MACHUCA, Pedro (h. 1490-h. 1570) Pintor y arquitecto manierista esp. Autor del palacio de Carlos V, en Granada.
MACHUCANTE m. fam. *Col.* Sujeto, individuo.
MACHUSCA f. fam. *Bol.* Mujer janona.
MACIÀ i Llussà, Francesc (1859-1933) Político esp., defensor del nacionalismo catalán. M. fue el primer presid. de la moderna *Generalitat* (1931-1933).
MACÍAS el Enamorado (s. XV) Poeta esp. en lengua gall. y cast. *Cancionero de Baena.* ◊ **Nguema,** *Francisco* (1924-1979) Político de Guinea Ecuatorial. Presid. de la rep. (1968-1979) ◊ **Picavea,** *Ricardo* (1847-1899) Escritor esp., uno de los portavoces del regeneracionismo. *El problema nacional, hechos, causas y remedios.*
MACIEGA f. *Amér. Merid.* Especie de hierba de hoja parecida a la de la espadaña.
MACILENTO, TA adj. Flaco, descolorido, triste.
MACIZO, ZA adj. y m. Lleno, sin huecos, sólido. ◊ adj. fig. Sólido, grueso, fuerte. ◊ m. Grupo de alturas o montañas. ◊ fig. Agrupación de plantas con que se decoran los cuadros de los jardines. ◊ *Arq.* Parte de una pared entre dos vanos. ❏ MACIZAR.
MACKENZIE Río del NO de Canadá; 4 800 km. Nace, por emisión, en el Gran Lago de los Esclavos, y desemboca en el mar Beaufort, en el océano Glacial Ártico.
MAC-MAHON, Edmond Patrice Maurice, CONDE de (1808-1893) Mariscal fr. Reprimió con violencia el movimiento revolucionario de la Comuna de París (1871). Presid. de la rep. (1873-1879).
MACLA f. Agregado cristalino constituido por dos o más cristales que pueden ser llevados a posiciones paralelas por un giro de 180° alrededor de un eje

Machu Picchu. Puerta de las Serpientes o Amarus

interno del agregado o por una reflexión a través de un plano.
MACOLLA f. *Bot.* Conjunto de vástagos, flores o espigas que nacen de un mismo pie. ❏ MACOLLAR.
MACÓN m. Entre colmeneros, panal sin miel, reseco y de color oscuro. ◊ adj. *Col.* Grandote, muy grande.
MACON C. del SE de EE UU, en el est. de Georgia; 122 500 hab. (207 000 la agl. urb.). Puerto fluvial. Centro algodonero.
MACONO m. *Bol.* Ave canora que habita en los bosques.
MACOTE adj. *Argent.* Grandote, muy grande.
MACOYA f. *Amér. Merid.* Árbol del cual se extrae un aceite usado en perfumería.
MACRAMÉ m. Labor manual consistente en un trabajo de calados a base de nudos y trenzados con cordel.
MACROBIÓTICA f. Parte de la medicina profiláctica que estudia los medios de prolongar la vida humana. ◊ adj. Díc. de la alimentación tendente a este mismo fin.
MACROBLASTO m. *Bot.* Dícese de la rama larga de una planta, cuya prolongación se debe al predominio del alargamiento en las zonas internodales del tallo.
MACROCÉFALO, LA adj. y s. Díc. de todo animal que tiene la cabeza desproporcionada por lo grande, con relación al cuerpo o a la especie a que pertenece.

Macla

MACROCOSMOS m. El universo, especialmente cuando se le considera como un ser semejante al hombre o microcosmo.
MACROECONOMÍA f. Estudio de las actividades económicas por grandes conjuntos, con el objeto de relacionarlos y proporcionar una base general de acción a la política económica.
MACROGAMETO m. *Biol.* Gameto de mayor tamaño. Si es inmóvil y carece de flagelos recibe el nombre de óvulo, en los animales, y de oosfera, en los vegetales.
MACROINSTRUCCIÓN m. *Comp.* Instrucción de lenguaje simbólico, que, después de pasar por el proceso de compilación, se transforma en una secuencia de instrucciones máquina.
MACROMOLÉCULA f. *Quím.* Molécula de elevado peso molecular, formada por miles de átomos, como las proteínas, ácidos nucleicos, plásticos, etc.
MACRÓPODO m. *Zool.* Pez de Extremo Oriente, de colores vistosos. ◊ adj. Díc. de los animales de pies grandes. ◊ adj. *Bot.* De pedúnculo largo.
MACROSCÓPICO, CA adj. Lo que se ve a simple vista, sin auxilio del microscopio.
MACROSENTENCIA f. *Comp.* Sentencia que dentro de un programa engloba otras sentencias del mismo lenguaje en el que está escrito tal programa.
MACROSPORÓFILO m. *Bot.* Hoja fértil que sostiene los esporangios femeninos o macrosporangios.
MACRURO, RA adj. y s. *Zool.* Díc. de los crustáceos de abdomen largo: langostas, langostinos, etc.
MACSURA f. Recinto reservado en una mezquita para el califa o el imán.
MACUACHE m. *Méx.* Indígena bozal que no ha recibido instrucción alguna. ◊ fig. *Méx.* Bruto, animal.
MACUCO, CA adj. *Chile.* Cuco, taimado, astuto. ◊ m. *Argent.* y *Col.* Muchacho grandullón. ◊ f. *Bot.* Planta umbelífera, de raíz globosa, tallo ramoso, flores blancas muy pequeñas y fruto parecido al anís.
MACUENCO, CA adj. *Cuba.* Flaco, enclenque, especialmente aplicado a los animales.
MÁCULA f. Mancha. ◊ Cosa que des-

Vista parcial de Antananarivo, capital de **Madagascar**

lustra. ◊ fig. y fam. Engaño, trampa. ◊ Mancha rojiza de la piel, que no sobresale en la superficie. ◊ **lútea.** Zona de la retina de gran pigmentación en la que la agudeza visual es máxima. ❏ MACULAR.

MACURCA f. *Chile.* Agujetas.

MACUSPANA Mun. del SE de México, en el est. de Tabasco; 74 200 hab. Explotaciones petrolíferas. Aeropuerto.

MACUTENO m. *Méx.* Ratero, ladrón.

MACUTO m. Mochila. ◊ Cesto que usan los pobres en Venezuela para recoger las limosnas.

MADAGASCAR (*République Democratique Malgache; Repoblika Malagasy*) Estado que ocupa la isla hom., sit. en el océano Índico, frente a la costa sudoriental afr. y separada de ella por el canal de Mozambique. Costas articuladas en el N y NO y rectilíneas en el resto. Clima tropical salvo en el extremo meridional, de características más suaves. La agricultura es la pral. fuente de riqueza. Plantaciones de tipo comercial producen café, algodón, caña de azúcar y tabaco. Ganadería. Ind. escasamente desarrollada. República. Cap., Antananarivo. C. prales.: Majunga, Toamasina. Etnias: mérinas (26%), betsimisarakas (14,7%), betsileos (12%) y otras. Lengua: malgache. Se habla también francés. *Rel.*: animista (50%), católica (25%), protestante (20%), musulmana (5%). U.M.: el franco malgache. ❏ *Hist.* En 1500 arribaron los port., quienes a partir de entonces utilizaron los puertos naturales de la isla como puntos de escala hacia la India. Centro de tribus dedicadas a la piratería, su comercio se lo disputaron en el s. XVIII franceses e ingleses. A principios del s. XIX, el reino mérina unificó el país y se cerraron los puertos a los europeos. En 1896 Francia se anexionó la isla, que no consiguió su indep. absoluta hasta 1960, bajo la presidencia de Philibert Tsiranana. En 1972, tras una revuelta popular, entregó el poder al general Ramanantsoa, quien gobernó dictatorialmente hasta 1975. Ese mismo año se proclamó la segunda rep. malgache presidida por Didier Ratsiraka, reelegido en 1982.

MADAMA f. Voz de tratamiento, de origen fr., equivalente a señora. ◊ *Cuba.* Balsamina, planta cucurbitácea. ◊ fam. *Argent.* Partera, comadrona.

MADARIAGA, *Salvador de* (1886-1978) Escritor y diplomático esp. *Guía del lector del Quijote, Ingleses, franceses y españoles, El semental negro.*

MADEIRA o **MADERA** Arch. port. del Atlántico, sit. al N de las Canarias; 794 000 hab., 254 000 hab. Cap., Funchal. Vid, caña de azúcar, plátanos, piña. Artesanía. ◊ R. de Brasil, afl. del Amazonas; 3 300 km.

MADERA f. *Bot.* Parte sólida de los tallos leñosos, debajo de la epidermis. ◊ Materia que compone el casco de las caballerías. ◊ fig. y fam. Talento o disposición de una persona para una actividad. ◊ **negra.** *Amér. Centr.* Árbol usado para dar sombra en los cocotales, de madera muy dura. ❏ MADERABLE; MADERAMIENTO; MADERERÍA; MADERERO, RA. ❏ *Bot.* La m. se compone de celulosa y lignina, y consta de una zona central y dura (duramen), y una zona externa y blanda (albura). Se forma a partir de cámbium por engrosamiento transversal (anillos).

MADERAJE m. Conjunto de maderas que entran en una construcción.

MADERNA, *Carlo* (1556-1629) Arquitecto it. Terminó la basílica Vaticana.

MADERO m. Pieza larga de madera cortada a escuadra o en rollo. ◊ fig. Nave, buque. ◊ fig. y fam. Persona carente de inteligencia o de sensibilidad.

MADERO, *Francisco Ignacio* (1873-1913) Político mex. En 1910 constituyó el Partido Nacional Antirreeleccionista, con el que derribó a Porfirio Díaz entonces en la presidencia. Elegido presidente en 1911 se enfrentó a Zapata y Orozco con el apoyo de Huerta, que lo derrocó (1913) y mandó asesinar.

MADHYA PRADESH Est. de la India, sit. al N del Decán; 442 841 km², 66 153 900 hab. Cap., Bhopal. C. prales.: Indore y Jabalpur. Arroz, mijo, trigo, sésamo, algodón, plátano, caña de azúcar. Manganeso, carbón, bauxita, hierro. Ind. textil y de material eléctrico.

MADIA f. *Bras.* y *Chile.* Planta de cuya semilla se extrae aceite.

MADISON C. de EE UU, cap. del est. de Wisconsin; 191 300 hab. Centro agrícola y comercial. Equipos eléctricos y médicos.

MADISON, *James* (1751-1836) Político norteam. Dirigió la redacción de la constitución estadounidense. Presid. de 1809 a 1817.

MADONA (del it. *Madonna*) f. Voz con la que se designa las representaciones pictóricas y escultóricas de la Virgen María.

MADOZ, *Pascual de* (1806-1870) Político y escritor español. Ministro de Hacienda, consiguió que se aprobara la ley de Desamortización en 1854.

MADRÁS (tamil, *Chenai*) C. del SE de la India, cap. del est. de Tamil Nadu; 5 361 500 hab. Puerto. Export. de productos agrícolas y mineros. Ind. textil, metalúrgica y química. Curtidos.

MADRASA f. Escuela musulmana de enseñanza superior.

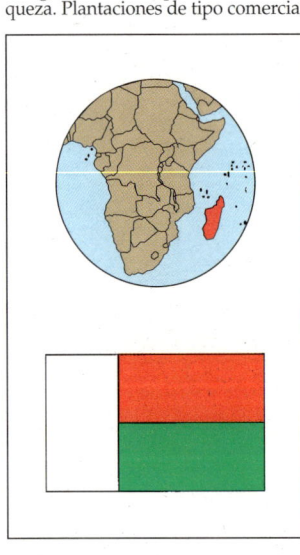

Mapa de situación y bandera
de **Madagascar**

MADAGASCAR	
Superficie	587 041 km²
Población	11 494 300 hab. (20 hab./km²)
Recursos económicos	
Arroz	2 200 000 t
Azúcar	116 000 t
Batata	487 000 t
Cabaña bovina	10 265 000 cabezas
Cabaña caprina	1 283 000 cabezas
Cabaña porcina	1 461 000 cabezas
Café	80 000 t
Cerveza	298 000 hl
Copra	10 000 t
Cromo	35 000 t
Grafito	17 920 t
Mandioca	2 290 000 t
Mica	1 800 t
Nuez de coco	84 000 t
Pesca	106 704 t
Riqueza forestal	8 096 000 m³
Sal	30 000 t
Indicadores sociológicos	
PNB	2 560 millones de dólares
Renta per cápita	210 dólares
Esperanza de vida	55 años
Alfabetismo	68 %

MADRASTRA f. Respecto a los hijos tenidos por un hombre en el anterior matrimonio, esposa de dicho hombre. ◊ *fig.* Cualquier cosa que incomoda o daña.
MADRAZA f. fam. Madre que mima mucho a sus hijos.
MADRAZO, *Federico de* (1815-1894) Pintor esp. Destacado retratista. *Duquesa de Alba.* ◊ *José de* (1781-1859) Pintor esp. Cuadros de tema histórico y retratos.
MADRE f. Hembra que ha parido. ◊ Hembra respecto a su hijo o hijos. ◊ Título que se da a las religiosas. ◊ fam. Mujer anciana del pueblo. ◊ Matriz en que se desarrolla el feto. ◊ fig. Causa u origen de donde proviene una cosa. ◊ fig. Cuna de una cosa. ◊ Cauce o lecho de un río. ◊ Acequia principal. ◊ Heces del mosto, vino o vinagre. ◊ *Cuba.* Carbonera. ◊ **de familia.** Mujer casada o viuda, cabeza de su casa. ◊ **política.** Suegra. ❑ MADRERO, RA.
MADRE Centroamericana, *Sierra* Sist. montañoso que recorre toda América Central desde la frontera mexicano-guatemalteca hasta la barranca de Atrato, en Colombia. Su mayor alt. es el volcán Tajumulco (4 211 m). ◊ **De Chiapas,** *Sierra* Sist. montañoso del SE de México, que se extiende desde el istmo de Tehuantepec hasta la frontera con Guatemala, donde se alza la mayor alt., el volcán Tacaná, de 4 064 m. ◊ **De Oaxaca,** *Sierra* Sist. montañoso del S-SE de México que, con dirección NO-SE, accidenta el est. de Oaxaca. Su alt. máx., es el cerro Zempoaltepec (3 396 m). ◊ **Del Sur,** *Sierra* Sist. montañoso del S de México. Se extiende paralelo al océano Pacífico, desde la depresión del Balsas hasta el istmo de Tehuantepec. La alt. máx. es el Teotepec (3 703 m). ◊ **Occidental,** *Sierra* Sist. montañoso al O de México, prolongación de las montañas Rocosas de EE UU. Se extiende desde la cuenca del Yaqui, al N, hasta la del Grande de Santiago, al S. ◊ **Oriental,** *Sierra* Sist. montañoso del E de México. Se inicia en EE UU (Texas) y se alarga hacia el S.
MADRE DE DIOS Dpto. del SE del Perú; 85 182,63 km², 74 100 hab. Cap., Puerto Maldonado. Sit. en la Amazonia. Caucho, caña de azúcar, algodón y cacao. Explotación forestal. Extracción de oro en los lavaderos del r. Inambari. ◊ R. de Perú y Bolivia. Nace en la cord. de Carabaya y desemboca en la orilla izquierda del r. Beni; 1 450 km.
MADREÑA f. Almadreña, zueco.
MADREPERLA f. Molusco bivalvo muy apreciado por las perlas que suele contener y por el nácar de su concha. Abunda en el Índico, Pacífico y golfo de México.
MADRÉPORA f. Animal invertebrado marino, perteneciente al tipo cnidarios. Viven en mares cálidos, a poca profundidad, y participan activamente en la formación de arrecifes y atolones coralinos. ❑ MADREPÓRICO, CA.
MADRESELVA f. Nombre común de varias especies de plantas arbustivas de ramas lampiñas o pubescentes, hojas elípticas, flores verticiladas y frutos en baya.
MADRID Com. autón. y prov. de España; 7 995 km², 5 423 384 hab. Cap., la hom. Se extiende desde la cord. Central hasta el Tajo. Al N y NO la accidentan la sierra de Guadarrama y parte de las de Somosierra y Gredos. R.

prales.: Tajo, Guadarrama, Jarama, Henares y Manzanares. Cereales, vid, olivo, hortalizas, frutas, forrajes y remolacha. La ind. se concentra en la cap. y en los núcleos adyacentes. ◊ C. de España, cap. de la com. autón. y de la prov. hom.; cap. del Estado; 2 938 723 hab. Centro industrial, comercial y administrativo. En 1561 Felipe II trasladó a ella su corte y la convirtió en cap. de las Españas. ◊ **Batalla de M.** Operaciones militares desarrolladas alrededor de la cap. durante la guerra civil esp. (1936-1939). ❑ MADRILEÑO, ÑA.
MADRID, *Miguel de la* (n. 1934) Político mex. Presid. de la rep. (1982-1988).
MADRIGAL m. *Lit.* Composición poética, generalmente corta, de contenido amoroso e idílico. ◊ *Mús.* Composición para varias voces y sin acompañamiento que surgió en Italia (ss. XIV-XVII). ❑ MADRIGALISTA.
MADRIGAL, *Alonso de* (1400-1455) Escritor y eclesiástico esp., conocido por el nombre de EL TOSTADO. *El Defensorio, Opera Omnia, De óptima política.*
MADRIGUERA f. Albergue de un animal, gralte. excavado en el suelo. ◊ fig. Sitio oculto en que se refugia gente maleante.
MADRINA f. Mujer que asiste a otra persona al recibir ésta el sacramento del bautismo, de la confirmación, etc. ◊ fig. La que favorece o protege a otra persona. ◊ La que, por designación previa, rompe una botella de vino o champaña contra el casco de una embarcación en el acto de su botadura. ◊ *Ven.* Manada pequeña de ganado manso que sirve para guiar al bravío. ❑ MADRINAZGO.
MADRIZ Dpto. del NO de Nicaragua; 1 708,23 km², 120 212 hab. Cap., Somoto. Agricultura y ganadería. Explotación forestal. Ind. agropecuarias y artesanales.
MADRIZ, *José* (1865-1911) Político nic. Presid. (1909-1910).
MADRONA f. Madre o cloaca maestra. ◊ fam. Madraza, madre muy condescendiente.
MADROÑERO m. *Bot.* Planta arbustiva de hasta 5 m de alto, hojas lanceoladas, flores blancas, verdosas o rosadas y frutos en baya (madroño).
MADROÑO m. *Bot.* Fruto comestible del madroñero. ◊ Madroñero. ◊ *Amér.* Árbol de hasta 10 m de alto, con fruto amarillo de pulpa blanca. ❑ MADROÑAL; MADROÑERA.
MADRUGADA f. Alba, principio del día. ◊ Acción de madrugar. ❑ MADRUGADOR, RA, and MADRUGAR.
MADURA (neerlandés, *Madoera*) Isla de Indonesia. Superpoblada (más de 2 000 000 hab.) y con escasos recursos económicos. Ganadería, pesca, sal, copra, maíz, arroz. C. prales.: Sumenep y Pamekasan.

Madreselva. Planta y flor

Vista aérea de **Madrid**

MADURA (*Madurai*) C. del SE de la India, en el est. de Tamil Nadu; 820 900 hab. Ind. textil y alimentaria. Maquinaria agrícola.
MADURACIÓN f. Proceso de transformación o crecimiento de algo hacia un desarrollo total. ◊ *Bot.* Conjunto de fenómenos de transformación que dejan el fruto en condiciones de liberar las semillas en orden a la reproducción de la planta.
MADURAR tr. Dar sazón a los frutos. ◊ fig. Meditar una idea, un proyecto, etc. ◊ Activar la supuración en los tumores. ◊ intr. Ir sazonándose los frutos. ◊ fig. Crecer en edad y juicio. ❑ MADURADERO; MADURATIVO, VA.
MADUREZ f. Sazón de los frutos. ◊ fig. Sensatez o prudencia con que una persona actúa. ◊ Edad de la persona que ha alcanzado su plenitud y todavía no ha llegado a la vejez.
MADURO, RA adj. Que está en sazón. ◊ fig. Prudente, juicioso. ◊ Dicho de personas, entrado en años. ◊ *Amér.* Maltratado, dolorido. ◊ m. *Amér.* Plátano maduro.
MADURO, *Ricardo* (n. 1946) Político hond. miembro del Partido Nacional. Director del Banco Central de Honduras. En noviembre de 2001 venció en las elecciones presidenciales.
MAEBASHI C. de Japón, en la isla de Honshu, cap. de la prefectura de Gumma; 286 300 hab. Ind. de la seda y automovilística.
MAELLA, *Mariano Salvador de* (1739-1819) Pintor esp. Pintó frescos en el palacio real de Madrid.
MAESE m. ant. Maestro.
MAESTRA, *Sierra* Sist. montañoso del E de Cuba. Alt. máx., pico del Turquino, 1 994 m.
MAESTRANZA f. Sociedad de equitación. ◊ *Mil.* Conjunto de los talleres donde se construyen y recomponen los montajes para las piezas de artillería. ◊ Local o edificio ocupado por estos talleres. ◊ Conjunto de operarios que trabajan en ellos o en los demás de un arsenal. ❑ MAESTRANTE.
MAESTRAZGO m. Dignidad de maestre de cualquiera de las órdenes militares.
MAESTRE m. Superior de una orden militar. ❑ MAESTRAL.
MAESTRICHT ⊳ Maastricht.

MAESTRO, TRA adj. Díc. de la obra de relevante mérito entre las de su clase. ◊ m. Hombre que enseña una ciencia, técnica u oficio. ◊ El que es entendido y hábil en una materia. ◊ El que está aprobado en un oficio mecánico o lo ejerce. ◊ Compositor de música. ◊ Palo mayor de una embarcación. ◊ fig. Cosa que instruye o enseña. ◊ Listón de madera que se coloca a plomo para que sirva de guía. ◊ **de capilla.** El que compone y dirige la música que se canta en los templos. ◊ **de ceremonias.** El que informa acerca de los ceremoniales que deben observarse. ◊ **de obras.** El que dirige a los albañiles en la construcción de un edificio. ❏ MAESTRÍA.

MAETERLINCK, Maurice (1862-1949) Escritor belga. Simbolista. Premio Nobel de Literatura en 1911. *Peleas y Melisanda, La princesa Malena, El pájaro azul.*

Maurice **Maeterlinck**

MAFIA F. Asociación nacida en Sicilia hacia 1800 con fines de ayuda mutua y que degeneró en una organización criminal. ◊ P. ext., cualquier organización clandestina de criminales. ❏ MAFIOSO, SA.

MÁFICO, CA adj. *Miner.* Díc. de los minerales oscuros, ricos en elementos ferromagnésicos.

MAGALLANES Estr. en el extremo meridional del continente sudamericano que comunica el Atlántico con el Pacífico. ◊ Prov. del S de Chile, en la región de Magallanes y de la Antártica Chilena; 121 675 hab. Cap., Punta Arenas. ◊ **Y de la Antártica Chilena** Región del S de Chile, en las tierras australes; 150 826 hab. Cap., Punta Arenas. Incluye varias islas, separadas por canales y fiordos. Más al S del Cabo de Hornos se extienden las tierras polares. La ganadería ovina constituye la pral. actividad económica. Reservas carboníferas y petrolíferas.

MAGALLANES, Fernando de (h. 1475-1521) Navegante port. Capitán gral. de la Armada esp., en 1519 salió con la flota, en 1520 atravesó el estr. llamado hoy de M. y alcanzó el océano Pacífico; llegó a Filipinas (1521), donde fue muerto en un combate entre tribus indígenas.

MAGANCEAR intr. *Chile y Col.* Haraganear, remolonear.

MAGANCERÍA f. Engaño. ❏ MAGANCÉS.

MAGANCIA f. *Chile.* Engaño, trapacería. ❏ *Chile.* MAGANCIERO, RA.

MAGANGUÉ C. de Colombia, en el dpto. de Bolívar, a orillas del Magdalena; 64 700 hab. Ganadería. Productos lácteos.

MAGANZA f. *Col.* y *Ecuad.* Holgazanería. ❏ *Amér.* MAGANZÓN, NA.

MAGAÑA, Álvaro (1927-2001) Político salv. Presid. de la rep. (1982-1984).

MAGAZINE (voz ing.) m. Revista ilustrada.

MAGDALENA f. Bollo pequeño de masa de harina y huevo. ◊ fig. Mujer penitente o muy arrepentida de sus pecados.

MAGDALENA Dpto. del N de Colombia, ribereño del mar Caribe; 23 188 km², 1 356 555 hab. Cap., Santa Marta. Constituido por la sierra Nevada de Santa Marta, al NE, con el pico culminante del país (Cristóbal Colón, 5 800 m), la zona del Magdalena y los llanos cubiertos de pastos y avenados por el Ariguaní y sus afl. Ganadería. Cultivo del bananero, cacao, algodón, maíz y tabaco. ◊ Río de Colombia, el más imp. del país; unos 1 500 km. Nace en los Andes, atraviesa el país de S a N y desemboca en el Caribe formando un delta. Imp. vía de comunicación, con numerosos puertos. ❏ MAGDALENENSE; MAGDALÉNICO.

MAGDALENA Contreras, La Delegación de México (Distrito Federal); 75 400 hab.

MAGDALENA DEL MAR o **MAGDALENA NUEVA** C. de la costa de Perú, en el dpto. de Lima; 55 600 hab. Centro veraniego de Lima.

MAGDALENIENSE adj. y m. Periodo final del paleolítico, notable por la industria del hueso y del asta.

MAGDEBURGO (*Magdeburg*) C. de Alemania, en Sajonia-Anhalt; 288 900 hab. Sit. a orillas del Elba. Centro comercial. Ind. metalúrgicas, químicas, textiles, alimentarias y mecánicas. Refinería de petróleo.

MAGENTA adj. y m. Díc. del color carmesí oscuro. ◊ m. *Art. Gráf.* Uno de los colores fundamentales para la impresión en color (síntesis sustractiva).

MAGIA f. *Antr.* Conjunto de prácticas y creencias relacionadas con la producción de efectos contrarios a las leyes naturales. ◊ fig. Encanto o atractivo. ◊ **blanca.** La que por medio de causas naturales obra efectos que pa-

Fernando de **Magallanes,** según una tabla del s. XVI (Museo Naval, Madrid)

recen sobrenaturales. ◊ **negra.** Hechicería. ❏ MÁGICO, CA.

MAGIAR adj. y s. Díc. del individuo de un pueblo asiático que desde el s. IX se estableció en Hungría. ◊ adj. Relativo a los magiares. ◊ m. Lengua hablada por los magiares.

MÁGINOT, André (1877-1932) Político fr. Ministro de la Guerra, impulsó la creación de la línea defensiva fortificada que lleva su nombre. ◊ **Línea M.** Sistema defensivo fr., en la frontera con Alemania, construido en 1927-1936.

MAGISTER m. *Col.* Maestro.

MAGISTERIO m. Tarea propia del maestro o de cualquier persona que imparte enseñanzas. ◊ Grado de maestro. ◊ Cargo o profesión de maestro. ◊ Conjunto de los maestros de una nación, prov., etc. ❏ MAGISTERIAL.

Muchachas de la etnia ewe de África occidental practicando un ritual de **magia** vudú

MAGISTRADO m. Persona que desempeña un cargo civil de importancia en el gobierno de un país. ◊ Juez o funcionario superior de justicia. ❏ MAGISTRATURA.

MAGISTRAL adj. Relativo al ejercicio del magisterio. ◊ Díc. de lo bien hecho o de lo que se hace con maestría. ◊ m. Medicamento que sólo se prepara por prescripción facultativa.

MAGLOIRE, Paul-Eugène (1907-2001) Militar y político haitiano. Presid. de la rep. (1950-1956).

MAGMA m. *Geol.* Masa de minerales fundidos y de gases disueltos que se encuentran en el interior de la corteza terrestre, y que asciende hacia las capas superiores dando lugar a fenómenos volcánicos cuando las condiciones tectónicas son las adecuadas. ❏ MAGMATISMO.

MAGNA Grecia Nombre de las antiguas colonias gr. del S de Italia continental y Sicilia.

MAGNANI, Anna (1908-1973) Actriz cinematográfica it. *Roma, ciudad abierta, Bellísima, Infierno en la ciudad.*

MAGNANIMIDAD f. Grandeza de ánimo; generosidad. ❏ MAGNÁNIMO, MA.

MAGNATE m. Persona que ocupa una elevada posición social por su poder, su riqueza o su influencia.

MAGNAVOZ f. *Méx.* Altavoz.

MAGNESIA f. *Quím.* Óxido de magnesio. Es un polvo blanco, ligero, poco soluble en agua, inodoro, con ligero sabor alcalino, usado en medicina como antiácido. ◊ **efervescente.** Mezcla seca de óxido magnésico, bicarbonato sódico y ácido tartárico, empleada como laxante.

MAGNESIO m. *Quím.* Elemento de símb. Mg y n. a. 12. Es un metal blanco plateado, muy ligero, que arde en el aire dando una luz blanca muy intensa. ❏ MAGNESIANO, NA; MAGNÉSICO, CA.

MAGNESITA f. *Miner.* Carbonato de magnesio; blanco. Es el mineral de magnesio más abundante. Se utiliza para fabricar aleaciones ligeras.

MAGNETISMO m. *Fís.* Propiedad de ciertos minerales de hierro de atraer las limaduras de hierro. ◊ **animal.** Acción que una persona ejerce sobre otra, como el hipnotismo y la sugestión. ◊ **terrestre.** *Fís.* El que procede de nuestro planeta, que se comporta como un gigantesco imán cuyos polos se hallan en las proximidades de los polos geográficos. ◊ **cósmico.** *Astr.* El de los campos magnéticos lunar, planetario, estelar e interestelar. ❏ MAGNÉTICO, CA. ❏ *Fís.* Las primeras teorías sobre el m. se deben a Peregrinus y Gilbert. Más tarde Coulomb aplicó al m. diversos resultados de la electrostática. La teoría del campo electromagnético, de Maxwell, resolvió el problema teórico relativo a la interacción entre los campos magnéticos y eléctricos. La teoría de Heisenberg acerca del ferromagnetismo atribuye el origen del magnetismo al espín de los electrones en los átomos y su interacción.

MAGNETITA f. *Min.* Óxido de hierro de color negro y brillo metálico, fuertemente magnético. Yacimientos en Suecia, Rusia, EE UU, etc.

MAGNETIZAR tr. Comunicar a un cuerpo propiedades magnéticas. ◊ fig. Hipnotizar. ◊ fig. Deslumbrar, fascinar. ❏ MAGNETIZACIÓN; MAGNETIZADOR, RA.

MAGNETO f. *El.* Generador en el que un imán permanente produce la inducción, utilizado para el encendido de los motores de combustión interna.

MAGNETÓFONO m. Aparato que registra y reproduce sonidos por medio de sustancias ferromagnéticas distribuidas sobre un soporte en forma de cinta.

MAGNETÓMETRO m. Instrumento destinado a medir la intensidad de un campo magnético.

MAGNETOSCOPIO m. Aparato para registrar y reproducir imágenes usando como soporte una cinta magnética; es usado en televisión.

MAGNETOSTÁTICA f. Parte de la física que estudia los campos magnéticos creados por corrientes estacionarias.

MAGNETRÓN m. *Electr.* Tubo o válvula utilizado como oscilador en el campo de las microondas y que puede suministrar potencias de varios megavatios.

MAGNICIDIO m. Muerte violenta dada a un jefe de Est. o a una persona relevante del gobierno. ❏ MAGNICIDA.

MAGNIFICAR tr. y prnl. Engrandecer, ensalzar.

MAGNÍFICAT m. Cántico que se reza o canta al final de las vísperas.

MAGNIFICENCIA f. Generosidad, liberalidad. ◊ Disposición para grandes empresas. ◊ Ostentación, grandeza. ❏ MAGNIFICENTE.

MAGNÍFICO, CA adj. Espléndido,

suntuoso. ◊ Excelente, admirable. ◊ Tratamiento que suele darse a algunas personas.

MAGNITOGORSK C. de la rep. de Rusia; 422 000 hab. Hierro. Uno de los prales. centros siderúrgicos del país.

MAGNITUD f. Tamaño de un cuerpo. ◊ fig. Grandeza, excelencia o importancia de una cosa. ◊ **absoluta de una estrella.** Valor numérico que representa la luminosidad que poseería una estrella situada a la distancia de 10 parsecs de la Tierra. ◊ **aparente de una estrella.** Logaritmo del recíproco del valor de la energía que, procedente de la estrella, es captada por el receptor utilizado. ◊ Grandioso, magnífico.

MAGNOLIA f. *Bot.* Planta leñosa de hasta 30 m de alt., con flores blancas de gran tamaño, originaria de América del Norte.

Magnolia. Planta y flor

MAGNUS, *Heinrich Gustav* (1802-1870) Químico y físico al., conocido por sus trabajos relacionados con las corrientes fluidas sobre sólidos en movimiento.

MAGO, GA adj. y s. Persona que practica la magia. ◊ En la ant. religión irania, sacerdote consagrado al culto del Sol. ◊ Díc. de los tres reyes que fueron a adorar a Jesús recién nacido.

MAGREAR tr. fig. fam. Manosear, palpar, sobar lascivamente. ❏ MAGREO.

MAGREB (*Mogreb, Maghreb* o *Maghrib*) Región de África septentrional integrada por Marruecos, Argelia y Tunicia. A veces se incluye en la misma a Libia y Mauritania. En ár. y en sentido restringido, es el nombre oficial de Marruecos.

MAGRITTE, *René* (1898-1967) Pintor belga. Evolucionó del cubismo y el futurismo al surrealismo. *Búsqueda del absoluto.*

MAGRO, GRA adj. Flaco o enjuto y con poca o ninguna grasa. ◊ m. fam. Carne magra del cerdo próxima al lomo. ❏ MAGREZ; MAGRURA.

MAGUA f. *Cuba.* Chasco, decepción. ❏ MAGUARSE.

MAGÜETO, TA m. y f. Novillo.

MAGUEY m. *Cuba* y *Méx.* Pita, planta.

MAGÜIRA f. *Cuba.* Güira cimarrona.

MAGUJO m. *Mar.* Herramienta para descalcar.

MAGULLAR tr. y prnl. Causar a un cuerpo orgánico contusión, pero no herida, comprimiéndolo o golpeándolo violentamente. ❏ MAGULLADURA; MAGULLAMIENTO; *Chile.* MAGULLÓN.

MAGUNCIA (*Mainz*) C. de Alemania, cap. de Renania-Palatinado, en la confluencia del Rin y el Main; 187 400 hab. Centro vitícola e ind. ❏ MAGUNTINO, NA.

MAGNETISMO

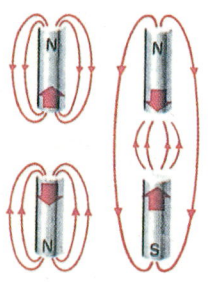

Magnetismo es el conjunto de fenómenos de atracción y repulsión producidos por imanes y corrientes eléctricas. Los fenómenos magnéticos tienen su origen en el movimiento de cargas eléctricas. En el caso de los imanes, este movimiento tiene lugar en el seno del material. Los imanes tienen dos polos, llamados N y S. Los dos polos N (o los dos polos S) de dos barritas imantadas se repelen, mientras que el polo N de una y el polo S de la otra se atraen

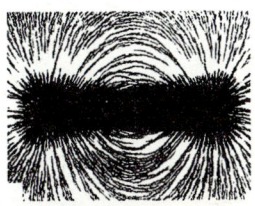

Líneas de fuerza del campo magnético de una barrita imantada, que puede visualizarse fácilmente espolvoreando limaduras de hierro. Si se dividiera en dos la barrita, se tendrían dos imanes.

MAHABHARATA Una de las obras más ant. de la literatura épica de la India. El texto originario lo forman una serie de relatos épicos que giran alrededor de las guerras entre las tribus de los Kuru y los Bharata.

MAHALLA EL KUBRA, El (*al-Mahalla al-Kubra*) C. del N de Egipto, sit. en el delta del Nilo; 292 100 hab. Ind. textil algodonera.

MAHARAJÁ (voz sánscrita) m. Título aplicado a príncipes de la India.

MAHARASHTRA Est. del centro-oeste de la India; 307 762 km², 78 748 200 hab. Cap., Bombay. Mijo y algodón.

MAHATMA (sánscrito, *alma grande*) m. En la India, personalidad espiritual eminente.

MAHAYANA m. Escuela septentrional del budismo. Sus libros sagrados encierran la fuente del budismo esotérico.

MAHDI (ár., *el bien dirigido*) m. Según los chiíes, mesías musulmán que a su llegada restablecerá la justicia y la fe.

MAHENDRA Bir Bikram Shah Deva (1920-1972) Rey de Nepal [1955-1972]. En 1960 disolvió el parlamento. Posteriormente intentó democratizar el país.

MAHLER, Gustav (1860-1911) Compositor y director de orquesta austr. Su obra constituye el nexo entre el posromanticismo y la música moderna. *El canto de la tierra, 10 sinfonías.*

MAHMUT I (1696-1754) Sultán otomano [1730-1754] .Durante su gobierno se frenó el avance ruso por el Danubio (paz de Belgrado, 1739). ◊ **II** (1785-1839) Sultán otomano [1808-1839]. Emprendió una política de reformas. Perdió Grecia y dio autonomía a Serbia y Egipto.

MAHOMA (ár., *Muhammad*; h. 570-632) Fundador del Islam y del imperio musulmán, n. en La Meca. A los cuarenta años tuvo una visión en la que el arcángel Gabriel le aconsejaba predicar contra el politeísmo y prepararse para el juicio final. Su doctrina hizo adeptos en Medina, pero en La Meca fue tan mal acogida que tuvo que huir. Tras larga campaña logró entrar triunfalmente en La Meca (630), donde fue proclamado soberano temporal y espiritual de los árabes. ❏ MAHOMÉTICO, CA.

MAHOMETISMO m. Religión de Mahoma. ❏ MAHOMETANO; MAHOMETISTA; MAHOMETIZAR.

Mahoma

MAHÓN m. Tela fuerte de algodón escogido, y por lo común de color canela.

MAHONESA f. Planta de flores pequeñas, moradas y muy abundantes, pétalos escotados y cáliz cerrado. ◊ adj. y f. Mayonesa, salsa que se hace batiendo aceite crudo, yema de huevo, sal y vinagre.

MAHUAD Witt, Jamil (n. 1949) Político ecuat. En 1992 fue elegido alcalde de Quito y en julio de 1998 venció en las elecciones presidenciales. En enero de 2000 fue sustituido en la presid. por Gustavo Noboa.

MAIAKOWSKI, Vladimir (1893-1930) Poeta sov., adscrito al mov. futurista. Su poesía refleja los primeros tiempos del régimen sov. *150 millones, Lenin.*

MAICERÍA f. *Cuba.* Establecimiento dedicado a la venta de maíz.

MAICERO m. *Cuba.* Vendedor de maíz. ◊ *Col.* Especie de aní, ave.

MAICILLO m. Planta gramínea, muy parecida al mijo, y de fruto muy nutritivo. ◊ *Chile.* Arena gruesa para pavimentar.

MAIKOP C. de Rusia, cap. de la rep. autónoma de Adiguetia; 140 000 hab.

MAILER, Norman (n. 1923) Novelista norteam. *Los desnudos y los muertos, El parque de ciervos, Un sueño americano.*

MAILING m. *Comp.* Impresión automática de cartas con el membrete personalizado a partir de un fichero de nombres y direcciones.

MAILLOT (voz fr.) m. Traje de baño femenino. ◊ Camiseta elástica de ciclista deportivo.

MAIMÓNIDES, Moisés (1135-1204) Filósofo y médico judeoespañol, nacido en Córdoba. Autor de la *Guía de los indecisos*, suma de teología escolástica judía. ❏ MAIMONISMO.

MAIN Río de Alemania; 500 km. Nace al N. de Baviera, baña Frankfurt y desemboca en el Rin en Maguncia.

MAINE Est. del NE de EE UU, en la región de Nueva Inglaterra; 86 156 km², 1 228 000 hab. Cap., Augusta. Ind. mecánicas y de derivados de la madera.

MAINE Acorazado norteam. que el 15 febrero 1898 estalló en el puerto de La Habana, hecho que sirvió a EE UU para declarar la guerra a España.

MAINE de Biran, François-Pierre (1766-1824) Filósofo fr., influido por los ideólogos. *Ensayo sobre los fundamentos*

Estatua de **Maimónides**, en Córdoba (España)

de la psicología y sus relaciones con el estudio de la naturaleza.

MAINZ ➔ Maguncia.

MAIPO Volcán de los Andes, en la frontera entre Argentina y Chile; su cumbre se eleva por encima de los 5 000 m. ◊ Prov. del centro de Chile, en la región metropolitana de Santiago; 378 444 hab. Cap., San Bernardo. ◊ Río de Chile, en la región de Santiago; 250 km. Nace al pie del volcán hom. y desemboca en el Pacífico, junto a San Antonio.

MAIPÚ, batalla de Combate entre el ejército realista esp. mandado por Osorio y las fuerzas arg. y chil. de San Martín y O'Higgins. La derrota realista aseguró la indep. de Chile.

MAIQUETÍA C. del N de Venezuela, a orillas del mar Caribe, en el Distrito Federal; 110 400 hab. Ind. química, alimentaria y maderera.

MAISTRE, Joseph de (1753-1821) Filósofo fr., contrario al racionalismo. *Sobre el papa, Consideraciones sobre Francia.*

MAITÉN m. *Chile.* Árbol de hojas dentadas, muy apetecidas por el ganado vacuno; flores monopétalas, de color purpúreo y madera dura, de color anaranjado.

MAITINES m. pl. Primera de las horas canónicas, que se reza antes de amanecer. ❏ MAITINANTE.

MAÍZ m. *Bot.* Planta herbácea monocotiledónea de tallo grueso y erguido, hojas grandes y frutos en cariópside situados en hilera a lo largo de toda la mazorca. Originario de América, el m. se cultiva en todo el mundo por su valor alimenticio. ◊ **de millo.** *Amér. Centr.* Mijo. ◊ **morocho.** Planta gramínea, de hojas ensiformes y larguísimas, flores en panojas apretadas y simientes gruesas, comestibles. ◊ Fruto de esta planta. ◊ **Culturas del m.** Nombre que reciben las civilizaciones amerindias que tenían ese cereal como alimento básico. Su cultivo, a la llegada de los europeos, se extendía desde las llanuras de Arizona y Colorado hasta Perú y Bolivia ❏ MAIZAL.

MAÍZ, islas del (*Corn Islands*) Arch. de Nicaragua, formado por dos islas, sit. en el mar Caribe; 12 km², 2 400 hab.

MAJA f. *Cuba.* Holgazán.

MAJÁ m. *Cuba.* Culebra de color amarillento, con manchas y pintas de color pardo rojizo, simétricamente dispuestas.

MAJADAL m. Lugar de pasto a propósito para ganado menor. ◊ Majada en que se recoge el ganado. ❏ MAJADEAR.

MAJADERO, RA adj. y s. fig. Necio inoportuno, pedante. ◊ m. Mano de almirez o de mortero. ◊ Maza o pértiga para majar. ❏ *Amér.* MAJADEAREAR; MAJADERÍA.

MAJADO, DA adj. *Chile.* Díc. del trigo o maíz remojado en agua caliente, que se tritura y se come guisado. ◊ f. Lugar donde se recoge de noche el ganado. ◊ Estiércol. ◊ Excremento humano. ◊ *Argent.* Manada o hato de ganado lanar.

MAJAGUA f. *Bot. Amér.* Árbol de hasta 12 m de alt., muy corriente en los terrenos anegadizos de Cuba. ◊ *Cuba.* Chaqueta. ❏ MAJAGUAL.

MAJAR tr. Machacar. ◊ *Amér.* Pisar magullar. ◊ fig. y fam. Molestar, importunar, cansar. ❏ MAJADURA; MAJAMIENTO; MAJÓN; MAJONAZO.

MAJARETA o **MAJARA** com. Persona sumamente distraída, chiflada.

MAJARETE m. *Ant.* y *Ven.* Dulce de coco, maíz y azúcar. ◊ *P. Rico.* Desorden, barullo.

MAJASHKALÁ (ant. *Petrovsk*) C. de Rusia, cap. de la República de Daguestán, a orillas del mar Caspio; 315 000 hab. Refinerías de petróleo. Puerto pesquero.

MAJENCIO, *Marco Aurelio Valerio* (h. 280-312) Emperador rom. [306-312]. Dominó Italia y África hasta su derrota por Constantino en Puente Milvio (Roma).

MAJEÑO m. *Bol.* Plátano de color morado, comestible.

MAJES Río del S del Perú; 320 km. Nace con el nombre de Colca en la zona andina, al O del lago Titicaca, y desemboca en el Pacífico junto a Camaná.

MAJESTAD f. Calidad que constituye una cosa grave, que infunde admiración y respeto. ◊ Tratamiento o título que se da a Dios, y también a emperadores y reyes. ❑ MAJESTUOSIDAD; MAJESTUOSO, SA.

MAJO, JA adj. Bonito, vistoso, guapo, simpático, cariñoso, etc. ◊ Chulo, bravucón. ❑ MAJERÍA; MAJEZA.

MAJOR, *John* (n. 1943) Político brit. Primer ministro entre 1990 y 1997, año en que fue derrotado por el laborista Tony Blair.

John **Major**

MAJORCA f. Mazorca.

MAJUELO m. *Bot.* Planta arbustiva de hasta 5 m de alt., con ramas espinosas y frutos del tamaño y forma de un guisante (majuelas). ◊ Viña nueva que da fruto. ❑ MAJOLAR.

MAJZÉN m. En Marruecos, gobierno o autoridad suprema.

MAKARIOS (*Mijaíl Khristódulos Muskos*; 1913-1977) Prelado y político chipriota. Primer presid. de la rep. desde 1959 hasta que fue depuesto por un golpe de Est. en julio de 1974. En diciembre del mismo año reasumió el cargo.

MAKEIEVKA C. de la rep. de Ucrania, en el E de dicho estado; 430 000 hab. Centro siderometalúrgico. Es la ant. Dmítrievsk.

MAL adj. Apócope de malo, precediendo a un sustantivo masculino. ◊ *Fil.* m. Lo contrario al bien; lo que se aparta de lo lícito y honesto. ◊ Daño u ofensa. ◊ Desgracia, calamidad. ◊ Enfermedad, dolencia. ◊ *Amér. Centr.* y *Perú.* Epilepsia. ◊ **caduco.** Epilepsia. ◊

de montaña. Afección que se manifiesta en las ascensiones a montañas elevadas. ◊ **de ojo.** Influjo maléfico que, supersticiosamente, se cree puede una persona ejercer sobre otra mirándola de cierta manera. ◊ **de piedra.** El que resulta de la formación de cálculos en las vías urinarias. ◊ **francés.** Sífilis.

MAL Lara, *Juan de* (1524-1571) Escritor esp. *Philosophia vulgar*, colección de cuentos y proverbios populares.

MALABAR Región litoral del SO de la India, en los est. de Karnataka y Kerala, bañada por el mar Arábigo. ❑ MALABÁRICO, CA.

MALABARISMO m. Práctica de ejercicios de habilidad hechos con diversos objetos. ◊ Arte de manejar conceptos para deslumbrar al oyente o al lector. ❑ MALABARISTA.

MALABO (ant. *Santa Isabel*) Cap. de Guinea Ecuatorial; 38 000 hab. Sit. en la costa N de la isla de Fernando Poo (Bioko). Puerto exportador de café, plátanos y cacao. Pesca.

MALACA f. *Méx.* Peinado hecho de dos trenzas que, cruzando por encima de la cabeza, se aseguran sobre la frente. ◊ *Amér.* Caña para hacer bastones.

MALACA (*Malacca*) Pen. del SE de Asia, sit. entre el mar de Andamán, el estr. de Malaca, el golfo de Siam y el mar de China Meridional. Comprende parte de Tailandia y de Malaysia.

MALACAHUITE m. *Amér. Centr.* Árbol de flores blancas y muy olorosas.

MALACARA adj. *Argent.* Díc. del caballo o yegua que tiene una lista blanca en la frente.

MALACATE m. Especie de cabrestante impulsado por caballerías, que se usaba para extraer agua o minerales de las minas. ◊ *Amér.* Huso para hilar.

MALACIA f. Deseo de comer materias impropias para la nutrición. ◊ *Pat.* Reblandecimiento de un órgano o tejido.

MALACOLOGÍA f. Parte de la zoología que trata de los moluscos. ❑ MALACOLÓGICO, CA; MALACÓLOGO, GA.

MALACOPTERIGIO, GIA adj. y s. *Zool.* Díc. de los peces teleósteos que tienen los radios de las aletas blandos y articulados; como el salmón.

MALACOSTRÁCEO, A adj. y m. *Zool.* Díc. de los crustáceos más evolucionados, siempre con caparazón y ojos compuestos y pedunculados.

MALADETA Macizo de la pen. Ibérica, en los Pirineos. Pico pral., Aneto (3 404 m), el más alto de los Pirineos.

MÁLAGA Prov. del S de España, en la com. autón. de Andalucía; 7 276 km², 1 287 017 hab. Cap., la c. hom. C. prales.: Marbella y Antequera. ◊ C. esp., cap. de la prov. hom.; 524 414 hab. Segundo puerto del Mediterráneo por su volumen de pesca. Centro industrial y turístico.

MALAGRADECIDO, DA adj. *Amér.* Desagradecido, ingrato.

MALAGUEÑO, ÑA adj. y s. De Málaga. ◊ f. Aire popular propio de la prov. de Málaga, con que se cantan coplas. ◊ Aire popular de las islas Canarias.

MALAKA ⇨ Malaca.

MALAMBO m. *Cuba.* Árbol de corteza febrífuga. ◊ *Argent.* Baile popular propio del gaucho.

MALAN, *Daniel-François* (1874-1959) Político sudafricano. Primer ministro (1948-1954), legalizó el *apartheid*.

MALANDANZA f. Mala fortuna, desgracia. ❑ MALANDANTE.

MALANDRÍN, NA adj. y s. Pillo.

MALANG C. de Indonesia, en la parte oriental de la isla de Java, 511 800 hab. Cultivos tropicales. Ind. textiles, metalúrgicas y de elaboración de tabaco.

MALAPARTE, *Curzio* Seud. de *Kurt Suckert* (1898-1957) Escritor it. Su estilo refleja con crudeza las miserias de la guerra. *Kaputt, La piel.*

MALAQUÍAS (h. s. v a. C.) El último de los profetas menores. ◊ **Libro de M.** Último escrito de la colección de los profetas menores. Se compuso entre 516 y 445 a. C. ◊ Santo (1094-1148) Primado de Irlanda y reformador del monarquismo irlandés.

MALAQUITA f. *Miner.* Carbonato básico de cobre, de color verde y brillo vítreo, utilizado en joyería.

MALAR adj. Relativo a la mejilla. ◊ adj. y m. *Anat.* Díc. del hueso aplanado situado simétricamente en la parte lateral de la cara.

MALAR o **MÄLAREN** Lago del SE de Suecia, uno de los mayores del país; 1 140 km². En sus orillas se encuentra Estocolmo.

MALARIA f. Paludismo.

MALARRABIA f. *Cuba.* Dulce de plátano, boniato o guayaba en almíbar.

MALASIA ⇨ Malaysia.

MALATOBA adj. y s. *Amér. Centr.* Gallo de plumas de color amarillo rojizo.

MALÁTYA C. del centro-este de Turquía, cap. de la prov. hom.; 251 300 hab. Ind. textil, refinería de azúcar. Es la ant. *Melitene.*

MALAVENTURA f. Desventura, desgracia. ❑ MALAVENTURADO, DA; MALAVENTURANZA.

MALAWI (*Republic of Malawi*) Estado de África meridional; se extiende longitudinalmente a lo largo de la orilla occidental del lago hom. Clima tropical. La agricultura es la pral. fuente de riqueza del país. Se cultiva maíz, arroz, mandioca y otros cereales para la alimentación local, y tabaco, algodón y té para la exportación. Ind. artesanal, in-

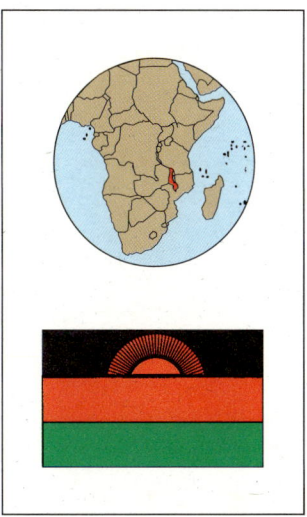

Mapa de situación y bandera de **Malawi**

Malawi. Arco de la Independencia en las proximidades de Blantyre

cluye manufacturas de tabaco y tejidos. República. Cap., Lilongwe. C. pral.: Blantyre. Lenguas.: ing. (of.), indígenas: el chichewa, el nyanja, el tumbuka y el yao. *Rel.*: mayoría animistas. También católicos, protestantes y musulmanes. U.M.: el kwacha.

□ *Hist.* Gran Bretaña colonizó el territorio en 1878. En 1964 obtuvo la indep. y en 1966 se convirtió en rep. La política seguida desde entonces por su presid. vitalicio, Hastings Kamuzu Banda, ha sido conservadora y autoritaria, inclinada hacia Gran Bretaña y la República Sudafricana.

MALAWI

Superficie	118 484 km^2
Población	8 556 000 hab. (72 hab./km^2)
Recursos económicos	
Algodón	27 000 t
Azúcar	195 000 t
Cabaña bovina	1 150 000 cabezas
Cabaña caprina	1 100 000 cabezas
Cabaña porcina	280 000 cabezas
Cacahuetes	64 000 t
Cerveza	752 000 hl
Maíz	1 590 000 t
Pesca	80 000 t
Riqueza forestal	8 215 000 m^3
Tabaco	125 000 t
Té	41 000 t
Indicadores sociológicos	
PNB	1 996 millones de dólares
Renta per cápita	230 dólares
Esperanza de vida	48 años
Alfabetismo	41 %

MALAWI o **NIASA** Lago de África oriental, sit. entre Mozambique, Tanzania y Malawi; 30 800 km^2. Su único emisario es el Shire.

MALAYA f. *Chile.* Carne de res vacuna que está encima de los costillares.

MALAYA Nombre brit. de la Federación de Malasia; ⇨ Malaysia.

MALAYO, YA adj. y s. De Malaysia. ◊ Díc. del individuo perteneciente a un grupo étnico mongoloide que se halla esparcido por la pen. de Malaca y las islas del arch. malayo. ◊ m. *Ling.* Lengua malaya.

MALAYÓ, *Archipiélago* Área geográ-

fica que abarca el conjunto de islas comprendidas entre el SE del continente asiático, al O, y Australia y Nueva Guinea, al E. Se halla dividido entre los Est. de Filipinas, Indonesia (excluido Irian Occidental) y Malaysia (exceptuada la pen. de Malaca).

MALAYOPOLINESIO, SIA adj. y s. *Ling.* Grupo de lenguas que se hablan en la zona que se extiende desde Madagascar hasta la isla de Pascua, y desde Taiwan a Nueva Zelanda.

MALAYSIA *(Persekutuan Tanah Malaysia)* Estado del SE de Asia, formado por una parte continental en la pen. de Malaca (M. Occidental) y otra insular (M. Oriental), que ocupa el N y NE de la isla de Borneo. La primera es montañosa. Las costas presentan llanuras aluviales en las que se abren varios estuarios. M. Oriental también presenta un relieve abrupto, sobre todo en el NE, donde el pico Kinabalu alcanza la mayor alt. (4 101 m). Clima ecuatorial. La pral. fuente de riqueza viene de la explotación de productos primarios, caucho y estaño. Entre los cultivos de subsistencia destaca el arroz. La ind. se basa pralm. en el tratamiento del caucho y del estaño. Es un estado federal miembro de la Commonwealth. Cap., Kuala Lumpur. C. prales.: Penang, Ipoh. Etnias: malayos (51%), chinos (38%), indopaquistanos, otros. Lenguas: malayo (of.), chino, inglés y tamil. *Rel.*: islamismo (mayoritaria), budismo, taoísmo, hinduismo, animismo, catolicismo y protestantismo. U.M.: el dólar de Malaysia.

□ *Hist.* Desde 1511, los portugueses se encontraban en la pen. de Malaca, de la que les expulsaron los holandeses en 1641. A partir del s. XVIII, los brit. intervinieron en M., que declararon protectorado en 1888. La actual Federación fue creada en 1963 con el fin de integrar en la Federación de M. a Singapur, Sarawak y Sabah. Singapur se separó en 1965, a raíz de los enfrentamientos entre chinos y malayos. En 1981 fue nombrado primer ministro Mahatir Bin Mohamed, en sustitución de H. Bin Onn.

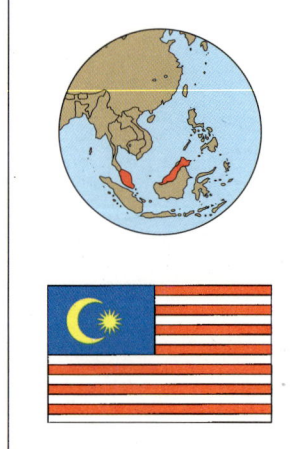

Mapa de situación y bandera de **Malaysia**

MALAYSIA

Superficie	329 758 km^2
Población	18 239 000 hab. (55 hab./km^2)
Recursos económicos	
Arroz	1 550 000 t
Azúcar	95 000 t
Bauxita	376 000 t
Búfalos	190 000 cabezas
Cabaña bovina	658 000 cabezas
Cabaña porcina	2 400 000 cabezas
Caucho	1 250 300 t
Cemento	5 881 000 t
Copra	110 000 t
Estaño	21 000 t
Hierro	192 000 t
Nuez de coco	1 155 000 t
Oro	799 kg
Pesca	602 539 t
Riqueza forestal	51 035 000 m^3
Tabaco	17 331 millones de cigarrillos
Indicadores sociológicos	
PNB	25 787 millones de dólares
Renta per cápita	2 490 dólares
Esperanza de vida	71 años
Alfabetismo	78 %

MALBARATAR tr. Vender a bajo precio. ◊ Disipar o malgastar la fortuna. □ MALBARATADOR, RA; MALBARATO; MALBARATILLO.

MALCARADO, DA adj. Que tiene mala cara o aspecto repulsivo.

MALCASAR tr. y prnl. Realizar un casamiento desacertado.

MALCOLM III, *Canmore* (1031-1093) Rey de Escocia. Derrotó a Macbeth y ocupó el trono. ◊ **X** (1925-1965) Político negro norteam. Fundó la Organización de la Unidad Afroamericana para conseguir la liberación de la gente de su raza. Murió asesinado.

MALCRIAR tr. Educar mal a los hijos, condescendiendo demasiado con sus gustos y caprichos. □ MALCRIADO, DA.

MALDAD f. Calidad de malo. ◊ Acción mala. □ MALDADOSO, SA.

MALDICIÓN f. Imprecación contra una persona o cosa, manifestando enojo y aversión hacia ella. □ MALDECIDO, DA; MALDECIDOR; RA; MALDECIR; MALEDICENCIA.

MALDITO, TA adj. Perverso, de malas costumbres e intenciones. ◊ adj. y s. Condenado y castigado por la justicia divina. ◊ De mala calidad, ruin, miserable.

MALDIVAS *(Republic of Maldives)* Estado del S de Asia, formado por el arch. hom., sit. al SO de Sri Lanka, compuesto por una serie de atolones y unas

MALDIVAS

Superficie	298 km^2
Población	222 000 hab. (745 hab./km^2)
Recursos económicos	
Copra	2 000 t
Nuez de coco	13 000 t
Pesca	78 250 t
Turismo	196 112 visitantes
Indicadores sociológicos	
PNB	101 millones de dólares
Renta per cápita	460 dólares
Esperanza de vida	62 años
Alfabetismo	81 %

Mapa de situación y bandera
de **Maldivas**

2 000 islas. La pob. está compuesta de descendientes de cingaleses y ár. Cap., Male. Clima húmedo y cálido. El pral. recurso es la pesca; le siguen en importancia el coco y la copra. La actividad ind. más imp. consiste en el desecamiento y ahumado de pescado. Lenguas: divehi (dialecto cingalés, of.), árabe. *Rel.*: islamismo. U.M.: la rupia maldiva.
□ *Hist.* Bajo influencia del Islam desde el s. XII y de Portugal en el XVI, pasó a ser protectorado brit. en 1887. Consiguió la indep. en 1965. En 1968 se convirtió en república, con Ibrahim Nasir como presid.

MALDONADO Dpto. del S de Uruguay; 4 793 km², 140 192 hab. Cap., la c. hom. Sit. en el litoral atlántico. Ganadería, pralm. vacuna y lanar. Remolacha, cereales y patatas. Pesca. Turismo. ◊ C. de Uruguay, cap. del dpto. hom.; 54 603 hab.

MALDONADO, Francisco Noble esp., uno de los jefes de los comuneros. Junto a Padilla, participó en la batalla de Villalar. Murió decapitado.

MALEABILIDAD f. Capacidad de un metal para sufrir deformaciones plásticas cuando es sometido a esfuerzos de compresión. El metal más maleable es el oro. □ MALEABLE.

MALEAR tr. y prnl. Dañar, echar a perder una cosa. ◊ fig. Pervertir uno a otro. □ MALEADOR, RA; MALEANTE.

MALEBRANCHE, Nicolás (1638-1715) Filósofo fr. Se propuso unir el pensamiento cartesiano con el de san Agustín. *Búsqueda de la verdad, Tratado de moral.*

MALECÓN m. Murallón que protege contra las crecidas de mares o ríos y que en ocasiones sirve de embarcadero o muelle.

MALEDUCADO, DA adj. y s. Malcriado, falto de educación.

MALEFICIAR tr. Causar daño. ◊ Trastornar a uno con prácticas supersticiosas, hechizar. □ MALEFICIENCIA; MALEFICIO; MALÉFICO, CA.

MALENKOV, Gheorghi Maximilia-

novitch (1902-1988) Político sov. Miembro del Politburó en 1946, fue secretario de Stalin. Fue desplazado por Jruschov (1956).

MALENTENDER tr. Entender o interpretar equivocadamente. □ MALENTENDIDO.

MALÉOLO m. *Anat.* Cada una de las eminencias óseas, una interna y otra externa, del extremo inferior de la pierna. □ MALEOLAR.

MALESPÍN m. *Amér. Centr.* Lenguaje usado por los delincuentes para hablar entre sí, consistente en sustituir unas letras por otras.

MALESPÍN, Francisco (m. 1846) Militar y político salvadoreño. Presid. de la Rep. (1844-1845). Murió asesinado.

MALESTAR m. Indisposición o incomodidad imprecisa. ◊ fig. Inquietud moral.

MALETA f. Caja pequeña de cuero, madera u otro material, que se emplea para llevar objetos en los viajes. ◊ *Amér.* Lío de ropa. ◊ fam. *P. Rico y Amér. Centr.* Persona despreciable. ◊ m. fam. El que practica con torpeza o desacierto su profesión. □ MALETERO; MALETÍN.

MALETÓN m. *Ecuad.* Almofrej, funda de la cama de camino. ◊ *Col.* Jorobado.

MALETUDO, DA adj. *Amér.* Jorobado.

MALEVICH, Kazimir (1878-1935) Pintor ruso, uno de los fundadores del suprematismo. *Cuadrado negro sobre fondo blanco, Cuadrado blanco sobre fondo blanco.*

MALEVO, VA adj. *Argent.* y *Bol.* Malévolo, malhechor, matón.

MALEVOLENCIA f. Mala intención, deseo de perjudicar. □ MALÉVOLO, LA.

MALEZA f. Abundancia de hierbas malas en los sembrados. ◊ Espesura que forma la abundancia de arbustos. ◊ *Argent.* y *Chile.* Pus.

MALFORMACIÓN f. *Pat.* Desviación del desarrollo, adquirida o congénita, que provoca una anomalía o deformidad.

MALGACHE adj. y s. *Etn.* Nativo de Madagascar. ◊ Relativo a Madagascar. ◊ m. *Ling.* Lengua malayopolinesia hablada por los nativos de Madagascar.

MALGASTAR tr. Derrochar, desperdiciar una cosa. □ MALGASTADOR, RA.

MALGENIADO, DA adj. *Col.* y *Perú.* Iracundo.

MALGENIOSO, SA adj. *Amér.* De mal genio.

MALHABLADO, DA adj. y s. Desvergonzado o atrevido en el hablar.

MALHADADO, DA adj. Infeliz, desventurado.

MALHECHO, CHA adj. Aplícase a la persona de cuerpo mal formado o contrahecho. ◊ m. Acción mala o fea. □ MALHECHOR, RA.

MALHERBE, François de (1555-1628) Poeta fr. Precursor del clasicismo.

MALHUMORAR tr. y prnl. Poner a uno de mal humor. □ MALHUMORADO, DA.

MALÍ (*République du Mali*) Estado de África formado por una altiplanicie de unos 500 m de alt. media que se eleva hacia el SO; su zona meridional comprende las cuencas del alto Níger y el alto Senegal y el área sahariana. Ríos: Senegal y Níger. Clima de transición entre desértico y tropical. La agricultura y la ganadería son las bases de la economía del país. La ind. se reduce a la elaboración de derivados de la gana-

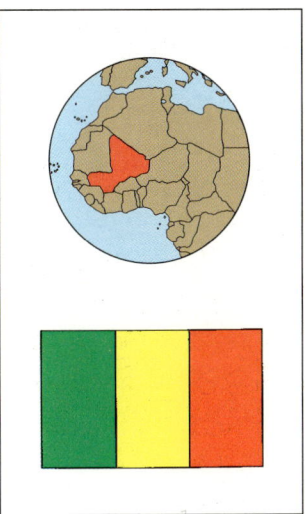

Mapa de situación y bandera
de **Malí**

MALÍ	
Superficie	1 240 142 km²
Población	8 299 000 hab. (7 hab./km²)
Recursos económicos	
Algodón	180 000 t
Arroz	445 000 t
Azúcar	27 000 t
Cabaña bovina	5 000 000 cabezas
Cabaña caprina	5 850 000 cabezas
Cabaña ovina	5 850 000 cabezas
Cacahuetes	160 000 t
Camellos	241 000 cabezas
Energía eléctrica	214 000 000 kwh
Mijo	792 000 t
Pesca	65 013 t
Riqueza forestal	5 589 000 m³
Sal	5 000 t
Indicadores sociológicos	
PNB	2 412 millones de dólares
Renta per cápita	280 dólares
Esperanza de vida	46 años
Alfabetismo	32 %

dería y la agricultura. República. Cap., Bamako. C. prales.: Mopti, Ségou. Etnias: bambaras, fulbes, songhais, otros. Lenguas: fr. (of.), mande y ár. *Rel.*: islamismo (76%), animismo (20%). U.M.: franco CFA.
□ *Hist.* País conocido desde la antigüedad por su enorme riqueza aurífera, cayó bajo el dominio de los reinos de Ghana, Sosso y Malí. En 1881 se inició la ocupación fr., que culminó con la instalación de la colonia del Sudán fr. En 1958 consiguió la indep. dentro de la Comunidad Francesa. En 1959 se unió a Senegal para formar la Federación de Malí, disuelta en 1960. Desde entonces es Rep. independiente.

MALICIA f. Maldad, calidad de malo. ◊ Inclinación a hacer mal. ◊ Perversidad. ◊ Penetración, sagacidad. ◊ fam. Sospecha o recelo. □ MALICIAR; MALICIOSO, SA.

MÁLICO adj. *Quím.* Díc. de un ácido orgánico empleado en la ind. del vino para envejecerlo.

Mallorca. Vista parcial de la ciudad y el puerto de Palma de Mallorca

MALIGNIDAD f. Propensión a pensar u obrar mal. ◊ Carácter pernicioso de una lesión o enfermedad. ❑ MALIGNAR; MALIGNO, NA.

MALINALCO Lugar arqueológico mex. correspondiente al periodo azteca. Los edificios más imp. son los llamados I y III.

MALINAS (fr., *Malines*; flamenco, *Mechelen*) C. del centro de Bélgica, en la prov. de Amberes; 77 100 hab. Ind. automilística, química, textil.

MALINCHE m. *Amér.* Arbusto usado como febrífugo.

MALINCHE Volcán de México, sit. en el est. de Puebla; 4 461 m de alt.

MALINCHE Mujer indígena, compañera de Cortés, de quien tuvo un hijo. Sirvió de intérprete entre los nativos y los esp.

MALINOWSKI, Bronislaw Kasper (1884-1942) Antropólogo brit. de origen pol., máx. representante de la antropología cultural funcionalista. *Sexo y represión en la sociedad salvaje, Magia, ciencia y religión.*

MALINTENCIONADO, DA adj. y s. Que tiene mala intención.

MALIPIERO, Gian Francesco (1882-1968) Compositor it. Autor de obras sinfónicas, ballets y óperas (*Julio César, Antonio y Cleopatra*).

MALLA f. Cada uno de los cuadriláteros que constituyen el tejido de la red. ◊ Tejido de pequeños anillos o eslabones de hierro o de otro metal, enlazados entre sí. ◊ Cada uno de los eslabones de que se forma este tejido. ◊ P. ext., tejido semejante al de la malla de la red. ◊ *Amér.* Traje de baño. ❑ MALLAR; MALLERO.

MALLARINO, Manuel María (1802-1872) Político col. Presid. de la rep. (1855-1857).

MALLARMÉ, Stéphane (1842-1898) Poeta fr. Su poesía busca una especie de absolutismo estético. *Herodías, Un coup de dés, La siesta de un fauno.*

MALLE, Louis (1932-1996) Director de cine fr., uno de los más representativos de la *nouvelle vague. Los amantes, Atlantic City, Adiós, muchachos.*

MALLEA, Eduardo (1903-1982) Novelista arg. Sus primeras obras manifiestan una viva preocupación por el futu-

ro de su país. *Nocturno europeo, El sayal y la púrpura.* La descripción psicológica predomina en su segunda etapa: *Todo verdor perecerá, La razón humana.*

MALLECO Prov. del centro-S de Chile, en la región de la Araucanía; 201 615 hab. Cap., Angol. Regada por los r. Malleco y Traiguén.

MALLO m. Mazo, martillo. ◊ Juego en que se hacen correr por el suelo unas bolas de madera dándoles con unos mazos. ◊ Terreno donde se juega al mallo. ◊ *Chile.* Guiso de patatas con cebolla y ají.

MALLORCA Isla de España, la mayor de las Baleares; 3 625 km², 676 516 hab. Sit. en el Mediterráneo occidental. Costas abruptas y recortadas. La pral. actividad económica es el turismo. Ind. del calzado, textil y de bisutería. La pob. ha aumentado considerablemente en este siglo, concentrándose en la cap., Palma de Mallorca. ◊ **Reino de M.** Est. creado en 1276 con tcrr. pertenecientes a la Corona de Aragón. Su núcleo pral. era el arch. balear. Pedro el Ceremonioso lo anexionó a la Corona de Aragón tras la batalla de Lluchmajor (1349).

MALLORQUÍN, NA adj. y s. De Mallorca. ◊ m. Variedad de la lengua cat. hablada en la isla de Mallorca.

MALMARIDADA adj. y s. Díc. de la mujer que falta a los deberes conyugales.

MALMIRADO, DA adj. Díc. de la persona mal considerada por otras. ◊ Descortés.

MALMÖ C. del S de Suecia, sit. en la costa del estr. de Sund; 229 100 hab. Importante puerto. Centro industrial.

MALO, LA adj. Que perjudica o no es como se desea o conviene. ◊ Enfermo. ◊ Dificultoso. ◊ Desagradable, molesto. ◊ fam. Travieso, enredador. ◊ Deslucido, deteriorado. ◊ Persona inclinada a hacer mal o a desearlo. ◊ **El m.** El demonio. ◊ El malhechor de un relato, especialmente de una obra cinematográfica. ❑ MALUCHO, CHA.

MALOCA f. *Amér.* Invasión hecha por los blancos en tierra de indígenas, con pillaje y exterminio. ◊ Malón, ataque inesperado de los indígenas americanos.

MALOGRAR tr. No aprovechar una cosa. ◊ prnl. Frustrarse lo que se espe-

raba conseguir. ◊ No llegar una persona o cosa a su natural desarrollo. ❑ MALOGRADO, DA; MALOGRAMIENTO; MALOGRO.

MALOJA f. *Cuba.* Malojo, maíz para pasto de las caballerías. ❑ *Cuba.* MALOJERO, RA.

MALOJO m. *Ven.* Planta de maíz para pasto de caballerías. ❑ *Ven.* MALOJAL.

MALÓN m. *Amér. Merid.* Ataque inesperado de los indígenas. ◊ fig. *Amér. Merid.* Grupo de personas que causan desórdenes en un lugar público. ◊ fig. Mala pasada, acción inesperada contra alguien.

MALÓNICO adj. *Quím.* Díc. de un ácido orgánico bicarboxílico, presente en varias plantas, que se emplea en síntesis orgánicas.

MALOQUEAR intr. *Amér. Merid.* Llevar a cabo correrías los indígenas.

MALPARAR tr. Maltratar, dejar maltrecha una cosa. ❑ MALPARADO, DA.

MALPARIR intr. Abortar, parir antes de tiempo. ❑ MALPARIDA; MALPARTO.

MALPIGHI, Marcello (1628-1694) Médico y biólogo it., fundador de la anatomía microscópica.

MALQUERER tr. Tener antipatía o mala voluntad a una persona o cosa. ❑ MALQUERENCIA.

MALQUISTAR tr. y prnl. Enemistar a una persona con otra. ❑ MALQUISTO, TA.

MALRAUX, André (1901-1976) Escritor y político fr. Ministro de Cultura (1959-1969). Novelas: *La condición humana, La esperanza, Antimemorias.*

MALSANO, NA adj. Dañoso a la salud. ◊ Enfermizo.

MALSONANTE adj. Que suena mal. ◊ Díc. de la palabra o exp. inconveniente o grosera.

MALTA f. Cebada que se ha hecho germinar artificialmente. La m. torrefacta se utiliza como sucedáneo del café. En forma natural se emplea para la fabricación de la cerveza. ❑ MALTEADO.

MALTA (*Republic of Malta*) Estado de Europa, formado por un arch. del mar Mediterráneo, que comprende la isla hom., las de Gozo y Comino, y algunos islotes. Está sit. en el centro del Medi-

Malmö. Iglesia de San Paulí, construida por E. Langlet en 1882

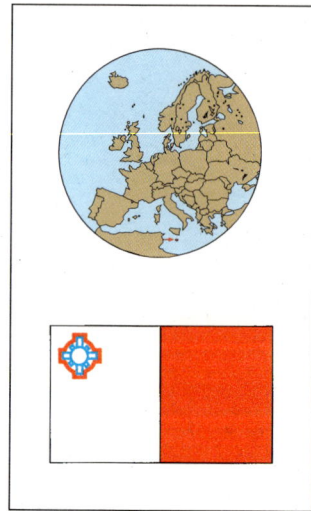

Mapa de situación y bandera de **Malta**

MALTA

Superficie	316 km²
Población 357 000 hab. (1 129 hab./km²)	
Recursos económicos	
Cabaña bovina	22 000 cabezas
Cabaña porcina	102 000 cabezas
Cebada	4 000 t
Energía eléctrica	1 100 millones de kwh
Patatas	18 000 t
Pesca	732 t
Tabaco	1 475 millones de cigarrillos
Tomates	19 000 t
Indicadores sociológicos	
PNB	2 598 millones de dólares
Renta per cápita	6 850 dólares
Esperanza de vida	76 años
Alfabetismo	96 %

erráneo, unos 100 km al S de Sicilia. Costas altas, rocosas y muy articuladas. Clima y vegetación típicamente mediterráneos. La economía está poco desarrollada y todavía condicionada a la presencia de bases brit.; 316,6 km². Lenguas: inglés y maltés. *Rel.*: católica y un grupo protestante. U.M.: libra maltesa. Cap., La Valetta.
❑ *Hist.* Ocupada por fenicios, romanos, árabes, normandos. En 1530 Carlos V se la cedió a la Orden del Hospital, que había sido expulsada de Roma. En 1800 fue conquistada por Gran Bretaña. Alcanzó la indep. en 1964, aunque dentro de la Commonwealth. En 1974 adoptó una constitución republicana. En 2004 M. ingresó a la Unión Europea.
MALTA, Orden de Nombre que adoptaron los Hospitalarios de San Juan de Jerusalén en 1530 cuando Carlos V les concedió la isla de Malta. Actualmente tiene carácter honorífico y su sede está en Roma.
MALTASA f. *Biol.* Enzima que provoca la hidrólisis de la maltosa, presente en la sangre y en varios tejidos, también en la levadura y en una preparación de enzimas obtenida del hongo *Aspergilus oryzol.*
MALTÉS, SA adj. y s. De Malta. ◊ adj. y m. Raza de perro de lanas, emparentado con el perro samoyedo. ◊ m. *Ling.* Variedad del ár., hablada en la isla de Malta.
MALTHUS, Thomas Robert (1766-1834) Economista brit., discípulo de A. Smith. Expuso sus teorías (maltusianismo) en la obra *Ensayo sobre el principio de la población.*
MALTÓN, NA adj. *Amér.* Jovencito.
MALTOSA f. *Quím.* Disacárido que se encuentra en las semillas en germinación. Por la acción de la maltasa se desdobla en dos moléculas de glucosa.
MALTRACA f. *Amér. Centr.* Matraca, carraca.
MALTRAER tr. Maltratar, injuriar.
MALTRAÍDO, DA adj. *Amér. Merid.* Mal vestido, desaliñado.
MALTRATAR tr. y prnl. Tratar mal a uno de palabra u obra. ◊ Menoscabar, echar a perder. ❑ MALTRATAMIENTO; MALTRECHO, CHA.
MALTUSIANISMO m. *Econ.* El m. afirma que la pob. crece en progresión geométrica, mientras que la producción de alimentos lo hace en progresión aritmética, lo que ha de acarrear gravísimos males sociales. ❑ MALTUSIANO, NA.

MALUQUERA f. *Col.* y *Cuba.* Indisposición.
MALURA f. *Chile.* Malestar, desazón.
MALUS, Étienne Louis (1775-1812) Físico fr. Descubrió la polarización de la luz y elaboró la teoría de la doble refracción o birrefringencia.
MALVA f. *Bot.* Planta herbácea de raíz fibrosa, tallos pilosos, hojas acorazonadas, flores pentámeras, cuyas hojas se usan como emolientes. ◊ adj. y m. Díc. del color morado pálido tirando a rosáceo, como el de la flor de la malva. ❑ MALVAR.
MALVADO, DA adj. y s. Muy malo, perverso.
MALVASÍA f. Uva muy dulce y fragante. ◊ Vino dulce que se hace de esta uva.
MALVAVISCO m. *Bot.* Planta herbácea que tiene aplicaciones medicinales, ya que su raíz es emoliente.
MALVENDER tr. Vender a bajo precio, con poca o ninguna ganancia.
MALVERSAR tr. Sustraer o gastar indebidamente los fondos públicos el encargado de su administración. ❑ MALVERSACIÓN; MALVERSADOR, RA.
MALVINAS Arch. de Argentina, en el Atlántico meridional, sit. a unos 500 km de la costa oriental. Se compone de dos islas y unos 100 islotes; 11 410 km², 2 100 hab. Puerto Argentino es la localidad más poblada. Ganadería y pesca. Ind. frigoríficas y textiles. En 1820 el arch. pasó a soberanía arg., pero en 1833 fue ocupado por Gran Bretaña. Argentina reivindicó desde entonces su soberanía. En abril de 1982, Argentina recuperó la soberanía de las islas. En junio del mismo año Gran Bretaña reocupó el arch. tras sostener duros enfrentamientos con las fuerzas arg. (guerra de las M.).

Vista de Puerto Argentino, principal núcleo urbano de las islas **Malvinas**

MALVIVIR intr. Vivir estrechamente o con dificultades.
MALVÓN m. *Argent.* y *Méx.* Geranio, planta.
MAMA f. *Anat.* Estructura glandular que se desarrolla en las hembras de los mamíferos, y cuya secreción, la leche, sirve para nutrir a los recién nacidos. ◊ fam. Madre. Es voz infantil. ❑ MAMARIO, RIA.
MAMA Ocllo *Mit.* Entre los incas, hija del Sol y de la Luna, hermana y esposa de Manco Cápac.

MAMÁ f. fam. Madre.
MAMACOCHA En el ant. Perú, divinidad ctónica, relacionada con Pachacamac. Es la Madre Mar y una de las deidades más importantes en el N del país, es decir, de los chimús.
MAMACONA f. Cada una de las mujeres vírgenes y ancianas dedicadas al servicio de los templos entre los ant. incas, y a cuyo cuidado estaban las vírgenes del Sol. ◊ *Bol.* Jáquima de las caballerías.
MAMADERA f. Instrumento para descargar los pechos de las mujeres en el periodo de la lactancia. ◊ *Amér.* Biberón. ◊ *Cuba* y *P. Rico.* Tetilla de biberón.
MAMALÓN, NA adj. *Cuba* y *P. Rico.* Holgazán.
MAMAMA f. *Perú.* Abuela.
MAMANCONA f. *Chile.* Mujer vieja y gorda.
MAMANDURRIA f. *Amér.* Sinecura, ganga.
MAMAQUILLA *Mit.* Madre de los incas, diosa lunar, hermana y esposa del dios solar Inti.
MAMAR tr. Chupar la leche de los pechos. ◊ fig. Aprender algo en la infancia. ◊ fig. y fam. Obtener, alcanzar, gralte. sin méritos para ello. ◊ prnl. Embriagarse, emborracharse. ❑ MAMADOR, RA; MAMANTÓN, NA; MAMADO, DA.
MAMARRACHO m. fam. Persona que viste o se comporta de manera ridícula o extravagante. ◊ Cosa ridícula, grotesca. ◊ Persona informal o despreciable. ❑ MAMARRACHADA.
MAMATETA f. *Amér. Centr.* Nombre de varios insectos acuáticos.
MAMBA f. Género de serpientes afr., muy venenosas, de la familia elápidos.
MAMBÍS m. Insurrecto contra la soberanía de España en las guerras por la indep. de Cuba en el s. XIX.
MAMBO m. Melodía y baile de origen cubano.
MAMBORETÁ f. *Argent., Par.* y *Ur.* Santateresa o rezadora (*Mantis religiosa*), insecto ortóptero de color verde claro, que caza insectos con sus patas.
MAMBULLITA f. *Chile.* Juego de la gallina ciega.
MAMELÓN m. Colina o cumbre en forma de pezón de teta. ◊ Pequeña eminencia semejante a un pezoncillo que se forma en las cicatrices de las heridas.
MAMELUCO m. Soldado de una milicia de esclavos turcos de Egipto. Controlaron el país (1251-1517). ◊ Mestizo, gralte. hijo de port. e india, que formaba parte de las expediciones de los bandeirantes (Brasil). ◊ Hombre torpe y bobo. ◊ *Amér.* Pelele, vestido de niño que contiene camiseta y calzón en una sola pieza. ◊ pl. *Hond.* Calzón bombacho.
MAMENGUE adj. *Argent.* Apocado, tonto.
MAMERTO, TA adj. *Ecuad.* Apocado, tonto.
MAMEY m. *Amér.* Árbol de tronco recto, hojas elípticas, persistentes y coriáceas; flores blancas, olorosas, y fruto de pulpa amarilla, aromática, sabrosa, y una o dos semillas. ◊ Fruto de este árbol. ◊ *Amér.* Árbol de tronco grueso y copa cónica; hojas lanceoladas y coriáceas; flores de color blanco rojizo, y fruto ovoide de pulpa roja y dulce. ◊ Fruto de este árbol.

MAMÍFERO adj. y m. *Zool.* Díc. de los animales vertebrados, tetrápodos, gralte. terrestres, que poseen amnios y alantoides durante el desarrollo y son capaces de mantener su temperatura interna constante; tienen la piel gralte. cubierta de pelo y los dientes alojados en alveolos del hueso de las mandíbulas. ◊ pl. Clase de estos animales. □ *Zool.* Los m. se clasifican en monotremas, marsupiales y placentarios. A lo largo de esta era, los m. placentarios han experimentado una diferenciación en cuatro líneas prales.: una comprende los insectívoros, quirópteros y primates; en otra se agrupan los roedores y formas vecinas; la tercera es la línea de los cetáceos, y en la cuarta se incluyen los carnívoros, ungulados, etc. Alguna de las características comunes a todos los grupos citados han sido: la tendencia a un aumento del tamaño y a la especialización alimentaria; el crecimiento de las patas y el aumento de la capacidad craneana. En relación con el desarrollo del cerebro, los m. evolucionados presentan también órganos de los sentidos muy eficientes, y poseen la capacidad de desarrollar conductas complejas. La reproducción, salvo en los monotremas, que son ovíparos, es vivípara.

Mamífero. Guepardo

MAMILA f. *Zool.* Parte pral. de la teta de la hembra, exceptuando el pezón. ◊ *Zool.* Tetilla en el hombre. □ MAMILLAR.
MAMILARIA f. Nombre común de varios cactos redondeados con frutos en baya lisa, gralte. de color rojizo. Son propios de América Central y de las Antillas.
MAMITA adj. y m. *Amér. Centr.* Hombre flojo y pusilánime.
MAMÓN, NA adj. y s. Que todavía está mamando. ◊ Que mama mucho. ◊ fam. Bobo, estúpido. ◊ *Amér.* Árbol sapindáceo de fruto en drupa, cuya pulpa es acídula y comestible. ◊ Fruto de este árbol. ◊ *Méx.* Especie de bizcocho que se hace de almidón y huevo. ◊ fam. *Amér.* Borracho. ◊ *Amér.* Papayo. ◊ f. Mamola. ◊ *Ecuad.* Borrachera.
MAMONCILLO m. *Cuba.* Árbol de tronco corto y copa muy ancha, de fruto agridulce y astringente.
MAMORÉ Río de Bolivia; 1 900 km. Se forma en la cordillera de Cochabamba

Vista de la ciudad de **Managua** a orillas del lago homónimo

y en Villa Bella se une al Beni para formar el Madeira.
MAMOTRETO m. fig. y fam. Libro o legajo muy abultado. ◊ fam. Armatoste, objeto grande y embarazoso, especialmente si es poco útil.
MAMPARA f. Cancel movible hecho con un bastidor de madera cubierto gralte. de piel o tela.
MAMPARO m. *Mar.* Tabique con que se divide en compartimientos el interior de un barco.
MAMPATO, TA adj. *Chile.* Díc. del animal de piernas cortas.
MAMPLORA adj. *Amér. Centr.* Hermafrodita.
MAMPORRO m. fam. Golpe o coscorrón.
MAMPOSTERÍA f. Obra de albañilería a base de piedras pequeñas unidas con argamasa. ◊ Oficio de mampostero. □ MAMPOSTERO; MAMPUESTO, TA.
MAMÚA f. *Argent.* Embriaguez, borrachera.
MAMULÓN, NA adj. *Amér. Centr.* Holgazán.
MAMUT m. Mamífero proboscídeo fósil, que vivió en las zonas periglaciares durante el paleolítico medio y superior.
MAN (gaélico, *Ellan Vannin o Mannin*) Isla del mar de Irlanda; 588 km², 70 000 hab. Cap., Douglas (22 200 hab.). Depende de la Corona brit.
MANA f. *Amér. Centr.* y *Col.* Manantial. ◊ Forma del poder inanimado que explica las cualidades especiales de los objetos y personas en que reside. ◊ *Amér. Centr.* Hermana, acompañando un nombre propio.
MANÁ m. Líquido que fluye al practicar incisiones en la corteza del fresno florido. Se emplea como laxante suave. ◊ Alimento llovido del cielo que permitió a los israelitas sobrevivir durante su éxodo por el desierto.
MANABÍ Prov. del NO de Ecuador; 18 878,8 km², 1 031 927 hab. Cap., Portoviejo. Su relieve es plano. Ríos Chone y Tosagua. Cacao, arroz, café; bananas y frutas tropicales. Pesca. Ind. derivadas de la agricultura y de la pesca. Artesanías y turismo.
MANADA f. Hato o rebaño de ganado que está al cuidado de un pastor. ◊ Sociedad animal, propia de los mamíferos, que consiste en una agrupación de numerosos individuos.

MANADO o **MENADO** C. y puerto de Indonesia, en el extremo NE de la isla de Célebes; 217 200 hab. Centro comercial.
MÁNAGER (voz ing.) m. El que dirige un negocio, un establecimiento, etc. ◊ Representante de un cantante, de un deportista profesional, etc.
MANAGUA Dpto. de Nicaragua; 3 465,10 km², 1 262 660 hab. Cap., la c. hom. Sit. a orillas del Pacífico. Lo forman dos alineaciones montañosas de origen volcánico que enmarcan la depresión tectónica del lago M. Café, caña de azúcar y frutales. ◊ C. de Nicaragua, cap. del país y del dpto. hom.; 864 201 hab. Sit. a orillas del lago Managua. Ind. metalúrgica, química y maderera. Refinería de petróleo en Asososca. ◊ Lago del O de Nicaragua, 1 042 km². Comunica con el lago Nicaragua a través del r. Tipitapa. □ MANAGÜENSE.
MANAGUACO, CA adj. *Cuba.* Díc. de la persona rústica y torpe. ◊ *Cuba.* Díc. del animal manchado de blanco en las patas y hocico.
MANAJÚ m. *Cuba.* Árbol silvestre del cual se saca una resina que se usaba para curar heridas.
MANAMA Cap. de Bahrein; 122 000 hab. Puerto pesquero. Refinería de petróleo.
MANANTIAL m. *Geol.* Afloramiento en superficie de un manto acuífero subterráneo. ◊ Foco productor de energía. ◊ fig. Origen y principio de donde proviene una cosa.
MANAOS C. de Brasil. ⇨ Manaus.
MANAPIRE Río de Venezuela, afl. del Orinoco (orilla izquierda); unos 260 km. Nace al S de la serranía del Interior.
MANAR intr. y tr. Brotar o salir de una parte un líquido. ◊ intr. fig. Fluir con abundancia y naturalidad.
MANARE m. *Ven.* Cedazo con el cual se cierne el almidón de la yuca.
MANASÉS (h. 700-642 a. C.) Rey de Judá. Vasallo de Asiria.
MANATÍ m. Vaca marina. Sirénido pisciforme, paquidermo, con aletas y mamas pectorales, de carne y grasa muy estimadas. Es herbívoro y vive en aguas antillanas y en los ríos occidentales de América del Sur. ◊ *Amér.* Látigo hecho con la piel de este animal.
MANAUS C. del N de Brasil, cap. del est. de Amazonas; 1 010 000 hab. Sit. a orillas del río Negro, junto a su confluencia con el Amazonas. Gran actividad mercantil. Ind. químicas y derivadas del caucho. Refinerías de petróleo.
MANAZAS com. Persona torpe.
MANCEBA f. Concubina; mujer con quien un hombre mantiene relaciones sexuales continuadas, sin estar casado con ella.
MANCEBÍA f. Casa pública de prostitución. ◊ Travesura propia de jóvenes.
MANCEBO m. Muchacho. ◊ Hombre soltero. ◊ Oficial, dependiente, empleado de un establecimiento.
MANCHA f. Señal que una cosa hace en un cuerpo, ensuciándolo o echándolo a perder. ◊ Parte de alguna cosa con distinto color del general en ella. ◊ Pedazo de terreno que se distingue de los inmediatos por alguna característica. ◊ fig. Deshonra, ofensa. ◊ *Argent.* Carbunco del ganado. ◊ *Ecuad.* Enfermedad del cacao. ◊ **solar.** *Astr.* Región

de la superficie del Sol en la que existen perturbaciones. □ MANCHADO, DA; MANCHAR.

MANCHA, Canal de la (fr., *La Manche*; inglés, *English Channel*) Brazo de mar que separa Francia y Gran Bretaña, y que une el Atlántico con el mar del Norte, a través del paso de Calais. En mayo 1994 se inaguró un túnel submarino entre ambos países, con una extensión de 50 km.

MANCHA, La Región natural de España, sit. en la parte oriental de la submeseta sur. Se extiende por la prov. de Cuenca, Toledo, Albacete y pralm. Ciudad Real. Cereales. Vid y olivo.

MANCHEGO, GA adj. y s. De La Mancha. ◊ adj. y m. Díc. de cierto queso que se produce en La Mancha.

MANCHESTER C. de Gran Bretaña, en Inglaterra, 449 100 hab. Fue el primer centro mundial de la ind. algodonera, actualmente diversificada; ind. químicas, metalúrgicas y navales. Tres universidades. Catedral reconstruida en el s. XVI.

MANCHÓN m. Parte de una tierra de labor que por un año se deja para pasto del ganado.

MANCHÚ adj. y s. Díc. de individuos de un pueblo mongoloide del grupo tungús, que desde Manchuria invadió China, estableciendo una dinastía que gobernó de 1644 a 1912. Actualmente son 2 400 000 individuos. ◊ adj. Relativo a esta región china.

MANCHUKUO Nombre of. del Est. ficticio creado por los japoneses en Manchuria en 1932. Incorporada a China tras la derrota japonesa (1945).

MANCHURIA (*Manzhou*) Región del NE de China; 780 000 km², 92 040 000 hab. Integrada por las prov. de Heilungkiang, Kirin y Liaoning. Disputada por rusos y japoneses desde comienzos de siglo. En 1931, fue proclamado el Est. de Manchukuo por Japón. El ejército sov. conquistó M. en 1945 y la cedió a China. C. prales., Shenyang, Lüta, Harbin, Fushun, Changchun y Anshan. □ MANCHURIANO, NA.

MANCILLAR tr. y prnl. Manchar el honor, la fama, etc. □ MANCILLA.

MANCISIDOR, José (1894-1956) Escritor, historiador y político mex. *La asonada, La ciudad roja, Frontera junto al mar.*

MANCO, CA adj. y s. Que le falta un brazo o mano, o tiene perdido el uso de cualquiera de estos miembros. ◊ fig. Defectuoso, falto de alguna parte necesaria. ◊ *Chile.* Caballo malo.

MANCO Cápac I (finales s. XII) Rey inca que, según la leyenda, nació del Sol y fundó la dinastía incaica. ◊ **Cápac II** (h. 1500-1544) Último emperador inca [1533-1544]. En 1536 se sublevó contra los esp. pero fue derrotado. Fue asesinado por un esp.

MANCOMUNAR tr. y prnl. Unir personas, fuerzas o capital para un fin. ◊ *Der.* Obligar a dos o más personas de mancomún a la paga o ejecución de algo, entre todas y por partes. ◊ prnl. Asociarse, unirse.

MANCOMUNIDAD f. Corporación y entidad legalmente constituidas por agrupación de municipio, provincias o naciones.

MANCORNAS o pl. *Amér. Centr.* Gemelos de camisa.

MANCUERNA f. Pareja de animales

o cosas mancornadas. ◊ Correa para mancornar las reses. ◊ *Cuba.* Porción de tallo de la planta del tabaco con un par de hojas adheridas a él; disposición con que suelen hacerse los cortes de la planta al tiempo de la recolección. ◊ pl. *Méx.* Gemelos para puños de camisa. □ MANCORNAR.

MANDA f. Legado de un testamento.

MANDADO m. Orden, precepto, mandamiento. ◊ Aviso o noticia. ◊ Compra, recado.

MANDALA m. Diagrama místico empleado por los budistas en las técnicas de meditación y en las prácticas de yoga.

MANDALAY C. del centro de Myanma, a orillas de Irawadi; 417 300 hab. Puerto fluvial. Ind. textil y maderera.

MANDAMÁS com. fam. Persona que asume funciones de mando.

MANDAMIENTO m. Precepto u orden de un superior a un inferior. ◊ Cada uno de los preceptos del Decálogo y de la Iglesia. ◊ Orden judicial en la que se manda la ejecución de una cosa.

MANDANGA f. Pachorra, flema, indolencia.

MANDANTE adj. *Der.* Que en el contrato llamado mandato confía a otra su representación personal, o la gestión de un negocio.

MANDAR tr. Ordenar el superior al súbdito. ◊ Legar a otro una cosa en testamento. ◊ Enviar. ◊ Encargar. ◊ *Amér.* Dar, tirar, arrojar. ◊ *Cuba.* Faltar el respeto a una persona. ◊ *Amér.* Hacer ejecutar, servirse. ◊ tr. e intr. Regir, gobernar. ◊ En los edificios, comunicarse una pieza con otra. ◊ Servirse de una puerta, escalera u otra comunicación. ◊ *Chile y Cuba.* Marcharse, irse de un lugar. ◊ *Chile.* Ofrecerse uno para un mandado o diligencia. □ MANDADO; MANDANTE.

MANDARÍN, NA m. Nombre dado por los europeos a los funcionarios imperiales chinos. ◊ Dialecto chino septentrional. ◊ Persona influyente en ambientes políticos, artísticos, etc. ◊ f. Fruto en hesperidio comestible del mandarino. □ MANDARINATO; MANDARINISMO.

MANDARINO m. Árbol rutáceo de hasta 3 m de alto, con hojas pequeñas de color verde pálido y frutos globosos, parecidos a las naranjas.

MANDATARIO m. *Der.* Persona que acepta del mandante el representarle personalmente, o la gestión o desempeño de uno o más negocios.

MANDATO m. Orden o precepto. ◊ *Der.* Contrato consensual por el que una de las partes confía su representa-

Nelson Rolihlahla **Mandela**

ción personal o la gestión o desempeño de uno o más negocios a la otra. ◊ Soberanía temporal establecida por la Sociedad de Naciones tras la I Guerra Mundial, por la que las potencias vencedoras tutelaron las colonias al. y turcas. En 1946 el sistema fue traspasado al Consejo de Fideicomisos de la ONU.

MANDELA, Nelson Rolihlahla (n. 1918) Político sudafricano. Luchador por la integración racial. Encarcelado desde 1964 hasta 1990. Premio Nobel de la Paz 1993, compartido con el presid. sudafricano F.W. De Klerk. En mayo 1994 accedió a la presid. del país, en las primeras elecciones libres y multirraciales, ocupando el cargo hasta 1999.

MANDÍBULA f. *Anat.* Cada una de las piezas duras que rodean la boca de los animales y que sirven para la prensión y trituración de los alimentos.

MANDIL m. Delantal grande, espec. si es de cuero o de tela muy fuerte. ◊ Delantal. ◊ *Amér.* Paño con que se cubre el lomo de la cabalgadura.

MANDINGA adj. y s. Mandingo, negro. ◊ m. fam. *Amér.* Diablo. ◊ fig. y fam. *Argent.* Muchacho travieso. ◊ *Argent.* Encantamiento, brujería.

MANDINGO adj. y s. Díc. de individuos de un pueblo melanoafricano de Sudán, Malí, Costa de Marfil, Guinea y Senegal. Hacia el s. XIII formó el imperio Malí.

MANDIOCA f. Planta herbácea de hasta 3 m de alto, con raíces tuberosas, feculentas, de las que se extrae la tapioca.

MANDO m. Autoridad y poder que tiene el superior sobre sus súbditos. ◊ Botón, llave u otro artificio que actúa sobre un mecanismo para iniciar, suspender o regular su funcionamiento.

MANDOBLE m. Cuchillada o golpe grande que se da esgrimiendo el arma con ambas manos. ◊ fig. Amonestación o represión áspera.

MANDOLINA f. Instrumento músical, gralte. de cuatro cuerdas, de cuerpo curvado como el laúd.

MANDÓN, NA adj. y s. Que manda más de lo que le toca. ◊ m. *Amér.* Capataz de mina. ◊ *Chile.* El que da la voz de partida en las carreras de caballos a la chilena.

MANDONIO (m. h. 205 a. C.) Caudillo de la tribu ibérica de los ausetanos. Protagonizó con Indíbil una sublevación contra la dominación rom.

Mandarino. Árbol, flor y fruto

MANDORLA f. Ornamento característico del arte medieval, que consiste en una aureola en forma de almendra en la que se inscriben personajes divinos.

MANDRÁGORA f. *Bot.* Planta herbácea cuya raíz contiene alcaloides. Planta mágica por excelencia en la E. Media.

MANDRIL m. *Zool.* Mamífero afr. de pelaje gris oscuro, nalgas desnudas y de vivo color rojo, y hocico alargado rojo con los lados azules recorridos por estrías negras. ◊ Elemento para fijar la pieza o la herramienta en las máquinas-herramienta. ◊ *Cir.* Pieza que, introducida en ciertos instrumentos huecos, sirve para facilitar la penetración de éstos en determinadas cavidades. ❑ MANDRILAR; MANDRÍN.

MANDUBÍ m. *Argent.* Maní, cacahuete.

MANDUCAR intr. fam. Comer, tomar alimento. ❑ MANDUCA; MANDUCACIÓN; MANDUCATORIA.

MANEADOR m. *Amér.* Tira larga de cuero que sirve para atar el caballo, apiolar animales y otros usos. ❑ MANEAR.

MANECHE m. Mono platirrino oriundo de Bolivia.

MANECILLA f. Broche con que se cierran algunas cosas. ◊ Saetilla que en el reloj y en otros instrumentos sirve para señalar las horas, los minutos, etc. ◊ *Bot.* Zarcillo de las plantas trepadoras.

MANEJAR tr. Traer entre manos una cosa. ◊ Gobernar los caballos. ◊ *Amér.* Conducir un automóvil. ◊ tr. y prnl. fig. Gobernar, dirigir. ❑ MANEJABLE; MANEJO.

MANERA f. Modo con que se ejecuta u ocurre una cosa. ◊ Modales de una persona. Se usa en pl. ◊ Astucia, artificio. ◊ Calidad o clase de las personas. ◊ *Pint.* Carácter que un pintor o escultor da a todas sus obras.

MANES m. pl. En la religión rom., las almas de los muertos, veneradas como divinidades domésticas. ◊ fig. Sombras o almas de los muertos.

MANET, Édouard (1832-1883) Pintor fr. Al contacto con los impresionistas, realizó grandes obras: *Nana, Bar del Folies-Bergère, En la barca.*

MANETO, TA adj. *Hond.* Manco o lisiado de las manos. ◊ *Guat.* y *Ven.* Patizambo. ◊ f. *Col.* Ladilla.

MANFLORA m. *Amér. Centr.* Afeminado, marica. ❑ *Amér.* MANFLORITA.

MANFREDO (1232-1266) Rey de Sicilia [1258-1266]. Hijo natural de Federico II. Coronado rey de Sicilia (1258). Excomulgado por Alejandro IV, fue derrotado y muerto por Carlos de Anjou.

MANGA f. Parte del vestido en que se mete el brazo. ◊ Parte del eje de un carruaje, donde entra y voltea la rueda. ◊ Tubo largo que se adapta a las bombas o bocas de riego. ◊ Esparavel. ◊ Tubo de tela que indica la dirección del viento en aeropuertos, autopistas, etc. ◊ Tela de forma cónica, provista de un pico de metal u otro material duro, que se utiliza en repostería para decorar. ◊ Columna de agua o tromba. ◊ Tubo de ventilación. ◊ *Amér.* Espacio comprendido entre dos estacadas que van convergiendo hasta la entrada de un corral o embarcadero. ◊ *Argent.* y *Ven.* Multitud. ◊ *Col.* y *Ecuad.* Corral, dehesa. ◊ *Méx.* Capote de monte. ◊ *Mar.* Anchura mayor de un buque. ◊ **Árbol,** variedad del mango y su fruto. ◊ **de agua.** Turbión, aguacero. ◊ **de viento.** Remolino de viento.

MANGAJO m. *Perú.* Hombre fácil de manejar.

MANGANEAR tr. Echar manganas. ◊ *Ven.* Mangonear.

MANGANESA f. Pirolusita, mineral.

MANGANESO m. *Quím.* Elemento de símb. Mn y n. a. 25. Metal de transición, no se encuentra libre en la naturaleza, es de color gris, débilmente rojizo, quebradizo y más duro que el hierro.

MANGANETA f. *Hond.* Manganilla, engaño.

MANGANGÁ m. *Argent.* Abejón muy zumbador. ◊ *Argent.* y *Bol.* Fastidioso.

MANGANINA f. Aleación que contiene cobre (82-86%), manganeso (12-15%), níquel (2%) y una pequeña cantidad de hierro. Se usa en la fabricación de resistencias eléctricas de precisión.

MANGANITA f. Hidróxido de manganeso, que cristaliza en el sistema monoclínico; peso específico 4,3 a 4,4; dureza 4; color gris. Es mena del manganeso.

MANGAÑO, Silvana (1930-1989) Actriz cinematográfica it. *Arroz amargo, Ana, Muerte en Venecia, Ojos negros.*

MANGANZÓN, NA adj. y s. *Amér.* Holgazán.

MANGAR tr. Pedir, mendigar. ◊ fam. Hurtar, robar. ❑ MANGANTE.

MANGLAR m. Formación vegetal típica de los países tropicales y subtropicales, formada por plantas leñosas litorales, pralm. mangle, en las zonas sometidas a la acción de la marea.

MANGLE m. *Bot.* Planta arbórea de las zonas costeras tropicales, con raíces aéreas. ◊ **blanco.** Árbol americano de fruto comestible.

MANGO m. Parte por donde se coge con la mano un instrumento o utensilio para usar de él. ◊ *Bot.* Planta arbórea que produce unos frutos carnosos, fibrosos, dulces y aromáticos. ◊ Fruto de este árbol.

MANGÓN m. Revendedor. ◊ *Amér.* Cerco para encerrar ganado.

MANGONEAR intr. fam. Andar vagueando. ◊ fam. Entretenerse uno en cosas que no le incumben. ◊ fam. Mandar. ◊ *Méx.* Robar. ❑ MANGONERO, RA.

MANGOSTA f. *Zool.* Pequeño mamífero carnívoro, de cuerpo alargado y hocico puntiagudo.

MANGOSTÁN m. Arbusto gutífero de fruto carnoso, comestible, propio de Indonesia.

MANGRULLO m. *Argent.* Atalaya.

MANGUALA f. *Col.* Fraude. ◊ *Col.* Confabulación.

MANGUEAR intr. *Amér.* Espantar la caza hacia los cazadores. ◊ *Argent.* y *Chile.* Acosar el ganado para que entre en la manga.

MANGUERA f. Manga de las bocas de riego. ◊ Tubo de ventilación. ◊ *Argent.* En las estancias, mataderos, etc., corral cercado.

MANGUETA f. Listón de madera en que se aseguran las puertas, vidrieras, etc. ◊ Madero que enlaza el par con el tirante en la armadura de tejado. ◊ Palanca. ◊ Tubo que une el sifón de un retrete con el conducto de bajada. ◊ Cada uno de los extremos del eje de un vehículo.

MANGUINDÓ m. *Cuba.* Hombre holgazán.

MANGUITO m. Rollo o bolsa de piel que usaban las señoras para llevar abrigadas las manos. ◊ Bizcocho en figura de rosca. ◊ Mangote de oficinista. ◊ *Mec.* Cilindro hueco que sirve para empalmar dos piezas cilíndricas iguales al tope en una máquina.

MANGURUYÚ m. *Argent., Brasil* y *Par.* Pez de río de color pardo barroso, cabeza enorme, ojos pequeños, sin escamas y muy sabroso.

MANHATTAN Isla de EE UU, es el centro comercial de Nueva York.

MANÍ m. Cacahuete, planta. ◊ Fruto de esta planta. ❑ *Cuba.* MANICERO, RA; MANISERO, RA.

MANI (h. 216-h. 277) Fundador del maniqueísmo, nacido en Mesopotamia. Su credo se basaba en la lucha u oposición entre la Luz y las Tinieblas.

MANÍA f. Extravagancia, preocupación caprichosa por un tema o cosa determinada. ◊ Afecto o deseo exagerado. ◊ fam. Mala voluntad contra otro, ojeriza. ◊ **persecutoria.** Preocupación maníatica de ser objeto de la mala voluntad de una o varias personas. ❑ MANÍACO, CA; MANIÁTICO, CA.

MANIATAR tr. Atar las manos.

MANICATO, TA adj. *Cuba.* Esforzado, valiente.

Detalle de *Desayuno en la hierba*, óleo de Édouard **Manet** (Museo de Orsay, París).

MANICOMIO m. Establecimiento sanitario para la observación y tratamiento de los enfermos mentales.

MANICORDIO m. ⇨ Monacordio.

MANICORTO, TA adj. y s. fig. y fam. Poco generoso, tacaño.

MANICURO, RA m. y f. Persona que tiene el oficio de cuidar las manos, y principalmente cortar y pulir las uñas.

MANIDO, DA adj. Sobado, ajado. ◊ Trillado. ◊ adj. y f. *Amér. Centr.* Carne corrompida.

MANIERISMO m. Tendencia artística que surgió en Italia a principios del s. XVI como reacción a la perfección formal del Renacimiento. Su máx. representante fue Miguel Ángel. En España, el Greco.

MANIFESTACIÓN f. Método de lucha empleado por un grupo social cuyos miembros expresan colectivamente en la calle sus reivindicaciones.

MANIFESTAR tr. y prnl. Declarar, dar a conocer. ◊ Descubrir, poner a la vista. ◊ prnl. Organizar o tomar parte en una manifestación pública. ❑ MANIFESTADOR, RA; MANIFESTANTE.

MANIFIESTO, TA adj. Descubierto, patente, claro. ◊ m. Declaración de principios o exposición de las ideas básicas de una persona o grupo, redactada para informar a la opinión pública.

MANIFIESTO del Partido Comunista Pequeña obra escrita conjuntamente por Marx y Engels y publicada en 1848 en el que se apuntan los prales. rasgos de la teoría social marxista.

MANIGORDO m. *C. Rica.* Ocelote.

MANIGUA f. *Amér.* Terreno cubierto de malezas.

MANIJA f. Mango de ciertos utensilios y herramientas. ◊ Abrazadera de metal con que se asegura alguna cosa. ◊ *Argent.* Trenza o cordón para atar el látigo a la muñeca.

MANILA C. y puerto más imp. de Filipinas, sit. en la parte SO de la isla de Luzón; 1 630 500 hab. Centro fabril. ❑ MANILENSE o MANILEÑO, ÑA.

MANILLA f. Pulsera o brazalete. ◊ Anillo de hierro que se pone en las muñecas de los presos.

MANILLAR m. Pieza de la bicicleta o de la motocicleta en la que el conductor apoya las manos para dirigir la máquina.

MANIOBRA f. Cualquier operación material que se ejecuta con las manos. ◊ fig. Acción que se lleva a cabo con habilidad para conseguir un determinado fin. ◊ Técnica de gobernar las embarcaciones. ◊ Ejercicio táctico militar. ◊ Operaciones que se hacen con otros vehículos para cambiar de rumbo o de posición. ❑ MANIOBRAR; MANIOBRABLE; MANIOBRERO, RA; MANIOBRISTA.

MANIPULADOR, RA adj. y s. Que manipula. ◊ m. Aparato telegráfico de transmisión por línea. ◊ *Comp.* Programa que se utiliza para controlar un periférico o para comunicarse con él.

MANIPULAR tr. Operar con las manos. ◊ fig. y fam. Manejar uno los asuntos a su modo, o mezclarse con los ajenos. ❑ MANIPULACIÓN; MANIPULANTE; MANIPULEO.

MANÍPULO m. Ornamento litúrgico que se sujeta en el antebrazo izquierdo. ◊ Cuerpo de infantería de la legión rom., formado primero por 100 hombres y más tarde por 200. ◊ Puñado.

Manierismo. *Noli me tangere*, óleo de Correggio (Museo del Prado, Madrid)

MANIPUR Estado del NE de la India; 22 356 km², 1 826 700 hab. Cap., Imphal. Ind. artesanales.

MANIQUEÍSMO m. Secta fundada por Mani en el s. III d. C., cuyo principio fundamental es el dualismo u oposición irreductible de dos principios divinos, el bien y el mal. ◊ División simplista de una realidad compleja en dos categorías únicas, la de los buenos y la de los malos. ❑ MANIQUEO, A.

MANIQUÍ m. Figura de forma humana usada como modelo pictórico o escultórico, o para probar prendas de ropa. ◊ com. Modelo, persona que exhibe prendas de vestir. ◊ fig. y fam. Muñeca, persona débil de carácter que se deja gobernar por los demás.

MANIR tr. Hacer que las carnes y algunos manjares se pongan más tiernos, dejando pasar el tiempo necesario antes de comerlos.

MANIRROTO, TA adj. y s. Demasiado liberal y dadivoso.

MANIRSE prnl. *Amér. Centr.* Corromperse la carne.

MANITO m. Maná que se da como purgante a los niños. ◊ *Amér.* Manecita. ◊ *Méx.* Amigo, término afectuoso.

MANITOBA Prov. del Canadá, junto a la bahía de Hudson; 649 950 km², 1 092 000 hab. Cap., Winnipeg. Riqueza forestal y mineral. Industrias.

MANITÚ m. Entre los indígenas norteam., espíritu con dominio sobre las fuerzas de la naturaleza.

MANIVELA f. Extremo acodado de un eje, que sirve para hacerlo girar. ◊ Pieza mecánica destinada a transformar un movimiento rectilíneo en giratorio.

MANIZALES C. de Colombia, cap. del dpto. de Caldas, sit. a 2 153 m de altitud, en la vertiente O de la cordillera Central andina; 351 878 hab. Centro comercial cafetero. Ind. textil y química.

MANJAR m. Cualquier comestible. ◊ Comida especialmente apetitosa. ◊ Recreo o deleite espiritual.

MANJARETE m. *Cuba.* Dulce hecho de maíz tierno rallado, leche y azúcar.

MANJÚA f. *Cuba.* Pececillo teleósteo del suborden fisóstomos, de color plateado.

MANKIEWICZ, *Joseph Leo* (1909-1993) Director de cine norteam. *Eva al desnudo, Julio César, La condesa descalza, Cleopatra, La huella.*

MANLEY, *Michael* (1924-1997) Político jamaicano. Primer ministro (1972-1980).

MANN, *Heinrich* (1871-1950) Novelista al. En sus novelas se muestra crítico con la burguesía (*El país de jauja*) y con el abuso de poder (*El profesor Unrat*). *La juventud y la madurez del rey Enrique V.* ◊ *Thomas* (1875-1955) Escritor al. En *La montaña mágica* expresó una profunda reflexión sobre la Alemania de los años anteriores a la I Guerra Mundial. *Los Buddenbrooks, Tonio Kröger, Muerte en Venecia, Mario y el mago, Carlota en Weimar, José y sus hermanos.* Premio Nobel de Literatura en 1929.

MANNERHEIM, *Carl Gustav Emil,* BARÓN DE (1867-1951) Militar finlandés. Presid. de 1944 a 1946. Luchó contra Rusia.

MANNHEIM C. de Alemania, en Baden-Württemberg, en la confluencia del Rin y el Neckar; 295 200 hab. Centro comercial e industrial.

MANO f. Órgano prensil de los antropoides, que comprende desde la muñeca inclusive hasta la punta de los dedos, desarrollado en las extremidades superiores. ◊ Cualquier tipo de extremidad en la que exista un dedo pulgar que pueda oponerse a los restantes. ◊ En los cuadrúpedos, cualquiera de los dos pies delanteros. ◊ Trompa de elefante. ◊ Lado. ◊ Manecilla del reloj. ◊ Majadero, maza para moler o desmenuzar una cosa. ◊ Rodillo de piedra para triturar y hacer masa el cacao, el maíz, etc. ◊ Capa de color, barniz, etc. ◊ Conjunto de cinco cuadernillos de papel. ◊ En varios juegos, partida, jugada completa. ◊ En el juego, el primero en orden de los que juegan. ◊ fig. Persona que ejecuta una cosa. ◊ fig. Habilidad, destreza. ◊ fig. Poder, mando, facultades. ◊ fig. Patrocinio, favor, piedad. ◊ fig. Auxilio, socorro. ◊ fig. Represión, castigo. ◊ *Amér.* Conjunto de cierto número de cosas. ◊ *Amér.* Aventura, lance. ◊ *Amér.* Desgracia, suceso desagradable. ◊ *Chile.* Conjunto de cuatro objetos de una misma clase. ◊ *Mús.* Escala de notas. ◊ pl. Trabajo manual que se emplea para hacer una obra. ◊ m. y f. *Amér.* Amigo, compañero. ◊ **de obra.** Trabajo de los obreros u operarios. ◊ Número total de personas disponibles en el mercado de trabajo en un momento dado. ◊ **de piedra.** *Amér. Centr.* Piedra con que se

Thomas Mann

Muchacha del Rosellón, escultura en bronce de **Manolo** Hugué

muele el maíz o el cacao. ◊ *Amér. Centr.* Especie de víbora. ◊ **derecha.** fig. Con respecto a una persona, otra que le es útil. ◊ **de santo.** fig. y fam. Remedio que consigue su efecto. ◊ **izquierda.** fig. Habilidad, astucia. ◊ **Buena m.** fig. Acierto, tino. ◊ **Mala m.** fig. Falta de habilidad y destreza. ◊ Desacierto o desgracia. ◊ Manos largas. Persona que acostumbra a golpear a otras. ◊ **muertas.** *Der.* Poseedores de una finca, en quienes se perpetúa el dominio por no poder enajenarla.

MANOJEAR tr. *Chile* y *Cuba*. Poner en manojos las hojas del tabaco.

MANOJO m. Hacecillo de hierbas o de otras cosas que se puede coger con la mano, sobresaliendo de ella.

MANOLO, Manuel Martínez Hugué, llamado (1872-1945) Escultor esp. De tendencia clasicista. *El torero, Vendimiadora, Leda, Muchacha del Rosellón.*

MANÓMETRO m. *Fís.* Instrumento destinado a la medición de presiones en gases o líquidos. ❑ MANOMÉTRICO, CA.

MANOPLA f. Pieza de la armadura ant. con que se guarnecía la mano. ◊ Guante para restregar y lavarse el cuerpo. ◊ *Chile.* Llave ing., arma contundente.

MANOSEAR tr. Tocar repetidamente una cosa. ❑ MANOSEADOR, RA; MANOSEO.

MANOTAZO m. Golpe dado con la mano.

MANQUEAR intr. Ser o fingirse manco. ❑ MANQUEDAD.

MANRESA C. de España, en la com. autón. de Cataluña; 63 981 hab. Centro agrícola y ganadero. Ind. textil, del caucho y metalúrgica. ❑ MANRESANO, NA.

MANRIQUE, Gómez (¿1412-1490?) Escritor y político esp. *Batalla de amores, Representación del Nacimiento de Nuestro Señor.* ◊ **Jorge** (h. 1440-1479) Poeta cast. Su elegía, *Coplas a la muerte del maestro D. Rodrigo,* es una de las obras maestras de la poesía esp.

MANS, Le C. del O de Francia, sit. a orillas del Sarthe; 192 100 hab. Circuito automovilístico internacional.

MANSARDA f. Cubierta de vertientes quebradas, cuya parte inferior tiene mayor pendiente que la superior.

MÁNSEQUE m. *Chile.* Baile infantil.

MANSERA f. *Col.* Artesa donde cae el zumo de la caña.

MANSILLA, Lucio Victorio (1831-1913) Escritor arg. *Una excursión a los indios ranqueles, Retratos y recuerdos.*

MANSIÓN f. Permanencia o estancia en una parte. ◊ Morada, albergue.

MANSO, SA adj. Benigno y suave. ◊ Aplícase a los animales que no son bravos. ◊ fig. Apacible, sosegado. ◊ m. En el ganado, carnero, macho o buey que sirve de guía a los demás. ◊ ❑ MANSEDUMBRE; MANSURRÓN, NA.

al-MANSUR (m. 775) Segundo califa abasí [754-775]. Fundador de Bagdad (758). ◊ (1549-1603) Sultán saadí de Marruecos [1578-1603], sucesor del sultán Abd al-Malik. En 1590 conquistó el Sudán.

MANSURA, El (*al-Mansura*) C. del N de Egipto, a orillas de la rama oriental del delta del Nilo; 259 400 hab. Centro cerealícola y textil.

MANTA f. Prenda de lana o algodón, de forma rectangular, que sirve para abrigar. ◊ Especie de mantón, ropa suelta para abrigarse. ◊ *Méx.* Tela ordinaria de algodón. ◊ *Amér.* Costal de pita que se usa en las minas para sacar y transportar los minerales. ◊ *Argent.* Poncho. ◊ *Col.* Cierto baile popular. ◊ Pez elasmobranquio, batoideo, que alcanza más de 6 m de anchura, propio de mares tropicales. ❑ MANTERO, RA.

MANTA C. de Ecuador, en la prov. de Manabí; 125 505 hab. Puerto exportador. Ind. de jabones, aceites y conservas de pescado. Turismo.

MANTACA f. *Chile.* Manta empleada para abrigarse en el campo.

MANTARO Río de Perú, de la cuenca amazónica; unos 600 km. Nace en la cordillera de Huayhuash. Desemboca en la orilla izquierda del Apurímac.

MANTE Mun. de México, en el est. de Tamaulipas; 106 400 hab. Caña de azúcar, hortalizas, limoneros. Refinería de azúcar. Destilerías de alcohol.

MANTEADO m. *Amér. Centr.* Tienda de campaña.

MANTEAR tr. Lanzar varias veces al aire a una persona o un pelele, con una manta sostenida entre varios. ◊ *Argent.* Maltratar entre varios a uno. ◊ intr. y prnl. *Chile.* Convertirse en manto una veta de metal. ❑ MANTEADOR, RA; MANTEAMIENTO; MANTEO.

MANTECA f. Producto obtenido por el batido, amasado y posterior madu-

Retrato ideal de Jorge **Manrique** (Casa de la Cultura, Toledo, España)

ración de la crema extraída de la leche de vaca. Las obtenidas de otros animales se designan generalmente añadiendo el nombre del animal. ◊ Nata de la leche. ◊ Pomada. ❑ MANTECOSO, SA.

MANTECADA f. Rebanada de pan untada con manteca y azúcar. ◊ Especie de bollo de harina, huevos, azúcar y manteca.

MANTECADO m. Bollo amasado con manteca de cerdo. ◊ Helado.

MANTEGNA, Andrea (1431-1506) Pintor it. Sus personajes son tratados con un relieve casi escultórico. *Camera degli Sposi* del palacio de Mantua.

MANTEL m. Cubierta, gralte. de tela, con que se cubre la mesa para comer. ◊ Lienzo con que se cubre la mesa del altar.

MANTELERÍA f. Juego de mantel y servilletas.

MANTENER tr. y prnl. Proveer a uno del alimento necesario. ◊ tr. Conservar una cosa. ◊ Proseguir en lo que se está ejecutando. ◊ Defender una opinión o sistema. ◊ Sostener un torneo, unas fiestas, etc. ◊ *Der.* Amparar a uno en la posesión o goce de una cosa. ◊ prnl. No variar de estado o resolución. ◊ fig. Fomentarse, alimentarse. ❑ MANTENEDOR, RA; MANTENENCIA; MANTENIDO, DA; MANTENIMIENTO.

MANTEQUERA f. Mujer que hace o vende mantequilla. ◊ Vasija en que se hace la mantequilla.

MANTEQUERO m. El que hace o vende mantequilla. ◊ Mantequera, vasija. ◊ Corojo, especie de palma. ◊ *Amér. Centr.* Abundancia de grasa. ❑ *Amér.* MANTEQUILLERO.

MANTEQUILLA f. Sustancia blanda y grasa que se extrae de la leche de vaca. Tras un periodo de maduración o fermentación, se bate la nata y se le extrae el suero, obteniéndose así la mantequilla. ❑ MANTEQUERÍA.

MANTEQUILLERA f. *Amér.* Mantequera, vasija.

MANTILLA f. Prenda de mujer para cubrir la cabeza. ◊ Cualquiera de las piezas con que se envuelve por encima de los pañales a los niños recién nacidos. Se usa más en pl.

MANTILLO m. Capa superior del suelo, formada en gran parte por la descomposición de materias orgánicas. ◊ Abono que resulta de la fermentación y putrefacción del estiércol.

MANTILLÓN, NA adj. y s. *Méx.* Pícaro, sinvergüenza. ◊ m. *Amér. Centr.* Manta pequeña que se pone debajo de la silla o la albarda.

MANTINEA Ant. ciudad gr., en Arcadia. ◊ **Batalla de M.** Victoria, en 362 a. C., de los tebanos sobre los espartanos.

MANTIQUEIRA Cadena montañosa del SE de Brasil, que se extiende por el límite de los est. de São Paulo, Río de Janeiro y Minas Gerais. Alt. máx., Itatiaia o Agulhas Negras (2 787 m).

MANTIS ⇒ Mamboretá.

MANTISA f. *Mat.* Parte decimal del logaritmo de un número. ◊ *Comp.* Parte decimal de una cantidad expresada en coma flotante.

MANTO m. Prenda amplia a modo de capa. ◊ Velo grande que cubre hasta la cintura. ◊ Capa que llevan algunos religiosos sobre la túnica. ◊ Fachada de la campana de una chimenea. ◊ Capa grasienta en que nace envuelto el niño.

◊ fig. Lo que encubre y oculta una cosa. ◊ *Min.* Capa mineral que yace casi horizontalmente. ◊ *Zool.* Repliegue cutáneo que envuelve una gran parte del cuerpo de los moluscos. ◊ **terrestre.** Capa intermedia de la Tierra que se extiende desde unos 30-60 km hasta 2 900 km de profundidad.
MANTUDO m. *Amér. Centr.* Máscara, disfraz. ◊ m. pl. *Amér. Centr.* Mascarada que sale en las fiestas populares.
MANU, *Código de* Colección de leyes o tratado filosófico sobre las obligaciones religiosas y sociales de los arios en la India.
MANUABLE adj. Fácil de manejar.
MANUAL adj. Que se ejecuta con las manos. ◊ Manejable. ◊ Casero, de fácil ejecución. ◊ fig. Fácil de entender. ◊ m. Libro en que se recoge y resume lo fundamental de una asignatura o ciencia. ❑ MANUALIDAD.
MANUAR m. Máquina textil utilizada en hilatura para estirar y colocar paralelamente las fibras procedentes de las cardas.
MANUBRIO m. Manivela. ◊ Empuñadura de un instrumento. ◊ Empuñadura o pieza empleada para dar vueltas a una rueda, eje, etc.
MANUEL Nombre de diversos reyes y emperadores.

IMPERIO BIZANTINO

MANUEL I Comneno (h. 1122-1180) Emp. bizantino [1143-1180]. Sometió a serbios y húng. y anexionó Dalmacia y parte de Croacia. ◊ **II Paleólogo** (1348-1425) Emp. bizantino [1391-1425]. Ante el asedio turco a Constantinopla pidió ayuda a Occidente, pero no la consiguió.

PORTUGAL

MANUEL I el Afortunado (1469-1521) Rey de Portugal [1495-1521]. Continuó la política de expansión ultramarina.
MANUEL Filiberto de Saboya (1528-1580) DUQUE DE SABOYA [1535-1580]. Estuvo al servicio de Carlos V y dirigió los ejércitos de Felipe II en San Quintín y Gravelinas.
MANUELINO, NA adj. Díc. del estilo artístico que, yuxtaponiendo elementos góticos y renacentistas, se desarrolló en Portugal en los ss. XV-XVI.
MANUFACTURA f. Producción artesanal. ◊ Cualquier tipo de fabricado. ◊ Lugar donde un empresario agrupaba a los artesanos. ❑ MANUFACTURERO, RA.
MANUFACTURAR tr. Fabricar con medios mecánicos. ❑ MANUFACTURADO, DA.
MANUMITIR tr. Dar libertad al esclavo. ❑ MANUMISIÓN; MANUMISO, SA; MANUMISOR, RA.
MANUSCRIBIR tr. Escribir a mano.
MANUSCRITO, TA adj. Escrito a mano. ◊ m. Papel o libro escrito a mano.
MANUTENCIÓN f. Acción de mantener o mantenerse. ◊ Sustento.
MANYAR tr. *Argent.* y *Chile.* Comer.
MANZANERA f. Manzano silvestre.
MANZANILLA f. *Bot.* Planta herbácea, de tallo muy ramificado, hojas partidas, flores en capítulos con lígulas blancas y flósculos amarillos, de propiedades medicinales. ◊ Flor de esta planta. ◊ Especie de aceituna pequeña.

◊ Infusión de la flor de esta planta, usada como estomacal, antiespasmódica y febrífuga. ◊ Vino blanco que se hace en Andalucía.
MANZANILLO m. Olivo que produce la aceituna manzanilla. ◊ *Amér. Merid.* Árbol de tronco delgado, copa irregular y ramas derechas, del cual se extrae un látex blanquecino. El látex y el fruto son venenosos.
MANZANILLO Mun. de Cuba, en la prov. de Granma; 105 200 hab. Puerto exportador. Ind. azucarera y de tabaco. ◊ Mun. de México, en el est. de Colima; 46 200 hab. Puerto exportador.
MANZANO m. Planta arbórea con ramas espinosas, hojas ovaladas terminadas en punta, pubescentes por la parte inferior, y dentadas; flores rosadas y frutos comestibles.
MANZONI, *Alessandro* (1785-1873) Escritor it. Su novela *Los novios* se considera la obra cap. del romanticismo it.
MAÑANA f. Tiempo que transcurre desde que amanece hasta mediodía. ◊ Intervalo de tiempo desde la medianoche hasta el mediodía. ◊ m. Tiempo futuro próximo a nosotros. ◊ adv. tiempo. En el día que seguirá inmediatamente al de hoy. ◊ fig. En tiempo venidero.
MAÑANERO, RA adj. Madrugador. ◊ Relativo a la mañana.

Claustro del monasterio de Batalha, Portugal, en estilo **manuelino**

MAÑANITA f. Prenda de vestir femenina que cubre de los hombros a la cintura. ◊ pl. *Méx.* Composición musical breve.
MAÑEAR tr. Disponer una cosa con maña. ◊ intr. Proceder mañosamente.
MAÑEREAR intr. *Argent.* Obrar, proceder con maña.
MAÑERO, RA adj. Sagaz, astuto. ◊ Fácil de ejecutarse o manejarse. ◊ *Chile.* Díc. del caballo espantadizo.
MAÑÍU m. *Chile.* Árbol parecido al alerce, de madera muy apreciada. ❑ MAÑIGAL.
MAÑO, ÑA m. y f. fig. y fam. Aragonés, sa. ◊ En Aragón y Chile, apelativo cariñoso. ◊ f. Destreza, habilidad. ◊ Astucia, treta. ◊ Vicio o mala costumbre. Se usa más en pl. ◊ Manojo pequeño. ❑ MAÑOSO, SA; *Chile.* MAÑOSEAR.
MAÑOCO m. Tapioca. ◊ *Ven.* Masa cruda de harina de maíz que servía de alimento a los indígenas. ❑ MAÑUELA.

Mao Tse-tung

MAO C. de la República Dominicana, cap. de la prov. de Valverde; 33 527 hab.
MAO Tse-tung (1893-1976) Político chino. Dirigente del Partido Comunista Chino desde 1922. En 1934 inició la *Larga Marcha*, con el objetivo de reagrupar sus fuerzas. Secretario general del partido desde 1935, estableció una tregua con los nacionalistas para combatir a los japoneses, pero en 1946 se reanudó la guerra civil, que finalizó con la victoria comunista. En 1949 proclamó la Rep. Popular China, de la que fue máx. dirigente hasta su muerte. En 1966 promovió la «revolución cultural». Imp. teórico del marxismo-leninismo. El *Libro rojo, La construcción del socialismo en China*.
MAOÍSMO m. Cuerpo de doctrinas de Mao Tse-tung y mov. que trata de aplicarlas en diversos países del mundo. ❑ MAOÍSTA.
MAORÍ adj. y s. Díc. de individuos pertenecientes a un pueblo polinesio que entre los ss. XII y XIV se estableció en Nueva Zelanda. ◊ adj. Relativo a este pueblo. ◊ m. Lengua hablada por dicho pueblo.
MAPA m. Representación convencional de toda o parte de la superficie esférica terrestre mediante su proyección en un plano a escala reducida. ◊ **mudo.** El geográfico que no tiene escrita la toponimia.
MAPACHE m. *Zool.* Mamífero carnívoro que vive en América del Norte. Pelaje espeso y cola poblada con anillos claros y oscuros.
MAPACHÍN m. *Amér.* Mapache.
MAPALÉ m. *Col.* Danza popular.
MAPAMUNDI m. Mapa que representa la superficie de la Tierra dividida en dos hemisferios. ◊ fam. Posaderas, nalgas.
MAPANARE f. *Ven.* Culebra cuyos colores forman como una cadena de negro y amarillo en el lomo y que tiene el vientre amarillo. Es muy venenosa.
MAPIMÍ, *Bolsón de* Depresión endorreica del N de México (est. de Chihuahua, Coahuila y Durango), en la altiplanicie Septentrional; unos 38 200 km². Clima árido.
MAPO m. *Ant.* Pez teleósteo fluvial.
MAPOCHO Río de Chile, afl. derecho del Maipo; 110 km. Nace en el cerro del Plomo (Andes) y atraviesa Santiago.
MAPUCHE adj. y s. Díc. de individuos

MAR

Hace unos 5 000 millones de años la Tierra era una bola de gases y polvo en proceso de consolidación

El vapor de agua condensado en la atmósfera cayó a la superficie en forma de lluvia y cuando la corteza empezó a enfriarse, se formaron los mares. Más tarde, en el mar se sintetizaron las primeras moléculas orgánicas, que dieron lugar hace unos 2 000 millones de años, a organismos unicelulares

El plancton constituye la base de la cadena alimentaria en los océanos. Abunda en las plataformas continentales, lo que explica que estas zonas estén pobladas de bancos de peces

de una tribu del pueblo araucano. ◊ Araucano. ◊ adj. Relativo a este pueblo amerindio. ◊ m. Lengua hablada por el mismo.

MAPUEY m. *Amér. Centr.* Planta dioscorácea comestible.

MAPURITE m. *Amér. Centr.* Especie de mofeta de cuerpo amarillento, pecho y vientre pardos, punta de la cola blanca y una faja oscura a lo largo del lomo.

MAPUTO (ant. *Lourenço Marques*) Cap. de Mozambique; 755 300 hab. Puerto exportador de azúcar, tabaco, algodón, copra, sisal.

MAQUE m. Laca, barniz. ◊ *Méx.* Charol, laca.

MAQUENQUE o **MAQUENCO** m. *Amér. Centr.* Palmera usada por los indígenas para construir sus casas.

MAQUETA f. Reproducción a escala de una obra arquitectónica, máquina, etc. ◊ *Art. Gráf.* Modelo de una página que se hace distribuyendo las galeradas y los grabados sobre una página en blanco. Actualmente se hace por ordenador. ❏ MAQUETISTA.

MAQUI m. Mono lemúrido de hocico y cola largos. ◊ *Chile.* Arbusto liliáceo, de fruto redondo, dulce y astringente, que se emplea en confituras y helados.

MAQUIAVELISMO m. Doctrina de Maquiavelo. ◊ Interpretación inexacta de la doctrina de Maquiavelo, consistente en un utilitarismo que considera el éxito como único criterio de valoración de todas las actividades. ◊ fig. Modo de proceder con astucia y engaño. ❏ MAQUIAVÉLICO, CA; MAQUIAVELISTA.

MAQUIAVELO, Niccolò (1469-1527) Político it. Secretario de la segunda cancillería de la rep. de Florencia. En *El príncipe,* expone sus ideas sobre la política moderna del príncipe, en el momento en que se constituían en Europa los modernos Est. nacionales.

MAQUILA f. Ind. manufacturera, gralte. filial de una ind. extranjera, que importa los productos que intervienen en el proceso de transformación y exporta casi la totalidad de su producción.

MAQUILLAR tr. y prnl. Aplicar cosméticos al rostro para resaltar sus cualidades estéticas y disimular sus imperfecciones. ◊ Caracterizar, componer su fisonomía el actor. ❏ MAQUILLADOR, RA; MAQUILLAJE.

MÁQUINA f. Conjunto de elementos destinados a recibir y transformar ener-

Niccolò **Maquiavelo**

gía. ◊ fig. Traza, proyecto de pura imaginación. ◊ P. ant., locomotora del tren. ◊ Tramoya del teatro para las transformaciones de la escena. ◊ **de vapor.** La térmica que, esencialmente, consiste en un cilindro provisto de dos válvulas y un émbolo, ligado éste, mecánicamente, al árbol de la m. a través de cruceta, biela y manivela. ◊ **eléctrica.** Dispositivo destinado a la transformación de energía eléctrica en mecánica, o en eléctrica de características distintas. ◊ **electromagnética.** La eléctrica que se basa en las leyes de inducción. ◊ **herramienta.** Dispositivo cuya finalidad es la obtención de un cuerpo metálico o su transformación geométrica o dimensional. ◊ **hidráulica.** La que se mueve por la acción del agua. ◊ **neumática.** Aparato para extraer de un espacio cerrado aire u otro gas. ◊ **simple.** Cada una de las siguientes: palanca, polea, cuña, tornillo, rueda, prensa hidráulica y mecanismo de dirección. ❏ MAQUINARIA; MAQUINISTA.

MAQUINAL adj. Relativo a los movimientos y efectos de la máquina. ◊ fig. Aplícase a los actos y movimientos ejecutados sin deliberación o automáticamente.

MAQUINAR tr. Urdir, tramar ocultamente algo, generalmente contra alguien. ❏ MAQUINACIÓN; MAQUINADOR, RA.

MAQUINILLA f. Utensilio para afeitar el pelo del rostro, piernas, etc.

MAQUINISMO m. Empleo predominante de las máquinas en el proceso productivo.

MAQUINIZAR tr. Emplear en la producción industrial, agrícola, etc., máquinas que sustituyen el trabajo del hombre. ❏ MAQUINIZACIÓN.

MAQUIRITARÉ adj. y s. Díc. de individuos de una tribu indígena, de la familia lingüística caribe, que habita al S del río Ventauri (S de Venezuela y NO de Brasil). ◊ adj. Relativo a esta tribu.

MAQUIS (voz fr.) m. Terreno cubierto de arbustos y matorrales. ◊ com. Militante de la Resistencia fr. durante la II Guerra Mundial. ◊ P. ext., militante en un movimiento de resistencia.

MAR amb. Masa de agua salada que separa las tierras emergidas y constituye la mayor parte de la superficie de la Tierra. ◊ Parte de esta masa con individualidad geográfica y dinámica. ◊ fig. Llámanse así algunos lagos de gran extensión, como el Caspio, el Muerto. ◊ fig. Abundancia extraordinaria de alguna cosa. ◊ **de fondo** o **de leva.** Agitación de las aguas causada en alta mar por los temporales o vientos tormentosos. ◊ **Alta m.** Parte del mar que está a bastante distancia de la costa. ❏ MARÍTIMO, MA.

MAR CHIQUITA Laguna de Argentina, sit. al NE de la prov. de Córdoba; unos 2 000 km². Centro turístico.

MAR DEL PLATA C. de Argentina, en la prov. de Buenos Aires, a orillas del Atlántico; 457 000 hab. Primer puerto pesquero del país. Ind. conservera, fertilizantes, cueros, papel y cigarrillos. Centro turístico.

MARA m. *Argent.* Liebre de la Patagonia, apreciada por su piel y su carne.

MARABÚ m. *Zool.* Ave ciconiforme del África occidental y el S de Asia, que alcanza 1,5 m de alt., de plumaje blanco y negro, muy apreciado.

MARACA f. Instrumento musical guaraní compuesto de una calabaza seca, atravesada por un palo que sirve de mango, llena de semillas o piedrecitas. ◊ *Chile* y *Perú.* Juego de dados. ◊ fig. *Chile.* Ramera, prostituta. ◊ *P. Rico.* Sonajero.

MARACAIBO C. de Venezuela, cap. del est. Zulia. Sit. en la costa N del lago hom.; 1 179 400 hab. Primer puerto de Venezuela. Ind. químicas, metálicas, materiales para la construcción, productos farmacéuticos. Fundada en 1529 por Ambrosio de Alfinger, fue repoblada en 1571 por Alonso Pacheco y en 1574 por Pedro Maldonado. ◊ Lago del NO de Venezuela; 14 000 km². Es el mayor de Sudamérica y uno de los mayores del mundo. Ocupa el centro de una depresión y recoge las aguas de una amplia cuenca hidrográfica. Comunica con el mar por un brazo de 1 km de anchura. Su escasa profundidad ha facilitado la explotación petrolífera de su subsuelo. ◊ **Batalla del lago de M.** Combate librado entre las fuerzas navales realistas y las patriotas (24 junio 1823), decisivo para la liberación de Venezuela.

MARACANÁ m. *Argent.* Guacamayo, loro.

MARACAY C. de Venezuela, cap. del est. Aragua; 525 000 hab. Centro comercial e industrial.

MARACAYÁ m. *Amer.* Mamífero carnívoro, félido, oriundo de Colombia y Ecuador.

MARACO m. *Bol.* Maraca. ◊ *Ven.* Hijo menor.

MARACURE m. *Ven.* Bejuco del que se extrae el curare.

MARADONA, *Diego Armando* (n. 1961) Futbolista arg. Uno de los mejores del mundo. Jugó en el Boca Juniors, Barcelona, Nápoles y Sevilla. Campeón del mundo con la selección de su país (1986).

MARAGALL, *Joan* (1860-1911) Poeta esp. Escribió en cast. y en cat., contribuyendo con su obra en este idioma al renacimiento de la literatura catalana. *La sardana, Cant espiritual.*

MARAJÁ m. Vulgarismo por maharajá.

MARAJÓ Isla del NE de Brasil, de origen aluvial, sit. entre el estuario del Amazonas y el río Pará.

MARAMARAL m. *Ven.* Monte bajo.

MARANHÃO Est. del NE de Brasil, junto al Atlántico; 329 556 km², 5 131 000 hab. Cap., São Luis. Agricultura. Ganadería. Explotación forestal. Uno de los prales. productores de pescado del país.

MARANTA f. Planta de los países tropicales, de cuyo rizoma se extrae la fécula llamada sagú y arrurruz.

MARAÑA f. Maleza, matorrales. ◊ Conjunto de hebras bastas enredadas que forman la parte exterior de los capullos de seda. ◊ Tejido hecho con esta maraña. ◊ Coscoja, árbol. ◊ fig. Enredo de los hilos o del cabello. ◊ Embuste. ◊ Embrollo, lío. ◊ *Col.* Gratificación pequeña. ❏ MARAÑAL; MARAÑERO, RA.

MARAÑÓN m. *Bot.* Árbol de las Antillas y de América Central, de madera blanca, y fruto con almendra comestible. ◊ *Col.* y *Ven.* Gallo blanco con plumas rojas. ◊ adj. y s. Díc. de los habitantes de las proximidades del río Marañón o Amazonas.

El atleta Dorando Pietri corriendo un **maratón** en 1908

MARAÑÓN Río del Perú que al unirse con el Ucayali forma el Amazonas; 1 280 km.

MARAÑÓN, *Gregorio* (1887-1960) Médico y escritor esp. Sus obras de investigación permiten considerarle uno de los fundadores de la endocrinología clínica. Ensayista: *Antonio Pérez, Amiel.*

MARAPA f. *Méx.* Especie de ciruela, fruto del jobo.

MARAQUITO, TA m. y f. *Ven.* Hijo menor de una familia. ◊ f. Juguete.

MARAS C. de Turquía, en Anatolia Central; 212 200 hab.

MARASMO m. Último grado de extenuación o consunción del organismo. ◊ fig. Suspensión, paralización en lo moral o en lo físico.

MARAT, *Jean-Paul* (1743-1793) Político fr. Uno de los prales. protagonistas de la Rev. Francesa, instigador del proletariado parisiense contra los falsos ídolos de la revolución. Murió asesinado por Charlotte Corday.

MARATHA adj. y s. Díc. de individuos pertenecientes a un pueblo indio que habita Maharashtra. ◊ adj. Relativo a este pueblo.

MARATÓN amb. Carrera atlética de gran fondo, sobre una distancia de 42,195 km, incluida en el programa olímpico. ◊ P. ext., algunas otras competiciones deportivas de resistencia.

MARATÓN Ant. c. de Grecia, en el

Maranhão. Vista general de San Luis

Ática. ◊ **Batalla de M.** Combate que se libró en 490 a. C., junto a la c. de M., durante las guerras médicas. Los persas fueron rechazados por los atenienses.

MARAVEDÍ m. Ant. moneda esp. que ha tenido diferentes valores y calificativos.

MARAVILLA f. Suceso o cosa extraordinarios que causan admiración. ◊ Admiración, acción de admirar. ◊ Planta compuesta, de flores terminales, antiespasmódica. ◊ Especie de enredadera, originaria de América. ◊ **del mundo.** Cada una de las siete grandes obras de arquitectura o de estatuaria más admirables de la antigüedad. ❏ MARAVILLOSO, SA; MARAVILLAR.

MARBELLA f. *Cuba.* Ave zancuda acuática, del tamaño de la gallina, con plumaje negro y cuello largo.

MARBETE m. Cédula o etiqueta que se adhiere a las piezas de tela, cajas, botellas, bultos de equipaje, etc., y en que se suele indicar la marca de fábrica, el contenido, el precio, etc.

MARCA f. *Prov.*, distrito fronterizo. ◊ Instrumento para medir la estatura. ◊ Tamaño que debe tener una cosa. ◊ Instrumento con que se marca una cosa para diferenciarla de otras, o para indicar su calidad, peso o tamaño. ◊ El mejor resultado técnico homologado en el ejercicio de un deporte. ◊ **de fábrica.** Señal que el fabricante pone a los productos de su ind. ◊ **registrada.** Marca legalmente reconocida para su uso exclusivo. ❏ MARCADO, DA; MARCADOR.

MARCAPASOS m. Aparato mediante el cual una corriente eléctrica estimula rítmicamente el músculo cardíaco.

MARCAR tr. Poner la marca a una cosa o persona. ◊ fig. Señalar. ◊ fig. Aplicar, destinar. ◊ Dar indicio de alguna cosa. ◊ Dar pauta o señalar un orden a algunos movimientos. ◊ En el fútbol y algunos otros deportes, conseguir tantos. ◊ En los deportes en que luchan equipos combinados, contrarrestar eficazmente un jugador del juego de su contrario respectivo. ◊ prnl. *Mar.* Determinar un buque su situación por medio de marcaciones. ❏ MARCAJE.

MARCASITA f. *Miner.* Sulfuro de hierro que cristaliza en el sistema rómbico; peso específico, 4,8; dureza, 6; color amarillo; brillo metálico.

MARCEL, *Gabriel* (1889-1973) Filósofo y dramaturgo fr. Representante del existencialismo cristiano. *Diario metafísico, Ser y tener.*

MARCELINO (m. 304) Santo. Papa [296-304]. Festividad: 26 abril.

MARCELO, *Marco Claudio* (h. 270-208 a. C.) Político rom. En la segunda guerra púnica logró contener a Aníbal y tomó Siracusa (212).

MARCH, *Ausias* (1397-1459) Poeta valenciano en lengua cat. *Cants d'amor, Cants de mort, Plena de seny, Lir entre cards, Cant espiritual.*

MARCHA f. Velocidad. ◊ Actividad o funcionamiento de un órgano, mecanismo o entidad. ◊ Desarrollo de un proyecto o empresa. ◊ En el cambio de velocidades de un vehículo, cualquiera de las posiciones motrices. ◊ Toque de clarín para que marche la tropa. ◊ Pieza de música destinada a indicar el paso reglamentario de la tropa. ◊ **sobre Roma.** *Hist.* Nombre dado al episodio que permitió a Mussolini tomar el poder en 1922. ◊ **Larga M.** Desplazamiento, entre 1934 y 1935, del ejército de Mao Tse-tung desde Kiangsi hasta el Yenan, al NO de China.

MARCHAMO m. Marca que se pone en los fardos o bultos en las aduanas. ◊ *Argent.* Impuesto que se cobra por cada res que se mata en los mataderos públicos. ❏ MARCHAMAR.

MARCHANTE adj. Mercantil. ◊ com. Traficante o comerciante. ◊ Parroquiano de una tienda.

MARCHANTERÍA f. *Amér.* Clientela.

MARCHAR intr. y prnl. Caminar, hacer viaje, ir o partir de un lugar. ◊ intr. Andar, funcionar un artefacto. ◊ fig. Funcionar, prosperar o desenvolverse una cosa. ◊ Ir o caminar la tropa con cierto orden. ❏ MARCHOSO, SA.

MARCHITAR tr. y prnl. Ajar, quitar el jugo y frescura a las hierbas, flores y otras cosas. ◊ fig. Enflaquecer, quitar el vigor. ❏ MARCHITABLE; MARCHITAMIENTO; MARCHITEZ; MARCHITO, TA.

MARCIAL adj. Relativo a la guerra. ◊ fig. Varonil, franco. ◊ ❏ MARCIALIDAD.

MARCIAL, *Marco Valerio* (h. 40-h. 104) Poeta hispano, en lengua latina, nacido en Bílbilis (Calatayud). Describió el ambiente de Roma en sus *Epigramas.*

MARCIANO, NA adj. Relativo al planeta Marte. ◊ m. y f. Supuesto habitante del planeta Marte.

MARCIÓN (¿85-160?) Hereje gnóstico, fundador de la secta de los marcionistas. Escribió varias obras, la principal de las cuales es *Antítesis.*

MARCO m. Ant. moneda oficial de Alemania. ◊ Ant. moneda oficial de Finlandia. ◊ Cerco que rodea o ciñe algunas cosas. ◊ Pórtico en el que se fijan las bisagras de las puertas. ◊ Patrón por el cual deben contrastarse las pesas y medidas. ◊ fig. Lugar en que se desarrolla una acción. ◊ Cartabón. ❏ MARQUISTA.

MARCO Antonio (83-30 a. C.) Gral. rom. Aliado de César, a la muerte de éste se asoció con Lépido y Octavio, con quienes constituyó el segundo triunvirato. M. Antonio se adjudicó las prov. de oriente y casó con Octavia, hermana de Octavio. Por sus relaciones con Cleopatra repudió a su esposa y Octavio le declaró la guerra. Derrotado en Accio, se suicidó. ◊ **Aurelio** (121-180)

Estatua ecuestre de **Marco Aurelio,** en Roma

Guglielmo **Marconi**

Emp. [161-180] y filósofo rom. Fue uno de los representantes del nuevo estoicismo. *Pensamientos.* ◊ **Polo** ⇨ Polo, Marco.

MARCOMANO, NA adj. y s. Díc. de individuos pertenecientes a un ant. pueblo germánico que habitaba las orillas del Oder y el Elba.

MARCONI, *Guglielmo* (1874-1937) Físico e inventor it. Realizó transmisiones de telegrafía sin hilos y estableció comunicación entre distancias cortas. Premio Nobel de Física 1909, junto con K. F. Braun.

MARCOS (s. I) Santo. Misionero y autor del segundo Evangelio sinóptico. En el N. T. se le llama Juan, apellidado M., y M. ◊ **Evangelio de M.** Escrito del N. T. y segundo de los Evangelios sinópticos, compuesto por san M. entre el 64 y el 70, en Roma.

MARCOS, *Fernando* (1917-1989) Político filipino. Elegido presid. en 1965, en 1973 asumió poderes dictatoriales, hasta que fue depuesto en 1986.

MARCUSE, *Herbert* (1898-1979) Filósofo y sociólogo norteam. de origen al. En 1933 emigró a EE UU. Según él, el sistema de producción no tiende ya a satisfacer las necesidades esenciales, sino otras nuevas y artificiales, presentadas como indispensables a fin de alimentar la productividad. *Razón y revolución, Eros y civilización, El hombre unidimensional, El fin de la utopía.*

MARDUK Dios mesopotámico, hijo de Bel, Enlil o Ea, también llamado Bel Marduk. En su origen fue dios de la vegetación y del Sol. Durante la hegemonía de Babilonia fue la deidad suprema.

MARE NOSTRUM Nombre con que los rom. designaban el mar Mediterráneo.

MAREA f. *Geog.* Movimiento periódico de elevación y descenso del nivel del océano debido a la atracción gravitatoria ejercida por la Luna y, en menor grado, por el Sol sobre la Tierra. ◊ Parte de la ribera del mar que se inunda con el flujo o pleamar. ◊ Viento blando y suave que sopla del mar. ◊ P. ext., el que sopla en las cuencas de los ríos, o en los barrancos. ◊ Rocío, llovizna. ◊ **negra.** Masa de petróleo que llega a las costas procedente de un petrolero accidentado.

MAREAR tr. Dirigir una embarcación

en el mar. ◊ tr. e intr. fig. y fam. Enfadar, molestar. ◊ prnl. Sentir mareo. ◊ *Amér.* Pasarse el color de una tela. ❏ MAREADO, DA; MAREAJE; MAREAMIENTO; MAREANTE.

MARECHAL, *Leopoldo* (1900-1970) Escritor arg. Poesía (*Laberinto de amor*). Autor de ensayos (*Historia de la calle de Corrientes*) y de novelas: *Adán Buenosayres, El banquete de Severo Arcángelo.*

MAREJADA f. Movimiento tumultuoso de grandes olas, aunque no haya borrasca. ❏ MAREJADILLA.

MAREMOTO m. Serie de grandes olas marinas originadas con los desplazamientos de agua, provocados por seísmos cuyo epícentro se encuentra en fondos oceánicos.

MARENGO adj. Díc. del color gris oscuro.

MAREO m. Sensación de malestar debido a estímulos anormales y repetidos del aparato vestibular, responsable del equilibrio. ◊ fig. y fam. Molestia, enfado, ajetreo.

MAREÓGRAFO m. Instrumento que describe una curva que indica las variaciones de alt. de la marea en función del tiempo.

MARFIL m. Sustancia ósea y dura de los colmillos superiores de los elefantes y, p. ext., de otros animales. Con el m. se fabrican diversos objetos. ◊ Sustancia dura fundamental de los dientes, cubierta por el esmalte, llamada también dentina. ◊ **artificial.** Aglomerado de huesos, piel y gelatina, endurecido con alambre. ◊ **vegetal.** Sustancia blanca y dura que se extrae de la semilla de la tagua, palmera de América tropical. Se usa como sucedáneo del marfil. ❏ MARFILEÑO, ÑA.

MARFILINA f. Cierta pasta que imita el marfil y se usa en la fabricación de bolas de billar.

MARGA f. *Geol.* Roca sedimentaria de grano fino, que contiene notables proporciones de carbonatos, normalmente calcita, y los componentes de las arcillas: minerales arcillosos, cuarzo y feldespatos. Se utiliza en la ind. del cemento. ❏ MARGAL; MARGOSO, SA.

MARGARINA f. Emulsión muy concentrada de grasas obtenidas por hidrogenación de aceites, pralm. vegetales, que se emplea como sucedáneo de la mantequilla.

MARGARITA f. Perla de los moluscos. ◊ *Zool.* Molusco gasterópodo marino, con concha de 10 a 12 mm de largo y sección oval. ◊ P. ext., cualquier caracol pequeño descortezado y anacarado. ◊ *Zool.* Mariquita, insecto coleóptero. ◊ *Bot.* Planta herbácea con hojas radicales en roseta, flores agrupadas en capítulos solitarios y frutos en aquenio, que se planta en los jardines por la vistosidad y el colorido de sus capítulos. ◊ **de otoño.** *Bot.* Planta herbácea bulbosa, con hojas anchas, flores amarillas, y fruto en cápsula globosa. ◊ **mayor.** *Bot.* Planta compuesta, de hojas aserradas, pecioladas o sentadas, flores en capítulos y frutos en aquenio.

MARGARITA La mayor de las islas de la costa de Venezuela; 920 km². C. prales.: La Asunción y Porlamar. Criaderos de madreperlas. ❏ MARGARITEÑO, ÑA.

MARGARITA I (1353-1412) Reina de Dinamarca, Noruega y Suecia. En 1397 impulsó la creación de la Unión de Kalmar entre los tres Est. escandinavos. ◊ II (n. 1940) Reina de Dinamarca desde 1972. ◊ **De Angulema**, llamada MAR-GARITA DE NAVARRA (1492-1549) Reina de Navarra. Convirtió su corte en un foco del humanismo y ella misma escribió el *Heptamerón*. ◊ **De Austria** (1480-1530) Duquesa de Saboya. Nombrada por su padre gobernadora de Países Bajos (1506), fue tutora de Carlos V, en cuya elección imperial intervino. ◊ **De Parma** (1522-1586) Hija natural de Carlos V y de Juana van der Gheist. Felipe II la nombró gobernadora de Países Bajos.

MARGAY m. *Amér. Centr.* y *Merid.* Mamífero félido, semejante al gato en cuanto a tamaño, cuyo pelaje es amarillo con franjas negras.

MARGEN amb. Extremidad y orilla de una cosa. ◊ Espacio que queda en blanco a cada uno de los lados de una página manuscrita o impresa. ◊ Apostilla, acotación. ◊ Beneficio en una venta o negocio. ❑ MARGENAR.

MARGESÍ m. *Perú.* Inventario de los bienes del Est. de la Iglesia y de las corporaciones oficiales.

MARGINAL adj. Relativo al margen. ◊ Que está al margen. ◊ De importancia secundaria.

MARGINALISMO m. Teoría económica derivada de las ideas de Carl Menger sobre la utilidad marginal. En esencia, el m. explica los procesos económicos en función de las motivaciones subjetivas de los individuos. ❑ MARGINALISTA.

MARGINAR tr. Apostillar. ◊ Dejar márgenes en el papel en que se escribe. ◊ Dejar al margen un asunto o cuestión. ◊ fig. Prescindir o hacer caso omiso de alguien. ◊ fig. Poner o dejar a una persona o grupo en condiciones sociales de inferioridad. ❑ MARGINACIÓN; MARGINADO, DA; MARGINADOR; RA.

MARGRAVE m. Título de dignidad que llevaron algunos príncipes de Alemania.

MARGUAY m. *Amér.* Especie de gato montés.

MARGUERA f. Barrera o veta de marga. ◊ Sitio donde se tiene depositada la marga.

MARGULLO m. *Cuba* y *Ven.* Acodo.

MARI o **CHEREMISO** adj. y s. Díc. de individuos de un pueblo que habitan en la cuenca del Volga, en la rep. autónoma de Mari y regiones adyacentes. Son unas 600 000 personas. ◊ m. *Ling.* Lengua finougria que habla dicho pueblo.

MARI Rep. de Rusia; 23 200 km², 725 000 hab. Cap., Ioshkar-Ola. Explotación forestal. Ganadería. Ind. de transformación.

MARÍA Madre de Jesús, hija de Joaquín y de Ana. Según el N. T., estaba prometida a José, artesano de Nazareth, cuando el arcángel Gabriel le anunció que concebiría por obra y gracia del Espíritu Santo un hijo, que sería el Mesías.

MARÍA Magdalena Nombre con el que se identifica a tres mujeres citadas en los Evangelios: la pecadora anónima; M. de Magdala, exorcizada por Jesús, y M. de Betania, hermana de Lázaro y Marta.

MARÍA Antonieta (1755-1793) Reina de Francia [1774-1792]. Esposa de Luis XVI desde 1770. Fue guillotinada. ◊

Cristina de Borbón (1806-1878) Reina [1806-1833] y regente de España [1833-1840]. Contrajo matrimonio con Fernando VII. Tuvo que hacer frente a la primera guerra carlista. ◊ **Cristina de Habsburgo-Lorena** (1858-1929) Reina [1879-1885] y regente de España [1885-1902]. Regente de Alfonso XIII, tuvo que hacer frente a la guerra contra EE UU, que puso fin al dominio colonial esp. en Cuba y Filipinas. ◊ **De Médicis** (1573-1642) Reina de Francia por su matrimonio con Enrique IV; tras el asesinato de éste, asumió la regencia. ◊ **De Molina** (h. 1265-1321) Reina de Castilla [1284-1295]. A la muerte de su esposo Sancho IV, desempeñó la regencia por minoría de edad de su hijo Fernando IV. ◊ **I Estuardo** (1542-1587) Reina de Escocia [1542-1567] y Francia. Hija de Jacobo V, se casó con el rey Francisco II de Francia. Terminó prisionera de su prima Isabel I, que la decapitó. ◊ **Teresa** (1717-1780) Archiduquesa de Austria y emperatriz de Alemania [1740-1780], reina de Hungría [desde 1741] y de Bohemia [desde 1743]. ◊ **Tudor** (1516-1558) Reina de Inglaterra e Irlanda [1553-1558]. Hija de Enrique VIII y de Catalina de Aragón, católica, persiguió a los protestantes.

MARÍA TRINIDAD SÁNCHEZ Prov. del NE de la República Dominicana; 1 271 km², 126 848 hab. Cap., Nagua. Accidentada por la cord. Septentrional y avenada por el Boba. Café, caña de azúcar y tabaco. Ganadería. Explotación forestal.

MARIACHI m. Música popular mex., típica del est. de Jalisco. ◊ Conjunto instrumental que ejecuta esta música, y cada miembro que lo compone.

MARIANA, Juan de (1536-1624) Historiador y teólogo esp, jesuita. En su *De rege et regis institutione*, admite la soberanía del pueblo y justifica el tiranicidio. *Historia general de España.*

MARIANA de Austria (1634-1696) Reina de España [1649-1665] y regente en nombre de su hijo Carlos II [1665-1675], sobre quien ejerció gran influencia.

MARIANAO C. del O de Cuba, que forma parte de la Gran La Habana; 230 000 hab. Ind. químicas y alimentarias.

MARIANAS Arch. del Pacífico occidental, en Micronesia, al E de Filipinas.

María Antonieta y sus hijos, retrato de Isabel Vigée-Lébrun

María Estuardo

◊ **Septentrionales** (*Commonwealth of the Mariana Islands*) Conjunto formado por 14 islas volcánicas y atolones; 477 km², 19 100 hab. (excluida Guam). Cap., Saipan, en la isla hom. Descubiertas por Magallanes en 1521, en 1898 España cedió a EE UU Guam y en 1899 vendió el resto del arch. a Alemania. En 1978 el arch. se convirtió en est. asociado de EE UU.

MARIANO, NA adj. Relativo a la Virgen María, y especialmente a su culto.

MARÍAS, Julián (n. 1914) Filósofo y ensayista esp. Parte de su obra la ha dedicado al estudio de la filosofía de Ortega y Gasset. *Historia de la filosofía, El intelectual y su mundo.*

MARIÁTEGUI, José Carlos (1895-1930) Escritor y político per. Fundador del partido comunista de su país. *El profesor Canella.*

MARIBOR C. del NO de la pen. de los Balcanes, en Eslovenia; 104 700 hab. Ind. ferroviaria, química, del automóvil, de maquinaria agrícola.

MARICA f. Urraca, picaza. ◊ m. fig. y fam. Hombre afeminado u homosexual. ❑ MARICÓN; MARICONADA.

MARICASTAÑA n. p. f. Personaje proverbial, símb. de antigüedad muy remota.

MARIDAR intr. Casar, contraer matrimonio. ◊ Hacer vida marital sin estar casados. ◊ tr. fig. Unir o enlazar. ❑ MARIDABLE; MARIDAJE.

MARIDO m. Hombre casado, con respecto a su mujer.

MARIGUANZA f. *Chile.* Ceremonias supersticiosas de manos que hacen los curanderos. Se usa más en pl. ◊ *Chile.* Gestos de burla. ◊ *Chile.* Pirueta.

MARIHUANA f. Sumidad florida del cáñamo índico. Contiene esencia, resina y alcaloides y tiene propiedades hipnóticas. Produce euforia y alucinaciones, así como cierto estado apático.

MARIKINA f. *Amér. Merid.* Mono pequeño, posee un abundante y sedoso pelaje.

MARIMACHO m. fam. Mujer que en su corpulencia o acciones parece hombre.

MARIMBA f. Especie de tambor afr. ◊ *Amér.* Instrumento musical en que se percuten con un macillo blando tiras de vidrio, como en el tímpano.

MARIMORENA f. fam. Camorra, pendencia.

Mariposa cola de golondrina o macaón

MARINA, Doña Nombre dado por los esp. a ➜ Malinche.
MARINAMO, MA adj. *Chile.* Que tiene un dedo de más.
MARINAR tr. Dar cierta sazón al pescado para conservarlo. ❑ MARINERADO, DA.
MARINE (voz ingl.) m. Soldado de infantería de marina de EEUU y Reino Unido.
MARINELLO, Juan (1898-1977) Escritor y político cub., candidato a la presidencia en 1948. *Americanismo y cubanismo literarios, Guatemala nuestra.*
MARINER *Astron.* Serie de vehículos espaciales automáticos de la NASA (EE UU), destinados a la exploración de los planetas Venus, Marte y Mercurio.
MARINERO, RA adj. Díc. del buque que obedece a las maniobras con facilidad y seguridad. ❖ m. Hombre de mar que sirve en las maniobras de las embarcaciones. ❖ *Chile, Ecuad.* y *Perú.* Baile popular. ❑ MARINESCO, CA.
MARINETTI, Filippo Tommaso (1876-1944) Poeta it., creador del futurismo. Fundador de la revista *Poesía. Futurismo y fascismo, Patriotismo insecticida.*
MARINI, Giambattista (1569-1625) Poeta it., creador de un estilo preciosista, recargado y oscuro. *Adone.* ❑ MARINISMO.
MARINO, NA adj. Relativo al mar. ❖ m. El que se ejercita en la náutica. ❖ El que sirve en la marina. ❖ f. Conjunto de los buques de una nación. ❖ Parte de tierra junto al mar. ❖ Pintura que representa el mar. ❖ Arte que enseña a navegar. ❖ **de guerra.** Armada. ❖ **mercante.** Conjunto de buques de una nación que se emplean en el comercio. ❑ MARINERÍA; MARINISTA.
MARIO, Cayo (157-86 a. C.) General y político rom. Venció a Yugurta (105). En el año 88 se enfrentó a Sila y tuvo que exiliarse. Regresó en el 87 y fue elegido cónsul por séptima vez.
MARIONETA f. Títere que se mueve por medio de hilos.
MARIOTTE, Edme (1620-1684) Físico fr. Formuló la ley que establece que, a temperatura constante, el volumen de un gas es inversamente proporcional a la presión a que está sometido.
MARIPOSA f. Insecto volador, del orden lepidópteros. El término se aplica especialmente a las especies mayores del orden, cuyo tamaño las diferencia

de los restantes miembros, conocidos globalmente como polillas o microlepidópteros. ❖ *Cuba.* Pájaro que se cría en domesticidad por su belleza y lo agradable de su canto. ❖ Tuerca para ajustar tornillos. ❖ Especie de candelilla puesta dentro de un vaso de aceite. ❖ *Cuba.* Arbusto de flores blancas que parecen mariposas. ❖ **de la col.** Lepidóptero de alas blancas, con puntos o borde negros, cuyas larvas se alimentan de hojas de col y de otras crucíferas. ❖ **de la muerte.** Lepidóptero que debe su nombre vulgar al dibujo que presenta el dorso de su tórax, semejante a una calavera. ❖ **de la seda.** Gusano de seda. ❖ **de mar.** Molusco gasterópodo marino, que vive en alta mar y forma parte del plancton. ❑ *Perú.* MARIPOSEADOR, RA.
MARIQUITA f. Insecto coleóptero que se distingue por sus élitros rojos o amarillos con puntos negros. ❖ *Cuba.* Miel o almíbar con queso fresco. ❖ *Argent.* Danza popular. ❖ Perico, ave trepadora. ❖ m. fam. Hombre afeminado u homosexual.
MARISABIDILLA f. fam. Mujer que presume de sabia.
MARISCAL m. Máx. dignidad militar en los ejércitos de numerosos países. ❖ **de campo.** Oficial general, llamado hoy general de división.
MARISCO m. Invertebrado marino, pralm. molusco, aunque también se aplica tal designación a los crustáceos comestibles. ❑ MARISCADOR; MARISCAR.
MARISMA f. Terreno bajo que se inunda por las aguas del mar. ❑ MARISMEÑO, ÑA.
MARISTA adj. y s. Religiosos del Instituto de los Hermanos Maristas, fundado por el Beato Marcelino Champagnat en el s. XIX. Se aplica también a los miembros de la Sociedad de María, fundada en el s. XIX por el abate Colin, y a las Misioneras de la Sociedad de María. ❖ adj. Relativo a dichas congregaciones.
MARITAIN, Jacques (1882-1973) Filósofo fr. dedicado al estudio de los problemas de la vida actual, contemplados a la luz del tomismo. *Humanismo integral.*
MARITAL adj. Relativo al marido o a la vida conyugal.
MARITATA f. *Chile.* Canal para recoger el metal en polvo. ❖ *Chile.* Cedazo de tela metálica usado en los establecimientos mineros. ❖ pl. *Amér.* Trebejos, chismes, baratijas.
MARÍTIMO, MA adj. Relativo al mar.
MARITZA (búlgaro, *Maritsa;* gr., *Evros;* turco, *Meric*) Río de la pen. Balcánica; 500 km. Nace en el macizo de Rila y desemboca en el Egeo.
MARIVAUX, Pierre Carlet Chamblain (1688-1763) Dramaturgo fr. *Los juegos del amor y del azar, La vida de Mariana.*
MARJAL m. Terreno bajo y pantanoso.
MARJOLETO m. Espino arbóreo de hojas de borde velloso, flores en corimbos, madera dura y fruto aovado.
MARKETING (voz ingl.) m. Conjunto de concepciones y técnicas que se aplican para obtener un mejor desarrollo comercial.
MARLBOROUGH, John Churchill, PRIMER DUQUE DE (1650-1722) General brit. Obtuvo importantes victorias durante la guerra de Sucesión esp. contra Luis XIV.

Mariquita

MARLO m. *Amér.* Espiga de maíz desgranada.
MARLOWE, Christopher (1564-1593) Dramaturgo brit., considerado el más directo precursor de Shakespeare. *Eduardo II, El gran Tamerlán.*
MÁRMARA, mar de (ant. *Propóntide*) Mar que separa Asia Menor de la Turquía europea. Comunica con el Egeo por el estr. de Dardanelos, y con el mar Negro por el Bósforo.
MÁRMITA f. Olla de metal, con tapadera ajustada y una o dos asas.
MARMITÓN m. Pinche de cocina.
MÁRMOL m. *Geol.* Roca constituida esencialmente por calcita y dolomita. Los m. se originan mediante procesos metamórficos y de recristalización de rocas calcáreas. ❖ Obra artística de mármol. ❑ MARMOLERÍA; MARMOLISTA; MARMÓREO, A.
MÁRMOL, José (1817-1871) Literato arg. Escribió versos, dramas y novelas románticos. *Armonías, Amalia* (novela).
MARMOTA f. *Zool.* Mamífero roedor de unos 50 cm de largo, propio del hemisferio boreal; pasa el invierno aletargado. ❖ fig. y fam. Persona que duerme mucho.
MARNE Río del N de Francia. Nace en la meseta de Langres, y tras un recorrido de 525 km, se une al Sena en Charentón. ❖ **Batallas del M.** Nombre de dos batallas libradas en las márgenes del río M. durante la I Guerra Mundial.
MARO m. Planta labiada de fruto seco con semillas menudas. ❖ Amaro, planta.
MAROJO m. Hojas que sólo se aprovechan para el ganado. ❖ Planta muy parecida al muérdago. ❑ MAROJAL.
MAROMA f. Cuerda gruesa de esparto o cáñamo. ❖ *Amér.* Función de volatines o ejercicios de acrobacia.
MAROMEAR intr. *Amér.* Hacer ejercicios de acrobacia. ❖ fam. *Amér.* Seguir la opinión del partido en el poder. ❖ *Amér.* Mecerse en una hamaca. ❑ MAROMERO, RA.
MARONITA adj. y s. Cristiano del monte Líbano. Forman una parte imp. de la pob. del Líbano.
MAROT, Clément (1496-1544) Poeta fr. *Baladas, Epístolas, Epigramas.*
MAROTA f. *Méx.* Marimacho.
MAROTO, Rafael (1783-1847) Militar esp. Combatió en la guerra de indep.

esp. Carlista moderado, firmó con Espartero el convenio de Vergara en 1839.

MARPLATENSE adj. y s. De Mar del Plata.

MARQUÉS, SA m. y f. Señor de una tierra que estaba en la comarca del reino. ◊ Título que originariamente equivalía a margrave. ◊ f. *Chile.* Especie de cama de madera fina y tallada. ❏ MARQUESADO.

MARQUESAS, islas Arch. de la Polinesia fr., islas prales.: Nuku-Hiva e Hiva-Oa; 1 274 km², 6 500 hab. Origen volcánico. Costas altas.

MARQUESINA f. Cubierta que se pone sobre la tienda de campaña para guardarse de la lluvia. ◊ Cobertizo que, desde la fachada, se prolonga sobre una escalinata, puerta, etc.

MARQUESOTE m. *Amér. Centr.* Torta en forma de rombo, hecha de harina de arroz o de maíz, con huevo, azúcar, etc.

MARQUETA f. Pan de cera sin labrar. ◊ *Chile.* Fardo de chancaca en el cual están los panes bien acondicionados. ◊ *Chile.* Fardo de tabaco en rama. ◊ *Ecuad.* Pasta de chocolate sin labrar. ◊ *Guat.* Bloque de cualquier cosa que tiene forma prismática.

MARQUETALIA, República de Organización campesina creada en Colombia durante la guerra civil (1948-1958).

MARQUETERÍA f. Ebanistería, trabajo con maderas finas. ◊ Embutido en las tablas con pequeñas chapas de madera de varios colores.

MARQUEZ, José Ignacio de (1793-1880) Político col. Presid. (1837-1841).

MARQUINA, Eduardo (1879-1946) Novelista, poeta y dramaturgo esp. *Las hijas del Cid, En Flandes se ha puesto el sol.*

MARRAJO, JA adj. Aplícase al toro o buey que no arremete sino a golpe seguro. ◊ fig. Sagaz e hipócrita. ◊ *Méx.* Tacaño. ◊ m. *Zool.* Pez elasmobranquio, del grupo de los tiburones.

MARRAKECH C. de Marruecos, al pie del Gran Atlas; 439 700 hab. Ind. alimentarias, textil y del cuero. Centro comercial. Varias veces cap. del país.

MARRANA f. Hembra del marrano. ◊ adj. y f. fig. y fam. Díc. de la mujer sucia o de mal proceder. ❏ MARRANADA.

MARRANO m. Puerco, cerdo. ◊ adj. y m. fig. y fam. Díc. del hombre sucio o de mal proceder. ◊ Pieza fuerte de madera, colocada sobre el tablero de la prensa de torre de los molinos de aceite, que sirve para igualar la presión.

MARRAQUETA f. *Chile.* Pan de forma parecida a la de la bizcochada.

MARRAR intr. Faltar, errar. ◊ fig. Desviarse de lo recto.

MARRAZO m. Hacha de dos bocas. ◊ *Méx.* Machete corto.

MARRÓN m. Piedra con que se juega al marro. ◊ adj. y s. De color castaño.

MARROQUÍ adj. y s. De Marruecos. ◊ m. Cuero bruñido más delgado que el cordobán, tafilete.

MARROQUÍN, José Manuel (1827-1908) Escritor y político col., dos veces presid. de la rep. *El moro, Blas Gil.*

MARROQUINERÍA f. Ind. de artículos de piel, cueros o imitación, etc. ❏ MARROQUINERO, RA.

MARRUBIO m. Planta labiada, de flores blancas en falsos verticilos, y fruto seco con semillas menudas. ❏ MARRUBIAL.

MARRUECOS (*al-Mamlaka al Maghrebia*) Estado del NO de África, el más occidental de los Est. del Magreb. En su re-

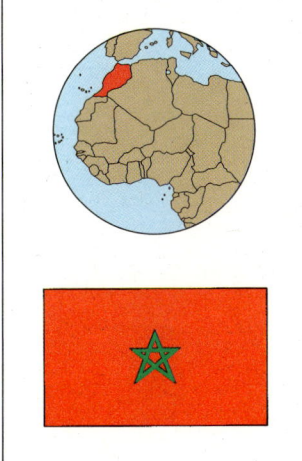

Mapa de situación y bandera
de **Marruecos**

lieve destaca la montaña: al N, el Rif y al al SE la cord. del Atlas. Clima mediterráneo oceánico. La agricultura es la base de la economía. Cebada, trigo, maíz, arroz, tomate, olivo y vid. Pesca. Tercer productor mundial de fosfatos. Hierro. Ind. química y textil. Monarquía. Lenguas: ár. (of.), beréber y francés. *Rel.*: islamismo (mayoría), catolicismo, judaísmo. U.M.: el dirham. Cap., Rabat. C. prales.: Casablanca, Marrakech, Fez. ❏ *Hist.* Habitada desde fechas muy remotas por beréberes, la costa marroquí fue explorada a partir del s. XII a. C. por fenicios y cartagineses. La dominación musulmana arranca del s. VII. En terr. marroquí nacieron los imperios almorávide, almohade y benimerín. A partir del s. XV, los europeos (port. y esp.) empezaron a establecerse en M. En 1906, la conferencia de Algeciras dividió el país en dos protectorados, uno esp. y otro fr. En 1957 M. fue declarado inde-

MARRUECOS

Superficie	458 730 km²
Población 25 698 000 hab. (56 hab./km²)	
Recursos económicos	
Antimonio	196 t
Azúcar	675 000 t
Cabaña bovina	3 500 000 cabezas
Cabaña caballar	190 000 cabezas
Cabaña caprina	5 300 000 cabezas
Camellos	43 000 cabezas
Cebada	3 252 000 t
Cemento	5 381 000 t
Fertilizantes	152 000 t
Fosfatos	21 396 000 t
Manganeso	2 300 t
Naranjas	920 000 t
Pesca	565 520 t
Plomo	71 000 t
Riqueza forestal	2 136 000 m³
Trigo	4 939 000 t
Indicadores sociológicos	
PNB	26 451 millones de dólares
Renta per cápita	1 030 dólares
Esperanza de vida	63 años
Alfabetismo	49 %

pendiente con Muhammad V. A su muerte, le sucedió su hijo Hasán II. En 1969, M. recuperó de España Ifni. En 1974 Hasán II, con la llamada marcha verde, inició una campaña para anexionarse el Sahara esp. La ocupación topó con la resistencia del Frente Polisario, organización independentista saharaui. La constitución de 1992 aumentó el poder del parlamento, pero reforzó también las atribuciones reales. En 1999, tras la muerte de Hasán II, fue proclamado rey su hijo Muhammad VI. En las elecciones generales de 2002 ganaron los socialistas de A. Yussufi, si bien el rey encargó la formación de gobierno al indep. D. Jettu.

MARRULLERÍA f. Astucia con que, halagando a uno, se pretende engañarle.

MARSALA C. de Italia, en Sicilia; 79 900 hab. Puerto. Centro comercial, industrial y turístico.

MARSÉ, Juan (n. 1933) Escritor esp. *Últimas tardes con Teresa, Si te dicen que caí, La muchacha de las bragas de oro* (Premio Planeta 1978).

MARSELLA C. del SE de Francia, cap. del dpto. de Bouches-du-Rhône; 800 550 hab. (1 230 900 hab. la agl. urb.). Gran actividad portuaria. Centro industrial. ❏ MARSELLÉS, SA.

MARSELLESA, La Himno nacional fr., compuesto en 1792 por Rouget de Lisle.

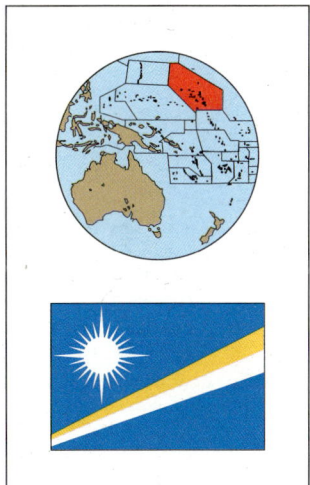

Mapa de situación y bandera
de **Marshall**

MARSHALL (*Republic of the Marshall Islands*) Est. insular de Oceanía, integrado por el arch. hom. Sit. en Micronesia, al E de las Carolinas. Forma dos

MARSHALL

Superficie	181,3 km²
Población 48 000 hab. (265 hab./km²)	
Recursos económicos	
Copra	4 000 t
Indicadores sociológicos	
PNB	100 millones de dólares
Renta per cápita	2 500 dólares
Esperanza de vida	58 años
Alfabetismo	86 %

cadenas de atolones coralinos. Plantaciones de coco y exportación de copra. Pesca. Turismo. Grupos étnicos: micronesios. Lenguas: inglés (of.), dialectos locales. *Rel.*: catolicismo. U.M. : dólar de EE UU. Cap., Dalap-Uliga-Darrit (DUD). Posesión al. (1885-1914) y japonesa (1920-1944), bajo fideicomiso de EE UU (1944-1990). Acuerdo de libre asociación con EE UU desde 1986. Desde 2000 el jefe de Est. es Kessai H. Note.
MARSHALL, *Alfred* (1842-1924) Economista brit. Introdujo la distinción entre corto y largo plazo en economía. ◊ *George Catlett* (1880-1959) Militar y político norteam. Jefe de est. mayor durante la II Guerra Mundial. Secretario de est. en 1947, propuso un plan para reconstruir Europa. Premio Nobel de la Paz 1953. ◊ **Plan M.** Programa de reconstrucción europea propuesto por el general M. y adoptado en EEUU por ley de abril de 1948. Lo aceptaron 16 países.
MARSOPA f. Mamífero cetáceo de color negruzco en el dorso y blanquecino en el vientre.
MARSUPIO m. Bolsa abdominal que poseen casi todos los marsupiales, en la que se hallan las mamas.
MARTA f. Mamífero carnívoro mustélido, de unos 25 cm de alt., de patas cortas y pelo castaño. Vive en los bosques europeos. ◊ **cebellina** o **cibelina.** Especie de marta algo menor que la común, de piel muy estimada.
MARTA (s. I) Santa. Hermana de María de Betania y de Lázaro.
MARTAGÓN, NA m. y f. fam. Persona astuta, reservada y difícil de engañar. ◊ m. *Bot.* Planta herbácea con hojas lanceoladas y flores en racimos terminales, cuya raíz se emplea como emoliente.
MARTAJAR tr. *Amér.* Quebrar el maíz en la piedra.
MARTE *Astr.* Cuarto planeta del sistema solar por su alejamiento del Sol (dista unos 230 millones de km de éste), y primer planeta exterior. ◊ *Mit.* Dios rom. de la guerra, hijo de Júpiter y de Jano, identificado con el Ares griego.
□ *Astr.* La masa de M. es de unos 644 cuatrillones de toneladas, su diámetro es de 6 800 km. Su atmósfera está formada básicamente por anhídrido carbónico y nitrógeno. En su superficie se distinguen unas zonas de color rojo anaranjado y otras de un color gris azulado oscuro. Entre las principales misiones de exploración destacan las de las naves *Viking 1 y 2,* en 1976, *Mars Pathfinder* y *Mars Global Surveyor,* en 1997, *Mars Odissey* en 2002, y *Mars Express* en 2004. Ese mismo año, los vehículos *Spirit* y *Opportunity* exploraron la superficie del planeta.
MARTES m. Segundo día de la semana civil y tercero de la litúrgica. Su nombre proviene del latín *Martes dies,* día dedicado a Marte.
MARTÍ, *José Julián* (1853-1895) Pensador, político, revolucionario y escritor cub. Cofundador del partido revolucionario cub., redactó, con Máximo Gómez, el *Manifiesto de Monte Cristi* (1895). Como pensador político, sus ideas se encuentran en cartas y discursos y en varios ensayos: *La República española ante la reconquista cubana, El presidio político en Cuba.*
MARTILLAR tr. Batir y dar golpes con el martillo. ◊ tr. y prnl. fig. Oprimir, atormentar. ❏ MARTILLEO.

Fotografía de la superficie de **Marte** tomada por la nave *Mars Express* en 2004

MARTILLERO m. *Amér.* El que vende en subasta.
MARTILLO m. Herramienta de percusión, compuesta por una cabeza de acero templado y un mango. Se utiliza para golpear. ◊ Llave o martillo con que se templan algunos instrumentos de cuerda. ◊ *Anat.* Primero de los huesecillos situados en el oído medio de los mamíferos. ◊ fig. Establecimiento autorizado, donde se subastan objetos. ◊ **neumático.** El de gran masa, cuyo movimiento –alternativo– de percusión se consigue mediante la acción de aire comprimido. ❏ MARTILLADA; MARTILLAZO.
MARTIN Archer, *John Porter* (1910-2002) Bioquímico brit. Premio Nobel de Química en 1952, con Synge, por su invento de la cromatografía sobre papel.
MARTÍN, el Humano (1356-1410) Rey de Aragón y Cerdeña [1396-1410], y de Sicilia [1409-1410]. A su muerte se planteó el problema sucesorio que dio lugar al compromiso de Caspe. ◊ **el Joven** (1376-1409) Rey de Sicilia [1390-1409]. Hijo de Martín el Humano, se convirtió en rey de Sicilia al casar con la hija de Federico III. En 1396 heredó de su padre la corona catalanoaragonesa.
MARTÍN V (*Odón Colonna,* 1368-1431) Papa rom. [1417-1431]. Su elección por el concilio de Constanza señaló el fin del cisma de Occidente.
MARTÍN de Tours (s. IV) Santo. Obispo de Tours. Fundó una comunidad de ermitaños en Poitiers y un monasterio en Marmoutier.
MARTÍN Santos, *Luis* (1924-1964) Escritor esp. Su novela *Tiempo de silencio* marcó la narrativa esp. de posguerra.
MARTÍN DEL RÍO m. Martinete, ave zancuda.
MARTÍN PESCADOR m. Ave de pico es largo y agudo, adecuado para atrapar los peces de los que se alimenta.
MARTINA f. Pez teleósteo parecido al congrio, que vive en el Mediterráneo y es comestible.
MARTINETE m. *Zool.* Ave de pico largo, de unos 60 cm de altura, que se alimenta de peces. ◊ Martillo de potencia inferior al pilón, cuyo movimiento se obtiene mecánicamente. ◊ Cante de los gitanos andaluces que no necesita de acompañamiento de guitarra.
MARTÍNEZ, *Tomás* (1812-1873) Militar nic. Elegido presid. en 1859. Reelegido para el periodo 1863-1867. ◊ **Cam-**

pos, *Arsenio* (1831-1900) Militar y político esp. Protagonizó el pronunciamiento de Sagunto, que supuso la restauración de la monarquía. ◊ **De Irala,** *Domingo* (h. 1510-1556) Conquistador esp. Formó parte de la expedición a los r. Paraguay y Paraná. ◊ **De la Rosa,** *Francisco* (1787-1862) Político y escritor esp. Presid. del gobierno que estableció la monarquía constitucional a la muerte de Fernando VII. ◊ **De Perón,** *María Estela* (n. 1931) Política arg. Viuda de Juan Domingo Perón. Vicepresid. de la rep. en las elecciones de 1973, asumió la primera magistratura a la muerte de Perón en julio de 1974. Derrocada por un golpe militar en 1976. ◊ **De Toledo,** *Alfonso* ⇨ Arcipreste de Talavera. ◊ **Estrada,** *Ezequiel* (1895-1964) Escritor arg. Poesía, ensayo y teatro. *Humoresca, Radiografía de la Pampa.* ◊ **Montañés,** *Juan* ⇨ Montañés, Juan Martínez. ◊ **Moreno,** *Carlos* (1917-1986) Escritor ur. Cuentos, novelas y crítica teatral. *Los aborígenes, Cordelia, Vida o muerte.* ◊ **Ruiz,** *José* ⇨ Azorín. ◊ **Sierra,** *Gregorio* (1881-1948) Poeta y comediógrafo esp. *Canción de cuna, Don Juan de España.* ◊ **Trueba,** *Andrés* (1884-1959) Político ur. Presid. (1951-1953). ◊ **Zuviría,** *Gustavo* ⇨ Wast, Hugo.
MARTINGALA f. Artimaña, artificio para engañar.
MARTINI, *Simone* (1284-1344) Pintor it. de la escuela sienesa, de elegante estilo gótico. *Maestà, La Anunciación.*
MARTINICA Isla de las Pequeñas Antillas, entre Dominica y Santa Lucía; 1 128 km², 360 000 hab. Cap., Fort-de-France. Alt. máx.: volcán Mont-Pelée. Caña de azúcar, mandioca y bananas. Ind. azucarera y conservera. Destilerías de ron. Es un dpto. fr. de ultramar.
MÁRTIR com. Persona que ha padecido muerte, persecución o torturas por mantenerse fiel a una religión o a unas ideas. ◊ fig. Persona que sufre padecimientos por alguna causa o que los soporta con resignación. ❏ MARTIRIAL; MARTIRIO; MARTIRIZAR.
MÁRTIR de Anglería, *Pedro* ⇨ Anglería, Pedro Mártir de.
MARTIROLOGIO m. Libro o catálogo de los mártires. ◊ P. ext., el de todos los santos conocidos.
MARTORELL, *Bernat* (1427-1452) Pintor esp. conocido como *Maestro de San Jorge.* Estilo gótico. ◊ *Joanot* (1414-1468)

Escritor esp. *Tirant lo Blanch*, es la más famosa nov. de caballerías catalana.

MARUCHA f. *Ecuad.* Especie de sarna.

MARUCHO m. *Chile.* Capón que cría la pollada. ◊ fig. *Chile.* Mozo que va montado en la yegua caponera.

MARUGA f. *Cuba.* Maraca.

MARULANDA Vélez, *Pedro Antonio Marín*, llamado **Manuel** (¿1930?) Guerrillero col. En 1966 fundó las Fuerzas Armadas Revolucionarias Colombianas (FARC). En 1984 firmó una tregua con el gobierno.

MARVIN, Lee (1924-1987) Actor cinematográfico norteam. *Los doce del patíbulo, El hombre que mató a Liberty Valance, La leyenda de la ciudad sin nombre.*

MARX, Hermanos Actores cinematográficos norteam: Leonard, llamado **Chico** (1891-1961); Arthur, llamado **Harpo** (1893-1964), y Julius, llamado **Groucho** (1895-1977). En sus inicios colaboró con ellos Herbert, llamado **Zeppo** (1901-1979). *Sopa de ganso, Una noche en la Ópera, Los Hermanos Marx en el Oeste.*

MARX, Karl (1818-1883) Filósofo, economista y político al., nacido en Tréveris (Prusia renana). Autor con F. Engels, de *El Manifiesto Comunista*, en el que se trataba de la lucha de clases. Es uno de los fundadores de la sociología. Intervino en la fundación de la I Internacional, donde su polémica con Bakunin llevó a la escisión de los anarquistas. Dedicó sus últimos años a escribir su obra cumbre, *El capital*, publicada en gran parte por Engels y Kautsky después de su muerte.

Karl **Marx**

MARXISMO m. Conjunto de ideas filosóficas y sociales elaboradas por Marx y sus seguidores. Engels y Plejánov elaboraron los conceptos de materialismo dialéctico para identificar el método y la filosofía de Marx y el de materialismo histórico para resumir sus teorías acerca de la historia y la sociedad. ❑ MARXISTA.

❑ *Fil.* e *Hist.* Marx arranca de la dialéctica hegeliana. Marx señaló diversas etapas del desarrollo de la humanidad, fundamentadas en el modo de producir: el modo de producción comunista primitivo, el asiático, el esclavista, el feudal y el capitalista. En el *Manifiesto Comunista* y en *La ideología alemana* señala que el paso de un modo de pro-

ducción a otro es un proceso revolucionario. La primera corriente marxista se plasmó en la socialdemocracia, en la que destacaron Engels, Bernstein y Kaustky. El leninismo fue la corriente de mayor relieve al producirse la Rev. rusa (1917). Así mismo, el estalinismo, el trotskismo, el maoísmo y el guevarismo se han reclamado como corrientes herederas del marxismo, y, en la década de los setenta, el eurocomunismo.

MARYLAND Est. del E de EEUU, a orillas del Atlántico; 27 092 km², 4 781 000 hab. Cap., Annápolis; c. pral.: Baltimore. En el relieve destacan los Apalaches. R.: Potomac y Susquehanna. Tabaco, maíz, heno, soja y frutales. Pesca. Hierro, carbón, gas natural, cobre y mármol. Ind. alimentaria, química, de maquinaria eléctrica, aeronáutica.

MARZO m. Tercer mes del año. Tiene 31 días. Era el primer mes del antiguo calendario rom. y estaba dedicado a Marte.

MAS conj. adversativa. Pero. ◊ Sino.

MÁS adv. comp. con que se denota la idea de exceso, aumento o superioridad en comparación expresa o sobrentendida. ◊ Denota a veces aumento indeterminado de cantidad expresa. ◊ Denota así mismo idea de preferencia. ◊ Se usa como sustantivo. ◊ m. Signo de la suma o adición, que se presenta por el signo +.

MASA f. *Fís.* Propiedad fundamental de la materia, definida como «cantidad de materia». ◊ Mezcla que resulta de la incorporación a un líquido con una materia pulverizada. ◊ La que se forma con harina, agua y levadura, para hacer el pan. ◊ fig. Muchedumbre o conjunto de numerosas personas. ◊ *Min.* Lechos de piedra de una cantera. ◊ **atómica.** *Fís.* M. de un átomo en reposo. ◊ **crítica.** *Fís.* En la bomba atómica de fisión, m. mínima necesaria para la reacción en cadena. ◊ **específica.** Densidad. ◊ **gravitatoria.** *Fís.* Relación entre la fuerza de atracción que ejerce la Tierra sobre un cuerpo y la aceleración de la gravedad. ◊ **molecular.** Peso molecular.

MASACCIO, *Tommasso di Giovanni*, llamado (1401-h. 1428) Pintor it. Uno de los iniciadores del primer renacimiento florentino. Decoración al fresco de la Capilla Brancacci, en Florencia.

MASACO m. *Bol.* Amasijo de plátano asado, molido en mortero, con queso o picadillo de carne.

MASACRAR tr. Asesinar, matar en masa. ❑ MASACRE.

MASAGRÁN f. *Amér.* Refresco de café y limón.

MASAI adj. y s. Díc. de individuos de un pueblo melanoafricano que vive al E del lago Victoria, se dedican al pastoreo. ◊ adj. Relativo a este pueblo.

MASAJE m. Manipulación de diversas partes del cuerpo con fines terapéuticos mediante el frotamiento, el amasamiento y la percusión. ❑ MASAJISTA.

MASÁN C. del S de la República de Corea; 386 800 hab. Puerto comercial y pesquero.

MASARYK, Tomas Garrigue (1850-1937) Político checo. Presid. (1918) y reelegido en 1920, 1927 y 1934.

MASATO m. *Bol.* Bebida fermentada de plátano. ◊ *Col.* Dulce de nuez de coco, maíz y azúcar. ◊ *Perú.* Mazamo-

rra de plátano, yuca o boniato, que hacen los indios.

MASAYA Dpto. del O de Nicaragua; 610,78 km², 289 475 hab. Cap., la c. hom. Lo accidenta la cord. volcánica del Pacífico. Tabaco, café, azúcar, yuca, algodón y arroz. ◊ C. de Nicaragua, cap. del dpto. hom.; 88 971 hab.

MASCADA f. Puñetazo en la boca. ◊ *Chile.* Bocado o porción de comida que de una vez cabe en la boca. ◊ *Argent.* Porción de tabaco que se toma de una vez en la boca para mascarlo. ◊ *Méx.* Pañuelo de seda con que los hombres se cubren el cuello. ◊ *Argent.* Utilidad, provecho.

MASCADURA f. *Hond.* Pan o bollo que se toma con el café o chocolate.

MASCAGNI, Pietro (1863-1945) Compositor it., representante del verismo. *Cavalleria rusticana, Il piccolo Marat.*

MASCAR tr. Partir y desmenuzar la comida con la dentadura. ◊ fig. y fam. Mascullar.

MÁSCARA f. Figura de cartón, plástico, tela o alambre, con que una persona puede taparse el rostro para no ser conocida. ◊ Traje singular o extravagante con que alguno se disfraza. ◊ Careta que se usa para impedir la entrada de gases nocivos en las vías respiratorias. ◊ fig. Pretexto, disfraz. ◊ com. fig. Persona enmascarada. ◊ pl. Reunión de gentes vestidas de máscara, y sitio en que se reúnen. ❑ MASCARERO, RA.

MASCARADA f. Baile o fiesta de personas enmascaradas. ◊ Comparsa de máscaras. ◊ fig. Farsa, enredo, trampa para engañar.

MASCAREÑAS Arch. del Índico, sit. al E de Madagascar y formado por las islas Mauricio, Reunión, Rodrigues y Cargados.

MASCARILLA f. Máscara que sólo cubre el rostro desde la frente hasta el labio superior. ◊ Vaciado que se saca sobre el rostro de una persona o escultura. ◊ Máscara de cirujano. ◊ En cosmética, preparado utilizado a modo de máscara.

MASCARÓN m. Cara disforme o fantástica que se usa como adorno en ciertas obras de arquitectura. ◊ **de proa.** Figura colocada como adorno en lo alto del tajamar de los barcos.

MASCATE Y OMÁN ⇨ Omán.

MASCÓN m. *Hond.* Estropajo.

Joven **masai**

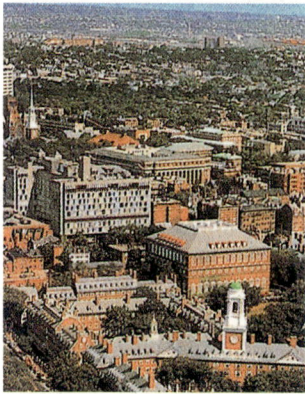

Massachusetts. Vista de la ciudad de Boston, con la universidad de Harvard a orillas del río Charles

MASCOTA f. Animal u objeto al que se atribuyen virtudes mágicas.

MASCULINO, NA adj. Que está dotado de órganos para fecundar. ◊ Relativo a este ser. ◊ Propio del varón. ◊ fig. Varonil, enérgico. ◊ *Gram.* Gén. masculino. ❑ MASCULINIDAD.

MASCULLAR tr. fam. Mascar torpemente. ◊ fam. Hablar entre dientes o pronunciar mal las palabras.

MASDEU, José Francisco de (1744-1817) Escritor español. Autor de una controvertida *Historia crítica de España.*

MÁSER m. Dispositivo generador y amplificador de ondas electromagnéticas coherentes.

MASERU C. de Lesotho, cap. del reino; 29 000 hab.

MASETERO adj. y m. *Anat.* Músculo de la cara. Su acción pral. es la de elevar la mandíbula.

MASHHAD o **MESHED** C. del NE de Irán, cap. de Khorasán; 667 800 hab. Centro comercial.

MASI f. *Bol.* Especie de ardilla.

MASIADA f. *Amér. Centr.* Apuesta.

MASIFICACIÓN f. Proceso mediante el cual un grupo humano adquiere las características de masa.

MASILLA f. Pasta hecha de tiza y aceite de linaza, que se usa para sujetar los cristales, tapar agujeros, etc.

MASINISA (h. 240-148 a. C.) Rey de Numidia. Se alió con los rom. en su lucha contra los cartagineses en África.

MASIP, Vicente Juan (h. 1523-1579) Pintor esp. Se le conoce también por el seudónimo de JUAN DE JUANES. *Salvador Eucarístico, Ecce Homo, La Santa Cena.*

MASIVO, VA adj. Díc. de la dosis de un medicamento cuando se aplica cerca del límite máx. de tolerancia del organismo. ◊ fig. Díc. de lo que se aplica en gran cantidad. ◊ Relativo a las masas humanas.

MASON, James (1909-1984) Actor cinematográfico y teatral norteam., de origen brit. *Lolita, Pandora o el holandés errante.*

MASONERÍA f. Asociación secreta de personas que profesan la fraternidad universal. Dependen de una organización central (Gran Logia o Gran Oriente). También recibe el nombre de francmasonería. ❑ MASÓN, NA; MASÓNICO, CA.

MASOQUISMO m. Trastorno psicosexual en el que se obtiene el placer orgástico a través del dolor físico y de diversas humillaciones. ❑ MASOQUISTA.

MASORA f. Doctrina crítica de los rabinos acerca del texto heb. de la Biblia para conservar su genuina lectura y facilitar su comprensión.

MASS media (voz ing.) m. pl. *Soc.* Comunicación de masas; conjunto de técnicas que permiten a un actor social dirigirse a un público muy numeroso; prensa, radio, cine, televisión y cartel.

MASSACHUSETTS Est. del NE de EE UU, en Nueva Inglaterra, junto a la costa atlántica; 21 456 km², 6 016 000 hab. Cap., Boston. C. prales.: New Bedford y Springfield. Agricultura. Ganadería. Pesca. Altamente industrializado.

MASSENET, Jules (1842-1912) Compositor fr. *Manon, Werther, Don Quijote, Thais.*

MASSÓ, Bartolomé (1830-1907) Revolucionario cub. Nombrado presid. de la rep. en armas (1897-1898).

MASSON, André (1896-1987) Pintor fr. Impulsor del mov. superrealista. *Ceremonias, Figuras tutelares.*

MASTABA f. Tumba egipcia en forma de pirámide truncada.

MÁSTATE m. *Amér. Centr.* Taparrabos usado por los aztecas. ◊ Corteza de árbol con que los indígenas hacen sus taparrabos y otras telas. ◊ Esta misma tela.

MASTECTOMÍA f. *Cir.* Extirpación de la glándula mamaria.

MASTELERO m. *Mar.* Palo menor que se pone en las embarcaciones de vela redonda sobre cada uno de los mayores.

MASTERIO adj. y m. *Anat.* Músculo de la cara. Se extiende desde el arco cigomático hasta el maxilar inferior.

MASTICAR tr. Mascar, desmenuzar la comida con los dientes. ◊ fig. Rumiar o meditar. ❑ MASTICACIÓN; MASTICADOR, RA.

MÁSTIL m. Palo de una embarcación. ◊ Mastelero. ◊ Palo derecho que sirve para mantener una cosa. ◊ Parte más estrecha de la guitarra y de otros instrumentos de cuerda, situada sobre el mango.

MASTÍN, NA adj. y s. Díc. de los perros de raza molosoide, gran tamaño y pelaje largo, que se emplean como perros de guarda y labor.

MASTINGAL m. *Méx.* Gamarra, tipo de correa.

Mastín

MÁSTIQUE m. Almáciga, resina. ◊ Pasta de yeso mate y agua de cola que sirve para igualar las superficies que se han de pintar.

MASTODONTE m. *Pal.* Mamífero proboscídeo fósil, que vivió durante los períodos mioceno y plioceno de la era terciaria. ◊ fig. y fam. Persona o cosa de gran tamaño.

MASTOIDES adj. y f. *Anat.* De forma de pezón. Díc. de la apófisis del hueso temporal, sit. detrás y debajo de la oreja.

MASTRANZO m. Planta labiada, aromática, que crece junto a las corrientes de agua.

MASTROIANNI, Marcello (1923-1996) Actor cinematográfico y teatral it. *Las noches blancas, La dolce vita, Divorcio a la italiana, Ocho y medio, Una jornada particular, Ojos negros.*

MASTUERZO m. *Bot.* Planta herbácea de olor desagradable, comestible; se usa como insecticida. ◊ Berro. ◊ adj. y s. fig. Díc. del hombre necio, torpe, majadero.

MASTURBARSE prnl. Proporcionarse solitariamente goce sexual. ❑ MASTURBACIÓN; MASTURBADOR, RA.

MASURIA Región del N de Polonia, boscosa y lacustre.

MASURIO m. *Quím.* Ant. nombre (símb. *Ma*) del tecnecio.

MATA f. Forma etológica vegetal caracterizada por mantener sus yemas perdurantes próximas al suelo. ◊ Ramito o pie de una hierba. ◊ Terreno poblado de árboles de una misma especie. ◊ Lentisco. ◊ Matorral. ◊ *Méx.* y *Ven.* Monte pequeño. ◊ *Ecuad.* Matadura.

MATA, Gonzalo Humberto (1904-1988) Escritor ecuat. Novelas y antologías. *Sumag Allpa, Galope de volcanes.* ◊ **Hari, Margaretha Geertruida Zelle,** llamada (1876-1917) Bailarina hol. Acusada de espionaje a favor de Alemania durante la I Guerra Mundial, fue fusilada.

MATABUEY f. Amarguera, planta umbelífera amarga. ◊ *Amér. Centr.* Travesaño de la carreta.

MATABURROS m. *Amér. Centr.* Aguardiente fuerte.

MATACALLOS m. *Chile* y *Ecuad.* Planta cuyas hojas se emplean para curar los callos.

MATACÁN m. Composición venenosa para matar los perros, estricnina. ◊ Nuez vómica. ◊ *Ecuad.* Entre cazadores, cervato. ◊ *Hond.* Ternero grande y gordo. ◊ Obra voladiza en lo alto de un muro, de una torre o de una puerta fortificada.

MATACANDELAS m. Instrumento que, fijo en el extremo de una caña, sirve para apagar las velas o cirios colocados en alto.

MATACANDIL m. Planta crucífera, común en terrenos algo húmedos.

MATACANDILES m. Planta liliácea, muy común en terrenos secos.

MATACHÍN m. Jifero, el que mata las reses. ◊ fig. y fam. Hombre pendenciero, camorrista.

MATADERO m. Sitio donde se mata el ganado para el abastecimiento público. ◊ fig. y fam. Trabajo muy penoso. ◊ fam. *Amér.* Picadero, cuarto de soltero.

MATADOR, RA adj. y s. Que mata. ◊ m. fig. y fam. Feo, de mal gusto. ◊ Espada, torero.

MATAGALPA Dpto. de Nicaragua; 6 803,86 km², 450 141 hab. Cap., la c. hom. Accidentado por las cordilleras Dariense e Isabelia. Café, azúcar, cacao, cereales, arroz. Ganadería. Explotación forestal. ◊ C. de Nicaragua, cap. del dpto. hom.; 37 000 hab.

MATAGUSANO m. *Guat.* y *Hond.* Conserva de corteza de naranja y miel de rapadura.

MATAHAMBRÉ m. *Cuba.* Dulce de yuca, huevo y azúcar. ◊ *Argent.* Lonja de carne que se saca de entre el cuero y el costillar de los animales vacunos.

MATALÓN, NA adj. y s. Díc. de la caballería flaca y que rara vez se halla libre de mataduras.

MATAMATA f. *Ven.* Tortuga acuática feroz.

MATAMBA f. *Amér. Centr.* Palmera usada para fabricar canastos.

MATAMOROS adj. Valentón.

MATAMOROS C. de México, en el est. de Tamaulipas, a orillas del río Grande; 186 100 hab. Centro algodonero. Ind. alimentarias. Aeropuerto.

MATAMOSCAS m. Instrumento o sustancia para matar moscas.

MATANCERO, RA adj. y s. De Matanzas. ◊ m. *Amér.* Matarife, jifero.

MATANGA f. *Méx.* Juego de muchachos en el cual uno procura quitarle al otro un objeto que éste tiene en la mano, dándole un golpe en ella.

MATANZA f. Mortandad de personas ejecutadas en una batalla, etc. ◊ Conjunto de embutidos que se hacen al matar el cerdo. ◊ *Amér. Centr.* Tienda donde se vende carne, carnicería.

MATANZA, La Partido de Argentina, en la prov. de Buenos Aires; 949 600 hab.

MATANZAS Prov. del NO de Cuba; 12 122 km², 596 000 hab. Cap., la c. hom. Llanura central atravesada por las sierras de las Alturas. Caña de azúcar, arroz, henequén, yuca. Cromo, asfalto y yeso. ◊ C. de Cuba, cap. de la prov. hom.; 119 500 hab. Centro agrícola, ganadero, comercial, industrial y turístico. Puerto pesquero y exportador.

MATAOJO m. *Amér.* Árbol sapotáceo cuyo humo irrita mucho los ojos.

MATAPÁN *(Tenaron)* Cabo de Grecia, en el extremo meridional del Peloponeso.

MATAPERICO m. *Col.* y *Ven.* Capirotazo, golpe.

MATAPIOJOS m. *Chile* y *Col.* Caballito del diablo, libélula.

MATAR tr. y prnl. Quitar la vida. ◊ Apagar. ◊ Herir y llagar la bestia por rozarle el aparejo u otra cosa. ◊ tr. Hablando de la cal o el yeso, quitarles la fuerza echándoles agua. ◊ Tratándose de las barajas, marcarlas para hacer trampas. ◊ Apagar el brillo de los metales. ◊ Inutilizar en las oficinas de correos los sellos pegados en las cartas y otros envíos postales. ◊ fig. Incomodar, fastidiar. ◊ fig. Estrechar, violentar. ◊ fig. Extinguir, aniquilar. ◊ *Pint.* Rebajar un color o tono. ◊ prnl. fig. Trabajar con afán y sin descanso. ◊ intr. Hacer la matanza del cerdo.

MATARIFE m. Jifero, el que mata las reses.

MATARÓ Mun. de España, en la prov. de Barcelona; 106 358 hab. Primer centro productor de géneros de punto de España.

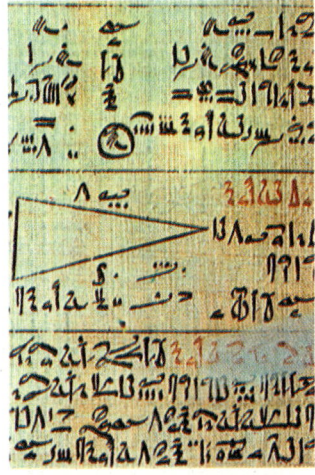

Matemáticas. Papiro de Rhind, el más importante documento egipcio desde el punto de vista matemático

MATARRATAS adj. y s. Sustancia propia para matar ratas. ◊ m. y fam. Aguardiente de ínfima calidad y muy fuerte.

MATASANO m. *Hond.* y *Salv.* Planta rutácea.

MATASANOS m. fig. y fam. Curandero o mal médico.

MATASARNA m. *Ecuad.* y *Perú.* Árbol leguminoso usado para curar la sarna.

MATASELLOS m. Estampilla con que se inutilizan los sellos de las cartas. ◊ Marca o dibujo estampado por este instrumento.

MATASIETE m. fig. y fam. Fanfarrón, hombre que presume de valiente.

MATASUEGRA com. *Chile.* Persona que entretiene a la madre, para que el novio converse con la hija.

MATASUELO m. *Chile.* Costalada.

MATATE m. *Amér.* Red en forma de bolsa.

MATATUDO, DA adj. *Bol.* De hocico muy largo.

MATATOS m. *Amér. Centr.* Matanza, juego de niños.

MATAZÓN f. *Amér.* Matanza.

MATE adj. Amortiguado, sin brillo. ◊ m. Situación de una partida de ajedrez en la que el rey de uno de los bandos se halla en jaque, sin que se pueda capturar la pieza atacante, obstruir la acción de ésta, ni ocupar con el rey las casillas contiguas. ◊ *Bot.* Arbusto originario de Sudamérica cuyas hojas contienen cafeína y se consumen en forma de infusión. ◊ *Argent.* Calabacera, planta. ◊ *Amér.* Calabaza que, seca y vaciada, sirve para multitud de usos domésticos. ◊ *Chile* y *Perú.* Lo que cabe en una de estas calabazas. ◊ *Argent.* Calabaza, fruto de la calabaza, especialmente el que se usa para preparar y servir la infusión de yerba. ◊ *Argent.* P. ext., cualquiera de los recipientes que se emplean para tomar la infusión de yerba o para adorno. ◊ *Argent.* Infusión de yerba mate, o de cualquier hierba medicinal, que se toma con bombilla. ◊ fam. *Amér.* Cabeza. ◊ fig. y fam. *Argent.* Juicio, talento, capacidad. ◻ MATEAR.

MATEMÁTICA f. Ciencia que estudia las magnitudes numéricas y espaciales y las relaciones que se establecen entre ellas. ◻ MATEMÁTICO, CA. ◻ Para los ant. griegos, la m. representaba la ciencia dedicada al estudio de las propiedades generales de los números (aritmética) y las figuras (geometría). Mucho más tarde adquirieron carácter autónomo otras ramas: el álgebra, el análisis, las varias derivaciones de la geometría, la teoría de conjuntos, la topología, el cálculo de probabilidades, etc. Desde la antigüedad, las m. han tenido una función fundamental en las ciencias de la naturaleza, ya que proporcionan un lenguaje riguroso y sintético para expresar los hechos de la naturaleza y para hallar los vínculos en la máxima economía del pensamiento, y son un material inextinguible para crear nuevos modelos de interpretación de los fenómenos revelados por la experiencia. ◻ MATEMATISMO.

MATEO (s. I). Santo. Uno de los doce apóstoles, y autor del primer Evangelio sinóptico. ◊ **Evangelio de M.** Primer libro del N. T.

El evangelista san **Mateo**, según el *Codex Aureus* de Canterbury (s. VIII)

MATERIA f. Sustancia que compone los cuerpos físicos. ◊ Lo que sirve de elemento impulsor a la actividad de un fenómeno natural. ◊ fig. Cualquier punto o negocio de que se trata. ◊ Asunto de que se compone una obra literaria, científica, etc. ◊ fig. Causa, ocasión, motivo. ◊ **estelar.** *Astr.* M. captada, perdida o expulsada por una estrella durante cualquiera de las fases de su evolución. ◊ **interestelar.** *Astr.* Conjunto de elementos, gas y polvo, que ocupan el espacio entre las estrellas. ◊ **viva.** Sustancia que constituye los seres vivos. ◊ **Primera m.** Producto sin elaborar, en bruto, que la industria transforma en otro material o en artículo acabado para el consumo.

◻ *Fís.* Desde el punto de vista de la física moderna, la m. es todo aquello que constituye el universo. Se distingue entre m. propiamente dicha y energía, que según ha demostrado la relatividad, es una forma de m.

MATERIAL adj. Relativo a la materia. ◊ Opuesto a lo espiritual. ◊ Opuesto a la forma. ◊ fig. Grosero, sin ingenio ni agudeza. ◊ Elemento que entra como ingrediente en algunos compuestos. ◊ Cualquiera de las materias que se necesitan para una obra, o el conjunto de ellas. Se usa más en pl. ◊ Conjunto de máquinas, herramientas, etc., necesarias para el desempeño de un servicio o el ejercicio de una profesión. ◊ *Argent.* Adobe. ❑ MATERIALIDAD.

MATERIALISMO m. *Fil.* Doctrina que niega la existencia de sustancias espirituales, por lo que considera la materia como principio de toda realidad.

❑ *Fil.* El m. implica: a) la afirmación del principio de inmanencia; no hay causa exterior a la materia misma; b) la afirmación de la eternidad e infinitud del mundo; c) la afirmación de que la conciencia procede a la materia. Doctrina opuesta al idealismo, al espiritualismo, al vitalismo, etc.

MATERIALISTA adj. y s. Díc. del partidario del materialismo. ◊ adj. Relativo al materialismo. ◊ adj. y s. Díc. de la persona apegada o preocupada en exceso por los bienes materiales.

MATERIALIZACIÓN f. *Fís.* Fenómeno por el que un fotón, que posee un nivel de energía suficiente, crea un par partícula-antipartícula en el caso de que atraviese un campo magnético.

MATERIALIZAR tr. Presentar algo espiritual de manera que sea percibido por los sentidos. ◊ tr. y prnl. Hacer a alguien materialista. ◊ Hacer posible o realizar una idea o proyecto.

MATERNIDAD f. Estado o calidad de madre. ◊ Establecimiento donde se atiende a las parturientas.

MATERNO, NA o **MATERNAL** adj. Perteneciente a la madre.

MATETE m. *Argent.* Mezcla de sustancias deshechas en un líquido formando una masa inconsistente. ◊ *Argent.* Reyerta, disputa.

MATÍAS (1557-1619) Archiduque de Austria, rey de Hungría [1608-1618] y de Bohemia [1611-1617], y emperador germánico [1612-1619]. ◊ (s. I) Santo. Discípulo de Cristo. Uno de los doce apóstoles. ◊ **I Corvino** (1440-1490) Rey de Hungría [1458-1490]. Verdadero príncipe del Renacimiento.

MATICO m. *Amér. Merid.* Planta piperácea cuyas hojas contienen un aceite esencial aromático y balsámico.

MATINAL adj. Relativo a la mañana. ◊ f. Sesión o espectáculo que se realiza por la mañana.

MATISSE, Henri (1869-1954) Pintor, escultor y grabador fr., uno de los máximos representantes del fauvismo.

MATIZ m. Unión de diversos colores mezclados con proporción. ◊ Cada uno de los grados de un color o entre dos colores. ◊ Rasgo característico de una obra literaria.

MATIZAR tr. Juntar con proporción diversos colores. ◊ fig. Exponer o expresar los distintos aspectos de una cosa. ❑ MATIZACIÓN.

MATO GROSSO Est. de Brasil, sit. en el centroeste del país, fronterizo con Bolivia y Paraguay; 901 421 km², 193 000 hab. Cap., Cuiabá. Está formado por la meseta de M. G. Selva en forma de bosques galería. Caucho, hierba mate, azúcar y café. Hierro, manganeso y oro. **Del Sur** Est. del centro-sur de Brasil; 357 471 km², 1 775 000 hab. Cap., Campo Grande. Caña de azúcar, arroz, mandioca, mijo. Ind. agropecuaria.

MATOCO m. fam. *Chile.* El diablo, el demonio.

MATOJO m. Matorral. ◊ Mata barrillera, de flores solitarias en espiga terminal. ◊ *Cuba.* Retoño de un árbol cortado.

MATÓN, NA m. y f. fig. y fam. Chulo y pendenciero. ❑ MATONISMO.

MATORRAL m. Terreno sin cultivar lleno de matas y malezas.

MATRA f. *Argent.* Manta de lana gruesa.

MATRACA f. Instrumento de madera que produce un ruido seco y desapacible. ◊ fig. y fam. Insistencia molesta en un tema o pretensión. ❑ MATRAQUEAR; MATRACÓN, NA; MATRAQUISTA.

MATRAZ m. Recipiente de vidrio, de forma esférica con fondo plano y cuello más o menos largo y ancho.

MATRIARCADO m. Forma de organización social en la que las mujeres poseen la autoridad política y familiar. ❑ MATRIARCAL.

MATRICARIA f. Planta compuesta, olorosa, empleada como antiespasmódico y emenagogo.

MATRICIDIO m. Delito de matar uno a su madre. ❑ MATRICIDA.

MATRÍCULA f. Lista de los nombres de las personas que están inscritas en una organización. ◊ Inscripción en un centro de enseñanza. ◊ Registro de los vehículos que se lleva a cabo en las oficinas oficiales. ◊ Placa de los vehículos automóviles que indica el número de matriculación. ❑ MATRICULADO, DA; MATRICULAR.

MATRILINEAL adj. Díc. de la forma de transmitir la propiedad, la herencia o el nombre por línea femenina.

MATRIMONIO m. Institución social en forma de contrato, que constituye la forma reconocida de constitución de una familia. ◊ **civil.** El que se contrae según la ley civil, sin intervención religiosa. ◊ **morganático.** Aquel en que uno de los cónyuges es de sangre real y el otro de linaje inferior, quedando este último excluido de todo derecho a bienes, dignidad o herencia del otro. ❑ MATRIMONIAL; MATRIMONIAR.

MATRITENSE adj. y s. Madrileño.

MATRIZ f. *Anat.* Útero, víscera hueca, sit. en el interior de la pelvis de la mujer y de las hembras de los mamíferos, destinada a contener el feto hasta el momento del parto. ◊ Molde de cualquier clase con que se da forma a una cosa. ◊ *Ind.* Elemento metálico que permite realizar operaciones de estampado, troquelado, corte, etc. ◊ *Geol.* Roca en cuyo interior se ha formado un mineral. ◊ *Art. Gráf.* Piezas de linotipia que llevan grabadas una letra o signo y que convenientemente reunidas forman la línea. ◊ Tuerca. ◊ Parte del talonario que queda al separar los talones. ◊ *Mat.* Cuadro de núm. que se disponen en filas y columnas. ❑ MATRICIAL; MATRIZADO.

MATRONA f. Madre de familia, respetable y de alguna edad. ◊ Comadrona, mujer que asiste en los partos. ❑ MATRONAL.

MATSUE C. de Japón, cap. de la prefectura de Shimano, en la isla de Honshu; 142 900 hab.

MATSUYAMA C. y puerto de Japón, en el NO de Shikoku; 426 600 hab. Centro industrial.

MATTA, Roberto (1911-2002) Pintor y arquitecto chil. Su obra pictórica es surrealista. *Morfologías psicológicas.*

MATTERHORN Nombre al. del Cervino.

MATTO de Turner, Clorinda (1854-1909) Escritora per., costumbrista. *Aves sin nido.*

MATUCHO, CHA adj. *Chile.* Hábil y astuto para los negocios. ◊ m. *Chile.* Matoco, el demonio.

MATUNGO, GA adj. *Argent.* y *Cuba.* Caballería débil y flaca. ◊ *Cuba.* Flacucho.

MATURÍN C. de Venezuela, cap. del est. Monagas; 220 600 hab. Zona petrolífera.

MATUSALÉN m. fig. Hombre de mucha edad.

MATUSALÉN Patriarca judío, abuelo de Noé. Según la Biblia, vivió 969 años.

MATUTE m. Introducción de gén. de contrabando. ◊ Gén. así introducido. ❑ MATUTEAR; MATUTERO, RA.

MATUTE, Ana María (n. 1926) Escritora esp. Cultiva la novela (*Primera memoria*) y el cuento infantil (*El polizón del Ulises*).

MATUTINO, NA adj. Relativo a las horas de la mañana.

MAUGHAM, William Somerset (1874-1965) Escritor brit. *Servidumbre humana, El filo de la navaja.*

MAUI Isla del arch. de las Hawai; 1 886 km², 62 800 hab. Cap., Wailuku.

MAULE Región del centro de Chile; 30 296,1 km², 908 097 hab. Cap., Talca. La alt. media de los Andes supera apenas los 3 000 m. Cereales y hortalizas. Industria de transformación de los productos agropecuarios. ◊ Río de Chile, 280 km. Nace en los Andes, atraviesa la prov. hom. y desemboca en el Pacífico.

MAULLAR intr. Dar maullidos el gato. ❑ MAULLIDO; MAULLADOR, RA.

MAU-MAU Organización secreta afr. formada en Kenia h. 1950 con la finalidad de expulsar a los colonos blancos. Su líder fue Jomo Kenyatta.

MAUNA Kea Volcán apagado de la isla de Hawai. Alt. máx. de Polinesia (4 205 m). ◊ **Loa** Volcán activo de la isla de Hawai (4 168 m).

MAUPASSANT, Guy de (1850-1893) Escritor fr., representante de la escuela realista. *Una vida, Fuerte como la muerte.*

MAUPERTUIS, Pierre Louis Moreau

Ceremonia de **matrimonio** hindú en Paramaribo (Surinam)

de (1698-1759) Matemático fr. Dirigió la expedición a Laponia para medir la longitud del grado de meridiano.

MAURA y Montaner, *Antonio* (1853-1925) Político esp. presid. del gobierno (1903-1904 y 1907-1909, 1921-1922).

MAURE m. *Amér.* Chumbé, faja.

MAURIAC, *François* (1885-1971) Escritor fr. Novelística de una permanente preocupación espiritual. *Génitrix, Vida de Jesús, Teresa Desqueyroux,* etc. Premio Nobel de Literatura en 1952.

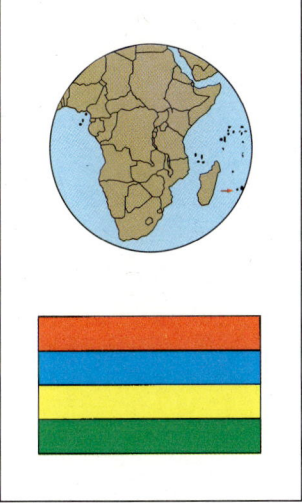

Mapa de situación y bandera de **Mauricio**

MAURICIO *(Mauritius)* Estado afr. en el Índico, al E de Madagascar, formado por una de las islas Mascareñas y la isla Rodrigues. En su relieve destacan tres macizos volcánicos que se levantan sobre una llanura costera. Clima tropical. Cultivo de caña de azúcar. Industria de transformación de productos primarios y en la obtención de energía hidráulica. Est. miembro de la Commonwealth. Etnias: indios, criollos, chinos, fr., ing.

MAURICIO

Superficie	2 045 km²
Población	1 069 000 hab. (523 hab./km²)
Recursos económicos	
Azúcar	580 000 t
Cabaña bovina	34 000 cabezas
Cabaña caprina	96 000 cabezas
Cabaña porcina	7 000 cabezas
Caña de azúcar	78 000 ha
Cerveza	254 000 hl
Energía eléctrica	770 millones de kwh
Fertilizantes	10 000 t
Nuez de coco	3 000 t
Patatas	18 000 t
Riqueza forestal	27 000 m³
Tabaco	1 400 millones de cigarrillos
Té	6 000 t
Tomates	12 000 t
Indicadores sociológicos	
PNB	2 623 millones de dólares
Renta per cápita	2 420 dólares
Esperanza de vida	70 años
Alfabetismo	82 %

Lenguas: inglés (of.), francés criollo. *Rel.:* hinduismo, islamismo, budismo, catolicismo, protestantismo. U.M.: rupia mauriciana. Cap., Port Louis.

□ *Hist.* Descubierta por el port. Pedro Mascarenhas en 1505. En 1715 fue anexionada por los fr., y en 1810 por los brit. Consiguió su indep. en 1968.

MAURICIO de Nassau (1567-1625) Estatúder de las Provincias Unidas y príncipe de Orange. Sus victorias sobre los esp. aseguraron la indep. de las Prov. Unidas. ◊ **de Sajonia** (1521-1553) Príncipe al., elector de Sajonia. Por la paz de Passau (1551), obligó a Carlos V a conceder libertad religiosa a los luteranos.

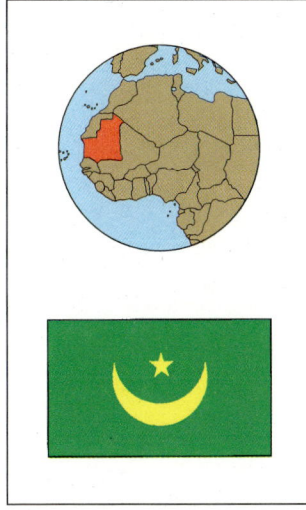

Mapa de situación y bandera de **Mauritania**

MAURITANIA *(al-Jumhuriya al Muslimiya al-Mawritaniya)* Estado del NO de África. La mayor parte del país se extiende sobre el Sáhara. Las costas son bajas y uniformes, pero sin puertos naturales. Clima desértico. Río Senegal. Agricultura: mijo, maíz y dátiles. Ganadería nómada. Pesca de altura. Conservas de pescado. República. Etnias:

MAURITANIA

Superficie	1 030 700 km²
Población	2 036 000 hab. (2 hab./km²)
Recursos económicos	
Arroz	52 000 t
Batatas	3 000 t
Cabaña caprina	3 310 000 cabezas
Cabaña ovina	4 200 000 cabezas
Camellos	920 000 cabezas
Dátiles	14 000 t
Energía eléctrica	140 millones de kwh
Goma arábiga	450 t
Hierro	6 500 000 t
Mijo	4 000 t
Pesca	91 000 t
Yeso	10 000 t
Indicadores sociológicos	
PNB	1 026 millones de dólares
Renta per cápita	510 dólares
Esperanza de vida	66 años
Alfabetismo	34 %

árabes, negros (tucoror, sarakolles). Lengua: francés y ár. (of.), hasanía. *Rel.:* islamismo, animismo y catolicismo. U.M.: el ouguiya. Cap., Nuakchott.

□ *Hist.* Integrada en el imperio rom. (42 d. C.), fue más tarde ocupada por vándalos, bizantinos y árabes. En el s. XIX la ocuparon los fr., que la colocaron bajo protectorado en 1904. Consiguió la independencia en 1960. Tras una tensa polémica con Marruecos sobre el territorio del Sáhara Occidental, M. reconoció a la Rep. Árabe Saharahui Democrática en 1984.

MAUROIS, *André* (1885-1967) Seud. de *Émile Herzog.* Escritor fr. Biógrafo e historiador. *Disraeli, Ariel o la vida de Shelley, Eduardo VII y su tiempo.*

MAURRAS, *Charles* (1868-1952) Político y escritor fr., defensor de la monarquía autoritaria y enemigo de la democracia. *Encuesta sobre la monarquía.*

MAURYA Dinastía india que reinó entre 321 y 185 a. C. La máxima expansión del imperio M. se produjo durante el reinado de Asoka, abarcando casi toda la India.

MAUSER m. Fusil de repetición inventado por el armero al. Wilhelm Mauser.

MAUSOLEO m. Sepulcro suntuoso.

MAXILAR adj. Relativo a la mandíbula. ◊ adj. y m. *Anat.* Díc. de cada uno de los huesos de la cara, provistos de dientes, que están encargados de la masticación.

MÁXIMA f. Regla o proposición gralte. admitida en una determinada materia por los estudiosos de ella. ◊ Pensamiento moral muy breve.

MAXIMALISMO m. Doctrina de un sector del partido socialista rum., que propugnaba los mismos principios y táctica de los bolcheviques rusos.

MAXIMIANO, *Marco Aurelio Valerio* (250-310) Emperador rom. [286-305 y 306-310]. Recibió de Diocleciano los títulos de césar (286) y de augusto (287).

MAXIMILIANO I (1459-1519) Archiduque de Austria y emp. de Alemania [1493-1519]. El casamiento de su hijo Felipe con Juana de Castilla permitió unir al imperio los reinos de Castilla y Aragón en la corona de Carlos V. ◊ **Fernando M. de Habsburgo** (1832-1867) Archiduque de Austria y emp. de México [1864-1867]. Fue elegido al trono de México. Pero las guerrillas del presid. B. Juárez se mantenían activas en todo el territorio y el emp. fue vencido en Querétaro y fusilado.

MÁXIMO, MA adj. Díc. de lo que es tan grande en su especie, que no lo hay mayor ni igual. ◊ m. Límite superior o extremo a que puede llegar una cosa. ◊ *Mat.* El mayor valor de un conjunto de núm. o magnitudes mensurables. ◊ **absoluto de una función.** El mayor valor que toma una función. ◊ **común divisor.** *Mat.* El mayor de los divisores comunes a 2 o más núm. enteros. ◊ **relativo de una función.** *Mat.* Una función tiene un m. relativo en un punto *p*, cuando éste tiene un entorno en el que el valor de la función en cada punto es menor que el que toma en *p*. □ MAXIMIZAR.

MAXWELL m. *Fís.* Unidad de flujo magnético del sistema CGS.

MAXWELL, *James Clerk* (1831-1879) Físico escocés. El primero en exponer

Mural del periodo clásico **maya** en el Templo de las Pinturas (Bonampak, México)

la teoría electromagnética de la luz. Formuló la ley de la equipartición de la energía.

MAYA f. Planta compuesta, de flor única, terminal, con el centro amarillo y la circunferencia blanca o matizada de rojo por la cara inferior. ◊ adj. y s. Díc. de individuos de un grupo étnico que habita desde época precolombina una amplia zona de América Central. ◊ adj. Relativo a ese pueblo. ◊ m. Lengua hablada por los mayas. ◊ m. pl. Pueblo maya.
□ *Étn.* Sucesivamente, las áreas geográficas ocupadas por la cultura maya han sido: 1) la serie de cadenas montañosas de la cord. de América Central; 2) la cuenca interior del Petén, al N de Guatemala, en donde se cree que cristalizó la cultura m.; 3) la llanura baja que enlaza la zona anterior con la pen. de Yucatán. Los antropólogos consideran dos manifestaciones como fundamentales: la construcción arquitectónica llamada arco falso y la creación de una escritura jeroglífica y un calendario propios. El periodo formativo en la zona m. está documentado en todas las áreas, distinguiendo Morley tres etapas a las que llama Pre-Maya I (3000-1000 a. C.), Pre-Maya II (1000-353 a. C.) y Pre-Maya III (353 a. C.-317 d. C.). El Viejo Imperio empieza en el 317, fecha grabada en una placa hallada en Tikal, y que representa el máx. florecimiento de todas las expresiones culturales. A partir de 987, por causas desconocidas, los centros ceremoniales se abandonan. El renacimiento m. posterior al. s. X, llamado Nuevo Imperio, es consecuencia de un lento proceso de colonización de Yucatán, en Cichén Itzá y en las c. de Mayapán y Uxmal. Las tres c. se fortificaron y unieron en la Liga de Mayapán. Es el momento de construcción de grandes palacios, templos y pirámides. Al parecer, rivalidades en el seno de la Liga fueron la causa de la decadencia del Nuevo Imperio, a lo que se añadió una grave plaga a principios del s. XVI. El Nuevo Imperio produjo algunas de las obras más bellas del arte m. La soc. m. tenía una economía basada en el cultivo del maíz, frijoles, yuca o mandioca, batata y cacao. En la cabeza del Est. se halla-

ba el *halach uinic*, cargo hereditario correspondiente a los caciques territoriales. Los sacerdotes monopolizaban la cultura. En el último escalón de la soc. se hallaban los esclavos. La religión era naturista y dualista. Los m. alcanzaron un notable conocimiento de la astronomía (calendarios). Su capacidad de abstracción se demuestra por el conocimiento que demostraron del cero matemático.

MAYA, Rafael (1897-1980) Escritor col. *La vida en la sombra, Tiempo de luz.*

MAYAGÜEZ Distr. de Puerto Rico; 1 300 km², 275 000 hab. Cap., la c. hom. Agricultura. Explotación forestal, pesca. Salinas, hierro. ◊ C. del O de Puerto Rico; 96 200 hab. Puerto exportador y pesquero. Ind. azucarera.

MAYÁHUEL En la ant. religión de México, diosa del agave.

MAYAPÁN C. maya del N de la pen. de Yucatán, en el actual México. El centro de la c. lo ocupaba el templo de Kukulcán.

MAYA-QUICHÉ adj. Relativo a las lenguas maya-quichés. ◊ m. *Ling.* Familia de lenguas indígenas amer.

MAYATE m. *Méx.* Coleóptero de color negro.

MAYER, Julius Robert von (1814-1878) Físico al. Independientemente de Helmholtz, estableció el principio de la conservación de la energía.

MAYESTÁTICO, CA adj. Propio de la majestad.

MAYÉUTICA f. Método socrático para provocar «el parto de la verdad» en otra persona mediante preguntas adecuadas.

MAYFLOWER Nave que, en 1620, transportó a los primeros colonizadores de Nueva Inglaterra.

MAYO m. Quinto mes del año. Tiene 31 días. Era el tercero del calendario rom. *(Majus)*, dedicado a la diosa Maya. ◊ adj. *Argent.* Del mes de mayo. ◊ **Fiestas mayas.** Las conmemorativas de la Independencia de Argentina.

MAYOCOL m. *Méx.* Mayordomo, capataz.

MAYÓLICA f. Loza común con esmalte metálico.

MAYONESA f. y adj. Salsa que se hace batiendo aceite crudo y yema de huevo.

MAYOR adj. Que excede a una cosa en

cantidad o calidad. ◊ m. Superior o jefe. ◊ Oficial primero de una secretaría u oficina. ◊ En algunos países, militar con grado equivalente al de comandante. ◊ pl. Abuelos, antepasados. ◊ f. *Lóg.* Primera proposición del silogismo. ◊ **que.** *Mat.* Signo matemático (>) que se coloca entre dos cantidades, para indicar que la primera es mayor que la segunda. □ MAYORA.

MAYOR *(Maggiore)* Lago del N de Italia, en la frontera con Suiza; 212 km².

MAYORAL m. Pastor principal que cuida de los rebaños. ◊ En las diligencias, el que gobernaba el tiro de mulas o caballos. ◊ En las cuadrillas de obreros, el capataz. ◊ *Argent.* Cobrador de tranvía. □ MAYORALA.

MAYORAZGO m. Institución del derecho civil que tiene por objeto perpetuar en la familia la propiedad de ciertos bienes. ◊ Conjunto de estos bienes. ◊ Poseedor de ellos. ◊ Hijo mayor de una persona que goza y posee mayorazgo. ◊ fam. Primogenitura. □ MAYORAZGA.

MAYORDOMO m. Criado principal de una casa o hacienda. ◊ Oficial que se cuida en las cofradías de los gastos y de las funciones. ◊ *Perú.* Criado. □ MAYORDOMA; MAYORDOMEAR; MAYORDOMÍA.

MAYORÍA f. Calidad de mayor. ◊ Edad que la ley fija para tener uno plena responsabilidad jurídica de sí y de sus bienes. ◊ Mayor número de votos iguales en una votación. ◊ Parte mayor de los componentes de una sociedad o asamblea. □ MAYORISTA; MAYORITARIO, RIA.

MAYÚSCULO, LA adj. Algo mayor que lo ordinario en su especie. ◊ Díc. de la letra de mayor tamaño que la minúscula, que se emplea al principio de nombre propio, de frase, etc.

MAZA f. Arma de hierro o madera, a modo de bastón, y con el extremo más grueso. ◊ Insignia que llevan los maceros. ◊ Instrumento de madera dura para machacar. ◊ En los juegos de billar, extremo más grueso de los tacos. ◊ *Chile.* Cubo de la rueda. □ MAZAZO.

MAZACOTE m. Hormigón, mezcla de piedra y mortero. ◊ Pasta hecha de los residuos del azúcar que, después de refinado, quedan adheridos al fondo y paredes de la caldera. ◊ *R. de la Plata.* Panela o rapadura. ◊ fig. y fam. Hombre molesto y pesado.

MAZACOTUDO, DA adj. *Amér.* Amazacotado.

MAZACUATE m. *Hond.* Especie de boa.

MAZAMORRA f. *Argent.* Maíz partido y cocido que, una vez frío, se come añadiéndole a veces leche y azúcar. □ *Amér.* MAZAMORRA, RA.

MAZAPÁN m. Pasta hecha con almendras molidas y azúcar, y cocida al horno.

MAZARINO, Jules (1602-1661) Cardenal y primer ministro fr. de origen it. Colaborador de Richelieu, a su muerte fue designado presid. del consejo real. Derrotó a los esp. y les impuso la paz de los Pirineos.

MAZAROTA f. Masa de metal que, al fundirse las piezas en moldes verticales, se deja sobrante en la parte superior y forma un depósito de metal líquido.

MAZATENANGO C. de Guatemala, cap. del dpto. de Suchitepéquez; 51 500 hab. Centro agrícola y comercial.

MAZATLÁN C. y puerto de México, en el est. de Sinaloa; 172 000 hab. Sit. en el golfo de California. Centro agrícola y pesquero. Ind. textiles y de cemento.

MAZDEÍSMO m. Religión de los ant. persas, que creían en la existencia de los principios divinos: uno bueno, creador, y otro malo, destructor. ❏ MAZDEÍSTA.

MAZEPA, *Iván Stepanovich* (h. 1644-1709) Atamán de los cosacos de Ucrania. Se alió con el rey de Suecia, Carlos XII, contra Pedro el Grande de Rusia. Derrotado en Poltava, se suicidó.

MAZMORRA f. Prisión subterránea.

MAZO m. Martillo grande de madera. ◊ Manojo, puñado. ◊ fig. Hombre molesto y pesado.

MAZORCA f. Husada. ◊ Espiga densa y apretada, como la del maíz o del cacao. ◊ fig. *Chile.* Junta de personas que forman un gobierno despótico. ❏ *Chile.* MAZORQUERO.

MAZURCA f. Danza popular polaca. ◊ Música de esta danza.

MAZZINI, *Giuseppe* (1805-1872) Patriota y revolucionario it. En 1831 fundó la Joven Italia, con el objetivo de unificar su patria. En 1849 se convirtió en jefe del triunvirato de la rep. de Roma.

MBABANE Cap. de Swazilandia, en el NO del país; 38 290 hab.

MBEKI, *Thabo* (n. 1942) Político sudafricano. Elegido presid. de su país en 1999.

McARTHUR, *Douglas* (1880-1964) General norteam. Dirigió las operaciones en el Pacífico durante la II Guerra Mundial. En 1950 se le confió el mando de las tropas de la ONU en Corea.

McKINLEY Macizo del S de Alaska (EE UU); alt. máx. de América del Norte: 6 194 m.

McKINLEY, *William* (1843-1901) Pol. norteam. Presid. de EE UU (1897-1901). Durante su administración se desarrolló la guerra hispano-norteamericana (Puerto Rico, Filipinas, Cuba). Reelegido en 1900, m. asesinado por un anarquista.

McLAINE, *Shirley* (n. 1934) Actriz cinematográfica norteam. *El apartamento, Irma la dulce.* En 1983 ganó un Óscar por la interpretación en *La fuerza del cariño.*

McLEOD, *John James Rickard* (1876-1935) Fisiólogo escocés. Premio Nobel de Medicina en 1923, con F. G. Banting, por el descubrimiento de la insulina.

McLUHAN, *Marshall* (1911-1980) Sociólogo can. Su tesis fundamental es que el conocimiento está condicionado por el medio comunicativo a través del cual se adquiere. *La galaxia Gutenberg.*

McMILLAN, *Edwin Mattison* (1907-1991) Físico nuclear norteam., descubridor del neptunio y el plutonio. Premio Nobel de Física en 1951, junto con Seaborg. ◊ *Maurice Harold* (1894-1986) Político brit., Primer ministro (1957-1963).

McQUEEN, *Steve* (1930-1980) Actor cinematográfico norteam. *La gran evasión, Nevada Smith, Bullitt.*

Md *Quím.* Símb. del mendelevio.

ME Dativo o acusativo del pron. personal de primera persona en gén. masculino o femenino y núm. singular.

Panorámica general de la ciudad de **Mazatlán**

MEAD, *Margaret* (1901-1978) Antropóloga norteam. Pionera de la escuela culturalista. *Estudios sobre la adolescencia y el sexo en las sociedades primitivas.*

MEANDRO m. *Geog.* Curva en el cauce de un río o valle provocada por un proceso de intensa excavación y de acumulación de materiales en la orilla. ◊ *Arq.* Adorno de líneas sinuosas y repetidas.

MEAR intr., tr. y prnl. Orinar. ❏ MEADA; MEADERO; MEADO.

MEATO m. *Bot.* Cada uno de los espacios huecos intercelulares que hay en los tejidos parenquimatosos de las plantas. ◊ *Zool.* Cada uno de ciertos orificios o conductos del cuerpo.

MECA, La (*Makkah*) C. de Arabia, cap. del Hedjaz; 366 800 hab. Ciudad santa del Islam.

MECADA f. *Méx.* Tontería, grosería.

MECANICISMO m. *Fil.* Doctrina según la cual todo fenómeno puede explicarse por las leyes de la mecánica. El m. concibe el universo como una máquina, e interpreta cualquier cambio mediante un determinismo causal. Las teorías mecanicistas influyeron en Newton, La Mettrie y otros. ❏ MECANICISTA.

MECÁNICO, CA adj. Relativo a la mecánica. ◊ Díc. de los actos o movimientos realizados instintivamente o por costumbre. ◊ Se aplica a los oficios

Campamento en los alrededores de **La Meca**

o trabajos que exigen más habilidad manual que intelectual. ◊ adj. y s. Díc. de las personas que se dedican a estos oficios. ◊ Obrero dedicado al manejo y arreglo de las máquinas. ◊ f. Ciencia que estudia las fuerzas y los efectos que producen. ◊ Aparato o resorte interior que da movimiento a un ingenio o artefacto. ◊ **analítica.** Desarrollo y formulación exclusivamente matemáticos de la m. clásica. ◊ **aplicada.** Estudio de las máquinas, de su construcción y de su funcionamiento. ◊ **celeste.** Rama de la astrofísica que se ocupa de los movimientos de traslación, de rotación y deformatorios de los cuerpos celestes. ◊ **clásica.** La que estudia el movimiento de los cuerpos a nivel macroscópico. ◊ **cuántica.** La que estudia los fenómenos a nivel microscópico (molecular, atómico y subatómico). ◊ **estadística.** La que estudia las propiedades de los cuerpos –gralte., líquidos o gaseosos– constituidos por un gran núm. de partículas móviles. ◊ **newtoniana.** M. clásica. ◊ **ondulatoria.** M. cuántica.

☐ *Fís.* La m. puede dividirse en tres partes: cinemática, estática y dinámica. Newton, con el enunciado de sus tres leyes, sentó las bases de la m., introduciendo el cálculo diferencial para la explicación de su teoría. A principios del s. XX, la aparición de la teoría de la relatividad y la m. cuántica señalarían los límites de validez de la m. clásica o newtoniana.

MECANISMO m. Estructura de un cuerpo y combinación de sus partes consecutivas. ◊ Medios prácticos que se emplean en las artes.

MECANIZAR tr. Implantar el uso de máquinas en operaciones industriales, administrativas, militares, etc. ◊ fig. Dar la regularidad de una máquina a las acciones humanas. ❏ MECANIZACIÓN; MECANIZADO, DA.

MECANO, NA adj. y s. De La Meca. ◊ m. Juguete compuesto de piezas metálicas que se pueden montar y desmontar.

MECANOGRAFIAR tr. Escribir a máquina. ❏ MECANOGRAFÍA; MECANOGRÁFICO, CA; MECANÓGRAFO, FA.

MECATAZO m. *Amér. Centr.* Latigazo, golpe dado con el mecate. ◊ *Méx.* Latigazo, trago de licor.

MECATE m. *Amér. Centr.* y *Méx.* Bramante, cordel o cuerda de pita.

MECATEADA f. *Amér. Centr.* Azotaina, zurrra. ❏ MECATEAR.

MECEDOR, RA adj. Que mece o sirve para mecer. ◊ m. Instrumento de madera que sirve para mecer el vino en las cubas o el jabón en la caldera. ◊ Columpio. ◊ f. Silla de brazos con el respaldo y el asiento de rejilla o lona, cuyos pies descansan sobre dos arcos o terminan en forma circular, en la cual puede mecerse el que se sienta.

MECENAS com. fig. Protector de las letras y las artes. ❏ MECENAZGO.

MECENAS, *Cayo Cilnio* (69-8 a. C.) Caballero de alto linaje etrusco, amigo y consejero de Augusto. Protector de las artes y las letras.

MECER tr. Menear y mover un líquido de una parte a otra, para que se mezcle o incorpore. ◊ tr. y prnl. Mover una cosa compasadamente de un lado a otro sin que mude de lugar. ❏ MECEDURA.

MECHA f. Cuerda retorcida o cinta de

filamentos combustibles, que se pone
en las piqueras o mecheros de algunos
aparatos del alumbrado y dentro de las
velas y bujías. ◊ Tubo de algodón, trapo o papel, relleno de pólvora, utilizado para dar fuego a minas y barrenos.
◊ En armamento, artificio que sirve
para dar fuego a las cargas por procedimiento pirotécnico, distinto del que
utiliza circuito y cebo eléctricos. ◊ Porción de hilas, que se emplea para la curación de en las operaciones quirúrgicas. ◊ Lonjilla de tocino gordo. ◊
Porción o mechón de pelos. ◊ *Amér.
Centr.* Mentira. ◊ *Amér. Centr.* Broma.
❏ MECHOSO, SA; *Amér.* MECHUDO, DA.
MECHAR tr. Introducir mechas de tocino gordo en la carne de las aves o en
otras viandas que se han de asar o empanar.
MECHERO m. Boquilla de los aparatos de alumbrado. ◊ Encendedor de
bolsillo. ◊ Utensilio, provisto o no de
mecha, utilizado para dar luz o calor.
MECHOACÁN m. *Méx.* Raíz de una
planta cuya fécula se usaba como purgante. ◊ **negro.** Jalapa.
MECHÓN m. Porción de pelos, hebras
o hilos, separada de un conjunto de la
misma clase.
MECIÓN m. *Amér. Centr.* Sacudida, terremoto.
MECKLEMBURGO Región histórica
del N de Alemania. ◊ **M.-Pomerania
Anterior** Est de Alemania; 23 559 km²,
1 930 000 hab. Cap., Schwerin.
MECO, CA adj. *Méx.* Díc. de ciertos
animales cuando tienen color bermejo
con mezcla de negro. ◊ m. y f. *Méx.* Indio salvaje.
MECONIO m. Materia viscosa de color verde, que el recién nacido expulsa por el ano.
MECUAL m. *Méx.* Raíz del maguey.
MEDALLA f. Pieza de metal acuñada
con alguna figura, símbolo o emblema.
◊ Medallón, bajorrelieve. ◊ Distinción
honorífica o premio. ❏ MEDALLISTA.
MEDALLÓN m. Bajorrelieve de figura redonda o elíptica. ◊ Joya en forma
de cajita plana donde se guarda una fotografía o cualquier recuerdo.
MEDAN C. de Indonesia, cap. de Sumatra septentrional; 1 379 000 hab. Cultivos de tabaco y caucho. Centro comercial.
MEDANAL m. *Chile.* Terreno cenagoso de alguna extensión.
MEDEA *Mit. gr.* Hija de Eetes, rey de

Medallón romano de oro con la efigie
del emperador Valente (Museo de
Historia del Arte, Viena)

Media. Procesión de los dignatarios
medos en un relieve de Persépolis

la Cólquida y, según una tradición, de
Hécate. Gozaba de fama como maga.
MEDELLÍN C. de Colombia, cap. del
dpto. de Antioquía; 1 995 753 hab. Centro industrial. Nudo de comunicaciones.
MEDIA Ant. región del NO de Irán, sit.
entre el r. Tigris y el mar Caspio. Constituyó el imperio de los *medos* durante
los ss. VIII y VII a. C.
MEDIA f. Prenda de punto que cubre
el pie y la pierna hasta la rodilla o más
arriba. ◊ Mitad de algunas cosas. ◊ En
estadística, medida que resume en un
solo núm. parte de una información. ◊
Amér. Calcetín. ◊ **diferencial.** *Mat.*
Cantidad que en una equidiferencia o
proporción aritmética responde al mismo concepto que la m. proporcional en
la geométrica. ◊ **proporcional.** *Mat.*
Cantidad que puede formar proporción
geométrica con otras dos.
MEDIADO, DA adj. Díc. de lo que
contiene la mitad, aproximadamente,
de su cabida.
MEDIAGUA f. *Amér.* Techo cuya superficie tiene un solo declive para la caída de las aguas. ◊ *Amér.* Edificio que
tiene el techo en esa forma.
MEDIALUNA f. Cualquier cosa en forma de media luna. ◊ *Amér. Centr.* Cuchilla curvada y afilada con mangos en
los extremos, para picar tabaco.
MEDIANERÍA f. Pared común a dos
casas contiguas. ◊ Cerca, vallado o seto
vivo común a dos predios rústicos que
deslinda. ◊ *Amér.* Aparcería.
MEDIANERO, RA adj. Díc. de la cosa
que está en medio de otras dos. ◊ adj.
y s. Díc. de la persona que media e in-
tercede para que otra consiga una cosa
o para un arreglo o trato.
MEDIANÍA f. Término medio entre
dos extremos. ◊ fig. Persona que carece de prendas relevantes.
MEDIANO, NA adj. De calidad intermedia. ◊ Moderado; ni muy grande ni
muy pequeño. ◊ *Anat.* Díc. del nervio
de la extremidad superior, que inerva
los músculos flexores y pronadores del
antebrazo. ◊ f. *Est.* Semisuma de los
valores extremos. ◊ *Geom.* En un triángulo, cada una de las rectas que unen
un vértice con el punto medio del lado
opuesto. ❏ MEDIANEJO, JA.
MEDIANOCHE f. Las doce de la noche, hora que señala el final de un día

y el inicio del siguiente. ◊ fig. Bollo relleno de jamón, carne, etc.
MEDIANTE adv. modo. Respecto, er
atención, por razón.
MEDIAR intr. Llegar a la mitad de
algo. ◊ Interceder en favor de uno. ◊
Interponerse entre dos o más que riñer
o contienden, procurando reconciliar-
los. ◊ Existir o estar una cosa en medic
de otras. ❏ MEDIADOR, RA; MEDIACIÓN.
MEDIASTINO m. *Anat.* Espacio virtual en la región central del tórax, en el
que se encuentran el timo, el corazón
la tráquea, los bronquios y el esófago.
MEDIATIZAR tr. Privar al gobierno de
un Est. de la autoridad suprema, que
pasa a otro Est., pero conservando
aquél la soberanía nominal. ◊ Influir
decisivamente en los asuntos de otro,
llegando a modificar su opinión o actitud. ❏ MEDIATIZACIÓN.
MEDIATO, TA adj. Díc. de lo que en
tiempo, lugar o grado está próximo a
una cosa, mediando otra entre las dos.
MEDIATRIZ f. *Mat.* Recta perpendicular al punto medio de un segmento.
Mediatrices de un triángulo son las m.
de cada uno de sus lados.
MEDICACIÓN f. Administración sistemática de medicamentos con un fir
terapéutico determinado. ◊ Conjunto
de medicamentos y medios curativos
que tienden a un mismo fin.
MEDICAMENTO m. Sustancia o preparado que se administra con fines terapéuticos. ❏ MEDICAMENTOSO, SA.
MEDICAR tr. y prnl. Administrar medicinas. ❏ MEDICABLE; MEDICAL; MEDICI-
NANTE.
MÉDICAS, Guerras Guerras que enfrentaron a gr. y persas en el s. IV a. C. ◊
primera g. m. Los atenienses, dirigidos
por Milcíades, vencieron a los persas de
Darío en Maratón (490). ◊ **segunda g.
m.** Los persas atravesaron el paso de las
Termópilas e incendiaron Atenas, pero
tuvieron que retirarse tras las victorias
gr. de Salamina, Platea y Mícale. ◊ **tercera g. m.** Atenas, al frente de la Liga de
Delos venció a los persas en Eurime-
donte (468). La paz de Calias (449) supuso el reconocimiento persa de la indep. de las c. jonias de Asia Menor.
MEDICASTRO m. Médico indocto. ◊
Curandero.
MEDICINA f. Conjunto de conocimientos científicos y actividades técnicas destinadas a lograr el diagnóstico,
curación y prevención de las enfermedades. ◊ Medicamento. ◊ **interna.** La
que se ocupa del estudio y tratamiento
de las enfermedades generales que no
necesitan intervención quirúrgica. ◊
legal. Rama de la m. que estudia las
aplicaciones del derecho a los procedimientos médicos y sus mutuas interrelaciones. ◊ **nuclear.** La que usa
isótopos radiactivos como medio de
diagnóstico y terapia. ◊ **tropical.** La
que estudia las enfermedades propias
de los países tropicales. ❏ MEDICINAL.
MÉDICIS (*Medici*) Familia florentina
dedicada al comercio y las finanzas,
que aparece citada desde el s. XIII. Gobernó el est. florentino desde el s. XV
hasta 1737. Su miembro más célebre fue
Lorenzo I el Magnífico (1449-1492), encarnación del ideal de príncipe renacentista.
MÉDICO, CA adj. Relativo a la medicina. ◊ m. y f. El que se halla legal-

mente autorizado para enseñar y ejercer la medicina. ◊ **de cabecera.** El que asiste normalmente a una familia. ◊ **forense.** El oficialmente adscrito a un juzgado de instrucción.

MEDICUCHO m. Medicastro, médico indocto.

MEDIDA f. Cualquiera de las unidades que se emplean para medir longitudes, áreas o volúmenes. ◊ Objeto que se toma como unidad y se emplea para medir. ◊ *Métr.* Núm. y clase de sílabas que ha de tener el verso para que conste. ◊ Proporción o correspondencia de una cosa con otra. ◊ Disposición, prevención. Se usa más en pl. ◊ Grado, intensidad. ◊ Cordura, prudencia. ❑ MEDIDOR, RA.

MEDIEVO o **MEDIOEVO** m. Edad Media. ❑ MEDIEVAL; MEDIEVALISMO; MEDIOEVAL.

MEDINA (*Al-Madinah*) C. de Arabia Saudita en el Hedjaz; 198 200 hab. C. santa del islamismo, en ella murió Mahoma. ❑ MEDINÉS, SA.

MEDINA, José María (m. 1878) Político hond. Presid. en 1863-1872 y 1876. ◊ **Angarita, Isaías** (1879-1953) Militar y político ven. Presid. de la rep. con el apoyo de la izquierda (1941-1945).

MEDINA AL-ZAHRA C. edificada en las afueras de Córdoba por Abd al-Rahman III. En 1010 quedó destruida.

MEDIO, DIA adj. Igual a la mitad de una cosa. ◊ Díc. de lo que está entre dos extremos, en el centro de algo o entre dos cosas. ◊ Que está intermedio en lugar o tiempo. ◊ Que corresponde a los caracteres o condiciones generales de un grupo social, pueblo o época. ◊ m. Parte que en una cosa equidista de sus extremos. ◊ *Dep.* En el fútbol y otros deportes, cada uno de los jugadores que en la formación del equipo se sitúan entre los defensas y los delanteros. ◊ Lo que puede servir para determinar fin. ◊ Diligencia o acción conveniente para conseguir una cosa. ◊ Elemento en que vive o se mueve una persona, animal o cosa. ◊ Campo en el que una unidad viva recibe estímulos reales. Si consideramos la actividad vital como una adaptación o respuesta a estos estímulos, puede definirse también como el campo de adaptación de un organismo vivo. ◊ *Psic.* Conjunto de factores físicos, biológicos y sociales que determinan el modo de ser de los individuos. ◊ Sector, círculo o ambiente social. ◊ En el silogismo, razón con que se prueba una cosa. ◊ pl. Caudal, rentas o hacienda que uno posee o goza. ◊ f. Promedio. ◊ adv. modo. No del todo, no enteramente. Con verbos en infinitivo va precedido de la prep. *a.* ◊ **de cultivo.** *Biol.* Disoluciones o geles embebidos en las mismas, que contienen los materiales necesarios para permitir el desarrollo de cepas de microorganismos o de tejidos de organismos pluricelulares. ◊ **externo.** Conjunto de condiciones ambientales bajo las que se desenvuelve un ser vivo. ◊ **interno.** *Biol.* Líquido intercelular en el que se encuentran englobadas las células de los organismos pluricelulares.

MEDIOCRE adj. De calidad media. ◊ Bastante malo. ❑ MEDIOCRIDAD.

MEDIODÍA m. Hora en que está el Sol en el punto más alto de su elevación sobre el horizonte. ◊ Mitad del día. ◊ Sur, punto cardinal.

MEDIR tr. Determinar la longitud, extensión, volumen o capacidad de alguna cosa. ◊ Tratándose de versos, examinar si tienen la medida correspondiente. ◊ fig. Igualar y comparar una cosa no material con otra. ◊ Moderar. ❑ MEDICIÓN.

MEDITAR tr. Aplicar el pensamiento a la consideración de una cosa, o discurrir sobre los medios de conocerla o conseguirla. ❑ MEDITABUNDO, DA; MEDITACIÓN; MEDITATIVO, VA.

MEDITERRÁNEO, A adj. Relativo al mar Mediterráneo, o a los territorios que baña.

MEDITERRÁNEO Mar intercontinental que se extiende entre Europa, África y Asia, unido al océano Atlántico por el estr. de Gibraltar y al Índico por el canal de Suez y el mar Rojo; 2 505 000 km². Entre las islas de Cerdeña y Córcega y la costa it., el M. forma el mar Tirreno; entre Italia y Grecia, el Adriático y el Jónico, y entre Grecia y Asia Menor el Egeo.

MÉDIUM m. Persona que se supone utilizada por los espíritus para comunicarse a través de ella.

MEDO, DA adj. y s. De Media. ◊ m. *Ling.* Lengua de los medos, perteneciente a la familia indoirania.

MEDRANO, Francisco de (1570-1607) Literato esp. Su poesía es de tema amoroso y elegíaco.

MEDRAR intr. Crecer, tener aumento los animales y plantas. ◊ fig. Mejorar uno de fortuna aumentando sus bienes, reputación, etc. ❑ MEDRA; MEDRO.

MEDROSO, SA adj. y s. Temeroso, pusilánime, que tiene miedo por cualquier motivo. ◊ Que infunde o causa miedo.

MEDULA o **MÉDULA** f. Sustancia grasa, blanquecina o amarillenta, que se halla dentro de los huesos de algunos animales. ◊ Cilindro interno del tallo y la raíz de las plantas fanerógamas. ◊ fig. Sustancia pral. de una cosa no material. ◊ **espinal.** Tallo cilíndrico de tejido nervioso, perteneciente al sistema nervioso central, sit. en el canal raquídeo. ◊ **oblonga** u **oblongada.** Parte anterior, superior en el hombre, de la m. espinal. ◊ **ósea.** Tejido conjuntivo reticular, con una cantidad variable de tejido adiposo, contenido en el interior de la diáfisis de los huesos largos y en el tejido esponjoso de todos los huesos. ❑ MEDULAR; MEDULOSO, SA.

MEDUSA f. *Zool.* Fase pelágica y móvil en el ciclo biológico de muchos cnidarios. Las m. constan de un disco abombado (umbrela) de cuyo centro pende un apéndice (manubrio).

MEDUSA *Mit. gr.* La mortal de las tres hermanas Gorgonas. Poseía la facultad de convertir en piedra a quien la miraba.

MEERUT C. de la India, en el est. de Uttar Pradesh; 417 400 hab. Ind. textiles y alimentarias.

MÉFISTÓFELES Personaje de la leyenda de Fausto. ❑ MEFISTOFÉLICO, CA.

MEFÍTICO, CA adj. Díc. del aire o gas que, al respirarse, puede ser perjudicial.

MEGABYTE m. *Comp.* Unidad de medida de memoria que equivale a 1 024 kilobytes.

MEGÁFONO m. Aparato para amplificar la voz.

MEDUSA

Carabela portuguesa, medusa del grupo sifonóforos, tipo de medusas de las que brotan unas colonias pelágicas de pólipos diferenciados

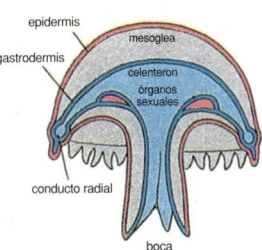

Las medusas tienen forma de sombrilla y están compuestas por dos capas de células que encierran una sustancia gelatinosa.
En la parte inferior, la boca da paso a la cavidad digestiva o celenterón. Los órganos sexuales se hallan bajo la sombrilla

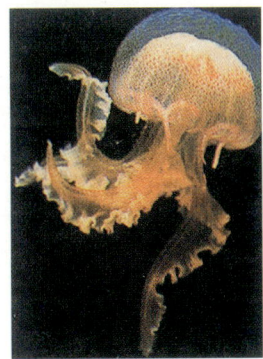

Pelagia, medusa de la subclase acálefos o escifozoos

Mehmet Alí, según un retrato
de Conder

MEGALITO m. Monumento prehistórico formado por uno o más bloques de piedra. ❏ MEGALÍTICO, CA.

MEGALOMANÍA f. Manía o delirio de grandezas. ❏ MEGALÓMANO, NA.

MEGALÓPOLIS f. Gran concentración urbana, constituida por varias ciudades, unidas por suburbios, autopistas, ferrocarriles y zonas industriales.

MEGARA C. de Grecia, en el istmo de Corinto. En la antigüedad alcanzó un alto grado cultural y económico, pralm. en el s. VII a. C. ◊ **Escuela de M.** Díc. de la escuela filosófica fundada hacia 400 a. C. por Euclides de M. Fue muy destacada su contribución a la lógica.

MEGARENSE o **MEGÁRICO, CA** adj. y s. De Megara.

MEGATERIO m. *Pal.* Mamífero desdentado, fósil, muy peludo, más robusto que el elefante. Vivía en América al comenzar el periodo cuaternario.

MEGATÓN m. Fuerza explosiva igual a un millón de toneladas de trinitrotolueno (T.N.T.), utilizada como unidad para medir la potencia de las armas nucleares.

MEGHALAYA Est. de la India, sit. en el NE del país; 22 489 km², 1 760 600 hab. Cap., Shillong. Regado por el r. Brahmaputra. Arroz, té y yute.

MEGO, GA adj. Manso, apacible, tratable. ◊ f. Pref. que antepuesto a una unidad de medida aumenta un millón de veces el valor de la misma.

MEHARI m. Raza de dromedarios de tamaño superior al normal, muy resistentes y aptos para la carrera.

MEHMET II, llamado FATIH (1429-1481) Sultán turco [1451-1481]. Conquistó Constantinopla (1453), ciudad a la que denominó Istanbul o Estambul. ◊ **Alí** (1769-1849) Virrey de Egipto [1805-1849]. Acabó con los mamelucos y nacionalizó todos los latifundios. Verdadero fundador del Egipto moderno.

MEIJI, *Mutsu-Hito* (1852-1912) Emp. del Japón [1867-1912]. La era M., cuya duración corresponde al reinado de este emp., comportó decisivos cambios que sentaron las bases del Japón moderno.

MEIOSIS f. *Biol.* Tipo especial de división celular que tiene lugar en las células germinales, y cuya finalidad es producir gametos maduros con un núm. de cromosomas reducido a la mitad del que poseen las células somáticas.

MEIR, Golda (1898-1978) Política israelí. Primer ministro en (1969-1974).

MEJENGA f. *Amér. Centr.* Borrachera.

MEJÍA, Hipólito (n. 1941) Político dom. Presid. de la rep. entre 2000 y 2004. ◊ *Liborio* (1792-1816) Militar y político col. Presid. en 1816. ◊ *Pedro* → Mexía, Pero. ◊ *Vallejo, Manuel* (1923-1998) Escritor ven.; Autor de *La tierra éramos nosotros, El día señalado.*

MEJICANISMO m. Mexicanismo.

MEJICANO, NA adj. y s. Mexicano. ◊ m. Azteca, idioma azteca.

MEJICANOS C. del centro de El Salvador, en el dpto. de San Salvador; 55 600 hab. Centro residencial y de veraneo.

MÉJICO → México.

MEJILLA f. Conjunto de las partes blandas que forman la pared externa de la cavidad bucal. ◊ Parte más carnosa de la cara, carrillo.

MEJILLÓN m. Molusco lamelibranquio protegido por una concha que se cría en las rocas de los mares y océanos. ❏ MEJILLONERO, RA.

MEJOR adj. comp. de bueno. Superior a otra cosa y que la sobrepasa en alguna cualidad. ◊ adv. de modo comp. de bien. ◊ Antes o más, denotando idea de preferencia.

MEJORA f. Cambio hecho en una cosa, por lo que resulta mejorada. ◊ Puja o aumento que se pone al precio de una cosa. ◊ Porción que de sus bienes deja el testador a alguno de sus hijos o nietos además de la legítima. ◊ *Der.* Gastos útiles y reproductivos que hace en propiedad ajena quien tiene respecto de ella algún derecho.

MEJORANA f. Planta herbácea, parcialmente leñosa. Posee hojas oblongas, blanquecinas, flores pequeñas, blancas o rojizas, y frutos en tetraquenio; tiene propiedades antiespasmódicas.

MEJORAR tr. Hacer que algo sea mejor de lo que era. ◊ Dejar en el testamento mejora a uno o a varios de los hijos o nietos. ◊ intr. y prnl. Ir recobrando la salud perdida. ◊ Ponerse el tiempo más favorable. ◊ Ponerse en lugar o grado ventajoso respecto del que antes se tenía. ❏ MEJORABLE, MEJORAMIENTO; MEJORÍA.

MEJUNJE m. Cosmético, medicamento o bebida formados por la mezcla de varios ingredientes. ❏ MENJUNJE.

MEKNÉS (*Mequínez*) C. del N de Marruecos; 319 800 hab. Ind. del cemento, textil y alimentaria.

MEKONG Río de Asia meridional; 4 500 km. Nace en el Tíbet, pasa por China, atraviesa Camboya de N a S y desemboca formando un gran delta al S de Saigón.

MELA, Pomponio (s. I) Geógrafo hispanorromano. Autor del más ant. tratado geográfico latino: *De chorographia.*

MELADO, DA adj. De color de miel. ◊ m. Zumo de la caña dulce, concentrado al fuego, sin que llegue a cristalizar. ◊ Torta hecha con miel y cañamones.

MELADORA f. *Cuba.* Paila en la que se termina de cocer el jugo de la caña de azúcar y se forma el melado.

MELÁFIDO m. *Geol.* Roca eruptiva, efusiva, de composición análoga a la de los basaltos.

MELAMINA f. *Quím.* Compuesto orgánico heterocíclico usado para fabricar resinas y curtidos de cuero.

Melanesia. Joven papúe ataviado
para la danza

MELANCHTHON, Philipp (1497-1560) Humanista y teólogo al. Colaboró con Lutero en la traducción de la Biblia. Publicó algunos textos de teología protestante.

MELANCOLÍA f. Tristeza, acompañada de nostalgia. ◊ *Psiq.* Enfermedad caracterizada por una depresión más o menos marcada, sentimiento de incapacidad y una especie de disgusto por la existencia. ❏ MELANCÓLICO, CA; MELANCOLIZAR.

MELANESIA Parte de Oceanía, sit. al N y NE de Australia, formada por las islas de Nueva Guinea, Bismarck, d'Entrecasteaux, Luisiada, Salomón, Nuevas Hébridas, Lealtad, Nueva Caledonia y Fiji. Sus hab. se dividen en papúes y melanesios.

MELANESIO, SIA adj. y s. De Melanesia. ◊ adj. Relativo a esa zona. ◊ adj. y s. Díc. de los individuos de un grupo étnico que habita la zona del Pacífico llamada Melanesia.

❏ *Etn.* Los m. son de tez oscura, con una estatura media de 1,60 cm y acusada braquicefalia.

MELANINA f. *Biol.* Pigmento de tono oscuro presente en las células de los vertebrados, que produce la coloración de la piel y el cabello. ❏ MELÁNICO; MELANISMO; MELANODERMIA; MELANOIDE.

MELANOMA m. Tumor formado por células capaces de producir y almacenar melanina.

MELAR intr. En los ingenios de azúcar, dar al zumo de la caña consistencia de miel. ◊ intr. y tr. Hacer las abejas la miel. ◊ *Ecuad.* Ganar dinero fácilmente.

MELARCHÍA f. *Amér. Centr.* Melancolía.

MELAZA f. Líquido denso y viscoso que queda tras la cristalización del azúcar.

MELBOURNE C. y puerto de Australia, cap. del est. de Victoria; 2 866 000 hab. (la agl. urb.). Centro comercial, financiero e industrial.

MELCOCHO adj. y m. *Amér. Centr.* Gallo de plumas de color amarillo rojizo.

MELCOCHOSO, SA adj. *Amér. Centr.* Amelcochado, correoso.

MELENA f. Cabello que desciende junto al rostro, y especialmente el que cae sobre los ojos. ◊ Cabello suelto que cae lacio. ◊ Crin del león. ◊ Expulsión de heces negras que contienen sangre alterada. ❏ MELENUDO, DA.

MELÉNDEZ Valdés, Juan (1754-1817) Poeta esp. Liberal, murió en Francia. *Bodas de Camacho, Odas románticas.*

MELERO m. El que vende miel o trata en este género. ◊ Sitio o paraje donde se guarda la miel.

MELGAR m. Campo abundante en mielgas. ◊ tr. *Chile.* Amelgar.

MELGAR, Mariano (1791-1815) Poeta y patriota per. Murió fusilado por los esp. *Carta a Silvia.* ◊ **Castro, Juan Alberto** (n. 1930) Militar y político hond. Presidente de la Rep. (1975-1978).

MELGAREJO, José Mariano (1818-1871) Militar y político bol. Presid. (1865-1871).

MÉLICO, CA adj. Relativo al canto. ◊ Relativo a la poesía lírica, especialmente coral, de los gr.

MÉLIÈS, Georges (1861-1928) Director y actor cinematográfico fr., uno de los pioneros de la cinematografía. *Magia diabólica, Viaje a la Luna.*

MELIFICADOR m. *Chile.* Cajón de lata con tapa de vidrio, para extraer la miel de abeja separada de la cera.

MELIFICAR tr. e intr. Hacer las abejas a miel. ❑ MELIFICACIÓN.

MELIFLUO, FLUA adj. Que tiene miel o es parecido a ella en sus propiedades. ◊ fig. Amable con afectación. ❑ MELIFLUIDAD.

MELILLA C. esp., en el N de África; 14 km², 66 411 hab. Puerto comercial. Pesca. En 1995 obtuvo el estatuto de Comunidad Autónoma.

MELINDRE m. Fruta de sartén, hecha con miel y harina. ◊ Dulce de pasta de mazapán. ◊ fig. Delicadeza afectada en palabras, acciones y ademanes. ❑ MELINDREAR; MELINDRERO, RA; MELINDROSO, SA.

MELIPILLA Prov. del centro de Chile, en la Región Metropolitana de Santiago; 141 165 hab. ◊ C. de Chile, cap. de la prov. hom.; 94 540 hab.

MELISA f. Planta herbácea, con fragancia de limón, de propiedades tónicas y antiespasmódicas.

MELISANA f. Licor que se obtiene mediante la infusión de melisa en aguardiente; tiene propiedades antiespasmódicas y estimulantes.

MELITO m. *Farm.* Jarabe de miel y una sustancia medicamentosa.

MELLA f. Rotura o hendedura en el filo de un arma o herramienta, o en el borde de un objeto. ◊ fig. Menoscabo, merma.

Hojas de **melisa**

MELLA, Julio Antonio (1903-1929) Político cub. Fundador del Partido Comunista cub. Asesinado por agentes de Machado.

MELLAR tr. y prnl. Hacer mellas. ◊ fig. Menoscabar, disminuir una cosa no material. ❑ MELLADO, DA.

MELLIZO, ZA adj. y s. Gemelo, nacido del mismo parto. ◊ *Bot.* Igual a otra cosa.

MELLOCO m. Planta de los parajes fríos de la sierra ecuat., de raíz con tubérculos comestibles.

MELO C. del SE de Uruguay, cap. del dpto. de Cerro Largo; 50 578 hab. Centro agropecuario.

MELO, Francisco Manuel de (1611-1667) Escritor en castellano y port. *Historia de los movimientos, separación y guerra de Cataluña.* ◊ **José María** (1800-1860) Militar y político col. Presid. de la Rep. en 1845. ◊ **Neto, João Cabral de** (1920-1999) Poeta bras. *Pedra de Sono, El río, Museo de todo.*

MELOCOTÓN m. Melocotonero. ◊ Fruto de este árbol.

MELOCOTONERO m. *Bot.* Árbol de pequeño tamaño, con hojas lanceoladas, tronco rugoso rojizo, flores rosadas y fruto en drupa. ❑ MELOCOTONAR.

MELODÍA f. Dulzura y suavidad de la voz o del sonido de un instrumento. ◊ *Mús.* Sucesión de sonidos que constituyen la célula elemental del discurso musical, y el núcleo básico sobre el que se efectúa el desarrollo de una obra. ◊ *Mús.* Composición vocal o instrumental, con acompañamiento. ◊ Cualidad del canto por la cual agrada al oído. ❑ MELÓDICO, CA; MELODIOSO, SA; MELODISTA.

MELODRAMA m. Drama puesto en música; ópera. ◊ Obra teatral en que se exageran los aspectos sentimentales y patéticos. ❑ MELODRAMÁTICO, CA.

MELOJO m. Árbol cupulífero cuyo fruto, la bellota, se encuentra solitario o en grupos de dos a cuatro. ❑ MELOJAR.

MELOMANÍA f. Afición muy grande por la música. ❑ MELÓMANO, NA.

MELÓN m. *Bot.* Planta con fruto comestible del mismo nombre en pepónide grande, con la superficie rugosa, verde o amarillenta. ❑ MELONAR; MELONERO, RA.

MELONCILLO m. Mamífero carnívoro nocturno, del mismo gén. que la mangosta.

MELONZAPOTE m. *Méx.* Nombre que dan en Jalisco a la papaya.

MELOPEA f. Melopeya. ◊ fam. Borrachera.

MELOSO, SA adj. De calidad o naturaleza de miel. ◊ fig. Blando y suave. ❑ MELOSIDAD.

MELPÓMENE *Mit. gr.* Musa de la tragedia.

MELQUISEDEC Rey de Salem, c. que acaso haya que identificar con la posterior Jerusalén.

MELVA f. Corvino, pez parecido al bonito.

MELVILLE Isla de Canadá, en el Territorio del Noroeste; 42 500 km².

MELVILLE Isla de la costa N de Australia, en la Tierra de Arnhem; 4 350 km², 3 000 hab. (aborígenes).

MELVILLE, Herman (1819-1891) Novelista norteam. Sus años juveniles se identifican con la aventura y los refleja en sus novelas: *Moby Dick, Typee, Billy Budd.*

MEMBRANA f. Piel delgada o túnica, a modo de pergamino. ◊ *Bot.* y *Zool.* Cualquier tejido laminar de consistencia blanda. ◊ Lámina cónica de los altavoces que comunica las vibraciones mecánicas a un gran volumen de aire. ◊ *Chile.* Difteria. ◊ **celular.** Envoltura delgada del citoplasma. ◊ **mucosa.** En los animales, la que tapiza las cavidades del cuerpo que tienen comunicación con el exterior. ◊ **nuclear.** Doble m. que rodea el núcleo de las células eucariotas conectada con el sist. membranoso del retículo endoplasmático. ◊ **pituitaria.** La que reviste la cavidad de las narices. ◊ **semipermeable.** Material permeable a las moléculas de un cuerpo determinado e impermeable a las de los demás. ◊ **serosa.** La que reviste cavidades internas del cuerpo de los animales. ❑ MEMBRANÁCEO, A; MEMBRANOSO, SA.

MEMBRETE m. Anotación breve y precisa. ◊ Nombre o título de una persona o corporación puesto a la cabeza de la primera plana o al final del escrito que a esta misma persona o corporación se dirige. ◊ Nombre o título de una persona, oficina, etc., estampado en la parte superior del papel de escribir.

MEMBRILLATE m. Codoñate, dulce de membrillo.

MEMBRILLERO m. Membrillo, planta arbustiva o arbórea. Con sus frutos se prepara la jalea de membrillo.

MEMBRILLETE m. *Perú.* Planta silvestre de hoja parecida a la del membrillo y flor amarilla.

MEMBRILLO m. Membrillero, arbusto rosáceo, de fruto amarillo, muy aromático y de carne áspera y granujienta. ◊ Fruto de este arbusto. ❑ MEMBRILLAR.

MEMBRIVES, Lola (1888-1969) Actriz arg., intérprete de obras de Benavente, los hermanos Quintero, García Lorca y Pemán.

MÉMBRUDO, DA adj. Fornido y robusto.

MEMEZ f. fam. Necedad. ❑ MEMO, MA.

MEMELA f. *Guat., Hond.* y *Méx.* Tortilla de maíz de forma ovalada.

MEMLING, Hans (h. 1433-1494) Pintor flam. de origen al. *Juicio Final, Relicario de Santa Úrsula.*

Fruto del **membrillero**

MEMO, MA adj. y s. Tonto, simple, mentecato.

MEMORÁNDUM m. Librito de notas. ◊ Comunicación diplomática en que se apunta algo que debe ser tenido en cuenta en una negociación. ❑ MEMORANDO.

MEMORIA f. Recuerdo. ◊ Reputación que deja una persona al morir. ◊ Monumento para recuerdo de una cosa. ◊ Relación de gastos hechos en una dependencia o negociado. ◊ Exposición de hechos referentes a un asunto. ◊ Estudio o disertación escrita sobre alguna materia. ◊ *Comp.* Dispositivo capaz de recibir, guardar y restituir datos. ◊ *Psic.* Facultad propia de muchos organismos vivientes, por la cual pueden conservar un conjunto de señales. ◊ pl. Saludo o recado cortés a un ausente. ◊ Relaciones de ciertos acontecimientos. ◊ **artificial.** Mnemotecnia. ❑ MEMORAR; MEMORABLE; MEMORATIVO, VA; MEMORIÓN, NA; MEMORIOSO, SA.

□ *Comp. Software*: la m. de una computadora se compone de una *m. principal*, o *m. central*, interna, que define la capacidad del ordenador, y las *m. auxiliares* de los periféricos; discos, cintas, etc. En la unidad central hay, además, una *m. de sólo lectura* (ROM), no modificable por el usuario, que contiene la información básica para el funcionamiento de la computadora. La m. central se divide en: *m. del sistema*, que contiene el sistema operativo; *m. del usuario*, que es el espacio reservado para albergar los programas y los datos; *m. óptica*, basada en el efecto producido por un rayo láser enfocado sobre un material fotosensible.

MEMORIAL m. Libro de notas. ◊ Escrito en que se solicita un favor, alegando los méritos o motivos. ◊ Boletín o publicación oficial de algunas colectividades. ❑ MEMORIALESCO, CA; MEMORIALISTA.

MEMORIZAR tr. Fijar en la memoria alguna cosa, aprender de memoria. ❑ MEMORIZACIÓN.

MEMPHIS C. de EE UU, en el est. de Tennessee; 646 400 hab. Centro comercial e industrial.

MENA f. Mineral metalífero tal como se extrae del criadero, y del que puede obtenerse económicamente un metal.

MENA, *Juan de* (1411-1456) Poeta esp. Cultivó la poesía trovadoresca tradicional y también la influencia it. y clásica. *El Laberinto de la Fortuna* o *Las Trescientas.* ◊ *Pedro de* (1628-1688) Escultor esp. Sus estatuas denotan un misticismo extremo. *La Magdalena,* museo de Valladolid.

MÉNADE f. Bacantes, mujeres que acompañaban a Baco y bailaban desenfrenadamente.

MENAJE m. Conjunto de muebles, utensilios y ropas de una casa. ◊ Material pedagógico de una escuela.

MENANDRO (343-292 a. C.) Comediógrafo gr., de la llamada «comedia nueva». Primero en dar a la comedia una intención moralizante. *La cabellera cortada, El campesino.*

MENARQUÍA f. Primera menstruación de la mujer; ocurre entre los 12 a 15 años.

MENCHEVIQUE adj. y s. Díc. de los miembros del partido socialdemócrata ruso que quedaron en minoría en el II

Rigoberta **Menchú**

Congreso, celebrado en Londres (1903). Se opusieron a los bolcheviques al inicio de la rev. rusa.

MENCHÚ, *Rigoberta* (n. 1959) Activa defensora guat. de los derechos humanos. Destacó por poner en evidencia las penurias de los indígenas en su autobiografía *Yo, Rigoberta* (1983). Premio Nobel de la Paz (1992).

MENCIO (h. 372-289 a. C.) Pensador chino. Fue el seguidor más imp. de las doctrinas confucianistas.

MENCIÓN f. Recuerdo o memoria que se hace de una persona o cosa, nombrándola, contándola o refiriéndola. ◊ **honorífica.** Distinción de menos importancia que el premio y el accésit. ❑ MENCIONAR.

MENDACIDAD f. Hábito o costumbre de mentir. ◊ Mentira descarada. ❑ MENDAZ.

MENDEL, *Johann Gregor* (1822-1884) Biólogo aust. Fue el primero en explicar de un modo racional las leyes que rigen la herencia de los caracteres genéticos. ❑ MENDELISMO.

MENDELÉIEV, *Dmitri Ivanovich* (1834-1907) Químico ruso. Autor de la

La Magdalena, talla policromada de Pedro de **Mena.** (Museo Nacional de Escultura, Valladolid, España)

clasificación periódica de los elementos químicos.

MENDELEVIO m. *Quím.* Elemento artificial de símb. Md, n. a. 101 y p. a. del isótopo más estable 256. Pertenece a la serie de los actínidos, o transuránidos. Obtenido en 1955 por Seaborg.

MENDELSSOHN, *Felix* (1809-1847) Compositor al. Clásico por temperamento y formación, sufrió la influencia del romanticismo. *Sueño de una noche de verano,* oratorios *Paulus y Elías.*

MENDES, *Murillo Monteiro* (1901-1975) Poeta bras. *Historia do Brasil, Tempo espanhol, Tempo e eternidade, Poliedro.*

MENDÈS, *Catulle* (1841-1909) Escritor fr. Fundador de la *Revue fantaisiste. La leyenda del Parnaso contemporáneo.*

MENDÈS-FRANCE, *Pierre* (1907-1982) Político fr. En 1954 formó gabinete. Propugnó la retirada de Indochina.

MÉNDEZ, *Aparicio* (1904-1988) Político ur. Presid. de la Rep. (1976-1981). ◊ *Julio* (1858-1947) Médico arg., descubridor de la llamada «vacuna argentina» contra el carbunco. ◊ **Montenegro, *Julio César*** (1915-1996) Político guat. Presid. de la Rep. (1966-1970). ◊ **Núñez, *Casto*** (1824-1869) Marino esp. En 1866 libró el combate de Abtao contra la escuadra chilenoperuana y bombardeó Valparaíso y El Callao.

MENDICANTE adj. y s. Que mendiga. ◊ Díc. de las órdenes religiosas cuyos miembros tienen instituido vivir de limosna.

MENDIGAR tr. y intr. Pedir limosna de puerta en puerta. ◊ tr. fig. Solicitar el favor de uno humillándose. ❑ MENDICACIÓN; MENDICIDAD; MENDIGANTA MENDIGO, GA; MENDIGUEZ.

MENDIZÁBAL, *Juan Álvarez* (1790-1853) Político y financiero esp. A la muerte de Fernando VII ocupó la cartera de Hacienda y después la presidencia del Consejo, desde donde llevó a cabo su política desamortizadora

MENDOZA Prov. de Argentina, entre junto a Chile y los Andes; 148 827 km² 1 579 651 hab. Cap., la c. hom. La prov comprende la zona más elevada de los Andes (Aconcagua, 6 959 m). Cultivo de la vid. Uranio, petróleo, hierro y plomo. Ind. vinícola, química y conservera. ◊ C. de Argentina, cap. de la prov hom., en el O del país; 110 993 hab. ❑ MENDOZINO, NA.

MENDOZA, *Alonso de* (s. XIV) Militar esp. Participó en la conquista de Perú Fundador de Nuestra Señora de la Paz ◊ *Antonio de* (h. 1490-1552) Administrador colonial esp. Primer virrey de Nueva España (1535). ◊ *Cristóbal* (1772-1829) Político independentista grancolombiano. Primer presid. del país. ◊ *Hurtado de* ⇒ Hurtado de Mendoza. ◊ *Jaime* (1874-1939) Escritor bol En las tierras del Potosí, Páginas bárbaras ◊ *Pedro de* (h. 1487-1537) Conquistador esp. En 1536 fundó la primera c. de Buenos Aires.

MENDRUGO m. Pedazo de pan duro o desechado. ◊ m. y adj. fig. Rudo, zoquete.

MENEAR tr. y prnl. Mover una cosa de una parte a otra. ◊ tr. fig. Manejar dirigir una dependencia o negocio. ◊ prnl. fig. y fam. Hacer con prontitud y diligencia una cosa, o andar deprisa. ◊ fam. Masturbarse el hombre. ❑ MENEADOR; MENEO.

MENELAO En la leyenda gr., hijo de Atreo y hermano menor de Agamenón. Paris raptó a su esposa, Helena, lo que motivó la guerra de Troya.

MENELIK II (1844-1913) Negus de Etiopía [1889-1909]. Venció a los it. en Adua e impuso la paz de Addis-Abeba (1896).

MENEM, *Carlos Saúl* (n. 1930) Abogado y político arg. Militante desde joven del Partido Justicialista (peronista). Venció en las elecciones presidenciales de 1989 y fue reelegido en 1995, ocupando el cargo hasta 1999.

Carlos Saúl **Menem**

MENÉNDEZ, *Francisco* (1830-1890) Militar y político salv. Presid. de la Rep. (1887-1890). ◊ ***Manuel*** (1793-1847) Político per. Presid. de la Rep. (1841-1842 y 1844-1845). ◊ **De Avilés, *Pedro*** (1519-1574) Marino esp. Adelantado y capitán general de la Florida (1565). Gobernador de Cuba (1567). ◊ **Pidal, *Ramón*** (1869-1968) Historiador y filólogo esp. Estudió la lengua y literatura medievales; director de la Real Academia. *La leyenda de los Infantes de Lara. El padre Las Casas y Vitoria.* ◊ **Y Pelayo, *Marcelino*** (1856-1912) Polígrafo esp. *Historia de los heterodoxos españoles* e *Historia de las ideas estéticas en España.*

MENES (h. 3500 a. C.) Según la leyenda, primer faraón de la I dinastía de Egipto y fundador de Menfis.

MENESTER m. Falta o necesidad de una cosa. ◊ pl. Necesidades fisiológicas. ❑ MENESTEROSO, SA.

MENESTRA f. Guisado compuesto con diferentes hortalizas y trozos pequeños de carne o jamón.

MENESTRAL, LA m. y f. Artesano. ❑ MENESTRALERÍA; MENESTRALÍA.

MENFIS C. egipcia, sit. en el delta del Nilo. Fundada por el faraón Narmer (o Menes) en el año 3 200 a. C., en ella se encuentran las pirámides de Cheops, Kefrén y Micerino, en Gizeh.

MENGALA f. *Amér. Centr.* Mujer de pueblo, soltera y joven, gralte. sirvienta.

MENGANO, NA m. y f. Voz que se usa en la misma acepción que *fulano* y *zutano*, pero siempre después del primero, y antes o después del segundo.

MENGHISTU Hailé Mariam (n. 1939) Político y militar etíope. Jefe de estado (1977-1991).

MENGS, *Anton Raphael* (1728-1779) Pintor al. Carlos III le nombró pintor de Corte.

MENGUADO, DA adj. y s. Cobarde, pusilánime. ◊ Tonto, falto de juicio. ◊ Miserable, mezquino. ◊ m. Cada uno de los puntos que van embebiéndose al hacer media, reduciendo cada dos a uno.

MENGUANTE adj. Que mengua. ◊ f. Mengua y escasez que padecen los ríos o arroyos por el calor o sequedad. ◊ Descenso del agua del mar por efecto de la marea.

MENGUAR intr. Disminuirse o irse consumiendo física o moralmente una cosa; decaer del estado que antes tenía. ◊ Hacer los menguados en las medias o calcetas. ◊ Hablando de la Luna, disminuir la parte iluminada del astro, visible desde la Tierra. ◊ tr. Disminuir, amenguar. ❑ MENGUAMIENTO.

MENHIR m. Monumento megalítico formado por una gran piedra clavada verticalmente en el suelo. Los m. fueron erigidos en época neolítica y a comienzos de la Edad del Bronce.

MENINGE f. *Anat.* Cada una de las cubiertas membranosas que recubren el encéfalo y la médula espinal. Son tres, de fuera adentro: duramadre, aracnoides y piamadre. ❑ MENÍNGEO, A.

MENINGITIS f. *Pat.* Inflamación de las meninges. Causada por agentes bacterianos, víricos o protozoarios, sus síntomas son fiebre, vómitos, convulsiones, rigidez de la nuca, etc. ❑ MENINGÍTICO, CA.

MENINO, NA m. y f. Joven, especialmente muchacha, que desde niño entraba en palacio a servir a la reina o a los príncipes.

MENISCO m. *Ópt.* Lente cóncava por una cara y convexa por la otra. ◊ *Fís.* Superficie libre, cóncava o convexa, del líquido contenido en un tubo estrecho. ◊ *Anat.* Órgano fibrocartilaginoso de ciertas articulaciones y especialmente de la rodilla.

MENNO Simonsz (1496-1561) Jefe religioso hol. fundador del grupo menonita. Rompió con la iglesia rom. y se unió a la rama más conservadora del anabaptismo. ❑ MENONITA.

MENOPAUSIA f. Conjunto de fenómenos de involución senil de los organismos femeninos, que se manifiesta por el cese final de las menstruaciones y la incapacidad para la vida sexual fecunda. ❑ MENOPÁUSICO, CA.

MENOR adj. comp. de pequeño. Más pequeño en cualquier aspecto material. ◊ adj. y s. Menor de edad. ◊ adj. y f. *Lóg.* Segunda proposición de un silogismo. ◊ m. Religioso de la orden de San Francisco. ◊ **que.** Signo matemático (<) que se coloca entre dos cantidades para indicar que la primera es m. que la segunda.

MENORCA Isla esp. del arch. balear, la segunda en superficie y pob.; 689 km², 71 524 hab. Cap., Mahón. Terreno llano y costas altas y recortadas al N, y bajas y arenosas al S. Turismo.

MENORÍA f. Inferioridad y subordinación con que uno está sujeto a otro, y en grado inferior a él. ◊ La edad del hijo de familia o del pupilo en que no puede aún disponer de sí y de su hacienda. ◊ fig. Tiempo de la menor edad de una persona.

MENORQUÍN, NA adj. y s. De Menorca. ◊ m. *Ling.* Variedad del cat. hablado en Menorca.

Menhires en Carnac, Bretaña francesa

MENOS adv. comp. con que se denota la idea de falta, disminución, restricción o inferioridad en comparación expresa o sobreentendida. Se une al nombre, al adj., al verbo, a otros adv. y a modos adverbiales, y cuando la comparación es expresa, se utiliza con la conj. *que.* También se construye con el art. determinado. ◊ Denota a veces limitación indeterminada de cantidad expresa. ◊ Denota así mismo idea opuesta a la de preferencia. ◊ m. Signo matemático de sustracción o resta, que se representa por una rayita horizontal (–). Antepuesto a un núm. real, indica que éste es negativo. ◊ adv. modo. Excepto, a excepción de.

MENOSCABAR tr. y prnl. Disminuir las cosas, quitándoles una parte; acortarlas, reducirlas a menos. ◊ tr. fig. Deteriorar y deslustrar una cosa. ❑ MENOSCABO.

MENOSPRECIAR tr. Tener una cosa o a una persona en menos de lo que merece. ◊ Despreciar, desdeñar. ❑ MENOSPRECIATIVO, VA; MENOSPRECIO.

MENOTTI, *Gian Carlo* (n. 1911) Compositor it., establecido en EE UU. Es conocido por sus óperas: *La médium* y *El cónsul.*

MENSAJE m. Recado de palabra que envía una persona a otra. ◊ Comunicación escrita de carácter político social, que una colectividad dirige al monarca o a elevados dignatarios. ❑ MENSAJERO, RA.

MENSAJERÍA f. Carruaje que para servicio público hacía viajes periódicos a puntos determinados. ◊ Empresa o sociedad que tenía establecido este servicio.

MENSO, SA adj. y s. *Méx.* Tonto, pesado, bobo.

MENSTRUACIÓN f. *Fisiol.* Fenómeno periódico (en la mujer 28 días) propio del sexo femenino, que consiste en la expulsión del óvulo no fecundado (salvo en las primeras m., en que no hay ovulación) y de toda su zona de anidamiento uterina, y en una hemorragia producida por la rotura de capilares de la mucosa. ❑ MENSTRUAL; MENSTRUAR; MENSTRUO TRUA.

MENSÚ m. *Argent.* Obrero asalariado.

MENSUAL adj. Que sucede cada mes. ◊ Que dura un mes. ❑ MENSUALIDAD.

MÉNSULA f. Adorno arquitectónico que sobresale de la fachada de una pared.

Hojas de **menta** común

MENSURA f. Medida. ❑ MENSURABLE; MENSURABILIDAD; MENSURACIÓN; MENSURAR.

MENTA f. Planta herbácea vellosa, con flores blancas, rosadas o violáceas y olor fuerte característico. Se emplea como antiespasmódica y estimulante.

MENTALIDAD f. Capacidad, actividad mental. ◊ Conjunto de representaciones, estructuras y hábitos mentales dominantes en un individuo o en un grupo social.

MENTANO m. *Quím.* Hidrocarburo saturado cuya cadena se encuentra en la mayor parte de los terpenos monocíclicos.

MENTAR tr. Nombrar o mencionar una cosa. ❑ MENTADO, DA.

MENTE Terminación que se añade al femenino de un adj. para formar un adv. del mismo significado que aquél. ◊ f. Término que puede definirse como el comportamiento racional de adaptación al medio, asociado al sistema nervioso central. ◊ Intención, propósito, voluntad. ❑ MENTAL.

MENTECATO, TA adj. y s. Tonto, bobo. ◊ De escaso juicio y entendimiento. ❑ MENTECATADA O MENTECATERÍA; MENTECATEZ.

MENTIDERO m. fam. Sitio donde se reúne alguna gente para conversar y criticar.

MENTIR intr. Decir o manifestar lo contrario de lo que se sabe, cree o piensa. ◊ tr. Faltar a lo prometido.

MENTIRA f. Expresión o manifestación contraria a lo que se sabe, cree o piensa. ◊ Errata en escritos o impresos. ◊ *Argent.* y *Chile.* Crujido de los nudillos de la mano. ❑ MENTIDO, DA; MENTIROSO, SA.

MENTÍS m. Voz injuriosa con que se desmiente a una persona. ◊ Hecho o demostración que contradice categóricamente un aserto.

MENTOL m. Sustancia cristalina incolora, de olor y sabor muy fuertes, y de poder antiséptico, constituyente pral. de la esencia de menta (mastranzo). ❑ MENTOLADO, DA.

MENTÓN m. Barbilla o prominencia de la mandíbula inferior.

MENTOR m. fig. Consejero o guía de otro. ◊ fig. El que sirve de ayo.

MENÚ m. Minuta, lista de una comida. ◊ *Comp.* Lista de opciones que un programa ofrece al usuario.

MENUCO m. *Chile.* Pantano.

MENUDEAR tr. e intr. Ocurrir algo con frecuencia. ◊ Contar o escribir algo de poca importancia. ◊ *Col.* Vender al por menor. ◊ intr. *Amér.* Abundar. ◊ *Amér.* Crecer en número. ◊ *Pan.* Cantar continuamente los gallos a la madrugada. ❑ MENUDEO.

MENUDENCIA f. Pequeñez de una cosa. ◊ Cosa de poco aprecio y estimación. ◊ pl. Partes pequeñas que quedan de las canales del tocino después de destrozadas.

MENUDILLO m. En los cuadrúpedos, articulación entre la caña y la cuartilla. ◊ pl. Entrañas de las aves.

MENUDO, DA adj. Pequeño, chico. ◊ Despreciable, de poca importancia. ◊ Aplícase al dinero en monedas pequeñas. ◊ Exacto y que con gran cuidado examina y reconoce las cosas. ◊ m. pl. Vientre, manos y sangre de las reses que se matan. ◊ En las aves, pescuezo, alones, pies, intestinos, higadillo, molleja, madrecilla, etc. ❑ MENUDERO, RA.

MENUHIN, *Yehudi* (1916-1999) Instrumentista norteam. de origen ruso, célebre virtuoso del violín.

MEÑIQUE adj. y m. Díc. del dedo más pequeño de la mano. ◊ fam. Muy pequeño.

MEOLLO m. Seso, masa nerviosa de la cavidad del cráneo. ◊ Médula. ◊ fig. Sustancia o lo más pral. de una cosa. ◊ fig. Inteligencia. ❑ MEOLLUDO, DA.

MEÓN, NA adj. y s. Que mea mucho o frecuentemente. ◊ m. y f. fam. Niño, especialmente el recién nacido.

MEQUETREFE m. fam. Persona entrometida y de poca formalidad.

MERA, *Juan León* (1832-1894) Escritor y político ecuat. Autor de la letra del himno nacional de su país y de la novela romántica *Cumandá.*

MERCACHIFLE m. Buhonero. ◊ despect. Mercader de poca importancia.

MERCADEAR intr. Hacer trato y comercio de mercancías. ❑ MERCANTIL.

MERCADER m. Comerciante. ❑ MERCADERIL.

MERCADERÍA f. Mercancía.

MERCADILLO m. fam. Recinto donde hay varias tiendas dedicadas especialmente a la juventud, en las que abundan las secciones de ropa.

MERCADO m. Lugar donde se venden y compran mercancías. ◊ Contratación pública de las mismas. ◊ Sitio

Yehudi **Menuhin**

público destinado permanentemente, o en días señalados, para vender, comprar o permutar géneros o mercancías. ◊ Concurrencia de gente en un mercado. ◊ *Econ.* Encuentro de las ofertas y las demandas individuales que determinan el precio de una mercancía. ◊ **financiero.** El de capitales a largo plazo. ◊ **negro.** Tráfico clandestino de mercancías a precios distintos de los legales.

MERCADO Común Centroamericano (*MCCA*) Entidad creada en 1960, y ratificada en 1963, con vistas a la integración económica de la zona. Son miembros: Costa Rica, El Salvador, Guatemala, Honduras y Nicaragua. ◊ **Común Europeo** ⇨ Unión Europea.

MERCADO Jarrín, *Luis Edgardo* (n. 1919) Militar y político per. Primer ministro y ministro de Guerra (1973-1975).

MERCAL m. Metical, ant. moneda. ◊ *Amér.* Tequila.

MERCALITA f. *Miner.* Sulfato ácido de potasio, que cristaliza en el sistema rómbico; incoloro o azulado.

MERCANCÍA f. Trato de vender y comprar, comerciando en géneros. ◊ Todo género vendible. ◊ Cosa que se hace objeto de trato o venta.

MERCANTE adj. Que merca. ◊ Mercantil. ◊ m. Mercader.

MERCANTILISMO m. Espíritu mercantil. ◊ Sistema económico, vigente en los ss. XVII y XVIII, que atiende en primer término al desarrollo del comercio, pralm. al de export., con intervención del Est., y que considera la posesión de metales preciosos como signo de riqueza. ❑ MERCANTILISTA.

MERCAR tr. y prnl. Comprar.

MERCATOR, *Gerhardus*, latinización de *Gerhard Kremer* (1512-1594) Cartógrafo flam. Su aportación más imp. fue un mapa para navegantes, realizado mediante una proyección cilíndrica.

MERCÉ, *Antonia* ⇨ Argentina, La.

MERCED f. Cosa, honor, perdón, etc., concedidos a alguien por un soberano. ◊ Cualquier beneficio gracioso que se hace a uno. ◊ Voluntad o arbitrio de uno. ◊ Tratamiento o título de cortesía. ◊ Orden religiosa y militar fundada por san Pedro Nolasco, cuyo pral. objeto era redimir cautivos. ❑ MERCEDARIO, RIA.

MERCEDARIO, *cerro* Cumbre de los Andes arg., prov. de San Juan; 6 769 m.

MERCEDES C. de Argentina, en la prov. de Buenos Aires; 41 500 hab. Centro metalúrgico. ◊ C. de Argentina, en la prov. de San Luis; 51 000 hab. Centro agrícola y ganadero. ◊ C. de Uruguay, cap. del dpto. de Soriano; 43 032 hab. Centro comercial agropecuario.

MERCENARIO, RIA adj. y s. Aplícase a la tropa que sirve en la guerra a un gobierno extranjero por una retribución. ◊ Asalariado.

MERCERÍA f. Comercio de artículos para costura. ◊ Conjunto de artículos de esta clase. ◊ *Chile.* Tienda en que se venden objetos de hierro.

MERCERIZACIÓN f. Tratamiento que consiste en impregnar los hilos y tejidos de algodón con una solución de sosa cáustica para que adquieran mayor brillo, resistencia y compactabilidad.

MERCKX, *Eddy* (n. 1945) Ciclista belga. Uno de los mejores de todos los tiempos. Ganador de cinco *Tour* de Francia, entre otras pruebas importantes.

MERCOSUR (Mercado Común del Sur) Mercado común sudamericano fundado en 1991 por Argentina, Brasil, Paraguay y Uruguay, que entró en vigor en 1995. Son miembros asociados: Bolivia, Chile, Perú, Colombia, Ecuador y Venezuela.

MERCURIAL adj. Relativo al dios mitológico o al planeta Mercurio. ◊ Relativo al mercurio. ◊ f. *Bot.* Planta de flores verdosas, cuyo zumo se ha empleado como purgante.

MERCURIO m. *Quím.* Elemento de símb. Hg, n. a. 80 y p. a. 200,61. Único metal líquido a temperatura ordinaria, su densidad es 13,546 g cm³. Su mena típica es el cinabrio. Por su inactividad general y reducida presión de vapor, se emplea en bombas de vacío y como líquido termométrico y barométrico. Sus amalgamas se emplean en odontología y metalurgia. ❑ MERCÚRICO, CA.

MERCURIO Dios del comercio en la ant. religión rom. Correspondiente al gr. Hermes.

MERCURIO Planeta del sistema solar. Dista del Sol 58·10⁶ km, con un periodo sidéreo de 88 días y 58,7 días el de rotación. Su diámetro es de 4 878 km y la temperatura oscila entre –70 °C y 350 °C.

MERCURY *Astron.* Serie de cuatro cápsulas espaciales norteam., de vuelo orbital. El primer vuelo tuvo lugar en febrero de 1962 (*Friendship 7*, tripulada por Glenn) y el último en 1963.

MERECER tr. Hacerse uno digno de premio o de castigo. ◊ Lograr, conseguir. ◊ Tener cierto grado o estimación una cosa. ◊ intr. Hacer méritos, ser digno de premio. ❑ MERECEDOR, RA; MERECIMIENTO.

MERECIDO m. Castigo de que se juzga digno a uno.

MERENDAR intr. Tomar la merienda. ◊ prnl. fig. y fam. Vencer o dominar a otro en una pelea o competición.

MERENDERO m. Sitio en que se merienda.

MERENDOLA f. Merienda espléndida y abundante.

MERENGUE m. Dulce de claras de huevo y azúcar. ◊ fig. *Chile* y *Col.* Persona de complexión delicada. ◊ *Argent., Par.* y *Ur.* Lío, desorden, trifulca. ◊ *Amér. Centr.* Danza popular.

MERETRIZ f. Ramera. ❑ MERETRICIO, CIA.

MERGUI (*Myeik Kyunzu*) Arch. de Myanma en el mar de Andamán (200 islas).

MÉRGULO m. Ave caradriforme de pequeño tamaño. Presenta plumaje negro en el dorso y blanco en el vientre.

MÉRIDA Est. del O de Venezuela; 11 300 km², 615 503 hab. Cap., la c. hom. El relieve está compuesto por el sector central de la cord. de Mérida, la sierra de la Culata y la sierra Nevada de Mérida. R. Chama y Negro. Explotación forestal. Plátanos, café, cacao y productos tropicales. Esmeraldas, mica y petróleo. ◊ C. de Venezuela, cap. del est. hom., junto al r. Chama; 197 500 hab. Centro comercial. Ind. alimentarias; refinería de azúcar, muebles, manufacturas de tabaco. ◊ *Cordillera de* Sist. orográfico de Venezuela, llamado también *Andes Venezolanos*. Tiene una long. de 450 km. y su alt. máx. es el pico Bolívar (5 007 m).

MÉRIDA C. de México, cap. del est. de Yucatán; 705 055 hab. Centro comercial

Fachada de la iglesia de la Ermita, en **Mérida** (México)

de productos agríc. Ind. textil, harinera, azucarera. Catedral del s. XVI.

MÉRIDA C. de España, cap. de la com. autón. de Extremadura; 50 271 hab. sit. en la prov. de Badajoz. Centro agrícola. Fundada hacia el 25 a. C. por Augusto con el nombre de *Emerita Augusta*, conserva numerosos restos monumentales de época rom.

MERIDIANO, NA adj. Relativo a la hora del mediodía. ◊ fig. Clarísimo, muy luminoso. ◊ adj. y s. *Geog.* Díc. de la línea que es el lugar geométrico de los puntos de una superficie que tiene igual long. (geográfica o celeste). ◊ *Geom.* Para una superficie de revolución, díc. de la sección que pasa por un eje de simetría. ◊ **astronómico de un punto.** Plano que contiene la vertical del punto y que es paralelo al eje de rotación de la Tierra. ◊ **cero.** El que convencionalmente se toma como origen para contar la long. de cada punto de la Tierra. ◊ **magnético de un punto.** Circunferencia máx. del globo terrestre, que pasa por el punto y por los polos magnéticos. ◊ **terrestre o geográfico.** Intersección del m. astronómico con la superficie terrestre. ◊ **Primer m.** Meridiano cero. ◊ **Hora m.** La del mediodía.

MERIDIONAL adj. Relativo al sur o mediodía.

MERIENDA f. Comida ligera que se hace por la tarde antes de la cena. ◊ En algunas partes, comida que se toma al mediodía. ◊ **de negros.** fig. y fam. Confusión y desorden.

MÉRIMÉE, Prosper (1803-1870) Escritor fr. En su obra alternan elementos románticos y realistas. *Carmen.*

MERINO, NA adj. y s. Díc. de ciertos carneros y ovejas de lana fina, corta y rizada. ◊ m. Juez designado por el rey en un territorio en donde tenía jurisdicción amplia. ◊ El que cuida del ganado o de sus pastos. ❑ MERINDAD.

MERINO, Jerónimo, llamado EL CURA MERINO (1779-1844) Sacerdote y guerrillero esp. Durante la guerra de la Independencia hostilizó continuamente al ejército fr.

MERIÑO, Fernando Arturo (1833-1906) Prelado y político dom. Presid. de la rep. de 1880 a 1882.

MERISTEMA m. Tejido vegetal formado por células embrionarias, que se

localiza en las partes de crecimiento de la planta.

MÉRITO m. Circunstancia, cualidad o acción por la que alguien merece cierta cosa deseable. ◊ Valor de las cosas debido al trabajo o habilidad puestos en ellas. ❑ MERITORIO, RIA.

MERLA f. Mirlo, pájaro.

MERLÁCHICO, CÁ adj. *Méx.* Pálido, enfermo.

MERLANGO m. Pescadilla.

MERLEAU-PONTY, Maurice (1908-1961) Filósofo fr. Sus primeras obras (*Estructuras del comportamiento*) revelan la influencia de Sartre.

MERLÍN Mago y profeta legendario que aparece en los libros de caballerías del ciclo bretón.

MERLO m. Zorral marino, pez. ◊ *Argent.* Tonto.

MERLO C. de Argentina, en la prov. de Buenos Aires; 292 600 hab.

MERLUZA f. *Zool.* Pez gadiforme de hasta 1,20 m de largo, que vive en aguas templadas del Atlántico y el Mediterráneo; posee grandes aletas dorsal y anal. Su carne es muy apreciada. ◊ fig. y fam. Borrachera.

MERMAR intr. y prnl. Bajar o disminuir una cosa o una parte. ◊ tr. Quitar a uno parte de cierta cantidad que le corresponde. ❑ MERMA.

MERMELADA f. Conserva de frutas con miel o azúcar.

MERO, RA adj. Puro, simple y que no tiene mezcla de otra cosa. ◊ Insignificante, sin importancia. ◊ *Méx.* y *Hond.* Mismo. ◊ *Méx.* y *Hond.* Principal o verdadero. ◊ *Méx.* Exacto, puntual. ◊ m. *Zool.* Pez perciforme marino de gran tamaño y peso (hasta 60 kg), que vive en las aguas templadas. Su coloración es pardusca, con manchas blancas, y su carne muy apreciada.

MERODEAR intr. Vagar por el campo viviendo de lo que se coge o roba. ◊ fig. Vagar por las inmediaciones de algún lugar. ❑ MERODEADOR, RA; MERODEO.

MEROVINGIO, GIA adj. y s. Relativo a la dinastía de los primeros reyes de Francia. ◊ m. pl. Esa dinastía. □ *Hist.* Instaurada por Meroveo, surgió entre los francos salios en el s. V. La dinastía fue apartada del trono al ser destronado Childerico III en 751 por Pepino el Breve.

MERQUÉN m. *Chile.* Ají con sal para condimentar la comida en los viajes.

Bautismo del rey **merovingio** Clodoveo en una miniatura de *Las grandes crónicas de Francia*

MERSIN C. del S de Turquía; 314 100 hab. Ind. textil. Puerto exportador.

MERTON C. de Gran Bretaña, en Inglaterra; 165 400 hab. Forma parte del Gran Londres.

MERU Volcán apagado en el NE de Tanzania; 4 565 m.

MES m. Cada una de las doce partes en que se divide el año. ◊ Número de días consecutivos desde uno señalado hasta otro de igual fecha en el mes siguiente. ◊ Menstruo de las mujeres.

MESA f. Mueble que se compone de una tabla lisa sostenida por uno o varios pies, y que sirve para comer, escribir, jugar u otros usos. ◊ En las asambleas políticas y otras corporaciones, conjunto de las personas que las dirigen. ◊ En las secretarías y oficinas, conjunto de negocios que pertenecen a un oficial. ◊ Terreno elevado y llano, de gran extensión, rodeado de valles o barrancos. ◊ Meseta de una escalera. ◊ Plano pral. del labrado de las piedras preciosas. ◊ Cualquiera de los planos que tienen las hojas de las armas blancas. ◊ Partida del juego de trucos o billar. ◊ **camilla.** La que tiene bastidores y tarima para poner el brasero. ◊ **de noche.** Mueble pequeño que se coloca al lado de la cama, para los servicios necesarios.

MESA Gisbert, Carlos (n. 1953) Historiador, periodista y polít. boliviano. En octubre de 2003, siendo vicepresid. de la Rep., fue designado presid. de Bolivia tras la renuncia de Sánchez de Lozada. Dimitió en junio de 2005.

MESALINA, Valeria (h. 22-48) Tercera esposa del emp. rom. Claudio. Célebre por su crueldad y su vida libertina.

MESANA f. *Mar.* Mástil que está más a popa en el buque de tres palos. ◊ *Mar.* Vela que va contra este mástil envergada en un cangrejo.

MESAR tr. y prnl. Arrancar los cabellos o barbas con las manos. ❏ MESADURA.

MESCOLANZA f. fam. Mezcolanza.

MESENCÉFALO m. *Anat.* Porción intermedia del encéfalo de los vertebrados que constituye un centro de enlace de las neuronas que transportan informaciones visuales y auditivas.

MESÉNQUIMA m. *Biol.* Tejido conjuntivo de tipo embrionario, formado por células poco diferenciadas.

MESENTERIO m. Membrana que en muchos animales sostiene el intestino, al que tapiza y conecta con la pared del cuerpo. ❏ MESERAICO, CA; MESENTÉRICO, CA.

MESERO m. *Amér.* Camarero de café.

MESETA f. *Geog.* Llanura sit. a cierta alt. sobre el nivel del mar, profundamente recortada a intervalos, con laderas muy inclinadas o interrumpidas por escarpes verticales. ❏ MESETARIO, RIA; MESETEÑO, ÑA.

MESETA Central Española Unidad morfoestructural que constituye el núcleo central de la pen. Ibérica, que ocupa una superficie aprox. de 210 000 km². El sist. Central la divide en dos altiplanicies.

MESIA Ant. prov. rom. al S del Danubio, habitada por los mesios, pueblo de origen tracio.

MESÍAS m. fig. Persona real o imaginaria de la cual se espera que su intervención venga a solucionar los problemas. ❏ MESIANISMO.

MESÍAS n. p. m. El Hijo de Dios, Salvador y Rey, descendiente de David, prometido por los profetas al pueblo hebreo.

Mesoamérica. Templo del Sol de Palenque, México

MESILLA f. Mesa de noche. ◊ Meseta de escalera. ◊ Losa que se sienta en la parte superior de los antepechos de las ventanas y encima de las balaustradas.

MESINA C. de Italia, en el NE de Sicilia, cap. de la prov. hom.; 267 300 hab. Sit. en el estr. hom. Puerto. Ind. mecánicas, químicas, textiles. ◊ **Estrecho de** Brazo de mar entre Sicilia e Italia. Comunica el mar Tirreno con el Jónico. ❏ MESINÉS, SA.

MESMER, Franz Anton (1734-1815) Médico austr. establecido en París. Estableció unas teorías terapéuticas que alcanzaron gran predicamento durante el s. XIX.

MESMERISMO m. Doctrina del magnetismo animal expuesta por el austr. F. A. Mesmer. ❏ MESMERIANO, NA.

MESNADA f. Compañía de gente de armas que servía a un rey o caballero principal. ◊ fig. Congregación. ❏ MESNADERO.

MESOAMÉRICA Término utilizado para designar el terr. donde se desarrollaron culturas americanas precolombinas, como la maya y la azteca.
❏ *Geog.* En la actualidad M. ocuparía la región central, S y N de México, Guatemala, Belice, El Salvador, parte de Nicaragua y Costa Rica.
❏ *Hist.* Puede hablarse de M. tanto como un área de pugna entre diferentes culturas, como una zona montañosa de desarrollo histórico, con la agricultura como base de civilización. M. se divide en dos grandes bloques: las tierras altas y las bajas. La presión demográfica de las tierras altas les condujo a la formación de grandes Estados y centros urbanos, habitados por pueblos de habla náhuatl, de la familia uto-azteca, y otomí, con culturas internas como Teotihuacán, Tula o Tecnochtitlán. Las tierras bajas, unidas bajo el tronco lingüístico mayence, presentaron una gran variedad, con demografía débil y población dispersa. Las culturas desarrolladas en M. fueron la olmeca, tolteca, azteca y maya, siendo estas dos últimas las preeminentes en el momento de la conquista española.

MESOCARPIO m. *Bot.* Pared del fruto situada entre el exocarpo y el endocarpo.

MESOCEFALIA f. *Antr.* Forma del cráneo cuyo índice cefálico está comprendido entre los de la braquicefalia y la dolicocefalia. ❏ MESOCÉFALO, LA.

MESOCRACIA f. Forma de gobierno en la que predomina la clase media. ◊ fig. Burguesía. ❏ MESOCRÁTICO, CA.

MESODERMO m. Tercera hoja blastodérmica que origina los sist. muscular y óseo.

MESOLÍTICO, CA adj. *Prehist.* Relativo al periodo de transición que sucede al paleolítico. ◊ m. Dicho periodo.
❏ *Prehist.* El término se aplica a las facies culturales que utilizan instrumentos de piedra y de hueso, pero que manifiestan un proceso de cambio de una economía depredadora a otra con base productora.

MESÓN m. Establecimiento donde se da hospedaje y se sirven comidas. ◊ *Chile.* Mostrador de una cantina. ◊ *Fís.* Partícula secundaria de origen cósmico, con carga eléctrica unidad, positiva o negativa. Existen varios tipos: los π, de masa 273 veces mayor que la del electrón; los μ, 208 veces; y los K, 966 veces. ❏ MESONERO, RA.

MESONERO Romanos, Ramón de (1803-1882) Escritor esp. Retrató las costumbres del Madrid decimonónico. *Escenas matritenses, Memorias de un setentón.*

MESOPOTAMIA (Ard al-Jazira) Región del O de Asia que comprende la parte centrooriental de Irak y el SO de Irán, sit. entre los r. Tigris y Éufrates. El Tigris y el Éufrates, a partir de la confluencia, forman un amplio delta que progresa a un ritmo de 30 m por año.
❏ *Hist.* Sede de las culturas históricas más ant. conocidas. Al N del país, los arqueólogos distinguen unos periodos prehistóricos a los que llaman de Jarmo, Hassuna-Samarra y Halaf. En el s. XXV a. C. un semita, Sargón de Acad, unificó el país. Esta situación duró dos siglos, hasta la invasión de los guti. La expulsión de los guti fue obra de Utukhengal de Uruk, fundador de la tercera dinastía de Ur, que dio a los sumerios la última época de esplendor. En la época de Hammurabbi (h. 1720 a. C.) la primacía corresponde a Babilonia. Babilonia fue destruida en 1595 a. C., y del 1000 al 500 se desarrollaron las luchas contra los reyes asirios. La máx. gloria asiria corresponde al reinado de Assurbanipal (668-626), tras el cual se produce una irreversible decadencia.
❏ *Arte.* La escasez de piedra condicionó que se construyera en adobe. Los templos, de estructura semejante, se caracterizan por una alta torre (zigurat) escalonada según siete pisos. Entre los palacios más imp. sobresalen los de Mari, Assur y Nínive. El bajo relieve alcanzó en el periodo asirio una gran perfección.

MESOPOTAMIA Región del NE de Argentina, sit. entre los r. Uruguay y Paraná. Comprende las prov. de Misiones, Corrientes y Entre Ríos. Cereales. Ganado vacuno.

MESOPOTÁMICO, CA adj. y s. De Mesopotamia.

MESOSFERA f. Capa de la atmósfera terrestre comprendida entre la estratosfera y la ionosfera. En la capa superior, la absorción del ultravioleta solar por parte del vapor de agua produce OH.

MESOTÓRAX m. Parte media del pe-

...cho. ◊ Segmento medio del tórax de os insectos.

MESOTORIO m. *Quím.* Nombre dado a dos isótopos radiactivos de p. a. 228, uno del radio (n. a. 88) y otro del actinio (n. a. 89).

MESOZOICO, CA adj. y m. *Geol.* Díc. de la era geológica comprendida entre la primaria o paleozoica y la terciaria o cenozoica. Su duración aprox. fue de unos 160 millones de años. Se divide en tres periodos: triásico, jurásico y cretácico. Desde el punto de vista paleontológico, se caracteriza por la aparición de los mamíferos y de las aves. ◊ Relativo a esta era.

MESQUITE o **MEZQUITE** m. *Amér.* Árbol del que su zumo y extracto de sus hojas se usa en oftalmología.

MESSERSCHMITT, Wilhelm (1898-1978) Ingeniero aeronáutico al., creador del caza *Me 109* y del primer caza a reacción, el *Me 262* (1938), utilizados durante la II Guerra Mundial.

MESSIAEN, Olivier (1908-1992) Compositor fr. Su estética se sitúa al margen del dodecafonismo. *Cánones de las estrellas.*

MESTA n. p. f. Reunión de los dueños de ganados. ◊ Concejo de la M. ◊ pl. Aguas de dos o más corrientes en el punto en que confluyen.
☐ *Hist.* El *Honrado Concejo de la Mesta* es la organización que agrupó a los ganaderos de Castilla desde la Baja E. Med. hasta la primera mitad del s. XIX.
☐ MESTEÑO, ÑA.

MESTER de clerecía Término aplicado al conjunto de la poesía cast. culta de los ss. XIII y XIV. Destacan la obra de Gonzalo de Berceo y López de Ayala. ◊ **de juglaría.** Arte u oficio propio de los juglares medievales.

MESTIZAJE m. Hibridación de la especie humana, originada por el cruce entre las distintas razas existentes.

MESTIZO, ZA adj. y s. Díc. de la persona nacida de padres de distinta raza. ◊ *Biol.* Híbrido. ◊ m. *Chile* y *Col.* Acemita.

MESURA f. Gravedad y compostura en la actitud y el semblante. ◊ Reverencia, demostración exterior de sumisión y respeto. ◊ Moderación, comedimiento. ☐ MESURAR; MESURADO, DA.

META f. Término señalado a una carrera. ◊ fig. Fin a que se dirigen las acciones o deseos de una persona. ◊ En ciertos deportes, portería.

META prep. insep. Después. ◊ En otro lugar.

META Dpto. de Colombia, sit. en el centro-E del país, en la Orinoquia colombiana; 85 635 km², 743 597 hab. Cap., Villavicencio. Accidentada por la cordillera Oriental, y al E por una inmensa llanura. R. Meta y Guaviare. Arroz, maíz, yuca y plátanos. Ganadería. Carbón, sal y hierro. Ind. textil y alimentaria. ◊ R. de Colombia y Venezuela, afl. del Orinoco; 1 100 km. Nace en la cord. Oriental y desemboca entre puerto Páez y Puerto Carreño.

METABOLISMO m. *Biol.* Conjunto de reacciones químicas a que son sometidas las sustancias ingeridas o absorbidas por los seres vivos hasta que suministran energía o hasta que pasan a formar parte de la propia arquitectura estructural. ☐ METABÓLICO, CA.

METACARPO m. *Anat.* Conjunto de cinco huesos largos del esqueleto de la mano humana. ☐ METACARPIANO.

METACENTRO m. *Fís.* En los cuerpos flotantes, punto de intersección entre la vertical natural y la que pasa por el centro de empuje. ☐ METACÉNTRICO, CA.

METACRILATO m. *Quím.* Sal o éster del ácido metacrílico. P. ext., se da este nombre a los plásticos formados por polimerización de dichas sales.

METAFÍSICO, A adj. Relativo a la metafísica. ◊ fig. Oscuro y difícil de comprender. ◊ m. y f. El que profesa la metafísica. ◊ f. *Fil.* Estudio del ser en cuanto tal y de sus propiedades, principios y causas primarias.
☐ *Fil.* Como ciencia de los primeros principios y de las causas primeras del ser, la m. también ha recibido el nombre de filosofía primera. A lo largo de la historia de la filosofía, muchos autores han rechazado la posibilidad de todo conocimiento metafísico.

METÁFORA f. *Ling.* Tropo que consiste en trasladar el sentido recto de las voces en otro figurado, en virtud de una comparación tácita. ☐ METAFÓRICO, CA.

METAHEMOGLOBINA f. *Fisiol.* Hemoglobina de la sangre en la que los átomos de hierro están oxidados en forma trivalente y son capaces de combinarse con iones hidroxilos.

METAL m. *Quím.* Elemento o cuerpo simple que presenta características físicas y químicas particulares que dependen de su estructura atómica y su naturaleza. ◊ Azófar o latón. ◊ fig. Timbre de la voz. ◊ fig. Calidad o condición de una cosa. ◊ **blanco.** Aleación de color, brillo y dureza semejante a los de la plata, que ordinariamente se obtiene mezclando cobre, níquel y cinc. ◊ **precioso.** Oro, plata o platino. ☐ METALÍFERO, RA; METALISTERÍA.
☐ *Quím.* Las características físicas de los metales son: elevada resistencia mecánica; brillo denominado metálico; elevada conductividad eléctrica y calorífica; opacidad; ductilidad y maleabilidad; acritud. Son todos sólidos, excepto el Hg, que es líquido. La mayoría se combinan con el oxígeno para dar lugar a óxidos; con los ácidos forman sales. Los no metales no presentan ductilidad ni son maleables; son malos conductores del calor y la electricidad; sus óxidos tienen características ácidas; forman fácilmente compuesto con el H. La distinción entre m. y no m. es imprecisa, existen algunos elementos que participan de las propiedades metálicas y no metálicas, por lo que es preferible hablar de carácter metálico y carácter no metálico.

METALADO, DA adj. fig. Mezclado,

impuro. ◊ f. *Chile.* Cantidad de metal explotable contenido en una veta.

METALDEHÍDO m. *Quím.* Polímero del aldehído acético.

METALERO, RA adj. *Chile.* Aplícase a algunas cosas que tienen relación con los metales. ◊ m. Metalario.

METÁLICO, CA adj. De metal o relativo a él. ◊ Dinero en oro, plata u otro metal. ◊ Dinero en general.

METÁLICOS, montes (al., *Erzgebirge*; checo, *Krusné Hory*) Cordillera sit. en la frontera de Bohemia (Rep. checa) con Alemania (alt. máx., Klinovec, 1 244 m).

METALINGÜÍSTICA f. *Ling.* Estudio de las interrelaciones de la lengua y la cultura de una determinada sociedad.

METALIZAR tr. Hacer que un cuerpo adquiera propiedades metálicas. ◊ prnl. Convertirse una cosa en metal o impregnarse de él. ◊ fig. Interesarse desmesuradamente por el dinero. ☐ METALIZACIÓN.

METALÓGICA f. *Log.* Estudio de los lenguajes lógicos. Es un metalenguaje de la lógica.

METALOGRAFÍA f. Estudio de la estructura interna y las propiedades de los metales y de sus aleaciones.

METALOIDE m. *Quím.* Denominación ya en desuso que equivale a *no metal* (⇨ metal).

METALURGIA f. Conjunto de técnicas y procedimientos que tienen por objeto la producción comercial, preparación y tratamientos físicos o químicos de los metales y sus aleaciones. ☐ METALÚRGICO, CA.

METAMORFISMO m. *Geol.* Conjunto de procesos debidos a la acción de la presión y de la temperatura a través de los cuales las rocas sedimentarias o magmáticas son profundamente transformadas, dando lugar a nuevas rocas que tienen como prales. características peculiares la estructura cristalina y, gralte., textura esquistosa.

METAMORFOSEAR tr. y prnl. Transformar.

METAMORFOSIS f. Transformación de una cosa en otra. ◊ fig. Cambio radical en la fortuna, carácter o estado de una persona. ◊ *Zool.* Conjunto de transformaciones que sufren ciertos animales hasta que alcanzan la fase adulta.

METANO m. *Quím.* CH_4, gas incoloro, inodoro e insípido, casi insoluble en agua, que arde con llama poco luminosa y que con el aire forma mezclas explosivas (grisú). Se forma por fermentación anaerobia de la celulosa, en el fondo cenagoso de los pantanos (gas de los pantanos) y en las minas de carbón. Se utiliza como combustible y

Proceso completo de **metamorfosis** de la rana

como materia prima para la obtención de diversos productos.

METANOL m. *Quím.* Líquido incoloro, de olor agradable, muy venenoso. Es el alcohol más simple, CH_3OH. Se obtiene por destilación seca de la madera.

METAPLASMO m. En la gramática tradicional, nombre genérico de las figuras de dicción.

METAPSÍQUICA f. Conjunto de estudios concernientes a fenómenos de apariencia sobrenatural.

METASTASIO, *Pietro Bonaventura Trapassi,* llamado *il* (1698-1782) Poeta y dramaturgo it. *Dido abandonada, Semiramis, La clemencia de Tito.*

METÁSTASIS f. *Med.* Reproducción de una enfermedad en órganos distintos de aquel en que se presentó primero.

METATARSO m. *Anat.* Conjunto de cinco huesos del esqueleto del pie, entre el tarso y los dedos. ❑ METATARSIANO.

METÁTESIS f. Trastrueque de sonidos dentro de una palabra. ❑ METATIZAR.

METATONÍA f. *Fon.* Cambio de lugar en el acento de una palabra.

METATÓRAX m. *Zool.* Tercer segmento del tórax en los insectos, sit. entre el mesotórax y el abdomen.

METAXAS, Ioannis (1871-1941) Político y militar gr. Implantó una dictadura militar (1935-1941).

METAZOO adj. y m. *Zool.* Díc. de animales del subreino metazoos. ◊ m. pl. *Zool.* Subreino en el que se incluyen la mayor parte de los animales. Los m. poseen muchas células, a diferencia de los protozoos y de los mesozoos.

METECO adj. y s. En la ant. Grecia, extranjero residente que no gozaba de todos los derechos de ciudadanía. ◊ Extranjero o forastero. ◊ No natural.

METEDURA f. Metimiento, acción y efecto de meter. ◊ **de pata.** Equivocación, indiscreción.

METELÓN, NA adj. y s. fam. *Méx.* Entrometido.

METEMPSICOSIS f. Doctrina según la cual transmigran las almas después de la muerte a otros cuerpos más o menos perfectos, según los méritos alcanzados en la existencia anterior.

METEORISMO m. Abultamiento del vientre por gases acumulados en el tubo digestivo, pralm. en el intestino.

METEORITO m. *Astr.* Cuerpo sólido del sistema solar, de tamaño relativamente pequeño.

❑ *Astr.* Continuamente caen sobre la

Meteorito

Metopa en el Partenón de Atenas

Tierra gran núm. de m., la mayoría de los cuales se desintegran al atravesar la atmósfera; otros originan cráteres. Están constituidos por ferroníquel y silicatos.

METEORIZACIÓN f. *Geol.* Conjunto de cambios físicos y químicos producidos en las rocas y en los relieves de la superficie terrestre por acción de los agentes atmosféricos.

METEORIZAR tr. *Med.* Causar meteorismo. ◊ prnl. Recibir la tierra la influencia de los meteoros. ◊ *Med.* Padecer meteorismo.

METEORO m. Cualquiera de los fenómenos atmosféricos.

METEORÓGRAFO m. Instrumento para registrar los valores de los meteoros. ❑ METEÓRICO, CA.

METEOROLOGÍA f. Ciencia que estudia la atmósfera y los fenómenos producidos en ella y relacionados con el tiempo atmosférico, a fin de predecirlo y controlarlo. ❑ METEOROLÓGICO, CA; METEORÓLOGO, GA.

METER tr. y prnl. Introducir o incluir una cosa dentro de otra o en alguna parte. ◊ tr. Introducir algún género de contrabando. ◊ Ocasionar o causar miedo, ruido, etc. ◊ Inducir a uno a determinado fin. ◊ Embeber o encoger en las costuras de una prenda de ropa la tela que sobra. ◊ Engañar. ◊ Apretar las cosas de modo que en poco espacio quepa más de lo que ordinariamente cabría. ◊ prnl. Introducirse en una parte sin ser llamado. ◊ Dejarse llevar con pasión de una cosa. ◊ Seguir una profesión u oficio. ◊ Junto con nombres que significan profesión, oficio o estado, seguirlo. ◊ Con la prep. *a*, arrogarse alguna capacidad o facultades que no se tienen. ◊ ❑ METEDERO, RA; METIMIENTO.

METETE m. *Chile* y *Guat.* Metemuertos, entrometido.

METGE, Bernat (1350?-1413) Humanista y prosista cat. *Libro de fortuna y prudencia, Historia de Valter y Griselda, El sueño.*

METICHE adj. y *Méx.* Metomentodo.

METICULOSO, SA adj. y s. Medroso, temeroso, pusilánime. ◊ adj. Escrupuloso, concienzudo. ❑ METICULOSIDAD.

METIDO, DA adj. Abundante en algo. ◊ *Amér.* Entrometido.

METILENO m. *Quím.* Nombre que se

da al radical divalente $-CH_2-$, derivado del metano por supresión de los átomos de hidrógeno.

METILO m. *Quím.* Radical monovalente $(-CH_3)$ que se puede considerar derivado del metano por eliminación de un átomo de hidrógeno. Forma parte de muchos compuestos orgánicos. ❑ METÍLICO, CA.

METLAPIL m. *Méx.* Cilindro o rodillo con que se muele el maíz en el metate.

METODISMO m. *Rel.* Doctrina de una secta de protestantes que afecta gran rigidez de principios. El m. lo iniciaron los hermanos John y Charles Wesley y Georges Whitefield con el deseo de renovar el anglicanismo. ❑ METODISTA.

MÉTODO m. Procedimiento para alcanzar un determinado fin. ◊ En pedagogía, sist. que se adopta para enseñar o educar. ◊ *Fil.* Procedimiento que se sigue en las ciencias para hallar la verdad y enseñarla. ❑ METÓDICO, CA; METODIZAR.

METODOLOGÍA f. Ciencia del método. ◊ Conjunto de métodos que se siguen en una investigación científica o en una exposición doctrinal. ❑ METODOLÓGICO, CA.

METOMENTODO com. fam. Persona entrometida, que se mete en todo.

METONIMIA f. *Ling.* Tropo que consiste en designar una cosa con el nombre de otra tomando el efecto por la causa o viceversa, el autor por sus obras, el signo por la cosa significada, etc.

METOPA f. Espacio entre dos tríglifos en el friso dórico.

METRAJE m. Longitud de una película cinematográfica.

METRALLA f. Munición menuda de las piezas de artillería. ◊ Fragmentos en que se descompone un proyectil al estallar. ❑ METRALLAZO.

METRALLADORA f. *Amér. Centr.* Ametralladora.

METRALLETA f. Arma de fuego portátil de repetición.

METRAUCÁN m. *Chile.* Bazofia. ◊ *Chile.* Mezcolanza.

MÉTRICO, CA adj. Relativo al metro o al conjunto de medidas derivadas del mismo. ◊ Relativo al metro o medida del verso. ◊ **Sistema m.** Sistema de unidades de medida que se basa en el metro. ◊ f. *Lit.* Arte que trata de la medida de los versos, de sus clases y de las combinaciones que con ellos pueden formarse.

METRIFICAR tr. e intr. Versificar. ❑ METRIFICACIÓN.

METRO m. Verso con relación a la medida de cada especie de verso. ◊ *Fís.* Unidad fundamental de longitud. ◊ Instrumento de medida subdividido en cm. ◊ **cuadrado.** Unidad de medida de superficie. ◊ **cúbico.** Unidad de medida de volumen.

❑ *Fís.* Desde el 14 de octubre de 1960 el m. se define como 1 650 763,73 veces la longitud de onda en el vacío de la radiación 6 057,80221 A del átomo de criptón 86.

METROLOGÍA f. Ciencia que tiene por objeto el estudio de los sistemas de medida.

METRÓNOMO m. Aparato provisto de un péndulo que determina la frecuencia de oscilación. Se emplea en música para indicar la velocidad de interpretación de una obra.

METRÓPOLI f. Ciudad pral., cabeza de prov. o de Est. ◊ La nación, respecto a sus colonias.

METROPOLITANA de Santiago, *región* Región del centro de Chile; 15 480 km², 4 813 300 hab. Cap., Santiago. Agricultura y ganadería. Ind. alimentaria y textil. C. prales.: San Miguel, San Bernardo.

METROPOLITANO, NA adj. Relativo a la metrópoli. ◊ m. El arzobispo, respecto de los obispos sus sufragáneos. ◊ Tranvía o ferrocarril subterráneo o aéreo, utilizado como medio de transporte rápido de pasajeros.

METSYS, *Quentin* (h. 1466-1530) Pintor flam. Introdujo las novedades renacentistas italianas. *Linaje de Santa Ana, El cambista y su mujer.*

METTERNICH-WINNEBURG, *Klemens Lothar,* PRÍNCIPE DE (1773-1859) Estadista austr. En 1809 fue nombrado canciller. En el Congreso de Viena (1814-1815) intentó reorganizar Europa según los principios del Antiguo Régimen.

METZ C. de Francia, en Lorena, cap. del dpto. de Moselle; 114 200 hab. Centro comercial e industrial.

MEUBLÉ (voz fr.) m. Casa de citas.

MEUCCI, *Antonio* (1808-1896) Ingeniero it. Inventor del teléfono.

MeV Símb. de megaelectronvoltio: $1 \text{ MeV} = 10^6 \text{ eV}$.

MEXÍA, *Pero* (1499?-1551) Escritor esp. Cronista de Carlos I (*Historia del Emperador Carlos V*).

MEXICALI C. de México, cap. del est. de Baja California; 764 602 hab. Centro comercial. Ind. algodonera, química.

MEXICANISMO m. Palabra o exp. propia de México.

MEXICANO, NA adj. y s. De México. ◊ m. Lengua, de los ant. aztecas o mexicas.

MÉXICO (*Estados Unidos Mexicanos*) República federal sit. en el extremo meridional de América del N. Se extiende desde el océano Pacífico hasta el golfo de México.

☐ *Geog. física.* M. es un país de extraordinaria variedad física. Su territorio es más ancho en el N, en la frontera con EE UU. Del punto más noroccidental y hacia el SE parte la pen. de Baja California, sobre el Pacífico. Hacia el S el terr. se hace más angosto hasta el istmo de Tehuantepec. El extremo SE de M. lo constituye la pen. de Yucatán, que se proyecta hacia el N. El relieve es quebrado y compuesto por cadenas montañosas: la sierra Madre Occidental corre a lo largo de la costa del Pacífico, y la sierra Madre Oriental sobre las llanuras del golfo de México. Al S se encuentra la cord. Neovolcánica, con los picos de Orizaba, el más alto del país, y Popocatépetl. Entre la sierra Madre Occidental y la Oriental se forman altos valles y mesetas. Al S hay amplios valles. La parte más estrecha y meridional corresponde a la Mesa de Anáhuac. El clima es muy variado por las diferencias de alt.: húmedo en la costa oriental; la parte noroccidental y la pen. de Baja California son desérticas. La zona que comprende los est. de Chiapas y Tabasco es selvática. Los r. más imp., que desembocan en el golfo de M., son: el Bravo del N. o Grande (que forma frontera con EE UU), el Pánuco, el Grijalva y el Usumacinta. Al Pacífico desaguan: el Colorado, el So-

nora, el Yaqui, el Balsas, el Lerma y el Tehuantepec. El valle de M. es una cuenca cerrada de carácter lacustre y de desagüe artificial.

☐ *Geog. económica.* A pesar de la notable expansión de la ind. durante la segunda mitad del s. XX, la economía mex. todavía depende ampliamente del sector agropecuario, que proporciona la mayor parte de las exportaciones. La riqueza económica tiende a concentrarse en las regiones del centro, en Guadalajara y en Monterrey. En las altiplanicies se cultivan cereales, legumbres, papas y hortalizas. Las pequeñas áreas de clima mediterráneo de los est. de Coahuila, Chihuahua, Durango y Nuevo León permiten el cultivo de cítricos, vid y olivo. De los cereales, el que ocupa el primer lugar del país es el maíz, básico para la alimentación mex. Le siguen el trigo, el arroz y el fríjol. Pero el auge de la agricultura mex. se debe a los cultivos comerciales tropicales (caña, café y algodón). La ganadería, la explotación forestal y la pesca constituyen recursos económicos de gran interés. M. cuenta con 45 empresas de aviación. País de imp. recursos naturales (plata, fluorita, bismuto, azufre, cinc, mercurio, oro, plomo, hierro, carbón), tiene un enorme potencial en sus reservas de uranio, petróleo y gas natural. La ind. ha doblado su producción en los últimos años.

☐ *Geog. humana.* La tasa de crecimiento de la pob. es una de las más altas del mundo. De esta pob., una cuarta par-

Mapa de situación y bandera
de **México**

MÉXICO	
Superficie	1 958 201 km²
Población	97 483 412 hab. (49 hab./km²)
Producción agrícola	
Aguacate	1 040 400 t
Algodón	251 300 t
Ananás	720 900 t
Arroz	191 500 t
Bananas	2 026 600 t
Cacahuetes	74 600 t
Cacao	48 400 t
Café	310 900 t
Caña de azúcar	45 126 500 t
Cebada	1 109 400 t
Chile	1 853 600 t
Cítricos	6 475 400 t
Fríjoles secos	1 400 200 t
Maíz	19 652 400 t
Melón	510 000 t
Mango	1 503 000 t
Nuez de coco	959 000 t
Papas	1 734 800 t
Pimienta	57 500 t
Sandía	970 100 t
Soja	75 700 t
Sorgo	6 462 200 t
Uva	456 600 t
Tabaco	21 900 t
Tomates	2 148 100 t
Trigo	3 000 000 t
Ganadería	
Cabaña bovina	30 800 000 cabezas
Cabaña caballar	6 260 000 cabezas
Cabaña caprina	9 500 000 cabezas
Cabaña ovina	6 560 000 cabezas
Cabaña porcina	18 100 000 cabezas
Riqueza forestal	45 332 900 m³
Pesca	1 474 600 t
Producción minera	
Arsénico	2 500 t
Bismuto	1 000 t
Caolín	680 000 t
Carbón	10 984 000 t
Cinc	500 000 t
Cobre	330 000 t
Fluorita	630 000 t
Fosfatos	787 300 t
Gas natural	37 762 millones de m³
Hierro	5 270 000 t
Manganeso	85 000 t
Mármol	4 155 700 t
Molibdeno	3 500 t
Mercurio	15 000 t
Oro	23 543 kg
Petróleo	168 129 700 t
Plata	2 800 000 kg
Plomo	140 000 t
Sal	8 000 000 t
Yeso	6 800 t
Producción industrial	
Aceite de palma	20 900 t
Acero	14 051 000 t
Ácido clorhídrico	87 000 t
Ácido fosfórico	446 400 t
Aluminio	401 500 t
Amoníaco	707.000 t
Automovilística	1 139 800 unidades
Azúcar	5 239 900 t
Cemento	31 500 000 t
Cerveza	6 200 000 t
Cinc	303 800 t
Ener. eléctrica	203 648 mill. de kW/h
Estaño	1 100 t
Fertilizantes	1 255 000 t
Fibras artificiales	23 600 t
Fibras sintéticas	203 000 t
Neumáticos	13 533 000 unidades
Papelera	4 056 000 t
Plomo	153 300 t
Sosa cáustica	359 000 t
Tabaco	56 057 millones de cigarrillos
Tejidos de algodón	311 000 t
Vino	138 400 t
Indicadores sociológicos	
PNB	624 895 millones de dólares
Renta per cápita	2 870 dólares
Esperanza de vida	76 años
Alfabetismo	90,5 %

México. Vicente Fox Quesada

te se encuentra en las áreas urbanas más imp.: Ciudad de M., Guadalajara, Monterrey. La pob. indígena alcanza sólo el 7 %. El 95 % de los mex. hablan español, el resto sus propias lenguas: náhuatl, otomí, maya, zapoteca, mixteca, tarasco, etc., hasta unas 150. *Rel.:* catól. (96 %), protestantes (1,8 %) y judíos (0,1 %). U.M.: Peso. Cap., Ciudad de México. C. prales.: Guadalajara, Monterrey, Puebla, León, Ciudad Juárez, Mexicali. México se divide en 31 estados y un distrito federal.

□ *Org. pol.* La Constitución de los Estados Unidos Mexicanos de 1917 declara al país una rep. representativa, democrática y federal.

□ *Hist.* Existen testimonios de pobladores en el actual territorio mex. que se remontan a 8 000 o 10 000 años. El imperio tolteca floreció entre los ss. ix y xx. Al mismo tiempo se desarrolló el imperio clásico maya. Los aztecas o mexicas, que fundaron en 1325 la c. de Tenochtitlán, en un islote del lago Texcoco, lograron crear un imperio poderoso que se extendía por todo el M. central. En 1521 fue conquistado por los españoles, liderados por Cortés, creándose el virreinato de Nueva España. El movimiento emancipador, fue protagonizado en un primer momento por Miguel Hidalgo (1810), y más tarde, por Morelos (Congreso de Chilpancingo, 1813), pero fue desbaratado por la llegada de tropas esp. En 1821 se conseguía la independencia. En 1824 fue aprobada la Constitución Federal. La guerra contra Estados Unidos (1846-1848) supuso la pérdida de Texas, Nuevo México y California. La intervención francesa de 1864-1867 nombró emperador a Maximiliano de Habsburgo, que fue derrotado y fusilado por las tropas de Juárez. En 1877 subió al poder Porfirio Díaz, quien gobernó dictatorialmente el país durante más de 30 años. El final del porfiriato desembocó en una serie de luchas civiles que componen la Revolución mex. Madero asumió la presidencia en 1911, viéndose precisado a afrontar dos rebeliones: la reaccionaria, encabezada por Orozco, y la agraria, que dirigió Zapata. Madero fue depuesto y asesinado por Victoriano Huerta, quien a su vez se vio obligado a abandonar el país tras el triunfo de Venustiano Carranza. Éste convocó el Congreso que habría de proclamar la constitución de

Querétaro de 1917. Los siguientes gobiernos –de periodos de cuatro años– prosiguieron la obra iniciada con la Rev., (reforma agraria, enseñanza, industrialización, desarrollo de la red de caminos, nacionalización del petróleo). No obstante, en la década de 1980, persistían el autoritarismo, la corrupción y el centralismo. En la década de 1990 la política experimentó grandes cambios: en 1994 estalló una revuelta campesina en Chiapas liderada por el Ejército de Liberación Nacional (EZLN), y fue asesinado el candidato del PRI a la presid. Luis Donaldo Colosio. Ese mismo año fue elegido presid. Ernesto Zedillo Ponce de León. Las elecciones de 2000 pusieron fin a 71 años de gobierno priísta, con la victoria del candidato del Partido de Acción Nacional, Vicente Fox, quien promovió el diálogo con los zapatistas, y logró mantener a M. al margen de la recesión mundial.

□ *Arte.* El arte ha florecido en M. en sus tres grandes periodos históricos: el precolombino, el colonial y el moderno. El largo periodo precolombino, que terminó con la conquista esp., abarca todas las culturas originarias del país y ha dado en llamarse México Antiguo. En él quedan incluidas artes muy variadas:

arcaica, olmeca, teotihuacana, tolteca, maya, mixteca, zapoteca y azteca, de gran originalidad y carácter. Destacan las ciudades sagradas (Teotihuacán), pirámides (del Sol, de la Luna), esculturas, altares, palacios, etc. La primera arquitectura colonial fue civil y religiosa. Pero el arte colonial en Nueva España no es un simple traslado del arte esp. o europeo, ya que si se dio el gótico, el mudéjar y el renacimiento en sus dos formas, herreriano y plateresco, su personalidad llegó a ser inconfundible (barroco mex.). De la época moderna (s. xx), hay muestras de arquitectura mex. tales como la ciudad universitaria de C. de México, o el Museo de Antropología. Pero el capítulo más imp. del arte moderno en M. lo constituye la pintura. Con la Rev. surgieron pintores como José Clemente Orozco, Diego Rivera, David Alfaro Siqueiros y Rufino Tamayo, que con sus pinturas murales renovaron totalmente el panorama artístico mex. Capítulo aparte es el arte mex. popular, cuyas obras son de una riqueza y variedad asombrosas.

□ *Lit.* Los pobladores del M. antiguo, especialmente los de lengua náhuatl y maya, dejaron entre sus creaciones cul-

Gobernantes de México

¿ ?	Tenoch (fundador de Tenochtitlán)	1847	A. López de Santa Anna,
1349	Ilancueitl		P.M. Anaya, M. de la Peña
1383	Acamapichtli	1847	Pedro María Anaya
1395	Huitzilihuitl	1848	Manuel de la Peña y Peña
1414	Chimalpopoca	1848	José Joaquín Herrera
1428	Itzcóatl	1851	Mariano Arista
1440	Moctezuma Ilhuicamina	1853	J.B. Ceballos, M.M. Lombardini
1469	Axayácatl	1853	A. López de Santa Anna
1481	Tizoc	1855	M. Carrera, R. Díaz, J. Álvarez
1486	Ahuítzotl	1855	Ignacio Comonfort
1502	Moctezuma Xocoyotzin	1858	Féliz Zuloaga
1520	Cuitláhuac	1859	Miguel Miramón
1520	Cuauhtémoc	1859	Félix Zuloaga
1521	Conquista española	1860	I. Pavón, M. Miramón
		1860	Junta Superior
Periodo colonial		1864	Maximiliano (Segundo Imperio)
1535	Antonio de Mendoza (1er. virrey)	1868	Benito Juárez
1821	Juan O'Donojú (último virrey)	1872	S. Lerdo de Tejada
		1876	Porfirio Díaz
Independencia		1876	Juan N. Méndez
1821	Regencia (5 miembros)	1877	Porfirio Díaz
1822	A. de Iturbide (Primer Imperio)	1880	Manuel González
1823	N. Bravo, G. Victoria, P.C. Negrete	1884	Porfirio Díaz
1824	Guadalupe Victoria	1911	F. León de la Barra
1829	Vicente Guerrero	1911	Francisco I. Madero
1829	José María de Bocanegra	1913	Pedro Lascurain
1829	L. Vélez, L. Alemán, A. Quintanar	1913	Victoriano Huerta
1830	Anastasio Bustamante	1914	F. Carvajal, V. Carranza
1832	Melchor Múzquiz	1914	Eulalio Gutiérrez
1832	M. Gómez Pedraza	1915	R. González Garza, Lagos Cházaro
1833	V. Gómez Ferías, A. López de	1915	Venustiano Carranza
	Santa Anna	1920	Adolfo de la Huerta
1833	V. Gómez Farías	1920	Álvaro Obregón
1834	A. López de Santa Anna	1924	Plutarco Elías Calles
1835	Miguel Barragán	1928	Emilio Portes Gil
1836	José Justo Corro	1930	Pascual Ortiz Rubio
1837	Anastasio Bustamante	1932	Abelardo Rodríguez
1839	A. López de Santa Anna,	1934	Lázaro Cárdenas
	N. Bravo	1940	M. Ávila Camacho
1839	Anastasio Bustamante	1946	Miguel Alemán
1841	Javier Echeverría	1952	Adolfo Ruiz Cortines
1841	A. López de Santa Anna	1958	Adolfo López Mateos
1842	Nicolás Bravo	1964	Gustavo Díaz Ordaz
1843	Valentín Canalizo	1970	Luis Echeverría Álvarez
1844	A. López de Santa Anna,	1976	José López Portillo
	J.J. Herrera; V. Canalizo	1982	Miguel de la Madrid
1844	José Joaquín Herrera	1988	Carlos Salinas de Gortari
1846	M. Paredes, N. Bravo, M. Salas	1994	Ernesto Zedillo Ponce de León
1846	V. Gómez Farías	2000	Vicente Fox Quesada

México. Vista aérea de las ruinas de la antigua ciudad de Monte Albán

turales una gran obra literaria. Recogidos por algunos misioneros, se conservan en bibliotecas de América y Europa algunos de esos manuscritos: *Popol Vuh, Chilam Balam*. La primera literatura que se escribió en M. ya en lengua castellana, además de *Las Cartas de Relación de Cortés*, enviadas a Carlos V, fue la literatura de los cronistas indígenas y mestizos. Los más destacados son Alvarado Tezozómoc y Alva Ixtlixóchitl. Al entrar el s. XVII, la literatura novohispana fue culterana y después romántica. Fue neoclásica en el s. XVIII y a fines del s. XIX conoció la literatura fr. y la imitó. El personaje más destacado de la larga época colonial fue la poetisa sor Juana Inés de la Cruz (1651-1695). A principios del s. XX, la literatura mex. busca su fuente de inspiración en una conciencia arraigada a su tierra. En la poesía contemp. destacan A. Nervo, R. López Velarde, J. Torres Bodet, M. A. Montes de Oca, Rosario Castellanos, Octavio Paz; en prosa, M. Azuela, M. L. Guzmán, A. Reyes, C. Fuentes y J. Rulfo, entre otros.

MÉXICO Est. mexicano que rodea la cap. federal, sit. en el centro del país; 21 461 km², 13 096 686 hab. Cap., Toluca de Lerdo. La orografía comprende la altiplanicie de Tula, los valles de Toluca y de M., la sierra Volcánica Transversal, unidades integradas en la meseta de Anáhuac. Las mayores alt. son los picos de Popocatépetl (5 452 m) e Iztaccíhuatl (5 286 m), en la cord. Neovolcánica. Maíz, trigo, cebada y fríjoles. Ganadería. Yacimientos de oro, plata, plomo y cobre que, junto a la construcción de plantas hidroeléctricas, han impulsado una ind. potente y diversificada. ◊ **Ciudad de M.** C. y cap. federal de los Estados Unidos de México; 17 800 000 (Área Metropolitana). Sit. a 2 250 m de alt., en la cuenca endorreica de Anáhuac, sobre el lago Texcoco. Centro político, económico y cultural del país. Ind. siderúrgica, química, alimentaria, textil, editorial, mecánica. □ *Hist.* Es la ant. Tenochtitlán, fundada en 1325 por los aztecas. Tras la conquista esp. fue destruida y enteramente reedificada, convirtiéndose en cap. del virreinato de Nueva España. En 1824 se convirtió en capital de la nueva república. □ *Arte.* Marcado contraste entre el ant. núcleo colonial y los nuevos barrios. Muestras de su pasado esp. son la plaza del Zócalo, flanqueada por la catedral (ss. XV y XVI), el palacio Nacional (ant. de los Virreyes) y el ayuntamiento. El museo Nacional de Antropología de México es el más importante del mundo en cuanto a culturas prehispánicas.

MÉXICO, golfo de Mar interior del Atlántico, sit. entre la costa meridional de EE UU y la oriental de México. En él se forma la corriente del Golfo (*Gulf Stream*).

MEYERBEER, Giacomo (1791-1864) Compositor al., autor de óperas de carácter romántico. *Los hugonotes, La Africana*.

MEYERHOLD, Vsevolod Emilievich (1874-1942) Director teatral ruso de origen al. Colaboró con Stanislavski en el Teatro Artístico de Moscú. Sus teorías influyeron en el cine de S. Eisenstein.

MEZCAL m. *Méx.* Variedad de pita. ◊

México. Catedral de Ciudad de México

Méx. Aguardiente que se saca de esta planta. ◊ *Amér.* Fibra de maguey preparada para hacer cuerdas.

MEZCALINA f. Principio activo que se extrae del mezcal, que produce alucinaciones visuales, desorientación (en el tiempo y en el espacio), etc.

MEZCLA m. Agregación de varias sustancias o cuerpos que no tienen entre sí acción química. ◊ Tejido hecho de hilos de diferentes clases y colores. ◊ *Const.* Argamasa. ◊ **azeotrópica.** La de dos o más sustancias en proporción tal, que su punto de ebullición es constante. ◊ **frigorífica.** La de sustancias que, al disolverse entre sí, absorben una elevada cantidad de calor y producen un gran descenso de temperatura.

MEZCLAR tr. y prnl. Juntar, incorporar una cosa con otra. ◊ prnl. Introducirse o meterse uno entre otros. ◊ Hablando de familias o linajes, enlazarse unos con otros. □ MEZCLADOR, RA.

MEZCOLANZA f. fam. Mezcla extraña y confusa, y algunas veces ridícula.

MEZQUINO, NA adj. Pobre, falto de lo necesario. ◊ Avaro, miserable. ◊ Pequeño, diminuto. ◊ Desdichado, infeliz. ◊ m. *Col., Hond.* y *Méx.* Verruga. □ *Amér.* MEZQUINAR; MEZQUINDAD.

MEZQUITA f. Edificio que los maho-

metanos destinan para la oración y las ceremonias religiosas.

MEZQUITE m. *Méx.* Árbol que produce una goma, y del cual se obtiene un extracto que se usa en las oftalmías.

MEZZOSOPRANO (voz it.) f. *Mús.* Voz femenina entre las de soprano y contralto.

Mg *Quím.* Símb. del magnesio.

MHO m. *Fís.* Unidad de conductancia eléctrica, definida como la que tiene un circuito cuya resistencia es de 1 ohmio.

MI Forma de genitivo, dativo y acusativo del pron. personal de primera persona en gén. masculino o femenino y núm. singular. Se usa con preposición.

MI m. *Mús.* Tercera nota de la escala musical.

MIAJA f. Migaja, porción pequeña de pan u otra cosa.

MIAJA, José (1878-1958) General esp. Ministro de Defensa y comandante en jefe de las fuerzas republicanas durante la guerra civil esp. Tras la guerra se exilió en México.

MIALGIA f. Dolor muscular, miodinia.

MIAMI C. y puerto de los EE UU, en el est. de Florida; 349 900 hab. (1 625 800 á. metr.). Centro turístico.

MIASMA m. Emanación maligna que, según los ant., desprendían los cuerpos o materias en descomposición. □ MIASMÁTICO, CA.

MIAU Onomatopeya del maullido del gato. ◊ m. Maullido.

MICA f. *Miner.* Mineral del grupo micas. ◊ *Guat.* Coqueta. ◊ *Amér. Centr.* Mona, borrachera. ◊ *Amér. Centr.* Instrumento en que se apoya el taco en el juego de billar. ◊ f. pl. *Miner.* Grupo de minerales de la clase silicatos, caracterizado por la facilidad con que pueden separarse en capas flexibles y elásticas. Son m. la biotita, la glauconita, la lepidolita, etc. □ MICÁCEO, A.

MICADO m. Nombre que se da al emp. del Japón.

MICASQUITO m. o **MICACITA** f. *Geol.* Roca metamórfica constituida por cuarzo y uno o varios minerales del grupo de las micas, que posee estructura esquistosa.

MICCIONAR intr. Orinar. □ MICCIÓN.

MICELIO m. *Bot.* Cuerpo vegetativo de los hongos, formado por multitud de hifas.

MICENAS C. de la ant. Grecia, en el extremo N de Argólida, al NE del Peloponeso. Fue el foco pral. de la civilización micénica.

MICÉNICO, CA adj. Relativo a Micenas. □ *Hist.* Civilización que se desarrolló entre 1700-1200 a. C. Su foco pral. fue Micenas, en la Argólida. El origen del arte m. es cretense. La arquitectura es ciclópea, con gruesos muros y puertas decoradas con bajorrelieves, como la de los Leones, en Micenas. El palacio de Tirinto está decorado con frescos policromos que representan figuras de hombres, animales y plantas.

MICHAUX, Henri (1899-1984) Poeta y pintor fr. de origen belga. Su poesía esta influenciada por Rimbaud y por las experimentación con alucinógenos. *Un bárbaro en Asia, El espacio interior.*

MICHELET, Jules (1798-1874) Historiador fr. influido por Vico y Herder. *Historia de Francia, Historia del s. XIX.*

MICHELIN Familia de industriales fr. **Jules M.** (1817-1870) aplicó bandas de látex a las ruedas de los coches.

MICHELOZZO, *Michelozzo di Bartolomeo Michelozzi,* llamado (1396-1472) Arquitecto y escultor florentino. Palacio Médicis, de Florencia.

MICHELSON, Albert (1852-1931) Físico norteam. de origen al. Ideó un interferómetro y demostró que la velocidad de propagación de la luz no era influida por el mov. de la Tierra. Premio Nobel de Física en 1907.

MICHIGAN Est. del NE de EE UU formado por dos pen. separadas por el estr. de Mackinac y por el lago Michigan; 151 586 km², 9 295 000 hab. Cap., Lansing. C. prales.: Detroit y Grand Rapids. Maíz, heno, avena, trigo, remolacha azucarera y frutas. Hierro, cobre, gas natural. Ind. automovilística. ◊ Lago del N de EE UU, en la región de los Grandes Lagos, entre el Superior y el Hurón; 58 016 km².

MICHOACÁN Est. del centro-O de México, junto al Pacífico; 59 864 km², 3 985 667 hab. Cap., Morelia. El relieve comprende la cord. Neovolcánica al N, al S la sierra Madre del Sur y entre los dos sist. montañosos, la depresión del Tepalcatepec. R. prales.: Balsas. Caña de azúcar, papas, fríjoles, algodón. Ganadería. Plata, plomo,

cobre, hierro. Ind. textiles y alimentarias.

MICKIEWICZ, Adam (1798-1855) Poeta romántico pol. *Pan Tadeusz.*

MICO m. Mono de pequeño tamaño. ◊ fig. y fam. Hombre lujurioso.

MICOLOGÍA f. Ciencia biológica, parte de la botánica, que estudia los hongos. □ MICÓLOGO, GA.

MICORRIZA f. Simbiosis que se establece entre las raíces de ciertas plantas arbóreas y el micelio de algunos hongos.

MICRA f. Unidad de longitud, submúltiplo del metro, de símb. μ ($1\mu = 10^{-6}$ m).

MICRO Pref. que, antepuesto a una unidad de medida, designa la millonésima parte de ésta. ◊ m. fam. Apócope de micrófono.

MICROBIO m. Microorganismo. □ MICROBIANO, NA; MICROBICIDA.

MICROBIOLOGÍA f. Ciencia que estudia los microorganismos desde el punto de vista morfológico, fisiológico, genético, de cultivo, médico y de aplicación. □ MICROBIOLÓGICO, CA; MICROBIÓLOGO, GA.

MICROBÚS m. Autobús de poca capacidad.

MICROCÉFALO, LA adj. y s. De cabeza pequeña. □ MICROCEFALIA.

MICROCIRCUITO m. *Eléctr.* Circuito integrado.

MICROCLIMA m. Conjunto de condiciones atmosféricas de un punto determinado.

MICROCOSMOS m. *Fil.* El hombre, considerado como representación sintética del universo o macrocosmos. ◊ *Fís.* El átomo y sus partículas.

MICROELECTRÓNICA f. Técnica de diseñar y producir circuitos electrónicos en miniatura.

MICROFILME m. Película fotográfica para obtener microcopias. □ MICROFILMAR.

MICRÓFONO m. Instrumento destinado a recibir las ondas sonoras y transformarlas en oscilaciones eléctricas.

MICROFOTOGRAFÍA f. Fotografía de objetos muy pequeños, obtenida a través de un microscopio.

MICROFOTÓMETRO m. Instrumento construido para medir el grado de ennegrecimiento de una placa o de una película fotográfica.

MICROLITO m. *Geol.* Cristal, sólo visible al microscopio, que se encuentra en rocas endógenas de tipo volcánico.

MICRÓMETRO m. Instrumento destinado a medir cantidades lineales o angulares muy pequeñas con gran precisión. □ MICROMÉTRICO, CA.

MICRONESIA, Estados Federados de (*Federated States of Micronesia*) Est. in-

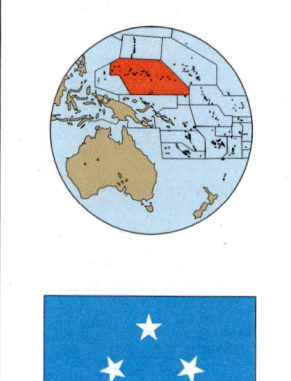

Mapa de situación y bandera de **Micronesia**

sular de Oceanía, del grupo de las Carolinas; rep. federada integrada por los est. de Chuuk, Kosrae, Pohnpei y Yap. Islas y atolones de origen volcánico y coralino. Clima cálido y húmedo, con fuertes precipitaciones. Agricultura. Pesca. Turismo. Lenguas: inglés (of.), dialectos locales. *Rel.*: catolicismo, protestantismo. U.M.: dólar de EE UU. Cap.: Palikir (en Pohnpei). C. prales.: Moen, Tol, Kolonia. Terr. en fideicomiso de EE UU (1947-1990). Acuerdo de libre asociación con EE UU desde 1986. ◊ Arch. de Oceanía; comprende las islas Marianas, Palaos, Carolinas, Marshall, Nauru, Gilbert y otras menores.

MICROONDA f. *Fís.* Onda electromagnética de frecuencia comprendida entre 10^9 y 10^{12} hertz y, por tanto, con una longitud de onda comparable a las dimensiones de los circuitos eléctricos convencionales.

MICROORGANISMO m. *Biol.* Organismo cuyas dimensiones oscilan entre el límite de resolución del ojo humano (0,1 mm) y el del microscopio óptico (0,1 μ).

Michoacán. Pescadores con redes mariposa en el lago Pátzcuaro

MICRONESIA	
Superficie	707 km²
Población	111 000 hab. (157 hab./km²)
Recursos económicos	
Pesca	3 640 t
Indicadores sociológicos	
PNB	220 millones de dólares
Renta per cápita	2 000 dólares
Esperanza de vida	66 años
Alfabetismo	76 %

Micronesia. Jóvenes de la isla de Yap celebrando el baile del bambú

MICROPROCESADOR m. *Comp.* Circuito integrado, comúnmente llamado *chip*; es la unidad central de proceso de una microcomputadora.

MICROPROGRAMA m. *Comp.* Programa cuyas instrucciones son operaciones internas elementales, ejecutadas por la unidad de control de una computadora al efectuar cada instrucción del programa de un usuario. ❏ MICRO-PROGRAMACIÓN.

MICROSCOPIO m. *Ópt.* Instrumento destinado a la observación de objetos pequeños. ◊ **de contraste de fase.** M. con cuyo empleo se puede prescindir de la tinción de las preparaciones. ◊ **de reflexión.** El que sirve para la observación de superficies opacas con luz incidente. ◊ **electrónico.** El que utiliza haces de electrones en vez de rayos luminosos, y cuya resolución llega a algunos angstrom. ❏ MICROSCOPIA; MICROSCÓPICO, CA.

MICRÓSPORA f. *Bot.* Espora de pequeño tamaño, formada en los microsporangios, y que en las plantas espermatófitas se corresponde con los granos de polen.

MICRÓTOMO m. Aparato para cortar órganos o tejidos en partes que puedan ser observadas por el microscopio.

MICTLÁN En la religión del ant. México, el reino de los muertos.

MICTLANTECUHTLI (*Señor de Mictlán*) En la religión del México precolombino, monarca del reino de los muertos o Mictlán, casado con Mictlancihuatl. Suele identificarse con Canaxtli y con Mixcóatl.

MIDAS *Mit.* Rey legendario de Frigia, que tenía el don de convertir en oro cuanto tocara.

MIDDLESBROUGH C. de Gran Bretaña, en Inglaterra (Yorkshire); 149 800 hab. Metalurgia.

MIDI-PYRÉNÉES Circunscripción regional al S de Francia, entre los Pirineos y el macizo Central. 45 348 km², 430 700 hab. Cap., Toulouse. Agricultura. Ganadería. Ind. aeronáutica, eléctrica, química y textil.

MIDLANDS Región de Gran Bretaña, en Inglaterra. Se extiende de Gales al golfo de Wash. Minería.

MIDWAY Arch. del Pacífico, el más septentrional de Polinesia, al NO de las islas Hawai; 5 km², 2 300 hab. Ocupadas por EE UU desde 1867.

MIE Prefectura de Japón, en la isla de Honshu; 5 778 km², 1 793 000 hab. Cap., su.

MIEDO m. Perturbación angustiosa del ánimo por un riesgo o mal que realmente amenaza o que se finge la imaginación. ❏ MIEDITIS; MIEDOSO, SA.

MIEL f. Sustancia viscosa muy dulce, de color amarillento, que las abejas elaboran con el néctar de las flores y luego depositan en las celdillas de sus panales, como alimento en reserva. Es comestible, y calma la tos.

MIELGO, GA adj. Mellizo. ◊ f. *Bot.* Planta herbácea anual, de raíz larga y recia. Abundante en los sembrados, se usa como forraje. ◊ *Zool.* Pez de cabeza pequeña y boca con muchos dientes puntiagudos. Vive casi todos los mares tropicales, y es comestible. ◊ Bieldo, horca de aventar y cargar.

MIELINA f. Sustancia refringente que recubre las fibras nerviosas y rodea al axón. Facilita la velocidad de transmisión de los impulsos nerviosos.

MIELITIS f. Inflamación de la sustancia gris medular o de toda la médula. ❏ MIELÍTICO, CA.

MIEMBRO m. Cualquiera de las extremidades de los animales. ◊ Órgano copulador. ◊ Individuo que forma parte de una comunidad. ◊ Parte de una cosa separada de ella. ◊ Cada una de las partes prales. de un edificio. ◊ *Mat.* Cualquiera de los dos partes separadas por un signo de relación.

MIENTE f. ant. Pensamiento.

MIENTRAS adv. tiempo. Durante el tiempo en que.

MIERA f. Sustancia oleaginosa que se obtiene de la planta y frutos del enebro y de la resina del pino, y que tiene propiedades medicinales. ◊ Trementina de pino.

MIÉRCOLES m. Tercer día de la semana civil y cuarto de la litúrgica. ◊ *Amér. Centr.* Interj. para negar. ◊ **de ceniza.** Primer día de la cuaresma.

MIERDA f. Excremento. ◊ fig. y fam. Grasa, suciedad, porquería.

MIERES Mun. esp., en la prov. de Asturias; 47 719 hab. Carbón. Siderurgia, construcciones mecánicas.

MIES f. Planta madura de cuya semilla se hace el pan. ◊ pl. Los sembrados.

MIES van der Rohe, *Ludwig* (1886-1969) Arquitecto al. nacionalizado norteam. Sus realizaciones más imp. del periodo al. son el proyecto de edificio acristalado y el Pabellón al. de la Exposición Internacional de Barcelona (1929). En EEUU inició una etapa de gran fecundidad constructiva. *Illinois Institute of Technology; Lake Shore Drive,* en Chicago; *Seagram Building,* en Nueva York.

MIGA f. Migaja, porción pequeña de pan o de otra cosa. ◊ Parte interior y blanda del pan. ◊ fig. y fam. Sustancia de las cosas físicas o morales. ◊ pl. Pan desmenuzado, humedecido con agua y frito en aceite o grasa. ❏ MIGUERO, RA.

MIGAJA f. Parte pequeña y menuda del pan, que suele saltar o desmenuzarse al partirlo. ◊ Porción pequeña de cualquier cosa. ◊ fig. Nada o casi nada. ❏ MIGAJADA: MIGAJÓN; MIGAR.

MIGALA f. Araña vellosa y negra, tropical.

MIGNARD, Pierre (1612-1695) Pintor fr. Retrató personajes de su tiempo (*Bossuet, Mme. de Maintenon, F. de Orleáns*).

MIGRACIÓN f. *Zool.* Desplazamiento efectuado por grupos de animales, siempre numerosos, de una a otra zona de su área de distribución. ◊ **temporal.** *Soc.* Cambio de residencia que afecta a la pob. activa durante una corta temporada. ❏ MIGRATORIO, RIA.

MIGRAÑA f. Jaqueca.

MIGUEL Santo. Uno de los tres arcángeles venerados por el cristianismo.

MIGUEL Nombre de diversos reyes y emperadores:

BIZANCIO

MIGUEL VIII Paleólogo (1224-1282) Emp. bizantino [1261-1282], restaurador del imperio y fundador de la dinastia de los Paleólogos.

PORTUGAL

MIGUEL I de Braganza (1802-1866) Rey de Portugal [1828-1834]. Nombra-

---

┌─ **MICROPROCESADOR** ─┐

1

2

Con un tamaño inferior a 1 cm², el microprocesador reúne sobre un soporte de silicio millones de transistores (1), lo que ha permitido reducir enormemente el tamaño de los ordenadores.
Los chips se obtienen a partir de la oblea, que es una sección de un cristal cilíndrico de silicio muy puro (2), y se graban con técnicas de fotolitografía. Después se les incorporan las patillas de conexión y se sellan en una cápsula

Situado en el corazón de la computadora, el microprocesador es la unidad central de procesamiento de la información, y está integrado por la unidad aritmético-lógica, los registros de la memoria interna y la unidad de control

do regente por su hermano Pedro I, persiguió a los liberales y su hermano le destronó.

RUSIA

MIGUEL III Fedorovich (1596-1645) Zar de Rusia [1613-1645], fundador de la dinastía Romanov.

MIGUEL, Ángel (*Michelangelo Buonarrotti*) (1475-1564) Escultor, pintor y arquitecto it. De 1496 a 1501 vivió en Roma, en contacto con el mundo ant. A esta época corresponde *La Pietà* de San Pedro del Vaticano. De vuelta a Florencia esculpió en mármol su *David* y un apostolado para el *duomo*, del que sólo se conserva el *San Mateo*. Llamado a Roma por Julio II, a partir de 1508 se ocupó de la decoración de la bóveda de la Capilla Sixtina. Años más tarde Paulo III le encomendó la realización del fresco del Juicio Final en el muro del altar de la misma capilla. ◊ **Cerulario** ➪ Cerulario, Miguel.

MIHAILOVICH, *Draza* (1893-1946) Militar yugoslavo, organizador de guerrillas nacionalistas que se enfrentaron a las de Tito (1941). Acusado de colaborar con el Eje, fue ejecutado.

MIHRAB m. Nicho que en las mezquitas señala el sitio adonde han de mirar los que oran.

MIHURA, *Miguel* (1905-1978) Humorista y autor teatral esp. *Tres sombreros de copa, Maribel y la extraña familia.*

MIJE m. *Cuba.* Árbol de fruto parecido al de la grosella. ◊ *Méx.* Tabaco silvestre.

MIJO m. Planta herbácea monocotiledónea con tallos erguidos y cilíndricos, hojas lanceoladas, flores en panojas grandes y colgantes, y frutos utilizados en la alimentación de los animales domésticos. ◊ Semilla de esta planta.

MIKOYÁN *Anastas Ivánovich* (1895-1978) Político sov. Respaldó a Jruschov y apoyó la condena al estalinismo. La caída de Jruschov (1964) determinó también la suya.

MIL adj. Diez veces ciento. ◊ Milésimo. ◊ Millar, conjunto de mil unidades.

MIL y una noches, *Las* Obra maestra de la literatura ár. Al parecer tiene su origen en la obra persa *Hezar efsaneh* –mil cuentos–, cuyo fondo pral. es de inspiración india. Es una colección de cuentos folclóricos, épicos, amorosos, de aventuras y fábulas.

MILAGRO m. *Teol.* Hecho que no se explica por causas naturales y que se atribuye a una intervención divina. ◊ Cualquier suceso o cosa rara, extraordinaria y maravillosa. ❏ MILAGREAR; MILAGRERÍA; MILAGRERO, RA; MILAGROSO, SA.

MILAGRO C. del O de Ecuador, en la prov. de Guayas; 86 800 hab. Ind. azucarera.

MILÁN (*Milano*) C. del N de Italia, cap. de la región de Lombardía y de la prov. hom.; 1 369 200 hab. Primer centro comercial, financiero e industrial del país. Ind. siderúrgica, metalúrgica, química. ◊ **Edicto de M.** Decreto publicado en 312 por el emp. rom. Constantino, en el que se reconocía la igualdad de derechos de los cristianos.

MILANESA f. *Argent.* y *Ur.* Filete de carne empanado, o de carne picada.

MILANESADO Ant. est. de Italia septentrional. Ducado indep. en 1395, pasó

más tarde al reino fr., al imperio esp., al austr. y en 1859 al reino de Italia.

MILANO m. Ave falconiforme. Mide unos 60 cm de largo. ◊ Azor, ave. ◊ Pez marino, teleósteo, con aletas pectorales muy desarrolladas, que le sirven para saltar elevándose sobre la superficie del agua. ◊ Apéndice de pelos de algunos frutos. ◊ Flor de cardo.

MILCAO m. *Chile.* Guiso de papas machacadas.

MILCÍADES (540-h. 489 a. C.) Militar y político ateniense. Venció a los persas en Maratón, en 490 a. C.

MILDÍU m. Hongo microscópico parásito de diversas plantas. ◊ Enfermedad que produce este hongo.

MILENÁRIO, RIA adj. Relativo al número mil o al millar. ◊ adj. y s. Díc. de los partidarios del milenarismo. ◊ m. Espacio de mil años. ◊ Milésimo aniversario de algún acontecimiento notable.

MILENARISMO m. Doctrina o creencia de los ant. cristianos, según la cual Jesucristo había de reinar sobre la Tierra mil años antes del día del Juicio Universal. ❏ MILENARISTA.

MILENIO m. Periodo de mil años.

MILENRAMA f. Planta herbácea con hojas lanceoladas, flores agrupadas en capítulos blancos o rojizos, y frutos en aquenio de propiedades tónicas y astringentes.

Anastas Ivánovich **Mikoyán**

MILÉSIMO, MA adj. y s. Díc. de cada una de las mil partes iguales en que se divide un todo.

MILETO Ant. c. jónica de Asia Menor, en la desembocadura del r. Meandro. ◊ **Escuela de M.** Escuela surgida en esa c., que agrupaba a filósofos como Tales, Anaximandro y Anaxímenes, entre otros, que buscaron una explicación racional al origen del universo. ❏ MILESIO, A.

MILHAUD, *Darius* (1892-1974) Compositor fr. Usó la politonalidad. Destacan sus creaciones sinfónicas y sus *ballets*.

MILHOMBRES m. fam. Apodo que se da al hombre pequeño y bullicioso o que sirve para poco.

MILI Partícula compositiva que, antepuesta a una unidad, designa la milésima parte de ella. ◊ f. fam. Apócope de milicia, servicio militar.

MILIBAR m. *Fís.* Unidad de presión igual a la milésima parte del bar. Sím. mb. 1 mb = 10^3 dinas/cm^2. La presión atmosférica normal, 760 mm Hg, equivale a 1 013,25 mb.

MILICIA f. Servicio o profesión militar. ◊ Tropa o gente de guerra. ◊ Coros de los ángeles. ◊ Agrupación de gente que lucha por un ideal. ❏ MILICIANO, NA.

MILICO m. despect. *Amér. Merid.* Soldado, militar.

MILIGRAMO m. Milésima parte de un gramo.

MILILITRO m. Milésima parte de un litro.

MILÍMETRO m. Milésima parte de un metro.

MILITAR adj. Relativo a la milicia o a la guerra. ◊ intr. Servir en la guerra o profesar la milicia. ◊ fig. Figurar activamente en un partido o en una colectividad.

MILITARISMO m. Predominio del elemento militar en el gobierno del Est. ◊ Modo de pensar de quien propugna esta preponderancia. ❏ MILITARISTA.

MILITARIZAR tr. Inculcar la disciplina o el espíritu militar. ◊ Someter a la disciplina militar a personas o agrupaciones civiles. ❏ MILITARIZACIÓN.

MILL, *James* (1773-1836) Filósofo y economista brit. Continuador del utilitarismo de Bentham. *Elementos de economía política.* ◊ ***John Stuart*** (1806-1873) Filósofo y economista brit. Aunque positivista como Comte y utilitarista como Bentham, su espíritu amplio y filantrópico transformó ambas filosofías en un cuerpo doctrinal más humanizado. *Principios de economía política.*

MILLA f. Nombre de varias unidades de medida de longitud. ◊ **terrestre inglesa** Medida itineraria equivalente a 1 609,34 m. ◊ **marina** o **marítima.** Unidad que corresponde, teóricamente, a la distancia media entre dos puntos de la superficie terrestre de igual long. y cuya lat. difiere en 1 minuto. Vale 1 852 m.

MILLAR m. Conjunto de mil unidades. ◊ Signo (☐) usado para indicar que son millares los guarismos colocados delante de él. ◊ Número grande indeterminado. Se usa más en pl.

MILLARDO m. Mil millones.

MILLARES *Los* Lugar del SE de España (prov. de Almería), donde se halla un yacimiento arqueológico de la Edad del Bronce. ◊ **Cultura de Los M** Correspondiente al periodo calcolítico se desarrolló basándose en la difusión de las técnicas metalúrgicas.

MILLE, *Cecil Blount de* (1881-1959) Director cinematográfico norteam., autor de obras colosalistas. *Los diez mandamientos, Rey de Reyes, Unión Pacific.*

MILLER, *Arthur* (1915-2005) Dramaturgo estadoun. Critica la mentalidad y modo de vida norteam. (*La muerte de un viajante, Las brujas de Salem*). Premio Príncipe de Asturias de las Letras 2002. ◊ ***Glenn*** (1904-1944) Músico de *jazz* estadoun. Director de orquesta y trombonista. ◊ ***Henry*** (1891-1980) Escritor estadoun. Su obra, que ha provocado críticas controvertidas, se basa en experiencias personales. *Trópico de Cáncer, Trópico de Capricornio.*

MILLERITA f. *Miner.* Sulfuro de níquel, que se presenta en cristales aciculares de color amarillo.

MILLET, *Jean François* (1814-1875) Pintor fr. Escenas sobre la tierra y la vida campesina. *El Ángelus, Las espigadoras.* ◊ ***Lluís*** (1867-1941) Músico esp. Fundador, con Amadeo Vives, del Orfeó Català.

MILLIKAN, *Robert Andrews* (1868-1953) Físico norteam. Premio Nobel de Física en 1923. Determinó la carga del electrón (*experimento de Millikan*).

MILLÓN m. Mil millares. ◊ fig. Núm. muy grande indeterminado. ❏ MILLO-NARIO, RIA.

MILLONADA f. Cantidad grande, especialmente de dinero.

MILLONÉSIMO, MA adj. y s. Díc. de cada una del millón de partes iguales en que se divide un todo.

MILO (*Milos*) Isla de Grecia, en el mar Egeo, al SO de las Cícladas. En ella se encontró la *Venus de Milo*.

MILOGUATE m. *Méx.* Caña del maíz.

MILONGA f. *Argent.* Tonada popular, sencilla y monótona. ◊ Fiesta familiar con baile. *Argent.* MILONGUERO.

MILONITA f. *Geol.* Roca que ha sufrido un intenso proceso de metamorfismo, lo que ha provocado su fragmentación.

MILOSCZ, *Czeslaw* (1911-2004) Escritor pol. Premio Nobel de Literatura en 1980. *El poder cambia de manos*, *El saludo*.

MILOSEVIC, *Slobodan* (n. 1941) Pol. ultranacionalista serbio. Presid. de Serbia (1989-1997) y de Yugoslavia (1997-2000). En 2001 fue detenido y extraditado al Tribunal Internacional de La Haya.

MILPA f. *Amér. Centr.* y *Méx.* Tierra destinada al cultivo del maíz. ❏ MILPEAR.

MILPESOS m. *Col.* Fruto de una especie de ceiba, usado como salvadera.

MILPIÉS m. Animal llamado así por sus numerosas patas. Los m. son gralte. de tonos oscuros y, como defensa ante un peligro, se enrollan en espiral.

MILSTEIN, *César* (1927-2002) Biólogo arg., nacionalizado brit. Nobel de Medicina (1984), con Köhler y Jerne, por sus trabajos con anticuerpos monoclonales.

MILTOMATE m. *Guat.* y *Méx.* Planta herbácea de fruto parecido al tomate, aunque del tamaño y color de la uva blanca. ◊ Fruto de esta planta.

MILTON, *John* (1608-1674) Escritor brit. Su obra maestra es *El Paraíso perdido*, que sobresale por sus descripciones y por su honda religiosidad.

MILWAUKEE C. de EE UU, en el est. de Wisconsin; a orillas del lago Wisconsin, 636 200 hab. (1 397 100 la agl. urb). Centro comercial e industrial.

MIMAR tr. Hacer caricias y halagos. ◊ Tratar con excesivo regalo y condescendencia a uno, y en especial a los niños.

MIMBRE amb. Mimbrera, arbusto. ◊ Cada una de las varitas que produce la mimbrera. ❏ MIMBRAL, MIMBREÑO, ÑA; MIMBROSO, SA.

MIMBRERA f. Arbusto de ramillas largas, delgadas y flexibles, corteza rojiza y madera blanca. ◊ Mimbreral. ❏ MIMBRERAL.

MIMETISMO m. Propiedad que poseen algunos animales y plantas de imitar aspectos y colores propios del medio en que viven, con el fin de pasar inadvertidos. ❏ MIMÉTICO, CA.

MÍMICO, CA adj. Relativo al mimo o a la mímica. ◊ f. Arte de imitar, representar o darse a entender por medio de gestos, ademanes o actitudes.

MIMO m. Entre griegos y romanos, farsa, representación teatral festiva. ◊ Actor teatral que se vale exclusiva o preferentemente de gestos y movimientos corporales. ◊ Pantomima. ◊ Cariño, demostración expresiva de ternura. ◊ Condescendencia excesiva. ❏ MIMOSO, SA.

Slobodan **Milosevic**

MIMÓGRAFO m. Autor de mimos o farsas.

MIMOSA f. Gén de plantas exóticas, leguminosas. Las hojas de algunas especies experimentan movimientos de contracción cuando se las toca o agita.

MINA f. *Min.* Conjunto de excavaciones que se realizan en la superficie terrestre para extraer minerales. ◊ Paso subterráneo, abierto artificialmente, para alumbrar o conducir aguas o establecer otra comunicación. ◊ Barrita de grafito que va en el interior del lápiz. ◊ fig. Oficio, empleo o negocio del que con poco trabajo se obtiene mucho interés y ganancia. ◊ *Mil.* Artefacto que contiene explosivo u otro agente agresivo destinado a causar daños en personal o medios bélicos. ◊ **submarina.** *Mil.* La que se sumerge en el mar para hacer explosión al paso de una embarcación enemiga. ❏ MINADOR, RA; MINAL.

MINAR tr. Abrir caminos o galerías por debajo de tierra. ◊ fig. Consumir, destruir poco a poco. ◊ Colocar minas terrestres o submarinas para impedir el avance enemigo. ❏ MINADO, DA.

MINARETE m. Alminar, torre de la mezquita.

MINAS C. de Uruguay, cap. del dpto. de Lavalleja; 37 925 hab. Centro agropecuario.

MINAS GERAIS Est. del SE de Brasil; 586 624 km², 16 063 000 hab. Cap., Belo Horizonte. Destaca, en el centro-este, la sierra de Espinhaço y en el SE la sierra de Mantiqueira (Agulhas Negras, 2 787 m). Ríos: San Francisco, Grande y Doce. Café, caña de azúcar, algodón, cereales y bananas. Zona minera al SO: oro, hierro, piedras preciosas bauxita y manganeso. Ind. siderometalúrgica.

MINATITLÁN C. de México, en el est. de Veracruz; 112 600 hab. Refinerías de petróleo.

MINDANAO Isla de Filipinas; 99 311 km², 10 350 000 hab. C. pral., Davao. Volcánica y montañosa. Arroz, maíz, abacá, cocos. Hierro.

MINDORO Isla de Filipinas, al S de Luzón; 10 245 km², 669 400 hab. Relieve montañoso. Caña de azúcar, abacá, arroz, copra. Carbón. C. pral., Calapan.

MINERAL adj. Relativo a las sustancias naturales que forman la corteza terrestre. ◊ m. *Geol.* Elemento químico nativo o combinación química natural que forma parte de la corteza terrestre. ◊ Parte útil de una explotación minera. ◊ *Méx.* Mina. ❏ MINERALOGÉNESIS.

◊ *Geol.* Los m. se presentan en la naturaleza como granos que forman parte de las rocas, en filones, en formas cristalinas aisladas, en masas terrosas, etc. Se clasifican según su composición química y sus características cristaloquímicas y estructurales.

MINERALIZAR tr. y prnl. Transformar una sustancia en mineral por acción de agentes químicos o bioquímicos. ◊ prnl. Cargarse las aguas de sustancias minerales en su curso subterráneo. ❏ MINERALIZADOR, RA; MINERALIZACIÓN; MINERALOGÉNESIS.

MINERALOGÍA f. Ciencia que estudia los minerales en sus aspectos físicos y químicos. Se divide en m. física, m. química y cristalografía. ❏ MINERALÓGICO, CA; MINERALOGISTA.

MINERÍA f. Parte de la actividad económica industrial que se ocupa de la extracción de las riquezas del suelo. ◊ Conjunto de la pob. activa que se dedica a este trabajo. ◊ Conjunto de minas.

MINERO, RA adj. Relativo a la minería. ◊ m. El que trabaja en las minas. ◊ Propietario o explotador de minas.

MINERVA f. Mente, inteligencia. ◊ Máquina de imprimir por presión de plano contra plano. ❏ MINERVISTA.

MINERVA *Mit.* Diosa rom. de la sabiduría, identificada con la Atenea griega.

MING Dinastía china fundada por Chu Yuanchang en 1368. Pacificó y unificó China. Derribada en 1644 por los manchúes.

MINGACO m. *Chile.* Reunión de amigos para hacer algún trabajo en común, sin más remuneración que una comilona.

MINGITORIO, RIA adj. Relativo a la micción. ◊ m. Urinario.

MINGÓN, NA adj. *Ven.* Díc. del niño muy mimado y consentido.

MINGUÍ m. *Hond.* Chicha, bebida fermentada.

MINGUS *Charles* (1922-1979) Músico norteam. Compositor, bajista y director de orquesta. Combina su permanente fidelidad al blues y su propensión a ramificar las músicas de raíz folclórica.

MINIAR tr. Pintar miniaturas.

MINIATURA f. Variedad de la pintura que tiene como característica sus pequeñas dimensiones. ◊ P. ext., reproducción de un objeto en pequeño tamaño. ◊ Pequeñez, tamaño pequeño o reducido. ❏ MINIATURISTA.

Miniatura del s. XV en que se representa a san Agustín sentado en su cátedra

Vista de **Minneápolis**

MINIATURIZACIÓN f. *Ing.* Técnica para la realización de dispositivos de dimensiones físicas muy reducidas. ◊ *Comp.* La que ha desarrollado los circuitos miniaturizados o microcircuitos, de aplicación en las microcomputadoras.
MINIFUNDIO m. Finca rústica de reducida extensión. ❑ MINIFUNDISMO; MINIFUNDISTA.
MINIMIZAR tr. Achicar, reducir una cosa de volumen o quitarle importancia. ◊ *Mat.* Buscar el mínimo de una función.
MÍNIMO, MA adj. Díc. de lo que es tan pequeño en su especie, que no lo hay ni menor ni igual. ◊ Minucioso. ◊ adj. y s. Díc. del religioso de la orden mendicante fundada por san Francisco de Paula. ◊ m. Límite inferior o extremo a que se puede referir una cosa. ◊ **común múltiplo** *(m.c.m.).* El menor de los múltiplos comunes a dos o más números dados. ◊ f. Cosa o parte mínima.
MÍNIMUM m. Mínimo, límite o extremo.
MININO m. fam. Gato, mamífero carnicero.
MINIO m. Óxido de plomo. Es un polvo de color rojo vivo que se usa para recubrir el hierro y evitar su oxidación.
MINISTERIO m. Gobierno del Est. considerado en el conjunto de los varios departamentos en que se divide. ◊ Empleo de ministro. ◊ Tiempo que dura su ejercicio. ◊ Cuerpo de ministros del Est. ◊ Cada uno de los departamentos en que se divide la gobernación del Est. ◊ Edificio en que se halla la oficina de cada departamento ministerial. ◊ Empleo, oficio u ocupación. ❑ MINISTERIAL; MINISTERIALISMO: MINISTRANTE; MINISTRAR.
MINISTRIL m. Empleado que se encarga de los más inferiores menesteres de la justicia.
MINISTRO m. El que ministra alguna cosa. ◊ Juez que se emplea en la administración de justicia. ◊ Jefe de cada uno de los departamentos en que se divide la gobernación del Est. ◊ Enviado, comisionado. ◊ Representante diplomático de rango inferior al de embajador. ◊ En algunas religiones, prelado ordinario de cada convento. ◊ Alguacil o cualquiera de los oficiales inferiores que ejecuta los mandatos y autos de los jueces. ◊ Sacerdote. ◊ de

Dios. Sacerdote. ◊ **plenipotenciario.** Representante diplomático con categoría inmediatamente inferior a la de embajador. ◊ **sin cartera.** El que participa de la responsabilidad general política del gobierno, pero no tiene a su cargo la dirección de ningún departamento. ◊ **Primer m.** El jefe del gobierno o presid. del consejo de ministros. ❑ MINISTRA; MINISTRABLE.
MINKOWSKI, *Hermann* (1864-1909) Matemático lituano. Conocido por su exposición de una geometría tetradimensional (espacio-tiempo de M.) que constituye el lenguaje matemático de la teoría de la relatividad.
MINNEÁPOLIS C. de EE UU, en el est. de Minnesota, a orillas del Misisipí; 371 000 hab. (2 113 500 el á. metr.). Primer centro harinero del país.
MINNELLI, *Vincente* (1913-1986) Director cinematográfico norteam. Comedias, películas musicales (*El padre de la novia, Un americano en París, Gigi,*) y melodramas (*Los cuatro jinetes del Apocalipsis, El loco de pelo rojo*).
MINNESÄNGER (al., «cantores del amor») m. pl. Poetas líricos al. (ss. XII-XIII), que se corresponden estilística e históricamente con los trovadores provenzales.
MINNESOTA Est. del centro-N de EE UU; 218 600 km², 4 375 000 hab. Cap., Saint-Paul. Llanura accidentada por lagos. Río Misisipí y sus afl. Cereales. Ganadería. Explotación forestal. Hierro y manganeso. ◊ R. de EE UU, en el est. hom., afl. del Misisipí; 510 km.
MINO de Fiésole (h. 1430-1484) Escultor florentino. Tumba de Paulo II en el Vaticano.
MINOICO, CA adj. Relativo a la cultura cretense.
MINORAR tr. y prnl. Disminuir, acortar o reducir una cosa. ❑ MINORACIÓN, MINORATIVO, VA.
MINORÍA f. En las juntas, asambleas, etc., conjunto de votos dados en contra de lo que opina el mayor número de los votantes. ◊ Parte menor de los componentes de una colectividad. ◊ Menor edad legal de una persona. ❑ MINORIDAD; MINORITARIO, RIA.
MINORISTA adj. Díc. del comercio al por menor. ◊ m. Clérigo de órdenes menores. ◊ Comerciante por menor.
MINOS *Mit.* Rey de Creta, hijo de Zeus y de Europa. Mandó construir el célebre Laberinto, donde encerró al Minotauro.
MINOTAURO *Mit. gr.* Monstruo de la isla de Creta, mitad hombre y mitad toro, hijo de Pasífae (esposa de Minos) y de un toro.
MINSK C. y cap. de la rep. de Bielorrusia; 1 589 000 hab. Centro industrial y ferroviario.
MINUCIA f. Menudencia, cosa de poco valor y entidad. ◊ pl. Diezmo que se pagaba de las frutas y producciones de poca importancia.
MINUCIOSO, SA adj. Que se detiene en los menores detalles. ❑ MINUCIOSIDAD.
MINUÉ m. Baile fr. para dos personas, que estuvo de moda en el s. XVIII. ◊ Composición musical que se canta y toca para acompañar este baile. ◊ Minueto.
MINUENDO m. *Mat.* Primer término de una sustracción.

Minotauro representado en un mosaico romano (Museo Arqueológico, Nápoles, Italia)

MINÚSCULO, LA adj. De muy pequeñas dimensiones o de muy poca entidad. ◊ adj. y f. Díc. de la letra de menor tamaño que la mayúscula.
MINUSVÁLIDO, DA adj. y s. Díc. de la persona que no puede valerse a plena capacidad de sus facultades. ❑ MINUSVALORAR; MINUSVALÍA.
MINUTAR tr. Hacer el borrador de una consulta, o poner en extracto un instrumento o contrato.
MINUTERO m. Manecilla que señala los minutos en el reloj.
MINUTO, TA adj. Menudo. ◊ m. Cada una de las 60 partes iguales en que se divide un grado de círculo. ◊ Cada una de las 60 partes iguales en que se divide una hora. ◊ *Chile.* Tienda de objetos usados.
MINYA, El C. del centro de Egipto, junto al Nilo; 146 400 hab. Ind. química.
MIÑANGO m. *Amér.* Pedazo pequeño.
MIÑAQUE m. fam. *Chile.* Encaje o randa.
MIÑO Río de España y Portugal; 340 km. Nace en Galicia, forma frontera con Portugal y desemboca en el Atlántico.
MÍO, MÍA, MÍOS, MÍAS Pron. posesivo de primera persona en gén. masculino y femenino y ambos números. Con la terminación del masculino en sing., se usa también como neutro.
MIOCARDIO m. *Anat.* Músculo del corazón, constituido por un tipo especial del tejido muscular estriado, que se caracteriza por su gran capacidad de trabajo y de recuperación.
MIOCARDITIS f. Inflamación del miocardio.
MIOCENO adj. y m. *Prehist.* Díc. del cuarto periodo de la era terciaria, comprendido entre el oligoceno y el plioceno. ◊ Relativo a este periodo.
❑ *Prehist.* La duración del m. es de unos 12 millones de años. Durante el m. se completó la orogenia de los grandes sistemas (Himalaya, Andes, Alpes). La fauna y la flora eran sensiblemente semejantes a la actual.
MIOGRAFÍA f. Técnica que permite el registro de las contracciones musculares. ❑ MIÓGRAFO; MIOGRAMA.
MIOLOGÍA f. Parte de la anatomía descriptiva que trata de los músculos.
MIOMA m. Tumor benigno formado por fibras musculares, que forma nó-

dulos de tamaño variable y duros a la palpación.

MIOPATÍA f. Nombre genérico de las enfermedades musculares.

MIOPÍA f. Defecto óptico caracterizado por la falta de visión clara de objetos distantes. ❏ MIOPE.

MIOSIS f. Contracción anormal de la pupila ocular.

MIOSITIS f. *Pat.* Inflamación del tejido muscular, que va acompañada de lesiones anatómicas.

MIOSOTA f. Raspilla.

MIQUEAS El sexto de los profetas menores del A. T., llamado el Morastita. ❖ **Libro de M.** Escrito profético del A. T., que anuncia la destrucción de Israel y de Judá.

MIQUELON Isla de América del Norte, sit. al S de Terranova. Dependencia fr., con la isla de Saint-Pierre.

MIQUILO m. *Argent.* y *Bol.* Nutria.

MIR m. Organización comunal de la tierra, en la Rusia medieval. Desapareció en 1917.

MIR, Joaquín (1873-1940) Pintor esp., impresionista. *Aguas de la Moguda, Paisaje de Olesa de Bonesvalls.*

MIRA f. Toda pieza que en ciertos instrumentos sirve para dirigir la vista a un punto. ❖ En las armas de fuego, pieza que se coloca para asegurar la puntería. ❖ En las fortalezas ant., obra avanzada, y también obra que por su elevación permitía ver bien el terreno. ❖ fig. Intención. Se usa más en pl.

MIRA Río de Ecuador y Colombia; 240 km. Nace en los Andes ecuat., penetra en Colombia y desemboca en el cabo Manglares.

MIRA de Amescua, Antonio (h. 1577-1644) Dramaturgo esp. De estilo culterano. *El esclavo del demonio, Los carboneros de Francia.*

MIRABEAU, Honoré Gabriel Riquetti, CONDE DE (1749-1791) Orador y político fr. Representante del Tercer Est. en 1789, intentó establecer una monarquía parlamentaria.

MIRABEL m. Planta salsolácea, de forma piramidal. ❖ Girasol, planta compuesta.

MIRADO, DA adj. Díc. de la persona que obra con miramientos y de la persona cauta y reflexiva. ❖ Merecedor de buen o mal concepto. En este sentido sigue a los adverbios *bien, mal, mejor, peor.*

MIRADOR, RA adj. Que mira. ❖ m. Corredor, galería, pabellón o terrado desde el cual se contempla un paisaje. ❖ Balcón cerrado con cristales o persianas y cubierto con un tejadillo.

MIRAFLORES C. de Perú, en el dpto. de Arequipa; 48 000 hab. Centro agrícola.

MIRAGUANO m. Palmera de poca alt., que crece en América y Oceanía, cuyo fruto es una baya llena de una materia semejante al algodón, empleada para rellenar almohadas. ❖ Dicha materia.

MIRAMIENTO m. Acción de mirar o considerar una cosa. ❖ Respeto y circunspección que se debe observar en la ejecución de una cosa.

MIRAMÓN, Miguel (1831-1867) General mex. Presid. de la rep. en 1859. Apoyó a Maximiliano, junto al cual fue fusilado.

MIRANDA Est. del N de Venezuela;

7 950 km², 2 026 229 hab. Cap., Los Teques. Al N se encuentra la cord. de la Costa, y al S la serranía del Interior, divididas por la cuenca del Tuy y sus afl. Caña de azúcar, arroz, cacao, café, cacahuetes, hortalizas y maíz. Imp. centro pesquero en Higuerote. Ind. textil, alimentaria, de plásticos. ❏ MIRANDINO, NA.

MIRANDA, Francisco de (1756-1816) Patriota ven. Encabezó un intento independentista en 1806. Al producirse la rev. de 1810 en Caracas, proclamó la indep. de Venezuela.

MIRAR tr. Fijar la vista en un objeto aplicando la atención. ❖ Tener un fin u objeto. ❖ Observar las acciones de uno. ❖ Apreciar, estimar una cosa. ❖ Estar situado o colocado un edificio o cualquier cosa enfrente de otra. ❖ Concernir, tocar. ❖ fig. Pensar, juzgar. ❖ fig. Cuidar, amparar o defender a una persona o cosa. ❖ fig. Indagar, buscar una cosa; informarse de ella. ❏ MIRADA; MIRADURA; MIRÓN.

MIRASOL m. Girasol, planta.

MIRBEAU, Octave (1850-1917) Escritor fr., de crudo realismo. *El calvario.*

MIRÍADA f. Cantidad muy grande, pero indefinida.

MIRIÁMETRO m. Medida de longitud, equivalente a diez mil metros.

MIRILLA f. Abertura en el suelo o en la pared que corresponde al portal o a la escalera de la casa, para observar quién es la persona que llama a la puerta. ❖ Pequeña abertura que tienen algunos instrumentos topográficos, y que sirve para dirigir visuales.

MIRÍM o **MERÍN** Laguna fronteriza entre Brasil y Uruguay; 2 966 km².

MIRIÑAQUE m. Falda interior de tela rígida o almidonada que usaban las mujeres para ahuecar y dar vuelo a la falda.

MIRÍSTICA f. Árbol de la India cuya semilla es la nuez moscada.

MIRLA f. Mirlo, pájaro.

MIRLO m. Pájaro muscicápido que se alimenta de frutos, semillas e insectos, y aprende a repetir sonidos.

MIRÓ, Gabriel (1879-1930) Novelista esp. Su obra se adscribe al impresionismo modernista. *Figuras de la Pasión del Señor, Las cerezas del cementerio, El obispo leproso.* ❖ **Joan** (1893-1983) Pintor esp. Entre 1916 y 1919 se inclinó por las formas cubistas (*El molinillo de café*). Poco a poco fue desligándose del mundo de

Joan **Miró**

Flores de **mirto**

la realidad, para centrarse en un lirismo gráfico (*Perro que ladra a la luna*). En colaboración con Llorens Artigas, realizó los murales de la UNESCO en París y los del aeropuerto de Barcelona.

MIRÓN (s. v a. C.) Escultor gr. *El Discóbolo*, representa la superación del estilo severo.

MIROTÓN m. *Chile.* Mirada rápida y gralte. con expresión de enfado.

MIRRA f. Gomorresina que se extrae de diversas especies de árboles de Arabia y del norte de África. Amarillenta o rojiza, untuosa, aromática, amarga y acre. ❏ MIRRADO, DA.

MIRRANGA f. *Col.* Pedazo pequeño.

MIRRIA f. *Amér.* Pizca, pedacito.

MIRRUÑA f. *Amér. Centr.* y *Méx.* Pedacillo de una cosa.

MIRTO m. Arrayán, planta arbustiva cuyos frutos, unas bayas azules llamadas murtones, son comestibles y tienen propiedades medicinales. ❏ MIRTINO, NA.

MIRZA m. Título honorífico entre los persas.

MISA f. Oficio pral. de la liturgia católica, consistente en un sacrificio que recuerda simbólicamente el de la Cruz. ❖ **de campaña.** La que se celebra al aire libre para fuerzas armadas y, p. ext., para un gran concurso de gente. ❖ **del gallo.** La que se dice a medianoche de la víspera de Navidad o en la madrugada de esta fiesta. ❏ MISAR; MÍSERO, RA.

MISAL adj. y m. Díc. del libro litúrgico de la religión católica, que contiene las ceremonias, oraciones y textos para la celebración de la misa.

MISÁNTROPO, PA m. y f. Persona que rehúye o siente aversión por el trato humano. ❏ MISANTROPÍA; MISANTRÓPICO, CA.

MISCELÁNEA f. Mezcla de cosas diversas. ❖ Obra o escrito en que se tratan muchas materias inconexas y mezcladas. ❏ MISCELÁNEO, A.

MISCIBILIDAD f. Propiedad de algunas sustancias por la que forman mezclas homogéneas. ❏ MISCIBLE.

MISERABLE adj. Desdichado, infeliz. ❖ Abatido, sin valor ni fuerza. ❖ Muy pobre, necesitado. ❏ MISEREAR.

MISERERE m. Salmo cincuenta, que empieza con esta palabra. ❖ Canto solemne que se hace del mismo en Semana Santa. ❖ Función que se hace en cuaresma, por cantarse en ella dicho salmo.

MISERIA f. Desgracia, trabajo, infortunio. ◊ Estrechez, pobreza extremada. ◊ Avaricia, tacañería. ◊ Plaga pedicular producida de ordinario por desaseo personal. ◊ fig. y fam. Insignificancia, cantidad muy pequeña. ❏ MÍSERO, RA.

MISERICORDIA f. Inclinación del ánimo a compadecerse de las penalidades y miserias ajenas. ◊ Virtud que impulsa a perdonar. ◊ Puñal con que solían ir armados los caballeros de la E. Med. para dar el golpe de gracia al enemigo. ❏ MISERICORDIOSO, SA.

MISHYNAR En el judaísmo ortodoxo, la Ley oral, recopilación codificada de las normas tradicionales, paralela y distinta de la Ley escrita o Biblia.

MISIA o **MISIÁ** f. Amér. Tratamiento de cortesía equivalente a señora.

MISIL m. Mil. Cohete o proyectil autopropulsado o dirigido, al que gralte. se le asigna un objetivo militar o astronáutico.

MISIÓN f. Poder que se da a una persona para algún cometido. ◊ Cometido, cosa encomendada a alguien. ◊ Expedición religiosa para evangelizar una zona, pueblo o provincia. ◊ Territorio en que predican los misioneros. ◊ Lo que se señala a los segadores para sustento por cierta cantidad de trabajo o tiempo. ◊ Expedición científica por lugares poco explorados. ❏ MISIONAL; MISIONAR.

MISIONERO, RA adj. y s. De la prov. arg. de Misiones. ◊ m. Eclesiástico o laico que predica una misión o evangeliza en países de mayoría no cristiana. ◊ m. y f. Persona que predica el evangelio en las misiones. ❏ MISIONARIO.

MISIONES Dpto. del S de Paraguay; 9 556 km², 97 500 hab. Cap., San Juan Bautista. Explotación agropecuaria y forestal. Arroz, caña de azúcar, algodón, hierba mate. Mercurio. ◊ Prov. del NE de Argentina; 29 801 km², 965 522 hab. Cap., Posadas. Al N destacan las famosas cataratas de Iguazú, sobre el río hom. Hierba mate, té, café, algodón y arroz. Ind. derivadas y explotación forestal.

MISISIPÍ (Mississippi) Est. del SE de EE UU, ribereño del golfo de México; 123 514 km², 2 573 000 hab. Cap., Jackson. C. prales.: Meridian y Vicksburg. Algodón, maíz, caña de azúcar, arroz. Ganadería. Petróleo, gas natural y hu-

lla. Ind. textiles, madereras, de productos lácteos, cárnicas y conserveras. Refinerías de petróleo. ◊ (Mississippi) Río de América del N, el mayor y más imp. del subcontinente. Su curso, de 3 778 km, cruza EE UU de N a S, desde la región de los Grandes Lagos hasta el golfo de México, donde forma un amplio delta. Es navegable a partir de Saint-Paul. Sus afl. prales. son: el Illinois, el Ohio, el Minnesota, el Misuri, el Arkansas.

MISIVO, VA adj. y f. Díc. del mensaje o carga que se envía a alguien.

MISKOLC C. del NE de Hungría; 212 000 hab. Metalurgia, siderurgia.

MISMO, MA adj. que denota identidad. ◊ Semejante o igual. ◊ Se añade a los pron. personales y a algunos adv. para dar más energía a lo que se dice.

MISOGINIA f. Aversión u odio a las mujeres. ❏ MISÓGINO, NA.

MISPIQUEL m. Miner. Sulfoarseniuro de hierro, que cristaliza en el sistema monoclínico; color blanco; brillo metálico. Su aplicación primaria es la obtención de anhídrido arsenioso.

MISS (ing., «señorita») f. Título dado a la mujer ganadora de algún concurso de belleza.

MISTELA f. Bebida hecha de aguardiente, azúcar, agua y canela.

MÍSTER (ing., «señor») m. Título dado al hombre que gana en algún concurso de belleza. ◊ fam. Dep. Entrenador.

MISTERIO m. En la religión cristiana, cosa inaccesible a la razón y que es objeto de fe. ◊ Arcano o cosa secreta en cualquier religión. ◊ Cosa arcana o muy recóndita, que no se puede comprender o explicar. ◊ Negocio secreto o muy reservado. ◊ pl. Representación dramática medieval, de asunto religioso, escenificando momentos de la vida de Jesucristo o de la Virgen. ❏ MISTÉRICO, CA; MISTERIOSO, SA.

MISTI, EL Volcán del Perú, en los Andes Occidentales; 5 822 m.

MISTICISMO m. Rel. Doctrina religiosa que enseña la comunicación directa entre el hombre y la divinidad. ◊ Estado de la persona que se entrega con exceso a las cosas espirituales.

MÍSTICO, CA adj. y s. Misterioso, que encierra misterio. ◊ adj. Relativo a la mística. ◊ adj. y s. Que se dedica a la vida espiritual. ◊ Que escribe o trata de mística. ◊ Cuba y P. Rico. Remilgado. ◊ f. Teol. Parte de la teología que estudia la unión del hombre con Dios a través de su contemplación. ❏ MISTICÓN, NA.

MISTIFICAR tr. Engañar, embaucar. ◊ Falsear, falsificar. ❏ MISTIFICACIÓN.

MISTOL m. Argent. y Perú. Azufaifo amer.

MISTRAL adj. y m. Viento frío y seco que sopla del N en las costas del mediterráneo.

MISTRAL, Frédéric (1830-1914) Poeta fr., provenzal. Mireya, Calendal. Premio Nobel de Literatura en 1904, con Echegaray. ◊ Gabriela Seud. de la poetisa chil. Lucila Godoy (1889-1957) Sus poemas giran pralm. en torno al tema del amor. Desolación, Ternura, Tala, Lagar. Premio Nobel de Literatura en 1945.

MISURI (Missouri) Est. sit. en el centro-E de EE UU; 180 516 km², 5 117 000 hab. Cap., Jefferson City. C. prales.: Springfield, Saint Louis y Kansas City. Ocupando en gran parte la meseta de

Ozark, la zona SE corresponde al valle del Misisipí. R.: Misisipí y Misuri. Cereales, soja, algodón, tabaco, manzano y heno. Ganadería. Plomo, barita, cobre, hierro y carbón. Ind. mecánicas, alimentarias y textiles. ◊ (Missouri) Río de EE UU, pral. afl. del Misisipí; unos 4 000 km. Nace en las montañas Rocosas y se une al Misisipí al N de Saint Louis.

MITA f. Amér. Repartimiento forzado de los indígenas para efectuar determinados trabajos, y en especial el que se hacía en las minas del virreinato del Perú. ◊ Tributo que pagaban los indígenas de Perú. ❏ Amér. MITAYO.

MITACA f. Bol. Cosecha.

MITAD f. Cada una de las dos partes iguales en que se divide un todo. ◊ Medio o parte que en una cosa equidista de sus extremos.

MITANI (ss. XIV-XII a. C.) Reino indoeuropeo, sit. al NE de Éufrates. Llegó a extenderse por Siria, Alepo y el país de Canaán. Lo absorbieron los hititas.

MITCHELL Monte de los EE UU, en Carolina del Norte, alt. máx. de los Apalaches; 2 037 m.

MITCHELL, Margaret (1900-1949) Novelista norteam. Lo que el viento se llevó.

MITILICULTURA f. Cultivo industrial del mejillón y especies afines.

MITIGAR tr. y prnl. Moderar, disminuir o suavizar una cosa rigurosa o áspera. ❏ MITIGACIÓN; MITIGATIVO, VA; MITIGATORIO, RIA.

MITILENE (Mitilini) Isla de Grecia, más conocida por el nombre de Lesbos.

MITIN m. Reunión donde se discuten asuntos políticos o sociales.

MITIQUERÍA f. Chile. Hazañería. ❏ Chile. MITIQUERO, RA.

MITLA Ant. c. de México, en el actual estado de Oaxaca. Fue la cap. religiosa durante las últimas etapas de la cultura zapoteca. Ocupada más tarde por los mixtecas, éstos construyeron el gran palacio llamado «de las Columnas».

MITNAL En la religión maya, el mundo de los muertos, llamado también Xibalba, correspondiente al Mictlán mex.

MITO m. Antr. Fábula, ficción alegórica, pralm. en materia religiosa. Su pral. característica es la transmisión oral, aunque a veces se consigne, más tarde, por escrito. Los m. emanan de una sociedad y llevan los ecos de sus estructuras, que a veces legitiman. Todo or-

Misiones. Vista parcial de Posadas

Vista aérea del **Misisipí**

den social conocido se mantiene unido por un sist. de mitos. ◊ *Zool*. Ave paseriforme de plumaje oscuro, con tonos rosados, y larga cola. ❑ MITIFICACIÓN; MITIFICAR.

MITO C. de Japón, en el centro-E de la isla de Honshu, cap. de la prefectura de Ibaraki; 216 000 hab. Centro comercial.

MITOCONDRIA f. *Biol*. Orgánulo citoplasmático de 0,5 a 2μ que compone el condrioma. De forma esférica o elipsoide, está delimitada por una doble membrana cuya hoja interna presenta pliegues o crestas mitocondriales. Su función está ligada al metabolismo celular en la obtención de la energía catabólica y del agua metabólica.

MITOLOGÍA f. Ciencia de los mitos, de su origen, significación y desarrollo. ◊ Conjunto de mitos que conforman la base de muchas culturas y civilizaciones. ❑ MITOLÓGICO, CA; MITOLOGISTA o MITÓLOGO, GA.

MITÓN m. Especie de guante de punto, que sólo cubre desde la muñeca inclusive hasta el nacimiento de los dedos.

MITOSIS f. *Biol*. División celular indirecta que consta de dos procesos muy diferenciados: la división nuclear y la del resto de las estructuras citológicas. ❑ MITÓTICO, CA.

MITOTE m. *Méx*. Especie de baile indígena. ◊ *Amér*. Fiesta casera. ◊ *Amér*. Melindre, aspaviento. ◊ *Amér*. Bulla, pendencia, alboroto. ❑ *Amér*. MITOTERO, RA.

MITRA f. Toca alta y apuntada con que en las grandes solemnidades se cubren la cabeza los obispos y otras jerarquías eclesiásticas. ◊ fig. Dignidad de obispo. ❑ MITRADO, DA; MITRAR.

MITRA Dios indoiranio de la luz, el calor y la fecundidad. ❑ MITRAÍSMO.

MITRAL adj. *Anat*. Válvula que existe entre la aurícula y el ventrículo izquierdos del corazón.

MITRE, *Bartolomé* (1821-1906) Político arg. Presid. de la Rep. (1862-1868). M. fue uno de los participantes en la Triple Alianza contra Paraguay.

MITRÍDATES VI Eupator, *el Grande* (h. 132-63 a. C.) Rey del Ponto [h. 120-63 a. C.]. Su política expansionista no tardó en chocar con Roma. Derrotado por Sila (86), Lúculo (71) y Pompeyo (66).

MITRIDATO m. *Farm*. Electuario que se usó como remedio contra la peste, fiebres malignas y mordeduras de animales.

MITTERRAND, *François* (1916-1996) Político fr. Presid. de la Rep. (1981-1995).

MITÚ m. *Argent*. Ave de unos dos pies de longitud, copetuda y de color pardo amarillento.

MITÚ C. de Colombia, cap. del dpto. del Vaupés; 5 600 hab.

MIURA m. Toro bravo de Miura, famosa ganadería sevillana.

MIXCÓATL En al ant. religión mex., dios de la caza, la guerra, el septentrión y las estrellas.

MIXEDEMA m. *Pat*. Afección ocasionada por una insuficiente producción hormonal del tiroides.

MIXOMATOSIS f. Enfermedad infecciosa del conejo producida por un virus, caracterizada por tumefacciones en la piel y membranas. No es transmisible al hombre.

MIXOMICETO m. *Biol*. Microorganismo que presenta una fase reproducto-

ra inmóvil, afín a los hongos, y una fase vegetativa libre, semejante a los protozoos.

MIXTECA adj. y s. Díc. de individuos pertenecientes a un pueblo amerindio mesoamericano que, en número de unas 100 000 personas, habita los est. de Oaxaca, Guerrero y Puebla. ◊ adj. Relativo a este pueblo. ◊ m. pl. Este mismo pueblo.

◻ *Hist*. En los siglos posteriores al año 1000, los m. crearon una civilización que llegó hasta Sinaloa por el N y hasta Nicaragua por el S. Su origen es desconocido. Los mixtecas llegaron a Oaxaca hacia el s. X, y a partir de esas fechas desarrollaron una cultura singular dentro de un marco político de tipo monárquico. La época de máx. esplendor correspondió a principios del s. XV.

MIXTIFICAR tr. Embaucar, engañar. ◊ Falsear, falsificar, deformar. ❑ MIXTIFICACIÓN.

MIXTO, TA adj. Mezclado e incorporado con una cosa. ◊ adj. y m. Compuesto de varios simples. ◊ adj. Dicho de animal o vegetal, mestizo. ◊ m. Cerilla, fósforo. ◊ *P. Rico*. Servicio de un solo plato hecho de arroz, habichuelas y carne.

François **Mitterrand**

MIXTURA f. Mezcla o incorporación de varias cosas. ◊ Pan de varias semillas. ◊ *Farm*. Poción compuesta de varios ingredientes. ❑ MIXTURAR.

MIYAGI Prefectura de Japón en la isla de Honshu; 7 292 km², 2 249 000 hab. Cap., Sendai.

MIYAZAKI Prefectura de Japón, en la isla de Kyushu; 7 735 km², 1 169 000 hab. Cap., la c. hom. (287 400 hab.) Puerto.

MÍZCALO m. Níscalo, hongo comestible, muy jugoso, de sabor almizclado.

MIZOGUCHI, *Kenji* (1898-1956) Director cinematográfico japonés. *Vida de O'Haru, mujer galante, Los cuentos de la luna vaga después de las lluvias de otoño*.

MIZORAM Est. del NE de la India; 21 087 km², 686 200 hab. Cap., Ajial. Arroz, maíz, algodón. Ganadería.

MKSA *Fís*. Sistema de unidades que toma como fundamentales el metro, el kilogramo, el segundo y el amperio.

mm Símbolo del milímetro.

Mn *Quím*. Símb. del manganeso.

MNEMOTECNIA f. Arte que procura

por medio de varias reglas aumentar el poder y alcance de la memoria. ◊ Método por medio del cual se forma una memoria artificial. ❑ MNEMOTÉCNICO, CA.

MNR Siglas del Movimiento Nacional Revolucionario de Bolivia.

Mo *Quím*. Símb. de molibdeno.

MOAB Región de Palestina habitada en tiempos por moabitas, ammonitas e israelitas. Corresponde a la parte de Transjordania lindante con el mar Muerto. ❑ MOABITA.

MOAB Hijo de Lot y, según la Biblia, progenitor de los moabitas.

MOAXAJA f. Composición poética medieval en lengua ár. o heb. de fines del s. IX.

MOBILE C. y puerto de los EE UU, en el est. de Alabama, a orillas del golfo de México; 258 000 hab. Centro comercial (mercado algodonero).

MOBILIARIO, RIA adj. Mueble. Aplícase a los efectos públicos al portador o transferibles por endoso. ◊ m. Conjunto de muebles de una casa.

MOBUTU Sese Seko ⇨ Alberto, lago.

MOBUTU Sese Seko, antes *Joseph Désiré* (1930-1997) Militar y político de la República Democrática del Congo. Presid. desde 1965 hasta 1997, año en que huyó del país, derrotado por la guerrilla de Laurent Kabila.

MOCA m. Café de muy buena calidad que, originalmente, exportaba la c. yemenita de Moka. ◊ f. fam. Mocos.

MOCA Mun. de Puerto Rico, en el distr. de Aguadilla; 32 500 hab. ◊ C. de la República Dominicana, cap. de la prov. de Espaillat; 142 780 hab. Café, cereales. Ganadería.

MOCAR tr. y prnl. Sonar, limpiar los mocos.

MOCASÍN m. Calzado que usan los indígenas norteam., hecho de piel sin curtir. ◊ Calzado moderno a imitación del anterior.

MOCEDAD f. Época de la vida humana desde la pubertad hasta la edad adulta. ◊ Diversión deshonesta y licenciosa. ❑ MOCEAR; MOCERÍO.

MOCETÓN, NA m. y f. Persona joven, alta y corpulenta.

MOCEZUELO m. *Méx*. y *Ven*. Convulsiones que suelen tener los recién nacidos.

MOCHALES adj. fam. Díc. de la persona chiflada o medio loca.

MOCHETA f. Extremo grueso y romo opuesto a la parte punzante o cortante de ciertas herramientas. ◊ Rebajo en el marco de las puertas y ventanas, donde encaja el renvalso.

MOCHICA adj. y s. *Amér. Merid*. Díc. de indígenas de una tribu yunca, que vivieron en la costa N del Perú y en los valles de Moche, Viru y Chicama, en los ss. VII y VIII d.C. ◊ adj. Relativo a esta tribu. ◊ m. pl. Esta misma tribu.

◻ *Hist*. La estructura social estaba muy jerarquizada. Se mantenían de la agricultura, caza y pesca. Se sabe que conocían técnicas diversas para el trabajo del tejido y el metal. En arte destacan por su cerámica de estilo realista, que llegó a ser muy evolucionada, la escultura en terracota y en madera y los templos de ladrillo dedicados al Sol y la Luna.

MOCHILA f. Especie de bolsa, gralte. de lona, que se lleva a la espalda y se sujeta a los hombros por medio de co-

Mochuelo

rreas. ◊ Morral de los cazadores, soldados y viandantes. ◊ *Méx.* Maleta. ❑ MOCHILERO.

MOCHO, CHA adj. Díc. de aquello a lo que falta la punta o la debida terminación. ◊ fig. y fam. Pelado o cortado el pelo. ◊ adj. y s. *Amér.* Díc. de la persona o animal falto de un miembro o de alguna parte del mismo. ◊ fig. *Chile.* Díc. del religioso motilón y de la religiosa lega. ◊ *Méx.* Conservador en política. ◊ *Cuba.* Especie de machete. ❑ MOCHAZO.

MOCHUELO m. Ave rapaz nocturna de pequeño tamaño y cabeza redonda. Vive en Europa y en el norte de África. Anida en árboles huecos y se alimenta de insectos y pequeños reptiles. ◊ fig. y fam. Asunto o trabajo difícil o enojoso del que nadie quiere encargarse. ◊ *Art. Gráf.* Omisión de una o más palabras, miembro del discurso, frase, etc., que al componer comete el cajista.

MOCIÓN f. Acción y efecto de moverse o ser movido. ◊ Proposición que se hace o sugiere en una junta que delibera.

MOCIONAR tr. *Amér.* Presentar una moción.

MOCO m. *Fisiol.* Sustancia líquida o semisólida, viscosa, segregada por las glándulas mucosas, y especialmente la que fluye por la nariz. ◊ Materia pegajosa y medio fluida que forma grumos dentro de un líquido. ◊ Dilatación candente de la extremidad del pabilo en una luz encendida. ◊ Escoria que sale del hierro encendido en la fragua cuando se martilla y apura. ◊ Porción derretida de las velas, que corre y se va cuajando a lo largo de ellas. ◊ *Chile.* Candelilla o amento, y especialmente la del álamo blanco, el del castaño y del nogal. ◊ *Perú.* Carnero sin cuernos. **de pavo.** Apéndice carnoso y eréctil que esta ave tiene sobre el pico. ◊ *Méx.* Amaranto.

MOCOA C. del S de Colombia, cap. del dpto. del Putumayo; 20 639 hab. Explotación forestal.

MOCOCOA adj. *Méx.* Enfermizo ◊ f. *col.* Indisposición.

MOCORA f. *Ecuad.* Palma pequeña con cuyas hojas se tejen hamacas y los sombreros llamados de Panamá.

MOCOSO, SA adj. Que tiene las narices llenas de mocos. ◊ De ningún valor ni importancia. ◊ adj. y s. fig. Se aplica despectivamente a los niños o jóvenes para expresar su atrevimiento o inexperiencia.

MOCTEZUMA I (1390-1469) Emp. de los aztecas [1440-1469]. Extendió el imperio y estableció un régimen teocrático de carácter despótico. ◊ **II Xocoyotzin** (1466-1520) Emp. de los aztecas [1502-1520]. Intentó oponerse a Cortés, pero fue hecho prisionero.

MODA f. Conjunto de cánones, periódicamente modificables, de la forma y los usos del vestir. ◊ En una colección de datos estadísticos, el que posee mayor frecuencia.

MODAL adj. Que comprende o incluye modo o determinación particular. ◊ m. pl. Acciones externas de cada persona con que se singulariza entre las demás.

MODALIDAD f. Modo de ser o de manifestarse una cosa.

MODELAR tr. Formar de cera, barro u otra materia una figura o adorno. ◊ *Pint.* Presentar con exactitud el relieve de las figuras. ◊ prnl. fig. Ajustarse a un modelo. ❑ MODELADO, DA.

MODELO m. Ejemplar o forma que se sigue en la ejecución de una obra artística o en otra cosa. ◊ Ejemplar digno de imitación en las obras de ingenio o acciones morales. ◊ Representación en pequeño de alguna cosa. ◊ *Esc.* Figura previa que luego se ha de reproducir en madera, mármol, metal, etc. ◊ com. Persona que exhibe, vistiéndolas, las novedades de la moda. ◊ Persona que posa para escultores, pintores, etc. ❑ MODÉLICO, CA.

MÓDEM m. *Comp.* Dispositivo de entrada y salida que, en comunicaciones, sirve para modular o demodular la señal que es enviada a través de la línea telefónica de una computadora a otra.

MÓDENA (*Modena*) C. de Italia, cap. de la prov. hom., en la Emilia-Romaña; 178 100 hab. Centro comercial, industrial y de comunicaciones.

MODERACIÓN f. Cordura, templanza en las palabras o acciones.

MODERADO, DA adj. Que tiene moderación. ◊ Que guarda el medio entre los extremos. ◊ Se aplica a personas y partidos de ideología política no extremada. ❑ MODERANTISMO.

MODERADOR, RA adj. Que modera.

Moctezuma II representado en un códice precolombino

◊ m. Presid. de una reunión o asamblea en las iglesias protestantes. ◊ Persona que preside o dirige un debate.

MODERAR tr. Disminuir la intensidad. ◊ tr. y prnl. Ajustar una cosa evitando el exceso. ❑ MODERACIÓN; MODERATIVO, VA; MODERATORIO, RIA.

MODERNISMO m. Afición excesiva a las cosas modernas. ◊ *Arte* y *Lit.* Fenómeno cultural que floreció como reacción en contra de la civilización industrial, en la última década del pasado siglo y principios del actual. ❑ MODERNISTA.

□ *Arte.* Basado en el simbolismo y en el acercamiento a la forma orgánica, el m. fue ante todo un estilo decorativo que presenta sus mejores logros en la cerámica, vidrio, mobiliario, cartelismo, etc. En arquitectura destacan Víctor Horta, Gaudí, Domènech i Muntaner y Puig i Cadafalch. En escultura destacan Auguste Rodin, C. Meunier, Josep Llimona y P. Gargallo. En pintura, el estilo proviene en su mayor parte del desarrollado por los simbolistas. Destacan Gustav Klimt, Munch, Joan Llimona y R. Casas influido especialmente por Toulouse-Lautrec, el más brillante cartelista de la época, y el ilustrador Beardsley.

□ *Lit.* Como mov. literario, el m. se desarrolló en Hispanoamérica a finales del s. XIX y principios del XX. Fue Rubén Darío el promotor y difusor del mov. Parte de una total oposición al naturalismo y a todo lo vulgar, así como a los viejos moldes retóricos. La poesía atenderá sobre todo al ritmo y a la musicalidad. Destacaron Lugones (Argentina), Valencia (Colombia), Amado Nervo (México), Benavente, Valle-Inclán y Juan Ramón Jiménez (España).

MODERNIZAR tr. Dar forma o aspecto modernos a cosas antiguas. ❑ MODERNIZACIÓN.

MODERNO, NA adj. Que existe desde hace poco tiempo. ◊ Que ha sucedido recientemente. ◊ Lo que en cualquier tiempo se ha considerado contrapuesto a lo clásico. ◊ pl. Los que viven en la actualidad y han vivido hace poco tiempo. ❑ MODERNIDAD.

MODESTIA f. Cualidad de modesto. ◊ Recato que observa uno en su porte y en la estimación que muestra de sí mismo. ◊ Honestidad, decencia y recato en las acciones o palabras. ❑ MODESTO, TA.

MÓDICO, CA adj. Moderado, limitado. ❑ MODICIDAD.

MODIFICACIÓN f. Cualquier cambio que por influencia del medio se produce en los caracteres de un ser vivo y que no se transmite por herencia a los descendientes.

MODIFICAR tr. y prnl. Limitar, determinar o restringir las cosas a un cierto estado o calidad en que se singularicen y distingan unas de otras. ❑ MODIFICATIVO, VA; MODIFICATORIO, RIA.

MODIGLIANI, Amedeo (1884-1920) Pintor y escultor it. Sus cuadros están dominados por una línea limpia y remarcada que encierra superficies de cálidos colores. *Gran desnudo echado, Elvira.*

MODILLÓN m. Miembro voladizo sobre el que se asienta una cornisa o alero o bien sobre los extremos de un dintel.

MODISMO m. Frase hecha propia de una lengua o dialecto, o típica de una región determinada.

MODISTA com. Persona que tiene por oficio hacer trajes y otras prendas de vestir para señoras, o que tiene tienda de modas.

MODISTERÍA f. *Amér.* Tienda de modas.

MODISTILLA f. fam. Modista de poco valer en su arte. ◊ fam. Oficiala o aprendiza de modista.

MODISTO m. Falsa forma masculina de *modista.*

MODO m. Forma variable y determinada que puede recibir o no un ser sin que cambie su esencia. ◊ Moderación en las acciones o palabras. ◊ Urbanidad, decencia en el porte o trato. Se usa más en pl. ◊ Forma de hacer una cosa. ◊ *Gram.* Cada una de las distintas maneras generales de manifestarse la significación del verbo. Los modos esp. son: indicativo, subjuntivo e imperativo. ◊ *Mús.* Disposición o arreglo de los sonidos que forman una escala musical. ◊ **adverbial.** *Gram.* Cada una de ciertas locuciones que hacen oficio de adverbios. ◊ **de producción.** ⸬ Producción.

MODORRO, RRA adj. y s. Díc. del operario que se ha azogado en las minas. ◊ adj. Díc. de la fruta que pierde el color y empieza a fermentar. ◊ adj. y s. fig. Inadvertido, ignorante, que no hace distinción de las cosas. ◊ f. Sueño muy pesado. ◊ *Vet.* Aturdimiento que sobreviene al ganado lanar por la presencia de los huevos de cierto helminto en el cerebro de las reses. ▫ MODORRAR.

MODOSO, SA adj. Moderado, respetuoso, recatado.

MODULACIÓN f. *Fís.* Variación de las características (amplitud, frecuencia o fase) de un régimen de ondas en función de otra onda que se desea transmitir. ◊ *Mús.* En una composición, paso de una tonalidad a otra. ◊ **de frecuencia.** Aquella en la que la onda modulada está formada por una onda portadora y una serie de frecuencias laterales. La desviación respecto a la frecuencia central es proporcional a la amplitud de la señal moduladora e indep. de su frecuencia.

MODULAR intr. Variar de modos en el habla o en el canto, dando con afinación y suavidad los tonos correspondientes. ◊ *Mús.* Pasar de una tonalidad a otra. ▫ MODULADOR, RA.

MÓDULO m. Medida comparativa de las partes del cuerpo humano en los tipos étnicos de cada raza. ◊ *Arq.* Semidiámetro de la parte inferior de la columna. ◊ *Comp.* Cada uno de los elementos de un equipo, programa o proceso que son identificados de manera individual. ◊ *Mat.* Anillo conmutativo con elemento unidad. ◊ *Mat.* Divisor entero necesario entre núm. congruentes para que éstos lo sean. ◊ *Mat.* Razón constante entre los logaritmos de un mismo núm. tomados en bases diferentes. ◊ *Mec. apl.* Relación por cociente entre el diámetro primitivo y el núm. de dientes de una rueda dentada.

MOFA f. Burla y escarnio que se hace de una persona o cosa. ▫ MOFAR; MOFADOR, RA.

MOFETA f. Cualquiera de los gases perniciosos que se desprenden de las minas y otros sitios subterráneos. ◊

Zool. Mamífero carnívoro propio de América, de piel muy apreciada. Al verse perseguida, despide un líquido de olor repugnante.

MOFLETE m. fam. Carrillo demasiado grueso y carnoso. ▫ MOFLETUDO, DA.

MOGADÍSCIO (*Mogadishu*) Cap. de Somalia; 400 000 hab. Puerto sobre el océano Índico. Ind. alimentaria.

MOGHREB o **MOGREB** ⸬ Magreb.

MOGO m. *Chile* y *Col.* Moho.

MOGOL, LA adj. y s. Mongol. ◊ m. Lengua de los mogoles. ◊ **Gran m.** Título de los soberanos de una dinastía mahometana de la India.

MOGOLLA f. *Col.* Moyuelo. ◊ *Chile.* Ganga, buen negocio.

MOGOLLÓN m. Entremetimiento de uno donde no le llaman. ◊ Gran cantidad de cosas difíciles de aclarar. ◊

MOGOMOGO m. *Cuba* y *Hond.* Plato que se prepara con plátano verde, calabaza, etc.

MOGOTE m. Montículo aislado, de forma cónica y rematado en punta roma. ◊ Cada una de las dos cuernas de los gamos y venados, hasta que tiene un palmo de largo.

MOGPO C. y puerto de Corea del Sur; 221 900 hab. Centro comercial y agrícola. Ind. textiles y alimentarias.

MOGUILIOV C. sit. en el E de la rep. de Bielorrusia, a orillas del Dniéper; 343 000 hab. Construcciones mecánicas.

MOHAIR m. Fibra textil animal procedente del pelo de la cabra de Angora.

MOHAMED ⸬ Muhammad.

MOHARRA f. Punta de la lanza.

MOHARRACHO m. Persona que se disfraza ridículamente para entretener a los demás. ◊ fig. y fam. Figura mal hecha. ◊ Persona de ningún valor o mérito.

MOHAWK adj. y s. Díc. del individuo de una tribu amerindia iroquesa de EE UU que habitaba en el valle del río M. Hoy suman unas 2 000 personas y viven en una reserva en el est. de Nueva York.

MOHEDA f. Monte alto con jarales y maleza.

MOHENJO-DARO Ant. c. del valle del Indo, que alcanzó su máx. esplendor entre los años 3 000 y 2 000 a. C. Saqueada por tribus arias, h. 1 200 a. C. su cultura se extinguió.

MOHICANO, NA adj. y s. Díc. del individuo de una tribu amerindia perteneciente al grupo étnico algonquino, extinguida en la actualidad. ◊ adj. Relativo a esa tribu. ◊ m. pl. Esa misma tribu.

MOHÍN m. Mueca o gesto.

MOHÍNO, NA adj. Triste, melancólico, disgustado. ◊ Díc. del macho o mula hijos de caballo o burra.

MOHO m. *Bot.* Hongo filamentoso que forma colonias sobre sustancias en descomposición. ◊ Capa que se forma en las superficies de un cuerpo metálico por alteración química de su materia. ◊ fig. Desidia o dificultad de trabajar por el exceso de ocio. ▫ MOHECER; MOHOSO, SA.

MOHOLY-NAGY, László (1895-1946) Pintor y escultor húng. Establecido en EE UU desde 1937, creó la New Bauhaus, que se convirtió en el Institute of Design.

MOHOSEARSE prnl. *Amér.* Enmohecerse.

MOHS, Friedrich (1773-1839) Mineralogista al. Ideó una escala convencional para la determinación de la dureza de los minerales.

MOIRAS ⸬ Parcas.

MOISÉS m. Cuna portátil de mimbre, lona u otra materia, provista de asas para su traslado.

MOISÉS Legislador y dirigente religioso heb., nacido en Egipto h. finales del s. XIV a. C. Educado en la corte faraónica, Dios le encargó la salvación de su pueblo. Libertó a los israelitas de la esclavitud y les condujo al desierto (éxodo), donde recibió el Decálogo al pie del Sinaí y dictó leyes religiosas y civiles. Se le atribuye la redacción del Pentateuco.

MOJABOBOS m. *Hond.* Calabobos.

MOJADO, DA adj. Díc. del sonido pronunciado con un contacto relativamente amplio del dorso de la lengua contra el paladar. ◊ **Papel m.** fig. Escrito de poca importancia o que prueba poco para un asunto.

MOJAMA f. Cecina de atún.

MOJAR tr. y prnl. Humedecer una cosa con agua u otro líquido. ◊ intr. y fig. Introducirse o tener parte en una dependencia o negocio. ▫ MOJADOR, RA; MOJADURA.

MOJARRA f. Pez marino teleósteo perciforme, de cabeza ancha y ojos grandes. ◊ *Amér.* Cuchillo ancho y corto.

MOJE m. Salsa de cualquier guisado.

MOJIGANGA f. Fiesta pública con disfraces y máscaras. ◊ fig. Burla, broma.

MOJIGATO, TA adj. y s. Díc. de la persona que afecta exagerada moralidad o recato. ◊ Díc. de la persona que aparenta humildad o timidez para conseguir sus propósitos. ▫ MOJIGATERÍA; MOJIGATEZ.

MOJINETE m. Tejadillo de los muros. ◊ Caballete de un tejado. ◊ *Argent.* Frontón o remate triangular de la fachada de un rancho.

MOJINO adj. y m. *Amér. Centr.* Ganado vacuno de pelo muy negro.

MOJO m. Moje. ◊ *Amér.* Salsa.

MOJOJÓ m. *Col.* Larva de coleóptero comestible.

MOJÓN m. Señal permanente para fijar los linderos de propiedades, términos y fronteras. ◊ P. ext., señal que se

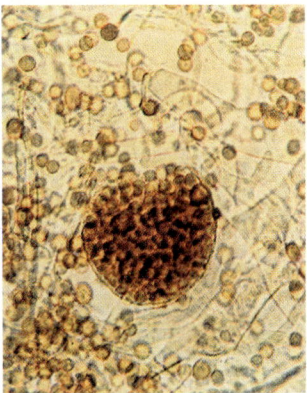

Microfotografía de **moho** de pan

coloca en despoblado para que sirva de guía. ❑ MOJONA; MOJONAR; MOJONERA.

MOKA (*al-Mukha*) C. del SO de Yemen, sobre el mar Rojo; 6 000 hab. Ha dado nombre al famoso café moca.

MOKPO C. del SO de la República de Corea, puerto sobre el mar Amarillo; 221 900 hab. Ind. textiles y alimentarias.

MOL m. *Quím.* Molécula gramo.

MOLA, Emilio (1887-1937) General esp. Participó en el levantamiento militar contra la II República. Pereció en un accidente de aviación.

MOLALIDAD f. *Quím.* Concentración de una solución expresada en moles de soluto por cada 1 000 g de disolvente.

MOLAR adj. Relativo a la muela. ◊ Apto para moler. ◊ *Quím.* Relativo al mol. ◊ adj. y m. *Anat.* Díc. de cada uno de los últimos dientes posteriores a los premolares y cuya función es la de triturar los alimentos.

MOLARIDAD f. *Quím.* Concentración de una solución expresada en moles de soluto por cada litro de solución.

MOLCAJETE m. Mortero de piedra o de barro cocido, con tres pies.

MOLDAR tr. Ajustar a un molde. ◊ Hacer molduras en una cosa.

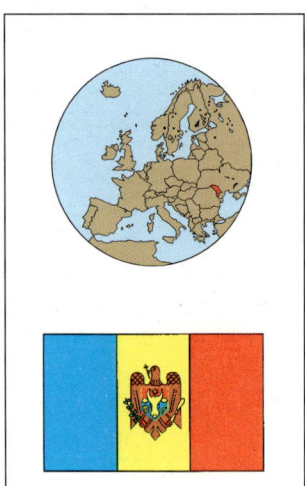

Mapa de situación y bandera
de **Moldavia**

MOLDAVIA (*Republika Moldova*) Est. de Europa oriental, integrada por Besarabia, salvo el sector meridional y una estrecha franja de la ribera oriental del Dniéster. Agricultura (cereales, vid, hortalizas, tabaco, patata). Ganadería. Sal y petróleo. Ind. tabaquera. Grupos étnicos: moldavos (mayoría), ucranianos, rusos, etc. Lenguas: moldavo (of.), ruso, ucraniano. *Rel.*: cristianismo ortodoxo (mayoría), catolicismo. U.M.: leu. Cap., Kishiniov. C. prales.: Tiraspol, Balti. Tras incorporarse Besarabia a Rumania (1920), el gobierno creó una pequeña rep. autónoma (1925) habitada por moldavos al E del Dniéster. Al recuperar su dominio sobre Besarabia (1940-1941 y desde 1994) se creó la act. M. En 1991 se autoproclamó indep. y al disolverse la URSS se integró en la CEI. ◊ Región geográfica del E de Rumania.

MOLDAVIA	
Superficie	33 700 km²
Población	4 363 000 hab. (129 hab./km²)
Indicadores sociológicos	
PNB	9 529 millones de dólares
Renta per cápita	2 170 dólares
Esperanza de vida	69 años
Crecimiento vegetativo	0,8 %

(rumano, *Moldova*; turco, *Bogdan*), entre los Cárpatos orientales y el río Prut. C. prales.: Iasi y Galati. Ganadería. Minería. Sometida al vasallaje turco entre 1538-1828. ❑ MOLDAVO, VA.

MOLDE m. Pieza en la que se hace en hueco la figura que en sólido quiere darse a la materia fundida, que en él se vacía. ◊ Cualquier instrumento que sirve para estampar o dar forma o cuerpo a una cosa. ◊ *Art. Gráf.* Conjunto de letras o forma ya dispuesta para imprimir. ❑ MOLDAR.

MOLDEAR tr. Hacer molduras en una cosa. ◊ Sacar el molde de una figura. ◊ Vaciar por medio de un molde. ❑ MOLDEADO, DA; MOLDEADOR, RA; MOLDEAMIENTO.

MOLDURA f. Parte saliente, de perfil uniforme, que sirve para adornar obras de arquitectura o de carpintería. ◊ *Chile.* Pared o adorno de plantas tupidas con que se forman las calles y cuadros de los jardines. ◊ *Ecuad.* Marco de un cuadro. ❑ MOLDURAR.

MOLE m. *Méx.* Guisado de carne, cuya salsa se hace con chile colorado, ajonjolí y otros ingredientes. ◊ f. Cosa de gran bulto o corpulencia. ◊ **verde**. *Méx.* Guisado que se hace con salsa de chiles y tomates verdes.

MOLÉCULA f. *Fís.* Asociación de átomos, eléctricamente neutra, que forma una estructura estable. ◊ **gramo**. *Quím.* Núm. de gramos de una sustancia, igual al que expresa su peso molecular.

MOLEDERA f. Piedra en que se muele. ◊ fig. y fam. Molestia causada por la importunación.

MOLEJÓN m. Mollejón, piedra de amolar. ◊ *Cuba.* Farallón, roca a flor de agua.

MOLER tr. Quebrantar un cuerpo, reduciéndolo a menudísimas partes o a polvo. ◊ *Cuba.* Exprimir la caña de azúcar en el trapiche. ◊ fig. Cansar o fatigar mucho materialmente. ◊ fig. Destruir, maltratar. ❑ MOLEDOR, RA; MOLEDERA, RA; MOLEDURA; MOLENDERO; MOLIMIENTO.

MOLERO m. El que hace o vende muelas de molino.

MOLESTAR tr. y prnl. Causar molestia.

MOLESTIA f. Fatiga, perturbación. ◊ Fastidio, inquietud del ánimo. ◊ Desazón por un daño físico leve. ◊ Falta de comodidad para los libres movimientos del cuerpo. ❑ MOLESTO, TA; *Amér.* MOLESTOSO, SA.

MOLIBDENITA f. *Miner.* Sulfuro de molibdeno, de color gris acero y untuoso.

MOLIBDENO m. *Quím.* Elemento de símb. Mo, n. a. 42 y p. a. 95,95. Metal blanco, duro, dúctil y maleable. Sirve para fabricar aceros especiales, a los que proporciona mayor dureza y resistencia, filamentos de lámparas, etc.

MOLIBDITA f. *Miner.* Óxido de molibdeno, de color amarillo pálido y de brillo mate o sedoso.

MOLICIE f. Blandura, calidad de blando. ◊ fig. Excesiva comodidad y regalo en el modo de vivir.

MOLIDA f. *Amér. Centr.* Molienda de caña de azúcar.

MOLIENDA f. Acción de moler. ◊ Porción de caña de azúcar, trigo, aceituna, etc., que se muele de una vez. ◊ El mismo molino. ◊ Temporada que dura la operación de moler la aceituna o la caña de azúcar. ◊ fig. y fam. Molimiento, molestia. ◊ fig. y fam. Cosa que causa molestia.

MOLIENTE adj. Que muele. ◊ **Corriente y m.** loc. adj. Díc. de lo llano y usual.

MOLIÈRE Seud. de *Jean-Baptiste Poquelin* (1622-1673) Dramaturgo fr. Su inventiva y su inagotable vis cómica le permitían mantener permanentemente el interés a lo largo de sus obras, llenas de humor y cuyos personajes poseen una vitalidad y un verismo incomparables. Destacan aquellas en las que consiguió crear un personaje-tipo de proyección universal. *El avaro, Tartufo o el impostor, El misántropo, El burgués gentilhombre, Don Juan, Las mujeres sabias, Las preciosas ridículas, El médico a su pesar, El enfermo imaginario.*

Molière

MOLINA, Arturo Armando (n. 1929) Militar y político salv. Presid. de la Rep. (1972-1977). ◊ **Enrique** (1910-1996) Poeta arg., surrealista. *Las cosas y el delirio, Amantes antípodas, Monzón Ñapalm.* ◊ **Luis de** (1535-1601) Teólogo jesuita esp. Trató de armonizar el libre albedrío con la doctrina católica de la gracia; este intento teológico-filosófico fue adoptado por los jesuitas y creó una tendencia conocida con el nombre de molinismo. ◊ **Pedro** (1777-1854) Patriota guat. Jefe de Est. (1829-1830). ◊ **Ureña, José Rafael** (1921-2000) Político dom. Presid. interino de la rep. (1965).

MOLINARI, Ricardo (1898-1996) Poeta arg., vanguardista, *El huésped y la melancolía.*

MOLINERÍA f. Conjunto de molinos. ◊ Ind. molinera.

MOLINERO, RA adj. Relativo al molino o a la molinería. ◊ m. El que tiene a su cargo un molino. ◊ El que trabaja en él. ◊ f. Mujer del molinero.

MOLINETE m. Ruedecilla con aspas que se pone en las vidrieras de una habitación para que girando renueve el aire de ésta. ◊ Juguete que consiste en una varilla en cuya punta hay una cruz o una estrella de papel que giran movidas por el viento. ◊ Figura de baile. ◊ *Esg.* Movimiento circular que se hace con la lanza, sable, etc., alrededor de la cabeza, para defenderse. ◊ *Méx.* Girándula, rueda de cohetes. ◊ *Taur.* Pase de muleta en que el torero, al estar en el centro de la suerte, gira en dirección contraria a la del toro.

MOLINILLO m. Instrumento pequeño para moler. ◊ Palillo cilíndrico con una rueda gruesa y dentada en su extremo inferior, que se utiliza para batir el chocolate u otras cosas.

MOLINO m. Máquina para moler, compuesta de una muela, una solera y los mecanismos necesarios para transmitir y regularizar el movimiento producido por una fuerza motriz, como el agua, el viento, el vapor u otro agente mecánico. ◊ Artefacto con que, por un procedimiento cualquiera, se quebranta, machaca, lamina o estruja alguna cosa. ◊ Casa o edificio en que hay un molino. ◊ **de viento.** Ingenio mecánico que sirve para moler cereales o aceitunas aprovechando la energía del aire como fuerza motriz. ❑ MOLINAR.

MOLINOS, Miguel de (1628-1696) Sacerdote y místico esp., creador del quietismo. Su *Guía espiritual* fue condenada por la Inquisición. Murió en prisión. ❑ MOLINOSISMO.

MOLLA f. Parte carnosa o blanda de un cuerpo orgánico.

MOLLAR adj. Blando y fácil de partir. ◊ fig. Díc. de las cosas que dan mucho provecho con poco esfuerzo. ◊ fig. y fam. Aplícase al que es fácil de engañar.

MOLLE m. *Amér. Centr.* y *Merid.* Árbol de hojas fragantes, flores en espigas axilares y frutos rojizos. Su corteza y resina son nervinas y antiespasmódicas. ◊ *Bol., Ecuad.* y *Perú.* Árbol cuyos frutos se emplean para fabricar una especie de chicha.

MOLLEJA f. Apéndice carnoso, formado ordinariamente por infarto de las glándulas. ◊ Estómago muscular de las aves, que les sirve para triturar y ablandar los alimentos.

MOLLERA f. Parte más alta del casco de la cabeza, junto a la comisura coronal. ◊ fig. Caletre, seso. ◊ *Zool.* Fontanela situada en la parte más alta de la frente.

MOLLET, Guy (1905-1975) Político fr. Jefe de gobierno de 1956 a 1957. Se enfrentó a la crisis de Suez.

MOLLIZNAR intr. Lloviznar.

MOLNAR, Ferenc (1878-1952) Dramaturgo y novelista húng. Crítico mordaz de la sociedad de su tiempo. *Liliom, La guardia de corps, Carnaval, Olympia.*

MOLO m. *Chile.* Malecón.

MOLOK Dios cananeo mencionado en el A. T., al que se sacrificaban niños.

MOLOLOA f. *Hond.* Conversación ruidosa.

MOLOSO, adj. y s. Díc. de cierta casta de perros procedente de Molosia.

MOLOTE m. *Cuba.* Alboroto, escándalo. ◊ *Méx.* Moño. ◊ *Méx.* Empanada rellena de sesos, papas, etc.

MOLOTERA f. *Guat.* y *Hond.* Molote, pelotera.

MOLOTOV, Viacheslav, seud. de *Viacheslav Mijailovich Scriabin* (1890-1986) Polítivo sov. Firmó el pacto germanosov. con Ribbentrop (1939). Fue excluido del partido en 1962.

MOLTKE, Helmuth Karl Bernhard, CONDE DE (1800-1891) General prusiano. Reorganizó el ejército y planeó con éxito las campañas de Dinamarca y Austria y la guerra franco-prusiana.

MOLTURAR tr. Moler granos o frutos. ❑ MOLTURA; MOLTURACIÓN.

MOLUCAS (*Maluku*) Arch. y prov. de Indonesia, entre las Célebes y Nueva Guinea; 74 505 km², 1 411 000 hab. Cap., Ambon. Islas prales.: Batjan, Buru, Ceram, Halamahera, Morotai, Obi, arch. Tanimbar, Aru y Kai.

MOLUSCO adj. y m. *Zool.* Díc. de animales del tipo moluscos. ◊ m. pl. *Zool.* Fílum o tipo de animales invertebrados que se caracterizan por su cuerpo blando, en general no segmentado, en el que se distingue un pie, una masa visceral y una cavidad paleal al servicio de la respiración, y recubierto por una concha caliza.

MOMA f. *Méx.* Gallina ciega, juego de muchachos.

MOMBASA C. y puerto del SE de Kenia; 341 000 hab. Refinería de petróleo.

MOMENTO m. Porción de tiempo muy breve en relación con otra. ◊ Instante. ◊ Fracción de tiempo que en una serie de fracciones temporales sucesivas se singulariza por cualquier circunstancia. ◊ Oportunidad, ocasión propicia. ◊ *Fís.* Término genérico que hace referencia a la capacidad de giro de un sistema. ◊ **de inercia.** Suma de los productos de las masas de un cuerpo por los cuadrados de las distancias de cada una de ellas respecto a un eje fijo. ❑ MOMENTÁNEO, A.

MOMIFICAR tr. y prnl. Convertir en momia un cadáver.

MOMIO, MIA adj. y m. fig. Magro, sin gordura. ◊ m. fig. Lo que se da u obtiene sobre lo que corresponde legítimamente. ◊ fig. Ganga, cosa que se adquiere a poca costa. ◊ f. Cadáver que se deseca con el transcurso del tiempo sin entrar en putrefacción. ◊ fig. Persona delgada y demacrada.

MOMMSEN, Theodor (1817-1903) Historiador al., gran investigador de la cultura y el derecho romanos. Premio Nobel de Literatura en 1902. *Historia de Roma.*

MOMO *Mit. gr.* Dios de la burla y el escarnio, hijo de Hipnos (Sueño) y de Nyx (Noche).

MOMOTO m. *Amér.* Ave trepadora, insectívora, de pico largo y alas cortas.

MOMOTOMBO Volcán de Nicaragua, perteneciente a la cordillera de los Marrabios; 1 280 m.

MOMPOU, Frederic (1893-1987) Compositor esp. Destacado representante de la música moderna. *Suburbis, Becqueriana.*

MONACAL adj. Perteneciente o relativo a los monjes.

MONAQUISMO m. Estado o profesión de monje. ◊ Institución monástica.

MONACITA f. *Miner.* Fosfato de cerio, que cristaliza en el sistema monoclínico; color amarillo y brillo vítreo. Es la pral. mena de cerio.

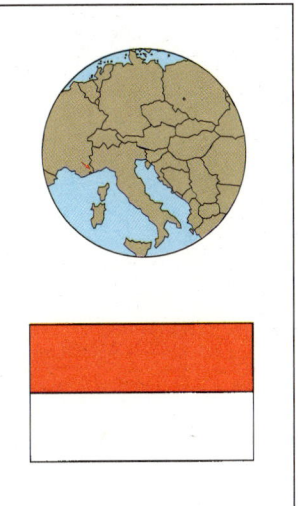

Mapa de situación y bandera de **Mónaco**

MÓNACO (*Principauté de Monaco*) Estado del S de Europa, el más pequeño del continente después de C. del Vaticano. Sit. junto al mar Mediterráneo, en la Costa Azul fr. *Rel.*: católica. Lengua: fr. (of.). U. M.: euro. Cap., Mónaco. Ind. turística. Es una monarquía hereditaria constitucional, a cuyo frente se halla desde 2005 el príncipe Alberto II, de la familia Grimaldi. ◊ Cap. del principado hom.; 2 000 hab. Con La Condamine y Montecarlo forma una sola agl. urb.

MÓNACO	
Superficie	1,95 km²
Población	30 000 hab. (15 385 hab./km²)
Recursos económicos	
Turismo	204 000 visitantes
Indicadores sociológicos	
Alfabetismo	99%

MONADA f. Acción propia de mono. ◊ Gesto o figura afectada. ◊ Cosa pequeña, delicada y primorosa. ◊ fig. Acción impropia de persona cuerda y formal.

MÓNADA f. *Fil.* Cada uno de los seres indivisibles, pero de naturaleza distinta, que componen el universo, según el sistema de Leibniz. ❑ MONADISMO; MONADOLOGÍA.

MONADELFO, FA adj. *Bot.* Díc. de los estambres que están unidos por sus filamentos en un solo cuerpo.

MONAGAS Est. del NE de Venezuela, sit. a orillas del golfo de Paria; 28 900 km², 615 503 hab. Cap., Maturín. En su relieve se distingue, al NO, el macizo de Cumaná. Café, cacao, algodón y yuca. Imp. producción petrolífera.

MONAGAS, José Gregorio (1795-1858) Político y militar ven. Luchó en las guerras de indep. Presid. (1850-1855). ◊ *Tadeo* (1784-1868) Militar y político ven., hermano del anterior. Dirigió el levantamiento de las prov. orientales en favor de la Gran Colombia (1830). Presid. (1847-1850 y 1855-1858).

Monedas antiguas

MONAGUILLO m. Niño que ayuda a misa y hace otros servicios en la iglesia.
MONARCA m. Príncipe soberano de un Estado.
MONARQUÍA f. Est. regido por un monarca. ◇ Forma de gobierno en que la jefatura del Est. es asumida y ejercida vitaliciamente por una sola persona, llamada rey o soberano. ❑ MONÁRQUICO, CA; MONARQUISMO.
❑ *Hist.* El carácter vitalicio ha sido el denominador común a todas ellas. La m. absoluta se caracteriza por el poder ilimitado del monarca, y es típica de los Est. surgidos del Renacimiento. La m. limitada supone el sometimiento del rey al control del parlamento y la limitación de su autoridad al control de una constitución. La m. limitada estamental es propia del Est. feudal. La m. limitada constitucional es propia de los Est. modernos.
MONARQUIANISMO m. Nombre ant. del modalismo y del sabelianismo.
MONASTERIO m. Casa o convento donde viven en comunidad los monjes. ◇ P. ext., cualquier casa de religiosos o religiosas. ❑ MONASTERIAL; MONÁSTICO, CA.
MONCADA, *Francisco de* (1586-1653) Historiador esp. *Expedición de catalanes y aragoneses contra turcos y griegos.* ◇ *José María* (1871-1945) Militar y político nic. Presid. de la rep. (1929-1932).
MONCAYO, *Sierra del* Macizo montañoso del sistema Ibérico esp. Alt. máx.: Moncayo (2 313 m).
MÖNCHENGLADBACH C. de Alemania, en Renania Septentrional-Westfalia; 255 100 hab. Ind. algodonera, maquinaria.
MONCLOVA C. del NE de México, en el est. de Coahuila; 115 700 hab. Minería, fundiciones de acero.
MONDADIENTES m. Instrumento pequeño y rematado en punta que sirve para limpiar los dientes.
MONDADURA f. Despojo, cáscara o desperdicio de las cosas que se mondan. Se usa más en pl.
MONDAR tr. Limpiar una cosa quitándole lo superfluo o extraño que está mezclado con ella. ◇ Limpiar el cauce de un río o canal. ◇ Podar, escamondar. ◇ Quitar la cáscara a las frutas, la corteza o piel a los tubérculos, o la vaina a las legumbres. ◇ prnl. fig. y fam. Partirse.

MONDO, DA adj. Limpio y libre de cosas superfluas, mezcladas o añadidas. ◇ Mondadura.
MONDONGO m. Intestinos y panza de las reses, y especialmente los del cerdo. ◇ fig. *Guat.* Adefesio, traje o adorno ridículo. ◇ *Hond.* Guisado hecho de mondongo. ❑ MONDONGUERÍA; MONDONGUERO, RA.
MONDRIAN, *Piet* Seud. de *Pieter Cornelis Mondriaan* (1872-1944) Pintor neerlandés, uno de los fundadores del arte abstracto. Su obra es el triunfo de la pureza plástica absoluta.
MONEAR intr. fam. Hacer monadas. ◇ *Chile* y *Argent.* Presumir, envanecerse.
MONEDA f. Pieza de metal, acuñada con el busto del soberano o el sello del gobierno que tiene la prerrogativa de fabricarla, y que sirve de medida común para el precio de las cosas y para facilitar los cambios. ◇ fig. y fam. Dinero, caudal. ◇ Conjunto de billetes y metal representativo del dinero circulante en cada país. ◇ **corriente**. La legal y usual. ◇ **divisionaria**. La que equivale a una fracción exacta de la unidad monetaria legal. ◇ **fiduciaria**. La que representa un valor intrínseco. ❑ MONEDAR; MONETARIO, RIA.
MONEDERO m. Bolsita para llevar monedas en el bolsillo. ◇ El que fabrica moneda. ◇ **falso**. El que acuña moneda falsa o le da curso a sabiendas.
MONEGASCO, CA adj. y s. De Mónaco.
MONERÍA f. Monada, acción de mono. ◇ fig. Gesto o acción graciosa de los niños. ◇ fig. Cualquier cosa fútil y de poca importancia en personas mayores.
MONET, *Claude* (1840-1926) Pintor fr. Su obra *Impresión, sol naciente* dio nombre al mov. impresionista, del que fue el pral. promotor. Autor de paisajes inundados de luz y pintados al aire libre.
MONGE, *Gaspard* (1746-1818) Matemático, militar e ingeniero fr., fundador de la geometría descriptiva. ◇ *Luis Alberto* (n. 1925) Político cost. Presid. (1982-1986).
MONGOL, LA adj. y s. Díc. de un conjunto de pueblos, originalmente nómadas, surgidos en el macizo de Altái. ◇ adj. Relativo a esa región. ◇ adj. y s. De Mongolia.
❑ *Hist.* Estaban organizados en tribus, formadas por pastores trashumantes.

Claude **Monet**, retratado por Renoir

Hábiles jinetes y perfectos dominadores del arco, eran temibles guerreros. Temujin, futuro Gengis Jan, los unificó y fundó uno de los imperios más extensos, que incluía gran parte de Asia y el S de Rusia (s. XIII).

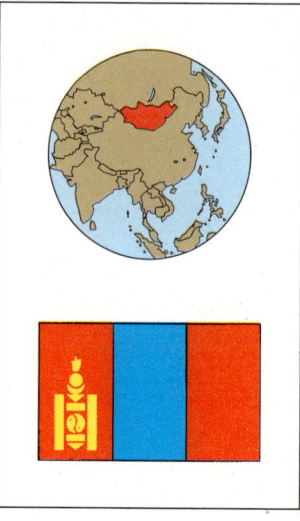

Mapa de situación y bandera de **Mongolia**

MONGOLIA, República de (*Mongol Ard Uls*) Estado del centro-E de Asia. Es una vasta altiplanicie, cuya alt. media se sitúa por encima de 1 500 m. Las regiones meridionales forman parte del desierto de Gobi. R. prales.: Kerulen, Selenga y Orjon. Clima continental frío. Ganadería. Abundantes pastos. Agricultura de subsistencia. Carbón, petróleo, oro, estaño, volframio y fluorita. Grupos étnicos: mongoles (mayoritarios), kazacos, rusos, chinos. Lengua: mongol. *Rel.*: lamaísmo (mayoritaria). U.M.: el tughrik. Cap., Ulan-Bator.
❑ *Hist.* Después de su rápida expansión por las llanuras asiáticas, la desin-

MONGOLIA

Superficie	1 566 500 km^2
Población	2 140 000 hab. (1 hab./km^2)
Recursos económicos	
Cabaña bovina	2 849 000 cabezas
Cabaña caballar	2 255 000 cabezas
Cabaña caprina	5 126 000 cabezas
Cabaña ovina	15 083 000 cabezas
Camellos	562 000 cabezas
Carbón	690 000 t
Cebada	45 000 t
Cemento	510 000 t
Ener. eléctrica	3 600 millones de kw/h
Fluorita	700 000 t
Lignito	7 200 000 t
Patatas	96 000 t
Riqueza forestal	2 390 000 m^3
Sal	16 000 t
Trigo	536 000 t
Indicadores sociológicos	
PNB	500 millones de dólares
Renta per cápita	200 dólares
Esperanza de vida	63 años
Alfabetismo	90%

tegración nac. y la decadencia terminaron con el poderío de los mongoles. Lentamente fueron integrados por la fuerza en el imperio chino. Durante el s. XIX, M. fue el escenario de la lucha por la hegemonía entre rusos y chinos. Ocupada por las tropas sov. en 1921, se proclamó la Rep. Popular (1924). En 1990 desapareció el monopolio de partido. La nueva constitución (1991) se basó en un socialismo democrático y humano.

MONGOLIA Interior (*Öbör Mongol*; *Neimenggu*) Región autónoma del N-NE de China; 1 200 000 km², 21 456 798 hab. Cap., Huhehot. C. pral.: Paotou. El río Hoang-ho atraviesa la región por el S-SO. Ganadería. Petróleo, antracita y hierro.

MONGÓLICO, CA adj. y s. De Mongolia. ◊ Que padece mongolismo.

MONGOLISMO m. *Pat.* Síndrome congénito caracterizado por unos rasgos faciales que recuerdan los de los mongoles y retraso mental. Está provocado por la detención del desarrollo embrionario del encéfalo a causa de una anomalía cromosómica.

MONGOLOIDE adj. y s. *Antr.* Díc. de uno de los grandes grupos raciales en que se divide la especie humana. Los m. forman más de un tercio de la humanidad. Sus prales. características son la coloración de la piel, ojos por lo gral. castaños y pliegue interno del párpado que da la sensación de oblicuos, cabello lacio, escasa pilosidad corporal y pómulos salientes.

MONI m. fam. *Amér.* Monis, dinero.

MONIATO m. Vulgarismo por boniato.

MONIFATO m. *Ven.* Muchacho presuntuoso y vano. ◊ *Cuba.* y *P. Rico.* Figura ridícula, monigote.

MONIGOTE m. fig. y fam. Persona ignorante. ◊ fig. y fam. Muñeco o figura ridícula hecha de trapo o cosa semejante. ◊ fig. y fam. Pintura o estatua mal hecha. ◊ fam. *Amér.* Seminarista.

MONISMO m. *Fil.* Doctrina que sólo admite una sustancia o una sola especie de sustancia, oponiéndose al dualismo. El término fue introducido por Wolff. ❏ MONISTA.

MONITOR m. Persona encargada de la enseñanza y la práctica de algunas disciplinas o deportes. ◊ Dispositivo visual o acústico que permite comprobar el funcionamiento de un aparato radioeléctrico. ◊ Aparato de televisión empleado en los estudios de grabación o de emisión. ◊ Barco de guerra, artillado, acorazado y con espolón de acero a proa. ◊ *Comp.* Pantalla de la computadora donde se visualiza la información de entrada/salida.

MONIZ, *António Caetano de Abreu Freire Egas* (1874-1955) Médico port. Efectuó la primera lobotomía. Premio Nobel de Medicina en 1949, con W. R. Hess.

MONJA f. Miembro de una orden religiosa femenina. ◊ *Méx.* Pan dulce de forma redonda. ❏ MONJIL; MONJÍO.

MONJE m. Solitario o anacoreta. ◊ Individuo de una de las órdenes religiosas que está sujeto a una regla común, o vive en monasterios. ❏ MONJÍA.

MONJITA f. *Argent.* Ave que tiene de color gris blanquecino el lomo, las alas y la cola; blanco el pecho, y negra la cabeza. ◊ *Chile.* Planta voluble, de flores grandes y de hermoso color amarillo.

Mona de Gibraltar

MONO, NA adj. fig. y fam. Bonito, atractivo, gracioso. ◊ m. *Zool.* Nombre genérico que se aplica a cualquiera de los miembros del orden primates, especialmente a los más evolucionados. ◊ fig. Persona que hace gestos parecidos a los del mono. ◊ fig. Figura humana o de animal, hecha de cualquier materia, o pintada, o dibujada. ◊ fig. Traje de faena que usan algunos trabajadores. ◊ fig. *Chile.* Montón o pila en que se exponen las frutas u otras cosas en los mercados o tiendas. ◊ **araña** Primate sudamericano perteneciente al gén. *Ateles*, del que se conocen seis especies. Recibe este nombre por sus largas patas. ◊ **ardilla** Primate sudamericano. Se conocen cinco especies; la más común es el m. barizo. ◊ **aullador** Primate de la América meridional, de cola prensil y con el hueso hioides, grande y hueco, en comunicación con la laringe, lo que le permite emitir largos sonidos que se oyen a gran distancia. ◊ **capuchino.** Primate americano cuya cola no es prensil; tiene la cabeza redondeada, ojos grandes y cuerpo cubierto de largos y abundantes pelos. ◊ f. Hembra del mono. ◊ fig. y fam. Persona que hace las cosas por imitar a otra. ◊ fig. y fam. Borrachera. ◊ *Chile.* Maniquí femenino. ◊ *Hond.* Persona o cosa mala. ◊ **de Gibraltar**. f. Mamífero cuadrumano de unos 60 cm de alto, pelaje pardo y cola corta. Vive en África y en el peñón de Gibraltar. ❏ MONESCO, CA.

MONOCASIO f. *Bot.* Tipo de ramificación cimosa en la que progresa solamente uno de los diversos ejes laterales de distinto orden, de modo que su apariencia es la de un eje principal.

MONOCITO m. Leucocito carente de granulación y cuya misión pral. estriba en la fagocitosis de los gérmenes nocivos que penetran en el organismo.

MONOCLINAL adj. *Geol.* Díc. de la estructura cuyas capas presentan el mismo buzamiento y dirección.

MONOCLÍNICO, CA adj. y m. *Miner.* Sistema cristalino cuyos holoedros poseen un centro de simetría, un eje binario y un plano perpendicular a él.

MONOCORDE adj. *Mús.* Díc. del instrumento que tiene una sola cuerda. ◊ Díc. del grito, canto u otra sucesión de sonidos que repiten una misma nota. ◊ P. ext., monótono, insistente, sin variaciones.

MONOCORDIO m. *Mús.* Instrumento antiguo de caja armónica, como la guitarra, y una sola cuerda.

MONOCOTILEDÓNEO, A adj. y f. *Bot.* Díc. de plantas de la clase monocotiledóneas. ◊ f. pl. *Bot.* Clase de plantas angiospermas que se caracterizan por poseer un solo cotiledón. Son plantas herbáceas, con raíces fasciculadas, tallos huecos y fistulosos, hojas alargadas y paralelinervias, flores frecuentemente en espiga y frutos en cariópside o en cápsula.

MONOCROMÁTICO, CA adj. Díc. del haz luminoso formado por radiaciones de una misma longitud de onda. ◊ De un solo color. ❏ MONOCROMO, MA.

MONÓCULO, LA adj. y s. Que tiene un solo ojo. ◊ m. Lente para un solo ojo. ◊ Vendaje que se aplica a un solo ojo.

MONOCULTIVO m. Sistema de explotación agrícola mediante el cual se procede a trabajar un terreno para que dé un solo producto.

MONOD, Jacques (1910-1976) Médico y biólogo fr. Por sus investigaciones sobre la regulación genética obtuvo el Premio Nobel de Medicina y Fisiología junto a André Lwoff y François Jacob (1965).

MONODIA f. *Mús.* Hasta la alta E. Med., la melodía en sí, sin acompañamiento. Desde el s. XVI, técnica en que resalta la melodía, apoyada por un acompañamiento esquemático, gralte. armónico. ❏ MONÓDICO, CA.

MONOFÁSICO, CA adj. *El.* Díc. de la corriente alterna simple y, en general, de los procesos de una sola fase. ◊ *El.* Díc. de los generadores y motores eléctricos que originan dichas corrientes o funcionan con ellas.

MONOFISITA adj. y s. Díc. del partidario de la doctrina teológica que negaba en Jesucristo la existencia de dos naturalezas. ◊ adj. Relativo a esta doctrina o a sus partidarios. ❏ MONOFISISMO.

MONÓGAMO, MA adj. y s. Casado con una sola mujer. ◊ Que se ha casado una sola vez. ◊ *Zool.* Díc. de los animales en que el macho sólo se aparea con una hembra. ❏ MONOGAMIA.

MONOGENISMO m. Doctrina antropológica según la cual todas las razas humanas descienden de un tipo único. ❏ MONOGENISTA.

MONOGRAFÍA f. Tratado o estudio

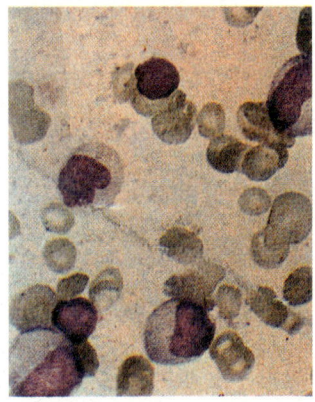

Monocitos vistos al microscopio

sobre un tema específico o particular. ❏ MONOGRÁFICO, CA; MONOGRAFISTA.

MONOGRAMA m. Cifra, enlace de dos o más letras que se emplea como abreviatura de un nombre en sellos, marcas, etc.

MONOLINGÜE adj. Que habla una sola lengua. ◊ Escrito en un solo idioma.

MONOLITO m. Monumento de piedra tallado en una sola pieza. ❏ MONOLÍTICO, CA.

MONÓLOGO m. Soliloquio. ◊ Especie de obra dramática en que habla un solo personaje. ◊ **interior**. *Lit.* Técnica novelística por la cual el narrador desaparece para dejar la palabra a los propios personajes. ❏ MONOLOGAR.

MONOMANÍA f. Delirio o locura parcial por la que una idea se convierte en obsesiva para la persona que la sufre. ◊ Preocupación, afición o aprensión exagerada por algo. ❏ MONOMANÍACO, CA; MONOMANIÁTICO, CA.

MONOMIO m. *Mat.* Exp. algebraica en la que no intervienen signos de suma o diferencia.

MONOPÉTALO, LA adj. *Bot.* De un solo pétalo. Díc. de las flores o de sus corolas.

MONOPLANO m. Aeroplano con sólo un par de alas que forman un mismo plano.

MONOPLAZA adj. y m. Díc. de los vehículos de una sola plaza.

MONOPOLIO m. *Econ.* Privilegio exclusivo de un individuo o grupo para vender o explotar un bien determinado en un territorio concreto. ◊ Posesión exclusiva. ❏ MONOPOLISTA; MONOPOLIZAR; MONOPOLIZACIÓN.

MONORRAÍL o **MONOCARRIL** adj. y m. Díc. de todo vehículo automotor que se desplaza a lo largo de un solo camino de rodadura o carril, aéreo o no.

MONORREFRINGENCIA f. Propiedad de los cuerpos isótropos para la luz, que consiste en la producción de un solo rayo refractado para un rayo incidente.

MONOSABIO m. *Taur.* Mozo que ayuda al picador en la plaza.

MONOSACÁRIDO, DA adj. y m. *Quím.* Díc. de los azúcares del grupo monosacáridos. ◊ m. pl. *Quím.* Grupo de azúcares sencillos que constituyen las unidades monómeras de los hidratos de carbono. Son hidrosolubles. Los m. más importantes son las pentosas y las hexosas, que dan polisacáridos de reserva (almidón) o de protección (celulosa).

MONOSÍLABO, BA adj. y m. Díc. de la palabra que consta de una sola sílaba. ❏ MONOSILÁBICO, CA.

MONOTEÍSMO m. Doctrina teológica de las religiones basadas en la existencia de un solo Dios. ❏ MONOTEÍSTA.

MONOTELISMO m. Doctrina herética, surgida del monofisismo, que afirmaba que Jesucristo tenía dos naturalezas y una sola voluntad.

MONOTIPIA f. *Art. Gráf.* Máquina para la composición tipográfica que funde y ordena caracteres sueltos. ◊ Arte de componer con esta máquina. ❏ MONOTIPISTA.

MONOTONÍA f. Uniformidad, igualdad de tono en el que habla, en la voz, en la música, etc. ◊ fig. Falta de variedad. ❏ MONÓTONO, NA.

Marilyn **Monroe**

MONOVALENTE adj. *Quím.* Díc. de los átomos de una sola valencia, o de los grupos atómicos que tienen una valencia libre.

MONROE, James (1758-1831) Político norteam., quinto presid. de EE UU [1817-1825]. Reconoció a las nuevas rep. latinoamericanas. ◊ **Doctrina M.** Principios enunciados por J. Monroe en 1823 según el que el continente amer. debía ser considerado fuera de todo intento de colonización por parte de las potencias europeas. Base ideológica del imperialismo de EE UU. ◊ **Marilyn** Seud. de *Norma Jean Baker Mortenson* (1926-1962) Actriz cinematográfica norteam., mito erótico de los años 50. *Niágara, Los caballeros las prefieren rubias, Bus Stop, Con faldas y a lo loco, Vidas rebeldes.*

MONRÓNRO, RA m. y f. fam. *Chile.* Apelativo cariñoso.

MONROVIA C. y puerto de Liberia, cap. de la rep., sobre la costa atlántica, en el golfo de Guinea; 306 500 hab.

MONS C. de Bélgica, cap. de la prov. de Hainaut; 93 400 hab. Centro carbonífero e industrial.

MONSEÑOR m. Título de honor que se da en algunos países a prelados y dignatarios eclesiásticos y a algunos nobles.

MONSEÑOR NOUEL Prov. de la República Dominicana; 992,39 km²; 153 213 hab. Cap. Bonao.

MONSERGA f. fam. Lenguaje confuso y embrollado. ◊ Pretensión o petición fastidiosa o importuna.

MONSTRUO m. Ser configurado de manera distinta al orden regular o evolutivo de la naturaleza. ◊ Cosa excesivamente grande o extraordinaria. ◊ Persona o cosa muy fea. ◊ Persona muy cruel y perversa. ◊ fig. Persona dotada de grandes cualidades para el ejercicio de una determinada actividad. ❏ MONSTRUOSIDAD; MONSTRUOSO, SA.

MONT Blanc (it. *Monte Bianco*) Macizo de los Alpes, junto a las fronteras de Francia, Italia y Suiza. Máxima alt. de Europa (4 807 m).

MONT Cenis (it., *Moncenisio*) Macizo alpino en la frontera italo-francesa; alt. máx. 3 517 m.

MONTA f. Acción y efecto de montar. ◊ Suma de varias partidas. ◊ Valor y estimación intrínseca de una cosa.

MONTACARGAS m. Ascensor para elevar pesos o mercancías.

MONTADO, DA adj. y m. Se aplicaba al que servía en la guerra a caballo. ◊ adj. Díc. del caballo dispuesto con los arreos y aparejos para poderlo montar. ◊ *Amér. Centr.* y *Méx.* Policía de a caballo.

MONTADOR, RA m. y f. El que monta. ◊ m. y f. Operario especializado en el montaje de máquinas o aparatos. ◊ *Art. Gráf.* y *Cin.* Técnico encargado del montaje.

MONTAGNIER, Luc (n. 1923) Médico fr. Descubridor del retrovirus responsable del sida.

MONTAIGNE, Michel Eyquem, SEÑOR DE (1533-1592) Escritor fr. A los treinta y siete años se retiró para consagrarse a la lectura y la meditación. Fruto de esa meditación fue su única obra: *Ensayos.* M. es un moralista escéptico, aunque no un pesimista.

MONTAJE m. Conjunto de operaciones que hay que efectuar para unir de forma estable las piezas que constituyen un objeto compuesto cualquiera. ◊ *Cin.* Operación de seleccionar, ordenar y unir los planos de una película. ◊ Grabación obtenida por combinación de dos o más grabaciones.

MONTALE, Eugenio (1896-1981) Poeta it. Su obra responde a una dramatización fuertemente imaginativa del universo. *Huesos de jibia, Ocasiones.* Premio Nobel de Literatura en 1975.

MONTALVO, Juan (1832-1889) Ensayista ecuat. *Capítulos que se le olvidaron a Cervantes, Siete tratados.*

MONTANA Est. del NO de EE UU; 380 848 km², 799 000 hab. Cap., Helena. C. prales.: Billings y Great Falls. Accidentado por las montañas Rocosas. R. prales.: Misuri y sus afl. Explotación forestal. Agricultura. Ganadería. Fundición de cobre y plomo.

MONTAND, Yves Seud. de *Ivo Livi* (1921-1991) Cantante y actor de cine fr., n. en Italia. *El salario del miedo, Vivir para vivir, Z, La confesión, Estado de sitio.*

MONTANO de Ardaba (m. 179) Hereje frigio, fundador del montanismo. Propuso la vuelta a la primitiva religión de Cristo. ❏ MONTANISMO; MONTANO.

MONTANTE adj. Que importa, monta o tiene determinada cuantía. ◊ Importe, monto, cuantía. ◊ Suma de un capital con los intereses que ha producido. ◊ Listón o columnita que divide el vano de una ventana. ◊ Ventana so-

Yves **Montand**

bre la puerta de una habitación. ◊ f. Flujo o pleamar.

MONTAÑA f. Prominencia del suelo que se eleva y domina el terreno circundante. Los grupos de m., según su extensión y complejidad, se denominan sierras, sistemas, cadenas y cordilleras. ◊ Territorio cubierto de montes. ◊ *Chile, Col.* y *Perú.* Monte de árboles o arbustos. ◊ **rusa.** Vía sinuosa y ondulada, por cuyos raíles se desliza un vehículo. ❑ MONTAÑOSO, SA.

MONTAÑA, La Región del E. de Perú, integrada por los dptos. de Amazonas, Loreto, San Martín y Madre de Dios, y correspondiente a la Amazonia. Terreno selvático. Administrativamente se conoce por Oriente.

MONTAÑA, Partido de la Durante la Rev. Francesa, grupo de diputados que representaba a la pequeña y mediana burguesía, en alianza con sectores populares. Fueron sus líderes Robespierre, Marat, Danton y otros.

MONTAÑERO, RA adj. Relativo a la montaña. ◊ m. y f. Persona que practica el montañismo.

MONTAÑÉS, SA adj. y s. Natural de una montaña.

MONTAÑÉS, Juan Martínez (1568-1649) Escultor esp. Talla en madera. *Cristo de la clemencia; La Concepción;* sacristía de la catedral de Sevilla.

MONTAÑISMO m. Práctica del excursionismo y de los deportes de montaña.

MONTAR intr. y prnl. Ponerse encima de algo. ◊ tr., intr. y prnl. Subir en una cabalgadura. ◊ tr. e intr. Cabalgar. ◊ Cubrir el mamífero macho a la hembra. ◊ En las cuentas, importar una cantidad total. ◊ Armar las piezas de un aparato o máquina. ◊ Engastar piedras preciosas. ◊ Amartillar un arma de fuego. ❑ MONTADURA.

MONTARAZ adj. Que anda o está hecho a andar por los montes o se ha criado en ellos. ◊ fig. Aplícase al genio o propiedades agrestes y feroces. ◊ m. Guarda de montes o heredades.

MONTE m. Grande elevación natural de terreno. ◊ Tierra inculta cubierta de árboles, arbustos o matas. ◊ fig. Gran dificultad. ◊ Juego de envite y azar. ◊ Banca, juego. ◊ *Méx.* Hierba, pasto. ◊ **de piedad.** Establecimiento público que hace préstamos a módico interés sobre ropas o alhajas. ◊ **de Venus.** Zona superficial del pubis de la mujer. ❑ MONTÉS; MONTESINO, NA; MONTUOSO, SA.

MONTE ALBÁN Ant. c. de México, sit. en el actual est. de Oaxaca. Fue escenario de diversas culturas: olmeca, zapoteca, mixteca y azteca. De época zapoteca, son los templos y monumentos sobre plataformas, algunos en forma de pirámide.

MONTE CRISTI Prov. del NO de la República Dominicana; 1 924,35 km², 104 795 hab. Cap., San Fernando de Monte Cristi (9 300 hab.). Accidentada al NE por la cord. Septentrional. Ganadería. Arroz, algodón, café, bananas, caña de azúcar.

MONTE PLATA Prov. de la República Dominicana; 2 632,14 km², 173 471 hab. Cap., la c. hom. (38 460 hab.).

MONTEALEGRE, José María (1815-1887) Político cost. Presid. electo (1859-1863), promulgó una constitución.

MONTEAR tr. Buscar y perseguir la caza en los montes, u ojearla hacia un sitio o paraje donde la esperan los cazadores.

MONTEFORTE Toledo, Mario (1911-2003) Novelista y político guat. Vicepresid. de la rep. (1948). *Entre la piedra y la cruz, Una manera de morir, Mirada sobre Latinoamérica.*

MONTEJO, Francisco de (h. 1479-1553) Conquistador esp. En 1526 obtuvo autorización real para conquistar el Yucatán y Cozumel.

MONTÉMAYOR, Jorge de (1520-1561) Poeta y novelista port., autor de *Los siete libros de la Diana,* la más ant. novela pastoril castellana.

MONTENEGRO Rep. federada de Serbia y Montenegro, a orillas del mar Adriático. Relieve montañoso (Alpes Dináricos). R. prales.: Lim, Piva y Tara, afl. del Drina. Costa recortada. Ganadería trashumante. Bauxita y carbón; salinas. Turismo. Cap.: Podgorica (ant. Titogrado). En 1878, el tratado de Berlín lo reconoció est. indep. Transformado en reino en 1910, formó parte de Yugoslavia desde 1918 hasta que en 1992, independizadas las demás rep., formó junto con Serbia la República Federal de Yugoslavia, que en 2003 adoptaría el nombre de Unión de Serbia y Montenegro. ❑ MONTENEGRINO, NA.

MONTEPÍO m. Depósito de dinero formado gralte. por las contribuciones de los individuos de un cuerpo para socorrer a sus viudas y huérfanos. ◊ Establecimiento fundado con el mismo objeto.

MONTERA f. Prenda para abrigo de la cabeza, que gralte. se hace de paño. ◊ *Hond.* Borrachera. ◊ *Mar.* Monterilla, vela.

MONTERDE, Francisco (1894-1985) Escritor mex., encuadrado en el grupo «colonialista». *El madrigal de Cetina, Moctezuma, La máquina maldita, Oro negro.*

MONTERÍA f. Caza mayor. ◊ Arte de cazar.

MONTERÍA C. del N de Colombia, cap. del dpto. de Córdoba; 264 252 hab. Centro comercial, agropecuario y minero (oro y plata). Puerto fluvial sobre el Sinú.

MONTERO, RA m. y f. Persona que busca y persigue la caza en el monte.

MONTERO, José Pío (m. 1927) Político par. Presid. provisional (1918-1920). ◊ **Juan Esteban** (1879-1948) Político chil. Elegido presid. en 1931, fue derrocado por un golpe militar en 1932. ◊ **Lisardo** (1832-1905) Marino y político per. Presid. interino (1881-1883). ◊ **Ríos, Eugenio** (1832-1914) Político esp., jefe del Partido Liberal a la muerte de Sagasta. Presidió la delegación que firmó el tratado de París con EE UU (1898).

MONTERREY C. del NE de México, cap. del est. de Nuevo León; 1 110 997 hab. Centro industrial de una región rica en recursos energéticos, foco pral. de la ind. pesada del país. Recepción y distribución de productos petrolíferos. Mercado agrícola.

MONTERROSO, Augusto (1921-2003) Escritor guat. *Movimiento perpetuo, Cuentos, fábulas y lo demás es silencio, La vaca.*

MONTES, Ismael (1861-1933) Militar y político bol. Ocupó la presidencia de la rep. en 1904-1909 y 1913-1917. ◊ **Lola** Seud. de M.ª *Dolores Eliza Gilbert* (1818-1861) Aventurera irl. Se convirtió en amante de Luis I de Baviera.

MONTESQUIEU, Charles Louis de Se-

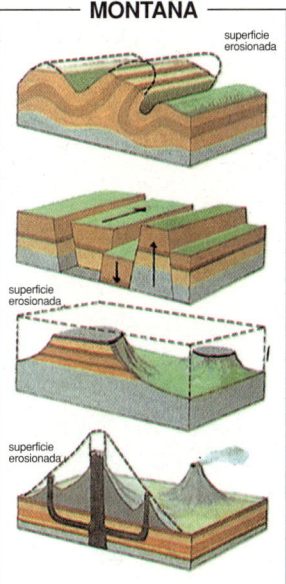

MONTAÑA

superficie erosionada

superficie erosionada

superficie erosionada

Las montañas pueden tener distintos orígenes: *plegamientos*, las presiones debidas a los desplazamientos de las placas hacen que los bloques se plieguen, con lo que parte de su masa se eleva (a); *fallas*, cuando las presiones hacen que la corteza se resquebraje en grandes bloques (fallas), algunos de éstos se hunden y otros se elevan, dando lugar a montañas (b); *erosión*, muchas montañas son consecuencia de la erosión, que arrastra los materiales blandos dejando al descubierto masas rocosas (c); *volcanes*, la lava que fluye del cráter de un volcán se solidifica al enfriarse, dando origen a una elevación montañosa (d)

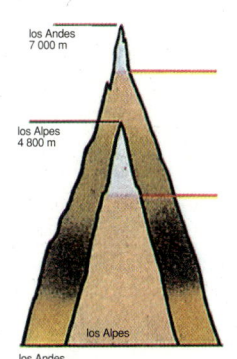

los Andes 7 000 m
los Alpes 4 800 m
los Alpes
los Alpes
los Andes

Comparación entre las alturas de dos grandes cordilleras, los Alpes y los Andes

condat, BARÓN DE (1689-1755) Escritor y filósofo fr., crítico de la soc. de Luis XIV (*Cartas persas*). Escribió *El espíritu de las leyes*, en que elaboró la teoría de la división de poderes (ejecutivo, legislativo y judicial), que influiría en el pensamiento liberal de la Rev. Francesa y del s. XIX.

MONTESSORI, *Maria* (1870-1952) Educadora it., médica psiquiatra. Consideró globalmente que la educación era una obra de autoeducación basada en la actividad del niño en relación con sus necesidades.

MONTEVERDI, *Claudio* (1567-1643) Compositor it. Con él se inicia la evolución hacia el drama lírico. *Orfeo*, *La coronación de Popea* y *Magnificat*.

Vista panorámica de **Montevideo**

MONTEVIDEO Dpto. de Uruguay, formado por la cap. hom. y sus aledaños; 530 km², 1 326 064 hab. ◊ C. de Uruguay, cap. del est. y del dpto. hom.; 1 269 648 hab. Centro adm., financiero y cultural del país. Sit. en el estuario del Río de la Plata, cuenta con el primer puerto del país. Es centro nac. de la ind. conservera de carne y su export. Construcción naval. Refino de petróleo. Fue fundada en 1726, junto a una plaza fuerte edificada para frenar la expansión port. Restos del ant. recinto amurallado. El cabildo y la catedral son de estilo neoclásico. ❑ MONTEVIDEANO, NA.

MONTFORT, *Simón,* CONDE DE (h. 1150-1218) Noble fr., jefe de la cruzada contra los albigenses. Venció a Pedro II de Aragón en la batalla de Muret (1213).

MONTGOLFIER, *Joseph Michel* (1740-1810) y *Étienne* (1745-1799) Ingenieros e industriales fr., inventores (1783) del globo aerostático que lleva su nombre.

MONTGOMERY C. de EE UU, cap. de Alabama, a orillas del río Alabama; 187 100 hab. Mercado algodonero y de maderas duras.

MONTGOMERY, SIR *Bernard Law* (1887-1976) Mariscal brit., venció al mariscal al. Rommel en El Alamein (1942).

MONTHERLANT, *Henry de* (1896-1972) Escritor fr., defensor de una estética grandilocuente. *Los bestiarios*.

MONTÍCULO m. Monte pequeño.

MONTILLA m. Vino de fina calidad, de la ciudad cordobesa de Montilla.

MONTO m. Suma de varias partidas.

MONTÓN m. Conjunto de cosas puestas sin orden unas encima de otras. ◊ *Chile*. Castillejo, juego de niños. ◊ fig. y fam. Número considerable.

MONTONERA f. *Amér*. Tropa de jinetes insurrectos. ◊ *Col*. Almiar, tresnal.

MONTONEROS Organización política y guerrillera rev. de Argentina, constituida en 1966 por elementos procedentes de la extrema izquierda del peronismo.

MONTOYA, *Juan Pablo* (n. 1975) Piloto de automóviles col. En 2001, ingresó en la Fórmula 1 y alcanzó la tercera posición en el Campeonato en 2002 y 2003, convirtiéndose en una de las grandes promesas del automovilismo mundial.

te a la Iglesia le restó el apoyo conservador. M. fundó su propio partido, con el que triunfó en las elecciones de 1858. ◊ *Pedro* (1849-1910) Político chil. Participó en la lucha contra Balmaceda. Fue presid. de la rep. en 1906-1910.

MONTUBIO, BIA adj. *Ecuad*. y *Perú*. Díc. del campesino de la costa. ◊ *Ecuad*. y *Perú*. Inculto, rústico.

MONTUCA f. *Hond*. Tamal cuya masa es de maíz verde o elote.

MONTUNO, NA adj. Relativo al monte. ◊ *Cuba* y *Ven*. Rústico, grosero. ◊ *Amér*. Salvaje, montaraz.

MONTURA f. Cabalgadura, bestia en que se cabalga. ◊ Conjunto de los arreos de una caballería de silla. ◊ Montaje, acción y efecto de montar. ◊ Soporte mecánico de los instrumentos astronómicos destinados a la observación celeste. ◊ Armadura en que se colocan los cristales de las gafas.

MONTURIOL, *Narciso* (1819-1885) Físico esp. Emigró a Francia por difundir las ideas sociales de Cabet. Inventó el primer submarino, el *Ictíneo*.

MONUMENTO m. Obra de arquitectura, escultura o grabado, realizada para perpetuar el recuerdo de una persona o hecho memorable. ◊ Altar que el Jueves Santo se forma en las iglesias. ◊ Objeto o documento de utilidad para la historia. ◊ Obra científica, artística o literaria que se hace memorable por su mérito excepcional. ❑ MONUMENTAL.

MONZA C. del N de Italia, en Lombardía, al N de Milán; 122 500 hab. Industria. Circuito automovilístico.

MONZÓN m. Viento periódico que sopla en ciertos mares, particularmente con el océano Índico, algunos meses en una dirección y otros en la opuesta. El m. de invierno es seco y frío, y el de verano, cálido y húmedo.

MOÑO m. Conjunto de pelo arrollado y sujeto detrás, encima o a los lados de la cabeza. ◊ Lazo de cintas. ◊ Grupo de plumas que sobresale en la cabeza de algunas aves. ◊ *Chile*. Copete del cabello. ◊ fig. *Chile*. Cima de algunas cosas.

MOORE, *George* (1852-1933) Novelista irl., uno de los restauradores de la literatura irl. *Hail and Farewell*, *Afrodita en Áulide*. ◊ *Henry* (1898-1986) Escultor brit. Su obra y su estética sugieren estilos que van desde Brâncusi al surrealismo. *La Virgen con el Niño, Tres personajes de pie, Grupo de familia,* .

MOQUEGUA Dpto. del S de Perú, ribereño del Pacífico; 16 175 km², 134 100 hab. Cap., la c. hom. Centro agrícola y nudo de comunicaciones. Accidentado por la cord. Occidental de los Andes, los valles del Moquegua y del Tambo, las palmas de Clemesí y Candave y la llanura litoral del Pacífico. Cereales, patatas, algodón, frutales, caña de azúcar, viñedos. Ganadería. ◊ C. de Perú, cap. del dpto. hom.; 31 500 hab. Minas de cobre.

MONTPELIER C. de EE UU, cap. del est. de Vermont; 8 200 hab.

MONTPELLIER C. del SE de Francia, cap. de Languedoc-Roussillon y del dpto. de Hérault; 205 000 hab. Centro comercial agrícola. Ind. alimentaria y textil.

MONTPENSIER, *Antonio María Felipe de Orléans,* DUQUE DE (1824-1890) Quinto hijo del rey Luis Felipe I de Francia. Pretendiente al trono esp. en 1868.

MONTREAL (*Montréal*) C. del SE de Canadá, en la prov. de Quebec; 980 400 hab., de habla fr. en su mayoría. Metalurgia, refino de petróleo, fabricación de caucho, hilados, pinturas.

MONT-SAINT MICHEL Abadía benedictina de Francia, en el dpto. de La Manche.

MONTSERRAT Isla de las Pequeñas Antillas del grupo de las Leeward; 98 km², 12 000 hab. Cap., Plymouth. Algodón, plátanos, caña de azúcar. Ganadería. Pesca. Fue descubierta por Colón en 1493. Colonia brit.

MONTSERRAT Macizo rocoso de España, en la prov. de Barcelona. Ofrece formas pintorescas y picachos monolíticos. Monasterio benedictino.

MONTT, *Jorge* (1846-1922) Político y militar chil. Presid. de la rep. (1891-1896). ◊ *Manuel* (1809-1880) Político chil. Elegido presid. de la rep. en 1851, en 1856 fue reelegido. Su política autoritaria le indispuso con los liberales y la defensa de los intereses estatales fren-

MOQUETA f. Tela de lana, cuya trama es de cáñamo, y de la cual se hacen alfombras y tapices.

MOQUETE m. Puñetazo dado en el rostro, especialmente en las narices.

MOQUILLO m. Enfermedad catarral de algunos animales. ◊ Pepita de las gallinas. ◊ *Ecuad*. Nudo corredizo con que se sujeta el labio superior del caballo para domarlo.

MOQUITA f. Moco claro que fluye de la nariz.

MOR m. Aféresis de amor.

MORA, *José Joaquín* (1783-1864) Escritor esp. Colaborador de Rivadavia en Argentina y secretario de Santa Cruz en Bolivia. Redactor de la constitución del Est. chil. *Leyendas españolas.* ◊ **Fernández,** *Juan* (1784-1854) Político cost. Primer jefe de Est. después de la indep. (1824-1829 y 1829-1833). ◊ **Porras,** *Juan Rafael* (1814-1860) Político cost. Presid. (1850-1853 y 1853-1859).

MORADO, DA adj. y s. De color entre carmín y azul. ◊ f. Casa o habitación. ◊ Estancia de asiento o residencia algo continuada en un lugar.

MORAES, *Vinicius de* (1909-1980). Poeta y cantante bras.

MORAIS, *Francisco de* (h. 1500-1572) Novelista port., probable autor del *Palmerín de Inglaterra.* ◊ **Prudente José de** (1841-1902) Político bras. Primer presid. civil de la rep. (1894-1898).

MORAL adj. Relativo a las costumbres o a las reglas de conducta. ◊ Que es de la apreciación del entendimiento o de la conciencia. ◊ Que no concierne al orden jurídico, sino al ámbito de la conciencia personal. ◊ f. Ética. ◊ Conjunto de facultades del espíritu. ◊ Estado de ánimo, individual o colectivo. ◊ m. *Bot.* Planta arbórea con hojas acorazonadas y denticuladas y frutos reunidos en infrutescencias (moras) de color rojo. De sus frutos se fabrican jarabes y zumos, y de la corteza, medicamentos purgantes y vermífugos. ◊ *Ecuad.* Árbol tropical cuya madera se emplea en construcción. ❏ MORALISMO; MORALISTA.

MORALEJA f. Enseñanza moral que se deduce de una fábula o cuento y que se condensa al final de ellos.

MORALES, *Agustín* (1810-1872) Militar y político bol. Presid. (1871-1872). Murió asesinado. ◊ **Luis de** (1510-1576) Pintor esp. Su obra refleja la influencia de los maestros italianos, en particular de Rafael, y flamencos. ◊ **Bermúdez,** *Francisco* (n. 1921) Militar y político per. Presid. (1975-1980). ◊ **Bermúdez,** *Remigio* (1836-1894) Militar y político per. Presid. de la rep. en 1890. ◊ **Languasco,** *Carlos F.* (1864-1914) Militar dom. Jefe del Est. en 1903. Presid. (1904-1906).

MORALIDAD f. Actitud, comportamiento o ideas acordes con el código

La Virgen con el Niño, óleo de Luis de **Morales** (Museo del Prado, Madrid)

moral de una sociedad. ◊ Moraleja.

MORALIZAR tr. y prnl. Reformar las costumbres, adecuándolas a las normas morales. ◊ tr. Discurrir sobre un asunto haciendo reflexiones morales. ❏ MORALIZACIÓN.

MORAND, *Paul* (1888-1976) Escritor fr., autor de libros de viajes y novelas. *La dulce Francia, Sólo la Tierra.*

MORAPIO m. fam. Vino, especialmente el tinto.

MORAR intr. Habitar, residir en un lugar. ❏ MORADOR, RA.

MORATÍN, *Leandro Fernández de* (1760-1828) Dramaturgo esp. El más caracterizado representante del neoclasicismo fr. en versión ibérica. *El sí de las niñas, La comedia nueva.* ◊ **Nicolás Fernández de** (1737-1780) Escritor esp. *Fiesta de toros en Madrid, A Pedro Romero.*

MORATORIA f. Plazo que se otorga para solventar una deuda vencida.

MORAVA Río de la Rep. Checa, Eslovaquia y Austria; 378 km. Nace en los montes Jesenik y desemboca en el Danubio. ◊ Río de Serbia y Montenegro, afl. del Danubio; 245 km. Está formado por la unión de los M. Occidental y Meridional.

MORAVIA (checo, *Morava;* al., *Mähren*) Región central de la rep. Checa., dividida en dos prov.: Cap., Brno. Su pob. es de 4 009 600 hab. Limita al E con los Cárpatos occidentales y al O con las colinas de M. Bañada por el río Morava. Gran riqueza agrícola, minera e industrial. Grandes yacimientos de carbón al S.

MORAVIA, *Alberto* (1907-1990) Seud. de *Alberto Pincherle,* novelista it. Narrador nato, su obra es eminentemente ética y social: *Los indiferentes, El amor conyugal, La romana, Él conformista.*

MORAVO, VA adj. y s. De Moravia.

MORAY m. *Hond.* Roble.

MORAZÁN Dpto. de El Salvador; 1 447 km², 166 772 hab. Cap., San Francisco Gotera. Avenado por el río Torola. Henequén, café, caña de azúcar, cacao. Oro y plata.

MORAZÁN, *Francisco* (1792-1842) Militar y político centroamericano, originario de Honduras. Presid. de la Confederación Centroamericana (1830-1834 y 1835-1839).

MÓRBIDO, DA adj. Que padece enfermedad o la ocasiona. ◊ Blando, delicado, suave. ❏ MORBIDEZ; MORBÍFICO.

MORBILIDAD f. Proporción de personas que enferman en un sitio y tiempo. ◊ Estudio de los efectos de una enfermedad en una población.

MORBO m. Enfermedad.

MORBOSO, SA adj. Enfermo. ◊ Que causa enfermedad, o concierne a ella. ◊ Que revela un estado físico o psíquico insano. ❏ MORBOSIDAD.

MORCILLO, LLA adj. Aplícase al caballo o yegua de color negro con viso rojizo. ◊ m. Parte alta, carnosa, de las patas de los bovinos. ◊ f. Trozo de tripa rellena de sangre cocida y condimentada. ◊ Tripa envenenada con que se mataba a los perros. ◊ fig. y fam. Añadidura de frases que hace un actor en su papel. ◊ *Cuba.* Mentira. ❏ MORCILLERO, RA.

MORDAZ adj. Que corroe o tiene actividad corrosiva. ◊ Áspero, picante al paladar. ◊ fig. Que critica con acritud o malignidad. ❏ MORDACIDAD.

Leandro Fernández de **Moratín,** por Goya

MORDAZA f. Instrumento que se pone en la boca para impedir hablar. ◊ Aparato empleado en algunos montajes con objeto de disminuir el retroceso de las piezas de artillería. ◊ *Mar.* Máquina que impide la salida de la cadena del ancla.

MORDER tr. Asir y apretar con los dientes una cosa clavándolos en ella. ◊ Asir una cosa a otra, haciendo presa en ella. ◊ Gastar poco a poco. ◊ fig. Murmurar, satirizar. ◊ fig. *Cuba.* Engañar, estafar. ❏ MORDEDOR, RA; MORDEDURA.

MORDIDO, DA adj. y f. Menoscabado, incompleto. ◊ f. Mordedura. ◊ *Bol., Col., Méx., Nic.,* y *Pan.* Soborno.

MORDIENTE adj. Que muerde. ◊ m. Producto químico capaz de fijar sustancias (colorantes o no) sobre fibras textiles, cuero y otros materiales.

MORDISCO m. Mordedura. ◊ Pedazo que se saca de una cosa al morderla.

MORDISCÓN m. *Amér.* Mordisco.

MORDISQUEAR tr. Morder repetidamente, con poca fuerza o sacando partes pequeñas.

MORDVINIA (*Mordovija*) Rep. autónoma de Rusia, en el sector europeo de este estado; 26 200 km², 964 000 hab. Cap., Saransk. Está sit. en la cuenca media del Volga. Agricultura. Ganadería. Ind. mecánicas, madereras, del papel, alimentarias.

MOREA ➔ Peloponeso.

MOREAU, *Gustave* (1826-1898) Pintor y dibujante fr., uno de los máx. representantes del simbolismo. *Los unicornios, Júpiter y Semele, Orfeo.* ◊ **Jeanne** (n. 1928) Actriz cinematográfica y teatral fr. Actriz predilecta de la *Nouvelle Vague. Los amantes, Jules et Jim.*

MORELIA C. de México, cap. del est. de Michoacán; 620 532 hab. Centro de una rica región agrícola y ganadera. Ind. químicas, textiles y alimentarias. Monumentos de época colonial.

MORELOS Est. del centro de México; 4 941 km², 1 555 296 hab. Cap., Cuernavaca. Accidentado al N por la sierra de Ajusco y al S. por la depresión del Balsas. Agricultura (azúcar, arroz, maíz y frutos). Ganadería. Plata y cinabrio. Ind. poco desarrollada.

MORELOS y **Pavón,** *José M.ª* (1765-1815) Héroe de la indep. de México. En 1810 se unió a Hidalgo. Después de tomar Oaxaca y Acapulco (1813), convocó el Congreso que en Chilpancingo proclamó la indep. de México. M. fue vencido por los realistas, hecho prisionero y fusilado.

MORENA, Sierra Cord. del S de España. De E a O, las sierras más imp. son: sierra Madrona, sierra de Alcudia, sierra de Tudia y sierra de Aracena.

MORENO, NA adj. Aplícase al color oscuro que tira a negro. ◇ Hablando del color del cuerpo, el menos claro en la raza blanca. ◇ adj. y s. fig. y fam. Negro, persona de esta raza. ◇ fam. *Cuba.* Mulato. ◇ f. *Zool.* Pez anguiliforme, de los mares templados y cálidos de todo el mundo. Comestible, muy agresiva; su mordedura es tóxica.

MORENO Partido de Argentina en la prov. de Buenos Aires; 194 400 hab.

MORENO, Mariano (1778-1811) Abogado y estadista arg., secretario de la primera junta de gobierno (1810). ◇ *Mario* ⇨ Cantinflas. ◇ **Carbonero, José** (1860-1942) Pintor esp., especializado en temas históricos y literarios (*El príncipe de Viana,* escenas del *Quijote*). ◇ **Villa, José** (1887-1955) Poeta esp. Exponente de las corrientes surrealistas. *El pasajero, Jacinta la pelirroja.*

Detalle de *Andanzas de Don Quijote,* de José **Moreno Carbonero**

MORERA f. Árbol de tronco recto no muy grueso, de 4 a 6 m de alt., copa abierta, hojas ovales, obtusas, dentadas o lobuladas, y flores verdosas. ❏ MORERAL.

MORERÍA f. Barrio de una ciudad que, en España, habitaban mudéjares o moriscos. ◇ País o territorio propio de moros.

MORET y Prendergast, Segismundo (1838-1913) Político esp. Presid. del gobierno en varias ocasiones (1905, 1906, 1909).

MORETE m. *Amér. Centr.* y *Méx.* Moretón, cardenal.

MORETO y Cavana, Agustín de (1618-1669) Sacerdote y comediógrafo esp. *El desdén con el desdén, El lindo don Diego.*

MORETÓN m. fam. Equimosis, cardenal.

MORFEMA m. *Ling.* Unidad morfológica mínima. En un sentido amplio, se consideran como m. todos los derivativos, así como las partes de la oración que no pueden incluirse en las categorías de nombre o verbo.

MORFEO *Mit. gr.* Dios de los sueños, hijo de la Noche y del Sueño.

MORFINA f. Alcaloide que se obtiene del opio. Crea hábito, por lo que su utilización en medicina está muy restringida, aunque se utiliza como analgésico y espasmolítico. ❏ MORFINOMANÍA; MORFINÓMANO, NA.

MORFOLOGÍA f. *Biol.* Ciencia que tiene por objeto el estudio y la descripción de los caracteres somáticos de las especies vegetales y animales. ◇ *Geol.* Ciencia que estudia las formas externas del relieve terrestre. ◇ *Ling.* Parte de la gramática que trata de la forma de las palabras y, por ello, también del ⇨ morfema. ❏ MORFOGÉNESIS; MORFOLÓGICO, CA.

MORFOSINTAXIS f. *Ling.* Parte de la gramática que agrupa las tradicionales morfología y sintaxis, estudiándolas como un todo sin posibilidad de independencia.

MORGAN, SIR Henry John (1635-1688) Corsario ing. Destruyó Puerto Príncipe y Porto Bello (1668) y arrasó Panamá (1671). Nombrado por Carlos II lugarteniente gral. de Jamaica (1674). ◇ *John Pierpont* (1837-1913) Financiero norteam. Obtuvo fabulosas ganancias con la ind. del acero y los ferrocarriles. ◇ *Thomas Hunt* (1866-1945) Biólogo norteam. Premio Nobel de Medicina en 1933 por sus estudios sobre las mutaciones, la localización de los genes en los cromosomas y la fisiología propia del gen.

MORGANA (*Morrigan*) *Mit.* Diosa celta de la guerra, que tenía la facultad de ver el porvenir.

MORGANÁTICO, CA adj. Díc. de un determinado tipo de ⇨ matrimonio. ◇ Se aplica al que contrae este matrimonio.

MORGUE (voz fr.) f. Depósito judicial de cadáveres.

MORICHE m. *Amér.* Árbol de cuyo tronco se saca un licor azucarado potable y una fécula alimenticia, y de la corteza se hacen cuerdas muy fuertes. ◇ *Amér.* Pájaro domesticable, de pluma negra y luciente y muy estimado por su canto. ❏ MORICHAL.

MORIGERAR tr. y prnl. Moderar los excesos de los afectos y acciones. ❏ MORIGERACIÓN; MORIGERADO, DA.

MORILES m. Vino que se cría y elabora en el mun. esp. de Moriles (Córdoba).

MORILLO m. Caballete que se pone en el hogar de la chimenea para sustentar la leña.

MORILLO, Pablo (1775-1837) General esp. Luchó contra los insurgentes amer. Derrotado por Bolívar en Boyacá, firmó el armisticio de Trujillo (1820).

MORINGA f. *Cuba.* Coco, fantasma.

MORÍNIGO, Higinio (1897-1983) Militar y político par. Presid. de la rep. (1940-1948).

MORIOKA C. de Japón, en la isla de Honshu, cap. de la prefectura de Iwate; 235 400 hab. Centro comercial.

MORIR intr. y prnl. Acabar la vida. ◇ intr. fig. Acabar del todo cualquier cosa, aunque no sea viviente ni material. ◇ fig. Sentir muy fuertemente algún afecto, pasión u otra cosa. ◇ intr. y prnl. fig. Hablando del fuego, la luz, etc., apagarse o dejar de arder. ◇ fig. Entorpecerse o quedarse insensible un miembro del cuerpo. ❏ MORIBUNDO, DA.

MORISCO, CA adj. Moruno, moro. ◇ adj. y s. Díc. de los moros que al tiempo de la reconquista de España se quedaron en ella bautizados. ◇ adj. Relativo a este grupo social. ◇ adj. y s. *Méx.* Díc. del descendiente de mulato y europea, o de mulata y europeo. ◇ adj. y s. *Amér. Centr.* Díc. del gato de color gris con manchas oscuras. ◇ adj. *Chile.* Díc. de la caballería que no engorda aunque se alimente bien.

MORITO m. Especie africana de ibis, que se halla también en el sur de Europa. Tiene plumaje castaño, casi negro, y vive en marismas y carrizales.

Morito

MORLACO, CA adj. y s. Díc. del toro grande. ◇ Que se finge ignorante. ◇ m. *Amér.* Patacón, peso duro.

MORMONISMO m. *Rel.* Nombre vulgar de la Iglesia de Jesucristo de los Santos del Último Día. ◇ Conjunto de máximas y ritos de esta secta. Los seguidores del m. creen en la revelación continua. Para ellos Dios se ha revelado en la Biblia, el *Libro de Mormón,* etc., y sigue revelándose a través de la jefatura de su Iglesia, cuando es correcta. ❏ MORMÓN, NA; MORMÓNICO, CA.

MORO, RA adj. y s. Del África septentrional. ◇ adj. Perteneciente a esta parte de África o a sus naturales, y, p. ext., mahometano. ◇ adj. y m. Díc. del indígena de Mindanao y de otras islas de Malasia. ◇ *Hond.* Díc. del caballo tordo. ◇ fig. y fam. Díc. del que no ha sido bautizado. ◇ **Moros y cristianos.** Fiesta pública que se ejecuta vistiéndose algunos con trajes de moros y fingiendo batalla con los cristianos. ❏ MORUNO, NA.

MORO, Aldo (1916-1978) Político esp. Constituyó el primer gobierno de coalición con los socialistas (1963-1964). En 1978 fue secuestrado y asesinado por las Brigadas Rojas. ◇ *Antonio* (h. 1519-1576) Nombre castellanizado del pintor hol. *Anthonis Mor van Dashorst.* Pintor de cámara de Felipe II. *María Tudor, Felipe II, María de Austria.* ◇ *César* (1904-1955) Escritor per., surrealista. Escribió pralte. en fr. *El castillo de grisú. Trafalgar Square, Amor a muerte.*

MOROCHO, CHA adj. y m. Díc. de una variedad amer. de maíz. ◇ adj. fig. y fam. *Amér.* Tratándose de personas, robusto, bien conservado. ◇ fig. *Argent., Chile* y *Ur.* Moreno. ◇ *Ven.* Gemelo, mellizo.

MOROLO, LA adj. *Hond.* Sencillo, de cortos alcances.

MORÓN Partido de Argentina, en la prov. de Buenos Aires; 598 400 hab. ◊ C. de Cuba, en la prov. de Ciego de Ávila; 40 400 hab.

MORONA f. *Col.* Migaja de pan.

MORONA Río de Ecuador y Perú; 400 km. Nace en Ecuador y se interna en Perú, donde desemboca en el Marañón.

MORONA SANTIAGO Prov. de Ecuador, sit. en la región Amazónica; 25 690 km², 84 216 hab. Cap., Macas. Destacan el valle de Upano, la cord. de Cutucú y la llanura amazónica. R. prales.: Morona, Santiago, Upano. Cereales, tubérculos, maderas. Ganadería bovina.

MORONGA f. *Amér. Centr.* y *Méx.* Morcilla, salchicha.

MOROPORÁN m. *Hond.* Nombre de una planta usada contra la epilepsia.

MOROSIDAD f. Lentitud, demora. ◊ Falta de actividad o puntualidad. ❏ MOROSO, SA.

MORRA f. Parte superior de la cabeza.

MORRADA f. Golpe dado con la cabeza, especialmente cuando topan dos, una contra otra. ◊ fig. Guantada, bofetada.

MORRAL m. Talego que contiene el pienso y se cuelga de la cabeza de las bestias, para que coman cuando no están en el pesebre. ◊ Saco que usan los cazadores, soldados y caminantes. ◊ fig. y fam. Hombre zote y grosero.

MORRALLA f. Boliche, pescado menudo. ◊ fig. Multitud de gente de escaso valer. ◊ fig. Conjunto de cosas inútiles y despreciables. ◊ *Méx.* Dinero menudo.

MORRENA f. *Geol.* Morena, depósito rocoso detrítico constituido por acumulación de los materiales que arrastraba un glaciar cuando se produjo la fusión de éste.

MORRIÑA f. fig. y fam. Tristeza o melancolía, especialmente la nostalgia de la tierra natal. ❏ MORRIÑOSO, SA.

MORRIÓN m. Armadura de la parte superior de la cabeza, hecha en forma de casco. ◊ Prenda del uniforme militar que se ha usado para cubrir la cabeza.

MORRIS, *William* (1834-1896) Artista, decorador, poeta y teórico social brit. Uno de los fundadores de la *Morris and Co.*, destinada a revalorizar la decoración como elemento artístico.

MORRO m. Cualquier cosa redonda de figura semejante a la de la cabeza. ◊ Monte o peñasco pequeño y redondo. ◊ Guijarro pequeño y redondo. ◊ Saliente que forman los labios abultados o gruesos. ❏ MORRUDO, DA.

MORROCOTUDO, DA adj. fam. De mucha importancia o dificultad. ◊ *Col.* Rico, acaudalado. ◊ *Chile.* Dicho de obras literarias o artísticas, falto de proporción, gracia y variedad. ◊ *Méx.* Grande, formidable.

MORROCOY o **MORROCOYO** m. *Amér.* Galápago común en la isla de Cuba, con el carapacho de color oscuro y con cuadros amarillos.

MORRÓN adj. Díc. de una variedad de pimiento más grueso que el de las otras castas. ◊ m. fam. Golpe.

MORRONGO, GA m. y f. fam. Gato, animal. ◊ fig. *Méx.* Mozo, sirviente. ◊ fig. *Méx.* Hoja de tabaco enrollada para fumar.

MORROÑOSO, SA adj. *Guat.* y *Hond.* Áspero, rugoso. ◊ *Perú.* Mal desarro-

Morsa

llado, débil. ◊ *Amér. Merid.* Infeliz. ◊ *C. Rica.* Roñoso, avaro.

MORSA f. *Zool.* Mamífero pinnípedo de gran tamaño, que vive en los mares árticos y subárticos.

MORSE adj. y m. Díc. del alfabeto convencional a base de puntos y rayas, empleado en telegrafía. ◊ Díc. del sistema telegráfico que utiliza este alfabeto.

MORSE, *Samuel* (1791-1872) Inventor norteam. Se le debe la invención del telégrafo electromagnético que lleva su nombre, y del alfabeto para la comunicación telegráfica.

MORTADELA f. Embutido muy grueso que se hace con carne de cerdo y de vaca muy picada con tocino.

MORTAJA f. Vestidura en que se envuelve el cadáver para el sepulcro. ◊ fig. *Amér.* Hoja de papel con que se lía el tabaco del cigarrillo. ◊ Hueco que se hace en una cosa para encajar otra, muesca. ❏ MORTAJADOR, RA.

MORTAL adj. Que ha de morir. ◊ adj. y s. P. ant. dícese del hombre. ◊ adj. Que ocasiona o puede ocasionar muerte espiritual o corporal. ◊ Aplícase también a las pasiones que mueven a desear a uno la muerte. ◊ Que tiene apariencia de muerto. ◊ Muy cercano a morir. ◊ fig. Fatigoso, abrumador.

MORTALIDAD f. Calidad de mortal. ◊ Cantidad de individuos de una pob. que mueren por unidad de tiempo.

MORTANDAD f. Multitud de muertes causadas por epidemia, cataclismo, peste o guerra.

MORTECINO, NA adj. fig. Apagado y sin vigor. ◊ fig. Que está casi muriendo o apagándose.

MORTERADA f. Porción de vianda o

La reina Genoveva, óleo sobre lienzo de William **Morris** (Tate Gallery, Londres)

salsa que de una vez se prepara en el mortero. ◊ fam. Gran cantidad de dinero.

MORTERO m. Utensilio a manera de vaso, que sirve para machacar en él especias, semillas, drogas, etc. ◊ *Mil.* Pieza de artillería más corta que un cañón del mismo calibre y destinada a lanzar proyectiles explosivos. ◊ *Const.* Argamasa o mezcla de agua con un aglomerante y arena u otro árido menudo. ❏ MORTERADA.

MORTÍFERO, RA adj. Que ocasiona o puede ocasionar la muerte.

MORTIFICAR tr. y prnl. Privar de vitalidad alguna parte del cuerpo. ◊ tr. fig. Hacer padecer al propio cuerpo, como penitencia o por devoción. ◊ fig. Atormentar o molestar mucho a alguien física o moralmente. ❏ MORTIFICACIÓN.

MORTUAL f. *Amér. Centr.* y *Méx.* Sucesión, bienes heredados.

MORTUORIO, RIA adj. Relativo al muerto o a las honras que por él se hacen. ◊ m. Preparativos para enterrar los muertos.

MORUCHO m. Novillo embolado que lidian los aficionados.

MORUECO m. Carnero padre.

MÓRULA f. *Biol.* Primer estado del desarrollo embrionario de los animales. Se trata de una pequeña esfera, sin cavidad central, formada por células llamadas blastómeros que están en contacto íntimo.

MORURO m. *Cuba.* Especie de acacia, cuya corteza sirve para curtir pieles.

MOSA (*Meuse* o *Maas*) Río de Europa occidental; 950 km. Nace en Francia, forma frontera entre Bélgica y Países Bajos y desemboca en el mar del Norte.

MOSAICO, CA adj. Relativo a Moisés. ◊ m. Obra taraceada de piedras o vidrios de colores, usada en pavimentación o en doración. El m. apareció ya en Mesopotamia (IV milenio a. C.). Usado en Creta y en Grecia, adquirió gran imp. en la decoración de las iglesias paleocristianas y bizantinas. ◊ *Bot.* Alteración en la morfología de las plantas, a causa de virus vegetales. ◊ **del tabaco.** Enfermedad de la planta del tabaco, que se revela por la presencia en las hojas de unas manchas dispuestas a modo de baldosas.

MOSCA *Astr.* Constelación cuya denominación latina es *Musca*.

MOSCARDA f. Especie de mosca que se alimenta de carne muerta.

MOSCARDÓN m. Mosca cuyas larvas se crían en el estómago de algunos mamíferos, pralm. caballos y asnos. ◊ Especie de mosca zumbadora. ◊ Especie de avispa grande, avispón. ◊ fig. y fam. Hombre impertinente que molesta con pesadez.

MOSCATEL adj. y s. Díc. de una variedad de uva de grano redondo y muy dulce. ◊ Aplícase también al viñedo que la produce y al vino que se hace de ella.

MOSCO, CA adj. *Chile.* Díc. del caballo o yegua muy negro con algún pelo blanco. ◊ f. *Zool.* Insecto díptero. ◊ Bienes de cualquier especie. ◊ fig. y fam. Persona molesta, impertinente y pesada. ◊ fig. y fam. Desazón picante que inquieta y molesta. ◊ Cualquiera de los insectos dípteros del suborden braquíceros. ◊ pl. fig. y fam. Chispas que saltan de la lumbre. ◊ adj. Amoscado, receloso. ◊ **tsé-tsé.** La que transmite la enfermedad del sueño. ❏ MOSQUIL; MOSQUINO, NA.

❏ *Zool.* La mayor parte de m. poseen únicamente un par de alas voladoras, antenas, que suelen ser muy cortas y ojos compuestos de gran tamaño. Muchas poseen cerdas táctiles en el tórax y en la cabeza. La alimentación es muy variada y las piezas bucales suelen ser de tipo lamedor.

MOSCÓN m. Especie de mosca, que se diferencia de la común por ser algo mayor que ella y en tener las alas manchadas de rojo. ◊ Especie de mosca de cuerpo azul oscuro con reflejos brillantes, que deposita sus huevos en las carnes frescas.

MOSCONEAR tr. Molestar con impertinencia y pesadez. ◊ intr. Insistir para lograr un propósito, fingiendo ignorancia. ❏ MOSCONEO.

MOSCORROFIO m. *Col.* y *Hond.* Persona muy fea.

MOSCOSO, Mireya (n. 1946) Política pan., esposa de Arnulfo Arias. Líder del Partido Arnulfista, fue presid. de la Rep. entre 1999 y 2004.

MOSCOVA Río de Rusia; 450 km. Nace en la región de Smolensko, atraviesa Moscú y desemboca en el Oka, afl. del Volga.

MOSCOVIA f. *Cuba.* Piel entera de una res curtida hasta dejarla muy suave.

MOSCOVIA Nombre del principado de Moscú, que surgió en el s. XIII. Pedro I el Grande (1682-1725) transformó M. en el imperio ruso.

MOSCOVITA adj. y s. De Moscovia o de Moscú. ◊ adj. Relativo a esta región o c. de Rusia. ◊ f. *Miner.* Silicato de aluminio y potasio, del grupo de las micas, que cristaliza en el sist. monoclínico; coloración muy diversa.

MOSCÚ C. de Europa Oriental cap. de la rep. de Rusia, en la prov. hom.; 8 406 000 hab. Sit. en el sector europeo, a orillas del Moscova. Centro ind. de primer orden, pralm. en la metalurgia. La capitalidad ha concentrado en ella las funciones adm., políticas y culturales. La c. ant. se configura en torno al Kremlin y la plaza Roja. El canal Moscova-Volga ha convertido a M. en un gran puerto fluvial.

MOSELA (fr., *Moselle*; al., *Mosel*) Río de Francia y Alemania; 550 km. Nace al SO de los Vosgos y desemboca en el Rin.

MOSELEY, Henry (1887-1915) Físico ing. Enunció la ley que lleva su nombre (1913). ◊ **Ley de M.** *Fís.* Relación entre el número atómico Z de un átomo y la longitud de onda λ de la radiación característica de su espectro de rayos X.

MOSÉN m. Título que, en la corona de Aragón, se daba a los clérigos y a ciertos nobles. Aún se aplica a los clérigos.

MOSQUEAR tr. y prnl. Ahuyentar las moscas. ◊ tr. fig. Responder con enfado, como picado por algo. ◊ fig. Resentirse uno por el dicho de otro, tomándolo como ofensa. ❏ MOSQUEADO, DA; MOSQUEADOR; MOSQUEO.

MOSQUERA, Aurelio (1884-1939) Político ecuat. Presid. de la rep. (1938-1939). ◊ *Jacinto* (ss. XVII-XVIII) Estanciero y propietario de minas col. Superintendente de Chocó (1699). ◊ *Joaquín* (1787-1882) Político col. Participó en las luchas independentistas. Presid. de la rep. (1828-1930). ◊ *Tomás Cipriano* (1798-1878) Militar y político col. Presid. de la rep. (1845-1849, 1861-1864 y 1866-1867).

MOSQUETE m. Arma de fuego ant. que se disparaba apoyándola sobre una horquilla. ◊ *Méx.* Patio del teatro. ❏ MOSQUETAZO..

MOSQUETERO m. Soldado armado de mosquete. ◊ En los corrales de comedias, el que las veía de pie desde la parte posterior del patio. ❏ MOSQUETERÍA.

MOSQUETÓN m. Carabina corta. ◊ Anilla que se abre y cierra mediante un muelle.

MOSQUITERO f. Colgadura de cama hecha de gasa, para impedir que entren los mosquitos. ◊ *Zool.* Ave paseriforme de pequeño tamaño y plumaje amarillo verdoso.

MOSQUITIA ⇨ Mosquitos, costa de los.

MOSQUITO, TA adj. y s. Díc. del individuo de un pueblo indígena que habita en la zona costera de Honduras y Nicaragua. Son unas 150 000 personas. También reciben el nombre de *misquitos* o *miskitos*.

MOSQUITO m. Insecto díptero de cuerpo delgado, alas estrechas y antenas largas, filiformes y plumosas. Las hembras de muchas especies pican a los vertebrados de sangre caliente para chupar su sangre. Muchas especies transmiten enfermedades. ◊ f. dim. de mosca. ◊ **muerta.** fig. y fam. Mosca muerta.

MOSQUITOS, Costa de los Región costera de Nicaragua y Honduras, en el mar Caribe. La parte septentrional fue objeto de disputa entre Nicaragua y Honduras. Este último país vio confirmado su dominio en 1960 por el Tribunal Internacional de La Haya.

MOSQUITOS, Golfo de los Entrante del mar Caribe en la costa N de Panamá.

MOSTACHO m. Bigote del hombre. ◊ fig. y fam. Manchas o chafarrinada en el rostro. ❏ MOSTACHOSO, SA.

MOSTAJO o **MOSTELLAR** m. Planta arbustiva o arbórea de hasta 15 m de alt.; hojas aserradas; flores agrupadas en corimbos y frutos globosos de color rojizo, comestibles.

MOSTAZA f. Planta arbustiva con tallo recto, hojas dentadas, flores amarillentas y frutos en silícula, cuyas semillas son rubefacientes. ◊ Semilla de esta planta. ◊ Salsa que se hace de esta semilla. ◊ **blanca.** Planta arbustiva de tallo estriado, hojas partidas, flores con corola amarillenta y frutos en silícula. De sus semillas se obtiene la m. culinaria. ◊ **negra.** Mostaza, planta. ❏ MOSTAZAL.

MOSTEAR intr. Destilar las uvas el mosto. ◊ Llevar o echar el mosto en las cubas. ◊ Remostar el vino añejo.

MOSTO m. Zumo exprimido de la uva, antes de fermentar y hacerse vino.

MOSTRADOR, RA adj. y s. Que muestra. ◊ m. Mesa o tablero que hay en las tiendas, bares y otros establecimientos análogos para presentar los géneros o para servir lo que piden los clientes.

MOSTRAR tr. Exponer a la vista una cosa; señalarla para que se vea. ◊ Explicar una cosa o convencer de su certidumbre. ◊ Hacer patente un afecto o sentimiento. ◊ prnl. Portarse uno como corresponde a su dignidad, o darse a conocer de alguna manera. ❏ MOSTRABLE; MOSTRADO, DA.

MOSTRENCO, CA adj. *Der.* Díc. de los bienes que carecen de dueño conocido. ◊ adj. y s. fig. y fam. Ignorante o poco inteligente. ◊ fig. y fam. Díc. del sujeto muy gordo y pesado.

MOSTRUO m. *Amér. Centr.* Monstruo. ❏ *Amér. Centr.* MOSTROSO, SA.

MOSUL (al-Mosul) C. del N de Irak, junto al río Tigris; 243 300 hab. Centro comercial. Refino de petróleo.

MOTA f. Nudillo o granillo que se forma en el paño. ◊ Partícula de hilo o cosa semejante, que se pega a los vestidos o a otros objetos. ◊ fig. Defecto o tara de poca entidad. ◊ Ribazo de tierra que se construye para detener el agua o para cerrar un campo. ◊ fig. *Chile.* Puñado o porción pequeña de lana suelta y apelmazada. ◊ *Méx.* Mariguana, planta.

MOTAGUA Río de Guatemala de la vertiente del Caribe; unos 400 km.

MOTE m. Sentencia breve que necesita explicación. ◊ Apodo que se da a las personas. ◊ *Chile.* Error gramatical en un escrito. ◊ *Chile.* Plato de trigo quebrantado o triturado, después de haber sido cocido en lejía y deshollejado. ◊ Maíz desgranado y cocido con sal.

Moscú. El Moscova y el muelle del Kremlin

MOTEAR tr. Salpicar de motas una tela. ◊ *Amér. Merid.* Preparar o comer mote.

MOTEJAR tr. Censurar las acciones de uno con motes o apodos. ❏ MOTEJO.

MOTEL m. Hotel situado junto a una autopista o carretera para que puedan pernoctar los automovilistas.

MOTERO, RA adj. y m. *Chile.* Que vende mote. ◊ adj. *Chile.* Aficionado a comer mote. ◊ *Chile.* Perteneciente o relativo al mote.

MOTETE m. Breve composición musical religiosa a una o dos voces, del s. XII. ◊ Apodo. ◊ *Amér.* (voz azteca) Atado, lío, envoltorio.

MOTHERWELL C. de Gran Bretaña (Escocia); 74 600 hab. Centro minero e industrial.

MOTILIDAD f. Movilidad. ◊ Reacción de movimiento de la materia viva ante estímulos internos o externos.

MOTILÓN, NA adj. y s. Pelón, que tiene poco pelo. ◊ Díc. de individuos de una tribu indígena que habita en las laderas de la cordillera de Perijá (Colombia), llegando hasta las orillas del lago Maracaibo (Venezuela). ◊ adj. Concerniente a dicha tribu. ◊ m. pl. Tribu motilona.

MOTÍN m. Tumulto sedicioso provocado por una multitud activa, gralte. violenta, con un objetivo común.

MOTIVAR tr. Dar motivo para una cosa. ◊ Explicar la razón o motivo que se ha tenido para hacer una cosa. ❏ MOTIVACIÓN.

MOTIVO, VA adj. Que mueve o tiene virtud para mover. ◊ m. Impulso que induce a una acción consciente y voluntaria. ◊ Elemento ornamental. ◊ *Mús.* Base temática de una composición musical. ◊ pl. *Chile.* Melindres femeninos.

MOTO, TA adj. y s. *Amér. Centr.* Huérfano. ◊ *Amér. Centr.* Primer achaque de los recién casados. ◊ m. Elemento compositivo antepuesto a una palabra para indicar lo que ésta designa se mueve por medio de un motor. ◊ f. Abreviación de motocicleta.

MOTOCICLETA f. Vehículo de dos ruedas propulsado por un motor de explosión rápida que mueve la rueda trasera. ❏ MOTOCICLISTA; MOTOCICLISMO.

MOTOCICLO m. Nombre genérico de los vehículos automóviles de dos o tres ruedas.

MOTOCROSS m. Carrera motociclista que se disputa en un terreno accidentado.

MOTOCULTIVADOR m. Máquina automotora formada por un conjunto de tractor y arado, que se dirige mediante un manillar.

MOTONÁUTICA f. Conjunto de actividades turísticas y deportivas relacionadas con la navegación con pequeñas embarcaciones de motor. ❏ MOTONÁUTICO, CA.

MOTONAVE f. Embarcación propulsada por motores Diesel o eléctricos, que se destina al transporte.

MOTOR, RA adj. y s. Que produce movimiento. ◊ m. *Mec. apl.* Máquina destinada a producir movimiento a expensas de otra fuente de energía. ◊ f. Embarcación menor provista de motor. ◊ **de combustión interna.** *Mec. apl.* M. térmico en el que la transformación del calor en energía de presión se produ-

ce en el interior del propio m. ◊ **de combustión externa.** M. térmico en el que el fluido se calienta fuera del verdadero m. (turbinas y máquinas de vapor, m. de aire caliente). ◊ **de explosión.** *Mec. apl.* El que utiliza como energía la expansión de los gases producidos por la combustión de un carburante. ◊ **de reacción.** *Mec. apl.* El que se mueve gracias a la reacción de un chorro de fluido producido por él mismo. ◊ **Diesel.** *Mec. apl.* El de combustión cuyo carburante se inflama espontáneamente por la presión a que se somete en la cámara de combustión, sin necesidad de bujías. ◊ **eléctrico.** Máquina que transforma la energía eléctrica en trabajo mecánico. ◊ **hidráulico.** *Mec. apl.* Turbina. ◊ **rotativo.** Tipo especial de m. de explosión de cuatro tiempos, constituido por una cámara cilíndrica en la que gira de forma excéntrica un pistón rotativo (rotor) de forma aproximadamente triangular.

MOTORISMO m. Deporte en que se emplea un vehículo automóvil, especialmente la motocicleta.

MOTORISTA com. Persona que conduce una motocicleta. ◊ Persona aficionada al motorismo.

MOTORIZAR tr. y prnl. Dotar de medios mecánicos de tracción o transporte a un ejército, ind., etc. ❏ MOTORIZACIÓN.

MOTRICIDAD f. *Fisiol.* Acción del sistema nervioso central, que determina la contracción muscular.

MOTRIZ adj. f. Que mueve.

MOTU PROPRIO m. adv. latino. Voluntariamente; de propia voluntad. ◊ m. Bula pontificia o cédula real expedida de este modo.

MOTUDO, DA adj. *Arg., Chile y Ur.* Díc. del pelo dispuesto en forma de mota. ◊ Persona que tiene este tipo de pelo.

MOULMEIN C. y puerto del S de Myanma, en el Tenasserim; 203 000 hab. Astilleros.

MOUNIER, Emmanuel (1905-1950) Filósofo fr. Su pensamiento incluye influencias marxistas y existencialistas. *El personalismo, El pequeño miedo del siglo XX.*

MOVEDIZO, ZA adj. Fácil de ser movido. ◊ Inseguro, que no está firme. ◊ fig. Inconstante.

Sección transversal de un **motor** de automóvil

MOVER tr. y prnl. Hacer que un cuerpo o parte de él cambie de posición o de situación con respecto a una referencia que se considera fija. ◊ tr. fig. Dar motivo para una cosa, persuadir, inducir o incitar a ella. ◊ fig. Seguido de la preposición *a*, causar u ocasionar. ◊ fig. Alterar, conmover. ◊ intr. Empezar a echar brotes las plantas por primavera. ◊ prnl. Darse prisa. ◊ Realizar gestiones para conseguir algo. ◊ Tener desenvoltura en cualquier ambiente. ❏ MOVIBLE; MOVICIÓN; MOVIENTE.

MOVIDO, DA adj. Díc. del lapso de tiempo ajetreado, muy activo. ◊ Con agitación o con incidencias imprevistas. ◊ Con discusión viva. ◊ *Chile y Col.* Díc. del huevo puesto en fárfara. ◊ *Guat. y Hond.* Enteco, raquítico. ◊ m. Acción de abortar el feto, aborto.

MÓVIL adj. Que por sí puede moverse. ◊ Que no tiene estabilidad o permanencia. ◊ m. Lo que mueve material o moralmente a realizar cierta acción. ◊ *Arte.* Nombre dado por el escultor Alexander Calder a obras artísticas cuyos elementos entran en movimiento con la mínima acción del aire.

MOVILIDAD f. Calidad de movible. ◊ *Fís.* Para un electrón, y en general para cualquier carga eléctrica, velocidad de la misma por unidad de campo eléctrico aplicado.

MOVILIZAR tr. Poner en actividad o movimiento tropas, etc. ◊ Convocar, incorporar a filas, poner en pie de guerra tropas u otros elementos militares. ❏ MOVILIZACIÓN.

MOVIMIENTO m. *Fís.* Cambio de posición de un cuerpo con respecto a otro. ◊ Variedad bien ordenada de las líneas y el claroscuro de una figura o composición. ◊ En los cómputos mercantiles y en algunas estadísticas, alteración numérica en el estado o cuenta durante un tiempo determinado. ◊ fig. Alteración, inquietud o conmoción. ◊ Desarrollo y propagación de una tendencia religiosa, política, social, estética, etc., de carácter renovador. ◊ *Mús.* Cada una de las partes en las que se divide una sinfonía, concierto o sonata, teniendo en cuenta las variaciones de compás y ritmo. ◊ **armónico.** Aquel en que el cuerpo afectado se mueve en torno a una posición de equilibrio, de ma-

Motociclismo. Pruebas en carretera

nera que su aceleración es proporcional a la distancia respecto a dicha posición. ◊ **de rotación.** El realizado por un cuerpo que se mueve alrededor de un eje. ◊ **ondulatorio.** Propagación de un m. vibratorio a través de un medio material. ◊ **periódico.** Aquel en que las magnitudes cinemáticas del cuerpo repiten sus valores transcurrido un cierto tiempo denominado periodo. ◊ **vibratorio.** M. periódico de un periodo muy pequeño. **MOVIMIENTO de Izquierda Revolucionaria** (*MIR*) Partido político bol., de ideología marxista, fundado en 1971. Formó parte del gobierno en 1982 y 1984. ◊ Org. política chil., partidaria de la lucha armada. Fundada en 1959, Allende la reconoció como partido legal en 1970. ◊ Org. política per., creada en 1959 por un grupo de disidentes del APRA. A la caída de sus jefes, la mayoría de sus miembros se integraron en el Ejército de Liberación Nacional (ELN). ◊ **Diecinueve de Abril** (*M-19*) Organización armada col., creada en 1974, de tendencia marxista. En 1984 pactó una tregua con el gobierno. ◊ **Nacional** Coalición de fuerzas que dio origen en España al alzamiento militar contra la II República el 18 de julio de 1936.
MOVIOLA f. *Cin.* Aparato empleado en el montaje de las películas para poner en fase las imágenes y la banda sonora.
MOYA m. *Chile.* Fulano o mengano. ◊ *Cuba.* Margarita, planta.
MOYOBAMBA Pob. del N de Perú, cap. del dpto. de San Martín; 26 000 hab. Comercio. Ind. vinícolas y dest. Manuf. de sombreros de paja.
MOYOTE m. *Méx.* Mosquito.
MOZALBETE m. Mocito, mozo de pocos años.
MOZAMBIQUE (*Moçambique*) Estado de África sudoriental, ribereño del océano Índico. Es una amplia llanura costera que va elevándose hacia el interior formando altiplanicies a las que suceden una serie de macizos montañosos. Imp. red hidrográfica. Clima tropical, cálido y lluvioso. La sabana se extiende por todo el territorio. Algodón, caña de azú-

Mozambique. Grúas en el puerto de Maputo

car, copra, té, arroz y tabaco. Maderas de ébano, cedro y acajú. Subsuelo rico. Grupos étnicos: bantúes (96 %), mestizos, portugueses. Lenguas: port. (of.), variantes bantúes. *Rel.*: animismo (mayoría), catolicismo. U.M.: el metical. Cáp., Maputo. C. prales.: Nampula, Beira.
□ *Hist.* Visitado por los ár. desde principios del s. X. Vasco de Gama llegó a sus costas en 1498. Los port. delimitaron sus posesiones en 1752. En 1951 se transformó en una prov. port. de ultramar y en 1972 en Est. El FRELIMO (Frente de Liberación de Mozambique) proclamó en 1964 la insurrección gral. contra el gobierno de la metrópoli. M. obtuvo la indep. (1975). Samora Machel fue nombrado presid. de la rep. popular, y se instauró un régimen socialista que hubo de hacer frente a las actividades de grupos guerrilleros (RENAMO, Resistencia Nacional Mozambiqueña) apoyados por la República Sudafricana. Tras su muerte en 1986, Joaquín Chissano asumió la presidencia. Los intentos de pacificación se concretaron en 1994 con la firma de un acuerdo entre FRELIMO y RENAMO. A principios de 2000, el paso de un ciclón ocasionó importantes inundaciones en el S con un elevado saldo de víctimas y destrucción.

MOZAMBIQUE	
Superficie	799 380 km^2
Población	18 165 000 hab. (23 hab./km^2)
Recursos económicos	
Algodón	60 000 t
Azúcar	33 000 t
Cabaña bovina	1 370 000 cabezas
Cabaña caprina	380 000 cabezas
Carbón	40 000 t
Copra	70 000 t
Maíz	327 000 t
Mandioca	3 690 000 t
Nuez de coco	420 000 t
Pesca	35 000 t
Riqueza forestal	16 036 000 m^3
Sal	40 000 t
Indicadores sociológicos	
PNB	1 353 millones de dólares
Renta per cápita	80 dólares
Esperanza de vida	47 años
Alfabetismo	40 %

Mapa de situación y bandera de **Mozambique**

MOZÁRABE adj. y s. Díc. del cristiano que vivió ant. mezclado con los musulmanes de la pen. Ibérica. ◊ Relativo a los mozárabes y a su arte. ◊ m. *Ling.* Dialecto hablado en la pen. Ibérica a partir del año 711, entre la pob. románica sometida a los musulmanes.
□ *Arte.* El arte m., que usa elementos visigodos, tuvo su apogeo en los ss. IX-X. Las iglesias m. son de pequeñas dimensiones y tienen una planta de tres naves separadas por arcos de herradura y con cubiertas de madera. También las hay de una sola nave con bóveda de cañón. Cabe destacar la ilustración de libros sagrados.
MOZART, *Wolfgang Amadeus* (1756-1791) Compositor austr. Extraordinariamente precoz como ejecutante y compositor de música, a los cinco años ya componía pequeñas piezas. A su época de organista de la capilla arzobispal de Salzburgo pertenecen la *Sinfonía concertante*, la ópera *Idomeneo* y la misa de la *Coronación*. A partir de 1782 compuso sus mejores obras: las sinfonías *Haffner, Linz, Praga*, las N.º 39, 40 y la *Júpiter*, los seis cuartetos de cuerda dedicados a Haydn y las óperas *Don Giovanni, Las bodas de Fígaro, Cosí fan tutte* y *La flauta mágica*.
MOZO, ZA adj. y s. Joven. ◊ Soltero, célibe. ◊ m. Hombre que sirve en las casas o al público en oficios humildes. ◊ Individuo sometido a servicio militar, desde que es alistado hasta que ingresa en la caja de reclutamiento. ◊ f. Sirvienta.
MOZÓN, NA adj. *Perú.* Bromista, burlón.
MOZONADA f. *Perú.* Burla graciosa. ❑ *Perú.* MOZONEAR.
MUARÉ m. Tela fuerte de seda, lana o algodón, labrada o tejida de manera que forma aguas; moaré, muer.
MUBARAK, *Hosni* (n. 1928) Político egipcio. Sucedió a Anwar al-Sadat en la jefatura del Estado en 1981, tras la muerte de aquél en un atentado. Reelegido presid. en 1987, 1993, 1999 y 2005.
MUCAMO, MA adj. *Amér.* Sirviente, criado.
MUCHACHADA f. Acción propia de muchachos, reprensible en los adultos. ◊ Conjunto de muchachos. ❑ MUCHA-CHEAR; MUCHACHERÍA.
MUCHACHO, CHA m. y f. Niño o niña que no ha llegado a la adolescencia. ◊ adj. y s. fam. Persona que se halla en la mocedad. ◊ f. Criada. ◊ *Chile.* Barrilete. ❑ MUCHACHEZ; MUCHACHIL.
MUCHEDUMBRE f. Reunión de gran núm. de personas o de ciertas cosas.
MUCHIGAY m. *Col.* Gente o ganado menudos.
MUCHITANGA f. *Perú.* Populacho.
MUCHO, CHA adj. Abundante, numeroso, o que excede a lo ordinario o preciso. ◊ adv. cantidad. Con abundancia, en gran cantidad. ◊ Antepónese a otros adv. denotando idea de comparación. ◊ En estilo fam., equivale a sí o ciertamente. ◊ Con el verbo *ser* o en cláusulas interrogativas o exclamativas, precedido de la partícula *que*, denota idea de dificultad o extrañeza.
MUCÍLAGO o **MUCILAGO** m. Sustancia de naturaleza viscosa y hialina, que producen diversas plantas, algas y las bacterias. ◊ *Farm.* Solución acuosa de goma arábiga, alginatos u otra sus-

tancia semejante, usada para mantener en suspensión sustancias insolubles. ❑ MUCILAGINOSO, SA.

MUCINA f. Sustancia de naturaleza proteica componente de la saliva y de otras secreciones glandulares del hombre y de otros animales, como el caracol o la babosa.

MUCLE m. *Hond.* Enfermedad del recién nacido, por indigestársele la leche.

MUCO adj. y m. *Amér. Centr.* Novillo desmochado o descornado. ◊ *Bol.* Maíz mascado y fermentado del que se fabrica la chicha.

MUCOSIDAD f. Secreción viscosa de las membranas mucosas.

MUCOSO, SA adj. Semejante al moco. ◊ Que tiene mucosidad o la produce. ◊ f. Capa que tapiza interiormente los conductos y cavidades del organismo de los animales que están en comunicación con el exterior.

MUCRE adj. *Chile.* Acre, áspero, astringente.

MÚCURA m. *Bol., Col.* y *Ven.* Ánfora de barro usada para tomar agua de los ríos y conservarla fresca. ◊ *Col.* Tonto, inhábil.

MUDADA f. *Amér.* Muda de ropa.

MUDANZA f. Traslación que se hace de una casa o de una habitación a otra. ◊ Inconstancia de los afectos o de los dictámenes.

MUDAR m. *Bot.* Arbusto de la India, cuya raíz, de corteza rojiza por fuera y blanca por dentro, tiene un jugo muy usado por los naturales del país como emético y contraveneno. ◊ tr. Dar o tomar otro ser o naturaleza, otro estado, figura, lugar, etc. ◊ Dejar una cosa que antes se tenía, y tomar en su lugar otra. ◊ Remover o apartar de un sitio o empleo. ◊ Efectuar un ave la muda de la pluma. ◊ Soltar periódicamente la epidermis y producir otra nueva, como lo hacen los gusanos de seda, las culebras y algunos otros animales. ◊ Efectuar un muchacho la muda de la voz. ◊ fig. Variar, cambiar. ◊ Dejar la casa que se habita y pasar a vivir en otra. ❑ MUDABLE; MUDADIZO, ZA; MUDAMENTE.

MUDÉJAR adj. y s. Díc. del mahometano que vivía como súbdito en los reinos de la pen. Ibérica durante la Reconquista. ◊ Relativo a los mudéjares. ◊ *Arte.* Díc. del estilo arquitectónico que floreció en los ss. XIII-XVI, caracterizado por el uso de elementos del arte cristiano y de la ornamentación ár.

MUDENCO, CA adj. *Hond.* Tartamudo.

MUDO, DA adj. y s. Privado físicamente de la facultad de hablar. ◊ adj. Muy silencioso o callado. ◊ *Ecuad.* Tonto, bobo. ◊ Conjunto de ropa que se muda de una vez. ◊ *Fisiol.* Proceso de regulación hormonal mediante el cual un animal sustituye total o parcialmente su tegumento por otro. ◊ Nido para aves de caza. ◊ Tránsito de un timbre de voz a otro que experimentan los muchachos al entrar en la pubertad. ❑ MUDEZ.

MUEBLE m. Cada uno de los enseres, efectos o alhajas que sirven para la comodidad o adorno en las casas. ❑ MUEBLAJE; MUEBLAR; MUEBLERÍA; MUEBLISTA.

MUECA f. Contorsión del rostro, gralte. burlesca.

MUELA f. *Anat.* Cada uno de los dientes posteriores a los caninos. ◊ Cerro escarpado en lo alto y con cima plana. ◊ Cerro artificial. ◊ Almorta, guija, tito. ◊ Cantidad de agua que basta para hacer andar una rueda de molino. Sirve de unidad de medida del caudal de una corriente. ◊ fig. Rueda o corro. ◊ **del juicio.** Último molar de cada lado. Su aparición es posterior a la de las demás muelas.

MUELLE adj. Delicado, suave, blando. ◊ Inclinado a los placeres sensuales. ◊ m. Construcción hecha en la orilla del mar o de un río navegable para facilitar el embarque y desembarque de cosas y personas. ◊ Andén alto que en las estaciones de ferrocarril se destina para la carga y descarga de mercancías. ◊ Pieza elástica deformable por la acción de fuerzas exteriores y capaz de recuperar su estado inicial al cesar aquéllas.

MUENDA f. *Col.* Zurra, paliza, tunda.

MUENGO, GA adj. *Cuba.* Díc. de la persona o animal a quien le falta una oreja. ◊ f. *Chile.* Molestia.

MUÉRDAGO m. Planta que vive parásita sobre los troncos y ramas de los árboles. Se ha usado contra la disentería y de sus frutos se obtiene la liga, utilizada para cazar pájaros.

MUÉRGANO m. *Col.* Objeto inútil, antigualla.

Patio de las Muñecas del Alcázar de Sevilla, en estilo **mudéjar**

MUERGO m. Navaja, molusco lamelibranquio con la concha prolongada en forma de mango de cuchillo.

MUERMO m. *Vet.* Enfermedad de las caballerías, caracterizada pralm. por ulceración y flujo de la mucosa nasal e infarto de los ganglios linfáticos próximos. ◊ *Chile.* Nombre de un gén. de árboles rosáceos de madera muy apreciada. ◊ fam. Persona o cosa pesada y aburrida. ❑ MUERMOSO, SA.

MUERTE f. Cesación de la vida. ◊ Homicidio. ◊ Figura del esqueleto humano como símb. de la m. ◊ fig. Destrucción, aniquilamiento, ruina. ◊ **civil.** *Der.* Privación total de los derechos civiles.

❑ *Biol.* La m. se caracteriza por el cese de las correlaciones funcionales que aseguran el mantenimiento de las constantes químicas del medio interno. La detención del latido cardíaco o de la respiración, considerados antes como signos característicos de la m., no lo son hoy, teniéndose como tal el cese de la actividad del sistema nervioso central.

MUERTE, Valle de la (*Death Valley*) Depresión de EE UU, sit. al E del est. de California y formada por una cuenca de hundimiento, a 86 m bajo el nivel del mar.

MUERTO, TA adj. y s. Que está sin vida. ◊ Aplícase al yeso o a la cal apagados con agua. ◊ Apagado, desvaído, poco activo o marchito.

MUERTO, Mar (ár., *Bahr Lut*; heb., *Yan Hamelaj*) Lago salado de Palestina, a 390 m bajo el nivel del mar; 1 049 km².

MUÉSCA f. Concavidad o hueco que hay o se hace en una cosa para encajar otra. ◊ Corte que se hace al ganado vacuno en la oreja para que sirva de señal.

MUESTRA f. Rótulo sobre un tablero, placa, etc., con el que se anuncia en el exterior el nombre de un establecimiento comercial o la profesión de una persona. ◊ Trozo de tela o porción de un producto o mercancía, que sirve para conocer la calidad del género. ◊ Ejemplar o modelo que se ha de copiar o imitar. ◊ Parte o porción extraída de un conjunto por métodos que permiten considerarla como representativa del mismo. ◊ Porte, ademán, apostura. ◊ Esfera del reloj. ◊ En estadística, fracción elegida de modo que sus parámetros se ajusten a los de la población. ◊ fig. Señal, indicio, demostración o prueba de una cosa.

MUESTRARIO m. Conjunto de muestras de una mercancía.

MUESTREO m. Acción de escoger muestras representativas de la calidad o condiciones medias de un todo. ◊ Técnica empleada para esta selección. ◊ Método estadístico que basa el estudio de un fenómeno complejo en el examen de sólo una parte de la totalidad de sus elementos. ◊ Obtención de una muestra de suelo para determinar sus características físico-mecánicas.

MUEY m. *Amér. Centr.* Muelle. ◊ *Amér. Centr.* Muelle del reloj.

MUFLA f. Hornillo que se coloca dentro de un horno para reconcentrar el calor y conseguir la fusión de diversos cuerpos.

MUFLÓN m. Carnero salvaje del S del Europa.

MUFTÍ m. Jurisconsulto musulmán cuyas decisiones son consideradas como leyes.

MUGA f. Mojón, término o límite. ◊ Desove. ◊ Fecundación de las huevas, en los peces y anfibios. ❑ MUGAR.

MUGABE, Robert (n. 1924) Político zimbabwés. Líder de la guerrilla de la Unión Nacional Africana de Zimbabwe (ZANU). Elegido primer ministro en las primeras elecciones libres de su país (1980). Reelegido en 1987, 1996 y 2002.

MUGIR intr. Dar mugidos la res vacuna. ◊ fig. Producir ruido el viento o el mar. ❑ MUGIDO.

MUGRE f. Grasa o suciedad. ❑ MUGRIENTO, TA.

MUGRÓN m. Sarmiento que sin cortarlo de la vid se entierra para que arraigue y produzca nueva planta. ◊ Vástago de cualquier planta.

MUGUET m. Inflamación infectomicótica de la mucosa bucal, que origina placas blanquecinas en la mucosa enrojecida.

MUGUETE m. Planta liliácea. La infusión de sus flores se usa contra las enfermedades cardíacas.

MUHAMMAD I (823-886) Emir omeya de Córdoba [852-886]. Hijo de Abd al-Rahman II. Tuvo que afrontar diversas rebeliones mozárabes. ◊ **V Ibn Yusuf** (1909-1961) Sultán [1927-1957] y rey de Marruecos [1957-1961]. Consiguió la indep. completa de Marruecos en 1956. ◊ **VI Sidi** (n. 1963) Rey de Marruecos desde 1999. Hijo de Hasán II. ◊ **Ahmad ibn abd Allah** (1843-1885) Mahdi árabe. Dirigió la insurrección ár. en el Sudán y ocupó Jartum pese a la resistencia del general brit. Gordon (1885). ◊ **Alí** ⇨ Mehmet Alí. ◊ **Al-Nasir** (1179-1213) Califa almohade [1199-1213]. Se enfrentó a una coalición de príncipes cristianos que le derrotó en la batalla de las Navas de Tolosa (1212).

MUISCA adj. Chibcha.

MUJER f. Persona del sexo femenino. ◊ La que ha llegado a la edad de la pubertad. ◊ La casada, con relación al marido. ◊ **de la vida, de mala vida,** o **de mal vivir** o **de vida airada.** Ramera. ◊ **de su casa.** La que tiene disposición para los quehaceres domésticos, y cuida de su hacienda y familia con diligencia. ◊ **fatal.** Tipo convencional de m. que por su conducta o aspecto se supone irresistible para el hombre. ◊ **pública.** Ramera. ❑ MUJERIL; MUJERONA.

MUJERENGO adj. *Amér.* Dic. del hombre afeminado.

MUJERIEGO, GA adj. Dic. del hombre dado a mujeres. ◊ m. Agregado o conjunto de mujeres. ❑ *Amér.* MUJERERO.

MUJERÍO m. Mujeriego, conjunto de mujeres.

MUJICA Láinez, Manuel (1910-1984) Escritor arg. Novelista y autor de algunas biografías de escritores arg. *Los ídolos, La casa, Los viajeros, Invitados en el paraíso, Crónicas reales, El gran teatro.*

MUJIK m. Campesino ruso.

MUJOL m. Pez mugiliforme, de unos 70 cm de largo. Abunda en el Mediterráneo, y su carne y sus huevas son muy estimadas.

MUKDEN ⇨ Shenyang.

MULA f. Hembra del mulo. ◊ *Méx.* Mercancía invendible. ◊ *Méx.* Cojín que usan los cargadores para no lastimarse. ◊ *Amér. Centr.* Borrachera. ❑ MULERO.

MULADAR m. Lugar donde se echa el estiércol o basura de las casas.

MULADÍ adj. y s. Dic. del cristiano que, tras la dominación ár. en España, se convirtió al islamismo.

MULATO, TA adj. y s. Aplícase a la persona que ha nacido de negra y blanco o de blanca y negro. ◊ adj. De color moreno. ◊ P. ext., dic. de lo que es moreno en su línea. ◊ m. *Amér.* Mineral de plata de color oscuro o verde cobrizo.

MULETA f. Bastón con travesaño en un extremo que se coloca debajo del sobaco para apoyarse al andar. ◊ *Taur.* Palo del que cuelga un paño encarnado, que el torero utiliza para engañar al toro.

MULETILLA f. Muleta de torero. ◊ fig. Voz o frase que se repite mucho por hábito. ❑ MULETILLERO, RA.

MULEY m. Título que llevaban los sultanes de Marruecos de la dinastía jerifiana.

MULHACÉN Pico esp. de Sierra Nevada, en el sistema Penibético (prov. de Granada). Alt. máx. de la pen. Ibérica: 3 481 m.

MÜLHEIM AN DER RUHR C. de Alemania, en Renania Septentrional-Westfalia; 173 200 hab. Centro comercial.

MULHOUSE C. de Francia, en Alsacia, dpto. de Haut-Rhin; 218 500 hab. Ind. química.

MULITA f. *Argent.* y *Ur.* Tatú o armadillo. ◊ *Chile.* Insecto ortóptero que corre por la superficie del agua. ◊ **mayor.** *Amér. Centr.* Juego de muchachos.

MULLER, Hermann Joseph (1890-1967) Biólogo norteam., renovador de la genética por sus estudios sobre los efectos de los rayos X sobre las células. Premio Nobel de Medicina 1946.

MÜLLER, Johann ⇨ Regiomontano. ◊ **Paul Hermann** (1899-1965) Químico suizo. Descubrió las propiedades insecticidas del DDT. Premio Nobel de Medicina en 1948.

MULLIDO m. Material blanco con que se rellenan los colchones, asientos, aparejos, etc.

MULLIR tr. Esponjar algo para que esté blando. ◊ fig. Disponer las cosas para conseguir un intento. ◊ Cavar alrededor de las cepas, ahuecando la tierra.

MULO m. Cuadrúpedo, hijo de asno y yegua o de caballo y asna. ◊ fig. y fam. Mula, persona fuerte y vigorosa.

MULTA f. Pena impuesta por la autoridad policial, gubernativa o judicial al autor de un delito o falta. ❑ MULTAR.

MULTAN C. del centro-este de Pakistán; 730 000 hab. Centro comercial agrícola. Ind. textil.

MULTICOLOR adj. De muchos colores.

MULTICOPISTA adj. y f. Dic. de una máquina que sirve para reproducir en serie documentos, dibujos, etc., a partir de un clisé u hoja especial. ❑ MULTICOPIADO, DA; MULTICOPIAR.

MULTIFORME adj. Que tiene muchas o varias figuras o formas.

MULTIMEDIA adj. y m. *Comp.* Sistema informático que permite combinar en un mismo soporte información diversa como sonido, gráficos, texto y animación.

MULTIMILLONARIO, RIA adj. Dic. de la persona cuya fortuna asciende a muchos millones de pesetas, pesos, etc.

MULTINACIONAL adj. Relativo a varias naciones. ◊ f. Empresa o grupo de empresas que tiene intereses en varios países.

MULTÍPARA adj. Dic. de la hembra que tiene varios hijos de un solo parto. ◊ Dic. de la mujer que ha tenido más de un parto.

MÚLTIPLE adj. Que no es simple. ◊ Vario, de muchas maneras. ❑ MULTIPLICIDAD.

MULTIPLICACIÓN f. *Mat.* Operación aritmética que consiste en hallar el producto de dos factores. ◊ *Bot.* Reproducción asexual.

MULTIPLICADOR, RA adj. y m. Que multiplica. ◊ *Mat.* Factor que indica las veces que otro ha de tomarse como sumando en una multiplicación. ◊ **de frecuencia.** Circuito que a partir de una frecuencia consigue obtener oscilaciones de frecuencias $2f_o$, $3f_o$, etc. ◊ **de tensión.** Circuito cuya tensión de salida sin carga es múltiplo entero de la entrada.

MULTIPLICANDO adj. y m. *Mat.* Se aplica al factor que ha de ser multiplicado.

MULTIPLICAR tr., intr. y prnl. Aumentar algo en número considerable. ◊ tr. Hallar el producto de dos factores. ◊ prnl. Afanarse, intentar realizar diversas cosas a un tiempo. ❑ MULTIPLICATIVO, VA.

MÚLTIPLO adj. y m. *Mat.* Dic. de un núm. entero, o de un polinomio, que contiene a otro núm. entero, o a otro polinomio, un núm. exacto de veces.

MULTIPROCESO m. *Comp.* Método de trabajo de una computadora que consiste en la ejecución simultánea de varios programas a cargo de varias unidades centrales de proceso o procesadores.

MULTIPROGRAMACIÓN f. *Comp.* Método de trabajo de una computadora que consiste en la ejecución concurrente de varios programas que se encuentran en memoria al mismo tiempo.

MULTITUD f. Núm. grande de personas o cosas. ❑ MULTITUDINARIO, RIA.

MULUYA Uadi de Marruecos, que nace en el Gran Atlas y desagua en el Mediterráneo; 450 km.

MUMUGA f. *Hond.* Migajas del tabaco.

MUNCH, Edvard (1863-1944) Pintor y grabador nor. Uno de los máx. representantes del expresionismo. Formó parte del grupo de los «Bohemios de Cristianía», y realizó su mejor obra: *El grito.*

MÜNCHEN ⇨ Munich.

La danza de la vida, óleo de Edvard **Munch**

Münster. Centro histórico de la ciudad

MUNDANO, NA o **MUNDANAL** adj. Relativo al mundo. ◊ Relativo a la llamada buena sociedad. ◊ Díc. de la persona que atiende demasiado a las cosas materiales del mundo. ❏ MUN-DANALIDAD; MUNDANEAR; MUNDANERÍA.

MUNDILLO m. Almohadilla cilíndrica para hacer encaje. ◊ *Bot.* Arbusto ramoso, de flores blancas agrupadas. ◊ Conjunto de personas entre las que uno se desenvuelve.

MUNDO m. Conjunto de todo lo que existe. ◊ Planeta Tierra. ◊ Totalidad de los hombres; género humano. ◊ Sociedad humana. ◊ Parte de la sociedad humana, caract. por alguna cualidad o circunstancia común a todos sus individuos. ◊ Vida secular. ◊ En sentido ascético y moral, uno de los enemigos del alma, que son los placeres y las satisfacciones mundanas. ◊ Esfera con que se repres. el globo terráqueo. ◊ **antiguo.** Porción del globo que comprendía la mayor parte de Europa, Asia y África. ◊ **Gran m.** Grupo social que se distingue por su elevada posición. ◊ **El Nuevo M.** Aquella parte del globo en que están las dos Américas. ◊ **El otro m.** La otra vida. ❏ MUNDIAL.

MUNDOLOGÍA f. Experiencia y habilidad para tratar a la gente y saberse desenvolver.

MUNI Estuario de 25 km de largo, en el límite entre la zona continental de Guinea Ecuatorial y Gabón. Lo forman varios ríos, entre ellos el Mitemele.

MUNICH (*München*) C. de Alemania, cap. del est. de Baviera; 1 267 500 hab. Atravesada por el r. Isar. Ind. de instrumentos de precisión, aparatos ópticos, química, elaboración de cigarrillos y cerveza. ◊ **Conferencia de M.** La celebrada en 1938 entre Hitler, Mussolini, Chamberlain y Daladier, que supuso el abandono de Checoslovaquia al nazismo.

MUNICIÓN f. Pertrechos y bastimentos necesarios en un ejército o en una plaza de guerra. ◊ Perdigones con que se cargan las escopetas para caza menor. ◊ Carga que se pone en las armas de fuego. ◊ *Hond.* Uniforme de soldado. ❏ MUNICIO; MUNICIONAMIENTO; MUNICIONERO, RA.

MUNICIPAL adj. Relativo al municipio. ◊ m. Individuo de la guardia municipal. ◊ *Chile.* Concejal. ❏ MUNICIPALIZACIÓN; MUNICIPALIZAR.

MUNICIPALIDAD f. Municipio, ayuntamiento de una población.

MUNICIPIO m. Conjunto de habitantes de un término jurisdiccional, regido por un ayuntamiento. ◊ El mismo ayuntamiento. ◊ El término municipal. ❏ MUNÍCIPE.

MUNIDO, DA adj. *Argent.* y *Chile.* Defendido, fortificado; armado, prevenido.

MUNIFICENCIA f. Generosidad espléndida. ❏ MUNÍFICO, CA.

MUNSTER (*Mumha*) Región histórica del SO de Irlanda; 24 126 km², 1 019 700 hab. Cap., Cork. Es la región más accidentada y montañosa del país.

MÜNSTER C. de Alemania, en Renania Septentrional-Westfalia; 272 600 hab. Centro industrial y comercial.

MUNTANER, Ramon (1265-1336) Cronista catalán. Capitán de los almogávares, tomó parte en la expedición a Oriente. *Crónica*.

MUNZER o **MUNTZER, Thomas** (h. 1489-1525) Reformador al., uno de los fundadores del anabaptismo.

MUÑECA f. Región de la extremidad superior del hombre, en donde se articula la mano con el antebrazo. ◊ Figura de niña o de mujer, que sirve de juguete. ◊ Pieza pequeña de trapo que, ceñida con un hilo por las puntas, encierra algún ingrediente y evita que se mezcle con el líquido en que se empapa. ◊ Lío de trapo, de forma redondeada que se embebe de un líquido. ◊ Hito, mojón. ◊ *R. de la Plata.* Habilidad o influencia para tener algo. ◊ fig. y fam. Mujer joven, atractiva y ordinariamente frívola y presumida.

MUÑECO m. Figura de niño o de hombre. ◊ fig. y fam. Joven afeminado e insustancial. ◊ Hombre de poco carácter.

MUÑEIRA f. Baile popular de Galicia. ◊ Son con que se baila.

MUÑEQUEAR intr. *Chile.* Empezar a echar la muñequilla el maíz y plantas semejantes. ◊ tr. *Argent.* y *Par.* Mover las influencias para conseguir algo.

MUÑEQUERA f. Pulsera del reloj. ◊ Tira de cuero con que se rodea la muñeca, para curar una distorsión.

MUÑIDOR m. Persona que gestiona para concertar tratos o fraguar intrigas.

MUÑIR tr. Convocar a las juntas o a otra cosa. ◊ Concertar, disponer, manejar.

MUÑO m. *Chile.* Bolsa de harina de trigo o maíz tostado que se lleva en los viajes para comerla con sal y ají. ◊ *Chile.* Harinado frío, sazonado con sal y ají, que se da como desayuno a los trabajadores.

MUÑÓN m. Parte de un miembro cortado que permanece adherida al cuerpo. ◊ Cada una de las dos piezas cilíndricas que a uno y otro lado tiene el cañón.

MUÑOZ, Rafael Felipe (1899-1972) Escritor mex. Cuentos y novelas. *El feroz cabecilla, Si me han de matar mañana, Vámonos con Pancho Villa.* ◊ **Marín, Luis** (1898-1980) Político puertorriq. Hijo de M. Rivera. Fundador del Partido Popular Democrático. Gobernador en 1948. Reelegido en 1952, 1956 y 1960. ◊ **Seca, Pedro** (1881-1936) Comediógrafo esp. Su teatro está basado en la astracanada. *La venganza de don Mendo, Los extremeños se tocan.*

MUÓN m. *Fís.* Partícula elemental cargada positiva o negativamente, cuya masa es 208 veces la del electrón; su vida media es $2{,}212 \cdot 10^{-6}$ segundos.

MUR Río de Europa central; 445 km. Nace en Austria, penetra en Eslovenia y desemboca en el Drave.

MURAJES m. pl. Hierba primulácea, que se usó antiguamente contra la hidropesía, la rabia y las mordeduras de animales venenosos.

MURAL adj. Relativo al muro. ◊ adj. y m. Díc. de las pinturas, escritos, etc., hechos sobre un muro.

MURALISMO m. *Arte.* Arte y técnica de la pintura sobre grandes superficies murales. Es especialmente imp. el m. mexicano, desarrollado a partir de la Revolución, y cuyos prales. exponentes fueron Clemente Orozco, Diego Rivera y David Alfaro Siqueiros, y post. Rufino Tamayo y Juan O'Gorman.

MURALLA f. Muro u obra defensiva que rodea una plaza fuerte o protege un territorio.

MURALLA, Gran Muralla china de unos 2 400 km de long., que hizo construir en el s. III a. C. el emperador She Huang-ti de la dinastía Tsin, a lo largo de la frontera norte del país.

Panorámica parcial de la Gran **Muralla** china

MURAT Río de Turquía; 611 km. Es uno de los prales. brazos madre del Éufrates.

MURAT I (h. 1326-1389) Sultán otomano [1360-1389]. Extendió la hegemonía turca en Europa, derrotando a los pueblos de los Balcanes. ◊ **II** (h. 1403-1451) Sultán otomano [1421-1451]. Consolidó el imperio turco en Europa. Venció en Hungría al rey Ladislao V.

MURAT, Joachim (1767-1815) Militar y político fr. Su apoyo a Napoleón Bonaparte y su matrimonio con una hermana de éste facilitaron su ascendente carrera. Fue nombrado rey de Nápoles [1808-1815].

MURCIA Com. autón. uniprovincial del SE de España, a orillas del Mediterráneo; 11 317 km², 1 197 646 hab. Cap., la c. hom. Naranja, limón, albaricoque, azafrán y pimentón. Ind. concentrada en su segunda c., Cartagena (refinerías de petróleo, construcciones navales). ◊ Prov. de España que constituye la com. autón. hom. ◊ C. de España, cap. de la com. autón. y de la prov. hom.; 345 759

Murcia. Vista de la ciudad
con la catedral

hab. A orillas del Segura, es centro agrícola donde se elaboran y comercializan los productos de su comarca.
MURCIANO, NA adj. y s. De Murcia. ◊ m. *Ling.* Dialecto esp. correspondiente al extremo sudoriental de la pen. Ibérica.
MURCIÉLAGO m. Mamífero del orden de los quirópteros. Está provisto de membranas en las extremidades anteriores que le sirven para volar. Es insectívoro y nocturno.
MURCIELAGUINA f. Estiércol de los murciélagos. Es uno de los abonos más apreciados.
MURENA, Héctor Álvarez (1923-1975) Escritor arg. Ensayo, cuentos y poesía. *El pecado original de América, La vida nueva, Las leyes de la noche.*
MURES Río de Rumania y Hungría; 900 km. Nace en los Cárpatos orientales, penetra en Hungría y se une al Tisza en Szeged.
MURGA f. Alpechín. ◊ fam. Compañía de músicos callejeros. ◊ fam. Fastidio, molestia.
MURIÁTICO adj. Decíase ant. del ácido clorhídrico.
MURILLO, Bartolomé Esteban (1618-1682) Pintor esp. Sus personajes están extraídos de la clase popular. *La pequeña vendedora de fruta, El joven mendigo, Niños comiendo uva,* etc. ◊ **Toro, Manuel** (1816-1880) Político liberal col. Presid. de la rep. (1863-1866 y 1872-1874).
MURMANSK C. de Rusia; 468 000 hab. Puerto sobre el mar de Barents. Astilleros, ind. maderera.
MURMULLO m. Ruido que se hace hablando cuando no se percibe lo que se dice. ◊ Ruido continuado y suave de algunas cosas.
MURMURAR intr. Hacer ruido suave y apacible la corriente de las aguas u otras cosas. ◊ tr. e intr. fig. Hablar entre dientes, manifestando queja o disgusto por alguna cosa. ◊ fig. y fam. Conversar en perjuicio de un ausente. ❏ MURMURACIÓN; MURMURADOR, RA; MURMUREO; MURMURIO.
MURNAU, Friedrich Wilhelm Seud. de *F. W. Plumpe* (1889-1931) Director cinematográfico al., figura máx. del expresionismo. *Nosferatu, El último, Amanecer, Tabú.*
MURO m. Pared o tapia. ◊ Muralla. ◊ Obra de albañilería formada por mate-

riales diversos, que se unen mediante mortero de cal, cemento o yeso. ◊ **de las Lamentaciones.** M. de Jerusalén donde los judíos lloran cada viernes la destrucción de la c. y la dispersión de su pueblo. ❏ MURAR.
MURPHY, William Parry (1892-1978) Médico norteam. En 1934, por sus trabajos sobre el tratamiento de la anemia perniciosa a base de extractos hepáticos, recibió el Premio Nobel de Medicina.
MURQUE m. *Chile.* Harina tostada.
MURRAY Río de Australia, el más largo de este continente; 2 716 km. Nace en los Alpes Australianos y desagua en el oceano Índico.
MURRIO, RRIA adj. Que tiene murria o tristeza. ◊ f. Medicamento astringente, compuesto de ajos, vinagre y sal, que se usaba para evitar la putrefacción de las llagas. ◊ Tristeza, melancolía.
MURRO m. *Chile.* Mala cara, mohín de desagrado.
MURRUMBIDGEE Río de Australia. Nace en la Gran Cordillera Divisoria y desemboca en el Murray; 1 690 km.
MURRUNDANGA f. *Amér. Centr.* Lío, embrollo. ◊ *Cuba.* Enredo, algarabía. ◊ *Méx.* Partes genitales del hombre.
MURTA f. Arrayán, arbusto. ◊ Murtón. ❏ MURTAL.
MURTILLA f. Arbusto chil., de 1 m de alt. Su fruto es una baya roja de olor agradable y sabor grato. ◊ Licor fermentado que se hace con este fruto.
MUS m. Cierto juego de naipes y de envite.
MUSA f. *Mit. gr.* Cada una de las diosas, hijas de Zeus y Mnemosine, que presidían las ciencias y las artes. *Calíope,* de la poesía épica; *Clío,* de la historia; *Erato,* de la poesía amorosa y, luego, de la mímica; *Euterpe,* de la música; *Melpómene,* de la tragedia; *Polimnia,* de la lírica y la elocuencia; *Talía,* de la comedia; *Terpsícore,* del canto y la danza; *Urania,* de la astronomía. ◊ fig. Inspiración del poeta. ◊ fig. Ingenio peculiar de cada poeta. ◊ fig. Poesía. ◊ pl. fig. Actividad artística, especialmente la poética.
MUSA ibn Nusayr (h. 640-h. 718) General ár. Valí de Ifriqiyya (actual Tunicia), en apoyo de la oposición vitizana

Las **musas**: *Clío, Euterpe y Talía,* óleo de Eustaquio Le Sueur (Museo del Louvre, París)

Musgo

a Don Rodrigo, envió a la pen. Ibérica a su lugarteniente Tariq, lo que determinó el inicio de la conquista.
MUSARAÑA f. Musgaño. ◊ P. ext., cualquier insecto o animal pequeño. ◊ fig. y fam. Muñeco ridículo. ◊ fig. y fam. Especie de nubecilla que se suele poner delante de los ojos. ◊ fig. y fam. *Chile. y Nic.* Ademán grotesco, gesticulación ridícula.
MUSCARINA f. Alcaloide extraído de algunos hongos venenosos y del bacalao podrido, de gran toxicidad.
MUSCULAR adj. Relativo a los músculos. ◊ Díc. del tejido formado por células contráctiles que asegura la locomoción, la prensión y los movimientos viscerales.
MUSCULATURA f. Conjunto y disposición de los músculos. ❏ *Amér.* MUSCULACIÓN.
MÚSCULO m. *Anat.* y *Fisiol.* Órgano contráctil del animal, compuesto palm por fibras musculares, que es el instrumento inmediato del movimiento.
❏ *Anat.* y *Fisiol.* Los m. pueden ser: a) *esqueléticos.* Según el movimiento que produzcan pueden ser: flexores, extensores, abductores, aductores, supinadores, pronadores, etc.; b) *lisos.* Están inervados por el sistema nervioso autónomo y su actividad es involuntaria; c) *cardíaco,* formado por un tipo especial de tejido muscular, pues posee estriaciones, pero está inervado por el sistema nervioso autónomo.
MUSCULOSO, SA adj. Aplícase a la parte del cuerpo que tiene músculos. ◊ Que tiene los músculos muy abultados y visibles.
MUSELINA f. Tela de algodón, lana, seda, etc., fina y poco tupida.
MUSEO m. Lugar donde se conservan y exhiben públicamente colecciones de obras de arte, objetos de valor histórico, científico, etc. ◊ P. ext., lugar en el que hay muchas obras de arte. ◊ **de América, Códice del** o **Códice Tudela** Documento náhuatl del Altiplano Central de México, conservado en el M. de América de Madrid. Contiene las costumbres, el calendario, los dioses protectores de cada estación y las ceremonias religiosas o funerarias de los mexicas.
MUSEOGRAFÍA f. Estudio de la construcción, organización, catalogación instalación e historia de los museos.
MUSEROLA f. Correa de la brida, que sirve para asegurar la posición del bocado.

MUSGO m. Cada una de las plantas criptógamas briófitas que crecen en lugares sombríos, sobre las piedras, cortezas de árboles, el suelo y aun dentro del agua. ◊ Conjunto de estas plantas que cubren una determinada superficie. ◊ pl. Clase de estas plantas. ◊ **marino.** Coralina, alga. ☐ MUSGOSO, SA.

MUSIC HALL (voz ing.) m. Espectáculo de variedades compuesto por números de canto y atracciones diversas. ◊ Establecimiento destinado a estos espectáculos.

MÚSICO, CA adj. Relativo a la música. ◊ m. y f. Persona que sabe del arte de la música. ◊ f. Lenguaje artístico cuyo medio de expresión son los sonidos. ◊ Compañía de músicos que cantan o tocan juntos. ◊ Composición musical. ◊ Colección de papeles en que están escritas composiciones musicales. ◊ Por antífrasis, ruido desagradable. ◊ **armónica.** Música vocal. ◊ **de cámara.** Nombre genérico de las obras para grupos reducidos, instrumentales o vocales. ◊ **dodecafónica.** Dodecafonismo. ◊ **instrumental.** La compuesta sólo para instrumentos. ◊ **rítmica.** La de instrumentos de cuerda. ◊ **sinfónica.** La escrita según el esquema de la sinfonía o formas similares para gran orquesta. ◊ **vocal.** La compuesta para voces, solas o acompañadas de instrumentos. ☐ MUSICOLOGÍA: MUSICÓLOGO, GA; MUSICOMANÍA.

MUSICÓGRAFO, FA m. y f. Persona que se dedica a escribir obras acerca de la música.

MUSIL, Robert (1880-1942) Novelista austr. En su primera novela, *Los extravíos del alumno Törless*, analiza la miseria moral de cierta juventud. *Tres mujeres, El hombre sin atributos.*

MUSITAR intr. Susurrar o hablar entre dientes. ☐ MUSITACIÓN.

MUSLO m. Parte de la pierna, desde la juntura de las caderas hasta la rodilla.

MUSMÓN m. Animal híbrido, producto del carnero y la cabra.

MUSOLA f. Pez cartilaginoso de aspecto similar al tiburón, aunque más pequeño, con dientes romos adecuados para triturar, apreciado por su carne.

MUSOLINA f. *Amér. Centr.* Muselina.

MUSORGSKI, Modest Petrovich (1839-1881) Compositor ruso. Sus obras reflejan la esencia popular rusa. Su obra maestra es *Boris Godunov. Noche en el monte Pelado.*

Modest **Musorgski**

MUSSET, Alfred de (1810-1857) Escritor fr. Su obra poética expresa un romanticismo a veces teñido de una espiritual ironía. *Rolla, Las noches, Confesión de un hijo del siglo, Fantasio.*

MUSSOLINI, Benito (1883-1945) Político it. Socialista en su primera época, en 1922 realizó su Marcha sobre Roma. El rey Víctor Manuel le encargó formar gobierno y desde entonces comenzó a consolidarse la dictadura. Tras invadir Albania en 1938 y ayudar a Franco en la guerra de España, entró en la II Guerra Mundial al lado de la Alemania nacionalsocialista. En 1943 el Consejo fascista le hizo prisionero. Liberado por los al., fundó en Saló la República Social Italiana. Detenido por los partisanos, fue ejecutado en 1945.

MUSTAFÁ II (1664-1703) Sultán otomano [1695-1703]. Por la paz de Karlowitz (1699), entregó Hungría a los Habsburgo.

MUSTELA f. Comadreja. ◊ Tiburón de cuerpo casi cilíndrico, cabeza pequeña y hocico prolongado, de color ceniciento oscuro; es comestible.

MUSTERIENSE adj. y m. *Prehist.* Díc. de la fase cultural del paleolítico medio caracterizada por el uso del sílex y del hueso.

MUSTIO, TIA adj. Melancólico, triste. ◊ Lánguido, marchito. ◊ fig. *Méx.* Hipócrita, falso. ☐ MUSTIARSE.

MUSUCO, CA adj. *Hond.* De pelo rizado o crespo.

MUSULMÁN, NA adj. y s. Que profesa el islamismo; mahometano.

MUTACIÓN f. Mudanza, acción de mudar. ◊ Cada una de las diversas perspectivas que se forman en el teatro, variando el telón y los bastidores. ◊ Destemple de la estación en determinado tiempo del año. ◊ *Biol.* Cambio hereditario en el material genético, que aparece bruscamente y no es debido a recombinación genética. ◊ *Biol.* Fenotipo producido por esta clase de cambios hereditarios. ☐ *Biol.* Las m. pueden ser: cromosómicas, debidas a cambios en el núm. de cromosomas, que comportan dificultades en la reproducción sexual y deficiencias, delecciones, etc.; o génicas, que afectan a un solo gen, tienen una base molecular y se caracterizan por su recurrencia, su reversibilidad y su contingencia.

MUTACIONISMO m. *Biol.* Doctrina según la cual las mutaciones son la materia prima de la evolución y ésta, por consiguiente, sería de tipo discontinuo.

MUTÁGENO, NA adj. y m. *Biol.* Díc. de los distintos agentes físicos o químicos capaces de inducir a mutación a los seres vivos.

al-MUTAMID, Muhammad (1040-1095) Rey taifa de Sevilla [1069-1091]. Su unión con los almorávides le permitió extender sus dominios a Córdoba y S de Toledo.

MUTANTE adj. Que muta. ◊ adj. y m. *Biol.* Díc. de los organismos, células, núcleos o genes que han sufrido una mutación. ◊ *Biol.* Díc. de los alelos derivados por mutación del alelo salvaje.

MUTAR tr. y prnl. Mudar, transformar. ◊ Mudar, remover o apartar de un puesto o empleo. ☐ MUTABILIDAD.

MUTATIS MUTANDIS loc. latina. Cambiando lo que se debe cambiar.

┌─ **MÚSICA** ─

La Alta Edad Media introdujo la polifonía, superposición de dos o más partes vocales o instrumentales simultáneas, esencial en la música de Occidente

Los instrumentos eléctricos (electroacústicos y electrónicos) han revolucionado la música moderna, al dotarla de una notable capacidad para generar sonidos e imitar instrumentos acústicos

La música rock ha aprovechado los amplios recursos de los instrumentos eléctricos, en especial algunas de sus figuras, como Jimi Hendrix

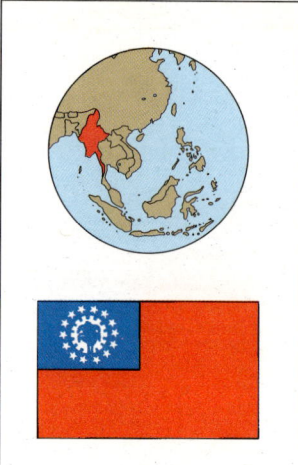

Mapa de situación y bandera
de **Myanma**

MUTE m. *Col.* Maíz pelado y cocido con papas y otros ingredientes.

MUTILAR tr. y prnl. Cercenar una parte del cuerpo, y más particularmente del cuerpo viviente. ◊ tr. Cortar o quitar una parte o porción de cualquier otra cosa. ❏ MUTILACIÓN; MUTILADO, DA.

MUTIS m. Voz que emplea el apuntador en la representación teatral, o el autor en sus acotaciones, para indicar que un actor debe retirarse. ◊ fam. Voz que se emplea para imponer silencio o para indicar que una persona queda callada.

MUTIS, *Álvaro* (n. 1923) Escritor col. *Summa de Maqroll el Gaviero, Los trabajos perdidos, La mansión de Araucaíma, Empresas y tribulaciones de Maqroll el Gaviero.* Premio Príncipe de Asturias de las Letras en 1997 y premio Cervantes en 2001. ◊ *José Celestino* (1732-1808) Botánico y médico esp., fundador del observatorio astronómico de Bogotá.

MUTISMO m. Silencio voluntario o impuesto.

MUTRO, TRA adj. *Chile.* Díc. del animal al que no le salen o no le crecen los cuernos.

MUTUALIDAD f. Calidad de mutual. ◊ Asociación fundada en el principio de solidaridad entre sus miembros, sobre la base de una reciprocidad de servicios o de un equitativo reparto de los riesgos. Su fin es la previsión de toda clase de riesgos. ◊ Denominación que suelen adoptar algunas de estas asociaciones. ❏ MUTUALISMO; MUTUALISTA.

MUTUO, TUA adj. y s. Aplícase a lo que recíprocamente se hace entre dos o más personas, animales o cosas. ◊ Préstamo de una cosa fungible por la que el prestatario se compromete a devolver otra de igual naturaleza, calidad y cantidad.

MUY adv. con que se denota grado sumo o superlativo de significación.

MUZA ⇨ Musa ibn Nusayr.

MYANMA (*Myanma-Nainggan-Daw*) Est. sudasiático; rep.; sit. a orillas del golfo de Bengala y del mar de Andamán, en el O de la península indochina. Terreno montañoso: Himalaya; montes de Arakán, Yoma y Pegu Yoma. Llanura aluvial al centro, formada por los r. Irawadi y Chindwin. Al E, el r. Sa-

MYANMA (BIRMANIA)	
Superficie	678 033 km^2
Población	42 561 000 hab. (63 hab./km^2)
Recursos económicos	
Arroz	13 201 000 t
Cabaña bovina	9 310 000 t
Cemento	420 000 t
Gas natural	1 000 000 000 m^3
Maíz	190 000 t
Petróleo	900 000 t
Sésamo	231 000 t
Tejidos de algodón	15 000 000 m
Indicadores sociológicos	
PNB	10 200 millones de dólares
Renta per cápita	240 dólares
Esperanza de vida	61 años
Alfabetismo	79 %

luén. Al S comprende una parte de la pen. de Malaca, el Tenasserim, recorrido por relieves que dan lugar a costas altas y rocosas; numerosas islas y escollos. Clima monzónico. Agricultura. Ganadería. Caucho. Petróleo, plata, piedras preciosas. Lenguas: birmano (of.) e ing. *Rel.*: budista (88 %), animista, islámica, hinduista. U.M.: el kgat. Cap., Rangún. C. prales.: Mandalay y Bassein. En mayo de 1989 cambió el nombre de Birmania por el de Myanma (Unión de Myanmar).

❏ *Hist.* El país fue unificado bajo el reinado de Anawratha (1044-1077). En 1287, el reino cayó en poder de los mogoles y en 1852 de los británicos. Inglaterra le concedió la indep. en 1948, iniciándose una guerra civil que asoló el país hasta 1962, año en que el general Ne Win tomó el poder e instauró un régimen autoritario. En 1988 dimitió, tras una revuelta popular. El general Saw Maung se hizo con el poder, hasta que en las elecciones de 1990 fue derrotado por la oposición. El ejército invalidó las elecciones y mantuvo el poder.

MYSORE Ant. nombre (hasta 1973) del est. indio de Karnataka. ◊ (*Maisuru*) C. del SO de la India, en el est. de Karnataka; 441 800 hab. Ind. textil, química.

Mysore. El templo de Chamundi, dedicado a Parvathi

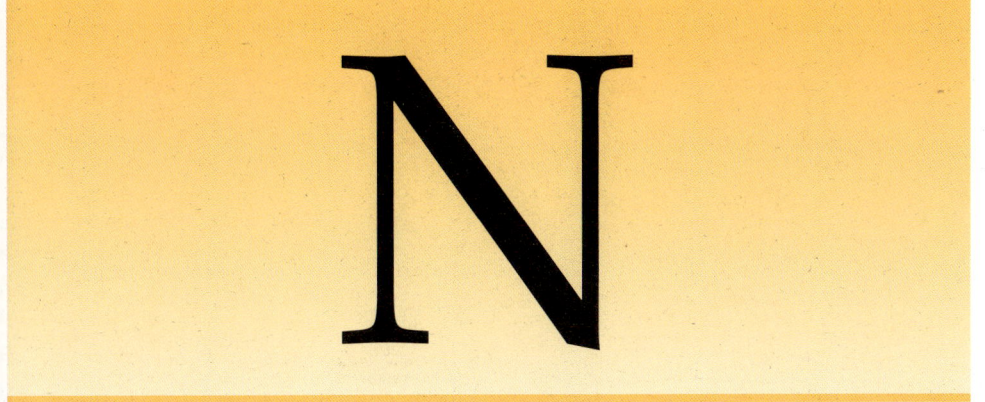

N

N f. Decimocuarta letra del abecedario esp. y undécima de sus consonantes. Su nombre es *ene*. ◇ Con mayúscula, abreviatura de norte. ◇ Suple en lo escrito el nombre propio de personas, que no se sabe o no se quiere expresar. ◇ *Fís.* Símb. del newton. ◇ *Quím.* Con mayúscula, símb. del nitrógeno.

n *Álg.* y *Arit.* Exponente de una potencia determinada.

Na *Quím.* Símb. del sodio.

NABA f. Planta de raíz carnosa comestible, grande, amarillenta o rojiza, esferoidal o ahusada.

NABAB m. Gobernador de una prov. en la India mahometana. ◇ fig. Hombre sumamente rico.

NABÍ m. Entre los moriscos, profeta.

NABIS (heb., profeta) m. pl. Grupo de pintores fr. de finales del s. XIX (Bonnard, Roussel, Ibels, Piot y Vallotton) influidos por Gauguin, Odiol Redon, Puvis de Chavannes y la pintura popular japonesa.

NABO m. Planta anual, de raíz carnosa, comestible, blanca o amarillenta. ◇ Raíz de esta planta. ◇ Cualquier raíz gruesa y pral.

NABOKOV, *Vladimir* (1899-1977) Poeta, novelista y científico ruso, nacionalizado norteam. *Lolita, Fuego pálido, Invitación a muchos la guillotina, La defensa.*

NABOPOLASAR (m. 605 a. C.) Rey de Babilonia [625-605 a. C.], fundador del imperio neobabilónico. Destruyó Nínive.

NABORÍ com. *Amér.* Indígena que se empleaba en el servicio doméstico.

NABORÍA f. Repartimiento que en América se hacía al principio de la conquista esp., adjudicando indígenas para el servicio personal. ◇ Naborí.

NABUCO De Araujo, *Joaquim* (1849-1910) Escritor bras. *Abolicionismo, La guerra del Paraguay.*

NABUCODONOSOR II (m. 562 a. C.) Rey de Babilonia y de Nínive [605-562 a. C.]. En 605, derrocó al faraón Nekao II. Destruyó Jerusalén (587).

NACAOME C. de Honduras, cap. del dpto. de Valle; 9 801 hab.

NÁCAR m. Sustancia dura, blanca argentina, brillante y con reflejos irisados, que forma la capa interna del caparazón de muchos moluscos. ❏ NACARADO, DA; NACÁREO; NACARINO, NA.

NACATAMAL m. *Amér. Centr.* y *Méx.* Tamal relleno de carne de cerdo.

NACER intr. Salir del vientre materno. ◇

◇ Salir del huevo un animal ovíparo. ◇ Empezar a salir un vegetal de su semilla. ◇ Salir el vello, pelo o pluma en el cuerpo del animal, o aparecer las hojas, flores, frutos o brotes en la planta. ◇ Descender de una familia o linaje. ◇ fig. Aparecer un astro en el horizonte. ◇ fig. Originarse una cosa de otra. ◇ fig. Prorrumpir o brotar.

NACIDO, DA adj. y s. Díc. del ser humano. ◇ adj. Connatural de una cosa. ◇ Propio y a propósito para una cosa.

NACIENTE adj. fig. Reciente; que principia a salir. ◇ m. Oriente, punto cardinal.

NACIMIENTO m. Acción de nacer. ◇ P. ant., el de Jesucristo. ❏ Lugar donde brota un manantial. ◇ El manantial mismo. ◇ Principio de una cosa o tiempo en que empieza. ◇ Origen y descendencia de una persona en orden a su calidad.

NACIÓN f. Grupo humano unido por vínculos especiales de homogeneidad cultural, histórica, política, económica y lingüística. ◇ Terr. de un país. ◇ Conjunto de los hab. de un país regidos por el mismo gobierno.

NACIONAL adj. y s. Natural de una nación, en contraposición a extranjero. ◇ adj. Relativo a una nación. ◇ m. Individuo de la milicia nacional.

NACIONALIDAD f. Carácter peculiar de los pueblos e individuos de una na-

Nabis. *Día de invierno,* óleo de P. Bonnard (Museo de Arte Moderno, París)

ción. ◇ Vínculo entre una persona individual o jurídica con un Estado. ◇ Nación. ◇ Grupo nacional sin organización estatal soberana propia.

NACIONALISMO m. Apego de los naturales de una nación a ella propia y a cuanto le pertenece. ◇ Doctrina que exalta la personalidad nacional completa. ◇ Movimiento que pretende liberar a una nación de la opresión a que otra la somete. ❏ NACIONALISTA.

NACIONALIZAR tr. y prnl. Admitir en un país como nacional a un extranjero. ◇ tr. Hacer que pasen a depender del Est. propiedades industriales o servicios explotados por particulares. ❏ NACIONALIZACIÓN.

NACIONALSINDICALISMO m. Doctrina politicosocial española, formulada por R. Ledesma Ramos. Adoptada por J. A. Primo de Rivera, el n. se convirtió en fundamento ideológico de Falange Española y del Movimiento Nacional. ❏ NACIONALSINDICALISTA.

NACIONALSOCIALISMO o **NAZISMO** m. Movimiento político al. fundado por A. Hitler, que afirmaba la vocación de los pueblos germánicos al dominio universal, en virtud de la superioridad de la raza aria, y preconizaba el desarrollo de un Est. totalitario. ❏ NACIONALSOCIALISTA.

❏ *Hist.* El n. detentó el poder, en Alemania, desde 1933 hasta el término de la II Guerra Mundial. La aplicación de sus teorías en el aspecto racial condujo al exterminio masivo de judíos, y otros pueblos, en el marco de su expansión por Europa, durante la II Guerra Mundial.

NACIONES UNIDAS ⇨ Organización de las Naciones Unidas.

NACO m. *Argent.* y *Bol.* Andullo de tabaco. ◇ *Amér. Centr.* Cobarde.

NADA f. El no ser, o la carencia absoluta de todo ser. ◇ pron. indet. Ninguna cosa. ◇ Poco o muy poco en cualquier línea. ◇ adv. neg. De ninguna manera.

NADADOR, RA m. y f. Persona diestra en nadar.

NADAR intr. Sostenerse y avanzar en el agua por medio de movimientos de los miembros. ◇ Flotar en un líquido cualquiera. ◇ fig. Abundar en una cosa.

NADIE pron. indef. Ninguna persona. ◇ m. Persona insignificante.

NADIR m. Punto de intersección de la vertical del lugar de observación con la parte de la bóveda celeste situada bajo el horizonte.

NADO, (A) m. adv. Nadando.

NAFTA f. Fracción ligera del petróleo natural en la destilación de la gasolina. ◊ *Amér.* Gasolina.

NAFTALINA f. Hidrocarburo sólido, procedente del alquitrán de la hulla, usado como desinfectante.

NAGA PRADESH o **NAGALAND** Est. del NE de la India; 16 527 km², 1 215 600 hab. Cap., Kohima. Territorio montañoso. Cereales, arroz, maíz. Centro de luchas por la independencia local.

NAGANO Prefectura de Japón, en la isla de Honshu; 13 585 km², 2 157 000 hab. Cap., la c. hom. (347 000 hab.). Ind. de la seda.

NAGASAKI Prefectura de Japón, en la isla de Kyushu; 4 113 km², 1 563 000 hab. Cap., la c. hom. (444 600 hab.). Puerto. El 9 agosto 1945, los norteam. lanzaron sobre la c. la segunda bomba atómica.

Vista de **Nagasaki**

NAGORNO-KARABAJ Prov. autónoma del S de Azerbaiján; 4 400 km², 174 000 hab. (80% armenios). Cap., Stepanakert. Ganadería, agricultura e ind. alimentaria. En 1988, la pob. armenia se movilizó para que esta prov. fuera integrada en Armenia. Al disolverse la URSS, se reprodujeron en 1992 los enfrentamientos entre Azerbaiján y Armenia.

NAGOYA C. y puerto de Japón, en Honshu; 2 154 700 hab. Centro ind. Universidad.

NAGPUR C. de la India, en el estado de Maharashtra; 1 219 500 hab. Ind. textil.

NAGUA C. de la República Dominicana, cap. de la prov. de María Trinidad Sánchez; 69 049 hab.

NAGUAL m. *Méx.* Brujo, hechicero. ◊ *Hond.* y *Guat.* El animal que una persona tiene de compañero inseparable.

NAGUIB, Muhammad (1902-1984) Militar y político egipcio. En 1952 dirigió la junta militar que destronó al rey Faruk y fue designado presid. de la rep. (1953-1954). Depuesto por Nasser.

NAGY, Imre (1896-1958) Político húngaro. El movimiento revolucionario de 1956 le llevó a presidir el gobierno. Fue ejecutado tras la invasión de Hungría por tropas soviéticas.

NAHUA adj. y s. Díc. de individuos de

Vista del lago **Nahuel Huapí**

un conjunto de tribus amerindias que ocuparon básicamente la altiplanicie mex. ◊ adj. Relativo a dichas tribus. ◊ adj. y m. Díc. de una lengua de la familia utoazteca, la más hablada en México en la época precolonial. ❏ NÁGUATLE o NÁHUATLE.

❏ *Ling.* El n. era la lengua comercial y de civilización de casi todo el imperio azteca. En el s. XVI lo hablaban entre 2 y 5 millones de indios. Sus dialectos más imp. son el náhuatl, el nahual y el nahuat. Aunque retrocedió ante el español, el n. conserva aún importancia.

NAHUAPATE o **NAGUAPATE** (voz azteca) m. *Amér. Centr.* Planta cuyo cocido se usa contra las enfermedades venéreas.

NAHUATLATO, TA adj. y s. Persona que habla la lengua nahua. ❏ NAGUATLATO, TA.

NAHUATLISMO m. Giro o modo de hablar propio de la lengua nahua.

NAHUEL HUAPÍ Lago de Argentina, en la vertiente E de los Andes (prov. de Neuquén y Río Negro); 550 km².

NAIF adj. Díc. de la tendencia artística caracterizada por la adopción de formas e imágenes simplificadas que huyen de la perspectiva tradicional.

NAILON m. Material sintético de índole nitrogenada, del que se hacen filamentos elásticos, muy resistentes.

NAIPE m. Cada una de las cartulinas rectangulares que, cubiertas de un dibujo uniforme por una cara, llevan pintados en la otra cierto número de objetos, o una de las tres figuras correspondientes a cada uno de los cuatro palos de la baraja.

NAIROBI Cap. de Kenia; 1 429 000 hab. Sit. sobre una alta meseta. Ind. metalúrgica, textil, alimentaria, del tabaco.

NALÉ Roxlo, Conrado (1898-1971) Escritor arg. *Cuentos de Chamico, La cola de la sirena, Judith y las rosas.*

NALGA f. Cada una de las dos porciones carnosas redondeadas que forman el trasero del hombre y de algunos animales. Se usa más en plural.

NAMANGAN C. de la rep. de Uzbekistán; 308 000 hab. Ind. de la seda.

NAMBIRO, RA m. y f. *Amér. Centr.* Calabaza grande usada como recipiente.

NAMIBIA Est. del SO de África; 824 292 km², 1 009 900 hab. (88 % bantúes). Cap., Windhoek. País mesetario, cuyo reborde occidental rebasa los

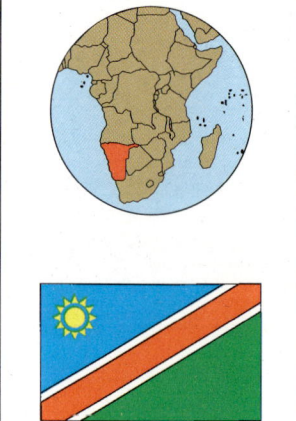

Mapa de situación y bandera de **Namibia**

2 600 m (monte Brandberg); la llanura litoral forma el desierto de Namib. En el interior, lagunas salinas (Etosha Pan). Ríos Orange, Cunene y Cubango. Clima desértico en el litoral y subdesértico en el resto. Ganadería (bovina, ovina, caprina); diamantes, cinc, plomo, cobre, plata; pesca; ind. conservera. Lenguas: ing. y afrikaans (of.), bantúes, hotentotes, bosquimanas. *Rel.*: animista (67 %), católica. U.M.: dólar de Namibia.

❏ *Hist.* Antigua colonia al. Convertida en fideicomiso de la Rep. Sudafricana (1919). Este mandato fue revocado por la ONU en 1966, a lo que se opuso la pob. blanca. El *apartheid* seguido por Sudáfrica ha llevado a una situación endémica de enfrentamientos. En 1978, el SWAPO (Organización Popular del África del Sudoeste) se opuso a las elecciones constituyentes. En 1983, la renuncia del presid., Dirk Mudge, provocó el control directo por parte de Sudáfrica. Desde 1985, los partidos formaron parte de un «organismo transitorio» (Asamblea legislativa y Consejo ejecutivo), que condujo a la independencia en 1988 y se disolvió en 1989. En 1990 el SWAPO ganó las elecciones y N. pasó a ser el est. 160 de la ONU.

Namibia. Aspecto del centro de Windhoek

NAMPULA C. del NE de Mozambique; 126 100 hab. Aeropuerto.

NAMUR C. de Bélgica, cap. de la prov. hom.; 102 100 hab. Centro comercial. Ind. siderúrgica, cerámica, jabones, cuero. Nudo de comunicaciones.

NANA f. Canto con que se duerme a los niños. ◊ *Méx.* Niñera. ◊ *Méx.* Nodriza. ◊ Vestido en forma de saco, abierto por delante, con que se abriga a los niños pequeños. ◊ *Hond.* Madre. ◊ *Argent.* y *Chile.* Pupa de los niños.

NANAY Expresión familiar con que se niega rotundamente una cosa.

NANCHANG C. de China, en la región centro-sur, cap. de la prov. de Kiangsi; 1 190 000 hab. Centro comercial e industrial.

NANCY C. de Francia, cap. del dpto. de Meurthe-et-Moselle y de la región de Lorena; 329 400 hab. la agl. urb. Centro comercial, cultural e ind.

NANGA PARBAT Pico del Himalaya, sit. en Pakistán, al S del Indo; 8 126 m.

NANGO, GA adj. *Méx.* Forastero.

NANKÍN (*Nanjing*) C. de China, en la región E, cap. de la prov. de Kiangsu; 2 290 000 hab. Centro industrial. En varias ocasiones fue cap. del imperio, y de 1928 a 1949 cap. de la República.

NANNING C. de China, cap. de la región autónoma de Kuangsi Chuang; 160 000 hab. Puerto fluvial sobre el Siang. Centro comercial.

NANO- Pref. que indica la milmillonésima parte de la unidad que antecede.

NANOSEGUNDO m. *Comp.* Unidad de tiempo que equivale a 10^{-9} segundos.

NANTERRE C. de Francia, cap. del dpto. Hauts-de-Seine; 88 600 hab. Forma parte del área urbana de París. Centro ind. Universidad.

NANTES C. y puerto de Francia, cap. del dpto. de Loire-Atlantique y de la región de los Países del Loira; 496 100 hab. Astilleros. ◊ **Edicto de N.** Decreto de Enrique IV de Francia (1598) por el que se reconocían los derechos civiles de los calvinistas.

NAO f. Nave.

NAO, Cabo de la Saliente litoral de España, el más pronunciado de la costa mediterránea.

NAPA f. Piel de algunos animales. ◊ Conjunto de fibras textiles que se agrupan en un grupo de espesor constante de igual anchura que la máquina.

NAPALM m. Material inflamable para cargar bombas incendiarias.

NAPIAS f. pl. fam. Narices.

NAPIER o **NEPER, John** (1550-1617) Matemático escocés, introductor del cálculo de logaritmos.

NAPO Prov. de Ecuador, sit. en Amazonia; 13 572 km², 103 387 hab. Cap., Tena. El sector montañoso está formado por las cord. Oriental (volcán Antisana, 5 758 m). Avenada por el r. Napo y sus afluentes. Palma africana, café. Ganadería bovina. Maderas. ◊ R. de Ecuador y Perú. Nace en Cotopaxi y desemboca en el Amazonas; 855 km.

NAPOLEÓN m. Moneda fr. de oro, que tuvo vigencia durante el primero y segundo imperios.

NAPOLEÓN I Bonaparte (1769-1821) Emperador fr. [1804-1814; 1815], nació en Córcega. Dirigió las campañas de Italia y Egipto. Después del golpe de Estado del 18 brumario, fue designado primer cónsul y, en 1802, cónsul vitali-

***Napoleón** firma su abdicación en Fontainebleau* (Museo de Versalles, Francia)

cio. En 1804, se proclamó emperador de Francia y rey de Italia. Se enfrentó a las potencias europeas, y su influencia decayó con los fracasos de las campañas en Rusia y España. Derrotado en Leipzig (batalla de las Naciones, 1813), fue desterrado a la isla de Elba. Volvió a ocupar el poder durante los llamados Cien Días. Vencido en Waterloo (junio 1815), fue hecho prisionero y confinado en la isla de Santa Elena. ◊ **II**, *François Charles Joseph Bonaparte* (1811-1832) Hijo de Napoleón I y M.ª Luisa de Austria, N. I abdicó en su favor, pero la Restauración nunca lo aceptó. ◊ **III** (1808-1873) Emperador fr. [1852-1870]. Sobrino de N. I. En 1848, elegido pres. de la rep. En 1851 dio un golpe de Est., y al año siguiente se convirtió en emperador.

NÁPOLES (*Napoli*) C. de Italia, cap. de la región de Campania; 1 067 400 hab. Centro de una rica región agrícola. Ind. metalúrgica, mecánica, textil, alimentaria. Importante puerto. Fundada por colonos gr., y post. ocupada por romanos y bizantinos. Fue cap. de los reinos de N. y Dos Sicilias. ◊ **Reino de N.** Ant. Est. del S de Italia. En 1442, Alfonso V de Aragón conquistó N. a los angevinos. Perteneció a España hasta 1713. En 1735 pasó a poder de Sicilia, y desde 1860 quedó integrado en Italia.

NÁPOLES, Juan Cristóbal (1829-1862), llamado EL CUCALAMBÉ. Poeta cub. *Rumores del hórmigo.*

NARA Prefectura de Japón, en la isla de Honshu; 3 692 km², 1 375 000 hab. Cap., la c. hom. (349 400 hab.) Centro cultural y religioso. Ind. textil.

NARANJA adj. y m. Díc. del color anaranjado. ◊ f. Fruto del naranjo. ◊ **Media n.** fig. y fam. Persona que se adapta tan perfectamente al gusto y carácter de otra, que ésta la considera como la mitad de sí propia. ❑ NARANJERO, RA.

NARANJADA f. Bebida de zumo de naranja, agua y azúcar.

NARANJAL m. Sitio plantado de naranjos.

NARANJO m. Árbol originario de Asia, cuya flor es el azahar y cuyo fruto es la naranja.

NARBADA R. de la India central; 1 230 km. Nace en los montes Maekal y desemboca en el golfo de Khambhayat.

NARBONENSE Prov. romana de la Galia, creada por Augusto (27 a. C.), que se extendía de los Alpes a los Pirineos y de los Cévennes al Mediterráneo.

NARCISISMO m. Admiración preferente de sí mismo. ◊ Trastorno psíquico de la sexualidad por el que la contemplación de la propia imagen provoca estimulaciones eróticas. ❑ NARCISISTA.

NARCISO m. Planta herbácea, que se cultiva como ornamento. ◊ Flor de esta planta. ◊ fig. Persona muy satisfecha de sí misma y exageradamente preocupada de su aspecto exterior.

NARCISO *Mit. gr.* Hijo del río Cefiso y de la ninfa Liríope.

NARCOSIS f. Sueño provocado artificialmente por agentes farmacológicos.

NARCÓTICO, CA adj. y m. Díc. de la sustancia que ejerce una acción de impedimento de las funciones propias del encéfalo y de la médula espinal.

NARCOTINA f. Alcaloide presente en el opio. No tiene acción narcótica, sino que es un excitante del sistema nervioso central.

NARCOTISMO m. Estado de adormecimiento, que procede del uso de los narcóticos. ◊ Conjunto de efectos producidos por los narcóticos.

NARCOTIZAR tr. y prnl. Producir narcotismo. ◊ Suministrar un narcótico. ❑ NARCOTIZACIÓN; NARCOTIZADOR, RA.

NARDO m. Planta perenne de flores blancas y muy olorosas.

NARIGADA f. *Amér.* Polvo o pulgarada de tabaco que se toma de una vez.

NARIGUDO, DA adj. y s. De nariz grande. ◊ adj. De forma de nariz.

NARIGUERA f. Pendiente que se pone en la ternilla que divide las dos ventanas de la nariz.

NARIÑO Dpto. de Colombia, sit. al S del país; 33 268 km², 1 719 162 hab. Cap., Pasto. El relieve está configurado por los Andes, que cruzan la región de S a NE. Al O se forma la llanura aluvial del Pacífico, drenada por el Patía, el Mira y el Iscuandé; al E, la vertiente amazónica da origen a los ríos Caquetá y Putumayo. Agricultura (cereales, forrajes, plátanos, café, yuca); ganadería (vacunos, ovinos, equinos, porcinos). Oro, plata y platino. Ind. textil y mecánica.

Gamal Abdel **Nasser**

NARIÑO, _Antonio_ (1765-1823) Patriota col. Prócer de la indep. En 1812, el congreso le otorgó el poder para defender la cap. En 1821, Bolívar lo designó vicepresid. de la Gran Colombia.
NARIZ f. _Anat._ Órgano facial prominente de ciertos mamíferos, en el cual se halla alojado el sentido del olfato. ◊ Cada uno de los dos orificios que hay en la base de la nariz. ◊ fig. Sentido del olfato. ◊ **aguileña.** La que es delgada y algo corva. ◊ **perfilada.** La que es perfecta y bien formada. ◊ **respingona.** Aquella cuya punta tira hacia arriba.
NARRACIÓN f. Cosa narrada. ◊ _Ret._ Parte del discurso retórico en que se refieren los hechos para esclarecimiento del asunto de que se trata. ❑ NARRATIVO, VA.
NARRAR tr. Contar, referir lo sucedido. ❑ NARRADOR, RA.
NARRATIVA f. Narración, acción de narrar. ◊ Habilidad en referir o contar las cosas.
NÁRTEX m. Pórtico alzado delante de las basílicas cristianas, donde permanecían los catecúmenos.
NARVÁEZ, _Francisco_ (n. 1908) Escultor ven. Realizó monumentos públicos en Caracas. ◊ **_Pánfilo de_** (1470-1528) Conquistador esp . Participó decisivamente en la conquista de Cuba. ◊ **_Ramón María_,** DUQUE DE VALENCIA (1800-1868) Militar y político esp. Entre 1844 y 1868 presidió gobiernos moderados. ◊ **Latorre, _Antonio_** (1733-1812) Militar y político col. Miembro de la Junta que proclamó la indep. de Nueva Granada (1811).
NARVAL m. Cetáceo de unos seis metros de largo, del cual se utilizan su grasa y el marfil de su diente mayor .
NÁRVARTE, _Andrés_ (1781-1853) Político ven. Vicepresidente de la rep. (1835), al dimitir Vargas ocupó la presidencia (1836-1837).
NASA f. Arte de pesca, formada por un cilindro de juncos, alambres, plásticos, etc. ◊ Cesta de boca estrecha para echar la pesca. ◊ Cesto o vasija para guardar pan, harina o cosas semejantes.
NASA Siglas de _National Aeronautics and Space Administration_, Administración Espacial y Aeronáutica Nacional de EE UU. Organismo fundado en 1958, que se encarga de las investigaciones aeronáuticas.
NASAL adj. Relativo a la nariz. ◊ Díc.

del sonido en cuya pronunciación la corriente espirada sale total o parcialmente por la nariz. ❑ NASALIDAD; NASALIZAR.
NASHVILLE C. de EE UU, cap. del est. de Tennessee; 488 400 hab. Forma una conurbación con Davidson. Ind. aeronáutica, textil, papelera.
NASO m. fam. Nariz grande.
NASSAU Cap. de las Bahamas; 133 400 hab. Turismo.
NASSAU Familia ducal al. fundada por los condes de Laurenburg (h. 1100). El conde Enrique II nombró herederos a sus hijos Walram II y Otón I, naciendo así dos líneas de esta familia, que han dado reyes a Países Bajos y duques a Luxemburgo.
NASSER, _Gamal Abdel_ (1918-1970) Militar y político egipcio. Lideró la revolución que derrocó al rey Faruk (1952). Presid. de la rep. en 1955, nacionalizó el canal de Suez. Tras la derrota en la guerra de los Seis Días dimitió, pero asumió de nuevo el gobierno con el apoyo popular.
NASTIA f. _Bot._ Movimiento de las plantas o de alguno de sus órganos, inducido por un factor externo, sin ninguna relación de orientación con el estímulo e independientemente del crecimiento.
NATA f. Sustancia espesa, que forma una capa sobre la leche que se deja en reposo. ◊ Sustancia espesa de algunos licores que sobrenada en ellos. ◊ fig. Lo principal y más estimado en cualquier línea. ◊ _Amér._ Escoria de la copelación.
NATACIÓN f. Arte de nadar. ◊ _Zool._ Sistema de locomoción mediante el cual los animales pueden desplazarse en el agua. ❑ NATATORIO, RIA.
❑ _Dep._ Esta disciplina deportiva comprende las carreras en aguas abiertas o piscinas, la n. sincronizada y subacuática, y, en sentido amplio, los saltos de trampolín y el waterpolo. Los estilos más practicados son: crol, espalda, braza, mariposa y la n. de costado.
NATAL adj. Perteneciente al nacimiento, o al país en que uno ha nacido. ◊ m. Nacimiento. ❑ NATALICIO, CIA.
NATAL C. de Brasil, cap. del est. de Río Grande del Norte; 607 000 hab. Ind. textil.
NATALIDAD f. Número proporcional de nacimientos en población y tiempo determinados.
NATANAEL Discípulo de Jesucristo, identificado con el apóstol san Bartolomé.
NATIONAL Gallery Museo nacional de pintura de Londres, construido entre 1832 y 1838.
NATIVIDAD f. Nacimiento, y especialmente el de Jesucristo, el de la Virgen María y el de san Juan Bautista.
NATIVO, VA adj. Que nace naturalmente. ◊ Perteneciente al país o lugar en que uno ha nacido. ◊ Natural, nacido. ◊ Innato, propio y conforme a la naturaleza de cada cosa. ◊ Dic. de los metales y de algunas sustancias min. que se encuentran en sus menas exentos de toda combinación. ❑ NATÍO, A.
NATO, TA adj. Aplícase al título honorífico o al cargo que está anejo a un empleo o a la calidad de un sujeto.
NATO Siglas de _North Atlantic Treaty Organization_, Organización del Tratado del Atlántico Norte.

NATRI m. _Chile._ Arbusto de 2 a 3 m d altura, de hojas aovadas, oblongas puntiagudas, y de propiedades febr fugas.
NATRÓN m. Sal blanca, translúcida cristalizable y eflorescente, usada en l fabricación de vidrio, jabón y tintes.
NATURA f. Esencia y característica d cada ser, naturaleza. ◊ Partes genital
NATURAL adj. Perteneciente a la n turaleza o conforme a la calidad o pr piedad de las cosas. ◊ adj. y s. Nativ originario de un pueblo o nación. ◊ Hecho con verdad, sin artificio. ◊ Dí de las cosas que imitan a la naturale con propiedad. ◊ Regular, que co múnmente sucede. ◊ Que se produc con las solas fuerzas de la naturalez en contraposición a sobrenatural. ◊ r Genio, índole, temperamento, comple xión o inclinación propia de cada un
NATURALEZA f. Esencia y propieda característica de cada ser. ◊ Conjunt orden y disposición de todas las ent dades que componen el universo. ◊ Virtud, calidad o propiedad de las co sas. ◊ Instinto, propensión o inclina ción de las cosas, con que pretenden s conservación y aumento. ◊ Fuerza actividad natural, como contrapuest a la sobrenatural y milagrosa. ◊ Orige que uno tiene según la ciudad o país e que ha nacido. ◊ Índole, temperamer to. ◊ Especie, género, clase. ◊ **mue ta.** Cuadro que representa animale muertos o cosas inanimadas.

Naturaleza muerta, óleo de Willem Kalf (Museo del Ermitage, San Petersburgo)

NATURALIDAD f. Calidad de natu ral. ◊ Ingenuidad y sencillez. ◊ Co formidad de las cosas con las leyes o dinarias y comunes.
NATURALISMO m. Sistema que atr buye todas las cosas a la naturalez como primer principio. ◊ _Lit._ Escue literaria del s. XIX, opuesta al romant cismo. ❑ NATURALISTA.
❑ _Lit._ El n. describió la realidad gra te. de forma minuciosa y mostrando l aspectos más ingratos. Destacaron Zol Goncourt, Maupassant, G. Moore, I sen, Norris, Dreiser, Galdós, «Clarín E. Pardo Bazán y Blasco Ibáñez.
NATURALIZAR tr. Admitir en u país, como si fuera natural de él, a un persona extranjera. ◊ tr. y prnl. Hac que una especie animal o vegetal a

quiera las condiciones necesarias para vivir en un país distinto de aquel de que procede. ◊ prnl. Adquirir los derechos de los naturales de un país. ❏ NATURALIZACIÓN.

NATURISMO m. Doctrina que preconiza el empleo de los agentes naturales para conservar la salud y curar las enfermedades. ❏ NATURISTA.

NATUSH Busch, Alberto (n. 1933) Militar bol. Presid. de la rep. en 1979.

NAUFRAGAR intr. Irse a pique o perderse la embarcación. Díc. también de las personas que van en ella. ◊ fig. Perderse o salir mal un intento o negocio.

NAUFRAGIO m. Pérdida o ruina de la embarcación en aguas navegables. ◊ fig. Pérdida grande; desgracia o desastre.

NÁUFRAGO, GA adj. y s. Que ha padecido naufragio o tormenta.

NAURU (*Republic of Nauru*) Estado de Micronesia, formado por la isla hom., en el océano Pacífico. Cap., Yangor. Es un atolón coralífero que cuenta con depósitos de fosfatos. Descubierta en 1798 por Fearn, fue posesión al. desde 1888. Después de la I Guerra Mundial fue entregada como fideicomiso a Australia, Nueva Zelanda y Gran Bretaña. Independiente desde 1968.

NÁUSEA f. *Pat.* Sensación que indica deseo inminente de vomitar. ◊ fig. Repugnancia o aversión que causa una cosa. ❏ NAUSEABUNDO, DA; NAUSEATIVO, VA.

NAUTA m. Hombre de mar, marinero.

NÁUTICA f. Ciencia o arte de navegar.

NAUTILO m. *Zool.* Molusco cefalópo-

Mapa de situación y bandera de **Nauru**

NAURU	
Superficie	21 km²
Población	8 000 hab. (381 hab./km²)
Recursos económicos	
Pesca	500 t
Fosfato	747 000 t
Indicadores sociológicos	
PNB	80 millones de dólares
Renta per cápita	12 000 dólares
Esperanza de vida	68 años

do, cuyo cuerpo se aloja en la celdilla mayor de su concha espiral.

NAVA f. Tierra baja y llana, sit. gralte. entre montañas.

NAVAJA f. Cuchillo cuya hoja puede doblarse sobre el mango para que el filo quede guardado entre dos cachas. ◊ Molusco de dos conchas simétricas. ◊ **de afeitar.** La de filo agudísimo, que sirve para hacer la barba. ❏ NAVAJAZO.

NAVAJERO, RA m. y f. Malhechor que usa la navaja para intimidar o agredir. ◊ m. Estuche o bolsa en que se guardan las navajas, especialmente las de afeitar. ◊ Paño en que se limpia la navaja al afeitar. ◊ Especie de taza con el borde de caucho, que sirve para este mismo fin.

NAVAJÓ adj. y s. Perteneciente a una tribu indígena norteam. del grupo de los atabascos meridionales. Unos 100 000 individuos distribuidos en reservas al N de Arizona y Nuevo México.

NAVAL adj. Perteneciente o relativo a las naves y a la navegación.

NAVARIÑO Isla de Chile; 3 200 km². Sit. al S de la Tierra del Fuego.

NAVARRA o **NAFARROA** Comunidad foral uniprovincial de España; 10 421 km², 555 829 hab. Cap., Pamplona; c. pral.: Tudela. Limitada al N por los Pirineos y al S por el Ebro. Trigo, maíz, viñedo, olivar, remolacha, hortalizas, plantas forrajeras; ganadería (vacuna, porcina, ovina); ind. alimentaria, química, metalúrgica, automovilística. En 1982 quedaron definidos los estamentos de gobierno de la Comunidad auton. con la recuperación de los derechos históricos. ◊ **Reino de N.** Sancho I Garcés (905) es considerado el creador del reino de N. Con Sancho III (1000-1035) N. se convirtió en el centro político de España. Desde 1234 pasó a poder de varias dinastías fr. En 1512, Fernando el Católico conquistó la Alta N. y la incorporó a la monarquía esp. La Baja N. fue anexionada a Francia en 1589.

NAVARRETE, Juan Fernández de, llamado EL MUDO (h. 1526-1579) Pintor esp. Trabajó en El Escorial por encargo de Felipe II. ◊ FRAY **Manuel de** (1768-1809) Poeta mex. Describió paisajes en poemas de corte neoclásico. *Noche triste.*

NAVARRO, Gustavo A. (1898-1973) Escritor bol. *Suetonio Pimienta: memorias de un diplomático de la República de Zanahoria.* ◊ **Luna, Manuel** (1894-1972) Escritor cub. *La tierra herida.* ◊ **Ortega, Nicolás Eugenio** (1867-1960) Historiador ven. *Anales eclesiásticos venezolanos.*

NAVAS DE TOLOSA Aldea de Jaén, en Andalucía. ◊ **Batalla de las N.** La librada el 16 julio 1212 entre los almohades y las tropas de Aragón, Navarra y Castilla, que vencieron.

NAVE f. Barco, embarcación. ◊ *Arq.* Cada uno de los espacios que entre muros o filas de arcadas se extienden a lo largo de las iglesias u otros edificios. ◊ P. ext., cuerpo seguido de un edificio. ◊ **espacial.** Vehículo espacial.

NAVEGABLE adj. Díc. del río, lago, canal, etc., donde se puede navegar. ◊ Que puede navegar.

NAVEGACIÓN f. Viaje que se hace con la nave. ◊ Tiempo que éste dura. ◊ Náutica. ◊ **aérea.** Acción de navegar por el aire en globo, avión u otro vehículo. ◊ **de altura.** La que se hace por mar fuera de la vista de la tierra. ◊ **de cabotaje.** La que se efectúa a lo largo de

El auge de la aviación ha obligado a desarrollar un complejo sistema de navegación aérea, una verdadera «autopista» en el cielo con diversos carriles (rutas) a diferente altitud. Su vigilancia, labor de los centros de control de las terminales de los aeropuertos, evita que se produzcan accidentes

Entre los medios empleados para ayudar a los pilotos se encuentran una antena localizadora, que transmite un haz de radio amplio y plano hacia el avión, y otra serie de señales de radio y visuales, como las balizas luminosas empleadas de noche

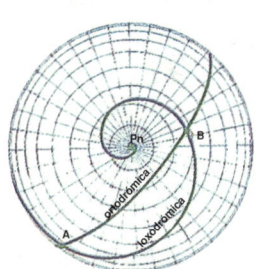

La ruta del avión constituye una línea loxodrómica, pues corta a los meridianos terrestres según ángulos constantes

la costa. ◊ **espacial.** La que se realiza en el espacio extraterrestre.

NAVEGAR tr. e intr. Hacer un viaje en una embarcación o nave. ◊ intr. Andar el buque o la embarcación. ◊ Hacer viaje por aire en globo, avión u otro vehículo. ◊ fig. Transitar o trajinar de una parte a otra. ◊ *Comp.* Investigar un usuario la información de que dispone la red Internet. ❏ NAVEGANTE.

NAVETA f. Nave pequeña. ◊ Vaso que sirve en la iglesia para administrar el incienso. ◊ Gaveta de escritorio.

NAVIDAD f. Natividad de Jesucristo.

◊ Día en que se celebra. ◊ Tiempo inmediato a este día. También se usa en pl. ❏ NAVIDEÑO, ÑA.
NAVIERO, RA adj. Concerniente a naves o a navegación. ◊ m. Dueño de un navío u otra embarcación capaz de navegar en alta mar. ◊ El que avitualla un buque mercante.
NAVÍO m. Bajel grande.
NAVOJOA Pob. de México, en el est. de Sonora; 122 390 hab. Centro agrícola.
NAVRATILOVA, Martina (n. 1956) Tenista checa, nacionalizada norteam. Ha ganado, durante una década, la mayoría de torneos del Grand Slam.
NÁYADE f. Mit. Cualquiera de las ninfas que, según los gentiles, residían en los ríos y en las fuentes.
NAYARIT Est. de México, que comprende una zona de la costa central del Pacífico y el arch. de las Tres Marías; 27 621 km², 920 185 hab. Cap., Tepic. La parte oriental está atravesada de N a S por la sierra Madre Occidental. El sector meridional está accidentado por la cordillera Neovolcánica. Explotación forestal (cedro, nogal, caoba); tabaco, plátano, café, caña de azúcar, maíz, frutas, cereales; pesca; plata, oro, plomo; ind. textil, del calzado, alimentaria. En 1917, alcanzó la categoría de estado.
NAZARENO, NA adj. y s. Natural de Nazaret. ◊ Díc. del que entre los hebreos se consagraba particularmente al culto de Dios. ◊ Imagen de Jesucristo vistiendo un ropón morado. ◊ m. Penitente que en las procesiones de Semana Santa va vestido con túnica. ◊ pl. Argent. Lloronas, espuelas grandes usadas por los gauchos. ◊ El N. P. ant., Jesucristo.
NAZARETH (Natsrat) C. de Israel, en Galilea, cap. del distrito Septentrional; 39 400 hab. Según los evangelios, allí vivió Jesús.
NAZARÍ adj. Díc. de los descendientes de Yúsuf ben Názar, fundador de la dinastía musulmana que reinó en Granada (España), desde el siglo XIII al XV.
NAZAS R. de México; 300 km. Nace en la sierra Madre Occidental (Durango),

Arte **nazarí**. Detalle del patio de los Leones (Alhambra de Granada, España)

Nebulosa Norteamérica, en la constelación del Cisne

por la confluencia del Ramos y el Oro, y vierte sus aguas en la laguna Mayrán.
NAZCA Civilización preincaica que se desarrolló en el N del Perú, con anterioridad a la quechua, de 300 a. C. a 1000 d. C. Destaca la red de líneas y formas animalísticas trazadas con piedras sobre el terreno; tienen grandes dimensiones, y algunas pueden ser apreciadas desde el aire.
NAZI adj. Relativo al nazismo. ◊ adj. y s. Partidario del nazismo.
Nb Quím. Símb. del niobio.
Nd Quím. Símb. del neodimio.
N'DJAMENA Cap. del Chad; 530 965 hab. Puerto fluvial sobre el Chari.
Ne Quím. Símb. del neón.
NEAGH, Lough Lago de Irlanda del Norte (Reino Unido); 396 km². Es el mayor de las islas Británicas.
NEANDERTHAL Valle de Alemania, sit. al E de Düsseldorf, donde, en 1856, se hallaron restos humanos del paleolítico medio, que dieron nombre a un tipo de Homo sapiens. ◊ **Hombre de N.** Según restos hallados en Europa, Asia y África, era de cuerpo robusto, pequeña estatura, cráneo alargado y frente huidiza. ❏ NEANDERTALENSE.
NEBLÍ m. Halcón común o peregrino. Ave de unos 40 cm de largo y plumaje gris oscuro.
NEBLINA f. Niebla espesa y baja. ❏ NEBLINOSO, SA.
NEBRASKA Est. del centro-noroeste de EE UU; 200 350 km², 1 578 000 hab. Cap., Lincoln. Extensa llanura originada por la erosión de los r., entre los que destaca el Platte. Trigo, maíz; ganadería (bovina, ovina, porcina); ind. de transformación de productos agropecuarios.
NEBRIJA, Elio Antonio de, llamado Antonio Martínez de Cala (1441-1522) Humanista esp. Estudioso de la filología de la lengua esp. Arte de la lengua castellana.
NEBULOSA f. Cualquier objeto astronómico difuso exterior al sistema solar. ◊ **galáctica.** Astr. Acumulación de polvo y de gases cósmicos en el espacio interestelar. ❏ NEBULAR.
NEBULOSO, SA adj. Que abunda en nieblas, o cubierto de ellas. ◊ Oscurecido por las nubes. ◊ fig. Sombrío, tétrico. ◊ fig. Falto de lucidez y claridad. ◊ fig. Difícil de comprender. ❏ NEBULOSIDAD.
NECESARIO, RIA adj. Que precisa,

forzosa o inevitablemente ha de ser o suceder. ◊ Díc. de lo que se hace y ejecuta obligado por algo, y también de las causas que obran sin libertad y por determinación de su naturaleza. ◊ Que es menester o hace falta para un fin.
NECESER m. Caja o estuche con diversos objetos de tocador, costura, etc.
NECESIDAD f. Estado del individuo en relación con lo que le es preciso (sueño, descanso, nutrición, etc.). ◊ Manifestación natural de sensibilidad interna que despierta una tendencia a cumplir un acto o a buscar una determinada categoría de objetos. ◊ Manifestación periódica adquirida de la tendencia a cumplir ciertos actos o a utilizar determinados objetos (fumar tabaco, beber alcohol, tomar cocaína, inyectarse morfina, etc.). ◊ Evacuación de orina o excrementos.
NECESITADO, DA adj. y s. Pobre, que carece de lo necesario.
NECESITAR tr. Obligar a alguien a ejecutar una cosa. ◊ tr. e intr. Haber menester de una persona o cosa.
NECIO, CIA adj. y s. Ignorante, que no sabe lo que podía o debía saber. ◊ Imprudente o falto de razón; terco y porfiado en lo que hace o dice.
NECKER, Jacques (1732-1804) Político fr. Fue llamado por Luis XVI para conducir las finanzas (1776). En 1788 impulsó la convocatoria de los Estados Generales.
NECOCHEA C. de Argentina, en la prov. de Buenos Aires; 51 100 hab. Centro comercial y agropecuario.
NECOCHEA, Mariano (1792-1849) Militar arg. que participó en la guerra de independencia americana, a las órdenes de San Martín.
NECRÓFAGO, GA adj. y m. Biol. Díc. del animal que se alimenta de cadáveres.
NECROFILIA f. Afición por la muerte o por algunos de sus aspectos. ◊ Trastorno psicosexual caracterizado por la atracción sexual hacia los cadáveres. ❏ NECRÓFILO, LA.
NECROLOGÍA f. Noticia o biografía de una persona muerta hace poco tiempo. ◊ Lista de las muertes acaecidas proporcionada por una estadística o un periódico. ❏ NECROLÓGICO, CA.
NECRÓPOLIS f. Cementerio de gran extensión, en que abundan los monumentos fúnebres.
NECROPSIA f. Examen anatómico y patológico con fines científicos, o para esclarecer la causa de la muerte cuando hay duda.
NECROSIS f. Muerte de algunos elementos celulares en el interior de un cuerpo vivo.
NÉCTAR m. Licor destinado a los dioses. ◊ P. ext., cualquier licor exquisito ◊ Sustancia líquida, azucarada y aromática que se excreta en los nectarios, sit. cerca de las flores de las plantas, en orden a la polinización por insectos.
NECTARIO m. Glándula vegetal que segrega excreciones azucaradas para atraer a los insectos.
NECTON m. Conjunto de animales no planctónicos nadadores de las aguas marinas y continentales.
NEDERLAND Nombre neerlandés de Países Bajos.
NEERLANDÉS, SA adj. y s. Natural de Países Bajos. ◊ adj. Relativo a este país. ◊ m. Lengua germánica hablada

por los habitantes de Países Bajos, y de la cual son dialectos el flamenco y el holandés.

NEFANDO, DA adj. Indigno, que repugna u horroriza moralmente.

NEFASTO, TA adj. Funesto, fatal. ◊ Aplicado a día o a cualquier otra división de tiempo, triste, funesto.

NEFERTITI (s. XIV a. C.) Reina de Egipto, esposa de Amenhotep IV (Ajenatón), de la XVIII dinastía, célebre por su busto encontrado en Tell el-Amarna.

Nefertiti

NEFRIDIO m. Conducto excretor muy elemental que comunica el interior de ciertos invertebrados con el exterior.

NEFRITIS f. *Pat.* Inflamación del tejido renal, que puede afectar al parénquima, al tejido intersticial y al sistema vascular. ❏ NEFRÍTICO, CA.

NEFROLOGÍA f. Rama de la medicina que se ocupa del riñón y de sus enfermedades.

NEFROSIS f. Afección renal caracterizada por lesiones degenerativas de los epitelios tubulares del riñón.

NEGACIÓN f. Carencia o falta total de una cosa. ◊ Partícula o voz que sirve para negar. ❏ NEGATIVA.

NEGADO, DA adj. y s. Incapaz o totalmente inepto para una cosa.

NEGAR tr. Decir uno que no es verdad, que no es cierta una cosa acerca de la cual se le pregunta. ◊ Decir que no a lo que se pretende o se pide, o no concederlo. ◊ Prohibir, impedir o estorbar. ◊ Desdeñar una cosa o no reconocerla como propia. ◊ Ocultar, disimular. ◊ prnl. Excusarse de hacer una cosa, o repugnar el introducirse o mezclarse en ella.

NEGATIVO, VA adj. Que incluye o contiene negación o contradicción. ◊ adj. y s. Dic. de las imágenes fotográficas, radiográficas, etc., que ofrecen invertidos los claros y oscuros, o los colores complementarios, de aquello que reproducen.

NEGLIGENCIA f. Descuido, omisión. ◊ Falta de aplicación. ❏ NEGLIGENTE.

NEGOCIADO m. Cada una de las dependencias que, en una organización administrativa, está destinada para despachar determinadas clases de asuntos. ◊ Negocio. ◊ *Amér. Merid.* Negocio ilegítimo y escandaloso.

NEGOCIAR intr. Tratar y comerciar, comprando y vendiendo o cambiando géneros, mercancías o valores para aumentar el caudal. ◊ Ajustar el traspaso, cesión o endoso de un vale, efecto o letra. ◊ Tratándose de valores, especialmente letras, descontarlos. ◊ Tratar asuntos públicos o privados procurando su resolución. ◊ Tratar entre naciones, por vía diplomática, un asunto (tratado de alianza, de comercio, etc.). ❏ NEGOCIACIÓN; NEGOCIADOR, RA; NEGOCIANTE.

NEGOCIO m. Cualquier ocupación, empleo o trabajo. ◊ Dependencia, pretensión, tratado o agencia. ◊ Todo lo que es objeto de una ocupación lucrativa o de interés. ◊ Negociación. ◊ Utilidad o interés que se logra en lo que se trata, comercia o pretende. ◊ Local en que se negocia o comercia. ◊ **jurídico.** *Der.* Acto de una o más voluntades que pretende algún efecto jurídico reconocido por la ley.

NEGRA, Cordillera Sección de la cordillera Occidental de los Andes peruanos (dpto. de Ancash). Alt. máx.: 5 187 m.

NEGREAR intr. Mostrar una cosa color negro o negruzco. ◊ Tirar a negro, ennegrecerse.

NEGRECER intr. y prnl. Ponerse negro.

NEGRERO, RA adj. y s. Dedicado a la trata de negros. ◊ m. y f. fig. Persona de condición dura, cruel, para sus subordinados.

NEGRET, Edgard (n. 1920) Escultor col. *Torres, Templos, Navegantes.*

NEGRETE, Jorge (1911-1953) Cantante y actor mex., cuyas canciones y películas alcanzaron gran popularidad. *Así se quiere en Jalisco, Teatro Apolo.*

NEGRI, Pola, llamada *Barbara Apolonia Chalupiec* (1894-1987) Actriz cinematográfica pol., una de las más populares del cine mudo. *Carmen, Hotel imperial.*

NEGRILLA f. Hongo microscópico, con el talo formado por filamentos ramificados, que vive parásito en las hojas del olivo y de otras plantas.

NEGRÍN, Juan (1892-1956) Médico y político esp. Presid. del gobierno (1937-1939) en la guerra civil.

NEGRO, GRA adj. y s. De color totalmente oscuro; en realidad falto de color. ◊ *Antr.* Individuo de una raza de piel negra o muy oscura. Concepto aplicado a la pob. africana de piel oscura, excepto hotentotes, bosquimanos y camitas. ◊ adj. Moreno. ◊ Oscuro u oscurecido y deslucido. ◊ fig. Infausto y desventurado. ◊ m. y f. *Chile, Col.* y *Cuba.* Voz de cariño entre personas que se quieren.

NEGRO, mar Mar interior sit. entre Turquía, Bulgaria, Rumania, Ucrania, Rusia y Georgia. Comunica con el Mediterráneo por el Bósforo y los Dardanelos; 413 000 km². ◊ **río** R. de América del Sur, afl. pral. del Amazonas; 2 200 km. Nace en Colombia, con el nombre de Guainia, y desemboca en el Amazonas, aguas abajo de Manaus. ◊ R. de Argentina (prov. de Río Negro), formado por las corrientes del Limay y del Neuquén; 635 km de curso. Desemboca en el Atlántico. ◊ R. de Uruguay, afl. izquierdo del Uruguay; 800 km. Nace en Brasil y se interna en Uruguay.

NEGROAMERICANO adj. y s. Relativo a los americanos de raza negra o propio de ellos.

NEGROIDE adj. y s. Dic. del individuo o etnia que presenta algunos de los caracteres de la raza negra o de su cultura.

NEGROS Isla de Filipinas, en el arch. de las Bisayas; 13 328 km², 2 749 700 hab. Cultivos de caña de azúcar, cocoteros y tabaco.

NEGRURA f. Calidad de negro. ❏ NEGROR.

NEGRUZCO, CA adj. De color negro.

NEGUS m. Título ostentado por los ant. soberanos de Etiopía.

NEHRU, Sri Pandit Jawaharlal (1889-1964) Político indio. Tomó parte en la lucha por la indep. Fue primer ministro (1947-1964).

Sri Pandit Jawaharlal Nehru

NEIBA C. de la República Dominicana, cap. de la prov. de Bahoruco; 48 300 hab. ◊ Sierra de la República Dominicana. Alt. máx.: 2 262 m.

NEIRA, Juan José (1793-1840) General col. colaborador de Bolívar. Participó en las batallas de Boyacá y Paipé.

NEIVA C. de Colombia, cap. del dpto. del Huila; 335 248 hab. Puerto fluvial. Ind. farmacéutica.

NEJA f. *Méx.* Tortilla hecha de maíz cocido.

NELKEN, Margarita (1896-1968) Escritora y política esp., nacionalizada mex. Diputada durante la II República. *La condición social de la mujer en España.*

NELSON, Horatio, VIZCONDE DE (1758-1805) Almirante brit. Participó en la guerra de independencia norteam. Derrotó a la flota francoespañola en Trafalgar, pero murió en el combate.

NEMA f. Cierre o sello de una carta.

NEMATELMINTO adj. y m. *Zool.* Dic. de gusanos de cuerpo fusiforme o cilíndrico y no segmentado, sin apéndices locomotores y con tegumentos impregnados de quitina, en su mayoría parásitos de otros animales; como la lombriz intestinal.

NEMATOCISTO m. *Zool.* Célula especial de los cnidarios, constituida por una cápsula irritante que contiene un filamento urticante hueco.

NEMATODO adj. y m. *Zool.* Dic. de los nematelmintos que tienen aparato digestivo, cuerpo cilíndrico sin segmentación ni esqueleto, pero cubierto de una fuerte cutícula de quitina; como las lombrices intestinales, la filaria y la triquina.

NEME m. *Col.* Betún o asfalto.

NEMERTINO adj. y m. *Zool.* Díc. de animales invertebrados, protostomas, de aspecto vermiforme, que viven comúnmente en el mar y en algún caso en tierra o en las aguas dulces.

NÉMESIS *Mit. gr.* Antigua divinidad que personificaba la justicia vindicadora y, más tarde, la venganza divina.

NEMOTECNIA f. Arte de la memoria, mnemotecnia. ❏ NEMOTÉCNICA; NEMOTÉCNICO, CA.

NEMROD Legendario personaje bíblico que, según el *Génesis*, fundó el imperio babilónico.

NENE, NA m. y f. fam. Niño pequeño.

NENNI, *Pietro* (1891-1980) Político it. Vicepresidente del gobierno it. (1945-1946) y ministro de Asuntos Exteriores (1946-1947). En 1973 asumió la presidencia del Partido Socialista.

NENÚFAR m. Planta de flores blancas o amarillas y hojas enteras y casi redondas, que flotan en la superficie del agua.

NEO- Pref. que significa *reciente* o *nuevo*.

NEOCAPITALISMO m. *Econ.* Término utilizado para destacar la evolución del capitalismo clásico en las sociedades más avanzadas. Lo caracterizan la intervención del Est. en la economía y el imperialismo.

NEOCLASICISMO m. Nombre del movimiento artístico y literario que nace en Francia en la segunda mitad del s. XVII y alcanza su apogeo en el s. XVIII. Casi la totalidad de las obras literarias están vinculadas a la Ilustración. En Francia, su pral. foco, destacaron Diderot, D'Alembert, Montesquieu, Rousseau, Voltaire. En España sobresalieron Moratín, Feijoo, Iriarte, Samaniego. En el arte, el n. representó la vuelta a la antigüedad clásica. ❏ NEOCLÁSICO, CA.

NEOCOLONIALISMO m. Forma de colonialismo, en el que persiste la dependencia económica de los países subdesarrollados.

NEODIMIO m. *Quím.* Elemento de símb. Nd y n. a. 60. Es un metal del grupo tierras raras. Sus sales rojas se emplean para colorear vidrio y esmaltes.

NEOESCOLÁSTICA f. Tendencia filosófica y teológica contemporánea que se propone la renovación del pensamiento escolástico y, sobre todo, del tomismo.

NEÓFITO, TA m. y f. Persona recién

Nenúfar

Útiles de hueso **neolíticos** hallados en la cueva de la Sarsa, Bocairente (Valencia, España)

convertida a una religión o admitida recientemente al estado eclesiástico. ◊ P. ext., persona recientemente adherida a una causa, institución, etc.

NEOGENO adj. y m. Díc. del subsistema superior de la era terciaria, que comprende los periodos mioceno y plioceno.

NEOGÓTICO, CA adj. y m. *Arq.* Díc. de cierto estilo arquitectónico del s. XIX, que se inspira en el gótico medieval. Fue, junto con otras influencias orientales, la génesis del modernismo.

NEOIMPRESIONISMO m. Tendencia pictórica fr., que corresponde a la generación inmediatamente posterior a la de los impresionistas (1880). Destacaron Seurat y Signac. También llamado puntillismo o divisionismo.

NEOKANTISMO m. Movimiento filosófico, surgido en la Alemania de fines del s. XIX, que pretendía superar el idealismo romántico mediante la vuelta al criticismo de Kant. ❏ NEOKANTIANO, NA.

NEOLIBERALISMO m. Escuela de pensamiento económico liderada por M. Friedman. Defiende la libertad de contratación, la reducción del sector público y la liberalización de los precios.

NEOLÍTICO adj. y m. *Prehist.* Relativo a la edad de la piedra pulimentada. ☐ *Prehist.* Estadio cultural de la humanidad caracterizado por la implantación de la agricultura y la domesticación de animales. Se consideran dos centros originarios: en el Próximo Oriente, entre los años 8000 y 7000, y en América Central, h. el tercer milenio.

NEOLOGISMO m. Palabra que el idioma ha incorporado recientemente, utilizando sus procedimientos propios de formación de palabras. ❏ NEOLÓGICO, CA.

NEOMALTUSIANISMO m. Doctrina que propugna el control de la natalidad para prevenir la superpoblación.

NEÓN m. *Quím.* Elemento de símb. Ne y n. a. 10. Pertenece al grupo de los gases nobles. Posee una conductividad eléctrica bastante elevada. Se utiliza en la fabricación de tubos luminosos y faros.

NEONATO, TA adj. y s. Díc. del recién nacido.

NEOPATRIA Ducado gr. creado por los almogávares en el s. XIV. Comprendía Lócrida, Tesalia y Ftiódide.

NEOPITAGORISMO m. *Fil.* Escuela nacida en Alejandría en el s. I a. C. y que pervivió hasta el s. III d. C. Destacan Nigidio Fígulo, Apolonio de Tiana, etc.

NEOPLASIA f. *Pat.* Formación de un tejido con carácter tumoral, gralte. maligno.

NEOPLATONISMO m. *Fil.* Escuela filosófica que floreció en Alejandría en los primeros siglos de la era cristiana, y cuyas doctrinas eran una renovación del platonismo transformado por influencias orientales. ❏ NEOPLATONICISMO.

NEOPOSITIVISMO m. *Fil.* Sistema filosófico propugnado por el Círculo de Viena, fundado en 1922 por M. Schlick y que contó con Neurath, Franck, Gödel y Carnap. Estuvo directamente influido por la lógica formal y el análisis lógico del lenguaje, y por el empirismo ing., el positivismo y el empiriocriticismo. ❏ NEOPOSITIVISTA.

NEORREALISMO m. Movimiento artístico it. nacido h. 1945, que propugnaba una descripción realista de la sociedad. Centrado exclusivamente en la narrativa, tanto literaria (Moravia, Pratolini, Vittorini) como fílmica (Rossellini, De Sica, Visconti, etc.). ❏ NEORREALISTA.

NEOSILICATOS m. pl. *Miner.* Grupo de silicatos formados por grupos tetraédricos SiO$_4$; como el granate, el circón, el olivino, etc.

NEOTOMISMO m. Neoescolástica.

NEOVOLCÁNICA, *cordillera* Cadena montañosa que atraviesa la parte central de México de O a E. Prales. volcanes el Orizaba (5 747 m), el Popocatépetl (5 452 m) y el Iztaccíhuatl (5 286 m).

NEOYORQUINO, NA adj. y s. De Nueva York. ◊ adj. Relativo a esta c. de EE UU.

NEOZELANDÉS, SA adj. y s. De Nueva Zelanda, cuyos aborígenes se denominan maoríes. ◊ adj. Relativo a este país.

NEOZOICO, CA adj. y m. Término con el que se designa la era cuaternaria.

NEP Siglas de *Novaia Ekonomicheskaia Politiká* (Nueva Política Económica) Sistema económico sov. iniciado por Lenin en 1921, que admitía parcialmente la iniciativa privada.

NEPAL Estado asiático, rep., entre el Tíbet y la India. Relieve formado por el arco del Gran Himalaya, la depresión de Katmandú, el Pre-Himalaya, y una estrecha franja de la llanura indogangética. Clima continental suave. R. prales.: Gandak y Sharda. Pastoreo; arroz, maíz, tabaco, yute; manufacturas de cigarrillos, azúcar y actividades artesanales. Grupos étnicos o nacionales: gurkas, nevaris. Lengua: nepalés. *Rel.*: hinduismo y budismo. U.M.: la rupia nepalesa. Cap., Katmandú; c. prales.: Biratnagar, Bhadgaon.

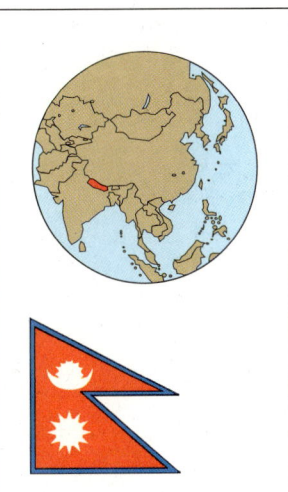

Mapa de situación y bandera
de **Nepal**

□ *Hist.* En 1786, los gurka unificaron el país. La invasión china (1791) acercó N. a Gran Bretaña, a la cual quedó sometido después de la guerra anglonepalesa (1814-1816). La independencia fue reconocida en 1923. Tras la pugna por el poder entre la familia Rana y el rey, han ocupado el trono: Tribhuvana (1951-1955), Mahendra Bir Bikram (1955-1972), Birendra Bir Bikram (1972-2001) y Gyanendra Bir Bikram (desde 2001).

NEPAL	
Superficie	147 181 km²
Población	19 379 000 hab. (131 hab./km²)
Recursos económicos	
Arroz	3 600 000 t
Azúcar	45 000 t
Búfalos	3 101 000 cabezas
Cabaña bovina	6 350 000 cabezas
Cabaña caprina	5 355 000 cabezas
Cemento	107 000 t
Ener. eléctrica	739 millones de kwh
Maíz	1 235 000 t
Riqueza forestal	18 217 000 m³
Tabaco	6 706 000 000 cigarrillos
Trigo	836 000 t
Yute	16 000 t
Indicadores sociológicos	
PNB	3 453 millones de dólares
Renta per cápita	180 dólares
Esperanza de vida	53 años
Alfabetismo	26 %

NEPALÉS, SA adj. y s. De Nepal. ◊ adj. Relativo a este Estado de Asia.
NÉPOTE m. Pariente y privado del papa.
NEPOTISMO m. Preferencia que algunos dan a sus parientes para los favores o empleos públicos.
NEPTUNIO m. *Quím.* Elemento de símb Np, n. a. 93, p. a. del isótopo más estable 237. Es el primero de los elementos transuránidos. Fue descubierto en 1945 por MacMillan.

NEPTUNO m. poét. El mar. ◊ m. *Astr.* Planeta solar, descubierto en 1843. Es cuatro veces mayor que la Tierra, y dista del Sol treinta veces más que ella; 164,79 años de periodo sidéreo. Ocho satélites.
NEPTUNO *Mit.* En la antigua religión de Roma, dios de las aguas y de la irrigación.
NEREIDA f. *Mit. gr.* Cualquiera de las 50 ninfas, hijas de Nereo y Doris, que residían en el fondo de las aguas de los mares interiores y salvaban de los peligros a los marineros.
NERÓN, *Lucio Domicio Nerón Claudio* (37-68) Emperador rom. [54-68]. Mandó asesinar a Británico, a su madre Agripina y a sus dos esposas, Octavia y Popea. Inició la primera persecución contra los cristianos. Se suicidó.
NERUDA, *Jan* (1834-1891) Escritor checo. Poemas (*Flores de cementerio*), narrativa (*Malá Strana*). ◊ ***Pablo*** Seud. de *Neftalí Ricardo Reyes* (1904-1973) Poeta chil. Sus primeras obras (*Veinte poemas de amor y una canción desesperada, Tentativa del hombre infinito*) se inscriben en el modernismo. En Madrid publicó una parte de *Residencia en la Tierra* y preparó el libro *España en el corazón*. Consagrado ya como poeta, publica el *Canto general*. Autor también de *Tercera residencia, Himno y regreso, Que despierte el leñador, Odas elementales, Estravagario, Memorial de Isla Negra, Confieso que he vivido*. Premio Nobel de Literatura en 1971.
NERVADURA f. *Arq.* Moldura saliente. ◊ *Bot.* Conjunto de los nervios de una hoja. ◊ Nervura.
NERVAL, *Gérard de* (1808-1855) Seud. de *Gérard Labrunie*, escritor fr. adscrito al movimiento romántico. *Viaje a Oriente, Las hijas del fuego* y *Silvia*.
NERVI, *Pier Luigi* (1891-1979) Ingeniero y arquitecto it. Sede de la UNESCO en París.
NERVIO m. fig. Fuerza y vigor. ◊ *Anat.* Asociación de fascículos de fibras nerviosas unidas entre sí por tejido conjuntivo, cuya misión es establecer las relaciones funcionales entre el sistema nervioso central y los órganos periféricos. ◊ Aponeurosis, o cualquier tendón o tejido blanco, duro y resistente. ◊ *Arq.* Arco, característico del estilo gótico, que, cruzándose con otro u otros, sirve para formar la bóveda de crucería. ◊ *Bot.* Haz fibroso que corre a lo largo de las hojas de las plantas por su envés.
NERVIOSISMO m. Estado pasajero de excitación nerviosa. ❑ NERVIOSIDAD.
NERVIOSO, SA adj. Que tiene nervios. ◊ Relativo a los nervios. ◊ Díc. de la persona cuyos nervios se excitan fácilmente. ◊ **Sistema n.** *Anat.* Conjunto de órganos, formado por tejido nervioso, cuya misión es la regulación y el control de todas las funciones del organismo, así como la organización de las respuestas y reacciones a los estímulos procedentes del ambiente. ❑ NERVOSO, SA.
□ *Anat.* El control y la coordinación desempeñados por el sistema n. se efectúan mediante la actuación de numerosos centros, formados por neuronas, capaces de activarse, inhibirse o regularse mutuamente, a través de las fibras n., que son ramificaciones de las neuronas. Los vertebrados tienen un sistema n. central, que consta del encéfalo y la médula espinal. La médula tiene una

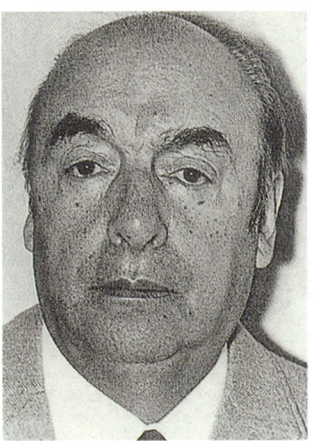

Pablo **Neruda**

estructura segmentaria en correspondencia con la estructura de la columna vertebral. A ambos lados de la médula espinal se hallan dos cadenas ganglionares que forman la parte pral. del sistema n. autónomo.
NERVO, *Amado* (1870-1919) Poeta mex. Su obra se inserta en el tránsito del romanticismo al modernismo. *Jardines interiores, La amada inmóvil*.
NERVOSIDAD f. Fuerza y actividad de los nervios. ◊ Propiedad que tienen algunos metales de textura fibrosa de dejarse doblar sin romperse ni agrietarse.
NERVUDO, DA adj. Que tiene fuertes y robustos nervios.
NESS Lago (*loch*) de Escocia, en Glen More. Se cree que en sus aguas vive un monstruo.
NESTORIANISMO m. Herejía del s. v, sostenida por Nestorio. Condenada por el concilio de Éfeso (431). ❑ NESTORIANO, NA.
NESTORIO (380-451) Teólogo sirio. Sostuvo que había en Cristo dos naturalezas y dos personas, una humana y otra divina, unidas de modo psicológico, y no de manera hipostática.
NETANYAHU, *Benjamin* (n. 1949) Político israelita. Líder del partido de derecha Likud, ganó las elecciones de 1996. Derrotado por Ehud Barak en 1999.
NETO, TA adj. Limpio y puro. ◊ Se aplica al peso de una mercancía que resulta después de descontar embalajes, envases, etc. ◊ Se aplica a la cantidad de dinero que corresponde exclusivamente al concepto de que se trata, sin contar gastos de envío, impuestos, etc.
NETO, *Agostinho* (1922-1979) Político angoleño. Presidió el Movimiento Popular de Liberación de Angola. Tras la independencia, fue elegido presid. de la rep. (1975).
NETZAHUALCÓYOTL C. de México, en el est. de México; 2 350 000 hab. Centro comercial e industrial.
NETZAHUALCÓYOTL (1402-1472) Rey de Texcoco [1418-1472]. Encabezó, junto con los mixtecas y los tributarios de Texcoco, la Triple Alianza contra Tezozomoc. Excelente poeta.
NETZAHUALPILLI (1464-1515) Rey de Texcoco [1472-1515]. Anexionó diversos reinos. Excelente poeta.

NEUCHÂTEL Lago de Suiza, en la vertiente oriental del Jura; 216 km², 110 m de profundidad media.

NEUMA m. Signo que se empleaba para escribir la música antes del sistema actual.

NEUMÁTICO, CA adj. *Fís.* Aplícase a varios aparatos destinados a operar con el aire. ◊ m. *Ing.* Bandaje toroidal de goma, lleno de aire, que se aplica alrededor de las llantas de la mayoría de los vehículos.

NEUMOCOCO m. Bacteria causante de la pulmonía lobar clásica en el hombre.

NEUMOCONIOSIS f. *Pat.* Producción, por inhalación, de un depósito de polvo en el aparato broncopulmonar.

NEUMOGÁSTRICO m. *Anat.* Nervio que forma el décimo par craneal, llamado también vago. Se extiende desde el bulbo a las cavidades del tórax y el abdomen.

NEUMOLOGÍA f. *Med.* Estudio de las enfermedades de las vías respiratorias.

NEUMONÍA f. *Pat.* Inflamación del tejido pulmonar, que produce fiebre, dolor de costado y expectoración. ◊ **atípica** *Med.* N. caracterizada por la inflamación de las paredes alveolares causada por gérmenes poco habituales. ◊ **atípica asiática** *Med.* → SARS. ❏ NEUMONITIS.

NEUMOTÓRAX m. *Pat.* Enfermedad producida por la entrada del aire pulmonar en la cavidad de la pleura. ◊ **artificial.** *Med.* El producido con fines terapéuticos para inmovilizar el pulmón.

NEUQUÉN Prov. de Argentina, limitada al O por Chile; 94 078 km², 474 151 hab. Cap., la c. hom. La zona occidental pertenece a los Andes; el sector E pertenece a la Patagonia. R. Neuquén y Limay. Cereales, forrajes, hortalizas, frutas, viticultura; explotación forestal; petróleo, gas natural, asfaltina, baritina, calizas; ind. de derivados agrícolas. ◊ C. de Argentina, cap. de la prov. hom.; 201 868 hab. Centro administrativo y mercado agrícola. ◊ R. de Argentina; 400 km. Nace en los Andes y se une al Limay, formando el Negro.

NEURALGIA f. *Pat.* Padecimiento cuyo pral. síntoma es un dolor intenso a lo largo de un nervio y de sus ramificaciones.

NEURÁLGICO, CA adj. Relativo a la neuralgia. ◊ Díc. del momento, situación, lugar, etc., más importante en un asunto, problema, etc.

NEURASTENIA f. *Pat.* Conjunto de estados nerviosos, mal definidos, caracterizados por síntomas muy diversos, como la tristeza, el cansancio, el temor y la emotividad. ❏ NEURASTÉNICO, CA.

NEURINOMA m. *Med.* Tumor de los nervios periféricos o de sus raíces espinales o craneales.

NEURITA f. *Anat.* Prolongación filiforme de una célula nerviosa, que se ramifica lateralmente hasta entrar en contacto con las células musculares, glandulares, etc., o con otra célula nerviosa.

NEURITIS f. *Pat.* Inflamación o degeneración de un nervio. Hay varias clases de n.: alcohólica, diabética, palúdica, reumática.

NEUROCIRUGÍA f. Cirugía del sistema nervioso.

NEUROESQUELETO m. Esqueleto interno, formado por piezas óseas o cartilaginosas, de los animales vertebrados.

NEUROLOGÍA f. Parte de la medicina que se ocupa del sistema nervioso en su aspecto anatómico, fisiológico y patológico. ❏ NEURÓLOGO, GA.

NEUROMA m. Tumor que se origina en las células nobles del sistema nervioso central (cerebro, médula espinal) o periférico.

NEURONA f. *Fisiol.* Célula capaz de conducir los impulsos nerviosos.

NEUROPSIQUIATRÍA f. Ciencia médica que estudia las alteraciones nerviosas desde un punto de vista neurológico y psiquiátrico.

NEUROSIS f. *Psiq.* Trastorno que no afecta a las funciones esenciales de la personalidad y del que el sujeto es plenamente consciente. ❏ NEURÓPATA; NEUROPATÍA; NEURÓTICO, CA.

NEUROVEGETATIVO, VA adj. Relativo al sistema n. ◊ **Sistema n.** *Fisiol.* Parte del sistema nervioso que regula las actividades automáticas de los aparatos urogenital, digestivo y cardiocirculatorio, así como toda la musculatura lisa, glándulas, metabolismo, sueño, hambre, sed, etc. Se distinguen en el sistema los grupos simpático y parasimpático.

Neuquén. El volcán Lanín, en el parque Nacional de Lanín

NEUSS C. de Alemania, en el est. de Renania Septentrional-Westfalia; 143 800 hab. Ind. metalúrgica, química, papelera y textil.

NEUTRAL adj. y s. Que no es ni de uno ni de otro. ◊ Hablando de nación o Est., que no toma parte en la guerra promovida por otros. ❏ NEUTRALIDAD; NEUTRALISMO; NEUTRALISTA.

NEUTRALIZACIÓN f. *Quím.* Reacción entre un ácido y una base, en la que se forma una sal.

NEUTRALIZAR tr. y prnl. Hacer neutral. ◊ tr. Hacer neutra una sustancia o una disolución de ella. ◊ tr. y prnl. fig. Debilitar o eliminar el efecto de una causa.

NEUTRINO m. *Fís.* Partícula subatómica de masa prácticamente nula y carente de carga.

NEUTRO, TRA adj. Díc. del género que no es masculino ni femenino. ◊ Díc. de lo que no participa de ninguno de dos caracteres contrarios. ◊ *Fís.* Díc. del conductor cuya carga eléctrica es nula.

NEUTRÓN m. *Fís.* Partícula elemental del núcleo atómico, de carga eléctrica nula, cuya masa es aprox. igual a la del protón. ❏ NEUTRÓNICO, CA.
❏ *Fís.* El n. fue descubierto por Chadwick en 1932. El comportamiento de los n. en su interacción con la materia depende de la energía que poseen.

NEVADA, Sierra Conjunto montañoso de España, al SE de Granada, que forma la zona axil de la cordillera Penibética. Alt. máx., el Mulhacén (3 478 m). ◊ Cordillera del O de EE UU, que separa la fosa californiana de la Gran Cuenca. Alt. máx.: 4 418 m en el monte Whitney ◊ **de Mérida.** Sierra de Venezuela, en la cordillera de Mérida. Alt. prales.: Bolívar (5 007 m), Humboldt (4 942 m). ◊ **de Santa Marta.** Sierra del N de Colombia, separada de la cordillera Oriental por la depresión del río Cesar. Alt. máx.: pico Colón (5 800 m), ◊ **del Cocuy.** Sierra de Colombia, en el departamento de Boyacá. Alt. pral.. 5 493 m.

NEVADA Est. del O de EE UU; 286 352 km², 1 202 000 hab. Cap., Carson City; c. prales.: Las Vegas, Reno. Consiste en una gran extensión tabular cortada por cordilleras en sentido N-S. Cobre, oro, hierro, mercurio; ind. de transformación agr., química. Turismo.

NEVADILLA f. Planta herbácea anual, de flores verdosas, cuyo cocimiento se suele emplear como refrescante.

NEVADO, DA adj. Cubierto de nieve. ◊ fig. Blanco como la nieve. ◊ m. *Amér.* Montaña elevada cubierta de nieves perpetuas.

NEVAR intr. Caer nieve. ❏ NEVADA.

NEVERA f. Armario revestido con una materia aislante y provisto de un depósito de hielo para el enfriamiento o conservación de alimentos y bebidas. ◊ fig. Pieza o habitación excesivamente fría. ◊ **eléctrica.** La que en vez de hielo tiene un aparato frigorífico movido eléctricamente, que suele ser de compresión.

NEVERO m. Paraje de las montañas elevadas, donde se conserva la nieve todo el año.

NEVILLE, Edgar (1899-1967) Diplomático, escritor y director cinematográfico esp. *Margarita y los hombres, El baile* (teatro).

NEVISCA f. Nevada ligera de copos menudos. ❏ NEVISCAR.

NEW DEAL Política económica iniciada por el presid. Roosevelt (1933) para contrarrestar la depresión posterior al *crack* de 1929.

NEW PROVIDENCE Isla del archipiélago de las Bahamas; 133 400 hab. C. pral.: Nassau.

NEWARK C. de EE UU, en Nueva Jersey, que forma parte del Gran Nueva York; 329 200 hab. (1 966 000 hab. la agl. urb.). Puerto. Ind. eléctrica, textil, siderúrgica, química, refinerías de petróleo.

NEWCASTLE C. de Australia, en Nueva Gales del Sur; 251 100 hab. Centro de la mayor cuenca hullera del país.

NEWCASTLE-UPON-TYNE C. de Gran Bretaña, en Inglaterra; 192 500 hab. Centro de un imp. cuenca hullera.

NEWHAM C. de Gran Bretaña, en Inglaterra; 236 000 hab. Forma parte del Gran Londres.

NEWMAN, Paul (n. 1924) Actor y realizador cinematográfico norteam. *Dulce pájaro de juventud, La gata sobre el tejado de cinc, El golpe.* Películas dirigidas

Isaac **Newton**

por él son *Rachel, Rachel* y *El efecto de los rayos gamma sobre las margaritas en flor.*
NEWPORT C. y puerto de Gran Bretaña, en Gales, 105 400 hab. Centro de una cuenca minera; ind. metalúrgica.
NEWTON m. *Fís.* Unidad de fuerza del sistema Giorgi. Es la fuerza que aplicada a 1 kg de masa produce una aceleración de 1 m/seg².
NEWTON, SIR *Isaac* (1642-1727) Matemático, físico y astrónomo inglés. Descubrió las leyes de la gravitación universal. Se le debe el cálculo infinitesimal e importantes descubrimientos en óptica. *Principios matemáticos de la filosofía natural, Óptica.*
NEXO m. Unión o vínculo de una cosa con otra.
NGO Dinh Diem (1901-1963) Político vietnamita. Instauró la rep. de Vietnam del Sur (1955).
NI conj. copulativa que, enlazando palabras o frases y precedida o seguida de otra, denota negación.
Ni *Quím.* Símb. del níquel.
NIACINA f. *Biol.* Compuesto de coencimas de oxidorreducción presente en la carne, levadura, cerveza y vegetales no cocidos.
NIÁGARA R. de América del Norte, que comunica los lagos Erie y Ontario; 54 km. Salva la diferencia de nivel entre los dos lagos mediante cataratas de una alt. de 49 m.
NIAMEY C. de Níger, cap. de la rep.; 360 000 hab. Centro administrativo y comercial.
NIASA o **NYASSA,** *Lago* ⇨ Malawi.
NIBELUNGOS, *Canción de los* Poema épico al. (h. 1200), que refiere las proezas de Sigfrido. Va unido al hecho histórico de la aniquilación de los burgundios a manos de los hunos.
NICARAGUA Lago de América Central, en la zona sudoccidental de la rep. hom.; 8 430 km². En su interior existen numerosas islas.
NICARAGUA Estado de América Central. Poblado por mestizos (70 %), blancos (14 %), negros (8 %), amerindios (4 %). *Rel.:* mayoría católica; grupos protestantes. Org. política: rep. Cap., Managua; c. prales.: León, Masaya, Chinandega. U. M.: el córdoba nic. N. está dividida en 16 departamentos.
□ *Geog. fís.* De E a O está formada por: la estrecha llanura costera del Pacífico; la cordillera Centroamericana que

cruza el país en dirección NO-SE y presenta el Eje volcánico nicaragüense-costarricense (cordillera de Marrabios), que comprende la fosa ocupada por los lagos Managua y Nicaragua; al E la meseta del Escudo central, que enlaza con una amplia llanura litoral. El clima es tropical, con variaciones pluviométricas según la altitud y la influencia de los vientos. Los r. más imp. son los de la vertiente del Caribe (Coco, Prinzapolca, Grande, Escondido, San Juan).
□ *Geog. econ.* La agricultura constituye la pral. actividad. Café, algodón, cacao y bananas. Para el consumo interior, maíz, arroz, patatas, mandioca, frijoles, sésamo, sorgo, tabaco, naranjas y ananás. Riqueza forestal (palisandro, caucho, etc.). Ganadería bovina. Yacimientos de oro, plata, cobre (Rosita) y sal. Azúcar. Producción de cemento, cerveza y cigarrillos. Cerca de Puerto Cabezas está ubicada la cantera naval. Refinería de petróleo en Managua.
□ *Hist.* Habitada por indios mosquitos y nicaraos, fue descubierta por Colón (1502). En el s. XVII, los ing. se establecieron en la costa de los Mosquitos. En 1821 consiguió la independencia y se unió al imperio mex. de Iturbide y, post., al gobierno de las Provincias Unidas de Centroamérica (1824). En 1838 se declaró nación soberana. Tras el alzamiento del general Estrada (1909), N. dependía económicamente de EE UU. Los marines norteam. invadieron el país en 1912 y 1927. Como respuesta surgió el movimiento de A. C. Sandino. Asesinado éste, Anastasio Somoza asumió el poder (1933) y lo detentó hasta 1956, en que fue asesinado y sustituido por su hijo Luis. Tras los mandatos de R. Schick y L. Guerrero, en 1967 resultó elegido presid. Anastasio Somoza hijo, que fue el hombre fuerte del país hasta 1975. El Frente Sandinista de Liberación Nacional le obligó a exiliarse en 1979. Los sandinistas crearon una Junta de Reconstrucción Nacional. Las elecciones de 1984 dieron el triunfo a los sandinistas y la presidencia a Daniel Or-

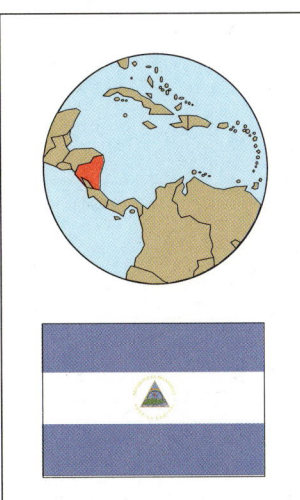

Mapa de situación y bandera de **Nicaragua**

Nicaragua. Enrique Bolaños

tega. Los sandinistas y la «contra», que recibía ayuda norteam. para oponerse al gobierno, iniciaron negociaciones de paz en 1988. En 1990 ganó las elecciones Violeta Chamorro, de la Unión Nacional Opositora (UNO), y en 1996 el liberal Arnoldo Alemán. En 2001 los liberales obtuvieron una nueva victoria y Enrique Bolaños fue elegido presidente.
□ *Lit.* Los primeros escritores destacados fueron M. Larreynaga, J. D. Gámez y F. Quiñones Suncin. La literatura nic. no alcanzó talla internacional hasta Rubén Darío y el modernismo. Le sucedieron S. Argüello, J. de D. Vanagas y S. de la Selva. Del movimiento van-

NICARAGUA	
Superficie	130 373,47 km²
Población	5 071 671 hab. (38,9 hab./km²)
Recursos económicos	
Ananás	46 000 t
Arroz	137 000 t
Bananas	69 000 t
Café	65 000 t
Caña de azúcar	3 749 000 t
Frijoles	94 000 t
Maíz	302 000 t
Mandioca	52 000 t
Naranjas	71 000 t
Sorgo	83 000 t
Ganadería	
Cabaña bovina	1 693 000 cabezas
Cabaña porcina	790 000 cabezas
Riqueza forestal	4 306 000 m³
Pesca	19 892 t
Producción minera	
Oro	1 800 kg
Plata	2 000 kg
Producción industrial	
Azúcar	376 000 t
Cemento	350 000 t
Cerveza	409 000 hl
Energía eléctrica	1 640 millones de kwh
Tabaco	2 400 millones de cigarrillos
Indicadores sociológicos	
PNB	1 756 millones de dólares
Renta per cápita	370 dólares
Esperanza de vida	69 años
Alfabetismo	65 %

guardista destacaron J. Coronel Urtecho, L. A. Cabrales, P. A. Cuadra, J. Pasos. Entre los poetas de la actualidad cabe mencionar a E. Cardenal, E. Mejía Sánchez y C. Martínez Rivas. En el campo de la narrativa, sobresalen novelistas y cultivadores del relato corto: H. Robleto, P. Chamorro y Celaya, G. Rivas Novoa, M. Cuadra, S. Calderón Ramírez, A. Calero Orozco y J. Aguilar Cortés. El ensayo tiene sus representantes más sobresalientes en C. Molina Argüello y P. A. Cuadra.

NICARAGÜENSE adj. y s. De Nicaragua.

NICARAO (s. XVI) Cacique centroamericano que dominaba el territorio comprendido entre el lago Nicaragua y el Pacífico. De su nombre deriva el de Nicaragua.

NICEA Ant. c. de Asia Menor, a orillas del lago Ascanius. Es la actual Iznik. Fue sede de dos concilios ecuménicos; el primero (325) condenó el arrianismo, y el segundo (787) a los iconoclastas.

NICHO m. Concavidad en el espesor de un muro, para colocar algún objeto de devoción o decoración. ◊ Concavidad formada para colocar, en los cementerios o criptas, un cadáver.

NICODEMO (s. I) Santo. Fariseo, contemporáneo de Jesucristo y discípulo oculto del mismo.

NICOL m. Ópt. Prisma de espato de Islandia, que se usa como polarizador y analizador óptico. Inventado por el físico escocés William Nicol (1828).

NICOLÁS Nombre de zares y papas.

RUSIA

NICOLÁS I (1796-1855) Zar [1825-1855]. Reprimió la insurrección decembrista (1825) y se opuso al nacionalismo y al liberalismo. Artífice de la Santa Alianza. ◊ **II** (1868-1918) Zar [1894-1917]. Ante el descontento popular y la presión del ejército aceptó un sistema parlamentario. En 1917 abdicó en su hermano Miguel. Tras la revolución de Octubre fue ejecutado.

PAPAS

NICOLÁS I (800-867) Santo. Pontífice rom. [858- 867]. ◊ **II** (980-1061) Pontífice rom. [1059-1061]. En el concilio de Letrán reservó la elección del papa a los cardenales. ◊ **III** (1212-1280) Pontífice rom. [1277-1280]. ◊ **IV** (1230-1292) Pontífice rom. [1288-1292]. ◊ **V** (1398-1455) Pontífice rom. [1447-1455]. Fundó la Biblioteca Vaticana.

NICOLÁS de Bari (s. IV) Santo. Obispo de Mira. Patrón de Rusia y Lorena.

NICOSIA (*Lefkosia*) C. de Chipre, cap. de la rep.; 161 100 hab. Centro administrativo, político y cultural. Ind. textil, química del tabaco.

NICOTINA f. *Quím.* Alcaloide líquido extraído de la planta del tabaco.

NICOTISMO m. *Pat.* Trastornos morbosos causados por el abuso del tabaco.

NICOYA Península de Costa Rica, que se adentra en el Pacífico. ◊ Golfo de Costa Rica, en el Pacífico. Sit. entre la península hom. y Puntarenas.

NICTALOPÍA f. Anormalidad visual que se caracteriza por una visión más perfecta por la noche.

Friedrich **Nietzsche**

NICTITANTE adj. *Anat.* Díc. de las membranas que cubren los ojos de algunos animales.

NICTURIA f. *Pat.* Ritmo acelerado del flujo urinario por el que durante la noche se excreta mayor cantidad de orina que durante el día.

NIDACIÓN f. *Biol.* Proceso mediante el cual el embrión de los mamíferos placentarios se fija en el útero para proseguir su desarrollo.

NIDADA f. Conjunto de los huevos puestos en el nido. ◊ Conjunto de los pajarillos mientras están en el nido.

NIDAL m. Lugar donde la gallina u otra ave doméstica va a poner sus huevos.

NIDÍCOLA adj. y s. *Zool.* Díc. de los vertebrados que nacen sin haber completado su desarrollo. Gralte. son incapaces de abandonar el nido y no pueden valerse por sí mismos.

NIDIFICACIÓN f. Tipo de comportamiento parental de los animales, consistente en un conjunto de actividades encaminadas a la construcción del nido. ❏ NIDIFICAR.

NIDO m. *Zool.* Receptáculo cuyo fin es albergar temporalmente la puesta y las crías de ciertos animales. ◊ fig. Casa, patria o habitación de uno. ◊ fig. Lugar donde se juntan gentes de mala conducta.

NIEBLA f. Nube en contacto con la tierra o el mar y que enturbia la atmósfera. Se forma al existir una diferencia notable de temperatura entre el aire y la superficie terrestre o marina con la que está en contacto. ◊ Nube o mancha en la córnea.

NIEL m. Labor en hueco sobre metales preciosos, rellena con un esmalte negro hecho de plata y plomo fundidos con azufre. ❏ NIELADO, DA; NIELAR.

NIEMEN (ruso, *Neman*; lituano, *Nemunas*) R. de Bielorrusia, que nace cerca de Minsk y desemboca en el Báltico tras 937 km de curso.

NIEMEYER, Óscar (n. 1907) Arquitecto bras. Proyectó todos los edificios públicos de la nueva c. de Brasilia.

NIEPCE, Nicéphore (1765-1833) Físico fr., uno de los inventores de la fotografía.

NIETO, TA m. y f. Respecto de una persona, hijo de su hijo.

NIETO Caballero, Luis Eduardo (1888-1957) Político y escritor col. *Libros colombianos*.

NIETZSCHE, Friedrich (1844-1900) Filósofo al. Su filosofía se define como intuicionismo o irracionalismo; es la búsqueda de una ética nueva, donde el valor supremo es la voluntad de vivir y la voluntad de poder. *Así habló Zaratustra, Más allá del bien y del mal, Genealogía moral, El ocaso de los ídolos, La voluntad del poder.*

NIEVE f. Precipitación en estado sólido del vapor de agua de la atmósfera, condensado, a temperatura inferior a 0 °C, en forma de cristales regulares de simetría hexagonal. ◊ fig. Blancura. ◊ *Amér.* Helado, postre. ◊ **carbónica.** *Quím.* Dióxido de carbono sólido.

NIFE m. Término introducido por E. Suess para designar el núcleo central de la Tierra. Voz formada por los símb. del níquel (Ni) y del hierro (Fe).

NÍGER R. de África occidental; 4 160 km. Nace, con el nombre de Djoliba, en el macizo de Futa Yalón y desemboca en el golfo de Guinea.

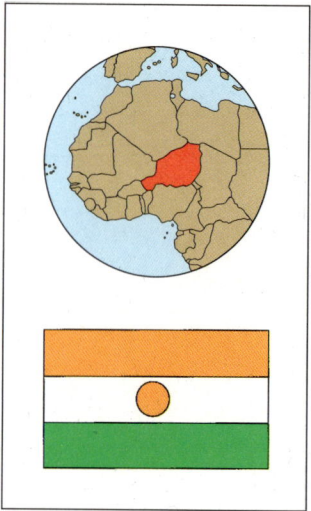

Mapa de situación y bandera de **Níger**

NÍGER (*République du Niger*) Estado de África occidental. El territorio es un conjunto de mesetas que descienden hacia el N., donde se eleva el macizo volcánico de Aïr Azbine (1 800 m). La parte SO se encuentra avenada por el Níger. Clima tropical y seco. Paisaje conformado por sabanas, bosque tropical, estepa y desierto. Producción agrícola (mijo, sorgo, arroz, oleaginosas) y ganadera (camellos, cabras, bovinos, ovejas). Minería (uranio, sal gema, hierro, casiterita); ind. de transformación de productos agrícolas, cemento. Org. política, rep. Grupos étnicos o nacionales: hausa, fulbé, tuareg, beréber y otros. Lenguas: fr. (of.), tamachek, pular, dialectos africanos. *Rel.*: musulmana (84 %), animista. U.M.: el franco C.F.A. Cap., Niamey.; c. prales.: Maradi, Agadez.

❑ *Hist.* Estuvo habitada por tribus negras, que en el s. X fueron conquistadas por beréberes. De su fusión nació el pueblo hausa. A finales del s. XVIII, tuvo lugar la primera expedición europea. Desde 1922 hasta 1960, N. fue colonia fr. Obtuvo la indep. en 1960. El primer

NÍGER

Superficie	1 186 408 km²
Población	7 984 000 hab. (7 hab./km²)

Recursos económicos

Arroz	71 000 t
Cabaña bovina	2 200 000 cabezas
Cabaña caprina	4 800 000 cabezas
Cabaña ovina	2 970 000 cabezas
Cacahuetes	60 000 t
Camellos	360 000 cabezas
Casiterita	38 t
Cerveza	97 000 hl
Mandioca	216 000 t
Mijo	1 853 000 t
Pesca	3 362 t
Riqueza forestal	4 956 000 m³
Sorgo	472 000 t
Uranio	2 831 t

Indicadores sociológicos

PNB	2 361 millones de dólares
Renta per cápita	300 dólares
Esperanza de vida	46 años
Alfabetismo	28 %

presid., Hamanni Diori, fue derrocado en 1974 por Seyni Kountché. Muerto éste (1987) fue jefe del gobierno y presid. el coronel Alí Seybou. En 1993 Mahamane Usmane fue elegido presid. en las primeras elecciones democráticas. En enero de 1996 fue destituido por el coronel Ibrahim Barré Mainasara.

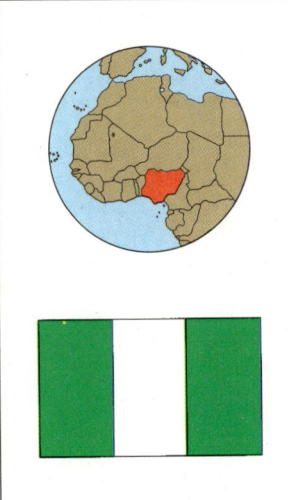

Mapa de situación y bandera de **Nigeria**

NIGERIA (*Federal Republic of Nigeria*) Estado de África occidental, rep. Ocupa la parte inferior de la meseta continental africana, con un relieve formado por la llanura meridional. El Níger y su afl. el Benué son los prales. ríos. Clima cálido y húmedo. Abundantes precipitaciones que determinan la existencia de un rico manto forestal. Cacao, cacahuete, palma, algodón, sorgo, mijo, batata, arroz, maíz, mandioca; explotación forestal; ganadería (bovina, ovina, caprina); pesca. Minería (carbón, estaño, columbita, petróleo, gas natural);

NIGERIA

Superficie	923 768 km²
Población	88 515 000 hab. (96 hab./km²)

Recursos económicos

Aceite de palma	900 000 t
Arroz	3 185 000 t
Cabaña caballar	206 000 cabezas
Cabaña caprina	36 000 000 cabezas
Cacao	115 000 t
Cemento	3 500 000 t
Copra	13 000 t
Estaño	200 t
Maíz	1 900 000 t
Mandioca	20 000 000 t
Mijo	4 200 000 t
Pesca	316 328 t
Petróleo	68 268 000 t
Riqueza forestal	86 538 000 m³
Sésamo	70 000 t
Sorgo	4 800 000 t
Tejidos de algodón	323 000 000 m²

Indicadores sociológicos

PNB	34 057 millones de dólares
Renta per cápita	290 dólares
Esperanza de vida	52 años
Alfabetismo	51 %

refino de petróleo, transformación de productos minerales. Grupos étnicos o nacionales: hausa, ibo, fulanis y otros. Lenguas: ing. (of.), ibo y yoruba. *Rel.*: musulmana (17 %), cristiana (34 %), animista (18 %), católica. U.M.: el naira. Cap., Abuja; c. prales.: Ibadán, Kano, Ilorin, etc.
□ *Hist.* Poblada desde ant. por ibos, yorubas, hausas y fulbés. A partir de 1885, Gran Bretaña creó varios protectorados, unificados en 1914. En 1954, Gran Bretaña otorgó una constitución de carácter federal. En 1960 la Federación de N. obtuvo la independencia. El primer jefe de gobierno fue Abubakar Tafawa Balewa. En 1963 el país se convirtió en rep. federal, con Azikiwe como presid. En 1966, Ironsi depuso al presid. y estableció un sistema unitario. El levantamiento de Gowon restauró el sistema federal. En 1967 tuvo lugar el intento de secesión de Biafra. Gowon fue depuesto en 1975. Asumió el poder Murtala Ramat Mohammed, quien fue sustituido en 1976 por el teniente coronel Obasanjo. En 1979, Alhaji Sheshu Shagari fue elegido presid. En 1984, un golpe de est. estableció un Consejo Militar al mando de Buhari, quien a su vez fue depuesto, en 1985, por el general Bubangida. Tras un fugaz intento democratizador, en 1993 otro golpe dejó al país de nuevo en manos de los militares.
NIGHT-CLUB (voz ing.) m. Sala de fiestas, cabaret.
NIGROMANCIA f. Arte vano y supersticioso de adivinar lo futuro evocando a los muertos. ◊ fam. Magia negra o diabólica. □ NIGROMANTE; NIGROMÁNTICO, CA.
NIGUA f. Insecto americano parecido a la pulga. Las hembras fecundadas penetran bajo la piel, o bajo las uñas, de los animales y del hombre y allí depositan la cría, que ocasiona intensa picazón y úlceras graves.
NIHIL OBSTAT loc. latina que significa *nada se opone*. Fórmula utilizada por

la censura eclesiástica para autorizar una publicación.
NIHILISMO m. *Fil.* Doctrina que niega los valores de la realidad o la posibilidad de conocerla. ◊ Negación de todo principio religioso, político o social. ◊ Movimiento revolucionario ruso surgido h. 1860. □ NIHILIDAD; NIHILISTA.
NIIGATA Prefactura de Japón, en el NO de la isla de Honshu; 12 579 km², 2 475 000 hab. Cap., la c. hom. (486 100 hab.). Puerto; ind. metalúrgica, textil y química. Refinería de petróleo.
NIJINSKI, *Vatslav Fomich* (1890-1950) Coreógrafo y bailarín ruso. Figura pral. de los Ballets Rusos de Diaghilev, célebre danzarín.
NIKOLAIEV C. de la República de Ucrania, sit. en el estuario del Bug Meridional; 486 000 hab. Centro industrial.
NILO (*Nil*) R. del NE de África. Nace en el lago Victoria; luego atraviesa los lagos Kioga y Mobutu (Uganda), y penetra en Sudán. Al S de Kodok se le unen el Sobat y el Bahr-el-Ghazal. A partir de la unión con este último toma el nombre de Bahr-el-Abiad (N. Blanco), y en Jartum recibe al Bahr-el-Azraq (N. Azul). Después de saltar tres cataratas entra en Egipto y desemboca, formando un delta, en el Mediterráneo. Es el r. más largo del mundo; 6 671 km.
NILÓN m. Nailon.
NILÓTICO, CA adj. y s. Díc. del individuo perteneciente al grupo negroide que habita en la cuenca del Bahr-el-Abiad.
NIMBO m. Aureola, disco luminoso de la cabeza de las imágenes. ◊ *Meteor.* Capa de nubes formada por cúmulos que presenta un aspecto casi uniforme.
NIMEGA (*Nijmegen*) C. de Países Bajos, en la prov. de Güeldres; 146 500 hab. Centro comercial. Ind. metalúrgica, química, textil. ◊ **Tratado de N.** Negociaciones de paz (1678-1679) entre España, Francia, Holanda y el imperio al., que pusieron fin a la guerra de Países Bajos.
al-NIMEIRY, *Jaffar* (n. 1930) Militar y político sudanés. Preparó el golpe de est. de 1969 que proclamó la Rep. democrática. Gobernó hasta 1985.
NIMES (*Nîmes*) C. del SE de Francia, en Languedoc-Rosellón, cap. del dpto. de Gard; 131 700 hab. Mercado vinícola. Ind. mecánica, textil y de calzado. Monumentos romanos (*Maison carrée*, anfiteatro).
NIMIEDAD f. Exceso, demasía. ◊ Prolijidad, minuciosidad. ◊ Insignificancia. □ NIMIO, MIA.
NIMRUD Nombre actual de la ant. c. asiria de Kalakh, junto al Tigris. Fundada en el s. XIII a. C., Asurnasirpal II la reconstruyó como nueva cap.
NIN, *Joaquín* (1883-1949) Compositor cub. de obras para voz y piano, basadas en la música popular esp.
NINFA f. *Mit.* Cualquiera de las fabulosas deidades de las aguas, bosques, selvas, etc., llamadas con varios nombres, como dríada, nereida, etc. ◊ fig. Joven hermosa. ◊ *Zool.* Insecto que ha pasado ya del estado de larva y prepara su última metamorfosis. ◊ Cada uno de los labios menores de la vulva.
NINFOMANÍA f. *Pat.* Exacerbación de las necesidades sexuales de la mujer. □ NINFÓMANA.

NINGSIA Hui Región autónoma en el NO de China; 66 000 km²; 4 655 451 hab. Cap., Yinchaung.

NINGÚN adj. Apócope de ninguno. No se emplea sino antepuesto a nombres masculinos.

NINGUNO, NA adj. Ni uno solo. ◊ pron. indet. Nulo y sin valor. ◊ Nadie.

NÍNIVE Ant. c. de Asiria, sit. junto al Tigris. Existía ya en el III milenio. Fue cap. del imperio asirio. Destruida en 612 a. C. por medos y caldeos.

NIÑATO, TA adj. y s. Se aplica al jovenzuelo petulante y presuntuoso. ◊ m. Becerrillo que se halla en el vientre de la vaca cuando la matan estando preñada.

NIÑERÍA f. Acción de niños o propia de ellos. ◊ fig. Hecho o dicho de poca entidad o sustancia.

NIÑERO, RA adj. y s. Que gusta de niños o de niñerías. ◊ f. Criada destinada a cuidar niños.

NIÑEZ f. Periodo de la vida humana, que se extiende desde el nacimiento hasta la adolescencia. ◊ fig. Niñería.

NIÑO, ÑA adj. y s. Que se halla en la niñez. ◊ P. ext., que tiene pocos años. ◊ fig. Que tiene poca experiencia. ◊ *Amér.* Tratamiento que se da a personas de más consideración social. Se usa mucho ante nombres propios. ◊ **de pecho.** El de teta. ◊ **de teta.** El que aún está en la lactancia. ◊ **N. del ojo.** Pupila.

NIÑO, *Pedro Alonso* (1468-1505) Navegante esp. que acompañó a Colón en su primer y tercer viajes.

NIOBIO m. *Quím.* Elemento de símb. Nb y n. a. 41. Metal gris claro, utilizado en la producción de aceros especiales.

NIPE Bahía de la costa N de Cuba. ◊ Sierra de Cuba, en la prov. de Holguín.

NIPÓN, NA adj. y s. De Japón.

NIPPON Voz jap. que significa «Sol naciente». Los japoneses designan así el conjunto de sus islas.

NIPPUR Estación arqueológica del S de Mesopotamia, entre el Éufrates y el Tigris. Numerosas tablillas con escritura cuneiforme.

NÍQUEL m. *Quím.* Elemento de símb. Ni, n. a. 28 y p. a. 58,71. Metal de color blanco argentino, con ligero tono amarillo. Se utiliza para formar aleaciones con diversos metales.

NIQUELADO m. *Ind.* Tratamiento a que se someten algunos metales, consistente en recubrir su superficie con una capa delgada de níquel. ❏ NIQUELAR.

NIQUELINA f. *Quím.* Arseniuro de níquel. Es, con la garnierita, la mena más importante de níquel; se presenta en filones hidrotermales. También se la denomina nicolita.

NIRVANA (voz sánscrita) m. En el budismo, bienaventuranza obtenida por la absorción e incorporación del individuo en la esencia divina.

NÍSCALO m. Nombre común de algunas especies de hongos comestibles, de pie corto y sombrerillo de color amarillento rojizo.

NISCOME o **NISCÓMEL** m. *Méx.* Olla en que se cuece el maíz dispuesto para tortilla.

NISH C. de Serbia y Montenegro, sit. a orillas del Nisava; 161 000 hab. Centro comercial e industrial. Monumentos bizantinos.

Níspero

NISHINOMIYA C. de Japón, en la isla de Honshu, en la bahía de Osaka; 421 300 hab. Producción de sake.

NÍSPERO m. Planta arbórea con hojas lanceoladas, flores solitarias blancas y frutos ovalados comestibles.

NISTAGMO m. Oscilación corta, rápida e involuntaria del globo ocular, que gralte. afecta a ambos ojos.

NITERÓI C. y puerto de Brasil, en el est. de Río de Janeiro; 400 100 hab. Ind. química. Construcciones navales.

NITHARD, *Juan Everardo* (1607-1681) Jesuita al., valido de Mariana de Austria. Actuó de primer ministro y de inquisidor general.

NÍTIDO, DA adj. Limpio, terso, claro, puro, resplandeciente. ❏ NITIDEZ.

NITRATO m. *Quím.* Compuesto derivado de la combinación del ácido nítrico con un radical. ◊ *Quím.* Radical monovalente de fórmula NO₂. ◊ **de Chile.** Abono nitrogenado natural, procedente del caliche de las minas sit. en la zona N de Chile.

NÍTRICO, CA adj. Relativo al nitro o al nitrógeno. ◊ **ácido n.** *Quím.* HNO₃, líquido incoloro, muy fumante al aire, se descompone por la acción de la luz y por calentamiento, soluble en agua.

NITRIFICACIÓN f. Proceso de oxidación del amoniaco del suelo, procedente de la descomposición de los restos orgánicos de animales y vegetales, al estado de nitrato. ❏ NITRIFICAR.

NITRILO m. *Quím.* Sustancia química en cuya molécula existe el grupo funcional –C ≡ N unido a un radical hidrocarbonado. Los n. son líquidos de olor agradable que dan sales amónicas por hidratación y aminas por reducción.

Níscalos de la especie *Lactarius deliciosus*

NITRITO m. *Quím.* Sal formada por la combinación del ácido nitroso con una base.

NITRO m. Nitrato potásico que se encuentra en forma de agujas o de polvillo blanquecino en la superficie de los terrenos húmedos y salados.

NITROBENCENO m. *Quím.* Líquido aceitoso, incoloro, tóxico, muy soluble en alcohol y éter y poco insoluble en agua, utilizado en la fabricación de colorantes, jabones y explosivos. ❏ NITROBENCINA,

NITROCELULOSA f. *Quím.* Éster nítrico de la celulosa, que se obtiene a partir del algodón y conserva el aspecto de éste, pero es más áspero al tacto; arde rápidamente al aire sin producir explosión, pero si está comprimida y se enciende, da lugar a una explosión muy violenta.

NITROGENADO, DA adj. Que contiene nitrógeno. ❏ NITROGENAR.

NITRÓGENO m. *Quím.* Elemento de símb. N, n. a. 7 y p. a. 14,008. Es un gas incoloro, inodoro e insípido; su densidad a 0 °C y 1 atmósfera es 1,2506 g/l, punto de ebullición –195,8 °C y punto de fusión 209,86 °C. El más abundante de la composición del aire, 79 %.

NITROGLICERINA f. *Quím.* Éster trinítrico resultado de la acción del ácido nítrico sobre cada uno de los grupos alcohólicos de la glicerina. Líquido oleaginoso, muy inestable y explosivo, es tóxico y ocasiona jaquecas cuando se respiran sus vapores.

NITROSO, SA adj. *Quím.* Díc. de los compuestos en los que interviene el N en su forma trivalente. ◊ **Ácido n.** *Quím.* HNO₂, sólo conocido en solución; puede actuar como oxidante y como reductor.

NITROTOLUENO m. *Quím.* Nombre genérico de varios derivados del tolueno; como el trinitrotolueno (TNT).

NITRURACIÓN f. *Metal.* Operación de endurecimiento superficial análoga a la cementación, en la que el elemento absorbido es el N, y que tiene por objeto aumentar la resistencia a la fatiga.

NIVAL adj. Perteneciente o relativo a la nieve.

NIVEL m. Altura o grado de elevación de una línea o plano horizontales. ◊ Instrumento destinado a medir el desnivel entre dos puntos. ◊ Altura a que llega la superficie de un líquido. ◊ fig. Igualdad o equivalencia en cualquier línea o especie. ◊ Grado, categoría o situación que alcanzan ciertos aspectos de la vida social. ◊ **de aire.** Tubo de cristal, cerrado, lleno o casi lleno de líquido, gralte. montado sobre una regla; al inmovilizarse la burbuja de aire que queda dentro del tubo, se determina la horizontalidad o inclinación de la regla. ◊ **de albañil.** Triángulo rectángulo isósceles hecho con listones de madera o metal, y con una plomada pendiente del vértice opuesto a la hipotenusa, por cuyo punto medio pasa el hilo de aquélla cuando el instrumento se coloca apoyado en dicha hipotenusa. ◊ **de vida.** *Econ.* Cantidad de bienes y servicios que permite comprar la renta nacional media.

NIVELAR tr. Echar el nivel para ver las condiciones de horizontalidad. ◊ Poner un plano en la posición horizontal. ◊ P. ext., poner a igual alt. dos o más cosas. ❏ NIVELACIÓN.

XON, *Richard Milhous* (1913-1994) ítico republicano norteam. Presid. de UU en 1968 y en 1972. El escándalo tergate le obligó a dimitir (1974).

XTAMAL m. *Amér. Centr.* y *Méx.* .íz semicocido en agua de cal, utiliza- en la confección de tortillas.

XTE adj. *Hond.* Pálido.

ZA (*Nice*) C. y puerto de Francia, cap. dpto. de Alpes Maritimes; 437 600 . Centro turístico.

ZA, *Marcos de* (m. 1558) Explorador franciscano. Viajó a las siete ciudades se creía habían originado el reino az- a.

ZHNII-TAGUIL C. de Rusia; 419 000 . En los Urales centrales. Minas.

ZHNII NOVGOROD C. de Rusia; 1 000 hab. Sit. en la confluencia de los s Oka y Volga. Ind. siderúrgica. Fa- cación de maquinaria, aviones, auto- viles, ind. textil y química. Hasta 1991 lenominó Gorki.

RUMAH, *Kwame* (1909-1972) Polí- ghanés. Tras la independencia, fue gido presid. Derrocado en 1966.

 adv. de negación que se emplea res- diendo a una pregunta. ◊ En senti- interrogativo, suele emplearse para citar contestación afirmativa. ◊ En fra- en que va seguido de la prep. *sin* for- con ella sentido afirmativo.

 m. Gén. dramático japonés, creado nes del s. XIV sobre la base de ant. es- táculos tradicionales y populares.

Quím. Símb. del nobelio.

BEL, *Alfred* (1833-1896) Químico sue- inventor de la dinamita (1866), la ge- na explosiva y la balistita. Al morir una parte de su fortuna para costear oncesión de cinco premios anuales. ◊ mios N. Los creados por A. Nobel 5). Los otorgan la Academia Sueca de ncias, el Instituto Carolino de Estocol- la Academia Sueca de la Lengua y el amento noruego.

BELIO m. *Quím.* Elemento de símb. n. a. 102 y p. a. del isótopo más esta- 253. Elemento transuránido, que no te en la naturaleza; obtenido bom- leando el curio con iones de carbono.

BLE adj. y s. Díc. de la persona que nacimiento o por decisión de un so- ano posee título nobiliario y goza de privilegios que el mismo le confiere. dj. Preclaro, ilustre. ◊ Principal en quier línea; excelente o aventajado lla. ◊ Díc. de los materiales u obje- finos o más selectos que otros. ◊ roso, estimable. ◊ *Quím.* Díc. de cier- elementos químicamente inactivos. OBILIARIO, RIA.

BLEZA f. Conjunto o cuerpo de los les de un Est. o de una región.

BOA Bejarano, *Gustavo* (n. 1937) ítico ecuat. En 1998 ocupó la vice- sid. en el gobierno de J. Mahuad, a en sucedió en la presid. en enero de); ocupó el cargo hasta 2003. ◊ y Ar- , *Diego* (1789-1870) Político ecuat. id. constitucional (1851), destituido Urbina.

CHE f. Tiempo comprendido entre uesta y la salida del sol. ◊ Oscuridad hay durante este tiempo. ◊ Tiem- tmosférico que hace durante la n. o parte de ella. ◊ fig. Confusión, os- dad o tristeza. ◊ de San Bartolomé. nbre dado a la matanza de hugono- ordenada por Carlos IX y Catalina de icis, que tuvo lugar en París, en 1572,

el día de san Bartolomé. ◊ **triste.** Nom- bre dado a la noche en que las tropas de Cortés, acosadas por los aztecas, se reti- raron de Tenochtitlán (30 junio-1 julio 1520).

NOCHEBUENA f. Noche de la vigilia de Navidad.

NOCHEVIEJA f. Noche comprendi- da entre el 31 de diciembre y el 1 de ene- ro.

NOCIÓN f. Conocimiento elemental. Se usa más en plural.

NOCIVO, VA adj. Dañoso, perjudicial. ❑ NOCIVIDAD.

NOCTÁMBULO, LA adj. Que anda va- gando durante la noche. ❑ NOCTAMBULAR; NOCTAMBULISMO; NOCTÍVAGO, GA.

NOCTILUCA f. Luciérnaga. ◊ Orga- nismo microscópico luminoso de cuer- po esférico, que es propio del plancton de los mares templados.

NOCTURNIDAD f. *Der.* Circunstancia agravante, resultante de ejecutarse de no- che ciertos delitos.

NOCTURNO, NA adj. Perteneciente o relativo a la noche, o que se hace en ella. ◊ *Bot.* y *Zool.* Aplícase a los animales que de día están ocultos y buscan el alimen- to durante la noche, y a las plantas cuyas flores sólo se abren de noche. ◊ m. *Rel.* Cada una de las tres partes del oficio de maitines. ◊ *Mús.* Pieza de música, de melodía dulce, propia para recordar los sentimientos apacibles de una noche tranquila.

NODACIÓN f. *Med.* Impedimento oca- sionado por un nodo en el juego de una articulación o en la movilidad de los ten- dones o los ligamentos.

NODIER, *Charles* (1870-1844) Escritor y filólogo fr. *Los cuatro talismanes* (novela); *Diccionario razonado de las onomatopeyas francesas* (filología).

NODO m. *Fís.* Punto de una onda esta- cionaria, que permanece siempre en re- poso. ◊ Cada uno de los extremos del diámetro de la esfera celeste según el cual se cortan los planos de dos órbitas dadas. ◊ *Med.* Tumor producido por el depósito de ácido úrico en los huesos, tendones o ligamentos.

NODRIZA f. Ama de cría. ◊ **Avión n.** Avión cisterna para repostar combusti- ble en vuelo. ◊ **Buque n.** Barco donde pueden repostar otros.

NÓDULO m. Concreción de poco volu- men. ◊ **linfático.** Cada uno de los órga- nos esferoidales y pequeños constituidos por la acumulación de linfocitos, que se encuentran pralm. en el tejido conjunti- vo de las mucosas.

NOÉ Último patriarca antediluvia- no. Recibió de Dios, cuando éste de- cidió destruir la Tierra con el diluvio, la orden de colocar en un arca a su fa- milia y una pareja de cada especie animal.

NOÉL, *Martín* (1888-1963) Arquitecto e historiador de arte arg. Modernizó el estilo colonial.

NOGAL m. Árbol de tronco robusto y copa redondeada grande, de unos 15 m de alto. Su fruto es la nuez. De madera dura, veteada y muy apreciada en eba- nistería. ◊ Madera de este árbol. ❑ NO- GUERAL.

Solemne ceremonia de la entrega de los premios **Nobel**

NOGALES Mun. del NO de México, en el est. de Sonora, fronterizo con EE UU; 53 500 hab. Ganadería. Minería.

NOGUERA f. Nogal, árbol.

NOGUERA, *Pedro de* (1580-1655) Ar- quitecto y escultor esp. Autor del en- samblaje de la sillería de la catedral de Lima.

NOLI o NOLÍ m. *Col.* Yesca que se ob- tiene de una clase de liquen.

NOLICIÓN f. *Fil.* Acto de no querer.

NÓMADA adj. y s. Díc. del individuo o grupo humano que se desplaza conti- nuamente a fin de asegurar su subsis- tencia. ◊ P. ext., animales de vida mi- gratoria o trashumante. ❑ NOMADISMO.

NOMBRADO, DA adj. Célebre, famo- so. ❑ NOMBRADÍA.

NOMBRAR tr. Decir el nombre de una persona o cosa. ◊ Hacer mención parti- cular, gralte. honorífica, de una persona o cosa. ◊ Elegir o señalar a uno para un cargo, empleo u otra cosa. ❑ NOMBRA- MIENTO.

NOMBRE m. Palabra que se apropia o se da a los objetos o a sus calidades para hacerlos conocer y distinguirlos de otros. ◊ Título de una cosa por el cual es conocida. ◊ Fama, opinión, re- putación o crédito. ◊ Apodo, mote. ◊ *Gram.* Categoría de palabras que com- prende el nombre sustantivo y el adjeti- vo. ◊ **abstracto.** El sustantivo que no designa una cosa real, sino alguna cualidad de los seres. ◊ **ambiguo.** *Gram.* El apelativo de cosa que se emplea como masculino y femenino. ◊ **apelativo.** Sobrenombre. ◊ *Gram.* El que conviene a todas las personas o cosas de una misma clase, o idénticas por alguna razón. ◊ **común.** *Gram.* Nombre apelativo. ◊ El apelativo de persona que posee gén. gramatical determinado y se construye con art., adj. y pron. masculinos y femeninos para aludir a personas de uno u otro sexo. ◊ **comercial.** El registrado como propiedad industrial. ◊ **concreto.** *Gram.* El sustantivo que designa seres reales o que nos podemos representar como tales. ◊ **de pila.** El que se da a la criatura cuando se bautiza. ◊ **propio.** *Gram.* El dado a persona o cosa determinada para distinguirla de las demás de su especie o clase.

NOMENCLÁTOR m. Catálogo de nombres de pueblos, de sujetos o de voces de una ciencia o facultad.

NOMENCLATURA f. Conjunto de las voces técnicas propias de una ciencia o arte. ◊ Nómina, lista de nombres de personas o cosas.

NOMEOLVIDES f. Flor de la raspilla.

NÓMINA f. Lista o catálogo de nombres de personas o cosas. ◊ Relación nominal de los individuos que en una oficina pública o particular han de percibir haberes, justificando con su firma haberlos recibido. ◊ Esos haberes.

NOMINACIÓN f. *Amér.* Proposición del nombre de un candidato para un cargo electivo, una mención o un premio.

NOMINAL adj. Perteneciente al nombre. ◊ Que es o existe sólo de nombre, pero que en realidad le falta todo o una parte.

NOMINALISMO m. *Fil.* Sistema que niega la realidad objetiva de los universales, considerándolos como meras convenciones o nombres. El término alcanzó gran difusión en el s. XV. ❏ NOMINALISTA.

NOMINAR tr. Dar nombre a una persona o cosa.

NOMINATIVO, VA adj. Aplícase a los títulos e inscripciones, que han de extenderse a nombre o a favor de uno y han de seguir teniendo poseedor designado por el nombre, en oposición a los que son al portador. ◊ m. *Gram.* Caso de la declinación que designa el sujeto de la significación del verbo y no lleva preposición.

NOMO m. División administrativa de la Grecia moderna. ◊ Gnomo.

NOMOGRAFÍA f. Procedimiento de cálculo consistente en reemplazar las operaciones aritméticas por gráficas; la intersección de las líneas determina el valor numérico buscado.

NOMOGRAMA m. Representación gráfica que permite realizar con rapidez cálculos numéricos.

NON adj. y s. Impar. ◊ m. pl. Negación repetida de una cosa.

NONADA f. Cosa de insignificante valor.

NONAGENARIO, RIA adj. y s. Que ha cumplido la edad de noventa años y no llega a la de cien.

NONAGÉSIMO, MA adj. y s. Que sigue inmediatamente en orden al o a lo octogésimo nono. ◊ Díc. de cada una de las 90 partes iguales en que se divide un todo.

NONATO, TA adj. No nacido naturalmente, sino sacado del claustro materno. ◊ fig. Díc. de la cosa no acaecida o no existente aún.

NONELL, Isidre (1873-1911) Pintor esp. Su estilo, inserto en el modernismo, profundiza en temas realistas.

NONIO o **NONIUS** m. Dispositivo empleado para efectuar medidas de precisión y basado en dos escalas con movimiento relativo entre ambas, bien sea en forma lineal o circular. Por cada *n* divisiones de una escala, corresponde *n-1* en la otra, y la división de esta última que coincida exactamente con la de la primera indica, con la aproximación de *1/n*, la medida efectuada.

NONO, NA adj. Noveno.

NOPAL m. Planta cactácea de unos 3 m de alto, con tallos aplastados, formados por una serie de paletas ovales, que representan las hojas; flores grandes rojas y amarillas y, por fruto, el higo chumbo. ❏ NOPALERA.

Flor de **nopal**

NOQUEAR tr. En el boxeo, dejar al adversario fuera de combate.

NORADRENALINA f. Hormona de la médula suprarrenal, que actúa sobre el glucógeno acumulado, elevando el contenido de glucosa en la sangre, e interviene en la transmisión del impulso nervioso.

NORAY m. *Mar.* Poste, bolardo o cualquier cosa que se utiliza para afirmar las amarras de los barcos.

NORCOREANO, NA adj. y s. De Corea del Norte. ◊ adj. Perteneciente a este país.

NORDESTE m. Punto del horizonte entre el norte y el este, a igual distancia de ambos. ◊ Viento que sopla de esta parte. ❏ NORESTE.

NÓRDICO, CA adj. Relativo a los pueblos del norte de Europa. ◊ *Ling.* Grupo de las lenguas germánicas del norte; como el noruego, el sueco y el danés.

NORDRHEIN-WESTFALEN ➪ Renania Septentrional-Westfalia.

NORFOLK C. y puerto de EE UU, en Virginia; 788 500 hab. (la agl. urb.). Puerto comercial y militar.

NORIA f. Máquina compuesta gralte. de dos grandes ruedas, una horizontal movida con una palanca a la que va sujeta una caballería, y otra vertical que engrana en la primera y que hace subir los cangilones llenos de agua. ◊ Pozo de forma comúnmente ovalada, del cual sacan el agua con la máquina. ◊ Artilugio de ferias y parques de diversiones que consiste en una rueda que

gira verticalmente y de la que cuelgan asientos.

NORMA f. fig. Regla sobre la manera como se debe hacer o está establecido que se haga una determinada cosa. ❏ NORMATIVO, VA.

NORMAL adj. Díc. de lo que se halla en su estado natural. ◊ Díc. de lo que por su naturaleza, forma o magnitud se ajusta a ciertas normas fijadas. ◊ adj. y f. *Geom.* Sinónimo de perpendicular. ◊ f. Escuela normal.

NORMALIDAD f. Calidad o condición de normal. ◊ *Quím.* Una de las maneras de expresar la concentración de soluto en una disolución. Las disoluciones normales se designan con la letra N, y las concentraciones múltiplos y submúltiplos de orden *a* se expresan por *a* N.

NORMALIZACIÓN f. *Ind.* En lenguaje técnico, sometimiento de las dimensiones y calidades de los productos industriales y del proceso productivo de los mismos a una norma para racionalizar y uniformar la fabricación. ❏ NORMALIZADO, DA; NORMALIZAR; *Amér.* NORMAR.

NORMANDÍA (*Normandie*) Región de Francia, que abarca las circunscripciones de Alta N. (12 317 km², 1 737 200 hab.) y Baja N. (17 589 km², 1 391 300 hab.). Los normandos se establecieron en ella en 911, post. fue ing., y en 1467 definitivamente incorporada a Francia. ◊ **Desembarco de N.** El de los aliados, durante la II Guerra Mundial, en las costas de N. (6 junio 1944).

NORMANDO, DA adj. y s. De Normandía. ◊ *Hist.* Los pueblos procedentes de Escandinavia, también llamados *vikingos*, que en la alta E. Med. realizaron incursiones y conquistas por diversas regiones costeras de Europa. Entre los ss. IX y XI, descubrieron Islandia y Groenlandia y llegaron a las costas de América.

NORMATIVA f. Conjunto de normas aplicables a una determinada materia o actividad.

NOROCCIDENTAL, planicie costera Llanura aluvial de México, al S del desierto de Sonora. C. prales.: Ciudad Obregón, Culiacán.

NORODOM Sihanuk ➪ Sihanuk, Norodom.

NOROESTE m. Punto del horizonte entre el norte y el oeste, a igual distancia de ambos. ◊ Viento que sopla de esta parte.

NOROESTE, Territorios del (*North West Territories*) Región del N de Canadá; 3 426 320 km², 58 000 hab. Cap., Yellowknife.

NORRISH, Ronald George Wreyford (1897-1978) Físico y químico brit. Premio Nobel en 1967, por sus investigaciones sobre las sustancias de vida corta.

NORRKÖPING C. y puerto de Suecia, en la prov. de Östergötland; 118 500 hab. Ind. textil, metalúrgica, material eléctrico, naval.

NORTADA f. Continuación de viento norte fresco que sopla por algún tiempo seguido.

NORTE m. Polo ártico. ◊ Lugar de la Tierra o de la esfera celeste que cae del lado del polo ártico, respecto de otro con el cual se compara. ◊ Punto cardinal del horizonte, que cae frente a un

observador a cuya derecha esté el oriente. ◊ Viento que sopla de esta parte. ◊ Estrella polar. ◊ fig. Meta.
NORTE, cabo Saliente de la costa Noruega, la más septentrional de Europa. ◊ *Canal del* Estr. sit. entre Irlanda y Escocia, que comunica el N del mar de Irlanda con el Atlántico. ◊ *Isla del (North Island)* Una de las dos prales. islas que forman Nueva Zelanda; 115 777 km², 2 553 300 hab. 3. ◊ *mar del* Masa de agua salada que forma parte del Atlántico y que baña las costas de Francia, Gran Bretaña, Bélgica, Países Bajos, Alemania, Dinamarca y Noruega.
NORTE Chico Región natural de Chile, entre Chile Central y el Norte Grande.
NORTE DE SANTANDER Dpto. del centro-E de Colombia; 21 658 km², 1 435 237 hab. Cap., Cúcuta o San José de Cúcuta. Relieve formado por el sector septentrional de la cord. Oriental andina, cuyas cumbres dividen las cuencas del r. Magdalena, al O, y la del lago Maracaibo, al E. Café, caña de azúcar, frijol, yuca, maíz; ganado vacuno y ovino; carbón, petróleo, ind. textil, mecánica, alimentaria.
NORTEÑO, ÑA adj. Relativo al norte. ◊ Que está sit. en la parte norte de un país.
NORTE-PAS-DE-CALAIS Región fr.; 12 414 km², 3 965 100 hab. Cap., Lille.
NORTHAMPTON C. de Gran Bretaña, en Inglaterra, cap. del condado de Northamptonshire; 156 800 hab. Importante centro de la ind. del calzado y de curtidos.
NORTINO, NA adj. y s. *Chile* y *Perú.* Habitante de las provincias del norte del país.
NORUEGA *(Kongeriket Norge)* Estado del NO de Europa, en la zona occidental de la pen. Escandinava. Org. política: monarquía constitucional. Grupos étnicos nacionales: noruegos, lapones, fineses. *Rel.*: mayoría protestante, católicos. U.M.: corona. Cap., Oslo; c. prales.: Trondheim, Bergen.
☐ *Geog. fís.* Los Alpes Escandinavos están divididos por una depresión de

NORUEGA

Superficie	323 877 km²
Población	4 262 000 hab. (13 hab./km²)
Recursos económicos	
Avena	530 000 t
Cebada	680 000 t
Colza	6 000 t
Trigo	254 000 t
Ganadería	
Cabaña bovina	953 000 cabezas
Cabaña ovina	2 211 000 cabezas
Cabaña porcina	715 000 cabezas
Renos	232 000 cabezas
Riqueza forestal	11 794 000 m³
Pesca	1 746 587 t
Producción minera	
Cadmio	237 t
Carbón	303 000 t
Cinc	19 000 t
Cobre	17 000 t
Gas natural	27 279 millones de m³
Hierro	2 081 000 t
Níquel	2 300 t
Petróleo	93 350 000 t
Plomo	3 500 t
Producción industrial	
Acero	861 000 t
Ácido sulfúrico	796 000 t
Aluminio	886 000 t
Cemento	1 267 000 t
Cerveza	2 229 000 hl
Cinc	124 900 t
Ener. eléctrica	121 601 millones de kwh
Fertilizantes	432 000 t
Naval	145 000 t
Indicadores sociológicos	
PNB	102 885 millones de dólares
Renta per cápita	24 160 dólares
Esperanza de vida	77 años
Alfabetismo	99 %

Trondheim. Al S. de ésta se distinguen una zona alpina y otra interior formada por la penillanura. Las costas están formadas por un conjunto de islas, islotes y peñascos; entre los cauces se abren fiordos. Los r. son de origen glaciar. Clima ártico en el N. y templado frío en el S.
☐ *Geog. econ.* La agricultura (cereales, patatas, hortalizas, frutas) tiene escasa imp. De los bosques se obtiene materia prima para la ind. papelera. Ganadería ovina y bovina. La riqueza tradicional ha sido la pesca ballenera. Minería de hierro, cobre, molibdeno, titanio y plomo. Petróleo en el mar del Norte. Ind. siderometalúrgica, química, naval, del plástico, textil y petroquímica.
☐ *Hist.* En el s. IX Harold I unificó gran parte del territorio. El tratado de Kalmar (1397) la unió a los demás países escandinavos. Tras la defección sueca, en 1523, permaneció bajo dominio danés hasta 1814, en que fue cedida a Suecia. Se proclamó indep. en 1905. Durante la II Guerra Mundial fue invadida por los al. y tuvo un gobierno colaboracionista. En 1957, Olaf V sucedió en el trono a Haakon VII. En 1972 se celebró un referéndum por el que N. no se incorporó a la CEE, y que provocó la dimisión del primer ministro Trygve Bratteli. Sin embargo, volvió a formar gobierno tras las elecciones generales

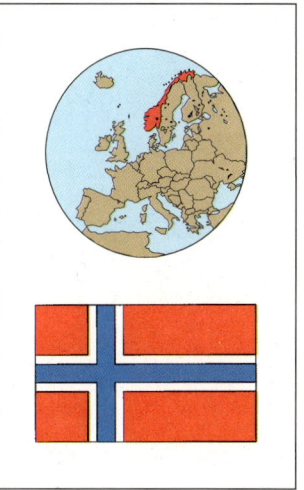

Mapa de situación y bandera
de **Noruega**

de 1973. En 1976, fue sustituido por Oddvar Nordlí. En 1981, accedió al poder Gro Brundtland. Sustituida a los pocos meses por el gobierno conservador de Kare Willoch, en 1986 asumió de nuevo el cargo de primer ministro. En las elecciones de 1989 retrocedieron los partidos tradicionales en favor del Partido del Progreso y de Izquierda Socialista. Formó gobierno Jan P. Syre, pero en 1990 Brundtland volvió a la presid. (reelegido en 1993). En 1991, murió Olaf V y accedió al trono Harald V. En 1994, ganó el No en el referéndum para decidir la incorporación de N. a la UE.
NORUEGO, GA adj. y s. De Noruega. ◊ adj. Relativo a este país. ◊ m. Idioma de Noruega.
NORWICH C. de Gran Bretaña, cap. del condado de Norfolk; 122 300 hab. Ind. textil y de calzado. Construcciones mecánicas. Edificios del s. XI.
NOS Una de las dos formas del dativo y el acusativo del pronombre personal de primera persona en gén. masculino o fem. y número pl.
NOSOCOMIO m. *Med.* Hospital.
NOSOTROS, TRAS Nominativo masculino y fem. del pron. pers. de primera persona en número pl.
NOSTALGIA f. Pena de verse ausente de la patria o de los deudos o amigos. ◊ fig. Tristeza melancólica que causa el recuerdo de algún bien perdido. ☐ NOSTÁLGICO, CA.
NOSTRADAMUS Seud. de *Michel de Nostredame (1503-1566)* Astrólogo fr., médico de Carlos IX y autor de profecías y almanaques.
NOTA f. Marca o señal que se pone en una cosa para darla a conocer. ◊ Reparo que se hace a un libro o escrito, que por lo regular se suele poner en los márgenes. ◊ Advertencia, explicación, comentario o noticia de cualquier clase que en impresos o manuscritos va fuera del texto. ◊ Fama, concepto, crédito. ◊ Calificación de un tribunal de examen. ◊ Comunicación diplomática que dirigen, en nombre de sus respectivos gobiernos, ya el ministerio de Asuntos Exteriores a los representantes extranjeros, ya éstos a aquél, o que cruzan unos y otros entre sí. ◊ *Mús.* Cualquiera de los signos de que usan los músicos para representar los sonidos. ◊ Cualquiera de estos sonidos.
NOTABLE adj. Digno de nota, reparo o atención. ◊ Díc. de lo que es grande y excesivo, por lo cual se destaca en su línea. ◊ Una de las calificaciones usadas en los centros de enseñanza. ◊ m. pl. Personas prales. en una localidad o en una colectividad.
NOTACIÓN f. Anotación. ◊ Escritura musical. ◊ Sistema de signos convencionales adoptados para expresar ciertos conceptos matemáticos, químicos, etc.
NOTAR tr. Señalar una cosa para que se conozca o se advierta. ◊ Reparar, observar o advertir. ◊ Poner notas, advertencias o reparos a los escritos o libros.
NOTARÍA f. Oficio de notario. ◊ Oficina donde despacha el notario.
NOTARIADO, DA adj. Díc. de lo que está autorizado ante notario o abonado con notarial. ◊ m. Ejercicio de notario. ◊ Colectividad de notarios.
NOTARIO m. Funcionario público au-

NOVAS Y SUPERNOVAS

Dos fotografías de la Nova Hércules 1934 en su momento de mayor luminosidad y dos meses más tarde, una vez ya finalizado el cataclismo

Representación de la evolución de una estrella supermasiva que recoge esquemáticamente las fases de formación (A), la fase de la estrella propiamente dicha (B) y el estado que alcanza después de su explosión de supernova (C)

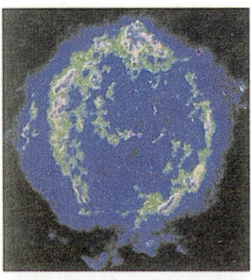

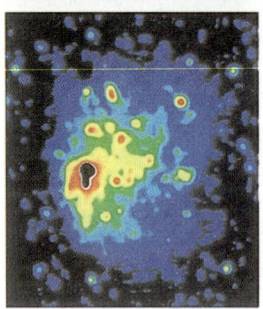

Arriba, resto de la supernova conocida como Casiopea. Sobre estas líneas radiografía coloreada de la Gran Nube de Magallanes, situada a unos 150 000 años-luz de nuestro planeta, que sufrió la explosión de una supernova en 1987

torizado para dar fe de los contratos, testamentos y otros actos extrajudiciales, conforme a las leyes. ❏ NOTARIAL; NOTARIATO.

NOTICIA f. Noción, conocimiento. ◊ Divulgación o publicación de un hecho. ◊ El hecho divulgado. ❏ NOTICIOSO, SA.

NOTICIARIO m. Película cinematográfica en que se ilustran sucesos de actualidad. ◊ Programa de radio o televisión en el que se transmiten noticias.

NOTICIERO, RA adj. Que da noticias. ◊ m. y f. Persona que da noticias como oficio.

NOTIFICAR tr. Hacer saber una resolución de la autoridad con las formalidades preceptuadas para el caso. ❏ NOTIFICACIÓN; NOTIFICADO, DA; NOTIFICATIVO, VA.

NOTO, TA adj. Sabido, notorio.

NOTOCORDIO m. *Zool.* Varilla cartilaginosa que constituye el soporte exclusivo del cuerpo en las formas primitivas de los cordados. ❏ NOTOCORDA.

NOTORIO, RIA adj. Público y sabido de todos. ◊ Evidente, claro. ❏ NOTORIEDAD.

NOTTINGHAM C. de Gran Bretaña, cap. del condado hom.; 271 100 hab. Ind. textil, química y de la confección. Manufacturas de tabacos.

NOUAKCHOTT C. y puerto de Mauritania, cap. del país desde 1957; 135 000 hab. Pesca.

NOUMENO m. *Fil.* Término gr. que significa «lo inteligible», y como tal contrapuesto, desde Platón, a lo sensible, a lo fenoménico. Para Kant, n. equivale a la «cosa en sí» y se opone al fenómeno.

NOUVELLE vague Movimiento cinematográfico fr., surgido a mediados del s. XX, bajo cuyo nombre se agruparon algunos directores (Truffaut, Chabrol, Godard, Resnais, Malle) con afán renovador. Su órgano de expresión fue *Cahiers du cinéma.*

NOVA adj. y f. *Astr.* Díc. de la estrella fija de poco brillo que debido a su explosión aumenta bruscamente y de modo muy notable su luminosidad.

NOVA IGUAÇÚ C. del SE de Brasil, en el est. de Río de Janeiro; 1 094 700 hab. Centro industrial.

NOVACIANO (m. h. 258) Hereje y antipapa rom., fundador del cisma (incapacidad de la Iglesia para perdonar los pecados después del bautismo) que lleva su nombre.

Nouvelle vague. F. Truffaut, en el centro de la imagen, durante un rodaje

Novela. Portada de una edición de *Cien años de soledad,* de Gabriel García Márquez

NOVALIS Seud. de *Friedrich Leopold von Hardenberg* (1772-1801) Poeta romántico al. *Himnos a la noche* y *Cantos espirituales.* Dejó dos novelas inacabadas: *Los discípulos de Sais* y *Enrique de Ofterdingen.*

NOVARA C. de Italia, cap. de la prov. hom.; 102 600 hab. Ind. textil, química, metalúrgica.

NOVATADA f. Broma o burla hecha por los miembros de una colectividad a los compañeros novatos. ◊ P. ext., contrariedad o tropiezo que proviene de inexperiencia en algún asunto o negocio.

NOVATO, TA adj. y s. Nuevo o principiante.

NOVECENTISMO m. Movimiento estético e intelectual que se manifiesta en España a partir de 1900. Entre sus representantes se cuentan Ortega y Gasset, Eugenio d'Ors, Gregorio Marañón y el novelista Pérez de Ayala.

NOVECIENTOS, TAS adj. Nueve veces ciento. ◊ Noningentésimo, ordinal. ◊ m. Conjunto de signos con que se representa el núm. novecientos.

NOVEDAD f. Estado de las cosas recién hechas, aparecidas u ocurridas. ◊ Ocurrencia reciente, noticia. ◊ fig. Extrañeza o admiración que causan las cosas nuevas. ◊ pl. Géneros o mercaderías de moda. ❏ NOVEDOSO, SA.

NOVEL adj. Nuevo, principiante o sin experiencia en las cosas. Se aplica sólo a personas.

NOVELA f. Obra literaria del género narrativo, que se distingue del relato y del cuento por su extensión y carácter durativo. Como éstos, busca interesar y distraer al lector por medio de la descripción de sucesos, caracteres o costumbres. ◊ **bizantina.** Género novelesco desarrollado en España en los ss. XVI y XVII, a imitación de la novela gr. ◊ **de caballerías.** Libro de caballerías. ◊ **de ciencia ficción.** Género narrativo fantástico basado en unos presuntos logros científicos o técnicos, más o menos avanzados respecto a la fecha en que se escribe la novela. ◊ **histórica.** Género narrativo que desarrolla la acción en épocas pasadas, con personajes reales o ficticios. ◊ **pastoril.** La cultivada en los ss. XVI-XVII, que narra aventuras amorosas de pastores idealizados. ◊ **picaresca.** La cultivada en los ss. XVI-XVII, que narra las peripecias de un pícaro. ◊ **por entregas.** La que, con escasa calidad literaria, narraba peripecias melodramáticas y se distribuía en fascículos periódicos (ss. XIX-XX). ◊ **rosa.** La que narra las vicisitudes de dos enamorados. ◊ **sentimental.** Género cultivado en España en los ss. XV-XVI, que relata una historia amorosa con final trágico. ❑ NOVELESCO, CA.

NOVELAR tr. Referir un suceso con forma o apariencia de novela. ◊ intr. Componer o escribir novelas.

NOVELERO, RA adj. y s. Amigo de novedades, ficciones y cuentos. ◊ Deseoso de novedades, o que las esparce. ◊ Inconstante y vario en el modo de proceder.

NOVELISTA com. Persona que escribe novelas. ❑ NOVELADOR, RA.

NOVELÍSTICA f. Tratado histórico o preceptivo de la novela. ◊ Literatura novelesca.

NOVELÓN m. Novela extensa, y por lo común muy dramática y mal escrita.

NOVENA f. Acto de devoción que se practica durante nueve días. ◊ Sufragios y ofrendas por los difuntos, aunque se cumplan en menos de nueve días.

NOVENO, NA adj. Que sigue inmediatamente en orden al o a lo octavo. ◊ adj. y s. Díc. de cada una de las nueve partes iguales en que se divide un todo.

NOVENTA adj. Nueve veces diez. ◊ Nonagésimo, ordinal. ◊ m. Conjunto de signos con que se representa el núm. noventa.

NOVENTAVO, VA adj. Nonagésimo, partitivo.

NÓVGOROD C. de Rusia, a orillas del río Voljov; 220 000 hab. Ind. textil, maderera. Cap. de un principado ruso independiente (ss. XII al XIV). En el s. XV, fue anexionada por Iván III.

NOVI SAD C. de Serbia y Montenegro, cap. de la prov. autónoma de Voivodina (Serbia); 169 800 hab. Puerto fluvial del Danubio. Ind. Metalúrgica.

NOVIAZGO m. Condición o estado de novio o novia. ◊ Tiempo que dura.

NOVICIADO m. Tiempo destinado para la probación en las religiones, antes de profesar. ◊ Casa o cuarto en que habitan los novicios.

NOVICIO, CIA m. y f. Persona que no ha profesado todavía en la religión cuyo hábito ha tomado. ◊ adj. y s. fig. Díc. del principiante en cualquier arte o facultad.

NOVIEMBRE m. Undécimo mes del año.

NOVILLADA f. Conjunto de novillos. ◊ Lidia o corrida de novillos.

NOVILLERO m. El que cuida de los novillos cuando los separan de la vaca. ◊ *Taur.* Lidiador de novillos. ◊ Corral o cobertizo donde separan y encierran los novillos.

NOVILLO, LLA m. y f. Res vacuna de dos a tres años, en especial cuando no está domada. ◊ m. fig. y fam. Sujeto a quien hace traición su mujer. ◊ *Chile* y *Méx.* Ternero castrado.

NOVILUNIO m. Fase del ciclo lunar en la cual el Sol y la Luna tienen igual ascensión recta.

NOVIO, VIA m. y f. Persona recién casada. ◊ La que está próxima a casarse. ◊ La que mantiene relaciones amorosas con propósito de matrimonio.

NOVISAD C. de Serbia, cap. de la prov. autónoma de Vojvodina; 169 800

Nubia. Templo rupestre de Abu Simbel

hab. Puerto fluvial. Ind. metalúrgica.

NOVÍSIMO m. *Teol.* Cada una de las cuatro postrimerías del hombre que son: muerte, juicio, infierno y gloria. Se usa más en plural.

NOVO, Salvador (1904-1974) Escritor mex. *XX poemas, Espejo, Nuevo amor.*

NOVOKUZNETSK C. de Rusia, en Siberia occidental; 577 000 hab. Imp. centro siderúrgico y de ind. química.

NOVOSIBIRSK C. de Rusia, en Siberia; 1 393 000 hab. Nudo ferroviario y activo centro administrativo y comercial. Ind. metalúrgica, mecánica, textil, de la construcción y alimentaria.

NOVOTNY, Antonín (1904-1975) Político checo. Presid. de la rep. (1957-1968).

NUBADA f. Chaparrón de agua en un determinado lugar. ◊ fig. Concurso abundante de algunas cosas.

NUBARRÓN m. Nube grande y densa separada de las otras.

NUBE f. *Meteor.* Aglomeración de diminutas gotas de agua y de cristales de hielo suspendidos a diferentes alt. en las capas bajas de la atmósfera, por lo general en la troposfera. ◊ Agrupación de cosas, como el polvo, gran núm. de aves o insectos que oscurece el Sol, a semejanza de las nubes. ◊ fig. Abundancia, multitud de una cosa. ◊ fig. Cualquier cosa que oscurece o encubre otra. ◊ Pequeña mancha blanquecina que se forma en la capa exterior de la córnea ocular, oscureciendo la vista como si pasaran los rayos luminosos a través de una nube. ◊ **ardiente.** Masa de cenizas, gases y otros fragmentos volcánicos incandescentes, originada en erupciones altamente explosivas.

NUBIA *(Nubiya)* Región del NE de África, que comprende el valle del Nilo desde la primera catarata. Algodón, palma datilera, caña de azúcar; oro, manganeso.

NÚBIL adj. Díc. de la persona que ha llegado a la edad apta para el matrimonio, y más propiamente de la mujer. ❑ NUBILIDAD.

NUBLADO m. Nube, especialmente la que amenaza tempestad. ❑ NUBLOSO, SA.

NUBLAR tr. y prnl. Cubrirse de nubes. ◊ tr. fig. Oscurecer, empañar, amortiguar.

NUBLO, BLA adj. Cubierto de nubes.

NUBOSO, SA adj. Cubierto de nubes. ❑ NUBOSIDAD.

NUCA f. Parte alta de la cerviz, correspondiente al lugar en que se une el espinazo con la cabeza.

NUCHE m. *Col.* Larva que se introduce en la piel de los animales.

NUCLEADO, DA adj. Que está provisto de núcleo.

NUCLEAR adj. Relativo al núcleo.

NUCLEICO, CA adj. Perteneciente o relativo al núcleo. ◊ **Ácidos nucleicos.** *Biol.* Compuestos de gran peso molecular, estables, y con poder de autoduplicación. Se clasifican en ribonucleicos (ARN) y desoxirribonucleicos (ADN), según que contengan ribosa o desoxirribosa.

NUCLEIDO o **NÚCLIDO** m. *Fís.* Especie atómica caracterizada por la constitución de su núcleo. Un mismo elemento puede presentar n. diferentes; p. ej., el uranio 235 y el uranio 238 son núclidos distintos.

NÚCLEO m. Almendra o parte mollar de los frutos que, como la nuez, tienen cáscara dura. ◊ fig. Elemento primordial al cual se van agregando otros para formar un todo. ◊ Parte más densa y luminosa de un astro. ◊ *Biol.* Orgánulo celular que contiene los cromosomas. Está rodeado por una membrana doble llamada carioteca, posee toda la información genética del organismo y rige la vida celular y la reproducción. ◊ En electrotecnia, material ferromagnético sobre el que se desarrollan las líneas de fuerza. ◊ **atómico.** *Fís.* Parte del átomo que viene determinada por el núm. másico del mismo. ◊ **terrestre.** *Geog.* Capa más interna del globo terrestre, que se extiende desde los 2 900 km de profundidad hasta la superficie. ◊ ❏ *Fís.* Las ideas actuales acerca de la estructura del n. vienen determinadas por los fenómenos de dispersión de partículas α, de neutrones y electrones por parte del n., que permiten averiguar el radio de éste; por el cálculo del defecto de masa del n., que permite hallar la energía media de enlace por nucleón; por la abundancia media de isótopos y la determinación de los momentos eléctrico y magnético de los n. y del espín nuclear, que permiten establecer una distribución de los nucleones.

NUCLÉOLO m. *Biol.* Corpúsculo diminuto, único o múltiple, sit. en el interior del núcleo celular. Su función parece estar relacionada con la organización de los cromosomas durante la división celular.

NUCLEÓN m. *Fís.* Partícula constitutiva del núcleo atómico, como los protones y los neutrones.

NUCLEOPROTEÍNA f. *Biol.* Proteido formado por la unión química de una proteína, gralte. de naturaleza básica (histona), y de un grupo prostético constituido por un ácido nucleico.

NUDILLO m. Parte exterior de cualquiera de las articulaciones de los dedos, por donde se unen los huesos de que se componen.

NUDISMO m. Desnudismo.

NUDISTA adj. y s. Desnudista.

NUDO m. Lazo que se estrecha y cierra de modo que con dificultad se puede soltar por sí solo y que, mientras más se tira de cualquiera de los dos cabos, más se aprieta. ◊ En los árboles y plantas, parte del tronco por la cual salen las ramas, y en éstas, parte por donde arrojan los vástagos. ◊ En algunas plantas y raíces de ellas, parte que sobresale algo y por donde parece que están unidas las partes de que se compone; como en las cañas, bejucos, etc. ◊ Bulto o tumor que suele producirse en los tendones o en los huesos, por enfermedad de aquéllos, o por rotura de éstos cuando se vuelven a unir. ◊ Enlace o trabazón de los sucesos que preceden a la catástrofe o el desenlace, en los poemas épico y dramático y en la novela. ◊ fig. Pral. dificultad o duda en algunas materias. ◊ fig. Unión, lazo, vínculo. ◊ Lugar en donde se unen o cruzan dos o más sistemas de montañas. ◊ *Mar.* Refiriéndose a la velocidad de una nave, equivale a millas marinas por hora. ◊ **gordiano.** fig. Cualquier nudo, muy enredado o imposible de desatar. ◊ fig. Dificultad insoluble.

NUDOSO, SA adj. Que tiene nudos o nudosidades.

NUERA f. Respecto a una persona, mujer de su hijo.

NUESTRO, TRA, TROS, TRAS Pron. pos. de primera persona en gén. m. y fem. Con la terminación del primero de estos dos gén. en singular, empléase también como n.

Nueva Delhi. Puerta Delhi en el Fuerte Rojo

NUEVA f. Noticia de una cosa que no se ha dicho o no se ha oído antes.

NUEVA ANDALUCÍA Ant. nombre de la costa N de Colombia, que se concedió a Alonso de Ojeda (1508) para su conquista y gobernación. ◊ Nombre con que se designó, en los primeros tiempos de la dominación esp., la zona oriental de Venezuela.

NUEVA BRETAÑA (*New Britain*) Isla del arch. Bismarck, en Papuasia-Nueva Guinea; 36 519 km², 222 800 hab. En 1946 integrada en la Commonwealth australiana.

NUEVA BRUNSWICK (*New Brunswick*) Prov. del SE de Canadá; 73 440 km², 724 000 hab. Cap., Fredericton. Explotación forestal. Leche; cereales, patatas; pesca; producción hidroeléctrica.

NUEVA CALEDONIA (*Nouvelle-Calédonie*) Isla de Oceanía que forma parte del territorio fr. de ultramar hom. y de la que depende el arch. de Lealtad; 19 058 km², 145 400 hab. Cap., Numea.

NUEVA CASTILLA Nombre que se dio al territorio del Perú que comprendía la gobernación de Francisco Pizarro.

NUEVA DELHI (*Ni Dilli*) Cap. de la Unión India; 294 100 hab. Se trata de la parte moderna de la ant. c. de Delhi.

NUEVA ESCOCIA (*Nova Scotia*) Prov. del SE de Canadá que comprende la pen. de Acadia y la isla de Cabo Bretón; 55 490 km², 900 000 hab. Cap., Halifax.

Relieve poco accidentado. Explotación forestal y ganadera. Pesca. Hulla, hierro, salinas. Ind. siderometalúrgica y papelera.

NUEVA ESPAÑA Virreinato esp. en América, fundado en 1535. Formado por cuatro audiencias: México, La Española (con Veracruz, Cuba y Puerto Rico), Nueva Galicia y Guatemala. En el s. XVIII, se dio la época de mayor prosperidad, con virreyes que atendieron al desarrollo de las economías locales y emprendieron planes de urbanización.

NUEVA ESPARTA Est. insular del NE de Venezuela, formado por las islas Margarita, Coche y Cubagua, sit. al N de la pen. de Araya; 1 150 km², 280 777 hab. La actividad pral. es la pesca. Maíz, frijoles, caña de azúcar. Ind. derivadas de la pesca, alimentaria y explotación de salinas.

NUEVA EXTREMADURA Nombre que se dio al territorio mex. que comprendía Coahuila y Texas durante la dominación española.

NUEVA GALES DEL SUR (*New South Wales*) Est. del SE de Australia; 801 400 km², 5 405 100 hab. Cap., Sydney. Accidentada de N a S por la Gran Cordillera Divisoria (monte Kosciusko: 2 230 m).

NUEVA GALICIA Región del ant. virreinato de Nueva España, que comprendía los actuales est. mex. de Zacatecas, Nayarit, Aguascalientes, la mayor parte de Jalisco y parte de San Luis Potosí, Sinaloa y Durango.

NUEVA GERONA C. de Cuba, cap. del mun. de Isla de la Juventud; 58 400 hab.

NUEVA GRANADA, *República de* Denominación de Colombia de 1831 a 1858.

NUEVA GUINEA Isla de Oceanía, sit. al N de Australia y bañada por el Pacífico; 785 000 km², 4 000 000 hab. C. prales.: Yayapura, Port Moresby. Dividida en dos sectores: la mitad E, que forma el Est. de Papua-Nueva Guinea, y la O, que corresponde a la prov. indonesia de Irian Occidental, cuya administración fue concedida por la ONU en 1963, aunque post. Indonesia la anexionó.

NUEVA HAMPSHIRE (*New Hampshire*) Est. del NE de EE UU; 24 032 km², 1 109 000 hab. Las prales. c. son Concord, la cap., y Manchester. Las White Mountains, al N, representan el sector más elevado del territorio. Agricultura; ind. del calzado y pieles, maquinaria, textil (lana y algodón).

NUEVA INGLATERRA (*New England*) Nombre histórico del terr. del NE de EE UU, que comprende los est. de Maine, Nueva Hampshire, Vermont, Massachusetts, Rhode Island y Connecticut.

NUEVA IRLANDA (*New Ireland*) Isla del arch. de Bismarck, en Papua-Nueva Guinea; 9 600 km², 65 700 hab. Cap., Kavieng. Montañosa y selvática. Copra.

NUEVA JERSEY (*New Jersey*) Est. del NE de EE UU; 20 169 km², 7 730 000 hab. Cap., Trenton. Accidentado al NO por la vertiente marítima de los Apalaches. R. Delaware y Hudson. Agricultura. Ganadería. Petróleo. Ind. química.

NUEVA LOJA Cap. de la prov. ecuat. de Sucumbíos, en el centro de la prov., a orillas del r. Aguarico; 13 165 hab.

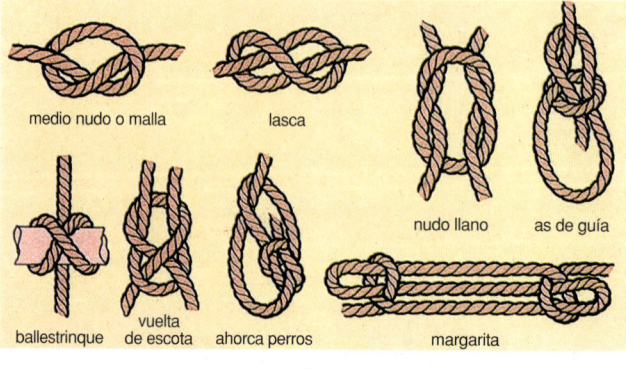
medio nudo o malla   lasca

nudo llano   as de guía

ballestrinque   vuelta de escota   ahorca perros   margarita

Distintos tipos de **nudos** marineros

Nueva York. Vista de Manhattan después del atentado contra las Torres Gemelas del 11 de septiembre de 2001.

NUEVA OCOTEPEQUE C. de Honduras, cap. del dpto. de Ocotepeque; 6 979 hab.

NUEVA ORLEANS (*New Orleans*) C. de EE UU, en el est. de Luisiana; 557 500 hab. Imp. puerto fluvial (exportación de algodón, cereales, soja y petróleo). Ind. textil, alimentaria, metalúrgica; refinerías de petróleo. Fue fundada en 1717-1718. En 2005 la c. quedó bajo las aguas tras el paso del huracán *Katrina*.

NUEVA SAN SALVADOR o **SANTA TECLA** C. de El Salvador, cap. del dpto. de La Libertad; 116 600 hab.

NUEVA SEGOVIA Dpto. del N de Nic.; 3 491,28 km², 172 940 hab. Cap., Ocotal. Región montañosa avenada por el r. Segovia. Ganadería, explotación forestal y minería (oro, cobre, plata). Yacimientos de hierro y canteras de mármol. Agricultura poco desarrollada.

NUEVA SIBERIA (*Novosibir*) Arch. de Rusia en el Ártico, que separa el mar de Laptev y el de Siberia oriental.

NUEVA VIZCAYA Región mex. constituida por los actuales est. de Durango, Chihuahua y parte de Coahuila, durante la dominación española.

NUEVA YORK (*New York*) Est. del NE de EE UU; 127 190 km², 17 990 000 hab. Cap., Albany, c. prales.: Nueva York, Buffalo. Relieve formado por una serie de valles y mesetas. R. Hudson y Mohawk. Sector agropecuario especializado en el abastecimiento de las grandes ciudades. Petróleo, gas natural, cinc; ind. papelera, editorial, curtidos, confección, maquinaria, cemento. ◊ C. de EE UU, sit. en el est. hom. Pral. puerto de intercambio con Europa. Cuenta con 7 071 000 hab., que alcanzan los 12 160 000 en el área metropolitana. En sus 814 km² se asientan cinco *boroughs* (distritos): Manhattan, Wall Street, Brooklyn, Queens, Richmond y Bronx. El área industrial ocupa la fachada occidental de Long Island, la periferia de Manhattan, las orillas del Hudson y la bahía de Newark. Nueva York es el punto más importante de la política económica del mundo capitalista, y desde los últimos años es también el centro mundial del arte. Característicos de Nueva York son sus rascacielos, Empire State Building, Rockfeller Center y la sede de la ONU, en cuya realización intervinieron W. K. Harrison y Le Corbusier. El 11 de sep-

tiembre de 2001 un atentado terrorista derribó las Torres Gemelas.

NUEVA ZELANDA (*New Zealand*) Estado de Oceanía constituido por un arch., sit. en el Pacífico, y separado de Australia por el mar de Tasmania. Está formado por la Isla Norte (*North Island*), por la Isla Sur (*South Island*), separadas por el estr. de Cook, y por un conjunto de pequeñas islas (Stewart y Chatham). Pluviosidad elevada en la Isla Sur, y temperaturas más suaves en la Isla Norte. R. Waikato, en la Isla Norte y el Waitaki en la Isla Sur. Ganadería; explotación forestal; lignito, hulla. Centro ind. Lenguas: ing. (of.), maorí. *Rel.*: protestantismo, catolicismo, judaísmo. U.M.: dólar neozelandés. Cap., Wellington; c. prales.: Auckland, Christchurch, Dunedin.

☐ *Hist.* Habitado desde el s. XIV por pueblos polinesios (maoríes). Descubierto por A . Tasman en 1769. En 1840, Gran Bretaña concertó el tratado de Waitangi con los maoríes. Los excesos de los colonos brit. desencadenaron las guerras maoríes (1843-1848 y 1860-1869). En 1851, colonia de la Corona, y en 1907, *dominion* de la Commonwealth. Nacionalistas y laboristas han ganado tradicionalmente las elecciones. Nueva Zelanda: En las elecciones de 1984 y 1987 ganaron los laboristas, liderados por David Lange. En 1989 se impuso Geoffrey Pal-

mer, a quien un año después sucedió James Bolger (refrendado en 1993). En 1997 Jenny Shipley fue designada primera ministra, relevada en 1999 por Helen Clark (reelegida en 2002).

NUEVA ZEMBLA (*Novaia Zemlia*) Arch. de Rusia, en el océano Ártico, entre el mar de Barents y el de Kara; 82 600 km².

NUEVAS HÉBRIDAS ⇨ Vanuatu.

NUEVE adj. Ocho y uno. ◊ Noveno, ordinal. ◊ m. Signo o cifra con que se representa el número nueve.

NUEVO, VA adj. Recién hecho o fabricado. ◊ Que se ve o se oye por primera vez. ◊ Repetido o reiterado para renovarlo. ◊ Distinto o diferente de lo aprendido antes. ◊ Que sobreviene o se añade a una cosa anterior. ◊ fig. En oposición a viejo, díc. de lo que está poco o nada usado.

NUEVO LAREDO C. de México, en el est. de Tamaulipas, sit. en la frontera con EE UU; 217 912 hab. Aduana. Centro comercial e ind.

NUEVO LEÓN Est. del NE de México; 64 555 km², 3 834 141 hab. Cap., Monterrey; c. prales.: Guadalupe y Montemorelos. En el relieve se distin-

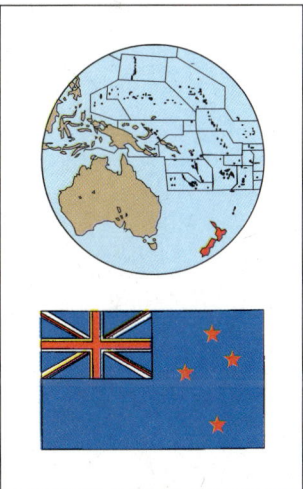

Mapa de situación y bandera de **Nueva Zelanda**

Nueva Zelanda. Estrecho de Milford en la Isla Sur

NUEVA ZELANDA

Superficie	270 534 km²
Población	3 460 000 hab. (13 hab./km²)

Recursos económicos

Acero	765 000 t
Cabaña ovina	57 000 000 cabezas
Carbón	2 200 000 t
Cebada	440 000 t
Cerveza	3 890 000 hl
Energía eléctrica	30 158 000 000 kwh
Neumáticos	1 389 000 unidades
Oro	4 963 kg
Pesca	565 440 t
Riqueza forestal	11 998 000 m³
Trigo	176 000 t

Indicadores sociológicos

PNB	41 626 millones de dólares
Renta per cápita	12 140 dólares
Esperanza de vida	77 años
Alfabetismo	100 %

Nuevo México. Vista de Albuquerque

guen dos regiones, la sierra Madre Oriental en la parte occidental, y al E la planicie Tamaulipeca. R. Salado y San Juan. Naranjas, maíz, papa, vid, productos hortícolas; ganado vacuno (Sierra Madre); plomo, hierro, cinc; ind. siderúrgica, metalúrgica, mecánica, química, textil, del calzado, alimentaria. Luis de Carvajal conquistó el terr. (1582), al que llamó reino de Nuevo León.

NUEVO MÉXICO (*New Mexico*) Est. del SO de EE UU; 314 925 km², 1 515 000 hab. Cap., Santa Fe; c. prales.: Albuquerque, Las Cruces, Roswell. El N y O están accidentados por las montañas Rocosas, y la parte oriental está ocupada por el Llano Estacado. Avenado por el Grande. Algodón, heno, trigo, sorgo, cacahuete, remolacha azucarera; ganadería; uranio, petróleo, gas natural, potasio, cobre, cinc; ind. maderera, alimentaria, artes gráficas, refino de petróleo.

Nuez moscada. Mirística (árbol) con sus hojas, frutos y semillas

NUEVO MUNDO Pico de los Andes bol. (6 020 m), en la cordillera Real u Oriental.
NUEVO MUNDO Nombre dado por los esp. al continente amer.
NUEVO SANTANDER Nombre que se dio al terr. mex. correspondiente al actual estado de Tamaulipas, tras su colonización iniciada en 1746.
NUEVO Testamento Nombre general de la colección de escritos de la Biblia, posterior al advenimiento de Jesucristo.
NUEVO TOLEDO Nombre que se dio al territorio chileno concedido a Almagro (1534), al S de Nueva Castilla.
NUEZ f. Fruto del nogal. Drupa ovoi-

de, cuyo endocarpio duro, pardusco y rugoso, encierra la semilla desprovista de albumen, oleaginosa y comestible. ◊ Prominencia que forma el cartílago tiroides en la parte anterior del cuello del varón adulto. ◊ **moscada.** Semilla de la mirística, de forma ovoide, que se emplea como condimento y para extraer su aceite.
NULIDAD f. Vicio que disminuye o anula la estimación de una cosa. ◊ Incapacidad, ineptitud.
NULÍPARA adj. y f. Díc. de la mujer que no ha dado a luz ningún hijo.
NULO, LA adj. Falto de valor y fuerza para obligar o tener efecto, por ser contrario a las leyes o defectuoso en la forma. ◊ Incapaz, física o moralmente, para una cosa. ◊ Ninguno, ni uno solo.
NUMANCIA Ant. c. de España, junto a la actual Soria. Habitada por celtíberos. Resistió a los rom. durante 20 años. Destruida por Escipión Emiliano.
NUMEA (*Nouméa*) C. y cap. de Nueva Caledonia, en la costa SO de la isla; 60 100 hab.
NUMEN m. Cualquiera de los dioses fabulosos adorados por los gentiles. ◊ Inspiración.
NUMERABLE adj. *Mat.* Díc. de un conjunto que puede ponerse en correspondencia biunívoca (biyectiva) con el conjunto de los núm. naturales.
NUMERACIÓN f. Arte de expresar, de palabra o por escrito, todos los núm. con una cantidad limitada de vocablos y de caracteres o guarismos. ◊ **arábiga** o **decimal.** Sistema hoy casi universal, que, con el valor absoluto y la posición relativa de los diez signos introducidos por los ár. en Europa, puede expresar cualquier cantidad. ◊ **romana.** La que usaban los romanos y que expresa los núm. por medio de siete letras del alfabeto latino (I, V, X, L, C, D, M), un símb. multiplicador (x) que se coloca encima de la letra o grupo de letras que se desea hacer mil veces mayor, y un conjunto de reglas para evitar la multiplicidad de escritura para un mismo número.
NUMERADOR adj. y m. *Mat.* En una fracción, díc. del término que se halla sobre la raya de quebrado.
NUMERAR tr. Contar según el orden creciente de los núm. naturales. ◊ Marcar con números.
NUMERARIO, RIA adj. Que es del núm. o perteneciente a él. ◊ adj. y s. Díc. del individuo que forma parte con carácter fijo del núm. de los que componen determinada corporación. ◊ m. Moneda acuñada o dinero efectivo.
NÚMERO m. *Mat.* Expresión de la cantidad computada con relación a una unidad. ◊ *Gram.* Accidente gramatical que expresa si las palabras se refieren a una sola persona o cosa o a más de una. ◊ **atómico.** *Quím.* Núm. de cargas elementales positivas del núcleo de un átomo. ◊ **complejo.** El que es adición de uno imaginario y uno real. ◊ **cuántico.** *Fís.* Cada uno de los que sirven para determinar la órbita de un electrón en el átomo. ◊ **entero.** El que consta exclusivamente de una o más unidades completas, y puede ser positivo o negativo. ◊ **fraccionario.** Núm. quebrado. ◊ **imaginario.** El que es representado por la raíz de índice par de un

Ruinas de **Numancia**

n. negativo. ◊ **natural.** El entero positivo. ◊ **quebrado.** El que expresa una o varias partes alícuotas de la unidad. ◊ **racional.** El que puede expresarse en forma fraccionaria. ◊ **real.** El que es límite común de dos sucesiones monótonas convergentes. ◊ **N. congruentes.** Díc. del par de núm. enteros que divididos por un núm. natural, llamado módulo, dan restos iguales. ❑ NUMERAL; NUMÉRICO, CA.
NÚMEROS, *Libro de los* El cuarto de los cinco libros de que consta el Pentateuco.
NUMEROSO, SA adj. Que incluye gran núm. o muchedumbre de cosas. ◊ Armonioso, que tiene proporción.
NUMIDIA Ant. región del N de África cuyos límites correspondían aproximadamente a los de la actual Argelia. Primero reino independiente, fue convertida en prov. romana tras la victoria de César en Tapso (46 a. C.).
NUMISMÁTICA f. Ciencia que trata del conocimiento de las monedas y medallas, pralm. de las antiguas. ❑ NUMISMÁTICO, CA.
NUNCA adv. tiempo. En ningún tiempo. ◊ Ninguna vez.
NUNCIATURA f. Cargo o dignidad de nuncio. ◊ Casa en que vive el nuncio.
NUNCIO m. Representante diplomático del papa que ejerce, además, como legado, ciertas facultades pontificias. ◊ fig. Anuncio o señal.
NUNES, *Pedro* (h. 1492-1577) Matemático y cosmógrafo port. Se le atribuye la invención del nonio.

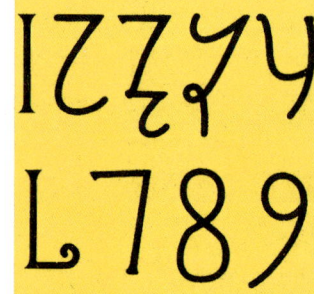

Sistema de **numeración arábiga** o **decimal**

Torre de una antigua fortificación
en **Nuremberg**

NÚÑEZ, José (s. XIX) Político nic. Presid. de Nicaragua en 1838, independizó al país de las Provincias Unidas de Centroamérica. ◊ **Rafael** (1825-1894). Político y escritor col. Presid. de la rep. en cuatro ocasiones. Autor de la letra del himno nacional. ◊ **Cabeza de Vaca, Álvar** ⇨ Cabeza de Vaca, Álvar Núñez. ◊ **De Arce, Gaspar** (1834-1903) Político y escritor esp. *El haz de leña* (drama histórico), *Gritos de combate*, *La última lamentación de lord Byron*. ◊ **De Balboa, Vasco** ⇨ Balboa, Vasco Núñez de. ◊ **De Cáceres, José** (1772-1846) Político dom. En 1921 proclamó la indep. de la parte occidental de la colonia esp. de la Dominicana, a la que denominó Haití español. ◊ **De Pineda y Bascuñán, Francisco** (1607-1682) Político y escritor chil. Gobernador de Valdivia. *Cautiverio feliz y razón de las guerras dilatadas de Chile*. ◊ **Vela, Blasco** (m. 1546) Primer virrey de Perú. Trató de aplicar las leyes de protección a los indígenas. Su política le enemistó con G. Pizarro,

quien le derrotó y dio muerte en la batalla de Ayaquito.
NUÑO m. *Chile*. Planta de raíces fibrosas y flores rosadas.
NUPCIALIDAD f. Índice de nupcias o matrimonios, que se obtiene dividiendo el núm. anual de matrimonios por el núm. de habitantes de una población.
NUPCIAS f. pl. Boda. ❑ NUPCIAL.
NURÉIEV, Rudolf (1938-1993) Bailarín sov., nacionalizado brit. Autor de coreografías. *Tancredo y Clorinda, Romeo y Julieta, Manfred*.
NUREMBERG (*Nürnberg*) C. de Alemania, en Baviera; 468 300 hab. Centro comercial e industrial. ◊ **Proceso de N.** El celebrado en 1945-1946, en N., ante un tribunal internacional, contra el partido nazi, bajo la acusación de crímenes de guerra.
NURSE (voz ing.) f. Niñera.
NUTACIÓN f. Mov. observado en un cuerpo giroscópico, que es la resultante entre el mov. de precesión y un mov. oscilatorio armónico según el eje de rotación.
NUTRIA f. Mamífero carnívoro, de pelaje denso y suave. Vive en las aguas dulces de Europa, donde se alimenta de peces.

Nutria

Julius **Nyerere**

NUTRICIÓN f. *Biol*. Conjunto de reacciones físicas y químicas que, a partir de los alimentos ingeridos tienden a suministrar la energía necesaria para los organismos, así como a proporcionar las moléculas básicas para su organización plástica.
NUTRIDO, DA adj. fig. Lleno, abundante.
NUTRIR tr. y prnl. Proporcionar alimentos a un organismo vivo. ◊ tr. fig. Aumentar o dar nuevas fuerzas en cualquier línea, pero especialmente en lo moral. ❑ NUTRIMIENTO; NUTRITIVO, VA.
NY f. Decimotercera letra del alfabeto gr., que corresponde a la *ene* española.
NYASSA Lago de África oriental. ⇨ Malawi.
NYERERE, Julius (1921-1999) Político tanzanio. Tras la indep. de Tanganica, fue presid. de la rep. (1962), cargo que también ocupó al formarse el Est. de Tanzania, hasta 1985.

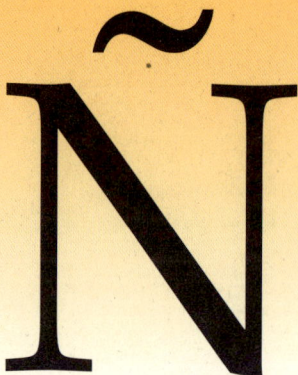

Ñ

Ñ f. Decimoquinta letra del abecedario esp., y duodécima de sus consonantes. Su nombre es *eñe*.

ÑACANINA f. *Argent.* y *Par.* Ofidio grande y muy venenoso.

ÑÁCARA f. *Amér. Centr.* Úlcera, llaga.

ÑACURUTÚ m. *Amér.* Ave nocturna, especie de lechuza, de color amarillento y gris, y pico corvo.

ÑAMBAR m. *Amér. Centr.* Árbol de madera muy apreciada.

ÑAME m. Planta rizocárpica, originaria de la India, que se cultiva por sus tubérculos farináceos y comestibles, conocidos como batatas de China. ◊ Raíz de esta planta. ◊ Aje, planta.

ÑANDÚ m. *Amér. Merid.* Ave corredora semejante al avestruz africano, aunque de menor tamaño.

ÑANDUBAY m. Árbol mimosáceo americano, de madera rojiza, muy dura e incorruptible.

ÑANDUTÍ m. *Amér. Merid.* Tejido muy fino que hacían pralm. las mujeres del Paraguay.

ÑANGÁ adj. y f. *Amér. Centr.* Tierra pantanosa, fango. ◊ **Echar ñ.** *Amér. Centr.* Morder.

ÑANJO m. *Amér. Centr.* Planta que produce un grano usado como sustitutivo del café.

ÑÁÑIGO, GA adj. y s. *Cuba.* Individuo de una sociedad secreta negra, en época de la dominación esp.

ÑAÑO, ÑA adj. *Col.* Consentido, mimado. ◊ *Ecuad.* y *Perú.* Unido por amistad íntima. ◊ m. *Argent.* y *Chile.* Hermano mayor. ◊ f. *Argent.* y *Chile.* Hermana mayor. ◊ *Amér. Centr.* Excremento.

ÑAPA (voz quechua) f. *Col.* y *P. Rico.* Añadidura, yapa.

ÑAPANGO, GA adj. *Col.* Mestizo, mulato.

ÑAPINDÁ m. *R. de la Plata.* Mimosácea, especie de acacia espinosa, con flores amarillas.

ÑAPO m. *Chile.* Especie de mimbre para tejer.

ÑATO, TA adj. fam. *Amér.* Chato. ◊ *Argent.* Feo. ◊ Felón, perverso. ◊ *Col.* Gangoso. ◊ f. *Amér.* Nariz.

ÑEEMBUCÚ Dpto. del Paraguay, sit. al S del país, entre los r. Paraná y Paraguay; 12 147 km², 83 300 hab. Cap., Pilar. Formado por una llanura aluvial avenada por afl. del Paraguay. Clima tropical. Agricultura y ganadería, pralm. la cría de ganado vacuno.

ÑEQUE adj. *C. Rica.* y *Nic.* Fuerte, vigoroso. ◊ m. *Chile, Ecuad.* y *Perú.* Fuerza, energía.

ÑIQUE m. *Amér. Centr.* Puñetazo, puñalada. ◊ *Hond.* En el juego del trompo (peonza), golpe que se da a un trompo con la púa de otro.

ÑIQUIÑAQUE m. fam. Sujeto o cosa despreciable.

ÑISÑIL m. *Chile.* Especie de anea con cuyas hojas se tejen canastillos y se cubren ranchos.

ÑOCHA f. *Chile.* Bromeliácea cuyas hojas sirven para hacer sombreros, canastos, etc.

ÑOCLO m. Melindre pequeño hecho de masa de harina, azúcar, manteca de vaca, huevos, vino y anís.

ÑOÑA f. *Chile.* Estiércol.

ÑOÑO, ÑA adj. fam. Díc. de la persona sumamente apocada y de corto ingenio. ◊ Dicho de las cosas, soso, de poca sustancia. ❏ ÑOÑERÍA; ÑOÑEZ.

ÑORBO m. *Ecuad.* y *Perú.* Planta pasiflorácea, de flor pequeña, muy fragante. ◊ Flor de esta planta.

ÑU m. Antílope de África oriental y meridional, semejante a un buey.

ÑUBLE Prov. del centro de Chile, en la región de Biobío; 438 103 hab. Cap., Chillán. Agricultura; Ind. alimentarias.

ÑUTO, TA adj. *Ecuad.* Díc. de lo que está molido o convertido en polvo.

Ñúes en la sabana africana

O f. Decimosexta letra del abecedario esp. y cuarta de sus vocales. ◊ Signo de la proposición particular negativa. ◊ *Quím.* Símb. del oxígeno. ◊ conj. disyuntiva que denota diferencia, separación o alternativa entre dos o más personas, cosas o ideas.

OAHU Isla de las Hawai (EE UU); 1 549 km², 762 800 hab. Cap., Honolulú.

OAKLAND C. y puerto de EE UU, en California; 339 300 hab. Centro industrial.

OASIS m. Sitio con vegetación y a veces con manantiales, que se encuentra aislado en los desiertos arenales de África y Asia. ◊ fig. Tregua.

OAXACA Est. del S de México, junto al Pacífico; 95 364 km², 3 438 765 hab. Cap., Oaxaca de Juárez. C. prales.: Tehuantepec, Ixtepec y Juchitán. Relieve accidentado al N. por la sierra Madre de O. y en la parte meridional por la sierra Madre del Sur (Nudo de Zempoaltépetl (3 396 m). Ríos; Verde, Tehuantepec, Santo Domingo y Trinidad. Tabaco, caña de azúcar, cacao, piña y vainilla. Ganadería. Oro, plata, antimonio. Ind. textil, de transformación de productos agrícolas. ❏ OAXAQUEÑO, ÑA.

OAXACA DE JUÁREZ C. de México, cap. del est. de Oaxaca; 256 130 hab. Centro agrario y minero.

OB u **OBI** Río de Rusia, en Siberia; 5 410 km. Nace en los montes Altái y desemboca en el océano Ártico.

OBALDÍA, *José* (1806-1889) Político col. Presid. provisional (1854-1855).

OBANDO, *José María* (1795-1861) Militar y político col. Presid. de la rep. (1853-1854). Fue derribado por Melo.

OBCECAR tr. y prnl. Cegar, deslumbrar u ofuscar. ❏ OBCECACIÓN.

OBEDECER tr. Cumplir la voluntad de quien manda. ◊ Ceder un animal con docilidad a la dirección que se le da. ◊ fig. Ceder una cosa inanimada al esfuerzo que se hace para cambiar su forma o su estado. ◊ intr. fig. Proceder, dimanar. ❏ OBEDECIMIENTO; OBEDIENTE.

OBEDIENCIA f. Precepto del superior, especialmente en las órdenes regulares. ◊ **ciega.** fig. La que se presta sin examinar los motivos o razones del que manda. ❏ OBEDIENCIAL.

OBELISCO m. Pilar muy alto, de cuatro caras iguales y terminado por una punta piramidal achatada.

Oaxaca. Urna funeraria zapoteca procedente de Monte Albán

OBENQUE m. *Mar.* Cada uno de los cabos gruesos que sujetan la cabeza de un palo o de un mastelero a la mesa de guarnición o a la cofa correspondiente. ❏ OBENCADURA.

OBERHAUSEN C. de Alemania, en Renania Septentrional-Westfalia; 223 300 hab. Ind. química y siderúrgica.

OBERÓN En la tradición nórdica, rey de los elfos y las hadas.

OBERTURA f. *Mús.* Composición instrumental que da principio a una ópera, oratorio u otra obra lírica.

OBESIDAD f. Acumulación de grasa que sobrepasa los requerimientos energéticos del organismo. ❏ OBESO, SA.

OBI ⇒ Ob, río de Rusia.

OBIANG Nguema, *Teodoro* (n. 1946) Militar y político de Guinea Ecuatorial. Presid. desde 1979.

ÓBICE m. Obstáculo, estorbo.

OBISPADO m. Dignidad de obispo. ◊ Territorio o distrito asignado a un obispo para ejercer sus funciones y jurisdicción. ❏ OBISPALÍA; OBISPAR.

OBISPILLO m. Morcilla grande y gruesa que se hace cuando se matan los puercos. ◊ Rabadilla de las aves.

OBISPO m. Prelado superior de una diócesis, a cuyo cargo está la cura espiritual y la dirección y el gobierno eclesiástico de los diocesanos. ❏ OBISPAL.

ÓBITO m. Fallecimiento de una persona.

OBITUARIO m. Libro parroquial donde se anotan las defunciones y los entierros. ◊ *Amér.* Defunción.

OBIUBI m. *Ven.* Mamífero primate de color negro, que duerme de día con la cabeza metida entre las piernas.

OBJECIÓN f. Razón que se propone o dificultad que se presenta en contrario de una opinión o designio, o para impugnar una proposición. ❏ OBJETAR; OBJETABLE.

OBJETIVAR tr. Dar carácter objetivo a una idea o sentimiento. ❏ OBJETIVACIÓN.

OBJETIVISMO m. Objetividad. ◊ Doctrina filosófica según la cual el objeto tiene prioridad sobre el sujeto.

OBJETIVO, VA adj. Relativo al objeto en sí y no a nuestra manera de pensar o de sentir. ◊ Desinteresado, desapasionado. ◊ *Fil.* Díc. de lo que existe realmente, fuera del sujeto que lo conoce. ◊ *Med.* Díc. del síntoma que está al alcance de los sentidos del médico. ◊ m. *Ópt.* Sistema óptico que capta la luz procedente del objeto y la dirige a un ocular o la proyecta sobre una pantalla o una película fotosensible. ◊ Objeto, fin o intento. ◊ *Mil.* Blanco para ejercitarse en el tiro. ❏ OBJETIVAR; OBJETIVIDAD.

OBJETO m. Todo lo que puede ser materia de conocimiento o sensibilidad de parte del sujeto. ◊ Lo que sirve de materia al ejercicio de las facultades mentales. ◊ Fin a que se dirige una acción. ◊ Cosa.

OBJETOR, RA adj. y s. Que objeta. ◊ **de conciencia.** Díc. del individuo que se niega a prestar el servicio militar que se le exige, argumentando impedimentos de carácter ético, religioso, etc.

OBLACIÓN f. Ofrenda y sacrificio que se hace a Dios. ❏ OBLATIVO, VA.

OBLATO, TA m. y f. Religioso de alguna de las congregaciones que se dan a sí mismas el nombre de oblatos u oblatas.

OBLEA f. Hoja muy delgada de masa de harina y agua, cocida en molde, y cuyos trozos servían para pegar sobre o cubiertas de oficios o cartas, o para poner el sello en seco. ◊ Hoja delgada de pan ázimo de la que se sacan las hostias y las formas.

OBLICUIDAD f. Dirección al sesgo, al través, con inclinación. ◊ *Geom.* Inclinación que aparta del ángulo recto la línea o el plano que se considera respecto de otra u otro.

OBLICUO, CUA adj. Sesgado, inclinado al través o desviado de la horizontal. ◊ *Geom.* Díc. del plano o recta que forma con otro u otra un ángulo no recto. ❏ OBLICUAR.

OBLIGACIÓN f. Imposición o exigencia moral que debe regir la voluntad libre. ◊ Documento notarial o privado en que se reconoce una deuda o se promete su pago u otra prestación o entrega. ◊ Título, comúnmente amortizable, al portador y con interés fijo. ◊ Carga, reserva o incumbencia inherentes al estado, a la dignidad o a la condición de una persona. ◊ pl. Familia que cada uno tiene que mantener. ❏ OBLIGACIONISTA.

OBLIGADO, Rafael (1851-1920) Poeta arg. Tradicionalista y romántico. *Santos Vega.*

OBLIGAR tr. Hacer que alguien realice o cumpla una determinada cosa, sirviéndose para ello de la autoridad o de la coacción. ◊ Hacer fuerza en una cosa para conseguir un efecto. ◊ prnl. Comprometerse a cumplir una cosa. ❏ OBLIGADO, DA; OBLIGATORIEDAD; OBLIGATORIO, RIA.

OBLITERAR tr. y prnl. Obstruir o cerrar un conducto o cavidad de un organismo gralte. por la formación de un tejido indiferenciado. ◊ *Amér.* Tachar, borrar. ❏ OBLITERACIÓN; OBLITERADOR, RA.

OBLONGO, GA adj. Más largo que ancho.

OBNUBILAR tr. y prnl. Anublar, oscurecer, ofuscar el pensamiento. ❏ OBNUBILACIÓN.

OBOE m. Instrumento musical de viento, semejante a la dulzaina, de cinco a seis decímetros de largo, con seis agujeros.

ÓBOLO m. Moneda de plata de los ant. griegos. ◊ fig. Cantidad exigua con que se contribuye para un fin determinado.

OBRA f. Cosa hecha o producida por un agente. ◊ Cualquier producción del entendimiento. ◊ Tratándose de libros, volumen o volúmenes que contienen un trabajo completo. ◊ Edificio en construcción. ◊ Medio, virtud o poder. ◊ Labor que tiene que hacer un artesano. ◊ Acción moral, y pralm. la que se encamina al provecho o daño del alma. ◊ **muerta.** *Mar.* Parte del casco de un barco que está por encima de la línea de flotación. ◊ **viva.** *Mar.* Fondo, parte de un buque que va debajo del agua. ❏ OBRADOR, RA; OBRAR.

OBRAJE m. Manufactura. ◊ Lugar donde se labran paños y cosas para el uso común. ◊ *Arg., Bol.* y *Par.* Establecimiento en el que se dedican a la industrialización de la madera y a la explotación de los bosques.

OBREGÓN, Alejandro (1920-1992) Pintor col. Mural del Banco de la República, en Bogotá. ◊ *Álvaro* (1880-1928) Presid. de la rep. (1920-1924). Reelegido presid. en 1928.

OBRERO, RA adj. y s. Que trabaja. ◊ m. y f. Trabajador manual retribuido. ◊ f. Casta estéril de ciertos insectos sociales. ❏ OBRERÍA; OBRERISMO.

OBSCENO, NA adj. Impúdico, ofensivo al pudor, en cuestiones relacionadas con el sexo. ❏ OBSCENIDAD.

OBSEQUIO m. Regalo, dádiva. ◊ Rendimiento, deferencia, afabilidad. ❏ OBSEQUIAR; OBSEQUIOSO, SA.

Obsidiana

OBSERVAR tr. Examinar atentamente. ◊ Guardar y cumplir exactamente lo que se manda y ordena. ◊ Advertir, reparar. ◊ Atisbar. ◊ *Astr.* Contemplar atentamente los astros. ◊ *Meteor.* Estudiar los fenómenos meteorológicos. ❏ OBSERVADOR; OBSERVACIÓN; OBSERVANCIA.

OBSERVATORIO m. Lugar que sirve para hacer observaciones. ◊ Edificio para realizar observaciones astronómicas, meteorológicas, etc.

OBSESIÓN f. *Psic.* Díc. de toda idea, palabra o imagen que se impone a la conciencia a través del automatismo psicológico. ❏ OBSESIONAR; OBSESIVO, VA; OBSESO, SA.

OBSIDIANA f. Roca volcánica de estructura totalmente vítrea, de color negro lustroso, con reflejos metálicos.

OBSOLETO, TA adj. Caído en desuso. ◊ Anticuado, inadecuado a las circunstancias actuales. ❏ OBSOLESCENCIA.

OBSTÁCULO m. Impedimento, embarazo, inconveniente. ❏ OBSTACULIZAR.

OBSTAR intr. Impedir, estorbar. Se usa sólo en frases negativas y en tercera persona. ◊ impers. Oponerse o ser contraria una cosa a otra. ❏ OBSTANTE.

OBSTETRICIA f. Rama de la medicina que trata del embarazo, el parto y el puerperio. ❏ OBSTÉTRICO, CA.

OBSTINARSE prnl. Mantenerse uno en su resolución y tema; porfiar con pertinacia. ❏ OBSTINACIÓN; OBSTINADO, DA.

OBSTRUIR tr. Estorbar el paso, cerrar un conducto o camino. ◊ Impedir una acción. ◊ prnl. Cerrarse o taparse un agujero, grieta, conducto, etc. ❏ OBSTRUCCIÓN; OBSTRUCCIONISTA.

OBTENER tr. Alcanzar, conseguir y lograr una cosa que se merece, solicita o pretende. ❏ OBTENCIÓN.

OBTURAR tr. Tapar o cerrar una abertura o conducto introduciendo o aplicando un cuerpo. ❏ OBTURACIÓN; OBTURADOR.

OBTUSO, SA adj. Romo, sin punta. ◊ fig. Torpe, tardo de comprensión. ◊ Díc. de cualquier ángulo mayor que un recto.

OBÚS m. *Mil.* Pieza de artillería de menor longitud que el cañón.

OBVIO, VIA adj. Que se encuentra o pone ante los ojos. ◊ fig. Muy claro o que no tiene dificultad. ❏ OBVIAR.

OC u **OCCITANO** m. Lengua románica hablada en el S de Francia. Tuvo gran difusión en la Edad Media.

OCA f. *Zool.* Ave anseriforme de plumaje blanco o gris ceniza y pico característico. Del hígado de la o. se obtiene el foiegras. ◊ *Bot.* Planta anual del Perú, de tallo herbáceo, hojas compuestas, flores amarillas y raíz con tubérculos feculentos que se comen cocidos.

OCAMPO, Silvina (1909-1993) Escritora arg. *La furia y otros cuentos, Las invitadas, Poemas escolares.* ◊ **Victoria** (1891-1979) Ensayista arg. Directora de la revista *Sur.* Autora de *Testimonios.*

OCAÑA C. de Colombia, en el dpto. de Norte de Santander; 54 600 hab. Ind. alimentaria, textil.

OCARINA f. Instrumento musical de viento, de forma alargada, con ocho agujeros.

O'CASEY, Sean (1880-1964) Dramaturgo irl. Autor de *El pavo real, Rosas rojas para mí, Canta, gallo perseguido.*

OCASIÓN f. Oportunidad o comodidad de tiempo o lugar, que se ofrece para ejecutar o conseguir una cosa. ◊ Causa o motivo por que se hace o acaece una cosa. ❏ OCASIONAL.

OCASIONALISMO m. Doctrina filosófica que sustituye la noción de causa por la de ocasión.

OCASIONAR tr. Ser causa o motivo para que suceda una cosa. ◊ Mover o excitar. ◊ Poner en riesgo o peligro. ❏ OCASIONADO, DA; OCASIONADOR, RA.

OCASO m. Puesta del Sol o de cualquier astro. ◊ Occidente, punto cardinal. ◊ fig. Decadencia.

OCCAM u **OCKHAM, Guillermo de** (h. 1298-h. 1349) Filósofo franciscano ing., precursor del laicismo y del nominalismo. Cuestionó la atribución de una realidad al mundo de las ideas.

OCCIDENTAL adj. y s. De occidente. ◊ adj. Relativo al occidente. ◊ Díc. del planeta que se pone después de puesto el Sol.

OCCIDENTAL de los Andes Cord. de América del Sur que forma la rama O de los Andes. Se inicia en el desierto de Atacama y se prolonga hasta Colombia. Destaca el pico volcánico Sajama (6 542 m), el Huascarán (6 768 m) y el volcán Chimborazo (6 267 m).

OCCIDENTE m. Punto cardinal del horizonte, por donde se pone el Sol en los días equinocciales. ◊ Lugar de la Tierra que, respecto de otro con el cual se compara, cae hacia donde se pone el Sol. ◊ Conjunto de naciones de la parte occidental de Europa. ❏ OCCIDENTALISMO; OCCIDENTALISTA; OCCIDENTALIZAR.

OCCIPITAL adj. Relativo al occipucio. ◊ **Hueso o.** *Anat.* Hueso impar y medio sit. en la parte posterior e inferior del cráneo, que forma parte de la bóveda y de la base del cráneo.

OCCIPUCIO m. Parte de la cabeza por donde ésta se une con las vértebras del cuello.

OCCITANIA Nombre que se da al conjunto de regiones y comarcas del S de Francia en las que se habla la lengua de oc. ❏ OCCITÁNICO, CA; OCCITANISMO; OCCITANO, NA.

OCDE Siglas de la Organización para la Cooperación y Desarrollo Económico.

OCEANÍA Parte del mundo formada por Australia y un conjunto de arch. que se extienden por el Pacífico. Se divide en cuatro sectores: Australasia (Australia, Nueva Zelanda, Tasmania),

OCEANÍA, ESTADOS Y TERRITORIOS

Estados	Km²	Habitantes	Densidad	Capital
Australia	7 682 300	17 336 000	2	Canberra
Fiji	18 272	738 000	40	Suva
Kiribati	849	73 000	86	Bairiki
Marshall	181	48 000	265	Dalag-Uliga-Darrit
Micronesia, Est. Federados de	707	111 000	157	Palikir
Nauru	21	8 000	380	Yaren
Nueva Zelanda	270 534	3 460 000	13	Wellington
Palau, Rep. de	487	15 000	31	Koror
Papua-Nueva Guinea	462 840	3 772 000	8	Port Moresby
Salomón	28 369	360 000	12	Honiara
Samoa Occidental	2 842	159 000	56	Apia
Tonga	748	97 000	129	Nukualofa
Tuvalu	25	9 000	375	Vaiaku
Vanuatu	12 189	150 000	12	Port Vila
Oceanía indep.	8 480 364	26 336 000	3	
Norfolk	36	2 000	55	Kingston
Macquarie	176	—		
Oceanía australiana	212	2 000	9	
Cook y dependencias	241	21 000	88	Avarua
Niue	259	3 000	11	Alofi
Tokelau	10	2 000	200	
Oceanía neozelandesa	510	26 000	51	
Pitcairn y depend.	37	—		
Oceanía brit.	37	—		
Nueva Caledonia y dependencias	19 058	183 000	9	Noumea
Wallis y Futuna	255	14 000	59	Mata Utu
Polinesia Francesa	4 000	201 000	50	Papeete
Clipperton	2	—		
Oceanía fr.	23 315	398 000	17	
Guam	541	137 000	253	Agaña
Hawai	16 759	1 135 000	68	Honolulú
Marianas Septentrionales	477	43 000	90	Garapan
Midway	5	1 000	200	
Samoa Americana y dependencias	199	48 000	241	Pago Pago
Wake y otras islas	23	1 000	43	
Oceanía norteam.	18 004	1 365 000	75	
Irian Occidental	419 660	1 892 000	4	Jayapura
Oceanía indonesia	419 660	1 892 000	4	
Isla de Pascua y dependencias	180	3 000	17	Hanga Roa
Oceanía chil.	180	3 000	17	
OCEANÍA	8 942 282	30 022 000	3	

Melanesia, Micronesia y Polinesia. Se trata de arcos tectónicos (Nueva Zelanda, Nueva Guinea, Nuevas Hébridas y Marianas), de islas volcánicas (Melanesia y Polinesia), algunas de ellas todavía en actividad (Hawai), o de islas coralinas que forman atolones. Clima tropical, suavizado por los alisios. Las tierras más meridionales presentan un clima templado.
☐ *Geog. econ.* Australia y Nueva Zelanda poseen imp. yacimientos de hierro, oro, plata, plomo y cinc, aunque la actividad pral. reside en el sector primario (trigo, frutales; cabaña ovina y bovina). Ind. de transformación de productos agropecuarios.
☐ *Geog. humana.* Desde finales del s. XIX llegaron gran número de europeos, especialmente brit., y asiáticos (japoneses, indios, chinos, javaneses). Los primeros pobladores fueron los tasmánidos y los austrálidos. Antropológicamente hay cuatro divisiones: melanesios (papúes, pigmeos, melanesios propiamente dichos), polinesios, australianos y malayos.
OCÉANO m. Masa de agua salada que ocupa grandes extensiones de la superficie terrestre. ☐ OCEÁNICO.
☐ *Geog.* Los o. cubren unos 361 millones de km², el 71 % de la superficie de la Tierra, con una profundidad media de 3 730 m. Existe un o. único que se divide en cuatro partes: el Pacífico, que es la mayor (178 millones de km² y una profundidad media de 3 940 m), el Atlántico, el Índico y el Ártico.
OCÉANO *Mit. gr.* Personificación del mar, hijo de Urano (Cielo) y de Gea (Tierra).

OCEANOGRAFÍA f. Ciencia que estudia los océanos en sus diversos aspectos: físico, químico, dinámico y biológico.
OCELO m. *Zool.* Cada ojo simple de los que forman un ojo compuesto de los artrópodos. ◇ Mancha redonda y bicolor en las alas de algunos insectos o en las plumas de ciertas aves. ☐ OCELADO, DA.
OCELOTE m. *Zool.* Mamífero carnívoro americano, de poco más de un metro de largo, pelo suave, brillante y con dibujos de varios matices.
OCELOTL (voz náhuatl) m. Decimocuarto día del mes azteca.
OCHAVÓN, NA adj. *Cuba.* Mestizo de blanco y cuarterona o de cuarterón y blanca.
OCHENTA adj. Ocho veces diez. ◇ Octogésimo, ordinal. ◇ m. Conjunto de signos con que se representa el número ochenta.

Ocelote

OCHO adj. Siete y uno. ◇ Octavo, ordinal. ◇ m. Signo con que se representa el número ocho.
OCHOA, *Severo* (1905-1993) Médico y bioquímico esp. Realizó la síntesis de los ácidos ribonucleico y desoxirribonucleico. Obtuvo el Premio Nobel de Medicina y Fisiología, junto con Arthur Kornberg, en 1959.
OCHOCIENTOS, TAS adj. Ocho veces ciento. ◇ Octingentésimo, ordinal. ◇ m. Conjunto de signos con que se representa el número ochocientos.
OCIO m. Cesación del trabajo, inacción o total omisión de la actividad. ◇ Diversión u ocupación reposada. ☐ OCIAR; OCIOSIDAD; OCIOSO, SA.
OCLUIR tr. y prnl. *Med.* Cerrar un conducto o una abertura con algo que lo obstruya.
OCLUSIÓN f. *Fon.* Fonema que tras ser detenido en su marcha hacia el exterior sale violentamente, produciéndose una breve explosión. ◇ *Meteor.* Superposición de un frente frío y uno cálido. ◇ Propiedad de algunos metales de absorber gases.
OCLUSIVO, VA adj. Relativo a la oclusión. ◇ *Fon.* Díc. del sonido cuyo modo de articulación es la oclusión. ◇ adj. y f. Letra que representa este sonido (*p, t, k*).
O'CONNELL, *Daniel* (1775-1847) Político irl. Sus campañas obligaron al gobierno brit. a suprimir discriminaciones religiosas.
OCOTAL C. de Nicaragua, cap. del dpto. de Nueva Segovia; 10 800 hab.
OCOTE m. *Méx.* Especie de pino muy resinoso, cuya madera se emplea para alumbrar. ☐ OCOTAL.

OCOTEPEQUE Dpto. de Honduras; 1 630 km², 71 432 hab. Cap., Nueva Ocotepeque. Accidentado por las sierras de Merendón y de Celaque. Caña de azúcar, café, arroz y tabaco.

OCOTLÁN Mun. de México, en el est. de Jalisco; 42 800 hab. Sit. junto al lago de Chapala. Centro comercial, industrial y agrícola.

OCÓZOAL m. Serpiente de cascabel de México, de unos 2 m de long.

OCOZOL m. *Bot. Amér.* Árbol de copa grande, hojas pentalobuladas, flores verdosas y fruto capsular.

OCRE m. Nombre de algunas variedades de minerales coloreadas de amarillo a rojo. ◊ adj. y m. Díc. del color amarillo pardusco semejante al de este mineral.

OCTAEDRO m. Poliedro de ocho caras triangulares, doce aristas y seis vértices. ❏ OCTAÉDRICO, CA.

OCTÁGONO, NA adj. y m. Octógono. ❏ OCTAGONAL.

OCTANO m. *Quím.* Hidrocarburo alifático de ocho átomos de carbono. ◊ **Número de o.** Medida del poder antidetonante de las gasolinas. ❏ OCTANAJE.

OCTAVA f. Periodo de ocho días de duración de una fiesta eclesiástica. ◊ Toda combinación métrica de ocho versos. ◊ *Mús.* Serie diatónica en que se incluyen los siete sonidos constitutivos de una escala y la repetición del primero de ellos. ❏ OCTAVAR.

OCTAVILLA f. Octava parte de un pliego de papel. ◊ Volante de propaganda, especialmente política. ◊ Estrofa de ocho versos cortos.

OCTAVIO Nombre de Augusto, antes de ser emperador.

OCTAVO, VA adj. Que sigue inmediatamente en orden al o a lo séptimo. ◊ adj. y s. Díc. de cada una de las ocho partes iguales en que se divide un todo.

OCTETO m. Conjunto formado por ocho elementos como voces o instrumentos.

OCTODO m. *Fís.* Tubo electrónico de vacío formado por un ánodo, un cátodo y seis rejillas.

OCTOGENARIO, RIA adj. y s. Que ha cumplido la edad de ochenta años.

OCTOGÉSIMO, MA adj. Que sigue inmediatamente en orden al o a lo septuagésimo nono. ◊ adj. y s. Díc. de cada una de las 80 partes iguales en que se divide un todo.

OCTÓGONO, NA adj. y m. Díc. del polígono de ocho lados. ❏ OCTOGONAL.

OCTÓPODO, DA adj. Que tiene ocho pies.

OCTOSÍLABO m. Verso que consta de ocho sílabas. ❏ OCTOSILÁBICO, CA.

OCTUBRE m. Octavo mes del calendario rom. y décimo del actual; tiene 31 días.

OCTUBRE, *Revolución de* ❏ Revolución rusa.

ÓCTUPLE u **ÓCTUPLO, PLA** adj. Que contiene ocho veces una cantidad.

OCULAR adj. Perteneciente o relativo a los ojos y a las operaciones que se hacen por medio de ellos. ◊ m. *Ópt.* Sistema óptico que tiene la misión de aumentar el tamaño de las imágenes reales dadas por el objetivo.

OCULISTA com. Médico que se dedica especialmente a las enfermedades de los ojos.

OCULTAR tr. y prnl. Esconder, tapar, encubrir a la vista. ◊ Callar intencionadamente alguna cosa. ❏ OCULTACIÓN; OCULTADOR, RA.

OCULTISMO m. Doctrina que pretende conocer y utilizar todos los secretos y misterios de la naturaleza. ❏ OCULTISTA.

OCULTO, TA adj. Escondido, ignorado, que no se da a conocer ni se deja ver ni sentir.

OCUMO m. *Ven.* Planta arácea, de tallo corto, hojas triangulares, flores amarillas y rizoma casi esférico con mucha fécula. Es comestible.

OCUPAR tr. Tomar posesión, apoderarse de una cosa. ◊ Obtener, gozar un empleo, dignidad. ◊ Llenar un espacio o lugar. ◊ Dar qué hacer o en qué trabajar. ◊ fig. Llamar la atención de uno. ◊ prnl. Emplearse en un trabajo, ejercicio o tarea. ◊ Poner la consideración en un asunto o negocio. ❏ OCUPACIÓN.

Fachada de la basílica de Nuestra Señora de **Ocotlán**

OCURRIR intr. Prevenir, anticiparse o salir al encuentro. ◊ Acaecer, acontecer, suceder una cosa. ◊ tr. y prnl. Venir repentinamente al pensamiento una idea. ❏ OCURRENCIA; OCURRENTE.

ODA f. Composición lírica caracterizada por un lenguaje entusiasta y elevado, y por la gran variedad temática.

ODALISCA f. Esclava dedicada al servicio del harén del sultán.

ODENSE C. y puerto de Dinamarca, en la isla de Fionia; 171 000 hab. Ind. textil y metalúrgica. Astilleros.

ODEÓN m. *Arq.* Teatro o lugar destinado en Grecia para los espectáculos musicales.

ODER (pol. y checo. *Odra*) Río de Europa; 900 km. Nace en Bohemia y desemboca en el golfo de Szczecin.

ODIAR tr. Tener odio.

ODÍN ❏ Wotan.

ODIO m. Antipatía y aversión hacia alguna cosa o persona cuyo mal se desea. ❏ ODIAR; ODIOSIDAD; ODIOSO, SA.

ODISEA f. fig. Viaje largo y en el cual abundan las aventuras.

ODISEO ❏ Ulises.

ODOACRO (h. 434-493) Rey de los hérulos. Invadió el imperio de Occidente, depuso al emperador Rómulo Augús-

tulo y fue proclamado rey de Italia en el año 476.

ODÓMETRO m. Aparato que cuenta los pasos. ◊ Taxímetro.

O'DONNELL, *Leopoldo,* DUQUE DE TETUÁN (1809-1867) Militar y político esp. Fundó la Unión Liberal, con la que llegó al poder (1856, 1856-1863 y 1865).

ODONTOLOGÍA f. *Med.* Estudio de los dientes y del tratamiento de sus dolencias. ❏ ODONTÓLOGO, GA.

ODORANTE adj. Oloroso, fragante. ❏ ODORÍFERO, RA; ODORÍFICO, CA.

ODRA ❏ Oder.

ODRE m. Cuero cosido y empegado por todas partes que sirve para contener líquidos. ◊ fig. y fam. Persona borracha o muy bebedora. ❏ ODRERÍA; ODRERO.

ODRÍA, *Manuel* (1897-1974) Militar y político per. Presid. de la rep. (1948-1956).

ODUBER Quirós, *Daniel* (n. 1921) Político cost. Presid. de 1974-1978.

OÉ, *Kenzaburo* (n. 1935) Escritor jap. Premio Nobel de Literatura 1994. *Una cuestión personal, El juego del siglo.*

OEA Siglas de la Organización de Estados Americanos.

OECE Siglas de la Organización Europea de Cooperación Económica.

OERSTED m. Unidad de medida de intensidad del campo magnético en el sistema CGS.

OERSTED, *Hans Christian* (1777-1851) Físico danés. Descubrió el efecto, que lleva su nombre, que representó el comienzo del electromagnetismo (1819).

OESTE m. Occidente, punto cardinal. ◊ Viento que sopla de esta parte.

OFENDER tr. Hacer daño a uno físicamente, hiriéndole o maltratándole. ◊ Injuriar de palabra o denostar. ◊ Fastidiar, enfadar, molestar. ◊ prnl. Picarse o enfadarse por un dicho o hecho. ❏ OFENDEDOR, RA; OFENDIDO, DA; OFENSIÓN; OFENSOR, RA.

OFENSA f. Acto o palabra que ofende.

OFENSIVO, ´VA adj. Que ofende o puede ofender. ◊ Modo de acción que consiste en atacar al enemigo donde y cuando se considere oportuno, para destruirlo y conquistar sus posiciones.

OFERENTE adj. y s. Que ofrece.

OFERTA f. Promesa que se hace de dar, cumplir o ejecutar una cosa. ◊ Don que se presenta a uno para que lo acepte. ◊ Propuesta para contratar. ◊ Venta de artículos a precios rebajados. ❏ OFERTAR.

OFERTORIO m. Parte de la misa, en la cual ofrece a Dios el sacerdote la hostia y el vino del cáliz. ◊ Antífona que dice el sacerdote antes de ofrecer la hostia y el cáliz.

OFFENBACH, *Jacques* (1819-1880) Compositor fr., de origen al. Autor de numerosas operetas. *La bella Elena, La vida parisiense, Los cuentos de Hoffmann.*

OFFENBACH AM MAIN C. de Alemania, en el est. de Hesse, junto al Rin; 107 400 hab. Ind. de curtidos.

OFFSET (voz ing.) m. Sistema de impresión indirecta. La plancha matriz, gralte. de aluminio, imprime sobre un cilindro revestido de caucho, el cual lo hace a su vez sobre el papel.

OFICIAL adj. Que es de oficio, que procede de la autoridad derivada del Est. ◊ Díc. de lo que está reconocido públicamente por una autoridad. ◊ m. El que se ocupa o trabaja en un oficio. ◊ El que en un oficio manual ha terminado el aprendizaje, pero no es maestro todavía. ◊ Militar que posee un grado o empleo, desde alférez o segundo teniente hasta capitán inclusive. ❑ OFICIALA; OFICIALÍA; OFICIALIZAR.

OFICIALISMO m. *Amér.* Conjunto de gobernantes. ◊ Conjunto de fuerzas políticas que apoyan a un gobierno. ❑ *Amér.* OFICIALISTA.

OFICINA f. Sitio donde se hace, se ordena o trabaja una cosa. ◊ Dpto. donde trabajan los empleados públicos o particulares. ❑ OFICINISTA.

OFICINAL adj. Díc. de las plantas que poseen propiedades medicamentosas. ◊ Díc. del medicamento preparado según las reglas de la farmacopea.

OFICIO m. Ocupación habitual. ◊ Cargo, ministerio. ◊ Profesión de algún arte mecánico. ◊ Función propia de alguna cosa. ◊ Acción o gestión en beneficio o en daño de alguno. ◊ Comunicación escrita referente a los asuntos del servicio público o las dependencias del Est. ◊ Rezo diario a que los eclesiásticos están obligados. ◊ pl. Funciones de iglesia. ◊ **Santo O.** Inquisición, tribunal. ❑ OFICIANTE; OFICIAR.

OFICIOSO, SA adj. Díc. de la persona solícita en cumplir con su deber. ◊ Que se entremete en oficio o negocio que no le incumbe. ◊ En diplomacia, se aplica a la mediación de una tercera potencia que practica diligencias en pro de la armonía entre otras. ❑ OFICIOSIDAD.

OFIDIO adj. y m. *Zool.* Díc. de reptiles sin extremidades, con boca dilatable y cuerpo largo y estrecho revestido de epidermis escamosa.

OFIMÁTICA f. *Comp.* Estudio del conjunto de tecnologías usadas en la oficina automatizada.

OFITA f. Roca compuesta de feldespato, piroxeno y nódulos calizos o cuarzosos.

OFRECER tr. Prometer, obligarse uno a dar, hacer o decir algo. ◊ Presentar y dar voluntariamente una cosa. ◊ prnl. Venirse impensadamente una cosa a la imaginación. ◊ Ocurrir o sobrevenir. ◊ Entregarse voluntariamente a otro para ejecutar alguna cosa. ❑ OFRECIMIENTO.

OFRENDA f. Don que se dedica a Dios o a los santos, para implorar su auxilio, pedir una cosa o cumplir un voto. ◊ P. ext., dádiva o servicio en muestra de gratitud o amor. ❑ OFRENDAR.

OFTALMÍA f. Inflamación de los ojos.

OFTALMOLOGÍA f. Parte de la patología que trata de las enfermedades de los ojos. ❑ OFTÁLMICO; OFTALMOLÓGICO, CA; OFTALMÓLOGO, GA.

OFTALMOSCOPIO m. Instrumento para reconocer las partes interiores del ojo. ❑ OFTALMOSCOPIA.

OFUSCAR tr. y prnl. Deslumbrar, turbar la vista. ◊ tr. Oscurecer y hacer sombra. ◊ tr. y prnl. fig. Trastornar algo la mente. ❑ OFUSCACIÓN; OFUSCAMIENTO.

OGINO-KNAUS, Ley de Ley fisiológica debida a los ginecólogos Kiusaku Ogino y Hermann Knaus, según la cual la mujer sólo es fecundable durante un cierto periodo del ciclo menstrual, desde los tres días anteriores a la ovulación hasta un día después de ella.

O'GORMAN, Juan (1905-1982) Arquitecto y pintor mex. *La conquista del aire.*

OGRO m. Gigante que, según las mi-

tologías de los pueblos del N de Europa, se alimentaba de carne humana.

¡OH! interj. que se usa para manifestar diversos movimientos del ánimo.

O'HIGGINS, Bernardo (1778-1842) Político chil. Proclamó la indep. de Chile (1818); promulgó la constitución de 1818. Tras la sublevación del general Ramón Freire (1822), presentó su dimisión (1823).

OHIO Estado del NE de EE UU; 107 044 km², 10 847 000 hab. Cap., Columbus. C. prales.: Toledo, Cleveland y Cincinnati. Ocupa una llanura. R. Ohio, Allegheny y Monongahela. Maíz, trigo, avena. Ganadería. Carbón, petróleo. Ind. alimentaria, maderera, siderúrgica, mecánica. ◊ Río de EE UU, afl. del Misisipí; 1 580 km. Se forma en Pittsburgh (Pensilvania) por la confluencia del Alleghany y el Monongahela. Desemboca en el Misisipí.

Bernardo **O'Higgins**

OHM u **OHMIO** m. Unidad de resistencia eléctrica. Símb. Ω. 1 Ω es la resistencia existente entre los extremos de un conductor cuando la diferencia de potencial es de un voltio y la intensidad es de un amperio. ❑ ÓHMETRO; ÓHMICO, CA.

OHM, Georg Simon (1787-1854) Fís al. que se ocupó del estudio de fenómenos de la corriente eléctrica. ◊ **Ley de Ohm.** *Electr.* La diferencia de potencial existente entre dos extremos de un conductor atravesado por una corriente eléctrica es igual al producto de la intensidad de ésta por la resistencia entre ambos puntos.

OÍDO m. Sentido que permite percibir los sonidos. ◊ *Zool.* Cada uno de los órganos que sirven para la audición, sit. en los insectos bajo el tegumento del abdomen o de las patas y en los vertebrados a los lados de la cabeza. ◊ Aptitud para percibir y reproducir con exactitud los sonidos musicales. ❑ OÍDA. ◊ *Anat.* y *Fisiol.* En el hombre, el o. comprende: 1) o. externo, con la oreja como órgano receptor; 2) o. medio, cavidad cerrada externamente por la membrana del tímpano; 3) o. interno, constituido por unas cavidades óseas (laberinto óseo) en las que hay amoldadas unas cavidades membranosas (vestíbulo, caracol y canales semicirculares) rellenas de un líquido, la endolinfa, que transmite las vibraciones producidas por el sonido del tímpano a las terminaciones nerviosas del nervio auditivo.

OIDOR, RA adj. y s. Que oye. ◊ m. Ministro togado que en las audiencias del reino oía y sentenciaba las causas y pleitos. ❑ OIDORÍA.

OÍL adj. y s. *Ling.* Díc. de la lengua hablada ant. en Francia al N del Loira. De uno de sus dialectos deriva el actual idioma francés.

OÍR tr. Percibir los sonidos. ◊ Atender los ruegos o avisos de uno. ◊ Hacerse uno cargo, o darse por entendido, de aquello de que le hablan. ◊ *Der.* Admitir la autoridad peticiones, razonamientos o pruebas de las partes antes de resolver.

OIT Siglas de Organización Internacional del Trabajo.

OITA Prefectura de Japón, en Kyushu; 6 338 km², 1 237 000 hab. Cap., la c. hom. (408 500 hab.).

OJAL m. Hendedura ordinariamente reforzada en sus bordes y a propósito para abrochar un botón, una muletilla u otra cosa semejante. ◊ Agujero que atraviesa de parte a parte algunas cosas. ❑ OJALAR; OJALDOR, RA.

¡OJALÁ! interj. con que se denota vivo deseo de que suceda una cosa.

OJEAR tr. Dirigir los ojos y mirar con atención a determinada parte. ◊ Aojar, hacer mal de ojo. ◊ Espantar la caza, acosándola. ❑ OJEADA; OJEADOR; OJEO.

OJEDA, Alonso de (h. 1470-h. 1515) Navegante y conquistador esp. Participó en el segundo viaje de Colón (1493). Vuelto a España, organizó una nueva expedición en 1499 al golfo de Darién.

OJERA f. Mancha lívida, perenne o accidental, alrededor de la base del párpado inferior. Se usa más en pl. ❑ OJEROSO, SA; OJERUDO, DA.

OJERIZA f. Enojo y mala voluntad contra uno.

OJETE m. Abertura pequeña y redonda para meter por ella un cordón o cualquier otra cosa que afiance. ◊ fam. Ano.

OJIVA f. Figura formada por dos arcos de círculo iguales que se cortan en uno de sus extremos y volviendo la concavidad el uno al otro. ◊ *Arq.* Arco que tiene esta figura.

OJIVAL adj. De figura de ojiva. ◊ *Arq.* Aplícase al estilo arquitectónico que dominó en Europa en los tres últimos siglos de la E. Med., caracterizado por el empleo de los arcos y bóvedas ojivales.

OJO m. Órgano de la visión. ◊ Agujero que tiene la aguja para que entre el hilo. ◊ Agujero por donde se mete la llave en la cerradura. ◊ Atención, cuidado o advertencia que se pone en una cosa. ◊ Cada uno de los huecos interiores del pan, el queso y otras cosas esponjosas. ◊ Malla de la red. ◊ fig. Aptitud singular para apreciar rápidamente las circunstancias que concurren en algún caso. ◊ *Art. Gráf.* Grueso en los caracteres tipográficos, que puede ser distinto en los de un mismo cuerpo. ◊ **de buey.** *Bot.* Planta compuesta, de flores amarillas, común en los sembrados. ❑ *Amér.* OJON, NA; OJOSO, SA. ❑ *Anat.* El o. humano comprende el *globo ocular,* cuya pared está formada por una capa fibrosa (esclerótica), en la que se engasta la córnea. Una capa por donde circulan los vasos (coroides), que en su parte anterior forma el iris y los procesos ciliares en los que se inserta el cristalino. Una capa formada por las terminaciones del nervio óptico (reti-

OLIMPIADA

Las modernas olimpiadas
nacieron en 1896, gracias
a Pierre de Coubertin,
convirtiéndose en verdaderos
acontecimientos de masas a
nivel mundial, al atraer a
atletas de casi todos los paises

El número de disciplinas
olímpicas se amplía a medida
que nuevos deportes se
popularizan, aunque en esencia
son las pruebas de atletismo,
en sus diversas variantes
(carreras, saltos, ejercicios),
y los deportes de equipo las
competiciones que despiertan
mayor expectación

na), encargada de recoger las sensaciones luminosas. El interior de o. está ocupado por dos medios transparentes: el humor acuoso, que ocupa el espacio entre la córnea y el iris, y el humor vítreo, sustancia gelatinosa que rellena el resto del globo ocular.

OJOS del Salado, *Cerro* Macizo de los Andes, en la frontera de Chile (Atacama) y Argentina (Catamarca).

OJOTA f. *Amér.* Calzado a manera de sandalia, hecho de cuero o de filamento vegetal.

OJOTSK Mar costero del océano Pacífico, entre la pen. de Kamchatka, las islas Kuriles, la isla de Sajalín y la costa oriental de Siberia.

OKA Río de Rusia, afl. de la orilla derecha del Volga; unos 1 480 km.

OKAPI m. Mamífero rumiante de un metro y medio de alto, patas anteriores más largas que las posteriores, y cuello largo. Vive en África central.

OKAYAMA Prefectura de Japón, en la isla de Honshu; 7 092 km², 1 926 000 hab. Cap., la c. hom. (593 700 hab.).

OKEY (*O.K.,* voz ing.) Término muy usado en América Latina, que expresa conformidad o acuerdo.

OKINAWA Isla de Japón, en el arch. de las Ryu-kyu; 2 263 km². C. pral.: Naha. Arroz, caña de azúcar; explotación forestal; pesca. Prefectura (1 223 000 hab.).

OKLAHOMA Est. del centro O de EE UU; 181 186 km², 3 146 000 hab. Cap., Oklahoma City. Llanuras, accidentadas al O por los montes Wichita. Avenada por afl. del Misisipí: el Arkansas y el Red. Trigo, algodón. Ganadería. Petróleo, gas natural, carbón. Ind. harinera, láctea, textil, refino de petróleo.

OKLAHOMA CITY C. de EE UU, cap. del estado de Oklahoma; 447 700 hab. Refinerías de petróleo. Ind. mecánica.

OKUPA com. fam. (grafía informal de *ocupa*) Persona que vive de forma ilegal en una vivienda deshabitada.

OLA f. Onda de gran amplitud que se forma en la superficie de las aguas. ◊ Fenómeno atmosférico que produce variación repentina en la temperatura de un lugar. ◊ fig. Movimiento impetuoso de la gente apiñada, oleada.

OLANCHO Dpto. de Honduras, limítrofe al E con Nicaragua; 23 905 km², 272 772 hab. Cap., Juticalpa. Accidentado por las sierras de la Esperanza, San Pablo y Agalta (Cerro de Culmi, 2 590 m). Ríos Sico, Guayape o Patuca y Coco. Café, tabaco; ganado vacuno.

OLAV I, *Tryggvesson* (h. 964-1000) Rey de Noruega [995-1000]. Inició la implantación del cristianismo en su país. ◊ **V** (1903-1991) Rey de Noruega desde 1957.

OLAVARRÍA C. de Argentina, en la prov. de Buenos Aires, al SO de La Plata; 64 100 hab. Ind. cárnicas y lácteas.

OLAYA Herrera, *Enrique* (1880-1937) Político y periodista col. Presid. de la rep. como candidato liberal (1930-1934).

¡OLÉ! Interj. con que se anima y aplaude.

OLEADA f. Ola grande. ◊ Embate y golpe de la ola. ◊ fig. Movimiento de mucha gente apiñada.

OLEAGINOSO, SA adj. Que contiene aceite o presenta su brillo. ❏ OLEAGINOSIDAD.

OLEAJE m. Sucesión continuada de olas.

OLEAR tr. Dar a un enfermo el sacramento de la extremaunción. ◊ intr. Hacer o producir olas, como el mar.

O'LEARY, Daniel Florencio (1810-1854) Militar y diplomático irl. Combatió en América al lado de Bolívar. ◊ *Juan Emilio* (1882-1970) Poeta e historiador par. *El alma de la raza, Historia de la guerra de la Triple Alianza.*

OLÉCRANON m. *Anat.* Parte saliente del codo debida al ensanchamiento del cúbito.

OLEICO, CA adj. Díc. de un ácido graso con 18 átomos de carbono en su molécula. Se emplea en la fabricación de jabones.

OLEÍFERO, RA adj. Díc. de la planta que contiene aceite.

OLEÍNA f. Éster glicérico presente en el aceite de oliva.

ÓLEO m. Aceite de oliva. ◊ P. ant., el que usa la Iglesia en las ceremonias religiosas. Más usado en pl. ◊ Acción de olear. ◊ **Santo ó.** El de la extremaunción. ❏ OLEÍCOLA; OLEICULTURA.

OLEODUCTO m. Conducto formado por tubos de acero, destinado a conducir el petróleo bruto desgasificado desde los campos de extracción hasta las refinerías o los puertos de embarque.

OLEOGRAFÍA f. Procedimiento de impresión que utiliza colores disueltos en aceite.

OLEORRESINA f. Producto líquido, o casi líquido, formado por resinas disueltas en aceites volátiles, y procedente de diversas plantas.

OLEOSO, SA adj. Aceitoso. ❏ OLEOSIDAD.

OLER tr. Percibir los olores. ◊ intr. Exhalar y echar de sí fragancia o hedor. ◊ fig. Parecerse o tener señas y visos de una cosa, por lo regular mala. ❏ OLFACCIÓN.

ÓLEUM m. *Quím.* Llamado también ácido sulfúrico fumante, es una solución de anhídrido sulfúrico en ácido sulfúrico concentrado.

OLFATO m. *Zool.* Sentido con que los seres animados perciben los olores. Los órganos del o. suelen residir, en los vertebrados, en la membrana pituitaria, y en los invertebrados gralte. en las antenas, palpos, etc. ◊ fig. Sagacidad para descubrir o entender lo que está disimulado o encubierto. ◊ ❏ OLFATEAR; OLFATIVO, VA; OLFATORIO, RIA.

OLIFANTE m. Cuerno de marfil que figuraba entre los arreos militares de los caballeros medievales. Particularmente, el cuerno de Roldán.

OLIGARQUÍA f. Gobierno de pocos. ◊ Forma de gobierno en la cual el poder supremo lo ejerce un reducido número de personas pertenecientes a una misma clase social. ❏ OLIGARCA; OLIGÁRQUICO, CA.

OLIGISTO m. Óxido de hierro de color gris negruzco o pardo rojizo, muy duro y pesado, de textura compacta. ◊ **rojo.** Hematites, mineral.

OLIGOCENO adj. y m. *Geol.* Díc. del tercer periodo de la era terciaria. Se desarrolló la pral. fase de plegamiento de la orogenia alpina, y aparecieron los grupos que conforman la fauna actual.

OLIGOELEMENTO m. *Biol.* Todo elemento químico que es indispensable, en pequeñísimas cantidades, para el crecimiento y el ciclo reproductivo de las plantas y los animales.

OLIGOFRENIA f. *Med.* Deficiencia mental. ❏ OLIGOFRÉNICO, CA.

OLIGOPOLIO m. *Econ.* Forma de

mercado caracterizada por la presencia de un pequeño número de oferentes.

OLIMPIA Ant. c. del Peloponeso, en la Élide, célebre por su santuario de Zeus. Cada cuatro años se celebraban en ella las olimpiadas. ❑ OLÍMPICO CA.

OLIMPÍADA u **OLIMPIADA** f. Fiesta religiosa o juego en honor de Zeus que se celebraba cada cuatro años en la ant. ciudad gr. de Olimpia. ❑ OLÍMPICO CA.

❑ *Hist.* Los primeros juegos, celebrados en Olimpia el 776 a. C., comprendían tan sólo una prueba de carrera. Post., se aumentó el número de pruebas (carrera pedestre, lucha, pentathlon, carreras de carros y caballos, etc.). Perduraron hasta el 393 d. C. El fr. Pierre de Coubertin promovió los primeros juegos olímpicos modernos, celebrados en Atenas en 1896. A partir de 1924 se celebran unas olimpiadas de invierno, destinadas a los deportes de nieve y hielo.

Figuras **olmecas** procedentes de La Venta (Museo de Antropología, Ciudad de México)

OLIMPO Monte de Grecia, en Tesalia, al O del golfo de Salónica; 2 917 m, la mayor alt. de Grecia. ◇ *Mit. gr.* Morada de los dioses. ❑ OLÍMPICO CA.

OLINDA C. de Brasil, en el est. de Pernambuco; 308 000 hab. Centro agrícola e industrial.

OLINGO m. *Hond.* Mono aullador.

OLISQUEAR tr. Oler una cosa. ◇ fig. Husmear, curiosear.

OLIVA f. Olivo, árbol. ◇ Aceituna. ◇ Lechuza. ❑ OLIVÁCEO, A; OLIVAR; OLIVERO, RA.

OLIVARES, *Gaspar de Guzmán y Pimentel,* llamado CONDE DUQUE DE (1587-1654) Político esp. Valido de Felipe IV. Intervino en la guerra de los Treinta Años. Proyectó la centralización administrativa y la unificación institucional de los reinos esp. Ante esta política se levantaron Cataluña y Portugal, precipitando su caída.

OLIVEIRA SALAZAR, *Antonio* ⇨ Salazar.

OLIVIER, *Laurence Kerr,* SIR (1907-1989) Actor y director de teatro y cine brit. Especializado en Shakespeare; *Enrique V, Hamlet* y *Ricardo III.*

OLIVINO m. *Miner.* Silicato de hierro y magnesio de color verde oliva y brillo vítreo.

OLIVO m. Árbol de tronco corto, grueso y torcido, copa ancha y hojas persis-

tentes. Es muy cultivado en la zona mediterránea para extraer del fruto, la aceituna, el aceite común. ◇ Madera de este árbol. ❑ OLIVARERO, RA; OLIVERO, RA; OLIVÍCOLA; OLIVICULTOR, RA; OLIVICULTURA.

OLLA f. Vasija redonda de barro o metal con una o dos asas. ◇ Vianda preparada con carne, tocino, legumbres y hortalizas. ◇ *Amér.* Cocido. ◇ **a presión.** La que dispone de cierre hermético y utiliza vapor a presión para cocer los alimentos. ❑ OLLERO, RA; OLLERÍA.

OLLAR m. Cada uno de los orificios de la nariz de las caballerías.

OLLÍN (voz náhuatl) m. Octavo día del mes azteca.

OLMECA m. pl. Ant. cultura mex. (1500 a 100 a. C.) cuyos restos se extienden por la zona del Golfo, desde el S. de Veracruz hasta el istmo de Tehuantepec y la pen. del Yucatán.

❑ *Hist.* Los o. desarrollaron la escultura monumental en piedra y el trabajo en jade, serpentina y otras piedras duras. Las estelas, sarcófagos y altares muestran igual refinamiento.

OLMEDO, *José Joaquín* (1780-1847) Patriota y poeta ecuat. *La victoria de Junín.*

OLMO m. Árbol de tronco robusto y derecho, copa ancha, hojas elípticas, flores blancorrojizas y de excelente madera. ❑ OLMEDO; OLMEDA.

OLÓGRAFO, FA adj. y m. Díc. del testamento o memoria testamentaria de puño y letra del testador. ◇ adj. Autógrafo.

OLOPOPO m. *C. Rica.* Especie de mochuelo de gran tamaño.

OLOR m. Impresión que los efluvios de los cuerpos producen en el olfato. ◇ fig. Lo que causa o motiva una sospecha en cosa que está oculta o por suceder. ❑ OLORIZAR; OLOROSO, SA.

OLP Siglas de la Organización para la Liberación de Palestina.

OLSZTYN C. del NE de Polonia; 144 100 hab. Centro industrial.

OLVIDAR tr. y prnl. Dejar de tener en la memoria lo que se tenía o debía tener. ◇ Dejar de tener en el afecto o afición a alguien o algo. ◇ No tener en cuenta algo. ❑ OLVIDADIZO, ZA; OLVIDADO, DA; OLVIDO.

OLYMPIA C. de EE UU, cap del est. de Washington; 33 800 hab.

OM Río de Rusia, en Siberia occidental, afl. del Irtish; 770 km.

OMAGUA adj. y s. Díc. del individuo perteneciente a una tribu de indios del Perú.

OMAHA C. de EE UU, en el est. de Nebraska; 311 700 hab. Sit. a orillas del Misuri. Mercado de cereales y ganado.

OMÁN, *Golfo de* Golfo del océano Índico, entre las costas de Irán y la península de Arabia.

OMÁN (*Saltana Oman*) Estado sit. en el extremo SE de Arabia, junto al mar Arábigo y el golfo de Omán. Constituido por una llanura litoral, una cadena montañosa, el Jebel al-Akhdar (alt. máx., Jebel Sham, 3 017 m) y una meseta interior. Clima cálido. Agrios, dátiles, tabaco; pesca; cría de ovinos, caprinos, camellos; la pral. riqueza es el petróleo. Monarquía. Grupos étnicos o nacionales: ár. (mayoría), indostanos, persas. *Rel.:* islamismo. Lengua: ár. U.M.: rial. Cap., Mascate; c. prales.: Sur, Nizwa.

❑ *Hist.* A mediados del s. VII fue colo-

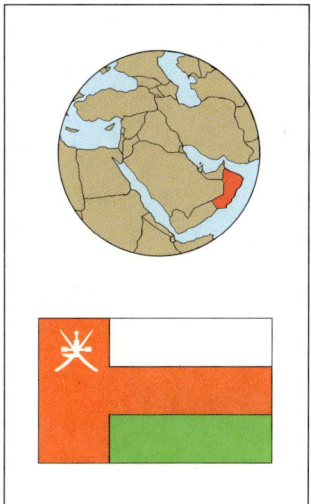

Mapa de situación y bandera de **Omán**

cado bajo la administración del califa de Bagdad. Desde 1508 hasta 1650 los port. dominaron Mascate y Ormuz. En los ss. XVII y XVIII la influencia de los sultanes de Mascate y Omán se extendió a las costas de África oriental. En el s. XIX los brit. establecieron un protectorado. Indep. desde 1951.

OMBLIGO m. Cicatriz redonda y arrugada que se forma en medio del vientre después de romperse y secarse el cordón umbilical. ◇ fig. Medio o centro de cualquier cosa. ❑ OMBLIGUERO.

OMBÚ m. *Amér. Merid.* Árbol con la corteza gruesa y blanda, y flores en racimos.

OMBUDSMAN m. Funcionario a cuyo cargo corre la comprobación de las quejas y demandas de los ciudadanos contra los organismos públicos y sus funcionarios.

OMÁN

Superficie	212 457 km²
Población	1 559 000 hab. (7 hab./km²)
Recursos económicos	
Agrios	27 000 t
Cabaña bovina	138 000 cabezas
Cabaña caprina	725 000 cabezas
Cabaña ovina	280 000 cabezas
Dátiles	125 000 t
Energía eléctrica	5 345 000 000 kwh
Pesca	120 239 t
Petróleo	34 018 000 t
Indicadores sociológicos	
PNB	8 787 millones de dólares
Renta per cápita	8 000 dólares
Esperanza de vida	69 años
Alfabetismo	70 %

OMDURMAN C. de Sudán, sit. en la orilla izquierda del Nilo; 526 000 hab. Mercado de marfil. Tejidos de algodón.

OMEGA f. Última letra del alfabeto gr., equivalente a la o larga. ◇ fig. Final de una cosa.

OMETÉOTL Según los nahuas, dios creador.

OMENTO m. *Anat*. Tejido que une el estómago y los intestinos con las paredes intestinales. ❑ OMENTAL.

OMEYA adj. y s. Díc. de individuos de una dinastía ár. constituida por los descendientes de Umayya (ss. VII-VIII).

OMICRON f. Letra del alfabeto gr., correspondiente a una o breve.

OMINOSO, SA adj. Azaroso, de mal agüero. ◊ Abominable. ❑ OMINAR.

OMISIÓN f. Abstención de hacer o decir. ◊ Falta por haber dejado de hacer algo necesario en la ejecución de una cosa o por no haberla ejecutado. ◊ Flojedad o descuido del que está encargado de un asunto. ❑ OMISO, SA; OMITIR.

ÓMNIBUS m. Vehículo, coche de gran capacidad, que sirve para transportar personas.

OMNÍMODO, DA adj. Que lo abraza y comprende todo.

OMNIPOTENCIA f. Poder omnímodo, atributo únicamente de Dios. ◊ fig. Poder muy grande. ❑ OMNIPOTENTE.

OMNIPRESENCIA f. Ubicuidad. ❑ OMNIPRESENTE.

OMNISCIENCIA f. Conocimiento de todas las cosas reales y posibles. Es una cualidad atribuida a Dios. ◊ fig. Conocimiento de muchas ciencias o materias. ❑ OMNISAPIENTE; OMNISCIENTE.

OMNÍVORO, RA adj. y m. *Zool*. Díc. del animal que se alimenta de toda clase de sustancias orgánicas.

OMÓPLATO u **OMOPLATO** m. *Anat*. Cada uno de los dos huesos anchos, casi planos y sit. a uno y otro lado de la espalda, donde se articulan los húmeros y las clavículas.

OMS Siglas de la Organización Mundial de la Salud.

OMSK C. y puerto de la rep. de Rusia, en Siberia; 1 108 000 hab. Centro comercial e industrial.

ONA adj. y s. Díc. de individuos de un pueblo indígena de la familia patagona, que habitaba en la Tierra del Fuego. En la actualidad está extinguido.

ONAGRO m. Asno salvaje o silvestre.

ONANISMO m. Práctica del coito interrumpido antes de la eyaculación del semen, para evitar la fecundación. La palabra deriva del personaje bíblico Onán. ◊ Impropiamente, masturbación.

ONCE adj. Diez y uno. ◊ Undécimo, ordinal. ◊ m. Conjunto de signos con que se representa el núm. once. ❑ ONCEAVO, VA u ONZAVO, VA.

ONCOLOGÍA f. *Med*. Parte de la medicina, que trata de los tumores. ❑ ONCÓLOGO, GA; ONCÓTICO, CA.

ONDA f. Perturbación que se propaga desde un punto de un medio a otros del mismo medio. ◊ Cada una de las curvas, a manera de eses, que se forman natural o artificialmente en algunas cosas flexibles; como el pelo, las telas, etc. ◊ **electromagnética**. Perturbación vibratoria producida por la variación simultánea de los campos eléctrico y magnético. ◊ **estacionaria**. Resultado de la superposición de dos o. coincidentes en amplitud y frecuencia, que se propagan en sentidos opuestos. ◊ **hertziana**. O. electromagnética utilizada en radiodifusión. ◊ **Longitud de o.** Distancia entre dos puntos del mismo estado de fase de una o. ❑ ONDÁMETRO u ONDÍMETRO.

ONDEAR intr. Hacer ondas el agua impelida del aire. ◊ fig. Formar ondas los dobleces que se hacen en una cosa. ❑ ONDEADO, DA; ONDEO; ONDOSO, SA.

ONDINA f. En la mitología nórdica, ninfa que vive en las aguas.

ONDULACIÓN f. Movimiento que se propaga en un fluido o en un medio elástico sin traslación permanente de sus moléculas. ◊ Formación en ondas de una cosa.

ONDULAR intr. Moverse una cosa formando giros en figura de eses como las banderas agitadas por el viento. ◊ tr. Hacer ondas en el pelo. ❑ ONDULADO, DA; ONDULATORIO, RIA.

ONEGA Lago del NO de Rusia, sit. en su mayor parte en Carelia; 9 610 km². ◊ Río de Rusia, 416 km. Nace en el lago Lacha y desemboca en la bahía de Onega.

O'NEILL, *Eugene Gladstone* (1888-1953) Dramaturgo norteam. *Anna Christie, Emperador Jones, Deseo bajo los olmos*. Premio Nobel de Literatura (1936).

ONEROSO, SA adj. Pesado, molesto o gravoso. ◊ *Der*. Que incluye conmutación de prestaciones recíprocas.

ONETTI, *Juan Carlos* (1909-1994) Novelista ur. *Tierra de nadie, Para esta noche, El astillero, Juntacadáveres, Dejemos hablar al viento*. Premio Cervantes 1980.

ONGANÍA, *Juan Carlos* (1914-1995) General y político arg. Presid. de la junta militar entre 1966 y 1970.

ÓNICE f. *Miner*. Variedad de ágata, con franjas circulares concéntricas de diversas tonalidades. Se emplea en joyería.

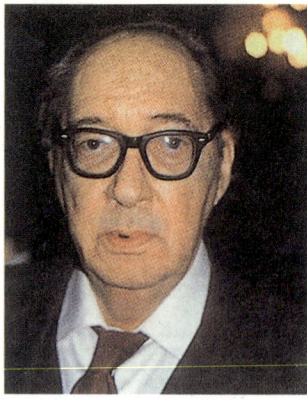

Juan Carlos **Onetti**

ONÍRICO, CA adj. Relativo a los sueños. ❑ ONIROMANCIA.

ONIRISMO m. Actividad mental delirante, parecida al sueño, pero producida en estado consciente.

ONOMASIOLOGÍA f. Rama de la lingüística que se ocupa de determinar los significantes que corresponden a un significado dado. ❑ ONOMASIOLÓGICO, CA.

ONOMÁSTICO, CA adj. Relativo a los nombres y especialmente a los propios. ◊ f. Ciencia que trata de la catalogación y estudio de los nombres propios.

ONOMATOPEYA f. Imitación del sonido de una cosa en el vocablo que se forma para significarla. ◊ Vocablo que imita el sonido de la cosa nombrada con él.

ONÓN Río de Mongolia y Rusia; 953 km. Nace en los montes Jentei, en Mongolia.

ONOQUILES f. Planta borraginácea de cuya raíz se extrae una tintura roja usada en confitería y perfumería.

ONSAGER, *Lars* (1903-1976) Químico nor. nacionalizado norteam. Consiguió separar el uranio-235 y el uranio-238, para producir la bomba atómica. Premio Nobel de Química en 1968.

ONTARIO Prov. del centro de Canadá; 1 068 580 km²; 10 085 400 hab. Cap., Toronto; c. prales.: Ottawa. Extensa llanura, tiene abundantes lagos y ríos. Agricultura y ganadería vacuna; riqueza forestal. Níquel, cobre, hierro, oro, uranio. Ind. siderúrgica, conservera, papelera, mecánica, textil, refino de petróleo. ◊ El menor de los Grandes Lagos de América del Norte; 18 941 km².

ONTOGÉNESIS f. *Biol*. Conjunto de los fenómenos de desarrollo y diferenciación del individuo a partir del huevo fecundado. ❑ ONTOGÉNICO, CA.

ONTOLOGÍA f. Parte de la filosofía que estudia el ser en cuanto tal, en toda su generalidad y abstracción. ❑ ONTOLÓGICO, CA; ONTÓLOGO, GA.

ONU Siglas de la Organización de las Naciones Unidas.

ONUBENSE adj. y s. De la ant. Ónuba, hoy Huelva.

ONZA f. *Zool*. Mamífero carnívoro de los desiertos de Asia, domesticable. ◊ Unidad de peso equivalente a 28,7 g, y es un dieciseisavo de la libra. ◊ Diversas monedas antiguas.

OÑA, *Pedro de* (1570-h. 1643) Poeta chil. *Arauco domado*.

OOCITO m. *Biol*. Célula germinal femenina que da lugar al óvulo.

OOGÉNESIS f. *Biol*. Conjunto de los procesos de formación de los óvulos en las gónadas femeninas.

OOGONIO m. *Biol*. Órgano reproductor sexual de las plantas superiores.

OOLITO m. *Geol*. Roca calcárea, a veces ferruginosa, compuesta de granitos semejantes a los huevos de pescado. ❑ OOLÍTICO, CA.

OOSFERA f. *Biol*. Gameto femenino de los vegetales, gralte. de tamaño mucho mayor que el gameto masculino.

OOTECA f. *Zool*. Cápsula en la que algunos animales depositan sus huevos para protegerlos.

OPACO, CA adj. Que impide el paso de la luz, a diferencia de diáfano. ◊ Oscuro, sombrío. ◊ fig. Triste, melancólico. ❑ OPACAR; OPACIDAD.

OPALESCENCIA f. Fenómeno luminoso, caracterizado por un reflejo unicolor lechoso, debido a la reflexión de las ondas luminosas sobre los estratos de diferente densidad del ópalo noble. ❑ OPALESCENTE.

ÓPALO m. *Miner*. Óxido silícico hidratado, amorfo o microcristalino; incoloro, blanco o con muy diversas coloraciones; brillo de vítreo a céreo; transparente o traslúcido. ❑ OPALINO, NA.

OP-ART (abrev. del ing. *optical art*) m. Movimiento artístico surgido en EE UU h. 1960, fundamentado en ilusiones ópticas e impresiones plásticas del movimiento.

OPCIÓN f. Libertad o facultad de elegir. ◊ La elección misma. ◊ Derecho que se tiene a un oficio, dignidad, etc. ◊ *Der.* Convenio en que, bajo condiciones, se deja al arbitrio de una de las partes ejercitar un derecho o adquirir una cosa. ❏ OPCIONAL.

OPEP Siglas de Organización de Países Exportadores de Petróleo.

ÓPERA f. *Mús.* Representación teatral cantada, con acompañamiento orquestal, que reúne el canto, la música instrumental, la decoración escénica, las artes plásticas y la danza. ◊ Poema dramático; letra de la ó. ◊ Música de la ó. ◊ Género formado por estas obras. ❏ OPERISTA; OPERÍSTICO, CA.

Cápsula de adormidera de la que se extrae el **opio**

OPERACIÓN f. Ejecución de una cosa. ◊ *Econ.* Negociación o contrato sobre valores o mercaderías. ◊ *Mat.* Procedimiento que se aplica a varias entidades matemáticas para obtener otra u otras de igual o distinta naturaleza. ◊ *Cir.* Intervención practicada sobre un cuerpo vivo con fines terapéuticos, por medios instrumentales. ❏ OPERACIONAL.

OPERADOR, RA adj. y s. Telegrafista. ◊ *Cir.* Que opera. ◊ *Cin.* Técnico encargado de la parte fotográfica del rodaje. ◊ *Mat.* Símbolo que representa una operación.

OPERAR tr. y prnl. Realizar, llevar a cabo algo. ◊ tr. *Cir.* Ejecutar sobre el cuerpo vivo, con ayuda de instrumentos adecuados, diversos actos curativos. ◊ intr. Producir las cosas el efecto para que se destinan. ◊ Obrar, trabajar. ◊ Negociar, especular. ◊ *Mil.* Llevar a cabo acciones de guerra. ◊ Realizar operaciones matemáticas. ❏ OPERABLE; OPERATIVO, VA; OPERATORIO, RIA.

OPERARIO, RIA m. y f. Obrero o bien trabajador manual.

OPÉRCULO m. *Biol.* Pieza que, a modo de tapadera, sirve para cerrar ciertas aberturas de animales y plantas. ❏ OPERCULADO, DA; OPERCULAR.

OPERETA f. Género teatral ligero en el que alternan las canciones con los fragmentos hablados.

OPHIUCHUS *Astr.* Constelación próxima al ecuador celeste. Su nombre cast. es Ofiuco.

OPINAR intr. Formar o tener opinión. ◊ Expresarla de palabra o por escrito. ❏ OPINABLE.

OPINIÓN f. Concepto o parecer que se forma de una cosa cuestionable. ◊ Fama o concepto en que se tiene a una persona o cosa. ◊ **pública.** Estimación en que coincide la generalidad de las personas acerca de asuntos determinados.

OPIO m. Resultado de la desecación del jugo que se hace fluir por incisiones de las cabezas de adormideras verdes. Los alcaloides del o. más importantes son: la morfina, la codeína, la tebaína, la narcotina, la papaverina y la narceína. ◊ **Guerra del** Lucha entre Inglaterra y China (1839-1842), por la oposición ch. al comercio del opio por los ing. Finalizó con el tratado de Nankín. ❏ OPIÁCEO, A; OPIADO, DA; OPIOMANÍA; OPIÓMANO, NA.

OPÍPARO, RA adj. Díc. del banquete o la comida copiosa y espléndida.

OPOLE C. de Polonia, sit. junto al r. Oder; 124 000 hab. Centro industrial.

OPONER tr. y prnl. Utilizar una cosa contra otra para estorbar o impedir su efecto. ◊ tr. Proponer alguna razón o cualquier objeción a lo que otro dice o siente. ◊ prnl. Ser una cosa contraria a otra. ◊ Estar una cosa sit. o colocada enfrente de otra. ❏ OPONENTE; OPONIBLE.

OPOPÓNACO u **OPOPÓNAX** m. Gomorresina rozija por fuera y amarilla por dentro que se saca de la pánace y otras umbelíferas similares.

OPORTO m. Vino licoroso que se cosecha en el valle del Duero, en el distrito port. de Oporto.

OPORTO (*Porto*) C. de Portugal, cap. del distrito hom.; 330 200 hab. Centro industrial y pesquero.

OPORTUNO, NA adj. Que se hace o sucede en tiempo a propósito y cuando conviene. ◊ Díc. también del que es ocurrente y pronto en la conversación. ❏ OPORTUNIDAD; OPORTUNISMO.

OPOSICIÓN f. Disposición de algunas cosas, de modo que estén unas enfrente de otras. ◊ Contrariedad de una cosa respecto a otra. ◊ Concurso de los pretendientes a una cátedra, prebenda u otro empleo o destino. ◊ Contradicción o resistencia a lo que uno hace o dice. ◊ Minoría en los cuerpos legislativos que impugna habitualmente los actos y las doctrinas del gobierno. ◊ *Astr.* Situación de un planeta cuando su ascensión recta supera en 180° a la del Sol. ❏ OPOSICIONISTA; OPOSITAR; OPOSITOR, RA.

OPOSUM m. Mamífero marsupial, de América del N, de patas cortas y cola prensil.

OPPENHEIMER, Robert (1904-1967) Físico nuclear norteam. Desde 1942 dirigió el laboratorio de Los Álamos, donde se construyó la primera bomba atómica. En 1954 fue suspendido en sus cargos por su oposición a la fabricación de la bomba de hidrógeno.

OPRIMIR tr. Ejercer presión sobre una cosa. ◊ fig. Someter por la violencia a una persona o grupo social. ❏ OPRESIÓN; OPRESIVO, VA; OPRESOR, RA.

OPROBIAR tr. Vilipendiar, infamar.

OPROBIO m. Ignominia, afrenta, deshonra.

OPSONINA f. *Fisiol.* Anticuerpo presente en el suero sanguíneo.

OPTAR tr. Entrar en la dignidad, empleo u otra cosa a que se tiene derecho. ◊ tr. e intr. Escoger una cosa entre varias. ❏ OPTATIVO, VA.

ÓPTICA f. Rama de la física que estudia los fenómenos relativos a la visión y a la propagación de la luz y, en general, los originados por radiaciones electromagnéticas, aunque no sean visibles. ◊ **física.** Parte de la ó. que estudia la naturaleza ondulatoria de la luz.

ÓPTICO, CA adj. Relativo a la óptica. ◊ *Anat.* En los vertebrados, díc. del segundo par de nervios cerebrales. ◊ m. y f. Comerciante o especialista en objetos de óptica.

OPTIMISMO m. Propensión a ver y juzgar las cosas en su aspecto más favorable. ❏ OPTIMISTA.

ÓPTIMO, MA adj. sup. de bueno. Sumamente bueno; que no puede ser mejor. ◊ m. *Mat.* Valor máximo o mínimo de una expresión. ❏ OPTIMAR; OPTIMACIÓN.

OPTÓMETRO m. Instrumento usado en oftalmología para medir la agudeza visual. ❏ OPTOMETRÍA.

OPUESTO, TA adj. Enemigo o contrario. ◊ *Bot.* Díc. de las hojas enfrentadas e insertadas en un mismo nudo del tallo.

OPULENCIA f. Abundancia, riqueza y sobra de bienes. ◊ fig. Sobreabundancia de cualquier otra cosa. ❏ OPULENTO, TA.

OPUS Dei Prelatura personal de la Iglesia Católica, fundada el 2 de octubre de 1928, en Madrid, por el beato José María Escrivá de Balaguer. ❏ OPUSDEÍSTA.

OPÚSCULO m. Obra científica o literaria de poca extensión.

OQUEDAD f. Espacio que en un cuerpo sólido queda vacío, natural o artificialmente. ◊ fig. Insustancialidad de lo que se habla o escribe.

Oposum

ORA Conj. distrib., aféresis de ahora.

ORACIÓN f. Discurso o exposición sobre un tema que hace un orador. ◊ Elevación de la mente a Dios para alabarle o pedirle mercedes. ◊ *Gram.* Unidad funcional del discurso, simple, autónoma y cerrada en sí misma. ❏ ORACIONAL.

❏ *Gram.* Tradicionalmente la o. se define como la «unión de palabras que representan un sentido completo». Se distingue entre *o. simple* y *o. compuesta*. La primera es la que tiene un sujeto y un predicado; la segunda consta de más de un sujeto y predicado.

ORÁCULO m. *Mit.* Contestación de las pitonisas y sacerdotes a las consultas que se hacían a los dioses. ◊ Lugar, estatua o simulacro que representaba la deidad cuyas respuestas se pedían. ◊ fig. Persona a quien todos escuchan con respeto y veneración.

ORADEA (húngaro, *Nagy Varad*; al., *Grosswardein*) C. de Rumania; 206 200 hab. Siderurgia, metalurgia.

ORAL adj. Perteneciente o relativo a la boca. ◊ Expresado con la boca o con la palabra.

ORÁN (*Onahran*) C. y puerto de Argelia; 419 900 hab. Sit. en la costa del Mediterráneo. Centro comercial e industrial.

ORANGE Río de África meridional; 2 091 km. Nace en los montes Drakensberg, en Lesotho; desemboca en el Atlántico.

Ordoño II hace entrega de su testamento al arzobispo Oveco (Miniatura del *Libro de los Testamentos*, Archivo de la catedral de Oviedo, España)

ORANGUTÁN m. Mamífero primate que puede alcanzar los 2 m de alt., con cabeza gruesa, cuerpo robusto, piel negra y pelaje espeso y rojizo. Vive en las selvas de Sumatra y Borneo.

ORAR intr. Hablar en público para persuadir y convencer a los oyentes o mover su ánimo. ◊ Hacer oración a Dios, oral o mentalmente. ◊ tr. Rogar, pedir, suplicar. ❑ ORADOR, RA; ORANTE.

ORATORIO, RIA adj. Relativo a la oratoria, a la elocuencia o al orador. ◊ m. Lugar para orar. ◊ *Mús*. Género dramático-religioso, surgido en el s. XVI. ◊ f. *Ret*. Arte de hablar con elocuencia.

ORBE m. Redondez o círculo. ◊ Esfera celeste o terrestre. ◊ Mundo, conjunto de todas las cosas creadas. ❑ ORBÍCOLA.

ORBEGOSO, Luis José (1795-1847) Militar y político per. Presid. de la rep. (1833-1835).

ÓRBITA f. *Anat*. Cuenca del ojo. ◊ *Astr*. Trayectoria seguida por un cuerpo celeste en torno a un centro de atracción. ❑ ORBITAL; ORBITARIO, RIA.

ORCA f. Cetáceo con cabeza redondeada, boca con dientes cónicos, aletas pectorales muy largas; color azul oscuro por el lomo y blanco por el vientre. ❑ ORCO.

ORCADAS (*Orkney*) Arch. brit., al NE de Escocia. Formado por unas 80 islas; 975 km², 19 100 hab. Cap., Kirkwall. Pesca.

ORCADAS DEL SUR Archipiélago de la República Argentina que forma parte de la prov. de Tierra del Fuego, Antártida e Islas del Atlántico Sur: 750 km².

ORCHILLA f. Liquen del cual se extrae el colorante para fabricar el tornasol.

ORDALÍAS f. pl. Pruebas que durante la E. Med. demostraban la culpabilidad o inocencia de los acusados. También llamadas *juicio de Dios*.

ORDEN amb. Colocación de las cosas en el lugar que les corresponde. ◊ Concierto, buena disposición de las cosas entre sí. ◊ Regla o modo que se observa para hacer las cosas. ◊ Serie o sucesión de las cosas. ◊ Sacramento de la Iglesia, por el cual son instituidos los sacerdotes y los ministros del culto. ◊ Instituto religioso aprobado por el Papa y cuyos individuos viven bajo las reglas establecidas por su fundador o por sus reformadores. ◊ *Arq*. Cierta disposición y proporción de los cuerpos prales. que componen un edificio. ◊ *Mat*. Calificación que se da a ciertas curvas o superficies, según el grado de la ecuación que las representa. ◊ *Bot*. y *Zool*. Categoría taxonómica inmediatamente superior a la de familia. ◊ f. Mandato que se debe obedecer, observar y ejecutar. ◊ **público**. Situación y estado de legalidad normal en que las autoridades ejercen sus atribuciones propias y los ciudadanos las respetan y obedecen.

☐ *Arq*. Durante la época gr. y rom. se utilizaron tres ó.: el dórico, el jónico y el corintio. En el *o. dórico* la columna no tiene basa y las estrías del fuste son poco profundas. En el *o. jónico*, el capitel es lo más representativo. El *o. corintio* es una modificación del jónico; el capitel adquiere mayor volumen y se resuelve por medio de tres niveles de hojas de acanto. Su combinación dio lugar a dos nuevos órdenes: el *compuesto* y el *toscano*.

ORDENACIÓN f. Disposición, prevención. ◊ Colocación de las cosas en el lugar que les corresponde. ◊ Parte de la arquitectura, que estudia la capacidad que debe tener cada pieza del edificio, según su destino.

ORDENADO, DA adj. Díc. de la persona que guarda método en sus acciones. ◊ f. *Mat*. En un sistema de coordenadas cartesianas planas, la segunda coordenada.

ORDENADOR, RA adj. y s. Que ordena. ◊ m. Jefe de una ordenación de pagos. ◊ *Ing*. Máquina dedicada al tratamiento total de la información. ◊ *Comp*. ⇨ Computador.

ORDENANZA f. Conjunto de preceptos referentes a una materia. Se usa más en pl. ◊ m. Soldado que está a las órdenes de un oficial o de un jefe para los asuntos del servicio. ◊ Empleado subalterno en ciertas oficinas.

ORDENAR tr. Poner en orden. ◊ Mandar que se haga una cosa. ◊ Dirigir a un fin. ◊ Conferir las órdenes a uno. ◊ prnl. Recibir la tonsura, los grados o las órdenes sagradas. ❑ ORDENAMIENTO; ORDENANTE.

ORDEÑAR tr. Extraer la leche exprimiendo la ubre. ❑ ORDEÑADERO; ORDEÑADOR, RA; ORDEÑO; *Nic*. ORDEÑA.

ORDINAL adj. Perteneciente o relativo al orden. ◊ adj. y m. Número ordinal.

ORDINARIO, RIA adj. Común, corriente. ◊ Plebeyo. ◊ Vulgar. ◊ Que no tiene grado o distinción en su línea.

ORDOÑO I (m. 866) Rey de Asturias [850-866]. Sometió a los vascones insurrectos. Venció a los musulmanes en Clavijo (859). ◊ **II** (m. 924) Rey de Galicia y Lusitania [910-914] y de León [914-924]. Creó el reino asturleonés. Venció a los musulmanes en San Esteban de Gormaz (917) y Osma (920). ◊ **III** (m. 956) Rey de Asturias, León y Galicia [951-956]. Conquistó Lisboa (955).

ORDOVICIENSE adj. y m. Díc. del período de la era primaria comprendido entre el cámbrico y el silúrico. Se caracteriza por el gran desarrollo que alcanzaron diversos grupos de invertebrados.

ORDZHONIKIDZE ⇨ Vladikavkaz.

OREADE f. *Mit. gr*. Cualquiera de las ninfas que vivían en los bosques.

OREAR tr. Dar el viento en una cosa, refrescándola. ◊ prnl. Salir uno a tomar el aire.

ÖREBRO C. de Suecia; 117 600 hab. Sit. a orillas del lago Hjälmaren.

ORÉGANO m. Planta herbácea vivaz cuyas hojas y flores se usan como condimento.

OREGÓN Est. del NO de EE UU; 251 419 km², 2 842 000 hab. Cap., Salem; c. prales.: Portland y Eugene. Montañas Azules, cadena de las Cascadas y cadena de la Costa. R. Columbia, Willamette. Cereales, frutales; explotación forestal; ganadería; pesca; ind. maderera, papelera.

OREJA f. Oído, órgano y sentido de la audición. ◊ Órgano externo del sentido del oído, situado a ambos lados de la cabeza. Comprende el pabellón y, por dentro de la concha, el orificio de entrada al conducto auditivo externo.

OREJANO, NA adj. y s. Díc. de la res que no tiene marca en una oreja o en otra parte del cuerpo. ◊ *Amér*. Díc. del animal arisco y de la persona huraña. ◊ fam. *Ven*. Prevenido, cauto.

OREJERA f. Cada una de las dos piezas de la gorra o montera que cubren las orejas. ◊ Cada una de las dos piezas de acero que tenían ciertos cascos ant. para defender las orejas.

OREJÓN m. Pedazo de melocotón, albaricoque o pera, en forma de cinta, secado al aire y al sol. Se usa más en pl.

OREJUDO, DA adj. Que tiene orejas grandes o largas. ◊ m. *Zool*. Especie de murciélago insectívoro, cuyas orejas son muy grandes.

OREL C. de Rusia, sit. a orillas del río Oka; 328 000 hab. Ind. mecánica.

ORELLANA Prov. de Ecuador, en la Amazonia, limítrofe con Perú. Cap. Francisco de Orellana. Creada en 1998.

ORELLANA, Francisco de (1511-1546) Conquistador esp. Participó con Pizarro en la conquista del Perú. Fue el primer explorador del río Amazonas (1542). ◊ **José María** (1872-1926) Presid. de la rep. (1921-1926). ◊ **Manuel María** (m. 1940) Militar y político guat. Presid. de la rep. (1930-1931).

ORENBURGO C. de Rusia; 519 000 hab. Sit. a orillas del Ural. Centro industrial.

ORENSE ⇨ Ourense.

OREO m. Soplo del aire que da suavemente en una cosa.

ORESTES *Mit. gr.* Hijo de Agamenón y de Clitemnestra, hermano de Electra e Ifigenia. Mató a su madre y al amante de ésta para vengar la muerte de su padre.

ORESUND o **SUND** Estr. del N de Europa, que comunica el mar Báltico con el mar del Norte.

ORFANATO m. Asilo de huérfanos.

ORFANDAD f. Estado de huérfano. ◊ Pensión que disfrutan algunos huérfanos.

ORFEBRERÍA f. Arte de trabajar los metales preciosos. ❑ ORFEBRE.

ORFELINATO m. Orfanato.

ORFEO *Mit. gr.* Rey de Tracia, uno de los Argonautas. Descendió a los infiernos. Se le considera fundador del orfismo. ❑ ÓRFICO, CA.

ORFEÓN m. Sociedad de cantantes en coro, sin instrumentos que los acompañen. ❑ ORFEONISTA.

ORFF, Carl (1895-1982) Compositor al. Su obra constituye un intento de síntesis entre el espectáculo teatral, la danza y la música. *Carmina Burana, Antígona.*

ORFISMO m. Religión de la ant. Grecia, cuya fundación se atribuía a Orfeo. Se caracterizaba por creer en la vida de ultratumba.

ORGANDÍ m. Tela blanca de algodón muy fina y transparente.

ORGANICISMO m. *Med.* Teoría según la cual todas las enfermedades son resultado de la lesión de un órgano. ◊ *Soc.* Teoría según la cual las sociedades son entes semejantes a los organismos vivos (H. Spencer). ❑ ORGANICISTA.

ORGÁNICO, CA adj. Aplícase al cuerpo que está con disposición o aptitud para vivir. ◊ Que tiene armonía y consonancia. ◊ *Biol.* Relativo a los órganos. ◊ *fig.* Díc. de lo que atañe a la constitución de entidades colectivas. ◊ *Med.* Díc. de los síntomas o trastornos patológicos acompañados de lesiones. ◊ *Quím.* Díc. de la sustancia cuyo componente constante es el carbono, en combinación con otros elementos.

ORGANIGRAMA m. Cuadro que expresa gráficamente la organización de una entidad determinada.

ORGANILLO m. Órgano pequeño o piano que se hace sonar por medio de un cilindro con púas movido por un manubrio. ❑ ORGANILLERO, RA.

ORGANISMO m. *Biol.* Conjunto de órganos del cuerpo animal o vegetal. ◊ fig. Conjunto de leyes, usos y costumbres por las que se rige un cuerpo social, y las oficinas, dependencias o empleos que lo forman.

ORGANIZACIÓN f. Disposición de los órganos de la vida, o manera de estar organizado el cuerpo animal o vegetal. ◊ fig. Disposición, arreglo, orden.

ORGANIZACIÓN de Estados Americanos (*OEA*) Organismo supranacional basado en el tratado interamericano de asistencia recíproca, defensa y no agresión de 1948, cuyo objetivo es garantizar la paz y la seguridad del continente, asegurar la defensa común y promover el desarrollo económicosocial de los países miembros. La integran todos los Est. americanos, excepto Cuba. ◊ **de las Naciones Unidas** (*ONU*) Organización internacional que pretende mantener la paz y la seguridad mundiales y promover la cooperación entre las naciones. Integra a to-

dos los Est. soberanos del mundo, (en 2002 se incorporaron Suiza y Timor Oriental), excepto Taiwan, Ciudad del Vaticano. ◊ **de los Países Exportadores de Petróleo** (*OPEP*) Organismo económico internacional creado en 1960. Coordina la política petrolera de Arabia Saudita, Argelia, Emiratos Árabes Unidos, Gabón, Indonesia, Irak, Irán, Kuwait, Libia, Nigeria, Qatar y Venezuela. ◊ **del Tratado del Atlántico Norte** *OTAN* o *NATO* Organismo militar creado por Bélgica, Canadá, Dinamarca, EE UU, Francia, Gran Bretaña, Países Bajos, Islandia, Italia, Luxemburgo, Noruega y Portugal, países firmantes del Pacto Atlántico (1949). Post. se adhirieron Grecia, Turquía, RFA, España, Rep. Checa, Hungría y Polonia. En 2004 ingresaron Bulgaria, Eslovaquia, Eslovenia, Estonia, Letonia, Lituania y Rumania. ◊ **Internacional del Trabajo** (*OIT*) Organismo de las Naciones Unidas, con sede en Ginebra, que se propone mejorar las condiciones de trabajo, elevar el nivel de vida de los trabajadores y estimular la justicia social. Creado en 1919. ◊ **Latinoamericana de Solidaridad** (*OLAS*) Organización creada en 1966, con sede en La Habana, para coordinar los movimientos de izquierda y los partidos revolucionarios de los países latinoamericanos. ◊ **Mundial de la Salud** (*OMS*) Organismo de las Naciones Unidas, con sede en Ginebra, que promueve el desarrollo y la cooperación internacional en cuestiones de sanidad. ◊ **Para la Cooperación y el Desarrollo Económico** (*OCDE*) Organismo internacional creado en 1960 para favorecer la expansión económica. ◊ **Para la Liberación de Palestina** (*OLP*) Organismo militar y político, fundado en 1964, cuyo objeto era conseguir la creación de un Est. palestino.

ORGANIZADO, DA adj. Orgánico. ◊ *Biol.* Díc. de la sustancia que tiene la estructura peculiar de los seres vivientes.

ORGANIZAR tr. Preparar la realización de algo. ◊ tr. y prnl. Disponer algo ordenadamente con miras a un determinado uso. ❑ ORGANIZADOR, RA.

ÓRGANO m. *Biol.* Parte de un organismo pluricelular que constituye una uni-

dad desde el punto de vista funcional y estructural. ◊ *Mús.* Instrumento de viento, con teclado y pedales, en el cual el sonido, producido por un generador de aire comprimido, pone en vibración una serie de tubos que permiten obtener numerosas combinaciones sonoras. ◊ fig. Instrumento, medio de acción o manifestación. ❑ ORGANISTA; ORGANOGÉNESIS; ORGANOGENIA; ORGANOGRAFÍA.

ORGANOLÉPTICO, CA adj. Díc. de las propiedades de los cuerpos que se pueden percibir por los sentidos.

ORGASMO m. Culminación del placer sexual.

ORGÍA f. Fiesta en honor de Baco, reservada a los iniciados y durante la cual se alcanzaba una gran excitación colectiva. ◊ Festín en que se come y bebe inmoderadamente, y se cometen otros excesos. ◊ fig. Satisfacción viciosa de apetitos o pasiones desenfrenados. ❑ ORGIÁSTICO, CA.

ORGULLO m. Arrogancia, vanidad, exceso de estimación propia. ❑ ORGULLOSO, SA.

ORIBE, Emilio (1893-1975) Poeta ur., cultivador de una poesía abstracta. *La transfiguración del cuerpo, Rapsodia bárbara.* ◊ **Manuel** (1796-1857) Héroe de la indep. de Uruguay. Presid. de la rep. (1835-1838).

ORIENTAL adj. y s. De oriente. ◊ De la prov. cubana de Oriente. ◊ Uruguayo. ◊ adj. Relativo al oriente. ◊ Relativo a la ant. provincia de Oriente.

ORIENTAL de los Andes Cord. de América del Sur, el ramal E de los Andes. Se extiende desde Bolivia hasta Venezuela.

ORIENTALISMO m. Conocimiento de la civilización y costumbres de los pueblos orientales. ❑ ORIENTALISTA.

ORIENTAR tr. y prnl. Informar a alguien sobre algo. ◊ fig. Dirigir una persona, cosa o acción hacia un fin determinado. ◊ tr. Colocar una cosa en posición determinada respecto a los puntos cardinales. ◊ Determinar la posición o dirección de una cosa respecto a un punto cardinal. ❑ ORIENTACIÓN.

ORIENTE m. Punto cardinal del horizonte, por donde aparece el Sol en los días equinocciales. ◊ Viento que sopla de la parte de oriente. ◊ **Gran O.** Asamblea central masónica de un país.

Sede de la **Organización de las Naciones Unidas,** en Nueva York

ORIENTE Conjunto de países situados al E de la parte occidental de Europa. Abarca Asia y las regiones de Europa y África inmediatas a ella. ◊ **Próximo O.** Países sit. en Asia occidental, hasta Irán. ◊ **Extremo** o **Lejano O.** Países del extremo oriental de Asia. ◊ **O. Medio** Países asiáticos sit. entre los del Próximo y Lejano O.

ORIFICIO m. Boca o agujero. ◊ *Zool.* Abertura al exterior de ciertos conductos. ❏ ORIFICAR.

ORIFLAMA f. Estandarte de la abadía de San Dionisio, usado como pendón de guerra por los ant. reyes de Francia. ◊ P. ext., cualquier estandarte.

ORIGEN m. Principio, nacimiento, raíz y causa de una cosa. ◊ Patria, país donde uno ha nacido o tuvo principio. ◊ Ascendencia o familia. ◊ fig. Principio, motivo o causa moral de una cosa.

ORÍGENES (h. 185-h. 255) Teólogo y exegeta de la Biblia.

ORIGINAL adj. Perteneciente al origen. ◊ Díc. de la obra producida directamente por su autor sin ser copia, imitación o traducción de otra. ◊ Singular, contrario a lo común. ◊ m. Manuscrito o impreso que se da a la imprenta para que con arreglo a él se haga impresión o reimpresión de una obra. ❏ ORIGINALIDAD.

ORIGINAR tr. Ser instrumento, motivo, principio u origen de una cosa. ◊ prnl. Traer una cosa su principio u origen de otra. ❏ ORIGINARIO, RIA.

ORIHUELA Mun. de España en la prov. de Alicante; 54 390 hab. Hortalizas, agrios, cereales. Ind. textil.

ORILLA f. Término, límite o extremo de la extensión superficial de algunas cosas. ◊ Extremo o remate de una tela o de un vestido. ◊ Límite de la tierra que la separa del mar, lago, río, etc.; faja de tierra que está más inmediata al agua. ◊ pl. *Argent.* y *Méx.* Arrabales.

ORILLAR tr. fig. Concluir, arreglar, ordenar, desenredar un asunto. ◊ intr. y prnl. Arrimarse a las orillas. ◊ Guarnecer la orilla de una tela o ropa.

ORILLERO, RA adj. y s. *Amér.* Arrabalero.

ORILLO m. Orilla de paño.

ORÍN m. Óxido de hierro parcialmente hidratado que recubre la superficie de las piezas de hierro expuestas al aire húmedo o al agua. ◊ Orina.

ORINA f. Líquido excrementicio secretado por los riñones y expelido por la uretra.

ORINAL m. Vaso para recoger la orina.

ORINAR intr. y prnl. Expeler la orina.

ORINOCO Río de América del Sur que recorre Venezuela y Colombia; 2 063 km. Su cuenca es de 880 000 km². Nace en la sierra de Parima. Al desembocar forma un delta de varios brazos.

ORIÓN *Astr.* Constelación que se observa durante el invierno en el ecuador celeste.

ORISSA (*Udisa*) Est. de la India; 155 782 km², 31 512 000 hab. Cap., Bhubaneswar. Arroz, yute, algodón, caña de azúcar. Hierro, manganeso, carbón. Ind. textil, cemento, papelera, aluminio.

ORIUNDO, DA adj. Originario, que tiene cierto origen. ❏ ORIUNDEZ.

ORIZABA C. de México, en el est. de Veracruz, al SE del pico hom.; 113 516 hab. Imp. centro industrial.

Orinoco

ORIZABA o **CITLALTEPETL** Volcán de México, en la cord. Neovolcánica. Es la mayor elevación del país (5 702 m).

ORLA f. Orilla de las telas con algún adorno que la distingue. ◊ Adorno que rodea un retrato, viñeta, cifra, etc. ❏ ORLADURA; ORLAR.

ORLEANS (*Orléans*) C. de Francia, junto al Loira, cap. de la región Centro y del dpto. de Loiret; 204 600 hab. Centro agrícola e industrial.

ORLEANS, Felipe, DUQUE DE (1674-1723) Príncipe fr. Regente durante la minoría de Luis XV.

ORLICH Bolmarcich, Francisco José (1907-1969) Político y militar cost. Presid. en 1962-1966.

ORLÓN m. Fibra textil artificial poliacrílica. Es muy cálida y, al tacto, similar a la lana.

ORMUZ (*Hormuz*) Estrecho que comunica el golfo Pérsico con el de Omán.

ORNAMENTO m. Adorno de una cosa. ◊ fig. Calidades morales del sujeto. ◊ pl. Vestiduras que usan los sacerdotes cuando celebran, y también los adornos del altar. ❏ ORNAMENTAR; ORNAMENTACIÓN; ORNAMENTAL.

ORNAR tr. y prnl. Engalanar con adornos.

ORNATO m. Adorno, atavío, aparato.

ORNITOLOGÍA f. Parte de la zoología que trata de las aves. ❏ ORNITOLÓGICO, CA; ORNITÓLOGO, GA.

ORNITORRINCO m. Mamífero monotrema del tamaño de un conejo, de cabeza casi redonda, cuya boca se asemeja al pico de un pato. Vive en Australia.

ORO m. *Quím.* Elemento químico de símb. Au, n. a. 79, p. a. 197,0. ◊ adj. y m. Color amarillo como el de este metal. ◊ m. Moneda o monedas de oro. ◊ Joyas y otros adornos mujeriles de este metal. ◊ fig. Caudal, riquezas. ◊ Cualquiera de los naipes del palo de oros. ◊ pl. Uno de los cuatro palos de la baraja española.

ORO, El Prov. del SO de Ecuador; 5 988 km², 412 572 hab. Cap., Machala. Se extiende junto al golfo de Guayaquil. Plantaciones de bananas, cacao, café, arroz. Ganadería vacuna. Maderas preciosas (caoba, cedro). Oro en Zaruma y Portovelo.

OROBANCA f. Planta que vive parásita sobre las raíces de algunas leguminosas.

OROGÉNESIS f. Parte de la geología que estudia la formación del relieve terrestre. ◊ *Geol.* Conjunto de procesos mediante los cuales se originan las cordilleras. ❏ OROGENIA; OROGÉNICO.

OROGRAFÍA f. Parte de la geografía física, que trata de la descripción de las montañas. ❏ OROGRÁFICO, CA.

ORONDO, DA adj. Aplícase a las vasijas de mucha concavidad o barriga. ◊ fam. Hueco. ◊ fig. y fam. Lleno de presunción.

ORONTES (*Asi*) Río de Asia Menor; 570 km. Nace en el Antilíbano y desemboca en el Mediterráneo.

OROPEL m. Lámina de latón, muy batida y adelgazada, que imita al oro. ◊ fig. Cosa de poco valor y mucha apariencia.

OROPÉNDOLA f. Ave de plumaje amarillo con alas, cola, pico y patas negras.

OROPESA f. Planta herbácea dicotiledónea, con tallo erguido, flores con cáliz bilabiado y celdas poliníferas.

OROPIMENTE m. *Miner.* Sulfuro de arsénico de color amarillo. Se utiliza como pigmento amarillo y agente reductor.

OROYA, La C. de Perú, en el valle del Mantaro, dpto. de Junín; 45 000 hab. Centro metalúrgico.

Daniel **Ortega**

OROZCO, José Clemente (1883-1949) Pintor mex., uno de los prales. representantes del muralismo vanguardista en su país. Decoración del palacio de Bellas Artes (C. de México) y del anfiteatro de la universidad.

ORQUESTA f. Conjunto instrumental. ◊ Lugar destinado para los músicos, y comprendido entre la escena y las butacas. ◊ **de cámara.** La que se compone de un reducido núm. de instrumentistas. ◊ **sinfónica.** El conjunto más importante; consta de instrumentos de cuerda, viento y percusión.

ORQUIDÁCEO, A adj. y f. *Bot.* Díc. de hierbas angiospermas monocotiledóneas vivaces; como el satirión y la vainilla. ◊ f. pl. *Bot.* Familia de estas plantas.

ORQUÍDEA f. *Bot.* Flor de una planta orquidácea.

ORS, *Eugenio d'* (1882-1954) Escritor y filósofo esp. Usó el seud. periodístico de *Xènius*. *Tres horas en el Museo del Prado, Ciencia de la cultura*.

ORSINI Familia romana güelfa, a la que pertenecieron los papas Celestino III, Nicolás III y Benedicto XIII.

ORSK C. de la rep. de Rusia; 266 000 hab. Refinerías de petróleo.

ORTEGA f. Ave poco mayor que la perdiz, con las alas cortas y el plumaje de color ceniciento rojizo. Su carne es muy estimada.

ORTEGA, *Daniel* (n. 1945) Político de Nicaragua. Con el triunfo sandinista de 1979, fue nombrado miembro de la Junta de Gobierno. Venció en las elecciones de 1984. Fue presid. hasta 1990. ◊ **Y Gasset, *José*** (1883-1955) Filósofo y escritor esp., máximo representante del vitalismo en España. Fundador de la *Revista de Occidente. Meditaciones del Quijote, España invertebrada, La deshumanización del arte, Ideas y creencias, La rebelión de las masas, El espectador*.

ORTICÓN m. Tubo electrónico que en las cámaras de televisión se usa como analizador de imagen. ❏ ORTINOSCOPIO u ORTICONOSCOPIO.

ORTIGA f. Planta de flores verdosas, cuyas hojas, elípticas, aserradas y cubiertas de pelos, segregan un líquido urente. ❏ ORTIGAL; *Amér*. ORTIGAR.

ORTIGUILLA f. *Amér. Centr*. Planta euforbiácea usada contra el dolor de muelas.

ORTIZ, *Adalberto* (1914-2003) Escritor ecuat. Novelas: *Juyungo, El espejo y la ventana*. Poesías: *Tierra, son y tambor*. ◊ ***Roberto María*** (1886-1942) Político arg. Presid. de la rep. (1938-1940) ◊ **Rubio, *Pascual*** (1877-1963) Político mex. Presid. de la rep. (1930-1932).

ORTO m. *Astr*. Salida o aparición de un astro por el horizonte. ◊ *Arg*. Suerte. ❏ ORTIVO, VA.

ORTOCENTRO m. *Geom*. Punto de intersección de las tres alturas de un triángulo.

ORTOCROMÁTICO, CA adj. Díc de las placas y películas fotográficas sensibles a todos los colores, menos al rojo. ❏ ORTOCROMATISMO.

ORTODONCIA f. *Méd*. Rama de la odontología que procura corregir las malformaciones y defectos de la dentadura.

ORTODOXIA f. Rectitud dogmática o conformidad con el dogma católico. ◊ P. ext., conformidad con la doctrina fundamental de cualquiera secta o sistema. ◊ Díc. comúnmente del conjunto de las iglesias cristianas ortodoxas de Europa oriental. ❏ ORTODOXO, XA.

ORTOEDRO m. *Geom*. Prisma cuadrangular cuyas caras y bases son rectángulos, y sus cuatro aristas laterales son perpendiculares a las bases.

ORTOGNATO, TA adj. *Antr*. Díc. de los cráneos que tienen muy abierto el ángulo facial.

ORTOGONAL adj. *Geom*. Perpendicular. ❏ ORTOGONALIDAD.

ORTOGRAFÍA f. Parte de la gramática que enseña a escribir correctamente una lengua. ❏ ORTOGRÁFICO, CA; ORTÓGRAFO, FA.

ORTOLOGÍA f. Arte de pronunciar correctamente. ❏ ORTOLÓGICO, CA; ORTÓLOGO, GA.

ORTOPEDIA f. Arte de corregir o de

evitar las deformaciones del cuerpo humano, por medio de ciertos aparatos o de ejercicios corporales. ❏ ORTOPÉDICO, CA; ORTOPEDISTA.

ORTÓPTERO adj. y m. *Zool*. Díc. de insectos masticadores, con un par de élitros consistentes y otro de alas membranosas plegadas longitudinalmente. ◊ m. pl. *Zool*. Orden de estos insectos.

ORTOSA f. *Miner*. Feldespato gris amarillento, opaco, muy abundante en las rocas hipogénicas.

ORTOSCOPIA f. Visión normal. ◊ Examen del ojo para medir las anomalías en tu refracción.

ORUGA f. *Bot*. Planta herbácea, cuyas hojas se usan como condimento por su sabor picante. ◊ *Zool*. Larva vermiforme de los insectos lepidópteros. ◊ *Mec. apl*. Llanta articulada, a manera de cadena sin fin, que se aplica a las ruedas de algunos vehículos para permitirles avanzar en terrenos accidentados.

ORUJO m. Hollejo de la uva, después de exprimida y sacada toda la sustancia. ◊ Residuo de la aceituna molida y prensada.

ORURO Dpto. de Bolivia, fronterizo con Chile; 53 588 km², 391 780 hab. Cap., la c. hom. Sit. entre las cordilleras Occidental (Nevado de Sajama, 6 542 m) y Oriental de los Andes. Patatas, cereales, alfalfa; cría de ovejas, llamas, alpacas; estaño y salinas. ◊ C. de Bolivia, cap. del dpto. hom.; 215 660 hab.

ORWELL, *George* Seud. de Eric Blair (1903-1950) Ensayista y novelista británico: *Rebelión en la granja, 1984*.

ORZA f. Vasija vidriada de barro, alta y sin asas.

ORZAGA f. Planta con tallos herbáceos, hojas alternas, flores pequeñas, verdosas, y fruto esférico, casi leñoso.

ORZAR intr. *Mar*. Inclinar la proa hacia la parte de donde viene el viento.

ORZUELO m. Inflamación aguda del borde palpebral producida por infección estafilocócica.

Os *Quím*. Símb. del osmio.

OS Dativo y acusativo del pron. de segunda persona en gén. masculino o femenino y núm. pl. En el tratamiento de *vos* hace indistintamente oficio de sing. o plural.

OSA f. Hembra del oso. ◊ Monosacárido.

OSA Mayor *Astr*. Ursa Maior, constelación. ◊ **Menor** *Astr*. Ursa Minor, constelación.

OSAKA Prefectura de Japón, en el S de la isla de Honshu; 1 869 km², 8 735 000 hab. Cap., la c. hom. (2 623 800 hab.). Imp. centro comercial e industrial. Puerto.

OSAMENTA f. Esqueleto del hombre y de los animales. ◊ Los huesos sueltos del esqueleto.

OSAR tr. e intr. Atreverse; emprender alguna cosa con audacia. ❏ OSADO, DA; OSADÍA.

OSARIO m. Lugar destinado en los cementerios para reunir los huesos que se sacan de las sepulturas. ◊ Cualquier lugar donde se hallan enterrados huesos.

OSASCO C. de Brasil, en el est. de São Paulo; 481 000 hab. Centro industrial.

ÓSCAR m. Premio que, desde 1929, concede anualmente la Academia de Artes y Ciencias Cinematográficas de Hollywood a la mejor película, dirección, interpretación, etc.

ÓSCAR II (1829-1907) Rey de Suecia [1872-1907] y Noruega [1872-1905]. Durante su reinado se independizó Noruega (1905).

OSCENSE adj. y s. De Osca, hoy Huesca (España).

OSCILACIÓN eléctrica. f. Fenómeno producido en un circuito eléctrico que consiste en una fluctuación de la carga circulante de tal manera que la energía total asociada permanece constante.

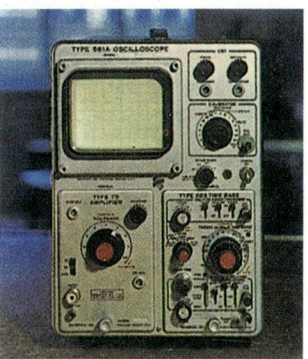

Osciloscopio

OSCILADOR, RA adj. y m. *El., Electr.* y *Mec*. Díc. del dispositivo, aparato o sistema que produce oscilaciones.

OSCILAR intr. Moverse alternativamente un cuerpo a una lado y a otro de su posición de equilibrio. ◊ fig. Crecer y disminuir alternativamente la intensidad de algunas manifestaciones o fenómenos. ◊ fig. Titubear, vacilar. ❏ OSCILATORIO, RIA.

OSCILÓGRAFO m. *El*. Instrumento capaz de registrar las variaciones de una corriente eléctrica (tensión, intensidad) en función del tiempo.

OSCILOSCOPIO m. *Electr*. Instrumento utilizado para medir la variación temporal de la tensión en un punto de un circuito eléctrico.

OSCO, CA adj. y s. Díc. de individuos de un ant. pueblo de Italia central. ◊ adj. Relativo a este pueblo. ◊ m. *Ling*. Lengua indoeuropea perteneciente al grupo itálico.

ÓSCULO m. Beso de afecto. ◊ *Zool*. Orificio pral. de los poríferos.

OSCURANTISMO m. Oposición sistemática a la difusión de la instrucción entre las clases populares. ❏ OSCURANTISTA.

OSCURECER tr. Privar de luz y claridad. ◊ fig. Disminuir la estimación y esplendor de las cosas; deslustrarlas y abatirlas. ◊ Ofuscar la razón. ◊ *Pint*. Dar mucha sombra a una parte de la composición para que otras resalten. ◊ intr. Ir anocheciendo. ◊ prnl. Aplicado al día, a la mañana, al cielo, etc., nublarse. ❏ OSCURECIMIENTO.

OSCURIDAD f. Falta de luz y claridad para percibir las cosas. ◊ Densidad muy sombría; como la de los bosques cerrados. ◊ fig. Falta de claridad en lo escrito o hablado. ◊ Carencia de noticias acerca de un hecho o de sus causas y circunstancias. ❏ OSCURO, RA.

OSEAS El primero de los profetas menores, que vivió en el reino de Israel en el s. VIII a. C.

ÓSEO, A adj. De hueso. ◊ De la naturaleza del hueso.

OSERA f. Guarida del oso.

OSETIA Meridional Prov. de la rep. de Georgia; 3 900 km², 99 000 hab. Cap., Tsjinvalí. Sit. en la vertiente S del Gran Cáucaso. Agricultura; ganado lanar. Prov. autón. de 1922 a 1991, se declaró indep. en 1992. ◊ **Septentrional** Rep. autón. de Rusia, en la vertiente N del Gran Cáucaso; 8 000 km², 634 000 hab. Cap., Vladikavkaz. Agricultura; ganadería; cinc; ind. mecánica, alimentaria. Rep. desde 1936.

OSETO, TA adj. y s. Díc. del individuo de un pueblo musulmán de origen irano-caucásico, que vive en Osetia. ◊ *Ling.* Lengua irania de este pueblo.

OSEZNO m. Cachorro del oso.

OSHOGBO C. del SO de Nigeria; 282 000 hab. Ind. alimentaria.

OSIFICACIÓN f. *Fisiol.* Proceso de formación del tejido óseo por diferenciación progresiva del tejido conectivo blando, a partir de unos centros formados por multitud de células óseas u osteoblastos.

OSIFICARSE prnl. Convertirse en hueso o adquirir la consistencia de tal una materia orgánica.

OSIJEK C. de Croacia, junto al r. Drave; 104 200 hab. Centro agrícola e industrial.

Vista del volcán **Osorno**

OSIRIS En la religión egipcia, el dios más antiguo y pral. del panteón, hijo de Geb y de Nut, hermano de Isis, que también era su esposa.

OSLO C. y puerto de Noruega, cap. de esta nación; 461 127 hab. Sit. en el SE del país, en el fiordo hom. Ind. siderúrgica, metalúrgica, química, textil, papelera; astilleros; refinería de petróleo. Instituto Nobel.

OSMÁN ⇨ Utmán.

OSMIO m. *Quím.* Elemento de símb. Os y n. a. 76. Es un metal de color gris, que se encuentra nativo asociado al platino. Sus aleaciones se emplean en la fabricación de instrumentos de precisión.

ÓSMOSIS f. *Fís.* y *Quím.* Difusión de un líquido a través de una membrana semipermeable que separa dos disoluciones de diferente concentración. ❑ OSMÓTICO, CA.

OSNABRÜCK C. de Alemania en la Baja Sajonia, 153 600 hab. Siderurgia, metalurgia, ind. textil y mecánica.

OSO m. *Zool.* Mamífero plantígrado de gran tamaño, cuerpo pesado y macizo, revestido de abundante pelaje. Son omnívoros y viven en todos los continentes. ◊ **hormiguero.** Cualquiera de las tres especies de mamíferos desdentados que integran la familia mirmecofágidos. ◊ **marino.** Mamífero pinnípedo. ◊ **panda.** Panda. ❑ OSUNO, NA.

OSORIO, Miguel Ángel (1883-1942) Poeta col. *Rosas negras* y *Parábola del retorno.* ◊ **Óscar** (1910-1969) Militar y político salv. Presid. de la rep. (1950-1956).

OSORNO Volcán de Chile en el límite de las prov. de Llanquihue y Osorno; 2 652 m.

OSORNO Prov. del centro-sur de Chile, en la región de Los Lagos; 221 509 hab. Cap., la c. hom. Comprende tres regiones: los Andes y los lagos Rupanco, Puyehue y Llanquihue. Cereales, frutas, lino; ganadería; explotación forestal; turismo. ◊ C. de Chile, cap. de la prov. hom.; 145 475 hab. Sit. junto al Rahue. Centro agropecuario y forestal. Ind. alimentaria.

OSOS, Gran Lago de los (*Great Bear Lake*) Lago del N de Canadá (Territorios del Noroeste); 31 792 km².

OSPINA, Pedro Nel (1858-1927) Militar y político col. Presid. de la rep. (1922-1926). ◊ **Pérez, Mariano** (1891-1976) Político col. Presid. de la rep. (1946-1950). ◊ **Rodríguez, Mariano** (1805-1885) Político col. Presid. de la rep. (1857-1861).

OSSIAN Bardo legendario escocés del s.III, hijo del rey de Morven, Fingal.

OSTENDE (*Oostende*) C. y puerto de Bélgica; 69 300 hab. Astilleros.

OSTENSORIO m. Custodia que se emplea para la exposición del Santísimo.

OSTENTAR tr. Mostrar o hacer patente una cosa. ◊ Hacer gala de grandeza, lucimiento y boato. ❑ OSTENSIBLE; OSTENSIVO, VA; OSTENTACIÓN; OSTENTATIVO, VA; OSTENTOSO, SA.

OSTEOBLASTO m. *Biol.* Célula del tejido óseo cuya función consiste en la producción de las sustancias que componen el hueso.

OSTEOLOGÍA f. Parte de la anatomía que trata de los huesos. ❑ OSTEÓLOGO, GA.

OSTEOMALACIA f. *Pat.* Conjunto de síntomas que se manifiestan en el sistema esquelético, gralte. de las mujeres, como consecuencia de la hipovitaminosis D y de pérdidas renales excesivas de calcio.

OSTEOMIELITIS f. *Pat.* Infección del hueso.

OSTEOPATÍA f. Enfermedad ósea.

OSTEOPLASTIA f. Método quirúrgico de restauración de un hueso mediante fragmentos óseos de otras partes del cuerpo.

OSTIA C. de Italia en el Lacio, junto a la desembocadura del Tíber; En los s. I y II conoció su mayor apogeo. Imp. restos arqueológicos: Plaza de las Corporaciones, foro y teatro.

OSTIA ÖSTERSUND C. de Suecia, cap. de la prov. de Jamtland; 56 400 hab. Centro comercial e industrial.

OSTIACO, CA (ruso, *janti*) adj. y s. Díc. del individuo de un pueblo ugrofinés de Siberia occidental. ◊ m. *Ling.* Lengua ugrofinesa.

OSTIÓN m. *Amér. Centr.* Ostra grande. ◊ *C. Rica* Ostra. ❑ OSTIONAL.

OSTOCHE (voz náhuatl) m. *Amér. Centr.* Especie de tigre pequeño que suele atacar los gallineros.

OSTRA f. Molusco lamelibranquio comestible y muy apreciado. ◊ Concha de la madreperla. ◊ adj. y s. Persona misántropa o de carácter aburrido.

OSTRACISMO m. Destierro político acostumbrado entre los ant. atenienses. ◊ fig. Exclusión voluntaria o forzosa de los oficios públicos.

OSTRAVA C. de la Rep. Checa, cap. de Moravia Septentrional; 325 400 hab.

OSTRERO, RA m. *Zool.* Ave caradriforme con el dorso negro y el vientre blanco.

OSTRICULTURA f. Técnica e ind. de criar ostras. ❑ OSTRÍCOLA; OSTRICULTOR, RA.

OSTROGODO, DA adj. y s. Díc. del individuo de un ant. pueblo germánico, la rama oriental de los godos. A finales del s. V invadieron Italia.

OSTWALD, Wilhelm (1853-1932) Químico y filósofo al. Realizó imp. trabajos sobre electrólitos y fue promotor de la teoría de los colores. Premio Nobel de Química en 1909.

OTALGIA f. *Pat.* Dolor de oídos.

OTAN Siglas de Organización del Tratado del Atlántico Norte.

OTARIO, RIA adj. *Argent.* y *Ur.* Tonto, necio, fácil de embaucar.

OTAYO m. *Ecuad.* Variedad del plátano común.

OTEAR tr. Registrar desde una alt. lo que está abajo. ◊ Escudriñar, mirar con cuidado.

OTEIZA, Jorge de (1908-2003) Escultor esp. Defensor del estatismo y de los valores plásticos puros.

OTERO m. Cerro aislado que domina un llano.

OTERO, Blas de (1916-1979) Poeta esp. *Ángel fieramente humano, Redoble de conciencia, Que trata de España.* ◊ **Silva, Miguel** (1908-1985) Escritor ven. *Fiebre, Casas muertas, Oficina N 1,* y el drama *Romeo y Julieta.*

OTHÓN, Manuel José (1858-1906) Poeta mex. *El himno de los bosques, Idilio salvaje.*

OTITIS f. *Pat.* Inflamación del oído.

OTMÁN ⇨ Utmán.

OTOBA f. *Amér.* Árbol tropical, de fruto parecido a la nuez moscada.

OTOLOGÍA f. Parte de la medicina que estudia la anatomía, la fisiología y la patología del oído. ❑ OTÓLOGO, GA.

Otón II, según una miniatura medieval

OTOMANO, NA adj. y s. Díc. del individuo perteneciente a una tribu turcomana, cuya expansión daría lugar al imperio otomano. ◊ De Turquía. ◊ adj. Relativo a dicha tribu turcomana. ◊ Relativo a Turquía. ◊ f. Sofá otomano, al estilo de los usados por los turcos o los árabes.

OTOMÍ adj. y s. Díc. de individuos de una tribu de indígenas mex., que habita en los est. de Guanajuato, Querétaro y parte de los de Hidalgo y México. Forman la pob. más ant. de México, junto con los olmecas. ◊ m. *Ling.* Lengua de la familia otomangue hablada por los o.

OTÓN Nombre de varios emperadores y reyes:

IMPERIO ROMANO

OTÓN, Marco Salvio (32-69) Emperador rom. Fue derrotado por el pretendiente Vitelio y se suicidó.

SACRO IMPERIO

OTÓN I el Grande (912-973) Rey de Germania [936-973] y de Italia [951-73]. Consiguió Lorena, derrotó a la nobleza, a los húngaros y a los eslavos. ◊ **(955-983) Emp. germánico [973-983]. Rechazó la invasión danesa, y fue derrotado por los sarracenos en Colonna. ◊ III (980-1002) Rey de Germania [983-1002] y emp. germánico [996-1002]. Hijo de Otón II. Impuso al papa Gregorio V. ◊ IV de Brunswick (1175-1218) Emperador germánico [1209-1214]. Al apoderarse de Toscana y Sicilia, se enfrentó al papa Inocencio III.

GRECIA

OTÓN I (1815-1867) Rey de Grecia [1832-1862]. Hijo de Luis I de Baviera. Designado rey por el tratado de Londres (1832). Depuesto por un golpe militar.

OTOÑO m. Estación del año comprendida entre el equinoccio del mismo nombre y el solsticio de invierno. ◊ Época templada del año, que en el hemisferio boreal corresponde a los meses de septiembre, octubre y noviembre, y en el austral a los de marzo, abril y mayo. ◊ Periodo de la vida humana en que ésta declina de la plenitud hacia la vejez. ❑ OTOÑADA; OTOÑAL.

OTORGAR tr. Consentir, condescender o conceder una cosa que se pide o se pregunta. ◊ Hacer merced o gracia de una cosa. ◊ *Der.* Disponer, establecer, ofrecer, estipular o prometer una cosa. ❑ OTORGAMIENTO.

OTORRINOLARINGOLOGÍA f. Parte de la medicina que trata de las enfermedades del oído, nariz y laringe. ❑ OTORRINOLARINGÓLOGO, GA.

OTOSCOPIO m. *Med.* Instrumento con el que se examina el conducto auditivo externo y el tímpano. ❑ OTOSCOPIA.

OTRANTO, Canal de Estr. que comunica el mar Jónico con el Adriático.

OTRO, TRA adj. y s. Aplícase a la persona o cosa distinta de aquella de que se habla. ◊ Se aplica a cualquier persona distinta de la que habla o piensa.

OTRORA adv. tiempo. En otro tiempo.

OTSU C. de Japón, cap. de la prefectura de Shiga, en la isla de Honshu; 260 000 hab.

OTTAWA Cap. de Canadá, en la prov. de Ontario; 920 900 hab. en la agl. urb. Sit. en la confluencia de los ríos Rideau, Gatineau y Ottawa. Ind. derivadas de la explotación forestal, química, textil y de productos alimenticios. ◊ Río del Canadá; 1 100 km. Nace en la prov. de Quebec, atraviesa Ottawa y desemboca en el San Lorenzo.

OTUMBA Pob. de México, en el est. de México; 12 800 hab. Famosa por la victoria de Hernán Cortés sobre las tropas aztecas, después de la «noche triste» (1520).

OUA Siglas de Organización de la Unidad Africana.

OUDH Ant. región de la India. Se extendía desde el S del Himalaya hasta el Ganges. Tras la indep. de la India quedó incorporada al est. de Uttar Pradesh.

OULU C. de Finlandia, cap. del land de Oulun; 96 200 hab. Sit. en la desembocadura del r. Ulea. Industria. Astilleros.

OURENSE *(Orense)* Prov. esp. en la comunidad de Galicia; 7 278 km², 338 446 hab. Cap., la c. hom. Centeno, maíz, patatas, forrajes, vid. Ganadería. Producción hidroeléctrica. Ind. de transformación de productos agropecuarios. ◊ C. de España, cap., de la prov. hom.; 107 510 hab. Ind. alimentaria, maderera, metalúrgica. ❑ ORENSANO, NA.

OUTSIDER (voz ing.) m. Participante en una prueba deportiva al que, aunque no es favorito, se conceden de antemano ciertas probabilidades de vencer.

OVA f. Nombre común a diversas especies de algas. ◊ **de río.** Alga clorofícea filamentosa, de color muy verde. ◊ **marina.** Alga clorofícea con frondes adelgazadas, tubulosas, de color verde, con filamentos más o menos ramificados. ◊ Nombre común a todas las algas caráceas del gén. *Chara.* ❑ OVOSO; SA.

OVACIÓN f. Uno de los triunfos menores que concedían los rom. por alguna victoria poco imp. ◊ fig. Aplauso ruidoso. ❑ OVACIONAR.

OVADO, DA adj. Aplícase al ave tras la fecundación de sus huevos por el macho. ◊ Aovado.

OVALAR tr. Dar a una cosa figura de óvalo. ❑ OVALADO, DA.

OVALLE C. de Chile, en la región de Coquimbo; 98 089 hab. Ind. del calzado.

ÓVALO m. *Geom.* Curva plana, convexa y cerrada, que no se corta a sí misma y cuya tangente varía con continuidad al hacerlo el punto de tangencia sobre la curva. ❑ OVAL.

OVANDO, Nicolás de (h. 1451-1511) Conquistador esp. Introdujo el sistema de repartimientos y encomiendas. ◊ **Candía, Alfredo** (1919-1982) Militar y político bol. Presid. en 1966, dio un golpe de estado en 1969 y fue depuesto en 1970 por el general Miranda.

OVAR intr. Poner huevos, aovar.

OVARIO m. *Bot.* Parte del pistilo de las flores femeninas o hermafroditas. ◊ *Zool.* Glándula sexual de los animales de sexo femenino. ❑ OVÁRICO, CA. ❑ *Zool.* Su función es la formación y maduración de los óvulos, así como la secreción de hormonas sexuales.

OVEJA f. *Zool.* Mamífero rumiante. El macho es el carnero, y la cría, el cordero. ◊ *Amér. Merid.* Llama, animal. ◊ **ne-** gra. fig. Persona que en una familia o colectividad difiere desfavorablemente de los demás. ❑ *Amér Merid.* OVEJERÍA; OVEJERO, RA; OVEJUNO, NA.
❑ *Zool.* La o. salvaje se encuentra en zonas agrestes o esteparias del N de África, S de Europa y centro de Asia. Las razas más comunes son: la merina, suministradora de lana; la Île-de-France, para producción cárnica.

OVERA f. Ovario de las aves.

OVERO, RA adj. y s. Díc. del animal que tiene el pelo de color blanco y azafrán mezclados, especialmente del caballo. ◊ *Amér.* Díc. de las caballerías de color pío.

Oveja

OVEROL m. *Amér.* Mono, traje de faena de una sola pieza.

OVIDIO Nasón, Publio (45 a. C.-17 d. C.) Poeta latino. *Heroidas, Amores, Arte de amar, Metamorfosis y Fastos.*

OVIDUCTO m. *Zool.* Gonoducto femenino que conduce los óvulos desde los ovarios hasta el exterior.

OVIEDO C. de España, cap. de la com. autón. uniprovincial Principado de Asturias; 201 154 hab. Sit. en la cuenca de Oviedo, entre el Nalón y el Nora. Centro comercial. ❑ OVETENSE.

OVILLO m. Bola o lío que se forma devanando hilo. ◊ fig. Cosa enredada y de figura redonda. ◊ fig. Montón o multitud confusa de cosas. ❑ OVILLAR; OVILLADOR, RA.

OVINO, NA adj. Se aplica al ganado lanar. ◊ m. Animal ovino.

OVÍPARO, RA adj. y m. Díc. del animal que presenta la condición del oviparismo, es decir, que pone huevos.

OVISCAPTO m. Órgano especial que presentan las hembras de algunos insectos, como los himenópteros, para la puesta de los huevos.

OVNI Siglas de objeto volante no identificado.

OVO m. *Arq.* Ornamento ovalado.

OVOIDE adj. Aovado, de figura de huevo. ◊ *n.* Conglomerado de carbón u otra sustancia que tiene dicha forma. ❑ OVOIDEO, A.

OVOVIVÍPARO, RA adj. y m. *Zool.* Díc. del animal que realiza su desarrollo embrionario en el interior del cuerpo de la madre. ❑ OVOVIPARIDAD u OVOVIPARISMO u OVOVIVIPARISMO.

OVULACIÓN f. *Fisiol.* Liberación del huevo por parte del folículo de Graaf del ovario. En la mujer tiene lugar de modo alterno para los dos ovarios y con una frecuencia de 28 días.

ÓVULO m. *Fisiol.* Célula sexual femenina, haploide, originada en el ovario. ◊ *Bot.* Primordio seminal de las flores femeninas. ❏ OVULAR.

❏ *Fisiol.* El ó. está limitado por una membrana protectora gruesa que contiene un citoplasma rico en sustancia nutritiva y un núcleo que lleva la información genética. Una vez liberado del ovario se introduce en la trompa, que lo conduce al útero. Si durante el trayecto es fecundado, se fija en las paredes del útero para dar lugar al embrión.

OWEN, *Robert* (1771-1858) Economista y teórico socialista brit. Fundó la *Grand National Consolidated Trades Union*, precursora de las Trade Unions. *Nuevo mundo moral.*

OWENS, *Jesse* (1913-1980) Atleta norteam., de raza negra. Conquistó cuatro medallas de oro en la Olimpiada de Berlín (1936).

OXÁCIDO m. *Quím.* Ácido inorgánico oxigenado, o sea, combinación ternaria de hidrógeno, oxígeno y un no metal.

OXÁLICO, CA adj. *Quím.* Díc. del más simple de los ácidos orgánicos dicarboxílicos. Se halla muy difundido en el reino vegetal bajo la forma de sales.

OXENSTIERNA, *Axel Gustavsson* (1583-1654) Político sueco. Canciller de Gustavo II Adolfo, a la muerte del monarca, se convirtió en jefe del consejo de regencia de la reina Cristina (1632). Dio al país una nueva constitución (1634).

OXFORD C. de Gran Bretaña, al S de Inglaterra, cap. de Oxfordshire; 98 500 hab. Ind. mecánica, automovilística, alimentaria. Célebre universidad, la más ant. de Inglaterra (fundada en 1163).

OXHÍDRICO, CA adj. *Quím.* Díc. de una mezcla de gas oxígeno y gas hidrógeno. ◊ Relativo a dicha mezcla.

OXHIDRILO m. Oxidrilo.

OXIDACIÓN f. *Quím.* Se aplica a toda reacción química que implica una disminución de electrones, aunque el agente causante no sea el oxígeno. ◊ **biológica.** Proceso de degradación de los principios inmediatos realizado por enzimas a temperatura constante.

OXIDAR tr. y prnl. Transformar una sustancia por la acción del oxígeno o de un oxidante. ❏ OXIDABILIDAD; OXIDANTE.

ÓXIDO m. *Quím.* Producto que resulta de la combinación del oxígeno con un metal.

OXIDRILO m. *Quím.* Hidróxilo.

OXIGENAR tr. y prnl. Añadir oxígeno. ◊ prnl. fig. Airearse. ❏ OXIGENACIÓN; OXIGENADO, DA.

OXÍGENO m. *Quím.* Elemento de símb. O, n. a. 8 y p. a. 15,9994. Es un gas incoloro, inodoro e insípido, algo soluble en agua. La molécula de o. es diatómica, O_2. El aire contiene el 21 % del volumen de o. Combinado, se encuentra ante todo en el agua, que lo contiene en un 89 %. Se obtiene por destilación fraccionada del aire líquido, y por electrólisis del agua. Se combina con casi todos los elementos e interviene en las combustiones ordinarias.

OXIHEMOGLOBINA f. *Biol.* Proteína formada por la unión de una hemoglobina y del oxígeno, de gran interés en la ventilación pulmonar y en el transporte del oxígeno por la sangre.

OXIPÉTALO m. Planta trepadora de Brasil de hojas acorazonadas y flores azules dispuestas en racimo.

OXITÓCICO, CA adj. y m. Díc. de la sustancias que producen la contracción del músculo uterino; se utilizan para acelerar el parto.

OXIURO m. Gusano natelmint que se desarrolla en el intestino de lo mamíferos y de algunos reptiles; p. e. la lombriz blanca.

OYAMEL m. *Méx.* Conífera que es se mejante al abeto.

OYENTE adj. y s. Que oye. ◊ m. Asistente a una clase, no matriculado com alumno oficial.

OZAL, *Turgut* (1927-1993) Político tu co. Elegido primer ministro en 1983 reelegido en 1987.

OZAMA R. de la República Domini cana; 140 km. Nace en la cord. Orienta y desemboca en el Caribe, junto puerto hom.

OZONO m. *Quím.* Estado alotrópic del oxígeno, O_3. Gas oxidante, estab sólo a temperaturas muy altas. Se fo ma por acción de descargas eléctrica en atmósfera de oxígeno. Se encuentr en la estratosfera y, al absorber los ra yos ultravioleta más nocivos, constitu ye la defensa más eficaz para el man tenimiento de la vida terrestre. En l actualidad la capa de o. está amenaza da por la acción de los clorofluorome tanos usados como propelentes.

OZOQUERITA f. Cera mineral consti tuida por una mezcla de hidrocarburo saturados.

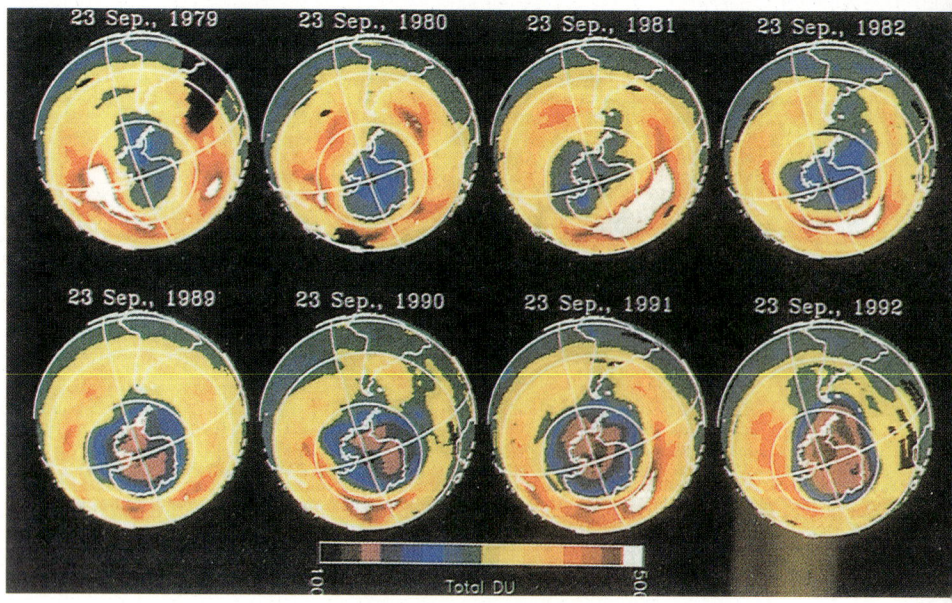

Imágenes del agujero de **ozono** sobre la Antártida obtenidas por el satélite *Nimbus*

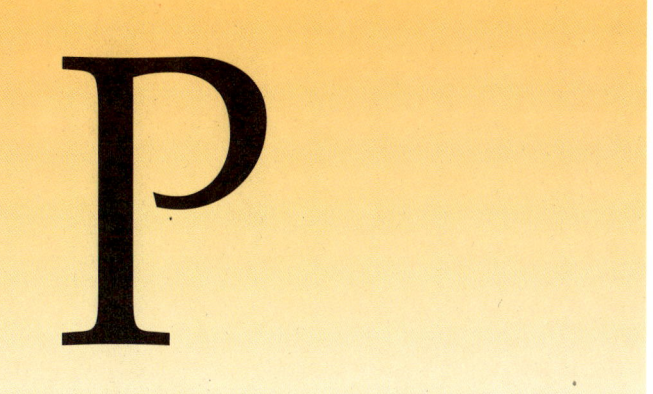

P

f. Decimoséptima letra del abecedario esp. y decimotercera de sus consonantes. Su nombre es *pe*, y su articulación es bilabial, oclusiva y sorda. ◊ *Fís.* En minúscula, símb. de presión y de peso. ◊ *Fís.* En mayúscula, símb. de potencia. ◊ *Quím.* Símb. del fósforo.

a *Quím.* Símb. del protactinio.

PABELLÓN m. Tienda de campaña en forma de cono. ◊ Bandera nacional. ◊ Ensanche cónico con que termina la boca de algunos instrumentos de viento. ◊ Edificio que constituye una dependencia de otro mayor. ◊ fig. Nacionalidad a que pertenecen las naves mercantes. ◊ **de la oreja.** Oreja, parte externa del oído.

PABILO o **PÁBILO** m. Mecha de hilo, algodón, etc., en el centro de la vela o antorcha, para que, encendida, alumbre. ◊ Parte carbonizada de esta mecha.

PABLO (s. I) Santo. Llamado *Saulo* antes de su conversión, persiguió a los cristianos hasta que se le apareció Cristo (h. 34 d. C.). En el concilio de Jerusalén defendió los derechos de los gentiles. Escribió gran número de *Epístolas*. Sufrió martirio en Roma.

PABLO I (1901-1964) Rey de Grecia [1947-1964]. En su reinado finalizó la guerra civil iniciada en 1944. ◊ **I Petróvich** (1754-1801) Zar de Rusia [1796-1801]. En 1798 se alió con Turquía contra los fr., y post. se unió a Napoleón. ◊ **VI** (*Giovanni Battista Montini,* 1897-1978) Papa [1963-1978]. Reanudó el concilio Vaticano II. *Ecclesiam suam, Populorum progressio, Humanae vitae.* ◊ **de Samosata** (s. III) Teólogo herético de Samosata. Profesó el monarquianismo y el adopcionismo.

PABLO, Luis de (n. 1930) Compositor esp. Autor de música dodecafónica y serial. *Radial, Módulos I-IV, Kiu* (ópera).

PÁBULO m. Pasto, comida, alimento para la subsistencia o conservación. ◊ fig. Cualquier sustento o mantenimiento en las cosas inmateriales.

PACA f. *Zool.* Mamífero roedor, de pelaje pardo y rojizo, cola y pies muy cortos, hocico agudo y orejas redondas. Su carne es muy estimada. ◊ Fardo o lío, especialmente de lana o algodón en rama.

PACANA f. Planta arbórea de hasta 25 m de altura, originaria de América del Norte.

PACARAIMA, sierra de Macizo montañoso fronterizo entre Venezuela y Brasil. Alt. máx.: pico de Roraima (2 772 m).

PACATO, TA adj. y s. De condición pacífica, tranquila y moderada. ◊ Mojigato, pudoroso.

PACER tr. e intr. Comer el ganado la hierba en los prados, montes y dehesas. ◊ Apacentar, dar pasto a los ganados.

PACHÁ m. Bajá.

PACHACAMAC Distr. de Perú, en la prov. y dpto. de Lima, con cap. en la pob. hom. Antigua c. incaica, cuyas líneas pueden verse aún en el trazado urbano.

PACHACAMAC Pral. divinidad de la mit. per. precolombina.

PACHACHO, CHA adj. *Chile.* Persona o animal de piernas demasiado cortas.

PACHACUTI o **PACHACÚTEC Inca Yupanqui** Soberano inca [1438-1471]. Impuso la lengua quechua y estableció un sistema económico basado en la mita.

PACHAMAMA En la ant. religión per., la Madre Tierra.

PACHAMANCA f. *Amér. Merid.* Carne asada entre piedras caldeadas.

PACHANGA f. Cierto baile.

PACHECO, Alonso (s. XVI) Conquistador esp. Fundador de la c. de Nueva Zamora, en Venezuela. ◊ **Francisco** (1564-1644) Pintor esp. Maestro y suegro de Velázquez. ◊ **Gregorio** (1823-1899) Político bol. Dirigente demócrata, presid. de la rep. entre 1884 y 1888. ◊ **José Emilio** (n. 1939) Escritor mex. Autor de poesía, novelas y cuentos. *El viento distante, El*

Pachacuti

principio del placer. ◊ **Máximo** (1907-1992) Pintor mex. Autor de frescos en Ciudad de México y Jiquilpan. ◊ **Areco, Jorge** (1920-1998) Político ur. Miembro del partido colorado, presid. entre 1967 y 1972. ◊ **De la Espriella, Abel** (n. 1933) Político cost. Presid. del Partido Unidad Social Cristiana entre 1996 y 1998. Fue elegido presid. de la rep. en abril de 2002.

PACHO, CHA adj. *Méx.* y *Nic.* Flaco, aplastado.

PACHOCHA f. *Amér.* Indolencia, lentitud.

PACHORRA f. fam. Flema, indolencia.

PACHUCA DE SOTO C. de México, cap. del est. de Hidalgo; 245 208 hab. Centro minero (plata, plomo). Metalurgia, curtidurías, ind. textil y alimentaria. Notables edificios de época colonial.

PACHUCHO, CHA adj. Pasado de puro maduro. ◊ fig. Flojo, alicaído.

PACHUCO m. Lenguaje jergal que se habla en el S y SO de EE UU; está constituido básicamente por voces hispanoamericanas, con un elevado núm. de términos de origen inglés.

PACHULÍ m. Planta herbácea originaria de la India, que suministra una esencia usada en perfumería.

PACIENCIA f. Virtud que consiste en sufrir sin perturbación del ánimo los infortunios y trabajos. ◊ Espera y sosiego en las cosas que se desean mucho. ❏ PACIENZUDO, DA.

PACIENTE adj. Que sufre y tolera los trabajos y adversidades sin perturbación del ánimo. ◊ com. Persona que padece física y corporalmente; el doliente, el enfermo. ◊ m. *Fil.* Sujeto que recibe o padece la acción del agente.

PACIFICAR tr. Establecer la paz donde había guerra y discordia; reconciliar a los que están opuestos y discordes. ◊ prnl. fig. Sosegarse y aquietarse las cosas insensibles turbadas o alteradas. ❏ PACIFICACIÓN; PACÍFICO, CA.

PACÍFICO, océano Masa de agua salada sit. entre Asia y Australia, al O, y América, al E. Es el mayor de los océanos (179 700 000 km²). En la zona tropical abundan los atolones y barreras coralinas. Prales. corrientes: Kuro-Shio, Oya Shio, de Humboldt y de California. Escenario de imp. batallas durante la II Guerra Mundial. ◊ **Guerra del** Conflicto entre Chile y la entente Perú-Bolivia (1879-1883), por divergencias en la explotación del salitre de Antofagasta.

Concluyó con la derrota aliada. Perú entregó a Chile la prov. de Tarapacá, mientras Bolivia perdió la prov. de Antofagasta.

PACIFISMO m. Conjunto de doctrinas encaminadas a mantener la paz entre las naciones.

PACINO, *Alfredo James,* llamado AL (n. 1940) Actor cinematográfico norteam. *El Padrino, Serpico, Esencia de mujer* (Óscar al mejor actor, 1992).

PACK (voz ing.) m. Parte exterior de la banquisa, constituida por bloques de hielo separados por canales de agua.

PACO m. *Amér.* Mineral de plata con ganga ferruginosa. ◊ Llama, animal.

PACOTILLA f. Porción de géneros que los marineros u oficiales de un barco pueden embarcar por su cuenta libres de flete.

PACOTILLERO, RA adj. y s. *Amér.* Buhonero.

PACTAR tr. Asentar, poner condiciones o conseguir estipulaciones para concluir un negocio u otra cosa entre partes, obligándose mutuamente a su observancia. ◊ Contemporizar una autoridad con los sometidos a ella.

PACTO m. Concierto o asiento en que se convienen dos o más personas o entidades, que se obligan a su observancia. ◊ **de no agresión.** Convenio temporal entre dos o más Est. de respetarse mutuamente, sin apelar a las armas en la solución de conflictos mutuos.

PACTO de Varsovia. ⇨ Varsovia.

PACÚ m. *Argent.* Pez de río de gran tamaño y muy estimado por su carne.

PACUARE R. de Costa Rica; 105 km. Nace en la cord. de Talamanca y desemboca en el Caribe.

PADANG C. y puerto de Indonesia; 480 900 hab. Sit. en la costa O de Sumatra. Centro agrícola.

PADECER tr. Sentir física y corporalmente un daño, dolor, enfermedad, pena o castigo. ◊ Sentir agravios, injurias, pesares, etc. ◊ Soportar, tolerar, sufrir. ❑ PADECIMIENTO.

PÁDEL (ing. *paddle*) m. Deporte que se practica entre dos o cuatro personas y que consiste en lanzar con una pala una pelota de una a otra parte de un terreno rectangular, dividido por una red.

PADERBORN C. de Alemania, en el est. de Renania Septentrional-Westfalia; 109 500 hab. Centro industrial.

PADEREWSKI, *Ignacy Jan* (1860-1941) Pianista y político pol. Ministro de Asuntos Exteriores y presid. del Consejo, firmó el tratado de Versalles (1919).

PADILLA, *Heberto* (1932-2000) Poeta cub., influido por Brecht. *El justo tiempo humano, Fuera de juego.* ◊ *José* (1778-1828) Militar y político col. Tomó Maracaibo, junto a Bolívar, en 1823. Ejecutado por conspirar contra el Libertador. ◊ *Juan de* (1484-1521) Noble esp., jefe de los comuneros de Castilla. Derrotado en Villalar, fue decapitado con Bravo y Maldonado.

PADRASTRO m. Marido de la madre, respecto de los hijos habidos antes por ella. ◊ fig. Mal padre.

PADRAZO m. Padre muy indulgente con sus hijos.

PADRE m. Varón o macho que ha engendrado. ◊ n. p. m. *Teol.* Primera persona de la Santísima Trinidad. ◊ Varón o macho, respecto de sus hijos. ◊ Principal y cabeza de una descendencia, familia o pueblo. ◊ Religioso o sacerdote, en señal de veneración y respeto. ◊ fig. Autor de una obra de ingenio o inventor de cualquier otra cosa. ◊ pl. El padre y la madre. ◊ **de familia.** Jefe o cabeza de una casa o familia, tenga o no tenga hijos. ◊ **de la patria.** Sujeto venerable en ella por su calidad, respeto o ancianidad, o por los servicios que hizo a su país. ◊ **espiritual.** Confesor que cuida y dirige el espíritu y conciencia del penitente. ◊ **Santo.** P. ant., sumo pontífice.

PADRENUESTRO m. Plegaria recomendada por Jesucristo. La registran los evangelistas Mateo y Lucas.

PADRES de la Iglesia ⇨ Patrística.

PADRINO m. El que tiene, presenta o asiste a otra persona que recibe el sacramento del bautismo, de la confirmación, del matrimonio o del orden, si es varón, o que profesa si se trata de una religiosa. ◊ El que presenta y acompaña a otro que recibe algún honor, grado, etc. ◊ pl. El padrino y la madrina. ❑ PADRINAZGO.

PADRÓN m. Nómina de los vecinos moradores de un pueblo. ◊ Patrón o dechado.

PADROTE m. *Amér. Centr., Col., Pan., P. Rico y Ven.* Macho destinado en el ganado para la procreación.

PADÚA (*Padova*) C. de Italia, en el Véneto, cap. de la prov. de Padua; 227 500 hab. Ind. químicas y alimentarias. Universidad.

Padua. Basílica de San Antonio

PAELLA f. Plato esp. de arroz seco, con mariscos, pescado, carne, legumbres, etc., típico de la región valenciana. ◊ Sartén en que se hace este plato; paellera.

PAELLERA f. Recipiente de hierro en que se prepara la paella.

PÁEZ adj. y s. Díc. del pueblo amerindio de la familia lingüística chibcha, que vive en el valle del Magdalena (Colombia).

PÁEZ, *Federico* (1877-1974) Político ecuat. Elegido presid. en 1937 por una junta militar. Derrocado en el mismo año. ◊ *José Antonio* (1790-1873) Militar y político ven. Intrigó contra Bolívar y fue el autor de la segregación de Venezuela de la Gran Colombia (1830). Primer presid. de Venezuela, fue reelegido (1839-1843). Se autoproclamó dictador en 1861 tras derrocar a Gual, pero se vio obligado a dejar la presidencia en 1863 y se exilió.

PAFLAGONIA (*Paphlagonia*) Ant. región de Asia Menor, junto al mar Negro.

PAGA f. Cantidad de dinero que se da en pago. ◊ Sueldo de un mes.

PAGADERO, RA adj. Que se ha de pagar y satisfacer a cierto tiempo señalado. ◊ Que puede pagarse fácilmente.

PÁGALO m. Nombre común de unas aves palmípedas marinas, de plumaje pardo y blanco y pico robusto y encorvado.

PAGANINI, *Niccolò* (1782-1840) Violinista y compositor it., de técnica prodigiosa. *Conciertos, Caprichos.*

PAGANISMO m. Religión de los gentiles o paganos. ◊ Conjunto de los gentiles.

PAGANIZAR tr. Introducir el paganismo o elementos paganos en las costumbres o creencias, etc.

PAGANO, NA adj. y s. Díc. de los idólatras y politeístas, y de los no bautizados. ◊ m. y f. fam. Persona que paga Por lo común, se da este nombre al pagador de quien otros abusan, y al que sufre perjuicio por culpa ajena.

PAGANO, *José León* (1875-1964) Escritor. arg. Crítico de arte y pintor. *A través de la España literaria, Cómo estrenar los autores, Motivos de estética.*

PAGAR tr. Dar o satisfacer lo que se debe. ◊ fig. Satisfacer el delito, falta o yerro por medio de la pena correspondiente. ◊ fig. Corresponder a un afec to u otro beneficio. ◊ prnl. Ufanarse de una cosa. ❑ PAGADO, DA; PAGADOR, RA; PA GAMENTO.

PAGARÉ m. Documento que obliga a pago de una cantidad en un tiempo determinado.

PAGEL m. Pez teleósteo de cabeza y ojos grandes, rojizo y plateado. Su car ne es bastante estimada.

PÁGINA f. Cada una de las dos plan tas de la hoja de un libro o cuaderno.

PAGINAR tr. Numerar páginas o pla nas. ❑ PAGINACIÓN.

PAGNOL, *Marcel* (1895-1974) Escrito fr. Como dramaturgo popularizó tipo de Provenza: *Fanny, Marius, César, pro* tagonistas de tres piezas teatrales. *Lo comerciantes de gloria, Jazz, Topaze.*

PAGO m. Entrega de lo que se debe. ◊ Satisfacción, premio o recompensa. ◊ Distrito determinado de tierras o here dades. ◊ Aldea. ◊ *Argent.* Lugar en e que ha nacido o está arraigada una per sona.

PAGO PAGO Cap. de Samoa norte am., en la isla de Tutuila; 2 500 hab Base naval.

PAGODA f. Templo budista en vario pueblos orientales, especialmente Ir dia, China y Japón.

PAGRO m. Pez teleósteo semejante a pagel.

PAHLAVI, PHALEVI o **PEHLEV** Nombre de la dinastía iraní fundada e 1925 por ⇨ Reza Sah Pahlavi, a quien su cedió su hijo, Mohamed Reza Pahlavi

PAIDOLOGÍA f. Ciencia que estudi el desarrollo físico e intelectual del niñ ❑ PAIDOLÓGICO, CA.

PAILA f. Vasija grande de metal, re donda y poco profunda. ◊ *Amér.* Sa tén, vasija. ◊ *Nic.* Machete para corta caña de azúcar.

PAILERO, RA s. *Ecuad. y Méx.* Perso na que hace, compone o vende pailas ◊ *Ant., C. Rica, Méx., Nic. y Ven.* Perso na que maneja las pailas en los ingeni de azúcar o en las fábricas de sal. ◊ m. *Nic.* Operario que corta la caña de azúcar con la paila.

PAINE, Thomas (1737-1809) Escritor y político brit. Publicó escritos revolucionarios y sobre los derechos del hombre. *La edad de la razón.*

PAIPÁI m. Abanico de palma en forma de pala y con mango.

PAÍS m. Nación, región, provincia o territorio.

PAÍS VASCO (*Euskadi* o *Euskal Herría*) Área histórica que comprende las actuales prov. vascas esp., el condado de Treviño (enclave de la prov. de Burgos), Navarra esp. y fr. y las comarcas del País Vasco fr. (Labourd y Soule). ◊ Nombre de la com. autón. esp. desde 1979. Comprende las prov. de Guipúzcoa, Vizcaya y Álava; 7 261 km², 2 082 587 hab. Cap., Vitoria. Ind. textil, siderúrgica, papelera, alimentaria. Cereales, vid, hortalizas. Ganadería. Pesca. Turismo.
□ *Hist.* Habitado desde antiguo, su núcleo pral. permaneció al margen del dominio romano, visigodo y árabe. Sólo en el s. XI presentó bajo la hegemonía de Navarra cierta unidad política. Ésta, perdida en beneficio de los Estados esp. y fr., fue reivindicada por el nacionalismo nativo, surgido a fines del s. XIX que, bajo diversas orientaciones políticas, se ha prolongado hasta la actualidad. En 1979 las provincias Vascongadas (España) se convirtieron en la comunidad autónoma del País Vasco o Euskadi.

PAISAJE m. Pintura, dibujo o grabado cuyo tema pral. es la representación de un aspecto de la naturaleza, o bien de un ambiente urbano. □ PAISAJISTA; PAISAJÍSTICO, CA.

PAISANAJE m. Conjunto de paisanos. ◊ Circunstancia de ser de un mismo país dos o más personas y especie de conexión o vínculo que de ella procede.

PAISANO, NA adj. y s. Que es del mismo país, prov. o lugar que otro. ◊ m. El que no es militar.

PAÍSES BAJOS (*Nederland*) Estado de Europa occidental. País llano, con el 50 % del territorio por debajo del nivel

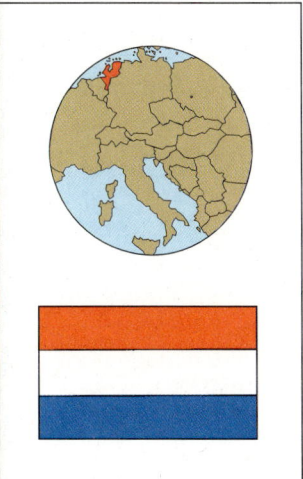

Mapa de situación y bandera de **Países Bajos**

PAÍSES BAJOS	
Superficie	41 526 km²
Población	15 100 000 hab. (364 hab./km²)
Recursos económicos	
Avena	17 000 t
Cebada	230 000 t
Centeno	37 000 t
Colza	25 000 t
Lino	9 000 t
Patatas	6 735 000 t
Remolacha azucarera	7 500 000 t
Trigo	1 760 000 t
Ganadería y derivados	
Cabaña bovina	4 830 000 cabezas
Cabaña caballar	65 000 cabezas
Cabaña ovina	1 800 000 cabezas
Mantequilla	165 240 t
Queso	614 000 t
Riqueza forestal	1 411 000 m³
Pesca	438 309 t
Producción minera	
Carbón	758 000 t
Gas natural	77 250 millones de m³
Petróleo	3 096 000 t
Sal	3 578 000 t
Producción industrial	
Acero	5 171 000 t
Ácido clorhídrico	3 194 000 t
Aluminio	264 000 t
Azúcar	1 060 000 t
Cerveza	19 890 000 hl
Fertilizantes	1 850 400 t
Hierro colado	4 697 000 t
Naval	182 000 t
Tabaco	87 078 000 000 cigarrillos
Tejidos de algodón	10 200 t
Indicadores sociológicos	
PNB	278 839 millones de dólares
Renta per cápita	18 560 dólares
Esperanza de vida	78 años
Alfabetismo	99 %

del mar. En la región NO de Zuiderzee, llamada de los pólders, la mayor parte del territorio ha sido conquistada al mar. El gran dique de Afsluit cierra el Ijsselmeer, impidiendo la entrada de las aguas del mar del Norte. Ríos: Rin, Mosa y Escalda. La lat., bastante alta, explica los inviernos rudos. La agricultura produce cebada, avena, cultivos hortícolas, flores, remolacha azucarera y lino. Ganado vacuno, seleccionado para la producción lechera, porcino, caballar, mular y ovino. Los recursos del subsuelo son escasos: hulla, petróleo y gas natural. La ind. cuenta con imp. grupos internacionales. Son imp. la ind. de transformación de productos tropicales, el refinado de petróleo y la talla de diamantes en Amsterdam; los astilleros de Amsterdam, Rotterdam y Flesinga; las porcelanas de Maastricht; los productos químicos, plásticos, abonos, cemento, fibras artificiales, papel. La ind. siderúrgica aprovecha la cuenca hullera de Limburgo. La ind. textil se concentra en Tilburg, Breda y Twente. Monarquía constitucional. Grupos étnicos o nacionales: holandeses (80 %), frisones (10 %). Lenguas: neerlandés (of.), frisón, al. *Rel.*: catolicismo, protestantismo, judaísmo. U.M.: euro. Cap., Amsterdam; La Haya (cap. adm.). C. prales.: Rotterdam, Utrecht, Eindhoven.
□ *Hist.* En la E. Ant. estuvo poblado por celtas, germanos y rom.; y en la E.

Med. por frisones, sajones y francos. Formó parte del imperio carolingio, se disgregó a partir del tratado de Verdún (843) en pequeños principados, volvió a reunirse en manos de los duques de Borgoña en los ss. XIV-XV, a finales del cual pasó a formar parte de la monarquía hispánica, con Carlos V. La reforma religiosa les enfrentó a Felipe II. En 1579 las prov. septentrionales firmaron la Unión de Utrecht, por la que se comprometían a independizarse. Ello se hizo realidad con la tregua de los Doce Años (1609), que marcó el comienzo de su indep., reconocida por España en 1648. A partir del s. XVII florecieron económicamente, al formar un extenso imperio colonial. El Congreso de Viena (1815) ratificó la unión de los antiguos P. B. (Bélgica y Holanda) y Guillermo I fue proclamado rey. En 1830 estalló una revolución y Bélgica se declaró independiente. En 1940 su territorio fue invadido por las tropas al. Después de la II Guerra Mundial se inició el proceso descolonizador. Los P. B. formaron, con Luxemburgo y Bélgica, el Benelux. La reina Juliana, que rigió el país a partir de 1948, abdicó a favor de su hija Beatriz en 1980. Cristianodemócratas y socialdemócratas han predominado en la vida política hol. de los ultimos años. Tras las elecciones de 1986, R. Lubbers constituyó un gobierno de coalición cristianodemócrata y liberal. En 1994 le sustituyó otro gobierno de coalición, de centro izquierda, encabezado por los socialdemócratas de W. Kok, reelegido en 1997. La derecha retornó al gobierno en las elecciones de 2002 en las que venció el socialcristiano Jan Peter Balkenende.

PAÍSES Catalanes (*Països Catalans*) Denominación dada al conjunto de terr. habitados por personas de habla cat. Abarcan el est. de Andorra, Cataluña, Valencia, Baleares y las comarcas orientales de Aragón, la región fr. del Rosellón y la c. it. de Alguer. ◊ **del Loira** (*Pays de la Loire*) Circunscripción fr. de acción regional; 32 082 km², 3 059 100 hab. Cap., Nantes. Sit. entre la Cuenca de París y las costas del Atlántico. Avenada por el Loira. Agricultura. Ganadería. Ind. metalúrgica, naval y electrónica.

PAISIELLO o **PAÉSIELLO, Giovanni** (1740-1816) Compositor it. de óperas, *El barbero de Sevilla, La bella molinera.*

PAIVA, Félix (1877-1965) Político par. Presid. interino (1937-1939).

PAJA f. Caña de trigo, cebada, centeno y otras gramíneas, después de seca y separada del grano. ◊ Pajilla para sorber líquidos, especialmente refrescos. ◊ fig. Cosa ligera, de poca consistencia o entidad. ◊ fig. Lo inútil y desechado en cualquier materia, a distinción de lo escogido de ella. ◊ fam. Masturbación. ◊ *Col.* y *Guat.* Grifo, llave para salida del agua.

PAJAR m. Sitio o lugar donde se guarda la paja.

PÁJARA f. Pájaro, ave pequeña. ◊ Cometa, juguete infantil.

PAJARERÍA f. Tienda donde se venden pájaros.

PAJARERO, RA adj. *Amér. Centr., Col., Ecuad., Méx.* y *Ven.* Asustadizo, receloso. Díc. especialmente de las caballerías. ◊ m. El que se emplea en cazar, criar o vender pájaros. ◊ f. Jaula grande o aposento donde se crían pájaros.

PAJARITA f. Pájara de papel.

PÁJARO m. En sentido amplio, cualquier ave de pequeño tamaño. En sentido estricto, cualquiera de los miembros del orden paseriformes, en particular si es pequeño. ◊ adj. y m. fig. Díc. del hombre astuto, sagaz y cauteloso. ◊ *Zool.* Cualquiera de las aves terrestres, voladoras, con pico recto, tarsos cortos y delgados, y tamaño gralte. pequeño. ◊ **bobo.** Ave, llamado también, aunque equivocadamente, pingüino, que presenta patas muy cortas y torpes, que le sirven para caminar penosamente sobre tierra firme. Es un rápido nadador. El plumaje es negro en el dorso y en las alas, y blanco en el vientre. ◊ **carpintero.** Picamaderos. ◊ **mosca.** Colibrí.

PAJARRACO m. despect. Pájaro grande cuyo nombre no se sabe. ◊ fig. y fam. Hombre disimulado y astuto.

PAJE m. Criado cuyo ejercicio era acompañar a sus amos y servir en menesteres domésticos.

PAJILLA f. Cigarrillo hecho de una hoja de maíz. ◊ Caña delgada de avena, centeno, etc., o tubo artificial que sirve para sorber.

PAJOLERO, RA adj. Díc. de toda cosa despreciable y molesta para la persona que habla.

PAKISTÁN (*Islamic Republic of Pakistan; Pakistani Jamhooriat*) Estado de Asia meridional, rep. federal. Al NO está la meseta afgana (Godwin Austen, 8 611 m; Nanga Parbat, 8 126 m). Al N está el valle de Cachemira y al S la llanura de Panjab y los desiertos de Thal y Thar. Avenado por el Indo y sus afl. Clima continental. Trigo, maíz, sésamo, lino, colza, algodón, caña de azúcar, patatas, agrios, dátiles. Ganadería bovina, ovina, búfalos, caprinos, camellos. Carbón, lignito, gas natural, sal, cromita, antimonio. Ind. textil, siderúrgica, mecánica, alimentaria. Grupos étnicos: indoafganos (punjabíes, pathanos, baluchis, etc.). Lenguas: urdú (of.), ing., pendjabi, etc. *Rel.:* islamismo (97 %), hinduismo, cristianismo. U.M.: rupia paquistaní. Cap.: Islamabad. C. prales.: Karachi, Lahore, Lyallpur, Hyderabad.

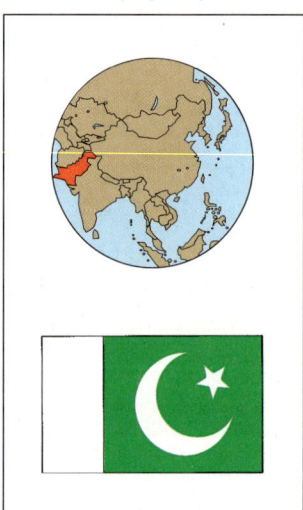

Mapa de situación y bandera
de **Pakistán**

PAKISTÁN

Superficie	796 095 km²
Población	115 520 000 hab. (145 hab./km²)
Recursos económicos	
Algodón	4 225 000 t
Arroz	4 903 000 t
Azúcar	2 086 000 t
Búfalos	15 031 000 cabezas
Cabaña bovina	17 785 000 cabezas
Cabaña caprina	36 673 000 cabezas
Cabaña ovina	30 160 000 cabezas
Camellos	1 005 000 cabezas
Hilados de algodón	916 600 t
Lignito	2 751 000 t
Lino	5 000 t
Pesca	479 036 t
Petróleo	2 598 000 t
Riqueza forestal	26 587 000 m³
Sésamo	15 000 t
Tabaco	76 000 t
Trigo	14 505 000 t
Indicadores sociológicos	
PNB	46 725 millones de dólares
Renta per cápita	400 dólares
Esperanza de vida	60 años
Alfabetismo	35%

□ *Hist.* En el s. XVIII se inició la penetración musulmana, que culminó con el dominio de casi toda la India. Al conceder la independencia a ésta, Gran Bretaña creó dos Est.: uno hindú y otro musulmán (1947), este último, Pakistán, dividido en dos zonas, occidental y oriental. La zona oriental, con el nombre de Bangla Desh, se proclamó independiente en 1972. Bajo la presidencia de Ali Bhutto se aprobó una nueva constitución en 1973. En las subsiguientes elecciones fue elegido presid. Chaudhri Fazal Elahi, y Bhutto siguió al frente del gobierno. En las elecciones de 1977 resultó vencedor Bhutto, aunque fue depuesto, ocupando la jefatura del Estado el general Zia Ul-Haq, quien instauró un régimen autoritario e hizo ejecutar a aquél. En 1988 falleció al estallar el avión en que viajaba. Gulam Ishad Jan fue nombrado presid. interino, y Benazir Bhutto primera ministra. Acusada de corrupción fue destituida en 1990, pero volvió a vencer en 1993. Ese mismo año Farooq Leghari fue elegido presid. En 1996 Bhutto fue destituida y posteriormente derrotada en las elecciones por Nawaz Sharif. En 1999 un golpe de estado destituyó a Sharif y Pervez Musharraf asumió la jefatura del gobierno. En 2001 Musharraf destituyó a M. Rafiq (presid. desde 1997) y asumió la jefatura del estado.

PAKISTANÍ adj. y s. Paquistaní.

PALA f. Instrumento compuesto de una tabla de madera o una plancha metálica, rectangular o redondeada, y un mango cilíndrico. Se usa para mover materiales, para introducir o sacar el pan en los hornos, etc. ◊ Hoja de hierro, afilada por una parte y con un ojo para el mango por la opuesta, que forma parte de los azadones, hachas, etc. ◊ Tabla de madera fuerte, elíptica, con un mango, para jugar a la pelota. ◊ Parte ancha del remo, con la cual se hace fuerza en el agua. ◊ Parte superior del calzado, que abraza el pie por encima. ◊ *Mar.* Cada una de las aletas

o partes activas de la hélice. ◊ **mecánica.** Excavadora de cuchara, usada para remover tierra.

PALABRA f. Sonido o conjunto de sonidos articulados que expresan una idea. ◊ Representación gráfica de estos sonidos. ◊ Facultad de hablar. ◊ Empeño que hace uno de su fe y probidad en testimonio de la certeza de lo que refiere o asegura. ◊ Promesa u oferta. ◊ Derecho, turno para hablar en una asamblea. ◊ *Comp.* Conjunto de bits que, como unidad elemental, puede manipular una computadora. La longitud en bits de una palabra en una computadora puede ser de 8, 16, 32, etc., y depende del microprocesador de su unidad central de proceso. ◊ *Teol.* Verbo, segunda persona de la Santísima Trinidad. ◊ **de honor.** Empeño que hace uno de su fe. ◊ **gruesa.** Dicho inconveniente u obsceno.

PALABRERÍA f. Abundancia de palabras vanas y ociosas.

PALABROTA f. despect. Dicho ofensivo, indecente o grosero.

PALACIO m. Casa destinada para residencia de los reyes. ◊ Cualquier casa suntuosa, destinada a habitación de grandes personajes, o para las juntas de corporaciones elevadas. ◊ Casa solariega noble. ❑ PALACIEGO, GA.

PALACIO, Alfredo (nacido 1939) Médico y político ecuat. Vicepresid. en 2001, asumió la presid. en 2005 tras la destitución de Lucio Gutiérrez por el Congreso. ◊ **Valdés, Armando** (1853-1938) Novelista esp. *Marta y María, La aldea perdida, La hermana San Sulpicio.*

PALACIOS, Alfredo Lorenzo (1876-1965) Político arg. Primer diputado socialista del país (1906) y máximo dirigente del partido socialista desde 1958. ◊ **Pedro Bonifacio** (1854-1917) Poeta arg., que usó el seud. ALMAFUERTE. *Lamentaciones, Confiteor Deo.*

PALADA f. Porción que la pala puede coger de una vez. ◊ Golpe que se da al agua con la pala del remo.

PALADAR m. *Anat.* Techo de la cavidad bucal, que se extiende desde los alveolos hasta la úvula. Comprende el *p. duro*, óseo, formado por los huesos palatinos y el maxilar superior, y el *p. blando*, o *velo del p.*, lámina musculomembranosa en la porción posterior. ◊ fig. Gusto y sabor que se percibe en los manjares. ◊ fig. Gusto, sensibilidad para discernir lo agradable de lo desagradable.

PALADEAR tr. y prnl. Tomar poco a poco el gusto de una cosa. ❑ PALADEO.

PALADÍN m. Caballero fuerte y valeroso que, voluntario en la guerra, se distingue por sus hazañas. ◊ fig. Defensor denodado de alguna persona o causa.

PALADINO, NA adj. Público, claro y patente. ◊ m. Paladín.

PALADIO m. *Quím.* Elemento de símb. Pd. Metal con gran poder de disolución para el hidrógeno.

PALAFITO m. Vivienda primitiva, gralte. lacustre, construida sobre estacas o pies derechos.

PALAFOX Mendoza, Juan (1600-1659) Administrador esp. Virrey y obispo de México.

PALAFRENERO m. Criado que lleva del freno al caballo. ◊ Mozo de caballos.

PALAMAS, Kostis (1859-1943) Escritor gr. *Cantos a mi patria, Los ojos de mi alma, Tumba, La vida inmóvil.*

PALANCA f. *Mec.* Cuerpo rígido con un punto fijo, empleado para vencer una fuerza (resistencia) por medio de otra (potencia). El producto de la resistencia por su brazo es igual al de la potencia por el suyo.

PALANGANA f. Jofaina. ◊ *Amér. Centr.* y *Col.* Fuente o plato grande.

PALANGANEAR intr. *Argent.* y *Perú.* Fanfarronear.

PALANGRE m. Aparejo de pesca que se emplea en lugares de mucha profundidad; consiste en un cordel largo provisto de ramales con anzuelos en sus extremos.

PALANQUEAR tr. *Argent.* y *Ur.* Emplear alguien su influencia para que otra persona consiga un fin determinado.

PALANQUETA f. Barreta de hierro para forzar las puertas o las cerraduras.

PALANQUÍN m. Especie de andas usadas en Oriente para llevar en ellas a las personas importantes.

PALÁS *Mit. gr.* Epíteto de ⇨ Atenea, de significado oscuro.

PALASTRO m. Chapa que soporta el pestillo de una cerradura. ◊ Hierro o acero laminado.

PALATA, Melchor de Navarra y Rocafull, DUQUE DE LA (1626-1691) Administrador esp. Virrey de Perú (1681-1689).

PALATAL adj. Relativo al paladar. ◊ *Fon.* Díc. del sonido que se articula en cualquier punto del paladar, y más propiamente de la vocal o consonante que se pronuncia aplicando el dorso de la lengua a la parte correspondiente al paladar duro, como la *i* y la *ñ*.

PALATINADO m. Dignidad o título de uno de los príncipes palatinos de Alemania.

PALATINADO *(Pfalz)* Nombre de dos regiones históricas al.: el *Alto P.* o *P. bávaro* y el *Bajo P.* o *P. renano.* Desde 1946 forma parte del *land* de Renania-Palatinado. Destacó durante la guerra de los Treinta Años.

PALATINO, NA adj. Relativo al paladar. ◊ adj. y m. *Anat.* Díc. especialmente del hueso par que contribuye a formar la bóveda del paladar. ◊ adj. Relativo a los palacios.

PALATINO, Monte Una de las siete colinas de Roma, donde Rómulo fundó la ciudad.

PALAU, PALAOS o **BELAU** *(Belu'u era Belau)* Est. insular de Oceanía, en Micronesia. Comprende más de 200 islas que se extienden a lo largo de 650 km en el extremo occidental de las Carolinas. Actividades agropecuarias (batatas, nueces de coco) y pesca. Turismo. Grupos étnicos: palauanos (83 %), filipinos y otros micronesios. Lenguas oficiales: palauano e inglés. *Rel.:* catolicis-

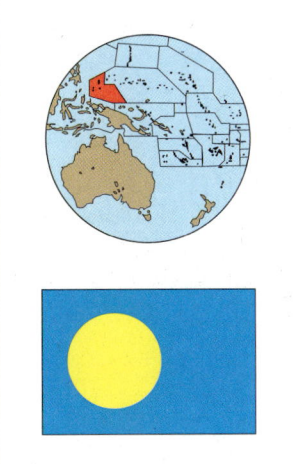

Mapa de situación y bandera de **Palau**

mo y protestantismo. U.M.: dólar de EE UU. Cap.: Koror. Ocupado por EE UU desde 1944 y bajo administración fiduciaria de esta potencia (1951-1986), en 1981 se constituyó en república. En 1994 se declaró independiente, aunque mantiene un acuerdo de libre asociación con EE UU por el cual esta última asume la defensa.

PALAWAN Isla de Filipinas, la más occidental del arch.; 14 896 km², 371 800 hab. Cap., Puerto Princesa. Montañosa. Arroz y caña de azúcar. Pesca.

PALCO m. En los teatros y otros lugares de recreo, localidad indep. con balcón. ◊ Tabladillo o palenque en que se coloca la gente para ver un espectáculo público. ◊ **escénico.** Lugar del teatro en que se representa la escena.

PALEAR tr. *Amér.* Escardar y limpiar con la pala los cafetales y sembrados.

PALEMBANG C. de Indonesia, en la isla de Sumatra; 787 200 hab. Puerto fluvial. Centro comercial. Refino de petróleo.

PALENA Prov. de Chile, en la región de Los Lagos; 18 971 hab. Cap., Chaitén.

PALAU		
Superficie		487 km²
Población	15 122 hab.	(31 hab./km²)
Recursos económicos		
Pesca		1 490 t
Indicadores sociológicos		
PNB	81,8 millones de dólares	
Renta per cápita	5 000 dólares	
Esperanza de vida	69 años	
Alfabetismo	97,6 %	

PALENCIA Prov. de España, en la com. autón. de Castilla y León; 8 035 km², 174 143 hab. Cap., la c. hom. Cereales, patatas, remolacha. Ganadería. Carbón, energía eléctrica. Ind. alimentaria, del cemento. ◊ C. de España, cap. de la prov. hom.; 79 797 hab. Centro comercial. Ind. harinera, textil.

PALENCIA, Benjamín (1902-1980) Pintor esp. *Codornices, Piedras y pájaros en el Mirón, El búho.*

PALENQUE m. Valla de madera o estacada para defender un puesto, cerrar un terreno, etc. ◊ *Amér. Centr.* Rancho donde viven varias familias de indígenas.

PALENQUE Localidad de México, en el estado de Chiapas. Ant. c. maya. Templo de las Inscripciones, templo del Sol, palacio con torre cuadrangular de tres pisos, el relieve del s. VII llamado la «cruz de P.», canchas de juego de pelota.

PALEOANTROPOLOGÍA f. Ciencia que estudia los fósiles del hombre para fijar cronológicamente su evolución. Hace un estudio anatómico comparativo de restos humanos y antropomorfos.

PALEOCENO adj. y m. Díc. del primer periodo de la era terciaria, comprendido entre el cretácico y el eoceno. Duró aprox. unos 10 millones de años.

PALEOCRISTIANO, NA adj. Díc. del arte de los primeros cristianos. A partir del s. III se encuentran los primeros ejemplos de pintura. Destacan los mosaicos del mausoleo de Gala Placidia, en Ravena, y de Centcelles, en Tarragona. En el s. IV aparece la estructura basilical (basílica de San Pedro) y adquieren auge los baptisterios (San Juan de Letrán, en Roma).

PALEOGENO adj. y m. Díc. del periodo de 40 millones de años que abarca la mitad inferior de la era terciaria. Comprende el paleoceno, eoceno y oligoceno.

PALEOGRAFÍA f. Arte de leer la escritura y signos de los libros y documentos antiguos. ❑ PALEOGRÁFICO, CA; PALEÓGRAFO, FA.

PALEOLÍTICO adj. y m. *Prehist.* Díc. del primer estadio de la humanidad. ◊ Relativo a este periodo.
❑ *Prehist.* El p. abarca desde la aparición del hombre, hace 4 o 5 millones de

Palenque. Palacio y torre del s. VII

Giovanni Pierluigi de **Palestrina**

años, hasta su adopción de técnicas mesolíticas, hace unos 10 000 años. En el *p. inferior* el hombre era un cazador nómada que conocía el fuego y la piedra tallada. En el *p. medio*, iniciado hace unos 60 000 años, vivía el hombre de Neanderthal. Utilizaba instrumentos fabricados en lascas, con talla levalloisiense. Con la aparición del hombre de Cro-Magnon, hace unos 35 000 años, se inicia el *p. superior*. Aparece el arte rupestre, se perfeccionan los instrumentos y la caza, y se produce un imp. desarrollo demográfico y social.

PALEÓLOGO Familia bizantina que dio varios soberanos al imperio de Oriente, el primero de los cuales fue **Miguel VIII**. La dinastía se mantuvo hasta la caída del Imperio (1453).

PALEÓLOGO, GA adj. y s. Que conoce los idiomas antiguos.

PALEONTOGRAFÍA f. Descripción de los seres orgánicos cuyos restos se encuentran fosilizados. ❑ PALEONTO-GRÁFICO, CA.

PALEONTOLOGÍA f. Ciencia que estudia los seres de épocas pasadas, o las muestras de su actividad, cuyos restos se encuentran fosilizados. Como métodos de trabajo se utilizan la anatomía comparada y el principio de correlación orgánica. ◊ Ciencia que estudia la etnia, cultura, etc. ❑ PALEONTOLÓGICO, CA; PALEONTÓLOGO, GA.

PALEOZOICO, CA adj. y m. *Geol.* Díc. del primero de los grandes periodos de la historia geológica (400 millones de años). Estaban representados todos los grupos animales, excepto aves y mamíferos, y todos los vegetales, excepto las angiospermas.

PALERMO C. y puerto de Italia, en Sicilia, cap. de la región de Sicilia; 698 600 hab. Centro comercial de una región agrícola. Ind. química, textil, siderúrgica, naval, alimentaria.

PALÉS Matos, Luis (1898-1959) Poeta puertorriq. *Azaleas, Tuntún de pasa y grifería*.

PALESTINA (ant. «país de los filisteos») Región del Próximo Oriente, limitada por el Mediterráneo, los montes Líbano y Antilíbano, el desierto de Siria y el istmo de la pen. del Sinaí. Desde fines de la I Guerra Mundial el límite oriental se estableció en la línea del Jordán, mar Muerto y uadi Araba, hasta el golfo de Akaba, ya que al E de la misma se creó

el Estado ár. de Transjordania (⤳ Jordania). Esta P. de factura brit., ocupa unos 26 000 km² y cuenta con más de 5 000 000 de hab. El reconocimiento mutuo entre la OLP (Organización para la Liberación de Palestina) e Israel, en 1993, puso fin a 29 años de lucha armada entre árabes y judíos. Se concedió autonomía política a Gaza y Jericó, con Y. Arafat como jefe del ejecutivo provisional de la Autoridad Nacional Palestina (ANP), constituida en 1994, al tiempo que se sellaba la paz con Jordania. Tras la muerte de Arafat en 2004, su sucesor en la ANP, Abu Mazen, y A.Sharon, primer ministro israelí, acordaron un alto el fuego en febrero de 2005. En agosto de ese mismo año se inició la retirada de las tropas israelíes de Gaza y Cisjordania, y la evacuación de los colonos judíos de la Franja de Gaza.

PALESTRA f. Lugar donde se lucha. ◊ fig. La misma lucha. ◊ fig. Lugar en que se celebran ejercicios literarios públicos o se discute sobre algo.

PALESTRINA, *Giovanni Pierluigi de* (h. 1525-1594) Compositor it. Maestro de la capilla pontificia bajo Julio III. Misas, motetes y madrigales.

PALETA f. Tabla con un agujero por donde el pintor mete el dedo pulgar izquierdo y en la cual tiene ordenados los colores. ◊ Herramienta triangular, con mango de madera, empleada por los albañiles para manejar el mortero. ◊ Omóplato, paletilla. ◊ *C. Rica, Méx., Nic., P. Rico* y *R. Dom.* Dulce o helado en forma de pala. ◊ *Mar.* Cada una de las piezas que, unidas a un núcleo central, constituyen la hélice.

PALETADA f. Porción que la paleta puede coger de una vez. ◊ Trabajo que hace el albañil cada vez que aplica el material con la paleta.

PALETILLA f. Omóplato.

PALETO m. Gamo. ◊ fig. Persona rústica y zafia.

PALÍ adj. y m. Díc. de una lengua hermana de la sánscrita, en la que predicó Buda su doctrina.

PALIAR tr. Encubrir, disimular, cohonestar. ◊ Mitigar la violencia de ciertas enfermedades, especialmente de las crónicas e incurables. ❑ PALIACIÓN; PALIATIVO, VA; PALIATORIO, RIA.

PÁLIDO, DA adj. Amarillo, macilento o descaecido de su color natural. ◊ Desvaído, descolorido. ◊ Desanimado, falto de expresión y colorido. ❑ PALIDECER; PALIDEZ; PALIDUCHO, CHA.

PALIER m. *Aut.* Cada una de las dos mitades en que se divide el eje de las ruedas motrices de algunos vehículos.

PALILLO m. Varilla, por la parte inferior aguda y por la superior redonda y hueca, donde se encaja la aguja para hacer media, y se afirma en la cintura. ◊ Mondadientes de madera. ◊ Cualquiera de las dos varillas con que se toca el tambor. ❑ PALILLERO.

PALIMPSESTO m. Manuscrito ant. que conserva huellas de una escritura anterior.

PALINGENESIA f. Regeneración, renacimiento de los seres.

PALIO m. Insignia pontifical de los arzobispos y de algunos obispos. ◊ Especie de dosel colocado sobre cuatro varas, bajo el cual va en las procesiones el sacerdote que lleva el Santísimo.

PALIQUE m. fam. Conversación de poca importancia.

PALISANDRO m. Madera preciosa de color rojo y veteada de negro, utilizada en ebanistería. Procede de diversas especies tropicales.

PALIZA f. Zurra de golpes dados con un palo u otra cosa. ◊ fig. y fam. Disputa en que una persona queda confundida o maltrecha.

PALIZADA f. Sitio cercado de estacas.

PALLACO m. *Chile.* Mineral aprovechable que se recoge en una mina abandonada.

PALLADIO, *Pietro della Gondola*, llamado *Andrea* (1508-1580) Arquitecto it., uno de los máx. representantes del Renacimiento pleno. Villa Capra o Rotonda; iglesia del Redentor, Venecia; Galería del Capitán y Teatro Olímpico, Vicenza. Autor de *Cuatro libros de arquitectura*.

PALLAR m. *Perú.* Variedad de judía, casi redonda y muy blanca.

PALMA f. Nombre que se aplica a las plantas monocotiledóneas tropicales, de flores pequeñas agrupadas en espiga y fruto en drupilanio con una sola semilla. ◊ Palmera. ◊ Hoja de la palmera. ◊ Parte inferior y algo cóncava de la mano, desde la muñeca hasta los dedos. ◊ fig. Gloria, triunfo. ◊ pl. Palmadas de aplauso. ◊ **enana.** Palmito, planta. ◊ **real.** Palma muy abundante en Cuba, con tronco de cerca de medio metro de diámetro, duro en la parte exterior, filamentoso y blando en el interior.

PALMA, *La* Isla de España en el arch. de las Canarias (prov. de Santa Cruz de Tenerife); 725 km², 78 800 hab. Cap.; Santa Cruz de la Palma. ◊ C. de Panamá, cap. de la prov. de Darién; 30 116 hab. (en el distr.).

PALMA, *Ricardo* (1833-1919) Escritor per. En *Tradiciones peruanas*, evoca el pasado de su país. Autor de poesía y ensayos filológicos: *Cachivaches, Papeletas lexicográficas*. ◊ **el Joven** Seud. de *Jacopo Nigretti* (1544-1628) Sobrino de P. el Viejo; pintor y grabador manierista. *Cristo ante Caifás*. ◊ **el Viejo** Seud. de *Jacopo Nigretti* (h. 1480-1528) Pintor it., discípulo de G. Bellini. *Retrato de una mujer, Políptico de santa Bárbara*.

PALMA de Mallorca (*Ciutat de Mallorca*) C. de España, cap. de la com. autón. y prov. de Baleares; 333 801 hab. Imp.

Teatro Olímpico de Vicenza (Italia), obra de Andrea **Palladio**

nudo de comunicaciones y centro turístico. ◊ **de Tocantins** C. de Brasil, cap. del est. de Tocantins; 24 000 hab.

PALMA SORIANO C. de Cuba, en la prov. de Santiago de Cuba; 55 900 hab. Centro comercial. Ind. alimentaria.

PALMADA f. Golpe dado con la palma de la mano. ◊ Ruido que se hace golpeando una con otra las palmas de las manos. Se usa más en pl.

PALMAR adj. Relativo a la palma de la mano o a la palma del casco de los animales. ◊ m. Sitio donde se crían palmas. ◊ intr. fam. Morir una persona.

PALMARÉS (voz fr.) m. Relación de premiados en una competición o festival.

PALMARIO, RIA adj. Palmar, claro, patente.

PALMAS, Las Prov. de España constituida por las islas Gran Canaria, Fuerteventura y Lanzarote, del arch. canario; 4 072 km², 887 676 hab. Cap., Las Palmas de Gran Canaria Plátanos, tomates, patatas. Pesca. Ind. alimentaria, tabaquera. Centro turístico.

PALMAS DE GRAN CANARIA, Las C. esp., en la isla de Gran Canaria, cap. de la prov. de Las Palmas y cap. de la com. auton. de Canarias (alterna con Santa Cruz de Tenerife); 354 863 hab. Puerto comercial y pesquero. Turismo. Ind. alimentaria y metalúrgica. Construcciones navales.

PALMATORIA f. Palmeta. ◊ Especie de candelero bajo, con mango, y pie en forma de platillo.

PALME, Sven Olof (1927-1986) Político sueco, socialdemócrata. Primer ministro (1969-1976 y 1982-1986). Murió asesinado.

PALMEADO, DA adj. De figura de palma. ◊ Bot. Hojas, raíces, etc., que semejan una mano abierta. ◊ Zool. Díc. de los dedos de aquellos animales que los tienen unidos entre sí por una membrana.

PALMEAR intr. Dar golpes a alguna cosa con la palma de la mano o palmadas, especialmente en señal de regocijo o aplauso. ❏ PALMEO.

PALMER o **PÁLMER** m. Instrumento para medir espesores, formado por un tornillo micrométrico de 1 mm de paso de rosca, con la cabeza dividida gralte. en 100 partes, por lo que aprecia hasta 0,01 mm.

PALMERA f. Bot. Planta arbórea de hasta 16 m de alt., con estípite cilíndrico, hojas en forma de penacho terminal, laciniadas; flores de color amarillento agrupadas en espiga y frutos anaranjados comestibles (dátiles). Es originaria del N de África. Sus fibras se usan para la fabricación de cestos y esteras.

PALMERSTON, Henry John Temple, TERCER VIZCONDE DE (1784-1865) Político brit. A causa de la guerra de Crimea, fue elegido primer ministro en 1855. Reelegido en 1859.

PALMICHE m. Amér. Centr. y Merid. Planta con aspecto de palmera, con flores soldadas entre sí. Se utiliza para la fabricación de sombreros llamados de jipijapa.

PALMILERA f. Amér. Centr. Palmera de madera negra, usada para hacer bastones, arcos, etc.

PALMÍPEDO, DA adj. y s. Zool. Díc. del animal que tiene las patas palmeadas, es decir, provistas de una membrana interdigital, que facilita la natación.

Ruinas del templo de Báal, en **Palmira** (Siria)

PALMIRA Ant. c. de Siria, del II milenio a. C. Sit. en el desierto sirio-arábigo. Cap. de un Estado gobernado por la reina Zenobia. Conquistada y destruida por los rom. en 273.

PALMIRA C. de Colombia, en el dpto. de Valle del Cauca; 186 000 hab. Centro comercial, agrícola e industrial.

PALMÍTICO adj. Quím. Díc. de un ácido graso de 16 átomos de C, muy abundante en los seres vivos.

PALMITO m. Bot. Planta palmácea arbustiva de tronco escaso, hojas en abanico, cuyo fruto y cogollo son comestibles. ◊ fig. y fam. Talle esbelto de la mujer.

PALMO m. Ant. medida de longitud, con distintos valores según las épocas y las regiones.

PALMOTEAR intr. Palmear, dar palmadas. ❏ PALMOTEO.

PALO m. Trozo de madera mucho más largo que grueso, gralte. cilíndrico y manejable. ◊ Madera de árbol. ◊ Mar. Cada uno de los maderos fijos en una embarcación, a los cuales se agregan los masteleros. ◊ Golpe que se da con un palo. ◊ Cada una de las cuatro series en que se divide la baraja de naipes. ◊ fig. y fam. Varapalo, daño o perjuicio. ◊ Amér. Árbol o arbusto. Suele usarse con adjetivo. ◊ **blanco.** Nombre común a varios árboles de Canarias y América, con corteza elástica y amarga, hojas oblongas y flores amarillas. Usado en medicina. ◊ **brasil.** Madera compacta, de color encendido, capaz de hermoso pulimento, que sirve para teñir de encarnado, y procede del Brasil. ◊ **campeche,** o **de Campeche.** Madera dura, negruzca, de olor agradable, que sirve para teñir de encarnado. ◊ **de hule.** Uno de los árboles que producen la goma elástica o caucho. ◊ **de jabón.** Líber de un árbol que se cría en la América tropical. Es de color blanquecino, fibroso. Usado para quitar manchas en las telas. ◊ **de Pernambuco.** Especie de palo brasil, de color menos encarnado. ◊ **enjabonado.** R. de la Plata. Cucaña. ◊ **mayor.** Mar. El más alto del buque y que sostiene la vela principal. ◊ **santo.** Bot. Planta arbórea, con hojas alternas, pecioladas, flores unisexuales y frutos amarillentos, del tamaño de un melocotón. Es originaria de Extremo Oriente. ◊ Bot. Planta arbórea que suministra la madera del mismo nombre y el guayacol, utilizado en medicina.

PALOMA f. Zool. Nombre de las aves caracterizadas por su pico corto y robusto, revestido en su base de una cera en la que se abren los orificios nasales. ◊ fig. Persona de genio apacible y quieto. ◊ **mensajera.** Zool. P. con el sentido de orientación muy desarrollado, que fue utilizada como correo, y hoy se utiliza en competiciones deportivas.

PALOMAR m. Lugar donde se recogen y crían las palomas. ❏ PALOMARIEGA.

PALOMETA f. Pez comestible, parecido al jurel, aunque algo mayor. ◊ Roseta de maíz tostado.

PALOMILLA f. Mariposa nocturna, cenicienta, de alas horizontales y estrechas y antenas verticales. Causa grandes daños en los graneros. ◊ Pieza con una muesca en que descansa y gira un eje, chumacera. ◊ Tuerca con dos prolongaciones laterales para poder apoyar los dedos y darle vueltas más fácilmente. ◊ Grano de maíz tostado.

PALOMINA f. Excremento de las palomas.

PALOMINO m. Pollo de la paloma brava. ◊ Pichón que aún no sale del nido.

PALOMITA f. Roseta de maíz tostado reventado.

PALOMO m. Macho de la paloma. ◊ Paloma torcaz.

PALOS DE LA FRONTERA (ant., Palos de Moguer) Mun. de España, en Andalucía (prov. de Huelva). De su puerto partió Colón el 3 de agosto 1492, en su primer viaje a América.

PALOTE m. Palo mediano, como las baquetas con que se tocan los tambores. ◊ Cada uno de los trazos que los niños hacían en el papel pautado, para aprender a escribir.

PALPACIÓN f. Med. Método exploratorio que se practica aplicando los dedos o la mano sobre las partes externas del cuerpo o las cavidades accesibles.

PALPAR tr. Tocar con las manos para percibir por el tacto. ◊ Andar a tientas, valiéndose de las manos para no tropezar. ❏ PALPABLE; PALPAMIENTO.

PALPITAR intr. Contraerse y dilatarse alternativamente el corazón. ◊ Aumentarse la palpitación natural del corazón por un efecto del ánimo. ◊ Moverse o agitarse una parte del cuerpo interiormente con movimiento trémulo e involuntario. ❏ PALPITACIÓN.

PÁLPITO m. Presentimiento, corazonada.

Frutos de **palo santo**

PALPO m. *Zool.* Cada uno de los apéndices articulados y movibles que tienen los artrópodos y otros invertebrados alrededor de la boca para la captura y prensión del alimento.

PALQUI m. *Amér.* Arbusto de olor fétido, con tallos erguidos, hojas enteras, lampiñas y flores en panojas terminales con brácteas. Su cocimiento tiene usos medicinales en Chile; la planta se emplea para hacer jabón.

PALTA (voz quechua) f. *Amér.* Aguacate, fruto.

PALTO m. *Amér.* Aguacate, árbol.

PALÚDICO, CA adj. Palustre, relativo a una laguna o pantano. ◊ Relativo al paludismo.

PALUDISMO m. *Pat.* Enfermedad infecciosa producida por el *Plasmodium* y transmitida por la hembra del mosquito *Anopheles*, endémica en los países tropicales. Se caracteriza por crisis febriles, sudoración y somnolencia, náuseas y cefaleas.

PALURDO, DA adj. y s. Tosco, grosero.

PALUSTRE adj. Relativo a una laguna o un pantano. ◊ m. Paleta de albañil.

PAME adj. y s. Díc. de un grupo de indígenas mex., del grupo lingüístico otomipame, que viven en el est. de San Luis de Potosí.

PAMELA f. Sombrero femenino de paja, bajo de copa y ancho de alas.

PAMIR Región montañosa de Asia central, sit. en su mayor parte en la rep. de Tadjikistán. Su máxima altitud alcanza los 7 495 m.

PAMPA f. Cualquiera de las llanuras extensas de la América Meridional que no tienen vegetación arbórea.

PAMPA, La Prov. de Argentina; 143 440 km², 299 294 hab. Cap., Santa Rosa. C. prales.: General San Martín y General Pico. Sit. en la región de la Pampa deprimida. Al O el relieve se eleva hacia las primeras estribaciones andinas. R. Colorado, Atuel, Salado. Cereales, forrajes. Ganadería ovina y vacuna. Ind. de transformación agropecuaria y de producción de sal. ◊ Extensa planicie del centro de Argentina, que se extiende, de O a E, desde los Andes hasta el Atlántico, y de N a S, desde el río Salado hasta el Colorado. Vegetación exclusivamente herbácea, con gramíneas y prados naturales. Extraordinario desarrollo de la ganadería bovina y caballar. Cereales.

PÁMPANA f. Hoja de la vid.

PÁMPANO m. Nombre que se suele aplicar a las hojas recortadas y de grandes dimensiones.

PAMPEANAS, sierras Territorio montañoso del NO de la Pampa arg. Algunas sierras tienen alt. muy elevadas, como la de Famatina, que culmina en el Cerro General Manuel Belgrano (6 250 m). Recursos forestales y mineros.

PAMPEANO, NA adj. y s. De las pampas o de La Pampa. ◊ Díc. de los indios de una subraza amerindia, casi totalmente extinguida, caracterizada por presentar braquicefalia, piel morena y talla elevada.

PAMPEAR intr. *Amér. Merid.* Recorrer la pampa.

PAMPERO adj. y m. Díc. del viento impetuoso y frío que sopla en la región de las pampas y en el Río de la Plata.

PAMPLINA f. *Bot.* Planta herbácea anual, con hojas partidas en lacinias estrechas, flores amarillas y fruto seco en vainillas. ◊ fig. y fam. Cosa de poca entidad, fundamento o utilidad.

PAMPLONA o **IRUÑA** C. de España, cap. de la prov. y com. autón. de Navarra; 183 964 hab. Centro administrativo y comercial. Ind. metalúrgica, automovilística, alimentaria, textil, maderera, papelera. Universidades. Catedral gótica.

PAMPÓN m. *Perú.* Corral grande.

PAMPORCINO m. Planta vivaz, de flores purpurinas y róseas, fruto capsular y rizoma en forma de torta, que comen los cerdos y se emplea como purgante.

PAMPSIQUISMO m. *Fil.* Doctrina que atribuye naturaleza espiritual a todo lo existente. Ha revestido distintas formas a lo largo de la historia de la filosofía.

PAN m. Porción de masa de harina y agua que, después de fermentada y cocida en horno, sirve de alimento al hombre, entendiéndose que es trigo cuando no se expresa el grano de que se hace. ◊ fig. Todo lo que en general sirve para el sustento diario. ◊ fig. Hoja o laminilla de oro, plata u otro metal, propia para dorar o platear. ◊ **ázimo.** El hecho sin levadura. ◊ **candeal.** El que se hace con harina de trigo candeal. ◊ **francés.** Pan hecho con harina de trigo, muy esponjoso. ◊ **integral.** El que se ha fabricado con harina que conserva todos los componentes del trigo. ❏ PANADERÍA; PANADERO, RA.

PAN *Mit. gr.* Dios de los rebaños, pastores, dehesas y bosques. Los rom. le identificaron con Fauno.

PANA f. Tela gruesa, semejante al terciopelo.

PÁNACE f. Planta herbácea, vivaz, con tallo acanalado, hojas partidas en lóbulos acorazonados, flores amarillas en umbelas muy pobladas, frutos aovados y raíz jugosa, de la que se extrae el opopónaco.

PANACEA f. Medicamento al que se atribuye eficacia para curar diversas enfermedades.

PANADIZO m. Inflamación purulenta de los dedos o de la palma de la mano.

PANAFRICANISMO m. Doctrina política que tiende a la realización de la unidad de los pueblos africanos.

PANAL m. Estructura de cera provista de celdillas hexagonales y que pende verticalmente en las colmenas. Sirve a las abejas como depósito de miel y polen, y como criadero para las larvas.

PANAMÁ Golfo del Pacífico, al S del istmo de Panamá, sit. entre la pen. de Azuero, al O, y la punta de Piñas, al E. ◊ **Canal de P.** Canal interoceánico, sit. en el istmo de Panamá, que comunica el océano Atlántico (mar Caribe) con el Pacífico; 81 km de longitud. Las obras se iniciaron en 1881 bajo la dirección de Lesseps, y fueron terminadas en 1914, después de ser traspasada la concesión a EE UU. En 1977 se firmaron los acuerdos Torrijos-Carter, en virtud de los cuales la zona del Canal fue restituida por EE UU a Panamá el 31 de diciembre de 1999. ◊ **Zona del canal de P.** ⇨ Canal, Zona del.

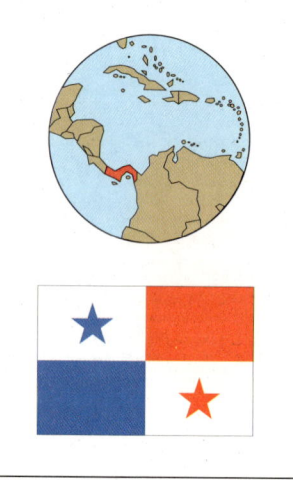

Mapa de situación y bandera
de **Panamá**

PANAMÁ (*República de Panamá*) Est. de América, sit. en el istmo hom. República. Grupos étnicos: mestizos (52 %), criollos (18 %), negros (15 %), amerindios, mulatos. Lenguas: cast. (of.), ing. *Rel.*: catolicismo (93 %), protestantismo. U.M.: el balboa. Cap., Panamá. C. prales.: Colón, David. P. está dividido en 10 provincias.

☐ *Geog. física.* El istmo centroamericano presenta en este país su mínima anchura (65 km). Una gran cadena montañosa (volcán Chiriquí, 3 478 m) divide las dos terceras partes del país en dos llanuras: una poblada de selvas, la vertiente caribeña; la otra, boscosa, en la vertiente del Pacífico. Hacia el E comunica el Arco Oriental del Norte con la cord. de San Blas y el Arco Oriental del Sur. Al N están la laguna del Chiriquí y los planos litorales de Veraguas y Colón. Ríos: Chepo, Chucunaque, Tuira, Cricamola, Guasaro, Indio, etc. Clima tropical y gran pluviosidad.

☐ *Geog. económica.* Se cultiva maíz, arroz, mandioca, yuca, ñame, patatas, judías. Exporta bananas, café y cacao. La caña de azúcar sirve de base para la industria de destilería del alcohol. Importante ganadería: bovinos, ganado caballar, porcino, mular y cabrío, aparte del avícola. Pesca ballenera. Se exportan crustáceos, moluscos y ostras perlíferas. El subsuelo es rico en minerales: plata, cinabrio, hierro, etc. Hay ind. tabaquera, azucarera, de productos oleaginosos, de neumáticos, de cemento. El tránsito por el canal es una imp. fuente financiera.

☐ *Hist.* El territorio pan. estuvo habitado por los chibcha. El primer expedicionario que recorrió la región fue Alonso de Ojeda (1499). Pedrarias Dávila fundó la c. de Panamá (1519). Primero perteneció al virreinato del Perú (1718-1739) y después al de Nueva Granada, hasta que se produjo la emancipación en 1821. Ésta fue seguida por su integración a la Gran Colombia (1822). El primer proyecto de construcción del canal corrió a cargo de la compañía de Lesseps, que al quebrar vendió sus derechos a EE UU (1900). En 1903 se firmó el acta de indep. y se proclamó la rep. En 1904 asumió la presidencia Manuel Amador Guerrero. En 1913 se abrió el canal. Durante la II Guerra Mundial fuerzas norteam. ocuparon el territorio pan. Entre 1952 y 1955 asumió la presidencia el coronel José A. Remón. En 1964 se produjeron manifestaciones estudiantiles antinorteam. en la Zona del Canal. En 1968 el general Torrijos derrocó a A. Arias e impuso a D. Lakas al frente de una junta civil, que le otorgó plenos poderes en 1972. En 1977 se firmó un tratado bilateral que reconocía la soberanía pan. sobre el canal a partir de 1999. En 1978 A. Royo ocupó la presidencia, pero Torrijos controló el poder hasta su muerte (1981). N. Ardito Barletta, elegido pres. en 1984, renunció en 1985 y fue sustituido por E. A. Delvalle. En 1988 éste se enfrentó con el jefe de la guardia nacional, general Noriega. El Tribunal Electoral anuló el resultado de las elecciones de 1989, por lo que Noriega siguió siendo el hombre fuerte del país. Las tropas norteam. invadieron el país y apresaron a Noriega, mientras G. Endara fue reconocido presid. electo. Los comicios de 1994 dieron el triunfo al torrijista E. Pérez Balladares, mientras que en 1999 fue elegida presid. M. Moscoso, del Partido Arnulfista. Ese mismo año, el Canal y su zona adyacente volvieron a poder de P. En las elecciones presid. de 2004 venció M. Torrijos (alianza Patria Nueva). ◻ *Arte.* En la época precolombina se desarrollaron cuatro culturas: la de la prov. de Darién con cerámica poco elaborada; la de Coclé con objetos ofrendas; la de Veraguas con profundas cámaras funerarias, cerámica y joyas; la de Chiriquí con pictografías y trabajos en metal.

Panamá. Martín Torrijos

◻ *Lit.* Alcanzada la total independencia (1903), sobresalieron poetas como Demetrio Korsi y Ricardo Miró. En 1929, Rogelio Sinán, de filiación vanguardista, agruparía en su torno a notable grupo de poetas (R. J. Laurenza, Eda Nela, etc.). Entre los novelistas de este siglo se cuentan Salomón Ponce Aguilera, Ignacio J. Valdés, Moisés Castillo y Joaquín Beleño. En el campo del ensayo y la crítica han destacado Octavio Méndez, Rodrigo Miró y Belisario Porras, etc. En los últimos años destacan los poetas A. del Rosario, E. Jaramillo Levi; la obra narrativa de Dimas Lidio Pitty; las novelas de J. de Jesús Martínez, Bertalicia Peralta, José A. de Córdova y Francisco Sousa; y los ensayos de R. de la Guardia y R. Soler.

PANAMÁ Prov. de Panamá, dividida en dos partes por la Zona del Canal; 11 887,4 km², 1 232 390 hab. Cap., la c. hom. El sector occidental está ocupado por la cord. Central y el oriental por la de San Blas y el macizo de Darién. Caña de azúcar, café, frutales, hortalizas, cereales. Ganadería vacuna, caballar y porcina. Explotación forestal (caucho). Manganeso, hierro y cromo. Ind. tabaquera, elaboración de cemento. ◊ **C. de Panamá,** cap. de la rep. y de la prov. hom.; 658 102 hab. (en el distr.). Puerto sobre el Pacífico. Centro industrial y comercial. Ind. alimentaria, del calzado, textil, construcciones mecánicas, elaboración de tabaco, cemento y cerveza. La actual c. se halla a 65 km del viejo Panamá, fundado por Pedrarias Dávila, en 1519. La urbe colonial desempeñó un imp. papel como escala obligada en el envío del metal americano hacia España.

PANAMEÑO, ÑA adj. y s. De Panamá.

PANAMERICANA (*Panamerican Highway*) Gran ruta continental desde Fairbanks (Alaska) hasta Valparaíso y Buenos Aires. Iniciada en 1936.

PANAMERICANISMO m. Tendencia o aspiración de los pueblos amer. a la colaboración política, económica y cultural entre sus Estados. Monroe fue el primer formulador del p. en 1823. Bolívar quiso unir en pie de igualdad a todos los pueblos americanos. En 1910 se creó la Unión Panamericana. En la conferencia de Bogotá (1948) se sentaron las bases de la Organización de Estados Americanos (OEA). ◻ PANAMERICANISTA; PANAMERICANO, NA.

PANARABISMO m. Movimiento que propugna la solidaridad, cooperación e inclusive la unificación de los países árabes.

PANATENEAS f. pl. Fiestas que se celebraban en Atenas en honor de la diosa Atenea o Minerva.

PANAY Isla de las Filipinas, en el arch. de las Visayas; 10 478 km², 1 520 000 hab. C. pral.: Iloilo.

PANCA f. *Amér.* Hoja que cubre la mazorca del maíz.

PANCARTA f. Pergamino que contiene copiados varios documentos. ◊ Cartelón de tela, cartón, etc., que se exhibe públicamente y contiene, en grandes caracteres, lemas, expresiones de deseos colectivos, reivindicaciones, etc.

PANCHO, CHA adj. Tranquilo, inalterado. ◊ Satisfecho con algo.

PÁNCREAS m. *Anat.* Órgano de secreción externa (jugo pancreático) e interna (insulina), situado en la cavidad abdominal. ❑ PANCREÁTICO, CA.

PANCROMÁTICO, CA adj. *Fot.* Díc. de las emulsiones cuya sensibilidad es aproximadamente la misma para todos los colores.

PANDA f. Reunión de gente para hacer daño. ◊ Pandilla, reunión de gente para divertirse. ◊ **gigante** u **oso p.** m. *Zool.* Mamífero carnívoro, del Himalaya y China, de pelaje blanco, y negro en ojos, orejas y patas anteriores.

PANDECTAS f. pl. Recopilación de obras, especialmente las del derecho civil, que el emp. Justiniano puso en los 50 libros del Digesto.

PANDEMIA f. *Pat.* Epidemia de una enfermedad infecciosa, cuyo agente causal afecta a varios países y continentes. ❑ PANDÉMICO, CA.

PANDEMÓNIUM m. Cap. imaginaria del reino infernal. ◊ fig. y fam. Lugar en que hay mucho ruido y confusión.

PANDERETA f. Pandero con sonajas o cascabeles.

PANDERO m. o **PANDERA** f. Instrumento musical de percusión formado por uno o dos aros superpuestos, y cuyo vano está cubierto por uno de sus cantos o por los dos con piel muy lisa y estirada.

PANDILLA f. Liga o unión. ◊ La que forman algunos para engañar a otros o hacerles daño. ◊ Grupo de amigos que suelen reunirse para conversar o solazarse.

PANDO m. Terreno casi llano sit. entre dos montañas.

PANDO Dpto. de Bolivia, limítrofe con Brasil y Perú; 63 827 km², 52 525 hab. Cap., Cobija. El territorio está comprendido en la llanura amazónica. Arroz, yuca, maní. La explotación forestal es la pral. fuente de riqueza.

PANDO, José Manuel (1848-1917) Militar y político bol. La insurrección liberal de 1898 le elevó a la presidencia de la rep. (1899-1904). ◊ **José María** (1787-1840) Político per. Fue embajador de España antes de unirse a Bolívar. *Pensamientos.*

PANDORA *Mit. gr.* Primera mujer, fabricada por Hefesto. De ella con Epimeteo recibió una caja que contenía los males, que se esparcieron al abrirla.

PANECILLO m. Pan pequeño. ◊ Lo que tiene forma de un pan pequeño. ◊ *Amér. Centr.* Pastilla de cacao molido.

PANAMÁ

Superficie	75 517 km²
Población	2 631 013 hab. (35 hab./km²)
Recursos económicos	
Arroz	180 000 t
Bananas	1 170 000 t
Cacao	1 000 t
Café	11 000 t
Caña de azúcar	30 000 ha
Maíz	94 000 t
Mandioca	37 000 t
Naranjas	25 000 t
Nuez de coco	20 000 t
Tabaco	2 000 t
Ganadería	
Cabaña bovina	1 399 000 cabezas
Cabaña caballar	156 000 cabezas
Cabaña porcina	256 000 cabezas
Riqueza forestal	1 872 000 m³
Pesca	161 733 t
Producción industrial	
Azúcar	128 000 t
Cemento	169 000 t
Cerveza	817 000 hl
Ener. eléctrica	2 901 millones kwh
Neumáticos	23 000 unidades
Tabaco	1 150 millones de cigarrillos
Indicadores sociológicos	
PNB	5 254 millones de dólares
Renta per cápita	2 180 dólares
Esperanza de vida	73 años
Alfabetismo	88 %

PANECIO (h. 185-h. 110 a. C.) Filósofo estoico gr. *Sobre el deber, Sobre las sectas filosóficas, Sobre la política, Sobre la providencia.*

PANEGÍRICO m. Discurso oratorio en alabanza de una persona. ◊ Elogio de algunas personas, hecho por escrito. ❑ PANEGIRISTA.

PANEL m. Cada uno de los compartimientos en que para su ornamentación se dividen los lienzos de pared, las hojas de puertas, etc. ◊ *Const.* Elemento prefabricado que se usa para construir divisiones verticales en el interior de los edificios, para aislamiento, revestimiento, etc. ◊ Cartelera de grandes dimensiones que sirve para hacer propaganda de productos, actos públicos, etc. ◊ *P. Rico.* Grupo de personas que discuten un asunto en público.

PANERA f. Cesta grande sin asa, gralte. de esparto, que sirve para transportar pan. ◊ Nasa, cesto.

PAÑERO, Leopoldo (1909-1962) Poeta español. *Escrito a cada instante, Canto personal.*

PANESLAVISMO m. Doctrina política que aspira a la agrupación de todos los pueblos de origen eslavo. ❑ PANESLAVISTA.

PANFILIA (*Pamphilia*) Ant. región de la costa S de Asia Menor, entre el golfo de Antalya y los montes Tauro.

PÁNFILO, LA adj. y s. Muy pausado, flojo y tardo en obrar.

PANFLETO m. Libelo difamatorio. ◊ Opúsculo de carácter agresivo. ❑ PANFLETARIO, RIA; PANFLETISTA.

PANGELÍN m. *Bot.* Árbol de Brasil, cuyo fruto contiene una almendra usada como antihelmíntico.

PANGERMANISMO m. Ideología y movimiento político tendente a reunir bajo una misma autoridad a los pueblos de origen germánico. ❑ PANGERMANISTA.

PANGOLÍN m. Mamífero desdentado, parecido al lagarto, y cubierto de escamas duras y puntiagudas, que el animal eriza al arrollarse en bola para defenderse.

PANGUE m. *Chile.* Hierba de enormes hojas utilizadas como paraguas por los indígenas de los Andes.

PANHELENISMO m. Ideal político que tiende a reunir en una sola nación a todos los pueblos gr. de la pen. de los Balcanes y de las islas del mar Egeo.

PANI, *Mario* (1911-1993) Arquitecto mex. Conjunto habitacional Nonoalco Tlaltelolco.

PANIAGUA, *Valentín* (n. 1936) Político per. Ministro de Justicia y Culto y de Educación con F. Belaúnde. En noviembre de 2000 fue designado presid. interino en sustitución de Fujimori. A. Toledo le sucedió en el cargo en 2001.

PÁNICO adj. y m. Se aplica al miedo grande o temor excesivo, sin causa justificada.

PANÍCULA f. *Bot.* Panoja o espiga de flores. ❑ PANICULADO, DA.

PANÍCULO m. *Anat.* Capa o acumulación de tejido. ◊ **adiposo.** El formado por células adiposas.

PANIEGO, GA adj. Que come mucho pan, o es muy aficionado a él. ◊ Díc. del terreno que rinde panes, o sea trigo.

PANIFICAR tr. Convertir la harina en pan. ◊ Romper las dehesas y tierras eriales, arándolas, cultivándolas y haciéndolas aptas para la siembra de cereales. ❑ PANIFICACIÓN; PANIFICADOR, RA.

Pangolín

PANISLAMISMO m. Doctrina política que aspira a la agrupación de todo el mundo islámico.

PANIZO m. Planta herbácea gramínea, con tallo erguido, hojas surcadas por una nerviación blanca, flores agrupadas en espigas y frutos en cariópsides ovales. Es originaria de Oriente. ◊ Maíz. ◊ *Chile.* Criadero de minerales.

PANJAB ▷ Punjab.

PAJIM C. de la India, cap. del est. de Goa; 42 900 hab.

PANLOGISMO m. *Fil.* Doctrina según la cual la realidad es completamente inteligible. El término se aplica, pralm., a la doctrina de Hegel.

PANO m. *Ling.* Familia de lenguas de América del Sur. Comprende tres grupos de tribus, en Perú, Bolivia y Brasil.

PANOCHA f. Panoja. ◊ fam. *Méx.* Órgano sexual femenino.

PANOJA f. *Bot.* Inflorescencia en panícula formada por un eje engrosado donde se disponen las flores en situación periférica. ◊ Racimo de uvas u otra fruta.

PANOLI adj. y s. fam. Díc. de la persona simple y sin voluntad.

PANONIA Ant. región de Europa central. Corresponde a la parte oriental de Austria, a Croacia y a parte de Hungría.

PANÓNICA, Llanura Extensa planicie del centro de Europa que ocupa parte de Hungría, Croacia, Rumania, Austria, Eslovaquia y la Rep. Checa.

PANOPLIA f. Tabla, gralte. en forma de escudo, donde se colocan floretes, sables y otras armas de esgrima.

PANORAMA m. Vista pintada en un gran cilindro hueco, en cuyo centro hay una plataforma circular, aislada, para los espectadores, y cubierta para hacer invisible la luz cenital. ◊ P. ext., vista de un horizonte muy dilatado. ❑ PANORÁMICO, CA.

PANQUEQUE (del ing. *pancake*) m. *Amér.* Torta delgada y blanda, de harina, leche, huevos, mantequilla y azúcar.

PANTAGRUÉLICO, CA adj. Hablando de comidas, díc. de las cantidades excesivas.

PANTALÁN m. Muelle o embarcadero para barcos de poco tonelaje, que avanza algo en el mar.

PANTALLA f. Mampara que reduce la intensidad de un foco radiante. ◊ Superficie sobre la que se proyectan imágenes. ◊ *Argent.* Cartelera de menor tamaño, que se coloca junto al borde de las aceras o en las esquinas de las calles. ◊ *Comp.* Dispositivo de *output* en el que se visualizan las informaciones que el usuario digita en el teclado o que la misma computadora genera. ◊ **fluorescente.** *Fís.* Parte final del tubo de rayos catódicos, donde el haz de electrones produce luminosidad.

PANTALÓN m. Prenda de vestir que se ciñe al cuerpo en la cintura y baja cubriendo total o parcialmente, y por separado, ambas piernas. Se usa más en pl.

PANTANAL Región de América Meridional, sit. entre Brasil y Bolivia, cuyo nombre se debe al carácter inundable de sus tierras por la cuenca del alto Paraguay.

PANTANO m. Hondonada donde se recogen y naturalmente se detienen las aguas, con fondo más o menos cenagoso. ◊ Gran depósito de agua, que se forma gralte. cerrando la boca de un valle. ❑ PANTANOSO, SA.

PANTEÍSMO m. *Fil.* Sistema de los que creen que la totalidad del universo es el único Dios. ❑ PANTEÍSTA; PANTEÍSTICO, CA.

PANTEÓN m. Templo que los gr. y rom. consagraban a todos sus dioses. ◊ Monumento funerario para el enterramiento de varias personas. ◊ *Amér.* Cementerio.

PANTERA f. *Zool.* Leopardo cuyas manchas circulares de la piel son todas anilladas. ◊ **negra.** Leopardo de pelaje de este color, que se encuentra pralm. en Java.

PANTOCRÁTOR (gr., «omnipotente») m. Sobrenombre dado a Zeus, y aplicado post. a las representaciones de Cristo sentado en un trono y rodeado de una mandorla o aureola ovalada.

PANTÓGRAFO m. Instrumento para copiar, ampliar o reducir un plano o dibujo. ◊ *Ferr.* Dispositivo articulado de las locomotoras eléctricas, para captar la corriente eléctrica que alimenta los motores.

PANTOJA de la Cruz, Juan (1553-1608) Pintor esp. Retratos cortesanos. *Felipe II, Ana de Austria niña.*

PANTOMIMA f. Representación teatral en que la palabra se sustituye por gestos y actitudes. ◊ fig. Simulación, ficción.

Pantocrátor procedente del ábside de San Clemente de Tahull, Lleida (Museo de Arte de Cataluña, Barcelona. España)

PANTOQUE m. *Mar.* Parte casi plana del casco de un barco, que forma el fondo junto a la quilla.

PANTORRILLA f. Masa formada por los músculos gemelos en la cara posterior de la pierna, bajo la corva.

PANTUFLA f. Calzado, especie de chinela o zapato sin orejas ni talón, que para mayor comodidad se usa en casa.

PANTY (voz ing.) o **PANTI** m. Prenda femenina consistente en un par de medias unidas a modo de leotardo.

PANUCHO m. *Méx.* Tortilla de maíz rellena con frijoles y carne.

PÁNUCO Río de México; 600 km. Nace en el est. de México y desemboca en el golfo de México, cerca de Tampico.

PANZA f. Barriga o vientre. Aplícase comúnmente al muy abultado. ◊ Parte saliente de ciertas vasijas o de otras cosas. ◊ *Zool.* Primera de las cuatro cavidades en que se divide el estómago de los rumiantes. ❑ PANZÓN, NA; PANZUDO, DA.

PANZADA f. Golpe que se da con la panza. ◊ fam. Hartazgo o atracón.

PANZALEO adj. y s. Díc. de los campesinos del Ecuador andino. Se les supone descendientes de los chibchas.

PAÑAL m. Sabanilla o pedazo de lienzo en que se envuelve a los niños de teta. ◊ fig. Primeros principios de la crianza y nacimiento, especialmente en orden a la calidad.

PAÑO m. Tela de lana muy tupida y con pelo corto. ◊ Tela de diversas clases de hilos. ◊ Ancho de una tela cuando varias piezas de ella se cosen unas al lado de otras. ◊ Tapiz u otra colgadura. ◊ Excrecencia membranosa extendida sobre la córnea del ojo, que interrumpe la vista. ◊ Accidente que disminuye el brillo o la transparencia de algunas cosas. ◊ pl. Cualquier género de vestiduras. fig. ◊ **de lágrimas.** Persona en quien se encuentra frecuentemente atención, consuelo o ayuda. ◊ **Paños calientes.** fig. y fam. Diligencias y buenos oficios que se aplican para templar el rigor o aspereza con que se ha de proceder en una materia. ◊ **Paños menores.** Ropa interior. ❑ PAÑERÍA; PAÑERO, RA.

PAÑOL m. *Mar.* Cualquiera de los compartimientos del buque, para guardar víveres, municiones, pertrechos, etc.

PAÑOLETA f. Prenda de vestir femenina, de forma triangular, que se lleva sobre los hombros.

PAÑUELO m. Pedazo de tela para diferentes usos. ◊ El que se usa para limpiarse el sudor y las narices.

PAPA m. *Rel.* Sumo pontífice rom., vicario de Cristo y sucesor de san Pedro como cabeza visible de la Iglesia católica. ◊ fam. Papá. ◊ f. Patata, planta. ◊ Patata, tubérculo. ❑ PAPAL.

PAPÁ m. fam. Padre de uno o varios hijos. ◊ pl. El padre y la madre.

PAPACHO m. *Méx.* Caricia, en especial la que se hace con las manos.

PAPADA f. Abultamiento carnoso anormal que se forma debajo de la barba, o entre ella y el cuello.

PAPADO o **PÁPAZGO** m. Dignidad de papa. ◊ Tiempo que dura. ◊ Conjunto de los papas.

PAPADOPOULOS, Georgios (1919-1999) Militar y político gr., pral. dirigente del golpe de Est. de 1967. En 1973 se proclamó presid. Destituido el mismo año.

PAPAGAYO m. Ave de pico fuerte, grueso y encorvado, plumaje amarillo en la cabeza, verde en el cuerpo y encarnado en el encuentro con las alas. ◊ Víbora muy venenosa, de color verde, que vive en las ramas de los árboles de Ecuador.

PÁPAGO, GA adj. y s. Díc. de una tribu amerindia que vive cerca del golfo de California, entre México y EE UU.

PAPAGOS, Alexandros (1883-1955) Militar y político gr. Jefe supremo del ejército, luchó en la II Guerra Mundial contra los it. (1940) y, en la guerra civil, contra los comunistas (1949). Jefe de gobierno (1952-1955).

PAPAHÍGO m. Gorro de paño que cubre el cuello y parte de la cara para resguardarlos de la intemperie.

PAPALOAPÁN Río de México, que nace en la sierra de Juárez (Oaxaca), donde recibe el nombre de río Grande, que conserva hasta su unión con el Salado; 900 km.

PAPAMOSCAS m. Pájaro de color gris por encima, blanquecino por debajo, con manchas pardas en el pecho, y cerdas negras en la comisura del pico.

PAPAÑATAS m. fig. y fam. Hombre simple y crédulo o demasiado cándido.

PAPANDREU, Andreas Georgios (1919-1996) Político gr., hijo de Georgios P. Organizó el que sería el Movimiento Panhelénico Socialista. Con él gobernó Grecia de 1981 a 1989 y de 1993 a 1996. ◊ *Georgios* (1888-1968) Político gr. En 1944 presidió un gobierno de unión nacional. Como dirigente de las fuerzas de Unión del Centro, fue primer ministro en 1964.

PAPANTLA Mun. de México, en el est. de Veracruz; 97 100 hab. Centro comercial. Ruinas precolombinas de Tajín.

PAPAR tr. Comer cosas blandas sin masticar.

PAPARRUCHA f. fam. Noticia falsa y desatinada, esparcida entre el vulgo. ◊ fam. Especie, obra literaria, etc., insustancial y desafinada.

PAPAVERINA f. *Quím.* Alcaloide cristalino contenido en el opio, y que tiene acción antiespasmódica.

PAPAYA f. Fruto del papayo, de forma oblonga, hueco y que encierra las semillas en su concavidad.

PAPAYO m. Árbol de los países cálidos, cuyo látex, abundante, contiene un fermento que descompone las sustancias albuminoideas.

PAPEAR intr. Balbucir, tartamudear, hablar sin sentido. ◊ fig. Comer.

PAPEETE C. de Tahití, cap. de la Polinesia fr.; 62 700 hab. Puerto exportador (copra). Centro turístico.

PAPEL m. Hoja delgada formada pralm. por fibras de celulosa prensadas, a las que se añaden otras sustancias cuya naturaleza y proporción varían según los distintos usos a que se destina. ◊ Pliego, hoja o pedazo de p. en blanco, manuscrito o impreso. ◊ Impreso que no llega a formar libro. ◊ Parte de la obra dramática que ha de representar cada actor, y texto de la misma. ◊ Documento comercial que contiene la obligación del pago de una cantidad. ◊ Conjunto de valores mobiliarios que salen a negociación en el mercado. ◊ pl. Documentos con que se acredita el estado civil o la calidad de una persona. ◊ **carbón.** El de seda tin-

PAPEL

Ilustración japonesa del siglo XVIII. La descripción más antigua de la fabricación del papel es un escrito chino del año 100 d. C.

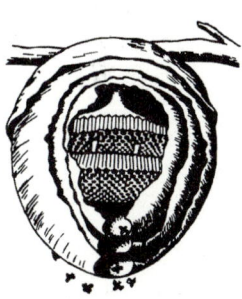

Los avisperos están hechos de una especie de pasta de papel. La avispa mastica pequeños trozos de madera y la mezcla con su saliva

Aún hoy se fabrica papel a mano, por ejemplo en Fabriano, Italia. Tiene gran calidad y se emplea sobre todo para estampaciones artísticas

tado, que sirve para copias. ◊ **cebolla.** El de seda muy fino. ◊ **cuché.** El muy satinado y barnizado que se emplea pralm. en revistas y obras que llevan grabados o fotograbados. ◊ **de estraza.** P. muy basto, áspero, sin cola y sin blanquear. ◊ **del Estado.** Diferentes documentos que emite el Estado reconociendo créditos a favor de sus tenedores. ◊ **de lija.** Hoja de p. fuerte y áspero, con vidrio molido, arena cuarzosa o polvos de esmeril, encolados en una de sus caras. ◊ **de plata.** El de estaño, muy fino. ◊ **de seda.** Fino, transparente y flexible. ◊ **de tornasol.** El impregnado en la tintura de tornasol, que sirve como reactivo para reconocer los ácidos. ◊ **higiénico.** El fino, apropiado para usos sanitarios. ◊ **mojado.** fig. y fam. Cualquier cosa inútil o inconsistente. ◊ **moneda.** El que por autoridad pública sustituye al dinero en metálico y tiene curso como tal. ◊ **picado.** Amér. Confeti. ◊ **pintado.** El de varios colores y dibujos que se emplea para empapelar paredes. ◊ **secante.** El esponjoso y sin cola, que se emplea para enjugar lo escrito a fin de que no se emborrone. ◊ **social.** Pauta de comportamiento que se asocia a un determinado *status*. ◊ **vegetal.** El sulfurizado, bastante transparente, que se usa para dibujos, planos, etc.
☐ *Ind.* El p. fue inventado por los chinos hace casi 2 000 años. La materia prima para fabricar p. es la madera, aunque también puede emplearse celulosa de otras procedencias. Para obtener p. a partir de madera hay que desprender las fibras de ésta, preparando la pasta por medios mecánicos o químicos.
PAPELEO m. Exceso de trámites en la resolución de un asunto.
PAPELERÍA f. Tienda en que se vende papel y objetos de escritorio.
PAPELERO, RA adj. y s. Farolero, papelón. ◊ Persona que fabrica o vende papel. ◊ f. Fábrica de papel. ◊ Cesto de los papeles.
PAPELETA f. Cédula. ◊ Impreso en el que se hace constar la calificación obtenida en un examen. ◊ fig. y fam. Asunto difícil de resolver.
PAPELINA f. Pequeño envoltorio de papel que contiene droga dura.
PAPELÓN, NA adj. y s. fam. Díc. de la persona que ostenta y aparenta más que es. ◊ m. Papel en que se ha escrito acerca de algún asunto o negocio, y que se desprecia por algún motivo. ◊ *Amér.* Meladura ya cuajada en una horma cónica. ◊ Papel ridículo o desairado.
PAPEN, Franz von (1879-1969) Diplomático y político al. Canciller del III Reich (1932) y vicecanciller del primer gabinete de Hitler.
PAPERA f. *Pat.* Inflamación del tiroides, bocio. ◊ *Pat.* Inflamación de las glándulas salivales. ◊ pl. *Med.* Escrófulas.
PAPIAMENTO m. *Ling.* Dialecto criollo de Curaçao.
PAPILA f. *Bot.* Cada una de las pequeñas prominencias cónicas que tienen ciertos órganos de algunos vegetales. ◊ *Anat.* Cada una de las pequeñas prominencias cónicas formadas en la piel y en las membranas mucosas, especialmente de la lengua, por las ramificaciones nerviosas y vasculares. ☐ PA-PILAR.

PAPILLA f. Papas que se dan a los niños.
PAPILOMA m. *Med.* Variedad de epitelioma caracterizada por el aumento de volumen de las papilas de la piel o de las mucosas, con induración de la dermis subyacente.
PAPIN, Denis (1647-1714) Físico fr. Inventor de la llamada *marmita de Papin*, predecesora de las autoclaves, y de un barco a vapor con rueda de paletas.
PAPINI, Giovanni (1881-1956) Escritor it. La *Historia de Cristo* marca su conversión al catolicismo. *Un hombre acabado, Gog, Cartas a los hombres, El libro negro, El juicio final*.
PAPIÓN m. Simio catarrino de formas robustas y con hocico saliente que habita en el África subsahariana.
PAPIRO m. *Bot.* Planta vivaz de Oriente, de hojas largas y estrechas, cañas cilíndricas, lisas, desnudas y terminadas por un penacho de espigas con flores pequeñas y verdosas. ◊ Lámina sacada del tallo de esta planta y que empleaban los antiguos para escribir en ella.
PAPISA f. de papa, primera autoridad de la Iglesia católica. Sólo se da a la fabulosa *papisa Juana*.
PAPISTA adj. y s. Nombre que algunos protestantes y ortodoxos dan al católico rom. porque obedece al papa. ◊ fam. Partidario de la rigurosa observación de las disposiciones del sumo pontífice.
PAPO m. Parte abultada del animal entre la barba y el cuello.
PAPPO o **PÁPPUS** (s. IV) Matemático de Alejandría. Su *Colección matemática*, recoge los conocimientos matemáticos de su época.
PAPÚ adj. y s. Díc. de individuos de un pueblo australoide de Nueva Guinea e islas adyacentes de Indonesia oriental y Melanesia. ◊ adj. Relativo a este pueblo o a la región que habita.
PAPUA-NUEVA GUINEA (*Papua-New Guinea*) Estado independiente de Oceanía, integrado por la mitad oriental de la isla de Nueva Guinea y el arch. de Bismarck, las islas del Almirantazgo, Salomón septentrional, Entrecas-

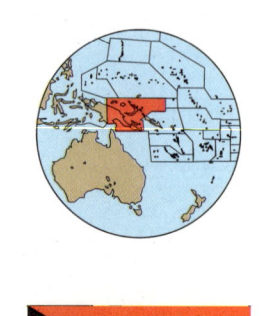

Mapa de situación y bandera de **Papua-Nueva Guinea**

PAPUA-NUEVA GUINEA

Superficie	462 840 km²
Población	3 772 000 hab. (8 hab./km²)
Recursos económicos	
Aceite de palma	114 000 t
Azúcar	43 000 t
Bananas	1 200 000 t
Batatas	470 000 t
Cabaña bovina	105 000 cabezas
Cabaña porcina	1 000 000 cabezas
Cacao	33 000 t
Café	62 000 t
Caucho	6 000 t
Cobre	205 000 t
Copra	90 000 t
Ener. eléctrica	1 790 millones de kwh
Maíz	2 000 t
Mandioca	112 000 t
Oro	31 035 kg
Plata	124 500 kg
Riqueza forestal	8 188 000 m³
Sorgo	1 000 t
Indicadores sociológicos	
PNB	3 307 millones de dólares
Renta per cápita	820 dólares
Esperanza de vida	56 años
Alfabetismo	52 %

teaux, Trobriand, Woodlark y Luisiada. El sector neoguineano se halla recorrido por las cadenas Bismarck y Owen Stanley. La costa de Nueva Guinea oriental está accidentada por la cord. Central. Cacahuetes, algodón, palma de coco, café, cacao, té, maíz, sorgo, arroz, batata. Madera, caucho. Cobre, oro, plata, platino. Etnias: papúes, melanesios, otros. Lenguas: motu, *pidgin-english. Rel.*: animismo, protestantismo, catolicismo. U.M.: la kina. Cap., Port Moresby.
☐ *Hist.* Entidad autónoma creada en 1973. Indep. desde 1975, en el seno de la Commonwealth. El jefe del Est. es la reina de Inglaterra, representada por un gobernador general.
PAPUASIA (*Territory of Papua*) Ant. territorio de la Federación australiana, compuesto por parte de la isla de Nueva Guinea, las islas Entrecasteaux, Trobriand y Woodlark, y el arch. de Luisiada. En 1973, junto con Nueva Guinea del Nordeste, formó el Est. de Papua-Nueva Guinea.
PÁPULA f. *Med.* Tumorcillo eruptivo que se presenta en la piel, sin pus ni serosidad.
PAQUEBOTE o **PAQUEBOT** m. Embarcación que lleva la correspondencia pública, y gralte. pasajeros, de un puerto a otro.
PAQUETE, TA adj. *Amér.* Díc. de las personas bien vestidas y de los locales bien puestos. ◊ m. Lío o envoltorio bien dispuesto y no muy abultado de cosas de una misma o distinta clase. ◊ **de acciones.** Conjunto grande de acciones de una compañía, pertenecientes a un solo titular.
PAQUIDERMO adj. y m. *Zool.* Díc. del mamífero artiodáctilo, omnívoro o herbívoro, de piel muy gruesa y dura.
PAQUISTANÍ adj. y s. De Pakistán.
PAR adj. Igual o semejante totalmente ◊ *Anat.* Díc. del órgano que corresponde simétricamente a otro igual. ◊ *Arit.* Díc. del núm. divisible por dos.

m. Conjunto de dos magnitudes asociadas. ◊ Título de alta dignidad en algunos Est. ◊ *Fís.* Conjunto de dos cuerpos heterogéneos que en condiciones determinadas producen una corriente eléctrica. ◊ **de fuerzas.** *Fís.* Sistema de dos fuerzas paralelas y de sentido contrario, de igual módulo, que producen un movimiento rotatorio.

PARA prep. con que se denota el fin o término a que se encamina una acción. ◊ Hacia, denotando el lugar que es el término de un viaje o movimiento o la situación de aquél. ◊ Se usa indicando el lugar o tiempo a que se difiere o determina el ejecutar una cosa o finalizarla. ◊ Se usa también determinando el uso que conviene o puede darse a una cosa. ◊ Se usa como partícula adversativa, significando el estado en que se halla actualmente una cosa, contraponiéndolo a lo que se quiere aplicar o se dice de ella. ◊ Denota la relación de una cosa con otra, o lo que es propio o le toca respecto de sí misma. ◊ Significando el motivo o causa de una cosa, por que, o por lo que. ◊ Por, o a fin de.

PARÁ Río de Brasil, una de las ramas del delta del Amazonas, formada por la unión de este río con el Tocantins.

PARÁ Est. de Brasil bañado por el Atlántico en su extremo NE; 1 246 833 km², 4 997 000 hab. Cap., Belém. Su parte central está ocupada por el valle inferior del Amazonas; al N aparece el Escudo de Guayana y al S la Meseta Brasileña. Avenado por el Amazonas, el Tocantins y el Pará. Caucho, nuez de Pará, palma, algodón, arroz, caña de azúcar, café y tabaco.

PARABIÉN m. Felicitación.

PARÁBOLA f. Narración de un suceso fingido, de la que se deduce, por comparación o semejanza, una verdad importante o una enseñanza moral. ◊ *Geom.* Curva abierta, simétrica respecto a un eje, con un solo foco, y que resulta de cortar un cono circular recto por un plano paralelo a una generatriz que cortará a todas las otras en una sola hoja del cono. ❑ PARABÓLICO, CA.

PARABOLOIDE m. *Geol.* Superficie cuadrática cuyas secciones por un plano paralelo a un eje son parábolas. ◊ **elíptico.** *Geom.* Superficie convexa cuyas secciones planas son todas parábolas o elipses.

PARABRISAS m. Bastidor con vidrio que lleva el automóvil en su parte delantera.

PARACA f. *Chile.* Brisa muy fuerte del Pacífico.

PARACAÍDAS m. Artefacto hecho de tela fuerte que al extenderse en el aire forma una sombrilla grande. Se usa para moderar la velocidad de caída de las personas y objetos que se arrojan desde las aeronaves.

PARACAIDISMO m. Técnica del descenso con paracaídas desde aviones en vuelo. ❑ PARACAIDISTA.

PARACAS Cultura andina precolombina que se desarrolló en la costa meridional de Perú, en la península de Paracas, quizá entre el 1200 a. C. y el año 100 d. C. Se distinguen dos fases: Paracas-cavernas y Paracas-necrópolis. La primera, que aparece en la zona de Ica, recibe su denominación de las numerosas cavernas funerarias encontradas.

Paracaídas

La segunda fase destaca por sus cámaras funerarias.

PARACELSO, *Theophrastus Bombastus von Hohenheim,* llamado (1493-1541) Médico naturalista suizo, uno de los fundadores de la química farmacéutica.

PARACENTESIS f. *Cir.* Punción que se hace en el vientre para evacuar la serosidad acumulada anormalmente en la cavidad del peritoneo.

PARACHOQUES m. Pieza o aparato que llevan exteriormente los automóviles y otros vehículos, en las partes delantera y trasera, para amortiguar los efectos de los choques.

PARÁCLITO o **PARACLETO** m. Nombre que se da al Espíritu Santo.

PARADERO m. Lugar o sitio donde se para o se va a parar. ◊ fig. Fin o término de una cosa. ◊ *Cuba.* Estación o apeadero de ferrocarril. ◊ *Col.* Parada de autobuses.

PARADIGMA m. Ejemplo o ejemplar. ◊ *Gram.* Conjunto de formas que sirven de modelo en los diversos tipos de flexión. ◊ *Ling.* Conjunto virtual de elementos que pueden aparecer en un mismo contexto y en el mismo lugar. ❑ PARADIGMÁTICO, CA.

PARADO, DA adj. Remiso, tímido o flojo en palabras o movimientos. ◊ adj. y m. Desocupado o sin empleo. ◊ *Amér.* Derecho o en pie. ◊ f. Lugar donde se para. ◊ Fin del movimiento de una cosa, pralm. de la carrera. ◊ Suspensión o pausa, pral. en la música. ◊ *Mil.* Formación de tropas para pasarles revista o hacer alarde de ellas en una solemnidad. ◊ **nupcial.** Comportamiento desarrollado por los machos de algunas especies animales durante la época de reproducción.

PARADOJA f. Especie extraña u opuesta a la común opinión y al sentir de los hombres. ◊ *Fil.* Razonamiento aparentemente correcto del que se deduce una conclusión falsa contradictoria. ❑ PARADÓJICO, CA.

PARADOR m. Mesón.

PARAESTATAL adj. Díc. de las instituciones, organismos y centros que, por delegación estatal, cooperan a los fines del Est. sin formar parte de la administración pública.

PARAFERNALES adj. pl. *Der.* Díc. de los bienes que lleva la mujer al matrimonio fuera de la dote y los que adquiere durante él por título lucrativo, como herencia o donación.

PARAFINA f. *Quím.* Mezcla de hidrocarburos alifáticos saturados, de fórmula general C_nH_{2n+2}. ❑ PARAFINADO, DA.

PARÁFRASIS f. Explicación o interpretación amplificativa de un texto para ilustrarlo o hacerlo más claro o inteligible. ❑ PARAFRASEAR; PARAFRÁSTICO, CA.

PARAGUA Río de Venezuela, afl. del Caroní y subafluente del Orinoco; 580 km. Nace en la sierra de Pacaraima.

PARAGUÁ Río de Bolivia, afl. izquierdo del Guaporé; 370 km.

PARAGUANÁ Pen. del N de Venezuela (est. Falcón), en el Caribe, unida al continente por el istmo de Médanos.

PARAGUARÍ Dpto. del S de Paraguay; 8 705 km², 230 700 hab. Cap., la c. hom. Llanura aluvial limitada al N por la cord. de los Altos. Lagos de Vera e Ipoá. Caña de azúcar, algodón, tabaco, arroz, agrios, bananas. Ganadería vacuna. Explotación forestal. ◊ C. de Paraguay, cap. del dpto. hom.; 5 700 hab.

PARAGUAS m. Utensilio para resguardarse de la lluvia, compuesto de un bastón y un varillaje cubierto de tela que puede extenderse. ❑ PARAGÜERÍA; PARAGÜERO, RA.

PARAGUATÁN m. *Amér. Centr.* Árbol de madera rosada, que admite pulimento, y de cuya corteza se hace una tinta roja.

PARAGUAY m. Papagayo del Paraguay, de plumaje verde manchado de colores vivos.

PARAGUAY Río de América del Sur, pral. afl. del Paraná; 2 800 km de curso; 1 097 000 km² de cuenca. Nace en el Mato Grosso. Forma la frontera entre Paraguay y Brasil y, desde Asunción, la de Paraguay y Argentina.

PARAGUAY Estado interior de América del Sur. Rep. unitaria presidencialista. Etnias: mestizos, guaraníes, criollos, al. Lenguas: español y guaraní (oficiales). *Rel.:* catolicismo (mayoritaria). U.M.: el guaraní. Cap.: Asunción. C. prales.: Encarnación, Concepción. P. está dividido en 19 departamentos y un distrito capital.

❑ *Geog. física.* El terr. se divide en tres

Mapa de situación y bandera
de **Paraguay**

sectores: la Selva, al E del r. Paraguay, se caracteriza por la existencia de bajas alineaciones de colinas (sierra de Amambay, cord. Caaguazú) cubiertas por bosques tropicales; el Campo, a orillas del Paraguay, es una llanura de inundación muy favorable para los cultivos; el Chaco es una región llana que ocupa el 60 % de la superficie. La red hidrográfica está formada por el Paraguay y sus afl. (Jejui-Guazú, Tebicuary, Verde, etc.), el Pilcomayo y el Paraná. Clima tropical, cálido y húmedo.
□ *Geog. económica.* El pral. recurso económico reside en las actividades primarias. Entre los cultivos de subsistencia destacan el maíz y la mandioca. Los productos comerciales son el algodón, la caña de azúcar y el tabaco (dpto. de Caaguazú). Cultivos de naranjas, bananas, ananás y oleaginosas. La explotación forestal proporciona imp. ingresos: la yerba mate, quebracho, cedro, nogal y mogano. Ganadería bovina, ovina y caballar. En Ibicué se extrae manganeso y, en el Alto Paraná, cobre. La ind. se dedica a la transformación de productos primarios (conservas, curtidos, producción de tanino y mate, manufactura de tabaco, tejidos de algodón, maderas, etc.).
□ *Hist.* Los guaraníes de la rama de los tupí forman el sustrato étnico de la pob. En 1537, Juan de Salazar y Espinosa fundó Nuestra Señora de la Asunción, origen de la actual cap. del país. En 1617 se creó la gobernación del Paraguay o del Guairá, con cap. en Asunción. En 1609 se instalaron los jesuitas,

Paraguay. Nicanor Duarte Frutos

quienes organizaron las reducciones, pero fueron expulsados en 1767. Al constituirse el virreinato del Río de La Plata (1776), la gobernación de Paraguay pasó a depender de Buenos Aires. En 1811 el país consumó sin sangre la indep. y se constituyó un gobierno provisional encabezado por F. Yegros. En 1813 un congreso general sustituyó la junta por dos cónsules, siendo los dos primeros Yegros y el doctor Francia. Este último fue declarado «dictador supremo» (1816-1840). Carlos A. López (1844-1862) rompió el aislacionismo. Le sucedió su hijo, el mariscal F. Solano López. En la guerra de la Triple Alianza (1864-1870), Paraguay perdió las tres cuartas partes de su pob., casi la mitad del terr. y su industria. En los años siguientes alternaron en el poder el Partido Colorado y el Liberal. Tras la guerra del Chaco (1932-1935) con Bolivia, el Chaco boreal quedó dividido entre ambos países. Después de un periodo de gobiernos civiles y militares, en 1954 fue elegido el general Alfredo Stroessner, del Partido Colorado, reelegido durante 34 años. En 1989 el general Andrés Rodríguez puso fin al régimen y venció en las elecciones. En 1993 triunfó el oficialista Juan Carlos Wasmosy, que fue sucedido en 1998 por Raúl Alberto Cubas, del Partido Colorado; pero éste tuvo que dimitir en 1999, acusado de violar la constitución, y fue sustituido por Luis González Macchi. En mayo de 2000 se produjo un intento de golpe de est., abortado por la oposición de la sociedad civil y el ejército. El 27 de abril de 2003 se celebraron elecciones presid. en las que se impuso el candidato del Partido Colorado, Nicanor Duarte Frutos.
□ *Arte.* Del precolombino destacan los restos de cerámica decorada. Con la evangelización de los jesuitas se asimiló el estilo colonial esp. (especialmente el barroco). Las c. se proyectaron en retícula con una plaza cuadrada, en el centro de la cual se alzaba la iglesia (reducciones de Santa Trinidad, San Miguel). En el s. XIX el desarrollo artístico se centró en Asunción y se imitaron las construcciones neoclásicas fr. Entre los artistas contemporáneos destacan el dibujante M. Delgado y los pintores C. Colombino y E. Murro.
□ *Lit.* Los autores más imp. de la primera etapa que siguió a la indep. fueron M. A. Molas y N. Talavera. En la segunda mitad del s. XIX destacaron J. Segundo Decoud, J. Silvano Godoi, C. Báez, M.

PARAGUAY

Superficie	406 752 km²
Población	4 660 000 hab. (11 hab./km²)
Recursos económicos	
Aceite de palma	4 000 t
Algodón	410 000 t
Azúcar	99 000 t
Bananas	311 000 t
Batatas	85 000 t
Cacahuetes	39 000 t
Café	19 000 t
Caña de azúcar	2 300 000 t
Maíz	980 000 t
Mandioca	3 900 000 t
Naranjas	367 000 t
Soja	1 304 000 t
Trigo	400 000 t
Ganadería	
Cabaña bovina	8 260 000 cabezas
Cabaña caballar	335 000 cabezas
Cabaña ovina	460 000 cabezas
Cabaña porcina	2 450 000 cabezas
Riqueza forestal	
Madera	8 430 000 m³
Yerba mate	6 000 t
Producción industrial	
Cemento	468 000 t
Cerveza	107 000 hl
Ener. eléctrica	2 434 millones de kwh
Hilados de algodón	177 000 t
Tabaco	2 730 000 000 cigarrillos
Tanino	7 000 t
Indicadores sociológicos	
PNB	5 374 millones de dólares
Renta per cápita	1 210 dólares
Esperanza de vida	67 años
Alfabetismo	89 %

Gondra, M. Domínguez y los poetas, I. A. Pane, J. E. O'Leary y A. Guanes. Los cultivadores del modernismo fueron R. Barret, Fariña Núñez, M. Ortiz Guerrero, P. Max Instrán, L. Ramos Giménez y F. Recalde. Como destacados narradores de tema criollista cabe citar a J. N. González y J. Stefanich. Poetas vanguardistas fueron J. Pla y H. Campos Cervera, junto a los que sobresalen J. Correa, Rodríguez Alcalá, Pérez Chaves y E. Romero. Entre los narradores sobresalen G. Casaccia, J. S. Villarejo, A. Valdovinos, J. M. Rivarola y A. Roa Bastos.
PARAGUAYO, YA adj. y s. Del Paraguay. ◊ f. Fruta semilar al pérsico, de sabor parecido, pero de forma aplastada.
PARAÍBA Est. del NE de Brasil; 53 958 km², 3 282 000 hab. Cap., João Pessoa. Formado por una meseta y una llanura aluvial. Ríos Paraíba del Norte y Piranhas. Algodón, caña de azúcar, café.
PARAÍBA del Norte *(Paraiba do Norte)* R. de Brasil; 300 km. Desemboca en el estuario de Mamanguape. ◊ **del Sur** *(Paraiba do Sul)* Río de Brasil; 1 058 km. Nace en sierra del Mar (est. de São Paulo) y desemboca en el Atlántico.
PARAÍSO m. Lugar donde Dios puso a Adán. ◊ El cielo de los ángeles y los justos. ◊ Piso más alto de algunos teatros. ◊ fig. Cualquier sitio muy ameno. □ PARADISIACO, CA.
PARAÍSO, El Dpto. de Honduras, lindante con Nicaragua; 7 489 km², 244 366 hab. Cap., Yuscarán. Pertenece al área montañosa de la Sierra Madre. Café, caña de azúcar, bananas, cacao. Caoba, cedro. Ganadería. Oro (Agua Fría), plata (Yuscarán). Ind. agropecuaria.
PARAJE m. Lugar, sitio. ◊ Estado, ocasión y disposición de una cosa.
PARALAJE f. *Astr.* Diferencia entre las posiciones aparentes que en la bóveda celeste tiene un astro, según el punto desde donde se supone observado. □ PARALÁCTICO, CA.
PARALELEPÍPEDO m. *Geom.* Poliedro limitado por seis caras paralelas dos a dos, que son paralelogramos.
PARALELINERVIO, VIA adj. *Bot.* Díc. de las hojas que poseen las nerviaciones paralelas, sin existencia de una nerviación principal.
PARALELISMO m. *Geom.* Relación entre las rectas del plano o los planos del espacio, basada en la continuada igualdad de distancias entre dichas rectas o planos.
PARALELO, LA adj. y f. *Geom.* Díc. de las rectas o planos que cumplen la relación de paralelismo. ◊ *Geom.* Circunferencia que se obtiene de la intersección entre una esfera y un plano paralelo a otro de referencia. ◊ Correspondiente o semejante. ◊ f. *Geom.* Línea paralela. ◊ pl. *Dep.* Barras paralelas en que se hacen ejercicios gimnásticos.
PARALELOGRAMO m. *Geom.* Polígono de cuatro lados paralelos dos a dos.
PARALIPÓMENOS m. pl. Dos libros canónicos del A. T., que son como el suplemento de los cuatro de los Reyes.
PARÁLISIS f. *Med.* Privación o disminución del movimiento de una o varias partes del cuerpo. ◊ **infantil.** *Med.* Enfermedad infecciosa, contagiosa, que ataca de modo preferente a los niños, y cuya manifestación pral. es la parálisis fláccida e indolora de los músculos. □ PARALÍTICO, CA.

PARALIZACIÓN f. fig. Detención que experimenta una cosa dotada de acción o de movimiento. ❑ PARALIZAR.

PARALOGISMO m. Razonamiento falaz que tiene apariencia de verdadero (⇨ sofisma). ❑ PARALOGIZAR.

PARAMAGNETISMO m. *Fís.* Propiedad de algunas sustancias que se convierten en imanes mientras actúa sobre ellas un campo magnético exterior, y dejan de serlo cuando no están bajo la influencia del campo. ❑ PARAMAGNÉTICO, CA.

PARAMARIBO Cap. y puerto pral. de Surinam, sobre el estuario del r. Surinam; 151 500 hab. Exportación de bauxita y de productos agrícolas. Aeropuerto.

PARAMECIO m. Infusorio de la clase ciliados, de forma oval y alargada, con su única célula recubierta de cilios. Mide alrededor de 0,2 mm.

PARAMENTO m. Adorno o atavío con que se cubre una cosa. ◊ *Arq.* Cualquiera de las dos caras de una pared. ❑ PARAMENTAR.

PARÁMETRO m. Constante arbitraria que aparece en la ecuación de una curva, superficie, etc. ◊ *Comp.* Variable que puede tomar un valor diferente cada vez que se ejecuta una subrutina en la que se utiliza tal variable.

PARAMILITAR adj. De estructura y disciplina que imitan las del ejército.

PÁRAMO m. Terreno yermo, raso y desabrigado. ◊ fig. Cualquier lugar sumamente frío y desamparado. ◊ *Bol., Col.* y *Ecuad.* Llovizna. ❑ PARAMERA.

PARANÁ Est. de Brasil, junto al Atlántico; 199 324 km² y 9 168 000 hab. Cap., Curitiba. En su relieve se distinguen una franja costera, un territorio montañoso (Serra do Mar) y un sector mesetario que llega hasta al r. Paraná. Bosques. Caña de azúcar, café. Ganado porcino. Ind. maderera. ◊ C. y puerto de Argentina, cap. de la prov. de Entre Ríos; sit. a orillas del río Paraná; 235 967 hab. Comercio. Ind. química, del cemento, de muebles, relojera, del calzado. De 1853 a 1861, fue cap. de la rep. ◊ Río de América del Sur; 4 500 km y 15 000 m³ de caudal máximo. Nace en Brasil, de la unión del r. Grande con el Paranaíba. Forma la frontera paraguaya con Brasil y Argentina. Desemboca en el Atlántico por el estuario del Río de la Plata.

PARANAÍBA Río de Brasil; 957 km. Nace en la sierra de Matta da Gorda (est. de Minas Gerais) y se une al r. Grande para formar el Paraná.

PARANAPANEMA R. de Brasil, afl. del Paraná; 900 km.

PARANGONAR tr. Hacer comparación de una cosa con otra. ❑ PARANGÓN.

PARANINFO m. Salón de actos académicos en algunas universidades.

PARANOIA f. *Psiq.* Enfermedad mental que presenta un delirio crónico de persecución, grandeza, etc. ❑ PARANOICO, CA.

PARANORMAL adj. Díc. de los fenómenos que estudia la parapsicología.

PARÁPARO m. *Ven.* Árbol dicotiledóneo, cuya corteza y parte exterior del fruto pueden usarse sustituyendo al jabón.

PARAPETARSE prnl. y tr. Resguardarse con parapetos. ◊ prnl. fig. Precaverse de un riesgo por algún medio de defensa.

PARAPETO m. *Arq.* Pared o baranda que se pone para evitar caídas en los puentes, escaleras, etc. ◊ *Mil.* Terraplén corto, formado sobre el pral., para defender a los soldados de los tiros que les pueden venir de frente.

PARAPLEJÍA f. *Med.* Parálisis de los dos miembros inferiores. ❑ PARAPLÉJICO, CA.

PARAPSICOLOGÍA f. Rama de la psicología que estudia las anomalías del conocimiento, como la percepción de sucesos pasados o futuros, o de los que no tienen justificación aparente. ❑ PARAPSICÓLOGO, GA.

PARAR intr. y prnl. Cesar en el movimiento o en la acción. ◊ intr. Ir a dar a un término o llegar al fin. ◊ Recaer, venir o estar en dominio o propiedad de alguna cosa, después de otros dueños que la han poseído o por los cuales ha pasado. ◊ Convertirse una cosa en otra distinta de la que se esperaba. ◊ habitar, hospedarse. ◊ tr. Detener el movimiento o acción de uno. ◊ prnl. fig. Detenerse la ejecución de un designio por algún obstáculo que se presenta. ◊ *Amér.* Ponerse de pie. ◊ *Méx.* Despertar y levantarse. ◊ *Amér.* Aguzar el oído, prestar atención a lo que se dice.

PARARRAYOS o **PARARRAYO** m. Dispositivo que se coloca sobre los edificios o los buques para preservarlos de los efectos del rayo. Consiste en una barra metálica puesta en comunicación con la tierra o con el agua mediante un cable conductor.

PARASIMPÁTICO, CA adj. y m. *Fisiol.* Díc. del sistema nervioso autónomo que no responde a órdenes del cerebro, formado por nervios motores, originados en el encéfalo, y fibras, originadas en la región pélvica, cuya sustancia intermediaria es la adrenalina.

PARASÍNTESIS f. *Gram.* Formación de vocablos en que intervienen la composición y la derivación. ❑ PARASINTÉTICO, CA.

PARASITISMO m. *Biol.* Fenómeno de relación entre organismos de diferentes especies, en el cual uno de ellos se beneficia directamente del otro, que no obtiene ninguna ventaja de esta asociación. ◊ fig. Situación de las personas que viven a costa de otras a manera de parásitos.
❑ *Biol.* Se distinguen dos clases de parásitos: 1) comensales, que no atacan directamente a la presa sino que se benefician de sus sustancias alimenticias o de excreción; 2) patógenos, cuya actuación sobre el huésped es de forma directa, nutriéndose de sus tejidos.

PARÁSITO, TA adj. y m. *Biol.* Díc. de los seres que viven a expensas de otros llamados huéspedes. ◊ fig. Díc. de los ruidos que perturban las transmisiones radioeléctricas. ◊ m. fig. Persona que vive a expensas de otra o de otras, o que no es útil a la sociedad. ❑ PARASITAR; PARASITARIO, RIA; PARASITICIDA.

PARASOL m. Quitasol, sombrilla.

PARATIFOIDEA f. *Pat.* Infección intestinal que ofrece la mayoría de los síntomas de la fiebre tifoidea y se diferencia de ella en originarse por un microbio distinto del específico de la tifoidea. ❑ PARATÍFICO, CA.

PARATIROIDES adj. y f. *Anat.* Díc. de glándulas endocrinas que producen la hormona tiroidea, que eleva el nivel del calcio en el plasma, moviliza el calcio

Hongo **parásito** sobre una rama de rododendro

de los huesos y aumenta la excreción de fosfatos.

PARAVICINO y Arteaga, FRAY *Hortensio Félix* (1580-1633) Predicador trinitario esp. *Oraciones evangélicas, Obras póstumas.*

PARCA f. *Mit.* Cada una de las tres diosas rom. que presidían el nacimiento, la vida y la muerte de los seres humanos. ◊ fig. La muerte.

PARCELA f. Porción pequeña de terreno, de ordinario sobrante de otra mayor que se ha comprado, expropiado o adjudicado. ◊ En el catastro, cada una de las tierras de distinto dueño que constituyen un pago o término.

PARCELAR tr. Medir, señalar las parcelas para el catastro. ◊ Dividir una finca grande para venderla o arrendarla en porciones más pequeñas. ❑ PARCELACIÓN; PARCELARIO, RIA.

PARCHA f. Nombre genérico con que se conocen en algunas partes de América diversas plantas trepadoras, de hojas alternas y frutos en baya. ◊ **granadilla.** Planta trepadora, propia de la América tropical, con tallos sarmentosos y trepadores, hojas gruesas y acorazonadas, flores olorosas, y fruto amarillento y con pulpa sabrosa.

PARCHE m. Pedazo de tela, papel, piel, etc., que se pega sobre una cosa. ◊ fig. Pegote o retoque mal hecho, especialmente en la pintura.

PARCHÍS m. Juego que se practica en un tablero con cuatro salidas, en el que cada jugador, provisto de cuatro fichas, trata de hacerlas llegar a la casilla central.

PARCIAL adj. Relativo a una parte del todo. ◊ No cabal o completo. ◊ Que juzga o procede con parcialidad, o que la incluye o denota. ◊ adj. y s. Que sigue el partido de otro, o está siempre de su parte. ◊ adj. Partícipe.

PARCIALIDAD f. Unión de algunos que se confederan para un fin, separándose del común. ◊ Prevención en favor o en contra de personas o cosas, en perjuicio de la neutralidad y rectitud de juicio.

PARCO, CA adj. Corto, escaso o moderado en el uso o concesión de las cosas. ◊ Sobrio, templado y moderado en la comida o bebida.

PARDAL adj. Aplícase a la gente de las aldeas, por andar regularmente vestida de pardo. ◊ m. Gorrión. ◊ Pardillo. ◊ fig. y fam. Hombre bellaco, astuto.

PARDELA f. Ave palmípeda marina, migratoria, propia del hemisferio S.

¡PARDIEZ! interj. fam. ¡Por Dios!
PARDILLO, LLA adj. y s. Aldeano, palurdo. ◊ m. *Zool.* Ave paseriforme, de plumaje pardo verdoso, abundante en los bosques de la Europa septentrional.
PARDO, DA adj. Del color de la tierra, o de la piel del oso común, intermedio entre blanco y negro, con tinte rojo amarillento, y más oscuro que el gris. ◊ Oscuro. ◊ adj. y s. *Cuba, P. Rico y Ur.* Mulato, mestizo de negra y blanco o al contrario. ❑ PARDUSCO, CA.
PARDO, Manuel (1834-1878) Político per. Fundador del Partido Civilista. Su mandato presidencial (1872-1876) se caracterizó por una crisis financiera. ◊ **Bazán, Emilia** (1851-1921) Escritora esp. Influida por Zola y Balzac. *Viaje de novios, Los pazos de Ulloa, La madre Naturaleza.* ◊ **Y Aliaga, Felipe** (1806-1868) Escritor y político per. Autor de comedias satíricas. *Frutos de la educación, Una huérfana en Chorrillos.* ◊ **Y Barreda, José** (1864-1947) Político per. Candidato del Partido Civilista, alcanzó la presidencia de la rep. en 1904 y fue reelegido en 1915. Fue derrocado en 1919 por Leguía.
PARÉ, Ambroise (h. 1510-1590) Cirujano fr., llamado el «padre de la cirugía moderna». Fue el primero en aplicar la ligadura de las arterias para evitar hemorragias en las intervenciones quirúrgicas.
PAREADO, DA adj. *Métr.* Díc. de los dos versos que riman entre sí. ◊ m. *Métr.* Estrofa de dos versos que riman entre sí.
PAREAR tr. Juntar, igualar dos cosas comparándolas entre sí. ◊ Formar pares de las cosas. ❑ PAREO.
PARECER m. Opinión, juicio o dictamen. ◊ Orden de las facciones del rostro y disposición del cuerpo. ◊ intr. Aparecer o dejarse ver alguna cosa. ◊ Opinar, creer. Suele usarse como impersonal. ◊ prnl. Tener semejanza, asemejarse. ◊ Tener determinada apariencia o aspecto.
PARECIDO, DA adj. Díc. del que se parece a otro. ◊ Con los adv. *bien* o *mal,* que tiene un aspecto físico con o sin atractivo. ◊ m. Semejanza.
PARED f. Obra de fábrica levantada a plomo, con grueso, longitud y alt. proporcionados para cerrar un espacio o sostener las techumbres. ◊ Tabique. ◊ Cara o superficie lateral de un cuerpo. ◊ **celular.** *Biol.* Membrana rígida, producida por el citoplasma, que recubre las células por encima de la membrana ditoplasmática, a modo de esqueleto protector; es propia de los vegetales. ◊ **maestra.** Cualquiera de las prales. y más gruesas que mantienen y sostienen el edificio. ❑ PAREDAÑO, ÑA.
PAREDES, Mariano (1800-1856) Militar y político guat. Elegido presid. de la rep. en 1848, cedió el poder a Carrera en 1851. ◊ **Y Arrillaga, Mariano** (1797-1849) Militar y político mex. Derrocó a Herrera y ocupó la presidencia de la rep. en 1846.
PAREDÓN m. Lugar donde se fusila a los condenados a muerte, gralte. junto a un muro o pared.
PAREJA f. Conjunto de dos personas o cosas que tienen alguna correlación o semejanza. ◊ Cada una de estas personas o cosas considerada en relación con la otra. ◊ Compañero o compañera en los bailes.

PAREJA, Díez-Canseco, Alfredo (n. 1908) Escritor guat. *Don Balón de Baba, Las pequeñas estaturas.*
PAREJERO, RA adj. y s. *Amér. Merid.* Díc. del caballo de carrera y en general de todo caballo excelente y veloz.
PAREJO, JA adj. Igual o semejante. ◊ Liso, llano.
PAREMIA f. Refrán, proverbio, adagio, sentencia.
PAREMIOLOGÍA f. Tratado de refranes.
PARÉNQUIMA m. *Bot.* Tejido vegetal de células esferoidales o cúbicas, separadas entre sí por meatos. ◊ *Zool.* Tejido constituyente de los distintos órganos, formado por células diferenciadas. ❑ PARENQUIMATOSO, SA.

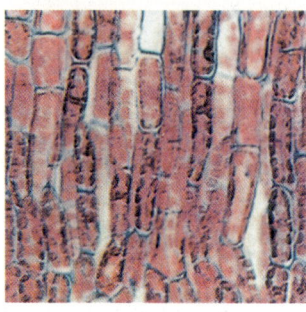

Tejido en empalizada en un
parénquima foliar

PARENTELA f. Conjunto de todo género de parientes.
PARENTERAL adj. *Med.* Díc. de la administración de medicamentos por otra vía distinta a la digestiva o intestinal.
PARENTESCO m. Vínculo, conexión, enlace por consanguinidad o afinidad. ◊ fig. Unión, vínculo o liga que tienen las cosas.
PARÉNTESIS m. Oración o frase incidental, sin enlace necesario con los demás miembros del periodo, cuyo sentido interrumpe y no altera. ◊ Signo ortográfico ( ) en que suele encerrarse esta oración o frase. ◊ fig. Suspensión o interrupción.
PARERA, Blas (1765-?) Músico y compositor esp. En 1813 escribió la música del himno nacional de Argentina.
PARESIA f. *Med.* Parálisis leve que consiste en la debilitación de las contracciones musculares.
PARESTESIA f. *Med.* Sensación o conjunto de sensaciones anormales, especialmente el hormigueo, adormecimiento o ardor que experimentan en la piel ciertos enfermos del sistema nervioso o circulatorio.
PARETO, Vilfredo (1848-1923) Economista y sociólogo it. Aplicó la formulación matemática a la teoría económica. *Curso de economía política.*
PARHELIO m. o **PARHELIA** f. *Meteor.* Fenómeno luminoso que consiste en la aparición simultánea de varias imágenes del Sol reflejadas en las nubes y, gralte., dispuestas simétricamente sobre un halo.
PARIA com. Individuo de la casta ínfima de los indios que siguen la ley de Brahma. ◊ fig. Persona a quien se tiene por vil y excluida de las ventajas de que gozan las demás.
PARIA Golfo de la costa oriental de Ve-

nezuela, limitado al N por la pen. de Paria y cerrado al E por la isla de Trinidad.
PARIAS f. pl. Placenta del útero.
PARICUTÍN Volcán de México, en Michoacán (cord. Neovolcánica); 2 771 m de alt.
PARIDA adj. y s. Díc. de la hembra que hace poco tiempo que parió. ◊ f. fig. y fam. Idea intrascendente que se expone como fruto de una reflexión profunda.
PARIDAD f. Comparación de una cosa con otra por ejemplo o símil. ◊ Igualdad de las cosas entre sí. ◊ Relación de una moneda con el patrón monetario internacional, o de monedas nacionales entre sí.
PARIDERA f. Sitio en que pare el ganado, especialmente el lanar.
PARIENTE, TA adj. y s. Respecto de una persona, díc. de cada uno de los ascendientes, descendientes y colaterales de su misma familia, por consanguinidad o afinidad. ◊ adj. fig. y fam. Allegado, semejante o parecido.
PARIETAL adj. Relativo a la pared, especialmente la de una cavidad o conducto del organismo. ◊ adj. y m. *Anat.* Díc. del hueso plano, par, que forma la parte media de la bóveda craneana.
PARIETARIA f. Planta herbácea anual, de hojas alternas, ásperas y lanceoladas, flores verdosas y fruto seco, envuelto por el perigonio.
PARIHUELA f. Especie de angarillas compuestas de dos varas gruesas con unas tablas atravesadas entre ellas en forma de mesa o cajón, en las que se coloca la carga para llevarla entre dos. Se usa más en pl. ◊ Cama portátil o camilla. Se usa más en pl.
PARIMA Cordillera de América Meridional, del Macizo Guayano-Brasileño, en el límite de Brasil y Venezuela.
PARINACOTA Prov. del N de Chile, en la región de Tarapacá; 3 156 hab. Cap., Putre. ◊ Cerro de la cord. Occidental de los Andes, en el límite de Chile y Bolivia; 6 342 m de alt.
PARIPÉ m. fam. Ficción, simulación, engaño.
PARIR intr. y tr. Expeler en tiempo oportuno, la hembra de cualquier especie vivípara, el feto que tenía concebido. ◊ tr. fig. Producir o causar una cosa otra, de cualquier modo que sea.
PARIS *Mit. gr.* Hijo de Príamo y Hécuba. Raptó a Helena, esposa de Menelao, lo que provocó la guerra de Troya.
PARIS Gordillo, Gabriel (n. 1910) Militar y político col. Participó en el golpe de Est. que derrocó a Rojas Pinilla (1957). Presid. de la junta militar (1957-1958).
PARÍS C. y cap. de Francia, del dpto. de París o de la región de Île-de-France; 2 152 400 hab. (9 318 800 hab. la agl. urb.). El núcleo inicial de la c. fue la isla de la Cité, en el Sena. La actividad industrial (construcciones automovilísticas y aeronáuticas, ind. química, electrónica) se desarrolla en la periferia. Desde el punto de vista artístico cabe señalar la iglesia de Saint-Germain-des-Prés, la catedral de Notre Dame, el palacio del Louvre, los Inválidos, el edificio de la Ópera, la torre Eiffel y el centro Pompidou. ◊ **Cuenca de P.** Gran cubeta sedimentaria del N de Francia, enmarcada por los macizos de las Ardenas, los Vosgos y los macizos Central y

París. Vista aérea, con la avenida de los Campos Elíseos y la torre Eiffel al fondo

Armoricano. ◊ *Tratado de P.* (1793) Firmado entre Francia, Inglaterra, España y Portugal, puso fin a la guerra de los Siete Años. ◊ *Tratado de P.* (1898) Firmado por España y EE UU, liquidó el imperio colonial esp.

PARISÍLABO, BA adj. y m. Se aplica al vocablo o al verso que consta de igual núm. de sílabas que otro.

PARITARIO, RIA adj. Díc. de los organismos compuestos por igual núm. de representantes de cada una de las partes interesadas, todos ellos con los mismos derechos.

PARK, *Chung Hee* ⇒ Chung Hee Park.

PARKING (voz ing.) m. Aparcamiento.

PARKINSON, *enfermedad de* Trastorno descrito por el médico ing. James Parkinson, y que se caracteriza por un temblor peculiar, rigidez muscular, lentitud en los movimientos voluntarios y cara inexpresiva.

PARLA f. Verbosidad persuasiva y gracia en el hablar, labia.

PARLAMENTAR intr. Hablar o conversar unos con otros. ◊ Tratar de ajustes; capitular para la rendición.

PARLAMENTARIO, RIA adj. Perteneciente al parlamento judicial o político. ◊ m. Persona que va a parlamentar. ◊ Ministro o individuo de un parlamento.

PARLAMENTARISMO m. *Pol.* Sistema de organización política en el que el parlamento ejerce el poder legislativo y fiscaliza la actuación del gobierno, cuyos miembros son responsables ante él.

PARLAMENTO m. En gral., órgano o conjunto de órganos con funciones pralm. legislativas. ◊ La Cámara de los Lores y la de los Comunes en Inglaterra. ◊ P. ext., asamblea legislativa. ◊ Razonamiento u oración que se dirigía a un congreso o junta.

PARLANCHÍN, NA adj. y s. fam. Que habla mucho y sin oportunidad, o que dice lo que debía callar.

PARLAR intr. Hablar con desembarazo o expedición. ◊ Hablar mucho y sin sustancia. ◊ Cantar las aves. ❑ PARLANTE.

PARLOTEAR intr. fam. Hablar mucho y sin sustancia unos con otros, por diversión o pasatiempo. ❑ PARLOTEO.

PARMA C. del N de Italia, en Emilia-Romaña, cap. de la prov. hom.; 176 600 hab. Ind. alimentaria, mecánica, química.

PARMÉNIDES de Elea (h. 540-450 a. C.) Filósofo gr. Para él sólo es válido el conocimiento dado por la razón. De la naturaleza y de los hombres no tenemos conocimiento cierto, ya que los conocemos por los sentidos.

PARMIGIANINO, *Francesco Mazzola,* llamado IL (1503-1540) Pintor manierista it. Autor de *La Madona del cuello largo.*

PARNAÍBA Río del N de Brasil; nace en la Sierra das Mangabeiras y desemboca en el Atlántico; 1 715 km. ◊ C. y puerto de Brasil, en el NE (est. de Pianí); 57 000 hab. Centro comercial.

PARNASIANISMO m. *Lit.* Movimiento surgido en Francia, en el s. XIX, como respuesta de los poetas a la actitud de los novelistas realistas. En la primera etapa se agrupó en torno a la antología de Lemerre, «Parnaso contemporáneo» (1866) (T. Gautier, L. de Lisle, Ch. Baudelaire). En el segundo parnaso (1871) destacan Sully-Prudhomme, F. Coppée y C. Mendès; y en el tercero, A. France y P. Louys. ❑ PARNASIANO, NA.

PARNASO m. fig. Conjunto de todos los poetas o de los de un pueblo o tiempo determinado.

PARNASO (*Parnassos*) Macizo montañoso de Grecia, en Fócida, al NE de Delfos. Según la mitología, era la morada de Apolo y las Musas.

Detalle de *El* ***Parnaso****,* fresco de Rafael (Sala de la Segnatura, Vaticano)

PARNÉ m. fam. Hacienda, caudal, bienes de cualquier clase.

PARO m. Suspensión o término de la jornada industrial o agrícola. ◊ Huelga. ◊ Interrupción de un ejercicio o de una explotación industrial o agrícola por parte de los empresarios o patronos, en contraposición a la huelga de operarios. ◊ *Econ.* Falta de trabajo lucrativo que afecta a un sector de las fuerzas productivas de un país, cuando la demanda de trabajo es insuficiente para absorber por completo la oferta.

PARODIA f. Imitación burlesca de una obra literaria seria. ◊ Cualquier imitación burlesca de una cosa seria. ❑ PARODIAR; PARÓDICO, CA; PARODISTA.

PARÓNIMO, MA adj. Aplícase a cada uno de dos o más vocablos que tienen entre sí relación o semejanza. ❑ PARONIMIA.

PARONOMASIA f. Semejanza entre dos o más vocablos que se diferencian por la vocal acentuada en cada uno de ellos. ◊ Semejanza de distinta clase que entre sí tienen otros vocablos.

PARÓTIDA f. *Anat.* Glándula sit. debajo del oído y detrás de la mandíbula inferior.

PAROTIDITIS o **PAROTITIS** f. *Med.* Inflamación de la parótida, por infección debida a la baja de defensas o por epidemia (paperas) causada por un virus.

PAROXISMO m. Fase de una enfermedad en que los síntomas se manifiestan en su máx. agudeza. ◊ fig. Exaltación extrema de los afectos y pasiones. ❑ PAROXÍSTICO, CA.

PARPADEAR intr. Abrir y cerrar repetidamente los párpados. ◊ Titilar, vacilar u oscilar la luminosidad de un cuerpo o de una imagen. ❑ PARPADEO.

PÁRPADO m. *Anat.* Cada uno de los repliegues músculo-membranosos, móviles, que recubren por delante el globo ocular, protegiéndolo del polvo, cuerpos extraños, etc.

PARPAR intr. Gritar el pato.

PARQUE m. Terreno cercado y con plantas, para la caza o para recreo. ◊ Conjunto de aparatos o materiales destinados a un servicio público. ◊ **nacional.** Territorio acotado por el Est. para que en él se conserven especies interesantes de la fauna y la flora. ◊ **zoológico.** Lugar en que se conservan, cuidan y crían animales, para el conocimiento de la zoología.

PARQUÉ o **PARQUET** m. Entarimado de maderas finas, ensambladas, formando dibujos geométricos.

PARQUEDAD f. Moderación económica y prudente en el uso de las cosas. ◊ Parsimonia.

PARRA f. Vid, y en especial la que está levantada artificialmente y extiende mucho sus vástagos. ◊ *Amér. Centr.* Especie de bejuco que destila un agua que beben los caminantes.

PARRA, *Aquileo* (1825-1900) Político col. Presid. de la rep. (1876-1878). Derrotó a los conservadores en la guerra civil. ◊ *Nicanor* (n. 1914) Poeta chileno. *Canciones sin nombre, Poemas y antipoemas.* ◊ *Teresa de la* (1895-1936) Seud. de *Ana Teresa P. Sanojo,* escritora ven. *Ifigenia.* ◊ *Violeta* (1917-1966) Cantautora chil. Realizó una profunda investigación de la música de su país. Dio a sus canciones un marcado contenido social.

PARRAFADA f. fam. Conversación detenida y confidencial entre dos o más personas. ◊ Periodo largo y reiterativo en un discurso, conversación, texto, etc.

PÁRRAFO m. Cada una de las divisiones de un escrito señaladas por la letra mayúscula al principio del renglón y punto y aparte al final del trozo de escritura.

PARRAL m. Conjunto de parras sostenidas con armazón de madera u otro artificio. ◊ Sitio donde hay parras.

PARRANDA f. fam. Holgorio, fiesta, jarana. ❑ PARRANDEAR; PARRANDEO.

PARRICIDIO m. Muerte violenta que uno da a su ascendiente, descendiente o cónyuge. ❑ PARRICIDA.

PARRILLA f. Utensilio de cocina formado de una reja de hierro con mango y pies, y a propósito para poner a la lumbre lo que se ha de asar. También se usa en pl. ◊ Restaurante en el que se preparan asados a la vista de la clientela.

PARTÍCULAS ELEMENTALES

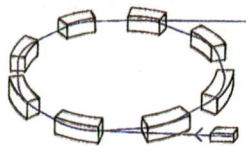

El estudio de los constituyentes fundamentales de la materia se realiza haciendo colisionar partículas aceleradas a altas velocidades en aceleradores de partículas, por los que circulan guiadas por campos magnéticos

Los haces de partículas chocan en detectores que registran las trazas de las nuevas partículas formadas

PARRILLADA f. Plato compuesto por pescados y mariscos asados a la parrilla. ◊ **de carne.** Plato similar al anterior en su confección, pero compuesto de carnes y embutidos frescos.

PÁRROCO adj. y m. Sacerdote a quien se ha conferido una parroquia, en la cual ejerce la cura de almas bajo la autoridad del ordinario del lugar.

PARROQUIA f. Iglesia en que se administran los sacramentos y se atiende espiritualmente a los fieles de una feligresía. ◊ Feligresía, conjunto de feligreses. ◊ Territorio que está bajo la jurisdicción espiritual del cura párroco. ◊ Conjunto de personas que acuden a surtirse de una misma tienda, que se sirven del mismo sastre, etc. ◊ *Ven.* En el Distrito Federal, división administrativa que equivale al municipio. ❏ PARROQUIAL; PARROQUIANO, NA.

PARRY, William Edward (1790-1855) Explorador brit. Dirigió varias expediciones al polo Norte.

PARSEC m. *Astr.* Unidad de medida de las distancias interestelares. Equivale a 3,26 años luz o a 3,09·10^{13} km.

PARSI adj. y m. *Etn.* Díc. de los individuos de un pueblo que desciende de los persas seguidores de Zaratustra. ◊ m. pl. Pueblo parsi.

PARSIFAL o PERCEVAL Protagonista de la obra hom., de Wolfram von Eschenbach, inspirada en Chrétien de Troyes, según las leyendas de la Tabla Redonda y del Santo Grial.

PARSIMONIA f. Frugalidad y moderación en los gastos. ◊ Circunspección, templanza. ❏ PARSIMONIOSO, SA.

PARSONS, Talcott (1902-1979) Sociólogo norteam. Uno de los prales. teóricos del funcionalismo. *La estructura de la acción social, El sistema social.*

PARTE f. Porción indeterminada de un todo. ◊ Cantidad o porción especial o determinada de un agregado numeroso. ◊ Sitio o lugar. ◊ Cada uno de los ejércitos, facciones, sectas, banderías, etc., que se oponen, luchan o contienden. ◊ Cada una de las personas que contratan entre sí o que tienen participación o interés en un mismo negocio. ◊ Cada uno de los aspectos en que se puede considerar una persona o cosa. ◊ *Der.* Litigante. ◊ Escrito, ordinariamente breve, que se envía a una persona para darle aviso urgente. ◊ Usado como adv., sirve para distribuir en la oración los extremos de ella. ◊ Con la prep. *de* indica procedencia u origen. ◊ f. pl. Prendas y dotes naturales que adornan a una persona. ◊ Órganos de la generación. ◊ **alícuota.** La que divide exactamente a un todo; como 3 respecto de 12. ◊ **de la oración.** *Gram.* Cada una de las distintas clases de palabras que tienen en la oración diferente oficio.

PARTELUZ m. Ajimez.

PARTENER o PARTENAIRE com. Persona que forma pareja con otra en cualquier actividad, pero especialmente en un espectáculo.

PARTENOGÉNESIS f. *Biol.* Modo de reproducción por división reiterada de células sexuales femeninas no fecundadas. ❏ PARTENOGENÉTICO, CA.

PARTENÓN Templo erigido en honor de la diosa Atenea en la Acrópolis de Atenas, construido por Ictinos y Calícrates (447-438 a. C.) y decorado por Fidias.

Partenón. Parte de la columnata exterior

PARTERO, RA m. y f. Persona con títulos legales que asiste a una parturienta. ◊ f. Mujer que, sin tener estudios o titulación específicos, ayuda o asiste a la parturienta.

PARTERRE m. Cuadro de un jardín adornado con césped y flores.

PARTIA Ant. región de Asia, al SE del mar Caspio, habitada por los partos.

PARTICIÓN f. *Comp.* Zona de la memoria principal de una computadora que trabaja en multiprogramación que se reserva para contener uno de los programas que se está ejecutando junto con los datos con los que opera.

PARTICIPACIÓN f. Aviso o noticia que se da a uno. ◊ Parte que se recibe de algo. ◊ Cada fracción que se hace de un décimo de lotería, para jugar cantidades inferiores a la mínima oficial.

PARTICIPAR intr. Tomar uno parte en una cosa. ◊ Recibir una parte de algo. ◊ Compartir, tener algo en común con otro u otros. ◊ tr. Dar parte, informar, comunicar. ❏ PARTÍCIPE.

PARTICIPIO m. *Gram.* Forma del verbo que participa ya de la índole del verbo, ya de la del adjetivo. Como tal, hace a veces oficio de nombre. Se divide en activo y pasivo. ❏ PARTICIPIAL.

PARTÍCULA f. Parte pequeña. ◊ *Fís.* Cada uno de los corpúsculos que constituyen el átomo. ◊ *Gram.* Parte indeclinable de la oración.

PARTICULAR adj. Propio y privativo de una persona o cosa. ◊ Especial, extraordinario. ◊ Singular o individual, como contrapuesto a universal o general. ◊ adj. y s. Díc. del que no tiene título o empleo que lo distinga de los demás. ◊ adj. Díc. de lo privado, de lo que no es de propiedad o uso públicos.

PARTICULARIDAD f. Singularidad, especialidad, individualidad. ◊ Cada una de las circunstancias o partes menudas de una cosa.

PARTICULARISMO m. Preferencia excesiva que se da al interés particular sobre el general. ◊ Propensión a obrar por el propio albedrío.

PARTICULARIZAR tr. Expresar una cosa con todas sus circunstancias y particularidades. ◊ Hacer distinción especial de una persona en el afecto, atención o correspondencia. ◊ prnl. Distinguirse, singularizarse en una cosa.

PARTIDARIO, RIA adj. y s. Que sigue

un partido o bando, o entra en él. ◊ Adicto a una persona o idea.

PARTIDAS, *Las siete* Compilación jurídica en cast. de Alfonso X el Sabio, iniciada h. 1251; es la sistematización del derecho más imp. de la E. Med.

PARTIDISMO m. Adhesión o sometimiento a las opiniones de un partido con preferencia a los intereses generales. ◊ Falta de imparcialidad en un asunto en que se debería ser objetivo. ❏ PARTIDISTA.

PARTIDO, DA adj. Generoso, liberal y que reparte con otros lo que tiene. ◊ m. Parcialidad o coligación entre los que siguen una misma opinión o interés. ◊ Provecho, ventaja o conveniencia. ◊ Distrito o territorio de una jurisdicción o administración que tiene por cabeza un pueblo principal. ◊ Conjunto de personas que siguen y defienden una misma facción, opinión o causa. ◊ *Argent.* En las prov. de Buenos Aires y Chaco, municipio. ◊ *Dep.* Competición en que se enfrentan dos jugadores o dos equipos. ◊ f. Registro o asiento de bautismo, confirmación, matrimonio o entierro, que se escribe en los libros de las parroquias o del registro civil. ◊ Cada uno de los artículos y cantidades parciales que contiene una cuenta. ◊ Cantidad o porción de un género de comercio; como trigo, aceite, madera, lencería. ◊ Conjunto poco numeroso de gente armada, con organización militar u otra semejante. ◊ Cada una de las manos de un juego, o conjunto de ellas previamente convenido. ◊ Parte o lugar. ◊ **político.** *Pol.* Organización política, formada por personas de similar tendencia ideológica, cuyo objetivo es obtener el poder del Est. e imponer su programa político. ◊ **doble.** *Cont.* Método de cuenta y razón, en que se llevan a la par el cargo y la data.

PARTIDO Colorado Organización política ur., fundada en 1836. Gobernó desde 1865 hasta 1958. En 1967 volvió al poder, siendo depuesto por los militares en 1973. Ganó las elecciones en 1984, 1994 y 1999. ◊ **Colorado o Asociación Nacional Republicana.** Partido político par. fundado en 1887 por Bernardino Caballero. Desde 1954 su jefe es A. Stroessner, quien fue presidente del país hasta 1989. ◊ **Comunista de Chile** (*PCCH*). Organización política chil. fundada en 1922. Integró en 1970 la *Unidad Popular.* ◊ **Comunista de China** (*PCCH*). Partido político fundado en Shanghai en 1921. Tras la toma del poder (1949), ha sido el impulsor de la política del gobierno. ◊ **Comunista de Cuba** (*PCC*). Partido único cub. Fundado en 1961, al integrar en una única organización los mov. revolucionarios. ◊ **Comunista de España** (*PCE*). Partido político esp. fundado en 1921. Durante el franquismo aglutinó a la oposición clandestina. Legalizado en 1977. ◊ **Comunista de la Unión Soviética** (*PCUS*). Partido político sov. continuador del Partido Bolchevique. ◊ **Conservador.** Organización política col., surgida con la indep. Ha compartido el poder con los liberales. ◊ **De Acción Nacional.** Fuerza política mex. fundada en 1939. De orientación conservadora, ganó las elecciones presid. en el año 2000, de la mano de Vicente Fox. ◊ **De Liberación Nacional.** Organización política cost., de tendencia socialdemócrata. Fundado en

Cartel de propaganda electoral en favor de Abraham Lincoln, líder del **Partido Republicano** de EE UU que fue elegido presidente en 1860

1951. ◊ **De Unidad Social Cristiana** (*PUSC*). Organización política cost., de tendencia socialcristiana. Fundado en 1983. ◊ **Democracia Cristiana Guatemalteca** (*PDCG*). Organización política guat. fundada en 1968. ◊ **Demócrata.** Organización política de EE UU fundada en 1828. En sus primeros años apoyó la esclavitud, lo que provocó la escisión que dio lugar al Partido. Republicano. De carácter liberal e imperialista. ◊ **Demócrata Cristiano de Chile** (*PDC*). Organización política chil. fundada en 1967 por E. Frei, M. Garretón y B. Leighton. Ocupó el poder tras las elecciones de 1964. ◊ **Febrerista Revolucionario** (*PFR*). Organización política paraguaya nacionalista y de centro izquierda, fundada en 1951. ◊ **Justicialista.** Organización política arg. fundada en 1945 y dirigida por Perón como sección del movimiento Justicialista. Clandestino de 1955 a 1973 y de 1976 a 1982. ◊ **Liberal.** Organización política col. que, desde la indep., se ha alternado en el poder con el P. Conservador. ◊ **Nacional o Blanco.** Organización política ur. fundada en 1836 por el brigadier M. Oribe. De orientación conservadora. ◊ **Popular.** Nombre que adoptó la organización política esp. Alianza Popular en 1989. Presidido por José María Aznar, ganó las elecciones en 1996. ◊ **Popular Cristiano** (*PPC*). Organización política per. fundada en 1968, como consecuencia de una escisión en el Partido Demócrata Cristiano. De tendencia conservadora. ◊ **Republicano.** Organización política de EE UU, fundada en 1854 por enemigos de la esclavitud. Su primer presid. fue A. Lincoln. Evolucionó hacia la derecha. ◊ **Revolucionario Institucional** (*PRI*). Principal fuerza política de México, fundada en 1929 con el nombre de Partido Nacional Revolucionario. Obtuvo la victoria en todas las elecciones desde su formación hasta 2000, año en que fue derrotado en las elecciones presidenciales por el PAN. ◊ **Socialista de Chile** (*PSCH*). Organización política chil. fundada en 1933. En 1970 integró la *Unidad Popular* que impulsó a su líder S. Allende a la presidencia de la rep. ◊ **Socialista Obrero Español** (*PSOE*). Organización política fundada en 1879. Ganó las elecciones de 1982, 1986, 1990 y 1993.

PARTIR tr. Dividir una cosa en dos o más partes. ◊ Hender, rajar. ◊ Repartir o distribuir una cosa entre varios. ◊ Romper o cascar los huesos de algunas frutas, o las cáscaras duras, para sacar su almendra. ◊ Distinguir o separar una cosa de otra, determinando lo que a cada una pertenece. ◊ *Mat.* Dividir, hallar cuántas veces una cantidad está contenida en otra. ◊ intr. Tomar un hecho, una fecha o cualquier otro antecedente como base para un razonamiento o cómputo. ◊ intr. y prnl. Empezar a caminar, ponerse en camino. ◊ intr. fig. y fam. Desbaratar, desconcertar, anonadar a uno.

PARTISANO, NA adj. Díc. del miembro de cada una de las fuerzas irregulares que, durante la II Guerra Mundial, operaban en guerrillas contra las fuerzas al. de ocupación.

PARTITIVO, VA adj. *Gram.* Díc. del nombre y del adjetivo numeral que expresan división del todo en partes.

PARTITURA f. Texto de una obra musical.

PARTO, TA adj. y s. Díc. de individuos de un pueblo de origen indoeuropeo que se estableció en Irán en el primer milenio a. C. ◊ m. *Fisiol.* Conjunto de fenómenos mecánicos y fisiológicos que provocan la salida del feto viable y de sus anexos fuera de las vías genitales maternas, a partir del sexto mes de embarazo. ◊ fig. Cualquier producción física. ◊ fig. Producción del entendimiento o ingenio humano, y cualquiera de sus conceptos declarados o dados a luz. ❏ PARTURIENTA; PARTURIENTE.

PARUSÍA f. En el N. T., segunda venida de Cristo al mundo.

PARVEDAD f. Pequeñez, poquedad, cortedad.

PARVO, VA adj. Pequeño. ◊ f. Mies tendida en la era para trillarla, o después de trillada, antes de separar el grano.

PARVULARIO m. Establecimiento docente que se ocupa de la educación preescolar.

PÁRVULO, LA adj. De muy corta edad. ◊ adj. y s. Niño pequeño. ◊ fig. Inocente, fácil de engañar. ◊ fig. Humilde.

PASACALLE m. *Mús.* Danza de origen esp., de ritmo ternario o binario. ◊ *Mús.* Marcha popular de compás muy vivo.

PASADERO, RA adj. Que se puede pasar con facilidad. ◊ Medianamente bueno de salud. ◊ Díc. de la cosa que es tolerable y puede pasar, aunque tenga defecto o tacha.

PASADIZO m. Paso estrecho que en las casas o calles sirve para ir de una parte a otra atajando camino. ◊ fig. Cualquier otro medio que sirve para pasar de una parte a otra.

PASADO, DA adj. y s. Pretérito, tiempo verbal. ◊ m. Tiempo que pasó; cosas que sucedieron en él. ◊ f. fig. y fam. Mal comportamiento de una persona con otra. ◊ Puntada larga que se da en la ropa al remendarla. ◊ **De pasada.** m. adv. De paso.

PASADOR m. *Mec. apl.* Dispositivo para fijar de forma precisa la posición relativa de dos órganos mecánicos. ◊ Barreta de hierro sujeta con grapas a una hoja de puerta, ventana, tapa, etc., y que sirve para cerrar corriéndola hasta hacerla entrar en un hembrilla fija en el marco. ◊ Aguja grande que se usa para sujetar o recoger el pelo. ◊ Utensilio para colar.

PASAJE m. Derecho que se paga por pasar por un paraje. ◊ Sitio o lugar por donde se pasa. ◊ Totalidad de los viajeros que van en un mismo buque o en un mismo avión. ◊ Trozo o lugar de un libro o escrito, oración o discurso; texto de un autor. ◊ Paso público entre dos calles. ◊ Boleto o billete para un viaje marítimo o aéreo. ◊ *Argent., Cuba* y *Méx.* Callejón con una sola salida.

PASAJERO, RA adj. y s. Que pasa o va de camino de un lugar a otro. ◊ m. y f. Persona que, sin pertenecer a la tripulación, viaja en un barco, avión o transporte público.

PASAMANO m. Género de galón o trencilla, cordones, borlas, flecos y adornos de oro, plata, seda, etc., para guarnecer los vestidos y otras cosas. ◊ Listón que se coloca sobre las barandillas. ◊ *Mar.* Paso que hay en los navíos de popa a proa, junto a la borda. ❑ PASAMANERÍA; PASAMANERO, RA.

PASAMONTAÑAS m. Montera que puede cubrir toda la cabeza hasta el cuello, salvo los ojos y la nariz, y que se usa para defenderse del frío.

PASANTE com. Persona que trabaja como auxiliar junto a un abogado. ◊ Profesor, en algunas facultades, con quien van a estudiar los que están para examinarse.

PASANTÍA f. Ejercicio del pasante en las facultades y profesiones.

PASAPORTAR tr. Dar o expedir pasaporte. ◊ Despedir a alguien, echarlo de donde está. ◊ fig. Dar muerte, asesinar.

PASAPORTE m. Documento que permite el paso libre y seguro de un pueblo o país a otro. ◊ fig. Licencia franca o libertad de ejecutar una cosa.

PASAR tr. Llevar, conducir de un lugar a otro. ◊ tr., intr. y prnl. Mudar, trasladar a uno de un lugar o de una clase a otros. ◊ tr. Cruzar de una parte a otra. ◊ Enviar, transmitir. ◊ Junto con ciertos nombres que indican un punto limitado o determinado, ir más allá de él. ◊ Penetrar o traspasar. ◊ tr. y prnl. Exceder, aventajar, superar. ◊ tr. e intr. Transferir una cosa de un sujeto a otro. ◊ tr. Sufrir, tolerar. ◊ Introducir una cosa por el hueco de otra. ◊ Colar un líquido. ◊ Hablando de comida o bebida, deglutir, tragar. ◊ No poner reparo en una cosa. ◊ Omitir algo de lo que se debía decir o tratar. ◊ intr. Extenderse o comunicarse una cosa de unos a otros, como se dice de los contagios, y, a su semejanza, de otras cosas. ◊ Mudarse o convertirse una cosa en otra, mejorándose o empeorándose. ◊ Con la prep. *a.* y los infinitivos de algunos verbos y con algunos sustantivos, proceder a la acción de lo que significan tales verbos o nombres. ◊ Con referencia al tiempo, ocuparlo. ◊ tr. y prnl. Cesar, acabarse una cosa. ◊ tr. y prnl. Con la prep. *sin* y algunos nombres, no necesitar la cosa significada por ellos. ◊ impers. Ocurrir, acontecer, suceder. ◊ prnl. Tomar un partido contrario al que antes se tenía, o ponerse de la parte opuesta. ◊ Acabarse o dejar de ser. ◊ Olvidarse o borrarse de la memoria una cosa. ◊ Perder la sazón o empezarse a pudrir los alimentos. ◊ Perderse en algunas cosas la ocasión o el tiempo de que logren su actividad en

el efecto. ◊ Hablando de aquellas cosas que encajan en otras, las aseguran o cierran, estar flojas o no alcanzar el efecto que se pretende. ❑ PASABLE.

PASARELA f. Puente pequeño o provisional. ◊ En los buques de vapor, puentecillo transversal colocado delante de la chimenea.

PASATIEMPO m. Diversión y entretenimiento en que se pasa el rato.

PASCAL *Comp.* Lenguaje de programación de alto nivel con el que se puede realizar una programación totalmente estructurada.

PASCAL, *Blaise* (1623-1662) Filósofo, matemático y físico fr. Descubrió los fundamentos del cálculo infinitesimal y de las leyes de probabilidades. *Tratado del equilibrio de los líquidos*; *Provinciales*, en la que defendió el jansenismo; *Pensamientos*, notas preparatorias de un gran tratado teológico; varios tratados matemáticos. ◊ **Principio de P.** *Fís.* La presión aplicada a un fluido contenido en un recipiente se transmite íntegramente a cada punto del mismo y de las paredes del recipiente.

Blaise Pascal

PASCANA f. *Amér.* Etapa, descanso o parada en un viaje. ◊ *Ecuad.* Mesón.

PASCO Dpto. de Perú, en el centro del país; 21 854 km², 282 900 hab. Cap., Cerro de Pasco. El territorio pertenece al ámbito andino; la cord. de Huayhuash, al O, constituye el límite con el dpto. de Lima. La red hidrográfica corresponde a la cuenca del Amazonas (Marañón y Huallaga) y del Apurímac. Papas, maíz, trigo, yuca. Vicuñas, llamas, ovinos. Plata, cinc, plomo, cobre, oro. ◊ **Nudo de P.** Zona montañosa de los Andes del Perú (5 748 m de alt.) en la que convergen las cord. Blanca, Negra y Central. Se la denomina cord. de Huayhuash.

PASCUA n. p. f. La más solemne fiesta de los heb., celebrada en memoria de la libertad de su cautiverio en Egipto. ◊ En la Iglesia católica, fiesta de la Resurrección. ◊ Cualquiera de las solemnidades del nacimiento de Cristo, de la adoración de los Reyes Magos y de la venida del Espíritu Santo sobre el colegio apostólico. ◊ **de flores, o florida.** La de Resurrección. ❑ PASCUAL.

PASCUA Isla de Chile, en el Pacífico, sit. a 3 760 km de la costa chil.; 163,4 km², 3 791 hab. Cap., Hanga Roa. De origen

volcánico. Descubierta por el hol. Roggeveen en 1722. Estuvo deshabitada hasta la mitad del s. XII, cuando fue ocupada por polinesios. De esta cultura son los moais, grandes estatuas de roca volcánica que representan la cabeza y el torso de figuras humanas.

PASE m. Licencia por escrito para pasar algunos géneros de un lugar a otro, para transitar por algún sitio, para penetrar en un local, para viajar gratuitamente, etc. ◊ *Amér.* Pasaporte. ◊ *Taur.* Cada una de las veces que el matador deja pasar al toro después de citarlo con la muleta.

PASEAR intr., tr. y prnl. Ir andando por distracción o por higiene. ◊ intr. y prnl. Ir con iguales fines, ya a caballo, en carruaje, etc., ya por agua en una embarcación.

PASEÍLLO m. *Taur.* Desfile de las cuadrillas por el ruedo, dirigiéndose hacia la presidencia, antes de comenzar la lidia.

PASEO m. Acción de pasear o pasearse. ◊ Lugar o sitio público para pasearse. ◊ Distancia corta, que puede recorrerse paseando.

PASERIFORME adj. y m. *Zool.* Díc. de aves de pequeño tamaño y distribución cosmopolita. Se caracterizan por poseer de 9 a 11 plumas remeras primarias en las alas y cuatro dedos en las patas.

PASHTO m. *Ling.* Lengua irania oriental hablada por los pathanos o afganos.

PASILLO m. Pieza de paso, larga y angosta, de cualquier edificio. ◊ *Col., Ecuad.* y *Pan.* Baile popular.

PASIÓN f. Acción de padecer. ◊ P. ant., la de Cristo. ◊ Lo contrario a la acción. ◊ Estado pasivo en el sujeto. ◊ Cualquier perturbación o afecto intenso que domina sobre la razón y la voluntad. ◊ Inclinación o preferencia muy vivas de una persona a otra. ◊ Deseo o afición vehemente a una cosa. ◊ Parte de cada uno de los cuatro evangelios, que describe la p. de Cristo. ◊ Composición musical inspirada en esta parte de alguno de los evangelios. ❑ PASIONAL.

PASIONARIA f. Planta originaria de Brasil, con tallos ramosos trepadores, hojas pecioladas, flores olorosas verdes por fuera y azules por dentro y fruto amarillo con muchas semillas.

PASIONARIA ⇨ Ibárruri, Dolores.

PASIONISTA adj. y m. Miembro de una orden religiosa fundada en 1720 por san Pablo de la Cruz.

PASIVO, VA adj. Díc. del sujeto que recibe la acción del agente, sin cooperar a ella. ◊ Díc. del que deja obrar a los otros, sin hacer por sí cosa alguna. ◊ Díc. del haber o pensión que disfrutan algunas personas en virtud de servicios que prestaron o del derecho ganado con ellos y que les fue transmitido. ◊ *Gram.* Que implica o denota pasión. ◊ m. *Cont.* Importe total de los débitos y gravámenes que tiene contra sí una persona o entidad, y también el coste o riesgo que contrapesa los provechos de un negocio. ❑ PASIVIDAD.

PASMAR tr. y prnl. Enfriar mucho o bruscamente. ◊ Ocasionar o causar suspensión o pérdida de los sentidos y del movimiento. ◊ tr., intr. y prnl. fig. Asombrar en extremo. ❑ PASMADO, DA; PASMAROTE; PASMOSO, SA.

PASMO m. Efecto de un enfriamiento que se manifiesta por romadizo, dolor de huesos y otras molestias. ◊ Rigidez y tensión convulsiva de los músculos. ◊ fig. Admiración y asombro extremados.

PASO, SA adj. Díc. de la fruta desecada. ◊ m. Movimiento de cada uno de los pies para ir de una parte a otra. ◊ Longitud comprendida entre el talón del pie adelantado y el talón del que queda atrás. ◊ En la escalera de una casa, cada escalón o peldaño. ◊ Lugar por donde se pasa de una parte a otra. ◊ Estampa o huella que queda impresa al andar. ◊ Adelantamiento que se hace en cualquier esfera, material o moral. ◊ Movimiento seguido con que anda un ser animado. ◊ Trance de la muerte o cualquier otro grave conflicto. ◊ Efigie o grupo que representa un suceso de la pasión de Cristo, y se saca en procesión por la Semana Santa. ◊ Puntada larga que se da en la ropa cuando, por usada, está clara y próxima a romperse. ◊ Pieza dramática muy breve. ◊ Estrecho de mar. ◊ Avance del tornillo por cada vuelta completa. ◊ *Amér.* Vado en un río. ◊ f. Uva seca. ◊ Canalillo entre bajos por el que pueden pasar los barcos. ◊ **a nivel.** Sitio en que un ferrocarril se cruza con otro camino al mismo nivel. ◊ **de comedia.** Lance, suceso o pasaje de un poema dramático. ◊ **de estudio.** *Chile.* Sala de estudio. ◊ **de garganta.** Inflexión de la voz, o gorjeo, en el canto. ◊ **de la hélice.** Distancia entre dos puntos de esta curva, correspondientes a la misma generatriz. ◊ **libre.** El que está desembarazado de obstáculos, peligros o enemigos. ◊ **picado.** *Amér.* Andadura del caballo suave y descansada. ◊ **troncado.** *P. Rico* y *R. Dom.* Paso torpe de la cabalgadura.
PASO, El C. de EE UU, en el est. de Texas; 425 300 hab. El tratado de Guadalupe Hidalgo dividió la c. en dos partes, de soberanía norteam. y mex. El sector mex. recibió el nombre de Ciudad Juárez.
PASO, Fernando del (n. 1935) Escritor mex. *José Trigo, Palinuro de México.* ◊ **Juan José** (1758-1833) Político arg. Secretario del congreso de Tucumán, que proclamó la indep. (1816).
PASODOBLE m. Música de marcha, adaptada a la danza, que se usa en espectáculos taurinos y desfiles.
PASOLINI, Pier Paolo (1922-1975) Literato y cineasta it. Autor de obras poéticas: *La religión de mi tiempo.* Películas suyas son: *El Evangelio según san Mateo, Edipo rey, Teorema, Decamerón, Los cuentos de Canterbury, Las mil y una noches* y *Saló.*
PASQUÍN m. Escrito anónimo que se fija en sitio público, con exp. satíricas contra el gobierno o contra una persona o corporación.
PASTA f. Masa hecha de una o diversas cosas machacadas. ◊ Masa trabajada con manteca o aceite y otras cosas, que sirve para hacer pasteles, hojaldres, empanadas, etc. ◊ Masa de harina de que se hacen fideos, tallarines, etc., y también cada uno de estos productos. ◊ Porción de oro, plata y otro metal fundido y sin labrar. ◊ fam. Dinero.
PASTACA f. *Amér.* Guiso de cerdo cocido con maíz.
PASTAR tr. Llevar o conducir el ganado al pasto. ◊ intr. Pacer, comer el ganado el pasto.

PASTAZA Prov. de Ecuador, limítrofe con Perú; 29 773 km²; 41 811 hab. Cap., Puyo. Región llana, accidentada por la cord. de Llanganates. Té, yuca, bananas. Pesca fluvial. ◊ Río de Ecuador y Perú; 643 km. Nace en la cord. Oriental de los Andes ecuat. y desemboca en el r. Marañón, en Perú.
PASTE m. *Amér. Centr.* Planta dicotiledónea, cuyo fruto se usa como estropajo y esponja. ◊ *Amér. Centr.* Especie de musgo usado para curar las almorranas.
PASTEL m. Masa cocida al horno, de harina y manteca, en que ordinariamente se envuelve crema o dulce, y a veces carne, fruta o pescado. ◊ Pasta hecha con las hojas verdes de la hierba pastel, que da color azul y sirve también para teñir de otros colores. ◊ Lápiz compuesto de una materia colorante y agua de goma. ◊ *Pint.* Pintura al p. ❑ PASTELERÍA; PASTELERO, RA; PASTELISTA.
❑ *Pint.* La pintura al p. es una técnica pictórica que utiliza colores en polvo que se presentan mezclados con un aglutinante en forma de barritas. Los colores poseen un matiz fresco y aterciopelado. Fue una técnica muy utilizada en el s. XVIII.
PASTELEAR intr. fig. y fam. Contemporizar por miras interesadas. ❑ PASTELEO.
PASTELILLO m. Pastel pequeño de carne, pescado o dulce.
PASTERNAK, Boris Leonidovich (1890-1960) Escritor ruso. Su obra más famosa, la novela *Doctor Zhivago*, es un relato épico de la revolución de Octubre. Premio Nobel de Literatura en 1958, al que renunció.
PASTEUR, Louis (1822-1895) Químico y biólogo fr. Investigó sobre las fermentaciones y demostró que los microorganismos son los agentes de las enfermedades contagiosas. Descubrió el estafilococo y el estreptococo, y un nuevo sistema de esterilización (pasteurización). Ideó las vacunas.
PASTEURIZACIÓN o **PASTERIZACIÓN** f. Tratamiento bactericida selectivo, por medio del calor. Solamente destruye los microbios nocivos, que suelen ser más sensibles a la temperatura.
PASTEURIZAR o **PASTERIZAR** tr. Someter un líquido a un proceso de pasteurización.
PASTICHE (voz fr.) m. Composición literaria o pictórica con elementos tomados de un determinado artista, a imitación de su estilo.
PASTILLA f. Porción de pasta de distinta forma, tamaño y materia, en general pequeña y cuadrangular o redonda. ◊ En sentido restringido, porción muy pequeña de pasta o de caramelo, compuesta de azúcar y alguna sustancia agradable. ◊ Preparado farmacéutico en forma de pastilla. ◊ Pieza metálica de pequeño tamaño, de diversas aplicaciones en mecánica.
PASTINES m. pl. *Argent.* y *Ur.* Pasta para sopa.
PASTO m. Hierba que el ganado pace en el mismo terreno donde se cría. Cualquier cosa que sirve para el sustento del animal. ◊ Sitio en que pasta el ganado. Se usa más en pl. ❑ PASTIZAL.
PASTO C. del SO de Colombia, cap. del dpto. de Nariño; 365 121 hab. Ind. textil y alimentaria. Universidad.

PASTOR, RA m. y f. Persona que guarda, guía y apacienta el ganado. ◊ m. Prelado o cualquier otro eclesiástico que tiene súbditos y cuida de ellos.
PASTORAL adj. Pastoril. ◊ Relativo a los prelados. ◊ Relativo a la poesía en que se pinta la vida de los pastores. ◊ f. Especie de drama bucólico, cuyos interlocutores son pastores y pastoras. ◊ Carta pastoral.
PASTOREAR tr. Llevar los ganados al campo y cuidar de ellos mientras pacen. ❑ PASTOREO.
PASTORELA f. *Lit.* Composición poética breve, propia de los trovadores provenzales de los ss. XII y XIII.
PASTORIL adj. *Lit.* Díc. de un gén. literario que exalta, gralte. de forma artificiosa, los sentimientos derivados de la contemplación de la naturaleza y los modos de vida campestre.
PASTOSO, SA adj. Se aplica a las cosas que son suaves y blandas al tacto, a semejanza de la masa. ◊ Díc. de la voz que sin resonancias metálicas es agradable al oído. ❑ PASTOSIDAD.
PASTRANA, Andrés (n. 1954) Político col. Hijo de Misael Pastrana. Presid. de la rep. entre 1998 y 2002. ◊ **Borrero, Misael** (1924-1997) Político col. Afiliado al Partido Conservador, fue presid. de la rep. entre 1970 y 1974.
PASTURA f. Pasto o hierba de que se alimentan los animales.

Louis **Pasteur**, retrato de Edelfelt

PATA f. Pieza y pierna de los animales. ◊ Pie, base o apoyo de algo. ◊ Hembra del pato. ◊ fam. Pierna. ◊ Pie de un mueble. ◊ **de banco.** fig. y fam. Despropósito. ◊ **de gallo.** fig. Arruga con tres surcos divergentes, como los dedos de la pata de gallo, que se forma en el ángulo externo de cada ojo.
PATABÁN m. *Cuba.* Manglar.
PATACÓN m. *Col.* y *Ven.* Rebanada frita de plátano verde.
PATADA f. Golpe dado con la planta del pie o con lo llano de la pata del animal.
PATAGÓN, NA adj. y s. Díc. del pueblo amerindio del grupo lingüístico chon, actualmente extinguido, y que vivía en la Patagonia y la Tierra del Fuego.
PATAGONIA Región fisiográfica de América del Sur formada por la parte meridional de Chile y Argentina. Cabe distinguir tres sectores: los Andes pa-

La **Patagonia** argentina

tagónicos, cuya mayor alt. se alcanza en el volcán Lanín (3 776 m); la P. argentina extraandina, formada por mesetas (pampas), avenada por los ríos Negro, Chubut, Chico, etc., y la P. extraandina chilena, constituida por una estrecha faja entre los Andes y el Pacífico. El sector septentrional está cubierto por bosques, pero a medida que desciende hacia el S aparecen la estepa arbustiva y la sabana. Ind. de transformaciones pecuarias. Ganadería. Extracción petrolífera en Comodoro Rivadavia (Argentina). □ Hist. Descubierta por Vespucio en 1520 y habitada hasta mediados del s. XIX por grupos indígenas tehuelche. En el último tercio de este siglo se inició la colonización.

PATAGUA f. Chile. Árbol con tronco recto y liso, hojas alternas, flores blancas axilares y fruto esférico capsular. Su madera es usada en carpintería.

PATALEAR intr. Dar patadas en el suelo con violencia y rapidez, debido a un enfado. □ PATALEO.

PATALETA f. fam. Convulsión, especialmente cuando se cree que es fingida.

PATASCA f. Argent. Guiso de cerdo cocido con maíz.

PATASHÓ adj. y s. Díc. del pueblo amerindio que vivía en la cuenca alta del Jucurucú.

PATASTE (voz náhuatl) m. Amér. Centr. Árbol cuyo fruto es una nuez que contiene muchas semillas que se usan mezcladas con el cacao para preparar el chocolate.

PATATA f. Planta originaria de América, de raíces fibrosas con gruesos tubérculos redondeados, carnosos, muy feculentos, que son uno de los alimentos más útiles para el hombre. ◊ Cada uno de los tubérculos de esta planta. □ PATATAL; PATATAR; PATATERO, RA.

PATATÚS m. fam. Enfermedad de cierta consideración, especialmente cuando es repentina.

PATAY m. Amér. Merid. Pasta seca hecha del fruto del algarrobo.

PATE m. Hond. Árbol corpulento, cuya corteza se usa como medicamento.

PATÉ (voz fr.) m. Pasta elaborada a base de carne o hígado picado, gralte. de aves o de cerdo.

PATEAR tr. fam. Dar golpes con los pies. ◊ Mostrar el público su desaprobación de un discurso, pieza teatral u otro espectáculo, golpeando con los pies en el suelo. ◊ Amér. Subirse un licor a la cabeza. ◊ Amér. Centr. Dar coces. ◊ fig. y fam. Tratar desconsideradamente y rudamente a uno, al reprenderle, al reprobar sus obras o al discutir con él. □ PATEO.

PATENA f. Platillo de metal en el cual se pone la hostia en la misa.

PATENTAR tr. Conceder y expedir patentes. ◊ Obtenerlas, tratándose de las de propiedad industrial.

PATENTE adj. Manifiesto, visible. ◊ fig. Claro, perceptible. ◊ f. Título o despacho real para el goce de un empleo o privilegio. ◊ Derecho que adquiere el inventor o autor de algo, para disfrutar en exclusiva de los beneficios de su invento. ◊ **de corso.** fig. Autorización que se tiene o se supone para realizar actos prohibidos a los demás. ◊ **de invención.** Documento que por oficialmente se otorga un privilegio de invención y propiedad industrial de lo que el documento acredita. □ PATENCIA.

PATENTIZAR tr. Hacer manifiesta una cosa.

PÁTERA f. Plato llano, utilizado en la antigüedad en ciertos ritos.

PATERNAL adj. Propio del afecto, cariño o solicitud de padre.

PATERNALISMO m. Tendencia a aplicar a las relaciones sociales, políticas, laborales, etc., formas de autoridad, protección y control parecidas a las que ejerce el padre en el seno de la familia tradicional. □ PATERNALISTA.

PATERNO, NA adj. Relativo al padre, o propio suyo, o derivado de él. □ PATERNIDAD.

PATÉTICO, CA adj. Díc. de lo que es capaz de conmover e impresionar, o de producir sentimientos profundos. □ PATETISMO.

PATHET Lao Organización militar del Frente Patriótico de Laos. Fundada en 1950 por Sufanuvong. De carácter procomunista, en 1975 consiguió dominar todo el país.

PATHOS (voz gr.) m. Afección, pasión, emoción.

PATÍA Río del SO de Colombia. Nace en el dpto. de Cauca (cordillera Central) y desemboca en el Pacífico; 470 km.

PATIBULARIO, RIA adj. Que produce horror y espanto.

PATÍBULO m. Tablado o lugar en que se ejecuta la pena de muerte.

PATIDIFUSO, SA adj. y fam. Que se queda parado de asombro.

PATILLA f. Porción de barba que se deja crecer en cada uno de los carrillos. ◊ Pieza en la que se apoya, encaja o sujeta otra. ◊ Col., P. Rico y Ven. Sandía. □ PATILLUDO, DA.

PATÍN m. Aparato para patinar que consiste en una plancha adaptable al calzado que lleva una cuchilla o ruedas, según sirva para ir sobre el hielo o sobre el pavimento. ◊ Embarcación deportiva formada por dos flotadores unidos por tablas.

PÁTINA f. Especie de barniz duro, de color aceitunado, que por la acción de la humedad se forma en los objetos de bronce.

PATINAR intr. Deslizarse con patines sobre el hielo o sobre un pavimento duro, llano y muy liso. ◊ Deslizarse o resbalar las ruedas de un vehículo por falta de adherencia con el suelo o por defecto en el movimiento de las ruedas sobre los ejes. ◊ fig. y fam. Perder la buena dirección o la eficacia en lo que se está haciendo o diciendo. □ PATINADOR, RA; PATINAJE; PATINAZO.

PATINETE m. Juguete consistente en una plancha larga y estrecha con dos o tres ruedas, provista de una guía y un manillar.

PATINIR, Joachim (h. 1480-1524) Pintor renacentista flam. San Jerónimo, Tentaciones de san Antonio.

PATIO m. Espacio cerrado con paredes o galerías, que en las casas y otros edificios se deja al descubierto. ◊ En los teatros, planta baja que ocupan las butacas o lunetas. ◊ **de luces.** Espacio por el cual entra la luz a la escalera y al que dan las galerías o ventanas de los pisos de un edificio de viviendas.

PATITIESO, SA adj. fam. Díc. del que, por un accidente repentino, se queda sin sentido ni movimiento en las piernas o pies. ◊ fig. y fam. Que se queda sorprendido por la novedad o extrañeza que le causa una cosa.

PATITUERTO, TA adj. Que tiene torcidas las piernas o patas.

PATIVILCA R. del Perú; 110 km. Nace en la cordillera Blanca y desemboca en el Pacífico.

PATIZAMBO, BA adj. y s. Que tiene las piernas torcidas hacia afuera y junta mucho las rodillas.

PATNA C. de la India, cap. del est. de Bihar, junto al Ganges; 1 098 603 hab. Centro comercial y artesano. Ruinas de Pataliputra.

PATO m. Zool. Nombre de numerosas especies de aves palmípedas, que tienen el pico más ancho en la punta que en la base, y en ésta más ancho que alto; su cuello es corto. ◊ **de flojel.** Especie de gran tamaño, muy apreciada por su plumón, con el cual se fabrican colchas. ◊ **negro.** Ave palmípeda, especie de p. con pico ancho, plumaje negro o pardo, pero blancas algunas plumas de las alas y dos manchas simétricas de la cabeza.

PATOCHADA f. Disparate, despropósito, dicho necio o grosero.

PATOGENIA f. Parte de la patología, que estudia el modo de engendrarse un estado morboso. □ PATOGÉNICO, CA.

PATÓGENO, NA adj. y m. Díc. de los organismos, gralte. microorganismos, capaces de producir una infección en el cuerpo de animales y plantas.

PATOJO, JA adj. *Guat.* Muchacho.

PATOLOGÍA f. Parte de la medicina que estudia la naturaleza de las enfermedades, especialmente los cambios estructurales y funcionales que determinan en el organismo. ❑ PATOLÓGICO, CA; PATÓLOGO, GA.

PATOS, *Laguna de los* (*Lagoa dos Patos*) Lago costero de Brasil, en Río Grande do Sul.

PATOSO, SA adj. Díc. de la persona que, sin serlo, presume de chistosa y aguda. ◊ Díc. de la persona inhábil o desmañada.

PATOTA f. *Argent.*, *Par.* y *Ur.* Pandilla de muchachos que cometen desmanes.

PATRAÑA f. Mentira o noticia fabulosa, de pura invención. ❑ PATRAÑERO, RA.

PATRÁS (*Patrai*) C. y puerto de Grecia, sobre el golfo hom.; 142 200 hab. Exportación de pasas y vinos, cítricos.

PATRIADA f. *R. de la Plata.* Movimiento político revolucionario arriesgado y, en especial, el que se hace invocando la necesidad de salvar a la patria.

PATRIARCA m. Nombre que se da a algunos personajes del A. T., por haber sido cabezas de dilatadas y numerosas familias. ◊ Título de dignidad de algunos obispos de iglesias prales. ◊ fig. Persona que por su edad y sabiduría ejerce autoridad moral en una familia o en una colectividad. ❑ PATRIARCAL.

PATRIARCADO m. Dignidad de patriarca. ◊ Territorio de la jurisdicción de un patriarca. ◊ Organización social primitiva en la que la autoridad se ejerce por un varón jefe de cada familia.

PATRICIO, CIA adj. y s. En la ant. Roma, descendiente de los primeros senadores. ◊ m. Individuo que por su nacimiento, riqueza o virtudes descuella entre sus conciudadanos.

PATRICIO (372-461) Santo. Patrón de Irlanda.

PATRIMONIO m. Hacienda que una persona ha heredado de sus ascendientes. ◊ fig. Bienes propios adquiridos por cualquier título. ◊ fig. Conjunto de elementos culturales, sociales, etc., comunes a una colectividad. ❑ PATRIMONIAL.

PATRIO, TRIA adj. Relativo a la patria. ◊ Relativo al padre o que proviene de él. ◊ f. Nación considerada como unidad histórica a la que sus naturales se sienten vinculados. ◊ Lugar, ciudad o país en que se ha nacido. ◊ **chica.** Lugar donde se ha nacido.

PATRIOTA com. Persona que tiene amor a su patria y procura todo su bien. ❑ PATRIOTISMO; PATRIOTERÍA; PATRIOTERO, RA; PATRIÓTICA, CA.

PATRÍSTICA f. Ciencia que estudia la doctrina, las obras y vidas de los Padres de la Iglesia. De hecho, equivale a la historia de la ant. literatura cristiana. Destacan Clemente de Roma, san Ambrosio, san Agustín, san Basilio, san Juan Crisóstomo, Cirilo de Alejandría, entre otros.

PATROCINAR tr. Defender, proteger, amparar, favorecer. ❑ PATROCINADOR, RA; PATROCINIO.

PATROCLO *Mit. gr.* Hijo de Menecio, rey de los locrios. Acompañó a Aquiles en la guerra de Troya.

PATROLOGÍA f. Patrística.

PATRÓN, NA m. y f. Defensor, protector. ◊ Que tiene cargo de patronato. ◊ Santo titular de una iglesia. ◊ Protector escogido por un pueblo o congregación, ya sea un santo, ya la Virgen o Jesucristo. ◊ Dueño de la casa donde uno se aloja. ◊ Amo, señor. ◊ El que manda y dirige un pequeño buque mercante. ◊ Modelo de papel, cartón, etc., según el cual se corta una tela, plástico, piel, etc., para realizar distintas prendas u objetos. ◊ Unidad que se toma como referencia para medir, valorar, etc. ◊ Metal que se toma como tipo para la evaluación de la moneda en un sistema monetario. ◊ **oro.** *Econ.* Sistema monetario basado en la equivalencia establecida por ley, a tipo fijo, entre una moneda y una cantidad de oro de determinada calidad.

PATRONAL adj. Relativo al patrono o al patronato. ◊ adj. y f. Díc. de la clase capitalista que posee los medios de producción y, en especial, de las asociaciones de patronos constituidas para la defensa de sus intereses.

PATRONATO o **PATRONAZGO** m. Derecho, poder o facultad que tiene el patrono. ◊ Corporación que forman los patronos. ◊ Fundación de una obra piadosa. ◊ Junta o consejo encargado de representar y administrar una institución o servicio.

PATRONEAR tr. Ejercer el cargo de patrón en una embarcación.

PATRONÍMICO, CA adj. y s. Díc. del apellido que antiguamente se daba en España a los hijos, formado del nombre de sus padres.

PATRONO, NA m. y f. Defensor, protector, amparador. ◊ El que tiene derecho o cargo de patronato. ◊ Patrón, santo titular, y amo y señor. ◊ Persona que emplea obreros.

PATRULLA f. Partida de soldados u otra gente armada, en corto núm., que ronda para mantener el orden y seguridad. ◊ Grupo de buques o aviones que prestan servicio en una costa, paraje de mar o campo minado, para la defensa o para observaciones meteorológicas. ◊ Este mismo servicio.

PATRULLAR intr. Rondar una patrulla. ◊ Prestar servicio de patrulla los buques o aviones. ❑ PATRULLERO, RA.

PATTON, *George Smith* (1885-1945) General norteam. Durante la II Guerra Mundial dirigió el desembarco en África del Norte y en Sicilia.

PATUCA Río de Honduras; 500 km. Toma este nombre en la confluencia del Guayape con el Guayambre. Desemboca en el Caribe formando un delta.

PAU C. de Francia, cap. del dpto. de Pyrénées-Atlantiques, en Aquitania; 83 800 hab.

PAUJÍ (voz quechua) m. Ave parecida al pavo, caracterizada por tener una prominencia ovoide sobre el pico.

PAÚL adj. y m. Díc. del clérigo regular de la congregación de misioneros fundada en Francia por san Vicente de Paúl en el s. XVII.

PAÚL, *Felipe Fermín* (1774-1843) Político ven. Presidente del Congreso que en 1811 declaró la independencia de Venezuela.

PAULAR m. Pantano o atolladero.

PAULATINO, NA adj. Que procede u obra despacio o lentamente.

Paulo III retratado por Tiziano. Galería de Capodimonti (Nápoles, Italia)

PAULI, *Wolfgang* (1900-1958) Físico aust. Estableció la hipótesis del neutrino y el principio de exclusión que lleva su nombre. Premio Nobel de Física en 1945 ◊ **Principio de exclusión de P.** En un átomo no puede haber dos electrones con los mismos núm. cuánticos.

PAULING, *Linus Carl* (1901-1994) Químico norteam. Investigaciones sobre la teoría del enlace químico y la estructura atómica. Premio Nobel de Química en 1954 y de la Paz en 1962.

PAULO I (700-767) Santo. Papa [757-767]. ◊ **III** (*Alessandro Farnese*, 1468-1549) Papa [1534-1549]. Excomulgó a Enrique VIII. Convocó el Concilio de Trento (1535). ◊ **IV** (*Gian Pietro Carafa*, 1476-1559) Papa [1555-1559]. Reorganizó la Inquisición. ◊ **V** (*Camillo Borghese*, 1552-1621) Papa [1605-1621]. Condenó las posiciones científicas de Copérnico. ◊ **VI** ⇨ Pablo VI.

PAUPERISMO m. Existencia de gran núm. de pobres en un Est., en particular cuando procede de causas permanentes. ❑ PAUPÉRRIMO, MA.

PAUSA f. Breve interrupción del movimiento, acción o ejercicio. ◊ Tardanza, lentitud. ◊ *Mús.* Breve intervalo en que se deja de cantar o tocar. ❑ PAUSADO, DA.

PAUSANIAS (m. h. 470 a. C.) Príncipe espartano. Participó en la batalla de Platea y en la conquista gr. de Bizancio. En Esparta impulsó una revuelta popular. ◊ (s. II) Viajero y geógrafo gr. *Descripción de Grecia.*

PAUTA f. Instrumento para rayar el papel en que se aprende a escribir. ◊ Raya o conjunto de rayas hechas con este instrumento. ◊ fig. Norma, modelo, guía. ◊ fig. *Soc.* Esquema común de comportamiento en una pluralidad de personas.

PAUTAR tr. Rayar el papel con la pauta. ◊ Señalar en el papel las rayas necesarias para escribir las notas musicales. ◊ fig. Dar reglas o determinar el modo de ejecutar una acción.

PAVA f. Hembra del pavo. ◊ Fuelle grande usado en hornos metalúrgicos.

PAVADA f. fig. y fam. Sosería, insulsez.

PAVANA f. Danza esp., grave, seria y de movimientos pausados.

PAVEAR tr. *Argent.*, *Par.* y *Ur.* Cometer o decir pavadas, tonterías o estupideces. ◊ *Chile* y *Perú.* Burlarse.

PAVELIC, *Ante* (1889-1959) Político fascista croata. Dictador de Croacia, Est. creado durante la II Guerra Mundial.

PAVERO, RA m. y f. Persona que cuida de las manadas de pavos o anda vendiéndolos. ◊ fig. y fam. Persona presumida.

PAVÉS m. Escudo oblongo que cubría casi todo el cuerpo del combatiente.

PAVESA f. Partecilla ligera que salta de una materia inflamada y se convierte en ceniza.

PAVESE, Cesare (1908-1950) Escritor it. Sus novelas muestran una sobria penetración de la realidad campesina. *El camarada, El oficio de vivir, Tus países, La playa, Antes de que el gallo cante, Entre mujeres.*

PAVÍA C. del N de Italia, en Lombardía; 82 600 hab. Centro comercial. Ind. química, textil, mecánica. Universidad. ◊ **Batalla de P.** Librada en 1525 entre esp. y fr., en ella cayó prisionero Francisco I de Francia.

PAVÍA Rodríguez de Alburquerque, Manuel (1827-1895) Militar español. Dirigió el golpe de Est. que acabó con la I República (1874).

PÁVIDO, DA adj. Tímido, medroso o lleno de pavor.

PAVIMENTAR tr. Solar, revestir el suelo con ladrillos u otros elementos. ❏ PAVIMENTACIÓN; PAVIMENTO.

PAVLOV, Ivan Petrovich (1849-1936) Fisiólogo ruso. Descubridor del reflejo condicionado, mecanismo de adaptación a los estímulos del medio. Premio Nobel de Medicina en 1904.

PAVLOVA, Anna (1885-1931) Bailarina rusa. La más célebre solista de ballet clásico de principios de siglo.

PAVO m. Ave gallinácea, oriunda de América del Norte, de plumaje pardo verdoso con reflejos cobrizos, cabeza y cuello cubiertos de carúnculas rojas. El p. doméstico es de menor tamaño y plumaje negro. ◊ m. fig. *Chile.* Pasajero clandestino, polizón. ◊ **real.** Gallinácea oriunda de Asia. El macho tiene un plumaje muy vistoso; el de la hembra es blanco.

PAVÓN m. Pavo real. ◊ Nombre de algunas mariposas, así llamadas por las manchas redondeadas de sus alas. ◊ *Metal.* Capa fina de cloruros o sulfuros metálicos con que se reviste la superficie de los metales ferrosos para preservarla de la oxidación.

Pavo real

PAVÓN, Batalla de Acción bélica librada en las inmediaciones del arroyo Pavón, en la prov. de Santa Fe (Argentina), entre el ejército de la Confederación Argentina, al mando del general Urquiza, y el de la prov. de Buenos Aires, conducido por el general Mitre (17 septiembre 1861). Se decidió con el triunfo de las fuerzas porteñas.

PAVONADO, DA adj. Azulado oscuro. ◊ m. *Metal.* Tratamiento que se da a las piezas de hierro o acero para preservarlas de la oxidación o para darles un aspecto determinado.

PAVONEAR intr. y prnl. Hacer uno vana ostentación de su gallardía o de otras prendas. ❏ PAVONEO.

PAVOR m. Temor, con espanto o sobresalto. ❏ PAVORIDO, DA.

PAX *Mit.* Divinidad rom. de la paz, correspondiente a la gr. Eirene.

PAYADOR m. *Argent., Chile* y *Ur.* Cantor popular errante, que interpreta sus coplas acompañándose con la guitarra. ❏ PAYADA; PAYAR.

PAYAGUÁ m. *Argent.* y *Par.* Indio del grupo guaycurú que habitó el Chaco par. Actualmente queda sólo un pequeño reducto en la c. de Asunción.

PAYÁN, Eliseo (1825-1895) Militar y político col. Presid. en ausencia de Núñez (1887 y 1888).

PAYANAR (voz náhuatl) tr. *Méx.* Moler el maíz.

PAYASO m. Artista que actúa en espectáculos circenses y provoca la risa por medio de sus palabras, atuendo, acciones y gestos. ◊ Persona de poca seriedad, propensa a hacer reír con sus dichos o hechos. ❏ PAYASADA.

PAYNO, Manuel (1810-1894) Diplomático y novelista mex. *El fistol del diablo, Los bandidos de Río Frío, Compendio de la historia de México.*

PAYO, YA adj. y s. Aldeano. ◊ Entre los gitanos, persona no gitana. ◊ f. *Chile.* Composición poética dialogada que improvisan y acompañan a la guitarra los payadores.

PAYRÓ, Roberto (1867-1928) Novelista arg., de estilo realista. *Pago chico, El casamiento de Laucha, El falso.*

PAYSANDÚ Dpto. de Uruguay, limítrofe con Argentina; 13 922 km², 103 763 hab. Cap., la c. hom. Relieve formado por suaves ondulaciones que descienden hacia el r. Uruguay. Cereales, vid, lino. Ganadería. Explotación forestal. ◊ C. de Uruguay, cap. del dpto. hom.; 75 100 hab. Puerto fluvial en el r. Uruguay. Centro comercial e industrial. Pesca.

PAZ f. Situación y relación mutua de quienes no están en guerra. ◊ Pública tranquilidad y quietud de los Est., en contraposición a la guerra o a la turbulencia. ◊ Tratado o convenio que concuerda entre las partes beligerantes para poner fin a una guerra. Se usa también en pl. ◊ Sosiego y buena correspondencia de unos con otros, en contraposición a las riñas y pleitos. ◊ Reconciliación. ◊ Virtud que pone en el ánimo tranquilidad y sosiego, opuestos a la turbación y las pasiones. ◊ **y salvo.** *Col.* Fórmula con que se denomina al certificado oficial expedido a una persona, de no deber nada al fisco. Usado también en pl.

PAZ, La Dpto. de Bolivia, fronterizo con Perú y Chile; 133 985 km², 2 350 466 hab. Cap., la c. hom. La cord. Real de los Andes atraviesa el dpto. de NO a SE (alt. máx.: Illimani, 6 882 m; Illampú, 6 421 m); el lago Titicaca ocupa la parte centrooccidental. Al N se encuentra la llanura amazónica, avenada por el Beni. Cacao, café, algodón, caña de azúcar, maíz, vid, frutales, cebada, patatas. Estaño, volframio, plomo, cinc, cobre. ◊ C. y cap. política de Bolivia y del dpto hom.; 794 061 hab. (1 476 721 hab. en a. metr.). Imp. centro comercial, industrial (alimentarias, textiles, mecánicas), financiero y cultural. Entre los monumentos destacan las iglesias de San Francisco, Santo Domingo, Santa Teresa y San Pedro, y el palacio de los marqueses de Villaverde. Fundada en 1548 por Alonso de Mendoza. Tras la indep., La Paz se constituyó, junto con Sucre en una de las c. más imp. La rivalidad entre ambas desembocó en la guerra civil (1898), en la que triunfó La Paz y se convirtió en la cap. política de Bolivia.

PAZ, La Dpto. de Honduras, limítrofe con El Salvador; 2 331 km², 101 827 hab. Cap., la c. hom. Relieve montañoso (sierra de Nahuaterique). Trigo, maíz, café, caña, frutales. Ganadería vacuna. ◊ Dpto. del centro de El Salvador, bañado por el Pacífico; 1 224 km², 246 147 hab. Cap., Zacatecoluca. La parte septentrional está ocupada por el Eje volcánico. Algodón, arroz, azúcar, café. Ganadería. Sal. Ind. de transformación de productos agropecuarios. ◊ C. de Honduras, cap. del dpto. hom.; 11 238 hab. ◊ C. de México, cap. del est. de

Panorámica de la ciudad de **La Paz**

Baja California Sur; 196 907 hab. Ind. conservera, curtiduría. Pesquería de perlas.

PAZ, *José María* (1791-1854) Militar y político arg. Ministro de la Guerra en el gobierno de Lavalle (1828). Formó la Liga Unitaria, pero fue hecho prisionero al marchar contra Estanislao López (1831). Al producirse la rev. de 1852, dirigió la defensa de Buenos Aires frente al ejército de los Confederados. ◊ *Juan Carlos* (1897-1972) Compositor arg. Seguidor del dodecafonismo en obras como *Música para trío, Seis piezas orquestales, Solos para piano.* ◊ *Octavio* (1914-1998) Diplomático y escritor mex. Como poeta se le considera el mejor lírico del México contemporáneo. *Raíz del hombre, Entre la piedra y la flor, Bajo la clara sombra, Libertad bajo palabra, La estación violenta, La centena, Posdata, Pasado en claro, Vuelta, Poesías.* Ha cultivado la crítica y el ensayo: *Las peras del olmo, Hombres de un siglo, Tiempo nublado,* y el drama: *La hija de Rapaccini.* Premio Cervantes en 1981 y Nobel de Literatura en 1990. ◊ **Barahona**, *Miguel* (m. 1937) Político hond. Presid. de la rep. (1925-1929). ◊ **Estenssoro**, *Víctor* (1907-2001) Político bol. Cofundador del Movimiento Nacional Revolucionario (1941). Triunfó en las elecciones de 1951, pero un complot militar le impidió asumir el cargo. Sin embargo, una rev. popular (1952) le entregó el poder. Reelegido en 1960, fue derribado por un golpe militar (1964). Tras las elecciones de 1985, fue designado nuevo presid. por el Congreso, cargo que ocupó hasta 1989. ◊ **Soldán**, *Mariano Felipe* (1821-1886) Político e historiador peruano. Ministro de Relaciones Exteriores (1858-1863) y de Justicia (1868-1872). *Historia del Perú independiente, 1819-27, Diccionario geográfico-estadístico del Perú.* ◊ **Soldán y Unanue**, *Pedro* (1839-1895) Escritor per., conocido por JUAN DE ARONA. Autor de poesías satíricas. *Ruinas, Pasada pesada en posada.* ◊ **Zamora**, *Jaime* (n. 1939) Político bol. Candidato por el Movimiento Izquierda Revolucionaria (MIR) en 1989, fue nombrado presid. por el Congreso con el apoyo de Acción Democrática Nacionalista, de Hugo Bánzer. Cesó en 1993.

PAZGUATO, TA adj. y s. Simple, que se pasma y admira de lo que ve u oye. ❏ PAZGUATERÍA.

PAZO m. En Galicia, casa antigua y no-

José María **Paz**

Octavio **Paz**

ble de una familia, y especialmente la edificada en el campo.

PAZOS Kanki, *Vicente* (1779-h. 1851) Escritor y político bol. Partidario del mov. independentista. *Cartas sobre las Provincias Unidas del Río de la Plata.*

PAZOTE m. Planta herbácea aromática, originaria de América.

Pb *Quím.* Símb. del plomo.

P. C. *Comp.* Siglas de computadora personal.

Pd *Quím.* Símb. del paladio.

PE f. Nombre de la letra *p.*

PEACE Río de Canadá. Nace en las montañas Rocosas (Columbia Británica) y confluye con el río del Esclavo; 1 700 km.

PEAJE m. Cantidad que cobra la empresa concesionaria de una autopista, canal, etc. ◊ P. ext., lugar donde se recauda esta cantidad.

PEAL m. Parte de la media que cubre el pie. ◊ Media sin pie que se sujeta a éste con una trabilla. ◊ *Amér.* Cuerda o soga con que se amarran o traban las patas de un animal.

PEANA f. Basa, apoyo o pie para colocar encima una figura u otra cosa.

PEANO, *Giuseppe* (1858-1932) Matemático it. Autor de imp. trabajos de lógica matemática. Definió el núm. natural por medio de axiomas.

PEARL HARBOR Golfo de la isla de Oahu, en las Hawai. Base aeronaval de EE UU desde 1908. El ataque japonés contra ésta determinó la entrada norteam. en la II Guerra Mundial.

PEARSON, *Lester Bowles* (1897-1972) Político canadiense. Jefe del Partido Liberal (1958), fue elegido primer ministro en 1963. Premio Nobel de la Paz en 1957.

PEATÓN, NA m. y f. Persona que va a pie.

PEBETE, TA m. y f. *Argent.* y *Ur.* Niño, chiquillo, muchacho. ◊ m. Pasta hecha con polvos aromáticos, regularmente en forma de varilla, que encendida exhala un humo muy fragante.

PEBETERO m. Vaso para quemar perfumes.

PEBRE amb. Salsa en que entran pimienta, ajo, perejil y vinagre.

PECA f. Cualquiera de las manchas pequeñas y de color pardo que suelen salir en el cutis. ❏ PECOSO, SA.

PECADO m. *Teol.* Violación del orden moral de origen divino. Se llama *origi-*

Jaime **Paz Zamora**

nal al p. hereditario de la especie humana. Según su gravedad, el p. puede ser venial o mortal. Los pecados capitales son: soberbia, avaricia, lujuria, envidia, gula, ira y pereza. ◊ Cualquier cosa que se aparta de lo recto y justo, o de lo que es debido. ◊ Exceso o defecto en cualquier línea.

PEÇANHA, *Nilo* (1867-1924) Político bras. Presid. (1909-1910).

PECAR intr. Quebrantar la ley de Dios. ◊ Faltar absolutamente a cualquier obligación y a lo que es debido y justo, o a las reglas del arte o política. ◊ Faltar a las reglas de cualquier línea. ❏ PECADOR, RA; PECAMINOSO, SA.

PÉCARI m. *Zool.* Mamífero paquidermo que vive en los bosques de la América Meridional y cuya carne es muy apreciada; saíno.

PECBLENDA f. *Miner.* Mena de uranio, en cuya composición entran varios metales raros y entre ellos el radio.

PECERA f. Vasija transparente que se llena de agua y sirve para tener a la vista uno o varios peces.

PECHADA f. *Argent.* y *Chile.* Atropello, empujón.

PECHAR tr. Pagar tributo. ◊ *Amér.* Sablear, estafar. ◊ *Amér.* Dar pechadas.

PECHERA f. Parte de la camisa y otras prendas de vestir, que cubre el pecho.

PECHICHE m. *Ecuad.* Árbol que da una madera fina e incorruptible y una frutilla como la cereza, que se emplea para hacer dulce.

PECHINA f. Venera, concha de peregrino. ◊ *Arq.* Cada uno de los cuatro triángulos esféricos que constituyen el anillo básico de una cúpula y cargan sobre los arcos torales.

PECHO m. Parte del cuerpo humano que se extiende desde el cuello hasta el vientre, y en cuya cavidad contiene el corazón y los pulmones. ◊ Parte anterior del tronco de los cuadrúpedos entre el cuello y las patas anteriores. ◊ Cada una de las mamas de la mujer. ◊ fig. Interior del hombre. ◊ fig. Valor, esfuerzo, fortaleza y constancia.

PECHORA Río de Rusia; nace en los montes Urales Septentrionales y desemboca en el mar de Barents; 1 790 km de longitud.

PECHUGA f. Pecho de ave, que está como dividido en dos, a ambas partes del caballete. Suele usarse en pl.

PECHUGÓN, NA adj. y f. Díc. de la

mujer de pecho abultado. ◊ adj. y s. *Chile.* Díc. de la persona de mucho empuje y resolución.

PECINA f. Cieno negruzco que se forma en los charcos o cauces donde hay materias orgánicas en descomposición. ❑ PECINOSO, SA.

PECIO m. Pedazo o fragmento de la nave que ha naufragado o porción de lo que ella contiene.

PECIOLO o **PECÍOLO** m. *Bot.* Parte de la hoja vegetal, con aspecto de tallo y que sirve de zona de inserción con el resto del vástago. ❑ PECIOLADO, DA.

PECK, Gregory (1916-2003) Actor cinematográfico norteam. *Duelo al sol, Matar a un ruiseñor,* con la que obtuvo un Óscar, *Recuerda, Vacaciones en Roma.*

PECKINPAH, Sam (1926-1984) Director cinematográfico norteam. *Grupo salvaje, Perros de paja, La huida.*

PÉCORA f. Res o cabeza de ganado lanar. ◊ fig. y fam. *P. Rico.* Puta.

PECOS Río de EE UU, afl. del río Grande del Norte; atraviesa los est. de Nuevo México y Texas; 1 250 km.

PÉCS (*Fünfkirchen*) C. del S de Hungría; 175 000 hab. Centro minero. Ind. metalúrgica y química. Universidad.

PECTINA f. *Quím.* Polisacárido de alto peso molecular, de naturaleza gélica y gran viscosidad.

PECTORAL adj. Relativo al pecho. ◊ *Anat.* Díc. de los músculos torácicos que intervienen en la respiración y en movimientos de hombros y brazos.

PECUARIO, RIA adj. Relativo al ganado.

PECULADO m. *Der.* Delito que consiste en el hurto de caudales del erario público, hecho por aquel a quien está confiada su administración.

PECULIAR adj. Propio o privativo de cada persona o cosa. ❑ PECULIARIDAD.

PECULIO m. Hacienda o caudal que el padre o señor permitía al hijo o siervo para su uso y comercio. ◊ fig. Dinero que particularmente tiene cada uno.

PECUNIA f. fam. Moneda o dinero. ❑ PECUNIARIO, RIA.

PEDAGOGÍA f. Arte de enseñar o educar a los niños. ◊ P. ext., y en general, lo que enseña y educa. ❑ PEDAGÓGICO, CA.

PEDAGOGO, GA m. y f. Persona que instruye y educa niños. ◊ Perito en pedagogía.

PEDAL m. Palanca que pone en movimiento un mecanismo al oprimirla con el pie. ◊ *Mús.* En la armonía, sonido prolongado sobre el cual se suceden diferentes acordes. ❑ PEDALADA; PEDALEAR; PEDALEO.

PEDÁNEO, A adj. Díc. de las autoridades administrativas cuya jurisdicción se extiende a aldeas o pequeños núcleos de población.

PEDANTE adj. y s. Aplícase al que por engreimiento se complace en hacer excesivo e inoportuno alarde de erudición. ❑ PEDANTERÍA; PEDANTESCO, CA; PEDANTISMO.

PEDAZO m. Parte o porción de una cosa separada del todo. ◊ Cualquier parte de un todo físico o moral.

PEDERASTIA f. *Psic.* Trastorno psicosexual consistente en la atracción erótica que siente el adulto por los niños. ❑ PEDERASTA.

PEDERNAL m. *Geol.* Roca sedimenta-

ria de origen químico constituida casi exclusivamente por sílice. Es de fractura astillosa y predominantemente gris o azulada. ❑ PEDERNALINO, NA.

PEDERNALES Prov. de la República Dominicana, fronteriza con Haití; 1 011 km², 18 800 hab. Cap., la c. hom. Accidentada por las estribaciones de la sierra de Baoruco. Café, caña de azúcar, cereales. Bauxita, sal. ◊ C. de la República Dominicana, cap. de la prov. hom.; 7 880 hab. Agricultura. Centro industrial.

PEDESTAL m. Cuerpo sólido, gralte. de figura de paralelepípedo rectangular, con basa y cornisa, que sostiene una columna, estatua, etc. ◊ fig. Fundamento en que se asegura o afirma una cosa.

Pedestal de Benvenuto Cellini, Loggia dei Lanzi (Florencia, Italia)

PEDESTRE adj. Que anda a pie. ◊ Díc. del deporte que consiste especialmente en andar y correr. ◊ fig. Llano, vulgar, inculto, bajo. ❑ PEDESTRISMO.

PEDIATRÍA f. Parte de la medicina que se ocupa de los cuidados del niño y del tratamiento de sus enfermedades. ❑ PEDÍATRA o PEDIATRA; PEDIÁTRICO, CA.

PEDICELO m. Columna carnosa que sostiene el sombrerillo de las setas.

PEDÍCULO m. *Bot.* Pedúnculo de la hoja, flor o fruto. ◊ *Fisiol.* Tallo que une una formación anormal.

PEDICURO, RA m. y f. Persona experta en podología.

PEDIDO m. Encargo de géneros hecho a un fabricante o vendedor. ◊ Petición.

PEDIGRÍ o **PEDIGREE** m. Genealogía de un animal de raza. ◊ Documento en que consta.

PEDILUVIO m. Baño de pies terapéutico. Se usa más en pl.

PEDIPALPO m. *Zool.* Segundo par de apéndices de los artrópodos quelicerados, de función prensora.

PEDIR tr. Rogar o demandar a uno que dé o haga una cosa, de gracia o de jus-

ticia. ◊ P. ant., pedir limosna. ◊ Poner precio a la mercadería el que vende. ◊ Requerir una cosa, exigirla como necesaria o conveniente. ◊ Querer, desear o apetecer. ◊ Interrogar, preguntar. ❑ PEDIGÜEÑO, NA.

PEDO m. Ventosidad que se expele del vientre por el ano. ◊ fig. y fam. Borrachera.

PEDOFILIA f. Pederastia.

PEDORRETA f. Sonido que se hace con la boca, imitando el pedo.

PEDRADA f. Acción de despedir o arrojar con impulso una piedra. ◊ Golpe que se da con la piedra tirada.

PEDRARIAS Dávila (h. 1440-1531) Conquistador esp., cuyo nombre era Pedro Arias de Ávila. En 1513 fue nombrado gobernador general de Santa María la Antigua del Darién. Sus actos de crueldad obligaron a trasladarle a Nicaragua.

PEDREA f. Acto de caer piedra de las nubes. ◊ fam. Conjunto de los premios menores de la lotería.

PEDREGAL m. Sitio cubierto de piedras sueltas.

PEDREGOSO, SA adj. Díc. del terreno naturalmente cubierto de piedras.

PEDRERA f. Cantera, sitio o lugar de donde se sacan las piedras.

PEDRERÍA f. Conjunto de piedras preciosas.

PEDRERO m. Cantero, el que labra las piedras.

PEDRISCO m. Piedra o granizo muy crecido que cae de las nubes en abundancia. ◊ Multitud de piedras arrojadas o tiradas.

PEDRO nombre de varios monarcas.

ARAGÓN

PEDRO I (h. 1070-1104) Rey de Aragón y Navarra [1094-1104]. Tomó a los ár. Huesca, Barbastro, Bolea, Almunientes y Piracés. ◊ **II el Católico** (h. 1177-1213) Rey de la Corona de Aragón [1196-1213]. Intervino en la batalla de las Navas de Tolosa (1212). ◊ **III el Grande** (1240-1285) Rey de la Corona de Aragón [1276-1285]. Fue coronado rey de Sicilia. Martín IV organizó una cruzada contra él por apoyar a los angevinos. ◊ **IV el Ceremonioso** (1319-1387) Rey de la Corona de Aragón [1336-1387]. Se apoderó de Mallorca (1343), Menorca e Ibiza. Combatió con Génova y Pisa por el dominio de Cerdeña.

BRASIL

PEDRO I (1798-1834) Emp. de Brasil [1822-1831] y rey de Portugal [1826]. Su padre, Juan VI, le nombró regente de Brasil en 1821. Proclamó la indep. de Brasil (1822). Una insurrección liberal le obligó a abdicar. ◊ **II** (1825-1891) Emp. de Brasil [1831-1889]. En 1865 se unió a la Triple Alianza, con Uruguay y Argentina, en la guerra contra Paraguay.

CASTILLA Y LEÓN

PEDRO I el Cruel (1334-1369) Rey de Castilla y de León [1350-1369]. Su política le enfrentó a la nobleza que, encabezada por Enrique de Trastámara, se rebeló. Fue muerto por éste después de la batalla de los campos de Montiel.

PEDRO I *el Justiciero* (1320-1367) Rey de Portugal [1357-1367]. ◇ **II** (1648-1706) Regente [1667-1682] y rey [1683-1706] de Portugal. Obtuvo la indep. de España en 1668.

PEDRO I Alexeievich, llamado EL GRANDE (1672-1725) Zar de Rusia [1682-1725]. Convirtió a Rusia en la primera potencia del Báltico. Reorganizó la administración. ◇ **III Fiedoróvich** (1728-1762) Zar de Rusia [1762]. Devolvió Prusia Oriental y Pomerania a los prusianos. Fue depuesto y le sucedió su esposa Catalina II.

PEDRO I Karageorgevich (1844-1921) Rey de Serbia [1903-1918] y de Yugoslavia [1918-1921]. ◇ **II Karageorgevich** (1923-1970) Rey de Yugoslavia [1934-1945]. Se refugió en Gran Bretaña durante la invasión al. y ya no pudo volver a su país.
PEDRO Santo. El más destacado apóstol de Jesús, llamado Simón y Cefas. Cristo le nombró cabeza de la Iglesia. Escribió dos de las epístolas del N. T. En la primera persecución (Nerón), murió en el circo. ◇ **Claver** (1581-1654) Santo. Jesuita esp. Misionero en América, se dedicó a evangelizar a los esclavos negros. Es patrón de Colombia. ◇ **de Alcántara** (1499-1562) Santo. Religioso esp., fundador de los franciscanos descalzos. ◇ **Lombardo** (1100-1160) Teólogo lombardo. Sus *Libros de sentencias* fueron la base de la enseñanza teológica durante la época escolástica. ◇ **Nolasco** (m. 1256) Santo. Religioso esp., de origen fr. Fundador de la orden de la Merced.
PEDRO JUAN CABALLERO C. de Paraguay, cap. del dpto. de Amambay; 37 300 hab. Café. Ganadería. Centro comercial.
PEDRUSCO m. fam. Pedazo de piedra sin labrar.
PEDÚNCULO m. *Bot*. Porción de tallo que sostiene las inflorescencias, flores o frutos. ◇ *Zool*. Prolongación del cuerpo, mediante la cual están fijos al suelo algunos animales de vida sedentaria. ❏ PEDUNCULADO, DA.
PEEL, SIR *Robert* (1788-1850) Político brit. Elegido primer ministro en 1841, reformó el sistema fiscal y fue partidario del librecambismo.
PEGA f. Sustancia cualquiera que sirve para pegar. ◇ fam. Chasco, engaño. ◇ Pregunta capciosa o difícil de responder. ◇ Obstáculo, contratiempo, dificultad, que se presenta de forma imprevista. ◇ fam. Zurra, paliza. ◇ *Cuba*. Trabajo. ◇ *Chile, Col., Cuba* y *Perú*. Liga para cazar pájaros.
PEGADIZO, ZA adj. Pegajoso, que se pega. ◇ Contagioso. ◇ Que se graba en la memoria con facilidad. ◇ Postizo, agregado, imitado.
PEGAJOSO, SA adj. Que con facilidad se pega. ◇ Contagioso o que con facilidad se comunica. ◇ fig. y fam. Que con su excesiva familiaridad y caricias se hace fastidioso.
PEGAMENTO m. Sustancia propia para pegar o conglutinar.

PEGAR tr. Adherir, conglutinar una cosa con otra. ◇ Arrimar o aplicar una cosa a otra, de modo que entre las dos no quede espacio alguno. ◇ tr. y prnl. Comunicar uno a otro una cosa por el contacto, trato, etc. Díc. comúnmente de enfermedades contagiosas, vicios, costumbres u opiniones. ◇ tr. fig. Castigar o maltratar a uno dando golpes. ◇ intr. Caer bien una cosa; combinar con otra; ser de oportunidad, venir al caso. ◇ Dar o tropezar en una cosa con fuerte impulso. ◇ prnl. Darse golpes dos o más personas. ◇ fig. y fam. Acompañado de algunos sustantivos (como ducha, susto, golpe), dárselos. ❏ PEGAMIENTO.
PEGASO o **PEGASUS** *Astr*. Constelación boreal, cuyas cuatro estrellas prales. forman un cuadrilátero.
PEGASO *Mit. gr*. Caballo alado nacido de la sangre de Medusa cuando la decapitó Perseo. Zeus lo colocó entre las estrellas.

*La vocación de san **Pedro** y san Andrés; detalle de un retablo del s. xv (Museo de Arte de Cataluña, Barcelona, España)*

PEGATINA f. fam. Adhesivo.
PEGMATITA f. *Geol*. Producto último de la consolidación de un magma que contiene grandes cristales.
PEGOTE m. Emplasto que se hace de pez u otra cosa pegajosa. ◇ fig. Adición o intercalación inútil hecha en alguna obra literaria o artística. ◇ fig. y fam. Cualquier guisado u otra cosa que está muy espesa y se pega. ◇ fig. y fam. Parche que se añade a algo con poca gracia.
PÉGUY, *Charles* (1873-1914) Escritor fr. Concilió cristianismo y socialismo. Autor de *Domrémy, Víctor María, Nuestra juventud, El misterio de la caridad de Juana de Arco*.
PEINADO m. Adorno y compostura del pelo.
PEINADOR m. Toalla o lienzo con tirilla ajustada, que puesto al cuello cubre el cuerpo del que se peina o afeita. ◇ *Amér*. Tocador.
PEINAR tr. y prnl. Desenredar, limpiar o componer el cabello. ◇ tr. fig. Desenredar o limpiar el pelo o lana de algunos animales. ◇ *Ind*. En la hilatura, eliminar las impurezas dejadas por la carda.
PEINE m. Utensilio que tiene muchos dientes espesos para limpiar y compo-

ner el pelo. ◇ Carda, instrumento para cardar. ◇ Barra que, como los peines, tiene una serie de púas, por entre las cuales pasan en el telar los hilos de la urdimbre.
PEINETA f. Peine convexo que usan las mujeres.
PEIPUS (*Chud*) Lago del NE de Europa, en la frontera entre Rusia y Estonia; 3 853 km².
PEIRCE, *Charles Sanders* (1839-1914) Filósofo norteam. Su tratamiento del problema de la verdad dio origen al pragmatismo. *Principios de filosofía, Elementos de lógica*.
PEIXOTO, *Floriano* (1842-1895) Militar y político bras. Sucedió a Fonseca en la presidencia (1891-1894), por dimisión de éste.
PEJEPALO m. Abadejo sin aplastar y curado al humo.
PEJERREY m. Pez marino, de cuerpo fusiforme de color plateado, con dos bandas oscuras a lo largo de cada costado, cabeza casi cónica, aletas pequeñas y cola ahorquillada.
PEJESAPO m. Rape.
PEJIGUERA f. fam. Cualquier cosa que sin traernos gran provecho nos pone en dificultad.
PEKÍN (*Beijing*) C. y cap. de la República Popular China, en el NE del país; 16 808 km², 10 819 407 hab. En el E y el S se encuentran los prales. núcleos industriales (siderurgia, química, electrónica, textil). Conocida con el nombre de Ki desde el s. III a. C., ha sido la cap. del país en diferentes épocas. En la c. interior destaca la ant. residencia imperial.
PELA f. Peladura. ◇ fam. En España, peseta. ◇ pl. fam. Dinero, riqueza.
PELADERO m. Sitio donde se pelan los cerdos o las aves. ◇ *Chile* y *Col*. Erial.
PELADILLA f. Almendra confitada. ◇ Canto rodado pequeño.
PELADO, DA adj. fig. Díc. de las cosas prales. o fundamentales que carecen de aquellas otras que naturalmente las visten, adornan, cubren o rodean. ◇ Simple, escueto. ◇ adj. y s. Díc. de la persona pobre o sin dinero. ◇ m. y f. *Méx*. Persona de las capas sociales menos pudientes y de inferior cultura. ◇ m. *Chile*. Borrachera. ◇ f. Piel de carnero u oveja, a la cual se le arranca la lana después de la muerte de la res. ◇ *Amér*. fam. Calva.
PELADURA f. Monda, hollejo, cáscara.
PELAGATOS m. fig. y fam. Hombre de nivel económico o social bajo.
PELÁGICO, CA adj. *Biol*. Díc. de la fauna y flora (plancton y necton) que viven en la región p. ◇ **Región p.** Porción del océano exterior a las plataformas continentales.
PELAGIO (h. 360-h. 427) Monje britano. Para P. la naturaleza humana, creada por Dios, era santa; siendo el hombre libre, sus virtudes y vicios se debían, no al pecado original, sino a su libre elección. Su doctrina fue condenada en varios concilios. *Comentario a las epístolas de san Pablo, Epístola ad Augustinum*. ❏ PELAGIANISMO; PELAGIANO, NA.
PELAGRA f. Síndrome carencial producido por un déficit de vitamina B_2, caracterizado por modificaciones de la piel en zonas expuestas a la luz, abundantes diarreas y trastornos neurológicos y psíquicos.

PELAJE m. Naturaleza y calidad del pelo o de la lana que tiene un animal. ◊ fig. y fam. Disposición y calidad de una persona o cosa.

PELAMBRE m. Porción de pieles que se meten en un depósito de agua y cal viva para que pierdan el pelo. ◊ Conjunto de pelo en todo el cuerpo o en algunas partes de él.

PELAMBRERA f. Sitio donde se apelambran las pieles. ◊ Porción de pelo o de vello espeso y crecido. ◊ Alopecia.

PELAMEN m. fam. Conjunto de pelo, pelambre.

PELAR tr. y prnl. Cortar, arrancar, quitar o raer el pelo. ◊ tr. Desplumar, quitar las plumas al ave. ◊ fig. Quitar la piel, la película o la corteza a una cosa. ◊ fig. y fam. Dejar a uno sin dinero. ◊ *Amér. Centr.* Quemarse, escaldarse. ◊ prnl. Perder el pelo por enfermedad u otro accidente.

PELARGONIO m. Planta de flores cigomorfas con diez estambres, que vive en África y en los países mediterráneos y comprende muchas especies designadas impropiamente con el nombre de geranios.

PELAYO (m. 737) Caudillo y rey de los astures. Tras la invasión musulmana de la pen. Ibérica, organizó un núcleo de resistencia. En 1722 derrotó en Covadonga al caudillo musulmán Alqama. Puso las bases del reino de Asturias.

PELDAÑO m. Cada una de las partes de un tramo de escalera, que sirve para apoyar el pie al subir o bajar por ella.

PELÉ Apodo de *Edson Arantes do Nascimento* (n. 1940) Futbolista bras. Con su equipo nacional ha obtenido en tres ocasiones la copa del Mundo (1958, 1962 y 1970).

PELEA f. Combate, batalla, contienda. ◊ Contienda o riña particular, aunque consista sólo en palabras injuriosas. ◊ fig. Afán, fatiga o trabajo en la ejecución o consecución de una cosa.

PELEANO, NA adj. Díc. del tipo de volcán caracterizado por la emisión de lavas viscosas que solidifican rápidamente, taponando la chimenea volcánica y determinando una gran acumulación de gases cuya presión da lugar a grandes explosiones con formación de nubes ardientes.

PELEAR intr. Batallar, combatir o contender con armas. ◊ Contender o reñir, aunque sea sin armas o sólo de palabra. ◊ fig. Afanarse, resistir o trabajar continuamente por conseguir una cosa, o para vencerla o sujetarla. ◊ prnl. Reñir dos o más personas a puñetazos. ◊ fig. Enfadarse, enemistarse.

PELÉE (*Montagne Pelée*, «monte pelado») Cima volcánica de la Martinica, al NO de la isla; 1 463 m. En 1902 una erupción destruyó la c. de Saint-Pierre.

PELELE m. Muñeco de figura humana, hecho de paja o trapos ◊ fig. y fam. Persona simple o inútil.

PELEÓN, NA adj. Pendenciero, camorrista. ◊ adj. y m. fam. Díc. del vino muy ordinario.

PELETERÍA f. Oficio de adobar y componer las pieles finas o de hacer con ellas prendas de abrigo. ◊ Comercio de pieles finas; conjunto o surtido de ellas. ◊ Tienda donde se venden.

PELIAGUDO, DA adj. Díc. del animal que tiene el pelo largo y delgado. ◊ fig. y fam. Díc. del negocio o cosa que tiene gran dificultad en su inteligencia o resolución.

PELÍCANO m. Ave palmípeda acuática, de 2 m de envergadura, con plumaje blanco y un pico muy largo y ancho con una membrana que forma una bolsa donde deposita los alimentos.

PELÍCULA f. Piel delgada y delicada. ◊ Cinta de celuloide dispuesta para ser impresionada fotográficamente. ◊ Cinta de celuloide que contiene una serie continua de imágenes fotográficas. ◊ Asunto representado en dicha cinta. ❏ PELICULAR; PELICULERO, RA.

PELIGRO m. Riesgo o contingencia inminente de que suceda algún mal. ❏ PELIGRAR; PELIGROSIDAD; PELIGROSO, SA.

PELILLO m. fig. y fam. Causa o motivo muy leve de desazón, y que se debe despreciar. Se usa más en pl. ❏ PELILLOSO, SA.

PELIRROJO, JA adj. y s. Que tiene rojo el pelo.

PELITRE m. Planta de tallos inclinados y hojas laciniadas, cuyo extracto se emplea como insecticida.

PELLA f. Masa que se une y aprieta, regularmente en forma redonda. ◊ Conjunto de los tallitos de la coliflor y otras plantas semejantes, antes de florecer. ◊

Manteca del puerco tal como se quita de él.

PELLEGRINI, Carlos (1846-1906) Político arg. Presid. de la rep. (1890-1892). Creador del Banco de la Nación (1891).

PELLEJA f. Piel del cuerpo del animal. ◊ Cuero curtido con la lana o el pelo. ◊ Toda la lana que se esquila de un animal.

PELLEJO m. Piel. ◊ Odre. ❏ PELLEJERÍA.

PELLICER, Carlos (1899-1977) Poeta mex., vanguardista, de depurado estilo. *Camino, Recinto, Práctica de vuelo.*

PELLICO m. Zamarra de pastor.

PELLICO, Silvio (1789-1854) Escritor romántico it., célebre por su obra *Mis prisiones*, escrita en prisión durante la ocupación austr.

PELLÍN m. *Chile.* Especie de roble muy duro e incorruptible. ◊ fig. *Chile.* Persona o cosa muy fuerte y de gran resistencia.

PELLIZA f. Prenda de abrigo hecha o forrada de pieles finas. ◊ Chaqueta de abrigo con el cuello y las bocamangas reforzadas de otra tela.

PELLIZCAR tr. y prnl. Asir con el dedo pulgar y cualquiera de los otros una pequeña porción de piel y carne, apretándola de suerte que cause dolor. ◊ tr. Asir o herir leve o sutilmente una cosa. ◊ Tomar o quitar pequeña cantidad de una cosa. ❏ PELLIZCO.

PELLÓN m. *Amér.* Malleja curtida que, a modo de caparazón, forma parte del recado de montar.

PELMA com. fam. Pelmazo.

PELMAZO, ZA m. Cualquier cosa apretada o aplastada más de lo conveniente. ◊ m. y f. fig. y fam. Persona tarda o pesada en sus acciones. ◊ fig. y fam. Persona molesta, fastidiosa e importuna.

PELO m. *Anat.* Filamento cilíndrico, de naturaleza córnea, que nace y crece en los poros de la piel de casi todos los mamíferos y de algunos otros animales. ◊ Conjunto de estos filamentos. ◊ Cabello. ◊ Vello que tienen algunas frutas, como los melocotones, en la cáscara o pellejo, y algunas plantas en hojas y tallos. ◊ Cualquier hebra delgada de lana, seda u otra cosa semejante. ◊ En los tejidos, parte que queda en su superficie sobresaliendo de la haz y cubre el hilo. ◊ Capa, color de los caballos y otros animales. ◊ **de gato.** *Amér. Centr.* Llovizna. ◊ **radical.** Filamento microscópico que existe en gran núm. en los extremos de las raíces de las plantas, y a través del cual se absorben las sustancias nutritivas. ❏ PELOSO, SA.

PELÓN, NA adj. y s. Que no tiene pelo o tiene muy poco. ◊ fig. y fam. Que tiene muy escasos recursos económicos. ◊ m. *Argent.* Durazno de piel lisa.

PELÓPIDAS (h. 420-364 a. C.) General tebano. Miembro del partido democrático de Ismenias, dirigió el golpe que expulsó a los espartanos de Tebas (378 a. C.).

PELOPONESO o **MOREA** (*Peloponnesos, Moriás*) Pen. del S. de Grecia, bañada por el Jónico y el Egeo; 21 379 km², 1 012 500 hab. Cap., Patrás. Relieve accidentado (Taigeto, 2 407 m). Cereales, vid, olivos. Ovinos, caprinos. Ind. alimentaria, textil, manufacturera, tabaquera, de la construcción. Fue ocupada por jonios, aqueos y dorios. Estos últimos fundaron Esparta (s. IX a. C.).

Vista de la Montagne **Pelée**

◊ *Guerra del* Enfrentamiento entre Esparta y Atenas (431-404 a. C.). La rivalidad entre los jefes atenienses, la rebelión de los Cuatrocientos (411) y la unión de Persia y Esparta determinaron la derrota final de Atenas.
PELOTA f. Bola pequeña de material elástico, usada en ciertos juegos. ◊ Balón. ◊ Juego que se hace con ella. ◊ Bola de materia blanda que se amasa fácilmente. ◊ Batea de piel de vaca que usan en América para pasar los ríos personas y cargas. ◊ f. pl. fam. Testículos. ◊ **vasca.** Juego consistente en lanzar una p. contra un frontón, valiéndose de una pala, una cesta o las propias manos. Originario del País Vasco. □ PELOTAZO.
PELOTARI (voz euskera) com. Persona que tiene por oficio jugar a la pelota. ◊ Jugador de pelota vasca.
PELOTAS C. y puerto de Brasil, en el est. de Rio Grande do Sul; 260 200 hab. Ind. conservera, textil, química y del calzado.
PELOTEAR intr. Jugar a la pelota por entretenimiento, sin la formalidad de haber hecho partido. ◊ tr. e intr. *Amér. Merid.* Pasar un río en la batea llamada pelota.
PELOTERO, RA m. y f. *Amér.* Persona que juega a la pelota. ◊ f. fam. Riña, contienda.
PELOTILLERO, RA adj. y s. Servil, adulador, que hace la pelotilla.
PELOTÓN m. fig. Conjunto de personas sin orden y como en tropel. ◊ *Mil.* Pequeña unidad de infantería que forma parte de una sección, y a las órdenes de un sargento o de un cabo.
PELOTUDO, DA adj. *Amér. Merid.* Papanatas, calzonazos, dejado, huevón.
PELTIER, Jean Charles (1785-1845) Físico fr. Autor de imp. trabajos sobre meteorología y termoelectricidad. ◊ **Efecto P.** *Fís.* Fenómeno por el que se producen diferencias de temperatura entre las soldaduras de un circuito formado por metales distintos cuando pasa la corriente eléctrica.
PELTON, Lester Allen (1829-1908) Ingeniero norteam., inventor de la rueda hidráulica que lleva su nombre.
PELTRE m. *Metal.* Aleación de cinc, plomo y estaño.
PELUCA f. Cabellera postiza.
PELUCHE m. Felpa. Es voz de origen fr.
PELUCÓN, NA m. y f. *Ecuad.* Persona de posición elevada. ◊ *Chile.* Conservador.
PELUDO, DA adj. Que tiene pelo. ◊ m. Ruedo afelpado que tienen los espartos largos y majados. ◊ *R. de la Plata.* Armadillo, animal. ◊ *Argent., Bol., Par.* y *Ur.* Borrachera.
PELUQUEAR tr. y prnl. *Amér.* Cortar el pelo a una persona. □ *Amér.* PELUQUEADA.
PELUQUERÍA f. Establecimiento del peluquero. ◊ Oficio de peluquero.
PELUQUERO, RA m. y f. Persona que tiene por oficio peinar, cortar el pelo o hacer y vender pelucas, rizos, etc.
PELUQUÍN m. Peluca pequeña o que sólo cubre parte de la cabeza.
PELUSA f. Vello suave de algunas frutas. ◊ Pelo menudo que con el uso se desprende de las telas. ◊ Aglomeración de polvo que se forma debajo de los muebles o en lugares de poco paso. ◊ fig. y fam. Envidia o celos de los niños.

PELVIS f. *Anat.* Anillo óseo del extremo inferior del tronco, formado por los huesos coxales, sacro y cóccix. ◊ **renal.** Reservorio excretor del riñón.
PEMÁN, José María (1898-1981) Escritor esp. Autor del *Poema de la bestia y el ángel,* y de las obras dramáticas *El divino impaciente, Cisneros.*
PEMBA Isla de Tanzania, en el Índico; 984 km², 205 900 hab. (pob. bantú y ár.); cap., Chake. Clavo, cocos, copra.

Pelota vasca, modalidad a mano

PENA f. Castigo impuesto al que ha cometido un delito o falta. ◊ Cuidado, aflicción o sentimiento interior grande. ◊ Dolor, tormento o sentimiento corporal. ◊ Dificultad, trabajo. ◊ Cada una de las plumas mayores del ave que, sit. en las extremidades de las alas o en el arranque de la cola, sirven pralm. para dirigir el vuelo. ◊ *Col., C. Rica., Méx., Nic., Pan.* y *Ven.* Vergüenza. ◊ **accesoria.** *Der.* La que se impone según ley, como inherente, en ciertos casos, a la principal. ◊ **capital** o **de muerte.** La impuesta por los tribunales del fuero, y que consiste en la privación de la vida. ◊ **grave.** *Der.* Por oposición a las leves, cualquiera de las de mayor severidad señaladas por la ley. ◊ **leve.** *Der.* Cualquiera de las de menor rigor, como reprensión privada, arresto menor o multa pequeña, que la ley señala como castigo de las faltas. □ PENOSO, SA.
PENA, Alfonso Augusto Moreira (1847-1909) Político bras. Presid. (1906-1909). Impulsó la economía de su país.
PENACHO m. Grupo de plumas que tienen algunas aves en la cabeza. ◊ fig. Lo que tiene forma o figura de tal.
PENADO, DA adj. Penoso o lleno de penas. ◊ Difícil, trabajoso. ◊ m. y f. Delincuente condenado a una pena.
PENAL adj. Relativo a la pena, o que la incluye. ◊ Relativo al crimen. ◊ Relativo a las leyes, instituciones o acciones destinadas a perseguir crímenes o delitos. ◊ m. Cárcel.
PENALBA, Alicia (1913-1982) Escultora arg., de tendencia abstracta. Autora de relieves y diseñadora de joyas.
PENALIDAD f. Trabajo aflictivo, molestia, incomodidad. ◊ *Der.* Sanción impuesta por la ley penal, las ordenanzas, etc.
PENALISTA adj. y s. Díc. del jurisconsulto que se dedica con preferencia al estudio de la ciencia o derecho penal.

PENALIZAR tr. Imponer un castigo o sanción. □ PENALIZACIÓN.
PENALTI o **PENALTY** (voz ing.) m. *Dep.* En algunos deportes, nombre que recibe la falta más grave.
PENANG (*George Town*) C. de Malaysia, en la isla de Penang; 250 600 hab. Centro comercial. Ind. metalúrgica.
PENAR tr. Imponer pena. ◊ intr. Padecer, sufrir, tolerar un dolor o pena. ◊ Agonizar mucho tiempo. ◊ *Der.* Señalar la ley castigo para un acto u omisión. ◊ prnl. Afligirse, acongojarse, padecer una pena o sentimiento. □ PENABLE.
PENAS Golfo del S de Chile (región de Aisén del General Carlos Ibáñez del Campo), sit. entre la península de Taitao y el arch. Guayaneco.
PENATES m. pl. Éntre etruscos y rom., divinidades del hogar. Los rom. las vinculaban con los lares.
PENCA f. Hoja carnosa de ciertas plantas. ◊ *Amér.* Racimo de plátanos. ◊ *Argent.* Chumbera. ◊ *C. Rica.* Borrachera.
PENCO m. fam. Caballo flaco o matalón. ◊ *Amér.* Penca de algunas plantas.
PENDEJO m. fig. y fam. Hombre cobarde o pusilánime. ◊ fig. y fam. Mujer de vida licenciosa. ◊ fam. *R. de la Plata.* Adolescente que presume de adulto.
PENDENCIA f. Contienda, riña de palabras o de obras. □ PENDENCIAR; PENDENCIERO, RA.
PENDER intr. Estar colgada, suspendida o inclinada alguna cosa. ◊ fig. Estar por resolver o terminarse un pleito o negocio.
PENDERECKI, Krzysztof (n. 1933) Compositor pol. Partidario de extremar las posibilidades sonoras de los instrumentos tradicionales. *Stabat Mater, La pasión según san Lucas.*
PENDIENTE m. Arete. ◊ f. Cuesta o declive de un terreno. ◊ *Geom.* Ángulo que forma un plano o línea con la horizontal.
PÉNDOLA f. Pluma de ave. ◊ Varilla o varillas metálicas que con sus oscilaciones regulan el movimiento de algunos relojes. ◊ fig. Reloj que tiene péndola. ◊ *Amér. Centr.* Péndulo.
PENDOLISTA m. Persona que escribe con muy buena letra. ◊ Memorialista.
PENDÓN m. Insignia militar que consistía en una bandera más larga que ancha. ◊ Divisa o insignia de las iglesias y cofradías. ◊ fig. y fam. Mujer de vida licenciosa.
PÉNDULO m. *Fís.* Sistema capaz de oscilar alrededor de un punto o de un eje. ◊ **de Foucault.** Sistema constituido por un hilo de suspensión largo del cual pende un cuerpo de gran masa. El plano de oscilación del p. varía debido al movimiento de rotación de la Tierra. ◊ **elástico.** Sistema que oscila debido a fuerzas recuperadoras de tipo elástico.
PENE m. *Anat.* Órgano genital masculino, eréctil. Se compone de un cuerpo en cuya extremidad anterior sobresale el glande, recubierto por un pliegue tegumentario, el prepucio, dos cuerpos cavernosos entre los que circula la vena, la arteria y el nervio dorsales del p., y el cuerpo esponjoso, en cuyo interior discurre la uretra.
PENÉLOPE *Mit. gr.* Hija de Icario y de Peribea, esposa de Ulises y madre de

Telémaco. Esperó veinte años el regreso de Ulises y es famosa por su fidelidad.

PENEQUE adj. *Méx.* Tortilla rellena de queso y guisada con salsa de tomate.

PENETRACIÓN f. Perspicacia de ingenio, agudeza.

PENETRAR tr. Introducir un cuerpo en otro por sus poros. ◊ Introducirse en lo interior de un espacio, aunque haya dificultad o estorbo. ◊ Hacerse sentir con violencia y demasiada eficacia una cosa. ◊ tr., intr. y prnl. fig. Comprender el interior de uno, o una cosa dificultosa. ❏ PENETRABLE; PENETRABILIDAD; PENETRANTE.

PÉNFIGO m. *Pat.* Nombre genérico de ciertas afecciones cutáneas caracterizadas por la erupción de ampollas.

PENIBÉTICA, *cordillera* Cord. del S de España, paralela a la costa, desde Gibraltar al cabo de Palos, y que forma parte del sistema Bético. Pico de Mulhacén (3 481 m), el más elevado de la pen. Ibérica.

PENICILINA f. *Farm.* Antibiótico extraído del moho *Penicillium notatum.* Fue descubierta por Fleming en 1929.

PENILLANURA f. Superficie de erosión originada sobre una zona de la superficie terrestre al final de un ciclo erosivo completo.

PENINOS, *montes* Alineación montañosa de Gran Bretaña, al N de Inglaterra. Alt. máx.: Cross Fell (891 m).

PENÍNSULA f. Porción de tierra rodeada de agua por todas partes menos por una, el istmo, que la une al continente o a otra tierra de extensión mayor. ❏ PENINSULAR.

PENIQUE *(penny)* m. Moneda ing., centésima parte de una libra.

PENITENCIA f. *Rel.* Sacramento en el cual, por la absolución del sacerdote, se perdonan los pecados cometidos después del bautismo al que los confiesa. ◊ Cualquier acto de mortificación interior o exterior. ◊ Pena que impone el confesor al penitente para satisfacción del pecado o para preservación de él. ❏ PENITENCIAL.

PENITENCIARÍA f. Establecimiento penitenciario en que los penados sufren condenas largas de privación de libertad.

PENITENCIARIO, RIA adj. Díc. de cualquiera de los sistemas modernamente adoptados para castigo y co-

Microfotografía con luz polarizada de unos cristales de **penicilina**

Pensamientos

rrección de los penados, y del régimen o del servicio de los establecimientos destinados a este objeto.

PENITENTE com. Persona que hace penitencia. ◊ Persona que se confiesa sacramentalmente.

PÉNJAMO Mun. del centro de México, en el est. de Guanajuato; 90 700 hab. Cereales y frutales, alfalfa, caña de azúcar. Ganado vacuno y porcino.

PENN, *Arthur* (n. 1922) Director de cine norteam. *El milagro de Ana Sullivan, La jauría humana, Bonnie y Clyde, Pequeño gran hombre.* ◊ **William** (1644-1718) Colonizador ing. Militante del mov. cuáquero, obtuvo del rey Carlos II la cesión del territorio en el que fundó la colonia denominada Pennsylvania.

PENNINERVIO, A adj. *Bot.* Díc. de las hojas que poseen las nerviaciones dispuestas en una rama pral. de la que salen lateralmente las ramas secundarias.

PENONOMÉ C. de Panamá, cap. de la prov. de Coclé; 67 901 hab. (en el distr.).

PENSACOLA C. de EE UU, en el NO del est. de Florida; 243 000 hab. Pesca. Ind. químicas y alimentarias. Astilleros.

PENSAMIENTO m. Potencia o facultad de pensar. ◊ Idea fundamental inicial o capital de una obra cualquiera. ◊ Cada una de las ideas o sentencias notables de un escrito. ◊ Conjunto de las ideas propias de una persona o colectividad. ◊ *Bot.* Trinitaria, flor.

PENSAR tr. Imaginar, considerar o discurrir. ◊ Reflexionar, examinar con cuidado una cosa para formar dictamen. ◊ Intentar o formar ánimo de hacer una cosa. ❏ PENSADO, DA; PENSADOR, RA; PENSATIVO, VA.

PENSILVANIA *(Pennsylvania)* Estado del NE de EE UU; 117 348 km², 11 882 000 hab. Cap., Harrisburg. C. prales.: Pittsburgh y Filadelfia. Relieve formado por los montes Tuscarora y las montañas Azules. Ríos: Delaware, Susquehanna y Monongahela. Trigo, maíz. Bovinos. Hulla, hidrocarburos. Ind. siderúrgica.

PENSIÓN f. Cantidad anual que se asigna a uno por méritos o servicios propios o extraños, o bien por pura gracia del que la concede. ◊ Pupilaje, casa donde se reciben huéspedes mediante precio convenido. ◊ Auxilio pecuniario que se concede para estimular o ampliar estudios o conocimientos.

PENSIONADO m. Colegio o establecimiento que acoge alumnos pensionistas.

PENSIONAR tr. Conceder pensión a una persona o establecimiento.

PENSIONISTA com. Persona que tiene derecho a percibir y cobrar una pensión. ◊ Persona que está en un colegio o casa particular y paga cierta pensión por sus alimentos y enseñanza.

PENTADECÁGONO o **PENTEDECÁGONO, NA** adj. y m. *Geom.* Díc. del polígono de quince ángulos y quince lados.

PENTAEDRO m. *Geom.* Sólido que tiene cinco caras.

PENTÁGONO, NA adj. y m. *Geom.* Se aplica al polígono de cinco lados y cinco ángulos. ❏ PENTAGONAL.

PENTÁGONO Edificio del departamento de Defensa Nacional de EE UU, en Washington.

PENTAGRAMA m. *Mús.* Renglonadura formada con cinco rectas paralelas y equidistantes, sobre la cual se escribe la música.

PENTÁMERO, RA adj. *Bot.* Díc. del verticilo que consta de cinco piezas y de la flor que tiene corola y cáliz con este carácter. ◊ adj. y m. *Zool.* Díc. de los insectos coleópteros que tienen cinco artejos en cada tarso.

PENTÁMETRO adj. y s. Díc. del verso de la poesía gr. y latina compuesto de dos pies, un espondeo y dos anapestos.

PENTARQUÍA f. Gobierno formado por cinco personas.

PENTASÍLABO, BA adj. y s. Que consta de cinco sílabas.

PENTATEUCO n. p. m. Parte de la Biblia, que comprende los cinco primeros libros canónicos del A. T., escritos por Moisés: Génesis, Éxodo, Levítico, Números y Deuteronomio.

PENTÁTHLON o **PENTATLÓN** m. *Dep.* Competición atlética que consta de cinco pruebas. Actualmente son: los 200 m lisos, los 80 m vallas, el lanzamiento de peso y los saltos de longitud y altura.

PENTECOSTÉS n. p. m. Fiesta de los judíos instituida en memoria de la ley que Dios les dio en el monte Sinaí, que se celebra cincuenta días después de la Pascua del Cordero. ◊ Festividad de la Venida del Espíritu Santo que celebran las Iglesias cristianas y que tiene lugar cincuenta días después de la Pascua de Resurrección.

PENTESILEA *Mit. gr.* Hija de Ares y reina de las Amazonas. Acudió en socorro de Troya y Aquiles la mató.

PENTODO m. Válvula termoiónica de cinco electrodos: ánodo, cátodo, rejilla de control, rejilla-pantalla, y rejilla supresora. Se emplea en la amplificación de tensión y de potencia, tanto en audiofrecuencia como en radiofrecuencia.

PENTOSA f. *Quím.* Monosacárido de ⇨ átomos de carbono. Son p. importantes: la ribosa y desoxirribosa de los ácidos nucleicos; la ribulosa, que actúa en la fotosíntesis; la arabinosa, la xilosa y la xilulosa.

PENTOTHAL m. Anestésico usado en cirugía y para producir estados subnarcóticos con fines terapéuticos.

PENÚLTIMO, MA adj. y s. Inmediatamente anterior a lo último o postrero.

PENUMBRA f. Sombra débil entre la luz y la oscuridad, que no deja percibir dónde empieza la una o acaba la otra.

PENURIA f. Escasez, falta de las cosas más precisas o de alguna de ellas.

PENZA C. de Rusia; 527 000 hab. Ind. textil, mecánica, papelera.

PEÑA f. Piedra grande sin labrar, según la produce la naturaleza. ◊ Monte o cerro peñascoso. ◊ Corro o grupo de amigos o camaradas. ◊ Nombre que toman algunos círculos de recreo.

PEÑASCO m. Peña grande y elevada. ◊ *Anat.* Porción muy dura del hueso temporal de los mamíferos, que encierra el oído interno. ❏ PEÑASCAL; PEÑASCOSO, SA.

PEÑÍSCOLA Mun. de España, en la prov. de Castellón. 4 822 hab. En su fortaleza se retiró en 1415 el antipapa Benedicto XIII (Pedro de Luna).

PEÑÓN m. Monte peñascoso.

PEÑUELAS Mun. de Puerto Rico, en el distr. de Mayagüez; 20 500 hab.

PEÓN m. Peatón, persona que camina o anda a pie. ◊ Jornalero, obrero no especializado. ◊ Infante o soldado de a pie. ◊ Cualquiera de las piezas del juego de damas; las ocho negras y ocho blancas, respectivamente iguales, del ajedrez, y de algunas de otros juegos de tablero. ◊ *Taur.* Peón de brega. ◊ *Amér.* Bracero agrícola. ❏ PEONADA; PEONAJE.

PEONAR intr. *Argent.* Trabajar como peón.

PEONÍA f. Saltaojos, planta bulbosa ornamental. ◊ *Amér. Merid.* y *Cuba.* Planta leguminosa, con flores blancas o rojas en espiga y semillas en vaina, gruesas, esféricas y de un rojo vivo con un lunar negro. Es medicinal; sus semillas se usan para confeccionar collares y pulseras.

Peonía

PEONZA f. Juguete de madera, de figura cónica que se hace bailar.

PEOR adj. comp. de malo. De mala condición o de inferior calidad respecto a otra cosa con que se compara. ◊ adv. modo comp. de mal. Más mal, de manera más contraria a lo bueno o lo conveniente.

PEORIA C. de EE UU, en el est. de Illinois, puerto fluvial sobre el río Illinois; 342 000 hab. el área urb. Centro industrial.

PEPINILLO m. Pepino todavía no desarrollado, adobado en vinagre.

PEPINO m. Planta herbácea anual, con tallos blandos, rastreros, vellosos; hojas pelosas, partidas en lóbulos agudos; flores amarillas, y fruto pulposo, cilíndrico, amarillo cuando está maduro, y antes verde; interiormente blanco y con multitud de semillas. Es comestible. ◊ Fruto de esta planta.

PEPINO *el Breve* (h. 715-768) Rey de los francos [751-768]. Depuso al último

monarca merovingio y se proclamó rey. Dividió el reino entre sus hijos, Carlomagno y Carlomán.

PEPITA f. Tumorcillo que las gallinas suelen tener en la lengua. ◊ Simiente de algunas frutas. ◊ *Amér.* Almendra de cacao. ◊ Trozo rodado de oro u otros metales nativos, que suele hallarse en los terrenos de aluvión.

PEPITO m. Bocadillo pequeño de carne.

PEPITORIA f. Guisado que se hace con todas las partes comestibles del ave, o sólo con los despojos, y cuya salsa tiene yema de huevo.

PÉPTICO, CA adj. Relativo a la digestión gástrica. ◊ Relativo a la pepsina.

PEPONA f. Muñeca grande de cartón o trapo.

PEPSINA f. Enzima proteolítica, segregada en el hígado para facilitar la digestión de la albúmina.

PÉPTIDOS m. pl. Productos de la digestión de las proteínas, formados por la reunión de varias moléculas de aminoácidos.

PEPTONAS f. pl. Productos resultantes de las proteínas por la acción de la pepsina.

PEQUÉN m. *Chile.* Ave rapaz, diurna, muy semejante a la lechuza.

PEQUEÑEZ f. Calidad de pequeño. ◊ Infancia, corta edad. ◊ Cosa de poco momento, de leve importancia. ◊ Mezquindad, ruindad.

PEQUEÑO, ÑA adj. Corto, limitado. ◊ De muy corta edad. ◊ fig. Bajo, abatido y humilde, como contrapuesto a poderoso y soberbio. ◊ fig. Corto, breve o de poca importancia, aunque no sea corpóreo.

PEQUEÑOBURGUÉS, SA adj. y s. De la pequeña buguesía.

PEQUINÉS, SA adj. y s. De Pekín. ◊ adj. y m. Díc. de una raza de perros de capricho, de pequeño tamaño y largo y suave pelaje.

PER CÁPITA m. adv. latina. Por cabeza, individualmente.

PERA f. Fruto del peral, carnoso, y de tamaño y forma variables. Es comestible. ◊ Recipiente de goma en forma de pera usado para impulsar líquidos, aire, etc.

PERÁCIDO m. *Quím.* Oxiácido o derivado ácido de un metal, que posee más oxígeno.

PERAL m. Árbol de hojas puntiagudas, flores blancas en corimbos, y por fruto la pera. Su madera se aprecia mucho para escuadras, reglas y plantillas de dibujo. ❏ PERALEDA; PEREDA.

PERAL y Caballero, Isaac (1851-1895) Militar y científico esp. En 1885 dio a conocer su invento de un submarino.

PERALEJO m. *Amér. Centr.* Árbol de hojas ovales y flores amarillas, usado en curtiduría.

Perro pequinés

PERALTA Azurdia, Enrique (1908-1997) Militar y político guat. Presid. (1963-1966) tras el golpe de Est. que derrocó a Ydígoras. Suprimió la constitución. ◊ **Y Barnuevo, Pedro** (1663-1743) Polígrafo y poeta per. *Lima fundada.*

PERALTAR tr. *Arq.* Levantar la curva de un arco, bóveda o armadura más de lo que corresponde al semicírculo. ◊ Levantar el carril exterior en las curvas de ferrocarriles, o el pavimento en el borde exterior de la curva de una calle o carretera. ❏ PERALTADO, DA; PERALTE.

PERAVIA Prov. de la República Dominicana, bañada por el Atlántico; 792,33 km², 160 328 hab. Cap., Baní. Atravesada por la sierra de Ocoa. Café, arroz, caña de azúcar, frutales. Salinas.

PERBORATO m. *Quím.* Sal de boro en la que este elemento tiene valencia 75.

PERCA f. Pez teleósteo fluvial, cubierto de escamas duras, verdoso en el lomo, plateado en el vientre y dorado con seis o siete fajas negruzcas en los costados. Es de carne comestible.

PERCAL m. Tela de algodón sencilla, aprestada con cierto brillo, gralte. estampada.

PERCANCE m. Contratiempo, daño, perjuicio imprevisto.

PERCATAR intr. y prnl. Advertir, considerar, cuidar. ◊ prnl. Darse cuenta clara de algo, tomar conciencia de ello.

PERCEBE m. *Zool.* Crustáceo de largo pedúnculo, de carne muy apreciada, con el que se fija al sustrato.

PERCEPCIÓN f. Aprehensión de la realidad por medio de los datos recibidos por los sentidos. ◊ Idea, acto del entendimiento.

PERCEPTIBLE adj. Que se puede comprender o percibir. ◊ Que se puede recibir o cobrar. ❏ PERCEPTIBILIDAD.

PERCHA f. Madero o estaca larga y delgada, que regularmente se atraviesa en otras para sostener una cosa. ◊ Pieza o mueble de madera o metal con colgaderos en que se pone ropa, sombreros u otros objetos.

PERCHERO m. Conjunto de perchas o lugar en que las hay. ◊ Mueble con varias perchas para colgar sombreros, abrigos, etc.

PERCHERÓN, NA adj. y s. Díc. del caballo o yegua perteneciente a una raza fr. muy idónea para arrastrar grandes pesos.

PERCIBIR tr. Recibir una cosa y entregarse de ella. ◊ Recibir por uno de los sentidos las especies o impresiones del objeto. ◊ Comprender o conocer una cosa. ❏ PERCEPTIVO, VA; PERCEPTOR, RA.

PERCIFORME adj. y m. *Zool.* Díc. de los peces con aletas espinosas, escamas rugosas y vejiga natatoria sin contacto con el exterior.

PERCUSIÓN f. Golpe, choque de un cuerpo contra otro. ◊ *Fís.* Producto de la intensidad de una fuerza por el tiempo que dura su acción. ◊ *Mús.* Conjunto de instrumentos en los que el sonido se produce al golpear un objeto. ◊ *Med.* Método de exploración de las cavidades torácica y abdominal.

PERCUTIR tr. Golpear.

PERCUTOR o PERCUSOR m. Parte de un arma de fuego que produce el disparo al incidir sobre la cápsula fulminante.

PERDER tr. Dejar de tener o no encontrar uno la cosa que poseía, sea por descuido del poseedor, sea por desgracia. ◊ Desperdiciar, disipar o malgastar una cosa. ◊ No conseguir lo que se espera, desea o ama. ◊ Ocasionar un daño a las cosas, desmejorándolas o desluciéndolas. ◊ Ocasionar a uno daño en la honra o en la hacienda. ◊ Dejar escapar o desperdiciar una oportunidad. ◊ Verse privado de algo, física o moralmente. ◊ tr. e intr. Dicho de juegos, batallas, oposiciones, pleitos, etc., no obtener lo que en ellos se disputa. ◊ tr. Decaer del concepto, crédito o estimación en que se estaba. ◊ prnl. Errar uno el camino o rumbo que llevaba. ◊ fig. Entregarse ciegamente a los vicios. ◊ fig. Borrarse la especie o ilación en un discurso. ◊ prnl. y tr. fig. No aprovecharse una cosa que podía y debía ser útil, o aplicarse mal para otro fin. ◊ prnl. fig. Amar mucho o con ciega pasión a una persona o cosa. ❑ PERDEDOR, RA.

PERDICIÓN f. fig. Ruina o daño grave en lo temporal o espiritual. ◊ fig. Pasión desenfrenada de amor. ◊ fig. Condenación eterna. ◊ fig. Desarreglo en las costumbres o en el uso de los bienes temporales. ◊ fig. Causa o sujeto que ocasiona un grave daño.

PÉRDIDA f. Carencia, privación de lo que se poseía. ◊ Daño o menoscabo que se recibe en una cosa. ◊ Cantidad o cosa perdida. ◊ Escape de un fluido.

PERDIDO, DA adj. Que no tiene o no lleva destino determinado. ◊ m. y f. Persona sin provecho o sin moral.

PERDIDO, *monte* Pico de España, en los Pirineos de Aragón (prov. de Huesca); 3 355 m.

PERDIGÓN m. Pollo de la perdiz. ◊ Perdiz nueva. ◊ Perdiz macho que emplean los cazadores como reclamo. ◊ Cada uno de los granos de plomo que forman la munición de caza.

PERDIGONADA f. Tiro de perdigones.

PERDIGUERO adj. y s. Díc. de diversos perros adecuados para la caza de la perdiz, aunque no limitados a ella.

PERDIZ f. Ave galliforme, con cuerpo grueso, cuello corto, cabeza pequeña y plumaje de color ceniciento rojizo en las partes superiores, más vivo en la cabeza y el cuello. Su carne es muy estimada. ◊ **cordillerana.** *Chile*. Especie andina más pequeña que la europea, de alas puntiagudas y tarsos robustos y reticulares por delante. ◊ **pardilla.** Ave gallinácea, parecida a la perdiz común, pero con el pico y las patas de color gris y el plumaje pardo oscuro, amarillento rojizo en la cabeza, gris con rayas negras en el cuello y pecho, y manchado de pardo castaño en medio del abdomen. Es común en Europa.

Perdiz común

PERDÓN m. Remisión de la pena merecida, de la ofensa que se recibe o de alguna deuda u obligación pendiente. ◊ Indulgencia, remisión de los pecados.

PERDONAR tr. Remitir la deuda, ofensa, falta, delito u otra cosa que toque al que redime. ◊ Exceptuar a uno de lo que comúnmente se hace con todos, y de la obligación que tendría por la ley general.

PERDONAVIDAS m. fig. y fam. Baladrón que ostenta guapezas y se jacta de valentía o atrocidades.

PERDULARIO, RIA adj. y s. Sumamente descuidado en sus intereses o en su persona. ◊ Vicioso incorregible.

PERDURAR intr. Durar mucho, mantenerse, persistir en el mismo estado. ❑ PERDURABLE; PERDURACIÓN.

PERECER intr. Acabar, fenecer o dejar de ser. ◊ fig. Padecer un daño, trabajo, fatiga o molestia de una pasión que reduce al último extremo. ❑ PERECEDERO, RA; PERECIMIENTO.

PEREDA, *José María de* (1833-1906) Novelista esp. De su obra, una muestra del realismo imperante en su tiempo, destacan *Peñas arriba, Sotileza, Don Gonzalo González de la Gonzalera, La Montálvez.* ◊ **Asbún,** *Juan* (n. 1931) Militar y político bol. Elegido presid. en las elecciones de 1978, que fueron anuladas. Nuevamente presid. tras un golpe de Est., fue derrocado por un contragolpe.

PEREGRINAR intr. Andar por tierras extrañas. ◊ Ir en romería a un santuario por devoción o por voto. ❑ PEREGRINACIÓN; PEREGRINAJE.

PEREGRINO, NA adj. Díc. del que anda por tierras extrañas. ◊ adj. y s. Díc. de la persona que por devoción o por voto va a visitar un santuario. ◊ adj. Hablando de aves, que pasan de un lugar a otro. ◊ fig. Extraño, especial, raro o pocas veces visto. ◊ f. *Cuba.* Arbusto de unas flores rojas. Existen diversas variedades.

PEREIRA C. de Colombia, cap. del dpto. de Risaralda; 420 415 hab. Centro cafetero. Ind. textiles, siderúrgicas y alimentarias.

PEREIRA, *Arístides María* (n. 1924) Político de Cabo Verde. Con Amílcar Cabral fundó el Partido Africano para la Independencia de Guinea y Cabo Verde. En 1975 fue elegido presid. de la rep. Reelegido en 1980 y 1986. ◊ *Gabriel Antonio* (1794-1861) Político ur., uno de los firmantes de la declaración de indep. (1825). Fue elegido presid. en 1859 ◊ *Nuno Álvares* (1360-1431) Político port. Héroe de la batalla de Aljubarrota (1385), donde fue derrotado el monarca castellano Juan I. ◊ **De Souza,** *Washington Luis* (1869-1957) Político bras. Presid. de la rep. (1926-1930). Derrocado por G. Vargas. ◊ **Dos Santos,** *Nelson* (n. 1928) Director de cine bras., iniciador del *cinema novo. Vidas secas.*

PEREJIL m. Planta herbácea vivaz, con tallos angulosos y ramificados, hojas lustrosas, partidas en tres gajos lobulados; flores blancas o verdosas y semillas menudas, parduscas.

PERENDENGUE m. Pendiente, arete. ◊ P. ext., cualquier otro adorno mujeril de poco valor. ◊ pl. Adornos, atavíos. ◊ fig. Requilorios, dificultades, trabas.

Javier **Pérez de Cuéllar**

PERENNE o **PERENE** adj. Continuo, incesante, sin intermisión. ◊ *Bot.* Que vive más de dos años.

PERENTORIO, RIA adj. Díc. del último plazo que se concede, o de la final resolución que se toma en cualquier asunto. ◊ Concluyente, decisivo, determinante. ◊ Urgente, apremiante.

PERES, *Shimon* (n. 1923) Político israelí. Miembro del partido Mapay. Primer ministro (1997, 1984-1986 y 1995-1996). Continuó las negociaciones iniciadas por Y. Rabin para lograr la paz en Próximo Oriente. Premio Nobel de la Paz en 1994, con Y. Rabin y Y. Arafat.

PERESTROIKA (voz rusa) f. Término empleado para referirse a las reformas políticas y económicas impulsadas en la antigua URSS a partir de mediados de los años ochenta por Mijail Gorbachov.

PEREYRA, *Carlos* (1871-1943) Historiador mex. *La obra de España en América, La huella de los conquistadores, Hernán Cortés.*

PÉREZ, *Antonio* (1540-1611) Político esp. Secretario particular de Felipe II. En 1578 ordenó, con el visto bueno del rey, el asesinato de Juan de Escobedo. Tuvo que huir y se refugió en Aragón. ◊ *Carlos Andrés* (n. 1922) Político ven. En 1968 fue nombrado secretario general del partido Acción Democrática. Presid. de la rep. (1974-1979), nacionalizó la ind. petrolera. Elegido de nuevo presid. en 1988, fue suspendido de sus funciones en mayo 1993, por presunta malversación de fondos; encarcelado en mayo 1994. ◊ *José Joaquín* (1801-1889) Político chil. Presid. de la rep. (1861-1871), liberal moderado. Declaró la guerra a España por la cuestión de las islas Chincha (1865). ◊ *Juan Bautista* (1869-1952) Político ven. Presid. (1929-1931). ◊ **Balladares,** *Ernesto* (n. 1946) Político pan. Presid del Partido Revolucionario Democrático (PRD). Presid. de la rep. entre 1994 y 1999. ◊ **Bonalde,** *Juan Antonio* (1845-1892) Poeta ven. Neorromántico y precursor del modernismo. *Estrofas, Ritmos.* ◊ **De Ayala,** *Ramón* (1888-1962) Novelista, ensayista y poeta esp. Destacó por su obra lírica (*La paz del sendero, El sendero innumerable*) y sus novelas (*Belarmino y Apolonia, Tigre Juan*). ◊ **De Cuéllar,** *Javier* (n. 1920) Diplomático per. En 1981 fue elegido secretario general de las Naciones Unidas. Nombrado primer ministro en 2000 por el presid. V. Paniagua. ◊ **Del Pulgar,** *Hernán* (1451-1531). Historiador esp. *Breve parte de las hazañas del excelente nombrado Gran Capitán.* ◊ **Esquivel,** *Adolfo* (n. 1931) Pacifista arg. Secretario gral. de Justicia y Paz y miembro de la Asamblea Permanente de los Derechos Humanos, fue encarcelado por sus campañas en favor de los derechos humanos. Premio Nobel de la Paz en 1980. ◊ **Galdós,** *Benito* (1878-1920) Escritor esp. Su obra puede clasificarse en tres ciclos. El primero está formado por los *Episodios Nacionales.* Un segundo, cuyo tema es la vida de la clase media y el pueblo bajo de Madrid, incluye *Miau, Misericordia* y *Fortunata y Jacinta.* Un tercer ciclo lo forman sus «novelas de tesis»: *Doña perfecta, La familia de León Roch.* Abordó también el teatro: *Electra, La loca de la casa.* ◊ **Godoy,** *Ricardo Pío* (1905-1982). Militar per. Autor del golpe de Est. de 1962. Presid. de la junta militar (1962-1963). ◊ **Jiménez,** *Marcos* (1914-2001) Militar y político ven. Proclamado presid. por el régimen militar, instauró una fuerte dictadura, sostenida por los beneficios del petróleo. En 1958 fue derrocado por un levantamiento popular. ◊ **Villaamil,** *Jenaro* (1807-1854). Pintor esp., célebre por su colección de litografías *España artística y monumental.*

PEREZA f. Resistencia o repugnancia a trabajar o a cumplir las obligaciones del cargo o estado de cada uno.

PEREZOSO, SA adj. y s. Negligente, descuidado o flojo en hacer lo que debe. ◊ m. *Zool.* Mamífero desdentado, arborícola, de pelaje gris, que vive en las selvas de América Central y Meridional.

PERFECCIONAR tr. y prnl. Acabar enteramente una obra, dándole el mayor grado posible de bondad o excelencia. ❑ PERFECCIONAMIENTO; PERFECTIBLE.

PERFECCIONISTA adj. y s. Díc. de la actitud que tiende a la perfección propia o exige la ajena, y de la persona que la adopta.

PERFECTIVO, VA adj. Que da o puede dar perfección. ◊ *Gram.* Díc. de los verbos, o de las formas y exp. verbales que enuncian acciones terminadas.

PERFECTO, TA adj. Que tiene el mayor grado posible de bondad o excelencia en su línea. Sin ningún fallo. ◊ adj. y m. *Gram.* Forma verbal que, dentro de un paradigma, expresa acción acabada o consumida.

PÉRFIDO, DA adj. y s. Desleal, infiel o traidor; que falta a la fe que debe. ❑ PERFIDIA.

PERFIL m. Cada uno de los trazos delgados que se hacen con la pluma al escribir o dibujar. ◊ Postura en que no se deja ver sino una sola de las mitades laterales del cuerpo. ◊ Aspecto peculiar o llamativo con que una cosa se presenta ante la vista o la mente. ◊ Figura que representa un cuerpo cortado real o imaginariamente por un plano longitudinal o transversal. ◊ *Ind.* Barra de gran longitud, obtenida por laminación o extrusión. ◊ Contorno aparente de la figura. ◊ **aerodinámico.** Forma que debe tener un cuerpo en movimiento a través de un fluido para disminuir la formación de remolinos.

PERFILAR tr. Dar, presentar el perfil o sacar los perfiles a una cosa. ◊ fig. Afi-

nar, hacer con primor, rematar esmeradamente una cosa. ◊ fig. y fam. Aderezarse, componerse. ❑ PERFILADO, DA.

PERFORACIÓN f. Acción y efecto de perforar. ◊ Serie de taladros practicados, p. ej., en la banda de papel de una monotipia, para el dentado de los sellos de correo, etc. ◊ **petrolífera.** *Ing.* La que se efectúa a través del subsuelo para alcanzar un yacimiento de petróleo.

PERFORADORA f. Taladro que se emplea para hacer agujeros. ◊ adj. y f. *Ing.* Díc. de la máquina que sirve para perforar. ◊ **de percusión.** *Ing.* P. constituida por una barra de acero (barrena) a la que un sistema de accionamiento le confiere un movimiento de percusión con el que se practica el orificio. ◊ **de rotación.** *Ing.* P. en la que el instrumento perforante está formado por un extremo de acero duro con bordes cortantes y dotado de un movimiento de rotación.

PERFORAR tr. Agujerear una cosa atravesándola.

PERFUMAR tr. y prnl. Sahumar, aromatizar una cosa, quemando materias olorosas. ◊ tr. fig. Dar o esparcir cualquier olor bueno. ◊ intr. Exhalar perfume, fragancia, olor agradable.

PERFUME m. Sustancia aromática que puesta al fuego exhala un humo fragante y oloroso. ◊ El mismo humo u olor que exhalan las materias olorosas. ◊ fig. Cualquier sustancia, natural o de composición química, que exhala buen olor. ❑ PERFUMERO, RA; PERFUMISTA.

PERFUMERÍA f. Oficina donde se preparan perfumes o se adoban las ropas o pieles con olores. ◊ Tienda donde se venden. ◊ Conjunto de productos y materias de esta industria.

PERFUSIÓN f. Baño, untura. ◊ *Biol.* Caudal sanguíneo que pasa por un órgano.

PERGAMINO m. Piel de la res, raída, adobada y estirada, que sirve para diferentes usos. ◊ Título o documento escrito en pergamino.

PERGAMINO C. de Argentina, en la prov. de Buenos Aires; 68 600 hab. Centro agropecuario. Ind. metalúrgicas y alimentarias.

PÉRGAMO Ant. c. del NO de Asia Menor, en la prov. de Misia. En el s. III a. C. fue la cap. de los atálidas. Post. fue organizada como ciudad-estado gr. Tuvo una biblioteca que contenía más de 200 000 volúmenes.

Giovanni Battista **Pergolesi**

PERGEÑAR tr. Disponer o ejecutar una cosa con más o menos habilidad.

PÉRGOLA f. Galería formada por una serie de columnas sobre las que se apoyan horizontalmente travesaños, a modo de emparrado. ◊ Jardín sobre la techumbre de algunas casas.

PERGOLESI, *Giovanni Battista* (1710-1736) Compositor it. Sus obras más imp. son la *Misa en fa mayor* y el *Stabat Mater,* aunque su genio se manifiesta especialmente en la música teatral: *El hermano enamorado, La serva padrona.*

PERI prep. insep. que significa *alrededor.*

PERI, *Jacopo* (1561-1633) Compositor it. *Dafne y Eurídice.* Creador del recitativo. ◊ **Rossi,** *Cristina* (n. 1941) Escritora ur. Cuentos infantiles, poemas y novelas. *Evohé, La rebelión de los niños, La nave de los locos.*

PERIANTO m. *Bot.* Conjunto de las envolturas estériles de la flor, normalmente constituido por el cáliz, formado por hojas poco transformadas, verdes, y la corola, de hojas más transformadas, gralte. coloreadas, para atraer insectos polinizadores.

PERICARDIO m. *Anat.* Membrana que rodea la cavidad pericárdica, en la que se aloja el corazón. En el hombre consta de la hoja visceral y la parietal.

PERICARDITIS f. *Pat.* Inflamación aguda o crónica del pericardio.

PERICARPIO o **PERICARPO** m. *Bot.* Pared del fruto, en cuyo interior se hallan las semillas.

PERICIA f. Sabiduría, práctica, experiencia y habilidad en una ciencia o arte.

PERICIAL adj. Relativo al perito.

PERICICLO m. *Bot.* Capa celular externa del cilindro medular de raíces y tallos.

PERICLES (h. 495-429 a. C.) Político ateniense. Entre los años 443 y 430 a. C. se convirtió en el máx. dirigente de la política ateniense. La guerra contra Esparta le apartó del panorama político. En el año 429 a. C., fue de nuevo elegido estratega.

PERICLITAR intr. Peligrar, estar en peligro; decaer, declinar.

PERICO m. *Zool.* Ave con pico róseo, ojos encarnados de contorno blanco y plumaje abigarrado. Es originaria de Cuba y América Meridional. ◊ *Méx.* Charlatán. ◊ pl. *Col.* Huevos revueltos.

PERICÓN m. *Argent.* y *Ur.* Baile popular.

PERICOTE m. *Amér. Merid.* Rata que vive en las copas de árboles andinos.

PERIDIO m. Formación membranosa estéril indehiscente, que recubre los aparatos esporíferos de algunos hongos ascomicetes.

PERIDOTITA f. *Geol.* Roca plutónica constituida esencialmente por olivino y plagioclasa cálcica.

PERIDOTO ⇨ Olivino.

PERIECO, CA adj. y s. Aplícase al morador del globo terrestre con relación a otro que ocupa un punto del mismo paralelo que el primero y diametralmente opuesto a él. Suele usarse en pl.

PERIFERIA f. Circunferencia, contorno de un círculo. ◊ Contorno de una figura curvilínea. ◊ fig. Espacio que rodea un núcleo cualquiera.

PERIFÉRICO adj. y m. *Comp.* Aparato, dispositivo o unidad que no forma parte de la unidad central de una computadora, pero que, conectado con ésta, sirve para almacenar información o como dispositivo de entrada o salida de datos. Son p. las pantallas, las unidades de disco, las perforadoras, las impresoras, etc.

PERIFOLLO m. Planta de tallos finos, ramosos y hojas muy recortadas y aromáticas, usadas como condimento. ◇ pl. fig. y fam. Adornos excesivos o de mal gusto.

PERÍFRASIS f. *Ret.* Circunlocución.

PERIFRÁSTICO, CA adj. Relativo a la perífrasis; abundante en perífrasis. ◇ *Gram.* Díc. de una determinada forma de conjugación.

PERIGEO m. Punto en que la Luna o un satélite artificial se hallan más próximos a la Tierra.

PERIGONIO m. *Bot.* Conjunto de las hojas transformadas que rodean los verticilos fértiles de las flores que carecen de sépalos y pétalos.

PÉRIGORD Región histórica de Francia, sit. al SO del macizo Central. Rutas con restos prehistóricos (Les Eyzies, Lascaux).

PERIHELIO m. *Astr.* Punto en que un planeta, cometa u otro objeto celeste se halla más próximo al Sol.

PERIJÁ o **MOTILONES PERIJÁ** Cordillera de América del Sur, sit. en la frontera entre Colombia y Venezuela. Forma la rama occidental de la terminación norandina.

PERILLA f. Porción de pelo que se deja crecer en la punta de la barba.

PERILLÁN, NA s. y adj. fam. Persona pícara, astuta. El femenino es poco usado.

PERÍMETRO m. Contorno de cualquier superficie. ◇ Barrios extremos de una agl. urb. ◇ *Geom.* Long. del contorno de una figura. ❏ PERIMÉTRICO.

PERINEO m. *Anat.* Espacio que media entre el ano y las partes sexuales. ❏ PERINEAL.

PERINOLA f. Peonza pequeña que baila cuando se hace girar rápidamente con dos dedos un manguillo que tiene en la parte superior.

PERIÓDICO, CA adj. Que se reproduce a intervalos regulares. ◇ adj. y m. Díc. del impreso que se publica regularmente. ◇ adj. y f. *Arit.* Díc. de la fracción decimal formada por un grupo de cifras que se repite infinitamente. ◇ *Fís.* Díc. de los fenómenos cuyas fases se repiten con regularidad. ❏ PERIODICIDAD.

PERIODISMO m. Conjunto de actividades relacionadas con la selección, elaboración y transmisión de información por los medios de comunicación. ❏ PERIODÍSTICO.

PERIODISTA com. Profesional de la información al servicio de un medio informativo (prensa, radio, televisión, etc.).

PERIODO o **PERÍODO** m. Mínimo intervalo de tiempo invertido por un fenómeno periódico para volver a pasar por las mismas posiciones o adquirir los mismos valores en las funciones horarias. ◇ Intervalo de tiempo. ◇ Ciclo menstrual. ◇ *Arit.* Cifra o grupo de cifras que se repiten indefinidamente, después del cociente entero, en ciertas divisiones inexactas. ◇ *Fís.* Tiempo que tarda un fenómeno periódico en recorrer todas sus fases. ◇ *Gram.* Conjunto de oraciones que, enlazadas unas con otras, tienen un sentido completo. ◇ *Geol.* División cronológica de segun-

do orden (por ej., triásico, jurásico y cretácico, los tres periodos de la era secundaria) a la que corresponde, como subdivisión estratigráfica, el sistema. ◇ **de revolución.** Tiempo que tarda un satélite, natural o artificial, o cualquier otro cuerpo que gira en torno a un eje o a otro cuerpo al que está ligado por leyes mecánicas, en recorrer una vuelta completa en torno a su centro de atracción, o sea, en describir una órbita o revolución. ◇ **de rotación.** En un movimiento de rotación, intervalo de tiempo que transcurre entre dos pasos sucesivos del cuerpo por su trayectoria.

PERIOSTIO m. *Anat.* Membrana fibrosa adherida a los huesos, que sirve para su nutrición y renovación.

PERIPATÉTICO, CA adj. y s. *Fil.* Que sigue la filosofía o doctrina de Aristóteles. ◇ fig. y fam. Ridículo o extravagante en sus dictámenes o máximas.

PERIPECIA f. En el drama o cualquier otra composición análoga, mudanza repentina de situación. ◇ fig. Accidente de esta misma clase en la vida real.

PERIPLO m. Circunnavegación.

PERÍPTERO, RA adj. y m. Díc. del templo clásico rodeado por columnas que deja paso entre éstas y el muro.

PERIPUESTO, TA adj. fam. Que se aderza y viste con demasiado esmero y afectación.

PERIQUETE m. fam. Brevísimo espacio de tiempo. Suele usarse en el modo adv. en un periquete.

PERIQUITO m. Ave de pequeño tamaño, y plumaje verde o azulado, barrado en la cabeza. Procede de Australia.

Periquito

PERISCOPIO m. Dispositivo óptico constituido por un conjunto de lentes y de prismas de reflexión total que permite la observación de objetos sit. fuera de la trayectoria de la visión directa. ❏ PERISCÓPICO, CA.

PERISODÁCTILO adj. y m. *Zool.* Díc. de los mamíferos con dedos terminados en pesuño; como el caballo, el rinoceronte y el tapir.

PERISTA m. Comprador de cosas robadas.

PERISTÁLTICO, CA adj. *Fisiol.* Que tiene la propiedad de contraerse. Díc. pralm. del movimiento de contracción que hacen los intestinos para impulsar los materiales de la digestión y expeler los excrementos.

PERISTILO m. Entre los ant., lugar o sitio rodeado de columnas por la parte

interior. ◇ Galería de columnas que rodea un edificio o parte de él.

PERITAJE m. Estudios que hay que cursar para ser perito.

PERITO, TA adj. y s. Sabio, experimentado, hábil, práctico en una ciencia o arte. ◇ m. El que en alguna materia tiene título de tal, conferido por el Est. ❏ PERITACIÓN.

PERITONEO m. *Anat.* Membrana serosa que reviste la cavidad abdominal formando pliegues que envuelven las vísceras sit. en ella. ❏ PERITONEAL.

PERITONITIS f. *Pat.* Inflamación aguda o crónica del peritoneo, gralte. por penetración en la cavidad peritoneal de bacterias o toxinas procedentes del tubo digestivo a través de una perforación de su pared.

PERJUDICAR tr. y prnl. Ocasionar daño material o moral. ❏ PERJUDICADO, DA; PERJUDICIAL.

PERJUICIO m. Efecto de perjudicar o perjudicarse. ◇ *Der.* Ganancia lícita que deja de obtenerse, o demérito o gastos que se ocasionan por acto u omisión de otro, y que éste debe indemnizar, a más del daño o detrimento material causado por modo directo.

PERJURAR intr. y prnl. Jurar en falso. ◇ Faltar a la fe ofrecida en el juramento. ◇ intr. Jurar mucho o por vicio, o por añadir fuerza al juramento.

PERJURIO m. Juramento en falso. ◇ Quebrantamiento de la fe jurada. ❏ PERJURO, RA.

PERKINS, Anthony (1932-1992) Actor cinematográfico norteam. *Psicosis, El proceso, Psicosis 2.*

PERLA f. Concreción esferoidal y nacarada que se forma en ciertos moluscos, especialmente en la madreperla. Muy apreciada en joyería. ◇ fig. Persona de excelentes prendas, o cosa preciosa o exquisita en su clase. ◇ **cultivada** o **artificial.** Aquella que resulta de la introducción artificial del cuerpo extraño (nácar) que la origina. ❏ PERLADO, DA; PERLERÍA; PERLÍFERO, RA.

PERLAS, archipiélago de las Arch. de Panamá, sit. en el golfo de Panamá (océano Pacífico). Está constituido por 39 islas y gran cantidad de islotes. La mayor isla es la del Rey.

PERLESÍA f. Privación o disminución del movimiento de partes del cuerpo.

PERLITA f. *Geol.* Vidrio volcánico grisáceo y de brillo nacarado, que se origina mediante enfriamiento rápido de rocas fundidas.

PERM C. de la rep. de Rusia; 1 056 000 hab. Refinerías de petróleo. Fábrica de motores de aviación. Entre 1940 y 1957 se la designó con el nombre de Molotov.

PERMAFROST m. Estrato del suelo que permanece helado durante todo el año.

PERMANECER intr. Mantenerse sin mutación en un mismo lugar, estado o calidad.

PERMANENCIA f. Duración firme, constancia, perseverancia, estabilidad, inmutabilidad.

PERMANENTE adj. y f. fam. Díc. de la ondulación artificial del cabello que se mantiene durante largo tiempo.

PERMANGANATO m. *Quím.* Sal del ácido permangánico. El más importante es el potásico, uno de los oxidantes utilizados con más frecuencia.

PERMEABILIDAD f. Calidad de per-

meable. ◊ *Fís.* Velocidad con la que una sustancia atraviesa una membrana permeable. ◊ **magnética.** *Fís.* Factor de proporcionalidad entre la inducción e intensidad magnéticas.
PERMEABLE adj. Que puede ser penetrado por el agua u otro fluido. ◊ *Fís.* Que puede ser atravesado por una radiación, un campo eléctrico, etc.
PÉRMICO, CA adj. *Geol.* Díc. de la capa o terreno superior y más moderno que el carbonífero. ◊ m. *Geol.* Periodo de formación de dicho terreno. Es el más moderno de la edad primaria.
PERMISIVIDAD f. *Fís.* En un campo eléctrico, cociente de dividir la inducción por la intensidad.
PERMISO m. Licencia o consentimiento para hacer o decir una cosa.
PERMITIR tr. y prnl. Dar su consentimiento, el que tenga autoridad competente, para que otros hagan o dejen de hacer una cosa. ◊ tr. No impedir lo que se pudiera y debiera evitar. ◊ prnl. Tomarse la libertad de hacer o decir una cosa. ❑ PERMISIBLE; PERMISIÓN; PERMISIONARIO, RIA; PERMISIVO, VA.
PERMUTA f. Cambio, entre dos beneficiados u oficiales públicos, de los empleos que respectivamente tienen.
PERMUTACIÓN f. *Mat.* Para los elementos $a_1..., a_n$ de un conjunto finito A, es toda aplicación biyectiva de A en A. ❑ *Mat.* Si se fija una ordenación de los elementos de A, la p. puede identificarse con el conjunto ordenado formado por la imagen del primer elemento de A, la del segundo, etc. El núm. de p. de un conjunto de n elementos es $n!=n(n-1) (n-2)...2·1$. El símb. $n!$ se lee «n factorial» o «factorial de n».
PERMUTAR tr. Cambiar una cosa por otra, sin que en el cambio intervenga dinero. ◊ Variar la disposición u orden en que estaban dos o más cosas.
PERNADA f. Golpe que se da con la pierna, o movimiento violento que se hace con ella.
PERNAMBUCO Est. del NE de Brasil, junto al Atlántico; 101 023 km², 7 303 000 hab. Cap., Recife. C. pral.: Olinda. Relieve constituido por una amplia llanura litoral a la que sucede un sector de mesetas y colinas. Café, algodón, tabaco. Ganadería extensiva. Entre 1630 y 1654 estuvo bajo dominio neerlandés.
PERNEAR intr. Mover violentamente las piernas.
PERNERA f. Parte del pantalón que cubre cada pierna.
PERNICIOSO, SA adj. Gravemente dañoso y perjudicial.
PERNIL m. Anca y muslo del animal, especialmente los del cerdo. ◊ Parte del pantalón que cubre cada pierna.
PERNIO m. Gozne que se pone en las puertas y ventanas para que giren las hojas.
PERNO m. Pieza de metal, larga, cilíndrica, con cabeza redonda por un extremo y que por el otro se asegura con una chaveta o una tuerca, o bien por un remache. Se usa para afirmar piezas de gran volumen.
PERNOCTAR intr. Pasar la noche en determinado lugar, fuera del propio domicilio.
PERO conj. adversativa con que a un concepto se contrapone otro diverso o ampliativo del anterior. ◊ Sino, conj. adversativa. ◊ m. fam. Defecto, dificultad

o reparo. ◊ Variedad de manzano, cuyo fruto es más largo que grueso.
PEROGRULLADA f. fam. Verdad o especie que por notoriamente sabida es necedad o simpleza el decirla. ❑ PEROGRULLESCO, CA.
PEROL m. Vasija de metal, de figura semiesférica, que sirve para cocer diferentes cosas.
PEROLA f. Perol más pequeño que el ordinario.
PERÓN, Juan Domingo (1895-1974) Militar y político arg. Vicepresid. tras el golpe que derrocó a Ramírez (1943), impuso a Farrell en la presidencia. En 1945 fue destituido y confinado, pero la movilización de los trabajadores hizo que volviera a su puesto. En 1946 fue elegido presid. de la rep., y reelegido en 1951. Derrocado por un golpe militar en 1955. Tras un largo exilio en España, fue elegido presidente por tercera vez en los comicios de 1973.
PERONÉ m. *Anat.* Hueso largo y delgado que, junto con la tibia, forma el esqueleto de la pierna.
PERONISMO m. Mov. político surgido en Argentina a raíz de la primera presidencia de Juan Domingo Perón (1946-1955). ⇒ Justicialismo. ❑ PERONISTA.
PERORACIÓN f. Última parte del discurso, en que se hace la enumeración de las pruebas.
PERORAR intr. Pronunciar un discurso u oración. ◊ fam. Hablar uno en la conversación familiar como si estuviera pronunciando un discurso.
PERORATA f. Oración o razonamiento molesto o inoportuno.
PEROSI, Lorenzo (1872-1956) Compositor it. Autor de música coral religiosa, salmos, motetes y de 30 misas.
PERÓXIDO m. *Quím.* Óxido cuya porción de oxígeno es superior a la normal. ◊ **de hidrógeno.** *Quím.* Agua oxigenada, H_2O_2.
PERPENDICULAR adj. y s. *Geom.* Díc. de toda recta o plano que corta a otra recta o plano en un ángulo de 90°. ❑ PERPENDICULARIDAD.
PERPETRAR tr. Cometer, consumar. Aplícase sólo a delito o culpa grave. ❑ PERPETRACIÓN.
PERPETUAR tr. y prnl. Hacer perpetua o perdurable una cosa. ◊ Dar a las

Juan Domingo **Perón**

cosas una larga duración. ❑ PERPETUACIÓN.
PERPETUIDAD f. Duración sin fin. ◊ fig. Duración muy larga o incesante.
PERPETUO, TUA adj. Que dura y permanece para siempre.
PERPIÑÁN (cat., *Perpinyà*; fr., *Perpignan*) C. del SE de Francia; cap., del dpto. de Pyrénées-Orientales (Languedoc-Rosellón); 111 700 hab. Centro comercial y turístico. Catedral. Cap. del condado del Rosellón. En 1172 pasó a la Corona de Aragón. Francesa tras la paz de los Pirineos (1659).
PERPLEJIDAD f. Irresolución, confusión de lo que se debe hacer en una cosa. ❑ PERPLEJO, JA.
PERRAULT, Charles (1628-1703) Escritor fr., promotor de la polémica entre «antiguos y modernos». Autor de *Cuentos de mamá oca.*
PERRERA f. Lugar donde se encierran los perros.
PERRERO m. El que cuida o tiene a su cargo los perros de caza. ◊ Empleado municipal encargado de recoger los perros vagabundos.
PERRILLO m. Gatillo de las armas de fuego.
PERRIN, Jean-Baptiste (1870-1942) Fisicoquímico fr. Realizó un estudio muy completo del movimiento browniano en suspensiones coloidales. Autor de la

Pernambuco. Vista de Recife

PERRO

La variedad de razas de perro que existe es muy grande, siendo muchas de ellas relativamente recientes, producto de cruces realizados por criadores

Los perros guardianes y pastores, descendientes del *Cani familiaris metris optimae*, pueden ser fácilmente entrenados para realizar multitud de tareas (lazarillos, policías, etc.)

Los descendientes del *Canis familiaris intermedius*, apropiados para el rastreo y el cobro de la caza, constituyen un grupo heterogéneo en cuanto al tamaño y al pelaje

Para la protección personal se utilizan perros musculosos y de gran talla, descendientes del *Canis familiaris iniostranzewi*

primera determinación exacta del número de Avogadro.

PERRO, RRA adj. fig. y fam. Muy malo, indigno. ◊ m. *Zool*. Mamífero doméstico de la familia cánidos. Tiene olfato muy fino y es inteligente y fiel al hombre. ◊ fig. Persona despreciable. ◊ f. Hembra del perro. ◊ fam. Rabieta de niño. ◊ **braco**. Perro perdiguero. ◊ **caliente**. fig. y fam. Bocadillo de salchicha. ◊ **danés**. El que participa de los caracteres de lebrel y mastín. ◊ **de aguas**. El de una raza que se cree originaria de España, con cuerpo esbelto, cuello corto, cabeza redonda, hocico agudo, orejas caídas, y pelo abundante, rizado y blanco. ◊ **de busca**. El que sirve para seguir la caza. ◊ **de casta**. El que no es cruzado. ◊ **de muestra**. El que se para al ver u olfatear la pieza de caza, como mostrándosela al cazador. ◊ **de presa**. Perro dogo. ◊ **dogo**. El de cuerpo y cuello gruesos y cortos, pecho ancho, cabeza redonda, hocico obtuso, labios gordos, cortos en el centro y colgantes por ambos lados, orejas pequeñas con la punta doblada, patas muy robustas, y pelaje gralte. leonado, corto y recio. ◊ **faldero**. El que por ser pequeño puede estar en las faldas de las mujeres. ◊ **galgo**. Casta del perro muy ligero, con la cabeza pequeña, los ojos grandes, el hocico puntiagudo, las orejas delgadas y colgantes, el cuerpo delgado y el cuello, la cola y las patas largos. ◊ **lebrel**. Variedad que se distingue por tener el labio superior y las orejas caídas, el hocico recio, el lomo recto, el cuerpo largo y las piernas retiradas atrás. ◊ **mastín**. El grande, fornido, de cabeza redonda, orejas pequeñas y caídas, ojos encendidos, boca rasgada, dientes fuertes, cuello corto y grueso, pecho ancho y robusto, manos y pies recios y nervudos y pelo largo algo lanoso. ◊ **perdiguero**. El de talla mediana, con cuerpo recio, cuello ancho y fuerte, cabeza fina, hocico saliente, labios colgantes, orejas muy grandes y caídas, patas altas y nervudas, cola larga y pelaje corto y fino. ◊ **podenco**. El de cuerpo algo menor, pero más robusto que el del lebrel, con la cabeza redonda, las orejas tiesas, el lomo recto, el rabo medianamente largo, la cola enroscada y las manos y pies pequeños, pero muy fuertes. ◊ **sabueso**. Variedad de podenco, algo mayor que el común y de olfato muy fino. ◊ **viejo**. fig. y fam. Hombre sumamente cauto, advertido y prevenido por la experiencia. ❑ PERRERÍA; PERRUNO, NA.

❑ *Zool*. El p. es el primero de los animales domésticos conocidos (desde el mesolítico). Se reconocen unas 300 razas, que difieren en morfología, tamaño y pelaje. Los prales. rasgos comunes son la posesión de una dentición adaptada a una dieta cárnica y una serie de proporciones métricas características en los huesos.

PERSA adj. y s. De Persia. ◊ m. *Ling*. Idioma hablado en dicha nación; pertenece al subgrupo iranio, dentro del gran grupo indoiranio.

PERSÉFONE *Mit. gr*. Hija de Zeus y de Deméter, y diosa reina de los muertos y de los infiernos. Los rom. la identificaron con Proserpina.

PERSEGUIR tr. Seguir al que va huyendo, con ánimo de alcanzarle. ◊ fig. Seguir o buscar a uno en todas partes

de forma continuada. ◊ fig. Molestar, fatigar, dar que padecer o sufrir a uno; procurar hacerle el daño posible. ◊ Proceder judicialmente contra uno. ❑ PERSECUCIÓN; PERSECUTORIO, RIA; PERSEGUIMIENTO.

PERSEIDAS f. pl. *Astr*. Estrellas fugaces cuyo punto radiante está en la constelación de Perseo.

PERSEO *Astr*. Constelación del hemisferio boreal cuyas estrellas más importantes son: Mirfak, supergigante; Algol, binaria; Menjib, supergigante.

PERSEO *Mit. gr*. Hijo de Zeus y de Dánae, rey de Tirinto y fundador de Micenas.

PERSÉPOLIS Ant. c. persa, la más imp. del Irán ant. Contiene el complejo monumental de los reyes aqueménidas.

PERSEVERAR intr. Mantenerse constantemente en la prosecución de lo comenzado. ◊ Durar permanentemente o por largo tiempo. ❑ PERSEVERANCIA.

PERSIA Denominación histórica del actual Est. de ⇒ Irán.

PERSIANA f. Especie de celosía, formada de tablillas fijas o movibles y colocadas de forma que dejen paso al aire y no al sol. ❑ PERSIANISTA.

PÉRSICO, CA adj. Persa, relativo a Persia. ◊ m. *Bot*. Árbol frutal originario de Persia y cultivado en España. Tiene hojas aovadas y aserradas, flores de color rosa y fruto en drupa con el hueso lleno de arrugas asurcadas. ◊ Fruto de este árbol.

PÉRSICO, *golfo* Brazo del océano Índico, sit. entre las costas de Irán y las de la pen. Arábiga.

PERSIGNAR tr. y prnl. Signar, hacer la señal de la cruz. ◊ prnl. fig. y fam. Manifestar uno, haciéndose cruces, admiración, sorpresa o extrañeza.

PERSISTIR intr. Mantenerse firme en una cosa. ◊ Durar por largo tiempo. ❑ PERSISTENCIA; PERSISTENTE.

PERSONA f. Individuo de la especie humana. ◊ Hombre o mujer cuyo nombre se ignora o se omite. ◊ Hombre de prendas, capacidad, disposición y prudencia. ◊ Personaje de una obra literaria. ◊ *Gram*. Accidente que consiste en las distintas inflexiones con que el verbo denota si el sujeto de la oración es el que habla, o aquel a quien se habla, o aquel de que se habla. Las personas se llaman, respectivamente, primera, segunda y tercera, y las tres constan de singular y pl. ◊ **grata**. La que se acepta. Díc. más comúnmente en estilo o lenguaje diplomático. ◊ **jurídica**. *Der*. Ser o entidad capaz de derechos y obligaciones aunque no tiene existencia individual física; como las corporaciones, asociaciones, sociedades y fundaciones.

PERSONAJE m. Persona importante o famosa. ◊ Cada uno de los seres humanos, sobrenaturales o simbólicos ideados por el escritor, y que como dotados de vida propia toman parte en la acción de una obra literaria.

PERSONAL adj. Relativo a la persona. ◊ Que se refiere a una sola persona. ◊ Subjetivo. ◊ *Gram*. Relativo a la persona gramatical, tanto si se refiere al pronombre como a las formas verbales. ◊ Conjunto de las personas que pertenecen a determinada clase, corporación o dependencia. ◊ Conjunto de los obreros o empleados de una empresa.

PERSONALIDAD f. Diferencia individual que constituye a cada persona y la distingue de otra. ◊ Persona destacada en una actividad o ambiente social. ◊ *Psic.* Conjunto de cualidades que constituyen a la persona o supuesto inteligente. ◊ *Der.* Aptitud legal para intervenir en un negocio o para conocer en un juicio.
□ *Psic.* Los rasgos de la p. son: inteligencia, carácter, temperamento y constitución. Se considera escindida en varios niveles de funcionamiento independiente: consciente, subconsciente o inconsciente.
PERSONALISMO m. Tendencia a subordinar el interés común a miras personales. ◊ Tendencia filosófica que considera a la persona como valor absoluto. □ PERSONALISTA.
PERSONALIZAR tr. Incurrir en personalismos hablando o escribiendo. ◊ *Gram.* Usar como personales verbos impersonales.
PERSONARSE prnl. Presentarse personalmente en una parte. ◊ *Der.* Comparecer como parte interesada en un juicio o pleito. □ PERSONACIÓN.
PERSONERÍA f. *Der.* Persona jurídica. ◊ **jurídica.** *Argent.* Entidad, asociación, sociedad empresarial, etc., cuyo funcionamiento se rige por leyes y estatutos aprobados por la autoridad competente.
PERSONERO m. *Amér.* El que gestiona negocios ajenos.
PERSONIFICAR tr. Atribuir vida, acciones o cualidades propias del ser racional al irracional, o a las cosas inanimadas, incorpóreas o abstractas. ◊ Representar persona determinada un suceso, sistema, opinión, etc. ◊ tr. y prnl. Representar en los discursos o escritos, bajo alusiones o nombres supuestos, personas determinadas. □ PERSONIFICACIÓN.
PERSPECTIVA f. Arte de representar en una superficie los objetos, en la forma y disposición con que aparecen a la vista. ◊ Obra o representación ejecutada con este arte. ◊ fig. Conjunto de objetos que desde un punto determinado se presentan a la vista del espectador, especialmente cuando están lejanos y llaman la atención por el efecto agradable o melancólico que producen. ◊ fig. Contingencia que puede preverse en el curso de algún negocio. Se usa más en pl. ◊ **aérea.** Aquella que por la disminución de tamaños y la graduación de tonos representa el alejamiento de las figuras y objetos. ◊ **caballera.** Modo convencional de representar los objetos en un plano y como si se vieran desde lo alto.
PERSPICACIA f. Agudeza y penetración de la vista. ◊ fig. Penetración de ingenio o entendimiento. □ PERSPICAZ.
PERSUADIR tr. y prnl. Inducir, mover, obligar a uno con razones a creer o hacer una cosa. □ PERSUASIÓN; PERSUASIBLE; PERSUASIVO, VA; PERSUASOR, RA; PERSUASORIO, RIA.
PERTENECER intr. Tocar a uno o ser propia de él una cosa, o serle debida. ◊ Ser cosa del cargo, ministerio u obligación de uno. ◊ Referirse o hacer relación una cosa a otra, o ser parte integrante de ella. □ PERTENECIENTE.
PERTENENCIA f. Acción o derecho que uno tiene a la propiedad de una cosa. ◊ Espacio o término que toca a uno por jurisdicción o propiedad. ◊ Unidad de medida superficial para las concesiones mineras, cuya extensión está reducida a un cuadrado de una hectárea.
PERTH C. de Australia, cap. del est. Australia Occidental; 969 000 hab. Centro comercial e industrial. Oro.
PÉRTIGA f. o **PERTIGAL** m. Vara larga. ◊ En atletismo, vara que se usa para darse impulso en los saltos de altura.
PERTINACIA f. Obstinación, terquedad o tenacidad en mantener una opinión, una doctrina o resolución. ◊ fig. Grande duración o persistencia.
PERTINAZ adj. Obstinado, terco o muy tenaz en su dictamen o resolución. ◊ fig. Muy duradero.
PERTINENTE adj. Perteneciente a una cosa. ◊ Díc. de lo que viene a propósito. □ PERTINENCIA.
PERTINI, Alessandro (1896-1990) Político it. socialista. Presid. de la rep. (1978-1985).
PERTRECHO m. Munición, arma y cualquier otro instrumento, máquina, etc., necesario para el uso de los soldados y defensa de las fortificaciones o de los buques de guerra. Se usa más en pl. ◊ P. ext., instrumento necesario para cualquier operación. □ PERTRECHAR.
PERTURBACIÓN f. *Astr.* Variaciones que experimentan los astros en su movimiento a lo largo de la órbita.
PERTURBAR tr. y prnl. Inmutar, trastornar el orden y concierto de las cosas o su quietud y sosiego. ◊ prnl. Perder el juicio una persona.

Mapa de situación y bandera de **Perú**

PERÚ (*República del Perú*) Estado del centro-O de América Meridional, junto al Pacífico. Grupos étnicos: amerindios (49 %), mestizos (33 %), criollos (12 %), negros y mulatos (6 %). Lenguas: español y quechua (of.), aymará y otras variantes. *Rel.*: catolicismo (75 %), animismo. U.M.: nuevo sol. Cap.: Lima. C. prales.: Arequipa, Chiclayo, Trujillo, Piura, Cuzco, Iquitos, Huancayo. Perú está dividido en 24 departamentos y una prov. constitucional.

PERÚ	
Superficie	1 285 215 km²
Población	23 435 300 hab. (18 hab./km²)
Recursos económicos	
Arroz	814 000 t
Algodón	115 000 t
Batatas	180 000 t
Cacao	11 000 t
Café	82 000 t
Caña de azúcar	62 000 ha
Cebada	100 000 t
Maíz	669 000 t
Mandioca	440 000 t
Naranjas	165 000 t
Patatas	1 450 000 t
Sorgo	31 000 t
Tabaco	3 000 t
Trigo	128 000 t
Uva	47 000 t
Vino	100 000 hl
Ganadería	
Alpacas	1 169 000 cabezas
Cabaña bovina	3 630 000 cabezas
Cabaña caballar	660 000 cabezas
Cabaña caprina	1 900 000 cabezas
Cabaña porcina	1 600 000 cabezas
Cabaña ovina	11 250 000 cabezas
Llamas	650 000 cabezas
Riqueza forestal	8 096 000 m³
Pesca	6 875 072 t
Producción minera	
Antimonio	278 t
Bismuto	635 t
Carbón	145 000 t
Cinc	628 000 t
Cobre	381 000 t
Gas natural	1 200 millones de m³
Guano	90 000 t
Hierro	2 181 000 t
Molibdeno	2 000 t
Oro	6 850 kg
Petróleo	6 897 000 t
Plomo	200 000 t
Producción industrial	
Acero	284 000 t
Ácido sulfúrico	183 000 t
Azúcar	550 000 t
Cemento	2 184 000 t
Cerveza	5 732 000 hl
Energía eléctrica	13 817 000 000 kwh
Fertilizantes	28 000 t
Fibras sintéticas	34 000 t
Hierro colado	225 000 t
Neumáticos	637 000 unidades
Papelera	311 000 t
Tabaco	2 672 000 000 millones de cigar.
Indicadores sociológicos	
PNB	38 295 millones de dólares
Renta per cápita	1 020 dólares
Esperanza de vida	64 años
Alfabetismo	87 %

□ *Geog. física.* Tiene ocho regiones naturales: 1) La región Chala, Costa o Llano Costanero. Linda con el océano Pacífico. Es árida (desierto de Sechura e Ica). 2) La región Yunga, Quebrada o Valle Interandino cabalga sobre los Andes. Clima ardiente y asoleado. Región seca. 3) La región Quechua o región Templada, que se extiende a ambos lados de las cadenas de los Andes, desde 2 300 a 3 500 m. Clima templado. 4) La región Suni, Jalca o Páramo, que se extiende a ambos lados de todas las cadenas de los Andes. Relieve muy va-

Gobernantes de Perú

Época precolombina		1865	Pedro Díez Canseco
s. XII	Manco Cápac	1865	Mariano I. Prado
	Sinchi Roca	1868	Pedro Díez Canseco
	Lloque Yupanqui	1868	José Balta
s. XIII	Mayta Cápac	1872	Tomás Gutiérrez
	Cápac Yupanqui	1872	Manuel Pardo
s. XIV	Inca Roca	1876	Mariano I. Prado
	Yahuar Huaca	1879	Luis La Puerta
	Viracocha	1879	Nicolás de Piérola
1438	Pachacútec Yupanqui	1881	Fco. García Calderón
1471	Túpac Yupanqui	1881	Lisardo Montero
1493	Huayna Cápac	1883	Miguel Iglesias
1528	Huáscar y Atahualpa	1886	Andrés Av. Cáceres
1532	Manco Inca	1890	R. Morales Bermúdez
1536	Fin de la dinastía Inca	1894	Justiniano Borgoño
		1894	Andrés Av. Cáceres
Periodo colonial		1895	Manuel Candamo (Junta)
1544	Blasco Núñez de Vela	1895	Nicolás de Piérola
	(primer virrey)	1899	E. López de Romaña
1821	José de la Serna	1903	Manuel Candamo
	(último virrey)	1904	Serapio Calderón
Independencia		1904	José Pardo y Barreda
		1908	Augusto B. Leguía
1821	José de San Martín	1912	Guillermo Billinghurst
1822	Gobierno de Junta provisional	1914	Óscar R. Benavides
1823	José de la Riva Agüero	1915	José Pardo y Barreda
1823	José B. de Tagle	1919	Augusto B. Leguía
1824	Simón Bolívar	1930	Manuel Ponce
1826	Andrés Santa Cruz	1930	L. M. Sánchez Cerro
1827	José de la Mar	1931	Ricardo Leoncio Elías
1829	Agustín Gamarra	1931	Gustavo A. Jiménez
1833	Luis José de Orbegozo	1931	D. Samanez Ocampo (Junta)
1835	Felipe S. Salaverry	1931	L. M. Sánchez Cerro
1836	Andrés Santa Cruz	1933	Óscar R. Benavides
1839	Agustín Gamarra	1939	M. Prado Ugarteche
1841	Manuel Menéndez	1945	J. L. Bustamante R.
1842	Juan C. Torrico	1948	Manuel A. Odría
1842	Francisco de Vidal	1956	M. Prado Ugarteche
1843	Manuel I. de Vivanco	1962	Junta Militar
1844	Domingo Elías	1963	F. Belaúnde Terry
1844	Justo Figuerola	1968	J. Velasco Alvarado
1844	Manuel Menéndez	1975	F. Morales Bermúdez
1845	Ramón Castilla	1980	F. Belaúnde Terry
1851	José Rufino Echenique	1985	Alan García
1856	Ramón Castilla	1990	Alberto Fujimori
1862	Miguel San Román	2000	Valentín Paniagua
1863	Pedro Díez Canseco	2001	Alejandro Toledo
1863	Juan Antonio Pezet		

riado. Clima frío. 5) La región Puna, Altoandina o altiplano, que corrresponde a la meseta andina y se extiende también a ambos lados de las cadenas de los Andes, desde 4 000 hasta 4 800 m. Clima muy frío. 6) La región Janca «Cordillera» o Muy Alta Montaña, sit. en el remate del declive andino. Las cumbres prales. son el Nevado de Huascarán, 6 768 m; Yerupajá, 6 632 m; Coropuna, 6 613 m. 7) La región Rupa-Rupa o Selva alta, sit. en el flanco oriental de los Andes, entre 400 y 1 000 m. Presenta una sucesión de valles, lomas y llanuras. Clima cálido. 8) La región Omagua, Selva baja o Amazonia, sit. al E del país. Clima cálido y lluvioso. Hay tres sistemas fluviales: 1) La vertiente del Pacífico, con 54 ríos de régimen variable (Tumbes, Chira, Rímac, Tambo); 2) La vertiente del Atlántico o vertiente del Amazonas (Amazonas, que hasta su confluencia con el Marañón recibe los nombres de Apurímac, Ene, Tambo y Ucayali; Marañón, Morona, Pastaza, Napo, Putumayo, Yavari, Urubamba, etc.); 3) La vertiente de lago Titicaca. □ *Geog. económica.* Los cultivos de mayor significación económica son el arroz, cebada, trigo, centeno, sorgo, avena, etc. También destacan la papa, la vid y diversas legumbres. Entre los cultivos industriales son imp. el algodón, caña de azúcar, café, cacao y tabaco, y entre los frutales, los agrios, la piña y la manzana. Un 54 % de su terr. está cubierto de vegetación arbórea y arbustiva. Destacan el cedro, mogamo, palisandro, copal y eucalipto. El sector pecuario está compuesto por ovinos, caprinos, bovinos y los camélidos: llama y alpaca. La pesca es una industria desarrollada en los últimos treinta años. El potencial minero es muy grande. Los prales. recursos son el petróleo, que se extrae sobre todo en el N y la Selva; cobre (Toquepala, Quellaveco, Cuajone, Michiquillay, Cerro Verde, Cobriza); plata, plomo, cinc, oro, hierro, carbón, vanadio, bismuto, antimonio y molibdeno. En el sector industrial, destacan las ind. textiles (algodón), tabaquera, siderometalúrgica y alimentarias, centradas pralm. en la zona Lima-El Callao. □ *Org. pol.* Perú es una rep. unitaria de tipo presidencialista. El presid., elegido cada cinco años por sufragio universal, ejerce el poder ejecutivo, y el le-

gislativo está en manos del congreso o parlamento, formado por el senado y la cámara de los diputados, cuyos miembros también se eligen por voto directo para un periodo de cinco años. □ *Hist.* La civilización inca se desarrolló entre los ss. XII-XVI. Basándose en la propiedad colectiva de la tierra, constituyó una confederación centralizada de tribus, con un régimen vertical en lo político. El imperio inca, erosionado por luchas internas, fue fácilmente conquistado por Pizarro (1532-1533). En 1542 se establecieron el virreinato y la Real Audiencia de Perú. El régimen de trabajo impuesto a la pob. indígena durante la época colonial determinaron un fuerte descenso demográfico y originaron insurrecciones, como la de Túpac Amaru (h. 1780). El proceso independentista se inició tardíamente. San Martín desembarcó en Paracas (1819) y fácilmente llegó a Lima, donde proclamó la indep. en 1821. El nuevo Est. se fue afirmando: protectorado unipersonal de San Martín (1821-1822); liquidación del último foco de la dominación hispana en la batalla de Ayacucho (1824); separación del Alto Perú (Bolivia, 1825), formación de la Confederación Peruboliviana, prontamente liquidada; presidencia de Ramón Castilla (1845-1851; 1855-1862); gobierno del coronel Balta (1868-1872); segundo gobierno de Mariano I. Prado (1876-1879), bajo cuyo mandato estalló la guerra del Pacífico (1879-1883), en la que se perdió el salitre de Tarapacá, Arica y, por un tiempo, Tacna; rev. y segunda presidencia de N. de Piérola (1895-1899), fundador del partido APRA; presidencia de Eduardo López de Romaña (1899-1903). La primera mitad del s. XX está marcada por la dictadura de Augusto B. Leguía (1908-1912; 1919-1930) y el surgimiento de la Alianza Popular Revolucionaria Americana (APRA), fundada por Haya de la Torre en 1924. Leguía fue derrocado por el general Sánchez Cerro (1930), que un año después ganó las elecciones y declaró ilegal al APRA. Entre 1933 y 1939 ocupó el poder el general Benavides, que prorrogó ilegalmente su mandato tras anular las elecciones ganadas por el APRA (1936). En 1939 triunfó M. Prado Ugarteche y en 1945 una coalición de izquierdas, incluido el APRA, llevó al poder a Bustamante Rivero. En 1948, el general M. Odría dio un golpe militar, y tras las elecciones se hizo elegir presid. por seis años. En los comicios de 1956 volvió al poder Prado Ugarteche. En 1962 un golpe de est. anuló unas elecciones en las que ganó Haya de la Torre. En las de 1963 Fernando Belaúnde Terry se impuso a Haya de la Torre. En 1968 Belaúnde fue derrocado, instaurándose el régimen militar de Velasco Alvarado. Éste inició una política de rescate de los recursos económicos del país y llevó a cabo la reforma agraria (1969). En 1975 fue derribado por el general Morales Bermúdez. Se convocaron elecciones para la Asamblea constituyente (1978), que dieron el triunfo al APRA. Las elecciones presid. de 1980 fueron ganadas por F. Belaúnde Terry, de Acción Popular. Apareció poco después Sendero Luminoso, grupo terrorista cuyas actividades se focalizaron en la zona centro del país. En 1985, Alan García Pérez (APRA) fue elegido presid. El Congreso aprobó en 1987 la nacionalización de la banca, los seguros y las financieras, empeorando la situación económica. En las elecciones de 1990 venció Alberto Fujimori, del movimiento CAMBIO 90. En 1992, con el apoyo de las Fuerzas Armadas, disolvió el Parlamento y el Senado, y convocó elecciones para la reforma constitucional. La Constitución se aprobó en 1993. Fujimori fue reelegido presid. en 1995. En 2000 se celebraron elecciones presid. en las que Fujimori obtuvo la victoria. Pero la crisis política generada por los escándalos de fraude y corrupción forzó su dimisión, pasando a ocupar la presidencia Valentín Paniagua. En 2001 venció en las presidenciales Alejandro Toledo (Perú Posible). En 2003 P. ingresó en el Mercosur como miembro asociado.

□ *Lit.* Aunque de carácter oral, existió una literatura quechua y aymará, que se prolongó después de la conquista. La conquista esp. dio origen a una serie de crónicas históricas en cast. (*Comentarios reales*, del Inca Garcilaso de la Vega, ss. XVI-XVII). En el s. XVII cabe citar a J. del Valle y Caviedes y a Juan de Espinosa Medrano. En el s. XVIII sobresalen Pablo de Olavide y el poeta Melgar. Después de la indep., la literatura per. se inclinó más hacia la tradición hispana. Ascensio Segura y Cordero llevó al teatro las tesis del criollismo, y Pardo y Aliaga destacó como autor de comedias costumbristas. Imp. autores románticos fueron Carlos Augusto Salaverry y Ricardo Palma. La derrota en la guerra del Pacífico originó una literatura centrada en el análisis de los problemas sociales (M. González Prada). M. de Carbonera Cabello y C. Matto de Turner iniciaron el naturalismo. El modernismo se impuso a principios del s. XX y contó con Clemente Palma, José Santos Chocano, José M. Eguren y Gálvez Berrenechea. Abraham Valdemor es el autor de la novela indigenista *Los hijos del sol*. César Vallejo está considerado como el máx. representante del vanguardismo latinoamericano. Otros poetas imp. son J. C. Mariátegui, Peña Barrenechea, Luis F. Xamar. Entre los progresistas destacan López Albújar, García Calderón, Rosa Arciniega, Ciro Alegría y José M. Argüedas. Mario Vargas Llosa abrió caminos de renovación estilística en la narrativa. En la crítica literaria y la historia destacan R. Porras Barrenechea, J. Basadre y L.F. Xamar; como ensayistas, A. Orrego, V.R. Haya de la Torre y J.C. Mariátegui. Sobresalen en la narrativa per. de los últimos años, además de Vargas Llosa, A. Bryce Echenique, J.R. Ribeyro, José A. Bravo, Gregorio Martínez, Osvaldo J. Salazar, Harry Belován, Manuel Scorza y Alonso Cueto. Destacados poetas son César Moro, Martín Adán, Emilio A. Westphalen, M. Moreno Jimeno, Carlos G. Belli, Antonio Cisneros, Antonio Cilloniz, José Watanabe, Vladimir Herrera, A. Sánchez León y Enrique Verástegui. En el campo del ensayo resalta la figura de Julio Ortega.

□ *Arte.* En la etapa precolombina, la primera cultura con manifestaciones artísticas de cierta trascendencia fue la de Chavín de Huántar y Cupinisque (850-500 a. C.). Al periodo llamado flore-

Perú. Plaza de Armas de Arequipa, con la fachada de la catedral

ciente (300 a. C.-500 d. C.) se deben las cerámicas nazca y mochica. Entre 500 y 1000, la cultura de Tiahuanaco introdujo la arquitectura monumental (puerta del Sol). La cultura chimú de esta época ofrece una interesante cerámica. El imperio inca, que alcanza su plenitud entre 1440 y 1532, aporta grandes innovaciones en la arquitectura y el urbanismo (Machu Picchu). En el s. XVI predominó el renacimiento arquitectónico de orientación plateresca (iglesia de Santo Domingo, en Lima). Aparte de Lima, los focos renacentistas fueron Ayacucho y Cuzco (catedral). Durante los ss. XVII-XVIII, dominó el barroco (iglesia de la Compañía, Cuzco; palacio del marqués de Torre Tagle, Lima). También destaca el barroco de Cajamarca. La reconstrucción de Lima, después del terremoto de 1746, se realizó bajo un criterio fr., cercano al rococó (iglesia de los Nazarenos). En la escultura y la pintura del s. XVII arraigó el estilo de la escuela barroca sevillana. Entre los escultores sobresalen M. Huamán y Machucama y J. T. Tuyrú Túpac. En pintura cabe destacar los it. Pérez de Alesio y A. Medoro. Las principales escuelas fueron las de Lima y Cuzco. En el s. XIX se construyeron numerosos edificios de estilo neoclásico. En pintura predominaron el romanticismo y el academicismo. En los inicios del s. XX la arquitectura adoptó

Perú. Alejandro Toledo

formas modernistas. Frente a ellas reaccionaron R. Marquina y J. Álvarez Calderón, con un estilo que cabalgaba entre el funcionalismo y el estilo mestizo de Arequipa. En los últimos años destacan L. Miró, C. Ciriani, M. Rodrigo, F. Cooper Llosa, E. Nicolini, A. Córdova, J. Crousse, J. García Bryce, M. A. Llona, D. Robles Rivas, etc. En el campo de la escultura, que empezó a abandonar el academicismo, destacan L. Agurto, R. Espino y L. Valdetaro, Roca Rey, A. Guzmán, J. Piqueras y F. Sánchez. En pintura, después de una etapa posromántica (T. Castro, Baca Flor), D. Hernández introdujo las nuevas corrientes europeas. Entre los últimos abstractos sobresalen Szyszlo, Pereiza y Dávila. Post. son S. Gutiérrez, R. Grau, H. Braun, Tilsa, V. Shinki, A. Maro y L. Arias Vega.

PERÚ, *Virreinato del* Circunscripción creada por Carlos V en 1542. Comprendía el ámbito que actualmente ocupan Perú, Bolivia, Ecuador, parte de Colombia y de Chile, N arg. y parte de la selva bras. En 1776 se creó el virreinato del Río de la Plata a expensas del Perú. Una importante insurrección indígena, acaudillada por José Gabriel Condorcanqui (Túpac Amaru), estalló en 1780 y fue sangrientamente reprimida.

PERUBOLIVIANA, *Confederación* Organización conjunta de los est. constituidos dentro de Perú (Estado Sur peruano y Estado Norte peruano) con Bolivia, sancionada en el Congreso de Tacna (1837). Andrés Santa Cruz, presid. de Bolivia, lo fue también de la Confederación. Los recelos de Chile y Argentina ante esta unión condujeron a la guerra. En la batalla de Yungay (1839) las fuerzas chil. derrotaron a la Confederación, que se disolvió.

PERUGIA C. de Italia central, cap. de la prov. hom. y de la región de Umbría; 144 400 hab. Ind. textiles, mecánicas.

PERUGINO, *Pietro Vannucci,* llamado IL (h. 1448-1523) Pintor it., representante del estilo florentino renacentista. *El Arcángel y Tobías.*

PERVERSIDAD f. Suma maldad o corrupción de las costumbres o de la calidad o estado debido.

PERVERSIÓN f. Estado de error o corrupción de costumbres.

PERVERTIR tr. Perturbar el orden o es-

Pesca. Recogida de las redes de un barco sardinero

tado de las cosas. ◊ tr. y prnl. Viciar con malas doctrinas o ejemplos las costumbres, la fe, el gusto. ❑ PERVERSO, SA; PERVERTIMIENTO.

PERVIVIR intr. Seguir viviendo a pesar del tiempo o de las dificultades. ❑ PERVIVENCIA.

PESA f. Pieza de determinado peso, usada para determinar el que tienen las cosas, equilibrándolas con ella en una balanza. ◊ Pieza de peso suficiente que, colgada de una cuerda, se emplea para dar movimiento a ciertos relojes, o de contrapeso para subir y bajar lámparas, etc. ◊ *Amér. Centr.* Carnicería.

PESADEZ f. Calidad de pesado. ◊ Pesantez. ◊ fig. Obesidad. ◊ fig. Terquedad o impertinencia propia del que es de suyo molesto y enfadoso. ◊ fig. Cargazón, exceso, duración desmedida. ◊ fig. Molestia, trabajo, fatiga.

PESADILLA f. Opresión del corazón y dificultad de respirar durante el sueño. ◊ Ensueño angustioso y tenaz. ◊ fig. Preocupación grave y continua.

PESADO, DA adj. Muy denso. ◊ fig. Obeso. ◊ fig. Hablando del sueño, intenso, profundo. ◊ fig. Cargado de humores, vapores o cosa semejante. ◊ fig. Molesto, enfadoso, impertinente. ◊ fig. Duro, áspero e insufrible. ◊ *Quím.* Dic. del agua de fórmula D_2O, en la que D es el deuterio (isótopo del hidrógeno, de masa atómica 2).

PESADO, *José Joaquín* (1801-1861) Literato y político mex. *Poesías.*

PESADUMBRE f. fig. Molestia o desazón. ◊ Motivo o causa del pesar.

PÉSAME m. Expresión del sentimiento que uno tiene por la pena o aflicción de otro.

PESAR m. Sentimiento o dolor interior que molesta y fatiga el ánimo. ◊ Dicho o hecho que causa sentimiento o disgusto. ◊ Arrepentimiento o dolor de una cosa mal hecha. ◊ intr. Tener gravedad o peso. ◊ Tener mucho peso. ◊ fig. Tener una cosa estimación o valor; ser digna de mucho aprecio. ◊ fig. Causar un hecho o dicho arrepentimiento o dolor. Se usa sólo en las terceras personas con los pron. *me, te, se,* le, etc. ◊ fig. Hacer fuerza en el ánimo la razón o el motivo de una cosa. ◊ Determinar el peso o la masa de un cuerpo. ◊ tr. Examinar con atención o considerar con

prudencia las razones de una cosa para hacer juicio de ella. ◊ **A p.** m. adv. No obstante. Pide la prep. *de* cuando la voz que inmediatamente le sigue no es un pron. posesivo. ❑ PESAJE; PESAROSO, SA.

PESARO C. de Italia, cap. de la prov. de Pesaro y Urbino; 90 500 hab. Centro comercial, industrial y de comunicaciones.

PESCA f. Oficio y arte de pescar. ◊ Lo que se pesca o se ha pescado. ◊ **de altura.** La que se efectúa en aguas relativamente cercanas al litoral. ◊ **de bajura.** La que se efectúa por pequeñas embarcaciones en las proximidades de la costa. ◊ **de gran altura.** La que se efectúa en aguas muy retiradas en cualquier lugar del océano. ❑ PESQUERO, RA.

PESCADILLA f. Cría de la merluza que no ha adquirido aún su desarrollo normal.

PESCADO m. Pez comestible sacado del agua por cualquiera de los procedimientos de pesca. ❑ PESCADERÍA; PESCADERO, RA.

PESCADORES, *Islas* (Penghugundao) Arch. de Taiwan; 127 km², 105 000 hab. Pesca y ganadería.

PESCANTE m. Pieza saliente sujeta a una pared, a un poste, etc., y que sirve para sostener alguna cosa. ◊ Brazo de una grúa. ◊ En los vehículos de tracción animal, asiento exterior desde donde el cochero gobierna las mulas o los caballos.

PESCAR tr. Sacar o tratar de sacar del agua peces y otros animales útiles al hombre. ◊ fig. y fam. Coger, agarrar o tomar cualquier cosa. ◊ fig. y fam. Coger a uno en las palabras o en los hechos, cuando no lo esperaba, o sin prevención. ❑ PESCADOR, RA.

PESCARA C. de Italia central, cap. de la prov. hom.; 131 500 hab. Puerto sobre el Adriático. Ind. química.

PESCOZÓN m. Golpe que se da con la mano en el pescuezo o en la cabeza.

PESCUEZO m. Parte del cuerpo animal desde la nuca hasta el tronco.

PESEBRE m. Especie de cajón donde comen las bestias.

PESETA f. Ant. unidad monetaria de España.

PESHAWAR C. de Pakistán, sit. cerca del paso de Khyber; 555 000 hab. Activo centro comercial.

PESIMISMO m. Tendencia a ver el plano negativo de acontecimientos, personas, etc. ❑ PESIMISTA.

PÉSIMO, MA adj. Sup. de malo. Sumamente malo, que no puede ser peor.

PESO m. *Fís.* Fuerza de atracción gravitatoria ejercida por un astro sobre un cuerpo. El p. es directamente proporcional a la masa y a la aceleración de la gravedad. Unidades de medida: pondio = 980 dinas = $9,8 \times 10^{-3}$ newtons. El de la pesa o conjunto de pesas que se necesitan para equilibrar en la balanza un cuerpo determinado. ◊ Pesa del reloj. ◊ Cosa pesada. ◊ *Dep.* El que arroja en la báscula cada boxeador antes del combate, y con arreglo al cual se le clasifica en una u otra categoría. ◊ Balanza u otro utensilio para pesar. ◊ Unidad monetaria de varios países de América y de Filipinas. ◊ fig. Entidad, sustancia e importancia de una cosa. ◊ fig. Fuerza y eficacia de las cosas no materiales. ◊ **andino.** Unidad de cuenta establecida por el Grupo Andino en 1984, de valor fijo e independiente del dólar. ◊ **atómico.** *Quím.* Relación entre la masa de un átomo y la de otro que se toma como unidad. En 1960 se convino en tomar como referencia el isótopo 12 del C. ◊ **bruto.** El total, tara incluida. ◊ **equivalente.** *Quím.* Fracción del p. atómico o molecular de un elemento o de un compuesto, respectivamente, que en una reacción determinada sirve como unidad o corresponde al p. de otra sustancia que se toma como unidad de medida para dicha reacción. ◊ **específico.** *Fís.* Cociente entre el peso de un cuerpo y el volumen que ocupa. ◊ **molecular.** *Quím.* Suma de los p. atómicos de todos los átomos que forman una molécula. ◊ **muerto.** *Mar.* Carga máxima de un barco mercante, que comprende, además del peso de la carga comercial, el de combustible, agua, víveres, dotación y pasaje. ◊ **neto.** El que resta del peso bruto, deducida la tara.

PESPUNTE m. Labor de costura, con puntadas unidas, que se hacen volviendo la aguja hacia atrás después de cada punto, para meter la hebra en el mismo sitio por donde pasó antes. ❑ PESPUNTAR; PESPUNTEAR.

PESQUISA f. Información o indagación que se hace de una cosa para averiguar la realidad de ella o sus circunstancias. ❑ PESQUISAR; PESQUISIDOR, RA.

PESSOA, *Epitácio da Silva* (1865-1942) Político bras. Presid. de la rep. (1919-1923). ◊ *Fernando* (1888-1935) Poeta modernista port., en lengua port. e ing. *Mensagem, Epithalamium.*

PEST ⇨ Budapest.

PESTALOZZI, *Johann Heinrich* (1746-1827) Pedagogo suizo. Precursor de la escuela activa. *Leonardo y Gertrudis.*

PESTAÑA f. Cada uno de los pelos que hay en los bordes de los párpados. ◊ Adorno angosto que se pone al canto de las telas o vestidos, que sobresale algo. ◊ Parte saliente y angosta en el borde de alguna cosa, en la orilla de un papel o una plancha de metal. ◊ **vibrátil.** *Biol.* Cilio.

PESTAÑEAR intr. Mover los párpados. ◊ fig. Tener vida. ❑ PESTAÑEO.

PESTE f. *Pat.* Enfermedad contagiosa endoepidémica, producida por el bacilo *Pasteurella pestis.* ◊ Mal olor. ◊ **aviar.**

Enfermedad contagiosa propia de las aves de corral, de curso rápido y elevada mortandad. ◊ **bovina.** Enfermedad infecciosa epidémica que ataca a los rumiantes. ◊ **porcina.** Enfermedad contagiosa que ataca a los cerdos jóvenes; cursa con trastornos nerviosos, respiratorios y digestivos. ❏ PESTÍFERO, RA; PESTILENTE.

❏ *Pat.* La p. se transmite al hombre a través de roedores y pulgas infectadas. Existen tres formas: *p. ganglionar* o *bubónica, p. pulmonar* y *p. cutánea.* Contra la p. se utilizan los sueros, las vacunas y la estreptomicina.

PESTICIDA m. Sustancia empleada para combatir los organismos que constituyen plagas.

PESTILLO m. Pasador con que se asegura una puerta, corriéndolo a modo de cerrojo. ◊ Pieza prismática que sale de la cerradura por la acción de la llave o a impulso de un muelle y entra en el cerradero.

PESUÑO m. Cada uno de los dedos, cubierto con su uña, de los animales ungulados.

PETACA f. Estuche para llevar cigarros o tabaco picado, o para llevar una botella pequeña y plana con licor.

PÉTAIN, *Philippe Omer* (1856-1951) Mariscal y político fr. Participó en la defensa de Verdún durante la I Guerra Mundial. En 1940 fue primer ministro y presid. del gobierno colaboracionista de Vichy. Tras la derrota al. (1945), fue procesado y confinado en Yeu.

PÉTALO m. *Bot.* Cada una de las hojas transformadas que forman la corola de la flor.

PETANCA f. Variedad del juego de bochas.

PETARDO m. *Mil.* Morterete que, afianzado en una plancha de bronce, se sujeta a una puerta después de cargado, y se le da fuego para hacerla saltar con la explosión. ◊ Hueso, cañuto o cosa semejante, que se llena de pólvora y se ataca y liga fuertemente para que, prendiéndole fuego, produzca una gran detonación. ❏ PETARDEAR; PETARDISTA.

PETARE C. de Venezuela, en el est. Miranda; 245 300 hab. En la conurbación de Caracas.

PETATE (voz náhuatl) m. Esterilla de palma, usada en los países cálidos para dormir sobre ella. ◊ Lío de la cama, y la ropa de cada marinero, soldado o penado. ◊ Saco de lona que en los viajes sirve a soldados y marineros para llevar sus efectos. ◊ fam. Equipaje de cualquier persona que va a bordo.

PETÉN Dpto. del N de Guatemala; 35 854 km², 295 169 hab. Cap., Flores. Comprende una extensa llanura accidentada por los montes Chiapas y los Mayas. Maíz, frijoles, tabaco, henequén. Explotación forestal. Sede del Viejo Imperio maya (templos de Tikal, Uaxactún, etc.).

PETÉN-ITZÁ Lago de Guatemala, en el dpto. de Petén; unos 99 km².

PETENERA f. Aire popular parecido a la malagueña.

PETEQUIA f. *Pat.* Mancha de color rojizo que se forma en la piel, y que no desaparece por la presión del dedo.

PETERBOROUGH C. de Gran Bretaña, en Inglaterra; 115 400 hab. Ind. automovilística.

PETICIÓN f. Cláusula u oración con que se pide. ◊ *Der.* Escrito que se presenta ante un juez, pedimento.

PETIMETRE, TRA m. y f. Persona que cuida demasiado de su compostura y de seguir las modas.

PÉTION, *Anne Alexandre Sabès,* llamado *Alexandre* (1770-1818) Militar y político haitiano. Proclamó la República de Haití, de la cual fue nombrado presid. vitalicio (1807-1818).

PETIRROJO m. Ave paseriforme cuyo nombre se debe al color rojizo de las plumas del pecho. Pequeño, de canto melodioso, vive en setos y jardines.

PETITORIO, RIA adj. Relativo a la petición o súplica. ◊ m. fam. Petición repetida o impertinente. ◊ *Farm.* Cuaderno impreso de los medicamentos simples y compuestos de los que debe haber surtido en las boticas. ◊ f. fam. Petición.

PETIZO, ZA adj. *Amér.* Pequeño, de poca altura. ◊ m. *Amér.* Caballo de poca alzada.

PETO m. Armadura del pecho. ◊ Parte opuesta a la pala y en el otro lado del ojo, que tienen algunas herramientas. ◊ Porción ventral del caparazón de las tortugas.

PETORCA Prov. del centro de Chile, en la región de Valparaíso; 4 728,9 km², 70 610 hab. Cap., La Ligua.

PETRA f. *Chile.* Planta con muchas ramas, hojas anchas y flores blancas, dispuestas en panículo.

PETRA (ár., *Selah,* «la roca») C. de Transjordania meridional. Fue cap. del reino nabateo.

PETRARCA, *Francesco* (1304-1374) Poeta y humanista it. *Secretum,* una de sus obras más imp., es un diálogo en tres partes. En el *Cancionero* canta su amor hacia Laura de Noves. *Los Triunfos* es una visión alegórica. Autor también de *Epistolae, África, De viris illustribus, De vita solitaria.*

PETREL m. Nombre común de distintas aves marinas palmípedas, que sólo acuden a tierra para reproducirse.

PETRIFICAR tr. y prnl. Transformar o convertir en piedra, o endurecer una cosa de modo que lo parezca. ◊ fig. Dejar a uno inmóvil de asombro, miedo, etc. ❏ PETRIFICACIÓN.

PETROGRADO Nombre de Leningrado entre 1914 y 1924.

PETROGRAFÍA f. *Geol.* Ciencia que estudia las rocas, especialmente en sus aspectos descriptivos y clasificatorios.

PETRÓLEO m. Líquido aceitoso, de color oscuro, olor característico, más ligero que el agua, constituido por una mezcla de hidrocarburos líquidos naturales, que se encuentra gralte. almacenado en rocas del interior de la corteza terrestre. ❏ PETROLEAR; PETROLÍFERO, RA.

❏ *Geol.* Su origen se atribuye a la transformación de restos de sustancias orgánicas. La formación de un yacimiento comprende las siguientes fases: 1) génesis de los hidrocarburos en el interior de las rocas madres; 2) migración primaria del p. originado en la fase anterior a las denominadas rocas de almacén; 3) dentro de la roca almacén, el p. puede sufrir una migración secundaria, hasta alcanzar las condiciones adecuadas para su acumulación en las denominadas trampas petrolíferas que impiden su dispersión.

PETRÓLEO

El petróleo es el resultado de la degradación bacteriológica de organismos acuáticos, vegetales y animales acumulados en capas sedimentarias. Se encuentra a menudo entre una capa de hidrocarburos gaseosos y una capa de agua salada más densa que él

antena de telecomunicación

cubierta de alojamiento

torre de perforación

grúa de carga

centro de control

plataforma para helicópteros

La explotación de yacimientos situados bajo el fondo del mar exige la instalación de plataformas petrolíferas

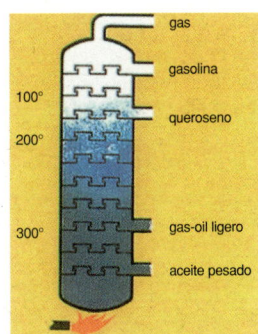

gas

gasolina

queroseno

gas-oil ligero

aceite pesado

100°

200°

300°

El petróleo crudo se destila para separarlo en fracciones de hidrocarburos de diferente peso molecular, que tienen distintos usos. Así mismo, y dada la mayor demanda de productos ligeros, los productos pesados se someten a procedimientos de disociación molecular (cracking)

PETROLERO m. Buque cisterna destinado al transporte de petróleo bruto o refinado.

PETRONILA (1136-1174) Reina de Aragón. Hija de Ramiro II el Monje, quien la casó (1150) con Ramón Berenguer IV, conde de Barcelona. Este enlace unió los reinos de Aragón y Cataluña.

PETRONIO, *Cayo* (m. hacia 65) Escritor latino. Su novela *Satiricón* es un interesante documento sobre la decadencia de la aristocracia rom.

PETROPAVLOVSK C. de Kazakistán; 226 000 hab. Ind. maderera.

PETROPAVLOVSK-KAMCHATSKI C. de Rusia, en el Extremo Oriente; 269 000 hab. Ind. conservera.

PETRÓPOLIS C. de Brasil, en el est. de Río de Janeiro; 241 900 hab. Ind. textiles y metalúrgicas.

PETROQUÍMICA f. Ind. que utiliza el petróleo o el gas natural como materias primas para la obtención de productos químicos.

PETTORUTI, *Emilio* (1894-1971) Pintor arg. Evolucionó del cubismo al futurismo abstracto.

PETULANCIA f. Insolencia, atrevimiento o descaro. ◊ Vana y ridícula pretensión. ❏ PETULANTE.

PETUNIA f. Planta ornamental, originaria de América, con tallo verdoso, hojas lanceoladas, flores con cáliz tubuloso y corola gralte. de color violeta.

PEUMO m. *Chile.* Árbol de hoja aovada y fruto rojizo, de pulpa comestible.

PEYNADO, *Jacinto Bienvenido* (1878-1940) Político dom. Presid. provisional tras el derrocamiento de Vázquez (1930).

PEYORATIVO, VA adj. Que empeora. Díc. pralm. de los conceptos morales.

PEYOTE m. *Méx.* Planta cactácea venenosa medicinal.

PEYROU, *Manuel* (1902-1974) Escritor arg. Novelas policíacas. *La noche repetida, Marea de fervor.*

PEZ f. Sustancia viscosa, negra o muy oscura, residuo de la destilación del alquitrán, brea, petróleo bruto, etc. ◊ Excremento de los niños recién nacidos. ◊ m. *Zool.* Animal vertebrado acuático, con respiración gralte. branquial y cuerpo recubierto de escamas. ◊ **cofre.** Pez que vive en los mares tropicales y del que se conocen numerosas especies, caracterizadas por un cuerpo recubierto por una coraza de pequeñas placas hexagonales. ◊ **de cuatro ojos.** Especie de agua dulce que vive en América tropical, y cuyos ojos poseen un doble sistema de lentes. ◊ **espada.** Pez que vive en alta mar, en las regiones templadas del Globo. Su cuerpo se caracteriza por la presencia de una aguda prolongación ósea en la mandíbula superior. ◊ **gato.** Pez cuyo nombre se debe a la posesión de largas barbillas filamentosas y muy sensibles junto a la boca. ◊ **martillo.** Pez que vive en los fondos marinos tropicales, cerca de las costas. Su cabeza se dilata en dos excrecencias que la asemejan a la de un martillo. ◊ **piloto.** Perciforme que presenta la costumbre de seguir o preceder en sus desplazamientos a los grandes p., cetáceos y navíos. ◊ **sierra.** Pez rayiforme, propio de los mares tropicales pero que se aventura a menudo en aguas más frías. Posee un largo apéndice provisto de dientes a ambos lados. ◊ **volador.**

Nombre de diversos p. caracterizados por el gran desarrollo de sus aletas pelvianas y torácicas, que les sirven para volar sobre el agua.

☐ *Zool.* El término engloba a cuatro clases de vertebrados: los agnatos, o vertebrados sin mandíbulas; los peces acorazados de la era primaria, y las dos grandes clases actuales, los de esqueleto óseo u osteíctios, y los de esqueleto cartilaginoso o condroíctios. El cuerpo de los p. suele estar recubierto de escamas. Las aletas forman los órganos más característicos de los p. y tienen función propulsora o estabilizadora. El aparato respiratorio es branquial. Las branquias están constituidas por conjuntos de laminillas muy vascularizadas, sostenidas por los arcos branquiales y comunicadas con la faringe y con el exterior. La regla general entre los p. es el oviparismo, pero no faltan especies vivíparas. La fecundación es gralte. externa. Los huevos poseen abundantes reservas de vitelo.

Petunia

PEZA, *Juan de Dios* (1852-1910) Poeta romántico mex. *Cantos del hogar.*

PEZET, *Juan Antonio* (1810-1879) Militar y político per. Presid. (1863-1865).

PEZÓN m. Ramita que sostiene la hoja, la inflorescencia o el fruto en las plantas. ◊ Eminencia cónica, eréctil, situada en el centro de la mama de las hembras y en la que desembocan los conductos galactóforos.

PEZUELA y Sánchez, *Joaquín de la* (1761-1830) Militar y administrador colonial esp. Virrey del Perú (1816), ante el avance revolucionario cedió su puesto al general La Serna (1821).

PEZUÑA f. Uña endurecida y engrosada en que terminan los dedos de los mamíferos ungulados y en la que se apoya el peso del cuerpo.

PFORZHEIM C. de Alemania, en el land de Baden-Württemberg; 104 000 hab.

pH *Quím.* Magnitud que expresa el grado de acidez (pH menor que 7) o de alcalinidad (pH mayor que 7) de una solución.

PHI f. Vigésima primera letra del alfabeto gr. (φ), que se pronuncia *fi.*

PHNOM PENH Cap. de Camboya; 400 000 hab. Puerto sobre el Mekong. Centro agrícola, comercial e industrial.

PHOENIX C. de EE UU, cap. del est.

de Arizona; 983 400 hab. (2 122 100 la agl. urb.). Ind. alimentaria, curtidos.

PI f. Decimosexta letra del alfabeto gr. (π), que corresponde a la que en cast. se llama *pe.* ◊ *Mat.* Núm. trascendente, de valor aproximado 3,1416, que representa la razón, constante, entre una circunferencia y su diámetro.

PI i Margall, *Francesc* (1824-1901) Político esp. Defensor del federalismo. Fue presid. de la I República (1873).

PIACENZA ⇨ Plasencia.

PIADOSO, SA adj. Benigno, blando, misericordioso, que se inclina a la piedad y conmiseración. ◊ Aplícase a las cosas que mueven a compasión o se originan de ella. ◊ Religioso, devoto.

PIAF, *Édith Giovanna Gassion,* llamada **Édith** (1915-1963) Cantante fr., de voz profunda y desgarrada. Popularizó *La vie en rose, Je ne regrette rien.*

PIAFAR intr. Alzar el caballo, ya una mano, ya otra, dejándolas caer con fuerza y rapidez casi en el mismo sitio de donde las levantó.

PIAGET, *Jean* (1896-1980) Psicólogo y pedagogo suizo. Estudió la evolución mental en el niño. *El lenguaje y el pensamiento en el niño, La psicología de la inteligencia.*

PIAMADRE f. *Anat.* La más interna de las tres membranas que constituyen las meninges.

PIAMONTE *(Piemonte)* Región de Italia, fronteriza con Francia y Suiza; 25 399 km², 4 302 600 hab. Cap., Turín. Relieve accidentado por el Mont Blanc (4 807 m). Vinos. Ind. automovilística, mecánica, química. Energía eléctrica.

PIAN (voz tupí o guaraní) m. Enfermedad contagiosa, propia de los países cálidos, caracterizada por la erupción de la cara, manos, pies y regiones genitales, de unas excreciones blancas o rojas, susceptibles de ulcerarse.

PIANO (voz it.) adv. modo. *Mús.* Con sonido suave y poco intenso.

PIANO m. Instrumento músico de teclado y cuerdas percutidas. Se compone de cuerdas metálicas, de diferente longitud y diámetro, que ordenadas de mayor a menor en una caja sonora, y heridas por macillos, producen sonidos claros y vibrantes. ◊ **de cola.** El que tiene la caja de resonancia en posición horizontal. ❏ PIANISTA; PIANÍSTICO, CA.

PIANOLA f. Piano que puede tocarse mecánicamente por pedales o por medio de corriente eléctrica. ◊ Aparato que se une al piano y sirve para ejecutar mecánicamente las piezas preparadas al objeto.

PIAPOCO adj. y s. Díc. del pueblo amerindio que vive junto al r. Guaviare, en Venezuela.

PIAR intr. Emitir algunas aves, y especialmente el pollo, cierto son de sonido o voz. ◊ fig. y fam. Llamar, clamar con anhelo, deseo o insistencia por una cosa. ❏ PIADA.

PIAR, *Manuel Carlos* (1782-1817) Patriota ven. Miembro de la Junta de Caracas, fue jefe del ejército patriota (1814). Tras las victorias de El Juncal y San Félix, se opuso a la dirección de Bolívar, pero fue ejecutado.

PIARA f. Manada de cerdos, y p. ext. la de yeguas, mulas, etc.

PIARDA adj. y s. Díc. del pueblo amerindio que vive junto al r. Orinoco.

PIASTRA f. Moneda de plata fraccionaria, de valor variable según los países que la usan.

PIAUÍ Est. del NE de Brasil; 251 273 km², 2 657 000 hab. Cap., Teresina; c. pral.: Parnaíba. Es una llanura baja en la que desemboca el Parnaíba. Algodón, caña de azúcar, tabaco, fríjoles, mandioca y sisal. Maderas.

PIAZZOLLA, *Ástor* (1921-1992) Compositor y músico arg. Ha enriquecido el tango con influencias del jazz. *Tres movimientos sinfónicos, Tango en fa.*

PIBE, BA m. y f. *Argent.* Pebete, muchacho, niño. ❏ PIBERÍO.

PICA f. Especie de lanza larga. ◊ Garrocha del picador de toros. ◊ Escoda con puntas piramidales en los canteros para labrar piedra no muy dura. ◊ Medida para profundidades, equivalente a 14 pies, o sea 3,89 m. ◊ Uno de los palos de la baraja francesa. Se usa más en pl.

PICABIA, *Francis* (1879-1953) Pintor fr., de origen esp. Con M. Duchamp, creó el dadaísmo. Evolucionó hacia la abstracción. *Máquinas irónicas, ¿Cuál es el título?, No quiero pintar más.*

Parada amorosa, óleo de F. **Picabia** (Colección particular, Chicago, EE UU)

PICACHO m. Punta aguda, a modo de pico, que tienen algunos montes y riscos.

PICADERO m. Lugar donde los picadores adiestran y trabajan los caballos, y las personas aprenden a montar. ◊ fig. y fam. Lugar que se destina a entrevistas amorosas.

PICADILLO m. Cierto gén. de guisado que se hace picando carne cruda con tocino, verduras y ajos. ◊ Lomo de cerdo, picado, que se adoba para hacer chorizos.

PICADO, DA adj. Aplícase a lo que está labrado con picaduras o sutiles agujerillos puestos en orden. ◊ *Amér.* Casi ebrio, calamocano. ◊ m. *Aer.* Movimiento del avión cuando empieza a descender, que puede ser más o menos acentuado según el ángulo que la línea de vuelo forme con el horizonte. ◊ *Amér.* Borracho. ◊ f. Picotazo.

PICADO Michalski, *Teodoro* (1900-1960) Político cost., conservador. Presid. (1944-1948). Originó una guerra civil al negarse a reconocer a Ulate como nuevo presid. electo.

PICADOR m. El que tiene el oficio de domar y adiestrar caballos. ◊ *Taur.* Torero de a caballo que pica con garrocha

a los toros. ◊ Tajo de cocina. ◊ *Min.* El que tiene por oficio arrancar el mineral por medio del pico u otro instrumento semejante.

PICADURA f. Pinchazo. ◊ Mordedura o punzada de un ave o un insecto o de ciertos reptiles. ◊ Tabaco picado para fumar. ◊ Principio de caries en la dentadura.

PICANA f. *Amér. Merid.* Aguijada, vara para aguijar a los bueyes. ◊ Porra electrificada. ◊ Tortura que se lleva a cabo con dicha porra. ❏ PICANEAR.

PICANTE adj. fig. Aplícase a lo dicho con cierta acrimonia o mordacidad, o a lo que expresa ideas o conceptos un tanto libres. ◊ m. Acerbidad o acrimonia que tienen algunas cosas, que avivan el sentido del gusto. ◊ *Amér.* Guiso aderezado con mucho pimiento.

PICAPEDRERO m. Cantero, el que labra las piedras.

PICAPLEITOS m. fam. Pleitista. ◊ fam. Abogado enredador y rutinario.

PICAPORTE m. Instrumento para cerrar de golpe las puertas y ventanas. ◊ Llave con que se abre el picaporte. ◊ Llamador, aldaba.

PICAR tr. Herir leve y superficialmente con instrumento punzante. ◊ *Taur.* Herir el picador al toro en el morrillo con la garrocha, procurando detenerlo cuando va a arremeter al caballo. ◊ Punzar o morder las aves, los insectos y ciertos reptiles. ◊ Cortar o dividir en trozos muy menudos. ◊ Tomar las aves la comida con el pico. ◊ Morder el pez el cebo puesto en el anzuelo para pescarlo; y p. ext., acudir alguien a un engaño o caer en él. ◊ tr. e intr. Causar o producir escozor o comezón en alguna parte del cuerpo. ◊ Enardecer el paladar ciertas cosas excitantes; como la pimienta, la guindilla, etc. ◊ tr. Espolear. ◊ En los transportes públicos, taladrar el revisor los billetes de los pasajeros con un sacabocados especial. ◊ Golpear con herramienta adecuada la superficie de las piedras para labrarlas, o la de las paredes para revocarlas. ◊ tr. e intr. fig. Mover, excitar o estimular. ◊ tr. fig. Enojar y provocar a otro con palabras o acciones. ◊ fig. Desazonar, inquietar, estimular. ◊ *Mús.* Hacer sonar una nota de manera muy clara, dejando un cortísimo silencio que la desligue de la siguiente. ◊ intr. Calentar mucho el sol. ◊ Tomar una ligera porción de uno o varios manjares. ◊ prnl. Agujerearse la ropa por la acción de la polilla. ◊ Agitarse la superficie del mar formando olas pequeñas a impulsos del viento. ◊ fig. Dejarse llevar de la vanidad creyendo poder ejecutar lo mismo o más que otro en cualquier línea. ◊ *Amér.* Emborracharse. ❏ PICAJOSO, SA; PICOTADA; PICOTAZO.

PICARDÍA f. Acción baja, ruindad, vileza, engaño o maldad. ◊ Bellaquería, astucia o disimulo. ◊ Travesura. ◊ Intención o acción deshonesta o impúdica. ◊ pl. Dichos injuriosos, denuestos.

PICARDÍA (*Picardie*) Región del N de Francia; 19 400 km², 1 810 700 hab. Cap., Amiens. Comprende los dptos. de Aisne, Oise y Somme. Constituida por una meseta avenada por el Somme y sus afl. Cereales, remolacha, forrajes. Ind. textil.

PICARESCO, CA adj. Relativo a los pícaros. ◊ *Lit.* Aplícase a las obras litera-

rias en que se pinta la vida de los pícaros, y a este género de literatura.

□ *Lit.* Como gén. literario se inicia en España en el s. XVI, cobrando gran auge en el Siglo de Oro. Las primeras grandes obras fueron el *Lazarillo de Tormes* (anónimo, 1544) y el *Guzmán de Alfarache*, de Mateo Alemán (1559-1604). La búsqueda de originalidad obligó a los autores post. a extender el área geográfica en que se mueve el protagonista (*La vida del Buscón, llamado don Pablos*, Quevedo, 1620).

PÍCARO, RA adj. Bajo, ruin, doloso, falto de honra y vergüenza. ◊ Astuto, taimado. ◊ adj. fig. Dañoso y malicioso en su línea. ◊ m. *Lit.* Tipo de persona descarada, traviesa, bufona y de mal vivir, representada en las obras de la literatura picaresca.

PICASSO, *Pablo Ruiz* (1881-1973) Pintor, escultor, grabador y ceramista esp. Su obra entre 1901 y 1904 constituye la denominada «época azul» (*Guitarrista ciego, Planchadora, Muchacha de la corneja*). En 1904 fijó su residencia en París y entró en la «época rosa»: *Los volatineros, Acróbata y joven equilibrista, Retrato de Gertrude Stein, Les demoiselles d'Avignon*. En 1909 inicia su etapa cubista (*La fábrica de Horta*). En los años 20 vuelve a un cierto realismo figurativo (*Dos mujeres que corren por la playa, Mujer sentada en la playa*). En 1937 pinta el *Guernica*. Post. se entrega a la litografía y a la cerámica, y expresa su concepción pacifista de la vida (*Paloma de la paz*). En su última época realiza interpretaciones de pintores del pasado (serie de *Las meninas*).

PICATOSTE m. Rebanadilla de pan tostada con manteca o frita.

PICAZÓN f. Desazón y molestia que causa una cosa que pica en alguna parte del cuerpo. ◊ fig. Enojo, desabrimiento o disgusto.

PICCARD, *Auguste* (1884-1962) Físico suizo. Realizó dos ascensiones a la estratosfera, llegando a 15 781 y a 16 000 m de alt. También efectuó inmersiones en el batiscafo de su invención, alcanzando 3 150 m.

PICCINNI, *Niccolò* (1728-1800) Compositor it. de óperas. *Rolando, Atys, Ifigenia en Táuride.*

PICEA f. Árbol parecido al abeto común, con hojas puntiagudas y piñas delgadas y colgantes.

Pablo Ruiz **Picasso**

PICHA f. fam. Pene, miembro viril.

PICHE m. *Amér. Centr.* Ave parecida al gorrión, abundante en ríos y lagunas.

PICHI m. Vestido femenino sin mangas y escotado, cuya parte superior es, a veces, un peto con tirantes.

PICHI m. *Argent. y Chile.* Pipí, orina.

PICHICATO adj. *Amér.* Cicatero.

PICHICHIO m. *Amér. Centr.* Planta de frutos venenosos, usados para matar cucarachas.

PICHINCHA Macizo volcánico de Ecuador (prov. de Pichincha), sit. en la cordillera Occidental de los Andes. Comprende el Guagua Pichincha (4 783 m) y el Rucu Pichincha.

PICHINCHA Prov. del centro-N de Ecuador; 12 914 km²; 1 756 228 hab. Cap., Quito. Atravesada por los ramales Oriental y Occidental de los Andes: Cayambe (5 790 m), Antisana (5 704 m), Pichincha (4 794 m). Maíz, habas tubérculos. Ganadería bovina. Imp. centro industrial (textil, alimentaria, metalúrgica).

PICHOA f. *Chile.* Planta de raíz gruesa, hojas alternas, ovaladas y oblongas que terminan en umbelas.

PICHÓN, NA m. Pollo de la paloma. ◊ m. y f. fig. y fam. Nombre que suele darse a las personas en señal de cariño.

PICHULEAR intr. *Chile.* Engañar. ◊ *Argent. y Ur.* Hacer negocios de poca importancia.

PICKFORD, Mary (1893-1979) Seud. de *Gladys Mary Smith.* Actriz de cine norteam. *Cenicienta, Madame Butterfly, Papaíto piernas largas.*

PICK-UP (voz ing.) m. *El.* Aparato para convertir las oscilaciones acústicas, grabadas en un disco fonográfico, en variaciones de tensión y de corriente en un circuito eléctrico, mediante una aguja que entra en vibración al recorrer el surco del disco, y hace variar el flujo inducido en una bobina.

PICNIC (voz ing.) m. Comida campestre.

PÍCNICO, CA adj. y s. *Med.* Díc. del tipo morfológico caracterizado por el predominio de las formas redondas. Los p. tienen tendencia a la obesidad, a la ciclotimia y a la psicosis maniaco-depresiva.

PICNÓMETRO m. Aparato para determinar la densidad de cuerpos líquidos y sólidos.

PICO- Pref. que indica la billonésima parte de una unidad (10⁻¹²).

PICO m. *Zool.* Órgano sit. junto a la boca de ciertos animales y que se encarga de la prensión del alimento. ◊ Parte puntiaguda que sobresale en la superficie o en el borde de alguna cosa. ◊ Herramienta de cantero, con dos puntas opuestas aguzadas, y provista de un mango largo de madera. ◊ Instrumento formado por una barra de hierro o acero, encorvada, aguda por un extremo y con un ojo en el otro para enastarla en un mango de madera. Usado para cavar, remover piedras, etc. ◊ Punta acanalada que tienen en el borde algunas vasijas, para que se vierta con facilidad el líquido que contengan, y en los candiles y velones, para que la mecha no arda más de lo necesario. ◊ Cúspide aguda de una montaña. ◊ Montaña de cumbre puntiaguda. ◊ Parte pequeña en que una cantidad excede a un núm. redondo. ◊

Giovanni **Pico della Mirandola**

fig. y fam. Elocuencia, facilidad de expresión. ◊ Órgano chupador de los hemípteros, que consiste en un tubo que contiene cuatro cerdas largas y punzantes. ◊ Pájaro carpintero. ◊ **de oro.** fig. Persona que habla bien.

PICO Isla volcánica de las Azores; 433 km², 33 000 hab. Ganadería y viñedos.

PICO della Mirandola, *Giovanni* (1463-1494) Filósofo it. Concibió al hombre como suprema realidad de la naturaleza. *Conclusiones philosophicae, cabalisticae et theologicae.*

PICOGORDO m. Ave paseriforme de pico robusto, con el que parte semillas y granos, que vive en los bosques mixtos y matorrales de Europa.

PICÓN Salas, *Mariano* (1901-1965) Escritor ven., cultivador del ensayo y la novela. *De la conquista a la independencia, literatura venezolana.*

PICOR m. Escozor que resulta en el paladar por haber comido alguna cosa picante. ◊ Picazón, desazón que produce en el cuerpo algo que pica.

PICOTA f. Rollo o columna de piedra o de fábrica, que había a la entrada de algunos lugares, donde se exponían las cabezas de los ajusticiados, o los reos.

PICOTEAR tr. Golpear o herir las aves con el pico. ◊ Picar, comer de diversas cosas y en ligeras porciones. ◊ intr. fig. y fam. Hablar mucho y de cosas inútiles e insustanciales. ❑ PICOTEADO, DA; PICOTERO, RA.

PÍCRICO, *ácido* m. *Quím.* Compuesto orgánico, llamado también trinitrofenol, que cristaliza en hojuelas de color amarillo débil y cuya disolución acuosa es de color amarillo intenso. Funde a 122 °C y detona si se calienta rápidamente. Forma sales muy bien cristalizadas de color amarillo o rojo.

PICTO, TA adj. y s. Díc. de individuos de un ant. pueblo precelta instalado en Escocia hacia el año 1000 a. C.

PICTOGRAFÍA f. Escritura ideográfica que consiste en dibujar toscamente los objetos que han de explicarse con palabras. ❑ PICTOGRÁFICO, CA.

PICTOGRAMA m. Ideograma, signo de la escritura de figuras o símbolos.

PICTÓRICO, CA adj. Relativo a la pintura. ◊ Adecuado para ser representado en pintura.

PICUDO, DA adj. Que tiene pico.

PIDGIN-ENGLISH (voz ing.) m. Idioma mixto, de base ing., difundido por Extremo Oriente y Melanesia.

PIE m. Extremidad de cualquiera de los dos miembros inferiores del hombre, que sirve para sostener el cuerpo y andar. ◊ *Zool.* Extremo de los miembros locomotores de los animales, que se mantiene en contacto con el suelo. ◊ Base o parte en que se apoya alguna cosa. ◊ Tallo de la planta y tronco del árbol. ◊ Poso, hez, sedimento. ◊ Masa cilíndrica de uva ya pisada en el lagar y que se coloca debajo de la prensa para exprimirla y sacar el mosto. ◊ En las medias, calcetas o botas, parte que cubre el pie. ◊ Cada una de las partes, de dos, tres o más sílabas, de que se compone y con que se mide un verso en aquellas poesías que atienden a la cantidad. ◊ Palabra con que termina lo que dice un personaje en una representación dramática, cada vez que a otro le toca hablar. ◊ Medida de longitud usada en muchos países, aunque con varia dimensión. ◊ Parte final de un escrito, y espacio en blanco que queda en la parte inferior del papel, después de terminado. ◊ Nombre o título de una persona o corporación a la que se dirige un escrito y que se pone al pie de éste. ◊ Explicación o comentario breve que se pone debajo de un grabado. ◊ Parte opuesta en algunas cosas a la que es pral. en ellas, que llaman cabecera. Se usa más en pl. ◊ Ocasión o motivo de hacerse o decirse una cosa. ◊ *Chile.* Seña, parte del precio que se anticipa en una compra como prenda de seguridad. ◊ Cada una de las partes inferiores de un mueble, que lo sustentan. ◊ **ambulacral.** Ambulacro. ◊ **de imprenta.** Indicación, en una publicación, del impresor o editor, lugar y año de la impresión. ◊ **de rey.** Instrumento con escala o patrón fijo rectilíneo, para medir grosores, diámetros, etc. ◊ **plano.** Defecto del p. debido a la escasa curvatura de su planta.

PIE negro (*Blackfoot*) adj. y s. Díc. de individuos de un pueblo indígena norteam. de la familia algonquina. Subsisten unos 9 000 individuos, en las reservas de Alberta (Canadá) y Montana. ◊ m. pl. Este mismo pueblo.

PIEDAD f. Virtud que inspira por el amor a Dios devoción a las cosas santas; y por el amor al prójimo, actos de abnegación y compasión. ◊ Amor entrañable que consagramos a los padres y a objetos venerados. ◊ Lástima, misericordia, conmiseración.

PIEDAD CABADAS, *La* o LA PIEDAD C. de México, en el est. de Michoacán; 52 400 hab. Centro agropecuario.

PIEDEMONTE m. *Geol.* Área de acumulación suavemente inclinada al pie de un macizo.

PIEDRA f. Sustancia mineral, más o menos dura y compacta, que constituye las rocas. ◊ Cálculo urinario. ◊ Granizo grueso. ◊ Muela de molino. ◊ **angular.** La que en los edificios hace esquina, juntando y sosteniendo dos paredes. ◊ fig. Base o fundamento pral. de una cosa. ◊ **de afilar,** o **de amolar.** Asperón. ◊ **de escándalo.** fig. Origen o motivo de escándalo. ◊ **de moler.** *Amér. Centr.* Piedra plana donde se muele el maíz. ◊ **de toque.** Jaspe granoso, generalmente negro, que emplean los plateros para toque. ◊ fig. Lo que conduce al conocimiento de la bondad o malicia de una cosa. ◊ **filosofal.** La materia con que los alquimistas pretendían hacer oro artificialmente. ◊ **fina.** Piedra preciosa. ◊ **imán.** Magnetita, mineral de hierro. ◊ **pómez.** Vidrio volcánico muy poroso y ligero debido a la liberación de los gases que contenía la lava de la que procede. Se usa para pulimentar, en construcción y para la fabricación de papel. ◊ **preciosa.** *Miner.* La fina, dura, rara, transparente o translúcida, y que, tallada, se emplea en adornos de lujo.

PIEDRAS, Las C. de Uruguay, en el dpto. de Canelones, en la llanura del Río de la Plata; 54 000 hab. Ind. agropecuaria. Cría del ñandú.

PIEDRAS NEGRAS C. de México, en el est. de Coahuila; 46 700 hab. Centro minero (hierro y carbón) e industrial.

PIEL f. *Anat.* Revestimiento externo del cuerpo humano y de algunos animales. Consta de dos capas: la dermis, en la que terminan los vasos y nervios y que contiene las glándulas sudoríparas y sebáceas, y la epidermis, recubierta externamente por una capa córnea protectora. ◊ Cuero curtido. ◊ *Bot.* Epicarpio de ciertos frutos. ◊ **roja.** Nombre dado por los europeos a los indígenas de América del Norte.

PIÉLAGO m. Parte del mar, que dista mucho de la tierra. ◊ fig. Lo que por su abundancia y copia es dificultoso de enumerar y contar.

PIELITIS f. *Pat.* Inflamación de la pelvis renal.

PIENSO m. Alimento seco que se da al ganado. ◊ En general, alimento para el ganado.

PIERCE, Franklin (1804-1869) Político norteam. Presid. de EE UU (1853-1857). Firmó el compromiso de Kansas-Nebraska, por el que cada est. podía mantener o abolir la esclavitud.

PIERNA f. En el hombre, parte de la extremidad inferior comprendida entre la rodilla y el pie. ◊ P. ext., toda la extremidad inferior. ◊ Muslo de los cuadrúpedos y aves. ◊ Trazo de la escritura de algunas letras, como la *M* y la *N*, que va de arriba abajo.

PIERO della Francesca ⇒ Francesca.

PIERO di Cosimo, *Piero di Lorenzo,* llamado (1462-1521) Pintor florentino. *Prometeo, Venus, Marte y el Amor, El descubrimiento de la miel.*

PIÉROLA, Nicolás de (1839-1913) Político per. Se proclamó presid. (1879), pero hubo de exiliarse tras la derrota militar de 1881. La rev. de 1894 le llevó de nuevo a la presidencia (1895-1898).

PIERRE C. de EE UU, cap. del est. de Dakota del Sur; 12 900 hab.

PIERROT Personaje de las pantomimas francesas, adaptación del *Pedrolino* de la *commedia dell'arte* it.

PIETERMARITZBURG C. de la República Sudafricana, cap. de la prov. de Natal; 179 000 hab. Ind. mecánica, química y alimentaria.

PIETISMO m. Mov. religioso luterano al. del s. XVII. Sus fundadores, P. J. Spener y A. H. Francke, consideraban la piedad como pral. fin de la religión. ❑ PIETISTA.

PIEZA f. Pedazo o parte de una cosa. ◊ Moneda de metal. ◊ Alhaja, herramienta, utensilio o mueble trabajados con arte. ◊ Cada una de las partes que

suelen componer un artefacto. ◊ Porción de tejido que se fabrica de una vez. ◊ Cualquier sala o aposento de una casa. ◊ Animal de caza o pesca. ◊ Cada uno de los objetos que componen un conjunto; o cada unidad de ciertas cosas o productos que pertenecen a una misma especie. ◊ Obra dramática. ◊ Composición suelta de música vocal o instrumental.

PIEZOELECTRICIDAD f. *Fís.* Fenómeno que se presenta en muchos cristales y que consiste en producir una corriente eléctrica cuando se ejerce una presión sobre ellos. ❑ PIEZOELÉCTRICO, CA.

PIEZÓMETRO m. *Fís.* Instrumento para medir coeficientes de compresibilidad de sólidos, líquidos o gases.

PÍFANO m. Flautín de tono muy agudo, usado en las bandas militares. ◊ Persona que toca este instrumento.

PIFIA f. Golpe en falso que se da con el taco en la bola de billar o de trucos. ◊ fig. y fam. Error, descuido, paso o dicho desacertado. ◊ *Chile* y *Perú.* Burla, escarnio, rechifla.

PIFIAR intr. Hacer que se oiga demasiado el soplo del que toca la flauta travesera, que es un defecto muy notable. ◊ tr. Hacer una pifia.

PIGALLE, Jean Baptiste (1714-1785) Escultor fr. *El amor y la amistad, Mausoleo de Mauricio de Sajonia.*

PIGMALIÓN *Mit. gr.* Rey de Chipre. Afrodita hizo que se enamorase de una estatua de marfil que él había creado, y a la que convirtió en mujer (Galatea).

PIGMENTO m. Sustancia que posee color propio por reflexión de determinadas longitudes de onda del espectro visible. ❑ PIGMENTACIÓN; PIGMENTAR.

PIGMEO, A adj. y s. *Etn.* Díc. del individuo de un grupo racial diferenciado que se caracteriza por su pequeña estatura, inferior a 1,50 m, piel oscura y cabello lanoso y crespo. Los p. africanos habitan en Ruanda y Burundi, Zaire, Camerún y Gabón. Los p. asiáticos, o negritos, se hallan esparcidos por Filipinas, pen. de Malaca, islas Andamán (mincópies) e interior de Nueva Guinea. ◊ adj. y fig. Muy pequeño o insignificante.

PIGNORAR tr. Empeñar, dar en prenda. ◊ *Econ.* Constituir un elemento del activo en garantía real de un préstamo o de un crédito. ❑ PIGNORACIÓN.

PIJADA f. Pijotería.

PIJAMA m. Prenda para dormir, ligera y de tela lavable, compuesta de chaqueta o blusa y pantalón. En algunos países de América suele usarse como femenino.

PIJAO adj. y s. *Amér. Merid.* Díc. de un pueblo que vivió en el valle del Magdalena y que llegó hasta el valle del Cauca.

PIJE m. *Chile.* Cursi.

PIJO, JA adj. fam. Díc. de las personas cursis, especialmente si son jóvenes y con dinero. ◊ m. fam. Pene, miembro viril.

PIJOTERÍA f. Menudencia molesta; dicho o pretensión desagradable.

PILA f. Pieza grande de piedra o de otra materia, cóncava y profunda, donde cae o se echa el agua para varios usos. ◊ Montón, rimero o cúmulo que se hace poniendo una sobre otra las piezas de que consta una cosa. ◊ *Fís.* Generador de corriente eléctrica que uti-

liza la energía liberada en una reacción química. ◊ **atómica.** Reactor nuclear. ◊ **bautismal.** P. para administrar el sacramento del bautismo. ◊ **de Leclanché.** La constituida por un electrodo de cinc y otro de carbón rodeado de dióxido de manganeso, sumergidos en una disolución al 20 % de cloruro amónico.

PILAR m. Hito o mojón que se pone para señalar los caminos. ◊ Especie de pilastra, sin proporción fija entre su grueso y su alt., que se pone aislada en un edificio, o sirve para sostener otra fábrica o armazón cualquiera. ◊ tr. *Amér. Centr.* Descascar maíz, café, etc., en el pilón.

PILAR Pob. de Argentina, en la prov. de Buenos Aires; 71 400 hab. Ind. agropecuaria. ◊ C. de Paraguay, cap. del dpto. de Ñeembucú; 13 100 hab.

PILASTRA f. *Arq.* Elemento de sostén, de sección cuadrangular, que sobresale de una pared o muro.

PILATOS *Poncio* (s. I) Procurador rom. de Judea (26-36). Según el Evangelio, tuvo una actuación decisiva en el proceso y condena de Jesús.

PILCA f. *Amér. Merid.* Tapia hecha con piedras y barro.

PILCHA f. *Argent.* Cualquier prenda de vestir.

PILCHE m. *Perú.* Jícara o vasija de madera.

PILCOMAYO Río de América meridional, afl. del Paraguay; 1 100 km. Nace en Bolivia y desemboca en el r. Paraguay, cerca de Asunción.

PÍLDORA f. Bolita que se hace mezclando varios medicamentos con un excipiente para administrar por vía oral.

PILETA f. Pila pequeña que solía haber en las casas para tomar agua bendita. ◊ Pila de cocina o de lavar. ◊ Abrevadero. ◊ *Argent.* Piscina.

PILÍFERO, RA adj. Provisto de pelos.

PILLAJE m. Hurto, latrocinio, rapiña.

PILLAR tr. Hurtar, robar. ◊ Coger, agarrar o aprehender una cosa. ◊ Alcanzar a atropellar embistiendo. ◊ Sobrevenir a uno alguna cosa, cogerlo desprevenido, sorprenderlo. ◊ Coger, hallar o encontrar a uno en determinada situación, temple, etc.

PILLO, LLA adj. y s. fam. Díc. de la persona que consigue lo que quiere a base de pequeños engaños. ◊ adj. y m.

Pilar de la cripta del Mausoleo de San Víctor (Marsella, Francia)

fam. Pícaro, granuja. ◊ fam. Sagaz, astuto.

PILME m. *Chile.* Coleóptero de color negro, muy pequeño, perjudicial para las huertas.

PILNIAK, Boris Seud. de *Boris Andreievich Vogan* (1894-h. 1940) Escritor sov. *El año de la miseria, El árbol rojo, El Volga desemboca en el mar Caspio.*

PILÓN m. Receptáculo de piedra de las fuentes, que se usa como abrevadero, lavadero, etc. ◊ Especie de mortero de madera o de metal, para majar granos u otras cosas. ◊ Pesa movible que pende del brazo mayor del astil de la romana, y determina el peso de las cosas.

PÍLORO m. *Anat.* Orificio de comunicación entre el estómago y el duodeno, provisto de un esfínter.

PILORRIZA f. *Bot.* Órgano constituido por varias capas de células que protegen el ápice radical de las plantas superiores.

PILOSO, SA adj. Peludo.

PILOTAJE m. Ciencia y arte del piloto. ◊ Cierto derecho que pagan las embarcaciones por los servicios de los pilotos prácticos.

PILOTAR tr. Dirigir un buque, especialmente a la entrada o salida de puertos, barras, etc. ◊ Dirigir un automóvil, globo, avión, etc.

PILOTE m. Estaca que se hinca en tierra para consolidar los cimientos.

PILOTO adj. y m. Díc. de la lámpara que sirve para indicar el funcionamiento de un aparato eléctrico. ◊ Cada una de las luces de posición de un vehículo. ◊ m. Persona que gobierna y dirige un buque, un avión, un coche de carreras o un globo.

PILSEN ➩ Plzen.

PILSUDSKI, Józef (1867-1935) Político y militar pol. Fue provisionalmente jefe del Est. al concluir la I Guerra Mundial. En 1926 dio un golpe de Est. e impuso una dictadura conservadora.

PILTRAFA f. Parte de carne flaca, que casi no tiene más que el pellejo. ◊ pl. P. ext., residuos de viandas y desechos de otras cosas.

PIMA adj. y s. Díc. del pueblo mex. de la familia pima-cora que vive en el SO de EE UU y en el est. de Sonora, en México.

PIMENTERO m. Planta arbustiva con flores bracteadas y frutos en baya. Toda la planta tiene sabor picante y de ella se obtienen la pimienta negra y la pimienta blanca.

PIMENTÓN m. Polvo que se obtiene moliendo pimientos encarnados secos. ◊ En algunas partes, pimiento, fruto.

PIMIENTA f. Fruto del pimentero. Es una baya, rojiza, de unos 4 mm de diámetro, que cuando se seca adquiere un color pardo o negruzco. Es aromática, ardiente, de gusto picante, y muy usada para condimento. ◊ **blanca.** Aquella a que se le ha quitado la corteza y queda de color casi blanco. ◊ **negra.** Aquella que conserva la película o corteza.

PIMIENTO m. Planta herbácea anual con hojas ovales, flores blancas y frutos muy picantes en baya hueca. ◊ Pimentón, p. molido. ◊ **de cerecilla.** Guindilla. ◊ **de la India.** Planta originaria de América Meridional, semejante al p. común, de fruto redondeado en su ápice y de menor tamaño. ◊ **morrón.** Variedad de p. muy carnosa y algo dulce.

PIMPANTE adj. Rozagante, garboso.

PIMPINELA f. Nombre común a diversas especies de plantas herbáceas vivaces de tallos erguidos y flores terminales. ◊ **mayor.** Planta herbácea con hojas lampiñas y compuestas, flores agrupadas en espigas y frutos en aquenios protegidos por el receptáculo, muy endurecido. ◊ **menor.** Herbácea con tallo folioso, hojas compuestas, flores agrupadas en umbelas y raíces diuréticas.

PIMPLAR tr. y prnl. fam. Beber vino.

PIMPOLLO m. Pino nuevo. ◊ Árbol nuevo. ◊ Vástago o tallo nuevo de las plantas. ◊ Rosa por abrir. ◊ fig. y fam. Niño o niña, y también el joven o la joven que se distinguen por su belleza.

PIMPÓN m. Ping-pong.

PINACATE m. *Méx.* Escarabajo de color negruzco y hediondo que suele criarse en lugares húmedos.

PINACOTECA f. Galería o museo de pintura.

PINÁCULO m. Parte superior y más alta de un edificio o templo. ◊ fig. Parte más elevada de una ciencia o de otra cosa inmaterial.

PINAL, Silvia (n. 1931) Actriz cinematográfica mex. *Viridiana, El ángel exterminador.*

PINAR DEL RÍO Prov. de Cuba, en el extremo O de la isla; 10 860 km², 678 000 hab. Cap., la c. hom. Cultivos de azúcar, arroz, frutales. Cobre (Matahambre). Ind. tabaquera y azucarera. ◊ C. de Cuba, cap. de la prov. hom.; 136 300 hab. Ind. química. Manufacturas de tabaco.

PINCEL m. Instrumento con que el pintor asienta los colores en el lienzo. Se forma introduciendo en un cañón de pluma, madera o metal, los pelos de la cola de una ardilla, fuina, marta u otro animal, ajustándolos o puliéndolos. ◊ fig. Modo de pintar.

PINCELADA f. Trazo o golpe que el pintor da con el pincel. ◊ fig. Exp. compendiosa de una idea o de un rasgo muy caracterizado.

PINCHAR tr. y prnl. Picar, punzar o herir con una cosa aguda o punzante. ◊ tr. fig. Picar, estimular. ◊ Enojar. ◊ intr. Sufrir una rueda un pinchazo. Se emplea referido al ocupante u ocupantes de un vehículo automóvil.

PINCHAZO m. Punzadura o herida que se hace con instrumento o cosa que pincha. ◊ En un neumático, orificio por donde se produce pérdida de aire.

PINCHE com. Persona que presta servicios auxiliares en la cocina. ◊ m. *Argent.* Empleado de oficina.

PINCHITO m. Manjar en pequeñas porciones que suele tomarse ensartado en un palillo o pincho, gralte. como aperitivo.

PINCHO m. Aguijón o punta aguda de hierro u otra materia. ◊ Pinchito.

PÍNDARO (518-438 a. C.) El más imp. de los poetas líricos gr. Escribió himnos, peanes (cantos guerreros), ditirambos, trenos (cantos fúnebres) y sus famosos *Epinicios* u *Odas triunfales.*

PINDO Cordillera del NO de Grecia; se extiende desde el Epiro hasta la Tesalia. Alt. máx.: Smolikas (2 637 m).

PINEDA, Laureano (s. XIX) Político nic. Presid. de la rep. (1851-1853). ◊ **Mariana** (1804-1831) Heroína esp. Acusada de favorecer a los liberales, se le incautó una bandera con el lema «ley, libertad, igualdad», y fue ejecutada. ◊ **Duque, Roberto** (n. 1910) Compositor col. *Trío, Diez bagatelas.*

PINENO m. *Quím.* Hidrocarburo que se halla en la esencia de trementina. Se utiliza para la fabricación de lacas.

PINGAJO m. fam. Harapo o jirón que cuelga de alguna parte.

PINGAR intr. Pender, colgar. ◊ Gotear lo que está empapado en algún líquido. ◊ Brincar, saltar. ◊ tr. Inclinar.

PINGO m. fam. Pingajo. ◊ fam. Mujer despreciable. ◊ pl. fam. Vestidos de mujer cuando son de poco precio, aunque estén en buen uso o sean nuevos. ◊ vulg. *Argent.* Miembro viril. ◊ *Chile.* Caballo malo.

PINGOROTA f. La parte más alta de una cosa. ❑ PINGOROTUDO, DA.

PING-PONG m. Juego de tenis de mesa en el que se emplea una pequeña pelota de celuloide y paletas de madera.

PINGÜE adj. Craso, gordo, mantecoso. ◊ fig. Abundante, copioso, fértil.

PINGÜINO m. Ave de alas cortas, vientre blanco y dorso negro, extinguida en el s. XIX, semejante al actual pájaro bobo, el cual ha recibido el nombre incorrecto de p.

Juego del **ping-pong**

PINGULLO m. *Ecuad.* Flauta de 3 o 6 agujeros.

PINILLA Fábregas, *José Manuel* (1919-1979) Político y militar pan. Participó en el golpe de Est. que derrocó a Arias (1968). Presid. de la junta militar (1968-1970).

PINITO m. Cada uno de los primeros pasos que da el niño o el convaleciente. Se usa más en pl. y con el verbo *hacer.* ◊ pl. fig. Primeros pasos que se dan en un arte o ciencia.

PINNADO, DA adj. *Bot.* Díc. de la hoja compuesta de hojuelas insertas a uno y otro lado del peciolo, como las barbas de una pluma.

PINNÍPEDO adj. y m. *Zool.* Díc. de los mamíferos carnívoros, del que forman parte las especies adaptadas a la vida acuática (focas, morsas).

PINO, NA adj. Muy pendiente o muy derecho. ◊ m. *Bot.* Nombre común de las especies gimnospermas del gén. *Pinus.* Sus ramas son de dos tipos, unas largas y persistentes, y otras pequeñas y caedizas que agrupan hojas aciculares persistentes. Las flores, unisexuales, están agrupadas en amentos las masculinas y en estróbilos las femeninas. Fruto falso en cono o piña. ◊ Madera de los árboles de estas especies. ◊ **alerce.** Alerce. ◊ **araucaria, brasileño, misionero,** o **Paraná.** Planta arbórea originaria de Argentina y Brasil. ◊ **chileno.** Árbol de madera muy apreciada que produce piñones comestibles, originario de Chile y Argentina. ◊ *Amér. Merid.* PINEDO.

PIÑO y Rosas, *Joaquín del* (1727-1804) Administrador esp. Virrey del Río de la Plata (1801).

PINOCHET Ugarte, *Augusto* (n. 1915) Militar y político chil. En 1973 fue el pral. organizador del golpe que derribó al gobierno constitucional de S. Allende. Presidió la Junta Militar que asumió el poder. En 1974 fue nombrado jefe supremo del Est. En 1988 convocó un plebiscito que aprobó la celebración de elecciones en 1989, que su partido no logró ganar. En 1998 cesó como comandante en jefe del Ejército y fue designado senador vitalicio, pero durante una estancia en Londres, fue retenido a instancias de la justicia española. Tras un largo proceso de extradición, en 2000 regresó a Chile, donde siguieron los juicios. En 2002 un tribunal sobreseyó el caso, pero en 2003 se le abrió un nuevo proceso.

PINSAPO m. Planta arbórea de hojas aciculares, estróbilos con carpelos más cortos que las escamas protectoras, y piñas erguidas.

PINTA f. Mancha o señal pequeña en el plumaje, pelo o piel de los animales, y en la masa de los minerales. ◊ Adorno en forma de lunar o mota, con que se matiza alguna cosa. ◊ Gota de agua o de otro líquido. ◊ Medida cuya capacidad varía, según los países y a veces dentro de un país, según sea para líquidos o para áridos. ◊ *Argent.* Linaje, casta. ◊ fig. Señal o muestra exterior por donde se conoce la calidad buena o mala de las personas o cosas. ◊ m. Sinvergüenza.

PINTADO, DA adj. Naturalmente matizado de diversos colores. ◊ Pintojo. ◊ f. *Zool.* Ave galliforme afr. de cabeza calva. Su carne es comestible. ◊ Acción de pintar en las paredes letreros, gralte. de contenido político o social.

PINTALABIOS m. Barrita de pintura para los labios.

PINTAMONAS com. fig. y fam. Pintor de corta habilidad.

PINTANA, *La* C. de Chile, en el á. metr. de Santiago; 89 700 hab.

PINTAR tr. Representar o figurar un objeto en una superficie, con las líneas y los colores convenientes. ◊ Cubrir con un color la superficie de las cosas. ◊ fig. Describir o representar viva y animadamente personas o cosas por medio de la palabra. ◊ intr. y prnl. Mostrarse la pinta de las cartas cuando se talla. ◊ fig. y fam. Empezar a mostrarse la cantidad o la calidad buena o mala de una cosa. ◊ fig. En frases negativas o interrogativas que envuelven negación, importar, significar, valer. ◊ prnl. Darse colores y afeites en el rostro. ❑ PINTOR.

PINTARRAJEAR tr. y prnl. fam. Pintar excesivamente o sin gusto. ◊ prnl. Maquillarse el rostro o pintarse en exceso. ❑ PINTARRAJO.

PINTARROJA f. Pez de piel gris con manchitas oscuras. Recibe también el nombre de lija o pez lija, por la aspereza de su piel.

PINTER, *Harold* (n. 1930) Dramaturgo brit., heredero del «teatro del absurdo». *La habitación, El guardián, La fiesta del cumpleaños.*

PINTIPARAR tr. Asemejar, hacer parecida una cosa a otra. ◊ fam. Comparar excesivamente o sin gusto.

PINTO, *Aníbal* (1825-1884) Político chil. Elegido presid. como candidato de la Alianza liberal (1876-1881), declaró la guerra a Perú y Bolivia (guerra del Pacífico). ◊ *Francisco Antonio* (1785-1858) Político chil. Vicepresid. y presid. de la rep. tras la renuncia de Freire (1827-1829). ◊ *Balsemão, Francisco* (n. 1937) Político port. Primer ministro (1981-1983).

PINTORESCO, CA adj. Se aplica a las cosas que presentan un interés pictórico. ◊ fig. Díc. del lenguaje, estilo, etc., con que se pintan viva y animadamente las cosas. ◊ fig. Estrafalario, chocante, original. ❑ PINTORESQUISMO.

PINTURA f. Arte de pintar. ◊ Tabla, lámina o lienzo en que está pintada una cosa. ◊ La misma obra pintada. ◊ Color preparado para pintar. ◊ fig. Descripción o representación viva y animada de personas o cosas por medio de la palabra. ◊ **a la aguada.** Aguada, dibujo o pintura hecha con colores disueltos en agua. ◊ **al fresco.** La que se hace en paredes y techos con colores disueltos en agua de cal y extendidos sobre una capa de estuco fresco. ◊ **al óleo.** La hecha con colores deslídos en aceite secante. ◊ **al pastel.** La que se hace sobre papel con lápices blandos, pastosos y de colores variados. ◊ **al temple.** La hecha con colores preparados con líquidos glutinosos y calientes, como agua de cola. ◊ **rupestre.** La prehistórica que se encuentra en rocas o en cavernas.

PINTURERO, RA adj. y s. fam. Díc. de la persona que alardea ridícula o afectadamente de bien parecida, fina o elegante.

PINTURICCHIO, *Bernardino di Betto*, llamado *Il* (h. 1454-1513) Pintor it. Se dedicó a la pintura mural (habitaciones Borgia del Vaticano y Biblioteca Piccolomini) y al óleo (*Retrato de un muchacho*).

PÍNULA f. Tablilla metálica de los instrumentos topográficos y astronómicos,

Pinzón

que sirve para dirigir visuales por una abertura.

PIN-UP (voz ing.) f. Muchacha de gran atractivo sexual que posa como modelo fotográfico.

PINYIN m. Transcripción de los caracteres chinos al alfabeto latino, adoptada oficialmente desde 1958 en la Rep. Popular China.

PINZA f. Instrumento cuyos extremos se aproximan para sujetar alguna cosa. ◊ Último artejo de algunas patas de ciertos artrópodos, formado con dos piezas que pueden aproximarse entre sí. ◊ Pliegue de una tela terminado en punta.

PINZAR tr. e intr. Sujetar con pinzas. ◊ Plegar con algo muelle, con los dedos, etc., a manera de pinzas, una cosa.

PINZÓN m. Ave paseriforme de plumaje rojo oscuro en cara, pecho y abdomen, y pardo rojizo en el lomo.

PINZÓN, *Martín Alonso Yáñez* (1440-1493) Marino esp., colaborador de C. Colón. Fue capitán de la carabela *Pinta.* ◊ *Vicente Yáñez* (m. 1519) Navegante esp. Integró con su hermano Martín la primera expedición de Colón. Post. descubrió las desembocaduras del Amazonas y del Orinoco.

PIÑA f. Fruto del pino y otros árboles. Es de figura aovada y se compone de varias piezas leñosas, triangulares, colocadas en forma de escama a lo largo de un eje común, cada una con dos piñones y rara vez uno. ◊ Ananás. ◊ fig. Conjunto de personas o cosas unidas o agregadas estrechamente. ◊ *R. de la Plata.* Puñetazo, golpe. ◊ **de América,** o **americana.** Ananás.

PIÑATA f. Olla o cosa semejante, llena de dulces, que en algunas fiestas populares suele colgarse para que alguien, con los ojos vendados, procure romperla con un palo.

PIÑERA, *Virgilio* (1912-1979) Escritor cub. *El filántropo, Las furias.*

PIÑÓN m. Simiente del pino. ◊ Al-

Piñas de pino negro

Pío VI

mendra comestible de la semilla del pino piñonero. ◊ Rueda dentada pequeña, maciza, que gralte. engrana con otra mayor o con una cadena de transmisión.
PIÑONERO adj. Díc. del pino que da piñones comestibles.
PIÑUELA f. *Bot.* Gálbula del ciprés. ◊ *Ecuad.* Planta parecida al cacto, usada para cercar potreros o fincas rústicas.
PÍO, A adj. Devoto, inclinado a la piedad, dado al culto de la religión. ◊ Benigno, blando, misericordioso, compasivo. ◊ m. Voz que forma el pollo de cualquier ave.
PÍO IV (*Gian Angelo de Medici*, 1499-1565) Papa [1559-1565]. Reunió de nuevo el Concilio de Trento (1562-1563). ◊ **V** (*Antonio Ghislieri*, 1504-1572) Papa [1566-1572]. Publicó el *Catecismo romano* o *Catecismo del Concilio de Trento* y creó la Liga Santa que triunfó en Lepanto contra los turcos (1571). ◊ **VI** (*Giannangelo Braschi*, 1717-1799) Papa [1775-1799]. No pudo impedir que las tropas del Directorio ocuparan los Estados Pontificios. Hecho prisionero, murió en Francia. ◊ **VII** (*Gregorio Luigi Barnaba Chiaramonti*, 1742-1823) Papa [1800-1823]. Coronó a Napoleón, pero los Estados Pontificios fueron incorporados al Imperio. ◊ **IX** (*Giovanni Maria Mastai Ferretti*, 1792-1878) Papa [1846-1878]. Convocó el Vaticano I. Al ocupar Roma Víctor Manuel II, se declaró prisionero en El Vaticano. ◊ **X** (*Giuseppe Melchiorre Sarto*, 1835-1914) Papa [1903-1914]. Condenó el modernismo en la encíclica *Pascendi*. Promovió Acción Católica. ◊ **XI** (*Achille Ratti*, 1857-1939) Papa [1922-1939]. Firmó con Mussolini los acuerdos de Letrán. Reformó la liturgia y creó Radio Vaticano. Condenó los excesos del nazismo y del comunismo. ◊ **XII** (*Eugenio Pacelli*, 1876-1958) Papa [1939-1958]. Inició algunas reformas. Definió el dogma de la Asunción de María. Firmó concordatos con España y Portugal.
PIÓGENO, NA adj. y m. Díc. de los gérmenes patógenos infecciosos capaces de producir pus.
PIOJO m. Insecto malófago de color pardo, cuerpo ovalado y chato, seis patas de dos artejos y boca con tubo que sirve para chupar. Vive parásito sobre los mamíferos. ❏ PIOJOSO, SA.
PIOLA f. Cuerda delgada, cordel.

PIOLET m. Especie de pico de mango corto, que se utiliza en alpinismo.
PIOLÍN m. *Amér.* Cordel delgado.
PIONEER Serie de pequeñas sondas espaciales interplanetarias lanzadas por EE UU.
PIONERO, RA m. y f. Persona que inicia la exploración de nuevas tierras. ◊ El que da los primeros pasos en alguna actividad humana.
PIORREA f. Derrame de pus. ◊ **alveolar.** Inflamación purulenta del periostio, que recubre los alveolos dentarios.
PIPA f. Tonel para transportar o guardar vino o licores. ◊ Utensilio para fumar, consistente en una cazoleta en que se coloca el tabaco, y una caña provista de una boquilla por la que se aspira el humo. ◊ Lengüeta de las chirimías, por donde se echa el aire. ◊ Pepita de fruta. ◊ Simiente de girasol. ◊ Anfibio anuro que vive en Venezuela y las Guayanas. Su rasgo más peculiar es la incubación de los huevos, que son colocados por el macho en la espalda de la hembra, donde quedan alojados en unas depresiones que pronto se obturan. ◊ *Amér. Centr.* Barriga.
PIPELINE (voz ing.) m. Oleoducto.
PIPERMÍN o **PIPERMINT** m. Licor de menta.
PIPETA f. Tubo de vidrio terminado en punta por un extremo, que sirve para trasvasar y medir pequeños volúmenes de líquidos.
PIPÍ m. En lenguaje infantil, orina, y también, pene.
PIPIL (voz náhuatl) adj. y s. Díc. de un pueblo que vive en Guatemala, Honduras y El Salvador. ◊ Dialecto nahua hablado por dicho pueblo.
PIPIOLO m. fam. Principiante, novato o inexperto. ◊ fam. Persona muy joven. ◊ Nombre dado a un grupo político chil. de carácter liberal y democrático, constituido en 1823.
PIPIRIGALLO m. Planta herbácea vivaz, forrajera, con tallos torcidos, hojas compuestas, flores encarnadas, olorosas y fruto de una sola semilla.
PIPÓN, NA adj. *Amér.* Gordo.
PIPONCHO, CHA adj. *Col.* Satisfecho, harto.
PIQUE m. Resentimiento, desazón, o disgusto ocasionado de una disputa u otra cosa semejante. ◊ Empeño en hacer una cosa por amor propio o por rivalidad. ◊ *Argent.* Senda abierta en un bosque.

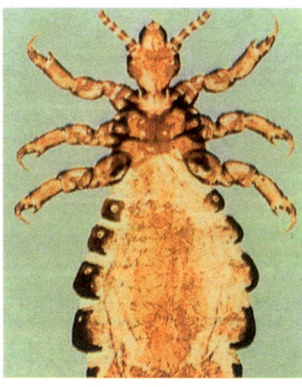

Microfotografía de un **piojo**

PIQUÉ m. Tela de algodón con diversos tipos de labor.
PIQUER, Concha, llamada **Conchita** (1908-1990) Tonadillera y actriz cinematográfica esp. *El negro que tenía el alma blanca.*
PIQUERA f. Agujero que se hace en las colmenas para que las abejas puedan entrar y salir. ◊ Agujero que tienen en uno de sus dos frentes los toneles y alambiques, para que abriéndolo pueda salir el líquido. ◊ *Cuba.* Parada de taxis.
PIQUETA f. Herramienta de albañilería, con mango de madera y dos bocas opuestas, una plana como de martillo, y otra aguzada como de pico.
PIQUETAZO m. *Amér.* Picotazo, pinchazo.
PIQUETE m. *Mil.* Grupo poco numeroso de soldados que se emplea en diferentes servicios extraordinarios. ◊ fig. y fam. Grupo de huelguistas que intentan convencer a los que trabajan de la conveniencia de unirse a la huelga.
PIQUILLÍN m. *Argent.* Árbol de cuya fruta se hace arrope y aguardiente.
PIQUITUERTO m. Ave paseriforme de mandíbulas encorvadas, con las cuales saca los piñones de las piñas y los parte.
PIRA f. Hoguera en que ant. se quemaban los cuerpos de los difuntos y las víctimas de los sacrificios. ◊ fig. Hoguera.
PIRACICABA C. de Brasil, en el est de São Paulo; 175 600 hab. Elaboración de azúcar y vinos.
PIRAGUA f. Embarcación larga y estrecha, algo mayor que la canoa, construida ahuecando un tronco de árbol. ◊ Embarcación muy ligera que se usa en los ríos y en algunas playas. Se realizan con ella competiciones deportivas. ◊ *Amér. Merid.* Planta trepadora con tallos escamosos, hojas grandes, lanceoladas y flores en espiga, envueltas por una espata de color amarillento. ❏ PIRAGÜERO.
PIRAGÜISMO m. Deporte consistente en navegar con piragua, canoa o kayak.
PIRAMIDAL adj. De figura de pirámide. ◊ *Anat.* Díc. de cada uno de los músculos pares, sit. el uno en la parte anterior e inferior del vientre, y el otro en la posterior de la pelvis y superior del muslo.
PIRÁMIDE f. *Anat.* Formación anatómica de configuración semejante a una pirámide. ◊ *Arq.* Monumento arquitectónico definido por su forma geométrica. ◊ *P. ant.*, ciertas tumbas que construyeron los ant. egipcios y también ciertos templos que levantaron diversos pueblos americanos. ◊ *Geom.* Sólido que tiene por base un polígono y cuyas caras son triángulos que se unen en un punto llamado vértice y forman un ángulo poliedro. El volumen de una p. es un tercio del volumen del prisma de iguales base y altura, es decir, un tercio del área de la base por la altura. ◊ **regular.** *Geom.* La que tiene por base un polígono regular y por caras triángulos isósceles iguales. ◊ **truncada.** Tronco de pirámide. ❏ PIRAMIDADO, DA.
PIRANDELLO, Luigi (1867-1936) Escritor it. Entre sus obras: las novelas *El difunto Matías Pascal* y *Uno, ninguno y*

cien; y los dramas, *Seis personajes en busca de autor* y *Enrique IV*. Premio Nobel de Literatura en 1934.

PIRAÑA f. Pez osteíctio muy voraz y exclusivamente carnívoro. Habita en la América tropical.

PIRARGIRITA f. Mineral que es una importante mena de plata.

PIRARSE prnl. fam. Fugarse, irse.

PIRATA m. y f. Persona que comete actos de piratería. ◊ fig. Persona que se aprovecha del trabajo de otros o se apropia de las obras ajenas. ❏ PIRÁTICO, CA.

PIRATERÍA f. Actos de violencia o depredación cometidos sobre buques a los que se sorprende en alta mar. ◊ fig. Robo o destrucción de los bienes de otro. ◊ **aérea.** Secuestro de un avión.

PIRCA f. *Amér. Merid.* Pared de piedra en seco. ❏ PIRCAR.

PIRENAICO, CA adj. y s. De los montes Pirineos o que habita en ellos.

PIREO, El (*Peiraieus*) C. de Grecia, puerto de Atenas. Centro industrial y comercial que forma parte de la Gran Atenas.

PIRÉTICO, CA adj. Febril.

PIREXIA f. *Med.* Fiebre esencial no sintomática.

PIRGÜIN m. *Chile.* Especie de sanguijuela de una pulgada de largo. ◊ Enfermedad causada por este parásito.

PIRIDINA f. *Quím.* Líquido incoloro, de olor penetrante y desagradable, que hierve a 115,5 °C y es miscible con el agua. Es un excelente disolvente de sustancias orgánicas.

PIRINEOS o **PIRINEO** (cat., *Pirineu*; fr. *Pyrénées*) Cordillera de la pen. Ibérica que se extiende entre el Cantábrico y el Mediterráneo, formando frontera entre España y Francia. En el P. axial aparecen los puntos más elevados (Maladeta, 3 308 m; Aneto, 3 404 m; Posets, 3 375 m). ◊ **Paz de los P.** Tratado entre España y Francia, firmado en 1659, por el que se daba fin al enfrentamiento iniciado en 1635. España perdía el Rosellón, el Conflent y parte de la Cerdaña y algunas c. de Flandes, Hainaut y Luxemburgo.

Pirineos. Vista del pico de Aneto

PIRITA f. *Miner.* Mineral brillante, de color amarillo oro, y tan duro que da chispas con el eslabón. Es un sulfuro de hierro. ❏ PIRITOSO, SA.

PIROCLÁSTICO, CA adj. Díc. de productos magmáticos proyectados en fragmentos bajo la acción explosiva de los gases.

PIROELECTRICIDAD f. *Fís.* Propiedad de algunos sólidos que presentan polaridad eléctrica al variar su temperatura.

PIROGALOL m. Fenotriol-1, 2 y 3. Sólido que cristaliza en agujas blancas y sirve como revelador en fotografía y en análisis de gases para fijar el oxígeno. ❏ PIROGÁLICO, CA.

PIROGRABADO m. Procedimiento para grabar o tallar la superficie de la madera por medio de un punzón incandescente.

PIRÓLISIS f. Transformación de un compuesto químico en una o más sustancias diferentes por medio, únicamente, de calor.

PIROLOGÍA f. Estudio del fuego y de sus aplicaciones.

PIROLUSITA f. Óxido de manganeso. Es un mineral de color gris oscuro a negro y brillo metálico, que constituye la mena más importante de manganeso.

PIROMANCIA f. Adivinación supersticiosa por el color, chasquido y disposición de la llama. ❏ PIROMÁNTICO, CA.

PIROMANÍA f. Tendencia patológica a la provocación de incendios. ❏ PIRÓMANO, NA.

PIRÓMETRO m. Instrumento para medir temperaturas elevadas.

PIROMORFITA f. Mineral de color verde, amarillo verdoso, pardo o incoloro. Es un fosfato de plomo clorado que cristaliza en el sistema hexagonal.

PIROPO m. Variedad de granate, de color rojo, muy apreciada como piedra fina. ◊ Rubí, carbúnculo. ◊ fam. Lisonja, requiebro, especialmente el dirigido a una mujer. ❏ PIROPEAR.

PIROSIS f. Sensación de ardor detrás del esternón producida por el paso del contenido gástrico al esófago, gralte. en decúbito o cuando se inclina el cuerpo hacia adelante.

PIROTECNIA f. Arte que trata de todo género de invenciones de fuego. ❏ PIROTÉCNICO, CA.

PIROXENO m. *Min.* Silicato ferromagnésico, de estructura fibrosa; como la broncita y la augita.

PIROXILINA f. Éster nítrico de la celulosa. Más conocido como nitrocelulosa o algodón pólvora.

PIROXILO m. Producto de la acción del ácido nítrico sobre una materia semejante a la celulosa, como madera, algodón, etc.

PIRRARSE prnl. fam. Desear con vehemencia una cosa. Sólo se usa con la preposición *por*.

PÍRRICO, CA adj. Díc. del triunfo o victoria obtenidos con más·daño del vencedor que del vencido.

PIRRIQUIO m. Pie de la poesía gr. y latina, compuesto de dos sílabas breves.

PIRRO II (h. 319-272 a. C.) Rey de Epiro [295-272 a. C.]. Emprendió una guerra contra Roma para auxiliar a la c. gr. de Tarento. Venció en Heraclea (280 a. C.) y Asculum (279 a. C.), pasando a Sicilia. La alianza de Roma y Cartago representó su derrota en Benevento.

PIRROL m. Sistema cíclico de fórmula general C_4H_5N, líquido incoloro, de olor a cloroformo. Sintetizado a partir del ácido succínico y glicocola, forma parte de las porfirinas.

PIRRÓN de Elis (h. 360-270 a. C.) Filósofo gr., considerado el fundador del escepticismo clásico. Proclamó la necesidad de suspender todo juicio a fin de conseguir un estado de indiferencia, verdadero objetivo moral del sabio.

PIRROTINA f. Sulfuro de hierro de color rosado y brillo metálico, que se utiliza para la obtención de azufre destinado a la fabricación de ácido sulfúrico.

PIRUETA f. Cabriola. ◊ Vuelta rápida que se hace dar al caballo, obligándole a alzarse de manos y a girar apoyado sobre los pies. ❏ PIRUETEAR.

PIRUJA f. Mujer joven, libre y desenvuelta. ◊ *Méx.* Prostituta.

PIRULÍ m. Caramelo, gralte. de forma cónica o cilíndrica, con un palito como mango.

PIS m. En lenguaje infantil, pipí, orina.

PISA f. Porción de aceituna o uva que se estruja de una vez en el molino o lagar.

PISA C. de Italia, en Toscana; 104 200 hab. Ind. textil, mecánica y fabricación de vidrio. Catedral, baptisterio y campanile (célebre torre inclinada) del s. XII.

Torre inclinada de **Pisa**

PISAC Localidad de Perú, en el dpto. de Cuzco. Ruinas de una ant. ciudad inca.

PISADA f. Huella o señal que deja estampada el pie en la tierra.

PISANELLO, *Antonio Pisano* llamado (h. 1395-h. 1455) Dibujante, pintor y medallista it. *San Jorge y la princesa, Lionello d'Este.*

PISANO, *Andrea* (1295-1349) Escultor y arquitecto it., autor de gran parte de la obra escultórica del campanile de Florencia. ◊ *Giovanni* (h. 1248-h. 1314) Escultor it. Desarrolló un estilo basado en la tradición toscana (catedral de Siena), y en las orientaciones del gótico fr. (púlpito de San Andrés de Pistoia).

PISAPAPELES m. Utensilio que se pone sobre los papeles para que no se muevan.

PISAR tr. Poner el pie sobre alguna cosa. ◊ Apretar o estrujar una cosa con los pies o a golpe de pisón o maza. ◊ fig. *Amér. Centr.* y *Méx.* Fornicar. ◊ fig. Hollar con los pies. ◊ fig. y fam. Anticiparse a otro con habilidad o audacia en el logro o disfrute de un objetivo determinado. ◊ Pisotear moralmente a uno, tratar mal, humillar. ◊ intr. *Argent.* Equivocarse. ❏ PISADOR, RA.

PISCATOR, Erwin (1893-1966) Director teatral al. En los años veinte puso en escena, en Berlín, obras en las que desarrolló una estética que desembocaría en el teatro épico de Brecht.

PISCICULTURA f. Arte de repoblar de peces los ríos y los estanques; de dirigir y fomentar la reproducción de los peces y mariscos. ❑ PISCÍCOLA; PISCICULTOR, RA.

PISCIFACTORÍA f. Establecimiento de piscicultura.

PISCIFORME adj. De forma de pez.

PISCINA f. Estanque que se suele hacer en los jardines para tener peces. ◊ Estanque donde pueden bañarse a la vez diversas personas.

PISCIS n. p. m. *Astr.* Duodécimo y último signo o parte del Zodiaco, que el Sol recorre aparentemente al terminar el invierno. ◊ *Astr.* Constelación zodiacal que se halla delante del mismo signo y un poco hacia el E.

PISCÍVORO, RA adj. y s. Que se alimenta de peces, ictiófago.

PISCO m. Aguardiente fabricado originalmente en Pisco (Perú).

PISCO C. de Perú, cap. de la prov. hom., en el dpto. de Inca; 53 400 hab. Centro comercial, de comunicaciones e industrial. Puerto pesquero y exportador.

PISCOLABIS m. fam. Ligera refacción que se toma entre dos comidas prales. ◊ *Amér.* Aguardiente que se toma como aperitivo.

PISHPEK (ant. *Frunze*) C. y cap. de Kirguisistán; 616 000 hab. Ind. alimentaria, del automóvil, de maquinaria agrícola.

PISÍSTRATO (h. 600-527 a. C.) Tirano de Atenas. Conquistó Salamina y en 561 a. C. se autonombró tirano.

PISO m. Nivel o alt. uniforme del suelo de las habitaciones de una casa. ◊ Pavimento natural o artificial de las habitaciones, calles, caminos, etc. ◊ Conjunto de habitaciones que constituyen vivienda independiente en una casa de varios altos. ◊ Cada una de las plantas de un edificio que consta de varias. ◊ Suela del zapato. ◊ *Geol.* Unidad cronoestratigráfica que corresponde a la sucesión de materiales depositados en un cierto lugar (localidad tipo del p.) durante una edad determinada. ◊ **de vegetación.** Tipo de vegetación propio de una zona, en relación con la alt. de ésta.

PISOLITA f. Sedimento calizo que se forma, en manantiales de agua caliente, en torno a un cuerpo de pequeñas dimensiones.

PISÓN m. Instrumento de madera pesado y grueso, de figura de cono truncado y con mango, que sirve para apretar la tierra, piedras, etc. ◊ *Amér.* Pisotón.

PISÓN, Cayo Calpurnio (m. 65) Político rom. Dirigió una conspiración contra Nerón. Se suicidó.

PISOTEAR tr. Pisar repetidamente, maltratando o ajando una cosa. ◊ fig. Humillar, maltratar de palabra a una o más personas. ❑ PISOTEO.

PISOTÓN m. Pisada fuerte sobre el pie de otro.

PISSARRO, Camille (1831-1903) Pintor fr., nacido en las Antillas. Impresionista, se inclinó hacia el puntillismo.

PISSIS Volcán de los Andes arg., sit. entre las prov. de La Rioja y Catamarca; 6 882 m de alt.

PISTA f. Huella o rastro que dejan los animales en la tierra por donde han pasado. ◊ Sitio dedicado a las carreras y demás ejercicios, en los picaderos, circos, velódromos e hipódromos. ◊ Camino, carretera. ◊ Calzada de hormigón muy resistente de los aeródromos. ◊ fig. Conjunto de indicios o señales que pueden conducir a la averiguación de algo.

PISTACHE m. Dulce o helado que se prepara con el fruto del pistachero.

PISTACHERO m. Alfóncigo, árbol.

PISTACHO m. Fruto del alfóncigo. ◊ Pistachero. ◊ *Méx.* Cacahuete.

PISTILO m. *Bot.* Órgano del gineceo de las flores femeninas o hermafroditas, constituido por la soldadura en recipiente de uno o más carpelos u hojas fértiles. Consta de tres partes diferenciadas: ovario, estilo y estigma.

PISTO m. Jugo que se saca de la carne de ave machacándola o prensándola. ◊ Fritada de pimientos, tomates, huevo, cebolla o de otros manjares, picados y revueltos. ◊ *Amér. Centr.* Dinero.

PISTOIA C. de Italia, cap. de la prov. hom.; 91 200 hab. Centro comercial e industrial.

PISTOLA f. Arma ligera de tiro tenso y de repetición, que utiliza la fuerza expansiva de los gases de cada disparo para abrir el cierre, expulsar la vaina, armar el sistema de percusión y comprimir el muelle recuperador. ❑ PISTOLERA; PISTOLERO.

PISTOLETAZO m. Disparo hecho con pistola. ◊ Ruido originado por el mismo. ◊ Herida o estrago producido.

PISTÓN m. Émbolo. ◊ Parte o pieza central de la cápsula, donde está colocado el fulminante. ◊ Llave en forma de émbolo que tienen diversos instrumentos musicales.

PISTONUDO, DA adj. vulgar. Muy bueno, superior, estupendo.

PITA f. Planta oriunda de México, con hojas o pencas radicales, carnosas, con espinas. De una de sus variedades se fabrica el pulque. ◊ Hilo que se hace de las hojas de esta planta. ◊ Voz que se usa repetida para llamar a las gallinas. ◊ Gallina. ◊ Silba.

PITADA f. Sonido o golpe de pito.

PITÁGORAS (ss. VI-V a. C.) Filósofo y matemático gr. Iniciador de la filoso-

fía idealista. Según P., los números constituyen la sustancia de las cosas, ya que cada cosa guarda una relación numérica que la distingue de las demás. ◊ **Teorema de P.** En todo triángulo rectángulo, la suma de las áreas de los cuadrados construidos sobre los catetos iguala al cuadrado construido sobre la hipotenusa.

PITAGORISMO m. *Fil.* Escuela de los seguidores de Pitágoras que se extiende hasta el s. IV.

PITANGA f. *Argent.* Árbol de hojas olorosas, fruto comestible y corteza astringente.

PITANZA f. Distribución que se hace diariamente de una cosa, ya sea comestible o pecuniaria. ◊ Ración de comida que se distribuye a los que viven en comunidad o a los pobres. ◊ fam. Alimento cotidiano. ◊ fam. *Amér.* Ganga.

PITAR intr. Tocar o sonar el pito. ◊ fig. y fam. Hablando de personas o cosas, dar el rendimiento que de ellas se esperaba. ◊ tr. Dar una pita a alguno, manifestar desagrado contra él pitándole o silbándole en una reunión o espectáculo público. ◊ *Amér. Merid.* Fumar cigarrillos.

PÍTEAS o **PYTHEAS** (s. IV a. C.) Navegante, geógrafo y astrónomo gr. Se cree que fue el primero en relacionar la Luna con las mareas. *Descripción del océano.*

PITECÁNTROPO o **PITHECANTHROPUS** m. *Antr.* Grupo de homínidos fósiles posteriores al australopiteco, que vivieron durante el pleistoceno medio. Los p. se caracterizan por una capacidad craneana alta. Sus yacimientos están sit. en Java, Borneo, China, Italia (Liguria) y Kenia.

PITESTI C. de Rumania, cap. del distr. de Arges; 149 700 hab. Centro comercial, industrial y de comunicaciones. Petróleo.

PÍTICO, CA adj. Relativo a Apolo, pitio. ◊ Díc. de certámenes artísticos y deportivos que se celebraban, en Delfos, en honor de Apolo Pitio.

PITIDO m. Silbido del pito o de los pájaros.

PITILLERA f. Petaca para guardar pitillos.

PITILLO m. Cigarrillo.

PITIMINÍ m. Variedad de rosal, y rosa menuda que produce.

PITIRIASIS f. Enfermedad cutánea, causada por un hongo y caracterizada por zonas de descamación fina y furfurácea.

PITO m. Flauta pequeña, como un sibato, de sonido agudo. ◊ *Zool.* Garrapata amarillenta, con una mancha encarnada en el dorso, común en las sabanas de América Meridional. Su picadura produce al hombre una comezón insoportable. ◊ Cigarrillo. ◊ fig. Cosa insignificante. ◊ fig. y fam. Pene.

PITÓN m. Cuerno que empieza a salir a los animales, como el cordero, cabrito, etc., y también la punta del cuerno de toro. ◊ Tubo cónico que arranca de la parte inferior del cuello en los botijos, pisteros y porrones, y sirve para moderar la salida del líquido. ◊ Renuevo del árbol cuando empieza a abotonar. ◊ adj. y m. *Zool.* Nombre de varias serpientes, sin dientes venenosos y que matan a sus presas por constricción.

Busto de **Pitágoras** (Museo Capitolino, Roma)

PITÓN *Mit. gr.* Serpiente de cien cabezas que custodiaba el santuario de la Madre Tierra, en Delfos.

PITONISA f. Sacerdotisa de Apolo, que daba los oráculos en el templo de Delfos. ◊ Encantadora, hechicera.

PITORREARSE prnl. Burlarse de otro. ❏ PITORREO.

PITORRO m. Pitón de los botijos.

PITOTE m. Confusión, barullo.

PITT, William, CONDE DE CHATHAM, llamado EL VIEJO (1708-1778) Político brit. Miembro del partido *whig.* Presidió el gabinete durante la guerra de los Siete Años. Entre 1766 y 1768 formó nuevo gobierno. ◊ **William,** llamado EL JOVEN (1759-1806) Político brit., hijo del anterior. Primer ministro en 1783. Tras su victoria en los comicios de 1784 reorganizó la administración.

PITTSBURGH C. de EE UU, en Pensilvania, a orillas del Ohio; 423 900 hab. (2 263 900 hab. la aglomeración urbana). Ind. siderúrgica. Dos universidades.

PITUITA f. *Anat.* Humor de las mucosas y especialmente de la nariz. ◊ Moco. ❏ PITUITARIO, RIA.

PITUSO, SA adj. y s. Pequeño, gracioso, lindo, refiriéndose a niños.

PIURA Dpto. de Perú, fronterizo con Ecuador; 36 403 km², 1 494 300 hab. Cap., la c. hom. Sit. a orillas del Pacífico, su terr. pertenece a la llanura costera, con el desierto de Sechura al S. En el sector oriental aparecen las estribaciones andinas (Cerro Viejo, 3 934 m). Cereales, patatas, algodón, caña de azúcar. Ganadería vacuna y caprina. Pesca. Petróleo. ◊ C. de Perú, cap. del dpto. hom.; 324 500 hab. Centro comercial y agrícola. Ind. del jabón, velas y cueros; desmotado de algodón. Fundada en 1532 por F. Pizarro.

PIVOT (voz ing.) com. En baloncesto, jugador cuya misión es situarse bajo los tableros, con el fin de capturar los rebotes que se produzcan. ◊ m. Pivote.

PIVOTE m. *Mec. apl.* Extremo inferior de un árbol vertical sobre el que gira el mismo apoyándose en un tejuelo. ◊ fig. Punto de apoyo. ❏ PIVOTAR.

PIXEL m. *Comp.* Elemento más pequeño de una pantalla al que se le puede dar intensidad y color.

PIXIDIO m. *Bot.* Fruto sincárpico en cápsula que consta de opérculo y urna.

PIZARNIK, Alejandra (1936-1974) Poetisa arg. *Árbol de Diana, Extracción de la piedra de la locura.*

PIZARRA f. Denominación genérica de diversos tipos de rocas metamórficas de grano fino, constituidas esencialmente por cuarzo, mica y clorita. ◊ Encerado o tablero sobre el que se puede escribir o dibujar con tiza. ❏ PIZARRAL; PIZARROSO, SA.

PIZARRÍN m. Barrita de lápiz o de pizarra que se usa para escribir o dibujar en las pizarras de piedra.

PIZARRO, Francisco (1478-1541) Conquistador esp. Tras el fracaso de su primer viaje al Perú, emprendió un segundo viaje (1526), en el que se dirigió hacia el S. En el tercer viaje (1531) fundó San Miguel de Piura (1532) y la c. de Lima, a la que llamó Ciudad de los Reyes (1535). Entró en Cajamarca y apresó a Atahualpa. La disputa con Almagro por la c. de Cuzco terminó con la ejecución de éste, y una conspiración

Pitón

almagrista acabó con la vida de P. ◊ **Gonzalo** (1502-1548) Conquistador esp., hermano del anterior. Participó en la campaña del Perú, fue gobernador de Quito y acaudilló una sublevación de los encomenderos. ◊ **Hernando** (1502-1578) Conquistador esp., hermano de los anteriores. Participó en la conquista del Perú y obtuvo la gobernación de Cuzco.

PIZARRÓN m. *Amér.* Pizarra, encerado.

PIZCA f. fam. Porción mínima o muy pequeña de una cosa.

PIZPIRETA adj. fam. Aplícase a la mujer viva, pronta y aguda.

PIZZA (voz it.) f. Plato típico de la cocina it. Es una especie de torta de masa de pan en la que se disponen diversas viandas, y que se cuece al horno. ❏ PIZZERÍA.

PIZZICATO (voz it.) adj. *Mús.* Se aplica al sonido que se obtiene en los instrumentos de arco pellizcando las cuerdas con los dedos.

PL/1 m. *Comp.* Lenguaje de programación de alto nivel que se creó como alternativa a los lenguajes Algol, Fortran y Cobol.

PLA, Josep (1897-1981) Escritor esp., autor de obras en cat. y en cast. Es notable su obra como narrador y paisajista literario. *El cuaderno gris, Homenots (Grandes tipos).*

PLACA f. Chapa o insignia del agente de policía. ◊ *Comp.* Soporte donde se montan los circuitos electrónicos. ◊ *Metal.* Cuerpo aplanado y rígido que puede tener un espesor apreciable, pero con predominio de las otras dos dimensiones. ◊ Lámina, plancha o película que se forma o está superpuesta

Pizarra

en un objeto. ◊ Electrodo de un tubo de vacío con potencial positivo respecto al cátodo. ◊ Vidrio cubierto en una de sus caras por una capa de sustancia alterable por la luz y en la que puede obtenerse una prueba negativa. ◊ *Argent.* Patente de automóviles y vehículos en general.

PLACEBO m. *Med.* Sustancia que, careciendo de acción terapéutica, produce efectos curativos en el enfermo, si éste la recibe convencido de su eficacia.

PLÁCEME m. Felicitación.

PLACENTA f. *Anat.* Órgano redondeado y aplastado, intermediario, durante la gestación, entre la madre y el feto. Una de sus caras se adhiere a la superficie interior del útero y de la otra nace el cordón umbilical. ◊ Borde del carpelo, en el que se insertan los óvulos. ❏ PLACENTARIO, RIA.

PLACENTACIÓN f. *Bot.* Disposición de la placenta o de las placentas en el ovario o en la hoja carpelar.

PLACENTERO, RA adj. Agradable, apacible, alegre.

PLACER m. Depósito sedimentario clástico, característico de ambientes fluviales y de playas. ◊ Arenal donde la corriente de las aguas depositó partículas de oro. ◊ *Amér.* Pesquería de perlas. ◊ Emoción agradable, ligada a la satisfacción de una tendencia. ◊ Voluntad, consentimiento, beneplácito. ◊ Diversión, entretenimiento. ◊ tr. Agradar o dar gusto.

PLACETAS Mun. de Cuba (prov. de Villa Clara); 74 800 hab. Ingenios azucareros.

PLÁCIDO, DA adj. Quieto, sosegado. ◊ Grato, apacible. ❏ PLACIDEZ.

PLAFÓN m. *Arq.* Plano inferior del saliente de una cornisa.

PLAGA f. Calamidad grande que aflige a un pueblo. ◊ Daño grave o enfermedad que sobreviene a una persona. ◊ Úlcera, llaga. ◊ fig. Cualquier infortunio, trabajo, pesar o contratiempo. ◊ fig. Abundancia de una cosa nociva.

PLAGAR tr. y prnl. Llenar o cubrir a alguna persona o cosa de algo nocivo o no conveniente.

PLAGIAR tr. fig. Copiar en lo sustancial obras ajenas, dándolas como propias. ◊ *Amér.* Apoderarse de una persona para obtener rescate por su libertad. ❏ PLAGIARIO, RIA; PLAGIO.

PLAGIOCLASA f. Mineral del grupo de las plagioclasas. ◊ pl. Grupo de minerales, de la familia feldespatos, constituido por mezclas isomorfas de albita y anortita.

PLAGUICIDA adj. y m. Díc. del agente que combate las plagas del campo.

PLAN m. Altitud o nivel. ◊ Intento, proyecto, estructura. ◊ Extracto o escrito en que por mayor se apunta una cosa. ◊ Conjunto de medidas tomadas a escala empresarial, nacional o regional, para conseguir determinados objetivos económicos o sociales. ◊ Representación gráfica de un terreno o de una construcción. ◊ fam. Actitud. ◊ **de estudios.** Conjunto de enseñanzas y prácticas que han de cursarse para cumplir un ciclo de estudios u obtener un título. ◊ **económico.** Exposición ordenada y sistemática de los objetivos económicos que se plantea un gobierno y de los medios para alcanzarlos. ◊ **quinquenal.** Instrumento económico sov. que tiene por finalidad la elaboración de programas económicos.

PLANA f. Cada una de las dos caras o haces de una hoja de papel. ◊ Porción extensa de país llano. ◊ Llana, herramienta. ◊ *Art. Gráf.* Conjunto de líneas ya ajustadas de que se compone cada página. ◊ **mayor.** *Mil.* Órgano de trabajo formado por jefes, oficiales y otros individuos, al servicio de una unidad básica.

PLANARIA f. Animal platelminto, acuático, de vida libre, con notable capacidad de regeneración.

PLANCHA f. Placa metálica obtenida a partir de la laminación de lingotes. ◊ Aparato eléctrico de hierro, liso y acerado por su cara inferior, que en la superior tiene un asa por donde se coge para planchar la ropa mediante el calor. ◊ Acción y efecto de planchar la ropa. ◊ Placa de metal que se usa para asar determinados alimentos. ◊ fig. y fam. Desacierto o error por el cual la persona que lo comete queda en situación desairada o ridícula. ◊ *Art. Gráf.* Reproducción estereotípica o galvanoplástica preparada para la impresión.

PLANCHAR tr. Pasar la plancha caliente sobre la ropa blanca algo húmeda o sobre otras prendas, para estirarlas, asentarlas o darles brillo. Quitar las arrugas a la ropa por procedimientos mecánicos. ❑ PLANCHADO, DA; PLANCHADOR, RA.

PLANCK, _Max_ (1858-1947) Físico alemán. Realizó estudios y trabajos sobre termodinámica, radiación del cuerpo negro, electricidad y mecánica, y es el autor de la teoría de los cuantos. Premio Nobel en 1918.

PLANCTON m. *Biol.* Conjunto de organismos de pequeño tamaño que viven suspendidos en el agua marina, en los ríos y en los lagos. Según su pertenencia al reino vegetal o animal, se distingue entre fitoplancton y zooplancton.

PLANEADOR m. Aeroplano dotado de alas fijas y que carece de motor.

PLANEAR tr. Trazar o formar el plan de una obra. ◊ Hacer planes o proyectos. ◊ intr. Descender un avión en planeo. ❑ PLANEAMIENTO; PLANEO.

PLANETA m. *Astr.* Cada uno de los nueve cuerpos mayores que giran en torno al Sol. Con respecto a la Tierra, los p. del sistema solar se clasifican en:

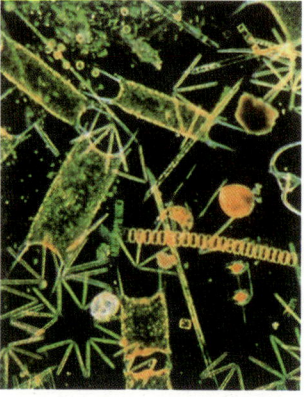

Plancton marino visto al microscopio

Eduardo III de Inglaterra (s. XIV), monarca de la dinastía de los **Plantagenet**

---

a) interiores, Mercurio y Venus; y *b)* exteriores, Marte, Júpiter, Saturno, Urano, Neptuno y Plutón. ◊ Cuerpo mayor que gira alrededor de una estrella. ◊ **secundario.** Satélite. ❑ PLANETARIO, RIA.

PLANETARIO m. Reproducción del movimiento de planetas y estrellas, por proyección de un foco luminoso sobre una bóveda a imagen de la celeste.

PLANETOIDE m. Asteroide.

PLANICIE f. Llanura, terreno sin altos ni bajos.

PLANIFICAR tr. Trazar los planos para la ejecución de una obra. ◊ Hacer plan o proyecto de una acción. ◊ Someter a planificación. ❑ PLANIFICACIÓN.

PLANILLA f. *Amér. Centr.* Cuenta, lista o nómina.

PLANIMETRÍA f. Parte de la topografía que enseña a representar una porción de la superficie terrestre en un plano.

PLANÍMETRO m. Instrumento para medir áreas de figuras planas.

PLANISFERIO m. Carta en que la esfera celeste o la esfera terrestre están representadas en un plano.

PLANNING (voz ing.) m. Plan de trabajo industrial que consiste en la previsión, comprobación y regulación del tiempo invertido en las distintas operaciones que comprende la fabricación de una cosa.

PLANO, NA adj. Llano, liso, sin estorbos ni tropiezos. ◊ *Mat.* Superficie determinada por tres puntos no alineados. ◊ Representación a escala en la que aparecen indicados todos los detalles de edificios, cultivos, límites de propiedades, etc. ◊ *Cin.* Fragmento de una película que corresponde a una sola toma de vista. ◊ **de incidencia.** *Ópt.* El rayo incidente a una superficie y la normal a la misma. ◊ **de nivel.** El paralelo al nivel del mar. ◊ **inclinado.** Máquina simple que permite elevar cargas mediante esfuerzos relativamente reducidos.

PLANTA f. Parte inferior del pie sobre la que se sostiene el cuerpo. ◊ Vegetal. ◊ Esqueje, pimpollo o vástago tierno de un árbol, arbusto o hierba, plantados o a punto de plantar. ◊ Proyección perpendicular sobre un plano horizontal de un edificio, máquina, finca, etc. ◊ Plan que determina las diversas de-

---

pendencias y empleados de una oficina, universidad u otro establecimiento. ◊ Cada uno de los pisos o altos de un edificio. ◊ Fábrica central de energía; especialmente central eléctrica. ◊ Figura que forman sobre el terreno los cimientos de un edificio o la sección horizontal de las paredes en cada uno de los diferentes pisos.

PLANTACIÓN f. Conjunto de lo plantado. ◊ Gran explotación agrícola de un solo cultivo.

PLANTADOR, RA m. y f. *Argent.* Colono o dueño de una plantación.

PLANTAGENET Dinastía fr. que reinó en Inglaterra entre 1154 y 1485. Se dividió en dos rivales, lo que dio origen a la llamada guerra de las Dos Rosas.

PLANTAR tr. Meter en tierra una planta o un vástago, esqueje, etc., para que arraigue. También se plantan los tubérculos y los bulbos. ◊ Poblar de plantas un terreno. ◊ fig. Fijar y poner derecha y enhiesta una cosa. ◊ fig. Fundar, establecer. ◊ fig. y fam. Dejar a uno burlado o abandonarle. ◊ prnl. *Amér. Centr.* Engalanarse, ataviarse. ◊ fig. y fam. Ponerse de pie firme ocupando un lugar o sitio. ◊ fig. y fam. Llegar con brevedad a un lugar, o en menos tiempo del que regularmente se gasta. ◊ prnl. fig. Resolverse a no hacer o a resistir alguna cosa.

PLANTE m. Acuerdo entre varias personas para exigir o rechazar enérgicamente alguna cosa.

PLANTEAR tr. Tantear, trazar o hacer planta de una cosa para procurar el acierto en ella. ◊ fig. Tratándose de sistemas, instituciones, reformas, etc., establecerlos o ponerlos en ejecución. ◊ tr. y prnl. Tratándose de problemas, temas, dificultades o dudas, proponerlos, suscitarlos o exponerlos. ❑ PLANTEAMIENTO; PLANTEO.

PLANTEL m. Criadero de plantas. ◊ fig. Establecimiento, lugar o reunión de gente, en que se forman personas hábiles o capaces en algún ramo del saber, profesión, ejercicio, etc.

PLANTIFICAR tr. Establecer sistemas, instituciones, reformas, etc. ◊ prnl. fig. y fam. Plantarse, llegar pronto a un lugar. ❑ PLANTIFICACIÓN.

PLANTÍGRADO, DA adj. y s. Díc. de los cuadrúpedos que al andar apoyan en el suelo toda la planta de los pies y las manos.

PLANTILLA f. Suela sobre la cual los zapateros arman el calzado. ◊ Pieza con que interiormente se cubre la planta del calzado. ◊ Pieza o plancha utilizada como modelo para reproducir, resiguiéndolas, superficies con su misma forma. ◊ Relación de dependencias y empleados de una oficina, universidad, etc. ◊ Conjunto de empleados y trabajadores fijos de una empresa.

PLANTÍO, A adj. Aplícase a la tierra o sitio plantado o que se puede plantar. ◊ m. Acción de plantar. ◊ Lugar recién plantado de vegetales. ◊ Conjunto de estos vegetales.

PLANTÓN m. Pimpollo o arbolito nuevo que ha de ser trasplantado. ◊ Estaca o rama de árbol plantada para que arraigue.

PLAÑIDERA f. Mujer pagada que iba a llorar a los entierros.

PLAÑIR intr., tr. y prnl. Gemir y llorar, sollozando o clamando.

PLAQUETA f. *Fisiol.* Elemento celular de la sangre, redondeado u ovalado, que en el hombre se halla en núm. de 200 000 a 300 000 por mm³. Las p. se forman en la médula ósea y se vierten en la sangre, donde actúan en la coagulación, tapando la salida de la sangre y liberando sustancias vasoconstrictoras y coagulantes.

PLASENCIA *(Piacenza)* C. del N de Italia, en Emilia-Romaña; 106 400 hab. Centro comercial e industrial.

PLASMA m. *Biol.* Sustancia orgánica fundamental en la que se materializa la vida de los seres animales y vegetales. ◊ *Fís.* Estado de la materia que se caracteriza por haber sido los electrones de un gas acelerados hasta separarse de los átomos. ◊ **sanguíneo.** Líquido fundamental de la sangre, en el que están inmersas las células sanguíneas, compuesto por agua (90 %), sales minerales, monosacáridos, proteínas, grasas, vitaminas y hormonas. ☐ PLASMÁTICO, CA.

PLASMAR tr. Formar una cosa o trabajar una materia, particularmente el barro. ◊ Reflejar o expresar de una forma concreta una cosa inmaterial.

PLASMODIO m. Animal protozoo que es el agente causante de la malaria o paludismo. La transmisión suele efectuarla un mosquito del género *Anopheles.* ◊ Conjunto de células en que se han eliminado las membranas celulares.

PLASTIA f. Intervención quirúrgica que consiste en reconstruir una zona corporal.

PLÁSTICA f. Arte de plasmar o modelar figuras.

PLASTICIDAD f. Capacidad de un material para sufrir deformaciones plásticas, y no elásticas, antes de su rotura.

PLÁSTICO, CA adj. Relativo a la plástica. ◊ Capaz de ser modelado. ◊ adj. y m. *Quím.* Díc., genéricamente, de un gran núm. de materiales artificiales muy diversos, constituidos por macromoléculas, obtenidas por polimerización o policondensación. ◊ Se aplica a las artes que trabajan con las tres dimensiones de la forma, como la arquitectura, la escultura, la cerámica, etc. P. ext., se aplica también a la pintura. ☐ *Quím.* Los p. se dividen en dos grandes clases, según el efecto del calor: p. termoendurecidos, con una estructura molecular reticulada o reticulable y que sometidos a la acción del calor experimentan primero una fase de reblandecimiento que permite su moldeo y después una fase de endurecimiento provocada por una reacción química irreversible; y p. termoplásticos, de estructura molecular lineal, que sometidos a la acción del calor experimentan un reblandecimiento y después se endurecen.

PLASTIFICAR tr. Revestir o impregnar un objeto de material plástico. ☐ PLASTIFICACIÓN; PLASTIFICANTE.

PLASTO m. *Bot.* Orgánulo citoplasmático propio de las células vegetales. Los p. pueden ser portadores de pigmentos (cromatóforos) o no (leucoplastos). Los más importantes son los primeros.

PLATA f. *Quím.* Elemento químico de símb. Ag, n. a. 47, p. a. 107,88. ◊ *fig.* Moneda o monedas de plata. ◊ *fig.* Dinero en general. ◊ *fig.* Alhaja que conserva su valor intrínseco, aunque pierda la hechura o adorno. ◊ adj. Pla-teado, de color semejante al de la plata. ☐ *Amér.* PLATUDO, DA.

☐ *Quím.* La p. es un metal de color blanco, brillo metálico con alto poder reflectante, dúctil y maleable, de dureza 2,5 a 3, que cristaliza en el sistema cúbico. Para su extracción se emplea la amalgama: la p., nativa o en forma de cloruro, se tritura y se agita con agua y mercurio.

PLATA, Mar del ➩ Mar del Plata.

PLATA, Río de la ➩ Río de la Plata.

PLATA, La C. de Argentina, cap. de la prov. de Buenos Aires; 563 943 hab. Sit. en el estuario del Río de la Plata. Centro administrativo, comercial e industrial. Nudo de comunicaciones. Fundada en 1882 por Dardo Rocha.

Vista de **La Plata**

PLATAFORMA f. Tablero horizontal, descubierto y elevado sobre el suelo. ◊ Terreno llano, de mayor elevación que el que le rodea. ◊ Suelo superior, a modo de azotea, de las torres, reductos y otras obras. ◊ Parte anterior y posterior de los vagones de pasajeros. ◊ Construcción metálica que se asienta sobre un fondo marino para facilitar la perforación de pozos petrolíferos. ◊ *fig.* Causa o ideal cuya representación toma un sujeto para algún fin, gralte. interesado. ◊ **continental.** Zona marina que rodea el continente con una anchura media de 65 km y profundidad de hasta 180-200 m. ◊ **de lanzamiento.** Conjunto de estructuras construidas para el lanzamiento de vehículos espaciales.

PLATANERO, RA adj. y f. Plátano, banano. ◊ m. *Col.* El que cultiva plátanos o negocia con su fruto. ◊ f. Platanar.

PLÁTANO m. Árbol de amplia copa, tronco de corteza lisa, hojas caedizas y alternas y fruto globoso con numero-sos aquenios y abundantes pelos. ◊ Planta herbácea de grandes dimensiones e inflorescencia arracimada. ◊ Fruto de esta planta; baya alargada de corteza lisa, que en algunos países americanos se llama banana. ☐ PLATANAL o PLATANAR.

PLATEA f. Patio o parte baja de los teatros.

PLATEADO, DA adj. De color semejante al de la plata. ◊ m. *Metal.* Operación de recubrimiento directo, o por vía electrolítica, de objetos metálicos con plata.

PLATEAR tr. Dar o cubrir de plata una cosa. ☐ PLATEADOR, RA; PLATEADURA.

PLATELMINTO adj. y m. *Zool.* Díc. de gusanos, parásitos en su mayoría, de cuerpo aplanado, sin aparato circulatorio ni respiratorio.

PLATENSE adj. y s. De La Plata. ◊ Rioplatense.

PLATERESCO, CA adj. y m. *Arte.* Díc. del estilo que se manifestó en las artes esp., sobre todo en arquitectura, de finales del s. XV al último tercio del XVI. ☐ *Arte.* El p. adaptó las orientaciones suntuosas del gótico final a la temática decorativa renacentista. Destacan la casa de las Conchas y la fachada de la universidad de Salamanca; y los arquitectos Siloé, Covarrubias y A. de Vandelvira.

PLATERÍA f. Arte y oficio de platero. ◊ Obrador en que trabaja el platero. ◊ Tienda en que se venden obras de plata u oro.

PLATERO m. Artífice que labra la plata. ◊ El que vende objetos labrados de plata u oro, o joyas o pedrería.

PLÁTICA f. Conversación. ◊ Razonamiento o discurso que hacen los predicadores, superiores o prelados.

PLATICAR tr. e intr. Conversar, hablar unos con otros, conferir o tratar de un negocio o materia.

PLATIJA f. Pez marino semejante al lenguado, de color pardo con manchas amarillentas en la cara superior.

PLATILLO m. Pieza pequeña de figura semejante al plato, cualquiera que sea su uso y la materia de que esté formada. ◊ Cada una de las dos piezas en forma de plato que tiene la balanza. ◊ Guisado compuesto de carne y verduras picadas. ◊ pl. *Mús.* Instrumento de percusión constituido por dos chapas metálicas circulares que se golpean una contra otra.

PLATINA f. Platino. ◊ Parte del microscopio en la que se coloca el objeto que se quiere observar. ◊ Disco de vidrio deslustrado, o de metal, y perfectamente plano para que ajuste en su superficie el borde del recipiente de la máquina neumática. ◊ Cassette. ◊ *Art. Gráf.* Superficie plana de la prensa o máquina de imprimir, sobre la cual se coloca la forma.

PLATINO m. *Quím.* Elemento químico de símb. Pt y n. a. 78. Es un metal de aspecto muy parecido al de la plata. Se emplea en la fabricación de aparatos para altas temperaturas, en odontología y joyería. ☐ PLATINÍFERO, RA; PLATINISTA.

PLATIRRINO, NA adj. y m. Díc. de los primates que tienen los orificios nasales separados. Llamados también monos del Nuevo Mundo, por hallarse localizados en América Central y del Sur.

Plátano. Árbol, hojas y fruto

PLATO m. Vasija baja y redonda, con una concavidad en medio y borde comúnmente plano alrededor, que se emplea para servir las viandas y comer en él y para otros usos. ◊ Vianda o manjar que se sirve en los platos. ◊ fig. Comida u ordinario que cada día se gasta en comer. ◊ **fuerte.** El pral. de una comida. ◊ fig. El asunto o intervención más importante en una serie de ellos. ◊ **volador.** *Amér.* Ovni.

PLATÓ m. Cada uno de los recintos de un estudio cinematográfico, que sirven de escenario en el rodaje de las películas.

PLATÓN (h. 427-347 a. C.) Filósofo gr., cuyo verdadero nombre era *Aristocles.* Fundó la Academia de Atenas. Sostuvo la existencia de dos mundos distintos: el de las ideas y el de las cosas, mundo inteligente y mundo sensible. Dios es el intermediario entre los dos mundos, y las cosas son representaciones imperfectas de las ideas. Sus diálogos se agrupan en tres periodos: de juventud (*Apología de Sócrates, Critón, Gorgias*), de madurez (*Fedón, El banquete, La república*) y los últimos (*Parménides, El sofista, Timeo, Las leyes*). Su pensamiento está expuesto en *La república* y *Las leyes.*

Platón, en un busto de la época clásica (Museo Pío, Ciudad del Vaticano)

PLATÓNICO, CA adj. Relativo a la filosofía de Platón. ◊ Puramente ideal. ◊ Desinteresado, honesto.

PLATONISMO m. Filosofía de Platón y, p. ext., toda aquella que admite la existencia de una realidad inteligible distinta a la vez del mundo sensible y de las producciones del espíritu humano.

PLATT, *Onville Hitchcok* (1827-1905) Político norteam., instigador de la enmienda parlamentaria que lleva su nombre. ◊ **Enmienda P.** Anexo introducido en 1901 en la constitución cubana por el cual EE UU controlaba la política exterior y tenía derecho a intervenir en los asuntos internos. Derogada en 1934.

PLAUSIBLE adj. Digno o merecedor de aplauso. ◊ Atendible, admisible, recomendable. ❑ PLAUSIBILIDAD.

PLAUTO, *Tito Maccio* (254-184 a. C.) Comediógrafo latino. Su originalidad reside en la fuerza expresiva de su lenguaje, tomado del habla popular. *Amphitryo, Captivi, Aulularia, Miles gloriosus.*

PLAYO, YA adj. *Méx.* y *R. de La Plata.* Poco profundo, plano. ◊ f. Ribera del mar o de un río grande, formada de arenales en superficie casi plana. ◊ *Amér.* Espacio amplio y despejado en ciertas industrias o poblaciones. ❑ PLAYERO, RA.

PLAY-BACK (voz ing.) m. *Cin.* Sonido que se graba previamente a una actuación para que el actor, cantante, etc., pueda centrarse en la interpretación mímica, simulando la voz.

PLAY-BOY (voz ing.) m. Hombre de vida regalada, preocupado sólo por su aspecto y sus relaciones sociales y sentimentales.

PLAZA f. Lugar ancho y espacioso dentro de poblado. ◊ Aquel donde se celebran las ferias, los mercados y fiestas públicas. ◊ Lugar fortificado. ◊ Sitio determinado para una persona o cosa. ◊ Espacio, sitio o lugar. ◊ Oficio, ministerio, puesto o empleo. ◊ Gremio o reunión de negociantes de una plaza de comercio. ◊ **de abastos.** Plaza, mercado. ◊ **de armas.** Población fortificada según arte. ◊ Sitio o lugar en que se acampa y forma el ejército cuando está en campaña, o en el que se forman y hacen el ejercicio las tropas que están de guardia en una plaza. ◊ **de toros.** Circo donde se lidian toros. ◊ **fuerte.** Plaza de armas.

PLAZA, *Juan Bautista* (1898-1965) Organista y compositor ven. *Contrapunteo puyero, Pequeña ofrenda lírica.* ◊ *Nicanor* (1844-1918) Escultor chil. *Caupolicán, La Quimera.* ◊ *Victorino de* (1840-1919) Político arg. Presid. a la muerte de Sáenz Peña (1914-1916). ◊ *Gutiérrez, Leónidas* (1866-1932) Militar y político ecuat. Presid. de la rep. (1901-1905 y 1912-1916), su política de reformas liberales condujo a la laicización del Est. ◊ *Lasso, Galo* (1906-1987) Político y diplomático ecuat. Presid. de la rep. (1948-1952). Secretario general de la OEA (1968-1975).

PLAZO m. Término o tiempo señalado para una cosa. ◊ Vencimiento del término. ◊ Cada parte de una cantidad pagadera en dos o más veces.

PLAZOLETA f. Espacio, a manera de plazuela, que suele haber en jardines y alamedas.

PLAZUELA f. Plaza pequeña.

PLEAMAR f. *Mar.* Fin de la creciente del mar. ◊ Tiempo que ésta dura.

PLEBE f. Una de las clases sociales de la ant. Roma, en la que se englobaba la gran mayoría de la población. ◊ despect. P. ext., el pueblo. ❑ PLEBEYO; PLEBEYEZ.

PLEBISCITO m. Ley que la plebe de Roma establecía a propuesta de su tribuno. ◊ Resolución tomada por todo un pueblo a pluralidad de votos.

PLECTRO m. Palillo o púa que usaban los antiguos para tocar instrumentos de cuerda.

PLEGADERA f. Instrumento a manera de cuchillo, para plegar o cortar papel.

PLEGAMIENTO m. *Geol.* Efecto producido en la corteza terrestre por el movimiento conjunto de rocas sometidas a presión lateral. ◊ **alpino.** ⇨ alpino. ◊ **herciniano.** ⇨ herciniano. ◊ **huroniano.** ⇨ huroniano.

PLEGAR tr. y prnl. Hacer pliegues en una cosa. ◊ tr. Doblar e igualar con la debida proporción los pliegos de que se compone un libro que se ha de encuadernar. ◊ prnl. fig. Doblarse, ceder, someterse. ❑ PLEGABLE; PLEGADIZO, ZA; PLEGADO, DA.

PLEGARIA f. Súplica humilde y ferviente para pedir una cosa.

PLEISTOCENO, NA adj. y m. Díc. de la subdivisión de la era cuaternaria, de algo más de un millón de años, que corresponde al desarrollo de los australopitecos, pitecantrópidos e inicio de los neandertaloides.

PLEITA f. Faja o tira de esparto trenzado en varios ramales, o de pita, palma, etc., que sirve para hacer esteras, sombreros, etc.

PLEITEAR tr. Litigar judicialmente sobre una cosa. ❑ PLEITISTA.

PLEITESÍA f. Rendimiento, muestra reverente de cortesía.

PLEITO m. Contienda, diferencia, disputa, litigio judicial entre partes. ◊ Contienda, lid o batalla que se determina por las armas. ◊ Disputa, riña o pendencia doméstica o privada.

PLEJÁNOV, *Guergui Valentínovich* (1856-1918) Socialista ruso. Frustrada la rev. de 1905, se apartó de las tesis de Lenin, y propuso colaborar con la revolución liberal.

PLENARIO, RIA adj. Lleno, entero, cumplido, que no le falta nada. ◊ *Der.* Parte del proceso criminal, durante el cual se exponen los cargos y las defensas en forma contradictoria. ◊ m. Pleno, reunión o junta general de una corporación.

PLENILUNIO m. Luna llena.

PLENIPOTENCIA f. Poder pleno que se concede a otro para ejecutar, concluir o resolver una cosa. ❑ PLENIPOTENCIARIO, RIA.

PLENITUD f. Totalidad, integridad o calidad de pleno.

PLENO, NA adj. Completo, lleno. ◊ m. Reunión o junta gral. de una corporación.

PLEONASMO m. *Gram.* Figura de construcción que consiste en el uso de vocablos innecesarios para el recto y cabal sentido de ella, pero con los cuales se da gracia o vigor a la expresión. ❑ PLEONÁSTICO, CA.

PLESIOSAURIO m. Reptil de la era

Plegamiento. Acantilado de Dorset (Gran Bretaña)

secundaria, de cuerpo aplanado y largo, adaptado a la vida acuática por medio de extremidades en forma de aletas.

PLETINA f. Pieza de hierro más ancha que gruesa, de 2 a 4 mm de espesor.

PLÉTORA f. Exceso de sangre o de otros humores en el cuerpo. ◊ fig. Abundancia excesiva de alguna cosa. ❏ PLETÓRICO, CA.

PLEURA f. Membrana serosa que envuelve al pulmón, con la función de facilitar el deslizamiento de los pulmones en la cavidad torácica. ◊ fam. Pleuresía. ❏ PLEURAL.

PLEURESÍA f. Inflamación, aguda o crónica, de la pleura.

PLEURITIS f. *Pat.* Inflamación de la pleura.

PLEVEN (ant., *Plevna*) C. de Bulgaria, sit. al N de los Balcanes; 135 900 hab. Ind. metalúrgica y textil.

PLEXIGLÁS m. Nombre comercial de una materia plástica, polímero del metacrilato de metilo. Se utiliza como sustituto del vidrio.

PLEXO m. *Anat.* Red formada por varios filamentos nerviosos o vasculares entrelazados.

PLÉYADE f. fig. Grupo de personas señaladas, especialmente en las letras, que desarrollan su actividad en la misma época.

PLÉYADE (fr. *Pléiade*) Grupo de siete poetas fr. del s. XVI: Ronsard, Du Bellay, Baïf, Jodelle, Rémy Belleau, Pontus de Thyard y Daurat, que encarnan el renacimiento lírico en su país.

PLÉYADES *Mit. gr.* Las siete hijas de Atlas y Pleyone, llamadas también Atlántidas. Al perseguirlas el cazador Orión, Zeus las convirtió en estrellas.

PLÉYADES o **PLÉYADAS**, *Las Astr.* Conglomerado abierto, sit. en la constelación Taurus.

PLICA f. Sobre cerrado y sellado en que se conserva algún documento o noticia que no debe publicarse hasta una fecha determinada.

PLIEGO m. Porción de papel de forma cuadrangular y doblada por medio. ◊ P. ext., la hoja de papel que no se expende ni se usa doblada. ◊ Conjunto de páginas de un libro o folleto cuando, en el tamaño de fábrica, no forman más que un pliego. ◊ Papel o memorial que contiene las condiciones o cláusulas de un contrato. ◊ Conjunto de papeles contenidos en un mismo sobre o cubierta. ◊ **de cargos.** Resumen de las faltas que aparecen en un expediente contra el funcionario a quien se le comunica para que pueda contestar defendiéndose.

PLIEGUE m. Doblez o surco. ◊ Tela doblada sobre sí misma. ◊ *Geol.* Deformación de los estratos de las zonas superficiales de la corteza terrestre debido a la cual éstos pierden su primitiva horizontalidad y se ondulan.

PLINIO el Joven, Cayo P. Cecilio Secundo, llamado (61-113) Escritor latino. *Panegírico de Trajano.* ◊ **El Viejo, Cayo P. Secundo,** llamado (22-79) Escritor latino. *Historia natural.*

PLINTO m. *Arq.* Parte cuadrada inferior de la basa. ◊ Base cuadrada de poca altura. ◊ *Dep.* Aparato gimnástico consistente en varios cajones de madera colocados unos encima de otros, y que se usa en ejercicios de salto.

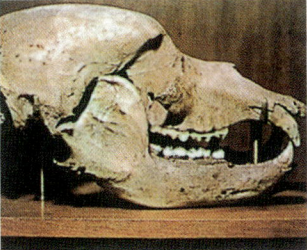

Plioceno. Cráneo fósil de *Ursus spelaens*

PLIOCENO, NA adj. y m. *Geol.* Díc. del cuarto y último periodo de la era terciaria (de 12 millones a 600 000 años de antigüedad). Coincidió con el cambio de clima que condujo a las grandes glaciaciones cuaternarias.

PLISAR tr. Hacer que una tela quede formando pliegues iguales y muy menudos.

PLOCK C. de Polonia, cap. del voivoidato hom.; 114 500 hab. Centro industrial. Refinería de petróleo.

PLOIESTI o **PLOEŞTI** C. de Rumania, en Valaquia; 229 900 hab. Imp. centro petrolífero. Ind. químicas.

PLOMADA f. Barrita de plomo que sirve a los artífices para señalar o reglar una cosa. ◊ Pesa de plomo o de otro metal, cilíndrica o cónica, colgada de una cuerda, que sirve para señalar la línea vertical. ◊ Sonda para medir la profundidad de las aguas. ◊ Conjunto de plomos que se ponen en la red para pescar. ◊ Golpe o herida de los perdigones.

PLOMBAGINA f. Grafito.

PLOMERÍA f. Arte de fundir y trabajar el plomo. ◊ Cubierta de plomo que se pone en los edificios. ◊ Almacén o depósito de plomos. ◊ Taller del plomero.

PLOMERO m. El que trabaja o fabrica cosas de plomo. ◊ *Amér.* Fontanero.

PLOMO m. *Quím.* Elemento químico de símb. Pb, n. a. 82 y p. a. 207,21. Se emplea en la fabricación de cañerías, como metal de soldar, en imprenta, etc. Su pral. mena es su sulfuro, la galena. ◊ Plomada, pesa de metal. ◊ fig. Fusible. Suele usarse en pl. ◊ fig. Bala de las armas de fuego. ◊ fig. y fam. Persona pesada y molesta. ◊ **pobre.** El escaso en plata. ◊ **rico.** El abundante en plata. ❏ PLOMÍFERO, RA; PLOMIZO, ZA; PLOMOSO, SA; PLÚMBEO; PLÚMBICO, CA.

PLOTINO (205-270) Filósofo gr. Fiel a Platón, P. escinde la realidad en dos esferas: la inteligente (ideas) y la sensible (cosas). *Eneadas.*

PLOTTER m. *Comp.* Periférico gráfico de salida que permite realizar trabajos gráficos al ser controlado por una computadora.

PLOVDIV C. de Bulgaria en la orilla derecha del Maritza; 367 200 hab. Centro comercial e industrial.

PLUMA f. *Zool.* Estructura cutánea presente en el cuerpo de las aves, que, integrando el plumaje, recubre totalmente la piel. La función del plumaje es sobre todo de aislante térmico. ◊ Conjunto de plumas. ◊ Instrumento para escribir, formado en principio por una p. de ave, cortada por la extremi-

dad del cañón, y luego por otras piezas análogas, con una laminilla metálica en su extremo. ◊ Pluma preparada para servir de adorno, o adorno hecho de plumas. ◊ fig. Escritor, autor de libros u otros escritos. ◊ **de agua.** Unidad de medida que sirve para aforar las aguas, y cuya equivalencia varía mucho según los países. ◊ **de carga.** Grúa simple, colocada sobre la cubierta de un barco, que permite la carga y descarga de mercancías desde la bodega del barco hasta el muelle, y viceversa. ◊ **estilográfica.** La de mango hueco lleno de tinta que fluye a los puntos de ella y evita el empleo del tintero. ◊ **fuente.** *Amér. Centr.* Pluma estilográfica. ❏ PLUMADO, DA; PLÚMEO, A; PLUMERÍA; PLUMERÍO; PLUMOSO, SA.

❏ *Zool.* Las p. del ave adulta son de tres tipos: el plumón, que constituye una capa aislante; las p. de contorno, que son las p. típicas y constan de un eje, llamado raquis, habitualmente hueco y rígido, del que salen unos hilos laterales, las barbas, y nacen en ciertas zonas llamadas pterilias; y las p. filiformes, que parecen pelos y se encuentran en pocas aves.

PLUMAJE m. Conjunto de plumas que adornan y visten al ave. ◊ Penacho de plumas que se pone por adorno en los sombreros, morriones y cascos.

PLUMAZO m. Colchón o almohada grande llena de pluma. ◊ Trazo fuerte de pluma y especialmente el que se hace para tachar lo escrito.

PLUM-CAKE (voz ing.) m. Pastel de bizcocho, con pasas y otros ingredientes.

PLUMERO m. Mazo de plumas sujetas a un mango, que se usa para quitar el polvo. ◊ Vaso o caja donde se ponen las plumas.

PLUMIER (voz fr.) m. Estuche o caja donde los escolares guardan sus utensilios para escribir.

PLUMÍFERO, RA adj. Que tiene o lleva plumas. ◊ adj. y s. despect. El que tiene por oficio escribir.

PLUMÓN m. Pluma muy delgada, semejante a la seda, que tienen las aves debajo del plumaje exterior. ◊ Colchón lleno de esta pluma.

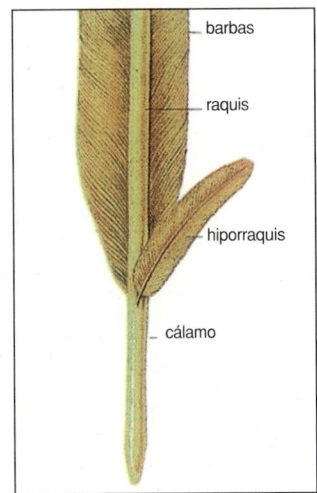

Partes de que se compone una **pluma**

PLÚMULA f. *Bot*. Parte del embrión vegetal contenido en el interior de una semilla, que corresponde a los esbozos del tallo o vástago.

PLURAL adj. *Gram*. Díc. del núm. que se refiere a dos o más personas o cosas.

PLURALIDAD f. Multitud grande de algunas cosas, o el mayor núm. de ellas. ◊ Calidad de ser más de uno.

PLURALISMO m. *Pol*. Doctrina que preconiza la coexistencia de varias tendencias políticas y que fundamenta las democracias formales. El p., en lo político, se opone al totalitarismo. ❑ PLURALISTA.

PLURALIZAR tr. Referir o atribuir una cosa que es peculiar de uno a dos o más sujetos, pero sin generalizar.

PLURICELULAR adj. *Biol*. Díc. de la planta o del animal formado por muchas células.

PLURIEMPLEO m. Desajuste social caracterizado por la necesidad de que una parte de la pob. laboral deba desempeñar a un tiempo varios empleos u oficios.

PLUS m. Gratificación o sobresueldo que suele darse a la tropa en campaña y en otras circunstancias extraordinarias. ◊ Cualquier gaje suplementario u ocasional.

PLUS ULTRA loc. latina. Más allá.

PLUSCUAMPERFECTO adj. y m. *Gram*. Díc. del tiempo que anuncia que una cosa estaba ya hecha o podía estarlo cuando otra se hizo.

PLUSMARCA f. *Dep*. Resultado que supera a los anteriores de su misma categoría o sexo, y que se reconoce oficialmente si se cumplen unas condiciones reglamentarias. ❑ PLUSMARQUISTA.

PLUSVALÍA f. Incremento del valor de una cosa debido a circunstancias que no dependen de la voluntad del dueño.

PLUTARCO (h. 50-h. 120) Escritor gr. que residió en Roma. *Vidas paralelas*.

PLUTO *Mit. gr*. Dios de la riqueza, hijo de Jasón y de Deméter.

PLUTOCRACIA f. Preponderancia de los ricos en el gobierno del Est. ◊ Predominio de la clase más rica de un país.

PLUTÓN *Mit. gr*. Dios de los infiernos, hijo de Cronos y de Rea, y hermano de Zeus.

PLUTÓN *Astr*. El planeta más pequeño y más lejano del sistema solar, de órbita muy excéntrica, con un periodo de revolución de 248,7 años, 2 300 km de diámetro, y $5,5 \times 10^{34}$ kg de masa.

PLUTONIO m. *Quím*. Elemento de símb. Pu, transuránido que no existe en la naturaleza, de color blanco, paramagnético y mal conductor del calor y la electricidad. Tiene la propiedad de fisionarse.

PLUTONISMO m. *Geol*. Teoría que atribuye la configuración del globo terrestre a la acción del fuego interno. ❑ PLUTONIANO, NA.

PLUVIAL adj. Relativo a la lluvia. ◊ Díc. de los periodos de lluvia en una región determinada.

PLUVIOMETRÍA f. *Meteor*. Estudio de la distribución geográfica y estacional de las lluvias.

PLUVIÓMETRO m. Aparato para medir la lluvia que cae en lugar y tiempo dados.

PLUVIOSIDAD f. Abundancia de precipitaciones; suele medirse por la cantidad de agua de lluvia caída durante el año en un punto determinado.

PLUVIOSO, SA adj. Lluvioso.

PLYMOUTH C. de Gran Bretaña, en el condado de Devon; 243 900 hab. Puerto en la desembocadura del Tamar. Base naval. Centro comercial.

PLZEN (al., *Pilsen*) C. de la Rep. Checa, cap. de Bohemia Occidental; 174 600 hab. Centro industrial (fábricas Skoda). Cervezas. Cristalería.

P. M. Abrev. de *post meridiem*, después del mediodía.

Pm *Quím*. Símb. del promecio o prometeo.

Po *Quím*. Símb. del polonio.

PO Río de Italia septentrional; 652 km. Nace en el monte Viso y desemboca en el Adriático, formando un delta. ◊ **Llanura del P.** (*Pianura Padana*) Planicie del N de Italia que comprende el Piamonte, Lombardía, Emilia-Romaña y Véneto. Avenada por el Po y sus afl.

POÁS Volcán de Costa Rica, en la prov. de Alajuela (2 700 m de alt.).

POBLACIÓN f. Núm. de personas que componen un pueblo, prov., nación, etc. ◊ *Biol*. Conjunto de organismos de una misma especie y que ocupan un área de extensión relativamente pequeña,

que depende de la movilidad, tamaño y capacidad de difusión de los individuos. ◊ **Densidad de p.** Núm. de individuos de una zona en relación a la extensión de ésta (hab./km²). ◊ Ciudad, villa o lugar.

POBLADO m. Población, ciudad, villa o lugar.

POBLANO, NA adj. y s. *Amér*. Lugareño.

POBLAR tr. e intr. Fundar uno o más pueblos. ◊ tr. Ocupar con gente un sitio para que habite o trabaje en él. ◊ P. ext., díc. de animales y cosas. ❑ POBLADOR, RA.

POBRE adj. Necesitado, menesteroso y falto de lo necesario para vivir, o que lo tiene con mucha escasez. ◊ Escaso y que carece de alguna cosa para su entero complemento. ◊ fig. Infeliz, desdichado y triste. ◊ com. Mendigo.

POBRETERÍA f. Conjunto de pobres. ◊ Escasez o miseria en las cosas.

POBREZA f. Necesidad, estrechez, carencia de lo necesario para el sustento de la vida. ◊ Falta, escasez. ◊ fig. Falta de magnanimidad, de gallardía, de nobleza del ánimo.

POCATERRA, *José Rafael* (1888-1955) Escritor y político ven. Presid. del congreso. *Cuentos grotescos*, *Memorias de un venezolano de la decadencia*.

POCERO m. El que fabrica o hace pozos o trabaja en ellos. ◊ El que limpia pozos negros o cloacas.

POCHO, CHA adj. Descolorido, quebrado de color. ◊ Díc. de lo que está podrido o empieza a pudrirse. ◊ Díc. de la persona floja de carnes o de mala salud. ◊ adj. y s. *Méx*. Díc. de los individuos de origen hispánico que habitan EE UU. ◊ m. *Méx*. Variedad del castellano, con gran número de palabras ing. castellanizadas, hablado por los pochos.

POCHOTE m. *C. Rica y Hond*. Árbol silvestre espinoso, y cuyo fruto encierra una materia como algodón, con que se rellenan almohadas.

POCILGA f. Establo para ganado de cerda. ◊ fig. y fam. Cualquier lugar hediondo y asqueroso.

POCILLO m. Tinaja o vasija empotrada en la tierra para recoger un líquido.

PÓCIMA f. Cocimiento medicinal de materias vegetales. ◊ fig. Cualquier bebida medicinal.

POCIÓN f. Cualquier líquido que se bebe.

POCO, CA adj. Escaso, limitado y corto en cantidad o calidad. ◊ m. Cantidad corta o escasa. ◊ adv. cantidad. Con escasez, menos de lo regular o preciso. ◊ Empleado con verbos expresivos de tiempo, denota corta duración.

POCOMAN adj. y s. Díc. de un pueblo del grupo maya que vive en el E de Guatemala.

PODADERA f. Herramienta acerada, con corte curvo y mango de madera, que se usa para podar.

PODAGRA f. Gota, particularmente la del pie.

PODAR tr. Cortar o quitar las ramas superfluas de los árboles, vides y otras plantas. ❑ PODA.

PODER m. Situación de quien posee los medios de hacer alguna cosa, o de imponer una actuación determinada a otras personas. ◊ *Der*. Autorización que una persona extiende a otra para

Cráter del volcán **Poás**

que concluya en su nombre uno o varios negocios jurídicos, que producen efectos como si la primera hubiera actuado. Se usa más en pl. ◊ Posesión actual o tenencia de una cosa. ◊ Fuerza, vigor, capacidad, posibilidad, poderío. ◊ Suprema potestad, rectora y coactiva del Est. ◊ pl. fig. Facultades, autorización para hacer una cosa. ◊ tr. Tener expeditas la facultad o potencia de hacer una cosa. ◊ Tener facilidad, tiempo o lugar de hacer una cosa. También se usa con negación. ◊ impers. Ser contingente o posible que suceda una cosa. ◊ **calórico**. *Fís.* En un combustible, cantidad de calor desarrollada durante la combustión de un gramo de una muestra del mismo. ◊ **constituyente**. El que corresponde al Est. para organizarse, dictando y reformando sus constituciones. ◊ **ejecutivo**. En los gobiernos representativos, el que tiene a su cargo gobernar el Est. y hacer observar las leyes. ◊ **judicial**. El que ejerce la administración de justicia. ◊ **legislativo**. Aquel en que reside la potestad de hacer y reformar las leyes. ◊ **político**. *Pol.* Conjunto de autoridades que gobiernan una nación. ❏ PODEROSO, SA.
PODER Negro ⇨ Black Power.
PODERÍO m. Facultad de hacer o impedir una cosa. ◊ Hacienda, bienes y riquezas. ◊ Poder, dominio, señorío, imperio. ◊ Potestad, facultad, jurisdicción. ◊ Vigor, facultad o fuerza grande.
PODESTÁ (voz it.) m. En la baja E. Med., primer magistrado de algunas c. it.
PODGORICA C. de Serbia y Montenegro, cap. de Montenegro; 95 000 hab. Junto al río Moraca. Destruida durante la II Guerra Mundial, se levantó junto a ella, en 1945, la ciudad de Titogrado, que fue la cap. hasta que en 1992, cambió su nombre por el de la antigua ciudad.
PODGORNY, Nikolái (1903-1983) Político sov. Presid. del presidium (1965-1977).
PODIO o **PODIUM** m. *Arq.* Pedestal largo en que se apoyan varias columnas. ◊ *Dep.* Tarima en la que se colocan, para recibir los trofeos, los primeros clasificados en una competición. ◊ Lugar desde el que el director de una orquesta realiza su función durante la ejecución de una obra.
PODOLOGÍA f. *Med.* Estudio de las enfermedades de los pies. ❏ PODÓLOGO, GA.
PODÓMETRO m. Aparato, en forma de reloj de bolsillo, para medir el núm. de pasos dados por la persona que lo lleva.
PODRE f. Putrefacción de algunas cosas. ◊ Pus.
PODREDUMBRE f. Putrefacción o corrupción material de las cosas. ◊ Cosa podrida. ◊ Corrupción moral.
POE, Edgar Allan (1809-1849) Escritor norteam. Poeta, crítico y autor de cuentos políticos y de terror. *El cuervo, Doble asesinato en la calle Morgue, El hundimiento de la casa Usher, El escarabajo de oro, Aventuras de Arthur Gordon Pym.*
POEMA m. *Lit.* Obra en verso, o perteneciente por su gén. a la esfera de la poesía. Se pueden establecer los tipos siguientes: *p. épico*, que expresa sentimientos externos del poeta; *p. lírico*, que expresa los sentimientos internos del

poeta; *p. dramático*, nombre que recibe la obra teatral. ◊ **sinfónico**. *Mús.* Obra para orquesta desarrollada por una idea poética u obra literaria. ❏ POEMÁTICO, CA.
POEMARIO m. Conjunto o colección de poemas.
POESÍA f. Exp. artística de la belleza sujeta a la medida y cadencia del verso. ◊ Arte de componer obras poéticas. ◊ Gén. de producciones del entendimiento humano, cuyo fin inmediato es expresar lo bello por medio del lenguaje, y cada una de las variedades de este gén. ◊ *Lit.* Obra o composición en verso, especialmente la que pertenece al gén. lírico. ◊ Cierto encanto o cualidad de lo que eleva el sentimiento o la imaginación, produciendo una emoción estética y afectiva.
POETA m. El que compone obras poéticas y está dotado de las facultades necesarias para componerlas. ◊ El que hace versos.
POÉTICO, CA adj. Relativo a la poesía; propio de ella. ◊ f. *Lit.* Poesía, arte de componer obras poéticas. ◊ Obra o tratado sobre los principios y reglas de la poesía.
POETISA f. Mujer que compone obras poéticas o hace versos.
POETIZAR intr. Hacer o componer versos u obras poéticas. ◊ tr. Embellecer alguna cosa con el encanto de la poesía; darle carácter poético.
POGROMO (ruso, *pogrom*) m. Movimiento popular antisemítico de la segunda mitad del s. XIX y principios del XX, promovido por las autoridades zaristas, acompañado de pillajes y matanzas.
POINCARÉ, Henri (1854-1912) Matemático, físico y filósofo fr. Destacan sus trabajos matemáticos sobre la teoría de funciones de variable compleja y topología algebraica. ◊ *Raymond* (1860-1934) Político fr. Presid del gobierno (1912-1913) y de la rep. (1913-1920). De nuevo presid. del gobierno entre 1922 y 1924, ordenó la ocupación del Ruhr. Volvió a ocupar el cargo de 1926 a 1929.
POINTE-À-PITRE C. y puerto pral. de Guadalupe, en las Antillas fr.; 30 000 hab. Destilerías, refinerías de azúcar, tabaco.
POINTER adj. y m. Díc. de una raza de perro de tamaño medio y de tipo bracoide, gralte. empleado como perro de muestra.

Edgar Allan **Poe**

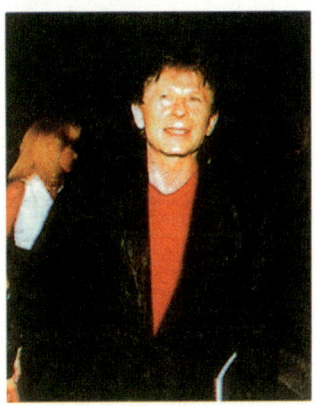

Roman **Polanski**

POIQUILOTERMO, MA adj. y m. *Zool.* Díc. de los animales cuya temperatura no puede regularse y depende estrictamente de la del ambiente. Son los llamados animales de sangre fría.
POISE m. *Fís.* Unidad de viscosidad en el sistema CGS.
POITIERS C. de Francia, cap. del dpto. de Vienne y del dpto. de Poitou-Charentes; 78 900 hab. Aserraderos.
POITOU Ant. región de Francia que se extiende por el N y el SO, respectivamente, de las actuales circunscripciones de Poitou-Charentes y Países del Loira.
POITOU-CHARENTES Circunscripción de acción regional de Francia, junto al Atlántico; 25 810 km², 1 595 100 hab. Cap., Poitiers. Terr. llano, accidentado en el centro por el umbral del Poitou. Cereales, forrajes, vid. Ganadería.
PÓKER m. Póquer.
POL Pot (1928-1998) Político camboyano. Uno de los prales. dirigentes del comunismo camboyano al iniciarse la guerra civil. Primer ministro (1976), fue depuesto en 1979.
POLACO, CA adj. y s. De Polonia. ◊ m. *Ling.* Lengua de los polacos, una de las eslavas.
POLAINA f. Especie de media calza que cubre la pierna hasta la rodilla.
POLANSKI, Roman (n. 1933) Director de cine polaco. *Repulsión, El baile de los vampiros, La semilla del diablo, Macbeth, Chinatown, Tess.* En 2003 obtuvo tres Óscars por *El pianista.*
POLAR adj. Relativo a los polos.
POLAR f. Estrella Polar o Polaris.
POLARIDAD f. *Fís.* Propiedad que tienen los agentes físicos de acumularse en los polos de un cuerpo y de polarizarse. ◊ fig. Condición de lo que tiene propiedades o potencias opuestas, en partes o direcciones contrarias, como los polos.
POLARÍMETRO m. *Fís.* Aparato para medir el giro del plano de polarización de la luz provocado por una sustancia ópticamente activa.
POLARIZACIÓN f. *El.* Establecimiento de una diferencia de potencial entre dos conductores. ◊ **de la luz**. *Ópt.* Propiedad de algunos rayos que se propagan según direcciones perfectamente definidas al atravesar un cierto medio.
POLARIZAR tr. *Ópt.* Modificar los rayos luminosos por medio de refracción

o reflexión, de tal manera que queden incapaces de refractarse o reflejarse de nuevo en ciertas direcciones. ◊ prnl. *El.* Hablando de una pila eléctrica, disminuir la corriente que produce, por aumentar la resistencia del circuito a consecuencia del depósito de hidrógeno sobre uno de los electrodos. ◊ fig. Concentrar la atención o el ánimo en una cosa. ❑ POLARIZADOR, RA.

POLARÓGRAFO m. *Quím.* Aparato para analizar de modo electroquímico las soluciones, registrando automáticamente las curvas de potencial-densidad de corriente.

POLAROID m. Nombre comercial de una materia plástica que contiene gran número de cristales, orientados de forma que sus ejes prales. son paralelos. Se usa en óptica.

POLAVIEJA, Camilo García Polavieja, MARQUÉS DE (1838-1914) Militar y político esp. Fue capitán general de Cuba (1890-1892) y de Filipinas (1896-1898). Ministro de la Guerra en 1899.

POLCA f. Danza de origen bohemio, de mov. rápido. ◊ Música de este baile.

PÓLDER m. En Países Bajos, terreno ganado al mar y que se dedica al cultivo.

POLE, Reginald (1500-1558) Prelado ing. Presidió el concilio de Trento (1542). Arzobispo de Canterbury (1555) durante el reinado de María Tudor.

POLEA f. Máquina simple que consiste en una rueda acanalada en su circunferencia y móvil alrededor de un eje. Por la canal o garganta pasa una cuerda o cadena en uno de cuyos extremos actúa la potencia y en el otro la resistencia. ◊ Rueda metálica de llanta plana que se usa en las transmisiones por correas.

POLÉMICA f. Arte que enseña los ardides con que se debe atacar o defender cualquier plaza. ◊ Controversia por escrito sobre materias teológicas, políticas, literarias, etc. ❑ POLÉMICO, CA; POLEMISTA; POLEMIZAR.

POLEN m. *Bot.* Espora masculina de las plantas superiores. Los granos de p. están rodeados y protegidos por una pared de dos capas, y presentan gralte. acúleos o demás adaptaciones para facilitar la polinización.

POLENTA f. Plato it. a base de harina de maíz y patata, con manteca y queso.

POLEO m. *Bot.* Planta herbácea anual, con hojas pequeñas, pecioladas, casi redondas y dentadas, y flores azuladas o moradas. Tiene olor agradable, es estomacal.

POLEO, Héctor (1918-1989) Pintor ven. Influido por el muralismo mex. *Los tres comisarios, La boda.*

POLESIE Región de Rusia, sit. en la zona occidental de la llanura rusa y recorrida por el Pripiat.

POLIALCOHOL m. *Quím.* Sustancia que presenta varias funciones alcohólicas.

POLIAMIDA f. *Quím.* Producto de la reacción de condensación en cadena de moléculas de aminoácidos o de diaminas con ácidos dicarboxílicos.

POLIANDRIA f. Forma de matrimonio en la que una mujer puede estar unida a dos o más esposos al mismo tiempo. ◊ *Bot.* Díc. de la planta cuya flor tiene varios estambres.

POLIARQUÍA f. Gobierno de muchos.

POLIBIO (204-122 a. C.) Historiador gr., radicado en Roma. Su *Historia universal* refiere la dominación del mundo bajo el imperio romano.

POLICHINELA m. *Pulcinella,* personaje de la *Commedia dell'Arte* it. Representa el tipo de burgués napolitano, satírico y grosero. ◊ Títere.

POLICÍA f. Buen orden que se observa y guarda en las ciudades y repúblicas, cumpliéndose las leyes u ordenanzas establecidas para su mejor gobierno. ◊ Cuerpo encargado de vigilar por el mantenimiento del orden público y la seguridad de los ciudadanos. ◊ Cortesía, urbanidad en el trato de costumbres. ◊ Limpieza, aseo. ◊ m. Agente de policía. ❑ POLICIACO, CA; POLICIAL.

a

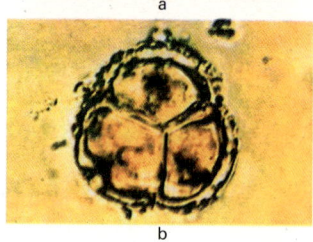

b

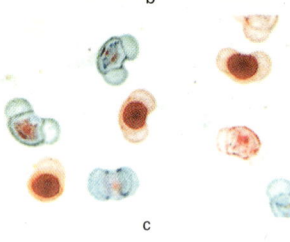

c

Microfotografía de dos granos de **polen**. a. *Lavatera trimestris;* b. *Erica arborea;* c. pino

POLICLETO (segunda mitad del s. V a. C.) Escultor gr. Elaboró una teoría de la proporción del cuerpo humano cuyo canon se halla en sus dos figuras del *Discóforo y Diadumeno.*

POLICLÍNICA f. Establecimiento privado con distintas especialidades médicas y quirúrgicas.

POLICROMO, MA o **POLÍCROMO, MA** adj. De varios colores. ❑ POLICROMÍA.

POLICULTIVO m. Forma de cultivo que consiste en una diversificación de los mismos en una explotación agrícola.

POLIDEPORTIVO, VA adj. y m. Díc. de la instalación que permite la práctica de varios deportes.

POLIEDRO m. *Geom.* Figura sólida limitada por un cierto núm. de polígonos llamados caras. ❑ POLIÉDRICO, CA.

POLIESTIRENO m. *Quím.* Producto de la polimerización del estireno. Sóli-

do vítreo y transparente, muy empleado en la ind. de los plásticos.

POLIÉSTER m. *Quím.* Polímero de un éster que se obtiene por condensación de diácidos orgánicos con polialcoholes. Es una resina termoestable, que se usa en la fabricación de pinturas, barnices, etc.

POLIETILENO m. *Quím.* Polímero del etileno, sólido, blanco, traslúcido y flexible, de considerable inercia química.

POLIFACÉTICO, CA adj. Que ofrece varias facetas o aspectos. ◊ P. ext., se aplica a las personas de variada condición o de múltiples aptitudes.

POLIFÁSICO, CA adj. *El.* Díc. de la corriente alterna, constituida por la combinación de varias corrientes monofásicas de igual periodo, pero desfasadas.

POLIFEMO *Mit. gr.* Cíclope gigante, hijo de Neptuno. Ulises se libró de él embriagándole y cegando su único ojo.

POLIFONÍA f. *Mús.* Superposición de dos o más partes vocales instrumentales, cuyo desarrollo es a la vez horizontal (contrapunto) y vertical (armonía). ❑ POLIFÓNICO, CA; POLÍFONO, NA.

POLÍGALA f. Planta de raíz amarga y aromática, que se usa contra el reumatismo.

POLIGAMIA f. Estado o calidad de polígamo. ◊ Régimen familiar en el que una persona, de uno u otro sexo, está unida a más de un cónyuge. Comprende la poliandria y la poliginia. ◊ Forma de relación del animal que se aparea con más de un individuo del sexo contrario durante la época de cría. ◊ Característica de los vegetales que poseen en la misma planta flores unisexuales y hermafroditas, como sucede con el fresno. ❑ POLIGÁMICO, CA; POLÍGAMO, MA.

POLIGENISMO m. Doctrina que admite variedad de orígenes en la especie humana, en contraposición al monogenismo. ❑ POLIGENISTA.

POLIGINIA f. Forma de matrimonio en la que un hombre puede estar unido, simultáneamente, a dos o más esposas reconocidas.

POLIGLOTISMO m. Dominio de varios idiomas. ❑ POLIGLOTO, TA.

POLIGNOTO (ss. VI-V a. C.) Pintor gr., autor de frescos en la Acrópolis de Atenas y en la *lesché* de Delfos.

POLIGONAL adj. *Geom.* Relativo al polígono. ◊ adj. y f. *Geom.* Díc. de la línea quebrada.

POLÍGONO, NA adj. Poligonal. ◊ m. *Geom.* Región del plano limitada por un núm. finito de segmentos de recta (lados), que se unen por sus extremos (vértices). ◊ Campo permanente de tiro. ◊ Sector de una zona urbanizada que se destina a un fin concreto. ❑ *Geom.* Cada vértice de un p. es común a dos lados y el núm. de vértices coincide con el de lados. La distancia del centro de un p. regular (lados y ángulos iguales) a uno cualquiera de los vértices toma el nombre de radio del p. y coincide con el de la circunferencia circunscrita.

POLIGRAFÍA f. Criptografía. ◊ Ciencia del polígrafo. ❑ POLIGRÁFICO, CA.

POLÍGRAFO, FA m. y f. *C. Rica.* Multicopista. ◊ Persona que se dedica al estudio y cultivo de la poligrafía o criptografía. ◊ Autor que escribe sobre materias diferentes.

POLILLA f. Mariposa nocturna pequeña y cenicienta, con alas estrechas y cabeza amarillenta. Anida en la lana, tejidos, pieles, papel, etc. ◊ Larva de este insecto. ◊ fig. Lo que destruye insensiblemente una cosa.

POLIMERIZACIÓN f. *Quím.* Adición o condensación repetida de muchos monómeros para formar macromoléculas, gralte. con pérdida de agua. La p. es un proceso importante para la formación de polisacáridos, proteínas y ácidos nucleicos.

POLÍMERO, RA adj. y m. *Quím.* Díc. del producto formado por macromoléculas.

POLIMNIA *Mit. gr.* Musa de la poesía lírica, la retórica y los himnos.

POLIMORFISMO m. *Miner.* Proceso por el cual una misma roca puede presentar retículos cristalinos diversos, dando lugar a dos o más especies minerales con características físicas muy distintas.

POLIMORFO, FA adj. Que puede tener varias formas. ◊ Díc. de las sustancias que sin variar la fórmula química pueden presentarse en una o más modificaciones cristalinas según la temperatura. ❑ POLIMORFÍA.

POLINESIA Región de Oceanía, formada por las islas indep. de Tonga, Nauru y Samoa; las Cook y Niue, dependientes de Nueva Zelanda; las Australes, Sociedad, Marquesas, Tuamotú y Gambier, que forman la P. fr.; el terr. fr. de Wallis y Futuna; Phoenix y Line, que dependen de Gran Bretaña; Hawai y Samoa Americana, que pertenecen a EE UU, y la isla de Pascua, chil. Gralte. se incluye también Nueva Zelanda. ◊ **Francesa** (*Polynésie Française*) Terr. fr. de ultramar, formado por las islas de la Sociedad, Marquesas, Australes, Tuamotú y Gambier, y Clipperton; 4 007 km², 166 800 hab. Cap., Papeete.

POLINESIO, SIA adj. y s. Díc. de individuos, mezcla de etnias de procedencia europea y mongoloide, que viven en las islas del Pacífico centrooccidental y en Nueva Zelanda. ◊ De Polinesia. ◊ Relativo a la etnia polinesia. ◊ m. pl. Grupo étnico polinésico.

POLINEURITIS f. *Pat.* Afectación simultánea de varios nervios periféricos, que se debe pralm. a un trastorno de su metabolismo.

Polinesia. Frontón de una casa en Nueva Zelanda

POLINIZACIÓN f. *Bot.* Proceso de unión del grano de polen con el óvulo sit. en el interior del gineceo de la flor, previo a la verdadera fecundación.

POLINOMIO m. *Mat.* Exp. algebraica de la forma $a_0 + a_1x... + a_nx^n$ en la que a_0, a_1, ..., a_n se denominan coeficientes y son elementos de un cuerpo K, y n es un núm. natural que recibe el nombre de grado del p. en el caso de que sea no nulo. Cada término a_0, $a_1x...$, a_nx^n es un monomio. Todo p. es el resultado de efectuar formalmente ciertas operaciones de suma y producto entre elementos del cuerpo y un nuevo elemento x adjuntado al mismo.

POLINOSIS f. Trastorno alérgico producido por el polen.

POLINUCLEAR adj. Que posee varios núcleos.

POLIO f. fam. Poliomielitis.

POLIOMIELITIS f. *Pat.* Grupo de enfermedades, agudas o crónicas, ocasionadas por lesiones en las astas anteriores de la médula. Causa atrofia y parálisis de los músculos correspondientes a las lesiones medulares.

POLIPASTO m. *Mec. apl.* Dispositivo formado por un cierto núm. de poleas fijas y un número igual (o inferior en una unidad) de poleas móviles, y una cadena que enlaza unas con otras, utilizado para elevar cargas.

POLÍPERO m. Estructura calcárea o córnea que constituye el esqueleto de algunas colonias de pólipos, como los corales y madréporas.

PÓLIPO m. *Zool.* Una de las dos formas alternantes de los celentéreos, que vive fija en el fondo de las aguas. ◊ Pulpo. ◊ *Med.* Tumor pediculado de las membranas mucosas.

POLIPODIO m. *Bot.* Helecho que presenta frondes pinnadas provistas de soros terminales, y rizoma con propiedades laxantes y aperitivas.

POLÍPTICO m. Pintura o relieve que consta de más de tres paneles articulados.

POLIQUETO, TA adj. y m. *Zool.* Díc. de gusanos anélidos, de cuerpo alargado, vermiforme. Pueden ser fitófagos o depredadores, filtradores o sedimentívoros. El aparato reproductor es simple, la fecundación es externa, y el desarrollo se efectúa a través de larvas trocóforas típicas.

POLIS f. Ciudad-estado gr., cuyos orígenes se remontan a la época arcaica. Tras la crisis de las monarquías, la p. evolucionó hacia la formación de un núcleo democrático. La p. estaba formada por la c. y el campo que la rodeaba. La c. era la sede del gobierno.

POLISACÁRIDO m. *Quím.* Glúcido completo formado por polimerización mediante enlace glucosídico. ❑ *Quím.* Los p. son sustancias de gran peso molecular, hidrófilas, insolubles en agua, en la que, en caliente, producen suspensiones coloidales (engrudos). Se sintetizan, sobre una matriz preformada, por unión de monosacáridos activados en presencia de complejos enzimáticos.

POLISEMIA f. *Ling.* Tipo de fenómeno semántico que consiste en que una misma forma fonética puede poseer diversas significaciones que presentan cierta proximidad.

POLISÍLABO, BA adj. y m. Díc. de la palabra que consta de varias sílabas.

POLISÓN m. Armazón que, atado a la cintura, se ponían las mujeres para que abultasen los vestidos por detrás.

POLITBURÓ m. Oficina política del Comité Central del partido comunista en la extinta URSS.

POLITÉCNICO, CA adj. Que abraza muchas ciencias o artes. ◊ adj. y m. Díc. del centro de enseñanza en el que se estudian distintas ciencias y artes. ◊ Díc. de algunas escuelas técnicas.

POLITEÍSMO m. *Rel.* Doctrina religiosa que admite la pluralidad de dioses. ❑ POLITEÍSTA.

POLITENO m. *Quím.* Producto de la polimerización del etileno.

Polípero de madreporario

POLÍTICO, CA adj. Relativo a la doctrina política. ◊ Relativo a la actividad política. ◊ adj. y s. Versado en las cosas del gobierno y negocios del Est. ◊ Aplicado a un nombre significativo de parentesco por consanguinidad, denota el correspondiente parentesco por afinidad. ◊ f. Arte, doctrina u opinión del gobierno de los Est. ◊ Actividad de los que rigen o aspiran a regir los asuntos públicos.

POLITIQUEAR intr. Intervenir o brujulear en política. ◊ Tratar de política con superficialidad o ligereza. ◊ despect. Hacer política de intrigas y bajezas. ❑ POLITIQUEO.

POLITIZAR tr. y prnl. Inculcar una conciencia política. ◊ Hacer que un asunto adquiera carácter político. ❑ POLITIZADO, A.

POLITONALIDAD f. *Mús.* Método armónico moderno que consiste en el empleo simultáneo de varias tonalidades. Su uso sistemático se debe, pralm., a Milhaud.

POLIURETANO m. *Quím.* Polímero esponjoso obtenido a partir de un poliéster, que se usa en la fabricación de plásticos, como resina y en recubrimientos protectores.

POLIURIA f. *Med.* Secreción y excreción de gran cantidad de orina.

POLIVALENTE adj. Dotado de varias valencias o eficacias.

POLIVINILO m. *Quím.* Resina termoplástica. ◊ **Cloruro de p.** *Quím.* Plastómero obtenido por polimerización del cloruro de vinilo, designado internacionalmente por las siglas PVC. Es muy empleado en la industria de los plásticos.

PÓLIZA f. Libranza para percibir o cobrar algún dinero. ◊ Guía o instrumento que acredita ser legítimos, y no de contrabando, los géneros y mercancías que se llevan. ◊ Documento justificativo del contrato en seguros, operaciones de bolsa y otras negociaciones comerciales. ◊ Sello suelto con que se satisface el impreso del timbre en determinados documentos.

POLIZIANO, *Angelo Ambrogini,* llamado IL (1454-1494) Humanista y poeta it. Escribió diversos poemas de gran perfección formal (*Estancias para un torneo*) y una obra de teatro (*Orfeo*).

POLIZÓN m. Sujeto ocioso que anda de corrillo en corrillo. ◊ El que se embarca clandestinamente.

POLIZONTE m. despect. Agente de policía.

POLK, *James Knox* (1795-1849) Político norteam. Presid. de la Unión en 1845-1849, propició la guerra contra México (1846-1848), anexionándose Texas, Nuevo México, Utah, Arizona, Nevada y California.

POLLA f. Gallina nueva, medianamente crecida, que no pone huevos o que hace poco tiempo que ha empezado a ponerlos. ◊ *Amér.* Apuesta en una carrera de caballos. ◊ **de agua.** Ave zancuda del tamaño de la codorniz y con plumaje algo parecido. ◊ Ave zancuda, con plumaje rojizo, verdoso en las partes superiores y ceniciento azulado en las inferiores.

POLLACK, *Sydney* (n. 1932) Director cinematográfico norteam. *Danzad, danzad malditos, Memorias de África.*

POLLADA f. Conjunto de pollos que de una vez sacan las aves, particularmente las gallinas.

POLLAIUOLO, *Antonio Benci,* llamado DEL (h. 1432-1498) Pintor y escultor it. De sus esculturas destacan *Hércules y Anteo;* y de las pinturas, *San Sebastián.*

POLLASTRE m. fig. y fam. Jovenzuelo que se las echa de hombre.

POLLEAR intr. Empezar un muchacho o muchacha a hacer cosas propias de los jóvenes.

POLLERO, RA m. y f. Persona que tiene por oficio criar o vender pollos. ◊ f. Lugar o sitio en que se crían los pollos. ◊ Especie de cesto de mimbres o red, angosto de arriba y ancho de abajo, que sirve para criar los pollos y tenerlos guardados. ◊ Andador para niños, hecho de mimbres, que tenía forma de campana. ◊ *Amér.* Falda externa del vestido femenino.

POLLINO, NA m. y f. Cría del asno. ◊ P. ext., cualquier borrico.

POLLO m. Cría que sacan de cada huevo las aves, y particularmente las gallinas. ◊ fig. y fam. Persona de pocos años. ◊ POLLERÍA.

POLLOCK, *Jackson* (1912-1956) Pintor norteam. En sus inicios, influido por Picasso y Matisse: *Macho y hembra, Pasífae.* En 1950 inicia un periodo de formas abstractas (*Eco*) y de grandes telas coloreadas (*Convergencia, Postes azules, Abismo y océano color gris*).

POLO m. Cualquiera de los dos extremos del eje de rotación o de un diámetro máx. de una esfera o cuerpo redondeado. ◊ En geometría analítica o proyectiva, polar. ◊ *Geog.* Extremos del eje imaginario de rotación de la Tierra. ◊ Región contigua a un polo terrestre.

◊ fig. Nombre comercial de un helado en forma de prisma o tronco de pirámide cuadrangular, que se sujeta por un palillo hincado en su base. ◊ fig. Aquello en que estriba una cosa y sirve como fundamento a otra. ◊ fig. Término absolutamente opuesto a otro. ◊ Deporte que se practica a caballo, entre dos equipos, y que consiste en impulsar una pelota hasta la meta contraria con un mazo. ◊ Jersey de cuello cimasero que se abrocha hasta la altura del pecho. ◊ *El.* Cada uno de los bornes del circuito de un generador, que sirven para conectar éste con el exterior. ◊ **celeste.** *Astr.* Cada uno de los puntos en los que la prolongación del eje terrestre corta a la esfera celeste. ◊ **de desarrollo.** P. industrial. ◊ **de un círculo en la esfera.** Cualquiera de los dos extremos del diámetro perpendicular al plano del círculo mismo. ◊ **magnético.** Carga magnética. ◊ En geofísica, cada uno de los puntos en los que el teórico eje geomagnético corta la superficie terrestre. ◊ **Norte.** Extremo septentrional del eje imaginario de rotación de la Tierra. ◊ **Sur.** Extremo meridional del eje imaginario de rotación de la Tierra.

POLO, *Marco* (1254-1324) Viajero veneciano. En 1271 inició un viaje a la China, cuya descripción le haría famoso. En la corte del emp. Qubilay Jan llegó a ocupar cargos de importancia.

POLOCHIC R. de Guatemala; 240 km. Nace en el cerro de Xucanelo y desemboca en el lago Izabal.

POLOLO m. *Chile.* Insecto fitófago que al volar produce un zumbido como el moscardón.

POLONÉS, SA adj. y s. Polaco. ◊ f. Danza cortesana de origen pol., de movimiento moderado y ritmo ternario, muy marcado.

POLONIA (*Polska Rzeczpospolita Ludowa*) Estado de Europa centrooriental, junto al Báltico. Lenguas: polaco (of.), al. *Rel.:* cristianismo católico (mayoritaria), ortodoxo y protestante, judaísmo. U.M.: el zloty. Cap.: Varsovia. C. prales.: Lodz, Cracovia, Wroclaw, Poznan, Gdansk.

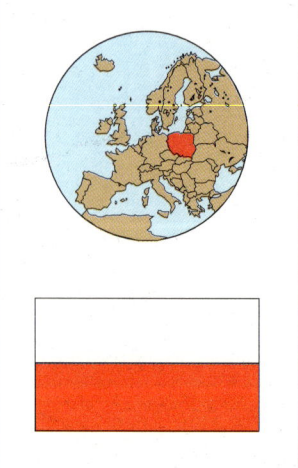
Mapa de situación y bandera de **Polonia**

POLONIA

Superficie	312 685 km²
Población 38 244 000 hab. (122 hab./km²)	
Recursos económicos	
Avena	1 873 000 t
Cebada	4 257 000 t
Centeno	5 899 000 t
Patatas	29 038 000 t
Trigo	9 269 000 t
Ganadería y derivados	
Cabaña bovina	8 844 000 cabezas
Cabaña caballar	939 000 cabezas
Carne	2 928 000 t
Riqueza forestal	19 622 000 m³
Pesca	473 011 t
Producción minera	
Carbón	147 136 000 t
Cinc	145 000 t
Cobre	320 000 t
Lignito	68 000 000 t
Plata	867 t
Plomo	47 000 t
Producción industrial	
Acero	10 403 000 t
Ácido sulfúrico	1 721 000 t
Azúcar	1 587 000 t
Cerveza	11 300 000 hl
Fertilizantes	1 303 500 t
Hierro colado	6 355 000 t
Naval	225 000 t
Indicadores sociológicos	
PNB	70 640 millones de dólares
Renta per cápita	1 830 dólares
Esperanza de vida	72 años
Alfabetismo	99 %

□ *Geog.* En conjunto, su suelo es poco elevado. Los Cárpatos pol. están divididos en dos grandes secciones, Beskides Orientales y Beskides Occidentales, alineados en altas crestas (Babia Gora, 1 725 m). Al SO se elevan los Sudetes. En el N se encuentran numerosos lagos de origen glaciar. El pral. río es el Vístula, que recibe numerosos afl. (Nida, San, Wieprz, Pilica, Bug, etc.). El r. Oder u Odra recibe el Warta engrosado por el Notec. Clima continental. La base productiva es en buena parte la agricultura (centeno, trigo, cebada, avena, patatas, remolacha azucarera). Ganadería porcina y bovina. Carbón (Alta Silesia), lignito, cobre, plomo y azufre, gas natural, sal gema. Ind. metalúrgica, maquinaria eléctrica y agrícola y de material ferroviario, la ind. automovilística, los astilleros (Gdansk, Gdynia y Szczecin) y las ind. textil y química.

□ *Hist.* Polonia fue invadida por tribus germánicas y eslavas, por los hunos y por los ávaros. En el s. X, el príncipe Mieszko I sentó las bases del Estado pol. El s. XVI fue el siglo de oro del Est. polaco-lituano. La rebelión de los cosacos de Ucrania, en 1648, propició la intervención rusa en P. En 1772 la intervención conjunta de Rusia, Prusia y Austria impuso el primer reparto de Polonia (1772). La dieta votó una nueva constitución monárquica, pero de nuevo intervinieron Rusia y Prusia, que impusieron un nuevo reparto (1793). Aún se produjo un tercer reparto (1795), tras el fracaso de la rebelión de 1794, que supuso la desaparición de P. como nación. Al finalizar la I Guerra

Mundial, durante la cual fue invadida por fuerzas al. y austr., P. se declaró indep. El general Pilsudski asumió la jefatura del Est. Recuperó una parte de Bielorrusia y se proclamó dictador (1926). En 1939 Hitler invadió P. Durante la II Guerra Mundial fue ocupada por Alemania y la URSS. Finalizada ésta, el comité de liberación nacional se convirtió en un gobierno provisional que derivó en la creación de una democracia popular. El levantamiento popular de Poznan (1956) abrió un periodo de liberalización. La caída de Gomulka (1970) y su sustitución por Gierek se debió a las protestas por la falta de libertades y la carestía de los productos básicos. En 1980 se produjo una gran oleada de huelgas, dirigidas por el sindicato Solidaridad y su líder L. Walesa, que consiguieron reformas profundas. Gierek fue sustituido por S. Kania y éste por el general Jaruzelski, quien en 1981 dio un golpe de estado con la ayuda del ejército. En 1985 Jaruzelski cedió la jefatura del gobierno a Z. Messner y asumió la del Est. En 1988 las huelgas obligaron al gobierno a legalizar Solidaridad y a convocar elecciones en 1989, que dieron la presid. a Walesa (1990). En 1995 Walesa fue relevado por el ex comunista A. Kwasniewski (reelegido en 2000). La derecha recuperó el poder en 1997 con J. Buzek como primer ministro. En 1999 P. entró en la OTAN. Tras las elecciones generales de 2001 L. Miller asumió como primer ministro, pero dimitió en 2004 después de que P. ingresara en la Unión Europea. Lo sustituyó en el cargo M. Belka.

POLONIO m. *Quím.* Elemento de símb. Po y n. a. 84. Sin isótopos estables; elevada radiactividad.

POLTAVA C. de Ucrania; 302 000 hab. Centro agrícola.

POLTRÓN, NA adj. Flojo, perezoso, haragán, enemigo del trabajo. ◊ f. Sillón amplio y confortable, de brazos bajos.

POLUCIÓN f. Emisión seminal espontánea, durante el sueño, gralte. unida a sueños eróticos. ◊ Contaminación intensa del aire, agua, etc., con sustancias extrañas, producida por residuos de procesos industriales o biológicos.

POLUTO, TA adj. Sucio, inmundo.

POLVAREDA f. Polvo que se levanta de la tierra por el viento o por otra causa cualquiera. ◊ fig. Efecto causado entre las gentes por dichos o hechos que las alteran o apasionan.

POLVERA f. Vaso de tocador, que sirve para contener los polvos y la borla con que suelen aplicarse.

POLVO m. Parte más menuda y deshecha de la tierra muy seca, que con cualquier movimiento se levanta en el aire . ◊ Lo que queda de otras cosas sólidas, moliéndolas hasta reducirlas a partes muy menudas. ◊ Partículas de sólidos que flotan en el aire y se posan sobre los objetos. ◊ fam. Coito. ◊ **cósmico.** *Astr.* Materia difundida o condensada que forma parte de las nebulosas, constituida por los gases interestelares, los aglomerados de partículas (de 1 000 Å de diámetro) y el polvo cósmico. ❏ POLVORIENTO, POLVOROSO, SA.

PÓLVORA f. *Quím.* Explosivo compuesto por varias sustancias susceptibles de desarrollar súbitamente una poderosa fuerza expansiva, con desprendimiento de una gran masa gaseosa a elevada temperatura por efecto de una reacción química. ◊ fig. Conjunto de fuegos artificiales que se disparan en una celebridad. ◊ **de algodón.** La que se hace con la borra de esta planta, impregnada de los ácidos nítrico y sulfúrico. ◊ **negra.** Compuesta por nitrato potásico (75 %), carbón vegetal (12,5 %) y azufre (12,5 %).

POLVOREAR tr. Echar, esparcir o derramar polvo o polvos sobre una cosa.

POLVORÍN m. Lugar o edificio convenientemente dispuesto para guardar la pólvora y otros explosivos.

PÓLVORÓN m. Torta, gralte. pequeña, de harina, manteca y azúcar, cocida en horno fuerte y que se deshace en polvo al comerla.

POMA f. Fruta de árbol. ◊ Manzana, fruto. ◊ Casta de manzana pequeña y chata, de color verdoso y de buen gusto. ◊ Pomo para perfumes y cajita en que se lleva.

POMA de Ayala, Felipe Huamán (1534-1615) Cronista per. *Nueva Crónica, Buen gobierno.*

POMADA f. Preparado medicamentoso de uso externo, presentado en forma de masa blanda en la que los principios activos están incluidos en una mezcla de grasas animales.

POMAR m. Sitio o huerta donde hay árboles frutales, en especial manzanos.

POMARROSA f. Fruto del yambo, de color amarillento con partes rosadas, sabor dulce y olor de rosa.

POMBAL, Sebastião José de Carvalho e Melo, MARQUÉS DE (1699-1782) Político port. Nombrado primer ministro por José I en 1755, dirigió el país, según los postulados del despotismo ilustrado.

POMBO, Rafael (1833-1912) Poeta y crítico col. *Preludio de primavera, Eva de los aires, La hora de las tinieblas.*

POMELO m. Planta arbórea de copa redondeada, hojas simples, ovaladas, y frutos amarillos, de sabor agridulce, empleados frescos o en confitura. ◊ Fruto de esta planta. ◊ *Amér.* Toronja.

POMERANIA (al., *Pommern*; pol., *Pomorze*) Región del N de Europa, junto al Báltico. C. prales.: Szczecin y Gdansk. Entidad territorial político-administrativa al. Desde 1945, se halla repartida entre Polonia y Alemania.

POMO m. *Bot.* Fruto de ciertas rosáceas, como el membrillo, el manzano, etc., constituido por un cuerpo apergaminado, resultado de la concreción de los tejidos internos de los carpelos. ◊ Frasco pequeño para perfumes. ◊ Pieza redondeada que sirve de tirador para puertas, armarios, etc.

POMOL m. *Méx.* Tortilla de harina de maíz.

POMONA *Mit.* Diosa etrusca y rom. de los huertos, los árboles frutales y el otoño.

POMPA f. Acompañamiento suntuoso y de gran aparato, que se hace en una función. ◊ Fausto, vanidad y grandeza. ◊ Procesión solemne. ◊ Burbuja de aire que forma el agua.

POMPADOUR, Jeanne Antoinette Poisson, MARQUESA DE (1721-1764) Dama fr., amante de Luis XV. Alentó la publicación de la Enciclopedia.

POMPEYA Ant. c. de Campania, sit. cerca del Vesubio. Sepultada en el año 79 por la erupción del volcán. Las ex

Marquesa de **Pompadour**

cavaciones han revelado la forma de vida y el arte rom.

POMPEYO, Magno, Cneo (*Pompeyo el Grande*, 106 a. C.-48 a. C.) Noble rom. Nombrado cónsul en 84. En 60 formó el primer triunvirato con César y Craso. Quiso privar a César de su poder y tuvo que huir a Grecia.

POMPIDOU, Georges Jean Raymond (1911-1974) Político fr. De Gaulle le nombró jefe de gobierno (1962-1968). Al retirarse éste de la política, fue elegido presid. de la rep. (1969-1974).

POMPOSO, SA adj. Ostentoso, magnífico, grave y autorizado. ◊ Hueco, hinchado. ◊ fig. Díc. del lenguaje, estilo, etc., ampuloso y grandilocuente. ❏ POMPOSIDAD.

PÓMULO m. Hueso y prominencia de cada una de las mejillas. ◊ Parte del rostro correspondiente a este hueso.

PONCE C. y puerto de Puerto Rico, cap. del distrito hom.; 176 100 hab. Exportación de azúcar y tabaco. Ind. alimentarias.

PONCE, Aníbal (1898-1938) Escultor arg. *La vejez de Sarmiento, Educación y lucha de clases.* ◊ **Manuel María** (1882-1948) Compositor mex. *Balada mexicana, Chapultepec, Concierto del Sur.* ◊ **De León, Juan** (1460-1521) Conquistador esp. Participó en la conquista de La Española y de Borinquén (Puerto Rico). Nombrado gobernador en 1510, fue depuesto al año siguiente. En 1513 llegó a la pen. que llamó Florida. ◊ **Enríquez, Camilo** (1912-1976) Político ecuat., conservador. Fundador del Partido Social Cristiano. Presid. (1956-1960).

PONCELET, Jean Victor (1788-1867) Geómetra fr. Se ocupó preferentemente de la geometría proyectiva. Se le debe el imp. principio de dualidad o de P., por el que todo enunciado de geometría proyectiva plana permanece válido si se sustituyen los puntos por rectas, éstas por puntos y viceversa.

PONCHE m. Bebida que se hace mezclando ron u otro licor espiritoso con agua, limón y azúcar. A veces se le añade té.

PONCHIELLI, Amilcare (1834-1886) Compositor y autor de óperas: *La Gioconda, Los moros de Venecia, Marion Delorme.*

PONCHO m. *Amér.* Prenda de abrigo que consiste en una manta cuadrangu

POP ART

El pop art surgió en oposición al hermetismo del arte abstracto. Tomaba su inspiración y sus motivos de la ingente producción de imágenes generada por la sociedad de consumo

Pintura de dormitorio, por Wesselmann. Iqnis Gallery, Sidney

El sentimentalismo estereotipado del cómic, su violencia romántica y su imaginación desbordante fascinaron a los artistas pop. Algunos lograban efectos muy especiales ampliando una pequeña viñeta a gran formato. En la fotografía, *Muchacha con lágrima III*, por Lichtenstein (colección particular)

En el grupo *Paraíso*, situado en un parque de Estocolmo, pueden observarse las exuberantes figuras femeninas de Niki de Saint Phalle

lar de lana tosca, con una abertura en el centro, por donde pasa la cabeza, y que cuelga desde los hombros hasta la cintura. ◊ Especie de capote de monte. ◊ Capote militar con mangas y esclavina, ceñido al cuerpo con cinturón.

PONDERAR tr. Determinar el peso de una cosa. ◊ Examinar con cuidado algún asunto. ◊ Exagerar, encarecer. ◊ Contrapesar, equilibrar. ❑ PONDERABLE; PONDERACIÓN; PONDERADO, DA.

PONDICHERRY (*Puttuchcheri*) Terr. del SE de la India que limita al E con el golfo de Bengala; 480 km², 807 000 hab. Cap., la c. hom.; 202 600 hab. Terrenos aluviales y llanos. Arroz, caña de azúcar y mijo.

PONEDERO, RA adj. Que se puede poner o está para ponerse. ◊ Díc. de las aves que ya ponen huevos. ◊ m. Nidal, lugar destinado para que pongan huevos las gallinas y otras aves.

PONENCIA f. Encargo dado al ponente; función de ponente. ◊ Persona o comisión designada para actuar como ponente. ◊ Informe o dictamen dado por el ponente ◊ Comunicación o propuesta sobre un tema concreto que se somete al examen y resolución de una asamblea.

PONENTE adj. y s. Díc. del magistrado, funcionario o miembro de un cuerpo colegiado o asamblea a quien se designa para hacer relación de un asunto y proponer la resolución.

PONER tr. y prnl. Colocar en un sitio o lugar una persona o cosa, o disponerla en el lugar o grado que debe tener. ◊ Disponer una cosa con lo que necesita para algún fin. ◊ Contar o determinar. ◊ Admitir un supuesto o hipótesis. ◊ Apostar una cantidad. ◊ Dejar una cosa a la resolución, arbitrio o disposición de otro. ◊ Escribir una cosa en el papel. ◊ Soltar o deponer el huevo las aves. ◊ tr. y prnl. Dedicar a uno a un empleo u oficio. ◊ tr. Representar una obra de teatro; proyectar una película. ◊ Aplicar, adaptar. ◊ Tratándose de nombres, motes, etc., aplicarlos a personas o cosas. ◊ tr. Montar, establecer, instalar. ◊ Con la prep. *a* y el infinitivo de otro verbo, empezar a ejecutar la acción de lo que el verbo significa. ◊ prnl. Vestirse o ataviarse. ◊ Mancharse o llenarse. ◊ Hablando de los astros, ocultarse debajo del horizonte. ❑ PONEDOR, RA.

PÓNEY m. Nombre que se da a ciertos caballos de poca alzada.

PONFERRADA Mun. esp., en la prov. de León; 62 175 hab. Volframio y carbón.

PONGO m. *Bol.*, *Chile*, *Ecuad.* y *Perú*. Indio que hace oficios de criado. ◊ *Ecuad.* y *Perú*. Paso angosto y peligroso de un río.

PONIATOWSKA, Elena (n. 1933) Escritora y periodista mex. *La noche de Tlatelolco.*

PONIATOWSKI Familia noble pol.; destacan en ella: **Estanislao II Augusto** (1732-1798), último rey de Polonia; **Józef** (1763-1813), príncipe. Nombrado por Napoleón ministro de la Guerra del ducado de Varsovia.

PONIENTE m. Occidente, punto cardinal. ◊ Viento que sopla de la parte occidental.

PONSON du Terrail, Pierre-Alexis (1829-1871) Novelista fr. Cultivó el gén. folletinesco. *Rocambole.*

PONTA DELGADA Cap. de las Azores, sit. en la isla de San Miguel; 21 800 hab. Puerto. Centro turístico.

PONTA GROSSA C. de Brasil, en el est. de Paraná; 152 600 hab. Ind. alimentarias.

PONTEVEDRA Prov. esp., en la com. autón. de Galicia; 4 477 km², 903 759 hab. Cap., la c. hom. C. pral.: Vigo. Pesca. Maíz, patatas, centeno, cultivos hortícolas. Ganado vacuno, porcino. Estaño, volframio. Ind. conservera, cárnica, de la piel. ◊ C. de España, cap. de la prov. hom., 74 942 hab. Ind. derivadas de la madera, metalúrgicas, químicas y conserveras.

PONTIANAK C. y puerto de Indonesia, en la costa occidental de la isla de Borneo, cap. de Kalimantan Occidental ; 304 800 hab. Puerto exportador. Centro comercial.

PONTIFICADO m. Dignidad de pontífice. ◊ Tiempo que dura esta dignidad. ◊ Tiempo que un obispo permanece en el gobierno de su diócesis.

PONTIFICAL adj. Relativo al pontífice. ◊ Relativo a un obispo o arzobispo. ◊ m. Conjunto de ornamentos que sirven al obispo para la celebración de los oficios divinos. También se usa en pl. ◊ Libro que contiene las ceremonias pontificias y las de las funciones episcopales.

PONTIFICAR intr. Celebrar funciones litúrgicas con rito pontifical. ◊ fig. Dogmatizar, afirmar con presunción, presentando como innegables principios sujetos a examen.

PONTÍFICE m. Magistrado sacerdotal que presidía los ritos en la ant. Roma. ◊ Obispo o arzobispo de una diócesis. ◊ P. ant., prelado supremo de la Iglesia católica rom. ❑ PONTIFICIO, CIA.

PONTO Euxino Ant. nombre del mar Negro.

PONTÓN m. Barco chato para pasar los ríos o construir puentes. ◊ Puente formado de maderos o de una sola tabla. ❑ PONTONERO.

PONTORMO, Jacopo Carrucci, llamado *Il* (1494-1557) Pintor manierista it. *Descendimiento*, *Visitación*.

PONZOÑA f. Sustancia que tiene en sí cualidades nocivas a la salud, o destructivas de la vida. ❑ PONZOÑOSO, SA.

POO, Fernando (s. XV) Explorador port. Descubrió la isla de su nombre (1472), en la actualidad Bioko.

POOL (voz ing.) m. *Econ*. Asociación temporal de empresas, gralte. dentro de un mismo sector industrial, para asegurar un mercado o mantener unos precios.

POOLE C. de Gran Bretaña, en Inglaterra, en el condado de Dorset; 118 900 hab. Centro industrial. Astilleros. Puerto.

POONA C. de la India, en el est. de Maharashtra; 1 203 400 hab. Centro militar, industrial y comercial.

POOPÓ Lago de Bolivia, en la prov. de Oruro; 3 130 km². Comunica el lago Titicaca con el Coipasa.

POP (voz ing.) adj. y m. Díc. de la música ligera electrificada y con fondo rítmico.

POP Art Tendencia artística desarrollada en EE UU, pralm. durante la década de los 60. Consistente en un neofigurativismo que ha desenmascarado los significados ocultos de los objetos que nos rodean. Destacan Rauschenberg, Warhol, Lichtenstein y Segal.

POPA f. Parte posterior de las naves, donde se coloca el timón o están las cámaras o habitaciones principales.

POPAYÁN C. de Colombia, cap. del dpto. del Cauca; 212 359 hab. Ind. alimentarias y madereras.

POPE m. Sacerdote de la iglesia ortodoxa.

POPE, Alexander (1688-1744) Poeta neoclásico ing. En su poema *El rizo robado* satiriza humorísticamente a la alta sociedad ing. de su tiempo. Escribió también *Essay on Criticism, Pastorales, Ensayo sobre el hombre.*

POPEA, Sabina (m. 65) Emperatriz rom. Amante de Nerón, consiguió que éste repudiara a Octavia y se casase con ella.

POPELÍN m. Tejido delgado y fino, de algodón o seda, de trama más gruesa que la urdimbre.

POPOCATÉPETL Volcán de México. Sit. en la cordillera Neovolcánica, al SE de Ciudad de México; 5 452 m.

POPOL Vuh Escrito que registra las tradiciones mitológicas (creación del hombre y del mundo) y el pensamiento de los mayas quichés, y noticias de los pueblos indígenas de Guatemala.

POPOLOCA adj. y s. Díc. de un pueblo amerindio que vive en el est. de Puebla, en México.

POPOTE m. Especie de paja, similar al bálago, con la que en México hacen escobas. ❏ *Méx.* POPOTAL.

POPPER, Karl Raimund (1902-1994) Filósofo neopositivista austr. Interesado por la lógica y la metodología científica. *La sociedad abierta y sus enemigos, La miseria del historicismo, La lógica de la investigación científica.*

POPULACHO m. despect. Lo ínfimo de la plebe. ❏ POPULACHERO, RA.

POPULAR adj. Relativo al pueblo. ◊ adj. y s. Del pueblo o de la plebe. ◊ adj. Que gusta al pueblo. ◊ Que está muy difundido entre el pueblo.

POPULARIZAR tr. y prnl. Acreditar a una persona o cosa, extender su estimación en el concepto público. ◊ Dar carácter popular a una cosa. ❏ POPULARIDAD; POPULARIZACIÓN.

POPULISMO m. *Pol.* Doctrina que se propone defender los intereses del pueblo en su conjunto, sin distinguir entre clase obrera, pequeña burguesía y campesinado. Como mov. organizado nació en Rusia en 1860. Post. han aparecido otros tipos de p. (getulismo en Brasil, aprismo en Perú, justicialismo en Argentina). ❏ POPULISTA.

POPULOSO, SA adj. Aplícase a la provincia, ciudad, villa o lugar muy poblados.

POPURRI m. *Mús.* Composición formada de fragmentos o temas de obras diversas. ◊ Conjunto de cosas diversas.

POPUSA f. *Bol., Guat.* y *Salv.* Tortilla de maíz rellena de queso o de trocitos de carne.

POQUEDAD f. Escasez, cortedad o miseria; corta porción o cantidad de una cosa. ◊ Timidez, pusilanimidad y falta de espíritu. ◊ Cosa de ningún valor o de poca entidad.

POQUELIN, Jean-Baptiste ⤳ Molière.

PÓQUER m. Juego de naipes de origen norteam.; es juego de envite, y gana el que, con los cinco naipes que recibe, reúne la combinación superior de las varias establecidas.

POR prep. con que se indica la persona agente en las oraciones en pasiva. ◊ Se junta con los nombres de lugar para determinar tránsito por ellos. ◊ Indica tiempo o lugar aproximados. ◊ En clase o calidad de. ◊ Se usa para de notar la causa. ◊ Se usa para denotar el medio de ejecutar una cosa. ◊ Denota el modo de ejecutar una cosa. ◊ Se usa para denotar el precio o cuantía. ◊ A favor o en defensa de alguno. ◊ En lugar de. ◊ En juicio u opinión de. ◊ Junto con algunos nombres, denota que se da o reparte con igualdad una cosa. ◊ *Mat.* Denota multiplicación. ◊ También denota proporción. ◊ Úsase para comparar entre sí dos o más cosas. ◊ Con el infinitivo de otros verbos, denota la acción futura de estos mismos verbos. ◊ **Por que.** loc. conj. causal. Porque. ◊ loc. conj. final. Porque, para que. ◊ **Por qué.** m. adv. interrog. Por cuál razón, causa o motivo.

PORCELANA f. Especie de loza fina, trasparente y lustrosa. ◊ Vasija o figura de porcelana.

PORCENTAJE m. Tanto por ciento; proporción de una cantidad en relación a otra que se calcula sobre la centena. ❏ PORCENTUAL.

PORCHE m. Soportal, cobertizo. ◊ Espacio alto y por lo común enlosado que hay delante de algunos templos y palacios.

PORCINO, NA adj. Perteneciente al puerco. ◊ m. Puerco pequeño. ◊ Chichón.

PORCIÓN f. Cantidad separada de otra mayor. ◊ Pequeña cantidad de algo. ◊ fam. Núm. considerable e indeterminado de personas o cosas.

PORDIOSEAR intr. Mendigar o pedir limosna de puerta en puerta. ◊ fig. Pedir porfiadamente y con humildad una cosa. ❏ PORDIOSEO o PORDIOSERÍA; PORDIOSERO, RA.

PORFIADO, DA adj. y s. Terco, obstinado; que se mantiene en sus puntos de vista.

PORFIAR intr. Disputar obstinadamente y con tenacidad. ◊ Importunar. ◊ Continuar insistentemente una acción. ❏ PORFÍA; PORFIADOR, RA.

PÓRFIDO, DA adj. y m. *Geol.* Díc. de la roca eruptiva con grandes fenocristales de cuarzo o feldespato alcalino, inmersos en una pasta microcristalina. ❏ PORFÍDICO, CA.

PORFIRIATO m. Periodo de la historia de México que abarca la dictadura de Porfirio ⤳ Díaz (1877-1911).

PORFIRIO (h. 232-h. 304) Filósofo gr., nacido en Tiro. Neoplatónico. Trató de armonizar las filosofías de Platón, Aristóteles y Plotino. *Isagoge.*

PORÍFERO, RA adj. y m. Díc. de animales pluricelulares de estructura muy simple, conocidos comúnmente como esponjas.

PORMENOR m. Reunión de circunstancias menudas y particulares de una cosa. Suele usarse en pl. ◊ Cosa o circunstancia secundaria en un asunto.

PORMENORIZAR tr. Describir o enumerar minuciosamente.

PORNOGRAFÍA f. Tratado acerca de la prostitución. ◊ Carácter obsceno de obras literarias o artísticas. ◊ Obra literaria o artística de este carácter. ◊ Conducta o acción obscenas. ❏ PORNOGRÁFICO, CA.

PORO m. Espacio entre las moléculas de un cuerpo. ◊ Intersticio entre las fibras, granos o partículas de una materia sólida. ◊ Orificio, en la piel de los mamíferos, que constituye el conducto excretor de las glándulas sudoríparas. ◊ *R. de la Plata.* Calabaza en forma de pera y con cuello, que sirve para diversos usos, especialmente para cebar mate. ❏ POROSIDAD; POROSO, SA.

POROTO (voz quechua) m. *Amér. Merid.* Especie de alubia, en numerosas variedades de diverso color y tamaño. ◊ fig. *Amér.* Persona insignificante.

PORQUE conj. causal. Por causa o razón de que. ◊ conj. final. Para que.

PORQUÉ m. fam. Causa, razón o motivo.

PORQUERÍA f. fam. Suciedad, inmundicia o basura. ◊ fam. Acción sucia o indecente. ◊ fam. Grosería. ◊ fam. Cualquier cosa de poco valor.

PORQUERIZA f. Sitio o pocilga donde se crían y recogen los puercos.

PORQUERO m. El que guarda los puercos.

PORRA f. Clava. ◊ Cachiporra. ◊ Arma contundente formada por un cilindro de acero revestido de caucho, con una empuñadura. ◊ Martillo de bocas iguales y mango largo algo flexi-

Vista del volcán **Popocatépetl**

ble, que se maneja con las dos manos a la vez. ◊ Fruta de sartén semejante al churro, pero más gruesa.

PORRADA f. Porrazo. ◊ Conjunto o montón de cosas, cuando es muy abundante.

PORRAS, Belisario (1858-1942) Político pan. Presid. (1912-1916, 1918 y 1920-1924). ◊ **Barrenechea, Raúl** (1900-1960) Historiador y político per. *Archivo diplomático peruano.*

PORRAZO m. Golpe dado con la porra. ◊ P. ext., golpe dado con otro instrumento. ◊ El que se recibe por una caída, o por topar con un cuerpo duro.

PORRO m. Puerro. ◊ fam. Cigarrillo hecho mezclando tabaco y alguna droga, como el hachís.

PORRÓN m. Vasija de vidrio, con un cuello por donde se ase y un largo pitorro que arranca de la parte más abultada, y que se usa para beber vino a chorro. ◊ *Zool.* Ave marina, de pico ancho y dedos unidos por membranas, caracterizada por su capacidad para chapotear sobre el agua al levantar el vuelo y para bucear.

PORT ARTHUR (*Lüshun*) C. y puerto de China (prov. de Liaoning). En 1898 China la alquiló a Rusia. Más tarde fue arrendada por Japón. China desde 1945.

PORT ELIZABETH C. de la República Sudafricana, en la prov. de El Cabo; 386 400 hab. Puerto. Ind. textil y del automóvil.

PORT LOUIS Cap. del Est. y de la isla Mauricio; 139 400 hab. Puerto exportador. Ind. azucareras. Jardín botánico.

PORT MORESBY Cap. y puerto pral. de Papua-Nueva Guinea; 144 000 hab. Centro industrial. Refinería de petróleo. Astilleros. Puerto exportador.

PORT OF SPAIN Cap. de Trinidad y Tobago; 67 900 hab. Exportación de cacao y azúcar.

PORT SAID (*Bur Said*) C. y puerto de Egipto, sit. en la entrada del canal de Suez; 342 000 hab. Astilleros; refinerías de petróleo. Ind. químicas y del tabaco.

PORT SUDÁN C. y puerto de Sudán, a orillas del mar Rojo; 207 000 hab. Refinería de petróleo.

PORTA f. *Mar.* Abertura, a modo de ventanas, en los costados y la popa de los buques.

PORTA, Giacomo Della (h. 1535-1602) Arquitecto it. Realizó la cúpula de San Pedro proyectada por Miguel Ángel.

Port Moresby. Vista de la bahía

PORTAAVIONES m. *Mil.* Buque destinado al transporte de aviones y dotado de una plataforma que sirve de pista para la elevación y recogida en plena navegación.

PORTADA f. Ornato de arquitectura que se hace en las fachadas prales. de los edificios suntuosos. ◊ *Art. Gráf.* Primera plana de los libros impresos.

PORTADILLA f. *Art. Gráf.* Anteportada. ◊ *Art. Gráf.* Hoja en que sólo se pone el título de la parte inmediata siguiente.

PORTADOR, RA adj. y s. Que lleva o trae una cosa de una parte a otra. ◊ m. Tenedor de efectos públicos o valores comerciales que no son nominativos, sino transmisibles sin endoso, por estar emitidos a favor de quienquiera que sea poseedor de ellos. ◊ Persona que lleva en su cuerpo el germen de una enfermedad y actúa como propagador de la misma.

PORTAEQUIPAJE m. Espacio que, cubierto por una tapa, suelen tener los automóviles de turismo para guardar la rueda de repuesto, las herramientas y el equipaje. ◊ Baca de los automóviles.

PORTAESTANDARTE m. Oficial que lleva el estandarte de un regimiento de caballería.

PORTAFOLIOS m. Cartera, carpeta o bolsa para guardar documentos o papeles.

PORTAHELICÓPTEROS m. *Mil.* Buque para el transporte de helicópteros.

PORTAL m. Zaguán o primera pieza de la casa. ◊ Soportal, atrio cubierto. ◊ Pórtico de un templo o de un edificio suntuoso. ◊ Puerta de una ciudad. ◊ **de Belén.** Nacimiento, belén.

PORTALÁMPARA m. Accesorio que sostiene la bombilla eléctrica y establece el contacto entre ésta y la red.

PORTALES, Diego (1793-1837) Político chil. Líder del grupo de los estanqueros, impuso la constitución autoritaria de 1833. Desde 1835 implantó un régimen dictatorial. Derrocado por un golpe militar y fusilado.

PORTALÓN m. Puerta grande de los palacios, que cierra un patio descubierto. ◊ *Mar.* Abertura en el costado de un buque para la entrada y salida de personas y cosas.

PORTAMONEDAS m. Bolsita o cartera para llevar dinero suelto.

PORTANTE adj. y s. Díc. de los cuadrúpedos que amblan. ◊ adj. Díc. del aire de ambladura. ◊ m. Ambladura. ◊ Andares y piernas del hombre.

PORTAOBJETO m. Pieza del microscopio en que se coloca el objeto para observarlo.

PORTAPAQUETES m. Accesorio que se coloca tras el asiento de bicicletas o motos para transportar pequeños paquetes.

PORTAR tr. Traer el perro al cazador la pieza cobrada, herida o muerta. ◊ prnl. Con los adv. *bien, mal* u otros parecidos, comportarse, conducirse de la manera que se indica. ◊ Proceder con liberalidad y franqueza. ◊ P. ext., distinguirse, quedar con lucimiento en cualquier empeño.

PORTARRETRATO m. Marco para colocar retratos.

PORTÁTIL adj. y s. Movible y fácil de transportar. ◊ m. Lamparilla portátil.

PORTAVOZ m. *Mil.* Bocina que usan

los jefes para mandar la maniobra al tender los puentes militares. ◊ fig. El que representa a una colectividad o lleva su voz. ◊ fig. Funcionario autorizado para divulgar oficiosamente la opinión del gobierno acerca de un asunto determinado.

PORTAZGO m. Derechos que se pagan por pasar por un sitio determinado de un camino. ◊ Sitio donde se cobran.

PORTAZO m. Golpe recio que se da con la puerta, o el que ésta da movida del viento. ◊ Acción de cerrar la puerta con violencia para desairar a uno.

PORT-BLAIR C. de la India, cap. del terr. de Andamán y Nicobar; 74 800 hab.

PORTE m. Acción de portear o conducir algo por un precio convenido. ◊ Cantidad que se da o paga por llevar o transportar una cosa de un lugar a otro. Se usa más en pl. ◊ Modo de portarse en conducta y acciones. ◊ Buena o mala disposición de una persona, y mejor o peor impresión que causa.

PORTEAR tr. Conducir de una parte a otra una cosa por el porte o precio convenido. ◊ prnl. Pasarse de una parte a otra. ❑ PORTEADOR, RA; PORTEO.

PORTELA Valladares, Manuel (1868-1952) Político conservador esp. Presid. del gobierno de la II República en 1935.

PORTENTO m. Cualquier cosa, acción o suceso singular que por su extrañeza o novedad causa admiración o terror. ❑ PORTENTOSO, SA.

PORTEÑO, ÑA adj. y s. De Buenos Aires (Argentina), Puerto Carreño (Colombia) y Valparaíso (Chile).

PORTERÍA f. Pabellón, garita o pieza del zaguán de los edificios o establecimientos donde se halla el portero. ◊ *Dep.* En el juego del fútbol y otros semejantes, marco rectangular formado por dos postes y un larguero, por el cual ha de entrar el balón para marcar tantos.

PORTERO, RA m. y f. Persona que tiene a su cuidado el guardar, cerrar y abrir las puertas, el aseo del portal o de otras habitaciones, etc. ◊ *Dep.* Jugador que en algunos deportes defiende la portería de su bando.

PORTES, Gil, Emilio (1891-1978) Político mex. Presid. provisional de la rep. después del asesinato del general Obregón (1928-1930).

Portería de hockey

PORTEZUELA f. Puerta de carruaje. ◊ Entre sastres, cartera, golpe.

PÓRTICO m. Sitio cubierto y con columnas que se construye delante de los templos u otros edificios suntuosos. ◊ Galería con arcadas o columnas a lo largo de un muro de fachada o de patio.

PORTILLO m. Abertura que hay en las murallas, paredes o tapias. ◊ Postigo o puerta chica en otra mayor.

PORTILLO CABRERA, *Alfonso* (n. 1951) Político guat. Líder del Frente Republicano Guatemalteco. Ganó las elecciones presidenciales de 1999, y ocupó el cargo hasta enero de 2004.

PORTINARI, *Cándido* (1903-1962) Pintor bras. Murales en el palacio de la ONU (Nueva York), la iglesia de Minas Gerais y la catedral de Belo Horizonte.

PORTLAND adj. y m. Díc. de una variedad de cemento.

PORTLAND Parroquia de Jamaica; 814 km², 70 800 hab.

PORTLAND C. de EE UU, en el est. de Oregón; 366 400 hab. Centro comercial, industrial y financiero.

PÔRTO ALEGRE C. y puerto del SE de Brasil, cap. del est. de Río Grande do Sul; 1 263 000 hab. Pral. centro comercial y exportador del S del país. Ind. química, textil, del cemento, del calzado.

PÔRTO VELHO C. de Brasil, cap. del est. de Rondônia; 286 000 hab. Madeira. Centro administrativo y comercial.

PORTOBELO C. de Panamá. Fundada en 1597. Puerto de escala de las flotas que comerciaban con España.

PORTOCARRERO, *Luis Manuel Fernández de* (1635-1709) Eclesiástico y político esp. Miembro de la junta de regencia que gobernó el país desde la muerte de Carlos II (1700) hasta la llegada de Felipe V. ◊ *René* (1912-1985) Pintor cub., abstracto. Entre sus obras predominan las marinas y los retratos. ◊ **Lasso de la Vega**, *Melchor*, CONDE DE LA MONCLOVA (1639-1705) Militar y administrador colonial esp. Virrey de Nueva España (1686-1688) y del Perú (1689-1705).

PORTOLÁ, *Gaspar de* (1717-1784) Conquistador esp. Gobernador de la Baja California, expulsó a los jesuitas.

PORTÓN m. Puerta que separa el zaguán del resto de la casa.

PORTO-NOVO Cap. de Benin; 144 000 hab. Puerto exportador (aceite de palma, copra) y algodón).

PORTOVIÉJO C. de Ecuador, cap. de la prov. de Manabí; 132 927 hab. Centro comercial agrícola. Ind. artesanal.

PORT-ROYAL Abadía fr. de monjas cistercienses fundada en 1204 en el valle de Chevreuse. Trasladada a París, desapareció (1711) por orden de Clemente XI al negarse las monjas a desechar el jansenismo.

PORTSMOUTH C. de Gran Bretaña, al S. de Inglaterra (Hampshire); 179 400 hab. Puerto y base naval. Astilleros.

PORTUARIO, RIA adj. Relativo al puerto de mar o a las obras del mismo.

PORTUGAL (*República Portuguesa*) Estado de Europa, en el extremo O de la Pen. Ibérica. Incluye en sus límites políticos los arch. de Azores y Madeira. Lengua: port. (of.). *Rel.*: catolicismo (mayoría), protestantismo. U.M.: euro. Cap.: Lisboa. C. prales: Oporto, Coimbra, Amadora, Setúbal.

□ *Geog. física*. El N es la zona más montañosa. La máx. alt. (Malhão, 1 991 m) se halla en la sierra de Estrella. Desde el Tajo el relieve sólo se ve alterado por las sierras de San Mamed, de Monchique y Caldeirão. La hidrografía incluye los cursos inferiores del Miño, Duero, Tajo y Guadiana, y los r. port. Vouga, Mondego y Sado. Clima continental y oceánico. □ *Geog. económica*. En agricultura, los productos prales. son el trigo, el maíz, las patatas, la vid (Oporto), el olivo, los productos hortícolas y frutícolas. Escaso desarrollo de la ganadería. Primer productor mundial de corcho. Las actividades pesqueras son muy imp. La ind. gira en torno a la transformación de los productos primarios (ind. algodonera, conservas de pescado, elaboración de vinos y aceites). Otras ramas imp. son la siderurgia y la metalurgia (cobre, estaño, plomo, aluminio). En Lisboa y Oporto existen plantas para la producción de cemento, petroquímicas y de energía eléctrica. Industria turística en ascenso. □ *Hist*. El terr. port. fue invadido por celtas, lusitanos, rom., suevos, visigodos y árabes. El Est. port. tuvo su origen en el condado Portucalense, que en el s. XI fue cedido por Alfonso VI de Castilla a su hija Teresa. Un hijo de ésta, Alfonso Henriques, asumió la titularidad del reino con el nombre de Alfonso I (1139). Con la dinastía de Avis, salida de la guerra civil de finales del XIV, tuvo lugar el impulso marítimo que transformó a P. en una potencia colonial. En menos de un siglo los terr. ultramarinos incluían zonas de África, Asia y América. En 1580 el rey Sebastián murió sin descendencia y la corona pasó a Felipe II de España. En 1640 se proclamó la nueva indep. La explotación colonial se centró en Brasil hasta su emancipación en 1822. En 1820 estalló una revolución liberal que elaboró una nueva constitución. Al morir Juan VI se planteó la rivalidad entre sus hijos y entre liberales y conservadores, hasta que en 1851 se hizo con el poder un movimiento militar (el Regeneracionismo). En 1910 se proclamó la rep. Siguió un periodo de inestabilidad y pronun-

PORTUGAL	
Superficie	91 985 km²
Población	9 600 000 hab. (105 hab./km²)
Recursos económicos	
Aceite de oliva	26 000 t
Aceitunas	296 000 t
Naranjas	135 000 t
Trigo	323 000 t
Uva	1 450 000 t
Vino	9 910 000 hl
Ganadería	
Cabaña bovina	1 375 000 cabezas
Cabaña porcina	2 644 000 cabezas
Cabaña ovina	5 673 000 cabezas
Riqueza forestal	
Corcho	146 000 t
Madera	10 443 000 m³
Pesca	321 891 t
Producción minera	
Carbón	281 000 t
Mármol	240 000 m³
Pirita	244 000 t
Producción industrial	
Ácido sulfúrico	181 000 t
Cemento	6 000 000 t
Energía eléctrica	28 529 000 000 kwh
Hilados de algodón	121 000 t
Indicadores sociológicos	
PNB	58 451 millones de dólares
Renta per cápita	5 620 dólares
Esperanza de vida	74 años
Alfabetismo	85 %

ciamientos militares. En 1928 el mariscal Carmona se hizo elegir presid. y llamó al ministerio de finanzas a Oliveira Salazar, con cuyo nombramiento como primer ministro se inició la dictadura (1932). En 1968 Salazar fue sustituido por M. Caetano. El 25 de abril 1974, el Movimiento de las Fuerzas Armadas derribó la dictadura. Se creó una Junta Nacional de Seguridad presidida por el general Spínola. Las elecciones de 1985 dieron la mayoría al Partido Socialdemócrata de A. Cavaco Silva, en el poder hasta 1995. En las legislativas de ese año, venció el Partido Socialista, liderado por A. Guterres (reelegido en 1999). En 1986 P. se incorporó a la Comunidad Europea tras el acceso a la presid. del socialista M. Soares (reelegido en 1991). En 1996 le sucedió J. Sampaio (refrendado en 2001). En 2002 fue nombrado primer ministro J. M. Durão Barroso, quien en 2004 renunció al cargo para ser elegido presid. de la Comisión Europea. Fue relevado por P. Santana Lopes, y las legislativas adelantadas de febrero de 2005 dejaron como primer ministro al socialista José Sócrates.

PORTUGALETE Mun. esp., en la prov. de Vizcaya; 57 800 hab. Industrias.

PORTUGUÉS, SA adj. y s. De Portugal. ◊ m. *Ling*. Lengua hablada en Portugal y sus ant. dominios coloniales (Brasil, Angola, Mozambique, Guinea-Bissau, etc.).

PORTUGUESA Est. de Venezuela; 15 200 km², 625 576 hab. Cap.: Guanare. C. prales.: Acarigua y Araure. A excepción del sector NO, que forma parte del piedemonte andino, el terr. pertenece a la región de los Llanos occidentales. Arroz, maíz, caña de azúcar, ajonjolí, tabaco y algodón. Centrales azucareras y elaboración de aceite. Aserraderos y fábricas de muebles (Acari-

Mapa de situación y bandera de **Portugal**

Templo de **Poseidón** en Posidonia, antigua colonia griega del sur de Italia

gua, Araure). ◊ R. de Venezuela, de la cuenca del Orinoco; 550 km. Nace en la sierra Portuguesa y desemboca en el Apure, cerca de San Fernando.

PORTUGUESISMO m. Voz o giro propios de la lengua portuguesa.

PORTULANO m. En la E. Med., colección de cartas marinas.

PORVENIR m. Suceso o tiempo futuro.

POS prep. insep. que significa *detrás* o *después de*. ◊ Se usa como adv. con igual significación en el m. adv. *en pos*.

POSADA f. Casa propia donde uno habita o mora. ◊ Mesón. ◊ Casa de huéspedes. ◊ Alojamiento que se da a una persona.

POSADA, *José Guadalupe* (1852-1913) Grabador mex. Innovador del grabado. *Escándalo de balazos*.

POSADAS C. de Argentina, cap. de la prov. de Misiones; 252 981 hab. Puerto fluvial. Ind. cárnicas y textiles.

POSADAS, *Gervasio Antonio de* (1757-1833) Político arg. Miembro del segundo triunvirato (1813). Director supremo de las Provincias Unidas (1814-1816).

POSADERO, RA m. y f. Persona que tiene casa de posadas. ◊ m. Asiento cilíndrico hecho de espadaña o de soga de esparto. ◊ Sieso. ◊ f. pl. Nalgas.

POSAR intr. Alojarse u hospedarse en una posada o casa particular. ◊ Descansar, asentarse o reposar. ◊ intr. y prnl. Hablando de las aves u otros animales que vuelan, detenerse, asentarse en un lugar o sobre una cosa después de haber volado. ◊ Aterrizar un avión o un aparato astronáutico. ◊ intr. Permanecer en determinada postura para retratarse o para servir de modelo a un pintor, escultor o fotógrafo. ◊ prnl. Depositarse.

POSDATA f. Lo que se añade a una carta ya concluida y firmada.

POSÉ f. Posición, postura, actitud. ◊ Actividad afectada.

POSEER tr. Tener uno en su poder una cosa. ◊ Tener un conocimiento suficiente sobre algo. ◊ fig. Tener un hombre relación sexual con una mujer.

POSEÍDO, DA adj. y s. Poseso. ◊ fig. Díc. del que ejecuta acciones malvadas. ◊ Muy influido o dominado por una idea o una pasión.

POSEIDÓN *Mit. gr.* Hijo de Cronos y de Rea, y hermano de Zeus. En la división del mundo le correspondió el mar, en cuyo fondo tenía su palacio.

POSESIÓN f. Ejercicio de un derecho real, independientemente de que este derecho exista o no. ◊ Estado de la persona cuya voluntad se ve anulada por la influencia de un espíritu maléfico o demonio. ◊ Cosa poseída. Díc. pralm. de las fincas rústicas. ◊ Territorio sit. fuera de las fronteras de una nación, pero que le pertenece por convenio, ocupación o conquista. Se usa más en pl. ❑ POSESIONAR.

POSESIVO, VA adj. Relativo a la posesión. ◊ adj. y m. *Gram.* Díc. de una clase de pronombre.

POSESO, SA adj. y s. Díc. de la persona que padece posesión, apoderamiento del espíritu por una obsesión; endemoniado.

POSGUERRA f. Tiempo inmediato a la terminación de una guerra y durante el cual subsisten las perturbaciones ocasionadas por la misma.

POSIBILIDAD f. Aptitud, potencia u ocasión para ser o existir las cosas. ◊ Aptitud o facultad para hacer o no una cosa.

POSIBILITAR tr. Facilitar y hacer posible una cosa dificultosa y ardua.

POSIBLE adj. Que puede ser o suceder; que se puede ejecutar.

POSICIÓN f. Figura, actitud o modo en que alguno o algo está puesto. ◊ Categoría o condición social de cada persona respecto de las demás. ◊ Situación o disposición. ◊ Punto fortificado o naturalmente ventajoso para los lances de la guerra.

POSITIVADO m. *Fot.* Proceso de exposición de un negativo sobre un papel que contiene una emulsión fotosensible, y su revelado. ❑ POSITIVAR.

POSITIVISMO m. Calidad de atenderse a lo positivo. ◊ Demasiada afición a las comodidades y goces materiales. ◊ *Fil.* Sistema que defiende la reducción de lo cognoscible a la experiencia inmediata de la realidad (empirismo) y establece relaciones formales entre los hechos para la elaboración de leyes, sistematiza y jerarquiza las ciencias a partir de la matemática y reduce la filosofía a la sociología. Destacan Taine, Renan, S. Mill, H. Spencer, Wundt, W. Weber y la corriente estructural-funcional. ❑ POSITIVISTA.

POSITIVO, VA adj. Cierto, efectivo, verdadero y que no ofrece duda. ◊ Aplícase al derecho o ley divina o humana promulgados, en contraposición pralm. del natural. ◊ Díc. del que busca la realidad de las cosas. ◊ Díc. del núm. real mayor que cero. ◊ Afirmativo, en contraposición de negativo. ◊ m. Prueba fotográfica que se obtiene de un negativo y que reproduce los tonos originales.

POSITRÓN m. *Fís.* Partícula elemental con carga eléctrica igual a la del electrón, pero positiva. Se suele encontrar libre y normalmente resulta de la desintegración atómica de materiales radiactivos artificiales.

POSMODERNIDAD f. Término proveniente del campo de la crítica de arte usado para designar el carácter de la cultura occidental del s. XX tras la crisis de los conceptos y valores del pensamiento moderno procedentes de la Ilustración y del historicismo. ❑ POSMODERNO, NA.

POSNANIA Región histórica pol. Formó parte de Prusia desde el s. XVIII hasta después de la I Guerra Mundial.

Hitler la anexionó a Alemania en 1939. Al final de la II Guerra Mundial fue reintegrada a Polonia.

POSO m. Sedimento del líquido contenido en una vasija.

POSOLOGÍA f. *Med.* Parte de la terapéutica que trata de las dosis en que deben administrarse los medicamentos.

POSPONER tr. Poner o colocar a una persona o cosa después de otra.

POST prep. Pos.

POSTA f. Conjunto de caballerías prevenidas a distancia de dos a tres leguas, para que, mudando los tiros, los correos y otras personas caminen con toda diligencia. ◊ Casa o lugar donde están las postas. ◊ Tajada o pedazo de carne, pescado u otra cosa. ◊ Bala pequeña de plomo, mayor que los perdigones. ◊ Tarjetón con un letrero conmemorativo. ◊ Dibujo de ornamentación compuesto de líneas curvas en forma de ondas, volutas o eses unidas.

POSTAL adj. Concerniente al ramo de correos. ◊ adj. y f. Se aplica a la tarjeta que, con un sello de correos, se usa como carta sin sobre.

POSTE m. Madero, piedra o columna puesta verticalmente como apoyo o señal.

POSTEMA f. *Med.* Absceso supurado.

PÓSTER m. Voz de origen ing. para designar un tipo de cartel publicitario, que muchas veces se usa como elemento decorativo.

POSTERGAR tr. Hacer sufrir atraso, dejar atrasada una cosa. ◊ Tener en menos o apreciar a una persona o cosa menos que a otra. ❑ POSTERGACIÓN.

POSTERIDAD f. Descendencia o generación venidera. ◊ Fama póstuma.

POSTERIOR adj. Que fue o viene después, o está o queda detrás. ❑ POSTERIORIDAD.

POSTIGO m. Puerta falsa. ◊ Puerta fabricada en una pieza sin tener división ni más de una hoja, la cual se asegura con llave, cerrojo, picaporte, etc. ◊ Cada una de las puertecillas que hay en las ventanas o puertaventanas.

POSTILLA f. Costra de las llagas o granos cuando se secan. ◊ Acotación.

POSTIMPRESIONISMO m. Nombre dado a las tendencias pictóricas posteriores al impresionismo e influidas por éste.

Stuart Mill, uno de los pensadores más influyentes del **Positivismo**, por G. Walls (National Gallery, Londres)

POSTÍN m. Entono, boato, importancia afectados o sin fundamento.

POSTIZO, ZA adj. Que no es natural ni propio, sino agregado, imitado, fingido o sobrepuesto. ◊ m. Añadido de pelo que sirve para suplir la falta o escasez de éste.

POSTMERIDIANO, NA adj. Relativo a la tarde, o que es después de mediodía. ◊ m. *Astr.* Cualquiera de los puntos del paralelo de declinación de un astro, al Ó del meridiano del observador.

POSTOPERATORIO, RIA adj. *Cir.* Relativo a lo que sucede con posterioridad a la operación.

POSTOR m. Licitador.

POSTRAR tr. Rendir o derribar una cosa. ◊ tr. y prnl. Enflaquecer, debilitar, quitar el vigor y las fuerzas. ◊ prnl. Hincarse de rodillas humillándose por tierra. ❏ POSTRACIÓN.

POSTRE m. Fruta, dulce y otras cosas que se sirven al fin de las comidas o banquetes.

POSTRER adj. Apócope de postrero. Se usa siempre antepuesto al sustantivo.

POSTRERO, RA adj. Último en una serie. ◊ Que está en el lugar.

POSTRIMERÍA f. Último periodo o últimos años de la vida. ◊ Cada uno de los novísimos del hombre. ◊ Periodo último de la duración de una cosa.

POSTULADO m. Proposición cuya verdad se admite sin pruebas y que sirve de base en ulteriores razonamientos.

POSTULAR tr. Pedir, pretender. ◊ Proponer uno o más postulados. ❏ POSTULACIÓN.

PÓSTUMO, MA adj. Que nace después de la muerte del padre. ◊ Que aparece después de la muerte de su autor.

POSTURA f. Planta, figura, situación o modo en que está puesta una persona, animal o cosa. ◊ Acción de plantar árboles o plantas. ◊ Precio que el comprador ofrece por una cosa que se vende o arrienda. ◊ Pacto, convenio. ◊ En los juegos de azar, cantidad que arriesga un jugador en cada suerte.

POTABLE adj. Que se puede beber. ❏ POTABILIZACIÓN; POTABILIZAR.

POTAJE m. Caldo de olla u otro guisado. ◊ P. ant., legumbres guisadas para el mantenimiento en los días de abstinencia. ◊ fig. Conjunto de varias cosas inútiles mezcladas y confusas.

POTASA f. Nombre comercial del carbonato potásico. ◊ **cáustica.** Hidróxido potásico. Se prepara por electrólisis del cloruro potásico. Es muy soluble en agua, delicuescente y absorbe dióxido de carbono del aire formando carbonato potásico.

POTASIO m. *Quím.* Elemento de símb. K y n. a. 19, metal alcalino de gran poder de reacción, muy ligero y de brillo comparable al de la plata, cuando al aire se oxida rápidamente. ❏ POTÁSICO, CA.

POTE m. Vaso de barro, alto, para beber o guardar los licores y otros preparados. ◊ Tiesto en que se plantan o tienen las flores y hierbas olorosas. ◊ Vasija redonda, que sirve para cocer viandas.

POTENCIA f. Capacidad para ejecutar una cosa o producir un efecto. ◊ Fuerza, vigor. ◊ Imperio, dominación. ◊ Capacidad generativa. ◊ Poder y fuerza de un Est. ◊ P. ant., cualquiera de las tres facultades del alma, de conocer, querer y acordarse, que son en-tendimiento, voluntad y memoria. ◊ Nación o Estado soberano. ◊ *Fil.* Capacidad pasiva para recibir el acto. ◊ *Fil.* Lo que está en potencia y no en acto. ◊ *Fís.* Energía que absorbe o cede un dispositivo en la unidad de tiempo. La p. es una magnitud que relaciona el trabajo realizado por una máquina y el tiempo empleado en realizarlo. ◊ *Mat.* Resultado de efectuar una potenciación. ◊ *Mec. apl.* Fuerza motora de una máquina. ◊ **de un sistema óptico.** *Ópt.* Valor recíproco de la distancia focal imagen. ◊ **eléctrica en corriente continua.** *El.* Producto de la intensidad de corriente por la diferencia de potencial. Unidades: wat = amperio · volt; wat-hora = energía que proporciona un wat durante una hora.

POTENCIACIÓN f. *Mat.* Operación que representa el producto de un núm. (base) por sí mismo tantas veces como indica otro (exponente) que se sitúa volado, a la derecha del primero.

POTENCIAL adj. Que tiene o encierra en sí potencia; relativo a ella. ◊ Díc. de las cosas que tienen la virtud o eficacia de otras y equivalen a ellas. ◊ Que puede suceder o existir, en contraposición de lo que existe. ◊ m. Fuerza o poder disponibles de determinado orden. ◊ *Mat.* Función que tiene por base una variable independiente y por exponente una constante. ◊ **Diferencia de p. entre dos puntos** *a* y *b.* *El.* Trabajo realizado por la unidad de carga contra las fuerzas eléctricas, cuando una carga se desplaza de a a b. Su unidad es el voltio.

POTENCIALIDAD f. Capacidad de la potencia, independiente del acto. ◊ Equivalencia de una cosa respecto a otra en virtud o eficacia.

POTENCIAR tr. Comunicar potencia a una cosa o incrementar la que ya tiene. ◊ Impulsar, fomentar.

POTENCIÓMETRO m. *El.* Dispositivo para medir diferencias de potencial. ◊ P. antel., divisor de tensión para regular el volumen de un amplificador.

POTENTADO m. Príncipe o soberano indep., pero que toma investidura de otro príncipe superior. ◊ Cualquier persona poderosa y opulenta.

POTENTE adj. Que tiene poder, eficacia o virtud para una cosa. ◊ Díc. del hombre capaz de engendrar. ◊ Fuerte, vigoroso.

POTENZA C. de Italia, cap. de la prov. hom.; 65 700 hab.

POTESTAD f. Dominio, poder, jurisdicción o facultad que se tiene sobre una cosa. ◊ Potentado. ◊ **Patria p.** Autoridad que los padres tienen, con arreglo a las leyes, sobre sus hijos no emancipados. ❏ POTESTATIVO, VA.

POTIGUARA adj. y s. Díc. de un pueblo amerindio que vive en Brasil, entre los r. Paruahyba y Paraíba.

POTINGUE m. fam. y festivo. Cualquier bebida de botica.

POTOMAC Río de EE UU. Nace en los montes Apalaches y desemboca en la bahía de Chesapeake; 640 km.

POTOSÍ m. fig. Riqueza extraordinaria.

POTOSÍ Dpto. de Bolivia, fronterizo con Argentina y Chile; 118 218 km², 709 013 hab. Cap., la c. hom. El terr. forma parte del Altiplano y se halla atravesado de N a S por la cordillera Oriental o Real de los Andes; el sector NO está ocupado por el salar de Uyuni. Ce-

El martirio de san Erasmo, óleo de Nicolas **Poussin** (Museo del Vaticano)

reales, patatas, quinua. Ovejas, llamas, alpacas. Plomo, cinc, sal y estaño. ◊ C. de Bolivia, cap. del dpto. hom.; 145 057 hab. Centro comercial y minero. Fundada en 1545. ◊ Cerro de Bolivia (4 739 m), en la cordillera Real u Oriental de los Andes, donde se hallaban las más imp. minas de plata de la América colonial.

POTRA f. Yegua desde que nace hasta que muda los dientes de leche. ◊ Hernia. ◊ fig. y fam. Buena suerte. ❏ POTROSO, SA.

POTRANCA f. Yegua que no pasa de tres años.

POTRANCO m. *Amér. Merid.* Potro.

POTRERO m. El que cuida de los potros. ◊ *Amér.* Finca rústica, cercada, para la cría y sostenimiento de toda especie de ganado. ◊ *Amér.* Parcela en una finca rústica.

POTRO m. Caballo desde que nace hasta que muda los dientes de leche. ◊ Aparato de madera en el cual sentaban a los procesados, para obligarles a declarar por medio del tormento.

POTSDAM C. de Alemania; 136 600 hab. Centro comercial. Ind. químicas, textiles y construcción de locomotoras. ◊ **Conferencia de P.** Reunión celebrada tras finalizar la II Guerra Mundial (17 julio-2 agosto 1945) por Truman, Churchill y Stalin para precisar las condiciones que debían imponerse a las potencias del Eje.

POTT, *Percival* (1714-1788) Cirujano ing. Estudió la enfermedad de las vértebras que lleva su nombre.

POTTER, *Paulus* (1625-1654) Pintor y grabador neerlandés: *Toro, Granja, Ganado en un paisaje tempestuoso.*

POULENC, *Francis* (1899-1963) Compositor fr., del Grupo de los Seis. Autor de obras religiosas: *Letanías a la Virgen negra de Rocamadour, Misa;* operísticas: *Las tetas de Tiresias, Diálogos de carmelitas,* ballets y música instrumental: *Concierto campestre.*

POUND, *Ezra* (1885-1972) Poeta norteam. Su aversión por una América puritana y materialista le llevó a hacer propaganda fascista durante la II Guerra Mundial. Ensayos de crítica y literatura. Autor de *Cantos pisanos.*

POUSSIN, *Nicolas* (1594-1665) Pintor del barroco clasicista fr. Pintó cuadros de paisaje histórico y temas mitológicos.

San Mateo y el ángel, Triunfo de Flora, Siete encantamientos y Eliezer y Rebeca.

POVEDA Burbano, *Alfredo* (1926-1990) Militar y político ecuat. Presidió un triunvirato militar que, con la convocatoria de un plebiscito (1978) y de elecciones presidenciales (1979), restauró el orden constitucional.

POWER, *Tyrone* (1914-1958) Actor cinematográfico norteam. *El signo del Zorro, Sangre y arena, Testigo de cargo.*

POYO m. Banco que suele estar arrimado a las paredes.

POZA f. Charca o concavidad en que hay agua detenida. ◊ Pozo de un río, paraje donde éste es más profundo.

POZA RICA DE HIDALGO Mun. de México, en el est. de Veracruz; 169 600 hab. Petróleo.

POZAL m. Cubo con que se saca el agua del pozo. ◊ Brocal del pozo.

POZANCO m. Poza que queda en las orillas de los ríos al retirarse las aguas después de una avenida.

POZNAN (al., *Posen*) C. de Polonia, a orillas del Warta; 574 100 hab. Centro industrial. Perteneció a Prusia (1793), al gran ducado de Varsovia (1807-1813), de nuevo a Prusia (1815) y pasó a Polonia (1919).

POZO m. Perforación vertical en la tierra, profunda y de boca relativamente estrecha, cuya finalidad suele ser la extracción de agua. ◊ Sitio donde los ríos tienen mayor profundidad. ◊ Hoyo profundo, aunque esté seco. ◊ *Par.* y *Ur.* Bache, depresión en una carretera. ◊ *Col.* Lugar de un río apropiado para bañarse. ◊ *Min.* Hoyo profundo para extraer mineral, para acceso y ventilación de las minas, etc. ◊ **artesiano.** Pozo por el que fluye a presión el agua procedente de una capa permeable comprimida entre otras dos impermeables. ◊ **negro,** o **muerto.** El que para depósito de aguas inmundas se hace junto a las casas. ◊ **petrolífero.** Perforación vertical, cilíndrica y muy profunda, efectuada en las capas superficiales de la corteza terrestre y que alcanza un yacimiento petrolífero.

POZO COLORADO C. de Paraguay, cap. del dpto. Presidente Hayes. Ind. alimentaria.

POZOLE m. *Méx.* Bebida hecha de maíz morado y azúcar.

POZUELOS C. de Venezuela, en el est. Anzoátegui; 80 800 hab. Sit. en el á. metr. de Puerto la Cruz. Coco y maíz.

Pr *Quím.* Símb. del praseodimio.

PRÁCRITO m. *Ling.* Nombre común a varias lenguas populares de la India, contemporáneas o derivadas del sánscrito (h. 250 a. C.).

PRACTICABLE adj. Que se puede practicar o poner en práctica. ◊ Transitable. ◊ En el decorado teatral, díc. de la puerta u otro accesorio que no es meramente figurado, sino que puede usarse.

PRACTICANTE adj. y s. Que profesa y practica su religión. ◊ m. El que posee título para el ejercicio de la cirugía menor. ◊ com. Persona que en los hospitales hace las curas o administra a los enfermos las medicinas ordenadas por el facultativo de visita. ◊ Persona que en las farmacias está encargada, bajo la dirección del farmacéutico, de la preparación y despacho de los medicamentos.

Praga. Iglesia del Tyn

PRACTICAR tr. Ejercitar una cosa que se ha aprendido y especulado. ◊ Usar o ejercer continuadamente una cosa. ◊ Ejecutar, hacer, llevar a cabo.

PRÁCTICO, CA adj. Relativo a la práctica. ◊ Que produce un beneficio o una utilidad material inmediata. ◊ Se aplica a las facultades que enseñan el modo de hacer una cosa. ◊ Experimentado, versado y diestro en una cosa. ◊ m. El que por conocimiento del lugar en que navega dirige a ojo el rumbo de las embarcaciones. ◊ f. Ejercicio de cualquier arte, facultad o trabajo. ◊ Destreza adquirida con este ejercicio. ◊ Uso continuado, costumbre o estilo de una cosa. ◊ Modo o método que particularmente observa uno en sus operaciones. ◊ Aplicación de una idea o doctrina; contraste experimental de una teoría.

PRADERA f. Bioma propio de las zonas templadas y subtropicales, caracterizado por una cubierta herbácea densa que se transforma, en determinadas condiciones climáticas, en sabana y en estepa.

PRADERAS, *Las* o **PRADERA,** *La* Región de los EE UU, sit. entre las Montañas Rocosas, al O, y la llanura del Misisipí, al E. R.: Misuri, Arkansas y Colorado. Oro, hulla, petróleo, lignito. Agricultura.

PRADO m. Tierra muy húmeda o de regadío, en la cual se deja crecer o se siembra la hierba para pasto de los ganados. ◊ Sitio ameno que sirve de paseo en algunas poblaciones. ❑ PRADEÑO, ÑA.

PRADO, *Lo* C. de Chile, sit. en el á. metr. de Santiago; 104 316 hab.

PRADO, *Museo del* Fundado en Madrid, en 1785, por Fernando VII. Posee una imp. colección de pintura flamenca, Rubens, Van Dyck, y de la escuela veneciana. En lo que se refiere a la pintura esp., es la pral. pinacoteca del mundo.

PRADO, *Mariano* (s. XIX) Político salv. Jefe de Est. (1826 y 1832-1833), se opuso a la política de la Confederación Centroamericana e invadió Guatemala (1827). Vicepresid. de la Confederación (1830). ◊ *Mariano Ignacio* (1826-1901) Político y militar per. Presid. de la rep. (1865-1868 y 1876-1879), dimitió ante la marcha desfavorable de la guerra del Pacífico frente a Chile. ◊ *Pedro* (1886-1952) Escritor y diplomático chil.

Escribió poemas en prosa: *Los pájaros errantes*; novelas: *Alsino*; y la tragedia en prosa *Androvar.* ◊ **Y Ugarteche,** *Manuel* (1889-1967) Político per. Fundó el Movimiento Democrático Pradista. Presid. (1939-1945). Elegido de nuevo presid. en 1956, fue derrocado en 1962.

PRADOS, *Emilio* (1899-1962) Poeta esp. *El dormido en la yerba, Jardín cerrado.*

PRAGA (*Praha*) C. y cap. de la República Checa, en el centro de Bohemia; 1 189 800 hab. Ind. (metalúrgica, mecánica, automóviles, química). ◊ **Círculo lingüístico de P.** Grupo de investigación lingüística fundado en 1926 por N. Trubetzkoy, R. Jakobson y otros, seguidores de las tesis de Saussure. Trataron de establecer la lingüística como una ciencia independiente.

PRAGMÁTICO, CA adj. Relativo al pragmatismo. ◊ adj. Práctico; opuesto a teórico o especulativo. ◊ f. Ley que se diferencia de las reales órdenes en las fórmulas de su publicación. ◊ **Sanción p.** Disposición legislativa que dicta un rey en materia sucesoria para asegurar el trono a sus descendientes varones o, en su defecto, hembras.

PRAGMATISMO m. *Fil.* Doctrina surgida en EE UU a finales del s. XIX, bajo la influencia de Pierce, y que tuvo en W. James a su máx. exponente. Para ellos la validez de la verdad proviene de sus consecuencias prácticas; es decir, de su utilidad como instrumento de la acción humana. Filósofos destacados: F. C. S. Schiller y J. Dewey.

PRAIA Cap. del arch. port. de Cabo Verde, en la isla de São Tiago; 49 600 hab. Puerto exportador de café y plátanos.

PRASEODIMIO m. *Quím.* Elemento de símb. Pr. y n. a. 59. Metal lantánido, bastante activo, usado para colorar cristales de amarillo.

PRAT Chacón, *Arturo* (1848-1879) Marino chil. Durante la guerra del Pacífico protagonizó la gesta de Iquique, en la que perdió la vida. ◊ **de la Riba,** *Enric* (1870-1917) Político y jurisconsulto esp. Primer presid. de la *Mancomunitat de Catalunya.*

PRAT DE LLOBREGAT Mun. esp., en Cataluña (prov. de Barcelona); 61 818 hab. Aeropuerto de Barcelona.

PRATO C. de Italia, en Toscana; 161 700 hab. Centro textil y cultural.

PRATOLINI, *Vasco* (1913-1991) Novelista it. *Crónica familiar, El barrio, Crónica de los pobres amantes.*

PRATS, *Carlos* (1915-1974) Militar y político chil. Ministro del Interior (1972-1973) y de Defensa (1973) con Allende. Exiliado, fue asesinado.

PRAXIS f. Práctica, en oposición a teoría o teórica. ◊ Término introducido por Marx para designar el proceso de cambio y transformación en la realidad objetiva por la actividad humana.

PRAXÍTELES (390-330 a. C.) Escultor gr., máx. representante de la nueva escuela ática. *Venus de Cnido, Eros, Apolo Sauróctonos y Hermes llevando a Dioniso.*

PRE Prep. insep. que denota antelación, prioridad o encarecimiento.

PREÁMBULO m. Exordio, prólogo, prefacio. ◊ Rodeo o digresión impertinente antes de entrar en materia o decir claramente algo.

PREAVISO m. *Der.* Obligación de cada una de las partes contratantes de notificar con antelación a la otra su deseo de rescindir el contrato, sea éste laboral, de arrendamiento o de otro tipo.

PREBENDA f. Renta aneja a un canonicato u otro oficio eclesiástico. ◊ fig. y fam. Oficio, empleo o ministerio lucrativo y poco trabajoso. ❏ PREBENDADO, DA.

PREBISCH, Raúl (1901-1986) Economista arg. Secretario general de CEPAL (1948-1962) y de UNCTAD (1964-1969).

PREBOSTE m. Sujeto que es cabeza de una comunidad y la preside o gobierna.

PRECALENTAR tr. Calentar previamente. ❏ PRECALENTAMIENTO.

PRECÁMBRICO, CA adj. y m. Geol. Díc. del conjunto de los tiempos geológicos anteriores al cámbrico, en los que se produjeron los primeros grandes plegamientos.

PRECANDIDATO, TA m. y f. Amér. Postulante a la candidatura de un partido político.

PRECARIO, RIA adj. De poca estabilidad o duración. ◊ Der. Que se tiene sin título, por tolerancia o por inadvertencia del dueño. ❏ PRECARISTA.

PRECAUCIÓN f. Reserva, cautela para cortar o prevenir los inconvenientes, embarazos o daños que pueden temerse. ❏ PRECAUTORIO, RIA.

PRECAVER tr. y prnl. Prevenir un riesgo, daño o peligro, para guardarse de él y evitarlo. ❏ PRECAVIDO, DA.

PRECEDENCIA f. Anterioridad, prioridad de tiempo; anteposición, antelación en el orden. ◊ Preferencia en el lugar y asiento y en algunos actos honoríficos. ◊ Primacía, superioridad.

PRECEDER tr. e intr. Ir delante en tiempo, orden o lugar. ◊ tr. Anteceder o estar antepuesto. ◊ fig. Tener una persona o cosa preferencia, primacía o superioridad sobre otra. ❏ PRECEDENCIA.

PRECEPTIVO, VA adj. Que incluye o encierra en sí preceptos; de cumplimiento obligado. ◊ f. Conjunto de preceptos aplicables a determinada materia.

PRECEPTO m. Mandato u orden que el superior intima o hace observar y guardar al inferior o súbdito. ◊ Cada una de las instrucciones o reglas que se dan o establecen para el conocimiento o manejo de un arte o facultad. ❏ PRECEPTISTA; PRECEPTOR, RA; PRECEPTUAR.

PRECES f. pl. Ruegos, súplicas. ◊ Oraciones dirigidas a Dios, a la Virgen o a los santos.

PRECESIÓN f. Fís. Movimiento cónico de rotación de carácter giroscópico. ◊ **de los equinoccios.** Astr. Movimiento de la Tierra, determinado por la atracción gravitacional del Sol y la Luna sobre la protuberancia ecuatorial terrestre, que altera el de rotación y determina una variación periódica de los polos celestes y un desplazamiento gradual de los equinoccios.

PRECIAR tr. Apreciar. ◊ prnl. Vanagloriarse, presumir de algo. ❏ PRECIADO, DA.

PRECINTA f. Tira, por lo regular de cuero, que se pone en las esquinas de los cajones para darles firmeza. ◊ Tira de papel impreso que en las aduanas se aplica a las cajas de tabacos de regalía. ◊ Mar. Tira con que se cubren las junturas de las tablas de los buques. ❏ PRECINTAR.

PRECINTO m. Ligadura sellada con que se atan a lo largo y a lo ancho cajones, baúles, fardos, paquetes, legajos, etc.

PRECIO m. Valor pecuniario en que se estima una cosa. ◊ fig. Estimación o crédito. ◊ fig. Esfuerzo o sufrimiento que sirve de medio para conseguir una cosa, o que se presta y padece por ella.

PRECIOSISMO m. Nombre dado a un estilo literario y artístico usado en Francia durante el s. XVII, análogo al culteranismo en España. ◊ P. ext., estilo extremadamente cuidado o refinado. ❏ PRECIOSISTA.

PRECIOSO, SA adj. Excelente, digno de estimación y aprecio. ◊ De mucho valor o de elevado coste. ❏ PRECIOSIDAD.

PRECIPICIO m. Despeñadero por cuya proximidad es peligroso andar.

PRECIPITACIÓN f. Prisa extremada. ◊ Meteor. Agua procedente de la atmósfera, que en forma sólida o líquida se deposita sobre la superficie de la tierra. ◊ Quím. Separación de una sustancia insoluble, originada ésta por una reacción química, en el seno de una disolución.

PRECIPITADO, DA adj. Atropellado, alocado, inconsiderado. ◊ m. Quím. Materia que por resultado de reacciones químicas se separa del líquido en que estaba disuelta y se deposita en el fondo.

PRECIPITAR tr. y prnl. Despeñar, arrojar o derribar desde un lugar alto. ◊ tr. Atropellar, acelerar. ◊ fig. Exponer a uno o incitarle a una ruina espiritual o temporal. ◊ Quím. Producir en una disolución una materia sólida que cae al fondo de la vasija. ◊ prnl. fig. Acudir a un sitio muy deprisa. ◊ Lanzarse irreflexivamente y sin prudencia a ejecutar o decir una cosa. ❏ PRECIPITOSO, SA.

PRECISAR tr. Fijar o determinar de modo preciso. ◊ Obligar, forzar sin excusa a ejecutar una cosa. ◊ intr. Ser necesario o imprescindible.

PRECISIÓN f. Obligación o necesidad indispensable. ◊ Determinación, exactitud, puntualidad, concisión. ◊ Tratándose del lenguaje, concisión.

PRECISO, SA adj. Necesario, indispensable. ◊ Puntual, fijo, exacto, cierto, determinado. ◊ Distinto, claro y formal. ◊ Tratándose del lenguaje, conciso.

PRECLARO, RA adj. Ilustre, famoso y digno de admiración y respeto.

PRECOGNICIÓN f. Conocimiento anterior.

PRECOLOMBINO, NA adj. y s. Díc. de lo relativo a América, antes de su descubrimiento por Cristóbal Colón, especialmente el arte.

❏ Arte. Los dos grandes núcleos artísticos p. son Perú y las altiplanicies andinas, y la América Central y México. a) Perú y regiones andinas: el arte per. puede dividirse en tres periodos: 1000 a 400 a. C., cultura de Chavín; 400 a. C. a 1000 d. C., culturas mochica y nazca; 1000 a 1532, cultura de Tiahuanaco e imperio inca. b) México y América Central: el arte se puede clasificar en tres periodos, tras una larga prehistoria, y abarca aprox. de 300 a. C. a 1521 d. C. El primero cuenta con cuatro centros prales.: Monte Albán, Veracruz, Teotihuacán y las c. mayas; el segundo, con los territorios totonacas, el imperio tolteca y las áreas mixtecas; y el tercero corresponde al imperio azteca (1325-1521).

PRECONCEBIR tr. Establecer previamente y con sus pormenores algún

Calendario azteca extraído del Códice Borgiano, Biblioteca Vaticana

Vasija de barro en forma de llama macho del período Tiahuanaco de la Costa. Museo Nacional de Antropología y Arqueología, Lima

Disco para las orejas de turquesa, concha y oro pertenecientes a la cultura mochica. Museo Rafael Largo Herrera, Lima

pensamiento o proyecto que ha de ejecutarse.

PRECONIZAR tr. Encomiar, tributar elogios públicamente a una persona o cosa. ◊ Recomendar, defender o aconsejar algo que se considera de interés. ❑ PRECONIZACIÓN.

PRECORDIAL adj. *Anat.* Díc. de la región o parte del pecho que corresponde al corazón.

PRECOZ adj. Díc. del fruto temprano, prematuro. ◊ fig. Se aplica al niño que posee un desarrollo intelectual, físico o moral superiores a los propios de su edad. ❑ PRECOCIDAD.

PRECURSOR, RA adj. y s. Que precede o va delante. ◊ adj. fig. Que profesa o enseña doctrinas o acomete empresas que no hallarán acogida sino en tiempo venidero.

PREDACIÓN f. Captura de presas vivas como fuente de alimentación. ❑ PREDADOR, RA.

PREDATORIO, RIA adj. Concerniente al acto de hacer presa. ◊ Concerniente al robo o al saqueo.

PREDECESOR, RA m. y f. Persona que precedió a otra en una dignidad o cargo. ◊ Ascendiente de una persona.

PREDECIR tr. Anunciar por revelación, ciencia o conjetura, algo que ha de suceder. ❑ PREDICCIÓN.

PREDESTINAR tr. Destinar anticipadamente una cosa para un fin. ◊ *Teol.* Destinar y elegir Dios desde la eternidad a los que por medio de su gracia han de lograr la gloria. ❑ PREDESTINACIÓN; PREDESTINADO, DA.

PREDETERMINAR tr. Determinar o resolver con anticipación una cosa. ❑ PREDETERMINACIÓN.

PRÉDICA f. Sermón o plática. ◊ P. ext., perorata, discurso vehemente.

PREDICADO m. *Lóg.* Lo que se afirma del sujeto en una proposición. ◊ *Gram.* Junto con el sujeto, elemento indispensable para la formación de la oración. Puede considerarse como lo dicho acerca del sujeto. El p. puede ser nominal o verbal. El primero está expresado por un adjetivo o por un sustantivo o por cualquier otra frase o expresión que tenga sentido de éstos. El p. es verbal, cuando lo que dice del sujeto expresa una acción o fenómeno del mismo. ❑ PREDICATIVO, VA.

PREDICAMENTO m. Dignidad, opinión, lugar o grado de estimación que uno ha merecido por sus obras.

PREDICAR tr. Publicar, hacer patente y clara una cosa. ◊ Pronunciar un sermón. ◊ Alabar con exceso. ◊ fig. y fam. Amonestar a uno para persuadirle de algo. ❑ PREDICABLE; PREDICACIÓN; PREDICADOR, RA.

PREDILECCIÓN f. Cariño con que se distingue a una persona entre otras. ❑ PREDILECTO, TA.

PREDIO m. Heredad, hacienda, tierra o posesión inmueble. ❑ PREDIAL.

PREDISPONER tr. y prnl. Preparar, disponer anticipadamente algo o a alguien para un fin determinado. ◊ Influir sobre uno en favor o en contra de algo o de alguien. ❑ PREDISPOSICIÓN.

PREDOMINAR tr. e intr. Prevalecer, preponderar. ❑ PREDOMINIO.

PREEMINENCIA f. Privilegio, exención, ventaja o preferencia que goza uno respecto de otro por razón o mérito especial. ❑ PREEMINENTE.

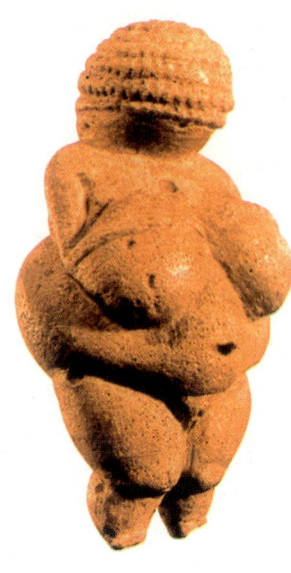

Prehistoria. Venus de Willendorf, del paleolítico superior (Museo de Historia Natural, Viena)

PREESTABLECIDO, DA adj. Díc. de lo establecido por ley o reglamento con anterioridad a un momento determinado.

PREEXISTIR intr. *Fil.* Existir antes, o realmente, o con antelación de naturaleza u origen. ❑ PREEXISTENCIA.

PREFABRICADO, DA adj. y m. Díc. de los elementos fabricados fuera de la obra, efectuándose en ésta sólo la colocación.

PREFACIO m. Prólogo o introducción de un libro. ◊ Parte de la misa que precede inmediatamente al canon.

PREFECTO m. Entre los rom., título de varios jefes militares o civiles. ◊ Ministro que preside y manda en un tribunal, junta o comunidad eclesiástica. ◊ Persona a quien compete cuidar de que se desempeñen debidamente ciertos cargos. ◊ En Francia, gobernador de un departamento. ❑ PREFECTURA.

PREFERENCIA f. Primacía, ventaja o mayoría que una persona o cosa tiene sobre otra. ◊ Elección de una cosa o persona entre varias.

PREFERIR tr. y prnl. Dar la preferencia; gustar más. ◊ Exceder, aventajar. ❑ PREFERIBLE.

PREFIGURAR tr. Representar anticipadamente una cosa. ❑ PREFIGURACIÓN.

PREFIJAR tr. Determinar, señalar o fijar anticipadamente una cosa.

PREFIJO, JA adj. y m. *Gram.* Díc. del afijo que va antepuesto. ◊ m. En la comunicación telefónica automática, signos que se marcan antes del núm. del abonado con quien se quiere hablar.

PREGONAR tr. Publicar en voz alta algo para que todos lo sepan. ◊ fig. Publicar lo que estaba oculto o lo que debía callarse. ◊ fig. Alabar en público los hechos, virtudes o cualidades de una persona. ❑ PREGÓN; PREGONERO, RA.

PREGUNTA f. Demanda o interroga-

ción que se hace para que uno responda lo que sabe de un negocio u otra cosa. ◊ pl. Interrogatorio.

PREGUNTAR tr. y prnl. Interrogar o hacer preguntas a uno para que responda lo que sabe sobre un asunto. ◊ Exponer en forma interrogante una cuestión, bien para indicar duda o bien para vigorizar la exp. ❑ PREGUNTÓN, NA.

PREHISPÁNICO, CA adj. y s. Díc. de la América anterior a la conquista y colonización esp.; → precolombino.

PREHISTORIA f. Ciencia que estudia la evolución de la especie humana desde su aparición sobre la Tierra hasta el descubrimiento de la escritura. La única fuente de conocimiento de que dispone es la arqueología, o sea, el estudio de los restos obtenidos en excavaciones. La p. se ha dividido en la Edad de Piedra (Paleolítico, Mesolítico y Neolítico) y en la Edad de los Metales (Edad del Bronce y del Hierro). ❑ PREHISTÓRICO, CA.

□ *Arte.* La escultura se considera la manifestación más ant. Se inicia en el paleolítico superior. Junto a ella aparece el arte rupestre. Durante el mesolítico predominan las formas geométricas y microlíticas y decaen las técnicas del hueso y la piedra; el arte evoluciona hacia el esquematismo del neolítico. Con el nacimiento de la agricultura y el sedentarismo aparece la cerámica. El descubrimiento de la metalurgia dará lugar a la cultura megalítica (dólmenes, menhires).

PREJUZGAR tr. Juzgar de las cosas antes del tiempo oportuno, o sin tener de ellas cabal conocimiento. ❑ PREJUICIO; PREJUZGADO.

PRELACIÓN f. Antelación o preferencia con que una cosa debe ser atendida respecto de otra con la cual se compara.

PRELADO m. Superior eclesiástico constituido en una de las dignidades de la Iglesia, como abad, obispo, arzobispo, etc. ❑ PRELACÍA; PRELATICIO, CIA; PRELATURA.

PRELIMINAR adj. Que sirve de preámbulo. ◊ adj. y fig. Que antecede o se antepone a una acción, empresa, litigio, etc. ◊ m. Cada uno de los artículos generales que sirven de fundamento para el tratado de paz definitivo. Se usa más en pl.

PRELUDIAR intr. y tr. *Mús.* Probar, ensayar un instrumento o la voz, por medio de escalas u otros floreos, antes de comenzar la pieza principal. ◊ tr. fig. Preparar o iniciar una cosa, darle entrada.

PRELUDIO m. Lo que precede y sirve de entrada, preparación o principio a una cosa. ◊ *Mús.* Lo que se toca o canta para ensayar la voz, probar los instrumentos o fijar el tono, antes de comenzar la ejecución de una obra musical. ◊ *Mús.* Obertura o sinfonía.

PREMATRIMONIAL adj. Que precede al matrimonio o se realiza antes de él. Aplícase especialmente a la relación sexual.

PREMATURO, RA adj. Que no está en sazón. ◊ Que ocurre antes de tiempo. ◊ adj. y s. Díc. del niño que nace entre los 6 y 8 meses y medio de gestación, o del que al nacer no llega a los 2 kg y medio de peso.

PREMEDITAR tr. Pensar reflexivamente una cosa antes de ejecutarla. ❑ PREMEDITACIÓN.

PREMIAR tr. Remunerar, galardonar con mercedes, privilegios, empleos o rentas los méritos y servicios de uno.
PREMINGER, Otto (1906-1986) Director de cine austr., nacionalizado norteam. *Laura, Anatomía de un asesinato, Éxodo, Tempestad sobre Washington, El factor humano.*
PREMIO m. Recompensa, galardón o remuneración que se da por algún mérito o servicio. ◊ Vuelta, demasía, cantidad que se añade al precio o valor por vía de compensación o de incentivo. ◊ Cada uno de los lotes sorteados en la lotería nacional.
PREMIOSO, SA adj. Tan ajustado o apretado que dificultosamente se puede mover. ◊ Gravoso, molesto. ◊ Que apremia o estrecha. ◊ fig. Rígido, estricto. ◊ fig. Díc. de la persona falta de agilidad, tarda, lenta para la acción o la expresión. ◊ fig. Díc. también del lenguaje o estilo que carece de espontaneidad y soltura. ❑ PREMIOSIDAD.
PREMISA f. *Lóg.* Cada una de las dos primeras proposiciones del silogismo, de donde se infiere y saca la conclusión. ◊ fig. Señal o indicio por donde se infiere una cosa o se viene en conocimiento de ella.
PREMOLAR adj. y s. *Anat.* Díc. de los molares que en la dentición del mamífero adulto han reemplazado a los de la primera dentición.
PREMONICIÓN f. Presentimiento, presagio; advertencia moral. ❑ PREMONITOR, RA; PREMONITORIO, RIA.
PREMONSTRATENSE adj. y s. Díc. de la orden de canónigos regulares fundada por san Norberto (1119).
PREMUNIR tr. *Amér.* Proveer de alguna cosa para conseguir algún fin.
PREMURA f. Aprieto, apuro, prisa, urgencia, instancia.
PRENATAL adj. Que existe o se produce antes del nacimiento.
PRENDA f. Cosa mueble que se sujeta especialmente a la seguridad o cumplimiento de una obligación. ◊ Cualquiera de las partes que componen el vestido y calzado. ◊ Lo que se da o hace en señal, prueba o demostración de una cosa. ◊ fig. Cada una de las buenas partes, cualidades o perfecciones, así del cuerpo como del alma, con que la naturaleza adorna a una persona.
PRENDAR tr. Sacar una prenda o alhaja para la seguridad de una deuda o para la satisfacción de un daño. ◊ prnl. Aficionarse, enamorarse de una persona o cosa. ❑ PRENDAMIENTO.
PRENDEDOR m. Cualquier instrumento que sirve para prender. ◊ Broche que se usa como adorno, o para sujetar alguna prenda.
PRENDER tr. Asir, agarrar, sujetar una cosa. ◊ Asegurar a una persona privándola de la libertad, y pralm. ponerla en la cárcel. ◊ Hacer presa una cosa en otra. ◊ Hablando del fuego, de la luz o de cosas combustibles, encender o incendiar. ◊ intr. Arraigar la planta en la tierra. ◊ intr. y tr. Empezar a ejecutar su cualidad o comunicar su virtud una cosa a otra. ❑ PRENSIÓN.
PRENDIDO m. Adorno de las mujeres, especialmente de la cabeza.
PRENSA f. *Mec. apl.* Máquina para comprimir un material entre dos cabezales. ◊ fig. Imprenta. ◊ fig. Conjunto de las publicaciones periódicas y espe-

cialmente las diarias. ◊ **hidráulica.** *Mec. apl.* Instrumento que básicamente consiste en dos depósitos, de áreas muy distintas, que se comunican por su fondo. Si en el émbolo que cierra el depósito menor se ejerce una presión, ésta se transmitirá íntegramente al émbolo que cierra el depósito mayor. ❑ PRENSISTA.
PRENSAR tr. Apretar algo por cualquier procedimiento. ❑ PRENSADO, DA; PRENSADURA.
PRENSIL adj. Que sirve para asir o coger.
PREÑAR tr. Fecundar o hacer concebir a la hembra. ◊ fig. Llenar, henchir. ❑ PREÑADO, DA.
PREÑEZ f. Embarazo de la mujer. ◊ Tiempo que dura. ◊ fig. Estado de un asunto que no ha llegado a su resolución.
PREOCUPACIÓN f. Anticipación o prevención que una cosa obtiene o merece. ◊ Ofuscación del entendimiento causada por pasión, por error de los sentidos, por educación o por el ejemplo de aquellos con quienes tratamos. ◊ Cuidado, desvelo, previsión de alguna contingencia azarosa o adversa.
PREOCUPAR tr. Ocupar anticipadamente una cosa, o prevenir a uno en la adquisición de ella. ◊ fig. Prevenir el ánimo de uno, de modo que dificulte el asentir a otra opinión. ◊ tr. y prnl. Poner el ánimo en cuidado, embargarlo. ◊ prnl. Estar prevenido o encaprichado en favor o en contra de una persona, opinión u otra cosa.
PREOPERATORIO, RIA adj. Díc. del periodo que precede a una intervención quirúrgica y de la serie de cuidados, exámenes y medidas que se toman para realizar la operación.
PREPARACIÓN f. Acción y efecto de preparar o prepararse. ◊ *Biol.* Muestra que se ha tratado de una forma especial para ser analizada a través del microscopio, rayos X, etc.
PREPARADO, DA adj. y s. Díc. de la droga o medicamento preparado.
PREPARAR tr. Prevenir, disponer y aparejar una cosa para que sirva a un efecto. ◊ Prevenir a un sujeto o disponerle para una acción. ◊ Hacer las operaciones necesarias para obtener un producto; disponer la ejecución o prevenir el advenimiento de un hecho. ◊ prnl. Disponerse, prevenirse y aparejarse para ejecutar una cosa o con algún otro fin determinado. ❑ PREPARATIVO, VA; PREPARATORIO, RIA.
PREPONDERAR intr. Pesar más una cosa respecto de otra. ◊ fig. Prevalecer o hacer más fuerza. ❑ PREPONDERANCIA.

Mecanismo de una **prensa** manual

Prerrafaelismo. Detalle de *La glorieta azul,* óleo de D. G. Rossetti

PREPOSICIÓN f. *Gram.* Parte invariable de la oración, cuyo oficio es denotar el régimen o relación que entre sí tienen dos palabras o términos. ❑ PREPOSICIONAL.
PREPÓSITO m. Primero y pral. en una junta o comunidad.
PREPOTENCIA f. Poder superior al de otros, o gran poder. ❑ PREPOTENTE.
PREPUCIO m. *Anat.* Piel móvil que cubre el bálano.
PRERRAFAELISMO m. Movimiento estético nacido en Gran Bretaña en el s. XIX y definido por Ruskin, que quiso imitar el estilo de los pintores it. anteriores a Rafael.
PRERROGATIVA f. Privilegio, gracia o exención de que uno goza. ◊ Facultad importante de algunos de los poderes supremos del Estado.
PRERROMANTICISMO m. *Lit.* Movimiento de reacción frente al neoclasicismo y a las reglas preceptistas, que se produjo en Europa a mediados del s. XVII. ❑ PRERROMÁNTICO, CA.
PRESA f. Animal cazado por otro, al que sirve de alimento. ◊ Cosa apresada o robada. ◊ Botín de guerra. ◊ Acequia o zanja de regar. ◊ *Const.* Muro de fábrica que se destina a la contención de las aguas o acumulación con objeto de producir energía, facilitar el regadío, etc. ◊ Lance de lucha o juego en que el luchador sujeta e inmoviliza al contrario, llave.
PRESAGIO m. Señal que indica, previene y anuncia un suceso favorable o contrario. ◊ Especie de adivinación o conocimiento de las cosas futuras por las señales que se han visto o por movimiento interior del ánimo que las previene.❑ PRESAGIAR.
PRESBICIA f. Deficiencia total o parcial en la acomodación del ojo. ❑ PRÉSBITA o PRÉSBITE.
PRESBITERIANISMO m. *Rel.* Término con que se designan todas las Iglesias protestantes nacidas del calvinismo, o que hicieron suyas sus doctrinas, las cuales no aceptan otra autoridad que la de los presbíteros en el gobierno de sus comunidades. ❑ PRESBITERIANO, NA.
PRESBITERIO m. Parte de la iglesia inmediata al altar. ◊ Reunión de los presbíteros con el obispo.
PRESBÍTERO m. Clérigo ordenado de

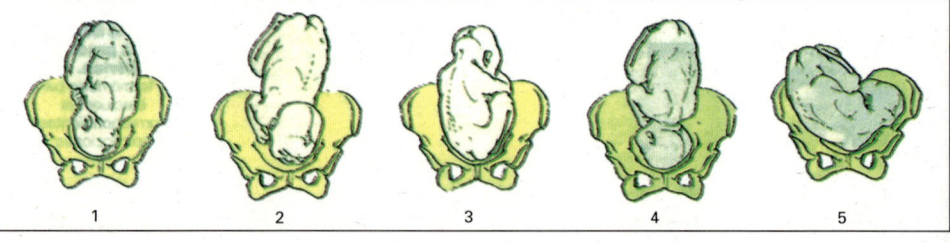

Formas de **presentación** que adopta el feto intrauterino: 1. de vértice; 2. de cara; 3. de nalgas; 4. de frente; 5. de hombro

misa, o sacerdote. ❑ PRESBITERADO; PRESBITERAL.

PRESBURGO Ant. nombre de ⇨ Bratislava. ◊ **Tratado de P.** Tratado de paz firmado en 1805 entre Napoleón y el emp. de Austria, Francisco II, por el cual Francia se anexionó el Véneto y parte de Istria.

PRESCIENCIA f. Conocimiento de las cosas futuras.

PRESCINDIR intr. Hacer abstracción de una persona o cosa; pasarla por alto, omitirla. ◊ Abstenerse, privarse de ella, evitarla. ❑ PRESCINDENCIA.

PRESCRIBIR tr. Preceptuar, ordenar, determinar una cosa. ◊ intr. *Der.* Extinguirse un derecho, una acción o una responsabilidad. ❑ PRESCRIPCIÓN.

PRESENCIA f. Asistencia personal, o estado de la persona que se halla delante de otra u otras o en el mismo paraje que ellas. ◊ Talle, figura y disposición del cuerpo. ◊ **de ánimo.** Serenidad o tranquilidad que conserva el ánimo, así en los sucesos adversos como en los prósperos. ❑ PRESENCIAL.

PRESENCIAR tr. Hallarse presente a un acontecimiento, ver algo que está ocurriendo.

PRESENTACIÓN f. Acción y efecto de presentar o presentarse. ◊ Parte del feto que se encaja en la pelvis y aparece al exterior en el parto.

PRESENTADOR, RA m. y f. Persona que presenta y comenta un espectáculo, un espacio radiofónico o un programa televisivo.

PRESENTAR tr. y prnl. Hacer manifestación de una cosa; ponerla en la presencia de uno. ◊ tr. Dar graciosa y voluntariamente a uno una cosa. ◊ Proponer a un sujeto para una dignidad, oficio o beneficio eclesiástico. ◊ Introducir a uno en la casa o en el trato de otro. ◊ Dar a conocer al público un libro, un programa, un espectáculo, etc. ◊ tr. y prnl. Dar o darse a conocer dos personas, diciendo su nombre. ◊ prnl. Ofrecerse voluntariamente a la disposición de una persona para un fin. ◊ Comparecer. ❑ PRESENTABLE; PRESENTADO,DA.

PRESENTE adj. Que está delante o en presencia de uno, o concurre con él en el mismo sitio. ◊ Díc. del tiempo en que actualmente está uno cuando refiere una cosa. ◊ *Gram.* Tiempo del verbo que expresa la realización del acontecimiento como contemporánea al momento de hablar. ◊ m. Don, alhaja o regalo que una persona da a otra en señal de reconocimiento o de afecto.

PRESENTIR tr. Antever intuitivamente lo que ha de suceder. ◊ Adivinar una cosa antes que suceda, por algunos indicios o señales que la preceden. ❑ PRESENTIMIENTO.

PRESERVAR tr. y prnl. Poner a cubierto anticipadamente a una persona o cosa, de algún daño o peligro. ❑ PRESERVACIÓN.

PRESERVATIVO m. Bolsa cilíndrica, gralte. de goma o caucho, con la que se cubre el pene durante el coito para evitar la fecundación o el contagio venéreo.

PRESIDENCIA f. Dignidad, empleo o cargo de presidente. ◊ Sitio que ocupa el presidente o su oficina o morada. ◊ Tiempo que dura el cargo. ❑ PRESIDENCIAL.

PRESIDENCIALISMO m. *Pol.* Sistema de gobierno en que el presid. de la rep. es también primer ministro, sin depender del respaldo parlamentario. ❑ PRESIDENCIALISTA.

PRESIDENTA f. La que preside. ◊ Mujer del presidente.

PRESIDENTE m. El que preside. ◊ Cabeza o superior de un consejo, tribunal, junta o sociedad. ◊ En las repúblicas, el jefe electivo del Est., normalmente por un plazo fijo.

PRESIDENTE HAYES Dpto. del centro-O de Paraguay, sit. en la región del Chaco; 72 907 km², 38 200 hab. Cap., Pozo Colorado. Está formado por una llanura con abundantes esteros en los márgenes fluviales. Caña de azúcar, algodón y maíz. Ganadería. Ind. siderúrgica.

PRESIDIO m. Establecimiento penitenciario en que cumplen sus condenas los penados por graves delitos. ◊ Pena señalada para varios delitos, con diversos grados de rigor y de tiempo. ❑ PRESIDIARIO.

PRESIDIR tr. Tener el primer lugar en una asamblea, corporación, junta o tribunal, o en un acto o una empresa. ◊ Predominar, tener una cosa pral. influjo.

PRESÍDIUM m. En la desaparecida URSS, comité elegido por el Soviet Supremo; constituye el órgano del poder ejecutivo del país.

PRESILLA f. Cordón pequeño, de seda u otra materia, en forma de lazo, con que se prende o asegura una cosa.

PRESIÓN f. Acción y efecto de apretar o comprimir. ◊ *Fís.* Fuerza que ejerce un cuerpo sobre cada unidad de superficie. ◊ fig. Fuerza o coacción que se hace sobre una persona o colectividad. ◊ **atmosférica.** *Fís.* Fuerza que el aire ejerce sobre los cuerpos que se hallan en la atmósfera. ◊ **sanguínea.** *Fisiol.* La que ejerce la sangre circulante sobre las paredes de los vasos.

PRESIONAR tr. Ejercer presión sobre alguna persona o cosa.

PRESLEY, *Elvis* (1935-1977) Cantante de *rock and roll* norteam. Protagonizó algunas películas.

PRESO, SA adj. y s. Díc. de la persona que sufre prisión.

PRESOCRÁTICO, CA adj. Díc. de los filósofos y escuelas de Grecia anteriores a Sócrates. Se les clasifica en ⇨ presocráticos y ⇨ sofistas.

PRESTACIÓN f. Cosa o servicio exigido por una autoridad. ◊ Cosa o servicio que un contratante da o promete al otro.

PRESTAMISMO m. Actividad del que presta dinero. ❑ PRESTAMISTA.

PRÉSTAMO m. Dinero que el Est. o una corporación toma de los particulares con una garantía, empréstito. ◊ Dinero o valor que toma un particular para devolverlo.

PRESTANCIA f. Excelencia, superior calidad. ◊ Aspecto de distinción.

PRESTAR tr. Entregar a uno dinero u otra cosa para que por algún tiempo tenga el uso de ella, con la obligación de restituir igual cantidad o la cosa misma. ◊ Ayudar, asistir o contribuir al logro de una cosa. ◊ Junto con los nombres *atención, paciencia, silencio*, etc., tener u observar lo que estos nombres significan. ◊ prnl. Ofrecerse, allanarse, avenirse a una cosa. ❑ PRESTATARIO, RIA.

PRESTES, *Luis Carlos* (1898-1990) Político bras. Comunista, encabezó el movimiento revolucionario de la Alianza Nacional Libertadora (1935). Secretario general del partido comunista bras. (1945-1980).

PRESTEZA f. Prontitud, diligencia y brevedad en hacer o decir una cosa.

PRESTIDIGITACIÓN f. Arte o habilidad para hacer juegos de manos y otros embelecos para distracción del público. ❑ PRESTIDIGITADOR, RA.

PRESTIGIO m. Ascendiente, influencia, autoridad. ◊ Realce, estimación, renombre, buen crédito. ❑ PRESTIGIAR, PRESTIGIOSO, SA.

PRESTO, TA adj. Pronto, diligente, ligero en la ejecución de una cosa. ◊ Aparejado, pronto, preparado o dispuesto para ejecutar una cosa o para un fin. ◊ adv. tiempo. Luego, al instante, con gran prontitud y brevedad. ◊ *Mús.* Con movimiento muy rápido. ◊ m. *Mús.* Composición musical o parte de ella que se ejecuta con este movimiento.

PRESTON C. de Gran Bretaña, en Inglaterra, cap. del condado de Lancashire; 143 700 hab. Centro industrial.

PRESUMIR tr. Sospechar, juzgar o conjeturar una cosa por tener indicios o señales para ello. ◊ intr. Vanagloriarse tener alto concepto de sí mismo. ❑ PRESUMIBLE; PRESUMIDO, DA.

PRESUNCIÓN f. Acción y efecto de presumir. ◊ *Der.* Cosa que por ministerio de la ley se tiene como verdad. ❑ PRESUNTUOSO, SA.

PRESUPONER tr. Dar antecedentemente por sentada, cierta, notoria y constante una cosa para pasar a tratar de otra. ❑ PRESUPOSICIÓN.

PRESUPUESTAR tr. Formar el cómputo de los gastos e ingresos que han de resultar en un negocio. ❑ PRESUPUESTARIO, RIA.

PRESUPUESTO m. Motivo, causa o pretexto que se ejecuta una cosa. ◊ Supuesto o suposición. ◊ Cómputo anticipado de los gastos o de las rentas de una empresa o una institución pública o privada.

PRESURA f. Opresión, aprieto, congoja. ◊ Ahínco, porfía. ◊ Cuajo.

PRESURIZACIÓN f. *Aer.* Método consistente en mantener en las cabinas de los aviones que vuelan a gran alt. una presión atmosférica adecuada para el organismo de sus ocupantes. ❑ PRESURIZADO, DA; PRESURIZAR.

PRESUROSO, SA adj. Pronto, ligero, veloz.

PRETENCIOSO, SA adj. Presuntuoso.

PRETENDER tr. Querer conseguir algo. ◊ Hacer diligencias para conseguir algo. ◊ Cortejar un hombre a una mujer. ◊ Intentar, procurar. ❑ PRETENDIDO, DA.

PRETENDIENTE m. El que pretende o corteja a una mujer. ◊ Príncipe que reivindica un trono al que cree tener derecho.

PRETENSIÓN f. Solicitud para conseguir una cosa que se desea. ◊ Derecho bien o mal fundado que uno juzga tener sobre una cosa.

PRETERIR tr. Hacer caso omiso de una persona o cosa. ◊ *Der.* Omitir en la institución de herederos a los que lo son forzosos, sin desheredarlos expresamente en el testamento.

PRETÉRITO, TA adj. Díc. de lo que ya ha pasado. ◊ adj. y s. *Gram.* Tiempo pretérito. ◊ **imperfecto.** *Gram.* Tiempo que indica haber sido presente en la acción del verbo, coincidiendo con otra acción ya pasada. ◊ **indefinido.** *Gram.* Expresa una acción totalmente finalizada en el momento en que se habla. ◊ **perfecto.** *Gram.* Tiempo que denota ser ya pasada la significación del verbo. Dividido en simple y compuesto. ◊ **pluscuamperfecto.** *Gram.* Enuncia que una cosa estaba ya hecha, o podía estarlo cuando otra se hizo.

PRETEXTO m. Motivo o causa simulada o aparente que se alega para hacer una cosa o para excusarse de no haberla ejecutado. ❑ PRETEXTAR.

PRETIL m. Murete o vallado que se pone en los puentes y en otros parajes para preservar de caídas.

PRETINA f. Correa o cinta con hebilla o broche para sujetar en la cintura ciertas prendas de ropa. ◊ Parte de las ropas que se ciñe y ajusta a la cintura.

PRETOR m. Magistrado rom. que ejercía jurisdicción en Roma o en las provincias. ❑ PRETURA.

PRETORIA C. de la República Sudafricana, cap. del Transvaal y sede del gobierno; 528 400 hab. Centro industrial.

PRETORIANO adj. y m. Se aplica a los soldados de la guardia personal de los ant. emp. rom.

PRETORIO m. Palacio donde habitaban y donde juzgaban las causas los pretores rom. o los presid. de las provincias.

PRETORIUS, *Andries Wilhelmus Jacobus* (1798-1853) Político sudafricano. Fundó la Rep. de Natal y, al anexionársela los brit., marchó al Transvaal, donde fundó una rep.

PREVALECER intr. Sobresalir una persona o cosa; tener alguna superioridad o ventaja entre otras. ◊ Conseguir, obtener una cosa en oposición de otros.

PREVARICAR intr. Delinquir los funcionarios públicos, dictando o proponiendo resolución de manifiesta injusticia. ❑ PREVARICACIÓN; PREVARICADOR, RA.

PREVENCIÓN f. Preparación y disposición que se hace anticipadamente para evitar un riesgo o ejecutar una cosa. ◊ Provisión. ◊ Concepto, por lo común desfavorable, que se tiene de una persona o cosa. ◊ Puesto de policía o vigilancia de un distrito, donde se lleva preventivamente a las personas que han cometido algún delito o falta. ◊ *Mil.* Guardia del cuartel, que cela el orden y policía de la tropa.

PREVENIDO, DA adj. Apercibido, dispuesto para una cosa. ◊ Provisto, abundante, lleno. ◊ Cuidadoso.

PREVENIR tr. Preparar, aparejar y disponer con anticipación las cosas necesarias para un fin. ◊ Prever, ver, conocer de antemano o con anticipación un daño o perjuicio. ◊ Precaver, evitar, estorbar o impedir una cosa. ◊ Advertir, informar o avisar a uno de una cosa. ◊ prnl. Disponer con anticipación. ❑ PREVENTIVO, VA; PREVENTORIO.

PREVER tr. Ver con anticipación. ◊ Conocer, conjeturar por algunas señales o indicios lo que ha de suceder. ◊ Disponer o preparar medios contra futuras contingencias. ❑ PREVISIBLE; PREVISIÓN; PREVISOR, RA.

PRÉVERT, *Jacques* (1900-1977) Poeta y guionista de cine fr. *Palabras, Espectáculo, La lluvia y el buen tiempo, Fatras y Hebdromedarios.*

PREVIO, VIA adj. Anticipado, que va delante o que sucede primero. ◊ m. *Cin.* Grabación del sonido antes de tomar la imagen.

PRÉVOST d'Exiles, *Antoine-François,* llamado ABATE PRÉVOST (1679-1763) Escritor fr. *Historia del caballero Des Grieux y de Manon Lescaut.*

PREZ amb. Honor, estima o consideración que se adquiere con una acción gloriosa. ◊ Opinión pública de la excelencia de uno en una profesión o arte.

PRÍAMO *Mit. gr.* Hijo de Laomedonte y rey de Troya. Luchó contra las Amazonas y defendió Troya del asedio de los gr.

Pretorianos en un relieve del s. II d. C. (Museo del Louvre, París)

El general **Prim,** por Casado del Alisal

PRIAPISMO m. *Pat.* Erección continua y dolorosa del miembro viril, sin apetito venéreo.

PRÍAPO *Mit. gr.* Dios de los campos, huertos y rebaños, y señor de la fuerza genésica y de la lascivia.

PRICE, *George Cadle* (n. 1919) Político de Belice. Primer ministro (1961-1984 y 1989-1993). Consiguió la indep. del país (1981).

PRIESTLEY, *John Boynton* (1894-1984) Novelista y dramaturgo brit. *La herida del tiempo, Los buenos compañeros.*

PRIETO, TA adj. Aplícase al color muy oscuro y que casi no se distingue del negro. ◊ Apretado, peligroso.

PRIETO, *Guillermo* (1818-1897) Escritor mex. *Romancero nacional, Musa callejera.* ◊ *Indalecio* (1883-1962) Político esp. Encabezó el ala centrista del partido socialista. Durante la República y la guerra civil fue ministro en varias ocasiones. ◊ *Joaquín* (1786-1854) Militar y político chil. Elegido presid. de la rep. (1831-1841), bajo su mandato se promulgó la constitución de 1833.

PRIGOGINE, *Ilya* (n. 1917) Físico y químico belga de origen sov. Investigó la mecánica estadística de los procesos irreversibles y los estados termodinámicos. Premio Nobel de Química en 1977.

PRIM, *Juan* (1814-1870) Militar y político esp. Fue capitán general de Puerto Rico (1847) e intervino en México (1862). Jefe del gobierno, tras la revolución de 1868, buscó un nuevo rey para España.

PRIMA DONNA f. *Mús.* Término it. que equivale a «primera dama». Diva, primera cantante de una ópera.

PRIMACÍA f. Superioridad, ventaja o excelencia que una cosa tiene con respecto a otra de su especie. ◊ Dignidad o empleo de primado.

PRIMADO m. Primer lugar, grado, superioridad o ventaja que una cosa tiene respecto de otras de su especie. ◊ Prelado con jurisdicción sobre los arzobispos y obispos. ◊ Primacía.

PRIMAR intr. Recompensar con el pago de una cantidad que se añade a la estipulada de antemano.

PRIMARIO, RIA adj. Principal o primero en orden o grado. ◊ *Geol.* Relativo a uno o varios de los terrenos sedimentarios más antiguos. ◊ Paleozoico.

PRIMATE adj. y m. *Zool.* Díc. de mamíferos de organización superior, plantígrados, con extremidades terminadas en cinco dedos provistos de uñas de los cuales el pulgar es oponible a los demás, por lo menos en los miembros torácicos.

PRIMAVERA f. Estación del año, que astronómicamente empieza en el equinoccio del mismo nombre y termina en el solsticio de verano. ◊ Época templada del año correspondiente en el hemisferio boreal a los meses de marzo, abril y mayo, y en el austral a los de septiembre, octubre y noviembre. ◊ *Bot.* Planta herbácea perenne, de hojas arrugadas y ásperas al tacto y flores amarillas. ◊ fig. Tiempo en que una cosa está en su mayor vigor y hermosura. ❑ PRIMAVERAL.

PRIMER adj. Apócope de primero.

PRIMERIZO, ZA adj. y s. Que hace por vez primera una cosa, o es novicio o principiante en un arte, profesión o ejercicio.

PRIMERO, RA adj. y s. Díc. de la persona o cosa que precede a las demás de su especie en orden, tiempo, lugar, situación, clase o jerarquía. ◊ adj. Excelente, grande y que sobresale y excede a otros. ◊ Antiguo, y que antes se ha poseído y logrado. ◊ adv. tiempo. Primeramente. ◊ Antes, más bien, de mejor gana.

PRIMICIA f. Fruto primero de cualquier cosa. ◊ pl. fig. Principios o primeros frutos de cualquier cosa no material.

PRIMIGENIO, NIA adj. Primitivo, originario.

PRIMÍPARA f. Hembra que pare por primera vez.

PRIMITIVISMO m. Condición, mentalidad, tendencia o actitud propia de los pueblos primitivos. ◊ Tosquedad, rudeza, elementalidad. ◊ Carácter peculiar del arte o literatura primitiva.

PRIMITIVO, VA adj. Primero en su línea, o que no tiene origen de otra cosa. ◊ Relativo a los orígenes. ◊ adj. y s. *Antr.* Díc. de los pueblos de civilización poco desarrollada, y de los individuos que los componen. ◊ Rudimentario, elemental, tosco. ◊ adj. *Gram.* Díc. de las palabras que no derivan de otra.

PRIMO, MA adj. Primero. ◊ adj. y m. *Mat.* Díc. de un núm. entero de un polinomio que no puede descomponerse en factores que sean enteros o polinomios (a excepción de 1 y del propio número o polinomio), respectivamente. ◊ m. y f. Respecto de una persona, hijo o hija de su tío o tía. ◊ fam. Persona incauta que se deja engañar o explotar fácilmente. ◊ f. *Mús.* En algunos instrumentos de cuerda, la que es primera en orden y la más delgada de todas, que produce un sonido muy agudo. ◊ Premio concedido, a fin de estimular operaciones de conveniencia pública o que interesan al que concede. ◊ Precio que el asegurado paga al asegurador, de cuantía unas veces fija y otras proporcional.

PRIMO de Rivera, *José Antonio* (1903-1936) Político esp., hijo del dictador. Elaboró una doctrina social asimilable al fascismo. En 1933 fundó Falange Española. Murió fusilado. ◊ *Miguel* (1870-1930) Militar y político esp. En 1923, organizó un golpe de Est., asumiendo poderes dictatoriales. Dimitió en 1930.

PRIMOGÉNITO, TA adj. y s. Aplícase al hijo que nace primero. ❑ PRIMOGENITURA.

PRIMOR m. Destreza, habilidad, esmero o excelencia en hacer o decir una cosa. ◊ Artificio y hermosura de la obra ejecutada con él. ❑ PRIMOREAR; PRIMOROSO, SA.

Iglesia de estilo británico en la isla del **Príncipe Eduardo**

PRIMORDIAL adj. Primitivo, primero. Aplícase al principio fundamental de cualquier cosa.

PRINCESA f. Mujer del príncipe. ◊ La que por sí goza o posee un estado que tiene título de principado.

PRINCETON C. de EE UU, en el est. de Nueva Jersey. Universidad de fama mundial.

PRINCIPADO m. Título o dignidad de príncipe. ◊ Territorio o lugar sujeto a la potestad de un príncipe. ◊ Primacía, ventaja o superioridad.

PRINCIPAL adj. Díc. de la persona o cosa que tiene el primer lugar en estimación o importancia y se antepone y prefiere a otras. ◊ Ilustre, esclarecido en nobleza. ◊ Esencial o fundamental, por oposición a accesorio. ◊ adj. y f. *Gram.* Díc. de la oración que no depende de otra ni de ningún elemento oracional; la que tiene un valor subordinante respecto a otra u otras subordinadas. ◊ adj. y m. Díc. del piso que en los edificios se halla sobre el bajo o sobre el entresuelo.

PRÍNCIPE adj. Díc. de la primera edición de una obra de la que se hicieron varias. ◊ m. El primero y más excelente, superior o aventajado en una cosa. ◊ P. ant., hijo primogénito del rey, heredero de su corona. ◊ Individuo de familia real o imperial. ◊ Soberano de un Est. ◊ Título de honor que dan los reyes. ◊ **de Asturias.** Título que se da al hijo del rey que es inmediato sucesor de la corona de España. ◊ **de Gales.** El heredero de la corona de Inglaterra. ❑ PRINCIPESCO, CA.

PRÍNCIPE Isla volcánica del golfo de Guinea; 128 km², 5 000 hab. Cap., San Antonio. ➭ Santo Tomé y Príncipe.

PRÍNCIPE EDUARDO, *isla del* (*Prince Edward Island*) Prov. marítima de Canadá que ocupa la isla hom.; 5 660 km², 130 000 hab. Cap., Charlottetown. Relieve llano. Agricultura y ganadería. Pesca. Ind. de transformación agrícola.

PRINCIPIAR tr. y prnl. Comenzar, dar principio a una cosa. ❑ PRINCIPIANTA; PRINCIPIANTE.

PRINCIPIO m. Primer instante del ser de una cosa. ◊ Punto que se considera como primero en una extensión o cosa. ◊ Causa primitiva o primera de una cosa. ◊ Cualquiera de las primeras proposiciones o verdades por donde se empiezan a estudiar las facultades. ◊ Norma o idea fundamental que rige el

pensamiento o la conducta. Se usa más en pl. ◊ *Fís.* Ley general que se establece empíricamente.

PRINGAR tr. Empapar con pringue el pan u otro alimento. ◊ Estrujar con pan algún alimento pringoso. ◊ tr. y prnl. Manchar con pringue. ◊ prnl. fig. y fam. Participar en un negocio sucio. ❑ PRINGOSO, SA.

PRINGUE amb. Grasa que suelta el tocino u otra cosa semejante sometida a la acción del fuego. ◊ fig. Suciedad, grasa o porquería que se pega a la ropa o a otra cosa. ❑ PRINGOSO, SA.

PRINZAPOLCA R. de Nicaragua; 251 km. Nace en la cordillera Isabela y desemboca en el Caribe.

PRÍO Socarrás, *Carlos* (1903-1977) Político cub. Primer ministro (1945-1947) y presid. (1948-1952). Derrocado por Batista.

PRION m. *Biol.* Agente infeccioso que contiene una forma anormal de glicoproteína y que se considera causante de ciertas enfermedades nerviosas, como la encefalopatía espongiforme bovina.

PRIOR m. En algunas religiones, superior o prelado ordinario del convento. ◊ En otras, segundo prelado después del abad. ◊ En algunos obispados, párroco o cura.

PRIORA f. Superiora de algunos conventos de religiosas.

PRIORATO m. Oficio, dignidad o empleo de prior o priora. ◊ Distrito o territorio en que tiene jurisdicción el prior.

PRIORIDAD f. Anterioridad de una cosa respecto de otra, o en tiempo o en orden. ◊ Preferencia. ❑ PRIORITARIO, RIA.

PRIPIAT R. de Europa, afl. del Dniéper; atraviesa los pantanos de Pinsk, en Bielorrusia; 810 km.

PRISA f. Prontitud o rapidez con que sucede o se ejecuta una cosa.

PRISCILIANO (m. 385) Heresiarca y prelado hispanorromano. No hacía distinción de Personas en la Trinidad y no admitía la existencia del Verbo ni de la Encarnación.

PRISIÓN f. Cárcel o sitio donde se encierra a los presos. ◊ fig. Cualquier cosa que ata o detiene físicamente. ◊ *Der.* Pena de privación de libertad, inferior a la reclusión y superior a la de arresto.

PRISIONERO, RA m. y f. Militar u otra persona que en tiempo de guerra cae en poder del enemigo.

PRISMA m. *Geom.* Sólido limitado por dos polígonos iguales y paralelos y por tantos paralelogramos como lados tienen dichos polígonos. ◊ *Ópt.* P. triangular de cristal, que se usa para producir la reflexión, la refracción y la descomposición de la luz.

PRISMÁTICO, CA adj. De forma de prisma. ◊ m. pl. *Ópt.* Instrumento constituido por dos anteojos acoplados que proporcionan una visión binocular aumentada de los objetos lejanos.

PRÍSTINO, NA adj. Antiguo, primero, primitivo, original.

PRIVACIÓN f. Carencia o falta de una cosa en el sujeto capaz de tenerla.

PRIVADO, DA adj. Que se ejecuta a vista de pocos, familiar y domésticamente, sin formalidad ni ceremonia alguna. ◊ Particular y personal de cada uno. ◊ m. El que tiene privanza.

PRIVANZA f. Primer lugar en la gracia y confianza de un príncipe, alto personaje o cualquiera otra persona.

PRIVAR tr. Despojar a uno de una cosa que poseía. ◊ Prohibir o vedar. ◊ tr. y prnl. Quitar o suspender el sentido. ◊ intr. Tener privanza. ◊ Tener general aceptación de una persona o cosa. ◊ prnl. Dejar voluntariamente una cosa de gusto, interés o conveniencia.

PRIVATIVO, VA adj. Que causa privación o la significa. ◊ Propio y peculiar.

PRIVILEGIO m. Gracia o prerrogativa que concede el superior, exceptuando o libertando a uno de una carga o gravamen, o concediéndole una exención de que no gozan otros. ◊ Documento en que consta la concesión del mismo. ❏ PRIVILEGIADO, DA; PRIVILEGIAR.

PRO prep. insep. que tiene su recta significación de *por* o *en vez de* (como en *pronombre*), o la de *delante* en sentido fig. (como en *proponer*). ◊ amb. Provecho.

PROA f. *Mar.* Parte delantera del casco de una nave, con la cual corta las aguas. ◊ P. ext., parte delantera de otros vehículos.

PROBABILIDAD f. Verosimilitud o fundada apariencia de verdad. ◊ Calidad de probable. ◊ *Mat.* Medida del grado de ocurrencia de un suceso. Para una experiencia cualquiera realizada al azar, con un núm. finito de resultados posibles, y susceptible de ser repetida indefinidamente, es un núm. real comprendido entre cero y uno, obtenido mediante el cociente entre el núm. de resultados favorables al suceso y el núm. total de resultados posibles.

PROBABILISMO m. *Teol.* Doctrina según la cual en la calificación de la bondad o malicia de las acciones humanas se puede lícita y seguramente seguir la opinión probable, en contraposición de la más probable. ❏ PROBABILISTA.

PROBABLE adj. Verosímil, o que se funda en razón prudente. ◊ Que se puede probar. ◊ Díc. de aquello que hay buenas razones para creer que se verificará o sucederá.

PROBADO, DA adj. Acreditado por la experiencia. ◊ *Der.* Acreditado como verdad por los autos.

PROBADOR m. En tiendas y talleres de costura, aposento en que los clientes se prueban los trajes o vestidos.

PROBAR tr. Hacer examen y experimento de las cualidades de personas o cosas. ◊ Examinar si una cosa está arreglada a la medida, muestra o proporción de otra o que se debe ajustar. ◊ Justificar, manifestar y hacer patente la certeza de un hecho o la verdad de una cosa. ◊ Gustar una pequeña porción de un manjar o líquido. ◊ intr. Con la prep. *a* y el infinitivo de otros verbos, hacer prueba, intentar una cosa. ◊ Ser a propósito o convenir una cosa, o producir el efecto que se necesita. ❏ PRO-BADURA; PROBATORIO, RIA; PROBATURA.

PROBETA f. Manómetro de mercurio para averiguar el grado de enrarecimiento del aire en la máquina neumática. ◊ Tubo de vidrio, cerrado por un extremo y destinado a contener líquidos o gases.

PROBIDAD f. Bondad, rectitud de ánimo, hombría de bien, integridad y honradez en el obrar. ❏ PROBO, BA.

PROBLEMA m. Cuestión que se trata de aclarar; proposición dudosa. ◊ Dificultad. ◊ *Mat.* Proposición dirigida a averiguar el modo de obtener un resultado cuando ciertos datos son conocidos.

PROBLEMÁTICO, CA adj. Dudoso, incierto, o que se puede defender por una u otra parte. ◊ f. Conjunto de problemas pertenecientes a una ciencia o actividad determinadas.

PROBO, *Marco Aurelio* (232-282) Emperador rom. [276-282]. Fue proclamado emp. por las legiones de Siria. Murió asesinado.

PROBÓSCIDE f. *Zool.* Prolongación nasal o bucal en forma de trompa o pico, propia de algunos animales.

PROBOSCIDIO adj. y m. *Zool.* Díc. de animales mamíferos terrestres de gran tamaño, piel gruesa y dura, pelo escaso y apéndice nasal convertido en una larga trompa; en la actualidad son p. dos especies de elefantes.

PROCACIDAD f. Desvergüenza, insolencia, atrevimiento. ◊ Dicho o hecho desvergonzado. ❏ PROCAZ.

PROCAÍNA f. *Farm.* Anestésico local que suele administrarse asociado a la penicilina.

PROCARIOTA m. *Biol.* Microorganismo carente de estructura celular típica, sin membrana nuclear ni orgánulos citoplasmáticos; como los virus, las algas azules y las bacterias.

PROCEDENCIA f. Origen, principio de donde nace o se deriva una cosa. ◊ Punto de salida o escala de un barco u otro vehículo, cuando llega a término de su viaje. ◊ Conformidad con la moral, la razón o el derecho. ◊ *Der.* Fundamento legal y oportunidad de una demanda, petición o recurso.

PROCEDENTE adj. Que procede, dimana o trae su origen de una persona o cosa. ◊ Arreglado a la prudencia, a la razón o al fin que se persigue. ◊ Conforme a derecho, mandato, práctica o conveniencia.

PROCEDER m. Modo, forma y orden de portarse y gobernar uno sus acciones bien o mal. ◊ Seguirse, nacer u originarse una cosa de otra, física o moralmente. ◊ Portarse y gobernar uno sus acciones bien o mal. ◊ Pasar a poner en ejecución una cosa a la cual precedieron algunas diligencias. ◊ Ser conforme a razón, derecho, mandato, práctica o conveniencia.

PROCEDIMIENTO m. Método de ejecutar algunas cosas. ◊ *Der.* Actuación por trámites judiciales o administrativos.

PROCELOSO, SA adj. Borrascoso, tormentoso.

PRÓCER adj. Alto, eminente o elevado. ◊ m. Persona distinguida e importante.

PROCESADOR m. *Comp.* Dispositivo electrónico que controla las operaciones que deben efectuarse en una computadora. Forma la unidad central de proceso.

PROCESAR tr. Formar autos y procesos. ◊ *Der.* Declarar y tratar a una persona como presunto reo de delito. ◊ *Ind.* Someter alguna cosa a elaboración, transformación, etc. ❏ PROCESADO, DA; PROCESAMIENTO.

PROCESIÓN f. Acción de proceder una cosa de otra. ◊ Acto de ir ordenadamente de un lugar a otro muchas personas con algún fin público y solemne, por lo común religioso. ❏ PRO-CESIONAL.

PROCESIONARIA f. Nombre común a las larvas de varias especies de lepidópteros que se desplazan en hileras; causan grandes estragos en los árboles.

PROCESO m. Conjunto de las fases sucesivas de un fenómeno natural o de una operación artificial. ◊ *Der.* Agregado de los autos y demás escritos en cualquier causa civil o criminal. ◊ *Der.* Causa criminal. ❏ PROCESAL.

PROCLAMA f. Notificación pública. ◊ Alocución política o militar.

PROCLAMAR tr. Publicar en alta voz una cosa para que se haga notoria a todos. ◊ Declarar solemnemente el principio o inauguración de un reinado, etc. ◊ Aclama. ◊ Conferir a una voz algún cargo. ◊ prnl. Declararse uno investido de un cargo, autoridad o mérito. ❏ PROCLAMACIÓN.

PROCLÍTICO, CA adj. *Gram.* Díc. de la voz monosílaba que sin acentuación prosódica, se liga en cláusula con el vocablo subsiguiente.

PROCLIVE adj. Inclinado o propenso a una cosa. ❏ PROCLIVIDAD.

PROCLO (410-485) Filósofo gr., neoplatónico. *Elementos de teología, Elementos de física, Comentarios.*

PROCÓNSUL m. Gobernador de una prov. entre los rom., con jurisdicción e insignias consulares.

PROCORDADO adj. y m. *Zool.* Díc. de animales cordados inferiores que ca-

Procesión de Semana Santa en Cáceres (España)

recen de columna vertebral y de cráneo, por lo que también se llama *acranios*.

PROCREAR tr. Engendrar, multiplicar una especie. ◊ PROCREACIÓN.

PROCURADOR m. El que en virtud de poder o facultad de otro ejecuta en su nombre una cosa. ◊ El que, con la necesaria habilidad legal, ejerce ante los tribunales la representación de cada interesado en un juicio. ◻ PROCURADURÍA.

PROCURAR tr. Hacer diligencias o esfuerzos para conseguir lo que se desea. ◊ Ejercer el oficio de procurador. ◻ PROCURACIÓN.

PRODIGAR tr. Disipar, gastar pródigamente o con exceso y desperdicio una cosa. ◊ Dar con profusión y abundancia. ◊ fig. Tratándose de elogios, favores, etc., dispensarlos profusa y repetidamente. ◻ PRODIGALIDAD.

PRODIGIO m. Suceso extraño que excede los límites regulares de la naturaleza. ◊ Cosa especial, rara o primorosa en su línea. ◊ Milagro. ◻ PRODIGIOSIDAD; PRODIGIOSO, SA.

PRÓDIGO, GA adj. y s. Disipador, gastador, manirroto. ◊ Muy dadivoso.

PRODUCCIÓN f. Cosa producida. ◊ Acto o modo de producirse. ◊ *Econ.* Actividad que transforma determinados bienes en otros que poseen una utilidad mayor. ◊ Suma de los productos del suelo o de la ind. obtenidos al finalizar una determinada actividad productiva.

PRODUCIR tr. Engendrar, procrear, criar. Díc. propiamente de las obras de la naturaleza, y por extensión de las del entendimiento. ◊ Dar, llevar, rendir fruto los terrenos, árboles, etc. ◊ Rentar, rendir interés, utilidad o beneficio una cosa. ◊ fig. Procurar, originar, ocasionar. ◊ fig. Fabricar, elaborar cosas útiles. ◊ Acaecer, suceder. ◻ PRODUCTIBILIDAD; PRODUCTIVO, VA.

PRODUCTIVIDAD f. Calidad de productivo. ◊ Capacidad o grado de producción por unidad de trabajo, superficie de tierra cultivada, equipo industrial, etc.

PRODUCTO m. Cosa producida. ◊ Objeto resultante del trabajo ejercido sobre una primera materia. ◊ *Mat.* Resultado de hacer un núm. *a* tantas veces mayor como unidades indica otro núm. *b*.

PRODUCTOR, RA m. y f. Cada una de las personas que intervienen en la producción, desde el jefe o director de la empresa hasta el trabajador manual. ◊ En teatro, cine y televisión, persona que organiza la realización de una obra y aporta el capital.

PROEMIO m. Prólogo o introducción de un discurso o de un libro. ◻ PROEMIAL.

PROEZA f. Hazaña o acción valerosa.

PROFANAR tr. Tratar una cosa sagrada sin el debido respeto, o aplicarla a usos profanos. ◊ fig. Deslucir, desdorar, deshonrar, prostituir, hacer uso indigno de cosas respetables. ◻ PROFANACIÓN; PROFANAMIENTO.

PROFANO, NA adj. Que no es sagrado ni sirve a usos sagrados, sino puramente secular. ◊ Que es contra la reverencia debida a las cosas sagradas. ◊ adj. y s. Que carece de conocimientos y autoridad en una materia.

PROFECÍA f. Comunicación de un oráculo divino, que el profeta transmi-

te, sobre sucesos o cosas que afectan al bien espiritual. ◊ Vaticinio sobre los hechos que se cumplirán. ◻ PROFÉTICO, CA; PROFETISA.

PROFERIR tr. Pronunciar, decir, articular palabras.

PROFESAR tr. Ejercer una ciencia, arte, oficio, etc. ◊ Enseñar una ciencia o arte. ◊ Obligarse en una orden religiosa a cumplir los votos propios de su instituto. ◊ Creer, confesar. ◊ fig. Sentir algún afecto, inclinación o interés y perseverar voluntariamente en ellos. ◻ PROFESO, SA.

PROFESIÓN f. Empleo, facultad u oficio que cada uno tiene y ejerce públicamente. ◻ PROFESIONAL.

PROFESIONALISMO m. Cultivo o utilización de ciertas disciplinas, artes o deportes, como medio de lucro.

PROFESOR, RA m. y f. Persona que ejerce o enseña una ciencia o arte. ◻ PROFESORADO.

PROFETA m. El que posee el don de profecía. ◊ fig. El que por algunas señales conjetura y anuncia acontecimientos futuros.

El **profeta** Ezequiel, por Miguel Ángel
(Capilla Sixtina, Vaticano)

PROFETIZAR tr. Anunciar o predecir las cosas distantes o futuras, en virtud del don de profecía. ◊ fig. Conjeturar o hacer juicios del éxito de una cosa por algunas señales que se han observado.

PROFILAXIS f. *Med.* Conjunto de medidas destinadas a preservar de enfermedades físicas o mentales a un individuo o a una colectividad. ◻ PROFILÁCTICO, CA.

PRÓFUGO, GA adj. y s. Fugitivo; que huye de la justicia o de otra autoridad legítima.

PROFUNDIDAD f. Calidad de profundo. ◊ Dimensión de los cuerpos perpendicular a una superficie dada. ◊ fig. Hondura.

PROFUNDIZAR tr. Cavar una cosa para que esté más honda. ◊ tr. e intr. fig. Discurrir con la mayor atención y examinar o penetrar una cosa para llegar a su perfecto conocimiento.

PROFUNDO, DA adj. Que tiene el fondo muy distante de la boca o borde de la cavidad. ◊ Más cavado y hondo que lo regular. ◊ Extendido a lo largo, o que tiene gran fondo. ◊ Díc. de lo que penetra mucho o va hasta muy adentro. ◊ fig. Intenso, o muy vivo y eficaz.

◊ fig. Tratándose del entendimiento, de las cosas a él concernientes o de sus producciones, extenso, vasto, que penetra o ahonda mucho. ◊ m. Profundidad. ◊ La parte más honda de una cosa. ◊ Lo más íntimo de uno.

PROFUSIÓN f. Abundancia en lo que se da, expende, derrama, etc. ◻ PROFUSO, SA.

PROGENIE f. Casta, generación o familia de la cual se origina o desciende una persona.

PROGENITOR m. Pariente en línea recta ascendente de una persona.

PROGESTERONA f. *Biol.* Hormona sexual de naturaleza esteroide originada en el cuerpo lúteo, cuya función consiste en la regulación de la actividad glandular sexual, provocando la regeneración y el crecimiento de la mucosa uterina para la implantación del óvulo y el mantenimiento del embarazo.

PROGNATO, TA adj. y s. Díc. de la persona que tiene salientes las mandíbulas.

PROGNOSIS f. Conocimiento anticipado de algún suceso. ◊ Pronóstico, previsión.

PROGRAMA m. Edicto, bando o aviso público. ◊ Declaración previa de lo que se piensa hacer en alguna materia u ocasión. ◊ *Comp.* Conjunto de instrucciones secuenciales, correspondientes a un algoritmo escrito en cualquier lenguaje de programación, con las que se puede realizar un trabajo determinado mediante la ejecución de tales instrucciones por la computadora. ◻ PROGRAMÁTICO, CA.

PROGRAMACIÓN f. Conjunto de los programas diarios de un centro de radio o televisión. ◊ *Comp.* Técnica de confección de programas.

PROGRAMAR tr. Formar programas, previa declaración de lo que se piensa hacer y anuncio de las partes de que se ha de componer un acto o espectáculo, o una serie de ellos. ◊ Preparar los datos previos indispensables para obtener la solución de un problema mediante una calculadora electrónica, o disponer las instrucciones codificadas para un ordenador. ◊ Organizar cualquier actividad. ◻ PROGRAMADOR, RA.

PROGRESIÓN f. Acción de avanzar o proseguir una cosa. ◊ *Mat.* Cierto tipo de sucesiones numéricas. ◊ **aritmética.** *Mat.* Cualquier sucesión numérica en la que los términos se obtienen ordenadamente del primero sumando repetidamente una cierta cantidad. ◊ **geométrica.** *Mat.* Sucesión numérica en la que el cociente entre un término cualquiera y el que le precede es constante.

PROGRESO m. Aumento, adelantamiento, perfeccionamiento. ◊ Movimiento de desarrollo y perfeccionamiento de la civilización y de las instituciones sociales y políticas. ◻ PROGRESAR; PROGRESISMO; PROGRESISTA; PROGRESIVO, VA.

PROGRESO, El Dpto. de Guatemala, sit. en el centro-este del país; 1 922 km², 115 469 hab. Cap., Guastatoya. Sierras de Chiacús y de las Minas. Tabaco, caña de azúcar, café y frutales. Ganadería vacuna. Ind. del cemento e ind. derivadas agropecuarias. ◊ C. de Honduras, en el dpto. de Yoro; 30 400 hab. Centro comercial bananero.

PROHIBICIONISMO m. Movimiento que en EE UU condujo a la prohibición de bebidas alcohólicas.

PROHIBIR tr. Vedar o impedir el uso o ejecución de una cosa. ❏ PROHIBICIÓN; PROHIBITIVO, VA.

PROHIJAR tr. Adoptar por hijo. ◊ fig. Acoger como propias las opiniones o doctrinas ajenas. ❏ PROHIJACIÓN; PROHIJAMIENTO.

PROHOMBRE m. El que goza de especial consideración entre los de su clase.

PRÓJIMO m. Cualquier hombre respecto de otro.

PROKOFIEV, Serguéi Sergueievich (1891-1953) Compositor ruso. Su extensa obra es síntesis de romanticismo e impresionismo. *El amor de las tres naranjas, El ángel de fuego, Alejandro Nevski.*

PROKOPIEVSK C. de Rusia, en Siberia; 274 000 hab. Centro minero.

PROLAPSO m. *Pat.* Descenso o caída de un órgano o víscera por debajo del nivel normal.

PROLE f. Linaje o descendencia de uno.

PROLEGÓMENO m. Tratado que se pone al principio de una obra o escrito, para establecer los fundamentos generales del mismo. Se usa más en pl.

PROLETARIADO m. *Soc.* Clase social propia del sistema fundamentado en el capitalismo y que se caracteriza por su posición subsidiaria en los procesos de producción y distribución de bienes, a pesar de constituir la fuerza fundamental de trabajo.

PROLETARIO, RIA adj. y m. Díc. del que carece de bienes. ◊ m. Individuo de la clase indigente. ◊ Trabajador, obrero asalariado.

PROLIFERAR intr. Reproducirse en formas semejantes. ◊ fig. Multiplicarse algo abundantemente. ❏ PROLIFERACIÓN; PROLÍFICO, CA.

PROLIJO, JA adj. Largo, dilatado con exceso. ◊ Demasiadamente cuidado o esmerado.

PROLOG m. *Comp.* Lenguaje de programación cuyas instrucciones representan frases lógicas, y que presenta una estructura totalmente distinta a la de los lenguajes simbólicos de alto nivel.

PRÓLOGO m. Discurso antepuesto a un libro, para dar noticia de la finalidad de la obra. ◊ fig. Lo que sirve como de exordio o principio para ejecutar una cosa. ❏ PROLOGAR; PROLOGUISTA.

PROLONGAR tr. y prnl. Alargar, dilatar o extender una cosa a lo largo. ◊ Hacer que dure una cosa más tiempo de lo regular. ❏ PROLONGACIÓN; PROLONGADO, DA; PROLONGAMIENTO.

PROMEDIAR tr. Igualar o repartir una cosa en dos partes iguales o que lo sean con poca diferencia. ◊ Llegar a su mitad un intervalo de tiempo determinado.

PROMEDIO m. Punto en que una cosa se divide por la mitad o casi por la mitad. ◊ Término medio, suma de varias cantidades dividida por el núm. de ellas.

PROMESA f. Expresión de la voluntad de dar a uno o hacer por él una cosa. ◊ fig. Augurio, indicio de señal que hace esperar algún bien.

PROMETEO *Mit. gr.* Titán, hijo de Jápeto y de Clímene. Zeus le castigó por haber robado el fuego celeste, con el que dio vida al hombre de barro que había creado.

PROMETER tr. Obligarse a hacer, decir o dar alguna cosa. ◊ Asegurar la

Prometeo por Tiziano
(Museo del Prado, Madrid)

certeza de lo que se dice. ◊ Dar muestras de poseer unas cualidades especiales que apueden llevar al triunfo. ◊ rec. Darse mutuamente palabra de casamiento, por sí o por tercera persona. ❏ PROMETEDOR, RA; PROMETIDO, DA.

PROMETIO o PROMECIO m. *Quím.* Elemento de símb. Pm, n. a. 61, p. a. del isótopo más estable 145. Es uno de los elementos de las tierras raras o lantánidos.

PROMINENTE adj. Que se levanta sobre lo que está a su inmediación o alrededores. ◊ fig. Destacado, ilustre. ❏ PROMINENCIA.

PROMISCUIDAD f. Mezcla, confusión; suele referirse especialmente a la vida en común de varias personas de distintos sexos y edades. ❏ PROMISCUO, CUA.

PROMISIÓN f. Promesa de hacer o cumplir algo fijado. ❏ PROMISORIO, RIA.

PROMOCIÓN f. Conjunto de los individuos que al mismo tiempo han obtenido un grado, empleo o título. ◊ Elevación o mejora de las condiciones de vida, intelectuales, etc.

PROMOCIONAR tr. intr. y prnl. Promover, mejorar alguien en su situación, cargo, etc. ◊ tr. Dar impulso a una idea, empresa, etc.

PROMONTORIO m. Altura considerable de tierra. ◊ fig. Cualquier cosa que hace demasiado bulto y causa gran estorbo. ◊ Altura considerable de tierra que avanza dentro del mar.

PROMOVER tr. Iniciar o adelantar una cosa, procurando su logro. ◊ Elevar a una persona a una dignidad o empleo superior al que tenía. ❏ PROMOTOR, RA.

PROMULGAR tr. Publicar una cosa solemnemente, hacerla saber a todos. ◊ fig. Hacer que una cosa se divulgue y propague mucho en público. ◊ *Der.* Publicar formalmente una ley u otra disposición de la autoridad. ❏ PROMULGACIÓN.

PRONACIÓN f. Movimiento del antebrazo que hace girar la mano de afuera a adentro presentando el dorso de ella. ❏ PRONADOR.

PRONAOS m. *Arq.* En los templos ant., pórtico que había delante del santuario.

PRONO, NA adj. Excesivamente inclinado a una cosa. ◊ Que está echado sobre el vientre.

PRONOMBRE m. *Gram.* Parte de la

oración que suple al nombre o lo determina. ◊ **demostrativo.** Aquel con que material o intelectualmente se demuestran o señalan personas, animales o cosas. ◊ **indeterminado.** El que vagamente alude a personas o cosas. ◊ **personal.** El que directamente representa personas, animales o cosas. ◊ **posesivo.** El que denota posesión o pertenencia. ◊ **relativo.** El que se refiere a persona, animal o cosa de que anteriormente se ha hecho mención.

PRONOMINADO adj. *Gram.* Díc. del verbo que tiene por complemento un pronombre.

PRONOMINAL adj. *Gram.* Relativo al pronombre o que participa de su índole o naturaleza. ◊ *Gram.* Pronominado.

PRONOSTICAR tr. Conocer por algunos indicios lo futuro. ◊ Manifestar este conocimiento.

PRONÓSTICO m. Señalar por donde se conjetura una cosa futura. ◊ *Med.* Juicio del médico acerca del curso de una enfermedad, deducido de los síntomas observados.

PRONTITUD f. Celeridad y presteza en la ejecución de algo. ◊ Viveza de ingenio o de imaginación.

PRONTO, TA adj. Veloz, ligero. ◊ Dispuesto para la ejecución de una cosa. ◊ m. fam. Movimiento repentino del ánimo a impulsos de una pasión u ocurrencia inesperada. ◊ adv. modo. Presto, prontamente.

PRONTUARIO m. Resumen en que se anotan varias cosas a fin de tenerlas presentes cuando se necesiten. ◊ Compendio de las reglas de una ciencia o arte.

PRONUNCIAMIENTO m. *Pol.* Alzamiento o rebelión militar contra el gobierno. ◊ *Der.* Cada una de las declaraciones, condenas o mandatos del juez.

PRONUNCIAR tr. Emitir y articular sonidos para hablar. ◊ tr. y prnl. Determinar, resolver. ◊ fig. Sublevar, levantar, rebelar. ◊ tr. *Der.* Publicar la sentencia o auto. ◊ prnl. Manifestarse en favor o en contra de algo o de alguien. ❏ PRONUNCIACIÓN.

PROPAGANDA f. Acción o efecto de dar a conocer una cosa con el fin de atraer adeptos o compradores. ◊ Material que se usa con este fin. ◊ fam.

Detalle de la batalla de Alcolea, donde triunfó el **pronunciamiento** de 1868 que derrocó a Isabel II de España

Amér. Información interesada o tendenciosa. ❑ PROPAGANDISTA.

PROPAGAR tr. y prnl. Multiplicar por generación u otra vía de reproducción. ◊ *fig.* Extender, dilatar o aumentar una cosa. ◊ *fig.* Extender el conocimiento de una cosa o la afición a ella. ❑ PROPAGACIÓN.

PROPALAR tr. Divulgar una cosa oculta.

PROPANO adj. y m. *Quím.* Díc. de un hidrocarburo saturado de tres carbonos. Es un gas incoloro, inflamable, que se halla en el gas natural. Sirve como combustible. ❑ PROPANERO, RA.

PROPAROXÍTONO, NA adj. *Gram.* Esdrújulo.

PROPASAR tr. Pasar más adelante de lo debido.

PROPEDÉUTICA f. Enseñanza preparatoria para el estudio de una disciplina.

PROPENDER intr. Inclinarse uno a una cosa por afición. ❑ PROPENSIÓN; PROPENSO, SA.

PROPERGOL m. *Quím.* Mezcla líquida o sólida formada por un combustible y un comburente, y destinada a la alimentación de los motores cohetes.

PROPICIAR tr. Ablandar, aplacar la ira de uno, haciéndole favorable, benigno y propicio. ◊ Atraer o ganar el favor o la benevolencia de alguno. ◊ Favorecer la ejecución de algo. ❑ PROPICIATORIO, RIA; PROPICIACIÓN; PROPICIO, CIA.

PROPIEDAD f. Derecho o facultad de disponer de una cosa con exclusión del ajeno arbitrio, y de reclamar la devolución de ella si está en poder de otro. ◊ Cosa que es objeto del dominio, sobre todo si es inmueble o raíz. ◊ Atributo o cualidad esencial de una persona o cosa.

PROPIETARIO, RIA adj. y s. Que tiene derecho de propiedad sobre una cosa, y especialmente sobre bienes inmuebles.

PROPILEO m. Vestíbulo de un templo o palacio; peristilo de columnas.

PROPINA f. Gratificación que, como muestra de satisfacción, se da sobre el precio convenido por un servicio. ◊ Gratificación pequeña con que se recompensa un servicio eventual.

PROPINAR tr. Dar a beber. ◊ Ordenar, administrar una medicina a alguien. ◊ *fig.* Maltratar, pegar a uno.

PROPIO, PIA adj. Perteneciente a uno que tiene la facultad exclusiva de disponer de ello. ◊ Característico, pecu-

Propileo de la acrópolis de Atenas

liar de cada persona o cosa. ◊ Conveniente, adecuado. ◊ Natural, en contraposición a postizo o accidental. ◊ Mismo.

PROPONER tr. Manifestar con razones una cosa para conocimiento de uno, o para inducirle a adoptarla. ◊ tr. y prnl. Determinar o hacer propósito de ejecutar o no una cosa. ◊ tr. Presentar a uno para un empleo o beneficio. ◊ Hacer una propuesta.

PROPORCIÓN f. Disposición, conformidad o correspondencia debida de las partes de una cosa con el todo o entre cosas relacionadas entre sí. ◊ Disposición u oportunidad para hacer o lograr una cosa. ◊ Coyuntura, conveniencia. ◊ Tamaño. ◊ Importancia, dimensión. ◊ *Mat.* Igualdad entre dos razones, que será aritmética o geométrica según sean las razones de una u otra especie. En una proporción $a/b = c/d$, a, d se llaman extremos y b, c medios; estos cuatro núm. gozan de la propiedad $ab = bc$.

PROPORCIONAL adj. Relativo a la proporción o que la incluye en sí. ◊ *Mat.* Díc. de las magnitudes que están en proporción, sea directa o inversa.

PROPORCIONAR tr. Disponer y ordenar una cosa con la debida correspondencia o proporción en sus partes. ◊ tr. y prnl. Disponer adecuadamente las cosas, a fin de conseguir lo que se desea. ◊ Poner a disposición de uno lo que necesita o le conviene. ❑ PROPORCIONADO, DA; PROPORCIONALIDAD.

PROPOSICIÓN f. *Lóg.* Oración, palabra o palabras que expresan un concepto cabal. ◊ *Mat.* Enunciación de una verdad demostrada o que se trata de demostrar.

PROPÓSITO m. Ánimo o intención de hacer o de no hacer una cosa. ◊ Objeto, mira. ◊ Materia de que se trata.

PROPUESTA f. Proposición o idea que se manifiesta y ofrece a uno para un fin. ◊ Consulta de uno o más sujetos hecha al superior para un empleo o beneficio. ◊ Consulta de un asunto o negocio a quien lo ha de resolver.

PROPUGNAR tr. Defender, amparar.

PROPULSAR tr. Impeler hacia adelante. ◊ Rechazar, repulsar.

PROPULSIÓN f. Acción y efecto de propulsar. ◊ **a chorro.** *Aer.* Procedimiento empleado para que un avión, proyectil, cohete, etc., avance en el espacio por efecto de la reacción.

PROPULSOR, RA adj. y s. Díc. de los órganos mecánicos que sirven para la propulsión.

PRORRATA f. Cuota o porción que toca a uno de lo que se reparte entre varios.

PRORRATEAR tr. Repartir una cantidad, obligación o carga entre varios, según la parte que proporcionalmente toca a cada uno. ❑ PRORRATEO.

PRÓRROGA f. Continuación de una cosa por un tiempo determinado, superior al fijado primitivamente. ❑ PRORROGAR.

PRORRUMPIR intr. Salir con ímpetu una cosa. ◊ *fig.* Proferir repentinamente y con fuerza una voz, suspiro u otra demostración de dolor o pasión vehemente.

PROSA f. Estructura y forma que toma naturalmente el lenguaje para expresar los conceptos, y no está sujeta, como el verso, a medida y cadencia determina-

Gálago gigante, primate del grupo
prosimios

das. ◊ Lenguaje prosaico en la poesía. ◊ *fig.* y *fam.* Exceso de las palabras para decir cosas poco o nada importantes. ❑ PROSADO, DA; PROSISTA.

PROSAICO, CA adj. Relativo a la prosa, o escrito en prosa. ◊ *fig.* Vulgar, anodino, falto de elevación e interés. ❑ PROSAÍSMO.

PROSAPIA f. Ascendencia, linaje o generación de una persona.

PROSCENIO m. Parte del escenario más inmediata al público.

PROSCRIBIR tr. Echar a uno del territorio de su patria, comúnmente por causas políticas. ◊ *fig.* Excluir, prohibir el uso de una cosa. ❑ PROSCRIPCIÓN; PROSCRITO, TA.

PROSEGUIR tr. Seguir, continuar, llevar adelante lo que se tenía empezado. ❑ PROSECUCIÓN.

PROSELITISMO m. Celo de ganar prosélitos. ❑ PROSELITISTA.

PROSÉLITO m. Persona convertida a la religión católica y en general a cualquier religión. ◊ *fig.* Partidario ganado para cualquier facción, parcialidad o doctrina.

PROSIFICAR tr. Poner en prosa una composición poética. ❑ PROSIFICACIÓN.

PROSIMIO adj. y m. *Zool.* Díc. de los primates inferiores.

PROSODIA f. *Gram.* Parte de la gramática tradicional que estudia la correcta pronunciación y acentuación. ◊ Estudio de los rasgos fónicos que afectan a la métrica, especialmente de los acentos y de la cantidad. ◊ *Ling.* Parte de la fonología dedicada al estudio de los rasgos fónicos que afectan a unidades inferiores o superiores al fonema. ❑ PROSÓDICO, CA.

PROSOPOPEYA f. *Ret.* Figura que consiste en atribuir a las cosas inanimadas o abstractas, acciones y cualidades propias del ser animado, o bien en poner el escritor palabras en boca de personas verdaderas o fingidas. ◊ *fam.* Afectación de gravedad y pompa.

PROSPECCIÓN f. *Ing.* Conjunto de métodos y técnicas empleadas en la búsqueda de yacimientos de minerales útiles, aguas subterráneas e hidrocarburos líquidos o gaseosos. ◊ *Cuba.* Reconocimiento general que se hace para descubrir enfermedades latentes o incipientes. ❑ PROSPECTAR.

PROSPECTIVO, VA adj. Que se refiere al futuro. ◊ f. Ciencia que prevé el futuro a través de un estudio de las causas que intervienen en la evolución de los hechos y que favorecen la aceleración de los mismos.

PROSPECTO m. Exposición o anuncio breve que se hace al público sobre una obra, escrito, espectáculo, mercancía, etc. ◊ Impreso que acompaña a un medicamento o algún otro producto, en que se indica su composición, aplicaciones, etc.

PROSPERAR tr. Ocasionar prosperidad. ◊ intr. Tener o gozar prosperidad. ◊ fig. Tener aceptación una idea, opinión.

PROSPERIDAD f. Curso favorable de las cosas; buena suerte o éxito en lo que se emprende, sucede u ocurre. ◊ Bienestar material, mejora económica. ❑ PRÓSPERO, RA.

PRÓSTATA f. *Anat*. Órgano glandular, propio del sexo masculino, sit. en la porción inicial de la uretra, que segrega un líquido que, durante la eyaculación, se mezcla con el esperma y favorece el avance y supervivencia de los espermatozoides. ❑ PROSTÁTICO, CA.

PROSTATITIS f. *Pat*. Inflamación de la próstata.

PROSTÍBULO m. Casa de prostitución. ❑ PROSTIBULARIO, RIA.

PROSTITUCIÓN f. Comercio sexual con ánimo de lucro.

PROSTITUIR tr. y prnl. Entregar o inducir a alguien a la prostitución; dedicarse a ella. ◊ prnl. fig. Envilecerse o degradarse para obtener una ventaja material. ❑ PROSTITUTO, TA.

PROSUDO, DA adj. *Ecuad*. Díc. de la persona que se da importancia, gralte. por causas fútiles.

PROTACTINIO m. *Quím*. Elemento de símb. Pa, n. a. 91 y p. a. 226,05. Es un metal de la serie de los actínidos, que no se encuentra en la naturaleza. Se obtiene por medio de transmutaciones radiactivas.

PROTAGONISTA com. Personaje pral. de la acción de una obra literaria, cinematográfica, etc. ◊ P. ext., persona que en un suceso cualquiera tiene la parte principal. ❑ PROTAGONIZAR.

PROTÁGORAS de Abdera (h. 480-410 a. C.) Filósofo sofista gr. Postuló que el hombre era la medida de todas las cosas.

PROTALO m. *Bot*. Pequeño órgano vegetal laminar, a veces casi microscópico, que representa la fase gametofítica en el ciclo biológico de los helechos.

PROTAMINA f. *Biol*. Proteína que se aísla del esperma de los peces, en el que se encuentra asociada a sustancias ácidas.

PROTEASA f. *Biol*. Enzima del grupo de las hidrolasas, gralte. con misiones digestivas, que es específica para la hidrólisis de las proteínas y de los péptidos.

PROTECCIONISMO m. *Econ*. Política económica que favorece ciertos productos nacionales mediante la imposición de elevadas tarifas aduaneras a los productos extranjeros de la misma clase. ❑ PROTECCIONISTA.

PROTECTOR, RA adj. y s. Que por oficio cuida de los derechos o intereses de una comunidad.

PROTECTORADO m. Parte de soberanía que un Est. ejerce en territorio que no ha sido incorporado plenamente al de su nación y en el cual existen autoridades propias de los pueblos autóc-

tonos. ◊ Territorio en que se ejerce esta soberanía compartida.

PROTEGER tr. Amparar, favorecer, defender. ◊ Resguardar una cosa de un posible daño o peligro. ❑ PROTECCIÓN; PROTEGIDO, DA.

PROTEICO, CA adj. Que cambia de formas o, p. ext., de ideas. ◊ *Quím*. Proteínico.

PROTEIDO m. *Biol*. Heteroproteína constituida por la unión de una proteína típica y un grupo prostético de naturaleza no proteínica.

PROTEÍNA f. *Biol*. Principio inmediato cuaternario, constituido pralm. por carbono, nitrógeno, oxígeno e hidrógeno, formando monómeros (aminoácidos) que se unen por enlace peptídico. ❑ PROTEÍNICO, CA.

❑ *Biol*. La misión de las p. en los organismos es de naturaleza plástica e integran la mayor parte del cuerpo vivo; sin embargo, cuando se ingieren en gran cantidad se pueden oxidar para dar energía, suministrando 4,1 calorías por gramo.

PROTEO *Mit. gr*. Dios marino, hijo de Tetis y de Océano (o Poseidón), el cual le dio el don de la profecía.

PROTÉSICO m. Ayudante de odontólogo encargado de preparar prótesis dentales.

PRÓTESIS f. Procedimiento mediante el cual se repara artificialmente la falta de un órgano o parte de él. ❑ PROTÉTICO, CA.

PROTESTA f. Acción y efecto de protestar. ◊ Promesa con aseveración o atestación de ejecutar una cosa. ◊ *Der*. Declaración jurídica que se hace para que no se perjudique el derecho que uno tiene.

PROTESTANTE adj. y s. Que sigue el luteranismo o cualquiera de sus ramas. ◊ Relativo a alguna de las iglesias cristianas formadas como consecuencia de la Reforma.

PROTESTANTISMO m. *Rel*. Denominación común de las iglesias nacidas de la Reforma. El nombre obedece a la «protesta» de catorce c. luteranas y cinco príncipes contra la determinación de la dieta de Spira (1529) de restaurar el culto de la Iglesia católica.

PROTESTAR tr. Declarar el ánimo que uno tiene en orden a ejecutar una cosa. ◊ Confesar públicamente la fe y creencia que uno profesa y en que desea vivir. ◊ Con la prep. *de*, aseverar con ahínco y con firmeza. ◊ Con la prep. *contra*, negar la validez o legalidad de un acto, tachándolo de vicioso. ◊ Hacer el protesto de una letra de cambio. ❑ PROTESTATIVO, VA.

PROTESTO m. Requerimiento, ante notario, a quien no quiere pagar una letra de cambio o aceptarla, para que la pague o razone su negativa.

PRÓTIDO m. *Biol*. Principio inmediato cuaternario, constituido en su mayor parte por carbono, oxígeno, hidrógeno y nitrógeno. Los p. comprenden dos grandes grupos de sustancias: las proteínas y los prótidos.

PROTOCANÓNICO, CA adj. y s. Díc. de los libros de la Biblia que se incluyeron inmediatamente en el canon de las Sagradas Escrituras, porque nunca se impugnó su inspiración divina.

PROTOCOLO m. Serie ordenada de escrituras matrices y otros documentos que un notario o escribano autoriza y

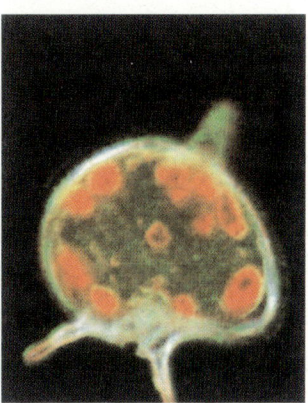
Peridinios, **protozoos** radiolarios que forman parte del placton marino

custodia con ciertas formalidades. ◊ Acta o cuaderno de actas relativos a un acuerdo, conferencia o congreso diplomático. ◊ P. ext., regla ceremonial diplomática o palatina establecida por decreto o por costumbre: etiqueta que debe guardarse en ciertos actos oficiales. ❑ PROTOCOLAR; PROTOCOLARIO, RIA.

PROTÓFITO, TA adj. y m. *Bot*. Díc. de los vegetales inferiores unicelulares, como las algas de organización no talófita y los procariotas.

PROTOHISTORIA f. Periodo anterior a la historia, basada únicamente en tradiciones o inducciones. ❑ PROTOHISTÓRICO, CA.

PROTÓN m. *Fís*. Partícula elemental nuclear de carga positiva y masa de 1,00759 unidades másicas.

PROTOPLASMA m. *Biol*. Término que designa el contenido vivo de la célula.

PROTÓRAX m. *Zool*. El primero de los tres segmentos del tórax de los insectos.

PROTOTIPO m. Ejemplar original o primer molde en que se fabrica una figura u otra cosa. ◊ fig. El más perfecto ejemplar y modelo de una virtud, vicio o cualidad.

PROTOZOO adj. y m. *Zool*. Díc. de animales del subreino protozoos. ◊ m. pl. *Zool*. Subdivisión del reino animal, con categoría de subreino, que comprende animales unicelulares.

❑ *Zool*. Muchos protozoos presentan características propias de plantas y otros muestran un indicio de organización pluricelular. La morfología es muy variada: en principio las formas flotantes tienden a adquirir una simetría central, y las fijas al sustrato una simetría radial, pero no faltan las especies asimétricas. Su nutrición y hábitat obedecen a la misma regla general de diversidad.

PROTRÁCTIL adj. Díc. de la lengua de algunos animales que puede proyectarse mucho fuera de la boca, como en el camaleón.

PROTUBERANCIA f. Prominencia más o menos redonda.

PROUDHON, *Pierre-Joseph* (1809-1865) Pensador fr., teórico del socialismo libertario. Señaló que la contradicción fundamental oponía a la sociedad trabajadora con el aparato del Est., y con ello sentó las bases del anarquismo. Plasmó su modelo social en la sociedad

Provenza-Alpes-Costa Azul.
Puerto de Niza

autogestionaria. *¿Qué es la propiedad?*, *Sistemas de las contradicciones económicas*, o *Filosofía de la miseria*.
PROUST, *Marcel* (1871-1922) Escritor fr. El conjunto pral. de su obra tiene como título general *En busca del tiempo perdido*. Es peculiar su estilo, táctil e impresionista, y el lento fluir de la acción, interrumpida por las digresiones y los análisis psicológicos de los personajes.
PROUT, *William* (1785-1850) Químico y médico brit. Supuso que todos los elementos químicos estaban constituidos por átomos de hidrógeno *(hipótesis de Prout)*.
PROVECHO m. Beneficio o utilidad. ◊ Adelantamiento en las ciencias, artes o virtudes. ◊ pl. Aquellos emolumentos que se adquieren fuera del sueldo. ❏ PROVECHOSO, SA.
PROVEEDOR, RA adj. Que provee. ◊ m. y f. Persona que tiene a su cargo proveer a ejércitos, casas de comunidad, etc.
PROVEER tr. y prnl. Prevenir, juntar y tener listos los mantenimientos u otras cosas necesarias para un fin. ◊ tr. Disponer, resolver, dar salida a un negocio. ◊ Poner en un empleo o cargo un ocupante. ◊ tr. y prnl. Suministrar o facilitar lo necesario o conveniente para un fin. ◊ tr. *Der*. Dictar un juez o tribunal una resolución que no sea la sentencia definitiva. ❏ PROVEIMIENTO.
PROVENIR intr. Nacer, proceder, originarse una cosa de otra. ❏ PROVENIENCIA.
PROVENZA (*Provence*) Región histórica del SE de Francia. Actualmente corresponde con la circunscripción de acción regional Provenza-Costa Azul. Fue prov. rom. y parte del reino franco. Por el matrimonio de una condesa franca y Ramón Berenguer III, conde de Barcelona, P. pasó al reino de Aragón. Incorporada a Francia en 1481.
PROVENZA-ALPES-COSTA AZUL (*Provence-Alpes-Côte d'Azur*) Circunscripción de acción regional de Francia, a orillas del Mediterráneo; 31 400 km², 4 257 900 hab. Cap., Marsella. C. prales: Niza, Toulon, Cannes. Terr. constituido por los Alpes Marítimos y los Prealpes, la llanura deltaica del Ródano y la Costa Azul. Agricultura. Ind. petroquímica, construcciones navales mecánicas. Turismo.
PROVENZAL adj. y s. De Provenza. ◊ m. *Ling*. Lengua de oc. ◊ *Ling*. Lengua de los provenzales, tal como se habla hoy.

❏ *Lit*. El p. tiene una de las más antiguas literaturas romances, cuyo campo abarca casi exclusivamente la poesía, que en los ss. XI-XIII conoció gran esplendor. Esta poesía de tema amoroso podía ser cantada, por lo que sus artífices fueron los trovadores. En el s. XIX, la literatura p. alcanzó un renacimiento llamado felibrismo, fundado por Mistral (1854).
PROVERBIAL adj. Relativo al proverbio o que lo incluye. ◊ Muy notorio.
PROVERBIO m. Sentencia breve, adagio o refrán. ❏ PROVERBIAR; PROVERBISTA.
PROVERBIOS, *Libro de los* Escrito sapiencial del A. T., atribuido tradicionalmente a Salomón, aunque contiene partes posteriores a él.
PROVIDENCE C. de EE UU, cap. del est. de Rhode Island; 160 700 hab. Puerto petrolero. Centro industrial.
PROVIDENCIA f. Disposición anticipada o prevención que conduce al logro de un fin. ◊ Previsión y cuidado que Dios tiene de sus criaturas. ◊ fig. Dios, el Ser Supremo. ◊ *Der*. Resolución del juez, en que no van expresos los motivos. ❏ PROVIDENCIAL; PROVIDENTE; PRÓVIDO, DA.
PROVIDENCIA C. de Chile, en el á.l. metr. de Santiago; 120 874 hab. Centro residencial.
PROVIDENCIA Isla de Colombia. ⇨ San Andrés.
PROVINCIA f. División territorial y administrativa. ◊ Conjunto de casas o conventos de religiosos que ocupan determinado territorio.
PROVINCIAL m. Religioso que tiene el gobierno y superioridad sobre todas las casas y conventos de una provincia. ❏ PROVINCIALATO.
PROVINCIALISMO m. Predilección que grate. se da a los usos, producciones, etc., de la prov. en que se ha nacido. ◊ *Ling*. Voz o giro que únicamente tiene uso en una prov. o comarca de un país o nación.
PROVINCIANISMO m. Estrechez de espíritu y apego excesivo a la mentalidad o costumbres particulares de una prov. o sociedad cualquiera, con exclusión de las demás. ❏ PROVINCIANO, NA.
PROVINCIAS UNIDAS Estado federado formado en 1579 por la parte septentrional de Países Bajos. Desapareció en 1795 al ser conquistado el país por las tropas fr.
PROVINCIAS UNIDAS DE CENTROAMÉRICA ⇨ Centroamérica, Provincias Unidas de.
PROVISIÓN f. Acción y efecto de proveer. ◊ Conjunto de víveres u otras cosas que se tienen prevenidas para algo. Se usa más en pl. ◊ Medida tomada para prevenir algo.
PROVISIONAL adj. No definitivo.
PROVISOR m. Proveedor.
PROVISORIO, RIA adj. *Amér*. Provisional.
PROVOCAR tr. Excitar, incitar, inducir a uno a que ejecute una cosa. ◊ Irritar o estimular a uno con palabras u obras para que se enoje. ◊ Mover o incitar a algo. ❏ PROVOCACIÓN; PROVOCATIVO, VA; PROVOCADOR, RA.
PROXENETA com. Alcahuete, mediador que favorece y procura relaciones sexuales ilícitas. ❏ PROXENÉTICO, CA; PROXENETISMO.

PRÓXIMO, MA adj. Cercano, que dista poco.
PROYECCIÓN f. Imagen que por medio de un foco luminoso se arroja o fija temporalmente sobre una superficie plana. ◊ *Geom*. Para un punto O del plano y una recta r, también del plano, que no pasa por O, es la transformación que a cada punto P del plano, distinto de O, le hace corresponder el punto P' de r que está alineado con él y con O. ◊ *Psic*. Mecanismo psicológico de defensa consistente en atribuir inconscientemente a otros o a percibir en el mundo exterior las propias pulsiones y los conflictos internos. ◊ Sesión cinematográfica.
PROYECTAR tr. Lanzar, dirigir hacia adelante o a distancia. ◊ Idear, trazar, disponer o proponer el plan y los medios para la ejecución de una cosa. ◊ tr. y prnl. Hacer visible sobre un cuerpo o una superficie la figura o la sombra de otro. ◊ tr. *Geom*. Trazar líneas rectas desde todos los puntos de un sólido u otra figura, según determinadas reglas, hasta que encuentren una superficie, por lo común plana. ❏ PROYECTANTE.
PROYECTIL m. Cuerpo que debido a la velocidad inicial con que es lanzado puede alcanzar un objetivo y producir efectos sobre él.
PROYECTO m. Idea que se tiene de algo que se piensa hacer y de cómo hacerlo. ◊ Designio o pensamiento de ejecutar algo. ◊ Conjunto de escritos, cálculos y dibujos que se hacen para dar idea de cómo ha de ser y lo que ha de costar una obra de arquitectura, ingeniería, etc. ◊ Redacción provisional de una ley, un reglamento, etc. ❏ PROYECTISTA.
PROYECTO Apolo *Astron*. Programa espacial norteam. cuyo objetivo pral. era el desembarco del hombre en la Luna. Después de diez vuelos preparatorios (*Apolo I* a *Apolo X*), el 20 de julio de 1969 el módulo lunar *Eagle*, de la misión *Apolo XI*, pilotado por Armstrong y Aldrin, consiguió alunizar y el hombre pisó por vez primera la Luna. En las siguientes misiones (*Apolo XII* al *XVII*) se recogieron muestras lunares y se realizaron experimentos científicos.
PROYECTOR m. Instrumento para proyectar imágenes sobre una pantalla. ◊ Aparato óptico con el que se obtiene un haz luminoso de gran intensidad.

Proyector usado en los comienzos del cine

PRUDENCIA f. *Teol.* Una de las cuatro virtudes cardinales. ◊ Moderación en el comportamiento para acomodarlo a lo que es sensato o exento de peligro. ❏ PRUDENCIAL; PRUDENTE.

PRUDENCIO, Aurelio Clemente (348-h. 405) Poeta hispanolatino. Se le considera el primer poeta cristiano. *Cathemerinon, Peristephanon, Hamartigenia.*

PRUD'HON, Pierre (1758-1823) Pintor fr. Cultivó el tema mitológico (*El rapto de Psique*) y el retrato (*La emperatriz Josefina*).

PRUEBA f. Razón, argumento, con que se pretende mostrar una cosa. ◊ Indicio o muestra de una cosa. ◊ Ensayo o experiencia que se hace de una cosa. ◊ Cantidad pequeña de un conjunto que se destina para un examen o análisis. ◊ *Der.* Justificación de la verdad de los hechos controvertidos en un juicio. ◊ *Art. Gráf.* Muestra de la composición tipográfica, que se saca en papel ordinario para corregir y apuntar en ella las erratas que tiene.

PRUINA f. *Bot.* Capa, gralte. de color gris blanquecino, que recubre diversos órganos vegetales. Tiene misiones impermeabilizantes y protectoras.

PRURIGO m. *Med.* Nombre genérico de ciertas afecciones cutáneas, caracterizadas por pápulas cubiertas de costras negruzcas.

PRURITO m. Comezón viva y prolongada. ◊ fig. Empeño en hacer algo de la mejor forma posible, por amor propio.

PRUSIA (al., *Preussen*) Nombre de una entidad político-territorial al. En principio se designó así un territorio sit. al SE del Báltico (⇨ P. Oriental), que se convirtió, bajo la dinastía al. Hohenzollern, en ducado pol. (1525) y en reino soberano (1701). A partir de entonces, el término se aplicó no sólo a la P. estricta sino a todas las posesiones de los Hohenzollern en Alemania. ◊ **Occidental** (*Westpreussen*) Prov. del ant. reino de Prusia, sit. entre la Pomerania al. y P. Oriental. Cap., Danzig. Perteneció a P. de 1772 a 1919. Reincorporada a Alemania por Hitler en 1939; restituida a Polonia en 1945. ◊ **Oriental** (*Ostpreussen*) Prov. del ant. reino de Prusia, sit. entre las cuencas del bajo Niemen y del bajo Vístula. Cap., Königsberg. Primitivo núcleo organizador del est. prusiano. En 1945 fue dividida entre Polonia y la antigua URSS.

PRUSIANO, NA adj. y s. De Prusia.

PRÚSICO adj. Nombre con que también se conoce el ácido cianhídrico.

PRUT Río de Europa oriental; 950 km. Nace en el N de los Cárpatos Orientales (Ucrania), y desagua en el Danubio cerca de Galati.

PSAMMÉTICO I (s. VII a. C.) Faraón de Egipto [665-610 a. C.] Fundador de la XXVI dinastía, llamada saíta. Consiguió de nuevo la unificación del Alto y Bajo Egipto.

PSEUDO adj. Seudo, supuesto.

PSI f. Vigésima tercera letra del alfabeto gr., que equivale a *ps*.

PSICASTENIA f. Neurosis caracterizada por la falta de autocontrol, depresión y tendencia a las obsesiones.

PSICOANÁLISIS m. *Med.* y *Psic.* Método de exploración o tratamiento de ciertas enfermedades nerviosas o mentales, puesto en práctica por S. Freud, y

La emperatriz Josefina, retrato de Pierre **Prud'hon** (Museo del Louvre, París)

basado en el análisis retrospectivo de las causas morales y afectivas que determinaron la enfermedad. ◊ *Psic.* Doctrina que sirve de base a este tratamiento, en la que se concede importancia decisiva a la permanencia en lo subconsciente de los impulsos instintivos reprimidos por la conciencia. ❏ PSICOANALIZAR.

PSICODÉLICO, CA adj. Relativo a la manifestación de elementos psíquicos que en condiciones normales están ocultos, o a la estimulación interna de potencias psíquicas. ◊ Causante de esta manifestación o estimulación. Díc. pralm. de ciertas drogas, especialmente las alucinógenas.

PSICODRAMA m. Técnica psicoterapéutica, ideada por Moreno (1921), que utiliza la improvisación de escenas dramáticas por un grupo de pacientes.

PSICOFÁRMACO m. Medicamento que actúa sobre la actividad cerebral superior, como sedante o como estimulante.

PSICOFÍSICA f. Ciencia que estudia las relaciones entre las estimulaciones físicas y las sensaciones, sin tener en cuenta los intermedios fisiológicos.

PSICOFISIOLOGÍA f. *Psic.* Conjunto de estudios en el que se establece una estrecha colaboración entre los méto-

Sigmund Freud, creador del **psicoanálisis**

dos y el lenguaje de la fisiología como ciencia analítica de las funciones y de los de la psicología como ciencia del comportamiento.

PSICOLOGÍA f. Ciencia que estudia la conducta de los seres vivos. ◊ Manera de sentir de una persona o de un pueblo. ❏ PSICOLÓGICO, CA; PSICÓLOGO, GA.
▢ El mayor interés de la p. se centra en la conducta humana, aunque también abarca el comportamiento de los animales. Puede esquematizarse la evolución de la p. en las siguientes tendencias: *Psicofisiología* (Wundt), *funcionalismo* (W. James, J. Dewey), *reflexología* (Pavlov), *behaviorismo* (Watson), que ha evolucionado con los neoconductistas (Tolman, Thorndike, Hull y Skinner), *p. de la Gestalt, psicoanálisis* y *p. genética* (Piaget). Para medir los caracteres y las aptitudes personales, la p. ha creado los *tests* mentales.

PSICOMOTRICIDAD f. Relación entre las funciones motoras del organismo humano y los factores psicológicos que intervienen en ellas, condicionando su desarrollo.

PSICÓPATA com. *Psiq.* Enfermo psíquico afecto de psicopatía. Los p. son individuos inestables, impulsivos y difíciles.

PSICOPATÍA f. Enfermedad mental.

PSICOPATOLOGÍA f. Estudio de los trastornos psíquicos.

PSICOSIS f. *Psiq.* Enfermedad psíquica grave, caracterizada por la pérdida de contacto con lo real y por la alteración profunda del lazo interhumano (inadaptación social). Existen varios tipos de p.: esquizofrenia, p. maniacodepresiva y delirios.

PSICOSOMÁTICO, CA adj. Relativo a los componentes psíquico y orgánico de la personalidad. ◊ *Med.* Díc. de la medicina que se ocupa del cuerpo y del psiquismo.

PSICOTECNIA f. Rama de la psicología que tiene por objeto explorar y clasificar las aptitudes de los individuos mediante pruebas adecuadas. ❏ PSICOTÉCNICO, CA.

PSICOTERAPIA f. *Med.* Tratamiento de las enfermedades mentales.

PSICRÓMETRO m. *Fís.* Higrómetro que se compone de dos termómetros ordinarios, uno de los cuales tiene la bola humedecida con agua.

PSIQUE f. La vida espiritual de la naturaleza humana. ◊ *Mit. gr.* Personificación del alma, cuya historia alegórica fue narrada por Apuleyo. ❏ PSICOGÉNICO, CA; PSÍQUICO, CA.

PSIQUIATRÍA f. Rama de la medicina en la que se estudian y tratan las actitudes, desviaciones, manifestaciones, formas de ser, síntomas y enfermedades que afectan a la vida psíquica de la persona. ❏ PSIQUÍATRA o PSIQUIATRA; PSIQUIÁTRICO, CA.

PSIQUISMO m. Conjunto de los caracteres y funciones de orden psíquico.

PSITACOSIS f. *Pat.* Enfermedad infecciosa de los papagayos y loros, que puede transmitirse al hombre.

PSORIASIS f. Erupción cutánea en forma de placas rojas cubiertas de escamas.

Pt *Quím.* Símb. del platino.

PTAH En la religión del ant. Egipto, personificación de la fuerza creadora, dios de los escultores y herreros.

PUBLICIDAD

La publicidad es hoy una técnica de comunicación social de importancia fundamental para cualquier actividad comercial. Su expansión la ha convertido en un elemento sustancial del paisaje urbano

El éxito de las modernas tácticas publicitarias, no sólo para transmitir información sino también para orientar la conducta de sus receptores, ha llevado a los partidos políticos a adoptarlas en sus campañas

PTERIDÓFITO, TA adj. y f. *Bot.* Díc. de plantas criptógamas de generación alternante, como los helechos, propias de zonas húmedas y cálidas.

PTERODÁCTILO m. *Pal.* Especie de reptil volador, de gran tamaño y del cual se han hallado restos fósiles.

PTEROSAURIO, RIA adj. y m. *Pal.* Díc. de reptiles voladores, de la era secundaria. Entre ellos se cuentan los pterodáctilos.

PTIALINA f. *Fisiol.* Enzima presente en la secreción salival que hidroliza el almidón.

PTIALISMO m. *Pat.* Aumento de la secreción salival.

PTOLOMEO ⇨ Tolomeo.

PTOSIS f. *Pat.* Caída de un órgano por debajo de su posición normal.

Pu *Quím.* Símb. del plutonio.

PÚA f. Cuerpo delgado y rígido que acaba en punta aguda. ◊ Diente de un peine. ◊ Cada uno de los ganchitos o dientes de alambre de la carda. ◊ Chapa triangular de carey para tocar la bandurria o la guitarra. ◊ Cada uno de los pinchos de espinas del erizo, puerco espín, etc.

PUB (voz ing.) m. Establecimiento donde se sirven bebidas alcohólicas.

PUBERTAD o **PUBESCENCIA** f. *Fisiol.* Fase de maduración de los órganos sexuales, que se traduce por un desarrollo de los caracteres sexuales secundarios, como el vello púbico, los pechos en las niñas y múltiples modificaciones morfológicas y psicológicas. ❏ PÚBER; PÚBERO, RA.

PUBIS m. *Anat.* Parte inferior del vientre, que en la especie humana se cubre de vello a la pubertad.

PUBLICACIÓN f. Obra literaria o artística publicada.

PUBLICANO m. Entre los rom., cobrador de impuestos.

PUBLICAR tr. Divulgar una noticia que se quiere hacer llegar a todos. ◊ Revelar o decir lo que estaba secreto u oculto y se debía callar. ◊ Correr las amonestaciones para el matrimonio y las órdenes sagradas. ◊ Difundir por medio de la imprenta o de otro procedimiento cualquiera un escrito, libro, etc.

PUBLICIDAD f. Calidad o estado de público. ◊ Conjunto de medios que se emplean para divulgar o extender la noticia de las cosas o de los hechos. ◊ Forma de comunicación social que anuncia o da a conocer un servicio o un producto incitando a su uso o consumo. ❏ PUBLICITARIO, RIA.

PUBLICISTA com. Autor que escribe del derecho público, o persona muy versada en esta ciencia. ◊ Persona que escribe para el público, gralte. de varias materias. ◊ Agente de publicidad.

PÚBLICO, CA adj. Notorio, patente, manifiesto, visto o sabido por todos. ◊ Vulgar, común y notado de todos. ◊ Aplícase a la potestad, jurisdicción y autoridad para hacer una cosa, como contrapuesto a privado. ◊ Perteneciente a todo el pueblo. ◊ m. Común del pueblo o ciudad. ◊ Conjunto de las personas que participan de unas mismas aficiones o concurren a determinado lugar.

PUCALLPA C. de Perú, cap. del dpto. de Ucayali; 153 000 hab. Centro industrial. Ind. Maderera.

PUCARA o **PUCARÁ** (voz quechua) m. *Bol.* y *Perú.* Especie de fortificación precolombina.

PUCARÁ C. de Perú, en la prov. de Lampa. Imp. restos arqueólogicos de los ss. III a. C.-VII d. C.

PUCCINI, Giacomo (1858-1924) Compositor de óperas it., el pral. representante del verismo. *Gianni Schicchi, Manon Lescaut, La Bohème, Tosca, Madama Butterfly, Turandot.*

PUCHA *Amér.* interj. para indicar asombro o indignación.

PUCHERAZO m. fam. Fraude electoral que consiste en computar votos no emitidos en una elección.

PUCHERO m. Vasija de barro o porcelana de panza abultada, cuello ancho y un asa, que sirve para cocer la comida. ◊ Olla, cocido esp. ◊ fig. y fam. Gesto o movimiento que precede al llanto. Se usa más en pl.

PUCHO m. *Amér. Merid.* Punta, colilla, cabo o extremidad de alguna cosa. ◊ *Amér.* Poco, cantidad muy pequeña.

PUDELAR tr. *Metal.* Hacer dulce el hierro colado, quemando parte de su carbono en hornos de reverbero. ❏ PUDELACIÓN.

PUDIBUNDEZ f. Afectación o exageración del pudor. ❏ PUDIBUNDO, DA.

PUDIENTE adj. y s. Poderoso, rico, hacendado.

PUDÍN m. Budín.

PUDINGA f. *Geol.* Conglomerado constituido por cantos rodados cementados.

PUDOR m. Honestidad, modestia, recato. ❏ PUDOROSO, SA.

PUDOVKIN, Vsiévolod Ilariónovich (1893-1953) Director de cine sov. *La madre, El fin de San Petersburgo* y *Tempestad sobre Asia.*

PUDRIDERO m. Sitio o lugar en que se pone una cosa para que se pudra o corrompa. ◊ Cámara destinada a los cadáveres antes de colocarlos en el panteón.

PUDRIR tr. y prnl. Resolver en podre una cosa; corromperla y dañarla. ◊ fig. Consumir, molestar, impacientar. ◊ intr. y prnl. Haber muerto, estar sepultado.

PUDÚ m. *Chile.* Especie de antílope de pequeño tamaño, de color pardo.

PUEBLA Est. de México; 33 919 km², 5 076 686 hab. Cap., Puebla de Zaragoza. El sector central está ocupado por el extremo oriental de la cord. Neovolcánica, donde se halla enclavada la cuenca de Puebla Nevada; al N de la cord. aparece el extremo sur de la sierra Madre Oriental y, al SO, la depresión del Balsas, cerrada al E por la sierra Madre de Oaxaca. Caña de azúcar, café, tabaco, frutales, cereales, productos hortícolas. Ind. textil, de transformación de productos agrícolas, etc. Poblado en época precolombina por los indios totonacas. A mediados del s. XVI el territorio se constituyó en prov. y en el s. XVIII se estableció en él una intendencia. En 1824, convertido en est. de la federación mexicana.

PUEBLA DE ZARAGOZA C. de México, cap. del est. de Puebla; 1 346 916 hab. Sit. en la cordillera Neovolcánica. Centro comercial, industrial y de comunicaciones.

PUEBLERINO, NA adj. y s. De un pueblo pequeño o que habita en él.

PUEBLERO, RA adj. *Argent.* y *Ur.* Díc. de los que viven en una ciudad, en oposición a campesino.
PUEBLO m. Población, ciudad, villa o lugar. ◊ Población pequeña. ◊ Conjunto de personas de un lugar, región o país. ◊ Gente común de un pueblo. ◊ adj. y s. *Etn.* Díc. de individuos pertenecientes a un conjunto de pueblos amerindios (hopi, queres, taño, zuñi), de cultura común, que viven en regiones desérticas del SO de EE UU, en Arizona y Nuevo México. Hablan lenguas pertenecientes a los grupos shoshone, koka-siux, uto-azteca, etc. ◊ adj. Relativo a este pueblo.
PUELCHE adj. y s. Díc. del individuo de un pueblo amerindio que habitó en la Pampa arg.; hacia el s. XVIII, los p. fueron absorbidos por la lengua y la cultura araucana. En la actualidad su núm. es muy reducido. ◊ adj. Concerniente a dicho pueblo. ◊ m. *Chile.* Viento que sopla de la cordillera de los Andes hacia poniente. ◊ m. pl. Pueblo puelche.
PUENTE m. *Const.* Estructura de madera, piedra, ladrillo, cemento, hierro u hormigón armado que se construye para que exista continuidad en todo el ancho transversal de un camino, interrumpido por la presencia de obstáculos que no es posible suprimir, como ríos, torrentes, brazos de mar y otras carreteras, o para salvar un desnivel excesivo. ◊ Suelo que se hace poniendo tablas sobre barcas, u otros cuerpos flotantes, para pasar un río. ◊ Tablilla colocada perpendicularmente en la tapa de los instrumentos de arco, para mantener levantadas las cuerdas. ◊ *Mús.* Cordal, pieza de los instrumentos de cuerda que en la parte inferior de la tapa sujeta las cuerdas. ◊ Pieza metálica, gralte. de oro, que usan los dentistas para sujetar en los dientes naturales los artificiales. ◊ Día o días que entre dos festivos o sumándose a uno festivo se aprovechan para vacación. ◊ *El.* Aparato para medir potenciales, resistencias e intensidades eléctricas. ◊ *El.* Conductor eléctrico que pone en comunicación dos o más circuitos. ◊ *Mar.* Plataforma estrecha y con baranda que, colocada a cierta alt. sobre la cubierta, va de banda a banda, y desde la cual puede el oficial de guardia comunicar sus órdenes a los diferentes puntos del buque. ◊ **levadizo.** El tendido sobre el foso de los castillos medievales, que podía levantarse e impedir el paso.
□ *Constr.* Un p. descansa sobre los estribos (en los extremos) y las pilas (intermedios), sobre los que se apoyan los arcos, vigas, armaduras o cables, que a su vez soportan el tablero, sobre el cual se tiende la vía férrea, firme de la carretera, etc. Los bordes laterales del tablero se cierran por medio de pretiles.
PUENTE ALTO C. de Chile, en la prov. de Santiago; 126 300 hab. Ind. textil.
PUERCADA f. *Amér. Centr.* Porquería, suciedad.
PUERCO m. Cerdo, animal. ◊ adj. y m. fig. y fam. Hombre desaliñado, sucio, que no tiene limpieza. ◊ fig. y fam. Hombre grosero, sin cortesía ni educación. ◊ fig. y fam. Hombre ruin, interesado, venal. ◊ Jabalí. ◊ **espín** o **espino.** Mamífero roedor que se caracteriza por las largas espinas (pelos transformados) que ostenta en su dorso y que sirven de eficaz defensa.

PUERICIA f. Edad que media entre la infancia y la adolescencia.
PUERICULTURA f. Conjunto de los cuidados del niño en los primeros meses de vida. □ PUERICULTOR, RA.
PUERIL adj. Relativo al niño o a la puericia. ◊ fig. Fútil, trivial, infundado, ingenuo. □ PUERILIDAD.
PUÉRPERA f. Mujer recién parida.
PUERPERIO m. *Fisiol.* Periodo comprendido desde el parto hasta el retorno de la menstruación, de unas seis semanas de duración, caracterizado por la lactancia y la evolución de los órganos genitales hacia su estado normal.
□ PUERPERAL.
PUERRO m. Planta herbácea anual, cuyo bulbo se usa en el arte culinario y en medicina popular.
PUERTA f. Vano de forma regular abierto en pared, cerca o verja, desde el suelo hasta la alt. conveniente, para entrar y salir. ◊ Armazón de madera, hierro u otra materia que, engoznada, sirve para impedir la entrada y salida. ◊ Cualquier agujero que sirve para entrar y salir. ◊ fig. Camino, principio o entrada para entablar una pretensión u otra cosa.
PUERTO m. *Const.* Lugar en la costa, defendido de los vientos y dispuesto para seguridad de las naves y para las operaciones de tráfico y armamento. ◊ Garganta o boquete que da paso entre montañas. ◊ fig. Asilo, amparo o refugio.
PUERTO ARGENTINO (ant. *Puerto Soledad*) C. y puerto arg. en la isla Soledad, del arch. de las Malvinas. Centro comercial. Escenario de combates entre Argentina y Gran Bretaña en 1982.
PUERTO AYACUCHO C. de Venezuela, cap. del est. Amazonas; 28 200 hab. Sit. a orillas del Orinoco. Puerto exportador.
PUERTO BAQUERIZO MORENO Cap. de la prov. ecuat. de Galápagos, sit. al SO de Isla San Cristóbal; 3 023 hab. Turismo.
PUERTO BARRIOS C. y puerto de Guatemala, cap. del dpto. de Izábal; 29 095 hab. Pral. puerto exportador del país (café, bananas, algodón).
PUERTO CABELLO C. y puerto de Venezuela, en el est. Carabobo; 72 100 hab. Exportaciones de café, cacao, tabaco, etc. Ind. alimentarias, del calzado, de la madera y del tabaco.
PUERTO CABEZAS Mun. de Nicaragua, cap. de la Región Autónoma Atlántico Norte; 51 993 h. Su cabecera es Bilwi.
PUERTO CARREÑO C. de Colombia, cap. del dpto. del Vichada; 9 408 hab. Puerto fluvial. Aduana. Aserraderos.
PUERTO CORTÉS C. de Honduras, en el dpto. de Cortés; 29 000 hab. Primer puerto exportador del país.
PUERTO DE SANTA MARÍA Mun. de España, en la prov. de Cádiz; 76 236 hab. Agricultura. Ganadería. Pesca. Ind. vitivinícola.
PUERTO FRANCISCO DE ORELLANA C. de Ecuador, cap. de la provincia de Orellana.
PUERTO INÍRIDA C. de Colombia, cap. del dpto. del Guainía; 6 779 hab. Ind. del caucho.
PUERTO LA CRUZ C. de Venezuela, en el est. Anzoátegui; 82 000 hab. Importante puerto, terminal de tres oleoductos. Refinerías y exportación de petróleo. Forma una agl. urb. con Barcelona y Guanta.

PUERTO LEMPIRA C. de Honduras, cap. del dpto. de Gracias a Dios; 2 033 hab.
PUERTO MALDONADO C. de Perú, cap. del dpto. de Madre de Dios; 27 354 hab. Centro comercial cauchero. Lavaderos de oro. Puerto fluvial.
PUERTO MONTT C. y puerto del centro-sur de Chile, cap. de la región de Los Lagos; 175 938 hab. Centro comercial. Ind. conserveras, azucareras y de maquinaria textil.
PUERTO NATALES C. de Chile, cap. de la prov. de Última Esperanza; 19 116 hab. Ind. de congelación de carnes. Puerto.
PUERTO PLATA Prov. del N de la República Dominicana; 1 881 km², 228 100 hab. Cap., la c. hom. Accidentada por la cord. Septentrional. Caña de azúcar, café, tabaco, algodón. Cría de bovinos. ◊ C. de la República Dominicana, cap. de la prov. hom.; 45 300 hab. Puerto exportador de caña de azúcar y tabaco.
PUERTO PRESIDENTE STROESSNER Nombre de la actual Ciudad del Este (Paraguay).
PUERTO PRÍNCIPE (*Port-au-Prince*) Cap. de Haití; 684 300 hab. Pral. puerto exportador del país (café, cacao, algodón y cuero). Refinería de azúcar, destilerías, ind. textil.
PUERTO RICO (*Estado Libre Asociado de Puerto Rico*; ing., *Commonwealth of Puerto Rico*) Isla de América Central, la más oriental de las Grandes Antillas. Con las pequeñas islas limítrofes de Vieques, Culebra, Mona y varios islotes, constituye un Estado autón. vinculado a EE UU. Etnias: descendientes de esp. y afr., norteam. Lenguas: español e ing. Rel.: catolicismo (mayoría), protestantismo. U.M.: el dólar. Cap.: San Juan. C. prales.: Bayamón, Ponce.
□ *Geog. física.* El 70 % de la superficie es montañoso, debido a la cord. Central, que casi atraviesa la isla de O a NE (Cerro de Punta, 1 338 m; Cerro Rosa, 1 267 m; Yunque, 1 065 m). La cord. divide la isla en dos zonas muy diferenciadas. La vertiente septentrional, bañada por el Atlántico, recibe el soplo de

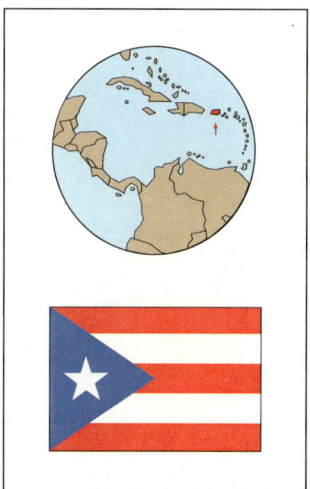

Mapa de situación y bandera de **Puerto Rico**

los vientos alisios, y tiene una pluviosidad considerable. La vertiente meridional, bañada por el Caribe, es bastante más seca. Ríos prales.: La Plata, Grande de Arecibo y Grande de Loiza. A pesar de su situación tropical, el clima se atempera con la alt. y los vientos. □ *Geog. económica.* En la zona costera N se cultiva caña de azúcar, piña, gramíneas, agrios y frutas tropicales. La zona de alt. es cultivada por pequeños terratenientes que siembran tabaco y hortalizas. La zona S no es muy propicia para la agricultura, a pesar de que la irrigación permite cultivar la caña de azúcar y la piña. Durante la colonización se produjo una imp. deforestación. Hoy quedan algunos bosques que son patrimonio nacional del Est. Ganadería bovina, suina y caprina. Crianza de caballos. La pesca es abundante. El suelo es pobre en minerales; sólo existen pequeñas cantidades de cobre y níquel. Se producen artículos para el consumo, piezas mecánicas de precisión, elementos para la industria electrónica y materiales de construcción. La ind. petroquímica se ha desarrollado en la costa S, con imp. instalaciones para el refinado de petróleo y la producción de derivados.
□ *Hist.* Los primeros habitantes de Puerto Rico fueron los taínos. La isla fue descubierta por Colón en 1493 y llamada San Juan Bautista. Juan Ponce de León fue su primer gobernador. Fue víctima de los ataques de caribes y piratas. En 1868 estalló el mov. revolucionario conocido como «grito de Lares» (1868), que fracasó. En 1873 fue abolida la esclavitud. El mov. autonomista, dirigido por Muñoz Rivera, logró en 1897 la Carta Autónoma, pero meses después estalló la guerra hispano-norteamericana. En 1898 la isla pasó a manos de un gobierno militar de los EE UU. Año y medio después se formó

PUERTO RICO

Superficie	8 897 km²
Población	3 522 000 hab. (396 hab./km²)

Recursos económicos

Ananás	60 000 t
Bananas	68 000 t
Batatas	9 000 t
Café	13 000 t
Caña de azúcar	17 000 ha
Mandioca	3 000 t
Nuez de coco	5 000 t
Tabaco	1 000 t

Ganadería

Cabaña bovina	599 000 cabezas
Cabaña caballar	23 000 cabezas
Cabaña caprina	20 000 cabezas
Cabaña porcina	209 000 cabezas

Pesca	2 062 t

Producción industrial

Azúcar	67 000 t
Cemento	1 302 000 t
Cerveza	625 000 hl
Energía eléctrica	15 328 millones de kwh
Sal	41 000 t

Indicadores sociológicos

PNB	22 498 millones de dólares
Renta per cápita	6 330 dólares
Esperanza de vida	76 años
Alfabetismo	89 %

Puerto Rico. Vista de San Juan desde el fuerte de San Jerónimo

un gobierno civil bajo control norteam. En 1917 se aprobó en Washington la ley Jones por la que se concedía la ciudadanía americana a los puertorriq. El Partido Popular Democrático (PPD), creado por Muñoz Marín, se mantuvo en el poder desde 1944 a 1976, con la sola excepción de 1968-1972 en que venció el Partido Nuevo Progresista (PNP). En 1952 se proclamó el Estado libre asociado de Puerto Rico y se aprobó una constitución. El gobernador elegido en 1976, Romero Barceló, intentó que el país se convirtiera en un est. de la Unión, y el presid. norteam. G. Ford propuso al Congreso que decidiera esta incorporación pero la oposición de la pob. hizo que el gobierno norteam. pospusiera la decisión. R. Barceló fue reelegido en 1980 y en 1984 sustituido por Rafael Hernández Colón, del PPD, que logró el reconocimiento del español como único idioma oficial (1991). En las elecciones para gobernador (1992), venció Pedro Rosselló, del PNP, de tendencia anexionista (restituyó el inglés como idioma oficial junto al español, 1993). En noviembre de 2000 Sila María Calderón, del PPD, fue elegida gobernadora, y en los comicios de noviembre de 2004 resultó elegido gobernador Aníbal Acevedo Vilá, también del PPD.
□ *Arte.* La arquitectura militar esp. legó los fuertes de San Felipe del Morro, Santa Catalina y San Jerónimo, el castillo de San Cristóbal y el palacio de La Fortaleza. La arquitectura civil tiene cuatro periodos: El *colonial sanjuanero,* con construcciones residenciales de dos plantas; el estilo *colonial pueblerino,* caracterizado por una amplia plaza rectangular con la iglesia a un lado y al otro el ayuntamiento; el *residencial horizontal.* En pintura han destacado José Campeche en el s. XVIII (*El sitio de San Juan por los británicos*), Ramón Frade (1875-1954), y, post., L. Homar, R. Tufiño y J. Rechaní. En escultura sobresale el arte de los santeros, cuya figura más imp. fue Z. Cajigas.
□ *Lit.* Los taínos crearon una literatura oral. Durante los primeros s. de la colonización destacan la *Memoria descriptiva de Puerto Rico,* debida a J. Troche y Ponce de León; y la *Descripción de la isla y ciudad de Puerto Rico,* de D. de Torres Vargas. La primera gran historia de Puerto Rico la escribió fray Íñigo Ab-

bad y La sierra. Durante el s. XIX, E. M. de Hostos escribió varios tratados de filosofía y sociología; S. Brau, obras históricas y novelas, y M. Zeno Gandía novelas de acendrado criollismo. Destacaron también varios maestros de la prosa periodística (Muñoz Rivera, M. Abril, M. Braschi). La poesía alcanzó su máximo esplendor a finales del s. XIX y principios del XX, con obras de J. de Diego, A. Tapia, J. Gualberto Padilla y J. Gautier Benítez. En el s. XX sobresalen E. Belaval y F. Arriví como dramaturgos, W. Braschi y A. Díaz Alfaro como cuentistas, A. S. Pedreira como ensayista, y R. Marqués y E. Laguerre como novelistas y autores de obras dramáticas. La poesía se ha enriquecido con la obra de L. Llorens Torres y L. Palés Matos. Cabe mencionar entre las poetisas a Julia de Burgos y Clara Lair. En los últimos años destacan el novelista L. Rafael Sánchez y la poetisa A. M. Dávila.
PUERTORRIQUEÑO, ÑA adj. y s. De Puerto Rico.
PUES conj. causal que denota causa, motivo o razón. ◊ Toma carácter del condicional en algunos giros. ◊ Es también continuativa. ◊ Empléase igualmente como ilativa. ◊ Empléase a principio de cláusula para apoyarla. ◊ Toma carácter de adv. de afirmación, equivaliendo a *sí,* empleada en este sentido como respuesta.
PUESTO, TA adj. Con los adv. *bien* o *mal,* bien vestido o al contrario. ◊ m. Sitio o espacio que ocupa una cosa. ◊ Tiendecilla, gralte. ambulante, o paraje en que se vende al por menor. ◊ Empleo, dignidad, oficio o ministerio. ◊ Campo u otro lugar ocupado por tropa o individuos de ella o de la policía en actos del servicio. ◊ f. Acción de ponerse un astro. ◊ Puja, licitación, oferta de un precio superior al que otros ofrecen en una subasta o almoneda. ◊ Postura, huevo y acción de ponerlo. ◊ **Puesto que.** m. conj. adversativa. Aunque. ◊ m. conj. causal. Pues. A veces con valor continuativo.
PUEYRREDÓN, *Juan Martín de* (1776-1850) Militar arg. Héroe de la guerra de la indep. de su país, ocupó la jefatura del ejército del Alto Perú (1811-1812) y ejerció el mando entre 1816 y 1819.
PUF m. Taburete bajo, cilíndrico, forrado de cuero u otro material.
PUFENDORF, *Samuel* BARÓN VON (1632-1694) Jurista e historiador al. Postuló la existencia de un derecho natural, que se fundamenta en la razón. *De iure naturae et gentium.*
PUGACHEV o **PUGACHOV,** *Yemelián Iványovich* (h. 1726-1775) Guerrillero ruso. Dirigió una sublevación de los cosacos y campesinos. Se hizo pasar por el zar Pedro III Fiodórovich. Fue derrotado y ejecutado.
PUGILATO m. Contienda o pelea a puñadas entre dos o más hombres. ◊ fig. Disputa en que se extrema la porfía. □ PÚGIL.
PUGILISMO m. Boxeo. □ PUGILISTA.
PUGNA f. Batalla, pelea. ◊ Oposición de persona a persona o entre naciones, bandos o parcialidades.
PUGNAR intr. Batallar, contender o pelear. ◊ fig. Solicitar con ahínco, procurar con eficacia. ◊ fig. Porfiar con tesón. □ PUGNANTE.
PUIG, *Manuel* (1932-1990) Novelista y

guionista de cine arg. *La traición de Rita Hayworth, Boquitas pintadas, El beso de la mujer araña.* ◇ **I Cadafalch, Josep** (1867-1956) Arquitecto, historiador y político esp. Presid. de la *Mancomunitat* de Cataluña (1917-1924). *La arquitectura románica en Cataluña.*

PUJANZA f. Fuerza grande para impulsar o ejecutar una acción; vigor con que crece algo.

PUJAR tr. Aumentar los licitadores el precio puesto a una cosa que se vende o se arrienda. ◇ Hacer fuerza. ◇ intr. Tener dificultad en explicarse. ◇ Vacilar y detenerse en la ejecución de una cosa. ❑ PUJA; PUJANTE.

PUJOL, Jordi (n. 1930) Político esp. En 1974 fundó *Convergència Democràtica de Catalunya.* Ocupó la presidencia de la Generalitat tras vencer en las elecciones de 1980, 1984, 1988, 1992 y 1995. Finalizó su mandato en 2003; fue relevado por el socialista Pasqual Maragall.

PULCRITUD f. Esmero en el adorno y aseo de la persona y también en la ejecución de un trabajo manual delicado. ◇ fig. Delicadeza, esmero extremado en la conducta, la acción o el habla. ❑ PULCRO, CRA.

PULGA f. *Zool.* Insecto de unos 2 mm de largo, de color negro rojizo, cabeza pequeña, antenas cortas, boca con mandíbula en forma de trompa, y patas fuertes, largas y a propósito para dar saltos. ◇ **acuática.** Pequeño crustáceo de 1 mm que pulula en aguas estancadas. ❑ PULGOSO, SA.

PULGADA f. Doceava parte del pie, que equivale a algo más de 23 mm. ◇ Medida ing. equivalente a 25,4 mm.

PULGAR adj. y m. Dedo primero y más grueso de los de la mano.

PULGAR, Hernando del (1436-1493) Historiador esp. *Claros varones de Castilla.*

PULGÓN m. Insecto de cuerpo ovoide y con dos tubillos en el abdomen, por donde segrega un líquido azucarado. Las hembras y sus larvas viven parásitas sobre las hojas de las plantas.

PULGUERO m. *Amér.* Pulguera. ◇ fig. *Amér.* Cárcel.

PULIDORA f. Instrumento con que se pule una cosa. ◇ f. Maquina para dar a las superficies metálicas trabajadas un aspecto especular.

PULIMENTAR tr. Pulir, alisar y dar lustre.

PULIMENTO m. *Ind.* Procedimiento por el que se obtienen superficies con el mínimo grado de rugosidad.

PULIR tr. Alisar o dar tersura y lustre a una cosa. ◇ Componer, alisar o perfeccionar una cosa, dándole la última mano. ◇ tr. y prnl. Adornar, aderezar, componer. ◇ fig. y fam. Derrochar, dilapidar. ◇ fig. Quitar a uno la rusticidad instruyéndole en el trato civil y cortesano. ◇ tr. fig. y fam. Robar. ❑ PÚLIDEZ; PULIDO, DA.

PULITZER, Joseph (1847-1911) Periodista norteam. Fundador de la escuela de periodismo de la Universidad de Columbia y de los premios Pulitzer.

PULLA f. Palabra o dicho obsceno. ◇ Dicho con que indirectamente se reconviene a una persona. ◇ Expresión aguda y picante dicha con prontitud.

PULLMAN (voz ing.) m. Autocar de lujo, de gran tamaño. ◇ Cierto vagón de ferrocarril, lujoso y confortable.

Pulgón

PULLÓVER (voz ing.) m. Jersey, con mangas o sin ellas y escotado en punta.

PULMÓN m. *Anat.* Órgano de la respiración de los vertebrados que viven o pueden vivir fuera del agua. ◇ Órgano de la respiración de ciertos arácnidos, parecido a las branquias. ◇ Cavidad respiratoria de algunos moluscos. ◇ **de acero.** *Med.* Cámara destinada a provocar los movimientos respiratorios mediante la presión del aire.

❑ *Anat.* En el hombre, el p. es un órgano par, en forma de semicono, que ocupa la mayor parte de la cavidad torácica. El p. está constituido por numerosos y pequeños sacos de aire, los alvéolos, en cuyas paredes existe una fina y rica red de capilares sanguíneos.

PULMONARIA f. *Bot.* Planta herbácea vivaz, usada como pectoral. ◇ *Bot.* Liquen coriáceo cuya superficie, con depresiones, semeja un pulmón cortado.

PULMONÍA f. Inflamación del pulmón o de una parte de él. ❑ PULMONIACO, CA o PULMONÍACO, CA.

PULPA f. Parte mollar de las carnes, o carne pura, sin huesos ni ternilla. ◇ Carne o parte mollar de la fruta. ◇ Médula o tuétano de las plantas leñosas. ❑ PULPOSO, SA.

PULPEJO m. Parte carnosa y mollar de un miembro pequeño del cuerpo humano, y más comúnmente, parte de la palma de la mano, de la que sale el dedo pulgar.

PULPERÍA f. *Amér.* Tienda donde se venden diferentes géneros para el abasto, y géneros de droguería, mercería, etc.

PÚLPITO m. Plataforma pequeña que hay en las iglesias para la predicación. ◇ fig. En las órdenes religiosas, empleo de predicador.

PULPO m. *Zool.* Molusco cefalópodo dotado de ocho tentáculos provistos de ventosas, y boca con pico córneo.

PULQUE m. *Méx.* Bebida espiritosa que se obtiene haciendo fermentar aguamiel, agave, etc. ❑ *Méx.* PULQUERÍA; *Méx.* PULQUERO, RA.

PULSACIÓN f. Cada uno de los latidos de la arteria. ◇ Acción de tocar las teclas de un piano, órgano, clave, etc., o de pulsar las cuerdas de una guitarra, arpa, etc. ◇ *Fís.* Interferencia producida por dos trenes de ondas de igual amplitud, pero de frecuencia ligeramente distinta, que se propagan en el mismo lugar.

PULSADA f. Pulsación de una arteria.

PULSADOR m. Llamador o botón de un timbre eléctrico.

PULSAR m. *Astr.* Formación estelar que aparece como un manantial de radiaciones radioeléctricas procedentes de una zona celeste cercana a la Tierra. ◇ tr. Tocar, golpear. ◇ Reconocer el estado del pulso o latido de las arterias. ◇ fig. Tantear un asunto para descubrir el medio de tratarlo. ❑ PULSÁTIL; PULSATIVO.

PULSATILA f. Planta de raíz leñosa, hojas segmentadas, flor solitaria y frutillo indehiscente con larga cola pelosa.

PULSERA f. Cerco de metal o de otra materia, con piedras preciosas o sin ellas, o formado de sartas de perlas, corales, etc., que se lleva en las muñecas por adorno.

PULSIÓN f. *Psic.* Según la teoría psicoanalítica, tendencia a la realización o rechazo de ciertos actos. Las p. más imp. son las que emergen de las necesidades orgánicas básicas (hambre, sed, etc.).

PULSO m. Parte de la muñeca donde se siente el latido de la arteria. ◇ Fuerza que reside en la muñeca. ◇ Seguridad o firmeza en la mano para ejecutar una acción con acierto. ◇ *Fisiol.* Expansión rítmica de la pared arterial, que traduce la contracción sistólica del corazón y que puede palparse con los dedos en todas las arterias superficiales sit. sobre un plano resistente. ◇ fig. Tiento o cuidado en un negocio.

PULSÓMETRO m. Bomba aspiranteimpelente que funciona con vapor y sin émbolo.

PULSORREACTOR m. Motor de reacción consistente en una tobera cuya entrada está provista de válvulas móviles.

PULULAR intr. Abundar, multiplicarse brevemente. ◇ fig. Abundar en un paraje personas o cosas.

PULVERIZADOR m. Aparato que reduce a polvo o a partículas muy tenues un cuerpo líquido o sólido para proyectarlo en alguna dirección.

PULVERIZAR tr. y prnl. Reducir a polvo una cosa. ◇ Reducir un líquido a partículas muy tenues a manera de polvo. ◇ tr. Deshacer por completo una cosa incorpórea. ❑ PULVERIZACIÓN.

PUMA m. *Zool.* Mamífero félido amer., de pelaje leonado, de color uniforme y más claro en el vientre. Muy ágil, trepa fácilmente a los árboles para cazar

Puma

pequeños mamíferos y aves, y se adapta fácilmente a la cautividad.

PUMACAHUA, Mateo (1736-1815) Cacique per. Luchó al lado de los esp. contra Tupac Amaru. Se pasó al bando independentista en el alzamiento de Cuzco (1814). Murió ejecutado.

PUNA f. *Argent., Bol., Chile y Perú*. Nombre dado a las tierras del Altiplano andino, entre los 3 000 y los 5 000 m de alt. Se caracteriza por una morfología suavemente ondulada, clima frío, poca pluviosidad y vegetación escasa. Agricultura de subsistencia. ◊ *Amér.* Gran extensión de terreno raso y yermo.

PUNA (*Poona*) C. de la India. en el estado de Maharashtra; 1 203 400 hab. Centro industrial.

PUNÁ Isla de Ecuador; 920 km². Sit. en el golfo de Guayaquil. Pesca.

PUNAKHA C. de Bután, cap. de invierno del país; 34 000 hab.

PUNCHING-BALL (voz ing.) m. Pelota de cuero, colgada del techo, para entrenamiento de los boxeadores.

PUNCIÓN f. *Cir.* Operación, gralte. para la obtención de muestras líquidas, que consiste en abrir los tejidos con un instrumento punzante y cortante a la vez. ◊ Herida ocasionada por un objeto punzante. ❏ PUNCIONAR.

PUNDONOR m. Punto de honor, punto de honra; aquel estado en que consiste la honra, prestigio o crédito de uno.

PÚNICAS, Guerras Denominación que reciben las tres guerras que enfrentaron a cartagineses y rom. (264-146 a. C.). ◊ **primera g. p.** (264-241). Finalizó con la victoria rom. en las islas Égates y Lípari. ◊ **segunda g. p.** (218-201). Aníbal se dirigió a Italia, cruzando los Alpes, y venció en Tesino, Trebia (218), Trasimeno (217) y Cannas (216). Roma contraatacó en España (206) y en África, donde Escipión venció en Zama (202). ◊ **tercera g. p.** (149-146). Tras un asedio de tres años, Cartago cayó ante Escipión Emiliano (146), que la arrasó. **PÚNICO, CA** adj. y s. Cartaginés, de Cartago.

PUNIR tr. Castigar. ❏ PUNIBLE; PUNICIÓN; PUNITIVO, VA.

PUNJAB (*Panjab*, «país de los cinco ríos») Región del NO de la India y NE de Pakistán; aprox. 300 000 km² y 77 000 000 de hab. Extensa llanura sit. entre las estribaciones del Himalaya, al N, y el desierto de Thar, al S. Se halla dividido desde 1947 entre Pakistán y la India (est. de Punjab y Haryana). ◊ **Ést. del NE de la India**; 50 362 km², 20 190 800 hab. Cap., Chandigarh. Búfalos, bovinos, caprinos y ovinos. Agricultura. Ind. textil. ◊ **Prov. del NE de Pakistán**; 205 345 km², 47 116 000 hab. Cap., Lahore. Carbón, sal, petróleo. Agricultura. Ind. textil, metalúrgica, del cemento.

PUNK adj. y s. Mov. juvenil de la década de los setenta, musical y de protesta ante el convencionalismo.

PUNO Dpto. de Perú fronterizo al E con Bolivia; 72 012, 27 km², 1 143 400 hab. Cap., la c. hom. Situado en el Altiplano, está accidentado por la cord. de Carabaya, al N, y el lago Titicaca, al SE. Patatas, cebada, arroz, café, caña de azúcar. Ovinos, vicuñas y llamas. Pesca en el lago Titicaca. ◊ **San Carlos de P.** C. de Perú, cap. del dpto. hom.; 91 467 hab. Puerto lacustre más alto del mundo. Centro comercial agropecuario. Artesanía de la lana de alpacas y vicuñas. Conservas de pescado.

PUNTA f. Extremo agudo de un arma u otro instrumento. ◊ Extremo de una cosa. ◊ Asta del toro. ◊ Lengua de tierra que penetra en el mar. ◊ Sabor que va tirando a agrio en una cosa. ◊ *Cuba*. Hoja de tabaco pequeña, de exquisito aroma y superior calidad. ◊ pl. Encaje que forma ondas o puntas en una de sus orillas. ◊ *Argent.* Cabecera de un río. ◊ **de ganado.** *Amér. Centr.* Manada.

PUNTA ARENAS C. del S de Chile, cap. de la región de Magallanes y Antártica Chilena; 119 700 hab. Sit. en el estr. de Magallanes. Ind. conservera, maderera y de curtidos. Refinería de petróleo. Puerto exportador.

PUNTA del ESTE C. de Uruguay, en el dpto. de Maldonado. Centro turístico.

PUNTA GORDA R. de Nicaragua; 120 km. Nace en la cord. Yolaina y desemboca en la bahía de San Juan del Norte.

PUNTADA f. Cada uno de los agujeros hechos con la aguja en la tela, cuero u otra materia que se va cosiendo. ◊ Espacio que media entre dos de estos agujeros próximos entre sí. ◊ fig. Dolor punzante.

PUNTAL m. Madero hincado en firme para sostener la pared o el edificio que amenaza ruina. ◊ *Min.* Elemento empleado en la entibación. ◊ Prominencia de un terreno en forma de punta. ◊ fig. Apoyo, fundamento. ◊ *Mar.* Alt. de la nave desde su plan hasta la cubierta pral. o superior. ◊ *Ven.* Merienda ligera.

PUNTAPIÉ m. Golpe que se da con la punta del pie.

PUNTARENAS Prov. de Costa Rica, limítrofe con Panamá; 11 277 km², 357 483 hab. Cap., la c. hom. Comprende parte de la pen. de Nicoya, la i. de Chira y la pen. de Osa. Accidentada por las cord. de Guanacaste y de Talamanca, y la cadena exterior de la sierra Madre centroamericana. Bananas, cereales, leguminosas. Ganadería. Pesca. Oro. ◊ **C. de Costa Rica, cap. de la prov. hom**; 102 504 hab. Imp. puerto. Exportación de productos agrícolas. Pesca. Ind. alimentaria, mecánica.

PUNTAZO m. Herida hecha con la punta de un arma o de otro instrumento punzante. ◊ fig. Pulla, indirecta.

PUNTEAR tr. Marcar, señalar puntos en una superficie. ◊ Dibujar, pintar o grabar con puntos. ◊ Coser o dar puntadas. ◊ Tocar la guitarra u otro instrumento semejante hiriendo las cuerdas cada una con un dedo. ◊ Embestir una res vacuna con derrotes cortos y repetidos. ❏ PUNTEADO, DA; PUNTEO.

PUNTERÍA f. Acción de apuntar un arma arrojadiza o de fuego. ◊ Destreza del tirador para dar en el blanco.

PUNTERO, RA adj. Aplícase a la persona que hace bien la puntería con un arma. ◊ m. Punzón para señalar una cosa. ◊ Persona que descuella en cualquier actividad. ◊ *Argent. y Col.* Animal que va delante de las manadas. ◊ f. Remiendo, en el calzado. ◊ Sobrepuesto o contrafuerte de piel que se coloca en la punta de la pala del calzado.

PUNTIAGUDO, DA adj. Que tiene aguda la punta.

PUNTILLA f. Encaje fino que se utiliza como adorno en prendas de vestir. ◊ Cachetero, puñal.

PUNTILLERO m. *Taur.* Cachetero, torero que remata al toro.

PUNTILLISMO m. Escuela pictórica del s. XIX, derivada del impresionismo y que se caracteriza por la aplicación de toques de color cortos y desunidos. ❏ PUNTILLISTA.

PUNTILLO m. Amor propio excesivo que se basa muchas veces en hechos nimios. ◊ *Mús.* Signo que consiste en un punto que se pone a la derecha de una nota y aumenta en la mitad su duración y valor. ❏ PUNTILLOSO, SA.

PUNTO m. Señal de dimensiones poco perceptibles, que por combinación de un color con otro, o por elevación o depresión, se forma en una superficie. ◊ Granito de metal que tienen junto a la boca las armas de fuego, para que haga oficio de mira. ◊ Cada una de las puntadas que en las obras de costura se van dando para hacer una labor sobre la tela. ◊ Cada una de las lazadillas o nuditos de que se forma el tejido de las medias, géneros elásticos, etc. ◊ Cada una de las diversas maneras de trabar y enlazar entre sí los hilos que forman ciertas telas. ◊ Medida longitudinal, duodécima parte de la línea. ◊ *Art. Gráf.* Unidad de medida tipográfica,

Vista aérea de **Punta del Este**

duodécima parte del cícero y equivalente a unos 37 cienmilímetros. ◊ Sitio, lugar de referencia. ◊ Valor que, según el núm. que le corresponde, tiene cada una de las cartas de la baraja o de las caras del dado. ◊ Unidad de tanteo, en algunos ejercicios, como exámenes, oposiciones, etc. ◊ Unidad de tanteo en los concursos y en competiciones deportivas. ◊ Cosa muy corta, parte mínima de una cosa. ◊ Instante, momento, porción pequeñísima de tiempo. ◊ Cada uno de los asuntos o materias diferentes de que se trata en un sermón, discurso, conferencia, etc. ◊ Estado actual de cualquier asunto. ◊ Estado perfecto que llega a tomar cualquier cosa que se elabora al fuego. ◊ Hablando de las cualidades morales buenas o malas, extremo o grado a que éstas pueden llegar. ◊ *Amér. Centr.* Baile popular. ◊ Grado de una escala, especialmente aquel en que tiene lugar algún cambio. ◊ *Mat.* Término genérico que designa los elementos de cualquier espacio geométrico, en particular los elementos de un espacio afín, euclídeo o proyectivo. ◊ *Mús.* En los instrumentos, tono determinado de consonancia para que estén acordes. ◊ Nota ortográfica que se pone sobre la *i* y la *j*. ◊ Signo ortográfico (.) con que se indica el fin del sentido gramatical y lógico de un periodo o de una sola oración. Se coloca también después de algunas abreviaturas. ◊ **crítico.** *Fís.* En termodinámica, p. de una isoterma que corresponde a la presión, volumen y temperatura críticos. ◊ **de apoyo.** *Fís.* Lugar fijo sobre el cual estriba una palanca u otra máquina, para que la potencia pueda vencer la resistencia. ◊ **de condensación.** *Fís.* Temperatura a la que un gas se convierte en líquido, a la presión atmosférica. Coincide con el p. de ebullición. ◊ **de inflexión.** *Mat.* Todo p. de una curva en el que está definida la tangente y ésta atraviesa la curva. ◊ **de solidificación.** *Fís.* Temperatura a la que un líquido se transforma en sólido, a la presión atmosférica. Coincide con el p. de fusión. ◊ **de vista.** fig. Cada uno de los modos de considerar un asunto u otra cosa. ◊ **muerto.** *Mec. apl.* Posición de los engranajes de la caja de cambio en que el movimiento del árbol del motor no se transmite al mecanismo que actúa sobre las ruedas. ◊ fig. Estado de un asunto o negociación que por cualquier motivo no puede llevarse adelante. ◊ **neurálgico.** Aquel en que el nervio se hace superficial, o en donde nacen las ramas cutáneas del mismo. ◊ fig. Parte de un asunto especialmente delicado, importante y difícil de tratar. ◊ **normal de ebullición.** *Fís.* Temperatura a la que hierve un líquido cuando se le suministra calor, a la presión atmosférica. ◊ **normal de fusión.** Temperatura a la que funde un sólido cuando se le suministra calor a la presión atmosférica. ◊ **triple.** *Fís.* Punto de un diagrama presión-temperatura en que coexisten los estados sólido, líquido y gaseoso de una sustancia. Es característico del tipo de sustancia. ◊ **y aparte.** El que se pone cuando termina párrafo y el texto continúa en otro renglón. ◊ **y coma.** Signo ortográfico (;) con que se indica pausa mayor que en la coma, y menor que con los dos

Arcos de medio **punto**

puntos. ◊ **y seguido.** El que se pone cuando termina un periodo y el texto continúa inmediatamente después del punto en el mismo renglón. ◊ **Puntos suspensivos.** Signo ortográfico (...) con que se denota quedar incompleto el sentido de una oración o cláusula de sentido cabal, para indicar temor o duda, o lo inesperado y extraño de lo que ha de expresarse después. ◊ **Dos puntos.** Signo ortográfico (:) con que se indica haber terminado completamente el sentido gramatical, pero no el sentido lógico. ◊ **Medio p.** Arco o bóveda cuya curva está formada por un semicírculo exacto, esto es, por un arco de 180 grados.
PUNTO FIJO. C. del NO de Venezuela, en el est. Falcón; 53 000 hab. Pesca. Refinerías de petróleo.
PUNTUACIÓN f. Conjunto de los signos que sirven para puntuar.
PUNTUAL adj. Pronto, diligente, exacto en hacer las cosas a su tiempo y de llegar a los sitios a la hora convenida. ◊ Conforme, conveniente, adecuado. ❑ PUNTUALIDAD.
PUNTUALIZAR tr. Grabar con exactitud cada cosa en la memoria. ◊ Referir un suceso o descubrir una cosa con todas sus circunstancias. ◊ Dar la última mano a una cosa; perfeccionarla.
PUNTUAR tr. Poner en la escritura los signos ortográficos. ◊ Ganar puntos, unidad de tanteo en algunos juegos. ◊ Dar una calificación cuantitativa a una prueba o examen.
PUNTURA f. Herida con instrumento o cosa que punza.
PUNZAR tr. Herir de punta. ◊ fig. Avivarse un dolor de cuando en cuando. ◊ fig. Hacerse sentir interiormente una cosa que aflige el ánimo. ❑ PUNZADA, PUNZADURA.
PUNZÓN m. Instrumento de hierro que remata en punta. Sirve para abrir ojetes y para otros usos. ◊ En ciertos oficios y artes, instrumento de acero templado y de forma puntiaguda que sirve para hacer agujeros.
PUÑADA f. Puñetazo, golpe dado con la mano cerrada.
PUÑADO m. Porción de cualquier cosa que cabe en el puño o en la mano. ◊ fig. Escaso núm. de personas o de cosas.
PUÑAL m. Arma ofensiva de acero,

de 20 a 30 cm de largo, terminada en punta.
PUÑALADA f. Golpe que se da de punta con el puñal u otra arma semejante. ◊ fig. Pena muy grande causada a una persona.
PUÑETA f. fam. Tontería, nimiedad. ◊ fam. *Amér.* Masturbación. ❑ PUÑETERO, RA.
PUÑETAZO m. Golpe que se da con el puño de la mano.
PUÑO m. Mano cerrada. ◊ Puñado. ◊ Parte de la manga de la camisa y de otras prendas de vestir, que rodea la muñeca. ◊ Mango de algunas armas blancas. ◊ Parte por donde ordinariamente se coge el bastón, el paraguas o la sombrilla. ◊ pl. fig. y fam. Fuerza, valor.
PUPA f. Erupción en los labios. ◊ Postilla que queda cuando se seca un grano. ◊ En el lenguaje infantil, cualquier daño o dolor corporal. ◊ *Zool.* Ninfa; fase en el desarrollo embrionario metamórfico de ciertos insectos. ❑ PUPOSO, SA.
PUPILA f. Huérfana menor de edad, respecto de su tutor. ◊ Prostituta. ◊ *Anat.* Abertura circular en el centro del iris, a través de la cual pasa la luz al interior del ojo.
PUPILAJE m. Cualidad de pupilo. ◊ Estado de aquel que está sujeto a la voluntad de otro porque le mantiene. ◊ Casa de huéspedes. ◊ Precio que se paga por estar hospedado.
PUPILO, LA m. y f. Persona que se hospeda en casa particular por precio ajustado. ◊ Huérfano o huérfana menor de edad, respecto de su tutor. ❑ PUPILERO, RA.
PUPIN, *Michael Idvorsky* (1858-1935) Físico e ingeniero norteam. de origen serbio. Perfeccionó los sistemas de transmisión de la telegrafía y la telefonía transcontinentales.
PUPITRE m. Mueble de madera, con tapa en forma de plano inclinado, para escribir sobre él.
PUPO m. *Amér.* Ombligo.
PURACÉ Volcán de Colombia, sit. en la cordillera Central de los Andes, cerca de Popayán; 4 800 m de alt.
PURANA m. Cada uno de los 18 poemas que contienen la teogonía y cosmogonía de la India antigua.
PURCELL, *Henry* (1658-1695) Compositor brit. Gran autor dramático (*Dido y Eneas, La reina de las hadas, La tempestad*), destacan también sus obras de cámara y música sacra (*Te Deum, Antífona, Mi corazón me dicta*).
PURÉ m. Pasta de legumbres u otras cosas comestibles, cocidas y pasadas por colador. ◊ Sopa formada por esta pasta desleída en caldo.
PUREZA f. Calidad de puro. ◊ fig. Virginidad, doncellez.
PURGA f. Medicina que se toma para descargar el vientre. ◊ fig. Residuos que en algunas operaciones industriales se han de eliminar o expeler. ◊ fig. *Pol.* Operación propia de los regímenes totalitarios, o de partidos políticos del mismo carácter, que consiste en la eliminación de aquellos elementos que se consideran indeseables o sospechosos.
PURGACIÓN f. Sangre menstrual. ◊ Blenorragia. Se usa más en pl.
PURGANTE adj. y m. *Farm.* Díc. del fármaco de acción mecánica o química

que, introducido por vía oral, acelera la expulsión del contenido intestinal.

PURGAR tr. Limpiar, purificar una cosa. ◊ Satisfacer con una pena en todo o en parte lo que uno merece por su culpa o delito. ◊ tr. y prnl. Dar al enfermo una medicina purgante. ◊ tr., intr. y prnl. Evacuar un humor. ◊ tr. Borrar uno su culpa con un castigo o sacrificio, expiar. ◊ fig. Purificar, acrisolar. ◊ Depurar a uno mediante un expediente para rehabilitarle en el ejercicio de un cargo. ❑ PURGAMIENTO; PURGATIVO, VA.

PURGATORIO m. *Teol.* Lugar donde las almas de los que mueren en gracia purgan sus culpas. ◊ Trabajo penoso o padecimiento.

PURÍ adj. y s. Díc. del pueblo amerindio que vivía en el alto curso del Paraíba y del Doce, en Brasil.

PURIDAD f. Pureza. ◊ Secreto.

PURIFICACIÓN f. Fiesta que el día 2 de febrero celebra la Iglesia en memoria de la presentación de Jesús en el templo por su madre.

PURIFICAR tr. y prnl. Quitar de una cosa lo que le es extraño, dejándola en el ser y perfección que debe tener según su calidad; limpiar de impurezas. ◊ Limpiar de toda imperfección una cosa no material. ❑ PURIFICADOR, RA; PURIFICATORIO, RIA.

PURIM f. Fiesta del calendario judío, celebrada en los primeros días de marzo. Conmemora la liberación de los heb. de Persia y Media.

PURINA f. *Quím.* Sistema cíclico formado por cuatro átomos de nitrógeno y cinco de carbono del que derivan el ácido úrico y algunas bases nitrogenadas, que intervienen en la formación de nucleótidos en general y de los ácidos nucleicos en particular.

PURÍSIMA n. p. f. Advocación de la Virgen María que alude a su Inmaculada Concepción.

PURISMO m. *Ling.* Tendencia a eliminar del idioma los giros y vocablos de origen extranjero y los neologismos. ❑ PURISTA.

PURITANISMO m. Secta y doctrina de los puritanos. ◊ P. ext., díc. de la exagerada escrupulosidad en el proceder.

PURITANO, NA adj. y s. Díc. de las personas que en Inglaterra, hacia 1564, aspiraban a una doctrina más pura que la propuesta por la Iglesia anglicana. La restauración de los Estuardos les obligó a emigrar a Nueva Inglaterra. Son p. los cuáqueros, presbiterianos, baptistas, metodistas, etc. ◊ adj. y s. fig. Rígido, austero.

PURO, RA adj. Libre y exento de toda mezcla de otra cosa. ◊ Transparente, diáfano. ◊ Que procede con desinterés en el desempeño de un empleo o en la administración de justicia. ◊ Que no incluye ninguna condición, excepción o restricción ni plazo. ◊ Casto. ◊ adj. y m. Díc. de ciertos cigarros.

PÚRPURA f. Materia colorante rojizoviolácea que sirvió en la antigüedad para teñir ropas por el procedimiento de la tina, y que en aquella época se obtenía a partir de un molusco. Químicamente es el dibromoíndigo simétrico. ◊ El mismo molusco utilizado para obtener dicha materia. ◊ fig. Color rojo subido que tira a violado. ◊ fig. Pren-

Granjeros **puritanos** en el óleo *Gótico americano* de Grant Wood

da de vestir, de este color o roja, que forma parte del traje característico de emperadores, reyes, cardenales, etc. ◊ fig. Dignidad imperial, real, consular, cardenalicia, etc. ❑ PURPÚREO, A.

PURPURINA f. Sustancia colorante roja del grupo del antraceno, extraída de la raíz de la rubia. ◊ Polvo de bronce o de metal blanco, que se aplica a las pinturas para dorarlas o platearlas.

PURRÓN Fase cultural mex., del periodo prehistórico (2500-1900 a. C.). Comprende la instalación en el valle de Tehuacán de los primeros agricultores.

PURULENCIA f. Supuración. ❑ PURULENTO, TA.

PURÚS *(Purus)* Río de Sudamérica, afl. derecho del Amazonas; nace en Perú y penetra en la Amazonia bras.; 3 000 km.

PUS m. Exudado producido por una inflamación purulenta; está constituido por leucocitos y células muertas.

PUSÁN C. de la República de Corea; 3 160 000 hab. Pral. puerto del país. Ind. metalúrgica y textil.

PUSHKIN, *Alexander Sergueievich* (1799-1837) Escritor romántico ruso. Sus obras prales. son los poemas *Ruslan y Ludmila* y *El prisionero del Cáucaso,* el drama histórico *Boris Godunov,* las novelas *La dama de picas, La hija del capitán* y *Eugenio Oneguin.*

PUSILÁNIME adj. y s. Falto de ánimo y valor para tolerar las desgracias o para intentar cosas grandes. ❑ PUSILANIMIDAD.

PÚSTULA f. Lesión cutánea formada por una vesícula, llena de pus, que da lugar a una prominencia sobre la superficie de la piel.

PUSZTA (húng. «desierto») f. Nombre de la zona estepatria de la gran llanura húngara (al O de Debrecen). Ganadería.

PUTADA f. fam. Mala pasada. ◊ Desdicha, mala suerte.

PUTATIVO, VA adj. Reputado o tenido por padre, hermano, etc., no siéndolo.

PUTEAR intr. fam. Frecuentar el trato con putas. ◊ fam. Ejercer la prostitución. ◊ tr. fig. y fam. Maltratar o explotar a alguien. ❑ PUTEAR.

PUTIFAR En la Biblia, oficial de la corte de Egipto, a quien fue vendido José.

PUTIN, *Vladimir* (n. 1952) Político ruso. Nombrado primer ministro en

1999, sucedió a B. Yeltsin como presid. interino a finales del mismo año. En 2000 revalidó su cargo con la victoria en las elecciones presidenciales. Fue reelegido en 2004.

PUTO, TA adj. Se aplica como calificación denigratoria, aunque por antífrasis puede resultar encarecedor. ◊ m. Hombre que se prostituye. ◊ f. Prostituta, ramera, mujer pública.

PUTREFACCIÓN f. Acción y efecto de pudrir o pudrirse. ◊ Podredumbre. ❑ PUTREFACTIVO, VA; PUTREFACTO, TA.

PÚTRIDO, DA adj. Podrido, corrompido. ❑ PUTRIDEZ.

PUTSCH (voz al.) m. Golpe de Est.; levantamiento revolucionario de carácter político.

PUTUMAYO Dpto. de Colombia; 24 885 km², 359 990 hab. Cap., Mocoa. Limítrofe con Ecuador y Perú. El sector O forma parte del ámbito andino (cerro Patascoy, 4 000 m). El resto del terr. pertenece a la llanura amazónica. Cereales, arroz. Vacunos. Explotación florestal, pralm. caucho. ◊ **P.** o **Içá** Río de América Meridional, afl. del Amazonas por la margen izquierda; 1 600 km. Nace en Colombia, cerca del nudo andino de Los Pastos y, después de formar frontera entre Colombia y Ecuador y entre Colombia y Perú, penetra en Brasil, donde toma el nombre de Içá y se une al Amazonas. Sus afl. prales. son el Igara Paraná, el Campuya y el Yaguas.

PUTUTO o **PUTUTÚ** (voz aymará) m. *Bol.* y *Perú.* Instrumento musical consistente en una especie de concha.

PUVIS de Chavannes, Pierre (1824-1898) Pintor fr., renovador de la pintura decorativa y simbolista. Murales del Panteón de París.

PUYA f. Punta acerada que en una extremidad tienen las varas o garrochas de los picadores y vaqueros, con la cual estimulan o castigan a las reses. ◊ fig. Broma o dicho mortificante.

PUYANA, Rafael (n. 1931) Clavecinista col. Ha recibido numerosos premios internacionales.

PUYAR tr. *Amér.* Herir con puya.

PUYAZO m. *Taur.* Herida que se hace con la puya del picador.

PU-YI (1906-1967) Nombre que tomó Chuantung, último emp. de China [1908-1912].

PUYO adj. *Argent.* Díc. del poncho o capote basto de lana más corto que el ordinario. ◊ *Guat.* Pobre, sin dinero.

PUYO Cap. de la prov. ecuat. de Pastaza, en el NO de la prov.; 14 438 hab. Puerto fluvial. Centro comercial de la región.

PUZOLANA f. *Geol.* Roca volcánica de la misma composición que el basalto, que se encuentra en Puzol (Italia), y que, mezclada con cal, sirve para hacer mortero hidráulico.

PUZZLE (voz ing.) m. Rompecabezas, juego.

PVC m. Materia obtenida a partir del cloruro de polivinilo, que se usa para fabricar ventanas, tuberías, etc.

PYM, John (1584-1643) Político ing. Se enfrentó con el autoritarismo de Carlos I.

PYONGYANG C. del O de la República Democrática Popular de Corea, cap. del país; 1 700 000 hab. Imp. concentración industrial (siderúrgica, mecánica, textil).

Q

Q f. Decimooctava letra del abecedario esp. y decimocuarta de sus consonantes. Su nombre es *cu* y su sonido equivale al de *k*. ◊ *Fís*. Símb. de la cantidad de calor.

q *Fís*. Símb. de carga eléctrica.

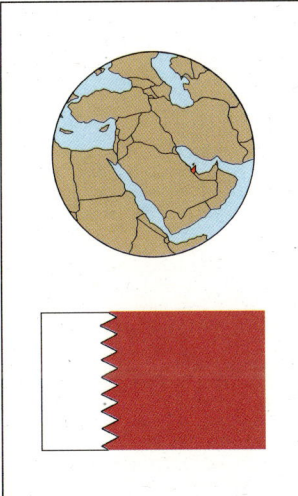

Mapa de situación y bandera de **Qatar**

QATAR (*Mashyaka al-Qatar*) Est. del golfo Pérsico constituido por una pequeña pen. calcárea, orientada de N a S, cuyo terr. es un desierto en su mayor parte. Clima árido. Pesca. Petróleo y gas natural. Monarquía. Grupos étni-

QATAR	
Superficie	11 437 km²
Población	455 000 hab. (39 hab./km²)
Recursos económicos	
Cemento	267 000 t
Gas natural	5 435 000 000 m³
Pesca	5 702 t
Petróleo	19 062 000 t
Indicadores sociológicos	
PNB	6 968 millones de dólares
Renta per cápita	15 870 dólares
Esperanza de vida	71 años
Alfabetismo	51 %

cos o nac.: ár. y minoría negra. *Rel*.: islamismo (sunnita); C. pral.: Doha, la capital.
☐ *Hist*. Dependiente del sultanato de Omán desde la desmembración del califato oriental, Q. pasó a depender de Bahrein hasta 1868. En 1916 se convirtió en protectorado brit. En 1968 Q. ingresó en la Federación de Emiratos Árabes y en 1971 accedió a la indep.

QIQIHAR C. de China, en Manchuria; 1 232 000 hab. Centro industrial.

QOM C. de Irán, al SO de Teherán; 247 200 hab. Ind. textil.

QUANTUM m. *Fís*. Cuanto; cantidad mínima de energía que puede emitirse, propagarse o absorberse. Su pl. es *quanta*.

QUARK m. *Fís*. Cada una de las seis partículas elementales hipotéticas y sus correspondientes antipartículas que constituyen la materia.

QUASAR m. *Astr*. Objeto celeste cuya emisión energética de radioondas es algunos centenares de veces superior a la emitida por las galaxias.

QUASIMODO, Salvatore (1901-1968) Poeta it. de la escuela hermetista. *Agua y tierras, Día tras día, La tierra incomparable*. Premio Nobel en 1959.

QUATTROCENTO Término aplicado al s. XV, inicio del movimiento artístico y literario que condujo al Renacimiento it. ☐ QUATTROCENTISTA.

QUBILAY Jan (1214-1294) Emp. mongol [1260- 1294]. Dio fin a la conquista de la China Sung y fijó su cap. en Pekín. Fomentó las ciencias y las artes. Marco Polo estuvo a su servicio.

QUE Pron. relativo que con esta sola forma conviene a los géneros masculino, femenino y neutro y a los números sing. y pl. ◊ A veces equivale a otros pronombres precedidos de preposición. ◊ conj. copulativa que enlaza un verbo con otro. ◊ Sirve también para enlazar con el verbo otras partes de la oración. ◊ Forma parte de varios modos adverbiales y conjuntivos: *a menos que; con tal que*. ◊ Se emplea también como conj. comparativa, causal, disyuntiva, ilativa y final.

QUEBEC (*Québec*) Prov. del E de Canadá. Ocupa la pen. del Labrador, excepto la zona E; 1 540 680 km², 6 899 000 hab. Cap. la c. hom. Forrajes y pastos. Ganadería. Producción forestal y minera. ◊ C. de Canadá, cap. de la prov. hom; 164 600 hab. (645 500 hab. la agl.

urb.). Sit. en el estuario del r. San Lorenzo.

QUEBRACHO m. *Amér*. Nombre de varias especies de árboles de madera muy dura.

QUEBRADO, DA adj. y s. Que ha hecho bancarrota o quiebra. ◊ Que padece quebradura o hernia. ◊ Aplicado a un terreno, camino, etc., desigual, tortuoso. ◊ adj. y m. *Arit*. Díc. del núm. que expresa una fracción. ◊ adj. y f. Díc. de la línea formada por varios segmentos de recta unidos. ◊ *Amér*. Riachuelo que corre por el fondo de ésta. ☐ QUEBRADIZO, ZA.

QUEBRADURA f. Hendedura, rotura o abertura. ◊ Hernia, pralm. en el escroto.

QUEBRANTAHUESOS m. Ave falconiforme.

QUEBRANTAPIEDRAS f. Planta herbácea usada en medicina por su acción diurética.

QUEBRANTAR tr. Romper, separar con violencia las partes de un todo. ◊ Violar o profanar algo sagrado, seguro o coto. ◊ fig. Violar una ley u obligación. ◊ fig. Vencer una dificultad. ☐ QUEBRANTADOR, RA; QUEBRANTADURA; QUEBRANTAMIENTO; QUEBRANTO.

QUEBRAR tr. Romper. ◊ Violar una ley u obligación. ◊ tr. y prnl. Doblar o torcer. ◊ tr. fig. Interrumpir o estorbar la continuación de una cosa. ◊ Cesar

Vista de la ciudad de **Quebec**, capital del Canadá francófono

Campesino **quechua**

en el comercio por sobreseer en el pago corriente de las obligaciones contraídas y no alcanzar el activo a cubrir el pasivo. ◊ prnl. Herniarse.

QUEBRAZÓN f. *Amér.* Destrozo grande de objetos de vidrio y loza.

QUECHOL m. *Méx.* Flamenco, ave palmípeda.

QUECHUA o **QUICHUA** adj. y s. *Hist.* Díc. del individuo de una familia de pueblos indígenas sudamericanos extendidos desde época precolombina por la región andina del Perú y Bolivia. ◊ *Ling.* Díc. de la lengua hablada por estos indios.
☐ *Hist.* Los q., descendientes de las culturas mochica y chimu, fueron, a partir del s. XIII, vasallos del imperio inca. Los q. han mantenido sus creencias, tradiciones, así como su organización social, el *ayllu*, y su idioma.

QUEDA f. Hora de la noche, que se anunciaba con toque de campana, para que los vecinos se recogieran, en tiempos de guerra o estado de sitio.

QUEDAR intr. y prnl. Estar, detenerse en un lugar o estado. ◊ intr. Subsistir, permanecer o restar parte de una cosa. ◊ Precediendo a la preposición *por*, resultar las personas con algún cargo, obligación o derecho que antes no tenía. ◊ Cesar, terminar, acabar, convenir definitivamente en una cosa. ◊ Seguido de la prep. *por* y un verbo en infinitivo, faltar algo para terminar una cosa. ◊ tr. y prnl. Junto con la preposición *con*, retener en su poder una cosa. ☐ QUEDADA.

QUEDO, DA adj. Quieto. ◊ adv. modo. Con voz baja o que apenas se oye. ◊ Con tiento.

QUEHACER m. Ocupación, negocio.

QUEILITIS f. *Pat.* Inflamación de los labios.

QUEJA f. Expresión de dolor, pena o sentimiento. ◊ Resentimiento, desazón, descontento. ◊ Acusación ante juez o tribunal competente contra los responsables de un delito. ◊ Reclamación. ☐ QUEJIDO.

QUEJAR tr. Aquejar. ◊ prnl. Expresar con la voz dolor o pena. ◊ Manifestar resentimiento. ◊ Presentar querella. ☐ QUEJICA; QUEJICOSO, SA; QUEJOSO, SA.

QUEJIGO m. Especie de roble, de hoja marcescente. ◊ Roble que todavía no ha alcanzado su desarrollo regular. ☐ QUEJIGAL.

QUEJUMBRE f. Queja frecuente y, por lo común, sin gran motivo. ☐ QUEJUMBROSO, SA.

QUELENQUELEN m. *Chile.* Planta medicinal poligalácea.

QUELÍCERO m. *Zool.* Cada uno de los apéndices que en número de dos se encuentran a ambos lados de la boca en ciertos artrópodos.

QUELITE (voz náhuatl) m. *Méx.* Bledo.

QUELOIDE m. *Med.* Hipertrofia del tejido cicatricial que se manifiesta por un relieve en la superficie cutánea de color violáceo.

QUELONIO, NIA m. pl. *Zool.* Reptiles con cuatro extremidades cortas, desdentados y con el cuerpo protegido por una concha dura que cubre la espalda y el pecho; como la tortuga, el carey y el galápago.

QUELTEHUE m. *Chile.* Teruteru.

QUEMA f. Incendio, fuego, combustión. ◊ *Argent.* Lugar en las afueras de una población donde se queman basuras.

QUEMADA f. Parte de monte quemado. ◊ *Amér. Centr.* Quemadura.

QUEMADA, La Yacimiento arqueológico mex., en el est. de Zacatecas, de la cultura de Teotihuacán (ss. IX-XII).

QUEMADOR, RA adj. y s. Que quema. ◊ *Ing.* Dispositivo que poseen las calderas para introducir el combustible en la cámara de combustión.

QUEMADURA f. *Med.* Lesión producida en los tejidos por acción del calor en sus diversas formas. ◊ Señal, llaga, ampolla o impresión producida por el calor o una sustancia cáustica. ◊ Enfermedad de las plantas ocasionada por cambios grandes y bruscos de temperatura. ◊ Tizón, honguillo.

QUEMAR tr. y prnl. Abrasar con fuego. ◊ Calentar con mucha actividad. ◊ Secar una planta el excesivo calor. ◊ Causar ardor. ◊ tr. y prnl. fig. y fam. Impacientar o desazonar a uno. ◊ intr. Estar excesivamente caliente una cosa. ◊ prnl. Padecer o sentir mucho calor. ◊ intr. y prnl. fig. Gastarse o desanimarse por haber trabajado mucho para obtener algo y no haberlo logrado. ☐ QUEMADERO, RA; QUEMADO, DA.

QUEMARROPA *(A)* m. adv. Tratándose de un disparo, desde muy cerca. ◊ De forma brusca.

QUEMAZÓN f. Calor excesivo. ◊ fig. y fam. Desazón moral por un deseo no logrado.

Tortuga, reptil del orden **quelonios**

QUEMOSIS f. Tumefacción edematosa de la conjuntiva ocular.

QUENA f. *Amér. Merid.* Flauta o caramillo de origen inca.

QUENEAU, Raymond (1903-1976) Escritor fr. Surrealista. *Zazie en el metro.*

QUEPIS m. Gorra, ligeramente cónica y con visera horizontal, que, como prenda de uniforme, usan los militares en algunos países.

QUERATINA f. *Quím.* Sustancia córnea proteica, uno de los principales constituyentes de la piel.

QUERATITIS f. Inflamación de la córnea.

QUERATOPLASTIA f. *Med.* Intervención quirúrgica basada en el injerto de la córnea.

QUERATOSIS f. Afección de la piel, caracterizada por un engrosamiento de la capa córnea.

QUERCIA, Jacopo della (1374-1438) Escultor it. Influyó sobre Miguel Ángel.

QUERELLA f. Queja. ◊ Discordia. ◊ *Der.* Acusación ante el juez o tribunal competente. ☐ QUERELLARSE.

QUERER m. Cariño, amor. ◊ tr. Desear o apetecer. ◊ Amar, tener cariño, voluntad o inclinación a una persona o cosa. ◊ Tener voluntad o determinación de ejecutar una cosa. ◊ Resolver, determinar. ◊ Pretender, intentar o procurar. ◊ Ser conveniente una cosa a otra; requerirla. ◊ Pedir o exigir algo. ☐ QUERENCIA; *Amér.* QUERENDÓN, NA.

QUERÉTARO Est. de México. Sit. en el centro del país; 11 769 km²; 1 404 306 hab. Cap., la c. hom. Accidentado por la Sierra Madre Oriental. Cereales, forrajes, caña de azúcar y frutales. Minas de plata, cobre, hierro. ◊ C. de México, cap. del est. hom.; 641 386 hab. Imp. centro comercial e industrial. Talla de piedras preciosas.

QUERIDO, DA m. y f. Amante.

QUERMES m. Insecto hemíptero parecido a la cochinilla, que vive en la coscoja. ◊ Mezcla rojiza, de óxido y sulfuro de antimonio, que se emplea como medicamento.

QUERONEA Ant. ciudad de Grecia, sit. en el O de Beocia, a orillas del Cefiso. ◊ **Batallas de Q.** Nombre dado a las diversas batallas que se produjeron en este lugar. Filipo II de Macedonia derrotó a los ejércitos confederados de Tebas y Atenas (338 a. C.). La segunda de ellas enfrentó a Roma con el rey del Ponto (86 a. C.).

QUEROSENO m. Fracción del petróleo bruto que destila, aprox., entre 150 y 300 °C. Se emplea como carburante. ☐ *Amér.* QUEROSÉN; *Ecuad., Nic. y Pan.* QUEROSÍN.

QUERUBÍN m. Espíritu celeste perteneciente al segundo coro de la suprema jerarquía angélica. ◊ fig. Serafín, persona de singular belleza.

QUESNAY, François (1694-1774) Médico y economista fr. Cirujano de la corte de Luis XV. En 1758 publicó su *Tableau économique.* Fundador de la escuela de los fisiócratas.

QUESNEL, Pasquier (1634-1719) Teólogo jansenista fr. El papa Clemente XI condenó sus obras. *Reflexiones morales.*

QUESO m. *Ind.* Alimento obtenido por la coagulación de la caseína de la leche. Se fabrica con leche de vaca, oveja o cabra. ☐ QUESERÍA; QUESERO, RA.

QUETTA C. de Pakistán, cap. del Beluchistán; 285 000 hab.

QUETZAL m. Ave de América tropical; plumaje de color verde tornasolado y rojo. ◊ Unidad monetaria de Guatemala.

QUETZALCÓATL *Mit.* Pral. dios del panteón náhuatl. Su nombre significa «serpiente emplumada», bajo cuya forma se le veneró.

QUETZALTENANGO Dpto. de Guatemala; 1 951 km², 606 556 hab. Cap., la c. hom. Sit. entre el eje volcánico guatemalteco-salvadoreño y la llanura costera del Pacífico. Regado por los r. Samalá, Naranjo y Tilapa. Cereales, caña de azúcar y café. Ganadería. ◊ C. de Guatemala, la segunda más imp. del país y cap. del dpto. hom.; 98 800 hab. Centro comercial e industrial y nudo de comunicaciones.

QUEULE m. *Chile.* Planta arbórea combretácea. ◊ Fruto de esta planta.

QUEVEDO y Villegas, *Francisco de* (1580-1645) Escritor y polígrafo esp. Figura cumbre del conceptismo barroco. Su obra contiene una crítica feroz de las instituciones y la política de su tiempo. *La vida del Buscón, Los sueños.* ❏ QUEVEDESCO, CA.

QUEVEDOS m. pl. Lentes de forma circular con armadura para sujetarlos a la nariz.

QUEZADA, *Armando* (n. 1905) Escultor mex., autor de las seis estatuas en bronce de los *Niños héroes* (museo de Chapultepec).

QUEZÓN, *Manuel Luis* (1878-1944) Político filipino. Luchó contra la ocupación esp. y norteam. Elegido presid. de la Commonwealth filipina en 1935 y 1941.

QUEZÓN CITY o **CIUDAD QUEZÓN** C. de Filipinas, en la isla de Luzón; 1 165 900 hab. Cap. del país de 1948 a 1976.

¡QUIA! interj. fam. con que se denota incredulidad o negación.

QUIACA f. *Chile.* Árbol de hojas lanceoladas, y flores pequeñas y blancas.

QUIASMA m. Conjunto, reunión o punto de contacto de dos partes, cosas u órganos que forman cruz. ◊ En ge-

Figura de **Quetzalcóatl**

nética, figura cruciforme que presentan los cromosomas homólogos.

QUIBDÓ C. de Colombia, cap. del dpto. del Chocó; 74 588 hab. Centro comercial. Puerto exportador.

QUICHÉ adj. y s. *Etn.* Individuo de un pueblo amerindio de Guatemala, de origen maya, que ocupa el terr. que va desde la costa del Pacífico hasta el valle alto del r. Motagua. ◊ adj. y s. Relativo a este pueblo o a su cultura. ◊ adj. y m. Grupo lingüístico maya que incluye las lenguas habladas por las tribus quiché, cakchiquel, tzuthuil, poconchi, etc. ◊ m. *Amér. Centr.* Empanada de queso.

☐ *Etn.* En época precolombina, los q. habitaban la pen. del Yucatán y las zonas limítrofes a la actual Guatemala, hasta la costa del Pacífico. Fueron sometidos por los esp. El origen y desarrollo de su civilización se encuentra recogido en el *Popol Vuh,* su libro sagrado, escrito en maya-quiché.

QUICHÉ Dpto. de Guatemala, fronterizo al N con México; 8 378 km², 631 785 hab.; cap., Santa Cruz del Quiché. Accidentado por las sierras de Chamá, de Chuacús, separadas por el valle alto del Chixoy, o Negro. Caña de azúcar, café, cereales y leguminosas. Ganadería. Oro, plata, plomo y estaño.

QUICHUA adj. y s. Quechua.

QUICIAL m. Madero que asegura las puertas y ventanas por medio de pernios y bisagras. ◊ Quicio de puertas y ventanas. ❏ QUICIALERA.

QUICIO m. Parte de las puertas o ventanas en que entra el espigón del quicial.

QUID m. Esencia, razón, porqué de una cosa.

QUID pro quo exp. latina con la cual se da a entender que una cosa se sustituye con otra equivalente. ◊ m. Error que consiste en tomar a una persona o cosa por otra.

QUÍDAM m. fam. Sujeto a quien se designa indeterminadamente. ◊ fam. Sujeto despreciable y de poco valer.

QUIEBRA f. Rotura o abertura de una cosa por alguna parte. ◊ Fallo, posibilidad de fracaso. ◊ Pérdida o menoscabo de una cosa. ◊ *Geog.* Hendedura o abertura de la tierra en los montes o la que causan excesivas lluvias en los valles. ◊ *Der.* Acción y efecto de quebrar un comerciante. ◊ Juicio para calificar y liquidar la situación del que ha quebrado.

QUIEBRO m. Ademán que se hace con el cuerpo, como quebrándolo por la cintura. ◊ Adorno musical que consiste en acompañar una nota de otras muy ligeras.

QUIÉN pron. relativo que con esta sola forma conviene a los géneros masculino y femenino, y cuyo pl. es *quienes.* Se refiere a personas y cosas, pero más gralte. a las primeras. ◊ pron. relativo con antecedente implícito. Equivale a la persona que, *aquel que.*

QUIENQUIERA pron. indet. Persona indeterminada, alguno, sea el que fuere.

QUIETISMO m. Inacción, quietud. ◊ Teoría mística que exalta la pasividad del alma para alcanzar la perfección. Fue condenada por la Iglesia católica. ❏ QUIETISTA.

QUIETO, TA adj. Que no tiene o no hace movimiento. ◊ fig. Pacífico, tranquilo. ◊ fig. No dado a los vicios, especialmente al de la lujuria. ❏ QUIETUD.

QUIJADA f. Cada una de las mandíbulas de los vertebrados que tienen dientes. ❏ QUIJARUDO, DA.

QUIJONES m. pl. Planta herbácea de flores blancas y frutos en aquenio.

QUIJONGO m. *Col.* Tambor hecho con un tronco de árbol, con uno de sus extremos cubierto de piel. ◊ *C. Rica y Nic.* Instrumento musical de cuerda.

QUIJOTE m. fig. Hombre excesivamente puntilloso. ◊ fig. Hombre idealista que no sabe avenirse con las opiniones y costumbres corrientes. ◊ fig. Hombre que quiere ser juez de causas nobles aunque no le atañan. ❏ QUIJOTADA; QUIJOTERÍA; QUIJOTESCO, CA; QUIJOTISMO.

QUILA f. *Chile.* Especie de bambú.

QUILATE m. Unidad de peso para el oro y las piedras preciosas, de valor variable alrededor de los 205 mg. ◊ Cada una de las partes en peso de oro puro que hay, sobre las 24 del total, en cualquier aleación de este metal.

QUILÍFERO, RA adj. Díc. de cada uno de los vasos linfáticos de los intestinos que absorben el quilo y lo conducen al canal torácico.

QUILLA f. *Ing. naval.* Pieza que va de proa a popa por la parte más baja de un barco. ◊ Parte saliente y afilada del esternón de las aves.

QUILLANGO m. *Argent.* Manta formada de pieles cosidas que usan los indígenas.

QUILLAY m. *Argent. y Chile.* Árbol de cuya corteza se extrae un polvo usado como jabón.

QUILLOTA Prov. del centro de Chile, en la región de Valparaíso; 229 241 hab. Cap., la c. hom. ◊ C. de Chile, cap. de la prov. hom.; 75 916 hab.

QUILMES Partido de Argentina, en la prov. de Buenos Aires; 446 600 hab.

QUILO m. Kilo, unidad de peso. ◊ Emulsión de consistencia casi líquida que se obtiene en el intestino por transformación digestiva del quimo. ◊ *Chile.* Arbusto cuyas raíces tienen usos medicinales. Fruto de este arbusto. ❏ QUILOSO, SA.

QUILOMBO m. *R. de la Plata.* Desorden. ◊ *Ven.* Choza, cabaña campestre. ◊ *Chile, Perú y R. de la Plata.* Lupanar. ◊ En Brasil, terr. ocupado por esclavos fugados que se reorganizaban según los esquemas africanos.

Quetzal

QUILPUÉ C. de Chile, en la prov. de Valparaíso; 128 578 hab.
QUILQUIL m. *Chile.* Helecho arbóreo.
QUILTRO m. *Chile.* Perro gozque.
QUIMBA f. *Amér.* Contoneo. ◊ *Amér.* Especie de calzado.
QUIMBAMBAS f. pl. Sitio lejano o impreciso. ❏ *Cuba.* y *P. Rico.* QUIMBÁMBARAS.
QUIMBAYA o **QUIMBAYÁ** adj. y s. Pueblo amerindio de Colombia que habitaba en el valle del Cauca.
QUIMBO m. *Cuba.* Machete.
QUIMERA f. Pez cartilaginoso. ◊ fig. Creación imaginaria tomada como realidad. ◊ fig. Pendencia, riña o contienda. ❏ QUIMÉRICO, CA; QUIMERISTA; QUIMERIZAR.
QUIMERA *Mit. gr.* Hija de Tifón y de Equidna. Era un ser monstruoso, de cabeza y cuerpo de león, vientre de cabra y cola de dragón.
QUÍMICO, CA adj. Relativo a la química. ◊ Concerniente a la composición de los cuerpos. ◊ m. y f. Persona que profesa la química o tiene en ella especiales conocimientos. ◊ f. Ciencia que estudia la composición y propiedades de la materia, sus transformaciones y las correspondientes variaciones de energía.
QUIMIFICAR tr. y prnl. Convertir el alimento en quimo. ❏ QUIMIFICACIÓN.
QUIMIL m. *Méx.* Lío de ropa; maleta.
QUIMIOTERAPIA f. Tratamiento de las enfermedades por medios químicos.
QUIMO m. Especie de papilla constituida por los alimentos parcialmente digeridos en el estómago.
QUIMONO m. Túnica de origen japonés, de algodón o seda, de una sola pieza.
QUINA f. *Med.* Droga que se halla en la corteza de varias especies de quino, que se utiliza como tónica, antifebrífuga, etc. ❏ QUINADO, DA.
QUINCALLA f. Objeto de metal, gralte. de escaso valor, como imitaciones de joyas, etc. ❏ QUINCALLERÍA; QUINCALLERO, RA.
QUINCE adj. Diez y cinco. ◊ adj. y m. Decimoquinto ordinal. ◊ m. Conjunto de signos o cifras con que se representa el número quince.

Mujeres japonesas ataviadas con **quimono**

QUINCENA f. Espacio de quince días. ◊ *Mús.* Intervalo de dos octavas. ❏ QUINCENAL; QUINCENARIO, RIA.
QUINCEY, Thomas de (1785-1859) Escritor brit. *Confesiones de un inglés fumador de opio, El asesinato considerado como una de las bellas artes.*
QUINCHA f. *Amér. Merid.* Tejido o trama de junco con que se afianza un techo o pared de paja, totora, cañas, etc. ◊ *Chile.* Pared hecha de cañas y de barro. ◊ *Col.* Tomenejo, colibrí, ave. ❏ QUINCHAR.
QUINCHAMALÍ m. *Chile.* Planta medicinal.
QUINCHIHUE m. *Amér. Merid.* Planta anual, de color verde claro, olorosa y medicinal.
QUINCHONCHO m. Arbusto de las leguminosas, de semillas comestibles.
QUINCUAGENARIO, RIA adj. Que consta de cincuenta unidades. ◊ adj. y s. Que tiene cincuenta años cumplidos.
QUINCUAGÉSIMO, MA adj. Que sigue inmediatamente en orden al (o a lo) cuadragésimo nono. ◊ adj. y s. Díc. de cada una de las cincuenta partes iguales en que se divide un todo.
QUINDE m. *Amér.* Colibrí.
QUINDÍO Dpto. de Colombia; 1 845 km², 593 218 hab. Cap., Armenia. De relieve montañoso, comprende parte de la cord. Central de los Andes. Café, bananas, caña de azúcar. Ganadería. Ind. textil.
QUINDÍO, Nevado del Pico de la cord. Central Andina, en Colombia; 5 150 m.
QUINE, Willard van Orman (1908-2000) Filósofo estadoun. *Lógica matemática, El sentido de la nueva lógica. La búsqueda de la verdad.*
QUINESIOLOGÍA f. Conjunto de procedimientos terapéuticos encaminados a restablecer la normalidad de los movimientos del cuerpo humano. ❏ QUINESIÓLOGO, GA.
QUINESITERAPIA o **KINESITERAPIA** f. *Méd.* ⇨ Cinesiterapia.
QUINFA f. *Col.* Sandalia.
QUINGENTÉSIMO, MA adj. Que sigue inmediatamente en orden al (o a lo) cuadringentésimo nonagésimo nono. ◊ adj. y s. Díc. de cada una de las 500 partes iguales en que se divide un todo.
QUINGO m. *Amér.* Zigzag, ese.
QUINGOMBÓ m. Planta herbácea cultivada en América.
QUINIELA f. Juego de apuestas en varios deportes como el fútbol, la pelota vasca, las carreras de galgos y de caballos, etc. ◊ Impreso en el que se escriben estas apuestas. ◊ *Amér. Merid.* Juego de azar que consiste en apostar a la última o a las últimas cifras del número premiado en la lotería. ◊ pl. Conjunto de estas apuestas. ❏ QUINIELISTA.
QUINIENTOS, TAS adj. Cinco veces ciento. ◊ Que sigue al cuadringentésimo nonagésimo nono. ◊ Díc. de cada una de las 500 partes en que se divide un todo. ◊ m. Signos o cifras con que se representa el número quinientos.
QUININA f. Alcaloide que se extrae de la corteza del quino y que abunda en la quina. Se usa como droga preventiva y curativa del paludismo.
QUINN, Antonio Rodolfo Oaxaca, llamado **Anthony** (1916-2001). Actor estadoun. n. en Chihuahua (México). *La Strada, Zorba el griego, Los dientes del diablo.*

Manuel **Quintana**

QUINO m. Árbol americano del que hay varias especies de la familia rubiáceas, del que se extrae la quina.
QUINO (n. 1932) Seud. de *Joaquín Salvador Lavado.* Dibujante arg. creador del personaje *Mafalda.*
QUINOLEÍNA f. *Quím.* Sustancia orgánica derivada del alquitrán, usada en fotografía y en medicina.
QUINQUÉ m. Lámpara de doble corriente de aire y petróleo por combustible, con tubo de cristal y gralte. con bomba o pantalla.
QUINQUENIO m. Período de cinco años. ◊ Plus que incrementa cada cinco años el salario de un trabajador. ❏ QUINQUENAL.
QUINTA NORMAL C. de Chile, en la reg. Metropolitana de Santiago; 104 012 hab.
QUINTACOLUMNISTA com. Persona afiliada a la quinta columna de un país.
QUINTAESENCIA f. Quinta esencia, lo más puro, refinado y acendrado de alguna cosa. ◊ Última esencia o extracto de alguna cosa. ❏ QUINTAESENCIAR.
QUINTAL m. Ant. unidad de peso de cien libras que, en Castilla y en Sudamérica, equivale a 46 kg. ◊ Pesa de 100 libras. ◊ **métrico.** Unidad de peso igual a 100 kg.
QUINTANA f. Quinta, casa de recreo en el campo. ◊ *Med.* Fiebre intermitente cuyos accesos se repiten cada cinco días.
QUINTANA, Manuel (1836-1906) Jurisconsulto y político arg. Presid. de la rep. (1904-1906).
QUINTANA ROO Est. de México; 50 350 km², 874 963 hab. Cap., Chetumal. Relieve suave. Regado por el r. Hondo. Explotación forestal, cereales y frutos tropicales. Ganadería. Ruinas de Cobá y Tulum.
QUINTANA Roo, Andrés (1787-1851) Político y escritor mex. Participó en la guerra de indep. Fundó el diario *El federalista.*
QUINTANILLA Quiroga, Carlos (1888-1964). Militar y político bol. Presid. de la rep. (1939-1940).
QUINTAR tr. Sacar por suerte uno de cada cinco. ◊ Sacar por suerte los nombres de los que han de servir en la tropa en clase de soldados. ◊ ❏ QUINTADOR, RA.
QUINTERO ⇨ Álvarez Quintero. ◊ **Rodolfo** (n. 1910) Sindicalista y antro-

Escena de Las matanzas de **Quíos**, óleo de Eugène Delacroix (Museo del Louvre, París)

pólogo ven., marxista. *Elementos para una sociología del trabajo; Venezuela, la cultura del petróleo.*

QUINTETO m. Estrofa de cinco versos de arte mayor y rima consonante. ◊ *Mús.* Composición a cinco voces o instrumentos, y conjunto que la ejecuta.

QUINTILIANO, *Marco Fabio* (35-95) Retórico latino. Compuso *De institutione oratoria*, un plan de enseñanza de la oratoria.

QUINTILLA f. Estrofa de cinco versos de arte menor y rima consonante.

QUINTILLIZO, ZA adj. Díc. de cada uno de los hermanos nacidos de un parto quíntuple.

QUINTO, TA adj. y s. Que sigue inmediatamente en orden al (o a lo) cuarto. ◊ Díc. de cada una de las cinco partes iguales de un todo. ◊ m. Recluta. ◊ *Chile* y *Méx.* Moneda de cinco centavos. ◊ f. Casa de recreo en el campo. ◊ *Mil.* Reemplazo anual para el ejército. ◊ *Mús.* Intervalo de cinco notas.

QUINTRAL m. *Chile.* Muérdago de flores rojas, de cuyo fruto se extrae la liga. ◊ *Chile.* Cierta enfermedad que sufren las sandías y porotos.

QUINTUPLICAR tr. y prnl. Hacer cinco veces mayor una cantidad. ❏ QUINTUPLICACIÓN.

QUÍNTUPLO, PLA adj. y m. Que contiene un número cinco veces exactamente.

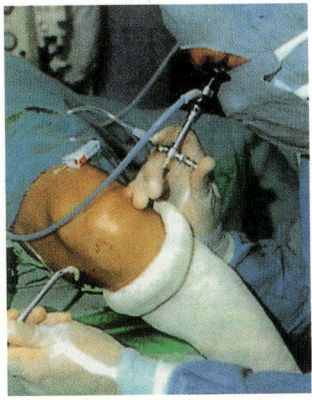

Operación **quirúrgica**

QUINZAVO, VA adj. y s. Díc. de cada una de las quince partes iguales en que se divide un todo.

QUIÑADO, DA adj. *Perú.* Que tiene agujeros o señales. ◊ Señalado de viruelas.

QUIÑAZO m. *Amér.* Encontrón.

QUIÑÓN m. Parte que uno tiene con otros en una cosa productiva. Díc. regularmente de las tierras que se reparten para sembrar. ❏ QUIÑONERO.

QUIÑÓNEZ, Molina, *Alfonso* (1874-1950) Político salv. Presid. de la rep. (1923-1927).

QUÍOS (*Chios*) Isla de Grecia sit. en el mar Egeo, 904 km², 49 900 hab. Olivos, cereales y vid. Ganado lanar. Pesca.

QUIOSCO m. Pequeña construcción consistente en una cúpula sostenida por delgadas columnas, apropiada para lugares de recreo al aire libre. ◊ Pabellón o edificio pequeño que se sitúa en lugares públicos para la venta de periódicos, flores, etc.

QUIOTE m. *Méx.* Bohordo del maguey o pita.

Lectura de manos en un grabado del siglo XVI perteneciente al tratado *Quiromancia*, de Andrea Corvo

QUIPO m. Cada uno de los ramales de cuerdas, con diversos nudos y varios colores, con que los ant. peruanos suplían la falta de escritura.

QUIQUE m. *Amér. Merid.* Especie de comadreja.

QUIQUIRIQUÍ m. Voz imitativa del canto del gallo. ◊ fig. y fam. Persona que quiere gallear.

QUIRIGUÁ Ant. c. maya (dpto. de Izábal, Guatemala), junto al r. Motagua.

QUIRINAL Nombre de una de las siete colinas donde se asentaba la ant. Roma. Actualmente, emplazamiento del palacio del Q., residencia de los jefes de Est. italianos.

QUIRÓFANO m. Sala de operaciones quirúrgicas.

QUIROGA, *Elena* (1921-1995) Escritora esp. *La soledad sonora, Viento del Norte, Presente profundo.* ◊ ***Horacio*** (1878-1937) Escritor ur. Logró sus mejores éxitos con sus colecciones de cuentos. *Anaconda, Los desterrados, Cuentos de amor, locura y muerte, Cuentos de la selva.* ◊ ***Juan Facundo*** (1793-1835) Militar y político arg. Federalista, se opuso a la constitución unitaria de 1826. Fue apo-

Murciélago, mamífero del orden **quirópteros**

dado EL TIGRE DE LOS LLANOS. ◊ **Ramírez**, **Jorge** (n. 1960) Político bol. Vicepresidente desde 1997, en 2001 sustituyó a Bánzer en la presidencia de la rep., cargo que ocupó hasta agosto de 2002.

QUIROMANCIA f. Método adivinatorio por lectura de las rayas de la mano. ❏ QUIROMÁNTICO, CA.

QUIRÓN *Mit. gr.* Hijo de Cronos y Fílira. Era el centauro más sabio, y educó a semidioses y héroes.

QUIRÓPTERO m. pl. *Zool.* Dícese del orden de los mamíferos placentarios, compuesto por especies adaptadas al vuelo, llamadas murciélagos. Poseen una membrana alar o patagio.

QUIRQUINCHO m. *Amér. Merid.* Especie de armadillo, con cuyo carapacho se hacen charangos.

QUIRÚRGICO, CA adj. Relativo a la cirugía.

QUISA f. *Méx.* Especie de pimienta. ◊ *Bol.* Plátano maduro, pelado y tostado.

QUISCA f. *Chile.* Quisco. ◊ Espinas de este árbol.

QUÍSCALO m. *Amér.* Ave tropical paseriforme.

QUISCO m. *Chile.* Especie de cacto espinoso.

QUISCUDO, DA adj. *Amér.* De pelo duro y cerdoso.

QUISICOSA f. fam. Enigma o acertijo de pregunta equívoca y respuesta difícil de averiguar.

QUISLING, *Vidkun* (1887-1945) Político nor. Fundó el partido pro nazi *Nasjonal Samling*. Jefe del gobierno colaboracionista (1942), fue ejecutado en 1945.

QUISPE Tito, *Diego* (1611-?) Pintor per., barroco. *Inmaculada, La Sagrada Familia.*

QUISQUILLA f. Reparo o dificultad poco importante. ◊ Camarón, crustáceo.

QUISQUILLOSO, SA adj. y s. Que se para en quisquillas. ◊ Susceptible.

QUISTE m. Cavidad patológica con un contenido líquido o semilíquido y un revestimiento interno. ◊ *Zool.* Resistencia que asumen ciertos animales de reducido tamaño frente a condiciones desfavorables del medio. ◊ *Bot.* Resistencia que adoptan algunos vegetales, también denominada ciste.

QUITAMANCHAS m. Producto para quitar manchas.

QUITANIEVES f. Máquina que se usa para quitar la nieve de carreteras, caminos, puertos de montaña, etc.

Quito. Fachada frontal de la iglesia de la Compañía de Jesús

QUITAPÓN m. Adorno que suele ponerse en la testera de las cabezas del ganado de carga.

QUITAR tr. Tomar una cosa separándola y apartándola de otras, o del lugar o sitio en que estaba. ◊ Desempeñar lo que estaba en prenda o garantía. ◊ Hurtar. ◊ Derogar, abrogar una ley, sentencia, etc. ◊ Suprimir un empleo u oficio. ◊ Obstar, impedir. ◊ Despojar o privar de una cosa. ◊ Libertar o desembarazar a uno de una obligación. ◊ prnl. Dejar una cosa o apartarse totalmente de ella. ◊ Irse, separarse de un lugar. ❏ QUITADOR, RA.

QUITASOL m. Parasol.

QUITASOLILLO m. *Cuba.* Planta umbelífera rastrera. ◊ *Cuba.* Hongo comestible.

QUITE m. *Esg.* Movimiento defensivo con que se detiene o evita el ofensivo. ◊ *Taur.* Suerte que ejecuta un torero para librar a otro del peligro en que se halla por la acometida del toro.

QUITEÑO, ÑA adj. y s. De Quito.

QUITILPE m. *Argent.* Caballo albino. ◊ Especie de lechuza.

QUITINA f. *Quím.* Polisacárido de sostén que forma parte de la cutícula de muchos invertebrados y de la membrana celular de los hongos. ❏ QUITINOSO, SA.

QUITO C. de Ecuador, cap. del país y de la prov. de Pichincha; 1 100 847 hab. Situada a 2 818 m sobre el nivel del mar, en la falda oriental del volcán Pichincha, se extiende por el altiplano Chillogallo. Además de centro administrativo y político, Q. concentra buena parte de las empresas comerciales del país y numerosas industrias. Por el contenido arquitectónico y artístico del centro histórico, el de mayor extensión en el área latinoamericana, fue declarada por la UNESCO, en 1978, «Patrimonio cultural de la Humanidad».
☐ *Hist.* Los estudios arqueológicos revelan que ya existía con anterioridad a la presencia de los indios caras. En tiempos del inca Huayna Cápac fue capital del reino de Quito, y una de las del imperio de Tahuantinsuyo en oposición a la supremacía de Cusco. En 1532 los españoles conquistaron Q.

QUITÓN m. Molusco anfineuro que tiene la concha de ocho piezas.

Vista de las cuevas de **Qumrán**

QUITU adj. y s. Díc. de un pueblo amerindio que vivía en la zona de Quito.

QUIVIRA C. mítica de América del N en la que, según se creía, existían fabulosas riquezas.

QUIZÁ o **QUIZÁS** adv. de duda con que se denota posibilidad.

QUMRÁN Región ribereña del NO del mar Muerto. En las ruinas de Jirbet Qumrán, en 1947, se encontraron los «manuscritos del mar Muerto» (copias del A. T.).

QUÓRUM m. Número de individuos necesario para que tome ciertos acuerdos un cuerpo deliberante. ◊ Proporción de votos favorables que requiere un acuerdo.

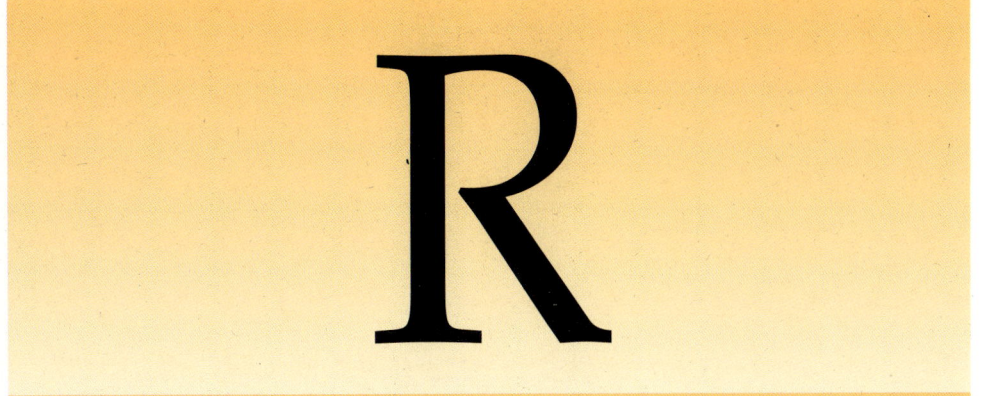

R

R f. Decimonovena letra del abecedario esp., y decimoquinta de sus consonantes. Su nombre es *erre*. Tiene dos sonidos: uno suave, de una sola vibración apicoalveolar sonora, y otro fuerte, con dos o más vibraciones. Para representar el suave empléase una sola *r*. El fuerte se expresa también con *r* sencilla al principio del vocablo y siempre que va después de *b*, aunque no forme sílaba, o de *l*, *n* o *s*, y significase con dos *rr* o *r* duplicada en cualquier otro caso. ◊ *Fís.* Símbolo del roentgen. ◊ *Fís.* Símbolo de la constante de los gases perfectos.

RA En la ant. religión egipcia, pral. deidad cósmica, idéntica al Sol.

Ra *Quím.* Símb. del radio.

RAAB C. de Hungría. ⟶ Györ.

RABADA f. Cuarto trasero de las reses.

RABADÁN m. Mayoral que manda a los zagales y pastores. ◊ Pastor que gobierna uno o más hatos de ganado, a las órdenes del mayoral de una cabaña.

RABADILLA f. Punta o extremidad del espinazo. ◊ En las aves, extremidad movible en donde están las plumas de la cola.

RABAL, Francisco (1925-2001) Actor teatral y cinematográfico esp. *Nazarín, Viridiana, Belle de jour, Los santos inocentes, Padre nuestro, Goya en Burdeos.*

RABANILLO m. *Bot.* Planta herbácea con hojas partidas en lóbulos, flores blancas o amarillas, fruto seco en vainilla y raíz fusiforme. Es hierba nociva y muy común en los sembrados.

RABANIZA f. Simiente del rábano. ◊ *Bot.* Planta herbácea con hojas lanuginosas, radicales y partidas en lóbulos agudos; flores blancas, y fruto seco en vainilla ensiforme, con muchas semillas menudas.

RÁBANO m. *Bot.* Planta herbácea con hojas en forma de lira, flores de color violeta o blanco, frutos en silicua cónica y raíces comestibles. Es originaria de Asia. ◊ Raíz de esta planta. ❏ RABANAL.

RABANO, Mauro (780-856) Beato. Polígrafo al., cuya obra más imp. es *Del Universo*, en que recogió la cultura de la época.

RABAT (*Er Rabat*) C. de Marruecos, cap. del país; 518 600 hab. Sit. a la izquierda de la desembocadura del Bou Regreg. Fundada en 1150 por los almohades. En 1912 se convirtió en la cap. del protectorado fr. de Marruecos, carácter que conservó al acceder el país a la independencia.

RABDOMANCIA f. Sistema ant. de adivinación mediante el empleo de una varita mágica. ◊ Arte de los zahoríes o buscadores de aguas y minerales subterráneos.

RABEAR intr. Menear el rabo.

RABEL m. Instrumento musical pastoril, pequeño, de hechura como la del laúd y compuesto de tres cuerdas. ◊ Instrumento musical que consiste en una caña y un bordón, entre los cuales se coloca una vejiga llena de aire.

RABELAIS, François (h. 1494-1553) Escritor fr. Médico, profesor de anatomía, eclesiástico, es un arquetipo del humanista del Renacimiento. *Aventuras del gigante Gargantúa y de su hijo Pantagruel.*

RABÍ m. Título con que los judíos honran a los sabios de su ley. ◊ Rabino.

RABI, Isaac Isidor (1898-1988) Físico norteam. nacido en Austria. Autor de trabajos sobre las propiedades eléctricas y magnéticas del núcleo del átomo. Premio Nobel de Física en 1944.

RABIA f. *Pat.* Enfermedad mortal producida por un virus que ataca al sistema nervioso, y que se transmite al hombre por medio de la saliva de animales rabiosos. ◊ fig. Ira, enojo, enfado grande. ❏ RÁBICO, CA; RABIOSO, SA.

RABIAMARILLO m. *Amér.* Gulungo, ave.

RABIAR intr. Padecer rabia. ◊ fig. Padecer un vehemente dolor, que obliga a prorrumpir en quejidos o gritos. ◊ Tener muchas ganas de hacer algo. ◊ fig. Ponerse o estar rabioso, enfadado.

RABICORTO, TA adj. Díc. del animal que tiene corto el rabo. ◊ m. Nombre común de diversos mamíferos marsu-

Rábano

piales, propios de América Meridional.

RÁBIDA, La Convento franciscano sit. a 5 km de la c. esp. de Huelva (Andalucía), fundado en el s. XV. En él residió algún tiempo Cristóbal Colón durante la preparación de su travesía oceánica.

RÁBIDA f. Fortaleza religiosa y militar musulmana, que estaba sit. en las fronteras de los reinos hispanocristianos.

RABIETA f. fig. y fam. Enfado o enojo por un motivo pequeño.

RÁBIHORCADO m. Ave pelecaniforme marina, de cola larga y ahorquillada, que abunda en los océanos tropicales.

RABIJUNCO m. Ave pelecaniforme marina, tropical, cuya cola está formada por dos plumas delgadas y muy largas.

RABILARGO, GA adj. Díc. del animal que tiene largo el rabo. ◊ m. *Zool.* Ave paseriforme parecida a la urraca.

RABILLO m. Pecíolo. ◊ Pedúnculo. ◊ Mancha negra que se advierte en los granos de los cereales cuando están atacados por el tizón. ◊ Prolongación de una cosa en forma de rabo.

RABIN, Yitzhak (1922-1995) Militar y político israelí. Primer ministro en 1974. Reelegido en 1992. Premio Nobel de la Paz en 1994 con Y. Arafat y S. Peres. Asesinado en Tel Aviv por un miembro de la extrema derecha israelí.

RABINCHO, CHA adj. *Argent.* y *Ecuad.* Sin mango. ◊ *Argent., Ecuad.* y *Par.* Díc. del animal que tiene la cola cortada.

RABINO m. Maestro heb. que interpreta la Sagrada Escritura. ◊ Doctor del culto judaico, situado al frente de una comunidad. ❏ RABÍNICO, CA; RABINISMO; RABINISTA.

RABO m. Cola, extremidad de la columna vertebral de algunos animales, especialmente la de los cuadrúpedos. ◊ Rabillo, pezón o pedúnculo de hojas y frutos. ◊ fig. y fam. Cualquier cosa que cuelga a semejanza de la cola de un animal. ◊ **de junco.** Palmípeda amer. de plumaje verde de reflejos dorados en el lomo y vientre, amarillo intenso en las alas y la cola, azulado en el penacho de la cabeza. ◊ **del ojo.** fig. Ángulo del ojo. ◊ **de zorra.** Planta con hojas purpurescentes, flores agrupadas en panojas y frutos en cariópside. ❏ RABOSO, SA; RABUDO, DA.

RABÓN, NA adj. Díc. del animal de

rabo corto o sin rabo. ◊ f. *Amér.* Mujer que acompaña a los soldados.

RÁBULA m. Abogado indocto y charlatán.

RÁCANO adj. y s. fam. Avaro, tacaño. ◊ fam. Díc. del que rehúye el trabajo.

RACÉMICO, CA adj. *Quím.* Díc. del compuesto constituido por la unión de dos moléculas de isómeros ópticamente activos y que no desvía el plano de la luz polarizada.

RACHA f. Ráfaga de viento. ◊ fig. y fam. Periodo breve de fortuna, más comúnmente en el juego. ❑ RACHEADO, DA.

RACHMANINOV, Serguéi Vasílievich (1873-1943) Compositor y pianista ruso. Autor de conciertos para piano, sinfonías y óperas.

RACIAL adj. Relativo a la raza.

RACIMO m. Porción de uvas o granos que produce la vid presos a unos piececzuelos, y éstos a un tallo que pende del sarmiento. P. ext., díc. de otras frutas. ◊ fig. Conjunto de cosas menudas dispuestas con alguna semejanza de racimo. ◊ *Bot.* Inflorescencia constituida por un eje pral., que puede terminar con una flor, y por varias flores laterales pedunculadas que se disponen como ramas de segundo orden. ❑ RACIMADO, DA; RACIMAL; RACIMOSO, SA.

Grana o uva de América, hierba robusta con flores y frutos en **racimo**

RACINE, Jean (1639-1699) Poeta dramático fr. Su obra constituye la cumbre de la dramaturgia fr. neoclásica. *Andrómaca, Británico, Berenice, Bayaceto, Mitrídates, Ifigenia, Fedra, Esther, Atalía.*

RACIOCINIO m. Facultad de inferir un juicio desconocido a partir de otro u otros conocidos. ◊ Argumento o discurso. ❑ RACIOCINACIÓN; RACIOCINAR.

RACIÓN f. Parte o porción alimentaria que constituye la comida de un individuo para una sola vez. ◊ Estipendio, en dinero o en especie, que se asigna a los miembros de una milicia.

RACIONAL adj. Relativo a la razón. ◊ Arreglado a ella. ◊ adj. y s. Dotado de razón. ◊ *Mat.* Se aplica al núm. que puede escribirse en forma fraccionaria, y a la exp. algebraica que no contiene radicales. ❑ RACIONABILIDAD; RACIONALIDAD.

RACIONALISMO m. *Fil.* Doctrina filosófica cuya base es la omnipotencia e independencia de la razón humana. ◊ Doctrina que pone el origen de las ideas en la razón y no en la experiencia. ❑ RACIONALISTA.

RACIONALIZAR tr. Reducir a normas o conceptos racionales. ◊ Organi-

zar el trabajo de manera que aumente la productividad o reduzca los costos. ◊ *Mat.* Convertir una exp. irracional en racional. ❑ RACIONALIZACIÓN.

RACIONAR tr. y prnl. *Mil.* Distribuir raciones o proveer de ellas a las tropas. ◊ Someter los artículos de primera necesidad a una distribución limitada en caso de escasez. ❑ RACIONAMIENTO.

RACISMO m. *Soc.* Doctrina que sostiene la superioridad de una raza sobre las demás. ❑ RACISTA.

RAD m. *Fís.* Unidad de dosis energética de radiación referida a la unidad de masa de la sustancia absorbente. Equivale a 100 ergios/gramo.

RADA f. Bahía, ensenada.

RADAL m. *Chile.* Árbol proteáceo de hojas aovadas, flores blancas, cubiertas de un vello rojizo y madera muy apreciada para muebles.

RADAMANTO *Mit. gr.* Hijo de Zeus y de Europa. Juez de los infiernos.

RADAR (siglas de *radio detection and ranging*) m. *Ing.* Sistema para detectar, mediante el empleo de ondas electromagnéticas, un obstáculo alejado, y aparato utilizado para aplicar este sistema. Es capaz, asimismo, de medir distancias. ❑ RADARISTA.
❑ *Electr.* El principio de funcionamiento del r. consiste en una antena orientable de gran directividad que emite señales sinusoidales de alta frecuencia. Si en el trayecto de la onda electromagnética se interpone un obstáculo, parte de la energía radiada se refleja, volviendo a la antena emisora. Un receptor conectado a ella la traduce en un impulso de una cierta duración. Un adelanto importante lo constituye el *r. de barrido electrónico*, también llamado r. gobernado en fase, en el que no se distingue la clásica antena parabólica en giro incesante barriendo con su haz de microondas todo el horizonte en busca de objetos lejanos; un banco plano de pequeñas antenas idénticas, cada una capaz de transmitir y recibir señales, ocupa el lugar del reflector cóncavo. El r. no se mueve: la señal se desvía de un banco a otro electrónicamente, orientada mediante el principio de interferencia de ondas.

RADIACIÓN f. *Fís.* Emisión de ondas o corpúsculos materiales por parte de una fuente. ◊ **cósmica.** *Astr.* Flujo de partículas, mayoritariamente protones, de origen estelar. ◊ **electromagnética.** *Fís.* Emisión de ondas electromagnéticas. ◊ **infrarroja.** *Fís.* La electromagnética que corresponde a la región del espectro cuya frecuencia es del orden de 10^{13} hertz. ◊ **solar.** *Fís.* La electromagnética emitida por el Sol al espacio exterior. ◊ **térmica.** *Fís.* Emisión de energía en forma de ondas electromagnéticas, que tiene lugar en cualquier cuerpo que se encuentre a una cierta temperatura. ◊ **ultravioleta.** *Fís.* La que corresponde al espectro solar en la zona de onda corta, y que llega hasta la zona de los rayos X.

RADIACTIVIDAD f. *Fís.* Propiedad de ciertos átomos consistente en la desintegración de sus núcleos con emisión de partículas atómicas y radiaciones electromagnéticas. Descubierta en 1896 por Becquerel, post., el estudio de la radiación emitida por los cuerpos radiactivos condujo al establecimiento de

tres tipos de r.: ⇨ rayos alfa, beta y gamma. ❑ RADIACTIVO, VA.

RADIADO, DA adj. *Bot.* Díc. de lo que tiene sus diversas partes sit. alrededor de un punto o de un eje. ◊ adj. y m. *Zool.* Animal metazoo cuyo cuerpo presenta una simetría radial primaria.

RADIADOR, RA adj. Que radia o irradia. ◊ m. Aparato de calefacción cuya forma exterior es adecuada para facilitar la radiación. ◊ *Ing.* Cambiador de calor destinado a la disipación del calor procedente de un motor de combustión interna u otra máquina necesitada de refrigeración.

RADIAL adj. *Geom.* y *Zool.* Relativo al radio. ◊ *Astr.* En el caso del movimiento de las estrellas, se considera como velocidad r. la componente de su velocidad en la dirección determinada por la estrella y el punto de observación.

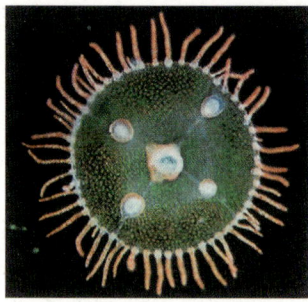

Umbrela de hidromedusa, que presenta simetría **radial**

RADIÁN m. *Geom.* Unidad de medida de arcos, equivalente a la abertura de un arco de circunferencia cuya longitud es igual al radio con que ha sido trazado.

RADIANTE adj. Que radia o irradia. ◊ fig. Brillante, resplandeciente.

RADIAR tr. Difundir por medio de la telefonía sin hilos discursos, noticias, música, etc. ◊ *Col., P. Rico* y *R. de la Plata.* Dar de baja. ◊ tr. e intr. Emitir rayos de luz, o calor, o energía de otra clase, como la atómica.

RADICACIÓN f. fig. Establecimiento, larga permanencia, práctica y duración de un uso, costumbre, etc. ◊ *Mat.* Operación inversa de la potenciación, por la que se obtiene un resultado (raíz), que elevado a un exponente dado por el índice, da el radicando.

RADICAL adj. Relativo a la raíz. ◊ fig. Fundamental, de raíz. ◊ adj. y s. Partidario de reformas extremas, especialmente dentro del sistema democrático. ◊ *Gram.* Concerniente a las raíces de las palabras. ◊ adj. y m. *Mat.* Aplícase al signo (√) con que se indica la radicación. ◊ m. *Gram.* Parte que queda de una palabra variable al quitarle la desinencia. ◊ *Quím.* Átomo o grupo de átomos que se considera como base para la formación de combinaciones.

RADICALISMO m. Conjunto de ideas y doctrinas que propugnan grandes reformas en diversos órdenes. ◊ P. ext., modo extremado de tratar los asuntos.

RADICANDO m. *Mat.* Núm. del cual se ha de extraer la raíz.

RADICAR intr. y prnl. Arraigar, echar

raíces. ◇ Estar o encontrarse ciertas cosas en determinado lugar. ◇ fig. Estribar, basarse, consistir.

RADÍCULA f. *Bot.* Parte del embrión de la planta. Al desarrollarse, constituye la raíz. ❑ RADICOSO, SA; RADICULAR.

RADIESTESIA f. Arte de percibir las radiaciones electromagnéticas del ambiente y hallar, a veces, los cuerpos emisores, por medio de péndulos o varillas que oscilan ante estos cuerpos.

RADIO m. *Anat.* Hueso largo que ocupa la parte externa del antebrazo. ◇ *Geom.* En una circunferencia o en una superficie esférica, segmento que une el centro con un punto cualquiera de las mismas. ◇ Rayo de la rueda. ◇ *Quím.* Elemento de símb. Ra, n. a. 88 y p. a. 226,05. ◇ *Zool.* Cualquiera de los elementos simétricos en que puede dividirse el cuerpo de los animales de simetría radial. ◇ m. y f. Apócope de radiotecnia, radiodifusión, radiograma, etc. ◇ f. Conjunto de conocimientos y técnicas relativas a la construcción de radiorreceptores y a la radiodifusión. ◇ *Amér.* Radiodifusión. ◇ *Amér.* Aparato radiorreceptor. ◇ **de acción.** Máx. alcance o eficacia de un agente o instrumento. ◇ **Distancia** máx. que un vehículo marítimo, aéreo o terrestre puede cubrir regresando al lugar de partida sin reabastecerse.
❑ *Quím.* Descubierto en 1898 por los esposos Curie, el r. se encuentra en los minerales de uranio. Es un metal blanco, brillante, que se oxida rápidamente al exponerlo al aire.

RADIOASTRONOMÍA f. *Astr.* Parte de la astrofísica que investiga los cuerpos celestes del sistema solar, de las galaxias y de las metagalaxias basándose en las emisiones radioeléctricas producidas por esos cuerpos.

RADIOCOMUNICACIÓN f. Técnica para establecer comunicación entre dos o más puntos, terrestres o no, mediante ondas electromagnéticas. Las más imp. son: radiotelefonía, radiotelegrafía, radiodifusión, televisión y por radar.

RADIODIAGNÓSTICO m. *Med.* Aplicación de los rayos X al diagnóstico médico.

RADIODIFUSIÓN f. Transmisión y difusión de programas radiados desde una emisora utilizando unas frecuencias fijas y unas potencias muy elevadas. Se inició en Pittsburgh (EEUU), en 1920.

RADIOECOLOGÍA f. Ciencia que estudia los efectos de las radiaciones sobre las relaciones entre los organismos vivos y el medio, así como los efectos ecológicos y destino de los radioisótopos.

RADIOELECTRICIDAD f. *Electr.* Parte de la electrónica que trata de la generación, propagación y recepción de ondas hertzianas. ❑ RADIOELÉCTRICO, CA.

RADIOEMISOR, RA adj. y s. Emisor radiofónico. ◇ *Fís.* Emisor de radiaciones.

RADIOESCUCHA o **RADIOYENTE** com. Persona que oye las emisiones radiotelefónicas y radiotelegráficas.

RADIOFARO m. Estación radiotelegráfica emplazada en algunos faros para orientar los barcos y aviones.

RADIOFONÍA f. *Fís.* Estudio de la transmisión de sonidos por medio de ondas hertzianas.

RADIOGONIOMETRÍA f. Determinación de la posición de una nave o de

Radiotelescopio

una estación radioemisora mediante el radiogoniómetro. ❑ RADIOGONIÓMETRO.

RADIOGRAFÍA f. Procedimiento para hacer fotografías por medio de los rayos X, tras atravesar un cuerpo. ◇ Imagen fotográfica así obtenida. ❑ RADIOGRAFIAR.

RADIOGRAMA m. En telecomunicaciones, radiotelegrama, es decir, telegrama transmitido por radio.

RADIOISÓTOPO m. *Quím.* Isótopo radiactivo de un elemento, que se produce artificialmente mediante bombardeo con partículas de elevada energía.

RADIOLOGÍA f. *Med.* Estudio de las radiaciones ionizantes en sus aplicaciones al diagnóstico y tratamiento de enfermedades. ❑ RADIÓLOGO, GA.

RADIÓMETRO m. Instrumento náutico para determinar la altura de los astros. ◇ Aparato para medir la intensidad de las radiaciones.

RADIOQUÍMICA f. Ciencia que estudia la aplicación de los radioisótopos a los problemas teóricos y tecnológicos de la química.

RADIORRECEPTOR, RA adj. Capaz de recibir o transmitir radioondas. ◇ adj. y m. *El.* y *Electr.* Aparato que capta señales radioeléctricas moduladas y las transforma en señales audibles.

RADIOSCOPIA f. *Med.* Método de diagnóstico basado en el examen de la imagen obtenida, sobre una pantalla fluorescente, por el paso de los rayos X a través del cuerpo.

RADIOSONDA f. *Meteor.* Aparato que llevan los globos sonda para poder transmitir a una estación receptora las características de temperatura y presión de las altas capas atmosféricas. ❑ RADIOSONDEO.

RADIOTECNIA f. Parte de la electrónica formada por el conjunto de técnicas de transmisión de información a distancia, mediante ondas electromagnéticas. ❑ RADIOTÉCNICO, CA.

RADIOTELEFONÍA f. Conexión telefónica entre dos puntos, terrestres o no, mediante radioondas. ❑ RADIOTELEFÓNICO, CA; RADIOTELEFONISTA; RADIOTELÉFONO.

RADIOTELEGRAFÍA f. Telegrafía sin hilos cuyas señales se transmiten mediante radioondas. ❑ RADIOTELEGRÁFICO, CA; RADIOTELEGRAFISTA.

RADIOTELEGRAMA m. Telegrama cuyo origen o destino es una estación móvil, transmitido por las vías de radiocomunicación.

RADIOTELESCOPIO m. *Astr.* Instrumento para la detección de las ondas

radioeléctricas emitidas por los astros.

RADIOTERAPIA f. *Med.* Uso de radiaciones con fines terapéuticos.

RADIOTORIO m. *Quím.* Isótopo radiactivo de la serie del torio. Su p. a. es 228. Tiene una vida media de 1,9 años.

RADIOTRANSMISOR m. Aparato empleado en radiotelegrafía y radiotelefonía para producir y enviar las ondas portadoras de señales o de sonidos. ❑ RADIOTRANSMISIÓN.

RADOM C. de Polonia, al S de Varsovia; 213 500 hab. Ind. química, metalúrgica y textil.

RADÓN m. *Quím.* Elemento de símb. Rn, n. a. 86 y p. a. 222. Es un gas noble y radiactivo.

RAEDERA f. Instrumento para raer. ◇ Tabla semicircular con que el albañil rae el yeso amasado que se pega en los lados del cuezo. ◇ *Min.* Azada pequeña, de pala semicircular, usada para recoger el mineral y los escombros.

RAER tr. Quitar cortando y raspando la superficie, pelos, barba, vello, etc., de una cosa, con instrumento áspero o cortante. ◇ Rasar, igualar con el rasero. ◇ fig. Extirpar enteramente una cosa. ❑ RAEDIZO, ZA; RAEDURA; RAIMIENTO.

RAF (siglas de *Royal Air Force*, «*reales fuerzas aéreas*») Nombre del ejército del aire brit.

RAFAEL Uno de los siete arcángeles que están siempre en presencia de la gloria de Dios.

RAFAEL Nombre con que es conocido *Raffaello Santi* o *Sanzio* (1483-1520) Pintor y arquitecto del Renacimiento it. Tras trabajar en el taller del Perugino, en Florencia entró en contacto con Leonardo y Miguel Ángel. De esa época datan sus primeras madonas. En 1508 el papa Julio II le llamó a Roma para decorar algunas estancias del Vaticano: frescos de la llamada *Stanza della Segnatura* y los de la estancia de Heliodoro. Como arquitecto, R. sustituyó a Bramante en las obras de la basílica de San Pedro.

RAFAELA C. de Argentina, en la prov. de Santa Fe; 53 300 hab. Centro comercial agropecuario. Ind. textil y alimentaria.

Virgen del jilguero, tabla de **Rafael** (Galería de los Uffizi, Florencia, Italia)

RÁFAGA f. Movimiento violento del aire, de poca duración. ◊ Golpe de luz vivo e instantáneo. ◊ Conjunto de proyectiles que en sucesión rapidísima lanza un arma automática. ◊ *Argent.* y *Guat.* Repetición de un mismo resultado en un juego. ◊ *Guat.* Entrega a plazo.

RAFE f. *Bot.* Sutura que arranca del hilo de la semilla madura y que contiene el haz conductor que procede del funículo. ◊ *Bot.* Sutura entre dos órganos fusionados.

RAFIA f. Nombre común de las palmeras del gén. *Raphia*, propias del N de África y productoras de una fibra resistente. ◊ Esta misma fibra.

RAFINOSA f. *Quím.* Trisacárido constituido por galactosa, glucosa y fructosa, muy extendido en el reino vegetal.

RAFTING (voz ingl.) m. Deporte de aventura que consiste en el descenso en balsa neumática por aguas rápidas.

RAGA f. *Bol.* Burla, broma.

RAGOUT (voz fr.) m. Guiso de carne con patatas, guisantes, zanahorias, etc.

RAGTIME (voz ingl.) m. Nombre dado a fines del s. xix a cierto tipo de música afroamericana.

RAGUSA C. de Italia, en Sicilia, cap. de la prov. hom.; 67 500 hab. Refinería de petróleo.

RAHNER, *Karl* (1904-1984) Teólogo catól. al. En su obra *Escritos teológicos*, aplica el existencialismo a la especulación teológica.

RAICITA f. *Bot.* Órgano del embrión de la planta, del que se forma la raíz.

RAID (voz ing.) m. Incursión militar rápida en terreno enemigo.

RAÍDO, DA adj. Díc. de cualquier tela muy gastada por el uso. ◊ fig. Desvergonzado.

RAIGAL adj. Relativo a la raíz.

RAIGAMBRE f. Conjunto de raíces de los vegetales. ◊ fig. Conjunto de antecedentes, intereses, hábitos o efectos que ligan a alguien a un sitio, o que constituyen la esencia de una cosa.

RAÍL m. Carril de las vías férreas.

RAIMUNDO IV (*Raimundo de Saint-Guilles*; 1042-1105) CONDE DE TOLOSA [1093-1105]. Tomó parte en la primera cruzada y murió en el asedio de Trípoli. ◊ **VI** (1156-1222) CONDE DE TOLOSA [1194-1222]. Su actitud tolerante ante los albigenses le enemistó con el papa Inocencio III. Aliado de Pedro II de Aragón, la derrota de éste en Muret determinó la caída de Toulouse, que más tarde pudo recuperar. ◊ **VII** (1197-1249) CONDE DE TOLOSA [1222-1249]. Perdió gran parte de sus territorios que fueron tomados por el rey fr. Luis VIII. Fue el último conde de Tolosa.

RAÍZ f. *Bot.* Órgano vegetal de las plantas superiores, gralte. hipogeo, que sirve para fijar el organismo en el suelo y para absorber de éste el agua y las sales minerales necesarias para el metabolismo vegetal. ◊ Bien inmueble, finca, tierra, edificio, etc. Se usa más en pl. ◊ fig. Parte de cualquier cosa, de la cual, quedando oculta, procede lo que está manifiesto. ◊ fig. Parte inferior o pie de cualquier cosa. ◊ Origen o principio de que procede una cosa. ◊ *Mat.* Resultado de efectuar una radicación. En general se habla de la r. *n*-sima de un núm. *x*: $\sqrt[n]{x}$ si *n* = 2 se habla de r. cuadrada, escribiéndose $\sqrt{x}$ en lugar de $\sqrt[2]{x}$; y si *n* = 3, se habla de r. cúbica. ◊ *Gram.* Elemento más puro y simple de una palabra, o sea la parte que de ella queda después de quitarle las desinencias, sufijos y prefijos. ◊ Parte de los dientes de los vertebrados que está engastada en los alveolos.
□ *Bot.* El ápice vegetativo de la r. se halla protegido y lubrificado por un órgano llamado caliptra o pilorriza. En contacto con ésta se halla el meristema primario responsable del crecimiento y, a continuación, la zona de los pelos radicales o absorbentes. Las r. de las monocotiledóneas se desarrollan a modo de cabellera (r. fasciculadas); en las dicotiledóneas, en cambio, existe una r. pral. y otras secundarias (r. axonomorfas).

RAJA f. Una de las partes de un leño que resulta de abrirlo al hilo con hacha. ◊ Hendedura. ◊ Pedazo que se corta a lo largo o a lo ancho de una cosa. ◊ fig. y fam. Órgano sexual femenino.

RAJÁ m. Título de los príncipes de la India.

RAJAR tr. Dividir en rajas. ◊ tr. y prnl. Hender, partir, abrir. ◊ fig. y fam. Hablar mucho. ◊ prnl. fig. y fam. Volverse atrás, no cumplir la palabra dada o desistir del propósito formado. ◊ tr. *Amér.* Huir. ◊ *Amér. Centr.* Gastar mucho. □ RAJADIZO, ZA; RAJADO, DA; RAJADOR.

RAJASTHAN Est. del NO de la India; 342 214 km², 43 880 600 hab. Cap., Jaipur. La zona occidental está constituida por el desierto de Thar y la oriental por la meseta del Decán.

Rajasthan. Vista parcial de la ciudad de Jaisalmer

RAJATABLA (A) m. adv. Con todo rigor, de un modo absoluto, cueste lo que cueste.

RAJE m. *Argent.* Huida.

RAJO m. *Amér.* Desgarrón.

RAJÓN, NA adj. y s. *Amér. Centr.* Que falta a su palabra. ◊ *Amér. Centr.* Fanfarrón. □ RAJONADA.

RÁKOSI, *Mátyás* (1892-1963) Político húng. Fue miembro del gobierno de Bela Kun. Presid. del gobierno (1952-1953).

RALEA f. Especie, género, calidad. ◊ despect. Aplicado a personas, raza, casta o linaje. ◊ Presa acostumbrada de las aves de rapiña. □ RALEÓN, NA.

RALEAR intr. Hacerse rala una cosa. ◊ No granar enteramente los racimos de las vides.

RALEIGH C. de EE UU, cap. del est. de Carolina del Norte; 208 000 hab.

RALEIGH, SIR *Walter* (1552-1618) Pirata y colonizador ing. Favorito de la reina Isabel I, exploró la costa norteam. y fundó Virginia. Condenado a muerte por presiones diplomáticas esp.

RALENTÍ (voz fr.) m. Régimen más débil de un motor. ◊ Disminución de energía o de intensidad. ◊ *Cin.* Cámara lenta.

RALLADOR m. Utensilio de cocina, compuesto de una chapa llena de agujerillos de borde saliente, que sirve para rallar. □ RALLAR.

RALLO m. Rallador. ◊ P. ext., cualquier otra chapa con iguales agujeros, que sirve para otros usos. ◊ Vasija de barro para contener agua. □ RALLADURA.

RALLY (voz ing.) m. Competición automovilística, motorística o aérea.

RALO, LA adj. Díc. de las cosas cuyas partes están muy separadas por estar poco pobladas o espesas. □ RALEZA.

RAM (siglas de *Random Acces Memory*, memoria de acceso directo) *Comp.* Tipo de memoria de lectura/escritura en la que un acceso a una posición no depende de la información anterior o posterior a la requerida.

RAMA f. Cada una de las partes que nacen del tronco o tallo pral. de la planta, y en las cuales brotan por lo común las hojas, las flores y los frutos. ◊ fig. Serie de personas que traen su origen de un mismo tronco. ◊ fig. Parte secundaria de una cosa que nace o se deriva de otra cosa principal. ◊ Cerco de hierro con que se aprieta el molde en la imprenta. □ RÁMEO, A.

RAMA Héroe nacional hindú, protagonista de la epopeya *Ramayana*.

RAMADA f. Ramaje. ◊ *Amér.* Cobertizo, toldo.

RAMADÁN m. Noveno mes del año lunar de los mahometanos, quienes durante sus treinta días observan riguroso ayuno.

RAMAJE m. Conjunto de ramas o ramos.

RAMAKRISHNA (1834-1886) Místico y reformador hinduista. Propuso la unidad esencial de todas las religiones.

RAMAL m. Cada uno de los cabos de que se componen las cuerdas, sogas, pleitas y trenzas. ◊ Ronzal asido al cabezón de una bestia. ◊ Parte que arranca de la línea pral. de un camino, acequia, mina, cordillera, etc. ◊ fig. Parte o división que nace de otra principal.

RAMALAZO m. Golpe que se da con el ramal. ◊ Señal que deja el golpe dado con el ramal. ◊ fig. Dolor que aguda e improvisadamente acomete a lo largo de una parte del cuerpo. ◊ fig. Adversidad que sobrecoge y sorprende a uno.

RAMAN, SIR *Chandrasekhara Venkata* (1888-1970) Físico hindú. Premio Nobel de Física en 1930 por descubrir el efecto que lleva su nombre. ◊ **Efecto R.** *Fís.* Fenómeno consistente en la emisión de dos haces de rayos diferentes de los de la radiación difundida, que aparecen al iluminar con luz monocromática un líquido transparente.

RAMAYANA (*Las gestas de Rama*) Epopeya hindú, escrita en sánscrito. Atribuido a Valmiki, el poema ha sufrido a través de los tiempos diversas refundiciones.

RAMBLA f. Lecho natural de las aguas pluviales cuando caen copiosamente. ◊ En algunos lugares, paseo con andén central y árboles. ◊ *Amér.* Muelle, andén a orillas del mar.

RAMEADO, DA adj. Díc. del dibujo o pintura que representa ramos, especialmente en tejidos, papeles, etc.

RAMEAU, *Jean-Philippe* (1683-1764) Compositor fr. Su *Tratado de la armonía* hace de él uno de los más imp. innovadores de la historia de la música. Su producción abarca obras de carácter religioso y dramático (óperas).

RAMERA f. Prostituta. ❏ RAMERÍA.

RAMIFICARSE prnl. Esparcirse y dividirse en ramas una cosa. ◊ fig. Propagarse, extenderse las consecuencias de un hecho o suceso. ❏ RAMIFICACIÓN.

RAMILLETE m. Ramo pequeño de flores o hierbas olorosas formado artificialmente. ◊ fig. Colección de cosas bonitas o selectas. ◊ Conjunto de flores que forman una cima o copa contraída. ❏ RAMILLETERO, RA.

RAMIO m. Planta con hojas esparcidas, flores con cáliz partido agrupadas en glomérulos axilares, y frutos en aquenio. Es originaria de China y se cultiva por las fibras textiles que se obtienen de sus tallos. ❏ RAMIAL.

RAMÍREZ, *Norberto* (m. 1856) Político nic. Presid. de El Salvador (1840-1841) y de Nicaragua (1849-1851). ◊ ***Pedro Pablo*** (1884-1962) Militar arg. Asumió la jefatura del gobierno tras derrocar a Castillo (1943-1944). ◊ ***Sergio*** (n. 1942) Político y escritor nic. Elegido vicepresid. en 1984. *Tiempo de fulgor, De tropeles y tropelías.* ◊ ***Vázquez, Pedro*** (n. 1919) Arquitecto y diseñador mex. Escuelas prefabricadas, Museo Nacional de Antropología, Museo de Arte Moderno. *4.000 años de arquitectura mexicana.*

RAMIRO Nombre de diversos monarcas:

Aragón

RAMIRO II el Monje (m. 1157) Rey de Aragón [1134-1137]. Sucedió en el trono a Alfonso I el Batallador. Su hija Petronila casó con el conde de Barcelona Ramón Berenguer IV, a quien el monarca dejó el gobierno de Aragón.

Asturias y León

RAMIRO I (791-850) Rey de Asturias [842-850]. Durante su reinado las tropas del emir de Córdoba Abd al-Rahman II incendiaron León. ◊ **II** (m. 951) Rey de León [931-951]. Derrotó a los musulmanes cordobeses en Osma (933) y en Simancas (939). ◊ **III** (961-985) Rey de León [966-984]. En su reinado se produjeron las incursiones de Almanzor.

RAMIZA f. Conjunto de ramas cortadas. ◊ Lo que se hace de ramas.

RAMO m. Rama de segundo orden o que sale de la rama madre. ◊ Rama cortada del árbol. ◊ Conjunto o manojo de flores, ramas o hierbas o de unas y otras cosas, ya sea natural, ya artificial. ◊ fig. Cada una de las partes en que se considera dividida una ciencia, arte, industria, etc.

Ramón Borrell según la *Geneología de los reyes de Aragón* (Monasterio de Poblet, Tarragona)

RAMON de Penyafort (h. 1175-1275) Santo. Religioso dominico cat. En 1235 consiguió del papa la aprobación de la orden de la Merced.

RAMÓN Berenguer I el Viejo (h. 1024-1076) Conde de Barcelona [1035-1076]. Realizó fructíferas campañas contra los musulmanes, repoblando la Segarra y los Llanos de Urgel. Durante su reinado se promulgó el núcleo inicial de los *Usatges*, primer código feudal europeo. ◊ **II Cap d'Estopes** (1053-1082) Conde de Barcelona [1076-1082]. Heredó el condado de Barcelona junto con su hermano, con el que siempre mantuvo discrepancias. ◊ **III el Grande** (1082-1131) Conde de Barcelona [1096-1131]. Incorporó a sus posesiones los condados de Besalú y Provenza y obtuvo el vasallaje del condado de Carcasona-Razés. ◊ **IV** (1114-1162) Conde de Barcelona [1131-1162] y príncipe de Aragón [1137-1162]. En 1137 recibió de Ramiro II el Monje la mano de su hija recién nacida Petronila y obtuvo el gobierno del reino aragonés. ◊ **Borrell** (972-1018) Conde de Barcelona [992-1018] Tuvo que hacer frente a las incursiones musulmanas.

RAMÓN y Cajal, *Santiago* (1852-1934) Médico esp., autor de imp. trabajos sobre la histología del sist. nervioso, fundador de la histología, de la micrología y autor de la doctrina de la neurona. Premio Nobel de Medicina en 1906.

RAMONEAR intr. Podar, cortar las puntas de las ramas de los árboles. ◊ Pacer los animales las hojas y las puntas de los ramos de los árboles.

RAMOS, *Fidel* (n. 1928) Político filipino. Presidente desde 1992. ◊ ***Graciliano*** (1892-1953) Novelista bras. *Angustias, Vidas secas.* ◊ ***Samuel*** (1897-1959) Filósofo mex. *Hipótesis, Historia de la filosofía en México.* ◊ **Mejía, *José M.ª*** (1842-1914) Médico, sociólogo y escritor arg. *La locura en la historia, Rosas y su tiempo, Neurosis de los hombres célebres.*

RAMOSO, SA adj. Que tiene muchos ramos o ramas.

RAMPA f. Calambre de los músculos. ◊ Superficie en gral. plana o helicoidal dispuesta para el desplazamiento de una fuerza con intervención de otra. ◊ **de lanzamiento.** Dispositivo que se emplea en algunos misiles, para la operación de lanzamiento.

RAMPANTE adj. *Her.* Aplícase al animal que está en el escudo de armas con la mano abierta y las garras tendidas en ademán de asir. ◊ *Arq.* Díc. de la construcción en declive como el arco y la bóveda que tienen sus impostas oblicuas o a distinto nivel.

RAMPLA f. *Amér. Centr.* Rampa.

RAMPLÓN, NA adj. Aplícase al calzado tosco de suela muy gruesa y ancha. ◊ fig. Tosco, vulgar, chabacano. ❏ RAMPLONERÍA.

RAMPOLLO m. Rama que se corta del árbol para plantarla.

RAMSAY, SIR *William* (1852-1916) Químico escocés. Descubrió el helio, la presencia del argón en la atmósfera, el radón y el helio como productos de la desintegración del radio. Premio Nobel de Química en 1904.

RAMSÉS I (m. 1304 a. C.) Faraón de Egipto, fundador de la XIX dinastía. ◊ **II** (h. 1301-h. 1224 a. C.) Faraón egipcio de la XIX dinastía. Durante su reinado, Egipto aumentó espectacularmente su poderío. Fue un gran constructor de monumentos y templos. ◊ **III** (1198-1166 a. C.) Segundo faraón de la XX dinastía. Mandó construir el gran templo de Medinet Habu y su tumba en el valle de los Reyes.

RANA f. *Zool.* Nombre que designa a numerosas especies de anfibios anuros, en especial a las del gén. *Rana.*
☐ *Zool.* Las r. adultas son de color verdoso, pardo o rojizo, carecen de cuello y las patas posteriores están adaptadas al salto. Se alimentan de pequeños insectos. De los huevos salen los renacuajos, de vida acuática, que más tarde sufrirán una metamorfosis.

RANCAGUA C. de Chile, cap. de la región del Libertador General Bernardo O'Higgins; 214 344 hab. Sit. en el valle Longitudinal. Ind. conserveras.

RANCAJO m. Punta o astilla de cualquier cosa que se clava en la carne.

RANCHERO, RA adj. *Amér.* Relativo al rancho. ◊ adj. y m. *Argent.* Visitador de las mujeres que viven en un rancho. ◊ m. y f. Persona que gobierna un rancho o que trabaja en él. ◊ Persona que guisa el rancho. ◊ *Amér.* Hacendado. ◊ *Amér.* Granjero, ganadero. ◊ f. *Argent.* Danza con aire de mazurca. ◊ *Méx., Perú* y *Ven.* Canción popular.

Ramiro II en una miniatura del Tumbo A (catedral de Santiago de Compostela)

RAPAZ

mochuelo

búho

águila real

halcón peregrino

azor

ratonero

Las rapaces o aves de rapiña son aves carniceras, de garras y picos fuertes y recurvados. El grupo incluye dos órdenes: las rapaces nocturnas o estrigiformes (búho, lechuza, etcétera) y las rapaces diunas o falconiformes (águila, halcón, zopilote, cóndor, etcétera)

RANCHO m. Comida que se hace para muchos en común, y que gralte. se reduce a un solo guisado. ◊ Personas que toman a un tiempo esta comida. ◊ Lugar despoblado donde se albergan diversas familias o personas. ◊ Choza o casa pobre con techumbre de ramas o paja. ◊ Granja donde se crían caballos y otros cuadrúpedos. ◊ fam. *R. de la Plata.* Canotié. ◊ *Mar.* Cada grupo de marineros que alterna en las faenas y servicios. ❑ RANCHEAR; RANCHERÍA.
RANCHUELO C. de Cuba, en la prov. de Villa Clara; 26 000 hab. Agricultura. Ind. alimentaria.
RANCIO, CIA adj. Díc. del vino y los comestibles grasientos que con el tiem-

po adquieren sabor y olor más fuertes, mejorándose o echándose a perder. ◊ fig. Díc. de las cosas ant. y de las personas apegadas a ellas. ❑ RANCIAR; RANCIEDAD.
RANCO Lago de Chile, en la región de Los Lagos; 390 km². Está sit. entre el valle Longitudinal y el piedemonte andino.
RANDA f. Especie de encaje para adornar vestidos. ◊ m. fam. Ratero, granuja. ❑ RANDADO, DA.
RANFLA f. *Amér.* Rampa, plano inclinado.
RANGER (voz ing.) m. Componente de un cuerpo especial del ejército, dedicado a combatir las guerrillas.
RANGO m. Índole, clase, categoría, calidad. ◊ Lugar que se ocupa dentro de una jerarquía. ◊ *Mat.* En el cálculo matricial, número máx. de columnas linealmente independientes que posee una matriz. ◊ *Amér.* Situación social elevada. ◊ *Amér.* Rumbo, esplendidez.
RANGOSO, SA adj. *Chile.* Rumboso, generoso.
RANGÚN (*Rangoon*) C. y cap. de Myanma; 2 459 000 hab. Gran puerto del océano Índico. Centro industrial y comercial.
RANIERO III (n. 1923) PRÍNCIPE DE MÓNACO. En 1956 casó con la actriz norteam. Grace Kelly.
RANILLA f. Parte del casco de las caballerías más blanda y flexible que el resto. ◊ *Vet.* Enfermedad del ganado vacuno, que consiste en cuajársele sangre en los intestinos.
RANKE, Leopold von (1795-1886) Historiador al. *Historia de los pueblos romanos y germánicos de 1494 a 1535, Historia de los Papas en la época moderna.*
RANKINE, William John Macquorn (1820-1872) Físico e ingeniero escocés. Realizó estudios en el campo de la termodinámica.
RANURA f. Canal estrecho y alargado que se abre en un material, para hacer un ensamble, guiar una pieza movible. ❑ RANURADOR, RA; RANURAR.
RAÑA f. Garfios para pescar pulpos en fondo de rocas. ◊ Terreno de monte bajo.
RAÑO m. *Zool.* Pez marino teleósteo de color amarillo y rojo amarillento. ◊ Garfio de hierro para arrancar de las peñas ostras, lapas, etc.
RAP m. Estilo musical neoyorkino, que se caracteriza por su ritmo muy marcado y el empleo del habla en lugar del canto.
RAPA f. Flor del olivo.
RAPADURITAS f. pl. *Guat.* Dulce de azúcar envuelto en hoja de maíz.
RAPALLO C. y puerto de Italia, en Liguria. ◊ **tratados de R.** Nombre de dos tratados internacionales. El primero entre Italia y Yugoslavia (1920) sobre fronteras y el segundo de cooperación entre Alemania y la URSS (1922).
RAPAPOLVO m. fam. Represión áspera.
RAPAR tr. y prnl. Rasurar o afeitar las barbas. ◊ tr. Cortar el pelo al rape. ❑ RAPADOR, RA; RAPADURA; RAPAMIENTO; RAPANTE.
RAPAZ adj. Inclinado o dado al robo, hurto o rapiña. ◊ adj. y f. Díc. del ave de rapiña. ◊ m. Muchacho joven. ❑ RAPACERÍA; RAPACIDAD.
RAPE m. Pez con cabeza grande, re-

donda y aplastada, que vive en los fondos marinos. Su carne es muy apreciada. ◊ fam. Corte de la barba hecho deprisa y sin cuidado.
RAPÉ m. Tabaco en polvo para aspirar.
RÁPIDO, DA adj. Que tarda poco en realizar algo. ◊ Que dura poco tiempo. ◊ m. Corriente fluvial cuyas aguas se deslizan a gran velocidad a causa del pronunciado desnivel de su lecho. ◊ Zapatero remendón. ❑ RAPIDEZ.
RÁPINGACHO m. *Perú.* Tortilla de queso.
RAPIÑAR tr. fam. Robar o quitar una cosa como arrebatándola. ❑ RAPIÑA.
RAPÓNCHIGO m. Planta herbácea con raíz carnosa y comestible.
RAPOSA f. Zorra, hembra del zorro. ◊ fig. y fam. Persona astuta. ◊ *Cuba.* Recipiente para contener hortalizas. ❑ RAPOSEAR; RAPOSERA; RAPOSERÍA; RAPOSERO.
RAPOSO m. Zorro, animal. ◊ fig. y fam. Hombre taimado y astuto. ❑ RAPOSUNO, NA.
RAPPEL m. *Dep.* Técnica utilizada por los alpinistas para salvar grandes desniveles.
RAPSODIA f. En la ant. Grecia, parte de un poema épico, que se solía recitar de una sola vez. ◊ *Mús.* Pieza compuesta de trozos de temas populares o de otras obras, improvisaciones, etc. ❑ RAPSODA.
RAPTAR tr. Sacar a una mujer violentamente o con engaño de la casa de sus padres. ◊ Secuestrar a una persona cualquiera, p. e. para obtener un rescate. ❑ RAPTOR.

*El **rapto** de Ganímedes*, óleo de Rembrandt (Gemäldegalerie, Dresde)

RAPTO m. Obcecación, impulso súbito y violento provocado por un estado pasional. ◊ Éxtasis, estado del alma. ◊ Accidente que priva del sentido.
RAQUE m. Acto de recoger los objetos perdidos en las costas por algún naufragio o echazón. ◊ *Cuba.* Ganga. ❑ RAQUEAR; RAQUERO, RA.
RAQUEL Meller (1888-1962) Seud. de *Francisca Marqués López* Cantante y actriz esp. Triunfó en París y Nueva York con las canciones *El Relicario* y *La Viole-*

tera. En el cine interpretó *Carmen* y *Violetas imperiales*.

RAQUETA f. Bastidor de madera, con mango y enrejado de cuerdas para juegos de pelota, tenis, etc. ◊ Juego de pelota en que se usa la pala. ◊ Utensilio para mover el dinero en las mesas de juego. ❑ RAQUETERO, RA; RAQUETISTA.

RAQUIS m. Raspa o eje de una espiga. ◊ *Anat*. Columna vertebral.

RAQUITISMO m. *Pat*. Afección crónica de la infancia producida por una avitaminosis D, debida a una falta de insolación o a una disfunción de las paratiroides. Se caracteriza por deformación ósea debida a descalcificación de los huesos y de los cartílagos de crecimiento. ❑ RAQUÍTICO, CA.

RARIFICAR tr. y prnl. Enrarecer, hacer menos denso un cuerpo gaseoso. ❑ RAREFACER; RAREFACCIÓN.

RARO, RA adj. Extraordinario, poco común o frecuente. ◊ Escaso en su clase o especie. ◊ Insigne, sobresaliente. ◊ Extravagante. ◊ Aplicado a gases, que tiene poca densidad y consistencia. ◊ f. *Amér. Merid*. Ave del tamaño de la codorniz, dañosa en las huertas y sembrados. ❑ RAREZA.

RAS m. Igualdad en la superficie o la alt. de las cosas.

RASAR tr. Igualar con el rasero. ◊ Pasar rozando ligeramente un cuerpo con otro. ◊ prnl. Ponerse rasa o limpia una cosa, como el cielo sin nubes. ❑ RASADURA; RASANTE.

RASCA adj. *Argent*. Díc. de la persona desaseada. ◊ *Amér*. Borrachera.

RASCACIELOS m. Edificio de gran alt. Los r. son nota dominante de las grandes aglomeraciones urbanas de hoy.

RÁSCADO, DA adj. *Amér. Centr*. Audaz. ◊ De mal genio. ◊ Desaseado.

RASCADOR m. Cualquiera de los varios instrumentos que sirven para rascar. ◊ Instrumento de hierro que se usa para desgranar el maíz y otros frutos.

RASCAR tr. y prnl. Refregar o frotar fuertemente la piel con una cosa aguda o áspera, y por lo regular con las uñas. ◊ tr. Arañar. ◊ Limpiar con rascador. ◊ prnl. *Amér*. Emborracharse. ❑ RASCADERA; RASCADURA; RASCAMIENTO.

RASCATRIPAS com. Persona que con poca habilidad toca un instrumento de arco.

RASCAZÓN f. Comezón o picazón que incita a rascarse. ◊ *Ven*. Orgía.

RASCÓN, NA adj. Áspero al paladar. ◊ m. *Zool*. Ave zancuda propia de lugares pantanosos. ◊ *Méx*. Bravucón.

RASCUACHE adj. *Guat*. Pobre. ◊ *Méx*. Mezquino.

RASERO m. Palo cilíndrico que sirve para rasar las medidas de los áridos.

RASGADO, DA adj. Díc. del balcón o ventana grande que se abre mucho y tiene mucha luz. ◊ Díc. de los ojos que tienen la comisura de los párpados muy prolongada. ◊ m. Rotura de una tela. ❑ RASGADURA o RASGÓN.

RASGAR tr. y prnl. Romper o hacer pedazos, sin el auxilio de ningún instrumento. ◊ tr. Rasguear.

RASGO m. Línea trazada al escribir o al dibujar. ◊ Aspecto distintivo del carácter de una persona. ◊ fig. Acción de alguien realizada en un impulso afectivo. ◊ pl. Facciones del rostro.

RASGUEAR tr. Tocar la guitarra u otro instrumento rozando varias cuerdas con los dedos.

RASGUÑAR tr. Arañar o rascar con las uñas. ◊ Dibujar, bosquejar. ❑ RASGUÑO.

RASHT C. del N de Irán, en el delta del río Sefid; 189 000 hab. Centro comercial. Ind. textiles y alimentarias.

RASILLA f. Tela de lana delgada. ◊ Ladrillo delgado.

RASO, SA adj. Plano, liso. ◊ Aplícase al asiento sin respaldo. ◊ Díc. del que no tiene un título que le distinga. ◊ Sin nubes ni nieblas. ◊ Que pasa o se mueve a poca alt. del suelo. ◊ m. Tela de seda muy lisa y brillante, llamada también satén.

RASPA f. Filamento del cascabillo del grano del trigo y de otras gramíneas. ◊ Cuerpo extraño que se agarra a la pluma al escribir. ◊ En los pescados, cualquier espina. ◊ fam. *Amér*. Reproche, reprimenda. ◊ Eje o pedúnculo común de las flores y frutos de una espiga o un racimo. ◊ *Cuba*. Restos de comida pegados al recipiente. ◊ *Méx*. Raspadura. ◊ *R. de la Plata*. Ladrón. ❑ RASPUDO.

Rascacielos en la isla de Manhattan (Nueva York, EE UU)

RASPAR tr. Raer ligeramente una cosa quitándole alguna parte superficial. ◊ Picar el vino u otro licor al paladar. ◊ Hurtar, quitar una cosa. ◊ Rasar, rozar ligeramente. ◊ intr. *Ven*. Largarse, marcharse. ❑ RASPADOR; RASPADURA; RASPAMIENTO.

RASPEAR intr. Correr con aspereza y dificultad la pluma. ◊ tr. Reprender, reconvenir.

RASPILLA f. Planta herbácea con tallos tendidos, angulosos, hojas lanceoladas, flores azules y frutos en tetraquenio.

RASPOSO, SA adj. Díc. de lo que es áspero al tacto. ◊ *Argent*. Miserable. ◊ *Méx*. Bromista.

RASPUTÍN, *Grigori Yefímovich* (1872-1916) Monje ruso. Con dotes de taumaturgo se ganó el favor de la zarina Alejandra y del débil Nicolás II. Murió asesinado a manos de unos aristócratas.

RASQUIÑA f. *Amér*. Picor.

RASQUETA f. Planchuela de hierro, con mango de madera, que se usa para raer y limpiar superficies. ◊ *Amér*. Almohaza.

RASTACUERO m. *Amér*. Persona ostentosa y vulgar.

RASTRA f. Rastro, instrumento con púas para recoger hierba y otras cosas. ◊ Vestigio, señal o indicio que deja una cosa. ◊ Grada, rastrillo. ◊ Cualquier cosa que va colgando o arrastrando. ◊ Entre ganaderos, cría de una res.

RASTREAR tr. Seguir el rastro o buscar alguna cosa por él. ◊ fig. Inquirir, indagar, averiguar una cosa. ◊ intr. Hacer alguna labor con el rastro. ◊ Ir por el aire, pero casi tocando el suelo. ❑ RASTREADOR, RA; RASTREO.

RASTRERO, RA adj. Que va arrastrando. ◊ Aplícase a las cosas que van por el aire, pero casi tocando el suelo. ◊ fig. Bajo, vil y despreciable. ◊ Díc. del tallo de una planta que, tendido por el suelo, echa raicillas de trecho en trecho.

RASTRILLAR tr. Limpiar el lino o cáñamo de la arista o estopa. ◊ Recoger con el rastro. ◊ Pasar la rastra por los sembrados. ◊ Limpiar de hierba con el rastrillo. ◊ *Argent*. Preparar el fusil para disparar. ❑ RASTRILLADO, DA; RASTRILLADOR, RA.

RASTRILLO m. Tabla con dientes de alambre grueso sobre los que se pasa el lino o cáñamo para apartar la estopa y separar bien las fibras. ◊ Estacada, verja o puerta de hierro que defiende la entrada de una fortaleza o de un establecimiento penal. ◊ Rastro, instrumento para recoger hierba, paja, etc.

RASTRO m. Instrumento compuesto de un mango largo, cruzado en uno de sus extremos por un travesaño armado de púas y que sirve para recoger hierba, paja, broza, etc. ◊ Herramienta a manera de azada que tiene dientes y sirve para extender piedra partida y para usos análogos. ◊ Vestigio, señal o indicio que deja una cosa. ◊ Matadero de reses. ◊ fig. Señal o vestigio que queda de una cosa.

RASTROJERA f. Conjunto de tierras que han quedado de rastrojo. ◊ Temporada en que los ganados pastan los rastrojos.

RASTROJO m. Residuo de las cañas de la mies, que queda en la tierra después de segar. ◊ El campo después de segada la mies y antes de recibir nueva labor. ◊ *Col*. Bosque de arbustos. ❑ RASTROJAR.

RASURAR tr. y prnl. Raer el pelo del cuerpo, especialmente de la barba y el bigote. ❑ RASURA; RASURACIÓN.

RATA f. *Zool*. Mamífero roedor que mantiene con el hombre una relación de comensalismo. La rata común o de alcantarilla puede constituir una plaga temible y transmitir enfermedades. ◊ Parte proporcional. ◊ *Col*. y *Pan*. Porcentaje. ◊ **de mar**. Pez teleósteo de cabeza voluminosa con los ojos dirigidos hacia arriba y mandíbula inferior prominente.

RATAFÍA f. Licor alcohólico aromático, hecho a base de alcohol, jugo de frutas y azúcar.

RATEAR tr. Hurtar con destreza cosas pequeñas. ◊ intr. Andar arrastrándose con el cuerpo pegado a la tierra. ❑ RATEO.

RATERÍA f. Hurto de cosas de poco valor. ◊ Acción de hurtarlas con maña y cautela. ◊ Bajeza o ruindad en los tratos o negocios.

RATERO, RA adj. y s. Díc. del ladrón que hurta con habilidad y cautela cosas de poco valor. ◊ Bajo, vil, despreciable.

RATICIDA m. Sustancia empleada para exterminar ratas y ratones.

RATIFICAR tr. y prnl. Aprobar actos, palabras o escritos dándolos por valederos y ciertos. ◊ tr. Confirmar cualquier acuerdo o tratado. ❏ RATIFICACIÓN; RATIFICATORIO, RIA.

RATISBONA (*Regensburg*) C. y puerto de Alemania, sit. a orillas del Danubio, en el est. de Baviera; 126 700 hab. En 1541 se celebró en R. la Dieta que intentó establecer un compromiso entre catól. y protestantes.

RATO m. Intervalo de tiempo, y especialmente, cuando es corto. ◊ Momento vivido con placer o disgusto. ◊ Trecho o distancia.

RATÓN m. *Zool.* Mamífero roedor que se encuentra en todas las agrupaciones humanas, aunque no es tan dañino como la rata. ◊ *C. Rica.* Bíceps. ◊ *Comp.* Periférico que sirve para desplazar el cursor por la pantalla y para accionar los menúes de los programas. ◊ **almizclero.** Desmán, mamífero insectívoro. ◊ **de biblioteca.** fig. Erudito que con asiduidad escudriña muchos libros. ◊ **de mar.** Gusano marino de la clase poliquetos, que recuerda la forma y movimientos del ratón.

RATONERO, RA adj. Ratonil. ◊ m. *Zool.* Ave falconiforme de hasta 60 cm de largo. ◊ f. Trampa para cazar ratones. ◊ *Amér.* Cuchitril. ◊ fig. Trampa.

RAU Siglas de *República Árabe Unida.* Est. formado en 1-II-1958 mediante la unión voluntaria de Egipto y Siria. En 8-III-1958 el Yemen se federó con la RAU, constituyéndose el *Estado Árabe Unido*, que tuvo un carácter más nominal que real. Después del golpe militar de 1961, Siria y Yemen se separaron.

RAUDAL m. Caudal de agua abundante y de curso rápido. ◊ fig. Abundancia de cosas que rápidamente concurren o se derraman.

RAUDO, DA adj. Rápido, violento, precipitado. ◊ f. Cementerio árabe.

RAULÍ m. *Chile.* Árbol de hasta 50 m de alt.; es de hojas aserradas, y fruto muy erizado.

RAVEL, *Maurice* (1875-1937) Compositor fr. Fue un innovador en la melodía, la armonía y el ritmo. *Dafnis y Cloe* (ballet), *Rapsodia española, Bolero* (sinfónicas). Compuso también música de cámara y piezas para piano: *Espejos, Juegos de agua, Mamá oca.*

Maurice **Ravel**

Ravena. Baptisterio de la catedral

RAVENA (*Ravenna*) C. del N de Italia, en Emilia-Romaña, cap. de la prov. hom.; 136 300 hab. Sit. cerca de la costa adriática. Industria del cemento. Centro petroquímico. Antigua cap. del imperio de Occidente (402). ❏ RAVENÉS, SA.

RAVIOLIS m. pl. Pasta alimenticia delgada y cortada en pequeños trozos cuadrados que se rellena con picadillo de carne, pescado o verdura.

RAWALPINDI C. del N de Pakistán, en el Punjab; 928 000 hab. Centro comercial e industrial. Refino de petróleo.

RAWLINSON, SIR *Henry Creswicke* (1810-1895) Orientalista brit. Descifró la escritura cuneiforme de Persia y Asiria.

RAWSON C. de Argentina, cap. de la prov. de Chubut; 22 493 hab. Centro comercial, administrativo e industrial. Puerto pesquero.

RAY, *Nicholas* Seud. de *Raymond Nicholas Kienzle* (1911-1979) Director de cine norteam. *Johnny Guitar, Rebelde sin causa.*

RAYA f. Señal larga y estrecha que se forma en un cuerpo cualquiera. ◊ Término, confín o límite de una nación, prov., región o distrito; y también lindero de un predio si tiene mucha extensión. ◊ Término o límite que se pone a una cosa, tanto física como moral. ◊ Señal que resulta en la cabeza de dividir los cabellos con el peine, a uno y otro lado. ◊ Cada una de las estrías en espiral que se hacen en el ánima de las armas de fuego para que el proyectil corra forzado por ellas y tenga mayor alcance. ◊ Guión algo más largo que se usa para separar oraciones gramaticales incidentales o indicar el diálogo en los escritos. ◊ *Méx.* Salario. ◊ *Zool.* Pez elasmobranquio marino. ❏ RAYADO, DA; RAYADOR; RAYOSO, SA.

RAYANO, NA adj. Que confina con alguna cosa. ◊ Cercano, con semejanza a lo que se nombra.

RAYAR tr. Hacer o tirar rayas. ◊ Tachar lo manuscrito o impreso con rayas. ◊ Subrayar. ◊ intr. Confinar una cosa con otra. ◊ Con las voces *alba, día, luz, sol*, precedidas de art., amanecer, alborear. ◊ fig. Asemejarse una cosa a otra.

RAYERO m. *Argent.* Juez de raya en las carreras de caballos.

RAYLEIGH, *John William Strutt* (1842-1919) Físico brit. En colaboración con Ramsay, descubrió el argón (1895). Premio Nobel de Física en 1904.

RAYNAUD, *enfermedad de* *Pat.* Enfermedad funcional de las arterias, caracterizada por la evolución hacia la gangrena. Se localiza en los dedos, en forma simétrica.

RAYO m. Cada una de las líneas de propagación de la energía que parte de un foco emisor. ◊ Línea de luz que procede de un cuerpo luminoso. ◊ *Meteor.* Descarga o chispa eléctrica de gran intensidad que se origina por la atracción de cargas eléctricas contrarias existentes en la atmósfera. A la estela luminosa producida por un rayo se la denomina relámpago. ◊ Cada una de las piezas que a modo de radios del círculo unen el cubo a las pinas de una rueda. ◊ fig. Persona muy viva y pronta de ingenio; persona pronta y ligera en sus acciones. ◊ fig. Dolor penetrante y momentáneo. ◊ fig. Estrago, infortunio o castigo improviso y repentino. **Rayos alfa** (α). *Fís.* Los que constituyen la radiación emitida por los núcleos de los elementos radiactivos, formada por núcleos de helio, siendo poco penetrantes. ◊ **beta** (β). *Fís.* Los que constituyen la radiación emitida por los núcleos de los elementos radiactivos, formada por electrones, siendo más penetrantes que los r. alfa. ◊ **catódicos.** *Fís.* Corriente de electrones emitidos por un filamento incandescente, de modo que puede elevar la temperatura de los cuerpos sometidos a su bombardeo, penetrar en sólidos y producir r. X. ◊ **gamma** (γ). *Fís.* Los que constituyen la radiación electromagnética, emitida por los núcleos de los elementos radiactivos. ◊ **Roentgen.** Rayos X.

RAYÓN m. *Quím.* Nombre de diversas fibras textiles artificiales obtenidas a partir de la celulosa regenerada.

RAZA f. Casta o linaje. ◊ *Biol.* Unidad taxonómica inferior a la especie, relacionada gralte. con una distribución geográfica, que comprende a los individuos intraespecíficos que se hallan aislados del resto de individuos de la misma especie. ◊ **Razas humanas.** *Antr.* Divisiones taxonómicas de la especie *Homo sapiens.* ❏ RAZADO, DA. ❏ *Antr.* Una raza está formada por poblaciones y éstas por individuos, pertenecientes todos a una misma especie y que tienen unos rasgos que se perpetúan por herencia. La cultura, característica de la especie humana, a veces enfatiza la diferencia entre razas y aumenta las simplemente físicas. En cualquier caso, las clasificaciones raciales resultan hasta cierto punto arbitrarias, ya que en cada caso dependen del criterio de clasificación elegido. Actualmente la clasificación científica distingue cuatro grandes grupos raciales (negroides, mongoloides, caucasoides o euroasiáticos y australoides) subdividido a su vez en varios subgrupos.

RAZÓN f. Facultad o principio de explicación de la realidad. ◊ *Fil.* Facultad de discurrir. ◊ Palabras o frases con que se expresa el discurso. ◊ Argumento o demostración que se aduce en apoyo de alguna cosa. ◊ Motivo o causa. ◊ Orden y método en una cosa. ◊ Justicia, rectitud en las operaciones, o derecho para ejecutarlas. ◊ Cuenta, relación, cómputo. ◊ *Mat.* Resultado de la comparación entre dos cantidades.

◇ **de Estado.** Razón para hacer cierta cosa las personas relacionadas con el gobierno de un país, fundada en la conveniencia política. ◇ **natural.** Potencia discursiva del hombre. ❑ RAZONABLE; RAZONADO; RAZONADOR, RA; RAZONAR.

RAZONAMIENTO m. Serie de conceptos encaminados a demostrar una cosa, o a persuadir o mover a oyentes o lectores. ◇ Raciocinio.

RAZZIA f. Incursión de gente armada en territorio enemigo, con propósito de saqueo y pillaje. ◇ Redada de policía.

Rb *Quím.* Símb. del rubidio.

Re *Quím.* Símb. del renio.

RE Prep. insep. que denota reintegración o repetición; aumento; oposición o resistencia; movimiento hacia atrás; negación o inversión del significado del simple; encarecimiento. ◇ m. *Mús.* Nota, la segunda de la escala de *do.*

REA *Mit. gr.* Hija de Urano y de Gea, esposa de su hermano Cronos, hermana de los Titanes y madre de Zeus y Poseidón. ◇ *Silvia Mit.* Hija de Numitor, rey de Alba Longa, madre de Rómulo y Remo.

REACCIÓN f. Acción que resiste o se opone a otra acción, obrando en sentido contrario a ella. ◇ Respuesta del organismo a una excitación o estímulo. ◇ *Pol.* Tendencia tradicionalista, opuesta a las innovaciones. ◇ *Fís.* Fuerza de igual magnitud pero de distinto sentido que otra, llamada *acción,* de la que es consecuencia. ◇ Acción orgánica que propende a contrarrestar la influencia de un agente morbífico. ◇ *Quím.* Acción recíproca entre dos o más cuerpos, de la cual resultan otro u otros diferentes de los primitivos. ◇ *Fís.* **en cadena.** *Fís.* y *Quím.* La que da origen a productos que por sí mismos ocasionan una reacción igual a la primera y así sucesivamente. ◇ **nuclear.** *Fís.* Transformación de un núcleo atómico por interacción con otros núcleos o partículas elementales. ❑ REACCIONARIO, RIA.

REACCIONAR intr. Actuar un ser por reacción de la actuación de otro. ◇ Empezar a recobrar uno la actividad fisiológica que tenía perdida en apariencia. ◇ Mejorar uno en su salud. ◇ Salir de la postración. ◇ Defenderse o rechazar un ataque o agresión. ◇ Oponerse a algo que se cree inadmisible. ◇ Cambiar de opinión o conducta ante un dato o hecho nuevo. ◇ *Fís.* Producir un cuerpo una fuerza igual y contraria a la que actúa sobre él. ◇ *Quím.* Actuar una sustancia en combinación con otra, produciendo una nueva sustancia.

REACIO, CIA adj. Inobediente, remolón, renuente. ◇ Que se resiste a hacer algo o a dejar que se actúe sobre él.

REACTANCIA f. *Electr.* Componente de la impedancia en un circuito de corriente alterna debido a la existencia de una autoinducción o una capacidad.

REACTIVAR tr. Volver a activar. ❑ REACTIVACIÓN.

REACTIVO, VA adj. Que produce reacción. ◇ m. *Quím.* Sustancia que interviene activamente en una reacción.

REACTOR m. Motor de reacción. ◇ Avión que usa motor de reacción. ◇ **atómico.** R. nuclear. ◇ **nuclear.** *Fís.* Aparato o instalación para obtener energía atómica a partir de la desintegración de un material fisionable, como el uranio.

READAPTAR tr. y prnl. Adaptar de nuevo. ◇ Reeducar, especialmente cuando las condiciones normales de un individuo se han visto alteradas por un accidente, lesión, reclusión. ❑ READAPTACIÓN.

READING C. de Inglaterra, cap. del condado de Berkshire; 123 700 hab.

READMITIR tr. Volver a admitir. ❑ READMISIÓN.

REAFIRMAR tr. y prnl. Afirmar de nuevo.

REAGAN, *Ronald* (1911-2004) Político norteam. Actor cinematográfico de profesión fue elegido presid. entre 1981 y 1989. Llevó a cabo una política exterior agresiva (intervenciones militares en Líbano, Libia y golfo Pérsico, invasión de Granada, hostigamiento a Nicaragua). En 1988 firmó un imp. tratado con la URSS para la reducción de los arsenales nucleares de ambas potencias.

REAGRUPAR tr. y prnl. Agrupar de nuevo o de modo diferente. ❑ REAGRUPACIÓN; REAGRUPAMIENTO.

REAJUSTAR tr. Volver a ajustar. ◇ Por eufemismo, aumentar o subir precios, salarios, impuestos. ❑ REAJUSTE.

REAL adj. Que tiene existencia verdadera y efectiva. ◇ Relativo al rey o a la realeza. ◇ Que procede de la autoridad del rey. ◇ adj. y m. *Mat.* Díc. de todo núm. que no es complejo. ◇ adj. y fig. Regio, grandioso, suntuoso. ◇ fig. y fam. Muy bueno. ◇ Campo donde se celebra una feria. ◇ Cuarta parte de la peseta. ◇ *Amér.* Moneda fraccionaria de distinto valor. ◇ pl. *Amér. Centr.* Dinero.

Ronald **Reagan**

REAL, *cordillera* Conjunto montañoso de Bolivia, en la parte oriental de los Andes. Alt. prales.: Illampú (6 421 m) e Illimani (6 882). En su parte occidental se abre el lago Titicaca.

REALCE m. Adorno o labor que sobresale en una superficie. ◇ fig. Lustre, grandeza sobresaliente.

REALENGO, GA adj. Díc. de las ciudades y tierras que estaban sometidas directamente al poder real. ◇ *Amér.* Vago. ◇ *Méx.* y *P. Rico.* Sin dueño.

REALERA f. *Amér. Centr.* Especie de cuchillo usado por los campesinos.

REALEZA f. Dignidad o soberanía real.

REALIDAD f. *Fil.* Existencia real y efectiva de una cosa. ◇ **virtual.** *Ing.* Sistema de inteligencia artificial que permite reconstruir y luego emitir imágenes y sensaciones táctiles similares a las que experimenta un ser humano.

REALISMO m. *Fil.* Doctrina o sist. de los filósofos que atribuían realidad a las ideas generales. ◇ Sist. estético que asigna como fin a las obras artísticas o literarias la imitación de la naturaleza. ◇ **mágico.** Tendencia destinada a conferir nueva dimensión a la «ilusión de la realidad».
❑ *Lit.* Como mov. literario, el r. surge a mediados del s. XIX como reacción a la estética del romanticismo y está fundado en la observación de la soc. circundante. Entre sus fig. más destacadas: Maupassant, Daudet y los Goncourt en Francia; Tolstoi, Gorki y Dostoievski en Rusia; Galdós, Pardo Bazán, Pereda, etc. en España; G. Keller en Alemania; Eliot, Thackeray y Bennett en Gran Bretaña y los escandinavos Ibsen y Strindberg.

REALIZAR tr. y prnl. Efectuar, hacer real y efectiva una cosa. ◇ tr. Vender, convertir en dinero mercancías u otros bienes. ◇ Dirigir una película o un programa de televisión. ◇ prnl. Desarrollar o cumplir una persona sus aspiraciones. ❑ REALIZACIÓN; REALIZADOR, RA.

REALQUILAR tr. Tomar en alquiler una vivienda o parte de ella, de otra persona que a su vez la tiene arrendada. ❑ REALQUILADO, DA.

REALZAR tr. y prnl. Levantar o elevar una cosa más de lo que estaba. ◇ tr. Labrar de realce. ◇ tr. y prnl. fig. Ilustrar o engrandecer. ◇ *Pint.* Tocar de luz una cosa.

REANIMAR tr. y prnl. Confortar, dar vigor, restablecer las fuerzas. ◇ fig. Infundir ánimo y valor al que está abatido. ❑ REANIMACIÓN.

REANUDAR tr. y prnl. fig. Renovar o

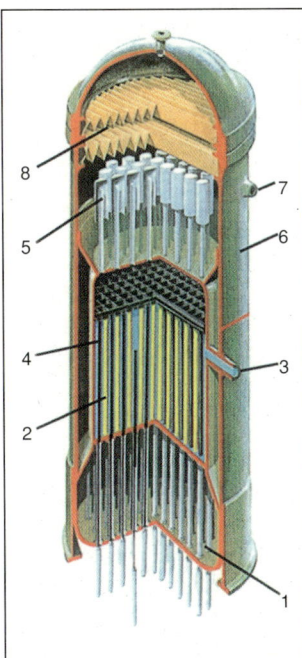

Esquema de un **reactor** nuclear: 1. entrada de agua; 2. barra de combustible de uranio; 3. salida de agua; 4. barra de regulación de cadmio; 5. barras de regulación del vapor; 6. cubierta del reactor; 7. salida del vapor hacia las turbinas; 8. sistema de secado del vapor

Rebeca y su familia. Miniatura
de un códice del siglo XIII

continuar el trato, estudio, trabajo,
conferencia, etc., que se había interrumpido.
REAPARECER intr. Volver a aparecer
o a mostrarse. ❏ REAPARICIÓN.
REARMAR tr. y prnl. Equipar nuevamente con armamento militar o reforzar el que ya existía. ❏ REARME.
REASEGURO m. Contrato por el cual
un asegurador toma a su cargo un riesgo ya cubierto por otro asegurador, sin
alterar lo convenido entre éste y el asegurado. ❏ REASEGURAR.
REASUMIR tr. Volver a tomar lo que
antes se tenía o se había dejado. ❏ Tomar en casos extraordinarios una autoridad superior las facultades de los
demás. ❏ REASUNCIÓN.
REATA f. Cuerda o correa que ata y
une dos o más caballerías una detrás de
otra. ❏ Hilera de caballerías que van de
reata. ❏ *Ecuad.* Cinta de algodón.
RÉAUMUR, René Antoine (1683-1757)
Físico y naturalista fr. Inventó en 1730
el termómetro de alcohol con una escala de 0-80 (*escala R.*).
REAVIVAR tr. y prnl. Volver a avivar
o avivar intensamente.
REBABA f. Porción de materia sobrante que sobresale irregularmente en
sus bordes. ❏ REBABAR.
REBAJAR tr. Hacer más bajo el nivel o
superficie horizontal de un terreno u
otro objeto. ❏ Hacer nueva baja de una
cantidad en las posturas. ❏ Disminuir
el precio de venta de una cosa. ❏ *Pint.*
Aclarar un color. ❏ tr. y prnl. fig.
Humillar, abatir. ❏ prnl. *Mil.* Quedar
dispensado del servicio un militar. ❏
REBAJA; REBAJADO, DA; REBAJADOR, RA; REBAJAMIENTO.
REBALSAR tr., intr. y prnl. Detener y
recoger el agua u otro líquido, de manera que haga balsa. ❏ tr. y prnl. *Argent., Chile* y *Ur.* Desbordar el agua de
una balsa los muros de ésta. ❏ REBALSE.
REBANADA f. Porción delgada, ancha y larga que se saca de una cosa, y
especialmente del pan, cortando de un
extremo al otro. ❏ REBANAR.
REBAÑAR tr. Juntar y recoger alguna cosa sin dejar nada. ❏ REBAÑADURA.
REBAÑO m. Hato grande de ganado,
especialmente del lanar. ❏ fig. Congregación de los fieles respecto de sus pastores espirituales.
REBASAR tr. Pasar o exceder de cierto límite. ❏ REBASADERO.
REBATIR tr. Rechazar o contrarrestar
la fuerza o violencia de uno. ❏ Volver
a batir. ❏ Redoblar, reforzar. ❏ Impugnar, refutar. ❏ fig. Resistir, rechazar. ❏
REBATIBLE; REBATIMIENTO.
REBATO m. Llamada precipitada a los
vecinos de uno o más pueblos, hecha
por medio de campana u otra señal,
con el fin de defenderse cuando sobreviene un peligro. ❏ fig. Alarma o
conmoción ocasionada por algún acontecimiento repentino. ❏ Ataque repentino.
REBAUTIZAR tr. Reiterar el acto y ceremonia del sacramento del bautismo.
REBECA Personaje bíblico, esposa de
Isaac y madre de Esaú y Jacob.
REBÉCO m. Gamuza, especie de antílope.
REBELARSE prnl. Levantarse contra
la autoridad. ❏ Romper cierta amistad
o apartarse de ella. ❏ fig. Oponer resistencia. ❏ REBELIÓN.
REBELDE adj. Indócil, desobediente,
opuesto con tenacidad. ❏ adj. y s. Que
se rebela o subleva, faltando a la obediencia debida. ❏ Díc. de las cosas que
resultan difíciles de dominar. ❏ *Der.*
Díc. del que por no comparecer en el
juicio, o por tener incumplida alguna
orden o intimación del juez, es declarado por éste en rebeldía. ❏ REBELDÍA.
REBENCUDO, DA adj. *Cuba.* Testarudo.
REBENQUE m. Látigo de cuero con el
cual se castigaba a los galeotes. ❏ Látigo recio de jinete. ❏ REBENCAZO.
REBLANDECER tr. y prnl. Ablandar
una cosa o ponerla tierna. ❏ REBLANDECIMIENTO.
REBOBINAR tr. Volver a enrollar el
hilo de una bobina. ❏ Cambiar los arrollamientos en un motor eléctrico. ❏
Arrollar hacia atrás el carrete o la bobina de una película fotográfica o cinematográfica, o de una cinta magnetofónica. ❏ REBOBINADO, DA.
REBOLLO m. Planta arbórea, de hasta 25 m de alt., con hojas rígidas y frutos en bellota, también denominada
marojo.
REBORDE m. Saliente a lo largo del
borde de una cosa. ❏ REBORDEADOR; REBORDEAR.
REBOSAR intr. y prnl. Derramarse un
líquido por encima de los bordes de un
recipiente en que no cabe. ❏ fig. Abundar con demasía una cosa. ❏ intr. fig.
Dar a entender con ademanes o palabras lo mucho que en lo interior se siente. ❏ REBOSADERO; REBOSADURA o REBOSAMIENTO.
REBOTAR intr. Botar repetidamente
un cuerpo elástico, ya sobre el terreno,
ya chocando con otros cuerpos. ❏ Botar la pelota en la pared después de haber botado en el suelo. ❏ Retroceder o
cambiar de dirección un cuerpo en movimiento por haber chocado con un
obstáculo. ❏ tr. Redoblar o volver la
punta de una cosa aguda. ❏ fam. Conturbar, sofocar, poner fuera de sí a una
persona. ❏ REBOTACIÓN; REBOTADO, DA;
REBOTADURA.
REBOTE m. Cada uno de los botes que
después del primero da el cuerpo que
rebota.
REBOTICA f. Habitación auxiliar de
la farmacia que está detrás de ella. ❏
Trastienda.
REBOZAR tr. y prnl. Cubrir casi todo
el rostro con la capa o manto. ❏ tr. Bañar una vianda en huevo batido, harina, pan rallado, miel, etc.

REBOZO m. Modo de llevar la capa o
manto cubriéndose con él el rostro. ❏
Rebociño, mantilla. ❏ fig. Simulación,
pretexto. ❏ *Méx.* Manto cuadrado usado por las mujeres.
REBROTAR tr. Volver a brotar las
plantas. ❏ Volver a vivir o ser lo que
había perecido o se había amortiguado.
❏ REBROTE.
REBUFO m. Efecto que se produce cerca de la boca de fuego de un arma
cuando, inmediatamente después de la
salida del proyectil, salen los gases de
la carga de proyección.
REBUJAR tr. Envolver o cubrir algunas cosas.
REBUJO m. Embozo usado por las
mujeres. ❏ Envoltorio hecho descuidadamente. ❏ Rebojo, redisuo o desecho de algunas cosas.
REBULL, Santiago (1827-1902) Pintor
mex. Murales del castillo de Chapultepec.
REBULLIR intr. y prnl. Empezar a moverse lo que estaba quieto.
REBUSCAMIENTO m. ❏ Falto de
fluidez, espontaneidad o naturalidad.
REBUSCAR tr. Escudriñar o buscar
con cuidado. ❏ Recoger el fruto que
queda en los campos después de alzadas las cosechas. ❏ REBUSCA; REBUSCADOR, RA; REBUSCO.
REBUTIR tr. Embutir, rellenar.
REBUZNO m. Voz del asno. ❏ REBUZNAR.
RECABAR tr. Alcanzar, conseguir con
instancias o súplicas lo que se desea. ❏
Pedir alguien para sí lo que cree que le
corresponde.
RECADO m. Mensaje o respuesta que
de palabra se da o se envía a otro. ❏
Provisión de cosas compradas para el
consumo diario. ❏ *Amér.* Conjunto de
piezas que forman una montura. ❏ *Nic.*
Picadillo para rellenar empanadas. ❏
RECADERO, RA.
RECAER intr. Volver a caer. ❏ Caer
nuevamente enfermo de una misma
dolencia. ❏ Reincidir en vicios, errores,
etc. ❏ Ser atribuida o adjudicada cierta cosa a alguien. ❏ RECAÍDA.
RECALAR tr. y prnl. Penetrar poco a
poco un líquido por los poros de un
cuerpo seco, dejándolo húmedo o mo-

Rebozo. *Dama con velo,* óleo de
A. Roslin (Museo Nacional
de Estocolmo)

jado. ◊ fig. Aparecer por algún sitio una persona. ◊ intr. *Mar.* Llegar el buque, después de una navegación, a la vista de un punto de la costa. ❑ RECALADA.

RECALCAR tr. Ajustar, apretar mucho una cosa con otra o sobre otra. ◊ Llenar mucho de una cosa un receptáculo, apretándola para que quepa más. ◊ fig. Tratándose de palabras, decirlas con lentitud y exagerada fuerza de exp. para que no pueda quedar duda alguna acerca de lo que con ellas quiere darse a entender. ◊ prnl. fig. y fam. Repetir una cosa muchas veces, como recreándose con las palabras. ❑ RECALCADA; RECALCADURA.

RECALCITRAR intr. Retroceder, volver atrás los pies. ◊ fig. Resistir a obedecer una orden, un consejo. ❑ RECALCITRANTE.

RECALENTAR tr. Volver a calentar. ◊ Calentar demasiado. ◊ *Metal.* Calentar un metal sin que la temperatura alcance a transformar su estructura, y enfriarlo luego, con el fin de eliminar gases y tensiones internos. ◊ tr. y prnl. Causar excitación sexual. ◊ prnl. Tratándose de ciertos frutos, echarse a perder por el excesivo calor. ◊ Alterarse las maderas por la descomposición de la savia. ❑ RECALENTAMIENTO.

RECALZAR tr. *Agr.* Arrimar tierra alrededor de las plantas o árboles. ◊ Hacer un recalzo. ❑ RECALCE.

RECALZO m. Recalzón. ◊ Reparo que se hace en los cimientos de un edificio ya construido.

RECAMAR tr. Bordar de realce. ❑ RECAMADO, DA; RECAMADOR, RA.

RECÁMARA f. Cuarto dispuesto a continuación de la cámara, destinado para guardar los vestidos o alhajas. ◊ *Min.* Sitio en el interior de una mina destinado a contener los explosivos. ◊ En las armas de fuego, lugar del ánima del cañón, en el cual se coloca la carga y el proyectil. ◊ *Amér.* Alcoba o aposento.

RECAMARERA f. *Méx.* Doncella o criada.

RECAMBIAR tr. Hacer segundo cambio o trueque. ◊ Girar letra de resaca. ◊ Colocar una pieza de recambio.

RECAMBIO m. Repuesto de piezas de una máquina, aparato o instrumento.

RECANCANILLA f. fam. Modo de andar los muchachos como cojeando. ◊ fig. y fam. Fuerza de expresión que se da a las palabras para que las note y comprenda bien el que las escucha.

RECAPACITAR tr. y intr. Volver a pensar en una cosa, con detenimiento.

RECAPITULAR tr. Resumir lo que por escrito o de palabra se ha expresado con extensión. ❑ RECAPITULACIÓN.

RECAREDO I m. (601) Rey de los visigodos [586-601]. Durante su reinado, la monarquía visigoda se incorporó al catolicismo (III concilio de Toledo, 598), lo que fue un paso más en el proceso de romanización.

RECARGAR tr. Volver a cargar. ◊ Aumentar carga. ◊ Hacer nuevo cargo o inculpación a un acusado. ◊ fig. Agravar una cuota de impuesto u otra prestación que se adeuda. ◊ fig. Adornar con exceso una persona o cosa. ❑ RECARGO.

RECATAR tr. y prnl. Encubrir u ocultar lo que no se quiere que se vea o se

Recesvinto en una miniatura del Códice Albendense (Biblioteca de El Escorial, Madrid)

sepa. ◊ prnl. Mostrar recelo en tomar una resolución. ❑ RECATA; RECATADO, DA; RECATO.

RECAUCHUTAR tr. Reparar la cubierta del neumático de una rueda con parches de caucho. ❑ RECAUCHUTADO, DA.

RECAUDAR tr. Cobrar o percibir caudales o efectos. ◊ Asegurar, poner o tener en custodia, guardar. ❑ RECAUDACIÓN; RECAUDADOR; RECAUDAMIENTO; RECAUDO.

RECAZO m. Guarnición de la espada o de otras armas blancas. ◊ Parte del cuchillo opuesta al filo.

RECELAR tr. y prnl. Temer, desconfiar y sospechar.

RECENSIÓN f. Noticia o reseña de una obra literaria o científica. ❑ RECENSOR, RA.

RECENTAR tr. Poner en la masa la porción de levadura que se dejó reservada para fermentar. ❑ RECENTADURA.

RECEPCIÓN f. Admisión en un empleo, oficio o sociedad. ◊ Despacho de un hotel u otro alojamiento público, en que se atiende a los clientes que llegan. ◊ Ceremonia en que desfilan por delante de un rey o alto personaje ciertas personalidades. ◊ Fiesta de etiqueta celebrada en una casa particular. ◊ *Der.* Examen de los testigos. ❑ RECEPCIONISTA.

RECEPTÁCULO m. Cavidad susceptible de contener cualquier sustancia. ◊ fig. Acogida, asilo, refugio. ◊ *Bot.* Órgano floral que sirve de zona de inserción para las hojas florales o para toda una inflorescencia.

RECEPTAR tr. *Der.* Ocultar o encubrir delincuentes o cosas que son materia de delito. ◊ tr. y prnl. Recibir, acoger. ❑ RECEPTADOR, RA.

RECEPTIVIDAD f. Capacidad de recibir. ❑ RECEPTIVO, VA.

RECEPTOR, RA adj. y s. Que recepta o recibe. ◊ Díc. del motor que recibe la energía de un generador a distancia. ◊ En electrónica, acústica, óptica, etc., díc. de todo aparato o sistema capaz de recibir señales. ◊ *Biol.* Díc. de los órganos de los sentidos.

RECESAR intr. *Amér.* Cesar temporalmente en sus actividades una corporación. ◊ *Perú.* Disolver un parlamento.

RECESIÓN f. Fase de crisis económica que precede a un periodo de depre-

sión. ◊ **de las galaxias.** *Astr.* Movimiento de alejamiento de las galaxias exteriores.

RECESIVO, VA adj. Que se retira, retrocede o se desvía. ◊ adj. y s. *Biol.* de los caracteres hereditarios que no se manifiestan en el fenotipo del individuo que los posee, pero que pueden aparecer en la descendencia de éste.

RECESO m. Separación, apartamiento, desvío. ◊ *Amér.* Suspensión, cesación, vacación.

RECESVINTO (m. 672) Rey de los visigodos [653-672]. Promulgó el *Liber iudiciorum*, que igualaba jurídicamente a godos e hispanorromanos.

RECETA f. Prescripción facultativa. ◊ Nota escrita de esta prescripción. ◊ Entre contadores, relación de partidas que se pasa de una contaduría a otra. ◊ fig. Nota que comprende aquello de que debe componerse una cosa, y el modo de hacerla. ◊ Fórmula apropiada para conseguir algo. ◊ fig. y fam. Memoria de cosas que se piden. ❑ RECETAR; RECETARIO.

RECHAZAR tr. Resistir un cuerpo a otro, forzándole a retroceder en su curso o movimiento. ◊ *Med.* Reaccionar el organismo de forma negativa frente a la introducción de un cuerpo extraño, y tender a su eliminación; tal sucede especialmente en el caso de órganos trasplantados. ◊ fig. No aceptar a una persona. ◊ fig. Resistir al enemigo, obligándolo a ceder. ◊ fig. Contradecir lo que otro expresa o no admitir lo que propone u ofrece. ◊ fig. Rehusar o denegar una petición. ❑ RECHAZO.

RECHIFLAR tr. Silbar con insistencia. ◊ prnl. Burlarse de alguien, ridiculizarlo. ❑ RECHIFLA.

RECHINAR intr. Hacer o causar una cosa un sonido desagradable por ludir con otra. ◊ prnl. *Amér. Centr.* Quemarse. ❑ RECHINAMIENTO.

RECHISTAR intr. Chistar, decir algo o iniciar una voz. Se usa más en sentido negativo.

RECHONCHO, CHA adj. fam. Díc. de la persona o animal gruesos y de poca altura.

RECHUPE m. *Metal.* Defecto de los lingotes consistente en la oclusión de bolsas de aire en su interior, debido a un enfriamiento excesivamente rápido.

RECIBIDOR, RA adj. y s. Que recibe. ◊ m. Antesala o vestíbulo.

RECIBIMIENTO m. Acogida buena o mala que se hace al que viene de fuera. ◊ En algunas partes, antesala. ◊ En otras, sala principal. ◊ Manifestación de agrado o desagrado con que se recibe públicamente a una persona.

RECIBIR tr. Tomar uno lo que le dan o le envían. ◊ Sustentar, sostener un cuerpo a otro. ◊ Padecer uno el daño que otro le hace o casualmente le sucede. ◊ Admitir dentro de sí una cosa a otra. ◊ Admitir, aceptar, aprobar una cosa. ◊ Admitir visitas. ◊ Esperar o hacer frente al que acomete, con ánimo y resolución de resistir o rechazarle. ◊ prnl. Tomar uno una investidura o un título académico. ❑ RECIBIDERO, RA.

RECIBO m. En algunas partes, antesala. ◊ En otras partes, sala principal. ◊ Recibidor, pieza de entrada a una vivienda. ◊ Documento por el cual quien lo firma declara haber recibido alguna cosa o una cantidad en metálico.

RECICLAJE m. Recuperación y reutilización de un producto, como el papel, el vidrio, etc. ◊ Conjunto de enseñanzas complementarias que actualizan la formación de los profesionales. ◊ P. ext., puesta al día.

RECICLAR tr. Someter repetidamente una materia a un mismo ciclo, para ampliar o incrementar los efectos de éste.

RECIDIVA f. *Med.* Reaparición de una enfermedad padecida anteriormente y que ya parecía curada. ❏ RECIDIVAR.

RECIEDUMBRE f. Fuerza, fortaleza o vigor.

RECIÉN adv. tiempo. Sucedido poco antes.

RECIENTE adj. Nuevo, fresco o acabado de hacer.

RECIFE (ant. *Pernambuco*) C. del NE de Brasil, cap. del est. de Pernambuco; 1 290 000 hab. Puerto exportador de productos tropicales. Ind. químicas, textiles, alimentarias, del papel y del calzado.

Vista de **Recife**

RECINCHAR tr. Fajar una cosa con otra, ciñéndola.

RECINTO m. Espacio comprendido dentro de ciertos límites.

RECIO, CIA adj. Fuerte, robusto, vigoroso. ◊ Grueso, gordo o abultado. ◊ Áspero, duro de genio. ◊ Díc. del terreno grueso y sustancioso.

RECIPIENTE adj. Que recibe. ◊ m. Cavidad o utensilio en que puede contenerse algo.

RECÍPROCO, CA adj. Igual en la correspondencia de uno a otro. ◊ adj. y s. *Gram.* Díc. de los pron. y verbos de las oraciones que tienen por sujeto dos o más personas, cada una de las cuales ejerce una acción sobre las otras y la recibe de ellas. ◊ *Mat.* Inverso; al operar dos elementos recíprocos o inversos se obtiene el elemento unidad. ❏ RECIPROCIDAD; RECIPROCACIÓN; RECIPROCAR.

RECITADO m. Composición musical usada en la poesía narrativa y en los diálogos.

RECITAL m. Audición o concierto ofrecido por uno o varios artistas o instrumentistas.

RECITAR tr. Referir, contar o decir en voz alta un discurso u oración. ◊ Decir o pronunciar de memoria y en voz alta, versos, discursos, etc. ❏ RECITACIÓN.

RECITATIVO, VA adj. y m. Díc. de la declamación que es un término medio entre la recitación y el canto.

RECIURA f. Calidad de recio. ◊ Rigor del tiempo o de la estación.

RECKLINGHAUSEN C. de Alemania, en el est. de Renania Septentrional-Westfalia; 118 000 hab. Sit. en la cuenca hullera del Ruhr. Ind. química y metalúrgica.

RECLAMAR intr. Clamar contra una cosa. ◊ tr. Clamar o llamar con repetición o insistencia. ◊ Llamar a las aves con el reclamo. ◊ *Der.* Llamar una autoridad a un prófugo, o pedir el juez competente al reo o la causa en que otro entiende indebidamente. ❏ RECLAMACIÓN.

RECLAMO m. Ave amaestrada que se lleva a la caza para que con su canto atraiga otras de su especie. ◊ Voz con que un ave llama a otra de su especie. ◊ Instrumento para llamar a las aves en la caza imitando su voz. ◊ Sonido de este instrumento. ◊ Voz o grito con que se llama a uno. ◊ fig. Cualquier cosa que atrae.

RECLINAR tr. y prnl. Inclinar el cuerpo, o parte de él, apoyándolo sobre alguna cosa. ◊ Inclinar una cosa apoyándola sobre otra. ❏ RECLINACIÓN; RECLINATORIO.

RECLUIR tr. y prnl. Encerrar o poner en reclusión. ❏ RECLUSO, SA.

RECLUS, *Elisée* (1830-1905) Geógrafo y teórico anarquista fr. *Nueva geografía universal, El hombre y la tierra.*

RECLUSIÓN f. Retiro o encierro. ◊ Sitio en que uno está recluido. ◊ *Amér. Centr.* Cárcel de mujeres. ◊ *Der.* Pena privativa de libertad.

RECLUTA m. Mozo alistado voluntariamente en el ejército. ◊ P. ext., mozo alistado por sorteo para el servicio militar. ◊ P. ext., soldado muy bisoño. ◊ *Argent.* Acción de reunir el ganado disperso.

RECLUTAR tr. Alistar reclutas. ◊ P. ext., buscar o allegar gente para una obra o un propósito determinado. ❏ RECLUTADOR; RECLUTAMIENTO.

RECOBRAR tr. Recuperar, volver a tomar o adquirir lo que antes se tenía o poseía. ◊ prnl. Repararse de un daño recibido. ◊ Desquitarse, reintegrarse de lo perdido. ◊ Recuperarse de la enajenación del ánimo o de los sentidos, o de un accidente o enfermedad. ❏ RECOBRO.

RECOCER tr. Volver a cocer. ◊ tr. y prnl. Cocer mucho una cosa. ❏ RECOCHO; RECOCIDO, DA.

RECODO m. Ángulo o revuelta que forman las calles, caminos, ríos, etc.

RECOGEDOR, RA adj. Que recoge o da acogida a uno. ◊ m. Pala con la que se recoge la basura o las barreduras del suelo.

RECOGER tr. Volver a coger. ◊ Juntar personas o cosas separadas o dispersas. ◊ Hacer la recolección de los frutos. ◊ Encoger, estrechar o ceñir. ◊ Ir juntando y guardando poco a poco, especialmente el dinero. ◊ Dar asilo, acoger a uno. ◊ Encerrar a uno por loco o insensato. ◊ prnl. Retirarse, acogerse a una parte. ◊ Apartarse de la comunicación y trato con las gentes. ◊ Ceñir-

se, moderarse, reformarse en los gastos. ◊ Retirarse a dormir o descansar. ◊ Retirarse a casa. ◊ fig. Apartarse o abstraerse el espíritu de todo lo terreno. ❏ RECOGEDERO; RECOGEDOR.

RECOGIDO, DA adj. Que tiene recogimiento y vive retirado del trato y comunicación de las gentes. ◊ adj. y f. Díc. de la mujer que vive retirada en determinada casa, con clausura voluntaria o forzosa. ◊ **Recogida de datos.** *Comp.* Acción de reunir la información que se va a procesar en un punto central del sistema.

RECOLECCIÓN f. Recopilación, resumen o compendio. ◊ Cosecha de los frutos. ◊ Cobranza, recaudación de frutos o dineros. ◊ Recogimiento y atención a Dios y a las cosas divinas.

RECOLECTAR tr. Juntar personas o cosas dispersas. ◊ Recoger la cosecha. ❏ RECOLECTOR.

RECOLETO, TA fig. Díc. del lugar retirado y solitario. ◊ adj. y s. Aplícase al religioso que guarda recolección. ◊ Díc. del convento o casa en que esta práctica se observa.

RECOMENDAR tr. Encargar, pedir o dar orden a uno para que tome a su cuidado una persona o asunto. ◊ Hablar o interceder por uno, elogiándolo. ◊ Aconsejar a alguien una cosa que le beneficia. ❏ RECOMENDABLE; RECOMENDACIÓN; RECOMENDATORIO, RIA.

RECOMENZAR tr. Volver a comenzar.

RECOMPENSAR tr. Compensar el daño hecho. ◊ Retribuir o remunerar un servicio. ◊ Premiar un beneficio o favor, virtud o mérito. ❏ RECOMPENSA; RECOMPENSABLE.

RECOMPONER tr. Componer de nuevo, reparar. ❏ RECOMPOSICIÓN.

RECONCENTRAR tr. y prnl. Introducir, internar una cosa en otra. ◊ Reunir en un punto, como centro, lo que estaba esparcido. ◊ tr. fig. Disimular, ocultar o callar profundamente un sentimiento o afecto. ◊ prnl. fig. Abstraerse, ensimismarse. ❏ RECONCENTRACIÓN; RECONCENTRAMIENTO.

RECONCILIAR tr. y prnl. Volver a la amistad o hacer que vuelvan a ser amigas dos o más personas que habían dejado de serlo. ❏ RECONCILIACIÓN.

RECONCOMERSE prnl. Impacientarse por la picazón o molestia análoga. ◊ fig. Impacientarse por una molestia moral. ❏ RECONCOMIO.

RECÓNDITO, TA adj. Muy escondido, reservado y oculto. ❏ RECONDITEZ.

RECONFORTAR tr. Confortar de nuevo o con energía y eficacia.

RECONOCER tr. Examinar con cuidado una persona o cosa para enterarse de su identidad, naturaleza y circunstancias. ◊ Registrar, mirar por todos sus lados o aspectos una cosa. ◊ Registrar, para enterarse del contenido, un baúl, maleta, etc. ◊ *Pol.* En las relaciones internacionales, aceptar un nuevo estado de cosas. ◊ Examinar de cerca un campamento, fortificación o posición militar del enemigo. ◊ Confesar la certeza de lo que otro dice o la obligación de gratitud que se le debe por sus beneficios. ◊ Considerar, advertir o contemplar. ◊ Dar uno por suya, confesar que es legítima, la obligación en que suena su nombre. ◊ Distinguir de las demás personas a una, por sus rasgos propios. ◊ Construido con la prep. *por*, conceder a uno, con la conveniente solemnidad, la cualidad y relación de parentesco que tiene con el que ejecuta este reconocimiento, y los derechos consiguientes. ◊ *Med.* Examinar a una persona para averiguar el estado de su salud o para diagnosticar una presunta enfermedad. ◊ Confesarse culpable de un error, falta, etc. ❑ RECONOCEDOR, RA; RECONOCIDO, DA; RECONOCIMIENTO.

RECONQUISTA P. ant., se conoce por ese nombre el proceso llevado a cabo por los reinos cristianos de la pen. Ibérica para recuperar el territorio ocupado por los musulmanes (711-1492). La R., ya unidos los reinos de la Pen., terminó en 1492 con la conquista de Granada por los Reyes Católicos.

Reconquista. Detalle de *La rendición de Granada*, óleo de F. Padilla (Palacio del Senado, Madrid)

RECONQUISTAR tr. Volver a conquistar una plaza, prov. o reino. ◊ fig. Recuperar algo que se había perdido.
RECONSIDERAR tr. Volver a considerar.
RECONSTITUIR tr. y prnl. Volver a constituir, rehacer. ❑ RECONSTITUCIÓN; RECONSTITUYENTE.
RECONSTRUCTOR, RA adj. Que reconstruye. ◊ **espacial dinámico.** *Med.* Nueva técnica de exploración radiológica que permite ver los órganos en tres dimensiones y en movimiento.
RECONSTRUIR tr. Volver a construir. ◊ fig. Unir, evocar recuerdos o ideas para completar el conocimiento de un hecho o el concepto de una cosa. ❑ RECONSTRUCCIÓN; RECONSTRUCTIVO, VA.
RECONTAR tr. Contar o volver a contar el núm. de cosas. ◊ Referir, narrar.
RECONVENIR tr. Reprender a uno, arguyéndole ordinariamente con su propio hecho o palabra. ◊ *Der.* Ejercitar el demandado acción contra el promovedor del juicio. ❑ RECONVENCIÓN.
RECONVERTIR tr. Hacer volver a su estado primero o a su creencia anterior aquello que había sufrido una transformación. ❑ RECONVERSIÓN.
RECOPILACIÓN f. Compendio, resumen o reducción breve de una obra

o un discurso. ◊ Colección de escritos diversos. ◊ Colección ordenada de las disposiciones legislativas vigentes.
RECOPILAR tr. Juntar en compendio, recoger o unir diversas cosas. Díc. especialmente de escritos literarios. ❑ RECOPILADOR, RA.
RÉCORD (voz ing.) m. Marca, proeza deportiva, comprobada oficialmente, que supera el resultado de las anteriores. ◊ P. ext., cualquier cosa que supera un logro anterior.
RECORDAR tr. e intr. Traer a la memoria una cosa. ◊ tr., intr. y prnl. Excitar y mover a uno a que tenga presente una cosa de que se hizo cargo o que tomó a su cuidado. ❑ RECORDABLE; RECORDACIÓN; RECORDATIVO, VA; RECORDATORIO, RIA.
RECORRER tr. Con nombre que exprese espacio o lugar, ir o transitar por él. ◊ Registrar, examinar con la mirada. ◊ *Art. Gráf.* Justificar la composición pasando letras de una línea a otra, a consecuencia de enmiendas o de variación en la medida de la página.
RECORRIDO m. Espacio que ha recorrido, recorre o ha de recorrer una persona o cosa. ◊ fig. y fam. Reprensión o corrección a uno por una falta.
RECORTAR tr. Cortar o cercenar lo que sobra en alguna cosa. ◊ Cortar el papel, tela u otra cosa en varias figuras. ❑ RECORTABLE; RECORTADO, DA; RECORTADURA.
RECORTE m. Cosa recortada. ◊ Noticia de un periódico que se recorta. ◊ *Guat., Méx.* y *Nic.* Crítica de una persona ausente.
RECOSER tr. Volver a coser. ◊ Componer, zurcir o remendar la ropa.
RECOSTAR tr. y prnl. Reclinar la parte superior del cuerpo el que está de pie o sentado. ◊ Inclinar una cosa sobre otra. ❑ RECOSTADERO.
RECOVECO m. Vuelta y revuelta de un callejón, pasillo, arroyo, etc. ◊ fig. Rodeo de que uno se vale para conseguir un fin. ◊ *Méx.* Adorno muy complicado.
RECREAR tr. Crear o producir de nuevo alguna cosa. ◊ tr. y prnl. Divertir, alegrar o deleitar. ❑ RECREACIÓN; RECREATIVO, VA.
RECREO m. Suspensión de la clase para descansar o jugar los escolares. ◊ Sitio apto para diversión. ◊ *Amér. Centr.* Concierto diurno ejecutado por una banda militar en un jardín público.
RECRIAR tr. Fomentar, a fuerza de pasto y pienso, el desarrollo de potros u otros animales criados en región distinta. ❑ RECRÍA.
RECRIMINAR tr. Reprender, censurar a una persona su comportamiento. ◊ Responder a cargos o acusaciones con otros u otras. ❑ RECRIMINACIÓN.
RECRUDECER intr. y prnl. Tomar nuevo incremento un mal, material o inmaterial, después de haber empezado a remitir o ceder. ❑ RECRUDECIMIENTO o RECRUDESCENCIA.
RECTANGULAR adj. Relativo al ángulo recto. ◊ Que tiene uno o más ángulos rectos. ◊ Que contiene uno o más rectángulos. ◊ Que tiene forma de rectángulo.
RECTÁNGULO adj. y m. que tiene los ángulos rectos. ◊ *Geom.* Cuadrilátero cuyos cuatro ángulos son rectos.
RECTIFICACIÓN f. *El.* Obtención de

una tensión continua a partir de otra alterna. ◊ *Quím.* Destilación fraccionada de un líquido para purificarlo o separar sus componentes.
RECTIFICADO m. *Mec. apl.* Corrección definitiva de una superficie arrancando virutas muy finas La herramienta empleada es la rectificadora.
RECTIFICAR tr. Reducir una cosa a la exactitud que debe tener. ◊ Contradecir a otro en lo que ha dicho, por considerarlo erróneo. ◊ *El.* Convertir una corriente eléctrica alterna en una corriente continua. ◊ *Quím.* Purificar los líquidos. ◊ prnl. Enmendar uno sus actos o su proceder. ❑ RECTIFICADOR, RA; RECTIFICATIVO, VA.
RECTILÍNEO, A adj. Que se compone de líneas rectas o sigue la dirección de una recta. ◊ fig. Se aplica a algunos caracteres de personas rectas o muy justas, a veces con exageración.
RECTITUD f. Distancia más breve entre dos puntos o términos. ◊ Calidad de recto o justo. ◊ fig. Recta razón o conocimiento práctico de lo que debemos hacer o decir. ◊ fig. Exactitud o justificación en las operaciones.
RECTO, TA adj. Que no se inclina ni a un lado ni a otro. ◊ fig. Justo, severo y firme en sus resoluciones. ◊ fig. Díc. del sentido literal de las palabras, a diferencia del figurado. ◊ adj. y f. *Geom.* Díc. de la línea recta. ◊ adj. y m. *Anat.* Díc. de la última porción del intestino de los gusanos, artrópodos, moluscos, procordados y vertebrados, que termina en el ano. ◊ *Geom.* Díc. del ángulo de noventa grados. ◊ f. Tramo recto de una carretera, pista, etc. ❑ RECTAL.
RECTOR, RA adj. y s. Que rige o gobierna. ◊ m. y f. Persona a cuyo cargo está el gobierno de una parroquia, hospital, comunidad o colegio. ◊ m. Párroco o cura propio. ◊ Autoridad máx. en una universidad y su distrito. ❑ RECTORADO; RECTORAL; RECTORÍA.
RECUA f. Conjunto de animales de carga, que sirve para trajinar. ◊ fig. y fam. Gran cantidad de cosas que van o siguen unas detrás de otras. ❑ RECUERO, RA.
RECUADRO m. Compartimiento o división en forma de cuadro o cuadrilongo, en un muro u otra superficie. ◊ Porción del espacio limitada por una línea en forma de cuadro.
RECUAY Cultura preincaica que se desarrolló en el Altiplano N del Perú, en el Callejón de Huaylas. Al parecer, su época de apogeo corresponde al s. VI. Artísticamente, su manifestación más imp. es la cerámica.
RECUBRIR tr. Volver a cubrir. ◊ Cubrir una cosa con otra. ◊ Retejar, reco-

Cerámica de la cultura **recuay**

rrer los tejados cubriendo las tejas que faltan. ❏ RECUBRIMIENTO.

RECUENTO m. Cuenta o segunda enumeración que se hace de una cosa. ◊ Inventario.

RECUERDO, DA adj. *Amér.* Despierto. ◊ m. Proceso de reestimulación de unas imágenes o experiencias mnémicas, que implica una sucesión sistemática de tales imágenes o experiencias. ◊ fig. Cosa que se regala en testimonio de buen afecto. ◊ pl. Saludo afectuoso a un ausente por escrito o por medio de otra persona.

RECULAR intr. Cejar o retroceder. ◊ fig. y fam. Ceder uno de su dictamen u opinión. ❏ RECULADA.

RECULO, LA adj. Aplícase al pollo o gallina que no tiene cola.

RECUPERADOR adj. y m. *Ind.* Díc. del aparato destinado a recuperar el calor perdido en diferentes operaciones en las que interviene la energía calorífica.

RECUPERAR tr. Volver a tomar o adquirir lo que antes se tenía. ◊ Referido a una cosa inservible, volver a utilizarla. ◊ fig. Aprovechar el tiempo que antes se desperdició. ◊ tr. y prnl. Volver a la normalidad física o psíquica. ◊ prnl. Volver en sí. ❏ RECUPERABLE; RECUPERACIÓN; RECUPERATIVO, VA.

RECURRIR intr. Acudir a un juez o autoridad con una demanda o petición. ◊ Buscar en una persona o cosa remedio o solución de algo. ◊ Volver una cosa al lugar de donde salió. ◊ *Der.* Entablar recurso contra una resolución. ❏ RECURRENTE; RECURRIBLE.

RECURSO m. Vuelta o retorno de una cosa al lugar de donde salió. ◊ Memorial, solicitud, petición por escrito. ◊ *Der.* Acción que concede la ley al interesado en un juicio o en otro procedimiento para reclamar contra las resoluciones. ◊ pl. Bienes, medios de subsistencia. ◊ fig. Expedientes, arbitrios.

RECUSAR tr. Negarse a admitir o aceptar una cosa. ◊ Poner tacha legítima al juez, al oficial, al perito que con carácter público interviene en un procedimiento o juicio, para que no actúe en él. ❏ RECUSACIÓN.

RED f. Aparejo de mallas para pescar, cazar, cercar, sujetar, etc. ◊ Labor o tejido de mallas. ◊ Engaño o trampa. ◊ Redecilla para el pelo. ◊ *Comp.* Con-

Red de pesca

Robert **Redford**

junto de nodos conectados entre sí. Pueden formar r. locales, privadas o públicas. ◊ *Dep.* Tejido de malla que se emplea para separar dos campos, limitar una portería, etc. ◊ Verja o reja. ◊ fig. Conjunto sistemático de cañerías, hilos conductores, vías de comunicación, o agencias y servicios, para determinado fin. ◊ fig. Conjunto y trabazón de cosas que obran en favor o en contra de un fin o de un intento. ◊ Conjunto de personas organizadas para un mismo fin. ❏ REDAR; REDERO, RA.

RED RIVER Río de EEUU; 2 000 km. Nace en el Llano Estacado y desemboca en el golfo de México por un ramal secundario, mientras que el brazo pral. se une al Misisipí.

REDACCIÓN f. Texto redactado. ◊ Lugar u oficina donde se redacta. ◊ Conjunto de redactores de una publicación periódica, de una editorial, etc.

REDACTAR tr. Dar forma escrita a la exp. de una cosa. ❏ REDACTOR, RA.

REDADA f. Lance de red. ◊ fig. y fam. Conjunto de personas, animales o cosas que se toman o cogen de una vez.

REDAJE m. *Ecuad.* Red, intrincamiento.

REDAÑO m. *Anat.* Prolongación del peritoneo, que cubre por delante los intestinos. ◊ Mesenterio. ◊ pl. fig. Fuerzas, brío, valor.

REDECILLA f. Tejido de mallas con el que se hacen las redes. ◊ Bolsa de malla para recoger el pelo o adornar la cabeza. ◊ Segunda de las cuatro cavidades en que se divide el estómago de los rumiantes. ❏ REDEJÓN.

REDEDOR m. Contorno, territorio.

REDENCIÓN f. P. ant., la que Jesucristo hizo del género humano por medio de su pasión y muerte, y que constituye el dogma fundamental del cristianismo. ◊ fig. Remedio, recurso, refugio.

REDENTOR, RA adj. y s. Que redime. ◊ m. P. ant., Jesucristo.

REDENTORISTA adj. Relativo a la Congregación del Santísimo Redentor, fundada por san Alfonso María de Ligorio. ◊ adj. y s. Miembro de dicha congregación.

REDFORD, *Robert* (n. 1937) Actor y director cinematográfico norteam. *El golpe, El gran Gatsby, Memorias de África.* En 1980 dirigió *Gente corriente*, Óscar a la mejor película y a la mejor dirección.

REDGRAVE, *Vanessa* (n. 1937) Actriz

de cine y política brit. Protagonista de *Blow-up, Camelot, Isadora, Julia.*

REDHIBIR tr. Anular el comprador la venta por no haberle manifestado el vendedor el vicio o gravamen de la cosa vendida. ❏ REDHIBICIÓN; REDHIBITORIO, RIA.

REDICHO, CHA adj. fam. Aplícase a la persona que habla pronunciando las palabras con una perfección afectada.

REDIL m. Aprisco vallado. ❏ REDILAR.

REDIMIR tr. Dejar libre una cosa hipotecada, empeñada o sujeta a otro gravamen. ◊ tr. y prnl. Rescatar o sacar de esclavitud al cautivo mediante precio. ◊ Librar de una obligación o extinguirla. ◊ fig. Poner término a algún vejamen, dolor, penuria u otra adversidad o molestia.

REDISTRIBUIR tr. Volver a distribuir. ◊ Modificar distributivamente la renta nacional entre diversos elementos de producción o entre las distintas clases sociales, con el fin de nivelar las diferencias económicas demasiado acusadas. ❏ REDISTRIBUCIÓN.

RÉDITO m. Renta o beneficio que rinde un capital periódicamente o en un plazo único.

REDITUAR tr. Rendir, producir utilidad, periódica o renovadamente. ❏ REDITUABLE.

REDIVIVO, VA adj. Aparecido, resucitado, vuelto a la vida.

REDOBLAR tr. y prnl. Doblar o aumentar una cosa al doble de lo que antes era. ◊ Repetir, reiterar, volver a hacer una cosa. ◊ intr. Tocar redobles en el tambor. ❏ REDOBLADURA o REDOBLAMIENTO.

REDOBLE m. Toque vivo y sostenido, que se produce golpeando rápidamente el tambor con los palillos.

REDOMA f. Vasija de vidrio, de cuerpo abombado y cuello largo y estrecho.

REDOMADO, DA adj. Muy cauteloso y astuto. ◊ Total, completo, consumado, perfecto. Suele usarse como intensificador de sentido.

REDOMÓN, NA adj. *Amér.* Aplícase a la caballería no domada por completo.

REDON, *Odilon* (1840-1916) Pintor y litógrafo fr. Precursor del mov. surrealista. Autor de dibujos, óleos y litografías. *Entre sueños, Las flores del mal.*

REDONDEAR tr. y prnl. Dar forma redonda a una cosa. ◊ tr. Hablando de cantidades, prescindir de fracciones para completar unidades de cierto orden. ❏ REDONDEADO, DA; REDONDEO.

REDONDEL m. fam. Círculo o circunferencia. ◊ Espacio destinado a la lidia, en las plazas de toros.

REDONDILLA f. *Métr.* Combinación de cuatro versos octosílabos, de los cuales riman el primero con el último y el segundo con el tercero. ◊ Díc. de la letra de mano o imprenta que es derecha y circular.

REDONDO, DA adj. De figura circular o semejante a ella. ◊ De figura esférica o semejante a ella. ◊ Díc. del terreno adehesado y que no es común. ◊ Díc. del trozo de carne de vacuno que esá adherido a la contratapa y tiene forma cilíndrica. ◊ fig. Claro, sin rodeo. ◊ adj. y f. Letra redonda. ◊ fig. y fam. Moneda corriente. ◊ Dehesa o coto de pasto. ◊ *Mús.* Semibreve. ❏ REDONDEZ.

REDROJO m. Cada uno de los racimos pequeños que van dejando atrás los vendimiadores.

REDUCCIÓN f. Pueblo de indios cristianos. ◊ *Mat.* Método de resolución de sistemas de ecuaciones por eliminación simultánea de ecuaciones e incógnitas.

☐ *Quím.* Disminución del núm. de oxidación de un átomo o grupo de átomos combinados mediante una reacción adecuada. El elemento compuesto que se reduce gana electrones (oxidante), que son cedidos por otro elemento o compuesto que se oxida (reductor). ◊ **Reducciones jesuíticas.** *Hist.* Centros de población india regentados por los jesuitas entre principios del s. XVII y la segunda mitad del s. XVIII. El régimen económico era comunitario, no existía el latifundio y el trato humanitario de los jesuitas atrajo a los indígenas. La expulsión de la Orden en 1767 conllevó la destrucción de los centros.

REDUCIDO, DA adj. Estrecho, pequeño, limitado.

REDUCIDOR, RA m. y f. *Argent.* y *Chile.* Perista.

REDUCIR tr. Volver una cosa al lugar donde antes estaba o al estado que tenía. ◊ Disminuir de tamaño, de importancia, de extensión, etc. ◊ Mudar una cosa en otra equivalente. ◊ Resumir un discurso, narración, etc. ◊ Dividir un cuerpo en partes menudas. ◊ Hacer que un cuerpo pase del estado sólido al líquido o al de vapor, o al contrario. ◊ Sujetar a la obediencia a los que se habían separado de ella. ◊ Restablecer en su situación natural los huesos dislocados o rotos, o bien las partes que forman los tumores herniosos. ◊ Expresar el valor de una cantidad de unidades de especie distinta de la dada. ◊ *Quím.* Descomponer un cuerpo en sus principios o elementos. ◊ prnl. Moderarse, arreglarse o ceñirse en el modo de vida o porte. ☐ REDUCIBLE; REDUCIMIENTO; REDUCTIBLE.

REDUCTO m. Obra de campaña, cerrada, que suele constar de parapeto y una o más banquetas.

REDUCTOR, RA adj. Que reduce. ◊ adj. y m. *Quím.* Sustancia que, en una reacción, es capaz de ceder electrones a otra sustancia que se llama oxidante. ◊ **de revoluciones.** *Ing.* Mecanismo para disminuir la velocidad angular de un eje, aumentando al mismo tiempo el par transmitido. ◊ **de velocidades.** R. de revoluciones.

REDUNDANCIA f. Excesiva abundancia de cualquier cosa en cualquier línea. ◊ Recurso expresivo obtenido con la insistencia o repetición de un concepto.

REDUNDAR intr. Rebosar, salirse una cosa de sus límites. ◊ Resultar o venir a parar una cosa en beneficio o daño de alguno.

REDUPLICAR tr. Aumentar una cosa al doble de lo que antes era. ◊ Repetir, volver a hacer una cosa. ☐ REDUPLICACIÓN.

REED, SIR *Carol* (1906-1976) Director de cine brit. Destacó en el gén. policiaco. *Larga es la noche, El tercer hombre, Oliver.* ◊ *John* (1887-1920) Periodista norteam. Testigo de la rev. mex. Se exilió a la URSS. *México insurgente, Diez días que conmovieron el mundo.*

REEDUCAR tr. Volver a enseñar, mediante una serie de técnicas, el uso de los miembros u otros órganos, perdido

Ruinas de la **reducción jesuítica** de San Ignacio (Misiones, Argentina)

o viciado por ciertas enfermedades. ☐ REEDUCACIÓN.

REEMBOLSAR tr. y prnl. Devolver a una persona una cantidad desembolsada por ella. ☐ REEMBOLSABLE.

REEMBOLSO Contra r. m. adv. Díc. del envío por correo de una mercadería o recibo cuyo importe debe hacer efectivo el destinatario.

REEMPLAZAR tr. Sustituir una cosa por otra. ◊ Suceder a uno en el empleo, cargo o actividad.

REEMPLAZO m. Sustitución que se hace de una persona o cosa por otra. ◊ Renovación parcial del contingente del ejército activo.

REENCARNACIÓN f. Ant. creencia en la posibilidad de renacer en otro cuerpo tras la muerte.

REENCARNAR intr. y prnl. Volver a encarnar.

REENCONTRAR tr. y prnl. Volver a encontrar. ◊ prnl. fig. Recobrar una persona cualidades, facultades, hábitos, etc., que había perdido. ☐ REENCUENTRO.

REENGANCHAR tr. y prnl. Volver a enganchar o atraer a uno a que siente plaza de soldado ofreciéndole dinero. ☐ REENGANCHAMIENTO; REENGANCHE.

REESTRENAR tr. Volver a estrenar; díc. especialmente de películas u obras teatrales, cuando vuelven a proyectarse o representarse pasado algún tiempo de su estreno. ☐ REESTRENO.

REESTRUCTURAR tr. Modificar la estructura de una obra, proyecto, organización, etc. ☐ REESTRUCTURACIÓN.

REFACCIÓN f. Alimento ligero que se toma para reparar las fuerzas. ◊ *Cuba.* Gasto que ocasiona al propietario el sostenimiento de una finca. ☐ REFACCIONARIO, RIA.

REFACCIONAR tr. *Amér.* Restaurar o reparar un edificio.

REFAJO m. Falda de tejido grueso usada por algunas mujeres encima de las enaguas.

REFECTORIO m. Comedor de las comunidades religiosas y algunos colegios. ☐ REFECTOLERO.

REFERENCIA f. Narración o relación de una cosa. ◊ Relación, dependencia o semejanza de una cosa respecto de otra. ◊ Indicación en un escrito del lugar, del mismo o de otro, al que se remite al lector. ◊ Informe que acerca de

la probidad, solvencia u otras cualidades de un tercero da una persona a otra. Suele usarse en el ejercicio comercial, y más en pl.

REFERÉNDUM m. Procedimiento jurídico por el que se someten al voto popular leyes o actos administrativos cuya ratificación por el pueblo se propone.

REFERIR tr. Dar a conocer, de palabra o por escrito, un hecho verdadero o ficticio. ◊ tr. y prnl. Dirigir, encaminar u ordenar una cosa a cierto y determinado fin u objeto. ◊ Poner en relación personas o cosas. ◊ prnl. Remitirse, atenerse a lo dicho o hecho. ◊ Aludir. ☐ REFERENTE.

REFILÓN (De) m. adv. Oblicuamente, de soslayo, al sesgo. ◊ fig. De paso, de pasada.

REFINACIÓN o **REFINADURA** f. *Ind.* Proceso de eliminación de impurezas de ciertos productos.

REFINADO, DA adj. fig. Sobresaliente, exquisito, distinguido, exento de vulgaridad. ◊ fig. Extremado en la maldad. ◊ m. *Ind.* Refinación.

REFINAR tr. Hacer más fina o más pura una cosa, separando las impurezas y materias heterogéneas. ◊ fig. Perfeccionar una cosa adecuándola a un fin determinado. ◊ prnl. fig. Abandonar modales toscos por otros más pulidos. ☐ REFINADOR, RA; REFINAMIENTO; REFINO, NA.

REFINERÍA f. *Ind.* Complejo dedicado a la refinación de petróleo, alcohol, azúcar, etc.

REFISTOLERO adj. y s. *Méx.* y *Cuba.* Presumido, orgulloso. ◊ *Ven.* Émbrollón.

REFLECTAR intr. Reflejar, oponiendo una superficie lisa, la luz, el calor, el sonido o algún cuerpo elástico. ☐ REFLECTANTE.

REFLECTOR, RA adj. Sustancia, aparato, sistema, etc. capaz de reflejar energía. ◊ m. *Ópt.* Telescopio cuyo objetivo es un espejo, con lo que se consiguen objetivos de dimensiones muy superiores a las posibles en las lentes. ◊ Aparato de superficie bruñida para reflejar los rayos luminosos a grandes distancias.

REFLEJAR intr. y prnl. Hacer retroceder o cambiar de dirección la luz, el so-

Detalle de *San Hugo visitando el refectorio,* óleo de Zurbarán (Museo de Bellas Artes, Sevilla, España)

nido o algún cuerpo elástico, oponiéndoles una superficie lisa. ◊ Manifestar o hacer patente una cosa. ◊ prnl. fig. Dejarse ver una cosa en otra. ❏ REFLEXIBLE.

REFLEJO, JA adj. Que ha sido reflejado. ◊ Aplícase al conocimiento o consideración que se ha formado de una cosa para reconocerla mejor. ◊ m. Luz reflejada. ◊ Brillo, destello; viso. ◊ Representación, imagen, muestra. ◊ *Fisiol.* Respuesta involuntaria, de carácter motor, glandular o emocional, como consecuencia de la aplicación de un estímulo. ◊ **condicionado.** Respuesta refleja a un estímulo que previamente no la desencadenaba, por aprendizaje debido a la repetición de éste con otro que sí la desencadena.

RÉFLEX adj. y f. *Fot.* Díc. de la cámara en la que el objeto se observa mediante el visor y la imagen dada por el objetivo se refleja sobre un vidrio esmerilado.

REFLEXIÓN f. *Fís.* Cambio de dirección que experimenta un sistema ondulatorio en su trayectoria al incidir en una superficie reflectante. ◊ fig. Advertencia o consejo para convencer o persuadir. ◊ **óptica.** *Fís.* Aquélla en que el sistema ondulatorio es un haz de luz.

REFLEXIONAR intr. y prnl. Volver a considerar una cosa detenidamente y con profundidad.

REFLEXIVO, VA adj. Que refleja o reflecta. ◊ Acostumbrado a hablar y a obrar con reflexión. ◊ *Gram.* Díc. del verbo o de la oración en que el sujeto es a la vez agente y paciente. ◊ *Gram.* Díc. del pron. que cumple función de complemento directo o indirecto (me, te, se, nos, os).

REFLUIR intr. Volver hacia atrás o hacer retroceso un líquido. ◊ fig. Redundar, resultar o venir a parar una cosa en beneficio o daño de alguno.

REFLUJO m. Movimiento de descenso de la marea.

REFOCILAR tr. y prnl. Recrear, alegrar. Díc. de las cosas que calientan y dan vigor. ◊ Divertir groseramente o causar una alegría maligna. ❏ REFOCILACIÓN; REFOCILO.

REFORMA f. Proyecto o ejecución de algo que proporciona mejoras o innovaciones a una cosa. ◊ n. p. f. *Hist.* Rev.

Detalle de un grabado en madera de Lucas Cranach el Joven en el que aparece Lutero predicando la **Reforma**

religiosa, con derivaciones políticas, económicas, morales y sociales, promovida a principios del s. XVI por disidentes de la Iglesia catól. ◊ **agraria.** Cambio operado en las estructuras agrícolas de un país o región, con el fin de lograr mayor rendimiento de la tierra y mejoras económicas y sociales para los campesinos. ◊ **Guerra de** Conflicto civil de México (1858-1860), que enfrentó a liberales y conservadores, resultando vencedor el liberal Benito Juárez.

□ *Hist.* Los prales. representantes del mov. fueron Lutero en Alemania, Calvino y Zwinglio en Suiza y Knox en Escocia, fundadores de las confesiones llamadas protestantes. Desde el punto de vista religioso, los reformadores aspiraban a modificar las estructuras de la Iglesia y de la soc. según los principios del cristianismo primitivo, superando el férreo aparato teológico de la escolástica. La Dieta de Augsburgo sancionó el reconocimiento de la nueva religión, que arraigó con fuerza en Inglaterra, Escocia, Bohemia, Suiza, Países Bajos y parte de Alemania y Francia.

REFORMAR tr. Volver a formar, rehacer. ◊ Reparar, restaurar, restablecer, reponer. ◊ Arreglar, corregir, enmendar, poner en orden. ◊ prnl. Enmendarse, arreglarse o corregirse. ◊ Contenerse, moderarse o reportarse uno en lo que dice o ejecuta. ❏ REFORMABLE; REFORMACIÓN; REFORMADOR, RA; REFORMATIVO, VA.

REFORMATORIO, RIA adj. Que reforma o arregla. ◊ m. Establecimiento penitenciario de tipo correccional donde se trata de modificar la conducta de algunos jóvenes.

REFORMING (voz ing.) m. *Ind.* Proceso térmico a que se somete la gasolina para aumentar su índice de octano.

REFORMISMO m. *Pol.* Doctrina política socialista, de carácter moderado, que procura la instauración gradual de las ideas socialistas desde los medios proporcionados por las instituciones políticas democráticas (⇒ revisionismo). ❏ REFORMISTA.

REFORZAR tr. Añadir nuevas fuerzas a una cosa. ◊ Fortalecer o reparar lo que padece ruina. ◊ tr. y prnl. animar, alentar, dar espíritu. ❏ REFORZADO, DA; REFORZANTE.

REFRACCIÓN f. *Fís.* Cambio de dirección que experimenta un sistema ondulatorio en su trayectoria al pasar desde un medio a otro de distinta refringencia. ◊ **astronómica.** La que experimentan los rayos luminosos durante su recorrido a través de la atmósfera terrestre. ◊ **Doble r.** *Fís.* Propiedad de ciertos cristales de duplicar las imágenes de los objetos.

REFRACTAR tr. y prnl. Hacer que cambie de dirección el rayo de luz que pasa oblicuamente de un medio a otro de diferente densidad. ❏ REFRACTIVO, VA; REFRACTO, TA; REFRANGIBILIDAD; REFRANGIBLE.

REFRACTARIO, RIA adj. Aplícase a la persona que rehúsa cumplir una promesa u obligación. ◊ Opuesto, rebelde a aceptar una idea, opinión o costumbre. ◊ adj. y m. *Ind.* Díc. del material sólido que resiste la acción del fuego y temperaturas superiores a 1 580 °C

sin fundirse, deformarse ni descomponerse.

REFRACTÓMETRO m. Instrumento para medir índices de refracción absolutos.

REFRÁN m. Dicho de uso común que contiene un consejo o moraleja. ❏ REFRANESCO, CA; REFRANISTA.

REFRANERO m. Libro en el que se copilan refranes, aforismos, adagios, etc.

REFREGAR tr. y prnl. Frotar una cosa con otra. ◊ tr. fig. y fam. Dar en cara a uno con una cosa que le ofende, insistiendo en ella. ❏ REFREGADURA; REFREGAMIENTO; REFREGÓN.

REFRENAR tr. Sujetar y reducir al caballo con el freno. ◊ tr. y prnl. fig. Contener, reportar, reprimir o corregir. ❏ REFRENADA; REFRENAMIENTO.

REFRENDAR tr. Autorizar un despacho u otro documento por medio de la firma de persona hábil para ello. ❏ REFRENDACIÓN; REFRENDARIO o REFRENDARIO.

REFRENDO m. Testimonio que acredita haber sido refrendada una cosa. ◊ Firma puesta en los decretos al pie de la del jefe del Est. por los ministros.

REFRESCAR tr. y prnl. Atemperar, moderar, disminuir o rebajar el calor de una cosa. ◊ tr. fig. Renovar, reproducir una acción. ◊ fig. Renovar un sentimiento, dolor o costumbre antiguos. ◊ intr. fig. Tomar fuerzas, vigor o aliento. ◊ Templarse o moderarse el calor del aire. Se usa con nombre que signifique tiempo. ◊ intr. y prnl. Tomar el fresco. ◊ Beber frío o helado, o cosa atemperante. ❏ REFRESCADURA o REFRESCAMIENTO; REFRESCANTE.

REFRESCO m. Alimento ligero que se toma para fortalecerse y continuar en el trabajo. ◊ Bebida fría o del tiempo. ◊ Agasajo de bebidas, dulces, etc., que se da en las visitas, reuniones, etc.

REFRIEGA f. Reencuentro o combate de poca importancia.

REFRIGERACIÓN f. Enfriamiento artificial de un cuerpo, que se obtiene al poner éste en contacto con otros cuerpos capaces de absorber calor. ◊ *Mec. apl.* En los motores térmicos de combustión interna, conjunto de dispositivos para mantener la temperatura de los diferentes órganos entre límites aceptables a efectos de resistencia. ◊ Refrigerio, alimento ligero.

REFRIGERADOR, RA adj. Que refrigera. ◊ adj. y s. Díc. de los aparatos e instalaciones que se destinan a producir y conservar bajas temperaturas.

REFRIGERAR tr. Hacer más fría una habitación u otra cosa. ◊ tr. y prnl. fig. Reparar las fuerzas con un refrigerio. ❏ REFRIGERANTE; REFRIGERATIVO, VA.

REFRIGERIO m. Alivio que se siente con lo fresco.

REFRINGENTE adj. Que refringe. ◊ **Ángulo r.** Ángulo de refracción. ◊ **Poder r.** *Fís.* Relación entre el flujo lumínico incidente sobre una superficie que separa dos medios de distinta refringencia y el flujo luminoso refractado.

REFRITO m. Aceite frito con ajo, cebolla, pimentón y otros ingredientes que se añaden en caliente a algunos guisos. ◊ fig. Cosa rehecha o de nuevo aderezada. Suele decirse de la refundición de un texto escrito que aprovecha elementos de otro.

REFUCILAR intr. *Argent.* y *Ecuad.* Relampaguear. ❏ *Argent.* y *Ecuad.* REFUCILO.

REFUERZO m. Mayor grueso que, en totalidad o en cierta parte, se da a una cosa para hacerla más resistente. ◊ Reparo que se pone para fortalecer y afirmar una cosa. ◊ Socorro o ayuda que se presta en ocasión o necesidad. ◊ pl. *Mil.* Tropas que se añaden a otras para aumentar su potencia.

REFUGIADO, DA m. y f. Persona que, debido a la guerra, a las persecuciones políticas, a la condena o al deseo de huir de un peligro, busca amparo fuera de su país. Diversos organismos internacionales se han preocupado de dar protección a los r., entre ellos el Alto Comisariado de las Naciones Unidas para los Refugiados, creado en 1951.

REFUGIAR tr. y prnl. Acoger o amparar a uno, sirviéndole de resguardo y asilo.

REFUGIO m. Asilo, acogida o amparo. ◊ Lugar adecuado para refugiarse. ◊ Cabaña o edificación sit. en la montaña o en los caminos para guarecerse en caso necesario. ◊ **antiaéreo.** Construcción destinada a proteger de los ataques aéreos. ◊ **atómico.** Recinto concebido para protegerse de las explosiones atómicas.

REFULGIR intr. Resplandecer, emitir fulgor. ❏ REFULGENCIA; REFULGENTE.

REFUNDIR tr. Volver a fundir o liquidar los metales. ◊ fig. Dar nueva forma y disposición a una obra de ingenio. ◊ tr. y prnl. fig. Comprender o incluir. ◊ prnl. *Amér.* Perderse. ❏ REFUNDICIÓN.

REFUNFUÑAR intr. Emitir voces confusas o palabras mal articuladas o entre dientes, en señal de enojo o desagrado. ❏ REFUNFUÑADURA; REFUNFUÑO.

REFUTAR tr. Contradecir, rebatir con argumentos o razones lo que otros dicen. ❏ REFUTABLE; REFUTACIÓN; REFUTATORIO, RIA.

REGADERA f. Recipiente portátil a propósito para regar. ◊ Acequia, reguera.

REGADÍO, A adj. y m. Se aplica al terreno que se puede regar. ◊ m. Terreno que está dedicado al cultivo de plantas que necesitan riego.

REGALA f. *Mar.* Tablón que forma el borde de las embarcaciones.

REGALADO, DA adj. Suave o delicado. ◊ Placentero, deleitoso. ◊ fig. y fam. Baratísimo.

REGALADO, Tomás (1860-1906) Militar y político salv. Presid. de la rep. (1899-1903).

REGALAR tr. Dar a uno graciosamente una cosa en muestra de afecto o consideración o por otro motivo. ◊ Halagar, acariciar o hacer expresiones de afecto y benevolencia. ◊ tr. y prnl. Recrear o deleitar. ◊ Liquidar con el calor una cosa sólida, congelada o pastosa; derretir. ◊ prnl. Tratarse bien, procurando tener las comodidades posibles. ❏ REGALADOR, RA; REGALAMIENTO.

REGALÍA f. Reeminencia, prerrogativa que en virtud de suprema potestad ejerce un soberano en su Est. o reino. Propia de la E. Med. ◊ Privilegio que la Santa Sede concede a los soberanos en algún punto relativo a la disciplina de la Iglesia. Más usado en pl. ◊ fig.

Cualquier tipo de privilegio. ◊ fig. Ingresos extras de un empleado. ◊ *Amér.* Regalo. ◊ *Cuba* y *Méx.* Anticipo que percibe el arrendador por un contrato de arriendo. ◊ *Ven.* Belleza, bondad. ◊ pl. *Amér.* Derechos pecuniarios que por la explotación de una obra o patente por un tercero, percibe un autor o inventor.

REGALISMO m. Doctrina política que defiende las regalías o prerrogativas del Est. frente a la Iglesia. ❏ REGALISTA.

REGALIZ m. Planta arbustiva cuyo rizoma se utiliza como edulcorante y pectoral, constituyendo el palo dulce. ◊ Raíz de esta planta. ◊ Barrita o pastilla elaborada con el jugo de dicha raíz.

REGALO m. Dádiva que se hace voluntariamente o por costumbre. ◊ Gusto o complacencia que se recibe. ◊ Comida o bebida delicada y exquisita. ◊ Conveniencia, comodidad o descanso que se procura en orden a la persona.

REGAÑADIENTES (A) n. adv. Con disgusto o repugnancia de hacer una cosa.

REGAÑAR intr. Dar muestras de enfado con palabras y gestos. ◊ tr. fam. Reprender, reconvenir.

REGAÑINA f. Reprimenda. ◊ Disputa, riña.

REGAÑO m. Palabras ásperas y gesto del rostro con que se expresa enfado o disgusto. ◊ fam. Reprimenda.

REGAR tr. Esparcir agua sobre una superficie. ◊ Atravesar un río o canal una comarca o territorio. ◊ fig. Esparcir, desparramar alguna cosa. ❏ REGABLE; REGADIZO, ZA; REGADOR, RA.

REGATA f. Surco por donde se conduce el agua a las eras en las huertas y jardines. ◊ Carrera de velocidad entre embarcaciones ligeras, a remo o vela.

REGATE m. Movimiento pronto y rápido que se hace hurtando el cuerpo a una parte u otra. ◊ fig. y fam. Escape o recurso hábilmente buscado para salvar una dificultad.

REGATEAR tr. Discutir el comprador y el vendedor el precio de una cosa. ◊ fig. y fam. Escatimar, rehusar la ejecución de una cosa. ◊ *Dep.* En los deportes de pelota, evitar el acoso de un jugador contrario, engañándolo con un

movimiento o ademán, y avanzando con la pelota. ❏ REGATEO; REGATERÍA; REGATERO, RA.

REGAZO m. Cavidad de la falda desde la cintura hasta la rodilla cuando se está sentada. ◊ Parte del cuerpo donde se forma esta cavidad. ◊ fig. Cosa que recibe en sí a otra, dándole amparo, gozo o consuelo. ❏ REGAZAR.

REGENCIA f. Acción de regir o gobernar. ◊ Empleo de regente. ◊ Gobierno de un país durante la minoría de edad, la incapacidad temporal o la ausencia de su soberano, por una persona denominada regente. ◊ Tiempo que dura tal gobierno. ◊ **Estilo R.** *Arte.* Estilo que prevaleció en Francia durante la r. de Felipe de Orleáns.

REGENERACIÓN f. *Biol.* Proceso por el cual ciertos organismos pueden volver a formar porciones del cuerpo que han sido separadas accidentalmente. En casos límite, una porción del cuerpo puede regenerar un individuo completo. ❏ REGENERADO, DA.

REGENERACIONISMO m. Mov. ideológico y reformista esp., formado a raíz de la pérdida de las últimas colonias. Sus prales. propulsores fueron Joaquín Costa y Macías Picavea.

REGENERADOR, RA adj. y s. Que regenera. ◊ m. *Ing.* Calentador de aire por aprovechamiento del calor de los gases residuales.

REGENERAR tr. y prnl. Dar nuevo ser a una cosa que degeneró; restablecerla o mejorarla. ◊ tr. Someter un producto a un procedimiento de regeneración.

REGENSBURG C. de la Alemania ⇨ Ratisbona.

REGENTA f. Mujer del regente.

REGENTAR tr. Desempeñar temporalmente ciertos cargos o empleos. ◊ Ejercer un cargo ostentando superioridad. ◊ Ejercer un empleo o cargo de honor.

REGENTE adj. Que rige o gobierna. ◊ m. y f. Persona encargada de la regencia de un país.

REGGIO DI CALABRIA C. de Italia, en Calabria, cap. de la prov. hom.; 178 200 hab. Sit. en el estr. de Mesina. Ind. mecánica, textil y química.

REGGIO NELL'EMILIA C. de Italia, en Emilia-Romaña, cap. de la prov.

Refugiados kurdos huidos de Irak tras la guerra del Golfo (1991)

hom.; 130 200 hab. Mercado agrícola. Ind. alimentarias y confecciones.

REGICIDIO m. Muerte violenta dada al monarca, a su consorte, o al príncipe heredero o al regente. ❑ REGICIDA.

REGIDOR, RA adj. y s. Que rige o gobierna. ◊ Concejal que no ejerce ningún otro cargo municipal. ❑ REGIDORÍA o REGIDURÍA.

RÉGIMEN m. Modo de gobernarse o regirse en una cosa. ◊ Constituciones, reglamentos o prácticas de un gobierno. ◊ Conjunto de las variaciones que experimenta el caudal de un río. ◊ *Gram.* Prep. que pide cada verbo, o caso que pide cada preposición. ◊ Regulación sistemática de la dieta y de los hábitos, con algún propósito determinado. ◊ *Fís.* En mecánica de fluidos, cada uno de los modelos que representan una forma determinada de circular un fluido por un conducto. ◊ *Ing.* Condiciones de trabajo que caracterizan el funcionamiento de una máquina o bien de un mecanismo genérico. ◊ **alimentario.** *Biol.* Tipo particular de alimentación que sigue cada una de las especies animales. ◊ **Antiguo R.** Nombre con el que se conoce el gobierno anterior a la Revolución fr. (*Ancien Régime*).

REGIMIENTO m. *Mil.* Unidad homogénea de cualquier arma o cuerpo. ◊ *Amér.* Multitud de gente.

Inocencio III confirma la **regla** de san Francisco de Asís, según Giotto (Basílica de Asís, Italia)

REGINA C. de Canadá, cap. de la prov. de Saskatchewan; 175 000 hab. Centro ferroviario, industrial y comercial.

REGIO, GIA adj. Real, relativo al rey o a la realeza. ◊ fig. Suntuoso, magnífico.

REGIOMONTANO, NA adj. y s. De Monterrey.

REGIOMONTANO, *Johann Müller,* llamado (1436-1476) Astrónomo y matemático alemán. Fundó, en Nuremberg, el primer observatorio de Europa (1471).

REGIÓN f. *Geog.* Porción de territorio determinada por caracteres étnicos o circunstancias especiales de clima, producción, topografía, administración, gobierno, etc. ◊ fig. Todo espacio de gran extensión. ◊ Cada una de las partes en que se considera dividido el cuerpo de los animales. ❑ REGIONAL.

REGIÓN AUTÓNOMA ATLÁNTICO NORTE Región autónoma del NE de Nicaragua; 32 819,68 km², 243 550 h.

Cap. Puerto Cabezas. Bañada por el mar Caribe al E., limita al N con Honduras. Pesca. Explotación forestal. Oro. Ind. artesanal.

REGIÓN AUTÓNOMA ATLÁNTICO SUR Región autónoma del SE de Nicaragua; 27 546,32 km², 322 843 h. Cap. Bluefields. En el litoral caribeño. Explotación forestal. Pesca. Turismo.

REGIONALISMO m. Amor y apego a la propia región y a sus cosas. ◊ *Pol.* Tendencia o doctrina según las cuales en el gobierno de un Est. debe atenderse al modo de ser y a las aspiraciones de cada región. ◊ Vocablo o giro privativo de una región determinada. ❑ REGIONALISTA.

REGIR tr. Dirigir, gobernar o mandar. ◊ Guiar, llevar o conducir una cosa. ◊ *Gram.* Tener una palabra bajo su dependencia otra palabra de la oración gramatical. ◊ intr. Estar vigente. ◊ Funcionar bien un artefacto u organismo. ◊ *Mar.* Obedecer la nave al timón.

REGISTRAR tr. Mirar, examinar una cosa con cuidado y a fondo. ◊ Transcribir o extractar en los libros de un registro público las resoluciones de la autoridad o los actos jurídicos de los particulares. ◊ Anotar, señalar. ◊ Grabar sonidos en disco o cinta, para que luego puedan ser reproducidos. ◊ Marcar un aparato ciertos datos propios de su función, como cantidades o magnitudes. ◊ *Comp.* Almacenar datos digitales. ❑ REGISTRADO, DA; REGISTRADOR, RA.

REGISTRO m. Pieza que en el reloj u otra máquina sirve para disponer o modificar su movimiento. ◊ Padrón y matrícula. ◊ Protocolo notarial. ◊ Lugar y oficina en donde se registra. ◊ Asiento que queda de lo que se registra. ◊ Cédula en que consta haberse registrado una cosa. ◊ Libro donde se apuntan noticias o datos. ◊ Cada gén. de voces del órgano. ◊ **civil.** Registro en que se hacen constar los nacimientos, matrimonios, defunciones y demás hechos relativos al estado civil de las personas. ◊ **de la propiedad.** Aquel en que se inscriben todos los bienes raíces de un partido judicial, con expresión de sus dueños. ◊ **lógico.** *Comp.* Conjunto de uno o más campos que forman un grupo de datos similares relacionados entre sí. Una colección de registros es un fichero. ◊ **mercantil.** El que sirve para la inscripción de actos y contratos del comercio.

REGLA f. Instrumento de una materia rígida, delgada y de forma rectangular, para trazar líneas rectas. ◊ Normas de una orden religiosa. ◊ Norma que ha de regir la conducta de los hombres, en el estudio de una ciencia, en la práctica de un arte. ◊ Razón que debe servir de medida y a que se han de ajustar las acciones para que resulten rectas. ◊ Moderación, templanza, medida, tasa. ◊ Pauta de la escritura. ◊ Orden y concierto invariable que guardan las cosas naturales. ◊ Menstruación. ◊ *Mat.* Método de hacer una operación. ◊ **de cálculo.** Instrumento de pequeño tamaño para efectuar de modo mecánico cálculos rápidos, basado en el empleo de escalas logarítmicas. ◊ **de oro, de proporción** o **de tres.** La que enseña a determinar una cantidad desconocida, por medio de una proporción de la cual se conocen dos términos entre sí homogéneos, y otro tercero de la misma especie que el cuarto que se busca. ❑ REGLAR.

REGLAJE m. Regulación o reajuste de las piezas de un mecanismo para mantenerlo en perfecto estado.

REGLAMENTAR tr. Sujetar a reglamento una cosa. ❑ REGLAMENTACIÓN; REGLAMENTARIO, RIA; REGLAMENTISTA.

REGLAMENTO m. Colección ordenada de reglas o preceptos. ◊ Norma, emanada del poder ejecutivo, cuya finalidad es desarrollar los preceptos de una ley.

REGNAULT, *Victor* (1810-1878) Físico y químico fr. Estudió los coeficientes de dilatación y de capacidad calorífica.

REGOCIJAR tr. y prnl. Alegrar, recrear, causar o recibir gusto o placer. ❑ REGOCIJADO, DA.

REGODEARSE prnl. fam. Entregarse con avidez a un placer grosero. ◊ fam. Hablar o estar de chacota. ◊ *Amér. Merid.* Mostrar remilgos. ❑ REGODEO.

REGOLDAR intr. Eructar. ❑ REGÜELDO.

REGORDETE, TA adj. fam. Díc. de la persona o de la parte de su cuerpo, pequeña y gruesa.

REGOYOS, *Darío de* (1857-1918) Pintor esp. Evolucionó desde un naturalismo tenebrista hasta el impresionismo.

REGRESAR intr. Volver al lugar de donde se partió. En América, también se usa como prnl. ❑ REGRESIVO, VA; REGRESO.

REGRESIÓN f. *Geol.* Fenómeno mediante el cual un medio generador de depósitos se retira de la zona que ocupaba. Se dice gralte. del mar. ◊ *Psic.* Retorno a actividades y formas de satisfacción inmaduras, correspondiente a etapas infantiles del desarrollo de la personalidad, aparentemente superadas.

REGUERA f. Conducto o canal para conducir el agua del riego.

REGUERO m. Corriente, a modo de chorro o de arroyo pequeño, que se hace de una cosa líquida. ◊ Línea o señal continuada que queda de una cosa que se va vertiendo. ◊ Reguera.

REGULACIÓN f. *Biol.* Mantenimiento de las constantes vitales dentro del intervalo óptimo para el metabolismo. ◊ *Ing.* Control o adaptación de una magnitud de salida a un valor constante o deseado en función de una magnitud de entrada.

REGULADOR, RA adj. Que regula. ◊ adj. y m. *Biol.* Díc. de los genes encargados de la síntesis de sustancias represoras, que actúan favoreciendo o inhibiendo el funcionamiento de un operón. ◊ *Ing.* Díc. de todo dispositivo que sirve para controlar, ordenar o normalizar los efectos de una máquina o de un proceso. ◊ m. Reloj de pared con péndulo de compensación.

REGULAR tr. Medir, ajustar o computar una cosa por comparación o deducción. ◊ Ajustar, reglar o poner en orden una cosa. ◊ adj. Ajustado y conforme a regla. ◊ Ajustado, medido, arreglado en las acciones y modo de vivir. ◊ De tamaño o condición media o inferior a ella. ◊ adj. *Geom.* Díc. de todo polígono que es equilátero y equiángulo a la vez. ◊ *Geom.* Díc. del poliedro cuyas caras son polígonos r. iguales entre sí y cuyos ángulos diedros son iguales. ◊ *Gram.* Se aplica a la palabra derivada, o formada de otro vocablo, según la regla de formación seguida gralte. por las de su clase. ◊ adj. y s. Se aplica a las personas que viven bajo una regla o instituto religioso, y a lo que pertenece a su estado.

◊ adv. modo. No muy bien. ❏ REGULADO, DA; REGULATIVO, VA.

REGULARIDAD f. Calidad de regular. ◊ Exacta observancia de la regla o instituto religioso. ◊ Puntualidad.

REGULARIZAR tr. y prnl. Reglar, ajustar o poner en orden una cosa. ◊ tr. Saldar una cuenta o balance. ❏ REGULARIZACIÓN.

RÉGULO m. Señor de un Estado pequeño.

REGULUS *Astr.* Estrella de primera magnitud, en la constelación de Leo.

REGURGITAR intr. Expeler por la boca, sin esfuerzo o sacudida de vómito, sustancias sólidas o líquidas contenidas en el esófago o en el estómago. ❏ REGURGITACIÓN.

REGUSTO m. Gusto o sabor que queda de la comida o bebida. ◊ fig. Impresión que queda de otras cosas, físicas o morales.

REHABILITAR tr. y prnl. Devolver, a un enfermo o a un disminuido físicamente, la capacidad de valerse por sí mismo. ◊ Restituir los derechos u honores a una persona que fue desposeída de ellos. ❏ REHABILITACIÓN.

REHACER tr. Volver a hacer lo que se había deshecho. ◊ tr. y prnl. Reponer, reparar, restablecer lo disminuido o deteriorado. ◊ prnl. Reforzarse, fortalecerse o tomar nuevo brío. ◊ fig. Serenarse, dominar una emoción. ❏ REHACIMIENTO.

REHALA f. Rebaño de ganado lanar de diversos dueños y conducido por un solo mayoral. ◊ Jauría de perros de caza mayor. ❏ REHALERO.

REHÉN m. Persona que queda en poder del enemigo como prenda del cumplimiento de un pacto. ◊ Plaza, castillo o cosa semejante, que se pone por fianza o seguro.

REHILETE m. Flechilla con púa en un extremo y papel o plumas en el otro, que se lanza por diversión para clavarla en un blanco. ◊ *Taur.* Banderilla. ◊ fig. Dicho malicioso, pulla. ❏ REHILETERO.

REHOGAR tr. Sofreír una vianda a fuego lento y muy tapada.

REHUIR tr., intr. y prnl. Retirar, apartar una cosa como con temor, sospecha o recelo de un riesgo. ◊ Rehusar o excusar el admitir algo. ❏ REHUIDA.

REHUSAR tr. Excusar, no querer o no aceptar una cosa. ◊ Rechazar una petición.

Guillermo II, káiser del Segundo **Reich**

REICH (al., *imperio*) P. ant., el Est. o imperio germ. ◊ **Primer R.** o **Sacro Imperio Romano Germánico** (962-1806) Desde Otón I el Grande hasta la renuncia del emp. Francisco II a la corona. ◊ **Segundo R.** (1871-1918) Promovido por Bismarck, terminó con el advenimiento de la Rep. de Weimar. ◊ **Tercer R.** (1933-1945) Fundado por Hitler.

REICHENBACH, Hans (1891-1953) Filósofo al. Su doctrina se conoce como empirismo probabilístico. *Átomo y cosmos, Teoría de la probabilidad.*

REICHSTAG Dieta del Sacro Imperio Romano Germánico (s. XII), disuelta al desaparecer el Imperio en 1806. En 1867 se restableció como órgano legislativo y durante la Rep. de Weimar tuvo el control del gobierno.

REID, Thomas (1710-1796) Filósofo escocés. Fundó una soc. filosófica de la que surgió la escuela escocesa del sentido común. *Ensayo sobre las fuerzas del conocimiento humano.*

REIDY, Alfonso Eduardo (1909-1964) Arquitecto bras. Colaborador de Le Corbusier, es el autor del conjunto residencial Pedregulho y del museo de Arte Moderno, ambos en Río de Janeiro.

REIMPLANTACIÓN f. *Cir.* Operación que consiste en volver a colocar en su lugar un órgano seccionado, extirpado o desprendido.

REIMPRIMIR tr. Volver a imprimir, o repetir la impresión de una obra o escrito. ❏ REIMPRESIÓN.

REIMS C. de Francia, en el dpto. del Maine, cap. de la circunscripción Champaña-Ardenas; 206 400 hab. Centro textil y vinícola (champaña). Catedral gótica del s. XIII.

REINA f. Esposa del rey. ◊ Mujer que gobierna un país bajo la fórmula monárquica. ◊ Pieza del juego de ajedrez, la más imp. después del rey. ◊ *Zool.* Hembra fértil en ciertos insectos sociales a cuyo cargo corre el desove y la reproducción en la colonia. ◊ fig. Mujer, animal o cosa del gén. femenino que, por su excelencia, sobresale entre las demás de su clase o especie. ◊ **del bosque.** Planta cactácea, de tallo suculento, espinoso, flores grandes, y frutos en baya. Es originaria de Brasil.

REINA, La C. de Chile, en el área metropolitana de Santiago; 96 762 hab.

REINA, Carlos Roberto (1925-2003) Político hond. Hombre de leyes. Presidente de la rep. entre 1994 y 1998. ◊ **Manuel** (1855-1906) Poeta esp. Precursor del modernismo. *Andantes y allegros.* ◊ **Barrios, José María** (1853-1898) Militar y político guat. Presid. de la rep. [1892-1898].

REINA ADELAIDA Arch. del S. de Chile, sit. en el Pacífico, al NO del estr. de Magallanes. Las prales. islas son Manuel Rodríguez, Juan Guillermo y Pedro Montt.

REINA CARLOTA, Archipiélago de la (*Queen Charlotte Islands*) Arch. de Canadá (Columbia Británica). Sit. en el Pacífico. Ganadería y pesca.

REINADO m. Espacio de tiempo en que gobierna un rey o una reina. ◊ P. ext., aquel en que predomina o está en auge alguna cosa.

REINAR intr. Regir un rey o príncipe un Est. ◊ Dominar o tener predominio una persona o cosa sobre otra. ◊ fig. Prevalecer una cosa. ❏ REINADOR, RA.

REINCIDENCIA f. Reiteración de una

misma culpa o defecto. ◊ *Der.* Circunstancia agravante de la responsabilidad criminal, que consiste en haber sido el reo condenado antes por delito análogo al que se le imputa. ❏ REINCIDIR.

REINCORPORAR tr. y prnl. Volver a incorporar, agregar o unir a un cuerpo político o moral lo que se había separado de él. ❏ REINCORPORACIÓN.

REINETA f. Manzana reineta. ◊ Nombre común de diversas aves paseriformes que habitan en América Meridional.

REINHARDT, Max Seud. de *Max Goldmann* (1873-1943) Director de teatro y de cine austr. Realizó espectáculos como *Edipo rey*, de Sófocles, y *Julio César*, de Shakespeare.

REINO m. Territorio o Est. regido o gobernado por un rey. ◊ *Biol.* Cada una de las dos grandes divisiones taxonómicas en que se han venido clasificando los seres vivos: r. animal y r. vegetal. ◊ fig. Espacio real o imaginario en que actúa algo material o inmaterial.

Catedral de **Reims**

REINO UNIDO DE GRAN BRETAÑA E IRLANDA DEL NORTE (*United Kingdom of Great Britain and Northern Ireland*) Nombre oficial del reino formado por Gran Bretaña e Irlanda del Norte (➜ Gran Bretaña).

REINSTALAR tr. y prnl. Volver a instalar. ❏ REINSTALACIÓN.

REINTEGRAR tr. Restituir o satisfacer íntegramente una cosa. ◊ tr. y prnl. Volver a ejercer una actividad, incorporar de nuevo a una colectividad o situación social o económica. ◊ prnl. Recobrarse enteramente de lo que se había perdido, o dejado de poseer. ❏ REINTEGRACIÓN.

REINTEGRO m. Pago de un dinero o especie que se debe. ◊ En la lotería nacional, premio igual a la cantidad jugada.

REÍR intr. y prnl. Manifestar alegría y regocijo con la exp. de la mirada y con determinados movimientos de la boca y otras partes del rostro. ◊ intr., tr. y prnl. fig. Hacer burla o menosprecio. ◊ tr. Celebrar con risa alguna cosa. ❏ REIDOR, RA.

REITERACIÓN f. *Der.* Circunstancia que puede ser agravante, derivada de anteriores condenas del reo, por delitos de índole diversa del que se juzga.

REITERAR tr. y prnl. Volver a decir o ejecutar; repetir una cosa. ❏ REITERATIVO, VA.

REIVINDICAR tr. Exigir o defender

Ventana con **reja** en una calle
de Antigua (Guatemala)

aquello a lo que se tiene derecho. ◊ *Der.*
Reclamar o recuperar uno lo que por
razón de dominio u otro motivo le pertenece. ❑ REIVINDICACIÓN; REIVINDICATO-
RIO, RIA.

REJA f. Conjunto de barras paralelas o
entrecruzadas que se colocan en ventanas y aberturas para seguridad o
adorno. ◊ Instrumento de hierro, que
es parte del arado y sirve para remover
y romper la tierra. ◊ fig. *Agr.* Labor o
vuelta que se da a la tierra con el arado. ❑ REJADO; REJERÍA; REJERO.

REJALGAR m. *Miner.* Sulfuro de arsénico. Cristaliza en el sistema monoclínico y es de color rojo.

REJÁZO m. *Amér. Centr.* Latigazo.

REJADA o **REJIADA** f. *Amér. Centr.*
Zurra.

REJEGO, GA adj. *Amér. Centr.* Reacio,
remiso. ◊ adj. y f. *Cuba.* Vaca mansa.

REJILLA f. Celosía, red, tela metálica,
etc., que se pone en ventanillas, puertas, etc. ◊ P. ext., ventanilla de confesonario, ventanillo de puerta de casa
o cualquier otra abertura pequeña cerrada con r. ◊ Tejido hecho con tiras de
tallos vegetales flexibles y resistentes.
Sirve para respaldos y asientos de sillas. ◊ Armazón de barras de hierro,
que sostiene el combustible en el hogar
de las hornillas, máquinas de vapor, etc.
◊ Tejido en forma de red que se coloca
sobre los asientos en el ferrocarril para
depositar cosas menudas y de poco
peso. ◊ *Electr.* Electrodo de las válvulas electrónicas situado entre el ánodo
y el cátodo, que se emplea para regular
el flujo de electrones entre ambos.

REJÓ m. Punta o aguijón de hierro, y
p. ext., punta o aguijón de otra especie;
como el de la abeja. ◊ Hierro que se
pone en el cerco de las puertas. ◊ *Bot.*
En el embrión de la planta, órgano de
que se forma la raíz. ◊ Tira de cuero. ◊
Soga, cuerda. ◊ *Amér.* Azote, látigo. ◊
Cuba y Ven. Soga o pedazo de cuero
que sirve para maniatar reses. ◊ *Ecuad.*
Ordeño, acción de ordeñar. ◊ *Ecuad.*
Conjunto de vacas de ordeño.

REJÓN m. Barra de hierro cortante que
acaba en punta. ◊ *Taur.* Asta de madera, con una moharra en la punta que
sirve para rejonear. ◊ Púa del trompo.
❑ REJONAZO.

REJONEAR tr. *Taur.* En el toreo a caballo, herir con el rejón al toro, que-

brándolo en él por la muesca que tiene
cerca de la punta. ❑ REJONEADOR, RA; RE-
JONEO.

REJUVENECER tr., intr. y prnl. Remozar, dar a uno la fortaleza y vigor
que se suelen tener en la juventud. ◊
tr. fig. Renovar, modernizar o dar actualidad a lo desusado, olvidado o pos-
tergado. ❑ REJUVENECIMIENTO.

RELACIÓN f. Referencia que se hace
de un hecho. ◊ Finalidad de una cosa.
◊ Conexión, correspondencia de una
cosa con otra. ◊ *Fil.* Categoría, fundamental en Aristóteles y la escolástica,
que define la referencia o el orden de
una cosa con respecto a otra. ◊ Conexión, correspondencia, trato, comunicación de una persona con otra. Se usa
más en pl. ◊ Lista o enumeración de
varias cosas o de nombres de personas.
◊ En el poema dramático, trozo largo
que dice un personaje. ◊ Informe que
un auxiliar hace de lo sustancial de un
proceso o de alguna incidencia en él,
ante un tribunal o juez. ◊ *Gram.* Conexión o enlace entre dos términos de una
misma oración. ◊ pl. Las amorosas con
propósito matrimonial. ◊ **Relaciones
públicas.** Actividad profesional cuyo
fin es informar sobre personas, empresas, etc., tratando de prestigiarlas y de
captar voluntades a su favor. ❑ RELA-
CIONAL.

RELACIONAR tr. Hacer relación de
un hecho. ◊ tr. y prnl. Poner en relación
personas o cosas.

RELAJAR tr. y prnl. Aflojar, laxar o
ablandar. ◊ fig. Hacer menos severa o
rigurosa la observancia de las leyes, reglas, estatutos, etc. ◊ Aliviar o disminuir a uno la pena o castigo. ◊ fig. Esparcir o divertir el ánimo con algún
descanso. ◊ prnl. Laxarse o dilatarse
una parte del cuerpo del animal. ◊ For-
mársele a uno hernia. ◊ fig. Viciarse,
distraerse o estragarse en las costumbres. ❑ RELAJACIÓN; RELAJAMIENTO; RELA-
JANTE.

RELAJO m. Desorden, falta de seriedad, barullo. ◊ Holganza. ◊ Degradación de costumbres.

RELAMER tr. Volver a lamer. ◊ prnl.
Lamerse los labios una o muchas veces.

RELAMIDO, DA adj. Afectado, excesivamente pulcro.

RELÁMPAGO m. *Meteor.* Fenómeno
luminoso que acompaña a un rayo. ◊
fig. Cualquier fuego o resplandor repentino. ◊ fig. Cualquier cosa que pasa
ligeramente o es pronta en sus operaciones. ◊ Se usa en aposición para denotar la rapidez, carácter repentino o
brevedad de alguna cosa.

RELAMPAGUEAR intr. Haber relámpagos. ◊ fig. Arrojar luz o brillar mucho con algunas intermisiones. ❑ RE-
LAMPAGUEO.

RELATAR tr. Referir o dar a conocer un
hecho. ◊ Hacer relación de un proceso
o pleito.

RELATIVIDAD f. Calidad de relativo.
◊ *Fís.* Conjunto de leyes y enunciados
que rigen los fenómenos físicos en relación con observadores dotados de
movimiento relativo entre sí.
❑ *Fís.* En 1887, Michelson, en colaboración con Morley, realizó un experimento con el fin de detectar el movimiento de la Tierra a través del éter,
pero que puso de manifiesto que la velocidad de la luz era la misma en todas

las direcciones (isotropía de la luz), o
sea, la velocidad de la luz es independiente del movimiento del foco emisor.
Einstein generalizó entonces el *principio de r. de la mecánica clásica* («los fenómenos mecánicos se rigen por las mismas leyes en todos los sistemas de
referencia inerciales») afirmando que
«las leyes de los fenómenos físicos son
idénticas en todos los sistemas de coordenadas inerciales». Lorentz introdujo una hipótesis según la cual tanto
la distancia entre dos puntos del espacio como el intervalo de tiempo entre
dos sucesos, son magnitudes que
dependen del estado de movimiento
del observador. En consecuencia, la
longitud y el tiempo son magnitudes
que pierden el carácter absoluto que
les atribuía la mecánica clásica. Lo mismo ocurre con la masa de una partícula o un cuerpo en general, que depende de la velocidad, V, según la
exp.: $m_o / \sqrt{1-V/c^2}$; obsérvese que m aumenta con V, así, si una partícula al-
canzase la velocidad de la luz su masa
sería infinita (m_o masa en reposo).
Igualmente se deduce que toda masa
es equivalente a una cantidad de energía $E = mc^2$, siendo c la velocidad de la
luz en el vacío. Minkowski imaginó un
sistema de referencia con tres coordenadas espaciales x, y, z, y una cuarta
coordenada t, el tiempo perpendicular
a las otras tres. Se obtiene así un medio
continuo tetradimensional llamado espacio-tiempo. Lo expuesto hasta aquí
se denomina *teoría especial de la r.*, que
afecta a todos los fenómenos físicos excepto la gravitación. La *teoría general de
la r.*, elaborada por Einstein entre 1912
y 1917, proporciona la ley de la gravitación y sus relaciones con las otras
fuerzas de la naturaleza. En ella, Einstein afirma que la materia, la energía y
los estados de movimiento acelerado
de los sistemas de referencia, son la
causa de que el universo (espacio-tiempo) deje de ser de Minkowski para
transformarse en un universo con curvatura. La gravitación es una cuestión
de estructura geométrica del universo,
que se deforma en presencia de la materia y de la energía, y de los distintos
estados de movimiento de los sistemas
de referencia.

RELATIVISMO m. *Fil.* Corriente y actitud que niegan toda verdad o valor
moral absolutos, afirmando la dependencia de una y otro con respecto a las
circunstancias en que son establecidos.
❑ RELATIVISTA.

RELATIVO, VA adj. Que hace relación
a una persona o cosa. ◊ Que no es absoluto. ◊ *Gram.* Díc. del pron. que sirve de nexo entre dos oraciones o elementos de una oración, como *que, cual,
quien, cuyo.*

RELATO m. Conocimiento que se da,
gralte. detallado, de un hecho. ◊ Narración, cuento. ❑ RELATOR, RA.

RELAX m. Relajamiento muscular. ◊
P. ext., bienestar, comodidad.

RELÉ m. *El.* Dispositivo electromecánico para regular y dirigir la corriente
de un circuito, utilizando una pequeña
corriente auxiliar que circula por el circuito del propio dispositivo.

RELEER tr. Leer de nuevo o volver a
leer una cosa.

RELEGAR tr. Entre los ant. rom., desterrar a un ciudadano sin privarle de los derechos de tal. ◇ fig. Apartar, posponer. ❏ RELEGACIÓN.

RELENTE m. Humedad que en noches serenas se nota en la atmósfera. ◇ fig. y fam. Sorna, frescura.

RELEVACIÓN f. Alivio o liberación de la carga que se debe llevar o de la obligación que se debe cumplir. ◇ Der. Exención de una obligación o un requisito.

RELEVANTE adj. Sobresaliente, excelente. ◇ Importante, significativo. ❏ RELEVANCIA.

RELEVAR tr. Hacer de relieve una cosa. ◇ Exonerar de un peso o gravamen, y también de un empleo o cargo. ◇ Remediar o socorrer. ◇ Absolver, perdonar o excusar. ◇ fig. Exaltar o engrandecer una cosa. ◇ Mudar una centinela o cuerpo de tropa que da una guardia o guarnece un puesto. ◇ P. ext., reemplazar, sustituir a una persona con otra. ❏ RELEVO.

RELICARIO m. Lugar para guardar reliquias. ◇ Caja o estuche para guardar reliquias. ◇ Amér. Medallón.

RELIEVE m. Lo que resalta sobre un plano. ◇ Esc. Técnica consistente en realizar figuras u ornamentos sobre un fondo plano. Según la parte que sobresale de ese fondo sea mayor, igual o menor, se distinguen el alto, medio y bajo r. respectivamente. ◇ Geol. Conjunto de formas estructurales y accidentes, que constituyen la parte más superficial de la corteza terrestre.

RELIGIÓN f. Conjunto de creencias, mitos o dogmas acerca de la divinidad y de prácticas rituales para darle culto. ◇ Obligación de conciencia, cumplimiento de un deber. ◇ **católica.** La revelada por Jesucristo y conservada por la Santa Iglesia Rom. ◇ **reformada.** Orden religiosa en que se ha restablecido su primitiva disciplina. ◇ **Guerras de r.** (1562-1598) Guerras que enfrentaron en Francia a católicos y calvinistas durante el s. XVI. Terminaron con la paz de Vervins en 1598.
❏ Rel. La r. es, objetivamente, la suma de deberes, ritos y verdades destinados a venerar a la divinidad; subjetivamente, la inclinación habitual a la divinidad que se expresa con la admisión de los dogmas, moral y ritual que sirven para confesar el dominio supremo de la divinidad. Por su origen, se llama natural o sobrenatural, según si para su conocimiento basta la razón o si es precisa la revelación. Por la multiplicidad de elementos se llama politeísta o monoteísta, según si admite la existencia de varios dioses o de uno solo.

RELIGIOSIDAD f. Calidad de religioso. ◇ Práctica y esmero en cumplir las obligaciones religiosas. ◇ Puntualidad, exactitud en hacer, observar o cumplir una cosa.

RELIGIOSO, SA adj. Relativo a la religión o a quienes la profesan. ◇ Que tiene religión, y particularmente que la profesa con celo. ◇ Fiel y exacto en el cumplimiento del deber. ◇ Moderado, parco. ◇ adj. y s. Que ha tomado hábito en una orden r. regular.

RELINCHO m. Voz del caballo. ◇ fig. Grito de fiesta o de alegría en algunos lugares. ❏ RELINCHAR.

RELINGA f. Cada una de las cuerdas en que van colocados los plomos y corchos con que se calan y sostienen las redes en el agua. ◇ Mar. Cabo con que se refuerzan las orillas de las velas.

RELINGAR tr. Coser o pegar la relinga. ◇ Mar. Izar una vela hasta poner tirantes sus relingas de caída.

RELIQUIA f. Residuo que queda de un todo. Se usa más en pl. ◇ Parte del cuerpo de un santo, o lo que por haberle tocado se considera digno de veneración. ◇ fig. Vestigio de cosas pasadas.

RELLANO m. Porción horizontal en que termina cada tramo de escalera. ◇ Llano que interrumpe la pendiente de un terreno.

RELLENAR tr. Escribir en un impreso los datos que se piden. ◇ Llenar de carne picada u otros ingredientes, de bolsillo, un ave u otro manjar. ◇ tr. y prnl. Volver a llenar, parcial o enteramente, una cosa. ❏ RELLENO, NA.

RELOJ m. Máquina dotada de movimiento uniforme, que sirve para medir el tiempo. Según sus dimensiones, colocación o uso, el r. se denomina de torre, de pared, de sobremesa, de bolsillo, de muñeca, etc. ◇ pl. Pico de cigüeña, planta. ◇ **de agua.** Clepsidra. ◇ **de arena.** Artificio que se compone de dos ampolletas unidas por el cuello, y sirve para medir el tiempo por medio de la arena que va cayendo de una a otra. ◇ **de cuarzo** o **electrónico.** Tipo de reloj que aprovecha la propiedad que tiene el cuarzo de deformarse muy escasamente frente a las variaciones de temperatura. ◇ **de péndola.** El movido por las oscilaciones de un péndulo. ◇ **de pulsera.** El que se lleva en la muñeca formando parte de una pulsera. ◇ **de sol.** Artificio ideado para señalar las horas del día por medio de la variable iluminación de un cuerpo expuesto al sol, o por medio de la sombra que un gnomon o estilo arroja sobre una superficie. ◇ **despertador.** R. provisto de aparato sonoro para despertarse a la hora que se desea. ◇ **interno.** Comp. Reloj que se encuentra en el interior de una computadora y que, a la vez que proporciona la hora, sincroniza todas las operaciones que la computadora efectúa.

RELOJERÍA f. Arte de hacer relojes. ◇ Taller donde se venden. ◇ Mecanismo que pone en funcionamiento un dispositivo a una hora determinada. ❏ RELOJERO, RA.

RELUCIR intr. Despedir o reflejar luz una cosa. ◇ Lucir mucho o resplandecer una cosa. ◇ fig. Sobresalir por su valor o mérito.

RELUCTANCIA f. Fís. Resistencia que ofrece un circuito al flujo magnético. ❏ RELUCTANTE.

RELUMBRAR intr. Dar viva luz una cosa o alumbrar con exceso. ❏ RELUMBRÓN.

REM (siglas de Roentgen Equivalent Man) m. Biol. Unidad de medida de las radiaciones ionizantes absorbidas por el hombre.

REMACHADOR, RA adj. y s. Que remacha. ◇ f. Ing. Máquina para remachar.

Guerras de **religión**. Matanza de protestantes por católicos en Vassy (Francia), ocurrida en 1562

REMACHAR tr. Machacar la punta o la cabeza del clavo ya clavado, para mayor firmeza. ◇ Percutir el extremo del roblón colocado en el correspondiente taladro hasta formarle cabeza que le sujete y afirme. ◇ fig. Recalcar, afianzar lo dicho o hecho. Sujetar con remaches. ◇ prnl. Col. Guardar silencio. ❏ REMACHADO, DA.

REMACHE m. Clavija de metal, que después de pasada por los taladros de las piezas que ha de asegurar, se remacha para que no salga. ◇ Col. Tenacidad.

REMANENTE m. Residuo de una cosa.

REMANGAR tr. Levantar, recoger hacia arriba las mangas o la ropa. ◇ prnl. fig. y fam. Tomar enérgicamente una resolución.

REMANSARSE prnl. Detenerse o suspenderse el curso o la corriente de un líquido.

REMANSO m. Detención de la corriente del agua u otro líquido. ◇ fig. Flema, pachorra, lentitud.

REMAR intr. Trabajar con el remo para impeler la embarcación en el agua. ◇ fig. Trabajar con continua fatiga y gran afán en una cosa. ❏ REMADOR, RA; REMADURA.

REMARCAR tr. Volver a marcar.

REMARQUE, *Erich Maria* (1898-1970) Seud. de *Erich Paul Kramer* Novelista al. Autor de *Sin novedad en el frente*, novela realista y antiheroica, sobre la I Guerra Mundial.

REMATADO, DA adj. Díc. de la persona que se halla en tan mal estado, que es poco menos que imposible su remedio.

REMATAR tr. Acabar o finalizar una cosa. ◊ Poner fin a la vida de la persona o del animal que está en trance de muerte. ◊ Dejar la pieza el cazador enteramente muerta del tiro. ◊ Afianzar la última puntada, al coser una prenda. ◊ Hacer remate en la venta o arrendamiento de una cosa. ◊ *Amér. Merid.* Subastar. ◊ intr. Terminar o fenecer. ❏ *Amér. Merid.* REMATADOR, RA; REMATAMIENTO; REMATANTE.

REMATE m. Fin o cabo, extremidad o conclusión de una cosa. ◊ Adorno que se coloca sobre la parte superior de las construcciones arquitectónicas, muebles, etc. ◊ Adjudicación que se hace de los bienes que se venden en subasta o almoneda al comprador de mejor puja. ◊ *Amér. Merid.* Subasta.

REMBOLSAR tr. Reembolsar. ❏ REMBOLSO.

REMBRANDT, *Harmenszoon van Rijn* (1606-1669) Pintor neerlandés, uno de los prales. representantes del barroco, maestro del claroscuro y de los contrastes de luz y sombra. Creador de lo que se ha llamado la sombra luminosa. Autor de óleos, grabados y dibujos. *Lección de anatomía, La Cena de Emaús, Los síndicos de los pañeros, Ronda nocturna*.

REMEDAR tr. Imitar o contrahacer una cosa. ◊ Seguir uno las mismas huellas y ejemplos de otro. ◊ Hacer uno las mismas acciones y ademanes que otro hace, en son de burla.

REMEDIAR tr. y prnl. Poner remedio al daño, repararlo. ◊ Socorrer una necesidad o urgencia. ◊ tr. Librar, apartar o separar de un riesgo.

REMEDIO m. Medio que se toma para reparar un daño o inconveniente. ◊ Enmienda o corrección. ◊ Recurso, auxilio o refugio. ◊ Todo lo que en las enfermedades sirve para producir un cambio favorable.

REMEDO m. Imitación de una cosa,

Mujer bañándose en un arroyo, tabla de **Rembrandt** (National Gallery, Londres)

especialmente cuando no es perfecta la semejanza.

REMEMORAR o **REMEMBRAR** tr. Recordar, traer a la memoria. ❏ REMEMBRANZA; REMEMORACIÓN; REMEMORATIVO, VA.

REMENDAR tr. Reforzar con remiendo lo que está viejo o roto. ◊ Corregir o enmendar. ◊ Aplicar o acomodar una cosa a otra para suplir lo que le falta.

REMENDÓN, NA adj. y s. Que tiene por oficio remendar. Díc. especialmente de los sastres y zapateros de viejo.

REMENEO m. Movimientos rápidos y continuos del cuerpo.

REMENSA m. En Cataluña, durante la E. Med., campesino adscrito a la tierra, que para librarse de sus obligaciones debía pagar una redención.

REMERA adj. y f. *Zool.* Díc. de cada una de las plumas grandes en que terminan las alas de las aves.

REMESA f. Remisión que se hace de una cosa de una parte a otra. ◊ La cosa enviada en cada vez.

REMETER tr. Volver a meter. ◊ Meter más adentro. ❏ REMETIDO, DA.

REMEZÓN m. *Amér.* Terremoto ligero o sacudimiento breve de la tierra.

REMIENDO m. Pedazo de paño u otra tela, que se cose a lo que está viejo o roto. ◊ Obra de poca importancia hecha para añadir un complemento a otra. ◊ fig. Composición, enmienda o añadidura que se introduce en una cosa. ◊ Obra impresa de corta extensión. ❏ REMENDADO, DA.

REMILGARSE prnl. Repulirse y hacer ademanes y gestos con el rostro. ❏ REMILGADO, DA; REMILGO.

REMINGTON, *Philo* (1816-1889) Industrial norteam. Introdujo diversas mejoras en los rifles y perfeccionó la máquina de escribir.

REMINISCENCIA f. Acción de representarse u ofrecerse a la memoria una cosa que pasó. ◊ Facultad con que traemos a la memoria aquellas cosas que teníamos olvidadas.

REMIRAR tr. Volver a mirar o reconocer. ◊ Mirar o considerar una cosa complaciéndose o recreándose en ella. ❏ REMIRADO, DA.

REMISIÓN f. Acción de perdonar una pena, delito, pecado, etc. ◊ Indicación, en un escrito, del lugar del mismo o de otro escrito a que se remite al lector.

REMISO, SA adj. Flojo, dejado en la resolución de una cosa. ◊ Aplícase a las calidades físicas que tienen escasa actividad.

REMITE m. Nota que en una carta o paquete indica el nombre de quien lo envía.

REMITIR tr. Enviar una cosa a determinada persona de otro lugar. ◊ Perdonar, alzar la pena, eximir o libertar de una obligación. ◊ Dejar, diferir o suspender. ◊ Indicar en un escrito otro lugar del mismo o de distinto escrito donde consta lo que atañe al punto tratado. ◊ tr., intr. y prnl. Ceder o perder una cosa parte de su intensidad. ◊ prnl. Atenerse a lo dicho o hecho, o a lo que ha de decirse o hacerse. ❏ REMISIBLE; REMISIVO, VA; *Amér.* REMISOR, RA; REMISORIO, RIA; REMITENTE.

REMO m. Útil de longitud proporcionada a la embarcación en que se usa, que sirve para propulsarla por efecto de un movimiento de palanca. ◊ De-

porte que se practica con embarcaciones movidas a remo. ◊ Brazo o pierna, en el hombre y en los cuadrúpedos. Se usa más el pl. ◊ En las aves, cada una de las alas. Se usa más en pl. ◊ Pena de remar en las galeras. ❏ REMERO, RA.

REMO *Mit.* Entre los rom. hijo de Marte y de Rea Silvia, y hermano gemelo de Rómulo.

REMOJAR tr. Empapar en agua o poner en remojo una cosa. ◊ fig. Convidar a beber a los amigos para celebrar algo. ◊ *Amér.* Dar propina. ❏ REMOJADERO; REMOJO.

REMOJÓN m. Acción y efecto de mojar o mojarse, mojadura.

REMOLACHA f. Planta con hojas grandes, ovaladas, flores agrupadas en glomérulos que forman espigas, y frutos en aquenio. Sus raíces fusiformes y carnosas, de color morado, amarillo o blanco son comestibles y se usan para la fabricación de azúcar. ◊ Raíz de esta planta. ❏ REMOLACHERO, RA.

Remolacha de huerta

REMOLCAR tr. Llevar una embarcación u otra cosa sobre el agua, tirando de ella por medio de un cabo o cuerda. ◊ P. ext., llevar por tierra un vehículo a otro. ◊ fig. Arrastrar, hacer que alguien haga una cosa sin sentirse inclinado a ello. ❏ REMOLCADOR, RA.

REMOLER tr. Moler mucho una cosa. ◊ *Chile y Perú.* Jaranear, divertirse. ◊ *Perú.* Fastidiar, molestar. ❏ REMOLIMIENTO.

REMOLIENDA f. fam. *Chile y Perú.* Jarana.

REMOLINO m. Movimiento giratorio y rápido del aire, el agua, el humo, etc. ◊ Grupo de pelos que nacen formando una espiral. ◊ fig. Amontonamiento de gente. ◊ fig. Disturbio o alteración. ❏ REMOLINAR; REMOLINEAR.

REMOLÓN, NA adj. y s. Flojo, pesado y que huye del trabajo maliciosamente.

REMOLONEAR intr. y prnl. Rehusar moverse, detenerse en hacer o admitir una cosa, por flojedad y pereza.

REMOLQUE m. Cabo o cuerda que se da a una embarcación para remolcarla. ◊ Cosa que se lleva remolcada por mar o por tierra.

REMÓN, *José Antonio* (1908-1955) Político y militar pan. Presid. de la rep. (1952-1955).

REMONTA f. Compostura del calzado cuando se le pone de nuevo el pie o las suelas. ◊ Parche que se pone al pantalón de montar para evitar su desgaste en el roce con la silla. ◊ Compra, cría y cuidado de las caballerías para proveer al ejército.

REMONTAR tr. Ahuyentar, espantar. Díc. propiamente de la caza. ◊ Proveer de nuevos caballos a la tropa. ◊ Navegar aguas arriba en una corriente. ◊ fig. Superar algún obstáculo o dificultad. ◊ tr. y prnl. fig. Elevar, encumbrar, sublimar. ◊ prnl. Subir en general, ir hacia arriba, en sentido recto y figurado. ◊ *Amér.* Refugiarse en los montes los esclavos o los indígenas. ◊ Subir o volar muy alto las aves. ◊ fig. Ir hasta el origen de una cosa. ❑ REMONTAMIENTO; REMONTE.

REMOQUETE m. Moquete o puñada. ◊ fig. Dicho agudo y satírico. ◊ Apodo que se da a uno.

RÉMORA f. Pez acantopterigio, que se adhiere fuertemente a embarcaciones o a otros peces. ◊ fig. Lastre, cosa que dificulta una acción.

REMORDER tr. Morder reiteradamente. ◊ fig. Inquietar, alterar o desasosegar interiormente una cosa. ◊ prnl. Manifestar con una acción exterior el sentimiento reprimido que interiormente se padece. ❑ REMORDEDOR, RA; REMORDIMIENTO.

REMOTIDAD f. *Amér. Centr.* Lejanía o lugar distante.

REMOTO, TA adj. Distante o apartado. ◊ fig. Que es verosímil, o está muy distante de suceder.

REMOVER tr. y prnl. Pasar o mudar una cosa de un lugar a otro. ◊ Conmover, alterar o revolver alguna cosa o asunto. ◊ tr. Quitar, apartar u obviar un inconveniente. ❑ REMOCIÓN; REMOVIMIENTO.

REMOZAR tr. y prnl. Reformar algo dándole un aspecto más nuevo o moderno. ❑ REMOZAMIENTO.

REMPLAZAR tr. Reemplazar. ❑ REMPLAZO.

REMSCHEID C. de Alemania, en Renania Septentrional-Westfalia; 121 800 hab. Ind. metalúrgica, química y textil.

REMUDAR tr. y prnl. Reemplazar a una persona o cosa con otra. ❑ REMUDA o REMUDAMIENTO.

REMUNERAR tr. Recompensar, premiar, galardonar. ❑ REMUNERACIÓN; REMUNERATIVO, VA; REMUNERATORIO, RIA.

RENACER intr. Volver a nacer. ◊ fig. Adquirir nuevas fuerzas o ánimos para empezar nueva vida.

RENACIMIENTO m. *Arte.* Periodo de la hist. del occidente europeo en que se produjo una imp. renovación artística. Abarca, según los países, del s. XV a mediados del s. XVI. ◊ Culto e imitación de la antigüedad grecolatina. ❑ RENACENTISTA.

❑ *Arte e Hist.* Las transformaciones de la época renacentista se basan en la consolidación del sist. capitalista comercial y del Est. moderno. La creación de ejércitos permanentes, la aparición de las monarquías absolutas y los descubrimientos geográficos. En este marco se inscribe el fenómeno del ⇒ Humanismo (retorno a las fuentes clásicas), que caracterizó el primer R. En el terreno científico, el descrédito del dogma escolástico llevó a un reforecimiento de la experimentación (Vesalio), o a una puesta en cuestión de las verdades admitidas (Copérnico). La renovación de las artes basada en una aproximación a la Antigüedad clásica, surgió a principios del s. XV en tierras it. El foco fue Florencia y luego Roma. Las fuentes de esa renovación fueron la Antigüedad clásica, en especial la rom., entendida como el ideal anhelado. Paralelamente al fenómeno florentino, en Flandes se produjo también un r. artístico. Pero mientras en Italia los primeros en abandonar la tradición fueron los escultores (Donatello) y los arquitectos (Brunelleschi), en Flandes la ruptura más temprana se dio en la pintura (Van Eyck, Van der Weyden). En el s. XVI, las nuevas generaciones pictóricas (Perugino, Carpaccio) abandonan de manera gradual la preocupación por la antigüedad y se pretende buscar la belleza absoluta. El proceso culmina en las grandes figuras de Miguel Ángel y Rafael, que cierran el R. pleno, ya entrado el siglo.

RENACUAJO m. Fase larvaria de los anfibios anuros, que respira por branquias, carece de patas, y presenta un cuerpo dividido en una gran cabeza y una cola potente. ◊ fig. Se aplica como epíteto cariñoso al niño pequeño.

RENADÍO m. Sembrado que retoña después de cortado en hierba.

RENAIXENÇA Nombre que se da al renacimiento de las letras catalanas en el s. XIX. Cronológicamente posterior al romanticismo, es consecuencia directa de éste.

RENAL adj. Relativo a los riñones.

RENAN, *Ernest* (1823-1892) Filólogo, historiador y filósofo fr. positivista. *Historia de los orígenes del cristianismo.*

RENANIA (*Rheinland*) Región histórica del O de Alemania, limítrofe con Francia, Luxemburgo, Bélgica y Países Bajos y configurada por el r. Rin. Una de sus c., Aquisgrán, fue la cap. del imperio de Carlomagno.

RENANO, NA adj. Díc. de los territorios sit. en las orillas del Rin.

RENARD, *Jules* (1864-1910) Escritor fr. Describe la vida con un impresionismo seco y agudo. *Diario, Pelo de zanahoria, El pan conyugal.*

RENATO I, *el Bueno* (1409-1480) Duque de Bar, Lorena y Anjou, conde de Provenza y rey titular de Nápoles, donde se enfrentó a Alfonso V de Aragón (1442).

RENAULT, *Louis* (1877-1944) Industrial fr., uno de los más importantes fabricantes de automóviles de Francia.

RENCA C. de Chile, en el á. metr. de Santiago; 133 518 hab.

RENCILLA f. Riña de palabras, discordia, desacuerdo del que queda algún encono. ❑ RENCILLOSO, SA.

RENCO, CA adj. y s. Rengo, cojo. ◊ Díc. del ciclán, rencoso, que tiene un solo testículo. ❑ RENCOSO, SA.

RENCOR m. Resentimiento arraigado y tenaz. ❑ RENCOROSO, SA.

RENCUENTRO m. Reencuentro.

RENDIJA f. Hendedura, raja o abertura larga y angosta.

RENDIMIENTO m. Rendición, fatiga, cansancio. ◊ Sumisión, subordinación, humildad. ◊ Obsequiosa expresión de la sujeción a la voluntad de otro en orden a servirle o complacerle. ◊ Producto o utilidad que da una cosa. ◊ *Fís.* En un sistema funcionando a régimen, relación entre el valor de la magnitud cedida y el de la magnitud absorbida.

RENDIR tr. Vencer, obligar al enemigo a que se entregue. ◊ Dar a uno lo que le toca, o restituirle aquello de que se le

RENACIMIENTO

Detalle de *Retrato de mujer*, óleo sobre tabla de Roger van der Weyden (1464). National Gallery, Washington

Esclavo atlante, mármol de Miguel Ángel (1519-1534). Galería de la Academia, Florencia

El tempiete de San Pedro en Montorio de Roma, obra de Bramante (1502)

había desposeído. ◊ Dar fruto o utilidad una persona o cosa. ◊ *Amér*. Cundir. ◊ *Mil*. Entregar, hacer pasar una cosa al cuidado o vigilancia de otro. ◊ tr. y prnl. Sujetar, someter una cosa al dominio de uno. ◊ Cansar, fatigar, vencer. ❏ RENDICIÓN; RENDIDO, DA.

RENEGAR tr. Negar con insistencia una cosa. ◊ Detestar, abominar. ◊ intr. Pasarse de una religión o culto a otro. ◊ Blasfemar. ◊ fig. y fam. Decir injurias o hablar mal de uno. ❏ RENEGADO, DA; RENEGÓN, NA.

RENGLÓN m. Serie de palabras o caracteres escritos o impresos en línea recta. ◊ fig. Renta, utilidad o beneficio. ❏ RENGLONADURA.

RENGO, GA adj. y s. Cojo por lesión en las caderas. ❏ *Amér. Merid*. RENGUEAR; RENGUERA.

RENIEGO m. Blasfemia. ◊ fig. y fam. Maldición o dicho injurioso contra otro.

RENIO m. *Quím*. Elemento de símb. Re, n. a. 75 y p. a. 186,22. Notable por su elevada resistividad y su gran poder de emisión de electrones.

RENITENCIA f. Estado de la piel, cuando se halla tersa, tirante y lustrosa. ◊ Resistencia que se pone a hacer algo o consentirlo. ❏ RENITENTE.

RENNES C. de Francia, cap. del dpto. de Ille-et-Vilaine y de la región de Bretaña; 245 100 hab. Centro comercial e industrial.

RENO m. Especie de ciervo de los países septentrionales, con astas muy ramosas. Sirve como animal de tiro para los trineos.

RENOIR, *Jean* (1894-1979) Director de cine fr. Fue el gran maestro del realismo poético. *La golfa, La gran ilusión, La bestia humana, La regla del juego.* ◊ ***Pierre Auguste*** (1841-1919). Pintor fr., uno de los prales. del impresionismo. Muy influido al principio por Courbet, alcanza su primer logro en 1867 con *Lisa*, obra en la que ya aparecen los dos temas preferidos del pintor: la luz y el cuerpo femenino. *El palco, El columpio, Bañistas secándose.*

RENOMBRE m. Apellido o sobrenombre propio. ◊ Epíteto de gloria o fama. ◊ Fama y celebridad. ❏ RENOMBRADO, DA.

RENOUVIER, *Charles* (1815-1903) Filósofo fr. Defendió la teoría de que la metafísica no es una ciencia posible. *Los dilemas de la metafísica pura.*

RENOVAR tr. y prnl. Hacer como de nuevo una cosa, o volverla a su primer estado. ◊ Restablecer o reanudar una relación u otra cosa que se había interrumpido. ◊ tr. Remudar, poner de nuevo o reemplazar una cosa. ◊ Trocar una cosa vieja, o que ya ha servido, por otra nueva. ◊ Reiterar o publicar de nuevo. ❏ RENOVACIÓN.

RENQUEAR intr. Andar como renco, meneándose a un lado y a otro. ◊ fig. No acabar de decidirse a ejecutar un acto o a tomar una resolución. ❏ RENQUEO.

RENQUERA f. *Amér*. Cojera.

RENTA f. Beneficio periódico que produce una cosa o lo que de ella se cobra. ◊ Cantidad de dinero o especies que paga un arrendatario. ◊ Deuda pública, gasto público o título que la representan. ❏ RENTISTA; RENTÍSTICO, CA; RENTOSO, SA.

RENTAR tr. Producir o rendir beneficio o utilidad anualmente una cosa. ◊ *Amér*. Alquilar. ❏ RENTABILIDAD; RENTABLE; RENTADO, DA.

RENTERO, RA adj. Que paga algún tributo. ◊ m. y f. Colono que arrienda una posesión o finca rural.

RENUENCIA f. Repugnancia que se muestra a hacer una cosa. ❏ RENUENTE.

RENUEVO m. Vástago que echa el árbol después de podado o cortado. ❏ RENOVAL.

RENUNCIAR tr. Hacer dejación voluntaria, dimisión o apartamiento de una cosa que se tiene o del derecho y acción que se puede tener. ◊ Despreciar o abandonar. ◊ Faltar a las leyes de algunos juegos de naipes, por no servir al palo que se juega teniendo carta de él. ❏ RENUNCIABLE; RENUNCIA; RENUNCIO.

REÑIDERO m. Sitio destinado a la riña de animales, y pralm. a la de los gallos.

REÑIR intr. Contender o disputar altercando de obra o de palabra. ◊ Desavenirse, enemistarse. ◊ tr. Reprender o corregir a uno con algún rigor o amenaza. ◊ Tratándose de desafíos, batallas, etc., ejecutarlos, llevarlos a efecto. ❏ REÑIDO, DA; REÑIDOR, RA; REÑIDURA.

REO, A m. y f. Persona, acusada de un delito, que está siendo juzgada. ◊ El

demandado en juicio civil o criminal. ◊ m. Trucha de mar, pez marino.

REOJO (*Mirar de*) fr. Mirar disimuladamente dirigiendo la vista por encima del hombro. ◊ fig. Mirar con prevención hostil o enfado.

REÓMETRO m. *El*. Instrumento para medir las corrientes eléctricas. ◊ Aparato para medir la velocidad de una corriente de agua.

REORGANIZAR tr. y prnl. Volver a organizar una cosa. ❏ REORGANIZACIÓN; REORGANIZADOR, RA.

REÓSTATO m. *El*. Instrumento que sirve para hacer variar la resistencia en un circuito eléctrico. ❏ REOSTÁTICO, CA.

REPANTIGARSE prnl. Arrellanarse en el asiento, y extenderse para mayor comodidad.

REPARACIÓN f. Desagravio, satisfacción completa de una ofensa, daño o injuria. ◊ Arreglo de una cosa material estropeada. ❏ REPARAMIENTO.

REPARADO, DA adj. Reforzado, proveído. ◊ Bizco, o que tiene otro defecto en los ojos.

REPARAR tr. Componer, aderezar o enmendar. ◊ Mirar con cuidado, notar, advertir una cosa. ◊ Atender, considerar o reflexionar. ◊ Enmendar, corregir o remediar. ◊ Desagraviar. ◊ Oponer una defensa contra el golpe, para librarse de él. ◊ Remediar o precaver un daño o perjuicio. ◊ Restablecer las fuerzas. ◊ prnl. Contenerse o reportarse. ❏ REPARABLE; REPARADOR, RA; REPARATIVO, VA.

REPARISTO adj. *Amér. Centr*. Reparón.

REPARO m. Restauración o remedio. ◊ Advertencia, nota, observación sobre una cosa. ◊ Duda, dificultad o inconveniente. ◊ Cualquier cosa que se pone por defensa o resguardo.

REPARÓN, NA adj. *Amér Centr*. Que propende exageradamente a poner reparos o defectos a las cosas.

REPARTICIÓN f. *Amér*. Rama de la administración pública.

REPARTIMIENTO m. Instrumento en que consta lo que a cada uno se ha repartido. ◊ Contribución o carga con que se grava a los que voluntariamente, por obligación o necesidad la consienten. ◊ **de indios.** Reparto de un número determinado de indios que la corona esp. cedía a los colonizadores para premiar la conquista.

REPARTIR tr. Distribuir entre varios una cosa dividiéndola por partes. ◊ Clasificar, ordenar. ◊ Señalar o atribuir partes a un todo. ◊ Extender una materia sobre una superficie. ◊ Adjudicar los papeles a los actores que han de representar una obra. ◊ Cargar una contribución o gravamen por partes. ◊ Dar a cada cosa su oportuna colocación o el destino conveniente. ◊ tr. y prnl. Distribuir por lugares distintos o entre personas diferentes. ❏ REPARTIDERO, RA; REPARTIDOR, RA; REPARTO.

REPASADOR m. *Amér*. Lienzo para secar platos.

REPASAR tr. e intr. Volver a pasar por un mismo sitio o lugar. ◊ Volver a mirar, examinar, estudiar o registrar una cosa. ◊ Recoser, dar pasos a la ropa que lo necesita. ◊ Examinar una obra ya terminada, para corregir sus imperfecciones. ❏ REPASADORA.

REPASO m. Estudio ligero que se hace de lo que se tiene visto o estudiado. ◊

El moulin de la Galette, óleo de Pierre Auguste **Renoir** (Museo de Orsay, París)

Reconocimiento de una cosa después de hecha, para ver si le falta o sobra algo. ◊ fam. Represión, corrección a uno.

REPATRIAR tr., intr. y prnl. Hacer que uno regrese a su patria. ❏ REPATRIACIÓN; REPATRIADO, DA.

REPECHO m. Cuesta bastante pendiente y no muy larga. ❏ REPECHAR.

REPELA f. *Amér. Centr.* Recolección de los granos de café que quedan en las matas después de la cosecha.

REPELENTE adj. Que repele. ◊ Impertinente, sabelotodo. ◊ Repulsivo.

REPELER tr. Arrojar, lanzar o echar de sí una cosa con impulso o violencia. ◊ Rechazar una idea, proposición o aserto.

REPELLO m. *Amér. Centr.* Capa de barro con que se recubre una pared.

REPELÓ m. Lo que no va al pelo. ◊ Parte pequeña de cualquier cosa que se levanta contra lo natural. ◊ fig. y fam. Repugnancia que se muestra al ejecutar una cosa. ❏ REPELOSO, SA.

REPELUZNO m. Escalofrío leve y pasajero.

REPENTE m. fam. Movimiento súbito o no previsto. ❏ REPENTINO, NA.

REPENTIZAR intr. Ejecutar a la primera lectura un instrumentista o un cantante piezas de música. ◊ Hacer sin preparación un discurso, poesía, etc.

REPERCUTIR intr. Retroceder o cambiar de dirección un cuerpo al chocar con otro. ◊ prnl. Reverberar. ◊ Producir eco el sonido. ◊ fig. Trascender, causar efecto una cosa en otra ulterior. ❏ REPERCUSIÓN; REPERCUSIVO, VA.

REPERIQUETE m. fam. *Méx.* Adorno cursi.

REPERPERO m. *Amér. Centr.* Desorden, barahúnda.

REPERTORIO m. Conjunto de obras que tiene preparadas para representarlas o ejecutarlas una compañía teatral, un músico, etc. ◊ Colección o recopilación de obras o de noticias de una misma clase.

REPESCA f. Examen especial para alumnos que han suspendido en la convocatoria ordinaria.

REPETIDOR, RA adj. Que repite. ◊ Díc. especialmente del alumno que repite curso o una asignatura. ◊ adj. y m. Díc. del dispositivo que se intercala a lo largo de una línea de telecomunicación con objeto de recibir, amplificar y corregir las señales para que sea posible retransmitirlas a los receptores terminales.

REPETIR tr. Volver a hacer lo que se había hecho, o decir lo que se había dicho. ◊ intr. Hablando de manjares o bebidas, venir a la boca el sabor de lo que se ha comido o bebido. ◊ prnl. Díc. del artista que usa en sus obras de unas mismas actitudes, grupos, etc. ❏ REPETICIÓN.

REPICAR tr. Picar mucho una cosa. ◊ tr. e intr. Tañer o sonar repetidamente y con cierto compás las campanas en señal de fiesta o regocijo. ◊ Díc. además de otros instrumentos. ❏ REPIQUETEAR; REPIQUETEO.

REPINTAR tr. Pintar sobre lo ya pintado. ◊ Señalarse la letra de una página en otra por estar reciente la impresión.

REPIPI adj. Afectado, pedante, redicho.

REPIQUE f. fig. Riña, disputa de poca importancia.

REPISA f. Ménsula empleada para sostener un objeto o adorno, o también, para servir de piso a un balcón.

REPLANA f. *Perú.* Jerga de delincuentes.

REPLANTAR tr. Volver a plantar en el suelo o sitio que ha estado plantado. ◊ Trasplantar un vegetal desde el sitio en que está a otro. ❏ REPLANTACIÓN.

REPLANTEAR tr. Trazar en el terreno o sobre el plano de cimientos la planta de una obra ya estudiada y proyectada. ◊ Volver a plantear un asunto sobre bases nuevas. ❏ REPLANTEO.

REPLEGAR tr. Plegar o doblar muchas veces. ◊ tr. y prnl. Retirarse en buen orden las tropas avanzadas. ❏ REPLIEGUE.

REPLETAR tr. Rellenar, colmar. ◊ prnl. Ahitarse, hartarse. ❏ REPLECIÓN; REPLETO, TA.

RÉPLICA f. Expresión, argumento o discurso con que se replica. ◊ Copia de una obra artística que reproduce con exactitud la original. ◊ *Amér. Centr.* Examinador.

REPLICAR intr. Instar o argüir contra la respuesta o argumento. ◊ Presentar el actor en juicio ordinario el escrito de réplica. ◊ intr. y tr. Responder como repugnando lo que se dice o manda. ❏ REPLICACIÓN; REPLICADOR, RA; REPLICÓN, NA.

REPO m. *Chile.* Arbusto, especie de arrayán de gran tamaño.

REPOBLACIÓN f. Conjunto de árboles o especies vegetales en terrenos repoblados. ◊ **forestal.** Replantación de árboles para regenerar montes o recuperar zonas vegetales.

Repoblación forestal de una ladera

REPOBLAR tr. y prnl. Volver a poblar.

REPOLLO m. Especie de col de hojas firmes, comprimidas y abrazadas formando una especie de cabeza. ◊ Grumo o cabeza redonda que forman algunas plantas, apiñándose sus hojas unas sobre otras. ❏ REPOLLAR; REPOLLUDO, DA.

REPONER tr. Volver a poner; construir, colocar a una persona o cosa en el empleo, lugar o estado que antes tenía. ◊ Reemplazar lo que falta o lo que se había sacado de alguna parte. ◊ Responder, replicar. ◊ Volver a poner en escena una obra dramática ya estrenada en una temporada anterior. ◊ Retrotraer la causa o pleito a un estado determinado o reformar un auto o providencia el juez que lo dictó. ◊ prnl. Recobrar la salud o la hacienda. ◊ Serenarse, tranquilizarse. ❏ REPOSICIÓN.

REPORTAJE m. Información periodística, gráfica o literaria, hecha por un reportero que ha sido testigo de los hechos que relata. ◊ *Amér.* REPORTEAR.

REPORTAR tr. y prnl. Refrenar, reprimir o moderar. ◊ tr. Alcanzar, conseguir, lograr, obtener. ❏ REPORTACIÓN; REPORTAMIENTO.

REPORTE m. Noticia. ◊ Noticia malintencionada que puede indisponer a las personas.

REPORTERO adj. y s. Díc. del periodista que busca la noticia sobre el terreno y la transmite al diario. ◊ REPORTERIL; REPORTERISMO.

REPOSAR intr. Descansar, dar intermisión a la fatiga o al trabajo. ◊ intr. y prnl. Descansar, durmiendo un breve sueño. ◊ Permanecer en quietud y paz y sin alteración una persona o cosa. ◊ Estar enterrado, yacer. ◊ Tratándose de líquidos, posarse. ❏ REPOSADO, DA; REPOSO.

REPOSERA f. *R. de la Plata.* Tumbona.

REPOSTAR tr. y prnl. Reponer provisiones, pertrechos, combustible, etc.

REPOSTERÍA f. Arte y oficio del repostero. ◊ Productos de este arte. ◊ Establecimiento donde se hacen y venden dulces, pastas, fiambres, embutidos y algunas bebidas.

REPOSTERO, RA m. y f. Persona que tiene por oficio hacer pastas, dulces y algunas bebidas. ◊ Paño cuadrado o rectangular, con emblemas heráldicos. ◊ Marinero que está al servicio personal de un jefe u oficial de marina. ◊ *Amér. Centr.* Respondón.

REPRENDER tr. Corregir, amonestar a uno. ❏ REPREHENSIBLE o REPRENSIBLE; REPRENDEDOR, RA; REPRENSOR, RA.

REPRENSIÓN f. Expresión o razonamiento con que se reprende. ◊ Pena que se ejecuta amonestando al reo.

REPRESA f. Obra o construcción para contener o regular el curso de las aguas.

REPRESALIA f. Daño infligido, especialmente al enemigo, como venganza por la injuria sufrida de él. Se usa más en pl. ◊ Retención de los bienes de una nación con la cual se está en guerra, o de sus individuos. Se usa más en pl. ◊ Medida o trato de rigor que, sin llegar a ruptura violenta de relaciones, adopta un Est. contra otro para responder a los actos o determinaciones adversos de éste. Se usa más en pl. ◊ P. ext., el mal que un particular causa a otro, en venganza o satisfacción de un agravio.

REPRESAR tr. y prnl. Detener o estancar el agua corriente. ◊ tr. Recobrar de los enemigos la embarcación que habían apresado. ◊ fig. Detener, contener, reprimir.

REPRESENTAR tr. y prnl. Hacer presente una cosa con palabras o figuras que la imaginación retiene. ◊ tr. Informar, declarar o referir. ◊ Recitar o ejecutar en público una obra dramática. ◊ Sustituir a uno o hacer sus veces. ◊ Ser imagen o símbolo de una cosa, o imitarla perfectamente. ◊ Aparentar una persona determinada edad. ❏ REPRESENTACIÓN; REPRESENTADOR, RA; REPRESENTANTE; REPRESENTATIVIDAD; REPRESENTATIVO, VA.

REPRESIÓN f. Defensa automática e inconsciente mediante la cual rechaza el «yo» una motivación, emoción o idea, penosa o peligrosa, y tiende a disociarse de ella. ◊ Proceso psicológico

REPTILES

Hay gran variedad de ofidios, reptiles carentes de extremidades, algunos de ellos venenosos gracias a una glándula que inyecta veneno a través de unos colmillos huecos

Los quelonios constituyen un tipo de reptil que ha evolucionado muy poco en 180 millones de años. Están protegidos por un caparazón de naturaleza dérmica y algunos pueden llegar a vivir más de 100 años

Dotados de una piel cubierta de escamas dérmicas cornificadas, los saurios abarcan gran variedad de especies, que se han adaptado a los medios más dispares

consciente y voluntario que consiste en renunciar a la satisfacción de un deseo que no está de acuerdo con el «yo» ético o social.

REPRIMIR tr. y prnl. Contener, refrenar, templar o moderar. ❏ REPRESIVO, VA; REPRIMENDA.

REPRISAR tr. *Amér.* Reponer un espectáculo.

REPRISE (voz fr.) f. Aceleración. ◊ Reestreno.

REPROBAR tr. No aprobar, dar por malo. ❏ REPROBABLE; REPROBACIÓN; REPROBATORIO, RIA.

RÉPROBO, BA adj. Condenado a las penas eternas.

REPROCHAR tr. y prnl. Reconvenir, echar en cara. ❏ REPROCHABLE; REPROCHADOR, RA; REPROCHE.

REPRODUCCIÓN f. Cosa reproducida. ◊ *Biol.* Conjunto de fenómenos por los cuales los seres vivos originan otros análogos.

❏ *Biol.* La r. puede ser asexual o sexual. En la primera, el nuevo ser procede de masas de células vegetativas que hacen vida independiente (r. vegetativa) o bien procede de esporas (esporulación). La r. vegetativa es muy utilizada en agricultura; en los metazoos adopta las formas de gemación y escisión. La esporulación sólo se da en los vegetales y los protozoos. La r. sexual permite el intercambio y recombinación de material biológico entre los individuos, que producen normalmente dos clases de células germinativas llamadas gametos; éstos han de fusionarse en el acto de la fecundación para que se desarrolle el nuevo ser. Si la formación del nuevo individuo se realiza exclusivamente a partir del gameto femenino, se llama partenogénesis.

REPRODUCIR tr. y prnl. Volver a producir o producir de nuevo. ◊ tr. Volver a hacer presente lo que antes se dijo y alegó. ◊ Procrear. ◊ Sacar copia, en uno o en muchos ejemplares, de una obra de arte, objeto arqueológico, etc., por diversos procedimientos.

REPRODUCTIVO, VA adj. Que produce beneficio o provecho.

REPRODUCTOR, RA adj. y s. Que reproduce. ◊ m. y f. Animal destinado a mejorar su raza. ◊ **Aparato r.** *Zool.* Conjunto de órganos que en los animales realizan las distintas fases de reproducción sexual.

❏ *Zool.* Un aparato r. diferenciado, completo, está compuesto de gónadas y de conductos para la expulsión de los gametos. Casi todos los animales poseen dos gónadas, pero algunos poseen una sola y otros las poseen en gran número. Los conductos reproductores o gonoductos tienen la función primordial de permitir la expulsión de los gametos. En el macho, éstos son los llamados órganos copuladores, que cuando están atravesados por el conducto reproductor reciben el nombre de penes. En la hembra, la porción del oviducto adaptada para recibir el órgano copulador se llama vagina.

REPROGRAFÍA f. Reproducción de documentos por diversos medios. ❏ REPROGRÁFICO, CA.

REPS (voz fr.) m. Tela de seda o lana, fuerte y bien tejida, que se usa para tapizar.

RÉPTAR intr. Andar arrastrándose como algunos reptiles. ❏ REPTACIÓN.

REPTIL o **RÉPTIL** m. pl. *Zool.* Dícese de los vertebrados tetrápodos, de temperatura variable, cuyos huevos se hallan provistos de amnios y alantoides, y cuya piel, carente de glándulas mucosas, está recubierta por escamas.

❏ *Zool.* La forma de los reptiles actuales suele ser alargada, de acuerdo con su sistema de locomoción, en el que predomina la reptación. Sus extremidades no alcanzan mucho desarrollo o incluso se atrofian (serpientes). La boca presenta dientes muy simples (saurios, cocodrilos, muchas serpientes) o bien carece de ellos (tortugas). La respiración es siempre pulmonar, naciendo las crías en tierra. La mayoría son ovíparos, pero existen especies ovovivíparas (víboras) y aun vivíparas. La dependencia de la temperatura interna respecto a la ambiental hace que abunden en las regiones tropicales. El grupo de los r. ha colonizado los ambientes más diversos.

REPÚBLICA f. Estado, cuerpo político. ◊ *Pol.* Forma de gobierno representativo en que la soberanía reside en el pueblo, personificado éste por un jefe supremo llamado presidente. ◊ Causa pública, lo común o su utilidad. ❏ REPUBLICANISMO; REPUBLICANO, NA.

❏ *Pol.* Se nos habla ya de r. en la antigüedad (c. gr., Roma, Baja E. Med.), pero en su concepto más moderno, nació con las rev. burguesas de los ss. XVII-XVIII. En la actualidad, la mayoría de países están gobernados por una r., que puede ser presidencialista (EE UU, Francia) o parlamentaria (Italia), aunque el concepto de r. acoge también la posibilidad de regímenes autoritarios, gralte., el comunista (China), aunque se mantienen las elecciones periódicas y la división en los tres poderes políticos. Las r. socialistas (llamadas también democracias populares) presentan un partido único.

REPÚBLICA ÁRABE UNIDA (RAU) Federación de Egipto y Siria creada en 1958 y disuelta en 1961. Egipto mantuvo oficialmente tal denominación hasta 1971.

REPUDIAR tr. Rechazar algo, no acep-

República. Cartel alegórico de la II República Española (Archivo Histórico Nacional, Salamanca, España)

tarlo. ◊ Desechar o repeler la mujer propia. ◊ Renunciar, hacer dejación. ❏ REPUDIACIÓN; REPUDIO.

REPUESTO, TA adj. Apartado, retirado, escondido. ◊ m. Prevención de comestibles u otras cosas para cuando sean necesarias. ◊ Pieza o parte de un mecanismo que se tiene dispuesta para sustituir a otra, recambio.

REPUGNAR tr. y prnl. Ser opuesta una cosa a otra. ◊ tr. Contradecir o negar una cosa. ◊ Rehusar, hacer de mala gana una cosa o admitirla con dificultad. ◊ intr. Causar tedio o aversión. ❏ REPUGNANCIA.

REPUJAR tr. Labrar a martillo chapas metálicas, cuero u otra materia, de modo que resulten figuras en relieve. ❏ REPUJADO.

REPULIR tr. Volver a pulir una cosa. ◊ tr. y prnl. Acicalar, componer con demasiada afectación. ❏ REPULIDO, DA.

REPULSAR tr. Desechar, repeler o despreciar una cosa. ◊ Condenar enérgicamente una conducta o una acción. ❏ REPULSA.

REPULSIÓN f. Acción y efecto de repeler. ◊ Repulsa. ◊ Repugnancia, aversión.

REPULSIVO, VA adj. Que tiene acción o virtud de repulsar. ◊ Que causa repulsión.

REPUNTAR intr. Empezar el ascenso o descenso de la marea. ◊ Empezar a manifestarse una cosa. ◊ prnl. Empezar a picarse el vino. ◊ *Amér.* Elevarse el precio de una cosa o el ritmo de una actividad cuando se había registrado previamente una caída. ◊ *Amér. Merid.* Aparecer alguien de improviso. ◊ *R. de la Plata.* Volver a las posturas que se tenían anteriormente. ◊ fig. y fam. Indisponerse levemente una persona con otra. ◊ tr. *Argent., Méx.* y *Ur.* Reunir los animales dispersos en un campo para dirigirlos a algún lugar.

REPUTACIÓN f. Opinión que se tiene de una persona. ◊ Fama que uno tiene como sobresaliente en una ciencia, arte o profesión.

REPUTAR tr. y prnl. Juzgar o hacer concepto del estado o calidad de una persona o cosa. ◊ tr. Apreciar o estimar el mérito.

REQUEBRAR tr. Volver a quebrar. ◊ fig. Lisonjear a una mujer alabando sus atractivos. ◊ fig. Adular, lisonjear. ❏ REQUEBRADOR, RA; REQUIEBRO.

REQUECHO m. *R. de la Plata.* Cosa de poco valor.

REQUEMAR tr. y prnl. Volver a quemar. ◊ Tostar con exceso. ◊ Privar de jugo a las plantas, haciéndoles perder su verdor. ◊ tr. y prnl. fig. Hablando de la sangre o de los humores del cuerpo humano, encenderlos excesivamente. ◊ prnl. fig. Dolerse interiormente y sin darlo a conocer. ❏ REQUEMADO, DA.

REQUENETE adj. *Ven.* Regordete.

REQUERIR tr. Intimar, avisar o hacer saber una cosa con autoridad pública. ◊ Reconocer o examinar el estado en que se halla una cosa. ◊ Solicitar, pretender, explicar uno su deseo o pasión amorosa. ◊ Inducir, persuadir. ❏ REQUERIDOR, RA; REQUERIMIENTO; REQUIRENTE.

REQUESÓN m. Masa blanca y mantecosa que se obtiene mediante la coagulación de la leche. ◊ Cuajada que se saca de los residuos de la leche después de hecho el queso.

REQUETE Pref. que intensifica la significación de algunos adjetivos y adverbios.

REQUETÉ m. Cuerpo de voluntarios que lucharon en las guerras civiles esp. en las filas del carlismo. ◊ adj. y s. Díc. del individuo afiliado a este cuerpo, aun en tiempo de paz.

RÉQUIEM m. Oración o misa que se ofrece por los difuntos. ◊ Obra musical compuesta sobre este texto.

REQUIÉSCAT IN PACE exp. latina que significa «descanse en paz», y se aplica en la liturgia como despedida a los difuntos, en las inscripciones tumularias, etc.

REQUILORIO m. fam. Formalidad nimia e innecesario rodeo en que suele perderse el tiempo antes de hacer o decir lo que es obvio, fácil y sencillo. Se usa más en pl.

REQUISA f. Revista o inspección de las personas o de las dependencias de un establecimiento. ◊ Recuento y embargo que se hace de cosas necesarias en tiempo de guerra u otras circunstancias.

REQUISICIÓN f. Facultad de la autoridad para atribuirse la posesión de bienes particulares, en caso de graves necesidades militares y civiles. ❏ REQUISAR.

REQUISITO m. Circunstancia o condición necesaria para una cosa.

REQUISITORIO, RIA adj. y s. Aplícase al despacho en que un juez requiere a otro para que ejecute un mandamiento del demandante.

RES f. Cualquier animal cuadrúpedo de algunas especies domésticas o salvajes.

RESABIAR tr. y prnl. Hacer tomar un vicio o mala costumbre. ◊ prnl. Disgustarse o desazonarse. ❏ RESABIO.

RESABIDO, DA adj. Que se precia de entendido. ◊ *Amér. Centr.* Que tiene resabios.

RESACA f. Movimiento en retroceso de la ola que ha avanzado hasta la orilla. ◊ Malestar físico, pasajero, que se experimenta como consecuencia de haber bebido en exceso. ◊ *Amér. Centr.* Especie de aguardiente.

RESALADO, DA adj. fig. y fam. Que tiene mucha sal, gracia y donaire.

RESALTAR intr. Botar repetidamente un cuerpo elástico. ◊ Desprenderse una cosa de donde estaba fija. ◊ Sobresalir en parte un cuerpo de otro en los edificios u otras cosas. ◊ fig. Distinguirse, sobresalir o destacarse mucho una cosa de otra. ❏ RESALTE; RESALTO.

RESARCIR tr. y prnl. Indemnizar, reparar, compensar un daño, perjuicio o agravio. ❏ RESARCIBLE; RESARCIMIENTO.

RESBALAR intr. y prnl. Escurrirse, deslizarse. ◊ fig. Incurrir en un desliz. ◊ fig. Ser indiferente. ❏ RESBALADIZO, ZA o RESBALOSO, SA; RESBALÓN; RESBALADOR, RA; RESBALADURA.

RESCATAR tr. Recobrar por un precio concertado o mediante la fuerza, a una persona o cosa que estaba en poder de otro. ◊ tr. y prnl. fig. Redimir la vejación. ❏ RESCATADOR, RA; RESCATE.

RESCINDIR tr. Dejar sin efecto un contrato, obligación, etc. ❏ RESCINDIBLE; RESCISIÓN; RESCISORIO, RIA.

RESCOLDO m. Brasa menuda resguardada por la ceniza. ◊ fig. Escozor, recelo o escrúpulo.

RESCRIPTO m. Decisión del papa, de un emperador o de cualquier soberano para resolver una consulta o responder a una petición. ❏ RESCRIPTORIO, RIA.

RESECAR tr. y prnl. Secar mucho. ◊ tr. *Cir.* Efectuar la resección de un órgano. ❏ RESECACIÓN.

RESECCIÓN f. Extirpación quirúrgica de la totalidad o parte de un órgano o tejido.

RESECO, CA adj. Demasiado seco. ◊ Flaco, enjuto, de pocas carnes.

RESEDA f. Planta herbácea anual, con tallos ramosos, hojas alternas, enteras o partidas en tres gajos, y flores amarillentas. ◊ Flor de esta planta.

RESELLAR tr. Volver a sellar la moneda u otra cosa. ◊ prnl. fig. Pasarse de uno a otro partido. ❏ RESELLO.

RESENTIRSE prnl. Sentir dolor o molestia física a consecuencia de alguna dolencia pasada. ◊ Empezar a flaquear o sentirse una cosa. ◊ fig. Tomar como descortesía o falta de afecto algo que se hace o dice a uno. ❏ RESENTIDO, DA; RESENTIMIENTO.

Reses vacunas

RESEÑA f. Revista que se hace de la tropa. ◊ Nota que se toma de las señales más distintivas del cuerpo de una persona, de un animal o de otra cosa para conocerlo fácilmente. ◊ Noticia y examen somero de una obra literaria. ❏ RESEÑAR.

RESERVA f. Guarda o custodia que se hace de una cosa o prevención de ella para que sirva a su tiempo. ◊ Guarda, retención de plazas en un hotel, restaurante, espectáculo, etc. ◊ Reservación o excepción. ◊ Discreción, circunspección. ◊ Fondo monetario constituido obligatoriamente por ciertas entidades financieras con fines de garantía. ◊ Parte del ejército o armada de un Estado, que no está en servicio activo. ◊ m. Sustituto en algún equipo. ◊ **de caza.** La que se destina a la protección de especies animales en trance de desaparecer. ◊ **Reservas indias.** En EE UU, territorios destinados exclusivamente a la pob. indígena. ◊ Díc. de la sustancia almacenada en las células de las plantas o de los animales y es utilizada por el organismo para su nutrición, en caso necesario, transformándose en productos asimilables. ❏ RESERVATIVO, VA; RESERVISTA.

RESERVADO, DA adj. Cauteloso, reacio en manifestar su interior. ◊ Come-

dido, discreto, circunspecto. ◊ Que se reserva o debe reservarse. ◊ Compartimiento de un coche de ferrocarril, de un edificio, etc., que se destina sólo a personas o a usos determinados.
RESERVAR tr. Guardar algo para el futuro. ◊ tr. y prnl. Dejar para después lo que se podía o se debía ejecutar o comunicar en el momento presente. ◊ Destinar un lugar o una cosa, de un modo exclusivo, para uso o persona determinados. ◊ Separar o apartar uno algo de lo que se distribuye, reteniéndolo para sí o para entregarlo a otro. ◊ Retener o no comunicar una cosa. ◊ Encubrir, ocultar, callar una cosa. ◊ prnl. Conservarse o irse deteniendo para mejor ocasión. ◊ Precaverse, guardarse, desconfiar de uno. ❑ RESERVÓN, NA.
RESFRIADO m. Estado morboso, originado por la exposición al frío o a la humedad, que provoca normalmente el catarro de las mucosas aéreas. ◊ Enfriamiento, catarro. ❑ *Argent.* RESFRÍO.

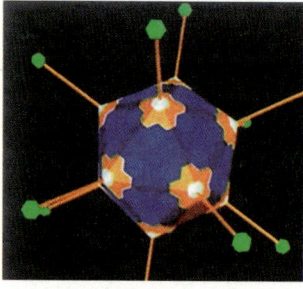

Imagen generada por computadora de un adenovirus del tipo que provoca el **resfriado** común

RESFRIAR tr. Enfriar. ◊ tr. y prnl. fig. Entibiar, templar el ardor o fervor. ◊ intr. Empezar a hacer frío. ◊ prnl. Contraer resfriado. ❑ RESFRIAMIENTO.
RESGUARDAR tr. Defender o reparar. ◊ prnl. Cautelarse, precaverse o prevenirse contra un daño.
RESGUARDO m. Guardia, seguridad que se pone en una cosa. ◊ Seguridad que por escrito se hace en las deudas o contratos. ◊ Distancia prudencial que por precaución toma el buque al pasar cerca de un punto peligroso.
RESIDENCIA f. En ecología, conjunto de factores físicos y químicos que determinan el ambiente donde puede vivir una determinada especie animal o vegetal. ◊ Lugar en que se reside. ◊ Casa donde viven en comunidad individuos de otras órdenes religiosas. ◊ Casa donde, sujetándose a determinada reglamentación, residen y conviven personas afines por la ocupación, el sexo, el estado, la edad, etc. ◊ Establecimiento público donde se alojan viajeros o huéspedes estables. ◊ Espacio de tiempo que debe residir el eclesiástico en el lugar de su beneficio. ◊ Edificio donde una autoridad o corporación tiene su domicilio o donde ejerce sus funciones.
RESIDENCIAL adj. Aplícase al empleo o beneficio que pide residencia personal. ◊ Díc. de la parte de una ciudad donde residen las clases más acomodadas.
RESIDIR intr. Vivir habitualmente en un lugar. ◊ Asistir uno personalmente

en determinado lugar por razón de su empleo, dignidad o beneficio, ejerciéndolo. ◊ fig. Estar o radicar en un punto o en una cosa el quid de aquello de que se trata. ❑ RESIDENTE.
RESIDUO m. Parte o porción que queda de un todo. ◊ Lo que resulta de la descomposición o destrucción de una cosa. ◊ Resultado de la operación de restar. ❑ RESIDUAL.
RESIGNAR tr. Renunciar a un beneficio eclesiástico o hacer dimisión de él a favor de un sujeto determinado. ◊ Entregar una autoridad el mando a otra en determinadas circunstancias. ◊ prnl. Conformarse, someterse, entregar su voluntad, condescender. ❑ RESIGNA; RESIGNACIÓN; RESIGNATARIO.
RESILIENCIA f. *Metal.* Resistencia que opone un cuerpo a la ruptura por choque o percusión. Se expresa en kpm/cm².
RESINA f. Nombre común a los aceites esenciales de origen isoprenoide cuando se oxidan en presencia del aire. Se pueden obtener por incisión en el tallo de diversas plantas que poseen vasos resiníferos especiales; pero también pueden ser de origen animal o mineral. ◊ **Resinas fósiles**. *Miner.* Carburos naturales presentes en depósitos carbonosos de gimnospermas y angiospermas. ◊ **sintéticas**. R. obtenidas por los procedimientos químicos de polimerización indefinida o de policondensación. Se usan pralm. en la industria de los plásticos y, recientemente, en terapéutica como agentes de depuración y desmineralización del agua. ❑ RESINAR; RESINACIÓN; RESINERO, RA; RESINOSO, SA.
RESISTENCIA f. fig. Oposición a hacer algo. ◊ Causa que se opone a la acción de una fuerza. ◊ Fuerza que se opone al movimiento de una máquina y ha de ser vencida por la potencia. ◊ Dificultad que opone un conductor al paso de la corriente. ◊ Elemento que se intercala en un circuito para dificultar el paso de la corriente o para hacer que ésta se transforme en calor. ◊ **aerodinámica**. *Aer.* Componente de la fuerza que el aire ejerce sobre un cuerpo que avanza por la atmósfera, paralela a la velocidad de dicho cuerpo. ◊ **de materiales**. Ciencia que estudia las reacciones y deformaciones que experimentan

Vertido de **residuos** incontrolado

los materiales sometidos a acciones mecánicas externas. ◊ **eléctrica**. Constante de proporcionalidad que existe entre la diferencia de potencial de dos puntos de un circuito conductor, y la intensidad que circula. ◊ **específica**. Resistividad. ◊ **pasiva**. Cualquiera de las que en una máquina dificultan su movimiento y disminuyen su efecto útil.
RESISTENCIA f. Conjunto de acciones contra los ocupantes nazis o fascistas llevadas a cabo a lo largo de la II Guerra Mundial, en diversos países de Europa.
RESISTENCIA C. de Argentina, cap. de la prov. del Chaco; 274 490 hab. Sit. a la derecha del río Negro. Centro comercial e industrial.
RESISTERO m. Siesta, horas de más calor en el verano. ◊ Calor causado por la reverberación del sol. ◊ Lugar en que especialmente se nota este calor.
RESISTIR intr. y prnl. Oponerse un cuerpo o una fuerza a la acción o violencia de otra. ◊ intr. Repugnar, rechazar, contradecir. ◊ tr. Tolerar, aguantar o sufrir. ◊ Combatir las pasiones, deseos, etc. ◊ prnl. Bregar, forcejar. ❑ RESISTENTE; RESISTIBLE; RESISTIDOR, RA.
RESISTIVIDAD f. Resistencia de un conductor por unidad de longitud y de superficie. ◊ **térmica**. Capacidad que posee un cuerpo para oponerse al paso del calor.
RESITA C. de Rumania, cap. del distr. de Caras Severin; 101 900 hab. Carbón, hierro y manganeso. Ind. siderometalúrgicas y de maquinaria.
RESMA f. Conjunto de 20 manos o 500 pliegos de papel.
RESNAIS, *Alain* (n. 1922) Director de cine fr. *El año pasado en Marienbad, Hiroshima mon amour, Mi tío de América*.
RESOBADO, DA adj. Díc. de los temas o asuntos de conversación o literarios muy trillados.
RESOBRINO, NA m. y f. Hijo de sobrino carnal.
RESOL m. Reverberación del sol.
RESOLANO, NA adj. y f. Díc. del sitio donde se toma el sol sin que moleste el viento. ◊ f. *Amér.* Irradiación de luz y calor que producen los rayos solares en los lugares sombreados. ◊ *Amér.* Reverberación del sol, resol.
RESOLLAR intr. Resoplar, respirar fuertemente, haciendo ruido. ◊ fig. Dar noticia de sí un ausente o el que ha estado callado.
RESOLUCIÓN f. Ánimo, valor o arresto. ◊ Actividad, prontitud, viveza. ◊ Decreto, providencia, auto o fallo de autoridad gubernativa o judicial. ❑ RESOLUTORIO, RIA.
RESOLUTIVO, VA adj. Aplícase al orden o método en que se procede analíticamente o por resolución. ◊ adj. y m. *Med.* Que tiene virtud de resolver.
RESOLVER tr. Tomar determinación fija y decisiva. ◊ Resumir, epilogar, recapitular. ◊ Desatar una dificultad o dar solución a una duda. ◊ Hallar la solución de un problema. ◊ Deshacer, destruir. ◊ Analizar, dividir física o mentalmente un compuesto en sus partes o elementos, para reconocerlos cada uno de por sí. ◊ Hacer que se disipe, desvanezca, exhale o evapore una cosa. ◊ Reducirse, venir a parar una cosa en otra. ◊ Terminar por curarse espontáneamente una inflamación, tumefacción o edema. ❑ RESOLUBLE; RESOLUTO, TA.

RESONADOR, RA adj. Que resuena. ◊ m. Cuerpo sonoro dispuesto para entrar en vibración cuando recibe ondas acústicas de determinada frecuencia y amplitud. ◊ **eléctrico**. Aparato que se utiliza para descubrir las oscilaciones eléctricas.

RESONANCIA f. *Fís.* Fenómeno propio de los sistemas oscilantes sometidos a la acción de una fuerza exterior periódica. ◊ Sonido producido por percusión de otro. ◊ Prolongación del sonido, que se va disminuyendo por grados. ◊ Cada uno de los sonidos elementales que acompañan al principal en una nota musical y comunican timbre particular a cada voz o instrumento. ◊ fig. Gran divulgación de algo. **magnética nuclear**. *Med.* Técnica espectroscópica que permite obtener imágenes corporales a partir de la aplicación de un campo magnético sobre el cuerpo.

RESONAR intr. y tr. Hacer sonido por repercusión o sonar mucho. ◊ fig. Tener repercusión o importancia.

RESOPLIDO m. Resuello fuerte. ◊ fig. Respuesta brusca. ❏ RESOPLAR.

RESORBER tr. Recoger dentro de sí una persona o cosa un líquido que ha salido de ella misma. ❏ RESORCIÓN.

RESORCINA f. Conjunto aromático perteneciente a los fenoles bivalentes usado en medicina por sus propiedades antiinflamatorias y queratoplásticas.

RESORTE m. Muelle. ◊ Fuerza elástica de una cosa. ◊ fig. Medio para lograr un fin.

RESPALDAR m. Parte del asiento en que descansan las espaldas. ◊ tr. Sentar, notar o apuntar algo en el respaldo de un escrito. ◊ fig. Proteger, amparar, apoyar, garantizar. ◊ prnl. Inclinarse de espaldas o arrimarse al respaldo de la silla o banco.

RESPALDO m. Parte de la silla o banco, en que descansan las espaldas. ◊ Vuelta del papel o escritos, en que se anota alguna cosa. ◊ Lo que allí se escribe. ◊ fig. Apoyo moral, garantía.

RÉSPED m. Lengua de la culebra o víbora. ◊ Aguijón de la abeja o de la avispa. ◊ fig. Intención malévola en las palabras.

RESPECTAR defect. Tocar, pertenecer, decir relación, atañer.

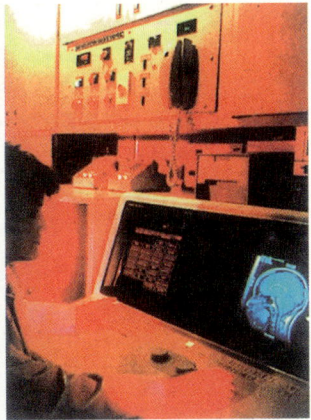

Exploración de un encéfalo por **resonancia magnética nuclear**

RESPECTIVO, VA adj. Que atañe a persona o cosa determinada; correspondiente. ❏ RESPECTIVAMENTE.

RESPECTO m. Razón, relación o proporción de una cosa con otra.

RESPETAR tr. Tener respeto. ◊ Tener miramiento, consideración. ◊ intr. Tocar, pertenecer, atañer. ❏ RESPETABLE; RESPETADOR, RA; RESPETIVO, VA; RESPETUOSO, SA.

RESPETO m. Obsequio, veneración, acatamiento que se hace a uno. ◊ Miramiento, consideración, atención, causa o motivo particular. ◊ Cualquier cosa que se tiene de prevención o repuesto. ◊ pl. Manifestaciones de acatamiento que se hacen por cortesía.

RÉSPICE m. fam. Respuesta seca y desabrida. ◊ fam. Represión corta, pero fuerte. ❏ *Amér. Centr.* RESPIS.

RESPIGHI, *Ottorino* (1879-1936) Compositor it. Sus poemas sinfónicos destacan por su colorido instrumental. *Fuentes de Roma, Pinos de Roma.*

RESPINGAR intr. Sacudirse la bestia y gruñir. ◊ fam. Elevarse el borde de la falda o de la chaqueta. ◊ fig. y fam. Resistir, hacer gruñendo lo que se manda. ❏ RESPINGO.

RESPINGONA adj. fam. Aplicado a la nariz, que tiene la punta dirigida hacia arriba.

RESPIRACIÓN f. *Biol.* Proceso de oxidación-reducción por el cual los organismos vivos oxidan los principios inmediatos para la obtención de energía. ◊ Entrada y salida del aire en un lugar cerrado. ◊ **artificial**. Conjunto de ejercicios destinados a restablecer las condiciones correctas de ventilación pulmonar cuando ésta se encuentra comprometida. ❏ *Biol.* La verdadera r. se da en el interior de la célula. En la r. aerobia se gasta oxígeno y se elabora dióxido de carbono, proceso que realizan la mayor parte de los animales y vegetales, aunque en éstos, durante el día, se da un intercambio gaseoso inverso, debido al fenómeno de la fotosíntesis. La r. anaerobia, en cambio, se verifica sin oxígeno (fermentación), siendo propia de algunos vegetales inferiores (bacterias, hongos), de animales que viven en lugares pobres en oxígeno (barro) y de los parásitos internos.

RESPIRADERO m. Abertura por donde entra y sale el aire. ◊ Lumbrera, tronera. ◊ Abertura de las cañerías para dar salida al aire. ◊ fig. Rato de descanso en el trabajo. ◊ fam. Órgano o conducto de la respiración.

RESPIRAR intr. y tr. Absorber el aire los seres vivos, por pulmones, branquias, tráqueas, etc., tomando parte de las sustancias que lo componen, y expeliéndolo modificado. ◊ intr. Exhalar, despedir de sí un olor. ◊ fig. Animarse, cobrar aliento. ◊ fig. Tener salida o comunicación con el aire externo o libre un fluido que está encerrado. ◊ fig. Descansar, aliviarse del trabajo, salir de la opresión. ◊ fig. y fam. Pronunciar palabras, hablar. ◊ Tener de manera ostensible la persona de quien se habla, la cualidad o el estado de ánimo a que se alude. ❏ RESPIRABLE; RESPIRADOR, RA.

RESPIRATORIO, RIA adj. Que sirve para la respiración o la facilita. ◊ **Aparato r.** *Zool.* Conjunto de órganos que

Ottorino **Respighi**

en un animal se encargan de tomar el oxígeno del aire y cederlo, bien al medio interno para que lo lleve a las células, bien directamente a éstas para que puedan llevar a cabo la degradación metabólica de los alimentos. ❏ *Zool.* En los animales más simples coincide con la superficie del cuerpo (respiración cutánea), mientras que en animales más avanzados se organiza en un verdadero aparato r., que responde a dos tipos básicos, según que funcione en medio acuático (branquias) o en el aire (pulmones, tráqueas).

RESPIRO m. fig. Rato de descanso en el trabajo, para volver a él con nuevo aliento. ◊ fig. Alivio, descanso en medio de una fatiga, pena o dolor.

RESPLANDECER intr. Despedir rayos de luz o lucir mucho una cosa. ◊ fig. Sobresalir en algo. ❏ RESPLANDECIMIENTO.

RESPLANDOR m. Luz muy clara que despide un cuerpo luminoso. ◊ fig. Brillo de algunas cosas. ◊ fig. Esplendor o lucimiento. ◊ *Amér.* Diadema.

RESPONDER tr. Contestar, satisfacer a lo que se pregunta o propone. ◊ Contestar uno al que le llama o al que toca a la puerta. ◊ Contestar al billete o carta que se ha recibido. ◊ Replicar. ◊ intr. Corresponder, repetir el eco. ◊ Corresponder, mostrarse agradecido. ◊ fig. Rendir o fructificar. ◊ fig. Dicho de las cosas inanimadas, surtir el efecto que se desea o pretende. ◊ Replicar, ser respondón. ◊ Asegurar una cosa como garantizando la verdad de ella.

RESPONDÓN, NA adj. y s. fam. Que tiene el vicio de replicar irrespetuosamente.

RESPONSABILIDAD f. Capacidad u obligación de responder de los actos propios, y en algunos casos de los ajenos.

RESPONSABILIZAR tr. Hacer a una persona responsable de algo, atribuirle responsabilidad en ello. ◊ prnl. Asumir la responsabilidad de algo.

RESPONSABLE adj. Díc. de la persona que pone cuidado y atención en lo que hace o dice. ◊ adj. y s. Culpable de algo.

RESPONSIVA f. *Méx.* Fianza.

RESPONSO m. Responsorio que, separado del rezo, se dice por los difuntos. ◊ fam. Represión, reprimenda.

RESPONSORIO m. Ciertas preces y versículos que se dicen en el rezo.

RESPUESTA f. Satisfacción a una pregunta, duda o dificultad. ◊ Réplica, refutación o contradicción de lo que otro dice. ◊ Acción con que uno corresponde a la de otro.

RESQUEBRAJAR tr. y prnl. Causar grietas o hendeduras en algunas cosas como la madera, el barro, yeso, cemento, etc. ❏ RESQUEBRADURA; RESQUEBRAJADIZO, ZA; RESQUEBRAJADURA; RESQUEBRAJAMIENTO; RESQUEBRAJO; RESQUEBRAJOSO, SA.

RESQUEMAR tr. e intr. Causar algunos alimentos o bebidas en la lengua y paladar un calor picante y mordaz. ◊ tr. y prnl. Quemar o tostar con exceso. ◊ tr. fig. Producirse en el ánimo una impresión de desazón o resentimiento. ❏ RESQUEMO; RESQUEMOR.

RESQUICIO m. Abertura entre el quicio y la puerta. ◊ P. ext., cualquier otra hendedura pequeña. ◊ *Amér.* Rastro, señal. ◊ *Cuba, P. Rico y Ven.* Trozo muy pequeño. ◊ fig. Pequeña posibilidad para salir de un apuro.

RESTA f. Operación que tiene por objeto hallar la diferencia entre una magnitud mayor y otra menor. ◊ Residuo, resultado de la operación de restar. ❏ RESTANTE.

RESTABLECER tr. Volver a establecer una cosa o ponerla en el estado que tenía antes. ◊ prnl. Recuperarse de una dolencia u otro daño. ❏ RESTABLECIMIENTO.

RESTALLAR intr. Chasquear, estallar una cosa. ◊ Crujir, hacer fuerte ruido.

RESTAÑAR tr. intr. y prnl. Estancar, parar o detener el curso de un líquido. Díc. especialmente del derrame de la sangre. ❏ RESTAÑADURA; RESTAÑO.

RESTAR tr. Sacar una parte de alguna cosa. ◊ Disminuir, rebajar, cercenar. ◊ *Dep.* En el juego de pelota y en el tenis, devolver el saque de los contrarios o del contrario. ◊ Arriesgar. ◊ *Arit.* Hallar la diferencia entre dos cantidades. ◊ intr. Faltar o quedar.

RESTAURACIÓN f. Restablecimiento en un país de un régimen político derrocado anteriormente, en especial si ese régimen es monárquico. ◊ Periodo histórico que comienza con esta reposición. ◊ Reparación de un edificio, estatua, monumento, etc.

RESTAURANTE adj. y s. Que restaura. ◊ m. Establecimiento donde se sirven comidas.

RESTAURAR tr. Recuperar o recobrar. ◊ Reparar, renovar o volver a poner

Restauración. Figura de los frescos de la Capilla Sixtina en proceso de limpieza

una cosa en el estado o estimación que antes tenía. ◊ Reparar una pintura, escultura, edificio, etc., del deterioro que ha sufrido. ❏ RESTAURADOR, RA; RESTAURATIVO, VA.

RESTITUIR tr. Volver una cosa a quien la tenía antes. ◊ Restablecer o poner una cosa en el estado que antes tenía. ◊ prnl. Volver uno al lugar de donde había salido. ❏ RESTITUCIÓN; RESTITUIBLE; RESTITUIDOR; RESTITUTORIO, RIA.

RESTO m. Residuo, parte que queda. ◊ Cantidad que en los juegos de envite se señala para ser jugada. ◊ Jugador que devuelve la pelota al saque. ◊ Sitio desde donde se resta, en el juego de pelota. ◊ Acción de restar en el juego de pelota. ◊ Residuo, resultado de la operación de restar. ◊ pl. Restos mortales. ◊ **Restos mortales.** El cuerpo humano después de muerto.

RESTREGAR tr. Estregar mucho y con ahínco. ❏ RESTREGADURA o RESTREGAMIENTO; RESTREGÓN.

RESTREPO, *Antonio José* (1855-1933) Escritor y político col. *Prosas medulares, Cancionero de Antioquia.* ◊ *Carlos E.* (1867-1937) Político col. Presid. de la rep. (1910-1914). ◊ *José Manuel* (1781-1863) Político e historiador col. Participó en la guerra de la indep. (1811-1827). *Historia de la revolución de la república de Colombia.*

RESTRINGIR tr. Ceñir, circunscribir, reducir a menores límites. ◊ Apretar, constreñir, restriñir. ❏ RESTRICCIÓN; RESTRICTIVO, VA; RESTRICTO, TA; RESTRINGIBLE.

RESTRIÑIR tr. Apretar, constreñir. ❏ RESTRIÑIMIENTO.

RESUCITAR tr. Volver la vida a un muerto. ◊ fig. y fam. Restablecer, renovar, dar nuevo ser a una cosa. ◊ intr. Volver uno a la vida. ❏ RESUCITACIÓN; RESUCITADOR, RA.

RESUDAR intr. Sudar ligeramente. ◊ intr. y prnl. Salir al exterior un líquido por los poros e intersticios de un cuerpo, rezumar. ❏ RESUDACIÓN; RESUDOR.

RESUELLO m. Aliento o respiración, especialmente la violenta. ◊ *Argent.* Pausa.

RESUELTO, TA adj. Decidido, audaz, arrojado. ◊ Pronto, diligente, expedito.

RESULTANDO m. *Der.* Cada uno de los fundamentos de hecho enumerados en sentencias o autos judiciales, o en resoluciones gubernativas.

RESULTANTE adj. Que resulta. ◊ adj. y f. Díc. de una fuerza, de un momento, de un movimiento, etc., que equivale al conjunto de otros varios.

RESULTAR intr. Redundar, ceder o venir a parar una cosa en provecho o daño de una persona o de algún fin. ◊ Nacer, originarse o venir una cosa de otra. ◊ Aparecer, manifestarse o comprobarse una cosa. ◊ Llegar a ser. ◊ Tener buen o mal resultado. ◊ Resaltar o resurtir. ◊ Producir agrado o satisfacción. ❏ RESULTA; RESULTADO.

RESUMEN m. Exposición resumida de un asunto o materia. ❏ *Col.* RESUNTA.

RESUMIDERO m. *Amér.* Rezumadero, sumidero.

RESUMIR tr. y prnl. Reducir a términos breves y precisos lo esencial de un asunto o materia. ◊ prnl. Convertirse, comprenderse, resolverse una cosa en otra.

RESURGIR intr. Surgir de nuevo, volver a aparecer. ◊ Resucitar. ❏ RESURGIMIENTO.

La **Resurrección,** miniatura del siglo XV

RESURRECCIÓN f. Acción de resucitar. ◊ Por excelencia, la de Jesucristo. ◊ **de la carne.** En la religión católica, dogma de fe según el cual todos los hombres volverán a la vida en el día del juicio final.

RESURTIR intr. Retroceder un cuerpo de resultas del choque con otro. ❏ RESURTIVO, VA.

RETABLO m. Conjunto o colección de figuras pintadas o de tallas, que representan en serie una historia o suceso. ◊ Obra de arquitectura que compone la decoración de un altar. ❏ RETABLERO, RA.

RETACO m. Escopeta corta muy reforzada en la recámara. ◊ En el juego de trucos y billar, taco más corto que los regulares. ◊ fig. Persona rechoncha.

RETAGUARDIA f. *Mil.* Cuerpo de tropa que cubre las marchas y movimientos de un ejército. ◊ *Mil.* En tiempos de guerra, la zona no ocupada por los ejércitos.

RETAHÍLA f. Serie de muchas cosas.

RETAJAR tr. Cortar en redondo una cosa. ◊ Circuncidar. ❏ RETAJO.

RETAL m. Pedazo sobrante de una tela, piel, chapa metálica, etc.

RETALHULEU Dpto. del SO de Guatemala; 1 856 km², 261 136 hab. Cap., la c. hom. Sit. en la llanura costera del Pacífico y bordeado al N por el Eje Volcánico. Ríos prales.: Tilapa y Samalá. Cultivos tropicales. Ganadería. ◊ C. del SO de Guatemala, cap. del dpto. hom.; 62 500 hab. Centro comercial. Productos agrícolas e ind. de la construcción.

RETALIACIÓN f. *Amér.* Represalia, desquite.

RETAMA f. Mata leguminosa, con muchas verdascas o ramas delgadas, largas, flexibles, de color verde ceniciento; hojas muy escasas; flores amarillas en racimos, y fruto de vaina. ❏ RETAMAL o RETAMAR; RETAMERO, RA; *Amér.* RETAMO.

RETAMILLA f. *Méx.* Agracejo, planta.

RETAR tr. Desafiar, provocar a duelo, batalla o contienda. ◊ *Chile.* Insultar, denostar.

RETARDADOR, RA adj. y s. Que retarda. ◊ Díc. de un tipo de freno empleado en los camiones.

RETARDAR tr. y prnl. Diferir, detener, entorpecer, dilatar. ❏ RETARDACIÓN; RETARDATIVO, VA; RETARDATRIZ; RETARDO.

RETAZO m. Retal o pedazo de una tela. ◊ fig. Trozo o fragmento de un razonamiento o discurso.

RETEJAR tr. Recorrer los tejados, poniendo tejas que les faltan. ❑ RETEJADOR; RETEJO.

RETEMPLAR tr. y prnl. *Amér.* Comunicar más energía, reanimar.

RETÉN m. Prevención o repuesto que se tiene de una cosa. ◊ *Mil.* Tropa armada dispuesta en cuarteles para cuando las circunstancias lo requieren.

RETENER tr. Detener, conservar, guardar en sí. ◊ Conservar en la memoria una cosa. ◊ Conservar el empleo que se tenía cuando se pasa a otro. ◊ Suspender en todo o en parte el pago del salario, u otro haber que uno ha devengado. ◊ prnl. Moderarse. ❑ RETENCIÓN; RETENEDOR, RA; RETENIMIENTO.

RETENTAR tr. Volver a amenazar o resentirse de enfermedad, dolor o accidente que se padeció ya.

RETENTIVO, VA adj. y s. Díc. de lo que tiene virtud de retener. ◊ f. Memoria, facultad de acordarse.

RETESAR tr. Atirantar, tensar, endurecer una cosa. ❑ RETESAMIENTO; RETESO.

RETIA Ant. prov. del imperio rom. Comprendía los terr. de los actuales Grisones (Suiza), Tirol (Austria) y S de Baviera (Alemania). Su cap., *Augusta Vindelicorum*, es la actual Augsburgo.

RETICENCIA f. Acción de callar una cosa de aquello que se dice, pero dejándola entender.

RÉTICO, CA adj. y s. Relativo a la Retia. ◊ m. Lengua de origen latino hablada en lo que fue la ant. Retia. ◊ Retorromano.

RETÍCULA f. Red de puntos que, en cierta clase de fotograbado, reproduce la imagen mediante la mayor o menor densidad de dichos puntos. ❑ RETICULADO, DA o RETICULAR.

RETÍCULO m. Tejido en forma de red. ◊ Conjunto de dos o más hilos cruzados o paralelos que se ponen en aparatos ópticos para precisar la visual o para efectuar mediciones topográficas. ◊ *Biol.* Red de fibras de ciertos tejidos o de filamentos citoplasmáticos o nucleares. ◊ *Zool.* Redecilla. ◊ **espacial** o **cristalino.** *Crist.* Disposición reticular de las unidades estructurales de un cristal.

RETINA f. Membrana interior del ojo, en la cual se reciben las impresiones luminosas y se representan las imágenes de los objetos.

RETINTÍN m. Sonido que deja en los oídos la campana u otro cuerpo sonoro. ◊ fig. y fam. Tonillo y modo de hablar para zaherir a uno. ❑ RETINTINEAR.

RETINTO, TA adj. De color castaño muy oscuro. Díc. de ciertos animales.

RETIRACIÓN f. Acción y efecto de retirar. ◊ Molde para imprimir por la segunda cara del papel que está ya impreso por la primera.

RETIRADO, DA adj. Distante, apartado, desviado. ◊ adj. y s. *Mil.* Díc. del militar que deja el servicio, conservando algunos derechos. ◊ Persona jubilada. ◊ Terreno o sitio que sirve de acogida segura. ◊ *Mil.* Acción de retroceder en orden, apartándose del enemigo.

RETIRAR tr. y prnl. Apartar o separar una persona o cosa de otra o de un sitio. ◊ tr. Apartar de la vista una cosa, reservándola u ocultándola. ◊ Obligar a uno a que se aparte o rechazarle. ◊ Estampar por el revés el pliego que ya lo está por la cara. ◊ prnl. Apartarse o

separarse del trato, comunicación o amistad. ◊ Irse a dormir. ◊ Irse a casa. ❑ RETIRAMIENTO.

RETIRO m. Lugar apartado y distante del bullicio de la gente. ◊ Recogimiento, abstracción. ◊ Situación del militar retirado. ◊ Sueldo del mismo.

RETO m. Provocación o incitación al duelo o desafío. ◊ Dicho o hecho con que se amenaza. ◊ *Amér.* Regañina. ◊ *Chile.* Insulto.

RETOBADO, DA adj. *Amér.* Indómito, obstinado. ◊ *Amér. Central, Ecuad.* y *Méx.* Que hace las cosas de mala gana. ◊ *Col., Perú* y *R. de la Plata.* Rencoroso.

RETOBAR tr. *Argent.* Forrar o cubrir con cuero, especialmente las boleadoras y el cabo del rebenque. ◊ *Chile.* Envolver o forrar los fardos con cuero o con arpillera, encerado, etc. ◊ prnl. *Argent.* Ponerse displicente y en actitud de reserva excesiva.

RETOBO m. *Col.* y *Hond.* Desecho, cosa inútil. ◊ *Amér.* Forro de cuero. ◊ Resabio, vicio.

RETOCAR tr. Volver a tocar. ◊ Tocar repetidamente. ◊ Dar a un dibujo, cuadro o fotografía ciertos toques de pluma o de pincel para quitarle imperfecciones. ◊ Restaurar las pinturas deterioradas. ◊ fig. Recorrer y dar la última mano a cualquier cosa. ◊ tr. y prnl. Perfeccionar el afeite o arreglo de la mujer. ❑ RETOCADO, DA; RETOCADOR, RA.

RETOÑO m. Vástago o tallo que echa de nuevo la planta. ◊ fig. y fam. Hijo de corta edad. ❑ RETOÑAR.

RETOQUE m. Pulsación rápida y frecuente. ◊ Nueva mano que se da a cualquier otra para quitar sus faltas o componer ligeros desperfectos.

RETORCER tr. y prnl. Torcer mucho una cosa. ◊ tr. fig. Emplear un argumento contra el mismo que lo ha empleado antes. ❑ RETORCEDURA; RETORCIJO; RETORCIMIENTO.

RETORCIDO, DA adj. fam. Díc. de la persona de intención sinuosa.

RETÓRICO, CA adj. Relativo a la retórica. ◊ adj. y s. Versado en retórica. ◊ f. Arte de bien decir, de dar al lenguaje eficacia para deleitar, persuadir o conmover. Siguiendo la tradición latina, la r. se entiende como el arte de la oratoria. ❑ RETORICAR.

RETORNAR tr. Devolver, restituir. ◊ Hacer que una cosa retroceda o vuelva atrás. ◊ intr. y prnl. Volver al lugar o a

la situación en que se estuvo. ❑ RETORNAMIENTO.

RETORNELO m. Repetición de la primera parte del aria, villancico o canción.

RETORNO m. Paga o recompensa del beneficio recibido. ◊ Cambio o trueque.

RETORROMÁNICO, CA adj. y s. Grupo de lenguas neolatinas habladas en ciertas zonas de Suiza, Austria e Italia. Los lingüistas it. prefieren denominarlo ladino.

RETORSIÓN f. fig. Acción de devolver a uno el mismo daño que de él se ha recibido. ❑ RETORSIVO, VA.

RETORTA f. Vasija con cuello largo encorvado, utilizada en los laboratorios de química.

RETORTERO m. Vuelta alrededor. ◊ Cerco, mancha que rodea una cosa.

RETORTIJÓN m. Ensortijamiento o retorsión de una cosa. ◊ **de tripas.** Dolor breve y vehemente que se siente en ellas.

RETOZAR intr. Saltar y brincar alegremente. ◊ intr. y tr. Entregarse a juegos amorosos. ◊ prnl. fig. Excitarse algunas pasiones. ❑ RETOZADOR, RA; RETOZADURA; RETOZO; RETOZÓN, NA.

RETRACCIÓN f. Disminución progresiva de la sección de los sólidos que actúan como estructuras.

RETRACTAR tr. y prnl. Revocar expresamente lo que se ha dicho. ❑ RETRACTABILIDAD; RETRACTABLE; RETRACTACIÓN.

RETRÁCTIL adj. Díc. de las partes del cuerpo que un animal puede retraer, quedando ocultas. ◊ Díc. del tren de aterrizaje de un avión que puede ocultarse durante el vuelo. ❑ RETRACTILIDAD.

RETRACTO m. Derecho que compete a ciertas personas para quedarse, por el tanto de su precio, con la cosa vendida a otro.

RETRAER tr. Volver a traer. ◊ Reproducir una cosa en imagen o en retrato. ◊ tr. y prnl. Apartar o disuadir de un intento. ◊ prnl. Acogerse, refugiarse, guarecerse. ◊ Retirarse, retroceder. ◊ Hacer vida retirada. ❑ RETRAÍDO, DA; RETRAIMIENTO.

RETRANSMITIR tr. Volver a transmitir. ◊ Transmitir desde una emisora de radiodifusión lo que se ha transmitido a ella desde otro lugar. ❑ RETRANSMISIÓN.

RETRASADO, DA adj. Díc. de la persona, planta o animal que no ha llegado al desarrollo normal de su edad. ◊ **mental.** Individuo cuyo desarrollo mental presenta un retraso anormal con respecto a su edad. Se le llama, igualmente, deficiente mental.

RETRASAR tr. y prnl. Atrasar, diferir o suspender la ejecución de una cosa. ◊ intr. Ir atrás o a menos en alguna cosa. ❑ RETRASO

RETRATAR tr. Hacer el retrato de una persona o cosa mediante el dibujo, la pintura, escultura o fotografía. ◊ Imitar, asemejarse. ◊ Describir con fidelidad una cosa. ◊ tr. y prnl. Hacer la descripción del aspecto físico o del carácter de una persona.

RETRATO m. Pintura, dibujo, escultura, grabado o fotografía que representa alguna persona o cosa. ◊ Descripción de la figura o carácter de una persona. ◊ Lo que se asemeja mucho a una persona o cosa. ❑ RETRATADOR, RA; *Amér.* RETRATERÍA; RETRATISTA.

Cicerón, maestro de la **retórica** latina y universal

RETRECHAR intr. Retroceder, recular el caballo.

RETREPARSE prnl. Echar hacia atrás la parte superior del cuerpo. ◊ Recostarse en la silla de tal modo, que ésta se incline hacia atrás. ❑ RETREPADO, DA.

RETRETA f. *Mil.* Toque que se usa para marchar en retirada y para avisar a la tropa que se recoja por la noche al cuartel. ◊ fig. fam. *Amér.* Tanda, serie, retahíla. ◊ *Amér.* Función de música al aire libre.

RETRETE m. Habitación con las instalaciones necesarias para evacuar la orina y los excrementos.

RETRIBUIR tr. Recompensar o pagar un servicio, favor, etc. ❑ RETRIBUCIÓN; RETRIBUTIVO, VA.

RETRO Apócope de *retrógrado*. ◊ adj. y s. fam. Anticuado, reaccionario.

RETROACCIÓN f. Acción hacia atrás. ◊ Realimentación.

RETROACTIVO, VA adj. Díc. de lo que tiene aplicación, efectividad o fuerza sobre lo pasado. ❑ RETROACTIVIDAD.

RETROCARGA (De) loc. adj. Díc. de las armas de fuego que se cargan por la parte inferior de su mecanismo.

RETROCEDER intr. Volver hacia atrás.

RETROCESIÓN f. Retroceso, acción y efecto de retroceder. ◊ Acción y efecto de ceder a uno el derecho o cosa que él había cedido antes.

RETROCESO m. Mov. del cañón de una arma en sentido opuesto al del proyectil. ◊ Recrudecimiento de una enfermedad.

RETROCOHETE m. Cohete de retroacción, es decir, de acción dirigida en sentido opuesto al del movimiento.

RETROGRADAR intr. Ir hacia atrás, retroceder. ◊ Retroceder aparentemente los planetas en su órbita, vistos de la Tierra. ❑ RETROGRADACIÓN.

RETRÓGRADO, DA adj. fig. Partidario de instituciones políticas o sociales propias de tiempos pasados y que no acepta el progreso.

RETROPROPULSIÓN f. Propulsión aplicada en sentido contrario a la velocidad para hacerla disminuir.

RETROSPECCIÓN f. Mirada o examen retrospectivo. ❑ RETROSPECTIVO, VA.

RETROTRAER tr. y prnl. Retroceder con la memoria a un tiempo pasado para tomarlo como punto de partida de un hecho, narración, etc. ❑ RETROTRACCIÓN.

RETROVISOR m. Espejo pequeño colocado en la parte anterior de un vehículo para que el conductor vea lo que hay detrás de él.

RÉTRUÉCANO m. Inversión de los términos de una proposición en otra subsiguiente para que el sentido de esta última forme antítesis con el de la anterior. ◊ También suele aplicarse a otros juegos de palabras. ◊ Figura retórica que consiste en aquella inversión de términos.

RETUMBAR intr. Resonar mucho o hacer gran estruendo una cosa. ❑ RETUMBANTE; RETUMBO.

RETZ, *Jean François Paul de Gondi, cardenal de* (1613-1679) Político y escritor fr. Fue uno de los instigadores de la sublevación de la Fronda (1648-1652). *Memorias.*

REUCHLIN, *Johannes* (1455-1522) Humanista, filólogo y exegeta al. Con Erasmo, promotor del estudio del hebreo y el gr. en Occidente.

REUMATISMO m. Enfermedad que se manifiesta por dolores musculares y articulares, y que está causada por el frío y la humedad. ❑ REUMÁTICO, CA.

REUNIÓN f. Conjunto de personas reunidas.

REUNIÓN Isla del arch. de las Mascareñas que constituye un dpto. fr. de Ultramar; 2 510 km², 525 000 hab. Cap., Saint-Denis. Sit. en el océano Índico, al E de Madagascar. Clima tropical. Ind. azucareras, destilerías de ron.

REUNIR tr. y prnl. Volver a unir. ◊ Juntar, congregar, amontonar.

REUS C. de España, en la prov. de Tarragona; 89 066 hab. Centro comercial agrícola. Avicultura.

REUTER, Paul Julius (1816-1899) Agente de publicidad brit. de origen al. En 1851 creó en Londres la *Agencia R.*, una de las más imp. oficinas de información de la actualidad.

Aspecto de la población Sainte-Benoit, al este de la isla de **Reunión**

REVÁLIDA f. Examen final para obtener un título.

REVALIDAR tr. Ratificar, dar nuevo valor y firmeza a una cosa. ◊ prnl. Realizar un examen general al finalizar ciertos estudios. ❑ REVALIDACIÓN.

REVALORIZAR tr. Devolver a una cosa el valor o estimación que había perdido.

REVALUACIÓN f. Aumento del valor de un bien o de una moneda. ❑ REVALUAR.

REVANCHA f. Desquite, venganza, represalia.

REVELLÓN m. Fiesta que se celebra la noche de fin de año.

REVELACIÓN f. Manifestación de una verdad oculta. ◊ P. ant., la manifestación divina. El conjunto de verdades comunicadas por Dios y que el hombre no alcanza con su inteligencia, constituyen la r. La judeocristiana y la musulmana se apoyan en libros sagrados (A. y N. T. y Corán).

REVELADO m. Proceso mediante el cual se hace visible la imagen latente negativa que se ha producido en la placa o película fotográfica impresionada en la cámara.

REVELADOR, RA adj. y s. Que revela. ◊ m. Líquido que sirve para revelar la placa fotográfica.

REVELAR tr. y prnl. Descubrir o manifestar lo secreto o ignorado. ◊ tr. *Rel.* Manifestar Dios a los hombres lo futuro u oculto. ◊ Hacer visible la imagen impresa en la placa fotográfica. ❑ REVELABLE; REVELAMIENTO.

REVENDER tr. Volver a vender lo que se ha comprado. ❑ REVENDEDERA; REVENDEDOR, RA; REVENTA.

REVENIDO m. Tratamiento térmico que se da a los aceros para disminuir su dureza y resistencia, aumentar su tenacidad y eliminar las tensiones internas.

REVENIR intr. Retornar o volver una cosa a su estado propio. ◊ prnl. Encogerse, consumirse una cosa poco a poco. ◊ Ponerse una masa blanda y correosa con la humedad o el calor. ❑ REVENIMIENTO.

REVENTAR intr. y prnl. Abrirse una cosa por impulso interior. ◊ intr. Deshacerse en espuma las olas del mar por la fuerza del viento o por el choque contra los peñascos o playas. ◊ Brotar, nacer o salir con ímpetu. ◊ fig. Tener ansia o deseo vehemente de una cosa. ◊ fam. Morir violentamente. ◊ tr. Deshacer o desbaratar una cosa aplastándola con violencia. ◊ fig. Fatigar mucho a uno con exceso de trabajo. ◊ fig. y fam. Causar gran daño a una persona. ◊ tr. y prnl. Hacer enfermar o morir a un caballo al someterle a un esfuerzo excesivo. ❑ REVENTADOR.

REVENTÓN adj. Díc. de ciertas cosas que revientan o parece que van a reventar. ◊ *Amér.* Afloramiento a la superficie del terreno de un filón o capa mineral. ◊ *Amér.* Empujón.

REVERBERACIÓN f. Calcinación hecha en el horno de reverbero. ◊ Fenómeno acústico que consiste en la intensificación del sonido a causa de las múltiples reflexiones que sufre antes de llegar al oído.

REVERBERAR intr. Hacer reflexión la luz de un cuerpo luminoso en otro bruñido, o el sonido en una superficie que no lo absorba. ❑ *Amér. Centr.* REVERBEREAR.

REVERBERO m. Cuerpo de superficie bruñida en que la luz reverbera. ◊ Horno en que el material a tratar es calentado indirectamente por medio de una bóveda que, al caldearse por los gases calientes del hogar, proyecta una fuerte radiación sobre las piezas. ◊ *Amér.* Cocinilla, infiernillo.

REVERDECER intr. y tr. Cobrar nuevo verdor los campos o plantíos que estaban mustios o secos. ◊ fig. Renovarse o tomar nuevo vigor.

REVERENCIA f. Respeto o veneración que tiene una persona a otra. ◊ Inclinación del cuerpo en señal de respeto. ◊ Tratamiento que se da a los religiosos condecorados. ❑ REVERENCIABLE; REVERENCIAL; REVERENCIOSO, SA.

REVERENCIAR tr. Respetar o venerar.

REVERENDÍSIMO, MA adj. sup. de reverendo. Aplícase como tratamiento a cardenales, arzobispos y otras altas dignidades eclesiásticas.

REVERENDO, DA adj. Digno de reverencia. ◊ adj. y s. Aplícabase antiguamente como tratamiento a las personas de dignidad, tanto seculares como eclesiásticas; hoy sólo se aplica a las religiosas.

REVERÓN, Armando (1889-1954) Pintor ven., impresionista. Formado en Caracas y en España. Lleva su nombre una bienal de arte.

REVERSA f. *Amér.* Marcha atrás de un vehículo.

REVERSIBLE adj. Que puede o debe revertir. ◊ *Biol.* Díc. de la alteración de una función o de un órgano cuando puede volverse a su estado normal. ◊ Díc. de la reacción química que puede tener lugar en ambos sentidos. ❏ REVERSIBILIDAD.

REVERSO m. Revés, espalda. ◊ En las monedas y medallas, haz opuesta al anverso.

Reverso de una moneda acuñada en Ampurias, en el siglo IV a. C.

REVERTER intr. Rebosar o salir una cosa de sus límites.

REVERTIR intr. Volver una cosa al estado o condición que tuvo antes. ◊ Venir a parar una cosa en otra. ◊ Volver una cosa al dueño que tuvo antes. ❏ REVERSIÓN.

REVÉS m. Espalda o parte opuesta de una cosa. ◊ Golpe que se da a otro con la mano vuelta. ◊ Golpe que da con la mano vuelta el jugador a la pelota para volverla. ◊ Golpe que se da con la espada diagonalmente, partiendo de izquierda a derecha. ◊ fig. Infortunio, desgracia o contratiempo. ◊ fig. Cambio brusco en el trato o carácter de alguien.

REVESTIMIENTO m. Capa o cubierta con que se resguarda o adorna una superficie.

REVESTIR tr. y prnl. Vestir una ropa sobre otra. ◊ tr. Cubrir con un revestimiento. ◊ Disfrazar la realidad de una cosa añadiéndole adornos. ◊ fig. Presentar una cosa determinado aspecto, cualidad o carácter. ◊ prnl. fig. Imbuirse o dejarse llevar de algún prejuicio. ◊ Poner a contribución, en trance difícil, la energía del ánimo que viene al caso.

REVIENTACABALLO m. *Cuba.* Quibey, planta venenosa.

REVILLA, *Manuel de la* (1846-1881) Escritor esp. *Principios de literatura general, El naturalismo en el arte.*

REVILLAGIGEDO Arch. de México, sit. en el Pacífico, que forma parte del est. de Colima; 107 km², 1 500 hab. Constituido por seis islas de origen volcánico. Depósitos de guano.

REVISAR tr. Ver con atención y cuidado. ◊ Someter una cosa a nuevo examen para proceder a su modificación o reparación. ❏ REVISABLE; *Amér.* REVISACIÓN o REVISADA; REVISIÓN.

REVISIONISMO m. Corriente del marxismo que se propone adaptar el pensamiento de Marx a determinadas realidades socioeconómicas y políticas, prescindiendo de los elementos revolucionarios de aquél. ❏ REVISIONISTA.

REVISOR, RA adj. Que revisa o examina con cuidado una cosa. ◊ m. y f. El que tiene por oficio revisar o reconocer. ◊ En los ferrocarriles y autobuses, agente encargado de revisar y marcar los billetes de los viajeros. ❏ REVISORÍA.

REVISTA f. Segunda vista o examen hecho con cuidado y diligencia. ◊ Inspección que un jefe hace de las personas o cosas sometidas a su autoridad o a su cuidado. ◊ Publicación periódica con escritos sobre una o varias materias. ◊ Espectáculo escénico de tono ligero, en el que se combinan partes habladas y musicales en una serie de cuadros sueltos. ◊ Examinar con cuidado una serie de cosas.

REVISTAR tr. Pasar revista.

REVISTERO, RA m. y f. Persona encargada de escribir revistas o reseñas en un periódico. ◊ Pequeño mueble utilizado para contener revistas y periódicos.

REVIVIR intr. Resucitar, volver a la vida. ◊ Volver en sí el que parecía muerto. ◊ fig. Renovarse o reproducirse una cosa. ◊ Evocar, recordar.

REVIVISCENCIA f. Fenómeno propio de algunas especies animales y vegetales por el que vuelven a la vida activa tras una etapa de vida latente o muerte aparente.

REVOCACIÓN f. Anulación, sustitución o enmienda de orden o fallo por autoridad distinta de la que había resuelto. ◊ Acto jurídico que deja sin efecto otro anterior por la voluntad del otorgante.

REVOCAR tr. Dejar sin efecto una concesión, un mandato o una resolución. ◊ Disuadir a uno de un propósito, o de una intención. ◊ Enlucir o pintar de nuevo por la parte que está al exterior las paredes de un edificio. ❏ REVOCABILIDAD; REVOCABLE; REVOCADOR, RA; REVOCATORIO, RIA; REVOCO.

REVOLCADO m. *Guat.* Guiso de pan tostado, chile, tomate y otros condimentos.

REVOLCAR tr. Derribar a uno y darle vueltas en el suelo maltratándole. ◊ fig. y fam. Vencer al adversario en una discusión, competición, etc. ◊ fam. Reprobar, suspender en un examen. ◊ prnl. Echarse sobre una cosa refregándose en ella. ❏ REVOLCADERO; REVOLCÓN; REVUELCO.

REVOLEAR intr. Volar haciendo giros. ◊ tr. *Argent.* Hacer girar a rodeabrazo una correa, lazo, etc., o ejecutar molinetes con cualquier objeto.

REVOLETEAR intr. *Amér.* Revolotear.

REVOLOTEAR intr. Volar dando vueltas o giros en poco espacio. ◊ Venir una cosa por el aire dando vueltas. ◊ tr. Arrojar una cosa a lo alto con ímpetu, de modo que parece que da vueltas. ❏ REVOLOTEO.

REVOLTIJO o **REVOLTILLO** m. Conjunto compuesto de muchas cosas, sin orden ni método. ◊ Conjunto de tripas de carnero u otra res. ◊ fig. Confusión o enredo. ◊ Guiso a base de huevos, tomate, pimientos, etc., revueltos.

REVOLTOSO, SA adj. y s. Sedicioso, alborotador, rebelde. ◊ adj. Travieso, enredador. ◊ Que tiene muchas vueltas y revueltas.

REVOLUCIÓN f. *Soc.* Cambio profundo, en ocasiones violento, provocado en las instituciones políticas de una nación. ◊ Giro o vuelta que da una pieza sobre su eje. ◊ Movimiento de un astro en todo el curso de su órbita. ◊ Movimiento rotatorio de un cuerpo, de un plano, de una línea alrededor de un eje. ◊ Conmoción y alteración de los humores. ◊ Transformación de las estructuras sociales, económicas y políticas de un país, a la que, histórica y sociológicamente, se accede a través de dos vías principales: la *r. burguesa*, denominación que se da al conjunto de revoluciones que acabaron con el Antiguo Régimen en los ss. XVII, XVIII y XIX, instaurando una nueva clase social dirigente y el sistema de producción capitalista (tiene como modelos la *r. fr.* y la *r. ing.*); y la *r. socialista*, nombre dado a la serie de movimientos sociales dirigidos por el proletariado (el modelo sería la *r. rusa*). ❏ REVOLUCIONARIO, RIA.

REVOLUCIÓN china. *Hist.* Proceso antiimperialista, antifeudal y más tarde socialista, que tiene su origen en las reivindicaciones de los patriotas chinos durante el s. XIX y que culminó con la victoria comunista en 1949. ◊ **cubana** *Hist.* Proceso histórico que tuvo lugar a partir del año 1956 y que culminó en 1959 con el derrocamiento de la dictadura de Fulgencio Batista y Zaldívar y la instauración de un régimen socialista. ◊ **de Julio.** *Hist.* Insurrección que

Revolución francesa. Juramento del Juego de Pelota

Revolución mexicana. Francisco Madero, quien encabezó el levantamiento contra el porfiriato

se desarrolló en París en julio de 1830 y que repercutió en Europa motivando la aparición de mov. liberales y revolucionarios. ◊ **española de 1868.** *Hist.* Mov. revolucionario que destronó a Isabel II. ◊ **francesa.** *Hist.* Proceso revolucionario fr. (1789-1799) que puso fin al régimen señorial y a la supremacía política de las clases privilegiadas del Antiguo Régimen y que culminó con la toma del poder político por parte de la burguesía. La causa fue la inadecuación de las instituciones sociales y políticas en relación con la realidad económica. La rev. de 1789 fue dirigida por una minoría burguesa (apoyada por una facción liberal de la nobleza y el clero) y sostenida y empujada por el proletariado urbano y el campesinado. ◊ **industrial.** *Hist.* Conjunto de transformaciones económicas y sociales que caracterizaron el proceso de industrialización acaecido en Inglaterra entre 1760 y 1820. ◊ **inglesa.** *Hist.* La r. ing. se desarrolló en dos etapas: la primera tuvo lugar durante el reinado de Carlos I (1625-1649) y la segunda durante el de Jacobo II (1685-1688), tras la restauración de los Estuardo. ◊ **mexicana.** *Hist.* Período de la historia de Méx. (1910-1920) en que se consumó la caída del porfiriato y la consolidación de la burguesía en el poder. ◊ **rusa.** *Hist.* Proceso revolucionario que puso fin al zarismo y consolidó el primer Est. socialista de la historia. Este proceso se desarrolló en tres fases. La rev. de 1905 surgió como consecuencia de la derrota de Rusia en la guerra ruso-japonesa (1904-1905). La rev. de febrero de 1917 (marzo según el calendario gregoriano) constituye la segunda rev. democrática burguesa en Rusia. La causa directa de su estallido fueron las enormes pérdidas humanas de Rusia durante la I Guerra Mundial, así como el descontento gral. provocado por el hambre y el caos económico. El 25 de febrero empezó una huelga gral. y el 27 la guarnición de Petrogrado se sublevó contra el zar. Tras la abdicación de Nicolás II, Lenin y Trotsky en las *Tesis de abril* sen-

taron los fundamentos del programa revolucionario socialista: paz inmediata, tierra para los campesinos y el poder para los *soviets*. Las mociones bolcheviques obtuvieron la mayoría en Petrogrado el 31 de agosto. Al día siguiente se proclamó la rep. En octubre cayó el gobierno provisional, y el congreso de los *soviets* aprobó el mismo mes los decretos presentados por Lenin, referentes a la paz sin anexiones y la expropiación sin indemnizaciones de las propiedades agrícolas. ◊ **Revoluciones de 1848.** *Hist.* Conjunto de mov. revolucionarios que se desarrollaron casi simultáneamente en una serie de países europeos. Las causas principales fueron: la crisis económica, la difusión de las ideas liberales y nacionalistas, etc.

REVOLUCIONAR tr. Provocar un estado de revolución. ◊ Imprimir más o menos revoluciones en un tiempo determinado a un cuerpo que gira o al mecanismo que produce el movimiento.

REVOLUTA f. *Amér. Centr.* Revuelta.

REVÓLVER m. Arma corta automática con una recámara rotativa en forma de tambor con capacidad para cinco o seis cartuchos. ◊ adj. y m. *Mec. apl.* Tipo de torno que dispone las diversas herramientas en una torre giratoria a modo de r.

REVOLVER tr. Menear una cosa de un lado a otro; moverla alrededor o de arriba abajo. ◊ Mirar o registrar moviendo y separando algunas cosas. ◊ Alterar, excitar, hacer que la gente se subleve o promueva disturbios. ◊ Discurrir, imaginar o cavilar en varias cosas o circunstancias. ◊ Meter en pendencia, pleito, etc. ◊ tr. y prnl. Envolver una cosa en otra. ◊ Volver la cara al enemigo para embestirle. ◊ Dar una vuelta entera. ◊ Volver a andar lo andado. ◊ prnl. Moverse de un lado a otro. ◊ Hacer mudanza el tiempo, ponerse borrascoso. ◊ Hacer su carrera un astro, retornando a un punto de su órbita. ❑ REVOLVEDOR, RA; REVOLVIMIENTO.

REVOQUE m. Mezcla de cal y arena u otro material análogo con que se revoca.

REVUELO m. Segundo vuelo que dan las aves. ◊ Vuelta y revuelta del vuelo. ◊ fig. Turbación o agitación. ◊ *Amér.* Salto que da el gallo en la pelea asestando el espolón al adversario y sin usar el pico.

REVUELTAS, José (1914-1976) Escritor mex. Militó en varios partidos marxistas y los temas sociales se reflejan en sus obras: *Los muros del agua, El luto humano* (novelas); *Dios en la tierra* (ensayo); *La otra* (teatro). ◊ *Silvestre* (1899-1940) Compositor mex. *Tres cuartetos de cuerda, Siete canciones, La Coronela, Janitzio, Sensemayá.*

REVUELTO, TA adj. Desordenado. ◊ Revoltoso, travieso. ◊ Intrincado, difícil de entender. ◊ f. Segunda vuelta o repetición de la vuelta. ◊ Alboroto, alteración, sedición. ◊ Riña, pendencia. ◊ Vuelta o cambio de un parecer a otro.

REVULSIÓN f. Medio curativo de algunas enfermedades internas, que consiste en producir congestiones o inflamaciones en la superficie de la piel o las mucosas. ❑ REVULSIVO, VA.

REXISMO m. Mov. político católico, derechista, fundado en Bélgica por

León Degrelle, en 1935. Al terminar la II Guerra Mundial fue perseguido por su colaboracionismo con los nazis.

REY m. Monarca o príncipe soberano de un reino. ◊ Pieza principal del juego de ajedrez. ◊ Carta de la baraja, que tiene pintada la figura de un rey. ◊ Abeja reina. ◊ En ciertos juegos, el que manda. ◊ fig. Hombre, animal o cosa del género masculino, que sobresale entre los demás de su clase o especie. ◊ **de Romanos.** Título dado en el imperio de Alemania a los emp. nuevamente elegidos, antes de su coronación en Roma. ◊ **Reyes magos.** Lo que, guiados por una estrella, fueron de Oriente a adorar al Niño Jesús.

REY, Fernando (1917-1994) Actor de cine esp., *Locura de amor; Viridiana; El discreto encanto de la burguesía; Ese oscuro objeto del deseo; Elisa, vida mía; Bearn.* ◊ **Pastor, Julio** (1888-1962) Matemático e investigador esp. *Análisis algebraico, Teoría de funciones.*

REY Sol ⇨ Luis XIV de Francia.

REYERTA f. Contienda, riña, discusión violenta.

REYES, Alfonso (1889-1959) Escritor y diplomático mex. Cultivó todos los gén. literarios: la poesía *(Infancia),* el teatro *(Ifigenia cruel),* la prosa *(Visiones de Anáhuac)* y el ensayo *(Cuestiones estéticas).* ◊ *Neftalí Ricardo* ⇨ Neruda. ◊ *Salvador* (1899-1970) Escritor chil. Premio Nacional de Literatura 1967. *El matador de tiburones, Mónica Sánders, Los amantes desunidos.* ◊ **Prieto, Rafael** (1850-1921) Militar y político col. Elegido presid. de la rep. en 1904, instauró de hecho una dictadura. Fue derrocado en 1909.

REYES, Libro de los Escritos del A. T. Refieren la historia de Israel desde la entronización de Salomón hasta el exilio.

REYEZUELO m. Ave paseriforme que tiene una mancha amarilla o anaranjada sobre la cabeza. Es un pajarillo minúsculo que vive en los bosques frondosos.

REYKJAVIK C. y cap. de Islandia; 87 100 hab. Sit. en la costa SO de la isla, junto a la bahía de Faxa, su pral. puerto. Centro comercial. Conservas de pescado. Ind. mecánica y textil.

REYLES, Carlos (1868-1938) Escrito ur. *El embrujo de Sevilla, El terruño, El gaucho Florido.*

REYMONT, Wladyslaw Stanislaw (1867-1925) Escritor pol. Su obra maestra, *Los campesinos,* constituye una epopeya nacional novelada. Premio Nobel en 1924.

Reyezuelo

REYNOLDS, Joshua (1723-1792) Pintor brit. Retratista de gran fama, a lo largo de su carrera fue solicitado por la nobleza y la corte. *Lord Heathfield, Edad de la inocencia.* ◊ **Osborne** (1842-1912) Ingeniero y físico brit., célebre por sus investigaciones sobre hidrodinámica y aerodinámica. ◊ **Número de R.** El que sirve para indicar si el flujo de un fluido a través de un tubo es o no laminar. Es igual al producto de la densidad del fluido por la velocidad media por el diámetro del tubo y dividido por la viscosidad.

REYNOSA C. del NE de México, en el est. de Tamaulipas; 206 500 hab. Sit. a orillas del r. Grande. Centro comercial. Refinerías de petróleo.

REZA Pahlavi (1878-1944) Sah de Irán [1925-1941]. Inició la modernización del país y puso las bases para la creación de una ind. nac. ◊ **Muhammad** (1919-1980) Sah [1941] y emp. del Irán [1967]. En 1978 la insurrección popular, alentada por sectores democráticos y sobre todo por los puritanos chiítas, se enfrentó al régimen del sah, que en 1979 abandonó el país.

REZAGADO, DA adj. *Amér.* A trasado. ◊ *Méx.* y *Perú.* Díc. de las cartas que no han reclamado en el correo sus destinatarios.

REZAGAR tr. Dejar atrás una cosa. ◊ Atrasar la ejecución de una cosa. ◊ prnl. Quedarse atrás.

REZAR tr. Orar, dirigir oral o mentalmente a Dios o a los santos alabanzas o súplicas. ◊ Recitar la misa, una oración, etc., en contraposición a cantarla. ◊ fam. Decir o decirse en un escrito una cosa. ◊ intr. fig. y fam. Gruñir, refunfuñar.

REZNO m. Garrapata. ◊ Larva de un insecto díptero que vive parásito sobre el buey y otros mamíferos. ◊ Ricino, planta.

REZO m. Acción de rezar. ◊ Oficio eclesiástico que se reza diariamente. ◊ Conjunto de los oficios particulares de cada festividad. ❑ REZADO.

REZONGAR intr. Gruñir, refunfuñar a lo que se manda. ◊ *Amér. Centr.* Reñir. ❑ REZONGADOR, RA; REZONGLÓN, NA, REZONGÓN, NA; *Amér. Centr.* REZONGO; REZONGUERO, RA.

REZUMAR tr. y prnl. Dicho de un cuerpo, dejar pasar a través de sus poros o intersticios gotitas de algún líquido. ◊ intr. Dicho de un líquido, salir al exterior en gotas a través de los poros o intersticios de un cuerpo.

Rf *Quím.* Símb. del ruterfordio.

Rh *Quím.* Símb. del rodio.

Rh, factor *Med.* Grupo de antígenos presentes en los glóbulos de la sangre de ciertos individuos de la especie humana. ❑ *Med.* Los individuos Rh⁺ se diferencian de los Rh⁻ por la presencia del antígeno D en la sangre, por lo que estos últimos poseen la capacidad de formar anticuerpos (anti-D) cuando se les inyectan células D-positivas. Se pueden presentar problemas de incompatibilidad en los matrimonios entre varones Rh⁺ y hembras Rh⁻.

RHÉE, *Ree Syn Man*, llamado **Syngman** (1875-1965) Político coreano. Al término de la II Guerra Mundial ganó las elecciones de Corea del Sur y con el apoyo norteam. implantó un régimen dictatorial.

Master Hare, óleo de Joshua **Reynolds** (Museo del Louvre, París)

RHO f. Decimoséptima letra del alfabeto gr. (ρ), que corresponde a la que en el nuestro se llama *erre*.

RHODE ISLAND Est. del NE de EE UU, en Nueva Inglaterra; 3 140 km², 1 003 000 hab. Cap., Providence. Sit. en la costa atlántica. Agricultura, ganadería y pesca.

RHODES, Cecil John (1853-1902) Hombre de negocios y colonizador brit. Creó dos compañías que controlaban las minas de oro y diamantes del N de Transvaal, que recibió más tarde el nombre de Rhodesia.

RHODESIA ⇨ Zimbabwe.

RHONE Río de Europa. ⇨ Ródano.

RÍA f. Valle fluvial encajado que ha sido invadido por las aguas marinas y que queda influido por el régimen de las mareas.

RIACHUELO m. Río pequeño y de poco caudal.

RIAD C. de Arabia Saudita. ⇨ Riyadh.

RIADA f. Avenida, inundación, crecida.

RIAÑO, Diego de (m. 1534) Arquitecto esp., una de las figuras prales. del plateresco. Ayuntamiento de Sevilla.

RIAZÁN (*Rjazan*) C. de Rusia; 494 000 hab. Sit. junto al r. Oka. Centro industrial y agropecuario.

RIBÁ f. Ribazo. ◊ Ribera, acequia.

RIBA, Carles (1893-1959) Poeta y humanista esp. en lengua catalana. *Èstances, Del joc i del foc, Elegies de Bierville, Salvatge cor, Esbós de tres oratoris.*

RIBALTA, Francisco (1564-1628) Pintor esp., de la escuela barroca valenciana. Pinturas de *Porta Coeli,* del colegio del Patriarca y retablo de Algemesí.

RIBAZO m. Porción de tierra con alguna elevación y declive, que se encuentra a los lados de un río.

RIBBENTROP, Joachim von (1893-1946) Político y diplomático al. Ministro de Asuntos Exteriores, firmó con la URSS el pacto germanosoviético de 1939. El tribunal de Nuremberg le condenó a muerte.

RIBEIRÃO PRETO C. de Brasil, en el est. de São Paulo; 318 400 hab. Centro comercial e industrial. Nudo ferroviario.

RIBEIRO, Aquilino (1885-1963) Escritor port. *El jardín de los tormentos, Cuando los lobos aúllan.* ◊ **Bernardim** (h. 1500-1552) Poeta y novelista port. Autor de *Menina e moça,* novela caballeresca y pastoril.

RIBERA f. Margen y orilla del mar o río. ◊ P. ext., tierra cercana a los ríos. ❑ *Amér.* RIBERANO, NA; RIBEREÑO, ÑA.

RIBERA, José de, llamado EL ESPAÑOLETO (1591-1652) Pintor esp. Uno de los grandes maestros del realismo barroco. *Martirio de san Andrés, La Trinidad, San Jerónimo.*

RIBERO m. Vallado de estacas, cascajo y céspedes que se hace a la orilla de las presas para que no se salga y derrame el agua.

RIBETE m. Cinta o cosa análoga con que se adorna y refuerza la orilla del vestido, calzado, etc. ◊ Añadidura que se pone a una cosa como complemento o adorno. ◊ fig. Detalle que se añade a una conversación o escrito para darle amenidad. ❑ RIBETEAR; RIBETEADOR, RA.

RIBETEADO adj. fig. Díc. de los ojos cuando los párpados están irritados.

RIBEYRO, Julio Ramón (1929-1994) Escritor per. *Los gallinazos sin plumas* (cuentos), *Cambio de guardia* (novelas); *El último diente* (teatro); *Prosas apátridas* (ensayo).

RIBOFLAVINA f. *Biol.* Vitamina B_2, que desempeña un imp. papel en el contexto del metabolismo.

RIBONUCLEICO, CA adj. ⇨ ARN.

RIBOSA f. *Biol.* Monosacárido del tipo aldósico, del grupo de las pentosas, que interviene como componente fundamental de diversos nucleótidos.

RIBOSOMA f. *Biol.* Cada uno de los orgánulos del plasma celular, compuestos por ARN y proteínas, que traducen el mensaje genético en la síntesis de las proteínas.

RICACHO, CHA m. y f. fam. Persona muy rica y vulgar en su trato.

RICARDO I *Corazón de León* (1157-1199) Rey de Inglaterra [1189-1199]. Se rebeló contra su padre Enrique II y se alió al rey de Francia, Felipe II, con quien participó en la tercera cruzada. Se apoderó de Chipre. ◊ **II** (1367-1400) Rey de Inglaterra [1377-1399]. Partidario de la paz con Francia, hizo frente al partido de los barones. Destronado por su primo Enrique de Lancaster. ◊ **III** (1452-1485). Rey de Inglaterra, último de los Plantagenet [1483-1485]. Se impuso como rey tras deshacerse de los hijos de su hermano Eduardo IV. Murió durante la guerra de las Dos Rosas.

Martirio de san Bartolomé, óleo de José de **Ribera** (Museo del Prado, Madrid)

RICARDO, *David* (1772-1823) Economista brit. de la escuela clásica. Su lógica rigurosa y la búsqueda de la verdad objetiva han sido la base de las tentativas del neoliberalismo y de los análisis de Marx acerca del capitalismo. *Principios de economía política.*

RICCI, *Mateo* (1552-1610) Misionero jesuita it. Fue enviado a la India y a China. Trató de hacer compatibles las doctrinas de Confucio y de la religión católica.

RICE, *Elmer* (1892-1967) Dramaturgo norteam., encuadrado en el mov. realista-determinista. *Escena callejera, El suburbano, Nosotros, el pueblo.*

RICHARD, *Dickinson Woodruff* (1895-1973) Médico norteam. Introdujo nuevos métodos para hacer el diagnóstico cardiaco más certero. Premio Nobel de Medicina en 1956.

RICHARDSON, *Owen, Williams* (1879-1959) Físico brit. Sus numerosos trabajos y el descubrimiento del *efecto R.* (emisión de electrones por metales calientes) le valieron el Premio Nobel en 1928.

RICHELIEU, *Armand Jean du Plessis*, CARDENAL DE (1582-1642) Cardenal y político fr. Presid. del consejo real de Luis XIII en 1624, su política instr. se centró en el reforzamiento del est. monárquico a través del sometimiento a la nobleza y de los protestantes, mientras que en política ext. destacó su lucha constante contra el poder europeo de los Habsburgo.

RICHMOND C. de EE UU, cap. del est. de Virginia; 203 000 hab. Sit. a orillas del r. James. Centro financiero, comercial e industrial. Cap. de la Confederación en la guerra de Secesión (1861-1865).

RICHMOND UPON THAMES C. de Gran Bretaña, en Inglaterra; 174 000 hab. Centro residencial del Gran Londres.

RICHTER, *escala de* Escala de intensidad de seísmos elaborada basándose en logaritmos de base 10.

RICHTER, *Jean Paul Friedrich* ⇨ Jean, Paul. ◊ *Jeremias Benjamin* (1762-1807) Químico al. Descubrió la ley de los pesos equivalentes que lleva su nombre.

RICHTHOFEN, *Manfred von* (1892-1918) Aviador al. Obtuvo numerosas victorias a lo largo de la I Guerra Mundial y fue considerado el mejor piloto de caza al.

RICINO m. Planta arbustiva, cultivada por su valor ornamental y por sus semillas, que proporcionan un aceite laxante.

RICKETTSIA f. *Biol.* Nombre común a un grupo de organismos intermedios entre las bacterias y los virus, que producen enfermedades infecciosas, como el tifus. ❑ RICKETTSIOSIS.

RICO, CA adj. y s. Que tiene mucho dinero o bienes cuantiosos. ◊ adj. Abundante, opulento. ◊ Gustoso, sabroso. ◊ Muy bueno. ◊ Aplícase a las personas como expresión de cariño. ❑ RICAMENTE; RICURA.

RICOTA f. *Amér.* Requesón.

RICTUS m. Contracción de los labios que da a la boca el aspecto de la risa.

RIDICULIZAR tr. Burlarse de una persona o cosa.

RIDÍCULO, LA adj. Que por su rareza o extravagancia resulta involunta- riamente cómico. ◊ Escaso, de poca estimación. ◊ Extraño y de poco aprecio. ◊ m. Situación ridícula en que cae una persona. ◊ Ridiculez, burla. ❑ RIDICU- LEZ; *Amér. Centr.* RIDICULEZA.

RIEGO m. Suministro de agua a las tierras de labor, a fin de humedecer o preparar el suelo para el mejor desarrollo de las plantas que se cultivan en él; puede ser por aspersión, por infiltración lateral o por inundación. ◊ **sanguíneo.** Cantidad de sangre que nutre los órganos o la superficie del cuerpo.

Conducción de agua de **riego**

RIEGO, *El* Fase cultural de la prehistoria amer. (7200-5200 a. C.), descubierta en el valle de Tehuacán, México. Los pueblos de esta civilización trabajaban la piedra y eran agricultores.

RIEGO, *Rafael de* (1785-1823) Militar esp. de ideas liberales. En 1820 se pronunció a favor de la constitución de 1812, iniciando así el mov. que obligó a Fernando VII a declararse rey constitucional.

RIEL m. Barra pequeña de metal en bruto. ◊ Carril de una vía férrea.

RIELAR intr. poét. Brillar con luz trémula. ◊ Temblar, vibrar.

RIEMANN, *Georg Friederich Bernhard* (1826-1866) Matemático al. Introductor de la geometría elíptica o de R., estableció las bases de la geometría diferencial.

RIENDA f. Cada una de las dos correas que sirve para gobernar la caballería. Se usa más en pl. ◊ fig. Sujeción, moderación en acciones o palabras. ◊ pl. fig. Gobierno, dirección de una cosa.

RIESGO m. Contingencia o posibilidad de que suceda un daño, desgracia o contratiempo. ◊ *Amér.* RIESGOSO, SA.

RIF Cordillera del N de Marruecos junto a la costa mediterránea, entre la desembocadura del Muluya al E y el estrecho de Gibraltar al O; alt. pral.: Tidighin, 2 452 m. ❑ RIFEÑO, ÑA.

RIFA f. Juego que consiste en sortear una cosa entre varios. ◊ Contienda, pendencia. ❑ RIFAR; RIFADOR, RA; RIFADURA.

RIFLE m. Fusil automático con el ánima del cañón rayada para imprimir un movimiento de rotación al proyectil. ❑ *Amér.* RIFLERO.

RIFT m. Fosa o sistema de fosas tectónicas. ◊ **medio-oceánico.** Fosa tectónica que ocupa la parte central de las dorsales oceánicas.

RIFT Valley Sist. de depresiones tectónicas terciarias que se extienden de N a S desde la fosa siriopalestina hasta Mozambique. Da lugar a regiones naturales diferenciadas.

RIGA C. y cap. de Letonia; 915 000 hab. Sit. en el golfo hom. Puerto del Báltico. Centro comercial. Astilleros. ◊ *Golfo de R.* Entrante de la costa E del mar Báltico, sit. al S del golfo de Finlandia.

RIGAUD, *André* (1761-1811) Militar haitiano. Se autoproclamó dictador del S de Haití (1799). Fundó una rep. de mulatos en 1810. ◊ *Hyacinthe François* (1659-1743) Pintor fr. Retratista de la corte y de la aristocracia. Retratos de Luis XIV, Luis XV, Felipe V de España.

RIGIDEZ f. Calidad de rígido. ◊ *Const. y Fís.* Relación entre la carga soportada y la deformación producida en un elemento o un conjunto estructural. ◊ **dieléctrica.** *Electr.* La diferencia de potencial que soporta un dieléctrico sometido a una descarga eléctrica en un condensador bajo los efectos de una tensión.

RÍGIDO, DA adj. Inflexible, que no se puede doblar o torcer. ◊ fig. Riguroso, severo.

RIGODÓN m. Danza de ritmo binario y movimiento vivo, de origen provenzal.

RIGOR m. Nimia y escrupulosa severidad. ◊ Aspereza en el genio o en el trato. ◊ Último término a que pueden llegar las cosas. ◊ Vehemencia. ◊ Propiedad y precisión. ◊ Rigidez de los tejidos fibrosos, que los hace inflexibles e impide los movimientos del cuerpo. ◊ Frío intenso que entra de improviso en el principio de algunas enfermedades. ❑ RIGUROSO, SA.

RIGORISMO m. Exceso de severidad, pralm. en materias morales. ◊ Sistema o doctrina en que domina la moral rigorista. ❑ RIGORISTA.

RIJA f. Fístula que se hace debajo del lagrimal. ◊ Pendencia o alboroto.

RIJEKA C. del NO de Croacia, en el Adriático; 158 300 hab. Primer puerto del país. Refinería de petróleo. Astilleros. Es la ant. Fiume it.

RILKE, *Rainer Maria* (1875-1926) Poeta chec. Escribió en lengua al. *Libro de horas, Cuadernos de Malte, Laurids Brigge.*

RIMA f. *Lit.* Total o parcial identidad acústica, entre dos o más versos, de los fonemas situados a partir de la última vocal acentuada.

RIMAC R. de Perú; 120 km. Nace en los Andes y desemboca en el Pacífico.

RIMAR intr. Componer en verso con rima. ◊ Ser una palabra asonante o consonante de otra. ◊ tr. Hacer el poeta una palabra asonante o consonante de otra. ❑ RIMADOR, RA.

RIMBAUD, *Arthur* (1854-1891) Poeta fr. Ejerció gran influencia sobre los poetas simbolistas y surrealistas. *El barco ebrio* (poemas). *Una temporada en el infierno, Las iluminaciones* (prosa).

RIMBOMBANTE adj. Que rimbomba. ◊ adj. fig. Ostentoso, llamativo. ❑ RIMBOMBANCIA.

RIMERO m. Conjunto de cosas puesta una sobre otras.

RIMINI C. del NE de Italia, en la Emilia-Romaña; 129 500 hab. Sit. en la desembocadura del Marecchia. Balneario. Centro industrial.

RIMSKI-KORSAKOV, *Nikolai Andreievich* (1844-1908) Compositor ruso.

En su producción instrumental destacan: *Capricho español, Scherezade, La gran pascua rusa.* Óperas y poemas sinfónicos: *La novia del zar, El zar Saltan, Sadko.*
RIN (al., *Rhein*; fr., *Rhin*; neerlandés, *Rijn*) Río de Europa occidental. Nace en los Alpes suizos, atraviesa Alemania en dirección N y desemboca en aguas neerlandesas del mar del Norte; 1 326 km. Es una imp. vía de comunicación y transporte.
RINCHE, CHA adj. *Chile.* Colmado, pleno.
RINCÓN m. Ángulo entrante que se forma en el encuentro de dos superficies o de dos paredes. ◊ Escondrijo o lugar retirado. ◊ Espacio pequeño. ◊ fig. y fam. Domicilio o habitación usada como retiro por alguien. ◊ *Perú.* Valle angosto. ◊ *R. de la Plata.* Valle delimitado por la confluencia de dos ríos.
RINCONERA f. Mesita, armario o estante pequeños, que se colocan en un rincón. ◊ Parte de muro comprendida entre un ángulo de la fachada y el hueco más próximo.
RINDE m. *Argent.* Rendimiento, producto que da una cosa.
RING (voz ing.) m. Plataforma en que se desarrollan los combates deportivos de boxeo y lucha.
RINGLERA f. Fila de cosas puestas unas tras otras.
RINGLETE m. *Col.* Rehilete, molinete. ◊ *Amér.* Persona de mucha actividad.
RINITIS f. Inflamación aguda o crónica de la mucosa nasal.
RINOCERONTE m. *Zool.* Mamífero perisodáctilo cuyo cuerpo está protegido por una gruesa epidermis que le da un aspecto acorazado; sobre el hocico presenta uno o dos cuernos, muy codiciados por cazadores furtivos, por lo que se encuentra en peligro de extinción.
RINOFARINGE f. *Anat.* Parte nasal de la faringe, donde se halla la amígdala faríngea y el orificio de las trompas de Eustaquio.
RINOLOGÍA f. Parte de la patología que estudia las enfermedades de las fosas nasales. ❏ RINÓLOGO, GA.
RINOPLASTIA f. Operación de cirugía plástica en la que se repara la nariz.
RIÑA f. Pelea, pendencia, reyerta.
RIÑÓN m. *Anat.* Órgano par situado por detrás del peritoneo, a la altura de las últimas costillas. ◊ fig. Interior o centro de un terreno, sitio, asunto, etc. ❏ *Anat.* El r. está constituido por el tejido renal, encargado de la formación de la orina y compuesto de nefronas que actúan de filtro.
RÍO m. *Geog.* Corriente de agua continua y más o menos caudalosa que va a desembocar en otra corriente, en un lago o en el mar. ◊ fig. Gran abundancia de una cosa. ◊ fig. Afluencia de personas.
❏ *Geog.* El origen de un r. puede ser un manantial, un lago o los ventisqueros de nieve derretida. En el recorrido de un r. hay que distinguir tres tramos: curso alto (cerca del nacimiento), curso medio y curso bajo (cerca de la desembocadura). Si la corriente marina se opone al r. pueden formarse deltas por la depositación de arenas y limos.
RÍO, Dolores del (1905-1982) Actriz cinematográfica mex. que ha trabajado en Hollywood, México y Argentina.

María Candelaria, La malquerida, Los hijos de Sánchez.
RÍO BRANCO C. de Brasil, cap. del est. de Acre; 197 000 hab. Sit. a orillas del r. Acre, afl. del Amazonas. Mercado agropecuario.
RÍO BRAVO C. de México, en el est. de Tamaulipas; 71 000 hab. Ganadería. Agricultura.
RÍO CUARTO C. de Argentina, en la prov. de Córdoba; 110 300 hab. Centro industrial.
RÍO DE JANEIRO (*Rio de Janeiro*) Estado del S de Brasil, a orillas del Atlántico; 43 305 km², 13 880 000 hab. Cap., la c. hom. C. prales.: Niteroi y Nova Iguaçú. ◊ C. de Brasil, capital del estado hom.; 5 336 000 hab. Sit. en la bahía de Guanabara, presenta una alternancia de montículos graníticos como el Concorvado y el Pan de Azúcar, con playas y llanuras. Puerto de gran actividad comercial. Refinería de petróleo. Cap. federal hasta 1960, en que Brasilia pasó a ser la cap. del país.
RÍO DE LA PLATA Estuario de América meridional, formado por la unión de los r. Paraná y Uruguay en su desembocadura, sit. entre la costa arg. a la derecha y la ur. a la izquierda, 280 km de long., 40 km de ancho en la parte int. y 222 km en la desembocadura y 20 m de profundidad. ◊ **Virreinato del R. de la P.** Virreinato creado en 1776 por la desmembración del virreinato del Perú. Buenos Aires se constituyó en el centro económico y político del virreinato. ❏ RIOPLATENSE.

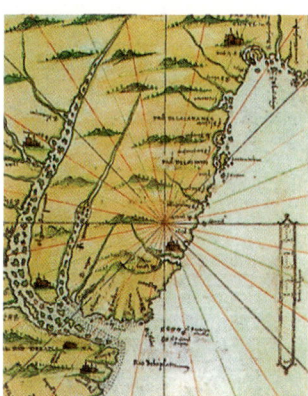

Mapa del **Río de la Plata** del siglo XVIII

RÍO GALLEGOS C. de Argentina, cap. de la prov. de Santa Cruz; 79 144 hab. Puerto. Centro comercial. Pesca.
RÍO GRANDE C. de Brasil, en el estado de Rio Grande do Sul; 70 000 hab. Puerto. Centro industrial.
RÍO GRANDE Mun. de Puerto Rico; 45 648 hab.
RÍO GRANDE do Norte Est. del NE de Brasil, a orillas del Atlántico; 53 167 km², 2 336 000 hab. Cap., Natal. Mandioca, mijo. Comercialización del algodón y la caña de azúcar. ◊ **do Sul.** Est. del SE de Brasil, lindante con Argentina y Uruguay, y bañado al E por el Atlántico; 280 674 km², 9 265 000 hab. Cap., Pôrto Alegre. Arroz, mandioca, trigo, vid y tabaco. Ganadería bovina y ovina.

RÍO

Los ríos han tenido siempre una gran importancia para el hombre

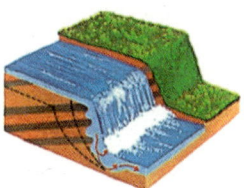

Como resultado de la erosión de las aguas del río en el curso alto se originan profundos valles en V. Muchos cursos tributarios surgen en las laderas de los valles

Cuando el lecho fluvial tiene una pendiente muy acusada, las aguas descienden bruscamente y se forman cascadas y cataratas. Con el paso del tiempo, el agua irá erosionando el fondo y ocasionará el retroceso de las mismas

En el curso medio del río, el terreno es más llano y las pendientes son suaves. Los ríos adoptan a menudo en esta zona un curso sinuoso y dan lugar a meandros

El barro y el limo arrastrados por el río son depositados en la desembocadura y, si no existen fuertes corrientes o mareas que arrastren tales sedimentos, pueden constituirse extensos deltas

Doma de caballos en una estancia de la provincia argentina de **Río Negro**

RÍO MUNI o **MBINI** Prov. de Guinea Ecuatorial, formada por un sector continental y las islas de Corisco, Elobey Grande y Elobey Chico; 26 017 km², 240 800 hab. Cap., Bata.

RÍO NEGRO Prov. de Argentina, bañada al E por el Atlántico; 203 013 km², 552 822 hab. Cap., Viedma. El extremo O pertenece al ámbito andino. Al E hay un sector de altiplanicies de graderío. El pral. r. es el Negro. Vid, frutales, hortalizas. Ganadería. Extracción de petróleo en el Medianito. ◊ Dpto. de Uruguay, limítrofe al O con Argentina a través del r. Uruguay; 9 282 km², 53 989 hab. Cap., Fray Bentos. Territorio accidentado y red hidrográfica perteneciente al r. Negro, afl. del Uruguay. Ganadería bovina y ovina. Cereales y vid. Ind. agropecuarias. ❑ RIONEGRINO, NA.

RÍO PIEDRAS C. de Puerto Rico; 463 300 hab. Ha sido incorporada a la cap., San Juan.

RÍO SAN JUAN Dpto. de Nicaragua; 7 540,90 km², 87 401 hab. Cap., San Carlos. Explotación forestal. Pesca.

RIOBAMBA C. de Ecuador, cap. de la prov. de Chimborazo; 94 505 hab. Sit. a 2 750 m de altitud. Centro comercial y agrícola. Artesanías, ind. del cuero, cemento.

RIOHACHA C. de Colombia, cap del dpto. de La Guajira; 90 883 hab. Sit. junto al Caribe. Puerto. Agricultura. Ganadería. Pesca. Centro comercial.

RIOJA, La Com. autón. y prov. del N de España; 5 034 km², 276 702 hab. Cap., Logroño. Sit. en el valle del Ebro, presenta dos sectores: la Sierra y el Valle. Cereales, patatas y sobre todo vid. Ind. conservera. C. prales.: Haro y Calahorra. ❑ RIOJANO, NA.

RIOJA, La Prov. del N de Argentina, limítrofe en su extremo NO con Chile; 89 680 km², 289 983 hab. Cap., la c. hom. Territorio accidentado por los Andes al O y llanuras al S. Cereales, forrajes, olivos, vid y frutales. Ganadería bovina y ovina. Oro, cobre, níquel, plata, carbón y tungsteno. Ind. de transformación agropecuaria. ◊ C. de Argentina, cap. de la prov. hom.; 143 684 hab. Centro comercial. Ind. alimentaria y textil. ❑ RIOJANO, NA.

RÍOS, Los Prov. de Ecuador; 7 175 km², 527 559 hab. Cap., Babahoyo. Sit. entre la vertiente occidental de los Andes y la cuenca del Guayas. Pasturas. Banano, arroz, maíz, cacao.

RÍOS, Fernando de los (1879-1949) Intelectual y político socialista esp. En 1919 ingresó en el PSOE. Fue uno de los firmantes del pacto de San Sebastián y ministro de Justicia en el gobierno provisional de 1931. ◊ **Montt, Efraín** (n. 1927) Militar guat. Presid. de la Junta Militar de 1982 a 1983. ◊ **Morales, Juan Antonio** (1888-1946) Político chil., Presid. de la rep. (1942-1946). ◊ **Rosas, Antonio de los** (1812-1873) Político esp. del partido moderado. En 1869 apoyó la monarquía de Amadeo de Saboya.

RIOSTRA f. Elemento secundario de una estructura o armazón, destinado a mantener puntos fijos en los elementos principales. ❑ RIOSTRAR.

RIPIA f. Tabla delgada, desigual y sin pulir. ◊ Costero tosco del madero aserrado.

RIPIO m. Residuo que queda de una cosa. ◊ Materiales de obra de albañilería desechados que se utilizan para rellenar huecos. ◊ Palabra superflua que se emplea con el solo objeto de completar el verso. ◊ Conjunto de palabras inútiles en un escrito o discurso. ❑ RIPIOSO, SA.

RIPSTEIN, Arturo (n. 1944) Director cinematográfico mex. *Tiempo de morir, El castillo de la pureza, La viuda negra.*

RIQUER, Martí de (n. 1914) Crítico y erudito esp. Ha estudiado la literatura provenzal medieval, la catalana y la obra de Cervantes.

RIQUEZA f. Calidad de rico. ◊ Abundancia de bienes o de dinero. ◊ Conjunto de cualidades o atributos excelentes. ◊ Lujo o esplendor.

RISA f. Fenómeno esencialmente humano que suele expresar bienestar y alegría y que consiste en una contracción de los músculos faciales acompañada de una espiración convulsiva, brusca y más o menos prolongada. ◊ Lo que mueve a reír. ❑ RISADA; RISIBILIDAD; RISIBLE; RISOTADA.

RISARALDA Dpto. de Colombia; 4 140 km², 993 332 hab. Cap., Pereira. Accidentado por la Cordillera Central de los Andes. Avenado por el Risaralda. Café y caña de azúcar. Explotación forestal. Ind. alimentaria. C. prales.: Santa Rosa de Cabal y La Virginia.

RISCO m. Peñasco alto y escarpado. ◊ Fruta de sartén, hecha con pedacitos de masa rebozados en miel. ❑ RISCAL; RISCOSO, SA.

RISORGIMENTO Hist. Mov. cultural y político que surgió en Italia de 1815 a 1870. Se centraba en torno a la idea de unificación de los est. it. en una sola nación. Destacadas fig. fueron Mazzini, Cavour y Garibaldi.

RISS adj. y m. Díc. del tercer periodo glaciar del cuaternario europeo, desarrollado hace aprox. cien mil años.

RISTRA f. Conjunto de ajos o cebollas atados uno a continuación de otro trenzando sus tallos. ◊ fig. y fam. Conjunto de ciertas cosas colocadas unas tras otras.

RISTRE m. Hierro del peto de la armadura, donde se afianzaba el cabo de la manija de la lanza.

RISUEÑO, ÑA adj. Que muestra risa. ◊ Que con facilidad se ríe. ◊ fig. De aspecto deleitable, o capaz de infundir alegría. ◊ fig. Próspero, favorable.

RITA de Casia (1381-1457) Santa. Canonizada en 1900. Patrona de las causas imposibles o desesperadas.

RITACUVA, alto de Pral. altitud de la sierra Nevada del Cocuy, en Colombia; 5 493 m.

RITMO m. Frecuencia periódica de un fenómeno. ◊ Metro o verso. ◊ Mús. Sucesión regular de los tiempos fuertes y débiles, ordenación y proporción de los sonidos en el tiempo. ❑ RITMICIDAD; RÍTMICO, CA.

RITO m. Costumbre o ceremonia. ◊ Chile. Manta gruesa de hilo burdo. ◊ Rel. Conjunto de reglas establecidas para el culto y ceremonias religiosas.

RITORNELLO (voz it.) m. Frase musical que precede o sigue al canto. ◊ Repetición del tema o de parte de él.

RITT, Martin (1920-1990) Director cinematográfico norteam. *Más fuerte que la vida, El ruido y la furia, Norma Rae.*

RITTER, Karl (1779-1859) Geógrafo al. Con Humboldt, es el fundador de la moderna ciencia geográfica. *Geografía universal.*

RITUAL adj. Relativo al rito. ◊ m. Conjunto de ritos de una religión o de una iglesia. ❑ RITUALIDAD.

RITUALISMO m. Secta protestante inglesa que concede gran importancia a los ritos y tiende a conservar algunas prácticas y ceremonias propias del catolicismo. ◊ fig. Exagerada sujeción a las normas formales establecidas. ❑ RITUALISTA.

RIUS, Eduardo del Río, llamado **Eduardo** (n. 1937) Dibujante y humorista mex. Entre sus historietas se destacan *Los supermachos* y *Los agachados*, con gran contenido crítico y social.

RIVA Agüero, José Mariano de la (1783-1858) Historiador y político per. Primer presid. de la rep. en 1823 y destituido el mismo año. *Manifestación histórica y política de la revolución de América.* ◊ **Palacio, Vicente** (1832-1896) Político y escritor mex. *El Escorial, Establecimiento del cristianismo en Nueva España, Monja, casada, virgen y mártir.*

RIVADAVIA, Bernardino (1780-1845) Político arg. Presidente de la rep. (1826-1827). Promulgó la constitución unitaria de 1826.

RIVALIDAD f. Oposición entre dos o más personas que aspiran a obtener una misma cosa. ◊ Enemistad. ❑ RIVAL; RIVALIZAR.

El duque de **Rivas**, retratado por F. Madrazo (Museo Romántico, Madrid)

RIVAROLA, *Cirilo Antonio* (m. 1878) Político par. Miembro del triunvirato de 1869. Presid. de la rep. (1870).
RIVAS Dpto. de Nicaragua, situado entre el océano Pacífico al O y el lago de Nicaragua al E; 2 161,82 km², 158 144 hab. Cap., Rivas. Relieve accidentado. Caña de azúcar, café, cacao y algodón. Ind. de transformación agropecuaria. ◊ C. de Nicaragua, cap del dpto. hom.; 14 300 hab. Sit. en el istmo hom.
RIVAS, *Ángel de Saavedra*, DUQUE DE (1791-1865) Dramaturgo y poeta esp. Su obra representa la evolución hacia el romanticismo. *Don Álvaro o la fuerza del sino.*
RIVERA f. Arroyo, pequeño caudal de agua continua que corre por la tierra. ◊ Cauce por donde corre.
RIVERA Dpto. de Uruguay, limítrofe al E con Brasil; 9 370 km², 104 921 hab. Cap., la c. hom. Río pral.: Tacuarembó, tributario del r. Negro. Cereales, agrios y frutales. Ind. agropecuaria. ◊ C. de Uruguay, cap. del dpto. hom.; 64 426 hab.
RIVERA, *Diego* (1886-1957) Pintor mex., uno de los prales. muralistas de su país. Sus obras principales crearon un estilo nac. que reflejó la historia del pueblo mex. y, a la vez, el espíritu socialista de la rev. Destacan las grandes composiciones murales (palacio Nacional y palacio de Bellas Artes de Ciudad de México). ◊ *Fructuoso* (h. 1788-1854) Militar y político ur. Primer presid. del nuevo est. ur. (1830-1834). ◊ *José Eustasio* (1889-1928) Escritor col. *La Vorágine* está considerada como una de las mejores novelas de la literatura hispanoamericana. ◊ *Carvallo, Julio Adalberto* (1921-1973) Militar y político salv. Presid. de la rep. (1961-1967). ◊ *Paz, Mariano* (1804-1849) Político guat. Jefe del est. (1839).
RIVERO, *Mariano Eduardo* (1792-1857) Matemático y químico per. Fundó la Escuela de Minas, en Venezuela. Descubrió la sepiolita y la humboldtina.
RIVIERA Nombre dado a una estrecha franja de la costa it. que se extiende desde Ventimiglia hasta La Spezia. Centro turístico.
RIYADH (*Ar-Riyadh*) Cap. de Arabia Saudita; 666 800 hab. Sit. en un fértil oasis del Nedjed. Refinería de petróleo.
RIZAL y Alonso, *José* (1861-1896) Médico y escritor filipino. Conspiró contra la dominación española y fue apresado y condenado a muerte. *El filibusterismo, Noli me tangere.*
RIZAR tr. Formar en el pelo ondas, bucles, etc. ◊ Hacer en las telas, papel o cosa semejante dobleces menudos. ◊ tr. y prnl. Mover el viento la mar, formando olas pequeñas. ◊ prnl. Ondularse el pelo naturalmente. ❑ RIZADO.
RIZI, FRAY *Juan* (1595-1681) Pintor esp. Considerado, aparte de Velázquez y junto con Pereda, el pintor más notable de la corte de Felipe IV.
RIZO, ZA adj. Ensortijado o hecho rizos naturalmente. ◊ m. Mechón de pelo curvado en espiral. ◊ Acrobacia del avión, que consiste en describir un círculo vertical. ◊ Destrozo o estrago que se hace en una cosa.
RIZÓFAGO, GA adj. y s. Díc. de los animales que se alimentan de raíces.
RIZOMA m. *Bot.* Tallo subterráneo de crecimiento longitudinal, engrosado por la existencia de sustancias de re-

serva, que contiene un número indeterminado de yemas.
Rn *Quím.* Símb. del radón.
RO Voz de uso repetitivo para arrullar a los niños.
ROA Bárcena, *José María* (1827-1908) Escritor mex. Poesía, novela e historia. *Poesías líricas, Recuerdos de la invasión norteamericana.* ◊ **Bastos**, *Augusto* (1917-2005) Escritor par. Relatos y novelas. *Los pies sobre el agua, Hijo de hombre, Yo, el Supremo, Contravida.*
ROANO, NA adj. Aplícase a la caballería cuyo pelo está mezclado de blanco, gris y bayo.
ROAST-BEEF m. Rosbif.
ROATÁN C. de Honduras, en la isla hom.; 3 091 hab. Cap. del dpto. de Islas de la Bahía.
ROBALIZA f. Hembra del róbalo.
RÓBALO m. Lubina.

Decoración de la escalera del Palacio Nacional (Ciudad de México) obra de Diego **Rivera**

ROBAR tr. Apoderarse de una cosa ajena mediante el empleo de la violencia. En América se usa como prnl. ◊ Tomar para sí lo ajeno de cualquier modo que sea. ◊ Llevarse los ríos y corrientes parte de la tierra por donde pasan. ◊ Redondear una punta o achaflanar una esquina. ◊ En algunos juegos de cartas y de dominó, tomar naipes o fichas de entre los que quedan por repartir. ◊ fig. Atraer con eficacia el afecto o ánimo. ❑ ROBO.
ROBBE-GRILLET, *Alain* (n. 1922) Escritor y cineasta fr. Principal teórico del *nouveau roman.* Entre sus novelas: *El mirón, La celosía, El año pasado en Marienbad, La casa de citas, Djin.*
ROBBIA, *Luca della* (h. 1400-1482) Escultor y ceramista florentino. Destacó como escultor en mármol (*Cantoría* de la catedral de Florencia).
ROBELLÓN m. Especie de hongo comestible.
ROBERTO (s. XI) Santo. Monje fr., fundador de la orden del Cister.
ROBERTO II el *Piadoso* (h. 970-1031) Rey de Francia [996-1031]. Incorporó Borgoña a sus dominios (1016).
ROBERTO Belarmino (1542-1621) Santo. Prelado y teólogo it. Jesuita, colaboró con el papa Paulo V en la organización de las congregaciones rom.
ROBERTS, *Elizabeth Madox* (1886-1941) Escritora norteam. *Negro es el pelo de mi fiel amor, La gran pradera.*

ROBESPIERRE, *Maximilien de* (1758-1794) Político fr. Jefe de los jacobinos, propugnó la creación de un Comité de salvación pública, a través del cual instauró el régimen del Terror. Fue derribado por la Convención, y R. fue guillotinado al día siguiente.
ROBEZO m. Gamuza, rebeco.
ROBÍN m. Orín o herrumbre de los metales.
ROBIN Hood Personaje legendario ing., jefe de una banda de proscritos que vagó por los bosques de Sherwood en tiempos de Ricardo Corazón de León.
ROBINIA f. Planta con hojas pinnadas y flores blancas o rosadas. Originaria de América del Norte.
ROBINSON, *Edward G.* (1893-1973) Actor de cine norteam., de origen rumano, especialista en papeles de gángster. *Hampa dorada, El último gángster, Cayo Largo.* ◊ *Edwin Arlington* (1869-1935) Poeta norteam. Su obra más importante es la trilogía formada por *Merlín, Lancelot* y *Tristán.*
ROBLE m. Nombre común de plantas arbóreas, de hojas caducas y madera muy estimada. De la corteza se extraen tanino y quercina, utilizado como curtiente el primero y en medicina, como astringente, la segunda. ◊ Madera de este árbol. ◊ fig. Persona o cosa fuerte, recia y de gran resistencia. ❑ ROBLEDA o ROBLEDAL; ROBLEDO; ROBLIZO, ZA.
ROBLES, *Francisco* (1811-1893) Militar y político ecuat. Presid. de la rep. (1857-1859). ◊ *Marco Aurelio* (1906-1990) Político pan. Presid. de la rep. (1964-1968). ◊ *Godoy, Armando* (n. 1923) Director cinematográfico per. *La muralla verde, Espejismo.*
ROBLÓN m. Especie de clavo de hierro que después de pasado por los taladros de las piezas que ha de asegurar se remacha por el extremo opuesto. ❑ ROBLONAR; ROBLONADO, DA; ROBLONADORA.
ROBOAM Rey de los judíos (h. 930-913 a. C.) Hijo de Salomón. Su tiranía provocó la escisión de diez de las doce tribus, que constituyeron el reino de Israel.
ROBOT m. Término derivado de la voz checa «robota» (trabajo impuesto o programado), que designa un autómata susceptible de realizar actividades semejantes a las del hombre.
ROBÓTICA f. *Comp.* Estudio de la construcción, ensamblaje, generación, programación y uso de los robots y autómatas en general. ❑ ROBOTIZACIÓN.
❑ *Comp.* Los robots son dispositivos compuestos de sensores que reciben datos de entrada y que pueden estar conectados a la computadora. Ésta, al recibir la información de entrada, ordena al robot que efectúe una determinada acción. Los robots pueden disponer de microprocesadores que ordenen al propio robot. Una de las finalidades de la r. es su intervención en los procesos de fabricación en cadena.
ROBUSTO, TA adj. Fuerte, vigoroso. ◊ Que tiene fuertes miembros y firme salud. ❑ ROBUSTECER; ROBUSTECIMIENTO; ROBUSTEZ.
ROCA f. *Geol.* Agregado natural de minerales que forma parte de la corteza terrestre. ◊ Piedra dura y sólida. ◊ Peñasco que se levanta en la tierra o en el

mar. ◊ fig. Cosa muy dura, firme y constante. ❑ ROCOSO, SA.

❑ *Geol.* Las r. se dividen en tres grupos: eruptivas o endógenas, sedimentarias o exógenas y metamórficas. Los principales minerales que intervienen en la composición de las r. son sílice, silicatos, micas, piroxenos, anfíboles y carbonatos.

ROCA, *Cabo de* Cabo de Portugal, al O de Lisboa; punto más occidental de Europa.

ROCA, *Julio Argentino* (1843-1914) Militar y político arg. Presid. de la rep. (1880-1886 y 1898-1904). ◊ *Vicente Ramón* (1792-1858) Político ecuat. Presid. de la rep. (1845-1849).

Julio Argentino **Roca**

ROCAFUERTE, *Vicente* (1783-1847) Político liberal ecuat. Presid. (1835-1839).

ROCALLA f. Conjunto de fragmentos de rocas desprendidos por la acción del tiempo o del agua, o que han saltado al labrar las piedras. ◊ Abalorio grueso. ◊ Decoración típica del rococó, que imita las rocas y productos rústicos de la naturaleza. ◊ Jardín de piedras con plantas resistentes a la sequedad. ❑ ROCALLOSO, SA.

ROCAMBOLE Protagonista de las obras del novelista fr. Ponson du Terrail, personificación del hombre en cuya existencia se suceden las más complicadas aventuras.

ROCAMBOLESCO, CA adj. Extraordinario, increíble, inverosímil.

ROCAMBOR m. *Amér.* Juego de naipes similar al tresillo.

ROCE m. fig. Trato o comunicación frecuente con algunas personas. ◊ fig. Enfado leve o tensión en las relaciones humanas.

ROCERÍA m. *Col.* Roza, desmonte, derribo.

ROCHA Dpto. de Uruguay. Bañado al S por el Atlántico; 10 551 km², 69 937 hab. Cap., la c. hom. Cría de bovinos y ovinos. ◊ C. de Uruguay, cap. del dpto. hom.; 25 538 hab. Centro comercial. Ind. maderera y alimentaria.

ROCHA, *Glauber* (1939-1981) Director cinematográfico bras., de estilo vanguardista. *Dios y el diablo en la tierra del sol, Cabezas cortadas.*

ROCHAR tr. Rozar la tierra limpiándola de matas. ◊ *Chile.* Sorprender a alguno en alguna cosa ilícita. ❑ ROCHA.

ROCHEFOUCAULD, *François,* DUQUE

DE LA (1613-1680) Escritor fr. Adversario de Richelieu y de Mazarino. *Máximas.*

ROCHELA f. *Amér.* Bulla, algazara.

ROCHELA, *La (La Rochelle)* C. del O de Francia, cap. del dpto. de Charente-Maritime; 75 800 hab. Sit. a orillas del Atlántico. Puerto pesquero y comercial. Astilleros. Ind. conservera.

ROCHESTER C. de EEUU, en el est. de Nueva York; 241 700 hab. Aparatos ópticos y fotográficos.

ROCIADA f. fig. Conjunto de cosas que se esparcen al arrojarlas. ◊ fig. Reprensión áspera.

ROCIADOR m. Brocha o escobón para rociar la ropa. ◊ *Ecuad.* Pulverizador.

ROCIAR intr. Caer sobre la tierra el rocío o la lluvia menuda. ◊ tr. Esparcir en gotas menudas un líquido. ◊ fig. Arrojar algunas cosas de modo que caigan diseminadas. ❑ ROCIADERA; ROCIADO, DA; ROCIADURA o ROCIAMIENTO.

ROCÍN m. Caballo de mala traza y pequeño. ◊ Caballo de trabajo. ◊ fig. y fam. Hombre tosco e ignorante. ❑ ROCINAL; ROCINIEGO, GA.

ROCÍO m. *Fís.* Condensación de vapor de agua originado cuando éste se halla en contacto con una superficie más fría. El r. puede dar lugar a la escarcha. ◊ Gotas de agua producidas por el r. ◊ Lluvia corta y pasajera. ◊ fig. Gotas menudas esparcidas sobre una cosa para humedecerla.

ROCIÓN m. Salpicadura violenta de agua del mar, producida por el choque de las olas contra un obstáculo cualquiera.

ROCK and roll Estilo musical nacido en los años 50. Los prolegómenos los establecieron los músicos negros (Chuck Berry, Fats Domino, etc.) que venían de la herencia del *Rythm and blues.* Entre los blancos, Bill Haley fue el pionero y Elvis Presley lo asentó y convirtió en fenómeno de masas. En los años 70 se crearon a partir del rock multitud de géneros y subgéneros.

ROCKEFELLER, *John Davison* (1839-1937) Industrial norteam. Fundador de la *Standard Oil.* En 1882 dominó toda la ind. petrolífera norteam.

ROCKY MOUNTAINS ⇨ Rocosas, montañas.

ROCOCÓ adj. y s. *Arte.* Díc. del estilo

Rococó. *La carta de amor*, óleo de H. Fragonard (Colección Frick, Nueva York, EE UU)

artístico surgido en Francia en el s. XVIII, que aportó una ornamentación de base naturalista e inspiración chinesca.

ROCOSAS, *montañas (Rocky Mountains) Geog.* Sist. montañoso de América Septentrional, que se extiende de N a S por el sector occidental, desde Alaska a México. Este sist., que data del jurásico, está formado por una sucesión de cord. y cuencas. Por su elevada altura (sectores de más de 4 000 m) tiene gran incidencia climática.

ROCOTE m. *Amér.* Planta y fruto de una especie de ají grande, de la familia solanáceas.

RODA f. Robla, tributo. ◊ Pieza gruesa y curva que forma la proa de la nave.

RÓDABALLO m. Pez de mediano tamaño y carne muy apreciada, que habita los fondos costeros.

RODADOR, RA adj. Que rueda o cae rodando. ◊ m. *Amér.* Mosquito que cuando se llena de sangre cae como la sanguijuela. ◊ Rueda, pez.

RODAJA f. Pieza circular y plana, de madera, metal u otra materia. ◊ Tajada circular de algunos alimentos. ◊ Estrella de la espuela.

RODAJE m. Conjunto de ruedas. ◊ Acción de impresionar una película cinematográfica. ◊ Primer periodo de la vida de los motores o de los mecanismos en los que tienen lugar fases de máximo rozamiento entre los diferentes órganos. ◊ *Argent.* Medida de la rueda de un automóvil.

RODALÁN m. *Chile.* Planta con tallos rastreros, flores blancas y cápsulas aovadas.

RODAMIENTO m. Cojinete de bolas montados en un juego de anillos con el objeto de reducir el rozamiento de estos últimos.

RÓDANO *(Rhône)* Río de Europa. Nace en los Alpes suizos y desemboca en terreno fr., en un amplio delta en el Mediterráneo; 812 km.

RÓDANO-ALPES *(Rhône-Alpes)* Circunscripción de acción regional del SE de Francia, limítrofe con Suiza e Italia; 43 698 km², 5 350 700 hab. Reúne los valles fluviales, sobre todo a lo largo del Ródano. C. prales.: Lyon, la cap., Saint-Étienne y Grenoble. Turismo. Ind. metalúrgica, química y textil.

RODAPIÉ m. Paramento con que se cubren alrededor los pies de las camas, mesas y otros muebles. ◊ Friso, zócalo de una pared. ◊ Tabla, celosía o enrejado que se pone en la parte inferior de la barandilla de los balcones.

RODAR intr. Dar vueltas un cuerpo alrededor de su eje. ◊ Moverse una cosa por medio de ruedas. ◊ Caer dando vueltas. ◊ fig. No tener una cosa colocación fija. ◊ fig. Ir de un lado para otro sin fijarse en sitio determinado. ◊ fig. Suceder unas cosas a otras. ◊ Hablando de películas cinematográficas, impresionarlas o proyectarlas. ❑ RODADERO, RA; RODADIZO, ZA; RODADURA, RODANTE.

RODAS *(Rhodos)* Isla de Grecia, en el mar Egeo; 1400 km², 67 100 hab. Sit. junto a la costa de Turquía. Agricultura mediterránea. La cap., Rodas, 41 400 hab., está sit. al N de la isla. ◊ *Coloso de R.* Una de las siete maravillas del mundo. Gigantesca estatua de Apolo, en bronce, erigida ant. a la entrada del golfo hom.

RODEAR intr. Andar alrededor. ◊ Ir

por camino más largo que el ordinario. ◊ fig. Usar de rodeos en lo que se dice. ◊ tr. Poner una o varias cosas alrededor de otra. ◊ Cercar una cosa. ◊ *Amér.* Reunir el ganado mayor en un sitio determinado, arreándolo desde los distintos lugares en donde pace.

RODELA f. Escudo redondo y delgado que cubría el pecho a los que peleaban con él. ◊ *Chile.* Rodaja, rosca. ❏ RODELERO.

RODEO m. Camino más largo o desvío del camino derecho. ◊ Vuelta que se da para librarse de quien persigue. ◊ Sitio donde se reúne el ganado mayor. ◊ *Amér.* Deporte que consiste en montar a pelo potros salvajes o reses vacunas bravas y hacer otros ejercicios de destreza como arrojar el lazo, etc. ◊ fig. Manera indirecta de hacer alguna cosa, a fin de eludir las dificultades que presenta.

RODERA f. Camino abierto por el paso de los carros a través de los campos.

RODETE m. Rosca que con las trenzas del pelo se hacen las mujeres en la cabeza. ◊ Rosca de lienzo u otra materia que se pone en la cabeza para cargar y llevar sobre ella un peso. ◊ Chapa circular de la cerradura, que permite girar únicamente la llave cuyas guardas se ajustan a ella. ◊ Pieza giratoria cilíndrica achatada y de canto plano sobre el cual pasan las correas sin fin en diferentes maquinarias. ◊ Rueda hidráulica horizontal con paletas planas. ◊ Rotor de una turbina de gas o vapor.

RODEZNO m. Rueda hidráulica con paletas curvas y eje vertical. ◊ Rueda dentada que engrana con la que está unida a la muela de la tahona.

RODILLA f. Región de unión del muslo con la pierna. Está constituida por la articulación del fémur con la tibia, por la rótula, y por las epífisis inferior del fémur y superiores de la tibia y peroné.

RODILLAZO m. Golpe dado con la rodilla.

RODILLERA f. Cualquier cosa que se pone para comodidad, defensa o adorno de la rodilla. ◊ Remiendo en la parte de los pantalones correspondiente a la rodilla.

RODILLO m. Madero redondo y fuerte que se hace rodar por el suelo para llevar sobre él una cosa de mucho peso. ◊ Cilindro pesado que se hace rodar para allanar y apretar la tierra. ◊ Cilindro que se emplea para dar tinta en las imprentas. ◊ Cilindro de madera para alisar la masa en la cocina.

RODIN, *Auguste* (1841-1917) Escultor fr. Tras un viaje a Italia, la potencia, la expresividad y el nervio de la producción de Miguel Ángel, se unieron en él a un afán de confundir forma y materia. *Estatua de Balzac, El ídolo, El beso, El pensador, Los burgueses de Calais.*

RODIO m. Elemento quím. de símb. Rh, n. a. 45, p. a. 102,91 y densidad 12,42 g/cm³. Metal muy duro y resistente a la acción de los agentes químicos; se emplea en revestimientos de crisoles, de espejos, porcelanas y en las aleaciones para fabricar objetos de laboratorio.

RODÓ, *José Enrique* (1872-1917) Escritor, periodista y político ur. Aún tiene vigencia su mensaje *Ariel*, dirigido a la juventud del continente sudamericano. *Motivos de Proteo.*

RODOCROSITA f. *Miner.* Carbonato de manganeso que cristaliza en el sistema trigonal y de dureza 4. Es de color rosa y se explota como mena del manganeso.

RODODENDRO m. Nombre común de varias plantas de flores rojizas y ligeramente vellosas.

RODÓFITO, TA adj. y m. Dic. de las algas de la división rodófitos. ◊ m. pl. División de algas con rodoplastos, propias de aguas marinas cálidas y profundidades medias con poca luz.

RODOLFO, *Lago* Lago de África oriental al NO de Kenia, en el ramal oriental de la fosa de Rift Valley; 10 250 km².

RODOLFO (1858-1889) Archiduque de Austria-Hungría; hijo y heredero del emp. Francisco José. Apareció muerto junto a su amante María Vetsera.

RODOLFO I de Habsburgo (1218-1291) Señor de la Suiza al. y emp. germ. [1273-1291]. Creó el nuevo Est. de la Gran Austria. ◊ **II de Habsburgo** (1552-1612) Archiduque de Austria, rey de Hungría [1572-1608] y Bohemia [1575-1611] y emp. de Alemania [1576-1612]. Su hermano Matías le fue arrebatando poco a poco todos sus territorios.

RÓDOPE (búlg., *Rodopi*; gr., *Rodhopi*) Macizo montañoso de los Balcanes. Alcanza 2 925 m de alt. (monte Musala).

RODOREDA, *Mercè* (1909-1983) Escritora esp. en lengua catalana. *La plaça del Diamant, El carrer de les Camèlies.*

RODRIGO (m. 711) Último rey visigodo de Hispania [710-711]. Desapareció tras la derrota de Guadalete ante los musulmanes.

RODRIGO, *Joaquín* (1902-1999) Compositor esp. *Concierto de Aranjuez.* ◊ **Díaz de Vivar** → Cid Campeador.

RODRIGÓN m. Vara o caña que se clava al pie de una planta y sirve para sostenerla.

RODRIGUES Alves, *Francisco de Paula* (1848-1919) Político bras. Presid. de la rep. (1902-1906). Reelegido en 1918.

RODRÍGUEZ, *Abelardo* (1889-1967) Militar y político mex. Presid. de la rep. (1932-1934), propugnó una política de reformas sociales y educativas. ◊ *Andrés* (1923-1997) Militar par. Derrocó a Stroessner de la presidencia en 1989 y venció en las elecciones. Cesó en 1993. ◊ *Claudio* (1934-1999) Poeta español. *Conjuros, Desde mi palabra, Alianza y condena.* ◊ *José Joaquín* (1838-1917) Político cost. Presid. de la rep. (1890-1894). ◊ *Juan*

Andrés **Rodríguez**

Manuel (1795-1826) Político salv. Primer jefe de est. de El Salvador (1824). ◊ *Lorenzo* (1704-1774) Arquitecto mex. Representante de la arq. barroca. Capilla del Sagrario de la catedral de México. ◊ *Miguel Ángel* (n. 1940) Político cost. Miembro del Partido Unidad Social Cristiana. Presid. de la Asamblea Legislativa (1991-1992). Ocupó la presid. de la rep. entre 1998 y 2002. ◊ *Silvio* (n. 1946) Cantante cub. Uno de los creadores de la Nueva Trova. ◊ *Ventura* (1717-1785) Arquitecto esp. Representante de la arquitectura académica setecentista. Palacio de Liria de Madrid. ◊ **Erdoiza**, *Manuel* (1785-1818) Patriota chil. Alistado en el ejército del general San Martín, se encargó de la defensa de Santiago de Chile y tuvo destacada participación en la victoria de Maipú (1818). Fue fusilado por orden de O'Higgins. ◊ **Galván**, *Ignacio* (1816-1842) Escritor romántico mex. *Mora, ángel caído* (poesía); *El privado del virrey* (teatro); ◊ **Lara**, *Guillermo* (n. 1923) Militar y político ecuat. En 1972 derrocó a Velasco Ibarra y estableció un gobierno reformista. En 1976 fue desplazado por una junta militar. ◊ **Marín**, *Francisco* (1885-1943) Escritor y erudito esp. *Cantos populares españoles.* ◊ **Torices**, *Manuel* (1788-1816) Político col., independentista. Vicepresid. (1816) del gobierno de Las Provincias Unidas. ◊ **Veltzé**, *Eduardo* (n. 1956) Abogado bol. Presid. de la Corte Suprema en 2004, asumió la presid. de la Rep. en junio de 2005. ◊ **Zapatero**, *José Luis* (n. 1960) Político esp. Elegido Secretario General del PSOE en 2000. Presid. del gobierno, tras ganar las elecciones en 2004. ◊ **Zeledón**, *José Joaquín* (1838-1917) Político cost. Presid. (1890-1894). Intentó disolver el parlamento (1892).

ROEDOR, RA adj. Que roe. ◊ Que conmueve o agita el ánimo. ◊ adj. y s. *Zool.* Dic. de los mamíferos con incisivos planos, cortados en bisel, y de crecimiento y desgaste continuos. Los r. comprenden los histricomorfos (puercoespines, cobayas), los miomorfos (ratas, ratones) y los esciuromorfos (ardillas, castores).

ROEL m. Pieza redonda en los cuarteles del escudo heráldico.

ROELAS, *Juan de las* (1560-1625) Pintor esp. de la escuela sevillana. *Martirio de san Andrés.*

ROENTGEN m. Cantidad de radiación X que al atravesar 1 cm³ de aire en

Las sombras, obra de A. **Rodin**

condiciones normales de presión y temperatura, da lugar a la aparición, por ionización, de una carga electrostática igual a 1 franklin.

ROENTGEN, *Wilhelm Konrad von* ⇨ Röntgen.

ROER tr. Raspar con los dientes una cosa dura, arrancando parte de ella. ◊ Quitar la carne de un hueso con los dientes. ◊ fig. Molestar o atormentar interiormente. ❑ ROEDURA.

ROGAR tr. Pedir por gracia o favor una cosa. ◊ Instar con súplicas.

ROGATIVA f. *Rel.* Oración pública católica, acompañada gralte. de procesiones, en solicitud de remedio a alguna desgracia. Se usa más en pl.

ROGERS, *Virginia Katherine McMath,* llamada **Ginger** (1908-1995) Actriz y bailarina norteam. Formó pareja con F. Astaire. *Sombrero de copa, Espejismo de amor* (Óscar de interpretación).

ROIG de Leuchsenring, *Emilio* (1889-1964) Historiador cub. *Historia de La Habana.*

ROJAS, *Fernando de* (m. 1541) Escritor esp. Autor de *La Celestina* o *Tragicomedia de Calisto y Melibea,* escrita en forma de pieza dramática. ◊ **Gonzalo** (n. 1917) Poeta chil. Miembro del grupo surrealista *Mandrágora* (1939-1941). *Contra la muerte.* Premio Cervantes (2003). ◊ *José Antonio* (1713-1816) Patriota chil. Uno de los autores de la fracasada conspiración republicana de 1780. ◊ *Manuel* (1896-1973) Escritor chil. Se inscribe en el subjetivismo psicológico. *Hombres del Sur, Mejor que el vino.* ◊ *Ricardo* (1882-1957) Escritor arg. Autor de poesías, novelas y ensayos. *El país de la selva, Historia de la literatura argentina.* ◊ *Paúl, Juan Pablo* (1829-1905) Político ven. Presid. de la rep. (1888-1890), llevó a cabo una política de concordia nacional. ◊ *Pinilla, Gustavo* (1900-1975) Militar y político col. En 1953 encabezó el golpe de Est. contra Laureano Gómez y fue elegido presid. de la rep. por la asamblea nac. en 1954. Derrocado en 1957. ◊ *Zorrilla, Francisco de* (1607-1648) Autor dramático esp. *Del rey abajo, ninguno; Entre bobos anda el juego.*

ROJO, JA adj. y m. Encarnado muy vivo. Es el primer color del espectro solar. ◊ adj. Díc. del pelo de un rubio muy vivo, casi colorado. ◊ *Pol.* Díc. de personas de ideas izquierdistas. ❑ RO-JAL; ROJEAR; ROJIZO, ZA.

ROJO, *mar (Bahr al-Arman)* Mar que separa el continente afr. de la pen. Arábiga. 470 000 km². La apertura del canal de Suez le dio la máxima imp. como vía de comunicación.

ROJO, *río (Song Koi o Song Nhi Ha)* Río del SE asiático; 1 200 km. Nace en las montañas de Yunnan, en China, y desemboca en Vietnam, en el golfo de Tonkin.

ROJO, *Vicente* (n. 1932) Pintor mex. de origen esp. Adscrito al abstraccionismo. *La gran señal, Negaciones.*

ROKHA, *Carlos Díaz Loyola,* llamado *Pablo de* (1894-1968) Poeta chil. *Los gemidos, Satanás.*

ROL m. Lista, nómina o catálogo. ◊ Licencia que lleva el capitán de un buque, en la cual consta la lista de la marinería. ◊ Papel, carácter, representación. ⇨ Rol-status.

ROLDÁN o **ROLANDO** (fr., *Roland*) Héroe del ciclo legendario de Carlomagno. M. en Roncesvalles (778). Su vida fue cantada por la épica medieval. ⇨ *Canción de Roldán.*

ROLDÁN, *Amadeo* (1900-1939) Compositor y violinista cub. *Poema negro* para cuarteto de cuerda, *Motivos de son, La Rebambaramba, El milagro de Anaquillé.* ◊ *Pedro* (1624-1700) Escultor esp., barroco. Retablo del Hospital de la Caridad de Sevilla *(Entierro de Cristo).* Su hija **Luisa** (1656-1704), llamada LA ROLDANA, destacó en la estatuaria policromada *(Desposorios de santa Catalina).*

ROLDANA f. Rodaja por donde corre la cuerda en una garrucha.

ROLDÓS, *Jaime* (1941-1981) Político ecuat. Elegido presid. en 1979, murió en un accidente de aviación que truncó su carrera populista.

ROLEO m. Voluta de capitel. ◊ Ornamento.

ROLLAND, *Romain* (1886-1944) Escritor y musicólogo fr. Premio Nobel de Literatura en 1916. Autor de biografías. En teatro destaca su «trilogía de la rev.» *(Danton, Los lobos, El 14 de Julio).* En *Juan Cristóbal* analiza la soc. de su tiempo.

ROLLING Stones, *the* Formada en 1962, se convirtió en la mejor banda de la historia del rock. *Satisfaction, Aftermath.*

ROLLIZO, ZA adj. Redondo en figura de rollo. ◊ Robusto y grueso. ◊ m. Madero en rollo.

ROLLO m. Cualquier materia que toma forma cilíndrica por rodar o dar vueltas. ◊ Cilindro de materia dura que sirve para diferentes usos. ◊ Porción de tejido, papel, etc., que se tiene enrollada en forma cilíndrica. ◊ Columna de piedra que antiguamente era insignia de jurisdicción y que en muchos casos servía de picota. ◊ Película fotográfica enrollada en forma cilíndrica. ◊ fig. Discurso, explicación, película, etc., largo, pesado y aburrido. ❑ ROLLISTA.

ROL-STATUS, *sistema del* En la escuela sociológica estructural-funcional, coordenadas que determinan la sit. de un individuo o un grupo en la estructura social.

ROM (siglas de *Read Only Memory),* memoria de sólo lectura). *Comp.* memoria separada de la memoria central. La información que contiene no se puede modificar, sólo leer; se usa para contener programas o rutinas estándares, unidades de compilación, etc.

ROMA Cap. de Italia, de la región del Lacio y de la prov. hom. Sit. junto al r. Tíber; 2 775 250 hab. (3 761 067 la agl. urb.). El sector terciario ocupa a gran parte de la pob., aunque existe también una creciente ind.

❑ *Hist.* Roma fue fundada h. 754 o 750 a. C. como resultado de la fusión de los latinos y sabinos del Lacio con los etruscos. A fines del s. VI a. C. una revuelta nobiliaria abolió la monarquía e instauró la rep. aristocrática, que duró hasta el año 38 a. C. y que se distinguió de la expansión exterior del pueblo rom. Tras una serie de guerras civiles promovidas por los jefes militares, Octavio consiguió imponerse. Con el rango de emperador, se hizo con el gobierno absoluto de todas las prov. y de la c. de R. El Alto Imperio consolidó la dominación rom. en el mundo ant. Con Diocleciano se inicia el Bajo Imperio, del que destaca la cristianización de los rom. y la presión de los bárbaros en las fronteras. A fines del s. IV, a la muerte de Teodosio, el Imperio quedó dividido entre sus hijos Honorio y Arcadio. El Imperio rom. de Oriente o bizantino, se mantuvo hasta fines de la E. Med. (1453). El de Occidente cayó bajo la oleada de invasiones bárbaras (476). A la caída del Imperio, la c. de R. asumió la función de centro de cristianismo y sede pontificia.

❑ *Arte.* El primer arte rom. nació en el s. II a. C. por contacto con la cultura helenística del S de Italia. *Arq.* De la época republicana se conservan los templos de la Fortuna y de Vesta, de estilo gr. Durante el Imperio se dio mayor importancia al urbanismo (plazas, foros) y a los juegos (anfiteatros, teatros, circos) y se acentuó el gusto por lo monumental (termas de Caracalla y Diocleciano). *Esc.* La estatuaria, aunque inspirada en la gr., tiene un sentido rom. Se cultiva también el bajorrelieve y la escultura funeraria. Otros relieves celebran batallas y triunfos (arco de Tito, columna Trajana). *Pint.* Apenas nos han llegado ejemplos, y hemos de basarnos casi exclusivamente en los frescos hallados en Pompeya y Herculano, de clara inspiración helénica.

La batalla de Roncesvalles, episodio de la *Canción de Roldán*

□ *Lit.* La producción literaria en latín no se desarrolló hasta entrar en contacto con la lit. gr. Ennio escribió un poema épico sobre la historia de R. La comedia contó con Plauto y Terencio. En prosa destacan Tito Livio, Cicerón, César, Salustio, Cátulo y Lucrecio. La poesía alcanzó su auge con el Imperio: Virgilio, Ovidio, Horacio. En el periodo siguiente, predominan los escritores hispánicos: Séneca, Marcial, Lucano, Quintiliano, etc. En prosa, Petronio, Tácito, Suetonio y Plinio el Viejo.

ROMADIZO m. Catarro de la membrana pituitaria.

ROMÁINS, Jules (1885-1972) Seud. de *Louis Farigoule*, escritor fr. *Knock o el triunfo de la medicina, La vida unánime.*

ROMÁN y Reyes, Víctor Manuel (1877-1950) Político nic. Presid. de la rep. (1947-1950), títere de la familia Somoza.

ROMANA, La Prov. situada al SE de la República Dominicana; 653,95 km², 202 320 hab. Cap., la c. hom. Caña de azúcar. Cría de bovinos. Transformación de productos agropecuarios. ◊ C. de la República Dominicana, cap. de la prov. hom.; 91 571 hab. Puerto pesquero y comercial. Refinerías de azúcar. Ind. del calzado.

ROMANCE adj. Díc. de cada una de las lenguas que vienen del latín. ◊ Novela o libro de caballerías en prosa o verso. ◊ Aventura amorosa. ◊ Composición poética de origen anónimo y popular, genuinamente esp., formada por una serie ilimitada de versos octosílabos en los que sólo riman los pares en asonante. ❑ ROMANCERESCO; ROMANCESCO, CA; ROMANCISTA.

ROMANCEAR tr. Traducir a una lengua romance. ◊ *Chile.* Charlar. ❑ ROMANCEADOR, RA.

ROMANCERO, RA m. y f. Persona que canta romances. ◊ m. *Lit.* Colección de romances. Entre las colecciones antiguas son notables el *Cancionero de romances* (1550) y el *Romancero general* del s. XVII.

ROMANCHE m. Lengua retorrománica que se habla en el cantón suizo de los Grisones.

ROMANIA f. Conjunto de países de lengua latina y cultura rom., posteriormente románica, surgido al desmembrarse el imperio rom.

ROMÁNICO, CA adj. *Ling.* Dícese de las lenguas indoeuropeas que tienen su origen en la evolución natural del latín hablado: castellano, catalán, dalmático, francés, gallego, italiano, portugués, provenzal, retorrománico, rumano y sardo. ◊ adj. y s. Aplícase al estilo artístico que dominó en Europa durante los ss. XI, XII y parte del XIII y especialmente a su arquitectura, caracterizada por el empleo de arcos de medio punto, bóvedas de cañón y molduras robustas.

□ *Arte. Arq.* Los maestros de obra lombardos propagaron por toda Europa un nuevo programa de arquitectura religiosa, basado en la construcción de un tipo de iglesia sencilla con tres naves, cuyo exterior se caracterizaba por la irregularidad de la sillería y la presencia casi constante de arquillos ciegos y bandas lombardas (pilastras adosadas al muro). Las bóvedas de piedra fueron sustituyendo a las de madera.

Entre las iglesias más imp. cabe citar: Santa María de Ripoll, San Trófimo de Arlés, La Madalena de Vezelay, Santiago de Compostela, etc. *Esc.* La escultura, primaria y solemne, triunfa en los capiteles de los claustros (Vezelay, Salamanca), en los pórticos (tímpanos, dinteles, arquivoltas, etc.) y en las imágenes de talla. *Pint.* La pintura al fresco o sobre tabla, de tema religioso, constituye una adaptación de los mosaicos bizantinos. La fig. central de la decoración del ábside mayor, es siempre el Pantocrátor (San Isidoro de León, San Clemente de Tahúll), sustituido a veces por la *Maiestas Mariae* (Santa María de Tahúll, etc.).

ROMANISMO m. Conjunto de instituciones, cultura o tendencias políticas de Roma.

ROMANISTA adj. y s. Versado en el derecho romano. ◊ Conocedor de lenguas románicas.

ROMANIZAR tr. Difundir la civilización, leyes y costumbres rom., o la lengua latina. ◊ prnl. Adoptar la civilización rom. o la lengua latina. ❑ ROMANIZACIÓN.

ROMANO, NA adj. y s. De Roma. ◊ De cualquiera de los países de que se componía el antiguo imperio rom. ◊ adj. Aplícase a la religión católica y a lo perteneciente a ella. ◊ adj. y m. Aplícase también a la lengua latina. ◊ f. Instrumento para pesar, compuesto de una palanca de brazos desiguales, con el fiel sobre el punto de apoyo.

ROMANONES, Álvaro de Figueroa y Torres, CONDE DE (1863-1950) Político esp. En 1912 ocupó la presidencia del Consejo y encabezó uno de los sectores del partido liberal. De nuevo en la presidencia en 1915 y en 1918-1919, mantuvo la neutralidad española en la I Guerra Mundial.

ROMANOV Dinastía que reinó en Rusia desde Miguel II Fedorovich (1613-1645) hasta Nicolás II (1894-1917).

ROMANTICISMO m. Mov. intelectual surgido en Europa occidental en la primera mitad del s. XIX que dio lugar a diversas manifestaciones de carácter filosófico, político y artístico. El r. surgió como un mov. de rechazo a las soluciones propuestas por la Ilustración y, en consecuencia, como una reacción frente al racionalismo y al empirismo. Revindica la posibilidad de un conocimiento irracional y antepone lo particular sobre lo general.

□ *Arte.* El artista romántico se inspiró en el pasado. En arquitectura el gótico representaba la mejor expresión del pasado idílico. En Gran Bretaña se construyó el edificio del Parlamento de Londres. En España el mov. impulsó a restaurar obras medievales. En escultura cabe citar a Rude como representante máximo del espíritu romántico, mientras en pintura el verdadero manifiesto del mov. lo constituye la obra de Delacroix, las *Matanzas de Quíos*. En España, el r. tuvo en Goya su máximo representante.

□ *Lit.* La pléyade de autores románticos puede clasificarse en cuatro generaciones: a) La de Walter Scott, Chateaubriand y los idealistas al., caracterizada por su labor de ruptura; b) La de Byron, Lamenais, Stendhal y Martínez de la Rosa, entre otros, que

ROMÁNICO

El románico (ss. XI-XII) fue un estilo artístico marcado por la religiosidad medieval. *Virgen con el Niño*, talla policromada del s. XII. Museo de Arte de Cataluña, Barcelona (España)

Capitel de Santa María la Real de Mave, Palencia (España), del s. XII. Los capiteles de las iglesias eran verdaderas enciclopedias visuales para la mayoría de iletrados

Detalle de la *Virgen prudente*, fresco del s. XII. Museo de Arte de Cataluña, Barcelona (España)

Ábside de la basílica de los Santos María y Donato en Murano (s. XII), Venecia (Italia)

fue la del r. propiamente dicho; c) La generación de Shelley, Carlyle, Ranke, Heine, Hugo, Lamartine, Dumas, el duque de Rivas, etc., autores que reflexionaron sobre el propio r. y son los más característicos representantes del mov.; d) La generación de Dickens, Mazzini, Poe, Espronceda, Larra y Zorrilla, autores que acusaban una conciencia de crisis.

ROMÁNTICO, CA adj. Relativo al romanticismo. ◊ Sentimental, generoso, fantástico, soñador. ◊ adj. y s. Díc. del escritor que da a sus obras el carácter del romanticismo. ◊ Partidario del romanticismo.

ROMANZA f. Composición lírica, amorosa o narrativa. ◊ Composición musical de carácter sencillo y tierno.

ROMAÑA ⇨ Emilia-Romaña.

RÓMBICO, CA adj. Díc. del sistema cristalográfico que se caracteriza porque sus formas holoédricas tienen tres ejes binarios perpendiculares entre sí.

ROMBO m. *Geom.* Cuadrilátero con los cuatro lados iguales. Los dos pares opuestos son iguales entre sí, por lo que se trata de un caso particular de paralelogramo. El área del r. es la mitad del producto de las longitudes de sus diagonales.

ROMBOIDE m. Paralelogramo cuyos lados y ángulos opuestos son iguales dos a dos, con los lados y ángulos contiguos desiguales. ❏ ROMBOIDAL.

ROMERÍA f. Viaje o peregrinación, especialmente la que se hace por devoción a un santuario. ◊ Fiesta popular que con meriendas, bailes, etc., se celebra en el campo inmediato a algún santuario el día de la festividad religiosa del lugar. ◊ fig. Gran número de personas que afluye a un sitio.

ROMERILLO m. *Cuba.* Nombre de varias especies de plantas de flores blancas o amarillas.

ROMERO, RA adj. y s. Díc. del peregrino que va en romería con bordón y esclavina. ◊ m. Planta herbácea aromática, de hojas blanquecinas por el envés, flores de color lila o blanco, y frutos en aquenios. De sus hojas se obtiene una apreciada esencia. ❏ ROMERAL.

Romero

ROMERO, *Carlos Humberto* (n. 1924) Militar y político salv. Ministro de Defensa (1972-1976). Elegido presid. en 1977. Un golpe militar reformista puso fin a su mandato en 1979. ◊ *Francisco* (1891-1962) Filósofo arg. Influido por Dilthey, Scheler, Hartmann y Ortega y Gasset, se centró en la antropología cultural y en la filosofía de la cultura. *Filosofía de la persona, Estudio de historia de las ideas.* ◊ *José Rubén* (1890-1952) Es-

critor mex. *La vida inútil de Pito Pérez, Rosenda.* ◊ *Óscar Arnulfo* (1917-1980) Eclesiástico salv. Comprometido en posiciones contrarias a la represión, murió asesinado. ◊ **De Torres,** *Julio* (1880-1930) Pintor esp. Cultivó el tema andaluz de modo simbólico. *Musa gitana, El retablo del amor, El poema de Córdoba.* ◊ **García,** *Manuel Vicente* (1864-1914) Escritor ven. *Peonía, Marcelo.*

ROMMEL, *Erwin* (1891-1944) Mariscal al. A partir de 1940 dirigió el *Afrika Korps* en Libia, aunque fue derrotado por Montgomery en El Alamein. Acusado por Hitler de formar parte de un complot contra él, se suicidó.

ROMO, MA adj. Obtuso y sin punta. ◊ De nariz pequeña y poco puntiaguda.

ROMPECABEZAS m. fig. y fam. Problema o acertijo de difícil solución. ◊ Juego de paciencia que consiste en componer determinada figura combinando cierto número de pedacitos en cada uno de los cuales hay una parte de la figura.

ROMPEDERA f. Punzón grande para abrir agujeros en el hierro candente. ◊ Criba de piel, que se usa en las fábricas de pólvora.

ROMPEHIELOS m. Buque acondicionado para la navegación por mares en los que abunda el hielo. Tiene casco muy resistente, roda poderosa, gran potencia de máquinas y puede llevar una hélice a proa.

ROMPEHUELGAS com. Obrero que ocupa el puesto de un huelguista o que no se suma a la huelga.

ROMPENUECES m. Cascanueces.

REOMPEOLAS m. Dique avanzado en el mar, para procurar abrigo a un puerto o rada.

ROMPER tr. y prnl. Separar con violencia las partes de un todo, deshaciendo su unión. ◊ Quebrar o hacer pedazos una cosa. ◊ Gastar, destrozar. ◊ Hacer una abertura en un cuerpo o causarla hiriéndolo. ◊ tr. fig. Traspasar el coto, límite o término. ◊ fig. Dividir o separar por breve tiempo la unión o continuidad de un cuerpo fluido, al atravesarlo. ◊ fig. Interrumpir la continuidad de algo no material. ◊ fig. Abrir espacio suficiente para pasar por un sitio obstruido. ◊ fig. Quebrantar la observancia de la ley, contrato u otra obligación. ◊ intr. Reventar las olas. ◊ .fig. Empezar, tener principio, iniciar. ◊ fig. Prorrumpir o brotar. ◊ fig. Abrirse las flores. ❏ ROMPEDERO, RA; ROMPEDOR, RA; ROMPEDURA; ROMPIBLE.

ROMPIENTE m. Bajo, escollo o costa donde, cortado el curso de la corriente de un río o el de las olas, rompe y se levanta el agua.

ROMPIMIENTO m. Quiebra o abertura en un cuerpo sólido. ◊ fig. Desavenencia o riña.

ROMPOPO m. *Amér. Centr.* y *Méx.* Bebida que se confecciona con aguardiente, leche, huevos, azúcar y canela.

RÓMULO Según la leyenda, fundador de Roma. Hijo de Marte y Rea Silvia y hermano gemelo de Remo, a quien mató, erigiéndose en rey único de la ciudad.

RÓMULO Augústulo (s. v) Último emp. rom. de Occidente, destronado por Odoacro en 476.

RON m. Licor alcohólico de olor y sabor fuertes destilado de una mezcla fer-

mentada de melazas y zumo de caña de azúcar.

RONCAR intr. Hacer ruido bronco con la respiración cuando se duerme. ◊ fig. Hacer un ruido sordo o bronco ciertas cosas, como el mar, el viento, etc. ❏ RONQUIDO.

RONCEAR intr. Entretener o retardar la ejecución de una cosa por hacerla de mala gana. ◊ fam. Halagar para lograr un fin. ◊ Moverse lentamente una embarcación. ◊ tr. *Amér.* Atisbar cautelosamente. ❏ RONCERÍA.

RONCESVALLES Puerto de montaña en los Pirineos, en Navarra (entre España y Francia). En él, el ejército de Carlomagno fue atacado y derrotado, en 778, por los vascos.

RONCHA f. Pápula de urticaria o la producida por una picadura de insecto. ◊ Cardenal. ◊ Tajada delgada de cualquier cosa, cortada en redondo.

RONCO, CA adj. Que tiene o padece ronquera. ◊ Aplícase también a la voz o sonido áspero y bronco. ◊ f. Grito que da el gamo cuando está en celo.

RONDA f. Grupo de personas que andan rondando. ◊ Reunión nocturna de mozos para tocar y cantar por las calles. ◊ Camino inmediato al límite de una población. ◊ fam. Distribución de copas de vino o de cigarros a personas reunidas en corro.

RONDALLA f. Conjunto musical formado por hombres que van cantando y tocando por las calles.

RONDAR tr. e intr. Andar de noche vigilando una población para impedir los desórdenes. ◊ Pasear los mozos por las calles donde viven las mozas a quienes galantean. ◊ intr. Visitar los diferentes puestos de una plaza fuerte o campamento para vigilar el servicio. ◊ tr. fig. Dar vueltas alrededor de una cosa. ◊ fig. y fam. Andar tras de uno para conseguir de él una cosa. ◊ fig. y fam. Amagar, empezar a sentir una cosa.

RONDEAU, *José* (1773-1844) Patriota y militar ur., de origen arg. Director supremo de las Provincias Unidas del Río de la Plata (1815; 1819-1820), fue elegido, en 1828, presid. del Uruguay.

RONDEL m. Composición poética corta en que se repite al final el primer verso o las primeras palabras.

RONDÓ m. Composición musical cuyo tema se repite o insinúa varias veces.

RONDÓN (De) m. adv. Intrépidamente y sin reparo.

José Rondeau

RONDÔNIA Est. del centro-O de Brasil; 238 378 km², 1 021 000 hab. Cap., Pôrto Velho. La zona N forma parte de la llanura amazónica. Caucho, arroz, banana, caña de azúcar.

RONQUERA f. Afección de laringe, que cambia el timbre de la voz haciéndolo bronco y poco sonoro.

RONRONEAR intr. Producir el gato una especie de ronquido, en señal de satisfacción. ❏ RONRONEO.

RONSARD, Pierre de (1524-1585) Poeta fr. Jefe de *La Pléyade*, se propuso renovar los temas de inspiración y las formas de la poesía. *Amores, Sonetos.*

RÖNTGEN, Wilhelm Konrad von (1845-1923) Físico al. Descubrió los rayos X, por lo que recibió en 1901 el premio Nobel.

RONZAL m. Cuerda que se ata al pescuezo o a la cabeza de las caballerías para sujetarlas.

RONZAR tr. Comer una cosa quebradiza partiéndola ruidosamente con los dientes. ◊ intr. Roncear.

ROÑA f. Sarna del ganado lanar. ◊ Porquería pegada fuertemente. ◊ Corteza del pino. ◊ fig. y fam. Mezquindad, roñería. ◊ com. fig. y fam. Persona roñosa, tacaña. ❏ ROÑICA; ROÑOSO, SA.

ROÑERÍA f. fam. Miseria, tacañería, mezquindad.

ROOSEVELT, Franklin Delano (1882-1945) Político norteam. Perteneciente al partido demócrata, fue elegido presid. en 1932. Hizo frente a la recesión que siguió a la crisis de 1929 con una nueva política económica, el *New Deal*, consistente en un amplio programa de obras públicas. Reelegido en 1936 y 1940, en 1941 decidió la intervención de EEUU en la II Guerra Mundial. ◊ *Theodore* (1858-1919) Político norteam. miembro del partido republicano. Presid. tras el asesinato de McKinley, fue elegido después en 1904. Desarrolló una política intervencionista en Iberoamérica.

ROPA f. Cualquier prenda de tela y especialmente la que se usa para vestir. ◊ Vestidura distintiva de un determinado cargo o profesión. ◊ **blanca.** La de uso doméstico. ◊ **interior.** Conjunto de prendas que se llevan debajo del vestido o de las prendas exteriores.

ROPAJE m. Vestido y especialmente la ropa suntuosa usada en ceremonias solemnes. ◊ Conjunto de ropas. ◊ fig. Forma, modo de expresión, lenguaje.

ROPERO, RA m. y f. Persona que vende ropa. ◊ m. Armario o cuarto donde se guarda ropa.

ROPÓN m. Ropa larga que regularmente se pone suelta sobre los demás vestidos. ◊ Especie de acolchado que se hace cosiendo unas telas gruesas sobre otras, o colocándolas dobladas.

ROQUE adj. Dormido. Se usa con los verbos *estar* o *quedarse*. ◊ m. Torre del ajedrez.

ROQUE (1295-1378) Santo. Nacido en Montpellier. Consagró su vida a socorrer a los apestados.

ROQUEDAL m. Lugar abundante en rocas.

ROQUEDO m. Peñasco o roca.

ROQUEFORT m. Queso de leche de oveja y pan enmohecido originario del poblado fr. Roquefort-sur-Souizon, pral. centro productor del mismo.

ROQUEÑO, ÑA adj. Díc. del sitio o paraje lleno de rocas. ◊ Duro como roca.

ROQUES Archipiélago de Venezuela, formado por 45 islas, a unos 13 km de Caracas. Pesca y salinas.

ROQUETA f. Especie de atalaya, que se construía dentro del recinto de una plaza fuerte.

ROQUETE m. Especie de sobrepelliz de mangas cortas.

RORAIMA Estado del N de Brasil; 225 017 km², 130 000 hab. Cap., Boa Vista. Accidentado al N, el S pertenece a la llanura amazónica. Ganadería y agricultura de subsistencia. Oro y diamantes.

RORCUAL m. Cetáceo de 18 a 25 m de longitud, con 70 a 110 surcos en la garganta y el vientre y coloración asimétrica (gris por encima, blanca por debajo).

RORRO m. fam. Niño de pecho.

RORSCHACH, Hermann (1884-1922) Psiquiatra suizo, autor de un test proyectivo para conocer los trastornos psíquicos y estudiar la personalidad.

ROSA f. Nombre común a diversas especies de plantas arbustivas del género *Rosa*, así como a sus flores. P. ext. se da el nombre a otras especies parecidas que son de otros géneros, incluso sin pertenecer a la familia rosáceas. ⇨ Rosal. ◊ Mancha redonda de color rosado que suele salir en el cuerpo. ◊ Lazo de cintas o cosa que imita la forma de una rosa. ◊ Arq. Rosetón. ◊ Amér. Rosal, planta. ◊ m. Color rosa. ◊ **del azafrán.** Flor de azafrán. ◊ **de los vientos.** Círculo que tiene marcados alrededor los 32 rumbos en que se divide la vuelta del horizonte.

Franklin D. **Roosevelt**, por Douglas Chandor

ROSA, Monte Macizo de los Alpes Peninos, en la frontera ítalo-suiza; 4 638 m.

ROSA, Salvatore (1615-1673) Pintor, poeta y músico it. *Batalla de caballería, La selva de los prudentes.* ◊ **De Lima** (1586-1617) Santa. Religiosa dominica per., de origen esp. Patrona de Lima, de América y de las Indias orientales.

ROSÁCEO, A adj. De color parecido al de la rosa. ◊ adj. y f. Díc. de las plantas dicotiledóneas, con hojas esparcidas, flores hermafroditas, pentámeras, y frutos en aquenio, cinorrodon, polidrupa o folículos.

ROSADO, DA adj. Aplícase al color de la rosa. ◊ Compuesto con rosas.

Rosario. Monumento Nacional a la bandera

ROSAL m. *Bot.* Nombre común de diversas especies de plantas arbustivas del género *Rosa*. Los r. de jardín se han originado por selección e hibridación a partir de diversas especies. ❏ ROSALEDA o ROSALERA.

ROSALES, Eduardo (1836-1873) Pintor esp. que cultivó el gén. histórico. *El testamento de Isabel la Católica, La muerte de Lucrecia.* ◊ **Luis** (1910-1992) Poeta esp. De tendencia intimista. *Abril, Rimas.*

ROSARIO m. Rezo de la Iglesia, en que se conmemoran los 15 misterios de la Virgen recitando después de cada uno un padrenuestro, diez avemarías y un gloriapatri. ◊ Sarta de cuentas que sirve para hacer el rezo del mismo nombre.

ROSARIO C. de Argentina, en la prov. de Santa Fe; 957 300 hab. (agl. urb.) Sit. sobre el r. Paraná, tiene un imp. puerto. La función industrial se ha situado en zonas suburbanas, mientras que el centro tiene una importancia comercial, administrativa y cultural. R. formó parte de la Liga federal impulsada por Argentina y fue escenario de las luchas contra la política hegemónica del puerto de Buenos Aires. A partir de 1854 fue declarada puerto de las prov. del interior.

ROSAS, Juan Manuel de (1793-1877) Militar, político y hombre de negocios arg. Gobernador de la prov. de Buenos Aires en 1832. Volvió al poder en 1835 y gobernó dictatorialmente hasta 1852. Su política fue nacionalista, aunque no federalista. En 1852, una sublevación del partido colorado puso fin a la hegemonía de R., en la batalla de Monte Caseros.

ROSBIF m. Carne de vaca soasada.

ROSCA f. Máquina que se compone de tornillo y tuerca. ◊ Resalto helicoidal en un tornillo o tuerca. ◊ Cualquier cosa redonda y rolliza que, cerrándose, forma un círculo u óvalo, dejando en medio un espacio vacío. ◊ Pan o bollo de esta forma. ◊ Cada una de las vueltas de una espiral, o el conjunto de ellas. *Chile.* Rodete para llevar pesos en la cabeza.

ROSCADO m. *Mec. apl.* Ejecución de una rosca a lo largo de una superficie cilíndrica lisa.

ROSCAR tr. Labrar las espiras de un tornillo. ◊ Atornillar, enroscar.

ROSCIO, *Juan Germán* (1759-1821) Abogado y patriota ven. Redactó el *Manifiesto que hizo al mundo la Confederación de Venezuela*. Presidió el congreso de Angostura y fue presid. de Venezuela (1819) y de la Gran Colombia.

ROSCÓN m. Bollo en forma de rosca grande.

ROSELLÓN (cat., *Rosselló*; fr., *Roussillon*) Ant. comarca cat. transpirenaica, perteneciente a Francia desde 1659. La pob. es en su mayoría de origen cat. Pral. c.: Perpiñán.

ROSENBERG, *Alfred* (1893-1946) Político y filósofo al. Pral. teórico de la doctrina racista nazi, fue autor de *El mito del siglo XX*. El tribunal de Nuremberg le condenó a muerte.

ROSENBLAT, *Ángel* (1902-1984) Lingüista ven. *Lengua literaria y lengua popular en América, Buenas y malas palabras*.

ROSENBLUETH, *Emilio* (n. 1925) Ingeniero mex., especialista en sistemas de arquitectura antisísmica.

ROSÉOLA f. *Pat.* Erupción cutánea de color rojo debida a un aumento del flujo sanguíneo arterial en los vasos superficiales.

ROSETA f. Mancha rosada en las mejillas. ◊ Rallo de la regadera. ◊ Pieza de metal fija en el extremo de la barra de la romana. ◊ pl. Granos de maíz que al tostarse se abren en forma de flor.

ROSETA (*Rashid*) C. de Egipto y puerto fluvial en el Nilo. Durante la expedición de Napoleón en 1799, se descubrió allí la llamada *piedra de R.*, cuya inscripción trilingüe fue el punto de partida de la egiptología.

ROSETÓN m. Ornamento circular que se pone en una ventana calada, en las iglesias románicas o góticas. ◊ Adorno circular que se coloca en los techos.

ROSICLER m. Color de la aurora. ◊ Plata roja.

ROSILLO, LLA adj. Rojo claro. ◊ Díc. de la caballería cuyo pelo está mezclado de blanco, negro y castaño.

ROSKILDE C. y puerto de Dinamarca, en la isla de Seeland. Ant. cap. del país (ss. X-XII). ◊ **Paz de R.** Paz concertada en 1658 entre Dinamarca y Suecia, que obtuvo Escania, Hallan y Blekinge.

ROSMINI-SERBATI, *Antonio* (1797-1855) Filósofo it., pral. representante del ontologismo, que se funda en la posibilidad de conocer la realidad absoluta del mundo. *Nuevo ensayo sobre el origen de las ideas*.

ROSOLI m. Licor compuesto de aguardiente rectificado, mezclado con azúcar, canela, anís u otros ingredientes olorosos.

ROSQUILLA f. Masa dulce en forma de rosca pequeña que se fríe a fuego vivo y se espolvorea con azúcar.

ROSS, *Barrera de* Acumulación de hielos flotantes de la Antártida que se extiende frente al mar de Ross desde la Tierra Victoria al E, a la Tierra de Marie Byrd al O; más de 700 km. ◊ ***Mar de R.*** Brazo del S del océano Pacífico, en el océano Antártico. Sit. entre la Tierra Victoria y la de Marie Byrd.

ROSS, SIR *James Clark* (1800-1860) Marino brit. Exploró la Antártida, donde descubrió la Tierra Victoria. ◊ SIR *John* (1777-1856) Marino brit. Descubrió la pen. de Boothia y la Tierra del Rey Guillermo.

ROSSELLINI, *Roberto* (1906-1977) Director de cine it. Su obra *Roma, ciudad abierta* (1945) señala el inicio del neorrealismo it. *Paisá, Strómboli*.

ROSSETTI, *Dante Gabriel* (1828-1882) Poeta y pintor brit. Su pintura acusa un cierto decadentismo. *Infancia de la Virgen*.

ROSSINI, *Gioacchino Antonio* (1792-1868) Compositor it., una de las prales. fig. de la ópera en el s. XIX. *El barbero de Sevilla, La urraca ladrona, Semíramis, Otelo, Un turco en Sicilia, Guillermo Tell*.

ROSTAND, *Edmond* (1868-1918) Poeta y dramaturgo fr. Representante de la reacción idealista. *La samaritana, Chantecler, El aguilucho, Cyrano de Bergerac*. ◊ **Jean** (1894-1977) Biólogo y escritor fr. Se dedicó al estudio de la herencia y de los fenómenos de partenogénesis.

ROSTICERÍA f. *Méx.* y *Nic.* Establecimiento donde se asan y se venden carnes.

ROSTOCK C. de Alemania, en Mecklemburgo; 241 300 hab. Primer puerto del país. Astilleros. Ind. maderera.

ROSTOV DEL DON C. de Rusia, cap. de la prov. de Rostov; 986 000 hab. Sit. en la desembocadura del Don. Astilleros. Refinerías de petróleo. Ind. alimentaria.

ROSTRADO, DA adj. Que remata en una punta semejante al pico del pájaro o al espolón de la nave.

ROSTRO m. Pico del ave. ◊ P. ext., cosa en punta parecida a él. ◊ Cara de las personas. ◊ Espolón de la nave.

ROSWITHA o **HROSVITH** (h. 935-1000) Primera escritora conocida de la literatura al. Compuso en latín piezas directamente inspiradas en Terencio.

ROTACIÓN f. *Astr.* Movimiento de los astros al girar en torno a ejes que pasan por los centros de gravedad de sus masas. ◊ *Mat.* Giro. ◊ **de cultivos.** *Agr.* Sucesión metódica de cultivos en una determinada parcela; repetición continuada de dicha sucesión.

ROTAR intr. Rodar, dar vueltas, girar. ❑ ROTATORIO, RIA.

ROTATIVA adj. y f. *Art. Gráf.* Díc. de la máquina de imprimir en la cual la composición se dispone en un cilindro. El papel pasa entre dos pares de cilindros que lo imprimen por las dos caras.

ROTERÍA f. *Chile.* Conjunto de rotos, plebe.

ROTHSCHILD Familia de banqueros judíos de origen al. El fundador del negocio fue **Mayer Amschel R.** (1743-1812) que creó una vasta red comercial y financiera en Europa.

ROTO, TA adj. Andrajoso. ◊ Aplícase al sujeto licencioso. ◊ m. *Chile.* Individuo de la clase más baja del pueblo. ◊ *Ecuad.* Mestizo de español e indígena. ◊ f. Derrota, rumbo que lleva una embarcación. ◊ Tribunal de la corte rom., en el cual se deciden en grado de apelación las causas eclesiásticas de todo el orbe católico. ◊ Planta de hojas lisas y flexibles; zarcillos espinosos; flores de tres pétalos, y fruto abayado y rojo. Vive en los bosques de la India y otros países de oriente. ❑ ROTAL.

ROTONDA f. Templo, edificio o sala de planta circular rematada gralte. por una cúpula.

ROTOR m. Órgano principal animado de rotación continua que se halla en máquinas dotadas de órganos caracterizados por permanecer fijos. ◊ Órgano de sustentación de un autogiro, que está constituido por un sistema de palas giratorias cuyo movimiento se debe a la acción relativa del viento.

ROTTERDAM C. de Países Bajos, en Holanda Meridional; 554 300 hab. (1 025 500 la agl. urb.). La actividad portuaria, la más imp. del Atlántico, se ve favorecida por el intenso tráfico de import. (sobre todo petróleo) y export. Ind. alimentaria, siderúrgica, metalúrgica, química.

RÓTULA f. *Anat.* Hueso plano y redondo móvil, que se encuentra incluido en el tendón del músculo cuádriceps femoral y que está situado por delante de la extremidad inferior del fémur.

ROTULADOR m. Lápiz con punta de fieltro y depósito interior, especial para rotular.

ROTULAR tr. Poner un rótulo. ❑ ROTULACIÓN.

RÓTULO m. Título, encabezamiento, letrero. ◊ Cartel público para dar noticia o aviso de una cosa.

ROTUNDO, DA adj. Redondo. ◊ fig. Aplicado al lenguaje, lleno y sonoro. ◊ fig. Completo, preciso y terminante. ❑ ROTUNDIDAD.

ROTURA f. Rompimiento, acción y efecto de romper.

ROTURAR tr. Arar por primera vez las tierras incultas. ❑ ROTURACIÓN; ROTURADOR, RA.

ROUAULT, *Georges* (1871-1958) Pintor y grabador fr. Trabajó temas sociales y religiosos. *Cristo y los pecadores*.

ROUBAIX C. de Francia, en el dpto. de Nord; 110 000 hab. Centro industrial y textil.

ROUEN C. de Francia ⇨ Ruán.

ROUGET de Lisle, *Claude Joseph* (1760-1836) Poeta fr. Compositor de la letra y música de *La Marsellesa*.

ROUND (voz ing.) m. Asalto, cada una de las partes en que se divide una pelea de boxeo.

ROUSSEAU, *Henri Julien*, llamado EL ADUANERO (1844-1910) Pintor fr., pral. exponente del arte *naïf*. *La gitana dormida, La guerra, El sueño*. ◊ *Jean-Jacques* (1712-1778) Escritor y filósofo suizo, en lengua fr. En *Discurso sobre los orígenes de la desigualdad entre los hombres, Contrato social* y *Emilio* exhorta al desarrollo de las dimensiones naturalmente

Jean-Jacques **Rousseau**

buenas del hombre en orden a la consecución de un nuevo estado social. El *Contrato social* influyó notablemente en la Rev. Fr. ◊ **Théodore** (1812-1867) Pintor fr., uno de los creadores de la escuela de Barbizon, predecesora del impresionismo. *El abrevadero.*

ROUSSEL, Albert (1869-1937) Compositor fr. Compuso música sinfónica y de cámara. *Evocaciones.*

ROUX, René Paul Émile (1853-1933) Bacteriólogo fr. Uno de los fundadores de la sueroterapia moderna.

ROVELLÓN m. Nombre común de diversas especies de hongos de la familia agaricáceas, comestibles.

ROXANA (m. 311 a. C.) Esposa de Alejandro Magno, de quien tuvo un hijo póstumo (Alejandro VI).

ROYA f. Nombre común a diversos hongos parásitos de los vegetales y a las enfermedades que en ellos producen.

ROYALTY (voz ing.) f. Tasa, impuesto, derecho de autor, etc., que se cobra en proporción al precio total del producto.

ROYO, Arístides (n. 1939) Político pan. Presid. (1978-1980). Dimitió tras la muerte de Torrijos.

ROZA f. Tierra rozada para sembrar.

ROZAMIENTO m. fig. Disensión o disgusto leve entre dos personas o entidades. ◊ *Mec.* Resistencia que se opone a la rotación o al deslizamiento de un cuerpo sobre otro.

ROZAR tr. Limpiar las tierras de las matas y hierbas inútiles. ◊ Raer la superficie de una cosa. ◊ tr. e intr. Pasar una cosa tocando y oprimiendo ligeramente la superficie de otra o acercándose mucho a ella. ◊ prnl. fig. Tratarse o tener entre sí dos o más personas familiaridad y confianza. ❑ ROZADURA.

ROZNAR tr. Comer con ruido. ◊ Ronzar. ◊ intr. Rebuznar.

ROZNIDO m. Ruido que, al roznar, se hace con los dientes. ◊ Rebuzno.

RPG (siglas de *Report Program Generator*, generador de programas de informes) *Comp.* Lenguaje de programación usado preferentemente en gestión de empresas.

RTL (siglas de *Register Transfer Language*, lenguaje de transferencia entre registros) *Comp.* Lenguaje que describe el funcionamiento físico (*hardware*).

RTOS (siglas del *Real Time Operating System*, sistema operativo en tiempo real) *Comp.* Sistema operativo de una computadora que hace que cualquier consulta o demanda de datos por parte de uno o varios usuarios sea contestada de forma inmediata.

Ru *Quím.* Símb. del rutenio.

RÚA f. Calle de un pueblo.

RUÁN (*Rouen*) C. de Francia, cap. del dpto. de Seine-Maritime y de la región de la Alta Normandía; 380 200 hab. Puerto. Ind. textil, química, alimentaria, metalúrgica, etc.

RUANDA (*République Rwandaise, Republika y'Urwanda*) Estado del África central. Ocupa una meseta de 1 600 m de alt. media, que desciende gradualmente hacia el lago Victoria al E. El pral. río es el Kagera. Clima ecuatorial. Caza mayor, amparada en el parque nac. del Kagera. Café, té, tabaco y cacahuete. Ganadería bovina y ovina. Estaño, tungsteno y gas natural. Transformación de productos agropecuarios. Grupos étnicos o nacionales: hutus, tutsis y

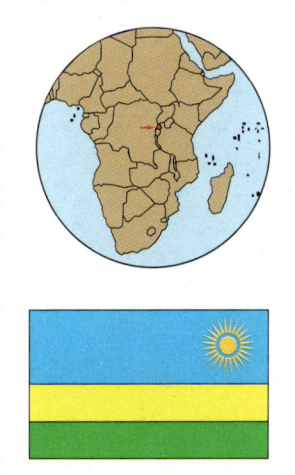

Mapa de situación y bandera de **Ruanda**

twas. Lenguas: fr. y kinya rwanda (of.) *Rel.*: catolicismo y animismo. U. M.: el franco de Ruanda. Cap., Kigali.

❑ *Hist.* Habitado desde ant. por los batwa, más tarde aparecieron los hutu, que introdujeron una agricultura primitiva. Hacia el s. XV los tutsi, ganaderos, se impusieron a los agricultores. El primer contacto con los europeos se produjo en 1858. En la conferencia de Berlín, fue asignada al África Oriental Alemana. A la colonización al. siguió la belga. En 1962 se declaró la indep. La inestabilidad política generada por los enfrentamientos entre las tribus hutu y tutsi propició un golpe de Est. militar (1973), encabezado por J. Habyalimana. En 1975 se creó el Movimiento Revolucionario Nacional para el Desarrollo (MNRD), partido único. J. Habyrarimana, jefe del Est. y del gobierno, fue reelegido en 1983. Su asesinato, en 1994, desencadenó una cruenta guerra civil, que generaría la matanza

RUANDA

Superficie	26 338 km²
Población	7 165 000 hab. (272 hab./km²)
Recursos económicos	
Arroz	8 000 t
Batatas	850 000 t
Cabaña bovina	630 000 cabezas
Cabaña ovina	394 000 cabezas
Cabaña porcina	139 000 cabezas
Café	43 000 t
Energía eléctrica	176 000 000 kwh
Estaño	700 t
Maíz	104 000 t
Mandioca	560 000 t
Mijo	3 000 t
Patatas	240 000 t
Riqueza forestal	5 842 000 m³
Sorgo	205 000 t
Tungsteno	100 t
Indicadores sociológicos	
PNB	1 930 millones de dólares
Renta per cápita	260 dólares
Esperanza de vida	51 años
Alfabetismo	49 %

de más de 800 000 personas, en su mayoría tutsis. En abril del mismo año, el hutu T. Sindikubwabo, del MRND, asumió la presidencia y en julio le sustituyó otro hutu moderado, pero del Frente Patriótico Ruandés (FPR), Pasteur Bizimungu, que ofrecía un perfil más tecnocrático que político y apaciguaría el temor a una nueva etapa de antagonismo étnico. Tras la renuncia de Bizimungu en 2000, el tutsi Paul Kagame, que desde 1998 presidía el FPR, se convirtió en presidente interino hasta el final del período de transición, en 2003, en que se celebraron elecciones presidenciales. Kagame obtuvo una amplia mayoría y se convirtió en el primer presidente elegido democráticamente desde el genocidio de 1994.

RUB AL JALI Gran desierto de arena del S de la pen. Arábiga, que se extiende por Arabia Saudita y por territorios de Yemen, Omán y los Emiratos Árabes Unidos.

RUBEFACCIÓN f. *Pat.* Rubicundez producida en la piel. ❑ RUBEFACIENTE.

Lucha de san Jorge con el dragón, lienzo de Paul **Rubens** (Museo del Prado, Madrid)

RUBENS, Pieter Paul (1577-1640) Pintor flam., uno de los principales maestros del arte barroco. Creó un estilo muy personal, gracias a su gran imaginación. Los temas tratados por Rubens son muy variados: religiosos (*La adoración de los reyes*), mitológicos (*Las tres gracias*), retratos (*El cardenal infante*), etc.

RUBEO, A adj. Que tira a rojo.

RUBÉOLA f. *Pat.* Enfermedad vírica, generalmente benigna, contagiosa, febril, con erupción y linfadenopatía, peligrosa en mujeres embarazadas.

RUBESCENTE adj. Que tira a rojo.

RUBÍ m. *Miner.* Variedad de corindón de color rojo, considerado como una piedra preciosa de gran valor.

RUBIAL adj. Que tira al color rubio. ◊ adj. y s. pl. fam. Díc. de la persona rubia y, por lo común, joven.

RUBICÓN Ant. río de Italia, tributario del Adriático, que Julio César atravesó con sus tropas en 49 a. C., iniciando la guerra civil contra Pompeyo.

RUBICUNDEZ f. *Med.* Color rojo o sanguíneo que se presenta como fenómeno morboso en la piel y en las membranas mucosas.

RUBICUNDO, DA adj. Aplícase a la piel de una persona que tira a colorado.

RUBIDIO m. *Quím.* Elemento de símbolo Rb, n. a. 37 y p. a. 85,48. Es un metal alcalino. Tiene gran actividad química, por lo que se emplea para eliminar los últimos vestigios de gases en los tubos de vacío y también en células fotoeléctricas.

RUBINSTEIN, *Anton Grigoriévich* (1829-1894) Pianista y compositor ruso. Óperas (*Fomka el loco, Los Macabeos*), seis sinfonías, cinco conciertos, etc. ◊ *Arthur* (1889-1983) Pianista pol., especialista como intérprete de la obra de Chopin.

RUBIO, BIA adj. De color rojo claro parecido al del oro. ◊ m. Pez marino de cabeza cubierta de láminas duras, con hocico saliente y partido; vientre plateado; aletas pectorales azules, de color amarillo rojizo las demás, y delante de las primeras tres apéndices delgados y cilíndricos. ◊ f. Planta de hojas lanceoladas, flores amarillentas; fruto carnoso y raíces largas y rojizas. Sirve para preparar un colorante rojo muy usado en tintorería. ◊ Raíz de esta planta.

RUBLO m. Unidad monetaria, de uso en la mayoría de países de la CEI.

RUBOR m. Color encarnado o rojo muy encendido. ◊ Color que por una afluencia de sangre sube al rostro; ocasionado gralte. por un sentimiento de vergüenza. ◊ fig. Vergüenza. ❑ RUBORIZAR; RUBOROSO, SA.

RÚBRICA f. Rasgo o conjunto de rasgos de forma determinada que cada uno pone en su firma, después del nombre. ◊ Epígrafe o rótulo. ◊ Cada una de las reglas que enseñan la ejecución y práctica de las ceremonias y ritos de la iglesia católica en los oficios divinos y funciones sagradas. ◊ Conjunto de estas reglas.

RUBRICAR tr. Poner su rúbrica. ◊ Suscribir, firmar un despacho o papel y ponerle el sello de aquel en cuyo nombre se escribe. ◊ fig. Suscribir o dar testimonio de una cosa.

RUBRO m. *Amér.* Epígrafe o rótulo.

RUCIO, CIA adj. y s. De color pardo claro, blanquecino o canoso. Aplícase a las bestias. ◊ *Chile.* Aplícase a la persona rubia.

RÜCKERT, *Friedrich* (1788-1866) Poeta y dramaturgo al. *Sonetos acorazados, Canciones de los niños muertos.*

RUCO, CA adj. *Amér. Centr.* Viejo.

RUDA f. Planta con rizoma ramificado, hojas pecioladas y triangulares, flores regulares agrupadas en cimas, y frutos en cápsula. Se cultiva por sus aplicaciones como sudorífica, emenagoga y antihelmíntica, y para la fabricación de esencias.

RUDERAL adj. y m. Díc. de las plantas que viven en los suelos ricos en nitrógeno, cerca de las habitaciones humanas, entre los escombros, al margen de los caminos, etc.

RUDIMENTO m. Embrión de un ser orgánico. ◊ pl. Primeros estudios de cualquier ciencia o profesión. ❑ RUDIMENTAL o RUDIMENTARIO, RIA.

RUDO, DA adj. Tosco, sin pulimento. ◊ Que no se ajusta a las reglas del arte. ◊ Díc. del que tiene dificultad grande para percibir o aprender lo que estudia. ◊ Descortés, grosero.

RUECA f. Instrumento para hilar, compuesto de una vara delgada con un rocadero hacia la extremidad superior. ◊ fig. Vuelta de una cosa.

RUEDA f. Máquina elemental, de for-

ma circular y de pequeño espesor respecto a su diámetro, que puede girar sobre su eje. Puede actuar como elemento de traslación de un móvil apoyado en ella, mediante movimiento de rotadura, o ser un órgano para transmitir un movimiento a otro. ◊ **de la fortuna.** fig. Inconstancia y poca estabilidad de las cosas humanas tanto en lo próspero como en lo adverso. ◊ **de prensa.** Coloquio que una personalidad mantiene con un grupo de periodistas para responder a sus preguntas o para informarles de algún asunto. ◊ **dentada.** La provista de una corona de dientes, destinada a engranar con otra r. o con una cadena de eslabones con el fin de transmitir un movimiento. ◊ **hidráulica.** La de álabes, cangilones o paletas, que se utiliza en las turbinas.

RUEDA, *Lope de* (h. 1505-1565) Actor y autor teatral esp. Destacaron sus «pasos» o piezas cortas de raigambre popular. *Las aceitunas, El convidado.* ◊ *Salvador* (1857-1933) Poeta esp., precursor del modernismo. *Cantos de la vendimia, Piedras preciosas.*

RUEDO m. Parte puesta alrededor de una cosa. ◊ Estera pequeña y redonda. ◊ Círculo o circunferencia de una cosa. ◊ Contorno, límite, término. ◊ Redondel de la plaza de toros.

RUEGO m. Súplica, petición.

RUFIÁN m. Hombre que vive a costa de las prostitutas. ◊ Hombre despreciable que se dedica al engaño o al fraude.

RUFO, FA adj. Rubio, rojo o bermejo. ◊ Que tiene el pelo ensortijado.

RUFO, *Juan* (h. 1547-h. 1620) Escritor esp., autor del poema épico *La Austríada.*

RUGBY (voz ing.) m. Variedad del fútbol en la que dos equipos de quince miembros cada uno se disputan la posesión de un balón de forma oval. ◊ **fútbol americano.** Variante del r. que se practica en EE UU, en la que los equipos son de 13 jugadores en vez de 15 y en el que varían algo las reglas.

Rugby

RÜGEN Isla de Alemania, en el mar Báltico; 926 km², 65 000 hab. Cap., Bergen. Unida al continente por un dique artificial. Ganadería. Pesca.

RUGIR intr. Bramar el león. ◊ fig. Bramar una persona enojada. ◊ Crujir o rechinar, y hacer ruido fuerte. ❑ RUGIR.

RUGOSIDAD f. Calidad de rugoso. ◊ Arruga.

RUGOSO, SA adj. Que tiene arrugas, arrugado.

RUHMKORFF, *Heinrich Daniel* (1803-1877) Físico al. Constructor de numerosos aparatos electromagnéticos, galvanómetros, etc. Ideó el carrete de inducción que lleva su nombre.

RUHR Río de Alemania, afl. del Rin; 232 km. Riega la cuenca hullera e industrial hom. ◊ *Cuenca del R.* Imp. cuenca hullera e industrial de Alemania. Comprende numerosos centros urbanos e industriales, como Düsseldorf, Essen y Duisburgo.

RUIBARBO m. Nombre común a diversas plantas herbáceas o arbustivas de hojas ásperas por el haz y vellosas por el envés. ◊ Raíz de estas plantas.

RUIDO m. *Fís.* Perturbación sonora compuesta por un conjunto de sonidos de amplitud, frecuencia y fase variables y cuya mezcla suele provocar una sensación sonora desagradable al oído. ◊ fig. Litigio, discordia. ◊ fig. Apariencia grande en las cosas que de hecho no tienen sustancia. ❑ RUIDOSO, SA.

RUIN adj. Vil, despreciable. ◊ Pequeño, desmedrado y humilde. ◊ Díc. de la persona de malas costumbres y procedimientos. ◊ Aplícase también a las mismas costumbres o cosas malas. ◊ Mezquino y avariento. ❑ RUINDAD.

RUINA f. Acción de caer o destruirse una cosa. ◊ fig. Pérdida grande de los bienes de fortuna. ◊ fig. Destrozo, perdición, decadencia. ◊ pl. Restos de uno o más edificios arruinados. ❑ RUINOSO, SA.

RUISEÑOR m. Ave paseriforme de plumaje oscuro y apagado, y canto melodioso y variado.

RUIZ, *Nevado del* Volcán de Colombia, en la cordillera Central; 5 400 m de alt.

RUIZ, *Juan* ⇒ Arcipreste de Hita. ◊ **Cortines,** *Adolfo* (1892-1973) Político mex. Como candidato del Partido Revolucionario Institucional, sucedió a Alemán en la presid. (1952). Bajo su mandato (1952-1958) se otorgó el voto a las mujeres. ◊ **De Alarcón,** *Juan* ⇒ Alarcón. ◊ **De Apodaca,** *Juan* (1754-1835) Marino y administrador esp. Capitán general de Cuba. Desde 1815 fue virrey de Nueva España, donde sofocó la rebelión de Francisco Xavier Mina. ◊ **De Gamboa,** *Martín* (h. 1531-h. 1593) Administrador esp. Gobernador de Chile (1580-1583). ◊ **De Montoya,** *Antonio* (1584-1651) Jesuita esp. *Gramática de la lengua guaraní.* ◊ **Tagle,** *Francisco* (m. 1860) Político chil. Presid. interino de la rep. (1830). ◊ **Zorrilla,** *Manuel* (1833-1895) Político esp. Participó en el levantamiento de 1866, y en 1868 colaboró con Prim en el golpe que derrocó a Isabel II.

RULERO m. *Argent.* y *Ur.* Rulo cilíndrico para rizar el cabello.

RULETA f. Juego de azar para el que se usa una rueda horizontal giratoria dividida en 36 casillas radiales. Haciendo girar la rueda y lanzando en sentido inverso una bolita, al cesar el movimiento gana el número de la casilla donde queda la bola.

RULFO, *Juan* (1918-1986) Novelista mex. Autor de *El llano en llamas* (1953), colección de cuentos, y de *Pedro Páramo* (1955), novela que le consagró como uno de los mejores prosistas mex.

RULO m. Bola gruesa o cosa redonda

que rueda fácilmente. ◊ Rizo del cabello. ◊ Pequeño cilindro hueco y perforado al que se arrolla el cabello para rizarlo. Se usa más en pl. ◊ *Chile.* Secano, tierra de labor sin riego.

RULOT (del fr. *roulotte*) f. Remolque de automóvil acondicionado para vivienda.

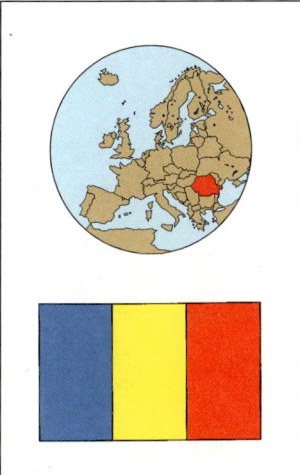

Mapa de situación y bandera
de **Rumania**

RUMANIA (*Rômânia*) Est. de Europa oriental. República. Grupos étnicos: rumanos (87,8%), húngaros (8,5%), alemanes (2%) y otros. Lenguas: rum. (of.), húng. y al. *Rel.*: cristianismo ortodoxo (mayoría), catolicismo, protestantismo, judaísmo. U. M.: el leu. Cap., Bucarest. C. prales.: Iasi, Timisoara, Brasov.
□ *Geog. física.* El relieve lo forman: la meseta de Transilvania en la parte central; los Cárpatos, divididos en dos grupos, orientales o moldavos y meridionales o válacos; y la gran llanura rum. La red hidrográfica pertenece al Danubio. Entre sus afl., el Prut, Mures, Olt y Siret. Clima continental que varía con la alt. La zona del mar Negro es más suave.
□ *Geog. económica.* Trigo, maíz, patatas, remolacha, lino. Ganadería bovina, ovina y porcina. Pesca en el Danubio. Petróleo en la zona de Ploiesti, Boldesti y Pitesti y gas natural en Transilvania. La ind. ha recibido gran impulso después de la II Guerra Mundial. Ind. siderúrgica, mecánica, química.
□ *Hist.* La actual Rumania, llamada Dacia por los rom., fue convertida en colonia por Trajano en 107. A partir de la retirada de los rom. (271), se inició un largo periodo de invasiones (godos, hunos, lombardos, etc.) que terminó cuando los reyes de Hungría ampliaron sus dominios hasta el mar Negro ganando para el mundo occidental a los rum. Los principados de Moldavia y Valaquia, formados en la E. Med., quedaron sometidos a los turcos a principios del s. XVI. En el s. XVIII austr. y rusos liberaron el país de los turcos, y Moldavia y Valaquia se convirtieron en protectorados rusos. La aparición del nacionalismo rum. hizo estallar la rev. de 1848. El Est. rum. consiguió su ple-

RUMANIA

Superficie	237 500 km²
Población	22 750 000 hab. (96 hab./km²)
Recursos económicos	
Cebada	2 951 000 t
Lino	52 000 t
Maíz	10 493 000 t
Patatas	1 900 000 t
Soja	179 000 t
Tabaco	34 000 t
Trigo	5 442 000 t
Ganadería	
Búfalos	180 000 cabezas
Cabaña bovina	5 381 000 cabezas
Cabaña caballar	670 000 cabezas
Cabaña ovina	14 062 000 cabezas
Cabaña porcina	12 003 000 cabezas
Pesca	127 659 t
Riqueza forestal	17 321 000 m³
Producción minera	
Bauxita	200 000 t
Cobre	27 000 t
Gas natural	33 300 millones de m³
Hierro	386 000 t
Lignito	40 000 000 t
Petróleo	6 791 000 t
Plomo	16 000 t
Producción industrial	
Acero	7 115 000 t
Ácido sulfúrico	1 111 000 t
Aluminio	168 000 t
Cemento	7 405 000 t
Fertilizantes	1 249 000 t
Hierro colado	4 525 000 t
Tejidos de lana	106 millones de m²
Indicadores sociológicos	
PNB	31 079 millones de dólares
Renta per cápita	1 340 dólares
Esperanza de vida	70 años
Alfabetismo	96%

na soberanía en 1877. En la I Guerra Mundial el gobierno rum. declaró la guerra a las potencias centrales con el deseo de incorporarse Transilvania. Los tratados de paz de Saint Germain y Trianon concedieron ese territorio a R. Durante la II Guerra Mundial, la alianza al III Reich llevó a R. a rendirse a los rusos. En 1947, la monarquía existente desde 1862 abdicó y R. se convirtió en República Popular dentro de la órbita sov. La constitución de 1965 proclamó la República Socialista de Rumania. En 1974 la asamblea nacional creó el cargo de presid. de la rep., que recayó en Nicolae Ceausescu, presid. del consejo de Est. desde 1967. La grave crisis del país desembocó en un levantamiento popular en 1989. Ceausescu fue condenado y ejecutado. Ion Iliescu fue nombrado presid. provisional (confirmado 1990; reelegido 1992). El primer ministro, Petru Roman, renunció y fue sustituido por Theodor Stolojan, relevado a su vez por Nicolae Vacaroiu (1992). En las elecciones de 1996 fue elegido presid. Emil Constantinescu, de la coalición conservadora Convención Democrática. Las elecciones de 2000 propiciaron el regreso a la presid. de I. Iliescu, y en 2004 resultó electo Traian Basescu.

RUMANO, NA adj. y s. De Rumania. ◊ m. Lengua rumana.

RUMBA f. *Cuba.* Cierto baile popular y la música que le acompaña.

RUMBEAR intr. *Amér.* Orientarse, tomar el rumbo, encaminarse hacia un lugar. ◊ Bailar la rumba.

RUMBO m. Dirección considerada o trazada en el plano del horizonte, y pralm. cualquiera de las comprendidas en la rosa náutica. ◊ Camino que uno se propone seguir en lo que intenta o procura. ◊ fig. y fam. Pompa, ostentación. ◊ fig. y fam. Garbo, desprendimiento. ◊ *Guat.* Parranda, francachela.

RUMBOSO, SA adj. fam. Pomposo y magnífico. ◊ fam. Desprendido.

RUMEN m. Panza, primer compartimiento del estómago de los rumiantes.

RUMFORD, *Benjamin Thompson*, SIR, CONDE DE (1753-1814) Científico y militar estadoun. Efectuó imp. estudios sobre termodinámica.

RUMÍ m. Nombre dado por los moros a los cristianos.

RUMI, *Djalal al-Din* (1210-1273) Poeta místico persa. Su obra maestra es el *Mathnawi* (los dísticos), donde expone la doctrina del sufismo.

RUMIANTE adj. y m. *Zool.* Díc. de mamíferos artiodáctilos que integra todas las especies capaces de rumiar.
□ *Zool.* Todos los r. son herbívoros. La hierba se corta por la presión de los incisivos inferiores contra la encía y se almacena en la panza, donde sufre una fermentación parcial. El alimento vuelve a la boca, donde es objeto de una masticación lenta, para seguir el proceso digestivo en los restantes departamentos (redecilla, libro y cuajar).

RUMIAR tr. Masticar los rumiantes por segunda vez los alimentos que ya estuvieron en la primera cavidad estomacal. ◊ fig. y fam. Considerar despacio y pensar con reflexión y madurez una cosa. ◊ fig. y fam. Rezongar, refunfuñar. ❑ RUMIA.

RUMIÑAHUI Pico de Ecuador, en la cordillera Occidental; 4 722 m de alt.

RUMIÑAHUI (m. 1534) Consejero militar de Atahualpa. Lideró la resistencia contra los esp. (1533-1534). Destruyó Quito antes de morir.

RUMOR m. Voz que corre entre el público. ◊ Ruido confuso de voces. ◊ Ruido vago, sordo y continuado. ❑ RUMOROSO, SA.

RUMOREARSE impers. Correr un rumor entre la gente.

RUNA f. Cada uno de los caracteres que empleaban en la escritura los antiguos escandinavos. ❑ RÚNICO, CA; RUNO, NA.

RUNCHO m. *Col.* Especie de zarigüeya.

RUNGE, *Philipe Otto* (1777-1810) Pintor y poeta al. Romántico. *Las horas del día, Los niños, Hulsenbeck.*

RUNGUE m. *Chile.* Manojo de palos para revolver el grano que se tuesta en la callana. ◊ pl. *Chile.* Troncos o tronchos despojados de sus hojas.

RUNRÚN m. Zumbido, ruido o sonido continuado y bronco. ◊ Ruido confuso de voces. ◊ fam. Voz que corre entre el público. ◊ *Chile.* Ave de plumaje negro, con las remeras blancas; vive a orillas de los ríos.

RUPANCO Lago de Chile, en la X Región de Los Lagos. Centro turístico.

RUPESTRE adj. Díc. de algunas cosas relativas a las rocas. ◊ *Arte.* Se aplica especialmente a las pinturas y dibujos prehistóricos existentes en algunas rocas y cavernas.

RUPIA f. Unidad monetaria principal

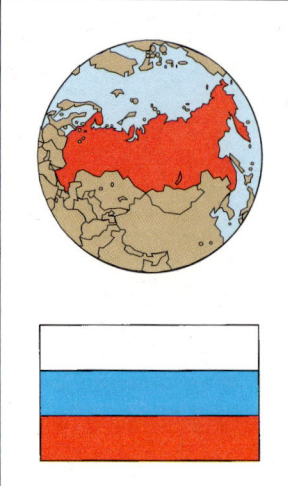

Mapa de situación y bandera de **Rusia**

RUSIA o FEDERACIÓN RUSA

Superficie   17 075 400 km²

Población   148 485 000 hab. (8,5 hab./km²)

Recursos económicos [1]

cereales, patatas, vid, hortalizas, lino, algodón, remolacha azucarera, tabaco, forraje, fruta; cabaña ovina, cabaña bovina, cabaña caballar, aves de corral; petróleo, gas natural, carbón, hierro, cinc, plomo, estaño, manganeso, cromo, níquel, tungsteno; ind. siderúrgica, eléctrica, electrónica, papelera, textil, transformados metálicos, automovilística, aeronáutica, petroquímica, química.

Indicadores sociológicos

PNB   479 546 millones de dólares

Renta per cápita   3 220 dólares

Esperanza de vida   69 años

[1] No se dispone de datos.

de diversos países asiáticos (India, Pakistán, Afganistán, Sri Lanka, Indonesia, Nepal) y afr. (Mauricio, Seychelles). ◊ *Pat.* Enfermedad de la piel, caracterizada por la aparición de ampollas grandes y aplastadas.

RUPTOR m. Dispositivo que permite obtener la chispa de la bujía, en los motores de explosión. Es un interruptor intermitente, colocado en la bobina de alimentación de la bujía.

RUPTURA f. Acción y efecto de romper o romperse.

RURAL adj. Relativo al campo y a las labores de él. ◊ Tosco, apegado a cosas lugareñas.

RÚRIK (m. 879) Caudillo de los grupos varegos que se establecieron en Nóvgorod h. 862. Fundador de la monarquía rusa.

RUSE C. de Bulgaria, cap. del distr. hom.; 178 900 hab. Puerto fluvial. Centro industrial y de comunicaciones. Astilleros.

RUSHDIE, Salman (n. 1947) Escritor

angloindio en lengua inglesa. *Hijo de la medianoche, Los versos satánicos.*

RUSIA Extensa región natural del extremo oriental de Europa, que forma parte del est. hom. ⇨ Rusia o Federación Rusa.

RUSIA o FEDERACIÓN RUSA (*Rossija* o *Rossijskaja Federacija*) Est. de Europa oriental y Asia, el de mayor extensión del mundo.

□ *Geog. fís.* R. comprende cuatro zonas fisiográficas: 1) La llanura rusa, que se extiende por gran parte de Europa oriental y está delimitada por los Urales al E y los Cárpatos, los montes de Crimea y del Caúcaso al S. Se halla accidentada por algunos macizos como los Timanes, los Uvales, las colinas del Volga, las de Valdái y las alturas de R. central. 2) Los Urales y la Siberia occidental. Los Urales constituyen una alineación montañosa (Naródnaia, 1 894 m) que separa la llanura rusa de la amplia depresión de Siberia occidental, extendiéndose esta última hasta el r. Yeniséi. 3) Siberia central y oriental, que constituye una vasta área de mesetas. 4) El Extremo Oriente ruso, que comprende los montes del Asia nordoriental (Verjoiansk, Cherski y Kolimá), las regiones sit. alrededor del mar de Siberia oriental, mar de Bering, mar de Ojotsk y mar del Japón. La red hidrográfica de R. está formada por numerosos r., entre ellos el Volga, Ural, Don, Dniéper, Dniéster, Niemen, Onega, Dvina, Pechora, Obi, Yeniséi, Lena, Kolimá, etc. Abundan las cuencas lacustres (Ladoga, Onega, Ilmen, Peipus y Baikal). Clima continental con inviernos muy fríos y fuertes heladas; las regiones meridionales sit. cerca del mar Negro y del Caspio registran un clima más suave.

□ *Geog. econ.* Se distinguen también cuatro regiones económicas: 1) En la zona occidental y septentrional de la llanura rusa destacan los cultivos de lino y la ganadería; junto al Báltico se desarrolla una imp. actividad pesquera y más al N se extiende un gran sector forestal. La minería está representada por la extracción de hierro, níquel y cobre en la pen. de Kola. En San Petersburgo se implantan ind. mecánicas, químicas y farmacéuticas. La pral. zona ind. se localiza en la región central de la llanura rusa y junto al Volga: Ivano-

vo (textiles), Yaroslavl (química diferenciada), área de Moscú (electrotecnia, automóviles, química farmacéutica), Nizhnii Nóvgorod (mecánicas), Samara (refinería) y Volgogrado (maquinaria, metalurgia pesada). 2) La región de los Urales y Siberia occidental posee en un sector meridional una gran zona dedicada al cultivo de cereales; también destaca por los imp. yacimientos de carbón y hierro que han favorecido la implantación de un gran centro siderúrgico en Magnitogorsk. 3) Siberia oriental ha experimentado un gran proceso de industrialización gracias a su potencial hidroeléctrico, que ha permitido la implantación de ind. pesadas. 4) La región de Extremo Oriente presenta gran actividad pesquera, junto al sector agropecuario y la extracción de carbón.

Rusia. Vladimir Putin

□ *Geog. humana.* R. está compuesta por más de cien nacionalidades y etnias. Grupos étnicos: rusos (81,5 %), tártaros (3,8 %), ucranianos (3 %), chuvashios (1,2 %), bashkirios (0,9 %), bielorrusos (0,8 %), mordovianos (0,7 %), etc. Lenguas: ruso (of.), tártaro, chuvashio, bashkir, chechén, yakuto, mordoviano, etc. *Rel.*: cristianismo ortodoxo ruso (mayoritario), cristianismo católico uniato, judaísmo, islamismo, etc. U. M.: nuevo rublo. Cap., Moscú. C. prales.: San Petersburgo, Nizhnii Novgorod.

□ *Org. pol.* Administrativamente R. está formada por 21 repúblicas, 49 prov.

Rusia. Panorámica del Kremlin en la ciudad de Moscú

Los jardines de Aranjuez
(El Cenador), pintado por Santiago
Rusiñol

(*oblast*), 1 prov. autónoma, 6 territorios (*krai*), 10 circunscripciones autónomas (*okrugi*) y 2 ciudades (Moscú y San Petersburgo). En 1993 se aprobó en referéndum una nueva constitución.
☐ *Hist.* En el N y centro, inmensas regiones fueron colonizadas por los eslavos. El primer est. ruso lo configuraron los varegos (rama sueca de los vikingos) y su cap. fue Kiev (882). A lo largo del s. XIII se sucedieron las invasiones mongoles. En 1237 Moscú fue incendiada y tres años después los mongoles tomaron Kiev. Durante los ss. XIII-XIV, se forjó entre los est. rusos un sentimiento nacional. En 1547, el príncipe Iván el Terrible tomó el título de zar y reafirmó su poder autocrático frente a los boyardos. La dinastía de los Romanov, que permanecería en el poder hasta el s. XX, se inició con Miguel III en 1613. En estos tres siglos destaca: la labor de modernización del país impulsada por Pedro I el Grande (1682-1725); la política exterior expansionista de Catalina II (1762-1796) y la invasión napoleónica en tiempo de Alejandro I (1801-1825). Bajo Alejandro III (1881-1894) y su hijo Nicolás II (1894-1917), R. se convirtió en una imp. potencia económica, pero el proletariado ruso vivía en condiciones infrahumanas. El enfrentamiento de R. con Japón y la derrota rusa, dieron lugar a la rev. de 1905, primer eslabón de la ▷ rev. rusa, que llevó a la constitución de la ▷ URSS (1917-1991). Rep. federal desde el nacimiento de la URSS, en 1991 eligió como

presidente a Boris Yeltsin, quien proclamó la soberanía de la Federación Rusa e impulsó la creación de la CEI (1991), que englobaba todos los antiguos terr. de la URSS, salvo los Países Bálticos. Al disolverse la URSS heredó su potencial militar y el lugar que ésta ocupaba en el Consejo de Seguridad de la ONU. En 1993 Yeltsin disolvió por la fuerza el parlamento. En las elecciones de este año quedó patente el alza de los partidos ultraderechistas y de los comunistas. Estos últimos se convirtieron en la primera fuerza de la Duma en las elecciones de 1995. En las elecciones de 1996 Yeltsin renovó su mandato. Sin embargo, a finales de 1999 dimitió y cedió la presid. a Vladimir Putin, quien revalidó su cargo en marzo de 2000 con la victoria en las elecciones presidenciales por un amplio margen. En 2004 fue reelegido con el 71 % de los votos.
RUSIA BLANCA ▷ Bielorrusia.
RUSIÑOL, *Santiago* (1861-1931) Pintor y escritor esp. Entre su obra escrita en cat. destaca *L'auca del senyor Esteve*.

Bertrand **Russell**

Como pintor se sitúa en la base del modernismo catalán.
RUSKIN, *John* (1819-1900) Crítico de arte brit. *Pintores modernos, Las piedras de Venecia, La Biblia de Amiens*.
RUSO, SA adj. y s. De Rusia. ◊ m. Lengua r.

☐ *Arte.* En el campo de la arquitectura, las primeras iglesias, datables del s. XI (Santa Sofía de Kiev y Santa Sofía de Nóvgorod), tomaron como modelo las bizantinas; esta influencia predominó hasta el s. XV. La construcción del conjunto del Kremlin se debe a artistas it. En el s. XVI la arquitectura adoptó un carácter nacionalista y a partir del s. XVII la llegada de arquitectos occidentales implicó la adopción del barroco. Los artistas fr. e it. continuaron trabajando en el país dentro del estilo clasicista. A su lado destacó la personalidad del arquitecto ruso A. Zajárov. En el campo de la pintura la influencia de los mosaicos y los frescos bizantinos se consolidó con la formación de las escuelas pictóricas de Nóvgorod, Pskov y Moscú. Los pintores rusos también desarrollaron otro arte netamente nacional, el de los iconos, que alcanzó su máximo esplendor en el s. XV. En los inicios del s. XIX, los pintores rusos destacaron como retratistas. A partir de 1870 un grupo de pintores creó la llamada sociedad de Ambulantes, que defendía un naturalismo social. Como contrapartida se creó en 1890 un grupo que propugnaba una pintura abierta a las novedades occidentales. La religión ortodoxa prohibía las imágenes esculpidas, lo que impidió el desarrollo de la escultura hasta el s. XVII. Sólo la talla de madera gozó siempre de originalidad y tradición (muebles, cajas pintadas, etc.). Hacia 1920 el arte no figurativo (Malevich, Pevsner, Gabo, Kandinsky) cayó en desgracia y se desarrolló el realismo socialista.
☐ *Lit.* La literatura de los ss. IX-XIII es folklorista y de tradición oral (cantos religiosos y rituales, proverbios, cuentos populares, etc.). Unida a esta tradición, aparece una canción épica destinada a realzar las hazañas de los héroes, las *bylinas*. Esta tradición popular se mantiene durante siglos en nuevas series de canciones que culminan la obra del s. XVIII, *Dumas*. En la literatura escrita, el periodo de Kiev presenta gran número de obras religiosas, didácticas e históricas. Destaca el anónimo *Canto de la expedición de Igor*, amplio poema épico-lírico. A finales del s. XVIII penetraron en R. nuevas corrientes estéticas: sentimentalismo y prerromanticismo, impulsadas por Krylov y Karamzin, precursores de Pushkin, quien restaura la lírica y la épica popular. Los mov. realistas y naturalistas agrupan los nombres de Turguéniev, Dostoievsky, Tolstoi y Gorki. La lista de grandes escritores puede aumentarse con Goncharov, Leskov y el polémico Bakunin. El teatro se suma al mov. realista y culmina en la obra de Chejov. En la literatura r. contemporánea destacan el simbolismo revolucionario (A. Blok), el futurismo (Maiakovski, Pasternak, Esemin); el realismo socialista (Pilniak, Babel, Ivanov, Makarenko, Ostrosusky, Sholojov), y figuras como Ehrenburg, Evtushenko, Nabokov y Soljenitsin.
RUSO-JAPONESA, *Guerra* (1904-1905) Conflicto entre Rusia y Japón en los terr. de Manchuria y Corea. Vencidos los rusos en Manchuria, tuvieron que replegarse y aceptar el tratado de paz de Portsmouth (1905), por el que cedían al Japón la pen. de Liaotung y la mitad meridional de Sajalín.
RUSSELL, LORD *Bertrand Arthur Wi-*

Guerra **ruso-japonesa**, en una litografía de la época (Biblioteca Nacional París)

lliam (1872-1970) Filósofo, matemático y ensayista brit. Publicó numerosos ensayos políticos, pedagógicos, etc. Premio Nobel de Literatura en 1950. Sus trabajos en matemáticas culminaron con la publicación de *Principia Mathematica*, en colaboración con Whitehead, obra en la que sentaba las bases de la moderna lógica formal. ◊ *John*, CONDE (1792-1878) Político brit. Propugnó la ley de la reforma del parlamento de 1832. Llegó a primer ministro (1846-1852).

RÚSTICO, CA adj. Perteneciente o relativo al campo, propio de las gentes del campo. ◊ fig. Tosco, grosero. ◊ m. Hombre del campo. ❑ RUSTICIDAD.

RUT Mujer moabita, antepasada del rey David. ◊ **Libro de R.** Uno de los libros del A. T. Consta de cuatro capítulos y narra historia de R. con sencilla naturalidad no se sabe con certeza quien fue su autor, aunque algunos lo atribuyen a Samuel.

RUTA f. Rota o derrota de un viaje. ◊ Itinerario. ◊ fig. Derrotero, medio para lograr un propósito.

RUTÁCEAS f. pl. *Bot.* Familia de dicotiledóneas generalmente aromáticas, hemafroditas y con fruto en drupa o baya, como la ruda y la angostura.

RUTENIO m. *Quím.* Elemento de símb. Ru, n. a. 44, p. a. 101,1 que se emplea para revestimientos de cerámica y como endurecedor de otros metales. Se encuentra libre en el platino nativo.

Rutáceas. Flor de bergamoto

Vista de Rhenen, óleo de Salomon van **Ruysdael** (Museo del Louvre, París)

RUTENO, NA adj. y s. Ant. nombre dado a los ucranianos, especialmente a los catól. que vivían en las áreas étnicamente ucranianas y dependientes del imperio austro-húngaro.

RUTHERFORD m. *Fís.* Unidad de intesidad radiactiva. Es la intesidad que corresponde a la cantidad de sustancia en la que se desintegran un millón de átomos por segundo.

RUTHERFORD, LORD *Ernest* (1871-1937) Científico brit. Sus investigaciones son la base fundamental de la teoría atómica; determinó las radiaciones α, β y γ y descubrió el protón. Premio Nobel de Química en 1908.

RUTILAR intr. Brillar como el oro, o resplandecer y despedir rayos de luz.

RUTILO m. *Miner.* Óxido de titanio, de color rojizo, brillante, que cristaliza en el sistema tetragonal. ◊ Pez ciprínido de agua dulce.

RUTINA f. Costumbre inverterada, hábito adquirido de hacer las cosas por mera práctica y sin razonarlas. ◊ *Comp.* Pequeño programa que nunca se ejecuta como programa individual, aunque podría hacerse, y que siempre forma parte de otro programa principal desde el cual se accede al anterior. ❑ RUTINARIO, RIA; RUTINERO, RA.

RUVUMA o **ROVUMA** Río de África oriental. Nace en el lago Malawi y desemboca en el océano Índico; 900 km.

RUWENZORI Macizo de África centrooriental, sit. entre los lagos Eduardo y Presidente Mobutu.

RUYSDAEL, *Jacob van* (h. 1628-1682) Pintor neerlandés. *Campo de trigo, El molino de Wijck bij Duursteede.*

RUZICKA, *Leopold* (1887-1976) Químico suizo de origen croata. Premio Nobel en 1939 por sus descubrimientos sobre las hormonas masculinas, los polimetilenos y los terpenos.

RYSWICK (actualmente *Rijswijk*) C. de Países Bajos. ◊ **Tratado de R.** *Hist.* Acuerdos concluidos en 1697 entre Francia y las Provincias Unidas, Inglaterra, España y el Imperio. Por ellos, Francia se comprometía a devolver a España y al Imperio una serie de tierras y reconocía la dinastía ing. de los Orange.

RYUKYU Arch. de Japón; 2 263 km², 1 263 000 hab. C. pral.: Naha. Se extiende entre la gran isla de Kyushu y Taiwan. Ocupado por EE UU desde finales de la II Guerra Mundial, fue devuelto a Japón en 1972.

RZESZÓW C. de Polonia, cap. del voivodato hom.; 138 000 hab., junto al r. Wistok. Centro industrial. Petróleo.

S

S f. Vigésima letra del abecedario esp., y decimosexta de sus consonantes. Su nombre es *ese*. ◊ *Fís.* Símb. del siemens o mho. ◊ *Fís.* Símb. del segundo. ◊ *Fís.* Símb. del espín. ◊ *Quím.* En mayúscula, símb. del azufre. ◊ En mayúscula, símb. del punto cardinal, de la dirección o del polo Sur.
Sa *Quím.* Símb. del samario.
S. A. Abrev. de sociedad anónima.
SA Siglas de *Sturm Abteilung* («sección de asalto»), organismo creado en alemania por el Partido Nacionalsocialista, con carácter paramilitar (1921-1934).
SÁ Carneiro, *Francisco* (1934-1980) Político port. Fundó el Partido Popular Democrático. Venció en los comicios de 1979 y fue nombrado primer ministro. ◊ **De Miranda**, *Francisco* (h. 1485-1558) Poeta y humanista port. Escribió canciones, sonetos, elegías, sátiras y églogas, con las que dio a conocer a Petrarca en Portugal. *Estrangeiros* y *Os Vilhalpandos*.
SAADÍ (*Mucharrif al-Din*) (h. 1184-1290) Poeta lírico persa, cuya influencia ha perdurado en Oriente. *Plantel de árboles, El jardín de las rosas*.
SAARBRÜCKEN (fr. *Sarrebruck*) C. de Alemania, cap. del est. del Sarre; 188 800 hab. Centro minero e industrial.
SAARINEN, *Eliel* (1873-1950) Arquitecto norteam. de origen finl. Pabellón de Finlandia en la Exposición Universal de París; edificio del Chicago Tribune.
SAAVEDRA, *Ángel* ⇨ Rivas, DUQUE DE. ◊ *Bautista* (1870-1939) Político bol. Presid. de la rep. (1921-1925), su política fue dictatorial. ◊ *Cornelio de* (1759-1829) Militar y político arg. Ocupó la presidencia de las dos primeras juntas de gobierno. En 1814, acusado de conspiración, se exilió. ◊ **Fajardo**, *Diego de* (1584-1648) Diplomático y escritor esp. *Empresas políticas* o *Idea de un príncipe cristiano*. ◊ **Lamas**, *Carlos* (1878-1959) Político y jurisconsulto arg. Ministro de Asuntos Exteriores, presidió la conferencia de paz del Chaco (1935) y puso fin al conflicto entre Bolivia y Paraguay. Premio Nobel de la Paz en 1936.
SABA Ant. Est. preislámico, sit. al SO de la pen. Arábiga. Dominó gran parte de la Arabia meridional.
SABADELL C. de España, en la prov. de Barcelona; 183 788 hab. Primer centro fabril de la pen. Ibérica en la producción de tejidos de lana.

Ernesto **Sábato**

SÁBADO m. Sexto día de la semana civil y séptimo de la litúrgica.
SABAH Est. de Malaysia, en el N de la isla de Borneo; junto con Sarawak forma Malaysia Oriental; 73 711 km², 176 400 hab. Cap., Kota Kinabalu. Café, coco, caucho. Explotación forestal. Ind. agropecuaria.
SÁBALO m. Pez teleósteo marino, con cuerpo en forma de lanzadera, cabeza pequeña, lomo amarillento, cuerpo blanco y aletas cenicientas rayadas de azul.
SABANA (voz caribe) f. Llanura, en especial si es muy dilatada, sin vegetación arbórea.
SÁBANA f. Cada una de las dos piezas de lienzo de tamaño suficiente para cubrir la cama y colocar el cuerpo entre ambas.
SABANA-CAMAGÜEY Archipiélago de Cuba, formado por unas 400 islas y cayos.
SABANDIJA f. Cualquier reptil pequeño o insecto, especialmente de los repulsivos y molestos. ◊ fig. Persona despreciable.
SABANEAR intr. *Amér.* Recorrer la sabana para reunir el ganado, o para vigilarlo.
SABANERA f. *Ven.* Especie de culebra que vive en las sabanas y limpia el terreno de sabandijas.
SABANETA C. de la República Dominicana, cap. de la prov. de Santiago Rodríguez; 9 200 hab. Centro administrativo, comercial y agrícola.

SABAÑÓN m. Rubicundez, hinchazón o ulceración de la piel, pralm. de las manos, pies y orejas, con ardor y picazón, causada por el frío.
SABAT Ercasty, *Carlos* (1887-1982) Poeta ur. *Pantheos, Poemas del hombre, Los adioses*.
SABÁTICO, CA adj. Relativo al sábado. ◊ Se aplicaba al año de cada siete, en que los heb. dejaban descansar sus tierras, viñas y olivares. ◊ Díc. del año de licencia con sueldo que algunas universidades conceden a su personal docente cada siete años.
SABATIER, *Paul* (1854-1914) Químico fr. Estudió los procesos catalíticos en las síntesis orgánicas. Premio Nobel de Química en 1912, con V. Grignard.
SABATINA f. Oficio divino propio del sábado.
SABATINI, *Francesco* (1722-1797) Arquitecto it., afincado en España. Autor de la Puerta de Alcalá de Madrid.
SABATINO, NA adj. Relativo al sábado o ejecutado en él.
SÁBATO, *Ernesto* (n. 1911) Físico y escritor arg., autor de ensayos y novelas. Premio Cervantes en 1983. *Uno y el universo, El túnel, Sobre héroes y tumbas, Sartre contra Sartre*.
SABBAT ⇨ Shabbat.
SABELIO, LIA m. y f. Individuo de una tribu que vivía en los Apeninos centrales.
SABELIO (s. III) Heresiarca it. o libio, fundador del sabelianismo. En Roma defendió la existencia de un solo Dios, que se manifiesta en las personas de la Trinidad con nombres distintos.
SABEO, A adj. y s. Díc. del individuo perteneciente al ant. Est. de Saba. Mahoma los toleró y equiparó por su monoteísmo a los judíos y cristianos.
SABER m. Conocimiento. ◊ tr. Conocer una cosa, o tener noticia de ella. ◊ Ser docto en alguna cosa. ◊ Tener habilidad para una cosa. ◊ intr. Estar informado de la existencia, paradero o estado de una persona o cosa. ◊ Tener sabor una cosa. ☐ SABEDOR, RA; SABELOTODO; SABIDO, DA.
SABICÚ m. *Cuba.* Árbol leguminoso.
SABIDURÍA f. Conducta prudente en la vida o en los negocios. ◊ Conocimiento profundo en ciencias, letras o artes.
SABIDURÍA, *Libro de la* Escrito sapiencial del A. T.
SABIENDAS (*A*) m. adv. De un modo

cierto. ◊ Con conocimiento y deliberación.

SABINA Ant. región de Italia central, cercana a Roma, habitada por los sabinos.

SABINES, Jaime (1926-1999) Poeta mex. *La señal, Recuento de poemas.*

SABINO, NA adj. y s. Díc. de los individuos de un pueblo indoeuropeo de la Italia ant., que habitaba entre el Tíber y los Apeninos. ◊ f. Arbusto o árbol de poca alt., de hojas escamosas, reducidas, fruto negro azulado, y madera roja.

SABIO, BIA adj. y s. Díc. de la persona que posee sabiduría. ◊ adj. Aplícase a las cosas que instruyen o que contienen sabiduría. ◊ **Los siete sabios de Grecia.** Nombre de siete filósofos de la ant. Grecia, mencionados por Platón: Tales de Mileto, Pítaco, Bías, Solón, Cleóbulo, Misón y Quilón. ❏SABIHONDO, DA.

SABIR m. Lengua mixta que permite comunicarse a dos comunidades de hablas distintas.

SABLAZO m. Golpe dado con sable. ◊ fig. y fam. Acto de sacar dinero a uno, pidiéndoselo sin intención de devolverlo.

SABLE m. Arma blanca corva y por lo común de un solo corte.

SABLEAR intr. fig. Dar sablazos, sacar dinero con maña. ❏ SABLEADOR, RA.

SABOGAL, José (1888-1956) Pintor per., influido por el muralismo mex. *Los cachimbos.*

SABOR m. Sensación que ciertos cuerpos producen en el órgano del gusto. ◊ fig. Impresión que una cosa produce en el ánimo.

SABOREAR tr. Dar sabor a una cosa. ◊ tr. y prnl. Percibir detenidamente y con deleite el sabor de lo que se come o se bebe. ◊ fig. Apreciar detenidamente y con deleite una cosa grata. ❏ SABOREO; SABORIZANTE.

SABOTAJE m. Daño o deterioro que en la maquinaria, productos, etc., se hace como procedimiento de lucha contra los patronos, contra el Est. o contra las fuerzas de ocupación en conflictos sociales o políticos. ◊ fig. Oposición u obstrucción disimulada contra proyectos, órdenes, ideas, etc. ❏ SABOTEAR.

SABOYA *(Savoie)* Región histórica del SE de Francia. Comprende los dptos. de Savoie y Haute-Savoie. Formó parte del reino de Lotario I. Aunque fue incorporada al Sacro Imperio Romano

Manuel Filiberto de **Saboya**

Germánico, estaba gobernada por la casa de Saboya. Anexionada a Francia en 1796, pasó definitivamente a ésta en 1860. ◊ **Casa de S.** Familia noble it., cuyo origen se remonta al s. XI. Tras la unificación de Italia, Víctor Manuel II fue proclamado rey. La casa de S. se mantuvo en el trono hasta la proclamación de la rep. en 1946.

SABROSO, SA adj. Sazonado y grato al sentido del gusto. ◊ fig. Delicioso, gustoso, deleitable al ánimo.

SABUESO m. Variedad de perro podenco, que destaca por la finura de su olfato. ◊ fig. Policía, detective, etc.

SABURRA f. *Fisiol.* Mucosidad espesa que se acumula en las paredes del estómago. ◊ Capa blanquecina que cubre la lengua por efecto de dicha secreción.

Perro **sabueso**

SACA f. Acción de sacar los estanqueros de la tercena los efectos que después venden al público. ◊ Costal muy grande de tela fuerte, más largo que ancho.

SACA González, Elías Antonio (n. 1965) Político salv. Destacado empresario de radiodifusión, fue elegido presidente de El Salvador en las elecciones de 2004 como candidato de ARENA.

SACABOCADOS m. Instrumento con boca hueca y cortes afilados, que sirve para taladrar.

SACACORCHOS m. Instrumento consistente en una espiral que se utiliza para quitar los tapones de corcho a las botellas.

SACAMANTECAS com. fam. Criminal que despanzurra a sus víctimas.

SACAMUELAS com. Persona que tiene por oficio sacar muelas. ◊ fig. Persona que habla mucho e insustancialmente, charlatán. ◊ fig. Embaucador.

SACAPUNTAS m. Instrumento para afilar los lápices.

SACAR tr. Poner una cosa fuera del lugar en que estaba encerrada o contenida. ◊ Quitar, apartar a una persona o cosa del sitio o condición en que se halla. ◊ Averiguar, resolver una cosa por medio del estudio. ◊ Conocer, descubrir, hallar por señales e indicios. ◊ Hacer con fuerza o con maña que uno diga o dé una cosa. ◊ Extraer de una cosa alguno de los principios o partes que la componen. ◊ Elegir por sorteo o por votos. ◊ Conseguir, obtener una cosa. ◊ Alargar, adelantar una cosa. ◊ Exceptuar, excluir. ◊ Mostrar, manifestar una cosa. ◊ Quitar. ◊ Desenvainar. ◊ *Dep.* Hablando de la pelota o del balón, dar a éstos el impulso inicial, sea al comienzo del partido o en los lances que así lo exijan. ◊ Tratándose de citas, notas, autoridades, etc., de un libro o texto, apuntarlas o escribirlas aparte. ◊

intr. Con la prep. *de* y los pron. personales, hacer perder el juicio, enajenar. ◊ Con la misma prep. y un sustantivo o adj., librar a uno de lo que éstos significan.

SACÁRIDOS m. pl. *Quím.* Ant. denominación de los hidratos de carbono, carbohidratos o glúcidos.

SACARIFICACIÓN f. *Quím.* Proceso mediante el cual un polisacárido se transforma en azúcar fermentable.

SACARIFICAR tr. *Quím.* Convertir por hidrólisis las sustancias sacarígenas en azúcar.

SACARIMETRÍA f. *Quím.* Método para determinar la concentración de sacarosa en las soluciones.

SACARÍMETRO m. Areómetro utilizado en sacarimetría. ◊ Polarímetro para la determinación cuantitativa del azúcar que se halla disuelto en un líquido.

SACARINA f. *Quím.* Polvo cristalino, blanco, inodoro, de sabor dulce; carece de valor alimentario. Químicamente es la imida cíclica del ácido *o*-sulfobenzoico, que se obtiene a partir del tolueno.

SACARINO, NA adj. Que tiene azúcar. ◊ Que se asemeja al azúcar.

SACAROMICETO m. Hongo ascomiceto microscópico que interviene en la fermentación de los azúcares. Se usa más en pl.

SACAROSA f. *Quím.* Azúcar ordinario. Es un disacárido que desvía el plano de polarización de la luz hacia la derecha y cuya molécula está formada por la unión de una molécula de *d*-glucosa y otra de *d*-fructosa.

SACASA, Juan Bautista (1874-1946) Político nic. Elegido presid. (1932), fue derrocado en 1936 por Anastasio Somoza. ◊ **Roberto** (1840-?) Político nic. Presid. (1889-1891). Derrocado por Celaya (1893).

SACASEBO m. *Cuba.* Planta herbácea silvestre que sirve de pasto al ganado.

SACATEPÉQUEZ Dpto. de Guatemala; 465 km², 196 537 hab. Cap., Antigua Guatemala. Accidentado por la sierra Madre. Café, caña de azúcar, cereales, hortalizas, legumbres. Ganado vacuno y caballar. Ind. de carácter secundario.

SACCO y Vanzetti, caso Proceso judicial y político que tuvo lugar en EE UU (1920-1927) y que culminó con la ejecución de dos trabajadores anarquistas it., Nicola Sacco y Bartolomeo Vanzetti.

SACERDOCIO m. *Rel.* Dignidad, estado, ejercicio y ministerio del sacerdote. ◊ fig. Consagración activa y celosa al desempeño de una profesión o ministerio elevado y noble.

SACERDOTE m. Hombre dedicado y consagrado a hacer, celebrar y ofrecer sacrificios. ◊ En la religión católica, hombre que ha recibido las órdenes requeridas para celebrar la misa. ◊ **Sumo s.** Príncipe de los sacerdotes israelitas, cabeza rectora de los levitas y, en el periodo postexílico, del pueblo. ❏ SACERDOTAL.

SACERDOTISA f. Mujer dedicada a ofrecer sacrificios a ciertas deidades gentílicas y cuidar de sus templos.

SACHER-MASOCH, Leopold von (1836-1895) Novelista austr. En sus obras aparecen ciertas perversiones que originaron el término masoquismo. *Las mesalinas de Viena, La Venus de las pieles.*

SACHS, Hans (1494-1576) Poeta al. Dedicó un himno a Lutero: *El ruiseñor de Wittenberg*. Sus *Farsas de Carnaval* representan escenas de la vida cotidiana. ◊ *Nelly* (1891-1970) Escritora al. Premio Nobel de Literatura en 1966, con S. Agnon. *Las moradas del infierno, Eclipse de estrellas*.

SACIAR tr. y prnl. Satisfacer el hambre o la sed, o hacer que alguien coma hasta no poder más. ◊ fig. Satisfacer plenamente ambiciones, deseos, curiosidades, etc. ❏ SACIABLE; SACIEDAD.

SACO m. Receptáculo de tela, cuero, papel, etc., por lo común de forma rectangular o cilíndrica, abierto por arriba. ◊ Lo contenido en él. ◊ Vestidura tosca y áspera de paño burdo o sayal. ◊ Especie de gabán grande, y en general vestidura holgada, que no se ajusta al cuerpo. ◊ fig. Cualquier cosa que en sí incluye otras muchas. ◊ Acción de entrar en una plaza o lugar para saquearlo. ◊ *Amér*. Chaqueta, americana. ◊ *Mar*. Entrada del mar en la tierra, especialmente cuando su boca es muy estrecha con relación al fondo. ◊ **de dormir.** Funda acolchada, a modo de saco, que usan para dormir los montañeros, excursionistas, turistas, etc. ◊ **embrional.** Esporófito femenino de las plantas fanerógamas angiospermas, sit. en el interior del óvulo de la flor.

SACO y López, José Antonio (1797-1879) Escritor y sociólogo cub. *Historia de la esclavitud*.

SACRAMENTAL adj. Relativo a los sacramentos. ◊ Díc. de los remedios que tiene la Iglesia para sanar el alma. Se usa más como m. pl.

SACRAMENTAR tr. Administrar a un enfermo el viático y la extremaunción, y a veces la penitencia.

SACRAMENTO m. *Rel*. Signo sensible de un efecto interior y espiritual que Dios obra en nuestras almas. ◊ Cristo sacramentado en la hostia. ◊ **Últimos sacramentos.** Los de la penitencia, eucaristía y extremaunción que se administran a alguien en peligro de muerte.

SACRAMENTO C. de EEUU, cap. del est. de California; 369 400 hab. (1 481 100 hab. la agl. urb.). Ind. metalúrgica y alimentaria. Puerto fluvial. ◊ Río de EE UU, en el est. de California. Nace en el monte Shasta y desemboca en la bahía de San Francisco; 620 km.

El **sacramento** de la extremaunción, según miniatura de la *Miscelánea Médica* de Roger de Salerno

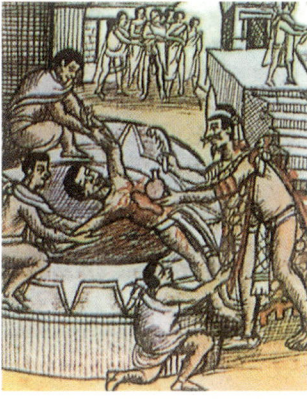
Sacrificio humano azteca. Grabado de la *Historia de las Indias*, de Diego Durán

SACRAMENTO, Colonia del Plaza militar fundada sobre el Río de la Plata en 1680 por M. Lobo en nombre de Portugal. Por el tratado de San Ildefonso (1777) pasó a dominio esp.

SACRIFICAR tr. Hacer sacrificios. ◊ Matar, degollar las reses para el consumo. ◊ fig. Poner a una persona o cosa en algún riesgo o trabajo en provecho de un interés. ◊ prnl. fig. Sujetarse con resignación una cosa violenta o repugnante.

SACRIFICIO m. Ofrenda a una deidad en señal de homenaje o expiación. ◊ fig. Peligro o trabajo graves a que se somete una persona. ◊ fig. Acto de abnegación inspirado por la vehemencia del cariño. ◊ **del altar.** El de la misa.

SACRILEGIO m. Lesión o profanación de cosa, persona o lugar sagrados. ❏ SACRÍLEGO, GA.

SACRISTÁN m. El que en las iglesias tiene a su cargo ayudar al sacerdote en el servicio del altar y cuidar de la iglesia y sacristía.

SACRISTÍA f. Lugar, en las iglesias, donde se revisten los sacerdotes y están guardadas las cosas pertenecientes al culto. ◊ Empleo de sacristán.

SACRO, CRA adj. Sagrado. ◊ *Anat*. Referente a la región en que está situado el hueso sacro. ◊ m. *Anat*. Hueso impar y plano, formado por cinco vértebras, sit. en la región lumbar sobre el cóccix y que forma la pelvis.

SACRO Imperio Romano Germánico Imperio fundado en 962 y que se prolongó hasta 1806. Agrupaba los reinos de Germania, Italia y Borgoña. A partir de 1440 la elección recayó en la casa de Habsburgo.

SACROBOSCO, Juan de (m. 1256) Nombre latinizado de *John Hollywood*, astrónomo y matemático ing. *Sphaera mundi*.

SACROSANTO, TA adj. Que reúne las cualidades de sagrado y santo.

SACSAHUAMÁN Ant. fortificación incaica, sit. entre los r. Rodadero y Hutanai, en Cuzco (Perú). El recinto comunicaba antiguamente con el Coricancha (actual templo de Santo Domingo).

SACUDIR tr. y prnl. Mover con brusquedad una cosa a una y otra parte. ◊ tr. Golpear una cosa o agitarla en el aire con violencia para quitarle el polvo, en-

jugarla, etc. ◊ Golpear, dar golpes. ◊ prnl. Desembarazarse de una persona, trabajo, compromiso, etc., que fastidia o enoja. ❏ SACUDIDA; SACUDIDOR, RA.

al-SADAT, Anwar (1918-1981) Militar y político egipcio. Presid. a la muerte de Nasser. Tras la guerra contra Israel en 1973, firmó los acuerdos de Camp David (1978). Murió en un atentado. Premio Nobel de la Paz en 1978.

SADE, Donatien Alphonse Françoise, MARQUÉS DE (1740-1814) Escritor fr. Describen ciertas degeneraciones sexuales que han dado origen al término sadismo. *Justina o las desgracias de la virtud, Los 120 días de Sodoma*.

SADISMO m. Trastorno psicosexual del que provoca su propia excitación cometiendo actos de crueldad en otra persona. ❏ SÁDICO, CA.

SADOMASOQUISMO m. Complejo psicosexual de pulsiones agresivas dirigidas contra otro (sadismo) o contra uno mismo (masoquismo).

SADOWA Localidad Bohemia, escenario (3 de julio 1866) de la victoria de los prusianos sobre los austr.

SADUCEO, A adj. y s. Díc. del individuo de cierta secta de judíos pertenecientes a la aristocracia sacerdotal.

SÁENZ De Heredia, José Luis (1911-1992) Director de cine esp. *Raza; El escándalo; Mariona Rebull*. ◊ **De Thorne, Manuela** (1793-1859) Patriota ecuat., amante de Bolívar. Participó en la conspiración de Lima (1817). ◊ **Peña, Luis** (1822-1907) Político arg. Presid. de la rep. (1892-1895). ◊ **Peña, Roque** (1851-1914) Político arg. Presid. de la rep. (1910). Estableció el sufragio universal (1912).

SAETA f. Arma arrojadiza, disparada con arco, que consiste en un asta delgada y ligera, con punta afilada de hierro u otra materia en uno de sus extremos. ◊ Manecilla del reloj. ◊ Copla breve y sentenciosa que para excitar a la devoción o la penitencia se canta en las iglesias o en las calles durante ciertas solemnidades religiosas. ❏ SAETERO, RA.

SAETERA f. Aspillera que en los castillos servía para disparar saetas.

Otón el Grande, emperador del **Sacro Imperio Romano Germánico**

SAFARI FOTOGRÁFICO

La protección de las especies animales en peligro ha llevado a crear reservas y parques naturales, como los de los Volcanes (Ruanda) o de Ngorongoro (Kenia)

Así mismo, se ha impuesto la sustitución de los antiguos safaris de caza por safaris fotográficos, para proteger el ecosistema animal, en peligro por la caza furtiva, conservando sin embargo el antiguo espíritu de la aventura

SAFARI m. Excursión de caza mayor que se realiza en ciertas regiones afr.

SAFAWI adj. y s. Díc. de individuos de una dinastía persa que reinó de 1502 a 1736. Fundada por **Ismail I.**

SAFENA adj. y f. *Anat*. Díc. de cada una de las dos venas que van a lo largo de la pierna.

SAFI C. de Marruecos, en el Atlántico; 197 300 hab. Puerto exportador. Pesca. Ind. conservera y textil.

SÁFICO, CA adj. y s. Díc. de un tipo de estrofa y verso. La invención del verso s. se atribuye a la poetisa Safo.

SAFISMO m. Homosexualidad femenina.

SAFO Poetisa gr. del s. VI a. C. Su poesía es una pura expresión del sentimiento producido por el amor y la belleza.

SAGA f. Mujer que se finge adivina y hace encantos o maleficios. ◊ *Lit*. Cada una de las leyendas poéticas contenidas en su mayor parte en las dos colecciones de primitivas tradiciones heroicas y mitológicas de la ant. Escandinavia.

SAGA Prefectura de Japón, en la isla de Kyushu; 2 440 km², 878 000 hab. Cap., la c. hom (170 000 hab.). Ind. metalúrgica y textil.

SAGAN, Françoise (1935-2004) Escritora fr. Autora de *Buenos días, tristeza*, *Una cierta sonrisa*.

SAGARRA, Josep M.ª (1894-1961) Poeta y dramaturgo esp., en lengua cat. Teatro: *L'hostal de la Glòria, El café de la Marina*.

SAGASTA, Práxedes Mateo (1825-1903) Político esp. Uno de los promotores de la rev. de 1868. Desde 1885 se turnó en el ejercicio del poder con Cánovas.

SAGAZ adj. Avisado, astuto, que previene las cosas. ◊ Díc. del perro que saca por el rastro la caza. ❏ SAGACIDAD.

SAGINAW C. de EE UU (Michigan), junto al río hom.; 219 700 hab. Ind. metalúrgica.

SAGITA f. *Geom*. Porción de recta comprendida entre el punto medio de un arco de círculo y el de su cuerda.

SAGITAL adj. De figura de saeta.

SAGITARIO m. El que combate con arco y saetas.

SAGITARIO ⇨ Sagittarius.

SAGITTARIUS *Astr*. Constelación zodiacal austral que aparece superpuesta en gran parte a la Vía Láctea. ◊ Noveno signo del Zodiaco.

SAGRADO, DA adj. Díc. de las cosas dedicadas a Dios y al culto divino. ◊ Que por alguna relación con lo divino es venerable. ◊ Relativo a la divinidad o a su culto.

SAGRARIO m. Parte interior del templo en que se reservan o guardan las cosas sagradas. ◊ Lugar donde se guarda y deposita a Cristo sacramentado.

SAGRERA, Guillem (h. 1370-1454) Arquitecto y escultor mallorquín. Maestro mayor de las catedrales de Perpiñán (Francia) y de Palma de Mallorca.

SAGÚ m. Planta tropical palmácea; el tronco tiene una médula abundante en fécula, y el palmito es comestible.

SAGUA LA GRANDE C. de Cuba, en la prov. de Villa Clara, junto al río hom.; 41 300 hab. Ind. química y azucarera.

SAGUNTO o **SAGUNT** (o *Morvedre*) C. de España, en la prov. de Valencia;

56 471 hab. Ind. siderúrgica. Tomada por Aníbal en 21 a. C., hecho que ocasionó la segunda guerra púnica. ◊ **Pronunciamiento de S.** Sublevación militar dirigida por el general Martínez Campos (1874), que inició la Restauración de la monarquía esp. en la persona de Alfonso XII.

SAH m. Rey de Persia o del Irán.

SAHAGÚN, Bernardino de (h. 1500-1590) Eclesiástico e historiador esp., llamado *Francisco Rivera*. Su *Historia general de las cosas de la Nueva España* constituye un estudio etnológico moderno.

SÁHARA (ár., *Sahra*) Región desértica de más de 8 000 000 km², sit. en la parte septentrional del continente afr. y limitada por la cord. del Atlas, el Atlántico, la región del Sudán y los desiertos líbico y arábigo. Clima extremadamente seco y cálido. Yacimientos minerales, petrolíferos y de gas. ◊ **Occidental.** Territorio occidental de África, bañado por el Atlántico y limítrofe con Marruecos, Argelia y Mauritania; 266 000 km², 100 000-300 000 hab., nómadas. Cap., El Aaiún. Cebada, palmeras datileras. Ganadería. Pesca. Sal (Dakhla), fosfatos (Bu Craa). Ant. colonia esp., fue ocupada en 1975 por Marruecos y Mauritania. El Frente Polisario proclamó en 1976 la indep. del terr. como República Árabe Saharaui Democrática, manteniendo una guerra de guerrillas. En 1978 Mauritania se retiró del territorio.

SAHARIANA f. Especie de chaqueta delgada y de color claro.

SAHEL Región de África tropical que se alarga sobre el límite S del Sáhara, desde el Atlántico al mar Rojo, en zonas de Mauritania, Malí, Níger, Chad, Sudán y Etiopía.

SAHIB (ár. «señor») m. Tratamiento que en la India se da a los europeos y a las personas de alta condición.

SAHUMAR tr. y prnl. Dar humo aromático a una cosa. ◊ tr. *Chile*. Dar a un objeto un baño de oro o de plata.

SAHUMERIO m. Acción y efecto de sahumar o sahumarse. ◊ Humo que produce una materia aromática que se echa en el fuego. ◊ Esta misma materia.

SAIGA m. Antílope de las regiones desérticas de Asia central, de hocico provisto de un filtro para retener el polvo y la arena del desierto.

SAIGÓN ⇨ Ho Chi Minh, Ciudad.

SAÍN m. Grosura de un animal. ❏ SAINAR.

SAINETE m. *Lit*. Obra dramática, gralte. cómica y con personajes populares, que tiene la necesaria extensión para ser representada independientemente. ❏ SAINETERO, RA; SAINETESCO, CA.

SAÍNO m. Mamífero paquidermo sin cola, provisto de una glándula que segrega un humor fétido.

SAINT CATHERINES C. de Canadá, junto al lago Ontario; 124 000 hab. Centro industrial.

SAINT CHRISTOPHER Isla de las Pequeñas Antillas. ⇨ San Cristóbal.

SAINT GEORGE'S o **SAINT GEORGE** Cap. del Est. antill. de Granada; 27 000 hab. Puerto exportador.

SAINT HELENS C. de Gran Bretaña, en Inglaterra; 98 800 hab. Centro industrial.

SAINT JOHN C. de Canadá, en Nueva Brunswick, en la bahía de Fundy; 80 500 hab. Centro comercial e industrial. ◊ Río de Canadá y EEUU; 720 km. Desemboca en la bahía de Fundy, en el océano Atlántico.

SAINT JOHN'S C. de Canadá, cap. de la isla de Terranova; 96 000 hab. Puerto pesquero. Construcciones navales.

SAINT JOHN'S Cap. antill. de Antigua y Barbuda; 30 000 hab. Exportación de azúcar.

SAINT KITTS Isla de las Pequeñas Antillas ⇨ San Cristóbal.

SAINT LOUIS C. de EE UU, en el est. de Misuri; 453 100 hab. (2 356 500 la agl. urb.). Centro de comunicaciones. Ind. siderúrgicas y aeronavales. Refino de petróleo.

SAINT LUCIA ⇨ Santa Lucía.

SAINT PAUL C. de EEUU, cap. del est. de Minnesota; 272 200 hab. Forma parte de la conurbación de ⇨ Mineápolis.

SAINT PETERBURGH C. de EE UU, en el est. de Florida; 237 000 hab. Centro turístico.

SAINT VINCENT ⇨ San Vicente.

SAINT-DENIS C. y cap. de Reunión; 109 600 hab. Ind. azucareras. Aeropuerto.

SAINT-DENIS C. de Francia, en el á. metr. de París; 97 000 hab. Centro industrial.

SAINTE-BEUVE, *Charles-Augustin* (1804-1869) Crítico literario y escritor romático fr. *Retratos literarios, Charlas de los lunes, Port-Royal.*

SAINT-ÉTIENNE C. de Francia, cap. del dpto. del Loire, en la región Ródano-Alpes; 205 000 hab. (331 500 la agl. urb.). Centro industrial.

SAINT-EXUPÉRY, *Antoine de* (1900-1944) Aviador y novelista fr. *Vuelo nocturno, Piloto de guerra, Tierra de hombres, La ciudadela, El pequeño príncipe.*

SAINT-GERMAIN-EN-LAYE C. de Francia, sit. en la región parisina, en el dpto. de Yvelines. En ella Austria y los Aliados firmaron el tratado (1919) que supuso la desaparición del imp. austrohúngaro.

SAINT-JOHN Perse Seud. de *Alexis Saint-Léger* (1887-1975) Diplomático y poeta fr. Premio Nobel de Literatura en 1960. *Anábasis, Exilio, Crónica.*

SAINT-JUST, *Louis Antoine Léon de* (1767-1794) Político fr. Colaboró con Robespierre en la política del Terror. Murió en la guillotina.

SAINT-MARTIN (neerlandés, *Sint Maarten*) Isla de las Pequeñas Antillas, repartida desde 1648 entre Francia (52 km², 5 000 hab.; cap., Marigot) y Países Bajos (34 km², 1 600 hab.; cap. Philipsburg).

SAINT-PIERRE, *Bernardin de* ⇨ Bernardin de Saint-Pierre, Henri.

SAINT-PIERRE ET MIQUELON ⇨ San Pedro y Miquelón.

SAINT-SAËNS, *Camille* (1835-1921) Compositor neoclásico fr. Autor de *Sinfonía con órgano, Trío en fa,* el poema sinfónico *Faetón* y de las óperas *Sansón y Dalila, Enrique VIII.*

SAINT-SIMON, *Claude Henri de Rouvroy,* CONDE DE (1760-1825) Pensador socialista fr., precursor de la sociología. Consideraba como clase fundamental la de los productores (industriales, técnicos y trabajadores manuales). *Introducción a los trabajos científicos del s. XX,*

El sistema industrial. ◊ *Louis de Rouvroy,* DUQUE DE (1675-1755) Político e historiador fr. *Memorias.*

SÁINZ de la Maza, *Regino* (1897-1981) Guitarrista esp. Autor de piezas para guitarra. *Zambra gitana, Alegrías.*

SAIS Ant. c. del Bajo Egipto, en el delta del Nilo, cap. del imp. con las dinastías saítas (ss. VII-VI a. C.).

SAITAMA Prefectura de Japón, en la isla de Honshu; 3 799 km², 6 405 000 hab. Cap., Urawa.

SAJALÍN Isla de Rusia, en el mar de Ojotsk; 87 100 km², 616 000 hab. Cap., Iuzhno Sajalinsk. Carbón, petróleo.

SAJAMA Cumbre volcánica de Bolivia, sit. en los Andes Occidentales; 6 542 m de alt.

SAJAR tr. Cortar en la carne. ❑ SAJADURA.

SAJAROV, *Andrei Dmitrievich* (1921-1989) Físico y disidente sov. *Ideas sobre el progreso, la coexistencia pacífica y la libertad intelectual.*

SAJÓN, NA adj. y s. Díc. de individuos de un ant. pueblo germánico establecido junto a la desembocadura del Elba. Llegaron a Gran Bretaña en el s. III, y ocuparon el S y el SE de Inglaterra. El resto se extendió por Alemania. ◊ De Sajonia. ◊ adj. Relativo a este pueblo.

SAJONIA (*Sachsen*) Nombre dado sucesivamente a un ant. ducado de Alemania del N, a un ducado del Elba meridional y a un electorado del Elba superior, post. erigido en reino y rep. Desde 1512 a 1896 se designó con ese nombre el círculo imperial de la Alta y Baja S., los principales de Turingia, sin prov. prusiana, y un estado al. (Baja S.). ◊ Est. del E de Alemania; 18 341 km², 4 770 000 hab. Cap., Dresde. ◊ **S.-Anhalt** (*Sachsen-Anhalt*) Est. del E de Alemania; 20 607 km², 2 880 000 hab. Cap., Magdeburgo. ◊ **Baja S.** (*Niedersachsen*) Est. del N de Alemania; 47 351 km², 7 390 000 hab. Cap., Hannover. C. pral.: Brunswick. Ind. automovilística, química, textil y mecánica.

SAJURIANA f. *Chile* y *Perú.* Baile ant. que se baila entre dos, zapateando y escobillando el suelo.

SAKAI C. de Japón, en la isla de Honshu; 818 400 hab. Ind. textil (sedas, lana), metalúrgica, de porcelanas.

SAKARYA Río de Turquía. Nace en la meseta de Anatolia y desemboca en el mar Negro; 650 km.

La ópera de Dresde, capital de **Sajonia**

Sal gema

SAKE m. Bebida alcohólica japonesa elaborada con arroz fermentado.

SAKI m. *Amér. Merid.* Mono de pequeño tamaño y de costumbres arborícolas.

SAL f. *Miner.* Cloruro sódico. ◊ *Quím.* Compuesto químico resultante de sustituir los iones H^+ (protones) de los ácidos por iones metálicos o radicales positivos. ◊ fig. Agudeza, gracia en el habla. ◊ fig. Garbo, gracia en los ademanes. ◊ *Amér. Centr.* Desgracia. ◊ **marina.** La común, que se obtiene de las aguas del mar.

❑ *Quím.* Una s. también puede definirse como el resultado de sustituir los hidroxilos de las bases por restos ácidos. Las s. que tienen átomos de hidrógeno sustituibles se llaman ácidas; las que no los tienen, neutras. Las sales básicas son aquellas en que no todos los hidroxilos han sido sustituidos.

❑ *Miner.* Una de las s. más importantes es el cloruro sódico, sal gema o sal común, utilizada para condimentar y conservar alimentos. Cristaliza en el sistema regular, formando grandes yacimientos terrestres. Se encuentra en gran cantidad en el agua de mar.

SALA f. Pieza pral. de la casa. ◊ Aposento de grandes dimensiones. ◊ Pieza donde se constituye un tribunal de justicia para celebrar audiencia. ◊ Conjunto de los jueces que forman un tribunal de alzada. ◊ **de fiestas.** Local en el que se sirven bebidas y se ofrece un espectáculo, por lo común frívolo.

SÁLACOT m. Sombrero ligero usado en Filipinas y otros países cálidos, hecho de un tejido de tiras de caña, o de filamento de nito.

SALACROU, *Armand* (1899-1989) Dramaturgo fr. *La desconocida de Arras, El espejo.*

SALADAR m. Terreno esterilizado por abundar en él las sales.

SALADERÍA f. *Argent.* Ind. de salar carnes.

SALADERO m. Casa o lugar destinado para salar carnes o pescados.

SALADINO I (1138-1193) Sultán ayubí de Egipto [1171-1193] y de Siria [1174-1193]. Ocupó Siria y expulsó a los cruzados de Jerusalén (1187). Contra él se organizó la tercera cruzada.

SALADO, DA adj. Díc. del terreno estéril por demasiado salitroso. ◊ Aplícase a los manjares que tienen más sal de la necesaria. ◊ fig. Gracioso, agudo o chistoso. ◊ *Amér.* Desgraciado, infortunado. ◊ *Argent.* y *Chile.* fig. Caro, costoso.

SALADO Río de Argentina central; 1 200 km. Nace en Ojos del Salado, en los Andes. Hasta su desembocadura en el Colorado, toma los nombres de Bermejo, Desaguadero, Salado y Chadileuveu. ◊ Río de Argentina, afl. del Plata; 700 km. Nace en el NO de la prov. de Buenos Aires y desemboca en la bahía de Samborombón. ◊ **Del Norte** Río de Argentina, afl. del Paraná; 2 000 km. Nace en la puna y recorre la llanura del Chaco.

SALADO Río esp., en la prov. de Cádiz, que desemboca en el Atlántico. Escenario de la batalla (1340) en la que los reyes cristianos vencieron a los benimerines de Abu-l-Hassan Alí.

SALAMÁ C. de Guatemala, cap. del dpto. de Baja Verapaz; 34 300 hab. Centro comercial, agrícola y ganadero.

SALAMANCA f. *Chile.* Cueva natural que hay en algunos cerros. ◊ *Argent.* Salamandra de cabeza chata.

SALAMANCA Prov. esp., en la com. autón. de Castilla y León; 12 336 km², 345 609 hab. Cap., la c. hom. Agricultura. Ganado ovino y bovino. Estaño, uranio, volframio. Ind. textil y de transformaciones agropecuarias. ◊ C. de España, cap. de la prov. hom; 156 368 hab. Ind. textil, mecánica, química, alimentaria. Universidad.

Patio de Escuelas de **Salamanca** (España)

SALAMANCA C. de México, en el est. de Guanajuato; 75 000 hab. Ind. química y textil. Refinerías de petróleo.

SALAMANCA Isla de Colombia, en el dpto. de Magdalena; 250 km². Parque Nacional.

SALAMANCA, *Daniel* (1863-1935) Político bol. Presid. de la rep. (1931-1934), tuvo que afrontar la guerra del Chaco. ◊ *José,* MARQUÉS DE (1811-1883) Financiero y político esp. Ministro de Hacienda en los gobiernos de Pacheco y Gutiérrez Calderón (1847) y García Goyena (1847).

SALAMANDRA f. Batracio de piel lisa, de color negro intenso con manchas amarillas simétricas. ◊ Especie de calorífero de combustión lenta. ◊ **acuática.** Tritón.

SALAMANQUESA f. *Zool.* Saurio con cuerpo comprimido y ceniciento, piel tuberculosa y unas laminillas debajo de cada dedo.

SALAMBÓ Diosa fenicia identificable con la Astarté gr. y la Tanit cartaginesa.

SALAME m. *Amér.* Embutido hecho

con carne vacuna y carne y grasa de cerdo, que se come crudo.

SALAMINA Isla gr. del mar Egeo, en el golfo de Egina; 101 km², 21 000 hab. En sus aguas se libró (480 a. C.) la batalla naval entre la coalición gr. y los persas.

SALANGANA f. Pájaro que abunda en Filipinas y otros países del Extremo Oriente, cuyos nidos contienen ciertas sustancias gelatinosas comestibles.

SALAR tr. Echar en sal, curar con sal carnes, pescados y otras sustancias. ◊ Sazonar con sal, echar la sal conveniente a un manjar. ◊ Echar más sal de la necesaria. ◊ tr. y prnl. *Cuba* y *Hond.* Manchar, deshonrar. ◊ *C. Rica, Méx.* y *P. Rico.* Desgraciar, echar a perder. ◊ m. Saladar. ❑ SALADURA.

SALARIO m. Remuneración, en dinero o en especie, por un trabajo o servicio. ❑ SALARIAL; SALARIAR.

SALARRUÉ, *Salvador Salazar Arrué,* llamado (1899-1975) Escritor, pintor y político salv. Narraciones de tono indigenista. *Cuentos de barro, Cuentos de cipotes.*

SALAVARRIETA, *Policarpa* (1795-1817), llamada LA POLA. Patriota de la indep. col. Acusada de espionaje, fue ejecutada.

SALAVERRY, *Carlos Augusto* (1831-1890) Poeta y dramaturgo per. de tendencia romántica. *Diamantes y perlas, El pueblo y el tirano.* ◊ *Felipe Santiago* (1806-1836) Militar y político per. Destituyó a Orbegoso y se autoproclamó jefe supremo de la rep. (1835).

SALAZ adj. Muy inclinado a la lujuria.

SALAZAR, *Antonio de Oliveira* (1889-1970) Político port. Presid. del Consejo (1932-1968). En 1933 promulgó la constitución del *Estado Novo,* de inspiración fascista. ◊ *Vicente Lucio* (s. XIX) Político ecuat. Presid. de la rep. al renunciar Cordero (1893), fue derrocado poco después. ◊ *Bondy, Sebastián* (1924-1965) Escritor, periodista y autor teatral per. *No hay isla feliz, Flora Tristán, Lima la horrible.* ◊ *De Espinosa, Juan* (1508-1560) Conquistador esp. Fundador de Santa María de la Asunción (1537), actual cap. de Paraguay.

SALAZÓN f. Acción y efecto de salar o curar con sal. ◊ Acopio de carnes o pescados salados. ◊ Ind. y tráfico que se hace con estas conservas.

SALCANTAY Cumbre andina de Perú, en el dpto. de Cuzco; 6 271 m de alt.

SALCEDO Prov. de la República Dominicana; 440,43 km², 91 030 hab. Cap., la c. hom. Al N está accidentada por la cordillera Septentrional. Maíz, café, cacao, tabaco, plátanos. ◊ C. de la República Dominicana, cap. de la prov. hom.; 10 316 hab.

SALCHICHA f. Embutido, en tripa delgada, de carne de cerdo que se consume en fresco. ❑ SALCHICHERÍA.

SALCHICHÓN m. Embutido de jamón, tocino y pimienta, prensado y curado, que se come en crudo.

SALCOCHAR tr. Cocer carnes, pescados, legumbres u otros alimentos, sólo con agua y sal.

SALDANHA, *João Carlos d'Oliveira Daun,* DUQUE DE (1790-1870) Político port. Dirigió el gobierno en 1835-1836, 1846-1849 y 1851-1856.

SALDAR tr. Liquidar enteramente una cuenta. ◊ Vender a bajo precio una mercancía para desprenderse pronto de ella. ❑ SALDISTA.

SALDÍAS, *Adolfo* (1849-1914) Historiador y político arg. *Historia de la Confederación Argentina.*

SALDO m. Pago o finiquito de deuda u obligación. ◊ Cantidad que de una cuenta resulta a favor o en contra de uno. ◊ Resto de mercancías que el fabricante o el comerciante venden a bajo precio para desprenderse pronto de ellas.

SALEDIZO, ZA adj. Saliente, que sobresale. ◊ m. Parte que sobresale de la pared maestra.

SALEM C. y puerto de EE UU, cap. del est. de Oregón; 107 800 hab. Famosa por una persecución de brujas, en 1692.

SALERNO C. de Italia, en Campania, cap. de la prov. hom.; 155 800 hab. Durante la II Guerra Mundial fue el lugar de desembarco de las tropas angloamericanas (1943).

SALERO m. Vaso en que se sirve la sal en la mesa. ◊ Sitio donde se guarda la sal. ◊ fig. y fam. Gracia, donaire. ❑ SALEROSO, SA.

SALESA adj. y s. Díc. de la religiosa de la orden de la Visitación de Nuestra Señora, fundada en el s. XVII por san Francisco de Sales y santa Juana Francisca Fremiot de Chantal.

SALESIANO, NA adj. y s. Díc. del religioso de la Sociedad de san Francisco de Sales, congregación fundada por san Juan Bosco, en 1859.

SALFORD C. de Gran Bretaña, en Inglaterra (condado de Lancashire); 98 000 hab. Forma parte de la aglomeración urbana de Manchester. Ind. textiles y metalúrgicas.

SALGAR, *Eustorgio* (1831-1885) Político col. Presid. de la rep. (1870-1872).

SALGARI, *Emilio* (1862-1911) Novelista it., que cultivó el gén. de viajes y aventuras. *Los piratas de la Malasia, El corsario negro.*

SALICILATO m. *Quím.* Sal o éster del ácido salicílico.

SALICÍLICO, ácido m. *Quím.* Oxiácido aromático que paraliza la fermentación (conservación) de alimentos. Su derivado acetilado es la aspirina y su éster metílico se emplea en perfumería.

SÁLICO, CA adj. Relativo a los salios o francos. ◊ Ley sálica.

SALIDIZO m. *Arq.* Parte del edificio

que sobresale fuera de la pared maestra en la fábrica.

SALIDO, DA adj. Aplícase a lo que sobresale en un cuerpo más de lo regular. ◊ f. Acción de salir o salirse. ◊ Parte por donde se sale fuera de un sitio o lugar. ◊ Parte que sobresale en alguna cosa. ◊ Despacho o venta de los géneros. ◊ Partida de data o de descargo en una cuenta. ◊ fig. Escapatoria, pretexto. ◊ fig. Medio o razón con que se vence un argumento, dificultad o peligro. ◊ fig. y fam. Ocurrencia, dicho agudo. ◊ *Comp.* Cualquier información que se obtiene de una computadora, ya sea a través de pantalla o a través de la impresora, o incluso aquella que puede obtenerse grabada en un dispositivo de almacenamiento externo.

SALIENTE m. Oriente, levante. ◊ Parte que sobresale en una cosa.

SALIERI, *Antonio* (1750-1825) Compositor it. Fundó el Conservatorio de Viena. Autor de óperas y música religiosa. *Armida, Semíramis, Axurre d'Ormus.*

SALIFICAR tr. *Quím.* Convertir en sal una sustancia. ❑ SALIFICACIÓN.

SALINA f. Mina de sal común. ◊ Establecimiento donde se beneficia la sal obtenida por evaporación de las aguas del mar u otras aguas salinas.

SALINAS C. de Puerto Rico, en el distr. de Guayama; 28 000 hab. Agricultura. Pesca.

SALINAS, *Francisco de* (1513-1590) Músico esp. Ciego desde niño, fue organista de la catedral de León. ◊ *Pedro* (1892-1951) Poeta y crítico esp. *Presagios, Seguro azar, La voz a ti debida, Razón de amor.* ◊ **De Gortari,** *Carlos* (n. 1948) Político mex. Elegido presidente de la rep. (1988-1994) por el PRI, con un programa de renovación de las estructuras de la nación.

SALINAS GRANDES Desierto de Argentina, al O de la Pampa; 20 000 km². Yacimientos de sal.

SALINIDAD f. Calidad de salino. ◊ Concentración salina de un agua natural, continental o marina.

SALINO, NA adj. Que naturalmente contiene sal. ◊ Que participa de los caracteres de la sal común.

SALIO, LIA adj. y s. Díc. del individuo de uno de los ant. pueblos francos que habitaban en las orillas del río Yssel, en Germania.

Detalle del relieve del pedestal del trono de **Salmanasar** III (Museo Iraquí, Bagdad)

SALIR intr. y prnl. Pasar de la parte de adentro a la de afuera. ◊ intr. Partir de un lugar a otro. ◊ Desembarazarse o librarse de algún lugar estrecho, peligroso o molesto. ◊ Aparecer, manifestarse, descubrirse. ◊ Nacer, brotar. ◊ Sobresalir, estar una cosa más alta o más afuera que otra. ◊ Ser uno, en ciertos juegos, el primero que juega. ◊ Darse al público. ◊ Decir o hacer una cosa inesperada o intempestiva. ◊ Tener buen o mal éxito. ◊ Hablando de las estaciones y otras partes de tiempo, finalizar. ◊ Parecerse, asemejarse. ◊ Ser elegido o sacado por suerte o votación. ◊ Ir a parar, tener salida a punto determinado. ◊ intr. y prnl. Apartarse, separarse de una cosa o faltar a ella. ◊ prnl. Derramarse por una rendija o rotura el contenido de una vasija o receptáculo. ◊ Rebosar un líquido al hervir.

SALISBURY, *Robert Gascoyne Cecil,* MARQUÉS DE (1830-1903) Político conservador brit. Primer ministro en varias ocasiones.

SALITRE m. Nitro. ◊ Cualquier sustancia salina, especialmente la que aflora en tierras y paredes. ◊ *Chile.* Nitrato de Chile. ◊ *Bot.* Planta herbácea que vive en las zonas áridas y salinas de América Meridional. ❑ SALITRERO, RA; SALITROSO, SA.

SALIVA f. *Fisiol.* Humor alcalino, acuoso, algo viscoso, segregado por glándulas de la cavidad bucal de los vertebrados terrestres y de los insectos. ❑ SALIVOSO, SA.

SALIVAL adj. *Anat.* Díc. de cada una de las glándulas anexas a la cavidad bucal destinadas a la secreción de la saliva.

SALIVAR intr. Arrojar saliva.

SALIVAZO m. Porción de saliva que se escupe de una vez.

SALK, *Jones Edward* (1914-1995) Bacteriólogo norteam., descubridor de una vacuna contra la poliomielitis.

SALMANASAR Nombre de cinco reyes de Asiria que gobernaron entre los ss. XIII-VIII a. C., enfrentados en continuas luchas con los pueblos vecinos.

SALMER m. *Arq.* Piedra del machón o muro, cortada en plano inclinado, de donde arranca un adintelado o escarzano.

SALMERÓN, *Nicolás* (1838-1908) Político esp. Presid. de la I Rep. Dimitió a causa del levantamiento cantonalista.

SALMO m. Cántico religioso de los ant. hebreos. ◊ **Libro de los S.** Colección de himnos religiosos hebreos del A. T. Consta de 150 himnos, divididos en cinco libros. Su composición se atribuye a David, Asaf, Etán, etc. ❑ SALMISTA.

SALMODIA f. Canto usado en la Iglesia para los salmos. ◊ fig. y fam. Canto monótono. ❑ SALMODIAR.

SALMÓN m. *Zool.* Pez teleósteo de carne rojiza y sabrosa. Nace en los ríos, alcanza la adultez en el mar y retorna para el desove. ◊ adj. Díc. del color de la carne de este pez y de lo que tiene este color. ❑ SALMONADO, DA.

SALMONELLA f. *Biol.* Gén. de bacterias patógenas gramnegativas, agentes de diversas enfermedades infecciosas.

SALMONELOSIS f. *Pat.* Síndrome de carácter preferentemente gastrointestinal producido por las bacterias del gen. *Salmonella.*

SALMONETE m. Pez teleósteo marino del orden perciformes; es comestible y abunda en el Mediterráneo.

SALMUERA f. Agua cargada de sal. ◊ Agua que sueltan las cosas saladas.

SALOBRE adj. Que tiene sabor de alguna sal. ◊ Díc. de las aguas que tienen cierta salinidad.

SALOMÉ Princesa judía, hija de Herodes Filipo y de Herodias; obtuvo de su tío Herodes Antipas la cabeza de san Juan Bautista.

SALOMÓN (s. X a. C.) Rey de Israel [h. 971-929 a. C.]. Hijo de David. Prototipo del rey sabio y esplendoroso. Se le atribuye una copiosa producción literaria.

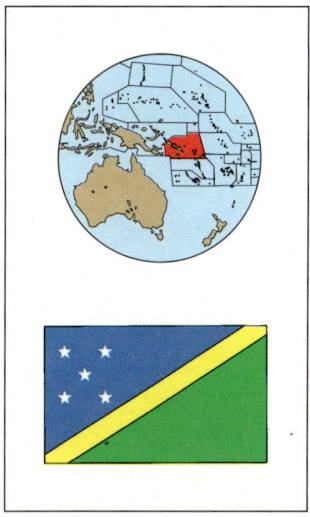
Mapa de situación y bandera de **Salomón**

SALOMÓN (*Solomon Islands*) Estado insular en el arch. de Melanesia formado por las islas Salomón. Cap., Honiara. Estado asociado a la Commonwealth. Lenguas: ing. (of.), *pidgin-english*. *Rel.*: protestantismo (mayoritario), catolicismo. U. M.: dólar de las Salomón. ◊ Arch. de Melanesia, formado por las islas Salomón y las islas Bougainville y Buka, que pertenecen a Papua-Nueva Guinea.

❑ *Hist.* Descubiertas por Á. de Mendaña en 1568. La parte S del arch. fue ocupada por los brit. en 1893 y 1898-1899, mientras que las islas de Bou-

SALOMÓN	
Superficie	28 396 km²
Población	360 000 hab. (12 hab./km²)
Recursos económicos	
Batatas	58 000 t
Copra	35 000 t
Nuez de coco	210 000 t
Pesca	55 766 t
Riqueza forestal	512 000 m³
Indicadores sociológicos	
PNB	184 millones de dólares
Renta per cápita	560 dólares
Esperanza de vida	65 años
Alfabetismo	55 %

Iglesia de Santa Catalina, en **Salónica**

gainville y Buka fueron anexionadas por Alemania. Ocupadas por los japoneses en la II Guerra Mundial. El grupo de las Salomón se declaró indep. en 1978.

SALÓN m. Sala, pieza pral. de la casa, que en ocasiones hace también de comedor. ◇ Mobiliario de este aposento. ◇ Pieza de grandes dimensiones donde celebra sus juntas alguna corporación.

SALÓNICA (*Zessaloniki*) C. del N de Grecia, en Macedonia; 406 000 hab. Puerto en el golfo hom. Centro industrial. Fundada en el s. IV a. C., es la ant. Tesalónica. ◇ Golfo de Grecia, en el mar Egeo.

SALPICADERO m. En los automóviles, tabique que separa el habitáculo destinado a los viajeros del motor. ◇ Panel de instrumentos de un automóvil.

SALPICAR tr. e intr. Esparcir en gotas pequeñas un líquido o sustancia pastosa. ◇ tr. y prnl. Mojar o manchar con un líquido o sustancia pastosa que salpica. ◇ tr. fig. Esparcir varias cosas, como rociando con ellas una superficie u otra cosa. ❏ SALPICADURA.

SALPICÓN m. Guiso de carne, pescado o marisco desmenuzado, con pimienta, sal, aceite, vinagre y cebolla. ◇ Fiambre de trozos de pescado o marisco codimentados con cebolla, sal y otros ingredientes. ◇ *Ecuad.* Bebida fría preparada con jugo de frutas.

SALPIMENTAR tr. Adobar una cosa con sal y pimienta.

SALPINGITIS f. *Pat.* Inflamación de una o ambas trompas de Falopio. ◇ *Pat.* Inflamación de la trompa de Eustaquio.

SALPULLIDO m. Erupción leve y pasajera en el cutis. ◇ Señales que dejan en el cutis las picaduras de las pulgas. ❏ SALPULLIR.

SALSA f. Mezcla de varias sustancias comestibles desleídas, que se hace para aderezar la comida. ◇ fig. Cualquier cosa que mueve o excita el gusto. ◇ Música con ritmos afrolatinos, surgida entre los inmigrantes caribeños en Nueva York.

SALSERA f. Vasija para servir salsa.

SALSIFÍ m. Planta herbácea bienal, de raíz fusiforme, blanca y comestible.

SALT (siglas de *Strategic Arms Limitation Talks*, «Conversaciones sobre limitación de armas estratégicas») Negociaciones entre EE UU y la URSS para la reducción de sus arsenales nucleares, iniciadas en 1969 en Helsinki. En 1972, 1979 y 1987 se firmaron acuerdos que limitan el despliegue de misiles nucleares.

SALT LAKE CITY C. de EE UU, cap. del est. de Utah; 160 000 hab. Ind. textil; refinerías de petróleo.

SALTA Prov. de Argentina, limítrofe con Bolivia, Paraguay y Chile; 155 488 km², 1 079 051 hab. Cap., la c. hom. La parte occidental de la prov. pertenece al dominio andino (Llullaillaco, 6 739 m). El sector oriental corresponde a la llanura del Chaco. Ríos Bermejo y Salado. Cereales, tabaco, vid, caña de azúcar, algodón, agrios, hortalizas. Ganado ovino, vacuno, caprino. Petróleo, gas natural, hierro, bismuto, azufre. Ind. de transformaciones agropecuarias, refino de minerales, química. ◇ C. de Argentina, cap. de la prov. hom.; 462 051 hab. Centro agrícola y comercial. Ind. del cemento y la madera. Refinería de petróleo. Ferrocarril transandino. Fundada por Hernando de Lerma (1582). El general Manuel Belgrano derrotó a las tropas realistas en la batalla de S. (1813), afirmando la revolución en la frontera norte.

SALTADOR, RA m. y f. Persona especializada en saltos gimnásticos, acrobáticos, etc. ◇ m. Comba, cuerda para saltar.

SALTAMONTES m. Insecto ortóptero de alas membranosas, que da grandes saltos con las patas posteriores.

SALTAR intr. Levantarse del suelo con impulso y ligereza, para dejarse caer en el mismo sitio o para pasar a otro. ◇ Arrojarse desde una altura para caer de pie. ◇ Moverse una cosa de una parte a otra, levantándose con violencia. ◇ Romperse o quebrantarse violentamente una cosa. ◇ Desprenderse una cosa de donde estaba unida o fija. ◇ fig. Hacerse reparable o sobresalir mucho una cosa. ◇ Ascender a un puesto más alto que el inmediatamente superior sin haber ocupado éste. ◇ tr. Salvar de un salto un espacio o distancia. ◇ tr. y prnl. fig. Omitir voluntariamente o por inadvertencia parte de un escrito, leyéndolo o copiándolo.

SALTARÍN, NA adj. y s. Que danza o baila. ◇ fig. Díc. de la persona inquieta, que salta y se mueve mucho.

SALTEAR tr. Asaltar, acometer, especialmente a los viajeros o caminantes para robarles. ◇ Acometer. ◇ Hacer una cosa discontinuamente sin seguir el orden natural, o saltando y dejando sin hacer parte de ella. ◇ Sofreír un manjar a fuego vivo en manteca o aceite hirviendo. ❏ SALTEADOR, RA; SALTEO.

SALTERIO m. Libro canónico del A. T., que consta de 150 salmos. ◇ Libro de coro que contiene sólo los salmos. ◇ Instrumento consistente en una caja prismática de madera sobre la cual se extienden hileras de cuerdas metálicas.

SALTILLO C. de México, cap. del est. de Coahuila; 578 046 hab. Centro agrícola e industrial: textil, de maquinaria agrícola, del papel y celulosa.

SALTO m. Acción y efecto de saltar. ◇ Lugar que no se puede pasar sino saltando. ◇ Despeñadero muy profundo. ◇ Salto de agua. ◇ Espacio comprendido entre el punto desde donde se salta y aquel a que se llega. ◇ **de agua.** Caída de agua producida por un desnivel repentino. ◇ **mortal.** fig. Salto que dan los volatineros lanzándose de cabeza y dando una vuelta en el aire para caer de pie.

Saltamontes

SALTO Dpto. del NO de Uruguay; 14 163 km², 123 120 hab. Cap., la c. hom. El territorio corresponde al macizo cristalino bras. Cereales, vid, agrios. Cría de ovinos y bovinos. Ind. conservera, curtidos. ◇ C. de Uruguay, cap. del dpto. hom.; 99 072 hab. Puerto fluvial. Ind. agropecuarias.

SALTO DEL GUAIRÁ C. de Paraguay, cap. del dpto. de Canindeyú; 2 100 hab.

Típica arquitectura colonial en la ciudad de **Salta**

SALTÓN, NA adj. Que anda a saltos o salta mucho. ◊ Díc. de algunas cosas que sobresalen más de lo regular. ◊ *Chile* y *Col.* Sancochado, medio crudo. ◊ m. Cresa que suelen criar el tocino y el jamón.

SALUD f. Estado en que el ser orgánico ejerce normalmente todas sus funciones. ◊ Libertad o bien público o particular de cada uno. ◊ Salvación. ◊ pl. Actos y expresiones corteses.

Salvia. Planta y hojas

SALUDABLE adj. Que sirve para conservar la salud corporal. ◊ fig. Provechoso para un fin.

SALUDAR tr. Dirigir a otro, al encontrarlo o despedirse de él, palabras corteses. ◊ Enviar saludos. ❏ SALUDO.

SALUÉN (*Salwen*) Río del SE de Asia. Nace en Tíbet oriental y desemboca en el mar de Andamán; 2 500 km.

SALUSTIO Nombre de *Caius Sallustius Crispus* (85-35 a. C.) Historiador latino. *La conjuración de Catilina, La guerra de Yugurta.*

SALUTACIÓN f. Saludo. ◊ Parte del sermón en el cual se saluda a la Virgen.

SALVA f. Saludo, bienvenida. ◊ Salutación hecha con armas de fuego. ◊ Serie de cañonazos consecutivos de fogueo disparados en señal de honores o saludos. ◊ Disparo simultáneo de varias piezas idénticas de artillería.

SALVACIÓN f. Acción y efecto de salvar o salvarse. ◊ Consecución de la gloria y bienaventuranza eternas.

SALVADO m. Cáscara del grano desmenuzada por la molienda. Utilizado pralm. para alimento del ganado.

SALVADOR, RA adj. y s. Que salva. ◊ m. P. ant., Jesucristo.

SALVADOR C. del E de Brasil, cap. del est. de Bahía; 2 056 000 hab. Imp. puerto exportador (café, cacao, azúcar, tabaco, madera). Ind. textil, química, del cemento, harinera, naval, de refino de petróleo. Fundada en 1549.

SALVADOR, El ➾ El Salvador

SALVAGUARDAR tr. Defender, amparar.

SALVAGUARDIA m. Documento o distintivo que se entrega a alguien para que no sea detenido. ◊ Custodia, amparo, garantía.

SALVAJE adj. Aplícase a las plantas silvestres y sin cultivo. ◊ Díc. del animal que no es doméstico. ◊ Aplícase al terreno montuoso, áspero, inculto. ◊ adj. y s. Díc. de los pueblos y de los individuos que viven en estado primitivo. ◊ fig. Violento, irrefrenable. ❏ SALVAJADA; SALVAJISMO.

SALVALEÓN DE HIGÜEY C. de la República Dominicana, cap. de la prov.

de La Altagracia; 93 151 hab. Centro agrícola.

SALVAMANTELES m. Pieza de cristal, loza, madera o tela que se pone en la mesa debajo de las fuentes, botellas, etc.

SALVAR tr. y prnl. Librar de un riesgo o peligro; poner en seguro. ◊ tr. Dar Dios la gloria y bienaventuranza eterna. ◊ Evitar un inconveniente, impedimento, dificultad o riesgo. ◊ Exceptuar, dejar aparte, excluir una cosa de lo que se dice o se hace u otra u otras. ◊ Vencer un obstáculo, pasando por encima o a través de él. ◊ Recorrer la distancia que media entre dos lugares. ◊ Exculpar, probar jurídicamente la inocencia o libertad de una persona o cosa. ◊ prnl. Alcanzar la gloria eterna. ❏ SALVAMIENTO.

SALVARSAN m. *Farm.* Compuesto orgánico de los arsenobenzoles, empleado antes del descubrimiento de la penicilina para tratar la sífilis.

SALVAT-PAPASSEIT, Joan (1894-1924) Poeta esp. en lengua cat. *Les conspiracions, La rosa als llavis.*

SALVAVIDAS m. Aparato con que los náufragos pueden salvarse sobrenadando. ◊ **Bote s.** Bote insumergible que obligatoriamente deben llevar las embarcaciones, para ser utilizado cuando el barco corre serio peligro.

SALVEDAD f. Razonamiento que se emplea como excusa o limitación de lo que se va a decir o hacer. ◊ Nota por la cual se salva una enmienda en un documento.

SALVI, Nicola (1697-1751) Arquitecto y escultor it. *Fuente de Trevi,* en Roma.

SALVIA f. Mata de hojas estrechas, aromáticas y amargas, flores azuladas en espiga y fruto seco con una semilla; del cocimiento de sus hojas se usa como sudorífico y astringente.

SALVO, VA adj. Ileso, librado de un peligro. ◊ Exceptuado, omitido. ◊ adv. modo. Excepto, fuera de.

SALVOCONDUCTO m. Documento expedido por una autoridad para que el que lo lleva pueda transitar sin riesgo.

SALZBURGO (*Salzburg*) C. de Austria, cap. del est. hom.; 139 400 hab. Cuna de Mozart, en cuyo honor se celebra un renombrado festival de música.

SALZILLO, Francisco (1707-1783) Escultor esp. Se especializó en pasos procesionales (las *Angustias,* el *Prendimiento,* la *Oración en el huerto*).

SAMANÁ Prov. de la República Dominicana, bañada por el océano Atlántico; 853,74 km², 92 102 hab. Cap., Santa Bárbara de Samaná. Se extiende por la península hom. y el delta del Yuna. Bosque tropical y manglar. Coco, cacao y arroz.

SAMANIEGO, Félix M.ª de (1745-1801) Escritor esp. Autor de las *Fábulas.*

SAMANO, Juan de (1754-1820) Militar y administrador esp. Virrey de Nueva Granada (1817-1819), fue responsable de la ejecución de muchos patriotas.

SAMAR Isla de Filipinas, en el arch. de las Visayas; 13 429 km², 1 115 000 hab. Arroz, maíz y cocoteros. Explotación forestal. Hierro.

SÁMARA f. *Bot.* Fruto seco, indehiscente, con pocas semillas y pericarpio extendido a manera de ala; como el del olmo.

SAMARA (ant. Kuibishev) C. de la rep. de Rusia; 1 250 000 hab. Ind. mecánica, petroquímica.

SAMARANCH, Juan Antonio (n. 1920) Deportista y político esp. Presid. del Comité Olímpico Internacional entre 1980 y 2001.

SAMARCANDA o SAMARKANDA C. de la rep. de Uzbekistán, cap. de la prov. hom.; 266 800 hab. Centro agrícola e industrial. Fue cap. del imperio de Tamerlán.

SAMARIA Ant. c. de Palestina, cap. del reino de Israel. En el s. IV a. C. la c. estableció un nuevo culto, rival de Jerusalén en el monte Garizim. ◊ Región histórica del centro de Palestina. La zona de S. pasó a Jordania en la guerra de 1948, y fue conquistada por los israelíes en 1967.

SAMARIO m. Elemento químico de símb. Sm, n. a. 62 y p. a. 150,35. Algunos de sus isótopos están entre los productos de la fisión del uranio.

SAMARITANO, NA adj. y s. De Samaria. Los s. formaban un grupo étnico resultado de la mezcla de israelitas con asirios establecidos en Samaria después de ser conquistada por Sargón II (722 a. C.). ◊ Sectario del cisma de Samaria.

SAMARRA C. de Irak, a orillas del Tigris. Fundada por los abasíes (s. IX). En ella se desarrolló una cultura protohistórica (5 000 a. C.).

SAMBA (voz bras.) f. Baile popular bras., de origen afr., de mov. rápido y compás binario sincopado.

SAMBAQUÍ (voz guaraní) m. Nombre indígena de unas sepulturas prehistóricas del N de Brasil.

SAMBENITO m. Capotillo o escapulario que se ponía a los penitentes reconciliados por la Inquisición. ◊ Letrero que se ponía en las iglesias con el nombre y castigo de los penitenciados. ◊ fig. Mala nota que queda de una acción. ◊ fig. Difamación, descrédito.

SAMNITA adj. y s. Díc. de los ant. pobladores itálicos de la Italia central, establecidos en los Apeninos.

SAMOA Estado de Oceanía, en la Polinesia, formado por las islas de Savaii, Upolu y diversos islotes. Monarquía. Etnia: polinesia. Lenguas: samoano e inglés (oficiales). Rel.: protestantismo

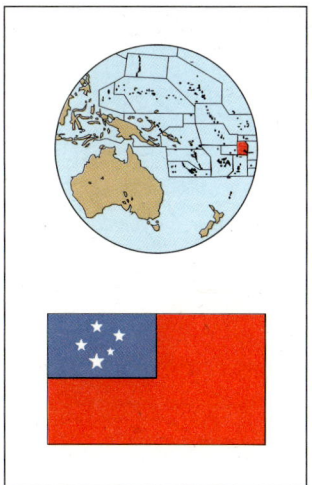

Mapa de situación y bandera de **Samoa**

SAMOA

Superficie	2 842 km²
Población	159 000 hab. (56 hab./km²)
Recursos económicos	
Bananas	23 000 t
Cabaña bovina	31 000 cabezas
Cabaña porcina	57 000 cabezas
Cacao	1 000 t
Copra	24 000 t
Nuez de coco	160 000 t
Pesca	4 020 t
Riqueza forestal	131 000 m³
Indicadores sociológicos	
PNB	156 millones de dólares
Renta per cápita	930 dólares
Esperanza de vida	63 años
Alfabetismo	97 %

(mayoritaria), catolicismo. U. M.: el tala. Cap., Apia. Relieves de origen volcánico y montañoso (monte Silisili, 1 844 m). Clima tropical. Bananas, palmeras cocoteras, cacao. Cabaña bovina y porcina. Explotación forestal. Indep. desde 1962. ◊ **Americana** Archipiélago de EE UU, sit. en Oceanía (Polinesia); 199 km², 48 000 hab. Cap., Pago Pago. Bananas, palmeras cocoteras. Pesca.
SAMOS Isla de Grecia, en el Egeo, del arch. de las Espóradas Meridionales; 778 km², 40 500 hab. Cap., la c. hom. Conquistada por jonios, atenienses y turcos. Integrada a Grecia en 1923.

Victoria de **Samotracia**, escultura en mármol (Museo del Louvre, París)

SAMOSATA Ant. c. del N de Siria, junto al Éufrates. Fue cap. del reino de Comagene (s. III a. C.).
SAMOTANA f. *Amér. Centr.* Alboroto.
SAMOTRACIA Isla gr., en el NE del Egeo; 180 km², 4 000 hab. En el templo dedicado a los dioses Cabiri se encontró la estatua de la Niké o Victoria alada.
SAMOVAR m. En Rusia, recipiente de cobre en el que hierve el agua destinada a preparar el té.
SAMOYEDO, DA adj. y s. Díc. de individuos de un pueblo mongol de Siberia, de lengua afín a las ugrofinesas.
SAMPAIO, *Jorge* (n. 1939) Abogado y político socialista port. En 1996 fue

nombrado presid. de Portugal, siendo reelegido en 2001.
SAMPÁN m. Embarcación ligera de remos o de velas, usada en Extremo Oriente.
SAMPER, *Ernesto* (n. 1950) Político colombiano. Miembro del Partido Liberal, ocupó la presidencia de la rep. entre 1994 y 1998.
SAMSUN C. de Turquía, puerto en el mar Negro, cap. de la prov. hom.; 280 100 hab. Ind. tabaquera.
SAMUEL Último juez de Israel y uno de sus profetas, hijo de Eqanah y Ana. ◊ **Libros de S.** Dos libros históricos del A. T. que la tradición atribuye a S.
SAMUGA f. Jamuga.
SAMURAI m. En el ant. sistema feudal japonés, militar noble que estaba al servicio de los daimios.
SAN adj. Apócope de santo.
SAN AGUSTÍN, *cultura de* Área cultural del S de Colombia, en las fuentes del r. Magdalena, cuyo máx. esplendor fue entre 600-100 a. C.
SAN ANDRÉS Y PROVIDENCIA Dpto. de Colombia; 44 km², 79 459 hab. Cap., San Andrés (55 168 hab.). Comprende el arch. hom., formado por las islas de San Andrés, Providencia y Santa Catalina, y varios islotes (Roncador, Quitasueño, Bajo Nuevo y Serranilla). Sit. en el mar Caribe, frente a Nicaragua. Cocos, maíz, aguacates, caña de azúcar. Pesca. Ind. derivada del coco y de la pesca.
SAN ANTONIO Cabo de Argentina, en el Atlántico, extremo S del estuario del Río de la Plata. ◊ Cabo de Cuba que constituye el extremo O de la isla.
SAN ANTONIO C. del S de EE UU, en Texas; 785 400 hab. Refinerías de petróleo. Ind. metalúrgica, química y textil.
SAN ANTONIO Prov. del centro de Chile, en la región de Valparaíso; 136 594 hab. Cap., la c. hom. ◊ C. de Chile. cap. de la prov. hom.; 87 205 hab. Puerto exportador de cobre.
SAN ANTONIO DE LOS BAÑOS C. de Cuba, en la prov. de La Habana; 25 700 hab. Manufacturas de tabaco. Ind. azucarera.
SAN BARTOLOMÉ, *Noche de* Nombre de la matanza ordenada por Carlos IX contra los hugonotes de toda Francia (24 de agosto de 1572).
SAN BAUDILIO DE LLOBREGAT o **SANT BOI DE LLOBREGAT** Mun. de

España, en la prov. de Barcelona; 78 738 hab.
SAN BERNARDINO C. de EE UU, en el est. de California; 1 558 200 hab. en la agl. úrb. Ind. química y metalúrgica.
SAN BERNARDO m. Raza de perro de labor, de tipo molosoide y gran tamaño. Utilizado como guía y para rescatar viajeros perdidos en la nieve.
SAN BERNARDO C. de Chile, cap. de la prov. de Maipo (región metropolitana de Santiago); 246 762 hab. Ind. químicas, alimentarias y metalúrgicas.

Perro de raza **San Bernardo**

SAN CARLOS C. de Venezuela, cap. del est. Cojedes; 37 900 hab. Centro ganadero y forestal. ◊ C. de Chile, en la prov. de Ñuble; 50 088 hab. Ind. azucarera y maderera. ◊ C. de Nicaragua, cap. del dpto. de Río San Juan; 3 100 hab.
SAN CARLOS DE BARILOCHE ➪ Bariloche.
SAN CARLOS DE PUNO ➪ Puno.
SAN CARLOS DE ZULIA Munic. de Venezuela, en el est. Zulia; 32 800 hab.
SAN CRISTÓBAL Prov. de la República Dominicana, bañada al S por el Caribe; 1 243 km², 368 600 hab. Cap., la c. hom. La cordillera Central ocupa los sectores N y O. Arroz, cacao, café y, sobre todo, caña de azúcar, la cual alimenta una ind. de transformación. Cría de bovinos. Explotación forestal. Minería (cobre). ◊ C. de la República Dominicana, cap. de la prov. hom.; 58 520 hab. Centro comercial. Ind. de transformaciones agrarias. ◊ C. de Venezuela, cap. del est. Táchira; 242 167 hab. Centro comercial y mercado ganadero. Ind. alimentarias y de la construcción. ◊ Isla de Ecuador, sit. al O del arch. de Galápagos; 520 km², 2 900 hab. C. pral., Puerto Baquerizo Moreno.

Cámara funeraria del área arqueológica de **San Agustín** (Colombia)

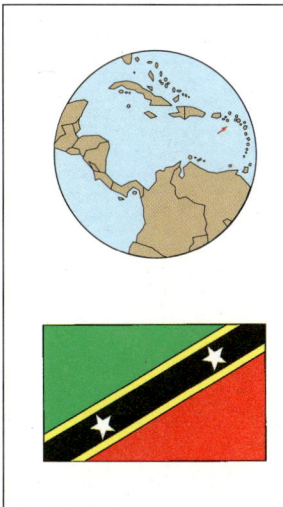

Mapa de situación y bandera de **San Cristóbal y Nevis**

SAN CRISTÓBAL Y NEVIS (*Federation of Saint Kitts and Nevis*) Est. insular de las Pequeñas Antillas, miembro de la Commonwealth. Comprende las islas San Cristóbal y Nevis, y el islote de Sombrero. Clima tropical. Algodón, caña de azúcar, cereales. Grupos étnicos: mayoría de ascendencia africana. Lenguas: inglés (of.), criollo inglés. *Rel.*: protestantismo, catolicismo. U. M.: dólar Caribe Este. Cap., Basseterre.

SAN CRISTÓBAL Y NEVIS

Superficie	269 km²
Población	44 000 hab. (163 hab./km²)
Recursos económicos	
Azúcar	20 000 t
Cerveza	16 000 hl
Pesca	1 700 t
Turismo	135 700 visitantes
Indicadores sociológicos	
PNB	156 millones de dólares
Renta per cápita	3 960 dólares
Esperanza de vida	66 años
Alfabetismo	90 %

□ *Hist.* Desde 1967 est. asociado de Gran Bretaña, del que en 1980 se separó la isla de Anguila. Accedió a la indep. en 1983.
SAN DIEGO C. de EE UU, en el est. de California; 875 500 hab. (1 861 800 la agl. urb.). Ind. de construcciones navales y aeronáuticas.
SAN FELIPE C. de Chile, cap. de la prov. de San Felipe de Aconcagua; 64 126 hab. ◊ C. de Venezuela, cap. del est. Yaracuy; 57 500 hab. Centro comercial y agrícola. Ind. agropecuarias.
SAN FELIPE DE ACONCAGUA Prov. del centro de Chile, en la región de Valparaíso; 116 403 hab. Cap., San Felipe. Cereales, tabaco. Ganadería. Cobre, caolín, oro, plata. Ind. tabaquera y vinícola.
SAN FELIPE DE PUERTO PLATA C. de la República Dominicana, cap. de la

prov. de Puerto Plata; 45 348 hab. Agricultura Ind. alimentaria, fosforera y maderera.
SAN FERNANDO C. de Chile, cap. de la prov. de Colchagua; 63 732 hab. Ind. agropecuaria.
SAN FERNANDO C. de España, en la prov. de Cádiz; 88 073 hab. Centro agropecuario. Ind. naval y alimentaria.
SAN FERNANDO DE APURE C. de Venezuela, cap. del est. Apure; 57 300 hab. Puerto fluvial. Centro ganadero y agrícola.
SAN FERNANDO DEL VALLE DE CATAMARCA C. de Argentina, cap. de la prov. de Catamarca; 140 741 hab. Centro com. agrícola. Vinos y aguardientes. Catedral neoclásica.
SAN FRANCISCO Río de Brasil. Nace en la sierra Canasta y desemboca en el Atlántico; 3 000 km.
SAN FRANCISCO C. de Argentina, en la prov. de Córdoba; 51 900 hab. Ind. alimentaria.
SAN FRANCISCO (ant. *Gotera*) C. de El Salvador, cap. del dpto. de Morazán; 20 500 hab.
SAN FRANCISCO C. del oeste de EE UU, en el est. de California; 679 000 hab. (3 250 000 hab. la agl. urb.). Puerto de importancia mundial. Ind. siderúrgica, textil, química, mecánica y naval. Fundada por Juan B. de Anza (1776), formó parte del territorio mex. hasta que fue conquistada por las tropas norteam. en 1846. Destruida por un terremoto (1906). ◊ **Bahía de San Francisco** Bahía de EE UU, en la costa del Pacífico, en California. ◊ **Conferencia de San Francisco** Reunión internacional, que se celebró en esta c. al acabar la II Guerra Mundial (1945) y en la que se aprobó la creación de las Naciones Unidas.
SAN FRANCISCO DEL RINCÓN Mun. de México, en el est. de Guanajuato; 50 100 hab. Cereales. Ganadería porcina. Ind. alimentaria y textil.
SAN FRANCISCO DE MACORÍS C. de la República Dominicana, cap. de la prov. de Duarte; 64 906 hab. Ind. químicas, mecánicas y alimentarias.
SAN GOTARDO (fr. *Sant-Gothard*; al., *Sankt Gotthard*) Macizo de Suiza, en los Alpes Centrales (Pizzo Rotondo, 3 192 m). Túnel de 15 km construido en el s. XIX.

El Teatro Nacional de **San José**, Costa Rica

SAN ILDEFONSO o **LA GRANJA** Mun. esp., en la prov. de Segovia. Residencia veraniega de los reyes de España. Sitio real de La Granja y la Colegiata.
SAN ISIDRO Partido de Argentina, en la prov. de Buenos Aires; 289 200 hab.
SAN ISIDRO C. de Chile, en el á. metr. de Santiago; 97 625 hab.
SAN JORGE, Canal de (*Saint George*) Estr. entre Irlanda y el País de Gales, que comunica el mar de Irlanda con el Atlántico; 160 km de longitud.
SAN JORGE, Golfo de Golfo de Argentina, en el Atlántico. Se extiende desde la isla Leones, al N, hasta el cabo Tres Puntas, al S. Petróleo.
SAN JORGE R. de Colombia, afl. del Magdalena; 400 km. Nace en la cordillera Occidental y desemboca al S de Magangué.
SAN JOSÉ Dpto. de Uruguay, sit. junto al estuario del Río de la Plata; 4 992 km², 103 104 hab. Cap., San José de Mayo. Accidentado por la Cuchilla Grande. Río San José. Cereales, girasol, frutales, hortalizas. Imp. cabaña lanar y vacuna. ◊ **de Mayo** C. de Uruguay, cap. de dpto. de San José; 36 339 hab. Centro agropecuario.
SAN JOSÉ Prov. del centro de Costa Rica; 4 960 km², 1 345 750 hab. Cap., la c. hom. La parte septentrional está accidentada por la cordillera Central, y el E y SE por la cordillera de Talamanca. Ganado vacuno, porcino. Avicultura. Ind. azucarera, láctea, textil, química, mecánica. ◊ C. de Costa Rica, cap. de

Vista de una típica calle de **San Francisco** y, al fondo, la bahía

la prov. hom. y de la nación; 309 672 hab. Centro comercial e ind.: maquinaria agrícola, muebles, materiales para la construcción, textiles. Fundada en 1738.

SAN JOSÉ C. de EE UU, en el est. de California; 636 600 hab. (1 295 100 hab. la agl. urb.). Ind. conservera, productos químicos, cemento.

SAN JOSÉ DE LAS LAJAS C. de Cuba, prov. de La Habana; 27 000 hab.

Vista general de **San Juan** de Puerto Rico

SAN JOSÉ DEL GUAVIARE C. de Colombia, cap. del dpto. del Guaviare; 20 788 hab.

SAN JUAN Río de Argentina; 500 km. ◊ Río de América Central. Emisario del lago Nicaragua, sirve de frontera entre Nicaragua y Costa Rica, y desemboca en el mar Caribe; 200 km. ◊ Río de Colombia. Nace en la cordillera Occidental y desemboca en el Pacífico; 380 km.

SAN JUAN Prov. de Argentina, limítrofe al oeste con Chile; 89 651 km², 620 023 hab. Cap., la c. hom. Accidentada por la cordillera andina (Mercedario, 6 769 m) y la precordillera. Vid, olivo y productos frutícolas y hortícolas en los sectores regados. Cría de ovinos y bovinos. Cobre (El Pachón), plomo y cinc. Ind. oleícola y vinícola. ◊ C. de Argentina, cap. de la prov. hom.; 112 178 hab. Ind. alimentaria y de materiales para la construcción. Centro comercial.

SAN JUAN Prov. de la República Dominicana; 3 569,39 km², 232 674 hab. Cap., San Juan de la Maguana. Relieve montañoso (pico Duarte, 3 175 m).

Catedral de **San Luis Potosí** (México)

Arroz, habichuelas, café, caña de azúcar, tabaco, plátanos, maní. Vacuno, porcino y equino. Oro.

SAN JUAN C. y cap. de Puerto Rico; 437 745 hab. Puerto exportador. Centro administrativo, cultural y turístico. Imp. centro de comunicaciones entre el Atlántico y el Caribe. Ind. textil, alimentaria, del tabaco. Refinería de petróleo. El pueblo original fue fundado en 1508 por Ponce de León.

SAN JUAN BAUTISTA C. de Paraguay, cap. del dpto. de Misiones; 6 900 hab.

SAN JUAN DE LA MAGUANA C. de la República Dominicana, cap. de la prov. de San Juan; 136 822 hab.

SAN JUAN DE LOS MORROS C. de Venezuela, en el est. Guárico; 57 200 hab.

SAN JUAN DEL RÍO C. de México, en el est. de Querétaro; 54 000 hab. Agricultura.

SAN JUAN-RÍO PIEDRAS Distr. de Puerto Rico; 820 000 hab. Cap. San Juan. Agricultura. Ind. textil y del petróleo.

SAN LORENZO Golfo de Canadá, en el Atlántico. sit. entre Terranova y la pen. de Nueva Escocia. ◊ (*Saint Lawrence*) Río de América Septentrional, emisario de los cinco Grandes Lagos, desemboca en el golfo hom.; 3 100 km. Forma frontera entre Canadá y EE UU.

SAN LORENZO Yacimiento arqueológico mex. en el est. de Veracruz. Restos olmecas.

SAN LORENZO C. de Puerto Rico, en el distr. de Humacao; 35 163 hab. Agricultura y ganadería. Ind. tabaquera.

SAN LUCAS Isla de Costa Rica (prov. de Puntarenas), en el golfo de Nicoya.

SAN LUIS Prov. de Argentina, sit. en el centro del país; 76 748 km², 367 933 hab. Cap., la c. hom. El sector septentrional es montañoso (sierras de San Luis, al E, de Cantanal, Quijadas y Alto Pencoso, al O). El sector meridional es una gran llanura pampeana. R. Desaguadero y Salado. Centeno, maíz, algodón, productos hortofrutícolas, vid y olivos. Cría de bovinos y ovinos. Volframio, uranio, oro, azufre. ◊ C. de Argentina, cap. de la prov. hom.; 153 322 hab. Centro comercial y agrícola. Núcleo de comunicaciones.

SAN LUIS Mun. de Cuba, en la prov. de Santiago de Cuba; 80 200 hab. Ind. azucarera.

SAN LUIS POTOSÍ Est. del N de México; 62 848 km², 2 299 360 hab. Cap., la c. hom. El territorio está ocupado al N por la altiplanicie Septentrional, al S por la Meridional y al E por la sierra Madre

Oriental. Cereales, café, caña de azúcar, algodón y frutales. Ganadería vacuna, caprina y avicultura. Plomo, cinc, cobre, plata. Ind. alimentaria, siderúrgica, química y textil. ◊ C. de México, cap. del est. hom.; 670 532 hab. Centro minero, comercial, agropecuario y nudo de comunicaciones. Ind. siderúrgica, química, metalúrgica, alimentaria, textil, papelera, tabaquera.

SAN LUIS RÍO COLORADO C. de México, en el est. de Sonora; 50 000 hab. Centro comercial. Aduanas.

SAN MARCOS Dpto. de Guatemala, fronterizo al O con México; 3 791 km², 766 950 hab. Cap., la c. hom. La mitad N está ocupada por la sierra Madre (volcán Tajumulco, 4 220 m). Economía agrícola (cereales, hortalizas, frutales, café, caña de azúcar, cacao) y ganadera. Ind. de transformaciones agropecuarias y textil. ◊ C. de Guatemala, cap. del dpto. hom.; 6 963 hab. Centro agrícola.

SAN MARINO, *República de* (*Repubblica di San Marino*) Estado europeo, enclavado en terr. it., entre Emilia-Romaña y las Marcas. Clima mediterráneo. Vid, trigo, frutas. Manufacturas de tejidos, papel y pieles. Ind. de la talla de piedra. Pral. fuente de ingresos, turismo e ind. derivadas. Lengua: it. *Rel.*: catolicismo. U. M.: euro. Cap., San Marino (4 200 hab.).

□ *Hist.* Desde finales del s. ix consta la existencia de una rep. libre de San Marino. Tras la unificación it., la rep. se puso bajo la protección de Italia.

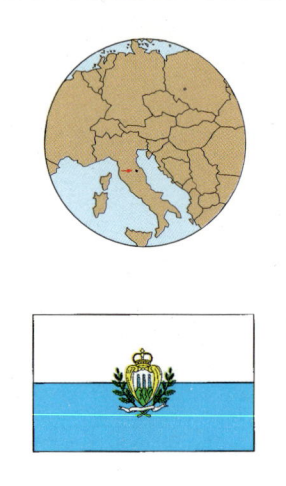

Mapa de situación y bandera de **San Marino**

SAN MARINO	
Superficie	60,577 km²
Población	23 000 hab. (378 hab./km²)
Recursos económicos	
Turismo	3 208 300 visitantes
Indicadores sociológicos	
PNB	510 millones de dólares
Renta per cápita	20 500 dólares
Esperanza de vida	73 años

SAN MARTÍN u **O'HIGGINS** Lago de América Meridional, en los Andes patagónicos, fronterizo entre Argentina y Chile; 1 013 km².

SAN MARTÍN Dpto. del Perú, limítrofe con los dptos. de Loreto, Huánuco, Libertad y Amazonas; 51 253,31 km², 643 200 hab. Cap., Moyobamba. El terr. está atravesado, en el sector occidental por la cordillera Central y, al NE, por la Oriental. Al E se encuentra una región llana que está avenada por el río Huallaga. Cultivos de yuca, maíz, arroz, café, tabaco y caña de azúcar. Ganadería. Sal gema.

SAN MARTÍN, *José Francisco de* (1778-1850) Militar y político arg. Pasó parte de su infancia y juventud en Es-

San Salvador. La plaza de la Libertad

Retrato del general José **San Martín**

paña. Después del movimiento de Mayo en Buenos Aires (1811), se le encomendó la misión de formar el cuerpo de granaderos y el ejército de los Andes. Tras derrotar a los esp. en la batalla de San Lorenzo (1813), fue nombrado gobernador intendente de Cuyo. En 1817 pasó los Andes y, tras vencer en Chacabuco y Maipú, entró en Santiago de Chile, entregando el poder a O'Higgins. En 1821 ocupó la cap. del Perú, proclamando la indep. Se entrevistó con Bolívar en Guayaquil (1826), pero no hubo acuerdo en la forma de gobierno de las nuevas rep. En 1829 fijó su residencia en Francia.

Palacio de Petrodvorets, antigua residencia de los zares, próxima a **San Petersburgo**

SAN MARTÍN TEXMELUCAN Mun. de México, en el est. de Puebla; 52 200 hab.

SAN MIGUEL Dpto. de El Salvador, limítrofe al N con Honduras; 2 077 km², 380 442 hab. Cap., la c. hom. De N a S se distinguen la sierra Madre, la altiplanicie Central, la cordillera Costera y la llanura litoral. Algodón, henequén, caña de azúcar, tabaco, café, cereales y frutos tropicales. Ganadería bovina, ovina, porcina. Avicultura. ◊ C. de El Salvador, cap. del dpto. hom.; 182 800 hab. Centro industrial.

SAN MIGUEL DE TUCUMÁN C. de Argentina, cap. de la prov. de Tucumán; 527 150 hab. Centro administrativo, comercial e industrial.

SAN NICOLÁS DE LOS ARROYOS C. de Argentina, en la prov. de Buenos Aires; 98 500 hab. Ind. de frigoríficos, depósitos y elevadores de grano.

SAN NICOLÁS DE LOS GARZA Mun. de México, en el est. de Nuevo León; 113 100 hab. Cereales y cítricos.

SAN PEDRO Dpto. de Paraguay; 20 002 km², 277 100 hab. Cap. San Pedro de Ycuamandyyú. Territorio llano. Mate, mandioca, tabaco, agrios. Cría de vacunos y explotación forestal. ◊ Volcán de los Andes chil., en la II Región de Antofagasta; 5 974 m de alt.

SAN PEDRO, *Diego de* (s. XV) Escritor esp. *Tratado de amores de Arnalte y Lucenda.*

SAN PEDRO DE MACORÍS Prov. de la República Dominicana, a orillas del Caribe; 1 166 km², 193 200 hab. Cap., la c. hom. Es una llanura costera. Caña de azúcar. Ganado vacuno. Ind. azucarera. ◊ C. de la República Dominicana, cap. de la prov. hom.; 78 562 hab.

SAN PEDRO DE YCUAMANDYYÚ C. de Paraguay, cap. del dpto. de San Pedro; 4 625 hab.

SAN PEDRO SULA C. de Honduras, cap. del dpto. de Cortés; 287 350 hab. Centro agrícola. Ind. textil.

SAN PEDRO Y MIQUELÓN Dpto. fr. de ultramar que comprende varias islas del Atlántico, sit. al S de Terranova; 242 km², 6 000 hab. Cap., San Pedro. Pesca del bacalao. Ganadería. Los fr. se establecieron en ellas en 1670.

SAN PETERSBURGO C. y puerto importante en el Báltico, en la rep. de Rusia, junto a la desembocadura del Neva; 4 876 000 hab. Construcciones mecánicas, electrometalúrgicas, ind. textil, química; astilleros; exportación de madera. Cap. del imperio ruso hasta 1918, se

llamó Petrogrado entre 1914 y 1924, y posteriormente Leningrado. Palacio de Invierno (con el museo del Ermitage), catedral de San Isaac, universidad, fortaleza de Pedro y Pablo.

SAN QUINTIN *(Saint-Quentin)* C. de Francia, en Picardía, en el dpto. de Aisne. Escenario de una imp. batalla entre las tropas esp. de Felipe II y las fr. de Enrique II (1557).

SAN RAFAEL C. de Argentina, en la prov. de Mendoza; 71 000 hab.

SAN RAMÓN C. de Chile, en el á. metr. de Santiago; 94 906 hab.

SAN ROMÁN, *Miguel de* (1802-1863) Militar y político per. Sucedió a Castilla en la presidencia (1862).

SAN SALVADOR Dpto. de El Salvador; 886 km², 1 477 766 hab. Cap., la c. hom. Sit. en la cord. Costera. Río Lempa. Café, caña de azúcar, algodón, cereales, hortalizas, frutales. Ganadería. Centrales azucareras, elaboración de café. Ind. textil, mecánica, química. ◊ C. y cap. de El Salvador y del dpto. hom.; 422 600 hab. Centro comercial (exportación de caña de azúcar, café) e industrial (alimentaria, textil, química, de la construcción). Palacio Nacional. Universidad. Fundada originariamente en el valle de Bermuda por Diego de Alvarado (1524).

SAN SALVADOR o **WATLING** Isla de las Bahamas; 80 000 hab.

SAN SALVADOR DE JUJUY o **JUJUY** C. de Argentina, cap. de la prov. de Jujuy; 231 299 hab. Centro comercial y administrativo. Ind. alimentaria.

SAN SEBASTIÁN o **DONOSTIA** C. de España, en el País Vasco, cap. de la

San Sebastián. La bahía de la Concha y el monte Igueldo

prov. de Guipúzcoa; 178 377 hab. Ind. metalúrgica, alimentaria y química. ◊ **Pacto de San Sebastián.** Acuerdo firmado en esta ciudad entre políticos republicanos el 17 de agosto de 1930, para preparar el advenimiento de la rep.

SAN VICENTE Dpto. de El Salvador; 1 184 km², 135 471 hab. Cap., la c. hom. La cordillera Costera lo atraviesa de E a O (volcán S. Vicente, 2 243 m). Cereales, café, caña de azúcar, algodón, bananas. Ganado vacuno. Explotación forestal. Ind. de transformaciones agropecuarias (centrales azucareras, elaboración de café, textiles). ◊ C. de El Salvador, cap. del dpto. hom.; 45 800 hab. Centro comercial y agrícola. Ind. agropecuarias.

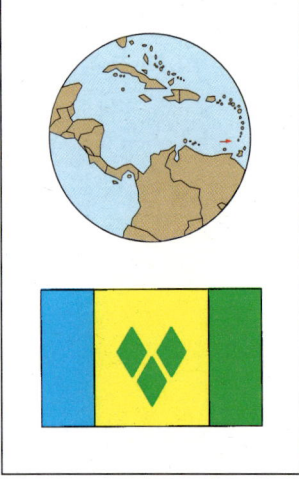

Mapa de situación y bandera de
San Vicente y las Granadinas

SAN VICENTE Y LAS GRANADI-NAS *(Saint Vicent and the Grenadines)* Est. de la Commonwealth, compuesto por la isla San Vicente y por las Granadinas Septentrionales (Bequia, Mustique, Canonuan, etc.). Sit. en las Pequeñas Antillas, forma parte de las islas Windward (Barlovento). De origen volcánico. Clima tropical. Bananas, algodón y azúcar. Producción de copra. Pesca. Turismo. Grupos étnicos: ascendencia africana (mayoría), mixta. Lenguas: ing. (of.), criollo inglés. *Rel.*: protestantismo (mayoría), catolicismo. U. M.: dólar Caribe Este. Cap., Kingstown. □ *Hist.* Obtuvo la independencia en 1979. Las elecciones de este año dieron

SAN VICENTE Y LAS GRANADINAS	
Superficie	388 km²
Población 123 000 hab. (317 hab./km²)	
Recursos económicos	
Banana	80 000 t
Nuez de coco	20 000 t
Pesca	8 370 t
Indicadores sociológicos	
PNB	187 millones de dólares
Renta per cápita	1 830 dólares
Esperanza de vida	69 años
Alfabetismo	85 %

la mayoría al laboralista Milton Cao. Desde 1984 ocupa el cargo de primer ministro James Mitchell, del Nuevo Partido Democrático.

SANA C. y cap. de la Rep. de Yemen; 277 800 hab. Ind. artesanal (orfebrería y tejidos).

SANAR tr. Restituir a uno la salud que había perdido. ◊ intr. Recobrar el enfermo la salud.

SANATORIO m. Establecimiento que recibe enfermos, en régimen de internado, para el tratamiento de enfermedades que requieren cuidados especiales.

SÁNCHEZ, *Florencio* (1875-1910) Periodista y dramturgo ur. De estilo realista, próximo al naturalismo. *La gringa, Los muertos, La pobre gente.* ◊ *Francisco del Rosario* (m. 1851) Patriota dom. En 1844 tomó parte en la liberación de Santo Domingo de la dominación haitiana. ◊ *Luis Alberto* (1900-1994) Escritor y político per. Miembro del APRA. Primer vicepresid. de la rep. desde 1985. *Literatura peruana, Historia General de América.* ◊ **Albornoz, *Claudio*** (1893-1984) Historiador medievalista y político esp. Entre 1959 y 1970 fue presid. de la rep. esp. en el exilio. *España, un enigma histórico; Jalones en la modernización de España.* ◊ **Cerro, *Luis*** (1894-1933) Político y militar per. Elegido presid. (1931), reprimió los partidos de izquierda. ◊ **Coello, *Alonso*** (1531-1588) Pintor esp. *Felipe II, Príncipe Carlos, Isabel Clara Eugenia.* ◊ **Cotán,** FRAY ***Juan*** (h. 1560-1627) Pintor esp. *Mártires cartujos, Episodios de la fundación de la Cartuja.* ◊ **De las Brozas, *Francisco*** conocido por EL BROCENSE (1523-1601) Humanista esp. Autor de estudios de gramática gr. y latina y de obras científicas. ◊ **De Lozada, *Gonzalo*** (n. 1930) Político bol. Líder del Movimiento Nacionalista Revolucionario. Presid. de la nación entre 1993 y 1997, tras ganar las elecciones de 2002 fue de nuevo designado presid., pero en 2003 la sucesión de acontecimientos violentos precipitaron su renuncia. ◊ **Elia, *Santiago*** (n. 1911) Arquitecto arg. Mercado de San Cristóbal y edificios de los periódicos *La Nación* y *La Razón*, en Buenos Aires. ◊ **Ferlosio, *Rafael*** (n. 1927) Novelista esp. *Industrias y andanzas de Alfanhuí.* Premio Cervantes 2004. ◊ **Hernández, *Fidel*** (1917-2003) Militar y político salv. Presid. de la rep. (1967-1972). ◊ **Ramírez, *Juan*** (m. 1811) Caudillo dom. Dirigente de la sublevación contra los fr. que restableció la soberanía esp.

SÁNCHEZ RAMÍREZ Prov. de la República Dominicana; 1 174 km², 139 600 hab. Cap., Cotuí. Sit. en el centro del país, está accidentada al S por las estribaciones de la cordillera Central; el resto del terr. corresponde a la Vega Real. Arroz, cacao, maní, fruticultura. Ganadería vacuna. Cobre, pirita, grafito.

SANCHO Nombre de diversos reyes medievales.

ARAGÓN

SANCHO I Ramírez (1043-1094) Rey de Aragón [1063-1094] y de Navarra [1076-1094]. Se enfrentó a las tropas del Cid y participó en la defensa de Toledo.

CASTILLA Y LEÓN

SANCHO I el Craso (h. 935-966) Rey de León [956-966]. La nobleza le des-

Sancho IV de Castilla administrando justicia. Miniatura de *Castigos e documentos del rey D. Sancho.* Biblioteca Nacional, Madrid

tronó. Pactó con el califa Abd al-Rahman y pudo recuperar el trono. ◊ **I García** (m. 1017) Conde de Castilla [995-1017]. Conquistó Córdoba y puso en el trono a Sulayman ibn al-Hakam. ◊ **II el Fuerte** (h. 1037-1072) Rey de Castilla [1065-1072]. Reunió las coronas de León, Castilla y Galicia. Asesinado en el asedio a Zamora. ◊ **IV el Bravo** (1258-1295) Rey de Castilla [1284-1295]. Tomó Tarifa en 1292.

NAVARRA

SANCHO I Garcés (m. 926) Rey de Pamplona [905-926]. Recuperó las tierras riojanas. ◊ **II Garcés, *Abarca*** (m. 994) Rey de Pamplona y conde de Aragón [970-994]. Derrotado por los musulmanes en San Esteban de Gormaz y en Rueda. ◊ **III el Mayor** (h. 992-1035) Rey de Pamplona y conde de Aragón [h. 1000-1035], conde de Sobrarbe-Ribagorza [h. 1018-1035] y conde de Castilla [1029-1035]. En 1027 incorporó el condado de Castilla. ◊ **IV el de Peñalén** (h. 1040-1076) Rey de Pamplona [1054-1076]. Se enfrentó a Sancho II de Castilla y a Alfonso VI de Castilla. ◊ **V de Navarra** ⇨ Sancho I Ramírez, rey de Aragón. ◊ **VI el Sabio** (m. 1194) Rey de Navarra [1150-1194]. La ocupación de Logroño, Burgos y la Rioja, abrió de nuevo el conflicto con Castilla. ◊ **VII el Fuerte** (m. 1234) Rey de Navarra [1194-1234]. Participó en la batalla de las Navas de Tolosa.

SANCIÓN f. Estatuto o ley. ◊ Acto solemne por el que el jefe del Est. confirma una ley o estatuto. ◊ Pena que la ley establece para el que la infringe. ◊ Mal dimanado de una culpa y que es como su castigo. ◊ Aprobación que se da a cualquier acto, uso o costumbre.

SANCIONAR tr. Dar fuerza de ley a una disposición. ◊ Aprobar cualquier acto, uso o costumbre. ◊ Aplicar una sanción o castigo.

SANCLEMENTE, *Manuel Antonio* (1814-1902) Político col., conservador. Presid. (1898-1900), fue derrocado en 1899.

SANCOCHAR tr. Cocer mal los alimentos, dejándolos medio crudos y sin sazonar.

SANCOCHO m. Vianda a medio cocer. ◊ *Amér.* Olla de carne, yuca, plátano y otros ingredientes.

SANCTASANCTÓRUM m. Parte interior y más sagrada del tabernáculo de los heb. y del templo de Jerusalén. ◊ fig. Lo que para una persona es de singularísimo aprecio. ◊ fig. Lo muy reservado y misterioso.

SANCTÍ SPÍRITUS Prov. de Cuba; 6 775 km², 420 000 hab. Cap., la c. hom. Tabaco, café, cacao. ◊ C. de Cuba, cap. de la prov. hom.; 97 500 hab.

SAND, George Seud. de *Aurore Daupin* (1804-1876) Escritora fr. *Valentina, El pantano del diablo, François le Champi, Un invierno en Mallorca.*

SANDALIA f. Calzado compuesto de una suela que se asegura con correas o cintas.

SÁNDALO m. Planta herbácea olorosa, con tallo ramoso, hojas pecioladas, elípticas y lampiñas, y flores rosáceas. ◊ Árbol semejante al nogal.

SANDÁCARA f. Resina que se saca del enebro y de otras coníferas, y que se usa para barnices con el nombre de grasilla.

SANDBURG, Carl (1878-1967) Poeta norteam. *Poemas de Chicago; Humo y acero; Buenos días, América: El pueblo, sí.*

SANDEZ f. Tontería, simpleza, necedad.

SANDÍA Yacimiento en gruta del paleolítico norteam., que da nombre a un estadio cultural en el est. de Nuevo México. Su antigüedad es de unos 10 000 años, siendo la facies más antigua de América septentrional.

SANDÍA f. Planta herbácea anual, con tallo flexible, velloso y rastrero; hojas partidas, flores amarillas, y fruto grande, de corteza verde y carne encarnada, con muchas pepitas negras.

SANDINISTA adj. y s. Denominación dada a personas o movimientos adictos a la ideología nacionalista y progresista del nic. A. C. Sandino. En sentido más estricto se aplica a los guerrilleros del Frente Sandinista de Liberación Nacional (FSLN), organización fundada en 1960.

SANDINO, Augusto César (1895-1934) Patriota y revolucionario nic. Se levantó contra la intervención norteam. en su país y contra los convenios firmados por Chamorro y Moncada con EE UU y llegó a controlar los dptos. de Chinandega, Estelí, Jinotega y Nueva Segovia. Fue asesinado por la Guardia Nacional.

SANDOVAL, Francisco Gómez de ⇨ Lerma, duque de. ◊ **Gonzalo de** (1497-1527) Conquistador esp. Fundó Medellín, en la costa del Pacífico. ◊ **José León** (1789-1854) Político nic. Jefe de Est. (1845-1847). ◊ **Prudencio de** (1552-1620) Historiador esp., benedictino. *Historia de la vida y hechos del emperador Carlos V.*

SANDUNGA f. fam. Gracia, donaire. ◊ *Chile, Col.* y *P. Rico.* Jarana, parranda. ◊ Danza popular mex. ❏ SANDUNGUERO, RA.

SANDWICH (voz ing.) m. Emparedado.

SANDWICH, Islas ⇨ Hawai.

SANEADO, DA adj. Libre de cargas o descuentos.

SANEAR tr. Asegurar el reparo del daño que puede sobrevenir. ◊ Reparar o remediar una cosa. ◊ Dar condicio-

nes de salubridad a un terreno, edificio, etc.

SANEDRÍN m. Ant. consejo de los judíos, donde se dilucidaban los asuntos religiosos y de Est. ◊ fig. Junta o reunión para tratar de algo que se quiere dejar oculto.

SANFUENTES, Juan Luis (1858-1930) Político chil. Presid. de la rep. (1915-1920). ◊ **Salvador** (1817-1860) Escritor y político chil. *El bandido, Memorias de un solitario.*

SANGALLO Familia de arquitectos y escultores it. de los ss. XV-XVI. **Giuliano Giamberti da** (1443-1516) dirigió las obras de la basílica de San Pedro. **Antonio Giamberti** (1453-1534) llamado EL VIEJO, realizó el castillo de Sant'Angelo. **Antonio Cordini** (1483-1546) llamado EL JOVEN, construyó el palacio Farnesio.

Fachada principal y planta de la villa Médicis, realizada por Giuliano da **Sangallo**. Poggio a Caiano, Toscana, Italia

SANGAY Volcán de Ecuador, en la cordillera Oriental de los Andes; 5 230 m. de alt.

SANGRAR tr. Abrir o punzar una vena y dejar salir determinada cantidad de sangre. ◊ fig. Dar salida a un líquido en todo o en parte, abriendo conducto por donde corra. ◊ *Art. Gráf.* Empezar un renglón más adentro que los otros de la plana, como se hace habitualmente con el primero de cada párrafo. ◊ intr. Arrojar sangre. ◊ prnl. Hacerse dar una sangría. ❏ SANGRADO, DA; SANGRADOR.

SANGRE f. *Fisiol.* Líquido que circula por el interior de los vasos sanguíneos de los animales superiores gracias a la acción impulsante del corazón. ◊ fig. Linaje o parentesco. ◊ **azul.** fig. Sangre o linaje noble. ◊ **de horchata.** Díc. del calmoso que no se altera por nada. ◊ **fría.** Serenidad, tranquilidad del ánimo. ❏ SANGUÍFERO, RA; SANGUINOSO, SA.
❏ *Fisiol.* La s. está compuesta por una disolución compleja, dentro de la cual se hallan elementos de naturaleza celular (glóbulos blancos, glóbulos rojos y plaquetas). El plasma está compuesto en un 90% por agua y, el resto, por diversas sustancias disueltas. Sus principales funciones consisten en el transporte del oxígeno indispensable para todas las células del organismo; el transporte de las sustancias alimenticias a los tejidos; el transporte de sales minerales indispensables y de vitami-

SANGRE

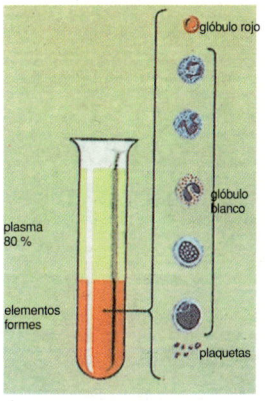

La sangre está compuesta por un elemento líquido (plasma) y elementos celulares, que se dividen en tres grupos: los glóbulos rojos o hematíes, los glóbulos blancos o leucocitos, de los que existen diversos tipos, y las plaquetras o trombocitos

Células de la sangre observadas con un microscopio electrónico de barrido. En la parte inferior, puede observarse un glóbulo rojo, el resto corresponde a distintos tipos de glóbulos blancos

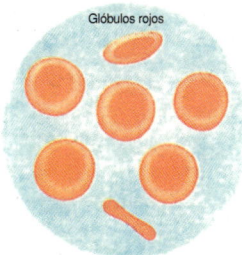

Los glóbulos rojos transportan oxígeno desde los pulmones a los órganos del cuerpo. El transporte lo lleva a cabo la hemoglobina, cuyo elemento activo es el hierro

nas; el suministro de agua a todas las células; la creación y transporte de los anticuerpos y otras sustancias de defensa contra invasiones microbianas; la eliminación del dióxido de carbono y otros productos tóxicos, y el mantenimiento de la temperatura corporal.

SANGRÍA f. Acción y efecto de sangrar. ◊ Parte de la articulación del brazo opuesta al codo. ◊ Salida que se da a las aguas de un río o canal. ◊ Corte o brecha superficial que se hace en un árbol para que fluya la resina. ◊ fig. Bebida refrescante que se compone de agua y vino con azúcar y limón. ◊ *Art. Gráf.* Acción y efecto de sangrar o empezar un renglón más adentro de los otros. ◊ *Metal.* En los hornos de fundición, chorro de metal al que se da salida.

SANGRIENTO, TA adj. Que echa sangre. ◊ Teñido en sangre o mezclado con sangre. ◊ Sanguinario. ◊ Que causa efusión de sangre. ◊ De color de sangre.

SANGUARAÑA f. *Perú.* Danza popular. ◊ pl. *Argent., Ecuad.* y *Perú.* Giro, circunloquio en la conversación.

SANGUIJUELA f. Anélido casi cilíndrico, de cuerpo contráctil y boca chupadora, que vive en lagunas, pozos y arroyos; se alimenta de la sangre de los animales a que se agarra.

SANGUILY, Manuel (1848-1925) Patriota cub. Participó en la guerra de los Diez Años (1868-1878) y en la de indep. (1895-1898). *Un insurrecto cubano en la corte.*

SANGUINARIO, RIA adj. Feroz, vengativo, que se goza en derramar sangre. ◊ f. Piedra semejante al ágata, de color de sangre.

SANGUÍNEO, A adj. De sangre. ◊ Que contiene sangre o abunda en ella. ◊ De color de sangre. ◊ Relativo a la sangre. ◊ *Antr.* Díc. del biotipo corpulento y rubicundo, de temperamento violento e irritable.

SANGUINETTI, Julio María (n. 1936) Político uruguayo dirigente del Partido Colorado. Fue presidente de la república durante los períodos 1985-1990 y 1995-2000.

SANGUINOLENTO, TA adj. Que echa sangre. ◊ Mezclado con sangre. ❏ SANGUINOLENCIA.

SANIDAD f. Calidad de sano. ◊ Salubre. ◊ Conjunto de servicios ordenados para preservar la salud de los habitantes de una nación, provincia o municipio.

SANÍN, Cano, Baldomero (1861-1957) Crítico y diplomático col. Autor de ensayos. *Indagaciones e imágenes; Letras colombianas; Tipos, obras, ideas.*

SANITARIO, RIA adj. Relativo a la sanidad. ◊ m. y f. Individuo del cuerpo de sanidad militar. ◊ Funcionario de sanidad civil ◊ m. *Col.* Retrete.

SANJINÉS, Jorge (n. 1936) Director cinematográfico bol. *La sangre del cóndor, El coraje del pueblo.*

SANJURJO, José (1872-1936) Militar esp. Se sublevó contra la II República (1931). Muerto en accidente cuando se incorporaba a la jefatura del alzamiento militar de 1936.

SANKARA (778-h. 830). Reformador religioso y filósofo indio. Creía que la salvación se logra con el conocimiento acertado y justo de la identidad entre el alma individual (*atman*) y el alma suprema (*Brahma*).

SANLÚCAR DE BARRAMEDA Mun. esp. en la comunidad de Andalucía, prov. de Cádiz; 60 254 hab.

SANNAZZARO, Jacopo (1456-1530) Poeta it. *Arcadia.*

SANO, NA adj. Que goza de perfecta salud. ◊ Seguro, sin riesgo. ◊ Saludable. ◊ fig. Sin daño o corrupción. ◊ fig. Libre de error o vicio. ◊ fig. Sincero, de buena intención.

SANROMÁ Tova de la Riva, Jesús María (1903-1984) Pianista puertorriq., uno de los más imp. del presente siglo.

SÁNSCRITO, TA adj. y m. Díc. de la última fase de la ant. lengua literaria de la India. Perteneciente al grupo indoeuropeo. Del s. parten todos los dialectos de la India.

SANS-CULOTTE (voz. fr.) adj. y s. Nombre dado por los nobles a los revolucionarios de la Revolución Francesa, por haber sustituido éstos los calzones cortos (*culottes*) por pantalones.

SANSEACABÓ Exp. fam. con que se da por terminado un asunto.

Detalle de la **sangría**.
Decoración del vaso *Aryballos Peytel*
(Museo del Louvre, París)

SANSIMONISMO m. Conjunto de las teorías sociales de Claude Henri de Rouvroy, CONDE DE ⇒ Saint-Simon.

SANSÓN m. fig. Hombre muy forzudo.

SANSÓN Juez de Israel. Dotado de una gran fuerza, que radicaba en sus cabellos. Fue rapado, mientras dormía, por Dalila y capturado por los filisteos. Habiéndole crecido la cabellera, derribó las columnas del templo de Dagón y pereció con los filisteos allí congregados.

SANSOVINO, Andrea Contucci, llamado *II* (h. 1467-1529) Escultor y arquitecto florentino. Autor del grupo del *Bautismo de Jesús,* en la puerta central del Baptisterio de Florencia. ◊ *Jacobo Tatti,* llamado *II* (1486-1570) Escultor y arquitecto it. Dirigió la urbanización de la Plaza de San Marcos.

SANTA Río de Perú; 328 km. Nace en la laguna de Conócocha y desemboca en el Pacífico, junto a Chimbote.

SANTA ALIANZA ⇒ Alianza.

SANTA ANA Dpto. de El Salvador, limítrofe con Guatemala y Honduras; 2 023 km², 451 620 hab. Cap., la c. hom. El N está accidentado por la cordillera de Metapán-Alotepeque, y el S por las

estribaciones de la cordillera Central. Café, caña de azúcar, agrios, frutas tropicales. Ganadería. Explotación forestal. Ind. derivadas y metalúrgicas. ◊ C. de El Salvador, cap. del dpto. hom.; 202 300 hab. Centro ind. y comercial.

SANTA ANNA, Antonio López de (1794-1876) Militar y político mex. En 1822 encabezó una insurrección triunfante contra Iturbide. En 1833 derrocó a Bustamante y fue elegido presid., delegando el cargo en favor de Gómez Farías. Tras la declaración de independencia de Texas, en 1846 los mex. intentaron recuperarlo, pero S. fue derrotado. EE UU se apropió de la mitad del territorio mex. y Santa Anna fue desterrado. Volvió como dictador (1853-1855) y firmó con EE UU el tratado de Mesilla. Definitivamente destituido por la rev. de Ayutla (1855).

SANTA BÁRBARA Dpto. de Honduras, limítrofe con Guatemala; 5 024 km², 267 995 hab. Cap., la c. hom. Accidentado por las sierras de Gallinero, Espíritu Santo, Grita, Colinas y Antima. Café, tabaco, caña de azúcar, cereales. Cría de vacunos. Explotación forestal. Plomo, antimonio, oro. Ind. alimentarias. ◊ C. de Honduras, cap. del dpto. hom.; 10 503 hab.

SANTA BÁRBARA DE SAMANÁ C. de la República Dominicana, cap. de la prov. de Samaná; 44 873 hab.

SANTA CATARINA Est. del S de Brasil, limítrofe con Argentina; 95 318 km², 4 402 000 hab. Cap., Florianópolis. Se extiende por la altiplanicie bras.

SANTA CLARA C. de Cuba, cap. de la prov. de Villa Clara; 203 700 hab. Mercado de tabaco y azúcar. Ind. agropecuarias y metalúrgicas.

SANTA COLOMA DE GRAMANET o **SANTA COLOMA DE GRAMENET** Mun. de España, en la prov. de Barcelona; 112 992 hab. Es parte de la agl. urb. de Barcelona. Centro industrial.

SANTA CRUZ Prov. del S de Argentina, limítrofe con Chile; 243 943 km², 196 958 hab. Cap., Río Gallegos. La parte occidental pertenece al sector andino (San Lorenzo, 3 076 m). El sector oriental forma parte de la Patagonia. Agricultura poco desarrollada. Ganadería. Carbón. Ind. cárnicas. ◊ R. de Argentina. Nace en los lagos Viedma y Argentino y desemboca en el Atlántico, en la Bahía Grande; 382 km.

SANTA CRUZ Dpto. de Bolivia, limítrofe con Brasil y Paraguay; 370 621 km², 2 029 471 hab. Cap., Santa Cruz de la Sierra. Accidentado en el extremo O por las estribaciones de la sierra de Cochabamba; el resto corresponde al sector de altiplanos. Maíz, arroz, caña de azúcar, café, frutos tropicales. Petróleo en el área SO. Ind. de transformaciones agrícolas y refino.

SANTA CRUZ (*Saint-Croix*) Isla de las Pequeñas Antillas, en el arch. de las Vírgenes (EE UU); 207 km², 49 700 hab. Caña de azúcar. Ganadería. Descubierta por Colón (1493).

SANTA CRUZ, Andrés (1792-1865) Militar y político per. En 1826 fue designado presid. del Consejo de Gobierno de Perú, y en 1828 presid. de Bolivia. Proclamó la Confederación Peruboliviana (1837-1839), que fue derrotada por tropas chilenas y argentinas en Yungay (1839).

SANTA CRUZ, MARQUÉS DE ⇨ Bazán, Álvaro.
SANTA CRUZ DE LA SIERRA C. De Bolivia, cap. del dpto. de Santa Cruz; 1 135 526 hab. Centro agrícola e industrial.
SANTA CRUZ DE TENERIFE Prov. esp., en la com. autón. de Canarias; 3 170 km², 806 801 hab. Comprende las islas de Tenerife, La Palma, Gomera y Hierro. Maíz, trigo, cebada, plátanos, tomates, patatas. Ind. tabaquera, alimentaria, turística. ◇ C. de España, cap. de la prov. hom., est. en la isla de Tenerife; 188 477 hab. Centro administrativo y comercial. Ind. tabaquera, química, material de construcción. Refino de petróleo. Puerto. Turismo.
SANTA CRUZ DEL QUICHÉ C. de Guatemala, cap. del dpto. de Quiché; 8 966 hab. Centro agropecuario. Alfarería. Ind. maderera. Aeropuerto. Turismo.
SANTA ELENA (*Saint Helena*) Isla brit. del Atlántico, a 1 800 km de la costa de África; 122 km², 6 000 hab. Cap., Jamestown. Napoleón permaneció desterrado en ella entre 1815 y 1821.
SANTA FE Prov. del centro de Argentina; 133 007 km², 3 000 701 hab. Cap., la c. hom. Formada por una llanura inclinada de NO a SE. R. Paraná y su afl. el Salado. Ganado vacuno, lanar y porcino. Trigo maíz, lino, caña de azúcar, algodón, tabaco. Ind. lechera, papelera y química; todas ellas centradas en Rosario. Refinería de petróleo. ◇ C. de Argentina, cap. de la prov. hom.; 368 668 hab. Puerto sobre el Paraná. Centro industrial (sector alimentario, textil, químico), administrativo y comercial.
SANTA FE C. de EE UU, cap. del est. de Nuevo México; 55 900 hab. Centro administrativo. Formó parte de México hasta 1846.
SANTA FE DE BOGOTÁ ⇨ Bogotá.
SANTA ISABEL, *Nevado de* Montañas de Colombia (dpto. de Tolima), que forman parte de la cordillera Central de los Andes; 5 100 m de alt.
SANTA LUCÍA Est. insular de las Pequeñas Antillas, del grupo de las Windward (Barlovento), miembro de la Commonwealth. De origen volcánico. Bosques. Clima tropical. Agricultura. Pesca. Turismo. Pob. de origen africano (mayoría). Lenguas: ing. (of.),

Vista aérea de la ciudad de **Santa Fe** (Argentina)

criollo fr. *Rel.*: catolicismo. U. M.: dólar Caribe Este. Cap., Castries. Independiente. en 1979.
SANTA LUCÍA R. de Uruguay; 230 km. Nace en el dpto. de Lavalleja y desemboca en el Río de la Plata.
SANTA LUCÍA COTZUMALGUAPA Mun. de Guatemala, en el dpto. de Escuintla, 37 000 hab. Restos arqueológicos de las culturas pipil y teotihuacana.
SANTA MARGARITA Isla de México, en el O de Baja California; 40 km de longitud y 7 km de anchura. C. pral.: Puerto Cortés.
SANTA MARÍA Volcán de Guatemala (dpto. de Quetzaltenango), sit. en el eje volcánico costero; 3 772 m de alt.
SANTA MARÍA C. de Brasil, en el est. de Río Grande do Sul; 161 000 hab. Centro ferroviario. Ind. textil.
SANTA MARÍA, *Andrés de* (1860-1945) Pintor col., impresionista. *Retrato de monseñor Carrero, El lavadero del Sena.*
◇ *Domingo* (1825-1889). Político chil. Presid. de la rep. (1881-1886). Firmó con Perú la paz que puso fin a la guerra del Pacífico.
SANTA MARTA C. de Colombia, cap. del dpto. de Magdalena; 406 231 hab. Plantaciones de bananeros. Ind. alimentaria y del plástico. Puerto. Fundada en 1525.

Mapa de situación y bandera de **Santa Lucía**

SANTA LUCÍA

Superficie	616 km²
Población	151 000 hab. (245 hab./km²)
Recursos económicos	
Bananas	155 000 t
Copra	6 000 t
Nuez de coco	33 000 t
Pesca	974 t
Indicadores sociológicos	
PNB	380 millones de dólares
Renta per cápita	2 500 dólares
Esperanza de vida	71 años
Alfabetismo	82%

Panorámica de **Santander** (España)

SANTA ROSA Dpto. del S de Guatemala, junto a la costa del Pacífico; 2 955 km², 285 456 hab. Cap., Cuilapa. El relieve está formado por las estribaciones de la sierra Madre Centroamericana y una amplia llanura costera pantanosa. Café, algodón y cereales. Ganadería. Ind. agropecuaria.
SANTA ROSA C. de Argentina, cap. de la prov. de La Pampa; 93 340 hab. Centro agropecuario, administrativo y comercial.
SANTA ROSA DE COPÁN C. de Honduras, cap. del dpto. de Copán; 19 680 hab. Ind. tabaquera.
SANTA SEDE Residencia del gobierno de la Iglesia católica. ◇ Potestad del papa como sucesor de san Pedro.
SANTABÁRBARA f. *Mar.* Pañol o paraje destinado en las embarcaciones para custodiar la pólvora. ◇ *Mar.* Cámara por donde se comunica o baja a este pañol.
SANTANA, *Pedro* (1801-1864) Político dom. A la caída de Bover (1843), la pob. esp. de la isla lo eligió presid. (1844). Derrotó a los fr. en Azúa. Reelegido en 1849, 1853 y 1858. En 1861 decidió la incorporación de Santo Domingo a España.
SANTANDER C. esp., cap. de la com. autón. y de la prov. de Cantabria; 180 717 hab. Ind. siderúrgica y alimentaria. Imp. puerto.
SANTANDER Dpto. del NE de Colombia; 30 537 km², 2 039 336 hab. Cap., Bucaramanga. Relieve muy variado en el que destacan el valle del Magdalena, y al E las estribaciones de la cordillera Oriental. Tabaco, caña de azúcar, algodón, cacao, trigo, cebada, maíz y frutales. Ganado vacuno y porcino. Refinerías de petróleo.
SANTANDER, *Francisco de Paula* (1792-1840) Militar y político col. Elegido vicepresid. de la Gran Colombia (1821), asumió la presid. en ausencia del Libertador. Sus partidarios planearon el asesinato de Bolívar (1828) y S., condenado a muerte por ello, obtuvo autorización para exiliarse. Tras la caída de Bolívar, regresó para hacerse cargo de la presidencia de la rep. En 1837 le sucedió José Ignacio Márquez.
SANTAREM C. de Portugal, cap. del distrito hom.; 16 800 hab.
SANTATERESA f. Nombre vulgar de la mantis religiosa; es un insecto con las patas delanteras prensoras, largas y robustas.
SANTAYANA, *George* (1863-1952) Filósofo norteam., de origen esp. Autor de novelas y poesía. *El sentimiento de la*

belleza, Los reinos del ser, La vida de la razón.

SANTERÍA f. *Argent.* Tienda en que se venden imágenes de santos y otros objetos religiosos. ◊ *Cuba.* Brujería.

SANTERO, RA adj. y s. Díc. de la persona que tributa un culto exagerado o supersticioso a las imágenes. ◊ m. y f. Persona que cuida de un santuario. ◊ Persona que pinta o esculpe imágenes de santos, y también la que los vende. ◊ *Cuba.* Auxiliar del ladrón. ◊ f. Mujer del santero.

SANTI y García, Mario (n. 1911) Escultor cub. Monumento funerario a José Martí, en Santiago de Cuba.

SANTIAGO R. de Ecuador y Perú; 300 km. Nace de la unión de los r. Paute y Zamora y desemboca en el Marañón. ◊ R. de Ecuador; 150 km. Nace en Los Andes Occidentales y desemboca en el Pacífico.

SANTIAGO Prov. del centro-norte de la República Dominicana; 3 112 km², 688 800 hab. Cap., Santiago de los Caballeros. Entre la cordillera Septentrional al N y la cordillera Central al S, el valle del Cibao constituye una llanura aluvial. Arroz, maíz, tabaco, plátanos y caña de azúcar. Ganado vacuno y porcino.

SANTIAGO C. y cap. de Chile y de la región metropolitana de S.; 5 392 000 hab. A las funciones políticas, administrativas y comerciales se añade una imp. industria (mecánica, metalúrgica, textil, eléctrica), favorecida por el papel de la c. como centro de comunicaciones del país. Fundada en 1541 por Pedro de Valdivia con el nombre de Santiago de Nuevo Extremo. Durante la etapa colonial, su importancia derivó pralm. del comercio. ◊ *Área metropolitana de* Prov. de Chile, en la región metropolitana de Santiago; 4 668 473 hab. ◊ *Región metropolitana de* Región del centro de Chile; 15 403,2 km², 6 061 185 hab. Cap., Santiago. Accidentada al E por la barrera montañosa de los Andes (Tupungato, 6 565 m). Trigo, vid, horticultura intensiva. Ganadería estabulada. Ind. alimentaria, textil, metalúrgica.

Santiago de Chile. Edificio del Parlamento

SANTIAGO DE COMPOSTELA C. de España, en la prov. de A Coruña, cap. de la com. autón. de Galicia; 90 188 hab. Centro comercial y turístico. Orfebrería y platería. Ind. mecánica, maderera y alimentaria. Catedral gótica (ss. XI-XIII). ◊ **Camino de S.** Ruta medieval que desde Roncesvalles, Somport, Irún

y Tolosa seguían los peregrinos a S. de Compostela, desde que en s. XI se halló un sepulcro identificado con el del apóstol Santiago el Mayor.

SANTIAGO, Miguel de (1630-1673) Pintor ecuat., máx. representante de la escuela quiteña. *Vida de san Agustín.*

SANTIAGO, el Mayor (s. I) Uno de los doce apóstoles, hermano de san Juan Evangelista. Muerto por orden de Herodes Agripa (h. 42). La tradición le sitúa predicando en España. Patrón de España. ◊ *El Menor* (s. I) Uno de los doce apóstoles. Obispo de Jerusalén hasta su lapidación en el año 62.

SANTIAGO, orden militar de Fundada h. 1170, su finalidad era proteger y dar hospitalidad a quienes peregrinaban a Santiago, así como combatir a los musulmanes. ❏ SANTIAGUISTA.

SANTIAGO DE CUBA Prov. del O. de Cuba; 6 187 km², 968 000 hab. Cap., la c. hom. Café, ron. ◊ C. de Cuba, cap. de la prov. hom.; 434 500 hab. Ind. de transformación agrícola (azúcar, dátiles, chocolate, tabaco, etc.), química y metalúrgica. Imp. actividad portuaria. Fundada por Diego de Velázquez en 1514.

SANTIAGO DE LOS CABALLEROS C. de la República Dominicana, cap. de la prov. de Santiago; 580 745 hab. Centro agrícola. Ind. de tabaco, ron y sererías.

SANTIAGO DE SURCO C. del Perú, en el dpto. de Lima; 147 800 hab. Centro comercial agrícola y ganadero. Ind. alimentarias.

SANTIAGO DE VERAGUAS C. de Panamá, cap. de la prov. de Veraguas; 66 748 hab. (en el distr.). Ind. maderera.

SANTIAGO DEL ESTERO Prov. del centro-norte de Argentina, sit. en la región del Gran Chaco; 136 351 km², 804 457 hab. Cap., la c. hom. Está formada por una gran llanura, accidentada al O por las estribaciones de la Precordillera andina; al SO se extiende una región deprimida ocupada por las Salinas Grandes. Ríos Salado y Dulce. Abundantes regiones pantanosas (esteros). Algodón, caña de azúcar, tabaco, cereales. Ganadería vacuna y lanar. Explotación forestal (quebracho). Ind. algodonera y alimentaria. ◊ C. del NO de Argentina, cap. de la prov. hom.; 230 614 hab. Pral. centro comercial, industrial (textil), turístico, cultural y administrativo de la prov.

SANTIAGO IXCUINTLA Mun. de México, en el est. de Nayarit; 84 600 hab. Agricultura, ganadería y explotación forestal.

SANTIAGO RODRÍGUEZ Prov. situada al NO de la República Dominicana; 1 111,14 km², 54 629 hab. Cap., la c. hom. Sit. en el extremo O del valle de Cibao, está accidentada, al S, por la cordillera Central. Tabaco, arroz, café. Ganadería. Explotación forestal. Ind. alimentaria, maderera, de curtidos. ◊ C. de la República Dominicana, cap. de la prov. hom.; 9 200 hab.

SANTIAGUILLO Laguna de México, en el est. de Durango, al pie de la sierra Madre Occidental; 1 790 km².

SANTIDAD f. Calidad de santo. ◊ Tratamiento honorífico que se da al papa.

SANTIFICAR tr. Hacer a uno santo por medio de la gracia. ◊ Consagrar a

Dios una cosa. ◊ Reconocer al que es santo, honrándolo y sirviéndolo como a tal. ◊ tr. y prnl., fig. y fam. Justificar, disculpar a alguien. ❏ SANTIFICACIÓN.

SANTIGUAR tr. y prnl. Hacer con la mano la señal de la cruz desde la frente al pecho y desde el hombro izquierdo al derecho. ◊ prnl. fig. y fam. Hacerse cruces, maravillarse.

SANTILLANA DEL MAR Mun. de España, en la com. autón. de Cantabria. 3 957 hab. Es monumento nacional. En las cercanías se encuentran las Cuevas de Altamira.

SANTILLANA, Íñigo López de Mendoza, MARQUÉS DE (1398-1458) Literato y político esp. En *Carta proemio al condestable D. Pedro de Portugal* expone sus gustos literarios. *Canciones, Decires y Serranillas, Comedieta de Ponça.*

SANTO, TA adj. y s. Díc. de la persona a quien la iglesia declara tal. ◊ Aplícase a la persona de especial virtud y ejemplo. ◊ adj. Díc. de lo que está especialmente consagrado a Dios. ◊ Aplícase a lo que es venerable por algún motivo de religión. ◊ Conforme a la ley de Dios. ◊ Sagrado, inviolable. ◊ m. Imagen de un santo. ◊ fam. Viñeta, grabado, estampa. ◊ Respecto de una persona, festividad del santo cuyo nombre lleva.

SANTO ANDRÉ C. de Brasil, en el est. de São Paulo; 552 800 hab. Ind. metalúrgica, química y alimentaria.

SANTO DOMINGO C. y cap. de la República Dominicana; 1 822 028 hab. Sit. junto a la desembocadura del Ozama. Imp. puerto y centro comercial. Ind. siderúrgica, química y alimentaria; refinado de petróleo y astilleros. Fundada por Bartolomé Colón en 1496.

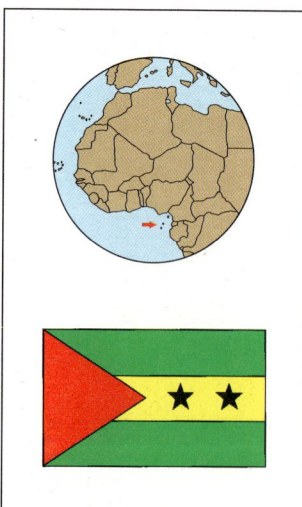

Mapa de situación y bandera de **Santo Tomé y Príncipe**

SANTO TOMÉ DE GUAYANA ⇨ Ciudad Guayana.

SANTO TOMÉ Y PRÍNCIPE, República de (*República de São Tomé e Príncipe*) Estado de África, en el golfo de Guinea. Formado por las islas de Santo Tomé y Príncipe. Grupos étnicos: negroafricanos, mulatos, portugueses.

SANTO TOMÉ Y PRÍNCIPE

Superficie	964 km²
Población	123 000 hab. (128 hab./km²)
Recursos económicos	
Aceite de palma	250 t
Cacao	3 000 t
Copra	3 000 t
Nuez de coco	42 000 t
Cabaña bovina	4 000 cabezas
Cabaña ovina	2 000 cabezas
Pesca	3 583 t
Indicadores sociológicos	
PNB	42 millones de dólares
Renta per cápita	350 dólares
Esperanza de vida	67 años
Alfabetismo	54 %

Lenguas: port. (of.), portugués-criollo. *Rel.*: catolicismo. U. M.: la dobra. Cap., Santo Tomé. Cacao, café, palma de aceite y plátanos. Ganadería bovina y ovina. El arch. fue descubierto por los port. a finales del s. XV. En 1975 logró la indep. y se constituyó en República Democrática, con Manuel Pinto da Costa como presid., que fue reelegido en 1980 y 1985.

SANTÓN, NA m. y f. El que profesa vida austera y penitente fuera de la religión cristiana. ◊ fig. y fam. Hombre hipócrita o que aparenta santidad.

SANTÓNICO m. *Bot.* Planta perenne, de fruto amargo y cuyas cabezuelas tienen propiedades vermífugas.

SANTORAL m. Libro que contiene vidas o hechos de santos. ◊ Lista de los santos cuya festividad se conmemora en cada uno de los días del año.

SANTOS C. de Brasil, en el est. de São Paulo, sit. en la parte NO de la isla de São Vicente; 416 800 hab. y la agl. urb. Puerto exportador de café. Ind. siderúrgica y mecánica.

SANTOS, *Eduardo* (1888-1974) Político col. Presid. del Partido Liberal (1936-1938). Presid. de la rep. (1938-1942). ◊ *José Eduardo dos* (n. 1942) Político angoleño. En 1979 accedió a la presidencia. ◊ *Máximo* (1847-1889) Militar y político ur. Presid. de la rep. (1882-1886). ◊ **Atahualpa, *Juan*** (1710-h.1756) Caudillo per. Al frente de una sublevación indígena se proclamó descendiente de Atahualpa. ◊ **Dumont, *Alberto*** (1873-1932) Aeronauta bras. Realizó el primer vuelo en un globo dirigible lleno de hidrógeno, impulsado por un pequeño motor de gasolina.

SANTOS, *Los* Prov. de Panamá, sit. al SE de la pen. de Azuero; 3 805,5 km², 79 935 hab. Cap., Las Tablas. Accidentada por el macizo de Canajagua y el valle del río Tonosí. Maíz, arroz, frutales, tabaco. Ganado vacuno y caprino. Oro, sal, carbón, cal. Artesanía. Industrias derivadas.

SANTUARIO m. Templo en que se venera la imagen o reliquia de un santo de especial devoción. ◊ fig. *Col.* Tesoro.

SÁNTURCE-ANTIGUO *(Santurtzi)* Mun. de España, en la prov. de Vizcaya; 47 173 hab. Forma parte del Gran Bilbao.

SANTURRÓN, NA adj. y s. Nimio y exagerado en los actos de devoción. ◊ adj. Gazmoño, hipócrita que aparenta ser devoto.

SANZ, *Miguel* (1754-1814) Patriota ven. Fundador y director del periódico independentista *Semanario*. ◊ **Del Río, *Julián*** (1814-1869) Filósofo esp., representante del krausismo. *Lecciones sobre el sistema de la filosofía*.

SAÑA f. Furor, enojo ciego. ◊ Intención rencorosa y cruel. □ SAÑUDO, DA.

SAO m. *Cuba*. Sabana poco extensa con algunos matorrales o grupos de árboles.

SÃO BERNARDO DO CAMPO C. de Brasil, en el est. de São Paulo; 425 800 hab. Sit. en el á. metr. de São Paulo.

SÃO FRANCISCO R. de Brasil; 3 161 km. Nace en la sierra de Canastra, en Minas Gerais, y desemboca en el Atlántico.

SÃO GONÇALO C. de Brasil, en el est. de Río de Janeiro; 615 000 hab. Ind. siderúrgica, alimentaria y tabaquera.

SÃO JÕAO DE MERITÍ C. de Brasil, en el est. de Río de Janeiro; 398 700 hab. Barrio dormitorio de Río de Janeiro.

SÃO JOSÉ DOS CAMPOS C. de Brasil, en el est. de São Paulo; 288 000 hab.

SÃO LUIS DE MARANHÃO C. de Brasil, cap. del est. de Maranhao; 996 000 hab. Ind. textil y tabaquera.

SÃO MIGUEL Isla volcánica, la mayor del arch. de las Azores; 747 km², 330 300 hab. Cap., Ponta Delgada. Ganadería.

SÃO PAULO Est. federal del SE de Brasil, junto al Atlántico; 248 256 km², 32 684 000 hab. Cap., la c. hom. Accidentado por las sierras de Paranapicaba do Mar y Mantiqueira. Río Paraná y sus afl. Café, algodón, arroz, naranjas, yuca, plátanos, maíz. Carbón, hierro, uranio. Ind. textil, mecánica, siderúrgica, del cemento, del calzado, automovilística, papelera, tabaquera. ◊ C. del Brasil, cap. del est. hom.; 9 480 000 hab. Ind. textil, mecánica, química. Imp. centro comercial, financiero y cultural. *El lenguaje*.

SAONA *(Saône)* Río de Francia; 480 km. Nace cerca de Épinal y desemboca cerca de Lyon.

SÁPIDO, DA adj. Aplícase a la sustancia que tiene algún sabor. □ SAPIDEZ.

SAPIENCIA f. Sabiduría. □ SAPIENCIAL.

SAPINO m. Abeto, árbol.

SAPIR, *Edward* (1884-1939) Lingüista norteam. Estudioso de las lenguas amerindias. *El lenguaje*.

SAPO m. Batracio anuro de cuerpo rechoncho, ojos saltones, extremidades cortas y piel verde y llena de verrugas. ◊ *Argent.* y *Chile*. Juego de la rana.

SAPONÁCEO, A adj. Jabonoso.

SAPONIFICACIÓN f. *Quím.* Reacción inversa a la esterificación, consistente en la escisión hidrolítica de los ésteres en sus componentes: ácidos orgánicos y alcoholes.

SAPONIFICAR tr. *Quím.* Convertir en jabón un cuerpo graso.

SAPONINA f. Nombre común a varios glucósidos vegetales que, diluidos en agua, producen una espuma parecida a la de los jabones.

SAPONITA f. Hidrosilicato de magnesio y aluminio. Se usa en la fabricación de porcelana.

SAPOR o SAHPUR I Rey sasánida de Persia [241-272]. Enfrentado a Roma en la lucha por el control de Armenia y Mesopotamia. ◊ **II o de Sahpur II** Rey de Persia [310-379]. Convirtió el mazdeísmo en religión oficial.

SAPORÍFERO, RA adj. Que causa o da sabor.

SAPPORO C. de Japón, cap. de la isla de Hokkaido; 1 671 800 hab. Ind. metalúrgica, textil, alimentaria. Sede de los Juegos Olímpicos de Invierno en 1972.

SAPRÓFAGO, GA adj. *Zool.* Díc. de ciertos animales que se alimentan de materias orgánicas en descomposición o putrefacción.

SAPRÓFITO, TA adj. *Bot.* Díc. de las plantas que viven a expensas de sustancias orgánicas en descomposición. ◊ En bacteriología, díc. de los microbios que viven a expensas de las materias en putrefacción, y que pueden dar lugar a enfermedades. □ SAPROFITISMO.

SAPUQUÍ adj. y s. Díc. del pueblo amerindio que vive al S de Puerto Sastre, en Paraguay.

SAQUE m. Acción de sacar; díc. particularmente en el juego de pelota. ◊ Raya o sitio desde el cual se saca la pelota.

SAQUEAR tr. Apoderarse violentamente de lo que hallan en un paraje. ◊ Entrar en una plaza o lugar robando cuanto se halla. □ SAQUEO.

SARA Personaje bíblico, esposa de Abraham y madre de Isaac.

SARAGAT, *Giuseppe* (1898-1988) Político it. Fundador de Partido Socialdemócrata. Presid. de la rep. (1964-1971).

SARAJEVO C. y cap. de Bosnia-Herzegovina; 447 700 hab. Centro industrial y de artesanía. Durante el conflicto de los Balcanes (1991-1995) fue sitiada y bombardeada indiscriminadamente.

SARAMAGO, *José* (n. 1922) Escritor port. *El Evangelio según Jesucristo, Todos los nombres*. Premio Nobel de Literatura en 1998.

SARAMPIÓN m. *Pat.* Enfermedad infectocontagiosa, causada por un virus, que incide pralm. en la infancia.

SARANSK C. de Rusia, cap. de la rep. autónoma de Mordvinia; 307 000 hab. Ind. mecánica y alimentaria.

SARAO m. Reunión nocturna en que hay baile o música.

SÁRAPE m. *Méx.* Especie de frazada de lana o colcha de algodón de colores vivos por lo general; algunas veces con una abertura para pasar la cabeza. Se lleva a modo de capa o como cobija de abrigo.

SARAPIA f. *Amér. Merid.* Árbol cuya madera se emplea en carpintería y su semilla para aromatizar el rapé y preservar la ropa de polilla.

SARASA m. fam. Hombre afeminado, marica.

SARASATE, *Pablo de* (1844-1908) Violinista y compositor esp. Compuso transcripciones de aires populares.

Pablo de **Sarasate**

SARATOV C. de Rusia, cap. de la prov. hom.; 899 000 hab. Explotación de gas natural. Refinerías de petróleo.

SARAWAK Est. de Malaysia, sit. al NO de la isla de Borneo; 124 449 km², 1 294 800 hab. Cap. Kuching. Arroz, sagú, maíz, especias. Pesca. Caucho, madera. Oro, plata, petróleo.

SARAZO, ZÁ adj. *Amér.* Aplícase al fruto que empieza a madurar.

SARCASMO m. Burla sangrienta, ironía mordaz con que se insulta, humilla o ridiculiza cruelmente a alguien. ❑ SARCÁSTICO, CA.

SARCOCELE m. *Med.* Tumor duro y crónico del testículo.

SARCÓFAGO m. Sepulcro, obra de piedra en que se da sepultura a un cadáver.

SARCOMA m. *Pat.* Tumor maligno constituido del tejido conjuntivo embrionario.

SARDANA f. Danza popular de Cataluña.

SARDANÁPALO Legendario rey de Asiria, mencionado por los historiadores gr., que lo identifican con Asurbanipal.

SARDES Ant. c. de Asia Menor, cap. del reino de Lidia. Fue centro de intercambios entre persas y helenos.

SARDINA f. Pez teleósteo marino, parecido al arenque, pero menor y de carne más delicada. ❑ SARDINERO, RA.

Domingo Faustino **Sarmiento**

SARDINAL m. Red que se mantiene entre dos aguas en posición vertical para pescar sardinas.

SARDINEL m. *Constr.* Obra de ladrillos sentados de canto y de modo que coincida en toda su extensión la cara de uno con la del inmediato.

SARDINETA f. Adorno formado por dos galones apareados y terminados en punta.

SARDO, DA adj. y s. De Cerdeña. ◊ m. *Ling.* Lengua indoeuropea del grupo románico, hablada en la isla de Cerdeña.

SARDÓNICA f. *Miner.* Ágata de color amarillento con zonas oscuras.

SARDUY, Severo (1937-1993) Novelista cub. *Gestos, De dónde son los cantantes*.

SARGA f. Tela cuyo tejido forma unas líneas diagonales. ◊ Tela pintada para adornar o decorar las paredes. ◊ *Bot.* Arbusto de tronco delgado, hojas estrechas, flores verdosas y fruto capsular ovoide. Es común en las orillas de los ríos. ❑ SARGAL.

SARGAZO m. *Bot.* Alga marina de la que hay varias especies, alguna tan abundante que en el océano Atlántico cubre una gran superficie (mar de los Sargazos).

SARGAZOS, mar de los Región del Atlántico Norte, limitada al N y O por la corriente del Golfo. Su nombre proviene del de los sargazos que lo cubren.

SARGENT, John Singer (1856-1925) Pintor norteam. Evolucionó hacia el academicismo. *Madame X; Henry James*.

SARGENTO m. *Mil.* Individuo de la clase de tropa, que tiene empleo superior al de cabo, y, bajo la inmediata dependencia de los oficiales, cuida del orden, administración y disciplina de una compañía o parte de ella.

SARGO m. Pez teleósteo marino, de color plateado con fajas transversales negras.

SARGÓN I el Grande (h. 2600 a. C.) Rey semita de Acad. Creador del primer imperio conocido. ◊ **II** (722-705 a. C.) Rey de Asiria. En el año 710 a. C. conquistó Babilonia y construyó en Asiria una nueva cap., Dur Sarrukin (Fortaleza de Sargón), la actual Khorsabad.

SARI m. Vestido tradicional que usan las mujeres de la India.

SARKIS, Elías (1924-1985) Político libanés. Presid. del país (1976-1982).

SÁRMATA adj. y s. Díc. de individuos de una tribu indoeuropea emparentada con los escitas. Empujados por los germanos, se asentaron en terr. rom. o fueron absorbidos por godos, hunos y vándalos.

SARMENTERA f. Lugar donde se guardan los sarmientos.

SARMIENTO m. Vástago de la vid, largo, delgado, flexible y nudoso. ❑ SARMENTOSO, SA.

SARMIENTO, Domingo Faustino (1811-1888) Político, escritor y educador arg. Presid. de la rep. (1868-1874), fomentó la educación, organizó el magisterio e impulsó la expansión del ferrocarril. Autor de *Facundo*. ◊ **De Gamboa, Pedro** (1532-1592) Navegante esp. Dirigió la expedición al Pacífico sur (1567). Fundó fuertes en el estrecho de Magallanes.

SARNA f. *Pat.* Enfermedad contagiosa, que consiste en multitud de vesículas y pústulas diseminadas por el cuerpo, producidas por el ácaro, las cuales causan viva picazón.

SARNEY, José (n. 1930) Político bras. Fue presid. del partido oficialista PDS. En 1985 fue elegido vicepresid. de la rep., pero la enfermedad y posterior muerte del presid. Tancredo Neves le llevaron a ocupar la presidencia (1985-1990).

SAROYAN, William (1908-1981) Escritor norteam. *Mi nombre es Aram, Là comedia humana* (novelas).

SARPULLIDO m. Salpullido.

SARRACENO, NA adj. y s. De la Arabia occidental, u oriundo de ella. ◊ Moro, mahometano.

SARRAUTE, Nathalie (1900-1999) Novelista fr. Representante del *nouveau roman. Tropismos, Los frutos de oro*.

SARRE (*Saarland*) Ést. de Alemania, limítrofe con Luxemburgo y Francia; 2 570 km², 1 075 000 hab. Cap., Saarbrücken. Imp. centro industrial, gracias a la rica cuenca hullera. Desde el Tratado de Versalles dependió económicamente de Francia. Un referéndum (1955) se opu-

so a la «internacionalización» del territorio. Unida a Alemania en 1956.

SARREBRUCK Nombre fr. de la c. de ▷ Saarbrücken, en Alemania.

SARRO m. Sedimento que dejan en las vasijas algunos líquidos. ◊ Sustancia amarillenta que se adhiere al esmalte de los dientes. ◊ Saburra de la lengua. ◊ Roya de los cereales. ❑ SARROSO, SA.

SARS (del inglés *Severe Acute Respiratory Síndrome*, Síndrome Respiratorio Agudo Grave) *Med.* Enfermedad infecto-contagiosa identificada a inicios de 2003 en el Sudeste Asiático, causada por un coronavirus transmisible por contacto directo y por vía aéreas, que se presenta tras 1-10 días de incubación como una neumonía atípica con fiebre alta, tos y dificultad respiratoria, con una mortalidad cifrada en el 3-5% de los casos.

SARTA f. Serie de cosas sometidas por orden en un hilo, cuerda, etc. ◊ fig. Porción de gente o de cosas que van unas tras otras. ◊ fig. Serie de sucesos o cosas no materiales, iguales o análogas.

SARTÉN f. Utensilio de cocina, gralte. de metal, de forma redonda y poco alto, con un mango largo, que sirve para freír, tostar o guisar.

SARTENEJA f. *Amér.* Grieta que se forma con la sequía en un terreno arcilloso.

SARTENEJAL m. *Ecuad.* Parte de la sabana en que abundan las sartenejas y donde la vegetación es escasa.

SARTO, Andrea del (1486-1531) Pintor florentino, discípulo de Leonardo da Vinci. *La Caridad, Madonna del Sacco*.

SARTORIO m. *Anat.* Músculo de la región anteroexterna del muslo, que se extiende desde la espina ilíaca hasta la extremidad superior de la tibia.

SARTRE, Jean-Paul (1905-1980) Pensador y escritor fr. Como novelista y autor dramático, su producción más destacada la constituyen *La náusea, Las moscas, A puerta cerrada*. La primera etapa de su pensamiento es existencialista (*El ser y la nada*). En la década de 1950 evolucionó hacia el marxismo (*Crítica de la razón dialéctica*), con el que romperá. Rechazó el Nobel de Literatura en 1964.

SASÁNIDA adj. y s. Díc. de los miembros de una dinastía persa (ss. III-VII) que recogió la herencia aqueménida y desapareció con la conquista ár. (636).

SASKATCHEWAN Prov. central del Canadá, fronteriza con EE UU; 652 330 km², 989 200 hab. Cap., Regina. Avena,

Jean-Paul **Sartre**

cebada, centeno, lino, maíz, forrajes. Ganadería. Oro, plata, cobre, petróleo, gas natural. Industria alimentaria, papelera. Turismo. ◊ Río del Canadá; 1 900 km. Formado por dos ramales que nacen en las montañas Rocosas. Desagua en el lago Winnipeg.

SASKATOON C. de Canadá, en la prov. de Saskatchewan; 154 000 hab. Centro comercial.

SASSARI C. de Italia, en Cerdeña, cap. de la prov. hom.; 120 000 hab. Ind. alimentarias. Plomo y cinc.

SASSONE, Felipe (1884-1959) Periodista y dramaturgo per. *El miedo de los felices, Volver a vivir, Una mujer sola.*

SASTRA f. Mujer del sastre. ◊ La que tiene oficio de sastre.

SASTRE m. El que tiene por oficio cortar y coser trajes.

SASTRE, Alfonso (n. 1926) Dramaturgo esp. *Escuadra hacia la muerte.*

SASTRERÍA f. Oficio de sastre. ◊ Taller y tienda de sastre.

SATÁN o **SATANÁS** n. p. m. El demonio, el diablo. ❏ SATÁNICO, CA.

SATANISMO m. Culto real o supuesto a Satanás. ◊ Perversidad.

SATÉLITE m. *Astr.* Cuerpo celeste animado de un movimiento de traslación en torno, gralte., de un planeta. ◊ fig. Persona o cosa que depende de otra y experimenta todas sus vicisitudes, o la sigue y acompaña de continuo como dependiente de ella. ◊ adj. y s. *Pol.* Díc. despectivamente de un Est. dominado política y económicamente por otro Est. más poderoso. ◊ **artificial.** *Astr.* Artefacto tripulado o automático colocado en órbita alrededor de un cuerpo celeste. ❏ *Astr.* Hay s. artificiales de reconocimiento, de revelación y de amenaza bélica directa. Las aplicaciones civiles son más prometedoras: s. meteorológicos, de telecomunicaciones y para la navegación. Como s. meteorológicos resultan muy útiles los s. geoestacionarios, que describen una órbita completa por encima del ecuador en 24 horas exactas. Los s. de fotorreconocimiento y de vigilancia oceánica, y la mayoría de los de inteligencia electrónica, se sitúan en órbitas bajas. ❏ SATELIZAR; SATELIZACIÓN.

SATÉN m. Tela de seda o algodón semejante al raso, pero de inferior calidad.

SATIE, Erik (1866-1925) Compositor fr. *Embriones disecados, Tres ginnopedias; Parade, Relâche* (ballets) y el oratorio *Sócrates,* sobre textos de Platón.

SATINAR tr. Dar al papel o a la tela tersura y lustre por medio de la presión. ❏ SATINADO, DA; SATINADOR, RA.

SATIRIZAR intr. Escribir sátiras. ◊ tr. Zaherir y motejar.

SÁTIRO, RA adj. desus. y s. Mordaz, propenso a zaherir. ◊ m. fig. Hombre lascivo. ◊ *Mit. gr.* Monstruo o semidiós con cuerpo de hombre y cuernos y patas de macho cabrío. ◊ f. *Lit.* Composición poética, o de otro gén., cuyo objetivo es censurar acremente o poner en ridículo. ◊ Discurso o dicho agudo y mordaz, dirigido a este fin. ❏ SATÍRICO, CA.

SATISFACCIÓN f. Razón o acción con que se responde enteramente a una queja. ◊ Presunción, vanagloria. ◊ Confianza o seguridad del ánimo. ◊ Cumplimiento del deseo o del gusto.

SATISFACER tr. Pagar enteramente lo que se debe. ◊ Hacer una obra que merezca el perdón de la pena debida. ◊

Saciar un apetito, pasión, etc. ◊ Dar solución a una duda o a una dificultad. ◊ Deshacer un agravio u ofensa. ◊ Premiar con equidad los méritos que se tienen hechos. ❏ SATISFACTORIO, RIA; SATISFECHO, CHA.

SATO, Eisaku (1901-1975) Político jap. Primer ministro (1964-1972). Premio Nobel de la Paz en 1974.

SÁTRAPA m. En la ant. Persia, gobernador de una prov. ◊ fig. y fam. Hombre astuto. ❏ SATRAPÍA.

SATU MARE C. del NO de Rumania, cap. del distr. hom.; 125 000 hab. Centro comercial e industrial.

SATURACIÓN f. *Ópt.* Grado de luminosidad de un color. Se expresa por el cociente entre la luminosidad de un color y la de la luz blanca. ◊ **Curva de s.** *Fís.* La que delimita la zona de equilibrio líquido-vapor, en el diagrama *p-v* de una sustancia real.

SATURAR tr. Hartar y satisfacer de comida o de bebida, saciar. ◊ Alcanzar un sistema, un estado de no reacción frente a un cambio. ◊ tr. y prnl. Disolver en un disolvente la máx. cantidad posible de un soluto, a la temperatura en que se hace la operación. ❏ SATURADOR, RA.

SATURNAL adj. Relativo a Saturno. ◊ f. Orgía. ◊ f. pl. Ant. fiestas populares que se celebraban anualmente en Roma en honor de Saturno.

SATURNISMO m. *Pat.* Enfermedad crónica producida por intoxicación con sales de plomo.

SATURNO En la ant. religión rom., dios de la actividad agrícola de la siembra.

SATURNO *Astr.* Segundo planeta del sistema solar en cuanto a dimensiones y el más lejano de los 5 planetas visibles a simple vista. Su rotación tiene un periodo de 10 horas 14 minutos y es muy característico su sistema de anillos, formado por diversas clases de partículas y por polvo cósmico.

SAUCE m. Árbol de ramas erectas, hojas lanceoladas, angostas y sedosas, flores sin cáliz ni corola y fruto capsular. ◊ **llorón.** Árbol con tronco grueso, copa amplia, ramas y ramillas muy largas, flexibles y péndulas, y hojas lampiñas, muy estrechas. ❏ SALCEDA O SALCEDO; SAUCEDA O SAUCEDAL; SAUCERA; SAUZAL.

SAÚCO m. *Bot.* Arbusto de hojas compuestas, de olor desagradable y sabor acre, flores blancas, y fruto en bayas negruzcas.

SAUD Ibn Abdelaziz (1905-1969) Soberano de Arabia Saudita [1953-1964]. Mantuvo al país bajo un régimen semifeudal.

SAUDADE (voz gallegoport.) f. Soledad, nostalgia, añoranza. ❏ SAUDOSO, SA.

SAÚL (s. XI a. C.) Primer rey de Israel, ungido por Samuel. Se suicidó al ser derrotado por los filisteos.

SAULO Nombre con que era conocido san Pablo antes de su conversión.

SAUNA f. Baño de vapor, típico de Finlandia, extendido actualmente por numerosos países. ◊ Habitación donde se toma la sauna.

SAURA, Antonio (1930-1998) Pintor esp. *Retratos imaginarios, Las crucifixiones, Las multitudes, Novisaurias.* ◊ **Carlos** (n. 1932) Director de cine esp. *Los golfos, La caza, La prima Angélica, Cría*

cuervos, Mamá cumple cien años, Carmen.

SAURIO adj. y m. *Zool.* Díc. de los reptiles que gralte. tienen cuatro extremidades cortas, mandíbulas con dientes, cola larga y piel escamosa o cubierta de tubérculos.

SAUSSURE, Ferdinand de (1857-1913) Lingüista suizo, fundador del método estructural con el *Curso de lingüística general.* Distinguió entre la palabra, hecho individual, y la lengua, hecho social.

SAUZGATILLO m. Arbusto de ramas mimbreñas y flores azules en racimos.

SAVAII Isla de Samoa Occidental, la mayor del arch.; 1 715 km², 41 500 hab.

SAVE (*Sava*) Río de Eslovenia. Nace en los Alpes Cárnicos y desemboca en el Danubio; 721 km.

SAVIA f. *Bot.* Líquido del sistema vascular de las plantas, del cual toman las células las sustancias necesarias para su nutrición. Se distingue entre s. *bruta* o ascendente (vasos leñosos) y s. *elaborada* o descendente (vasos cribosos). ◊ fig. Energía, elemento vivificador.

SAVIGNY, Friedrich Karl von (1779-1861) Jurista al., fundador de la escuela histórica del derecho.

SAVONA C. de Italia, cap. de la prov. hom., en Liguria; 72 400 hab. Puerto. Centro comercial e industrial.

SAVONAROLA, Girolamo (1452-1498) Predicador reformista it. Se convirtió en el jefe político de Florencia, a la que sometió a un régimen teocrático. Fue ahorcado.

SAXÁTIL adj. *Bot.* y *Zool.* Que se cría entre peñas o está adherido a ellas.

SAXÍFRAGA f. Planta de flores blancas en corimbo.

SAXOFÓN m. Instrumento músico de viento, de cobre, con tubo cónico y sistema de llaves, parecido al oboe. Uno de los instrumentos característicos del jazz.

SAY, Jean Baptiste (1767-1832) Economista fr. *Tratado de economía política.*

SAYA f. Falda, refajo o enagua. ◊ Vestidura talar ant., especie de túnica.

SAYAL m. Tela de lana burda.

SAYIL Centro arqueológico mex., en el est. de Yucatán. Restos mayas.

SAYO m. Prenda de vestir holgada y sin botones que cubría el cuerpo hasta la rodilla. ◊ fam. Cualquier vestido.

SAYRI Túpac (s. XVI) Soberano inca [1542-1558], hijo de Manco Inca. Se convirtió al cristianismo en 1558.

El rey **Saúl,** en una miniatura del s. XII

SAYULA-ZACOALCO Yacimiento arqueológico mex., junto al lago hom., en Jalisco. Cerámica y construcciones prehispánicas.

SAZÓN f. Punto o madurez de las cosas, o estado de perfección en su línea. ◊ Ocasión, tiempo oportuno o coyuntura. ◊ Gusto y sabor que se percibe en los manjares.

SAZONAR tr. Dar sazón al manjar. ◊ tr. y prnl. Poner las cosas en la sazón, punto y madurez que deben tener. ❏ SAZONADO, DA.

Sb *Quím.* Símb. del antimonio.

Sc *Quím.* Símb. del escandio.

SCALA, *Teatro de la* Teatro de la Ópera de Milán, edificado entre 1776 y 1778.

Fachada iluminada de **La Scala** de Milán

SCANDERBERG, *Jorge Castriota* (h. 1403-1468) Patriota alb. Se hizo fuerte en Kroya, proclamándose príncipe por los albaneses (1444).

SCANNER ⊳ Escáner.

SCARLATTI, *Alessandro* (1660-1725) Compositor de óperas it. *Mitridates Eupator, El triunfo de la libertad, Escipión en España.* ◊ **Domenico** (1685-1757) Compositor it. Precursor de la moderna técnica pianística. *Ejercicios, Sonatas para clave.*

SCARRON, *Paul* (1610-1660) Escritor fr. Autor de poemas burlescos, sátiras y obras teatrales. *La novela cómica.*

SCHAERBEEK C. de Bélgica, que forma parte de la Gran Bruselas; 105 900 hab. Ind. química, textil y metalúrgica.

SCHAERER, *Eduardo* (1873-1941) Político par. Presid. de la rep. (1912-1916). Activó la economía del país.

SCHAFF, *Adam* (n. 1913) Filósofo marxista pol. Ha estudiado la relación entre marxismo y filosofía. *Introducción a la semántica, La alienación como fenómeno social, ¿Qué futuro nos aguarda?*

SCHAUDINN, *Friedrich* (1871-1906) Biólogo al., descubridor, con Hoffman, del agente productor de la sífilis.

SCHEEL, *Walter* (n. 1919) Político al. del partido liberal democrático (FDP), impulsor de la *Ostpolitik.* Presid. de la rep. (1974-1979).

SCHEELE, *Karl Wilhelm* (1742-1786) Químico sueco. Aisló el oxígeno y descubrió el cloro, la glicerina y compuestos de arsénico.

SCHEIDEMANN, *Philipp* (1865-1939) Político al. Impulsó la rep. y ocupó la jefatura del gobierno (1919).

SCHELER, *Max* (1874-1928) Filósofo al. Aplicó el método fenomenológico de Husserl al estudio de la vida ética y emocional. *Las formas del saber y la comunidad, El formalismo en la ética y la ética material de los valores.*

SCHELLING, *Friedrich Wilhem Joseph* (1775-1854) Filósofo al., representante del «idealismo alemán». En su pensamiento se distinguen tres fases: la filosofía de la identidad, la del espíritu y la positiva. *Sistema del idealismo trascendental, Filosofía del arte, Investigaciones sobre la esencia de la libertad humana.*

SCHERZO (it. «broma» o «capricho») m. *Mús.* Movimiento de carácter vivo y brillante. Introducido en las formas de sonata y sinfonía por Beethoven.

SCHIAPARELLI, *Giovanni Virginio* (1835-1910) Astrónomo it. Descubrió el asteroide Hesperia.

SCHICK, *René* (1909-1966) Político nic. Presid. de la rep. (1966).

SCHILLER, *Friedrich von* (1759-1805). Dramaturgo, poeta e historiador al. Entre sus piezas dramáticas destaca la trilogía sobre *Wallenstein: La doncella de Orleáns, Guillermo Tell, Los bandidos* y *Don Carlos.* De su obra lírica cabe citar *La canción de la campana* y sus *Baladas.*

SCHLEGEL, *August Wilhelm von* (1767-1845) Filósofo y crítico literario al. *Historia de la lengua y la poesía alemanas.*

SCHLEIERMACHER, *Friedrich Ernst Daniel* (1768-1834) Teólogo al. Inspiró al protestantismo liberal. *Discursos sobre la religión, Monólogos.*

SCHLESWIG-HOLSTEIN Est. del N de Alemania; 15 731 km², 2 630 000 hab. Cap., Kiel. Cebada, trigo, avena, patatas. Caballos. Ind. textil, fundiciones de hierro y acero, astilleros. Tras el tratado de Versalles, el Schleswig septentrional pasó definitivamente a Dinamarca.

SCHLICK, *Moritz* (1882-1936) Filósofo positivista al. *Teoría general del conocimiento.*

SCHLIEMANN, *Heinrich* (1822-1890) Arqueólogo al. Localizó Troya. Post. excavó en Micenas y Tirinto.

SCHMIDT, *Helmut* (n. 1918) Político al., socialdemócrata, fue elegido canciller de la RFA (1974-1983), tras la dimisión de W. Brandt.

SCHNEIDER, *Eugène* (1805-1875) Industrial fr. Inventor del acero que lleva su nombre.

SCHÖNBERG, *Arnold* (1874-1951) Compositor austr. Evolucionó hacia el expresionismo y el dodecafonismo. *La noche transfigurada, Pierrot Lunaire, Variaciones para orquesta.*

SCHOPENHAUER, *Arthur* (1788-1860) Filósofo al. Mantuvo que para el conocimiento de las cosas en sí sólo existe la conciencia, la cual se nos aparece como voluntad. *El mundo como voluntad y representación, Sobre la libertad humana, El fundamento de la moral.*

SCHRÖDER, *Gerhard* (n. 1944) Político al. Socialdemócrata, fue elegido canciller en 1998, y sustituyó a H. Kohl. Fue reelegido en 2002.

SCHRÖDINGER, *Erwin* (1887-1961) Físico austr. Uno de los fundadores de la mecánica cuántica. Premio Nobel de Física en 1933.

SCHUBERT, *Franz Peter* (1797-1828) Compositor romántico austr. Autor de *lieder,* sinfonías (entre ellas la *Inacabada*), música de cámara y obras para piano (*Impromptus, Momentos musicales*).

SCHULTEN, *Adolf* (1870-1960) Historiador y arqueólogo al. Excavó las ruinas de Numancia.

SCHULZ, *Charles* (1922-2000) Dibujante norteam. Creador de los personajes Charlie Brown, Snoopy, etc.

SCHUMAN, *Robert* (1886-1963) Político fr. Jefe del gobierno (1947-1948). Impulsó la creación de la CECA.

SCHUMANN, *Robert* (1810-1856) Compositor y crítico al. Destacan el *Concierto para piano;* las *Sinfonías,* los *lieder* y las pequeñas piezas para piano.

SCHUMPETER, *Joseph Alois* (1883-1950) Economista austr. Autor de *Capitalismo, socialismo y democracia,* obra maestra del neopositivismo. *Historia del análisis económico.*

SCHÜTZ, *Heinrich* (1585-1672) Compositor al. Conjugó el espíritu nórdico con la polifonía veneciana. *Musicalia ad chorum sacrum, Oratorio de Navidad, Dafne* (ópera).

SCHWANN, *Theodor* (1810-1882) Naturalista al., el primero en exponer la teoría de la célula como unidad fundamental del organismo.

SCHWEITZER, *Albert* (1875-1965) Pastor protestante, médico y organista fr. Alcanzó gran renombre por su labor en la población de Lambarene (Gabón), donde fundó un hospital. Premio Nobel de la Paz en 1935.

SCHWERIN C. de Alemania, cap. del estado de Mecklemburgo-Pomerania; 125 500 hab. Ind. maderera, alimentaria y del tabaco.

SCIASCIA, *Leonardo* (1921-1989). Escritor it. Ensayos: *Regalpetra, El consejo de Egipto.* Novelas: *El día de la lechuza, El contexto, Todo modo.*

SCOLA, *Ettore* (n. 1931) Director de cine it. *Una jornada particular, La familia.*

SCOOTER (voz ing.) m. Motocicleta ligera en la que el conductor va sentado, en lugar de ir montado a horcajadas como en las motocicletas normales.

SCORPIUS o **ESCORPIO** *Astr.* Constelación zodiacal, muy brillante, cuya cabeza y larga cola son fácilmente distinguibles.

SCORSESE, *Martin* (n. 1942) Director de cine norteam. *Taxi driver, La edad de la inocencia.*

SCORZA, *Manuel* (1928-1983) Novelista per. *Historia de Garabombo el invisible, Redoble por Rancas, La danza inmóvil.*

Franz Peter **Schubert**

SCOTLAND Yard Nombre de la policía metropolitana de Londres.
SCOTT, *Ridley* (n. 1939) Director de cine brit. *Alien, el octavo pasajero, Blade runner, Gladiator.* ◊ ***Robert Falcon*** (1868-1912) Explorador brit. Realizó varias expediciones a la Antártida. En 1912 alcanzó el polo Sur, pero murió en el viaje de regreso. ◊ ***Walter*** (1771-1832) Poeta y novelista escocés. Sus primeras obras (*La dama del lago*) reflejan su interés por las leyendas de su país; pero fue la novela histórica el gén. que le consagró (*El anticuario, Rob Roy, Waverley, La novia de Lammermoor, Ivanhoe, Quentin Durward*).
SCRANTON C. de EE UU, en Pensilvania; 104 000 hab. (234 000 la agl. urb.). Ind. silderúrgica y metalúrgica.
SCRIABIN, *Alexandr* (1872-1915) Compositor ruso. Sus obras poseen un carácter místico. Autor de tres poemas para orquesta, sinfonías y obras para piano.
SCRIPT (voz ing.) com. *Cin.* Anotador.
SCUDÉRY, *Madeleine de* (1607-1701) Novelista fr. *Clelia, El gran Ciro.*
Se *Quím.* Símb. del selenio.
SE Forma reflexiva del pron. personal de tercera persona. Se usa en dativo y acusativo en ambos gén. y núm. y no admite preposición. Sirve además para formar oraciones impersonales y de pasiva.
SEABORG, *Glenn Theodore* (1912-1999) Químico norteam. Descubrió con MacMillan el plutonio 238. Premio Nobel de Química en 1951, junto con E. MacMillan.
SEATO ⇨ Organización del Tratado del Sudeste Asiático.
SEATTLE C. de EE UU, en el est. de Washington; 493 800 hab. (1 607 500 la agl. urb.). Ind. mecánica, aeronáutica.
SEBÁCEO, A adj. Que participa de la naturaleza del sebo o se parece a él. ◊ *Anat.* Díc. de cada una de las glándulas cutáneas cuyos conductos excretores terminan en los poros.
SEBASTIÁN (m. 288) Santo. Mártir cristiano; oficial de la guardia pretoriana. Diocleciano ordenó que muriera asaeteado.
SEBASTIÁN (1554-1578) Rey de Portugal [1557-1578]. Murió en la batalla de Alcazarquivir (la batalla de los tres reyes).
SÉBASTIÁN VIZCAÍNO Bahía de México, en el Pacífico, en Baja California.
SEBASTIANI DE LA PORTA, *Horace François*, CONDE DE (1772-1851) Militar y político fr. Durante la guerra de la independencia esp. dirigió el IV ejército fr. Ministro de Asuntos Exteriores (1830-1832) con Luis Felipe.
SEBASTOPOL (*Sevastopol*) C. Ucrania, en la pen. de Crimea; 341 000 hab. Base naval. Astilleros. Ind. mecánica. ◊ **Sitios de S.** En 1854 las fuerzas anglo-franco-turcas sitiaron a los rusos en S. También se conoce con este nombre el asedio al. a S. en noviembre 1941-julio 1942.
SEBO m. Grasa sólida y dura que se saca de los animales herbívoros. ◊ Gordura.
SEBORREA f. *Pat.* Aumento de la secreción de las glándulas sebáceas de la piel.
SECADERO m. Lugar para poner a secar una cosa. ◊ *Ind.* Instalación para el

secado de sustancias sólidas, basada en la capacidad de absorción de humedad que posee una corriente de aire caliente y a la que se hace circular en contacto con el material a secar.
SECADOR m. *Amér. Merid.* Enjugador de ropa. ◊ *Salv. y Nic.* Paño de cocina para secar los platos y la vajilla. ◊ m. y f. Nombre de diversos aparatos y máquinas para secar las manos, el cabello, la ropa, etc.
SECAM m. Procedimiento de patente fr. para la transmisión televisiva de imágenes en color.
SECANO m. Tierra de labor que no tiene riego. ◊ fig. Cualquier cosa que está muy seca.
SECANTE adj. y s. Que seca. ◊ Que corta. ◊ m. Preparación que se añade a las pinturas, barnices, etc., para acelerar su secado. ◊ adj. y f. *Geom.* Díc. de toda recta que corta a una curva sin ser le tangente o de dos curvas que se cortan sin ser tangentes. ◊ *Trig.* Cociente entre la hipotenusa y un cateto contiguo. ◊ adj. y m. *Mat.* Díc. del conjunto que tiene puntos comunes con otro conjunto.
SECAR tr. y prnl. Eliminar la humedad de un cuerpo, dejar o quedar seca una cosa. ◊ prnl. Enjugarse la humedad de una cosa evaporándose. ◊ Quedarse sin agua un río, una fuente, etc. ◊ Perder una planta su verdor, vigor o lozanía. ◊ Enflaquecer y extenuarse una persona o un animal. ◊ fig. Tener mucha sed. ◊ fig. Embotarse, perder agudeza o eficacia los sentidos, la sensibilidad, el ánimo.
SECCHI, *Angelo* (1818-1878) Astrónomo it., jesuita. Autor de la primera clasificación espectral de las estrellas.
SECCIÓN f. Separación que se hace en un cuerpo sólido con instrumento cortante. ◊ Cada una de las partes en que se divide o considera dividido un todo continuo o un conjunto de cosas. ◊ Cada uno de los grupos en que se divide o considera dividido un conjunto de personas. ◊ *Biol.* Dibujo resultante al cortar un organismo por un plano, para mostrar su estructura interna. ◊ *Geom.* Intersección de una superficie o un sólido con otra superficie. ◊ **áurea.** *Geom.* División de un segmento en dos partes tales que una de ellas sea media proporcional entre todo el segmento y la otra parte. ◊ **eficaz.** *Fís.* Probabilidad de absorción de un neutrón por parte de un cuerpo. Es la relación entre la absorción relativa y el

Guerra de **Secesión.** Escena de la batalla naval de Hampton Roads

número de núcleos de dicho cuerpo absorbente.
SECCIONAR tr. Fraccionar, dividir en secciones.
SECESIÓN f. Separación de una parte de un Est. para constituir un nuevo Est. independiente o para asociarse a otro Est. ◊ Apartamiento, retraimiento de los negocios públicos. ◊ **guerra de** Conflicto que, en los EE UU, enfrentó entre 1861-1865 a los est. del N, industriales y partidarios de la abolición de la esclavitud, y los est. del S, agrícolas, aristócratas y esclavistas. Elegido Lincoln, conocido antiesclavista, como presid. de EE UU, en 1861 los est. esclavistas se constituyeron en est. confederados de América, con cap. en Richmond, y Jefferson Davis como presid. Tras cuatro años de violenta lucha, el general sudista Lee capituló en Appomatox (1865), y pocos días después lo hacía Johnston en Durham.
SECESIONISMO m. Tendencia u opinión favorable a la secesión política. ❑ SECESIONISTA.
SECHURA Desierto del NO de Perú; 10 000 km². Importantes yacimientos petrolíferos.
SECO, CA adj. Que carece de jugo o humedad. ◊ Falto de agua. ◊ Falto de verdor o lozanía. ◊ Tratándose de las plantas, muerto. ◊ Aplícase a las frutas de cáscara dura, como avellanas, nueces, etc., y también a aquellas a las cuales se quita la humedad para que se conserven; como higos, pasas, etc. ◊ Flaco o de muy pocas carnes. ◊ Díc. también del tiempo en que no llueve. ◊ fig. Áspero, poco cariñoso en el modo o trato. ◊ fig. Dicho del vino u otros licores, opuesto a dulce. ◊ fig. Díc. del golpe fuerte, rápido y que no resuena. ◊ *Mús.* Díc. del sonido brevísimo y cortado. ◊ f. Sequía. ◊ Periodo en que se secan las pústulas de ciertas erupciones cutáneas. ◊ Infarto de una glándula. ◊ Banco de arena cubierto por el agua. ◊ *R. de la Plata.* Cara de una moneda opuesta a la que tiene grabada una imagen.
SECRETAR tr. *Fisiol.* Salir de un tejido, órgano o glándula materias elaboradas por ellos y que el organismo utiliza en

Fotograma de *Alien*, filme de Ridley **Scott**

el ejercicio de alguna función. ❑ SECRE-CIÓN; SECRETOR, RA; SECRETORIO, RIA.

SECRETARÍA f. Cargo de secretario. ◊ En un organismo, oficina donde se llevan asuntos administrativos.

SECRETARIADO m. Secretaría, destino o cargo de secretario. ◊ Carrera o profesión de secretario o secretaria.

SECRETARIO, RIA m. y f. Persona que en una corporación, asociación u organismo se encarga pralm. de mantener las relaciones de la entidad, informar al presid. o a la junta rectora, levantar actas de las reuniones, custodiar documentos y resolver los asuntos de trámite. ◊ Persona al servicio de otra que gralte. se ocupa de su correspondencia y asuntos administrativos. ◊ m. *Amér.* Ministro. ◊ *Zool.* Ave rapaz, de plumaje blanco, con algunas zonas grises o negras, y patas desmesuradamente largas. ◊ **de Estado.** Jefe de un departamento ministerial, que en algunos casos tiene categoría de ministro; en EE UU equivale a ministro de Asuntos Exteriores. ◊ Jefe de algunos partidos políticos. ❑ SECRETARIAL.

Pareja de **secretarios**

SECRETER m. Escritorio, mueble con tablero para escribir y cajoncitos para guardar papeles.

SECRETO, TA adj. Callado, reservado. ◊ m. Lo que cuidadosamente se tiene reservado y oculto. ◊ Reserva, sigilo. ◊ Conocimiento que exclusivamente alguno posee de la virtud o propiedades de una cosa. ◊ Cosa arcana o muy recóndita que no se puede comprender y negocio muy reservado, misterio. ◊ **a voces.** fig. y fam. Misterio que se hace de lo que ya es público, o secreto que se confía a muchos. ◊ **de Estado.** El que no puede revelar un funcionario público sin incurrir en delito. ◊ **profesional.** Deber que tienen los miembros de determinadas profesiones de no descubrir los hechos que han conocido en el ejercicio de su profesión.

SECTA f. Doctrina particular enseñada por un maestro que la halló o la explicó, y seguida o defendida por otros. ◊ Conjunto de creyentes de una doctrina particular o de fieles a una religión que el que habla considera falsa.

SECTARIO, RIA adj. y s. Que profesa y sigue una secta. ◊ Secuaz, fanático e intransigente de un partido o de una idea. ❑ SECTARISMO.

SECTOR m. *Comp.* Cada una de las zonas en que se dividen físicamente las pistas de un disco o tambor. ◊ *Geom.* Porción de círculo comprendida entre un arco y los dos radios que pasan por sus extremidades. ◊ fig. Parte de una clase o de una colectividad que presenta caracteres peculiares. ◊ **esférico.** *Geom.* Porción de esfera comprendida entre un casquete y la superficie cónica formada por los radios que terminan en su borde.

SECUAZ adj. y s. Que sigue el partido, doctrina u opinión de otro.

SECUELA f. Consecuencia o resulta de una cosa.

SECUENCIA f. Prosa o verso que se dice en ciertas misas, después del gradual. ◊ Continuidad, sucesión ordenada. ◊ Serie o sucesión de cosas que guardan entre sí cierta relación. ◊ *Cin.* Sucesión no interrumpida de planos o escenas que en una película se refieren a una misma parte o aspecto del argumento. ◊ *Mat.* Conjunto de números u operaciones ordenados de tal modo que cada uno determine el siguiente. ◊ *Mús.* Progresión o marcha armónica. ◊ *Bioq.* Orden en que están unidos los monómeros en una molécula polímera. ❑ SECUENCIAL.

SECUESTRAR tr. Depositar judicial o gubernativamente una alhaja en poder de un tercero hasta que se decida a quién pertenece. ◊ Aprehender indebidamente a una persona, avión, tren, etc. para exigir dinero por su rescate o para otros fines. ❑ SECUESTRADOR, RA; SE-CUESTRO.

SECULAR adj. Seglar. ◊ Que sucede o se repite cada siglo. ◊ Que dura un siglo, o desde hace siglos. ◊ adj. y s. Díc. del clero o sacerdote que vive en el siglo, a distinción del que vive en clausura.

SECULARIZACIÓN f. Transferencia de bienes eclesiásticos a personas o entidades públicas con fines utilitarios o profanos. ◊ Autorización concedida a un religioso para que pueda vivir fuera de clausura. ❑ SECULARIZAR.

SECUNDAR tr. Ayudar, favorecer.

SECUNDARIO, RIA adj. Segundo en orden y no pral., accesorio. ◊ *El.* Respecto de una bobina de inducción u otro aparato semejante, díc. de la corriente inducida y del circuito por donde fluye. ◊ *Geol.* Díc. de cualquiera de los terrenos triásicos, jurásicos y cretáceos o de su conjunto. ◊ *Geol.* Díc. de la segunda de las grandes eras en que se divide la historia geológica de la Tierra; era mesozoica. ◊ *Quím.* Díc. del átomo de carbono o nitrógeno de un compuesto orgánico unido directamente a otros dos átomos de carbono.

SED f. Gana y necesidad de beber. ◊ fig. Necesidad de agua o humedad que tienen ciertas cosas. ◊ fig. Apetito o deseo ardiente de una cosa. ❑ SEDIENTO, TA.

SEDA f. Líquido viscoso, segregado por ciertas glándulas de algunos artrópodos. Se solidifica en contacto con el aire, formando hebras finísimas y flexibles. ◊ Hilo formado con varias de estas hebras producidas por el gusano de seda. ◊ Cualquier obra o tela hecha de seda. ◊ Cerda de algunos animales, especialmente del jabalí. ◊ **Ruta de la s.** Camino que seguían las caravanas que transportaban en la E. Med. la s.

desde China al Mediterráneo. ❑ SEDE-RO, RA; SEDOSO, SA.

SEDAL m. Hilo o cuerda que se ata por un extremo al anzuelo y por el otro a la caña de pescar. ◊ *Cir.* y *Vet.* Cordón que se mete por una parte de la piel y se saca por otra a fin de excitar una supuración.

SEDÁN m. Automóvil cerrado, de capota o cubierta fija.

SEDANTE adj. y m. *Farm.* Nombre genérico de los medicamentos que calman el dolor o la excitación de un órgano. ❑ SEDANCIA.

SEDAR tr. Apaciguar, sosegar, calmar. ❑ SEDACIÓN; SEDATIVO, VA.

SEDE f. Asiento o trono de un prelado que ejerce jurisdicción. ◊ Cap. de una diócesis. ◊ Jurisdicción y potestad del sumo pontífice. Llámase también Santa Sede. ◊ **apostólica.** Jurisdicción y potestad del papa.

SEDECÍAS (s. VI a. C.) Último rey de Judá [598-587 a. C.]. Colocado en el trono por Nabucodonosor, se rebeló contra éste, quien tomó Jerusalén.

SEDENTARIO, RIA adj. Díc. del oficio o vida de poco movimiento. ◊ Díc. del pueblo o tribu que se dedica a la agricultura, asentado en un lugar, por oposición al nómada. ◊ *Zool.* Díc. de animales que permanecen fijos en un sustrato o en un hábitat determinado.

SEDENTE adj. Que está sentado.

SEDERÍA f. Mercadería de seda. ◊ Conjunto de ellas. ◊ Su tráfico. ◊ Tienda donde se venden géneros de seda.

SEDICENTE adj. Se aplica irónicamente a la persona que se da a sí misma un nombre sin convenirle el título o condición que se la atribuye.

SEDICIÓN f. Alzamiento colectivo y violento contra la autoridad, el orden público o la disciplina militar sin llegar a la gravedad de la rebelión. ❑ SEDICIO-SO, SA.

SEDIMENTACIÓN f. Separación de los componentes de una suspensión por acción de la gravedad. ◊ *Geol.* Proceso mediante el cual se depositan en zonas superficiales de la corteza terrestre los materiales a partir de los cuales se formarán los sedimentos.

SEDIMENTAR tr. y prnl. Depositar sedimento un líquido. ◊ prnl. Formar sedimento las materias suspendidas en un líquido. ❑ SEDIMENTARIO, RIA.

SEDIMENTO m. Materia que, habiendo estado suspendida en un líquido, se posa en el fondo por su mayor gravedad.

SEDUCIR tr. Persuadir a alguien con promesas o engaños para que haga cierta cosa, gralte. mala o perjudicial. ◊ Inducir de esta forma una persona a otra para que tenga relaciones sexuales con ella. ◊ Cautivar el ánimo, atraer mucho. ❑ SEDUCCIÓN; SEDUCTIVO, VA; SE-DUCTOR, RA.

SEEBECK, *Thomas Johann* (1770-1831) Físico y médico al. Descubrió la termoelectricidad e ideó un polariscopio.

SEELAND Isla de Dinamarca ⇨ Sjaelland.

SEFARDÍ o **SEFARDITA** adj. y s. Díc. del judío oriundo de España, o del que, sin proceder de España, acepta las prácticas religiosas que en el rezo mantienen ciertas esp. Fueron expulsados por los Reyes Católicos. En un número estimado de unos 150 000 se expandieron pralm. por los países europeos. ◊ m. *Ling*. Dialecto judeoespañol hablado por los judíos sefardíes.

SEFERIS, *Giorgios* (1900-1971) Poeta gr. Premio Nobel de Literatura en 1963. *Leyendas, Diario de a bordo, Mythistorema, El rey de Asina.*

SEGADOR, RA adj. Que siega. ◊ adj. y f. Díc. de la máquina que sirve para cortar hierba. ◊ m. *Zool*. Pequeño arácnido de patas muy largas. ◊ f. *Agr*. Cualquier máquina usada para segar.

SEGALL, *Lasar* (1891-1957) Pintor bras., de origen ruso. Influido por el expresionismo al. *Recuerdos de Vilna, Mangue, Los bosques.*

SEGANTINI, *Giovanni* (1858-1899) Pintor it. Representante del neoimpresionismo (*Primavera en los Alpes*). Influido post. por el simbolismo y el puntillismo.

SEGAR tr. Cortar mieses o hierba con la hoz, la guadaña o cualquier máquina a propósito. ◊ Cortar de cualquier manera. ◊ fig. Cortar, impedir bruscamente el desarrollo de algo. ❏ SEGAZÓN.

SEGESTA Ant. c. gr., en Sicilia. Ruinas de un templo dórico del s. V a. C., y de un teatro de mediados del s. III a. C.

SEGISMUNDO I Jagellón, EL VIEJO (1467-1548) Gran duque de Lituania, rey de Polonia [1506-1548]. ◊ **II Augusto Jagellón** (1520-1572) Rey de Polonia y gran duque de Lituania [1548-1572]. Incorporó Livonia a Lituania. ◊ **III Vasa** (1566-1632) Rey de Polonia [1587-1632] y de Suecia [1592-1599]. ◊ **De Luxemburgo** (1368-1437) Rey de Hungría [1387-1437], rey de romanos [1411-1433], rey de Bohemia [1419-1437] y emperador germánico [1433-1437].

SEGLAR adj. Relativo a la vida, estado o costumbre del siglo o mundo. ◊ adj. y s. Laico.

SEGMENTACIÓN f. *Biol*. División reiterada de la célula huevo de animales y plantas, en virtud de la cual se constituye un cuerpo pluricelular que es la primera fase del embrión.

SEGMENTO m. Pedazo o parte cortada de una cosa. ◊ *Geom*. Parte de la recta determinada por dos puntos del plano o del espacio, limitada por estos dos puntos. ◊ *Mec. apl*. Cada uno de los arcos elásticos de metal que encajan en las ranuras circulares del émbolo y se ajustan a las paredes del cilindro. ◊ *Zool*. Cada una de las partes dispuestas en serie lineal de que está formado el cuerpo de los gusanos y artrópodos. ◊ **circular.** *Geom*. Región de un círculo comprendida entre una cuerda y su arco. ◊ **esférico.** *Geom*. Región de una esfera limitada por un casquete o una zona esféricos y su base o bases. ◊ **lineal.** *Geom*. Parte de una línea limitada por dos de sus puntos. ❏ SEGMENTADO, DA; SEGMENTAR.

SEGNI, *Antonio* (1891-1972) Político it. Miembro del Partido Demócrata-cristiano. Jefe del gobierno (1955-1957 y 1959-1960). Presid. de la rep. (1962-1964).

SEGOVIA Prov. de España, en la com. autón. de Castilla y León; 6 949 km², 147 694 hab. Cap., la c. hom. Cereales, leguminosas, remolacha azucarera. Ganadería ovina. Explotación forestal. Caolín, feldespato. Ind. de transformaciones agropecuarias. ◊ C. España, cap. de la prov. hom.; 54 368 hab. Centro ad-

ministrativo, comercial e industrial. Famoso acueducto romano.

SEGOVIA, *Andrés* (1893-1987) Guitarrista esp. Su repertorio incluía transcripciones de obras para laúd, mandolina o clave, de Couperin, Rameau, Bach, Moreno Torroba, Falla, etc.

SEGREGACIÓN f. Acción y efecto de segregar o segregarse. ◊ **racial.** Aislamiento que dentro de una comunidad se impone a los miembros de un grupo étnico. ❏ SEGREGACIONISTA.

SEGREGAR tr. y prnl. Separar o apartar una cosa de otra u otras. ◊ Secretar, excretar, expeler. ◊ Aislar o separar a determinados miembros de una comunidad.

SEGUÍ, *Antonio* (n. 1934) Pintor, grabador y escultor arg. Miembro de la Nueva Figuración, su obra refleja irónicamente los temas cotidianos. ◊ *Salvador*, llamado EL NOI DEL SUCRE (1890-1923) Dirigente anarcosindicalista esp. Defendió el antiparlamentarismo de la CNT.

SEGUIDILLA f. *Métr*. Composición de cuatro o de siete versos, de los cuales son heptasílabos y libres el primero, el tercero y el sexto, y pentasílabos y asonantes el segundo y el cuarto entre sí y el quinto y el séptimo por su parte. ◊ pl. Aire popular esp. ◊ Baile con este aire.

SEGUIDO, DA adj. Continuo, sucesivo, sin intermisión de lugar o tiempo. ◊ Que está en línea recta. ◊ adv. modo. De seguida. ◊ **De seguida.** m. adv. Consecutiva o continuamente. ◊ Inmediatamente. ◊ **En seguida.** m. adv. Inmediatamente después en el tiempo o en el espacio.

SEGUIR tr. e intr. Ir después o detrás de uno. ◊ tr. Dirigir la vista hacia un objeto que se mueve y mantener la visión de él. ◊ Ir en busca de una persona o cosa. ◊ Proseguir en lo empezado. ◊ Profesar una ciencia, arte o estado. ◊ Perseguir, acosar o molestar a uno. ◊ Imitar o hacer una cosa por el ejemplo que otro ha dado de ella. ◊ prnl. Inferirse o ser consecuencia una cosa de otra. ◊ Suceder una cosa a otra por orden, turno o núm., o ser continuación de ella. ❏ SEGUIMIENTO.

SEGÚN prep. Conforme o con arreglo a. ◊ Toma carácter de adv., denotando relaciones de conformidad, correspondencia o modo, y equivaliendo más

comúnmente a *con arreglo* o *en conformidad a lo que*, o *a como*. ◊ De la misma suerte o manera que. ◊ Precediendo inmediatamente a nombres o pron. personales, significa: con arreglo o conforme a lo que opinan o dicen las personas de que se trate. ◊ Con carácter adverbial, y en frases elípticas, indica eventualidad o contingencia.

SEGUNDAR tr. Repetir uno un acto que acaba de hacer. ◊ intr. Ser segundo o seguirse al primero.

SEGUNDERO, RA adj. Díc. del segundo fruto que dan ciertas plantas dentro del año. ◊ m. Manecilla que señala los segundos en el reloj.

SEGUNDO, DA adj. y s. Que sigue inmediatamente en orden al o a lo primero. ◊ m. Persona que en una institución sigue en jerarquía al jefe o principal. ◊ Unidad de tiempo. Es la ochenta y seis mil cuatrocientasava parte del día solar medio. ◊ *Geom*. Unidad angular sexagesimal, cada una de las 60 partes iguales en que se divide el minuto de circunferencia. ◊ f. Segunda intención. Se usa más en pl. ◊ *Mús*. Intervalo formado entre dos notas consecutivas de la escala.

SEGUNDOGÉNITO, TA adj. y s. Díc. del hijo o hija nacidos después del primogénito o primogénita. ❏ SEGUNDOGENITURA.

SEGUNDÓN m. Hijo segundo de la casa. ◊ P. ext., cualquier hijo no primogénito.

SEGUR f. Hacha grande. ◊ Hoz o guadaña para segar.

SÉGUR, *Sophie Rostopchine*, CONDESA DE (1799-1874) Escritora fr., de origen ruso. *Nuevos cuentos de hadas para niños.*

SEGURA y Cordero, *Manuel Ascensio* (1805-1871) Escritor per., costumbrista. *El sargento Canuto, El resignado.*

SEGURIDAD f. Calidad de seguro. ◊ Fianza u obligación de indemnidad a favor de uno.

SEGURO, RA adj. Libre y exento de todo daño o riesgo. ◊ Indubitable y en cierta manera infalible. ◊ Firme, que no está en peligro de faltar o caerse. ◊ m. Contrato por el cual una persona se obliga a resarcir pérdidas o daños que ocurran en las cosas que corren un riesgo. ◊ Muelle o mecanismo destinado en algunas armas de fuego a evitar que se disparen solas. ◊ fam. Seguridad social.

Vista de **Segovia** con el acueducto

SEÍSMO

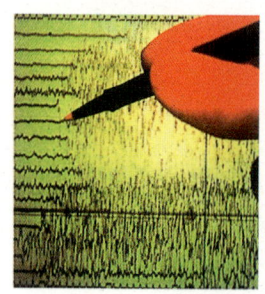

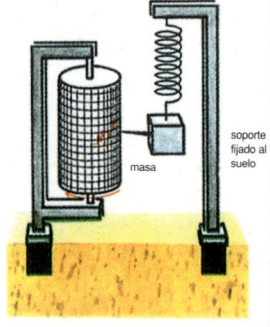

soporte fijado al suelo

masa

Para registrar los temblores del suelo en un punto se emplean los sismógrafos, constituidos esencialmente por una masa suspendida de un muelle y un soporte fijado al suelo; un punzón ligado a la masa oscilante traza sobre un cilindro giratorio una curva (sismograma) que registra en cada instante el desplazamiento relativo de la masa respecto al suelo

Estos edificios semidestruidos testimonian la fuerza del terremoto que asoló Ciudad de México en 1985

SEIBAL Yacimiento arqueológico de Guatemala, en el dpto. de El Petén. Restos mayas de los ss. X-III a. C.
SEIBO, El Provincia de la Rep. Dominicana; 1 786,80 km², 81 326 hab. Cap., la c. hom. Accidentado por la cordillera Central. R. Rosco. Agricultura. ◇
Santa Cruz de El S C. de la Rep. Dominicana, cap. de la prov. de El Seibo.; 66 043 hab. Centro comercial agrícola.
SEIFERT, Iaroslav (1901-1986) Poeta chec. *Los brazos de Venus, Toda la belleza de esta tierra.* Premio Nobel de Literatura en 1984.
SEIS adj. Cinco y uno. ◇ adj. y s. Sexto, ordinal. ◇ m. Signo o conjunto de signos con que se representa el núm. seis. ◇ *P. Rico.* Baile popular, especie de zapateado.
SEISAVO, VA adj. y m. Cada una de las seis partes en que se divide un todo.
SEISCIENTOS, TAS adj. Seis veces ciento. ◇ Sexcentésimo, ordinal. ◇ m. Conjunto de signos con que se representa el núm. seiscientos.
SEÍSMO m. *Geol.* Movimiento vibratorio que se origina en el interior de la Tierra y que se propaga en todas direcciones en forma de ondas elásticas, denominadas ondas sísmicas.
□ *Geol.* El punto del interior de la Tierra donde se origina un s. o terremoto es el hipocentro o foco, y el punto de la superficie terrestre donde presenta la máx. intensidad es el epicentro. Se utilizan dos parámetros para determinar la importancia de los s.: la magnitud establece la cantidad de energía liberada en el foco (la escala de magnitudes comprende diez grados, de 0 a 9); la intensidad se basa en la evaluación de los efectos producidos por el s.
SELA ⇨ Sistema Económico Latino Americano.
SELECCIÓN f. Conjunto de personas o cosas seleccionadas. ◇ **natural.** *Biol.* Fenómeno evolutivo que favorece determinada información genética beneficiosa en detrimento de otra que puede llegar a desaparecer. ❑ SELECTO, TA.
SELECCIONAR tr. Elegir, escoger. ❑ SELECCIONADOR, RA.
SELECTIVO, VA adj. Que implica selección. ❑ SELECTIVIDAD.
SELECTOR, RA adj. y m. *El.* Díc. del dispositivo que permite seleccionar ciertos impulsos para que sean sometidos a una acción determinada. ◇ En telefonía, díc. del dispositivo empleado en la conmutación de las centrales telefónicas para la conexión del aparato de llamada con el llamado.
SELENE *Mit. gr.* Diosa de la noche, hija de Hiperión y Tía.
SELENGA Río de Asia central, en Siberia. Nace en Mongolia y desemboca en el lago Baikal; 1 200 km.
SELENIO m. *Quím.* Elemento de símb. Se, n. a. 34 y p. a. 78,96. Es un no metal con varias formas alotrópicas, utilizado en cinematografía y televisión, y como color en cerámica.
SELENITA com. Nombre aplicado a los imaginarios habitantes de la Luna.
SELENOGRAFÍA f. Parte de la astronomía que trata de la descripción de la Luna. ❑ SELENÓGRAFO.
SELÉUCIDA adj. y s. Díc. de individuos de una dinastía helenística fundada h. 305 a. C. por Seleuco I Nicátor. Gobernó un país que, con centro en Si-

ria, abarcaba desde Mesopotamia hasta el Mediterráneo.
SELEUCO I Nicátor (h. 355-280 a. C.) Sátrapa de Babilonia y fundador de la dinastía de los seléucidas [305-280 a. C.]. Incorporó Asia Menor. ◇ **II Calínico** (265-226 a. C.) Rey seléucida [246-226 a. C.]. Perdió Batracia y Asia Menor.
SELFACTINA f. Máquina de hilar que efectúa de modo intermitente y automático el último estiraje, torcido y bobinado de los hilos textiles.
SELF-GOVERNMENT (voz ing.) m. Autogobierno de un pueblo.
SELF-MADE-MAN (voz ing.) m. Denominación del hombre que se ha hecho a sí mismo.
SELF-SERVICE (voz ing.) m. Autoservicio; se aplica especialmente a ciertos restaurantes.
SELIM o **SALIM I el Cruel** (1467-1520) Sultán otomano [1512-1520]. Conquistó Tabriz, Armenia, Alta Mesopotamia, Siria y Egipto. ◇ **II** (1524-1574) Sultán otomano [1566-1574]. Fue derrotado en Lepanto (1571) por la Santa Liga. ◇ **III** (1761-1808) Sultán otomano. Combatió la invasión de Egipto por las tropas fr. (1798-1802), pero, al firmarse la paz, estableció lazos amistosos con Napoleón.
SELLAR tr. Imprimir el sello. ◇ fig. Estampar, imprimir o dejar señalada una cosa en otra o comunicarle determinado carácter. ◇ fig. Concluir, poner fin a una cosa. ◇ SELLADURA.
SELLERS, Peter (1925-1980) Actor brit. *La Pantera Rosa; El guateque.*
SELLO m. Utensilio que sirve para estampar las armas, divisas o cifras en él grabadas. ◇ Lo que queda estampado, impreso y señalado con el mismo sello. ◇ El que sella. ◇ Carácter distintivo comunicado a una cosa. ◇ *Farm.* Conjunto de dos obleas redondas entre las cuales se cierra una dosis de medicamento.
SELVA f. Terreno extenso, inculto y muy poblado de árboles. ◇ fig. Abundancia desordenada de una cosa; confusión, cuestión intrincada. ◇ **tropical.** La propia del clima tropical, de exuberante y frondosa vegetación. ◇ **virgen.** La que es difícilmente penetrable. ❑ SELVÁTICO, CA; SELVOSO, SA.
SELVA NEGRA (al. *Schwarzwald*) Macizo montañoso del SO alemán. Alt. máx.: Feldberg (1 493 m). Cubierto de bosques de abetos y pinos.
SELYÚCIDA o **SELJÚCIDA** adj. y s. Díc. de individuos de una dinastía turca fundada por Salyuq ibn Duqaq, jefe de la tribu uguz de Yand.
SEM Hijo de Noé, hermano de Cam y Jafet. Es el epónimo de los pueblos semitas.
SEMA m. *Ling.* ⇨ Semema.
SEMÁFORO m. Telégrafo óptico de las costas, para comunicarse con los buques por medio de señales. ◇ Aparato eléctrico de señales luminosas para regular la circulación automovilística.
SEMANA f. Serie de siete días naturales consecutivos, empezando por el domingo y acabando por el sábado. ◇ Periodo septenario de tiempo, sea de días, meses, años o siglos. ◇ **corrida.** *Chile.* A efectos del cobro de salarios, semana completa, aunque en ella haya días festivos intermedios. ◇ **grande, mayor,** o **santa.** La última de la cuaresma, desde

el domingo de Ramos hasta el de Resurrección. ◊ **inglesa.** Régimen semanal de trabajo que termina a mediodía del sábado. ◊ **Trágica.** *Hist.* Insurrección social que, centrada en Barcelona, tuvo lugar en julio 1909. ❑ SEMANAL.

SEMANTEMA m. *Ling.* Elemento portador de un contenido semántico que expresa una idea o representación léxica, en oposición a morfema, que expresa relaciones gramaticales.

SEMÁNTICO, CA adj. Relativo a la significación de las palabras. ◊ f. *Ling.* Estudio de la significación de las palabras.

SEMARANG C. de Indonesia, cap. de la prov. de Java central; 1 027 000 hab. Puerto exportador. Ind. metalúrgica, textil y del calzado.

SEMASIOLOGÍA f. *Ling.* Semántica, estudio del significado de las palabras. ◊ *Ling.* Estudio semántico que, partiendo del signo y de sus relaciones, llega a la determinación del concepto. ❑ SEMASIOLÓGICO, CA.

SEMBLANTE m. Representación de algún estado de ánimo en el rostro. ◊ Cara o rostro humano. ◊ fig. Apariencia y representación del estado de las cosas.

SEMBLANTEAR tr. *Amér.* Mirar a uno cara a cara para penetrar sus intenciones.

SEMBLANZA f. Bosquejo biográfico.

SEMBRADO m. Tierra sembrada.

SEMBRADORA f. Máquina para sembrar.

SEMBRAR tr. Dispersar las semillas en el suelo para su posterior germinación y aprovechamiento de los vegetales cultivados. ◊ fig. Desparramar, esparcir. ◊ fig. Dar motivo, causa o principio a una cosa. ◊ fig. Hacer algunas cosas para que produzcan fruto. ❑ SEMBRADURA.

SEMEJANTE adj. y s. Que semeja o se parece a una persona o cosa. ◊ m. Prójimo, cualquier hombre respecto a uno.

SEMEJANZA f. Calidad de semejante. ◊ *Mat.* Aplicación lineal en un espacio métrico afín tal que, para dos puntos cualesquiera *x* e *y* de este espacio, $f(x)f(y)^2 = k^2xy^2$, siendo *k* una constante característica de la semejanza.

SEMEJAR intr. y prnl. Parecerse una persona o cosa a otra; tener conformidad con ella.

SEMEMA m. *Ling.* Cada una de las clases de unidades significativas en el plano del contenido, conocidos con el nombre de semas. Los sememas son una clase de semas. Éstos son el núcleo significativo de cada lexema o morfema considerado como valor constante.

SEMEN m. *Fisiol.* Líquido producido por las glándulas genitales masculinas cuando se une a la secreción propia de la próstata. ◊ *Bot.* Semilla de los vegetales.

SEMENTAL adj. Relativo a la siembra o sementera. ◊ adj. y m. Aplícase al animal macho que se destina a la reproducción.

SEMENTERA f. Acción y efecto de sembrar. ◊ Tierra sembrada. ◊ Cosa sembrada. ◊ Tiempo a propósito para sembrar. ◊ fig. Origen y principio de que se originan y propagan algunas cosas.

SEMESTRE m. Espacio de seis meses. ◊ Renta, sueldo, etc., que se cobra o

que se paga al fin de cada semestre. ❑ SEMESTRAL.

SEMIAUTOMÁTICO, CA adj. y f. *Ing.* Díc. del mecanismo que sólo efectúa automáticamente una parte de las operaciones. ◊ Díc. del arma que efectúa automáticamente todas las operaciones, salvo la acción de disparar.

SEMIBREVE f. *Mús.* Nota musical que vale un compasillo entero.

SEMICILINDRO m. Cada una de las dos mitades del cilindro separadas por un plano que pasa por el eje. ❑ SEMICILÍNDRICO, CA.

SEMICÍRCULO m. *Geom.* Cada una de las dos mitades del círculo separadas por un diámetro. ❑ SEMICIRCULAR.

SEMICIRCUNFERENCIA f. *Geom.* Cada una de las dos mitades de la circunferencia.

SEMICONDUCTOR, RA adj. y m. *Electr.* Díc. de los elementos sólidos que presentan una conductibilidad electrónica menor que la de los metales.
❑ *Electr.* Existen fundamentalmente tres tipos de s.: los *s. intrínsecos,* como el germanio y el silicio, que conducen la corriente eléctrica debido a su estructura atómica; los *s. extrínsecos,* los más utilizados, que son el resultado de añadir a los anteriores impurezas que aumentan su resistividad; los *s. amorfos,* entre los cuales se encuentran los vidrios calcógenos y los vidrios pníctidos.

SEMICORCHEA f. *Mús.* Nota cuyo valor es la mitad de una corchea.

SEMIDIÓS m. Entre los ant. gr. y rom., héroe que, por sus grandes hazañas, presentaban como descendiente de alguno de sus dioses.

SEMIEJE m. *Geom.* Longitud del segmento que une el centro a cada uno de los vértices de una cónica (en el plano) o de una cuádrica (en el espacio). ◊ *Aut.* Cada uno de los dos ejes que accionan una rueda motriz.

SEMIESFERA f. Hemisferio.

SEMIFINAL f. *Dep.* Cada una de las dos penúltimas competiciones del campeonato o concurso, que se gana por eliminación del contrario y no por puntos.

SEMIFUSA f. *Mús.* Nota musical cuyo valor es la mitad de una fusa.

SEMILLA f. Parte de la planta que se reproduce cuando germina. ◊ fig. Cosa que es causa u origen de que proceden

Semillas de ricino

otras. ◊ pl. Granos que se siembran, exceptuados el trigo y la cebada.

SEMILLERO m. Sitio donde se siembran los vegetales que después han de trasplantarse. ◊ Sitio donde se conservan, para estudio, colecciones de diversas semillas.

SEMINAL adj. Relativo al semen. ◊ Relativo a la semilla.

SEMINARIO m. Semillero de vegetales. ◊ Casa o lugar destinado para educación de niños y jóvenes. ◊ Clase en que se reúne el profesor con los discípulos para realizar trabajos de investigación. ◊ Organismo docente en que, mediante el trabajo en común de maestros y discípulos, se adiestran éstos en la investigación de alguna disciplina. ❑ SEMINARISTA.

SEMIOLOGÍA f. Ciencia que estudia todos los sistemas de signos. ◊ Estudio de los signos dentro de la vida social.
❑ *Ling.* Pertenece al dominio de la s. el estudio de los signos que son motivados, los carentes de intención comunicativa, los asistemáticos, los que se expresan en la dimensión del espacio, los formados por elementos continuos, los signos no articulados o de simple articulación. También pertenecen a la s. los sustitutivos del lenguaje hablado: alfabetos fonéticos, de sordomudos, de telegrafía; los ideográficos, fórmulas científicas; señales de circulación; etc.

SEMIÓTICA f. Parte de la medicina que trata de los signos de las enfermedades. ◊ Semiología. ◊ Teoría general de los signos.

SEMIPALATINSK C. de Kazakistán, cap. de la prov. hom.; 317 000 hab. Mercado agrícola. Ind. textiles y mecánicas.

SEMIPLANO m. *Geom.* Cada una de las dos regiones en que una recta divide el plano.

SEMÍRAMIS Legendaria reina de Asiria y Babilonia, esposa del rey Ninos, a la muerte del cual rigió el imperio asirio.

SEMIRRECTA f. *Geom.* Cada una de las dos partes en que un punto divide a una recta.

SEMITA adj. y s. Díc. de cada uno de los pueblos que, según la tradición, descienden de Sem, el hijo mayor de Noé. Entre los pueblos s. cabe destacar a los acadios, hebreos, cananeos, ár. y fenicios. ◊ adj. Relativo a estos pueblos.

SEMÍTICO, CA adj. Relativo a los semitas. ◊ *Ling.* Díc. de las lenguas de la familia camitosemítica. Comprende el heb., fenicio, arameo, asirio y babilonio, ár. y lenguas etiópicas.

SEMITONO m. *Mús.* Cada una de las dos partes desiguales en que se divide el intervalo de un tono. ◊ **cromático** o **menor.** *Mús.* El que comprende dos comas. ◊ **diatónico** o **mayor.** *Mús.* El que comprende tres comas.

SEMIVOCAL adj. y s. *Fon.* Se aplica a las vocales *i* o *u* al final de un diptongo. ◊ *Fon.* Díc. de la consonante que puede pronunciarse sin que se perciba directamente el sonido de una vocal.

SEMMELWEIS, *Ignaz Fülöp* (1818-1865) Médico húng. Introductor de la antisepsia en obstetricia.

SÉMOLA f. Trigo candeal sin su corteza. ◊ Pasta de harina de flor reducida a granos muy menudos y que se usa para sopa.

SEMOVIENTE adj. y s. Que se mueve por sí mismo.

SEMPITERNO, NA adj. Que durará siempre.

SEMPRÚN, _Jorge_ (n. 1923) Escritor, guionista de cine y político esp. Autor de las novelas _El largo viaje, Autobiografía de Federico Sánchez, Veinte años y un día._

SEN m. Arbusto leguminoso, usado como purgante.

SENA _(Seine)_ Río de Francia. Nace en el dpto. de Côte d'Or y desemboca en el canal de la Mancha; 776 km.

SENADO m. Asamblea de patricios que formaban el Consejo supremo de la ant. Roma. ◊ _Pol._ En diversos Est. modernos, la cámara alta, uno de los dos cuerpos legisladores. ◊ Edificio o lugar donde los senadores celebran sus sesiones. ❑ SENATORIAL.
□ _Pol._ En los Est. en que existen dos cámaras, el s. se compone de miembros elegidos mediante sufragio directo o indirecto o de nobles (Inglaterra).

SENADOCONSULTO m. Decreto o determinación del ant. senado romano.

SENADOR, RA m. y f. Miembro de un senado. ❑ SENADURÍA.

SENAQUERIB (m. 681 a. C.) Rey de Asiria [705-681 a. C.]. Conquistó y destruyó Babilonia (689 a. C.)

SENCILLO, LLA adj. Que no tiene artificio ni composición. ◊ Díc. de lo que tiene menos cuerpo que otras cosas de su especie. ◊ Que carece de lujo y adornos. ◊ Díc. del estilo que carece de artificio, y expresa ingenua y naturalmente los conceptos. ◊ Que no ofrece dificultad. ◊ fig. Incauto, fácil de engañar. ◊ fig. Ingenuo en el trato, sin doblez ni engaño. ❑ SENCILLEZ.

SENDA f. o **SENDERO** m. Camino más estrecho que la vereda, abierto pralm. por el tránsito de peatones. ◊ fig. Procedimiento o medio para hacer algo.

SENDAI C. de Japón, cap. de la prefectura de Miyagi, en la isla de Honshu; 918 400 hab. Ind. metalúrgica. Universidad.

SENDER, _Ramón José_ (1901-1982) Novelista esp. _Mr. Witt en el cantón, Novelas ejemplares de Cibola, El lugar de un hombre, Réquiem por un campesino español_ y _Crónica del alba._

SENDIC, _Raúl_ (1926-1989). Revolucionario ur., socialista. Fundador de los Tupamaros (1965).

SENDOS, DAS adj. pl. Uno o una para cada cual de dos o más personas o cosas.

SÉNECA, _Lucio Anneo_ (h. 3 a. C. -65 d. C.) Filósofo rom., nacido en Córdoba. Fue preceptor de Nerón, el cual le obligó a suicidarse. Es el más imp. pensador estoico rom. _Cartas a Lucilio, Cuestiones naturales, Hércules furioso, Medea, Fedra, Apocolocyntosis._

SENECTUD f. Ancianidad, último periodo de la vida del hombre.

SENEFELDER, _Alois_ (1772-1834) Inventor de la litografía (1793).

SENEGAL Río de África occidental, resultado de la unión del río Negro (Bafing) y del río Blanco (Bakhoy). Desemboca en el Atlántico; 1 700 km.

SENEGAL _(République du Sénégal)_ Est. de África occidental. Territorio formado por una amplia llanura, avenada por los r. Senegal, Gambia y Casamance. Clima tropical con altas temperaturas. La agricultura se practica sobre todo en la costa y en las zonas húmedas del S. Cacahuete, mijo, arroz, maíz, mandio-

ca. Ganadería bovina, caprina y ovina. Pesca (puerto de Dakar). Fosfatos de calcio y de aluminio, titanio y sal. Ind. de transformación de productos minerales y agropecuarios (elaboración de aceite de cacahuete), químicas, textiles, de curtidos, alimentarias. República. Etnias: wolof, fulbés, sereres, toucouleur, diolas y mandingos. Lenguas: fr. (of.), wolof, pular, etc. _Rel.:_ Islamismo (85 %), catolicismo (3 %), animismo. U. M.: franco CFA. Cap., Dakar.
□ _Hist._ Antes del s. XI se inició la islamización con la penetración almorávide. Entre los s. XII-XIV fue sometido al imperio Malí. Descubierto por los port., éstos monopolizaron el comercio hasta el s. XVI; los dos ss. siguientes estaría dominado por neerlandeses e ing. En la segunda mitad del s. XIX, Francia dominó a todas las tribus. Las elecciones de 1945 dieron el triunfo al Bloque Africano. En 1960 se alcanzaba la independencia. Su primer presid. fue L. Sédar Senghor, líder socialista quien se mantuvo en el cargo hasta 1980. Le sustituyó Abdou Diouf, reelegido en 1983. Entre 1982-1989, S. se unió con Gambia en la confederación de Senegambia. Diouf, reelegido en 1993, fue derrotado en las elecc. de 2000 por Abdoulaye Wade, del Partido Democrático Senegalés.

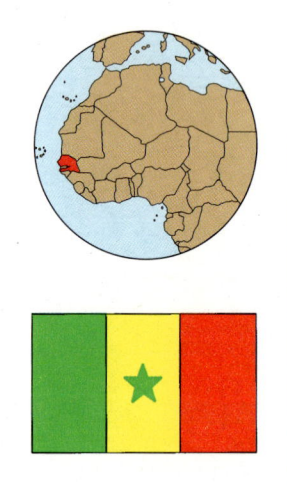

Mapa de situación y bandera de **Senegal**

SENEGALÉS, SA adj. y s. Del Senegal.

SENEGAMBIA Confederación formada entre 1982-1989 entre Senegal y Gambia.

SENEVOL m. _Quím._ Nombre de cada uno de los ésteres del ácido isotiociánico.

SENGHOR, _Léopold Sédar_ (1906-2001) Político y escritor senegalés. Fundó el Bloque Democrático Senegalés. Fue presid. de Senegal (1960-1980). _Antología de la poesía negra y malgache._

SENGUER R. de Argentina; 338 km. Nace en los lagos La Plata y Fontana y desemboca en los lagos Mustera y Colhué-Huapi.

SENILIDAD f. Estado de debilitamiento fisiológico y mental que se alcanza con el paso de los años. ❑ SENIL.

SENEGAL	
Superficie	196 722 km²
Población	7 433 000 hab. (38 hab./km²)
Recursos económicos	
Algodón	22 000 t
Arroz	160 000 t
Azúcar	90 000 t
Cabaña bovina	2 813 000 cabezas
Cabaña caballar	400 000 cabezas
Cabaña ovina	4 000 000 cabezas
Cacahuetes	700 000 t
Cemento	380 000 t
Energía eléctrica	684 000 000 kwh
Fosfatos	2 147 000 t
Mandioca	69 000 t
Mijo	872 000 t
Pesca	299 657 t
Riqueza forestal	4 480 000 m³
Sal	100 000 t
Indicadores sociológicos	
PNB	5 500 millones de dólares
Renta per cápita	720 dólares
Esperanza de vida	48 años
Alfabetismo	62%

SENIOR (voz latina) adj. y s. Díc. del más ant. o de mayor edad, especialmente entre dos personas del mismo nombre. ◊ _Dep._ Se aplica a la categoría superior atendiendo a la edad.

SENNA, _Ayrton_ (1960-1994) Piloto de automóviles brasileño. Tres veces campeón mundial de fórmula 1.

SENNETT, _Mack_ Seud. de _Michael Sinnot_ (1880-1960) Director del cine norteam., de origen can. Realizó cortometrajes de gran comicidad.

SENO m. Concavidad o hueco. ◊ Pecho, mama de la mujer. ◊ Matriz de la mujer y de las hembras de los mamíferos. ◊ Parte de mar que se recoge entre dos cabos de tierra. ◊ fig. Amparo, abrigo, protección y cosa que los presta. ◊ Cavidad del interior de un hueso o entre articulaciones. ◊ Espacio comprendido entre los trasdoses de arcos o bóvedas contiguas. ◊ _Mat._ Razón trigonométrica de un ángulo agudo en un triángulo rectángulo, que es el cociente entre el cateto opuesto y la hipotenusa. ◊ adj. _Mat._ Díc. de la función y = sen x.

SENSACIÓN f. Captación por los sentidos de ciertas cualidades e impresiones. ◊ Alteración producida en el ánimo por un suceso o noticia de importancia. ❑ SENSACIONAL.

SENSACIONALISMO m. Tendencia de determinados medios de difusión a resaltar aquellas noticias que se considera de mayor impacto. ❑ SENSACIONALISTA.

SENSATO, TA adj. Prudente, cuerdo, de buen juicio. ❑ SENSATEZ.

SENSIBILIDAD f. Facultad de sentir, propia de los seres animados. ◊ Propensión a dejarse llevar de los afectos de compasión y ternura, o capacidad para sentirlos. ◊ Calidad de sensible a los agentes naturales. ◊ En un instrumento de medida, valor mínimo de la magnitud medida, que es posible apreciar con él. ◊ _Electr._ La mínima señal para la cual un receptor de radio es capaz de dar a la salida una señal utilizable. ❑ SENSORIAL; SENSORIO, RIA.

SENSIBILIZAR tr. y prnl. Acrecentar la sensibilidad de personas o cosas. ◊ tr. Hacer sensibles a la acción de la luz ciertas materias usadas en fotografía.

SENSIBLE adj. Capaz de sentir física o moralmente. ◊ Que puede ser conocido por medio de los sentidos. ◊ Perceptible, manifiesto, patente al entendimiento. ◊ Que causa sentimientos de pena o de dolor. ◊ Díc. de la persona que se deja llevar fácilmente del sentimiento. ◊ Díc. de las cosas que ceden fácilmente a la acción de ciertos agentes naturales.

SENSIBLERÍA f. Sentimentalismo exagerado o fingido. ❑ SENSIBLERO, RA.

SENSITIVO, VA adj. Perteneciente a los sentidos corporales. ◊ Capaz de sensibilidad. ◊ Que excita la sensibilidad. ◊ f. Planta que si se le toca o sacude quedan las hojas por algún tiempo cual si estuvieran marchitas.

SENSOR adj. y m. En física y en tecnología, díc. de todo órgano, instrumento o sistema capaz de percibir una señal (mecánica, acústica, luminosa, calorífica, eléctrica o electrónica).

SENSUAL adj. Sensitivo, relativo a los sentidos. ◊ Aplícase a los gustos y deleites de los sentidos, a las cosas que nos incitan o satisfacen y a las personas aficionadas a ellos. ◊ Relativo al apetito carnal. ❑ SENSUALIDAD.

SENSUALISMO m. *Fil.* Doctrina que pone exclusivamente en los sentidos el origen de las ideas, y cuyo máx. representante fue el filósofo fr. E. Condillac.

SENSUNTEPEQUE C. de El Salvador, cap. del dpto. de Cabañas; 38 100 hab. Agricultura. Ganadería. Cobre. Centro industrial y comercial.

SENTADO, DA adj. Juicioso, quieto. ◊ *Bot.* Aplícase a las partes de la planta que carecen de pedúnculo.

SENTAR tr. y prnl. Poner o colocar a uno en silla, banco, etc., de manera que quede apoyado y descansando sobre las nalgas. ◊ tr. *Argent., Chile* y *Ecuador.* Parar un caballo por medio del freno, haciendo que levante las manos y se apoye sobre los cuartos traseros. ◊ intr. fig. y fam. Hacer provecho o daño. ◊ fig. Cuadrar, convenir una cosa a otra o a una persona.

SENTENCIA f. Dictamen o parecer que uno tiene o sigue. ◊ Dicho grave y sucinto que encierra doctrina o moralidad. ◊ Declaración del juicio y resolución del juez. ◊ Decisión de cualquier controversia. ❑ SENTENCIAR; SENTENCIOSO, SA.

SENTIDO, DA adj. Que incluye o explica un sentimiento. ◊ Díc. de la persona que se resiente u ofende con facilidad, o que es muy sensible. ◊ m. Cada una de las aptitudes que tiene el alma de percibir, por medio de determinados órganos corporales, las impresiones de los objetos externos. ◊ Razón de ser, finalidad. ◊ Significación de algo. ◊ *Amér. Centr.* Sien. ◊ **común.** En la psicología aristotélica, facultad interna, carente de órganos propios, que coordina los datos procedentes de los diversos sentidos para formar las sensaciones complejas dotándolas de unidad. ◊ Facultad, que la generalidad de las personas tiene, de juzgar razonablemente de las cosas. ◊ **del humor.** Capacidad para expresar o captar lo humorístico.

SENTIMENTAL adj. y s. Que expresa o excita sentimientos afectivos. ◊ Propenso a ellos. ◊ Que afecta sensibilidad de un modo ridículo o exagerado. ❑ SENTIMENTALISMO.

SENTIMIENTO m. Impresión que causan en el alma las cosas espirituales. ◊ Estado del ánimo afligido por un suceso triste. ◊ Parte afectiva y emocional de una persona.

SENTINA f. *Mar.* Cavidad inferior de la nave, en la que se reúnen las aguas que se filtran por los costados y cubiertas del buque. ◊ fig. Lugar inmundo.

SENTIR m. Sentimiento del ánimo. ◊ Dictamen, opinión, parecer o juicio de uno. ◊ tr. Experimentar sensaciones producidas por causas externas o internas. ◊ Oír o percibir con el sentido del oído. ◊ Experimentar una impresión, placer o dolor, corporal o espiritual. ◊ Lamentar, tener por dolorosa y mala una cosa. ◊ Presentir, barruntar. ◊ prnl. Formar queja una persona de alguna cosa. ◊ Padecer un dolor. ◊ Seguido de determinados adj., hallarse o estar como éstos expresan.

SENUSRET Nombre de tres faraones egipcios de la XII dinastía, que gobernaron entre 1860 y 1740 a. C.

SEÑA f. Nota o indicio para dar a entender una cosa. ◊ Lo que está convenido entre dos o más personas para entenderse. ◊ Señal o signo para acordarse. ◊ pl. Indicación del paradero y domicilio de una persona.

Señal. Señales de tráfico

SEÑAL f. Marca o nota de las cosas para distinguirlas de otras. ◊ Mojón que se pone para marcar un término. ◊ Nota o distintivo. ◊ Signo, cosa que evoca la idea de otra. ◊ Indicio inmaterial de una cosa. ◊ Vestigio o impresión que queda de una cosa. ◊ Cicatriz. ◊ Imagen o representación de una cosa. ◊ Aviso para concurrir a un lugar determinado o para ejecutar otra cosa. ◊ Magnitud de naturaleza física empleada en telecomunicaciones para transmitir una información.

SEÑALADO, DA adj. Insigne, famoso.

SEÑALAMIENTO m. Acción de señalar o determinar lugar, hora, etc., para un fin. ◊ *Der.* Designación de día para un juicio oral o una vista.

SEÑALAR tr. Poner o estampar señal en una cosa para darla a conocer o distinguirla de otra, o para acordarse después de una especie. ◊ Rubricar, firmar. ◊ Llamar la atención hacia una persona o cosa, designándola con la mano o de otro modo. ◊ Nombrar o determinar persona, día, hora, lugar o cosa para algún fin. ◊ prnl. Distinguirse o singularizarse, especialmente en materias de reputación, crédito u honra.

SEÑALIZAR tr. Colocar señales indicadoras en las carreteras y otras vías de comunicación. ❑ SEÑALIZACIÓN.

SEÑERO, RA adj. Solo, separado de toda compañía. ◊ Único, sin par.

SEÑOR, RA adj. y s. Dueño de una cosa. ◊ adj. fam. Noble y propio de señor. ◊ m. P. ant., Dios. ◊ Poseedor de estados y lugares. ◊ Título nobiliario. ◊ Tratamiento que se da a una persona real para dirigirse a ella por escrito o de palabra. ◊ Término de cortesía que se aplica a cualquier hombre. ◊ f. Mujer del señor o dueño. ◊ La que por sí posee un señorío. ◊ Término de cortesía que se aplica a una mujer. ◊ Mujer, esposa. ◊ **Nuestra S.** La Virgen María.

SEÑOREAR tr. Dominar o mandar en una cosa como dueño de ella. ◊ tr. y prnl. Apoderarse de una cosa.

SEÑORÍA f. Tratamiento que se da a las personas a quienes compete por su dignidad. ◊ Persona a quien se da este tratamiento. ◊ Soberanía de ciertos Est. particulares que se gobernaban como repúblicas.

SEÑORÍO m. Dominio o mando sobre una cosa. ◊ Territorio perteneciente al señor. ◊ Dignidad de señor. ◊ fig. Gravedad y mesura en el porte o en las acciones. ◊ fig. Dominio y libertad en obrar, sujetando las pasiones a la razón. ◊ fig. Conjunto de señores o personas de distinción. ❑ SEÑORIAL; SEÑORÓN, NA.

SEÑORITA f. Término de cortesía que se aplica a la mujer soltera. ◊ fam. Ama, con respecto a los criados.

SEÑORITO m. fam. Amo, con respecto a los criados. ◊ fam. Joven acomodado y ocioso.

SEÑUELO m. Cualquier cosa que sirve para atraer las aves. ◊ fig. Cualquier cosa que sirve para atraer o inducir, con alguna falacia. ◊ *Argent.* y *Bol.* Grupo de cabestros para conducir el ganado.

SEO f. Iglesia catedral.

SEO DE URGEL o **LA SEU D'URGELL** Mun. esp., en la prov. de Lleida; 10.887 hab. Sede episcopal (su obispo es copríncipe de Andorra). En el s. IX, residencia de los condes de Urgel.

SEOANE, Luis (1910-1979) Pintor y escritor esp. *Hato de exiliado, Comunicaciones mezcladas.*

SÉPALO m. *Bot.* Cada una de las divisiones del cáliz de la flor.

SEPARACIÓN DE CATALUÑA, guerra de Levantamiento secesionista catalán contra la monarquía esp. (1640-1652), por la política centralista del conde duque de Olivares y la presión fiscal sobre los campesinos. Pau Claris proclamó la rep. indep., incorporada a Francia en 1641. El ejército esp. tomó Barcelona en 1652.

SEPARAR tr. y prnl. Establecer distancia, o aumentarla, entre algo o alguien y una persona, lugar o cosa que se toman como punto de referencia. ◊ tr. Formar grupos homogéneos de cosas que estaban mezcladas con otras. ◊ Considerar aisladamente cosas que estaban juntas o fundidas. ◊ Privar de un empleo, cargo o condición al que los servía u ostentaba. ◊ prnl. Tomar caminos distintos personas, animales o vehículos que iban juntos o por el mismo camino. ◊ Interrumpir la vida en común, sin que se extinga el vínculo matrimonial. ◊ Renunciar a la asociación que se mantenía con otras personas y que se basaba en una actividad, o doctrina común. ◊ Dicho de una comunidad política, hacerse autónoma respec-

to de otra a la cual pertenecía. ❏ SEPA-
RACIÓN; SEPARADO, DA; SEPARATIVO, VA.

SEPARATA f. Artículo o capítulo, publicado en una revista o en un libro, que
se imprime y distribuye por separado.

SEPARATISMO m. Doctrina política
que propugna la separación de algún territorio para alcanzar su independencia
o anexionarse a otro país. ❏ SEPARATISTA.

SEPELIO m. Acción de inhumar un difunto con ceremonias religiosas o civiles.

SEPIA f. *Zool.* Jibia, molusco. ◊ Materia colorante que se saca de la jibia.

SEPIK Río pral. de Nueva Guinea.
Imp. por la calidad de las obras de arte
de los habitantes de su cuenca.

SEPSIS f. Infección.

SEPTENARIO, RIA adj. Aplícase al
núm. compuesto de siete unidades, o
que se escribe con siete guarismos. ◊
Aplícase a todo lo que consta de siete
elementos. ◊ m. Tiempo de siete días.

SEPTENIO m. Tiempo de siete años.

SEPTENTRIÓN m. Norte, punto cardinal del horizonte. ❏ SEPTENTRIONAL.

SEPTENTRIONAL, *altiplanicie* Región de México sit. entre el r. Bravo, al
N. la sierra Madre oriental, al E. ◊ *Cordillera* o *Sierra de Montecristi.* Cadena montañosa de la República Dominicana, junto a la costa N.

SEPTETO m. *Mús.* Composición para
siete instrumentos o voces. ◊ *Mús.*
Conjunto de siete instrumentos o voces.

SEPTICEMIA f. *Pat.* Gén. de enfermedades infecciosas, graves, producidas
por el paso a la sangre de gérmenes patógenos procedentes de las supuraciones.

SÉPTICO, CA adj. *Med.* Que produce
putrefacción o es causado por ella. ◊
Med. Que contiene gérmenes patógenos. ◊ **Fosa s.** Receptáculo excavado en
el suelo en el que se recogen las aguas
fecales para evitar su filtración.

SEPTIEMBRE o **SETIEMBRE** m. Noveno mes de nuestro calendario. Tiene treinta días.

SEPTIEMBRE Negro Organización palestina creada en 1971 a raíz de la matanza de palestinos ordenada por Husayn de Jordania en septiembre de 1970.

SÉPTIMANIA Nombre que recibió la
ant. Narbonense rom. a causa de la instalación en ella de soldados de la séptima legión.

SEPTIMIO Severo, *Lucio* (146-211)
Emperador rom. [193-211]. Combatió a
partos y caledonios.

SÉPTIMO, MA o **SÉTIMO, MA** adj.
Que sigue inmediatamente en orden al
o a lo sexto. ◊ adj. y s. Díc. de cada una
de las siete partes iguales en que se divide un todo. ◊ f. *Mús.* Intervalo de
una nota a la séptima ascendente o descendente de la escala.

SEPTINGENTÉSIMO, MA adj. Que
sigue inmediatamente en orden al o a
lo sexcentésimo nonagésimo nono. ◊
adj. y s. Díc. de cada una de las 700 partes iguales en que se divide un todo.

SEPTUAGENARIO, RIA adj. y s. Persona que ha cumplido la edad de setenta años y no llega a ochenta.

SEPTUAGÉSIMO, MA adj. Que sigue
inmediatamente en orden al o a lo sexagésimo nono. ◊ adj. y s. Díc. de cada una
de las 70 partes iguales en que se divide un todo.

SÉPTUPLO, PLA adj. y m. Díc. de la
cantidad que incluye en sí siete veces a
otra. ❏ SEPTUPLICAR.

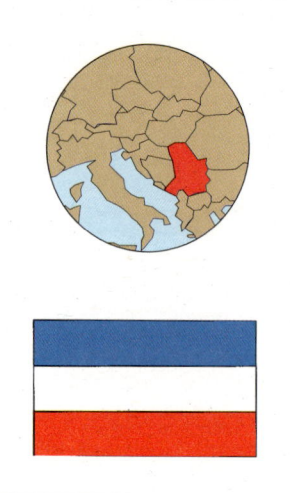

Mapa de situación y bandera
de **Serbia y Montenegro**

SEPULCRO m. Obra que se construye
levantada del suelo, para dar en ella sepultura al cadáver de una persona. ❏
SEPULCRAL.

SEPULTAR tr. Poner en la sepultura a
un difunto. ◊ tr. y prnl. fig. Sumir, ocultar alguna cosa como enterrándola.

SEPULTURA f. Hoyo que se hace en
tierra para enterrar un cadáver. ◊ Lugar en que está enterrado un cadáver.
❏ SEPULTURERO.

SEPÚLVEDA, *Juan Ginés de* (h. 1490-
1574) Humanista esp. Defendió, frente
al padre Las Casas, el derecho de los
esp. a someter a los amerindios. *De ius-
tis belli causis apud indos.*

SEQUEDAD f. Calidad de seco. ◊ fig.
Dicho o ademán áspero y duro.

SEQUEDAL m. Terreno muy seco.

SEQUÍA f. Tiempo seco de larga duración.

SÉQUITO m. Grupo de gente que
acompaña y sigue a una persona.

SEQUOIA o **SECOYA,** o **SECUOYA**
f. *Bot.* Gén. de plantas arbóreas, que
comprende las mayores especies vegetales vivientes en la actualidad, capaces de alcanzar los 100 m de alt.,
copa fusiforme, hojas lineales, y semillas aladas.

SER m. *Fil.* Esencia o naturaleza. ◊ Ente,
lo que es, existe o puede existir. ◊ Modo
de existir. ◊ *Gram.* Verbo sustantivo que
afirma del sujeto lo que significa el atributo. ◊ *Gram.* Verbo auxiliar que sirve
para la conjugación de todos los verbos
en la voz pasiva. ◊ intr. Haber o existir.
◊ Servir para una cosa. ◊ Estar en lugar
o situación. ◊ Pertenecer, formar parte.

SERA f. Espuerta grande, regularmente sin asas.

SERAFÍN m. Cada uno de los espíritus bienaventurados que forman el primer coro. ◊ fig. Persona de singular
hermosura. ❏ SERÁFICO, CA.

SERAPIS En la religión egipcia de la
época helenística, deidad de la fertilidad y la salud, resultante de la unión
sincrética de Osiris y Apis.

SERBAL m. Árbol de flores blancas en
corimbos axilares.

Vojislav Kostunica, presidente de
Serbia y Montenegro entre 2000-2003

SERBIA (*Republika Srbija*) Rep. federada de Serbia y Montenegro. Alpes Dináricos y Cárpatos. R.: Morava, Danubio y Save. Cereales, remolacha, tabaco,
ganadería. Madera. Cobre, antimonio,
plomo, lignito, ind. alimentaria, textil,
siderurgia, cemento. Cap., Belgrado. Invadida por el imperio austrohúngaro
en la I Guerra Mundial, en 1918 se integró en la unión de serbios, croatas y
eslovenos, bautizada luego como Yugoslavia. En 1991 combatió la secesión
de Eslovenia y Croacia, para reafirmar
su posición hegemónica, y en 1992 hizo
lo propio en Bosnia, cercando largo
tiempo Sarajevo, pese a la condena e
intervención de la ONU. Constituyó
con Montenegro una nueva Yugoslavia
(1992), que a partir de 2003 adoptó el
nombre de Serbia y Montenegro.

SERBIA Y MONTENEGRO (*Unión de
Serbia y Montenegro*) Est. de Europa meridional, rep. federal integrada por las
rep. de Serbia (que comprende las regiones autónomas de Kosovo y Voivodina) y de Montenegro. Se distinguen
cuatro grandes regiones naturales: los Alpes Dináricos, la llanura panónica, la depresión Morava-Vardar y la costa. R. Danubio, Tisza, Save, Morava, Lim, Cotina,
Tara, Piva, Buna. Clima mediterráneo en
la costa, continental en el interior y frío
en las zonas elevadas. Maíz, trigo, centeno, cebada, remolacha azucarera, cáñamo, tabaco, algodón, frutales, patatas,
vid, olivo. Ganadería. Explotación forestal. Pesca. Antracita, lignito, cobre, plomo, cinc, bauxita, petróleo, gas natural.
Ind. siderúrgica, química, alimentaria,
textil, maquinaria agrícola y textil, manufacturas de tabaco, de cemento. Turismo (parques naturales). Grupos étnicos: serbios, montenegrinos, albaneses,
húngaros, sudeslavos musulmanes, croatas. Lenguas: serbo-croata (of.), albanés,
húngaro. *Rel.*: cristianismo ortodoxo, islamismo, católicismo, protestantismo, judaísmo. U.M.: dinar en Serbia y euro en
Montenegro. Cap., Belgrado (cap. de Serbia). C. prales.: Podgorica (cap. de Montenegro), Novi Sad, Nish, Subotica, Ce-
tinje, Kotor.

❏ *Hist.* Al producirse la disgregación de
la ant. Yugoslavia socialista, mantuvieron sus lazos políticos dos de sus rep.,
Serbia y Montenegro, que constituyeron
en 1992 la República Federal de Yugos-

SERBIA Y MONTENEGRO

Superficie	102 173 km²
Población	10 337 000 hab. (101 hab./km²)

Recursos económicos

Avena	127 000 t
Cebada	299 000 t
Ciruelas	365 000 t
Maíz	7 818 000 t
Tabaco	15 000 t
Trigo	4 109 000 t

Ganadería y derivados

Cabaña bovina	2 061 000 cabezas
Cabaña ovina	3 044 000 cabezas
Cabaña porcina	4 354 000 cabezas
Riqueza forestal	4 459 000 m³

Producción minera

Antracita	137 000 t
Bauxita	940 000 t
Lignito	45 354 000 t

Producción industrial

Ácido sulfúrico	582 000 t
Azúcar	470 000 t
E. eléctrica	40 949 millones de kwh
Hierro colado	526 000 t
Neumáticos	7 534 000 unidades
Papelera	273 000 t
Vino	2 073 000 hl

Indicadores sociológicos

PNB	24 850 millones de dólares
Renta per cápita	2 404 dólares
Esperanza de vida	69 años
Alfabetismo	90%

lavia. La extensión de la guerra a Bosnia-Herzegovina y la violación de los acuerdos de pacificación conseguidos por la ONU hicieron que el país fuera expulsado del seno de esta organización. En 1995, se firmó la paz de Dayton, que puso fin a la guerra. Sin embargo, en 1998, Slobodan Milosevic lanzó una dura represión sobre Kosovo, desencadenando la guerra entre Yugoslavia y la OTAN en 1999. Tras las elecciones presidenciales de 2000, la protesta popular forzó la dimisión de Milosevic y el ascenso a la presid. de Vojislav Kostunica. En 2003 se acordó la reforma de la federación, que pasó a denominarse Unión de Serbia y Montenegro. Ese mismo año, V. Kostunica fue sustituido en la presid. por Svetozar Marovic.

SERBIO, BIA adj. y s. De Serbia. ◊ m. Idioma serbio.

SERBOCROATA adj. Relativo a Serbia y Croacia, común a serbios y croatas. ◊ m. Lengua eslava meridional hablada en Serbia (Serbia y Montenegro).

SEREGNI, Líber (1916-2004) Militar y político ur. Se presentó a las elecciones de 1971, como candidato del Frente Amplio. Encarcelado (1973-1984) tras el golpe de Est. de 1973.

SERENA, La C. de Chile, cap. de la IV Región de Coquimbo; 160 148 hab. Centro comercial, turístico e industrial.

SERENAR tr. intr. y prnl. Aclarar, sosegar, tranquilizar. ◊ tr. y prnl. Sentar o aclarar los licores turbios. ◊ fig. Templar, moderar, cesar, apaciguar.

SERENATA f. Música en la calle o al aire libre y durante la noche, para festejar a una persona. ◊ Composición poética o musical destinada a este objeto.

SERENO, NA adj. Claro, despejado de nubes o nieblas. ◊ fig. apacible, sosegado, sin turbación física o moral. ◊ m. Hu-

medad de que durante la noche está impregnada la atmósfera. ◊ f. Composición poética o musical de los trovadores, que solía cantarse de noche. ❑ SERENIDAD.

SERGIO (m. 638) Patriarca de Constantinopla, fundador de la secta monotelista.

SERGIPE Est. del NE de Brasil; 21 863 km², 1 429 000 hab. Cap., Aracajú. La zona occ. está formada por tierras altas; la central y la oriental son llanas. Algodón, caña de azúcar, arroz, maíz, tabaco. Ganado lanar, vacuno. Ind. derivadas.

SERIAL m. Obra radiofónica o televisiva difundida en emisiones sucesivas.

SERICICULTURA f. Ind. que tiene por objeto la producción de la seda.

SERIE f. Conjunto de cosas relacionadas entre sí y que se suceden unas a otras. ◊ Geol. División estratigráfica de primer orden, a la que corresponde como subdivisión cronológica la época. ◊ Mat. Expresión formal de la suma de los infinitos términos de una sucesión. ◊ Quím. Sucesión de compuestos afines, agrupados de modo que uno de ellos difiere del siguiente por la adición de un radical a su molécula. ◊ **electroquímica de los elementos.** Quím. La que forman los distintos elementos ordenados decrecientemente según su reactividad química. ◊ **En s.** m. adv. que se aplica a la fabricación de muchos objetos iguales entre sí según un mismo patrón. ◊ **Fuera de s.** loc. que se aplica a los objetos cuya construcción esmerada los distingue de los fabricados en serie. ◊ fig. Díc. de lo que se considera sobresaliente en su línea. ❑ SERIAR.

SERIGRAFÍA f. Procedimiento de impresión sobre muy variadas materias, empleado también para estampar tejidos.

SERIO, RIA adj. Grave, sentado. ◊ Severo en el semblante, en el modo de mirar o hablar. ◊ Real y sincero. ◊ Grave, importante. ◊ Contrapuesto a jocoso o bufo. ◊ **En serio.** m. adv. Sin engaño, sin burla. ❑ SERIEDAD.

SERMÓN m. Predicación que tiene por objeto la enseñanza de la doctrina religiosa. ◊ Amonestación o represión insistente y larga. ◊ **de la montaña.** Discurso que pronunció Cristo en monte próximo a Cafarnaúm. ❑ SERMONEAR.

SERNA e Hinojosa, José de la (1770-1832) Administrador y militar esp. Nombrado virrey de Alto Perú (1821). Prisionero en la batalla de Ayacucho (1824).

SEROGLOBULINA f. Fisiol. Globulina del suero sanguíneo.

SEROLOGÍA f. Biol. Ciencia que estudia los sueros.

SEROPOSITIVO, VA adj y s. Persona que presenta en su suero anticuerpos contra un agente infeccioso. Se aplica sobre todo a las personas contaminadas por el VIH del sida.

SEROSIDAD f. Líquido que segregan ciertas membranas. ◊ Humor que se acumula en las ampollas de la epidermis.

SEROSO, SA adj. Perteneciente, o semejante, al suero o a la serosidad. ◊ Que produce serosidad.

SEROTONINA f. Fisiol. Amina biógena derivada del triptófano por descarboxilación y oxidación, que se encuentra en diversos tejidos animales y vegetales. Posee una notable importancia en el desarrollo normal de los procesos psíquicos.

SERPA Pinto, Alexandre Alberto da Rocha (1846-1900) Explorador port. Gobernador de Mozambique en 1889, trató, sin éxito, de asegurar el dominio port. sobre el terr. comprendido entre Angola y Mozambique.

SERPENTARIO m. Recinto donde se conservan serpientes en cautiverio.

SERPENTEAR intr. Moverse o extenderse, formando vueltas como la serpiente.

SERPENTÍN m. Instrumento de hierro en que se ponía la mecha o cuerda encendida para hacer fuego con el mosquete. ◊ Pieza de acero en las llaves de las armas de fuego y chispa, con la cual se forma el movimiento y muelle de la llave. ◊ Tubo enroscado de metal o de vidrio, que se emplea como refrigerante, para condensar los vapores y enfriar el condensado. ◊ Variedad de mármol verde, serpentina.

SERPENTINA f. Serpentín. ◊ Venablo ant. cuyo hierro forma ondas como la serpiente cuando se arrastra. ◊ Tira arrollada de papel que se arroja en algunas fiestas, sujetándola por un extremo para que se desenrolle. ◊ Piedra de color verdoso, semejante al mármol en su dureza, utilizada en las artes decorativas. ◊ Mineral, químicamente filosilicato, de composición y características semejantes a las de las cloritas.

SERPIENTE f. Cualquiera de los reptiles ofidios. ◊ **coral.** Nombre de distintas especies de serpientes venenosas amer., de unos 1,50 m de long. máx.; colorido rojo y amarillo o blanco y negro. ◊ **de anteojos.** Cobra. ◊ **de cascabel.** Crótalo.

SERPIGO m. Pat. Erupción de la piel que se extiende de forma serpenteante.

SERRA Familia de pintores de la escuela gótica cat. de finales del s. XIX. Los más imp. fueron **Jaume** y **Pere.** A este último pertenece el retablo de Todos los Santos. ◊ Miquel Serra i Ferrer, llamado FRAY **Junípero** (1713-1784) Eclesiástico y colonizador esp. Fundó misiones en San Diego de Alcalá (1767) y San Carlos de Monterrey (1770).

SERRALLO m. Lugar donde los mahometanos tienen sus mujeres.

SERRANÍA f. Terreno que se compone de montañas y sierras.

SERRANILLA f. Composición poética en versos de arte menor, cuyo argumento versa sobre el encuentro de un caballero y una pastora. Muy en boga en los ss. XIX-XV.

SERRANO, Francisco, DUQUE DE LA TORRE (1810-1885) Político esp. En 1869 fue elegido presid. y regente. Fue presid. del gobierno con Amadeo de Saboya en 1872 y 1874. ◊ **Pablo** (1916-1985) Escultor esp. Inicialmente se movió en los campos impresionista y abstracto. Post. su obra se humaniza y busca las formas que sugieren rocas o lugares prehistóricos (Escultura).

SERRANO Elías, Jorge (n. 1945) Político guat. Elegido presid. en 1991. En mayo de 1993, proclamó un autogolpe, que le costó el cargo y el exilio.

SERRAR tr. Cortar o dividir con sierra la madera u otra cosa.

SERRAT, Joan Manuel (n. 1943) Cantautor esp. Mediterráneo, El sur también existe.

SERRATO, José (1868-1960) Político y economista ur., del Partido Colorado. Presid. de la rep. (1923-1927).

SERRERÍA f. Taller mecánico para serrar madera.

SERRÍN m. Conjunto de partículas que se desprenden de la madera u otro material que se sierra.

SERRUCHAR tr. *Argent., Chile y P. Rico.* Aserrar con el serrucho. ◊ *Argent.* y *Ur.* Realizar el acto sexual.

SERRUCHO m. Sierra de hoja ancha y con una sola manija.

SERT, *Josep Lluís* (1902-1983) Arquitecto esp. En EE UU realizó el *Health Center* de Harvard y las viviendas de estudiantes en Massachusetts; en Bagdad, la embajada de EE UU, y en Barcelona, la Fundación Miró. ◊ *Josep Maria* (1876-1945) Pintor esp. Se especializó en grandes murales. Pinturas de la catedral de Vic y de la sala del Consejo de la Sociedad de Naciones.

SERTAO (voz port.) m. *Brasil.* Región agreste, poco poblada, donde gralte. predomina la explotación ganadera con carácter extensivo.

SERTORIO, *Quinto* (h. 123-72 a C.) Militar y político rom. Pretor de la Hispania Citerior, se hizo con el control de casi toda la pen. Ibérica e intentó un cierto autogobierno.

SERVAL m. *Zool.* Mamífero carnívoro parecido al gato, pero de mayor tamaño, con la piel amarillenta manchada de negro.

SERVATO m. Planta herbácea, con tallo erguido, hojas pecioladas, flores amarillas, y frutos seco y elipsoidal.

SERVENTESIO m. Género de composición de la poética provenzal, de asunto moral o político y a veces de tendencia satírica.

SERVET, *Miguel* (1511-1553) Médico y teólogo esp. Descubrió la circulación de la sangre. Se opuso a Calvino. Fue perseguido y quemado en la hoguera, en Ginebra. *Christianismi restitutio.*

SERVIA ⇨ Serbia.

SERVICIAL adj. Que sirve con cuidado y diligencia. ◊ Pronto a complacer y servir a otros.

SERVICIO m. Estado de criado o sirviente. ◊ Servicio doméstico. ◊ Mérito que se hace sirviendo. ◊ Obsequio en beneficio de alguien. ◊ Utilidad o provecho. ◊ Lavativa, ayuda. ◊ Cubierto que se pone a cada comensal. Conjunto de vajilla y otras cosas, para servir la comida, el café, el té, etc. ◊ Or-

ganización y personal destinados a cuidar intereses o satisfacer necesidades del público o de alguna entidad. ◊ Función o prestación desempeñadas por estas organizaciones y su personal. ◊ Retrete; cuarto de baño y de aseo. Se usa más en pl. ◊ **militar.** El que se presta siendo soldado. ◊ **público.** Entidad dedicada a cubrir necesidades colectivas. ◊ **secreto.** Cuerpo de agentes que, a las órdenes de un gobierno, se dedican a recoger datos e informes reservados.

SERVIDOR, RA m. y f. Persona que ejerce las funciones de un criado. ◊ Persona adscrita al manejo de un arma, de una maquinaria o de otro artefacto. ◊ Nombre que se da a sí misma una persona como tratamiento de modestia.

SERVIDUMBRE f. Trabajo o ejercicio propio del siervo. ◊ Estado o condición de siervo. ◊ Conjunto de criados de una casa. ◊ Sujeción grave u obligación inexcusable. ◊ *Der.* Derecho en predio ajeno que limita el dominio de éste.

SERVIL adj. Relativo a los siervos y criados. ◊ Humilde y de poca estimación. ◊ Rastrero, que obra con servilismo.

SERVILISMO m. Ciega y baja adhesión a la autoridad de uno.

SERVILLETA f. Pieza de tela o papel que sirve para el aseo de cada comensal.

SERVILLETERO m. Aro en que se pone arrollada la servilleta.

SERVIO, VIA adj. y s. Serbio.

SERVIO Tulio (s. VI a. C.) Sexto rey de Roma. Organizó el territorio en distritos o *tribus.*

SERVIR intr. y tr. Estar al servicio de otro. ◊ Ejercer un empleo o cargo propio o en lugar de otro. ◊ intr. Estar sujeto a otro por cualquier motivo. ◊ Ser un instrumento, máquina o cosa semejante a propósito para determinado fin. ◊ Hacer las veces de otro en un oficio u ocupación. ◊ Aprovechar, valer, ser de uso o utilidad. ◊ Ser soldado en activo. ◊ Sacar o restar la pelota de modo que se pueda jugar fácilmente. ◊ Asistir a la mesa trayendo los manjares o las bebidas. ◊ tr. *Rel.* Dar culto o adoración a Dios o a los santos. ◊ tr. y prnl. Hacer plato o llenar el vaso o la copa al que va a comer o beber. ◊ prnl. Valerse de una cosa para el uso propio de ella.

SERVOCROATA ad. y m. Serbocroata.

SERVODIRECCIÓN f. *Mec. apl.* Mecanismo que se aplica en los grandes automóviles rápidos para facilitar la maniobra de la dirección. Puede ser hidráulica o neumática.

SERVOFRENO m. *Mec. apl.* Freno accionado por la energía de la propia máquina o por otro dispositivo puesto a punto por ella y gobernado por el operador. Puede ser hidráulico, eléctrico, de aire comprimido y de vacío o de presión.

SERVOMANDO m. *Mec. apl.* Mecanismo auxiliar que, accionado por una fuerza débil, la amplifica lo necesario para hacer funcionar un aparato.

SERVOMECANISMO m. *Mec. apl.* Sistema de mecanismos que gobiernan una determinada magnitud física en función de otra que actúa sobre el sistema, en el sentido de anular la dife-

rencia entre el valor deseado para la primera y el obtenido realmente.

SERVOMOTOR m. *Mec. apl.* Órgano motor que acciona los elementos mecánicos en los servomecanismos. Pueden ser eléctrico, hidráulico, neumático y mixto.

SESADA f. Fritada de sesos. ◊ Sesos de un animal.

SÉSAMO m. Planta herbácea, con flores blanquecinas o rosáceas, frutos en cápsula y semillas oleaginosas, usadas para la obtención de aceite y en la alimentación. Es originaria de la India.

SESEAR intr. Pronunciar la *z*, o la *c*, ante *e*, *i* como *s*. ❏ SESEO.

SESENTA adj. Seis veces diez. ◊ Sexagésimo, ordinal. ◊ m. Conjunto de signos con que se representa el número sesenta.

SESENTAVO, VA adj. y s. Díc. de cada una de las 60 partes iguales en que se divide un todo.

SESENTÓN, NA adj. y s. fam. Sexagenario.

SESERA f. Parte de la cabeza del animal, en que están los sesos. ◊ Seso.

SESGAR tr. Cortar o partir en sesgo. ◊ Torcer a un lado o atravesar una cosa hacia un lado. ❏ SESGADURA.

SESGO, GA adj. Torcido, cortado o situado oblicuamente. ◊ m. Oblicuidad o torcimiento de una cosa hacia un lado. ◊ fig. Medio término que se toma en los negocios dudosos. ◊ P. ext., curso o rumbo que toma un negocio.

SESIL adj. *Biol.* Díc. del órgano u organismo que se une directamente a otro órgano o al sustrato.

SESIÓN f. Cada una de las juntas de una corporación. ◊ Acto, representación, proyección, etc., en que se exhibe ante el público un espectáculo íntegro y repetible. ◊ Intervalo de tiempo en que alguien posa como modelo para un pintor, escultor, etc., o se somete a un tratamiento, una operación, etc. ◊ fig. Conferencia o consulta entre varios para determinar una cosa.

SESIONAR intr. *Argent. Chile, Ecuad.* y *Perú.* Celebrar sesión.

SESO m. Cerebro, parte del encéfalo que está sit. delante y encima del cerebelo. ◊ Masa de tejido nervioso contenida en la cavidad del cráneo. Se usa más en pl. ◊ fig. Prudencia, madurez. ❏ SESUDO, DA.

SESQUI Voz latina que se usa para denotar una unidad y medida en peso o medida de las cosas.

SESTEAR intr. Pasar la siesta durmiendo o descansando. ◊ Recogerse el ganado durante el día en paraje sombrío para descansar. ❏ SESTEADERO; SESTEO.

SESTERCIO m. Moneda de plata de los ant. rom.

SET (voz ingl.) m. *Dep.* En tenis, serie ininterrumpida de juego.

SET *Rel.* Tercer hijo de Adán y Eva.

SETA f. Nombre común del aparato esporífero de los hongos superiores. Suele constar de un pie y un sombrerillo, bajo el cual se encuentran los esporangios. ◊ fig. Moco del pabilo.

SETECIENTOS, TAS adj. Siete veces ciento. ◊ Septingentésimo, ordinal. ◊ m. Conjunto de signos con que se representa el número setecientos.

SETENTA adj. Siete veces diez. ◊ Septuagésimo, ordinal. ◊ m. Conjunto de

Miguel **Servet**, según un grabado de la Biblioteca Nacional, Madrid

signos con que se representa el número setenta.

SETENTAVO, VA adj. y s. Díc. de cada una de las setenta partes en que se divide un todo.

SETENTÓN, NA adj. y s. fam. Septuagenario.

SETH *Rel.* Dios del periodo predinástico del ant. Egipto. Divinidad del mal, las tinieblas, la tempestad y las armas.

SETHI I (1312 a. C.-1298 a. C.) Segundo faraón de la XIX dinastía egipcia. Durante su reinado, Egipto volvió a recuperar sus viejas posesiones en Asia.

SETO m. Cercado hecho de palos o varas entretejidas. ◊ **vivo.** Cercado de separación formado por matas o arbustas vivos.

SETTER m. Nombre de tres razas de perros perdigueros, de pelaje largo y sedoso, y de talla media.

Perro de raza **setter** inglés

SETÚBAL C. del centro-sur de Portugal; 76 800 hab. Puerto pesquero. Ind. conservera. Astilleros.

SEUDOCELOMADO, DA adj. y m. Díc. de los metazoos bilaterales provistos de un falso celoma o seudoceloma.

SEUDÓNIMO m. Nombre empleado por un autor en vez del suyo verdadero.

SEUDÓPODO m. *Biol.* Expansión de citoplasma de los rizópodos y de las células ameboides de los metazoos, que sirve para la locomoción y captura de partículas.

SEÚL *(Soul)* C. y cap. de la República de Corea; 9 645 932 hab. Ind. alimentaria, mecánica, textil. Sede de los JJ OO de 1988.

SEURAT, Georges (1859-1891) Pintor fr. Uno de los iniciadores del puntillismo. *El baño, El puente de Courbevoie, Un domingo de estío en la Grande Jatte.*

SEVERIDAD f. Rigor y aspereza en el modo y trato, o en el castigo y reprensión. ◊ Exactitud y puntualidad en la observancia de una ley, precepto o regla. ◊ Gravedad, seriedad, mesura. ❏ SEVERO, RA.

SEVERINI, Gino (1883-1966) Pintor it. Participó en las corrientes futuristas, impresionista, cubista y clasicista. *Expansión esférica de la luz.*

SEVERNAIA ZEMLIÁ ⇒ Tierra del Norte.

SEVERO, Alejandro (208-235) Emperador rom. [222-235]. Hizo frente a la invasión de Mesopotamia por los persas.

SEVICHE m. *Ecuad.* y *Perú.* Guiso que se hace con corvina fresca cocida con jugo de naranja.

SEVILLA Prov. de España, en la com. autón. de Andalucía; 14 001 km², 1 727 603 hab. Cap., la c. hom. Cereales, remolacha, forrajes, olivo, vid, arroz, algodón. Ganadería bovina y equina. Carbón. Ind. alimentaria, metalúrgica, textil. ◊ C. esp., cap. de la com. autón. de Andalucía y de la prov. hom.; 684 633 hab. Puerto fluvial. Ind. alimentaria, textil, química, metalúrgica. Torre del Oro, Alcázar, Giralda. Conoció una época de gran esplendor bajo la dominación almohade (s. XII). Los Reyes Católicos establecieron en S. la Casa de Contratación de las Indias (1503). Sede de la Exposición Universal de 1992.

SEVILLA DEL ORO C. de la audiencia de Quito, fundada por Juan de Salinas en el s. XVI.

SEVILLANAS f. pl. Aire musical propio de Sevilla, bailable. ◊ Danza que se baila con esta música.

SÈVRES C. de Francia, sit. a orillas del Sena, cerca de París; fábrica de cerámica y porcelana desde 1756. ◊ **Tratado de S.** El firmado entre Turquía y los aliados el 10 agosto 1920. Supuso grandes pérdidas territoriales para Turquía.

SEXAGENARIO, RIA adj. y s. Que ha cumplido la edad de sesenta años y no llega a setenta.

SEXAGESIMAL adj. Aplícase al sistema de contar o subdividir de 60 en 60.

SEXAGÉSIMO, MA adj. Que sigue inmediatamente en orden al o a lo quincuagésimo nono. ◊ adj. y s. Díc. de cada una de las 60 partes iguales en que se divide un todo.

SEX-APPEAL (voz ing.) m. Atracción sexual que tienen algunas personas

SEXCENTÉSIMO, MA adj. Que sigue inmediatamente en orden al o a lo quingentésimo nonagésimo nono. ◊ adj. y s. Díc. de cada una de las 600 partes iguales en que se divide un todo.

SEXENIO m. Tiempo de seis años.

SEXO m. *Biol.* Condición por la que se diferencian los machos y las hembras en la mayoría de las especies de animales y vegetales superiores. ◊ Palabra que designa la sexualidad o conjunto de los fenómenos de la vida sexual. ◊ Órganos sexuales. ❏ SEXUAL.

SEXOLOGÍA f. Ciencia de los problemas relativos a la sexualidad. ❏ SEXÓLOGO, GA.

SEX-SHOP (voz ing.) m. Establecimiento comercial dedicado a la venta de artículos relacionados con el sexo, especialmente de material pornográfico.

SEXTANTE m. *Mar.* y *Astr.* Instrumento para medir la distancia angular entre dos astros y la alt. de un astro sobre el horizonte.

SEXTETO m. *Mús.* Composición para seis instrumentos o seis voces. ◊ *Mús.* Conjunto de estos seis instrumentos o voces.

SEXTINA f. Composición poética que consta de seis estrofas, de seis versos endecasílabos cada una, y de otra que sólo se compone de tres. ◊ Cada una de las estrofas de seis versos endecasílabos que entran en esta composición. ◊ Combinación métrica de seis versos endecasílabos en la cual aconsonantan el primero con el tercero y el segundo con el cuarto, y son pareados los dos últimos.

SEXTO, TA adj. Que sigue inmediatamente en orden al o a lo quinto. ◊ adj. y s. Díc. de cada una de las seis partes iguales en que se divide un todo. ◊ f. *Mús.* Intervalo de una nota a la sexta ascendente o descendente en la escala.

SEXTO Empírico (ss. II-III d. C.) Médico y filósofo gr., uno de los prales. representantes del escepticismo.

SÉXTUPLO, PLA adj. y s. Que incluye en sí seis veces una cantidad. ❏ SEXTUPLICAR.

SEXUADO, DA adj. *Biol.* Díc. de la planta o del animal que tiene órganos sexuales bien desarrollados y aptos para funcionar.

SEXUALIDAD f. *Biol.* Conjunto de condiciones anatómicas, fisiológicas y psicológicas que caracterizan a cada sexo.

SEXY (voz ing.) adj. Díc. de la persona dotada de mucho atractivo sexual, y de las cosas que ponen de relieve este atractivo.

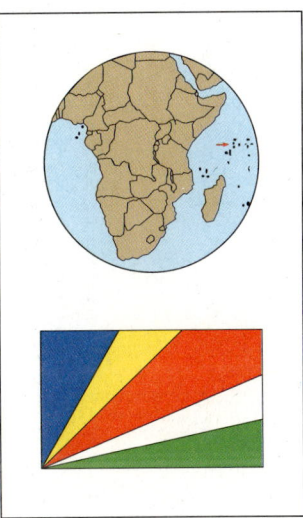

Mapa de situación y bandera de **Seychelles**

SEYCHELLES *(Republic of Seychelles; République des Seychelles)* Estado de África, constituido por el arch. hom., sit. en el Océano Índico. Etnias: criollos franceses, minorías negroafricana, india y malaya. Lenguas: ing. y fr. (of.), fran-

SEYCHELLES

Superficie	453 km²
Población	68 000 hab. (150 hab./km²)

Recursos económicos	
Bananas	2 000 t
Cabaña bovina	2 000 cabezas
Cabaña porcina	18 000 cabezas
Copra	1 000 t
Fosfatos	5 000 t
Nuez de coco	9 000 t
Pesca	5 369 t

Indicadores sociológicos	
PNB	350 millones de dólares
Renta per cápita	5 110 dólares
Esperanza de vida	71 años
Alfabetismo	58%

cés-criollo. *Rel.*: catolicismo. U. M.: la rupia de S. Cap., Port Victoria. Islas de origen volcánico. Clima tropical de tipo monzónico. Copra, caña de azúcar, café, especias. Vacunos porcinos. Fosfatos, cal. Colonia brit. hasta 1976. El primer ministro J. Mancham fue derrocado en 1977 por un golpe de Est. dirigido por A. René, socialista. En 1984 éste fue reelegido.

SEYSS-INQUART, *Arthur* (1892-1946) Político austr. Miembro del partido nazi, ocupó la cancillería de Austria (1938-1939) y fue comisario del Reich en Países Bajos. Condenado en Nuremberg y ahorcado.

SFORZA Familia noble it. que gobernó el ducado de Milán de 1450 a 1535. El fundador fue **Muzio** (o **Giacomo**) **Attendolo** (1369-1424). Su hijo, **Francisco I** (1401-1466), ocupó Milán (1447) y aseguró la indep. del ducado. Otros miembros de la familia fueron **Galeazzo Maria, Juan Galeazzo, Ludovico el Moro, Maximiliano** y **Francisco II.**
SHA m. Sah.

al-SHA'AB o **ASH SHA'AB** (ant. *al-Ittihad*) Cap. de la antigua RDP del Yemen; 10 000 hab.

SHABA Prov. del SE de la Rep. Dem. del Congo, denominado Katanga hasta 1971; 496 965 km², 3 874 000 hab. Cap., Lubumbashi. Gran riqueza minera. En 1960 M. Tshombé proclamó su indep., que fue sofocada en 1963.

SHABBAT o **SABBAT** m. *Rel.* En la legislación mosaica, el séptimo día de la semana, consagrado al descanso.

SHAFTESBURY, *Anthony Ashley Cooper,* CONDE DE (1625-1683) Político ing. Consiguió que se votara la ley del *Habeas corpus.*

SHAKESPEARE, *William* (1564-1616) Dramaturgo, poeta y actor ing. En sus obras describe todos los sentimientos y pasiones humanas. De una primera etapa son *La fierecilla domada,* y, en poesía *Sonetos, Venus y Adonis, La violación de Lucrecia.* El segundo periodo es el de las grandes comedias (a excepción de la tragedia *Romeo y Julieta*): *El mercader de Venecia* y *Las alegres comadres de Windsor.* A este periodo sigue el de las grandes tragedias: *Hamlet, Otelo, El rey Lear, Macbeth*; y dramas históricos: *Julio César, Coriolano, Marco Antonio y Cleopatra, Ricardo III, Enrique IV.* Entre sus comedias de carácter fantástico desta-

can *El sueño de una noche de verano* y *La tempestad.*

SHAN adj. y s. Díc. del individuo de un pueblo tibetobirmano que vive en Birmania y en la prov. china de Yunnan.

SHAN Entidad nacional del E de Birmania; 158 222 km², 3 726 400 hab. Cap., Taunggyi. Arroz, adormidera, algodón. Diamantes, galena argentífera.

SHANGHAI C. de China, al S del estuario del Yang Tsé; 6 186 km², 13 341 896 hab. Ind. textil, metalúrgica y siderúrgica. Puerto de intensa actividad com. Por el tratado de Nankín (1842), fue abierta a concesiones extranjeras. Ocupada por Japón en 1941-1945.

SHANNON Río de Irlanda; 368 km. Forma varios lagos (Allen, Ree, Derg) y desemboca en el Atlántico.

SHANSI o **SHANXI** Prov. del NE de China; 156 000 km², 28 759 014 hab. Cap., Taiyuan. Cereales, moreras, hortalizas. Ganadería. Carbón, hierro.

SHANTUNG o **SHANDONG** Prov. del E de China, junto al mar Amarillo; 153 300 km², 84 392 827 hab. Cap., Tsinan. Cereales, batatas, tabaco. Arboricultura, algodón. Hierro, carbón.

SHASTRI, *Lal Bahadur* (1904-1966) Político indio. En 1964 sucedió a Nehru como primer ministro.

SHAW, *George Bernard* (1856-1950) Escritor irl. en lengua ing. Premio Nobel de Literatura en 1925. *Hombre y superhombre, Volviendo a Matusalén, Fascinación, Cándida, Lucha de sexos, Pigmalión, La primera obra de Fanny.*

SHEFFIELD C. de Gran Bretaña, en Inglaterra; 477 000 hab. Metalurgia, siderurgia y cuchillería.

SHELLEY, *Mary Wollstonecraft Godwin,* por matrimonio *Mary* (1797-1851) Segunda esposa de P.B. Shelley, autora de la novela *Frankenstein o el Prometeo moderno.* ◊ *Percy Bysshe* (1792-1822) Poeta brit. Autor de *La reina Mab, Alastor o el espíritu de la soledad, La revuelta del Islam, Oda a la alondra, Epipsychidion, Hélade, Adonis, Los Cenci.*

SHENSI o **SHENXI** Prov. del NO de China; 205 600 km², 32 882 403 hab. Cap., Sian. Econ. agropecuaria. Ind. algodonera.

SHENYANG (ant. *Mukden*) C. de China, cap. de la prov. de Liaoning; 4 020 000 hab. Centro industrial.

SHERIDAN, *Richard Brinsley* (1751-1816) Político y dramaturgo brit. *Los rivales, La dueña, La escuela de la maledicencia.*

SHERIFF m. En Gran Bretaña, representante de la Corona en los condados. ◊ En EE UU, oficial electo que posee poderes judiciales.

SHERMAN, *William Tecumseh* (1820-1891) General norteam. Participó en la guerra de Secesión a favor del Norte. En 1864 dirigió la «marcha hacia el mar», desde Atlanta hasta Savannah.

SHERPA adj. y s. Díc. del individuo de un grupo mongol que vive en el Nepal, al pie del Himalaya.

SHERWOOD, *Robert Emmet* (1896-1955) Dramaturgo norteam. *El camino de Roma, El puente de Waterloo, El bosque petrificado.*

SHETLAND o **ZETLAND** Arch. brit., sit. en el océano Atlántico, al N de las Orcadas; 1 429 km², 23 500 hab. Cap., Lerwick. Ganadería y pesca.

SHETLAND DEL SUR Arch. antárti-

co que forma parte de la prov. arg. de Tierra del Fuego, Antártida e Islas del Atlántico Sur.

SHIGA Prefectura de Japón, en la isla de Honshu; 4 016 km², 1 222 000 hab. Cap., Otsu.

SHIHKIACHUANG o **SHIJIAZHUANG** C. de China, en la prov. de Hopei; 1 080 000 hab. Ind.

SHIKOKU Isla de Japón, la menor de las cuatro grandes del arch.; 18 780 km², 4 195 000 hab. C. prales.: Matsuyama y Takamatsu. Arroz, trigo, soja, caña de azúcar. Pesca. Cobre. Ind. textil.

SHILLONG C. de la India, cap. del est. de Meghalaya; 130 700 hab.

SHIMANE Prefectura de Japón, en la isla de Honshu; 6 629 km², 781 000 hab. Cap., Matsue.

SHINTOÍSMO o **SINTOÍSMO** m. Religión primitiva y popular jap. Se basa en la veneración de seres, objetos y cuerpos denominado *kami* («superior», «divino»). Kami es cuanto despierta un sentimiento fuera de lo corriente (Sol, Luna, fuerzas de la naturaleza, etc.). Presenta dioses de origen celestial (Izanagi, Izanami) y terrenal (Amaterasu, Suki-Yomi, Susanowo).

SHIRAZ C. de Irán, cap. de la prov. de Fars; 425 800 hab. Mercado agrícola. Ind. alimentarias. Artesanía.

SHIVA ⇨ Siva.

SHIZUOKA Prefectura de Japón, en la isla de Honshu; 7 773 km², 3 671 000 hab. Cap., la c. hom. (472 200 hab.). Ind. textil, metalúrgica (aluminio), alimentaria.

SHOCK (voz ing.) m. Brusco trastorno orgánico o psicológico, causado por un trauma, una agresión fisiológica, u otro estímulo similar.

SHOGUN m. En el ant. Japón, título dado a los generales y a los gobernadores militares que asumieron el poder que correspondía al emp.

SHOLOJÓV, *Mijail* (1905-1984) Escritor sov. Premio Nobel de Literatura en 1965. *El Don apacible, Tierras roturadas, Combatieron por la patria.*

SHORT (voz ing.) m. Pantalón muy corto. Se usa más en plural.

SHOSHON adj. y s. Díc. del individuo de un pueblo amerindio, de la familia lingüística uto-azteca, asentado en varios est. del O de EE UU.

SHOSTAKOVICH, *Dimitri* (1906-1975) Compositor ruso. Autor de trece sinfonías, óperas, ballets, corales y música de cámara.

SHOW (voz ing.) m. Espectáculo, especialmente musical, que se ofrece en un cabaret, sala de fiestas, etc., o se televisa.

SHOWMAN (voz ing.) m. Animador, el que presenta un show.

SHUNT (voz ing.) m. *El.* Resistencia de valor pequeño que se coloca gralte. en derivación con los bornes de los aparatos de medida, con el fin de ampliar la escala de éstos.

SI conj. que puede denotar condición, suposición, aseveración, duda o ponderación. ◊ Precedida del adv. *como* o de la conj. *que*, se emplea en conceptos comparativos. ◊ Precede al adv. de negación *no* en algunas frases. ◊ m. *Mús.* Séptima nota de la escala musical.

SÍ adv. afirmativo que se emplea más comúnmente respondiendo a pregunta. ◊ Se usa como sustantivo por con-

William **Shakespeare**

sentimiento o permiso, especialmente hablando de matrimonio. ◊ Forma reflexiva del pron. personal de tercera persona.

SIAL m. *Geol.* La ➪ corteza continental, el estrato más externo de la Tierra.

SIAM Ant. nombre de Thailandia.

SIAMÉS, SA adj. y s. Del ant. Siam, hoy Thailandia. ◊ Díc. de cada uno de los hermanos gemelos que nacen unidos por alguna parte del cuerpo. ◊ Díc. del gato de raza siamesa. ◊ m. Thailandés o thai, idioma siamés.

SIAN o **XIAN** C. de China, cap. de la prov. de Shensi; 2 390 000 hab. Ind. textil.

SIANG-KIANG Río de China meridional; 1 150 km. Nace en la prov. de Kuangsi Chuang y desagua en el Yang Tsé-kiang.

SIBARITA adj. y s. Díc. de la persona muy dada a los placeres exquisitos y al refinamiento. ❏ SIBARITISMO.

SIBELIUS, Jan (1865-1957) Compositor finl. Autor de siete sinfonías; poemas sinfónicos (*Finlandia, La hija de Pohjola*); conciertos, etc.

SIBERIA (*Sibir*) Región natural de la república de Rusia; se extiende desde los Urales al Pacífico y desde el Ártico a las montañas de Asia Central; 12 961 500 km², 36 667 000 hab. C. prales.: Novokuznetz, Krasnoyarsk, Jabárovsk y Vladivostok. La S. Occidental es una extensa llanura regada por el Obi y el Yeniséi; la S. Central está formada por mesetas y por fosas de hundimiento (lago Baikal). En la S. Oriental destacan los montes Verjoiansk, Cherski y Anadir (alt. máx.: Kliuchevskia, 4 850 m). Clima extremadamente continental. Cereales, remolacha azucarera, lino, cáñamo. Ganadería. Pesca. Hulla, hierro, petróleo. Energía hidroeléctrica. Ind. siderúrgica, metalúrgica, de transformación.

SIBILA f. Mujer sabia a quien los antiguos atribuyeron espíritu profético.

SIBILANTE adj. *Fon.* Díc. del sonido que se pronuncia como una especie de silbido. ◊ Díc. de la letra que representa este sonido, como *s*.

SIBILINO, NA adj. Relativo a la sibila. ◊ fig. Misterioso, oscuro con apariencia de importante.

SIBIU (al. *Hermannstadt*) C. de Rumania, en Transilvania; 172 100 hab. Ind. metalúrgica y maderera. Comercio.

SIBONEY adj. y s. Díc. del pueblo amerindio que poblaba las Antillas en época precolombina.

SIC adv. latino que se usa en impresos y manuscritos para dar a entender que una palabra es textual.

SICA, Vittorio de (1901-1975) Cineasta it. Como director estuvo vinculado al neorrealismo (*Umberto D, El ladrón de bicicletas, Milagro en Milán*).

SICAMBRO, BRA adj. y s. Díc. del individuo de un pueblo germánico establecido inicialmente entre el Rin y el Wesser.

SICARIO m. Asesino asalariado.

SICHUÁN Prov. de China ➪ Szechuan.

SICIGIA f. *Astr.* Cada una de las dos posiciones en las que los centros de la Luna, de la Tierra y del Sol se encuentran alineados.

SICILIA Isla de Italia, la mayor del Mediterráneo; 25 707 km², 4 966 400 hab.

Cap., Palermo. Volcán Etna (3 340 m). Trigo, agrios, cebada, olivo, vid. Ganadería ovina. Pesca. Petróleo, metano, azufre. Ind. petroquímica, química, alimentaria.

SICOFANTA m. Impostor, calumniador.

SICOLOGÍA f. Psicología.

SICÓMORO m. Planta arbórea, con hojas pecioladas, flores hermafroditas y frutos en dísamara.

SICONO m. *Bot.* Fruto compuesto formado de un receptáculo suculento, como el higo.

SICOPATÍA f. Psicopatía. ❏ SICÓPATA.

SICOSIS f. Psicosis.

SICOTERAPIA f. Psicoterapia.

SIDA (siglas de *síndrome de inmunodeficiencia adquirida*) Enfermedad vírica contagiosa que presenta distintas manifestaciones clínicas, caracterizada por una disminución de la capacidad inmunitaria del paciente, que se hace vulnerable a enfermedades que no constituirían una amenaza para personas cuyo sistema inmunitario funcionase normalmente, pero que en los individuos afectados adquieren carácter grave.

❏ *Pat.* El agente infeccioso es el virus de la inmunodeficiencia humana o VIH, poseedor de una alta capacidad de mutación que le permite eludir el sistema inmunitario, y que se transmite a través de la sangre y del semen.

SIDECAR (voz ing.) m. Asiento, apoyado en una rueda, adosado a una motocicleta.

SIDERAL adj. Relativo a las estrellas o a los astros. ❏ SIDÉREO, A.

SIDERITA f. *Miner.* Carbonato de hierro, de color blanco y brillo vítreo, dureza 4-4,5 y que cristaliza en el sistema trigonal.

SIDERURGIA f. *Metal.* Técnica que se utiliza para extraer el hierro y trabajarlo. ❏ SIDERÚRGICO, CA.

❏ *Metal.* El hierro se obtiene por reducción de minerales que lo contienen en forma de óxido (magnetita, oligisto, limonita, siderita, etc.), para lo que se utiliza carbón o un gas reductor. Según el porcentaje final de carbono, se obtienen tres categorías de productos: hierro dulce (porcentaje mínimo de carbono), acero y fundición.

SIDNEY o **SYDNEY** C. de Australia, cap. del est. de Nueva Gales del Sur; 3 335 000 hab. Imp. puerto. Ind. textil,

Sidney. Edificio de la Ópera en el puerto

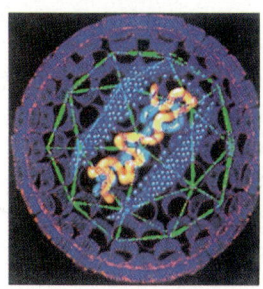

El virus responsable del SIDA, el VIH, pertenece a la familia de los retrovirus. La imagen de su virión o partícula virial que aquí se muestra ha sido generada por compturadora. En su núcleo, junto con el ARN que lleva la información genética, se encuentra un enzima, la transcriptasa inversa. Cuando el virión se une a la superficie de una célula, la transcriptasa inversa sintetiza ADN correspondiente al ARN vírico.

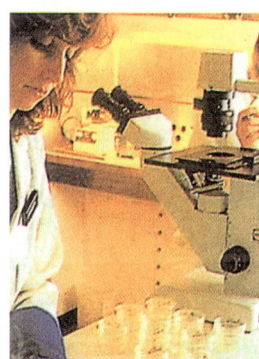

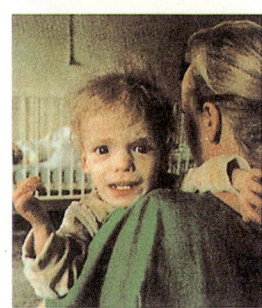

La esperanza en la lucha contra el SIDA es desarrollar una vacuna. Se investigan diversas proteínas del virión como posibles antígenos. Imágenes trágicas, como la de este niño infectado por el SIDA, quizás sean dentro de pocos años algo del pasado

mecánica, química, metalúrgica, plásticos. De 1901 a 1927 fue la cap. de Australia. Elegida sede de las Olimpiadas del año 2000.

SIDNEY, Philip (1554-1586) Político y escritor ing. Autor de la novela pastoril *Arcadia* y de una colección de sonetos.

SIDÓN Ant. c. fenicia (actual Saida), sit. al N del río Litani. Poseyó un imp. puerto y el mayor centro religioso fenicio: el templo de Eshmun.

SIDRA f. Bebida alcohólica que se obtiene por la fermentación del zumo de manzana.

SIEGA f. Acción y efecto de segar las mieses. ◊ Tiempo en que se siegan. ◊ Mieses segadas.

SIEGBAHN, Kai M. (n. 1918) Físico sueco, hijo de Manne Karl S. Premio Nobel de Física en 1981, con Schawlow y Bloembergen, por sus trabajos sobre la estructura del átomo. ◊ **Manne Karl** (1886-1978) Físico sueco. Descubridor de la refracción de la luz. Premio Nobel de Física en 1924.

SIEGEN C. de Alemania, en el land de Renania Septentrional-Westfalia; 107 800 hab. Centro industrial.

SIEMBRA f. Acción y efecto de sembrar. ◊ Tiempo en que se siembra. ◊ Sembrado, tierra sembrada.

SIEMENS m. *El.* Unidad de medida de la conductancia eléctrica en el sistema Giorgi.

SIEMENS, Werner von (1816-1892) Ingeniero al. Descubrió el principio de la dinamo y fundó la sociedad Siemens y Halske, que instaló las primeras grandes líneas telegráficas europeas. ◊ **Wilhelm** (1823-1883) Ingeniero e industrial al. Perfeccionó el proceso de obtención del acero.

SIEMPRE adv. de tiempo. En todo o en cualquier tiempo. ◊ En todo caso o cuando menos.

SIEMPREVIVA f. Nombre común a ciertas plantas herbáceas, algunas con propiedades medicinales y con flores que no se marchitan.

SIEN f. Cada una de las dos regiones laterales de la cabeza, comprendidas entre la mejilla, la frente, el ojo y el occipucio.

SIENA C. de Italia, en Toscana, cap. de la prov. hom; 60 200 hab. Turismo. Palacios e iglesias del s. XIII y del Renacimiento.

SIENITA f. Roca intrusiva, leucócrata, compuesta por ortoclasa, una plagioclasa y uno o más minerales férricos.

SIENKIEWICZ, Henryk (1846-1916) Novelista pol. Premio Nobel de Literatura en 1905. *Quo Vadis, El diluvio, Micer Wolodyjowski.*

SIERPE f. Serpiente.

SIERRA f. Herramienta que consiste en una hoja de acero de poco espesor, y con dientes agudos, que sirve para cortar diversos materiales. ◊ Cordillera de poca extensión. ◊ Cordillera de montes o peñascos cortados. ❑ SERRANO, NA.

SIERRA Región geográfica de Perú, comprendida entre el límite de la región de la Costa y los 2 000 m de alt. del lado E de la cordillera Oriental de los Andes. ◊ Región geográfica de Ecuador, que comprende las cord. Occidental y Oriental de los Andes. Cumbres nevadas: Chimborazo (6 310 m), Cotopaxi (5 897 m).

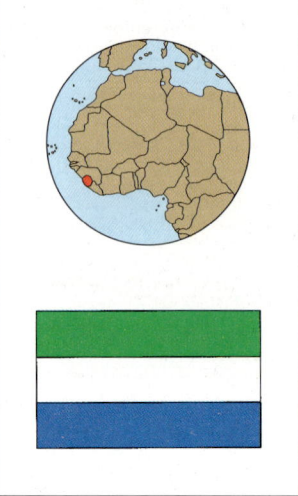

Mapa de situación y bandera
de **Sierra Leona**

SIERRA LEONA Estado de África occidental. En su relieve se distingue un sector costero, formado por estuarios y albuferas, y una meseta central (alt. máx.: monte Loma 1 948 m). Ríos Roke, Sewa, Moa, y los dos Scarcies. Clima tropical. Arroz, maíz, mijo, sorgo, mandioca, batata, café, aceite de palma y cacao. Ganadería bovina. Imp. reservas forestales. Pesca en la costa septentrional. Diamantes (Kono, Kenema, Bo, Tongo), hierro, bauxita y rutilio. Ind. incipiente, que se reduce a la transformación de productos agrícolas (elaboración de aceite) y al refino de petróleo. República. Etnias: mendes, temnes, limbas y kurankos. Lenguas: ing. (of.), krio, mende, temne, etc. *Rel.*: animista (51%), islámica (39%), católica. U. M.: el leone. Cap., Freetown.

□ *Hist.* Descubierta en 1462 por el port. Pedro de Sintra. En 1808 el país se convirtió en colonia brit. En 1951 obtuvo

SIERRA LEONA	
Superficie	71 740 km²
Población	4 260 000 hab. (59 hab./km²)
Recursos económicos	
Aceite de palma	59 000 t
Agrios	70 000 t
Arroz	386 000 t
Bauxita	1 288 000 t
Cabaña bovina	330 000 cabezas
Cabaña ovina	330 000 cabezas
Cerveza	40 000 hl
Diamantes	100 000 quilates
Energía eléctrica	224 millones de kwh
Mandioca	90 000 t
Nuez de palma	33 000 t
Pesca	65 548 t
Riqueza forestal	3 088 000 m³
Rutilio	144 000 t
Indicadores sociológicos	
PNB	904 millones de dólares
Renta per cápita	210 dólares
Esperanza de vida	42 años
Alfabetismo	24%

un estatuto de semiautonomía y, en 1961, la indep. Al primer ministro Milton Margai, vencedor en las elecciones de 1962, le sucedió su hermano A. Margai (1964). Las elecciones de 1967 dieron el triunfo a Siaka Stevens, aunque un golpe militar le impidió tomar el poder. Al año siguiente, un contragolpe le permitió ocupar la primera magistratura. En las elecciones de 1985 fue elegido J. Momoh. En 1987 reprimió un intento de golpe de estado.

SIERVO, VA m. y f. Esclavo. ◊ Persona que profesa en orden o comunidad religiosa.

□ *Hist.* En la E. Med. existían los siervos del Est., los dedicados al servicio personal de un señor, y los que trabajaban sus tierras. Su desaparición en Europa occidental fue obra de la Revolución Francesa (1789).

SIESTA f. Tiempo después del mediodía, en que aprieta más el calor. ◊ Sueño que se toma después de comer.

SIETE adj. Seis y uno. ◊ adj. y s. Séptimo, ordinal. ◊ Signo o conjunto de signos con que se representa el número siete. ◊ m. fam. Rasgón angular. ◊ *Argent.* y *Col.* Ano.

SIETE AÑOS, guerra de los Conflicto sostenido en 1756-1763 entre Inglaterra y Prusia contra Francia y Austria. Avanzado el primer año de lucha, Federico el Grande derrotó a fr. e imperiales en Rossbach y a los austr. en Leuthen. La intervención esp. no frenó los éxitos ing. La guerra terminó con las paces de París, entre ing. y fr., y de Hubertsburg, entre Austria y Prusia. Inglaterra se aseguró la supremacía en la India y recibió Canadá como colonia.

SIETEMESINO, NA adj. y s. Aplícase a la criatura que nace a los siete meses de engendrada.

SIEYÈS, Emmanuel Joseph (1748-1836) Abate y político fr. Diputado en los Estados Generales, redactó el juramento del Juego de Pelota (1789). Formó parte del Comité de Salvación Pública y del Consejo de los Quinientos.

SÍFILIS f. *Pat.* Enfermedad infecciosa de tipo venéreo, ocasionada por el protozoo *Treponema pallidum*. Se manifiesta por erupciones cutáneas y mucosas, inflamaciones viscerales y lesiones degenerativas de diversos tejidos y órganos. El contagio es por vía directa (relaciones sexuales) o indirecta. ❑ SIFILÍTICO, CA.

SIFÓN m. Codo orientado hacia arriba, intercalado en una conducción hidráulica a presión. ◊ Botella cerrada herméticamente con una tapa por la que pasa un sifón, cuyo tubo tiene una llave para cerrar o abrir el paso del agua carbónica que contiene. ◊ Canal cerrado o tubo inferior a sus dos extremos. ◊ *Zool.* Órgano tubular de salida y entrada de agua en los moluscos bivalvos.

SIGER de Brabante (h. 1235-1284) Filósofo medieval. Insistió en la posición entre las verdades reveladas y las asequibles por la razón. Sus doctrinas fueron condenadas. *Sobre la eternidad del mundo.*

SIGILO m. Utensilio para estampar en el papel los signos grabados que tiene. ◊ Secreto que se guarda de una cosa o noticia. ❑ SIGILOSO, SA.

SIGILOGRAFÍA f. Ciencia que tiene por objeto el estudio de los sellos.

SIGLA f. Letra inicial que se emplea como abrev. ◊ Rótulo o denominación que se forma con varias siglas. ◊ Cualquier signo que sirve para ahorrar letras o espacio en la escritura.
SIGLO m. Intervalo de tiempo de cien años. ◊ Mucho o muy largo tiempo, indeterminadamente. ◊ La vida civil, en oposición a la religiosa.
SIGMA f. Decimoctava letra del alfabeto gr. (Σ o σ). Corresponde a la *ese*. ◊ *Anat*. S ilíaca o parte final del colon.
SIGNAC, Paul (1863-1935) Pintor fr. Puso en práctica las teorías de Seurat *(puntillismo)*. *Entrada al puerto de Marsella*.
SIGNAR tr. Hacer, poner o imprimir el signo. ◊ Poner uno su firma. ◊ tr. y prnl. Hacer la señal de la cruz. ❏ SIG-NATARIO, RIA.
SIGNATURA f. Señal que se pone a un libro o a un documento para indicar su colocación dentro de una biblioteca o un archivo. ◊ *Art. Gráf*. Señal que se pone al pie de la primera página de cada pliego.
SIGNIFICACIÓN f. Sentido de una palabra o frase. ◊ Objeto que se significa. ◊ Importancia en cualquier orden.
SIGNIFICADO, DA adj. Conocido, importante, reputado. ◊ m. Parte fundamental, junto al significante, del concepto de signo lingüístico: designa la idea o representación mental de lo nombrado.
SIGNIFICANTE m. Parte fundamental, junto al significado, del concepto de signo lingüístico: se refiere a su representación gráfica o fonética.
SIGNIFICAR tr. Ser una cosa, por naturaleza, imitación, representación o indicio de otra. ◊ Ser una palabra expresión de una idea o de una cosa material. ◊ Manifestar una cosa. ◊ intr. prnl. Hacerse notar o distinguirse por alguna cualidad o circunstancia. ❏ SIGNIFICATIVO, VA.
SIGNO m. Cosa que evoca en el entendimiento la idea de otra. ◊ Cualquiera de los caracteres que se emplean en la escritura y en la imprenta. ◊ Término con el que la moderna lingüística define la asociación de un significante y un significado. ◊ Señal que se hace a modo de bendición. ◊ Figura que los notarios agregan a su firma en los documentos públicos. ◊ *Astr*. Cada una de las doce partes iguales en que se considera dividido el Zodiaco. ◊ *Mat*. Señal que se usa en los cálculos para indicar, ya la naturaleza de las cantidades, ya las operaciones que se han de ejecutar con ellas. ◊ *Mús*. Cualquiera de los caracteres con que se escribe la música.
SIGNORELLI, Luca (h. 1445-h. 1523) Pintor it. *Sagrada conversación*. Pintó los frescos de la capilla de San Bricio (Orvieto).
SIGÜENZA y Góngora, Carlos de (1645-1700) Escritor mex. Autor del poema épico *Piedad heroica de don Hernando Cortés*. Obras científicas. *Libra astronómica y filosófica*.
SIGUIENTE adj. Que sigue. ◊ Ulterior, posterior.
SIHANUK, Norodom (n. 1922) Político camboyano. Coronado rey en 1941, proclamó la indep. y luchó contra las ocupaciones japonesa y fr. En 1955 abdicó y ejerció como primer ministro

(1955-1960). Jefe del Est. (1960-1970, 1974-1976). Desde entonces dirigió la oposición antivietnamita. En 1991 regresó al país como presid. y en 1993 se convirtió de nuevo en rey del país. En 1997 fue depuesto por Hun Sen.
SIJ o **SIKH** adj. y s. Díc. de los miembros de una comunidad religiosa del Punjab (India). Su fundador fue Nanak. En los últimos años han realizado acciones para conseguir la indep. del Punjab.
SI-KIANG Río del S de China. Nace de una red fluvial procedente de la meseta de Yunnan-Kueichou. Desemboca en el mar de China Meridional; 1 600 km.
SIKKIM Est. de la India, limítrofe con China, Nepal y Bután; 7 299 km², 405 500 hab. Cap., Gangstok. Pertenece al ámbito del Himalaya meridional (Kanchenjunga, 8 585 m). Cardamomo, arroz, trigo, mijo, patatas, frutales. Explotación forestal. Cobre, hierro, grafito, oro, plata.
SIL Río de España; 225 km. Nace en la prov. de León, y desemboca en el r. Miño.
SILA, Lucio Cornelio (138 a. C.-78 a. C.) Militar y político rom. Designado cónsul (88 a. C.), representó los intereses aristocráticos frente a Mario, líder de los plebeyos, al que venció, proclamándose dictador.
SÍLABA f. Sonido o sonidos articulados que constituyen un núcleo fónico entre dos depresiones sucesivas de la emisión de voz. ❏ SILÁBICO, CA.
SILABEAR intr. y tr. Ir pronunciando separadamente cada sílaba. ❏ SILABEO.
SILANO m. *Quím*. Combinación hidrogenada del silicio. Los s. son muy sensibles frente al agua y al oxígeno, y se polimerizan fácilmente.
SILAO Mun. de México, en el est. de Guanajuato; 71 000 hab.
SILBA f. Acción de silbar como desaprobación.
SILBAR intr. Dar o producir silbos o silbidos. ◊ Agitar el aire produciendo un sonido como de silbido.
SILBATINA f. *Argent. Chile* y *Perú*. Silba, rechifla.
SILBATO m. Instrumento pequeño y hueco que soplando en él con fuerza suena como el silbo.
SILBIDO m. Sonido agudo que hace el aire. ◊ Sonido agudo que resulta de hacer pasar con fuerza el aire por la boca con los labios fruncidos o con los dedos colocados en ella convenientemente. ◊ Sonido de igual clase que se hace soplando con fuerza en un cuerpo hueco, como silbato, llave, etc. ◊ Voz aguda y penetrante de algunos animales.
SILENCIADOR m. *Mec. apl*. Dispositivo amortiguador del ruido del escape de los gases en los motores de combustión interna o en las toberas de los de reacción. ◊ Dispositivo de algunas armas de fuego para amortiguar el disparo.
SILENCIAR tr. Callar, pasar en silencio. ◊ *Amér*. Acallar, imponer silencio.
SILENCIO m. Abstención de hablar. ◊ fig. Falta de ruido. ◊ *Mús*. Pausa. ❏ SILENCIOSO, SA; SILENTE.
SILES, Hernando (1882-1942) Político bol. presid. de la rep. (1926-1930). Derrocado por un golpe de est. ◊ **Salinas, Luis Adolfo** (n. 1925) Político bol. Sucedió a René Barrientos en la jefatura

Templo de Oro de Amritsar, centro sagrado de los **sijs**

del Est. (1969). Fue derrocado. ◊ **Zuazo, Hernán** (1914-1996) Político bol. Cofundador del Movimiento Nacional Revolucionario, fue elegido presid. de la rep. (1956-1960). Triunfó en los comicios de 1979 y 1980, dejados sin efecto por el golpe de García Meza, hasta que en 1982 asumió el poder. En 1985 convocó elecciones anticipadas.
SILESIA (pol., *Slask*; al., *Shlesien*) Región de Europa central, dividida actualmente entre Polonia y la Rep. Checa. C. prales.: Wrockaw (Breslau) y Katowice en Polonia, y Ostrava en la Rep. Checa.
SÍLEX m. Roca sedimentaria compacta, compuesta de cuarzo y calcedonia, cuya elevada dureza la hizo ser un material muy utilizado por el hombre primitivo.
SÍLFIDE f. *Mit*. Para los germánicos, ninfa o espíritu del aire. Expresión femenina de silfo.
SILFO m. Ser fantástico, espíritu del aire para los cabalistas.
SILICATO m. *Quím*. Sal o éster de los diversos ácidos silícicos. ◊ *Miner*. Mineral constituido esencialmente de silicio y oxígeno, asociado a otros elementos, como aluminio, calcio, hierro, magnesio, sodio, potasio, etc. Son los minerales dominantes en la corteza terrestre.
SÍLICE f. Combinación del silicio con el oxígeno. Es muy abundante en la naturaleza y se presenta en varias especies mineralógicas: cuarzo o cristal de roca, amatista, calcedonia, ágata, sílex, etc. ❏ SILÍCEO, A.
SILÍCICO, CA adj. Díc. de un ácido inorgánico oxácido que se presenta en forma de una masa blanca gelatinosa.
SILICIO m. *Quím*. Elemento de símb. Si, n. a. 14 y p. a. 28,09. Es un no metal que se encuentra como dióxido (sílice, cuarzo, etc.) o como silicato en la mayoría de las rocas. Se usa para preparar siliconas y en la fabricación de chips y transistores.
SILICONA f. *Quím*. Nombre genérico de compuestos macromoleculares análogos a las materias plásticas orgánicas, pero en cuyas moléculas el silicio reemplaza al carbono.
SILICOSIS f. *Pat*. Enfermedad pulmonar debida a la inhalación de partículas de polvo de sílice. Se presenta en personas que trabajan en minas, canteras, etc.
SILICUA f. *Bot*. Fruto en cápsula divi-

dida en dos por un falso tabique donde se insertan las semillas.

SILIO Itálico, *Tiberio Catio* (m. 101) Poeta latino, autor del poema *Púnica.*

SILLA f. Asiento con respaldo, por lo general con cuatro patas, en el que sólo cabe una persona. ◊ Aparejo para montar a caballo, formado por una armazón cubierta de cuero. ◊ Dignidad de papa y otras eclesiásticas. ◊ **de montar.** S., aparejo para montar a caballo. ◊ **eléctrica.** S. para electrocutar a los reos de muerte.

SILLANPÄÄ, *Frans Eemil* (1888-1964) Novelista finl. Premio Nobel de Literatura en 1939. *El camino del hombre.*

SILLAR m. Cada una de las piedras labradas que forman parte de una construcción de sillería. ◊ Parte del lomo de la caballería, donde sienta la silla.

SILLERÍA f. Conjunto de sillas iguales o de sillas, sillones y canapés de una misma clase, con que se amuebla una habitación. ◊ Conjunto de asientos unidos unos a otros. ◊ Taller donde se fabrican sillas. ◊ Tienda donde se venden. ◊ Oficio de sillero. ◊ Obra compuesta de sillares. ◊ Conjunto de estos sillares. ❏ SILLERO, RA.

SILLETA f. *Chile, Perú* y *Ven.* Silla, asiento.

SILLÍN m. Asiento que tienen la bicicleta y otros vehículos análogos.

SILLÍTOE, *Alan* (n. 1928) Escritor brit. *Noche de sábado y mañana de domingo.*

SILLÓN m. Silla de brazos, mayor y más cómoda que la ordinaria.

SILO m. Construcción para el almacenamiento de cereales y forrajes o de productos químicos y minerales deteriorables. ◊ fig. Cualquier lugar subterráneo, profundo y oscuro. ◊ *Chile.* Alfalfa, trébol u otro pasto que se guarda para alimento del ganado.

SILOÉ, *Diego de* (m. 1563) Arquitecto y escultor renacentista esp. Escalera Dorada de la catedral de Burgos y parte de la catedral de Granada. ◊ *Gil de* (s. XV) Escultor esp. Sepulcros de Juan II e Isabel de Portugal y del infante Alfonso, altar mayor de la cartuja de Miraflores.

SILOGÍSMO m. *Lóg.* Argumento que consta de tres proposiciones, la última de las cuales se deduce de las otras dos. El esquema del s. es un condicional enunciado en la forma siguiente: «si (premisa mayor) y (premisa menor), entonces (conclusión)».

Silos para granos

Simbiosis entre una actinia y el pez *Amphiprion ephippium*, que se refugia en ella en cuanto se alarma

SILONE, *Ignazio* (1900-1978) Seud. del novelista it. *Secondo Tranquilli. Fontamara, Vino y pan, El secreto de Lucas.*

SILUETA f. Dibujo sacado siguiendo los contornos de la sombra de un objeto. ◊ Forma que representa a la vista la masa de un objeto más oscuro que el fondo sobre el cual se proyecta. ◊ Perfil.

SILÚRICO, CA adj. *Geol.* Relativo al periodo silúrico. ◊ adj. y m. *Geol.* Díc. del periodo de la era primaria o paleozoica, comprendido entre el ordoviciense y el devónico, durante el cual se inició la colonización de la tierra firme por parte de los seres vivos. También llamado gotlandiense.

SILURO m. *Zool.* Pez cipriniforme de piel desnuda y carne muy apreciada.

SILVA f. Colección de varias materias o especies, escritas sin método ni orden. ◊ Combinación métrica en que, ordinariamente, alternan con los versos endecasílabos los heptasílabos.

SILVA, *José Asunción* (1865-1896) Poeta col. *Nocturnos.* ◊ *Luiz Inácio, Lula da* →Lula da Silva, Luiz Inácio ◊ *Medardo Ángel* (1898-1919) Poeta ecuat., modernista. *El árbol del bien y del mal.* ◊ *Henríquez, Raúl* (1907-1999) Eclesiástico chil. Arzobispo de Santiago desde 1961, y cardenal desde 1962. A partir de 1975 se destacó por su defensa de los derechos humanos. ◊ *Herzog, Jesús* (1892-1985) Economista mex. *El agrarismo mexicano y la reforma agraria.* ◊ *Valdés, Fernán* (1887-1975) Poeta y dramaturgo ur. *Aguas del tiempo, Romanceros del sur* (poesía).

SILVANO *Mit.* Semidiós rom. Protegía a los cuidadores de rebaños, cazadores y animales silvestres.

SILVASA C. de la India, cap. del terr. de Dadra y Nagar Haveli; 6 900 hab.

SILVELA, *Francisco* (1834-1905) Político esp. Presidió el gobierno de 1898 y el de 1902-1903.

SILVESTRE adj. Que se cría sin cultivo en selvas o campos. ◊ Inculto, agreste y rústico.

SILVESTRE I (m. 335) Santo. Papa [314-335]. Su pontificado coincidió con el reinado de Constantino I el Grande. ◊ **II** papa. ➾ Gerberto de Aurillac.

SILVICULTURA f. Técnica botánica que se ocupa del aprovechamiento integral de las especies de los bosques. ❏ SILVICULTOR.

SILVINA f. Cloruro de potasio, de peso específico 1,99, dureza 2, incoloro o blanco, que cristaliza en el sistema cúbico.

SIMA m. Término propuesto por Suess para designar la capa más profunda de la corteza terrestre. ◊ f. Cavidad profunda en la tierra.

SIMANCAS Mun. esp., en la prov. de Valladolid. Sede del Archivo General Histórico de España, instalado desde el s. XVI en el castillo de la villa.

SIMARUBA f. *Argent., Col.* y *C. Rica.* Árbol corpulento cuya corteza se emplea como febrífugo.

SIMBIOSIS *Biol.* Asociación entre dos individuos de distinta especie, beneficiosa para ambos (mutualismo) o para uno de ellos (comensalismo). Puede darse entre dos animales, entre dos vegetales o entre un animal y un vegetal. ❏ SIMBIÓTICO, CA.

SIMBOLISMO m. Sistema de símbolos con que se representa alguna cosa. ◊ Nombre de diversas corrientes artísticas que, a partir de 1885, surgieron paralelamente en la literatura y las artes plásticas. ❏ SIMBOLISTA.

☐ *Lit.* El término designaba un arte que materializa mediante símbolos (formas) las ideas que genera el acto artístico. W. Blake, Baudelaire, Verlaine, Mallarmé y Rimbaud son sus precursores. Destacaron Régnier, Viélé-Griffin, Ghil, Fontainas, Ch. Cros, L. Tailhade, Corbière y Laforgue; además de los poetas belgas Maeterlinck, Verhaeren y Rodenbach.

☐ *Arte.* Los principios del s. pictórico, que definían a la obra de arte como ideísta, simbolista, sintética, subjetiva, decorativa y emocional, encontraron gran acogida en la Escuela de Pont-Aven (Gauguin, Sérusier); en los *nabis* (Bonnard, Vuillard, Rossel, Maurice Denis, Vallotton); y en la obra de Gustave Moreau, Puvis de Chavannes, E. Carrière y Fantin-Latour. En la escultura destaca Auguste Rodin.

SIMBOLIZAR tr. Servir una cosa como símbolo de otra. ❏ SIMBOLIZACIÓN.

SÍMBOLO m. Figura o divisa con que se representa un concepto, por alguna semejanza que el entendimiento percibe entre ambos. ◊ *Quím.* Letra o letras con que convencionalmente se designa un cuerpo simple. ❏ SIMBÓLICO, CA.

SIMBOLOGÍA f. Estudio de los símbolos. ◊ Conjunto o sistema de símbolos.

SIMENON, *George* (1903-1989) Escritor belga en lengua fr. Creador del popular personaje del comisario Maigret.

SIMEÓN Segundo hijo de Jacob y de Lía. ◊ **El Estilita** (390-459) Santo. Anacoreta sirio que vivió más de 40 años en lo alto de una columna.

SIMEÓN I el Grande (m. 927) Jan de los búlgaros [893-927]. Se anexionó Macedonia septentrional (904). ◊ **II** (n. 1937) Rey de Bulgaria [1943-1946]. Terminada la II Guerra Mundial, fue destronado. En junio de 2001 venció en las elecciones generales y fue nombrado primer ministro.

SIMETRÍA f. Proporción adecuada de las partes de un todo. ◊ Armonía de posición de las partes o puntos similares unos respecto de otros, y con referencia a punto, línea o plano determinado. ◊ *Biol.* Conjunto de relac. geométricas que pueden establecerse en el plan de organización de un ser vivo. Las prales. formas son: central, radial, bilateral. ◊ *Geom.* Transformación involutiva del plano o del espacio, que mantiene invariable la longitud de los segmentos y que, por ello, es un desplazamiento. Las prales. son: central, axial, especular. ◊ **cristalina.** *Crist.* Repet. rítmica, según ciertas leyes, de las partículas constituyentes de un cristal. ❑ SIMÉTRICO, CA.

SIMFEROPOL C. de Ucrania, cap. de Crimea; 331 000 hab. Ind. metalúrgica y alimentaria.

SIMIENTE f. Semilla. ◊ Semen.

SÍMIL m. Comparación, semejanza entre dos cosas. ❑ SIMILAR.

SIMILITUD f. Semejanza, parecido.

SIMILOR m. Aleación de cinc y cobre, que tiene el color y el brillo del oro.

SIMIO, A adj. y m. Díc. de los primates de uñas planas y cara pequeña desprovista de pelo. Suelen vivir en comunidad arborícola y son vegetarianos. ❑ SIMIESCO, CA.

SIMITIS, *Costas* (n. 1936) Político gr. Cofundador del PASOK. En 1996 fue nombrado primer ministro, en sustitución de Papandreu. Reelegido en 2000.

SIMLA C. de la India, cap. del est. de Himachal Pradesh; 81 500 hab.

SIMMEL, *Georg* (1858-1918) Filósofo y sociólogo al. Con *Sociología*, introdujo el formalismo en las ciencias sociales.

SIMÓN el Mago (s. I) Samaritano, partidario de la filosofía gnóstica, que pretendió comprar a Simón Pedro el poder de comunicarse con el Espíritu Santo.

SIMONÍA f. Compra o venta ilícita de cosas espirituales o temporales inseparablemente anejas a las espirituales. ◊ Propósito de efectuar dicha compraventa. ❑ SIMONIACO, CA O SIMONÍACO, CA.

SIMONOSEKI o **SHIMONOSEKI** C. y puerto de Japón, en la isla de Honshu; 269 200 hab. ◊ **Paz de S.** La concertada entre China y Japón en 1895. China reconoció la indep. de Corea y cedió Formosa a Japón.

SIMPA f. *Argent.* y *Perú.* Trenza.

SIMPATÍA f. Inclinación afectiva entre personas, gralte. espontánea y mutua. ◊ P. ext., análoga inclinación hacia animales o cosas, y la que se supone entre algunos animales. ◊ Modo de ser y carácter de una persona que la hacen agradable o atractiva a los demás. ◊ Relación de actividades fisiológicas y patológicas de algunos órganos que no tienen entre sí conexión directa. ❑ SIMPATIZANTE; SIMPATIZAR.

SIMPÁTICO, CA adj. Que inspira simpatía. ◊ Díc. de la cuerda de un instrumento musical que resuena por sí sola cuando se hace sonar otra. ◊ adj. y m. *Anat.* Díc. de uno de los dos sistemas fundamentales (el otro es el parasimpático) de que consta el sistema nervioso vegetativo. Su función es la de preparar el organismo para la lucha y huida, y reforzar su capacidad de defensa.

SIMPÉTALO, LA adj. y f. *Bot.* Díc. de las plantas de pétalos soldados formando una especie de tubo.

SIMPLE adj. Sin composición. ◊ Sencillo, sin duplicar o sin reforzar. ◊ *Gram.* Díc. de la palabra que no se compone de otras de la misma lengua. ◊ adj. y s. fig. Manso, apacible e incauto. ◊ fig. Mentecato y de poco discurso.

SIMPLEZA f. Bobería, necedad.

SIMPLICIDAD f. Sencillez, candor. ◊ Calidad de simple o sencillo.

SIMPLIFICAR tr. Hacer más sencilla o más fácil una cosa. ❑ SIMPLIFICACIÓN.

SIMPLISTA adj. Que simplifica o tiende a simplificar. ❑ SIMPLISMO.

SIMPLÓN, NA adj. y s. Sencillo, ingenuo.

SIMPOSIO m. Conferencia o reunión en que se trata determinado tema.

SIMULACIÓN f. Acción de simular. ◊ *Comp.* Representación del funcionamiento de un determinado proceso por medio de la computadora.

SIMULADOR, RA adj. y s. Que simula. ◊ m. **de vuelo.** *Aer.* y *Aeron.* Aparato que reproduce en tierra las condiciones del vuelo de un avión o una aeronave.

SIMULACRO m. Imagen hecha a semejanza de una cosa o persona. ◊ Especie que forma la fantasía. ◊ *Mil.* Acción de guerra fingida para adiestrar las tropas.

SIMULAR tr. Representar una cosa, fingiendo o imitando lo que no es.

SIMULTANEAR tr. Realizar dos o más cosas al mismo tiempo. ❑ SIMULTANEIDAD; SIMULTÁNEO, A.

SIMÚN m. Viento abrasador que sopla en los desiertos de África y de Arabia.

SIN prep. separativa y negativa que denota carencia o falta. ◊ Fuera de o además de. ◊ Cuando se junta con el infinitivo del verbo, vale lo mismo que *no* con su participio o gerundio.

SINAGOGA f. *Rel.* Asamblea de fieles bajo la ant. ley judía. Su liturgia consta de la lectura e interpretación de la Ley, oraciones y recitales de salmos. ◊ Lugar donde ejercen su culto los judíos.

SINAÍ Pen. de Egipto, sit. entre el Mediterráneo y el mar Rojo. Forma parte del camino seguido por el pueblo hebreo desde Egipto a la Tierra Prometida. Ocupada por Israel en 1967, fue devuelta en su mayor parte a Egipto en 1980.

SINALAGMÁTICO, CA adj. Díc. del contrato bilateral.

SINALEFA f. Enlace de sílabas por el cual se forma una sola de la última de un vocablo, que termina en vocal, y de la primera del siguiente, que empieza por vocal precedida o no de *h* muda.

SINALOÁ Est. de México, a orillas del Pacífico; 58 092 km², 2 536 844 hab.

Flores **simpétalas** de genciana

Frank **Sinatra**

Cap., Culiacán. Comprende una llanura costera. Al NE está accidentado por las estribaciones de la sierra Madre Occidental. Maíz, algodón, caña de azúcar, cacahuetes, arroz y hortalizas. Ganadería bovina, porcina y caballar, pralm. en el N. Pesca. Explotación forestal. Hierro, cobre, cinc, plomo y oro. Ind. de transformaciones agropecuarias, químicas y metalúrgicas. Conquistada por Nuño de Guzmán. Escenario de imp. acontecimientos de la revolución mex. ◊ R. de México; 500 km. Nace de la unión de los r. Nohinora y Besonapa, y desemboca en el golfo de California.

SINÁN, *Rogelio* Seud. de *Bernardo Domínguez Alba* (n. 1904) Novelista y poeta pan. *Plenilunio, Onda.*

SINÁNTROPO m. Forma fósil de homínidos cuyos restos se hallaron en China. Vivieron hace unos 300 000 años, conocían el uso del fuego.

SINAPISMO m. Cataplasma de harina de mostaza. ◊ fig. Persona o cosa molesta.

SINAPSIS f. Conexión funcional entre dos neuronas para el transporte del impulso nervioso. ❑ SINÁPTICO, CA.

SINARQUISMO m. Mov. político mex., de ideología fascista, surgido en 1937, en oposición al régimen de Cárdenas.

SINARTROSIS f. Nombre genérico de las articulaciones que no poseen movilidad.

SINATRA, *Francis Albert Sinatra,* llamado *Frank* (1915-1998) Cantante y actor cinematográfico norteam. *De aquí a la eternidad, Un día en Nueva York.*

SINCELEJO C. de Colombia, cap. del dpto. de Sucre; 247 211 hab. Mercado agropecuario.

SINCERAR tr. y prnl. Justificar la inculpabilidad de uno en el dicho o hecho que se le atribuye.

SINCERIDAD f. Veracidad, modo de expresarse libre de fingimiento. ❑ SINCERO, RA.

SINCHI Roca (s. XIII) Emp. inca, hijo de Manco Cápac.

SINCLAIR, *Upton* (1878-1968) Escritor norteam. *El rey Carbón, Un patriota cien por cien, ¡No pasarán!, Petróleo, Boston.*

SINCLINAL adj. y m. *Geol.* Díc. del pliegue en el cual el buzamiento de los flancos es convergente hacia arriba.

SÍNCOPA f. *Gram.* Metaplasmo que consiste en suprimir una o más letras en medio de un vocablo. ◊ *Mús.* Enlace de dos sonidos iguales, de los cuales el primero se halla en el tiempo o parte débil del compás, y el segundo en el fuerte.

SINCOPAR tr. *Gram.* y *Mús.* Hacer síncopa. ◊ fig. Abreviar. ❑ SINCOPADO, DA.

SÍNCOPE m. *Gram.* Síncopa. ◊ *Pat.* Pérdida súbita y momentánea del conocimiento, acompañada de la no percepción de los latidos cardiacos y de la respiración.

SINCRETISMO m. *Rel.* Movimiento religioso surgido de la fusión de religiones anteriores. ❑ SINCRÉTICO, CA.

SINCROCICLOTRÓN m. *Fís.* Acelerador de partículas basado en el ciclotrón, pero más perfeccionado que éste.

SINCRÓNICO, CA adj. Díc. de las cosas que suceden al mismo tiempo. ◊ Díc. del estudio de la estructura y función de una lengua en un periodo determinado.

SINCRONISMO m. o **SINCRONÍA** f. Circunstancia de ocurrir, suceder o verificarse dos o más cosas al mismo tiempo.

SINCRONIZADOR m. *Aut.* Mecanismo que facilita el acoplamiento de los engranajes de ciertos cambios de velocidades.

SINCRONIZAR tr. Hacer que coincidan en el tiempo dos o más movimientos o fenómenos. ❑ SINCRONIZACIÓN.

SINCROTRÓN m. *Fís.* Acelerador de partículas en el que éstas describen trayectorias circulares que se mantienen gracias a la aplicación de un campo eléctrico anular.

SIND (*Sindh*) Región y prov. de Pakistán, junto al mar Arábigo; 147 913 km², 18 966 000 hab. Cap., Karachi.

SINDÉRESIS f. Capacidad natural para juzgar rectamente.

SINDICAL adj. Relativo al síndico. ◊ Relativo al sindicato.

SINDICALISMO m. Sistema de organización de la clase obrera fundamentado en la defensa de sus intereses económicos y sociales. ❑ SINDICALISTA.

❑ *Hist.* En la década de 1860 se da el mayor paso en la definición de los objetivos del s. Quedaron de manifiesto dos modelos: el libertario (bakuninistas), que hacía del s. la forma exclusiva para la acción del mov. obrero; y el autoritario (marxistas), que propugnaba la dirección de aquella acción para los partidos políticos obreristas. Después de la II Guerra Mundial, el papel de los sindicatos se ha modificado; menos internacionalistas y más gremialistas, paulatinamente han asumido nuevas funciones en las políticas de concertación.

SINDICAR tr. Sujetar una cantidad de dinero o cierta clase de valores o mercancías a compromisos especiales para negociarlos o venderlos. ◊ tr. y prnl. Agrupar a varias personas de una misma profesión, o de intereses comunes, para formar un sindicato. ◊ prnl. Entrar a formar parte de un sindicato. ❑ SINDICACIÓN; SINDICADO, DA.

SINDICATO m. Sindicado. ◊ Asociación formada para la defensa de intereses económicos o políticos comunes a todos los asociados. Se aplica especialmente a las asociaciones obreras.

SÍNDICO m. Sujeto que en un concurso de acreedores o en una quiebra es el encargado de liquidar el activo y el pasivo del deudor. ◊ Persona elegida por una corporación para cuidar de sus intereses. ❑ SINDICATURA.

SÍNDROME m. *Med.* Conjunto de signos y síntomas que constituyen un estado patológico y caracterizan el cuadro clínico de una enfermedad.

SINÉCDOQUE f. *Ret.* Tropo que consiste en extender, restringir o alterar la significación de las palabras, para designar el todo por la parte o viceversa.

SINECURA f. Empleo o cargo retribuido que ocasiona poco o ningún trabajo.

SINEQUIA f. *Pat.* Soldadura patológica de órganos, o partes, próximos entre sí.

SINÉRESIS f. Licencia poética que consiste en diptongar vocales pertenecientes a sílabas distintas.

SINERGIA f. *Biol.* Interacción entre dos o más tipos de organismos, de modo que por lo menos uno de ellos se nutre o crece transformando productos del metabolismo de los demás, utilizando como vitamina alguna sustancia de desecho.

SINFÍN m. Infinidad, sinnúmero.

SÍNFISIS f. *Anat.* Conjunto de partes orgánicas que aseguran las relaciones de determinados huesos entre sí. ◊ *Med.* Pegadura de los órganos o tejidos a consecuencia de una inflamación.

SINFONÍA f. *Mús.* Composición instrumental para orquesta, que consta de varios tiempos. ❑ SINFÓNICO, CA; SINFONISTA.

❑ *Mús.* Como música instrumental colectiva aparece en el s. XVII. A las primeras s. de Albinoni, Scarlatti y Vivaldi, siguen las de Sammartini y la escuela vienesa (Haydn, Mozart). Hacia 1880 Beethoven incorpora al estilo sinfónico el uso de los motivos conductores.

SINGADERO m. *Ven.* Burdel.

SINGAPUR (ing. *Singapore*) Est. insular de Asia, sit. en el extremo S de la pen. de Malaca. Terreno llano. Clima

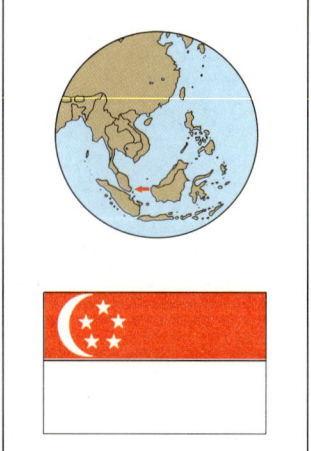

Mapa de situación y bandera
de **Singapur**

<table>
<tr><td colspan="2">SINGAPUR</td></tr>
<tr><td>Superficie</td><td>639 km²</td></tr>
<tr><td>Población</td><td>2 763 000 hab. (4 324 hab./km²)</td></tr>
<tr><td colspan="2">Recursos económicos</td></tr>
<tr><td>Cabaña caprina</td><td>2 000 cabezas</td></tr>
<tr><td>Cabaña porcina</td><td>38 0000 cabezas</td></tr>
<tr><td>Cemento</td><td>1 848 000 t</td></tr>
<tr><td>Energía eléctrica</td><td>7 860 millones de kwh</td></tr>
<tr><td>Estaño</td><td>600 t</td></tr>
<tr><td>Nuez de coco</td><td>6 000 t</td></tr>
<tr><td>Pesca</td><td>19 346 t</td></tr>
<tr><td>Tabaco</td><td>6 880 millones de cigarrillos</td></tr>
<tr><td colspan="2">Indicadores sociológicos</td></tr>
<tr><td>PNB</td><td>39 249 millones de dólares</td></tr>
<tr><td>Renta per cápita</td><td>12 890 dólares</td></tr>
<tr><td>Esperanza de vida</td><td>74 años</td></tr>
<tr><td>Alfabetismo</td><td>86%</td></tr>
</table>

cálido y húmedo con influencias marinas. Cocoteros, heveas y frutos tropicales. Pesca. Fundiciones de estaño. En los últimos años ha tenido lugar un gran crecimiento industrial y tecnológico. Exportaciones de caucho, productos petrolíferos, maquinaria, productos textiles, café. Turismo. República. Etnias: chinos (mayoría), malayos, indonesios, indios, pakistaníes. Lenguas: (of.) chino, malayo, tamil e ing. *Rel.*: taoísmo (29 %), budismo (27 %), islamismo (16 %), catolicismo, hinduismo. U. M.: dólar de S. Cap., Singapur.

❑ *Hist.* En 1511 arribó la expedición del port. Alburquerque. Los neerlandeses se establecieron en el s. XVII. En 1828 fue incorporado al imperio brit. Durante la II Guerra Mundial fue invadido por los japoneses. El arch. se convirtió en el Est. de S., miembro de la Commonwealth, en 1959. Entre 1963 y 1965 estuvo unido a la Federación de Malasia.

SINGAPUR C. de Asia, cáp. del Est. hom., en la isla del mismo nombre; 1 327 500 hab. Centro comercial. Ind. del caucho, textil, de alimentación. Refinerías de petróleo. Astilleros.

SINGAR intr. *Mar.* Remar con un remo armado en la popa de una embarcación para producir un movimiento de avance.

SINGLADURA f. *Mar.* Distancia recorrida por una nave en 24 horas. ◊ *Mar.* En las navegaciones, intervalo de 24 horas, que empiezan a contarse desde el mediodía.

SINGLAR intr. *Mar.* Navegar con un rumbo determinado.

SINGLE (voz ing.) adj. y m. Díc. del disco microsurco de 17 cm, normalmente con una sola canción por cada cara.

SINGULAR adj. Solo, sin otro de su especie. ◊ fig. Extraordinario, raro o excelente. ◊ adj. y s. *Gram.* Categoría gramatical y morfema con el que expresamos la individualización de un objeto. Se opone a plural. ❑ SINGULARIDAD.

SINGULARIZAR tr. Distinguir o particularizar una cosa entre otras. ◊ Dar núm. sing. a palabras que ordinariamente no lo tienen. ◊ prnl. Distinguirse, apartarse del común.

SINIESTRO, TRA adj. Díc. de la parte o sitio que está a la mano izquierda. ◊ fig. Avieso y malintencionado. ◊ m. Propensión o inclinación a lo malo. Se usa más en pl. ◊ Avería grave, o pér-

dida importante, que sufren las personas o la propiedad. ◊ f. La mano izquierda.
SINING (*Xining*) C. de China, cap. de la prov. de Tsinghai; 364 000 hab. Centro comercial de productos agrícolas y sal.
SINKIANG UIGUR (*Xinjiang Weiwer*) Región autónoma del NO de China; 1 600 000 km², 15 155 778 hab. Cap., Urumchi. Montes Kuenluen, Altin Tagh y Altái, y cordillera del Tian Shan. Trigo, maíz, mijo, sorgo, arroz, algodón. Ovinos, bovinos, camellos. Carbón, oro, volframio, cinc, plata, petróleo. Ind. textil, siderúrgica, química.

Sinkian Uigur. Mercado de ganado en Kashgar

SINN Fein (gaélico, «nosotros solos») Nombre del partido nacionalista y republicano irl. fundado en 1902 por A. Griffith. En 1969 se reconstruyó como organización política del IRA.
SINNÚMERO m. Número incalculable de personas o cosas.
SINO m. Hado, circunstancia favorable o adversa. ◊ conj. adversativa con que se contrapone a un concepto negativo otro afirmativo.
SÍNODO m. Concilio de los obispos. ◊ Junta de eclesiásticos que nombra el ordinario para examinar a los ordenandos y confesores. ◊ Junta de ministros protestantes encargados de decidir sobre asuntos eclesiásticos. ◊ *Astr.* Conjunción de dos planetas en el mismo grado de la eclíptica o en el mismo círculo de posición. ❏ SINODAL.
SINOLOGÍA f. Estudio de la lengua, la literatura y las instituciones de China. ❏ SINÓLOGO.
SINONIMIA f. Circunstancia de ser sinónimos dos o más vocablos.
SINÓNIMO, MA adj. y m. Díc. de los vocablos y exp. que tienen una misma o muy parecida significación.
SINOPSIS f. Disposición gráfica que muestra cosas relacionadas entre sí, facilitando su visión conjunta. ◊ Exposición general de un asunto, en sus líneas esenciales. ◊ Sumario o resumen. ❏ SINÓPTICO, CA.
SINOVIA f. *Anat.* Humor viscoso que lubrica las articulaciones óseas. ❏ SINOVIAL.
SINOVITIS f. *Pat.* Inflamación de la membrana serosa de las grandes articulaciones que segrega la sinovia.
SINRAZÓN f. Acción hecha contra justicia y fuera de lo razonable o debido.
SINSABOR m. Desabor. ◊ fig. Pesar, desazón.

SINSONTE m. Pájaro amer. de canto muy variado y melodioso.
SINTAGMA m. *Gram.* Grupo de palabras que poseen unidad de función. Según su función son nominales, adverbiales, preposicionales y verbales.
SINTAXIS f. *Gram.* Término con el que se nombra la parte de la gramática que estudia las oraciones y sus clases y, a veces, las significaciones o funciones de las formas que trata la morfología. ❏
SINTÁCTICO, CA.
SINTERIZAR tr. *Metal.* Soldar o conglomerar metales pulverulentos sin alcanzar la temperatura de fusión. ❏ SINTERIZACIÓN.
SÍNTESIS f. Composición de un todo por la reunión de sus partes. ◊ *Quím.* Formación de una sustancia compuesta mediante la combinación de otras más sencillas.
SINTÉTICO, CA adj. Que procede por composición pasando de las partes al todo. ◊ Díc. de productos obtenidos por procedimientos industriales, que reproducen la composición y propiedades de algunos cuerpos naturales.
SINTETIZADOR m. *Mús.* Aparato que, mediante un cuadro de mandos y usando circuitos integrados, duplica los sonidos de los instrumentos.
SINTETIZAR tr. Hacer síntesis.
SINTOÍSMO ➪ Shintoísmo.
SÍNTOMA m. Señal, indicio de una cosa que está sucediendo o que va a suceder. ◊ *Med.* Fenómeno que aparece como consecuencia de una alteración funcional u orgánica en cualquier parte del organismo. ❏ SINTOMÁTICO, CA.
SINTOMATOLOGÍA f. *Pat.* Estudio de los síntomas de las enfermedades.
SINTONÍA f. Fragmento musical con el que empiezan algunas emisiones de radio y televisión, y que le sirven de distintivo. ◊ fig. Afinidad entre personas.
SINTONIZAR tr. En la telegrafía sin hilos, hacer que el aparato receptor vibre al unísono con el de transmisión. ◊ Regular el circuito de un radiorreceptor para que su frecuencia coincida con la de la emisora que se desea captar. ❏ SINTONIZACIÓN; SINTONIZADOR, RA.
SINÚ Cultura precolombina de Colombia, localizada en la cuenca del r. hom., en el dpto. de Bolívar.
SINUOSIDAD f. Calidad de sinuoso. ◊ Concavidad o hueco.
SINUOSO, SA adj. Que tiene senos, ondulaciones o recodos. ◊ fig. Díc. del carácter de las acciones que tienden a ocultar el propósito o fin al que se dirigen.
SINUSITIS f. *Pat.* Inflamación purulenta de uno o más senos paranasales, con la consiguiente obstrucción, que impide el drenaje de las secreciones.
SINUSOIDE f. *Geom.* Curva plana de ecuación $y = sen\ x$; es la representación gráfica de la función trigonométrica seno.
SINVERGÜENCERÍA f. fam. Desfachatez, falta de vergüenza. ❏ SINVERGÜENZA.
SIÓN Nombre de una colina, junto a Jerusalén, que se hizo extensivo a esta ciudad.
SIONISMO m. Aspiración del pueblo judío a recobrar Palestina como patria. ◊ Organización internacional de judíos para lograr este fin. ❏ SIONISTA.
❏ *Hist.* L. Pinsker y T. Herlz fueron sus

teóricos. En 1896 se celebró el primer congreso mundial del s., y en 1948 se creó el Est. de Israel.
SIOUX m. Díc. del pueblo amerindio que vivía en los llanos del O del Misisipi, hasta las estribaciones orientales de las montañas Rocosas. Quedan unos 50 000 s. internados en reservas. Divididos en numerosas tribus.
SIQUEIROS ➪ Alfaro Siqueiros, David.
SIQUIATRÍA f. Psiquiatría.
SÍQUICO, CA adj. Psíquico.
SIQUIERA o **SIQUIER** conj. advers. que equivale a *bien que* o *aunque*. ◊ Se usa como conj. distributiva, equivaliendo a *o, ya* u otra semejante. ◊ adv. de cantidad y modo que equivale a *por lo menos* y a *tan sólo*.
SIR m. Entre los ing., título honorífico para designar a los caballeros y la pequeña nobleza.
SIRACUSA C. de Italia, cap. de la prov. hom., en Sicilia; 120 900 hab. Pesca. Centro comercial.
SIR-DARIÁ Río de Kazakistán; 2 900 km. Nace en la Alta Asia, y desemboca en el mar de Aral formando un delta.
SIRENA f. *Mit. gr.* Cualquiera de las ninfas marinas, con busto de mujer y cuerpo de ave, que extraviaban a los navegantes atrayéndolos con la dulzura de su canto. ◊ Pito que se emplea en los buques, automóviles, etc., para avisar.
SIRET Río de Rumania; 726 km. Nace en Bucovina y afluye al Danubio.
SIRGA f. *Mar.* Maroma.

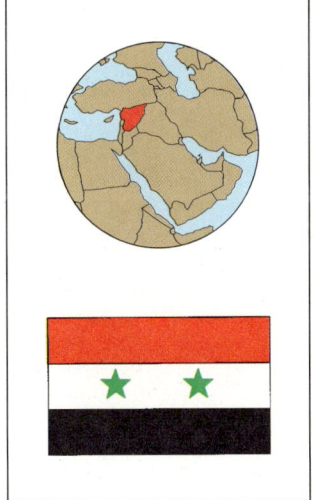

Mapa de situación y bandera de **Siria**

SIRIA (*Al-Jumhuriya al-Arabiya as-Suriya*) Estado del Próximo Oriente. Al O aparece una franja litoral cerrada por el jebel Ansariye; entre éste y el jebel Zawiye se abre la fosa tectónica de El Ghab. Al SO aparecen las cadenas del Antilíbano y del Hermón (2 814 m), y una zona volcánica (Drouz, 1 735 m). Los sectores central y oriental están ocupados por una meseta. Ríos Orontes y Éufrates. Clima templado cálido en el litoral, y árido hacia el interior. Cereales, vid, olivo, agrios, hortalizas, algodón, tabaco, remolacha azucarera.

SISTEMA SOLAR

El sistema solar está constituido por: el Sol; los planetas, que se mueven en órbitas elípticas perturbadas a su alrededor; los satélites, que se mueven en torno a los planetas; los asteroides, que gravitan en órbitas comprendidas entre la de Marte y la de Júpiter; y los cometas, que se mueven en órbitas muy excéntricas

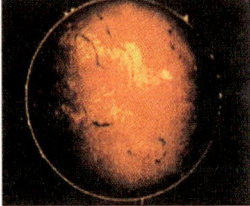

Sol

Mercurio

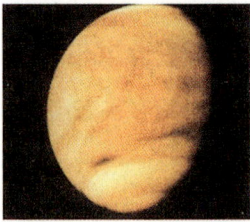

Venus

Tierra

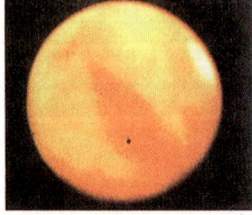

Marte

Ganadería ovina. Petróleo, cromo, manganeso, hierro, cobre, plomo y cinc. Ind. textil (hilados y tejidos de algodón y lana), de transformación agropecuaria (aceite, harineras, azúcar, curtidos); metalúrgica, petroquímica y mecánica. República. Lengua: ár. *Rel.*: islamismo (75%) y minorías cristiana, alauita, drusa. U. M.: la libra esterlina siria. Cap., Damasco. C. prales.: Alepo, Homs, Hamah.
□ *Hist.* El país fue invadido por egipcios, hititas, heb., asirios, persas y por Alejandro Magno. El reino seléucida se fundó en 312 a. C. En el 64 a. C. pasó a ser prov. romana. Los califas Omeyas situaron su cap. en Damasco. Tras la fundación del sultanato ayubí por Saladino (1174), S. pasó a dominio de los mamelucos de Egipto. La ocupación otomana duró de 1516 hasta finales del s. XVIII. Tras la desaparición del imperio otomano, Faysal I se proclamó rey (1920), pero tuvo que retirarse ante la oposición de Francia que obtuvo la administración de S. Conseguida la indep., las fuerzas francobritánicas no se retiraron hasta 1946. S. tomó parte en el conflicto árabe-israelí (1948-1949). El apoyo del Baas (partido panárabe y socialista) a la creación de la República Árabe Unida (1954) provocó una fuerte oposición en Siria, y una revuelta puso fin a la unión egipcio-siria (1961). Los incidentes fronterizos entre S. e Israel fueron una de las causas de la llamada guerra de los Seis Días (1967), en la cual Israel se anexionó los Altos del Golán. En 1970 Hafez al-Assad ocupó el poder mediante un golpe de est. En 1976 tropas sirias intervinieron en la guerra civil de Líbano. En 2000 murió Hafez al-Assad y le sucedió su hijo Bachar al-Assad.

SIRIA	
Superficie	185 180 km²
Población	12 524 000 hab. (67 hab./km²)
Recursos económicos	
Algodón	344 000 t
Cabaña bovina	786 000 cabezas
Cabaña caprina	1 018 000 cabezas
Cabaña ovina	15 321 000 cabezas
Cebada	950 000 t
Cemento	3 500 000 t
Energía eléctrica	10 600 millones
Fosfatos	1 633 000 t
Gas natural	282 000 000 m³
Pesca	5 775 t
Petróleo	22 941 000 t
Sal gema	127 000 t
Tejidos de algodón	27 000 t
Trigo	2 135 000 t
Indicadores sociológicos	
PNB	14 234 millones de dólares
Renta per cápita	1 110 dólares
Esperanza de vida	67 años
Alfabetismo	64 %

SIRINGA f. Especie de zampoña, compuesta de varios tubos de caña que forman escala musical y van sujetos unos al lado de otros.
SIRINGE f. *Zool.* Aparato de fonación que tienen las aves en el lugar en que la tráquea se bifurca para formar los bronquios.
SIRIO, RIA adj. y s. De Siria.
SIRIO *Astr.* La estrella más brillante del cielo, sistema binario que pertenece a la constelación del Can Mayor.
SIRIONO adj. y s. Díc. del individuo de un pueblo amerindio del E de Bolivia, perteneciente a la familia lingüística tupí-guaraní. ◊ adj. Concerniente a dicho pueblo. ◊ m. pl. Este mismo pueblo.
SIROCO m. Viento del SE, cálido y seco, que sopla desde el desierto hacia la costa en toda la cuenca mediterránea de África.
SIRTE Nombre de dos golfos del Mediterráneo, en la costa N de África, *el Gran S.*, en Libia, y *Pequeño S.*, en Tunicia.
SIRVIENTA f. Mujer dedicada al servicio doméstico.
SIRVIENTE m. Servidor o criado. ◊ Persona adscrita a un arma de fuego, máquina, etc.
SISA f. Parte que se defrauda o se hurta, especialmente en la compra diaria de comestibles y otras cosas. ◊ Sesgadura hecha en la tela de las prendas de vestir para que ajusten bien al cuerpo. ❑ SISAR.
SISAL m. Fibra textil obtenida de una especie de ágave que se cultiva en América.
SISEAR intr. y tr. Emitir repetidamente el sonido inarticulado de *s* y *ch*, por lo común para manifestar desaprobación. ❑ SISEO.
SÍSIFO *Mit. gr.* Fundador y rey de Corinto, e hijo de Eolo. Zeus le condenó a transportar eternamente una pesada piedra a lo alto de una colina.
SISLEY, Alfred (1839-1899) Pintor brit., activo en Francia. Impresionista. *Camino de Sèvres, Le courant du Loing*.
SISMO m. Seísmo. ❑ SÍSMICO, CA.
SISMÓGRAFO m. Instrumento que detecta y registra las ondas sísmicas originadas en un terremoto.
SISMOLOGÍA f. *Geol.* Rama de la geofísica que tiene por objeto el estudio de los terremotos o seísmos. ❑ SISMOLÓGICO, CA.
SISMONDI, Jean Simon de (1773-1842) Historiador, crítico y economista suizo. *Historia de las repúblicas italianas, Historia de los franceses, Estudio sobre las ciencias sociales.*
SISÓN m. *Zool.* Ave semejante a la avutarda. Vive en la Europa mediterránea.
SISTEMA m. Conjunto de reglas o principios sobre una materia relacionados entre sí. ◊ Conjunto de cosas que, ordenadamente relacionadas entre sí, contribuyen a un fin determinado. ◊ *Comp.* Conjunto de elementos interdependientes; conjunto de axiomas y reglas que determinan un perfecto desarrollo de sus funciones. ◊ *Fisiol.* Conjunto de órganos que intervienen en alguna de las prales. funciones vegetativas. ◊ **cristalográfico.** *Crist.* Cada una de las siete posibles agrupaciones de las clases de simetría. Se distinguen los siguientes: regular o cúbico, tetragonal, hexagonal, trigonal o romboédrico, rómbico, monoclínico y triclínico. ◊ **de programación.** *Comp.* Conjunto formado por un lenguaje de programación y los programas que permiten traducirlo a lenguaje máquina. ◊ **de unidades.** *Fís.* Conjunto de unidades de medida de magnitudes físicas, la mayor parte de las cuales derivan de

tres que se toman como fundamentales. ◊ **económico.** *Econ.* Organización social apta para el desempeño de la actividad económica. ◊ **experto.** *Comp.* S. capaz de resolver problemas por deducción y demostrar el método empleado en la resolución. ◊ **métrico decimal.** *Fís.* Conjunto de medidas basadas en el uso del metro, y en el cual las unidades de una misma naturaleza son 10, 100, 1 000, etc. veces mayores o menores que la unidad principal. ◊ **nervioso.** *Anat.* Conjunto de órganos destinados a regular la vida de relación y la vegetativa. ◊ **operativo.** *Comp.* Programa o conjunto de programas que sirven para controlar todas las operaciones que puede efectuar una computadora, como por ejemplo asignación de memoria para los procesos en ejecución, etc. ◊ **operativo en tiempo real.** *Comp.* S. operativo de una computadora que hace que cualquier consulta o demanda de datos por parte de uno o varios usuarios sea contestada de forma inmediata. ◊ **periódico de los elementos.** *Quím.* ⇨ Tabla periódica. ◊ **social.** *Soc.* Conjunto de interacciones constituidas por individuos que se orientan entre sí para sus actividades sociales. ◊ **solar** o **planetario.** *Astr.* S. formado por el Sol, los planetas, asteroides, cometas y meteoritos.
□ *Astr.* El conjunto de los s. solar se considera como una esfera de radio 100 000 u. a., con centro en el Sol, que se mueve en una órbita casi circular alrededor del centro de la galaxia con un periodo estimado en 220 millones de años.

SISTEMA Económico Latino Americano (*SELA*) Organismo constituido en 1975 por 25 Est. de América Meridional y Central. Se propone reforzar la cooperación regional, coordinar los organismos ya existentes. Sede en Caracas.
SISTEMÁTICO, CA adj. Que sigue o se ajusta a un sistema. ◊ Que procede por principios. ◊ f. *Biol.* Ciencia que trata de la clasificación de los seres vivos.
SISTEMATIZAR tr. Reducir a sistema. ❑ SISTEMATIZACIÓN.
SÍSTOLE f. Licencia poética que consiste en variar la posición del acento de una palabra. ◊ *Anat.* Periodo de contracción cardiaca, especialmente de los ventrículos.
SITIAL m. Asiento de ceremonia.
SITIAR tr. Cercar una plaza o fortaleza. ◊ fig. Poner a alguien en una situación tal que forzosamente tenga que acceder a lo que se le pide o exige.
SITIO m. Acción y efecto de sitiar. ◊ Lugar, espacio. ◊ Paraje o terreno a propósito para alguna cosa. ◊ *Argent.* y *Chile.* Solar. ◊ *Cuba.* Finca rústica y pequeña.
SITO, TA adj. Situado o fundado.
SITTING Bull (*Toro Sentado*) (1831-1890) Jefe dakota norteam. Se sometió al gobierno de EE UU en 1888.
SITUACIÓN f. Disposición de una cosa respecto del lugar que ocupa. ◊ Estado o constitución de las cosas y personas. ◊ Conjunto de las circunstancias presentes en un momento.
SITUAR tr. y prnl. Poner a una persona o cosa en determinado sitio o situación. ◊ tr. Asignar o determinar fondos para algún pago o inversión.
SÍU m. *Chile.* Ave semejante al jilguero.
SIUX adj. y s. ⇨ Sioux.

SIVA En el brahmanismo y el hinduismo, tercer miembro de la trimurti, a la vez creador y destructor. Sus sectarios creen que es el tiempo, el Sol y la justicia, y que habita en el monte Kailas.
SIVAS C. de Turquía, cap. de la prov. hom.; 197 300 hab. Minas de cobre.
SIVORI, Eduardo (1847-1918) Pintor arg., emotivo intérprete del paisaje y el hombre de la Pampa.
SIXTINA, capilla Capilla del palacio Vaticano construida en 1473 por Giovanni de Dolci. En la decoración de los frescos de las paredes participaron notables artistas (Botticelli, Ghirlandaio, etc.) Miguel Ángel decoró la bóveda (1508-1512) y el muro del fondo (1536), en el que compuso el Juicio Final.
SIXTO IV (*Francesco della Rovere,* 1414-1484) Papa rom. [1471-1484]. Inició la construcción de la capilla Sixtina. ◊ **V** (*Felice Peretti,* 1520-1590) Papa rom. [1585-1590]. Combatió la simonía.
SJAELLAND Isla del arch. danés, sit. entre Suecia y la pen. de Jutlandia; 7 444 km², 2 142 100 hab. C. pral.: Copenhague, cap. de Dinamarca.
SJÖSTRÖM, Victor (1879-1960) Actor y director de cine sueco. *Terje Vigen, Los proscritos, Juicio de Dios, El viento.*
SKAGERRAK Estr. en el mar del Norte, sit. entre la costa N de la pen. de Jutlandia y la costa S de Noruega; 50-145 km de ancho y 250 km de largo.
SKATE-BOARD (voz ing.) m. Tabla provista de cuatro ruedas para deslizarse sobre superficies lisas y duras, como deporte o diversión y también para hacer acrobacias.
SKETCH (voz ing.) m. Breve escena, gralte. cómica, que se intercala en un programa de teatro, cine, radio o televisión, sin relación con el resto del espectáculo y estructura autónoma.
SKINNER, Burrhus Frederick (1904-1990) Psicólogo norteam., iniciador de la enseñanza programada. *Ciencia y conducta humana, El análisis de la conducta.*
SKODA, Emil (1839-1900) Industrial checo, fundador de una de las más imp. fábricas europeas de armas y maquinaria pesada.
SKOPIE o **SKOPLIE** C. sit. en la pen. de los Balcanes, cap. de la República de Macedonia; 405 900 hab. Ind. metalúrgica y textil.
SKYLAB *Astr.* Satélite artificial de órbita terrestre, lanzado en 1973; primera estación orbital norteam.
SLALOM m. Prueba de habilidad y velocidad en el deporte del esquí.
SLIP (voz ing.) m. Calzoncillos cortos. ◊ Bañador o pantalón deportivo.
SLIVEN C. de Bulgaria, cap del distr. hom.: 100 600 hab. Centro industrial.
SLOGAN (voz ing.) m. Frase o fórmula breve que atrae la atención del público para propagar una idea o un producto.
SLUPSK C. de Polonia, cap. del voivodato hom., junto al lago Gardno; 91 800 hab. Centro industrial.
SLUTER, Claus (h. 1350-1406) Escultor hol., máx. representante del realismo borgoñón. Esculturas del portal de la capilla de la cartuja de Champmol.
Sm *Quím.* Símb. del samario.
SMETANA, Bedrich (1824-1884) Compositor y pianista checo. *Mi patria* (poemas sinfónicos); *Los brandemburgueses en Bohemia, La novia vendida* (óperas).

SISTEMA SOLAR

Júpiter

Saturno

Urano

Neptuno

Plutón

SMITH, *Adam* (1723-1790) Economista y filósofo brit. Con D. Ricardo es el fundador de la economía política. Heredero ideológico de J. Bentham, S. considera el capitalismo como el estadio natural de las relaciones sociales. De hecho, fundó el liberalismo económico. *Investigaciones sobre la naturaleza y causa de la riqueza de las naciones.* ◊ **Ian Douglas** (n. 1919) Político zimbabwés, de origen brit. Proclamó la indep. (1964) y la rep. (1970). En 1980 tuvo que ceder el poder a la mayoría negra. ◊ **Joseph** (1805-1844) Líder religioso norteam. Fundador del mormonismo. Murió linchado.

SMOG (voz ing.) m. Mezcla de humo y niebla que se acumula sobre zonas urbanas e industriales.

SMOKING (voz ing.) m. Esmoquin, chaqueta.

SMOLENSK C. y puerto fluvial de Rusia, junto al Dniéper; 331 000 hab. Ind. textil. Centrales nucleares.

SMUTS, *Jan Christiaan* (1870-1950) Mariscal y político sudafricano. Primer ministro de África del Sur (1919-1924, 1939-1948).

Sn *Quím.* Símb. del estaño.

SNACK-BAR (voz ing.) m. Cafetería y restaurante en el que se sirven comidas rápidas.

SNAKE Río de EE UU, afl. del Columbia; 1 450 km.

SNELL *George Davis* (1903-1996) Biólogo norteam. Demostró el fundamento genético del rechazo de trasplantes. Premio Nobel de Medicina en 1980.

SNIPE (voz ing.) m. Embarcación de regatas a vela para dos tripulantes.

SNOB com. Esnob.

SNORRI Sturlusson (1179-1241) Poeta islandés. *Saga de los reyes de Noruega.*

SNYDERS, *Frans* (1597-1657) Pintor flam. Sus temas preferidos fueron la caza (*Concierto de aves*) y los bodegones.

SO m. fam. Se usa solamente seguido de adj. despect. con los cuales se increpa a alguna persona y sirve para reforzar la significación de aquéllos. ◊ prep. Bajo, debajo de. ◊ interj. Se emplea para hacer que se detengan las caballerías.

SOARES, *Mario* (n. 1925) Político socialista port. Su partido venció en las elecciones de 1975. Primer ministro (1976-1978 y 1983-1985). Elegido presid. en 1986, mantuvo su cargo hasta 1996.

Mario **Soares**

SOBACO m. Concavidad que forma el arranque del brazo con el cuerpo.

SOBADO, DA adj. y s. Aplícase al bollo o torta a cuya masa se le agregado aceite o manteca. ◊ adj. fig. Manido, muy usado.

SOBAJAR tr. Manosear una cosa ajándola. ◊ *Amér.* Humillar, abatir, rebajar.

SOBAQUERA f. Abertura que se deja en algunos vestidos, en la parte del sobaco. ◊ Pieza con que se refuerza el vestido por la parte del sobaco. ◊ *Amér. Centr.* y *Méx.* Sobaquina.

SOBAQUINA f. Sudor de los sobacos.

SOBAR tr. Manosear una cosa. ◊ fig. Castigar, dando algunos golpes. ◊ fig. Manosear a una persona. ❏ SOBA.

SOBERANÍA f. Calidad de soberano. ◊ Autoridad soberana, suprema. ◊ Excelencia no superada en cualquier orden inmaterial. ◊ Supremacía atribuida a un poder, grupo u orden jurídico.

SOBERANO, NA adj. Que ejerce la autoridad suprema e independiente. Aplicado a personas, se usa también como sustantivo. ◊ Elevado, excelente y no superado. ◊ m. y f. Rey, reina o príncipe gobernante.

SOBERBIO, BIA adj. Que tiene soberbia o se deja llevar de ella. ◊ Altivo, arrogante. ◊ fig. Alto, magnífico, especialmente en las cosas inanimadas. ◊ fig. Fogoso, orgulloso y violento. ◊ f. Orgullo desmedido. ◊ Estimación excesiva de sí mismo con menosprecio de los demás. ◊ Exceso en la magnificencia o pompa. ◊ Cólera e ira expresadas con rabia.

SOBÓN, NA adj. y s. fam. Muy aficionado a sobar. ◊ Díc. de la persona que por su excesiva familiaridad, caricias o halagos se hace fastidiosa. ◊ Díc. de la persona que procura eludir el trabajo.

SOBORNAR tr. Corromper a uno con dádivas para conseguir de él una cosa.

SOBORNO m. Acción y efecto de sobornar. ◊ Dádiva con que se soborna. ◊ fig. Cualquier cosa que mueve el ánimo o complacer a otro. ◊ *Amér.* Sobrecarga, peso añadido.

SOBRA f. Exceso en cualquier cosa. ◊ pl. Lo que queda de la comida al levantar la mesa. ◊ P. ext., lo que sobra o queda de otras cosas. ◊ Desperdicios o desechos.

SOBRADO, DA adj. Demasiado, que sobra. ◊ Atrevido, audaz y licencioso. ◊ Rico y abundante de bienes. ◊ m. Desván.

SOBRAR intr. Haber de una cosa más de lo que se necesita. ◊ Quedar, restar. ❏ SOBRANTE.

SOBRASADA f. Embutido grueso de carne de cerdo sazonada con sal y pimiento molido, que se hace en la isla esp. de Mallorca.

SOBRE prep. Encima de. ◊ Acerca de. ◊ Además de. ◊ Cerca de otra cosa, con más alt. que ella y dominándola. ◊ Con dominio y superioridad. ◊ En prenda de una cosa. ◊ A o hacia. ◊ m. Cubierta, por lo común de papel, en que se incluye la carta, comunicación, tarjeta, etc., que ha de enviarse de una parte a otra. ◊ Lo que se escribe en dicha cubierta.

SOBREABUNDAR intr. Abundar mucho. ❏ SOBREABUNDANCIA.

SOBREALIMENTAR tr. y prnl. Dar a uno más alimento del que necesita para su manutención. ❏ SOBREALIMENTACIÓN.

SOBREARAR tr. Repetir en una tierra la labor del arado.

SOBREBOTA f. *Amér. Centr.* Polaina de cuero curtido.

SOBRECAMA f. Colcha.

SOBRECARGA f. Lo que se añade a una carga regular. ◊ Soga o lazo que se echa encima de la carga para asegurarla. ◊ *Arq.* Fuerza exterior que, aplicada a una construcción, la somete a un esfuerzo superior al normal.

SOBRECARGAR tr. Cargar con exceso.

SOBRECARGO m. *Mar.* El que en los buques mercantes lleva a su cuidado el cargamento. ◊ Tripulante de avión que tiene a su cargo supervisar funciones auxiliares.

SOBRECEJO m. Ceño del rostro.

SOBRECOGER tr. Coger de repente y desprevenido. ◊ prnl. Sorprenderse, intimidarse. ❏ SOBRECOGEDOR, RA; SOBRECOGIMIENTO.

SOBRECUBIERTA f. Segunda cubierta.

SOBREDICHO adj. Dicho arriba o antes.

SOBREEXCITAR tr. y prnl. Aumentar o exagerar las propiedades vitales de todo el organismo o de una de sus partes. ❏ SOBREEXCITACIÓN.

SOBREFUNDA f. *Amér. Centr.* Funda bordada que se pone durante el día a la almohada.

SOBREFUSIÓN f. *Fís.* Permanencia de un cuerpo en estado líquido a temperatura inferior a la de su fusión.

SOBREHILAR tr. Dar puntadas sobre el borde de una tela cortada, para que no se deshilache. ❏ SOBREHILADO; SOBREHILO.

SOBREHUMANO, NA adj. Que excede a lo humano.

SOBREIMPRESIÓN f. *Cin.* y *Fot.* Impresión, en un mismo soporte, de dos o más imágenes distintas.

SOBRELLEVAR tr. Llevar uno una carga para aliviar a otro. ◊ fig. Ayudar a sufrir los trabajos o molestias de la vida. ◊ fig. Resignarse a ellos o aguantarlos el mismo paciente. ◊ fig. Disimular y suplir los defectos de otro.

SOBREMANERA adv. modo. En extremo, muchísimo, sobre manera.

SOBREMESA f. Tapete que se pone sobre la mesa. ◊ Tiempo que se permanece en la mesa después de haber comido.

SOBRENADAR intr. Mantenerse encima de un líquido sin hundirse.

SOBRENATURAL adj. Que excede a las leyes de la naturaleza. ◊ Extraordinario. ◊ Que sólo se conoce por la fe.

SOBRENOMBRE m. Nombre que se añade a veces al apellido para distinguir a dos personas que tienen el mismo. ◊ Calificativo con que se distingue a una persona.

SOBRENTENDER tr. y prnl. Entender una cosa que no está expresa, pero que no puede menos de suponerse según lo que antecede o la materia que se trata.

SOBREPASAR tr. Rebasar un límite, exceder de él. ◊ Superar, aventajar.

SOBREPELLIZ f. Vestidura blanca de lienzo fino que llevan sobre la sotana los eclesiásticos y los legos que sirven en las funciones de iglesia.

SOBREPONER tr. Añadir una cosa o ponerla encima de otra. ◊ prnl. fig.

Dominar los impulsos del ánimo o hacerse superior a las adversidades. ◊ fig. Obtener superioridad una persona respecto de otra.

SOBREPRECIO m. Recargo en el precio.

SOBREPRODUCCIÓN f. Exceso de producción. ◊ *Econ.* Producción de bienes superior a la demanda de los mismos.

SOBREPUJAR tr. Exceder una cosa o persona a otra en cualquier línea. ❑ SOBREPUJAMIENTO.

SOBRERO, RA adj. Sobrante. ◊ adj. y s. *Taur.* Aplícase al toro de reserva en una corrida.

SOBRESALIENTE m. En los exámenes, calificación máx., superior a la de notable.

SOBRESALIR intr. Exceder una persona o cosa a otras en figura, tamaño, etc. ◊ Aventajarse unos a otros; distinguirse entre ellos.

SOBRESALTAR tr. Saltar, venir y acometer de repente. ◊ tr. y prnl. Asustar, alarmar a uno repentinamente. ❑ SOBRESALTO.

SOBRESATURACIÓN f. *Fís.* Estado inestable propio de una disolución que contiene más soluto del correspondiente a la disolución saturada.

SOBRESDRÚJULO, LA adj. y s. Aplícase a las voces que llevan un acento en la sílaba anterior a la antepenúltima.

SOBRESEER intr. Desistir de la pretensión o empeño que se tenía. ◊ intr. y tr. *Der.* Cesar en una instrucción sumarial; y p. est., dejar sin curso ulterior un procedimiento. ❑ SOBRESEIMIENTO.

SOBRESTANTE m. Capataz de una obra.

SOBRESTIMAR tr. Estimar algo por encima de su valor.

SOBRESUELDO m. Retribución que se añade al sueldo fijo.

SOBRETODO m. Prenda de vestir que, a modo de gabán ligero, se lleva sobre el traje.

SOBREVENIR intr. Suceder una cosa además o después de otra. ◊ Venir de improviso.

SOBREVIVIR intr. Vivir uno más que otro. ◊ fig. Seguir vivo después de un determinado suceso o época.

SOBREVOLAR tr. Volar sobre un lugar, ciudad, territorio, etc.

SOBRINO, NA m. y f. Respecto de una persona, hijo o hija de su hermano o hermana, o de su primo o prima. Los primeros se llaman carnales, y los otros, segundos, terceros, etc.

SOBRIO, BRIA adj. Moderado, especialmente en comer y beber. ◊ Sin excesivos adornos. ❑ SOBRIEDAD.

SOCA f. *Amér.* Último retoño de la caña de azúcar. ◊ *Bol.* Brote de la cosecha del arroz. ◊ *Ven.* Renuevo que echa el tabaco después de florecer.

SOCAIRE m. *Mar.* Abrigo que ofrece una cosa en su lado opuesto a aquél de donde sopla el viento.

SOCAR tr. *Amér. Centr.* Apretar. ◊ prnl. fig. *Amér. Centr.* Emborracharse.

SOCARRONERÍA f. Habilidad para hacer burla con palabras aparentemente serias o ingenuas. ❑ SOCARRÓN, NA.

SOCAVAR tr. Excavar por debajo de alguna cosa, dejándola en falso y con riesgo de hundirse. ❑ SOCAVACIÓN.

SOCAVÓN m. Cueva que se excava en la ladera de un cerro o monte. ◊ Hun-

dimiento del suelo por una oquedad subterránea.

SOCHANTRE m. Director del coro en los oficios divinos.

SOCHI C. de Rusia, a orillas del mar Negro; 310 000 hab. Estación balnearia. Ind. alimentarias.

SOCIABLE adj. Naturalmente inclinado al trato con otras personas. ❑ SOCIABILIDAD.

SOCIAL adj. Relativo a la sociedad o a las clases sociales. ◊ Relativo a una compañía o sociedad, o a los socios o compañeros, aliados o confederados.

SOCIALDEMOCRACIA f. *Pol.* Ideología política que propugna el tránsito del capitalismo al socialismo a través de un proceso de reformas graduales, mediante la vía parlamentaria y la gestión del propio capitalismo. Después de la II Guerra Mundial, la s. reasumió la gestión del capitalismo en los países escandinavos, en Alemania (finales de la década de los 60) y, periódicamente, en Francia y Gran Bretaña. ❑ SOCIALDEMÓCRATA.

SOCIALISMO m. *Pol.* Sistema de organización social basado en el principio de la igualdad. ❑ SOCIALISTA.
❑ *Hist.* La disconformidad con las condiciones miserables de la clase trabajadora generó el s. utópico (Saint-Simon, Owen, Fourier). En torno a las revoluciones de 1848 surgió un gran movimiento igualitarista que contó con Blanc, Tristán, Cabet, Blanqui, Proudhon y, especialmente, Marx. En torno a la I Internacional se polarizaron dos grandes versiones: el s. libertario (Bakunin, Fanelli, Malatesta, Kropotkin) y la teoría de Marx, para quien el s. era una etapa intermedia para llegar a la desaparición de las clases y del Estado. En el s. XX surgieron, dentro del marxismo, diversas corrientes: el s. reformista (Kautsky), el leninismo (Lenin, Trotsky), y el consejismo (R. Luxemburg, A. Pannekoek).

SOCIALIZAR tr. Transferir al Est., u otro organismo colectivo, las propiedades, ind., etc., particulares. ◊ Promover las condiciones sociales para que favorezcan el desarrollo integral de las facultades de los seres humanos. ❑ SOCIALIZACIÓN.

SOCIEDAD f. Reunión mayor o menor de personas, familias, pueblos o naciones. ◊ *Soc.* Agrupación de indivi-

Sociedad animal. Los impalas se reúnen en rebaños de hasta cien hembras con sus crías

duos con el fin de cumplir, mediante la mutua cooperación, todos o algunos de los fines de la vida. ◊ La de comerciantes, hombres de negocios o accionistas de alguna compañía. ◊ **animal.** *Zool.* Agrupación de animales de la misma o distinta especie. ◊ **anónima.** La que se forma por acciones, con responsabilidad circunscrita al capital que éstas representan. ◊ **comanditaria** o **en comandita.** Aquélla en que hay dos clases de socios: unos con derechos y obligaciones, como en la sociedad colectiva, y otros, llamados comanditarios, que tienen limitados a cierta cuantía su interés y su responsabilidad en los negocios comunes. ◊ **cooperativa.** La que se forma con un objeto de utilidad común de los asociados. ◊ **limitada** o **de responsabilidad limitada.** La que tiene el capital dividido en participaciones sociales, de modo que los socios no responden personalmente de las deudas sociales. ◊ **secreta.** Asociación formada por miembros que mantienen en secreto su afiliación a la misma. ❑ SOCIETARIO, RIA.

SOCIEDAD, islas de la Arch. volcánico de la Polinesia fr.; 1 647 km², 142 100 hab. Cap., Papeete. Formada por las islas del Viento, la más pral. de las cuales es Tahití, y las de Sotavento. Cocoteros, árbol del pan. Pesca. Colocadas bajo protectorado fr. en el año 1887.

SOCIEDAD de Naciones Organización internacional creada en 1919 para mantener la paz y la cooperación entre los pueblos. Disuelta tras la creación de la Organización de las Naciones Unidas (1946).

SOCINIANISMO m. Herejía de Fausto Socino que negaba la Trinidad y la divinidad de Jesucristo. ❑ SOCINIANO, NA.

SOCINO, Fausto (1539-1604) Teólogo it. Sobrino y propagador del pensamiento de Lelio. *Catecismo, De auctoritate Sanctae Scripturae, De Iesu Christo Servatore.* ◊ *Lelio* (1525-1562) Teólogo protestante it. Sus teorías antitrinitarias le indispusieron con católicos y protestantes.

SOCIO, CIA m. y f. Persona asociada con otra para algún fin. ◊ Individuo de una sociedad o agrupación de individuos. ◊ fig. y fam. Compañero, consorte.

SOCIOLOGÍA f. Ciencia que estudia los fenómenos sociales. ❑ SOCIOLÓGICO, CA; SOCIÓLOGO, GA.

SOCIOMETRÍA f. *Soc.* Estudio de la determinación operativa de los conceptos y descripción cuantitativa de relaciones y fenómenos sociales. Su fundador es el psicólogo norteam. Jacob L. Moreno.

SOCOLAR tr. *Amér.* Desmontar, cortar las matas de un monte.

SOCOLLONEAR tr. *Amér.* Sacudir violentamente. ❑ *Amér. Centr.* SOCOLLÓN.

SOCOMPA Volcán andino entre Argentina (prov. de Salta) y Chile (prov. de Antofagasta); 6 031 m.

SOCORRER tr. Ayudar, favorecer en un peligro o necesidad.

SOCORRIDO, DA adj. Díc. del que con facilidad socorre la necesidad de otro. ◊ Acondicionado con las cosas útiles para resolver un problema en cualquier momento. ◊ Díc. de los recursos que fácilmente sirven para solucionar una dificultad.

SOCORRISMO m. Organización y adiestramiento para prestar socorro en caso de accidente. ❏ SOCORRISTA.

SOCORRO m. Acción y efecto de socorrer. ◊ Dinero, alimento u otra cosa con que se socorre. ◊ *Mil.* Provisión de municiones que se lleva a un cuerpo de tropa o a una plaza que la necesita.

SOCOTORA o **SOCOTRA** Isla de Yemen, sit. en el océano Índico; 3 626 km², 15 000 hab. Cap., Hadibu. Pesca. Dátiles. Incienso.

SÓCRATES (h. 469-399 a. C.) Filósofo gr. Su modo de filosofar era el diálogo que constaba de dos partes: en la primera, mediante una serie de preguntas (*ironía*), desarmaba los falsos razonamientos; en la segunda (*mayéutica*), con el mismo sistema de preguntas, ayudaba al nacimiento de una nueva verdad.

Sócrates

SOCRÁTICO, CA adj. Relativo a Sócrates o a su doctrina. ◊ adj. y s. Díc. del seguidor de la filosofía de Sócrates.

SOCUCHO m. *Amér.* Aposento pequeño.

SODA f. Sosa. ◊ Agua carbónica empleada como bebida (es anglicismo).

SODDY, SIR **Frederick** (1877-1956) Físico y químico brit. Descubrió la existencia de los isótopos. Premio Nobel de Química en 1921. ◊ **Ley de S.** *Fís.* Si un cuerpo radiactivo emite partículas, cada núcleo pierde dos cargas positivas y cuatro unidades de masa, por lo que su n. a. disminuye en dos unidades y su p. a. en cuatro, retrocediendo dos lugares en la tabla periódica.

SODIO m. *Quím.* Elemento de símb. Na, n. a. 11 y p. a. 22,997. Es un metal alcalino muy difundido en la naturaleza, especialmente bajo forma de cloruro sódico o sal común. Desempeña un papel de gran importancia en el mantenimiento del equilibrio ácido-básico de los líquidos orgánicos, y en el metabolismo del agua en los tejidos y células. ❏ SÓDICO, CA.

SODOMA Ant. c. de Palestina, en el valle del bajo Jordán. A causa de la corrupción de sus habitantes, fue destruida, al mismo tiempo que Gomorra, bajo una lluvia de azufre y fuego.

SODOMA, Giovanni Antonio Bazzi, llamado *Il* (1477-1549) Pintor it. Autor de frescos de la villa Farnesina y de grandes retablos (*Sagrada Familia*).

SODOMÍA f. Relación homosexual masculina. Se aplica particularmente al coito anal. ❏ SODOMÍTICO, CA.

SODOMITA adj. y s. De Sodoma. ◊ adj. y m. Hombre homosexual.

SOEZ adj. Bajo, grosero, indigno, vil.

SOFÁ m. Asiento mullido con respaldo y brazos para dos o más personas.

SOFÁ-CAMA m. Mueble que sirve indistintamente de sofá y de cama.

SOFFÍA, José Antonio (1843-1886) Poeta chil. *Hojas de otoño.*

SOFFICI, Mario (1900-1977) Actor y director cinematográfico arg. *Prisioneros de la tierra, Rosaura a las diez.*

SOFFIONI (voz it.) m. *Geol.* Fenómeno caracterizado por la emisión de vapor de agua, ácido bórico, anhídrido carbónico, amoniaco y metano, a unos 190 °C de temperatura y 4 atmósferas de presión, típico de zonas volcánicas.

SOFÍA C. y cap. de Bulgaria, sit. al pie del monte Vitosa; 1 182 900 hab. Ind. de maquinaria, electrotecnia, química, textil, alimentaria. Ant. prov. rom., en 809 fue conquistada por los búlgaros. A partir de 1382 estuvo bajo dominio turco. Los rusos la tomaron en 1878, y pasó a ser capital de Bulgaria.

SOFÍA de Grecia (n. 1938) Reina de España. Hija de Pablo I de Grecia. En 1962 casó con Juan Carlos de Borbón, rey de España desde 1975.

SOFIÓN m. Bufido, demostración de enfado.

SOFISMA m. *Fil.* Silogismo, prueba o refutación aparentes, mediante los cuales se pretende confundir al contrario.

SOFISMO m. Sufismo, doctrina mahometana.

SOFISTA adj. Que se vale de sofismas. ◊ m. En la Grecia ant., se llamaba así a todo el que se dedicaba a la enseñanza de retórica, gramática y filosofía.

SOFISTICAR tr. Falsear con sofismas un razonamiento. ◊ Adulterar, falsificar algo en general. ◊ fig. Dar exceso de artificio a una persona o cosa, quitándole naturalidad. ❏ SOFISTICACIÓN.

SOFÍSTICA f. Movimiento filosófico de Grecia (ss. V-IV a. C.) representado por los sofistas.

SOFITO m. Plano inferior del saliente de una cornisa o de otro cuerpo voladizo.

SOFLAMAR tr. Engañar a alguien con fingimientos o palabras afectadas. ◊ fig. Dar a uno motivo para que se avergüence. ◊ prnl. Tostarse con la llama lo que se asa. ❏ SOFLAMA; SOFLAMERO, RA.

San Sebastián, óleo de Il **Sodoma**. Palacio Pitti, Florencia (Italia)

SOFOCAR tr. Ahogar, impedir la respiración. ◊ Apagar, oprimir, dominar, extinguir. ◊ tr. y prnl. fig. Abochornar, sonrojar. ❏ SOFOCACIÓN.

SÓFOCLES (496-406 a. C.) Poeta trágico gr. perfeccionó la técnica teatral con la introducción de un tercer actor y dio mayor importancia al decorado. *Electra, Filoctetes, Áyax, Las Traquinias, Edipo en Colona, Edipo rey* y *Antígona.*

SOFOCO m. Sensación de calor que suelen sufrir las mujeres en la época de la menopausia. ◊ fig. Grave disgusto que se da o se recibe.

SOFOCÓN m. fam. Desazón, disgusto que sofoca.

SOFONÍAS El noveno de los profetas menores. Su ministerio se cumplió en el reinado de Josías. Es autor del libro hom. del A. T.

SÓFORA f. Árbol de hojas compuestas y flores amarillas, en panojas colgantes; es originario de Oriente.

SOFREÍR tr. Freír ligeramente una cosa.

SOFRENAR tr. Reprimir el jinete a la caballería tirando violentamente de las riendas. ◊ fig. Reprender con aspereza a uno. ◊ fig. Reprimir una pasión del ánimo. ❏ SOFRENADA.

SOFRITO m. Condimento de ciertos guisos, que se hace sofriendo cebolla, tomate u otros ingredientes.

SOFROLOGÍA f. Técnica psicoterapéutica que, valiéndose del hipnotismo, yoga u otros medios, pretende modificar determinados estados de la vida psíquica y vegetativa. ❏ SOFRÓLOGO, GA.

SOFTWARE (voz ing.) m. *Comp.* Conjunto de programas que puede ejecutar una computadora. En general, se distingue entre el s. de base, que incluye el sistema operativo, los compiladores y ensambladores y el conjunto de programas y rutinas o subrutinas que hacen posible su funcionamiento, y la programación agregada por el usuario.

SOGA f. Cuerda gruesa de esparto. ◊ Parte de un sillar o ladrillo que queda descubierta en el paramento de la fábrica. ❏ SOGUERÍA; SOGUERO, RA.

SOGDIANA Región histórica del Asia central, que formaba parte del ant. imperio persa. Fue conquistada por Alejandro Magno, los persas, los musulmanes y los turcos.

SOGNEFJORD Fiordo de Noruega, en la costa atlántica, al N de Bergen. Es el mayor del país; 175 km de largo.

SOGUEAR tr. Atar a una bestia con el ronzal largo para que pueda pastar.

SOJA f. Planta herbácea o arbustiva procedente de Asia, cuyas semillas proporcionan un aceite comestible.

SOJO, Vicente Emilio (1907-1974) Compositor ven. Recopilador de música de la época colonial. Autor de composiciones religiosas.

SOJUZGAR tr. Dominar, mandar con violencia.

SOL m. *Astr.* Estrella amarilla de la Vía Láctea. ◊ fig. Luz, calor o influjo del Sol. ◊ Cualquier estrella que, como el Sol, posee un sistema planetario. ◊ Ant. unidad monetaria de Perú. ◊ En alquimia, oro, metal. ◊ *Mús.* Nota musical, la quinta de la escala de *do*.

❏ *Astr.* El S. es una estrella pulsante de periodo próximo a 2 h 40 m y velocidad de expansión de 3 m/s. Se calcula que la temperatura superficial aproximada es de unos 6 000 °C; la distancia media de la Tierra al S. es 149 600 000 km; su radio está calculado en 696 000 km; el periodo verdadero de rotación es de 25 días. Presenta una capa de gas relativamente delgada que sobresale de la fotosfera luminosa (atmósfera solar), llamada cromosfera. La corona solar es la capa más externa de la atmósfera del S., menos luminosa que el disco. Se emite la hipótesis de que la fotosfera está compuesta de columnas de gases ascendentes y descendentes a diversas temperaturas. La mayoría de los elementos que existen en la Tierra se encuentran también en el S., y todos en estado gaseoso. El más abundante es el hidrógeno, seguido del helio, carbono, nitrógeno, etc. La cromosfera y la corona proyectan hacia el espacio radiaciones constituidos por gases ionizados, conocidos con el nombre de plasma.

SOL, Piedra del Calendario azteca consistente en un disco de lava basáltica de 3,5 m de diámetro, construido en época de Moctezuma II (s. XVI).

SOLADO m. Revestimiento de un piso con ladrillos, losas u otro material.

SOLANA f. Sitio o paraje donde el sol da de lleno. ◊ Pieza de la casa más expuesta al sol.

SOLANA, José Gutiérrez (1885-1945) Pintor y escritor esp. Pintó una temática muy variada (*Las coristas*) y retratos (*Retrato de Azorín*).

SOLANAS, Fernando (n. 1936) Director cinematográfico arg. *La hora de los hornos, Los hijos de Fierro.*

SOLANERA f. Efecto que produce en una persona el tomar mucho sol. ◊ Paraje expuesto a los rayos solares.

SOLANINA f. Alcaloide esteroide, muy venenoso, contenido en algunas plantas solanáceas.

SOLANO m. Viento que sopla del E.

SOLAPA f. Parte del vestido, correspondiente al pecho, y que suele ir doblada hacia fuera. ◊ Prolongación lateral de la sobrecubierta de un libro, que se dobla hacia adentro.

SOLAPADO, DA adj. fig. Díc. de la persona que habitualmente oculta sus intenciones, opiniones, etc.

SOLAPAR tr. Poner solapas a los vestidos. ◊ Cubrir en parte una cosa a otra. ◊ fig. Ocultar maliciosa y cautelosamente la verdad o la intención.

SOLAR adj. Relativo al Sol. ◊ m. Casa, descendencia, linaje noble. ◊ Porción de terreno donde se ha edificado o que se destina a edificar en él. ◊ *Amér. Centr.* Traspatio. ◊ tr. Revestir el suelo de ladrillos, losas, etc. ❑ SOLADURA.

SOLAR, Alberto del (1860-1920) Escritor chil. *Huincahual, El doctor Morris.*

SOLARIEGO, GA adj. y s. Relativo al solar de antigüedad y nobleza. ◊ adj. Antiguo y noble.

SOLARIO, Andrea (h. 1470-1520) Pintor it. Trabajó en Venecia junto con su hermano **Cristóforo** (1460-1527), arquitecto y escultor. Influenciado por la pintura flamenca. *La Virgen del cojín verde.*

SOLÁS, Humberto (n. 1942) Director cinematográfico cub. *Lucía, Cecilia.*

SOLAZ m. Descanso o recreo del cuerpo o del espíritu. ❑ SOLAZAR.

SOLDADA f. Sueldo, salario o estipendio. ◊ Haber del soldado.

SOLDADESCA f. Ejercicio y profesión

de soldado. ◊ Conjunto de soldados. ◊ Tropa indisciplinada que comete desmanes.

SOLDADO m. El que sirve en la milicia. ◊ Militar sin graduación. ◊ fig. Defensor de alguna cosa, idea, etc.

SOLDADOR m. El que tiene por oficio soldar. ◊ Instrumento con que se suelda.

SOLDADURA f. *Metal.* Acción y efecto de soldar. La s. puede ser de forja, de aleación, autógena al soplete, eléctrica y por aluminotermia. ◊ Material que sirve para soldar. ◊ **al arco.** *Metal.* S. eléctrica con corriente continua en la que el electrodo se une al polo positivo de la máquina de soldar y las piezas a soldar al negativo. ◊ **autógena al soplete.** *Metal.* Aquélla en la que la unión se consigue por la fusión del material de las piezas mediante calentamiento con un soplete oxiacetilénico u oxhídrico. ◊ **de forja.** *Metal.* Aquélla en que la unión se consigue por reblandecimiento y compresión a alta temperatura (en fraguas y hornos). ◊ **eléctrica.** *Metal.* La que emplea corriente eléctrica.

La murga, óleo de José Gutiérrez **Solana**. Colección Rivière, Barcelona (España)

SOLDAR tr. Pegar sólidamente dos cosas, de ordinario con alguna sustancia igual o semejante a ellas.

SOLDEVILA, Ferran (1894-1971) Historiador esp. *Història de Catalunya, Historia de España, Pedro el Grande.*

SOLDI, Raúl (1905-1994) Pintor arg. Decoró la cúpula del Teatro Colón de Buenos Aires, en 1966.

SOLEAR tr. y prnl. Tener expuesta al sol una cosa por algún tiempo.

SOLECISMO m. Falta de sintaxis.

SOLEDAD f. Carencia voluntaria o involuntaria de compañía. ◊ Pesar y melancolía que se sienten por la ausencia, muerte o pérdida de alguna persona o cosa. ◊ Tonada andaluza de carácter melancólico, en compás de tres por ocho. ◊ Danza que se baila con ella.

SOLEDAD C. del N de Colombia, en el dpto. del Atlántico; 79 000 hab. En el á. metr. de Barranquilla. Centro comercial y manufacturero.

SOLEMNE adj. Celebrado o hecho públicamente con pompa o ceremonias extraordinarias. ◊ Formal, grave, firme, válido, acompañado de circunstancias importantes o de todos los requisitos necesarios. ◊ Grave, majestuoso, imponente. ❑ SOLEMNIZAR.

SOLEMNIDAD f. Acto o ceremonia

solemne. ◊ Cada una de las formalidades que hacen solemne un acto.

SOLENOIDE m. *El.* Circuito formado por un conductor arrollado en hélice y cuyo extremo vuelve hacia atrás en línea recta paralela al eje de la hélice.

SOLENTINAME, islas Arch. de Nicaragua, en el lago Nicaragua. Formado por cuatro islas y unos 30 islotes.

SÓLEO m. *Anat.* Músculo de la pantorrilla unido a los músculos gemelos por su parte inferior para formar el tendón de Aquiles.

SOLER intr. Acostumbrar, hacer ordinariamente u ocurrir con frecuencia.

SOLER, Antonio (1729-1783) Compositor esp. Autor de sonatas para clave, conciertos para dos órganos y quintetos para órgano y cuerda.

SOLERA f. Madero horizontal sobre el que descansan o se ensamblan otros. ◊ Madero de sierra de dimensiones varias según las regiones. ◊ Piedra plana para sostener pies derechos. ◊ Suelo del horno. ◊ Superficie del fondo en canales y acequias. ◊ Madre o lía del vino. ◊ fig. Cualidad o cualidades de una persona, colectividad o cosa, gralte. recibidas por tradición, que le dan un carácter peculiar. ◊ *Chile.* Encintado de las aceras.

SOLETA f. *Amér.* Sandalia rústica de cuero, usada por los campesinos.

SOLEVAR tr. y prnl. Sublevar. ◊ tr. Levantar una cosa empujando de abajo arriba. ❑ SOLEVACIÓN.

SOLFA f. Arte de solfear. ◊ Conjunto o sistema de signos con que se escribe la música.

SOLFATARA f. *Geol.* Grieta, en los terrenos volcánicos, por donde salen gases sulfurados y vapor de agua. ◊ Emanación desprendida por tales grietas.

SOLFEAR tr. Cantar una composición o ejercicio musical marcando el compás y pronunciando los nombres de las notas. ❑ SOLFEO; SOLFISTA.

SOLICITAR tr. Pedir o procurar obtener algo que se pretende, haciendo las diligencias necesarias. ◊ Requerir o procurar con insistencia los amores de una persona. ◊ *Fís.* Atraer una o más fuerzas a un cuerpo, cada cual en su sentido. ❑ SOLICITACIÓN, SOLICITADOR, RA.

SOLIDARIDAD f. Modo de derecho u obligación adquiridos solidariamente. ◊ Adhesión circunstancial a la causa o a la empresa de otros.

SOLIDARIDAD (*Solidarnosc*) Nombre del movimiento sindical surgido en Polonia en la huelga general de 1980. Dirigido por L. Walesa.

SOLIDARIO, RIA adj. Aplícase a las obligaciones contraídas en común y a las personas que las contraen. ◊ Adherido o asociado a la causa, empresa u opinión de otro.

SOLIDARIZAR tr. y prnl. Hacer a una persona o cosa solidaria con otra.

SOLIDEO m. Casquete que usan ciertos eclesiásticos para cubrirse la corona.

SOLIDEZ f. Calidad de sólido. ◊ Volumen de un cuerpo.

SOLIDIFICACIÓN f. *Fís.* Paso de un cuerpo, por enfriamiento, del estado líquido al sólido.

SOLIDIFICAR tr. y prnl. Hacer sólido un cuerpo que no lo era.

SÓLIDO, DA adj. Firme, macizo, den-

Solimán II el Magnífico, según una miniatura turca del final de su reinado

so y fuerte. ◊ fig. Asentado, establecido con razones fundamentales y verdaderas. ◊ m. *Geom.* Porción del espacio limitado por superficies. ◊ *Fís.* Cuerpo de forma y volumen constante y que presenta resistencia a la separación, pues la cohesión es mayor que la repulsión.

SOLIHULL C. de Gran Bretaña, en Inglaterra; 111 500 hab. Centro industrial.

SOLILOQUIO m. Monólogo o discurso de una persona que no dirige a otra la palabra. ◊ Lo que habla de este modo un personaje de obra teatral. ❑ SOLILOQUIAL.

SOLIMÁN II el Magnífico (1495-1566) Sultán otomano [1520-1566]. Se alió con Francisco I de Francia contra Carlos V. Se apoderó de Rodas, de gran parte de la costa afr., de Azerbaiján y Bagdad.

SOLINGEN C. de Alemania, en el est. de Renania Septentrional-Westfalia; 158 400 hab. Cuchillería, material quirúrgico, baterías de cocina, maquinaria.

SOLIO m. Trono, silla real con dosel.

SOLÍPEDO adj. y m. *Zool.* Díc. del mamífero ungulado cuyas extremidades terminan en un solo dedo.

SOLIPSISMO m. *Fil.* Teoría que considera el propio yo, en el orden gno-

seológico, como única realidad objetiva.

SOLÍS, Antonio de (1610-1686) Dramaturgo e historiador esp. *Historia de la conquista de México.* ◊ **Folch de Cardona, José** (1716-1770) Militar y administrador esp. Virrey de Nueva Granada (1753-1761). Realizó el primer censo.

SOLISTA com. *Mús.* Persona que ejecuta un solo de una pieza vocal o instrumental.

SOLITARIO, RIA adj. Desamparado, desierto. ◊ adj. y s. Solo, sin compañía. ◊ Retirado, que ama la soledad o vive en ella. ◊ m. Diamante grueso que se engasta solo en una joya. ◊ Juego, especialmente de naipes, que ejecuta una sola persona. ◊ f. *Zool.* Tenia, gusano intestinal.

SÓLITO, TA adj. Acostumbrado, que se suele hacer ordinariamente.

SOLIVIANTAR tr. y prnl. Inducir a una persona a que tome una actitud rebelde u hostil. ❑ SOLIVIANTADO, DA.

SOLJENITSIN, Aleksandr I. (n. 1918) Escritor ruso. Premio Nobel de Literatura en 1970. La publicación en occidente de *El archipiélago Gulag* le llevó al exilio, que concluyó en 1994. *Un día en la vida de Iván Denisovich, Por el bien de la causa, Pabellón de cancerosos.*

SOLLA f. Pez parecido al lenguado.

SOLLO m. Esturión, pez.

SOLLOZAR intr. Llorar entrecortadamente, con contracciones espasmódicas del diafragma, con emisiones bruscas del aire contenido en el pecho. ❑ SOLLOZO.

SÓLO adv. modo. Sin otra cosa, de modo único.

SOLO, LA adj. Único en su especie. ◊ Que está sin otra cosa o que se mira separado de ella. ◊ Dicho de personas, sin compañía. ◊ Que no tiene quien le ampare, socorra o consuele. ◊ m. Paso de danza que se ejecuta sin pareja. ◊ Solitario, juego que ejecuta una sola persona.

SOLOLÁ Dpto. de Guatemala; 1 061 km², 265 902 hab. Cap., la c. hom. Territorio montañoso perteneciente al Eje volcánico guatemalteco-salvadoreño; al S se halla el lago Atitlán. Maíz, trigo, hortalizas, café, cacao, caña de azúcar. Ganadería vacuna. Pesca. Turismo en

el lago. Ind. textil. ◊ C. y cap. del dpto. hom.; 38 000 hab. Centro agropecuario. Ind. textil.

SOLOMILLO m. En los animales de matadero, capa muscular que se extiende por entre las costillas y el lomo.

SOLÓN (h. 640-h. 558 a. C.). Político ateniense. Nombrado arconte en 594 a. C. Dictó leyes para limitar el poder de la aristocracia.

SOLÓRZANO, Carlos (1860-1936) Político nic., conservador. Elegido presid. en 1924, fue depuesto en 1926 por Chamorro. ◊ **Juan de** (1575-1655) Administrador y jurista esp. Desde la audiencia de Lima, la fiscalía del Consejo de Indias y el Consejo de Castilla, humanizó las leyes reguladoras del trabajo indígena.

SOLSTICIO m. *Astr.* Cada uno de los instantes en que el Sol alcanza los dos puntos de la eclíptica más alejados del ecuador. El s. de verano, en el hemisferio boreal, el 22 de junio; el s. de invierno, en el austral, el 22 de diciembre. ❑ SOLSTICIAL.

SOLTAR tr. Desatar, desprender, dejar suelta una cosa. ◊ tr. y prnl. Dejar ir o dar libertad al que estaba detenido o preso. ◊ Desasir lo que estaba sujeto. ◊ Dar salida a lo que estaba detenido o confinado. ◊ prnl. fig. Adquirir agilidad y desenvoltura en la ejecución de algo. ❑ SOLTADIZO, ZA.

SOLTERO, RA adj. y s. Que no está casado, célibe. ◊ adj. Suelto o libre. ❑ SOLTERÍA.

SOLTERÓN, NA adj. y s. Soltero ya entrado en años.

SOLTURA f. Agilidad, prontitud, facilidad con que se ejecuta una cosa. ◊ fig. Facilidad y lucidez de dicción.

SOLUBILIDAD f. Cualidad de soluble. ◊ *Fís.* Coeficiente de s., es decir, núm. de g de soluto que se requieren para saturar 100 g de disolvente.

SOLUBLE adj. Que se puede disolver o desleír. ◊ fig. Que se puede resolver.

SOLUCIÓN f. Acción y efecto de disolver. ◊ Acción y efecto de resolver una duda o dificultad. ◊ En el drama y poema épico, desenlace. ◊ Desenlace o término de un proceso, negocio, etc. ◊ Líquido en que se halla disuelta cualquier sustancia. ◊ *Mat.* Cada una de las cantidades que satisfacen las condiciones de un problema o de una ecuación.

SOLUCIONAR tr. Resolver un asunto, hallar solución o término a un negocio.

SOLUTO m. *Fís.* En una solución, el cuerpo disuelto.

SOLUTRENSE adj. y s. Díc. del periodo del paleolítico superior, entre el auriñaciense y el magdaleniense. Recibe su nombre de la localidad fr. de Solutré.

SOLVENCIA f. Carencia de deudas. ◊ Capacidad de satisfacerlas.

SOLVENTAR tr. Arreglar cuentas, pagando la deuda a que se refieren. ◊ Dar solución a un asunto difícil. ❑ SOLVENTE.

SOMA m. Conjunto de las células somáticas o no reproductoras de un organismo.

SOMALÍ adj. y s. De Somalia. ◊ Díc. del individuo perteneciente a un pueblo cuscítico que habita en Somalia y regiones vecinas.

Sololá. Vista del lago Atitlán

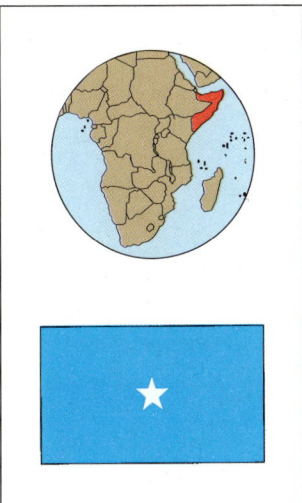

Mapa de situación y bandera
de **Somalia**

SOMALIA (*Jardnhuuriyadda Soomaali-ya*) Est. del África oriental. Excepto la llanura costera de Guban, el N del país es montañoso y pertenece al dominio de los montes Ogo; hacia el interior predominan las mesetas. El S es llano. Ríos Shibeli y Yuba. Clima cálido. Mijo, sorgo, maíz, mandioca, plátanos y caña de azúcar. Caprinos, ovinos, camélidos y bovinos. Hierro (Alto Yuba) y yeso. Salinas. Ind. de transformación de productos agropecuarios (azúcar, conservas de carne, jabón, aceite, calzado, curtidos). República. Etnias: somalíes, minorías árabe y bantú. Lenguas: somalí (of.), ár., italiano e ing. *Rel*.: islámica. U. M.: chelín somalí. Cap., Mogadiscio.
☐ *Hist*. La colonización brit. se inició en 1884. Italia adquirió a Gran Bretaña la Trans-Yuba (1924) y ocupó la S. brit. (1940). Ambas zonas llegaron a la indep. en 1960. En 1969 un golpe de est. dio el poder al consejo supremo revolucionario de S., presidido por el gral.

SOMALIA	
Superficie	637 657 km²
Población	4 760 000 hab. (11 hab./km²)
Recursos económicos	
Azúcar	30 000 t
Bananas	110 000 t
Cabaña bovina	4 900 000 cabezas
Cabaña caprina	20 500 000 cabezas
Cabaña ovina	13 80 0000 cabezas
Camellos	6 860 000 cabezas
Dátiles	10 000 t
Energía eléctrica	230 000 000 kwh
Maíz	100 000 t
Mandioca	47 000 t
Pesca	17 500 t
Riqueza forestal	7 133 000 m³
Sal	30 000 t
Indicadores sociológicos	
PNB	1 000 millones de dólares
Renta per cápita	150 dólares
Esperanza de vida	48 años
Alfabetismo	24 %

Siyad Barreh. La reivindicación de Ogadén provocó una guerra con Etiopía, terminada en derrota (1978). Siyad Barreh fue derrocado en 1991. Estalló una guerra civil que, con la sequía, ocasionó miles de muertos (1992). El auxilio internacional topó con la oposición guerrillera, interviniendo militarmente la ONU (retirada en 1994).
SOMALIA FRANCESA Ant. nombre de la República de ⇒ Djibuti.
SOMANTA f. fam. Tunda, zurra.
SOMATAR tr. *Amér. Centr*. Dar una tunda, zurrar.
SOMATÉN (cat., *Sometent*) m. En Cataluña, milicia que se reunía para perseguir a los criminales o defenderse del enemigo. Disuelto en 1978. ☐ SOMATENISTA.
SOMÁTICO, CA adj. Relativo al soma. ◊ *Med*. Se aplica al síntoma cuya naturaleza es eminentemente corpórea.
SOMATIZAR tr. *Psic*. Provocar un conflicto psíquico una afección orgánica o somática.
SOMATOTROPINA f. *Fisiol*. Hormona del crecimiento originada en la adenohipófisis.
SOMBART, Werner (1863-1941) Economista al. Combatió el positivismo en economía. *El capitalismo moderno*.
SOMBRA f. Oscuridad, falta de luz. Se usa más en pl. ◊ Proyección oscura que un cuerpo lanza en el espacio, en dirección opuesta a aquella por donde viene la luz. ◊ Imagen oscura que sobre una superficie cualquiera proyecta el contorno de un cuerpo opaco, interceptando los rayos directos de la luz. ◊ Lugar, zona o región a la que no llegan las imágenes, sonidos o señales transmitidos por una emisora. ◊ Espectro o aparición vaga y fantástica de la imagen de una persona ausente o difunta. ◊ fig. Mácula, defecto. ◊ fam. Suerte, fortuna. ◊ *Amér. Merid*. Falsilla. ◊ *Chile*. Sombrilla, quitasol. ◊ **Sombras chinescas.** Espectáculo que consiste en unas figurillas que se mueven detrás de una cortina blanca, iluminadas por la parte opuesta a los espectadores.
SOMBREAR tr. Dar o producir sombra. ◊ Poner sombra en una pintura o dibujo. ☐ SOMBREADO, DA.
SOMBRERERÍA f. Oficio de hacer sombreros. ◊ Taller donde se hacen. ◊ Tienda donde se venden.
SOMBRERERO, RA s. Que hace sombreros o los vende. ◊ f. Caja para guardar el sombrero.
SOMBRERILLO m. *Bot*. Píleo de los hongos agaricáceos y de otros de forma parecida.
SOMBRERO m. Prenda de vestir, que sirve para cubrir la cabeza y consta gralte. de copa y ala. ◊ *Bot*. Sombrerillo de los hongos. ◊ **apuntado.** El de ala grande, recogida por ambos lados y sujeta con una puntada por encima de la copa. ◊ **chambergo** o **a lo chambergo.** El de copa más o menos acampanada y de ala ancha levantada por un lado. ◊ **cordobés.** El de fieltro, de ala ancha y plana, con copa baja cilíndrica. ◊ **de copa** o **de copa alta.** El de ala estrecha y copa alta, casi cilíndrica y plana por encima, gralte. forrado de felpa de seda negra. ◊ **de jipijapa.** El de ala ancha tejido con paja muy fina. ◊ **de tres picos.** El que está armado en forma de triángulo. ◊ **hongo.** El de fieltro duro, de

copa aovada. ◊ **jarano.** *Amér*. El de fieltro muy duro, de color blanco, falda ancha y tendida horizontalmente, y bajo de copa, rodeada en su bajo por un cordón rematado por borlas.
SOMBRILLA f. Especie de paraguas para resguardarse del sol.
SOMBRÍO, A adj. Díc. del lugar de poca luz en que frecuentemente hay sombra. ◊ fig. Tétrico, melancólico.
SOMERO, RA adj. Casi encima o muy inmediato a la superficie. ◊ fig. Ligero, superficial.
SOMETER tr. y prnl. Poner a una persona, tropa o facción, gralte. por la fuerza o por la violencia, bajo la autoridad o dominio de otras. ◊ tr. Subordinar el juicio, decisión o afecto propios a los de otra persona. ◊ Encomendar a una o más personas la resolución de un negocio o litigio. ☐ SOMETIMIENTO.
SOMIER m. Bastidor provisto de una tela metálica elástica sobre la que se coloca el colchón.
SOMME Río de Francia; desemboca en el canal de la Mancha; 235 km. ◊ **Batallas del S.** Las libradas a orillas de este río durante las dos guerras mundiales. La primera consistió en una ofensiva francobritánica (1916). La segunda enfrentó a al. y fr. (1940).
SOMMERFELD, Arnold (1868-1951) Físico y matemático al. Demostró matemáticamente la elipticidad de las órbitas atómicas.
SOMNÍFERO, RA adj. Que da o causa sueño.
SOMNOLENCIA f. Adormecimiento, pesadez física causada por el sueño. ◊ Ganas de dormir.
SOMONTE m. Terreno sit. en la falda de un monte. ☐ SOMONTANO, NA.
SOMORGUJO m. *Zool*. Ave palmípeda que puede mantener por mucho tiempo sumergida la cabeza bajo el agua.
SOMOTO C. de Nicaragua, cap. del dpto. de Madriz; 6 700 hab. Agricultura y ganadería. Centro comercial.
SOMOZA, Anastasio, llamado TACHO (1896-1956) Militar y político nic. Defendió los intereses de EE UU e incitó la muerte de Sandino (1934). En 1937 destituyó al presid. y se instaló en el poder. ◊ **Debayle, Anastasio,** llamado TACHITO (1925-1980) Militar y político nic., hijo del anterior. Elegido presid. en 1967. En 1972 cedió el poder a un triun-

Anastasio **Somoza Debayle**

SONDA ESPACIAL

Gracias a las sondas interplanetarias, la información del sistema solar alcanzó unas cotas inimaginables en los años cincuenta, cuando se lanzó la primera sonda a la Luna

La sonda rusa *Fobos* (arriba), después de haber sincronizado desde la Tierra su período de revolución con el de Fobos, satélite de Marte, envía una serie de módulos saltadores al suelo de Fobos. La sonda *Fobos* rastrea la superficie del satélite homónimo, como paso previo al eventual aterrizaje del hombre en Marte en el 2010. La sonda *Magallanes* (sobre estas líneas) recoge datos precisos de la superficie de Venus

virato. En 1974, reelegido presid. En 1978 la guerrilla sandinista le obligó a abandonar el país (1979). ◊ **Debayle, Luis** (1922-1967) Político nic., hermano del anterior. Presid. de la rep. (1956-1963).

SON m. Sonido, especialmente musical, que afecta agradablemente al oído. ◊ fig. Pretexto, razón o motivo aparente. ◊ fig. Tenor, modo o manera.

SONADO, DA adj. Famoso, que tiene o ha tenido gran divulgación. ◊ fam. Chalado.

SONAJA f. Par o pares de chapas de metal que, atravesadas por un alambre, se colocan en algunos juguetes o instrumentos rústicos para hacerlas sonar agitándolas. ◊ pl. Instrumento rústico que consiste en un aro de madera delgada con varias sonajas.

SONAJERO m. Juguete con sonajas o cascabeles, para entretener a los niños muy pequeños.

SONAMBULISMO o **SOMNAMBULISMO** m. Automatismo inconsciente que se manifiesta durante el sueño mediante actos más o menos coordinados. ❏ SONÁMBULO, LA.

SONÁNTICO, CA adj. y f. *Fon.* Díc. de las consonantes líquidas y nasales con resonancia vocálica o vocal reducida, que pueden ser silábicas y desarrollar plenamente su característica vocálica.

SONAR adj. y m. Díc. de un sistema para la detección y radiolocalización de cuerpos sumergidos, que se basa en la emisión de ondas acústicas ultrasónicas cuya reflexión se recoge y traduce en datos. ◊ intr. Hacer o causar ruido una cosa. ◊ Tener una letra valor fónico. ◊ Mencionarse, citarse. ◊ Suscitarse vagamente en la memoria alguna cosa ya oída anteriormente. ◊ *Argent.* y *Ur.* Morir o padecer una enfermedad mental. ◊ *Argent.* y *Par.* Fracasar. ◊ tr. Hacer que una cosa emita un sonido. ◊ tr. y prnl. Limpiar de mocos la nariz, haciéndolos salir con una espiración fuerte. ❏ SONADERA; SONADOR, RA.

SONATA f. *Mús.* Composición instrumental formada por tres o cuatro tiempos.

SONDA f. *Astron.* Vehículo espacial destinado a desarrollar misiones exploradoras de sondeo. ◊ *Ing.* Dispositivo utilizado para el análisis del subsuelo, que puede descender a grandes profundidades. ◊ Aparato para medir la profundidad de las aguas marinas. ◊ *Med.* Instrumento delgado, largo y cilíndrico que se introduce en un conducto o cavidad del organismo con fines exploratorios o terapéuticos.

SONDA, Islas de la Arch. de Indonesia. Las islas más imp. son Sumatra, Java, Borneo y Célebes.

SONDAR o **SONDEAR** tr. Echar el escandallo al agua para averiguar la profundidad y la calidad del fondo. ◊ Averiguar la naturaleza del subsuelo con una sonda. ◊ fig. Inquirir con cautela la intención o discreción de uno, o las circunstancias y estado de una cosa. ◊ *Med.* Introducir en el cuerpo la sonda. ❏ SONDEO.

SONETO m. *Métr.* Composición poética de 14 versos distribuidos en cuatro estrofas: dos cuartetos y dos tercetos. Originario de Italia, a partir del romanticismo se hizo con toda clase de metros. ❏ SONETISTA.

SONGHAI o **SONGAY**, o **SONRHAI** adj. y s. Díc. de individuos de un pueblo melanoafricano que vive en la cuenca del Níger medio, en especial en Malí.

SONGHAI Imperio africano fundado por pueblos songhais en el Sudán occidental en el s. VII. En el s. XVI inició su decadencia.

SONIDO m. Conjunto de vibraciones que puede estimular el oído. ◊ Valor y pronunciación de las letras. ◊ Hablando de las palabras, significación y valor literal que tienen en sí.

SONIQUETE m. Sonecillo. ◊ Sonsonete.

SONÓMETRO m. *Fís.* Aparato para la medición de sonidos.

SONORA Est. del NO de México; 184 934 km², 2 216 969 hab. Cap., Hermosillo. La sierra Madre Occidental ocupa el sector E; al N y NO aparece el desierto de S., continuación del Gran Desierto americano, mientras que la zona centro-S está ocupada por una llanura costera. Ríos Mayo, Yaqui, Sonora, Concepción y la desembocadura del Colorado. Trigo, algodón, maíz, arroz, hortalizas, caña de azúcar y vid. Ganadería bovina. Imp. riqueza pesquera. Cobre y manganeso. Ind. metalúrgica, química, textil y alimentaria. Explorado por Nuño de Guzmán (1530) y colonizado por F. Vázquez de Coronado (1540). En 1786 S. y Sinaloa fueron unidas en una intendencia. Tras la indep. (1821), se formó un solo Est. con ellas, separándolas definitivamente en 1830.

SONORIZAR tr. Convertir una letra o articulación sorda en sonora. ❏ SONORIZACIÓN.

SONORO, RA adj. Que suena o puede sonar. ◊ Que suena bien, o mucho, o de modo agradable. ◊ Que despide bien, o hace que se oiga bien, el sonido. ◊ *Fon.* Díc. del sonido que se produce con vibración de las cuerdas vocales. ❏ SONORIDAD.

SONREÍR intr. y prnl. Reírse un poco o levemente, y sin ruido, con un simple movimiento de labios. ❏ SONRISA.

SONROJAR tr. y prnl. Hacer salir los colores al rostro diciendo o haciendo algo que cause vergüenza. ❏ SONROJO.

SONROSAR tr. y prnl. Dar color rosa a algo.

SONSACAR tr. Sacar furtivamente algo por debajo del sitio en que está. ◊ fig. Procurar con maña que uno diga o descubra lo que sabe y reserva. ❏ SONSACA; SONSACAMIENTO; SONSAQUE.

SONSONATE Dpto. de El Salvador, junto al Pacífico; 1226 km², 354 641 hab. Cap., la c. hom. La mitad N forma parte del Eje volcánico guatemalteco-salvadoreño (volcán Izalco, 1 885 m); el resto corresponde a la llanura costera. Algodón, caña de azúcar, café, tabaco, hortalizas, agrios, coco. Cría de bovinos, que alimentan una ind. derivada. ◊ C. de El Salvador, cap. del dpto. hom.; 76 200 hab. Mercado agropecuario.

SONSONETE m. Sonido que resulta de los golpes pequeños y repetidos que se dan en una parte, imitando un son de música. ◊ fig. Ruido gralte. poco intenso, pero continuado, y desapacible. ◊ fig. Tonillo o modo especial en la risa o palabras, que denota desprecio o ironía.

SONTAG, Susan (1933-2004) Escritora y directora cinematográfica norteam.

Novelas: *El benefactor; Yo, etcétera.* Premio Príncipe de Asturias de las Letras en 2003.

SOÑAR tr. Representarse en la imaginación especies o sucesos durante el sueño. ◊ fig. Discurrir fantásticamente y dar por cierto lo que no es. ◊ intr. fig. Sentir anhelo por una cosa. ❑ SOÑADOR, RA.

SOÑERA f. Propensión al sueño.

SOÑOLENCIA f. Somnolencia, pesadez de los sentidos causada por el sueño. ❑ SOÑOLIENTO.

SOPA f. Pedazo de pan empapado en cualquier líquido. ◊ Plato compuesto de un líquido alimenticio y rebanadas de pan. ◊ Pasta, fécula o verduras que se mezclan con el caldo en el plato de este mismo nombre. ◊ pl. Rebanadas de pan que se cortan para echarlas en el caldo.

SOPAPO m. Golpe que se da con la mano debajo de la papada. ◊ fam. Bofetada.

SOPERO, RA adj. y s. Díc. del plato hondo en que se come la sopa. ◊ *Col.* Chismoso, entremetido. ◊ f. Vasija honda en que se sirve la sopa.

SOPESAR o **SOSPESAR** tr. Levantar una cosa como para tantear el peso que tiene.

SOPETÓN m. Pan tostado y mojado en aceite. ◊ Golpe fuerte y repentino dado con la mano. ◊ **De s.** m. adv. De improviso.

SOPICALDO m. Caldo con muy pocas sopas.

SOPLAMOCOS m. fig. y fam. Golpe que se da a uno en la cara.

SOPLAR intr. y tr. Despedir aire con violencia por la boca, alargando los labios un poco abiertos por su parte media. ◊ intr. Correr el viento, haciéndose sentir. ◊ tr. Hurtar o quitar una cosa a escondidas. ◊ fig. Inspirar o sugerir cosas. ◊ fig. Sugerir a uno lo que debe decir y no acierta o ignora. ◊ fig. Acusar o delatar. ◊ tr. y prnl. Inflar una cosa con aire. ◊ prnl. fig. y fam. Beber o comer mucho. ❑ SOPLADOR, RA; SOPLIDO.

SOPLETE m. Aparato constituido por un tubo destinado a recibir por un extremo un flujo gaseoso que, al salir por el otro, se aplica a una llama, para dirigirla sobre el objeto que se quiere fundir o examinar.

SOPLILLO m. Aventador para avivar el fuego. ◊ Cualquier cosa sumamente delicada o muy leve. ◊ Especie de tela de seda muy ligera. ◊ Bizcocho de pasta muy esponjosa. ◊ *Chile.* Trigo aún no maduro que se come tostado.

SOPLO m. Acción y efecto de soplar. ◊ fig. Instante o brevísimo tiempo. ◊ fig. y fam. Aviso que se da en secreto y con cautela. ◊ fig. y fam. Denuncia de una falta de otro, delación. ◊ fig. y fam. Soplón. ◊ **cardíaco.** Ruido perceptible por auscultación en diversas alteraciones cardiacas.

SOPLÓN, NA adj. y s. fam. Díc. de la persona que acusa en secreto y cautelosamente. ◊ m. y f. *Amér. Centr.* Apuntador de teatro.

SOPONCIO m. fam. Desmayo, congoja.

SOPOR m. *Med.* Modorra morbosa, persistente. ◊ Adormecimiento, somnolencia. ❑ SOPORÍFERO, RA.

SOPORTAL m. Espacio cubierto que en algunas casas precede a la entrada principal. ◊ Pórtico que tienen algunos edificios o manzanas de casas en sus fachadas y delante de las puertas.

SOPORTAR tr. Sostener o llevar sobre sí una carga o peso. ◊ fig. Sufrir, tolerar.

SOPORTE m. Apoyo o sostén. ◊ *Comp.* Material normalmente destinado a recibir información y mantenerla de forma que pueda ser leída por la computadora, como cintas, discos, etc. ◊ *Mec. apl.* Dispositivo para el sostenimiento de un eje.

SOPRANO m. La voz más aguda de las voces humanas, tiple. ◊ com. Persona que tiene voz de soprano.

SOQUETE m. *Amér.* Calcetín corto.

SOR f. Hermana. Se usa precediendo al nombre de las religiosas.

SORATA, Nevado de Macizo de los Andes, en Bolivia, sit. al E del lago Titicaca (Illampú, 6 550 m).

SORBER tr. Beber aspirando. ◊ fig. Atraer hacia dentro de sí algunas cosas aunque no sean líquidas. ◊ fig. Absorber, tragar. ❑ SORBO.

SORBETE m. Helado a base de zumo de frutas o de agua, leche o yemas de huevo, al que se da cierto grado de congelación pastosa. ◊ *P. Rico* y *Ur.* Cánula para sorber refrescos.

SORBONA, La (*Sorbonne*) Sede de la universidad de París. Su nombre procede de la Escuela de teología fundada por Robert de Sorbon en 1257.

SORDERA f. Privación o disminución de la facultad de oír.

SÓRDIDO, DA adj. Que tiene manchas o suciedad. ◊ fig. Impuro, indecente o escandaloso. ◊ fig. Mezquino, avariento. ❑ SORDIDEZ.

SORDINA f. Pieza que sirve para disminuir la intensidad y variar el sonido de ciertos instrumentos. ◊ Registro en los órganos y pianos, con que se produce el mismo efecto.

SORDO, DA adj. y s. Que no oye, o no oye bien. ◊ adj. Callado, silencioso. ◊ Que suena poco o sin timbre claro. ◊ fig. Insensible a las súplicas o al dolor ajeno, o indócil a las persuasiones, consejos o avisos. ◊ adj. y f. *Fon.* Díc. del sonido que se produce sin vibración de las cuerdas vocales.

SORDOMUDO, DA adj. y s. Privado por sordera nativa de la facultad de hablar. ❑ SORDOMUDEZ.

SOREL, Georges (1847-1922) Escritor político fr. Teórico del sindicalismo revolucionario. *Reflexiones sobre la violencia, La ruina del mundo antiguo.*

SORGO m. Zahína, planta gramínea.

SORIA Prov. de España, en la com. autón. de Castilla y León; 10 287 km², 90 717 hab. Cap., la c. hom. Remolacha, forrajes. Ovinos, porcinos. Explotación forestal. Ind. de derivados agropecua-

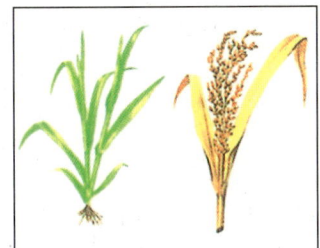

Sorgo. Planta e inflorescencia

rios. ◊ C. de España, cap. de la prov. hom.; 35 151 hab. Mercado regional (lana, cereales, ganado). Ind. alimentaria, maderera.

SORIANO Dpto. de Uruguay, limítrofe con Argentina a través del r. Uruguay; 9 008 km², 84 563 hab. Cap., Mercedes. Territorio llano, perteneciente al escudo brasileño. Trigo, maíz, alfalfa, lino, girasol. Cría de bovinos. Ind. concentrada en Mercedes.

SORIANO, Osvaldo (1943-1997) Escritor arg. *Triste, solitario y final, Una sombra ya pronto serás.*

SORITES m. *Lóg.* Silogismo complejo, compuesto de proposiciones encadenadas. El predicado de la antecedente pasa a ser sujeto de la siguiente.

SORNA f. Disimulo y burla con que se hace o se dice una cosa, ironía.

SORO m. *Bot.* Conjunto de esporangios de los helechos.

SOROCABA C. de Brasil, en el est. de São Paulo; 269 900 hab. Mercado agrícola. Ind. textiles, químicas, metalúrgicas y alimentarias.

SOROCHE m. *Amér.* Mal de montaña. ◊ *Bol.* y *Chile.* Galena, mineral. ◊ *Chile.* Rubor.

SOROLLA, Joaquín (1863-1923) Pintor impresionista esp. Pintó temas históricos y anecdóticos (*El resbalón del monaguillo*), sociales (*¡Y aún dicen que el pescado es caro!*), niños en la playa o nadando (*Alegría del agua*).

Detalle de *Comida en la barca*, óleo de Joaquín **Sorolla**

SOROZÁBAL, Pablo (1897-1988) Compositor esp., autor de populares zarzuelas. *Katiuska, La del manojo de rosas.*

SORPRENDER tr. Coger desprevenido. ◊ Descubrir lo que otro ocultaba o disimulaba. ◊ tr. y prnl. Conmover, maravillar con algo raro o incomprensible. ❑ SORPRENDENTE; SORPRESA; *Amér.* SORPRESIVO, VA.

SORT m. *Comp.* Nombre genérico de los programas para clasificar u ordenar.

SORTEAR tr. Someter a la decisión de la suerte la adjudicación de una cosa. ◊ fig. Evitar con maña o eludir un compromiso, conflicto, riesgo o dificultad. ❑ SORTEO.

SORTIJA f. Anillo, aro pequeño que se ajusta a los dedos. ◊ Rizo de cabello, en figura de anillo.

SORTILEGIO m. Adivinación que se hace por artes supersticiosas.

SOS prep. insep. Sub.

SOS Señal que, traducida en el código Morse, se transmite telegráficamente para indicar que un barco, aeronave, etc., se halla en peligro.

SOSA f. Nombre comercial del carbonato sódico. ◊ *Miner*. Natrita. ◊ **cáustica**. Nombre comercial del hidróxido sódico.

SOSA, Mercedes (n. 1935) Cantante arg. testimonial y de temas folclóricos.

SOSEGAR tr. y prnl. Aplacar, pacificar, aquietar. ◊ intr. y prnl. Descansar, reposar, aquietarse o cesar la turbación o el movimiento. ❑ SOSEGADO, DA.

SOSEGATE m. *Argent.* y *Ur.* Cachete, coscorrón, puñetazo.

SOSERÍA f. Insulsez, falta de gracia y de viveza. ◊ Dicho o hecho insulso.

SOSIA m. Persona tan parecida a otra que puede ser confundida con ella.

SOSIEGO m. Quietud, tranquilidad.

SOSÍGENES (s. I a. C.) Astrónomo y filósofo gr. de la escuela de Alejandría. Sugirió a Julio César la reforma del calendario llamada juliana.

SOSLAYAR tr. Poner una cosa ladeada para pasar una estrechura. ◊ fig. Dejar de lado alguna dificultad. ❑ SOSLAYO, YA.

SOSNOWIEC C. de Polonia, en la Alta Silesia; 146 100 hab. Yacimientos de hulla. Ind. química. Vidrio y acero.

SOSO, SA adj. Que no tiene sal, o tiene poca. ◊ fig. Carente de gracia y viveza.

SOSPECHAR tr. Creer o imaginar una cosa por conjeturas fundadas en apariencias o visos de verdad. ◊ intr. Desconfiar, dudar. ❑ SOSPECHA; SOSPECHOSO, SA.

SOSTÉN m. Persona o cosa que sostiene. ◊ fig. Apoyo moral, protección. ◊ Prenda interior que usan las mujeres para sostener el pecho.

SOSTENER tr. y prnl. Sustentar, mantener firme una cosa. ◊ tr. Sustentar o defender una proposición. ◊ fig. Prestar apoyo, dar aliento o auxilio. ◊ Dar a uno lo necesario para su manutención.

SOSTENIDO, DA adj. *Mús.* Díc. de la nota cuya entonación excede en un semitono mayor a la de su sonido natural. ◊ m. *Mús*. Signo que representa esta alteración del sonido natural de la nota o notas a que se refiere. ❑ SOSTENIMIENTO.

SOTA f. Carta décima de cada palo de la baraja española.

SOTABANCO m. Piso habitable colocado por encima de la cornisa general de la casa. ◊ Hilada que se coloca encima de la cornisa para levantar los arranques de un arco o bóveda.

SOTACURA m. *Argent., Chile* y *Col.* Coadjutor, eclesiástico.

SOTANA f. Vestidura talar que usan algunos eclesiásticos.

SÓTANO m. Parte subterránea, entre los cimientos de un edificio.

SOTARÁ Volcán de Colombia, en la cordillera Central; 4 850 m de alt. Nacimiento del r. Patía.

SOTAVENTO m. *Mar.* Costado de la nave opuesto al barlovento. ◊ *Mar*. Parte que cae hacia ese lado.

SOTAVENTO, Islas Grupo de islas de las Pequeñas Antillas (Aruba, Curaçao, Bonaire, Los Roques, La Orchilla, La Tortuga y Margarita), sit. frente a la costa ven.

SOTAVENTO, planicie costera de Región fisiográfica de México, sit. entre la

sierra Madre de Oaxaca y el golfo de México. Agricultura y ganadería.

SOTERRAR tr. Enterrar, poner una cosa debajo de tierra. ◊ fig. Esconder o guardar una cosa de modo que no se advierta. ❑ SOTERRAMIENTO.

SOTHO adj. y s. Díc. del individuo perteneciente a uno de los prales. grupos etnolingüísticos y culturales bantúes del S. de África.

SOTO m. Sitio que en las riberas o vegas está poblado de árboles y arbustos. ◊ Sitio poblado de malezas, matas y árboles. ◊ prep. insep. Debajo.

SOTO, Domingo de (1494-1560) Teólogo esp., dominico. Participó en el Concilio de Trento. *De iustitia et iure, De natura et gratia libri tres*. ◊ **Hernando de** (1500-1542) Conquistador esp. Participó en la conquista del Perú (1532). ◊ **Jesús Rafael** (1923-2005) Artista plástico ven. Después de un periodo cubista y neoplasticista, se volcó hacia el arte cinético. *Vibraciones inmateriales, Progresión amarilla*; decoración interior del edificio de la UNESCO de París. ◊ **Marco Aurelio** (1846-1908) Político hond. Presid. de la rep. (1876-1883), estableció la constitución de 1880. ◊ **Y Alfaro, Bernardo** (1854-1931) Político cost. Presid. de la rep. (1885-1889). Impulsó reformas educativas.

Sota de espadas

SOTOBOSQUE m. Vegetación leñosa que crece bajo el estrato arbustivo superior de un bosque.

SOTOL m. *Méx*. Planta de la que se obtiene la bebida alcohólica homónima.

SOTOMAYOR, Alonso de (m. 1610) Administrador colonial esp. Gobernador de Chile (1581-1592). Intentó someter a los araucanos.

SOTRETA adj. y com. *R. de la Plata*. P. ext., díc. de la persona que no sirve para nada.

SOTTO VOCE (exp. it.) m. adv. A sovoz, en voz baja. ◊ *Mús*. De forma dulce y apagada.

SOUBLETTE, Carlos (1789-1870) Militar y político ven. Luchó junto a Bolívar. Presid. de la rep. (1837-1838 y 1843-1847).

SOUFFLOT, Germain (1713-1780) Arquitecto fr. Autor de la iglesia de Santa Genoveva, en París, post. convertida en Panteón nacional.

SOULOUQUE, Faustin (1782-1867) Emp. de Haití. Presid. de la rep. (1847), se hizo coronar emp. bajo el nombre de Faustino I (1849). Derrocado en 1859.

SOULT, Nicolas Jeau de Dieu, DUQUE DE DALMACIA (1769-1851) Militar y político fr. Participó en la guerra de la Independencia esp. Post. fue presid. del consejo de ministros.

SOUTHAMPTON C. y puerto de Gran Bretaña, en Hampshire; 204 400 hab. Ind. metalúrgica, refinerías de petróleo, materiales eléctricos.

SOUTHEND ON SEA C. de Gran Bretaña, en el estuario del Támesis, condado de Essex; 156 700 hab. Balneario. Ind. mecánicas.

SOVIET (ruso, «consejo») m. Consejo o asamblea obrera. Formado por delegados elegidos por sufragio universal, que formaban los cuerpos legislativos y gubernamentales de la desaparecida URSS. Tras la rev., se convirtieron en la institución legislativa fundamental. **SOVIÉTICO, CA** adj. Relativo al soviet. ◊ adj. y s. De la Unión Soviética.

SOVJOZ (voz rusa) m. En la extinta URSS, explotación agrícola estatal.

SOWETO C. de la República Sudafricana; 592 600 hab. Sit. en la periferia de Johannesburgo, es el *ghetto* negro más grande del país.

SOYAPANGO C. del centro de El Salvador; 85 600 hab. Centro comercial. Ind. azucarera.

SOYINKA, Wole (n. 1934) Escritor nigeriano en lengua ing. Teatro satírico y experimental: *El león y la joya, La muerte y el caballero del rey*. Premio Nobel de Literatura en 1986.

SOYUZ *Astron*. Serie de cápsulas espaciales sov. tripuladas, posteriores a las *Vostok* y *Voshod*. A partir del s. XI se ha producido el acoplamiento con las estaciones orbitales *Salyut* y, posteriormente, *Mir*.

SPAAK, Paul Henri (1899-1972) Político belga, socialista. Ministro de Asuntos Exteriores y primer ministro en varias ocasiones. Secretario general de la OTAN.

SPAGHETTI (voz it.) m. pl. Pasta alimenticia en forma de fideos largos y finos.

SPALATO ⇨ Split.

SPANDAU Ant. c. de Alemania, distrito industrial de Berlín. En su cárcel fueron recluidos los criminales de guerra condenados por el tribunal de Nuremberg.

SPANIEL (voz ing.) adj. y m. Nombre que designa un grupo de razas de perros de talla media y pelo largo y sedoso, emparentados con los setter.

SPEAKER (voz ing.) m. En radio y televisión, profesional encargado de presentar o comentar programas; locutor. ◊ En Gran Bretaña, presid. de la Cámara de los Comunes.

SPENCER, Herbert (1820-1903) Filósofo y sociólogo brit. En historia mantuvo principios evolucionistas. En sociología es considerado fundador del organicismo. *Principios de biología, Principios de ética, El estudio de la sociología*.

SPENGLER, Oswald (1880-1936) Filósofo, historiador y sociólogo al. En *La* *decadencia de Occidente*, muestra su concepto organicista de la historia.

SPENSER, *Edmund* (1552-1599) Poeta brit. *La reina de las hadas.*

SPEZIA, *La* C. it., en Liguria, cap. de la prov. hom.; 110 100 hab.; primera base naval militar de Italia. Puerto comercial. Astilleros.

SPIELBERG, *Steven* (n. 1947) Director cinematográfico norteam. *Tiburón, Encuentros en la tercera fase, En busca del arca perdida, E. T., El color púrpura, Hook, La lista de Schindler.*

SPILIMBERGO, *Lino Eneas* (1896-1964) Pintor arg. En sus obras da exp. a volúmenes y planos mediante facetas geométricas. *La planchadora.*

SPIN ⇨ espín.

SPÍNOLA, *Ambrosio de* ⇨ Espínola.

SPÍNOLA, *António* (1910-1996) Militar y político port. Participó en la rev. de 1974. Presid. de la rep. (1974).

SPINOZA, *Baruch de* (1632-1677) Filósofo neerlandés. La única sustancia, Dios, existe activa y eternamente por sí misma, y de ella conocemos la extensión y el pensamiento. Las demás cosas son modos de ella. *Ética; Breve tratado sobre Dios, el hombre y la felicidad; Tratado político.*

SPITTELLER, *Karl* (1845-1924) Poeta y escritor suizo, en lengua al. Premio Nobel de Literatura en 1919. *Extra-mundana, Imago, Primavera olímpica.*

SPITZBERG (nor., *Svalbard*) Arch. del océano Glacial Ártico, al N de Noruega, a la que pertenece desde 1920; 62 000 km², 3 000 hab. Cap., Longyearbyen.

SPLIT (it., *Spalato*) C. y puerto de la rep. de Croacia; 169 300 hab. Ind. naval y de materiales plásticos.

SPOHR, *Ludwig* (1784-1858) Compositor y violinista al. Sus óperas (*Fausto, Ondina*) alcanzaron gran popularidad.

SPOT (voz ing.) m. Película corta de carácter publicitario.

SPRINGFIELD C. de EE UU, cap. del Est. de Illinois; 105 200 hab. Mercado agropecuario. Ind. siderometalúrgicas y alimentarias.

SPRINGS C. del NE de la República Sudafricana; 100 100 hab. Minas de oro.

SPRINT (voz ing.) m. Carrera de velocidad cuya distancia es corta. ◊ *Dep.* Esfuerzo máx. de un corredor.

SPRITE (voz ing.) m. *Comp.* Pequeña figura que aparece en la pantalla con mov. independiente, que es la base de la programación de videojuegos.

SPUTNIK (ruso «satélite») *Astron.* Serie de satélites artificiales sov., con el primero de los cuales se inició, en 1957, la era de la astronáutica.

SQUASH (voz ing.) m. Juego que tiene lugar en una especie de frontón con cuatro paredes, y para el cual se usa una pelota de goma dura y una raqueta similar a la del tenis.

Sr *Quím.* Símb. del estroncio.

SRI LANKA Estado de Asia, constituido por la isla hom., sit. en el océano Índico, al SE del extremo meridional de la India. La mayor parte de la isla está formada por una llanura, que comprende una altiplanicie. Río Mahawelí Ganga. Clima cálido y húmedo. Arroz, té, palma de coco, canela. Explotación forestal (caucho). Ganado bovino y búfalos. Piedras preciosas, gra-

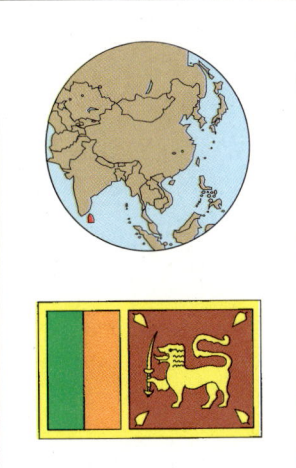

Mapa de situación y bandera
de **Sri Lanka**

fito. Ind. textil, química, alimentaria, manufacturas de tabaco. República. Etnias: cingaleses (75%), tamiles y otros. Lenguas: cingalés (of.), tamil, ing. *Rel.*: budismo (69%), hinduismo, cristianismo. U. M.: la rupia de S. Lanka. Cap., Colombo. C. prales.: Dehiwala-Mount Lavinia, Jaffna.

□ *Hist.* Ocupada por chinos, port. (1505) y neerlandeses (1658). Desde 1802, colonia brit. Independiente dentro de la Commonwealth desde 1948. En 1949 se privó de voto a los tamiles, lo que provocó disturbios en 1959 y el asesinato del primer ministro Bandaranaike. Al año siguiente su esposa ganó las elecciones. En 1965, D. Senanayake, de la Unidad Nacional, formó un gobierno con participación tamil. La rep. se proclamó en 1972, con el nombre of. de S. Lanka. En 1978 J. Jayawardene accedió a la presidencia. A partir de 1979 el conflicto con la minoría tamil se radicalizó hasta adquirir características de guerra civil.

SRI LANKA

Superficie	65 610 km²
Población 17 247 000 hab.	(263 hab./km²)
Recursos económicos	
Arroz	2 397 000 t
Búfalos	981 000 cabezas
Cabaña bovina	1 814 000 cabezas
Cabaña porcina	102 000 cabezas
Caucho	102 000 t
Cemento	566 000 t
Copra	110 000 t
Ener. eléctrica	3 150 millones de kwh
Hilados de algodón	8 500 t
Neumáticos	382 000 unidades
Nuez de coco	1 800 000 t
Pesca	165 397 t
Riqueza forestal	9 129 000 m³
Té	241 000 t
Indicadores sociológicos	
PNB	8 665 millones de dólares
Renta per cápita	500 dólares
Esperanza de vida	71 años
Alfabetismo	88%

SRINAGAR C. de la India, cap., compartida con Jammu, del est. de Jammu-Kashmir; 594 800 hab. Ind. sedera.

SS (siglas de las voces al. *Schutz Staffel*, «secciones de protección») Policía militarizada del partido nazi. Creada en 1925 y dirigida por Himmler, se encargó de la seguridad interior.

STAEL *Germaine Necker*, BARONESA DE (1766-1817) Escritora fr., conocida como MADAME DE STAEL, precursora del romanticismo. *Delfina y Corina, Alemania.*

STALIN Seud. de *Jossif Vissarionovich Djougatchvili* (1879-1953) Político sov. En 1922 fue elegido secretario general. A la muerte de Lenin (1924) excluyó a Trotsky. Procedió a la estatalización total de la economía, al tiempo que acumulaba los cargos más imp. Entre 1934 y 1938 procedió a una drástica purga de los prales. cuadros históricos. Durante la guerra, disolvió la III Internacional.

STALINGRADO ⇨ Volgogrado. ◊ **Batalla de S.** La más imp. de las libradas durante la II Guerra Mundial (agosto 1942-31 enero 1943), que enfrentó a sov. y al. Éstos capitularon.

STAMITZ, *Johann Wenzel Anton* (1717-1757) compositor al., uno de los creadores del estilo musical conocido como escuela de Mannheim.

STAND (voz ing.) m. Espacio que, en una feria o exposición, se reserva a cada uno de los participantes en la misma. ◊ Pabellón o puesto comercial.

STANISLAVSKI, *Constantin* (1863-1938) Seud. de *Constantin Sergueievich Alexeiev* Actor y director escénico ruso. Elaboró un método de interpretación basado en el naturalismo psicológico.

STANLEY, *Henry Morton* Seud. de *John Rowlands* (1841-1904). Periodista y explorador brit. Tras culminar con éxito la búsqueda de Livingstone en Tanganica (1871), exploró los lagos Victoria y Tanganica y el curso del Congo. ◊ *Wendell Meredith* (1904-1971) Bioquímico norteam. Aisló el virus responsable del mosaico del tabaco. Premio Nobel de Química en 1946 con Northrop y Summer.

STARK, *Johannes* (1874-1957) Físico al. Descubrió un importante efecto, según el cual las líneas espectrales, sometidas a la influencia de un campo eléctrico, se desdoblan. Premio Nobel de Física en 1919.

STAR-SYSTEM (voz ing.) m. Nombre que se da a un sistema de producción cinematográfica en que la película se construye a partir de un actor o una pareja de actores (estrellas) muy populares.

STARTER (voz ing.) m. *Aut.* Dispositivo para realizar o facilitar la puesta en marcha del motor.

STATEN ISLAND Isla de EE UU, en el est. de Nueva York; 181 km², 295 000 hab. Forma parte del Gran Nueva York.

STATU QUO loc. latina usada como sustantivo para indicar el estado o situación de un problema de un momento determinado.

STATUS m. Posición o prestigio social de una persona o un grupo (⇨ rol-status).

STAUDINGER, *Hermann* (1881-1965) Químico al. Descubrió las cetenas. Premio Nobel de Química en 1953.

STAVROPOL Territorio de Rusia, for-

Richard **Steele**

mado en 1924. Comprende la prov. de Karacháievo-Cherkesia; 80 600 km², 2 715 000 hab. Cap., la c. hom. ◊ C. de Rusia, cap. del terr. hom.; 293 000 hab. Ind. alimentarias y metalúrgicas.
STEELE, Richard (1672-1729) Escritor irl. Autor y crítico dramático. Cofundador de los periódicos *The Spectator, The Guardian* y *The English-man.*
STEFANO, Alfredo di (n. 1926) Futbolista arg., nacionalizado esp. Jugó en el River Plate, Millonarios de Bogotá, el Real Madrid y el Español.
STEIN, Gertrude (1874-1946) Escritora y crítico de arte. *Autobiografía de Alice B. Toklas;* y de Leo, *ABC de la estética.* ◊ **Karl,** BARON VON (1757-1831) Político prusiano. Ministro de Comercio, atacó las barreras aduaneras internas e impulsó la ind.
STEINBECK, John (1902-1968) Novelista norteam. Refleja la crisis de 1929 en la vida del proletariado. Premio Nobel de Literatura en 1962. *Las uvas de la ira, Tortilla Flat, Al este del Edén.*
STEINER, Jacob (1796-1863) Geómetra al. Trabajó preferentemente en temas de geometría proyectiva.
STENDHAL Seud. de *Henry Beyle* (1783-1842) Escritor fr., una de las máx. figuras del realismo. Novelas: *Rojo y negro, La cartuja de Parma, Armancia;* ensayos y trabajos biográficos: *Racine y Shakespeare, Del amor.*
STEPHENSON, George (1781-1848) Ingeniero brit., inventor de la locomotora de vapor y constructor del primer tren, que circuló de Stockton a Darlington (1825).
STERLITAMAK C. de Rusia, en la República autónoma de Bashkiria; 240 000 hab. Ind. mecánicas y alimentarias.
STERN, Otto (1888-1970) Físico de origen al., nacionalizado norteam. Premio Nobel de Física en 1943 por sus estudios sobre las propiedades magnéticas de los átomos y la materialización de los fotones.
STERNBERG, Joseph von (1894-1969) Director de cine norteam. de origen austr. *La ley del hampa, Los muelles de Nueva York, El ángel azul.*
STERNE, Lawrence (1713-1768) Escritor brit. *Vida y opiniones de Tristram Shandy.*
STETTIN C. de Polonia ⇨ Szczecin.

STEVENSON, Robert Louis (1850-1894) Escritor ing., famoso por sus novelas de acción y de aventuras. *La isla del tesoro, El señor de Ballantrae, El extraño caso del Dr. Jekyll y Mr. Hyde.*
STEWART, James Seud. de *James Maintland* (1908-1997) Actor cinematográfico norteam. *Dos cabalgan juntos, El hombre que mató a Liberty Valance, La ventana indiscreta.*
STICK (voz ing.) m. Bastón del golf y del hockey.
STIJL, De Nombre de una revista neerlandesa fundada en 1917 por T. Van Doesburg. En torno a ella se congregaron gran número de artistas que reivindicaron la abstracción geométrica.
STILB m. *Fís.* Unidad de luminancia, definida como la que presenta un foco luminoso que por cada cm² tiene una intensidad de una candela. Su símb. es Sb.
STOCK (voz ing.) m. Provisión, surtido, reservas, existencias de cualquier bien, producto, valor o capital.
STOCKPORT C. de Gran Bretaña, a orillas del r. Mersey; 136 500 hab. Centro industrial.
STOKE ON TRENT C. de Gran Bretaña, en el condado de Stafford; 252 400 hab. Hulla. Ind. metalúrgica.
STOKER, Abraham (1847-1912) Escritor irl., autor de *Drácula.*
STOKOWSKI, Leopold (1882-1977) Director de orquesta norteam., de origen polaco. Autor de adaptaciones de obras de Bach.
STOLIPIN, Piotr Arkádievich (1862-1911) Político ruso. Ministro del Interior y presid. del Consejo (1906). Reprimió a la izquierda. Murió en un atentado.
STONEHENGE Monumento megalítico, sit. en Inglaterra, en el condado de Wilt, que data de la E. del Bronce.
STOP (voz ing.) m. Voz que indica parada, o punto en telegrafía.
STORM, Hans Theodor (1817-1888) Poeta y novelista al. *Historias y cantos del verano* (poesía), *Inmenso, El hombre del caballo blanco* (narraciones).
STORNI, Alfonsina (1892-1938) Poetisa arg. de origen suizo. Modernista, es autora de *La inquietud del rosal, El dulce daño, Irremediablemente, Languidez.*
STOSS, Veit (h. 1438-1533) Escultor gótico al. Retablo de la iglesia de Nuestra Señora de Cracovia.
STRACHEY, Lytton (1880-1932) Escritor brit. *Victorianos eminentes.*
STRADIVARIUS, Antonio (1644-1737) El más famoso constructor de instrumentos de cuerda.
STRATFORD-UPON-AVON C. de Gran Bretaña, en el condado de Warwick. Cuna de Shakespeare. Centro de interés turístico.
STRAUSS, David Friedrich (1808-1874) Teólogo protestante al. *Vida de Jesús.* ◊ **Johann** (1825-1899) Compositor austr. famoso por sus valses (*El Danubio azul, Cuentos de los bosques de Viena*). ◊ **Richard** (1864-1949) Compositor al. Es el último gran romántico. Autor de poemas sinfónicos (*Don Juan, Muerte y transfiguración, Las travesuras de Till Eulenspiegel, Don Quijote*), óperas (*Salomé, Electra, El caballero de la rosa, Arabella*), melodías, música de cámara, lieder y ballets.
STRAVINSKI, Igor (1882-1971) Compositor ruso, nacionalizado fr. y post. norteam., de gran influencia en la mú-

sica del s. XX. *El pájaro de fuego, La consagración de la primavera, Pulcinella, Edipo rey, Sinfonía de los salmos, Trenos.*
STREEP, Meryl (n. 1949) Actriz cinematográfica norteam. *Manhattan, Kramer contra Kramer, La decisión de Sophie* (Oscar de interpretación, 1982).
STREISAND, Barbra (n. 1942) Cantante y actriz norteam. *Hello, Dolly!; Una chica divertida* (Oscar en 1969).
STRESEMANN, Gustav (1878-1929) Político al. Fundador del Partido Populista. Reprimió los movimientos comunistas y el *putsch* de Hitler. Premio Nobel de la Paz en 1926, con Briand.
STRESS (voz ing.) m. *Pat.* Conjunto de reacciones que genera el organismo al enfrentarse bruscamente con un agente nocivo. ◊ Extenuación física.
STRINDBERG, Johan August (1849-1912) Dramaturgo y novelista sueco. *El cuarto rojo* es la primera obra naturalista sueca. Para el teatro escribió *Padre, La señorita Julia, La sonata de los fantasmas.*
STRIP-TEASE (voz ing.) m. Espectáculo público, gralte. con fondo musical, en que una persona se desnuda sugestivamente.
STROESSNER, Alfredo (n. 1912) Político y militar par. General en jefe del ejército, dirigió en 1954 un golpe de Est. que le convirtió en presid. de la nación. Gobernó autoritariamente hasta que en 1989 le derrocó Andrés Rodríguez.
STROHEIM, Erich von (1885-1957) Director y actor de cine norteam., de origen austr. *Avaricia, La viuda alegre, La marcha nupcial, La reina Kelly.*
STROZZI Familia de banqueros florentinos, rival de los Médicis, adscrita al partido güelfo. Floreció entre los ss. XIV-XVI.
STUPA m. Monumento funerario de origen indio que ha dado lugar a las pagodas.
STURM und Drang (al., «tempestad e impulso») Mov. literario al. que se desarrolló entre 1770 y 1790 como reacción contra el racionalismo (Herder, Goethe y Schiller).
STUTTGART C. de Alemania, cap. del est. de Baden-Württenber; 561 000 hab. Ind. textil química, metalúrgica.
SU prep. insep. Sub.
SU, SUS pron. posesivo de tercera persona en gén. masculino y femenino y en ambos números. Se usa solamente antepuesto al nombre.

Richard **Strauss**

SUABIA (al., *Schwaben*) Región histórica del S de Alemania, actualmente comprendida en los est. de Baviera y Baden-Württemberg. Su nombre deriva de los suevos.

SUÁREZ, Francisco (1548-1617) Filósofo, teólogo y jurista esp., uno de los renovadores de la escolástica de su tiempo *(Disputaciones metafísicas)*. ◊ **Joaquín** (1781-1868) Político ur. Presid. interino de la rep. (1839) y jefe del gobierno de la Defensa durante la llamada Guerra Grande. ◊ **Marco Fidel** (1856-1927) Escritor y político col. Jefe del Partido Conservador, en 1918 fue presid. de la rep., cargo del que dimitió en 1921. ◊ **Flammerich, Germán** (1907-1990) Político ven. Presid. del gobierno (1950-1952) tras el asesinato de Carlos Delgado. ◊ **González, Adolfo,** DUQUE DE (n. 1932) Político esp. Presid. del gobierno en 1976. Ganó las elecciones con Unión de Centro Democrático en 1977 y 1979. Dimitió en 1981.

SUAVE adj. Liso y blando al tacto. ◊ Dulce, grato a los sentidos. ◊ fig. Tranquilo, manso. ◊ fig. Lento, moderado. ◊ fig. Dócil, apacible. ❏ SUAVIDAD; SUAVIZAR.

SUAZO Córdoba, Roberto (n. 1927) Médico y político hond. Presid. de la rep. (1982-1986) por el partido liberal, desarrolló una política conservadora.

SUBAFLUENTE m. Río o arroyo que desagua en un afluente.

SUBALTERNO, NA adj. Inferior, o que está debajo de una persona o cosa. ◊ m. Empleado de categoría inferior. ◊ Oficial cuyo empleo es inferior al de capitán.

SUBARRENDAR tr. Dar o tomar en arriendo una cosa de otro arrendatario de la misma. ❏ SUBARRIENDO; SUBARRENDATARIO, RIA.

SUBASTAR tr. Vender efectos o contratar servicios, arriendos, etc., en pública subasta. ❏ SUBASTA; SUBASTADOR, RA.

SUBCLASE f. Cada uno de los grupos en que se dividen las clases de plantas y animales.

SUBCLAVIO, VIA adj. Díc. de lo que en el cuerpo del animal está debajo de la clavícula.

SUBCONSCIENCIA f. *Psic.* Capa de la conciencia psicológica, en la que se registran ciertos contenidos, que, aparentemente olvidados por el sujeto, determinan su conducta. ❏ SUBCONSCIENTE.

SUBCOSTAL adj. Que está debajo de las costillas.

SUBCUTÁNEO, A adj. Que está inmediatamente debajo de la piel.

SUBDESARROLLO m. ⇨ Desarrollo, ⇨ Tercer Mundo.

SUBDIÁCONO m. Clérigo que ha recibido la primera de las órdenes mayores. ❏ SUBDIACONADO; SUBDIACONAL.

SUBDIRECTOR, RA m. y f. Persona que sirve a las órdenes inmediatas del director o le sustituye en sus funciones. ❏ SUBDIRECCIÓN.

SÚBDITO, TA adj. y s. Sujeto a la autoridad de un superior con obligación de obedecerle. ◊ m. y f. Natural o ciudadano de un país.

SUBDIVIDIR tr. y prnl. Dividir una parte señalada por una división anterior. ❏ SUBDIVISIÓN.

SUBEMPLEO m. Insuficiente utilización de la mano de obra disponible, o de la capacidad de trabajo.

SÚBER m. Tejido secundario que sustituye la exodermis de las plantas que crecen en grosor.

SUBERIFICACIÓN f. *Bot.* Proceso de modificación de la membrana secundaria de las células vegetales, por el cual la celulosa se va sustituyendo paulatinamente por suberina, más impermeable, que impide la evaporación y transpiración de los órganos vegetales.

SUBERINA f. *Bot.* Sustancia lipídica, impermeable, que se halla en el corcho o súber de ciertos vegetales.

SUBESPECIE f. Unidad taxonómica intraespecífica, utilizada en botánica y zoología para designar un conjunto de individuos de una especie diferenciados de otros pertenecientes a la misma.

SUBESTIMAR tr. Estimar en menos de su valor.

SUBFUSIL m. Arma automática de tiro tenso, ligera y de gran velocidad de fuego, con un alcance de hasta 200 m.

SUBIDO, DA adj. Díc. de lo más fino y excelente en su especie. ◊ Díc. del color o del olor que impresiona fuertemente la vista o el olfato. ◊ Muy elevado, que excede al término ordinario.

SUBÍNDICE m. Letra o núm. que, añadido a la derecha y algo más bajo a un símb. matemático, lo distingue de otros semejantes.

SUBIR intr. Pasar de un sitio o lugar a otro superior o más alto. ◊ Crecer en alt. ciertas cosas. ◊ Importar una cuenta. ◊ Pasar a mejor empleo, o categoría económica o social. ◊ tr. Remontar. ◊ Hacer más alta una cosa o irla aumentando hacia arriba. ◊ fig. Dar a las cosas más precio o mayor estimación de la que tenían.

SUBIRACHS, Josep Maria (n. 1927) Escultor esp. *Perfil*, fachada del Santuario de la Virgen del Camino.

Tres mans, escultura en madera y bronce de J. M. **Subirachs**

SÚBITO, TA adj. Improviso, repentino. ◊ Precipitado o violento en las obras o palabras. ◊ adv. modo. De manera súbita.

SUBJETIVISMO m. *Fil.* Doctrina que reduce la validez de los juicios al sujeto que los emite. Es un componente importante del kantismo.

SUBJETIVO, VA adj. Relativo al sujeto pensante y no al objeto en sí mismo. ◊ Que varía con los gustos, hábitos, modo de pensar, de cada uno; individual. ❏ SUBJETIVIDAD.

SUBJUNTIVO adj. Relativo al modo subjuntivo. ◊ m. *Gram.* Modo del verbo que expresa el hecho como un deseo, o como dependiente y subordinado a otro hecho. Significativamente, se emplea para indicar que la acción no está pensada como real, sino que es dudosa o deseada.

SUBLEVAR tr. y prnl. Alzar en sedi-

ción o motín. ◊ tr. fig. Excitar indignación, promover sentimiento de protesta. ❏ SUBLEVACIÓN; SUBLEVAMIENTO.

SUBLIMADO, DA adj. *Quím.* Sustancia obtenida por sublimación. ◊ **corrosivo.** *Quím.* Sustancia venenosa, que resulta de la combinación de dos equivalentes de cloro con uno de mercurio.

SUBLIMAR tr. Engrandecer, exaltar, ensalzar. ◊ tr. *Psic.* Transformar el impulso sexual en una acción gratificadora y socialmente positiva. ◊ tr. y prnl. *Fís.* Pasar directamente del estado sólido al estado de vapor. A veces, designa también el proceso inverso. ❏ SUBLIMACIÓN.

SUBLIME adj. Excelso, eminente. ❏ SUBLIMIDAD.

SUBLIMINAL adj. Carácter de aquellas actividades psíquicas de las que no se es consciente.

SUBMARINISMO m. Teoría y práctica sobre la inmersión y exploración bajo el agua. ❏ SUBMARINISTA.

SUBMARINO, NA adj. Que está bajo la superficie del mar. ◊ m. Buque proyectado para su desplazamiento tanto en superficie como sumergido.

SUBMÚLTIPLO, PLA adj. y m. *Mat.* Díc. de un núm., o medida, contenido un núm. entero de veces en otro. Todo divisor de un núm. es submúltiplo de éste.

SUBNORMAL adj. y s. Que es inferior a lo normal. Se aplica especialmente a las personas cuya edad mental es sensiblemente inferior a la cronológica.

SUBOFICIAL m. *Mil.* Categoría comprendida entre las de oficial y clase de tropa.

SUBORDEN m. Cada uno de los grupos taxonómicos en que se dividen los órdenes de animales y de plantas.

SUBORDINAR tr. y prnl. Poner personas o cosas bajo la dependencia de otras. ◊ *Gram.* Estar una oración en dependencia de otra. ◊ tr. Clasificar algunas cosas como inferiores en orden respecto de otras. ❏ SUBORDINACIÓN; SUBORDINADO, DA; SUBORDINANTE.

SUBPRODUCTO m. Producto secundario obtenido, además del pral., en un proceso industrial.

SUBPROGRAMA m. *Comp.* Conjunto de instrucciones que se utiliza entre varios puntos de un programa, o que puede insertarse en diferentes programas.

SUBRANQUIAL adj. Sit. debajo de las branquias.

SUBRAYAR tr. Señalar por debajo con una raya alguna letra, palabra o frase escrita, para llamar la atención sobre ella. ◊ fig. Recalcar las palabras. ❏ SUBRAYADO, DA.

SUBREINO m. Cada uno de los grupos taxonómicos en que se dividen los reinos animal y vegetal.

SUBROGAR tr. y prnl. Sustituir o poner una persona o cosa en lugar de otra. ❑ SUBROGACIÓN.

SUBSANAR tr. Disculpar un desacierto o delito. ◊ Remediar un defecto, o resarcir un daño. ❑ SUBSANACIÓN.

SUBSECRETARIO, RIA m. y f. Persona que sustituye o auxilia al secretario. ◊ Jefe de un departamento ministerial. ❑ SUBSECRETARÍA.

SUBSIDIARIO, RIA adj. Que se da o se manda en socorro o subsidio de uno. ◊ *Der.* Aplícase a la acción o responsabilidad que suple o robustece a otra pral. en caso de fallar ésta.

SUBSIDIO m. Socorro o auxilio extraordinario. ◊ Ayuda económica para atender ciertas necesidades individuales o colectivas.

SUBSISTENCIA f. Permanencia, estabilidad y conservación de las cosas. ◊ Conjunto de medios necesarios para el sustento de la vida humana.

SUBSISTIR intr. Permanecer, durar una cosa o conservarse. ◊ Vivir, mantener la vida. ◊ Estar en vigor.

SUBSUELO m. Terreno que está debajo de la capa laborable superficial. ◊ Parte profunda del terreno a la cual no llegan los aprovechamientos superficiales de los predios. ◊ *Chile.* Sótano.

SUBTENIENTE m. *Mil.* Oficial de categoría inmediatamente inferior a la de teniente.

SUBTERFUGIO m. Evasiva, escapatoria o excusa para salir de una situación difícil o embarazosa.

SUBTERRÁNEO, A adj. Que está debajo de tierra. ◊ m. Espacio sit. debajo de tierra.

SUBTIPO m. Cada uno de los grupos taxonómicos en que se dividen los tipos de plantas y de animales.

SUBTÍTULO m. Título secundario que se pone a veces después del título principal. ◊ *Cin.* Traducción resumida del diálogo, que aparece en la parte inferior de la pantalla. ❑ SUBTITULAR.

SUBTROPICAL adj. Tipo de bioma o vegetación, constituido por bosques de árboles de hoja grande, con encinas perennes, tamarindos, magnolias, palmeras y viñedos, así como orquídeas y musgo negro. Se localiza en regiones de gran pluviosidad.

SUBTRÓPICO m. Territorio de transición entre el trópico y la zona templada.

SUBURBANO, NA adj. Aplícase al edificio, terreno o campo próximo a la ciudad. ◊ Relativo a un suburbio.

SUBURBIO m. Aglomeración urbana cerca de una ciudad.

SUBVENCIONAR tr. Otorgar a alguien una cantidad para que ejecute una obra o realice un servicio, gralte. de interés público. ❑ SUBVENCIÓN.

SUBVENIR intr. Auxiliar, amparar. ◊ Costear, sufragar el pago de ciertas instituciones privadas.

SUBVERTIR tr. Trastornar, perturbar, hacer que algo deje de marchar con normalidad. ❑ SUBVERSIÓN; SUBVERSIVO, VA; SUBVERSOR, RA.

SUBYACENTE adj. Que yace o está debajo de otra cosa.

SUBYUGAR tr. y prnl. Avasallar, sojuzgar, dominar poderosa o violentamente. ❑ SUBYUGACIÓN.

SUCCÍNICO adj. *Quím.* Díc. de un ácido orgánico bicarboxílico, que cristaliza en el sistema monoclínico. Originado en la fermentación alcohólica.

SUCCINO m. Ámbar.

SUCCIONAR tr. Chupar, extraer algún jugo o análogo con los labios. ◊ Absorber. ❑ SUCCIÓN.

SUCEDÁNEO, A adj. y m. Díc. de la sustancia que, por tener propiedades parecidas a las de otra, puede reemplazarla.

SUCEDER intr. Ocupar el lugar de una persona o cosa; sustituir a alguien en un cargo, empleo, etc. ◊ Entrar como heredero o legatario en la posesión de los bienes de un difunto. ◊ Descender, provenir. ◊ impers. Producirse espontáneamente un hecho o suceso. ❑ SUCEDIDO, DA; SUCESIVO, VA; SUCESOR, RA.

SUCESIÓN f. Entrada o continuación de una persona o cosa en lugar de otra. ◊ Entrada como heredero o legatario en la posesión de los bienes de un difunto. ◊ Descendencia o procedencia de un progenitor. ◊ Conjunto de bienes, derechos y obligaciones transmisibles a un heredero o legatario. ◊ Prole, descendencia directa. ◊ *Mat.* Conjunto ordenado de infinitos valores nu-

méricos o algebraicos. ◊ **Guerra de S. española.** *Hist.* Conflicto europeo (1701-1714) desencadenado tras la muerte de Carlos II de España. ❑ SUCESORIO, RIA.

❑ *Hist.* Enfrentó a Francia y España, que defendía los derechos de Felipe de Anjou (Felipe V), contra Inglaterra, las Provincias Unidas y el Imperio, que apoyaban al archiduque Carlos. Finalizó con las paces de Utrecht y Rastatt, que reconocían a Felipe V como rey de España.

SUCESO m. Cosa que sucede, especialmente cuando es de alguna importancia. ◊ Transcurso o discurso del tiempo. ◊ Éxito, resultado, término de un asunto.

SUCHET, *Louis Gabriel* (1770-1826) Militar fr. Mariscal de Francia. En la guerra de la Independencia esp. consiguió el control de Cataluña y Valencia (1812). En 1814 firmó el armisticio.

SÚCHIL m. *Méx.* Árbol de flores blancas con listas encarnadas, cuya madera se usa en la construcción.

SUCHITEPÉQUEZ Dpto. de Guatemala bañado por el Pacífico; 2 510 km², 392 703 hab. Cap., Mazatenango. El S está ocupado por el eje volcánico guatemalteco-salvadoreño; una zona de piedemonte da lugar a la llanura litoral. Café, caña de azúcar, cacao, algodón, cereales. Ganado bovino. Explotación forestal. Pesca.

SUCHOU (*Suzhou*) C. del E de China, en la prov. de Kiangsu; 681 000 hab. Ind. sedera.

SUCHOU (*Xuzhou*) C. del E de China, en el NE de la prov. de Kiangsu; 793 000 hab. Ind. textiles y alimentarias.

SUCINTO, TA adj. Breve, compendioso.

SUCIO, CIA adj. Que tiene manchas o impurezas. ◊ Que se ensucia fácilmente. ◊ fig. Deshonesto u obsceno. ◊ fig. Díc. del color confuso y turbio. ❑ SUCIEDAD.

SUCRE m. Ant. unidad monetaria del Ecuador.

SUCRE Est. de Venezuela, bañado, al N, por el Caribe; 11 800 km², 808 479 hab. Cap., Cumaná. Una falla separa el N del macizo Oriental. En el E se extiende una amplia zona pantanosa. Arroz, algodón, cacao, coco, copra, caña de azúcar y café. Pesca. Yeso, azufre, hierro, asfalto y salinas. Ind. de transformaciones agrarias, conservera y de materiales de construcción. Turismo. ◊ Dpto. de Colombia, a orillas del mar Caribe; 10 917 km², 839 770 hab. Cap., Sincelejo. El N del terr. corresponde a la sabana de Bolívar y la suavidad de su relieve se ve alterada por la serranía de la María, de dirección NE-SO. La mitad S está ocupada por la depresión Momposina. Arroz, cereales, tabaco. Ganadería caballar y vacuna. Pesca. Petróleo. Ind. química y del cemento (Tolú). ◊ C. de Bolivia, cap. legal del país y del dpto. de Chuquisaca; 215 778 hab. Centro comercial e industrial (alimentarias, textiles, metalurgia, refino de petróleo). Las prales. manifestaciones artísticas datan del s. XVII (iglesias de San Miguel, San Agustín, La Merced, Santo Domingo, y la catedral), excepto la iglesia de las Mónicas (s. XVIII). Fundada por Pedro de Anzures (1538). Cap. de Bolivia desde 1839 hasta 1898.

Sucre (Bolivia). Fachada del antiguo palacio del gobierno

SUCRE, *Antonio José de* (1795-1830) Militar y político ven. Jugó un papel fundamental en la última etapa de la lucha independentista. En 1824 emprendió con Bolívar la ofensiva contra las tropas realistas, que culminó en Ayacucho (1824). Convocó el congreso de las prov. altoperuanas, que, en 1825, en Chuquisaca, fundó la República de Bolívar (después Bolivia). En 1826 sucedió a Bolívar como presid. de la nueva rep. Tras la invasión del general per. Gamarra, renunció al mando y se exilió a Ecuador (1828). Apoyó la política de Bolívar y venció a La Mar en Tarqui (1829), pero fue asesinado en Pasto.

SÚCUBO adj. y m. Díc. del espíritu o demonio que, según la superstición vulgar y bajo la apariencia de mujer, tiene trato carnal con un varón.

SUCULENTO, TA adj. Jugoso, sustancioso, muy nutritivo. ◊ *Bot.* Díc. de los tallos u hojas de las plantas que se hallan engrosados por depósitos de agua.

SUCUMBÍOS Prov. del N de Ecuador, en la Reg. Amazónica; 18 327,5 km², 76 952 hab. Cap., Nueva Loja (13 165 hab.). Amplia llanura avenada por los afluentes y subafluentes del Amazonas.

SUCUMBIR intr. Ceder, rendirse, someterse. ◊ Morir, perecer.

SUCURSAL adj. Díc. del establecimiento sit. en pob. distintas o en sitios distintos de una misma pob., respecto a la central de la que depende.

SUD m. Sur. Es forma usada en palabras compuestas.

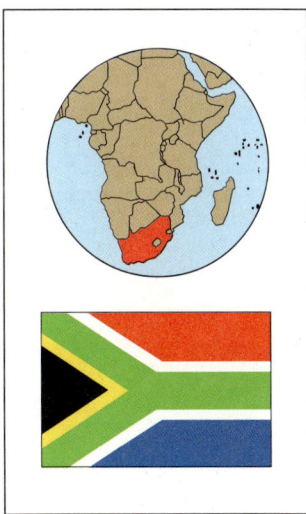

Mapa de situación y bandera
de **República Sudafricana**

SUDAFRICANA, *República* (afrikaans, *Republiek van Suid-Afrika;* ing., *Republic of South Africa*) Estado del S de África. República. Grupos étnicos: bantúes (77 %), europeos (10,5 %), mestizos (8,8 %) y asiáticos (3,5 %). Lenguas: afrikaans, ing. e idiomas bantúes (of.) *Rel.:* protestantismo, animismo, catolicismo, hinduismo. U. M.: el rand. Cap., Ciudad de El Cabo (legislativa), Pretoria (administrativa). C. prales.: Johannesburgo, Durban, Port Elizabeth.

□ *Geog. física.* El interior del terr. está formado por un conjunto mesetario; el borde oriental forma un pronunciado escarpe representado por la cordillera de Drakensberg, prolongado al S por el Nuweveldberg y el Zwartberg, entre los que se abre la depresión del Gran Karroo, y entre este último macizo y el Langeberg, la del Pequeño Karroo. Hacia la parte NO la meseta se abre hacia el desierto de Kalahari. Redes hidrográficas del Orange y Limpopo. Clima en general continental.

□ *Geog. económica.* La agricultura destaca por la diversidad (maíz, trigo, avena, sorgo, patata, vid, agrios, caña de azúcar, algodón, frutos tropicales). La ganadería (ovina, bovina y caprina) es muy imp. Pesca abundante y explotación forestal. La minería es una de las prales. riquezas: oro, uranio, platino, plata, diamantes, cromo, cobre, estaño, níquel, etc. Ind. siderúrgica, mecánica; montaje de automóviles; fundiciones de estaño y cobre; ind. química; textil (hilados y tejidos de algodón) y alimentaria.

□ *Hist.* Los primitivos pobladores bosquimanos y hotentotes fueron desplazados por los bantúes. La penetración europea se inició con descubrimiento del Cabo de Buena Esperanza por los port. (1487). Los neerlandeses se implantaron a mediados del s. XVIII, y los brit., desde 1795. Cuando se declaró la abolición de la esclavitud los bóers iniciaron su éxodo (Gran Trek) hacia el N y constituyeron el Estado Libre de Orange y la Rep. S. El descubrimiento de diamantes enfrentó a bóers y brit. La guerra finalizó con la anexión de Orange y Transvaal a la corona brit. (1902). En 1910 se creó la Unión Sudafricana, federación de colonias de El Cabo, Natal y las ant. rep. de los bóers. La segregación racial se inició jurídicamente en 1911 con la *Mines and Work Act.* En 1948 el partido de los afrikaners, encabezados por Malan, ganó las elecciones y reforzó la política segregacionista. Los gobiernos siguientes, presididos por Strijdom y Verwoerd, continuaron idéntica política. En 1965 se constituyó la Rep. S., después de abandonar la Commonwealth. La resistencia negra contra el *apartheid* volvió a manifestarse en las huelgas de 1972, las actividades guerrilleras y los sagrientos sucesos de Soweto (1976). En 1983 se permitió participar en las elecciones a mestizos y asiáticos. Tras años de inmovilismo bajo la presidencia de P.W. Botha, en 1989 fue elegido presidente F. W. De Klerk, que liberó al líder negro Nelson Mandela en 1990. En 1991 se abolió oficialmente el *apartheid* y en 1994 se realizaron las primeras elecciones libres y multirraciales, que llevaron a la presid. a N. Mandela. En 1996 se aprobó una nueva constitución. La elecc. presid. de 1999 dieron la victoria al sucesor de Mandela, Thabo Mbeki, reelegido en 2004.

SUDAMERICANO, NA adj. y s. De América del Sur.

SUDÁN Región de África que se extiende desde el S del Sáhara hasta cerca del ecuador, y desde Cabo Verde hasta el mar Rojo. Abarca parte de Senegal, Malí, Nigeria, Chad, la República Centroafricana y Sudán.

SUDÁN, *República de* (*Jammhuriyat Addimuqratiya as-Sudan*) Estado del NE de África. En la región N (Nubia) el terr. es desértico y llano, con un reborde montañoso al E. El centro está formado por el Kordofán, región de relieve tabular en cuyo reborde O está el yébel Marra (3 088 m). El sector meridional forma una cubeta accidentada al S (yébel Kinyeti, 3 187 m). Red hidrográfica: cuenca del r. Nilo, que atraviesa el país de S a N.

REPÚBLICA SUDAFRICANA

Superficie	1 224 736 km²
Población	38 191 000 hab. (31 hab./km²)

Recursos económicos

Algodón	95 000 t
Maíz	8 200 000 t
Trigo	2 245 000 t

Ganadería y derivados

Cabaña bovina	13 512 000 cabezas
Cabaña caprina	5 900 000 cabezas
Cabaña ovina	32 580 000 cabezas
Riqueza forestal	19 361 000 m³
Pesca	536 400 t

Producción minera

Amianto	146 000 t
Carbón	174 784 000 t
Cobre	193 000 t
Cromita	1 416 000 t
Diamantes	8 694 000 quilates
Fosfato	3165 000 t
Hierro	18 962 000 t
Manganeso	1 836 000 t
Oro	603 000 kg
Plata	171 000 kg

Producción industrial

Acero	8 378 000 t
Azúcar	2 152 000 t
Cemento	6 563 000 t
Energía eléctrica	164 518 000 000 kwh
Hierro colado	7 177 000 t
Papelera	1 549 000 t
Vino	9 630 000 hl

Indicadores sociológicos

PNB	90 593 millones de dólares
Renta per cápita	2810 dólares
Esperanza de vida	63 años
Alfabetismo	50%

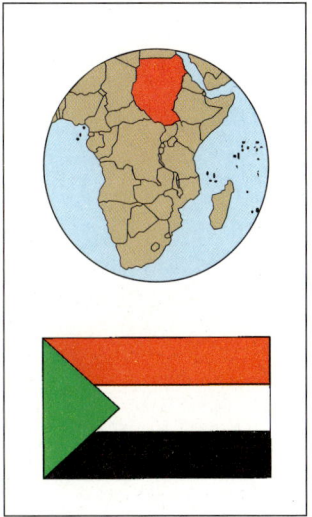

Mapa de situación y bandera
de **Sudán**

Clima árido al N y tropical en el centro. Cultivos de sorgo, mijo, algodón, caña de azúcar, sésamo, cacahuetes, plátanos y dátiles. Explotación forestal. Ganadería bovina, caprina. Extracción de hierro, cromita, oro, manganeso y sal. Ind. agropecuaria, textil. República. Etnias: árabes (40%), nilótico, camitas y otros. Lenguas: ár. (of.), dialectos camíticos, sudaneses y nilóticos. *Rel.*: animismo, islamismo. U. M.: la libra sudanesa. Cap., Jartum. C. prales.: Omdurman, Port-Sudán.

□ *Hist.* En 1821 S. fue anexionado por Egipto y en 1899 se convirtió en colonia británica. En 1953 obtuvo la autodeterminación, y en 1956, se proclamó la independencia. El mariscal Abbud dio un golpe de estado en 1958. En 1964 se produjo un levantamiento popular encabezado por el Frente Nacional Unido. Más tarde, un nuevo golpe militar llevó al poder al general Jaffar al-Nimeiry (1969), quien intentó hacer frente a los problemas crónicos del país (crisis económica, guerrilla en el S) gobernando dictatorialmente. En 1985 fue derrocado y se impuso un gobierno militar que convocó elecciones. Pero en 1989 un nuevo golpe militar encumbró al general O. Ahmad al-Bashir, quien reconvertió a S. en rep. islámica y abolió la autonomía e instituciones del sur, lo que reabrió la guerra civil. En 2004 el gobierno y la guerrilla firmaron un acuerdo marco para un plan de paz, avalado por la ONU, que contemplaba el cese del conflicto entre el norte islamista y el sur cristiano y animista, pero dejaba abierta la crisis en otras regiones, en especial en Darfur.

SUDÁN

Superficie	2 505 813 km²
Población	25 941 000 hab. (10 hab./km²)
Recursos económicos	
Algodón (fibra)	91 000 t
Azúcar	462 000 t
Cabaña bovina	21 028 000 cabezas
Cabaña caprina	15 277 000 cabezas
Cabaña ovina	20 700 000 cabezas
Cacahuetes	232 000 t
Camellos	2 757 000 cabezas
Cemento	150 000 t
Cromita	5 000 t
Energía eléctrica	1 327 000 000 kwh
Goma arábiga	40 000 t
Pesca	38 848 t
Riqueza forestal	38 157 000 m³
Sal	77 000 t
Sésamo	97 000 t
Sorgo	2 941 000 t
Indicadores sociológicos	
PNB	10 107 millones de dólares
Renta per cápita	200 dólares
Esperanza de vida	51 años
Alfabetismo	37%

SUDANÉS, SA adj. y s. De la región afr. del Sudán y de la rep. hom. ◊ Díc. de individuos de una subraza melanoafricana integrada por pueblos de la región de sabanas extendida entre el Sáhara y las selvas ecuatoriales, de N a S. ◊ f. pl. Familia de lenguas habladas en el litoral del golfo de Guinea, el O de la región del Sudán y el África central al N de la Rep. Dem. del Congo.

SUDAR intr. y tr. Exhalar y expeler el sudor. ◊ fig. Destilar los árboles, plantas y frutos algunas gotas de su jugo. ◊ fig. Destilar agua a través de sus poros algunas cosas impregnadas de humedad. ◊ fig. y fam. Trabajar con fatiga o desvelo, física o moralmente. ◊ tr. Empapar en sudor. ◊ fig. y fam. Conseguir una cosa con un gran esfuerzo. □ SUDORÍFERO, RA; SUDOROSO, SA.
SUDARIO m. Lienzo que se pone sobre el rostro de los difuntos o en que se envuelve un cadáver. ◊ **Santo s.** El que cubrió el cuerpo de Cristo cuando le bajaron de la cruz.
SUDERMANN, Hermann (1857-1928) Escritor al. *Frau Sorge; El fin de Sodoma*.
SUDESTE m. Punto del horizonte, equidistante entre el S y el E. ◊ Viento que sopla de esta parte.
SUDETES m. pl. Pob. de origen al. establecida en Bohemia (Rep. Checa) desde los ss. XII-XIII. Parte de este terr. fue anexionado al Reich (1938). Recuperado en 1945 por Checoslovaquia, la pob. al. fue expulsada.
SUDOESTE m. Punto del horizonte, equidistante entre el S y el O. ◊ Viento que sopla de esta parte.
SUDOR m. *Fisiol.* Secreción propia de las glándulas sudoríparas de la piel de los vertebrados. ◊ fig. Jugo que exudan las plantas. ◊ fig. Trabajo y fatiga.
SUDORÍPARA adj. *Anat.* Díc. de cada una de las glándulas, distribuidas por toda la piel, que segregan el sudor.
SUE, Eugène (1804-1854) Novelista fr. *Los misterios de París, El judío errante*.
SUECIA (*Sverige*) Estado del N de Europa, en la pen. escandinava. Monarquía. Lengua: sueco. *Rel.*: protestantismo. U. M.: la corona. Cap., Estocolmo. C. prales.: Göteborg, Malmö, Uppsala.
□ *Geof. física.* El extremo O está ocupado por el reborde montañoso de los

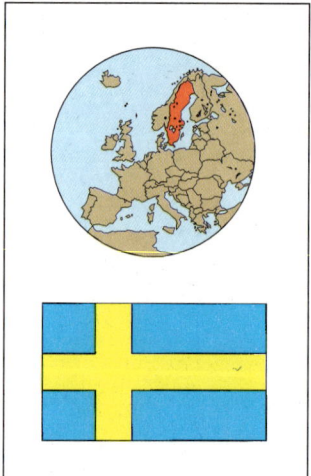

Mapa de situación y bandera
de **Suecia**

Alpes escandinavos. Al N, Norrland presenta relieve montañoso (Kebnekaise, 2 117 m). En el centro Svealand constituye una región de lagos (Vänern, Vättern, Hjälmaren, Mälaren). S. meridional está formada por la altiplanicie de Sma-

land que da paso a una depresión, Götaland, en la que alternan lagos y pantanos y en cuyo extremo S se halla Escania. Ríos Dal, Ljungan, Indals, Angerman, Ume, Skellefte, etc. En la costa, muy recortada, abundan islas e islotes. El N experimenta un clima glaciar; el resto tiene un clima continental.
□ *Geog. económica.* Se cultiva pralm. trigo, centeno, avena y patatas. El ganado más extensivo es el bovino, que alimenta la ind. de productos lácteos. La pesca es muy abundante en la costa occidental. La explotación forestal es intensiva. El subsuelo es rico en minerales: hierro, cobre, cinc y manganeso. Gran potencial hidroeléctrico. La actividad ind. está representada en primer lugar por la siderurgia (aceros especiales). También es imp. la ind. automovilística, la de construcciones ferroviarias, la aeronáutica y la naval. El sector químico produce pralm. explosivos, fosfatos y cerillas. Destacan otras ramas indus., como la maquinaria y accesorios, la textil, la papelera, maderera y alimentaria.
□ *Hist.* En el s. IX los suecos participaron en las expediciones de los vikingos hacia Europa occidental y oriental. Bajo la dinastía Folkung, iniciada en 1250, se fundó Estocolmo y se intensificaron las relaciones con la Hansa. Magnus Ladulas (1275-1290) consolidó la conquista de Finlandia. En 1319 se unificaron S. y Noruega. Post. la Unión de Kalmar concentró en Erik de Pomerania las coronas de S., Noruega y Dinamarca. La quiebra de la Unión supuso la indep. del país (1523). Gustavo I Vasa impulsó la Reforma religiosa que determinó la ruptura con Roma (1527). La guerra de los Siete Años contra Polonia y Dinamarca fue favorable a S. Gustavo II Adolfo (1611) impulsó la expansión en el Báltico e intervino en la guerra de los Treinta Años. En el s. XVIII Gustavo III impulsó el desarrollo económico y social. A partir del Congreso de Viena (1815), S. adoptó una política exterior de neutralidad, mantenida en las dos grandes guerras mundiales de este siglo. En esta época sus gobiernos fueron de predominio socialdemócrata. En 1950 Gustavo V fue sucedido en el trono por Gustavo Adolfo VI, y a éste le sucedió en 1973 Carlos Gustavo XVI. El gobierno de Olof Palme (iniciado en 1968) se caracterizó por su apoyo al Tercer Mundo. En las elecciones de 1976, Palme no obtuvo la mayoría y una coalición de centroderecha formó gobierno, presidido hasta 1978 por Th. Falldin y, al romperse la coalición en este año, por Ola Ullsten, liberal. En 1979 retornó al poder Falldin. En 1982 le sucedió Olof Palme, asesinado en 1986 y sustituido por el vicepresid. Ingvar Carlsson. En 1991 resultó vencedor Karl Bildt, al frente de una coalición de centroderecha, que impulsó un programa de austeridad. En 1994 se aprobó su propuesta de adhesión a la Unión Europea, que se hizo efectiva en 1995. Las elecciones generales de 1994 dieron el triunfo a los socialdemócratas de I. Carlsson. En 1996 fue sustituido por G. Persson que fue reelegido en 1998 y 2002.
SUECO, CA adj. y s. De Suecia. ◊ m. Lengua germánica, del grupo escandinavo, hablada en Suecia y Finlandia.
SUEGRA f. Madre del marido respec-

SUECIA

Superficie	449 964 km²
Población	8 642 000 hab. (19 hab./km²)
Recursos económicos	
Avena	1 412 000 t
Cebada	1 869 000 t
Centeno	183 000 t
Patatas	1 048 000 t
Trigo	1 524 000 t
Ganadería y derivados	
Cabaña bovina	1 675 000 cabezas
Cabaña ovina	406 000 cabezas
Cabaña porcina	2 170 000 cabezas
Riqueza forestal	55 854 000 m³
Pesca	260 124 t
Producción minera	
Cinc	158 000 t
Cobre	80 000 t
Hierro	12 382 000 t
Oro	5 000 kg
Piritas	429 000 t
Plata	253 000 kg
Plomo	87 100 t
Producción industrial	
Acero	4 248 000 t
Ácido nítrico	346 000 t
Ácido sulfúrico	1 000 000 t
Automovilística	257 000 unidades
Azúcar	270 000 t
Caucho sintético	48 000 t
Cerveza	4 106 000 hl
E. eléctrica	146 535 millones de kwh
Hierro colado	2 812 000 t
Neumáticos	2 852 000 unidades
Papelera	6 153 000 t
Indicadores sociológicos	
PNB	218 934 millones de dólares
Renta per cápita	25 490 dólares
Esperanza de vida	78 años
Alfabetismo	99%

to de la mujer, o de la mujer respecto del marido.

SUEGRO m. Padre del marido respecto de la mujer, o de la mujer respecto del marido.

SUELA f. Parte del calzado que toca al suelo. ◊ Cuero vacuno curtido que se emplea para fabricar esta parte del calzado. ◊ Zócalo, cuerpo inferior de un edificio u obra.

SUELAZO m. fam. *Amér*. Batacazo.

SUELDO m. Moneda antigua, de distinto valor según los tiempos y países. ◊ Salario, cantidad que se percibe periódicamente por un trabajo o servicio.

SUELO m. *Agr. y Bot.* Capa superior de la corteza terrestre, capaz de sostener vida vegetal. ◊ fig. Superficie inferior de algunas cosas. ◊ Sitio o solar de un edificio. ◊ Superficie artificial que se hace para que el piso esté sólido y llano. ◊ Piso de un cuarto o vivienda. ◊ Territorio, porción de superficie terrestre.

□ *Agr. y Bot.* El s. está compuesto de la roca desintegrada, conteniendo mayor o menor cantidad de material orgánico (humus). Incluye: el estrato superficial (horizonte A), el estrato de acumulación (horizonte B) y la parte superior del sustrato (horizonte C). Factores importantes del s. son la textura y la acidez. En el s. viven gran cantidad de bacterias, gusanos, artrópodos y hasta pequeños mamíferos que cooperan a su estructuración y enriquecimiento en materia orgánica.

SUELTO, TA adj. Ligero, veloz. ◊ Poco compacto, disgregado. ◊ Expedito, ágil. ◊ Libre, atrevido. ◊ Díc. del lenguaje o del estilo fácil, corriente. ◊ Separado y que no hace juego, ni forma con otras cosas la unión debida. ◊ adj. y m. Aplícase a la moneda fraccionaria. ◊ m. Escrito inserto en un periódico que no tiene la extensión del artículo, ni es mera gacetilla.

SUEÑO m. *Fisiol.* Acto de dormir. ◊ Acto de representarse en la fantasía de uno, mientras duerme, sucesos o especies. ◊ Gana de dormir. ◊ fig. Cosa fantástica y sin fundamento o razón. ◊ **eterno.** La muerte.

SUERO m. Parte de un humor orgánico que permanece líquida después de la coagulación del mismo. ◊ **fisiológico.** Solución salina con una presión osmótica igual a la del plasma sanguíneo humano, que se compone de agua destilada y cloruro sódico al 9 %. ◊ **sanguíneo.** Plasma sanguíneo desprovisto de fibrinógeno, que contiene la mayor parte de las proteínas hemáticas.

SUEROTERAPIA f. Empleo terapéutico de sueros sanguíneos, especialmente los de animales inmunizados.

SUERTE f. Encadenamiento de los sucesos, considerado como fortuito o casual. ◊ Circunstancia favorable. ◊ Azar, casualidad a que se fía la resolución de una cosa. ◊ Aquello que ocurre o puede ocurrir para bien o para mal de personas o cosas. ◊ Estado, condición. ◊ Género o especie de una cosa. ◊ Manera o modo de hacer una cosa. ◊ Cada uno de los lances de la lidia taurina. ◊ *Perú*. Billete de lotería.

SUERTERO m. *Perú*. Vendedor ambulante de billetes de lotería.

SUÉTER m. Especie de jersey.

SUETONIO, *Cayo* (h. 70-h. 126) Historiador latino. *Vida de los doce Césares* (de Julio César a Domiciano), *De viris illustribus.*

SUEVO, VA adj. y s. Díc. de los individuos de un ant. pueblo germánico. En 248 fueron empujados por los hunos, desde Pomerania hacia el Rin, y post. penetraron en la pen. Ibérica y conquistaron Galicia y Portugal. En el s. VI fueron absorbidos por los visigodos.

SUEZ C. y puerto de Egipto, en el golfo hom., al N del mar Rojo; 194 000 hab. Ind. química, refino de petróleo. ◊ **Canal de S.** Vía marítima artificial que comunica el mar Rojo con el Mediterráneo, a través del istmo hom.; 164 km de longitud, y entre 80 y 150 m de anchura. Su construcción se inició en 1859, dirigida por Lesseps, y finalizó en 1869. En 1956, Nasser lo nacionalizó. Entre 1967 y 1975 el canal estuvo cerrado a raíz de la guerra árabe-israelí. ◊ **Golfo de S.** Bahía del extremo N del mar Rojo, entre la pen. del Sinaí y la costa afr. ◊ **Istmo de S.** Faja de tierra que se interpone entre el Mediterráneo y el mar Rojo, y une el NE de África con el Asia Anterior.

SUFANUVONG, *Príncipe* (1902-1995) Político laosiano. En 1975, presid. de Laos tras la proclamación de la Rep. Democrática Popular. Dimitió en 1986.

SUFICIENCIA f. Capacidad, aptitud. ◊ fig. despect. Engreimiento. □ SUFICIENTE.

SUFISMO m. Doctrina religiosa mahometana, especialmente difundida en Persia, caracterizada por su ascetismo, con influencias panteístas. El s. arranca de las ideas de Hasan al-Basrí (m. 728). □ SUFÍ; SUFISTA.

SUFRAGAR tr. Ayudar o favorecer. ◊ Costear, satisfacer. ◊ intr. *Amér*. Votar a un candidato.

SUFRAGIO m. Ayuda, favor o socorro. ◊ Obra buena que se aplica por las almas del purgatorio. ◊ Determinación expresa de la voluntad de uno mediante la emisión de un voto en el seno de la colectividad a la que pertenece.

De la vigilia al sueño

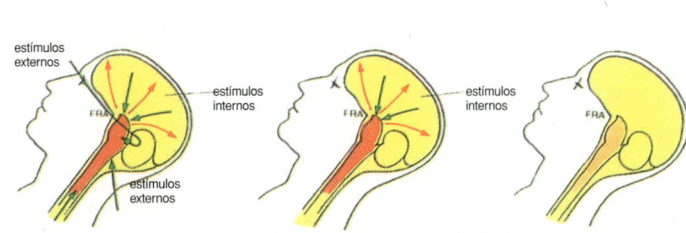
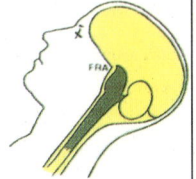

Vigilia
La FRA recibe impulsos de los órganos sensoriales y de la corteza cerebral (flechas verdes). Simultáneamente y de forma constante, está activando el córtex (flechas rojas)

Reposo o insomnio
Aunque se supriman los estímulos externos, podemos permanecer despiertos si la corteza cerebral sigue excitando la FRA, como cuando tenemos muchos problemas, por ejemplo.

Sueño
La FRA sigue en funcionamiento durante el sueño, pero no activamente. Los estímulos externos siguen integrándose en el subconsciente y generando las correspondientes respuestas.

Coma
Se produce cuando se lesiona la FRA y se interrumpe la comunicación con la corteza; el paciente cae entonces en un estado de inconsciencia.

Diferentes niveles de funcionamiento de la formación reticular activadora (FRA), desde la vigilia hasta el **sueño**

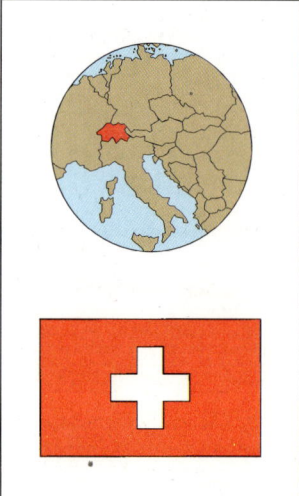

Mapa de situación y bandera
de **Suiza**

SUFRAGISMO m. Mov. político que propugna la concesión del derecho de sufragio a la mujer. El s. cobró fuerza en Gran Bretaña en la segunda mitad del s. XIX, y adquirió carácter militante en 1903. ❏ SUFRAGISTA.

SUFRIR tr. Sentir, padecer un daño físico o moral. ◊ Llevar con resignación un daño moral o físico. ◊ Sostener, resistir. ◊ Aguantar, tolerar. ◊ Permitir, consentir. ◊ SUFRIDO, DA; SUFRIMIENTO.

SUFRÚTICE m. Planta que presenta un porte intermedio entre hierba y arbusto, con las partes inferiores del tallo lignificadas y las superiores herbáceas. ❏ SUFRUTICOSO, SA.

SUGERIR tr. Inspirar a alguien alguna idea. ◊ Insinuar a alguien lo que debe decir o hacer. ◊ Evocar, traer algo a la memoria. ◊ SUGERENCIA; SUGESTIVO, VA.

SUGESTIÓN f. Acción de sugerir. ◊ Cosa sugerida. ◊ Proceso psíquico por el cual una persona induce a otra, mediante hipnosis, a realizar actos no voluntarios.

SUGESTIONAR tr. Inspirar a una persona a otra, hipnotizada, palabras o actos involuntarios. ◊ Dominar la voluntad de una persona, llevándola a obrar en determinado sentido. ◊ prnl. Experimentar sugestión.

SUHARTO (n. 1921) Político indonesio. Dirigió el golpe de Est. derechista en 1965. En 1966 asumió la jefatura del gobierno, y en 1968, tras lograr la renuncia de Sukarno, fue designado presid. de la rep. En 1998, en un contexto de crisis, la fuerte presión popular forzó su dimisión.

SUI GÉNERIS exp. lat. que denota que la cosa a que se aplica es de un género excepcional.

SUICIDARSE prnl. Quitarse voluntariamente la vida. ❏ SUICIDA; SUICIDIO.

SUINTILA (m. d. de 633) Rey de los visigodos [621-631]. Expulsó a los bizantinos de España. Depuesto por una rebelión encabezada por Sisenando.

SUIPACHA, *batalla de* Primer triunfo del ejército arg. (7 de noviembre de 1810) en la lucha por la independencia.

SUITE (voz fr.) f. Composición instrumental constituida por una serie de piezas en el mismo tono, alternativamente lentas y rápidas, y con un ritmo binario y ternario.

SUIZA (al., *Schweiz;* fr., *Suisse;* it., *Svizzera)* Estado de Europa central. Lenguas: al. (64,9%), fr. (18,1%), it. (11,9%), romanche (0,8%), todas of. *Rel.*: catolicismo (49,4%) protestantismo (47,8%). U. M.: el franco suizo. Cap., Berna. C. prales.: Zurich, Basilea, Ginebra, Lausana.
□ *Geog. física.* País montañoso cuyas alineaciones presentan un sentido SO-NE. Al NO, el Jura y en la zona central y meridional los Alpes, separados por el corredor Mittelland. En los rebordes del núcleo axial se levantan los Alpes Berneses (Finsteraarhorn, 4 272 m); los valles del Ródano y del Rin excavan un amplio surco e individualizan las regiones del Valais (Punta Dufour, 4 636 m) y del Rheintal, respectivamente. Lagos Thun, Brienz, Zug, Sarnen, Cuatro Cantones. Los prales. ríos son el Inn, el Tesino, el Ródano, y el Rin. Clima continental.
□ *Geog. económica.* En la agricultura destaca la producción de trigo, cebada, patatas, vid, tabaco y frutales. La abundancia de pastos favorece la ganadería (vacuna, ovina y porcina). Extracción de hierro, manganeso y calizas. En el sector industrial, destacan la metalurgia (material ferroviario, máquinas-herramienta, maquinaria eléctrica y electrónica), la ind. relojera, la textil, la química (productos farmacéuticos, colorantes, fertilizantes), la alimentaria, el tabaco, la banca y el turismo.

□ *Hist.* Habitada por la tribu celta de los helvecios en el I milenio a. C., fue anexionada por los rom. y ocupada por alemanes y burgundios. En el s. VI fue integrada al reino franco. En 1302, a la muerte del duque de Borgoña, pasó al Sacro Imperio. El país quedó dividido en diversos principados. En 1218 pasó a dominio de los Habsburgo. En 1291 los cantones de Uri, Nidwalden y Schwyz se unieron en un pacto ofensivo-defensivo, que puede considerarse el acta de fundación de la Confederación suiza. Durante el s. XIV se unieron Lucerna, Zurich, Glaris, Zug y Berna. En el s. XVI se incorporaron nuevos cantones. En el s. XVI penetró la Reforma. En el congreso de Viena (1815) se proclamó la neutralidad perpetua de S, y por el pacto de Zurich (1815) la Confederación se amplió a 22 cantones. Los católicos formaron una liga aparte (Sonderbund) en 1845, pero fueron vencidos, lo que permitió a los liberales imponer una constitución federal (1848). Permaneció neutral durante las guerras mundiales. En 1974 se creó el cantón del Jura. En 1992 rechazó en referéndum la integración en el Espacio Económico Europeo. En 2002 ingresó en la ONU.

SUIZO, ZA adj. y f. De Suiza. ◊ m. Bollo especial de harina, huevo y azúcar.

SUJECIÓN f. Acción de sujetar o sujetarse. ◊ Unión con que una cosa está sujeta.

SUJETADOR m. Sostén, prenda interior femenina.

SUJETAPAPELES m. Instrumento para sujetar papeles.

SUJETAR tr. y prnl. Dominar o someter a alguien a obediencia o disciplina. ◊ tr. Agarrar, coger a alguien o algo con fuerza. ◊ Aplicar a una cosa cualquier medio para que no caiga, no se separe o no se mueva.

SUJETO, TA adj. Expuesto o propenso a una cosa. ◊ m. Asunto o materia sobre que se habla o escribe. ◊ Persona innominada. ◊ *Fil.* El espíritu humano considerado en oposición al mundo externo. ◊ *Gram.* Palabra o palabras que indican aquello de lo cual el verbo afirma algo.

SUKARNO, *Ahmed* (1901-1970) Político indonesio. Fundador del Partido Nacionalista, proclamó la indep. (1945). Fue presid. de la rep. desde 1945. Depuesto por el ejército (1967).

SUIZA	
Superficie	41 293 km²
Población	6 871 000 hab. (166 hab./km²)
Recursos económicos	
Cebada	357 000 t
Centeno	22 000 t
Patatas	725 000 t
Remolacha azucarera	897 000 t
Trigo	574 000 t
Uva	178 000 t
Ganadería y derivados	
Cabaña bovina	1 829 000 cabezas
Cabaña ovina	409 000 cabezas
Cabaña porcina	1 723 000 cabezas
Riqueza forestal	6 778 000 m³
Producción minera	
Sal	254 000 t
Producción industrial	
Acero	955 000 t
Aluminio	66 000 t
Cemento	5 206 000 t
Cerveza	4 143 000 hl
E. eléctrica	55 846 millones de kwh
Fertilizantes	34 000 t
Fibras sintéticas	93 000 t
Papelera	1 015 000 t
Relojes	28 075 000 unidades
Tejidos de algodón	103 millones de m²
Vino	1 240 000 hl
Indicadores sociológicos	
PNB	225 890 millones de dólares
Renta per cápita	33 510 dólares
Esperanza de vida	78 años
Alfabetismo	99 %

Ahmed **Sukarno**

SULFAMIDA f. *Farm.* Nombre común de ciertos fármacos de acción bacteriostática, ligeramente tóxicos y de intenso efecto terapéutico, derivados de la sulfanilamida.

SULFATAR tr. Aplicar a las plantas, especialmente a las vides, sulfato de cobre o de hierro para combatir las enfermedades criptogámicas.

SULFATO m. *Quím.* Sal o éster derivado del ácido sulfúrico. Algunos s. se encuentran en la naturaleza en cantidades notables. Existen s. neutros y s. ácidos o bisulfatos, según que se sustituyan los dos o uno solo de los átomos de hidrógeno del ácido sulfúrico, respectivamente.

SULFHÍDRICO, CA adj. *Quím.* Díc. de un ácido compuesto de azufre e hidrógeno. Es un gas venenoso que actúa como reductor enérgico.

SULFITO m. *Quím.* Sal derivada del ácido sulfuroso.

SULFURAR tr. *Quím.* Combinar un cuerpo con el azufre. ◊ tr. y prnl. fig. Irritar, encolerizar.

SULFÚREO, A adj. Relativo al azufre. ◊ Que tiene azufre.

SULFÚRICO, CA adj. Sulfúreo. ◊ fig. *Ecuad.* Irascible. ◊ **Ácido s.** *Quím.* Líquido oleoso, incoloro e inodoro de fórmula H_2SO_4. ◊ **Anhídrido s.** *Quím.* Trióxido de azufre (SO_3), muy ávido de agua, con la que se combina para formar ácido s. ◊ *Quím.* El ácido s. es uno de los productos químicos más importantes por ser necesario su uso en casi todas las ind. químicas. Se combina enérgicamente con el agua, con gran desprendimiento de calor. Su poder deshidratante es tal que llega a apoderarse del hidrógeno y del oxígeno de las sustancias orgánicas, carbonizándolas. Es un oxidante enérgico. Comercialmente se conoce con el nombre de aceite de vitriolo.

SULFURO m. Cada una de las sales del ácido sulfhídrico.

SULFUROSO, SA adj. Que participa de las propiedades del azufre. ◊ Que contiene azufre. ◊ **Anhídrido s.** *Quím.* Dióxido de azufre (SO_2), gas irritante, que se desprende en emanaciones volcánicas, y constituye uno de los componentes del aire contaminado de las grandes urbes.

SULLANA C. de Perú, cap. de la prov. hom., en el dpto. de Piura; 80 900 hab. Ind. textil, centro agropecuario.

SULLIVAN, Louis Henry (1856-1924) Arquitecto norteam. Realizó el *Auditorium Building* de Chicago y el *Wainwright Building* de San Luis (1891).

SULLY-PROUDHOMME, René François Armand (1839-1907) Poeta fr., del grupo parnasiano. *Estancia y poemas.* Premio Nobel de Literatura en 1901.

SULTÁN m. Título del emperador de los turcos. ◊ Príncipe o gobernador mahometano. ❑ SULTANATO; SULTANÍA; SULTÁNICO, CA.

SULÚ Uno de los mares de Insulindia de mayor profundidad (5 700 m), sit. entre Borneo y Filipinas. ◊ **Archipiélago de S.** Conjunto de islas de Filipinas que separa el mar de Sulú y el de Célebes, constituyendo una prov.; 1 600 km², 360 600 hab. Cap., Joló.

SUMA f. *Mat.* Acción y resultado de sumar. ◊ Agregado de muchas cosas. ◊ Cantidad de dinero. ◊ Compendio.

SUMANDO m. Elemento matemático que participa en cualquier operación de sumar.

SUMAR tr. Recopilar, compendiar, abreviar una materia que estaba extensa y difusa. ◊ Reunir en una sola varias cantidades homogéneas. ◊ Componer varias cantidades en total. ◊ prnl. fig. Agregarse uno a un grupo o adherirse a una doctrina u opinión.

SUMARIO, RIA adj. Reducido a compendio; breve. ◊ *Der.* Aplícase a determinados juicios civiles en que se procede brevemente. ◊ m. Resumen, compendio. ◊ *Der.* Conjunto de actuaciones encaminadas a preparar el juicio criminal. ◊ f. *Der.* Proceso escrito. ◊ *Der.* En el procedimiento criminal militar, sumario de actuaciones para preparar un juicio. ❑ SUMARIAL; SUMARIAR.

SUMARÍSIMO, MA adj. *Der.* Díc. de cierta clase de juicios a los que señala la ley una tramitación brevísima.

SUMATRA (*Sumatera*) Isla de Indonesia, separada de Malaca por el estrecho hom. y de Java por el de la sonda; 473 606 km², 2 8016 200 hab. C. prales.: Medan y Palembang. Arroz, caña de azúcar, mandioca, maíz, cacahuetes, especias, café, palma de aceite. Caucho, sándalo, ébano. Carbón, petróleo, oro.

SUMBA Isla del archipiélago de la Sonda, que forma parte de la Rep. de Indonesia; 11 082 km², 251 100 hab. Cap., Waingapu.

SUMBAWA Isla del archipiélago de la Sonda, perteneciente a la Rep. de Indonesia; 14 500 km², 507 500 hab. Cap., Raba.

SUMER o **SUMERIA** Ant. región de la Baja Mesopotamia, en las proximidades del golfo Pérsico, donde, entre los milenios V y II a. C., se desarrolló la civilización sumeria (➔ sumerio).

SUMERGIR tr. y prnl. Meter una cosa debajo del agua o de otro líquido. ◊ fig. Abismar, hundir. ❑ SUMERGIBLE; SUMERSIÓN.

SUMERIO, RIA adj. y s. Díc. de los individuos de un ant. pueblo que ocupó parte de Mesopotamia durante el periodo calcolítico.

Gobernador de Lagash, escultura **sumeria** (hacia 2200 a. C.). Museo Británico, Londres

◊ *Hist.* y *Arte.* Fundaron las c. de Eridú, Eruk y Úr. El poder estuvo en manos de reyes-sacerdotes, y diversas ciudades-estado rivalizaron por la hegemonía. El pueblo de Sumer desapareció con la invasión amorrita. Las tabletas del rey de Lagash son los relieves más famosos. Desarrollaron la escritura (pictográfica y cuneiforme).

SUMIDERO m. Conducto o canal por donde se sumen las aguas.

SUMINISTRAR tr. Proveer a uno de algo que necesita. ❑ SUMINISTRADOR, RA; SUMINISTRO.

SUMIR tr. y prnl. Hundir o meter debajo de la tierra o del agua. ◊ prnl. fig. Sumergirse en una idea.

Luchadores de **sumo**

SUMISIÓN f. Acción y efecto de someter o someterse. ◊ Subordinación manifiesta con palabras o acciones. ◊ *Der.* Acto por el cual uno se somete a otra jurisdicción. ❑ SUMISO, SA.

SUMMUM (voz lat.) m. El colmo, lo sumo.

SUMO m. Lucha japonesa en la que pierde el primero que cae al suelo.

SUMO, MA adj. Supremo, altísimo, o que no tiene superior. ◊ fig. Muy grande, enorme.

SUN Yat-Sen (1866-1925) Político nacionalista chino. En 1911 fundó el Kuomintang. Fue proclamado en Nanhí primer presid. de la Rep. China. Instaló un gobierno militar en Cantón, pero tuvo que exiliarse. Entró en Pekín en 1925.

SUNCHO m. *Bol.* Arbusto de flores amarillas parecidas a la margarita.

SUNCO, CA adj. y s. *Chile.* Manco.

SUNDERLAND C. y puerto de Gran Bretaña, a orillas del Wear; 196 200 hab. Yacimientos de carbón. Construcciones navales.

SUNGARI Río de Manchuria que nace junto a la frontera de Corea y desemboca en el Amur; 1 490 km.

SUNNA f. Voz árabe que significa «tradición». Constituida por la suma de frases y hechos atribuidos a Mahoma, segunda fuente de conocimiento religioso y de derecho del Islam después del *Corán*.

SUNNÍ m. y adj. Nombre que se da en el islamismo a los ortodoxos, seguidores de la sunna.

SUNNITA m. Musulmán que observa las sunnas. ◊ P. ext., seguidor de las tradiciones de los califas ortodoxos.

SUNTUARIO, RIA adj. Relativo al lujo.

SUPERCONDUCTIVIDAD

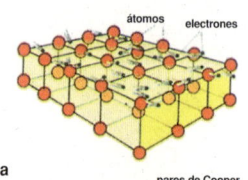

a

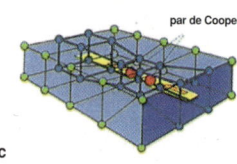

b

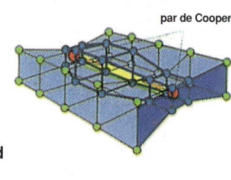

c

d

Los electrones que circulan por un conductor chocan entre ellos y con los iones del material (a). En cambio, en un superconductor los electrones circulan asociados por parejas (pares de Cooper) sin encontrar resistencia (b). El paso de un electrón atrae localmente a los iones positivos y un segundo electrón es atraído por el exceso de cargas positivas (c). Los iones desplazados sobrepasan por impulso sus posiciones iniciales al regresar a ellas, y se deshace el par (d)

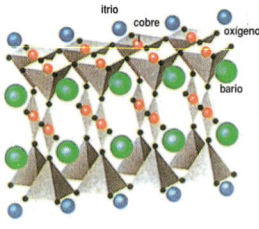

En los superconductores clásicos, esta propiedad se manifiesta únicamente a temperaturas próximas al cero absoluto, pero a partir de 1986 se han ido descubriendo cerámicas que son superconductoras a temperaturas del orden de 100 °K e incluso superiores

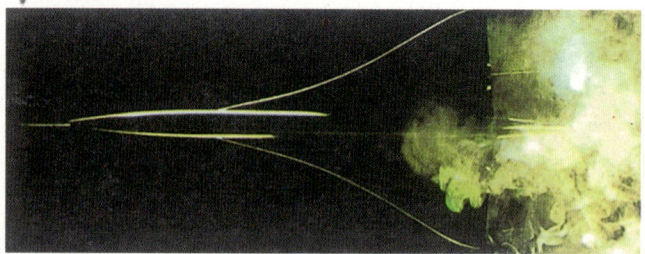

Cazabombardero cuyas alas se retiran hacia atrás al alcanzar velocidades **supersónicas**

SUNTUOSO, SA adj. Magnífico, grande y costoso. ◊ Díc. de la persona magnífica en su gasto y porte. ❑ SUNTUOSIDAD.
SUOMI Nombre oficial de Finlandia.
SUPEDITAR tr. Sujetar, oprimir con vigor o violencia. ◊ fig. Dominar, sojuzgar, avasallar. ◊ Subordinar una cosa a otra. ◊ Condicionar una cosa al cumplimiento de otra. ❑ SUPEDITACIÓN.
SÚPER m. Supercarburante. ◊ Supermercado.
SUPERAR tr. Sobrepujar, exceder, vencer. ❑ SUPERABLE; SUPERACIÓN.
SUPERÁVIT m. *Cont.* Exceso del haber sobre el debe de cualquier cuenta. ◊ En la administración pública, exceso de los ingresos sobre los gastos.
SUPERCARBURANTE m. Gasolina que posee un índice de octano superior al de la gasolina normal.
SUPERCHERÍA f. Engaño, simulación, fraude.
SUPERCILIAR adj. *Anat.* Díc. del reborde en forma de arco que tiene el hueso frontal en la parte correspondiente a la sobreceja.
SUPERCONDUCTIVIDAD f. Propiedad de ciertos metales consistente en la pérdida total de su resistencia eléctrica cuando son colocados por debajo de una determinada temperatura crítica. En tales condiciones no pueden ser atravesados por ningún flujo magnético. ❑ SUPERCONDUCTOR.
SUPERESTRUCTURA f. Parte de una construcción que está por encima del nivel del suelo. ◊ Término empleado por Marx para designar la ideología en general de una sociedad, por contraposición a la infraestructura económica.
SUPERFETACIÓN f. Concepción de un segundo feto durante el embarazo.
SUPERFICIAL adj. Que está o se queda en la superficie. ◊ fig. Aparente, sin solidez. ◊ fig. Frívolo, sin fundamento. ❑ SUPERFICIALIDAD.
SUPERFICIE f. Límite o término de un cuerpo, que lo separa o distingue. ◊ *Geom.* Extensión en la que sólo se consideran dos dimensiones. ◊ **de revolución.** *Geom.* La que resulta engendrada por una línea recta o curva plana que gira en el espacio alrededor de un eje contenido en su plano (s. cilíndrica, s. cónica, s. esférica). ◊ **desarrollable.** *Geom.* La reglada que, sin dislocación de sus partes, se puede extender sobre un plano (s. cilíndrica, s. cónica). ◊ **plana.** *Geom.* La que puede contener una línea recta en cualquier posición. ◊ **reglada.** *Geom.* Aquélla sobre la cual se puede aplicar una regla en una o en más direcciones.
SUPERFLUO, FLUA adj. No necesario, que está de más. ❑ SUPERFLUIDAD.

SUPERFOSFATO m. Fertilizante fosfatado, fácilmente soluble y, por tanto, muy asimilable por las plantas.
SUPERHETERODINO adj. y m. *Electr.* Radiorreceptor en el que las señales eléctricas recogidas por la antena se mezclan con otras de frecuencia distinta, producidas por un oscilador local, con lo que se obtiene una señal de frecuencia igual a la diferencia, denominada frecuencia intermedia. Es el tipo de radiorreceptor empleado universalmente en telecomunicaciones, radar, etc.
SUPERHOMBRE m. En la filosofía de Nietzsche, tipo ideal de hombre, con unas cualidades morales muy superiores a las de los hombres comunes.
SUPERINTENDENTE m. y f. Persona a cuyo cargo está la dirección y cuidado de una cosa, con superioridad a las demás que sirven en ella. ❑ SUPERIN-TENDENCIA.
SUPERIOR, RA adj. Díc. de lo que está más alto y en lugar preeminente respecto de otra cosa. ◊ fig. Díc. de lo más excelente y digno, respecto de otras cosas de menos aprecio y bondad. ◊ fig. Que excede a otras cosas en virtud, vigor o prendas. ◊ fig. Excelente, muy bueno. ◊ m. y f. Persona que dirige una congregación o comunidad, pralm. religiosa. ❑ SUPERIORIDAD.
SUPERIOR, lago El mayor y más occidental de los Grandes Lagos amer., sit. en la frontera entre Canadá y EE UU; 84 131 km².
SULPERLATIVO, VA adj. y s. Muy grande y excelente en su línea. ◊ Díc. del adjetivo o adverbio que expresa el grado mayor de su significación.
SUPERMERCADO m. Establecimiento de venta al por menor donde se expende una gran diversidad de artículos de consumo domésticos, y en el que el comprador se sirve a sí mismo.
SUPERNOVA adj. y f. *Astr.* Díc. de las estrellas que explotan repentinamente, llegando a alcanzar luminosidades absolutas variables de −10 a −15.
SÚPERO adj. *Bot.* Díc. del ovario que se encuentra en la parte superior del eje floral, encima de los restantes órganos que constituyen la flor.
SUPERPOBLACIÓN f. Exceso de población en un país.
SUPERPONER tr. y prnl. Sobreponer, poner encima. ❑ SUPERPOSICIÓN.
SUPERSÓNICO, CA adj. Díc. de la velocidad superior a la del sonido, y de lo que se mueve de este modo.
SUPERSTICIÓN f. Creencia extraña a la fe religiosa y contraria a la razón. ❑ SUPERSTICIOSO, SA.
SUPERVIELLE, Jules (1884-1960) Escri-

tor fr., n. en Montevideo. *Gravitaciones* (poesía); *El hombre de la pampa* (novela).

SUPERVISAR tr. Ejercer la inspección superior en determinados casos. ❏ SUPERVISIÓN; SUPERVISOR, RA.

SUPERVIVENCIA f. Acción y efecto de sobrevivir. ❏ SUPERVIVIENTE.

SUPERYÓ m. En la teoría del psicoanálisis freudiano, una de las capas de la personalidad, que gravita sobre el yo, imponiéndole prejuicios, opiniones e ideales.

SUPINACIÓN f. Posición de una persona tendida sobre el dorso, o de la mano con la palma hacia arriba. ❏ Movimiento del antebrazo que hace volver la mano hacia arriba. ❏ SUPINADOR.

SUPINO, NA adj. Que está tendido sobre el dorso. ❏ Referente a la supinación. ❏ Díc. de la ignorancia que procede de negligencia del sujeto.

SUPLANTAR tr. Modificar un escrito con palabras o cláusulas que alteren el sentido original. ❏ Ocupar con malas artes el lugar de otro. ❏ SUPLANTACIÓN; SUPLANTADOR, RA.

SUPLE m. fig. *Chile.* Anticipo sobre sueldos o jornales.

SUPLEMENTARIO, RIA adj. Que sirve para suplir o completar una cosa. ❏ *Geom.* Díc. de cada uno de los dos ángulos cuya suma vale 180°.

SUPLEMENTERO adj. y s. *Chile.* Vendedor ambulante de periódicos.

SUPLEMENTO m. Complemento para convertir una cosa en íntegra o perfecta. ❏ Hoja o cuaderno que publica un periódico o revista y cuyo texto es independiente del número ordinario. ❏ *Geom.* Ángulo que falta a otro para sumar 180°. ❏ *Geom.* Arco de este ángulo.

SUPLETORIO adj. y m. Díc. del aparato telefónico conectado a la línea de otro principal.

SÚPLICA f. Acción y efecto de suplicar. ❏ Escrito en que se suplica. ❏ *Der.* Cláusula final de un escrito dirigido a la autoridad en solicitud de una resolución.

SUPLICAR tr. Rogar, pedir con humildad. ❏ *Der.* Apelar una sentencia.

SUPLICATORIA f. *Der.* Carta u oficio que pasa un tribunal o juez a otro superior.

SUPLICIO m. Lesión corporal, o muerte infligida como castigo. ❏ Grave tormento, o dolor físico o moral.

SUPLIR tr. Completar lo que falta en una cosa o remediar la carencia de ella. ❏ Reemplazar a alguien en un cometido. ❏ SUPLENCIA; SUPLENTE.

SUPONER tr. Dar por sentada y existente una cosa. ❏ Fingir una cosa. ❏ Implicar, traer consigo, significar. ❏ intr. Tener más o menos importancia en algo.

SUPOSICIÓN f. Lo que se supone o da por sentado.

SUPOSITORIO m. Forma medicamentosa sólida que se introduce por una cavidad natural del organismo y en la que el fármaco está rodeado por una sustancia que se funde por el calor.

SUPRARRENAL adj. *Anat.* Díc. de cada una de las dos glándulas endocrinas sit. encima del polo superior de cada riñón.

SUPREMACÍA f. Grado supremo en cualquier línea. ❏ Preeminencia, superioridad jerárquica.

SUPREMATISMO m. Nombre dado en 1913 por K. Malevich al arte de la abstracción geométrica que derivó del cubismo.

SUPREMO, MA adj. Sumo, altísimo. ❏ Que no tiene superior en su línea.

SUPRIMIR tr. Hacer cesar, hacer desaparecer. ❏ Omitir, callar, pasar por alto. ❏ SUPRESIÓN; SUPRESOR, RA.

SUPUESTO, TA adj. Fingido, tomado en hipótesis. ❏ m. Objeto, que no se expresa en la proposición, del que depende la verdad de ella. ❏ Hipótesis.

SUPURAR intr. Formar o echar pus una lesión orgánica. ❏ SUPURACIÓN; SUPURATIVO, VA; SUPURATORIO, RIA.

SUR m. Punto cardinal del horizonte, diametralmente opuesto al N y que cae enfrente del observador a cuya derecha está el O; también se denomina mediodía. ❏ Lugar de la Tierra o de la esfera celeste que cae del lado del polo antártico. ❏ Viento que sopla de la parte austral del horizonte. ❏ *Isla del* (*South Island*) Una de las prales. islas que forman Nueva Zelanda; 151 215 km², 880 800 hab. ❏ *Mar del* Nombre dado por Núñez de Balboa al océano Pacífico. Actualmente designa la zona S del Pacífico.

SURA m. Cada una de las 114 lecciones o capítulos en que se divide el Corán.

SURABAYA o **SURABAJA** C. y puerto de la Rep. de Indonesia, en la isla de Java, cap. de la prov. de Java Oriental; 2 027 900 hab. Centro comercial e industrial.

SURAKARTA (ant. *Solo*) C. de la Rep. de Indonesia, en la isla de Java; 469 900 hab. Centro comercial. Ind. textil y metalúrgica.

SURAMERICANO, NA adj. y s. de Suramérica o América del Sur.

SURAT C. y puerto de la India, en el est. de Gujarati; 776 900 hab. Ind. textil de seda y algodón.

SURCALIFORNIANA Cordillera de México, en la pen. de Baja California.

SURCAR tr. Hacer surcos en la tierra. ❏ fig. Moverse sobre un fluido cortándolo.

SURCO m. Hendedura que se hace en la tierra con el arado. ❏ Señal o hendedura prolongada que deja una cosa sobre otra. ❏ *Col.* Lomo, caballón.

SURCOREANO, NA adj. y s. De Corea del Sur.

Suplicio de Juana de Arco, estampa de las *Crónicas de Francia*. Biblioteca Nacional, París

SUREÑO, ÑA adj. Relativo al S. ❏ Que está situado en la parte S de un país.

SURESTE m. Sudeste.

SURESTE, *planicie costera del* Región de México, en el golfo de México, que comprende los est. de Campeche, Tabasco y Veracruz, y parte de Oaxaca y Chiapas.

SURGIDERO m. Sitio o paraje donde fondean las naves.

SURGIR intr. Brotar el agua. ❏ Fondear la nave. ❏ fig. Alzarse, manifestarse, brotar, aparecer. ❏ SURGIDOR, RA.

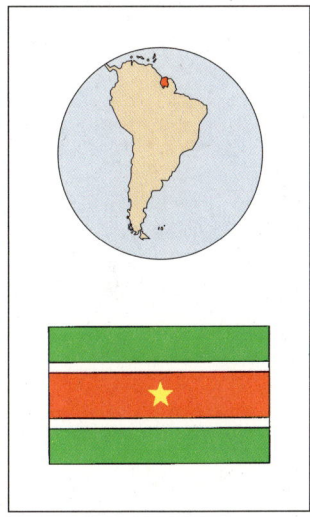

Mapa de situación y bandera
de **Surinam**

SURINAM (*Suriname*) Estado de América del Sur, limítrofe con Guyana, Brasil y la Guayana Fr. Se extiende sobre el macizo de las Guayanas. Los ríos tributan en el Atlántico, destacando el Surinam, el Marowjine y el Corantjin. Clima ecuatorial, mitigado por los vientos alisios. Los prales. cultivos son: café, caña de azúcar, agrios y palmera cocotera. Destaca la explotación forestal. Del subsuelo se extrae gran cantidad de

SURINAM	
Superficie	163 820 km²
Población	411 000 hab. (3 hab./km²)
Recursos económicos	
Arroz	190 000 t
Azúcar	2 000 t
Bananas	49 000 t
Bauxita	3 136 000 t
Cabaña bovina	98 000 cabezas
Cabaña porcina	30 000 cabezas
Cemento	50 000 t
Cerveza	117 000 t
E. eléctrica	1 350 millones de kwh
Naranjas	14 000 t
Nuez de coco	11 000 t
Riqueza forestal	149 000 m³
Tabaco	380 millones de cigarrillos
Indicadores sociológicos	
PNB	1 649 millones de dólares
Renta per cápita	3 610 dólares
Esperanza de vida	70 años
Alfabetismo	95%

bauxita. Ind. de transformación de productos minerales y agrícolas. República. Etnias: criollos, indios, indonesios, minorías negras y amerindia. Lenguas: neerlandés (of.), inglés-criollo. *Rel.*: hinduismo, catolicismo, islamismo. U. M.: el florín de S. Cap., Paramaribo.

□ *Hist.* Antigua colonia neerlandesa, fue disputada por Gran Bretaña que llegó a ocuparla temporalmente (1799). En 1975 alcanzó la indep. El anterior gobernador, Johan Henri Eliza, fue investido como primer presid. H. Arron venció en las elecciones de 1977 y fue derrocado por un golpe de Est. en 1980, que llevó a la presidencia a H. Chin A. Sen. En 1990 un golpe de est. derribó al presid. electo Ransewak Kraag. En 1991 se celebraron elecciones libres, y en 1992 se logró la paz con los prales. grupos guerrilleros. El actual presid. es Ronald Venetiaan.

SURMENAGE m. Galicismo que designa el agotamiento producido por un exceso de trabajo.

SUROCCIDENTAL, *planicie costera* Región de México, en la costa del Pacífico, que comprende los est. de Jalisco, Colima, Michoacán, Guerrero y Oaxaca.

SUROESTE m. Sudoeste, punto del horizonte. ◇ Viento que sopla de esta parte.

SURREALISMO m. Mov. artístico-literario, surgido en el primer cuarto del s. XX, que intenta expresar el pensamiento o los sentimientos puros, prescindiendo de cualquier idea lógica, moral o estética. ❑ SURREALISTA.

□ *Arte.* Las directrices del movimiento las definió A. Breton en 1924 al publicar el primer *Manifiesto del surrealismo*. En literatura estuvo estrechamente ligado a la poesía (B. Peret, Desnos, Ribemont-Desaignes). Entre los artistas que lo cultivaron destacan A. Artaud, F. Picabia, M. Duchamp, De Chirico, H. Arp. Y. Tanguy, Max Ernst, R. Magritte, P. Delvaux, J. Miró, S. Dalí, L. Buñuel y J. Cocteau.

SURTIDO, DA adj. Aplícase al artículo de comercio que se ofrece como mezcla de diversas clases. ◇ m. Lo que se previene o sirve para surtir.

SURTIDOR m. Chorro de agua que brota del suelo o de una fuente, especialmente hacia arriba. ◇ Aparato extractor y medidor de gasolina u otro líquido contenido en un depósito.

SURTIR tr. y prnl. Proveer a uno de alguna cosa. ◇ intr. Brotar, saltar, o simplemente salir el agua, y más en particular hacia arriba. ❑ SURTIMIENTO.

SURUCUCÚ f. *Amér. Merid.* Serpiente venenosa, llamada también crótalo mudo.

SURUMPE m. *Perú.* Inflamación de los ojos, debida a la reverberación del sol en la nieve.

SUS prep. insep. Sub.

SUSA Ant. cap. de la región de Elam, sit. junto a la aldea persa de Shush; fundada en el V milenio, en S. residieron los primeros reyes persas. Palacio de Darío I.

SUSCEPTIBILIDAD f. Calidad de susceptible.

SUSCEPTIBLE adj. Capaz de recibir modificación o impresión. ◇ Díc. de la persona que tiene tendencia exagerada a sentirse ofendida por el menor ataque a su amor propio.

SUSCITAR tr. Promover, provocar, causar. ❑ SUSCITACIÓN.

SUSCRIBIR tr. Firmar al fin de un escrito. ◇ fig. Convenir con el dictamen de otro. ◇ prnl. Obligarse a contribuir con otros al pago de una cantidad para cualquier obra. ◇ tr. y prnl. Abonarse para recibir una publicación periódica. ❑ SUSCRIPCIÓN; SUSCRIPTOR, RA.

SUSO adv. lugar. Asuso, arriba.

SUSODICHO, CHA adj. Sobredicho.

SUSPENDER tr. Levantar o detener una cosa en alto. ◇ tr. Causar admiración. ◇ fig. Privar temporalmente a uno del sueldo o empleo. ◇ fig. Negar la aprobación a un examinando. ◇ tr. y prnl. Detener por algún tiempo una acción u obra.

SUSPENSE (voz ing.) m. En el cine o en una obra teatral o literaria, momento en que la acción o el desenlace mantiene un estado de tensión o expectación impaciente en el espectador o lector.

SUSPENSIÓN f. Censura eclesiástica o corrección gubernativa que en todo o en parte priva del uso del oficio, bene-

In-Shushinak, señor de **Susa**, según una estela votiva elamita. Museo del Louvre, París

ficio o empleo o de sus goces y emolumentos. ◇ *Mec. apl.* Sistema elástico a través del cual se apoya un artefacto sobre su asiento. Adquiere especial interés en toda clase de vehículos. ◇ *Mús.* Prolongación de una nota que forma parte de un acorde, sobre el siguiente, produciendo disonancia. ◇ En química-física, sistema heterogéno formado por una fase dispersante y otra dispersa, constituida por un sólido dividido en partículas visibles al microscopio.

SUSPENSIVO, VA adj. Que tiene virtud o fuerza de suspender. ◇ **Puntos suspensivos.** Signo ortográfico (...) que indica que no se ha completado la idea o el texto iniciados.

SUSPENSO m. Nota de haber sido suspendido en un examen.

SUSPENSORES m. pl. *Amér.* Tirantes.

SUSPICAZ adj. Propenso a concebir sospechas o a tener desconfianza. ❑ SUSPICACIA.

SUSPIRAR intr. Dar suspiros. ◇ Desear con ansia una cosa o amar vehementemente a una persona. ❑ SUSPIRADO, DA.

SUSPIRO m. Aspiración lenta y prolongada seguida de una espiración, que suele denotar una emoción.

SUSQUEHANNA R. de EE UU; 750 km. Nace en los montes Apalaches y desemboca en el Atlántico.

SUSTANCIA f. Lo más importante o esencial de una cosa. ◇ Cualquier materia. ◇ Jugo que se extrae de ciertas materias alimenticias. ◇ Ser, esencia de las cosas. ◇ Parte nutritiva de los alimentos. ◇ *Fil.* Entidad o esencia que subsiste o existe por sí, aparte de lo que sea accidental. ❑ SUSTANCIAL.

SUSTANCIAR tr. Compendiar, extractar. ◇ *Der.* Conducir un asunto o juicio por la vía procesal adecuada hasta ponerlo en estado de sentencia. ❑ SUSTANCIACIÓN; SUSTANCIAL; SUSTANCIOSO, SA.

SUSTANTIVAR tr. y prnl. *Gram.* Dar valor y significación de nombre sustantivo a otra parte de la oración y aun a locuciones enteras.

SUSTANTIVO, VA adj. Que tiene existencia real, independiente, individual. ◇ m. Nombre sustantivo. ❑ SUSTANTIVIDAD; SUSTANTIVIDAD.

SUSTENTACIÓN f. Acción y efecto de

Surrealismo. *Un encuentro de amigos*, obra de Max Ernst (Ludwig Museum, Colonia)

Vista de **Suva**

sustentar. Puede conseguirse con medios de tipo aerostático (globos), aerodinámico (alas, rotores) o mediante propulsión (motores de reacción).

SUSTENTÁCULO m. Apoyo o sostén de una cosa.

SUSTENTANTE m. Cada una de las partes que sustentan un edificio.

SUSTENTAR tr. Proveer a uno del alimento necesario. ◊ Conservar una cosa en su ser o estado. ◊ Sostener una cosa para que no se caiga o se tuerza. ◊ Defender o sostener determinada opinión. ❏ SUSTENTADOR, RA; SUSTENTAMIENTO.

SUSTENTO m. Mantenimiento, alimento. ◊ Lo que sirve para dar vigor y permanencia a una cosa. ◊ Sostén o apoyo.

SUSTITUCIÓN f. Acción y efecto de sustituir. ◊ Quím. Tipo de reacción en la que un átomo, ion o agrupación atómica es sustituido por otro: $AX + Y \rightarrow AY + X$.

SUSTITUIR tr. Poner a una persona o cosa en lugar de otra. ❏ SUSTITUTIVO, VA.

SUSTITUTO, TA m. y f. Persona que hace las veces de otra en empleo o servicio.

SUSTO m. Impresión repentina de miedo o pavor. ◊ fig. Preocupación vehemente por alguna adversidad o daño que se teme.

SUSTRACCIÓN f. Mat. Operación, llamada también resta, por la cual, dados dos números a, b, llamados minuendo y sustraendo respectivamente, se calcula su diferencia d, esto es, aquel número cuya suma con b es a. ❏ SUSTRACTIVO, VA.

SUSTRAENDO m. Mat. Cantidad que ha de restarse de otra.

SUSTRAER tr. Apartar, separar. ◊ Hurtar, robar fraudulentamente. ◊ Mat. Efectuar una sustracción. ◊ prnl. Eludir, evitar una obligación, o aquello que se había proyectado o convenido.

SUSTRATO m. Capa geológica debajo de otra superterrestre.

SUSURRAR intr. Hablar quedo, produciendo un murmullo. ◊ fig. Moverse con ruido suave y remiso el aire, el agua de un arroyo, etc. ◊ intr. y prnl. Empezarse a divulgar una cosa secreta. ❏ SUSURRO.

SUTIL adj. Delgado, delicado, tenue. ◊ fig. Agudo, perspicaz. ❏ SUTILEZA.

SUTLEJ (Satlai) Río de la India y Pakistán; 1 600 km. Nace en el Tíbet y desemboca en el Indo.

SUTTNER, Bertha Kinsky, BARONESA DE (1843-1914) Escritora austr. Pacifista y autora de la novela Abajo las armas. Premio Nobel de la Paz en 1905.

SUTURA f. Anat. Articulación inmóvil de los huesos del cráneo y de la cara, que posee una pequeña cantidad de tejido fibroso interpuesto. ◊ Cir. Cosido de los bordes de una solución de continuidad con el objeto de asegurar y acelerar su unión. ❏ SUTURAR.

SUVA Cap. de las islas Fiji, sit. en la isla de Viti Levu; 54 900 hab. (80 200 la agl. urb.). Ind. alimentarias.

SUVANNA Fuma, PRÍNCIPE Tiao (1901-1984) Político laosiano. Primer ministro en varios periodos. Tras la proclamación de la rep. popular (1975), dimitió.

SUYO, SUYA, SUYOS, SUYAS Pron. posesivo de tercera persona, m. y f., en ambos números.

SVEDBERG, Theodor (1884-1971) Químico sueco. Sus investigaciones se encaminaron pralm. a las dispersiones coloidales. Premio Nobel en 1976.

SVERDLOVSK C. de Rusia, cap. de la prov. hom.: 1 300 000 hab. Ind. siderúrgica, metalúrgica, química textil.

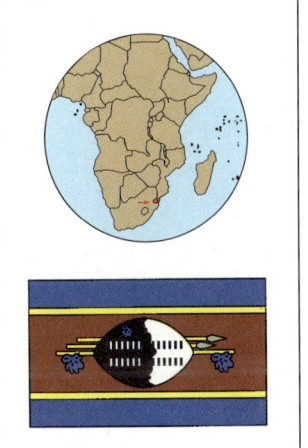

Mapa de situación y bandera
de **Swazilandia**

SVEVO, Italo (1861-1928) Seud. del novelista it. Ettore Schmitz. Autor de La conciencia de Zeno.

SVOBODA, Ludvik (1895-1979) Militar y político chec. Presid. de la rep. (1968-1975). Aceptó el control sobre la presencia de tropas sov. en el país.

SWAHILI adj. y s. Díc. de los individuos de un pueblo negroide que vive en Tanzania y Kenia, donde su idioma es of.

SWANSEA C. y puerto de Gran Bretaña, en el País de Gales; 167 800 hab. Ind. metalúrgica, construcciones navales.

SWAPO Siglas ing. de la Organización del Pueblo del África del Sudoeste, frente anticolonialista que luchó contra la dominación sudafricana en Namibia.

SWAZI adj. y s. Díc. de individuos pertenecientes a un pueblo bantú que habita en Swazilandia y en el Transvaal (Rep. Sudafricana).

SWAZILANDIA (Umbuso weSwatini; ing., Kingdom of Swaziland) Estado del SE de África. El sector occidental está

SWAZILANDIA	
Superficie	17 364 km^2
Población	798 000 hab. (46 hab./km^2)
Recursos económicos	
Agrios	75 000 t
Amianto	27 000 t
Ananás	50 000 t
Arroz	1 000 t
Azúcar	500 000 t
Cabaña bovina	750 000 cabezas
Cabaña caprina	320 000 cabezas
Cabaña ovina	35 000 cabezas
Caña de azúcar	40 000 ha
Carbón	160 000 t
Energía eléctrica	415 000 000 kwh
Hierro	311 000 t
Maíz	153 000 t
Riqueza forestal	2 223 000 m^3
Indicadores sociológicos	
PNB	874 millones de dólares
Renta per cápita	1 060 dólares
Esperanza de vida	57 años
Alfabetismo	71 %

accidentado por las estribaciones de los montes Drakensberg. En el extremo E se encuentra la llanura costera del Índico. Ríos Komati, Usutu, Ingwavuma, que tributan en el Índico. Clima subtropical. Cultivo de sorgo, maíz, arroz, agrios y, sobre todo, caña de azúcar. Imp. actividad ganadera (bovinos y caprinos). Explotación forestal para la exportación. La pral. riqueza reside en la minería: amianto, hierro, hulla, estaño y oro. Monarquía. Etnias: bantúes, swazis (mayoría), europeos. Lenguas: ing. (of.), swazi. Rel.: animismo (40 %), protestantismo (34 %), catolicismo, U. M.: el lilangeni. Cap., Mbabane. ☐ Hist. En 1890 pasó a dominio conjunto de Transvaal e Inglaterra. Tras la guerra de los bóers, S. fue colocada bajo protectorado brit. (1903). En 1968 consiguió la indep. En 1973 el rey Sobuzha II abolió la constitución y suprimió los partidos políticos. En 1976 designó M. Dbamini como primer ministro. El rey murió en 1982, sucediéndole su hijo Mswati III en 1986.

SWEDEMBORG, Emmanuel (1688-1772) Científico, filósofo, teólogo y místico sueco. Autor de varios tratados religiosos: La verdadera religión, sabiduría angélica, Principios.

Emmanuel **Swedemborg**

Los viajes de Gulliver,
obra de Jonathan **Swift**,
ilustrado por Rackham

SWIFT, *Jonathan* (1667-1745) Escritor
irl. Los *Viajes de Gulliver* son su libro de
mayor fama. *La batalla de los libros, El
cuento del tonel*.
SWINBURNE, *Algernon Charles* (1837-
1909) Poeta brit. *Cantos antes del alba*.
SWING m. En el boxeo, golpe dado de
abajo arriba con un movimiento semicircular del brazo. ◊ Elemento rítmico característico del *jazz*. La síncopa es
uno de los elementos que más favorecen la aparición del *swing*.
SYDENHAM, *Thomas* (1624-1689)
Médico ing. Realizó importantes estudios sobre el reumatismo y describió la
corea que lleva su nombre.

SYDNEY ⇨ Sidney.
SYMPOSIUM m. Simposio.
SYNGE, *John Millington* (1871-1909)
Dramaturgo irl. *El pozo de los santos, El
fanfarrón del mundo occidental*. ◊ *Ri-
chard Laurence Millington* (1914-1994)
Bioquímico brit. Introdujo el método de
análisis cromatográfico, llamado de re-
parto sobre papel. Premio Nobel de
Química en 1952.
SYRACUSE C. de EE UU, en el est. de
Nueva York; 630 000 hab. Ind. química
y metalúrgica.
SZCZECIN (al., *Stettin)* C. de Polonia,
cap. del voivodato hom.; 390 800 hab.
Activo puerto. Ind. siderúrgica, mecánica, química, de cemento, fabricación
de superfosfatos.
SZECHUAN *(Sichuan)* Prov. del SO de

Algernon Charles **Swinburne**

Vista de **Szeged,** con el río Tisza

China; 560 000 km^2, 107 218 173 hab.
Cap., Chengtu. Trigo, maíz, patatas, caña
de azúcar. Sal carbón, hierro, petróleo,
gas natural, oro. Ind. textil, alimentaria.
SZEGED C. del SE de Hungría; 181 000
hab. Ind. textil, química, mecánica y alimentaria.
SZENT-GYÖRGYI, *Albert* (1893-1986)
Bioquímico húng. Premio Nobel de
Medicina en 1937 por su descubrimiento de la vitamina C.
SZYMANOWSKI, *Karol* (1882-1937)
Compositor pol. Autor de óperas (*Ha-
gith, El rey Roger)*, sinfonías, conciertos
para violín, *Metopas* (para piano), *Mitos* (para violín), *Stabat Mater*.
SZYMBORSKA, *Wislawa* (n. 1923)
Poetisa polaca. Autora de *El fin y el comienzo, Por si acaso* y *La gente en el puente*. Premio Nobel de Literatura en 1996.

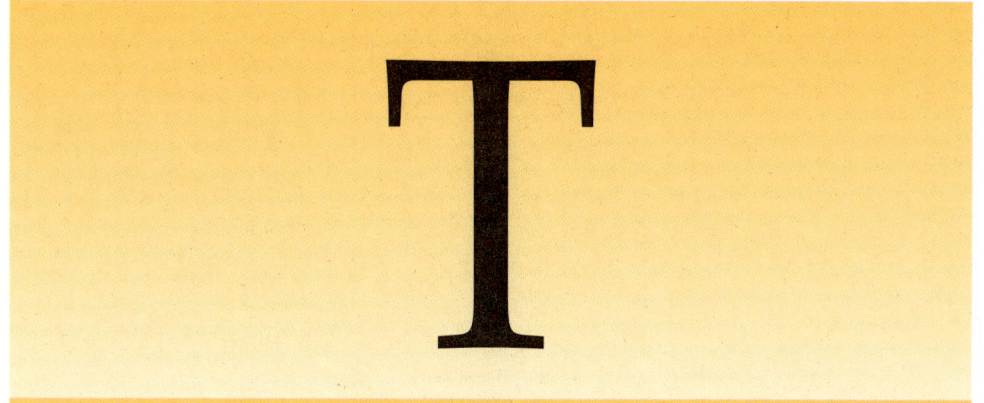

T

T f. Vigésima primera letra del abecedario esp. y decimoséptima de sus consonantes. Su nombre es *te*. ◊ *Fís.* Símb. de periodo y de temperatura absoluta. ◊ *Fís.* En minúscula, símb. de tiempo y de temperatura ordinaria.

Ta *Quím.* Símb. del tántalo o tantalio.

TABA f. Astrágalo, hueso del pie. ◊ Juego en que se tira al aire una taba de carnero y se gana o se pierde según en la posición que cae. ◊ *Col.* Orificio en una cañería.

TABACALERO, RA adj. Relativo al cultivo, fabricación o venta del tabaco. ◊ adj. y s. Díc. de la persona que cultiva tabaco. ◊ Tabaquero. ◊ f. *Méx.* Tabaquería.

TABACO m. *Bot.* Planta de porte herbáceo, anual, con tallo simple o ramificado, hasta de 2 m de alt., recubierto de pelos viscosos. Es originaria de América y se cultiva en los países cálidos. Se utiliza en medicina popular como drástica, emética y acre; contiene el alcaloide de nicotina y un principio activo oloroso (nicocianina). ◊ Hoja de esta planta, curada y preparada para sus diversos usos. ◊ Polvo a que se reducen las hojas secas de esta planta para tomarlo por la nariz. ◊ Cigarro puro. ❏ TABAQUISTA.

TÁBANO m. *Zool.* Insecto díptero, de mayor tamaño que la mosca, que molesta con sus picaduras. ◊ fig. Persona pesada y molesta. ❏ TABANERA; TABARRO.

TABANQUE m. Rueda de madera que mueven con el pie los alfareros, para hacer girar el torno.

TABAQUERO, RA adj. y f. Díc. de la persona que trabaja el tabaco, o que lo vende. ◊ f. Caja o pomo con agujeros en su parte superior, para sorber el tabaco en polvo. ◊ Receptáculo de la pipa de fumar. ◊ *Amér.* Petaca o bolsa para el tabaco picado. ◊ *Amér.* Pañuelo de nariz.

TABAQUISMO m. Intoxicación aguda o crónica producida por el abuso del tabaco.

TABARDO m. Prenda de abrigo ancha y larga, de paño tosco. ◊ Chaquetón de soldado.

TABARRA f. Lata, cosa impertinente y molesta.

TABASCO m. Salsa muy picante de pimienta o ají.

TABASCO Est. de México; 24 661 km²,

1 891 829 hab. Cap., Villahermosa. Accidentado al S por la sierra Madre de Chiapas. Ríos San Pedro y San Pablo, Grijalva-Usumacinta y González. Caña de azúcar, café, plátanos, cacao, coco, cereales, habichuelas. Ganado bovino y porcino. Explotación forestal. Pesca. Transformaciones agropecuarias. ❏ TABASQUEÑO, ÑA.

TABELLAR tr. Doblar y tablear las piezas de paño y demás tejidos de lana, de modo que queden sueltos los orillos. ◊ Marcar las telas o ponerles los sellos de fábrica.

TABERNA f. Local público, gralte. modesto, en el que se venden y consumen vino y otras bebidas alcohólicas, y algunas veces también comidas. ❏ TABERNERO, RA; TABERNERÍA.

Tábano. Insecto adulto y crisálida

TABERNÁCULO m. Lugar donde los heb. tenían colocada el arca de la Alianza. ◊ Sagrario donde se guarda el Santísimo Sacramento. ◊ Tienda en que vivían los ant. heb.

TABERNARIO, RIA adj. Propio de la taberna o de las personas que la frecuentan. ◊ fig. Bajo, grosero.

TABES f. *Med.* Consunción, enflaquecimiento, extenuación. ◊ **dorsal**. *Pat.* Enfermedad neurosifilítica que afecta a la médula espinal, cuyos síntomas prales. son la ataxia y la pérdida de reflejos.

TABIQUE m. Pared delgada que se hace de cascotes, ladrillos o adobes. ◊ P. ext., división plana y delgada que separa dos huecos. ◊ *Méx.* Ladrillo de base cuadrada. ❏ TABICAR; TABICÓN; TABIQUERÍA.

TABLA f. Pieza de madera, plana, más larga que ancha, de poco grueso respecto a las demás dimensiones, y cu-

yas dos caras son paralelas entre sí. ◊ Pieza plana y de poco espesor de alguna otra materia rígida. ◊ Cara más ancha de un madero. ◊ Tablilla en que se comunica algo. ◊ Índice que se pone en los libros, para que con mayor facilidad se busquen y hallen las materias o puntos que contienen. ◊ Lista o catálogo de cosas puestas por orden sucesivo o relacionadas entre sí. ◊ Cuadro de números o indicaciones. ◊ Faja de tierra. ◊ Cuadro o plantel de tierra dispuesto para plantar legumbres, vides o árboles. ◊ Mostrador de la carnicería. ◊ Pintura hecha en tabla. ◊ Estado, en el juego de damas o en el de ajedrez, en el cual ninguno de los jugadores puede ganar la partida. ◊ fig. Empate o estado de cualquier asunto que queda indeciso, entre dos competidores. ◊ Piedras en que se escribió la ley del Decálogo, que entregó Dios a Moisés en el monte Sinaí. ◊ fig. Escenario del teatro. ◊ fig. Soltura, naturalidad en cualquier actuación ante el público. ◊ **de datos**. *Comp.* Lista o conjunto de listas en las que se especifican los datos de una determinada información. ◊ **de verdad**. *Comp.* T. en la que se espe cifican los valores de salida de una función u operación al aplicar ésta a sus valores de entrada. ◊ **pitagórica**. *Mat.* T. de multiplicación de los núm. dígitos dispuesta en forma de cuadro.

TABLA Redonda Díc. del ciclo literario medieval originado en las leyendas célticas alusivas al rey Arturo y a sus caballeros, que se reunían en torno a una mesa redonda, en señal de igualdad.

TABLADA, José Juan (1870-1945) Escritor y diplomático mex. Introdujo formas japonesas en la poesía cast. *Li-Po, El jarro de flores, En el país del Sol.*

TABLADO m. Suelo plano formado de tablas. ◊ Pavimento del escenario de un teatro. ◊ Suelo de una cama sobre el que se tiende el colchón. ❏ TABLAJERO.

TABLAJE m. Conjunto de tablas. ◊ Garito, casa de juego.

TABLAJERÍA f. Ganancia que se saca del garito. ◊ Carnicería. ❏ TABLAJERO.

TABLAS, Las C. de Panamá, cap. de la prov. de Los Santos; 22 116 hab. Centro comercial agrícola y ganadero.

TABLAZO m. Pedazo de mar o de río, extendido y de poco fondo.

TABLAZÓN f. Agregado de tablas. ◊ Conjunto de tablas que componen la cubierta de una embarcación.

TABLERO adj. Díc. del madero a propósito para hacer tablas serrándolo. ◊ m. Tabla o conjunto de tablas unidas por el canto, con una superficie plana y alisada. ◊ Tabla cuadrada con cuadritos de dos colores alternados, para jugar al ajedrez o a las damas, o con otras figuras. ◊ Cuadro donde se reúnen los instrumentos o mandos de una máquina, fábrica, etc. ◊ Mostrador de una tienda. ◊ Mesa grande en que cortan las sastres. ◊ Cuadro de madera pintado de negro que se usa en las escuelas en lugar de encerado. ◊ *Cuba.* Caja de madera en que los vendedores ambulantes llevan dulces y otros artículos. ◊ Plano resaltado, liso, o con molduras, para ornato de algunas partes del edificio. ◊ *Arq.* Parte plana que corona el capitel, ábaco. ◊ Tablazón que se coloca en los cuadros formados por los largueros y peinazos de una hoja de puerta o ventana.

TABLESTACA f. Especie de pilote formado por una pieza, en forma de tabla terminada en punta, que se clava en el suelo por percusión. ❑ TABLESTACADO.

TABLETA f. Madera de sierra, especialmente la que se usa para entarimar. ◊ Pequeña porción de una pasta medicinal. ◊ *Argent.* Alfajor, cierto dulce. ❑ TABLETEAR; TABLETEADO; TABLETEO.

TABLILLA f. Tableta, pequeña tabla. ◊ *Cuba* y *Méx.* Tableta de chocolate.

TABLOIDE adj. y m. Díc. del periódico de dimensiones menores que las ordinarias, y con abundancia de grabados informativos.

TABLÓN m. Tabla gruesa. ◊ fam. Borrachera. ◊ *Amér.* Tierra destinada a cultivo.

TABONUCO m. *P. Rico.* Árbol de cuyo tronco fluye una resina usada como incienso.

TABORITA ⟶ Husita.

TABRIZ C. de Irán, cap. del Azerbaiján oriental; 598 000 hab. Ind. artesanal. Centro comercial.

TABÚ m. *Antr.* Prohibición de comer o tocar algún objeto en algunas religiones de la Polinesia. ◊ m. y adj. P. ext., objeto o tema que no se puede tocar.

TABUCO m. Aposento pequeño.

TABULADOR, RA adj. y m. Díc. de un dispositivo de una máquina de escribir que permite empezar las líneas a diferentes distancias del margen del papel. ◊ *Comp.* Periférico que trabaja con tarjetas perforadas y, mediante instrucciones emitidas a través de paneles de control, lee los datos almacenados en la memoria, para imprimirlos después en forma de listados o tabulaciones sobre papel continuo o formularios indep. ◊ adj. y f. Díc. de la máquina que escribe en caracteres ordinarios las indicaciones contenidas en tarjetas perforadas. ❑ TABULAR; TABULACIÓN.

TABURETE m. Asiento sin brazos ni respaldo para una persona. ◊ Silla con el respaldo muy estrecho, guarnecida de vaqueta, terciopelo, etc.

TAC Siglas de ⟶ tomografía axial computarizada.

TACADA f. Golpe dado con el taco a la bola de billar. ◊ Serie de carambolas hechas sin perder golpe.

TACANÁ Volcán sit. en la zona fronteriza de México y Guatemala, en la sierra Madre de Chiapas; 4 064 m.

TACAÑO, ÑA adj. y s. Miserable, ruin, mezquino. ◊ Mirado, ahorrador con exceso. ❑ TACAÑEAR; TACAÑERÍA.

TACHA f. Falta o defecto que se halla en una persona o cosa. ◊ Clavo mayor que la tachuela común. ◊ *Amér.* Tacho, vasija de metal. ❑ TACHADOR, RA; TACHOSO, SA.

TACHAR tr. Poner en una cosa falta o tacha. ◊ Borrar lo escrito. ◊ Alegar contra un testigo algún motivo legal para que no sea creído en el pleito. ◊ fig. Culpar, censurar, notar. ❑ TACHADURA.

TACHIGUAL m. *Méx.* Labor de encaje o ronda.

TÁCHIRA Est. de Venezuela; 11 100 km², 859 861 hab. Cap., San Cristóbal. Accidentado por la cord. de Mérida, cuyas alt. se sitúan entre 3 000 y 4 000 m., y por la depresión del lago Maracaibo. Café, caña de azúcar, tabaco y frutales. Ganadería. Asfalto, caliza, yeso y carbón. Ind. agropecuarias.

TACHO m. *Amér.* Vasija de metal, con asas, de fondo redondeado, que se usa para guisar. ◊ *Amér.* Paila grande en que se acaba de cocer el melado y se le da el punto de azúcar. ◊ *Amér.* Hoja de lata. ◊ *Chile.* Cacerola de metal o de barro. ❑ TACHERO.

TACHÓN m. Cada una de las rayas que se hacen sobre lo escrito para borrarlo. ◊ Tachuela grande de cabeza dorada o plateada. ❑ TACHONAR; TACHONERÍA.

TACHUELA f. Clavo corto y de cabeza grande. ◊ *Amér.* Tacuaco, persona rechoncha. ◊ *Col.* y *Cuba.* Especie de escudilla de metal que se usa para poner a calentar algunas cosas. ◊ *Ven.* Taza de metal que se tiene en el tinajero para beber agua.

TÁCITO, TA adj. Callado, silencioso. ◊ Que no se oye o dice formalmente, sino que se supone.

TÁCITO, Cornelio (55-120) Historiador latino. Autor de *Agrícola, Germania, Historias* y *Anales;* las dos últimas sobre la historia de Roma.

TACITURNO, NA adj. Callado, que le molesta hablar. ◊ fig. Triste, melancólico. ❑ TACITURNIDAD.

TACIZO m. *Col.* Calabozo muy pequeño.

TACLOBO m. Molusco lamelibranquio de gran tamaño, que abunda en Filipinas y cuya concha tiene un hermoso aspecto.

TACNA Dpto. de Perú; 15 983,13 km², 246 100 hab. Cap., la c. hom. Accidentado por la cordillera Occidental de los Andes (Tutupaca, 5 806 m). Ríos Locumba y Sama. Cereales, caña de azúcar, algodón, vid, frutales, tabaco. Bovinos, ovinos, llamas. Cobre. Ind. de derivados agropecuarios (destilerías de alcohol). ◊ C. de Perú, cap. del dpto. hom.: 174 336 hab. Mercado agropecuario. ❑ TACNEÑO, ÑA.

TACO m. Pedazo de madera, metal u otra materia, corto y grueso, que se encaja en algún hueco. ◊ Cualquier pedazo de madera corto y grueso. ◊ Cilindro de trapo, estopa, arena u otra materia a propósito, con que se aprieta la carga del barreno. ◊ Baqueta para atacar las armas de fuego. ◊ Vara de madera con la cual se impelen las bolas del billar y de los trucos. ◊ Calendario formado por un conjunto de hojas de papel superpuestas, una por día ◊ fig. y fam. Bocado o comida muy ligera que se toma fuera de las horas de comer. ◊ fam. Embrollo, lío. ◊ fig. y fam. Voto, juramento; palabrota. ◊ *Amér.* Tacón. ◊ *Chile* y *Méx.* Atasco. ◊ *Méx.* Especie de tortilla de carne. ❑ TACAZO.

TACÓMETRO m. Aparato que permite medir la velocidad de rotación de un eje.

TACÓN m. Pieza más o menos alta, exteriormente unida a la suela del calzado en aquella parte que corresponde al talón. ❑ TACONAZO; TACONEAR.

TACORA Volcán de los Andes chilenos; 5 980 m.

TACOTAL m. *C. Rica.* Matorral espeso. ◊ *Hond.* Ciénaga, lodazal.

TÁCTICO, CA adj. Relativo a la táctica. ◊ m. El que sabe o practica la táctica. ◊ f. *Mil.* Conjunto de reglas a que se ajustan en su ejecución las operaciones militares. ◊ fig. Sistema ideado y empleado hábilmente para conseguir un fin.

TACTISMO m. Movimiento de un organismo en respuesta a un estímulo recibido.

TACTO m. *Fisiol.* Sentido que reside en la piel, por el que se perciben las sensaciones mecánicas y térmicas de los cuerpos externos. ◊ *Med.* Exploración de una superficie del cuerpo con las yemas de los dedos. ◊ fig. Tino, acierto, destreza, maña. ❑ TÁCTIL.

TACUACHE m. *Cuba* y *Méx.* Pequeño mamífero marsupial de color gris, nocturno e insectívoro.

TACUACÍN m. *Amér. Centr.* y *Méx.* Zarigüeya, especie de zorra.

TACUARA f. *Amér. Merid.* Guadua, planta gramínea; especie de bambú, de cañas fuertes y muy largas. ❑ *Amér. Merid.* TACUARAL.

TACUAREMBÓ Dpto. de Uruguay; 15 438 km², 90 489 hab. Cap., la c. hom. Accidentado por las cuchillas de Cañas, Salvañach, Once Cerros y Santo Domingo. Río Negro. Ganadería. Cereales, oleaginosas, frutales. Ind. agropecuaria. ◊ C. de Uruguay, cap. del dpto. hom.; 51 224 hab. Mercado agropecuario.

TACURÚ m. *R. de la Plata.* Especie de

Tabuladora de Hollerith de tarjetas perforadas (1890)

hormiga pequeña. ◊ *R. de la Plata*. Hormiguero alto y redondeado. ◊ *R. de la Plata*. Cada uno de los montículos de tierra arcillosa que se encuentran en gran abundancia en los terrenos anegadizos del Chaco. ❏ TACURUZAL.

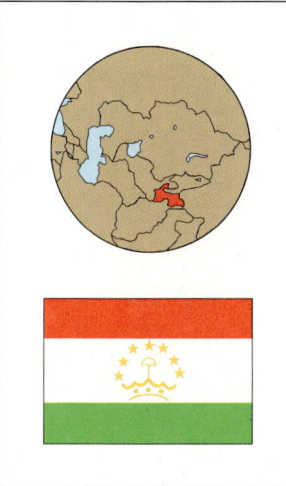

Mapa de situación y bandera de **Tadjikistán**

TADJIKISTÁN (*Respublikai Tojikiston*) Est. de Asia central. País muy montañoso, la parte oriental forma parte del Pamir, donde se alcanzan alt. de más de 7 000 m. R. Vajsh y Murgab. Algodón. Ind. agropecuaria, textil, siderúrgica, metalúrgica, química. Grupos étnicos: tadjikos, uzbekos, rusos. Lenguas: tadjiko (of.), ruso. *Rel.*: islamismo sunnita, cristianismo ortodoxo. U.M.: rublo tadjico. Cap., Dushanbe. C. pral.: Kirgán-Tiube.
❏ *Hist*. Ant. terr. incorporado al imperio zarista, en 1929 alcanzó el estatuto de rep. federada de la URSS. En 1991 se autoproclamó indep. y se integró en la Comunidad de Estados Independientes (CEI).

TADJIKISTÁN	
Superficie	143 100 km²
Población	5 359 000 hab. (38 hab./km²)
Indicadores sociológicos	
PNB	5 669 millones de dólares
Renta per cápita	1 050 dólares
Esperanza de vida	69 años
Alfabetismo	98 %

TAEGU o **DAEGU** C. de la República de Corea; 1 607 500 hab. Centro comercial y textil.
TAEJON o **DAEJEON** C. de la República de Corea; 651 600 hab. Ind. de seda y cuero.
TAFETÁN m. Tela delgada de seda, muy tupida. ◊ **inglés**. El que está engomado por una cara y se emplea para cubrir y juntar los bordes de las heridas.
TAFILETE m. Cuero delgado, bruñido y lustroso, empleado en marroquinería, encuadernación y tapicería. ❏ TAFILETEAR; TAFILETERÍA.

TAFT, William Howard (1857-1930) Político norteam. Presid. de los EE UU (1908-1912).
TAGALO, LA adj. y s. Díc. del individuo de raza malaya, de un pueblo filipino extendido por Luzón, Mindoro, Mindanao, las Marianas y Singapur. ◊ adj. Relativo a este pueblo. ◊ m. *Ling.* Lengua malayopolinésica, la of. en Filipinas.
TAGANROG C. de Rusia, en la costa N del mar de Azov, 289 000 hab. Ind. metalúrgica y química.
TAGLE y Portocarrero, José Bernardo de (1779-1825) Militar y político per. Presid. del Perú (1823-1824).
TAGORE, Rabindranath (1861-1941) Poeta, dramaturgo y novelista indio. *Gitanjali, El jardinero* (poesía); *Sanyasi* (drama), *Gora* (novela). Premio Nobel de Literatura en 1913.
TAHALÍ m. Tira de cuero u otra materia cruzada sobre el pecho, para sostener la vaina de la espada. ◊ P. ext., pieza de cuero pendiente del cinturón, para sostener en ella la bayoneta o el machete.
TAHEÑO, ÑA adj. Díc. del pelo rojo. ◊ Díc. del que tiene el pelo o la barba rojos.
TAHITÍ La mayor de las islas de la Sociedad, en la Polinesia francesa; 1 042 km², 84 500 hab. Cap., Papeete. Relieve volcánico (Orohena, 2 237 m). Copra, vainilla. Pesca. Turismo.
TAHONA f. Molino de harina cuya rueda se mueve con caballería. ◊ Panadería. ❏ TAHONERO, RA.
TAHUANTINSUYO Voz quechua que significa «unión de las cuatro provincias»; era el nombre que daban los incas a su imperio Las cuatro prov. eran Collasuyo, Chinchasuyo, Continsuyo y Antinsuyo.
TAHÚR, RA adj. y s. Díc. del que se dedica al juego o hace trampas en él. ❏ TAHURESCO, CA; TAHURERÍA.
TAICHUNG (*Taizhong*) C. de Taiwan, en el O de la isla; 626 000 hab. Centro comercial agrícola. Ind. mecánicas y alimentarias.
TAIFA, Reinos de taifas. Entidades políticas musulmanas surgidas en España tras el desmembramiento del califato de Córdoba. Cada t. estaba bajo el control de una familia o dinastía.
TAIGA (voz rusa) f. Vegetación formada por plantas arbóreas de tronco alto que se extiende por el N de la Rusia europea y una zona de Siberia.
TAIGETO Cordillera de Grecia, en el Peloponeso. Según una tradición, desde sus alturas los espartanos arrojaban a los recién nacidos deformes o débiles.
TAILANDÉS, SA ⇨ Thailandés.
TAIMADO, DA adj. y s. Bellaco, astuto, disimulado y pronto en advertirlo todo. ◊ adj. *Chile*. Amorrado, temoso. ❏ TAIMERÍA.
TAIMIR, Circunscripción Autónoma de, también denominada de *Dolgano-Nenets*. Subdivisión administrativa de Rusia, en el N del territorio de Krasnoyarsk; 862 100 km², 53 000 hab. Cap., Dudinka. Abarca la península hom., aparte de la meseta de Siberia central y el arch. de Siévernaia Zemliá. Ríos Yeniséi y Jatanga. Tundra. Pesca. Ganadería. Creada en 1930. ◊ **T.** o **Taïmyr** Pen. de Rusia, en la costa N de Siberia,

entre las desembocaduras del Yeniséi y del Jatanga.
TAINAN C. y puerto del SO de Taiwan: 614 000 hab. Comercio marítimo. Ind. sederas.
TAINE, Hippolyte Adolphe (1828-1893) Crítico de arte y literatura, filósofo e historiador fr. Positivista, proclamó la herencia, el medio ambiente y el momento como elementos que explican todo fenómeno cultural. *Los orígenes de la Francia contemporánea, Filosofía del arte.*
TAÍNO, NA adj. y s. Díc. del individuo de una tribu americana que habitaba en las Antillas. ◊ m. *Ling.* Dialecto caribe de estas tribus, que actualmente se habla en el NO del Brasil.
TAIPEH o **TAIPEI** C. del N de Taiwan, cap. del país; 2 449 700 hab. Centro comercial e ind. (metalurgia, química, textil, alimentaria).

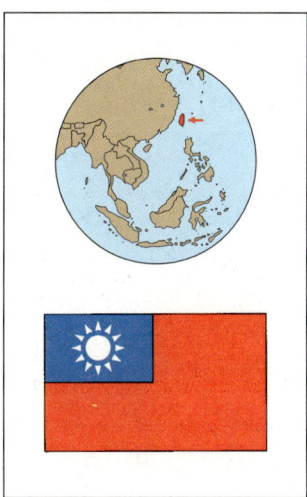

Mapa de situación y bandera de **Taiwan**

TAIWAN o **FORMOSA** Isla ubicada en el Pacífico frente a China. Con el arch. de Pescadores (Penghu) y las islas de Matsu (Lienkian) y Quemoy (Chinmen) constituye el territorio de la República de China (*Ta-Chunghva Min-Kuo*). Su máx. alt. es el Yu-shan o Tung Shan (3 997 m). Río Hsi-lo. Clima cálido y húmedo. Arroz, caña de azúcar, boniato, cítricos, té. Ganadería porcina. Carbón, plata, petróleo, gas natural. Ind. de transformaciones agrícolas, textil, metalúrgica, papelera, fertilizantes. Lenguas: chino (dialecto de Amoy) (of.), ing. *Rel.*: confucianismo (mayoría), budismo, protestantismo U.M.: nuevo dólar de T. Cap., Taipeh. C. prales.: Kaohsiung, Taichung, Tainan.
❏ *Hist*. Hasta el s. XII estuvo habitada por pob. malaya. En el s. XVIII llegaron los europeos, y la isla pasó a dominio chino. Fue ocupada por los japoneses entre 1895 y 1943. En 1949, tras el triunfo de la revolución en China, se convirtió en el último reducto de la China nacionalista. A partir de 1964 numerosos países reconocieron a la República Popular China y rompieron relaciones con T. Pekín ofreció a la isla la incorpo-

TAIWAN	
Superficie	36 202 km²
Población 20 489 000 hab. (566 h./km²)	
Recursos económicos	
Agrios	544 000 t
Azúcar	399 000 t
Bananas	197 000 t
Batatas	224 400 t
Búfalos	19 000 cabezas
Cabaña ovina	176 000 cabezas
Cabaña porcina	10 089 000 cabezas
Caña de azúcar	1 00 000 ha
Carbón	472 000 t
Cemento	18 458 000 t
E. eléctrica	82 349 millones de kwh
Fertilizantes	1 617 000 t
Maíz	375 000 t
Oro	71 kg
Plata	3 926 kg
Pesca	1 455 000 t
Riqueza forestal	140 000 m³
Tejidos de algodón	1 099 millones de m²
Indicadores sociológicos	
PNB	178 000 millones de dólares
Renta per cápita	8 670 dólares
Alfabetismo	93 %

ración a China bajo un régimen de autonomía, lo que no fue aceptado por Taipeh. En 1999 sufrió fuertes seísmos (hasta 7,6 grados de intensidad) que ocasionaron miles de víctimas.
TAIYÜAN C. de China, cap. de la prov. de Shansi; 1 750 000 hab. Notable centro agrícola y minero. Ind. siderúrgica, química.
TAJADERA f. Cuchilla, a modo de media luna. ◊ Trozo de madera sobre el cual se coloca la carne que se ha de cortar. ◊ Herramienta para cortar hierro en frío, cortafrío.
TAJADO, DA adj. Díc. de la costa, roca o peña que forma como una pared vertical. ◊ f. Porción cortada de una cosa. ◊ fam. Ronquera o tos ocasionada por un resfriado. ◊ fig. y fam. Borrachera.
TAJAMAR m. *Mar.* Tablón recortado en forma curva y ensamblado en la parte exterior de la roda, que sirve para hender el agua cuando el buque marcha. ◊ *Arq.* Espolón de las pilas de los puentes. ◊ *Chile.* Malecón, dique. ◊ *Argent.* Presa o balsa. ◊ *Argent.* Zanja hecha en la orilla de un río para menguar el efecto de las crecidas.
TAJANTE adj. Que taja. ◊ fig. Concluyente, terminante. ◊ m. En algunas partes, carnicero, cortador.
TAJAR tr. Dividir una cosa en dos o más partes con instrumento cortante. ◊ prnl. fam. Emborracharse. ❏ TAJADERO, RA; TAJADOR, RA; TAJADURA.
TAJES, Máximo (1852-1912) Militar y político ur. Presid. de la rep. (1886-1890).
TAJÍN, El Estación arqueológica mex., en la zona central del est. de Veracruz. Su evolución se divide en tres períodos que abarcan del año 30 al 1200 de nuestra era. Destaca la llamada «Pirámide de los nichos».
TAJO m. Corte hecho con instrumento adecuado. ◊ Sitio hasta donde llega en su faena la cuadrilla de operarios que trabaja avanzando sobre el terreno. ◊ Tarea, trabajo que debe hacerse en tiempo limitado. ◊ Escarpa alta y cortada casi a plomo. ◊ Filo o corte. ❏ TAJÓN.

TAJO (port. *Tejo*) Río de la pen. Ibérica; 1 007 km. Nace en la sierra de Albarracín (Teruel) y desemboca en el océano Atlántico, junto a Lisboa, formando un estuario.
TAJUMULCO Volcán de Guatemala; 4 210 m. Techo de América Central.
TAKAMATSU C. de Japón, cap. de la prefectura de Kagawa, en la isla de Shikoku; 329 700 hab.
TAL adj. Aplícase a las cosas indefinidamente, para determinar en ellas lo que por su correlativo se denota. ◊ Igual, semejante, o de la misma forma o figura. ◊ Tanto o tan grande. Se usa para exagerar y engrandecer. ◊ Se usa a veces como pron. demostrativo. Puede construirse con el art. determinado masculino o femenino. ◊ También se emplea como pron. indeterminado. ◊ adv. modo. Así, de esta manera, de suerte. ◊ Empléase en sentido comparativo, correspondiéndose con *cual*, *como* o *así como*, y en este caso equivale a *de igual modo* o *así mismo*.
TALA f. Defensa formada por troncos de árboles a modo de barrera. ◊ *Argent.* Árbol caducifolio, cuya raíz sirve para teñir. Sus hojas tienen propiedades medicinales. ◊ *Chile.* Pacer los ganados la hierba que no puede cortarse con la hoz.
TALABARTE m. Cinturón que lleva pendientes los tiros de que cuelga la espada o el sable. ❏ TALABARTERÍA; TALABARTERO.
TALADRAR tr. Horadar una cosa con taladro u otro instrumento semejante. ◊ fig. Herir los oídos fuerte y desagradablemente algún sonido agudo. ◊ *Col.* Estafar a uno. ❏ TALADRADOR, RA.
TALADRO m. Instrumento giratorio, de filo cortante con que se agujerea la madera u otra cosa. ◊ Agujero hecho con el taladro.
TALAGANTE Prov. del centro de Chile, en la región metropolitana de Santiago; 217 449 hab. Cap., la c. hom. Río Mapocho. Agricultura (agrios, manzanas). Ind. alimentaria. ◊ C. de Chile, cap. de la prov. hom.; 59 805 hab.
TALAMANCA Cadena montañosa del SE de Costa Rica. Alt. máx.: Chirripó Grande (3 832 m).
TÁLAMO m. Lugar preeminente donde los novios celebraban sus bodas. ◊ Cama de los desposados y lecho conyugal. ◊ *Bot.* Receptáculo de los verticilos florales.

El río **Tajo** cerca de Aranjuez, Madrid

TALANTE m. Modo de ejecutar una cosa. ◊ Semblante o disposición personal, o estado o calidad de las cosas. ◊ Voluntad, deseo, gusto.
TALAR adj. Díc. del traje o vestidura que llega hasta los talones. ◊ tr. Cortar por el pie masas de árboles para dejar rasa la tierra. ◊ Destruir, arrasar.
TALARA C. de Perú, en la región de Grau, dpto. de Piura; 77 369 hab. Imp. puerto. Ind. del petróleo.
TALASOCRACIA f. Supremacía marítima, o poderío naval, de un Est. sobre los restantes.
TALAVERA DE LA REINA Mun. esp., en la prov. de Toledo; 75 369 hab. Tradicional cerámica policroma y azul.
TALAYOT m. Monumento megalítico propio de las islas Baleares, que consiste en un torreón tronco-cónico.
TALCA Prov. del centro-sur de Chile, en la región del Maule; 352 966 hab. Cap., la c. hom. Accidentada por los Andes (Cerro Campanario, 4 062 m) y por el valle Central. Río Maule. Cereales, vid, olivo, tabaco, frutales, remolacha azucarera. Bovinos, ovinos. Ind. agropecuaria, papelera, química. ◊ C. de Chile, cap. de la prov. hom.; 201 797 hab. Centro agrícola. Ind. alimentaria.
TALCAHUANO C. de Chile, en la prov. de Concepción; 250 348 hab. Imp. puerto y base militar. Astilleros. Conservas de pescado.
TALCHOCOTE m. *Hond.* Cierto árbol que produce un fruto parecido a la aceituna, el cual es usado contra la disentería.
TALCO m. *Min.* Silicato de magnesio; dureza 1; brillo perlado. Se utiliza como lubricante seco, en farmacología, etc. ◊ Lámina muy delgada que se emplea en bordados y otros adornos. ❏ TALCOSO, SA.
TALEGA f. Bolsa ancha y corta, de tela, que sirve para llevar o guardar las cosas. ❏ TALEGADA.
TALEGO m. Saco largo y angosto, de lienzo basto. ◊ fig. y fam. Persona muy ancha de cintura. ❏ TALEGAZO.
TALEGUILLA f. *Taur.* Calzón que forma parte del traje usado en la lidia por los toreros.
TALENTO m. Unidad monetaria imaginaria de los gr. y rom. ◊ Inteligencia, capacidad intelectual. ◊ Aptitud para el desempeño de una ocupación o la realización de una cosa. ❏ TALENTOSO, SA o TALENTUDO, DA.
TÁLERO m. Moneda ant. alemana.
TALERO m. *Argent.* y *Chile.* Especie de fusta o rebenque corto y grueso con cabo de tala u otra madera dura.
TALES de Mileto (h. 640-h. 546 a. C.) Filósofo y matemático gr., el primero de los Siete Sabios de Grecia.
TALGO (acrónimo de *Tren articulado ligero Goicoechea-Oriol*) m. Tipo de tren esp. en que cada vagón descansa sobre un triángulo apoyado en dos ruedas y articulado con los contiguos, lo que le confiere gran estabilidad, y le permite alcanzar altas velocidades.
TALÍA Nombre de tres personajes mitológicos clásicos: 1) Una de las Nereidas. 2) Una de las tres Gracias, hija de Zeus y de Eurínome. 3) Una de las nueve Musas.
TALIBÁN adj. y s. Díc. de los individuos que integran un grupo sunní que fue creado en 1994 en Afganistán para

oponerse al gobierno comunista. En 1996 los t. lanzaron una ofensiva bélica en su país e instauraron un régimen islámico ultrafundamentalista. En 2001 fueron desalojados del poder por la ofensiva liderada por Estados Unidos y la guerrilla de la Alianza del Norte.

TALIO m. *Quím.* Elemento metálico de símb. Tl, n. a. 81 y p. a. 204,37. Sus sales son muy tóxicas.

TALISMÁN m. Carácter, figura o imagen a la cual se atribuyen virtudes portentosas.

TALLA f. Obra de escultura, especialmente en madera. ◊ Estatura del hombre. ◊ *Amér. Centr.* Mentira, embuste. ◊ *Argent.* Charla. ◊ *Cir.* Incisión para extraer los cálculos de la vejiga. ◊ **Media t.** *Esc.* Medio relieve.

TALLAHASSEE C. de EE UU, cap. del est. de Florida; 124 800 hab. Ind. alimentarias, química, metalúrgicas y de la madera.

TALLAR adj. Que puede ser talado o cortado. ◊ adj. y m. Se aplica a una clase de peines pequeños. ◊ m. Monte que se está renovando y en el cual los brotes nuevos de las matas o árboles rozados no han logrado todavía el desarrollo necesario para que les alcance el diente del ganado. ◊ Monte o bosque nuevo en que se puede hacer la primera corta. ◊ Hacer obras de talla o escultura. ◊ Labrar piedras preciosas. ◊ Tasar, apreciar, valuar. ◊ Medir la estatura de una persona. ◊ *Amér.* Charlar. ◊ *Chile.* Festejar un hombre y una mujer. ❑ TALLADO, DA; TALLADOR, RA; TALLISTA.

TALLARÍN m. Cada una de las tiras muy estrechas elaboradas con la pasta de los macarrones. Se usa más en pl.

TALLE m. Disposición o proporción del cuerpo humano. ◊ Cintura del cuerpo humano. ◊ Parte del vestido que corresponde a la cintura.

TALLER m. Lugar en que se trabaja una obra manualmente. ◊ fig. Escuela o seminario de ciencias.

TALLETA f. *Argent.* Especie de alfajor dulce.

TALLEYRAND-PÉRIGORD, *Charles Maurice de* (1754-1838) Político fr. Diputado en los Estados Generales. Participó en la conjura del 18 brumario del año VIII (9 noviembre 1799). Intervino en el congreso de Viena (1815).

TALLIEN, *Jean-Lambert* (1767-1820) Político y revolucionario jacobino fr. Participó en la reacción termidoriana.

TALLINN (ant. *Reval*) Cap. de la rep. de Estonia, en la entrada del golfo de Finlandia; 482 000 hab. Lino. Ind. metalúrgicas y alimentarias.

TALLO m. *Bot.* Porción de las plantas que sirve de sustentáculo a las hojas, flores y frutos. ◊ Renuevo que ha echado una planta. ◊ Germen que ha brotado de una semilla, bulbo o tubérculo. ◊ Trozo confitado de fruta. ◊ *Col.* Bretón o col.

TALLUDO, DA adj. Que ha echado tallo grande. ◊ fig. Crecido y alto. ◊ fig. Dic. de una persona cuando va pasando de la juventud.

TALMUD Código del derecho civil y canónico judío, que complementa la Biblia y la labor jurídica anterior. Existen dos Talmudes: el elaborado en Babilonia (212-500) y el de Palestina (clausurado h. 400). ❑ TALMÚDICO, CA.

TALO m. *Bot.* Órgano vegetativo de ciertas plantas inferiores en el que no se aprecia diferencia entre raíz, hojas y tallo.

TALÓFITO, TA adj. y s. *Bot.* Dic. de los vegetales inferiores que tienen estructura de talo, como hongos, líquenes, musgos y algunas algas.

TALÓN m. Parte posterior del pie humano. ◊ Parte del calzado, que cubre el calcañar. ◊ Pulpejo del casco de una caballería. ◊ Parte del arco del violín y de otros instrumentos semejantes, inmediata al mango. ◊ Parte de un documento que se corta de un libro o cuaderno talonario. ❑ TALONADA; TALONAZO.

TALONARIO, RIA adj. Dic. del documento que se corta de un libro o adj. y m. Libro talonario.

TALQUEZA f. *C. Rica.* Hierba empleada para cubrir las chozas.

TALTUZA f. *Amér. Centr.* Mamífero roedor, semejante a la rata.

TALUD m. Inclinación o declive del paramento de un muro o de un terreno.

TALUDÍN m. *Guat.* Reptil, especie de caimán.

TAMAGÁS m. *Amér. Centr.* Víbora muy venenosa.

TAMAJAGUA m. *Ecuad.* Damajagua, cierto árbol.

TAMAL m. *Amér.* Empanada de masa de harina de maíz, rellena de condimentos diversos. ◊ fig. *Amér.* Lío, embrollo, intriga. ◊ *Chile.* Bulto grande.

TAMAMES, *Ramón* (n. 1933) Político y economista esp. Autor de *Estructura económica internacional*, y *De la República a la era de Franco*.

TAMANDUÁ f. Mamífero desdentado afín al oso hormiguero, de hábitos arborícolas y con cola prensil.

TAMANGO m. *Amér. Merid.* Especie de abarca de cuero. ◊ *Amér. Merid.* Botín basto y grande. ❑ TAMANGUDO, DA.

TAMAÑO, ÑA adj. comp. Tan grande o tan pequeño como otra cosa con la que se compara. ◊ adj. sup. Muy grande o muy pequeño, ponderando la importancia o desmesura de algo. ◊ m. Magnitud de una cosa. ◊ **de memoria.** *Comp.* Número de caracteres o bytes que pueden almacenarse en una memoria.

TÁMARA f. Palmera de Canarias. ◊ Terreno poblado de palmas. ◊ Rama de árbol. ◊ Leña delgada que resulta de partir leña gruesa, y desperdicios o astillas de la madera cuando se labra. ◊ pl. Racimo de dátiles.

TAMARINDO m. *Bot.* Planta herbácea: su fruto, de sabor agradable, se usa en medicina como laxante. ◊ Fruto de este árbol.

TAMARUGO m. *Chile.* Árbol leguminoso; especie de algarrobo. ❑ *Chile.* TAMARUGAL.

TAMAULIPAS Est. de México bañado por el golfo de México y limítrofe con EE UU; 79 829 km², 2 753 222 hab. Cap., Ciudad Victoria. C. prales.: Nuevo Laredo, Reynosa y Matamoros. Accidentado por las sierras de Maratines, San Carlos y por la sierra Madre Oriental. Caña de azúcar, algodón, henequén, cereales, agrios. Ganado bovino, porcino, caprino. Pesca. Petróleo, gas natural. Ind. derivada agropecuaria.

TAMAYO, *Franz* (1880-1956) Político y escritor bol. *La Prometida* y *Scopas*. ◊ *José Luis* (1859-1947) Político ecuat., liberal. Presid. de la rep. (1920-1924). ◊ *Rufino* (1899-1991) Pintor mex., artista

exaltador de la rev., destaca por sus grandes murales. ◊ *Manuel* (1829-1898) Dramaturgo esp. Con *Un drama nuevo* renovó el teatro esp. *Juana de Arco, La bola de nieve*.

TAMBALEAR intr. y prnl. Moverse una cosa a uno y otro lado, por falta de fuerza o de equilibrio. ❑ TAMBALEO.

TAMBARRIA f. *Amér.* Holgorio, parranda.

TAMBERO, RA adj. *Argent.* Dic. del ganado manso, especialmente del vacuno. ◊ *Argent.* y *Chile.* Que tiene vacas lecheras. ◊ *Amér.* Perteneciente al tambo. ◊ m. y f. *Amér.* Persona que tiene un tambo o está encargada de él.

TAMBIÉN adv. modo. Se usa para afirmar la igualdad, semejanza, conformidad o relación de una cosa con otra ya nombrada. ◊ Además.

TAMBO m. *Amér.* Venta, posada, parador. ◊ *R. de la Plata.* Vaquería. ◊ *Ur.* Lugar de ordeño de las vacas.

TAMBOCHA f. *Col.* Hormiga de cabeza roja, muy venenosa.

TAMBOR m. Instrumento musical de percusión, formado por un cilindro cubierto por dos pieles tensas. ◊ Soldado que tenía a su cargo tocar el tambor. ◊ Tamiz que usan los reposteros para colar el azúcar. ◊ Cilindro de hierro que se emplea para tostar café, cacao, etc. ◊ Aro de madera sobre el cual se sujeta la tela que se borda. ◊ *Arq.* Tambor constructivo, cilíndrico o prismático, que sirve de base a una cúpula con el fin de darle mayor elevación. ◊ *Arq.* Cada una de las piezas del fuste de una columna cuando no es monolítica. ◊ *Mec. apl.* Rueda de canto liso, de más espesor que la polea. ◊ Tímpano del oído. ◊ *Cuba.* Pez plectognato que tiene las mandíbulas cubiertas de placas de esmalte, y que puede inflar el cuerpo introduciendo aire en una dilatación del esófago. ❑ TAMBOREAR; TAMBOREO; TAMBORETE.

TAMBORA f. Bombo o tambor grande. ◊ fam. *Cuba.* Mentira, bola.

TAMBORIL m. Tambor pequeño que se lleva colgado del brazo y se toca con un solo palillo. ❑ TAMBORILEAR; TAMBORILERO; TAMBORÍN o TAMBORILLO.

TAMBORITO m. *Pan.* Baile popular.

TAMBOV C. de Rusia; 296 000 hab. Centro industrial.

TAMBRE m. *Col.* Presa, azud.

Tamboril chino de la dinastía Ching

Tamerlán en una miniatura india del s. XVIII. Biblioteca Nacional, París

TAMERLÁN o **TIMUR Lang** (1336-1405) Rey de Transoxiana [1370-1405]. Conquistó el reino de Jorezm, Azerbaiján, Persia, Georgia, Mesopotamia y Armenia.

TÁMESIS (ing., *Thames*) Río de Gran Bretaña; 338 km. Nace en los Costwold Hills y desemboca en el mar del Norte, después de atravesar Londres.

TAMIL adj. y s. Díc. de individuos de un pueblo melanohindú del S. de la India y de Sri Lanka. Unos 33 millones de personas. En Sri Lanka la represión t. provocó una espiral de violencia durante los años ochenta.

TAMIL NADU Est. del SE de la India, junto al Índico; 130 069 km², 55 638 300 hab. Cap., Madrás. C. prales.: Madurai y Salem. Accidentado por las alineaciones de Anaimalai y Palni y las estribaciones del Cardamon. Ríos Godavari, Krishtna y Kaveri. Arroz, mijo, oleaginosas, algodón, tabaco, cacahuetes. Pesca. Magnetita, mica, cromita, salinas. Ind. del cemento, acero, textil.

TAMIZ m. Cedazo de malla tupida, usado para separar las partes menudas de las gruesas de una masa pulverulenta. ❑ TAMIZAR.

TAMO m. Pelusa que se desprende del lino, algodón o lana. ◊ Pelusilla que se cría debajo de los muebles. ◊ *Ecuad.* Paja de cualquier clase.

TAMPA C. y puerto de EE UU, en el est. de Florida; 1 569 100 hab. Comercio. Construcciones mecánicas y navales. Ind. conservera.

TAMPERE (sueco *Tammefors*) C. de Finlandia, en la prov. de Häne; 167 300 hab. Ind. textil, química y metalúrgica.

TAMPICO C. de México, en el est. de Tamaulipas; puerto a orillas del r. Pánuco; 248 400 hab. Yacimientos y refinerías de petróleo. Ind. químicas y alimentarias. ❑ TAMPIQUEÑO, ÑA.

TAMPOCO adv. de negación. Se emplea para negar una cosa después de haberse negado otra.

TAMPÓN adj. *Quím.* Díc. de las soluciones que contienen un ácido débil y una de sus sales o bien una base débil y una de sus sales, por lo que minimizan los cambios de pH cuando se añade un ácido o un álcali. ◊ m. Almohadilla impregnada de tinta para entintar sellos, estampillas, etc. ❑ TAMPONAR.

TAM-TAM m. Tambor típico de los negros africanos. ◊ Onomat. que expresa el sonido de un tambor.

TAMUJO m. *Bot.* Mata común en las márgenes de los arroyos y en los sitios sombríos. ❑ TAMUJAL.

TAN adv. cantidad. Apócope de tanto. Se emplea delante de adj. y adv.; también puede emplearse delante de algunos comparativos, así como en exp. de forma absoluta en las que se omite el segundo término de la comparación. Su uso es ponderativo en las exclamaciones. ◊ Con *como* o *cuan*, en comparación, expresa o denota idea de equivalencia o igualdad.

TANANARIVE ⇨ Antananarivo.

TANATE m. *Amér. Centr.* Mochila, zurrón de cuero o de palma ◊ *Amér. Centr.* Lío, fardo.

TANATORIO m. Edificio destinado a velatorios y servicios relacionados con ellos.

TANDA f. Turno. ◊ Cada uno de los trabajos que han de hacerse. ◊ Cada grupo en que se divide un conjunto de personas o animales empleados en un trabajo. ◊ Partida de juego, especialmente de billar. ◊ Número indeterminado de ciertas cosas de un mismo género. ◊ *Chile.* Sesión de una representación teatral u otro espectáculo. ◊ *R. de la Plata.* Espacio publicitario en los programas de televisión y de radio.

TÁNDEM m. Bicicleta con dos sillines y dos juegos de pedales. ◊ Tiro de dos caballerías, una delante de otra.

TANDIL C. de Argentina, en la prov. de Buenos Aires; 79 400 hab. Centro agrícola y ganadero.

TANELA f. *C. Rica.* Pasta de hojaldre enmelada.

TANG Dinastía que reinó en China de 618 a 907.

TANGA m. Variedad de bikini, de dimensiones más reducidas.

TANGÁN m. *Ecuad.* Tablero que se sube y se baja del techo con una cuerda y en el que se guardan comestibles.

TÁNGANA f. Tanga, juego infantil. ◊ fig. *P. Rico.* Bronca, discusión violenta sobre un asunto.

TANGANICA ⇨ Tanzania.

TANGANICA (*Tanganyka*) Lago de África oriental; 32 893 km². Sit. entre Burundi, Tanzania, Zambia y la República Democrática del Congo. El segundo lago de África por su extensión, y el segundo del mundo por su profundidad (1 435 m).

TÁNGARA o **TANAGRA** f. Ave paseriforme de vistoso plumaje. Vive en las zonas templadas y tropicales de América.

TANGENTE adj. y f. *Geom.* Díc. de una línea o de una superficie que posee un contacto de orden 1 con otra línea o superficie. ◊ *Trig.* Razón de un ángulo, que equivale al cociente entre el seno y el coseno de dicho ángulo; su símb. es *tg.* En un triángulo rectángulo, la tangente de un ángulo agudo es la razón entre el cateto opuesto y el adyacente. ❑ TANGENCIA; TANGENCIAL.

TÁNGER (ár., *Tandja*) C. de Marruecos, cap. de la prov. hom., puerto en el estrecho de Gibraltar; 187 900 hab. Centro comercial. ❑ TANGERINO, NA.

TANGIBLE adj. Que se puede percibir por medio del tacto. ◊ fig. Que se puede comprobar de manera precisa.

TANGO m. *Mús.* Baile sudamericano, de origen incierto, parecido a la habanera y de ritmo cadencioso. ◊ Música para este baile y letra que con ella se canta. ◊ *Hond.* Instrumento músico de percusión que usan los indígenas. ❑ TANGUEAR; TANGUISTA.

TANGSHAN C. del N de China, en la prov. de Hopei; 1 366 000 hab. Ind. siderúrgica.

TANINO m. *Quím.* Sustancia muy difundida en la naturaleza, que se halla presente especialmente en la corteza de muchos árboles. Se utiliza en medicina como astringente, en tintorería y en el curtido de las pieles. ❑ TÁNICO, CA.

TANKA m. Poema japonés de cinco versos.

TANNHÄUSER (s. XIII) Trovador al. que, según una leyenda medieval al., permaneció un año en el mitológico monte de Venus, prisionero del amor terrenal. Inspiró a Wagner la ópera hom.

TANQUE m. Carro de combate blindado. ◊ Vehículo cisterna en que se transporta agua u otro líquido. ◊ *Mar.* Aljibe, barco que transporta agua potable, y recipiente metálico en que se conserva esta agua a bordo. ◊ *Amér.* Estanque, depósito de agua.

TANTALIO m. *Quím.* Elemento metálico de símb. Ta; n. a. 73, y p. a. 180,948. Se usa para aceros especiales, tubos electrónicos y como anticátodo para rayos X.

TÁNTALO m. *Quím.* Tantalio. ◊ *Zool.* Ave zancuda, migratoria, de plumaje blanco excepto en las remeras, que son negras.

TÁNTALO *Mit. gr.* Rey de Frigia, hijo de Zeus. Los dioses le condenaron al Tártaro. Estaba en el infierno metido en un lago cuyas aguas descendían cuando intentaba beber.

TANTEAR tr. Medir o calcular si una determinada cantidad de una cosa es suficiente para aquello a lo que se destina. ◊ fig. Considerar con reflexión las cosas antes de llevar a cabo una acción. ◊ fig. Indagar el ánimo o la intención de alguien sobre un determinado asunto. ◊ tr. e intr. Apuntar los tantos que se producen en el juego. ❑ TANTEADOR, RA; TANTEO.

TANTO, TA adj. Se aplica a cantidad o núm. indeterminado, como correlativo de *cuanto.* ◊ Tan grande o muy grande. ◊ Pron. demostrativo que equivale a *eso*, incluyendo idea de calificación o ponderación. ◊ m. Cantidad o núm. indeterminado de una cosa. ◊ Unidad de cuenta en algunos juegos. ◊ pl. Núm. que se ignora o no se quiere expresar, ya se emplee solo, ya para denotar lo que una cantidad excede a un núm. redondo expreso. ◊ f. *Perú.* Pan de maíz, borona. ◊ adv. modo. De tal manera o en tal grado. ◊ adv. cantidad. Hasta tal punto; tal cantidad. ◊ Empleado con verbos expresivos de tiempo, denota larga duración relativa. ◊ En sentido comparativo se corresponde con *cuanto* o *como*, y denota idea de equivalencia o igualdad. Pospuesto a un numeral sirve para formar múltiplos.

TANTRAS Libros sagrados de la India, escritos en sánscrito. Hay T. hinduistas y T. budistas.

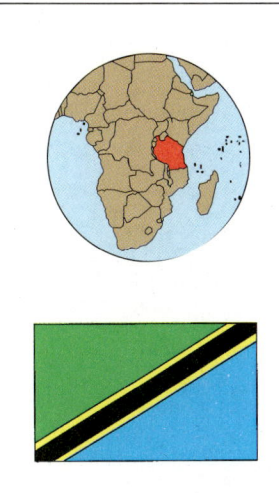

Mapa de situación y bandera
de **Tanzania**

TANZANIA *(Yamhuri ya Mwungano wa Tanzania)* Est. de África oriental, formado por una parte continental (Tanganica) y otra insular (islas de Zanzíbar y Pemba). Bañado por el Índico. Forma parte de una meseta, limitada por varios lagos (Victoria, Tanganica, Malawi). Sus puntos más altos son el Kilimanjaro (5 895 m) y el Meru (4 567 m). Ríos Malagarasi, Rufiji y Ruvuma. Clima tropical. Maíz, mijo, sorgo, sisal, café, algodón, frutales, clavo. Cabaña bovina. Maderas nobles. Salinas. Ind. algodonera, de curtidos, química, del jabón, refino de petróleo. República federal. Etnias: bantúes (mayoría), indostanos, árabes, masai, europeos. Lenguas: swahili (of.), ing. y ár. *Rel.*: musulmana, cristiana, hinduista, animista. U.M.: chelín tanzanio. Cap.: Dodoma. C. pral.: Dar es Salaam.
□ *Hist.* En las costas del Índico se asentaron factorías ár. y persas (ss. VIII-XV).

TANZANIA

Superficie	939 470 km²
Población	26 353 000 hab. (28 hab./km²)
Recursos económicos	
Algodón	24 000 t
Azúcar	116 000 t
Cabaña bovina	13 138 000 cabezas
Cabaña caprina	8 814 000 cabezas
Cabaña ovina	3 556 000 cabezas
Café	56 000 t
Cerveza	537 000 hl
Diamantes	150 000 quilates
Pesca	377 000 t
Riqueza forestal	34 276 000 m³
Sal marina	20 000 t
Sisal	40 000 t
Té	21 000 t
Tejidos de algodón	46 000 000 m²
Indicadores sociológicos	
PNB	2 424 millones de dólares
Renta per cápita	100 dólares
Esperanza de vida	51 años
Alfabetismo	75 %

En los ss. XVI y XVII estuvieron dominadas finalmente por los port., desplazados por los ár. En 1890 fue repartida entre Gran Bretaña y Alemania. Tras la I Guerra Mundial la zona al. fue dividida entre Bélgica, Portugal y Gran Bretaña. La Unión Nacional Africana de Tanganica, dirigida por Julius Nyerere, ganó las elecciones de 1958 y obtuvo la indep. en 1961. En 1964 Tanganica se unió a Zanzíbar, formando la República Unida de Tanzania.

TAÑER tr. Tocar un instrumento musical. ◊ Hacer llamadas mediante una campana u otros medios. □ TAÑEDOR, RA.

TAÑIDO m. Sonido del instrumento que se tañe, en especial el de la campana.

TAOÍSMO m. *Rel.* Sistema religioso-filosófico chino fundado por Lao-tsé basado en el *Tao*, absoluto impersonal, unidad indiferenciada de la que todo brota y a la que todo vuelve. El hombre ha de someterse al orden que el *Tao* significa, e intentar comprender sus acciones o sea los cambios misteriosos del universo; así alcanzará la felicidad, de manera pasiva, porque se hace todo sin hacer nada.

TAPA f. Pieza que cierra por la parte superior las cajas, cofres, etc. ◊ Cubierta córnea que rodea el casco de las caballerías. ◊ Cada una de las diversas capas de suela que forman el tacón de una bota. ◊ Cada una de las dos cubiertas de un libro encuadernado. ◊ Vuelta que cubre el cuello de una u otra solapa en las chaquetas, abrigos, etc. ◊ Pequeñas porciones de comida que se toman con bebidas como aperitivo. ◊ *Chile* y *Col.* Tapón de una vasija. ◊ *Chile.* Pechera de la camisa. ◊ *Hond.* Estramonio, planta.

TAPABOCA m. Golpe que se da en la boca. ◊ Bufanda, pieza de abrigo. ◊ fig. y fam. Dicho o acción con que a uno se le corta la conversación.

TAPABOCAS m. Tapaboca, bufanda. ◊ Taco de madera para cerrar el ánima de las piezas de artillería.

TAPACAMINO m. *Argent.* Ave, especie de chotacabras.

TAPACHICHE m. *C. Rica.* Insecto, especie de langosta grande.

TAPACHULA C. de México, en el est. de Chiapas; 144 100 hab. Centro agropecuario. Ind. de derivados. Puerto exportador.

TAPACUBOS m. Tapa metálica que se adapta al cubo de una rueda y protege el buje de la misma.

TAPACULO m. Escaramujo, fruto. ◊ *Chile.* Pájaro pequeño, de color terroso, con una gran mancha blanca en el pecho. ◊ *Cuba.* Pez parecido al lenguado.

TAPADERA f. Pieza que se ajusta a la boca de alguna cavidad para cubrirla. ◊ fig. Persona que encubre lo que otra desea que se ignore.

TAPADILLO m. Acción de taparse la cara las mujeres con el manto. ◊ Uno de los registros de flautas que hay en el órgano.

TAPADO, DA adj. y f. Díc. de la mujer que se cubre la cara. ◊ m. *Col.* y *Hond.* Comida que preparan los indígenas con plátanos y carne, y que asan en un hoyo hecho en tierra. ◊ *Argent.* y *Chile.* Abrigo o capa de señora o niño. ◊ *Argent.* Tesoro enterrado.

TAPAJOZ *(Tapajós)* Río de Brasil, afl.

del Amazonas; formado por la unión del Juruena y São Manuel; 1 980 km.

TÁPALO m. *Méx.* Chal o mantón.

TAPAOJO m. *Col.* y *Ven.* Quitapón, adorno. ◊ *Col.* Anteojera de las caballerías. ◊ fig. Engaño.

TAPAR tr. Cubrir o cerrar lo que está descubierto o abierto. ◊ fig. Encubrir, disimular u ocultar un defecto o una acción reprobable de alguien. ◊ tr. y prnl. Resguardarse del frío, viento, lluvia, etc., mediante la ropa u otros medios. □ TAPADURA; TAPAMIENTO.

TAPARO m. Árbol de los países cálidos de América, semejante a la güira y con las hojas más anchas, flores oscuras y fruto alargado. □ TÁPARA.

TAPARRABO m. Pedazo de tela u otra cosa con que se cubren los salvajes los órganos sexuales. ◊ Calzón muy corto que se usa como traje de baño.

TAPATE m. *C. Rica.* Estramonio, planta.

TAPATÍO, A adj. y s. De Guadalajara, cap. del est. mex. de Jalisco.

TAPAYAGUA o **TAPAYAGÜE** f. *Hond.* y *Méx.* Llovizna.

TAPEGUA f. *Hond.* Trampa, garlito de caza.

TAPESCO m. *Amér. Centr.* y *Méx.* Especie de zarzo que sirve de cama.

TAPETE m. Alfombra pequeña. ◊ Paño que se suele poner en las mesas y otros muebles.

TAPETÍ m. *Amér. Merid.* Roedor semejante al conejo.

TAPIA f. Cada uno de los trozos de pared que de una sola vez se hacen con tierra amasada y apisonada en una horma. ◊ Esta misma tierra amasada y apisonada. ◊ Pared formada de tapias. ◊ Muro de cerca.

TAPIAL m. Molde en que se hacen las tapias. ◊ Tapia, trozo de pared que se hace con tierra amasada, y pared formada de esta manera.

TAPIAR tr. Cerrar con tapias. ◊ fig. Cerrar un hueco con un muro o tabique.

TÀPIES, Antoni (n. 1923) Pintor esp. Ha evolucionado desde el surrealismo y la pintura de la materia hacia la técnica del collage. Premio Príncipe de Asturias en 1990.

TAPIOCA f. Fécula que se saca de la raíz de la mandioca y la yuca, y se usa para sopa.

TAPIR m. Mamífero de cuerpo rechoncho y patas cortas y robustas, de tamaño algo mayor que un cerdo. Su

Antoni **Tàpies** en su taller

TAPIZ

Tejedora con telar de cintura. Códice Florentino, Archivo General de la Nación, México

Danzante con báculo y abanico, bordado de Paracas (Perú)

Fabricante de tapices (s. XVIII). Museo Correr, Venecia (Italia)

Tapiz, por Stölzl. Archivo de la Bauhaus, Berlín

labio superior se prolonga en una corta trompa prensil.

TAPISCA f. *Amér. Centr.* y *Méx.* Recolección de maíz. ❏ TAPISCAR.

TAPIZ m. Paño grande, gralte. de lana y seda, en que se copian cuadros y se cuelga en la pared como adorno o abrigo. ❏ TAPICERÍA; TAPICERO.

TAPIZAR tr. Cubrir con tapices, entapizar. ◊ Forrar con tela los muebles o las paredes. ❏ TAPIZADO, DA.

TAPÓN m. Pieza con que se tapan botellas, toneles y otras vasijas. ◊ *Cir.* Masa de hilas o de algodón en rama con que se obstruye una herida o una cavidad del cuerpo. ❏ TAPONAMIENTO; TAPONAR; TAPONERÍA; TAPONERO, RA.

TAPSIA f. Planta de cuya raíz se saca un jugo muy usado como revulsivo.

TAPUJO m. Embozo con que uno se tapa para no ser conocido. ◊ fig. y fam. Disimulo con que se disfraza la verdad.

TAQUÍA f. *Bol.* Excremento seco de la llama, usado en las mesetas como combustible.

TAQUICARDIA f. *Med.* Aumento de la frecuencia cardíaca, superior a 100 latidos por minuto.

TAQUIGRAFÍA f. Método de escritura rápida en el que se usan caracteres y símbolos. ❏ TAQUIGRÁFICO, CA; TAQUÍGRAFO, FA.

TAQUILLA f. Casillero para los billetes de teatro, ferrocarril, etc. ◊ P. ext., despacho de billetes y lo que en él se recauda. ◊ *Amér. Centr.* Taberna. ❏ TAQUILLERO, RA.

TAQUIMECANOGRAFÍA f. Arte de escribir en taquigrafía y a máquina. ❏ TAQUIMECANÓGRAFO, FA.

TAQUIMETRÍA f. Parte de la topografía que enseña a levantar planos por medio del taquímetro. ❏ TAQUIMÉTRICO, CA.

TAQUÍMETRO m. *Top.* Instrumento semejante al teodolito, que sirve para medir a un tiempo distancias y ángulos. ❏ TAQUIMÉTRICO, CA.

TARA f. Parte del peso de una mercancía que corresponde al envase. ◊ Peso en vacío de un vehículo de transporte. ◊ Defecto que disminuye el valor de alguien o de algo. ◊ Lesión física o psíquica que origina una deficiencia orgánica en las defensas contra las enfermedades. ◊ *Ven.* Especie de langosta de tierra, mayor que la común. ◊ *Col.* Especie de culebra venenosa. ◊ *Perú.* Arbusto con hojas pinadas, flores amarillas y legumbres oblongas y esponjosas. Se usa como tintórea. ❏ TARADO, DA; TARAR.

TARABILLA f. fig. y fam. Persona que habla mucho y sin orden ni concierto. ◊ *Argent.* Juguete que zumba al hacerle girar.

TARACEA f. Decoración de un mueble mediante incrustaciones de otro material. ❏ TARACEAR.

TARAMBANA adj. y s. fam. Persona alocada, de poco juicio.

TARANTELA f. Baile napolitano de movimiento muy vivo. ◊ Música de este baile.

TARANTÍN m. *Amér. Centr.* y *Cuba.* Cachivache, trasto. ◊ *Ven.* Tenducha.

TARANTO, TA adj. y s. fam. De Almería. ◊ f. Cierto baile popular. ◊ *Argent.* Tarántula. ◊ *Hond.* Desvanecimiento, aturdimiento. ◊ *Amér.* Repente, locura, vena.

TARÁNTULA f. Araña venenosa, muy común en el mediodía de Europa.

TARAPACÁ Región de Chile bañada por el Pacífico; 59 099,1 km², 428 594 hab. Cap., Iquique. Puerto pral.: Arica. Accidentada por la cord. de la Costa, la pampa del Tamarugal y el sector andino (cerro Parinacota, 6 330 m). Auquénidos y ovinos. Cobre, oro, cinc, salitre. Ind. metalúrgica, de transformación de los productos de pesca y minerales. ❏ TARAPAQUEÑO, ÑA.

TARAPOTO C. de Perú, cap. de la prov. de San Martín, en el dpto. de San Martín; 53 958 hab. Centro comercial.

TARAR tr. Señalar la tara de una mercancía para averiguar el peso neto.

TARAREAR tr. Cantar en voz baja y sin pronunciar las palabras, sustituyéndolas a veces por sílabas, como *ta* y *ra*, que se repiten en cualquier orden. ❏ TARAREO.

TARASCA f. Figura de sierpe monstruosa que se sacaba en ciertas procesiones religiosas. ◊ fig. Gomia, persona glotona. ◊ fig. y fam. Mujer fea y de mal carácter. ◊ *Chile* y *C. Rica.* Boca grande.

TARASCO, CA adj. y s. Dic. de individuos de un pueblo precolombino que se asentó en la región de Michoacán, en el O de México. Los t. fundaron las c. de Colima, Jalisco y Nayarit. Conservaron su lengua y un arte propio no religioso. Construyeron pirámides de planta rectangular, en forma de T.

TARAY m. Arbusto que crece a orillas de los ríos, con flores en espiga con cáliz encarnado y pétalos blancos; tamariz. ◊ Fruto de este arbusto. ❏ TARAYAL.

TARAZA m. Broma, molusco. ◊ Polilla, mariposa nocturna.

TARAZAR tr. Despedazar, destrozar. ◊ Atarazar, morder. ◊ fig. Molestar, mortificar.

TARCO m. *Argent.* Árbol de flores violáceas, cuya madera se utiliza para muebles.

TARDAR intr. y prnl. Detenerse, no llegar oportunamente, retrasar la ejecución de una cosa, empleando más tiempo del previsto o necesario. ◊ Emplear un determinado tiempo en hacer algo. ❏ TARDÓN, NA; TARDANZA.

TARDE f. Espacio de tiempo desde mediodía hasta anochecer. ◊ Últimas horas del día. ◊ adv. tiempo. A hora avanzada del día o de la noche. ◊ Después de haber pasado el tiempo oportuno, o en tiempo futuro relativamente lejano.

TARDEAR intr. Detenerse voluntariamente más de lo normal en hacer algo.

TARDIGLACIAL adj. *Prehist.* Época que va desde el último máx. de glaciación (hace unos 20 000 años) a la fusión de la mayoría de los hielos (8 000 años). En este período se formaron de nuevo los bosques.

TARDÍGRADO, DA adj. y m. Aplícase a los animales mamíferos que se mueven con gran lentitud.

TARDÍO, A adj. Díc. de los frutos que tardan en madurar algún tiempo más del regular. ◊ Que sucede después del tiempo en que se necesitaba o esperaba. ◊ Pausado, lento.

TARDO, DA adj. Lento y pausado en sus acciones. ◊ Tardío, que sucede después del tiempo en que se necesitaba o esperaba. ◊ Torpe, que encuentra dificultades para expresarse o comprender algo.

TAREA f. Cualquier obra o trabajo. ◊ Trabajo que debe hacerse en tiempo determinado. ◊ fig. Afán, penalidad causada por un trabajo continuo.

TARECO m. *Amér.* Trasto, trebejo.

TARENTO C. del S de Italia, cap. de la prov. hom., en Apulia, en el golfo de Tarento; 244 500 hab. Centro industrial. Pesca. Arsenal naval.

TARIFA f. Tabla de precios o impuestos. ❑ TARIFAR.

TARIJA Dpto. de Bolivia; 37 623 km², 391 226 hab. Cap., la c. hom. C. prales.: Sanandita y Yacuiba. Accidentado al O por la cord. Real de los Andes; el E corresponde a la llanura del Chaco. Río Bermejo. Cereales, patatas, vid, frutales. Petróleo, uranio, plomo. ◊ C. de Bolivia, cap. del dpto. hom.; 153 457 hab. Ind. alimentaria.

TARIM Río de China, en Sinkiang; 2 000 km. Desemboca en el lago de Lop-Nor.

TARIMA f. Plataforma de madera, a escasa alt. sobre el suelo, que se emplea para diversos usos.

TARJETA f. Adorno plano y oblongo que se figura sobrepuesto a un miembro arquitectónico. ◊ Pieza de cartulina, pequeña y rectangular, con el nombre, título o cargo y dirección de una persona o que lleva impreso o escrito un permiso, una invitación u otra cosa semejante. ◊ **inteligente.** *Comp.* T. de plástico provista de un microcircuito y un chip que alberga un microprocesador y diversas clases de bancos de memoria. ◊ **magnética.** *Comp.* T. que tiene adherido material magnético mediante el cual se puede almacenar información. Esta información puede ser leída o grabada por la computadora. ◊ **postal.** La que contiene una ilustración en una cara, y en la otra puede escribirse una dirección y un breve texto, y ser remitida por correo sin sobre. ❑ TARJETEO.

TARLATANA f. Tejido ralo y consistente de algodón.

TARMA C. de Perú, cap. de la prov. hom., en el dpto. de Junín; 46 300 hab. Cereales, ganadería, ind. mineras.

TAROPÉ m. *Argent.* y *Par.* Planta vivaz acuática.

TAROT (al., *tarok*; it., *tarocco*) m. Juego de 78 cartas, cuya baraja es el origen de las actuales. Se usa para el juego y la adivinación.

TARQUINO *el Viejo* (m. 579 a. C.) Quinto rey de Roma. Introdujo la civilización etrusca. ◊ **El Soberbio** (s. VI a. C.) Séptimo y último rey de Roma [534-509 a. C.].

TARRACO Ant. nombre de la actual c. de Tarragona, cap. de la Tarraconense, de gran importancia en la época rom. ❑ TARRACONENSE.

TARRADELLAS, Josep (1899-1988) Político esp. Presid. de la *Generalitat* en el exilio desde 1954. Presid. de la *Generalitat* restaurada (1977-1980).

TARRAGONA Prov. de España, en la com. autón. de Cataluña; 6 283 km², 609 673 hab. Cap., la c. hom. Cereales, vid, olivos, almendras, avellanas, arroz. Petróleo. Ind. de transformación de productos agrícolas (vino), química, petroquímica. Turismo. ◊ C. de España, cap. de la prov. hom.; 113 129 hab. Ant.

cap. de la prov. Citerior rom. Restos arqueológicos.

TARRALÍ f. *Col.* Planta trepadora silvestre.

TARRASA o **TERRASSA** Mun. de España en la prov. de Barcelona; 173 775 hab. Uno de los primeros centros fabriles de España (textil, maquinaria, fundiciones).

TARRO m. Vaso cilíndrico de porcelana, vidrio o de otra materia. ◊ Ave del tamaño de un ganso. Vive en regiones costeras. ◊ *Cuba.* Asta o cuerno de algunos cuadrúpedos. ◊ fam. *Chile.* Sombrero de copa.

TARSANA f. *C. Rica, Ecuad.* y *Perú.* Corteza de un árbol que se usa para lavar.

TARSKI, *Alfred* (1901-1983) Filósofo y matemático norteam. de origen pol. Autor de notables estudios en el campo de la investigación semántica y de la lógica matemática.

TARSO m. *Anat.* Parte posterior del pie. ◊ *Zool.* La parte más delgada de las patas, que une los dedos con la tibia. ◊ *Zool.* Corvejón de los cuadrúpedos.

TARSO Ant. c. de Asia Menor, en Cilicia. Fundada por los jonios (s. IX a. C.). Cuna de san Pablo.

TARTA f. Pastel, gralte. de forma redonda, relleno de frutas, crema, etc.

TARTAGLIA, *Niccolò Fontana* (1506-1557) Matemático it. Autor de un método de resolución de las ecuaciones de tercer grado.

TÁRTAGO m. Planta herbácea purgante y emética. ◊ **de Venezuela.** Ricino.

TARTAJEAR intr. Hablar con articulación deficiente. ◊ Tartamudear ❑ TARTAJA; TARTAJEO; TARTAJOSO, SA.

TARTAMUDEZ f. Anomalía del lenguaje hablado caracterizada por un trastorno de la articulación que se manifiesta bien por una repetición convulsiva de una sílaba, bien por inmovilización espasmódica del aparato de fonación, que finaliza con una emisión verbal explosiva. ❑ TARTAMUDEAR; TARTAMUDEO; TARTAMUDO, DA; *Argent.* y *Bol.* TARTANCHO.

TARTÁN m. Tejido de lana con dibujo a base de cuadros o listas cruzadas y de diferentes colores. Usado para confeccionar mantas y prendas de abrigo. Originariamente procede de Escocia.

TARTANA f. Carruaje de dos ruedas, tirado por un caballo, con toldo y asientos laterales. ◊ Embarcación menor de un solo palo. ❑ TARTANERO.

TARTARIA Nombre dado por los antiguos geógrafos al centro de Asia. ◊ *(Tatarskaia; Tatarstán)* Rep. de Rusia; 68 000 km², 3 513 000 hab. Cap., Kazán. Maíz, legumbres, remolacha, cáñamo, girasol. Explotación forestal. Ganado vacuno, porcino. Petróleo, gas natural. Ind. química, maderera.

TARTÁRICO, CA adj. *Quím.* Tártrico. ◊ **Ácido t.** *Quím.* Compuesto orgánico (butanodiol-dioico) de sabor ácido agradable, que se encuentra en el zumo de la uva y otros frutos.

TÁRTARO, RA adj. y s. De Tartaria. ◊ Díc. del conjunto de pueblos de lengua turca del S y SE de la Rusia europea, centro de Asia (Uzbekistán y Kazakistán) y S y SO de Siberia. ◊ m. Lengua tártara. ◊ Sarro de los dientes. ◊ *Poét. Mit. gr.* El infierno. ◊ **Crémor t.** *Quím.*

Cabeza de felino de una jarra de bronce procedente de **Tartesos.** Museo Lázaro Galdiano, Madrid

Tartrato ácido de potasio impuro. ◊ **emético.** Tartrato de antimonio y de potasio. ❑ TÁRTRICO, CA.

TARTERA f. Fiambrera, recipiente de tapa ajustada para llevar fiambres.

TARTESOS C. de España, centro de una cultura en la E. de los Metales. Se la supone sit. en las proximidades de la desembocadura del r. Guadalquivir. ❑ TARTESIO, SIA.

TARTINI, *Giuseppe* (1692-1770) Violinista y compositor it. Fundó una escuela de violín. Autor de unas 200 sonatas para violín.

TARUGA f. *Perú, Bol.* y *Ecuad.* Mamífero rumiante, parecido a un ciervo.

TARUGO m. Pedazo de madera corto y grueso. ◊ Clavija de madera. ◊ Pedazo de pan duro, grueso e irregular. ◊ Persona inculta o corta de entendimiento. ◊ *Cuba.* Temor.

TARUMÁ m. *Argent.* Árbol que produce un fruto morado. La madera se usa en ebanistería.

TAS m. Yunque pequeño que usan los plateros y otros artesanos.

TASA f. Precio máximo o mínimo puesto por la autoridad a las cosas vendibles. ◊ Medida, regla, norma.

TASAJO m. Cecina, pedazo de carne seco y salado. ◊ P. ext., pedazo de carne. ◊ *Col.* Hombre alto y delgado. ❑ *Guat.* TASAJEAR; *Amér.* TASAJERÍA.

TASAR tr. Valorar una cosa calculando su precio. ◊ Regular o estimar la remuneración debida por un trabajo. ◊ fig. Poner método, regla o medida para que no haya exceso. ◊ fig. Restringir o reducir por tacañería lo que conviene o hay obligación de dar. ❑ TASACIÓN; TASADOR, RA.

TASCA f. Garito o casa de juego. ◊ Taberna. ◊ *Perú.* Fuerte oleaje.

TASHKENT C. y cap. de Uzbekistán; 2 030 000 hab. Centro industrial.

TASI m. *Argent.* Enredadera silvestre, que se cultiva como ornamental.

TASÍN m. *Ecuad.* Nido, nidal. ◊ *Ecuad.* Rodete para cargar pesos en la cabeza.

TASMÁN, *Abel Janszoon* (1603-1659) Navegante neerlandés. Fue el descubridor de Tasmania, de la isla Sur de Nueva Zelanda y de las islas Tonga y Fidji.

TASMANIA Est. insular de la federación australiana; 67 800 km², 437 300 hab. Cap., Hobart. Relieve montañoso. Ríos Macquarie, Derwent y Gordon. Cereales, frutas. Cabaña lanar, vacuna.

Cobre, cinc, hierro, estaño, bauxita. Ind. metalúrgica, de transformación agropecuaria.

TASMANIO, NIA adj. y s. Díc. de individuos de un ant. pueblo melanesio, que habitaba en la i. de Tasmania.

TASQUERO m. *Perú*. Peón dedicado a ayudar a desembarcar en las costas en que hay tasca.

TASSO, Torquato (1544-1595) Poeta it. *Jerusalén libertada*, su obra magna, es la gran epopeya cristiana de la primera cruzada, encarnación del espíritu de la Contrarreforma.

TATABRO m. *Col*. Cuadrúpedo montés parecido al cerdo.

TATAGUA f. *Cuba*. Mariposa nocturna de gran tamaño y color oscuro.

TATAIBÁ m. *Argent*. y *Par*. Moral silvestre de fruto amarillo y áspero.

TATARABUELO, LA m. y f. Respecto de una persona, el padre o la madre de su bisabuelo o bisabuela.

TATARANIETO, TA m. y f. Respecto de una persona, hijo o hija de su biznieto o biznieta.

TATARÉ m. *Argent*. y *Par*. Árbol cuya madera se usa en ebanistería.

¡TATE! interj. Voz que equivale a ¡cuidado! o poco a poco. Se usa también repetida. ◊ Exclamación con que se indica haber caído en la cuenta de una cosa o haber comprendido algo en lo que se encontraba dificultad de entender.

TATETÍ m. *Argent*. Tres en raya, juego de muchachos.

TATI, *Jacques Tatischeffine* llamado ***Jacques*** (1908-1983) Actor y director de cine fr. *Día de fiesta, Las vacaciones de M. Hulot, Mi tío, Playtime, Tráfico*.

TATLÍN, Vladimir (1885-1956) Pintor y escultor sov. iniciador del mov. constructivista.

TATO, TA adj. Tartamudo que vuelve la *c* y *s* en *t*. ◊ m. fam. Voz infantil por hermano, hermana, o niño en general. ◊ f. fam. Chacha, niñera. ◊ m. *Amér*. Padre.

TATRA (*Tatry*) El más alto macizo de los Cárpatos, en la frontera checo-polaca. Máx. alt.: Gerlachovka (2 663 m).

TATÚ m. *Amér*. Mamífero que se enrolla en bola; tiene el cuerpo cubierto de escamas córneas. ◊ *Argent*. Especie de armadillo.

TATUAJE m. Decoración de la piel con dibujos indelebles, mediante la introducción en la dermis de sustancias colorantes. ❏ TATUAR.

TATUSIA f. *Par*. Especie de armadillo.

TAU m. f. Decimonona letra del alfabeto gr. correspondiente a la *te* del castellano.

TAUCA (voz quechua) f. *Bol*., *Ecuad*. y *Perú*. Gran cantidad de cosas amontonadas. ❏ TAUCAR.

TAUMATURGIA f. Facultad de realizar prodigios o milagros. ❏ TAUMATURGO, GA.

TAURINO, NA adj. Relativo a los toros o a las corridas de toros.

TAURO o **TAURUS** (turco, *Toros*) Sistema montañoso del Asia Anterior. Máx. alt.: Ala Dagh (3 734 m).

TAURO *Astr*. Taurus.

TAUROMAQUIA f. Lidia de toros bravos, fiesta nacional esp. y espectáculo de gran difusión en diversos países amer. (México, Venezuela, Colombia, Perú y Ecuador), Portugal y S de Francia. ❏ TAURÓFILO; TAUROMÁQUICO, CA.

TAURUS m. *Astr*. Segundo signo del zodíaco. ◊ *Astr*. Constelación zodiacal atravesada por la eclíptica. Se halla entre *Eridanus*, al S, y *Auriga* y *Perseus*, al N.

TAUTOLOGÍA f. Repetición de una misma idea, de distintas formas, como si fueran ideas distintas. ◊ *Lóg*. Fórmula de la lógica sentencial que es siempre válida, prescindiendo de los valores de verdad de las proposiciones integrantes. ❏ TAUTOLÓGICO, CA.

TAXÁCEO, A adj. y f. Díc. de las plantas gimnospermas arbóreas, con hojas aciculares, de disposición helicoidal, generalmente dioicas y con las flores dispuestas axilarmente.

Hojas y frutos de tejo, árbol de la familia **taxáceas**

TAXATIVO, VA adj. *Der*. Que limita y reduce un caso a determinadas circunstancias.

TAXI m. Coche de alquiler, provisto de taxímetro. ❏ TAXISTA.

TAXIDERMIA f. Arte de preparar, disecar y disponer los animales de modo que representen, de la forma más fiel posible, al animal vivo. ❏ TAXIDERMISTA.

TAXÍMETRO m. Aparato que en los vehículos automóviles va marcando la distancia recorrida y el precio. ◊ Taxi.

TAXIA f. *Biol*. Tactismo.

TAXONOMÍA f. *Biol*. Ciencia biológica que estudia la clasificación de los seres vivos según sus afinidades morfológicas, fisiológicas, genéticas y filogenéticas. ❏ TAXONÓMICO, CA; TAXONOMISTA.

TAYA f. *Amér. Merid*. Reptil terrestre venenoso cubierto de escamas.

TAYLOR, Brook (1685-1731) Matemático brit. Creador del cálculo de diferencias finitas. ◊ **Elisabeth** (n. 1932) Actriz de cine norteam., de origen brit. *La gata sobre el tejado de cinc, Cleopatra*. ◊ **Frederick Winslow** (1856-1915) Ingeniero norteam. Creó un sistema de trabajo que combinaba óptima y científicamente la máquina y el esfuerzo humano. ◊ **Zachary** (1784-1850) Político norteam. Presid. de los EE UU en 1849.

TAYLORISMO m. Sistema de organización científica del trabajo, ideado por el norteam. F. W. Taylor.

TAYUYÁ m. *Argent*. Planta medicinal.

TAZA f. Vasija pequeña, con asa, que se usa para tomar líquidos. ◊ Lo que cabe en ella. ◊ Receptáculo redondo donde vacían el agua las fuentes. ❏ TAZÓN.

TAZÓN m. Taza grande.

Tb *Quím*. Símb. del terbio.

TBILISI o **TIFLIS** C. y cap. de Georgia, a orillas del Kura; 1 260 000 hab. Ind. metalúrgica, textil, maderera.

Tc *Quím*. Símb. del tecnecio.

Te *Quím*. Símb. del telurio.

TE Dativo o acusativo del pronombre personal de segunda persona en género masculino o femenino y número singular. No admite preposición. ◊ f. Nombre de la letra *t*.

TÉ m. Nombre común de diversos arbustos propios del Extremo Oriente. ◊ Hoja de estos arbustos. ◊ Infusión en agua hirviendo de estas hojas. ◊ Reunión de personas que se celebra por la tarde y durante la cual se sirve té.

TE DÉUM Himno cristiano de acción de gracias y ceremonia que lo acompaña.

TEA f. Antorcha formada por una astilla de madera que se impregna en resina y arde con facilidad.

TEATINA f. *Chile*. Planta gramínea cuya paja se usa para tejer sombreros.

TEATINO adj. y s. Díc. del clérigo de una congregación fundada por san Cayetano, en 1524, que ayudaba a los condenados a bien morir.

TEATRAL adj. Relativo al teatro. ◊ Aplícase a personas, cosas o acciones que llaman deliberadamente la atención. ❏ TEATRALIDAD.

TEATRO m. Edificio o lugar donde se representan las obras dramáticas o se ejecutan espectáculos públicos. ◊ Conjunto de todas las producciones dramáticas de un pueblo. ◊ Profesión de actor. ◊ Arte de componer obras dramáticas, o de representarlas. ◊ fig. Literatura dramática. ◊ fig. Lugar en que ocurren hechos notables y dignos de atención. ◊ fig. Chisme, enredo. ❏ TEATRALIZAR.

TEBAIDA Parte meridional del ant. Egipto; cap. Tebas. En sus desiertos se refugiaron los primeros cristianos que huían de las persecuciones.

TEBAS Ant. c. del Alto Egipto, sit. junto al Nilo. En el s. XVII a. C. pasó a ser la cap. de Egipto. ◊ (*Thevai*) C. de Grecia, en Beocia, de la que fue ant. cap.; 18 700 hab. Su máx. poderío militar se situá en la época de Epaminondas. Destruida por Alejandro Magno. ❏ TEBAICO, CA; TEBANO; NA.

TEBEO, A adj. y s. Tebano. ◊ m. Revista infantil de historietas cuyo asunto se desarrolla en series de dibujos.

TECA f. Árbol propio de las Indias orientales, cuya madera se usa en ebanistería y en la construcción de embarcaciones. ◊ *Bot*. Célula en que están encerradas las esporas de algunos hongos.

TECALI m. *Méx*. Alabastro oriental de colores muy vivos, propio de Tecali de Herrera (Puebla).

TECHAR tr. Poner techo a un edificio. ❏ TECHADOR.

TECHIALOYAN, códices Serie de pictografías nahuas de los ss. XVI-XVII, que contienen datos geográficos e históricos.

TECHADO m. Parte superior de un edificio, que lo cubre y cierra. ◊ fig. casa, habitación o domicilio. ❏ TECHO.

TECHUMBRE f. Techo de un edificio. ◊ Conjunto de la estructura y elementos de cierre de los techos.

TECLA f. Cada una de las piezas que

sirven para poner en movimiento, al ser pulsadas por los dedos, las palancas que hacen sonar los cañones del órgano o las cuerdas del piano u otros instrumentos y mecanismos. ❏ TECLEAR; TECLEO.

TECLADO m. Conjunto de teclas del piano, órgano u otro instrumento o mecanismo.

TECNECIO m. *Quím.* Elemento químico de símb. Tc y n. a. 43, que no se encuentra en la naturaleza. Es un elemento de transición de carácter metálico y todos sus isótopos son radiactivos.

TECNICISMO m. Calidad de técnico. ◊ Conjunto de voces técnicas empleadas en un arte, ciencia, oficio, etc. ◊ Cada una de estas voces.

TÉCNICO, CA adj. Perteneciente o relativo a las aplicaciones y resultados prácticos de las ciencias y las artes. ◊ Díc. de las palabras o expresiones empleadas exclusivamente, y con sentido distinto del vulgar, en un arte, ciencia, oficio, etc. ◊ m. El que posee conocimientos prácticos en una ciencia o arte. ◊ f. Conjunto de procedimientos de que se sirve una ciencia o arte. ◊ Pericia o habilidad para aplicar esos procedimientos. ❏ TECNICIDAD.

TECNICOLOR m. Castellanización de *Technicolor*, procedimiento de invención norteam. (1914) que permite reproducir en la pantalla cinematográfica el color de los objetos.

TECNOCRACIA f. *Pol.* Forma de gobierno cuyas teorías propugnan que la dirección política y económica de los Est. sea función de especialistas.

TECNOLOGÍA f. Conjunto de los conocimientos técnicos y científicos aplicados a la industria. ◊ Tratado de los términos técnicos. ◊ Lenguaje técnico de una actividad, ciencia o arte. ❏ TECNOLÓGICA, CO.

TECOL m. *Méx.* Gusano que se cría en el maguey.

TECOLOTE (voz náhuatl) *Guat.*, *Hond.* y *Méx.* Ave nocturna estrígida, parecida al búho. ◊ m. *Amér. Centr.* Color pardo ceniciento, como el que con los años toman las telas negras.

TECOMATE m. *Amér. Centr.* Especie de calabaza de cuello estrecho y corteza dura de la cual se hacen vasijas. ◊ Esa clase de vasijas. ◊ *Méx.* Vasija de barro, a manera de taza honda.

TECORRAL m. *Méx.* Albarrada, pared de piedra seca.

TECTÓNICO, CA adj. Relativo a los edificios u otras obras de arte. ◊ *Geol.* Relativo a la tectónica. ◊ f. *Geol.* Ciencia que estudia las deformaciones de las rocas de la corteza terrestre y las estructuras que se originan. Se distinguen dos tipos de t.: una de pliegues (rocas plásticas), y otra de fallas (rocas rígidas). ◊ **de placas.** *Geol.* Teoría geológica que intenta explicar de manera integral los fenómenos de la dinámica de la corteza terrestre. La base de la teoría es la expansión continua de los fondos oceánicos; la litosfera se forma en las dorsales oceánicas y la superficie terrestre se puede considerar como un puzzle de varias placas litosféricas grandes y pequeñas que se deslizan sobre la plástica astenosfera. ❏ TECTOGÉNESIS.

TECTRIZ adj. *Bot.* Que protege. ◊ *Zool.*

Cada una de las plumas que cubren y protegen la cola de un ave.

TECUCIZTÉCATL Dios nahua de la Luna. Se le representa por un caracol.

TEDÉUM m. ⇨ Te Deum.

TEDIO m. Repugnancia. ◊ Gran aburrimiento. ❏ TEDIAR; TEDIOSO, SA.

TEESIDE Agl. urb. de Gran Bretaña, al NE de Inglaterra, junto al estuario del Tees; 395 500 hab. Centro industrial.

TEFE m. *Col.* y *Ecuad.* Tira o jirón de piel o de tela. ◊ *Ecuad.* Cicatriz en la cara.

TEFLÓN m. Material plástico obtenido por polimerización del tetrafluoretileno. Es muy resistente a los ácidos, álcalis y disolventes, y tiene propiedades mecánicas y dieléctricas.

TEGENARIA f. Araña de patas largas, muy común en graneros y bodegas.

TEGUA m. *Col.* Curandero.

TEGUCIGALPA C. y cap. de Honduras y del dpto. de Francisco Morazán; 585 686 hab. Se extiende sobre los cerros Sipide, Berrinche y Grande, y está atravesada por el r. Choluteca. Centro comercial de una rica región agrícola e imp. núcleo industrial (metalúrgica, papel, calzados, alimentaria).

TEGUMENTO m. *Bot.* y *Zool.* Tejido o sistema hístico que recubre y protege a los animales y vegetales o bien a algunos de sus órganos. ❏ TEGUMENTARIO, RIA.

TEHERÁN *(Tehran)* C. y cap. de Irán; 5 734 000 hab. Centro comercial e industrial. ◊ **Conferencia de T.** La celebrada entre Churchill, Roosevelt y Stalin (29 noviembre-2 diciembre 1943) durante la II Guerra Mundial para examinar los planes bélicos conjuntos.

TEHUACÁN Mun. de México, en el est. de Puebla; 107 100 hab. Economía agropecuaria. Carbón, plomo y plata.

TEHUANTEPEC Río de México, en el est. de Oaxaca; 335 km. Nace en la sierra Madre del Sur y desemboca en el Pacífico. ◊ **Istmo T.** Nombre del estrechamiento existente en territorio mex., entre el golfo de Campeche y el de Tehuantepec.

TEIDE Volcán de la isla de Tenerife (Canarias), y el pico más elevado de España (3 718 m).

TEILHARD de Chardin, Pierre (1881-1955) Paleontólogo, arqueólogo y filósofo fr. Según él, todo lo existente evoluciona hacia la unión con Dios. *El futuro del hombre*, *La aparición del hombre.*

TEÍNA f. Alcaloide del té.

TEÍSMO m. Creencia en un Dios personal, creador y conservador del mundo. ❏ TEÍSTA.

TEITELBOIM, Volodia (n. 1916) Escritor y político chil. *Hijo del salitre.* Premio Nacional de Literatura de Chile en 2002.

TEIXEIRA de Pascoães, Joaquim (1879-1952) Escritor port. *Siempre y Tierra prohibida* son sus libros de poesía más representativos.

TEJA f. Pieza de barro cocido para cubrir las techumbres. ❏ TEJERÍA; TEJERO.

TEJADA Sorzano, José Luis (1881-1938) Político bol. Presid. de la rep. (1934-1936).

TEJADO m. Parte superior del edificio, gralte. cubierta por tejas. ◊ *Min.* Afloramiento que forma la parte alta de los filones metalíferos. ❏ TEJADILLO.

TEJANO, NA adj. Relativo al est. de Texas, en EE UU. ◊ adj. y s. De ese est.

◊ pl. Cierta clase de pantalones bastos de algodón.

TEJAR m. Sitio donde se fabrican tejas, ladrillos y adobes. ◊ tr. Poner tejas en la cubierta de un edificio.

TEJEDERA f. Tejedora. ◊ Escribano del agua, especie de araña.

TEJEDOR, RA adj. Que teje. ◊ adj. y s. fig. y fam. *Amér.* Intrigante, enredador. ◊ m. y f. Persona que tiene por oficio tejer. ◊ m. Insecto hemíptero, muy ágil en sus desplazamientos por la superficie del agua.

Tegucigalpa. Vista parcial de la plaza de Morazán con la catedral al fondo

TEJEDURÍA f. Arte de tejer. ◊ Taller en que están los telares.

TEJEMANEJE m. fam. Afán, destreza con que se hace una cosa. ◊ fam. Manejos enredosos para algún asunto turbio.

TEJER tr. Formar la tela en el telar entrelazando con la trama y la urdimbre. ◊ Entrelazar hilos, espartos, etc., para formar trencillas, esteras u otras cosas semejantes. ◊ Formar ciertos animales articulados sus telas y capullos. ◊ fig. Componer, ordenar. ◊ fig. Discurrir, tramar algo. ◊ fig. *Chile* y *Perú.* Intrigar, enredar. ❏ TEJEDURA.

TEJIDO m. Disposición de los hilos de una tela. ◊ Cosa tejida. ◊ *Bot.* y *Zool.* Agrupación de células animales o vegetales, especializadas para realizar una misma función. ◊ **adiposo.** El formado por células que contienen grasa. ◊ **glandular.** Tejido de tipo epitelial formado por células caracterizadas por su gran actividad metabólica. ◊ **linfático.** El formado por un estroma, en parte celular y en parte fibroso, y numerosas células, la mayoría de las cuales son linfocitos. ◊ **mioepitelial.** Tipo especial de t. epitelial formado por células prismáticas. ◊ **muscular cardíaco.** T. muscular con fibras que parecen intermedias entre los t. musculares estriado y liso, de contracción rápida pero involuntaria y de fisiología autónoma. ◊ **muscular estriado.** T. muscular con fibras en las que las fibrillas contráctiles se disponen paralelamente y presentan estriaciones. ◊ **muscular liso.** T. muscular con fibras que carecen de estriación y que están conectadas al sistema nervioso periférico; son, por consiguiente, de contracción involuntaria y lenta.

TEJO m. Pedazo redondo de teja que sirve para jugar. ◊ Chito, juego. ◊ Plancha metálica gruesa y de figura circular. ◊ Pedazo de oro en pasta. ◊ Árbol cuyas hojas se emplean en medicina popular. Las semillas tienen propiedades narcóticas.

TEJOCOTE m. *Méx.* Planta que da un fruto amarillo, parecido a la ciruela.

TEJÓN m. Tejo, pedazo de oro en pasta. ◊ Mamífero carnívoro cuyo pelo se usa para fabricar pinceles.

TEJONERA f. Madriguera de tejones.

TEJUELO m. Tejo pequeño. ◊ Etiqueta de piel o de papel para poner un rótulo. ◊ *Mec. apl.* Pieza donde se apoya el gorrón de un árbol.

TEL AVIV o **TEL AVIV-YAFO** C. de Israel, en la desembocadura del Yarkon, a orillas del Mediterráneo; 339 800 hab. (1 000 300 hab. la agl. urb.). Ind. metalúrgica, textil, química.

TELA f. Obra hecha de muchos hilos que, entrecruzados alternativa y regularmente en toda su longitud, forman como una hoja o lámina. ◊ Obra semejante a ésta, pero formada por series alineadas de puntos o lazaditas hechas con un mismo hilo. ◊ Lo que se pone de una vez en el telar. ◊ *Biol.* Membrana, tejido de forma laminar de consistencia blanda. ◊ Flor o nata que se forma en la superficie de algunos líquidos. ◊ Túnica que cubre algunas frutas bajo la cáscara o corteza. ◊ Tejido que forman la araña común y otros animales de su clase. ◊ fig. Enredo, maraña o embuste. ◊ fig. Asunto o materia. ◊ fig. En lenguaje vulgar, dinero, caudal. ◊ fam. *R. de la Plata.* Himen.

TELAR m. *Ing.* Máquina para tejer. ◊ Parte superior y no visible del escenario. ◊ Aparato en que los encuadernadores cosen los pliegos.

TELARAÑA f. Tela que forma la araña. ◊ fig. Cosa sutil de poca entidad. ❏ TELARAÑOSO, SA.

TELECÁMARA f. *Ing.* Aparato con el que se efectúa la toma de televisión, que permite la transducción de la escena a señal de vídeo. Los vehículos espaciales, sondas lunares e interplanetarias usan t. miniaturizadas muy perfeccionadas.

TELECOMUNICACIÓN f. Tipo de comunicación telegráfica, telefónica o radiotelegráfica entre una estación

Vista de **Tel Aviv**

Teleférico

transmisora y otra receptora sit. a gran distancia.

TELEDIARIO m. Noticias informativas emitidas por televisión.

TELEDIRIGIR tr. Dirigir un vehículo a distancia, generalmente por servomotores movidos por ondas hertzianas. ❏ TELEDIRIGIDO, DA o TELEGUIADO, DA.

TELEFAX m. Sistema de transmisión de copias de documentos a través de la red telefónica. ◊ Documento recibido por este sistema.

TELEFÉRICO m. Sistema de transporte mediante pequeños vehículos suspendidos en cables aéreos, y guiados asimismo por éstos.

TELEFILME m. Película de cine realizada para ser transmitida por televisión.

TELEFONEAR tr. Comunicar algo por teléfono. ◊ Llamar a alguien por teléfono.

TELEFONEMA m. Despacho telefónico.

TELEFONÍA f. Ciencia que estudia la transmisión de sonidos a larga distancia mediante hilos conductores. ❏ TELEFÓNICO, CA.

TELÉFONO m. *Ing.* Aparato que, mediante hilos conductores, permite transmitir a distancia la palabra y toda clase de sonidos. Consta de transmisor o micrófono, receptor o auricular, y línea y dispositivos de conmutación. El t. sin hilos, de reciente implantación, consiste en un aparato que enlaza con la línea mediante sistemas de transmisión electromagnética o luminosa. ◊ **móvil o celular** Aparato portátil que permite establecer comunicaciones telefónicas a través de satélites y que no depende para su funcionamiento de la conexión a una red de telefonía por cable. ❏ TELEFONISTA.

TELEFOTOGRAFÍA f. Arte de tomar fotografías a distancia mediante impulsos eléctricos. ◊ Fotografía transmitida a distancia por sistemas electromagnéticos.

TELÉGRAFO m. *Ing.* Aparatos y sistemas que sirven para transmitir despachos con rapidez y a larga distancia en forma de señales de cualquier índole. ◊ **óptico.** El que funciona mediante señales que se ven desde lejos y se repiten de estación en estación. ◊ **sin hilos.** Aquel en que las señales se transmiten mediante ondas hertzianas. ❏ TELEGRAFÍA; TELEGRAFIAR; TELEGRÁFICO, CA; TELEGRAFISTA.

TELEGRAMA m. Despacho telegráfico. ◊ Papel que se envía a alguien con

el texto de una comunicación telegráfica.

TELELE m. Patatús, soponcio.

TELÉMACO *Mit. gr.* Hijo de Ulises y de Penélope.

TELEMANDO m. Sistema para dirigir una maniobra mecánica desde lejos. ◊ Orden enviada por este sistema.

TELEMANN, *Georg Philipp* (1681-1767) Compositor al. Su producción es extensísima y notable por su expresividad melódica, variedad y frescura. *Pimpinone* y *Don Quijote* (óperas).

TELEMÁTICA f. *Comp.* Integración de las comunicaciones con el cálculo automático o proceso de datos.

TELEMECÁNICO, CA adj. Relativo a la telemecánica. ◊ f. Transmisión de movimientos a distancia mediante una señal emitida por un aparato adecuado.

TELEMETRÍA f. Técnica de medición de distancias entre objetos lejanos.

TELÉMETRO m. *Top.* Aparato para medir, desde un sitio, la distancia que hay hasta otro. ❏ TELEMÉTRICO, CA.

TELEOBJETIVO m. Objetivo especial para fotografiar objetos muy lejanos.

TELEOLOGÍA f. *Fil.* Doctrina de las causas finales. ❏ TELEOLÓGICO, CA.

TELEPATE m. *Hond.* Insecto áptero muy molesto.

TELEPATÍA f. Percepción de un fenómeno ocurrido fuera del alcance de los sentidos. ◊ Díc. especialmente de la transmisión directa del pensamiento a otra persona. ❏ TELEPÁTICO, CA.

TELEQUINESIA f. Fenómeno metapsíquico de traslación de objetos sin contacto físico directo ni indirecto con ellos.

TELESCOPIO m. *Ópt.* Instrumento óptico de gran alcance que se destina a la observación astronómica. ❏ TELESCÓPICO, CA.

TELESILLA f. Teleférico destinado al transporte de personas, cuya característica pral. es la de poseer un único cable.

TELESPECTADOR, RA m. y f. Persona que contempla la televisión.

TELESQUÍ m. Sistema funicular para remolcar a los esquiadores a lo largo de fuertes pendientes.

TELETEXTO m. Servicio de difusión de información mediante canales de televisión, de modo que el receptor es un televisor normal.

TELETIPO m. *Ing.* Telégrafo que reali-

Telescopio

za directamente la transmisión de señales por teclado y la recepción en caracteres tipográficos.

TELETRÁBAJO m. Actividad laboral que depende de una red de telecomunicaciones y que puede ser realizada a cualquier distancia del centro productor para el que se realiza dicha actividad.

TELEVISIÓN f. Transmisión de imágenes ópticas a distancia, valiéndose de ondas hertzianas.

TELEVISOR m. Aparato receptor de televisión. ❏ TELEVISAR.

TÉLEX (de la expresión ing. *TELeprinter EXchange* o intercambio entre teleimpresores) m. *Ing.* Servicio transmisor de mensajes mecanografiados mediante teletipos.

TELILLA f. Tejido de lana más delgado que el camelote. ◊ Tela o nata que crían algunos líquidos. ◊ Capa delgada y mate que cubre la masa fundida de la plata cuando se copela.

TÉLLEZ, Gabriel Nombre real de ⇨ Tirso de Molina. ◊ **Hernando** (1908-1966) Escritor y periodista col. Autor de ensayos. *Bagatelas, Literatura y sociedad.*

TELOFASE f. *Biol.* Fase final de la división del núcleo de las células o cariocinesis.

TELÓN m. Lienzo grande que se pone en el escenario de un teatro, de modo que pueda bajarse y subirse.

TELÚRICO, CA adj. Relativo a la Tierra como planeta. ◊ Relativo al telurio. ❏ TELURISMO.

TELURIO m. *Quím.* Elemento químico de símb. Te, n. a. 52 y p. a. 127,61. Sus propiedades químicas son semejantes a las del selenio y azufre.

TEMA m. Proposición o texto que se toma por asunto de un discurso. ◊ Este mismo asunto. ◊ *Gram.* Parte esencial, invariable, de un vocablo, a diferencia de la terminación del sufijo o del prefijo. ◊ *Mús.* Fragmento esencial de una composición con arreglo al cual se desarrolla el resto de ella. ❏ TEMARIO; TEMÁTICO, CA.

TEMACATL (voz náhuatl) m. *Amér.* Piedra donde los aztecas ofrecían sacrificios humanos.

TEMAZCAL (voz náhuatl) m. *Amér.* Construcción de piedras del México precolombino, donde se tomaban baños de vapor.

TEMBELEQUE m. *Amér. Centr.* Adorno que usan las mujeres en la cabeza. ◊ adj. *Amér. Centr.* Trémulo, vacilante.

TEMBETARI (voz guaraní) m. *Argent.* y *Par.* Árbol espinoso muy aromático, de madera muy apreciada y frutos con propiedades antihelmínticas.

TEMBLADERILLA m. *Chile.* Planta que produce temblor en los animales que la comen.

TEMBLADERO, RA adj. Que retiembla. ◊ Torpedo, pez. ◊ Planta gramínea con panoja terminal compuesta de ramitos capilares y flexuosos de los cuales cuelgan unas espigas aovadas. Se cría en Eurasia y África. ◊ *Argent.* Enfermedad que ataca a los animales en ciertos parajes de los Andes. ❏ TEMBLADAL; *R. de la Plata.* TEMBLADERAL.

TEMBLAR intr. Agitarse con movimiento frecuente e involuntario. ◊ Vacilar, moverse rápidamente una cosa a uno y otro lado de su posición. ◊ intr.

y tr. fig. Tener mucho miedo. ❏ TEMBLADOR, RA; TEMBLÓN; TEMBLOROSO, SA.

TEMBLEQUE adj. Que tiembla mucho, tembloroso. ◊ m. Temblor. ◊ Persona o cosa que tiembla mucho.

TEMBLOR m. Movimiento involuntario, repetido y continuado. ◊ *Amér.* Terremoto. ◊ **de tierra.** Terremoto.

TEMBO, BA adj. *Col.* Aturdido.

TEMER tr. Sentir temor de alguien o algo. ◊ Recelar de algo, sospechar. ❏ TEMEDERO, RA; TEMEROSO, SA; TEMEDOR, RA; TEMIBLE.

TEMERARIO, RIA adj. Imprudente, que se expone a los peligros. ◊ Que se dice, hace o piensa sin fundamento. ❏ TEMERIDAD.

TEMIS *Mit. gr.* Diosa de la Justicia, hija de Urano y de Gea, esposa de Zeus.

TEMÍSTOCLES (h. 525-h. 460 a. C.) Político ateniense. Activó el potencial naval de Atenas y fue el inspirador de una serie de reformas constitucionales. Mandó la flota que derrotó a los persas en Salamina.

TEMOR m. Miedo, sentimiento de inquietud o incertidumbre. ◊ Presunción o sospecha. ◊ Recelo de un daño futuro.

TÉMPANO m. Timbal, instrumento músico. ◊ Atabal, especie de tambor. ◊ Piel extendida del pandero, tambor, etc. ◊ Pedazo de cualquier cosa dura, extendida o plana. ◊ Hoja de tocino, quitados los perniles. ◊ Tapa de cuba o tonel. ◊ Corcho redondo que sirve de tapa y cierre a una colmena. ◊ *Arq.* Tímpano de un frontón.

TEMPERAMENTAL adj. Relativo al temperamento. ◊ De carácter vivo y propenso a reacciones exageradas. ◊ Irascible y arbitrario.

TEMPERAMENTO m. Aspecto de la personalidad dependiente especialmente de factores constitucionales de cada persona. ◊ Método de afinación de los instrumentos músicos de teclado, en el que se supone igualdad de semitonos. ◊ *Col.* Clima.

TEMPERAR tr. y prnl. Atemperar. ◊ tr. *Med.* Templar o calmar el exceso de acción o de excitación orgánicas. ◊ intr. *Col.* Mudar de aires. ❏ TEMPERACIÓN; TEMPERANCIA; TEMPERANTE.

TEMPERATURA f. Nivel térmico de un cuerpo o sustancia. ◊ Temperatura de la atmósfera. ◊ Temperatura del cuerpo humano o de los animales. ◊ **absoluta.** La definida por lord Kelvin a través de la expresión T (t. absoluta) $= t$ (t. centígrada) $+ 273$. ◊ **crítica.** La t. máxima en que pueden coexistir las fases líquida y gaseosa de un fluido.

TEMPERO m. Buena sazón de la tierra para las sementeras y labores.

TEMPESTAD f. Perturbación del aire con nubes gruesas de mucha agua, granizo, truenos, rayos y relámpagos. ◊ Perturbación de las aguas del mar por la violencia de los vientos. ◊ **magnética.** Perturbación violenta y súbita del campo magnético terrestre por la influencia de chorros de partículas cargadas procedentes del Sol, que al llegar a la Tierra alteran el estado eléctrico de la atmósfera. ❏ TEMPESTUOSO, SA; TEMPESTEAR.

TEMPESTIVO, VA adj. Oportuno. ❏ TEMPESTIVIDAD.

TEMPISQUE m. *Amér. Centr.* Árbol frutal.

TELEVISIÓN

Interior de unos modernos estudios de televisión

Durante la realización de un programa de televisión, se trabaja con varias cámaras, siendo el realizador quien, desde la sala de control, selecciona cuál de ellas debe transmitirse en cada momento

Antenas de televisión en una estación repetidora

TEMPLADO, DA adj. Moderado, contenido y parco en la comida o bebida o en algún otro apetito o pasión. ◊ Que no está frío ni caliente, sino en un término medio. ◊ fam. Valiente con serenidad. ◊ *Amér.* Enamorado.

TEMPLADOR, RA adj. y s. Que templa ◊ m. Llave o herramienta para templar ciertos instrumentos. ◊ *Col.* El que maneja los fondos en los trapiches y hace la panela. ◊ *Perú.* Especie de refugio colocado en el centro de las plazas de toros.

TEMPLANZA f. Virtud cardinal que consiste en sujetar a razón los apetitos y el uso de los sentidos. ◊ Sobriedad y continencia. ◊ Agradable temperatura climática. ◊ *Pint.* Armonía de los colores.

TEMPLAR tr. Moderar o suavizar la fuerza de una cosa. ◊ Calentar ligeramente una cosa. ◊ Dar a un metal, al cristal u otras materias el punto de dureza o elasticidad que requieren para determinados usos. ◊ *Mar.* Proporcionar las velas al viento. ◊ *Mús.* Disponer un instrumento de manera que pueda producir con exactitud los sonidos que le son propios. ◊ *Col.* y *Ecuad.* Derribar a alguien. ◊ *Ecuad.* y *Perú.* Matar. ◊ intr. Empezar a calentarse una cosa. ◊ prnl. fig. Evitar el exceso en una materia. ◊ *Chile* y *Col.* Enamorarse. ◊ intr. y prnl. *Ecuad.*, *Guat.* y *Hond.* Morirse. ❏ TEMPLADERO; TEMPLADURA.

TEMPLARIO m. Caballero de la orden religioso-militar del Temple, fundada en 1119 por Hugues de Payns. Su función fue la de defender los Est. latinos de Oriente. En el s. XII se extendió por la península Ibérica y participó en la Reconquista. La orden fue suspendida por el papa Clemente V en 1312.

TEMPLE m. Temperie. ◊ Punto de dureza o elasticidad que se da a un metal, al cristal, etc., templándolos. ◊ fig. Calidad del genio, y natural apacible o áspero. ◊ fig. Arrojo, valentía. ◊ fig. Medio término o partido que se toma entre dos cosas. ◊ *Mús.* Disposición y acuerdo armónico de los instrumentos. ◊ *Chile* y *Col.* Enamoramiento. ❏ TEMPLISTA.

TEMPLETE m. Armazón pequeña que sirve para cobijar una imagen. ◊ Pabellón o quiosco.

TEMPLO m. Edificio o lugar destina-

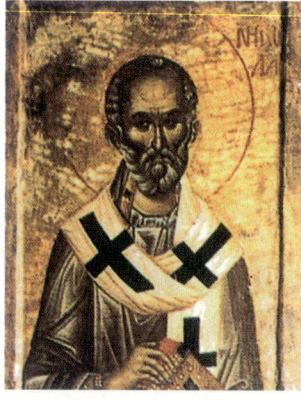

Icono de madera pintada al **temple**
(s. XIV)

do públicamente al culto. ◊ fig. Lugar real o imaginario en que se rinde culto al saber, la justicia, etc.

TEMPO (voz it.) m. *Mús.* Velocidad de interpretación. ◊ Cada uno de los diversos movimientos de una composición musical.

TÉMPORA f. *Rel.* Tiempo de ayuno prescrito por la Iglesia católica en el comienzo de cada una de las cuatro estaciones del año.

TEMPORADA f. Espacio de varios días, meses o años que se consideran aparte formando un conjunto. ◊ Tiempo durante el cual se realiza habitualmente alguna cosa.

TEMPORAL adj. Relativo al tiempo. ◊ Que dura por algún tiempo. ◊ Secular, profano. ◊ Que pasa con el tiempo, que no es eterno. ◊ adj. y m. *Med.* Díc. de un hueso par de la parte lateral del cráneo, comprendido entre el occipital, los parietales y el esfenoides. ◊ m. *Meteor.* Movimiento atmosférico violento a menudo acompañado de descargas eléctricas y de precipitaciones. ❏ TEMPORALIDAD.

TEMPORERO, RA adj. y s. Díc. de la persona destinada temporalmente a un oficio o empleo.

TEMPORIZADOR m. Dispositivo electrónico que permite el retraso en la emisión de una señal.

TEMPORIZAR intr. Acomodarse al gusto o parecer ajeno por respeto o por conveniencia. ◊ Ocuparse en alguna cosa por mero pasatiempo.

TEMPRANO, NA adj. Adelantado, anticipado o que es antes del tiempo regular u ordinario. ◊ adv. tiempo. En las primeras horas del día o de la noche. ◊ En tiempo anterior al oportuno, convenido o acostumbrado para algún fin. ❏ TEMPRANERO, RA.

TEMU m. *Chile.* Árbol de madera muy dura.

TEMUCO C. de Chile, cap. de la región de la Araucanía y de la prov. de Cautín; 245 347 hab. Centro comercial e industrial.

TENA C. de Ecuador, cap. de la prov. de Napo; 7 873 hab. Ganadería y turismo.

TENACIDAD f. Calidad de tenaz. ◊ Resistencia de un material a la rotura por tracción. ◊ fig. Empeño, obstinación para conseguir una cosa.

TENACILLAS f. pl. Tenaza pequeña de muelle para coger terrones de azúcar, dulces y otras cosas. ◊ Pinzas para arrancarse el vello o el pelo.

TENÁCULO m. *Cir.* Instrumento en forma de aguja, encorvado por uno de sus extremos, que se emplea para sostener las arterias que deben ligarse.

TENAYUCA Ant. cap. de la cultura precolombina chichimeca, sit. en la actual localidad mex. hom. Adquirió imp. con Xólotl, quien edificó la pirámide de la c., acabada por los aztecas.

TENAZ adj. Que se pega a una cosa y es difícil de separar. ◊ Que opone mucha resistencia a romperse o deformarse. ◊ fig. Firme, terco en un propósito.

.**TENAZA** f. Instrumento de metal, compuesto de dos brazos trabados por un clavillo o eje. Sirve para sujetar fuertemente una cosa, arrancarla o cortarla. Se usa más en pl. ◊ Último artejo de las patas de algunos artrópodos que sirve como órgano prensor, pinza. ❏ TENACEAR; TENAZADA; TENAZAZO.

TENDAL m. Toldo o cubierta. ◊ Tendero. ◊ Conjunto de cosas tendidas para que se sequen. ◊ *Argent.* Lugar cubierto en donde se esquila el ganado. ◊ *Argent.*, *Chile* y *Perú.* Multitud de cosas de la misma especie. ◊ *Argent.*, *Chile* y *Perú.* Tendalera. ◊ *Chile.* Tienda en que se venden tejidos ordinarios, arreos, etc. ◊ *Cuba* y *Ecuad.* Espacio soleado donde se pone el café para que se seque al sol. ◊ *Ecuad.* Armazón o barbacoa usada en las haciendas para asolear las almendras de cacao.

TENDEDERO m. Sitio o lugar donde se tiende una cosa. ◊ Dispositivo de alambres donde se tiende la ropa.

TENDENCIA f. Fuerza que impulsa un cuerpo en una dirección. ◊ Propensión o inclinación psicológica hacia determinados fines o maneras de obrar. ❏ TENDENCIOSO, SA.

TENDER tr. Desdoblar, extender. ◊ Esparcir por el suelo una cosa. ◊ Extender la ropa mojada para que se seque. ◊ Alargar o extender. ◊ Propender a algún fin. ◊ intr. Tener una cualidad o característica muy aproximada a otra claramente distintiva. ◊ prnl. Tumbarse a la larga. ❏ TENDEDOR, RA; TENDEDURA; TENDENTE.

TÉNDER m. Carruaje que se engancha a la locomotora de vapor y donde se lleva el combustible y agua necesarios para alimentarla.

TENDERETE m. Puesto de venta por menor, instalado al aire libre.

TENDERO, RA m. y f. Dueño de una tienda. ◊ Persona que vende por menor.

TENDIDO, DA adj. Aplícase al galope del caballo o a la carrera violenta del hombre o de cualquier animal. ◊ Gradería descubierta y próxima a la barrera en las plazas de toros. ◊ Parte de un tejado desde el caballete al alero. ◊ *Col.*, *Ecuad.* y *Méx.* Ropa de cama.

TENDÓN m. Estructura fibrosa que une los músculos a los huesos o a otros órganos. ◊ **de Aquiles.** *Anat.* El grueso y fuerte, que en la parte posterior e inferior de la pierna une el talón con la pantorrilla. ❏ TENDINOSO, SA.

TÉNE, La Pob. de Suiza en la que se hallaron objetos de hierro atribuidos a una cultura celta de los ss. III-II a. C. Ha dado nombre al segundo periodo de la E. del Hierro.

TENEBRARIO m. *Rel.* Candelabro triangular, con pie muy alto y con 15 velas, que se encienden en los oficios de tinieblas de Semana Santa.

TENEBRISMO m. Corriente pictórica caracterizada por fuertes contrastes de claroscuro.

TENEBROSO, SA adj. Oscuro, cubierto de tinieblas. ◊ fig. Sombrío, tétrico. ◊ fig. y fam. Turbio, poco claro. ❏ TENEBROSIDAD.

TENEDOR m. El que tiene o posee una cosa. ◊ El que posee legítimamente una letra de cambio u otro valor endosable. ◊ Utensilio de mesa, con dos o más púas iguales para llevar alimentos sólidos a la boca. ◊ **de libros.** Persona que tiene a su cargo los libros de contabilidad de un comercio o industria. ❏ TENEDURÍA.

TENENCIA f. Ocupación y posesión de una cosa. ◊ Cargo u oficio de teniente. ◊ Oficina en que lo ejerce. ❏ TENIENTAZGO.

TENER tr. Asir o mantener asida una cosa. ◊ Poseer y gozar. ◊ Contener o comprender en sí. ◊ Poseer, dominar o sujetar. ◊ Guardar, cumplir. ◊ Hospedar o recibir en su casa. ◊ Poseer, estar adornado o abundar en una cosa. ◊ Estar en precisión de hacer una cosa u ocuparse de ella. ◊ Con la conjunción *que* y el infinitivo de otro verbo, denota la necesidad, precisión o determinación de hacer lo que el infinitivo significa. ◊ Construido con algunos nombres, hacer o padecer lo que el nombre significa. ◊ Con los nombres que significan tiempo, expresa la duración o edad de las cosas o personas de que se habla. ◊ Juzgar, reputar o entender. Se usa con la preposición *por* seguida de adjetivo o sustantivo que contenga calificación. ◊ Construido con la preposición *en* y los adjetivos *poco, mucho* y otros semejantes, estimar, apreciar. ◊ intr. Ser rico y adinerado. ◊ prnl. Afirmarse o asegurarse uno para no caer. ◊ Asentarse un cuerpo sobre otro. ◊ Resistir o hacer oposición a uno en riña o pelea. ◊ Atenerse, adherirse, estar por uno o por una cosa. ◊ Como verbo auxiliar, haber.

TENERÍA f. Curtiduría.

TENERIFE Isla de España, la mayor de las Canarias (prov. de Santa Cruz de Tenerife); 1 928 km², 701 034 hab. Cap., Santa Cruz. Accidentada por el Teide (3 718 m) y la cord. Dorsal. Plátanos, patatas, hortalizas, caña de azúcar, tabaco. Pesca. Ind. alimentaria. Refino de petróleo. Turismo.

TENESMO m. Deseo continuo, doloroso e ineficaz de defecar u orinar.

TENG Hsiao-ping (1904-1997) Político chino. Tras la proclamación de la Rep. Popular fue primer ministro y viceprimer ministro. Llevó a cabo la ruptura con el maoísmo y una política de modernización económica. Aunque en 1990 renunció a sus cargos, fue el auténtico árbitro del régimen hasta su muerte, y lideró la apertura china hacia el capitalismo.

TENIA f. Gusano platelminto intestinal de color blanco, en forma de cinta y casi siempre solitario.

TENIENTE adj. Que tiene o posee una cosa. ◊ Aplícase a la fruta no madura. ◊ fam. Algo sordo. ◊ fig. Miserable y escaso. ◊ m. El que ejerce el cargo o ministerio de otro, y es como sustituto suyo. ◊ *Mil.* Oficial cuyo empleo es el inmediatamente inferior al de capitán. ◊ **coronel.** Jefe cuyo empleo es inmediatamente inferior al de coronel. ◊ **general.** Oficial general de categoría superior a la del general de división e inferior a la de capitán general.

TENIENTE, El Yacimiento cuprífero de Chile, en la región del Libertador General Bernardo O'Higgins. Es uno de los prales. centros mineros del país.

TENIERS, David, llamado EL VIEJO (1582-1649) Pintor flam., autor de obras religiosas y mitológicas. ◊ *David,* llamado EL JOVEN (1610-1690) Pintor flam., uno de los máx. representantes de la pintura del s. XVII. *Fiesta campestre, Banquete de aldeanos.*

TENÍFUGO, GA adj. y m. Díc. del medicamento eficaz para la expulsión de la tenia.

TENIS (ing. *tennis*) m. Deporte consistente en lanzar con una raqueta una pelota de una a otra parte de un terreno rectangular, dividido por una red. Intervienen dos o cuatro personas. ◊ **de mesa.** Deporte parecido al anterior, practicado sobre una mesa con paletas y una pelota de celuloide. ❑ TENISTA; TENÍSTICO, CA.

TENÍU m. *Chile.* Árbol saxifragáceo, de corteza medicinal, cuya madera se usa en construcciones.

TENNESSEE Est. del centro-este de EE UU; 109 152 km², 4 877 000 hab. Cap., Nashville. C. prales.: Memphis y Knoxville. Accidentado por los Apalaches. R. prales.: Tennessee y Ohio. Maíz, tabaco, algodón. Explotación forestal. Bovinos. Carbón, hierro, plomo, cinc, cobre. Ind. metalúrgica. ◊ Río de EE UU; 1 600 km. Nace en los Apalaches y desagua en el Ohio.

TENNO m. Título que ostentan los emp. de Japón.

TENNYSON, Alfred (1809-1892) Poeta brit., uno de los más representativos de la época victoriana. *In memoriam, Maud, Los idilios del rey, Enoch Arden.*

TENOCH (m. h. 1369) Caudillo mexicano. Probable fundador de Tenochtitlán.

TENOCHTITLÁN Cap. prehispánica de los aztecas, sit. en una isla del lago de Texcoco. Fundada h. 1325, fue arrasada por los conquistadores esp. (1519).

TENOR m. Constitución de una cosa. ◊ Contenido literal de un escrito. ◊ Voz media entre la de contralto y la de barítono. ◊ *Mús.* Persona que tiene esta voz.

TENORA f. Instrumento músico de viento, de lengüeta doble, mayor que el oboe y con pabellón metálico.

TENORIO m. fig. Galanteador audaz y pendenciero.

TENSAR tr. Poner tensa una cuerda, un cable, etc.

TENSIÓN f. Estado producido en un cuerpo por fuerzas exteriores o interiores. ◊ *Fís.* Sinónimo de fuerza y de presión (en mecánica), y de diferencia de potencial (en electricidad). ◊ Tensión vascular. ◊ Estado de oposición u hostilidad latente entre personas o grupos humanos como naciones, clases, razas, etc. ◊ Estado anímico de excitación, impaciencia, esfuerzo o exaltación producido por determinadas circunstancias o actividades. ◊ En etología, situación que presenta un animal sometido a dos o más estímulos contrapuestos y de fuerza equivalente. ◊ **arterial.** Presión que ejerce la sangre sobre la pared de las arterias. ◊ **de vapor.** Presión máxima del vapor saturado en presencia del líquido con el cual se halla en equilibrio a aquella temperatura ◊ **superficial.** Fuerza presente en la superficie libre de los líquidos en equilibrio como resultante de la atracción molecular. ◊ **vascular.** La de la pared de los vasos sanguíneos, que resulta de la presión de la sangre circulante y del tono muscular y elástico de las paredes del vaso. ◊ **Alta t.** *El.* Aquella cuya diferencia de potencial de potencial es alta. ◊ **Baja t.** *El.* Aquella cuya diferencia de potencial es baja. ❑ TENSO, SA.

TENSOACTIVO, VA adj. Díc. de las sustancias que modifican la tensión superficial de los líquidos.

TENSOR, RA adj. y s. Que tensa, origina tensión o está dispuesto para pro-

Tenis. Golpe de revés

ducirla. ◊ Rodete accionado por un resorte o contrapeso que se aplica a una correa o cadena de transmisión para tensarla. ◊ *Mat.* Ente abstracto, generalización del concepto de vector, que se expresa asociado a un sist. fijo de referencia en el espacio y que, de acuerdo con determinadas propiedades, se modifica cuando el sist. de referencia sufre alguna transformación geométrica. ❑ TENSORIAL.

TENTACIÓN f. Instigación que induce a una cosa mala. ◊ Impulso repentino que excita a hacer una cosa.

TENTÁCULO m. Cualquiera de los apéndices móviles y blandos que tienen muchos moluscos, crustáceos, zoófitos, etc., para hacer presa en las cosas. ❑ TENTACULADO, DA; TENTACULAR.

TENTADOR, RA adj. y s. Que tienta. ◊ Que hace caer en la tentación. ◊ m. P. ant., diablo, demonio infernal. ◊ El encargado de picar las reses vacunas en la tienta.

TENTAR tr. Palpar una cosa. ◊ Examinar por medio del sentido del tacto. ◊ Instigar, inducir. ◊ Intentar o procurar.

TENTATIVO, VA adj. Que sirve para tantear una cosa. ◊ f. Acción con que se intenta o tantea una cosa. ◊ *Der.* Principio de ejecución de un delito que no llega a realizarse.

TENTEMPIÉ m. fam. Refrigerio, piscolabis. ◊ Dominguillo, juguete.

TENTETIESO m. Juguete que por medio de un contrapeso recobra siempre la posición vertical.

TENUE adj. Delicado, delgado y débil. ◊ De poca sustancia o importancia. ◊ Dicho del estilo, sencillo. ❑ TENUIDAD.

TEÑIR tr. y prnl. Dar a una cosa un color distinto del que tenía. ◊ *Pint.* Rebajar o apagar un color con otros oscuros. ❑ TEÑIDO, DA; *Amér. Centr.* TEÑIDOR, RA; TEÑIDURA.

TEOBALDO I el Trovador (1201-1253) Rey de Navarra [1234-1253]. Conde de Champaña. Recopiló las leyes en el *Cartulario Magno* y en el *Fuero general de Navarra.* ◊ **II** (1235-1270) Rey de Navarra [1253-1270] y conde de Champaña. Participó en la cruzada de Túnez (1270).

TEOBROMINA f. Alcaloide extraído de las raíces de las plantas del cacao. Tiene propiedades diuréticas, vasodilatadoras, depresoras y estimulantes del sistema nervioso central.

TEOCALI m. *Méx.* y *Amér. Centr.* Templo de los ant. aztecas.

TEOCRACIA f. Sistema de gobierno

en el que el poder lo ejerce un representante o encarnación de una divinidad o un personaje divinizado. ❑ TEOCRÁTICO, CA.

TEÓCRITO (315-250 a. C.) Poeta gr. Creador de la poesía bucólica. *Idilios*.

TEODICEA f. Teología fundada en principios de la razón.

TEODOLITO m. Instrumento de precisión para medir los ángulos en sus planos respectivos.

TEODORA (h. 500-548) Emperatriz bizantina [527-548]. Influyó notablemente en su esposo Justiniano I, con quien colaboró en su labor de gobierno.

TEODORICO EL GRANDE (h. 454-526). Rey de los ostrogodos de Italia [493-526]. Situó la cap. en Ravena, se rodeó de eruditos que mantenían viva la civilización rom. (Casiodoro, Boecio) y mandó construir gran número de obras públicas.

TEODOSIO I, *el Grande* (h. 347-395) Emp. rom. [379-395]. En 379 fue proclamado augusto. Federó a los godos (382). Persiguió a arrianos y maniqueos. Dividió el Imperio entre sus hijos Arcadio (Oriente) y Honorio (Occidente). ◊ II (401-450) Emp. de Oriente [408-450], sucesor de Arcadio. Se vio amenazado por las invasiones de los hunos y pagó tributo a Atila.

TEÓFILO OTONI C. de Brasil, en el est. de Minas Gerais; 144 100 hab. Centro comercial e industrial.

TEOFRASTO (h. 372-288 a. C.) Filósofo gr., discípulo de Aristóteles. Completó a su maestro en el estudio de la lógica y en la investigación científica.

TEOGONÍA f. Generación de los dioses del paganismo. ❑ TEOGÓNICO, CA.

TEOLOGÍA f. Ciencia que trata de Dios y de sus atributos y perfecciones. ❑ TEOLOGAL; TEOLÓGICO, CA; TEOLOGIZAR; TEÓLOGO, GA.

TEOREMA m. Proposición matemática que afirma una verdad demostrable.

TEORÍA f. Conocimiento especulativo considerado con independencia de toda aplicación. ◊ Serie de las leyes que sirven para relacionar determinado orden de fenómenos. ◊ Hipótesis cuyas consecuencias se aplican a toda una ciencia o a parte muy importante de la misma. ❑ TEORIZAR.

TEÓRICO, CA adj. Relativo a la teoría.

◊ Que conoce las cosas sólo especulativamente. ◊ f. Teoría, conocimiento especulativo.

TEOSOFÍA f. Doctrina de los que presumen estar iluminados por la divinidad e íntimamente unidos con ella. ❑ TEOSÓFICO, CA; TEÓSOFO.

TEOTIHUACÁN Ant. centro religioso y ceremonial, sit. a 51 km al NE de Ciudad de México.

❑ *Arqueol., Hist.* y *Arte.* El origen de las gentes de T. es incierto, parece que provenían de la costa del golfo, ya fuesen olmecas, totonacas o mayas. Su período de mayor florecimiento fue el llamado de Xolalpán (III), entre 300 y 650 d. C., cuando todos los palacios y templos estaban ya construidos y la pintura y la cerámica llegaban a un nivel de gran calidad. En T. se alzan las pirámides del Sol y de la Luna, el templo de la Agricultura, el grupo Viking, la Ciudadela y el templo de Quetzalcóalt. Entre las pinturas destacan el Tlalocán (paraíso del dios de la lluvia) y los murales del templo de la Agricultura.

TEP Siglas de ➾ tomografía de emisión de positrones.

TEPACHE (voz náhuatl) m. *Hond.* Fabricación y venta clandestina de aguardiente. ◊ *Méx.* Bebida hecha de pulque, agua, piña y clavo.

TEPALCATE m. *Méx.* Tiesto, por lo común de barro. Se usa más en pl.

TÉPALO m. *Bot.* Cada una de las piezas que componen los perigonios sencillos.

TEPATE m. *Amér. Centr.* y *Méx.* Estramonio.

TEPATITLÁN DE MORELOS Mun. de México, en el est. de Jalisco; 78 400 hab. Economía agropecuaria.

TEPEIZCUINTE m. *C. Rica* y *Méx.* Paca, mamífero.

TEPERETE adj. *Méx.* Atolondrado.

TEPIC C. de México, cap. del est. de Nayarit; 305 176 hab. Centro comercial.

TEQUES, *Los* C. de Venezuela, cap. del est. Miranda; 159 400 hab. Sit. en el área residencial de Caracas.

TEQUICHE m. *Ven.* Manjar compuesto de harina de maíz tostado, leche de coco y mantequilla.

TEQUILA f. *Méx.* Bebida alcohólica que se destila de una especie de agave, el maguey tequilero.

TEQUIO (voz azteca) m. *Amér.* Trabajo personal que se imponía como tributo a los indígenas durante la época de la colonización española.

TEQUIOSO, SA adj. *Amér. Centr.* Muchacho travieso.

TER Río de España; 209 km. Nace en los Pirineos y desemboca en el Mediterráneo.

TERAPÉUTICA f. Parte de la medicina, que se ocupa del tratamiento de las enfermedades. ❑ TERAPEUTA; TERAPÉUTICO, CA.

TERATÓGENO, NA adj. Dic. de las sustancias y de los agentes físicos que pueden producir malformaciones congénitas.

TERATOLOGÍA f. Estudio de las anomalías del organismo animal o vegetal. ❑ TERATOLÓGICO, CA.

TERATOMA m. Tumor mixto que se forma en las gónadas femeninas o en otras regiones del cuerpo humano como consecuencia de la actividad partenogenética inicial de los óvulos.

TERBIO m. Elemento químico de símb. Tb, n. a. 65, p. a. 158,924 y valencia 3 y 4, del grupo de los lantánidos.

TERCER adj. Apócope de tercero.

TERCER Mundo *Econ.* y *Pol.* Expresión con que se denomina el conjunto de un gran número de países de Latinoamérica, África y Asia, cuyas economías son subsidiarias de las occidentales.

TERCERÍA f. Oficio o cargo de tercero. ❑ TERCERISTA.

TERCERILLA f. Composición métrica de tres versos de arte menor, dos de los cuales hacen consonancia.

TERCERO, RA adj. y s. Que sigue inmediatamente en orden al o a lo segundo. ◊ Que media entre dos o más personas. ◊ Dic. de cada una de las tres partes iguales en que se divide un todo. ◊ Persona que no es ninguna de dos o más de quienes se trata o que intervienen en un negocio de cualquier género.

TERCETO m. Combinación métrica de tres versos endecasílabos. ◊ Tercerilla. ◊ *Mús.* Composición para tres voces o instrumentos. ◊ *Mús.* Conjunto de estas tres voces o instrumentos.

TERCIADO m. Espada de hoja ancha y corta. ◊ Cinta algo más ancha que el listón. ◊ Madero de sierra que resulta de dividir en tres partes iguales el ancho de una alfarjía.

TERCIANA f. *Med.* Calentura intermitente que repite al tercer día. ◊ **de cabeza.** *Med.* Cefalea intermitente. ❑ TERCIANARIO, RIA.

TERCIAR tr. Poner una cosa atravesada diagonalmente o al sesgo. ◊ Dividir una cosa en tres partes. ◊ prnl. Venir bien una cosa. ◊ intr. Mediar para componer algún ajuste o discordia.

TERCIARIO, RIA adj. Tercero en orden o grado. ◊ Relativo a la era geológica terciaria. ◊ adj. y m. *Geol.* Dic. de la tercera de las grandes divisiones en que se divide la historia geológica de la Tierra posteriormente a los tiempos precámbricos.

TERCIO, CIA adj. Tercero en orden. ◊ m. Cada una de las tres partes iguales en que se divide un todo. ◊ Parte más ancha de la media que cubre la pantorrilla. ◊ *Cuba.* Fardo de tabaco en rama que pesa aproximadamente un quintal.

Teotihuacán. Vista de la Pirámide del Sol tomada desde la Pirámide de la Luna

◇ *Mil.* Regimiento de infantería española de los ss. XVI-XVII. ◇ **Principio del t. excluso.** *Lóg.* Uno de los principios fundamentales de la lógica, según el cual dos proposiciones que se oponen contradictoriamente no pueden ser ambas falsas ni ambas verdaderas.

TERCIOPELO m. Tela velluda y tupida formada por dos urdimbres y una trama. ◇ *C. Rica* y *Ven.* Macagua terciopelo. ◇ *Chile.* Planta bignoniácea con hojuelas dentadas. ❏ TERCIOPELADO, DA.

TERCO, CA adj. Pertinaz, obstinado.

TEREFERO m. *Amér. Centr.* y *Merid.* Nombre de varios pájaros de larga cola, con la que trepan a los árboles.

TERENCIO, *Publio* (190-159 a. C.) Comediógrafo latino. Imitó a los autores gr., acentuando los matices psicológicos de sus personajes. *Andria, Heautontimoroumenos, Hecyra, Phornio.*

TERERÉ m. *Argent.* y *Par.* Bebida hecha con la maceración de la yerba mate en agua fría.

TERESA de Calcuta, *Agnes Gonxha Bojaxhiu,* llamada **Madre** (1910-1997) Misionera india, de origen albanés. Fundó la congregación de las Misioneras de la Caridad. Premio Nobel de la Paz en 1979. En 2003 fue beatificada por el papa Juan Pablo II. ◇ **De Jesús** (1515-1582) Santa. Religiosa y escritora esp. Con san Juan de la Cruz reformó la orden del Carmen. Gran figura de la mística esp. *Libro de su vida, Libro de las fundaciones, Camino de perfección, Las Moradas* o *Castillo interior.*

TERESHKOVA, *Valentina* (n. 1937) Cosmonauta sov., primera mujer que realizó un viaje espacial (a bordo de la *Vostok* 6, en junio 1963).

TERESIANO, NA adj. Relativo a santa Teresa de Jesús. ◇ Afiliado a la devoción de esta santa.

TERESINA C. de Brasil, cap. del est. de Piauí, a orillas del Parnaíba; 598 000 hab. Ind. textil, azucarera, de licores, tabacos, etc.

TERGAL m. Nombre registrado de diversas fibras textiles sintéticas de poliéster.

TERGIVERSAR tr. Forzar las razones o argumentos, las palabras de un dicho o de un texto, la interpretación de ellas o las relaciones de los hechos y sus circunstancias. ❏ TERGIVERSACIÓN.

TERMAS f. pl. Baños de aguas minerales calientes. ◇ Baños públicos de los antiguos rom. ❏ TERMAL.

TERMES m. *Zool.* Insecto social, también llamado *hormiga blanca* por la semejanza de sus hábitos con los de las hormigas. En sus nidos (termiteros) conviven varias castas. Las hembras fecundas son las reinas aladas. Los individuos que salen de los huevos pronto se diferencian en castas fecundas y estériles y, dentro de estas últimas, se distinguen las obreras y los soldados. Se alimentan de madera.

TÉRMICO, CA adj. Relativo al calor.

TERMINACIÓN f. Parte final de una obra o cosa. ◇ *Gram.* Letra o letras que forman la desinencia de los vocablos, y también aquella o aquellas que determinan el género y número de las partes variables de la oración. ❏ TÉRMITE.

TERMINAL adj. Final, último, y que pone término a una cosa. ◇ m. *Comp.* Sistema compuesto por un teclado, una pantalla, un circuito de control y, algunas veces, un módem, que va conecta-do a una computadora y se utiliza para introducir datos y extraer resultados de la computadora. ◇ *El.* Borne o hembrilla que se pone en el extremo de un conductor para facilitar las conexiones. ◇ f. Lugar, edificio, etc., que es a un tiempo origen y final de algún servicio de transporte. ◇ **inteligente.** *Comp.* T. que puede trabajar conectado a la computadora de la que es un t. y, por tanto, gobernado por ella, o bien sin conectarse a la computadora, es decir con cierta capacidad de autonomía gracias a los microprocesadores de que dispone. El t. de computadora que al ser desconectado de ésta queda inutilizado se llama *t. no inteligente.*

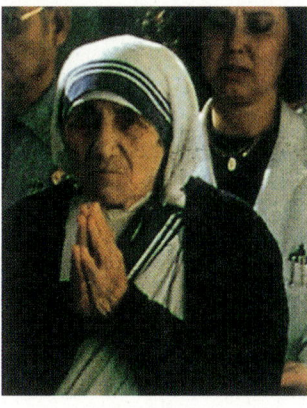

Teresa de Calcuta

TERMINANTE adj. Que termina. ◇ Claro, concluyente.

TÉRMINO m. Último punto hasta donde llega una cosa. ◇ Último momento de la existencia de una cosa. ◇ fig. Límite de una cosa inmaterial. ◇ Mojón, límite o línea divisoria. ◇ Porción de territorio sometido a la autoridad de un ayuntamiento. ◇ Paraje señalado para algún fin. ◇ Tiempo determinado. ◇ Hora, día o punto preciso de hacer algo. ◇ Objeto, fin. ◇ Palabra, expresión. ◇ Estado o situación en que se halla una persona. ◇ *Chile.* Palabra rebuscada o retumbante. ◇ *Gram.* Cada uno de los dos elementos necesarios en la relación gramatical. ◇ *Mat.* Cada una de las cantidades que componen un polinomio o forman una razón, una proporción o un quebrado. ◇ *Mús.* Punto, tono. ◇ **medio.** *Mat.* Cantidad que resulta de sumar varias y dividir la suma por el número de ellas.

TERMINOLOGÍA f. Conjunto de términos o vocablos propios de determinada profesión, ciencia o materia.

TERMITA f. *Zool.* Termes. ◇ Mezcla de limaduras de aluminio y de óxidos de diferentes metales, que por inflamación produce elevadísima temperatura.

TERMITERO m. *Zool.* Nido de termes, formado por una pasta de tierra y heces fecales de los insectos.

TERMO m. Elemento compositivo que significa *calor, temperatura.* ◇ m. Vasija aislante que sirve para que las sustancias introducidas en la vasija conserven su temperatura.

TERMOCAUTERIO m. *Med.* Instru-mento para practicar cauterizaciones ígneas, compuesto de platino mantenido incandescente por una corriente gaseosa formada por una mezcla de aire y de vapores hidrocarbonados.

TERMODINÁMICA f. *Fís.* Ciencia que estudia las relaciones entre la energía y los cambios físicos de origen térmico.

TERMOELECTRICIDAD f. Energía eléctrica producida por el calor. ◇ Parte de la electrotecnia que estudia la producción de energía eléctrica por medio del calor. ❏ TERMOELÉCTRICO, CA.

TERMOESTABLE adj. y m. Que no se altera fácilmente por la acción del calor.

TERMÓFILO, LA adj. *Biol.* Díc. de las especies animales o vegetales adaptadas a vivir en lugares cálidos.

TERMOGRAFÍA f. *Med.* Método de diagnóstico basado en el registro de las radiaciones infrarrojas emitidas por el cuerpo humano. Permite conocer las diferencias de temperatura entre las distintas partes del cuerpo. ◇ Obtención de imágenes con rayos infrarrojos. ❏ TERMÓGRAFO.

TERMOIÓNICO, CA adj. Relativo a la emisión de electrones provocada por el calor. ◇ **Efecto t.** *Electr.* Emisión de electrones por parte de un filamento conductor o semiconductor, por efecto del calentamiento, cuando el filamento está situado en una atmósfera rarificada (a baja presión).

TERMOLÁBIL adj. Que se altera fácilmente por la acción del calor.

TERMOLOGÍA f. Parte de la física que trata del calor.

TERMOMETRÍA f. Parte de la termología que se ocupa del desarrollo de las técnicas de medición de temperaturas.

TERMÓMETRO m. *Fís.* Instrumento utilizado para medir la temperatura.

TERMONUCLEAR adj. Díc. de la reacción de fusión de los núcleos atómicos que se produce a temperaturas muy elevadas.

TERMÓPILAS Desfiladero del N de Grecia, en el que un reducido ejército espartano, al mando de Leónidas, mantuvo en jaque largo tiempo a los persas (480 a. C.).

TERMOPLÁSTICO, CA adj. y m. Díc. de los materiales plásticos que pueden ser deformados bajo la influencia del calor y de la compresión, de forma reversible.

TERMOQUÍMICA f. *Fís.* y *Quím.* Parte de la química física que estudia el desarrollo y la absorción de calor asociados a las reacciones químicas, y en relación con la afinidad química.

TERMORREGULACIÓN f. *Biol.* Conjunto de mecanismos fisiológicos que permiten al organismo animal mantener un equilibrio entre la cantidad de calor producido y la pérdida o la dispersión del mismo.

TERMOSIFÓN m. Aparato de calefacción, a base de agua caliente que circula, entubada, por los locales de un edificio o por elementos de una maquinaria.

TERMOSTATO m. Dispositivo mecánico, eléctrico o electrónico para mantener una temperatura constante en un medio.

TERMOTECNIA f. Parte de la termología que se ocupa de las aplicaciones técnicas de la termodinámica.

TERNA f. Conjunto de tres personas propuestas para que se designe de entre ellas la que haya de desempeñar un cargo o empleo.

TERNARIO, RIA adj. Compuesto de tres elementos, unidades o guarismos.

TERNASCO m. Cordero recental. ◊ Cabrito, cría de la cabra.

TERNEZA f. Ternura. ◊ Requiebro, dicho lisonjero. Se usa más en pl.

TERNI C. de Italia, cap. de la prov. hom.; 111 300 hab. Centro industrial.

TERNILLA f. Cartílago. ❑ TERNILLOSO, SA.

TERNO m. Conjunto de tres cosas de una misma especie. ◊ Voto, juramento.

TERNURA f. Calidad de tierno. ◊ Requiebro, dicho lisonjero.

TERPENO m. *Quím.* Hidrocarburo orgánico constituido por la polimerización del isopreno. Todos los t. son insolubles en agua y solubles en disolventes orgánicos y se oxidan fácilmente.

TERPSÍCORE Musa de la danza.

TERQUEAR intr. Mostrarse terco. ❑ TERQUEDAD.

TERRA, Gabriel (1873-1942) Político ur. Presid. de la Rep. (1931-1938).

TERRACOTA f. Escultura de barro cocida.

TERRADO m. Sitio de una casa, descubierto y por lo común elevado.

TERRAJA f. Tabla guarnecida con una chapa de metal recortada con arreglo al perfil de una moldura, y que sirve para hacer las de yeso, estuco o mortero, corriéndola cuando la pasta está blanda. ◊ Herramienta que sirve para roscar (➾ roscado).

TERRAMICINA f. *Med.* Antibiótico bacteriostático producido por una bacteria estreptomicetácea. Se trata de una oxitetraciclina caracterizada por su escasa toxicidad.

TERRANOVA m. Raza de perro molosoide, de gran talla y pelaje largo y ondulado, habitualmente negro.

TERRANOVA (*Newfoundland*) Prov. del E de Canadá, formada por una parte continental (NE de la pen. del Labrador) y otra insular (Terranova); 405 720 km², 568 000 hab. Cap., Saint John's. Pesca. Madera. Hierro, cobre, plomo, cinc, amianto, caliza. Ind. papelera, de la construcción, conservas de pescado.

TERRAPLÉN m. Macizo de tierra con que se rellena un hueco, o que se levanta para hacer una defensa, un camino, etc. ❑ TERRAPLENAR.

TERRÁQUEO, A adj. Compuesto de tierra y agua. Aplícase únicamente a la esfera o globo terrestre.

Perro de raza **terranova**

TERRARIO m. Recinto en el que se mantiene el ambiente adecuado para que puedan vivir en él reptiles, insectos y otros animales.

TERRATENIENTE com. Dueño o poseedor de tierra o hacienda.

TERRAZA f. Depósito aluvial formado en las márgenes de los ríos, al ahondarse el cauce por efecto de la erosión. ◊ Escalón del terreno construido en las laderas de las montañas con el fin de aprovechar el suelo para su cultivo. ◊ Terrado, cubierta plana de una casa. ◊ Galería o sitio al aire libre en una casa. ◊ Franja de terreno a lo largo de una pared, para plantas de adorno.

Cultivo en **terrazas**

TERRAZAS, Francisco de (1549-1585) Poeta mex. Autor de *Conquista y Nuevo Mundo.*

TERRAZO m. Baldosa para pavimentos, formada por tres capas superpuestas y compactas entre sí.

TERREMOTO m. Seísmo.

TERRENO, NA adj. Relativo a la tierra. ◊ m. Sitio o espacio de tierra. ◊ fig. Campo o esfera de acción. ◊ fig. Orden de materias o de ideas de que se trata. ◊ *Geol.* Conjunto de sustancias minerales que tienen origen común, o cuya formación corresponde a una misma época. ❑ TERRENIDAD.

TERRERO, RA adj. Relativo a la tierra. ◊ Díc. del vuelo rastrero de ciertas aves. ◊ Díc. de la caballería que al caminar levanta poco los brazos. ◊ fig. Bajo y humilde. ◊ adj. y f. Aplícase a las cestas o espuertas que se emplean para llevar tierra. ◊ Ave paseriforme. Se trata de pajarillos pequeños con plumaje pardo y apagado, que anidan en el suelo y prefieren los terrenos áridos y abiertos.

TERRIBLE adj. Digno de ser temido; que causa terror. ◊ Áspero y duro de genio. ◊ Atroz, desmesurado, extraordinario. ❑ TERRIBILIDAD.

TERRÍCOLA com. Habitante de la Tierra.

TERRIER m. Grupo de razas de perros, de origen discutido, pero en el que se supone participan los perros sabuesos, el gigantesco perro lobo irlandés, y los dogos y afines.

TERRITORIALIDAD f. Consideración especial en que se toman las cosas en cuanto están dentro del territorio de un Est. ◊ Figura jurídica por la cual los buques y los domicilios de los agentes diplomáticos se consideran, dondequiera que estén, como si formasen parte del territorio de su propia nación.

TERRITORIO m. Porción de la super-

ficie terrestre perteneciente a una nación, región, provincia, etc. ◊ Circuito o término que comprende una jurisdicción, un cometido oficial u otra función análoga. ◊ *Argent.* Demarcación sujeta al mando de un gobernador nombrado por el Gobierno Nacional. ❑ TERRITORIAL.

TERRITORIOS del Nororeste ➾ Nororeste, Territorio del.

TERRÓN m. Masa pequeña y suelta de tierra compacta. ◊ Masa pequeña y suelta de otras sustancias.

TERROR m. Miedo, pavor de un mal que amenaza o de un peligro que se teme. ❑ TERRORÍFICO, CA.

TERRORISMO m. Dominación por el terror. ◊ *Pol.* Uso sistemático del terror, mediante actos de violencia o represión, por grupos o regímenes políticos. ❑ TERRORISTA.

TERROSO, SA adj. Que participa de la naturaleza y propiedades de la tierra. ◊ Que tiene mezcla de tierra. ❑ TERROSIDAD.

TERRUÑO m. Terrón o trozo de tierra. ◊ Comarca o tierra, especialmente el país natal.

TERSO, SA adj. Limpio, bruñido. ◊ Liso, sin arrugas. ◊ fig. Tratándose de lenguaje, estilo, etc., puro, limado, fluido ❑ TERSAR; TERSURA.

TERTEL m. *Chile.* Capa de tierra muy dura que se halla debajo del subsuelo.

TERTULIA f. Reunión de personas que se juntan habitualmente para conversar o recrearse. ◊ Lugar en los cafés destinado a mesas de juegos. ❑ TERTULIANO, NA; *Amér.* TERTULIAR; TERTULIO; TERTULIA, LIA.

TERTULIANO, Quintus Septimius Florens (h. 155-h. 220) Apologista y escritor latino cristiano, n. en Cartago. *Apologético, De la carne de Cristo.*

TERUEL Prov. de España en la com. autón. de Aragón; 14 785 km², 135 858 hab. Cap., la c. hom. Accidentada por las sierras de Albarracín y de Sant Just y por el macizo de Javalambre. Ríos Jiloca, Turia. Remolacha azucarera, patata, trigo, vid. Explotación forestal. Ganadería ovina. Hierro, lignito. Ind. alimentaria. ◊ C. de España, cap. de la prov. hom.; 31 158 hab. Centro comercial. Ind. textil, alimentaria, de la construcción.

TERUTERU o **TERO** m. *Amér. Merid.* Zancuda, de plumaje blanco mezclado de negro y pardo.

TESALIA Región natural e histórica de Grecia continental; 14 037 km², 695 000 hab. Poblada por pelasgos y aqueos, en el s. XII a. C. los dorios se establecieron en ella. Dominada por macedonios, romanos y turcos. ❑ TESÁLICO, CA; TESALIO, LIA.

TESELA f. Cada una de las piezas cúbicas de mármol, piedra, etc., con que los antiguos formaban los pavimentos de mosaico. ❑ TESELADO, DA.

TESEO Héroe mitológico gr. Entró en el laberinto de Creta y dio muerte al Minotauro.

TESIS f. Conclusión, proposición que se mantiene con razonamientos. ◊ Disertación escrita que presenta en la universidad el aspirante al título de doctor en una facultad.

TESITURA f. *Mús.* Altura propia de cada voz o de cada instrumento. ◊ fig. Actitud o disposición del ánimo.

TESLA m. Unidad de inducción magnética en el sistema Giorgi. Su símbolo es T y equivale a 1 weber/m².

TESLA, Nikola (1857-1943) Físico e ingeniero eléctrico yug., residente en Nueva York desde 1882. Realizó importantes inventos en electrotecnia y radioelectricidad.

TESO, SA adj. Tieso. ◊ m. Cima de un cerro. ◊ Pequeña salida en una superficie lisa.

TESÓN m. Firmeza, constancia, inflexibilidad, tenacidad. ❏ TESONERO, RA.

TESONERÍA f. Terquedad, pertinacia.

TESORERÍA f. Cargo u oficio de tesorero. ◊ Oficina o despacho del tesorero.

TESORERO, RA m. y f. Persona encargada de custodiar y distribuir los caudales de una colectividad.

TESORO m. Cantidad de dinero, valores u objetos preciosos, reunida y guardada. ◊ Erario de la nación. ◊ Abundancia de caudal guardado y conservado. ◊ fig. Persona o cosa de mucho precio, o digna de estimación. ◊ **público.** Parte de la administración estatal que representa financiera y monetariamente el poder público.

TESPIS (h. el s. VI a. C.) Actor y poeta gr. Se le considera creador de la tragedia e inventor de la máscara como elemento dramático.

TEST (voz ing.) m. Prueba, examen, experimento. ◊ Conjunto de métodos que permiten valorar o medir una o varias características de un individuo, un grupo, un producto o una máquina.

TESTA f. Cabeza del hombre y de los animales. ◊ En el hombre y algunos mamíferos, parte superior y posterior de ella. ◊ Frente o parte anterior de algunas cosas materiales. ◊ fig. y fam. Entendimiento, capacidad y prudencia. ❏ TESTARAZO.

TESTAFERRO m. El que presta su nombre en un contrato, pretensión o negocio que en realidad es de otra persona.

TESTAL (voz náhuatl) f. Méx. Porción de masa con que se hace una tortilla.

TESTAMENTARÍA f. Ejecución de lo dispuesto en el testamento. ◊ Junta de los testamentarios. ◊ Conjunto de documentos que atañen al debido cumplimiento de la voluntad del testador.

TESTAMENTO m. Declaración que de su última voluntad hace una persona, disponiendo de bienes y de asuntos para después de su muerte. ◊ Documento donde consta en forma legal la voluntad del testador. ◊ Obra en que un autor, en el último período de su actividad, deja expresados los puntos de vista fundamentales de su pensamiento o las principales características de su arte, en forma que él o la posteridad consideran definitiva. ◊ fig. y fam. Serie de resoluciones que por interés personal dicta una autoridad cuando va a cesar en sus funciones. ◊ **Antiguo T.** Libro que contiene los escritos de Moisés y todos los demás canónicos anteriores a la venida de Jesucristo. ⇨ Biblia. ◊ **Nuevo T.** Libro que contiene los Evangelios y demás obras canónicas posteriores al nacimiento de Jesús. ⇨ Biblia. ❏ TESTAMENTARIO, RIA.

TESTAR intr. Hacer testamento. ◊ Atestar, dar con la cabeza. ◊ tr. Tachar, borrar. ❏ TESTACIÓN; TESTADO, DA; TESTADOR, RA; TESTADURA.

TESTARUDO, DA adj. y s. Obstinado, terco. ❏ TESTARRONERÍA; TESTADUREZ; TESTARRÓN, NA.

TESTE m. Testículo. ◊ Argent. Grano de consistencia coriácea que sale en los dedos de las manos.

TESTERA f. Frente o principal fachada de una cosa. ◊ Asiento, en un coche, en que se va de frente. ◊ Adorno para la frente de las caballerías. ◊ Parte anterior y superior de la cabeza del animal. ◊ Cada una de las paredes del horno de fundición.

TESTERILLA adj. Argent. Díc. de la caballería que tiene una mancha horizontal blanca u overa en la frente.

TESTÍCULO m. Anat. Glándula genital masculina. Es un órgano par, ovoide, que en el hombre está alojado en las bolsas escrotales de la parte inferior del abdomen y suspendido del extremo inferior del cordón espermático. ❏ TESTICULAR.

TESTIFICAR tr. Afirmar o probar de oficio una cosa, con referencia a testigos o a documentos auténticos. ◊ Deponer como testigo en algún acto judicial. ◊ fig. Declarar con seguridad y verdad una cosa. ❏ TESTIFICACIÓN; TESTIFICAL; TESTIFICATIVO, VA.

TESTIGO com. Persona que da testimonio de una cosa. ◊ Persona que presencia una cosa. ◊ m. Cualquier cosa por la cual se infiere la verdad de un hecho. ◊ Testículo. ◊ Biol. Parte del material viviente destinado a una experimentación, el cual, mantenido en condiciones normales, sirve para determinar por comparación el resultado de las manipulaciones a que se somete la otra parte de dicho material. ◊ Dep. En algunas pruebas de relevo, objeto que el atleta que abandona la prueba debe entregar al que le sustituye.

TESTIGOS de Jehová Secta religiosa norteam. creada por Charles Taze Russell (1872). Creen en el inminente advenimiento de Cristo para establecer el poder de Dios en la Tierra, lo que los fieles han de «atestiguar» oralmente y por escrito.

TESTIMONIAL adj. Que hace fe y verdadero testimonio. ◊ f. pl. Instrumento auténtico que asegura y hace fe de lo contenido en él.

TESTIMONIO m. Atestación o aseveración de una cosa. ◊ Instrumento legalizado en que se da fe de la certeza o impostura de un hecho. ❏ TESTIMONIAR.

TESTOSTERONA f. Fisiol. Hormona sexual masculina de naturaleza andrógena que se forma en los testículos.

TESTUDO m. Cubierta que formaban antiguamente los soldados alzando y uniendo los escudos sobre sus cabezas, para guarecerse del enemigo.

TESTUZ com. Parte de la cabeza situada por delante o detrás de los cuernos en los mamíferos bóvidos.

TETA f. Mama. ◊ Leche que segregan estos órganos. ◊ Pezón de la teta. ◊ fig. Mogote, montículo cónico. ❏ TETONA; TETUDA.

TETANIA f. Pat. Síndrome caracterizado por temblores musculares, convulsiones y calambres que se producen en los animales desprovistos de glándulas paratiroides, como consecuencia de un aumento de irritabilidad de los músculos y nervios.

TÉTANOS m. Contracción continua de un músculo provocada por una descarga de estímulos nerviosos. ◊ Pat. Enfermedad infecciosa causada por una bacteria que se desarrolla favorablemente en tejidos muertos y con poco oxígeno, por lo que prolifera en las heridas profundas. La bacteria del t. se encuentra fácilmente en el suelo y en el estiércol. Es una enfermedad muy grave, que se puede prevenir mediante la vacuna antitetánica y tratando los posibles casos de infección con el suero antitetánico. ❏ TETÁNICO, CA.

TETERA f. Vasija con tapadera y un pitorro, para hacer y servir el té. ◊ Tetilla, mamadera. ◊ Cuba, Méx. y P. Rico. Biberón.

TETERO m. Col. Biberón.

TETILLA f. Cada una de las tetas de los machos en los mamíferos. ◊ Especie de pezón que se pone al biberón para que el niño chupe. ◊ Chile. Hierba saxifragácea que tiene los peciolos de las hojas muy abultados, las cuales contienen mucha agua.

TETIS Mit. gr. Diosa del mar, hija de Urano y de Gea, y esposa de Océano. Personificaba la fecundidad marina.

Tetis implorando a Júpiter, óleo de Ingres. (Museo Granet, Aix-en-Provence, Francia)

TETRABRIK m. Sistema de envasado de productos alimenticios, líquidos o semilíquidos, que consiste en cajas de cartón forrado en su interior con un derivado de aluminio.

TETRACICLINA m. Antibiótico de amplio espectro, activo por vía oral, y de gran tolerancia.

TÉTRADA f. Conjunto de cuatro seres o cosas estrecha o especialmente vinculados entre sí.

TETRAEDRITA f. Miner. Antimoniuro de cobre, que cristaliza en el sist. cúbico, de color gris a negro y brillo metálico. Importante mena de cobre, que puede contener plata.

TETRAEDRO m. Geom. Poliedro formado por cuatro caras triangulares; posee seis aristas y cuatro vértices. ◊ **regular.** Geom. Aquel cuyas caras son triángulos equiláteros.

TETRAGONAL adj. Relativo al tetrágono. ◊ Que tiene forma de tetrágono. ◊ Crist. Díc. de un sist. cristalino caracterizado por la presencia de un eje cuaternario y cuyas formas pueden referirse a una cruz axial constituida por tres ejes perpendiculares entre sí.

TETRÁGONO adj. y s. Geom. Cuadrilátero.

TETRALOGÍA f. Conjunto de cuatro obras literarias o líricas que tienen entre sí enlace histórico o unidad de pensamiento. ◊ *Pat.* Lesión cardíaca congénita formada por ciertos defectos de la arteria pulmonar, de la aorta y de los ventrículos. ◊ Ocasiona la llamada enfermedad azul.

TETRÁMERO, RA adj. *Bot.* Díc. del verticilo que consta de cuatro piezas y de la flor que tiene corola y cáliz con este carácter. ◊ adj. y m. *Zool.* Díc. de los insectos coleópteros que tienen cuatro artejos en cada tarso. ◊ m. pl. Suborden de estos insectos.

TETRÁPODO, DA adj. y m. Díc. de los vertebrados que poseen cuatro miembros locomotores.

TETRARCA m. Señor de la cuarta parte de un reino o provincia. ◊ Gobernador de una provincia o territorio. ❏ TETRARQUÍA.

TETRASÍLABO, BA adj. De cuatro sílabas.

TÉTRICO, CA adj. Triste, deprimente, lúgubre.

TÉTRODO m. Válvula o tubo electrónico de vacío que contiene cuatro electrodos: cátodo, rejilla, pantalla y ánodo.

TETUÁN C. de Marruecos, cap. del ant. protectorado esp. (1913-1956) y de la prov. hom.; 200 000 hab. Mercado agrícola. Ind. tabaquera y conservera.

TEUTÓN, NA adj. Díc. del individuo de un pueblo de raza germánica que habitó en el terr. del moderno Holstein. ◊ fam. Alemán.

TEUTÓNICO, CA adj. y s. Relativo a los teutones. ◊ m. Lengua de los teutones. ◊ **Orden t.** Orden militar y religiosa de Tierra Santa. Se remonta a la existencia de un hospital para teutones en Jerusalén en 1127. En el s. XIII conquistaron Prusia. El tratado de Cracovia (1525) disolvió la orden y sus territorios pasaron a los pol.

TEXAS Est. del S de EE UU; 691 027 km², 16 987 000 hab. Cap., Austin. C. prales.: Houston y Dallas. Accidentado por las montañas Rocosas. Ríos Rojo, Grande y Sabine. Algodón, cereales, hortalizas, frutales. Ganadería. Explotación forestal. Petróleo, gas natural, bromo, helio, cal, azufre. Ind. petroquímica, química, metalúrgica, transformación de productos agropecuarios. Est. mex. hasta la declaración de indep. de T. (marzo 1836). Anexionado a EE UU en 1845, México llevó a cabo una guerra (1846-1847) para recuperar el terr., pero hubo de reconocer su pérdida por el tratado de Guadalupe-Hidalgo (1848).

TEXCOCO o **TEXCOCO DE MORA** C. de México, en el est. de México; 11 000 hab. Ind. alimentarias y textiles. Antigua capital chichimeca bajo Quinatzin (s. XIV). La c. fue conquistada por Hernán Cortés (1520) y parcialmente destruida en 1539. Destaca la escultura azteca en oro del rey Tizoc. ◊ Lago de México, en la meseta de Anahuac, foco de diversas culturas; 204 km².

TEXTIL adj. y s. Díc. de la materia capaz de reducirse a hilos y ser tejida. ◊ adj. Relativo a los tejidos. ◊ **Industria t.** Conjunto de operaciones mediante las cuales se elaboran hilados, telas, lienzos, etc., a base de fibras, naturales o artificiales, que se someten a diversos procesos de preparación, hila-

tura, blanqueo, tejido, teñido, apresto, estampado, etc.

TEXTO m. Lo dicho o escrito por un autor o en una ley, a distinción de las glosas, notas o comentarios que sobre ello se hacen. ◊ Pasaje citado de una obra literaria. ◊ Libro de texto. ◊ **Sagrado.** La Biblia. ❏ TEXTUALISTA.

TEXTUAL adj. Conforme con el texto o propio de él. ◊ Aplicado a palabras u otro género de expresión, exacto.

TEXTURA f. Disposición y orden de los hilos en una tela. ◊ Operación de tejer. ◊ fig. Estructura de una obra de ingenio. ◊ Disposición que tienen entre sí las partículas de un cuerpo.

TEZ f. Superficie, especialmente la del rostro humano.

TEZCUCO ⇨ Texcoco.

TEZIUTLÁN Mun. de México, en el est. de Puebla; 50 600 hab. Producción agropecuaria. Petróleo, oro, plata y cobre.

Th *Quím.* Símb. del torio.

THACKERAY, William Makepeace (1811-1863) Novelista brit. *El libro de los esnobs, La feria de las vanidades.*

THAI adj. y s. Díc. de individuos de un grupo étnico mongoloide del SE de Asia (Thailandia, Laos, Myanma, China y Vietnam). ◊ Grupo de lenguas de la familia chinotibetana habladas en el SE de Asia, entre las que destaca el t. central o siamés.

THAILANDÉS, SA adj. y s. De Thailandia.

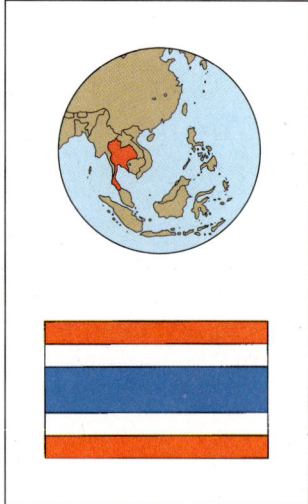

Mapa de situación y bandera
de **Thailandia**

THAILANDIA (*Prathet Thai, Muang Thai*) Ant. *Siam.* Est. del SE de Asia. El N y O enlaza con las cord. de China y Myanma (Doi Inthason, 2 595 m). El r. Menam avena la llanura central. Al E se encuentra la meseta de Nakhon Ratchasima o Korat. Clima tropical monzónico. Arroz, maíz, mandioca, legumbres, caña de azúcar, cacahuetes, soja, sésamo, tabaco, caucho, teca, bambú. Bovinos y búfalos. Pesca. Estaño, tungsteno, hierro, plomo, plata, oro, piedras preciosas. Ind. agropecuaria, textil. Lenguas: thai (of.). *Rel.:* budismo

THAILANDIA

Superficie	513 115 km²
Población	55 884 000 hab. (109 hab./km²)
Recursos económicos	
Ácido clorhídrico	122 000 t
Algodón	69 000 t
Antimonio	99 t
Arroz	20 004 000 t
Azúcar	4 006 000 t
Búfalos	4 743 000 cabezas
Cabaña bovina	6 052 000 cabezas
Cabaña porcina	5 000 000 cabezas
Caucho	1 200 000 t
Cerveza	2 635 000 hl
Elefantes	3 243 cabezas
Estaño	10 900 t
Maíz	3 990 000 t
Pesca	2 650 000 t
Riqueza forestal	40 416 000 m³
Sésamo	31 000 t
Tabaco	71 000 t
Tungsteno	269 t
Indicadores sociológicos	
PNB	89 548 millones de dólares
Renta per cápita	1 580 dólares
Esperanza de vida	69 años
Alfabetismo	93 %

(95 %), islamismo, confucianismo. U. M.: baht.

❏ *Hist.* En la antigüedad fue invadida por grupos mon, khmer y thai. En el s. XIV el principado thai de Ayuthia unificó el país. Entre el s. XVI y el XIX se sucedieron diversas invasiones birmanas. Con Rama IV (1851-1868) se abrió el comercio a los europeos. En 1918 Siam cambió su nombre por el de T. Después de varios golpes de Est., en 1974 entró en vigor una nueva constitución. Los comicios de 1976 fueron invalidados por un golpe derechista. En 1985 las tropas leales al primer ministro Prem Tinsulanonda frustraron un golpe de Est. Tras las elecciones de 1988 Prem fue sustituido por Chatichai Choonhavan.

THÁNATOS *Mit. gr.* Hijo de Nyx (Noche), personificación de la muerte. ◊ m. Nombre dado por Freud al instinto de destrucción, que él concibió como un componente de la personalidad, junto con el instinto de vida.

THANT, S'ithu U (1901-1974) Político y diplomático birmano. De 1961 a 1972 fue secretario general de la ONU.

THAR Desierto del NO de la India y el SE de Pakistán.

THARRATS, Juan José (1918-2001) Pintor esp. Destaca también como grabador, escultor, autor de vidrieras, mosaicos y objetos neodadaístas.

THATCHER, Margaret Hilda (n. 1925) Política brit. Líder del partido conservador desde 1975. Primera ministro (1979-1990). Decidió la intervención militar en las Malvinas.

THEODORAKIS, Mikis (n. 1925) Compositor gr. Autor de música sinfónica, ballets, música para películas (*Zorba el griego*) y canciones populares.

THEOTOCÓPOULOS, Doménicos ⇨ Greco, el.

THETA f. Octava letra del alfabeto gr., que en latín y otras lenguas se representa con *th* y en la nuestra modernamente se representa con *t.*

THIERS, Louis Adolphe (1797-1877) Político e historiador fr. Primer presid.

de la III República (1871-1873). Reprimió con dureza la Comuna de París (1871).

THIONVILLE C. de Francia, en el dpto. del Mosela; 141 900 hab. (á. metr.). Ind. siderúrgica, mecánica, química, del cemento.

THOMSON, SIR *George Paget* (1892-1975) Físico brit. Descubrió la difracción de los electrones rápidos en los cristales. Premio Nobel en 1937, con Davisson. ◊ SIR *Joseph John* (1856-1940) Físico brit. Autor de imp. trabajos sobre electricidad que, en 1906, le valieron el premio Nobel. Descubridor del electrón libre. ◊ SIR *William* (1824-1907) Desde 1892 LORD KELVIN. Físico brit. Estableció una escala teórica de temperatura (*escala K.*). También realizó estudios geofísicos.

THOR En la mitología escandinava, dios del trueno, del viento y las nubes, llamado también Donnar. Su culto resistió tenazmente la influencia del cristianismo.

THOREAU, *Henry David* (1817-1862) Literato y filósofo norteam. Uno de los representantes del idealismo y el culturalismo de Nueva Inglaterra. *Walden.*

THOREZ, *Maurice* (1900-1964) Político fr. Secretario gral. del Partido Comunista fr. Vicepresid. del consejo con Bidault y Ramadier (1946-1947). En 1964 fue elegido presid. del Partido Comunista.

THORVALDSEN, *Bertel* (1768-1844) Escultor clasicista danés. *Jasón, Amor y Psiquis, Hebe,* monumento funerario de Pío VIII, estatua ecuestre de Maximiliano de Baviera, figuras de la catedral de Copenhague.

THOT En la religión del antiguo Egipto, dios de la escritura, el cómputo del tiempo y la Luna.

THRILLER (voz ing.) m. Película policíaca, de terror o suspense, que provoca fuerte tensión emotiva en el espectador.

THUNDER BAY C. de Canadá, en la prov. de Ontario; 111 000 hab. Puerto en el lago Superior.

THURROCK C. de Gran Bretaña, en el condado de Essex; 126 900 hab.

Ti *Quím.* Símb. del titanio.

TI Forma del pronombre personal de segunda pers. de sing, común a los casos genitivo, dativo, acusativo y ablativo. Lleva preposición, y cuando ésta es *con*, se dice contigo.

TIACA f. *Chile.* Árbol saxifragáceo, cuyas ramas flexibles sirven de zunchos para toneles.

TIAHUANACO o **TIHUANACO** Mun. de Bolivia, en el dpto. de La Paz. Se conservan las ruinas monumentales de un ant. centro preincaico, probablemente santuario religioso. Se ha dado el nombre de T. a la cultura que tuvo en este lugar su centro religioso.

TIALINA f. *Biol.* Enzima de acción glucosídica que se halla en la saliva.

TIAN SHAN (*Tien Shan*) Sistema montañoso de Asia central. Se extiende por gran parte de Kazakistán, desde el desierto de Kizil-Kum hasta China y Mongolia (Pobedi, 7 439 m).

TIANGUIS m. *Méx.* Contratación pública de géneros. Paraje donde se realiza.

TIARA f. Tocado alto que usaban los cristianos persas. ◊ Mitra alta, ceñida

por tres coronas y rematada por una cruz, usada por el papa. ◊ Dignidad de pontífice.

TIATINA f. *Chile.* Avena loca.

TIBANTE adj. *Col.* Orgulloso.

TIBE m. *Col.* Corindón, piedra preciosa.

TÍBER (*Tevere*) Río it.; 405 km. Nace en los Apeninos centrales, cruza Roma y desagua en el Mediterráneo.

TIBERIO m. fam. Ruido, confusión.

TIBERIO (42 a. C.-37 d. C.) Emperador rom. [14-37 d. C.]. Combatió en Hispania, Armenia, la Galia y Germania. Sucedió a Augusto.

TÍBET (tibetano, *Bod*; chino, *Xizang* o *Hsi Tsang*) Región autónoma de China, limítrofe con India, Nepal y Bután; 1 200 000 km², 2 196 010 hab. Cap., Lhasa. Gran meseta atravesada por los montes Kuen Lun (Ulug Mustad, 7 724 m) y el Transhimalaya. Trigo, centeno. Ovinos, yaks. Hierro, carbón, sílice. Artesanía. Tras ser colonizado por chinos y brit., en 1950 fue invadido por China. Las tensiones y revueltas han sido continuas.

TIBERIADES, *lago de.* Antiguo nombre del lago de Kinneret. En el Evangelio se cita como el lugar donde Jesús eligió a algunos de sus apóstoles.

TIBETANO, NA adj. y s. Díc. del individuo de un pueblo mongoloide de la región autónoma china del Tíbet y áreas circundantes. ◊ Del Tíbet. ◊ m. Lengua del grupo tibeto-birmano. ◊ Perro molosoide del que descienden muchas de las actuales razas de mastines.

TIBIA f. Flauta. ◊ *Anat.* Hueso largo que, junto con el peroné, forma el esqueleto de la pierna. ◊ Pieza de las patas de los insectos, que se articula con el fémur y con el tarso.

TIBIO, BIA adj. Templado, entre caliente y frío. ◊ fig. Flojo, descuidado. ◊ *Amér. Centr.* y *Perú.* Furioso.

TIBURÓN m. *Zool.* Pez cartilaginoso, que abarca diversas especies, como por ejemplo el t. *nodriza*, el t. *peregrino* o *marrajo gigante*, el t. *feroz*, etc.

TIBURÓN Cabo de América meridional, entre Colombia y Panamá, en la costa del Caribe. ◊ Isla de México, en el est. de Sonora.

TIC m. Gesto, actitud o pose que un actor repite mucho, independientemente del personaje al que da vida. ◊ *Pat.* Movimiento convulsivo, breve e involuntario, originado por la contracción repetida de uno o varios músculos.

Relieve en una columna hallada en **Tiahuanaco**

TICHOLO m. *Argent.* Panecillo de dulce de guayaba.

TICKET (voz ing.) o **TÍQUET** m. Vale, cédula, billete, boleta.

TICO, CA adj. y s. *Amér. Centr.* Costarricense, de Costa Rica.

TICTAC m. Ruido acompasado que produce la marcha de un reloj.

TIECK, *Ludwig* (1773-1853) Escritor al. Adaptó al teatro leyendas medievales al. *El gato con botas.*

TIEMPO m. Duración de las cosas sujetas a mudanza; parte de esta duración. ◊ Época durante la cual vive alguna persona o sucede alguna cosa. ◊ Edad. ◊ Oportunidad, ocasión o coyuntura de hacer algo. ◊ Lugar, proporción o espacio libre de otros negocios. ◊ Cada uno de los actos sucesivos en que se divide la ejecución de una cosa. ◊ Estado atmosférico. ◊ *Fil.* Ámbito abstracto, de carácter duracional, concebido en principio como ilimitado, continuo y unidimensional, en referencia al cual se sitúan y se miden los sucesivos instantes que integran la experiencia humana de la realidad. ◊ *Fís.* Una de las dimensiones fundamentales en todos los sistemas de medida. ◊ *Gram.* Vocablo que admite dos acepciones: realización morfémica de una determinada categoría gramatical y cada grupo de formas que puede adoptar un verbo. ◊ *Mec.* Cada una de las fases en que se realiza un ciclo termodinámico en un motor. ◊ *Mús.* Cada una de las partes de igual duración en que se divide el compás. ◊ **local.** El medido tomando como origen la culminación solar del lugar y como intervalo unitario el t. medio que transcurre entre dos culminaciones sucesivas del Sol. ◊ **medio** o **solar medio.** El medido según una escala formada a partir del movimiento de un ⇨ Sol ficticio. ◊ **sidéreo.** El que se mide por el movimiento aparente de las estrellas y más especialmente del primer punto de Aries. ◊ **verdadero** o **solar verdadero.** El que se mide por el movimiento aparente del Sol.

□ *Fís.* La unidad más habitual, el segundo, se definió como la fracción 1/86 400 de día solar medio. Las irregularidades en el movimiento rotacional de la Tierra condujeron a establecer la escala de *t. de las efemérides* (TE), con lo que el segundo se definió como fracción de una cantidad constante: la duración del año trópico 1900. La precisión del segundo de las efemérides, no obstante, resulta inadecuada en las investigaciones de física aplicada (electrónica, atomística, etc.), lo que ha conducido a la escala de *t. atómico* (TA) basada en la frecuencia natural de los átomos. Por otra parte, de la necesidad de disponer de una escala de t. astronómico uniforme, surgió la denominada escala de *t. universal* (TU), elegida de modo que a mediodía de Greenwich el Sol pasa por el meridiano. A causa de la desviación entre la escala de TA y la de TU, muchos países utilizan la llamada escala de *t. universal coordenada* (TUC), que se realiza mediante la transmisión de señales horarias basadas en la misma escala; la recepción de estas señales permite disponer de una escala de t. rotacional suficientemente precisa para las aplicaciones prácticas.

TIERRA

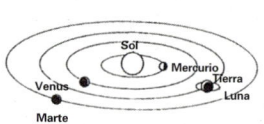

La Tierra es el tercer planeta del sistema solar, contando desde el Sol. Por la distancia a la que se halla del Astro Rey tiene condiciones idóneas para la vida: si se hallase más próxima al Sol, como Mercurio y Venus, sería demasiado caliente, si se hallase más lejos, como el resto de los planetas, demasiado fría

Imagen de la Tierra tomada por un satélite artificial

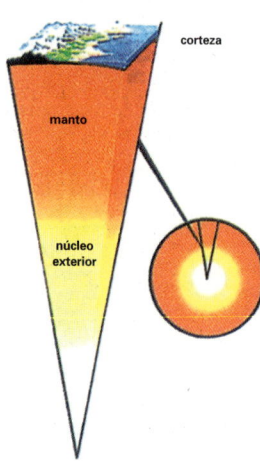

El núcleo interior de la Tierra, sólido, está rodeado por otro exterior, en estado líquido. En torno a éste se encuentra el manto, de textura viscosa, separado de la corteza externa por la llamada discontinuidad de Mohorovicic

TIENDA f. Pabellón portátil, consistente en una cubierta de lona, tela o piel, que se extiende y monta al aire libre, sobre una armazón de palos hincados en tierra. ◊ Casa o puesto donde se venden al público artículos al por menor. ◊ *Amér.* P. ant., aquella en que se venden tejidos.
TIENDERO m. *Amér. Centr.* Tendero.
TIENTA f. Operación que consiste en probar la bravura de los becerros. ◊ Sagacidad o arte con que se pretende averiguar una cosa.
TIENTO m. Ejercicio del sentido del tacto. ◊ Palo que usan los ciegos para que les sirva como de guía. ◊ Contrapeso, balancín que usan los equilibristas. ◊ fig. Consideración, miramiento. ◊ fig. y fam. Golpe. ◊ *Argent.* y *Chile.* Tira delgada de cuero sin curtir. ◊ *Mús.* Floreo o ensayo que hace el músico para ver si está bien templado el instrumento.
TIENTSIN *(Tianjin)* Municipalidad de China, puerto en la desembocadura del Hai-ho; 11 305 km², 8 785 402 hab. Ind. textil, metalúrgica.
TIEPOLO, Giambattista (1696-1770), uno de los mejores decoradores del barroco (bóveda de la *Scuola dei Carmine*, Venecia; palacio Real de Madrid).
TIERNO, NA adj. Blando, delicado, flexible. ◊ fig. Reciente, de poco tiempo. ◊ fig. Afectuoso, cariñoso. ◊ *Chile, Ecuad.* y *Nic.* Se dice de las hortalizas que no han llegado a sazón. ◊ m. y f. *Nic.* Niño o niña recién nacidos o de pocos meses. ◊ *Nic.* P. ext., el niño o niña de menos edad entre los hijos de una misma familia.
TIERNO Galván, Enrique (1918-1986) Político esp. Fundó el Partido Socialista Popular (1974) Post. se unió al PSOE (1978). Alcalde de Madrid (1979-1986).
TIERRA f. Parte superficial del globo terrestre no ocupada por el mar. ◊ Materia inorgánica desmenuzable de que pralm. se compone el suelo natural. ◊ Suelo o piso. ◊ Terreno dedicado a cultivo o propio para él. ◊ Nación, región o lugar en que se ha nacido. ◊ País, región. ◊ Territorio o distrito constituido por intereses presentes o históricos. ◊ **El.** Elemento, también denominado masa, que se toma como referencia de potencial nulo. ◊ **de promisión.** La que Dios prometió al pueblo de Israel. ◊ **firme.** Continente. ◊ **Tierras raras.** *Quím.* Grupo de elementos de propiedades químicas muy semejantes, que incluye los 15 elementos de n. a. comprendido entre 57 y 71, también llamados lantánidos. Son los siguientes: lantano, cerio, praseodimio, neodimio, prometio, samario, europio, gadolinio, terbio, disprosio, holmio, erbio, tulio, iterbio y lutecio. ❏ TÉRREO, A; TERRESTRE.
TIERRA n. p. f. *Astr.* Tercer planeta del sistema solar (de acuerdo al orden creciente de distancia respecto al Sol), que dista de esta estrella algo menos de 150 000 000 km. ❏ TERRENAL; TERRESTRE.
❏ *Astr.* y *Geol.* La forma de la T. es esférica y algo achatada por los polos, siendo su radio ecuatorial de 6 378,38 km y el polar de 6 356,912 km. Presenta un único satélite natural, la Luna, situada a una distancia media de 384 000 km. Como los demás planetas del sistema solar, la T. está sometida a dos movimientos prales., uno de traslación alrededor del Sol y otro de rotación alrededor de su propio eje. La T. crea a su alrededor un campo gravitatorio y, además, se comporta como un gigantesco imán creando a su alrededor un campo magnético. El eje teórico de este supuesto imán se denomina eje magnético, que corta a la superficie terrestre en los llamados polos magnéticos. En lo que respecta a la estructura, se distinguen una parte sólida y unas envolturas fluidas, la atmósfera y la hidrosfera, ambas de vital importancia para el origen y desarrollo de la vida. La parte sólida está constituida por tres capas concéntricas que de fuera a dentro son: la corteza terrestre, el manto y el núcleo.
TIERRA DEL FUEGO Arch. del extremo S de América del Sur, dividido entre Chile (sector occidental) y Argentina (sector oriental). Sit. al S. del estrecho de Magallanes. ◊ *Antártida e Islas del Atlántico Sur* Prov. argentina, que comprende el E de la isla Grande de Tierra del Fuego con las islas adyacentes (de los Estados, Año Nuevo, Gable, etc.), la Antártida Argentina (incluidas las islas Órcadas del Sur y Shetland del Sur) y las islas Malvinas, Georgias del Sur y Sandwich del Sur; 1 002 445 km², 101 079 hab. Ganado ovino. Gas natural, petróleo y turba. Ind. alimentaria, textil y del cuero. Pesca.
TIERRA SANTA ⇨ Palestina.
TIERRADENTRO Área cultural de Colombia que se desarrolló antes de la llegada de los esp. (ss. VII-XV).
TIERRAL m. *Amér.* Polvareda.
TIESO, SA adj. Duro, rígido y que con dificultad se dobla o rompe. ◊ Tenso, tirante. ◊ fig. Afectadamente grave y circunspecto. ❏ TIESURA.
TIESTO, TA adj. Tieso. ◊ m. Pedazo de cualquier vasija de barro. ◊ Maceta para plantas. ◊ *Chile.* Vasija.
TIFÓN m. *Meteor.* Tempestad violenta durante la cual se originan vientos de velocidades superiores a los 200 km/h.
TIFUS m. *Pat.* Enfermedad infecciosa aguda, epidémica, producida por una bacteria. La profilaxis se realiza mediante vacunación. ◊ **exantemático.** *Pat.* Enfermedad infecciosa epidémica producida por una rickettsia y transmitida por el piojo. El reservorio pral. es la rata. ◊ **icterodes.** Fiebre amarilla. ◊ **petequial.** T. exantemático. ❏ TÍFICO, CA; TIFOIDEO, A.
TIGLATPILESER I (ss. XII-XI a. C.) Rey de Asiria [1112-1074 a. C.]. Luchó contra los hititas. ◊ **III.** (m. 727 a. C.) Centralizó la administración. En 731 se apoderó de Babilonia.
TIGRA f. *Amér.* Tigre hembra. ◊ Jaguar hembra.
TIGRANES I, el Grande (h. 121-h. 55 a. C.) Rey arsácida de Armenia [95-55 a. C.]. Ante los rom. perdió Tigranocerta, su cap., Armenia y Siria.
TIGRE m. *Zool.* Mamífero carnívoro que vive en Asia, de pelaje leonado, con rayas negras transversales. Puede alcanzar los 300 kg de peso. ◊ fig. Persona cruel y sanguinaria. ◊ *Amér.* Jaguar. ◊ *Ecuad.* Pájaro de mayor tamaño que una gallina, de plumaje parecido a la piel del tigre.
TIGRE Río de América del Sur. Nace en Ecuador tras la unión del Pindo y el

Cunambo. Desagua en el Marañón, afl. del Amazonas; 550 km.

TIGRE C. de Argentina, en la prov. de Buenos Aires; 256 005 hab. C. residencial.

TIGRE, El C. de Venezuela, en el est. Anzoátegui; 73 600 hab. Centro petrolífero.

TIGRILLO m. Felino del tamaño de un gato que vive en las regiones subtropicales de América central y meridional.

TIGRIS (ár., *Dijla*; turco, *Dicle*) Río de Asia, que nace en el este de Turquía, forma con el Éufrates el Chat-el-Árab y desagua en el golfo Pérsico; 1 950 km.

TIGRITO m. *Col.* y *Ven.* Celda de una cárcel.

TIJERA f. Instrumento para cortar compuesto de dos hojas de acero, que pueden girar alrededor de un eje que las traba. Se usa más en pl. ◊ fig. Nombre de ciertas cosas compuestas, como la tijera, de dos piezas cruzadas que giran alrededor de un eje. ❑ TIJERADA; TIJERETADA; TIJERETAZO.

TIJERETA f. Insecto dermáptero dotado de una fuerte pinza en la parte terminal del abdomen. ◊ *Amér. Merid.* Ave palmípeda de pico aplanado, cortante y desigual, cuello largo y cola ahorquillada.

TIJERETEAR tr. Dar cortes con las tijeras. ◊ fig. y fam. Disponer uno según su arbitrio en negocios ajenos. ◊ *Argent., Méx.* y *Nic.* Murmurar, chismorrear. ❑ TIJERETEO.

TIJUANA C. de México, en el est. de Baja California; 742 686 hab. Centro turístico. Ind. alimentarias.

TIJUIL m. *Hond.* Pájaro conirrostro, de color negro.

TIKAL El mayor centro ceremonial maya de la época clásica, sit. en Guatemala. Cuenta con ocho pirámides y posee las más notables tallas en madera del mundo maya.

TILA f. Tilo. ◊ Flor de tilo. ◊ Bebida antiespasmódica que se hace con flores de tilo en infusión.

TILBURGO C. de Países Bajos; 153 800 hab. Centro industrial.

TÍLBURI m. Carruaje de dos ruedas grandes, ligero y sin cubierta, y tirado por una caballería.

TILDAR tr. Poner tilde a las letras que lo necesitan. ◊ Tachar lo escrito. ◊ fig. Señalar con alguna nota denigrativa a una persona.

TILDE amb. Se usa más como f. Rasgo que se pone sobre algunas abreviaturas, el que lleva la ñ y cualquier otro signo análogo. ❑ TILDÓN.

TILIÁCEO, A adj. y f. Díc. de plantas dicotiledóneas con hojas esparcidas, flores solitarias o agrupadas en cimas.

TILÍN (voz onomatopéyica) m. Sonido de la campanilla.

TILINCHIES m. pl. *Méx.* Harapos.

TILLANDSIA f. Planta de los países cálidos de América, con hojas grandes, flores en racimo y frutos capsulares.

TILMA f. *Méx.* Manta de algodón que llevan los campesinos anudada sobre un hombro.

TILO m. Es un árbol grande; del nervio central de las hojas sale el pedúnculo de la inflorescencia cimosa de dos o tres flores, utilizadas como antiespasmódicas. ◊ *Col.* Yema floral del maíz.

TÍMALO m. Pez teleósteo parecido al salmón, del que se distingue por su aleta dorsal larga y violada.

TIMAR tr. Quitar o hurtar con engaño. ◊ Engañar a otro con promesas. ◊ rec. fam. Entenderse con la mirada, hacerse guiños los enamorados. ❑ TIMADOR, RA.

TIMBA f. fam. Partida de juego de azar. ◊ Casa de juego, garito. ◊ *Amér. Centr.* y *Méx.* Barriga, vientre.

TIMBAL m. Especie de tambor de un solo parche, con caja metálica en forma de media esfera. ◊ Atabal, tamboril. ❑ TIMBALERO, RA.

TIMBÓ m. Árbol cuya madera se utiliza para hacer canoas. Crece en Argentina, Paraguay y Brasil.

TIMBÓN m. *Amér. Centr.* Especie de balsa. ◊ adj. *Guat.* Barrigudo.

TIMBRE m. *Her.* Insignia que se coloca encima del escudo de armas, para distinguir los grados de nobleza. ◊ Sello, y especialmente el que se estampa en seco. ◊ Sello que en el papel donde se extienden algunos documentos públicos estampa el Est., indicando la cantidad que debe pagarse al fisco en concepto de derechos. ◊ Aparato de llamada o aviso, que suena movido por un resorte, la electricidad u otro agente. ◊ *Fís.* Cualidad del sonido que depende de los períodos y amplitudes relativas de los armónicos que acompañan al fundamental. ◊ fig. Acción gloriosa o cualidad personal que ensalza y ennoblece. ◊ Renta del Tesoro constituida por el importe de los sellos, papel sellado y otras imposiciones que gravan la emisión, uso o circulación de documentos. ❑ TIMBRAR; TIMBRAZO.

TÍMIDO, DA adj. Díc. de la persona que se siente cohibida de actuar o hablar en presencia de otras personas con las que tiene poca confianza. ❑ TIMIDEZ.

TIMISOARA (húng., *Temesvár*) C. de Rumania, cap. del distrito de Timis; 303 500 hab. Ind. química, textil.

TIMO m. Dicho o frase que se repite a manera de muletilla. ◊ *Anat.* Glándula endocrina sit. debajo de la base del cuello, detrás de la parte alta del esternón. ◊ Tímalo, pez.

TIMOCRACIA f. Gobierno en que ejercen el poder los ciudadanos con cierta renta. ❑ TIMÓCRATA; TIMOCRÁTICO, CA.

TIMOL m. Sustancia fenólica que se encuentra en las esencias de tomillo y otras hierbas. Se usa como desinfectante.

TIMÓN m. Palo derecho que sale de la cama del arado en su extremidad. ◊ Varilla del cohete, que le sirve de contrapeso y le da dirección. ◊ fig. Dirección o gobierno de un asunto. ◊ *Ing.* Dispositivo orientable para controlar la dirección de barcos y aviones. ❑ TIMONEAR; TIMONEL; TIMONERO.

TIMOR Isla del arch. de la Sonda, en Insulindia; 33 925 km².

TIMOR ORIENTAL (*Timor Loro Sa'e*) Estado de Asia, en Insulindia. Comprende el sector E de la isla de Timor, el enclave de Oecusse, la isla Aauto, y el islote Yaco. Agricultura. Madera de sándalo. Lenguas: portugués (of.), tetun. *Rel.*: catolicismo. U.M.: dólar de EE UU. *Cap.* Dili. ❑ *Hist.* Colonizada por portugueses y neerlandeses, la isla fue repartida entre ambos en 1904. La zona neerlandesa se integró en Indonesia (1946). La zona portuguesa (T. Oriental) se proclamó independiente en 1975, pero fue anexionada por Indonesia. En 1999, se aprobó la independencia en referéndum y quedó bajo la administración de la ONU. En las elecciones presidenciales de 2002, José A.

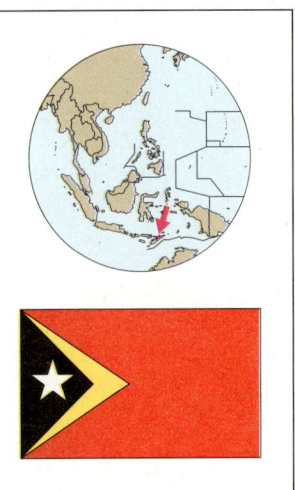

Mapa de situación y bandera de **Timor Oriental**

TIMOR ORIENTAL

Superficie	14 874 km²
Población	885 000 hab. (59 hab./km²)

Recursos económicos
Café, arroz, maíz, tabaco. Ganadería. Pesca. Manufacturas textiles. Petróleo.

Indicadores sociológicos

PNB	228 millones de dólares
Renta per cápita	304 dólares
Esperanza de vida	52 años
Alfabetismo	41 %

Xanana Gusmão fue elegido presidente del país, que accedió oficialmente a la independencia el 19 de mayo de 2002.

TIMORATO, TA adj. Tímido, indeciso, encogido.

TIMPANITIS f. Hinchazón de alguna cavidad del cuerpo producida por gases.

TÍMPANO m. Instrumento musical compuesto de varias tiras desiguales de vidrio colocadas de mayor a menor sobre dos cuerdas o cintas, y que se toca con una especie de macillo. ◊ *Anat.* Membrana que limita el oído medio por fuera y lo separa del conducto auditivo externo. ◊ *Arq.* Superficie triangular o semicircular que remata algunos edificios y vanos y que, en los templos clásicos, se disponía entre las cornisas inclinadas del tejado y la horizontal del entablamento. ❑ TIMPÁNICO; TIMPANILLO.

TINA f. Tinaja, vasija grande de barro. ◊ Vasija de madera, de forma de media cuba. ◊ Vasija grande, de forma de caldera, que sirve para el tinte de telas y otros usos. ◊ Pila para bañarse.

TINACAL m. *Méx.* Lugar donde se guardan las tinajas con pulque.

TINAJA f. Vasija grande de barro cocido, más ancha por el medio que por el fondo y la boca. ❑ TINAJERO, RA; TINAJÓN.

TINAMÚ f. Ave de carne muy apreciada, también llamada perdiz de las Pampas.

TINBERGEN, *Jan* (1903-1994) Economista hol. Elaboró el primer modelo macroeconómico de política económica en el que se relacionan los agregados comparables con la contabilidad nacional. Premio Nobel de Economía en 1969.

TINCO, CA adj. *Argent.* Díc. del animal vacuno que roza y golpea una pata con otra al caminar.

TINDÍO m. *Perú.* Ave acuática semejante a la gaviota.

TINERFEÑO, ÑA adj. y s. De Tenerife.

TINGE m. Ave semejante al búho, pero mayor y más fuerte.

TINGLADO m. Cobertizo. ◊ Tablado armado a la ligera. ◊ fig. Artificio, enredo, maquinación. ◊ *Cuba.* Tablado en ligero declive donde cae la miel que purgan los panes de azúcar.

TINIEBLA f. Falta de luz. Se usa más en pl. ◊ pl. fig. Suma ignorancia y confusión, por falta de conocimientos. ◊ fig. Oscuridad, falta de luz en lo abstracto o en lo moral. ◊ Maitines de los tres últimos días de la semana santa.

TINKU m. *Amér.* Lugar sagrado de los incas, sit. en la confluencia de dos ríos.

TINO m. Hábito o facilidad de acertar a tientas con las cosas que se buscan. ◊ Destreza para dar en el blanco. ◊ fig. Juicio y tacto para dirigir algún asunto.

TINOCO Granados, Federico (1870-1931) Político cost. Presid. de la rep. (1917-1919).

TINTA f. Color que se sobrepone a cualquier cosa, o con que se tiñe. ◊ Líquido que se utiliza para escribir o imprimir. La t. más corriente se prepara con una solución de extracto de agallas, goma y sulfato ferroso, y las coloreadas, con soluciones de colores de anilina. ◊ pl. Matices, degradaciones de color. ◊ *Pint.* Mezcla de colores que se hace para pintar. **china.** La que se prepara con negro de humo, barniz, goma y alcanfor y se utiliza para el dibujo y retocar negativos. **simpática.** La que no deja trazo visible; éste aparece cuando el papel se somete a la acción de ciertos agentes químicos. ◊ **Media t.** T. general que se da primero para pintar al temple y al fresco, sobre la cual se va colocando el claro y el oscuro. ◊ *Pint.* Color templado que une y empasta los claros con los oscuros.

TINTE m. Color con que se tiñe. ◊ Casa, tienda o paraje donde se tiñe.

TINTERILLADA f. *Argent.* y *Chile.* Trapisonda, acción propia de un tinterillo.

TINTERO m. Vaso en que se pone la

La dama que descubre el seno, óleo de **Tintoretto** (Museo del Prado, Madrid)

tinta para escribir. ◊ Neguilla de los dientes de las caballerías. ◊ *Art. Gráf.* Depósito que alimenta el cilindro entintador en las máquinas de imprimir.

TINTO, TA adj. Rojo oscuro. ◊ Díc. de la uva que tiene negro el zumo, y del vino que de ella se obtiene. ◊ adj. y s. *Col.* Infusión de café.

TINTÓREO, A adj. Aplícase a las plantas de donde se extraen sustancias colorantes.

TINTORERA f. Especie de tiburón de dorso azulado que abunda en los mares templados de todo el mundo.

TINTORERÍA f. Oficio de tintorero. ◊ Lugar donde se tiñen telas, prendas de vestir, etc. ❏ TINTORERO.

TINTORETTO, *Jacopo Robusti,* llamado (1518-1594) Pintor manierista it. *La última cena, El milagro del esclavo,* el ciclo de la *Scuola di San Rocco,* la decoración del techo de la Sala del Colegio de Venecia, y el *Juicio Final.*

TINTURA f. Sustancia con que se tiñe. ◊ Líquido en que se ha disuelto una sustancia que le da color. ◊ Solución de cualquier sustancia medicinal en un líquido que disuelve de ella ciertos principios.

TIÑA f. *Pat.* Grupo de afecciones parasitarias cutáneas producidas por hongos, caracterizadas por la aparición de pequeñas erupciones rojas acompañadas de picazón. Las hay corporales y del cuero cabelludo. ◊ fig. y fam. Miseria, escasez, mezquindad. ❏ TIÑOSO, SA; TIÑERÍA.

TÍO, A m. y f. Respecto de una persona, hermano o hermana, primo o prima de su padre o madre. ◊ En los lugares, tratamiento de respeto que se da a la persona casada o entrada ya en edad. ◊ fam. Persona rústica y grosera. ◊ fam. Se emplea para referirse a personas cuyo nombre se ignora o se quiere ignorar. También se emplea como sustituto de «hombre» y de «mujer». ◊ adj. Se aplica a personas para ponderar alguna cualidad. ◊ **tío abuelo o tía abuela.** Respecto de una persona, hermano o hermana de uno de sus abuelos.

TIOCOMPUESTO adj. y s. *Quím.* Término que designa de modo genérico todos los compuestos que tienen en su molécula por lo menos un átomo de azufre.

TIORBA f. Instrumento musical semejante al laúd, algo mayor, con dos mangos y ocho cuerdas más bajas.

TIOVIVO m. Recreo de feria que consiste en varios asientos colocados en un círculo giratorio.

TIPA f. *Amér. Merid.* Árbol de madera dura y amarillenta, que se emplea en ebanistería. ◊ *Argent.* Cesto de mimbre o de varillas sin tapa.

TIPI (ing. *teepee*) m. Tienda cónica formada por un armazón de palos cubierta de piel de búfalo, propia de los indígenas de América septentrional.

TÍPICO, CA adj. Característico o representativo de un tipo. ◊ Peculiar de un grupo, país, región, época, etc. ❏ TIPISMO.

TIPIFICAR tr. Ajustar varias cosas semejantes a un tipo o norma común. ❏ TIPIFICACIÓN.

TIPLE m. La más aguda de las voces humanas. ◊ Guitarrita de voces muy agudas. ◊ com. Persona que tiene voz de tiple. ◊ Persona que toca el tiple.

TIPO m. Modelo, ejemplar. ◊ Símb. representativo de cosa figurada. ◊ *Art. Gráf.* Paralelepípedo de metal con una letra o signo en relieve en su parte su-

perior el cual, impregnado de tinta, permite la impresión. ◊ Figura o talle de una persona. ◊ Individuo, hombre, frecuentemente con matiz despectivo. ◊ *Zool.* Taxón o categoría sistemática que agrupa a todas las clases afines.

TIPOGRAFÍA f. Arte de reproducir textos mediante la impresión con caracteres o tipos móviles en relieve. ❏ TIPOGRÁFICO, CA; TIPÓGRAFO, FA.

TIPOÍ m. *Argent., Bol.* y *Par.* Especie de túnica larga y sin mangas que visten las indígenas y campesinas guaraníes.

TIPOLOGÍA f. Ciencia que estudia los diversos tipos de la morfología del hombre en relación con sus funciones vegetativas y psíquicas.

TIPÓMETRO m. Regla graduada por cíceros y puntos (o picas y puntos), que se utiliza para medir el material tipográfico. ❏ TIPOMETRÍA.

TÍPULA f. Insecto díptero semejante al mosquito, pero algo mayor; se alimenta del jugo de las flores y su larva ataca las raíces de muchas plantas.

TIQUE m. *Amér.* Ticket. ◊ *Chile.* Árbol de hojas cubiertas de escamas y por fruto una drupa dura. ❏ *Amér.* TIQUETE.

TIQUISMIQUIS m. pl. Escrúpulos o reparos vanos o nimios. ◊ fam. Expresiones ridículamente afectadas.

TIQUIZQUE m. *C. Rica.* Planta con hojas grandes, triangulares y aflechadas, y rizoma comestible.

TIRA f. Pedazo largo y angosto de tela, papel u otra cosa delgada. ◊ **cómica.** Historieta dibujada que se publica en un diario o revista.

TIRABUZÓN m. Sacacorchos. ◊ fig. Rizo de cabello, largo y en espiral.

TIRADO, DA adj. Díc. de las cosas que se venden muy baratas o de aquellas que abundan mucho y se encuentran fácilmente. ◊ Díc. de lo que resulta muy fácil. ◊ Distancia que hay de un lugar a otro, o de un tiempo a otro. ◊ Serie de cosas que se dicen o escriben de un tirón. ◊ *Art. Gráf.* Núm. de ejemplares de que consta una edición. ◊ *Art. Gráf.* Lo que se tira en un día de labor.

TIRADOR, RA m. y f. Persona que tira. ◊ Persona que estira. ◊ m. Instrumento con que se estira. ◊ Asidero del cual se tira para cerrar una puerta, o abrir un cajón, etc. ◊ Horquilla con mango, a los extremos de la cual se sujetan dos gomas unidas por una badana, en la que se colocan piedrecillas o perdigones para dispararlos. ◊ *Argent.* Cinturón ancho que usa el gaucho. ◊ *Argent.* y *Ur.* Tirante, cada una de las dos tiras que sirven para suspender de los hombros el pantalón. ◊ *Art. Gráf.* Prensista.

TIRALÍNEAS m. Instrumento utilizado en dibujo para trazar líneas de tinta de diverso grosor.

TIRANA (*Tiranë*) Cap. de Albania; 206 100 hab. Centro comercial. Ind. textil, papelera, alimentaria. Lignito.

TIRANÍA f. Gobierno ejercido por un tirano. ◊ fig. Abuso de cualquier poder o fuerza. ◊ fig. Dominio excesivo que un efecto o pasión ejerce sobre la voluntad. ❏ TIRANICIDA; TIRANIZACIÓN; TIRANICIDIO; TIRANIZAR.

TIRANO, NA adj. y s. Aplícase a quien obtiene contra derecho el gobierno de un Est., y pralm. al que lo rige sin justicia y a medida de su voluntad. ◊ fig. Díc. del que abusa de su poder, superioridad o fuerza. ❏ TIRÁNICO, CA.

TIRANOSAURIO m. *Pal.* Reptil gigantesco que vivió durante el período jurásico de la era mesozoica. Era un dinosaurio saurisquiano carnívoro.

TIRANTE adj. Que tira. ◊ Tenso. ◊ fig. Díc. de las relaciones de amistad próximas a romperse. ◊ m. Cuerda o correa que, asida a las guarniciones de las caballerías, sirve para tirar de un carruaje. ◊ Cada una de las dos tiras que sirven para suspender de los hombros el pantalón u otra prenda de vestir. ◊ *Arq.* Pieza que, colocada horizontalmente en una armadura de tejado, impide la separación de los pares. ◊ *Mec. apl.* Elemento que se caracteriza por ser resistente a la tracción. ❏ TIRANTEZ.

TIRAR tr. Despedir de la mano una cosa. ◊ Arrojar, lanzar en dirección determinada. ◊ Derribar, echar abajo. ◊ Estirar o extender. ◊ Reducir a hilo un metal. ◊ Tratándose de líneas o rayas, hacerlas. ◊ Con voces expresivas de daño corporal, ejecutar la acción significada por estas voces. ◊ fig. Malgastar el caudal o malvender la hacienda. ◊ *Art. Gráf.* Imprimir. ◊ tr. e intr. Disparar la carga de una arma de fuego, o un artificio de pólvora. ◊ intr. Atraer por virtud natural. ◊ Hacer fuerza para traer hacia sí o para llevar tras sí. ◊ Seguido de la prep. *de* y un nombre de arma o instrumento, sacarlo o tomarlo en la mano para emplearlo. ◊ Producir la corriente de aire de un hogar. ◊ fig. Torcer, dirigirse a uno y otro lado. ◊ fig. Durar o mantenerse trabajosamente una persona o cosa. ◊ fig. Tender, propender, inclinarse. ◊ prnl. Abalanzarse, arrojarse. ◊ Echarse, tenderse en el suelo o encima de algo. ❏ TIRAMIENTO.

TIREOSTÁTICO, CA adj. y m. *Fisiol.* Díc. de las sustancias que inhiben o retardan la síntesis de tiroxina en la glándula tiroides.

TIRGU MURES (húng., *Marosvásarhely*) C. de Rumania; 154 500 hab. Ind. alimentarias y metalúrgicas.

TIRITAR intr. Temblar o estremecerse de frío o fiebre. ❏ TIRITERA; TIRITÓN.

TIRITIRÍ m. *Bol.* Danza popular.

TIRO m. Señal o impresión que hace lo que se tira. ◊ Pieza o cañón de artillería. ◊ Disparo de una arma de fuego. ◊ Estampido que éste produce. ◊ Cantidad de munición proporcionada para cargar una vez el arma de fuego. ◊ Alcance de cualquier arma arrojadiza. ◊ Lugar donde se tira al blanco. ◊ Conjunto de caballerías que tiran de un carruaje. ◊ Cuerda puesta en garrucha o máquina, para subir una cosa. ◊ Corriente de aire que produce el fuego de un hogar. ◊ Longitud de una pieza de cualquier tejido. ◊ Tramo de escalera. ◊ fig. Seguido de la prep. *de* y un nombre del arma disparada, o del objeto arrojado, úsase como medida de distancia. ◊ *Min.* Pozo abierto en el suelo de una galería. ◊ *Min.* Profundidad de un pozo. ◊ **de gracia.** El que se da para rematar al que está mortalmente herido. ◊ **rasante.** Aquel cuya trayectoria se aproxima cuanto es posible a la línea horizontal.

TIRO C. de Fenicia, act. Sur (Líbano). Fundada por los sidonios en el III milenio a. C., fue el pral. núcleo de la expansión fenicia en el Mediterráneo. ❏ TIRIO, RIA.

TIROIDES m. *Anat.* Glándula endocrina de los animales vertebrados, sit. por debajo y a los lados de la tráquea y de la parte posterior de la laringe. Capta el yodo del plasma y elabora dos hormonas muy importantes, la tiroxina y la triyodotironina, cuya secreción está controlada por la hormona tireotrópica de la hipófisis. ❏ TIROIDEO, A.

TIROL Región natural de los Alpes centrales; 20 047 km², 1 028 300 hab. Administrativamente corresponde al est. federal austr. hom., y a la prov. it. de Bolzano. En 1363 pasó a poder de Austria, y tras la I Guerra Mundial el T. meridional pasó a depender de Italia.

TIROLÉS, SA adj. y s. Del Tirol. ◊ m. Dialecto hablado en el Tirol.

TIRÓN m. Robo que se hace arrebatando violentamente a alguien lo que lleva en las manos, brazos, etc. ◊ Estirón.

TIRÓN, Marco Tulio (104-4 a. C.) Escritor latino. Publicó los *Discursos* de Cicerón. Inventó un sistema de signos taquigráficos *(notae tironianae)*.

TIROTEAR tr. y prnl. Intercambiar disparos de fusil o arma corta. ◊ prnl. fig. Andar en dimes y diretes. ❏ TIROTEO.

TIROXINA f. *Fisiol.* Hormona tiroidea, imprescindible para el crecimiento y el desarrollo.

TIRRENO Parte del Mediterráneo comprendida entre la Pen. Itálica y las islas de Córcega, Cerdeña y Sicilia. Islas agrupadas en arch. Puerto pral.: Nápoles.

TIRRIA f. fam. Manía o tema contra uno. ◊ Odio, ojeriza.

TIRSO m. *Bot.* Inflorescencia parecida a una umbela, pero en la que los extremos de las ramas laterales no llegan al nivel del ápice principal.

TIRSO de Molina Seud. de FRAY *Gabriel Téllez* (1571?-1648) Monje mercedario y autor dramático esp. Su obra *El burlador de Sevilla y convidado de piedra* dio origen a la figura de don Juan. También escribió prosa.

TIRTEO (s. VII a. C.) Poeta ateniense que intervino en favor de Esparta, en las guerras contra Mesenia. *Elegías.*

TIRUCHIRAPPALLI (ant. *Trichinopoly*) C. de la India; 362 000 hab. Ind. textil, manufacturas de tabaco.

TISANA f. Bebida medicinal que resulta de cocer en agua ciertas hierbas.

TISIOLOGÍA f. *Med.* Parte de la patología que se ocupa de la tuberculosis.

TISIS f. *Pat.* Estado de consunción general. ◊ *Pat.* Tuberculosis. En sentido más limitado, pero mas usual, tuberculosis pulmonar crónica. ❏ TÍSICO, CA.

TISTE m. *Amér. Centr.* y *Méx.* Bebida refrescante que se prepara con harina de maíz tostado, cacao, achiote y azúcar.

TISÚ m. Tela de seda entretejida con hilos de oro o de plata.

TISZA (al., *Theiss*; checo, rumano, ruso y serbocroata, *Tisa*; húng., *Tisza*) Río de Europa central que nace en los Cárpatos ucranianos y desagua en el Danubio; 977 km.

TITÁN m. *Mit.* Gigante de los que fingió la antigüedad que habían querido atacar al cielo. En la mitología gr., nombre dado a los descendientes de Urano y de Egea. ◊ fig. Sujeto de especial poder, que descuella en algún aspecto. ◊ n. p. m. *Astr.* Sexto satélite de Saturno. ❏ TITÁNICO, CA.

TITANIC Trasatlántico brit., el mayor de su época. En 1912, durante su primer viaje (de Gran Bretaña a EE UU) chocó con un iceberg y se hundió, pereciendo unas 1 500 personas.

TITANIO, NIA adj. Relativo a los titanes. ◊ m. *Quím.* Elemento de símb. Ti, n. a. 22 y p. a. 47,90. Por su resistencia a las elevadas temperaturas (punto de ebullición superior a los 3 000 °C), se emplea para superar la barrerra del calor, sobre todo en aeronáutica.

TITANITA f. *Miner.* Neosilicato de calcio y titanio que cristaliza en el sistema monoclínico. También llamada esfena.

TITEAR intr. Llamar la perdiz a sus crías. ❏ TITEO.

TÍTERE m. Figurilla de pasta u otra materia que se mueve con alguna cuerda o artificio. ◊ fig. y fam. Sujeto informal, necio y casquivano. ◊ *P. Rico.* Vagabundo. ◊ pl. fam. Diversión pública de volatines o cosas análogas.

TITÍ m. *Amér. Merid.* Mono arborícola; es tímido y fácil de domesticar. Se alimenta de pájaros e insectos.

TITICACA Lago de Sudamérica, en la frontera entre Perú y Bolivia; 8 300 km². El río Desaguadero lo comunica con el lago Poopó. Centro de una cultura preincaica de la que existen restos en la pen. de Copacabana.

Vista del lago **Titicaca** desde la orilla boliviana

TITILAR intr. Palpitar, temblar ligeramente alguna parte del cuerpo. ◊ Centellear con suave temblor un cuerpo luminoso. ❏ TITILACIÓN.

TITIRITERO, RA m. y f. Persona que maneja los títeres. ◊ Volatinero. ❏ TITIRETADA.

TITO, TA m. y f. dim. fam. de tío, tía. ◊ m. Almorta, muela, guija. ◊ Sillico, perico.

TITO Seud. de *Josip Broz* (1892-1980) Político yug. Dirigió a los partisanos durante la II Guerra Mundial. Primer ministro (1945-1953) y presid. (1953-1980). ◊ **Flavio Sabino Vespasiano,** (39-81) Emperador rom. [79-81], hijo de Vespasiano. Tomó y destruyó Jerusalén (70). ◊ **Livio** (59 a. c.-17 d. C.) Historiador rom., autor de una monumental historia de Roma *(Ab urbe condita).*

TITOGRADO Cap. de Montenegro hasta 1992, ⇨ Podgorica.

TITOV, German Stepanovich (n. 1935) Cosmonauta sov. En 1961, a bordo del *Vostok 2* cubrió 17 órbitas alrededor de la Tierra.

TITUBEAR intr. Oscilar, perdiendo la estabilidad y firmeza. ◊ Tropezar o vacilar en la elección o pronunciación de las palabras. ◊ fig. Vacilar, estar indeciso. ❏ TITUBEO.

TITULACIÓN f. En general, acción de

Tlaxcala. Fachada del Palacio Municipal

titular. ◊ *Quím.* Valoración de una solución.

TITULAR adj. Que tiene algún título, por el cual se denomina. ◊ Que da su propio nombre por título a otra cosa. ◊ adj. y s. Díc. de la persona que tiene el título o nombramiento correspondiente al cargo que ejerce. ◊ m. Título o encabezamiento de una información periodística. Se usa más en pl. ◊ tr. Poner título, nombre o inscripción a una cosa. ◊ intr. Obtener una persona título nobiliario.

TÍTULO m. Palabra o frase con que se da a conocer el asunto de un libro o de cada una de las partes o divisiones de un escrito. ◊ Letrero con que se indica el contenido o destino de otras cosas. ◊ Renombre con que se conoce a una persona por sus cualidades o sus acciones. ◊ Causa, motivo, fundamento o pretexto. ◊ Testimonio o instrumento dado para ejercer un empleo, dignidad o profesión. ◊ Dignidad nobiliaria. ◊ Cada una de las partes prales. en que suelen dividirse las leyes, reglamentos, etc. ◊ Cierto documento que representa deuda pública o valor comercial. ❑ TITULADO, DA.

TIUMEN C. de la rep. de Rusia, cap. de la prov. hom.; 425 000 hab. Ind. mecánicas, textiles, de la madera y alimentarias.

TIUQUE m. *Argent.* y *Chile.* Ave de rapiña, de pico grande y plumaje oscuro.

TIZA f. Arcilla blanca que se usa para escribir en los encerados. ◊ Compuesto de yeso y greda que se usa en el juego de billar para untar la suela de los tacos.

TIZIANO Vecellio (h. 1487-1576) Pintor it., máx. representante de la escuela veneciana. *Concierto campestre, Virgen de los Pesaro, Venus de Urbino, Carlos V a caballo, Venus vendando a Amor.*

TIZIMÍN Pob. de México, en el est. de Yucatán; 54 571 hab. Maíz, frutales. Ganadería. Explotación forestal.

TIZNADO, DA adj. *Amér. Centr.* y *Argent.* Borracho, ebrio.

TIZNAR tr. y prnl. Manchar con tizne, hollín u otra materia semejante. ◊ P. ext., manchar de forma parecida con una sustancia de cualquier otro color. ◊ intr. y prnl. *Amér.* Emborracharse. ❑ TIZNA; TIZNADURA.

TIZNE amb. Humo que se pega a las sartenes y otras vasijas que han estado a la lumbre. ◊ m. Tizón, tizo.

TIZÓN m. Palo a medio quemar. ◊ *Arq.* Parte de un sillar o ladrillo, que entra en la fábrica. ◊ *Bot.* Nombre común de diversas especies de hongos basidiomicetes productoras de enfermedades en cereales y otras plantas. ◊ **del trigo.** *Bot.* Especie que vive sobre las flores del trigo, avena, cebada, etc., en las que produce una sustancia negruzca y pulverulenta formada por las esporas.

TIZONA f. fig. y fam. Espada, arma.

TIZONEAR intr. Remover los tizones, atizar la lumbre.

Tl *Quím.* Símb. del talio.

TLACATECUHTLI (voz náhuatl) m. *Amér.* Uno de los títulos de los reyes aztecas. ◊ Máximo juez azteca.

TLACHIQUE m. *Méx.* Pulque sin fermentar.

TLACOPAN-TEPANOHUAYAN Ant. reino del valle de México. Formó parte de la alianza Tenochtitlán-Texcoco.

TLACOTE m. *Méx.* Tumorcillo o divieso.

TLACUACHE m. *Méx.* Zarigüeya.

TLACUILO m. *Amér.* Entre los aztecas, escribiente.

TLÁHUAC Delegación de México, en el Distrito Federal; 62 400 hab.

TLALNEPANTLA DE GALEANA C. de México, en el est. de México; 45 600 hab. Mercado agropecuario. Ind. mecánicas y eléctricas.

TLALOC En la religión mex. precolombina, uno de los dioses más antiguos y el pral., tal vez, de Teotihuacán. Señor de las lluvias, los huracanes, el trueno, la vegetación y la fertilidad. Reinaba sobre los ahogados y muertos de hidropesía.

TLALPAN (ant. *San Agustín de los Cuervos*) Delegación de México, en el Distr. Federal; 206 688 hab. Zona residencial de la C. de México.

TLAPALERÍA f. *Méx.* Tienda donde se venden útiles para pintar.

TLAQUEPAQUE C. de México, en el est. de Jalisco; 337 950 hab. Centro agrícola. Ind. textiles y del vidrio. Alfarería.

TLASCAL m. *Méx.* Tortilla, torta de maíz.

TLATELOLCO C. del México prehispánico, sit. en una de las islas del lago Texcoco, más tarde unida a Tenochtitlán. Fundada h. finales del s. XIII.

TLATILCO Estación arqueológica del valle de México, datada entre 1200 y 300 a. C. Cuenta con numerosos enterramientos con ricas ofrendas. El arte de T. presenta figuras femeninas, mujeres con niños, parejas, acróbatas y seres deformes.

TLATOANI (voz náhuatl) m. *Amér.* Gobernante de las ciudades-estado mexicas.

TLAXCALA Est. de México, limítrofe con los est. de Hidalgo, Puebla y México; 3 914 km^2, 962 646 hab. Cap., la c. hom. Territorio accidentado por la cord. Neovolcánica. Ríos Atoyac y Zahuapan. Cereales, hortalizas, forrajes y frutales. Ganadería bovina. Explotación forestal. Ind. textiles, alimentarias, de curtidos, serrerías, materiales para la construcción. Producción de energía hidroeléctrica. ◊ C. de México, cap. del est. hom. Sit. a orillas del Zahuapan; 73 230 hab. Centro agrícola y ganadero.

TLAXCALTECA adj. y s. Díc. de individuos de un pueblo de origen náhuatl que en el s. XII se instaló junto al lago Texcoco. Los t. asimilaron la cultura azteca. Formaron cuatro estados prales.: Tepetícpac, Ocotetelco, Teotlalpan y Quiahuiztlán. Se aliaron con los esp. contra los aztecas. ◊ De Tlaxcala o Tlascala ◊ adj. Relativo a dicho pueblo. ◊ m. pl. Pueblo tlaxcalteca.

TLAZOL m. *Méx.* Punta de la caña de maíz o de azúcar, que sirve de forraje.

TLAZOLTÉOTL. En la ant. religión mex., una de las diosas de la tierra.

Tm *Quím.* Símb. del tulio.

TNT ➩ Trinitrotolueno.

TOA Alta C. de Puerto Rico, en el distr. de Bayamón; 44 101 hab. Refinerías de azúcar. ◊ **Baja** C. de Puerto Rico, en el distr. de Bayamón; 89 454 hab. Ind. conservera.

TOALLA f. Lienzo para secarse las manos y la cara. ❑ TOALLERO.

TOÁRCIENSE m. *Geol.* Piso del jurásico inferior o liásico comprendido entre el pleinsbaquiense y el aaleniense.

TOBA adj. y s. Díc. del pueblo amerindio de la familia lingüística guaycurú, que vivía ant. entre los r. Bermejo y Pilcomayo, y que actualmente habita en el S del Chaco arg. ◊ f. *Geol.* Roca calcárea constituida por carbonatos de calcio, porosa y esponjosa, formada por precipitación de las sales contenidas en fuentes y ríos a causa de la evaporación ◊ **volcánica.** *Geol.* Roca poco compacta originada por la cementación de materiales piroclásticos.

TOBAGO Isla del Caribe, miembro del Est. de Trinidad y Tobago; 303 km^2, 39 500 hab. C. pral.: Scarborough. Caña de azúcar, cacao. Explotación forestal.

TOBAR Ponte, *Martín* (1772-1843) Político ven. Alcalde de Caracas, convocó el cabildo que proclamó la indep.

TOBERA f. Abertura tubular por donde entra o se inyecta el aire en un horno o en una forja. ◊ Dispositivo básico a través del cual se aprovecha el impulso generado por la ignición de los gases en la cámara de combustión de los motores cohete.

TOBIANO, NA adj. *Argent.* Díc. del caballo o de la yegua de cierta casta que tiene la piel de dos colores a grandes manchas.

TOBÍAS, *Libro de* Uno de los libros deuterocanónicos del A. T. Cuenta la vida de Tobías en Nínive.

TOBILLERA f. Venda con la que se sujeta el tobillo en algunas lesiones o luxaciones de éste.

TOBILLO m. *Anat.* Porción inferior de la pierna articulada con el pie, y en cuyos lados sobresalen dos abultamientos formados respectivamente por la tibia y el peroné.

TOBOGÁN m. Dispositivo deslizante de feria por el que las personas sentadas o tendidas se dejan resbalar. ◊ Dispositivo deslizante para niños.

TOCA f. Prenda de tela, gralte. delgada, con que se cubría la cabeza. ◊ Prenda de lienzo blanco que, ceñida al rostro, usan la monjas para cubrir la cabeza.

TOCADISCOS m. Aparato empleado para la reproducción sonora de discos.

TOCADO, DA adj. fig. Medio loco, algo perturbado. ◊ m. Prenda con que se cubre la cabeza. ◊ Peinado y adorno de la cabeza, en las mujeres.

TOCADOR m. Mueble, por lo común en forma de mesa, con espejo u otros utensilios, para el tocado. ◊ Aposento destinado a este fin.

TOCANTINS Río de Brasil; 2 640 km. Nace en el est. de Goiás y desemboca en el Amazonas. ◊ Est. de Brasil, 277 322 km², 966 000 hab.

TOCAR tr. Ejercitar el sentido del tacto. ◊ Llegar a una cosa con la mano, sin asirla. ◊ Hacer sonar, según arte, cualquier instrumento. ◊ Avisar con campana u otro instrumento. ◊ Tropezar ligeramente una cosa con otra. ◊ fig. Haber llegado el momento oportuno de ejecutar algo. ◊ intr. Pertenecer por algún derecho o título. ◊ Ser de la obligación o cargo de uno. ◊ Llegar de paso a algún lugar. ◊ Pertenecer parte de una cosa que se reparte entre varios. ◊ Caer en suerte una cosa. ◊ Estar una cosa cerca de otra de modo que no quede entre ellas distancia alguna. ◊ prnl. Cubrirse la cabeza con gorra, sombrero, etc. ❑ TOCAMIENTO; TOCANTE.

TOCATA (it., toccata) f. *Mús.* Pieza musical de carácter instrumental y estilo libre, destinada a instrumentos de teclado. ◊ fig. y fam. Zurra, paliza. ◊ fam. Tocadiscos.

TOCAYO, YA m. y f. Respecto de una persona, otra que tiene su mismo nombre.

TOCHE m. *Col.* y *Ven.* Pájaro conirrostro, de plumaje amarillo y negro azulado.

TOCHIGI Prefectura de Japón, en la isla de Honshu; 6 414 km², 1 935 000 hab. Cap., Mtsunomiya.

TOCHIMBO m. Horno de fundición usado en Perú.

TOCHO, CHA adj. Tosco, inculto, tonto, necio. ◊ adj. *Chile.* Díc. del gallo que tiene cortado uno o ambos espolones, y del individuo que tiene cortada la punta del dedo pulgar. ◊ m. *Metal.* Lingote de hierro.

TOCINO m. Capa de grasa en ciertos mamíferos y especialmente en el cerdo. ◊ Lardo. ◊ *Cerdo, cochino, puerco.* ❑ TOCINERÍA; TOCINERO, RA.

TOCO m. *Perú.* Nicho u hornacina rectangular muy usado en la arquitectura incaica.

TOCOLOGÍA f. *Med.* Parte de la obstetricia que se ocupa del parto. ❑ TOCÓLOGO, GA.

TOCÓN m. Parte del tronco de un árbol que queda unida a la raíz cuando lo cortan por el pie. ◊ Muñón.

TOCOPILLA Prov. del N de Chile, en la región de Antofagasta; 31 516 hab. Cap., la c. hom. Fundiciones de cobre. ◊ C. de Chile, cap. de la prov. hom.; 23 986 hab.

TOCORORO m. Ave trepadora, de plumaje blando, sedoso, diversamente coloreado y con reflejos metálicos. Vive en los bosques de la isla de Cuba.

TOCOTÍN m. *Méx.* Ant. danza popular y canto que la acompaña.

TOCOTOCO m. *Ven.* Pelícano, ave.

TOCQUEVILLE, *Charles Alexis Henri Clérel de* (1805-1859) Escritor y político fr., uno de los prales. exponentes del pensamiento liberal. *La democracia en América, El Antiguo Régimen y la revolución.*

TOCTO m. *Bol.* Comida a base de carne y arroz.

TOCUYO m. *Amér. Merid.* Tela burda de algodón.

TOCUYO R. de Venezuela. Nace en la cord. de Trujillo y desemboca en el Caribe; 350 km.

TODABUENA f. Planta gutífera, con tallo ramoso, hojas sentadas y opuestas, flores amarillas y fruto en bayas negruzcas.

TODAVÍA adv. tiempo. Hasta un momento determinado desde tiempo anterior. ◊ adv. modo. Con todo eso, sin embargo. ◊ Denota encarecimiento o ponderación.

TODO, DA adj. Díc. de lo que se considera íntegramente, sin excluir ninguna de sus partes. ◊ Se usa para ponderar el exceso de alguna calidad o circunstancia. ◊ Seguido de un sustantivo en sing. y sin art., toma y da a este sustantivo valor de pl. ◊ En pl. equivale, a veces, a *cada.* ◊ m. Cosa íntegra. ◊ adv. modo. En su totalidad. Con los verbos *estar, quedar, salir,* etc., obligarse a la seguridad de alguna cosa, no obstante los inconvenientes o riesgos que puedan ofrecerse en contrario.

TODOPODEROSO, SA adj. Que todo lo puede. ◊ n. p. m. P. ant., Dios.

TODOS los Santos Bahía de Brasil, en la costa del est. de Bahía. En ella se encuentra la c. de Salvador, cap. del est.

TOFFLER, *Alvin* (n. 1928) Sociólogo norteam. Ha analizado las contradicciones del mundo contemporáneo y los cambios sociales que generará la revolución tecnológica. *El «shock» del futuro, La tercera ola.*

TOFO m. *Pat.* Depósito de cristales de una sal del ácido úrico que se forma en el curso de la gota. Suele localizarse en las articulaciones, vainas tendinosas y lóbulo de la oreja. ◊ *Chile.* Arcilla blanca refractaria.

TOGA f. Prenda pral. exterior del traje nacional romano. ◊ Traje exterior, que usan los magistrados, catedráticos, etc., encima del ordinario. ❑ TOGADO, DA.

TOGLIATTI, *Palmiro* (1893-1964) Político ital. Secretario general del Partido Comunista Italiano en 1927. Formó parte de los gobiernos Badoglio, Parri y De Gasperi (1944-1947). Se le considera precursor del eurocomunismo.

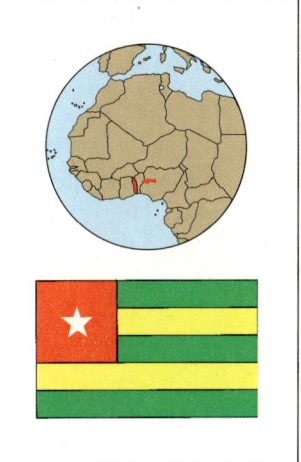

Mapa de situación y bandera de **Togo**

TOGO (*République Togolaise*) Estado de África occidental. Forma una gran meseta accidentada por los montes de Togo (Agou, 1 020 m). Ríos Mono y Oti. Clima tropical. Cacao, café, algodón, cacahuetes, palma de aceite, nuez de coco, copra, maíz, sorgo, mijo, mandioca, batata, arroz. Ganadería ovina, caprina. Explotación forestal. Pesca. Hierro, fosfatos. Ind. oleícola, jabonera. Lenguas: fr. (of.), kabiye y ewe. *Rel.*: animista (mayoritaria), islamismo. U.M.: franco CFA. Cap.: Lomé. C. pral.: Sokodé.

❑ *Hist.* Los port. llegaron a las costas de T. en 1471, los neerlandeses en 1610, seguidos por ing. y daneses (1784). En los ss. XVIII y XIX se establecieron comerciales de esclavos procedentes de Brasil y Sierra Leona. Francia y Gran Bretaña ocuparon T. durante la I Guerra Mundial, y se dividieron el país. La Togolandia brit. integró con Costa de Oro (1956) el Est. de Ghana. La zona fr. accedió a la indep. en 1960, con Sylvanus Olympo como presid.

TOGO	
Superficie	56 785 km²
Población	3 643 000 hab. (64 hab./km²)
Recursos económicos	
Aceite de palma	14 000 t
Algodón	55 000 t
Bananas	16 000 t
Cabaña caprina	1 741 000 cabezas
Cabaña ovina	1 220 000 cabezas
Cabaña porcina	500 000 cabezas
Cacahuetes	33 000 t
Cacao	8 000 t
Cemento	400 000 t
Cerveza	452 000 hl
Copra	2 000 t
Energía eléctrica	41 000 000 kwh
Fosfatos	3 074 000 t
Maíz	236 000 t
Pesca	15 800 t
Riqueza forestal	910 000 m³
Indicadores sociológicos	
PNB	1 530 millones de dólares
Renta per cápita	410 dólares
Esperanza de vida	54 años
Alfabetismo	43%

TOGO, *Heihashiro* (1847-1934) Almirante jap. Durante la guerra ruso-japonesa bloqueó Port-Arthur y venció a los rusos en Tsushima (1905).

TOILETTE (voz fr.) Tocador, lavabo.

TOISÓN m. Orden de caballería creada por Felipe el Bueno, duque de Borgoña (1429), de la que es jefe el rey de España. ◊ **de Oro.** Toisón.

TOJO m. Planta leguminosa, variedad de aulaga. ◊ *Bol.* Alondra. ❏ TOJAL.

TOKIO o **TOKYO** C. y cap. de Japón, en la isla de Honshu; cap. de una prefectura (2 166 km²). Sit. en la bahía hom.; 11 855 000 hab. Primer centro comercial, cultural e industrial del país. Ind. alimentaria, textil, química, mecánica, aparatos de precisión.

Vista de una calle comercial de **Tokio**

TOKUSHIMA Prefectura de Japón, en la isla de Shikoku; 4 143 km², 257 900 hab. Cap., la c. hom. (263 300 hab.). Puerto. Ind. algodonera. Maquinaria.

TOLA f. *Amér.* Nombre de diferentes especies de arbustos que crecen en las laderas de los Andes. ◊ *Ecuad.* Tumba en forma de montículo perteneciente a los ant. aborígenes.

TOLDERÍA f. *Argent.* Campamento indígena formado por toldos.

TOLDO m. Pabellón o cubierta de tela, que se tiende para hacer sombra en algún paraje. ◊ *Argent.* y *Chile.* Tienda de los indígenas hecha con pieles y ramas.

TOLEDO Prov. de España, en la com. autón. de Castilla-La Mancha; 15 368 km²; 541 379 hab. Cap., la c. hom. Sierra de San Vicente, montes de Toledo. Río Tajo. Cereales, legumbres, vid, olivo, algodón, tabaco, plantas forrajeras. Ganadería. Ind. agropecuaria, de la construcción, cerámica. ◊ C. de España, cap. de la prov. hom., y de la com. autón. de Castilla-La Mancha, junto al r. Tajo; 68 382 hab. Centro agrícola y comercial. Ind. de armas, lana, seda. ◊ **Montes de T.** Sistema montañoso de España, entre las cuencas del Tajo y del Guadiana. Alt. máx.: pico de las Villuercas (1 603 m), en la sierra de Guadalupe. ❏ TOLEDANO, NA.

TOLEDO C. de EE UU, en el est. de Ohio, junto al lago Erie; 354 600 hab. Ind. siderometalúrgica, astilleros.

TOLEDO, *Alejandro* (n. 1946) Político per. Candidato de Perú Posible en las elecciones presid. de 2000, en las que A. Fujimori se proclamó vencedor, concurrió de nuevo a los comicios de 2001, en los que fue elegido presid. ◊ *Francisco de* CONDE DE OROPESA (1516-1582) Administrador colonial esp. Virrey de Perú (1568), organizó el gobierno y perpetuó las encomiendas. ◊ *Juan Bautista de* (m. 1567) Arquitecto esp. Trabajó en las obras de la basílica de San Pedro de Roma, en Nápoles y en la dirección de las obras del monasterio de El Escorial.

TOLERANCIA f. Respeto y consideración hacia las opiniones o acciones de los demás. ◊ Reconocimiento de inmunidad política para los que profesan religiones distintas de la oficial. ◊ Margen o diferencia que se consiente en la calidad o cantidad de las cosas o de las obras contratadas.

TOLERANTISMO m. Opinión de los que creen que debe permitirse el libre ejercicio de todo culto religioso.

TOLERAR tr. Sufrir, llevar con paciencia. ◊ Permitir algo que no se tiene por lícito, sin aprobarlo expresamente. ◊ Soportar, llevar, aguantar. ❏ TOLERANTE.

TOLETAZO m. *Col., Cuba* y *Méx.* Golpe dado con un garrote.

TOLIMA Dpto. de Colombia; 23 562 km², 1 308 944 hab. Cap., Ibagué. El relieve pertenece al ámbito andino (Nevado de Tolima, 5 215 m; del Quindío, 5 400 m). Avenado por el r. Magdalena y su afl. el Saldaña. Agricultura (café, caña de azúcar, plátano, arroz, fríjoles). Ganadería (bovinos). Petróleo, oro, hierro, plomo, carbón. Ind. de derivados agropecuarios.

TOLKIEN, *John Ronald Revel* (1892-1973) Lingüista y escritor brit. *El señor de los anillos, El hobbit, El Silmarillion.*

TOLMO m. Peñasco elevado, que tiene semejanza con un gran mojón.

TOLOBOJO m. *Guat.* Pájaro bobo.

TOLOMEO, *Claudio* (s. II) Astrónomo y geógrafo gr. Su obra *Composición matemática,* traducida al ár. con el nombre de *Almagesto,* es la consagración del sistema geocéntrico del mundo, que persistió hasta Copérnico. ❏ TOLEMAICO, CA.

TOLOMEO I Soter (367-283 a. C.) Rey de Egipto (305-283 a. C.). Sátrapa de Egipto, se proclamó rey. Bajo su reinado Alejandría se convirtió en una de las mayores ciudades del mundo ant. ◊ **II Filadelfo** (308-246 a. C.) Rey de Egipto [283-246 a. C.]. Impuso su hegemonía en el Mediterráneo oriental. Fundó el Museo de Alejandría. ◊ *Juan Bautista de* (m. 221 a. C.) Rey de Egipto [246-221]. Conquistó parte de Siria. ◊ **VI Filométor** (m. 145 a. C.) Rey de Egipto [181-145 a. C.]. Durante su reinado se inició la intromisión de los rom. en los asuntos de Egipto. Rey de Siria. Se enfrentó a Antíoco IV Epífanes y a Alejandro I Balas. ◊ **XIV** o **XIII Dioniso II** (m. 47 a. C.) Rey de Egipto [51-47 a. C.], hermano y esposo de Cleopatra. Derrotado por Julio César.

TOLONDRO, DRA adj. y s. Atolondrado. ◊ m. Chichón en alguna parte del cuerpo como consecuencia de un golpe.

TOLOSA C. de Francia. ▷ Toulouse.

TOLSTOI, *Lev Nikolaievich,* CONDE DE (1828-1910) Escritor ruso. En sus obras hace un penetrante análisis de la vida rusa. *Cuentos de Sebastopol, Guerra y paz, Ana Karenina, La sonata a Kreutzer, Amo y criado, Resurrección.*

TOLTECA adj. y s. Díc. del individuo de unas tribus que dominaron en México antiguamente. ◊ adj. Relativo a estas tribus. ◊ m. Idioma de las mismas. ◊ m. pl. Estas mismas tribus.

☐ *Hist.* Probablemente, los t. formaron parte de los chichimecas que llegaron al valle de México h. el s. X. Otra oleada llegó h. el 980, acaudillada por Mixcóatl. Topiltzin trasladó la cap. a Tula. Post. el pueblo impuso el culto de Tezcatlipoca, con el cual Tula llegó a su cenit. H. 1155 Huémac, el último monarca, abandonó la c., reducida a la miseria por las sequías.

TOLUCA, *Nevado de* Volcán de México, en el est. de México, también llamado Xinantécatl. Sit. en la cord. Neovolcánica; 4 578 m.

TOLUCA DE LERDO C. de México, cap. del est. de México, al pie del Nevado de Toluca; 666 596 hab. Ind. químicas, textiles y alimentarias.

TOLUENO m. *Quím.* Hidrocarburo (metilbenceno) de la serie aromática, usado en la preparación de colorantes, disolventes, medicamentos y trinitrotolueno.

TOLVA f. Depósito, en forma de tronco de pirámide o de cono invertido y abierto por abajo, en cuyo interior se vierten granos u otros cuerpos para que caigan poco a poco. ◊ Parte superior en los cepillos o urnas en forma de tronco de pirámide invertido y con una abertura para dejar pasar las monedas, papeletas, bolas, etc.

TOMA f. Acción de tomar o recibir una cosa. ◊ Conquista, asalto u ocupación por armas de una plaza o ciudad. ◊ Porción de alguna cosa, que se coge o recibe de una vez. ◊ Cualquier dispositivo que permite derivar un fluido desde una conducción que lo transporta, u obtener parcialmente energía de un sistema que la posee. ◊ **de corriente.** Dispositivo para la obtención de energía eléctrica de la red de distribución. ◊ **de tierra.** ▷ tierra.

TOMACORRIENTE m. *Amér.* Toma de corriente. ◊ *Argent.* y *Ur.* Enchufe eléctrico.

TOMADO, DA adj. Díc. de la voz empañada. ◊ *Amér. Merid.* Borracho.

TOMADURA f. Toma, acción de tomar. ◊ Porción de alguna cosa que se toma.

TOMAHAWK m. Arma de guerra en forma de hacha de los indígenas de América del Norte.

TOMAR tr. Coger o asir con la mano una cosa. ◊ Coger, aunque no sea con la mano. ◊ Recibir o aceptar, cualquiera que sea el modo. ◊ Ocupar o adquirir por expugnación, trato o asalto una fortaleza o ciudad. ◊ Adoptar, emplear. ◊ Contraer, adquirir. ◊ Contratar o ajustar a una o varias personas para que presten un servicio. ◊ Entender, juzgar e interpretar una cosa en determinado sentido. ◊ Seguido de la prep. *por* suele inducir juicio equivocado. ◊ Ocupar un sitio cualquiera para cerrar el paso o interceptar la entrada o salida. ◊ Quitar o hurtar. ◊ Elegir, entre varias cosas, alguna de ellas. ◊ Construido con ciertos nombres verbales, significa lo mismo que los verbos de donde tales nombres se derivan. ◊ Recibir o adquirir lo que significan ciertos nombres que se le juntan. ◊ Unido a otro verbo con la conj. *y,* resolverse o determinarse a la acción significada por éste. ◊ intr. *Amér.* Beber alcohol en exceso. ◊ tr. e intr. Empezar a seguir una dirección, entrar en una calle, ca-

Santo **Tomás de Aquino** en un fresco de Andrea di Buonaiuti. Iglesia de Santa María Novella, Florencia (Italia)

mino o tramo, encaminarse por ellos. ◊ prnl. Con referencia al vino u otro licor, embriagarse.

TOMÁS (s. I) Santo. Uno de los doce apóstoles. ◊ **Becket** ⇨ Becket. ◊ **De Aquino** (1225-1274) Teólogo y filósofo it. Entre sus obras destacan: *Sobre el ente y la esencia*, y «cuestiones disputadas» (*De veritate, De acto et potentia*, etc.), la *Suma contra gentiles* y su obra maestra, *Suma teológica*. Su obra es una de las más grandes síntesis filosófico-teológicas de Occidente, situable a medio camino entre la tradición aristotélica y la modernidad europea. ◊ **Moro** (1478-1535) Santo ing. Decapitado por Enrique VIII al negarse a reconocer al rey como jefe de la iglesia anglicana. Famoso humanista, autor de *Utopía*.

TOMATADA f. Fritada de tomate.

TOMATE m. Fruto de la tomatera. Es una baya comestible y gralte. de color rojo. ◊ Planta que da este fruto, tomatera. ◊ fam. Roto o agujero.

TOMATERA f. *Bot.* Planta herbácea, fragante, con tallos rastreros, hojas partidas, flores amarillas con corola enrodada, y frutos en baya, gralte. rojos. Es originaria de México y se cultiva por su valor hortícola. ❑ TOMATAL.

Tomatera. Planta, flor y fruto

TOMATICÁN m. *Chile*. Guiso de patatas, cebollas y otras verduras con tomate.

TOMAVISTAS m. Cámara cinematográfica, especialmente la usada por aficionados.

TÓMBOLA f. Rifa o lotería organizada, por lo general, con fines benéficos, y en que los premios son objetos y no dinero.

TÓMBOLO m. *Geog.* Istmo o cordón arenoso que une una ant. isla a la zona continental próxima.

TOMBUCTÚ (*Tombouctou*) C. de la República de Malí, puerto fluvial sobre el Níger; 19 200 hab. Fundada por los tuareg, alcanzó gran esplendor como centro caravanero.

TOME m. *Chile*. Especie de espadaña.

TOMEBAMBA Ant. poblado indígena, cuna del inca Huayna Cápac. Emplazamiento en la actualidad de la c. de Cuenca (Ecuador).

TOMENTO m. Estopa basta, llena de pajas y aristas, que queda del lino o cáñamo, después de rastrillado. ◊ Capa de pelos cortos, suaves y entrelazados, que cubre la superficie de los tallos, hojas y otros órganos de algunas plantas.

TOMILLO m. Nombre común a diversas plantas herbáceas fragantes utilizadas como condimento; se aplica más particularmente a algunas especies de la familia labiadas.

TOMISMO m. *Fil.* Escuela pral. de la escolástica, cuyo nombre deriva de santo Tomás de Áquino. ❑ TOMISTA.

TOMO m. Cada una de las partes, con paginación propia, en que suelen dividirse las obras impresas o manuscritas de cierta extensión.

TOMOGRAFÍA f. *Med.* Procedimiento de exploración radiológica para obtener la radiografía de una delgada capa de órgano a la profundidad deseada. ◊ **axial computarizada** (*TAC*). *Med.* T. en la que el escáner se asocia a una computadora. ◊ **de emisión de positrones** (*TEP*) *Med.* Técnica de exploración médica basada en la detección y análisis de la radiación originada en el interior del órgano observado.

TOMSK C. situada en la república de Rusia, cap. de la prov. hom., en Siberia, a orillas del Tom; 475 000 hab. Ind. metalúrgica y maderera. Centro de investigaciones nucleares.

TON m. Apócope de tonto. ◊ **Sin t. ni son.** Sin motivo, o causa, o fuera de orden y medida.

TOÑACATECUHTLI (náhuatl, «Nuestro señor de los alimentos») En la religión mex. precolombina, padre de los dioses, en especial de Quetzalcóatl y de Huitzilopochtli.

TONADA f. Composición métrica para cantarse. ◊ Música de esta canción. ◊ *Amér.* Dejo, modo de acentuar las palabras al final. ❑ TONADILLA.

TONALIDAD f. *Mús.* Sistema de sonidos que sirve de fundamento a una composición musical. ◊ *Pint.* Sistema de colores y tonos.

TONATIUH En la religión del México ant., personificación del Sol y deidad de la los guerreros muertos.

TONDERO m. *Perú*. Baile popular de las regiones de la costa.

TONDO m. *Arq.* Adorno circular rehundido en un paramento.

TONEL m. Cuba grande. ❑ TONELERÍA; TONELERO, RA.

TONELADA f. *Fís.* Unidad de masa en el sistema métrico decimal que equivale a 1 000 kg. Símb. *t*. ◊ Conjunto de toneles. ◊ **de arqueo.** Medida de capacidad equivalente al volumen de cien pies cúbicos ing., o sea 2,83 m³.

TONELAJE m. Cabida de una embarcación, arqueo.

TONEMA m. *Fon.* Inflexión que se produce al final del grupo, concretamente a partir de la última sílaba acentuada.

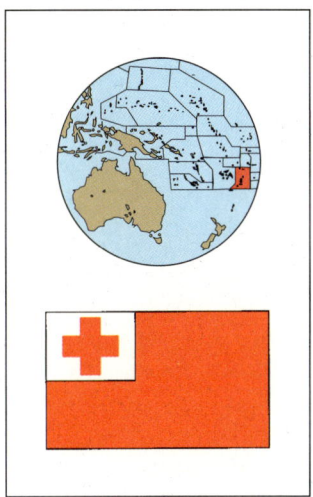

Mapa de situación y bandera de **Tonga**

TONGA o **ISLAS DE LOS AMIGOS** Estado de Oceanía, en Polinesia. Islas prales.: Tongatapu, O tu, Ha'apai y Vava'u. Clima tropical. Plátanos, mandioca, batata. Pesca. Ind. agropecuaria. Constituye una monarquía. Lenguas: ing. y tongano. *Rel.*: protestantismo, catolicismo. U.M.: pa'anga. Cap., Nuku'alofa.

❑ *Hist.* Los primeros europeos llegaron en el s. XVII. Tupou I unificó el arch. (1845), que en 1900 se convirtió en un protectorado brit. En 1970 accedió a la indep., como Est. miembro de la Commonwealth.

TONGA		
Superficie		748 km²
Población	97 000 hab.	(129 hab./km²)
Recursos económicos		
Agrios		6 000 t
Bananas		1 000 t
Batatas		14 000 t
Copra		1 000 t
Mandioca		15 000 t
Pesca		2 630 t
Indicadores sociológicos		
PNB	110 millones de dólares	
Renta per cápita		1 100 dólares
Esperanza de vida		63 años
Alfabetismo		99%

TONICIDAD f. Tono de una estructura o tejido, especialmente del músculo. ◊ *Fon.* Calidad de tónico.

TÓNICO, CA adj. y m. Que entona, o vigoriza. ◊ adj. *Fon.* Aplícase a la vocal o sílaba que recibe el impulso del acento prosódico, y que también se llama vocal o sílaba acentuada. ◊ adj. y f. *Mús.* Aplícase a la nota primera de una escala.

TONIFICAR tr. Dar vigor o tensión al organismo. ❑ TONIFICACIÓN.

TONILLO m. Tono monótono y desagradable con que algunos hablan, oran o leen. ◊ Deje, acento particular de algunos individuos. ◊ Entonación enfática.

TOPOGRAFÍA

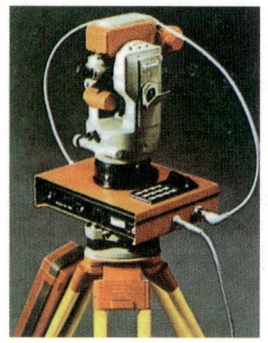

Los aparatos que miden el tiempo que una radiación infrarroja tarda en ir y volver entre dos puntos permiten conocer con precisión la distancia entre los mismos

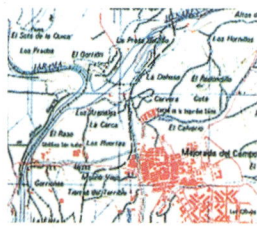

Detalle de una hoja del *Mapa Topográfico Nacional* español, que se realizó a escala 1:25 000 y cuya publicación se inició en 1975

Los métodos tradicionales de la topografía han sido recientemente un tanto relegados por los que se apoyan en la fotogrametría aérea, que, merced a sofisticados equipos, permiten reducir al mínimo el trabajo de gabinete

TONINA f. Atún, pez. ◊ Delfín, cetáceo.

TONKÍN *(Bac Bo)* Región histórica del Vietnam. C. prales.: Hanoi y Haiphong. Llanura del r. Rojo. En 1887 fue anexionada a la Indochina Francesa; en 1946 fue restituida a la República Democrática de Vietnam.

TONO m. *Fís.* y *Mús.* Altura del sonido. ◊ Diferencia de frecuencias entre dos sonidos, gralte. consecutivos, de una misma escala. ◊ Inflexión de la voz y modo particular de decir una cosa. ◊ Carácter de la exp. y del estilo de una obra literaria. ◊ Energía, vigor, fuerza. ◊ *Mús.* Escala que se forma partiendo de una nota fundamental, que le da nombre. ◊ *Mús.* Intervalo que media entre una nota y su inmediata. ◊ *Pint.* Vigor y relieve de todas las partes de una pintura. ◊ **muscular.** *Fisiol.* Estado de contracción parcial que poseen todos los músculos estriados de los organismos cuando se hallan en reposo. ❏ TONAL.

TONSILA f. *Anat.* Amígdala, glándula. ❏ TONSILAR.

TONSURA f. Grado preparatorio para recibir órdenes menores.

TONSURAR tr. Cortar el pelo o la lana a personas o animales. ◊ Dar a uno el grado de la tonsura. ❏ TONSURADO, DA; TONSURANDO.

TONTERA f. fam. Tontería, simpleza. ◊ m. Tonto, simple.

TONTERÍA f. Calidad de tonto. ◊ Dicho o hecho tonto. ◊ fig. Nadería. ❏ TONTADA; TONTEAR; TONTAINA; TONTUNA.

TONTITO m. *Chile.* Chotacabras, pájaro.

TONTO, TA adj. y s. Mentecato, falto o escaso de entendimiento. ◊ adj. Díc. del hecho o dicho propio de un tonto. ◊ m. El que en ciertas representaciones hace el papel de tonto. ◊ *Chile, Col.* y *C. Rica.* Juego de la mona.

TOPACIO m. *Miner.* Silicato de aluminio, que cristaliza en el sistema rómbico; dureza 8. Es una piedra preciosa muy apreciada en joyería. ◊ **ahumado.** Cristal de roca pardo oscuro. ◊ **del Brasil.** T. amarillo rojizo, rosado o morado. ◊ **oriental.** Corindón amarillo.

TOPAR tr. Chocar una cosa con otra. ◊ tr. *Amér.* Echar a pelear los gallos como prueba. ◊ *Chile* y *Perú.* Apostar dinero al juego. ◊ tr., intr. y prnl. Hallar casualmente. ◊ fig. Tropezar, encontrar algún obstáculo o dificultad. ◊ tr. e intr. Hallar o encontrar lo que se andaba buscando. ❏ TOPADIZO, ZA; TOPETAR; *Amér Centr.* TOPETEAR.

TOPE m. Parte por donde una cosa puede topar con otra. ◊ Pieza que sirve para detener o limitar el movimiento de otra. ◊ Material duro, que se pone por dentro en la punta del calzado para que no se arrugue. ◊ fig. Punto donde estriba la dificultad de una cosa. ◊ *Mar.* Extremo de un madero o de un palo.

TOPEKA C. de EE UU, cap. del est. de Kansas, a orillas del río de este nombre; 119 900 hab. Mercado agrícola. Ind. metalúrgica y conservera.

TOPERA f. Madriguera del topo.

TOPETADA f. Golpe que dan con la cabeza los toros, carneros, etc. ◊ fig. y fam. Golpe que da uno con la cabeza en alguna cosa.

TÓPICO, CA adj. Relativo a determi-

nado lugar. ◊ Relativo al lugar común. ◊ *Farm.* Medicamento externo. ◊ *Ret.* Exp. vulgar o trivial. ◊ pl. Lugares comunes, fórmulas o clichés fijos; principios generales.

TOPILLO m. Nombre que se da a distintas especies de roedores. Semejan ratones de campo, pero su pelaje es más rojizo. Abundan en las áreas herbosas y en los bosques del hemisferio norte.

TOPILTZIN (947-999) Rey tolteca [977-999]. Realizó la reforma urbanística de Chichén Itzá.

TOPINAMBUR m. *Argent.* y *Bol.* Planta que produce unos tubérculos semejantes a las batatas, utilizados para alimento del hombre y del ganado.

TOPO m. *Zool.* Mamífero insectívoro que excava galerías subterráneas de las que arrancan ramales hacia el exterior por los que saca la tierra extraída que deposita en las características montículos de las toperas. ◊ *Argent., Chile* y *Perú.* Alfiler grande con el que las indígenas se prenden el mantón. ◊ m. y adj. fig. y fam. Persona que tropieza en cualquier cosa por deficiencia de visión o por falta de reflejos. ◊ fig. y fam. Persona torpe, de cortos alcances. ◊ **de mar.** Ratón de mar.

TOPOGRAFÍA f. Rama de la geodesia que se ocupa de la determinación de las posiciones relativas de los accidentes del terreno y su posterior proyección a escala, en un plano o mapa. ◊ Conjunto de particularidades que presenta un terreno en su configuración superficial. ❏ TOPOGRÁFICO, CA; TOPÓGRAFO, FA.

TOPOLOGÍA f. *Mat.* Estudio de las propiedades de los espacios. ❏ TOPOLÓGICO, CA.

TOPÓNIMO m. Nombre propio de lugar. ❏ TOPONIMIA; TOPONÍMICO, CA.

TOQUE m. Tañido de las campanas o de ciertos instrumentos, con que se anuncia alguna cosa. ◊ fig. Llamamiento, indicación, advertencia que se hace a uno. Díc. más corrientemente toque de atención. ◊ *Pint.* Pincelada ligera. ◊ **de queda.** Medida gubernativa que, en circunstancias excepcionales, prohíbe el tránsito o permanencia en las calles de una c. durante determinadas horas, gralte. nocturnas.

TOQUETEAR tr. Tocar reiteradamente y sin tino ni orden. ◊ fam. Manosear, acariciar para excitar o excitarse sexualmente. ❏ TOQUETEO.

TORÁ (heb., «ley») f. Tributo que pagaban los judíos por familias. ◊ Libro de la ley de los judíos.

TÓRAX m. *Anat.* Parte del cuerpo humano y de las especies zoológicas superiores comprendida entre el cuello y el abdomen. En los insectos, es la segunda parte de su cuerpo, en la que se insertan las alas y patas y que está formada por tres anillos. ❏ TORÁCICO, CA.

TORBELLINO m. Remolino de un fluido. ◊ fig. Abundancia de cosas que ocurren en un mismo tiempo. ◊ fig. y fam. Persona demasiado viva e inquieta.

TORCA f. Depresión circular de un terreno y con bordes escarpados. ❏ TORCAL.

TORCAZ adj. Díc. de una variedad de paloma de cuello verdoso cortado por un collar.

TORCECUELLO m. Ave trepadora, de color pardo jaspeado de negro y rojo. Si teme algún peligro, eriza las plumas de la cabeza, tuerce el cuello hacia atrás y lo extiende después rápidamente.

TORCEDURA f. *Med.* Desviación de un miembro u órgano de su dirección normal.

TORCER tr. y prnl. Dar vueltas a una cosa sobre sí misma, de modo que tome forma helicoidal. ◊ Encorvar o poner angulosa una cosa recta. ◊ Dar violentamente dirección a un miembro u otra cosa, contra el orden natural. ◊ Cambiar la voluntad o el dictamen de alguno. ◊ tr. Desviar una cosa de su posición o dirección habitual. ◊ Dicho del gesto, el semblante, o familiarmente del morro, el hocico, etc., dar al rostro exp. de desagrado, enojo u hostilidad. ◊ Frustrarse un negocio o pretensión que iba por buen camino. ❑ TORCEDERO, RA; TORCEDOR, RA; TORCIMIENTO; TORSIÓN.

TORCIDO, DA adj. Que no es recto; que hace curvas o está oblicuo o inclinado. ◊ *Amér. Centr.* fig. Desafortunado, desgraciado. ◊ Hebra gruesa y fuerte de seda torcida, que sirve para hacer media y para otros usos. ◊ f. Mecha de algodón o trapo torcido, que se pone en las velas, velones y candiles.

TORCULADO, DA adj. De forma de tornillo.

TÓRCULO m. Prensa, y en especial la que se usa para estampar grabados en cobre, acero, etc.

TORDESILLAS, *Tratado de* El firmado en 1494 entre España y Portugal, en la localidad esp. de T. (en la prov. de Valladolid), que modificó la línea de demarcación de los derechos de colonización de ambos países sobre el continente americano.

TORDILLO, LLA adj. y s. Díc. de la caballería de pelo mezclado de negro y blanco, tordo.

TORDO, DA adj. y s. Díc. del caballo o yegua, o del mulo o mula, que tiene el pelo mezclado de negro y blanco, como el plumaje del tordo. ◊ adj. Torpe, tonto. ◊ m. *Zool.* Zorzal. ◊ *Amér.* Estornino, pájaro. ◊ f. Hembra del tordo.

TOREAR intr. y tr. Lidiar los toros en la plaza. ◊ tr. fig. Entretener a alguien retrasando la solución de algún asunto que le interesa. ◊ intr. *Argent.* y *Chile.* Provocar, azuzar. ◊ *Argent.* y *Bol.* Ladrar el perro insistentemente. ❑ TOREADOR; TOREO.

TORERÍA f. Gremio o conjunto de toreros. ◊ *Cuba, Ecuad.* y *Guat.* Travesura, calaverada.

TORERO, RA adj. fam. Relativo al toreo. ◊ m. y f. Persona que torea. ◊ f. Chaquetilla ceñida al cuerpo por lo general sin abotonar y que no pasa de la cintura.

TORIL m. Sitio donde se tienen encerrados los toros que han de lidiarse. También se usa en pl.

TORILLO m. Espiga que une dos pinas contiguas de una rueda. ◊ *Zool.* Pez acantopterigio de piel cubierta de mucosidad, con las aletas abdominales reducidas a dos radios colocados debajo de las torácicas. ◊ *Zool.* Ave gruiforme de tamaño y aspecto semejantes a la codorniz, vive en las zonas áridas del S de Europa y N de África.

TORIO m. *Quím.* Elemento de símb. Th, n. a. 90 y p. a. 232,038. Es radiactivo y da origen a una de las cuatro familias radiactivas.

TORIONDO, DA adj. Díc. del ganado vacuno, especialmente de la vaca, cuando está en celo. ❑ TORIONDEZ.

TORITO m. *Amér. Centr.* Baile popular. ◊ *Chile.* Fiofío, pájaro. ◊ *Argent.* y *Perú.* Coleóptero de color negro; el macho tiene un cuernecito en la frente. ◊ *Ecuad.* Cierta variedad de orquídea.

TORMENTA f. *Meteor.* Perturbación atmosférica violenta acompañada de fuerte aparato eléctrico y abundantes precipitaciones en forma de lluvia, granizo o pedrisco. ◊ fig. Adversidad, desgracia de una persona. ◊ fig. Manifestación violenta de los ánimos entre dos o más personas enzarzadas en una discusión, riña, etc. ❑ TORMENTOSO, SA.

TORMENTO m. Angustia o dolor físico. ◊ Dolor corporal que se causaba al reo para obligarle a confesar. ◊ fig. Congoja o aflicción del ánimo. ◊ fig. Especie o sujeto que la ocasiona.

TORNA f. Obstáculo que se pone en una reguera para cambiar el curso del agua.

TORNACHILE m. *Méx.* Pimiento gordo.

TORNADERA f. *Agr.* Horca de dos puntas que se usa para dar vuelta a las parvas en las labores de la trilla.

TORNADO m. *Meteor.* Remolino o ráfagas de viento en rotación, de gran violencia, que se producen esencialmente en la zona subtropical de América.

TORNAPUNTA f. *Const.* Pieza inclinada que se apoya inferiormente en otra vertical y está unida superiormente con una pieza horizontal. ◊ *Const.* Madero hincado en firme para sostener la parte que se desploma en una construcción.

TORNAR tr. Devolver una cosa. ◊ tr. y prnl. Cambiar la naturaleza o el estado de una persona o cosa. ◊ intr. Regresar al lugar de donde se partió. ❑ TORNADIZO, ZA; TORNAMIENTO.

TORNASOL m. *Bot.* Planta de la que se extrae un colorante azul del mismo nombre. ◊ Cambiante, reflejo o viso que hace la luz en algunas telas o en otras cosas muy tersas. ◊ *Quím.* Sustancia colorante extraída de la planta hom. y presente también en diversas especies de líquenes. Se usa en química analítica como indicador. ❑ TORNASOLADO, DA; TORNASOLAR.

TORNEADO m. *Mec. apl.* Operación de mecanizar una pieza al ⇨ torno. Es la más importante de las operaciones fundamentales de mecanizado.

TORNEAR tr. Labrar o redondear una cosa al torno. ◊ intr. Dar vueltas alrededor o en torno. ◊ Combatir o pelear en el torneo. ◊ fig. Dar vueltas con la imaginación. ❑ TORNEADURA.

TORNEO m. Combate a caballo entre varias personas, unidas en cuadrillas, y fiesta pública en que se imita un combate a caballo. Propio de la Europa feudal. ◊ *Dep.* Reciben este nombre algunas competiciones.

TORNILLO m. Pieza de núcleo cilíndrico o cónico con un resalto en hélice, llamado filete o rosca. ◊ fig. y fam. Fuga o deserción del soldado. ◊ *Amér. Centr.* y *Ven.* Arbusto con flores rojas y fruto capsular retorcido en forma de hélice. Se usa en medicina. ◊ **de Arquímedes.** Máquina para elevar aguas, que consiste en un tubo arrollado en espiral alrededor de un eje inclinado que

puede girar accionado por una manivela. Su invención se atribuye a Arquímedes. ◊ **de banco.** Instrumento de hierro o de madera compuesto de dos mordazas que se cierran o abren por medio de un tornillo movido por una palanca y que sirven para sujetar la pieza que se ha de trabajar. ◊ **sin fin.** Engranaje compuesto de una rueda dentada y un cilindro con resalto helicoidal.

TORNIQUETE m. Palanca angular de hierro, que sirve para comunicar el movimiento del tirador a la campanilla. ◊ Especie de torno que se coloca en las entradas por donde sólo han de pasar una a una las personas. ◊ Instrumento para contener la hemorragia en operaciones y heridas de las extremidades.

TORNISCÓN m. fam. Golpe que se da en la cara o en la cabeza con la mano. ◊ fam. Pellizco retorcido.

TORNO m. Máquina simple que consiste en un cilindro dispuesto para girar alrededor de su eje por la acción de palancas, cigüeñas o ruedas, y que ordinariamente actúa sobre la resistencia por medio de una cuerda que se va arrollando al cilindro. ◊ Armazón giratorio compuesto de varios tableros verticales que concurren en un eje, y de un suelo y un techo circulares, el cual se ajusta al hueco de una pared y sirve para pasar objetos de una parte a otra. ◊ Máquina en que, por medio de una rueda, de una cigüeña, etc., se hace que alguna cosa dé vueltas sobre sí misma. ◊ *Mec. apl.* Máquina-herramienta que realiza la operación de torneado. ❑ TORNERÍA; TORNERO, RA.

Torno de alfarero

TORO m. Macho de la vaca. El hombre lo utiliza para carne, como animal de tiro, o, pralm., como semental. El t. de lidia es una raza peculiar empleada en algunos países para las corridas de toros. ⇨ bóvido; ⇨ vaca. ◊ *Geom.* Sólido de revolución engendrado por el giro de un círculo en torno a un eje exterior al que yace en su mismo plano. ◊ *Arq.* Moldura convexa de sección semicilíndrica. ◊ fig. Hombre muy robusto y fuerte. ◊ m. pl. Fiesta o corrida de toros. ◊ **mexicano.** Bisonte. ❑ TORETE.

TORO, *David* (1898-1977) Político y militar bol. Presid. de la República (1936-1937). ◊ *Fermín* (1807-1865) Político y escritor ven. *Canto a la Conquista.*

Vista de **Toronto**

◇ **Y Zambrano,** *Mateo de* (1724-1811) Militar y político chil. Elegido por el cabildo abierto de Santiago presid. de la Junta de Gobierno (1810).
TORONJA f. Fruto comestible de una especie de cidro espinoso, parecido a la naranja, aunque de tamaño mayor y corteza amarillenta.
TORONJIL m. Melisa.
TORONTO C. de Canadá, cap. de la prov. de Ontario, junto al lago hom.; 612 300 hab. (3 893 000 la agl. urb.). Fabricación de maquinaria agrícola, material aeronáutico, eléctrico. Ind. textil.
TORROROÍ m. *Amér. Merid.* Ave paseriforme que parece una codorniz, pero sus patas son más largas.
TORPE adj. Que no tiene movimiento libre o es tardo. ◇ Desmañado, falto de habilidad. ◇ Rudo, tardo en comprender. ◇ Feo, tosco. ❏ TORPEZA.
TORQUEMADA, *Antonio de* (m. 1569) Escritor esp., autor de *Jardín de flores curiosas* y *Coloquios satíricos.* ◇ *Tomás de* (1420-1498) Eclesiástico esp., dominico. En 1483 fue nombrado inquisidor general; reorganizó el Santo Oficio estableciendo tribunales en diversas c.
TORR m. *Fís.* Tor, unidad de presión.
TORRADO m. Garbanzo tostado.
TORRAR tr. Tostar al fuego.
TORRE f. Construcción fortificada de defensa, más alta que ancha. ◇ Construcción más alta que ancha, que hay en las iglesias y en las casas. ◇ Pieza del juego de ajedrez. ◇ *Mil.* En los buques de guerra, reducto acorazado que se alza sobre la cubierta para que dentro de él jueguen una o más piezas de artillería. ◇ *Cuba* y *P. Rico.* Chimenea del ingenio de azúcar. ◇ **de Babel.** ⇨ Babel. ◇ **de marfil.** fig. Aislamiento del escritor que atiende sólo a la perfección de su obra, indiferente ante la realidad y los problemas del momento. ❏ TORREJÓN.
TORRE, *Guillermo de* (1900-1971) Escritor esp., crítico del movimiento ultraísta. *Hélices, La aventura y el orden.*
TORREJA f. *Amér.* Torrija.
TORREJÓN DE ARDOZ Mun. de España, en la prov. de Madrid; 80 000 hab. Cereales y hortalizas. Ind. alimentaria y metalúrgica.

TORRELAVEGA Mun. de España en la com. autón. de Cantabria; 55 477 hab. Ind. metalúrgica, químicas, del calzado, lácteas. Minas de hierro.
TORRELIO, *Celso* (1933-1999) Político bol. Presid. (1981-1982).
TORRE-NILSSON, *Leopoldo* (1924-1978) Director cinematográfico arg. Sus obras retratan la burguesía. *La casa del ángel, La caída, Martín Fierro.*
TORRENTE m. Corriente o avenida impetuosa de aguas que sobreviene en tiempos de muchas lluvias o de rápidos deshielos. ◇ fig. Muchedumbre de personas que afluyen a un lugar. ❏ TORRENCIAL.
TORRENTE Ballester, *Gonzalo* (1910-1999) Escritor esp., miembro de la Real Academia Española. Autor de las novelas *El golpe de Estado de Guadalupe Limón, La saga-fuga de J. B., Los gozos y las sombras.* Premio Cervantes en 1985.
TORRENTERA f. Cauce de un torrente.
TORRENTOSO, SA adj. *Amér.* Díc. de los ríos o arroyos de curso rápido e impetuoso.
TORREÓN m. Torre grande para defensa de una plaza o castillo.
TORREÓN C. de México, en el est. de Coahuila, junto al r. Nazas; 364 000 hab. Centro agrícola. Ind. textil, metalúrgica, química.
TORRERO m. El que tiene a su cuidado una atalaya o un faro.
TORRES, *Camilo* (1766-1816) Político col. Presid. del congreso de las Provincias Unidas neogranadinas (1812-1814), y jefe del ejecutivo en 1815. ◇ *Camilo* (1929-1966) Sacerdote col. En 1964 abandonó el sacerdocio y se integró en el mov. guerrillero. Falleció en combate. ◇ *Carlos Arturo* (1867-1912) Periodista ven. Autor de poesías y ensayos. *Literatura de idea.* ◇ **Bodet,** *Jaime* (1902-1974) Escritor y político mex. *Canciones y destierro* (poesía); *Margarita de Niebla, La educación sentimental* (novelas). Director general de la UNESCO (1948-1952). ◇ **García,** *Joaquín* (1874-1949) Pintor ur. Realizó una serie de pinturas para el Palacio de la Diputación de Barcelona. Autor del tratado *Universalismo constructivo.* ◇ **González,** *Juan José* (1919-1976) Militar y político bol. Presid. (1970-1971). ◇ **Naharro,** *Bartolomé de* (1475-1531) Escritor esp. Poeta,

dramaturgo y teórico del teatro. *La Jacinta, Serafina* (comedias); *Lamentaciones de amor* (poesía). ◇ **Villarroel,** *Diego de* (1693-1770) Escritor esp., cultivador del género picaresco. *Vida, Almanaques.*
TORRETA f. *Mil.* En los buques de guerra y en los tanques, torre acorazada.
TORREZNO m. Pedazo de tocino frito o para freír.
TORRI, *Julio* (1889-1970) Escritor mex., de obra irónica y tradicionalista. *La literatura española, Prosas dispersas.*
TORRICELLI, *Evangelista* (1608-1647) Físico y matemático it., discípulo de Galileo. Inventó el barómetro de mercurio, con el que demostró la existencia de la presión atmosférica.
TÓRRIDO, DA adj. Muy ardiente o quemado.
TORRIGGIANO, *Pietro* (1472-1528) Escultor it. Autor del *San Jerónimo,* para el convento hom. de Sevilla.
TORRIJA f. Rebanada de pan empapada en vino o leche, frita y endulzada con miel o azúcar.
TORRIJOS, *José María de* (1791-1831) Militar esp. Con otros liberales exiliados intentó, sin éxito, desembarcar en Algeciras y atacar La Línea (1831). Fue apresado y fusilado. ◇ *Martín* (n. 1963) Político pan., hijo de Omar Torrijos. Líder de la alianza Patria Nueva, fue elegido presid. de la Rep. en 2004. ◇ *Omar* (1929-1981) Militar y político pan. Presid. de la Rep. (1968-1978). En 1977 firmó un acuerdo con EE UU para la recuperación progresiva de la soberanía pan. sobre el canal de Panamá. Murió en un accidente aéreo.
TORROJA, *Eduardo* (1899-1961) Arquitecto e ingeniero esp. Cubierta del hipódromo de la Zarzuela de Madrid, depósito de agua de Fedala (Marruecos).
TORSO m. Tronco del cuerpo humano. ◇ Estatua falta de cabeza, brazos y piernas.
TORTA f. Masa de harina, de figura redonda, que se cuece a fuego lento. ◇ fig. Cualquier masa reducida a figura de torta. ◇ fig. y fam. Bofetada en la cara. ◇ *Argent.* y *Ur.* Especie de pastel, gralte. redondo, relleno de crema, fruta, etc. ❏ TORTAZO.
TORTADA f. Torta grande rellena de carne, dulce, etc. ◇ *Const.* Tendel, capa de mezcla.
TORTERA adj. y s. Aplícase a la cazuela o cacerola casi plana que sirve para hacer tortadas.
TORTÍCOLIS m. *Pat.* Espasmo de la musculatura del cuello y nuca por convulsión tónica del músculo esternocleidomastoideo asociado al del trapecio.
TORTILLA f. Fritada de huevo batido en figura redonda o alargada, en la cual se incluye de ordinario algún otro manjar. ◇ *Amér. Centr.* y *Méx.* Torta de maíz. ◇ *Argent.* y *Chile.* Pan de trigo cocido en el rescoldo. ❏ TORTILLERÍA; TORTILLERO, RA.
TÓRTOLA f. Ave columbiforme. Las t. son semejantes a palomas, pero de menor tamaño.
TÓRTOLA Isla de las Pequeñas Antillas, en el archipiélago de las Vírgenes brit.; 54 km², 100 00 hab. Cap., Road Town.
TÓRTOLO m. Macho de la tórtola. ◇ fig. fam. Hombre amartelado. ◇ pl. Pareja de enamorados.

TORTUGA f. Cualquiera de los reptiles que pertenecen al orden ⊃ quelonios. ◊ Testudo. ◊ **almizclada.** T. propia de América del Norte, presenta un fuerte olor. ◊ **laúd.** Especie marina que alcanza gran tamaño y un peso que supera a veces 1 t. Su caparazón es liso, y lo sostienen cinco crestas longitudinales. ◊ **marina.** La que vive en el mar. Entre las t. marinas se cuentan las especies que alcanzan mayor tamaño. ◊ **quelídrida.** T. de agua dulce que vive en los ríos de América del Norte y se caracteriza por su tamaño y su agresividad. ◊ **terrestre.** La que vive en ambiente terrestre. La más interesante es la t. gigante, propia de muchas islas oceánicas, y la de jardín, o común.

TORTUGA *(Tortue)* Isla de las Antillas, perteneciente a la Rep. de Haití, de la que está separada por el canal de Tortuga; 303 km², 14 000 hab. Plátanos. ◊ Isla de las Antillas, en el arch. de Sotavento, perteneciente a Venezuela; 220 km².

TORTUOSO, SA adj. Que tiene vueltas y rodeos. ◊ fig. Solapado, cauteloso. ❑ TORTUOSIDAD.

TORTURA f. Desviación de lo recto, curvatura, oblicuidad, inclinación. ◊ Acción de torturar o atormentar. ◊ fig. Dolor, angustia, pena o aflicción grandes. ❑ TORTURADOR, RA.

TORUN (al., *Thorn*) C. de Polonia, a orillas del r. Vístula; 186 200 hab. Puerto fluvial. Ind. químicas y alimentarias. Cuna de Copérnico.

TORUNO m. *Chile.* Toro que ha sido castrado después de tres o más años.

TORVO, VA adj. Fiero, airado y terrible a la vista. ◊ f. Remolino de lluvia o nieve.

TORY (voz ing.) adj. y s. Nombre dado a los partidarios católicos del rey ing. Jacobo II. Revitalizado desde 1784 e identificado con el partido conservador.

TORZAL m. Cordoncillo delgado de seda, hecho de varias hebras torcidas. ◊ fig. Unión de varias cosas que hacen como hebra. ◊ *Argent.* y Chile. Lazo de cuero retorcido.

TOS f. Espiración brusca y forzada de aire, por apertura violenta de la glotis con producción de ruido. ◊ **ferina.** *Pat.* Enfermedad infecciosa y contagiosa de las vías respiratorias altas, producida por un bacilo, caracterizada por accesos de tos paroxísticos.

TOSCANA Región de Italia; 22 992 km², 3 529 900 hab. Cap., Florencia. Accidentada por los Apeninos Toscanos. Río Arno. Los lombardos formaron el ducado de Tuscia (s. VI). En el s. XII se independizaron las c. de Siena, Florencia, Lucca y Pisa. En 1814 quedó sometido de hecho a Austria. En 1860 se integró en el reino de Cerdeña.

TOSCANELLI, *Paolo dal Pozzo* (1397-1482) Astrónomo y geógrafo it. Sostuvo la posibilidad de llegar a Asia por Occidente. Colón se basó en sus cálculos al proyectar su expedición.

TOSCANINI, *Arturo* (1867-1957) Director de orquesta it., uno de los más célebres de todos los tiempos.

TOSCANO, NA adj. y s. De Toscana. ◊ m. Dialecto *ose*.

TOSCO, CA adj. Basto, sin pulimento, hecho con poca habilidad o cuidado. ◊ adj. y s. Rústico, inculto, grosero. ❑ TOSQUEDAD.

Tortuga marina

TOSER intr. Tener tos. ❑ TOSIDURA.

TÓSIGO m. Veneno, ponzoña. ◊ fig. Angustia o pena grande. ❑ TOSIGAR; TOSIGOSO, SA.

TOSTACIÓN f. *Metal.* Tratamiento a que se someten ciertas menas con objeto de enriquecerlas.

TOSTADO, DA adj. Díc. del color subido y oscuro. ◊ m. Tostadura. ◊ *Ecuad.* Maíz tostado. ◊ f. Rebanada de pan tostado que se unta con mantequilla, mermelada, etc.

TOSTAR tr. y prnl. Poner una cosa al fuego para que vaya desecándose y tomando un color dorado. ◊ fig. Calentar demasiado. ◊ fig. Curtir, atezar el sol o el viento la piel del cuerpo. ◊ fig. *Chile.* Zurrar, vapulear. ❑ TOSTADOR, RA; TOSTADURA.

TOSTÓN m. Torrado, garbanzo tostado. ◊ Pedazo de pan tostado empapado en aceite nuevo. ◊ Cosa demasiado tostada. ◊ Cochinillo asado. ◊ *Tabarra,* lata. ◊ Persona que habla mucho y sin sustancia. ◊ *R. Dom., P. Rico* y *Ven.* Fritura de plátanos verdes.

TOTAL adj. General, universal, que lo comprende todo. ◊ m. Suma, cantidad equivalente a dos o más homogéneas. ◊ adv. En suma, en resumen.

TOTALIDAD f. Calidad de total. ◊ Todo, cosa íntegra. ◊ Conjunto de todas las cosas o personas que forman una clase o especie. ❑ TOTALIZAR; TOTALIZADOR, RA.

TOTALITARISMO m. *Pol.* Sistema de gobierno que niega el pluralismo político e ideológico. ❑ TOTALITARIO, RIA.

TÓTEM m. Objeto de la naturaleza, gralte. un animal, que en la mitología de algunas tribus salvajes se toma como fetiche protector. ❑ TOTÉMICO, CA.

TOTEMISMO m. Sistema de creencias y organización de tribu basado en el tótem.

TOTÍ m. *Cuba.* Pájaro de plumaje muy negro y pico encorvado, que se alimenta de semillas e insectos.

TOTOLOQUE m. *Méx.* Juego parecido al tejo.

TOTONACA adj. y s. Díc. de individuos de un grupo étnico que habita desde tiempos prehistóricos el área central del est. de Veracruz, en México. Para algunos son los creadores de la cultura de El Tajín. Se ignora su origen.

TOTONICAPÁN Dpto. del centro-oeste de Guatemala; 1 061 km², 324 225

hab. Cap., la c. hom. Territorio montañoso, cruzado por la sierra Madre y drenado por el r. Samalá. Cereales, hortalizas, frutales. Ganadería. Oro, plata, plomo. Ind. textil y alimentaria. ◊ C. de Guatemala, cap. del dpto. hom.; 78 800 hab. Sit. a 2 495 m de alt., es un imp. mercado agropecuario. Ind. textil, alimentaria, de la madera, materiales de construcción.

TOTOPOSTE m. *Amér. Centr.* y *Méx.* Torta de harina de maíz, muy tostada.

TOTUMA f. *Amér.* Fruto del totumo o güira. ◊ *Amér.* Vasija hecha con ese fruto.

TOTTOTI Prefectura de Japón, en la isla de Honshu; 3 494 km², 616 000 hab. Cap., la c. hom. (142 500 hab.).

TOTUMO m. *Perú.* Güira, árbol.

TOULON C. de Francia, en el dpto. de Var; 179 400 hab. Puerto militar. Astilleros.

TOULOUSE C. de Francia, cap. del dpto. de Haute-Garonne y de la región de Midi-Pyrénées; 358 688 hab. (630 300 hab. la agl. urb.). Ind. textil, metalúrgica, química, aeronáutica.

TOULOUSE-LAUTREC, *Henri Marie-Raymond de* (1864-1901) Pintor y litógrafo fr. Captó con agudo realismo la vida nocturna de París. *Retrato de Van Gogh, Circo Fernando, La Amazona.* Como litógrafo destacan sus carteles (serie de *Jane Avril*).

TOURCOING C. de Francia, al N de Lille y de Roubaix; 102 000 hab. Ind. textil y papelera.

TOURNAI C. de Bélgica, en el Hainaut; 67 600 hab. Sit. junto al r. Escalda. Ind. textil y del cuero.

TOURS C. de Francia; 235 100 hab. Mercado agrícola. Ind. metalúrgica, química, eléctrica, de calzado.

TOVAR, Antonio (1922-1986) Humanista y ensayista esp. Traductor de Eurípides y de filósofos gr. *Vida de Sócrates, La lengua vasca.* ◊ *Manuel Felipe de* (1803-1866) Político ven. Presid. de la rep. (1859-1861).

TOXEMIA f. *Pat.* Presencia en la sangre de sustancias tóxicas o de toxinas bacterianas.

TÓXICO, CA adj. y m. *Biol.* Díc. de las sustancias que matan o dañan las células de los organismos, como los venenos y las toxinas. ❑ TOXICAR; TOXICIDAD.

TOXICODEPENDENCIA f. *Med.* Estado de dependencia de un individuo respecto de una droga, de forma permanente y continua.

Pirámide de los Nichos en las ruinas de El Tajín, capital de la cultura **totonaca**

TOXICOLOGÍA f. Ciencia que estudia la naturaleza, las propiedades y el modo como actúan los tóxicos. ❑ TOXI-COLÓGICO, C A; TOXICÓLOGO, GA.

TOXICOMANÍA f. Estado de intoxicación crónica por consumo reiterado de una droga natural o sintética, caracterizado por alguna dependencia psíquica y, en ocasiones, física, y por una tendencia a utilizar dosis cada vez mayores. ❑ TOXICÓMANO, NA.

TOXINA f. *Biol.* Sustancia de origen microbiano que daña o mata las células del organismo huésped.

TOXOPLASMOSIS f. *Pat.* Enfermedad parasitaria del hombre y animales debida al protozoario *Toxoplasma gondii*. En la forma congénita evoluciona como una encefalomielitis.

TOYA f. *Bol.* Serie de cascabeles que usan los indígenas para adornar sus tobillos en algunas danzas.

TOYAMA Prefectura de Japón, en la isla de Honshu; 4 252 km², 1 120 000 hab. Cap., la c. hom. (321 300 hab.). Ind. farmacéutica, textil, de aluminio.

TOYNBEE, Arnold (1889-1975) Historiador brit. Vinculado a las teorías organicistas, estableció unos ciclos vitales para las civilizaciones. *Estudio de la Historia.*

TOYONAKA C. de Japón, en la isla de Honshu; 413 200 hab. Centro residencial y agrícola.

TOZO, ZA adj. Enano o de baja estatura.

TOZUDO, DA adj. Obstinado, testarudo. ❑ TOZUDEZ.

TOZUELO m. Cerviz gruesa de un animal.

TRABA f. Instrumento con que se junta y sujeta una cosa con otra. ◊ Ligadura con que se atan las manos o los pies de una caballería. ◊ Piedra o cuña con que se calzan las ruedas de un carro. ◊ fig. Impedimento o estorbo. ◊ *Mar.* Trinca. ◊ *Chile.* Tabla o palo que se ata a los cuernos de una res vacuna para impedir que entre en sitio donde pueda hacer daño. ◊ *Méx.* Cancha de pelea de gallos.

TRABACUENTA f. Error o equivocación en una cuenta. ◊ fig. Discusión, controversia o disputa.

TRABADO, DA adj. Se aplica a la caballería que tiene blancas las dos manos, o que tiene blancos la mano derecha y el pie izquierdo, o viceversa. ◊ fig. Robusto, nervudo.

TRABADOR m. *Chile.* Triscador, instrumento para torcer alternativamente los dientes de la sierra.

TRABAJAR intr. Desarrollar un esfuerzo físico o intelectual en una determinada actividad. ◊ Ejercer un oficio o profesión. ◊ Aplicarse uno con desvelo y cuidado a la ejecución de alguna cosa. ◊ fig. Sufrir una máquina, un buque, edificio, etc., la acción de los esfuerzos a que se hallan sometidos. ◊ fig. Poner esfuerzo para vencer alguna cosa. ◊ tr. Formar, disponer o ejecutar una cosa, de acuerdo con un cierto método. ❑ TRABAJADO, DA.

TRABAJO m. Cosa producida por un agente. ◊ Cosa producida por el entendimiento. ◊ Operación de la máquina, pieza, herramienta o utensilio que se emplea para algún fin. ◊ Esfuerzo humano aplicado a la producción de la riqueza, extrayéndola, obte-

niéndola o transformándola. Se usa en contraposición a *capital*. ◊ fig. Dificultad o perjuicio. ◊ fig. Penalidad, molestia, tormento. ◊ *Fís.* Producto del desplazamiento de una fuerza F por la componente e de la misma en la dirección del movimiento: T = *F·e*. Las unidades de t. son: en el sistema cegesimal, el ergio; en el sistema Giorgi, el julio; y en el sistema técnico, el kilopondímetro. ◊ pl. fig. Estrechez, miseria. ❑ TRABAJOSO, SA.

Tracia. Patio del monasterio de Rila

TRABALENGUAS m. Palabra o locución difícil de pronunciar, en especial cuando sirve de juego para que alguien se equivoque.

TRABANCA f. Mesa formada por un tablero sobre dos caballetes.

TRABAR tr. Juntar o unir una cosa con otra. ◊ Echar trabas. ◊ Espesar o dar mayor consistencia a un líquido o a una masa. ◊ fig. Comenzar una batalla, contienda, conversación, etc. ◊ fig. Enlazar, concordar. ◊ *Der.* Embargar o retener bienes o derechos. ◊ tr. e intr. Prender, agarrar, o asir. ◊ prnl. *Amér.* Entorpecérsele a uno la lengua al hablar, tartamudear. ❑ TRABADURA; TRABAMIENTO.

TRABAZÓN f. Enlace de dos o más cosas. ◊ Espesor o consistencia que se da a un líquido o masa. ◊ fig. Conexión de una cosa con otra.

TRABE f. Madero largo y grueso para techar y sostener los edificios.

TRABILLA f. Tira de tela o de cuero que pasa por debajo del pie para sujetar los bordes inferiores del pantalón, de la polaina, etc. ◊ Tira de tela colocada exteriormente al nivel del talle para reducir el vuelo de la prenda.

TRABUCAR tr. y prnl. Trastocar el buen orden o colocación que tiene alguna cosa. ◊ fig. Ofuscar, confundir el entendimiento. ◊ tr. fig. Trastocar noticias, ideas, datos, etc. ❑ TRABUCACIÓN.

TRABUCO m. Catapulta, máquina de guerra que se usaba ant. para batir las murallas, torres, etc., disparando piedras muy gruesas. ◊ Arma de fuego más corta y de mayor calibre que la escopeta ordinaria. ◊ **naranjero.** El de boca acampanada y gran calibre. ❑ TRABUCAIRE; TRABUCAZO; TRABUQUETE.

TRABZON C. y puerto de Turquía, cap. de la prov. hom., junto al mar Ne-

gro; 156 000 hab. Centro comercial. Ind. textil.

TRACA f. Artificio pirotécnico que se hace con una serie de petardos colocados a lo largo de una cuerda y que estallan sucesivamente.

TRÁCALA f. *Méx.* y *P. Rico.* Trampa, engaño. ❑ *Méx.* TRACALERO, RA.

TRACALADA f. *Amér.* Matracalada, cáfila, multitud.

TRACCIÓN f. Tipo de esfuerzo al que se somete un cuerpo cuando la dirección de la fuerza que actúa sobre él tiende a alargar su longitud.

TRACERÍA f. Decoración arquitectónica formada por figuras geométricas.

TRACIA Región del SE de Europa, en la pen. balcánica; 51 000 km². Bañada por los mares Egeo, Mármara y Negro. Dividida entre Bulgaria, Grecia y Turquía. Fue habitada en la antigüedad por los tracios. Fue diversas veces repartida después de la primera guerra balcánica y de la I Guerra Mundial. ❑ TRACIO, CIA.

TRACOMA m. Enfermedad infecciosa y contagiosa que produce lesiones en la conjuntiva y córnea ocular, causada por un virus.

TRACTO m. Trecho. ◊ Conjunto de versículos que se cantan o rezan inmediatamente en la misa antes del evangelio.

TRACTOR adj. Que realiza una tracción. ◊ adj. y m. *Ing.* Díc. del vehículo empleado para grandes esfuerzos de arrastre, caracterizado por su robustez, potencia y gran adherencia al terreno. Los t. suelen estar accionados por un motor Diesel provisto de poleas. ❑ TRACTORISTA.

TRACY, Spencer (1900-1967) Actor de cine norteam., galardonado con dos Óscar por sus interpretaciones en *Capitanes intrépidos* y *La ciudad de los muchachos. Furia, El extraño caso del doctor Jekyll, Vencedores o vencidos.*

TRADE MARK (voz ing.) f. Marca registrada.

TRADESCANTIA f. Planta monocotiledónea de flores violadas, blancas o azules.

TRADE-UNION (voz ing.) f. Organización sindical brit. Las t. impulsaron el partido laborista.

TRADICIÓN f. Transmisión de noticias, composiciones literarias, doctrinas, costumbres, hecha de generación en generación. ◊ Noticia de un hecho antiguo transmitida de este modo. ◊ Doctrina, costumbre, etc., conservada en un pueblo por transmisión de padres a hijos. ❑ TRADICIONAL; TRADICIONISTA.

TRADICIONALISMO m. Doctrina filosófica que pone el origen de las ideas en la revelación y en las enseñanzas que el hombre recibe de la sociedad. ◊ Sistema político que quiere mantener o restablecer las instituciones ant. en el gobierno y en la sociedad. ❑ TRADICIONALISTA.

TRADUCIANISMO m. Conjunto de doctrinas teológicas según las cuales el alma del hijo se deriva de los padres. Intentan explicar la transmisión del pecado original.

TRADUCIR tr. Expresar en una lengua lo que está expresado antes en otra. ◊ Convertir, mudar. ◊ fig. Explicar, interpretar. ❑ TRADUCCIÓN; TRADUCTOR.

TRAER tr. Conducir o trasladar una cosa al lugar en donde se habla o de que se habla. ◊ Atraer hacia sí. ◊ Causar, acarrear. ◊ Tener a uno en el estado o situación que expresa el adjetivo que se junta con el verbo. ◊ Llevar, tener puesta una cosa. ◊ tr. y prnl. fig. Tratar, andar haciendo una cosa. ◊ prnl. Vestirse, bien o mal.

TRAFAGAR intr. Comerciar o negociar con dinero y mercaderías. ◊ tr. e intr. Correr mundo.

TRÁFAGO m. Tráfico. ◊ Conjunto de negocios o faenas, que ocasiona mucha fatiga.

TRAFALGAR Cabo de España, en la prov. de Cádiz. ◊ **Batalla de T.** Combate naval librado cerca del cabo hom. entre la flota brit. dirigida por Nelson y la francoespañola (21 octubre 1805). La flota aliada fue derrotada.

TRAFICAR intr. Comerciar, negociar, gralte. de manera irregular o ilícita. ◊ Viajar, correr mundo. ❑ TRAFICANTE.

TRÁFICO m. Comunicación, tránsito y transporte, en vehículos adecuados y por vía terrestre, marítima o aérea, de personas, equipajes o mercaderías. ◊ Circulación de vehículos automóviles.

TRAGACANTO m. Planta angiosperma dicotiledónea denominada también nopal. ◊ Goma blanquecina que se obtiene de esta planta.

TRAGADERAS f. pl. Tragadero, faringe. ◊ fig. y fam. Facilidad de creer cualquier cosa. ◊ fig. y fam. Poco escrúpulo, facilidad para admitir o tolerar cosas inconvenientes.

TRAGADERO m. Faringe. ◊ Boca o agujero que traga o sorbe una cosa.

TRAGALDABAS com. fam. Persona muy tragona.

TRAGALLÓN, NA adj. y s. Chile. Tragón, comilón.

TRAGALUZ m. Ventana abierta en un techo o en la parte superior de una pared, gralte. con derrame hacia adentro.

TRAGAPERRAS adj. y f. Díc. de las máquinas de juego que funcionan automáticamente, mediante la introducción de una moneda.

TRAGAR tr. Hacer que una cosa pase de la boca al aparato digestivo. ◊ fig. Comer vorazmente. ◊ tr. y prnl. fig. Absorber la tierra o las aguas lo que está en su superficie. ◊ fig. Dar fácilmente crédito a las cosas, aunque sean inverosímiles. ◊ fig. Soportar o tolerar cosa desagradable u ofensiva. ◊ fig. Absorber, consumir, gastar. ❑ TRAGADOR, RA; TRAGÓN, NA; TRAGONEAR; TRAGONERÍA.

TRAGAVENADO f. Ven. Serpiente de unos 4 m de largo, de colores más brillantes que los de la boa.

TRAGEDIA f. Canción de los gentiles en loor de Baco. ◊ Obra dramática, en prosa o verso, en la que personajes se enfrentan a conflictos provocados por pasiones humanas que desembocan en un desenlace fatal. ◊ fig. Suceso que produce terror y lástima. ◊ fig. Cualquier suceso fatal o desgraciado. ❑ TRÁGICO, CA.

TRAGICOMEDIA f. Poema dramático que tiene al par condiciones propias de los géneros trágico y cómico. ◊ fig. Suceso que juntamente mueve a risa y a piedad. ❑ TRAGICÓMICO, CA.

TRAGO m. Porción de líquido que se bebe o se puede beber de una vez. ◊

Costumbre de tomar bebidas alcohólicas. ◊ Prominencia cartilaginosa de la oreja, situada delante del conducto auditivo. ◊ fig. y fam. Adversidad, infortunio. ◊ Col. Copa de licor; p. ext., licor, bebida alcohólica.

TRAICIÓN f. Delito que se comete quebrantando la fidelidad que se debe guardar. ◊ Der. Delito que se comete contra la patria por los ciudadanos, o contra la disciplina por los militares, sirviendo al enemigo. ◊ **Alta t.** La cometida contra la persona del soberano, o contra el honor, la seguridad y la independencia del Est. ❑ TRAICIONAR; TRAICIONERO, RA.

TRAIDOR, RA adj. y s. Que comete traición. ◊ Se aplica a los animales irracionales o a las cosas que dan un resultado contrario al que se esperaba. ◊ Que implica o denota traición o falsedad.

TRAILER (voz ing.) m. Vehículo para transporte, de gran longitud, destinado a ser remolcado por un vehículo tractor. ◊ Cin. Cortometraje compuesto gralte. por fragmentos de una película destinado a servir de publicidad a ésta.

TRAÍLLA f. Cuerda o correa con que se lleva al perro atado a las cacerías, para soltarlo en su momento. ◊ Par de perros atraíllados.

TRAÍNA f. Denominación que se daba a varias redes barrederas.

TRAINERA adj. y s. Díc. de la barca que pesca con traína.

TRAJANO, Marco Ulpio (53-117) Emperador rom. [98-117]. Nacido en Itálica (España). Incorporó Dacia y Mesopotamia.

TRAJE m. Vestido peculiar de una clase de personas o de los naturales de un país. ◊ Vestido completo de una persona. ◊ **de baño.** Pieza o piezas con que se cubre someramente el cuerpo para bañarse en sitio público. ◊ **de ceremonia, o de etiqueta.** El que se utiliza en algunos actos solemnes. ◊ **de luces.** Taur. El de seda bordado de oro o plata, con lentejuelas, que se ponen los toreros para torear. ❑ TRAJEAR.

TRAJINAR tr. Acarrear mercancías de un lugar a otro. ◊ intr. Andar de un sitio a otro realizando gestiones. ◊ Chile. Buscar. ❑ TRAJÍN.

TRALLA f. Cuerda más gruesa que el bramante. ◊ Trencilla de cordel o de seda que se pone al extremo del látigo para que restalle. ◊ Látigo provisto de este cordel.

TRALLAZO m. Golpe dado con la tralla. ◊ Chasquido de la tralla.

TRAMA f. En los tejidos, hilos que, alternativamente, se hallan situados transversalmente a la dimensión mayor del tejido. ◊ fig. Intriga, enredo, confabulación con que se perjudica a uno. ◊ Disposición interna, contextura, y en especial el enredo de una obra dramática o novelesca. ❑ TRAMAR.

TRÁMITE m. Paso de una cosa a otra, o de una cosa a otra. ◊ Cada uno de los estados y diligencias que hay que recorrer en un negocio. ❑ TRAMITACIÓN; TRAMITAR.

TRAMO m. Trozo de terreno contiguo a otros y separado de ellos por una señal cualquiera. ◊ Parte de una escalera, comprendida entre dos mesetas o rellanos. ◊ Cada una de las partes en

Pesca con **traína**

que está dividido un andamio, esclusa, camino, etc.

TRAMONTAR intr. Pasar del otro lado de los montes. Díc. especialmente del sol cuando se pone tras los montes. ◊ tr. y prnl. Escapar o huir de un peligro.

TRAMOYA f. Máquina o conjunto de máquinas con las que en el escenario del teatro se realizan los cambios de decorados y los efectos especiales. ◊ fig. Enredo dispuesto con ingenio. ❑ Amér. TRAMOYERO; TRAMOYISTA.

TRAMPA f. Artificio para cazar. ◊ Puerta en el suelo, para poner en comunicación cualquier parte de un edificio con otra inferior. ◊ Tablero horizontal, movible por medio de goznes, que suelen tener los mostradores de las tiendas. ◊ fig. Ardid para burlar o perjudicar a alguno. ◊ fig. Deuda cuyo pago se demora. ❑ TRAMPEAR; TRAMPERÍA; TRAMPERO; TRAMPISTA; TRAMPOSO, SA.

TRAMPILLA f. Ventanilla en el suelo que comunica con una estancia inferior.

TRAMPOLÍN m. Plano inclinado y elástico o plancha muy flexible que sirve para darse impulso al saltar. ◊ fig. Persona, cosa o suceso de que uno se aprovecha para ascender de posición.

TRANCA f. Palo grueso y fuerte. ◊ Palo grueso que se pone para seguridad, atravesado detrás de una puerta o ventana cerrada. ◊ fam. Borrachera. ❑ TRANCAR; TRANCAZO; TRANQUERA.

TRANCE m. Momento crítico y decisivo de algún suceso o acción. ◊ Acompañado de los adjetivos último, postrero, mortal, etc., el último estado o tiempo de la vida próximo a la muerte. ◊ Estado en que un médium muestra fenómenos que se atribuyen a magnetismo animal o espiritismo. ◊ Estado del espíritu en el que se presenta cierta suspensión de las funciones anímicas, tal como sucede en los momentos de éxtasis.

TRANCO m. Paso largo. ◊ Umbral de la puerta. ◊ Juego de la tala. ◊ Palo usado en este juego. ❑ TRANQUEAR.

TRANQUIL m. Arq. Línea vertical o del plomo.

TRANQUILLO m. fig. Hábito especial que se aprende empíricamente para realizar con más facilidad un trabajo.

TRANQUILO, LA adj. Quieto, sosegado, pacífico. ❑ TRANQUILIDAD; TRANQUILIZANTE; TRANQUILIZAR.

TRANS prep. insep. que en las voces a que se halla unida significa *del otro lado* o *más allá*, o *a través de*, o denota cambio o mudanza. Pierde la *s* final precediendo a voces simples que empiecen con esta misma letra.

TRANSACCIÓN f. Trato, convenio, negocio. ❑ TRANSACCIONAL.

TRANSAMINASA f. Enzima que interviene en el metabolismo de los aminoácidos. Los incrementos de t. en el suero sanguíneo indican que existen lesiones necrosantes en el hígado o en el miocardio. ❑ TRANSAMINACIÓN.

TRANSANDINO, NA adj. Díc. de las regiones sit. al otro lado de los Andes. ◊ Relativo a ellas. ◊ **Ferrocarril t.** Díc. de los ferrocarriles que cruzan los Andes. El primero une Buenos Aires con Valparaíso; otro, La Paz con Buenos Aires; y el tercero enlaza Salta y Antofagasta.

TRANSATLÁNTICO, CA adj. Díc. de las regiones situadas al otro lado del Atlántico. ◊ Relativo a ellas. ◊ Díc. del tráfico y medios de locomoción que atraviesan el Atlántico. ◊ m. Buque de grandes dimensiones destinado a hacer la travesía del Atlántico, o de otro gran mar.

TRANSBORDADOR, RA adj. Que transborda. ◊ m. Buque o barco que circula entre dos puntos próximos, en ambos sentidos, y sirve para el transporte de viajeros, mercancías y vehículos. ◊ Vehículo cuya tracción se hace por medio de una cuerda, cable o cadena. ❑ TRANSBORDAR; TRANSBORDO.

TRANSCAUCASIA Región de Asia comprendida entre el Cáucaso y los montes de Armenia; 186 100 km², 15 132 000 hab. Formaba parte de tres antiguas rep. de la URSS, Georgia, Armenia y Azerbaiján, que se independizaron en 1991.

TRANSCENDENCIA f. Trascendencia. ❑ TRANSCENDENTAL; TRANSCENDENTALISMO.

TRANSCRIBIR tr. Copiar un escrito. ◊ Escribir con un sistema de caracteres lo que está escrito con otro. ◊ *Mús.* Arreglar para un instrumento la música escrita para otro. ❑ TRANSCRIPCIÓN o TRASCRIPCIÓN.

TRANSCURRIR intr. Pasar, correr. Se aplica especialmente al tiempo. ❑ TRANSCURSO o TRASCURSO.

TRANSEPTO m. *Arq.* Crucero, espacio que comprende la nave mayor de una iglesia y la que se cruza con ella.

TRANSEÚNTE adj. y s. Que transita o pasa por un lugar. ◊ Que está de paso, que no reside sino transitoriamente en un sitio. ◊ Que es de duración limitada, transitorio. ◊ *Fil.* Díc. de lo que se produce por el agente de tal suerte que el efecto pasa o se termina fuera de él mismo.

TRANSEXUAL adj. y s. Díc. de la persona que se ha sometido a una intervención quirúrgica para cambiar de sexo.

TRANSFERASA f. *Biol.* Enzima cuya misión pral. estriba en la transferencia de moléculas o partes activas de las mismas, formadas gralte. por rotura de moléculas anteriores.

TRANSFERENCIA f. Acción y efecto de transferir. ◊ *Comp.* Movimiento de datos de un soporte a otro, desde una posición a otra dentro del mismo soporte o de una posición de memoria a

otra. ◊ *Zool.* Fenómeno por el cual los individuos conjugantes de ciertos protozoos ciliados, como el paramecio, se intercambian parte del citoplasma. ◊ **bancaria.** Transmisión de títulos nominativos o de fondos de una cuenta a otra, dentro del mismo banco o entre bancos distintos.

TRANSFERIR tr. Pasar o llevar una cosa desde un lugar a otro. ◊ Diferir, retardar. ◊ Extender el significado de una palabra a una acepción figurada. ◊ Renunciar en otro el derecho que se tiene sobre una cosa. ❑ TRANSFERIBLE.

TRANSFIGURAR tr. y prnl. Hacer cambiar de figura a una persona o cosa. ❑ TRANSFIGURACIÓN.

TRANSFORMACIÓN m. *Biol.* Fenómeno de aparición de caracteres de unas bacterias en otras distintas, con las que están en contacto. ◊ *Mat.* Correspondencia entre espacios afines o proyectivos.

TRANSFORMADOR, RA adj. y s. Que transforma. ◊ m. *El.* Dispositivo electromagnético que aumenta o reduce tensiones e intensidades eléctricas manteniendo constante la potencia.

TRANSFORMAR tr. y prnl. Hacer cambiar de forma a una persona o cosa. ◊ Dar a una cosa distinto uso o función. ◊ fig. Cambiar el modo de comportarse o las costumbres de una persona. ❑ TRANSFORMATIVO, VA.

Tránsito viario intenso en Osaka, Japón

TRANSFORMISMO m. *Biol.* Doctrina según la cual los caracteres típicos de las especies pueden variar por la acción de factores intrínsecos y extrínsecos.

TRANSFORMISTA adj. Relativo al transformismo. ◊ com. Partidario de esta doctrina. ◊ Artista de circo o de variedades que cambia rápidamente de traje e imita tipos muy diversos.

TRÁNSFUGA com. o **TRÁNSFUGO** m. Persona que pasa huyendo de una parte a otra. ◊ fig. Persona que pasa de un partido a otro.

TRANSFUNDIR tr. Echar un líquido poco a poco de un vaso en otro. ❑ TRANSFUNDICIÓN o TRASFUNDICIÓN; TRANSFUSOR, RA.

TRANSFUSIÓN f. *Cir.* Administración, a través de las venas de un individuo, de sangre fresca, plasma o glóbulos rojos extraídos de otro individuo.

TRANSGREDIR tr. Quebrantar, violar un precepto, ley o estatuto. ❑ TRANSGRESIVO, VA; TRANSGRESOR, RA o TRASGRESOR, RA.

TRANSGRESIÓN f. *Geol.* Invasión, por parte del mar, de una zona continental sobre la que se inicia una sedimentación típicamente marina.

TRANSHIMALAYA Sistema montañoso del Tíbet, al N del Himalaya. Alcanza los 7 225 m.

TRANSHUMANCIA f. ➩ Trashumancia.

TRANSIBERIANO, Ferrocarril Ferrocarril transcontinental que, a través de Siberia, enlaza Moscú con Vladivostok.

TRANSICIÓN f. Paso más o menos rápido de una prueba, idea o materia a otra, en discursos o escritos. ◊ Cambio repentino de tono y expresión.

TRÁNSIDO, DA adj. fig. Fatigado, acongojado o consumido por alguna penalidad, angustia o necesidad. ◊ fig. Miserable, tacaño.

TRANSIGIR tr. e intr. Ceder ante los deseos, opiniones o acciones de otra persona en contra de los propios. ◊ tr. Convenir un acuerdo ante una cuestión en litigio o disputa. ❑ TRANSIGENCIA.

TRANSILVANIA (rum., *Transilvania* o *Ardeal*; húng., *Erdély*; al., *Siebenbürgen*) Región natural e histórica del O de Rumania, enmarcada por el arco carpático y los montes Bihar; 99 700 km², 6 250 000 hab. Ríos Sormes, Mures y Olt. Clima continental. Bosques. Ganadería. Gas natural, líquido, cobre. ❑ TRANSILVANO, NA.

TRANSISTOR m. *Electr.* Dispositivo constituido por una, dos o más uniones de semiconductores. ◊ P. ext., radiorreceptor provisto de él.

TRANSITAR intr. Pasar por vías o parajes públicos. ◊ Viajar haciendo tránsitos.

TRANSITIVO, VA adj. Término con el que se designa la capacidad significativa del verbo, en cuanto necesita de un complemento directo para su realización.

TRÁNSITO m. Acción de transitar. ◊ Paso, sitio por donde se pasa de un lugar a otro. ◊ Movimiento, circulación de personas y vehículos por calles, carreteras, etc. ◊ Lugar determinado para hacer alto en alguna jornada. ◊ Paso de un estado o empleo a otro.

TRANSITORIO, RIA adj. Pasajero, temporal. ◊ Caduco, perecedero, fugaz. ❑ TRANSITORIEDAD.

TRANSJORDANIA Est. de Oriente Medio fundado en 1921, tras la desmembración del imperio otomano. En 1949 tomó el nombre de ➩ Jordania.

TRANSKEI Ant. bantustán de la Rep. Sudafricana; 41 600 km², 1 751 100 hab. Cap., Umtata. El gobierno de Pretoria le concedió una indep. ficticia en 1976. Abolido en 1994.

TRANSLIMITAR tr. Traspasar los límites morales o materiales. ◊ Pasar inadvertidamente, o mediante autorización previa, la frontera de un Estado para una operación militar, sin ánimo de violar el territorio.

TRANSLITERAR tr. Representar fonemas de una lengua con los signos alfabéticos de otra, o con signos convencionales. ❑ TRANSLITERACIÓN.

TRANSMIGRAR intr. Pasar a otro

país para vivir en él. ◊ Pasar un alma de un cuerpo a otro, según la teoría de la metempsicosis. ❏ TRANSMIGRACIÓN; TRANSMIGRATORIO, RIA.

TRANSMISIÓN f. *Comp.* Acto por el que se envían datos desde un sistema y se reciben estos mismos datos por otro sistema (terminales, computadoras, impresoras, etc.). ◊ *El.* y *Electr.* Envío de energía electromagnética con una distribución organizada, es decir, bajo forma de señales interpretables y dotadas de un contenido de información. ◊ *Mec. apl.* Transformación y gobierno de la energía mediante mecanismos, tales como émbolos, árboles o ejes, bielas, ruedas dentadas, poleas, etc.

TRANSMISOR, RA adj. y s. Que transmite o puede transmitir. ◊ adj. y m. *Fís.* Díc. de todo aparato capaz de transmitir cualquier tipo de información, ya sea óptica, electromagnética, acústica, etc. ◊ m. Aparato telefónico por cuyo medio las vibraciones sonoras se transmiten al hilo conductor, haciendo ondular las corrientes eléctricas. ◊ Aparato telegráfico o telefónico que sirve para producir las corrientes, o las ondas hertzianas, que han de actuar en el receptor.

TRANSMITIR tr. Trasladar, transferir. ◊ *Der.* Enajenar, ceder.

TRANSMUTACIÓN f. *Fís.* Fenómeno por el cual un elemento radiactivo, al emitir radiaciones nucleares, se convierte en otro elemento.

TRANSMUTAR tr. y prnl. Mudar o convertir una cosa en otra. ❏ TRANSMUTABLE o TRASMUTABLE; TRANSMUTATIVO, VA o TRANSMUTATORIO, RIA.

TRANSOCEÁNICO, CA adj. Que está situado al otro lado de un océano. ◊ Que atraviesa un océano.

TRANSPARENTE o **TRASPARENTE** adj. Díc. del cuerpo a través del cual pueden verse claramente los objetos. ◊ P. ext., traslúcido. ◊ fig. Que se deja adivinar o vislumbrar sin declararse o manifestarse. ❏ TRANSPARENCIA; TRANSPARENTARSE.

TRANSPIRACIÓN f. *Biol.* Pérdida de agua en forma de vapor producida a través de poros fisiológicos por evaporación del agua situada en la superficie de las células inferiores.

TRANSPIRAR intr. Exhalar sudor o vapor a través de la piel. ◊ fig. Destilar una cosa agua por sus poros.

TRANSPONER tr., intr. y prnl. Poner a una persona o cosa más allá, en lugar diferente del que ocupaba. ◊ tr. y prnl. Ocultarse a la vista una persona o cosa situada tras una esquina, una pared, una montaña, etc. ◊ Mudar de sitio las plantas, trasplantar. ◊ Quedarse uno algo dormido.

TRANSPORTADOR, RA adj. y s. Que transporta. ◊ m. Círculo graduado de metal u otra materia, que sirve para medir o trazar los ángulos de un dibujo geométrico.

TRANSPORTAR tr. Llevar de un lugar a otro. ◊ Portear. ◊ *Mús.* Trasladar una composición de un tono a otro. ◊ prnl. fig. Enajenarse de la razón o del sentido.

TRANSPORTE m. Transportar, llevar personas o cosas de un lugar a otro. ◊ Servicio que consiste en el traslado de personas, animales, mercancías, energía, información o bienes diversos de

un lugar a otro, con una finalidad social o, principalmente, económica. ◊ *P. Rico.* Instrumento de cinco cuerdas, mayor que la guitarra. ❏ TRANSPORTAR; TRANSPORTISTA.

TRANSUBSTANCIAR tr. y prnl. Convertir totalmente una substancia en otra. ◊ Díc. especialmente del cuerpo y sangre de Cristo en la Eucaristía. ❏ TRANSUBSTANCIACIÓN o TRANSUSTANCIACIÓN; TRANSUBSTANCIAL.

TRANSURÁNIDO adj. y m. *Quím.* Díc. de los elementos químicos de n. a. superior al del uranio (92). Son radiactivos y muy inestables.

TRANSVAAL Prov. del NE de la Rep. Sudafricana; 283 917 km², 10 928 800 hab. Cap., Pretoria. C. pral.: Johannesburgo. Montes Drakensberg. Ríos Vaal y Limpopo. Agricultura. Ganadería. Oro, plata, platino, diamantes, hulla, hierro. Ind. siderometalúrgica, química, mecánica.

TRANSVASAR tr. Pasar un líquido de un recipiente a otro. ❏ TRASVASE o TRANSVASE.

TRANSVERSAL adj. Que se halla o se extiende atravesado de un lado a otro. ◊ Que se aparta o desvía de la dirección principal o recta. ❏ TRANSVERSO, SA o TRASVERSO, SA.

TRANVÍA m. Ferrocarril de pocas unidades, actualmente movido por energía eléctrica, destinado al transporte de viajeros en trayectos urbanos o en cortos enlaces interurbanos. ❏ TRANVIARIO, RIA.

TRAPA f. Instituto religioso, perteneciente a la orden del Cister, fundado por el abate Rancé a principios del s. XVIII. ❏ TRAPENSE.

TRÁPALA f. Ruido, movimiento y confusión de gente. ◊ Ruido acompasado del trote o galope de un caballo. ◊ fam. Embuste, engaño. ◊ m. fam. Prurito de hablar mucho e insustancialmente. ◊ com. fig. y fam. Persona que habla mucho de cosas insustanciales. ◊ adj. y s. fig. y fam. Persona falsa y embustera. ❏ TRAPALEAR.

TRAPACERÍA f. Artificio engañoso con que se defrauda a una persona en alguna compra, venta o cambio. ◊ Fraude, engaño. ❏ TRAPACEAR; TRAPACERO, RA o TRAPACISTA.

TRAPEADOR m. *Chile* y *Méx.* Estropajo.

TRAPECIO m. Palo horizontal suspendido de dos cuerdas por sus extremos y que sirve para ejercicios gimnásticos. ◊ *Geom.* Cuadrilátero con un par de lados paralelos, llamados bases. ◊ *Anat.* Uno de los huesos del carpo. ◊ *Anat.* Cada uno de los dos músculos, que en los mamíferos están situados en la parte dorsal del cuello y anterior de la espalda. ❏ TRAPECIAL; TRAPECISTA.

TRAPERÍA f. Conjunto de muchos trapos. ◊ Sitio donde se venden trapos y otros objetos usados. ❏ TRAPERO, RA.

TRAPEZOIDE m. *Geom.* Cuadrilátero irregular que no tiene ningún par de lados paralelos. ◊ *Anat.* Uno de los huesos del carpo. ❏ TRAPEZOIDAL.

TRAPICHE m. Molino para extraer el jugo de algunos frutos o productos de la tierra como aceituna o caña de azúcar. ◊ *Argent.* y *Chile.* Molino para pulverizar minerales. ❏ TRAPICHERO.

TRAPICHEAR intr. fam. Buscar trazas para el logro de algún fin. ◊ Comerciar al menudeo. ❏ TRAPICHEO.

Transvaal. Torre del antiguo edificio de correos de Johannesburgo

TRAPÍO m. fig. y fam. Aire garboso que suelen tener algunas mujeres. ◊ fig. y fam. Buena planta y gallardía del toro de lidia.

TRAPISONDA f. fam. Bulla o riña. ◊ fam. Embrollo, enredo. ❏ TRAPISONDEAR; TRAPISONDISTA.

TRAPO m. Pedazo de tela desechado por viejo. ◊ Velamen. ◊ fam. Capote o muleta que usa el torero en la lidia. ◊ pl. fam. Prendas de vestir, especialmente de la mujer.

TRÁQUEA f. *Anat.* Segmento de las vías respiratorias que sigue a la laringe y termina a nivel de los pulmones, dividiéndose en los dos bronquios principales o primarios. ◊ *Bot.* Cada uno de los tubos pluricelulares que constituyen los vasos leñosos del xilema de los vegetales cormófitos. ◊ *Zool.* Cada uno de los conductos presentes en muchos insectos cuya misión es la de permitir el acceso del aire hasta los tejidos para que en ellos pueda tener lugar la respiración traqueal. ❏ TRAQUEAL.

TRAQUEIDA f. *Bot.* Cada una de las células aisladas, tubulosas, con tabiques terminales oblicuos, conductoras del xilema de los cormófitos.

TRAQUEOTOMÍA f. *Cir.* Incisión en la tráquea, al nivel del cuello para extraer cuerpos extraños o para evitar la asfixia en las obstrucciones de laringe.

TRAQUETEAR intr. Hacer ruido, estruendo o estrépito. ◊ tr. Mover o agitar una cosa de una parte a otra. Díc. especialmente de los líquidos. ◊ fig. y fam. Frecuentar, manejar mucho una cosa. ❏ TRAQUETEO.

TRARO m. *Chile.* Ave de rapiña, de color blanquecino, salpicado de negro; lleva en la cabeza una especie de corona de plumas negras, y los pies son amarillos.

TRAS prep. Después de, a continuación de, aplicado al espacio o al tiempo. Usado como prefijo en voces compuestas. ◊ fig. En busca o seguimiento de. ◊ Detrás de, en situación posterior. ◊ prep. insep. Trans.

TRASALTAR m. Sitio que en las iglesias está detrás del altar.

TRASBOCAR tr. *Argent.* y *Col.* Vomitar, arrojar.

TRASCENDENCIA f. Penetración, perspicacia. ◊ Resultado, consecuencia de índole grave o muy importante.

TRASCENDENTAL adj. Que se comunica o extiende a otras cosas. ◊ fig. Que es de mucha importancia o gravedad. ◊ *Fil.* En Kant, díc. de las leyes del entendimiento condicionantes *a priori* del conocimiento y anteriores a la experiencia.

TRASCENDENTE adj. Que trasciende. ◊ *Fil.* Díc. de las propiedades del ente en cuanto tal (⇨ trascendencia). ◊ *Mat.* Díc. de los números reales que no pueden ser obtenidos como raíces de una ecuación algebraica de coeficientes racionales.

TRASCENDER intr. Exhalar olor vivo y subido. ◊ Empezar a ser conocido algo que estaba oculto. ◊ Comunicarse los efectos de unas cosas a otras. ◊ *Fil.* Traspasar los límites de la experiencia posible. ◊ tr. Penetrar, averiguar alguna cosa que está oculta.

TRASCORO m. Sitio que en las iglesias está detrás del coro.

TRASDÓS m. *Arq.* Superficie exterior de un arco o bóveda.

TRASEGAR tr. Trastornar, revolver. ◊ Mudar las cosas de un lugar a otro, y en especial un líquido de un recipiente a otro. ❏ TRASIEGO.

TRASERO, RA adj. Que está o viene detrás. ◊ Culo. ◊ f. Parte de atrás o posterior de un coche, una casa, una puerta, etc.

TRASFONDO m. Lo que está o parece estar más allá del fondo visible de algo o detrás de la apariencia o intención de una acción humana.

TRASGO m. Duende, espíritu travieso. ◊ fig. Niño vivo y enredador.

TRASHUMAR intr. Pasar el ganado con sus conductores desde sus dehesas de invierno a las de verano, y viceversa. ❏ TRASHUMACIÓN; TRASHUMANCIA; TRASHUMANTE.

TRASLACIÓN f. *Astr.* Movimiento de rotación de un astro con respecto a otro. ◊ *Gram.* Figura de construcción, que consiste en usar un tiempo del verbo fuera de su natural significación. ◊ *Mat.* Transformación del plano en sí mismo en la cual segmentos correspondientes son iguales paralelos e igualmente directos.

TRASLADAR tr. y prnl. Llevar o mudar de un lugar a otro. ◊ tr. Hacer pasar a una persona de un puesto o cargo a otro de la misma categoría. ◊

Trashumancia

Hacer que una junta, una función, etc., se verifique en tiempo diferente de aquel en que debía verificarse.

TRASLADO m. Copia de un escrito.

TRASLATICIO, CIA adj. Aplícase al sentido en que se usa un vocablo para que signifique cosa distinta de la que con él se expresa en su acepción corriente.

TRASLÚCIDO, DA adj. Díc. del cuerpo a través del cual pasa la luz, pero que no deja ver sino confusamente lo que hay detrás de él. ❏ TRANSLUCIDEZ; TRASLUCIRSE.

TRASLUZ m. Luz que pasa a través de un cuerpo traslúcido. ◊ Luz reflejada de soslayo por la superficie de un cuerpo.

TRASNOCHADO, DA fig. Díc. de la persona desmejorada y macilenta. ◊ fig. Falto de novedad y de oportunidad.

TRASNOCHAR intr. Pasar uno la noche, o gran parte de ella, velando o sin dormir. ❏ TRASNOCHADOR, RA; TRASNOCHE o TRASNOCHO.

TRASPAÍS m. El interior de una región, por oposición al litoral y a un puerto.

TRASPAPELARSE tr. y prnl. Confundirse, desaparecer un papel entre otros.

TRASPASAR tr. Pasar o llevar una cosa de un sitio a otro. ◊ Pasar hacia otra parte. ◊ tr. y prnl. Atravesar de parte a parte con algún arma o instrumento. ◊ tr. Ceder a favor de otro el derecho o dominio de una cosa. ◊ fig. Hacerse sentir un dolor físico o moral con extraordinaria violencia.

TRASPASO m. Conjunto de géneros traspasados. ◊ Precio de la cesión de estos géneros o del local donde se ejerce un comercio o industria. ◊ fig. Aflicción, angustia. ◊ fig. Sujeto que la causa.

TRASPATIO m. *Amér.* Segundo patio de las casas de vecindad, detrás del principal.

TRASPIÉ m. Resbalón o tropezón. ◊ Zancadilla.

TRASPLANTAR tr. Trasladar plantas del sitio en que están arraigadas y plantarlas en otro. ◊ tr. Trasladar de un lugar a otro una ciudad, institución, etc. ◊ Insertar en un cuerpo humano o animal un órgano sano, o parte de él, procedente de un individuo sano de la misma o distinta especie, para sustituir un órgano enfermo o parte de él. ◊ Introducir en un país o lugar ideas, costumbres, instituciones, técnicas, etc., procedentes de otro. ◊ tr. y prnl. Hacer salir de un lugar o país a personas arraigadas en él para asentarlas en otro. ❏ TRASPLANTE.

TRASPUNTE m. Apuntador que previene a cada actor cuándo ha de salir a la escena.

TRASQUILAR tr. y prnl. Cortar el pelo sin orden ni arte. ◊ tr. Esquilar a los animales. ❏ TRASQUILA; TRASQUILADOR; TRASQUILADURA; TRASQUILÓN.

TRASTABILLAR intr. Dar traspiés o tropezones. ◊ Tambalear, titubear. ❏ *Amér.* TRASTABILLÓN.

TRASTADA f. fam. Mala jugada, mala acción contra alguien. ◊ Travesura.

TRASTÁMARA Familia noble de Castilla que ocupó el trono de dicho reino entre 1369 y 1504 y el de Aragón entre 1412 y 1516.

TRASTAZO m. fam. Golpe, porrazo.

TRASTE m. Cada uno de los resaltos de metal o hueso que se colocan a trechos en el mástil de la guitarra u otros instrumentos semejantes, para dejar a las cuerdas la longitud libre correspondiente a los diversos sonidos. ◊ En algunas partes, trasto, trebejo. Se usa más en pl. *Amér.* Trasto. ◊ *Chile, Par.* y *R. de la Plata.* Trasero, nalgas. ❏ TRASTEADO; TRASTEAR; TRASTEO.

TRASTIENDA f. Aposento o pieza que está detrás de la tienda. ◊ fig. y fam. Cautela, astucia.

TRASTO m. Cualquiera de los muebles o utensilios de una casa. ◊ Mueble inútil. ◊ Cada uno de los bastidores que forman parte de las decoraciones de teatro. ◊ fig. y fam. Persona inútil. ◊ fig. y fam. Persona informal. ◊ Utensilios de algún arte o ejercicio. ❏ TRASTERÍA; TRASTERO.

TRASTOCAR tr. Trastornar, revolver. ◊ prnl. Trastornarse, perturbarse la razón.

TRASTORNAR tr. Volver una cosa de abajo arriba o de un lado a otro. ◊ Invertir el orden regular de una cosa. ◊ fig. Inquietar, causar disturbios. ◊ tr. y prnl. fig. Perturbar el sentido. ❏ TRASTORNO o TRASTORNADURA, TRASTORNAMIENTO.

TRASTRABILLAR intr. Trabarse la lengua al hablar.

TRASTROCAR tr. y prnl. Variar el estado, orden, sentido, etc., de una cosa, dándole otro diferente del que tenía. ❏ TRASTROCAMIENTO; TRASTRUECO o TRASTRUEQUE.

TRASUNTO m. Copia o traslado. ◊ Figura que imita con propiedad una cosa. ❏ TRASUNTAR.

TRATA f. Tráfico o comercio con seres humanos, especialmente el de negros bozales. ◊ **de blancas.** Tráfico y comercio de mujeres para especular con ellas en lugares de prostitución.

TRATADO m. Ajuste o conclusión de un negocio o materia, después de haber hablado sobre ella. ◊ Escrito o discurso sobre una materia determinada. ❏ TRATADISTA.

TRATAMIENTO m. Título de cortesía que se da a una persona. ◊ Procedimiento empleado en una experiencia o en la elaboración de un producto. ◊ Elaboración de un producto. ◊ **de textos.** *Comp.* Programa que permite entrar un texto en la computadora, para luego suprimir, añadir, sustituir, modificar, desplazar, etc. signos, palabras, frases o párrafos.

TRATAR tr. Manejar una cosa. ◊ Manejar, gestionar o disponer algún asunto. ◊ tr., intr. y prnl. Comunicar, relacionarse con un individuo. ◊ tr. y prnl. Cuidar bien, o mal, a uno, especialmente en lo referente a la comida, vestido, etc. ◊ tr. e intr. Examinar, estudiar o discutir un determinado asunto, de palabra o por escrito. ◊ *Quím.* Con las prep. *con* o *por*, someter una sustancia a la acción de otra. ◊ Con la prep. *de*, procurar el logro de algún fin. ◊ Con la prep. *en*, comerciar. ❏ TRATABLE; TRATANTE.

TRATATIVA f. *Argent.* Negociación de temas laborales.

TRATO m. Tratado, ajuste, convenio. ◊ Tratamiento, título de cortesía. ◊ Ocupación de tratante. ◊ fam. Contrato, especialmente el relativo a ganados.

TRAUMA m. *Med.* Traumatismo. ◊ *Psic.* Choque sentimental o emoción que deja, en el individuo que lo ha sufrido, una impresión duradera y difícilmente asimilable.

TRAUMATISMO m. *Med.* Lesión interna o externa producida por la acción de un agente mecánico, físico o químico. ❏ TRAUMÁTICO, CA; TRAUMATOLOGÍA; TRAUMATÓLOGO, GA.

TRAVELLER'S CHECK (voz ing.) m. Cheque de viaje.

TRAVELLING (voz ing.) m. *Cin.* Desplazamiento de la cámara tomavistas mediante ruedas, raíles, etc., para acercarla al objeto, alejarla de él o seguirlo en sus movimientos.

TRAVEN, *Bruno* (1890-1969) Escritor de posible origen al., y nacionalizado mex. *La rebelión de los colgados*, *El tesoro de sierra Madre*.

TRAVERTINO m. *Geol.* Depósito calcáreo muy poroso, originado en proximidades de aguas cargadas de carbonato cálcico.

TRAVÉS m. Inclinación o torcimiento. ◊ *Mil.* Parapeto para ponerse al abrigo de los fuegos enfilados, de flanco, de revés o de rebote. ◊ *Mar.* Dirección perpendicular a la de la quilla. ❏ TRAVESERO, RA.

TRAVESAÑO m. Pieza de madera, hierro u otro material que une dos partes opuestas de una cosa. ◊ Almohada larga que ocupa toda la cabecera de la cama.

TRAVESEAR intr. Andar inquieto o revoltoso de una parte a otra. ◊ fig. Discurrir con ingenio y viveza. ◊ fig. Llevar una vida disipada.

TRAVESÍO, A adj. Aplícase a los vientos que dan por alguno de los lados, y no de frente. ◊ f. Camino transversal. ◊ Callejuela entre calles principales. ◊ Parte de una carretera dentro del casco de una población. ◊ Distancia entre dos puntos de tierra o de mar. ◊ Viaje por mar. ◊ *Argent.* Región vasta, desierta y sin agua. ◊ *Mar.* Viento cuya dirección es perpendicular a la de una costa.

TRAVESTIDO, DA adj. o **TRAVESTI** (voz fr.) m. Disfrazado o encubierto.

TRAVESTIR tr. y prnl. Vestir uno con la ropa propia del sexo contrario. ❏ TRAVESTISMO.

TRAVESURA f. fig. Acción culpable verificada con destreza e ingenio.

TRAVIESO, SA adj. Atravesado o puesto al través. ◊ fig. Sutil, sagaz. ◊ fig. Inquieto y revoltoso. ◊ fig. Aplícase a las cosas bulliciosas e inquietas. ◊ fig. Vicioso, particularmente lujurioso. ◊ Cada una de las piezas que sirven para afirmar los carriles ferroviarios. ◊ Cada una de las piezas que unen los largueros del bastidor sobre los que se montan o asientan los vagones de los ferrocarriles. ◊ *Arq.* Cualquiera de los cuchillos de armadura que sirven para sostener un tejado. ◊ *Arq.* Pared maestra que no está en fachada ni en medianería.

TRAYECTO m. Espacio que se recorre de un punto a otro. ◊ Acción de recorrerlo.

TRAYECTORIA f. Recorrido de un cuerpo que se mueve en un espacio de dos o tres dimensiones según una ley.

TRAZA f. Diseño para la fábrica de un edificio u otra obra. ◊ fig. Modo, apariencia o figura de una cosa. ◊ *Geom.* Intersección de una línea o de una superficie con cualquiera de los planos de proyección.

TRAZADO, DA adj. Con los adv. *bien* o *mal* antepuestos, díc. de la persona de buena o mala conformación física. ◊ Traza o diseño para hacer un edificio u otra obra. ◊ Recorrido o dirección de un camino, canal, etc., sobre el terreno.

TRAZAR tr. Hacer trazos. ◊ Diseñar la traza que se ha de seguir en un edificio u otra obra. ◊ fig. Discurrir y disponer los medios oportunos para el logro de una cosa. ❏ TRAZADOR, RA.

TRAZO m. Delineación con que se forma el diseño o planta de cualquier cosa. ◊ Línea, raya. ◊ Cada una de las partes en que se considera dividida la letra de mano. ◊ *Pint.* Pliegue de ropaje.

TRÉBEDE f. pl. Aro o triángulo de hierro con tres pies, que sirve para poner al fuego sartenes, peroles, etcétera.

TREBEJO m. Instrumento, utensilio. Se usa más en pl. ◊ Juguete o trasto con que uno se divierte.

TREBISONDA, *Imperio griego de* Imperio fundado en 1204, tras la caída de Constantinopla en manos de los cruzados, por Alejo I Comneno. En 1461 sucumbió ante los otomanos.

TREBO m. *Chile.* Arbusto espinoso, que se utiliza para formar setos.

TRÉBOL m. Nombre común a diversas especies de plantas herbáceas pratenses caracterizadas por sus folíolos ternados. ◊ *Bot.* Planta herbácea de raíz pivotante, tallos erectos y ramificados, hojas alternas, flores tubulosas de color violeta, y fruto indehiscente. ◊ **de cuatro hojas.** Helecho rizomatoso con frondes muy peciolados formados por cuatro segmentos, y esporangios situados en pedúnculos soldados a los peciolos. ◊ **oloroso.** Meliloto. ❏ TREBOLAR.

TRECE adj. Diez y tres. ◊ adj. y s. Decimotercio. ◊ m. Conjunto de signos con que se representa el núm. trece.

TRECHO m. Espacio de lugar o tiempo.

TREFILERÍA f. Operación que realiza la trefiladora. Consiste en pasar el perfil cuya sección pretende reducirse a través de una serie de orificios calibrados, cada vez de menor diámetro. ◊ Fábrica o taller donde se trefila. ❏ TREFILADOR, RA; TREFILAR.

TREGUA f. Cese de hostilidades, por determinado tiempo, entre los enemigos que tienen guerra. ◊ fig. Intermisión, descanso.

TREINTA adj. Tres veces diez. ◊ adj. y s. Trigésimo. ◊ m. Conjunto de signos con que se representa el núm. treinta.

TREINTA Años, *guerra de los* Lucha sostenida entre varias potencias europeas contra los Habsburgo (Austria y España), entre 1618-1648, por motivos religiosos y políticos. Tuvo cuatro fases: bohemia (1618-1623), danesa (1623-1630), sueca (1630-1635) y fr. (1635-1648). El conflicto, que concluyó con la paz de Westfalia (24 octubre 1648), arruinó económicamente a Alemania e infligió un duro quebranto a la grandeza de los Habsburgo.

TREINTA Y TRES Dpto. del E de Uruguay, limítrofe con Brasil; 9 529 km², 49 318 hab. Cap., la c. hom. C. prales.: Olimar y Vergara. Accidentado por la Cuchilla Grande del Norte. Ríos Tacuarí, Cebollatí y Olimar, desembocan en la laguna de Merim. Trigo, arroz. Ganadería ovina y bovina. ◊ C. de Uruguay, cap. del dpto. hom.; 25 711 hab. Sit. junto al r. Olimar Grande. Centro comercial agropecuario.

TREINTA y Tres Orientales, *expedición de los* Mov. de liberación de la Banda Oriental del dominio bras., realizado por patriotas exiliados en Buenos Aires (1825).

Juan Antonio Lavalleja, jefe de la expedición de los **Treinta y Tres Orientales**

TREINTAVO, VA adj. y m. Cada una de las treinta partes en que se divide un todo.

TREINTENO, NA adj. Trigésimo. ◊ f. Conjunto de treinta unidades. ◊ Cada una de las treintavas partes de un todo.

TREITSCHKE, *Heinrich von* (1834-1896) Historiador al. Autor de una *Historia de Alemania en el s.* XIX.

TREJO, *Oswaldo* (1928-1997) Escritor ven., surrealista. *Aspasia tenía forma de corneta*, *Andén lejano*. ◊ **Y Sanabria,** *Fernando de* (1555-1614) Prelado arg. Desarrolló una gran labor en favor de los indios y esclavos. Fundó la universidad de Córdoba.

TREJOS Fernández, *José Joaquín* (n. 1916) Político cost., liberal conservador. Presid. de la rep. (1966-1970).

TREMEBUNDO, DA adj. Horrendo, que hace temblar.

TREMEDAL m. Turbera.

TREMENDO, DA adj. Terrible, digno de ser temido. ◊ Digno de respeto y reverencia. ◊ fig. y fam. Excesivo en su línea.

TREMENTINA f. Resina del pino marítimo y de otras coníferas. Por destilación con agua o con vapor se obtiene la esencia de t. o aguarrás, y como residuo queda la colofonia o pez griega.

TREMOLAR tr. e intr. Enarbolar los pendones, banderas o estandartes, batiéndolos en el aire. ◊ tr. fig. Hacer ostentación de cosas inmateriales.

TREMOLINA f. Movimiento ruidoso del aire. ◊ fig. y fam. Bulla, confusión de voces.

TRÉMOLO m. *Mús.* Sucesión rápida de muchas notas iguales, de la misma duración.

TRÉMULO, LA adj. Que tiembla. ◊ Aplícase a cosas que tienen un movimiento semejante al temblor, como la luz, etc.

TREN m. Bagaje, conjunto de cosas necesarias para un viaje o expedición. ◊ Conjunto de instrumentos, máquinas y útiles que se emplean para una misma operación o servicio. ◊ Lujo, comodidades con que se vive. ◊ *Ferr.* Conjunto formado por una locomotora y los vagones que arrastra. ◊ **de aterrizaje.** *Aer.* Estructura muy resistente, que se apoya en la armazón del fuselaje o de las alas y que en general se halla provista de ruedas de neumáticos. ◊ **de ondas.** Conjunto de ondas que se repiten sin experimentar modificación alguna.

TRENKA f. Abrigo con capucha, que se cierra por delante mediante cilindros que se sujetan a unas trencillas cosidas al delantero opuesto.

TRENO m. Canto fúnebre, lamentación.

TRENTINO-ALTO ADIGIO (*Trentino-Alto Adige*) Región del N de Italia, formada por las prov. de Trento y Bolzano; 13 607 km², 890 400 hab. Accidentada por el valle alto del Adigio, los macizos de Ortles y Adamello y la cord. de las Dolomitas. Frutales. Vacunos. Explotación forestal. Ind. alimentaria, metalúrgica, mecánica. Turismo.

TRENTO C. de Italia, cap. de la prov. hom. y de la región de Trento-Adigio; 101 500 hab. Ind. textil, metalúrgica. ◊ **Concilio de T.** Concilio ecuménico de la Iglesia católica celebrado en el período de 1545 a 1563 para organizar la Contrarreforma. ❏ TRIDENTINO, NA.

ca de insectos. Los t. o trepatroncos son pajarillos pequeños, de plumaje gris azulado en el dorso y blanquecino en el vientre. ◊ Ganchos que se ponen en los pies los operarios que han de trepar por los postes de madera.

TREPANACIÓN f. *Cir.* Intervención con perforación ósea. Se suele aplicar a la efectuada en el cráneo. ❏ TREPANAR.

TRÉPANO m. *Cir.* Instrumento que se usa para trepanar. ◊ Herramienta metálica, cilíndrica y hueca, con bordes cortantes en uno de sus extremos, que se coloca en la junta de la barra rotatoria de las perforadoras que extraen del subsuelo muestras de roca para ser examinadas.

TREPAR tr. e intr. Subir a un lugar valiéndose y ayudándose de los pies y las manos. ◊ intr. Crecer las plantas agarrándose a los árboles u otros objetos.

TREPIDAR intr. Temblar, estremecerse. ◊ *Amér.* Vacilar, titubear, dudar. ❏ TREPIDACIÓN.

TREPONEMA m. Género de esquizomicetes patógenos, como el causante de la sífilis.

TRES adj. Dos y uno. ◊ adj. y s. Tercero. ◊ m. Signo o conjunto de signos con que se representa el núm. tres. ◊ Trío.

TRES ARROYOS C. de Argentina, en la prov. de Buenos Aires; 54 300 hab. Centro comercial. Ind. alimentaria y mecánica.

TRETA f. Ardid, recurso sutil o ingenioso para conseguir algún intento.

TRÉVERIS (al., *Trier*) C. de Alemania, en el est. de Renania-Palatinado, a orillas del Mosela; 104 000 hab. Ind. textil, mecánica, de tabaco. Monumentos romanos.

TREZAVO, VA adj. y m. Díc. de las trece partes iguales en que se divide un todo.

TRÍADA f. Conjunto de tres seres o cosas estrecha o especialmente vinculados entre sí. ❏ TRIÁDICO, CA.

TRIANA, *José Jerónimo* (1826-1890) Botánico col. Autor, con Decaisne y Planchon, de *Enumeración de las plantas de Nueva Granada.*

TRIANGULACIÓN aérea. f. *Top.* Procedimiento que consiste en la concatenación de fotografías sucesivas tomadas desde un avión, con el eje de la cámara casi nadiral, a lo largo de una ruta lo más rectilínea posible. ◊ **geotopográfica.** *Top.* Procedimiento para el levamiento topográfico de un gran núm. de puntos, con el fin de crear sobre una vasta zona de terreno una red de puntos suficientemente espesa para constituir la base de un levantamiento cartográfico.

TRIANGULAR adj. Que tiene forma de triángulo o es semejante a él.

TRIÁNGULO m. *Geom.* Polígono de tres lados. ◊ **acutángulo.** Aquel cuyos tres ángulos son agudos. ◊ **equilátero.** El que tiene los tres lados iguales. ◊ **escaleno.** Aquel cuyos tres lados son desiguales. ◊ **isósceles.** El que tiene dos lados, y por consiguiente dos ángulos, iguales. ◊ **obtusángulo.** El que tiene un ángulo obtuso. ◊ **rectángulo.** El que tiene un ángulo recto. ❏ TRIANGULADO, DA.

TRIAR tr. Escoger, entresacar. ◊ intr. Entrar y salir con frecuencia las abejas de una colmena. ◊ prnl. Clararse una tela. ❏ TRÍA.

TRIÁSICO, CA adj. y m. *Geol.* Díc. del primer período de la era secundaria, comprendido entre el pérmico y el jurásico, caracterizado por el gran desarrollo que alcanzan los reptiles y la aparición de los primeros mamíferos. ◊ adj. Relativo a dicho período.

TRIBU f. Cada una de las agrupaciones en que se dividen algunos pueblos primitivos, especialmente en África y América. ◊ Conjunto de familias nómadas que obedecen a un jefe. ◊ fig. y fam. Familia numerosa; pandilla. ❏ TRIBAL; TRIBALISMO; TRIBUAL.

TRIBULACIÓN f. Congoja, pena o tormento. ◊ Adversidad que padece el hombre.

TRIBUNA f. Plataforma o lugar elevado, desde donde se habla al público. ◊ Plataforma elevada destinada a los asistentes a un acto o espectáculo, por lo general al aire libre. ◊ fig. Conjunto de oradores políticos de un país, de una época, etc.

TRIBUNAL m. Lugar destinado a los jueces para administrar justicia. ◊ *Der.* Conjunto de funcionarios judiciales reunidos para administrar justicia. ◊ Conjunto de jueces ante el cual se verifican exámenes, oposiciones y otros certámenes. ◊ **Internacional de Justicia** Órgano de la ONU, con sede en La Haya, con jurisdicción sobre litigios interestatales.

Sesión del concilio de **Trento,** en una pintura anónima del s. XVI

TRENTON C. de EE UU, cap. del est. de Nueva Jersey, a orillas del r. Delaware; 88 700 hab. Ind. textil, aeronáutica y de automóviles.

TRENZA f. Conjunto de tres o más ramales que se entretejen, cruzándolos alternativamente. ◊ La que se hace entretejiendo el cabello largo. ❏ TRENZADO, DA; TRENZAR.

TREPA f. Especie de guarnición que se pone al borde de los vestidos. ❏ TREPADO.

TREPADOR, RA adj. Que trepa. ◊ *Bot.* Aplícase a los vegetales cuyos tallos son volubles y se enrollan alrededor de diversos soportes o bien tienen órganos especiales, para poder remontarse hacia la luz solar. ◊ m. *Zool.* Ave paseriforme que trepa por los troncos en bus-

TRES CRUCES Cumbre de los Andes, en el límite chileno-argentino; supera los 6 700 m de alt.

TRES DE FEBRERO Partido conurbano de Argentina, en la prov. de Buenos Aires; 345 400 hab. Forma parte del área suburbana de los alrededores de Buenos Aires.

TRESCIENTOS, TAS adj. Tres veces ciento. ◊ Tricentésimo. ◊ m. Conjunto de signos con que se representa el núm. trescientos.

TRESILLO m. Juego de naipes entre tres personas, cada una de las cuales recibe nueve cartas, y gana en cada lance la que hace mayor núm. de bazas. ◊ Conjunto de un sofá con dos butacas que hacen juego. ◊ Sortija con tres piedras que hacen juego.

TRIBUNO m. Magistrado rom. a cuyo cargo estaba la defensa de los intereses de la plebe, que los elegía anualmente en asamblea. ◊ Oficial del ejército romano que estaba al mando de una legión. ❏ TRIBUNADO.

TRIBUTAR tr. Entregar un tributo. ◊ fig. Ofrecer o manifestar, a modo de tributo y reconocimiento, algún sentimiento favorable. ❏ TRIBUTACIÓN.

TRIBUTO m. Lo que se tributa. ◊ Carga u obligación de tributar. ◊ fig. Cualquier carga continua. ◊ *Econ.* Prestación pecuniaria que el Est. exige a los sujetos bajo su jurisdicción. ❏ TRIBUTARIO, RIA.

TRICAHUE m. *Chile.* Especie de loro grande.

TRÍCEPS adj. y s. *Anat.* Díc. del músculo que tiene tres porciones o cabezas, con un único tendón terminal.

TRICERATOPS m. *Pal.* Reptil dinosaurio que vivió durante el período cretácico. Se caracteriza por su enorme cabeza, protegida por una coraza ósea con cuernos en su borde.

TRICICLO m. Vehículo de tres ruedas.

TRICLÍNICO, CA adj. y m. *Miner.* Díc. del sistema cristalino cuyas formas cristalográficas se refieren a una cruz axial de ejes desiguales y no perpendiculares entre sí. ◊ adj. Relativo a este sistema.

TRICLINIO m. Cada uno de los lechos en que los ant. gr. y rom. se reclinaban para comer. ◊ Comedor de los ant. gr. y rom.

TRICOLOR adj. De tres colores.

TRICORNIO adj. y m. Díc. del sombrero que tiene el ala dura y doblada formando tres picos, especialmente el de la Guardia Civil esp.

TRICOT (voz fr.) m. Tejido de género de punto.

TRICOTA f. *Argent.* Tejido de punto.

TRICROMÍA f. *Art. Gráf.* Estampación hecha mediante la combinación de tres tintas correspondientes a los colores fundamentales.

TRICÚSPIDE adj. y s. *Anat.* Díc. de la válvula que se halla entre la aurícula derecha del corazón y el ventrículo correspondiente.

TRIDENTE adj. De tres dientes. m. ❏ TRIDENTÍFERO, RA.

TRIDIMENSIONAL adj. De tres dimensiones.

TRIEDRO m. *Geom.* Figura del espacio constituida por un punto (vértice), tres semirrectas no coplanarias partiendo de él (aristas) y las tres regiones de plano que limita cada par de semirrectas (caras).

TRIENAL adj. Que se repite cada trienio. ◊ Que dura un trienio.

TRIENIO m. Tiempo de tres años.

TRIESTE C. y puerto de Italia, junto al golfo homó.; cap. de la prov. de Trieste; 231 100 hab. Ind. maderera, siderometalúrgica, refino de petróleo. Astilleros. En 1947 fue la cap. del *Territorio libre de Trieste.* Incorporada a Italia en 1954.

TRIFÁSICO, CA adj. y m. *Fís.* y *Quím.* Díc. de todo sistema que consta de tres fases. ◊ adj. *El.* Relativo a un sistema eléctrico trifásico.

TRÍFIDO, DA adj. *Bot.* Hendido por tres partes.

TRIFOLIADO, DA adj. *Bot.* Que tiene hojas compuestas de tres folíolos.

TRIFOLIO m. Trébol.

TRIFORIO m. *Arq.* Galería que rodea el interior de una iglesia sobre los arcos de las naves.

TRIFULCA f. Aparato para dar movimiento a los fuelles de los hornos metalúrgicos. ◊ fig. y fam. Camorra entre varias personas.

TRIGÉMINO, NA adj. Se aplica a los hermanos nacidos en un parto de tres. ◊ m. *Anat.* Quinto par de los nervios craneales, del que dependen dos inervaciones: la sensitiva de la cara y la motora de los músculos masticadores.

TRIGÉSIMO, MA adj. Que sigue inmediatamente en orden al o a lo vigésimo nono. ◊ adj. y s. Díc. de cada una de las treinta partes iguales en que se divide un todo.

TRIGLICÉRIDO m. *Quím.* Sustancia derivada de la glicerina por sustitución de sus tres grupos alcohólicos por restos de ácidos grasos enlazados por esterificación.

TRIGLIFO m. *Arq.* Miembro arquitectónico en forma de rectángulo saliente y surcado por tres canales.

TRIGO m. *Bot.* Nombre común de diversas especies de plantas herbáceas panificables, más concretamente se aplica a las gramíneas del gén. *Triticum.* ◊ **sarraceno.** Alforfón. ❏ TRIGAL; TRIGUEÑO, ÑA; TRIGUERO, RA.

Trigo

TRIGO, Felipe (1865-1916) Escritor esp., creador de un estilo erótico. *Las ingenuas, Murió de un beso, Jarrapellejos.*

TRÍGONO m. En astrología, conjunto de tres signos del Zodiaco equidistantes entre sí.

TRIGONOMETRÍA f. Rama de la matemática que estudia las relaciones numéricas entre lados y ángulos de figuras geométricas. Puede ser plana y esférica, y consta de dos partes: teoría de la resolución de triángulos y teoría de las funciones circulares. ❏ TRIGONOMÉTRICO, CA.

TRILÁSER m. *Med.* Instrumento de neurocirugía basado en el uso simultáneo de tres láser: de dióxido de carbono, de neodimio y de argón.

TRILATERAL, Comisión Organismo internacional de carácter privado fundado en 1973 por D. Rockefeller. Su objetivo es coordinar una acción común entre los países capitalistas desarrollados en el contexto de las relaciones económicas y políticas con los países del Tercer Mundo y del bloque socialista.

TRILE m. *Chile.* Pájaro negro, que se asemeja al tordo y anida en parajes húmedos.

TRILITA f. *Quím.* Trinitrotolueno.

Trilobites

TRILLAR tr. Triturar la mies y separar el grano de la paja. ◊ fig. Maltratar. ❏ TRILLA; TRILLADO, DA; TRILLADOR, RA; TRILLO.

TRILLIZO, ZA adj. y s. Díc. de cada uno de los hermanos nacidos de parto triple.

TRILLÓN m. *Arit.* Un millón de billones, que se expresa por la unidad seguida de 18 ceros.

TRILOBITES m. pl. *Pal.* Subtipo de artrópodos marinos característicos de la era paleozoica, de cuerpo trilobulado.

TRILOBULADO, DA adj. Que tiene tres lóbulos.

TRILOGÍA f. Conjunto de tres obras que tienen entre sí cierto enlace.

TRIMEMBRE adj. De tres miembros o partes. ❏ TRÍMERO, RA.

TRIMESTRE m. Tiempo de tres meses. ❏ TRIMESTRAL.

TRIMIELGA f. Torpedo, pez.

TRIMOTOR, RA adj. y m. Díc. del avión de tres motores.

TRINAR intr. Hacer trinos. ◊ fig. y fam. Rabiar, impacientarse. ❏ TRINADO.

TRINCA f. Junta de tres cosas de una misma clase. ◊ Conjunto de tres personas designadas para argüir recíprocamente en las oposiciones; y p. ext. controversia entre varios opositores. ◊ Grupo o pandilla reducida de amigos. ◊ *Cuba, P. Rico y Méx.* Borrachera. ◊ *Mar.* Ligadura que se da a una cosa para asegurarla de los balances de la nave.

TRINCAR tr. Desmenuzar en trozos. ◊ Atar fuertemente. ◊ Sujetar a uno con los brazos o las manos como amarrándolo. ◊ *Amér. Centr.* y *Méx.* Apretar, oprimir. ❏ TRINCADO, DA.

TRINCHA f. Ajustador que sirve para ceñir el chaleco, el pantalón y otras prendas.

TRINCHANTE adj. Que trincha. ◊ m. El que corta la vianda en la mesa. ◊ Instrumento con que se afianza lo que se ha de trinchar. ◊ Escoda, instrumento para labrar piedras. ◊ *Par.* y *R. de la Plata.* Cuchillo grande.

TRINCHAR tr. Partir en trozos la vianda para servirla.

TRINCHE m. *Amér.* Tenedor de mesa. ◊ *Amér.* Trinchero, mueble donde se trincha.

TRINCHERO, RA adj. Díc. del plato en que se trinchan y comen los manjares. ◊ f. Defensa hecha de tierra que cu-

bre el cuerpo del soldado. ◊ Desmonte hecho en el terreno para un camino y con taludes por ambos lados. ◊ Sobretodo, impermeable.
TRINCHETE m. *Amér.* Cuchillo de hoja grande.
TRINEO m. Vehículo sin ruedas para trasladarse sobre el hielo y la nieve, tirado por caballos o perros.
TRINIDAD n. p. f. *Teol.* Distinción de tres personas divinas en una sola y única esencia.
TRINIDAD C. del N de Bolivia, cap. del dpto. de Beni, a orillas del Mamoré; 79 963 hab. Mercado agropecuario. Ind. alimentarias.
TRINIDAD C. de Cuba, en la prov. de Sancti Spíritus; 37 300 hab. Mercado de productos tropicales.
TRINIDAD C. de Uruguay, cap. del dpto. de Flores; 20 982 hab. Mercado agropecuario, centro comercial.
TRINIDAD Y TOBAGO Estado insular del mar Caribe, sit. al NE de Venezuela, formado por las islas de Trinidad y de Tobago. La isla de Trinidad está accidentada por los montes Northern (940 m), que continúan al NE con los montes Main (566 m), ya en Tobago. Esta isla se ve afectada por los ciclones. Clima tropical húmedo. Bosques tropicales en las zonas lluviosas, y sabanas y arbustos xerófilos en el resto. Caña de azúcar, cacao, café, naranjas, arroz, patatas, maíz. Ind. azucarera, licorera (ron). Petróleo, asfalto, gas natural. Refinerías. República. Lenguas: ing. (of.), español, hindi. *Rel.*: catolicismo, protestantismo, hinduismo, islamismo. U.M.: dólar de Trinidad y Tobago. Cap.: Puerto España. C. pral.: San Fernando. □ *Hist.* Colón descubrió ambas islas (1498). Durante los ss. XVI-XVIII Trinidad dependió de Caracas, y Tobago fue dominio fr. desde 1650. En la segunda mitad del s. XVIII pasaron a poder brit. Con la formación del Movimiento Nacional del Pueblo (MNP), encabezado por E. E. Williams, se inició el mov. independentista, que culminó en 1962. En 1980 Tobago alcanzó cierto grado de autonomía.
TRINITARIO, RIA adj. y s. Díc. del religioso perteneciente a la orden fundada por Juan de Mata y Félix de Valois. ◊ De Trinidad. ◊ f. Pensamiento, planta herbácea. ◊ *P. Rico.* Planta trepadora espinosa. ◊ **de México.** Planta herbácea originaria de Amér. Central y Meridional, se cultiva como planta ornamental.
TRINITROTOLUENO o **TRINITROTOLUOL** m. *Quím.* Producto sólido cristalino, derivado del tolueno, que se utiliza como explosivo. Es tóxico y produce dermatitis.
TRINO, NA adj. Que consta de tres elementos o unidades, ternario. ◊ m. Gorjeo de los pájaros. ◊ *Mús.* Figura que consiste en repetir varias veces y de forma muy rápida dos notas sucesivas, separadas por una segunda diatónica, mayor o menor.
TRINOMIO m. *Álg.* Polinomio que consta de tres monomios.
TRINQUETE m. *Mar.* Verga mayor que se cruza sobre el palo de proa. ◊ *Mar.* Vela que se larga en ella. ◊ *Mar.* Palo que se arbola inmediato a la proa, en las embarcaciones que tienen más de uno.
TRINTIGNANT, Jean-Louis (n. 1930) Actor cinematográfico fr. *Un hombre y una mujer, Z, El atentado, El conformis-*

ta, Vivamente el domingo.
TRÍO m. Tría. ◊ *Mús.* Composición para tres voces o instrumentos. ◊ *Mús.* Conjunto de tres voces o instrumentos.
TRIODO m. *Electr.* Tubo o válvula electrónico de tres electrodos (filamento, placa y rejilla), en cuyo interior se ha hecho el vacío. Se usa como amplificador. ◊ **de gas.** Tiratrón.
TRIÓXIDO m. *Quím.* Cuerpo resultante de la unión de un radical con tres átomos de oxígeno.
TRIPA f. Conjunto de intestinos o parte de intestino. ◊ Vientre, y especialmente el de la hembra preñada. ◊ Panza de una vasija. ◊ Relleno del cigarro puro. ◊ fig. El interior de ciertas cosas. □ TRIPERÍA; TRIPERO, RA; TRIPÓN, NA; TRIPUDO, DA.
TRIPANOSOMA m. Nombre común

Mapa de situación y bandera
de **Trinidad y Tobago**

de ciertas formas de protomonadinos con un flagelo unido al cuerpo por una membrana citoplasmática ondulante.

TRINIDAD Y TOBAGO	
Superficie	5 123 km²
Población	1 345 000 hab. (262 hab./km²)
Recursos económicos	
Agrios	17 000 t
Arroz	14 000 t
Azúcar	104 000 t
Bananas	6 000 t
Cabaña bovina	60 000 cabezas
Cabaña caprina	52 000 cabezas
Cabaña porcina	50 000 cabezas
Cemento	438 000 t
Cerveza	349 000 hl
Copra	5 000 t
Energía eléctrica	3 480 000 000 kwh
Gas natural	4 500 000 000 m³
Nuez de coco	40 000 t
Pesca	3 300 t
Petróleo	7 863 000 t
Riqueza forestal	72 000 m³
Indicadores sociológicos	
PNB	1 649 millones de dólares
Renta per cápita	3 610 dólares
Esperanza de vida	68 años
Alfabetismo	95 %

◊ Nombre común de los protozoos de la familia tripanosómidos.
TRIPANOSOMIASIS f. *Pat.* Enfermedad infecciosa del hombre y los animales causada por protozoos tripanosómidos transmitidos por ciertos insectos.
TRIPARTIR tr. Dividir en tres partes. □ TRIPARTICIÓN; TRIPARTITO, TA.
TRIPLE adj. y m. Díc. del núm. que contiene a otro tres veces exactamente. ◊ adj. Que consta de tres elementos o que se compone de tres partes. □ TRIPLICIDAD.
TRIPLICAR tr. y prnl. Multiplicar por tres. ◊ Hacer tres veces una misma cosa. □ TRIPLICACIÓN.
TRIPLOIDE adj. y m. *Bot.* Individuo, célula o núcleo que presenta genomas completos.
TRÍPODE m. y f. Mesa, banquillo, etc., de tres pies. ◊ m. Armazón de tres pies, para sostener instrumentos.
TRÍPOLI (ár., *Tarabulus al-Gharb*) Cap. de Libia; 550 400 hab. Manufacturas de tabaco, alfombras, sedas y acero. Centro administrativo. Puerto comercial. □ TRIPOLITANO, NA.
TRIPOLITANIA (*Tarabulus*) Región del NO de Libia. La región histórica comprende 353 000 km² y 1 300 000 hab. Cap., Trípoli. Desde 1951 pertenece a Libia.
TRIPSINA f. *Biol.* Enzima originado en el intestino cuya función estriba en la hidrólisis de las proteínas.
TRÍPTICO m. Libro o tratado que consta de tres partes. ◊ Pintura, grabado o relieve distribuido en tres hojas unidas.
TRIPTONGO m. *Gram.* Conjunto de tres vocales que forman una sola sílaba. □ TRIPTONGAR.
TRIPULACIÓN f. Personas que en una embarcación o en un aparato de locomoción aérea están dedicadas a su maniobra y servicio. □ TRIPULANTE; TRIPULAR.
TRIPURA Est. del NE de la India; 10 477 km², 2 744 800 hab. Cap., Agartala. Terr. montañoso. Avenada por afl. del Kuyamara. Clima tropical. Arroz, té, tabaco, algodón, yute. Ind. textil.
TRIQUINA f. *Zool.* Larva de un nematelminto parásito del hombre y de ciertos animales, como el cerdo. Es la causa de la triquinosis.
TRIQUINOSIS f. *Pat.* Enfermedad provocada por la triquina, cuyos embriones se fijan en los músculos estriados, donde se enquista.
TRIQUIÑUELA f. fam. Ardid, artimaña, treta.
TRIRREME m. Embarcación, usada antiguamente, con tres órdenes o filas superpuestas de remos.
TRIS m. Leve sonido que al quebrarse hace una cosa delicada. ◊ fig. y fam. Porción muy pequeña; causa u ocasión levísima.
TRISACÁRIDO m. Glúcido constituido por la unión de tres monosacáridos por enlace glucosídico. Los t. son relativamente abundantes en los vegetales y poco extendidos en el reino animal.
TRISCAR intr. Hacer ruido con los pies o dando patadas. ◊ fig. Retozar, hacer travesuras. ◊ tr. y prnl. fig. Enredar, mezclar. ◊ tr. fig. Torcer alternativamente a uno y otro lado los dientes de la sierra. □ TRISCADOR; TRISQUE.

TRISÍLABO, BA adj. y s. De tres sílabas.

TRISMO m. *Pat.* Contracción espasmódica de los músculos masticadores, que provoca la imposibilidad de abrir la boca. Su causa más frecuente y conocida es el tétanos.

TRISTÁN y Moscoso, *Juan Pío de* (1773-1860) Político y militar per. Presid. del Est. surperuano dentro de la Confederación Peru-boliviana (1838-1839).

TRISTÁN DE CUNHA Arch. volcánico del Atlántico S, perteneciente a Gran Bretaña.

TRISTE adj. Afligido, apesadumbrado. ◊ De carácter o temperamento melancólico. ◊ Que denota pesadumbre o melancolía. ◊ Que las ocasiona. ◊ Funesto, deplorable. ◊ Pasado o hecho con pesadumbre o melancolía. ◊ Doloroso, difícil de soportar. ◊ fig. Insignificante, insuficiente, ineficaz, antepuesto a algunos nombres. ◊ m. *Amér. Merid.* Canción popular, por lo general amorosa y triste, que se acompaña con la guitarra. ❑ TRISTEZA; TRISTÓN, NA; TRISTURA.

TRITIO m. *Quím.* Isótopo radiactivo del hidrógeno, cuyo p. a. es 3. El núcleo del átomo de t. se compone de un protón y de dos neutrones.

TRITÓN m. *Zool.* Anfibio de hábitos acuáticos, y del que se conocen numerosas especies distribuidas en todo el hemisferio norte; muchas de ellas se caracterizan por una pronunciada cresta dorsal y por su vivo colorido.

Tritón sirena

TRITÓN *Mit. gr.* Dios marino, hijo de Poseidón y de Anfítrite. Era hombre hasta la cintura, y desde ella abajo, pez.

TRÍTONO m. *Mús.* Intervalo compuesto de tres tonos consecutivos, dos mayores y uno menor.

TRITURAR tr. Moler, desmenuzar una materia sólida, sin reducirla a polvo. ◊ Mascar, ronzar. ◊ fig. Moler, maltratar. ◊ fig. Desmenuzar, rebatir aquello que se examina. ❑ TRITURACIÓN; TRITURADOR, RA.

TRIUNFAR intr. Quedar victorioso. ◊ Jugar del palo del triunfo en ciertos juegos de naipes. ◊ fig. Gastar mucho y aparatosamente. ❑ TRIUNFADOR, RA; TRIUNFALISMO; TRIUNFANTE.

TRIUNFO m. Cortejo solemne que acompañaba, al entrar en Roma, al general que había obtenido la victoria sobre un enemigo extranjero. ◊ Victoria. ◊ Carta del palo preferido por suerte o

elección en ciertos juegos de naipes, la cual vence a las de los otros palos. ◊ fig. Éxito feliz en un empeño dificultoso. ◊ *Argent.* y *Perú.* Cierta danza popular. ❑ TRIUNFAL.

TRIUNVIRATO m. Magistratura de la ant. Roma, en que intervenían tres personas. ◊ Conjunto de tres personas que dirigen algún asunto. ❑ TRIUNVIRO.

TRIVALENTE adj. *Quím.* Díc. del elemento que actúa con la valencia tres.

TRIVANDRUM C. del S de la India, cap. del est. de Kerala; 523 700 hab. Ind. textil. Puerto en el mar Arábigo.

TRIVIAL adj. fig. Vulgarizado, sabido de todos. ◊ fig. Que carece de toda importancia y novedad. ❑ TRIVIALIDAD.

TRIZA f. Pedazo o partícula de un cuerpo. ◊ *Mar.* Driza. ❑ TRIZAR.

TROCÁNTER m. *Anat.* Prominencia que algunos huesos largos tienen en su extremidad. ◊ *Zool.* Artejo de la pata de los insectos, situado entre el fémur y la tibia.

TROCAR m. *Cir.* Instrumento en forma de aguja que se emplea para evacuar líquidos patológicos.

TROCAR tr. Permutar una cosa por otra. ◊ Mudar, variar ◊ Arrojar por la boca lo que se ha comido. ◊ Equivocar, tomar o decir una cosa por otra. ◊ prnl. Cambiar de vida. ◊ Permutar el asiento con otra persona. ◊ Mudarse, cambiarse, enteramente una cosa.

TROCEAR tr. Dividir en trozos. ◊ Inutilizar un proyectil abandonado haciéndolo estallar. ❑ TROCEO.

TROCHA f. Vereda, atajo. ◊ Camino abierto en la maleza. ◊ *Par.* y *R. de la Plata.* Anchura de una vía férrea.

TROCHE m. *Col.* Trote.

TROCLA f. Polea.

TRÓCOLA f. Polea.

TROFEO m. Monumento, insignia o señal de una victoria. ◊ Despojo obtenido en la guerra. ◊ Conjunto de armas e insignias militares agrupadas con cierta simetría y visualidad.

TRÓFICO, CA adj. Relativo a la nutrición.

TROGLODITA adj. y s. Que habita en cavernas. ◊ Díc. especialmente de los hombres primitivos. ◊ fig. Díc. del hombre bárbaro y cruel. ◊ fig. Muy comedor. ❑ TROGLODÍTICO, CA.

TROIKA f. En Rusia, especie de trineo, tirado por tres caballos.

TROJ f. Espacio limitado por tabiques, para guardar frutos y especialmente cereales. ◊ P. ext., algorín. ❑ *Amér.* TROJA.

TROLA f. fam. Engaño, mentira. ◊ *Col.* Tajada de jamón.

TROLE m. Pértiga de hierro para transmitir a los carruajes de los trenes y tranvías eléctricos la corriente del cable conductor. ◊ Trolebús.

TROLEBÚS m. Autobús eléctrico con un sistema motor igual al de los tranvías pero con doble trole y sin carriles.

TROLLEY (voz ing.) m. *Amér.* Trolebús.

TROMBA f. *Meteor.* Masa columnar de agua afectada por un violento movimiento rotacional, que suele ir acompañada de fuertes tormentas, granizadas, etc.

TROMBETAS Río de Brasil, en el est. de Pará, afl. del Amazonas. Nace en la frontera con Guayana; 750 km.

TROMBINA f. Sustancia enzimática que interviene en la coagulación de la sangre.

TROMBO m. *Pat.* Coágulo intravascular que dificulta la circulación sanguínea, provocando una trombosis.

TROMBOCITO m. *Fisiol.* Plaqueta de la sangre.

TROMBOFLEBITIS f. *Pat.* Inflamación de las venas con formación de trombos.

TROMBÓN m. Instrumento músico de metal, especie de trompeta grande. ◊ Músico que toca este instrumento. ◊ **de pistones.** Aquel en que la variación de notas se obtiene por el juego combinado de tres llaves o pistones. ◊ **de varas.** El que tiene los tubos dispuestos de manera que se puedan alargar y acortar para obtener los diferentes sonidos.

TROMBOSIS f. *Pat.* Fenómeno que consiste en la formación de trombos en el animal vivo.

TROMP, *Maarten Harpertszoon* (1598-1653) Almirante neerlandés. En la batalla de las Dunas (1639), derrotó a la flota hispanoportuguesa de Oquendo. Murió combatiendo en Ter Heide durante la guerra angloholandesa.

TROMPA f. Instrumento músico de viento, que consiste en un tubo de latón enroscado circularmente y que va ensanchándose desde la boquilla al pabellón. ◊ *Zool.* Prolongación muscular, hueca y elástica, del apéndice nasal de algunos animales, que se adapta a distintas funciones en las difererentes especies. ◊ *Zool.* Aparato chupador, dilatable y contráctil que tienen algunos órdenes de insectos. ◊ fig. y fam. Borrachera. ◊ *Arq.* Estructura arqueada que se dispone en voladizo en los ángulos superiores de un espacio poligonal y sirve de apoyo a una cúpula. Su uso se generalizó a partir de la época medieval. ◊ m. El que toca la trompa en las orquestas. ◊ **de agua.** Aparato para realizar el vacío aprovechando la disminución de presión producida por un estrechamiento. ◊ **de Eustaquio.** *Anat.* Canal que va de la cavidad del tímpano a la parte lateral y superior de la faringe. ◊ **de Falopio.** *Anat.* Oviducto de los mamíferos.

TROMPADA f. fam. Trompazo, porrazo. ◊ fig. y fam. Encontronazo. ◊ fig. y fam. Puñetazo, golpazo.

TROMPAZO m. Golpe dado con el trompo. ◊ Golpe dado con la trompa. ◊ fig. Cualquier golpe recio.

TROMPETA f. Instrumento músico de viento, consistente en un tubo metálico que se ensancha gradualmente desde la boquilla al pabellón. ◊ Clarín, especie de trompeta. ◊ m. Persona que toca este instrumento. ❑ TROMPETEAR; TROMPETERÍA.

TROMPETAZO m. Sonido destem-

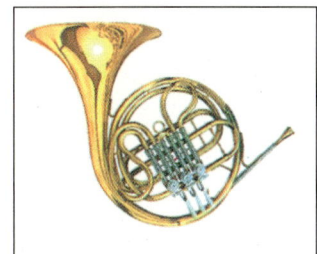

Trompa

plado o excesivamente fuerte de la trompeta o de cualquier instrumento análogo. ◊ Golpe dado con una trompeta. ◊ fig. y fam. Trompetada, salida de tono.

TROMPETERO m. *Zool.* Pez acantopterigio, con dos aletas dorsales y el primer radio de la anterior grueso y fuerte.

TROMPETILLA f. Instrumento a modo de trompeta, que sirve para que los sordos perciban los sonidos. ◊ *Argent.* y *Cuba.* Ruido burlón.

TROMPICAR tr. Hacer tropezar a alguien repetidamente. ◊ intr. Tropezar repetidamente. ❏ TROMPILLADURA.

TROMPICÓN m. Tropezón.

TROMPILLO m. *Amér.* Arbusto tropical, de madera rosada que se usa en tornería.

TROMPILLÓN m. *Arq.* Dovela que sirve de clave en una trompa o en una bóveda de planta circular.

TROMPO m. Peonza. ◊ *Zool.* Molusco gasterópodo marino, con tentáculos cónicos en la cabeza y concha cónica, gruesa. ◊ *Chile.* Instrumento de forma cónica, que se usa para abocardar cañerías.

TRONADO, DA adj. Deteriorado por efecto del uso. ◊ f. Tempestad de truenos.

TRONAR impers. Haber o sonar truenos. ◊ intr. Despedir o causar ruido o estampido. ◊ fig. y fam. Perder uno su caudal, arruinarse. ◊ fig. y fam. Hablar o escribir violentamente contra alguna cosa. ◊ tr. *Méx.* Fusilar, matar.

TRONCHA f. *Amér.* Loncha.

TRONCHAR tr. y prnl. Partir o romper con violencia el tronco, tallo o ramas de un vegetal. ◊ prnl. fig. y fam. Reír hasta no poder más.

TRONCHO m. Tallo de las hortalizas. ❏ TRONCHUDO, DA.

TRONCO m. Cuerpo truncado. ◊ Tallo leñoso de las plantas arbustivas y árboles. ◊ Cuerpo humano o de cualquier animal, prescindiendo de la cabeza y las extremidades. ◊ Par de mulas o caballos que tiran de un carruaje. ◊ Conducto o canal pral. del que salen o al que concurren otros menores. ◊ fig. Ascendiente común de dos o más ramas, líneas o familias. ❏ TRONCAL.

TRONCOSO de la Concha, *Manuel de Jesús* (1878-1955) Político dom. Miembro del clan Trujillo. Presid. (1940-1942).

TRONDHEIM (ant. *Nidaros*) C. y puerto de Noruega, cap. del condado de Sor-Trondelag; 134 100 hab. Ind. metalúrgica, maderera y papelera.

TRONERA f. Abertura en el costado de un buque, en el parapeto de una muralla o en el espaldón de una batería, para disparar los cañones. ◊ Ventana pequeña y angosta. ◊ com. fig. y fam. Persona desbaratada en sus acciones y palabras.

TRONIDO m. Trueno de las nubes. ◊ Estruendo, estallido, estrépito. ◊ Fracaso ruidoso. ❏ TRONITOSO, SA.

TRONÍO m. fam. Tronido, ostentación.

TRONO m. Asiento con gradas y dosel de que usan los monarcas y otras personas de alta dignidad. ◊ Tabernáculo en que se expone el Santísimo Sacramento. ◊ Lugar o sitio en que se coloca la efigie de un santo cuando se le quiere honrar con culto más solemne.

Tropismo. El fototropismo positivo orienta el tallo y las hojas hacia la fuente de luz

◊ pl. Tercer coro de la suprema jerarquía de los ángeles.

TRONQUERO, RA adj. *Argent.* Díc. de los animales delanteros que tiran de un carro.

TRONZAR tr. Dividir, quebrar o cortar en trozos. ◊ Hacer en las faldas de los vestidos ciertos pliegues iguales y muy pequeños. ❏ TRONZADOR, RA.

TROPA f. Turba, muchedumbre de gentes. ◊ despect. Gentecilla. ◊ Gente militar, a distinción del paisanaje. ◊ *Amér. Merid.* Recua de ganado. ◊ *Argent.* y *Ur.* Manada de ganado que se conduce de un punto a otro. ◊ *Argent.* Cáfila de carretas dedicadas al tráfico. ◊ pl. *Mil.* Conjunto de cuerpos que componen un ejército, división, guarnición, etc. de línea.

TROPEL m. Movimiento acelerado y ruidoso de varias personas o cosas que se mueven con desorden. ◊ Prisa, aceleramiento confuso. ◊ Conjunto de cosas mal ordenadas.

TROPELÍA f. Aceleración confusa y desordenada. ◊ Atropellamiento o violencia en las acciones. ◊ Hecho violento y contrario a las leyes. ◊ Vejación, atropello.

TROPERO m. *Argent.* Conductor de ganado, especialmente vacuno.

TROPEZAR intr. Dar con los pies en un estorbo que pone en peligro de caer. ◊ Detenerse una cosa por encontrar un estorbo que le impide avanzar. ◊ fig. Caer en alguna culpa o faltar poco para cometerla. ◊ fig. y fam. Hallar casualmente a una persona a otra. ❏ TROPEZADURA.

TROPEZÓN, NA adj. fam. Que tropieza con frecuencia. ◊ m. Acción de tropezar. Tropiezo. ◊ fig. y fam. Pedazo pequeño de jamón u otra vianda que se mezcla con las sopas o las legumbres. Se usa más en pl.

TRÓPICO m. *Astr.* Cada uno de los círculos menores de la esfera celeste de declinaciones ± 23° 27', que varían secularmente debido al movimiento de precesión de los equinoccios. ◊ *Geog.* Cada uno de los círculos menores de la esfera terrestre, paralelos al ecuador, de 23° 27' de latitud norte, para el *trópico de Cáncer,* y de 23° 27' de latitud sur para el *trópico de Capricornio.* ❏ TROPICAL.

TROPIEZO m. Aquello en que se tropieza. ◊ Lo que sirve de estorbo o impedimento. ◊ fig. Falta, culpa o yerro. ◊ fig. Dificultad o impedimento en un negocio.

TROPILLA f. *Argent.* Manada de caballos guiados por una madrina.

TROPISMO m. *Bot.* Movimiento inducido desde el exterior, que afecta a un órgano de la planta y relacionado con la dirección del estímulo (*t. positivo* y *t. negativo*).

TROPO m. *Ret.* Empleo de las palabras en sentido distinto al que propiamente les corresponde, pero que tiene con éste alguna conexión.

TROPOLOGÍA f. Lenguaje, sentido alegórico. ◊ Inclusión de moralidad y enseñanza en lo que se dice o escribe, aunque sea en materia profana o indiferente. ❏ TROPOLÓGICO, CA.

TROPOSFERA f. Capa inferior de la atmósfera terrestre, de unos 8-14 km de espesor, en la que se producen la mayor parte de los fenómenos meteorológicos que determinan el clima.

TROQUEL m. Molde de acero muy duro empleado en artes gráficas, en acuñación, etc. ◊ Instrumento análogo, de mayor tamaño, para el estampado de piezas metálicas. ❏ TROQUELAR.

TROQUEO m. Pie de la poesía gr. y latina, compuesto de dos sílabas: una larga y otra breve. ◊ En la poesía esp., se llama así al pie compuesto de una sílaba acentuada y otra átona.

TROQUILO m. *Arq.* Mediacaña, moldura cóncava.

TROTACALLES com. fam. Persona muy callejera.

TROTACONVENTOS f. fam. Alcahueta, tercera, celestina.

TROTAMUNDOS com. Persona aficionada a viajar y recorrer países.

TROTAR intr. Ir el caballo al trote. ◊ Cabalgar una persona en caballo que va al trote. ◊ fig. y fam. Andar mucho o con celeridad una persona. ❏ TROTADOR, RA.

TROTE m. Modo de caminar acelerado, natural a todas las caballerías, que consiste en mover a un tiempo pie y mano contrapuestos.

TROTÓN, NA adj. Aplícase a la caballería cuyo paso ordinario es el trote.

TROTSKI, *Lev Davídovich* Seud. de *L. D. Bronstein* (1897-1940) Político sov. Intervino en la revolución de 1905. Miembro del comité central y del politburó, impulsó la revolución de octubre de 1917. Organizó el ejército rojo. A la muerte de Lenin atacó la progresiva burocratización del partido. Tuvo que desterrarse en 1929. Impulsó la fundación de la IV Internacional. Murió asesinado en México. *Mi vida, La revolución permanente, Historia de la revolución rusa, La revolución traicionada.* ❏ TROTSKISMO; TROTSKISTA.

TROVA f. Verso. ◊ Composición métrica formada a imitación de otra, siguiendo su método, estilo o consonancia. ◊ Canción amorosa compuesta o cantada por los trovadores. ❏ TROVAR.

TROVO m. Composición métrica popular, gralte. de asunto amoroso.

TROVADOR, RA adj. y s. Que trova. ◊ Nombre dado en la É. Med. al poeta, gralte. lírico, que más que ejecutar componía los poemas. Provenza se considera su cuna. Por lo general los t. tenían un origen social más elevado que el de los juglares. ❏ TROVADORESCO, CA.

TROYA Ant. c. egea, sit. en Hissarlik (Turquía). Fue cap. de la Tróade. Descubierta por Schliemann en 1870. Destacan el llamado «Tesoro de Príamo» y una fortaleza del último período micénico. ◊ *Guerra de T.* La que enfrentó a Troya con una coalición helénica; tras un largo asedio, la c. fue tomada y destruida. El conflicto se convirtió en tema épico y legendario. La guerra estalló al raptar Paris, hijo del rey Príamo de Troya, a Helena, esposa de Menelao, rey de Esparta. Homero y Virgilio desarrollaron esta leyenda. ❏ TROYANO, NA.

TROYAT, *Henri* Seud. de *Lev Tarassov* (n. 1911) Novelista fr., de origen ruso. *La araña, Mientras la Tierra exista, Los moscovitas.*

TROYES C. del NE de Francia, en Champaña, a orillas del Sena; 63 600 hab. Fábricas de medias y lencería. Catedral de los s. XIII-XIV.

TROZA f. Tronco aserrado por los extremos para sacar tablas. ❏ TROZAR.

TROZO m. Pedazo de una cosa que se considera aparte del resto.

TRUCAJE m. *Cin.* Ilusión óptica a fin de ofrecer al espectador una imagen distinta de la que realmente se ha rodado.

TRUCAR intr. Hacer el primer envite en el juego del truque. ◊ Hacer trucos en el juego de este nombre y en el del billar.

TRUCHA f. *Zool.* Pez clupeiforme de carne muy apreciada, que abunda en los arroyos de montaña. ◊ Cabria. ◊ *Amér.* Puesto o tenderete de mercería. ❏ TRUCHERO, RA.

Trucha

TRUCHIMÁN, NA m. y f. fam. Trujamán. ◊ adj. y s. fig. y fam. Díc. de la persona astuta, poco escrupulosa en su proceder.

TRUCO m. Cada una de las mañas o habilidades que se adquieren en el ejercicio de un arte, oficio o profesión. ◊ Ardid, trampa, procedimiento engañoso para conseguir algo. ◊ Cencerro grande. ◊ *Chile.* Puñada, trompada. ◊ *Argent.* Truque, juego de naipes.

TRUCULENTO, TA adj. Cruel, atroz. ❏ TRUCULENCIA.

TRUDEAU, *Pierre Elliot* (1919-2000) Político liberal canadiense. Primer ministro en varios mandatos (1968-1979, 1980-1984), se enfrentó al movimiento francófono de Quebec.

TRUECO m. Trueque.

TRUENO m. Sonido producido por un relámpago. ◊ Estampido que causa el tiro de un arma de fuego. ◊ fig. y fam. Joven atolondrado y alborotador.

TRUEQUE m. Primitivo sistema comercial, anterior al uso de la moneda, basado en el intercambio de mercan-

cías. ◊ pl. *Amér.* Cambio que se percibe de una compra. ❏ TROCAMIENTO.

TRUETA, *José* (1897-1977) Cirujano esp. Ideó diversas técnicas para el tratamiento de heridas. Profesor de la universidad de Oxford.

TRUFA f. *Bot.* Nombre común de ciertos hongos ascomicetes de las familias tuberáceas e himenogastráceas, caracterizados por sus cuerpos fructíferos subterráneos y redondeados, gralte. comestibles. ◊ fig. Mentira, fábula, cuento, patraña. ❏ TRUFAR.

TRUFFAUT, *François* (1932-1984) Director de cine fr., figura destacada de la «nouvelle vague». *Los 400 golpes, Jules et Jim, La piel suave, El pequeño salvaje, La noche americana, Adèle H, El último metro, Vivamente el domingo.*

TRUHÁN, NA adj. y s. Díc. de la persona que vive engañando o estafando. ◊ Díc. de quien con bromas, gestos, cuentos o patrañas procura divertir y hacer reír. ❏ TRUHANADA; TRUHANEAR; TRUHANESCO, CA.

TRUJAL m. Prensa donde se estrujan las uvas o se exprime la aceituna. ◊ Molino de aceite. ◊ Tinaja en que se conserva y prepara la barrilla para fabricar el jabón.

TRUJAMÁN, NA m. y f. Intérprete. ◊ m. El que por su experiencia aconsejaba a otros en los negocios o actuaba como mediador en los contratos de compraventas. ❏ TRUJAMANEAR; TRUJAMANÍA.

TRUJILLO Est. del O de Venezuela; 7 400 km², 520 292 hab. Cap., la hom. C. pral.: Valera. Accidentado por la cord. de Mérida (alt. máx., Teta de Niquitao, 3 977 m) y por los Llanos del Cenizo y del Monay. R. Motatán. Café, cacao, arroz, algodón, bananas, maíz, yuca, hortalizas, caña de azúcar, tabaco, plátanos, piña. Ganado vacuno, de cerda y equino. Avicultura. Petróleo, mica. ◊ C. de Venezuela, cap. del est. hom.; 31 800 hab. Centro comercial agrícola. ◊ C. de Perú, cap. del dpto. de La Libertad; 537 458 hab. Mercado agrícola. Ind. química y de curtidos. Ruinas incaicas (Chanchán) en sus proximidades.

TRUJILLO C. de Honduras, cap. del dpto. de Colón; 5 783 hab. ◊ **Alto.** Mun. de Puerto Rico, en el distr. de Bayamón; 61 521 hab. Centro agropecuario e industrial.

TRUJILLO, *Héctor Bienvenido* (n. 1908) General y político dom. Presid. de la rep. (1952-1960). ◊ *Julián* (1828-1883) Militar y político col. Presid. de la rep. (1878-1880). ◊ *Rafael Leónidas* (1891-1961) Militar y político dom. Se hizo elegir presid. e instauró una dictadura. Murió en un atentado.

TRULLA f. Bulla y ruido de gente. ◊ Turba, multitud de gente.

TRULLO m. *Zool.* Ave palmípeda del tamaño de un pato, de cabeza negra y cuerpo de varios colores. ◊ fam. Calabozo.

TRUMAN, *Harry Spencer* (1884-1972) Político norteam., sucesor de Roosevelt (1945) y reelegido para el período 1948-1952. Decidió lanzar la bomba atómica sobre Japón. Fue uno de los artífices de la guerra fría.

TRUMAO m. *Chile.* Tierra arenisca muy fina que procede de la disgregación de rocas volcánicas.

TRUN m. *Chile.* Fruto espinoso de al-

gunas plantas, que se adhiere al pelo o a la lana.

TRUNCAR tr. Cortar una parte a alguna cosa. ◊ Cortar la cabeza al cuerpo del hombre o de un animal. ◊ *Comp.* En operaciones matemáticas realizadas en computadoras, despreciar las cifras menos significativas. ◊ fig. Dejar incompleto el sentido de lo que se escribe o lee, por omisión de algunas palabras necesarias para completarlo. ◊ fig. Interrumpir una obra, dejándola incompleta. ❏ TRONCA; TRONCAR; TRUNCAMIENTO; TRUNCO, CA.

TRUPIAL m. *Amér. Merid.* Pájaro muy parecido a la oropéndola, perjudicial para la agricultura. Se domestica fácilmente y aprende a hablar.

TRUST (voz ingl.) m. *Econ.* Acuerdo entre varias empresas para ejercer un monopolio en el mercado. Contra él se han dictado leyes parar salvar la libre concurrencia.

TSE-TSÉ f. *Zool.* Mosca cuyas picaduras inoculan el tripanosoma de la enfermedad del sueño.

TSINAN *(Jinan)* C. de China, cap. de la prov. de Shantung; 1 320 000 hab. Ind. textil.

TSING Dinastía de origen manchú que gobernó China entre 1644 y 1912.

TSINGHAI Prov. del NO de China; 721 500 km², 4 456 946 hab. Cap., Sining. Accidentada por los montes Kuen Lun. Ríos Yang Tse-kiang, Hoang-ho y Mekong. Ganadería ovina. Minería.

TSINGTAO *(Quingdao)* C. y puerto de China, en la prov. de Shantung, en la bahía de Kiao-Scheu; 1 180 000 hab. Ind. textil y mecánica.

TSITSIHAR *(Qiqihar)* C. del NE de China, en la prov. de Heilungkiang; 1 232 000 hab. Ind. químicas y alimentarias.

TSU C. de Japón, cap. de la prefectura de Mie; 157 200 hab.

TSUNAMI (voz jap.) m. Ola gigantesca provocada por un maremoto.

TSUSHIMA Arch. jap., sit. entre Corea y Japón, formado por las islas de Kamiagata y Shimoagata; 698 km², unos 62 000 hab.

TÚ Nominativo y vocativo del pron. personal de segunda persona en gén. m. y f. y núm. singular.

TU, TUS pron. posesivo. Apócope de *tuyo, tuya, tuyos, tuyas.* Se usa siempre antepuesto al nombre.

Harry S. Truman

TUAMOTÚ Arch. de atolones en la Polinesia fr.; 915 km², 11 800 hab. Cap., Rotoava.

TUAREG adj. y s. Díc. de individuos de un pueblo nómada del Sáhara, formado por mestizos de beréberes y negros. ◊ adj. Relativo a dicho pueblo.

TUATÚA f. *Amér.* Árbol de hojas moradas, parecidas a las de la vid, y fruto del tamaño de la aceituna. Las hojas y las semillas se usan como purgantes.

TUBA f. Instrumento de viento, el más grave de los del grupo del metal de la orquesta sinfónica.

TUBERCULINA f. *Biol.* Sustancia proteínica obtenida del cultivo del bacilo de Koch, utilizada como test para el diagnóstico de la infección tuberculosa.

TUBÉRCULO m. *Bot.* Tallo subterráneo corto y engrosado, cargado de sustancias de reserva. ◊ *Pat.* Lesión elemental macroscópica de la tuberculosis. ◊ *Zool.* Protuberancia que presenta el dermatoesqueleto o la superficie de varios animales. ❏ TUBERCULOSO, SA.

TUBERCULOSIS f. *Pat.* Enfermedad infecciosa contagiosa producida por el bacilo de Koch, el cual se localiza en los tejidos (especialmente pulmones) formando nódulos (tubérculos) que pueden evolucionar hacia la formación de cavidades o cavernas en el tejido afectado. ❏ TUBERCULOSO, SA.

TUBERÍA f. Conducto formado de tubos por donde se lleva agua, gases combustibles, etc. ◊ Conjunto de tubos.

TUBEROSO, SA adj. Que tiene tuberosidades. ◊ f. Nardo, planta.

TUBO m. Pieza hueca, de forma por lo común cilíndrica y gralte. abierta por ambos extremos. ◊ Tubo rígido, gralte. de cristal, cerrado por un extremo y abierto por el otro y destinado a contener pastillas u otras cosas menudas. ◊ Cualquier tipo de válvula electrónica. ◊ **de ensayo.** El de cristal, cerrado por uno de sus extremos, usado para los análisis químicos. ◊ **de imagen.** Iconoscopio. ◊ **de vacío.** Válvula que en su interior contiene únicamente aire enrarecido. ◊ **digestivo.** Conducto formado por varias vísceras huecas y sus anexos, que se extiende desde la boca hasta el ano. ◊ **polínico.** *Bot.* Formación tubular que se origina de los granos de polen cuando se ponen en contacto con el estigma del gineceo de las flores femeninas o hermafroditas. ❏ TUBULAR o TUBULOSO, SA; TUBULIFORME.

TUCÁN m. Ave caracterizada por su enorme pico de vivos colores. Vive en las regiones tropicales de América.

TUCÁN *Astr.* Constelación cuya denominación latina es *Tucana.*

TUCANO, NA adj. y s. Díc. de los pueblos amerindios de la familia lingüística hom. que viven en el NO de la cuenca amazónica, entre los r. Putumayo y Napo. ◊ Familia lingüística que agrupa a estos pueblos.

TUCÍDIDES (h. 460-h. 400 a. C.) Historiador gr., autor de la *Historia de la guerra del Peloponeso*, en la que investigó los factores determinantes del conflicto.

TUCINTE m. *Hond.* Teocinte, planta.

TUCO, CA adj. *Bol., Ecuad.* y *P. Rico.* Manco. ◊ m. *Argent.* Insecto parecido al cocuyo, pero con una fuente de luz en el abdomen. ◊ *Argent.* y *Ur.* Salsa de tomate frito con cebolla, orégano, perejil, ají, etc., con la que se acompaña o condimenta las pastas alimenticias que no se utilizan en sopas. ◊ *Perú.* Especie de búho. ◊ *Amér. Centr.* y *Ecuad.* Trozo, tocón, muñón.

TUCO-TUCO o **TUCUTUCO** m. *Amér. Merid.* Nombre onomatopéyico que designa a unos roedores abundantes en las Pampas arg., que excavan galerías bajo el suelo.

TUCSON C. de EE UU, en el est. de Arizona; 330 500 hab. Centro agrícola y minero.

TUCUMÁN Prov. del NO de Argentina; 22 524 km², 1 338 523 hab. Cap., San Miguel de T. Presenta dos sectores diferenciados: uno montañoso al O, con los Nevados del Aconquija (Cerro del Bolsón, 5 550 m; Dos Lagunas, 5 450 m) y las cumbres Calchaquíes; y otro de superficies llanas al E. Río Salí y sus afl. Caña de azúcar, maíz, avena, arroz, tabaco, lino, girasol, hortalizas. Ganadería bovina, ovina, porcina y equina. Ind. alimentaria y mecánica. ◊ **Congreso de T.** Reunido en 1816, proclamó la independencia de Argentina. ❏ TUCUMANO, NA.

Declaración de la Independencia en el Congreso de **Tucumán**, en un óleo de Francisco Fortuny

TUCUPITA C. de Venezuela, cap. del estado Delta Amacuro; 27 300 hab. Centro agropecuario. Refinerías de petróleo.

TUCUQUERE m. *Chile.* Búho de gran tamaño.

TUCURA f. *Argent.* y *Par.* Langosta, insecto ortóptero sedentario que causa grandes estragos en los pastos y cultivos.

TUCURPILLA f. *Ecuad.* Especie de tórtola pequeña.

TUCUSO m. *Ven.* Chupaflor, especie de colibrí.

TUDESCO, CA adj. y s. De cierto país de Alemania en la Sajonia inferior. ◊ adj. y s. P. ext., alemán. ◊ m. Capote alemán.

TUDOR Familia originaria del País de Gales, que reinó en Inglaterra de 1485 a 1603. ◊ **Estilo T.** *Arte.* De una variante del gótico que se desarrolló en Inglaterra como prolongación del gótico flamígero, bajo la dinastía T. También llamado estilo isabelino.

TUECO f. Tocón de un árbol. ◊ Oquedad producida por la carcoma en las maderas.

TUERCA f. Pieza con un agujero fileteado en espiral que puede ajustarse exactamente a la rosca de un espárrago o de un tornillo.

TUERTO, TA adj. y s. Falto de la vista en un ojo. ◊ m. Agravio que se hace a uno. ◊ pl. Entuertos, dolores después del parto.

TUÉTANO m. Sustancia blanca que se halla dentro de los huesos. ◊ Parte interior de una raíz o tallo de una planta.

TUFARADA f. Olor vivo o fuerte que se percibe de pronto.

TUFO m. Emanación gaseosa que se desprende de las fermentaciones y de las combustiones imperfectas. ◊ fam. Olor molesto que despide una persona o cosa. ◊ fig. y fam. Soberbia, vanidad, orgullo. Se usa en pl. ◊ *Nic.* y *Salv.* TUFOSO, SA.

TU-FU, conocido también como *Tsen-Mei* (712-770) Poeta chino. Escribió treinta y tres libros de versos, que reunió con el título de *Tu shih Ching Chuan.*

TUGURIO m. Choza de pastores. ◊ fig. Vivienda pequeña y mezquina.

TUJACHEVSKI, *Mijaíl Nikoláievich* (1893-1937) Militar sov. En 1917 se incorporó al ejército rojo. Reprimió las insurrecciones de los marineros de Kronstadt y de los campesinos del Volga. Acusado de traición (1936), fue condenado y ejecutado durante los procesos de Moscú.

TUL m. Tejido de seda, algodón o hilo, que forma malla, gralte. en octágonos.

TULA C. de la república de Rusia. Cap. de la prov. hom., a orillas del r. Upa; 532 000 hab. Ind. siderometalúrgica.

TULA DE ALLENDE Mun. de México, en el est. de Hidalgo; 71 622 hab. En sus proximidades se hallan las ruina de la ant. *Tollán*, foco de la cultura tolteca.

TULANCINGO Mun. de México, en el est. de Hidalgo; 91 831 hab. Ind. varias. Importante centro comercial de productos agropecuarios.

TULAREMIA f. Enfermedad infecciosa de los roedores que puede ser transmitida al hombre.

TULCÁN C. fronteriza del N de Ecuador, cap. de la prov. de Carchi, sit. a 3 000 m de alt.; 37 069 hab. Comercio y turismo.

TULE m. *Méx.* Junco o espadaña.

TULIO m. *Quím.* Lantánido de símb. Tm, n. a. 69 y p. a. 168,934. Es bastante denso.

TULIPA f. Tulipán pequeño. ◊ Pantalla de vidrio a modo de fanal, con forma algo parecida a la de un tulipán.

TULIPÁN m. Planta herbácea vivaz, liliácea, con raíz bulbosa y flor única en lo alto del escapo, grande, globosa, de seis pétalos de hermosos colores. ◊ Flor de esta planta.

TULÍPERO m. Planta arbórea dicotiledónea, reliquia de la era terciaria.

TULLECER tr. Tullir, dejar a uno tullido. ◊ intr. Quedarse tullido.

TULLERÍAS Ant. Palacio parisiense del s. XVI. Residencia de los reyes hasta 1870. Destruido por un incendio en 1871.

TULLIR tr. Hacer que uno quede tullido. ◊ prnl. Perder uno el uso y movimiento de su cuerpo o de un miembro de él. ❏ TULLIDEZ; TULLIDO, DA; TULLIMIENTO.

TULSA C. de EE UU, en el est. de Oklahoma, a orillas del r. Arkansas; 360 900 hab. Refinerías de petróleo. Ind. química y textil.

TULÚÁ C. de Colombia, en el dpto. de Valle del Cauca; 141 490 hab. Mercado agrícola.

TULUM Estación arqueológica maya sit. en la costa E de la pen. del Yucatán, frente a la isla de Cozumel. Fundada h. el año 599. Destacan las pinturas murales de los templos, de clara influencia tolteca.

TUMACO C. del S de Colombia, en el dpto. de Nariño; 87 448 hab. Centro agrícola.

TUMBA f. Sepulcro. ◊ Armazón en forma de ataúd, que se coloca sobre el túmulo o en el suelo, para la celebración de las honras de un difunto. ◊ *Amér.* Desmonte, tala. ◊ *Chile* y *R. de la Plata.* Guiso de carne que suele comerse en los cuarteles y en las cárceles. ❑ TUMBADO, DA.

TUMBAGA f. *Metal.* Aleación de oro y cobre. ◊ Sortija hecha de esta liga. ◊ Anillo, sortija. ❑ TUMBAGÓN.

TUMBAR tr. Hacer caer o derribar. ◊ intr. Caer, rodar por tierra. ◊ prnl. fam. Echarse, especialmente a dormir.

TUMBES Dpto. del Perú; 4 669,36 km², 173 600 hab. Cap., la c. hom. Accidentado por las estribaciones occidentales andinas. Ríos prales.: Tumbes y Zarumilla. Maíz, cultivos de algodón, caña de azúcar, plátanos y tabaco. Ganadería caprina. Yacimientos petrolíferos y refinerías de petróleo. ◊ C. de Perú, cap. del dpto. hom.; 72 616 hab. Sit. a orillas del r. Tumbes. Centro comercial y agrícola. Turismo.

TUMBO m. Vaivén violento. ◊ Ondulación de la ola del mar. ◊ Ondulación del terreno. ◊ Retumbo, estruendo.

TUMBÓN, NA adj. fam. Disimulado, socarrón. ◊ adj. y s. fam. Perezoso, holgazán. ◊ f. Silla con largo respaldo y con tijera que permite inclinarlo en ángulos muy abiertos.

TUMEFACCIÓN f. Hinchazón de una parte del cuerpo. ❑ TUMEFACTO, TA; TUMESCENTE.

TÚMIDO, DA adj. fig. Ampuloso, hinchado, afectado. ◊ *Arq.* Díc. del arco o bóveda que es más ancho hacia la mitad de la alt. que en los arranques.

TUMOR m. *Pat.* Afección morbosa que resulta del crecimiento desordenado y excesivo de una parte de las células de un órgano. ❑ TUMORACIÓN.

TÚMULO m. Sepulcro levantado de la tierra. ◊ Montecillo artificial con que ant. era costumbre cubrir una sepultura. ◊ Armazón de madera, revestido de paños fúnebres, erigido para la celebración de honras fúnebres. ❑ TUMULARIO, RIA.

TUMULTO m. Motín, confusión, alboroto producido por una multitud. ◊ Confusión agitada o desorden ruidoso. ❑ TUMULTUAR; TUMULTUOSO, SA.

TUN m. *Guat.* Tambor de madera hueca. ◊ Ant. baile de los indios quichés.

TUNANTE, TA adj. Pícaro, bribón, taimado. ❑ TUNANTEAR; TUNAR.

TUNAS, Las Prov. del NE de Cuba; 6 854 km², 478 000 hab. Cap., la c. hom. Accidentada por la cordillera de Maniabón y avenada por los ríos Las Cabreras, Naranjo, Yariguá. ◊ C. de Cuba, cap. de la prov. hom. 86 800 hab. Elaboración de azúcar.

TUNCO, CA adj. *Guat.* Mutilado de algún miembro. ◊ m. *Hond.* y *Méx.* Puerco, animal.

TUNDEAR tr. Dar una tunda, azotar, vapulear. ❑ TUNDA; TUNDENTE.

TUNDIR tr. Cortar o igualar con tijera el pelo de los paños. ◊ fig. y fam. Dar palos y golpes. ❑ TUNDICIÓN; TUNDIDORA.

TUNDRA f. *Geog.* Pradera casi esteparia de las regiones subpolares.

TÚNEL m. *Constr.* Obra subterránea continua cuyo trazado permite superar los obstáculos naturales. ◊ **aerodinámico.** *Aer.* Conducto de forma especial en el que se realizan ensayos aerodinámicos, mediante los cuales se estudian los efectos producidos por una corriente de aire que circula a una determinada velocidad.

TÚNEZ Est. del N de África. ⇨ Tunicia.

TÚNEZ (*Tunis*) C. y cap. de Tunicia; 774 400 hab. Centro comercial, cultural e industrial del país.

TUNGSTENO m. Volframio, metal.

TUNGURAHUA Prov. de Ecuador, sit. en el centro de la región andina; 3 334,8 km², 361 980 hab. Cap., Ambato. En ella se encuentra el volcán Tungurahua (5 087 m). El río pral. es el Pastaza. Centrales hidroeléctricas. Frutas, maíz, cebada, tubérculos. Ind. alimentaria, textil. Comercio, turismo.

TUNGÚS, SA adj. y s. Díc. de individuos de un grupo étnico-lingüístico siberiano formado por varios pueblos del E de Siberia y del N de Mongolia Interior y de Manchuria. ◊ m. *Ling.* Grupo de lenguas de la familia altaica hablada por estos pueblos.

TÚNICA f. Vestidura sin mangas, que usaban los antiguos. ◊ Vestidura exterior amplia y larga. ◊ *Bot.* Telilla o película que en algunas frutas o bulbos está pegada a la cáscara. ◊ *Zool.* Membrana que cubre por completo el cuerpo de los tunicados.

TUNICIA (*Al-Jumhuriya al-Tunusiya*) Estado del N de África. Accidentado al N por las estribaciones del Tell argelino (alt. máx., Jebel Chambi, 1 544 m). Avenado por el Medjerda y numerosos *uadis*. Cli-

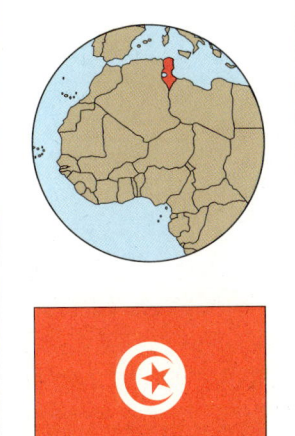

Mapa de situación y bandera de **Tunicia**

ma mediterráneo. Trigo, cebada vid, aceitunas, frutales, horticultura. Ganadería ovina y caprina. Pesca. Fosfatos, hierro, plomo, cinc, sal, mercurio, petróleo, gas natural. Ind. textil, siderúrgica, metalúrgica, celulosa, refino de petróleo. República. Lenguas: árabe (of.), francés. *Rel.*: islamismo (96%), catolicismo, judaísmo. U.M.: el dinar. Cap.: Túnez. C. prales.: Sfax, Susa, Bizerta.

❑ *Hist.* A partir del s. XII a. C. los fenicios fundaron algunas colonias, entre ellas Cartago, que desde el s. VI a. C. controló toda la costa del país. Las guerras púnicas (ss. III-II a. C.) dieron al imperio comercial cartaginés y dieron pie a la penetración de Roma en el terr. En el s. V Genserico organizó el reino vándalo de África con cap. en Túnez. En el 647 se inició el dominio musulmán. Fue ocupada por los otomanos entre 1574 y 1881, año en que Francia impuso su protectorado. En 1956 obtuvo la indep. y en 1957 se proclamó la rep., con Habib Burguiba, que fue sustituido en 1987 por Zine al Ábidine Ben Alí. ❑ TUNECINO; NA.

TUNJA C. de Colombia, cap. del dpto. de Boyacá; 115 127 hab. Mercado agrícola.

TUNO, NA adj. Tunante, pícaro. ◊ m. y f. Componente de una tuna, estudiantina. ◊ f. Vida holgazana, libre y vagabunda. ◊ Estudiantina. ❑ TUNEAR.

TUÑÓN DE LARA, Manuel (1915-1997) Historiador esp. *La España del siglo XX, España bajo la dictadura franquista.*

TUNTÚN m. *Col.* y *Ven.* Enfermedad que consiste en una infección por anquilostomas.

TÚPAC Amaru (?-1572) Último soberano inca [1571-1572]. Inspiró diversas insurrecciones contra la dominación esp., por cuya razón el virrey Toledo ordenó al capitán Loyola apresarlo y ejecutarlo. ◊ **Amaru,** *Diego Cristóbal* (m. 1783) Insurrecto per. Prosiguió la lucha iniciada por su hermano José Gabriel. ◊ **Amaru,** *José Gabriel* (1740-1781) Cau-

TUNICIA

Superficie	163 610 km²
Población	8 293 000 hab. (51 hab./km²)
Recursos económicos	
Ácido sulfúrico	3 316 000 t
Aceite	75 000 t
Aceitunas	330 000 t
Acero	200 000 t
Cabaña caprina	1 313 000 cabezas
Cabaña ovina	6 290 000 cabezas
Camellos	230 000 cabezas
Cebada	721 000 t
Energ. eléctrica	5 536 millones de kwh
Esparto	40 000 t
Fosfatos	6 259 000 t
Gas natural	363 millones de m³
Naranjas	117 000 t
Petróleo	4 502 000 t
Pesca	92 129 t
Riqueza forestal	3 249 000 m³
Sal marina	481 000 t
Trigo	1 786 000 t
Vino	410 000 hl
Indicadores sociológicos	
PNB	12 417 millones de dólares
Renta per cápita	1 510 dólares
Esperanza de vida	67 años
Alfabetismo	65 %

TURBINA

Una turbina consiste esencialmente en una rueda de álabes, o rodete, que gira impulsada por agua, gas o vapor

Rotor de una turbina de gas, cuyos álabes se fabrican de aleaciones especiales, ya que han de soportar temperaturas del orden de 1 000 °C

Usada al menos desde el s. I a. C., la noria, que permite aprovechar la energía de los cursos de agua, constituye un antecedente de la turbina hidráulica. Empleada inicialmente para moler grano, se usó más tarde para mover maquinaria muy diversa

dillo per. cuyo verdadero nombre era J. G. *Condorcanqui*, descendiente de Túpac Amaru. En 1780 encabezó una insurrección que ajustició al corregidor de Tinta. Derrotó a los españoles en Sangarará. Intentó recuperar sus derechos al trono, pero fue hecho prisionero y descuartizado. ◊ **Huallpa** (m. 1533) Hermano de Huáscar y Atahualpa. Rey inca por nombramiento de Pizarro [1533], murió al poco tiempo, quizás envenenado. ◊ **Inca Yupanqui** (m. 1493) Rey inca [1471-1493] Incorporó al imperio del Altiplano bol., el NO de Argentina y el N de Chile hasta el r. Maule.
TUPAMAROS (der. de Túpac Amaru) Nombre con que es conocido el Movimiento de Liberación Nacional (MLN) de Uruguay, organización revolucionaria fundada por Raúl Sendic en 1962.

TUPÉ m. Cabello que cae sobre la frente. ◊ fig. y fam. Atrevimiento, desfachatez.
TUPIDO, DA adj. Espeso, muy junto. ◊ Dicho del entendimiento y de los sentidos, obtuso, torpe. ◊ *R. de la Plata*. Que es muy divertido. ❏ TUPIDEZ.
TUPÍ-GUARANÍ adj. y s. Díc. de individuos de un pueblo amerindio que habitaban en Paraguay y algunas zonas del S de Brasil y N de Argentina. ◊ *adj.* Relativo a dicho pueblo. ◊ m. *Ling.* Familia lingüística, la más imp. de América del Sur, que comprende varios dialectos. Del tupí-guaraní ant. o *aba-ñeenga*, derivan dos grandes dialectos: el del N, o tupí propiamente dicho, y el del S, o guaraní moderno, hablado en Paraguay.
TUPINAMBA adj. y s. Díc. del pueblo amerindio tupí-guaraní que vivía en el delta del Amazonas. Practicaban la antropofagia.
TUPIR tr. y prnl. Apretar mucho una cosa cerrando sus poros o intersticios. ◊ prnl. fig. Comer o beber con exceso. ◊ *Col.* Sofocarse. ❏ TUPICIÓN.
TUPU m. *Amér.* Entre los incas, extensión de terreno que recibían los campesinos para alimentarse durante un año.
TUPUNGATO Volcán apagado de los Andes chileno-argentinos; 6 635 m de alt.
TURÁN Depresión de Asia central bañada por los ríos Amu-Dariá y Sir-Dariá. ❏ TURANIO, NIA.
TURBA f. Combustible fósil formado de residuos vegetales acumulados en sitios pantanosos. ◊ Estiércol mezclado con carbón mineral, usado como combustible. ◊ Muchedumbre de gente desordenada.
TURBANTE m. Tocado que consiste en una faja larga de tela arrollada a la cabeza.
TURBAR tr. y prnl. Alterar el estado o curso natural de una cosa. ◊ fig. Sorprender o aturdir a uno, de modo que no acierte a hablar o a proseguir lo que estaba haciendo. ◊ fig. Interrumpir, violenta o molestamente, la quietud. ❏ TURBACIÓN; TURBAMIENTO.
TURBAY Ayala, Julio César (n. 1916) Político col. Presid. de la rep. (1978-1982).
TURBERA f. *Geol.* Formación de turba, de grandes dimensiones, constituida por musgos esfagnales carbonizados y otros vegetales acompañantes.
TURBINA f. Máquina motriz compuesta de una rueda móvil sobre la que actúa la energía de un fluido propulsor.
TURBINTO m. *Amér. Merid.* Árbol que da buena trementina; de sus bayas se hace una bebida muy apreciada.
TURBIO, BIA adj. Mezclado o alterado por una cosa que oscurece o quita la claridad natural o transparencia. ◊ fig. Revuelto, dudoso, turbulento, azaroso. ◊ fig. Díc. de la visión confusa, poco clara. ◊ fig. Aplicado a lenguaje, locución, explicación, etc., oscuro, confuso. ❏ TURBIDEZ; TURBIEDAD; TURBIEZA.
TURBOCOMPRESOR m. Compresor movido por una turbina.
TURBOGENERADOR m. Generador eléctrico movido por una turbina de gas, de vapor o hidráulica.
TURBOPROPULSOR m. Turborreactor en el que una turbina de gas mueve una hélice (a veces, dos) mediante un reductor.
TURBORREACTOR m. Turbina que se utiliza para la propulsión de aviones

a reacción. Consta de un compresor, una cámara de combustión y una tobera.
TURBULENCIA f. Calidad de turbio o turbulento. ◊ fig. Confusión, alboroto o perturbación.
TURBULENTO, TA adj. Turbio. ◊ fig. Confuso, alborotado y desordenado.
TURCAS Y CAICOS *(Turks and Caicos)* Colonia brit. de las Antillas, al N de la República Dominicana, formada por los archipiélagos hom.; 430 km², 7 000 hab. Cap., Cockburn Town.
TURCO, CA adj. y s. Díc. del individuo de un pueblo que, procedente del Turquestán, se estableció en el Asia Menor y en el E de Europa. ◊ De Turquía. ◊ adj. Relativo a esta nación de Europa y Asia. ◊ m. *Ling.* Lengua turca. Las lenguas t. forman parte del grupo uralo-altaico. ◊ f. fam. Borrachera. ◊ *Chile.* Pájaro conirrostro, de plumaje pardo rojizo. ◊ **El gran t.** El sultán de Turquía.
TURCOMANO, NA adj. y s. Díc. de individuos de un pueblo turco que vive en la URSS, Afganistán, Irán e Irak. Estuvieron bajo la dominación mongol y timurí y se instalaron post. en Armenia. ◊ adj. Relativo a dicho pueblo. ◊ m. *Ling.* Lengua del pueblo turco hablada pralm. en Turkmenistán y áreas circundantes. ❏ TURKMENO, NA.
TURDETANIA Ant. región del S de la Península Ibérica (➪ turdetanos).
TURDETANO, NA adj. y s. Díc. de individuos de un pueblo hispánico prerromano, heredero de los tartesios, que vivía en el valle inferior del Guadalquivir.
TURENNE, Henri de la Tour D' Auvergne, VIZCONDE DE (1611-1675) Militar fr. La victoria frente a Condé posibilitó el regreso de Luis XIV a París. Su victoria de 1659 en las Dunas indujo a España a firmar la paz de los Pirineos.
TURGENTE adj. Abultado, elevado. ◊ *Med.* Aplícase al humor que produce hinchazón. ❏ TURGENCIA.
TURGOT, Anne-Robert Jacques (1727-1781) Economista fr., ministro de hacienda de Luis XVI. Llevó una política de reducción de gastos.
TURGUENIEV, Iván Serguéievich (1818-1883) Escritor ruso. Su obra refleja la problemática de la vida rusa. *Memorias de un cazador, Padres e hijos, Nido de hidalgos, Humo, Aguas primaverales.*
TURIA Río de España, que nace en el sistema Ibérico y desemboca en el Mediterráneo, 280 km.
TURÍN *(Torino)* C. de Italia, cap. del Piamonte, y de la prov. hom.; 962 500 hab. Ind. automovilística, textil, alimentaria, química, editorial.
TURINA, Joaquín (1882-1949) Compositor esp. Miembro de la escuela nacionalista. Destacan *La procesión del Rocío,* la *Sinfonía sevillana, Danzas fantásticas.*
TURINGIA (al., *Thüringen*) Est. de Alemania central, que ocupa la cuenca y selva hom.; 16 252 km², 2 610 000 hab. Cap., Erfurt. C. prales.: Weimar, Jena. Minería e ind.
TURISMO m. Afición a viajar por placer, deporte o instrucción. ◊ Organización de los medios conducentes a facilitar estos viajes. ◊ Automóvil de turismo. ❏ TURISTA; TURÍSTICO, CA.
TURKMENISTÁN *(Türkmenistan)* Est. de Asia central. Gran parte del territorio forma parte del desierto de Kara-Kum. R. Amu-Dariá, Atrek, Tedzhen y Murghab. Algodón, cereales, frutas, dá-

Mapa de situación y bandera
de **Turkmenistán**

tiles, patatas, higos, sésamo. Petróleo, gas natural, mirabilita, magnesio, carbón, sal. Ind. alimentaria, textil, calzado, tapices. Refino de petróleo. Grupos étnicos: turkmenos, rusos, uzbekos, kazakos. Lenguas: turkmeno (of.), ruso. *Rel.*: islamismo sunnita. U.M.: rublo. Cap., Ashjabad. C. prales.: Chardzhou, Tashauz, Mary.

☐ *Hist.* Ant. terr. incorporado al imperio zarista entre 1869 y 1874. En 1924 se convirtió en rep. federada. En 1991 proclamó su indep. y, tras la desaparición de la URSS, se adhirió a la Comunidad de Estados Independientes (CEI).

TURKMENISTÁN

Superficie	488 100 km²
Población	3 714 000 hab. (7,5 hab./km²)
Indicadores sociológicos	
PNB	6 387 millones de dólares
Renta per cápita	1 700 dólares
Esperanza de vida	66 años

TURKU (sueco, *Abo*) C. y puerto de Finlandia; 163 000 hab. Astilleros.
TURMALINA f. *Miner.* Mineral constituido por ciclosilicatos de aluminio y minerales diversos. Las t. cristalizan en el sistema trigonal y son piezoeléctricas y piroeléctricas.
TURNAR intr. Alternar con otras personas en un beneficio o en el desempeño de un cargo.
TURNER, *Joseph Mallord William* (1775-1851) Pintor brit. La descomposición de la forma bajo la luz y la eliminación de los límites entre el objeto pictórico y el entorno lo hacen ser uno de los precursores del impresionismo. *Tormenta de nieve en el mar; Lluvia, vapor, velocidad; Incendio en el mar.*
TURNIO, NIA adj. Díc. de los ojos torcidos. ◊ adj. y s. Que tiene los ojos torcidos.
TURNO m. Orden que se observa entre varias personas, para la ejecución de una cosa. ◊ Cada una de las interven-

ciones que, en pro o en contra de una propuesta, permiten los reglamentos de las cámaras legislativas o corporaciones.
TUROLENSE adj. y s. De Teruel.
TURÓN m. Mamífero carnicero que despide olor fétido y se alimenta de caza.
TURPIAL m. Trupial, pájaro.
TURQUESA f. Molde, a modo de tenaza, para hacer bodoques de ballesta o balas de plomo. ◊ Molde para otras cosas. ◊ *Miner.* Fosfato hidratado de cobre y aluminio. Color azul celeste o verde miel, y brillo vítreo. Se origina por acción de aguas superficiales sobre rocas ígneas o sedimentarias ricas en aluminio.
TURQUESTÁN Extensa zona de Asia central, comprendida entre las estepas siberianas, el Hindu Kush, la Meseta del Tibet, el desierto de Gobi y el Caspio. La zona oriental pertenece a China y la occidental a las rep. de Kazakistán, Kirguisistán, Tadjikistán, Uzbekistán y Turkmenistán.

Mapa de situación y bandera
de **Turquía**

TURQUÍA (*Turkiye Cumhuriyeti*) Estado de Asia Menor. República. Grupos étnicos: turcos (mayoría), kurdos, ár. Lenguas: turco (of.), kurdo, ár. *Rel.*: islamismo (90 %), cristianismo ortodoxo. U.M.: la libra turca. Cap.: Ankara. C. prales.: Istanbul, Izmir, Adana, Bursa.
☐ *Geog. física.* La T. asiática está constituida por una meseta, bordeada por los montes de Armenia. De ellos parten los montes Pónticos (Kackar, 3 937 m) y los Tauro. Paralela al Tauro se extiende el Antitauro (Ararat, 5 165 m). Ríos Ergene, Yesilirmak, Kizilirmak, Sakarya, Büjük Menderes, Tigris, Éufrates y Araks. Clima mediterráneo o continental.
☐ *Geog. económica.* Se cultiva algodón, vid, olivo, frutales, tabaco, maíz, nueces, cereales, remolacha azucarera, lino, sésamo, girasol y cáñamo. La pesca en el mar de Mármara y el Bósforo. Hierro, carbón, cromo y petróleo. Ind. del cemento, siderurgia, mecánico-metalúrgica, química, textil y refino de azúcar.

☐ *Hist.* Fue conquistada por Roma y post. por Bizancio. Los turcos selyúcidas se instalaron en Anatolia y crearon un sultanato destruido por los mongoles en el s. XIII. A principios del s. XIV se inició la expansión territorial otomana y el máx. esplendor llegó con Selim I (1412-1520) y Solimán I (1520-1566). La descomposición del imperio fue lenta: perdió Hungría (1687), Azov, Transilvania, Polonia, Ucrania Occidental, Morea y Dalmacia (1699); Grecia (1830), Bosnia-Herzegovina (1878). En 1908 los jóvenes turcos organizaron el comité Unión y Progreso y depusieron al sultán. Durante la I Guerra Mundial luchó al lado de Alemania. En 1923 se proclamó la rep. y en 1924 subió al poder Atatürk, líder de la T. moderna. En 1983 el Partido de la Madre Patria ganó las elecciones y Turgut Ozal formó gob. En 1987 mantuvo la mayoría, pero en 1991 venció Suleimán Demirel del partido de la Recta Vía. Nombrado presidente en 1993, una mujer, Tansu Çiller fue elegida primer ministro. En 1995 ganó las elecciones el islamista Partido del Bienestar, y N. Erbakan asumió la jefatura del gobierno. La prohibición de los partidos islamistas forzó el cambio del primer ministro, sustituido por M. Yilmaz. B. Ecevit fue elegido jefe de gobierno en 1999, y en 2002, tras las elecciones legislativas, cedió el cargo al islamista moderado A. Gül, quien en marzo de 2003 fue relevado por R. Tayyip Erdogan.

TURQUÍA

Superficie	779 452 km²
Población	56 978 000 hab. (67 hab./km²)
Recursos económicos	
Aceite	96 000 t
Acero	9 393 000 t
Algodón	904 000 t
Boracita	1 679 000 t
Búfalos	269 000 cabezas
Cabaña bovina	11 377 000 cabezas
Cabaña caballar	513 000 cabezas
Cabaña ovina	40 533 000 cabezas
Carbón	2 745 000 t
Cebada	7 800 000 t
Cemento	24 636 000 t
Cromo	220 000 t
E. eléctrica	57 544 millones de kwh
Hierro	2 788 000 t
Lana	28 000 t
Lignito	43 847 000 t
Naranjas	739 000 t
Manganeso	300 t
Pesca	382 170 t
Riqueza forestal	15 124 000 m³
Té	136 000 t
Tejidos de lana	11 800 000 m²
Trigo	20 400 000 t
Uva	3 600 000 t
Indicadores sociológicos	
PNB	103 888 millones de dólares
Renta per cápita	1 820 dólares
Esperanza de vida	67 años
Alfabetismo	81 %

TURRAR tr. Tostar o asar en las brasas.
TURRÓ, *Ramón* (1854-1926) Biólogo y filósofo esp. Realizó estudios sobre las secreciones internas y la inmunidad. *La medicación tiroidea.*
TURRÓN m. Masa hecha de almendras, piñones, avellanas o nueces y

Tusílago

otros frutos secos, tostado todo y mezclado con miel y azúcar.

TURULATO, TA adj. fam. Alelado, estupefacto.

TUSÍLAGO o **TUSILAGO** m. Fárfara, planta.

TUSO, SA adj. *Col.* Picoso, cacarañado. ◊ *P. Rico.* Rabón, sin rabo o con el rabo corto. ◊ m. y f. fam. Can. ◊ Voz para llamar o espantar a los perros. ◊ *Amér.* Zuro, raspa de la mazorca después de desgranada. ◊ *Amér. Centr.* y *Cuba.* Espata de la mazorca del maíz. ◊ *Chile.* Barbas de la mazorca del maíz. ◊ *Chile.* Crines del caballo. ◊ *Col.* Hoyo de viruela. ◊ *Col., Pan.* y *P. Rico.* Persona despreciable.

TUSÓN, NA m. y f. Potro o potranca que no ha llegado a dos años. ◊ f. fam. Mujer pública, ramera.

TUTACUSILLO m. *Amér. Merid.* Mono platirrino también llamado mono búho y duruculi.

TUTANKAMÓN (s. XIV a. C.) Faraón egipcio de la XVIII dinastía. Residió en Tebas y reinstauró el culto a Amón. Su sepulcro fue descubierto en 1922.

TUTE m. Juego de naipes carteado parecido a la brisca. ◊ Reunión en este juego de los cuatro reyes o los cuatro caballos. ◊ fig. Esfuerzo excesivo que se obliga a hacer a personas o animales en un trabajo o ejercicio. ◊ fig. Acometida que se da a una cosa en uso, consumo o ejecución, reduciéndola o acabándola.

TUTEAR tr. y prnl. Hablar a uno empleando el pronombre de segunda persona. ❏ TUTEO.

TUTELA f. Autoridad que, a falta de la paterna o materna, se confiere para cuidar de la persona y los bienes de aquel que por minoría de edad, o por otra causa, no tiene completa capacidad civil. ❏ TUTELAR.

TUTMOSIS Nombre de cuatro faraones egipcios de la XVIII dinastía. Destaca *Tutmosis III* (ss. XVI-XV a. C.), que llegó hasta el Eufrates y dominó Asia Menor.

TUTOR, RA m. y f. Persona que ejerce la tutela. m. ◊ m. y f. fig. Defensor, protector. ❏ TUTORÍA.

TUTSI, WATUSI o **BATUTSI** adj. y s. Díc. de individuos de un pueblo melanoafricano de habla bantú y de origen étnico nilótico o nilocamítico, que vive en Ruanda y en Burundi. En la segunda mitad del s. XX muchos emigraron hacia Burundi, en donde impusieron su hegemonía sobre los hutus (matanzas de 1972 y 1988). ◊ adj. Relativo a este pueblo. ◊ m. pl. Este mismo pueblo.

TUTÚ m. *Argent.* Ave de rapiña, con plumaje verde en el lomo, azul en el pecho y con manchas negras por la cabeza, las alas y la cola.

TUVA Rep. del estado de Rusia, limítrofe con Mongolia; 170 500 km², 279 000 hab. Cap., Kyzyl. Cereales. Ganadería. Madera. Carbón, cobre, hierro, oro, plata, plomo.

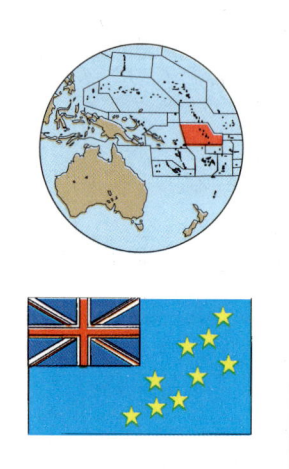

Mapa de situación y bandera de **Tuvalu**

TUVALU (*The Tuvalu Islands*) Estado del Pacífico central, en Polinesia. Formado por las islas Carolinas de Nanumea, Nanumanga, Niutao, Nui, Vaitapu, Nukufetau, Nukulaelae, Funafuti y Niulakita. Clima lluvioso. Copra. Pesca. Lenguas: inglés (of.), dialectos isleños. *Rel.*: protestantismo (78 %). U.M.: dólar australiano. Cap.: Vaiaku.

☐ *Hist.* El arch. fue descubierto por los brit. en 1764 y bautizado con el nombre de islas Ellice. Formó una colonia con las islas Gilbert, de las que se separó en 1975 y cambió su nombre. Indep. desde 1978.

TUVALU	
Superficie	25 km²
Población	9 000 hab. (375 hab./km²)
Recursos económicos	
Pesca	1 460 t
Indicadores sociológicos	
PNB	20 millones de dólares
Renta per cápita	2 000 dólares
Alfabetismo	95 %

TUVINIO, NIA adj. y s. Díc. de individuos de un pueblo mongoloide que habita en la rep. autónoma de Tuva. Su núm. asciende a unos 140 000 (1970). Hablan una lengua turca.

TUXPAN DE RODRÍGUEZ CANO C. de México, en el est. de Veracruz; 117 252 hab. Puerto exportador de petróleo.

TUXTLA GUTIÉRREZ C. de México, cap. del estado de Chiapas; 434 143 hab.

Explotación forestal. Centro comercial agrícola y ganadero.

TUYA f. Planta gimnosperma de hasta 4 m de alt., con hojas imbricadas en cuatro filas, flores agrupadas en estróbilos colgantes, parduscos, y semillas comprimidas rodeadas de una aleta.

TUYO, TUYA, TUYOS, TUYAS pron. posesivo de segunda persona en gén. masculino y femenino y ambos números. Con la terminación del masculino, en sing., también se usa como neutro.

TV Abreviatura de televisión.

TVER (ant. *Kalinin*) C. y puerto en la rep. de Rusia; 438 000 hab. Ind. textil y mecánica.

TWAIN, Mark Seud. de *Samuel Langhorne Clemens* (1835-1910) Escritor norteam. Autor de *Las aventuras de Tom Sawyer, Las aventuras de Huckleberry Finn, Vida en el Misisipí, Un yanqui en la corte del rey Arturo.*

TWEED Río de Gran Bretaña, que nace en los Higlands del Sur y desemboca en el mar del Norte; 165 km.

TYCHO Brahe ⇨ Brahe, Tycho.

TYLER, John (1790-1862) Político norteam., décimo presid. de EE UU (1841-1845). Firmó el tratado que extendía hasta el Pacífico el territorio federal.

TYLOR, Edward Burnett (1832-1917) Antropólogo brit., introductor de la teoría del animismo y de la doctrina de las supervivencias. *Cultura primitiva, Investigaciones sobre el comienzo de la historia.*

TYNDALL, John (1820-1893) Físico irl. estudioso de la conductividad de los gases y vapores, diamagnetismo, luz. **Fenómeno de T.** *Fís.* Un rayo luminoso, al atravesar una disolución coloidal, se difunde por ella en todas direcciones.

TZARA, Tristán Seud. de *S. Rosenstok* (1896-1963) Poeta fr. de origen rumano. Su *Primera aventura celeste de M. Antipyrine* se convirtió en el credo del dadaísmo. *Manifiesto Dadá.*

TZEPO (*Tzupo*) C. del N de China, en la prov. de Shantung; 806 000 hab. Centro comercial.

TZOMPANTIL m. *Amér.* Especie de altar donde toltecas y aztecas colocaban los cráneos de los sacrificados.

TZOTZIL adj. y s. Díc. de un pueblo amerindio de la familia lingüística maya, que vive en el est. de Chiapas (México).

Tristán **Tzara**

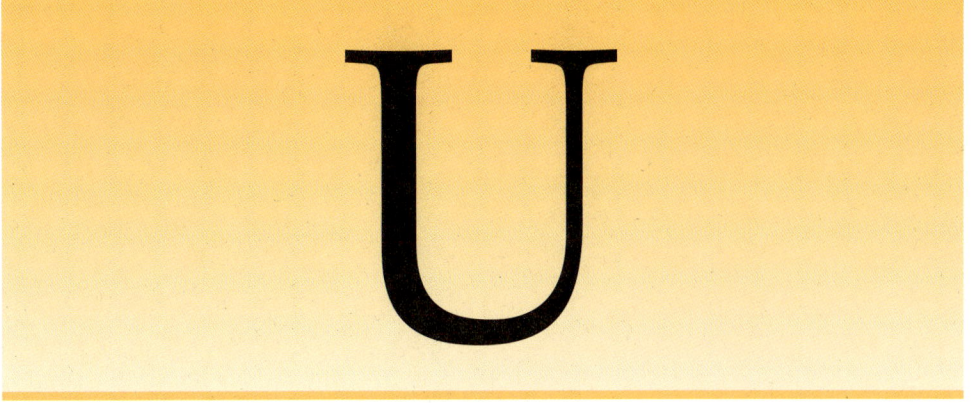

U

U f. Vigésima segunda letra del abecedario esp., última de sus vocales y una de las dos de sonido más débil. ◊ Conj. disyuntiva que se emplea en lugar de *o*, para evitar el hiato, ante palabras que empiezan por esta letra o por *ho*. ◊ *Quím.* En mayúscula, símb. del uranio.

UADI m. En Arabia y N de África, curso de agua intermitente, y cauce y valle por el que corre.

UAGADUGU (*Ouagadougou*) C. y cap. de Burkina Faso; 247 900 hab. Centro comercial y de comunicaciones.

UALABY m. Mamífero marsupial australiano, semejante al canguro, aunque de menor tamaño.

UAPITÍ m. Ciervo de gran tamaño que vive en Norteamérica. Los machos pueden alcanzar una alzada de 1,5 m y un peso de 300 kg.

UAXACTÚN Estación arqueológica maya, sit. en El Petén (Guatemala). Fue un centro de culto, en el que se halla una de las pirámides más ant. de Mesoamérica (s. IV).

UBAJAY m. *Argent.* Árbol de ramaje abundante y fruto comestible algo ácido.

UBANGUI (*Oubangui*) Río de África ecuatorial, afl. del Congo; 2 300 km. Frontera entre la Rep. Centroafricana y la República Democrática del Congo, y entre este país y la Rep. del Congo.

UBATÉ, sabana de Región fisiográfica de Colombia, en el dpto. de Cundinamarca. C. pral.: Gachetá. Agricultura y ganadería.

UBERABA C. de Brasil, en el est. de Minas Gerais; 200 000 hab. Centro comercial. Ind. alimentaria.

UBERLANDIA C. de Brasil, en el est. de Minas Gerais; 101 000 hab. Centro comercial. Universidad.

UBÉRRIMO, MA adj. sup. Muy abundante y fértil.

UBICAR intr. y prnl. Estar en determinado espacio o lugar. ◊ tr. *Amér.* Situar o instalar en determinado espacio o lugar. ❑ UBICACIÓN.

UBICO, Jorge (1878-1946) Político y militar guat. Presid. en 1931, gobernó dictatorialmente. Derrocado en 1944.

UBICUO, CUA adj. Que está presente a un mismo tiempo en todas partes. ◊ fig. Se aplica a la persona muy activa que acude a muchos sitios. ❑ UBICUIDAD; UBIQUIDAD.

UBINAS Volcán, en actividad, de los Andes, al S de Perú; 5 672 m.

UBRE f. Cada una de las glándulas mamarias inguinales de las hembras de ciertos mamíferos, terminadas en un mamelón especial, llamado pezón. ◊ Conjunto de ellas.

UCAYALI Dpto. del E de Perú en la Amazonia; 102 410,55 km², 366 900 hab. Cap., Pucallpa. Comprende tres hoyas distintas, la del río Ucayali; la del Yuruá, rica en caucho; y la del Purús, donde abunda el jebe. ◊ Río de Perú; 2 200 km. Nace de la confluencia de los ríos Tambo (Apurímac) y Urubamba. Es una de las ramas madre del Amazonas.

UCCELLO, Paolo di Dono, llamado PAOLO (1397-1475) Pintor it. En 1425 trabajó en el templo de San Marcos, en Venecia. *Batalla de San Romano*.

UCEDA, Cristóbal Sandoval y Rojas, PRIMER DUQUE DE (m. 1624) Noble esp. En 1618, sucedió a su padre, el duque de Lerma, en la privanza de Felipe III. Felipe IV le nombró virrey de Cataluña.

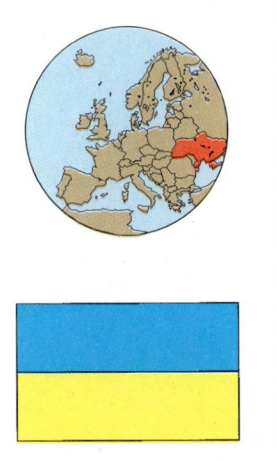

Mapa de situación y bandera
de **Ucrania**

UCRANIA (*Ukrajina*) Estado de Europa oriental. Comprende la rep. autónoma de Crimea. Ocupa una zona caracterizada por las fértiles «tierras negras». R.: Dniéper, Donets, Bug Meridional y Dniéster. Grupos étnicos: ucranianos, rusos, hebreos, bielorrusos, moldavos, búlgaros, polacos, etc. Lenguas: ucraniano (of.), ruso, tártaro. *Rel.*: cristianismo ortodoxo, catolicismo uniato. U.M.: karbovanets. Cap., Kiev. C. prales.: Jarkov, Dniepropetovsk, Odessa, Donetsk, Zaporozhe, Lvov.

□ *Hist.* Los primeros est. fueron creados por comerciantes escandinavos y rusos durante la E. Med. Su cap., Kiev, fue arrasada por las invasiones mongolas de los ss. XIII y XIV. Estuvo bajo dominio polaco (s. XVI) y durante el S. XVIII pasó a formar parte del imperio de los zares. La Unión Soviética se convirtió en una rep. federada de la URSS en 1922, y U. llegó a ser una rica región industrial. En 1991 proclamó su indep., integrándose tras la desaparición de la URSS en la Comunidad de Estados Independientes (CEI). En 1994 y 1999 fue elegido presidente L. Kuchma, y en enero de 2005 asumió V. Yúshenko.

UCRANIA	
Superficie	603 700 km²
Población 51 944 000 hab. (86 hab./km²)	
Recursos económicos	
Pesca	576 000 t
Riqueza forestal	18 446 000 m³
Indicadores sociológicos	
PNB	121 458 millones de dólares
Renta per cápita	2 340 dólares
Esperanza de vida	64 años
Alfabetismo	74 %
Crecimiento vegetativo	2,2 %

UCRANIANO, NA adj. y s. De Ucrania. ◊ adj. Relativo a esta rep. ◊ m. *Ling.* Lengua eslava hablada por dicho pueblo.

UDINE C. de Italia, cap. de la prov. hom.; 100 000 hab. Sit. junto al r. Tagliamento. Centro industrial.

UDMURTIA (*Udmurtija*) Rep. autón. en la rep. de Rusia; 42 100 km², 1 141 700 hab. Cap., Ustinov.

UDMURTIO, TIA adj. y s. Díc. de individuos de un pueblo ugrofinés que habita en la rep. autón. de Udmurtia.

UELÉ Río de la República Democrática del Congo, una de las ramas madre del Ubangui; 1 300 km.

UEXKÜLL, Jakob von (1864-1944) Biólogo al. Neovitalista. Estudió la ecología animal.

¡UF! interj. con que se denota cansancio, fastidio, sofocación o repugnancia.
UFA Cap. de la rep. autón. de Bashkiria (rep. de Rusia); 770 900 hab. Ind. alimentaria y metalúrgica.
UFANO, NA adj. Arrogante, presuntuoso, engreído. ◊ fig. Satisfecho, alegre, contento. ◊ fig. Que procede con resolución y desembarazo. ❑ UFANARSE.
UFFIZI, *Palacio* o *Galería de los* Edificio de Florencia, junto al palacio Vecchio. Construido por Vasari (1560). Sede de importantes colecciones bibliográficas y artísticas.

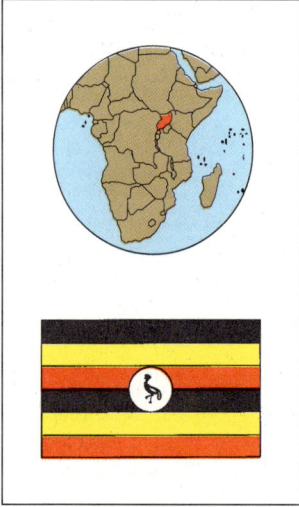

Mapa de situación y bandera
de **Uganda**

UGANDA *(Republic of Uganda)* Estado de África oriental. El relieve conforma altiplanicies (1 100-1 800 m de alt.) y los macizos del Elgon (4 322 m) y del Ruwenzori (5 119 m). En las depresiones se asientan los lagos Kyoga, Victoria, Mobutu y Amin, y los r. que desaguan en los lagos y en el Nilo Victoria. Prales. cultivos: mandioca, mijo, sorgo, maíz, banana, algodón, café, tabaco y caña de azúcar. Ganadería bovina, caprina y ovina. Explotación forestal. Pesca. Minería del cobre, volframio, fosfatos, berilo, casiterita y sal. Ind. metalúrgica, de cemento, textil y alimentaria. Grupos étnicos o nacionales: bagandas, itesos, basogas y otros. Lenguas: ing. y swahili (ambas of.). Rel.: animismo, catolicismo e islamismo. U. M.: chelín ugandés. Cap., Kampala. C. prales.: Jinja, Bugembe.
❑ *Hist.* Grupos étnicos bantúes poblaron la región desde el primer milenio d. C. En 1894 Gran Bretaña estableció el protectorado de Buganda. La indep. de Uganda se hizo efectiva en 1962. En 1966 Obote asumió todos los poderes. En 1971 el general Idi Amin Dada se hizo con el poder mediante un cruento golpe de Est. e inició una cruenta dictadura unipersonal. En 1979 un levantamiento interno puso fin a su régimen y Yusef Lule asumió la presidencia. En las elecciones de 1980 salió elegido presid. Milton Obote. Éste fue derrocado por el general Okello, en 1985. En 1986

la guerrilla del Mov. de Resistencia Nacional logró controlar el país; su dirigente Y. Museveni asumió la presidencia y S. Kisekka fue designado primer ministro. En 1996 Museveni fue reelegido presidente.

UGANDA	
Superficie	241 038 km²
Población	16 830 000 hab. (70 hab./km²)
Recursos económicos	
Batatas	1 800 000 t
Cabaña bovina	5 00 000 cabezas
Cabaña caprina	3 300 000 cabezas
Cabaña ovina	1 950 000 cabezas
Cacahuetes	193 000 t
Café	180 000 t
Cemento	27 000 t
Mandioca	1 650 000 t
Mijo	600 000 t
Riqueza forestal	15 142 000 m³
Pesca	245 223 t
Sésamo	63 000 t
Sorgo	380 000 t
Tungsteno	4 t
Indicadores sociológicos	
PNB	2 762 millones de dólares
Renta per cápita	160 dólares
Esperanza de vida	46 años
Alfabetismo	48 %

UGARIT Ant. c. del N de Siria, en la actual Ras Shamra. Presenta cinco niveles de ocupación. El más antiguo pertenece al neolítico reciente, y los últimos a tiempos históricos.
UGARTE, *Floro Manuel* (1884-1975) Compositor arg. de inspiración folclórica. *Saika, De mi tierra, Junco.* ◊ *Manuel* (1878-1951) Escritor arg. Destacan sus *Cuentos de la pampa* y *El porvenir de la América Latina.*
UGROFINÉS, SA adj. *Ling.* Se aplica a un grupo de lenguas uralaltaicas, integrado por los troncos finés y ugro.
UGT Siglas de ⇒ Unión General de Trabajadores.
¡UH! interj. Denota desilusión o desdén.
UHF Siglas de las voces ing. *Ultra High Frequencies,* «frecuencias ultraelevadas», que se emplean, internacionalmente, en electrónica, radio y televisión, para designar las frecuencias comprendidas entre 300 y 3 000 megahertz.
UHLAND, *Johann Ludwig* (1787-1862) Poeta lírico al., romántico y liberal. *Poemas patrióticos* y *Baladas.*
UIGUR o **UIGHUR** adj. y s. Díc. de individuos pertenecientes a un pueblo nómada de origen turcomongol, que en el s. VIII creó un imperio en Asia central. Actualmente existen u. en Kazakistán y en el Sinkiang (China).
UITOTO adj. y s. Díc. del pueblo que vive en la Amazonia col., entre los r. Putumayo y Yapura.
UJIER m. Portero de estrados de un palacio o tribunal. ◊ Empleado subalterno que en tribunales y cuerpos del Est. tiene a su cargo la práctica de ciertas diligencias.
UJUNGPANDANG (ant. Macasar) C. de Indonesia, en el S de la isla de Célebes; 709 000 hab. Ind. quím. y alimentarias.
UKELELE m. Guitarra pequeña de cuatro cuerdas, popular en las islas

Hawai. Se utiliza también en conjuntos de jazz.
ULAN BATOR *(Ulaanbaatar)* C. y cap. de Mongolia; 470 500 hab. Centro comercial y ganadero. Ind. textiles, del cuero, alimentarias y del vidrio.
ULÁN-UDÉ C. de Rusia, cap. de la rep. de Buriatia; 335 000 hab. Centro comercial.
ULATE Blanco, *Otilio* (1892-1973) Político cost. Presid. de la rep. (1949); su no reconocimiento como ganador de las elecciones motivó una guerra civil. Tras un acuerdo, U. gobernó de 1949 a 1953.
ULBRICHT, *Walter* (1893-1973) Político al., uno de los fundadores del partido comunista. Desde 1960 fue presid. del Consejo de Est. de la RDA.
ÚLCERA f. *Pat.* Solución de continuidad de una superficie cutánea o mucosa, con pérdida de sustancia y proliferación de tejido conjuntivo.
ULCERAR tr. y prnl. Causar úlcera. ❑ ULCERACIÓN; ULCEROSO, SA.
ULEMA m. Doctor de la ley mahometana.
ULIANOVSK *(Uljanovsk)* C. de Rusia, cap. de la prov. hom.; 544 000 hab. Se llamó Simbirsk hasta 1924. Cuna de Lenin.
ULISES (gr., *Odysseús;* latín, *Ulixes*) *Mit. gr.* Rey de Itaca, uno de los protagonistas de la *Ilíada* y el pral. de la *Odisea.*
ULLOA, *Antonio de* (1716-1795) Marino y matemático esp. Introdujo la explotación del mercurio de Almadén. Tomó Luisiana y gobernó Florida. ◊ *Luis* (1869-1936) Historiador per. Investigó los ant. centros mineros de Centroamérica y Sudamérica. ◊ *Elías, Manuel* (1922-1992) Político per. Primer ministro y ministro de Economía y Finanzas con Belaúnde (1980-1982).
ULM C. de Alemania, en Baden-Württemberg; 96 600 hab. Ind. radioeléctricas y textiles. Catedral gótica de los ss. XIV y XV. Lugar de la victoria de Napoleón sobre los austríacos (1805).
ULMÉN m. *Chile.* Cacique, hombre rico e influyente.
ULPIANO, *Domicio* (170-228) Jurista rom. De sus escritos *De fideicomissis, Responsa,* sólo se conservan fragmentos.
ULPO (voz mapuche) m. *Chile* y *Perú.* Especie de gachas de harina y agua.
ULSAN C. de la República de Corea en la prov. de Kyongsang Merid.; 418 400 hab. Puerto pesquero. Centro industrial.

Walter **Ulbricht**

ULSTER La más septentrional de las cuatro prov. históricas de Irlanda; 22 121 km², 1 734 797 hab. Compartida entre la República de Irlanda (8 011 km², 235 600 hab.) y la región brit. de Irlanda del Norte (14 120 km², 1 527 700 hab.) Cap. histórica, Belfast. Dividida por la *Ireland Act* de 1920.

ULTERIOR adj. Que está de la parte de allá de un sitio o territorio. ◊ Que se dice, sucede o se ejecuta después de otra cosa.

ÚLTIMA ESPERANZA Prov. del S. de Chile, en la región de Magallanes y la Antártica Chilena; 19 855 hab. Cap., Puerto Natales.

ULTIMAR tr. Acabar, concluir una cosa. ◊ *Amér.* Matar. ❑ ULTIMACIÓN.

ULTIMÁTUM m. En la diplomacia, última proposición, precisa y perentoria, que hace una nación a otra y cuya falta de aceptación ocasiona la ruptura. ◊ fam. Resolución definitiva.

ÚLTIMO, MA adj. Aplícase a lo que en su línea no tiene otra cosa después de sí. ◊ Díc. de lo que en una serie o sucesión de cosas está o se considera en el lugar postrero. ◊ Díc. de lo más remoto, retirado o escondido. ◊ Aplícase al recurso, medio o acuerdo eficaz y definitivo que se toma en algún asunto, después de experimentada la inutilidad o insuficiencia de lo ejecutado antes. ◊ Díc. de lo extremado en su línea. ◊ Aplícase al fin a que deben dirigirse todas nuestras acciones y designios. ❑ ULTIMIDAD.

ULTRA adv. Además de. ◊ En composición con algunas voces, más allá de, al otro lado de. ◊ Antepuesta como partícula inseparable a algunos adj., expresa idea de exceso. ◊ adj. y s. Díc. de la persona que sostiene ideas políticas de extrema derecha.

ULTRAÍSMO m. *Lit.* Mov. poético surgido en 1918, que agrupó a poetas esp. y latinoamericanos y que propugna una renovación radical del espíritu y de la técnica. En 1921, en Buenos Aires, Borges presentó el u. porteño como reacción al rubenismo.

ULTRAJAR tr. Injuriar, ofender gravemente de palabra u obra a una persona. ◊ Violar a una mujer. ❑ ULTRAJE; ULTRAJOSO, SA.

ULTRAMAR m. País o países sit. al otro lado del mar considerado desde el punto en que se habla. ◊ Terr. coloniales respecto a su metrópoli.

ULTRAMARINO, NA adj. Que está del otro lado o a la otra parte del mar. ◊ adj. y s. Díc. de víveres, en un principio traídos de otros continentes, que se venden en las tiendas de comestibles.

ULTRAMICROSCOPIO m. Microscopio provisto de un sistema de iluminación especial que sirve para ver objetos que no se perciben con el microscopio ordinario.

ULTRAMONTANISMO m. En Francia, doctrina de los que consideraban que la autoridad papal debía prevalecer frente a las prerrogativas galicanas.

ULTRANZA (A) m. adv. A muerte. ◊ A todo trance, resueltamente.

ULTRASONIDO m. Fís. Vibración sonora de gran frecuencia, no percibible por el oído humano, de aplicación en física teórica para el estudio de la materia a temperaturas muy bajas, en el sonar y en la construcción de disposi-

Miguel de **Unamuno**

tivos de memoria de computadoras. ❑ ULTRASÓNICO, CA.

ULTRATUMBA adv. Más allá de la tumba, de la muerte.

ULTRAVIOLETA adj. *Fís.* Perteneciente o relativo a la parte invisible del espectro luminoso que se extiende a continuación del color violeta.

ULÚA Río de Honduras, en la vertiente del Caribe; 257 km.

ULULAR intr. Dar gritos o alaridos.

UMA o **UAM** *Fís.* Siglas de unidad de masa atómica. Se define como la dieciseisava parte de la masa de un átomo del isótopo del oxígeno O¹⁶, y vale aproximadamente $1,661 \cdot 10^{-24}$ gramos.

UMANGO Sierra de Argentina, en la prov. de La Rioja; se eleva hasta 4 500 m. Plata, cobre y plomo.

UMBELA f. *Bot.* Inflorescencia constituida por una especie de corimbo en el que los pedúnculos florales parten de un mismo punto sobre el pedúnculo principal. ◊ Tejadillo voladizo sobre un balcón o ventana. ❑ UMBELIFORME.

UMBILICADO, DA adj. *Biol.* Díc. del órgano que posee una depresión central en forma de ombligo o embudo, más o menos cóncavo.

UMBILICAL adj. Relativo al ombligo.

UMBRAL m. Parte inferior o escalón, por lo común de piedra y contrapuesto al dintel, en la puerta o entrada de una casa. ◊ fig. Paso primero y pral. o entrada de cualquier cosa. ◊ *Arq.* Madero que se atraviesa en lo alto de un vano, para sostener el muro que hay encima. ◊ Intensidad mínima que debe tener un estímulo para producir una respuesta determinada por parte de un receptor u organismo completo.

UMBRAL, Francisco (n. 1935) Escritor esp. *Memorias de un niño de derechas, Memorias borbónicas.* Premio Príncipe de Asturias (1996), y premio Cervantes (2000).

UMBRELA f. *Zool.* Cuerpo gelatinoso de las medusas del que parten los tentáculos.

UMBRÍA f. Parte de terreno, y especialmente ladera de un monte, en la que casi siempre hace sombra por estar orientada al N en el hemisferio boreal.

UMBRÍA (*Umbria*) Región del centro de Italia; 8 456 km², 811 800 hab. Cap., Perugia. Comprende la prov. de Perusa y Terni. Ind. siderometalúrgica, química y textil.

UMBRÍO, A adj. Sombrío, que está en sombra.

UMBRO, BRA adj. y s. Díc. de un ant. pueblo ítalo-celta, que vivió en la región it. de Umbría; dominados por los romanos a partir de 295 a. C.

UMBROSO, SA adj. Que tiene sombra o la causa. ❑ UMBRÁTIL.

UMEA C. y puerto de Suecia, en el golfo de Botnia, cap. del condado de Västerbotten; 84 200 hab. Centro comercial e industrial.

UN, UNA Art. indeterminado en gén. masculino y femenino y núm. singular. ◊ adj. Uno.

UNAMUNO, *Miguel de* (1864-1936) Escritor y pensador esp., encuadrado en la generación del 98 y situado entre los precursores del existencialismo. *Del sentimiento trágico de la vida, La agonía del cristianismo, La tía Tula, Niebla.*

UNÁNIME adj. Díc. del conjunto de las personas que convienen en un mismo parecer, dictamen, voluntad o sentimiento. ◊ Aplícase a este parecer, dictamen, voluntad o sentimiento. ❑ UNANIMIDAD.

UNANUE, *José Hipólito* (1755-1833) Político y médico per. Introdujo el uso de la vacuna en su país. Tras la marcha del Libertador, presidió el consejo de ministros (1824-1825). *Guía política, eclesiástica y militar del virreinato del Perú, Los Andes libres.*

UNARE Río de Venezuela; 250 km. Nace cerca de Pariaguán y desemboca en el Caribe, formando un gran delta. ◊ Laguna de Venezuela, en el est. Anzoátegui, al O de la desembocadura del r. hom.

UNAU m. *Amér. Merid.* Especie de perezoso sin dientes y sin cola, que vive en zonas boscosas.

UNCIAL adj. y s. Díc. de ciertas letras, todas mayúsculas y del tamaño de una pulgada, que se usaron hasta el s. VII.

UNCIÓN f. Extremaunción. ◊ Devoción y recogimiento con que el ánimo se entrega a la exposición de una idea, a la realización de una obra, etc.

UNCIR tr. Atar al yugo bueyes, mulas u otras bestias.

UNDÉCIMO, MA adj. Que sigue inmediatamente en orden al o a lo décimo. ◊ Díc. de cada una de las once partes iguales en que se divide un todo.

UNDÉCUPLO, PLA adj. y s. Que contiene un núm. once veces exactamente.

UNDSET, *Sigrid* (1882-1949) Novelis-

Umbela

*La dama del **unicornio**,* obra
del Domenichino

ta nor. de origen danés. Premio Nobel
de Literatura en 1928. *Kristin Lavrans-
datter, Olav Audunsson.*

UNDURRAGA, *Antonio de* (n. 1911)
Escritor chil. *Transfiguración en los párpados de Sagitario, Hay levadura en las columnas.*

UNESCO Siglas de *United Nations Edu-
cational, Scientific and Cultural Organization,* entidad cultural de la ONU con
sede en París. Fundada en 1946, tiene
por finalidad ayudar al mantenimiento de la paz y la seguridad, favoreciendo la colaboración internacional en los
campos educativo, científico y cultural.

UNGARETTI, *Giuseppe* (1888-1970)
Poeta it. *Sentimiento del tiempo, La tierra
prometida.*

UNGIDO m. Rey o sacerdote signado
con el óleo santo.

UNGIR tr. Aplicar a una cosa aceite u
otra materia pingüe, extendiéndola superficialmente. ◊ Signar con óleo sagrado a una persona. ❑ UNGIMIENTO.

UNGÜENTO m. Aquello que sirve
para ungir o untar. ◊ *Farm.* Medicamento tópico elaborado pralm. a base
de ceras y resinas. ◊ Compuesto usado antiguamente para embalsamar cadáveres.

UNGUICULADO, DA adj. y s. *Zool.*
Que tiene los dedos terminados por
uñas.

UNGUIS m. *Anat.* Hueso de la parte
anterior e interna de cada una de las órbitas, que conforma los conductos lagrimal y nasal.

UNGULADO, DA adj. y m. *Zool.* Díc.
de mamíferos que caminan sobre las
uñas, las cuales alcanzan un gran desarrollo y se transforman en pezuñas o
cascos.

UNGULAR adj. Que pertenece o se refiere a la uña.

UNIATO, TA adj. y s. Díc. de los
miembros de las iglesias orientales que
están en comunión con la católica rom.,
pero conservando su liturgia y ritos
propios.

UNIÁXICO, CA adj. Díc. del cristal
que posee un solo eje óptico y una única dirección de refringencia. ◊ *Miner.*
Díc. del mineral en cuya cristalización
se forman cristales uniáxicos.

UNICAMERAL adj. Díc. del poder legislativo formado por una sola cámara
parlamentaria.

UNICEF Siglas de *United Nations International Children's Emergency Fund,*
organismo de la ONU, fundado en
1946 para ayuda de la infancia de los
países subdesarrollados o devastados
por la guerra, con sede en Nueva York.
Premio Nobel de la Paz en 1965.

UNICELULAR adj. *Biol.* Díc. de los seres vivos que están constituidos por
una sola célula, y también de los estadios con una sola célula de los seres
pluricelulares.

ÚNICO, CA adj. Solo y sin otro de su
especie. ◊ fig. Singular, extraordinario.
❑ UNICIDAD.

UNICORNIO m. Animal fabuloso con
cuerpo de caballo y un cuerno recto en
mitad de la frente. ◊ Rinoceronte. ◊
Marfil fósil de mastodonte, que se
creía que procedía del unicornio.

UNIDAD f. Propiedad de todo ser, en
virtud de la cual no puede dividirse sin
que su esencia se destruya o altere. ◊
Singularidad en núm. o calidad. ◊
Unión o conformidad. ◊ Magnitud que
se emplea como referencia para medir,
directa o indirectamente, otra de la misma clase. ◊ Conjunto de elementos
que, en una instalación, realiza un determinado proceso. ◊ *Comp.* Conjunto mecánico electrónico que sirve de periférico a una computadora y que,
mediante la introducción en su interior
de un soporte (gralte. magnético), como
diskettes, discos, cintas, etc., puede almacenar o suministrar información a
una computadora. ◊ *Mat.* El número
entero uno y, por generalización, el elemento neutro respecto de la segunda
operación de un anillo. ◊ *Mil.* Fracción,
constitutiva e independiente, de una
fuerza militar. ◊ **central.** *Comp.* Dispositivo que conforma el núcleo de un
equipo y que, al tener unidad de control, unidad lógica, memoria rápida,
etc., es capaz de gestionar un conjunto de periféricos. ◊ **central de proceso (C.P.U.).** *Comp.* Parte principal de
una computadora. Se trata del chip que
realiza todas las operaciones lógicas y
cálculos numéricos fundamentales; interpreta las instrucciones dadas a la
computadora y hace que ésta las ejecute. ◊ **de control.** *Comp.* Unidad de
periférico que sirve para efectuar todas
las operaciones propias de un periférico cuando éstas le son ordenadas por
la unidad central.

UNIDAD Popular *(UP)* Coalición de
las izquierdas chilenas que en 1970 obtuvo la presidencia con Salvador Allende, y volvió a triunfar en las elecciones
legislativas de 1973. En ese mismo año
el ejército derrocó al gobierno de la
UP.

UNIFICAR tr. y prnl. Hacer de muchas
cosas una o un todo, uniéndolas, mez-
clándolas o reduciéndolas a una misma especie. ❑ UNIFICACIÓN.

UNIFOLIADO, DA adj. *Bot.* Que tiene una sola hoja.

UNIFORME adj. Díc. de dos o más cosas que tienen la misma forma. ◊ Igual,
semejante. ◊ m. Vestido peculiar y distintivo que usan los militares y otros
empleados, o los individuos que pertenecen a un mismo cuerpo. ❑ UNIFOR-
MAR; UNIFORMIDAD.

UNIGÉNITO, TA adj. Aplícase al hijo
único. ◊ m. P. ant., Jesucristo, como
Hijo de Dios.

UNILATERAL adj. Díc. de lo que se refiere o se circunscribe solamente a una
parte o a un aspecto de alguna cosa.

UNIÓN f. Acción y efecto de unir o unirse. ◊ Correspondencia y conformidad
de una cosa con otra, en el sitio o composición. ◊ *El.* Conexión, acoplamiento. ◊
Conformidad de opiniones y pareceres.
◊ Acción y efecto de unirse en matrimonio. ◊ Composición que resulta de la
mezcla de cosas que se incorporan entre sí. ◊ Asociación de intereses que se
establece entre varias personas u organizaciones. ◊ Alianza, confederación.

UNIÓN, *La* Dpto. de El Salvador, limítrofe al N y E con Honduras; 2 074 km²,
251 143 hab. Cap., la c. hom. Relieve
montañoso. Caña de azúcar, café, henequén, frutas tropicales y ganadería; explotación forestal. Oro, plata y amianto;
salinas. Ind. de derivados agropecuarios.
◊ C. de El Salvador, cap. del dpto. hom.;
36 900 hab. Centro comercial.

UNIÓN Cívica Radical (UCR) Partido
político arg. fundado en 1890 por Leandro Alem. Accedió a la presid. de la rep.
con Yrigoyen (1916-1922, 1928-1930) y
Alvear (1922-1928). En 1957 se dividió
entre **UCR Intransigente,** liderada por
Frondizi (presid., 1958-1962), y **UCR del
Pueblo,** sector que se impuso a partir de
los años 60 (Illia, presid. entre 1963-1966).
Tras la dictadura, accedieron a la presid.
Alfonsín (1983-1989) y De la Rúa (1999),
este último como candidato de la Alianza (en coalición con Frepaso).

Uniformes argentinos
de distintas épocas.

**UNIÓN DE REPÚBLICAS SOCIA-
LISTAS SOVIÉTICAS** *(URSS)* o
UNIÓN SOVIÉTICA *(Soyuz Sovetsky
Sotsialistichesky Respublik, SSSR,* en caracteres cirílicos *CCCP)* De 1922 a 1991
constituyó el mayor de los est. del
mundo. Limitaba al N con el océano
Glaciar Ártico, al E con el océano Pacífico, al S con Corea del Norte, Mongolia, China, Afganistán, Irán y Turquía
y al O con Noruega, Finlandia, Polonia, Eslovaquia (entonces una rep. federada de la extinta Checoslovaquia),
Hungría y Rumania, ocupando todo el
sector oriental de Europa y el septentrional y parte del oriental de Asia.

Comprendía, además de Rusia, las repúblicas de Armenia, Azerbaiján, Bielorrusia, Estonia, Georgia, Kazakistán, Kirguisistán, Letonia, Lituania, Moldavia, Tadjikistán, Turkmenistán, Ucrania, Uzbekistán.

☐ *Hist.* A partir de la caída definitiva del imperio de los zares (⊃ Revolución Rusa), se pueden distinguir diversas etapas en la evolución histórica de la URSS. La primera, que se conoce con la denominación de «comunismo de guerra» se extiende desde el año 1917 hasta fines de 1920. Las personalidades de Lenin y Trotski jugaron un papel preponderante para preservar la viabilidad del Est. sov. Por el tratado de paz Brest-Litovsky (1917) firmado con los imperios centrales, los sov. perdieron Polonia, los Países Bálticos, Finlandia y parte de Transcaucasia, y tenían además que aceptar la indep. de Ucrania. En 1918 el V Congreso de los soviets aprobó una constitución y la formación de la República Socialista Federativa Soviética de Rusia (RSFSR). Las medidas adoptadas para reconstruir la economía chocaron con la oposición armada de los campesinos ricos (*kulaks*). A la guerra civil se unió la guerra de intervención extranjera, con la ocupación de Arkángel por los brit. (1918). En 1919 el ejército rojo, dirigido por Trotsky, emprendió con éxito la ofensiva en los diversos frentes, a pesar del desembarco de tropas anglofrancesas en Odessa y Sebastopol y de la intervención del ejército polaco. La guerra civil y la guerra de intervención extranjera concluía en 1921 con la victoria del régimen sov. La RSFSR pudo recuperar parte de los territorios perdidos en la paz de Brest-Litovsk; así se le unieron sucesivamente Azerbaiján (1920), Ucrania (1920), Bielorrusia (1921), Georgia (1921) y Armenia (1921). En 1922 se creó la Unión de Repúblicas Socialistas Soviéticas, que por entonces comprendía las rep. de Rusia, Ucrania, Bielorrusia y Transcaucasia (Azerbaiján, Georgia y Armenia). Posteriormente se le unieron Uzbekistán, Turkmenistán (1924) y Tadjikistán (1929). El período de la Nueva Política Económica (NEP) que se sitúa entre 1921 y 1927 se planteó como objetivo producir un resurgimiento de la economía mediante un retorno a la economía de mercado. Tras la muerte de Lenin en 1924, se agudizó la rivalidad entre Trotski y Stalin. Este último, secretario general del comité central del partido desde 1922, sostuvo la política del socialismo en un solo país. Trotski, tras dimitir como comisario de Guerra (1925) fue exiliado al Asia central (1928) y expulsado de la URSS (1929). A principios de 1924 fue sancionada una nueva constitución. Hacia 1927 se emprendió una nueva etapa, caracterizada por la industrialización y colectivización forzosas, a través de los planes quinquenales. El poder de Stalin era entonces absoluto; en la década siguiente, se pusieron en marcha los famosos procesos de Moscú (1936) que culminaron en la ejecución de la plana mayor de la vieja guardia del Partido. En 1933 la URSS fue reconocida por EE UU y en 1934 ingresó en la Sociedad de Naciones. En 1939 Stalin firmó con Hitler un pacto de no agresión que le per-

URSS. Desfile conmemorativo de la Revolución en la Plaza Roja de Moscú

mitió la ocupación de diversos territorios occidentales. La invasión de las tropas al. en 1941 marca el comienzo de una nueva etapa. Tras la batalla de Stalingrado, el ejército sov. entró en Berlín. La conferencia de Potsdam puso de manifiesto la divergencia entre la URSS y Occidente, que desembocó, hacia 1947, en la llamada «guerra fría». A la muerte de Stalin en 1953, le sucedió Jruschov, quien acentuó la política de coexistencia con EE UU a pesar de las graves crisis de Hungría, Polonia, Cuba y Vietnam. Destituido Jruschov y reemplazado por Breznev en 1964, siguieron los conflictos, especialmente con los chinos. En 1968 la URSS invadió Checoslovaquia. En 1977 se elaboró una nueva constitución. En 1979 tropas soviéticas entraron en Afganistán. Muerto Breznev, en 1982, Yuri Andropov accedió a la jefatura del Estado (1983), sucedido a su muerte (1984) por K. Chernienko. Muerto éste en 1985, Mijáil Gorbachov accedió al poder e inició una política de reformas políticas, estableció nuevos acuerdos de desarme atómico con EE UU y retiró las tropas soviéticas de Afganistán. A partir de 1989 se produjeron diversos conflictos de nacionalidades en el país (azeríes, armenios, lituanos, turcos). Se disolvió el Pacto de Varsovia y se asentaron las bases democráticas para un Estado de la Unión. Pero algunas personalidades involucionistas del gobierno y del KGB detuvieron a Gorbachov (presid. de la Unión) en Crimea, el 19 de agosto de 1991. Tras el fracaso del golpe, se disolvió el PCUS y varias repúblicas mostraron sus deseos de indep. Las repúblicas bálticas (Estonia, Letonia y Lituania) lograron su reconocimiento internacional, mientras que a finales de 1991, por iniciativa de los presid. de Rusia, Bielorrusia y Ucrania, se creó en Minsk la CEI, que supuso el fin del est. soviético.

☐ *Arte* y *Lit.* ⊃ Ruso.

UNIÓN Africana (*UA*) Nacida en 1963 como Organización de la Unidad Africana (OUA) con el fin de reforzar la cooperación y luchar contra el colonialismo, en 1999 pasó a denominarse UA, que entró en vigor en la Cumbre de Durban, 2003. ◊ **Europea** (*UE*) Organización constituida como *Comunidad Económica Europea* o *Mercado Común Europeo* por el tratado de Roma (Francia, Italia, RFA, Bélgica, Luxemburgo y Paí-

ses Bajos) el 25 marzo 1957, renombrada como Unión Europea a partir 1993. Objetivos: instaurar un mercado común, unión aduanera, política unificada para la agr. Más tarde, se incorporaron Austria, Dinamarca, España, Finlandia, Gran Bretaña, Grecia, Irlanda, Portugal y Suecia. En 1991 los jefes de estado firmaron en la c. de Maastricht (Países Bajos) el tratado de UE que articulaba los plazos para completar la unión económica con un proceso de unión política en sentido federal y la unidad monetaria. El Tratado de Maastricht entró en vigor el 1 de noviembre de 1993. En 1995 se incorporaron Finlandia, Suecia y Austria. En 2002 entró en vigor el euro, moneda común en doce de los quince países miembros (todos menos Gran Bretaña, Dinamarca y Suecia). En 2004 Estonia, Letonia, Lituania, Polonia, República Checa, Eslovaquia, Hungría, Eslovenia, Malta y Chipre ingresaron en la UE. ◊ **General de Trabajadores** (*UGT*) Organización sindical obrera esp. fundada en 1888. Es una de las centrales mayoritarias. ◊ **Nacional para la Independencia Total de Angola** (*UNITA*) Organización independentista angolana creada en 1962 por J. Savimbi. Su guerrilla luchó contra el régimen establecido por el MPLA tras ser derrotados en 1976. ◊ **Panamericana** Organización de Estados americanos creada en la IV Conferencia Interamericana de Buenos Aires (1910). La conferencia de Bogotá (1948) acordó su integración en la Organización de Estados Americanos (OEA) en calidad de secretariado permanente. ◊ **Postal Universal** (*UPU*) Organismo fundado en 1975, dependiente act. de la ONU. Encargado de reglamentar y unificar los servicios postales.

UNIONISMO m. Doctrina que defendió la unión política entre Gran Bretaña e Irlanda.

UNIPERSONAL adj. Que consta de una sola persona. ◊ Que pertenece a una sola persona.

UNIR tr. Juntar dos o más cosas entre sí, haciendo de ellas un todo. ◊ Acercar una cosa a otra, para que formen un conjunto o concurran al mismo objeto o fin. ◊ tr. y prnl. Consolidar o cerrar la herida. ◊ prnl. Ponerse de acuerdo varias personas para el logro de algún fin común.

UNISEXUAL adj. *Bot.* Díc. de las flores con un solo tipo de verticilo reproductor constituido por el androceo o por el gineceo.

UNÍSONO, NA adj. Díc. de lo que tiene el mismo tono que otra cosa. ❏ UNISONAR.

UNITARIO, RIA adj. Relativo a la unidad. ◊ adj. y s. Partidario de la unidad en materias políticas. ◊ adj. Que propende a la unidad o desea conservarla. ◊ Que toma por base una unidad determinada.

UNITARISMO m. *Rel.* Doctrina de los unitarios, que niega la Trinidad, ya que rechaza la divinidad del Espíritu Santo o la de Jesucristo. La iglesia unitaria fue fundada en el s. XVIII por Th. Lindsey.

UNIVERSAL adj. Que comprende o es común a todos en su especie. ◊ Que pertenece o se extiende a todo el mundo, países o tiempos. ◊ m. pl. *Fil.* Conceptos formados por abstracción que representan en nuestra mente, reducidas a unidad común, realidades que existen en diversos seres. ❏ UNIVERSALIDAD.

UNIVERSALIZAR tr. Hacer universal una cosa, generalizarla.

UNIVERSIDAD f. Institución de enseñanza superior donde se cursan las facultades y se confieren los grados correspondientes. La primera u. fue la de Bolonia (1119), cuna del renacimiento del derecho rom. La de París (1150), se constituyó en el centro teológico más imp. de Europa.

UNIVERSITARIO, RIA adj. Relativo a la universidad. ◊ m. y f. Profesor, graduado o estudiante de universidad.

UNIVERSO m. *Astr.* Totalidad de los cuerpos celestes y del espacio que los separa. ◊ Conjunto de individuos o elementos sometidos a estudio estadístico. ▢ *Astr.* Las observaciones y estudios actuales, especialmente los basados en la teoría de la relatividad, han aportado nuevos conceptos, como la dilatabilidad del u., las teorías de su constitución a partir de una masa central de hidrógeno, etc. Hasta ahora ninguna de estas teorías ha sido establecida con certeza.

UNIVITELINO, NA adj. y s. *Biol.* Díc. de los hermanos gemelos nacidos de la misma célula huevo.

UNÍVOCO, CA adj. y s. Díc. de lo que tiene igual naturaleza o valor que otra cosa.

UNO, NA adj. Que no está dividido en

Catedral de **Uppsala**

sí mismo. ◊ Díc. de la persona o cosa unida con otra. ◊ Idéntico, lo mismo. ◊ Único, solo. ◊ Se usa contrapuesto a *otro*. ◊ pl. Algunos. ◊ pl. Antepuesto a un núm. cardinal, poco más o menos. ◊ Pron. indeterminado que en sing. significa una y en pl. dos o más personas cuyo nombre se ignora o no quiere decirse. ◊ m. Unidad, cantidad que se toma como término de comparación. ◊ Signo con que se expresa la unidad. ◊ Individuo de cualquier especie.

UNRUH, *Fritz von* (1885-1970) Dramaturgo al. Pacifista. *Marcha al sacrificio, Una familia, Tempestades.*

UNTAR tr. Aplicar y extender superficialmente aceite u otra materia pingüe sobre una cosa. ◊ fig. y fam. Sobornar a uno con dones o dinero.

UNTO m. Materia pingüe a propósito para untar. ◊ Crasitud o gordura interior del cuerpo del animal. ◊ *Chile.* Betún para el calzado.

UNTUOSO, SA adj. Craso, pingüe y pegajoso. ❏ UNTOSO, SA; UNTUOSIDAD.

UÑA f. *Anat.* Lámina córnea, ubicada sobre el extremo dorsal de los dedos. ◊ Espina corva de algunas plantas. ◊ Pedazo de rama que queda unido al tronco al podarla. ◊ Especie de costra dura que se forma a las bestias sobre las mataduras. ◊ Excrecencia de la carúncula lagrimal, semejante a la raíz de la

uña. ◊ Garfio o punta corva de algunos instrumentos de metal.

UÑERO m. Inflamación en la raíz de la uña. ◊ Herida que produce la uña cuando, al crecer viciosamente, se introduce en la carne.

¡UPA! interj. para esforzar a levantar algún peso o a levantarse. ◊ **A u.** m. adv. En brazos. Es voz infantil. ❏ UPAR.

UPANISHAD (sánscrito, «doctrina secreta» o «sentarse junto al maestro») Escritura sagrada del brahmanismo y del hinduismo. En conjunto, ascienden a ciento ocho textos filosóficos, teológicos, exegéticos y místicos, que sirven de apéndice a los *Vedas*.

UPERIZACIÓN f. Procedimiento de esterilización de la leche por inyección de vapor a presión hasta que alcanza una temperatura de 150 °C durante menos de un segundo. ❏ UPERIZAR.

UPPSALA o **UPSALA** C. de Suecia; 152 600 hab. Ind. metalúrgica, papelera y del calzado. Universidad más ant. del país (1477).

UR C. mesopotámica de origen sumerio, sit. en la orilla derecha del Éufrates, no lejos de su desembocadura. Las primeras excavaciones datan de 1854. ⟶ Mesopotamia ⟶ sumerio.

URABÁ, *Golfo de* Golfo de Colombia, que constituye la parte más profunda del golfo de Darién.

URAL Río de Rusia y Kazakistán; 2 500 km. Nace en los Urales merid. y desemboca en el mar Caspio.

URALALTAICO, CA adj. *Ling.* Se aplica a una familia de lenguas aglutinantes, cuyos prales. grupos son el mongol, el turco y el ugrofinés.

URALES, *Montes* (*Ural*) Cord. de Rusia, que se extiende de N a S, desde el mar de Kara hasta la depresión del Caspio; unos 2 000 km de longitud. Constituyen los límites de Europa y Asia. Alt. máx.: Narodnaia (1 894 m).

URANIA *Mit. gr.* Una de las nueve Musas, protectora del estudio de la astronomía.

URANINITA f. *Quím.* Óxido de uranio que cristaliza en el sistema regular. Se presenta en masas negras compactas o botrioideas. Es el mineral de uranio más importante.

URANIO m. *Quím.* Elemento de símb. U, n. a. 92 y p. a. 208,03. ▢ *Quím.* El u. es un metal blanco presente en la corteza terrestre con una concentración de 0,3 a 4 g/t, pero muy disperso, y sus concentraciones explotables son escasas. Los minerales de u. son los siguientes: pechblenda y uraninita, donde el u. se encuentra en forma tetra y hexavalente; óxidos mixtos con otros elementos, como hierro, niobio, etc.; óxidos hidratados, fosfatos, etc.; inclusiones uraníferas o u. asociado a materiales asfálticos. Se utiliza como combustible nuclear, para la fabricación de vidrios y para colorear la cerámica.

URANO *Astr.* Séptimo planeta del sistema solar en orden creciente de distancias al Sol (2 870 millones de km), descubierto en 1781 por Herschel. Su diámetro es 3,7 veces mayor que el de la Tierra, tarda 84 años en recorrer su órbita y su día es de 10,8 horas.

URANO *Mit. gr.* Personificación del cielo y primer gobernante del universo.

URANOGRAFÍA f. Astronomía descriptiva, cosmografía. ❏ URANÓGRAFO, FA.

Universidad de Oxford, Gran Bretaña

URATO m. *Quím*. Sal formada por la combinación de ácido úrico con una base salificable.

URAWA C. de la prefectura de Saitama, en la isla de Honshu; 418 300 hab.

URBANEJA, *Diego Bautista* (1786-1855) Patriota ven. Vicepresid. (1831, 1844-1848). Presid. provisional (1848).

URBANIDAD f. Comportamiento en el trato social caracterizado por la cortesía y la educación.

URBANISMO m. Conjunto de conocimientos que se refieren al estudio de la creación, desarrollo, reforma y progreso de los poblados en orden a las necesidades materiales de la vida humana. ❏ URBANÍSTICO, CA.

URBANISTA com. Persona versada en la teoría y técnica del urbanismo.

URBANIZACIÓN f. Terreno delimitado convenientemente para construir en él un núcleo residencial. ◊ El mismo núcleo ya construido.

URBANIZAR tr. y prnl. Hacer sociable a uno. ◊ Convertir en poblado una porción de terreno o prepararlo para ello.

URBANO, NA adj. Relativo a la ciudad. ◊ fig. Cortesano, atento y de buen modo. ◊ m. fam. Guardia urbano.

URBANO II (*Odon de Lagery*, h. 1042-1099) Papa de origen fr. [1088-1099]. Convocó el concilio de Clermont-Ferrand (1095) para impulsar la primera cruzada. ◊ **V** (*Guillaume de Grimoard*, 1310-1370) Papa fr. [1362-1370]. Residió en Aviñón, desde donde afrontó el cisma de la iglesia oriental. ◊ **VI** (*Bartolomeo Prignano*, 1318-1389) Papa it. [1378-1389]. Sus opositores negaron su elección y nombraron papa a Clemente VII, dando origen al cisma de Occidente. ◊ **VIII** (*Maffeo Barberini*, 1569-1644) Papa it. [1623-1644]. Condenó las teorías de Galileo y de Jansenio.

URBE f. Ciudad, especialmente la muy populosa.

URBINA, *José María* (1808-1891) Político ecuat. Nombrado por una asamblea constituyente presid. del país para el periodo 1852-1856. ◊ *Luis* (1868-1934) Escritor y periodista mex. *Bajo el sol y frente al mar, Ingenuas*.

URBIÓN, *Picos de* Sierra del centronorte de España, en el sistema Ibérico. Lugar del nacimiento del Duero.

URCA f. Embarcación grande, ancha por el centro, para transportar granos.

URDANETA, *Alberto* (1845-1887) Pintor y dibujante col. *Balboa descubriendo el mar del Sur, Jiménez de Quesada muerto*. ◊ *Andrés de* (1508-1568) Marino esp. Participó en la expedición de Juan Sebastián Elcano a las Molucas (1525). Se estableció en Nueva España, donde desempeñó diversos cargos. ◊ *Rafael* (1789-1845) Militar y político ven. Derrocó a Mosquera y se proclamó jefe provisional del gobierno de Colombia (1830-1831). ◊ *Arbeláez, Roberto* (1890-1972) Político col. Presid. (1951-1953). Derrocado por Rojas Pinilla.

URDIDOR m. Devanadera, urdidera.

URDIMBRE f. Estambre urdido. ◊ Conjunto de hilos que se colocan en el telar paralelamente unos a otros para formar una tela.

URDIR tr. Preparar los hilos en la urdidera para pasarlos al telar. ◊ fig. Maquinar y disponer cautelosamente una cosa contra alguno, o para la consecución de algún designio. ❏ URDIDURA.

URDU m. *Ling*. Dialecto indostánico influido por el ár. Con el ing., es lengua of. de Pakistán.

UREA f. *Quím*. Sustancia nitrogenada producida por los mamíferos como producto de eliminación del amoníaco, presente en la sangre, orina, bilis, etc. ❏ *Quím*. La u. fue la primera molécula orgánica sintetizada en el laboratorio (Wöhler, 1828). Es ligeramente tóxica, y debe eliminarse, gralte. por medio de la orina.

UREMIA f. *Pat*. Conjunto de síntomas cerebrales, circulatorios, digestivos, etc., producidos por la acumulación en la sangre y en los tejidos de venenos metabólicos. La causa habitual es por déficit fisiológico del riñón. ❏ URÉMICO, CA.

URENTE adj. Que escuece, ardiente.

URÉTER m. *Anat*. Cada uno de los conductos por donde desciende la orina de los riñones a la vejiga.

URETRA f. *Anat*. Conducto excretor de orina que sale de la vejiga y termina, en el hombre, en la extremidad del pene, y en la mujer, en la vulva. ❏ URÉTICO, CA; URETRAL.

URETRITIS f. *Med*. Inflamación de la membrana mucosa, que tapiza el conducto de la uretra.

URFA C. de Turquía, en la Alta Mesopotamia; 147 400 hab. Ind. textil.

URGIR intr. Instar una cosa a su pronta ejec. ◊ Obligar actualmente la ley o el precepto. ❏ URGENCIA; URGENTE.

URIARTE, *Higinio* (m. 1900) Político par. Presid. tras el asesinato de Gil (1877-1878), practicó una política represiva.

URIBE Holguín, *Guillermo* (1880-1972) Compositor col. Autor de sinfonías, sonatas, ballets, poemas sinfónicos y música de cámara. ◊ **Piedrahíta, César** (1897-1953) Novelista col. *Toá, Manchas de aceite*. ◊ **Uribe, Rafael** (1859-1914) Escritor y político col. *De cómo el liberalismo político de Colombia no es pecado*. ◊ **Vélez, Álvaro** (n. 1952) Político col. Gobernador de Antioquía (1995-1997). Elegido presid. de la rep. en 2002.

URIBURU, *José Evaristo* (1831-1914) Abogado y político arg. Desempeñó la presidencia de la rep. (1895-1898) tras la dimisión de Luis Sáenz Peña. ◊ *José Félix* (1868-1932) Militar y político arg. Fue jefe del mov. que derribó a Irigoyen (1930). Asumió provisionalmente la presidencia hasta 1932.

ÚRICO, CA adj. Concerniente a la orina. ◊ **Ácido ú**. Sustancia poco soluble en agua, presente en la orina de los mamíferos y en los excrementos de aves y reptiles.

URICOECHEA, *Ezequiel* (1834-1880) Filólogo y orientalista col. *Mapoteca colombiana, Alfabeto fonético de la lengua castellana*, etc.

URINARIO, RIA adj. Concerniente a la orina. ◊ m. Lugar destinado para orinar. ❏ URINAL.

URNA f. Vaso o caja que entre los antiguos servía para guardar dinero y otros usos. ◊ Recipiente con una ranura por la cual se introducen las papeletas de voto. ◊ Caja de cristales planos, a propósito para guardar en su interior objetos delicados, de modo que queden visibles pero protegidos.

URO m. Mamífero rumiante salvaje extinguido en 1927, muy parecido al toro, pero de mayor tamaño.

URBANISMO

Los primeros asentamientos humanos de ciertas dimensiones, surgidos en Asia, carecían de un ordenamiento urbanístico. Reconstrucción ideal de la planta Çatal Hüyük (Turquía); destaca la ausencia de calles que separen las casas, a las que sólo podía accederse desde la techumbre

Vista aérea del Ensanche de Barcelona (España), construido según el diseño urbanístico en cuadrícula del ingeniero Ildefonso Cerdà (1867), que concibió una ciudad-jardín que no llegó a plasmarse porque su proyecto fue desvirtuado

Innovador edificio *Habitat* de Moshe Safdie, erigido en Montreal para la Exposición Internacional celebrada en la ciudad en 1967

URO o **URU** adj. y s. Díc. de un pueblo amerindio de las cercanías del lago Titicaca y del valle de Cochabamba, de lengua puquina.

UROBILINA f. Sustancia de degradación de la hemoglobina. Químicamente está constituida por una molécula lineal tetracíclica formada por cuatro anillos pirrólicos.

URODELO adj. y m. *Zool.* Díc. de batracios que conservan la cola durante toda su vida y tienen cuatro extremidades, piel lisa y siempre húmeda.

UROGALLO m. Gallinácea de plumaje pardo negruzco jaspeado de gris, patas y pico negros, tarsos emplumados y cola redonda. Vive en los bosques.

Urogallo

UROGENITAL adj. *Fisiol.* Díc. del sistema de órganos que en los animales tiene a su cargo las funciones de excreción y reproducción.

UROLOGÍA f. Parte de la medicina, que trata de las enfermedades del aparato urinario.

URÓLOGO, GA m. y f. Especialista en urología.

URONDO, Francisco (1930-1976) Escritor y político arg. Publicó poemas y cuentos. Murió en un enfrentamiento con el Ejército. *La patria fusilada.*

URQUIZA, Justo José de (1801-1870) Militar y político arg. Se destacó como gobernador de Entre Ríos (1841). Aliado con el imperio de Brasil y el gobierno pro unitario de Montevideo, logró derrotar a Rosas en Caseros (1852). En 1859 venció a Mitre en la batalla de Cepeda. Derrotado por Mitre en Pavón (1861), traicionó la causa federalista y pactó con éste. Murió asesinado.

URRACA f. Ave de plumaje blanco en el vientre y negro con reflejos metálicos en el resto del cuerpo.

URRACA (s. XVI) Cacique de Burica, en la actual Costa Rica. Combatió durante nueve años a los soldados españoles.

URRACA (hacia 1034-1101) Infanta de Castilla y León, hija de Fernando I. Heredó el señorío de Zamora.

URRACA (1077-1126) Reina de Castilla y León [1109-1126], hija de Alfonso VI. Convertida en heredera, casó con Alfonso I de Aragón.

URRIOLAGOITIA, Mamerto (1895-1974) Político bol. (1947). Presid. de la rep. tras la renuncia de Hertzog (1949), entregó el poder a una junta militar en 1951.

URRUTIA, Francisco José (1870-1950) Político col. Intervino, como ministro de Relaciones Exteriores, en el tratado Urrutia-Thompson (1914), que solu-

cionó con EE UU la cuestión de Panamá. ♦ *Manuel* (1901-1981) Político cub. Presid. de la rep. tras el triunfo de Fidel Castro; dimitió en el mismo año (1959).

URSA Maior u **OSA Mayor** *Astr.* Constelación polar septentrional reconocible por sus siete estrellas más importantes, que forman el Gran Carro.

URSA Minor u **OSA Menor** Constelación boreal; su estrella pral. es la Polar o *Polaris*, en el extremo de la «cola» del Pequeño Carro.

URSINOS, Anne de la Trémoille, PRINCESA DE LOS (1642-1722) Dama fr. Gestionó el matrimonio de Felipe V de España y María Luisa de Saboya. Ejerció enorme influencia sobre ambos esposos.

URSS Siglas de ⇨ Unión de Repúblicas Socialistas Soviéticas.

URSO m. *R. de la Plata.* Hombre grande y fuerte.

URSÚA, Pedro de (1526-1561) Conquistador esp. Fundó las c. de Pamplona (1549) y Tudela (1553), y dirigió una expedición al Amazonas; en el curso del viaje fue asesinado por Lope de Aguirre.

URSULINA adj. y s. Díc. de la religiosa que pertenece a la Congregación agustiniana fundada por santa Ángela de Brescia, en el siglo XVI.

URTICANTE adj. Díc. de los órganos vegetales capaces de producir urticaria cuando son tocados.

URTICARIA f. *Med.* Reacción alérgica caracterizada por la aparición de placas o pequeñas pápulas y acompañada de un intenso dolor, originada por contacto con ortigas, picadura de insectos, etcétera.

URÚ m. *Argent.* Ave de plumaje pardo, y que se asemeja a la perdiz.

URUAPÁN DEL PROGRESO C. de México, en el est. de Michoacán; 45 600 hab. Centro agrícola. Ind. maderera.

URUBAMBA Río de Perú; 730 km de long. Nace en la cordillera de Vilcanota y en Atalaya se une al Apurímac, recibiendo el nombre de Ucayali.

URUBUTAPUYO adj. y s. Díc. de la tribu amerindia que vive en el nacimiento del r. Cairay, en la Amazonia bras.

URUGUAY Río de la América meridional; unos 1 700 km de longitud. Nace en Brasil de la unión de los r. Canoas y Pelotas; sirve de frontera entre Brasil y Argentina y entre ésta y Uruguay; desemboca en el Río de la Plata.

URUGUAY (*República Oriental del Uruguay*) Estado de la costa atlántica de América del Sur. Lengua: esp. *Rel.*: mayoría católica, grupos protestantes. U. M.: el peso. Cap., Montevideo; c. prales., Paysandú , Salto, Las Piedras. U. está dividido en 19 departamentos. Relieve vinculado, en la parte S, a las tierras pampeanas; constituido por vastas llanuras onduladas y surcadas por colinas de escasa elevación. La cuenca hidrográfica más imp. es la del Uruguay. La del Río de la Plata, está formada por ríos de corto curso. El clima es templado, con variantes de temperatura, motivados por los regímenes de vientos. La agricultura (trigo, maíz, girasol, lino, algodón, remolacha azucarera) y la ganadería (vacunos, ovinos) son los recursos fundamentales de la economía. Las ind. prales. son las del papel y cartón, química, fertilizantes, alcoholes, ce-

Mapa de situación y bandera de **Uruguay**

mento y de refino de petróleo. Los recursos minerales y energéticos son escasos.

□ *Hist.* Sus primeros pobladores (a excepción de los indígenas [charrúas]) fueron los que trajeron las exploraciones española y portuguesa. Los descendientes de aquéllos realizaron la etapa de indep. de España, en el momento que la metrópoli soportaba la égida napoleónica. Uruguay se constituyó como Est. en 1828. A finales del s. XIX, el país había completado su organización, y

URUGUAY	
Superficie	175 016 km²
Población	3 240 887 hab. (18,5 hab./km²)
Recursos económicos	
Arroz	1 250 000 t
Batatas	65 000 t
Caña de azúcar	165 000 t
Cebada	323 700 t
Cítricos	249 000 t
Girasol	234 000 t
Maíz	178 500 t
Patatas	151 000 t
Soja	183 000 t
Sorgo	60 200 t
Trigo	326 000 t
Uva	103 000 t
Ganadería	
Cabaña bovina	10 137 957 cabezas
Cabaña caballar	500 000 cabezas
Cabaña ovina	12 900 237 cabezas
Cabaña porcina	254 908 cabezas
Riqueza forestal	6 163 000 m³
Pesca	108 361 t
Producción industrial	
Acero	52 000 t
Azúcar	7 000 t
Cemento	907 000 t
Cerveza	860 000 hl
E. eléctrica	9 570 millones de kWh
Vino	1 080 000 hl
Indicadores sociológicos	
PNB	11 942 millones de dólares
Renta per cápita	3 830 dólares
Esperanza de vida	75,17 años
Alfabetismo	97,7 %

Gobernantes de Uruguay

1830-1834	Fructuoso Rivera	1880-1882	Francisco A. Vidal	1951-1952	Andrés Martínez Trueba
1835-1838	Manuel Oribe	1882-1886	Máximo Santos	1952-1955	Consejo Nacional de Gobierno
1838-1843	Fructuoso Rivera	1886	Francisco A. Vidal		
1843-1851	Gobierno de la Defensa (Colorado) Gobierno del Cerrito (Blanco)	1886	Máximo Santos	1955-1959	Consejo Nacional de Gobierno
		1886-1890	Máximo Tajes		
		1890-1894	Julio Herrera y Obes	1959-1963	Consejo Nacional de Gobierno
1852-1853	Juan Francisco Giró	1894-1897	Juan Idiarte Borda		
1853-1854	Triunvirato	1897-1903	Juan Lindolfo Cuestas	1963-1967	Consejo Nacional de Gobierno
1854-1855	Venancio Flores	1903-1907	José Batlle y Ordóñez		
1855-1856	Manuel B. Bustamante	1907-1911	Claudio Williman	1967	Óscar Gestido
1856-1860	Gabriel A. Pereira	1911-1915	José Batlle y Ordóñez	1967-1972	Jorge Pacheco Areco
1860-1864	Bernardo P. Berro	1915-1919	Feliciano Viera	1972-1976	Juan María Bordaberry
1864-1865	Atanasio C. Aguirre	1919-1923	Baltasar Brum	1976	Alberto Demichelli
1865-1868	Venancio Flores	1923-1927	José Serrato	1976-1981	Aparicio Méndez
1868	José Pedro Varela	1927-1931	Juan Campisteguy	1981-1985	Gregorio Álvarez Armellino
1868-1872	Lorenzo Batlle	1931-1938	Gabriel Terra	1985-1990	Julio María Sanguinetti
1872-1873	Tomás Gomensoro	1938-1943	Alfredo Baldomir	1990-1995	Luis Alberto Lacalle
1873-1875	José E. Ellauri	1943-1947	Juan José Amézaga	1995-2000	Julio María Sanguinetti
1875-1876	José Pedro Varela	1947	Tomás Berreta	2000-2005	Jorge Batlle Ibáñez
1876-1880	Lorenzo Latorre	1947-1951	Luis Batlle Berres	2005	Tabaré Vázquez

con la etapa batllista alcanzó cotas de progreso modélico para las demás naciones del continente, por los niveles de democracia y relativo bienestar de su población. H. 1955, se inició una crisis econ. que afectó también a las instituciones públicas. Las fuerzas armadas fueron asumiendo nuevas responsabilidades, hasta que, bajo su inspiración, el gobierno de J. M. Bordaberry disolvió en 1973 el Parlamento. En 1976 Bordaberry fue derrocado por los militares que pasaron a controlar directamente el poder. En 1984 retornó la democracia con J. M.Sanguinetti (Partido Colorado), como presid. En los comicios de 1989 venció L. A. Lacalle, del Partido Nacional; y en los de 1994, de nuevo Sanguinetti, quien impulsó la reforma del sistema electoral (1996). Así, en 1999, en las primeras elecciones celebradas con dicho sistema, J. Batlle, del Partido Colorado, fue elegido presid. en la segunda vuelta. La recesión argentina, repercutió en la ya debilitada la economía uruguaya, que en 2002 entró en una honda crisis. En 2004 se celebraron nuevas elecciones presidenciales, en las que resultó vencedor el líder del Frente Amplio Tabaré Vázquez. ☐ *Arte.* En las actividades artísticas destacó Juan M. Blanes, el «pintor de la patria». Carlos Sáez, Rafael Barradas, Pedro Figari, Carmelo de Arzadum, Ernesto Laroche, Joaquín Torres García, José Cúneo, figuran entre los pintores más representativos. En escultura, destacan como máximos exponentes Juan Manuel Ferrari, Manuel Pena, José Belloni, J. L. Zorrilla de San Martín, C. Moller de Berg, G. Fonseca y G. Cabrera. ☐ *Lit.* La poesía nace con Bartolomé Hidalgo, iniciador de la corriente gauchesca y autor de los «cielitos». Los románticos están representados por Adolfo Berro. En 1900 Julio Herrera y Reissig es el precursor de la poesía modernista. Entre los líricos destacan Emilio Frugoni y Emilio Oribe. Entre los valores intelectuales con producción actual, sobresalen Juan Carlos Onetti, Carlos Martínez Moreno y Mario Benedetti. Florencio Sánchez está considerado como el primer dramaturgo nacional.
URUGUAYISMO m. Locución, giro o modo de hablar propio de los uruguayos.
URUGUAYO, YA adj. y s. De Uruguay.

URUMCHI *(Wulumuqi)* C. de China, cap. de la región autónoma del Sinkiang-Uigur; 900 000 hab. Centro comercial
URUNDAY m. *Argent.* Árbol de excelente madera de color rojo oscuro.
URUTAÚ m. *Argent., Par.* y *Ur.* Pájaro nocturno, especie de lechuza.
USADO, DA adj. Gastado y deslucido por el uso. ◊ Habituado, ejercitado, práctico en alguna cosa.
USAR tr. Hacer servir una cosa para algo. ◊ Disfrutar uno alguna cosa. ◊ Practicar alguna cosa habitualmente. ◊ intr. Acostumbrar, tener costumbre.
USHUAIA C. de Argentina, en la Patagonia, cap. de la prov. de Tierra del Fuego; 45 430 hab. Ind. conservera. Es la pob. más meridional del país.
USIGLI, *Rodolfo* (1905-1979) Escritor mex. *El niño y la niebla, El gesticulador, La función de despedida.*
USINA (voz fr.) f. *Amér. Merid.* Instalación para la producción de gas o energía eléctrica.
USLAR Pietri, *Arturo* (1906-2001) Político y escritor ven. Sus obras descuellan por su agilidad y colorido. *Las lanzas coloradas, El camino de El Dorado.*
USO m. Acción y efecto de usar. ◊ Ejercicio o práctica general de una cosa. ◊ Moda. ◊ Modo determinado de obrar. ◊ Empleo continuado y habitual.

Uruguay. Tabaré Vázquez

◊ *Der.* Derecho no transmisible a percibir los frutos de la cosa ajena en lo que basten a las necesidades del usuario y de su familia.
USPANTECA adj. y s. Díc. del pueblo amerindio del grupo maya, que vive en el centro de Guatemala.
USSURI (chino, *Wusuli*) Río de Rusia y China, afl. del Amur; 800 km. Nace cerca del lago Janka.
USTED com. Pron. personal de 2ª persona usado como tratamiento de respeto.
USTÍ NAD LABEM C. de la República Checa, cap. de la Bohemia Septentrional; 90 500 hab. Centro ind.
USTINOV (ant. *Izhevsk*) C. de la rep. de Rusia, cap. de la rep. autónoma de Udmurtia; 661 000 hab.
USUAL adj. Que frecuentemente se usa o se practica. ◊ Díc. de las cosas que se usan con facilidad.
USUARIO, RIA adj. y s. Que usa ordinariamente una cosa. ◊ Díc. del que tiene derecho a usar de cierta cosa, con determinadas limitaciones.
USUFRUCTO m. *Der.* Derecho de usar de la cosa ajena y aprovecharse de todos sus frutos sin deteriorarla. ◊ Utilidades, frutos o provechos que se sacan de cualquier cosa. ☐ USUFRUCTUAR.
USULUTÁN Dpto. de El Salvador, bañado al S por el océano Pacífico; 2 130 km², 317 079 hab. Cap., la c. hom. Accidentado por la cord. Costera. Cereales, algodón, plátano, café. ◊ C. de El Salvador, cap. del dpto. hom.; 63 000 hab. Al pie del volcán Usulután.
USUMACINTA Río de América Central; 900 km. Nace en la sierra de Cuchumatanes (Guatemala), toma los nombres de Negro, Chixoy y Salinas; desemboca en el golfo de México.
USURA f. Interés que se lleva por el dinero o el género en el contrato de mutuo o préstamo. ◊ Interés excesivo en un préstamo. ◊ Este mismo contrato. ☐ USURAR; USURARIO, RIA; USUREAR.
USURERO, RA m. y f. Persona que presta con usura o interés excesivo.
USURPAR tr. Quitar a uno lo que es suyo, o quedarse con ello, gralte. con violencia. ◊ Arrogarse la dignidad, empleo u oficio de otro, y usar de ellos como si fueran propios. ☐ USURPACIÓN.
UTA f. *Perú.* Enfermedad caracterizada por la aparición de úlceras faciales.

Utah. Vista de Gran Cañón en el río Colorado

UTAH Estado del O de EE UU; 219 889 km², 1 723 000 hab. Cap., Salt Lake City. Terr. mesetario. Montes Uinta y Wasatch. Río Colorado. Territorio esp. (1819), se incorporó a México en 1836. En 1848 EE UU se apropió de él por el tratado de Guadalupe Hidalgo.

UTAMARO, Kitagawa (h. 1756-1806) Pintor y grabador japonés. Destacó por sus elaboradas estampas policromas.

UTENSILIO m. Lo que sirve para el uso manual y frecuente. Se usa más en pl.

ÚTERO m. *Anat.* Órgano genital interno fem. donde se alberga el óvulo fecundado, y donde se nutre durante su desarrollo. ❑ UTERINO, NA.

ÚTICA Ant. c. costera del N de África, fundada, según la tradición, por los fenicios hacia 1100 a. C. Fue cap. de la prov. romana de África.

ÚTIL adj. Que produce provecho, comodidad, fruto o interés. ◊ Que puede servir y aprovechar en algún concepto. ◊ Aplícase al tiempo o días hábiles de un término señalado por la ley o la costumbre. ◊ m. Utensilio o herramienta. Se usa más en pl.

UTILERÍA f. *Amér.* Conjunto de herramientas.

UTILIDAD f. Calidad de útil. ◊ Provecho, conveniencia, interés o beneficio que se saca de una cosa. ◊ *Econ.* Propiedad de lo que procura la satisfacción de un deseo o una necesidad.

UTILITARIO, RIA adj. Díc. de la persona que propende a conseguir lo útil; que antepone a todo la utilidad. ◊ adj. y m. Díc. del automóvil pequeño y práctico.

UTILITARISMO m. *Fil.* Corriente del pensamiento que considera la utilidad como principio de la moral. Los orígenes del u. se encuentran en el s. XVIII, con J. Bentham y D'Alembert.

UTILIZAR tr. y prnl. Aprovecharse de una cosa. ❑ UTILIZACIÓN.

UTILLAJE m. Conjunto de útiles necesarios para una industria.

UTMÁN I GAZI (1259-1326) Sultán turco [1281-1326], fundador de la dinastía otomana. ◊ **II** (1603-1622) Sultán otomano [1618-1622].

UTO-AZTECA o **YUTO-AZTECA** f. *Ling.* Familia de lenguas amerindias habladas en el SO de EE UU, México y parte de América Central. Comprende variedades del shoshon, hoi, pima, pápago, tarahumara, huichol y nahua.

UTOPÍA f. *Soc.* Proyecto de sistema social halagüeño, pero irrealizable. ❑ UTÓPICO, CA; UTOPISTA.

UTRAQUISTA (del lat. *utraque*, uno y otro) adj. y s. Díc. de los husitas moderados, que desde 1420 combatieron los abusos del clero y defendieron el derecho de todos a predicar en lengua checa.

UTRECHT C. de Países Bajos, cap. de la prov. hom.; 230 000 hab. (501 400 hab. la agl. urb.). Universidad. Entre 1527 y 1577 estuvo en poder de España. ◊ **Tratados de U.** Tratados de paz firmados en 1713, en la c. hom., que pusieron fin a la guerra de Sucesión de España.

UTRÍCULO m. *Anat.* Pequeña vesícula que forma parte del laberinto membranoso del oído interno.

UTRILLO, Maurice (1883-1955) Pintor fr. Impresionista al principio, evolucionó hacia un estilo nuevo («época blanca»).

UTSUNOMIYA C. de Japón, cap. de la prefectura de Tochigi, en la isla de Honshu; 426 100 hab.

UTTAR PRADESH Est. de la India; 294 413 km², 139 031 100 hab. Cap., Lucknow. Trigo, cebada, arroz. Ind. química, textil.

UVA f. Fruto de la vid; grano más o menos redondo y jugoso, que nace apiñado con otros formando racimos. ◊ Cada uno de los granos que produce el berberis o arlo. ◊ *Pat.* Enfermedad de la campanilla, que consiste en un morcillo de la figura de una uva. ◊ **espina.** Variedad de grosellero, que crece espontáneamente en Europa y América y tiene hojas vellosas y frutos poco dulces.

UVALA f. *Geol.* Depresión ovalada de tipo kárstico, que se forma por la unión de varias dolinas.

UVE f. Nombre de la letra *v.*

UVERO m. *Bot.* Árbol silvestre que vive en las costas de las Antillas y de la América Central, muy frondoso. Su fruto es la uva de playa.

UVILLA f. *Chile.* Especie de grosella.

ÚVULA f. *Anat.* Pequeño apéndice músculo-membranoso que cuelga del paladar blando. Usualmente se conoce por *campanilla.*

UVULAR adj. *Fon.* Díc. del sonido cuyo punto de articulación tiende hacia la zona de la úvula.

UXDA (*Oujda*) C. del NE de Marruecos; 260 100 hab. Comercio de ganado, lanas y pieles.

UXMAL Ant. pob. de México, en Yucatán, sit. en la actual Santa Elena. C. maya del llamado Imperio Nuevo. Tuvo una duración aproximada del año 1000 al 1568. Entre sus edificios destacan: la gran pirámide, la Casa de las Monjas, la Casa del Gobernador, el juego de pelota.

UXORICIDIO m. Muerte causada a la mujer por su marido. ❑ UXORICIDA.

UZBEKISTÁN (*Uzbekiston Respublikasi*) Est. de Asia central. Sit. entre el mar de Aral y las estribaciones del Tian Shan, es un terr. casi desértico. R.: Sir-Dariá y Amu Dariá. Algodón; arroz. Petróleo (Fergana). Grupos étnicos: uzbekos, rusos, tadjikos, kazakos, tártaros, karakalpakos, coreanos, etc. Lenguas: uzbeko (of.), ruso, tadjiko. *Rel.*: islamismo sunnita (mayoría), cristianismo ortodoxo. U.M.: som. Cap., Tashkent. C. prales.: Samarcanda, Namangan, Andizhan, Bujara, Fergana.

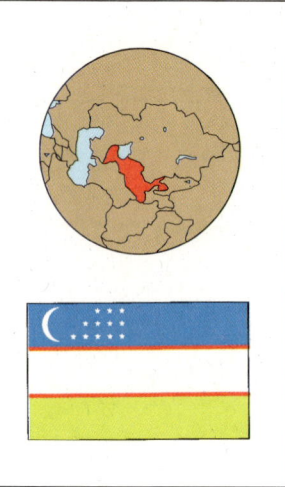

Mapa de situación y bandera de **Uzbekistán**

❑ *Hist.* Zona originaria del pueblo uzbeko, formó parte integrante del imperio de Gengis Jan y, a su muerte, de la Horda de Oro. Tras su fragmentación fueron anexionándose a Rusia entre 1856 y 1876. Rep. sov. desde 1924, un año más tarde se convirtió en rep. federada. En 1991 se autoproclamó indep., integrándose tras la desaparición de la URSS en la Comunidad de Estados Independientes (CEI)

UZBEKO, KA adj. y s. Díc. de individuos pertenecientes a un pueblo turco que habita en su mayoría en las rep. de Uzbekistán y Tadjikistán, y en Afganistán.

UZBEKISTÁN	
Superficie	447 400 km²
Población	20 708 000 hab. (46 hab./km²)
Indicadores sociológicos	
PNB	28 255 millones de dólares
Renta per cápita	1 350 dólares
Esperanza de vida	69 años
Crecimiento vegetativo	2,7 %

Uxmal. Casa de las Monjas

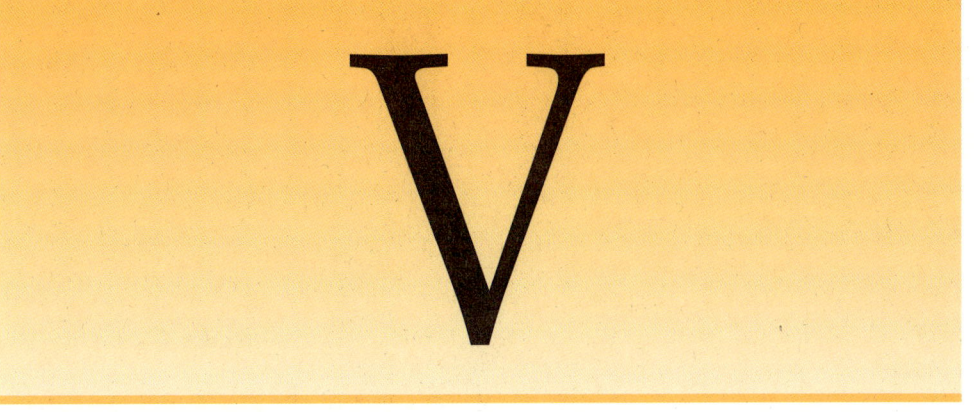

V

V f. Vigésima tercera letra del abecedario esp., y decimoctava de sus consonantes. Su nombre es *ve* o *uve*. ◊ Letra numeral que tiene el valor de cinco en la numeración romana. ◊ *El.* Símb. del voltio. ◊ *Quím.* Símb. del vanadio.

V-1 Ingenio de guerra autopropulsado al., empleado en la II Guerra Mundial. ◊ **V-2** Ingenio de guerra al. empleado en la II Guerra Mundial, consistente en un cohete impulsado por propergol líquido.

VAAL Río de la República Sudafricana; nace en los montes Drakensberg y afluye en el Orange; 1 200 km.

VACA f. Hembra del toro y fundamento de la ganadería bovina. ◊ Carne de vaca o de buey, que se emplea como alimento. ◊ **marina.** Manatí, cetáceo.

Vaca de raza frisona

VACA de Castro, *Cristóbal* (1492-1566) Conquistador esp. Ocupó el cargo de gobernador en Lima en tiempos de Carlos I. Sustituido en 1544, fue juzgado en España por irregularidades, resultando absuelto. En 1557-1561 presidió el Consejo de Castilla.

VACABUEY f. Planta de madera muy apreciada en ebanistería. Es propia de las Antillas y de América meridional.

VACACIÓN f. Suspensión del trabajo o del estudio por algún tiempo. Se usa más en pl. ◊ Cargo o dignidad que está vacante. ❑ VACANCIA.

VACAJE m. *Amér. Merid.* Rebaño de ganado vacuno.

VACANTE adj. y f. Díc del cargo, empleo o dignidad que está sin proveer.

VACAR intr. Cesar uno por algún tiempo en sus habituales negocios, estudios o trabajo. ◊ Quedar un empleo, cargo o dignidad sin persona que lo desempeñe. ◊ Dedicarse enteramente a un ejercicio determinado. ❑ VACANTE; VACATURA.

VACARAY m. *Amér. Merid.* Ternero nonato.

VACARÍ adj. De cuero de vaca, o cubierto de este cuero.

VACIADO m. Acción de vaciar en un molde un objeto de metal, yeso, etc. ◊ Figura o adorno de yeso, estuco, etc., que se ha formado en el molde.

VACIAR tr. y prnl. Dejar vacía alguna vasija u otra cosa. ◊ Sacar, verter o arrojar el contenido de una vasija u otra cosa. ◊ tr. Formar un objeto echando en un molde hueco metal derretido u otra materia blanda. ◊ Formar un hueco en alguna cosa. ◊ Sacar filo a los instrumentos cortantes delicados. ◊ fig. Explicar extensamente una doctrina. ◊ fig. Trasladarla de un escrito a otro. ◊ intr. Hablando de los ríos o corrientes, desaguar. ◊ Menguar el agua en los ríos, en el mar, etc. ◊ prnl. fig. y fam. Decir uno sin reparo lo que debía callar. ❑ VACIADERO; VACIADOR; VACIAMIENTO; VACIANTE.

VACIEDAD f. fig. Necedad, sandez, simpleza.

VACILAR intr. Moverse indeterminadamente una cosa. ◊ Estar poco firme una cosa. ◊ fig. Titubear, estar uno perplejo. ❑ VACILACIÓN.

VACÍO, A adj. Falto de contenido. ◊ Aplícase, en los ganados, a la hembra que no tiene cría. ◊ Vano, sin fruto, malogrado. ◊ Ocioso. ◊ Aplícase a las casas o pueblos sin habitantes, o a los sitios que están sin la gente que suele concurrir a ellos. ◊ Falto de la perfección debida en su línea. ◊ fig. Vano, presuntuoso y falto de madurez. ◊ m. Concavidad o hueco de algunas cosas. ◊ Vacante de algún empleo o dignidad. ◊ fig. Falta de alguna cosa o persona. ◊ *Fís.* Estado de una determinada región del espacio en el que no existe sustancia o elemento material alguno. ◊ Sin ocupación o ejercicio. ◊ Sin haber conseguido uno lo que pretendía. ◊ *Mús.* Pulsando la cuerda sin pisarla.

VACUNAR tr. Inocular a una persona o animal un virus o principio orgánico para preservarlos de una enfermedad. ❑ VACUNACIÓN.

VACUNO, NA adj. Perteneciente al ganado bovino. ◊ De cuero de vaca. ◊ m. Animal bovino. ◊ f. Grano o viruela que sale a las vacas en las ubres, y que se transmite al hombre por inoculación para preservarlo de las viruelas naturales. ◊ Pus de esos granos o de los granos de los vacunados. ◊ *Med.* Cualquier virus o principio orgánico que convenientemente preparado se inocula a personas o animales para preservarlos de una enfermedad determinada. ❑ VACUNOTERAPIA.

VACUO, CUA adj. Vacío. ◊ Vacante. ◊ m. Hueco. ❑ VACUIDAD.

VACUOLA f. *Biol.* Orgánulo citoplasmático consistente en una cavidad que contiene en disolución diversos tipos de sustancias.

VACUOMA m. *Biol.* Conjunto de vacuolas de una célula; de mayor importancia en las células vegetales. ❑ VACUOLIZACIÓN.

VACUÓMETRO m. Instrumento para medir el grado de vacío de un recinto, consistente en un manómetro que permite apreciar presiones muy reducidas u otras propiedades como la viscosidad.

VADE m. Vademécum, cartapacio o bolsa. ◊ **retro** Exp. latina para rechazar a una persona o cosa.

VADEAR tr. Pasar un río u otra corriente de agua profunda por el vado o por cualquier otro sitio donde se pueda hacer pie. ◊ fig. Vencer una grave dificultad. ◊ prnl. Manejarse, portarse, conducirse. ❑ VADEABLE, VADEADOR; VADERA.

VADEMÉCUM m. Libro breve que contiene los datos de consulta más frecuentes sobre una materia determinada. ◊ Cartera, carpeta o bolsa donde los estudiantes llevan los libros.

VADO m. Paraje de un río con fondo firme y poco profundo por donde se puede pasar andando, cabalgando, etc. ◊ En la vía pública, modificación de la estructura de la acera para facilitar el acceso de vehículos a las fincas.

VADUZ Cap. del principado de Liechtenstein; 4 900 hab. Sit. a orillas del Rin. Centro turístico.

VAGABUNDO, DA adj. y s. Díc. de la persona que vive errante, sin trabajo ni domicilio fijos. ❑ VAGABUNDEAR; VAGABUNDEO.

VAGAR intr. Estar ocioso, sin oficio ni beneficio. ◊ Andar por varias partes sin determinación a sitio o lugar, o sin especial detención en ninguno. ◊ Andar libre y suelta una cosa. ❑ VAGANCIA; VAGAROSIDAD; VAGAROSO, SA; *Amér. Centr.* VAGOROSO.

VAGIDO m. Gemido o llanto del recién nacido.

VAGINA f. *Anat.* Conducto que, en las hembras de los mamíferos, une el cuello del útero a la vulva. Es el órgano copulador femenino. ❑ VAGINAL.

VAGINITIS f. Inflamación de la vagina.

VAGO, GA adj.y s. Que va de un lado a otro sin vínculos sociales estables ni medios visibles y lícitos de sostenimiento. ◊ Indeciso, indeterminado. ◊ m. *Anat.* Nervio mixto, décimo par craneal. También se denomina neumogástrico. ❑ VAGUEDAD.

VAGÓN m. *Ferr.* Carruaje de los ferrocarriles. ❑ VAGONETA.

VAGUADA f. Línea que marca el fondo de un valle por donde corren las aguas de las corrientes naturales.

VAGUEAR intr. Vagar, andar de un sitio para otro. ❑ VAGUEACIÓN.

VAHÍDO m. Desvanecimiento, pérdida momentánea del conocimiento.

VAHO m. Vapor que despiden los cuerpos en determinadas condiciones. ◊ Aliento, aire espirado por la boca. ❑ VAHARADA; VAHEAR.

VAIHINGER, Hans (1852-1933) Filósofo al. Desarrolló un sistema filosófico que él mismo calificó de «positivismo idealista». *La deducción trascendental de las categorías.*

VAINA f. Funda en que se encierran y guardan algunas armas o instrumentos de metal. ◊ Túnica o cáscara tierna y larga en que están encerradas algunas simientes. ◊ Contrariedad, molestia. ◊ m. fig. y fam. Persona despreciable. ◊ *Perú.* Homosexual.

Vaina abierta del guisante común

VAINICA f. Labor de costura consistente en un deshilado en el borde interior del dobladillo, y en la sujeción de los hilos que quedan descubiertos. ◊ *Amér.* Vaina verde y comestible de los frijoles.

VAINILLA f. Planta propia de la América tropical, con tallos muy largos y fruto capsular que se emplea para aromatizar los licores, el chocolate, etc. ◊ Fruto de esta planta.

VAIVÉN m. Movimiento alternativo de un cuerpo que después de recorrer una línea vuelve a describirla, caminando en sentido contrario. ◊ fig. Variedad inestable o inconstancia de las cosas en su duración o logro.

VAJILLA f. Conjunto de platos, fuentes, vasos, tazas, jarros, etc., para el servicio de la mesa.

Pedro de **Valdivia**

VALADON, Marie Clémentine, llamada *Suzanne* (1867-1938) Pintora fr. Con la colaboración de Degas se inició en el campo del grabado.

VALAQUIA Región del S de Rumania, que se extiende desde las estribaciones de los Cárpatos Meridionales hasta el Danubio. Relieve llano. C. prales.: Craiova y Bucarest. ❑ VALACO, CA.

VALDELOMAR, Abraham (1888-1919) Escritor per., modernista. Utiliza elementos indigenistas. *Los hijos del sol.*

VALDENSE adj. y s. Díc. de los seguidores de las doctrinas de Pedro de Valdo, según el cual los seglares, hombres y mujeres, que practicaran la pobreza voluntaria podían consagrar y administrar los sacramentos. Excomulgados por Lucio III en 1179.

VALDÉS, Península de Pen. de Argentina, en la Patagonia. Unida al continente por el istmo de Ameghino.

VALDÉS, Alfonso de (h. 1490-1532) Humanista y escritor esp. Es la personalidad más destacada del erasmismo esp. *Diálogo de las cosas acaecidas en Roma* o *Diálogo de Lactancio y un arcediano.* ◊ *Juan de* (m. 1541) Filósofo y humanista esp. *Diálogo de la lengua.*

VALDIVIA Prov. de Chile, en la región de Los Lagos; 356 396 hab. Cap., la c. hom. En los Andes destacan algunos lagos debidos a la acción glaciar (Calafquén, Puyehue), así como algunos elementos volcánicos (Villarrica, 2 847 m; Puyehue, 2 240 m). El pral. río es el Valdivia. Cereales, patatas, remolacha y forrajes. Ganado lanar y vacuno. Explotación forestal. Ind. alimentarias, textiles, del calzado, de la madera y siderúrgicas. ◊ C. de Chile, cap. de la prov. hom.; 140 559 hab. Ind. diversificada (química, siderúrgica, mecánica, del calzado y alimentaria).

VALDIVIA, Pedro de (1497-1553) Conquistador esp. Fundó la primera c. chilena, Santiago de la Nueva Extremadura (1541), la futura Santiago de Chile. Fue m. en Tucapel durante una rebelión araucana.

VALDIVIANO m. *Chile.* Plato hecho con cecina, cebolla y zumo de limón.

VALDIVIESO, José de (h. 1560-1638) Poeta y dramaturgo esp. *El Romancero espiritual del Santísimo Sacramento, Doce autos sacramentales.* ◊ *José Félix* (h.

1780-1850) Político.ecuat. En 1834 se autoproclamó jefe del Est. Presid. interino (1845-1846).

VALDO, Pedro de (h. 1140-1217) Heresiarca fr., fundador del mov. religioso valdense. Se cree que falleció en Bohemia (Checoslovaquia).

VALE m. Documento por el que uno reconoce una deuda u obligación. ◊ Bono para adquirir comestibles u otros artículos de consumo. ◊ Nota firmada y a veces sellada, que se da al que ha de entregar una cosa, para que después acredite la entrega y cobre el importe. ◊ Entrada gratuita para un espectáculo público. ◊ Voz latina usada como despedida culta.

VALEDURA f. *Col.* y *Cuba.* Regalo en dinero que hace ganador en el juego al perdedor.

VALENCE C. de Francia, cap. del dpto. de Drôme, en la región de Ródano-Alpes; 66 400 hab. Centro comercial e industrial.

VALENCIA f. *Biol.* Poder de un anticuerpo para combinarse con uno o más antígenos. ◊ *Quím.* Capacidad de saturación de los radicales, que se determina por el núm. de átomos de hidrógeno con que aquéllos pueden combinarse directa o indirectamente. ◊ **de coordinación** o **de adición** o **de campo.** Núm. de átomos o de grupos atómicos que en un ion complejo están unidos al ion central. ◊ **gramo.** *Quím.* Equivalente gramo de una sustancia electrolizada.

VALENCIA C. del N de Venezuela, cap. del est. Carabobo; 922 100 hab. Centro comercial y agropecuario. Ind. textil, de cemento, metalúrgica, mecánica, petroquímica, de la piel y del calzado. ◊ **Tacarigua.** Lago de Venezuela, entre los est. Carabobo y Aragua; 400 km².

VALENCIA o **VALÈNCIA** Prov. de España, en la Comunidad Valenciana; 10 763 km², 2 216 285 hab. Cap., la c. hom. C. prales.: Sagunto, Torrente, Gandía. Interior montañoso al O y llanura litoral al E, cubierta por aluviones. Ríos Júcar y Turia. Cultivos de regadío (arroz) y de secano (arboricultura). Ind. siderúrgica, del mueble, textil. Astilleros. ◊ C. de España, cap. de la prov. hom. y de la Comunidad Valenciana; 738 441 hab. Centro comercial, agrícola e industrial. ◊ **Albufera de V.** Albufera de España, en el litoral mediterráneo. Se extiende por la parte más interior del golfo de Valencia.

VALENCIA, Guillermo (1873-1943) Político y poeta col. *Ritos* es una soberbia manifestación del modernismo iberoamericano. ◊ **Guillermo León** (1905-1971) Político col. Presid. de la rep. (1962-1966).

VALENCIANA, Comunidad o **COMUNITAT VALENCIANA** Denominación oficial de Valencia, territorio histórico del E de España, sit. a orillas del Mediterráneo. Comprende las prov. de Castellón, Valencia y Alicante; 23 305 km², 4 162 776 hab. Cap., Valencia. C. prales.: Sagunto, Elche, Alcoy. Grandes albuferas en la costa. R. Mijares, Júcar, Turia, Segura. Tiene gran importancia la agricultura (naranjos, arroz). Ind. siderúrgica, metalúrgica, del calzado, del mueble, del juguete, cerámica, del papel. Turismo.

VALENCIANO, NA adj. y s. De Valencia. ◊ m. *Ling.* Variedad de la lengua catalana que se habla en la mayor parte del ant. reino de Valencia.
VALENCIENNES C. de Francia, en el dpto. de Nord; 223 800 hab. la agl. urb. Puerto fluvial en el Escalda. Ind. siderúrgica, metalúrgica, textil y mecánica.
VALENTE, *Flavio* (h. 328-378) Emp. rom. de Oriente [364-378]. Hermano de Valentiniano I, éste le confió el gobierno de Oriente. Los visigodos le derrotaron en Adrianópolis (378). ◊ *José Ángel* (1929-2000) Poeta y crítico literario esp. *A modo de esperanza, Poemas a Lázaro, Las palabras de la tribu.*
VALENTÍA f. Esfuerzo, aliento, vigor. ◊ Hecho o hazaña heroica. ◊ Gallardía.
VALENTINIANO I (321-375) Emp. rom. [364- 375]. Sucedió a Joviano, al ser proclamado emp. por el ejército en Nicea. Se distinguió por su apoyo al cristianismo. ◊ **III** (419-455) Emp. rom. de Occidente [425-455]. Hijo de Constancio III y de Gala Placidia; derrotó a los hunos en los Campos Cataláunicos (451). Fue asesinado por Petronio Máximo, que le sucedió.
VALENTINO, *Rodolfo* (1895-1926) Actor de cine norteam., de origen it. Sus dotes artísticas y su físico le dieron gran celebridad, hasta el punto de encarnar el mito del amante latino. *El caíd, Sangre y arena.*
VALENTÓN, NA adj. y s. Arrogante, fanfarrón. ◊ f. fam. Jactancia o exageración del propio valor. ❏ VALENTONADA.
VALENZUELA, *Fernando de* (1636-1692) Político esp., nacido en Nápoles. Carlos II le nombró grande de España y primer ministro. Debido a una sublevación fue preso y desterrado. Murió en Nueva España. ◊ *Pedro José* (1797-1865) Político guat. Presid. de la rep (1838-1839).
VALER tr. Amparar, proteger, patrocinar. ◊ Tener las cosas un precio determinado para la compra o la venta. ◊ intr. Valer igual, equivaler. ◊ Ser de naturaleza, o tener alguna calidad, que merezca aprecio y estimación. ◊ Tener una persona poder, autoridad o fuerza. ◊ Ser una cosa de importancia o utilidad para la consecución o el logro de otra. ◊ Prevalecer una cosa en oposición de otra. ◊ Ser o servir de defensa o amparo una cosa. ◊ prnl. Usar de una cosa con tiempo u ocasión, o servirse últimamente de ella. ◊ Recurrir al favor o interposición de otro para un intento. ◊ m. Valor, valía. ❏ VALEDERO, RA.
VALERA C. de Venezuela, en el est. Trujillo; 109 100 hab. Mercado agropecuario. Centro de comunicaciones.
VALERA, *Juan* (1824- 1905) Diplomático y escritor esp. Su importancia literaria estriba en su obra de crítico y de novelista. *Doña Luz, Juanita la larga, Pepita Jiménez.*
VALERIANA f. Planta con flores en corimbo, fruto seco y rizoma fragante, que se usa como antiespasmódico.
VALERIANATO m. *Quím.* Sal formada por el ácido valeriánico y una base.
VALEROSO, SA adj. Eficaz, que puede mucho. ◊ Valiente, esforzado. ◊ Valioso, que vale mucho. ❏ VALEROSIDAD.
VALÉRY, *Paul* (1871-1945) Escritor fr. Poeta intelectual, partidario de la poe-

sía pura. *Cementerio marino* es su poema más famoso. *La joven Parca, Álbum de versos antiguos.*
VALETTA, *La* ⇨ Valletta, La.
VALETUDINARIO, RIA adj. y s. Enfermizo, delicado de salud.
VALÍA f. Valor o aprecio de una cosa. ◊ Valimiento, privanza.
VALIDAR tr. Dar fuerza o firmeza a una cosa; hacerla válida. ❏ VALIDACIÓN.
VALIDO, DA adj. Apreciado, estimado. ◊ m. El que goza de la confianza de un soberano o gobernante, en virtud de la cual tiene acceso al poder.
VÁLIDO, DA adj. Que tiene validez o capacidad para producir su efecto. ◊ Robusto, fuerte. ❏ VALIDEZ.
VALIENTE adj. Fuerte y robusto en su línea. ◊ adj. y s. Esforzado, animoso y de valor. ◊ adj. Eficaz y activo. ◊ Grande y excesivo.

Fernando de **Valenzuela**, por Carreño. Museo Lázaro Galdiano, Madrid

VALIJA f. Maleta. ◊ Saco de cuero, cerrado con llave, donde llevan la correspondencia los correos. ◊ El mismo correo. ◊ *Amér.* VALIJERÍA; VALIJERO.
VALIOSO, SA adj. Que vale mucho o tiene mucha estimación o poder. ◊ Rico, adinerado.
VALLA f. Vallado o estacada para defensa. ◊ Cartelera sit. a los lados o en las cercanías de los caminos. ◊ *Amér.* Lugar donde se realizan peleas de gallos. ◊ fig. Obstáculo o impedimento. ❏ VALLADEAR; VALLAR.
VALLA, *Lorenzo* (1407-1457) Humanista it. Defendió la restauración de la lengua latina (*Sobre la elegancia de la lengua latina*). Atacó el aristotelismo escolástico.
VALLADO m. Cerco que se levanta para defensa de un sitio e impedir la entrada en él. ❏ VALLADAR.
VALLADOLID Prov. de España, en la com. autón. de Castilla y León; 8 202 km², 498 094 hab. Cap., la h. C. pral.: Medina del Campo. Terr. llano. Río Duero. Agricultura. Ganadería. Ind. alimentaria, textil, metalúrgica, automovilística y química. ◊ C. de España, cap. de la prov. hom.; 316 580 hab. Ind. química, automovilística y metalúrgica. ❏ VALLISOLETANO, NA O VALISOLETANO, NA
VALLE m. Llanura de tierra entre montes o alturas. ◊ Cuenca de un río. ◊ Conjunto de lugares, caseríos o aldeas sit. en un valle. ❏ VAL.

VALLE Dpto. de Honduras; 1 665 km², 115 218 hab. Cap., Nacaome. C. prales.: San Lorenzo y Amapala. Relieve accidentado al N por las estribaciones de la sierra Madre. Ríos Nacaome y Goascarán. Maíz, arroz, legumbres, plátanos y cacao. Plata. Ind. agropecuaria.
VALLE, *Andrés* (s. XIX) Político salv. Presid. en 1876. ◊ *Juvencio* (n. 1905) Poeta chil., director de las revistas *Nimbo de piedra, La flauta del hombre, Pan, El libro primero de Margarita.* ◊ *Rafael Heliodoro* (1891-1959) Erudito hond., radicado en México. Poeta posmodernista y ensayista. *Ánfora sedienta.* ◊ *Caviedes, Juan del* (h. 1652-1698) Escritor per. de origen esp. Autor de poesía y dramas, de estilo barroco y satírico. *Diente del Parnaso, Entremés del amor alcalde.*
VALLE DE AOSTA Región autón. de Italia. ⇨ Aosta, valle de.
VALLE DE LA PASCUA C. de Venezuela, en el est. Guárico; 56 700 hab. Ind. alimentaria y de la construcción.
VALLE DE LOS REYES (*Biban el-Meluk*) Valle sit. en el Egipto Medio, al NO de Dra-Abul-Naga, cerca de Deir el-Bahari. En él se enterraba a todos los reyes del Imperio Nuevo egipcio, a partir de Tutmés I.
VALLE DE SANTIAGO Mun. de México, en el est. de Guanajuato; 69 900 hab.
VALLE DEL CAUCA Dpto. de Colombia; 22 140 km², 4 389 486 hab. Cap., Cali. C. prales.: Palmira y Tuluá. El territorio esta atravesado por el r. Cauca, formando un amplio valle entre las cordilleras Central y Oriental de los Andes. Caña de azúcar, café, maíz, algodón, trigo, tabaco y frutales. Ganadería. Petróleo y carbón. Ind. alimentaria, textiles, de curtidos y química.
VALLEDUPAR C. de Colombia, cap. del dpto. del Cesar; 292 760 hab. Sit. junto al r. Guatapurí. Agricultura. Ind. textil y alimentaria. Petróleo.
VALLE-INCLÁN, *Ramón María del* (1866-1936) Escritor esp. Las *Sonatas de primavera, de estío, de otoño y de invierno* suponen la culminación del modernismo. Posteriormente su estilo adopta la forma del diálogo teatral o de la farsa, y que culmina con lo que él llamó «esperpentos». *Tirano Banderas, Luces de Bohemia, Divinas palabras.*
VALLEJO, *César* (1892-1938) Escritor

Ramón María del **Valle-Inclán**

per. Su primer libro de poemas, *Los heraldos negros*, muestra patentes influencias modernistas; *Trilce*, su segunda obra, refleja la soledad que acosa al hombre. *Poemas humanos y España, aparta de mí este cáliz*.

VALLENAR C. de Chile, cap. de la prov. de Huasco (región de Atacama); 48 040 hab. Centro minero. Ind. metalúrgica.

VALLÈS, *Jules* (1832-1885) Escritor fr. Revolucionario radical, participó en la Comuna de 1871. *El niño, El bachiller, El insurrecto*.

VALLETTA, *La* C. y cap. de la isla de Malta; 14 100 hab. Puerto y base naval; plaza fuerte. Fundada en 1566.

VALLOTTON, *Félix* (1865-1925) Pintor fr. de origen suizo. Evolucionó del neoimpresionismo a un realismo agresivo. Pintó también paisajes de gusto *naïf*. *Desnudo echado, La partida de póker*.

VÁLMIKI (h. el s. v a. C.) Poeta indio, considerado como autor del *Ramayana*.

VALOIS Casa real fr., de la rama segundona de los Capetos, que ocupó el trono de Francia desde 1328 (Felipe VI), hasta 1492 (Carlos VIII).

VALÓN, NA adj. y s. Díc. del tipo racial belga de ascendencia céltica. Se calculan unos 4 millones de v. Habitan un 60 % en Bélgica y el resto en los dptos. fr. contiguos a la Valonia belga. ◇ *Col., Ecuad.* y *Ven.* Crines convenientemente recortadas que cubren el cuello de las caballerías. ◇ adj. Relativo a la Valonia. ◇ m. *Ling.* Idioma hablado por los valones, que es un dialecto del ant. francés.

VALOR m. Grado de utilidad o aptitud de las cosas. ◇ Precio, suma de dinero u otra unidad de cuenta por la que puede cambiarse una cosa. ◇ Alcance de la significación o importancia de una cosa. ◇ Valentía, coraje, intrepidez. ◇ Subsistencia y firmeza de algún acto. ◇ Fuerza, actividad, eficacia o virtud de las cosas para producir sus efectos. ◇ pl. Títulos representativos de participación en haberes de sociedades, de cantidades prestadas, de mercaderías, de fondos pecuniarios o de servicios que son materias de operaciones mercantiles. ◇ **de cambio.** El que posee un producto en el mercado. ◇ **inmediato.** *Comp.* Valor que se especifica en una instrucción y que la unidad central de proceso almacenará en memoria tal como se encuentra en la

instrucción. ❑ VALORAR; VALORATIVO, VA; VALORÍA; VALORIZAR.

VALORACIÓN f. *Quím.* Proceso de medición del volumen de solución tipo que se necesita para completar la reacción en la que se basa un análisis volumétrico cuantitativo.

VALPARAÍSO Región del centro-norte de Chile; 16 396,1 km², 1 539 852 hab. Cap., la c. hom. C. prales.: Viña del Mar. Accidentada por la Cordillera de la Costa. Fruticultura, tabaco, pesca. Ind. derivadas. ◇ Prov. de Chile, en la región hom.; 876 022 hab. Cap., la c. hom. ◇ C. de Chile, cap. de la región y de la prov. hom.; 275 982 hab. Puerto de intenso tráfico. Ind. metalúrgicas, refinerías de petróleo, alimentarias.

VALQUIRIA f. *Mit.* Cada una de ciertas divinidades escandinavas, que en los combates designaban los héroes que habían de morir.

VALS m. Baile, de origen al., que ejecutan las parejas con movimiento giratorio y de traslación. ◇ Música de este baile. ❑ VALSAR; *Amér.* VALSE.

VALTELINA (*Valtellina*) Valle it. de los Alpes, que comunica el Tirol con Lombardía; 2 640 km². Cap., Sondrio.

VALUAR tr. Señalar precio a una cosa. ❑ VALUACIÓN.

VALVA f. *Bot.* Cada una de las partes de la cáscara de un fruto. ◇ *Zool.* Cada una de las piezas duras y movibles que constituyen la concha de los moluscos lamelibranquios.

VALVERDE Prov. del NO de la República Dominicana; 580 km², 110 700 hab. Cap., Mao. Accidentada por la cordillera Septal. Arroz, maíz, caña de azúcar, tabaco, hortalizas y frutales. Ganadería. Ind. agropecuaria.

VALVERDE, *José Desiderio* (s. XIX) Político y militar dom. Presid. provisional y constitucional (1858). ◇ *José María* (1926-1996) Poeta y ensayista esp. *Hombre de Dios, Versos del domingo* (poesía), *Estudios sobre la palabra poética* (ensayo).

VÁLVULA f. *Anat.* Pliegue membranoso o musculomembranoso sit. en un vaso, conducto u órgano hueco, que impide el reflujo de su contenido. ◇ *Mec. apl.* Dispositivo que se instala en una máquina o instrumento, con el fin de regular el paso de un fluido entre dos de sus órganos, o entre éstos y el exterior. ◇ *El.* Dispositivo que se inter-

cala en un circuito a fin de que permita el paso de corriente en un solo sentido y, así, detectarla, rectificarla, modularla o amplificarla. ◇ **de seguridad.** La que se coloca en las calderas de las máquinas de vapor para que éste se escape automáticamente cuando su presión sea excesiva. ❑ VALVULAR.

VALVULOPATÍA f. *Pat.* Enfermedad que afecta a las válvulas cardíacas.

VAMPIRESA f. Tipo de mujer fatal popularizada por el cine a partir de Theda Bara, y que evolucionó con Mae West, Rita Hayworth, etc.

VAMPIRO m. *Zool.* Murciélago amer. que se alimenta de insectos y chupa la sangre de personas y animales. ◇ Espectro o cadáver que, según creencia popular, por las noches chupa la sangre de los vivos.

VAN Lago de la Armenia turca; 3 765 km².

VAN Allen, *James Alfred* (nacido 1914) Físico norteam. Descubrió los dos cinturones radiactivos que rodean la Tierra. ◇ **Buren, *Martin*** (1782-1862) Político norteam. Presid. (1837-1841). ◇ **Der Goes, *Hugo*** (1435-1482) Pintor gótico flamenco. *Tríptico Portinari* o *Adoración de los pastores*. ◇ **Der Meersch, *Maxence*** (1907-1951) Escritor fr., de origen flamenco. Premio Goncourt en 1936 por *La huella del dios. Cuerpos y almas*. ◇ **Der Waals, *Johannes Diderik*** (1837-1923) Físico neerlandés. Premio Nobel de Física en 1910 por sus investigaciones sobre las ecuaciones de estado de los fluidos. ◇ **Der Weyden, *Rogier*** (m. 1464) Pintor flamenco. Sobresalen las escenas de la pasión de Cristo. *El descendimiento de la Cruz*. ◇ **Dyck, *Anton*** (1599-1641) Pintor flamenco. Entre 1622 y 1627 residió en Italia. En 1632 marchó a Inglaterra, donde fundó la escuela de retratistas ingleses. *Diana y Endimión, Cristo muerto, María Luisa de Taxis*. ◇ **Eyck, *Jan*** (1385-1441) Pintor flamenco. Uno de los grandes maestros de la pintura flamenca, dio un gran impulso a la técnica de la pintura al óleo. *Cordero Místico*. ◇ **Gogh, *Vincent*** (1853-1890) Pintor neerlandés. Bajo la influencia del impresionismo realiza gran cantidad de cuadros, misión de París, flores, etc.: *Fiesta en Montmartre*. En 1888 marchó al S de Francia (Arles). Allí pintó *Girasoles, Arlesiana, El campo de trigo amarillo*. ◇ **Oldenbarnevelt, *Johan*** (1547-1619) Político neerlandés. Enfrentado a Mauricio de Nassau, fue preso tras el golpe de Est. de 1618, y ejecutado tras ser declarado culpable de alta traición. ◇ **Ruysbroeck, *Jan*,** BEATO (1293-1381) Místico flamenco. Combatió el misticismo neoplatónico de Eckhart. *Del tabernáculo espiritual, Espejo de la salvación eterna*. ◇ **Loo, Louis Michel** (1707-1771). Pintor de cámara de Felipe V. *La familia de Felipe V, La educación del amor por Mercurio y Venus*.

VANADIO m. *Quím.* Elemento de símb. V, n. a. 23 y p. a. 50,95. Es el metal más duro que se conoce, muy poco activo, soluble en ácido nítrico. Industrialmente son imp. las aleaciones de ferrovanadio, con un 50-80 % de vanadio como vehículo para la introducción del metal en los aceros, aumentando su resistencia mecánica.

VANAGLORIARSE prnl. Jactarse del propio valer u obrar. ❑ VANAGLORIA; VANAGLORIOSO, SA.

Valparaíso. Panorámica del puerto

VANCOUVER C. y pral. puerto de Canadá, en el Pacífico; 414 300 hab. (1 268 200 la agl. urb.). Astilleros. Ind. del papel, alimentarias. Refinerías de petróleo. ◊ Isla de Canadá, en el Pacífico; 33 732 km², 410 200 hab. Cap., Victoria. Territorio montañoso (Golden Hinde, 2 200 m). Riqueza forestal.

VÁNDALO, LA adj. y s. Díc. del individuo de un pueblo de la Germania ant. que invadió España rom., y se señaló por el furor con que destruía los monumentos. ◊ adj. Relativo a dicho pueblo. ◊ m. fig. El que comete acciones o profesa doctrinas propias de gente inculta y desalmada. ❏ VANDÁLICO, CA; VANDALISMO.

VANDERBILT, *Cornelius* (1794-1877) Financiero norteam., llamado «el rey de los ferrocarriles».

VANGUARDIA f. *Mil.* Parte de una fuerza armada, que va delante del cuerpo principal. ◊ Avanzada de un grupo o movimiento ideológico, político, literario, artístico, etc.

VANGUARDISMO m. Reacción frente a las corrientes artísticas del s. XIX, plasmada en diversas tendencias (futurismo, cubismo, dadaísmo, ultraísmo, surrealismo, etc.). Las características del v. son siempre el hermetismo, la experimentación técnica y formal, y el afán de originalidad.

VANIDAD f. Calidad de vano. ◊ Fausto, pompa vana. ◊ Palabra inútil o vana e insustancial. ◊ Vana representación, ilusión o ficción de la fantasía. ❏ VANIDOSO, SA.

VANILOCUENCIA f. Verbosidad insustancial. ❏ VANILOCUENTE o VANÍLOCUO, CUA.

VANO, NA adj. Falto de realidad, sustancia o entidad. ◊ Hueco, vacío y falto de solidez. ◊ Inútil, infructuoso. ◊ Arrogante. ◊ Que no tiene fundamento, razón o prueba. ◊ m. *Arq.* Parte del muro o fábrica en que no hay apoyo para el techo o bóveda.

VAN'T Hoff, *Jakobus Hendrikus* (1852-1911) Físico y químico neerlandés. Premio Nobel de Química en 1901 por sus trabajos en dinámica química y estereoquímica.

VANUATU Estado de Oceanía, integrado por unas 40 islas de origen volcánico. Clima tropical. Algodón, café y cacao. Manganeso. República. Lenguas of.: bislama (pidgin), inglés y francés. *Rel.*: cristianismo, protestantismo. U.M.: el vatu. Cap., Port Vila, en la isla de Efate. El arch. fue descubierto en 1606, pero no fue ocupado hasta el s. XVIII por los brit. y hacia 1870 por los fr. Obtuvo la indep. en 1980, con Walter Lini como primer ministro.

VANUATU	
Superficie	12 189 km²
Población	150 000 hab. (12 hab./km²)
Recursos económicos	
Bananas	1 000 t
Cacao	2 000 t
Copra	28 000 t
Nuez de coco	293 000 t
Pesca	3 350 t
Riqueza forestal	63 000 m³
Indicadores sociológicos	
PNB	175 millones de dólares
Renta per cápita	1 120 dólares
Esperanza de vida	60 años
Alfabetismo	53 %

VAPOR m. *Fís.* Fase o estado gaseoso de una sustancia que se alcanza a unas condiciones características de presión y temperatura. ◊ Buque de vapor. ❏ VAPORAR; VAPORCITO; VAPOREAR.

VAPORIZACIÓN f. *Fís.* La v. se produce en el intervalo de temperaturas comprendido entre el punto triple y el punto crítico. ◊ Uso medicinal de vapores de aguas termales.

VAPORIZAR tr. y prnl. Pasar un líquido a la fase de vapor. ❏ VAPORIZADOR, RA.

VAPOROSO, SA adj. Que arroja de sí o produce vapores. ◊ fig. Tenue, ligero.

VAPULEAR tr. y prnl. Azotar o golpear a uno. ❏ VAPULEAMIENTO; VAPULEO.

VAQUERÍA f. Manada de ganado vacuno. ◊ Establecimiento donde hay vacas o se vende su leche. ◊ *Amér.* Tareas de recolección de ganado. ❏ *Amér.* VAQUEAR.

VAQUERIZO, ZA adj. Relativo al ganado bovino. ◊ m. y f. Vaquero. ◊ f. Corral o estancia donde se recoge el ganado mayor en el invierno.

VAQUERO, RA adj. Propio de los pastores de ganado bovino. ◊ Dicho de los pantalones, tejanos. Suele usarse como s. m. y en pl. ◊ m. y f. Pastor o pastora de reses vacunas.

VAQUETA f. Cuero de ternera, curtido y adobado.

VAQUILLA f. *Chile.* Ternera de año y medio a dos años.

VAQUILLONA f. *Argent.* y *Chile.* Vaca nueva de dos a tres años.

VARA f. Ramo delgado, largo y limpio de hojas. ◊ Palo largo y delgado. ◊ Bastón que por insignia de autoridad usan los alcaldes y sus tenientes. ◊ fig. Jurisdicción de que es insignia la vara. ◊ Ant. unidad de longitud. ◊ Unidad de medida usada en América Central, equivalente a 0,836 m. ◊ *Taur.* Garrochazo dado al toro por el picador. ◊ Trozo de tela u otra cosa que tiene la longitud de una vara. ❏ VARAZO; VARDASCA; VARDASCAZO.

VARADERO m. Lugar donde varan las embarcaciones para resguardarlas o para limpiar sus fondos o componerlas. ❏ VARADO, DA.

VARAL m. Vara muy larga y gruesa. ◊ Madero colocado verticalmente entre los bastidores de los teatros, en el cual se ponen luces para alumbrar la escena. ◊ fig. y fam. Persona muy alta. ◊ *Argent.* Armazón de varales que en los saladeros sirve para tender al sol y al aire la carne con que se hace el tasajo.

VARANO m. *Zool.* Reptil saurio de gran tamaño, del que se aprecia su piel y su carne.

VARAPALO m. Palo largo a modo de vara. ◊ Golpe dado con palo o vara. ◊ fig. y fam. Daño que uno recibe en sus intereses. ◊ fig. y fam. Pesadumbre grande.

VARAR intr. Encallar la embarcación en la costa o en las peñas, o en un banco de arena. ◊ fig. Quedar parado un asunto. ◊ tr. Sacar a la playa y poner en seco una embarcación. ❏ VARADURA; VARAMIENTO.

VAREAR tr. Derribar con las varas los frutos de algunos árboles. ◊ Dar golpes con vara. ◊ Herir a los animales con varas. ◊ Medir con la vara. ◊ Vender por varas. ◊ *R. de la Plata.* Entrenar caballos de carrera. ◊ prnl. fig. Enflaquecer. ❏ VAREA; VAREAJE; VAREO.

VAREGO, GA adj. y s. Díc. del individuo de una tribu escandinava que, a finales del s. IX, se estableció en Rusia y sometió a los eslavos y fineses.

VAREJONAL f. *Amér. Centr.* Conjunto de ramas despojadas de hojas.

VARELA, *José Pedro* (1845-1879) Pedagogo ur. Inspector Nacional de Enseñanza (1877-1879), llevó a cabo una gran reforma de la escuela pública. *La educación del pueblo, La legislación escolar.* ◊ ***Juan Cruz*** (1794-1839) Escritor arg., pral. representante del neoclasicismo en su país. *Dido* (drama); *Elvira, Al triunfo de Ayacucho, El 25 de mayo de 1838* (poesía). ◊ **Y Morales, *Félix*** (1787-1853) Sacerdote, filósofo y orador cub. Propugnó la autonomía de Cuba en las Cortes Españolas (1821-1823). *Miscelánea filosófica.*

VARESE C. de Italia, cap. de la prov. hom.; 89 000 hab. Comercio e industria. **VARÈSE, *Edgard*** (1883-1965) Compositor fr., nacionalizado norteam. Pionero de las técnicas de la música electrónica. Autor de los poemas sinfónicos *Américas, Arcana* y del «poema electrónico» *El hombre y la máquina.*

VARETA f. Palito delgado que, untado con liga, sirve para cazar pájaros. ◊ Lista de color diferente del fondo de un tejido. ◊ fig. Exp. picante dicha con ánimo de herir a alguno.

VARETAZO m. *Taur.* Golpe de lado que da el toro con el asta.

VARGAS Est. de Venezuela, entre el Distrito Capital y el mar Caribe; 1 496,5 km², 308 000 hab. Cap., La Guaira. Zona turística. Est. creado en 1998, en 1999 fue arrasado por lluvias torrenciales.

VARGAS, *Getulio* (1883-1954) Político bras. En 1930 un mov. insurreccional, con el apoyo del ejército, le llevó al poder (1930-1845, 1945-1954). La nacionalización del petróleo y la creación de Petrobras lo enfrentaron con la reacción interna y el imperialismo norteam. Pionero. ◊ ***José María*** (1786-1854) Político ven. Primer presid. civil (1835-1836). ◊ ***Luis de*** (1502-1568) Pintor esp., renacentista. De formación it., fue uno de los represen-

Mapa de situación y bandera
de **Vanuatu**

Mario **Vargas Llosa**

tantes del purismo sevillano. *La generación temporal de Cristo.* ◊ **Llosa, *Mario*** (n. 1936) Escritor per. Su obra se caracteriza por un lenguaje expresivo y culto y por un realismo que incide en el contexto social sudamericano y esp. *La ciudad y los perros, Los cachorros, La casa verde, Conversaciones en la catedral, Pantaleón y las visitadoras, La tía Julia y el escribidor, La guerra del fin del mundo, La señorita de Tacna, La historia de Mayta.* Son notables como crítico y ensayista. Dedicado a la política optó a la presid. de Perú por el FREDEMO en 1990, pero fue derrotado por A. Fujimori. *El pez en el agua* (1993) refleja esa vivencia. Galardonado con el Premio Príncipe de Asturias en 1986, le fue otorgado el Planeta en 1993 por *Lituma en los Andes.* ◊ **Vila, *José María*** (1860-1933) Escritor col. Exiliado de su patria, vivió en diversos países de América y Europa.
VARIABILIDAD f. Calidad de variable. ◊ *Biol.* Conjunto de pequeñas discrepancias en el fenotipo de los distintos organismos mediante las cuales se distinguen de los demás de la especie.
VARIACIÓN *Biol.* Fenómeno por el cual existen pequeñas diferencias fenotípicas, incluso en los organismos que se han reproducido consanguíneamente, debida a la acción ambiental. ◊ *Mat.* Para un conjunto de *m* elementos de los que se consideran *n*(< *m*) cada vez, el núm. de cada uno de los subconjuntos ordenados que se pueden formar dependerá de que sean v. sin repetición, $V_{m,n} = m \ (m-1)... \ (m-n+1)$; o v. con repetición, es decir, $V'_{m,n} = m^n$. ◊ *Mús.* Modificación de un tema, en cuanto a melodía, armonía, ritmo, etc. ❏ VARIABILIDAD.
VARIANTE adj. Que varía. ◊ f. Divergencia de texto que se presenta en los ejemplares o copias de un códice, manuscrito o libro, cuando se cotejan los de una época o edición con los de otra. ◊ Desviación provisional de una carretera o camino. ◊ m. Fruto o verdura que se encurte en vinagre. Se usa más en pl.
VARIANZA f. *Mat.* En estadística, cantidad que mide la dispersión de los valores que recorre una variable aleatoria.
VARIAR tr. Hacer que una cosa sea diferente de lo que antes era. ◊ Dar variedad. ◊ intr. Cambiar una cosa de for-

ma, propiedad o estado. ◊ Ser una cosa diferente de otra.
VARICELA f. *Pat.* Enfermedad infecciosa, de curso más benigno que la viruela, producida por un virus. Incide en niños menores de diez años y se caracteriza por una erupción de manchas rojas, que se transforman en vesículas, acompañada de prurito.
VARICOCELE m. *Pat.* Tumor formado por la dilatación de las venas del escroto y del cordón espermático.
VARIEDAD f. Calidad de vario. ◊ Diferencia dentro de la unidad; conjunto de cosas diversas. ◊ Inconstancia, mutabilidad. ◊ Mudanza en la sustancia de las cosas o en su uso. ◊ *Bot.* y *Zool.* Categoría taxonómica, inferior a la especie, que agrupa los organismos que presentan diferencias individuales cuyo sentido hereditario no está bien determinado.
VARILLA f. Barra larga y delgada. ◊ Cada una de las tiras que forman el armazón del abanico. ◊ Cada una de las costillas que forman el armazón de los paraguas y quitasoles. ◊ fam. Cada uno de los dos huesos largos que forman la quijada y se unen por debajo de la barba. ◊ *Chile.* Arbusto, variedad del palhuén. ◊ pl. Bastidor rectangular en que se mueven los cedazos para cerner. ❏ VARILLAJE.
VARILLAR m. *Chile.* Paraje en que abundan las varillas.
VARIO, RIA adj. Diverso o diferente. ◊ Inconstante o mudable. ◊ Indiferente o indeterminado. ◊ Que está compuesto de diversos adornos o colores. ◊ pl. Algunos, unos cuantos. ◊ m. pl. Conjunto de libros, folletos, hojas sueltas o documentos, reunidos en tomos, legajos o cajas. ❏ VARIADO, DA.
VARIÓMETRO m. *Aer.* Manómetro diferencial que mide la velocidad vertical de los aviones.
VARIOPINTO, TA adj. Que ofrece diversidad de colores o de aspecto.
VARIZ f. *Pat.* Dilatación permanente de una vena, causada por acumulación de sangre en su cavidad. ❏ VARICOSO, SA.
VARNA C. de Bulgaria, cap. del distr. hom.; 295 000 hab. Centro industrial. Estación balnearia.
VARÓN m. Criatura racional de sexo masculino. ◊ Hombre que ha llegado a la edad viril. ◊ Hombre de respeto, autoridad u otras prendas. ❏ VARONIL.
VARONA f. Mujer, hembra racional. ◊ Mujer varonil.
VARONA, *Enrique José* (1849-1933) Escritor y político cub., autor de *Estudios literarios y filosóficos, El positivismo, Cuba contra España.* Escribió así mismo poemas (*Odas anacreónticas, Desde mi Belvedere, Violetas y ortigas*). Vicepresid. de la rep. (1913-1917).
VARONÍA f. Calidad de descendiente de varón.
VARRÓN, *Marco Terencio* (116-26 a. C.) Escritor latino. *Sátiras menipeas, De lingua latina, De re rustica.*
VARSOVIA C. y cap. de Polonia; 1 649 000 hab. Centro industrial (metalurgia, construcciones mecánicas, automóviles, química, textil y alimentarias) y cultural. ◊ **Pacto de V.** Tratado de amistad, cooperación y asistencia mutua suscrito en la cap. pol. (1955) por Albania (que se retiró en 1968), Bulgaria, Checoslovaquia, Hungría, Polonia,

RDA, Rumania y URSS. Nacido como réplica a la creación de la OTAN. ❏ VARSOVIANO, NA.
VARSOVIANA f. Ant. danza pol. de salón, variante de la mazurca. ◊ Música de esta danza.
VARVA f. *Geol.* Cada uno de los estratos de depósitos dejados cada año por la fusión de los glaciares cuaternarios.
VASA o **WASA** Dinastía sueca fundada por Gustav Eriksson (1523); se extinguió en 1654, con la abdicación de la reina Cristina.
VASALLO, LLA adj. Sujeto a algún señor con vínculo de vasallaje. ◊ En lo antiguo, feudatario. ◊ m. y f. Súbdito de un soberano o de cualquier otro gobierno supremo e independiente. ◊ fig. Cualquiera que reconoce a otro por superior. ❏ VASALLAJE.
VASAR m. Poyo o anaquelería que, sobresaliendo en la pared, sirve para poner vasos, platos, etc.
VASARELY, *Victor* (1908-1997) Pintor fr., de origen húng. Grafista publicitario, sus búsquedas de tipo óptico culminaron con la aparición de un nuevo estilo de pintura abstracta: el cinetismo.
VASARI, *Giorgio* (1511-1574) Pintor, arquitecto y escritor it. Construyó, en Florencia, el palacio de los Uffizi. Autor de *La vida de los más excelentes pintores, escultores y arquitectos.*
VASCO, CA (*éuscaro* o *euskalduna*) adj. y s. Díc. de individuos de un pueblo europeo de lengua indep., que habita en las dos vertientes extremas de los Pirineos occidentales y desde el litoral del golfo de Vizcaya hasta el valle del Adur, por el N, y del alto Ebro, por el S (⇨ País Vasco). ◊ adj. Relativo a dicho pueblo. ◊ m. pl. Este mismo pueblo.
VASCO de Gama ⇨ Gama, Vasco de.
VASCÓN, NA adj. y s. Díc. del individuo de un pueblo que en el s. I a. C. habitaba la zona septentrional de la Pen. Ibérica comprendida entre el río Ebro y su afl. el Jalón.
VASCONCELOS, *Doroteo* (s. XIX) Político salv., liberal. Presid. de la rep. (1848-1851). ◊ *José* (1882-1959) Escritor y político mexicano. Autor de una vasta producción como escritor, dejó obras y ensayos sobre literatura, filosofía, historia y sociología. *La intelectualidad mexicana, Ética, La raza cósmica.*
VASCONGADAS Nombre tradicional de la actual com. autón. esp. del País Vasco o Euskadi. ❏ VASCONGADO, DA.
VASCONIA Ant. región de la España tarraconense, habitada por los vascones. ◊ Euskadi, País Vasco.
VASCUENCE o **EUSKERA** adj. y s. *Ling.* Díc. de la lengua hablada por parte de los naturales de las Provincias Vascongadas, Navarra y territorio vasco fr. (unos 700 000 hab.). Las teorías en torno a su origen sólo coinciden en considerarla una lengua no indoeuropea.
VASCULAR adj. Concerniente a los vasos de las plantas o de los animales.
VASELINA f. Producto de consistencia pastosa, blanco o amarillento, constituido por una mezcla de hidrocarburos sólidos y aceites minerales pesados. Se obtiene como residuo de destilación de petróleos pobres en asfaltos.
VASIJA f. Toda pieza cóncava que sirve para contener líquidos o cosas destinadas a la alimentación.
VASO m. Recipiente, gralte. de forma

cilíndrica, que sirve para beber. ◊ Cantidad de líquido que cabe en él. ◊ Casco o uña de las caballerías. ◊ Obra escultórica, en forma de jarrón, florero o pebetero, que, colocada sobre un zócalo, pedestal o peana, sirve para decorar. ◊ *Biol.* Estructura, gralte. tubular, para la conducción de líquidos (savia, sangre, linfa, quilo, agua, etc.) por el interior de los seres vivos. ◊ **Vasos comunicantes.** *Fís.* Los que permiten el paso de un fluido de uno a otro. ◊ **cribosos.** *Bot.* En los vegetales, los que están formados por células vivas y forman cordones en los tabiques transversales de separación están perforados por una criba que comunica las células entre sí. ◊ **leñosos.** *Bot.* En los vegetales, déc. de los v. conductores por los que se desplazan el agua y las sales minerales absorbidas por los pelos radicales de las raíces. ◊ **quilíferos.** *Biol.* En los animales, son los v. para la conducción de la linfa con sustancias alimenticias digeridas. ◊ **sanguíneos.** *Biol.* De los animales que están constituidos por una túnica interna endotelial, una capa anular musculosa más o menos gruesa y contráctil, y capas de tipo conectivo.

VASOCONSTRICCIÓN f. Disminución del calibre de los vasos sanguíneos. ❑ VASOCONSTRICTOR, RA.

VASODILATACIÓN f. Dilatación de los vasos sanguíneos a causa de influencia nerviosa u otra. ❑ VASODILATADOR, RA.

VASOMOTOR, RA adj. Díc. del nervio o del agente que produce la contracción y dilatación de un vaso sanguíneo.

VASSEUR, *Álvaro Armando* (1878-1969) Poeta ur., influido por W. Whitman. *Cantos del Nuevo Mundo.*

VÁSTAGO m. Renuevo o brote de un árbol o planta. ◊ fig. Persona descendiente de otra. ◊ *Mec. apl.* Barra que, unida al centro de una de las caras del émbolo, sirve para moverlo o transmitir el movimiento de éste a algún otro mecanismo. ◊ ◊ *C. Rica y Ven.* Tallo del plátano. ❑ *Col.* VASTAGUERA.

VASTEDAD f. Dilatación, anchura. ❑ VASTO, TA.

VÄSTERÅS C. de Suecia, en el Västmanland; 117 700 hab. Sit. junto al lago Mälar. Centro comercial e industrial.

VATE m. Adivino. ◊ Poeta.

VATICANO, *Estado de la Ciudad del* (*Status Civitatis Vaticanae*) Estado de Europa, sit. al O de Roma; 0,44 km², 1 000 hab. Comprende la plaza y basílica de San Pedro, los museos y jardines vaticanos, la Cancillería y otros edificios anejos. Fuera del terr., la soberanía vaticana se extiende sobre algunos edificios, como el palacio de Castelgandolfo. La lengua usual es el it. Fue constituido en 1929 por el Tratado de Letrán, concertado entre la Santa Sede y el gobierno it. ◊ Colina de Roma, sit. en la orilla derecha del Tíber; su nombre procede de los vaticinios que en ella se efectuaban. ◊ Palacio y sede del Romano Pontífice y de la curia pontificia. ◊ *I Concilio* Concilio ecuménico celebrado en Roma (1869-1870). Fue convocado por Pío IX y en él se dogmatizó la infalibilidad del papa. ◊ *II Concilio* Convocado por Juan XXIII (1962-1965). En él se trató de la unión de las Iglesias cristianas, la libertad religiosa, la reforma litúrgica y la actitud de la Iglesia frente al mundo actual, entre otros temas. ❑ VATICANO, NA.

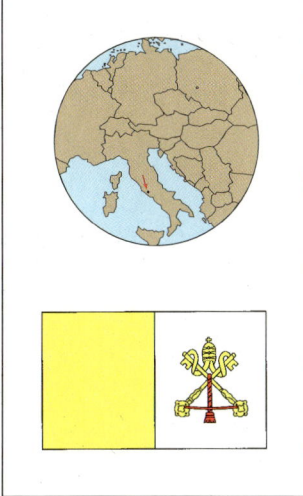

Mapa de situación y bandera del **Estado de la Ciudad del Vaticano**

VATICINAR tr. Pronosticar, adivinar, profetizar. ❑ VATICINIO.

VATIO m. *Fís.* Unidad de potencia en el sistema Giorgi. Su símb. es w, y se cumple: 1w = 1N·1m/seg. donde N = newton. ❑ VATAJE; VATÍMETRO.

VAUBAN, *Sébastien le Prestre*, MARQUÉS DE (1633-1707) Ingeniero militar fr. Escribió el tratado *Sobre el ataque y defensa de las plazas fortificadas.*

VAUGHAN-WILLIAMS, *Ralph* (1872-1958) Compositor brit. Compuso sinfonías (*Londres, Pastoral, Antártica*), el ballet *Job, Sir John enamorado* y *Cinco canciones místicas.*

VAUPÉS Dpto. del SE de Colombia; 65 268 km², 31 875 hab. Cap., Mitú. Territorio llano, perteneciente a la cuenca del Amazonas. R. prales.: Guaviare, Ajujú-Apaporis y Vaupés. Economía agrícola y explotación forestal. ◊ (port. *Uapés*) Río de Colombia y Brasil que pertenece a la cuenca del Amazonas a través del r. Negro. Nace al SE de Colombia y desagua en el Negro al S de Tapira, en Brasil; 1 126 km.

VAUVENARGUÈS, *Luc de Clapiers*, MARQUÉS DE (1715-1747) Pensador fr. *Introducción al conocimiento del espíritu humano* y *Reflexiones y máximas.*

VAYREDA, *Joaquín* (1843-1894) Pintor esp. Miembro de la escuela paisajista de Olot, evolucionó hacia el realismo y el impresionismo.

VAZ Ferreira, *Carlos* (1872-1958) Ensayista y pedagogo ur. *Elementos de psicología experimental.*

•**VÁZQUEZ, *Horacio*** (1860-1936) Político y militar dom. Presid. provisional tras el derrocamiento de Heureaux (1899). Presid. (1902-1903, 1924-1930). ◊ **De Coronado, *Francisco*** (1510-1554) Conquistador esp. Fue nombrado gobernador de Nueva Galicia (1538). En 1540-1542 dirigió una expedición que llegó hasta Oklahoma, Kansas y Texas. ◊ **Montalbán, *Manuel*** (1939-2003) Escritor esp. Periodista, autor de ensayos y novelas. *Una educación sentimental, La rosa de Alejandría, El pianista.* ◊ **Rosas, *Tabaré*** (nacido 1940) Médico y político ur. Intendente de Mon-

tevideo (1990-1995); sucedió a L. Seregni en la presid. del Frente Amplio (1996). En 2005 asumió la presid. de la rep.

VE f. Nombre de la letra *v.*

VECINDAD f. Calidad de vecino. ◊ Conjunto de las personas que viven en una misma casa, o en varias inmediatas. ◊ Vecindario de una población. ◊ Cercanías de un sitio.

VECINDARIO m. Conjunto de los vecinos de una población. ◊ Lista o padrón de los vecinos de un pueblo. ◊ Vecindad, calidad de vecino.

VECINO, NA adj. y s. Que habita con otros en una misma pob., barrio o casa, en vivienda indep. ◊ Que tiene vivienda en una pob. y contribuye a las cargas o impuestos de ésta. ◊ fig. Cercano o inmediato. ◊ fig. Semejante o coincidente. ❑ VECINAL.

VECTOR, RA adj. y m. Díc. de los animales, gralte. artrópodos, que pueden transportar los gérmenes patógenos de un huésped a otro, sin que el microorganismo se desarrolle en su interior. ◊ *Comp.* Conjunto de elementos (variables) que se pueden identificar individualmente utilizando un índice. ◊ *Fís.* Díc. del segmento que determina la posición de un punto con respecto a otro tomado como fijo. ◊ m. *Fís.* Representación gráfica de una magnitud vectorial. ◊ *Mat.* Segmento del plano o del espacio en el que se ha fijado la dirección. ◊ *Mat.* Cada uno de los elementos del grupo abeliano de un espacio vectorial. ❑ VECTORIAL.

VEDAR tr. Prohibir por ley, estatuto o mandato. ◊ Impedir, estorbar. ❑ VEDA; VEDADO, DA.

VEDAS (sánscrito, «ciencia», «conocimiento sagrado») Los más ant. textos religiosos de la India, compuestos en sánscrito védico aprox. entre el 1500 y 900 a. C. Comprenden cuatro libros o colecciones de cantos, fórmulas rituales, etc. ❑ VÉDICO, CA; VEDISMO.

VEDDA adj. y s. Díc. del individuo de un pueblo de la isla de Ceilán, uno de los más antiguos grupos humanos y de cultura más primitiva.

VEDEGAMBRE m. Planta de flores blancas en espiga y fruto capsular. El polvo del rizoma se emplea como estornutatorio.

Joaquín **Vayreda.** *La Rambla de las Flores.* Museo de Artes Moderno, Barcelona (España)

VEDIJA f. Mechón de lana. ◊ Verija.
VEGA f. Tierra baja, llana y fértil; gralte. regada por un río. ◊ *Cuba*. Terreno sembrado de tabaco. ◊ *Chile*. Terreno muy húmedo.
VEGA *Astr*. Estrella de primera magnitud, perteneciente a la constelación *Lyra*.
VEGA, La Prov. de la República Dominicana; 2 287 km², 378 523 hab. Cap., Concepción de La Vega o La Vega. Accidentada al S por la cordillera Central. Ríos Yaque del Norte y Yuna. Cereales, caña de azúcar, tabaco, café, frutas. Cría de bovinos y porcinos. Níquel. Transformación de productos agropecuarios.
VEGA, Y Carpio, Lope Félix de (1562-1635) Literato esp. Lo multiforme de su genio y su prodigiosa fecundidad le valieron ser llamado por sus contemporáneos «Fénix de los ingenios» y «Monstruo de la Naturaleza». Aunque realizó algunas novelas *(La Dorotea)* y poemas de diversos temas, su mayor gloria la consiguió con su producción teatral. *Fuenteovejuna, El caballero de Olmedo, La dama boba.*

Lope Félix de **Vega y Carpio,** en un óleo de Eugenio Caxés. Museo Galdiano, Madrid

VEGA ALTA C. de Puerto Rico; 31 500 hab. Centro agrícola. Ind. azucarera.
VEGA BAJA C. de Puerto Rico, en el distr. de Arecibo; 52 900 hab.
VEGA REAL, La Gran depresión de la República Dominicana, entre el macizo de Cibao y la cordillera Septentrional. Es la pral. región agrícola del país.
VEGETAL adj. Que vegeta. ◊ Relativo a las plantas. ◊ m. *Bot*. Organismo autótrofo provisto de clorofila, gralte. de crecimiento ilimitado, inmóvil, con bajas tasas de sensibilidad, y células con membrana celulósica.
VEGETAR intr. y prnl. Germinar, nutrirse, crecer y multiplicarse no sexualmente las plantas. ◊ fig. Vivir maquinalmente una persona con vida meramente orgánica. ◊ fig. Disfrutar voluntariamente de vida tranquila, exenta de cualquier tipo de interés.
VEGETARIANISMO m. Régimen alimenticio basado exclusivamente en vegetales u otras sustancias de origen vegetal. ❑ VEGETARIANO, NA o VEGETALISTA.
VEGETATIVO, VA adj. Que vegeta o tiene vigor para vegetar. ◊ *Fisiol*. Díc. de la parte del sistema nervioso que re-

gula y coordina las funciones viscerales. Recibe también el nombre de *sistema nervioso autónomo*.
VEGUER m. Magistrado que en Aragón, Cataluña y Mallorca ejercía, durante la E. Med. y Mod., la misma jurisdicción que el corregidor en Castilla. ❑ VEGUERÍA.
VEGUERO, RA adj. Relativo a la vega. ◊ m. Labrador que trabaja en el cultivo de una vega, en especial para la explotación del tabaco.
VEHEMENTE adj. Que se mueve con ímpetu y violencia, u obra con mucha fuerza y eficacia. ◊ Díc. de lo que en la vida real o en la esfera del arte se siente o se expresa con viveza e ímpetu. ◊ Aplícase también a las personas que sienten o se expresan con entusiasmo y pasión.
VEHÍCULO m. Denominación genérica de cualquier sistema de propulsión autónoma capaz de transportar una carga. ◊ fig. Lo que sirve para conducir o transmitir fácilmente una cosa, material o inmaterial. ◊ *Biol*. y *Med*. Sustancia que sirve para el transporte de otra u otras.
VEINTAVO, VA adj. y m. Cada una de las veinte partes en que se divide un todo.
VEINTE adj. Dos veces diez. ◊ Vigésimo, ordinal. Aplicado a los días del mes, se usa también como sustantivo. ◊ m. Conjunto de signos o cifras con que se representa el núm. veinte.
VEINTEMILLA, Ignacio de (1830-1909) Militar y político ecuat. Dictador entre 1876 y 1883.
VEINTENA m. Conjunto de veinte unidades.
VEINTENO, NA adj. Vigésimo. ◊ adj. y m. Cada una de las veinte partes en que se divide un todo.
VEINTÉSIMO, MA adj. Vigésimo, ordinal. ◊ adj. y s. Cada una de las veinte partes en que se divide un todo.
VEINTICINCO adj. Veinte y cinco. ◊ Vigésimo quinto. ◊ m. Conjunto de signos o cifras con que se representa el núm. veinticinco.
VEINTICUATRO adj. Veinte y cuatro. ◊ Vigésimo cuarto. ◊ m. Conjunto de signos o cifras con que se representa el núm. veinticuatro.
VEINTIDÓS adj. Veinte y dos. ◊ Vigésimo segundo. ◊ m. Conjunto de signos o cifras con que se representa el núm. veintidós.
VEINTINUEVE adj. Veinte y nueve. ◊ Vigésimo nono. ◊ m. Conjunto de signos o cifras con que se representa el núm. veintinueve.
VEINTIOCHO adj. Veinte y ocho. ◊ Vigésimo octavo. ◊ m. Conjunto de signos o cifras con que se representa el núm. veintiocho.
VEINTISÉIS adj. Veinte y seis. ◊ Vigésimo sexto. ◊ m. Conjunto de signos o cifras con que se representa el núm. veintiséis.
VEINTISIETE adj. Veinte y siete. ◊ Vigésimo séptimo. ◊ m. Conjunto de signos o cifras con que se representa el núm. veintisiete.
VEINTITRÉS adj. Veinte y tres. ◊ Vigésimo tercio. ◊ m. Conjunto de signos o cifras con que se representa el núm. veintitrés.
VEINTITRÉS DE ENERO Parroquia de Venezuela, en el á. metr. de Caracas; 114 000 hab.

Vehículo lunar utilizado en la misión *Apolo* XV

VEINTIÚN adj. Apócope de veintiuno. Se antepone siempre al sustantivo.
VEINTIUNO, NA adj. Veinte y uno. ◊ Vigésimo primero. ◊ m. Conjunto de signos o cifras con que se representa el núm. veintiuno. ◊ f. Juego de naipes, o de dados, en que gana el que hace veintiún puntos o se acerca más a ellos sin pasar.
VEJAMEN m. Vejación. ◊ Sátira de tono festivo con que se ponen de manifiesto los defectos de una persona. ❑ VEJAMINISTA.
VEJAR tr. Maltratar, molestar, perseguir a uno. ◊ Dar vejamen. ❑ VEJACIÓN; VEJATORIO, RIA.
VEJESTORIO m. despect. Persona muy vieja.
VEJEZ f. *Fisiol*. Proceso involutivo que aparece al avanzar la edad de un organismo y que resulta del predominio de los procesos de degradación sobre los de síntesis. ◊ Calidad de viejo. ◊ Senectud.
VEJIGA f. *Anat*. Órgano, a manera de bolsa, que tienen los vertebrados y en el cual va depositándose la orina segregada por los riñones. ◊ Ampolla de la epidermis. ◊ Bolsita formada en cualquier superficie y llena de un gas o de un líquido. ◊ Viruela, pústula. ◊ com. *Amér*. Persona simple. ◊ **natatoria.** *Zool*. Receptáculo membranoso lleno de aire, que tienen muchos peces, mediante el cual pueden ascender o descender en el agua. ❑ VEJIGOSO, SA.
VELA f. Tiempo que se vela. ◊ Tiempo que se destina por la noche a cualquier clase de trabajo. ◊ Cilindro de cera, sebo, esperma de ballena u otra materia crasa, con una mecha en su interior, que se usa para alumbrar. ◊ Acción de velar a un difunto, velatorio. ◊ Pieza de lona fuerte, formada por diversos trozos cosidos, que se amarra a las vergas de un barco, para recibir el viento y adelantar la nave. ◊ Toldo. ◊ fig. Barco de vela. ◊ *Méx*. Amonestación. ◊ pl. fig. y fam. Mocos que cuelgan de la nariz. *R. de la Plata.* Soportar molestias. ❑ VELAMEN; VELADOR, RA.
VELADA f. Concurrencia nocturna a una plaza o paseo iluminado con motivo de alguna festividad. ◊ Reunión nocturna de varias personas para solazarse de algún modo. ◊ Fiesta musical o literaria que se verifica por la noche.

VELAR intr. Estar sin dormir el tiempo destinado ordinariamente para el sueño. ◊ Continuar trabajando después de haber trabajado durante la jornada normal. ◊ fig. Cuidar solícitamente de una cosa. ◊ tr. Hacer centinela o guardia por la noche. ◊ Asistir de noche a un enfermo o pasarla con un difunto. ◊ fig. Observar atentamente una cosa. ◊ tr. y prnl. Cubrir con velo. ◊ tr. fig. Cubrir; ocultar a medias una cosa, atenuarla, disimularla. ◊ tr. y prnl. *Fot.* Borrarse total o parcialmente la imagen en la placa o en el papel por la acción indebida de la luz. ◊ adj. Que vela u oscurece. ◊ Perteneciente o relativo al velo del paladar. ◊ *Fon.* Díc. del sonido cuya articulación se caracteriza por la aproximación o contacto del dorso de la lengua y el velo del paladar. ◊ adj. y f. Díc. de la letra que representa este sonido, como la *u* y la *k*. ❏ VELACIÓN; VELARIZAR; VELATORIO.

VELARDE, Pedro (1779-1808) Militar esp. Con Daoíz, murió el 2 mayo 1808 en Madrid combatiendo a las tropas fr.

VELASCO, José María (1840-1912) Pintor mex. Paisajista, evolucionó del academicismo al impresionismo hasta llegar a un estilo propio. *Valle de México, Barranca del muerto, Luces sobre el lago.* ◊ **José Miguel** (1795-1859) Político bol. Presid. (1828-1829 y 1839-1848). ◊ **Alvarado, Juan** (1910-1977) Militar y político per. Dirigió el golpe de Est. que derribó al presid. Belaúnde Terry. En 1975 fue reemplazado por el general Morales Bermúdez, tras un golpe de Est. incruento. ◊ **Ibarra, José María** (1893-1979) Político ecuat. Cinco veces elegido presid. de la rep. (1934-1935), 1944-1947, 1952-1956, 1960-1961, 1968-1972).

VELÁSQUEZ Mújica, Ramón José (n. 1917) Abogado y político ven. Ocupó la presid. en junio de 1993, cuando fueron depuestos el presid. Andrés Pérez, por malversación de fondos, y el vicepresid. Octavio Lepage.

VELÁZQUEZ, Diego de (1465-1524) Conquistador esp. Marchó al Nuevo Mundo en el segundo viaje de Colón. En Cuba fundó Baracoa, Santiago, La Habana, Puerto Príncipe (hoy Camagüey) y Matanzas. Hizo explorar la costa del Golfo y envió a Cortés a México. ◊ **Diego de Silva** (1599-1660) Pintor esp., figura cumbre de la pintura ba-

rroca. Se interesó por los temas mitológicos (*Los borrachos* o *El triunfo de Baco*), religiosos e históricos (*La rendición de Breda*). *La Venus del espejo, Las meninas* y *Las hilanderas.* **Fidel** (1990-1997) Sindicalista mex. Secretario general de la confederación de trabajadores de México (CTM) entre 1941-1997.

VELEIDAD f. Voluntad antojadiza o deseo vano. ◊ Inconstancia, ligereza. ❏ VELEIDOSO, SA.

VELERO, RA adj. Díc. de la embarcación muy ligera o que navega mucho. ◊ m. Embarcación impulsada por una o más velas.

VELETA f. Pieza de metal, ordinariamente en forma de saeta, que se coloca en lo alto de un edificio, de modo que pueda girar alrededor de un eje vertical impulsada por el viento, y que sirve para señalar la dirección del mismo. ◊ Plumilla u otra cosa de poco peso que los pescadores de caña ponen sobre el corcho para conocer por su movimiento de sumersión cuándo pica el pez. ◊ m. y f. fig. Persona voluble, inconstante.

VÉLEZ de Guevara, Luis (1579-1644) Escritor esp. Cultivó los motivos de la lírica popular y los temas heroicos nacionales. *Reinar después de morir, El diablo cojuelo.*

VÉLEZ-MÁLAGA Mun. de España en la prov. de Málaga; 57 142 hab. Centro agrícola. Ind. azucarera. Turismo.

VELICAR tr. *Med.* Punzar en alguna parte del cuerpo para dar salida a algún líquido. ❏ VELICACIÓN.

VELINTONIA f. Especie de secuoya, propia de la sierra Nevada de California, de hojas escamiformes.

VELLO m. Pelo que sale más corto y suave que el de la cabeza y de la barba en algunas partes del cuerpo humano. ◊ Pelusilla de que están cubiertas algunas frutas o plantas. ❏ VELLOSO, SA; VELLUDO; DA.

VELLOCINO m. Vellón. ◊ Cuero curtido del carnero o de la oveja con su lana. ◊ *Mit. gr.* Piel de oro del carnero que Nefele envió a sus hijos para que se librasen de las insidias de su madrastra Ino.

VELLÓN m. Toda la lana de un carnero u oveja que, esquilada, sale junta. ◊ Vedija o guedeja de lana. ◊ Moneda de cobre que se usó en lugar de la fabricada con liga de plata.

VELLOSIDAD f. Conjunto de pelos, gralte. cortos y suaves, que se halla en ciertas regiones del cuerpo de los mamíferos. ◊ **Vellosidades intestinales.** *Anat.* Repliegues de la mucosa interna de los órganos del tracto digestivo intestinal.

VELLOSILLA f. Planta con rizoma rastrero, flores agrupadas en capítulo y frutos en aquenio.

VELMEZ m. Vestidura que ant. se ponía debajo de la armadura.

VELO m. Tejido muy ligero con que se cubre algo. ◊ Prenda femenina de tul, gasa u otra tela delgada con la cual a veces las mujeres se cubren la cabeza o el rostro. ◊ Paño blanco que el sacerdote se pone sobre los hombros para coger el copón o la custodia, humeral. ◊ fig. Cualquier cosa delgada, ligera o flotante, que encubre la vista de otra. ◊ fig. Pretexto con que se intenta ocultar la verdad. ◊ fig. Cualquier cosa que

Ramón J. **Velásquez**

VELA

La navegación es una de las formas más antiguas de transporte, aprovechando dos elementos naturales: el viento y el agua. Su desarrollo ha dado como resultado multitud de formas diferentes, tanto de naves como de aparejos y, en particular de velas. Modelo de una nave del antiguo Egipto usada para remontar el Nilo

Buque francés de tres palos, del siglo XVIII, aparejado con velas cuadradas

Nave fluvial china, con la tradicional vela sostenida por listones de bambú

encubre o disimula el conocimiento expreso de otra. ◊ *Bot.* Membrana que se halla en el aparato esporífero de muchos hongos basidiomicetes.

VELOCIDAD f. Ligereza o prontitud en el movimiento. ◊ *Comp.* V. de ejecución de la unidad central. ◊ *Fís.* Magnitud vectorial que relaciona el vector desplazamiento con el intervalo de tiempo durante el cual se produce dicho desplazamiento. ◊ **angular.** *Fís.* Razón del desplazamiento angular al tiempo empleado. ◊ **de transferencia de datos.** *Comp.* V. de transmisión de datos entre dos puntos que pueden formar parte de la computadora (memoria, discos, cintas, etc.) o entre dos computadoras. ◊ **radial.** *Astr.* Componente de la v. de un astro en dirección al rayo visual, que se mide por el desplazamiento de las rayas del espectro. ◊ **relativa.** *Fís.* La de un cuerpo o sistema con relación a otro. ❑ VELOCÍMETRO.

Vencejo común

VELOCÍPEDO m. ant. Vehículo formado por una especie de caballete, con dos o tres ruedas, y que mueve con los pies quien va montado en él. ❑ VELOCIPEDISMO; VELICOPEDISTA.

VELÓDROMO m. Pista para carreras de bicicleta.

VELOMOTOR m. Motocicleta ligera o bicicleta equipada con un motor auxiliar.

VELÓN m. Lámpara de metal, para aceite común, compuesta de un vaso con uno o varios mecheros, y de un eje en que puede girar, subir y bajar, terminado por arriba en un asa y por abajo en un pie.

VELORIO m. Reunión con bailes, cantos y cuentos que durante la noche se celebra en las casas de los pueblos. ◊ Velatorio, especialmente de un niño difunto.

VELOZ adj. Que realiza cualquier movimiento invirtiendo muy poco tiempo. ◊ Ágil y pronto en lo que se ejecuta o discurre.

VENA f. *Anat.* Vaso sanguíneo de paredes elásticas, muy extensible pero poco contraíble. ◊ Filón metálico. ◊ Cada uno de los hacecillos de fibras que sobresalen en el envés de las hojas de las plantas. ◊ Conducto natural por donde circula el agua subterránea. ◊ Cada una de las listas que tienen ciertas piedras y maderas. ◊ fig. Inspiración poética, facilidad para componer versos. ◊ fig. Humor, disposición variable del ánimo. ◊ **cardíaca.** Cada una de las que coronan la aurícula derecha del corazón. ◊ **cava.** Cada una de las dos v. mayores del cuerpo; ambas desembocan en la aurícula derecha del corazón. ◊ **coronaria.** La cardíaca. ◊ **yugular.** Cada una de las dos que se hallan a ambos lados del cuello. ❑ VENOSO, SA.

❑ *Anat.* El conjunto de las v. constituye el sistema venoso, cuya función es devolver la sangre al corazón y regular la distribución sanguínea en los diferentes órganos. Todas las v., excepto las pulmonares, conducen sangre pobre en oxígeno y rica en dióxido de carbono.

VENABLO m. Dardo o lanza corta y arrojadiza.

VENADA f. Ataque de locura. ❑ VENÁTICO, CA.

VENADO m. Ciervo. ❑ VENADERO.

VENADO TUERTO C. de Argentina, en la prov. de Santa Fe; 47 500 hab. Ind. alimentarias. Destilerías.

VENAL adj. Relativo a las venas. ◊ fig. Que se deja sobornar con dádivas. ❑ VENALIDAD.

VENATORIO, RIA adj. Relativo a la montería.

VENCEJO m. *Zool.* Ave con grandes alas falciformes, y cuerpo pequeño. El pico, ancho y corto, le permite cazar al vuelo los insectos de que se alimenta; su plumaje suele ser oscuro.

VENCER tr. Derrotar a un enemigo, obligarle a rendirse. ◊ tr. y prnl. Rendir a una persona aquellas cosas físicas o morales que actúan sobre ella. ◊ Dominar las pasiones y afectos, reduciéndolos a la razón. ◊ Superar las dificultades o estorbos. ◊ Prevalecer una cosa sobre otra. ◊ Subir, montar o superar la alt. o aspereza de un sitio o camino. ◊ tr. y prnl. Ladear, torcer o inclinar una cosa. ◊ intr. Cumplirse un término o plazo. ◊ Salir uno con el intento deseado, en contienda física o moral, disputa o pleito. ◊ intr. y prnl. Refrenar o reprimir los ímpetus del genio o de la pasión. ❑ VENCEDERO, RA; VENCEDOR, RA; VENCIDO, DA; VENCIMIENTO.

VENCESLAO (h. 907-929) Santo. Duque de Bohemia (921-929). Introdujo el cristianismo en su país. Murió asesinado.

VENCESLAO I (1205-1253) Rey de Bohemia [1230-1253]. Rechazó a los tártaros e introdujo las costumbres al. ◊ **IV** (1361-1419) Rey de Bohemia [1363-1419] y emp. de Alemania [1378-1400]. En 1400 fue depuesto por los electores renanos, quienes impusieron en el trono imperial al conde palatino Roberto de Wittelsbach.

VENDA f. Tira de tela o gasa que sirve para ligar un miembro o para sujetar los apósitos. ❑ VENDAJE; VENDAR.

VENDAVAL m. Viento fuerte que sopla del S, con tendencia al O. ◊ P. ext., cualquier viento duro que no llega a ser temporal declarado.

VENDÉE, Sublevación de la Levantamiento armado campesino de carácter reaccionario producido en esta región de Francia durante la Revolución. Estalló en 1793 y quedó sofocado en 1796.

VENDER tr. Traspasar a otro por el precio convenido la propiedad de lo que uno posee. ◊ Sacrificar al interés cosas que no tienen valor material. ◊ prnl. Dejarse sobornar. ◊ fig. Decir o hacer uno inadvertidamente algo que descubre lo que quiere tener oculto. ◊ Seguido de la prep. *por*, atribuirse uno condición o calidad que no tiene. ❑ VENDEDOR, RA; VENDÍ.

VENDETTA (voz it., venganza) f. Ant. costumbre, aún conservada en Córcega y Cerdeña, que obliga a los individuos de una familia a vengar con sangre una ofensa.

VENDIMIA f. Recolección y cosecha de la uva. ◊ Tiempo en que se hace. ◊ fig. Provecho o fruto abundante que se saca de cualquier cosa. ❑ VENDIMIAR; VENDIMIADOR, RA.

VENDÔME, Louis Joseph de Bourbon, GRAN DUQUE DE (1654-1712) Mariscal fr. Tuvo un imp. papel en la guerra de Sucesión esp.

VENECIA (*Venezia*) C. del NE de Italia, cap. del Véneto y de la prov. hom.; 309 400 hab. Se extiende, en la laguna de Venecia, sobre más de un centenar de islas separadas por gran núm. de canales. La actividad industrial se localiza en Marghera y en el puerto Mestre. En la isla de Murano hay una importante ind. del cristal. El turismo proporciona grandes ingresos. Entre los monumentos destacan la basílica de San Marcos (s. XI) y el palacio Ducal (ss. XIV-XV).

VENECIANO, NA adj. y s. De Venecia. ◊ **Escuela v.** Estilo pictórico desarrollado en la rep. de Venecia entre los ss. XIV y XVIII caracterizado por la suntuosidad, la elegancia de la composición y la riqueza del colorido. Destacan Bellini, Tiziano, Tintoretto y Veronés.

VENENCIA f. Vasija o cacillo de metal, con mango en forma de varilla terminado en gancho, que sirve para sacar pequeñas cantidades de vino o mosto de una cuba, tonel, etc.

VENENO m. Cualquier sustancia que, introducida en el cuerpo o aplicada a él en cantidad suficiente, le ocasiona la muerte o graves trastornos. ◊ fig. Cualquier cosa nociva a la salud. ◊ fig. Cualquier cosa que puede causar un daño moral. ❑ VENENOSIDAD; VENENOSO, SA.

VENERA f. Concha semicircular de dos valvas, de un molusco común en los mares de Galicia. Los peregrinos que volvían de Santiago solían traerlas

Vendimia

cosidas a las esclavinas. ◊ Insignia de diversas órdenes militares, que pende en forma de collar.

VENERABLE adj. Digno de veneración, de respeto. ◊ Aplícase como epíteto a las personas de conocida virtud. ◊ Aplícase como título a las personas eclesiásticas constituidas en prelacía y dignidad. ◊ Primer título que se concede en Roma a los que mueren con fama de santidad.

VENERAR tr. Respetar en sumo grado a una persona. ◊ Dar culto a Dios, a los santos o a las cosas sagradas. ❏ VENERACIÓN; VENERANDO, DA.

VENÉREO, A adj. Relativo a la venus; deleite sexual. ◊ Díc. de las enfermedades infecciosas que se contraen a través del acto sexual. ❏ VENEREOLOGÍA.

VENERO m. Manantial de agua. ◊ Raya o línea horaria en los relojes de sol. ◊ fig. Origen y principio de donde procede una cosa. ◊ *Min.* Criadero.

VÉNETO (*Veneto*) Región del NE de Italia; 18 365 km², 4 380 800 hab. Cap., Venecia. C. prales.: Padua, Verona, Vicenza y Treviso. Río pral.: Po. Cereales, vid. Pesca. Ind. química. Turismo.

VENEZOLANISMO m. Vocablo, giro o modo de hablar propio de los venezolanos.

VENEZUELA Golfo del mar Caribe, entre las pen. de Guajira y Paraguaná. Comunica por un canal natural con el lago de Maracaibo.

Mapa de situación y bandera de **Venezuela**

VENEZUELA (*República Bolivariana de Venezuela*) Estado sit. en la costa septentrional de América meridional. República federal. Etnias: ascendencias europea, autóctona y africana, predominantemente mezcladas. Lenguas: castellano (of.), variantes caribes y aruacas. *Rel.*: catolicismo (96 %), animismo. U.M.: el bolívar. Cap.: Caracas. C. prales.: Maracaibo, Valencia, Barquisimeto, Maracay.
❏ *Geog. física.* Hallándose en la zona intertropical, las variaciones climáticas dependen fundamentalmente de la alt. sobre el nivel del mar. Predominan las temperaturas templadas. Las grandes

Gobernantes de Venezuela

1830	José Antonio Páez	1915	Victorino Márquez Bustillos
1835	José María Vargas	1922	Juan Vicente Gómez
1837	Carlos Soublette	1929	Juan Bautista Pérez
1839	José Antonio Páez	1931	Juan Vicente Gómez
1843	Carlos Soublette	1935	Eleazar López Contreras
1847	José Tadeo Monagas	1941	Isaías Medina Angarita
1851	José Gregorio Monagas	1945	Rómulo Betancourt, Presid.
1855	José Tadeo Monagas		de la Junta de Gobierno
1858	Julián Castro	1947	Rómulo Gallegos
1859	Pedro Gual	1948	Carlos Delgado Chalbaud,
1860	Manuel Felipe Tovar		Presid. de la Junta de Gobierno
1861	Pedro Gual	1950	Suárez Flamerich, Presid.
1861	José Antonio Páez		de la Junta de Gobierno
1863	Juan Crisóstomo Falcón	1953	Marcos Pérez Jiménez
1868	José Tadeo Monagas	1958	Wolfgang Larrazábal, Presid.
1868	José Ruperto Monagas		de la Junta de Gobierno
1870	Antonio Guzmán Blanco	1959	Rómulo Betancourt
1877	Fco. Linares Alcántara	1964	Raúl Leoni
1879	Antonio Guzmán Blanco	1969	Rafael Caldera
1884	Joaquín Crespo	1974	Carlos Andrés Pérez
1886	Antonio Guzmán Blanco	1979	Luis Herrera Campíns
1888	Juan Pablo Rojas Paúl	1984	Jaime Lusinchi
1890	R. Andueza Palacio	1989	Carlos Andrés Pérez
1892	Guillermo Tell Villegas	1993	Ramón J. Velásquez (provisional)
1892	Joaquín Crespo	1994	Rafael Caldera
1898	Ignacio Andrade	1999	Hugo Chávez
1902	Cipriano Castro	2002	P. Carmona; D. Cabello (prov.)
1908	Juan Vicente Gómez	2002	Hugo Chávez

regiones naturales son: a) la montañosa, al O (pico Bolívar, 5 007 m; b) la zona del lago de Maracaibo, al NO; c) la región costera; d) la región de Los Llanos, en el centro y el S; y e) la región guayanesa, surcada por innumerables ríos, tributarios casi todos ellos del mayor de V., el Orinoco, que desemboca por un gran delta frente a la isla de Trinidad.
❏ *Geog. económica.* Los cultivos prales. son café, cacao, tabaco, caña de azúcar y algodón. El peso de la ganadería ha descendido relativamente. La riqueza forestal es muy imp., en especial en la región guayanesa. La pesca se orienta al exterior. La minería proporciona el pral. recurso económico: el petróleo, del que V. es uno de los mayores productores mundiales. También produce gas natural y hierro y, en menor medida, bauxita, cobre, plomo, diamantes, carbón y fosfatos. El proceso industrializador se ha desarrollado a partir de la explotación de los recursos del subsuelo, con ind. derivadas del petróleo. Refinerías, petroquímica, siderúrgica, metalúrgica, del cemento y textil.

❏ *Org. política.* V. se rige por la Constitución aprobada en referéndum en 1999, que la define como un Estado democrático y social de derecho y justicia. Es una república federal descentralizada dividida en Estados, Distrito Capital y dependencias y territorios federales.
❏ *Hist.* La presencia de seres humanos en el territorio de la actual V. se remonta a 15 000 años a. C. Más tarde llegaron diversas oleadas de grupos de culturas más evolucionadas: los aruacos y los caribes. Se distinguen diversas áreas culturales durante los últimos siglos del período precolombino; las más imp. son el área del Caribe, el área de los Llanos y, especialmente, la de los aborígenes establecidos en los Andes venezolanos, relacionados con la cultura chibcha. En 1498 Colón, durante su tercer viaje, llegó a sus costas. Los primeros contactos estuvieron motivados por el comercio de oro y perlas. Los Welser, ricos banqueros al., se asentaron en Coro h. 1528 y desde allí exploraron el O del país. En 1546 concluyó el poderío de los Welser en V. y se inició de un modo sistemático el asenta-

Venezuela. Mural *Los Precursores*, en la Avenida de los Próceres de Caracas

VENEZUELA

Superficie	912 050 Km²
Población	19 405 429 hab. (21 hab/Km²)

Recursos económicos

Algodón	43 348 t
Arroz	779 906 t
Cabaña bovina	12 231 000 cabezas
Cabaña porcina	2 221 010 cabezas
Cacao	17 124 t
Café	73 026 t
Maíz	1 033 292 t
Naranjas	542 936 t
Papas	320 708 t
Sorgo	436 320 t
Riqueza forestal	2 276 000 m³
Pesca	332 340 t

Producción minera

Carbón	3 717 000 t
Diamantes	172 000 quilates
Gas natural	55 104 millones de m²
Hierro	20 842 000 t
Oro	11 719 kg
Petróleo	2 975 000 barriles diarios

Producción industrial

Acero	3 099 960 t
Ácido sulfúrico	476 000 t
Azúcar	530 000 t
Fertilizantes	525 000 t
Neumáticos	4 964 000 unidades
Tabaco	24 400 millones de cigarrillos

Indicadores sociológicos

PNB	65 382 millones de dólares
Renta per cápita	7 900 dólares
Esperanza de vida	72,4 años
Alfabetismo	93,2 %

Hugo Chávez, presidente de
Venezuela

miento hispánico a partir del Tocuyo. En 1567 se fundó la c. de Santiago de León de Caracas, que se convirtió en el centro de gravedad de la colonización. Con la dinastía borbónica, al iniciarse el s. XVIII, la colonización recibió nuevos impulsos. En 1728 se creó la Compañía Guipuzcoana, que aportó capitales y experiencia y abrió vastos mercados al cacao, al tabaco y a otros productos tropicales. En 1797 fue descubierta en Caracas y La Guaira una conspiración encabezada por criollos cultos y acomodados que se proponían proclamar la indep. de V. A partir de entonces las tentativas independentistas fueron constantes (1811, 1813). En 1817 el Libertador estableció la base definitiva de la Tercera República. En 1819 se creó la República de la Gran Colombia, que comprendía las actuales V., Colombia, Ecuador y Panamá. Las batallas de Carabobo (1821) y del lago Maracaibo (1823) señalaron el fin de la dominación esp. sobre terr. ven. En 1830, a la muerte del Libertador, se produjo la desintegración de la Gran Colombia. Renació así el Est. de V., bajo el caudillaje de Páez. En 1840 se fundó el Partido Liberal. La segunda mitad del s. XIX estuvo marcada por los enfrentamientos entre el gobierno central y los federalistas. Los militares regirán los destinos del país durante largo tiempo. La extracción petrolífera, que supuso el inicio de una nueva etapa para V., en 1926 pasó a ocupar el primer puesto entre las exportaciones ven. En 1945 asumió el poder una Junta Revolucionaria de Gobierno encabezada por Rómulo Betancourt, máx. dirigente de Acción Democrática. Los años

cincuenta estuvieron dominados por la dictadura de M. Pérez Jiménez, derrocado en 1958. En 1959 Betancourt retornó al poder, a quien sucedieron R. Leoni (1964-1969), R. Caldera (1969-1974) y C. A. Pérez (1974-1978). En 1988, resultó elegido de nuevo, C. A. Pérez, quien tras superar en 1992 dos golpes de est., uno de ellos encabezado por Hugo Chávez, fue apartado del cargo en 1993, acusado de malversación. Tras las elecciones de 1993, R. Caldera sucedió al presid. provisional R. J. Velásquez. En 1998, la victoria de H. Chávez en las presid. puso fin a cuarenta años de alternancia entre AD y Copei. En 1999, un referendo aprobó una nueva Constitución; y en 2000 se celebraron elecciones legislativas y presid., y Chávez fue reelegido. En 2002 hubo un intento fallido de golpe militar. Su gestión fue puesta a prueba en 2004 en un referendo revocatorio de su mandato, en el que resultó vencedor por el 59 % de los votos. En 2004 V. ingresó en el Mercosur como miembro asociado.

☐ *Arte.* La época colonial y el s. XIX dejaron algunos testimonios arquitectónicos valiosos, como la catedral de Caracas, y los grandiosos templos de San Francisco y de La Candelaria. Las urbes actuales son un ejemplo de arquitectura moderna. En Caracas es notable, como ejemplo de integración de las artes, la Ciudad Universitaria, obra de C. Raúl Villanueva. En pintura ha existido una gran tradición que se remonta a la época colonial, con Francisco José de Lerma y Juan Pedro López. Durante la época de la indep. destacó Juan Lovera y en la segunda mitad del s. XIX a Martín Tovar y Tovar, Arturo Michelena y Cristóbal Rojas, dentro de un mov. academicista europeo, aunque Rojas sea impresionista. En 1912 se funda el Círculo de Bellas Artes, semillero de artistas, entre los que figura Armando Reverón (1889-1954).

☐ *Lit.* Misioneros y antropólogos se han ocupado de grabar y reproducir el rico venero de cuentos, leyendas, poemas, tradiciones, etc., que constituyen su literatura oral. Andrés Bello mereció el calificativo de «libertador intelectual» en el ámbito hispanoamericano. El romanticismo tiene entre sus cultivadores a Fermín Toro y a Juan Vicente González. En verso destacan Rafael Agostini, Abigail Lozano y José Antonio Maitín.

Posteriormente aparece el premodernismo (José Ramón Yepes, Juan Antonio Pérez Bonalde). El modernismo tiene como representante a José Rafael Pocaterra. El siglo XX se abre con las figuras de Julio Planchart, H. Soublette, J. Horacio Rosales y R. Gallegos. Por otra vía, más íntima, buscan también su camino los hombres de la llamada generación de 1918: A. Eloy Blanco, F. Paz Castillo, A. Arvelo Torrealba, P. Sotillo, E. Arvelo Larriva, S. Medina, entre otros. En 1928 la revista *Válvula* agrupa a poetas y prosistas del vanguardismo literario (A. Uslar Pietri, Teresa de la Parra). Una parte de la generación de 1942 halla cauce a través de la revista *Suma*. La literatura venezolana de hoy refleja el carácter urbano, conflictivo y contradictorio de la sociedad actual. ☐ VENEZOLANO, NA.

VENGAR tr. y prnl. Tomar satisfacción de un agravio o daño. ☐ VENGADOR, RA; VENGANZA; VENGATIVO, VA.

VENIA f. Perdón de la ofensa o culpa. ◊ Licencia pedida para ejecutar una cosa. ◊ Inclinación con la cabeza para saludar. ◊ *Amér.* Saludo castrense.

VENIAL adj. Díc. de lo que se opone levemente a la ley. ☐ VENIALIDAD.

VENIDA f. Avenida, creciente impetuosa de un río. ◊ fig. Ímpetu.

VENIR intr. Caminar una persona o moverse una cosa de allá hacia acá. ◊ Llegar una persona o cosa a donde está el que habla. ◊ Comparecer una persona ante otra. ◊ tr. y prnl. Llegar uno a conformarse, transigir o avenirse. ◊ Volver a tratar del asunto, después de alguna digresión. ◊ Inferirse, deducirse. ◊ Pasar el dominio o uso de una cosa de unos a otros. ◊ Darse o producirse una cosa en un terreno. ◊ Acercarse o llegar el tiempo en que una cosa ha de acaecer. ◊ Traer origen, proceder o tener dependencia una cosa de otra en lo físico o en lo moral. ◊ Ofrecerse u ocurrir una cosa a la imaginación o a la memoria. ◊ Manifestarse o iniciarse una cosa. ◊ Suceder finalmente una cosa que se esperaba o se temía. ◊ Seguido de la prep. *sobre, caer.* ◊ Suceder, acontecer o sobrevenir. ☐ VENIDERO.

VENIZELOS, *Eleuterios* (1864-1936) Político gr. Dirigente de los liberales cretenses, logró incorporar Creta a Grecia.

VENTA f. Contrato en virtud del cual se transfiere a dominio ajeno una cosa propia por el precio pactado. ◊ Casa establecida en los caminos o despoblados para hospedaje de los viajeros. ◊ *Chile.* Puesto en que durante las fiestas se venden comestibles y bebidas. ☐ VENTERO, RA; VENTORRILLO; VENTORRO.

VENTA, *cultura de La* Nombre con que se conoce una civilización amer. precolombina. Identificada con la cultura olmeca, es considerada la impulsora de las restantes culturas mesoamericanas. El yacimiento de La Venta floreció durante la época arcaica (aprox. 400- 200 a. C.).

VENTAJA f. Situación favorable o de superioridad de una persona o cosa respecto de otra. ◊ Excelencia o condición favorable que tiene una persona o cosa. ◊ Ganancia anticipada que un jugador concede a otro. ☐ VENTAJISTA; VENTAJOSO, SA; *Argent., Col., Guat.* y *Ur.* VENTAJEAR.

VENTALLA f. Válvula de una máquina. ◊ *Bot.* Valva.

VENTANA f. Abertura elevada sobre el suelo, que se deja en una pared para dar luz y ventilación. ◊ Hoja u hojas de madera y de cristales con que se cierra esa abertura. ◊ Cada uno de los orificios de la nariz. ◊ *Comp.* Cada una de las partes en las que puede dividirse en la pantalla la información que se muestra en una computadora. ❑ VENTANAJE; VENTANAL; VENTANAZO; VENTANERO, RA.

VENTANILLA f. Abertura pequeña que hay en la pared o tabique de los despachos de billetes, bancos, etc., para que empleados de éstas comuniquen desde dentro con el público que está en la parte de fuera. ◊ Abertura provista de cristal que hay en los coches, vagones del tren y otros vehículos.

VENTARRÓN m. Viento que sopla con mucha fuerza.

VENTEAR impers. Soplar el viento o hacer aire fuerte. ◊ tr. Tomar algunos animales el viento con el olfato. ◊ Poner, sacar una cosa al viento para que se seque o limpie. ◊ fig. Andar indagando o inquiriendo una cosa. ◊ Expeler los gases intestinales. ◊ *Amér. Merid.* y *P. Rico.* Estar ausente de casa por mucho tiempo.

VENTILACIÓN f. Abertura que sirve para ventilar un aposento. ◊ Renovación continua o periódica del aire en un ambiente cerrado, que persigue fines higiénicos, tecnológicos, etc. ◊ *Biol.* Proceso de captación de oxígeno por los órganos respiratorios de un animal.

VENTILADOR, RA adj. Que ventila. ◊ m. Abertura que se deja hacia el exterior en una habitación, para que se renueve el aire de ésta sin necesidad de abrir las puertas o ventanas. ◊ Aparato para impulsar o remover volúmenes de aire o gas a través de un conducto o en un recinto.

VENTILAR tr. y prnl. Hacer penetrar el aire en algún sitio. ◊ Agitar una cosa en el aire. ◊ Renovar el aire de un aposento o pieza cerrada. ◊ fig. Controvertir o dilucidar una cuestión o duda.

VENTISCA f. Borrasca de viento, o de viento y nieve. ◊ Viento fuerte, ventarrón. ❑ VENTISCAR; VENTISCOSO, SA.

VENTISQUERO m. Sitio, en las alt. de los montes, donde se conserva la nieve y el hielo. ◊ Masa de nieve o hielo reunida en este sitio.

VENTOLERA f. Golpe de viento recio y poco durable. ◊ Molinete, rehilandera. ◊ fig. y fam. Vanidad, soberbia. ◊ fig. y fam. Pensamiento o determinación inesperada y extravagante. ❑ *Amér. Centr.* VENTOLERO.

VENTOSEAR intr. y prnl. Expeler del cuerpo los gases intestinales. ❑ VENTOSIDAD.

VENTOSO, SA adj. Que contiene viento o aire. ◊ Aplícase al día o tiempo en que hace aire fuerte, y al sitio combatido por los vientos. ◊ Que causa flato en el estómago. ◊ *Zool.* Órgano de fijación por vacío que tienen ciertos animales para adherirse o agarrarse al andar o hacer presa.

VENTRÍCULO m. Estómago del hombre y de los animales. ◊ *Anat.* Cada una de las cavidades del corazón de donde la sangre es expulsada al exterior al sistema arterial. ❑ VENTRICULAR.

VENTRÍLOCUO, CUA adj. y s. Díc. de la persona que tiene la habilidad de modificar su voz de manera que parezca venir de lejos, y que imita las de

otras personas o diversos sonidos. ❑ VENTRILOQUIA.

VENTRUDO, DA adj. Que tiene abultado el vientre.

VENTUARI Río de Venezuela, afl. derecho del Orinoco. Nace en el cerro de Vemachu; 520 km.

VENTURA f. Felicidad. ◊ Contingencia o casualidad. ◊ Riesgo, peligro. ❑ VENTURANZA.

VENTURI, *Giovanni Battista* (1746-1822) Físico it. que se distinguió por sus estudios sobre hidráulica, los sonidos audibles y el color.

VENTUROSO, SA adj. Que tiene buena suerte. ◊ Tempestuoso, borrascoso. ◊ Que implica o trae felicidad.

VENUS f. fig. Mujer muy hermosa. ◊ Deleite sexual; cópula.

VENUS *Mit.* Ant. diosa itálica de la primavera, protectora de los campos y jardines. En Roma se identificó con Afrodita y pasó a ser la deidad del amor y de la belleza femenina. ❑ VENUSINO, NA.

VENUS *Astr.* Segundo planeta del sistema solar según el orden creciente de distancias al Sol. Recorre su órbita casi circular, a 108 millones de km del Sol, en 224,5 días, a una velocidad de 35 km/seg; su diámetro y su densidad media son algo menores que los de la Tierra. Mediante las estaciones de las series *Venera* y *Mariner*, se han obtenido nuevos datos: temperatura, 400-500 °C; presión, 60-130 atmósferas. Composición de la atmósfera: dióxido de carbono (95 %), nitrógeno (3 %) y oxígeno (0,4 %). ❑ VENUSINO, NA.

VER m. Sentido de la vista. ◊ Parecer o apariencia de las cosas.

VER tr. Percibir por los ojos la forma y color de los objetos mediante la acción de la luz. ◊ Observar, considerar alguna cosa. ◊ Visitar a una persona. ◊ Atender o ir con cuidado en las cosas que se ejecutan. ◊ Experimentar o reconocer por el hecho. ◊ Considerar, advertir o reflexionar. ◊ Prevenir las cosas de futuro. ◊ *Der.* Asistir los jueces a la discusión oral de un pleito o causa que han de sentenciar. ◊ prnl. Estar en sitio o postura a propósito para ser visto. ◊ Avistarse una persona con otra

Veracruz. Fuerte de San Juan de Ulúa

para algún asunto. ◊ Representarse material o inmaterialmente la imagen o semejanza de una cosa. ◊ Estar o hallarse en un sitio o lance.

VERA f. Orilla. ◊ *Bot.* Árbol amer. semejante al guayaco, con madera muy dura y pesada y de color rojizo oscuro.

VERA, *Pedro Jorge* (1914-1999) Escritor ecuat. Autor de poesías y de novelas de denuncia social. *La semilla estéril, Tiempo de muñecos.* ◊ **Y Pintado**, *Bernardo* (1780-1827) Poeta arg. y patriota chil., país del que compuso el primer himno nacional. Presid. del congreso de Chile (1825).

VERACRUZ Est. de México, bañado al E por el golfo de México; 72 815 km²; 6 908 975 hab. Cap., Xalapa Enríquez. C. prales.: Veracruz y Orizaba. En su relieve destacan las estribaciones de la sierra Madre Oriental, la sierra Volcánica Transversal (Orizaba, 5 747 m) y las estribaciones de la sierra Madre de Oaxaca. Ríos prales.: Pánuco, Tuxpan, Antigua. Caña de azúcar, café, maíz, arroz, fríjol, tabaco y frutales. Ganadería bovina y porcina. Explotación forestal y pesca. Petróleo, gas natural y azufre. Ind. siderúrgica, química, del papel, textil y alimentaria. La conquista y colonización fue obra de Hernán Cortés (1519). ◊ **Llave** C. del SE de México, en el est. de Veracruz, sit. en la llanura costera; 306 000 hab. A su importante función portuaria se añade la de centro comercial del est. y la de núcleo industrial. ❑ VERACRUZANO, NA.

VERAGUA Nombre que recibió desde los primeros tiempos de la conquista esp. la parte occidental del istmo de Panamá; formó parte del terr. de Castilla del Oro.

VERAGUARSE impers. prnl. *Amér. Centr.* Llenarse la ropa de manchas a causa de la humedad.

VERAGUAS Prov. del centro-O de Panamá, bañada al N por el Caribe y al S por el Pacífico; 11 239,3 km², 219 049 hab. Cap., Santiago de Veraguas. Accidentada por la cordillera Central. Ríos San Pedro, San Pablo y Cuvíbora. Economía agropecuaria (caña de azúcar, café, maíz, arroz, plátano y yuca; cría de vacunos, porcinos y aves). Explotación forestal.

VERALCA f. *Chile.* Piel de guanaco que se usa como alfombra o sobrecama.

El planeta **Venus**, en una fotografía tomada con luz ultravioleta por la sonda *Mariner 10*

VERANDA f. Galería que corre a lo largo de una fachada. ◊ Mirador, balcón cerrado de cristales.

VERANEAR intr. Pasar el verano en alguna parte. ◊ Pasar el verano en sitio diferente de aquel en que habitualmente se reside. ❑ VERANEANTE; VERANEO.

VERANO m. *Meteor*. La estación más cálida del año. En el hemisferio boreal comprende del 22 de junio al 23 de septiembre, y en el austral desde el 22 de diciembre hasta el 21 de marzo. En el ecuador el v. es la temporada de sequía, que dura aprox. unos seis meses. ❑ VERANADA; VERANADERO; VERANIEGO.

VERAPAZ, *Alta* Dpto. de Guatemala; 8 686 km², 650 127 hab. Cap., Cobán. En la parte S se alcanzan los puntos más elevados (sierra de Chamá, 1 500 m). Ríos Usumacinta, Polochic y sus afl. Cereales, café, fríjol, caña de azúcar, cacao, té, chile y henequén. Extracción de plomo y cinc. Ind. artesanal (calzados, sacos, textil, materiales de construcción, orfebrería). ◊ *Baja V.* Dpto. de Guatemala; 3 124 km², 200 019 hab. Cap., Salamá. Relieve accidentado por las sierras de Chamá y Chuacús. Ríos Salamá, afl. del Negro o Chicoy, y Grande o Motagua. Economía agrícola (cereales, caña de azúcar, café, frutales y legumbres) y ganadera. Ind. artesanal. ❑ VERAPAZENSE.

VERAS f. pl. Realidad, verdad en las cosas que se dicen o hacen.

VERAZ adj. Que dice o usa siempre la verdad. ◊ VERACIDAD.

VERBAL adj. Díc. de lo que se refiere a la palabra o se sirve de ella. ◊ Que se hace o estipula sólo de palabra. ◊ *Gram*. Perteneciente o relativo al verbo.

VERBALISMO m. Propensión a fundar el razonamiento más en las palabras que en los conceptos. ❑ VERBALISTA.

VERBENA f. Velada y feria popular que se celebra en algunas pob. en las noches de la víspera de San Antonio, San Juan, San Pedro y otras festividades. ❑ VERBENERO, RA.

VERBERAR tr. y prnl. Azotar, fustigar, castigar con azotes. ◊ fig. Azotar el viento o el agua en alguna parte. ❑ VERBERACIÓN.

VERBIGRACIA Voz con que suele representarse en castellano la exp. elíptica latina *verbi gratia*. ◊ m. Caso concreto que se cita para autorizar un aserto general, ejemplo.

Flores de **verbena**

Jacint **Verdaguer**, por J. M. Tamburini. Museo de Arte Moderno, Barcelona (España)

VERBO n. p. m. *Teol*. Segunda persona de la Santísima Trinidad. ◊ m. Sonido o sonidos que expresan una idea. ◊ *Gram*. Clase de palabras con variación de núm., persona, tiempo y modo. ◊ **activo**. *Gram*. Verbo transitivo. ◊ **auxiliar**. *Gram*. El que se emplea en la formación de la voz pasiva y de los tiempos compuestos de la activa. ◊ **defectivo**. *Gram*. Aquel que no se usa en todos los modos, tiempos o personas de que consta esta parte de la oración. ◊ **impersonal**. *Gram*. El que solamente se emplea en el modo infinitivo y en la tercera persona de sing. ◊ **intransitivo**. *Gram*. El que se construye sin complemento directo. ◊ **irregular**. *Gram*. El que se conjuga alterando la conjugación regular. ◊ **pronominal**. *Gram*. Cualquiera de los que se conjugan teniendo por régimen o complemento un pron. ◊ **recíproco**. *Gram*. Aquel que denota reciprocidad o cambio mutuo de acción entre dos o más personas, animales o cosas. ◊ **reflexivo**. *Gram*. Aquel cuya acción recae en la misma persona que la produce, representada o suplida siempre por medio de un pron. personal como complemento del verbo. ◊ **regular**. *Gram*. Aquel que se conjuga sin alterar las letras radicales ni las terminaciones propias de la conjugación a que pertenece. ◊ **transitivo**. *Gram*. El que se construye con complemento directo.

VERBORREA f. fam. Verbosidad excesiva.

VERBOSIDAD f. Abundancia de palabras en la elocución. ❑ VERBOSO, SA.

VERCINGETÓRIX (m. 46 a. C.) Caudillo galo. Dirigió la rebelión contra Julio César (52 a. C.). Prisionero de César, murió decapitado en Roma.

VERCORS Seud. de *Jean Bruller* (1902-1991) Escritor fr. *El silencio del mar*.

VERDAD f. Conformidad de las cosas con el concepto de ellas forma la mente. ◊ Conformidad de lo que se dice con lo que se siente o se piensa. ◊ Propiedad que tiene una cosa de mantenerse siempre la misma sin mutación alguna. ◊ Veracidad. ◊ Exp. clara con que a uno se le corrige o reprende. Se usa pralm. en pl. ◊ Realidad. ❑ VERDADERAMENTE; VERDADERO, RA.

VERDAGUER, *Jacint* (1845-1902) Eclesiástico y poeta esp., en lengua cat., la pral. figura de la *Renaixença*. *L'Atlàntida*, *Idil·lis i cants místics*, *Canigó*.

VERDE adj. y s. Cuarto color del espectro visible solar, comprendido entre el amarillo y el azul. ◊ Pigmento que resulta de la unión del azul y el amarillo. ◊ adj. En contraposición a seco, díc. de los árboles y las plantas que aún conservan alguna savia. ◊ Díc. de la leña recién cortada del árbol vivo. ◊ Tratándose de legumbres, las que se consumen frescas, para diferenciarlas de las que se guisan secas. ◊ Díc. de lo que aún no está maduro. ◊ fig. Díc. de las cosas que están en sus comienzos o a las cuales falta mucho para perfeccionarse. ◊ fig. Obsceno. ◊ Conjunto de hojas de los árboles y de las plantas. ◊ Sabor áspero del vino. ◊ pl. Pastos del campo para el ganado. ❑ VERDEAR; VERDECER; VERDEMAR; VERDOSO, SA; VERDUSCO.

VERDE R. de México, en el est. de Oaxaca; 200 km. Nace de la confluencia de los r. Atoyac y Yalotepec y desemboca en el Pacífico.

VERDEA f. Vino de color verdoso.

VERDECILLO m. Ave paseriforme. Con su plumaje mezclado de amarillo y pardo, se parece mucho al canario.

VERDEO m. Recolección de las aceitunas antes de que maduren para consumirlas luego aderezadas o encurtidas.

VERDERÓN, NA adj. Verde o verdoso. ◊ m. *Zool*. Ave paseriforme muy parecido al jilguero, del que difiere por su plumaje amarillo verdoso. ◊ *Zool*. Berberecho, molusco.

VERDI, *Giuseppe* (1813-1901) Compositor it., pralm. de óperas. En su primera época subordinó la instrumentación musical al recitativo de la voz. Post. cobró gran fuerza su creatividad romántica (*Nabucco*, *Hernani*, *Macbeth*, *Rigoletto*, *La Traviata*, *El trovador*, *Un baile de máscaras*, *La fuerza del destino*). Influenciado por la expansión wagneriana en sus últimas obras: *Aida*, *Otelo* y *Falstaff*.

VERDÍN m. Primer color verde que tienen las hierbas o plantas que no han llegado a su sazón. ◊ Capa verde de plantas criptógamas, que se cría en las aguas dulces, pralm. en las estancadas, en las paredes y lugares húmedos y en la corteza de algunos frutos cuando se pudren. ◊ Cardenillo. ❑ VERDINA.

Giuseppe **Verdi**

VERDOLAGA f. Planta con flores amarillas, y frutos en pixidio. Se suele consumir cruda a modo de ensalada.
VERDÓN m. Verderón, pájaro. ◊ *Cuba.* Mariposa, pájaro.
VERDOR m. Color verde vivo de las plantas. ◊ Color verde. ◊ fig. Vigor, lozanía, fortaleza.
VERDUGO m. Renuevo o vástago del árbol. ◊ Estoque muy delgado. ◊ Azote hecho de cuero, mimbre u otra materia flexible. ◊ Roncha larga o señal que levanta el golpe del azote. ◊ Funcionario de justicia que ejecuta las penas de muerte. ◊ Alcaudón, ave. ◊ fig. Persona muy cruel o que castiga sin piedad. ◊ fig. Cualquier cosa que atormenta o molesta mucho. ❑ VERDUGAZO; VERDUGÓN.
VERDÚN C. de Francia, en el dpto. del Mosa; puerto fluvial sobre el r. Mosa; 26 900 hab. ◊ **Batalla de V.** Combates realizados en torno a Verdún y al río Mosa entre al. y fr. durante la I Guerra Mundial. ◊ **Tratado de V.** Acuerdo concluido en esta c. en 843, por el que se repartía el imperio carolingio entre los tres hijos de Luvodico Pío.
VERDURA f. Verdor, color verde. ◊ Hortaliza, particularmente la de hojas verdes. Se usa más en pl. ◊ Obscenidad, calidad de verde o libre. ❑ VERDULERÍA; VERDULERO, RA.
VEREDA f. Camino angosto. ◊ Vía pastoril para los ganados trashumantes. ◊ *Amér. Merid.* Acera de las calles.
VEREDICTO m. Definición sobre un hecho dictada por el jurado. ◊ P. ext., parecer, dictamen o juicio emitido reflexiva y autorizadamente.
VEREENIGING C. de la República Sudafricana, en el Transvaal; 169 600 hab. Yacimientos de carbón.
VERGA f. Miembro genital de los mamíferos. ◊ *Mar.* Percha a la que se asegura el grátil de una vela.
VERGA, Giovanni (1840-1922) Novelista it. Representante del verismo. *Vida en el campo* es una colección de narraciones.
VERGAJO m. Verga del toro, que después de cortada, seca y retorcida, se usa como látigo. ◊ P. ext., cualquier tipo de azote flexible.
VERGEL m. Huerto con variedad de flores y árboles frutales.
VERGONZOSO, SA adj. Que causa vergüenza. ◊ adj. y s. Que se avergüenza con facilidad. ◊ m. Especie de armadillo, con el cuerpo y la cola cubiertos de escamas y las orejas pequeñas y redondas. Cuando es perseguido se encoge, formando una bola escamosa.
VERGÜENZA f. Turbación del ánimo, que suele encender el color del rostro, ocasionada por alguna falta cometida, o por alguna acción deshonrosa y humillante. ◊ Pundonor, estimación de la propia honra. ◊ Cortedad para ejecutar una cosa. ◊ Acción que, por indecorosa, cuesta repugnancia ejecutar. ◊ pl. Genitales externos. ❑ VERGONZANTE; *Amér. Centr.* VERGÜENZUDO, SA.
VERHAEREN, Émile (1855-1916) Poeta belga, en lengua fr. Su obra inicial es simbolista (*Los monjes, Los desastres*); evolucionó más tarde a un tipo de poesía social (*Las ciudades tentaculares*).
VERICUETO m. Lugar o sitio áspero, alto y quebrado, por donde no se puede andar sino con dificultad.

Paul **Verlaine**

VERIFICAR tr. Probar que una cosa que se dudaba es verdadera. ◊ Comprobar o examinar la verdad de una cosa. ◊ tr. y prnl. Realizar, efectuar. ◊ prnl. Salir cierto y verdadero lo que se dijo o pronosticó. ❑ VERIFICABLE; VERIFICABILIDAD; VERIFICACIÓN; VERIFICATIVO, VA.
VERIJA f. Pubis. ◊ *Amér. Centr.* Ijar del caballo; ingle. ◊ *Chile.* Ijada.
VERISMO m. Mov. artístico de la segunda mitad del s. XIX que se fundamenta en un realismo extremo.
VERISSIMO, Érico Lopes (1905-1975) Novelista y ensayista bras. *Un lugar en el sol, El resto en silencio.*
VERJA f. Enrejado que sirve de puerta, ventana o cerca.
VERLAINE, Paul (1844-1896) Poeta fr. Autor de *Poemas saturnianos* y *Fiestas galantes.* La escuela simbolista le consideró su modelo. *Romanzas sin palabras, Cordura, Paralelamente, Antaño y ahora.*
VERME m. *Zool.* Gusano, y en especial lombriz intestinal.
VERMEER, Johannes, llamado VERMEER DE DELFT (1632-1675) Pintor neerlandés. *La entrometida, El Astrónomo, La callejuela, Vista de Delft, La carta.*
VERMICULAR adj. Que tiene gusanos o vermes, o los cría. ◊ Que se parece a los gusanos o participa de sus cualidades. ❑ VERMIFORME; VERMICIDA.
VERMONT Est. del NE de EE UU, en la región de Nueva Inglaterra; 24 900 km², 563 000 hab. Cap., Montpelier. Accidentado por las montañas Verdes. Río Connecticut. Patatas, manzanas. Ganadería. Ind. maderera, alimentaria, mecánica. Turismo.
VERMÚ o **VERMUT** m. Licor aperitivo compuesto de vino blanco, ajenjo y otras sustancias amargas y tónicas. ◊ *Chile* y *Col.* Función de cine o teatro por la tarde.
VERNÁCULO, LA adj. Doméstico, nativo, propio del país. Díc. especialmente de la lengua.
VERNAL adj. Perteneciente a la primavera.
VERNE, Jules (1828-1905) Escritor fr. Creó novelas de aventuras en las que se mezclan muchos elementos de ciencia ficción. *Viaje al centro de la Tierra, La vuelta al mundo en ochenta días, Veinte mil leguas de viaje submarino, De la Tierra a la Luna, La isla misteriosa.*
VERNET, Carle (1758-h. 1835) Pintor y grabador fr. Se distinguió en la pintura

de caballos y en los temas cinegéticos. *Batalla de Marengo, La mañana de Austerlitz.* ◊ **Horace** (1789-1863) Pintor fr. Destacó como pintor de marinas y de batallas. ◊ **Joseph** (1714-1789) Pintor fr. Se especializó en la pintura de marinas. *Vista de Tolón, Puente Rotto.*
VEROLÍS m. *Amér. Centr.* Tallo seco de la flor de la caña dulce, usado por los indígenas para fabricar flechas.
VERONA C. de Italia, en el Véneto, cap. de la prov. hom.; 260 000 hab. Centro agropecuario y comercial. Ind. mecánica, química, alimentaria. ❑ VERONÉS, SA.
VERONÉS, Paolo Caliari, llamado *El* (1528-1588) Pintor it. De estética manierista. Su obra maestra es la decoración de la Villa Barbaro Volpi en Maser. *Bodas de Caná.*
VERÓNICA f. *Bot.* Nombre común de varias plantas angiospermas dicotiledóneas. ◊ *Taur.* Lance que consiste en esperar el lidiador la acometida del toro teniendo la capa extendida o abierta con ambas manos enfrente de la res.
VERÓNICA (s. I) Matrona de Jerusalén, que, según la leyenda, enjugó el rostro de Jesucristo cuando se dirigía al Calvario.
VEROSÍMIL adj. Que tiene apariencia de verdadero. ◊ Creíble. ❑ VEROSIMILITUD.
VERRACO m. Cerdo macho y adulto.
VERRAQUEAR intr. fig. y fam. Gruñir o dar señales de enfado y enojo. ◊ fig. y fam. Llorar con rabia y continuadamente los niños. ❑ VERRAQUERA o VERRAQUINA.
VERROCCHIO, Andrea di Michele Cioni, llamado *Il* (1435-1488) Pintor, escultor y orfebre it. Obras: en escultura destacan los monumentos funerarios de Piero y Giovanni Médicis en San Lorenzo y el del cardenal Fortegueni en la catedral de Pistoia. *Tobías y el ángel, Bautismo de Cristo.*
VERRUGA f. Excrecencia cutánea de forma y tamaño variables, debida a una hipertrofia de las papilas de la dermis. ◊ Abultamiento que la acumulación de savia produce en algún punto de la superficie de una planta. ❑ VERRUGOSO, SA.
VERSACIÓN f. *Amér. Merid.* Cultura, habilidad.
VERSAL adj. y s. *Art. Gráf.* Aplícase a la letra mayúscula.
VERSALITA adj. y f. *Art. Gráf.* Díc. de la letra mayúscula de igual tamaño que la minúscula.

La encajera, óleo de Johannes **Vermeer.** Museo del Louvre, París

El palacio de **Versalles** en 1668

VERSALLES C. de Francia, cap. del dpto. de Yvelines; 91 500 hab. Forma parte del área urbana de París. Ind. química, aislantes, relojería. Sede de la corte de Luis XIV, quien ordenó la construcción del gran palacio. ◊ **Tratado de V.** En 1919 estableció las condiciones de paz después de la I Guerra Mundial. ❏ VERSALLESCO, CA.

VERSAR intr. Tratar de tal o cual materia un libro, discurso o conversación. ◊ prnl. Hacerse uno práctico o perito por el ejercicio de una cosa. ❏ VERSADO, DA.

VERSÁTIL adj. Que se vuelve o se puede volver fácilmente. ◊ fig. Díc. de la persona o del carácter voluble e inconstante. ❏ VERSATILIDAD.

VERSÍCULO m. Cada una de las breves divisiones de los capítulos de ciertos libros.

VERSIFICAR intr. Hacer o componer versos. ◊ tr. Poner en verso. ❏ VERSIFICACIÓN; VERSIFICADOR, RA.

VERSIÓN f. Modo que tiene cada uno de referir un mismo suceso. ◊ Cada una de las formas que adopta la relación de un suceso, el texto de una obra o la interpretación del tema.

VERSO m. Conjunto de palabras sujetas a medida y cadencia según reglas fijas determinadas. ◊ Empléase también por contraposición a prosa. ◊ Versículo de las Sagradas Escrituras. ◊ fam. Composición en verso. ◊ **alejandrino.** El de catorce sílabas, dividido en dos hemistiquios. ◊ **de arte mayor.** El que tiene más de ocho sílabas. ◊ **de arte menor.** El de redondilla mayor o menor. ◊ Cualquiera de los que no pasan de ocho sílabas. ◊ **hexámetro.** Verso de la poesía gr. y latina, que consta de seis pies. ◊ **libre.** El que no está sujeto a rima ni a medida. ❏ VERSISTA.

VÉRTEBRA f. Anat. Cada uno de los segmentos óseos que, en núm. de 24, contribuyen a formar la columna vertebral. ❏ VERTEBRAL.

VERTEBRADO, DA adj. y m. Zool. Díc. de animales del subtipo vertebrados. ◊ m. pl. Zool. Subtipo de animales cordados, que difieren de los demás miembros de este tronco por la posesión de un esqueleto interno o endoesqueleto. Reciben también el nombre de craniados.

❏ Zool. Las características fundamentales de los v. son, además de la posesión de un endoesqueleto de tejido vivo: piel formada por dos capas; cráneo óseo o cartilaginoso; columna vertebral; sistema circulatorio cerrado; aparato respiratorio branquial; glándulas digestivas diferenciadas, como hígado y páncreas; hemoglobina contenida en los hematíes; dos pares de apéndices locomotores; ojos dotados de cristalino y de retina inversa. En la actualidad forman un grupo integrado por más de 50 000 especies.

VERTEBRAR tr. fig. Dar consistencia, organización o estructura interna.

VERTEDERA f. Agr. Especie de orejera del arado que sirve para voltear y extender la tierra.

VERTEDERO m. Lugar por donde se vierte algo, y especialmente las basuras o escombros.

VERTER tr. y prnl. Derramar o vaciar líquidos y también cosas pequeñas. ◊ tr. Traducir de una lengua a otra. ◊ Decir máximas, conceptos, etc., con un determinado propósito. ◊ intr. Correr un líquido por una pendiente. ❏ VERTEDOR, RA; VERTIMIENTO; Amér. VERTIR.

VERTIBLE adj. Que puede volverse o mudarse. ❏ VERTIBILIDAD.

VERTICAL adj. y f. Geom. Perpendicular. ◊ En figuras, dibujos, escritos, impresos, etc., díc. de la línea, disposición o dirección que va de la cabeza al pie. ❏ VERTICALIDAD.

VÉRTICE m. Geom. Punto en que concurren los dos lados de un ángulo. ◊ Geom. Punto de un polígono o poliedro en el que concurren dos o más lados o aristas, respectivamente. ◊ Para un sistema óptico, punto en el que el eje pral. corta a la superficie del sistema.

VERTICILO m. Bot. Conjunto de tres o más ramos, hojas, flores u otros órganos, que están en un mismo plano alrededor de un tallo. ❏ VERTICILICASTRO.

VERTIENTE adj. Que vierte. ◊ amb. Declive o sitio por donde corre o puede correr el agua. ◊ f. fig. Aspecto, punto de vista. ◊ Amér. Manantial, surtidor.

VÉRTIGO m. Méd. Trastorno del sentido del equilibrio caracterizado por una sensación de movimiento rotatorio. ◊ Psiq. Turbación del juicio, repentina y por lo regular pasajera. ◊ fig. Apresuramiento anormal de la activi-

dad de una persona o colectividad. ❏ VERTIGINOSIDAD; VERTIGINOSO, SA.

VESALIO, *Andreas* (1514-1564) Célebre anatomista y médico belga. *De corporis humani fabrica.*

VESANIA f. Demencia, furia. ❏ VESÁNICO, CA.

VESICAL adj. Anat. Relativo a la vejiga.

VESICANTE adj. y m. Díc. de la sustancia que produce ampollas en la piel.

VESÍCULA f. Anat. Elevación circunscrita de la epidermis, llena de líquido seroso. ◊ Órgano en forma de saco o bolsa. ◊ **biliar.** Vejiga de la bilis ◊ **seminal.** Pequeño órgano par, propio del sexo masculino, sit. detrás de la vejiga urinaria y apoyado en la próstata. Actúa como reservorio del semen. ❏ VESICULAR; VESICULOSO, SA.

VESPASIANO, *Tito Flavio* (9-79) Emperador rom. (69-79), fundador de la dinastía Flavia. Acabó con la resistencia de Jerusalén y rechazó el ataque de los dacios.

VÉSPERO m. El planeta Venus como lucero de la tarde.

VESPERTINO, NA adj. Relativo a la tarde. ◊ Astr. Díc. de los astros que transponen el horizonte después del ocaso del Sol.

VÉSPIDO, DA adj. y m. Zool. Díc. de los himenópteros dotados de un aguijón venenoso.

VESPUCIO, *Américo* (*Amerigo Vespucci*, 1454-1512) Navegante florentino. Gracias a su viaje de 1501 quedó demostrado que las costas bras. correspondían a un continente desconocido, al que llamó Nuevo Mundo. Fue Martín Waldseemüller quien en 1507 propuso el nombre de América para el nuevo continente.

VESTA Mit. Divinidad rom. protectora del hogar, equivalente a la Hestia gr. ❏ VESTALIAS.

VESTAL adj. y s. Relativo a la diosa Vesta. ◊ Díc. de las doncellas romanas consagradas a la diosa Vesta.

VESTÍBULO m. Atrio o portal que está a la entrada de un edificio. ◊ Sala amplia próxima a la entrada de algunos edificios. ◊ Anat. Una de las cavidades del laberinto del oído de los vertebrados. ❏ VESTIBULAR.

VESTIDO m. Cubierta que se pone en el cuerpo para abrigo o adorno. ◊ Conjunto de piezas que sirven para este

Américo **Vespucio**

uso. ◊ Prenda de vestir exterior completa de una persona. ◊ Prenda de vestir exterior femenina de una sola pieza. ❑ VESTIDURA; VESTIMENTA.

VESTIGIO m. Huella, señal que deja el pie por donde ha pisado. ◊ Memoria o noticia de las acciones de los antiguos. ◊ Señal que queda de un edificio u otra fábrica antigua. ◊ Indicio o seña por donde se infiere la verdad de una cosa.

VESTIR tr. Cubrir con el vestido. ◊ Guarnecer o cubrir una cosa con otra. ◊ Proveer a alguien de vestido. ◊ Ser una prenda o la materia o el color de ella señaladamente a propósito para el lucimiento y elegancia del vestido. ◊ fig. Disfrazar o disimular artificiosamente la realidad de una cosa añadiéndole un adorno. ◊ fig. Sobreponerse una cosa a otra, encubriéndola.

VESTUARIO m. Vestido, conjunto de las piezas que sirven para vestir. ◊ Parte del teatro, en que están los cuartos o aposentos donde se visten las personas que han de tomar parte en la representación. ◊ P. ext., toda la parte interior del teatro. ◊ En los campos de deportes, piscinas, etc., local para cambiarse de ropa.

VESUBIO Volcán del S de Italia, 12 km al O de Nápoles; 1 277 m de alt. Su erupción del año 79 sepultó las c. de Pompeya, Herculano y Stabias.

VETA f. Faja o lista de una materia que por su calidad, color, etc., se distingue de la masa en que se halla interpuesta. ◊ Vena, filón metálico. ◊ fig. y fam. Aptitud de uno para una ciencia o arte. ◊ *Ecuad.* Correa enteriza sacada de toda la piel de una res vacuna. ❑ VETEAR; VETEADO, DA.

VETERANO, NA adj. y s. Díc. de los militares expertos en su profesión por haber servido mucho tiempo. ◊ *Amér.* Persona adulta, anciano. ◊ adj. fig. Ant. y experimentado en cualquier ejercicio. ❑ VETERANÍA.

VETERINARIA f. Rama de la ciencia médica que trata de los animales domésticos útiles al hombre desde un punto de vista anatómico, fisiológico, patológico, de cría, alimentación y reproducción. ❑ VETERINARIO, RIA.

VETO m. Derecho que tiene una persona o corporación para vedar o impedir una cosa. ❑ VETAR; VETADO, DA.

VETÓN, NA adj. y s. Díc. del individuo de un pueblo prerromano de la ant. Lusitania.

VETUSTO, TA adj. Muy ant. o de mucha edad. ❑ VETUSTEZ.

VEZ f. Alteración de las cosas por turno u orden sucesivo. ◊ Tiempo u ocasión determinada en que se ejecuta una acción. ◊ Tiempo u ocasión de hacer una cosa por turno u orden. ◊ pl. Ministerio, autoridad o jurisdicción de una persona que ejerce supliendo a otra o representándola. Se usa más con el verbo *hacer*.

VEZA f. Planta con flores violáceas o blanquecinas, y frutos en legumbres. Se emplea como hierba forrajera.

VHF *Electr.* Siglas de *Very High Frecuencies* (frecuencias muy elevadas) que se emplean internacionalmente para designar las frecuencias comprendidas entre 30 y 300 megahertz.

VÍA f. Camino por donde se transita. ◊ Raíl del ferrocarril. ◊ Cualquiera de los conductos por donde pasan en el cuerpo del animal los líquidos o semilíquidos, el aire, los alimentos y los residuos de la digestión. ◊ Calidad del ejercicio, estado o facultad que se elige o toma para vivir. ◊ fig. Medio o conducto para hacer o conseguir una cosa. ◊ *Comp.* Camino por el que las diferentes unidades que forman la computadora se intercambian información. ◊ **férrea.** Ferrocarril. ◊ **muerta.** *Ferr.* La que no tiene salida, y sirve para apartar de la circulación vagones y máquinas. ◊ **pública.** Calle, plaza, camino u otro sitio por donde transita o circula el público. ◊ **Vías urinarias.** *Anat.* Conjunto de estructuras encargadas de la excreción de orina. ◊ **Cuaderna vía.** Estrofa usada pralm. en los ss. XIII y XIV; se componía de cuatro versos alejandrinos monorrimos.

VÍA CRUCIS (exp. latina) m. Camino formado por diversas estaciones, en memoria de los pasos de la Pasión de Jesucristo. ◊ fig. Trabajo o aflicción continuada que sufre una persona.

VÍA LÁCTEA *Astr.* Banda luminosa blanquecina de forma irregular que contiene miles de millones de estrellas débiles.

VIABLE adj. Que puede vivir. ◊ Díc. del camino o vía por donde se puede transitar. ◊ fig. Díc. del asunto que, por sus circunstancias, tiene probabilidades de poderse llevar a cabo. ❑ VIABILIDAD.

VIADUCTO m. Obra a manera de puente para el paso de una carretera, calle o línea de ferrocarril sobre una hondonada.

VIAJANTE adj. y s. Que viaja. ◊ m. Dependiente comercial que hace viajes para negociar ventas o compras.

VIAJAR intr. Acción de trasladarse de un sitio a otro, por lo común distante, por cualquier medio de locomoción.

VIAJE m. Jornada que se hace de una parte a otra. ◊ Carga o peso que se lleva de un lugar a otro de una vez. ◊ fig. y fam. Tiempo que duran las sensaciones placenteras producidas por las drogas. ◊ **redondo.** *Amér.* Viaje de ida y vuelta. ❑ VIAJERO, RA.

VIAL adj. Relativo a la vía. ◊ m. Calle formada por dos filas paralelas de árboles u otras plantas. ❑ VIALIDAD; VIARIO, RIA.

VIAN, Boris (1920-1959) Escritor fr. Fue también trompetista de jazz. *La espuma de los días, La hierba roja, Escupiré sobre vuestras tumbas.*

VIANDA f. Sustento y comida de los racionales. ◊ Comida que se sirve a la mesa. ◊ *Cuba y P. Rico.* Frutos y tubérculos guisados. Se usa más en pl. ◊ *Amér. Merid.* Comida para transportar. ❑ *Cuba y P. Rico.* VIANDERO, RA.

VIANDANTE com. Persona que hace viaje o anda camino. ◊ Vagabundo, persona que anda errante de una parte a otra.

VIANDITA f. *Argent.* Portaviandas.

VIÁTICO m. Prevención de lo necesario para el sustento del que hace un viaje. ◊ Sacramento de la Eucaristía, que se administra a los enfermos que están en peligro de muerte. ❑ VIATICAR.

VÍBORA f. *Zool.* Cualquiera de las serpientes de la familia vipéridos. Viven en Europa, en lugares pedregosos y soleados, y poseen un veneno muy activo. ◊ fig. Lengua de escorpión o de víbora. ❑ VIBOREZNO, NA.

Inflorescencia de **viborera**

VIBORÁN m. *Amér. Centr.* Planta de flores encarnadas, que segrega un jugo que se utiliza como vomitivo y vermífugo.

VIBORERA f. Planta con hojas lanceoladas y flores azuladas o blanquecinas, usadas contra las mordeduras de las víboras.

VIBRADOR, RA adj. Que hace vibrar. ◊ adj. y m. Díc. del aparato que transmite las vibraciones eléctricas. ◊ m. *El.* Interruptor que produce rápidas intermitencias en un circuito eléctrico por vibración de una lámina unida a la armadura de un electroimán. ◊ *Electr.* Dispositivo que permite la transformación de corriente continua en alterna.

VIBRÁFONO m. Instrumento musical constituido por varias láminas de acero que se golpean con mazos. Apareció hacia 1930 en las orquestas de jazz.

VIBRANTE adj. Que vibra. ◊ *Fon.* Díc. del sonido o letra cuya pronunciación se caracteriza por un rápido contacto oclusivo, simple o múltiple, entre los órganos de la articulación.

VIBRAR tr. Dar un mov. trémulo a algún objeto largo, delgado y elástico. ◊ Arrojar con ímpetu una cosa haciéndola vibrar. ◊ intr. *Fís.* Estar sometido un cuerpo a un mov. periódico alrededor de una posición central. ❑ VIBRACIÓN; VIBRÁTIL; VIBRATORIO, RIA.

VIBRION m. *Biol.* Bacteria en forma de coma que mantiene esa particular morfología gracias a la rigidez de sus envolturas membranosas.

VIBURNO m. Arbusto de hojas ova-

Víbora centroamericana

les, flores blanquecinas, frutos en bayas y raíz rastrera.

VICARIO, RIA adj. y s. Que tiene el poder y facultades de otro o le sustituye. ◊ m. y f. Persona que en las órdenes regulares tiene las veces y autoridad de alguno de los superiores. ◊ m. Juez eclesiástico nombrado y elegido por los prelados para que ejerza sobre sus súbditos la jurisdicción ordinaria. ◊ pl. *Bot.* Planta con flores de color blanco, y frutos en cápsula. ◊ f. Segunda superiora en algunos conventos de monjas. ◊ *Cuba.* Planta de flores blancas o rosadas. ❑ VICARÍA; VICARIATO.

VICEALMIRANTE m. Oficial general de la armada, inmediatamente inferior al almirante. ❑ VICEALMIRANTAZGO.

VICECÓNSUL m. Funcionario de la carrera consular, inmediatamente inferior al cónsul. ❑ VICECONSULADO.

VICENS Vives, *Jaume* (1910-1960) Historiador esp. *Revolución y reacción durante el reinado de Juan II, Aproximación a la historia de España, Industriales y políticos del s. XIX.*

VICENTE (fines del s. III-304) Santo esp. Diacono en Zaragoza, fue martirizado en Valencia. ◊ *Gil* (h. 1465-h. 1537) Poeta y autor dramático port. Parte de su obra está escrita en cast. *Trilogía de las barcas, Don Duardos, Amadís.* ◊ **De Paúl** (1581-1660) Santo fr. Sacerdote. Fundó la congregación de las *Hermanas de la Caridad* y la de los *Sacerdotes de la Misión,* llamados *lazaristas,* e instituyó la obra de los *Niños expósitos.* ◊ **Ferrer** (h. 1350-1419) Santo y predicador esp. Dominico, fue confesor del papa Benedicto XIII. Recorrió como predicador Francia, Suiza, Italia y España.

Tabla del *Políptico de san* **Vicente**, de Nunho Gonçalves. Museo de Arte Antiguo, Lisboa

VICENTE LÓPEZ C. de Argentina, en la prov. de Buenos Aires; 291 100 hab. A orillas del Río de la Plata, cuenta con diversos balnearios.

VICENZA C. de Italia en el Véneto, cap. de la prov. hom.; 111 100 hab. Centro ferroviario e industrial. Célebres villas de Palladio.

VICEPRESIDENTE, TA m. y f. Persona que hace o está facultada para hacer las veces del presidente o de la presidenta. ❑ VICEPRESIDENCIA.

VICETIPLE f. fam. En las zarzuelas, operetas y revistas, cada una de las cantantes de los números de conjunto.

VICEVERSA adv. modo. Al contrario,

por lo contrario; cambiadas dos cosas recíprocamente. ◊ m. Cosa, dicho o acción al revés de lo que lógicamente debe ser o suceder.

VICHADA Dpto. de Colombia; 100 242 km², 91 357 hab. Cap., Puerto Carreño. Relieve suave que se extiende por la llanura del Orinoco. Ríos: Orinoco y sus afl. Meta, Guaviare y Vichada. Explotación forestal y cría de bovinos. Pesca fluvial.

VICHOCO, CA adj. *Amér. Merid.* Que está viejo, en mal estado, enclenque.

VICHY m. Tela de algodón lisa o de dibujos formados por el entramado de los hilos.

VICHY C. de Francia, en Auvernia, en el dpto. de Allier; 34 000 hab. Imp. estación termal y balnearia. ◊ **Gobierno de V.** Nombre dado al régimen político instaurado por el mariscal Pétain durante la ocupación al. (1940-1944) y que fijó su residencia en Vichy.

VICIAR tr. y prnl. Dañar o corromper física o moralmente. ◊ Falsificar un escrito. ◊ tr. y prnl. Pervertir o corromper las buenas costumbres o modo de vida. ◊ prnl. Entregarse uno a los vicios, dejando la buena conducta que antes tenía. ❑ VICIADO, DA.

VICIO m. Mala calidad, defecto o daño físico en las cosas. ◊ Defecto moral en las acciones. ◊ Falsedad, yerro o engaño en lo que se escribe o se propone. ◊ Hábito de obrar mal. ◊ Defecto o exceso que como propiedad o costumbre tienen algunas personas, o que es común a una colectividad. ◊ Demasiado apetito de una cosa, que incita a usar de ella con exceso. ◊ Mala costumbre que adquiere a veces un animal. ◊ Mimo, cariño excesivo. ❑ VICIOSO, SA.

VICISITUD f. Orden sucesivo o alternativo de alguna cosa. ◊ Alternativa de sucesos prósperos y adversos. ❑ VICISITUDINARIO.

VICO, *Giovanni Battista* (1668-1744) Filósofo e historiador it. Historiador real. Dedicó sus estudios a deducir de los hechos las leyes providenciales que rigen la historia humana, y a buscar una «ciencia nueva», no basada en el criterio cartesiano de verdad.

VÍCTIMA f. Persona o animal destinado al sacrificio. ◊ fig. Persona que padece daño por culpa ajena o por causa fortuita. ❑ VICTIMARIO.

VÍCTOR I (m. 199) Santo. Papa [189-199]. Intentó imponer el rito rom. de la Pascua y se opuso abiertamente a las doctrinas gnósticas. ◊ **II** (*Gebhard*, CONDE DE DOLLNSTEIN-HIRSCHBERG, m. 1057) Papa [1055-1057]. Convocó un concilio en Florencia (1055). ◊ **III** (m. 1087) Papa [1086-1087]. Continuó la obra de Gregorio VII contra la investidura laica.

VÍCTOR Amadeo I (1587-1637). Duque de Saboya [1630-1637] Participó en la guerra de los Treinta Años, al lado de Francia. ◊ **Amadeo II** (1666-1732) Duque de Saboya [1675-1730] y rey de Cerdeña-Piamonte [1720-1730]. ◊ **Amadeo III** (1726-1796) Rey de Cerdeña-Piamonte [1773-1796]. Enemigo de la Revolución Francesa. Fue derrotado por Napoleón y tuvo que ceder a Francia, Saboya y Niza.

VÍCTOR MANUEL I (1759-1824) Rey de Cerdeña [1802-1824]. Instauró un régimen absolutista, pero un mov. liberal le obligó a abdicar en su hermano Car-

Victor Manuel II a caballo, óleo de Angelo Inganni. Museo del Risorgimento, Brescia (Italia)

los Félix. ◊ **II** (1820-1878) Rey de Cerdeña [1849-1878]. Apoyó a Cavour y después la expedición de Garibaldi en Dos Sicilias. En 1861 fue nombrado rey de Italia por el parlamento. Logró la unidad de Italia en 1870. ◊ **III** (1869-1947) Rey de Italia [1900-1946]. Facilitó a Mussolini el ascenso al poder (1922). Tras la liberación hubo de renunciar a sus funciones y abdicar (1946) en su hijo.

VICTORIA f. Superioridad, ventaja o triunfo que se consigue del contrario, en disputa o lid. ◊ fig. Vencimiento de los vicios o pasiones. ◊ **regia.** Planta ninfácea de enorme tamaño. Tiene hojas anchas y redondas que alcanzan hasta 2 m de diámetro y grandes flores blancas con centro rojo. ❑ VICTORIOSO, SA.

VICTORIA *Mit.* Ant. diosa rom., personificación de la victoria.

VICTORIA Isla del Canadá, en el océano Ártico; 155 000 km².

VICTORIA (ant., *Nyanza*) Lago de África oriental; 68 800 km². El pral. emisario es el Nilo. Sus aguas bañan las costas de Uganda, Kenia, Tanzania, al S.

VICTORIA, *Cataratas* Salto de agua de África central; formado en el curso medio del r. Zambeze (Zambia); 100 m de altura.

VICTORIA, *Gran Desierto* Desierto del SO de Australia; 300 000 km².

VICTORIA Est. del SE de Australia, a orillas del océano Índico; 227 600 km², 4 075 900 hab. Cap., Melbourne. Alpes Australianos. Río Murray. Cereales,

Cataratas **Victoria**

Victoria (Australia). La calle Lousdale, en Melbourne

hortalizas, frutales y forrajes. Cabaña bovina y ovina. Oro y lignito.
VICTORIA Cap. de Hong Kong; 675 000 hab. Ind. textil, naval, metalúrgica.
VICTORIA C. y puerto de Canadá, en la isla de Vancouver; cap. de la prov. de Columbia Británica; 66 300 hab. (288 000 hab. la agl. urb.). Pesca y exportación de madera. Observatorio astrofísico.
VICTORIA, La C. de Venezuela, en el est. Aragua; 70 100 hab. Centro com. de productos tropicales.
VICTORIA I (1819-1901) Reina de Gran Bretaña e Irlanda [1837-1901] y emperatriz de la India [1876-1901]. Durante su reinado, el imperio brit. alcanzó su máx. esplendor.
VICTORIA, *Miguel Fernández Félix,* llamado *Guadalupe* (1786-1843) Político mex. Presid. de la rep. (1824-1829), expulsó a los esp. de su último baluarte en San Juan de Ulúa (1825), e hizo efectivo el decreto de Hidalgo sobre abolición de la esclavitud. ◊ *Tomás Luis de* (h. 1548-1611) Compositor esp., el más inspirado representante de la música religiosa esp. del s. XVI. ◊ **Eugenia de Battenberg** (1887-1969) Reina de España por su matrimonio con Alfonso XIII (1906).
VICTORIA DE LAS TUNAS C. de Cuba, en la prov. de Las Tunas; 126 600 hab. Ind. azucarera.
VICTORICA, *Miguel Carlos* (1884-1955) Pintor arg., de una gran sensibilidad para el color. *El expatriado, Francine.*
VICUÑA f. *Zool.* Mamífero rumiante que vive en los Andes de Bolivia y Perú, por encima de los 4 000 m de alt. ◊ Lana de ese animal. ◊ Tejido que se hace de esta lana.
VICUÑA, *Francisco Ramón* (1778-1849) Político chil. Presid. de la rep. en 1829 ◊ **Mackenna,** *Benjamín* (1831-1886) Político y escritor chil. *El ostracismo de O'Higgins, El álbum de la gloria de Chile.*
VID f. *Bot.* Planta arbustiva dicotiledónea, sarmentosa, trepadora, con hojas grandes, pecioladas, estípulas, flores pequeñas agrupadas en racimos compuestos, con zarcillos, y frutos en bayas globosas, verduscas o negras,

que contienen de una a cuatro semillas leñosas. La v. se utiliza en alimentación, y en la ind. vinícola, vinagrera y farmacéutica.
VIDA f. *Biol.* Proceso autocatalítico en el que la reacción que se cataliza (crecimiento) produce como producto final más catalizador (sustancia viva). ◊ *Teol.* Unión del alma y del cuerpo. ◊ Intervalo de tiempo que transcurre desde el nacimiento de un animal o un vegetal hasta su muerte. ◊ Duración de las cosas. ◊ *Fís.* Intervalo de tiempo que puede existir un elemento radiactivo sin desintegrarse. ◊ Modo de vivir. ◊ *Teol.* Estado del alma después de la muerte. ◊ fig. Expresión, viveza. ◊ **animal.** *Biol.* La caracterizada por tres funciones prales.: la nutrición, la relación y la reproducción. ◊ **capulina.** *Méx.* Vida regalada y sin cuidados. ◊ **de relación.** *Biol.* Conjunto de actividades que establecen la conexión del organismo vivo con el ambiente, por oposición a la vida vegetativa. ◊ **espiritual.** Modo de vivir conforme a los ejercicios de perfección y aprovechamiento en el espíritu. ◊ **latente.** *Biol.* Estadio vital que se caracteriza por el descenso al máximo de las constantes fisiológicas y por una gran deshidratación. ◊ **media.** *Biol.* Intervalo de tiempo en el cual una sustancia de un organismo vivo ha reducido su cantidad al 50 % siendo sustituida por otra sustancia idéntica. ◊ *Fís.* Valor medio de la v. de cada uno de los átomos de una muestra radiactiva. ◊ **La otra v. o la v. futura.** Existencia del alma después de la muerte.
☐ *Biol.* Se cree que la v. se inició en la Tierra hace unos 2 000 millones de años y se consideran dos hipótesis: 1) la v. es de origen extraterreno (panespermia). Las objeciones a esta teoría se basan pralm. en la acción destructora de las radiaciones ultravioleta y cósmica, ambas muy intensas en el espacio. 2) La v. en nuestro planeta se originó en él. Para apoyar esta teoría, se ha formulado la hipótesis de la generación espontánea de los seres vivos a partir de sustancias inorgánicas; aunque fue rechazada por Redi, Spallanzani y Pasteur, en la actualidad se acepta, al menos, para la forma más simple y primitiva. Así, Oparin admite la posibilidad de que la v. comenzara por la formación de sistemas coloidales en el seno del océano primitivo.

Vid. Racimo de uvas

VIDAL, *Juan Francisco* (1801-1863) Militar y político per. Presid. de la rep. (1842-1843). ◊ **De la Blache,** *Paul* (1845-1918) Geógrafo fr., autor de notables estudios sobre geografía humana. Dirigió una *Geografía universal.*
VIDALITA f. *Argent.* Canción popular, gralte. amorosa, de carácter triste y ritmo pausado, que se acompaña con la guitarra.
VIDARRA f. Planta trepadora, especie de clemátide.
VIDELA, *Jorge* (n. 1925) Militar arg. Designado comandante general del Ejército (1975), en marzo de 1976, a la cabeza de una Junta Militar, depuso a la presid. María Estela Martínez. Fue sustituido en 1981 por el general Viola. En 1985 fue juzgado y condenado por los excesos en la represión a las actividades guerrilleras.

Jorge **Videla**

VIDENTE adj. Que ve. ◊ com. Profeta.
VÍDEO m. Proceso de visión realizado con sistemas electrónicos, en particular, referentes a la TV. ◊ *Comp.* Pantalla de una computadora.
VIDEOCASETE f. Aparato que se utiliza para registrar las imágenes y el sonido que llegan al receptor de televisión, y reproducirlas luego en dicho aparato.
VIDEOCLIP m. Breve grabación de vídeo usada para promocionar grabaciones musicales.
VIDEOTAPE (voz ing.) amb. o **VIDEOCINTA** f. Cinta magnética en la que pueden registrarse imágenes visuales utilizando sistemas de registro y de reproducción idénticos a los empleados en televisión.
VIDEOTEX m. Sistema de comunicación por el cual, a través de la pantalla de un televisor conectado con un centro de datos, se puede tener acceso a una serie de informaciones.
VIDOR, *King* (1894-1982) Director de cine norteam. *El gran desfile, Y el mundo marcha, La calle, Aleluya, Duelo al sol, Guerra y paz.*
VIDORRA f. fam. Vida regalada.
VIDORRIA f. fam. *Argent.* Vidorra. ◊ fam. despect. *Col., P. Rico y Ven.* Vida arrastrada y triste.
VIDRIADO, DA adj. Que fácilmente se quiebra, como el vidrio. ◊ m. Recubrimiento que se da a los objetos de porcelana o de alfarería después de la primera cocción. ◊ Loza recubierta con este barniz. ◊ Conjunto de piezas para el servicio de mesa.

VIDRIERA

Detalle de una vidriera de la catedral de Chartres (1200-1236) que reproduce un episodio de la *Canción de Roldán*

En estos vitrales de una iglesia episcopal inglesa el trabajo de los vidrieros se ha representado a sí mismo

En las arquitecturas renacentista, barroca y neoclásica la vidriera no tuvo un papel relevante, pero a fines del siglo XIX el modernismo la puso de nuevo en boga. Puerta de la Casa Batlló, de Gaudí en Barcelona (España)

VIDRIAR tr. Dar a las piezas de barro o loza un barniz que, fundido al horno, toma la transparencia y lustre del vidrio. ◊ prnl. Ponerse vidriosa alguna cosa.

VIDRIERA f. Bastidor con vidrios con que se cierran puertas y ventanas.

VIDRIO m. *Quím.* e *Ind.* Sustancia amorfa, es decir, no cristalizada, que por su estructura se parece a un líquido, pero cuya cohesión, a la temperatura ordinaria, es tan grande que aparenta un sólido. ◊ Cualquier pieza o vaso de vidrio. ◊ **volcánico.** *Geol.* Material rocoso de origen volcánico, que se origina por un rápido enfriamiento de lavas. ❑ VIDRIERÍA, VIDRIERO.

❑ *Quím.* Son muchos los compuestos de naturaleza tanto inorgánica como orgánica que pueden solidificarse en estado vítreo, como las resinas, silicatos, azúcares, etc. Entre las sustancias en estado vítreo, se da p. ant. el nombre de v. y son conocidos como tales vulgarmente, por sus múltiples aplicaciones, los derivados de los silicatos. El v. no es una combinación, sino una mezcla de varios óxidos.

❑ *Ind.* Para fabricar v. se parte de ciertas mezclas líquidas que tienen la propiedad de que al enfriarse lentamente su viscosidad aumenta con gran rapidez hasta alcanzar un punto en el que se produce la solidificación sin que se presente la cristalización. La mezcla de materias primas se somete a la fusión en tres etapas: 1) la fusión propiamente dicha, a 1 200-1 400 °C, en la que se forman los silicatos y se disuelve la arena restante; 2) la afinación, consistente en elevar la temperatura hasta 1 400-1 500 °C, para hacer la masa más fluida con el fin de eliminar las inclusiones de gas y conseguir una perfecta homogeneización; y 3) el reposo, para la clarificación de la masa. No queda más que enfriar hasta alcanzar la viscosidad adecuada para trabajar la masa, por soplado, prensado o colada. A finales del siglo pasado se inició la fabricación de v. con máquinas para el soplado automático.

VIDRIOSO, SA adj. Que fácilmente se quiebra, como el vidrio. ◊ fig. Aplícase a la persona que fácilmente se resiente o desazona, o al genio de esa condición.

VIDURRIA f. *R. de la Plata.* Vida placentera.

VIEDMA C. de Argentina, cap. de la prov. de Río Negro, en la Patagonia; 46 984 hab. Agricultura y ganadería. Centro comercial y administrativo. ◊ Lago de Argentina, sit. en la prov. de Santa Cruz, cerca de la frontera chil.

VIEIRA f. Molusco comestible, muy común en las costas de Galicia, cuya concha es la venera, insignia de los peregrinos de Santiago. ◊ concha.

VIEJO, JA adj. y s. Díc. de la persona de mucha edad. ◊ Antiguo o del tiempo pasado. ◊ Que no es reciente ni nuevo. ◊ Deslucido, estropeado por el uso. ◊ fam. Voz de cariño que se aplica a los padres y a otras personas.

VIENA (al., *Wien*) C. y cap. de Austria. Bañada por las aguas del Danubio y del Wien; 1 512 400 hab. Centro comercial, financiero e industrial (mecánica, química, textil, maderera, alimentaria, porcelana, orfebrería, etc.). ◊ **Congreso de V.** (1814-1815). Reunión de representantes de las potencias europeas cele-

brada en esta c. para restablecer el equilibrio del continente después de las guerras napoleónicas. Este nuevo sistema de equilibrio europeo bajo la hegemonía de Prusia, Austria y Rusia, que formaron la Santa Alianza, supuso el reforzamiento de las monarquías absolutas. ❑ VIENÉS, SA.

VIENTIANE C. y cap. administrativa de Laos y de una prov. hom.; 377 400 hab. Situada junto al río Mekong. Centro comercial. Palacio real y pagodas.

VIENTO m. Corriente atmosférica de aire, que se mueve en dirección determinada y se origina por las diferencias de la temperatura de la atmósfera en distintos puntos de la superficie terrestre. ◊ Rastro de olor que dejan las piezas de caza. ◊ Olfato de ciertos animales. ◊ fig. Cualquier cosa que mueve o agita el ánimo con violencia. ◊ fam. Ventosidad. ◊ *Mar.* Rumbo, dirección trazada en el plano del horizonte. ❑ VENTADA; VENTOLERA.

VIENTRE m. *Anat.* Cavidad del cuerpo de los animales vertebrados, en la que se contienen los órganos prales. del aparato digestivo y genitourinario. ◊ Conjunto de las vísceras contenidas en esta cavidad, especialmente después de extraídas. ◊ Región exterior del cuerpo, correspondiente al abdomen. ◊ Panza de las vasijas. ◊ fig. Cavidad grande e interior de una cosa. ◊ **Bajo v.** Hipogastrio. ❑ VENTRAL.

VIERA, Feliciano (1872-1927) Político ur. Presid. de la rep. (1915-1919), reformó la constitución.

VIERNES m. Quinto día de la semana civil y sexto de la litúrgica.

VIÈTE, François (1540-1603) Matemático fr., el primero que se sirvió de letras para representar las cantidades. A él se debe la forma actual del álgebra.

VIETCONG ➔ Frente Nacional de Liberación de Vietnam del Sur.

VIETMINH (Abreviatura de *Viet Nam Doc Lap Dong Minh*, Liga Patriótica para la Independencia de Vietnam) Movimiento creado por Ho Chi Minh en 1941 que agrupaba a las organizaciones antiimperialistas.

VIETNAM, República Socialista de Estado del SE asiático, sit. en el extremo oriental de la pen. de Indochina, a orillas del mar de China Meridional. Etnias: vietnamitas (84 %), tays, khmers, thais, muong, nung, meos y otros. Lengua: vietnamita (of.) y otras. *Rel.*: bu-

Viena. Edificio de la Ópera

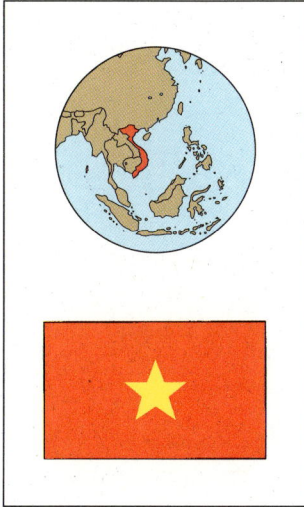

Mapa de situación y bandera de la
República Socialista de Vietnam

VIETNAM	
Superficie	329 566 km²
Población	67 589 000 hab. (205 hab./km²)
Recursos económicos	
Ananás	507 000 t
Arroz	19 428 000 t
Batatas	2 105 000 t
Búfalos	2 929 000 cabezas
Cabaña porcina	12 583 000 cabezas
Caucho	55 000 t
Carbón	5 000 000 t
Cemento	2 534 000 t
Fertilizantes	12 000 t
Fosfatos	274 000 t
Hierro colado	125 000 t
Mandioca	3 000 000 t
Pesca	850 000 t
Riqueza forestal	29 209 000 m³
Té	32 000 t
Yuta	32 000 t
Indicadores sociológicos	
PNB	17 000 millones de dólares
Renta per cápita	250 dólares
Esperanza de vida	67 años
Alfabetismo	88 %

dismo, taoísmo, catolicismo. U.M.: el dong. Cap.: Hanoi. C. prales.: Ho Chi Minh (ant. Saigón), Haifong, Da Nang. ☐ *Geog.* Gran parte del terr. presenta un relieve montañoso. En el extremo NO el Fan Si Pan alcanza la mayor alt. (3 142 m). La cord. Anamita forma, en el lado O, las mesetas de Pleiku, Darlac y Lang Bian. El terr. llano es reducido pero agrupa la mayor parte de la pob. Clima tropical monzónico. El bosque denso cubre las laderas húmedas, y la sabana los sectores menos lluviosos. La economía del país es esencialmente agrícola; el cultivo más importante es el arroz. También se cultiva maíz, mandioca, batata, cacahuete, café, caña de azúcar y caucho. La ganadería destaca por las cabañas porcina, bovina y por los búfalos. Notable actividad pesquera. Extracción de carbón, fosfatos, sal y hierro. Ind. siderúrgica, metalúrgica, textil, química y del caucho.
☐ *Hist.* En época prehistórica se establecieron en V. diversos pueblos, entre ellos los cham, muong y thais. Durante la época colonial Francia jugó un papel destacado; el terr. fue dividido en una colonia, Cochinchina y dos protectorados, Annam y Tonkín. En 1941 el líder vietnamita Ho Chi Minh anunció la constitución del Vietminh, frente de liberación. En 1945 proclamó la indep. de la República Democrática de Vietnam, no reconocida por Francia, iniciándose la guerra de Indochina, concluida con la derrota francesa de Dien Bien Fu en 1954. La conferencia de Ginebra reconoció la indep. y la unidad de V., aunque el Norte y el Sur quedaron divididos. El incumplimiento de los plazos para la reunificación significó el inicio de una rebelión contra el gobierno del sur, que gozaba del apoyo de los EE UU. A pesar de la creciente intervención de los americanos, la victoria final fue para la guerrilla. En 1973 se firmó el alto el fuego, que significaba la retirada norteam.; en 1975 el FLN conquistó Saigón y logró la reunificación del Vietnam en una sola nación: la

República Socialista de Vietnam. Entre 1979-1988 Vietnam intervino en Camboya, instalando un régimen prosoviético. En 1990 se inicio la normalización de relaciones con la CE y los EE UU. ☐ VIETNAMITA.

VIGA f. *Const.* Porción horizontal de una estructura, que soporta cargas transversales. Puede estar apoyada en sus dos extremos o sólo en uno. ◊ Hierro de doble T destinado en la construcción moderna a los mismos usos. ☐ VIGUERÍA.

VIGENTE adj. Aplícase a las leyes, ordenanzas, normas, estilos y costumbres que se encuentran en vigor y observancia. ☐ VIGENCIA.

VIGÉSIMO, MA adj. Que sigue inmediatamente en orden a lo decimonono.

VIGÍA f. Atalaya, torre. ◊ m. y f. Persona destinada a vigilar el mar o la campiña. ◊ *Mar.* Escollo que sobresale algo sobre la superficie del mar.

VIGIL, *Diego* (1799-1845) Político centroamericano. Sustituyó a Morazán en la jefatura de Honduras (1829-1932). Jefe del Est. de El Salvador (1835-1839).

VIGILAR tr. e intr. Velar sobre una persona o cosa, o atenderla cuidadosamente. ☐ VIGILANCIA; VIGILANTE.

VIGILIA f. Acción de estar despierto o en vela. ◊ El día que antecede a cualquier cosa y en cierto modo la ocasiona. ◊ Víspera de una festividad de la Iglesia. ◊ Comida con abstinencia de carne.

VIGNOLA, *Giacomo Barozzi da* (1507-1573) Arquitecto it. Realizó una de las más típicas residencias señoriales de la época, la Villa Farnesio.

VIGNY, *Alfred de* (1797-1863) Escritor fr., una de las figuras más representativas del romanticismo en su país. *Grandeza y servidumbre militares, Daphne* y *Poemas antiguos y modernos*.

VIGO Mun. de España en la prov. de Pontevedra; 280 186 hab. Sit. en la parte meridional de la ría hom. Primer puerto pesquero de España, que alimenta una importante ind. conserva

y de salazones de pescado. Astilleros. Construcción de automóviles y maquinaria.

VIGOR m. Fuerza o actividad notable de las cosas animadas o inanimadas. ◊ Viveza o eficacia de las acciones. ◊ Fuerza de obligar en las leyes u ordenanzas, o duración de las costumbres o estilos. ◊ fig. Entonación o exp. enérgica en las obras artísticas o literarias. ☐ VIGORAR; VIGORIZAR; VIGOROSIDAD; VIGOROSO, SA.

VIGUETA adj. *Cuba.* Díc. de las cosas de grandes dimensiones. ◊ f. Barra de hierro laminado destinada a la edificación.

VIHUELA f. Instrumento musical de 5, 6 o 7 dobles cuerdas, antecedente de la guitarra.

VIJAYAWADA (ant. *Bezwada*) C. de la India, en el est. de Andhra Pradesh; 461 800 hab. Centro religioso.

VIKINGO m. Nombre aplicado a los navegantes escandinavos que entre los ss. VIII y XI realizaron incursiones por las islas del Atlántico y por casi toda Europa occidental; normando.

VIL adj. Bajo o despreciable. ◊ Indigno, torpe, infame. ☐ VILEZA.

VILADOMAT, *Antonio* (1678-1755) Pintor esp. Destacan sus obras de temática religiosa, especialmente la serie dedicada a la vida de san Francisco.

VILANO m. Corona de pelos adherida al fruto de algunas plantas compuestas, que sirve para favorecer su dispersión por el aire. ◊ Flor de cardo.

VILAR, *Pierre* (n. 1906) Historiador fr. Intenta explicar, mediante el método marxista, la evolución histórica unificando todos los niveles de la actividad social. *Cataluña en la España moderna, Historia de España*.

VILAS, *Guillermo* (n. 1952) Tenista arg. Vencedor del Grand Prix (1974, 1975 y 1977) del Roland Garros (1977) y del *open* de Australia (1980).

VILA-VILA Yacimiento paleontológico de Bolivia, próximo a Cochabamba, donde se encontraron los mamíferos fósiles más antiguos de América meridional.

Vikingo. Estela con relieves de la vida cotidiana de los vikingos

VILCABAMBA Ant. región de Perú, donde se refugiaron los incas tras la conquista esp. Se la identifica con la situación de Machu Picchu.

VILCANOTA Nudo montañoso de los Andes, donde enlazan las cordilleras Central y Occidental de Perú; culmina a más de 6 000 m.

VILDOSO, Guido (n. 1934) Militar y político bol. Presid. interino de la rep. (1982).

VILIPENDIAR tr. Despreciar o tratar con vilipendio. ❏ VILIPENDIO.

VILLA f. Casa de recreo sit. aisladamente en el campo. ◊ Pob. que tiene algunos privilegios. ◊ Casa consistorial.

VILLA, Pancho Nombre tomado por *Doroteo Arango* (1878-1923) Revolucionario mex. Lucho contra Porfirio Díaz apoyando a Madero. Colaboró con Carranza, pero fue derrotado por este cuando se unió a Zapata. Se rindió en 1920 a Huerta. Fue asesinado.

Pancho **Villa**

VILLA ALEMANA C. de Chile, en la prov. de Valparaíso; 95 623 hab. Mercado agropecuario.

VILLA CLARA Prov. de Cuba; 8 662 km², 796 000 hab. Cap., Santa Clara. Ganadería, caña de azúcar y pesca. Ind. agropecuaria y del tabaco.

VILLA MARÍA C. de Argentina, en la prov. de Córdoba; 67 600 hab. Centro agropecuario. Ind. alimentarias, textiles y del cemento.

VILLAHERMOSA C. de México, cap. del est. de Tabasco; 520 308 hab. en el municipio. Sit. a orillas del Grijalva. Centro comercial agropecuario. Nudo de comunicaciones.

VILLALAR DE LOS COMUNEROS Mun. esp., en la prov. de Valladolid; 478 hab. Célebre por la batalla librada en su término entre las fuerzas reales y los comuneros el 23 abril 1521, que finalizó con la victoria realista y la ejecución de Bravo, Padilla y Maldonado.

VILLA-LOBOS, Heitor (1887-1959) Compositor bras. Su prolífica obra se halla enraizada en el folklore bras. *Bachianas brasileiras, Chôros, Amazonas.*

VILLALÓN, Cristóbal de Nombre que corresponde a diversos literatos esp. del s. XVI. El que alcanzó mayor fama fue el autor de *El crotalón.*

VILLALONGA, Llorenç (1897-1980) Novelista esp. en lengua catalana. *Mort de dama, Bearn.*

VILLAMEDIANA, Juan de Tassis y Pe- ralta, CONDE DE (1582-1622) Escritor esp., nacido en Lisboa. Murió asesinado (según la leyenda por orden del rey Felipe IV). Seguidor de Góngora. *Fábula de Faetón, Apolo y Dafne.*

VILLANCICO m. Composición poética popular, con estribillo, y especialmente de asunto religioso que se canta en las iglesias en Navidad.

VILLANÍA f. Bajeza de nacimiento, condición o estado. ◊ fig. Acción ruin. ◊ fig. Exp. indecorosa. ❏ VILLANERÍA.

VILLANO, NA adj. y s. Vecino del estado llano en una villa o aldea. ◊ fig. Rústico, descortés. ◊ fig. Ruin, indigno. ◊ *Amér.* El personaje malo de una obra teatral o cinematográfica. ❏ VILLANADA; VILLANESCO, CA.

VILLANUEVA, Carlos Raúl (1900-1976) Arquitecto ven., racionalista. Estadio olímpico, c. universitaria y centro cultural de Caracas. ◊ **Juan de** (1731-1811) Arquitecto esp. Fue nombrado arquitecto de la orden de El Escorial en 1768. Su obra maestra es el museo del Prado.

VILLARRICA Lago de Chile, en la IX Región de La Araucanía; 250 km². Turismo. ◊ Volcán de Chile, en la IX Región de La Araucanía; 2 582 m.

VILLARROEL, Gualberto (1910-1946) Militar y político bol. Presid. de la rep. (1943-1946). Murió en un golpe de estado.

VILLAURRUTIA, Xavier (1903-1950) Escritor mex. Poesía: *Reflejos* y *Nostalgia de la muerte.* Teatro: *Barba Azul.*

VILLAVICENCIO C. de Colombia, cap. del dpto. del Meta; 305 476 hab. Sit. a orillas del Guatiquia. Centro comercial y agropecuario. Ind. alimentarias.

VILLAVICIOSA, batalla de Victoria de las tropas francoespañolas de Felipe V sobre las del archiduque Carlos (1710).

VILLAZÓN, Heliodoro (1849-1939) Político bol. Presid. de la rep. (1908-1913).

VILLEDA y Morales, Ramón (1909-1971) Político hond. Presid. de la rep. (1957-1963).

VILLENA, Enrique de (1384-1434) Escritor esp. Se sabe de un libro suyo sobre ciencias ocultas: *Tratado de aojamiento.* Entre sus obras figuran: *Arte de trovar, Tratado del cuchillo y Arte cisoria.*

VILLENEUVE, Pierre de (1763-1806) Almirante fr., jefe de la flota francoespañola que fue derrotada por Nelson en Trafalgar (1805).

Cono del volcán **Villarrica**

VILLEURBANNE C. de Francia, en el dpto. del Ródano; 116 000 hab. Forma parte de la aglomeración urbana de Lyon.

VILLIERS de l'Isle-Adam, Auguste, CONDE DE (1838-1889) Escritor fr. Influido por Baudelaire y Poe. *Cuentos crueles, Historias insólitas.*

VILLON, François (1431-después de 1463) El más grande poeta fr. de la E. Med. Algunas de sus piezas líricas más populares son *Quatrain,* llamado *Epitafio Villon,* la *Balada de los ahorcados, Gran Testamento,* en el que intercala baladas de profundo y delicado lirismo, y otras festivas, satíricas y procaces.

VILLORRIO m. despect. Pob. pequeña que carece de las condiciones urbanísticas necesarias para vivir en ella adecuadamente.

VILNIUS, VILNA o **WILNO** C. y cap. de Lituania; 544 000 hab. Sit. al E de la rep., en la confluencia de los r. Neris y Vilija. Centro comercial y cultural. Ind. electrónica, mecánica y de plásticos.

VILO (En) m. adv. Suspendido; sin el fundamento o apoyo necesario; sin estabilidad. ◊ fig. Con indecisión, inquietud y zozobra.

VILORTA f. Vara de madera flexible para hacer aros y vencejos. ◊ Arandela para evitar el roce entre dos piezas.

VILOTE adj. *Argent.* Cobarde, pusilánime.

VINAGRE m. Producto de la fermentación acética de un líquido alcohólico debida a la acción de ciertas bacterias. ◊ fig. y fam. Persona de genio áspero y desapacible.

VINAGRERA f. Vasija destinada a contener vinagre para el uso diario. ◊ Acedera. ◊ *Amér. Merid.* Acedía de estómago. ◊ pl. Utensilio para el servicio de mesa, compuesto de dos o más ampollas o frascos para el aceite, vinagre y, a veces, otros condimentos.

VINAGRETA f. Salsa compuesta de aceite, cebolla y vinagre. Se usa fría con los pescados y con la carne.

VINAGRÓN m. Vino repuntado y de inferior calidad.

VINAJERA f. Cada uno de los dos jarrillos con que se sirven en la misa el vino y el agua. ◊ pl. Aderezo de ambos jarrillos y de la bandeja donde se colocan.

VINAL m. *Argent.* Especie de algarrobo arborescente.

VINAZO m. Vino muy espeso y de sabor muy fuerte.

VINCHA f. *Argent.* Apretador, cinta o pañuelo con que se ciñe la cabeza para sujetar el pelo.

VINCHUCA f. *Argent., Chile* y *Perú.* Insecto, especie de chinche con alas. ◊ *Brasil* y *Ur.* Insecto, huésped intermediario del *Tripanosoma cruzi,* causante de la enfermedad de Chagas. ◊ fig. *Chile.* Rehilete, especie de flechilla.

VINCI, Leonardo da ⇨ Leonardo.

VINCULAR adj. Relativo al vínculo. ◊ tr. Sujetar o gravar los bienes a vínculo para perpetuarlos en empleo o familia determinados por el fundador. ◊ fig. Atar o unir con vínculos una cosa a otra. ❏ VINCULACIÓN.

VÍNCULO m. Unión o atadura de una cosa con otra. ◊ *Der.* Sujeción de una propiedad, renta, derecho, etc., al perpetuo derecho de un linaje o familia, con prohibición de partirlo o enajenarlo.

VINDICAR tr. y prnl. Vengar. ◊ Defender, especialmente por escrito, al que se halla injuriado, calumniado o injustamente criticado. ◊ *Der.* Reivindicar. ❏ VINDICANDO; VINDICATIVO, VA; VINDICATORIO, RIA; VINDICTA.

VINICULTURA f. Elaboración de vinos. ❏ VINICULTOR, RA.

VINIFICACIÓN f. Fermentación del mosto de la uva, o transformación del zumo de ésta en vino.

VINILLO m. Vino muy flojo.

VINILO adj. y m. *Quím.* Díc. de un radical orgánico no saturado cuyo derivado más importante es el cloruro de v. (cloroetileno), $CH_2 = CHCl$, gas que se polimeriza fácilmente dando un material plástico, el cloruro de polivinilo o PVC. ❏ VINÍLICO, CA.

VINLAND («Tierra del Vino») Nombre aplicado probablemente por los vikingos de Leif Erikson a una tierra amer. que posiblemente era la de Nueva Escocia.

VINO m. Licor alcohólico que procede de la fermentación del zumo de uva. ◊ Zumo de otras cosas que fermenta al modo del de las uvas. ◊ **abocado.** El que participa algún tanto de las condiciones del vino dulce. ◊ **blanco.** El de color dorado más o menos intenso. ◊ **clarete.** Especie de vino tinto, algo claro. ◊ **de mesa.** El más común, que se bebe durante la comida. ◊ **de solera.** El más añejo y generoso, que se destina para dar vigor al nuevo. ◊ **peleón.** fam. El muy ordinario. ◊ **rosado.** El que tiene este color; clarete. ◊ **tinto.** El de color muy oscuro. ❏ VINAR; VINARIO, RIA; VINATERO, RA; VÍNICO, CA; VINÍCOLA; VINÍFERO, RA; VINOSO, SA; VINOSIDAD.
❏ *Ind.* El proceso de fermentación de la uva consiste en la transformación del azúcar de la uva en alcohol y dióxido de carbono, provocada por enzimas segregados por las levaduras existentes en la piel de la uva u hollejo. La fermentación dura algunos meses. La cantidad de alcohol producido depende de la de azúcar disponible. Cuando todo el azúcar contenido en un mosto fermenta, el v. que resulta es seco; si por el contrario la fermentación se detiene antes, se obtiene un v. dulce. El v. obtenido en distintas cosechas puede presentar diferencias notables, aunque se empleen los mismos métodos de elaboración, debidas a las condiciones atmosféricas reinantes durante el periodo de crecimiento y maduración de la uva.

VIÑA f. Terreno plantado de muchas vides. ◊ **virgen.** Planta trepadora, con zarcillos y hojas parecidas a las de la vid, flores agrupadas en racimos corimbiformes, y frutos en baya. Es originaria de América septentrional. ❏ VIÑADERO; VIÑADOR; VIÑERO, RA.

VIÑA DEL MAR C. de Chile, en la prov. de Valparaíso; 286 931 hab. Sit. en la costa, forma una conurbación con Valparaíso. Ind. textil y alimentaria. Centro turístico.

VIÑAL m. *Argent.* Viñedo.

VIÑEDO m. Terreno plantado de vides. ❏ *Argent.* VIÑAL.

VIÑETA f. Dibujo o estampita que se pone para adorno en el principio o el fin de los libros y capítulos. ◊ Dibujo, escena estampada en un libro, publicación, etc., gralte. humorística y con texto o comentarios.

Flores de **violeta** común

VIOLA f. *Mús.* Instrumento de la misma forma que el violín, aunque algo mayor y de cuerdas más fuertes.

VIOLA, *Manuel* (1919-1987) Pintor esp. Después de una etapa surrealista, se centra en la investigación de la textura y el color (*Port Louche, Petit Moulin*). En su última etapa predomina la abstracción expresionista. ◊ *Roberto* (1924-1994) Militar y político arg. Presid. de la Rep. en 1981. Juzgado y condenado por los excesos durante la represión en la llamada «guerra sucia».

VIOLÁCEO, A adj. Violado.

VIOLADO, DA adj. y s. De color de violeta, morado claro. Es el séptimo color del espectro solar.

VIOLAR m. Sitio plantado de violetas. ◊ tr. Infringir o quebrantar una ley o precepto. ◊ Cometer una violación. ◊ Profanar un lugar sagrado, ejecutando en él ciertos actos determinados por el derecho canónico. ◊ fig. Ajar o deslucir una cosa. ❏ VIOLACIÓN; VIOLADOR, RA.

VIOLENCIA f. Calidad de violento. ◊ fig. Acción violenta o contra el natural modo de proceder. ◊ fig. Acción de violar a una persona.

VIOLENTAR tr. Aplicar medios violentos a cosas o personas para vencer su resistencia. ◊ fig. Entrar en una parte contra la voluntad de su dueño.

VIOLENTO, TA adj. Que está fuera de su natural estado, situación o modo. ◊ Que obra con ímpetu. ◊ Díc. de lo que hace uno contra su gusto, por ciertas consideraciones. ◊ fig. Aplícase al genio impetuoso y que se deja llevar fácilmente de la ira. ◊ fig. Falso, torcido, fuera de lo natural.

VIOLERO m. Constructor de instrumentos de cuerda. ◊ Mosquito.

VIOLETA adj. De color morado claro. ◊ f. *Bot.* Nombre común de algunas plantas herbáceas. ◊ P. ext., se aplica esta denominación a especies parecidas de otras familias. ◊ Flor de estas plantas. ❏ VIOLETERA.

VIOLÍN m. Instrumento músico de arco, que se compone de una caja de madera, a modo de óvalo estrechado cerca del medio, con dos aberturas en forma de S en la tapa y un mástil al que va superpuesto el diapasón. Lleva cuatro cuerdas. ❏ VIOLINISTA.

VIOLLE m. *Ópt.* Unidad de intensidad luminosa, que es la de 1 cm^2 de platino en el punto de fusión.

VIOLLE, *Jules* (1841-1923) Físico fr., autor de trabajos sobre la temperatura solar: propuso la unidad de intensidad luminosa que lleva su nombre.

VIOLLET-LE-DUC, *Eugène Emmanuel* (1814-1879) Arquitecto, arqueólogo y teórico fr. Sus escritos teóricos influyeron en A. Perret, F. Lloyd Wright, V. Horta y Le Corbusier.

VIOLÓN m. Contrabajo, instrumento de cuerda. ◊ com. Persona que profesa el arte de tocar este instrumento.

VIOLONCHELO m. Instrumento musical de cuerda y arco, más pequeño que el violón y de la misma forma. ❏ VIOLONCHELISTA.

VIPÉRIDO, DA adj. y m. *Zool.* Díc. de animales de la familia vipéridos. ◊ m. pl. *Bot.* Familia de reptiles ofidios venenosos, que comprende especies de víboras de Eurasia y África. ❏ VIPERINO, NA.

VIRACOCHA (voz quechua) m. Nombre que los súbditos de los incas dieron a los conquistadores esp.

VIRACOCHA En la religión de los incas, el dios creador de todas las cosas, superior a los demás. Llamado también *Huiracocha* y *Wiracocha*.

VIRACOCHA (m. h. 1430) Soberano inca. Bajo su mando, el imperio se extendió y se formó una confederación de pueblos del altiplano. Cedió el trono a su hijo Yupanqui.

VIRAGO f. Mujer varonil.

VIRAR tr. *Fot.* Sustituir la sal de plata del papel impresionado por otra sal más estable o que produzca un color determinado. ◊ tr. e intr. *Mar.* Cambiar de rumbo o de bordada. ◊ intr. Mudar de dirección en la marcha de un automóvil. ❏ VIRADA; VIRADOR; VIRAR.

VIRASORO, *Miguel Ángel* (1900-1966) Filósofo arg. *La lógica de Hegel, Existencia y mundo, La intuición metafísica*.

VIRAVIRA f. *Amér.* Planta con hojas lanceoladas, flores en cabezuela; involucro de escamas blancas.

VIRESCENCIA f. *Bot.* Fenómeno que consiste en la adquisición de color verde por parte de un órgano vegetal que habitualmente no lo posee.

VIRGEN adj. y s. Díc. de la persona que nunca ha tenido relaciones sexuales. ◊ Díc. de la tierra que no ha sido arada o cultivada. ◊ Aplícase a aquellas cosas que aún no han sido utilizadas. ◊ Genuino, auténtico. ◊ f. Imagen de la Virgen María. ❏ VIRGINIDAD.

VÍRGENES Cabo de Argentina, en la Patagonia, en la entrada del estr. de Magallanes.

El inca **Viracocha,** según una pintura del s. XVII. Catedral de Cusco, Perú

VÍRGENES, islas (*Virgin Islands*) Arch. de las Pequeñas Antillas, sit. al E de Puerto Rico. Está dividido entre EE UU (344 km², 103 000 hab., cap., Charlotte Amalie) y Gran Bretaña (153 km², 16 000 hab.; cap. Road Town). Las islas son de origen volcánico. Clima tropical. Caña de azúcar, algodón, tabaco y frutas tropicales.

VIRGILIO Marón, Publio (70 a. C.-19 a. C.) Poeta latino. Tempranamente, dio a conocer las *Bucólicas*, diez composiciones que exaltan la vida pastoril. En las *Geórgicas* se canta el trabajo del campesino. *La Eneida* narra la epopeya del pueblo romano. ❏ VIRGILIANO, NA.

VIRGINAL adj. Relativo a la Virgen. ◊ fig. Puro, inmaculado. ◊ *Mús.* Instrumento musical semejante a la espineta, empleado durante el s. XVII.

VIRGINIA Est. del E de EE UU, a orillas del Atlántico; 105 586 km², 6 187 000 hab. Cap., Richmond. Ríos: James, Potomac, Rappahannock y York. Cereales, patata, tabaco, algodón y frutales. Cría de bovinos. Explotación forestal y pesca. Carbón, plomo y cinc. Manufacturas de tabaco, ind. química, textil, alimentaria, trabajo de la madera y curtidos. ◊ **Occidental** (*West Virginia*) Est. del E de EE UU; 62 759 km², 1 793 000 hab. Cap., Charleston. Meseta de Cumberland. Ríos: Ohio, Kanawha, Monongahela, Cheat y Potomac. Cereales, frutales y forrajes. Ganado bovino, equino y porcino. Explotación forestal. Carbón, petróleo y gas natural. Ind. de transformaciones minerales.

VIRGO adj. y f. Virgen. ◊ m. Himen.

VIRGO *Astr.* Sexta constelación del Zodiaco. Los gr. veían en ella la imagen de Ceres, diosa de la agricultura; a ello se debe la denominación de *Spica* (Espiga) dada a su pral. estrella.

VIRGUERÍA f. fam. Cosa extraordinaria o hecha con suma delicadeza, cuidado, buen gusto, etc. ❏ VIRGUERO, RA.

VÍRGULA f. Rayita o línea muy delgada. ◊ *Med.* Vibrio causante del cólera.

VIRIATO (m. 139 a. C.) Caudillo lusitano. Se puso al frente de su pueblo e inició la lucha contra Roma (147 a. C.), con la que pactó. Murió asesinado por oficiales vendidos al enemigo.

Monumento a **Viriato** en Zamora (España)

VIRIL adj. Varonil, perteneciente o relativo al varón. ◊ m. Vidrio o campana transparente con que se cubren algunas cosas para preservarlas, sin que dejen de estar a la vista. ❏ VIRILIDAD.

VIRILISMO m. Aparición de caracteres sexuales secundarios masculinos en una hembra.

VIRINGO, GA adj. *Col.* Desnudo, sin ropa.

VIROLA f. Abrazadera de metal que se pone como remate o adorno en navajas, espadas, etc. ◊ *Amér. Merid.* Adornos de oro o plata que se ponen en la montura de las caballerías.

VIROLAI m. Ant. composición poética, acompañada de música, de origen fr.

VIROLOGÍA f. Rama de la biología que estudia los virus.

VIROTE m. Saeta guarnecida con un casquillo. ◊ *Méx.* y *Ven.* Bobo.

VIRREINATO m. Dignidad o cargo de virrey. ◊ Tiempo que dura el gobierno de un virrey. ◊ Terr. gobernado por un virrey.
▢ *Hist.* Ésta dignidad se creó en España para gobernar los antiguos reinos de la pen. Ibérica. Hubo virreyes en Navarra, Aragón, Cataluña, Valencia y Mallorca; gobernaban en nombre del rey y tenían casi su misma autoridad. También hubo v. en los demás terr. de Carlos V (Nápoles, Sicilia, etc.), pero donde el v. alcanzó su máximo desarrollo fue en los dominios esp. de América. Los dos primeros v. fueron los de Nueva España (1535) y Perú (1543). El primero comprendía la mayor parte de América septentrional, Central e insular. El segundo abarcaba toda la América meridional salvo Brasil. Felipe V creó el v. de Nueva Granada en 1717 con parte de América Central, países de Bogotá y Quito. Carlos III creó el v. del Plata (1776). Esta división persistió hasta la indep. americana.

VIRREY m. El que con este título gobierna en nombre y con autoridad del rey (⇨ virreinato). ❏ VIRREINA, VIRREINAL.

VIRTANEN, Artturi Ilmari (1895-1973) Químico finl. Estudió los procesos enzimáticos y fermentativos. Premio Nobel de Química en 1945.

VIRTUAL adj. Que tiene virtud para producir un efecto. ◊ Implícito, tácito. ◊ Que tiene existencia aparente y no real. ❏ VIRTUALIDAD.

VIRTUD f. Actividad o fuerza de las cosas para producir o causar sus efectos. ◊ Fuerza, vigor o valor. ◊ Integridad de ánimo y bondad de vida. ◊ Hábito y disposición del alma para las acciones conformes a la ley moral. ◊ **cardinal**. Cada una de las cuatro (prudencia, justicia, fortaleza y templanza) que son principio de otras en ellas contenidas. ◊ **teologal**. Cada una de las tres (fe, esperanza y caridad) cuyo objeto directo es Dios.

VIRTUOSISMO m. Gran dominio de la técnica de un arte propio del virtuoso, artista que domina un instrumento, especialmente musical.

VIRTUOSO, SA adj. y s. Que se ejercita en la virtud u obra según ella. ◊ adj. Aplícase igualmente a las mismas acciones. ◊ Que tienen la actividad y virtud natural que les corresponde. ◊ adj. y s. Díc. de la persona dotada de talento natural para la música.

VIRÚ Valle de la cord. Occidental de los Andes, en Perú (prov. de Trujillo). Entre 500 a. C. y 350 d. C. se desarrolló en él una cultura preincaica.

VIRUELA f. *Pat.* Enfermedad infecciosa aguda, epidémica, producida por un virus. ◊ Cada una de las pústulas producidas por esta enfermedad. ◊ fig. Granillo semejante al que produce esta enfermedad que aparece en la superficie del papel, plantas, etc. ❏ VIROLENTO, TA.

VIRUÉS, Cristóbal de (1550-1609) Escritor esp. Su *Montserrate* es un extenso poema. Escribió también varias tragedias (*Elisa, Dido*).

VIRULENTO, TA adj. Ponzoñoso, maligno, ocasionado por un virus, o que participa de su naturaleza. ◊ Que tiene pus o está infectado. ◊ fig. Díc. del estilo, escrito o discurso, extraordinariamente violento, mordaz o ponzoñoso. ❏ VIRULENCIA.

VIRUS m. *Biol.* Organismo procariota con estructura molecular, parásito obligado de animales, vegetales o bacterias, capaz, por su pequeño tamaño, de atravesar los filtros de porcelana bacteriológicos. ◊ **informático** o **computacional** *Comp.* Agente nocivo que actúa en un sistema informático perjudicando su correcto funcionamiento. Se traspasa de un ordenador a otro a través de algunos periféricos. ❏ VÍRICO, CA.

VIRUTA f. Hoja delgada que se saca con el cepillo u otras herramientas al labrar la madera o los metales. ◊ *Amér. Centr.* Mentira, embuste. ❏ *R. de la Plata* VIRUTEAR.

VIS f. Fuerza, vigor. Se usa sólo en la loc. *vis cómica*.

VISAJE m. Gesto, exp. del rostro, mueca.

VISAR tr. Examinar un documento, certificación, etc., poniendo en ellos el visto bueno, o dándole validez para un fin o por cierto tiempo. ◊ *Amér.* VISA. VISADO.

VISAYAS Grupo de islas de la parte central del arch. de las Filipinas, sit. entre Luzón y Mindanao. ❏ VISAYO, YA.

VÍSCERA f. *Anat.* Nombre dado clásicamente a todo órgano contenido en las cavidades del organismo.

VISCONTI Noble familia gibelina de Milán, que gobernó en esta c. del s. XIII al s. XV. ◊ **Gian Galeazzo** (1351-1402), quien obtuvo el título de duque hereditario de Milán.

VISCONTI, Luchino (1906-1976) Director teatral y cinematográfico it. Inicialmente neorrealista, profundizó en el análisis crítico de la historia contemporánea de Italia. *El Gatopardo, Rocco y sus hermanos, La caída de los dioses, Muerte en Venecia, Confidencias*.

VISCOSIDAD f. Calidad de viscoso. ◊ Materia viscosa. ◊ *Fís.* Rozamiento que existe entre capas contiguas de un fluido. Las unidades de medida son el poise y el stoke. ❏ VISCOSÍMETRO.

VISCOSILLA f. Hilo hecho de celulosa, de calidad inferior al de la seda viscosa.

VISCOSO, SA adj. Díc. de la sustancia muy espesa, pegajosa, glutinosa. ◊ f. *Quím.* Producto que se obtiene por el tratamiento químico de la celulosa. Se usa pralm. en la fabricación de fibras textiles.

VISERA f. Parte del yelmo, movible y

con agujeros para ver, que cubría y defendía el rostro. ◊ Ala pequeña que tienen en la parte delantera las gorras y otras prendas semejantes, para resguardar la vista.

VISHAKHAPATNAM C. del E de la India, en el est. de Andhra Pradesh; 584 200 hab. Puerto exportador. Ind. alimentaria; construcciones navales.

VISIBILIDAD f. Calidad de visible. ◊ *Meteor.* Transparencia de la atmósfera definida por la distancia máx. hasta la cual son visibles los objetos.

VISIBLE adj. Que se puede ver. ◊ Tan cierto y evidente, que no admite duda. ❏ VISIBILIZAR.

VISIGODO, DA adj. y s. Díc. de individuos de una rama del pueblo germánico de los godos. ◊ adj. Visigótico. ❏ VISIGÓTICO, CA.

☐ *Arte.* Uno de los capítulos más imp. del arte v. es la orfebrería. Las obras maestras corresponden a la época de esplendor (s. VII); se trata de los tesoros de Torredonjimeno y de Guarrazar. En las construcciones destacaba el arco de herradura; los muros de sillería gruesa y labrada; plantas cruciformes o casi cuadradas; pequeño pórtico rectangular, y decoración en arcos, impostas y capiteles. Prototipo del estilo v. es la iglesia de San Juan de Baños de Cerrato, en Palencia.

VISILLO m. Cortinilla.

Arte **visigodo**. Fíbula con gemas engastadas

VISIÓN f. *Fisiol.* Sensación consciente producida por la luz, que permite apreciar los objetos y sus cualidades. La luz atraviesa los componentes del ojo y, mediante la córnea y el cristalino, la imagen queda enfocada en la retina. Los estímulos luminosos se convierten en impulsos nerviosos en las numerosas neuronas retinianas. Estos impulsos son conducidos por las vías ópticas hacia la corteza cerebral, donde son elaborados a nivel consciente. ◊ Especie de la fantasía o imaginación, que no tiene realidad y se toma como verdadera. ❏ VISIONARIO, RIA; VISORIO, RIA.

VISIR m. Ministro de un soberano musulmán. ◊ Gran visir. Primer ministro del sultán de Turquía. ❏ VISIRATO.

VISITA f. Persona que visita. ◊ Casa en que está el tribunal de los visitadores eclesiásticos. ◊ Especie de esclavina usada por las señoras.

VISITACIÓN f. Visita, acción de visitar. ◊ P. ant., la visita que hizo la Virgen María a su prima santa Isabel.

VISITADOR, RA adj. y s. Que visita frecuentemente. ◊ m. Funcionario que tiene a su cargo hacer visitas de inspección. ◊ m. *Amér.* En la época colonial, funcionario del Consejo de Indias que inspeccionaba una circunscripción. ◊ f. *Amér. Centr.* y *Ven.* Lavativa, ayuda.

VISITAR tr. Ir a ver a uno en su casa. ◊ Ir a un templo por devoción. ◊ Ir el médico a casa del enfermo para asistirle. ◊ Acudir con frecuencia a un paraje con objeto determinado. ❏ VISITEO.

VISLUMBRAR tr. Ver un objeto confusamente por la distancia o falta de luz. ◊ fig. Conocer imperfectamente o conjeturar por leves indicios una cosa inmaterial.

VISLUMBRE f. Reflejo de la luz, o tenue resplandor, por la distancia de ella. ◊ fig. Conjetura, sospecha o indicio. ◊ fig. Apariencia o leve semejanza de una cosa con otra.

VISNÚ Segunda divinidad componente de la trimurti hinduista. Benevolente dios del universo, mantenedor del mundo y salvador. ❏ VISNUISMO.

VISO m. Superficie de las cosas lisas o tersas que hieren la vista con un especial color o reflexión de la luz. ◊ Onda de resplandor que hacen algunas cosas heridas por la luz. ◊ Forro o prenda ligera que usan las mujeres debajo de un vestido, especialmente si es transparente. ◊ fig. Apariencia de las cosas.

VISÓN m. Mamífero carnívoro. Mide aprox. 0,5 m de largo y vive en los bosques del hemisferio N. Su apreciada piel le ha hecho objeto de una gran persecución, y por el mismo motivo se le ha criado en granjas especiales, sometiéndosele a selección. ◊ Piel de este animal. ◊ Prenda hecha de esta piel.

VISOR m. Accesorio de la máquina fotográfica cuya finalidad es la de precisar los límites del objeto a fotografiar.

VÍSPERA f. Día que antecede inmediatamente a otro determinado. ◊ fig. Cualquier cosa que antecede a otra, y en cierto modo la ocasiona. ◊ fig. Inmediación a una cosa que ha de suceder. ◊ Una de las horas del oficio divino.

VÍSPERAS Sicilianas Nombre dado al levantamiento de los sicilianos contra los fr., en Palermo, el 30 marzo 1282, que permitió coronar rey de Sicilia a Pedro III el Grande de Aragón.

VISTAZO m. Mirada superficial o ligera.

VISTO, TA adj. Muy conocido. ◊ *Der.* Fórmula con que se da por terminada la vista pública de un negocio, o se anuncia el pronunciamiento del fallo. ◊ f. *Fisiol.* Sentido corporal con que se perciben los objetos mediante la acción de la luz, visión. ◊ Campo que se descubre desde un punto. Se usa también en pl. ◊ Ojo, órgano de la visión. ◊ Conjunto de ambos ojos. ◊ Cuadro, estampa que representa un lugar o monumento, etc., tomado del natural. ◊ *Der.* Actuación en que se relaciona ante el tribunal un juicio o incidente, para dictar el fallo, oyendo a los defensores o interesados que a ella concurran. **bueno.** Fórmula que se pone al pie de algunas certificaciones y otros instrumentos y con que el que firma debajo

La **Visitación**, óleo de El Greco. Dumbarton Oaks, Washington

da a entender hallarse ajustados a los preceptos legales y estar expedidos por persona autorizada al efecto. Se escribe casi siempre por esta abreviatura: V.° B.°. ◊ **Vista cansada.** La del présbite. ◊ **corta.** La del miope.

VISTOSO, SA adj. Que atrae mucho la atención por su brillantez, viveza de colores o apariencia ostentosa. ❏ VISTOSIDAD.

VÍSTULA (*Wisla*) Río de Polonia; 1 806 km. Nace en los Cárpatos y desemboca en el Báltico, formando un delta en el golfo de Gdansk.

VISUAL f. Línea recta que se considera tirada desde el ojo del espectador hasta el objeto.

VISUALIDAD f. Efecto agradable que produce el conjunto de objetos vistosos.

VISUALIZAR tr. Visibilizar. ◊ Representar mediante imágenes ópticas fenómenos de otro carácter. ◊ Imaginar con rasgos visibles algo que no se tiene a la vista. ◊ *Comp.* Hacer aparecer información en la pantalla de la computadora o del terminal. ❏ VISUALIZACIÓN.

VITAL adj. Relativo a la vida. ◊ fig. De suma importancia o trascendencia. ❏ VITALIDAD; VITALIZAR.

Visnú acompañado de su mujer y montado sobre el Guruda, su montura característica, en una estampa que guarda el Museo Victoria y Alberto de Londres

VITALICIO, CIA adj. Que dura desde que se obtiene hasta el fin de la vida. ◊ m. Póliza de seguro sobre la vida. ◊ Pensión duradera hasta el fin de la vida del perceptor.

VITALISMO m. *Biol.* y *Fil.* Tendencia filosoficobiológica que proclama la existencia de un principio o una fuerza vital irreductible a procesos fisicoquímicos. ❏ VITALISTA.

VITAMINA f. *Biol.* y *Quím.* Sustancia, gralte. de acción enzimática, imprescindible en pequeñas cantidades para el funcionamiento normal de un organismo y que éste no puede sintetizar, y que debe adquirirse mediante la alimentación. No existe ninguna sustancia que sea de por sí una v., sino que lo es respecto a determinado organismo. ❏ VITAMINADO, DA; VITAMÍNICO, CA. ❏ *Biol.* y *Quím.* La carencia de vitaminas determina enfermedades denominadas avitaminosis que, casi siempre, se manifiestan por detención del crecimiento y por una serie de síntomas específicos que suelen afectar principalmente a la piel y mucosas. Según su solubilidad las vitaminas se clasifican en hidrosolubles y liposolubles. Las principales vitaminas liposolubles son: 1) la *A*, retinol o axerofitol, su falta determina una detención del crecimiento, y se suele manifestar por ceguera nocturna seguida de xeroftalmia; 2) la *D* o calciferol, su carencia determina el raquitismo, y su superabundancia condiciona la movilización del calcio de los huesos; 3) la *E* o tocoferol, actúa como antioxidante haciendo que el organismo pueda procurarse oxígeno puro para todos sus tejidos; 4) la *K*, antihemorrágica o filoquinona, cuya carencia determina perturbaciones en la coagulación de la sangre; 5) la *Q* o ubiquinona, actúa como eslabón en la cadena respiratoria; 6) la *F*, que consiste en un complejo de ácidos grasos esenciales; y 7) el ácido tioctánico, conocido también como ácido lipónico, que parece actuar como factor vitamínico en microorganismos. Las vitaminas hidrosolubles son las siguientes; 1) la B_1, tiamina o aneurina, su carencia produce el beriberi, y sus síntomas son alteraciones neuronales y cardíacas; 2) complejo vitamínico B_2, constituido por diversas sustancias, la riboflavina, la nicotinamida, el ácido fólico y el ácido pantoténico, que actúan como coenzimas; 3) la B_{12} o cobalamina, cura la anemia perniciosa; 4) la *C* o ácido ascórbico, cuya falta determina el escorbuto, requiere cantidades mucho mayores que las demás, pero es muy fácil de sintetizar y además todos los cítricos son ricos en ella; y 5) la *H* o biotina, cuya carencia determina alopecia y dermatitis.

VITEBSK C. de Bielorrusia; 335 000 hab. Ind. mecánica y textil.

VITELA f. Variedad de pergamino muy fina, fabricada con la piel de animales muy jóvenes o nonatos.

VITELINA adj. y f. *Díc.* de la membrana que envuelve el óvulo humano y el de algunos animales.

VITELO m. *Biol.* Conjunto de sustancias de reserva del ovoplasma, formado por lecitinas, glucógeno, proteínas, colesterol, etc., organizados en forma de gránulos, láminas y glóbulos.

VITERBO C. de Italia, cap. de la prov. hom.; 58 700 hab. Centro agrícola, comercial e industrial.

VITI LEVU Isla de origen volcánico de Fiji, la mayor de este Est.; 10 497 km². Cap., Suva. Algodón y caña de azúcar. Oro.

VITICULTURA f. Cultivo de la vid. ◊ Conjunto de prácticas y técnicas agronómicas que se aplican al cultivo de la vid. ❏ VITÍCOLA; VITICULTOR, RA.

VITIER, Cintio (n. 1921) Escritor y crítico cub. Autor de poesías, ensayos y antologías. *Canto llano, Testimonios, Lo cubano en la poesía.* Premio Juan Rulfo en 2002.

VITIM Río de Rusia, en Siberia; 1 800 km. Nace en los montes Yablonoi y desagua en el Lena.

VITIVINICULTURA f. Arte de cultivar la vid y de elaborar el vino. ❏ VITIVINÍCOLA; VITIVINICULTOR, RA.

Antonio **Vivaldi**

VITO m. Baile andaluz muy animado y vivo. ◊ Música en compás de tres por ocho, con que se acompaña este baile.

VITOLA f. Plantilla para calibrar balas de cañón o de fusil. ◊ Regla de hierro para medir las vasijas en las bodegas. ◊ Cada una de las diferentes clases de cigarro puro según su longitud, grosor y configuración. ◊ Anilla de los cigarros puros.

¡VÍTOR! interj. de alegría con que se aplaude a una persona o una acción. ◊ m. Función pública en que se aclama uno. ❏ VITOREAR.

VITÓRIA C. del SE de Brasil, cap. del estado de Espírito Santo; 258 000 hab. Sit. en la isla Vitória. Puerto exportador.

VITORIA-GASTEIZ (*Gasteiz*) C. de España, cap. de la prov. de Álava y de la com. autón. del País Vasco o Euskadi; 216 852 hab. Centro industrial (metalurgia, automóviles, artes gráficas, alimentación). Maquinaria agrícola. Neumáticos. ❏ VITORIANO, NA.

VITORIA, Francisco de (h. 1492-1546) Teólogo esp., iniciador del renacimiento escolástico en España. Destacan sus doctrinas sobre el derecho internacional, del que es considerado uno de los fundadores. *Relectiones Theologicae.*

VÍTREO, A adj. Hecho de vidrio o que tiene sus propiedades. ◊ Parecido al vidrio. ◊ *Geol.* En petrografía, díc. del material rocoso no cristalizado.

VITRIFICAR tr. y prnl. Convertir en vidrio una sustancia. ◊ Hacer que una cosa adquiera las apariencias del vidrio. ❏ VITRIFICABLE; VITRIFICACIÓN.

VITRINA f. Armario o caja con puertas o tapas de cristales, para tener objetos expuestos a la vista.

VITRIOLO m. *Quím.* Nombre que antiguamente se daba a los sulfatos de metales pesados. Conservan dicho nombre el v. azul o sulfato de cobre, el v. blanco o sulfato de cinc, y el aceite de v. o ácido sulfúrico. ❏ VITRIÓLICO, CA.

VITROLA f. *Amér. Merid.* Tocadiscos inserto en un mueble.

VITRUVIO Polión, Marco (s. I a. C.) Arquitecto y tratadista rom. Realizó el único tratado que se conserva de la época clásica. *De Architectura.*

VITRY-SUR-SEINE C. de Francia, en el dpto. de Valde-Marne; 85 300 hab. Sit. en el á. metr. de París. Centro industrial.

VITTORINI, Elio (1908-1966) Novelista it., uno de los iniciadores del neorrealismo literario. *Coloquio en Sicilia, Las mujeres de Mesina.*

VITUALLA f. Víveres. Se usa más en pl. ◊ fam. Abundancia de comida. ❏ VITUALLAR.

VIUDO, DA adj. y s. Díc. de la persona a quien se le ha muerto su cónyuge y no ha vuelto a casarse. ❏ VIUDEDAD.

VIVAC m. Retén, guardia principal. ◊ Campamento militar instalado al raso. ❏ VIVAQUEAR.

VIVALDI, Antonio (1678-1741) Compositor y violinista it. Creó conciertos, óperas, oratorios, cantatas, etc., hasta un total de 554 composiciones instrumentales conservadas. Colecciones de sus obras son el *Estro armonico, Il cimento dell' armonia e dell'invenzione, La stravaganza.*

VIVALES com. fam. Persona vividora y desaprensiva.

VIVANCO, Luis Felipe (1907-1975) Poeta esp. *Cantos de primavera, Tiempo de dolor.* Premio Crítica (1974) por *Los caminos.* ◊ **Manuel Ignacio de** (1806-1873) Militar y político per. Presid. de la rep. (1843-1844).

VIVAR m. Nido o madriguera donde crían diversos animales, especialmente los conejos. ◊ Criadero de peces. ◊ tr. *Amér.* Vitorear. ◊ Dar vivas.

VIVARACHO, CHA adj. fam. Vivo de genio, travieso y alegre.

VIVAZ adj. Que vive mucho tiempo. ◊ Eficaz, vigoroso. ◊ Agudo, de pronta comprensión e ingenio. ◊ *Bot.* Perenne. ❏ VIVACIDAD.

VIVEKANANDA, Swami (1863-1902) Guía religioso y santo hinduista, n. en Calcuta. Convencido de que el hinduismo era la gran fuerza de la India, que debía aceptar la ciencia y la técnica de Occidente.

VIVENCIA f. *Psic.* Díc. del hecho de experimentar, de vivir algo.

VÍVERES m. pl. Provisiones alimentarias de un ejército, plaza o buque. ◊ Comestibles necesarios para el alimento de las personas.

VIVERO m. Terreno adonde se trasplantan desde la almáciga los arbolillos, para trasponerlos, después de recriados. ◊ Lugar donde se mantienen dentro del agua peces, moluscos, etc. ◊ fig. Origen de algunas cosas, semillero.

VIVES, Amadeu (1871-1932) Compositor esp. Fundador, con Millet, del Orfeó Català. Sus obras más conocidas son las zarzuelas *Maruxa, Bohemios* y *Doña Francisquita.* ◊ **Juan Luis** (1492-

Juan Luis **Vives**

1540) Filósofo esp. de origen judío. Enseñó en las universidades de Lovaina y Oxford. *Tratado del alma.*

VIVEZA f. Prontitud en las acciones, o agilidad en la ejecución. ◊ Energía en las palabras. ◊ Agudeza de ingenio. ◊ Propiedad o semejanza en la representación de algo. ◊ Esplendor y lustre de algunas cosas. ◊ Gracia particular que suelen tener los ojos en el modo de mirar o moverse. ◊ Acción poco considerada.

VIVIDOR, RA adj. y s. Que vive. ◊ adj. y s. Díc. de la persona laboriosa que busca modos de vivir. ◊ m. El que vive a expensas de los demás, buscando por malos medios lo que necesita o le conviene.

VIVIENDA f. Morada, habitación. ◊ Modo de vivir.

VIVIFICAR tr. Dar vida. ◊ Reanimar, fortalecer. ❑ VIVIFICACIÓN.

VIVÍPARO, RA adj. y m. *Zool.* Díc. de las especies de animales que paren a sus crías. Se aplica exclusivamente a los mamíferos. ❑ VIVIPARISMO.

VIVIR intr. Tener vida. ◊ Durar las cosas. ◊ Conducir la propia existencia de un modo determinado. ◊ fig. Mantenerse o durar en la fama o en la memoria después de muerto. ◊ fig. Estar presente una cosa en la memoria, en la voluntad o en la consideración. ◊ Existir uno con cierta permanencia en un lugar o en un estado o condición. ◊ tr. Sentir o experimentar la impresión producida por algún hecho o acontecimiento. ◊ m. Conjunto de recursos o medios de vida y subsistencia. ❑ VIVIDERO, RA.

VIVISECCIÓN f. Disección anatómica de un ser vivo con fines científicos.

VIVO, VA adj. y s. Que tiene vida. ◊ adj. Díc. del fuego, llama, etc., encendidos. ◊ Intenso, fuerte. ◊ Sutil, ingenioso. ◊ Demasiado precipitado en las exp. o acciones. ◊ fig. Que dura y subsiste en toda su fuerza y vigor. ◊ fig. Perseverante, duradero en la memoria. ◊ fig. Diligente, rápido y ágil. ◊ fig. Muy expresivo o persuasivo. ◊ Díc. de la arista o el ángulo agudo y bien determinado. ◊ m. Borde, canto u orilla de alguna cosa.

VIZCACHA f. Mamífero parecido a la chinchilla pero más rechoncho y de mayor tamaño. Abunda en las llanuras herbosas de América meridional, donde perfora profundas galerías. ❑ VIZCACHERA.

VIZCAÍNO, NA adj. y s. De Vizcaya. ◊ m. *Ling.* Uno de los ocho prales. dialectos del vascuence.

VIZCAYA (*Bizkaia*) Prov. de España, en el País Vasco, bañada al N por el Cantábrico; 2 217 km², 1 122 637 hab. Cap., Bilbao. Terr. montañoso. Río Nervión. Cereales, patatas y forrajes. Ganado bovino. Explotación forestal. Pesca. Ind. siderúrgica, metalúrgica, papelera, química. ◊ *Golfo de V.* (fr., *Gascogne*) Golfo del mar Cantábrico entre Francia y España.

VIZCONDE m. Sustituto del conde, especialmente el que era gobernador de una provincia. ◊ Título nobiliario inmediatamente inferior al del conde. ❑ VIZCONDADO; VIZCONDESA.

VLAARDINGEN C. de Países Bajos, en Holanda Meridional; 76 000 hab. en la agl. urb. de Rotterdam. Centro industrial. Puerto pesquero.

VLADIMIR C. de Rusia, cap. de la prov. hom.; 331 000 hab. Ind. mecánicas y textiles.

VLÁDIMIRO I *Sviatoslávich* llamado EL SANTO O EL GRANDE (h. 956-1015) Príncipe de Nóvgorod [970] y gran príncipe de Kiev [980-1015]. Se convirtió al cristianismo (h. 988).

VLADIVOSTOK C. de Rusia, cap. del Territorio del Litoral; 600 000 hab. Junto al mar del Japón. Ind. mecánicas.

VLAMINCK, Maurice de (1876-1958) Pintor fr. Fauvista, sus paisajes y naturalezas muertas se resuelven mediante estructuras geométricas. *El estanque.*

VO Nguyen Giap (n. 1912) Militar y político vietnamita. Viceprimer ministro 1976-1982.

VOCABLO m. Palabra, sonido o sonidos articulados que expresan una idea y representación gráfica de estos sonidos.

VOCABULARIO m. Conjunto de palabras de un idioma. ◊ Libro en que se contienen. ◊ Conjunto de palabras pertenecientes al uso de una región, a una actividad determinada, a un campo semántico dado, etc. ◊ Libro en que se contienen. ◊ Catálogo o lista de palabras, ordenadas con arreglo a un sistema, y con definiciones o explicaciones sucintas. ❑ VOCABULISTA.

VOCACIÓN f. Inspiración con que Dios llama a algún estado, especialmente al de religión. ◊ Advocación. ◊ fam. Inclinación a cualquier estado, profesión o carrera. ❑ VOCACIONAL.

VOCAL adj. Relativo a la voz. ◊ Díc. de lo que se expresa materialmente con la voz. ◊ f. *Fon.* Sonido del lenguaje humano producido por la emisión del aire, gralte. con vibración laríngea, y modificado en su timbre, sin oclusión ni estrechez, por la distinta posición que adoptan los órganos de la boca. ◊ *Fon.* com. Persona que tiene voz en un consejo, una congregación o junta. ❑ VOCÁLICO, CA; VOCALISMO.

VOCALIZAR intr. Articular con la debida distinción las vocales, consonantes y sílabas de las palabras, para hacer plenamente inteligible lo que se habla o se canta. ◊ intr. y prnl. *Fon.* Transformar en vocal una consonante. ◊ intr. *Mús.* Solfear sin nombrar las notas, empleando solamente una vocal, casi siempre la *a*. ❑ VOCALISTA; VOCALIZACIÓN.

VOCATIVO m. *Gram.* Caso de la declinación, que sirve únicamente para invocar, llamar o nombrar a una persona o cosa personificada.

VOCEAR intr. Dar voces o gritos. ◊ tr. Publicar o manifestar con voces una cosa. ❑ VOCEADOR, RA.

VOCERÍA m. Confusión de voces altas y desentonadas.

Balcones en **voladizo** del Museo de Numismática de Bogotá

VOCERO m. El que habla en nombre de otro, llevando su voz y representación. ◊ *Amér.* Vendedor de periódicos.

VOCIFERAR tr. Publicar ligera y jactanciosamente una cosa. ◊ intr. Vocear o dar grandes voces. ❑ VOCIFERACIÓN; VOCIFERADOR, RA.

VOCINGLERO, RA adj. y s. Que da muchas voces o habla muy recio. ◊ Que habla mucho y vanamente.

VODEVIL (fr. *vaudeville*) m. Comedia ligera y frívola, basada en la intriga y el equívoco.

VODKA amb. Especie de aguardiente de centeno, de origen ruso.

VOGELWEIDE, Walther von der (h. 1170-1230) Poeta al. Autor de cantos patrióticos, políticos y amorosos, que revelan una nota personal, tendente a la simplicidad y al realismo expresivo. *Bajo los olmos.*

VOGT, Karl (1817-1894) Naturalista al., defensor del transformismo. *Historia natural de los peces de agua dulce.*

VOIVODA m. Ant. título de los príncipes de Moldavia, Valaquia o Transilvania, y de los gobernadores de las prov. de Polonia y del imperio turco. ❑ VOIVODATO.

VOIVODINA Región autónoma de Serbia y Montenegro en la Rep. de Serbia; 21 506 km2, 204 300 hab. Cap. Novi Sad. Amplia llanura avenada por el Danubio. Ind. química, textil, mecánica y maderera.

VOLADIZO, ZA adj. y m. Parte de un edificio que sobresale de los planos verticales y no reposa directamente sobre un apoyo.

La Puerta de Oro de **Vladimir**

VOLCÁN

HAWAIANO

Lago de lava — Lava enfriada

colada de lava muy fluida

ESTROMBOLIANO

explosión violenta

cono de escorias

colada de lava

PELEANO

aguja y cono de lava

nube ardiente

cenizas y proyecciones

VULCANIANO

explosión muy violenta

caldera

cono de escorias

colada de lava

Existen cuatro tipos de volcanes, que tienen conos y erupciones de distintas características, siendo la viscosidad de la lava, ligada a su composición química, el factor que determina que la erupción se produzca con mayor o menor facilidad y sea, por tanto, más o menos violenta

Pitón volcánico de 75 m de altura en Le Puy, Auvernia (Francia), coronado por una iglesia erigida en el siglo X. La columna se formó al solidificarse la lava en el interior de la chimenea del volcán y eliminar posteriormente la erosión los materiales más blandos del cono volcánico

VOLADOR, RA adj. Que vuela. ◊ Pez volador. ◊ *Zool*. Molusco cefalópodo decápodo, comestible, parecido al calamar, pero de tamaño mayor. ◊ *Bot*. Árbol tropical amer. con hojas alternas y enteras, flores precoces en panojas terminales, y fruto seco. Su madera se emplea en construcciones navales.

VOLANDAS (En) m. adv. Por el aire o levantado del suelo y como que va volando. ◊ fig. y fam. Rápidamente, en un instante.

VOLANDERO, RA adj. Suspenso en el aire y que se mueve fácilmente a su impulso. ◊ adj. y s. fig. Que no hace asiento ni se fija en ningún lugar. ◊ fig. y fam. Mentira, bola.

VOLANTE adj. m. Gén. de adorno que usaban las mujeres para la cabeza. ◊ *Mec. apl*. Rueda de elevado momento de inercia con respecto a su eje de rotación que se utiliza, por lo común, para regular el movimiento de una máquina motriz y transmitirlo al resto del mecanismo. ◊ Anillo provisto de dos topes que, movido por la espiral, detiene y deja libres alternativamente los dientes de la rueda de un reloj. ◊ Hoja de papel en el que se manda, recomienda, pide, pregunta o hace constar alguna cosa en términos precisos. ◊ *Amér*. Octavilla, hoja de propaganda.

VOLANTÍN, NA adj. Volante, que vuela. ◊ m. Especie de cordel con uno o más anzuelos, que sirve para pescar. ◊ *Argent., Chile, Cuba* y *P. Rico*. Cometa pequeña de papel.

VOLAPIÉ m. *Taur*. Suerte que consiste en herir de corrida el espada al toro cuando éste se halla parado.

VOLAPÜK m. Idioma inventado en 1879 por el sacerdote al. Schleyer, con el propósito de que sirviese como lengua universal.

VOLAR intr. Ir o moverse por el aire, sosteniéndose con las alas. ◊ fig. Elevarse en el aire y moverse de un punto a otro en un aparato de aviación. ◊ intr. fig. Caminar o ir con gran prisa. ◊ fig. Desaparecer rápida e inesperadamente una cosa. ◊ fig. Hacer algo con gran prontitud y ligereza. ◊ tr. fig. Hacer saltar con violencia o elevar en el aire alguna cosa. ◊ prnl. *Amér*. Irritarse. ◊ *Méx*. Enamorar. ❏ VOLADURA.

VOLATERÍA f. Caza de aves que se hace con otras enseñadas a este efecto. ◊ Conjunto de diversas aves. ❏ VOLATERO.

VOLÁTIL adj. y s. Que vuela o puede volar. ◊ fig. Mudable, inconstante. ◊ Aplícase a la sustancia o cuerpo que tiene la propiedad de volatilizarse, como la bencina o el alcanfor. ❏ VOLATILIDAD.

VOLATILIZAR tr. Transformar un cuerpo sólido o líquido en vapor o gas. ◊ prnl. Disiparse una sustancia. ◊ fig. Desaparecer. ❏ VOLATILIZACIÓN.

VOLATINERO, RA m. y f. Acróbata.

VOLCÁN m. *Geol*. Fisura o grieta de la corteza terrestre a través de la cual ascienden los materiales rocosos fundidos y gases procedentes de zonas profundas del globo terrestre, produciéndose una liberación de grandes cantidades de energía térmica y cinética. ◊ *Arg., Bol.* y *Col*. Avalancha de agua, rocas, etc.

❏ *Geol*. Las erupciones y en general cualquier tipo de actividad volcánica, se deben a la liberación más o menos

Pez **volador**

violenta de los gases contenidos en los magmas que alimentan un volcán. Se suelen distinguir dos tipos prales. de actividad volcánica: una esencialmente efusiva, con emisión lenta de lavas y una pacífica liberación de los gases contenidos en los magmas; y otra explosiva caracterizada por un violento desprendimiento de los gases magmáticos y por la proyección de grandes masas de materiales sólidos. Los materiales arrojados por un v. durante sus períodos de actividad son muy diversos e incluyen productos gaseosos, líquidos (lavas) y sólidos (productos piroclásticos). En su forma más clásica, aunque no la más frecuente, los v. son cónicos con una depresión en su parte superior, denominada cráter si es pequeño, o caldera si es grande. El cráter se prolonga hacia el interior mediante la chimenea volcánica, conducto circular y de trazado más o menos sinuoso que se comunica con la cámara magmática. ❏ VOLCÁNICO, CA.

VOLCANISMO m. *Geol*. Conjunto de fenómenos relacionados con el ascenso de masas rocosas en fusión hacia la superficie terrestre, su desparramamiento, y su enfriamiento y consolidación hasta originar las rocas volcánicas.

VOLCAR tr. e intr. Torcer o inclinar una cosa hacia un lado o totalmente, de modo que caiga o se vierta su contenido. ◊ prnl. fig. Poner uno en favor de una persona o propósito, todo cuanto puede, hasta excederse.

VOLEA f. Voleo, golpe dado en el aire a una cosa.

VOLEAR tr. Golpear una cosa en el aire para impulsarla. ◊ Sembrar a voleo.

VOLEIBOL m. *Dep*. Juego en el que participan dos equipos de seis jugadores cada uno, que deben pasar una pelota por encima de la red hacia el campo contrario, no pudiendo dar más de tres toques al balón, ni tampoco retenerlo. ❏ *Amér*. VOLIBOL.

VOLEMIA f. *Med*. Volumen total de sangre en el organismo. Aproximada-

Volframita

El **Volga** a su paso por Nizhnii Novgorod

mente para cada kilogramo de peso de un individuo, corresponden entre 68 y 77 cm³ de sangre.

VOLEO m. Golpe dado en el aire a una cosa antes que caiga. ◊ Bofetón.

VOLFRAMIO m. *Quím.* Elemento de símb. W, n. a. 74 y p. a. 183,85. Es un metal blanco, brillante. Sus minerales característicos son algunos volframatos, como la esquelita y la volframita. Se encuentran yacimientos en EE UU y en Extremo Oriente. Se usa para aceros rápidos y para filamentos de lámparas eléctricas.

VOLFRAMITA f. *Miner.* Volframato de hierro y manganeso, de color pardo oscuro a negro, y brillo metálico.

VOLGA Río de Rusia, el más largo de Europa; 3 700 km. Nace en la meseta de Valdai y desemboca en el·mar Caspio. Afl. prales.: Oka y Kama.

VOLGOGRADO (hasta 1925, *Tsaritsin*; de 1925 a 1961, *Stalingrado*) C. de Rusia, a orillas del Volga; 974 000 hab. Ind. siderúrgica, refinerías de petróleo. Escenario de una gran batalla (⇨ Stalingrado).

VOLICIÓN f. Acto de la voluntad; comprende tres momentos: deliberación, decisión y ejecución. ❏ VOLITIVO, VA.

VOLINIA-PODOLIA Región mesetaria en el NO de Ucrania, avenada por el Dniéster y el Bug.

Volgogrado. Entrada del Memorial Mamaev

VOLOGDA C. de Rusia, cap. de la prov. hom.; 269 000 hab. Ind. mecánicas y de curtidos. Nudo ferroviario.

VOLQUETE m. Carro formado por un cajón que se puede vaciar girando sobre el eje. ◊ Vehículo automóvil con dispositivo mecánico para volcar la carga transportada. ❏ *Col.* y *Ec.* VOLQUETA; VOLQUETERO.

VOLSCO, CA adj. y s. Díc. del individuo de un ant. pueblo del Lacio meridional.

VOLT m. Nombre del voltio en la nomenclatura internacional.

VOLTA Río de África (Burkina Faso y Ghana); 1 600 km. Nace por la unión de los r. Volta Negro, Volta Rojo y Volta Blanco y desemboca en el golfo de Guinea. ◊ **Lago V.** Embalse artificial de Ghana, que recibe las aguas del Volta; 8 500 km².

VOLTA, Alessandro (1745-1827) Físico it. Ideó el efecto que lleva su nombre. Descubridor del metano. ◊ **Tensión de V.** *Fís.* Diferencia de potencial existente en la superficie de contacto de dos metales distintos, la cual se aprovecha para producir corriente eléctrica por medio de una pila.

VOLTA, Alto ⇨ Burkina Faso.

VOLTAIRE (1694-1778) Seud. de *François-Marie Arouet*. Escritor y pensador fr. Dotado de gran capacidad de análisis y de unos medios orales y literarios con gran agresividad e ironía, V. fue defensor del despotismo ilustrado y de las libertades individuales. Trabajó para la Enciclopedia. *Cándido, Cartas sobre los ingleses, Ensayo sobre las costumbres, El templo del gusto.* ❏ VOLTERIANISMO; VOLTERIANO, NA.

VOLTAJE m. *El.* Diferencia de potencial entre los extremos de un conductor.

VOLTÁMETRO m. *El.* Aparato para medir intensidades de corriente eléctrica, que se basa en la proporcionalidad existente entre la masa depositada en la electrólisis y la corriente que circula.

VOLTAMPERIO m. *El.* Unidad de potencia aparente en las corrientes alternas, producto de la intensidad por la fuerza electromotriz. Equivale a un vatio.

VOLTEADA f. *Arg.* Operación consistente en apartar una porción de ganado, arrollándolo al correr del caballo.

VOLTEAR tr. Dar vueltas a una persona o cosa. ◊ Volver una cosa de una parte a otra hasta ponerla al revés de como estaba colocada. ◊ *Amér.* Volcar, tumbar. ◊ prnl. *Chile, Col.* y *P. Rico.* Cambiar de partido político. ❏ VOLTEADOR, RA; VOLTEO.

VOLTERETA f. Vuelta dada en el aire. ◊ Vuelta, lance de varios juegos.

VOLTÍMETRO m. *El.* Instrumento para medir diferencias de potencial entre dos puntos de un circuito eléctrico.

VOLTIO m. *El.* Unidad de diferencia de potencial. ◊ **absoluto.** Diferencia de potencial entre dos puntos de un campo eléctrico tales que para llevar un culombio de uno a otro es necesario realizar un trabajo de un julio.

VOLUBLE adj. Que fácilmente se puede volver alrededor. ◊ fig. De carácter inconstante, versátil. ◊ *Bot.* Díc. de las plantas, u órganos de las mismas, que se encaraman a ciertos obstáculos que impiden su crecimiento. ❏ VOLUBILIDAD.

VOLUMEN m. Libro, cada una de las partes en que puede ser encuadernada una obra escrita. ◊ Intensidad de una voz o del sonido producido por un instrumento. ◊ *Fís.* Espacio ocupado por un cuerpo. ◊ *Mat.* Medida de una región tridimensional del espacio ordinario. ◊ **molecular.** *Quím.* El de la molécula-gramo de cualquier gas, que en condiciones normales de presión y temperatura es constante y vale 22,412 litros. ❏ VOLUMINOSO, SA.

VOLUMETRÍA f. Técnica que se ocupa de la determinación y medida de los volúmenes. ◊ *Quím.* Rama del análisis cuantitativo que se ocupa de la determinación del volumen de reactivo necesario para reaccionar con un volumen determinado de una solución. ❏ VOLUMÉTRICO, CA.

VOLUNTAD f. Potencia del alma, que mueve a hacer o no hacer una cosa. ◊ Acto con que la potencia volitiva admite o rehúye una cosa. ◊ Libre albedrío o libre determinación. ◊ Intención o resolución de hacer una cosa. ◊ Disposición o mandato de una persona. ◊ Elección hecha por el propio dictamen o gusto. ◊ Consentimiento, aquiescencia. ◊ **Última v.** La expresada en el testamento. ❏ VOLUNTARIEDAD; VOLUNTARIO, RIA.

Voltaire retratado por Charon escribiendo su obra *La Henriade* en la cárcel de La Bastilla. Museo Carnavalet, París

Columnas jónicas del templo de Artemisa en Sardes, con **volutas** en sus capiteles

VOLUNTARIADO m. Alistamiento voluntario para el servicio militar.

VOLUNTARIOSO, SA adj. Díc. de la persona que pone voluntad, interés y esfuerzo en lo que hace.

VOLUNTARISMO m. *Fil.* Teoría según la cual la voluntad constituye el factor determinante del psiquismo humano. Aunque el v. se encuentra ya en Kant y Nietzsche, fue Wundt quien elaboró el sistema filosófico.

VOLUPTUOSIDAD f. Complacencia en los deleites sensuales. ❏ VOLUPTUOSO, SA.

VOLUTA f. *Arq.* Adorno en forma de espiral que, en los capiteles jónicos y compuestos, parece sostener el ábaco.

VOLVA f. *Bot.* Especie de lámina membranosa que rodea por completo el aparato esporífero o seta de algunos hongos.

VOLVER tr. Dar vuelta o vueltas a una cosa. ◊ Corresponder, pagar. ◊ Dirigir, encaminar una cosa a otra. ◊ Devolver, restituir. ◊ Poner nuevamente a una persona o cosa en el estado que antes tenía. ◊ tr. y prnl. Mudar o hacer que se mude una cosa o persona de un estado en otro. ◊ Vomitar. ◊ Tratándose de una puerta, ventana, etc., hacerla girar para cerrarla o entornarla. ◊ intr. y prnl. Regresar, volver al lugar de donde se salió. ◊ intr. Reanudar el hilo de la historia o discurso que se había interrumpido. ◊ Torcer o dejar el camino o línea recta. ◊ Girar la cabeza, el torso, o todo el cuerpo, para mirar lo que estaba a la espalda.

VÓLVULO m. *Pat.* Torsión de un segmento del tubo digestivo en torno a uno de sus ejes. En general, detiene la progresión del contenido intestinal.

VÓMER m. *Anat.* Huesecillo impar que forma la parte posterior del tabique de las fosas nasales.

VOMITAR tr. Arrojar violentamente por la boca lo contenido en el estómago. ◊ fig. Arrojar de sí violentamente una cosa algo que tiene dentro. ◊ fig. y

fam. Declarar uno lo que tiene secreto. ❏ VÓMIVO, CA; VOMITONA.

VOMITIVO, VA adj. y m. *Farm.* Díc. de la sustancia capaz de provocar el vómito.

VÓMITO m. Acción de vomitar. Es un acto reflejo que provoca la brusca emisión, por la boca, del contenido gástrico. Suele ir precedido de náuseas. ◊ Lo que se vomita.

VOMITORIO, RIA adj. y s. Vomitivo. ◊ m. En los ant. circos gr. y rom., abertura por donde entraba y salía el público.

VORÁGINE f. Remolino impetuoso que hacen en algunos parajes las aguas.

VORÁGINE, *Jacobo de* (*Iacopo da Varazze*, h. 1230-1298) Hagiógrafo it. *Legenda sancta* o *Legenda aurea*.

VORAZ adj. Aplícase al animal muy comedor y al hombre que come con mucha ansia. ◊ fig. Que destruye o consume rápidamente. ❏ VORACIDAD.

VORONEZH C. de la de la rep. de Rusia, cap. de la prov. hom.; 850 000 hab. Ind. mecánicas, químicas y electrotécnicas.

VORONOV, *Serge* (1866-1951) Médico sov., nacionalizado fr. Autor de importantes trabajos sobre rejuvenecimiento artificial mediante el injerto de glándulas genitales de mono en el hombre.

VOROSHILOV, *Kliment Efrémovich* (1881-1969) Mariscal sov. Vinculado a Stalin, llegó al cargo de presidente del presidium del Soviet Supremo (1953-1960).

VOROSHILOVGRADO C. de la rep. de Ucrania, cap. de la prov. hom.; 497 000 hab. Construcción de material ferroviario; ind. textil.

VÓRTICE m. Torbellino, remolino. ◊ Centro de un ciclón.

VORTICELA f. Infusorio que posee un cuerpo acampanado y un pedúnculo contráctil, que utiliza para fijarse a las plantas acuáticas.

VORTIGINOSO, SA adj. Díc. del movimiento que hacen el agua o el aire en forma circular o espiral.

VOS Tratamiento respetuoso usado antiguamente en lugar de *usted*. ◊ *Amér.* Se usa a veces en el lenguaje popular en lugar del pron. personal *tú*. ❏ VOSEAR.

VOS, *Cornelis de* (1585-1651) Retratista flamenco. Sus obras (*Abraham Grapheus*; *El artista y su familia*) se caracterizan por la elegancia y la sobriedad, por

Kliment Efrémovich **Voroshilov**

Cohete A-1 utilizado para el lanzamiento de cápsulas **Vostok**

la coloración viva y la precisión técnica del dibujo.

VOSEO m. Fenómeno lingüístico muy corriente entre ciertos hispanoamericanos, que consiste en utilizar el término *vos* en lugar de *tú*, con formas verbales de la segunda persona del pl. o del sing., y en lugar de la forma tónica *ti*.

VOSGOS (*Vosges*) Cordillera del NE de Francia, sit. entre Alsacia, Lorena y el Franco-Condado; alt. máx.: Guebwiller (1 423 m).

VOSJOD *Astron.* Serie sov. de naves espaciales tripuladas, lanzadas en los años 60.

VOSOTROS, TRAS Nominativos masculino y femenino del pron. personal de segunda persona en núm. plural.

VÖSSLER, *Karl* (1872-1949) Filólogo al. Dotó a la filología de un contenido filosófico e impulsó los estudios de estilística. *Positivismo e idealismo en la ciencia del lenguaje.*

VOSTOK *Astron.* Primera serie sov. de naves espaciales tripuladas destinadas a recorrer órbitas terrestres.

VOTACIÓN f. Conjunto de votos emitidos.

VOTAR intr. y tr. Hacer voto a Dios o a los santos. ◊ intr. Echar votos o juramentos. ◊ intr. y tr. Dar uno su voto o decir su dictamen en una reunión o cuerpo deliberante, o en una elección de personas. ◊ tr. Aprobar por votación. ❏ VOTADA; VOTADOR, RA; VOTANTE.

VOTO m. Promesa hecha a Dios, a la Virgen o a un santo. ◊ Dictamen o parecer dado sobre una materia. ◊ Persona que da o puede dar su voto. ◊ Deseo. ◊ Exvoto. ◊ **de censura.** El que emiten las cámaras o corporaciones negando su confianza al gobierno o junta directiva. ◊ **de confianza.** Aprobación que las cámaras dan a la actuación de un gobierno en determinado asunto. ❏ VOTATIVO, VA.

Vudú. Joven de la etnia somba de Benin ataviado para participar en un ritual

VOTRI m. *Chile.* Planta trepadora de hojas carnosas y fruto en cápsula.
VOZ f. Sonido que produce el aire expelido por los pulmones al hacer vibrar las cuerdas vocales. La v. humana se divide según su registro, de agudo a grave, en v. de soprano, mezzosoprano, contralto, tenor, barítono y bajo. ◊ Calidad, timbre o intensidad de este sonido. ◊ Sonido que forman algunas cosas inanimadas. ◊ Grito. Se usa más en pl. ◊ Vocablo. ◊ fig. Músico que canta. ◊ fig. Poder, derecho para hacer uno, en su nombre, o en el de otro, lo conveniente. ◊ fig. Voto. ◊ fig. Facultad de hablar en una asamblea. ◊ *Gram.* Accidente gramatical que expresa si el sujeto del verbo es agente o paciente. ◊ *Mús.* Sonido particular o tono correspondiente a las notas y claves. ◊ **activa.** ◊ *Gram.* Forma de conjugación que sirve para significar que el sujeto del verbo es agente. ◊ **cantante.** *Mús.* Parte pral. de una composición. ◊ **pasiva.** *Gram.* Forma de conjugación que sirve para significar que el sujeto del verbo es paciente. ❏ VOZARRÓN.

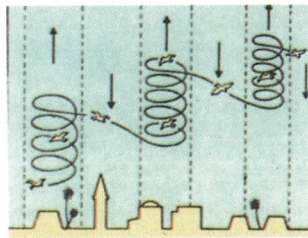

Esquema del **vuelo** de las aves en función de las corrientes térmicas descendentes y ascendentes

VRIES, *Hugo de* (1848-1935) Botánico hol. Formuló la teoría de la mutación.
VUCETICH, *Juan* (1858-1925) Antropólogo arg. de origen yugoslavo, creador de un sistema de identificación dactiloscópico que lleva su nombre.
VUDÚ o **VUDUISMO** m. Culto muy difundido en las Antillas, especial-

mente en Haití. ◊ El v. tuvo su origen en la cristianización superficial de los esclavos negros. Así, a los dioses afr. que pervivieron en forma de espíritus (*lwa*), les fue impuesto un ser supremo, bondadoso y terrible, inspirado en el Dios cristiano. La base del culto vudú consiste en la práctica de danzas rítmicas que conducen a la posesión extática.
VUECELENCIA com. Metaplasmo de *vuestra excelencia.*
VUECENCIA com. Síncopa de *vuecelencia.*
VUELCO m. Movimiento con que una cosa se vuelve o trastorna enteramente.
VUELO m. Acción de volar. ◊ Espacio que se recorre volando sin posarse. ◊ *Aer.* Desplazamiento de un cuerpo en el seno del aire. ◊ *Zool.* Sistema de locomoción a que recurren los animales que deben desplazarse en el aire. ◊ Amplitud de una vestidura en la parte que no se ajusta al cuerpo. ◊ Arbolado de un monte. ◊ Parte de una construcción, que sale fuera del paramento de la pared que la sostiene. ◊ Extensión de esta misma parte. ◊ **a vela.** *Aer.* El realizado por un planeador que utiliza las corrientes de aire.
☐ *Zool.* El v. propiamente dicho sólo se da en grupos muy evolucionados de animales terrestres, concretamente en los insectos, las aves y en algunos mamíferos. Los animales voladores presentan siempre expansiones laminares del cuerpo, las alas, en núm. de uno o dos pares, que son movidas por músculos poderosos. El v. puede ser planeado o batido; en el primer caso, la energía necesaria para la sustentación procede del movimiento del aire, mientras que en el segundo se origina en el movimiento del ala.
VUELTA f. Movimiento de una cosa alrededor de un punto, o girando sobre sí misma. ◊ Curvatura de una línea o apartamiento del camino recto. ◊ Cada una de las circunvoluciones de una cosa alrededor de otra a la cual se aplica. ◊ Regreso. ◊ Devolución de una cosa a quien la tenía. ◊ Repetición de una cosa. ◊ Parte de una cosa opuesta a la que se tiene a la vista. ◊ Tela o adorno sobrepuesto en la extremidad de las mangas u otras partes de ciertas prendas de vestir. ◊ Embozo de una capa. ◊ Dinero sobrante que se vuelve a la persona que al hacer un pago entrega cantidad superior a la debida. ◊ *Agr.* Labor que se da a la tierra o heredad. ◊ *Arq.* Bóveda, y p. ext., techo. ◊ *Dep.* En ciclismo y otros deportes, carrera que se hace alrededor de un país, región, comarca, etc. ◊ **de campana.** fig. La que se da con el cuerpo en el aire volviendo a caer de pies. ◊ **Media v.** Acción de volverse de modo que el cuerpo quede de frente hacia la parte que estaba antes a la espalda.
VUELTO m. *Amér.* Vuelta, dinero sobrante que se devuelve a la persona que hace un pago.
VUELVEPIEDRAS m. Ave caradriforme que debe el nombre a su costumbre de recorrer las playas volviendo del revés las piedras, para buscar los animalillos que se hallan bajo ellas.
VUESTRO, TRA, TROS, TRAS pron. posesivo de segunda persona. Expresa

Jardines públicos, óleo de Édouard **Vuillard**

la posesión o pertenencia atribuida a dos o más personas, aunque en ciertos tratamientos de cortesía puede referirse en sus cuatro formas a un solo poseedor cuando, por ficción que el uso autoriza, se da el núm. pl. a una sola persona. Aplícase también a un solo individuo en ciertos tratamientos.
VUILLARD, *Édouard* (1868-1940) Pintor fr., uno de los más importantes representantes del grupo de los *nabis.* *Retrato de mujer, El sueño.*
VULCANIZAR tr. *Quím.* Combinar el azufre con el caucho con objeto de conservar su elasticidad, impermeabilidad y resistencia química. ❏ VULCANIZACIÓN.
VULCANO *Mit.* Dios rom. del fuego y del arte de trabajar los metales, identificado con el Hefesto gr.
VULCANOLOGÍA f. *Geol.* Ciencia que estudia los volcanes y su actividad. Sus objetivos prales. son: estudiar la actividad volcánica y catalogación de los vol-

Detalle de *La Fragua de* **Vulcano,** óleo de Diego Velázquez. Museo del Prado, Madrid

Vulcanología. Cráter en actividad

canes activos, determinar el origen y
naturaleza de los magmas y prevenir
las erupciones volcánicas. ❏ VULCANÓ-
LOGO, GA.

VULGAR adj. Concerniente al vulgo.
◊ Común o general. ◊ Aplícase a las
lenguas que se hablan actualmente, en
contraposición de las lenguas sabias

que les dieron origen. ◊ Que no tiene
especialidad particular en su línea. ❏
VULGARIDAD.

VULGARISMO m. *Ling.* Expresión o
construcción que no se consideran propias de la norma culta

VULGARIZAR tr. y prnl. Hacer vulgar o común una cosa. ◊ tr. Exponer
una ciencia, o una materia técnica cualquiera, en forma fácilmente asequible
al vulgo. ◊ prnl. Tener trato con gente
del vulgo, o portarse como ella. ❏ VUL-
GARIZACIÓN.

VULGATA Versión latina de la Sagrada Escritura, declarada auténtica por la
Iglesia católica.

VULGO m. El común de la gente popular. ◊ Conjunto de las personas que
en cada materia no conocen más que la
parte superficial. ◊ adv. Vulgarmente.

VULNERAR tr. Transgredir, quebrantar, violar una ley o precepto. ◊ fig. Dañar, perjudicar. ❏ VULNERABLE; VULNE-
RABILIDAD; VULNERACIÓN.

VULNERARIO, RIA adj. *Farm.* Aplícase al remedio o medicamento que
cura las llagas y heridas. ◊ f. Planta de
hojas compuestas, flores agrupadas en
cabezuelas, y frutos en legumbre. Se
utiliza como resolutiva.

VULPEJA f. Zorra, mamífero.

Flores de **vulneraria**

VULPINO, NA adj. Relativo a la zorra.
◊ fig. Que tiene sus propiedades.

VULVA f. *Anat.* Conjunto de los órganos genitales externos de la mujer.

VYASA Personaje legendario de la India, a quien se le atribuye la ordenación
de los *Vedas* y las obras *Mahabharata* y
los *Puranas*.

W

W f. Vigésima cuarta letra del abecedario esp. y decimonovena de sus consonantes. Su nombre es *uve doble.* ◊ *Fís.* Símb. del watt o vatio. ◊ *Quím.* Símb. del volframio.

WACE, *Robert* (h. 1100-h. 1174) Poeta anglonormando. *Gesta de los bretones, Gesta de los normandos.*

WAGNER, *Richard* (1813-1883) Compositor al. Resaltó tanto la parte vocal como la instrumental, adoptando la melodía, en forma de aria, sobre una base armónica. *Tannhäuser, Lohengrin, Tristán e Isolda, Los maestros cantores de Nuremberg, La Walquiria, El oro del Rin, El ocaso de los dioses, Sigfrido.*

Richard **Wagner**

WAHHABISMO m. Mov. reformador puritano del islamismo, opuesto a las doctrinas mahometanas. Muhammad Abdu-I-Wahhab (h. 1703-1792) predicó sus principios.

WAKAYAMA Prefectura de Japón, en el S de la isla de Honshu; 4 275 km², 1 024 000 hab. Cap., la c. hom. (396 600 hab.). Ind. pesada, refinerías.

WAKSMAN, *Selman Abraham* (1888-1973) Microbiólogo norteam., de origen ruso. Premio Nobel de Medicina en 1952 por sus trabajos sobre la estreptomicina.

WALBRZYCH (al., *Waldenburg*) C. de Polonia; 138 000 hab. Centro minero e industrial. Hasta 1945 perteneció a Alemania.

WALDHEIM, *Kurt* (n. 1918) Político y diplomático austr. Secretario gral. de la ONU (1971-1981). Elegido presid. de la rep. en 1986, gobernó hasta 1992.

WALDSEEMÜLLER, *Martin* (1475-1521) Geógrafo y cartógrafo al. Fue el primero que aplicó al Nuevo Mundo el nombre de América (⇒ Vespucio, Américo).

WALESA, *Lech* (n. 1943) Dirigente sindical y político pol. Encabezó los mov. huelguistas de 1980 que originaron el sindicato *Solidaridad.* Tras el golpe de est. de Jaruzelski, estuvo encarcelado dos años. Dirigió las huelgas de 1988 y negoció con el gobierno la legalización de *Solidaridad.* Premio Nobel de la Paz en 1983. Presid. del país de 1990 a 1995.

WALKER, *William* (1824-1860) Aventurero norteam. Se autoproclamó presid. de la Baja California en 1853 y presid. de Nicaragua en 1855. Expulsado en 1857. Murió ejecutado.

WALKIE-TALKIE (voz ing.) m. Aparato transmisor-receptor radiofónico portátil de corto alcance.

WALKMAN (voz ing.) m. Pequeño aparato portátil que sirve para reproducir cintas magnéticas cuyo sonido se escucha con auriculares.

WALKYRIA *Mit.* Valquiria.

WALL Street (ing. «calle de la Muralla») Calle neoyorquina, sede de la Bolsa y de los prales. establecimientos bancarios.

WALLACE, *Alfred Russell* (1822-1913) Naturalista brit. Uno de los iniciadores de la zoogeografía. ◊ *Edgar* (1875-1932) Novelista brit., especializado en el gén. policíaco. *Cuatro hombres justos, El ángel del terror.* ◊ *Lewis* (1827-1905) Militar y escritor norteam. *Ben Hur.*

WALLACH, *Otto* (1847-1931) Químico al. Investigó la estructura de los terpenos. Premio Nobel de Química en 1910.

WALLENSTEIN, *Albrecht Eusebius Wenzel von* (1583-1634) General bohemio al servicio de Fernando II de Austria. Tomó parte en la guerra de los Treinta Años. Gobernador de Bohemia (1625). Murió asesinado.

WALLIS Y FUTUNA Arch. de Oceanía, sit. al NE de las islas Fiji, terr. fr. de Ultramar; 255 km², 14 000 hab. Cap., Mata Utu. Copra y pesca.

WALPOLE, *Horace* (1717-1797) Político y literato ing., hijo de Robert W. *Castillo de Otranto.* ◊ *Robert*, CONDE DE OXFORD (1676-1745) Político brit., del partido *whig.* Fue primer ministro (1721-1742).

WALPURGIS o **VALBURGA** (710-779) Santa. Monja benedictina ing. ◊ **Noche de W.** Según una leyenda popular al., noche anterior a la festividad de Santa W., en que las brujas celebraban un aquelarre en Alemania.

WALSH, *María Elena* (nacida 1930) Escritora arg. *Cancionero contra el mal de ojo.* ◊ *Raoul* (1892-1980) Director de cine norteam. *Objetivo Birmania, La carga de la brigada ligera.* ◊ *Rodolfo* (1927-1977?) Novelista arg. Desapareció durante la dictadura militar. *Operación masacre.*

WALTARI, *Mika* (1908-1979) Escritor finlandés. *Sinuhé el egipcio, Marco el romano, El etrusco, Padres e hijos.*

WALTER, *Bruno* (1876-1962) Director de orquesta al., nacionalizado estadounidense. Especialista en Mozart y Mahler.

WALTON, *Ernest Thomas* (1903-1995) Físico irl. Premio Nobel de Física en 1951, con Cockcroft, por sus trabajos sobre la desintegración del núcleo del litio con descargas eléctricas de alto voltaje.

WALVIS BAY (afrikaans, *Walvisbaai*, «bahía de la ballena») Enclave de la costa de Namibia, en el cual destaca la c. hom. Perteneció a la Rep. Sudafricana hasta 1994 .

WAMBA (m. 688) Rey visigodo [672-680]. Tras someter a los vascones, conquistó Barcelona, Girona y Nimes.

WANDSWORTH C. de Gran Bretaña, en Inglaterra; 258 400 hab. Sit. al SO de Londres, forma parte de su agl. urb.

WARHOL, *Andy* (1930-1987) Pintor, director cinematográfico, ilustrador y publicista norteam. de origen checo. Uno

Andy **Warhol**

de los prales. representantes del *Pop-Art* norteam.

WARRANT (ing., «garantía») m. Resguardo de almacenaje extendido sobre una mercancía depositada en los muelles o almacenes.

WASHINGTON Est. del NO de EE UU; 176 419 km², 4 867 000 hab. Cap., Olympia. La cord. de las Cascadas cruza el terr. de N a S. Riqueza forestal. Trigo, frutales y hortalizas. Ganadería, pesca. Hierro, plomo y cobre. Ind. aeronáutica, espacial, de maquinaria, maderera, alimentaria. ◊ C. de EE UU, cap. del país y del distr. federal de Columbia; 606 900 hab. (3 923 900 la agl. urb.). Centro político, administrativo, legislativo, judicial, cultural y científico del país. ◊ **Conferencias y tratados de W.** Serie de acuerdos y convenciones celebrados en esta c. en la segunda mitad del s. XIX y la primera del XX. La conferencia de 1899, entre EE UU y la mayoría de países iberoamericanos, concluyó con la creación de una Oficina Comercial de las Repúblicas Americanas. En 1907 se celebró una convención entre EE UU y las rep. centroamericanas, excepto Panamá, para poner fin a la guerra de Nicaragua con Honduras y El Salvador. En 1923, una convención entre EE UU y las rep. centroamericanas acordó la adopción de medidas para la represión de mov. revolucionarios.

WASHINGTON, George (1732-1799) Militar y político norteam. Dirigió como comandante en jefe la victoria sobre los brit. en la guerra de Independencia (1776). Primer presid. de EE UU (1789). Reelegido en 1793.

WASMOSY, Juan Carlos (n. 1938) Ingeniero y político par. Elegido presid. de la nación por el Partido Colorado en 1993, ocupó el cargo hasta 1998.

WASSERMANN, August Paul (1866-1925) Bacteriólogo al., descubridor de la reacción que lleva su nombre, usada para diagnosticar la sífilis. ◊ *Jakob* (1873-1934) Novelista al. de ascendencia judía. *Gaspar Hauser, El caso Maurizius, Golovin.*

WAST, Hugo (1883-1962) Seud. de *Gustavo Martínez Zuviría.* Escritor arg. *Flor de durazno, Ciudad turbulenta, Ciudad alegre.*

WATER (voz ing.) m. Retrete.

WATERLOO Pob. de Bélgica, sit. a 15 km al S de Bruselas. En esta c. tuvo lugar la batalla en la que fue derrotado

Napoleón por los ejércitos brit. y prusiano en junio de 1815.

WATERPOLO m. Deporte que se practica en una piscina rectangular, con un balón que se disputan dos equipos de siete nadadores durante veintiocho minutos divididos en cuatro tiempos.

WATIO m. Vatio.

WATSON, John Broadus (1878-1958) Psicólogo norteam. Fundador de la teoría conductista.

WATT m. *Fís.* Nombre internacional del vatio.

WATT, James (1736-1819) Ingeniero escocés. Inventó el regulador de fuerza centrífuga y el paralelogramo articulado.

WATTEAU, Antoine (1684-1721) Pintor fr., barroco. *Finette, Los Campos Elíseos, Embarque para Citerea.*

WAUGH, Evelyn (1903-1966) Novelista brit. *Hombres de armas.*

WAYNE, John (1907-1979) Seud. de *Marlon Michael Morrison.* Actor y director de cine norteam. Sobresalió en la interpretación de *westerns. La diligencia, Río Rojo.* Oscar de interpretación por *Valor de ley.*

WEB *Comp.* Sistema de organización de la información de Internet mediante enlaces de hipertexto. ◊ **página w.** Documento introducido en Internet a través de este sistema.

WEBB, Sidney, BARÓN DE PASSFIELD (1859-1947) Político y economista brit., uno de los fundadores de la Sociedad Fabiana.

WEBER m. *Fís.* Unidad de flujo magnético en el sistema Giorgi. Equivale a 10⁸ maxwells.

WEBER, Karl Maria Friedrich Ernst von (1786-1826) Compositor al. Autor de las óperas *El cazador furtivo* y *Euryanthe.* ◊ *Max* (1864-1920) Economista y sociólogo al. Realizó estudios sobre el poder y sus vinculaciones religiosas. *Sobre la objetividad de los conocimientos sociológicos y sociopolíticos, Economía y sociedad.* ◊ *Wilhelm Eduard* (1804-1891) Físico al. Estableció, con Gauss, la teoría del magnetismo terrestre.

WEBERN, Anton von (1883-1945) Compositor austr., uno de los máx. representantes del dodecafonismo. *Seis piezas para orquesta.*

WEDEKIND, Franz (1864-1918) Poeta y dramaturgo al. *La danza de la muerte, Despertar de primavera.*

WEEK-END (voz ing.) m. Fin de semana.

WEGENER, Alfred Lothar (1880-1930) Geofísico y meteorólogo al. Autor de la teoría de deriva continental.

WEIL, Simone (1909-1943) Escritora y pensadora fr. de origen judío. *La condición obrera, Cuadernos.*

WEILL, Kurt (1900-1950) Compositor al., nacionalizado en EE UU. Autor de *Grandeza y decadencia de la ciudad de Mahagonny,* ópera sobre texto de B. Brecht, en colaboración con el cual compuso *La ópera de cuatro cuartos.*

WEIMAR, República de Periodo de la historia al. que comprende desde el fin de la I Guerra Mundial hasta el ascenso de Hitler al poder (1919-1933).

WEISMANN, August (1834-1914) Biólogo y zoólogo al., dedicado al estudio de los problemas del origen y evolución de las especies.

WEISS, Peter (1916-1982) Escritor al. Autor de la obra teatral *Marat-Sade.*

Orson **Welles**

WEIZMANN, Chaim (1874-1952) Químico y político israelí. Presid. de la Organización Sionista Mundial y primer presid. de Israel (1948-1951).

WELLES, Orson (1915-1985) Actor y director de cine norteam. Dirigió: *Ciudadano Kane, Otelo, La dama de Shangai, Sed de mal, El proceso, Campanadas a medianoche.*

WELLINGTON C. y cap. de Nueva Zelanda, sit. en la isla del Norte; 343 200 hab. Activo puerto e ind. mecánicas, químicas y textiles.

WELLINGTON, Arthur Colley Wellesley, DUQUE DE (1769-1852) Militar y político brit. Dirigió en España la lucha contra las tropas napoleónicas (1809-1814) y derrotó a Napoleón en Waterloo (1815). Primer ministro brit. (1828-1830).

WELLS, Herbert George (1886-1946) Novelista y ensayista brit. Precursor del género de ciencia-ficción. *El hombre invisible, La guerra de los mundos.*

WELSER Familia de comerciantes y banqueros al., de Augsburgo. Financiaron la campaña política imperial de Carlos V, con quien pactaron la colonización de Venezuela.

WERFEL, Franz (1890-1945) Poeta, novelista y dramaturgo austr. de raza judía. *Canto de los tres reinos* (poesía), *La canción de Bernadette* (novela).

WERNER, Alfred (1866-1919) Químico suizo. Investigó la relación entre las isomerías óptica y geométrica. Premio Nobel de Química en 1913.

WESER Río de Alemania; 790 km. Se forma en Münden y desemboca en el mar del Norte.

WESLEY, John (1703-1791) Predicador brit. Fundador del metodismo.

WESSEX Ant. reino anglosajón, sit. entre el canal de Bristol y el Támesis. A finales del s. IX, se convirtió en el núcleo aglutinador de la unidad ing.

WEST BROMWICH C. de Gran Bretaña, en Inglaterra (Staffordshire); 154 900 hab. Forma parte de la agl. urb. de Birmingham.

WESTERN (voz ing.) m. Género cinematográfico inspirado en el legendario Oeste amer. durante la colonización de EE UU (1830-1900).

WESTFALIA Región histórica de Alemania, integrada en el *land* de Renania-Septentrional-Westfalia. Ducado desde el s. VII, Napoleón I (1807) constituyó el reino de W., disuelto en el congreso de Viena (1815) y convertido en prov. de

George **Washington**

Prusia. Cap. histórica, Münster. ◊ **Tratados de W.** Acuerdos firmados en las c. de Münster y Osmabrück que finalizaron a la guerra de los Treinta Años (1648).
WESTMINSTER C. de Gran Bretaña, en Inglaterra, sit. al O de Londres; 184 100 hab. Forma parte del Gran Londres.
WESTPHALEN, *Emilio Adolfo* (1911-2001) Poeta per. *Las ínsulas extrañas, Abolición de la muerte.*
WEYLER y Nicolau, *Valeriano* (1838-1930) Militar y político esp. Fue elegido por Cánovas para someter la insurrección cub. en 1896.
WHARTON, *Edith* (1862-1937) Escritora norteam. *La edad de la inocencia.*
WHEASTONE, SIR *Charles* (1802-1875) Físico brit. Inventó un estereoscopio y una máquina criptográfica. ◊ **Puente de W.** *El.* Montaje para realizar medidas rápidas y precisas de resistencias.
WHIG adj. y s. Relativo al partido brit. que sostenía los derechos del parlamento y de los sectores protestantes frente a la monarquía y los privilegios del anglicanismo (1680). Hoy los *whigs* se identifican con el partido liberal.
WHIPPLE, *George Hoyt* (1878-1976) Médico norteam. Nobel de Medicina en 1934 por sus estudios sobre la hepatoterapia de la anemia perniciosa.
WHISKY (voz ing.) m. Bebida alcohólica que se obtiene por destilación de diversos cereales malteados, especialmente la cebada.
WHITEHEAD, *Alfred North* (1861-1947) Filósofo y matemático brit. Elaboró junto con Russell los *Principia Mathematica.*
WHITEHORSE C. de Canadá, cap. del terr. de Yukón; 15 000 hab.
WHITMAN, *Walt* (1819-1892) Poeta norteam. Su poesía influyó en la generación *beat. Hojas de hierba, Canto a mí mismo, Toques de tambor.*
WICHITÁ C. de EE UU, en el estado de Kansas; 279 300 hab. Centro comercial, agropecuario e industrial.
WIECHERT, *Ernst* (1887-1950) Escritor al. Se opuso al régimen nazi. *Totenwald (La selva de los muertos).*
WIEN, *Wilhelm* (1864-1928) Físico al. Estudió las radiaciones, especialmente la llamada radiación del cuerpo negro. Premio Nobel de Física en 1911.
WIENER, *Norbert* (1894-1964) Matemático norteam. Fundador de la cibernética. *Cybernetics.*
WIESBADEN C. de Alemania, cap. del est. de Hesse; 267 500 hab. Ind. vinícola, química, papelera. Estación termal.
WIFREDO I *el Velloso* (*Guifré el Pelós*, m. 897) Conde de Urgel y Cerdaña-Conflent [870-897]. Luis II le entregó los condados de Barcelona y Girona (878).
WIGHT, *Isla de* Isla de Gran Bretaña, al S de Inglaterra, que forma el condado hom.; 381 km², 109 000 hab. Cap., Newport.
WILBERFORCE, *William* (1759-1833) Político y filántropo brit. En 1807 logró la abolición de la esclavitud en Gran Bretaña y sus colonias.
WILDE, *Eduardo* (1844-1913) Político y escritor arg. Ocupó varias carteras ministeriales. *Por mares y por tierras.* ◊ *Oscar Fingall O'Flahertie* (1856-1900) Escritor irl., exponente del llamado *dandinismo* literario. *La balada de la cárcel de*

Nave central de la abadía de **Westminster** (Gran Bretaña)

Reading y *De profundis, El retrato de Dorian Gray, La decadencia de la mentira.*
WILDER, *Billy* (1906-2002) Director de cine estadoun., de origen austr. *El crepúsculo de los dioses, Con faldas y a lo loco, El apartamento.* ◊ *Thornton* (1897-1975) Escritor estadoun. Autor de novelas: *El puente de San Luis Rey;* y de obras teatrales: *Nuestra ciudad, La piel de nuestros dientes.*
WILHELMSHAVEN C. y puerto de Alemania, en Baja Sajonia; 97 000 hab. Refinería de petróleo.
WILKINS, *Maurice Hugh Frederick* (n. 1916) Biólogo brit. Premio Nobel de Medicina en 1962 por sus descubrimientos sobre la estructura molecular de los ácidos nucleicos.
WILLEMSTAD C. y cap. de las Antillas neerlandesas, en la isla de Curaçao; 43 500 hab. (94 100 la agl. urb.).
WILLIAMS, *Alberto* (1863-1952) Compositor y teórico musical arg. *Aires de la Pampa, El atajacaminos, La esfinge.* ◊ *Eric Eustace* (1911-1981) Político de Trinidad y Tobago. Primer ministro (1962-1981). Gobernó dictatorialmente. ◊ *Tennessee* (1914-1983) Seudónimo de *Thomas Lanier Williams.* Escritor norteam. Describió los ambientes del S de EE UU. *Un tranvía llamado deseo, La gata sobre el tejado de cinc, En el invierno ciudadano.*
WILLIMAN, *Claudio* (1863-1934) Político ur. Presid. de la rep. (1907-1911), impulsó las obras públicas.
WILLSTÄTTER, *Richard* (1872-1942) Químico al. Investigó el proceso de asimilación de las plantas y la catálisis. Premio Nobel de Química en 1915.
WILSON, *Charles Thomson Rees* (1869-1959) Físico brit. Inventó la llamada cámara de niebla, que también se conoce por su nombre. Premio Nobel de Física en 1927, con Compton. ◊ *Harold* (1916-1995) Político laborista brit. Jefe del Partido Laborista (1963) y primer ministro (1964-1970 y 1974-1976). ◊ *Kenneth* (n. 1936) Físico norteam. Premio Nobel en 1982 por su descripción matemática de los fenómenos críticos de las transiciones de fase. ◊ *Thomas Woodrow* (1856-1924) Político norteam. Miembro del Partido Demócrata. Presid. de la rep. (1912-1916 y 1916-1920). Siguió la línea de intervención en los asuntos de los países latinoamericanos. Premio Nobel de la Paz en 1919.

WIMBLEDON C. de Gran Bretaña, en Inglaterra, que forma parte de la agl. urb. de Londres. Se disputa en ella el más imp. trofeo mundial de tenis.
WINCHESTER adj. y s. Díc. de los fusiles y otras armas fabricadas de 1810 a 1880 por Oliver F. Winchester.
WINCKELMANN, *Johann Joachim* (1717-1768) Arqueólogo e historiador de arte al. *Historia del arte antiguo.*
WINDAUS, *Adolf* (1876-1959) Químico al. Son importantes sus investigaciones sobre la naturaleza de las vitaminas, colesterol y ergosterol. Premio Nobel de Química en 1928.
WINDHOEK C. y cap. de Namibia, en el Damaraland; 96 100 hab. Centro comercial y ganadero.
WINDSOR C. de Gran Bretaña, en Inglaterra (Berkshire), sit. al O de Londres, junto al Támesis. ◊ **Tratados de W.** El de 1496, entre Enrique VII y la Santa Liga, en que se acordó el matrimonio de Arturo con Catalina de Aragón. El de 1522, entre Enrique VIII y Carlos V, que aseguró su alianza contra Francia.
WINDSOR C. de Canadá, en la prov. de Ontario; 192 100 hab. Centro agrícola e industrial. Refinería de petróleo.
WINDSOR Nombre dinástico adoptado por la casa reinante brit. a iniciativa de Jorge V, en 1917.
WINDSURF (voz ing.) m. Deporte náutico que se practica sobre una tabla con vela triangular.
WINDWARD Grupo de islas de las Pequeñas Antillas, que incluyen el dpto. fr. de Martinica y los est. asociados brit. de Saint Lucía, Saint Vincent, Granada y Granadinas.
WINNIPEG C. de Canadá, cap. de la prov. de Manitoba; 594 600 hab. (652 000 hab. la agl. urb.). Mercado cerealista y centro industrial. ◊ Lago de Canadá, en la prov. de Manitoba; 24 700 km². Comunica con la bahía de Hudson, mediante el río Nelson.
WINNIPEGOSIS Lago de Canadá, unido al lago Manitoba por el r. Waterhen; 5 400 km².
WINTERTHUR C. de Suiza, en el cantón de Zurich; 85 000 hab. (106 800 la agl. urb.). Ind. textiles y fabricación de maquinaria.
WISCONSIN Est. del centro-N de EE UU; 145 436 km², 4 892 000 hab.

Windward. El volcán Petit Piton, en la isla de Santa Lucía

Catedral de **Worms**

Cap., Madison. Cereales y forrajes. Ganadería. Explotación forestal. Hierro, plomo y cinc. Ind. mecánica, metalúrgica, maderera.

WITT, *Jan de* (1625-1672) Estadista neer. Fue consejero del reino (1653-1672). Abolió el estatuderato de Holanda (1668).

WITTELSBACH Dinastía al. que reinó en Baviera desde el s. x hasta 1918.

WITTGENSTEIN, *Ludwig* (1889-1951) Filósofo austr. El *Tractatus logico-philosophicus* se centra en el atomismo lógico y en la filosofía analítica. Autor también de *Investigaciones filosóficas* y *El cuaderno azul y el cuaderno marrón.*

WITTIG, *Georg* (1897-1987) Químico al. Sus trabajos sobre el empleo de compuestos de fósforo en la síntesis de sustancias, le valieron el Premio Nobel de Química en 1979.

WOJTYLA, *Karol* ⟶ Juan Pablo II.

WOLFF, *Christian* (1679-1754) Filósofo al. La filosofía es, para él, un saber escolástico fundado en dos principios: el de contradicción y el de razón suficiente. *Philosophia rationalis sive logica, Cosmologia generalis.*

WOLFSBURG C. de Alemania, en la Baja Sajonia; 122 100 hab. Ind. automovilística.

WOLLASTON, *William Hyde* (1776-1828) Químico, físico y fisiólogo brit. Descubrió las líneas oscuras del espectro y los rayos ultravioleta de la radiación solar.

WOLLONGONG C. de Australia, en el est. de Nueva Gales del Sur; 197 100 hab. Centro agropecuario y minero.

WOLSEY, *Thomas* (h. 1473-1530) Cardenal y político ing. Legado papal y consejero privado de Enrique VIII, en 1515 fue nombrado lord canciller. Fracasó en su intento de conseguir del papa el divorcio del monarca ing.

WOLVERHAMPTON C. de Gran Bretaña, en Inglaterra (Staffordshire); 252 400 hab. Centro carbonífero. Ind. siderometalúrgica.

WONSAN C. de la República Democrática Popular de Corea; 215 000 hab. Puerto comercial. Construcciones navales.

WOODWARD, *Robert Burns* (1917-1979) Químico norteam. Premio Nobel de Química en 1965 por sus descubrimientos acerca de los procesos de síntesis de compuestos orgánicos.

WOOLF, *Virginia* (1882-1924) Escritora brit. Empleó una técnica en la que la reacción subconsciente desempeña un papel preponderante. *Mrs. Dalloway, Orlando, Entreactos, Las olas.*

WOOLWICH Suburbio industrial del E de Londres; 146 000 hab.

WORCESTER C. del NE de EE UU, en el est. de Massachusetts; 177 000 hab. (344 000 la agl. urb.). Fábricas de armas.

WORDSWORTH, *William* (1770-1850) Poeta brit., miembro del grupo de los *lakistas,* introductores del romanticismo en Inglaterra. *Paseo de tarde, Baladas líricas, La excursión.*

WORMS C. de Alemania, en Renania-Palatinado. ◊ **Concordato de W.** El firmado (1122) entre Calixto II y Enrique V, y que puso fin a la guerra de las Investiduras. ◊ **Dieta de W.** La que se reunió en 1521 con asistencia de Carlos V y teólogos católicos y protestantes.

WOSS y Gil, *Alejandro* (m. 1932) Político y militar dom. Presid. (1885-1887). Derrocó a Vázquez en 1903, y fue a su vez derrocado por Morales, apoyado por EE UU.

WOTAN *Mit.* En la leyenda nórdica europea, dios supremo, llamado también *Wodan, Woden, Wuotan* y *Odín.*

WOUNDED KNEE Lugar de EE UU, en el SO de Dakota del Sur, escenario de una matanza de indios desarmados por parte del séptimo regimiento de caballería norteam. (29 de diciembre de 1890).

WRANGEL, *Piotr Nicolaievich,* BARÓN DE (1878-1928) General ruso. Al estallar la revolución bolchevique organizó un ejército contrarrevolucionario, pero fue derrotado en 1920.

WREN, SIR *Christopher* (1632-1723) Arquitecto barroco ing. Dirigió la reedificación de la catedral de San Pablo en Londres.

WRIGHT Apellido de dos hermanos, pioneros de la aviación norteam.: **Wilbur** (1867-1912) y **Orville** (1871-1948), constructores de un aparato biplano, con el que realizaron por primera vez un vuelo.

WRIGHT, *Frank Lloyd* (1869-1959) Arquitecto norteam. Realizó decoraciones basadas en el concepto de plástica cubista. Autor de la casa Kaufmann, en Pensilvania, y del museo Salomón Guggenheim en Nueva York. *Por una arquitectura orgánica.*

WROCLAW (al., *Breslau*) C. de Polonia, cap. del voivodato hom., en la Baja Silesia; 636 000 hab. Ind. de material ferroviario, astilleros, hilaturas.

WUHAN C. de China, cap. de la prov. de Hupei; 2 226 000 hab. Centro comercial e industrial. Nudo de comunicaciones.

WUNDT, *Wilhelm* (1832-1920) Psicólogo y filósofo al. Expresó la convicción de que la voluntad es un constitutivo de la experiencia psicológica, más importante que el conocimiento. *Fundamentos de psicología fisiológica.*

WUPPERTAL C. de Alemania, en el est. de Renania Septentrional-Westfalia; 379 000 hab. Ind. químicas y textiles.

WÜRTTEMBERG Ant. est. de Alemania, que en la actualidad, constituye gran parte del est. de Baden-Württemberg. Sit. al NO de la Selva Negra.

WÜRZBURGO *(Wurzburg)* C. de Alemania, a orillas del Main; 130 000 hab. Ind. mecánica, papelera y química.

WUXI C. de China oriental, en la prov. de Kiangsu; 812 000 hab. Ind. textil.

WYCLIFFE, *John* (1324-1384) Teólogo ing., precursor de la Reforma. Defendió los intereses de la corona brit. frente a la curia de Roma.

WYLER, *William* (1902-1981) Director de cine norteam., de origen suizo. *Cumbres borrascosas, Vacaciones en Roma, Ben-Hur.* Obtuvo varios Oscar.

WYOMING Est. del NO de EE UU; 253 326 km², 454 000 hab. Cap., Cheyenne. Montañas Rocosas. Cereales, remolacha azucarera. Cría de bovino y ovino. Carbón, uranio, petróleo. Ind. siderometalúrgica.

WYSZYNSKI, *Stefan* (1901-1981) Prelado pol. Cardenal en 1953. Sus tensiones con el Est. han constituido un episodio importante de la resistencia polaca.

Vista del interior de la Hofkirche de la residencia de **Wurzburgo,** obra de Johann Balthasar Neumann

X

X f. Vigésima quinta letra del abecedario esp., y vigésima de sus consonantes. Su nombre es *equis*. ◊ Signo con que se suple el nombre de una persona. ◊ *Mat.* Signo con que suele representarse en los cálculos una incógnita, o la primera de las incógnitas, si son dos o más. ◊ Letra numeral que tiene el valor de diez en la numeración romana.

XALAPA ENRÍQUEZ C. de México, cap. del est. de Veracruz; 390 590 hab. Sit. al E de sierra Madre Oriental. Café. Ind. textil, tabaquera.

XAMAN Ek En la religión maya, deidad de la estrella polar. Era protector de los comerciantes.

XAMMAR, *Luis Fabio* (1911-1947) Poeta y crítico per. De tono intimista. *Wayno*.

Crasulácea, planta **xerófita**

XANTINA f. *Biol.* Producto de degradación de la adenina, de la que derivan la cafeína y la teofilina.

XANTOFÍCEO, A adj. y f. *Bot.* Díc. de organismos de la clase xantofíceas. ◊ f. pl. *Bot.* Clase de algas amarillas, muy abundantes en aguas dulces, que se multiplican vegetativamente por formaciones claviformes, por zoósporas y sexualmente.

XANTOFILA f. *Bot.* Pigmento de color amarillento que se encuentra en las hojas de las plantas superiores y en ciertos grupos de algas.

XANTOMATINA f. *Biol.* Pigmento de los ojos de los insectos, originado a partir del triptófano.

Xe *Quím.* Símb. del xenón.

XENIN *Comp.* Versión del sistema operativo UNIX.

XENOFOBIA f. Odio, repugnancia u hostilidad hacia los extranjeros. ❑ XENÓFOBO, BA.

XENOGAMIA f. *Biol.* Fenómeno de fecundación cruzada entre dos individuos de la misma especie.

XENÓN m. *Quím.* Elemento de n. a. 54 y p. a. 131,3. Gas noble de ínfima proporción atmosférica.

XEROCOPIA f. Copia fotográfica obtenida por xerografía. ❑ XEROCOPIAR.

XERODERMIA f. *Pat.* Afección cutánea caracterizada por el estado seco, áspero y descolorido de la piel, con formación de escamas.

XERÓFILO, LA adj. *Bot.* Díc. de las plantas que viven en lugares secos.

XERÓFITO, TA adj. *Bot.* Díc. de las plantas adaptadas a los lugares secos. ❑ XEROMORFO, FA.

XEROFTALMÍA f. *Pat.* Enfermedad de los ojos caracterizada por la sequedad de la conjuntiva y opacidad de la córnea.

XEROGRAFÍA f. Procedimiento de impresión en seco, que emplea una tinta compuesta de polvo de resina cargado de electricidad negativa, por lo que es atraído por las partes impresoras, cargadas positivamente, que están contenidas en una matriz metálica. ◊ Fotocopia obtenida por este procedimiento. ❑ XEROGRAFIAR; XEROGRÁFICO, CA.

XI f. Decimocuarta letra del alfabeto gr. (ξ), que corresponde a la equis del esp.

XICOTÉNCATL *el Viejo* (m. 1522) Señor de Tizatlan, uno de los cuatro señoríos de Tlaxcala. Se unió a Cortés en la toma de Tenochtitlán.

XIFÓFORO m. Pez muy pequeño de América Central, con una larga aleta caudal, prolongada a manera de espada. Es muy común en los acuarios.

XIFOIDES adj. y m. *Anat.* Díc. de la extremidad inferior del hueso esternón. ❑ XIFOIDEO, A.

XILENO m. *Quím.* Hidrocarburo aromático llamado también ➭ xilol.

XILÓFAGO, GA adj. y m. *Biol.* Díc. de los organismos que se alimentan de madera. Se aplica tanto a vegetales (hongos de la putrefacción, por ejemplo) como a animales (insectos, arácnidos, protozoos).

Xifóforo macho

XILÓFONO m. *Mús.* Instrumento de percusión formado por listones de madera o metal de dimensiones debidamente graduadas para que den sonidos correspondientes a las diversas notas de la escala.

XILOGRAFÍA f. Arte de grabar en madera. ◊ *Art. Gráf.* Impresión tipográfica hecha con planchas de madera grabadas. ❑ XILOGRÁFICO, CA; XILÓGRAFO, FA.

XILOL m. *Quím.* Hidrocarburo aromático presente en el alquitrán de hulla, líquido, incoloro, de olor característico, que se emplea como disolvente.

XILOMETRÍA f. Determinación del volumen de los árboles, para conocer su valor maderable o leñoso. ❑ XILÓMETRO.

XILÓRGANO m. Instrumento músi-

Xilografía de tipo popular, policromada a mano, del s. XIX. Museo Militar de Montjuïc, Barcelona (España)

Vista de **Xochimilco**

co ant., compuesto de unos cilindros o varillas de madera compacta y sonora.
XILOSA f. *Quím.* Monosacárido de cinco átomos de carbono, que forma parte de las hemicelulosas de la pared de las células vegetales.
XINGÚ Río de Brasil, afl. derecho del Amazonas; 2 000 km. Nace en la sierra de Roncador.
XIPE Totec En la religión del ant. México, dios de la vegetación, la primavera y los sembrados.
XIRAU Palau, *Joaquín* (1895-1946) Filósofo esp., profesor en las universidades de Barcelona y México. *Descartes y el idealismo subjetivista moderno.*

XIRGU, *Margarita* (1888-1969) Actriz teatral esp. Obtuvo grandes éxitos como intérprete de obras de F. García Lorca. Exiliada al finalizar la guerra civil española, se dedicó a la formación de actores.
XIRIDÁCEO, A adj. y f. *Bot.* Díc. de plantas angiospermas monocotiledóneas, parecidas a las ciperáceas, con flores de perianto diferenciado, reunidas en espiga terminal bracteada.
XIUHCÓATL Dios nahua del fuego, del cielo y del sol.
XIUHPÓHUALLI (voz náhuatl) m. Calendario solar azteca. Consta de 18 meses de 20 días cada uno.

XIUHTECUHTLI En la religión del ant. México, dios del fuego.
XOCHICALCO Ant. c. fortificada tolteca, sit. al S de Cuernavaca, en el est. de Morelos (México). Fue un imp. núcleo urbano y de culto, con una gran pirámide a la que se accede por una calzada.
XOCHIMILCO Ant. est. de Mesoamérica. En la actualidad forma parte de la C. de México; 70 000 hab. Junto a esta localidad se extiende el lago hom., hoy casi desecado, donde se conservan las chinampas, que en tiempos precolombinos fueron áreas de cultivo.
XOCHIPILLI En la religión mex. prehispánica, dios de las flores, la diversión, los placeres y las fiestas, que presidía los juegos corporales y de azar, y las danzas. Era la réplica masculina de Xochiquetzal.
XOCHIQUETZAL En la religión del ant. México, diosa asociada a la fertilidad y señora de las flores, el amor y la juventud.
XOCOTLHUETZI (voz náhuatl) m. Décimo mes del calendario azteca.
XÓLOTL En la religión mex. prehispánica, dios estrechamente unido a Quetzalcóatl, del que era hermano mellizo, y señor del rayo, los gemelos, abortos, engendros y monstruos.
XÓLOTL (ss. XII-XIII) Jefe chichimeca. Derrotó a los toltecas de Tula en 1224.
XOLOTLÁN Lago de Nicaragua. ⇨ Managua.
XOSA adj. y s. Díc. de individuos de un pueblo bantú, del grupo nguni, que habita en el bantustán sudafricano de Transkei. Los x. suman unos 3 907 000 individuos. ◊ m. Lengua hablada por dicho pueblo.
XUETA adj. y s. Chueta.

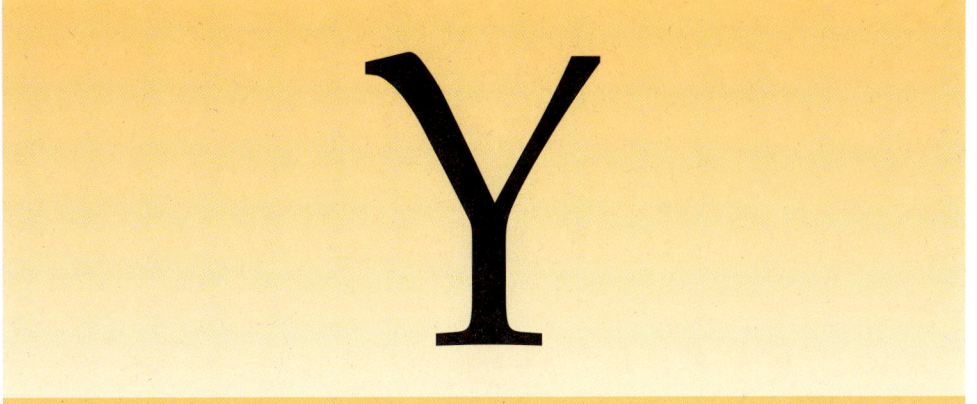

Y

Y f. Vigésima sexta letra del abecedario esp., y vigésima primera de sus consonantes. Su nombre es *i griega* o *ye*. ◊ Conj. copulativa cuyo oficio es unir palabras o cláusulas en concepto afirmativo. ◊ *Fís.* Símb. de la admitancia. ◊ *Quím.* Símb. del itrio.

Yac

YA Adv. de tiempo con que se denota el tiempo pasado. ◊ En el tiempo presente, haciendo relación al pasado. ◊ En tiempo u ocasión. ◊ Finalmente o últimamente. ◊ Luego, inmediatamente. ◊ Se usa como conj. distributiva. ◊ Sirve para conceder o apoyar lo que nos dicen.

YABUCOA C. de Puerto Rico, en el distr. de Humacao; 31 900 hab. Caña de azúcar, ron, cigarros. Puerto exportador.

YABUTÍ adj. y s. Díc. del pueblo amerindio que vive en Brasil, en el nacimiento del r. Blanco.

YAC, o **YAK** m. Mamífero rumiante que habita en el Tíbet, notable por las largas lanas que cubren las patas y la parte inferior del cuerpo.

YACARÉ m. *Amér. Merid.* Caimán, reptil.

YACENTE m. *Min.* Cara inferior de un criadero.

YACER intr. Estar echada o tendida una persona. ◊ Estar un cadáver en la fosa o en el sepulcro. ◊ Existir o estar real o figuradamente una persona o cosa en algún lugar. ◊ Tener trato carnal con una persona.

YACHTING (voz ing.) m. Navegación de placer, deporte náutico.

YACIJA f. Lecho o cosa en que se está acostado.

YACIMIENTO m. *Geol.* Sitio donde se halla naturalmente una roca, un mineral o un fósil. ◊ Lugar donde se hallan restos arqueológicos.

YACIO m. Árbol común en los bosques de la América tropical y que da goma elástica.

YAGUA adj. y s. Díc. del pueblo amerindio, de la familia lingüística caribe, que vive en la Amazonia per. ◊ f. *Ven.* Palma comestible, usada por los indígenas para construir sus cabañas y hacer sombreros, cestos, etc.

YAGUAL m. *Amér. Centr.* y *Méx.* Rodete para llevar pesos sobre la cabeza.

YAGUAR (voz guaraní) m. Jaguar.

YAGUARETÉ m. *Argent., Par.* y *Ur.* Jaguar.

YAGUARÓN R. fronterizo de Brasil y Uruguay; 217 km. Desagua en la laguna Merín.

YAGUL Yacimiento arqueológico de México, en el est. de Oaxaca. Restos de la cultura zapoteca.

YAGURÉ m. *Amér. Merid.* Mofeta, mamífero carnicero.

YAHGÁN o **YAMANA** adj. y s. Díc. del pueblo amerindio que vivía en la isla Grande de la Tierra del Fuego y en otras islas cercanas.

YAHWEH Nombre del Dios de Israel. El significado más aceptado es el de «ser que subsiste por sí mismo». En las traducciones bíblicas aparece también como *Yavhé, Yavé* o *Yahveh*.

YAKARTA (*Djakarta;* ant., *Batavia*) C. y cap. de Indonesia, en la isla de Java; 9 104 800 hab. Primer centro económico y cultural del país. Ind. metalúrgica, química, naval y textil.

YAKUTIA Rep. de Rusia, en el NE de Siberia; 3 103 200 km², 1 081 000 hab. Cap., Yakutsk. Amplia llanura accidentada por los montes Cherski, Verjoiansk y Stanovói. Gran parte del país está cubierto por la taiga, al S, y la tundra, al N. Hulla, oro y diamantes.

YAKUTO, TA adj. y s. Díc. de individuos de un pueblo mongoloide, de lengua turca, que vive en Yakutia.

YAKUTSK C. de Rusia, cap. de la rep. de Yakutia; 180 000 hab. Puerto fluvial en el r. Lena. Centro comercial.

YALTA C. de la rep. de Ucrania, en la pen. de Crimea. ◊ **Conferencia de Y.** Reunión celebrada por Roosevelt, Churchill y Stalin (1945), donde se acordaron las medidas sobre Alemania y el reparto de zonas de influencia en Europa.

YAMAGATA Prefectura de Japón, en la isla de Honshu; 9 327 km², 1 258 000 hab. Cap., la c. hom. (245 200 hab.). Ind. textil, metalúrgica, papelera.

Yacimiento de cobre en Bingham (EE UU)

YAMAGUCHI Prefectura de Japón, en la isla de Honshu; 6 107 km², 1 573 000 hab. Cap., la c. hom. (129 500 hab.).

YAMALO-NENETS, *circunscripción nacional de* Subdivisión administrativa de Rusia, al N de la prov. rusa de Tiumen; 750 300 km², 343 000 hab. Cap., Salejard, 22 000 hab.

YAMAMOTO, *Isoroku* (1884-1943) Almirante jap. Dirigió los ataques aéreos contra EE UU en Pearl Harbor y en las islas Salomón.

YAMANASHI Prefectura de Japón, en la isla de Honshu; 4 464 km², 853 000 hab. Cap., Kofu.

YAMBO m. Pie de la poesía gr. y latina, compuesto de dos sílabas: la primera, breve, y la otra, larga. ◊ *Bot.* Árbol grande, muy cultivado en las Antillas, que tiene por fruto la pomarrosa.

YAMOUSSOUKRO Cap. de Costa de Marfil (en construcción); 120 000 hab.

YANAURCO o **YANA URCO** Montaña del N de Ecuador, en la cordillera Occidental de los Andes; 4 583 m.

YANG m. En fil. china, concepto fundamental que representa el principio o fuerza activa o masculina.

YANG, Shangkun (1908-1998) Político chino. Participó en la Larga Marcha. Nombrado presid. de China en 1988.

YANG TSE-KIANG o **AZUL** Río de China; 5 800 km. Nace en el Tibet y desemboca en el mar de la China Oriental.

YANQUI adj. y s. De Nueva Inglaterra, en EE UU. ◊ P. ext., natural de esta nación.

YANTAR m. ant. Manjar o vianda. ◊ tr. ant. Comer, especialmente al mediodía.

YÁÑEZ, Agustín (1904-1980) Novelista mex. *Al filo del agua, Flor de juegos antiguos, Archipiélago de mujeres.*

YAPA f. *Amér. Merid.* Añadidura, adehala, refacción.

YAPOK m. Mamífero marsupial, que vive en las orillas de los ríos centro y sudamericanos.

YAPURA Río de América Meridional. ⇨ Caquetá.

YAQUE del Norte Río de la República Dominicana; 296 km. Nace en la cordillera Central y desemboca en Monte Cristi. ◊ **del Sur.** Río de la República Dominicana; 200 km. Nace en la cordi-

llera Central y desemboca en la bahía de Neiba.

YAQUI adj. y s. Díc. de individuos de una tribu amerindia, de la familia lingüística uto-azteca, que vive en el est. mex. de Sonora.

□ *Hist.* Los y. se opusieron a los esp. (1533 y 1599) durante la colonización. A partir de 1876, acaudillados por *Cajeme,* sostuvieron una rebelión contra el porfiriato. La resistencia y. fue vencida mediante una guerra de exterminio.

YAQUI Río de México; 555 km. Nace en Chihuahua, atraviesa el est. de Sonora y desemboca en la bahía de Yasicori.

YARA Villa de Cuba, en la prov. de Granma. ◊ **Grito de Y.** Primer levantamiento cub. contra la dominación esp. (1868).

YARACUY Est. de Venezuela, a orillas del Caribe; 7 100 km², 411 980 hab. Cap., San Felipe. Accidentado por la sierra de Aroa y las montañas de Nirgua. Caña de azúcar, café y plátano. Cobre. Ind. azucarera.

YARAVÍ m. *Amér. Merid.* Especie de cantar dulce y melancólico indígena.

YARDA f. Medida ing. de longitud equivalente a 91 cm.

YARE (voz caribe) m. Jugo venenoso que se extrae de la yuca amarga.

YARO m. *Ur.* Indígena que habitaba en la costa del Uruguay, al S del r. Negro.

YAROSLAVL C. de Rusia; 633 000 hab. cap. de la prov. hom. (36 400 km², 1 471 000 hab.). Ind. metalúrgica y textil.

YATAÍ o **YATAY** m. *Argent., Par.* y *Ur.* Especie de palma. El fruto se usa para la fabricación de aguardiente y la fibra de las hojas para tejer sombreros.

YATE m. Embarcación de gala o de recreo.

YAUCO Mun. de Puerto Rico, en el distr. de Mayagüez; 38 800 hab. Centro agropecuario.

YAUNDÉ *(Yaoundé)* C. y cap. del Camerún; 653 700 hab. Centro administrativo y comercial. Manufacturas de tabaco.

YAVARI *(Javari)* Río de Perú y Brasil, afl. del Amazonas; 1 050 km. Nace en la sierra dè Divisor (Perú).

YAXCHILÁN Yacimiento arqueológico de México, en el est. de Chiapas. Restos mayas.

Boris **Yeltsin**

Yb *Quím.* Símb. del iterbio.

YDÍGORAS Fuentes, Miguel (1895-1982) Político guat. Presid. (1958-1963), su gobierno fue autoritario y favorable a los EE UU. Fue derrocado.

YE f. Nombre de la letra *y.*

YEATS, William Butler (1865-1935) Escritor irl. Propulsor del renacimiento literario, y pral. figura del teatro moderno de su país. Premio Nobel de Literatura en 1923. *Siete poemas y un fragmento, El viento entre las cañas.*

YEGROS, Fulgencio (m. 1821) Político par. Dirigente de la rev. de 1811. Presid. de la Junta de gobierno. Compartió el poder con Francia desde 1812, hasta que éste le apartó. Ejecutado tras un intento de golpe de Est. (1820).

YEGUA f. Hembra del caballo. ◊ *Amér. Centr.* Colilla de cigarro.

YEGUADA f. Tropilla o manada de ganado caballar. ◊ *Amér. Centr.* Burrada, disparate.

YEÍSMO m. Pronunciación de la elle como ye. ❑ YEÍSTA.

YEKATERINODAR Ant. Krasnodar. Terr. de la rep. de Rusia; 83 600 km², 4 492 000 hab. Cereales, girasol, forrajes; ovinos y bovinos. Ind. alimentaria, textil, maquinaria agrícola y refinería de petróleo.

YELISAVETGRADO o **ELISAVET-GRADO** (ant. *Kirovogrado*) C. en el centro-oeste de Ucrania; 269 000 hab. Ind. alimentaria; maquinaria agrícola.

YELLOWSTONE R. del N de EE UU; 1 600 km. Nace en las Rocosas y desemboca en el r. Missouri.

YELLOWKNIFE C. de Canadá, cap. de los Territorios del Noroeste; 11 800 hab.

YELMO m. Parte de la armadura ant., que resguardaba la cabeza y el rostro.

YELTSIN, Boris (n. 1931) Político ruso. Presid. del Soviet Supremo de la Federación de Rusia (1990), abandonó el PCUS y en 1991 se convirtió en el primer presid. de Rusia elegido democráticamente. Impulsó la creación de la Comunidad de Estados Independientes (CEI) que supuso la disolución de la URSS. Reelegido en 1996, el 31 de diciembre de 1999 dimitió y cedió la presid. a Vladimir Putin.

YEMA f. *Bot.* Renuevo que en forma de botón escamoso nace en el tallo de los vegetales. ◊ Porción central del huevo de los vertebrados ovíparos. ◊ Dulce de azúcar y yema de huevo. ◊ *Zool.*

Barcazas de transporte de mercancías en el **Yang Tse-kiang**

Yema de abeto común

Prolongación carnosa en el cuerpo de pólipos, anélidos, etc.; rudimento de un nuevo individuo. ◊ **del dedo.** Lado de la punta del dedo, opuesto a la uña.
YEMEN, *República del (Al-Jumhuriya al-Yamaniya)* Estado de Asia Occidental, en el SO de la pen. Arábiga. El sector occidental es de predominio montañoso, con alturas que rebasan los 3 500 m, mientras el oriental es básicamente mesetario, dominado por el desierto. No hay ríos permanentes y las precipitaciones son muy escasas. Las temperaturas son muy elevadas. Tabaco, café, algodón, dátiles, mijo. Ganado ovino y caprino. Lenguas: ár. (of.) e ing. *Rel.*: islámica. Cap. política Sana, cap. comercial y económica Adén. C., prales.: Hodeida y Taizz. U.M.: riyal y dinar.
☐ *Hist.* En el año 893, Zeid ibn Ali ibn Hussein instauró la dinastía zayrí, que gobernó de forma despótica el país hasta entrado el siglo XX. Al sur del Y., la c. de Adén se convirtió en 1839 en importante núcleo brit., vinculado más tarde a las vecinas y desérticas regiones de Hadhramaut y Mahra. Con la in-

dep., Adén se convirtió en 1967 en cap. de una república con vinculaciones al bloque socialista y cuya denominación of. fue la de República Democrática Popular del Yemen, aunque comúnmente se la conoció como Yemen del Sur. Por su parte, Yemen del Norte abandonó el 1962 su tradicional régimen monárquico feudal y terminó por convertirse en la llamada República Árabe del Yemen. En 1990 nació la nueva República de Yemen, formada por la fusión de la República Árabe y la República Democrática Popular y presidida por Ali Abdallah Saleh (presid. de Yemen del Norte entre 1978 y 1990). Pero en 1994 estalló una guerra civil entre las dos ant. rep., saldada con la victoria de la ant. Y. del Norte y el mantenimiento de la unión política. El presidente Saleh. reelegido en 1999 en las primeras elecciones presidenciales directas de la historia del país, vio prolongado su mandato de cinco a siete años tras la celebración de un referéndum en 2001.
YEMENÍ adj. y s. Del Yemen.
YEN m. Unidad monetaria del Japón.
YENISÉI Río de Rusia, en Siberia; 4 000 km. Nace en los montes Sayanes y desemboca en el mar de Kara.
YEPES, Narciso (1927-1997) Guitarrista esp. Inventor de una guitarra de 10 cuerdas.
YERBA f. Hierba. ◊ Especie de acebo con hojas lampiñas, pecioladas, oblongas y aserradas por el margen; flores axilares, blancas, de pedúnculo largo y fruto en drupa roja. Abunda en América del Sur. ◊ Producto de esta planta, que se emplea para hacer la infusión denominada mate. ◊ fam. Marihuana, grifa.
YERBAL m. *Argent.* y *Par.* Plantación de yerba mate.
YERBATERO, RA adj. y s. *Amér.* Díc. del médico o curandero que cura con hierba.
YERBERA f. *Argent.* Vasija en que se tiene la hierba para cebar el mate.
YEREVÁN (ant., *Erevan* o *Eriván*) C. y cap. de la rep. indep. de Armenia; 1 133 000 hab. Centro adm., cultural e ind. Fabricación de coñac.

REPÚBLICA DEL YEMEN	
Superficie	527 968 km²
Población	11 493 000 hab. (22 hab./km²)
Recursos económicos	
Algodón	14 000 t
Bananas	52 000 t
Café	8 000 t
Dátiles	18 000 t
Sorgo	132 000 t
Tabaco	7 000 t
Trigo	77 000 t
Ganadería	
Cabaña bovina	1 180 000 cabezas
Cabaña caprina	3 400 000 cabezas
Cabaña ovina	3 800 000 cabezas
Camellos	180 000 cabezas
Pesca	89 149 t
Producción minera	
Petróleo	8 468 000 t
Sal	163 000 t
Producción industrial	
Cemento	70 000 t
Cerveza	52 000 hl
Cigarrillos	1 168 millones de unidades
Energía eléctrica	1 740 millones de kwh
Tejidos de algodón	3 000 000 m²
Indicadores sociológicos	
PNB	6 746 millones de dólares
Renta per cápita	540 dólares
Esperanza de vida	52 años
Alfabetismo	38%

YERMAR tr. Despoblar o dejar yermo un lugar, campo, etc.
YERMO, MA adj. Inhabitado. ◊ adj. y s. Incultivado. ◊ m. Terreno inhabitado.
YERNO m. Respecto de una persona, marido de su hija.
YERO m. Planta con hojas compuestas, flores rosadas y frutos en legumbres en forma de collar.
YERRA f. *R. de la Plata.* Hierra.
YERRO m. Falta o delito cometido contra los preceptos de un arte y, absolutamente, contra las leyes divinas y humanas. ◊ Equivocación por descuido o inadvertencia.

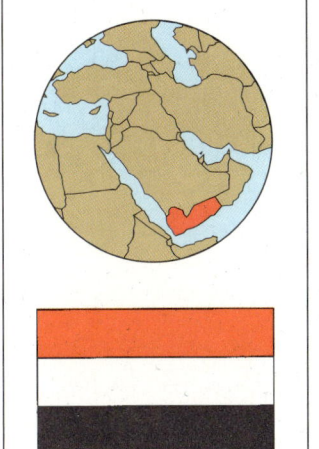

Mapa de situación y bandera de la **República del Yemen**

Vista de Sana, capital de **Yemen**

Yeso

Yucatán. Templo de los Guerreros o de las Mil Columnas de Chichén Itzá

YÉRSEY m. *Amér.* Jersey. ◊ *Amér.* Tejido fino de punto.

YERSIN, *Alexandre* (1863-1943) Bacteriólogo fr. Descubrió el microbio de la peste y preparó un suero para combatirlo.

YERTO, TA adj. Tieso, rígido o áspero. ◊ Aplícase al viviente que se ha quedado rígido por el frío.

YESCA f. Materia muy seca y preparada de suerte que cualquier chispa prenda en ella. ◊ fig. Lo que está sumamente seco y, por consiguiente, dispuesto a encenderse o abrasarse. ◊ pl. Lumbre o conjunto de yesca, eslabón y pedernal.

YESERÍA f. Fábrica de yeso. ◊ Tienda o sitio en que se vende yeso. ◊ Obra elaborada con yeso.

YESO m. *Miner.* Sulfato de cal hidratado, blanco por lo común. Deshidratado por la acción del fuego y molido, tiene la propiedad de endurecerse rápidamente cuando se amasa con agua. ◊ Obra de escultura vaciada en yeso. ◊ Clarión. ❏ YESERÍA; YESERO, RA; YESOSO, SA.

YESO Isla de Japón. ⇨ Hokkaido.

YETI m. Supuesto animal cuya presencia se ha situado en el Himalaya. En Occidente se le ha llamado «hombre de las nieves».

YEYUNO m. *Anat.* Segunda porción del intestino delgado de los mamíferos.

YI R. de Uruguay; 240 km. Nace en la Cuchilla Grande y desemboca en el r. Negro.

YIDDISH m. *Ling.* Lengua hablada por los judíos del centro y E de Europa. Tiene su origen en la E. Med.

YIN m. En la filosofía china, concepto fundamental que representa el principio femenino o pasivo.

YO pron. personal de primera persona en gén. masculino o femenino y núm. singular. ◊ *Fil.* Con el art. *el*, o el posesivo, afirmación de conciencia de la personalidad humana. ◊ *Psic.* En el psicoanálisis, una de las tres capas o instancias constitutivas de la personalidad. (con el *ello* y el ⇨ superyó).

YOCASTA *Mit. gr.* Esposa de Layo, rey de Tebas, de quien tuvo a Edipo, con quien se casó.

YODO m. *Quím.* Elemento de símb. I, n. a. 53 y p. a. 126,9. Es un halógeno que forma láminas de color violeta fuerte, y brillo metálico; fácilmente sublimable desprendiendo vapores de color violeta y olor irritante; presente en el mar (2-3 mg/l) en forma de compuestos orgánicos. En el hombre se encuentra en la tiroxina de la glándula tiroides (su deficiencia ocasiona el bocio). Se usa como antiséptico en solución acuosa (*tintura de y.*). ❏ YODADO, DA.

YODOFORMO m. *Quím.* Compuesto cuyas moléculas están constituidas por un átomo de carbono, uno de hidrógeno y tres de yodo. Se usa como antiséptico.

YODURO m. *Quím.* Cuerpo resultante de la combinación del yodo con un radical simple o compuesto. ❏ YODURAR; YODURACIÓN.

YOGA m. Doctrina y sistema ascético de los adeptos al brahmanismo, mediante los cuales pretenden éstos lograr la perfección espiritual y la unión beatífica. ◊ Se designan también con esta palabra los sistemas que se practican modernamente para obtener la concentración anímica por medio de procedimientos semejantes. ❏ YOGUI.

YOGUR m. Producto lácteo obtenido de la fermentación de la leche previamente pasterizada y algo concentrada.

YOGYAKARTA (*Jogjakarta* o *Djokjakarta*) C. de Indonesia, en la isla de Java; 398 700 hab. Hilados. Ind. ferroviaria.

Postura de **yoga** llamada *sirshasana*

YOHIMBINA f. Alcaloide cristalizable, tóxico y afrodisiaco con diversos usos medicinales.

YOKOHAMA C. de Japón, en la isla de Honshu, cap. de la prefectura de Kanagawa; 3 220 400 hab. Integrada en la agl. urb. de Tokio. Ind. metalúrgica, siderúrgica, química, textil y alimentaria. Refinería de petróleo.

YOKOSUKA C. de Japón, en la isla de Honshu; 427 100 hab. Ind. metalúrgica.

YOLA f. Embarcación estrecha y ligera.

YOM KIPPUR (heb., «Día de la expiación») La fiesta más solemne del calendario religioso judío.

YOPAL C. de Colombia, cap. del dpto. de Casanare; 57 148 hab. Centro comercial. Ganadería.

YORK C. de Gran Bretaña, en Inglaterra, cap. del Yorkshire; 99 800 hab. Centro agropecuario. Ind. metalúrgica.

YORK, *casa de* Rama de la familia real ing. de los Plantagenet, opuesta durante el s. XV a la de Lancaster en la guerra de las Dos Rosas por la sucesión al trono de Inglaterra.

YORK, *Ricardo,* DUQUE DE (1411-1460) Pretendiente al trono ing. Sus pretensiones para suceder a Enrique VI motivaron la guerra de las Dos Rosas. Fue muerto por un ejército enemigo.

YORO Dpto. del N de Honduras; 9 416 km², 320 067 hab. Cap., la c. hom, 4 300 hab. Territorio montañoso accidentado por las sierras Nombre de Dios, Pijol y Sulaco. Frutas tropicales, plátanos, café y cacao. Cobre, hierro y antimonio. Explotación forestal. Ind. química y maderera.

YOUNG, *Edward* (1683-1765) Poeta brit., uno de los precursores del romanticismo en su país. *Pensamientos nocturnos, Sobre la vida, la muerte y la inmortalidad.* ◊ *Thomas* (1773-1829) Médico, egiptólogo y físico brit. Descubrió el fenómeno de interferencia de la luz y describió y midió el astigmatismo.

YOURCENAR, *Marguerite de Crayencour* (1903-1987) Escritora belga. *Memorias de Adriano, Opus Nigrum.*

YPACARAÍ (ant. *Tabaiená*) Lago de Paraguay, en el dpto. de La Cordillera. Turismo. ◊ C. de Paraguay, en el dpto. Central; 5 700 hab.

YPANÉ R. de Paraguay; 275 km. Nace en la meseta de Amambay y desemboca en el r. Paraguay.

YPSILANTI Familia gr. de la que proceden los príncipes: **Alejandro** (h. 1726-h. 1807), hospodar de Valaquia (1774-1782; 1796-1797); **Constantino** (1760-1816), hijo del anterior, y sus hijos **Alejandro** (1792-1828) y **Demetrio** (1793-1832). Jugaron un importante papel en la lucha por la indep. griega.

YPSILON f. Vigésima letra del alfabeto gr. (υ), correspondiente a nuestra *i griega*.

YRIGOYEN, Bernardo de (1822-1906) Político arg. Fundador de la Unión Cívica Nacional (1890). Gobernador de Buenos Aires (1898-1902). ◊ **Hipólito** (1852-1933) Político arg. Presid. de la rep. (1916-1922). Reelegido en 1928, fue derrocado en 1930 por el general Uriburu.

YRURTIA, Rogelio (1879-1950) Escultor arg. *Los pecadores, El canto al trabajo*.

YUBARTA f. Especie de ballena, rorcual.

YUCA f. Planta de la América tropical, de flores blancas y raíz gruesa, de que se saca una harina. ❑ YUCAL.

YUCAMANI Volcán de Perú, en la cord. Occidental de los Andes; 5 497 m.

YUCATÁN Est. del SE de México, en la península hom.; 39 340 km², 1 658 210 hab. Cap., Mérida. Terreno llano. Aguas subterráneas. Henequén, sisal, cereales, legumbres, hortalizas, frutos tropicales, caña de azúcar, tabaco. Ganadería. Ind. derivadas. La región de Y. estuvo habitada por los mayas, y fue colonizada por los esp. (1526-1536). Est. federal de México, se proclamó rep. indep. en 1842. Incorporado a México en 1855. ◊ Península de América Central, sit. entre el golfo de México, el canal hom. y el mar Caribe. Comprende Belice, parte de Guatemala (dpto. de El Petén) y est. de México (Yucatán, Campeche y Quintana Roo).

YUDO m. Judo. ❑ YUDOKA.

YUGO m. Instrumento de madera al cual, formando yunta, se uncen las mulas o los bueyes. ◊ Armazón de madera unida a la campana que sirve para voltearla. ◊ fig. Ley o dominio superior que sujeta y obliga a obedecer. ◊ fig. Cualquier carga pesada, prisión o atadura.

YUGOSLAVIA Ant. est. de Europa meridional, rep. federal socialista sit. junto al Adriático; cap. Belgrado. Comprendía los est. actuales de Serbia y Montenegro, Eslovenia, Croacia, Bosnia-Herzegovina y Macedonia. Disgregada en 1991. ❑ *Hist.* Después de la disgregación del imperio austrohúngaro, en 1917 el pacto de Corfú selló la formación de un reino de los serbios, croatas y eslovenos, que en 1929 tomó el nombre de Y. El rey Alejandro I impuso una dictadura (1929-1934), hasta la adhesión de Y. (1941) al pacto ideado por Hitler. Un golpe de Est. instituyó un nuevo gobierno en nombre del rey Pedro II, tras el cual Alemania invadió el país. En las elecciones de 1945, tras la retirada de los al., el mov. comunista de Tito obtuvo el 90 % de los votos, con lo que quedó instituida la República de Y. La política indep. y nacionalista de Tito precipitó su ruptura con Stalin, y en 1948 el partido

Grupo de escolares ante un cartel de propaganda política de la época de Tito, en la antigua **Yugoslavia**

comunista yug. fue expulsado del Kominform. Desde la muerte de Tito (1980), se estableció una presidencia colegiada. En 1988 dio comienzo una grave crisis política, que abocó a la desintegración del sistema federal yugoslavo y a un conflicto bélico. En 1991 proclamaron su indep. Eslovenia y Croacia, seguida de la de Bosnia-Herzegovina y de la de Macedonia. Así mismo, en 1992 se constituyó una nueva Y., más reducida compuesto por Serbia y Montenegro.

YUGOSLAVIA (*Federativa Republika Jugoslavija*) Nombre del act. estado de ⊃ Serbia y Montenegro entre 1992 y 2003.

YUGOSLAVO, VA o **YUGOESLAVO, VA** adj. y s. De Yugoslavia.

YUGULAR adj. y f. Vena yugular. ◊ tr. Degollar, cortar el cuello. ◊ fig. Hablando de determinadas actividades, ponerles fin bruscamente.

YUKAWA, Hideki (1907-1981) Físico jap. Especialista en física nuclear. Descubrió la existencia de los mesones. Premio Nobel de Física en 1949.

YUKON o **YUKÓN** Territorio de Canadá; 483 450 km², 28 000 hab. Cap., Whitehorse. Zona de altas mesetas. Oro, hulla,

Monte Tombstone, en **Yukon**

plomo argentífero. Explotación forestal. Comercio de pieles. ◊ R. de Canadá y EE UU; 3 000 km. Nace en el lago Atlin y desemboca en el mar de Bering.

YUMA adj. y s. Díc. del pueblo amerindio, de la familia lingüística hokasioux, que vive entre el est. de Arizona, en EE UU, y el N de México.

YUNA Río de la República Dominicana; 220 km. Nace en la cordillera Central y desemboca en el Atlántico.

YUNCA ⊃ Chimú.

YUNGAS f. pl. *Bol., Ecuad.* y *Perú.* Tierras cálidas que se extienden en las laderas de la cordillera andina.

Mujer y niño de la minoría yi, en **Yunnan**

YUNNAN o **YUNNÁN** Prov. del SO de China; 394 000 km², 36 972 610 hab. Cap., Kumming. Arroz, maíz, té, opio. Ganadería. Hulla, cobre, plomo, cinc.

YUNQUE m. Prisma de hierro acerado, de sección cuadrada, que está encajado en un bloque de madera y permite el trabajo a martillo de los metales. ◊ fig. Persona firme y paciente en las adversidades. ◊ *Anat.* Huesecillo del oído medio de los mamíferos.

YUNTA f. Par de bueyes, mulas u otros animales que sirven en la labor del campo o en los acarreos.

Yunta de bueyes

Atahualpa **Yupanqui**

YUPANQUI, *Héctor Roberto Chavero*, llamado *Atahualpa* (1908-1992) Cantautor arg. Destacado continuador de la tradición folclórica característica de América Latina. *El arriero, Camino del* indio, *Los ejes de mi carreta, Preguntitas a Dios.*

YUQUI adj. y s. Díc. del pueblo amerindio, de la familia lingüística hokasiux, que vivía en el N de la bahía de San Francisco, en California.

YURÚA R. de América Meridional; 3 283 km. Nace en Perú y desemboca en el Amazonas, en Brasil.

YURUMÍ m. Nombre con el que se designa en algunas zonas de América al oso hormiguero.

YUSCARÁN C. de Honduras, cap. del dpto. de El Paraíso; 2 091 hab. Centro comercial agrícola.

YUSUF I (*Abu Yaqub*, m. 1184) Califa almohade [1163-1184]. Conquistó la zona levantina (1184). ◊ **II** (*Abu Yusuf Yaqub al-Mansur*, m. 1199) Califa almohade [1184-1199]. Derrotó a Alfonso VIII en la batalla de Alarcón (1195). ◊ **Ibn Tasfin** (m. 1106) Caudillo almorávide. Unificó bajo su mando los reinos taifas.

YUTE m. Planta arbórea o arbustiva propia de Asia y África, cultivada por su corteza, de la que se extrae la fibra

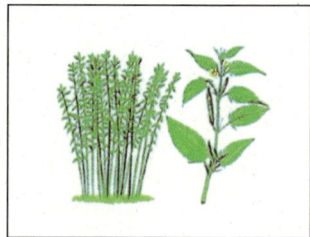

Yute

textil del mismo nombre. ◊ Tejido hecho de esta materia.

YUXTAPONER tr. y prnl. Poner una cosa junto a otra o inmediata a ella. ❑ YUXTAPOSICIÓN.

YUYERO, RA adj. *Argent.* Aficionado a tomar hierbas medicinales. ◊ m. y f. Curandero o curandera que receta pralm. hierbas.

YUYO m. *Argent.* y *Chile.* Yerbajo, hierba inútil. ◊ pl. *Perú.* Hierbas tiernas y comestibles.

Z

Z f. Vigésima séptima y última letra del abecedario esp. y vigésima segunda de sus consonantes. Se llama *zeta*, *zeda* o *ceda*. ◊ *El.* Símb. de la impedancia de un circuito. ◊ *Quím.* Símb. con que se representa el n. a. de los elementos.

ZABALETA, *Nicanor* (1907-1993) Arpista esp. Premio nacional de Música en 1982.

ZACAPA Dpto. de Guatemala, limítrofe al E con Honduras; 2 690 km², 171 146 hab. El r. Motagua, que atraviesa el dpto. de O a NE, forma el valle donde se aglutina la mayor parte de pob. rural. Maíz, café, tabaco, frutos tropicales. Ganadería. Plata, cromo, hierro. Ind. alimentaria (quesos). ◊ C. de Guatemala, cap. del dpto. hom.; 47 500 hab. Centro agropecuario. Ind. alimentarias y de tabaco.

ZACARÍAS (heb., *Zekaryahu*, «Dios recordó») Profeta del A. T., que impulsó la reedificación del templo de Jerusalén. ◊ **Libro de Z.** Libro canónico del A.T. Profetiza la victoria de Jerusalén y el reino mesiánico.

ZACATE m. *Amér.* Hierba, pasto, forraje.

ZACATECA adj. y s. Díc. del pueblo amerindio, actualmente extinguido, que vivía en México, en los est. de Zacatecas y Durango.

ZACATECAS Est. del centro-norte de México; 75 040 km², 1 353 610 hab. Cap., la c. hom. Sit. en la altiplanicie septentrional. Al N, alineaciones montañosas de Calabazal, Candelaria y Mazapil. Al S, la cord. Transversal de Z. Cereales, forrajes, caña de azúcar, hortalizas. Plata, plomo, cinc, cobre, oro, hierro, manganeso, estaño y mercurio. Ind. derivadas. Conquistado en 1542, el descubrimiento de yacimientos de plata en el s. XVI aumentó el interés por el terr. Est. de la nación desde 1824. ◊ C. de México, cap. del est. hom.; 123 899 hab. Centro minero e industrial. ◊ **Batalla de Z.** Victoria de las fuerzas de Pancho Villa sobre las de Victoriano Huerta (22 junio 1914).

ZACATECOLUCA C. de El Salvador, cap. del dpto. de La Paz.; 57 000 hab. Centro agrícola.

ZACATENCO Ant. cultura de México, que se desarrolló entre los años 1500 y 800 a. C. Una de las tres culturas preaztecas de la meseta central.

ZACATÓN m. *Méx.* Hierba alta de pasto.

ZACUA f. *Amér.* Ave cuyas plumas usaban los aztecas como ornamento.

ZACULEU Centro arqueológico de Guatemala, en Huehuetenango. Ant. capital de la tribu maya de los mam.

ZAFAR tr. y prnl. *Mar.* Desembarazar, libertar, quitar los estorbos de una cosa. ◊ prnl. Escaparse o esconderse para evitar un encuentro o riesgo. ◊ *Amér.* Dislocarse, descoyuntarse un hueso. ◊ fig. Librarse de una molestia.

ZAFARRANCHO m. *Mar.* Acción y efecto de desembarazar una parte de la embarcación, para dejarla dispuesta a determinada faena. ◊ fig. y fam. Destrozo. ◊ fig. y fam. Riña, chamusquina.

Zacatecas. Detalle de un edificio del centro de la ciudad

ZAFIO, FIA adj. Tosco, inculto, grosero. ❏ ZAFIEDAD.

ZAFIRO m. *Miner.* Corindón cristalizado de color azul. ◊ **blanco.** Corindón cristalizado, incoloro y transparente. ❏ ZAFÍREO, A; ZAFIRINO, NA.

ZAFRA f. Vasija grande de metal en que se guarda aceite. ◊ Cosecha de la caña de azúcar. ◊ Fabricación del azúcar de caña, y p. ext., del de la remolacha. ◊ Tiempo que dura esta fabricación. ◊ Escombro de una mina o cantera.

ZAGA f. Parte posterior de una cosa. ◊ Carga que se acomoda en la trasera de un carruaje. ◊ m. El postrero en el juego.

ZAGAL m. Muchacho que ha llegado a la adolescencia. ◊ Mozo fuerte. ◊ Pastor mozo.

ZAGALA f. Muchacha soltera. ◊ Pastora joven.

ZAGREB (al., *Agram*) C. y cap. de Croacia; 763 300 hab. Ind. mecánica, metalúrgica, química, papelera, textil y alimentaria.

ZAGROS, *Montes* Sistema montañoso de Asia occidental. Se extiende a lo largo de la llanura mesopotámica y el golfo Pérsico, en sentido NO-SE. El punto más elevado es el Zardeh-Kuh (4 548 m).

ZAGUÁN m. Pieza cubierta que sirve de vestíbulo en la entrada de una casa.

ZAGUERO, RA adj. Que va, se queda o está atrás. ◊ m. *Dep.* En el fútbol y otros deportes, jugador de la línea defensiva.

ZAHERIR tr. Reprender a uno dándole en rostro con alguna acción o beneficio. ◊ Mortificar a uno con represión maligna y acerba. ❏ ZAHERIMIENTO.

ZAHÍNA f. Sorgo, planta gramínea originaria de la India, con flores en panoja colgante y granos mayores que los cañamones, los cuales sirven para hacer pan y de alimento a las aves. ❏ ZAHINAR.

ZAHÓN m. Especie de calzón de cuero o paño, con perniles abiertos que llegan a media pierna y se atan a los muslos, que llevan los cazadores y gente del campo. Se usa más en pl.

ZAHORÍ m. Persona a quien se atribuye la facultad de ver lo que está oculto, especialmente manantiales de agua subterránea.

ZAID, *Gabriel* (n. 1934) Escritor mex. Poeta (*Campo nudista*, *Práctica mortal*) y ensayista (*La feria del progreso*).

ZAIRE ⇨ Congo, río.

ZAIRE Nombre que recibió entre 1971 y 1997 la República Democrática del ⇨ Congo.

ZALAGARDA f. Emboscada.

ZALAMERÍA f. Demostración de cariño afectada y empalagosa. ❏ ZALAMERO, RA.

ZALDÍVAR, *Rafael* (1843-1903) Político salv. Presid. de la rep. (1876), fue reelegido en 1880 y 1884. Derrocado por Menéndez en 1885.

ZALEMA f. fam. Reverencia en muestra de sumisión. ◊ Zalamería.

ZAMARRA f. Prenda de vestir, especie de chaqueta, hecha de piel con su lana o pelo. ◊ Piel de carnero.

ZAMARRO m. Zamarra, prenda de vestir. ◊ Piel de cordero. ◊ fig. y fam. Hombre astuto, pillo.

ZAMBA f. Baile popular arg. de origen per., variante de la zamacueca.

ZAMBAIGO, GA adj. y s. Zambo, hijo de negra e indio o viceversa.

ZAMBAPALO m. Danza grotesca traída de las Indias Occidentales, que se introdujo en España durante los ss. XVI y XVII.

ZAMBARDO m. *Chile.* Persona torpe. ◊ *Argent.* Suerte en el juego de billar.

ZAMBEZE o **ZAMBÉSI** Río del S. de África; 2 600 km. Nace en la zona fronteriza de Zambia, República Democrática del Congo y Angola, y desemboca en el Índico.

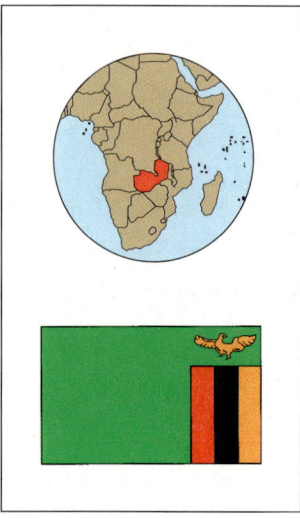

Mapa de situación y bandera de la **República de Zambia**

ZAMBIA, *República de* (Republic of Zambia) Est. del S de África. Forma parte de la meseta del Congo-Zambeze. Clima tropical. Avenado por el Zam-

beze y sus afl., Kwando, Kafue y Luangwa. Mayoría de pob. bantú (97%). Maíz, cacahuete, tabaco. Ganadería bovina. Cobre, cinc, plomo, manganeso, cobalto. Ind. derivadas de la agricultura (algodón, aceites vegetales). Lenguas: inglés (of.) y variantes bantúes (bemba, nyanga, tonga). *Rel.:* animista (80 %), protestante, católica. U.M.: kwacha. Cap., Lusaka. C. prales.: Kitwe, Ndola.

□ *Hist.* La penetración colonial se inició en 1890, a través de la *British South Africa Company*. Constituida en protectorado de Rhodesia del Noroeste en 1911. Integrada en la Federación de Rhodesia y Nyassalandia (1953- 1963), en 1964 obtuvo la indep. La vida política estuvo dominada por K. D. Kaunda, fundador del Congreso Nacional Africano (1959), reelegido sucesivamente presid. de la rep. En las elecciones libres de 1991, la victoria del Movimiento por la Democracia y el Multipartidismo dio la presid. a Frederik Chiluba.

ZAMBO, BA adj. y s. Díc. de la persona que tiene juntas las rodillas y separadas las piernas hacia afuera. ◊ *Amér.* Díc. del hijo de negro e india, o al contrario. ◊ m. *Zool.* Mono amer. que tiene la cola prensil y larga.

ZAMBOMBA f. Instrumento rústico musical, hueco, abierto por un extremo y cerrado por el otro con una piel tirante que tiene en el centro un carrizo, el cual, frotado con la mano, produce un sonido fuerte, ronco y monótono.

ZAMBOMBAZO m. Porrazo, golpazo.

ZAMBRA f. Fiesta morisca, con bulla, regocijo y baile. ◊ Fiesta semejante de los gitanos de Andalucía.

ZAMBRANO, *María* (1907-1991) Filósofa y ensayista esp. *Filosofía y poesía en la vida española, La agonía de Europa, Senderos.* Premio Cervantes (1989).

ZAMBULLIR tr. y prnl. Meter debajo del agua de forma impetuosa y rápida. ◊ prnl. fig. Esconderse o meterse en alguna parte, o cubrirse con algo. □ ZAM-BULLIDA.

ZAMENHOF, *Lejzer Luddwik* (1859-1917) Médico polaco; creador del esperanto.

ZAMORA Prov. de España, en la com. autón. de Castilla y León; 10 559 km², 199 090 hab. Cap., la c. hom. Remolacha azucarera, cereales, hortalizas. Ganadería. Ind. agropecuaria, textil y cerámica. ◊ C. de España, cap. de la prov. hom.; 64 845 hab. Ind. vinícolas y textiles.

ZAMORA C. de Ecuador, cap. de la prov. de Zamora-Chinchipe; 8 100 hab.

ZAMORA, *Antonio* (h. 1664-1728) Dramaturgo esp. Autor de *No hay plazo que no se cumpla ni deuda que no se pague,* nueva versión de la leyenda de Don Juan.

ZAMORA CHINCHIPE Prov. del SE de Ecuador; 23 110,8 km², 66 167 hab. Cap., Zamora. Relieve de valles estrechos encerrados por la vertiente externa oriental de los Andes. Ríos Zamora y Chinchipe. Bananos. Ganadería. Explotación forestal. Oro.

ZAMPA f. Estaca que se clava en un terreno para hacer el firme sobre el cual se va a edificar.

ZAMPAR tr. Comer apresuradamente y con exceso. □ ZAMPÓN, NA.

ZAMPOÑA f. Instrumento rústico, a modo de flauta, o compuesto de muchas flautas.

ZANAHORIA f. Planta herbácea con raíz jugosa y comestible. ◊ Raíz de esta planta.

Zanahoria

ZANCA f. Pierna larga de las aves desde el tarso hasta la juntura del muslo. ◊ fig. y fam. Pierna del hombre o de cualquier animal, sobre todo cuando es larga y delgada. ◊ *Arq.* Madero inclinado que sirve de apoyo a los peldaños de una escalera.

ZANCADA f. Paso más largo que el normal.

ZANCADILLA f. fig. y fam. Engaño, trampa o ardid con que se procura dañar o perjudicar a uno. □ ZANCADI-LLEAR.

ZANCAJO m. Hueso del pie, que forma el talón. ◊ Parte del pie donde sobresale el talón.

ZANCO m. Cada uno de dos palos altos y dispuestos con sendas horquillas, en que se afirman y atan los pies.

ZANCÓN, NA adj. fam. Zancudo, que tiene las zancas largas. ◊ *Amér.* Aplícase al traje demasiado corto.

ZANCUDO, DA adj. Que tiene las zancas largas. ◊ adj. y f. *Zool.* Díc. de las aves que tienen los tarsos muy largos y la parte inferior de la pierna desprovista de plumas. ◊ m. *Amér.* Mosquito, insecto díptero.

ZÁNGANA f. Mujer floja, desmañada y torpe.

REPÚBLICA DE ZAMBIA

Superficie	752 614 km²
Población	8 023 000 hab. (11 hab./km²)
Recursos económicos	
Algodón	44 000 t
Batatas	28 000 t
Cabaña bovina	3 045 000 cabezas
Cabaña caprina	540 000 cabezas
Cabaña porcina	230 000 cabezas
Cacahuetes	45 000 t
Cemento	432 000 t
Cerveza	825 000 hl
Cobre	423 000 t
Cinc	24 800 t
E. eléctrica	7 771 millones de kwh
Maíz	579 000 t
Riqueza forestal	12 221 000 m³
Indicadores sociológicos	
PNB	3 394 millones de dólares
Renta per cápita	300 dólares
Esperanza de vida	49 años
Alfabetismo	73%

Zamora (España). Torre del Caracol, en el Castillo de Benavente

Tántalo africano, ave **zancuda**

ZÁNGANO m. *Zool.* Macho de la abeja maestra o reina. ◊ fig. y fam. Hombre holgazán que se sustenta con el sudor y trabajo ajenos. ◊ Hombre flojo, desmañado y torpe. ❑ ZANGANEAR; ZANGANERÍA.
ZANJA f. Excavación larga y angosta que se hace en la tierra con diversos fines. ◊ *Amér.* Arroyada producida por el agua corriente.
ZANJAR tr. Abrir zanjas. ◊ fig. Resolver todas las dificultades que puedan impedir el arreglo de un asunto.
ZANQUEAR intr. Torcer las piernas al andar. ◊ Andar mucho a pie y con prisa de una parte a otra. ◊ *Amér. Centr.* Andar buscando algo o a alguien.
ZANZÍBAR Est. federado de Tanzania, formado por las islas de Z. y Pemba, en el océano Índico; 2 644 km², 479 000 hab. Cap., la c. hom. ◊ Isla del est. federado hom.; 1 660 km², 273 400 hab. Separada del continente por el canal hom. En 1963 obtuvo la indep. y se constituyó en monarquía. Al año siguiente la rev. abolió la monarquía y Z. se unió a Tanzania. ◊ C. de Tanzania, cap. del Est. federado. hom.; 110 700 hab.
ZAPA f. Especie de pala herrada de la mitad abajo, con un corte acerado, que usan los zapadores o gastadores. ◊ Excavación de galería subterránea o de zanja al descubierto. ◊ Piel áspera de algunos selacios, lija. ◊ Piel labrada de modo que la flor forme grano como el de la lija. ◊ Labor que en obras de metal imita los granitos de la lija. ❑ ZAPADOR; ZAPAR.
ZAPALERI, *cerro* Cerro de los Andes, en la frontera chileno-argentina-boliviana; 5 653 m de alt.
ZAPALLO m. *Amér. Merid.* Cierta calabaza comestible. ◊ *Argent.* y *Chile.* fig. y fam. Chiripa, fortuna inesperada. •
ZAPALOTE m. *Méx.* Plátano de fruto alargado.
ZAPATA f. Calzado que llega a media pierna. ◊ *Mec. apl.* Pieza del freno de los coches que actúa por fricción contra el eje o contra las ruedas. ◊ *Arq.* Pieza puesta horizontalmente sobre la cabeza de un pie derecho para sostener la carrera que va encima y aminorar su vano.
ZAPATA, Emiliano (1879-1919) Revolucionario mex. En 1909 encabezó el mov. de Ayala contra los terratenientes.

En 1910 se unió a la rev. de Madero, al que exigió una reforma agraria que el mismo Z. concretó en el Plan de Ayala (1911). Frente a las presiones de V. Carranza, Z. se unió a Pancho Villa en 1914 y tomaron la cap. Regresó a Morelos, donde creó una red de servicios públicos y escuelas. Carranza promovió una nueva campaña militar contra los terr. zapatistas que no prosperó debido a la oposición campesina, pero Z. fue asesinado en una emboscada (1919).
ZAPATEADO m. Baile esp. que se ejecuta en compás ternario y con gracioso zapateo. ◊ Música de este baile. ◊ *Amér. Merid.* Pasos de baile que acompañan algunas composiciones folclóricas.
ZAPATEAR tr. Golpear con el zapato. ◊ Dar golpes en el suelo con los pies calzados. ◊ fig. y fam. Traer a uno a maltraer; maltratarlo de palabra u obra. ❑ ZAPATEO.
ZAPATERA Isla de Nicaragua, en el dpto. de Granada; 52 km². Separada del lago Nicaragua por el estr. de El Boquerón.
ZAPATERO, RA m. y f. Persona que hace o vende zapatos. ◊ m. *Zool.* Pez teleósteo, plateado, con cabeza puntiaguda, cola ahorquillada y ojos pequeños, negros y con cerco dorado. Vive en los mares de la América tropical.
ZAPATILLA f. Zapato ligero de tela, fieltro, plástico o piel fina, y de suela delgada, sin cordones ni ninguna clase de sujeción. ◊ Zapato cómodo o de abrigo para estar en casa. ◊ Suela del taco de billar. ◊ Uña o casco de los animales de pata hendida. ❑ ZAPATILLAZO.
ZAPATISTA adj. y s. Díc. de los partidarios del líder revolucionario mex. Emiliano Zapata.
ZAPATO m. Calzado que no pasa del tobillo, con la parte inferior de suela y lo demás de piel, fieltro, paño u otro tejido. ❑ ZAPATERÍA.
¡ZAPE! interj. fam. que se emplea para ahuyentar a los gatos, o para manifestar extrañeza o miedo.

Emiliano **Zapata**

ZAPIOLA, José Matías (1780-1874) Militar arg. Jefe de la división del ejército de los Andes (1819) y del Departamento de Marina durante la guerra con Brasil.
ZAPOPÁN C. de México, en el est. de Jalisco; 43 000 hab. Ind. alimentaria y textil.
ZAPOROZHE (ant. *Alexandrovsk*) C. del SE de Ucrania; 852 000 hab. Ind. electrotécnica, química y mecánica. Astilleros.
ZAPOTE o **SAPOTE** m. Árbol amer., con flores rojizas y fruto comestible, de forma de manzana, con carne amarillenta oscura. ❑ ZAPOTAL.
ZAPOTECA adj. y s. Díc. de individuos de un grupo étnico mex., que ocupa la zona de Oaxaca y el istmo de Tehuantepec. En la actualidad subsisten unos 200 000. Las excavaciones en las ruinas de Monte Albán (1931) pusieron al descubierto que la cultura z. había recorrido varias fases. La primera puede situarse alrededor del s. I d. C. En la época clásica domina la influencia teotihuacana en su arte. De esta cultura es el primer juego de pelota que se ha encontrado. En torno al

Zapoteca. Bajorrelieves que formaban un gran friso en el templo de los Danzantes en Monte Albán (México)

s. XI, los centros de cultura z. se han desplazado de Monte Albán al valle de Oaxaca y comienza el periodo de dominio de Mitla. En los ss. XIV-XV dieron paso a la hegemonía mixteca.

ZAQUE m. Odre pequeño. ◊ fig. y fam. Persona borracha. ❏ ZAQUEAR.

ZAR m. Título que tenían el emp. de Rusia y el soberano de Bulgaria.

ZARA f. Maíz.

ZARABANDA f. Danza popular esp. de los ss. XVI y XVII. ◊ Música de esta danza. ◊ Copla que se cantaba con esta música.

ZARAGATE m. *Amér.* Persona despreciable.

ZARAGOZA Prov. de España, en la com. autón. de Aragón; 17 252 km², 861 855 hab. Cap., la c. hom. Agricultura. Ganadería. Ind. metalúrgica, química, textil. ◊ C. de España, cap. de la prov. hom. y de la com. autón. de Aragón; 614 905 hab. Centro comercial, económico e industrial. Restos romanos (murallas) y edificios musulmanes (Aljafería). Basílica de Nuestra Señora del Pilar, impresionante muestra del s. XVIII.

ZARAGÜELLES m. pl. Especie de calzones anchos y afollados en pliegues.

ZARANDA f. Criba. ◊ Cedazo rectangular con fondo de red de tomiza, que se emplea en los lagares para separar los escobajos de la casca. ◊ Pasador de metal que se usa para colar la jalea y otros dulces. ❏ ZARANDAR.

ZARANDAJA f. fam. Cosa menuda, sin valor, o de importancia muy secundaria.

ZARANDEAR tr. y prnl. Zarandar. ◊ fig. Ajetrear. ❏ ZARANDEO.

ZARAPITO m. Ave zancuda de pico largo, delgado y encorvado por la punta.

ZÁRATE C. de Argentina, en la prov. de Buenos Aires; 67 000 hab. Centro fabril. Puerto en el Paraná.

ZÁRATE, *Agustín de* (m. 1560) Historiador esp., *Historia del descubrimiento y conquista del Perú.*

ZARATUSTRA (660-583 a. C.) Reformador religioso iraní, fundador del zoroastrismo o mazdeísmo. Su religión llegó a ser la nacional persa desde los aqueménidas hasta la conquista musulmana.

ZARCERO m. Pájaro de plumaje amarillento o amarillo verdoso.

ZARCILLO m. Pendiente, arete. ◊ *Bot.* Cada uno de los tallitos volubles que

Zaragoza. Vista del conjunto de la basílica de Nuestra Señora del Pilar

para asirse tienen ciertas plantas trepadoras.

ZARCO, CA adj. De color azul claro.

ZARDOYA, *Concha* (1914-2004) Poetisa chil. *Los signos, Elegías, Hondo sur, El corazón y la tierra, Alrededores míos.* Como ensayista publicó: *Historia de la Literatura Norteamericana (1607-1850)* y *Poesía española del s. XX.*

ZARIGÜEYA f. *Amér.* Mamífero marsupial nocturno, de movimientos tardos, pero muy trepador.

ZARINA f. Emperatriz de Rusia.

Zarigüeya con sus crías

ZARISMO m. Forma de gobierno absoluto, propia de los zares. ❏ ZARISTA.

ZARPA f. Mano con dedos y uñas, en ciertos animales; como los felinos. ❏ ZARPADA; ZARPAZO.

ZARPAR tr. *Mar.* Levar anclas. ◊ intr. *Mar.* Salir un barco del lugar donde estaba atracado o fondeado. ◊ Partir o salir embarcado.

ZARRAPASTROSO, SA adj. y s. fam. Sucio, roto y despreciable.

ZARZA f. Planta de tallos colgantes de hasta 3 m, con numerosos y fuertes aguijones, hojas compuestas, flores en panoja. ❏ ZARCEÑO, ÑA; ZARZAL; ZARZALEÑO, ÑA; ZARZOSO, SA.

ZARZAMORA f. Fruto de la zarza. Maduro es una baya formada de granillos negros y lustrosos. ◊ Zarza.

ZARZAPARRILLA f. Arbusto con tallos delgados, trepadores, y raíces fibrosas y casi cilíndricas. Cocimiento de la raíz de esta planta que se usa como depurativo. ◊ Bebida refrescante preparada con esta planta.

ZARZO m. Tejido de varas, cañas o juncos, que forman una superficie plana.

ZARZUELA f. *Mús.* Gén. específicamente esp. en el que alternan el canto y la declamación. ◊ Plato hecho a base de pescados y mariscos en salsa.

¡ZÁS! Voz expresiva del sonido que hace un golpe, o del golpe mismo.

ZASCANDIL m. fam. Hombre despreciable, ligero y enredador. ❏ ZASCANDILEAR.

ZAVALA, *Silvio* (n. 1907) Historiador mex. *La encomienda indiana, Ensayos sobre la colonización española en América.* ◊ **Y Sáenz,** *Lorenzo* (1788-1837) Político y escritor mex. Gobernador del est. de México y ministro de Hacienda. *Ensayo histórico de las revoluciones de la Nueva España.*

ZAVALETA, *Carlos Eduardo* (n. 1928) Escritor per. *El cínico, Los aprendices.*

ZAVATTINI, *Cesare* (1902-1989) Escritor y guionista de cine it. Teórico del neorrealismo. Escribió los guiones de *Ladrón de bicicletas* y *Umberto D.*

ZAYAS, *Alfredo* (1861-1934) Político y escritor cub. Presid. (1921-1924). ◊ **Y Sotomayor,** *María* (1590- 1661) Escritora esp. *Novelas ejemplares y amorosas* y *Parte segunda del sarao y entretenimientos honestos.*

ZEA, *Francisco Antonio* (1766-1822) Botánico y político col. Vicepresid. del gobierno (1819). ◊ *Leopoldo* (n. 1912) Filósofo y ensayista mex. *El positivismo en México, En torno a una filosofía americana.* ◊ **Bermúdez,** *Francisco* (1772-1850) Diplomático y político esp. Ministro de Fernando VII (1832) y de María Cristina de Borbón.

ZEDA f. Nombre de la letra z.

ZEDILLA f. Cedilla.

ZEDILLO Ponce de León, *Ernesto* (n. 1951) Economista y político méx. En 1988 asumió la secretaría de Programación y Presupuesto. Candidato of. del PRI, resultó electo presid. en 1994. Durante su mandato, que finalizó en 2000, impulsó la recuperación económica del país y la reforma del sistema electoral.

ZEEMAN, *Pieter* (1865-1943) Físico neerlandés. Premio Nobel de Física en 1902, con Lorentz. ◊ **Efecto Z.** *Fís.* La presencia de un campo magnético en una sustancia produce el desdoblamiento de las líneas de emisión espectral de la misma.

ZEFFIRELLI, *Franco* (n. 1923) Director de cine y teatro it. También autor de coreografías y diseños. *Romeo y Julieta, Campeón, Amor sin fin.*

ZEGRÍ adj. y s. Dic. del individuo de una estirpe del reino nazarí de Granada (s. XV), contraria a los abencerrajes.

ZEÍNA f. Proteína que se encuentra en el maíz, de donde se extrae. Se utiliza como resina natural para fabricar barnices al alcohol.

ZEITLIN, *Israel* (1906-1980) Escritor, periodista y autor teatral arg. de origen ruso, conocido como CÉSAR TIEMPO. *Pan Criollo, Sábado domingo, Sábado pleno.*

ZÉJEL m. *Métr.* Estrofa integrada en la moaxaja. Formas zejelescas han sido documentadas en la poesía provenzal y en la it. medieval.

ZELAYA, *José Santos* (1853-1919) Político nic. En 1893 derrocó a Sacasa y asumió la presidencia. Reelegido en 1897 y 1905. Derrocado en 1909.

Ernesto **Zedillo Ponce de León**

Representación escultórica de **Zeus**

ZEN (voz jap., derivada del sánscrito *dhyana*, «meditación») adj. y s. Mov. budista que apareció en Japón en los ss. XII y XIII. Parte de la meditación o contemplación para alcanzar la verdad absoluta a través del camino de la vivencia iluminativa del espíritu.

ZENEA y Fornaris, *Juan Clemente* (1832-1871) Poeta cub. *Diario de un mártir, Poesías póstumas.*

ZENÓN de Citio (h. 335-h. 264 a. C.) Filósofo gr., fundador de la escuela estoica de Atenas. ◊ **de Elea** (h. 490-h. 430 a. C.) Filósofo gr., discípulo de Parménides, cuya doctrina defendió con argumentos paradójicos.

ZEOLITA o **CEOLITA** f. *Miner.* Mineral, silicato aluminocálcico o aluminoalcalino procedente de la descomposición hidrotermal de los feldespatos.

ZEPEDA, *José* (m. 1837) Político nic. Jefe de Est. (1835). Aplicó reformas en la educación y en la justicia.

ZEPELÍN m. Globo dirigible rígido.

ZEPPELIN, *Ferdinand,* CONDE DE (1838-1917) Aeronauta y militar al. Construyó el primer dirigible rígido que lleva su nombre.

ZETA f. Zeda. ◊ Sexta letra del alfabeto gr.

ZEUS *Mit. gr.* Hijo de Cronos y de Rea. Deidad suprema del Olimpo, padre de los dioses y de los hombres. Los roma. le identificaron con Júpiter.

ZEUXIS (h. 464-h. 398 a. C.) Pintor gr. Uno de los artistas más ilustres del mundo clásico.

ZHAO Zi-yang (n. 1919) Político chino. Primer ministro (1980-1987). Nombrado secretario general del Partido Comunista en 1987, fue destituido tras los sucesos de la plaza de Tienanmen (1989).

ZHDANOV C. de Ucrania; puerto en el mar de Azov; 522 000 hab.

ZHITOMIR C. de Ucrania; 275 000 hab. Centro comercial cerealista.

ZHIVKOV, *Todor* (1911-1998) Político búlg. Secretario del partido comunista (1954). Jefe del gobierno (1962-1971). Entre 1971 y 1989 fue jefe del Estado.

ZHÚKOV, *Georgij Konstantinovich* (1896-1974) Militar sov. Organizó la campaña de Moscú (1941) y dirigió la ocupación de Varsovia y Berlín (1945). Ministro de Defensa (1955).

ZIA ul-Haq, *Muhammad* (1924-1988) Militar y político paquistaní. Presid. de Pakistán en 1978, a raíz del golpe de Est. de 1977. Murió en un atentado.

ZIGOMORFO, FA adj. *Bot.* Díc. del órgano vegetal que posee simetría establecida por un solo plano (bilateral). ◊ *Bot.* Díc. de la planta que presenta esta simetría.

ZIGOTO o **CIGOTO** m. *Biol.* Célula resultante de la unión de los gametos.

ZIGURAT m. Torre escalonada de base cuadrangular, característica de la arquitectura sagrada de Mesopotamia.

ZIGZAG m. Serie de líneas que forman alternativamente ángulos entrantes y salientes.

ZIGZAGUEAR intr. Serpentear, andar en zigzag.

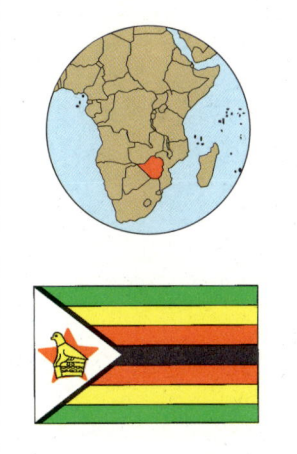

Mapa de situación y bandera
de **Zimbabwe**

ZIMBABWE (*Republic of Zimbabwe*) Estado de África austral. Relieve accidentado, de SO a NE, por la cadena montañosa de Gran Dyke. Clima tropical moderado en el centro y temperaturas elevadas en el resto del país. Río Zambeze. Agricultura (maíz, mijo, caña de azúcar, algodón, sorgo y tabaco). Ganadería. Oro, carbón, hierro, cromo, estaño y cobre. Ind. metalúrgica, siderúrgica, de montajes de automóviles, manufactura de tabaco, refinerías de azúcar. Grupos étnicos: bantúes, shonas y matabeles (95 %), europeos, mestizos y asiáticos. Lenguas: ing. (of.) y variantes bantúes. *Rel.*:

ZIMBABWE	
Superficie	390 759 km²
Población	10 402 000 hab. (27 hab./km²)
Recursos económicos	
Acero	580 000 t
Algodón	125 000 t
Amianto	142 000 t
Azúcar	329 000 t
Cabaña bovina	5 950 000 cabezas
Cabaña caprina	2 450 000 cabezas
Cabaña ovina	550 000 cabezas
Carbón	5 616 000 t
Cromo	270 000 t
E. eléctrica	9 559 millones de kwh
Fertilizantes	250 000 t
Hierro	756 000 t
Maíz	1 586 000 t
Oro	17 000 kg
Riqueza forestal	7 893 000 m³
Tabaco	178 000 t
Indicadores sociológicos	
PNB	6 220 millones de dólares
Renta per cápita	620 dólares
Esperanza de vida	60 años
Alfabetismo	67 %

animista (mayoritaria) y protestante. U.M.: dólar de Z. Cap., Harare. Ciudades prales.: Bulawayo, Chitungwiza.

□ *Hist.* El brit. Cecil John Rhodes recibió en 1898 el monopolio de la administración y explotación del terr., denominado en su homenaje Rhodesia. En 1926 se convirtió en colonia brit., y en 1953 se creó la Federación de Rhodesia y Niassalandia, que en 1963 se disolvió, mientras aumentaba la oposición negra, representada por el ZAPU y el ZANU, al gobierno racista de I. Smith. En 1965 éste proclamó unilateralmente la indep. del país, que en 1970 se convirtió en rep. En 1980 obtuvo la indep. con el nombre de Zimbabwe y ese mismo año Robert Mugabe, del ZANU, fue nombrado primer ministro. Elegido presid. en 1987, revalidó su cargo en 1996 y 2002. En 2003 Mugabe anunció la retirada de Z. de la Commonwealth.

ZIMBABWE Ant. c. del África austral, emplazada en el territorio de la actual Zimbabwe, construida probablemente por los soberanos monomotapa. Sus ruinas son las más imp. del África negra.

ZINC m. Cinc.

ZINNIA f. Planta con hojas opuestas y alguna vez verticiladas, y flores grandes y dobles de colores mezclados.

ZINÓVIEV, *Grigori Evseievich* (1883-1936) Seud. de *G. E. Apfelbaum*, llamado también RADOMYLSKI, Político sov. Secretario gral. de la III Internacional

Zigurat de Ur. construido 2 300 años a. C.

(1919-1927). Colaboró con Stalin, pero en 1926 defendió las tesis de Trotski. Ejecutado en el primer proceso de Moscú.

ZIPAQUIRÁ C. de Colombia, en el dpto. de Cundinamarca. Centro minero.

ZÍPER (voz ing.) m. *Amér.* Cremallera.

ZIPIZAPE m. fam. Riña ruidosa o con golpes.

ZITÁCUARO C. de México, en el est. de Michoacán; 71 000 hab. Cereales, café, caña de azúcar. Aserraderos, curtidos, alfarería. Centro comercial.

ZIZKA, Jan (h. 1376-1424) Caudillo de los husitas y héroe nacional de Bohemia. Defendió Praga de los imperiales (1420).

ZLATOUST C. de Rusia; 204 000 hab. Centro siderometalúrgico.

ZLOTY m. Unidad monetaria de Polonia.

Zn *Quím.* Símb. del cinc.

ZOANTROPÍA f. Especie de monomanía en la cual el enfermo se cree convertido en un animal.

ZÓCALO m. *Arq.* Cuerpo inferior de un edificio u obra, que sirve para elevar los basamentos a un mismo nivel. ◊ Friso o franja que se pinta o coloca en la parte inferior de una pared. ◊ *Arq.* Miembro inferior del pedestal, debajo del neto. ◊ Especie de pedestal. ◊ *Geol.* Conjunto de materiales y terrenos de edad geológica muy ant., que en la mayoría de los casos han estado sometidos a intensos procesos de metamorfismo y granitización.

ZOCÓ, CA adj. y s. fam. Zurdo, zocato. ◊ *Arq.* Zócalo de un pedestal. En Marruecos, mercado, lugar en donde se celebra.

El **zodíaco**, en la Carta del Cielo del *Atlas Catalán* (edición facsímil). Biblioteca de Cataluña, Barcelona (España)

ZODÍACO n. p. m. *Astr.* Región de la esfera celeste sit. a los lados de la eclíptica. En ella se mueve la Luna, el Sol y los planetas observables a simple vista. Está dividido en 12 partes de 30°, que constituyen los signos: *Aries, Tauro, Gemini, Cancer, Leo, Virgo, Libra, Scorpius, Sagittarius, Capricornus, Aquarius* y *Piscis*. ❑ ZODIACAL.

ZOHAR (heb., *Séfer ha-zohar*, «libro del esplendor») Obra básica de la cábala, escrita en heb. y arameo. Su origen es discutido.

Émile **Zola**, pintado por Manet

ZOLA, Émile (1840-1902) Novelista fr., naturalista. Su manifiesto *Yo acuso* provocó un proceso condenatorio que le llevó a exiliarse. *Thérèse Raquin; Los Rougon Macquart, historia natural y social de una familia bajo el segundo imperio; Germinal.*

ZOLLVEREIN Unión aduanera de los Est. al., creada en 1834 por iniciativa de Prusia; fue el preludio de la unidad al.

ZOMBI m. En Haití, persona muerta que recobra la vida parcialmente por obra del brujo que la tiene sometida a su poder.

ZOMPOPO m. *Amér. Centr.* Hormiga de cabeza grande.

ZONA f. Lista o faja. ◊ Extensión considerable de terreno que tiene forma de banda o franja. ◊ Extensión considerable de terreno cuyos límites están determinados por razones administrativas, políticas, etc. ◊ *Comp.* Parte de la memoria central que puede reservarse para una función determinada. ◊ *Geom.* Parte de la superficie de la esfera comprendida entre dos planos paralelos. ◊ *Pat.* Enfermedad eruptiva infecciosa que se manifiesta por una serie de vesículas a lo largo del nervio afectado, con fiebre y dolor intenso. ◊ **franca.** Superficie que goza de extraterritorialidad aduanera. ❑ ZONAL.

ZONDA f. *Argent.* Viento cálido y muy seco.

ZONTEAR tr. *Amér. Centr.* Desorejar; romper el asa de una vasija.

ZOO m. Parque o jardín zoológico.

ZOÓFAGO, GA adj. y s. *Zool.* Que se alimenta de materias animales.

ZOOFILIA f. Práctica de la persona que tiene relación sexual con algún animal irracional.

ZOÓFITO adj. y s. *Zool.* Se daba este nombre a ciertos animales en los que se creía reconocer caracteres propios de vegetales.

ZOOGEOGRAFÍA f. *Biol.* Ciencia que estudia la distribución geográfica de las especies animales.

ZOOLATRÍA f. Adoración, culto de los animales. ❑ ZOÓLATRA.

ZOOLOGÍA f. Ciencia que se ocupa del estudio de los animales. ❑ ZOÓLOGO, GA.

ZOOLÓGICO, CA adj. Relativo a la zoología. ◊ m. Parque o jardín zoológico. ◊ **Parque** o **jardín z.** Lugar en el

que se tienen recluidas, para su estudio y exhibición, numerosas especies animales de las distintas faunas.

ZOOM (voz ing.) m. *Fot.* Objetivo cuya distancia focal se modifica gradualmente a voluntad.

ZOONOSIS f. *Med.* Enfermedad propia de los animales, que a veces se comunica a las personas.

ZOOSPORA f. *Bot.* Espora que no está cerrada en un quiste, y en cuya superficie lleva órganos filiformes que le sirven para desplazarse en el agua.

ZOOTECNIA f. *Vet.* Arte de la cría, mutiplicación y mejora de los animales domésticos. ❑ ZOOTÉCNICO, CA.

ZOPENCO, CA adj. fam. Tonto, tosco, bruto.

ZOPILOTE m. Ave carroñera más pequeña que el cóndor, con el que está emparentado; vive en América septentrional y central.

Zootecnia. Granja avícola

ZOQUE adj. y s. Díc. de un pueblo amerindio, de la familia lingüística mixezoque, que vive en el S de México.

ZOQUETE m. Pedazo de madera corto y grueso. ◊ fig. y fam. Hombre feo, pequeño y gordo. ◊ fig. y fam. Persona torpe y tarda en entender. ❑ ZOQUETUDO, DA.

ZOROASTRISMO m. Mazdeísmo.

ZOROASTRO ➪ Zaratustra.

Zopilote o buitre americano

ZORONGO m. Pañuelo doblado en forma de venda y arrollado a la cabeza. ◊ Moño ancho y aplastado. ◊ Baile popular andaluz.
ZORRA f. Hembra del zorro. ◊ fig. y fam. Persona astuta y solapada. ◊ Prostituta. ❏ ZORRUNO, NA.
ZORRILLA, *José* (1817-1893) Poeta y dramaturgo romántico esp. Leyendas: *A buen juez, mejor testigo; Para verdades, el tiempo, y para justicia, Dios.* Dramas: *Don Juan Tenorio; Traidor, inconfeso y mártir.* ◊ **De San Martín**, *Juan* (1855-1931) Periodista, ensayista y poeta ur. Autor de *Tabaré*, poema romántico donde narra una leyenda indígena.
ZORRILLO m. Mamífero carnívoro, parecido a la mofeta, con la que comparte el rasgo de emitir, para defenderse, un líquido pestilente.
ZORRO m. *Zool.* Mamífero carnívoro de larga y poblada cola y hocico agudo y prominente, de pelaje blanco el ártico y algo rojizo el común. ◊ Piel de este animal, curtida de modo que conserve el pelo. ◊ fig. y fam. Hombre muy taimado y astuto. ◊ pl. Tiras de orillo o piel, colas de cordero, etc., que, puestas en un mango, sirven para sacudir el polvo de muebles y paredes. ❏ ZORRERÍA.
ZORZAL m. Pájaro, también llamado tordo, que se alimenta de bayas y semillas.

Zorro rojo

ZOSTER f. *Med.* Zona, erupción.
ZOTE adj. y s. Ignorante, torpe.
ZOZOBRAR intr. *Mar.* Peligrar la embarcación por la fuerza y contraste de los vientos. ◊ intr. y prnl. Perderse o irse a pique. ◊ intr. fig. Estar muy cerca de perderse el logro de una cosa. ◊ tr. Hacer zozobrar. ❏ ZOZOBRA.
Zr *Quím.* Símb. del circonio.
ZUBIRI, *Xavier* (1898-1983) Filósofo esp. Su pensamiento ha recogido las influencias del historicismo de Dilthey y de Ortega, de la fenomenología existencial de Heidegger, etc. *Naturaleza, historia, Dios; Sobre la esencia.*
ZUDÁÑEZ, *Jaime de* (m. 1832) Independentista amer. Autor de un *Catecismo político.* Vicepresid. del congreso de Tucumán (1817-1819).
ZUECO m. Zapato de madera de una pieza, que usan en varios países los campesinos. ◊ Zapato de cuero con suela de corcho o de madera.
ZUIDERZEE Ant. golfo de Países Bajos, en el mar del Norte, convertido en lago (Ijsselmeer), por un dique, en 1932.
ZUIZA f. *Amér. Centr.* Comba, juego de niños.
ZULAQUE m. Betún en pasta a pro-

Detalle de *El segoviano*, óleo de Ignacio **Zuloaga**. Museo de Arte Moderno, Madrid

pósito para tapar las juntas de los arcaduces y para otras obras hidráulicas.
ZULIÁ Est. de Venezuela, bañado al N por el mar Caribe; 63 100 km², 2 387 208 hab. Cap., Maracaibo. Terr. bajo y pantanoso, enmarcado por las sierras de Perijá, de Mérida y de Coro. El lago Maracaibo ocupa la parte central. Caña de azúcar, café, cacao y plátano. Ganado caprino, bovino y ovino. Petróleo, gas natural, asfalto, carbón, calizas y sal. Refino de petróleo.
ZULLA f. Planta herbácea, leguminosa, excelente pasto para el ganado.
ZULOAGA, *Félix* (1814-1876) Político mex. Presid. (1858-1859). ◊ *Ignacio* (1870-1945) Pintor esp. Introdujo el retrato de cuerpo entero, captando la psicología del modelo. *Campesino de Segovia, Manuel de Falla.*
ZULÚ adj. y s. Díc. de individuos de un pueblo melanoafricano bantú, de la familia nguni, que habita en la República Sudafricana, en la prov. de Natal. En la actualidad son alrededor de 4 millones.
ZUM Felde, *Alberto* (1890-1976) Ensayista ur. *Evolución histórica del Uruguay, Proceso intelectual del Uruguay.*
ZUMAQUE m. Arbusto cuyo fruto contiene mucho tanino y se emplea como curtiente.
ZUMÁRRAGA, *Juan de* (1476-1548) Eclesiástico esp. Nombrado primer obispo de México en 1527, se distinguió por su denuncia de los excesos cometidos por la audiencia de N. Beltrán de Guzmán.

Jefe **zulú** investido con los atributos de su cargo

ZUMAYA f. Autillo, ave parecida a la lechuza. ◊ Chotacabras, ave trepadora. ◊ Ave de paso del orden zancudas.
ZUMBA f. Cencerro grande. ◊ fig. Broma, burla, chanza. ◊ *Amér.* Tunda, zurra.
ZUMBAR intr. Hacer una cosa ruido o sonido continuado, seguido y bronco. ◊ tr. fam. Tratándose de golpes, dar, atizar. ◊ tr. y prnl. fig. Gastar bromas o burlas.
ZUMBIDO m. fam. Golpe o porrazo que se da uno. ◊ *Fís.* Perturbación acústica caracterizada por una frecuencia en general baja, que se presenta a veces en aparatos de reproducción electroacústica.
ZUMBÓN, NA adj. y s. Se aplica al cencerro que lleva el cabestro. ◊ fig. y fam. Díc. del que frecuentemente anda burlándose.

Santa Casilda, óleo de Francisco de **Zurbarán**. Museo del Prado, Madrid

ZUMO m. Líquido de las hierbas, flores, frutas u otras cosas semejantes, que se saca exprimiéndolas o majándolas. ◊ fig. Utilidad que se saca de una cosa.
ZUNCHO m. Abrazadera de hierro o de otra materia resistente. ◊ *Const.* Refuerzo metálico para juntar y atar elementos constructivos.
ZUÑI adj. y s. Díc. del pueblo amerindio que vive junto al r. Zuñi, en Nuevo México, y que ant. vivía en las legendarias «siete ciudades de Cíbola».
ZÚÑIGA, *Francesillo de* (s. XVI) Bufón de Carlos I. Autor de *Crónica burlesca y epistolario.* ◊ **Y Guzmán**, *Baltasar de* (1668-1727) Administrador esp., MARQUÉS DE VALERO Y DUQUE DE ARIÓN. Virrey de Nueva España (1716-1722).
ZUÑO m. Ceño, sobrecejo.
ZURBARÁN, *Francisco de* (1598-1664) Pintor esp. Su obra se caracteriza por el realismo y la sobriedad de composición. Pintor del misticismo monacal. *La defensa de Cádiz, Los trabajos de Hércules, Virgen con Niño, Cristo de Jadraque.*

ZURCIR tr. Coser la rotura de una tela, de modo que la unión resulte disimulada. ◊ fig. Unir y juntar sutilmente una cosa con otra. ❑ ZURCIDO, DA; ZURCIDOR, RA.

ZURDO, DA adj. y s. Díc. de la persona que usa la mano o el pie izquierdos para cosas que la mayoría de las personas hacen con la mano o el pie derechos. ◊ Relativo a la mano izquierda. ❑ ZURDERÍA.

ZUREAR intr. Hacer arrullos la paloma.

ZURICH C. de Suiza, cap. del cantón hom., a orillas del lago hom.; 357 800 hab. (835 000 la agl. urb.). Centro comercial y primer centro financiero del país. Ind. electrotécnica, farmacéutica, alimentaria y química. ◊ Lago de Suiza, entre los cantones de Zurich, Schwyz y Sankt Gallen; 88 km².

ZURITA, *Alonso de* (h. 1511-?) Historiador esp. *Breve y sumaria relación de los señores de Nueva España.* ◊ *Jerónimo de* (1512-1580) Historiador esp. Sus *Anales de la Corona de Aragón* inician el

Panorámica del centro turístico de **Zurich**

Huldrych **Zwinglio,** por Hans Asper

concepto moderno de la investigación histórica.

ZURO, RA adj. Díc. de las palomas y palomos silvestres.

ZURRA f. fig. y fam. Castigo de azotes o golpes.

ZURRAPA f. Brizna o sedimento que se halla en los líquidos y que poco a poco se va sentando. Se usa más en pl. ◊ fig. y fam. Cosa vil y despreciable.

ZURRAR tr. Curtir y adobar las pieles quitándoles el pelo. ◊ fig. y fam. Castigar a uno, especialmente con azotes o golpes. ◊ fig. y fam. Censurar a uno con dureza, y especialmente en público.

ZURRIAGO m. Látigo, tira de cuero o cuerda u otro material que se emplea para golpear. ◊ Correa larga y flexible con que los muchachos hacen bailar el trompo.

ZURRÓN m. Bolsa grande de pellejo, que regularmente usan los pastores. ◊ Cualquier bolsa de cuero. ◊ *Bot.* Cáscara primera en que están encerrados algunos frutos. ◊ Quiste.

ZUTANO, NA m. y f. fam. Vocablos usados como complemento, y a veces en contraposición, de *fulano y mengano,* y con la misma significación, cuando se alude a tercera persona.

ZWEIG, *Arnold* (1887-1968) Escritor al. *El caso del sargento Grischa.* ◊ *Stefan* (1881-1942) Escritor austr. Narrativa compuesta por cuentos y relatos breves (*Amok, Veinticuatro horas de la vida de una mujer*), y algunas novelas (*Primera experiencia*). Su humanismo se refleja en su drama *Jeremías.* De sus biografías noveladas destacan *María Estuardo, Fouché, María Antonieta.*

ZWICKAU C. de Alemania, en Sajonia; 120 200 hab. Centro industrial.

ZWINGLIO, *Huldrych* (1484-1531) Reformador y humanista suizo. Fundó la iglesia reformada, que perfeccionaría Calvino.

ATLAS MUNDIAL

EUROPA

EUROPA

OCÉANO ATLÁNTICO

MAR DE BARENTS

MAR BLANCO

MAR DE NORUEGA

MAR DEL NORTE

MAR BÁLTICO

Golfo de Botnia

Golfo de Finlandia

ISLANDIA
Reykjavík

NORUEGA
Lofoten
Vesterålen
Bergen
Oslo

SUECIA
Estocolmo
Göteborg
Jönköping
Upsala
Malmö

FINLANDIA
Tampere
Helsinki

DINAMARCA
Copenhague
Aarhus
Aalborg
Esbjerg
Odense

IRLANDA
Dublín
Cork

REINO UNIDO
Glasgow
Edimburgo
Belfast
Liverpool
Manchester
Birmingham
Cardiff
Londres

Islas Feroe (Din.)
Is. Shetland
Is. Orcadas
Is. Hébridas

PAÍSES BAJOS
Ámsterdam
La Haya
Rotterdam

BÉLGICA
Bruselas
Amberes

LUXEMBURGO

ALEMANIA
Hamburgo
Bremen
Hannover
Berlín
Magdeburgo
Colonia
Leipzig
Dresde
Erfurt
Frankfurt del Main
Nuremberg
Stuttgart
Múnich
Bonn

POLONIA
Gdansk
Szczecin
Poznań
Varsovia
Lodz
Wroclaw
Katowice
Cracovia
Lublin

FRANCIA
París
Le Havre
Ruán
Reims
Metz
Estrasburgo
Nantes
Dijon
Lyon
Burdeos
Limoges
Toulouse
Montpellier
Marsella
Niza

SUIZA
Berna
Zúrich
Ginebra

ESTONIA
Tallinn

LETONIA
Riga

LITUANIA
Vilnius

BIELORRUSIA
Minsk

UCRANIA
Kiev
Járkov
Donetsk
Odesa

RUSIA
Moscú
San Petersburgo
Vladimir
Vólogda
Nizhni-Novgorod
Kazán
Samara
Perm
Yekaterinburgo
Ufa
Cheliábinsk
Kurgan
Oremburgo
Mezen'
Uhta

KAZAJISTÁN
Atyrau
Aktau

GEORGIA
Tbilisi
Batumi

ARMENIA
Yereván

AZERBAIJÁN
Bakú

RUMANÍA
Bucarest
Cluj-Napoca
Timisoara
Brasov

MOLDAVIA
Chisinau

BULGARIA
Sofía
Plovdiv
Varna

SERBIA MONTENEGRO
Belgrado

MACEDONIA
Skopje

ALBANIA
Tirana

GRECIA
Atenas
Salónica

CHIPRE
Nicosia

TURQUÍA
Ankara
Istanbul
Izmir
Adana

SIRIA
Damasco

LÍBANO
Beirut

IRÁN

IRAK
Bagdad

REP. CHECA
Praga

REP. ESLOVACA
Bratislava

AUSTRIA
Viena
Graz

HUNGRÍA
Budapest

ESLOVENIA
Ljubljana

CROACIA
Zagreb

BOSNIA-HERZEGOVINA
Sarajevo

ITALIA
Milán
Turín
Génova
Venecia
Bolonia
Florencia
Roma
Nápoles
Palermo
Reggio di Calabria
Tarento

CIUDAD DEL VATICANO

SAN MARINO

MÓNACO

ANDORRA
la Vella

ESPAÑA
Madrid
Barcelona
Valencia
Sevilla
Córdoba
Málaga
Bilbao
Valladolid
Lérida

PORTUGAL
Lisboa
Oporto
Braga
Coímbra

MARRUECOS
Rabat

ARGELIA
Argel

TÚNEZ

TUNICIA

MALTA
Valletta

MAR NEGRO

MAR CASPIO

MAR DE AZOV

MAR TIRRENO

MAR ADRIÁTICO

MAR EGEO

MAR JÓNICO

MAR MEDITERRÁNEO

Creta

Sicilia (Ital.)

Cerdeña

Córcega

Baleares
Mallorca
Menorca
Ibiza

Estr. de Gibraltar

Golfo de Vizcaya

Golfo de León

Canal de la Mancha

0 500 1000 1500 2000 km

ASIA

ASIA

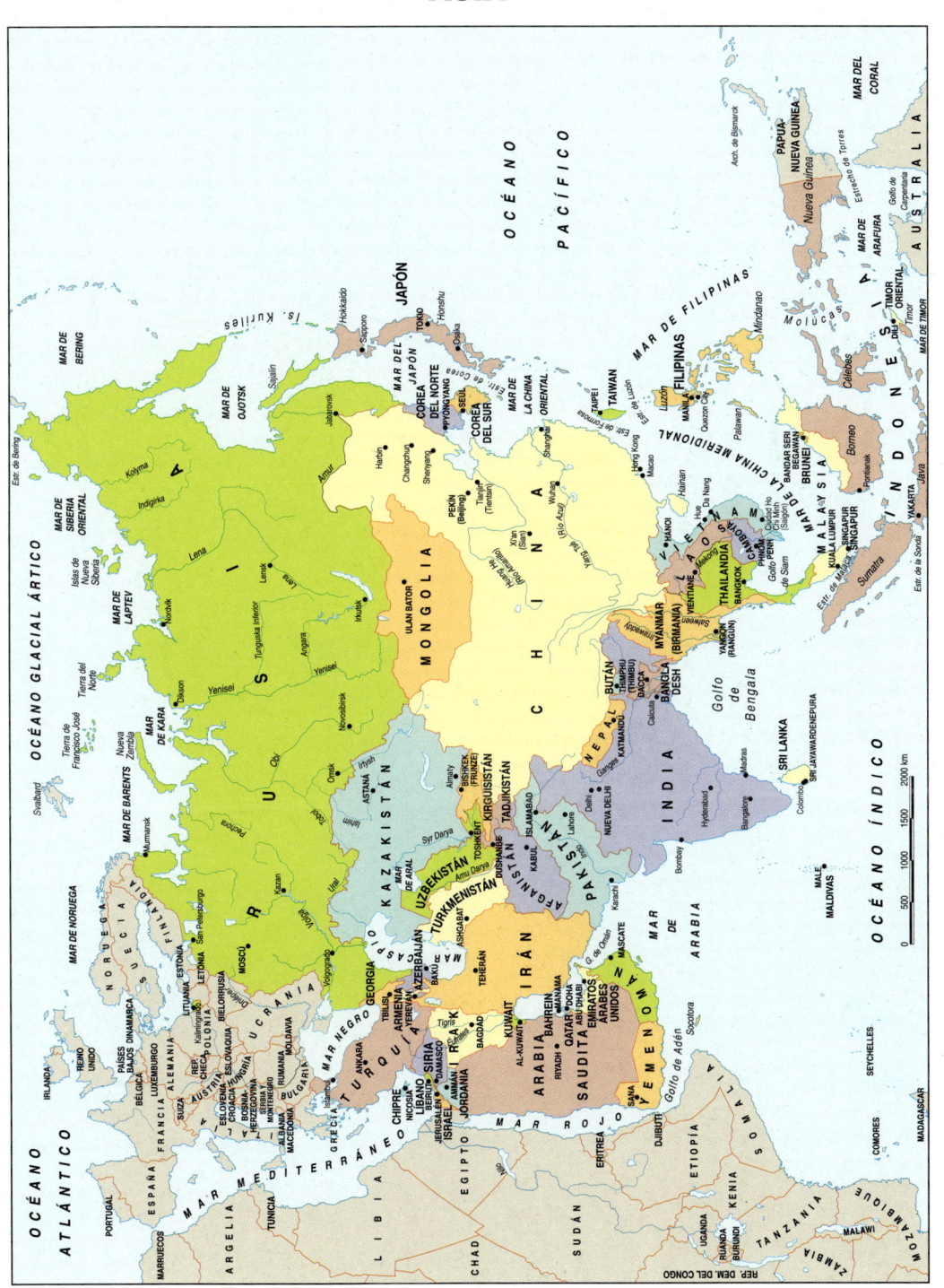

ÁFRICA

ÁFRICA

AMÉRICA DEL NORTE

AMÉRICA DEL SUR

AMÉRICA

1 Límite del lecho y subsuelo
2 Límite exterior del Río de la Plata
3 Límite lateral marítimo Argentino-Uruguayo

OCEANÍA

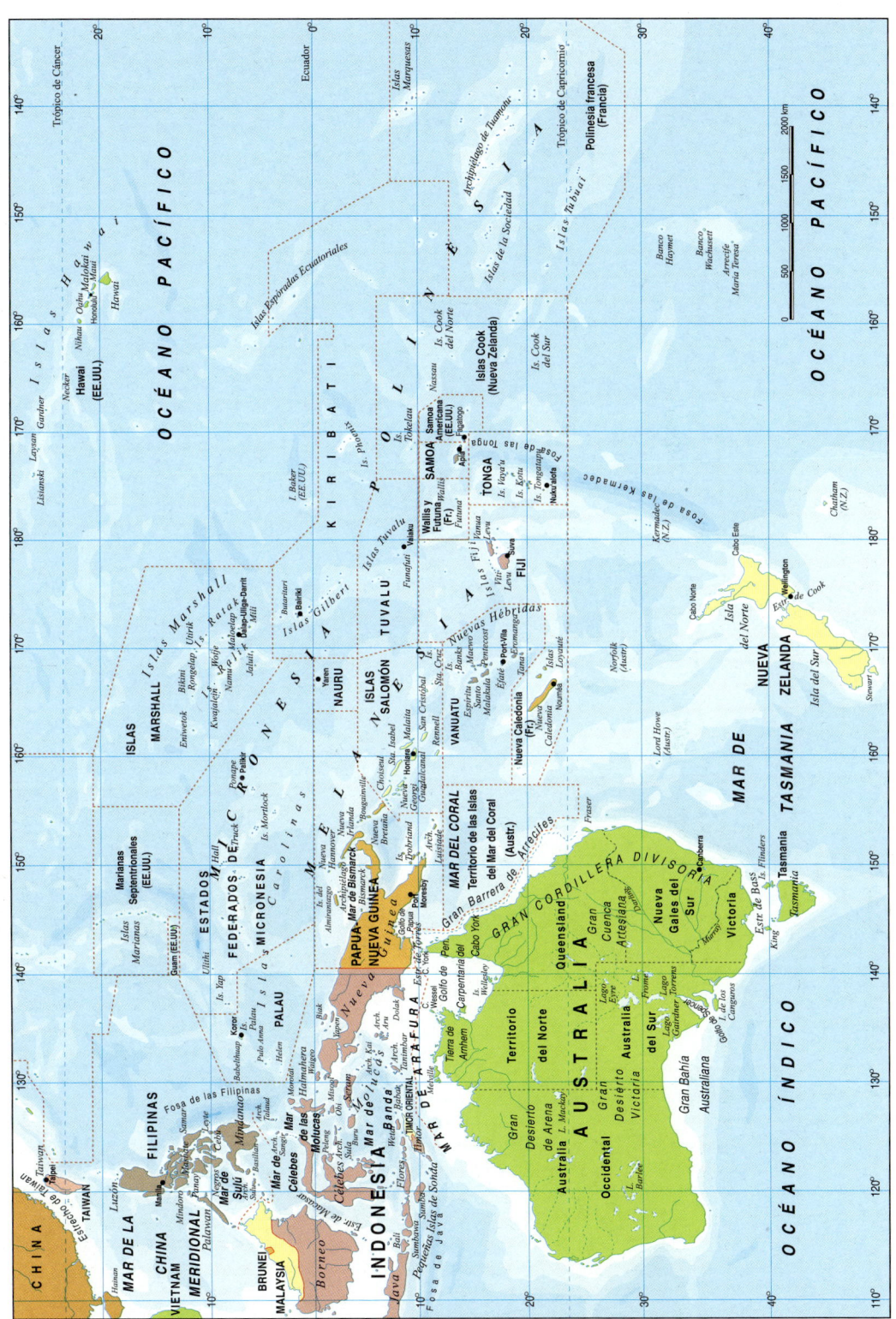

POLOS

Banderas del mundo

Afganistán	Albania	Alemania	Andorra	Angola
Antigua y Barbuda	Arabia Saudita	Argelia	Argentina	Armenia	Australia	Austria
Azerbaiján	Bahamas	Bahrein	Bangla Desh	Barbados	Bélgica	Belice
Benin	Bielorrusia	Bolivia	Bosnia-Herzegovina	Botswana	Brasil	Brunei
Bulgaria	Burkina Faso	Burundi	Bután	Cabo Verde	Camboya	Camerún
Canadá	Centroafricana, Rep.	Chad	Checa, Rep.	Chile	China	Chipre
Colombia	Comores	Congo, Rep. del	Congo Rep. Dem. del	Corea del Norte	Corea del Sur	Costa de Marfil
Costa Rica	Croacia	Cuba	Dinamarca	Djibuti	Dominica	Dominicana, Rep.
Ecuador	Egipto	El Salvador	Emir. Árabes Unidos	Eritrea	Eslovaca, Rep.	Eslovenia
España	Estados Unidos	Estonia	Etiopía	Fiji	Filipinas	Finlandia
Francia	Gabón	Gambia	Georgia	Ghana	Granada	Grecia
Guatemala	Guinea	Guinea Bissau	Guinea Ecuatorial	Guyana	Haití	Honduras
Hungría	India	Indonesia	Irak	Irán	Irlanda	Islandia
Israel	Italia	Jamaica	Japón	Jordania	Kazakistán	Kenia

Kirguisistán
Kiribati
Kuwait
Laos
Lesotho
Letonia
Líbano

Liberia
Libia
Liechtenstein
Lituania
Luxemburgo
Macedonia
Madagascar

Malawi
Malaysia
Maldivas
Malí
Malta
Marruecos
Marshall

Mauricio
Mauritania
México
Micronesia, Est. Fed. de
Moldavia
Mónaco
Mongolia

Mozambique
Myanma
Namibia
Nauru
Nepal
Nicaragua
Níger

Nigeria
Noruega
Nueva-Zelanda
Omán
Países Bajos
Pakistán
Palau

Panamá
Papúa-Nueva Guinea
Paraguay
Perú
Polonia
Portugal
Puerto Rico

Qatar
Reino Unido
Ruanda
Rumania
Rusia
Saint Cristopher y Nevis
Salomón

Samoa
San Marino
S. Vicente y Granadinas
Santa Lucía
Santo Tomé y Príncipe
Senegal
Seychelles

Sierra Leona
Singapur
Siria
Somalia
Sri Lanka
Sudafricana, Rep.
Sudán

Suecia
Suiza
Surinam
Swazilandia
Tadjikistán
Taiwan
Tanzania

Thailandia
Timor Oriental
Togo
Tonga
Trinidad y Tobago
Tunicia
Turkmenistán

Turquía
Tuvalu
Ucrania
Uganda
Uruguay
Uzbekistán
Vanuatu

Vaticano
Venezuela
Vietnam
Yemen
Yugoslavia
Zambia
Zimbabwe

GRAMÁTICA DE LA LENGUA ESPAÑOLA

FONÉTICA Y FONOLOGÍA
MORFOLOGÍA
SINTAXIS

Fonética y fonología

1. Fonética

Esta disciplina se ocupa del estudio de los sonidos del habla y de su evolución, desde un punto de vista físico y fisiológico. Según el enfoque dado, se distinguirá entre fonética general, descriptiva e histórica.

• La **fonética general** estudia los aparatos productores y receptores de sonido.

• La **fonética descriptiva** analiza los sonidos, desde un punto de vista articulatorio y combinatorio, en un momento dado de la evolución de una lengua.

• Finalmente, la **fonética histórica**, profundiza en el análisis de los cambios fonéticos, experimentados por una lengua a lo largo de su historia.

Los sonidos orales son muy variados debido a las diversas posiciones y funciones de los órganos de articulación. Éstos son los encargados de modificar y de articular los sonidos. Para la representación gráfica de los sonidos se utilizan corchetes [ ].

La ilustración siguiente muestra la ubicación de los órganos de articulación. Unos son móviles, y se llaman **órganos activos** (labios, lengua, dientes inferiores y velo del paladar). Otros son inmóviles, y se denominan **órganos pasivos** (dientes superiores, alvéolos superiores y paladar).

Los movimientos de estos órganos y el contacto que establecen entre sí o con otras partes de la boca, dientes, alvéolos (encías superiores), paladar y velo del paladar, garantizan una importante serie de articulaciones consideradas fundamentales para

el «soporte material» de nuestra lengua.

2. Fonología

Mientras que la fonética se ocupa de los sonidos del habla, en su vertiente material, la fonología se ocupa de los sonidos de la lengua en su aspecto funcional dentro del sistema de una lengua.

El **fonema** se define como la unidad mínima de una cadena hablada desprovista de significado. Cada lengua posee un número limitado de fonemas que al combinarse entre ellos, de formal lineal, permiten la producción de enunciados diferentes.

Los fonemas poseen rasgos distintivos o pertinentes que permiten establecer las diferencias de significado. Por consiguiente, su función bási-

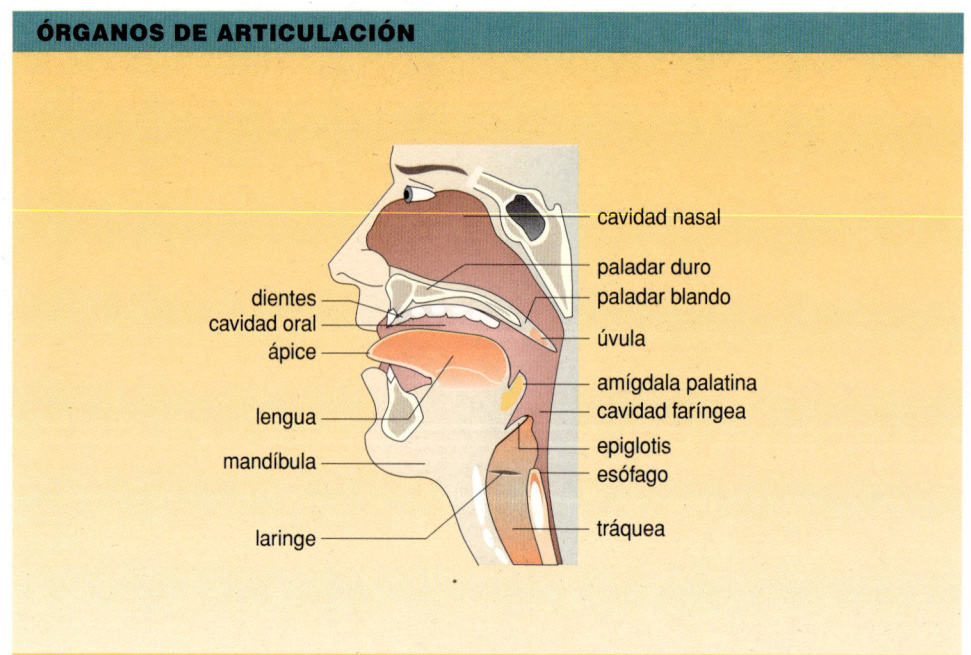

ÓRGANOS DE ARTICULACIÓN

- cavidad nasal
- paladar duro
- paladar blando
- dientes
- cavidad oral
- ápice
- úvula
- amígdala palatina
- cavidad faríngea
- lengua
- mandíbula
- epiglotis
- esófago
- laringe
- tráquea

ALFABETO FONÉTICO

Signo fonema	Letra del alfabeto castellano	Ejemplo	Signo del fonema	Letra del alfabeto castellano	Ejemplo
/a/	[a]	en padre	/m̃/	[n]	en conmover
/ạ/	[a]	en mal	/n/	[n]	en mano
/ɐ/	[a]	en orador	/ṇ/	[n]	en onza
/b/	[b]	en tumba	/ṇ/	[n]	en monte
/ƀ/	[b]	en haba	/ŋ/	[n]	en cinco
/ḅ/	[b]	en esbelto	/ṇ/	[ñ]	en año
/ĉ/	[ch]	en mucho	/o/	[o]	en cantó
/ø/	[z]	en mozo	/ọ/	[o]	en amor
/d/	[d]	en conde	/ø/	[o]	en adorar
/đ/	[d]	en rueda	/p/	[p]	en padre
/đ/	[d]	en abogado	/r/	[r]	en hora
/đ/	[d]	en virtud	/ɹ/	[r]	en color
/e/	[e]	en canté	/r̄/	[rr]	en carro
/ẹ/	[e]	en perro	/s/	[s]	en paso
/ə/	[e]	en amenaza	/ṣ/	[s]	en hasta
/f/	[f]	en fácil	/t/	[t]	en tomar
/g/	[g]	en manga	/ṭ/	[t]	en hazte
/g/	[g]	en rogar	/u/	[u]	en puro
/i/	[i]	en pide	/ụ/	[u]	en culpa
/i/	[i]	en gentil	/ụ/	[u]	en causa
/i/	[i]	en peine	/u/	[u]	en título
/!/	[i]	en rápido	/w/	[hu]	en hueso
/j/	[i]	en nieto	/x/	[j]	en jamás
/k/	[c]	en casa	/y/	[y]	en mayo
/l/	[l]	en luna	/ŷ/	[y]	en cónyugue
/l/	[l]	en alzar	/z/	[s]	en rasgar
/l/	[l]	en falda	/ẓ/	[z]	en juzgar
/ḷ/	[ll]	en castillo	/ä/		vocal nasal
/m/	[m]	en amar	/á/		vocal acentuada
/m/	[n]	en confuso	/a:/		vocal larga

ca es diferenciar unos mensajes de otros, distinguiéndose así del sonido, que es la realización particular del fonema.

A cada uno de los sonidos articulados le corresponde un fonema, pero este fonema no siempre se identifica con una letra de nuestra grafía. Por ejemplo, el fonema /r/ puede referirse a la rr de perro o a la r de ropa. Y al revés, una misma letra puede remitir a dos fonemas diferentes: las fonemas correspondientes a la i son /i/ e /y/.

En el español estándar de España existen 24 fonemas, mientras que en el de América y en de algunas variedades de la península ibérica, el sistema se limita a 22 fonemas, al reducirse /z/ y /s/ a uno sólo: /s/, y /l/ e /y/ a: /y/.

Los fonemas se dividen en vocales y consonantes. Para complementar los artículos de esta obra en esta materia, se ha transcrito el alfabeto fonético adoptado por la Revista de Filología Española.

El **alfabeto fonético** es un sistema codificado de signos que representa los sonidos según su punto y su modo de articulación, se han utilizado corchetes para designar a los sonidos y barras oblicuas si se refiere a una función lingüística.

Los **sonidos vocálicos** se definen por su punto de articulación y su abertura. Las vocales de nuestra lengua: *a, e, i, o, u,* se caracterizan por el hecho de poder formar sílaba por sí solas. Cabe destacar entre otros ejemplos, la preposición a, y las conjunciones *y, o, u, e.*

El **triángulo vocálico de Hellwag** esquematiza de modo claro el punto de articulación de cada una de las vocales, su grado de abertura y las relaciones que existen entre ellas.

El vértice se encuentra sobre la lengua, en el punto de articulación de la *a,* que es la vocal más abierta. En los dos ángulos superiores están la *i,* en la parte próxima a los dientes, y la *u,* junto al velo del paladar. Equidistante de la *a* y de la *i,* se halla la *e,* mientras la *o* ocupa una situación intermedia entre la *a* y la *u.*

Las consonantes en cambio, necesitan el apoyo de una vocal como elemento imprescindible para su pronunciación. Los signos consonánticos son: *d, f, g, j, l, m, n, ñ, p, r, s, t, w, x, y, z.* Además existen: dígrafos (*ch, ll, rr*), homófonos (*b* y *v; k, q* y *c; z* y *c*), una letra muda, la *h,* y otra, la *x,* que representa un conjunto de dos fonemas (equivalente a *ks* o a *gs: éksito* o *égsito,* según las variantes de pronunciación).

En la tabla de la página siguiente, se han recopilado todos los sonidos consonánticos teniendo en cuenta su punto y su modo de articulación.

El destino de los fonemas es convertirse en sílabas, con las que posteriormente se formarán las palabras.

• Si el fonema es una vocal, constituye una sílaba por sí sólo.

• Si el fonema es una consonante, necesitará el auxilio de alguna vocal.

• Cuando la sílaba termina en vocal, se le denomina sílaba abierta o libre (to-*no,* ma-te-*ria,* pre-ci-*so*).

• Si termina en consonante, recibe el nombre de sílaba cerrada o trabada (can-*tar,* an-*tes,* con-ten-*tos*).

En toda palabra existe una sílaba que se pronuncia con más fuerza que las restantes, el acento fonético recae sobre ella; se la denominará sílaba tónica.

No obstante, esta última no siempre lleva acento gráfico o tilde. Se distinguirá así entre **sílaba tónica** (la acentuada fonéticamente) y **sílaba átona** (la no acentuada). Esta última puede ser pretónica o postónica.

Sílaba pretónica es la que figura en una palabra antes de la que lleva el acento, y **sílaba postónica** la que se sitúa después de la sílaba acentuada. Por ejemplo, en el término *man-drá-go-ra,* la sílaba tónica es -*drá-,* mientras que *man-* es pretónica, y -*go-* y -*ra* son postónicas.

De acuerdo con la posición de la sílaba tónica, las palabras se clasifican en cuatro grupos: agudas, llanas o graves, esdrújulas y sobreesdrújulas.

La **silabación** tiene sus propias leyes reguladoras para establecer la delimitación de las sílabas que componen cada vocablo. Estas leyes especifican las sílabas formadas por vocales y consonantes.

• La consonante que se encuentra sola entre vocales forma sílaba con la segunda vocal: ga-*to,* be-li-*co-so.*

• Los grupos *pr, pl, br, bl, fr, fl, tr, dr, cl, cr, gr* y *gl* forman sílaba con la vocal que les sigue: a-*pre*-mio, co-*pla,* a-*bra*-sa, o-*fre*-ce, *flo*-res, bui-*tre, dra*-ma, *cla*-mor, *crí*-ti-ca, *gra*-na-da, *glo*-bo.

• En cualquier otra combinación de dos consonantes, iguales o diferentes, la primera se agrupa con la vocal anterior y la segunda con la que sigue: en-trar, as-pi-ra, ob-tie-ne, in-no-va-ción.

• Cuando las consonantes del grupo son tres, las dos primeras forman sílaba con la vocal que precede y la tercera con la que sigue: pers-pi-ca-cia, obs-truc-ción, ins-ti-gar.

• Si en un grupo de tres o más consonantes las dos últimas son *pr, pl, br, bl, fr, fl, tr, dr, cl, cr, gr, gl.* Éstas se unen a la vocal siguiente y las demás a la precedente: em-pre-sa, em-pla-za, cum-bre, em-ble-ma, in-flar, en-tra-da, ex-cla-ma, in-glés.

SONIDOS VOCÁLICOS

	Punto de articulación						
	Palatales			Media A		Velares	
	E	*I*	*Palat.*	*Normal*	*Velar*	*O*	*U*
Cerradas	e	i				o	u
Abiertas	ę	i				o	u
Relajadas	ə	!		ɡ		ǿ	ʮ
Media A			a	a	a'		

FONÉTICA Y FONOLOGÍA

Los **diptongos** representan un conjunto de dos vocales que forman una sílaba, especialmente la combinación monosilábica, formada dentro de la misma palabra por alguna de las vocales abiertas: *a*, *e*, *o*, con una de las cerradas *i*, *u*, articulándose éstas como semivocales o semiconsonantes.

• Si empieza por vocal fuerte (*a*, *e*, *o*), se denomina diptongo decreciente: *cai*-mán, rey, *mau*-llido; en este caso la *i* y la *u* son semivocales.

• Si comienza por vocal débil, se trata de un diptongo creciente: *lia*-na, *gua*-sa. En este caso, la *i* y la *u* son semiconsonantes.

La pronunciación de los diptongos *iu*, *ui* puede variar en función de la posición del acento en la primera o en la segunda vocal; si bien la tendencia más acusada es la de acentuar prosódicamente la segunda. La combinación *ui* se considera prácticamente diptongo en todos los casos y se escribe sin acento ortográfico, a no ser que se deba señalar el carácter agudo, llano o esdrújulo de una palabra, o se trate de alguna excepción contemplada en las reglas de acentuación.

Los **triptongos** están formados por un conjunto de tres vocales que forman una sílaba. Se trata de la combinación de dos vocales débiles y una fuerte, situada entre ellas: apre*ciais*, despre*cieis*, amorti*guais*, Uru*guay*, amorti*güeis*, b*uey*.

El triptongo se deshace automáticamente si la primera vocal débil es la que lleva el acento (llegar*íais*, comprar*íais*), ya que las -*íes* acentuadas pierden su condición de semiconsonantes, indispensable para que se forme el triptongo.

En el lenguaje oral todas estas reglas de silabación suelen ser alteradas de forma espontánea, un ejemplo sería el caso de las sinalefas. Al hablar, cuando una palabra acaba en vocal, y la siguiente palabra empieza por vocal, no dejamos un silencio entre ambas, sino que las reunimos en una sola sílaba, dentro de la cadena hablada. Este fenómeno se denomina **sinalefa:** Er*a a*pacible.

SONIDOS CONSONÁNTICOS

		Oclusivas	Nasales	Africadas	Fricativas	Laterales	Vibrantes
Bilabiales	Sorda	p					
	Sonora	b	m		ƀ		
Labiodentales	Sorda				f		
	Sonora		m̭				
Interdentales	Sorda	ṭ					
	Sonora		ṇ		z̦đđ		ḷ
Dentales	Sorda	t			ş		
	Sonora	d	ŋ		z̦	ḷ	
Alveolares	Sorda				s	l	
	Sonora		n		b		
Palatales	Sorda			ĉ	z ɪ		
	Sonora		ṇ	ŷ	y ɪ	ḷ	r̄
Velares	Sorda	k			x		
	Sonora	g	ŋ		**g**w		

Morfología

La gramática tradicional define la morfología como el estudio de las formas de las palabras. Para realizar esta tarea deberá analizar los procesos de flexión y/o derivación.

• La **flexión** es el conjunto de procesos morfológicos de una palabra (nombre, pronombre o verbo) que varían según el género, el caso, la persona, el número, etc. La flexión de los nombres y de los pronombres es la declinación, la de los verbos es la conjugación.

• La **derivación** consiste en la combinación de elementos léxicos. Un derivado se compone de un radical y de afijos, elementos adjuntos, que pueden ser prefijos si preceden al radical o sufijos si le siguen.

De la asociación de los fonemas en sílabas y de las sílabas en palabras deriva gran parte de los mensajes lingüísticos. Al igual que una cadena, cada eslabón o palabra posee una forma, un significado y una función propia, bien sea de forma aislada que en el contexto de una frase u oración. Las palabras constituyen así elementos autónomos necesarios para dar coherencia a la oración gramatical, correctamente construida y comprensible.

El estudio formal o morfológico de los elementos, que constituyen la oración, permite complementar los estudios lexicológicos. En efecto, la lexicología es una ciencia que analiza las unidades léxicas de una lengua y las relaciones que mantienen entre ellas.

1. Sufijación y prefijación

Existen numerosas clasificaciones de las palabras en función de los diversos criterios utilizados para su estudio: el origen del que proceden o su composición actual.

Considerando su origen, las palabras pueden ser primitivas y derivadas.

• Las **palabras primitivas** son aquellas cuya evolución no deriva de otras palabras pertenecientes a la misma lengua. Generalmente, están constituidas por la raíz (elemento común e invariable en todas las formas de una misma familia: *caball*-o, *caball*-ar, *caball*-ero, *caball*-ería) y una breve terminación morfológica.

• Son **palabras derivadas**, las que se forman mediante una raíz primitiva y un sufijo: *tint-ero*, *flor-ista*, *can-ino*, *bondad-oso*. Cuando a una palabra ya derivada se le añade otro sufijo, se forma un **derivado secundario**: *mar* (palabra primitiva), *mar-ino* (palabra derivada), *mar-in-ero* (palabra con un derivado secundario).

Otro criterio de clasificación diferente es el que permite distinguir entre palabras simples, compuestas y parasintéticas.

• Las **palabras simples** son aquellas que no se derivan de otras de la misma lengua: *caja, pegar, ante, vena*.

• En el caso de **palabras compuestas**, se combinan dos o más morfemas léxicos para formar una unidad significativa. Los ejemplos son numerosos y variados. Sus componentes pueden ser, por ejemplo, dos adjetivos (*verdinegro*), dos sustantivos (*carricoche*), adjetivo y sustantivo (*mediacaña*), dos verbos (*ganapierde*), pronombre y verbo (*quienquiera*), verbo y sustantivo (*quitasol*), adverbio y verbo (*malvender*) o adverbio y sustantivo (*buenaventura*).

• Las **palabras parasintéticas** son aquellas formadas mediante la combinación de un sufijo y de un prefijo en torno a una raíz. Por ejemplo: *aprovechar* (*a + provech + ar*); *pordiosero* (*por + Dios + ero*); *sietemesino* (*siete + mes + ino*).

Asimismo, **algunos sufijos** especiales pueden formar:

• Aumentativos (-on, -azo, -acho, -ote: *hombrón, cochazo, camacho, brutote*). A veces, tienen connotaciones despectivas.

• Diminutivos (-ito, -illo, -ico, -in, -uelo: *trocito, farolillo, si-*

ALGUNOS SUFIJOS Y SU SIGNIFICADO

-aje	Unido a verbos denota acción: *abordaje*. También se une a sustantivos: *aprendizaje*.
-avo	Fraccionario: *octavo*.
-dura	Acción, efecto o instrumento: *gordura, armadura*.
-ero	Lugar o actitud: *lavadero, zalamero*.
-ino	Materia, origen, pertenencia: *ambarino, bilbaíno, felino*.
-ismo	Secta, partido, estilo: *anabaptismo, comunismo, impresionismo*.
-ista	Oficio, profesión, tendencia: *oficinista, derechista*.
-itis	Inflamación: *apendicitis*.
-oso	Abundancia: *sudoroso*.

lloncito, tejadín, rapazuelo). A veces, pueden despertar sentimientos de simpatía, ternura o por lo contrario tener connotaciones peyorativas.
• Términos despectivos (-aco, -ajo: *libraco, pingajo*).
• Términos colectivos (-edo, -veral: *viñedo, cañaveral*).

Los **prefijos** son otros modificadores que se presentan en la base de la raíz, se sitúan delante.

Sólo las palabras susceptibles de experimentar cambios morfológicos, o sea de poseer partes variables, sufren modificaciones gramaticales o accidentes, que permitirán determinar distintas categorías morfológicas.

Estos accidentes gramaticales afectan: al sustantivo (género, número), al adjetivo (género y número), a ciertos pronombres (género y número), al artículo (género y número) y al verbo (voz, modo, tiempo, número y persona).

2. Accidentes del sustantivo

a) Género. Expresa una relación de concordancia de un nombre (o pronombre) con otra forma. Esta categoría gramatical permite dividir los sustantivos en categorías nominales.

• Género masculino. A él pertenecen los nombres propios de varón, sus ocupaciones profesionales, así como el nombre de los animales machos. Los nombres comunes van precedidos de un determinante, por ejemplo: *el, un, aquel, este* (*el padre, este león, aquel leñador*).

PREFIJOS DE ORIGEN GRIEGO

a, an-	Negación (*ateo, analfabeto*)
ana-	Separación (*análisis*)
anfi-	Simultaneidad (*anfibio*)
anti-	Contrario, opuesto (*antípoda*)
apo-	Separado de (*aponeurosis*)
calco-	Cobre, bronce (*calcografía*)
calo-	Hermoso (*calología*)
cata-	Hacia abajo (*catacumba*)
di-	Duplicidad (*disílabo*)
epi-	Sobre (*epidermis*)
hiper-	Más allá de (*hiperbólico*)
meta-	Transformación (*metamorfosis*)
peri-	Alrededor (*perímetro*)
pro-	Delante (*prólogo*)
archi-	Preeminencia (*archiduque*)
	Superlativo (*archisabido*)

PREFIJOS DE ORIGEN LATINO

a-	Refuerzo (*acaudalado*)
bis-	Dos veces (*bisílaba*)
circum-	Alrededor (*circumpolar*)
contra-	Oposición (*contraveneno*)
ex-	Cese (*ex ministro*)
in-	Negación (*intachable*)
inter-	En medio (*intercalar*)
ne-	Negación (*nefasto*)
post-	Detrás (*postigo*)
pre-	Anterioridad (*prematuro*)
re-	Repetición (*recaer*)
sub-	Debajo (*subterráneo*)
super-	Preeminencia (*superior*)
	Exceso (*superabundancia*)
trans-	Allende (*transatlántico*)
ultra-	Al otro lado (*ultramar*)

• Género femenino. Incluye nombres propios y oficios de mujer, así como animales hembras. Los nombres comunes van precedidos de un determinante, por ejemplo: *la, una, aquella, esta* (*la madre, la leona*).
• Género neutro. No existen sustantivos de este género en castellano. Sólo disponemos del artículo determinado *lo* y de algunos pronombres como *aquello.*

b) Número. Indica la cantidad de seres, animales o cosas a que se refiere una palabra.
• Singular. Señala que se trata de un sólo ser animado o inanimado.
• Plural. Indica que son más de uno.

3. Accidentes del verbo

a) Voz. Indica que el sujeto del verbo es agente o pasivo. Las voces verbales son dos:
• Activa. Señala que el sujeto ejecuta la acción: *Muerdo. Amo.*
• Pasiva. Expresa que la acción se sufre, se recibe; el sujeto es pasivo. *He sido mordido.*

b) Modo. Su función consiste en dar a conocer cómo concibe una persona la acción verbal, si la considera real, posible o dudosa. Es un punto de vista subjetivo, que se manifiesta mediante los cinco modos siguientes:
• Indicativo. Expresa una acción real, sea afirmativa o negativa: *Saltan. No comen.*
• Subjuntivo. Apunta una acción eventual o irreal: *Me aconsejan que compre.*
• Potencial. Expresa una acción posible, condicionada por algo: *Iría al teatro si tuviese dinero.*
• Imperativo. Indica orden o mandato: *Come y calla.*
• Infinitivo. Presenta meramente la acción: *Saltar. Correr.*

c) Tiempo. Con este accidente se indica el momento en que se realiza la acción. En esencia, los tres grandes ejes temporales son los siguientes:
• Presente. Ahora, en este preciso instante: *Leo.*
• Pasado o pretérito. Acción ya efectuada: *Leía.*
• Futuro. Acción por realizar: *Leeré.*

Para expresar con más exactitud el momento de dicha realización, necesitaremos introducir realizaciones en el pasado y en el futuro mediante el uso de tiempos compuestos:

• Pretérito perfecto. Acción acabada hace muy poco: *he leído.*
• Pretérito pluscuamperfecto. Acción acabada en el pasado; ayer, la semana anterior, hace un año: *había leído.*
• Pretérito anterior. Acción terminada antes de emprender otra que ya ha dado comienzo o se ha rematado: *cuando lo hubo leído, cerró el libro.*
• Futuro perfecto. Acción que se terminará o que se supone terminada: *habrá leído.*

En este sentido, cuando las acciones están inacabadas suelen surgir diferencias entre, por ejemplo, un tiempo pasado (*leía*, pretérito imperfecto) y otro tan remoto que no es posible fijar su fecha (*leí*, pretérito indefinido).

Por último, puede darse la necesidad de expresar una acción que va a llevarse a cabo, pero sin precisar cuándo se concluirá (*mañana leeré*, futuro imperfecto).

d) Número. Accidente que indica cuántas personas realizan la acción.
• Singular. Acción realizada por un sólo ser: *Yo ando; Tú chillas; Él vendrá.*
• Plural. Los que realizan la acción son varios: *Acudimos; Estudian; Escribís.*

e) Persona. Su función consiste en determinar la relación que tienen entre sí los individuos que participan en la acción. De su determinación se ocupan los pronombres personales. Cuando el *yo* que habla se asocia a otra u otras personas, dice *nosotros* (*as*); si al oyente le asocia con otra u otras personas, dice *vosotros* (*as*), tú o *usted* (*es*). La primera y segunda persona del singular sólo tienen una forma para los dos géneros, mientras que, en todas las demás, se diferencia la forma masculina de la femenina. *iene un talento o una imaginación extraordinaria.*
• Cuando el adjetivo es compuesto, sólo el último elemento concuerda con el sustantivo: *Una coproducción italo-franco-española.*

4. Partes de la oración

a) Artículo. Precede al nombre o sustantivo, y determina su género, su número e indica si dicho nombre nos es conocido (artículo determinado: *el, la, lo, los, las*) o desconocido (artículo indeterminado: *un, una, unos, unas*): *El diccionario del que te hablé; Me compré un diccionario.*

Siendo parte obligatoria del sintagma nominal, el artículo puede omitirse con los nombres propios, aunque se emplea:
• Con significación metafórica: *los* Velázquez.
• Si precede al nombre propio un calificativo o sustantivo en aposición: *el* probo José.

ACCIDENTES MORFOLÓGICOS	
Accidentes del sustantivo:	género y número
Accidentes del verbo:	voz, modo, tiempo, número y persona

MORFOLOGÍA

• Ante algunos nombres propios geográficos que, por tradición, se expresan así: *El* Escorial, *La* Coruña.
• Al nombrar a las mujeres por el apellido: *la* Paulova, *las* Gutiérrez Caba; o por algún apodo popular: *la* Beltraneja, *la* Calderona.

El artículo puede también ser omitido:
• Si se habla en sentido indeterminado: *Compró libros y revistas.*
• Delante del vocativo: *Por fin, muchacho, has llegado.*
• Para conferir dinamismo a la narración: *Casa, muebles, libros, cuadros, lo vendió todo.*

El artículo tiene algunas funciones especiales:
• Se antepone a otras partes de la oración para sustantivarlas (*el* amar, *los* malos, *lo* útil, *el* no).
• Sustituye al posesivo cuando éste aparece muy claro (me duele *la* cabeza, en vez de me duele *mi* cabeza).
• En ocasiones, el artículo masculino *el* se coloca delante de sustantivos femeninos que empiezan por *a* acentuada o *h* seguida de esa vocal (*el* agua, *el* águila, *el* hacha). Cuando no existe el acento sobre la *a*, se pone el artículo femenino *la* (*la* hacienda, *la* hagiografía). Esa falta de concordancia se suele corregir con el plural: *las* aguas, *las* águilas, *las* hachas.

Aparte de los artículos propiamente dichos, existen también las formas contractas, en las que se unen las preposiciones *a* y *de* con el artículo *el*, creando las contracciones *al* y *del*.

b) Sustantivo. El nombre sustantivo sirve para designar seres, personas y objetos de la

ARTÍCULOS		
	Singular	**Plural**
Artículo definido:	el, la, lo	los, las, los
Artículo indefinido:	un, una, uno	unos, unas, unos

naturaleza, o sea conceptos independientes. Los sustantivos se dividen en comunes y propios.
• Son **nombres comunes** los que, según la Real Academia, pueden «aplicarse a todas las personas o cosas de una misma clase».
• Los **nombres propios** son aquellos que se aplican a una persona o cosa determinada, a fin de distinguirla de las demás de su especie o clase. En la expresión: *El caballo Rocinante*, *caballo* es un nombre común, puesto que alude a toda la especie, mientras que *Rocinante* es un nombre propio, que se refiere a un ser individual, determinado y único.

Los sustantivos pueden también referirse a elementos concretos o abstractos.
• Cuando los sustantivos indican cualidades o actividades en general *(dureza, constancia, delgadez, elocuencia).*
• Los **nombres concretos** aluden a seres u objetos materiales *(obrero, cigarra, plata, finca).*

Existen también nombres que, incluso en singular, lejos de expresar individualidad, indican grupo, colección o conjunto *(enjambre, multitud, bosque, ejército).* A éstos se les aplica la denominación de **nombres colectivos.**

Atendiendo a su forma, los nombres se dividen en **simples** *(papel, manga)* y **compuestos** *(pisapapel, bocamanga).*

Por su origen, pueden ser **primitivos** *(casa)* o **derivados** *(casona, casita, casucha).* Los derivados, naturalmente, pueden ser aumentativos, diminutivos, despectivos, patronímicos, gentilicios, etc.

Las funciones sintácticas del sustantivo quedan reflejadas en la siguiente clasificación:
• Sujeto: *Antonio* come.
• Atributo: José es *maestro.*
• Complemento de objeto directo: Coge una *flor.*
• Complemento de objeto indirecto: Doy el caramelo *a un niño.*
• Complemento circunstancial: Iré *con mi hermana.*
• Complemento de otro sustantivo: El collar *de María* es bonito.
• Complemento de un adjetivo: Este joven es apto *para el estudio universitario.*
• Vocativo: No llores, *mujer.*

c) Adjetivo. El adjetivo caracteriza o califica al nombre, a veces también puede determinarlo.

El **adjetivo calificativo** explica o precisa las cualidades de los seres que, a veces, son propias de la misma naturaleza del nombre al que acompañan, en cuyo caso recibe el nombre especial de epíteto (nieve *blanca).* Los calificativos van delante cuando quieren resaltar el valor de la cualidad, destacándola sobre el sustantivo: *Deli-*

cada flor. Existen algunos, sin embargo, cuyo significado puede ser distinto, puede variar según la situación que ocupen. No es lo mismo *un simple soldado* que *un soldado simple*.

El **adjetivo determinativo** permite destacar el sustantivo al que se refiere de los demás, es decir delimita su significado. Por lo general, los determinativos se colocan delante del nombre (*esa* niña). Pero van detrás cuando el artículo acompaña al sustantivo (un amigo *mío*) o cuando *este* y *ese* encierran un matiz despectivo (el fulano *ese*). De acuerdo con el carácter de esta selección, los adjetivos se clasifican en:
• Posesivos. Indican qué persona gramatical es el dueño de una cosa (*mío, tuyo, suyo, nuestro, vuestro, suyo* y sus correspondientes plurales y formas en femenino).
• Demostrativos. Asignan al nombre un lugar, en relación con la persona que habla o escucha (*este, ese, aquel, estos, esos, aquellos* y sus femeninos). Suelen anteponerse al nombre, pero se colocan detrás cuando este último lleva artículo u otra palabra determinativa. Al ir sin nombre, se convierten en pronombres demostrativos y se acentúan ortográficamente, aunque la Academia permite omitir el acento si no existe riesgo de anfibología.
• Numerales. Precisan el significado del sustantivo mediante una cantidad. El que se limita a expresar un número entero toma el nombre de cardinal (*dos* casas); cuando señala un orden se llama ordinal (*sexto* piso); partitivo si indica una parte de un número entero (*tercio*).

• Indefinidos. Aluden a los nombres sin precisar con exactitud quiénes ni cuántos son (*cierta* persona, *algunos* individuos, *cualquier* periódico).

d) Pronombre. Sirve para remitir y sustituir a otro término. En función del contexto, dicho término puede ser un nombre o un adjetivo. De acuerdo con su naturaleza, su función en la oración y su sentido, la gramática tradicional distingue diversas clases de pronombres: pronombres personales, demostrativos, posesivos, relativos, indefinidos e interrogativos.
• Personales. Se dedican exclusivamente a señalar las personas gramaticales:
1ª persona: La que habla: *yo, nosotros, nosotras.*
2ª persona: A la que se dirige la primera: *tú, vosotros, vosotras.*
3ª persona: A la que se hace referencia: *él, ella, ellos, ellas.*

El origen latino de los pronombres se pone de manifiesto en el mantenimiento de parte de su declinación.
Caso especial de los pronombres, son los **pronombres reflexivos**. Generalmente, se usan como reflexivas las formas pronominales: *me, te, se, consigo, nos, os, se.*
Cuando la persona a la que nos dirigimos (la segunda, por lo tanto) nos inspira respeto, en vez de utilizar los pronom-

bres *tú* o *vosotros*, empleamos la forma especial de cortesía *usted* o *ustedes.*

El pronombre *se*, además de la función reflexiva y de dativo, tiene la particularidad de poder emplearse como unipersonal: *Se rumorea;* y en voz pasiva: *Se pronunció el discurso o el discurso fue pronunciado.*

El empleo sintáctico de las formas pronominales *la, le, lo* viene originando desde hace mucho tiempo numerosas discusiones entre los gramáticos. Es lo que se ha sido denominado: laísmo, leísmo, loísmo.
• Según el **laísmo**, *la* y *las* constituyen tanto el acusativo como el dativo del pronombre *ella*: *La* he cogido entre mis brazos. La Real Academia Española condena, en lo que respecta al laísmo, la sustitución de *le* por *la* y aunque se encuentren ejemplos de *la* y *las* como dativos femeninos, tal construcción se considera vulgar e incorrecta: A su madre *la* dio un beso (incorrecto); A su madre *le* dio un beso (correcto); A María y Teresa *las* regalaron un vestido (incorrecto); A María y Teresa *les* regalaron un vestido (correcto).
• El **leísmo** sostiene que *le* debe ser el único acusativo masculino del pronombre *él*: Busco a Pedro y no *le* encuentro.
• El **loísmo** afirma que siempre ha de usarse la forma *lo* para el acusativo masculino del pronombre *él*: Busco a Pe-

PRONOMBRES PERSONALES

Pers.	Singular	Plural
1ª	yo	nosotros, nosotras
2ª	tú, usted	vosotros, vosotras, ustedes
3ª	él, ella, ello	ellos, ellas

dro y no *lo* encuentro. La Real Academia transige con el empleo de la forma *le* como acusativo masculino de personas, por lo que estas dos construcciones son correctas: Busco a Pedro y no *le* encuentro; Busco a Pedro y no *lo* encuentro. Pero tratándose de animales u objetos, la corrección exige el empleo de *lo* y no de *le: Le* compré un regalo a Pepe y se *lo* voy a enviar mañana.

En resumen, son incorrectas: las construcciones con *la* y *las,* así como el uso de *le* como acusativo masculino de animal o cosa, mientras que se permite su empleo cuando es acusativo de persona.

• **Demostrativos:** Determinan la situación respecto a las personas gramaticales o respecto a la distancia en el espacio, el tiempo o el orden. Los pronombres demostrativos son: *Éste,* con sus correspondientes femenino y plural, señala proximidad a la persona que habla. *Ése,* y su grupo, al que escucha. Y *aquél, aquéllos, aquélla, aquéllas* indican lejanía respecto a los anteriores. *Esto, eso* y *aquello,* formas neutras del demostrativo, se emplean siempre con significación sustantiva; aluden a objetos o situaciones, sin citarlos.

• **Posesivos:** Relacionan los objetos con las personas gramaticales, estableciendo un nexo de posesión o pertenencia.

• **Relativos:** Enlazan una oración con otra anterior, en la que va el mismo nombre al que sustituyen (llamado *antecedente*). En ocasiones, el antecedente se pospone al relativo, en cuyo caso se llama *consiguiente.* Los pronombres relativos son: *que, cual, quien, cuyo* y *cuanto.* El primero de

PRONOMBRES DEMOSTRATIVOS

Persona	Género	Singular	Plural
1ª persona	masculino	éste	éstos
	femenino	ésta	éstas
	neutro	esto	éstos
2ª persona	masculino	ése	ésos
	femenino	ésa	ésas
	neutro	eso	ésos
3ª persona	masculino	aquél	aquéllos
	femenino	aquélla	aquéllas
	neutro	aquello	aquéllos

los citados *(que)* es invariable y puede reemplazar a los demás en diversas circunstancias. El resto tiene formas para el plural; *cual, cuales; quien, quienes; cuyo, cuyos* y *cuanto, cuantos.* Estos dos últimos incluso tienen formas para el femenino: *cuya, cuanta.* Acentuados y acompañados del signo de interrogación correspondiente, los pronombres relativos se convierten en interrogativos.

• **Indefinidos:** Remplazan a los sustantivos de persona o cosa no concretada o cuya determinación no interesa a los que hablan. Los que se refieren a personas son: *alguien, nadie, cualquiera, quienquiera.* Los dos primeros son invariables; los dos últimos tienen formas para

el plural: *cualesquiera, quienesquiera.* Los pronombres indefinidos que aluden a objetos son: *algo* y *nada,* ninguno de los cuales dispone de formas para el femenino o el plural.

e) Verbo. La oración gramatical consta básicamente de dos elementos fundamentales: sujeto y predicado. La gramática tradicional establece que el verbo expresa «un proceso», es decir la acción que realiza o vive el sujeto.

La siguiente clasificación verbal atiende a la naturaleza de los verbos, a su flexión y a su modo de expresar la acción. Para conjugar un verbo, es necesario diferenciar entre la raíz y la terminación *(am-*

PRONOMBRES POSESIVOS

Pers.	Género	Número
1ª	masculino	mío (s) nuestro (s)
	femenino	mía (s) nuestra (s)
2ª	masculino	tuyo (s) vuestro (s)
	femenino	tuya (s) vuestra (s)
3ª	masculino	suyo (s) suyo (s)
	femenino	suya (s) suya (s)

GRAMÁTICA DE LA LENGUA ESPAÑOLA

ar), poniendo en lugar de la segunda las desinencias correspondientes.

Según su naturaleza, podemos distinguir entre diversas clases de verbos:
• Copulativos: *ser, estar, parecer.*
• Activos: transitivos: *coger,* intransitivos: *correr,* reflexivos: *arrepentirse,* recíprocos: *pegarse,* impersonales: *nevar.*
Por su flexión o conjugación, se diferencian los verbos:
• Auxiliares: *haber, ser.*
• Regulares: *amar.*
• Irregulares: *caber.*
• Defectivos: *soler.*

Por su modo de expresar la acción, los verbos son:

• Incoativos (acción que empieza): *anochecer.*
• Frecuentativos (acción que se repite): *recorrer.*

En las formas verbales hay dos partes claramente definidas: radical y terminación o desinencia. **Radical** es la parte fija, la raíz del vocablo que, por lo tanto, se repite en todas las formas. **Desinencia o terminación** es la parte variable en-cargada de caracterizar cada una de las distintas formas. Las desinencias son iguales en los verbos pertenecientes a un mis-mo tipo regular. Los tipos regulares son tres y responden a los modelos am-*ar,* tem-*er* y part-*ir.*

Los verbos que no se adaptan a los tres modelos citados son irregulares. Dentro de estos últimos figuran dos (haber y ser) que, por encargarse también de la formación de los tiempos compuestos y de las voces pasivas de los demás, se llaman verbos auxiliares.

El **infinitivo** se le considera constituido por tres formas: infinitivo propiamente dicho, participio y gerundio. Por consiguiente, el infinitivo viene a ser la forma sustantiva del verbo (*comer* es necesario), el participio la forma adjetiva (se había *agotado* durante la carrera) y el gerundio la forma adverbial (entró *cantando,* o sea, *alegremente*).

VERBOS REGULARES

Amar

INDICATIVO
(formas simples)
Presente: amo, amas, ama, amamos, amáis, aman.
Pretérito imperfecto: amaba, amabas, amaba, amaban, amabais, amaban.
Pretérito indefinido: amé, amaste, amó, amaron, amasteis, amaron.
Futuro imperfecto: amaré, amarás, amará, amarán, amaréis, amarán.
Condicional simple: amaría, amarías, amaría, amaríamos, amaríais, amarían.

(formas compuestas)
Pretérito perfecto: he amado, has amado, ha amado, hemos amado, habéis amado, han amado.
Pretérito pluscuamperfecto: había amado, habías amado, había amado, habíamos amado, habíais amado, habían amado.
Pretérito anterior: hube amado, hubiste amado, hubo amado, hubimos amado, hubisteis amado, hubieron amado.
Futuro perfecto: habré amado, habrás amado, habrá amado, habremos amado, habréis amado, habrán amado.
Condicional perfecto: habría amado, habrías amado, habría amado, habríamos amado, habríais amado, habrían amado.

SUBJUNTIVO
(formas simples)
Presente: ame, ames, ame, amemos, améis, amen.

Beber

INDICATIVO
(formas simples)
Presente: bebo, bebes, bebe, bebemos, bebéis, beben.
Pretérito imperfecto: bebía, bebías, bebía, bebíamos, bebíais, bebían.
Pretérito indefinido: bebí, bebiste, bebió, bebimos, bebisteis, bebieron.
Futuro imperfecto: beberé, beberás, beberá, beberemos, beberéis, beberán.
Condicional simple: bebería, beberías, bebería, beberíamos, beberíais, beberían.

(formas compuestas)
Pretérito perfecto: he bebido, has bebibo, he bebido, hemos bebido, habéis bebido, han bebido.
Pretérito pluscuamperfecto: había bebido, habías bebido, había bebido, habíamos bebido, habíais bebido, habían bebido.
Pretérito anterior: hube bebido, hubiste bebido, hubo bebido, hubimos bebido, hubisteis bebido, hubieron bebido.
Futuro perfecto: habré bebido, habrás bebido, habrá bebido, habremos bebido, habréis bebido, habrán bebido.
Condicional perfecto: habría bebido, habrías bebido, habría bebido, habríamos bebido, habríais bebido, habrían bebido.

SUBJUNTIVO
(formas simples)
Presente: beba, bebas, beba, bebamos, bebáis, beban.

VERBOS REGULARES

Amar

Pretérito imperfecto: amara o amase, amaras, amara, amáramos, amarais, amaran.
Futuro imperfecto: amare, amares, amare, amáremos, amareis, amaren.

(formas compuestas)
Pretérito perfecto: haya amado, hayas amado, haya amado, hayamos amado, hayáis amado, hayan amado.
Pretérito pluscuamperfecto: hubiera o hubiese amado, hubieras amado, hubiera amado, hubiéramos amado, hubierais amado, hubieran amado.
Futuro perfecto: hubiere amado, hubieres amado, hubiere amado, hubiéremos amado, hubiereis amado, hubieren amado.

IMPERATIVO
ama, amad.

FORMAS NO PERSONALES
(formas simples)
Infinitivo: amar.
Gerundio: amando.
Participio: amado.

(formas compuestas)
Infinitivo: haber amado.
Gerundio: habiendo amado.

Beber

Pretérito imperfecto: bebiera o bebiese, bebieras, bebiera, bebiéramos, bebierais, bebieran.
Futuro imperfecto: bebiere, bebieres, bebiere, bebiéremos, bebiereis, bebieren.

(formas compuestas)
Pretérito perfecto: .haya bebido, hayas bebido, haya bebido, hayamos bebido, hayáis bebido, hayan bebido.
Pretérito pluscuamperfecto: hubiera o hubiese bebido, hubieras bebido, hubiera bebido, hubiéramos bebido, hubierais bebido, hubieran bebido.
Futuro perfecto: hubiere bebido, hubieres bebido, hubiere bebido, hubiéremos bebido, hubiereis bebido, hubieren bebido.

IMPERATIVO
bebe, bebed.

FORMAS NO PERSONALES
(formas simples)
Infinitivo: beber.
Gerundio: bebiendo.
Participio: bebido.

(formas compuestas)
Infinitivo: haber bebido.
Gerundio: habiendo bebido.

Latir

INDICATIVO
(formas simples)
Presente: lato, lates, late, latimos, latís, laten.
Pretérito imperfecto: latía, latías, latía, latíamos, latíais, latían.
Pretérito indefinido: latí, latiste, latió, latimos, latisteis, latieron.
Futuro imperfecto: latiré, latirás, latirá, latiremos, latireis, latirán.
Condicional simple: latiría, latirías, latiría, latiríamos, latiríais, latirían.

(formas compuestas)
Pretérito perfecto: he latido, has latido, ha latido, hemos latido, habéis latido, han latido.
Pretérito pluscuamperfecto: había latido, habías latido, había latido, habíamos latido, habíais latido, habían latido.
Pretérito anterior: hube latido, hubiste latido, hubo latido, hubimos latido, hubisteis latido, hubieron latido.
Futuro perfecto: habré latido, habrás latido, habrá latido, habremos latido, habréis latido, habrán latido.
Condicional perfecto: habría latido, habrías latido, habría latido, habríamos latido, habríais latido, habrían latido.

SUBJUNTIVO
(formas simples)
Presente: lata, latas, lata, latamos, latáis, latan.

Pretérito imperfecto: latiera o latiese, latieras, latiera, latiéramos, latierais, latieran.
Futuro imperfecto: latiere, latieres, latiere, latiéremos, latiereis, latieren.

(formas compuestas)
Pretérito perfecto: haya latido, hayas latido, haya latido, hayamos latido, hayáis latido, hayan latido.
Pretérito pluscuamperfecto: hubiera o hubiese latido, hubieras latido, hubiera latido, hubiéramos latido, hubierais latido, hubieran latido.
Futuro perfecto: hubiere latido, hubieres latido, hubiere latido, hubiéremos latido, hubiereis latido, hubieren latido.

IMPERATIVO
late, latid.

FORMAS NO PERSONALES
(formas simples)
Infinitivo: latir.
Gerundio: latiendo.
Participio: latido.

(formas compuestas)
Infinitivo: haber latido.
Gerundio: habiendo latido.

VERBOS IRREGULARES

Se recogen únicamente los tiempos verbales y las personas irregulares.

ANDAR: *Pret. ind.:* anduve, anduviste, anduvo, anduvimos, anduviste, anduvieron. *Pret. imp. sub.:* anduviera o anduviese, anduvieras o anduvieses, etc. *Fut. imp. sub.:* anduviere, anduvieres, etcétera.

DAR: *Pres. ind.:* doy. *Pret. ind. ind.:* di, diste, dio, dimos, disteis, dieron. *Pret. imp. sub.:* diera o diese, dieras o dieses, etc. *Fut. imp. sub.:* diere, dieres, etc.

DECIR: *Pres. ind.:* digo, dices, dice, dicen. *Pret. ind.:* dije, dijiste, dijo, dijimos, dijisteis, dijeron. *Fut. imp. ind.:* diré, dirás, etc. *Cond. imp. ind.:* diría, dirías, etc. *Pres. sub.:* diga, digas, etc. *Pret. imp. sub.:* dijera o dijese, dijeras o dijeses, etc. *Fut. imp. sub.:* dijere, dijeres, etc. *Imp.:* di. *Ger.:* diciendo. *Part.:* dicho.

DORMIR: *Pres. ind.:* duermo, duermes, duerme, duermen. *Pret. ind.:* durmió, durmieron. *Pres. sub.:* duerma, duermas, duerma, durmamos, durmáis, duerman. *Pret. imp. sub.:* durmiera o durmiese, durmieras o durmieses, etc. *Fut. imp. sub.:* durmiere, durmieres, etc. *Imp.:* duerme. *Ger.:* durmiendo.

HACER: *Pres. ind.:* hago. *Pret. ind.:* hice, hiciste, hizo, hicimos, hicisteis, hicieron. *Fut. imp. ind.:* haré, harás, etc. *Cond. imp. ind.:* haría, harías, etc. *Pres. sub.:* haga, hagas, etc. *Pret. imp. sub.:* hiciera o hiciese, hicieras o hicieses, etc. *Fut. imp. sub.:* hiciere, hicieres, etc. *Imp.:* haz. *Part.:* hecho.

IR: *Pres. ind.:* voy, vas, va, vamos, vais, van. *Pret. imp. ind.:* iba, ibas, etc. *Pret. ind.:* fui, fuiste, fue, fuimos, fuisteis, fueron. *Pres. sub.:* vaya, vayas, etc. *Pret. imp. sub.:* fuera o fuese, fueras o fueses, etc. *Fut. imp. sub.:* fuere, fueres, etc. *Imp.:* ve. *Ger.:* yendo. *Part.:* ido.

PODER: *Pres. ind.:* puedo, puedes, puede, pueden. *Pret. ind.:* pude, pudiste, pudo, pudimos, pudisteis, pudieron. *Fut. imp. ind.:* podré, podrás, etc. *Cond. imp. ind.:* podría, podrías, etc. *Pres. sub.:* pueda, puedas, pueda, puedan. *Pret. imp. sub.:* pudiera o pudiese, pudieras o pudieses, etc. *Fut. imp. ind.:* pudiere, pudieres, etc. *Imp.:* puede. *Ger.:* pudiendo.

PONER: *Pres. ind.:* pongo. *Pret. ind.:* puse, pusiste, puso, pusimos, pusisteis, pusieron. *Fut. imp. ind.:* pondré, pondrás, etc. *Cond. imp. ind.:* pondría, pondrías, etc. *Pres. sub.:* ponga, pongas, etc. *Pret. imp. sub.:* pusiera o pusiese, pusieras o pusieses, etc. *Fut. imp. sub.:* pusiere, pusieres, etc. *Imp.:* pon. *Part.:* puesto.

QUERER: *Pres. ind.:* quiero, quieres, quiere, quieren. *Pret. ind.:* quise, quisiste, quiso, quisimos, quisisteis, quisieron. *Fut. imp. ind.:* querré, querrás, etc. *Cond. imp. ind.:* querría, querrías, etc. *Pres. sub.:* quiera, quieras, quiera, quieran. *Pret. imp. sub.:* quisiera o quisiese, quisieras o quisieses, etc. *Fut. imp. sub.:* quisiere, quisieres, etc. *Imp.:* quiere.

SABER: *Pres. ind.:* sé. *Pret. ind.:* supe, supiste, supo, supimos, supisteis, supieron. *Fut. imp. ind.:* sabré, sabrás, etc. *Cond. imp. ind.:* sabría, sabrías, etc. *Pres. sub.:* sepa, sepas, etc. *Pret. imp. sub.:* supiera o supiese, supieras o supieses, etc. *Fut. imp. sub.:* supiere, supieres, etc.

VENIR: *Pres. ind.:* vengo, vienes, viene, vienen. *Pret. ind.:* vine, viniste, vino, vinimos, vinisteis, vinieron. *Fut. imp. ind.:* vendré, vendrás, etc. *Cond. imp. ind.:* vendría, vendrías, etc. *Pres. sub.:* venga, vengas, etc. *Pret. imp. sub.:* viniera o viniese, vinieras o vinieses, etc. *Fut. imp. sub.:* viniere, vinieres, etc. *Imp.:* ven. *Ger.* viniendo.

VOLVER: *Pres. ind.:* vuelvo, vuelves, vuelve, vuelven. *Pres. sub.:* vuelva, vuelvas, vuelva, vuelvan. *Imp.:* vuelve. *Part.:* vuelto.

Los **verbos irregulares** son los que alteran su radical o desinencia en forma distinta de la conjugación regular correspondiente, pero no se consideran irregulares los que cambian alguna letra por cuestión ortográfica, para conservar el sonido: *tocar, toqué; vencer, venza; delinquir, delinca; morder; muerda.* Tampoco es irregularidad cambiar la *i* por la *y* al encontrarse este sonido entre vocales (*creyó,* en vez de *creió*). Y existe, así mismo, el caso especial de diptongación que representa al verbo *errar.* Al diptongar en *ie* queda la *i* en posición inicial, por lo que se escribe *y: yerro, yerres.*

Las irregularidades de los verbos no se dan obligatoriamente en todas las formas. Las que aparecen en los tiempos fundamentales (indicativo presente, pretérito indefinido y futuro imperfecto) pasan a sus respectivos tiempos derivados. O sea que las del presente de indicativo se encontrarán también en el presente de subjuntivo y en el imperativo; las del pretérito indefinido en el pretérito imperfecto y futuro imperfecto de sub-

juntivo; las del futuro imperfecto de indicativo en el potencial simple. Las irregularidades que se dan con más frecuencia son las siguientes:
• Diptongación. Conversión de la *e* y de la *o* del radical, cuando sobre ellas recae el acento, en los diptongos *ie, ue*, respectivamente.
• Debilitación vocálica. Conversión de la *e* y de la *o* del radical en *i, u*, respectivamente. Se da cuando sobre las primeras recae el acento o si la desinencia empieza por *a* o tiene diptongo.
• Aumento de consonantes. Añaden *z* los verbos terminados en *-acer* (menos *hacer* y sus compuestos), *-ecer, -ocer, -ucir*. Añaden *g* ante las vocales *o, a* de las desinencias de los verbos *asir, poner, salir, valer, venir, tener*. Los verbos *caer, oír* y *traer* admiten *i* antes de la *g* añadida. Añaden *y* después de la *u* del radical y antes de *a, e, o* de las desinencias de los verbos terminados en *-uir*.
• Cambio de consonantes. Conversión de *e* en *g*. Sustituyen *b* por *p*: *caber, quepa*.
• Pretérito fuerte. Los acabados en *-ucir* y otros verbos como *caber, haber, poder, querer, saber*, etcétera, tienen acentuación llana en la primera persona en singular del indefinido (*cupe, hube, pude, quise, supe*) y de esta forma derivan las restantes de los demás tiempos del grupo del indefinido.
• Futuro sincopado. Pierden la *e* del infinitivo radical (*caber, cabré; haber, habré*), la sílaba *ce* (*hacer, haré*) y las letras *ec* (*decir, diré*). Sustituyen la *e* o la *i* del infinitivo radical por una *d* en los tiempos del grupo de futuro: *poner, pondré; venir, vendré; salir, saldré*.

• Participios irregulares. En vez de en *-ado* o *-ido*, terminan en *-cho* (*hecho*), *-to* (*muerto*), *-so* (*impreso*). Existen verbos, incluso, que poseen dos participios, el regular y el irregular: freír, *freído* y *frito*.

e) Adverbio. Su función básica es la de modificar, esclarecer, definir, precisar y ampliar el significado del verbo (escribe *perfectamente*), del adjetivo (*muy* claro), de otro adverbio (*mucho* más claro) o de una oración completa (*efectivamente*, eso está bien hecho). Respecto al verbo, cumple en realidad la misma misión que desempeña el adjetivo con respecto al sustantivo.

Al igual que el adjetivo, el adverbio adopta grados de comparación (*muy* pronto, *más* pronto) y formas de diminutivo (*prontito*) y de superlativo (*grandísimo*). Por su similitud con el adjetivo, los adverbios se dividen en calificativos (cualidades) y determinativos (relaciones). La semejanza con el adjetivo es tal que un grupo muy numeroso de adverbios se forma a base de añadir al femenino de aquéllos la terminación *-mente*. En este caso, cuando varios adverbios van seguidos, sólo al último se le aplica dicha terminación: *Llegó satisfactoria, jubilosa y felizmente*. Estos adverbios en *-mente*, por otra parte, conservan el acento gráfico de los adjetivos originales: *cortésmente, grácilmente*.

Tradicionalmente, el adverbio es un palabra que acompaña al verbo, al adjetivo o a otro adverbio. En realidad, al ser in-

ADVERBIOS

Adverbios de lugar: *aquí, ahí, allí, acá, allá, acullá, aquende, allende, cerca, lejos, encima, debajo, arriba, abajo, dentro, adentro, fuera, afuera, junto, delante, enfrente, detrás, do, donde, adonde, doquier, doquiera, dondequiera.*
Adverbios de tiempo: *hoy, ayer, anteayer, mañana, pasado mañana, hogaño, antaño, ahora, antes, después, luego, entonces, recientemente, tarde, temprano, siempre, nunca, jamás, alguna vez, ya, mientras, aún, todavía.*
Adverbios de modo: *bien, mal, mejor, peor, como, tal, cual, así, apenas, despacio, aprisa, adrede, aposta, sólo, solamente, quedo, recio.* Muchos adverbios, en *-mente: desesperadamente, generosamente, blandamente.* Diversos adjetivos masculinos en singular: *alto, bajo, claro*, entre otros.
Adverbios de orden: *primeramente, sucesivamente, últimamente, antes, después, delante, detrás.*
Adverbios de cantidad: *mucho, muy, harto, demasiado, bastante, más, menos, excepto, algo, nada, casi, tan, tanto, cuan, cuanto.*
Adverbios de afirmación, negación y duda: *sí, no, si, también, tampoco, cierto, claro, pues, seguro, nunca, jamás, acaso, quizás, tal vez, probablemente.*
 Locuciones adverbiales: *a sabiendas, a tontas y a locas, a hurtadillas, sin ton ni son, sin más ni más, de carretilla.*

variables los adverbios han sido clasificados según su sentido:
- Adverbios de lugar.
- Adverbios de tiempo.
- Adverbios de modo.
- Adverbios de orden.
- Adverbios de cantidad.
- Adverbios de afirmación, negación y duda.
- Existen, además, las llamadas **frases o locuciones adverbiales**, formadas por grupos de palabras que al ir unidas poseen un significado especial y desempeñan el oficio de adverbios.

f) Preposición. Es una palabra invariable cuya función es unir dos elementos de una oración indicando una relación eventualmente espacio-temporal. Enlaza, relaciona o subordina las palabras entre sí, dentro de la oración. En el enlace de dos vocablos, el primero de ellos puede ser sustantivo (*el libro* de gramática), pronombre (*cual* de los dos), adjetivo (*útil* para el servicio) o verbo (*corre* por la calle).

g) Conjunción. Desempeña la función de unir y relacionar palabras y oraciones. Si la conjunción consta de una sola palabra, recibe el nombre de **conjunción simple**, y si tiene más, el de **conjunción compuesta.**

De acuerdo con la clase de vínculo que establece entre las oraciones, la conjunción puede ser coordinante (la que sólo une) o subordinante (la que une, pero deja establecidas ciertas dependencias entre las oraciones enlazadas).

Conjunciones coordinantes. Su función es unir dos elementos con la misma función.
- Copulativas: *y, e, ni.* Su misión es la de simple enlace: Yo leo *y* tú escribes.

- Disyuntivas: *o, u.* Manifiestan contradicción: Péinate *o* córtate el pelo.
- Adversativas: *mas, pero, aunque, sino.* Indican diferencia u oposición entre las oraciones enlazadas: Es rápido, *pero* se cansa pronto.
- Distributivas: *ya… ya; bien… bien.* En realidad, son disyuntivas que se reiteran y palabras que se repiten u oponen: Estos días *ya* hace sol, *ya* podemos ir a la playa.

Conjunciones subordinantes. Su función es introducir una proposición en la oración. Las conjunciones subordinantes propiamente dichas son escasas, pero su número incrementa debido a la unión de *que* con preposiciones como *porque, para que, hasta que, aunque,* entre otras.
- Causales: *porque, pues, puesto que, como, como que, ya que.* Indican que una de las oraciones es causa o motivo de la otra y ofrecen matices intermedios coordinantes y subordinantes: Lo hizo así *porque* se lo ordenaron.
- Consecutivas: *pues, luego, por lo tanto, puesto que, conque.* Caso análogo al anterior. Una de las oraciones es consecuencia de la otra: No tengo dinero, *por lo tanto* no puedo pagar.
- Condicionales: *si, con tal que, siempre que, en caso de que, a condición de que.* Indican que en la subordinada existe la condición para que se ejecute lo que manifiesta la principal: *Si* no llueve, volveré.
- Concesivas: *aunque, por más que, por mucho que, a pesar de que.* Expresan en la subordinada una objeción o dificultad para que se realice lo que indica la principal, si bien este obstáculo no impide la realización del hecho: Vendré, *aunque* caigan chuzos de punta.

PREPOSICIONES SIMPLES

a, ante, bajo, cabe, con, contra, de, desde, durante, en, entre, hacia, hasta, para, por, según, sin, so, sobre, tras.

- Sustantivas: *que* introduce proposiciones sustantivas: Me alegro *que* vengas, es decir: Me alegro de *tu regreso.*
- Finales: *a que, para que, a fin de que.* Manifiestan en la subordinada el fin de la principal: Os lo hemos traído *para que* le conozcáis.
- Temporales: *cuando, mientras, luego que, primero que.* Entra en la composición de algunas un adverbio o expresión de tiempo: Puedes entrar *cuando* quieras.
- Comparativas: *así como, así también, de modo que, cuanto, tanto.* Muchas tienen también valor consecutivo. Ocurrió *tal como* te lo cuento.

h) Interjección. Por sí solas, las interjecciones expresan de un modo rápido y súbito un contenido expresivo o estado afectivo, que puede suponer júbilo, dolor, sorpresa o cualquier sentimiento o emoción. Suelen ir agregadas a la oración, pero algunas constituyen una oración completa por si solas.

Se distinguen las interjecciones propiamente dichas (*¡ah!, ¡oh!*) y los términos interjectivos, que se transforman en exclamaciones (*¡vaya!, ¡corcho!*).

Las interjecciones más corrientes son: ¡*Anda!*, que a veces denota admiración y en otras ocasiones sirve para alejar a alguien; ¡*bravo!*, que significa aplauso y conformidad; ¡*abajo!*, grito de protesta colectiva. Y un sinfín más: ¡*Viva!, ¡dale!, ¡toma!*

Sintaxis

Tradicionalmente, se entiende por sintaxis la parte de la gramática que describe las reglas que rigen la creación de las oraciones, el orden de las palabras, los fenómenos de concordancia y las funciones gramaticales. Éstas se refieren al papel desempeñado por los sintagmas en una oración: sujeto, complementos directo, indirecto, del nombre, agente, instrumental, etc.

La gramática tradicional define la oración como un conjunto de palabras dotado de sentido. Las que se agrupan en torno al núcleo sustantivo constituyen con él el **sujeto**, las que se agrupan en torno al verbo configura con él el **predicado**. *Ana es bonita*: *Ana* (sujeto), *es bonita* (predicado); *El gobierno de la nación ha sido inflexible*: *El gobierno de la nación* (sujeto), *ha sido inflexible* (predicado). *Casi todos los insectos poseen alas*: *Casi todos los insectos* (sujeto), *poseen alas* (predicado).

La oración simple se compone de un sólo sujeto y predicado. Se denomina compuesta o compleja cuando posee más de un sujeto o predicado, es decir cuando está compuesta por varias oraciones unidas entre si por relaciones de dependencia.

1. Oraciones simples

Pueden clasificarse según el pensamiento de la persona que habla y atendiendo al medio o clase de predicado que se emplea.

Atendiendo al pensamiento de la persona que habla, pueden ser:
• Aseverativas o enunciativas. Expresan una afirmación: *Juan lee* o una negación: *No sabe nada*.
• Dubitativas. Manifiestan una duda: *Acaso me vaya*.
• Interrogativas. *¿Consultarás al médico?*
• Optativas. Indican un deseo: *¡Ojalá pierda!*
• Imperativas o de mandato. *¡Escribe enseguida!*
• Exhortativas. Expresan un ruego: *¡Venid pronto!*
• Exclamativas. Manifiestan un sentimiento: *¡Cómo lo lamento!*

Atendiendo a la clase de predicado que se emplea, pueden ser:
• Sustantivas, si el predicado es nominal: *La torre es alta*.
• Predicativas, si el predicado es verbal: *El tiempo volaba*.

Al predicado verbal suelen acompañarlo otras palabras que completan su significado. Son los complementos del verbo. Conforme a su función sintáctica, los complementos determinan la acción verbal. Pueden ser de tres tipos: directos, indirectos y circunstanciales.
• Complemento directo es la persona o cosa sobre la que recae inmediatamente la acción del verbo transitivo (que es aquel que puede ir seguido de un objeto directo): Regaló *libros*.
• Complemento indirecto es la persona o cosa que recibe la acción verbal a la que complementa: Regaló un libro *a hermana pequeña*.
• Complemento circunstancial es toda aclaración que

complete la idea mediante determinaciones de lugar, modo, tiempo, causa o instrumento de la acción verbal: *Regaló un libro a su novia, el día de su cumpleaños*.

Las oraciones de predicado verbal, llamadas también predicativas, pueden clasificarse en:
• Transitivas. Las que llevan complemento directo: *Encendió la lumbre*.
• Intransitivas. Las que no tienen o no expresan el complemento directo: *Yo respiro. Pedro ha muerto.*
• Reflexivas. En las que la acción del verbo recae directa o indirectamente sobre el mismo sujeto que la ejecuta. Se construyen con los pronombres personales reflexivos *me, te, se, nos, os* que desempeñan la función de complemento directo o indirecto, según los casos: *Me lavo; Me lavo las manos.*
• Recíprocas. En las que dos o más sujetos ejecutan una acción y, a la vez, la reciben

---

ORACIONES SIMPLES

Atendiendo a la persona que habla pueden ser:
Aseverativas
o enunciativas
Dubitativas
Interrogativas
Optativas
Imperativas o de mandato
Exhortativas
Exclamativas

Atendiendo a la clase de predicado que se emplea, pueden ser:
Sustantivas
Predicativas

mutuamente: *El niño y la niña se pegan.*

• Impersonales: En las que no queda expresado el sujeto, ya por tratarse de verbos que aluden a fenómenos de la naturaleza, ya por ser expresiones que convencionalmente carecen de él: *Llueve; Hay fantasmas; Hace calor.*

• Pasivas. Las que destacan de modo particular a la persona o cosa que sufre la acción para la cual hace de sujeto: *Los planos fueron trazados por el arquitecto* (en vez de *El arquitecto trazó los planos*).

2. Oraciones compuestas

Están constituidas por más de un sujeto o verbo, o también por una serie de oraciones simples. Según los medios de enlace existentes entre ellas, se clasifican en yuxtapuestas, coordinadas y subordinadas.

El recurso corriente, para formar oraciones compuestas, es unir las simples con conjunciones. Ahora bien, hay ocasiones en que se prescinde de la ayuda de partículas, y entonces, las oraciones resultantes quedan colocadas una al lado de la otra son denominadas **yuxtapuestas**: «*Llegué, vi, vencí*». La separación entre elementos así coordinados se marca por una ligera pausa.

En ocasiones, cuando se sustituye la conjunción lógica por los signos de puntuación (incluso el punto), se forma también una oración yuxtapuesta: *Cantaba, bailaba, bebía, gozaba.*

La coordinación permite unir palabras u oraciones con la misma función gramatical. Distinguiremos entre las siguientes **oraciones coordinadas**:

• Copulativas. Expresan meramente unión entre sí. Del nexo se encargan las conjunciones *y, e* cuando son afirmativas: *Apostó y ganó; ni* cuando son negativas: *Falso e ilegal; Ni quito ni pongo.*

• Disyuntivas. Enlazan oraciones de forma que una excluye a la otra o a las demás. Se valen de las conjunciones *o, u: Come o ayuna; Lárgate u obedece.*

• Adversativas. Indican un antagonismo o incompatibilidad respecto a otra oración. *Mas, pero, no obstante, aunque, sino,* son sus conjunciones más características: *Corrió, mas no llegó a tiempo; Es guapa, pero antipática; Aunque la obra es buena, la interpretación les salió fatal; No era inteligente, sino listo.*

• Distributivas. Oscilan entre las copulativas y las disyuntivas. Nos servimos de las distributivas cuando hay que repartir la atención alternativamente entre distintos sujetos y distintas acciones: *Unos ríen y otros lloran; Ora aquí, ora allí, bien... bien, ya...ya.*

• Explicativas. Una oración aclara el significado de la otra: *Compone versos, es decir, se siente poeta.*

Algunas conjunciones coordinantes pueden tener diversos valores. Es el caso de *aunque,* que puede introducir una adversativa: *Me han invitado, aunque no sé si iré* o bien una oración subordinante: *Aunque pueda no lo haré.*

Las **oraciones subordinadas** carecen de significación por sí solas, resultan incomprensibles y van incorporadas a otra oración, llamada principal, de la que dependen y a la que están ligadas por medio de conjunciones subordinantes. La oración principal es aquella que tiene sentido por sí misma. La subordinada, en consecuencia, asume respecto a aquella idéntico papel que el que desempeñan los elementos sintácticos en la oración simple, o sea que puede equivaler a un sustantivo, un adjetivo o un adverbio. Se dividen en subordinadas, sustantivas, adjetivas y adverbiales.

a) Subordinadas sustantivas. Son las que pueden desempeñar cualquier función del nombre sustantivo. Se clasifican en:

ORACIONES COMPUESTAS

Oraciones coordinadas:
Copulativas
Disyuntivas
Adversativas
Distributivas
Explicativas

Oraciones subordinadas:
Sustantivas
 Enunciativas
 Explicativas
 Interrogativas
 Indirectas
 Dubitativas
Adjetivas
 Determinativas
 Explicativas
Adverbiales
 Locativas
 Temporales
 Modales
 Comparativas
 Consecutivas
 Causales
 Condicionales
 Concesivas
 Finales

• Enunciativas o explicativas. Se limitan a afirmar o negar algo, exponiéndolo sin asignar a la oración ningún matiz psicológico especial.

La subordinada se enlaza con la subordinante por medio de la conjunción copulativa *que*. Según la función que cumpla la subordinada, pueden ser oraciones sustantivas sujeto, de complemento directo, indirecto o circunstancial. Por ejemplo: *Es lógico que vengas* es oración sujeto; *Es lógico* constituye la oración principal, y *vengas* el sujeto de la oración compuesta. En *lo digo para que lo sepáis, lo digo* es la oración principal y *para que lo sepáis* el complemento indirecto de la oración compuesta.

• Interrogativas
• Indirectas
• Dubitativas. Llevan un verbo subordinante de los llamados de «entendimiento o lengua» (*decir, preguntar, averiguar*, etc.): *No sé* (oración principal) *si vino alguien* (complemento directo de la oración compuesta); *Explica* (oración principal) *cómo sucedió* (complemento directo de la oración compuesta).

b) Subordinadas adjetivas. Son las que, dentro de la oración principal, ejercen las funciones de un adjetivo: *Los alumnos que estudian aprueban los exámenes* equivale a *Los alumnos estudiosos aprueban los exámenes*. Como quiera que estas oraciones se introducen mediante un pronombre relativo (*que, cual, quien, cuyo*), se les llama también oraciones de relativo. A veces, sustituyen a esos pronombres los adverbios *donde, como, cuanto* o *cuando*.

Las oraciones adjetivas o de relativo pueden ser:
• Determinativas. En ellas, la oración adjetiva se refiere sólo a una parte del nombre que aclaran. No van entre comas: *Los libros que están bien escritos merecen leerse más de una vez*. Principal: *Los libros merecen leerse más de una vez*; subordinada: *que están bien escritos*; sujeto: *que*. Sólo merecen leerse más de una vez los que están bien escritos, no todos los libros.
• Explicativas. En ellas el adjetivo a que equivalen se refiere a todos los elementos del nombre al que aclaran. Se escriben entre comas: *Los rascacielos, que ahora se llaman edificios singulares, destacan enormemente*. Principal: *Los rascacielos destacan enormemente*; subordinada: *que ahora se llaman edificios singulares*; *que* tiene valor de sujeto.

c) Subordinadas adverbiales. Desempeñan funciones adverbiales, es decir, constituyen una especie de adverbio de la oración principal: *Llegó a la estación cuando ya había salido el tren* viene a ser lo mismo que: *Llegó tarde a la estación*.

Por su carácter adverbial pueden ejercer meras funciones de adverbios, pero también pueden modificar cualitativa o cuantitativamente el verbo. De ahí la triple subdivisión de las mismas: subordinadas adverbiales de carácter circunstancial, oraciones que expresan relaciones cuantitativas y oraciones que expresan relaciones causativas.
• Subordinadas adverbiales de carácter circunstancial. Indican relaciones de espacio, tiempo y lugar. Se clasifican en:

– Locativas. Informan sobre el lugar y, generalmente, van acompañadas del adverbio *donde*: *El pueblo de donde vino era aburridísimo*. Cuando denota movimiento, *donde* va precedido a veces por las preposiciones *a, de, en, por, hacia, hasta*: *Desde donde estábamos se*

CONJUNCIONES SUBORDINANTES ADVERBIALES

A continuación se indican las principales conjunciones:

Locativas: donde, a donde, de donde
Temporales: mientras que, en tanto, que, tan pronto como, antes que, después que
Modales: como, según
Cuantitativas:
• comparativas de igualdad: tal, tal como, cual, cuanto, tal...como, tanto...como, igual...que
• comparativas de superioridad: más...que, más...de
• comparativas de inferioridad: menos... que, menos...de
Consecutivas: tan....que, tanto...que, por consiguiente, entonces, pues
Causales: porque, pues, puesto que, ya que, como
Condicionales: si, en el caso de que, a condición de que, con tal que, siempre que
Concesivas: aunque, a pesar de que, mal que, si bien

oía el griterío de la multitud; De aquí al colegio, donde estudia, tarda una hora.

– Temporales. Informan sobre una acción que se realiza antes, durante, después o a la vez que la oración principal. Suelen ir introducidas por los siguientes subordinantes: *mientras que, en tanto que, tan pronto como, antes que, después que. Cuando* llegamos, nos recibió con alborozo (simultaneidad); *Después* que puso en marcha el vehículo, lo lamentó (posterioridad); *A*ntes *de que* vengas estará todo a punto (anterioridad); *Siempre* que hablaba se reía de la gente (reiteración).

– Modales. Informan sobre la manera de realizar la acción principal: *La sujeté como pude.* La preposición *según* se convierte en adverbio conjuntivo modal en frases como: *Me acosté temprano, según me aconsejó el médico.* Cuando *como* se une a la conjunción condicional *si*, la frase *como si* resultante expresa una circunstancia intermedia entre el modo y la condición. Son oraciones modales condicionales: *Lo contaba como si lo hubiese visto.*

• Oraciones adverbiales cuantitativas. Expresan relaciones de cantidad y se dividen en:

– Comparativas. Comparan entre sí dos conceptos, simples o complejos. La comparación puede referirse a la cualidad o a la cantidad. El primer elemento de la comparación pertenece a la oración principal y el segundo a la subordinada. De acuerdo con la relación en que se encuentran los conceptos parangonados, las comparativas pueden ser de igualdad, superioridad o inferioridad. **Igualdad** (tal, tanto, cual, cuan-

to, tal como, tanto como): *Resultó tan estupendo como imaginé.* Con frecuencia, en las oraciones comparativas de igualdad es innecesaria la expresión del antecedente: *El chico es aplicado, como suponíamos.* **Superioridad** (más que, más de): *Es más hermosa que su hermana.* Adjetivos comparativos, acompañados de la voz *que*: *Salió mejor de lo que esperábamos.* **Inferioridad** (menos que, menos de): *Es el menos listo de cuantos se presentaron.* Adjetivos comparativos y *que* o *de*: *Lo hizo peor que los demás.* En las de superioridad o inferioridad es imprescindible la presencia de los adverbios *más, menos* o de los adjetivos comparativos. También puede usarse en estas oraciones la preposición *entre*: *Era el mejor entre todos.*

– Consecutivas. Informan sobre la consecuencia que se desprende de la acción expresada en la oración principal. Pueden ser el resultado de la intensidad con que se produce dicha acción: (tan + adj. + que) *Tuvo tan mala suerte que lo perdió todo*; (tan + nbre. + que) *Cuenta tales mentiras que nadie le cree*; (tanto + nbre. + que) *Tiene tanto trabajo que no duerme*; (tanto + vbo. + *que*) *Cené tanto que caí enfermo*; (tan + adj. + que) *Trabajo tanto que nunca consigo salir de paseo.*

No obstante, las consecutivas pueden ser el resultado de una acción que no posea intensidad especial. En este caso, se utilizan los siguientes subordinantes: *luego, entonces, conque, así (es) que, por consiguiente.*

– Causales. Expresan el motivo por el cual se realiza la acción principal. Se unen a la principal con las conjunciones

porque, pues, puesto que, ya que, como: *No saldremos puesto que está lloviendo; Como sigue con los dolores de cabeza no irá al colegio.*

– Condicionales. Manifiestan una condición de cuyo cumplimiento depende lo que se dice en la oración principal. La oración subordinada se llama condicional, antecedente o hipótesis, y la principal, condicionada, consiguiente o apódosis. La única conjunción condicional es *si (si hace sol, iremos a la playa),* pero también pueden emplearse como condicionales algunas conjunciones de otro origen y numerosas frases conjuntivas, *como, cuando, siempre que, ya que, con tal que. Como me inviten, me quedo; Con tal que finjas un poco, te saldrás con la tuya.*

– Concesivas. Expresan una objeción o dificultad para el cumplimiento de lo que se dice en la oración principal, si bien este obstáculo no impide su realización. La conjunción más utilizada es *aunque: Iremos al teatro, aunque llueva.* Con menos frecuencia, se emplean también *a pesar de, así, mal que, si bien, siquiera,* etc.: *A pesar del pinchazo, llegamos a tiempo; Mal que bien, lo conseguimos; Hazme este favor, siquiera sea el último.* A veces se emplea un adjetivo o adverbio precedido de *por* y seguido de *que*: *Por mucho que insistas, no lograrás nada.* El adverbio *aun,* seguido de gerundio, equivale a una subordinada concesiva: *Aun callando, era elocuente.*

– Finales. Expresan la intención o finalidad con la que se realiza la acción enunciada en la oración principal. Van introducidas por *para* (*vino para saludarme), a fin de que, con objeto de,* etc.

REPÚBLICA ARGENTINA

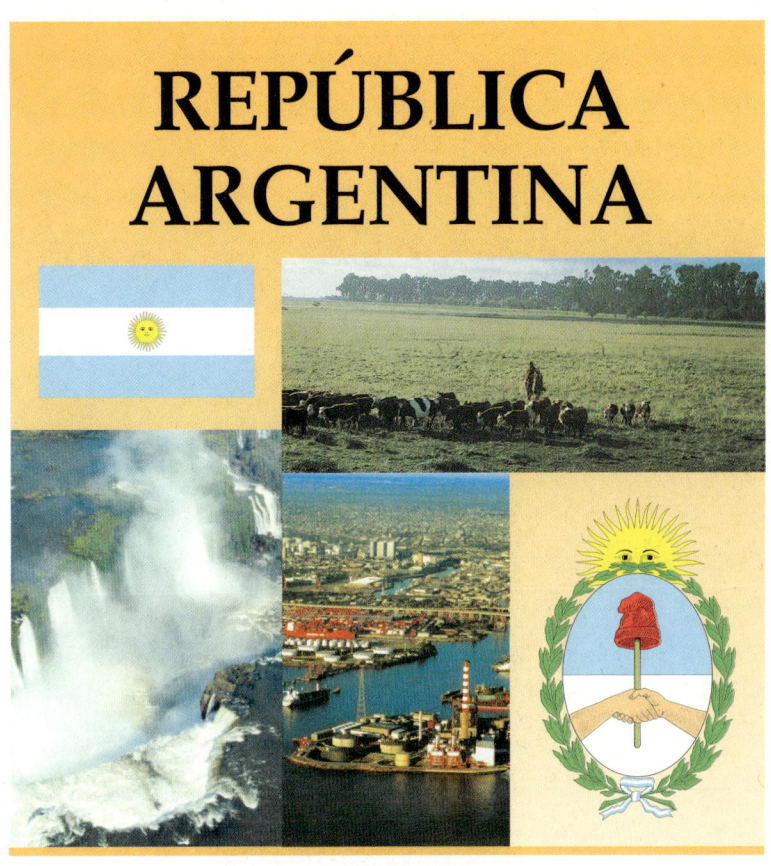

**GEOGRAFÍA
DIVISIÓN ADMINISTRATIVA
HISTORIA
CULTURA
CRONOLOGÍA**

Geografía

PRINCIPALES DATOS DE LA ARGENTINA

Datos generales

Denominación oficial: República Argentina
Superficie: 3 761 274 km² (Antártida e islas del Atlántico Sur: 969 464 km²)
Capital Federal: Ciudad Autónoma de Buenos Aires (2 776 138 h)
Estructura administrativa: 23 provincias y un distrito federal (Capital Federal)
Unidad monetaria: peso argentino
Lenguas: español (oficial), quechua (en el NO), guaraní (en el NE)
Minorías étnicas: toba, mataco, quechua, guaraní, mapuche, otras
Origen poblacional: ascendencia europea (98%); indígena (2%)
Creencias: cristianismo católico (mayoritario), cristianismo protestante, judaísmo

Indicadores demográficos

Población absoluta: 36 260 130 habitantes (estimación 2007: 39 356 383 h)
Densidad: 13 h/km²
Ciudades importantes: Córdoba (1 267 774 h); Rosario (1 118 984 h); La Plata (553 002 h), San Miguel de Tucumán (525 853 h)
Población urbana: 89,3 %
Tasa de natalidad: 17,7 ‰
Tasa de mortalidad: 7,6 ‰
Tasa de mortalidad infantil: 16,3 ‰

Crecimiento vegetativo: 10,1 ‰
Hijos por mujer: 2,1
Esperanza de vida: 68,0 años (hombres); 76,0 años (mujeres)

Indicadores sociales

Alfabetismo: 97,3 %
Aparatos de radio por 100 h: 68,1
Televisores por 100 h: 21
Líneas telefónicas por 1000 h: 219
Abonados a teléfonos celulares por 1000 h: 178
Usuarios de internet por 1000 h: 112
Núm. de médicos por 100 000 h: 304
Camas de hospital por 1 000 hab.: 3,3
Núm. de automóviles: 6 630 000 unidades
Red ferroviaria: 34 463 kilómetros
Red de carreteras: 215 471 kilómetros
Aviación: 131 412 000 km de vuelos anuales

Indicadores económicos

PIB per cápita: 4 220 dólares USA
Población activa: 10 913 187 (primario 8%, secundario 19%, terciario 73%)
Turismo: 3 374 090 visitantes anuales
Importaciones: 13 833 mill. de dolares USA
Exportaciones: 29 566 mill.de dolares USA
Superficie cultivada: 9,9 %

Estadísticas económicas

Agricultura (miles tm):soja (32 000); trigo (14 534); maíz (12 400); sorgo (2 240); girasol (3 200); cebada (1 001); arroz (984)
Ganadería (miles cabezas): bovinos (48 539); ovinos (12 558); caprinos (4 061); porcinos (2 184)
Pesca (miles tm): 839
Silvicultura (miles m³ madera): 8 513
Minería (miles tm): carbón (244); arcillas (1 611); sal común (1 156); cobre (199); petróleo crudo (42 982 miles m³); gas natural (50 644 mill. m³)
Industria (miles tm.): carne (2 621); leche (7 951 mill. l.); azúcar (1 816); aceites oleaginosos (6 014); cerveza (12,6 mill. hl.); vino (12,3 mill. hl.); pinturas (215,2); automotores (169 202 unidades); cemento portland (5 218); acero (5 033)

Datos políticos

Forma de gobierno: República federal
Jefatura del Estado: Presidente de la República (elegido cada 4 años)
Poder Ejecutivo: Presidente de la República y Consejo de Ministros
Poder Legislativo: Congreso Bicameral (**Cámara de Diputados:** 254 miembros; **Senado:** 46 miembros)
Partidos políticos: Partido Justicialista; Unión Cívica Radical (UCR); Alternativa por una República de Iguales (ARI)

Posición geográfica

La República Argentina se halla situada en el hemisferio sur occidental, en el extremo sur del continente americano. Es el más extenso de los países hispanoamericanos y el cuarto del continente, después de Estados Unidos, Canadá y Brasil. Su territorio está repartido entre dos continentes, y está atravesado al norte por el trópico de Capricornio y, al sur, por el Círculo Polar Antártico. De sus 3 761 274 km² de extensión total, 2 791 810 corresponden al continente americano y 969 464 a la Antártida Argentina y a las islas Australes: Georgias del Sur, Sandwich del Sur, Shetland del Sur y Orcadas del Sur.

Argentina limita al norte con Bolivia y Paraguay, al oeste con Chile, al este con Brasil, Paraguay, Uruguay, el Río de la Plata y el océano Atlántico, y al sur con Chile y el Atlántico Sur. Así mismo, la Antártida Argentina se halla enmarcada entre los 25° y 74° de longitud O y entre los paralelos 60° y 90° de latitud S.

Relieve

La morfología del territorio argentino presenta un notable contraste entre la cordillera de los Andes, que se extiende por occidente de norte a sur, y las llanuras pampeanas y las mesetas patagónicas, que ocupan gran parte de su superficie y cuya diversidad permite determinar, incluyendo el área cordillerana y la Antártida, regiones distintas.

Región del noroeste. Comprende la Puna, vasta zona desértica situada entre los 3 500 y 4 000 m de altitud, donde se alternan sierras, volcanes (como el Llullaillaco, de 6 739 m) y grandes salares.

Región chaqueña. Está situada en el extremo septentrional del país, entre la lla-

GEOGRAFÍA

MAPA FISICOPOLÍTICO DE LA ARGENTINA

BOLIVIA

PARAGUAY

BRASIL

JUJUY
St. de Sana Victoria
San Salvador de Jujuy
Salina de Arizaro
Salta
SALTA
CHACO CENTRAL
Río Pilcomayo
Río Bermejo

CATAMARCA
6879 m
Cerro Ojos del Salado
San Fernando del Valle de Catamarca
TUCUMÁN
San Miguel de Tucumán
CHACO AUSTRAL
CHACO
Formosa
FORMOSA
Cataratas del Iguazú
MISIONES
Oberá
Posadas

LA RIOJA
La Rioja
Santiago del Estero
SANTIAGO DEL ESTERO
Resistencia
Corrientes
I. Apipé (Arg.)

Salinas de Ambargasta
Río Salado
CORRIENTES
Laguna Iberá

Salinas Grandes
SAN JUAN
S.ª del Valle Fértil
Laguna Mar Chiquita
SANTA FE
Río Paraná
Río Uruguay

C.º Mercedario 6769 m
San Juan
S.ª Grandes
Córdoba
Santa Fe
Paraná
Embalse Salto Grande
Concordia

C.º Aconcagua 6959 m
CÓRDOBA
ENTRE RÍOS
URUGUAY

Mendoza
Volcán Maipo 5323 m
MENDOZA
San Luis
SAN LUIS
Río Cuarto
Rosario
San Nicolás de los Arroyos
Ciudad de Buenos Aires
Río de la Plata
La Plata
Bahía Samborombón
C. San Antonio

Santa Rosa
BUENOS AIRES
Mar del Plata
C. Corrientes

Límite del lecho y subsuelo 1
Límite exterior del Río de la Plata 2
Límite lateral marítimo argentino-uruguayo 3

OCÉANO

ATLÁNTICO

SUR

LA PAMPA
Río Colorado
Río Curacó
Río Negro

NEUQUÉN
Neuquén
Bahía Blanca
Bahía Blanca

Embalse Ezequiel Ramos Mexia
Río Negro
RÍO NEGRO
Viedma
Punta Bermeja

L. Nahuel Huapi
Monte Tronador 3478 m
Meseta Vol. de Somuncurá
Golfo San Matías

Río Chubut
Península Valdés

Embalse Florentino Ameghino
Rawson
Río Negro

CHUBUT
C. Dos Bahías

L. Colhué Huapi
L. Musters
Golfo

Lago Buenos Aires
Río Deseado
San Jorge
C. Tres Puntas

SANTA CRUZ
Punta Medanosa

L. Cardiel
Bahía San Julián

Río Chico
San Martín
Lago Viedma
Río Santa Cruz
Punta Entrada
Islas Malvinas (Arg.)

Lago Argentino
Bahía Grande
Isla Gran Malvina
Isla Soledad

Río Gallegos

SIGNOS CONVENCIONALES

- Capital de nación
- Capital de provincia
- Otros núcleos
- Vías principales
- Vías secundarias
- Ferrocarriles
- Frontera estatal
- Frontera provincial
- ▲ Pico

TIERRA DEL FUEGO ANTÁRTIDA E ISLAS DEL ATLÁNTICO SUR

Ushuaia
Estr. de Isla de los Estados
Le Maire
Canal Beagle

Pasaje de Drake

metros
+ 4000
3000
2000
1500
1000
500
200
0
200
1000
2000
3000
4000
5000
6000

0   300 km

CORDILLERA DE LOS ANDES

CHILE

MESOPOTAMIA

MAR ARGENTINO

Estrecho de Magallanes

Recuadro (inset)

Islas Malvinas (Arg.)
Tierra del Fuego, Antártida e Islas del Atlántico Sur
Islas Georgias del Sur (Arg.)

OCÉANO ATLÁNTICO
Mar del Scotia

OCÉANO PACÍFICO SUR
Pasaje de Drake

Is. Shetland del Sur
Base Decepción
Base Jubany
Base Cámara
Base Esperanza
Base Petrel
Base Primavera
Base Melchior
Base Marambio
Base San Martín
Base Matienzo
Base Belgrano III

Islas Orcadas del Sur (Arg.)

Islas Sandwich del Sur (Arg.)

SUR

Archipiélago de Palmer

ANTÁRTIDA ARGENTINA

Mar de Weddell

Pen. Antártica
Bahía Margarita
Isla Alejandro I

Mar de Bellingshausen

Tierra de Ellsworth
I. Berkner
Base Belgrano II
Base Belgrano I

Montes Ellsworth
Base Sobral

Barrera de hielos Larsen
Barrera de hielos Ronne
Barrera de hielos Filchner

GL Costa Caird
Costa Princesa Martha

Tierra de Edith Ronne
Tierra de Coats

Macizo Armada Argentina
GL Falcon

Oeste de Greenwich
Este de Greenwich

Círculo Polar Antártico

Tierra Nueva Suabia
Tierra de la Reina Maud

Polo Sur

nura pampeana del sur, las sierras subandinas al oeste y los ríos Paraguay y Paraná al este. Presenta un relieve llano y bajo.

Región mesopotámica. Situada en el sector noreste del país, entre los ríos Paraná y Uruguay. Tiene un relieve en general llano que, desde las mesetas de Misiones, a 750 m de altitud, desciende hacia las tierras bajas y pantanosas meridionales, donde se forman hondonadas, lagunas, esteros y cuchillas, lomas suaves y largas, hasta alcanzar el delta del Paraná.

Región pampeana. Comprende el sector central del país y forma la pampa, vasta llanura fértil y verde en su mayor parte y seca a medida que avanza hacia la Patagonia, al sur. La uniformidad topográfica de la pampa apenas se ve interrumpida por los sistemas de las sierras bonaerenses de Tandil y de la Ventana.

Región de las sierras pampeanas. Situada entre las llanuras pampeanas y el macizo cordillerano. Su relieve cuenta con las elevaciones de las sierras Pampeanas, entre las cuales se forman valles, llanos, salares y ríos cortos y de escaso caudal.

Región de Cuyo. Ocupa el sector centro oeste del país y su relieve está constituido por el alto macizo Occidental, la cadena Oriental, donde se alzan los picos Aconcagua, Tupungato y Mercedario, y, separadas por fértiles valles longitudinales, las formaciones precordilleranas, las cuales se hallan separadas de las sierras Pampeanas por llanos y travesías.

Región patagónica. Se extiende al sur del país, desde el río Colorado, al norte, hasta el estrecho de Magallanes, al sur, y desde los Andes, al oeste, hasta la costa del Atlántico, al este. Su relieve está determinado por los Andes de transición y los Andes Patagónico-fueguinos, ocupados por numerosos lagos de origen glaciar (Nahuel Huapí, Argentino, Viedma, etc.), glaciares (Perito Moreno, Upsala, Ameghino, etc.) y altos picos (Fitz Roy, 3 405 m), y por las mesetas que descienden escalonadamente hacia el Atlántico, donde forman un litoral acantilado y sinuoso.

Región antártica. Situada en el área polar, su superficie está cubierta por una enorme masa de hielo, que puede alcanzar más de 4 000 m de espesor y de la

que sólo sobresalen los picos de mayor elevación.

Región del mar argentino. Comprende la plataforma submarina argentina, que tiene una superficie de 1 000 000 de km². A esta región pertenecen las islas Malvinas.

Hidrografía

La red hidrográfica argentina está determinada por la vertiente atlántica, la de mayor importancia, y las vertientes interior y pacífica.

Vertiente atlántica. Está conformada por los ríos que tributan sus aguas a la cuenca del Río de la Plata-Paraná y los ríos patagónicos. La cuenca del Río de la Plata-Paraná es, con unos 3 000 000 km² y después de la amazónica, la segunda más extensa de América del Sur. Los ríos Paraguay, Paraná y Uruguay, que se originan en el macizo brasileño y recogen las aguas del reborde amazónico, del altiplano boliviano y de las llanuras chaqueñas, forman el Río de la Plata.

Los ríos patagónicos más importantes son el Colorado y el Negro, éste último formado por la unión del Neuquén y del Limay y junto a ellos los ríos Chubut, Deseado, Chico y Santa Cruz, entre otros, todos los cuales nacen en las cumbres andinas y, tras atravesar las mesetas por hondos valles y cañadones, desembocan en el Atlántico, donde también lo hacen los ríos de la región pampeana que nacen en las sierras de Tandil y La Ventana (Quequén, Grande, Claromecó, Quequén Salado, Sauce Grande, Naposta Grande, etc.).

Vertiente interior. La forman las cuencas endorreicas andina y pampeana, formadas por el

Las sierras Pampeanas recorren parte de Tucumán, Catamarca, La Rioja, San Juan, San Luis, Santiago del Estero y Córdoba (en la imagen).

sistema del Desaguadero, en la región de Cuyo, y los ríos Sali-Dulce (Tucumán y Santiago del Estero), El Belén (Catamarca), y Primero y Tercero (Córdoba), respectivamente.

Vertiente pacífica. Está constituida por los ríos Futaleufú, Manso, Carrenleufú y otros de menor importancia que nacen en los Andes meridionales argentinos y desembocan en el Pacífico.

Clima y vegetación

El clima de Argentina está condicionado por la situación geográfica del país, entre el trópico de Capricornio y el Círculo Polar Antártico, de modo que es tropical y subtropical en el norte, con abundantes lluvias en la región mesopotámica, al noreste, y escasas en la chaqueña, al noroeste; continental, seco y templado en el centro; y oceánico y frío en el sur. Así mismo, la relativa estrechez del territorio tiende a atenuar los contrastes estacionales propios de la continentalidad, de modo que la influencia oceánica actúa sobre el clima seco cordillerano, que se extiende desde la Puna hasta la Patagonia, dando lugar a un área de clima suave y húmedo aunque con bruscos cambios de temperatura en la cuenca del Río de la Plata.

En la región andina, el clima, que depende de la altitud, presenta grandes oscilaciones térmicas. La corriente fría de Humboldt determina el clima árido en el sector de los Andes septentrionales y la Puna, mientras que la humedad oceánica se impone en el de los Andes meridionales, donde la altitud y la masa continental son menores.

Esta diversidad climática es uno de los factores determinan-

Imagen del Aconcagua, la más alta cumbre de la cordillera andina y del continente americano, ubicada en suelo argentino.

tes de la gran variedad de ecosistemas del país y de su enorme riqueza vegetal, que cuenta con unas 9 000 especies registradas, de las cuales casi la mitad son endémicas. El paisaje argentino más característico es el pampeano, con hierbas y pastos tiernos, ombúes e islas de eucaliptos y álamos en la zona húmeda y pastos duros, algarrobo, chañar, etc., en la zona árida. En las regiones andina, preandina y de las sierras Pampeanas predomina la vegetación xerófila, de monte bajo y espinoso (espinillo, piquillín), y árboles como el misto, el chañar, el tala, el jume, etc., mientras que en la región chaqueña, bosques de quebracho, lapacho, etc. y de sauces, palmeras, etc. a orillas de los ríos. En los bosques montañosos subtropicales del noroeste se dan la tipa blanca, el pacará, el lapacho, el nogal, el pino del cerro, los helechos, etc.

En la región mesopotámica predomina la selva tropical, en el norte, y, en las tierras bajas y pantanosas, las palmas, el ceibo, el ñandubay, especies acuáticas y gramíneas. En la Patagonia se dan los bosques de coníferas (araucarias, alerces, etc.) y caducifolias (hayas) en el sector andino, y monte bajo y matorral (jume, matasebo, cola piche, jarilla, etc.), en el sector mesetario.

La deforestación agrícola y la industria hacen peligrar el bosque de quebracho colorado.

Economía

La agricultura, la ganadería y la minería son los pilares fundamentales de la economía argentina. Los ingentes recursos producidos por estos tres sectores han determinado el crecimiento del país, que, a raíz de la escasa industrialización, no ha cuajado en una economía capaz de soportar las oscilaciones del mercado internacional dominado por las grandes potencias desarrolladas, que también controlan el crédito mundial.

Agricultura y ganadería

Las extensas y fértiles llanuras pampeanas han facilitado el cultivo extensivo de cereales que, desde la segunda mitad del siglo XIX, ha situado a Argentina entre las grandes potencias cerealícolas mundiales. A mediados de la última década del siglo XX, el pastizal pampeano aportaba el 89 % de los ingresos cerealeros (trigo, maíz, cebada, etc.) y el 53 % de los procedentes de cultivos industriales (girasol, lino, soja, caña de azúcar, etc). También son económicamente importantes los cultivos de la vid, la caña de azúcar, el algodón y los hortofrutícolas. La explotación ganadera es igualmente extensiva merced a la riqueza de los pastos naturales de la pampa. Las cabañas bovina, que supone más de la mitad de la producción ganadera, y ovina sitúan a Argentina en los primeros lugares de la producción ganadera mundial. Cabe consignar así mismo la importancia en el contexto nacional de la crianza de cerdos y caballos y la avicultura. El carácter latifundista de la propiedad, la persistencia del

Extracción de petróleo en el sur del país.

cultivo extensivo y el atraso tecnológico en el sector constituyen factores negativos que impiden mejores rendimientos del extraordinario potencial agropecuario del país.

Industria y minería

La ingente producción ganadera dio origen a una importante industria frigorífica, que tuvo un rápido desarrollo a partir de 1883, y al mismo tiempo a una gran industria de derivados lácteos (leche, mantequilla, quesos). La industria alimentaria se completa así mismo con la producción de vino, en la que Argentina ocupa el primer lugar del continente, de azúcar, aceites comestibles, pastas, cerveza, etc.

Aunque la producción minera es importante (estaño, cinc, plomo, manganeso, volframio, plata, hierro, etc.), resulta insuficiente para impulsar una potente industria siderometalúrgica, cuyos centros de Zapla, San Nicolás, Mendoza y Salta, entre otros, deben recurrir a la importación para abastecerse. Mayor incidencia tiene la producción y refino de petróleo y la explotación de gas natural en las provincias de Chubut, Neuquén, Mendoza y Salta.

También cabe consignar las industrias mecánica (automóviles, buques, aeroplanos, maquinaria agrícola, etc.), química (abonos, caucho sintético, resinas, plásticos, etc.) y textil como factores positivos del desarrollo económico del país.

Cría de ovejas en la Patagonia. La agricultura y la ganadería se encuentran en un proceso de tecnificación para poder competir en el mercado mundial, donde la producción primaria ha dejado de ser rentable.

La Avenida 9 de Julio es uno de los principales ejes urbanísticos de la Ciudad de Buenos Aires. Su trazado refleja el esplendor económico del país en las primeras décadas del siglo XX.

La población

La República Argentina es, con más de treinta y seis millones de habitantes, uno de los países de menor densidad de América del Sur. Su mapa demográfico se caracteriza por el notable desequilibrio entre las poblaciones rural, que apenas supera el 10 %, y urbana. Frente a los grandes espacios deshabitados o de muy baja densidad que dominan el territorio nacional, el Gran Buenos Aires constituye, con casi doce millones de habitantes, el más grande conglomerado urbano del país. Le siguen en importancia las ciudades de Córdoba, Mendoza, Tucumán, Rosario (Santa Fe) y La Plata (Buenos Aires).

Dado que la infraestructura industrial del país apenas puede satisfacer algo más del 19 % de las necesidades laborales de la población activa, casi un 73 % de ella está empleada en el sector de servicios, fundamentalmente en la administración pública, y un exiguo 8 %, en el sector agropecuario. La población argentina, mayoritariamente de origen europeo a causa del gran flujo inmigratorio que afluyó al país a lo largo del siglo XX, presenta uno de los índices de alfabetización más altos del mundo (97,3 %); un crecimiento vegetativo moderado, con un valor medio del 10,1 ‰, con índices de natalidad del 17,7 ‰, y de mortalidad global del 7,6 ‰ e infantil del 16,3 ‰, y una expectativa media de vida de unos 72 años (76 años para las mujeres y 68 años para los varones).

La desaceleración del crecimiento de la población que se ha verificado en las últimas décadas no parece deberse a un descenso del índice vegetativo, sino a una drástica disminución del flujo inmigratorio a causa del receso económico y, posiblemente, a la corriente emigratoria que se dio desde la década de 1970 por razones políticas y económicas. Cabe apuntar a su vez la tendencia al estancamiento demográfico del Gran Buenos Aires en contraste con el mayor crecimiento relativo de provincias como Tierra del Fuego, Neuquén, Chubut e incluso Catamarca, La Rioja y San Luis, como consecuencia de la política de promoción industrial, pesquera y turística surgida del Acta de Reparación Histórica. Desde el punto de vista de los sexos, existe un notable equilibrio entre varones y mujeres, si bien el índice de población masculina tiende a disminuir como consecuencia de la paralización de las corrientes inmigratorias, la caída de la tasa de mortalidad y el aumento de las expectativas de vida.

La lengua oficial es el español y la religión predominante es el catolicismo.

INMIGRACIÓN (1850-1924)

Período	Italianos	Españoles	Franceses	Rusos	Turcos	Otros
1850-1860	61,77	16,85	5,52	0,60	-	15,26
1861-1870	71,04	14,28	5,25	0,26	-	9,17
1871-1880	58,28	17,07	12,54	0,16	0,26	11,69
1881-1890	58,72	18,88	11,16	0,49	0,42	10,33
1891-1900	65,66	20,31	3,95	2,69	1,79	5,60
1901-1910	45,63	36,99	1,96	4,22	3,78	7,42
1911-1920	28,83	48,89	2,09	4,71	4,87	10,61
1921-1924	45,15	30,40	0,99	0,92	2,68	19,86

Fuente: Sánchez Albornoz, La población de América. Nota: en tanto por 100

REPÚBLICA ARGENTINA

División administrativa

CIUDAD AUTÓNOMA DE BUENOS AIRES

Superficie: 200 km²
Población: 2 776 138 hab.
Densidad: 13 880,7 hab./km²
Tasa anual media de crecimiento intercensal: -6,3 ‰

También llamada Capital Federal, ocupa un área de 200 km², sobre la margen derecha del Río de la Plata, y con la mayor densidad demográfica del país, casi 14 000 hab./km², es la capital de la República Argentina. Está integrada en el conglomerado urbano del Gran Buenos Aires y constituye el principal centro administrativo, político y cultural del país.

Provincia de BUENOS AIRES

Capital: La Plata (563 943 hab.)
Superficie: 307 571 km² (incluidos los partidos del Gran Buenos Aires)
Población: 13 827 203 habitantes
Densidad: 45 hab./km² (16,9 hab./km² si se excluyen los partidos del Gran Buenos Aires)
Tasa anual media de crecimiento intercensal: 8,9 ‰ (9,8 ‰ si se excluyen los partidos del Gran Buenos Aires)
División administrativa: 134 partidos

PROVINCIAS DE LA ARGENTINA

BOLIVIA
PARAGUAY
JUJUY
San Salvador de Jujuy
FORMOSA
Salta
SALTA
Formosa
San Miguel de Tucumán
CHACO
Isla Apipé (Arg.)
MISIONES
TUCUMÁN
SANTIAGO DEL ESTERO
Resistencia
Corrientes
Posadas
CATAMARCA
Santiago del Estero
CORRIENTES
San Fernando del Valle de Catamarca
La Rioja
LA RIOJA
SANTA FE
ENTRE
SAN JUAN
Córdoba
Santa Fe
Paraná
San Juan
CÓRDOBA
RÍOS
URUGUAY
Isla Martín García (Arg.)
San Luis
Ciudad de Buenos Aires
Mendoza
SAN LUIS
La Plata
MENDOZA
BUENOS AIRES
Santa Rosa
LA PAMPA
NEUQUÉN
Neuquén
RÍO NEGRO
Viedma
OCÉANO ATLÁNTICO SUR
Rawson
CHUBUT
M A R   A R G E N T I N O

1 Límite del lecho y subsuelo
2 Límite exterior del Río de la Plata
3 Límite lateral marítimo argentino-uruguayo

SANTA CRUZ
Islas Malvinas (Arg.)
Isla Gran Malvina
Río Gallegos
Isla Soledad
TIERRA DEL FUEGO, ANTÁRTIDA E ISLAS DEL ATLÁNTICO SUR
Ushuaia
Isla de los Estados

OCÉANO ATLÁNTICO SUR (Arg.) (Arg.)

0   300 km

B R A S I L

CHILE

La provincia de Buenos Aires, situada en el ámbito geográfico de la pampa húmeda, está limitada por los ríos Paraná-Plata al noreste; el océano Atlántico al este y al sur, y las provincias de Río Negro al suroeste, La Pampa al oeste, Córdoba al noroeste y Santa Fe al norte. Está dividida administrativamente en 134 partidos, equivalentes a los departamentos de las otras provincias. Es la mayor y la más poblada de las provincias argentinas, aglutinando casi la mitad de la población del país.

El paisaje provincial está dominado por una llanura de fértiles tierras con abundantes pastos aptos para la ganadería. Las bajas sierras de Tandil, en el centro, y de la Ventana, al suroeste, son las únicas elevaciones de la provincia que interrumpen la planicie.

Los principales ríos de su red hidrográfica son Areco y

Luján, que desembocan en el Paraná; Salado y Samborombón, que lo hacen en el Plata; y Quequén Grande y Sauce Grande, que desaguan en el Atlántico. El clima es templado y lluvioso en el litoral y más seco y continental hacia el interior. La agricultura, la ganadería, la pesca, la silvicultura y las industrias textil, metalúrgica, etc., constituyen la base de la economía provincial.

CATAMARCA

Capital: San Fernando del Valle de Catamarca (140 741 hab.)
Superficie: 102 602 km²
Población: 334 568 hab.
Densidad: 3,3 hab./km²
Tasa anual media de crecimiento intercensal: 22,7 ‰
Ciudades principales: Andalgalá, Tinogasta, Belén
División administrativa: 16 departamentos

sur. Al oeste limita con la República de Chile.

Está dividida administrativamente en 16 departamentos, de los cuales el capitalino concentra el 41,6 % de la población provincial. La ciudad de Catamarca, cuya fundación se remonta al 1559, es el principal centro de la actividad económica y cultural de la provincia.

La morfología de su territorio está determinada por la altiplanicie y los grandes salares (Hombre Muerto y Antofalla) al noroeste; la cordillera de los Andes al oeste, con altos picos (Ojos del Salado, 6 879 m), y los extensos sistemas montañosos precordillerano y pampeano (Fiambalá, Ambato y Ancasti). Sus ríos (Belén, Andalgalá, etc.) son de caudal escaso e irregular. El clima, de tipo continental, es árido y la vegetación, estepario.

La agricultura (vid, olivo, frutales, algodón, etc.), la in-

CHACO

Capital: Resistencia (274 490 hab.)
Superficie: 99 633 km²
Población: 984 446 hab.
Densidad: 9,9 hab./km²
Tasa anual media de crecimiento intercensal: 15,3 ‰
Ciudades principales: Presidente Roque Sáenz Peña, Villa Ángela, Barranqueras
División administrativa: 25 departamentos

La provincia del Chaco, situada al noreste del país, limita con las provincias de Formosa al norte; Santa Fe al sur; Salta y Santiago del Estero al oeste, y Corrientes y la República de Paraguay al este. Está dividida en 25 departamentos, de los cuales el de San Fernando, donde se halla Resistencia, la capital, reúne el 35,5 % de una población provincial de baja densidad.

Su territorio, que forma parte de la región del Chaco Aus-

Explotación minera del Cerro de la Alumbrera, en la provincia de Catamarca (en el triángulo que forman Santa María, Belén y Andalgalá). Junto con el Salar del Hombre Muerto, constituye una de las más importantes reservas de oro y litio del mundo.

La llanura chaqueña está poblada de ejemplares de palma blanca o caranday, que forman extensos palmares como el de la imagen.

Se halla en el sector noroeste del país y está limitada por las provincias de Salta al norte, Tucumán y Santiago del Estero al este, y La Rioja y Córdoba al

dustria (textil, alimenticia, vinícola, etc.) y la minería del cobre (Farallón Negro) constituyen las principales fuentes de sus recursos económicos.

tral, está delimitado por los ríos Bermejo al norte y Paraguay y Paraná al este. Es llano y con bosques de quebracho, urunday, palmera caranday, etc., cer-

Arriba, una ballena en la Península Valdés, provincia de Chubut. A la derecha, Comodoro Rivadavia (Chubut), es la principal ciudad de la Patagonia.

CÓRDOBA

Capital: Córdoba (1 267 521 hab.)
Superficie: 165 321 km²
Población: 3 066 801 hab.
Densidad: 18,6 hab./km²
Tasa anual media de crecimiento intercensal: 9,8 ‰
Ciudades principales: Río Cuarto, Villa María, Villa Carlos Paz, San Francisco
División administrativa: 26 departamentos

ca de los ríos. El clima es cálido y lluvioso, con precipitaciones medias anuales de 800 mm.

Las explotaciones agropecuaria y forestal y sus industrias derivadas (producción de tanino, desmotado e hilado de algodón, etc.) constituyen la base de la economía provincial.

CHUBUT

Capital: Rawson (22 493 hab.)
Superficie: 224 686 km²
Población: 413 237 hab.
Densidad: 1,8 hab./km²
Tasa anual media de crecimiento intercensal: 14 ‰
Ciudades principales: Comodoro Rivadavia, Trelew, Puerto Madryn
División administrativa: 15 departamentos

Chubut, localizada al sur del país, en la Patagonia, está limitada por las provincias de Río Negro al norte y Santa Cruz al sur; el mar Argentino, abierto al Atlántico, al este, y la República de Chile al oeste. Está dividida en 15 departamentos, de los cuales el de Rawson, la capital, concentra un tercio de la población provincial, cuya densidad no alcanza los 2 hab./km². El paisaje de su territorio está determina-

do por una meseta escalonada, inclinada hacia el Atlántico y cortada por varias sierras (Sierra Negra, Olte, Cañadón Grande y San Bernardo) y ríos (Chico-Senguer, Chubut, etc.), y los Andes patagónicos, donde se encuentran numerosos lagos de origen glaciar (Menéndez, General Vintter, Futalaufquen) y tectónico (Musters y Colhué Huapi). El clima es frío y seco.

La cría de ganado ovino, los cultivos industriales, hortícolas y frutícolas, la pesca marina y la explotación de sus recursos naturales (madera, petróleo, gas natural) son la base de la economía provincial.

La provincia de Córdoba, situada en el centro de la Argentina continental, está limitada por las provincias de Santiago del Estero al norte, Catamarca al noroeste, Santa Fe al este, Buenos Aires al sureste, La Pampa al sur y San Luis y La Rioja al oeste. Está dividida en 26 departamentos, de los cuales el capitalino concentra en torno al 42,7 % de los habitantes de una de las provincias más pobladas del país, que tiene en la ciudad de Córdoba su segundo centro urbano. El territorio cordobés, dominado por la llanura pampeana al este, está atravesado al oeste por las sierras de Córdoba, integradas por las sierras Chicas, Grandes y Comechingones. Su red hidrográ-

Las sierras de Córdoba son un importante destino turístico del país. En la imagen, Villa Carlos Paz, situada al occidente de la capital cordobesa.

fica la conforman los ríos serranos, que atraviesan la llanura y desembocan o se pierden en cuencas endorreicas (Primero, Segundo y Quinto) o alcanzan la cuenca del Paraná (Tercero y Cuarto). El clima es templado y seco en toda la zona.

Las actividades agropecuaria e industrial (mecánica, química, alimentaria, etc.) constituyen los principales soportes de una economía que ha alcanzado un alto nivel de desarrollo.

Suelos rojos (arcillosos) en los barrancos de Corrientes.

Lucía, Corrientes y Guayquiraró, que desaguan en el Paraná. El clima es cálido y lluvioso.

La ganadería (vacuno, ovino), la agricultura (cereales, té, algodón, tabaco, etc.) y la industria (alimentaria, textil, etc.) constituyen los pilares de la economía provincial.

CORRIENTES

Capital: Corrientes (314 546 hab.)
Superficie: 88 199 km²
Población: 930 991 hab.
Densidad: 10,6 hab./km²
Tasa anual media de crecimiento intercensal: 15,1 ‰
Ciudades principales: Goya, Curuzú Cuatiá, Paso de los Libres
División administrativa:
25 departamentos

La provincia de Corrientes, situada al noreste del país, limita al norte con la República de Paraguay, al noreste con la provincia de Misiones, al este con Brasil y Uruguay, al sur con

la provincia de Entre Ríos y al oeste con las de Santa Fe y Chaco. Está dividida administrativamente en 25 departamentos, de los cuales el de la capital, Corrientes, concentra un 33,7 % de la población provincial.

El territorio correntino, que integra la región de la Mesopotamia Argentina, presenta un relieve llano, con suaves elevaciones, y amplias zonas inundables y pantanosas (esteros) cubiertas de vegetación acuática y habitadas por una rica fauna. Los principales ríos de su sistema hidrográfico son Santa

ENTRE RÍOS

Capital: Paraná (235 967 hab.)
Superficie: 78 781 km²
Población: 1 158 147 hab.
Densidad: 14,7 hab./km²
Tasa anual media de crecimiento intercensal: 12,7 ‰
Ciudades principales: Concordia, Concepción del Uruguay, La Paz, Gualeguaychú
División administrativa:
17 departamentos

La provincia de Entre Ríos, situada en el sector este del país, limita con la República del Uruguay al este y con las provincias de Corrientes al norte, Santa Fe al oeste y Buenos Aires al sur. Está dividida en 17 departamentos densamente poblados, aunque el 27,1 % del total de la población reside en el departamento que contiene a la capital.

Forma parte de la Mesopotamia Argentina, hallándose enmarcada entre los ríos Paraná y Uruguay, los cuales, al unirse al sureste de la provincia, forman un inmenso delta. Su relieve es en general llano, con suaves lomas o cuchillas, cuyas principales alineaciones son las de Montiel al oeste y Grande al este. Algunos de sus numerosos ríos son Arroyo Feliciano, Gualeguaychú y Gualeguay. El clima es templado y lluvioso, con una media anual de 1 000 mm. La vegetación es de bosques-galería

El río Uruguay, en el límite oriental de la provincia de Entre Ríos, forma un impresionante delta al desembocar en el río Paraná.

junto a los ríos y herbácea en el resto del departamento.

La economía entrerriana se sustenta en los cultivos industriales (soja, girasol, algodón, sorgo y lino) y hortofrutícolas (cítricos), la ganadería (vacuno), la avicultura y las industrias alimentaria y celulósica.

FORMOSA

Capital: Formosa (198 074 hab.)
Superficie: 72 066 km²
Población: 486 559 hab.
Densidad: 6,8 hab./km²
Tasa anual media de crecimiento intercensal: 19,2 ‰
Ciudades principales: Clorinda, Pirané
División administrativa: 9 departamentos

La provincia de Formosa, situada en el sector noreste del país, limita al norte y al este con la República del Paraguay, al noroeste con la provincia de Salta y al sur con la del Chaco. Está dividida en 9 departamentos; el de Formosa, la capital, aglutina el 41 % de los habitantes de una población provincial de baja densidad demográfica. El territorio formoseño, que in-

Arriba, Purmamarca, una de las quebradas representativas del paisaje jujeño. A la derecha, suelo árido típico de la Puna en Jujuy.

tegra la región chaqueña, es una llanura delimitada al este por el río Paraguay y atravesada por los ríos Pilcomayo, Teuco-Bermejo, Pilagá y Salado, entre otros. El clima es cálido, con abundantes lluvias al este y algo más seco al oeste.

Las actividades agrícolas (algodón, cereales, productos hortofrutícolas), ganaderas, forestal y petrolífera constituyen la base de una economía provincial emergente.

La ciudad de Formosa se asienta en los márgenes del río Paraguay.

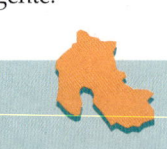

JUJUY

Capital: San Salvador de Jujuy (231 229 hab.)
Superficie: 53 219 km²
Población: 611 888 hab.
Densidad: 11,5 hab./km²
Tasa anual media de crecimiento intercensal: 17 ‰
Ciudades principales: San Pedro, Ciudad del Libertador General San Martín
División administrativa: 16 departamentos

La provincia de Jujuy, situada en el extremo noroeste del país, limita al este y al sur con la provincia de Salta, al norte con la República de Bolivia y al oeste con la de Chile. Está dividida en 16 departamentos; el de la capital concentra casi la mitad de la población provincial.

El relieve jujeño, atravesado por el trópico de Capricornio, está determinado al noroeste por la altiplanicie de la Puna, con grandes depresiones salinas (laguna de Pozuelos y Salinas Grandes), y en el resto del territorio por las denominadas sierras precordilleranas de Aguilar y Santa Victoria, separadas por profundas quebradas o cauces fluviales (Humahuaca, valle del río Grande), y estribaciones andinas, con la cuenca del río San Francisco. El clima es frío y árido al oeste y más templado y húmedo a medida que se avanza en dirección este.

DIVISIÓN ADMINISTRATIVA

La economía provincial se basa en la agricultura (caña de azúcar, tabaco, cítricos), la minería (hierro, estaño, plata), las extracciones de petróleo y gas natural y la industria (siderurgia, metalurgia, mecánica).

LA PAMPA

Capital: Santa Rosa (94 340 hab.)
Superficie: 143 440 km²
Población: 299 294 hab.
Densidad: 2,1 hab./km²
Tasa anual media de crecimiento intercensal: 13,5 ‰
Ciudades principales:
General Pico, General Acha, Eduardo Castex
División administrativa:
22 departamentos

La provincia de La Pampa, situada el centro del país, de la llanura platense, está limitada por las provincias de Mendoza, San Luis y Córdoba al norte, Buenos Aires al este, Neuquén y Mendoza al oeste, y Río Negro al sur. Está dividida en 22 departamentos, de los cuales el capitalino concentra un 30 % de una población cuya densida alcanza apenas los 2 hab./km².

La morfología del territorio está determinada por la llanura platense y, en el sector oeste-sudoeste, por las estribaciones de los Andes patagónicos. Su red hidrográfica comprende los ríos Colorado, Atuel y Salado, y numerosas lagunas endorreicas. El clima es árido en el sector cordillerano y más suave y húmedo a medida que se avanza hacia el este.

La agricultura (cereales, cultivos hortofrutícolas, forrajes), la ganadería (vacunos), la minería, las extracciones de petróleo y gas natural y las industrias derivadas de la actividad agropecuaria constituyen la base de la economía provincial.

LA RIOJA

Capital: La Rioja (143 684 hab.)
Superficie: 89 680 km²
Población: 289 983 hab.
Densidad: 3,2 hab./km²
Tasa anual media de crecimiento intercensal: 26,3 ‰
Ciudades principales:
Chilecito, Chamical, Aimogasta
División administrativa:
18 departamentos

La provincia de La Rioja, situada al oeste del país, limita con las provincias de Catamarca al norte y noreste, Córdoba al este, San Luis al sur, y San Juan y la República de Chile al oeste. Está dividida en 18 departamentos; el de la capital reúne el 48,1 % de los habitantes de un territorio de baja densidad demográfica.

Su paisaje está dominado por el macizo cordillerano (cerro Bonete Grande, 5 943 m) y las sierras Pampeanas (Famatina, Velasco, de los Llanos, Malanzán, Chepes y de las Minas), separadas por grandes y áridas depresiones y planicies. El sistema hidrográfico está formado por los ríos Bermejo o Vinchina, Grande, Salado o Colorado, etc., cuyos cursos son endorreicos. El clima de La Rioja es muy seco y las temperaturas, extremas, están condicionadas por la altura. La vegetación es de tipo xerófilo.

La economía riojana es agrícola esencialmente (cereales, olivos, nogales, dátiles, vid), minera (oro, plata, níquel y carbón) e industrial (química, farmacéutica, electrónica).

Ganado vacuno pastando en la llanura pampeana. En La Pampa, la economía agropecuaria constituye el sostén de la mayoría de la población.

Formación rocosa en el Cañón de Talampaya, provincia de La Rioja.

MENDOZA

Capital: Mendoza (110 993 hab.)
Superficie: 148 827 km²
Población: 1 579 651 hab.
Densidad: 10,6 hab./km²
Tasa anual media de crecimiento intercensal: 10,7 ‰
Ciudades principales: San Rafael, San Martín
División administrativa: 18 departamentos

La provincia de Mendoza, situada en el sector centroccidental del país, limita con las provincias de San Juan al norte, San Luis al este, y La Pampa y Neuquén al sur; al oeste limita con la República de Chile. Está dividida en 18 departamentos y se distingue por su equilibrada densidad demográfica, con la ciudad capital, Mendoza, erigida como uno de los mayores conglomerados urbanos a nivel nacional.

El territorio mendocino, que forma parte de la región de Cuyo, está atravesado por los Andes, que presentan algunos de los picos más altos de la cordillera (Aconcagua, 6 959 m), y el sistema precordillerano, al

La ciudad de Mendoza es el gran polo turístico y agroindustrial de la región de Cuyo.

este del cual se extiende la llanura. Los principales ríos de la red hidrográfica provincial son el Mendoza, el Tunuyán, el Diamante, el Atuel y el Grande. El clima es continental, con lluvias escasas.

La economía mendocina, que ha alcanzado un alto grado de desarrollo, se basa en la agricultura (cultivos hortofrutícolas, vid, olivo), la industria (alimentaria, vitivinícola, química etc.), la minería (uranio, bentonita) y la producción petrolífera.

MISIONES

Capital: Posadas (252 981 hab.)
Superficie: 29 801 km²
Población: 965 522 hab.
Densidad: 32,4 hab./km²
Tasa anual media de crecimiento intercensal: 19,4 ‰
Ciudades principales: Oberá, Eldorado, Puerto Iguazú
División administrativa: 17 departamentos

La provincia de Misiones, situada en el extremo noreste del país, limita al oeste con la República de Paraguay; al sur con los Estados Unidos de Brasil y la provincia de Corrientes, y al este y noreste también con Brasil. Está dividida en 17 departamentos y constituye una de las provincias de mayor densidad demográfica del país, si bien un cuarto de la población reside en el departamento capitalino. El territorio misionero, comprendido en la región de la Meseta Suptropical y en la de la Mesopotamia Argentina, está delimitado por los ríos Paraná al oeste y suroeste, Uruguay al este, San Antonio al noreste e Iguazú, con las famosas cataratas homónimas, al norte, y atravesado en el centro por las

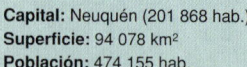

El suelo rojizo de la selva misionera nutre a miles de especies vegetales y animales.

sierras de Imán, Misiones y Victoria, que determinan la división de las aguas, y al suroeste por una región ondulada. El clima es subtropical, cálido y húmedo, con abundantes lluvias que dan lugar a una espesa selva.

La agricultura (yerba mate, té, tung, tabaco, cítricos, etc.), la silvicultura y las industrias derivadas de ambos sectores constituyen las principales fuentes de recursos de Misiones.

NEUQUÉN

Capital: Neuquén (201 868 hab.)
Superficie: 94 078 km²
Población: 474 155 hab.
Densidad: 5 hab./km²
Tasa anual media de crecimiento intercensal: 19,1 ‰
Ciudades principales: Zapala, Cutral Có, San Martín de los Andes
División administrativa: 16 departamentos

La provincia de Neuquén, situada en el sector centro occidental del país, limita con las provincias de Mendoza al norte, y Río Negro al este y sur, y con la República de Chile al oeste. Está dividida en 16 departamentos, de los cuales el de Confluencia, que contiene la capital, concentra el 68,1 % de los habitantes de una provincia escasamente poblada.

El territorio provincial, que en su mayor parte pertenece a la Patagonia, está atravesado por la cordillera de los Andes, con altas cimas al norte, como el volcán Domuyo de 4 709 m, y numerosos lagos glaciares al sur, como los de Moquehue, Huechulafquen, Lácar, Traful,

El paisaje idílico de la montaña neuquina es la gran base de su éxito turístico.

Nahuel Huapi, etc. Los ríos Neuquén y Limay, tributarios del río Negro, constituyen los principales cursos de su red hidrográfica. El clima es frío y húmedo al oeste, propiciando densos bosques de coníferas en las faldas andinas, y frío y seco en las tierras del este.

Las actividades agropecuaria (hortofruticultura, cría de ovinos) y sus industrias derivadas, forestal y petrolífera son los principales soportes de la economía provincial.

RÍO NEGRO

Capital: Viedma (46 948 hab.)
Superficie: 203 013 km²
Población: 552 822 hab.
Densidad: 2,7 hab./km²
Tasa anual media de crecimiento intercensal: 8,3 ‰
Ciudades principales: San Carlos de Bariloche, Cipolletti, General Roca
División administrativa: 13 departamentos

La provincia de Río Negro, situada en el sector meridional del país, limita con las provincias de La Pampa al norte, Chubut al sur, Buenos Aires y el mar Argentino al este, y la provincia de Neuquén y la República de Chile al oeste. Está dividida en 13 departamentos y es una de las provincias argentinas menos pobladas, con una densidad demográfica media de 2,7 hab./km².

El territorio rionegrino, que pertenece al ámbito de la Patagonia, está atravesado al oeste por los Andes patagónicos, con altas cimas, como el monte Tronador de 3 478 m, y lagos glaciares, como el Mascardi, el Nahuel Huapi, etc., y al este por

Manzanar de Río Negro.

las mesetas patagónicas, como la de Somuncurá. Sus ríos más importantes son el Colorado y el Negro, que desembocan en el Atlántico. El clima está condicionado por la diversidad geomorfológica de la provincia, siendo en general frío y árido en las mesetas y frío y húmedo en los Andes, donde se dan bosques de coníferas.

La economía rionegrina se basa en la agricultura (vid, frutales, hortalizas) y sus industrias derivadas, la cría del ganado ovino, la minería (hierro, gas, petróleo) y el turismo, que tiene en San Carlos de Bariloche uno de los centros más importantes del país.

SALTA

Capital: Salta (462 051 hab.)
Superficie: 155 488 km²
Población: 1 079 051 hab.
Densidad: 6,9 hab./km²
Tasa anual media de crecimiento intercensal: 21,1 ‰
Ciudades principales: Tartagal, General Güemes, San Ramón de la Nueva Orán
División administrativa: 23 departamentos

La provincia de Salta, situada al noroeste del país, limita al norte con la República de Bolivia, al noreste con la República del Paraguay, al este con las provincias de Formosa y del Chaco, al sur con las de Santiago del Estero, Tucumán y Catamarca, al oeste con la República de Chile, y al noroeste con la provincia de Jujuy. Está dividida en 23 departamentos, de los cuales el capitalino concentra casi la mitad de la población salteña.

El relieve de Salta está dominado al oeste por las altiplanicies de la Puna andina, en

La provincia de San Juan, en el sector centro oeste del país, limita con las provincias de La Rioja al norte y noreste, San Luis al sudeste y Mendoza al sur, y la República de Chile al oeste. Está dividida en 19 departamentos, de los cuales el capitalino concentra casi un cuarto del conjunto de la población provincial.

El relieve sanjuanino cuenta, al oeste, con la cordillera de los Andes (Mercedario, 6 769 m), y al este con las sierras precordilleranas (Valle Fértil, Pie de Palo y Huerta), que se hallan separadas por valles longitudinales. Los principales ríos son el Bermejo y el San Juan. El clima es muy árido y la vegetación es xerófila.

La catedral de Salta, digno representante de su arquitectura colonial.

Imagen del Valle de Concarán, en la provincia de San Luis.

cuyo límite oriental se alzan cumbres de más de 6 000 m (como el cerro Llullaillaco, de 6 739 m), y a oriente por las llanuras chaqueñas. Su red hidrográfica está conformada por los ríos Bermejo y Pasaje o Juramento y sus afluentes (Guachipas, Arias). El clima, dada la diversidad geomorfológica, presenta grandes contrastes, siendo frío y seco al oeste y más templado y húmedo a medida que se avanza hacia el este.

La agricultura (caña de azúcar, tabaco, vid, etc.) y la minería (mármoles, sales, petróleo) y sus industrias derivadas constituyen los principales soportes de la economía salteña.

La agricultura de regadío (vid, olivo, productos hortofrutícolas) constituye la base de la economía provincial. También tienen importancia las industrias vitivinícola y alimenticias y la minería (cobre).

El relieve provincial está dominado al norte por las Sierras Pampeanas (Comechingones, de San Luis, de las Quijadas, Alto Pencoso y del Gigante), y al sur por las llanuras de la Pampa. Sus principales ríos son el Desaguadero y el Salado. El clima es templado y seco, sobre todo al oeste y al sur, y la vegetación es de tipo xerófilo.

La economía provincial depende básicamente de la minería (granito, berilo, ónix), la agricultura (cereales, forrajes y productos hortofrutícolas) y la ganadería (vacunos y ovinos). También ha cobrado auge la industria electrónica.

SAN LUIS

Capital: San Luis (153 322 hab.)
Superficie: 76 748 km²
Población: 367 933 hab.
Densidad: 4,8 hab./km²
Tasa anual media de crecimiento intercensal: 24,1 ‰
Ciudades principales: Justo Daract y Villa Mercedes
División administrativa: 9 departamentos

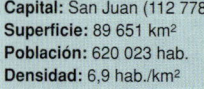

SAN JUAN

Capital: San Juan (112 778 hab.)
Superficie: 89 651 km²
Población: 620 023 hab.
Densidad: 6,9 hab./km²
Tasa anual media de crecimiento intercensal: 15,3‰
Ciudades principales: Caucete, San José de Jáchal, Calingasta
División administrativa: 19 departamentos

La provincia de San Luis, en el centro del país, limita con las provincias de Córdoba al noreste y al este; La Rioja al norte; San Juan al noroeste; Mendoza al oeste y La Pampa al sur. Está dividida en 9 departamentos, de los cuales en el capitalino concentra casi la mitad de la población puntana.

SANTA CRUZ

Capital: Río Gallegos (79 144 hab.)
Superficie: 243 943 km²
Población: 196 958 hab.
Densidad: 0,8 hab./km²
Tasa anual media de crecimiento intercensal: 20,1 ‰
Ciudades principales: Pico Truncado, Puerto Deseado, Caleta Olivia
División administrativa: 7 departamentos

DIVISIÓN ADMINISTRATIVA

El imponente Parque Nacional de Los Glaciares en Santa Cruz.

La provincia de Santa Cruz, situada en el extremo meridional del país, limita al norte con la provincia de Chubut, al sur y al oeste con la República de Chile y al este con el mar Argentino. Está dividida en 7 departamentos, de los cuales el de Güer Aike, donde se localiza la capital de la provincia, concentra casi la mitad de los habitantes de una escasa población provincial.

El territorio de Santa Cruz presenta dos ámbitos distintos: el elevado macizo andino al oeste, con numerosos lagos (Buenos Aires, Pueyrredón, San Martín, Viedma, Argentino), glaciares (Perito Moreno) y picos (San Lorenzo, 3 706 m, y Fitz Roy, 3 405 m), y las mesetas patagónicas al este, en las que se abren los valles de los ríos Deseado, Chico, Santa Cruz, Coig y Gallegos, que desembocan en el océano Atlántico formando estuarios. El clima es frío, de predominio húmedo en la zona andina y seco en el resto.

La economía provincial se basa principalmente en la cría de ganado ovino y en la producción de las industrias derivadas, la minería (carbón, petróleo, gas) y el turismo.

SANTA FE

Capital: Santa Fe (368 668 hab.)
Superficie: 133 007 km²
Población: 3 000 701 hab.
Densidad: 22,6 hab./km²
Tasa anual media de crecimiento intercensal: 6,7 ‰
Ciudades principales: Rosario, Rafaela, Venado Tuerto
División administrativa: 19 departamentos

La provincia de Santa Fe, situada en el sector centrooriental del país, limita con las provincias del Chaco al norte, Corrientes y Entre Ríos al este, Buenos Aires al sur y Córdoba y Santiago del Estero al oeste. Dividida en 19 departamentos, es la segunda provincia más poblada del país.

Su territorio presenta una llanura boscosa con sectores pantanosos al norte del río Salado y herbácea al sur, con suaves colinas hacia el oeste. El clima es tropical y lluvioso al norte y templado, con pluviosidad más moderada, al sur. El Paraná, que la bordea por el este, y el Salado, tributario de aquél, son sus ríos principales. La ganadería (vacuno), la agricultura (pas-

El Monumento a la Bandera en Rosario, provincia de Santa Fe.

tos, cereales, soja, etc.), la industria (alimenticia, conservera, química, siderometalúrgica, celulósica), la silvicultura, etc., constituyen los principales recursos de una economía provincial muy desarrollada.

SANTIAGO DEL ESTERO

Capital: Santiago del Estero (230 614 hab.)
Superficie: 136 351 km²
Población: 804 457 hab.
Densidad: 5,9 hab./km²
Tasa anual media de crecimiento intercensal: 17,3 ‰
Ciudades principales: Frías, La Banda, Termas de Río Hondo
División administrativa: 27 departamentos

La provincia de Santiago del Estero, situada en la mitad septentrional del país, limita con las provincias de Salta al noroeste; Chaco al noreste y al este; Santa Fe al este; Córdoba al sur, y Salta, Tucumán y Catamarca al oeste. Está dividida en 27 departamentos, de los cuales el capitalino concentra el 30 % de los habitantes de la provincia.

El territorio santiagueño, que pertenece a la región chaqueña, presenta un relieve escasamente inclinado en su mayor parte, que incluye la gran depresión de Salinas de Ambargasta al suroeste y alcanza las estribaciones de la Precordillera andina al oeste. Su red hidrográfica está integrada por los ríos Salado y Dulce, que dado el escaso desnivel del suelo originan numerosas zonas pantanosas o esteros. El clima es cálido y seco hacia el oeste y algo más húmedo hacia el este, y el paisaje es agreste, con predominio del bosque abierto (quebracho, cactáceas, etc.).

La agricultura (cereales, mijo, sorgo, algodón, oleaginosas), la ganadería (vacuno), la minería (cuarcitas, yesos, calizas), la silvicultura y las industrias derivadas de la actividad agropecuaria constituyen los principales soportes de la economía santiagueña.

TIERRA DEL FUEGO, ANTÁRTIDA E ISLAS DEL ATLÁNTICO SUR

Capital: Ushuaia (45 430 hab.)
Superficie: 1 002 445 km² (Antártida e Islas del Atlántico Sur: 969 464 km²)
Población: 101 079 hab.
Densidad: 0,1 hab./km² (4,7 excluidas la Antártida e Islas del Atlántico Sur)
Tasa anual media de crecimiento intercensal: 36,5 ‰
Ciudades principales: Río Grande
División administrativa: 4 departamentos

La provincia de Tierra del Fuego, Antártida e Islas del Atlántico Sur, situada en el extremo meridional del país, comprende el sector oriental de la isla Grande de Tierra del Fuego, sus islas adyacentes (Malvinas, Georgias del Sur y Sandwich del Sur, entre otras), y la Antártida Argentina, con los archipiélagos de las Orcadas del Sur y Shetland del Sur, además de numerosas islas e islotes. Ushuaia, la ciudad más austral del planeta, es el principal centro urbano de una provincia escasamente poblada.

La isla Grande de Tierra del Fuego, limitada al este y al sur por el mar Argentino, se halla separada de diversas islas chilenas por el canal de Beagle. Su relieve presenta al norte y al centro una zona de mesetas y al sur la prolongación de los Andes patagónicos. Los cursos fluviales son cortos y caudalosos y abundan los lagos (Chepelmut, Fagnano). El clima es frío, con inviernos crudos y lluvias en la zona meridional, la más boscosa. A diferencia de las islas Malvinas, las islas del Atlántico Sur (Georgias del Sur y Sandwich del Sur) son inhabitables, debido a la rigurosidad del clima y a los hielos de origen antártico que las circundan en invierno. La Antártida Argentina constituye el conjunto de tierras, hielo y aguas incluido en el triángulo de soberanía delimitado por el paralelo 60° (latitud S) y los meridianos 25° y 74° (longitud O). En su relieve destacan la cadena montañosa que conforma la península Antártica, cuyo punto culminante es el monte Coman, de 3 657 m. También son notorias las barreras de hielos Ronne y Filchner, al sur de las cuales se hallan la Tierra de Edith Ronne, cuyo relieve cuenta con el macizo Armada Argentina y la cordillera Diamante, y la meseta Polar. Entre las formaciones insulares de la Antártida Argentina cabe citar a las islas Orcadas del Sur, Shetland del Sur, Belgrano, Alejandro I y Berkner y a los archipiélagos de Palmer y Biscoe.

Imagen de Base Esperanza, asentamiento científico de la Argentina en la Antártida.

Las principales actividades económicas, concentradas en la isla Grande de Tierra del Fuego, son la ganadería (ovinos), la minería (turba, petróleo y gas natural), la pesca, la silvicultura y la industria (electrónica, textil, frigorífica).

TUCUMÁN

Capital: San Miguel de Tucumán (527 150 hab.)
Superficie: 22 524 km²
Población: 1 338 523 hab.
Densidad: 59,4 hab./km²
Tasa anual media de crecimiento intercensal: 15,3 ‰
Ciudades principales: Tafí Viejo, Aguilares, Concepción
División administrativa: 17 departamentos

La provincia de Tucumán, situada al noroeste del país, limita con las provincias de Salta al norte; Santiago del Estero al este y Catamarca al sur y al oeste. Está dividida en 17 departamentos y es la provincia argentina más pequeña y una de las más pobladas, si bien el 41,4 % de los habitantes residen en el departamento capitalino.

El relieve tucumano está conformado, al oeste, por el sistema precordillerano (sierras de Aconquija, Cumbres Calchaquíes) y, al este, por la llanura. Su red hidrográfica la constituyen el río Salí y sus afluentes. El clima es templado cálido, con un régimen de precipitaciones que aumenta hacia la zona montañosa, donde predomina el bosque húmedo.

La agricultura (remolacha, sorgo, maíz, soja, caña de azúcar), la ganadería (vacuno) y la industria (azucarera, mecánica, electrónica, etc.) constituyen los principales soportes de la economía tucumana.

Historia

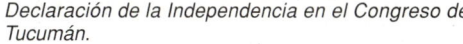

Declaración de la Independencia en el Congreso de Tucumán.

El general San Martín cruza los Andes con sus tropas en 1817.

Proceso emancipador

La invasión de España por Francia en 1807 y las tensiones derivadas de la recesión económica y la crisis institucional tras las frustradas incursiones inglesas de 1806 y 1807 a Buenos Aires, marcaron el principio del fin del dominio colonial español en el Río de la Plata.

La sustitución del virrey Sobremonte por Liniers y de éste por Baltasar Hidalgo de Cisneros, llegado en 1809, no fue suficiente para restaurar el principio de la autoridad española,

cuestionado por los criollos. Los esfuerzos de Cisneros en este sentido se revelaron inútiles, cuando, en 1810, cayó la Junta de Sevilla y los criollos, representados por Cornelio Saavedra y Mariano Moreno, presionaron a Cisneros para que devolviera la soberanía al pueblo y que éste, a través del cabildo, nombrara las nuevas autoridades.

El 25 de mayo de 1810, el cabildo abierto de Buenos Aires designó la Primera junta presidida por Saavedra e integrada por Paso y Moreno, como secretarios, y Belgrano, Alberti, Castelli, Larrea, Azcuénaga y Matheu, como vocales, que asu-

mió la autoridad en nombre de Fernando VII. Los realistas se rebelaron, y los cabildos de Montevideo y Asunción rechazaron la Junta porteña. Ésta, para imponer su autoridad en el territorio virreinal, envió sus ejércitos contra los realistas y al mismo tiempo convocó a los delegados de las ciudades del interior. Éstos, en el seno de la Junta, decantaron la lucha por el poder entre el bando radical, encabezado por Moreno, y el conservador, acaudillado por Saavedra, en favor de este último, pero sin resolver los problemas institucionales que planteaba la Revolución. La derrota patriota en Huaqui (1811) agravó aún más la situación hasta que las sucesivas victorias, sobre todo las de Tucumán y Salta, y los cambios políticos impulsados por la Logia Lautaro reencauzaron el proceso emancipador.

La amenaza no obstante persistiría mientras los realistas siguieran consolidados en Perú, de modo que, mientras la Asamblea general de 1813 sentaba las bases de un estado independiente, el general San Martín planteó la guerra continental y emprendió la campaña del Ejército de los Andes, que tuvo como consecuencia la liberación de Chile (1818) y Perú (1821). Mientras tanto, el 9 de julio de 1816, el Congreso constituyente reunido en Tucumán había declarado la independencia de las Provincias Unidas del Río de la Plata.

Retrato de Juan Manuel de Rosas.

Unitarios y federales

La sanción de la Constitución de 1819, que legalizaba la hegemonía de Buenos Aires sobre el interior, provocó la reacción de algunos caudillos, y el estallido de la guerra civil entre unitarios y federales. Tras el triunfo de estos últimos en Cepeda (1820) y la derogación de la Constitución unitaria, los caudillos de Santa Fe y Entre Ríos, López y Ramírez, intentaron sin éxito organizar una república federal, mientras Buenos Aires se rehacía económica y políticamente.

La ley fundamental de 1825 cambió el nombre de Provincias Unidas de América del Sur por el de Provincias Unidas del Río de la Plata, y la constitución de 1826 consagró el de Nación Argentina. Pero los choques entre unitarios y federales prosiguieron hasta que, en 1829, Juan Manuel de Rosas llegó al poder en Buenos Aires e impulsó la creación de la Confederación de las Provincias Unidas del Río de la Plata. Sin embargo, el bloqueo rosista del Paraná, perjudicial para los intereses de las provincias mesopotámicas, provocó la reacción de éstas. En 1852, Justo José de Urquiza, gobernador de Entre Ríos, con un ejército coaligado, al que se sumaron tropas de Uruguay y Brasil, venció a Manuel de Rosas en Caseros.

La organización nacional

Los vencedores de Rosas promulgaron, en 1853, la Constitución que consagró la Repú-

Escena de la guerra de la Triple Alianza (1865-1870), pintada por Cándido López.

El general Uriburu (en el centro de la imagen) encabezó un golpe de estado en septiembre de 1930.

blica federal, adoptó el sistema de sufragio indirecto, sancionó los derechos civiles y sentó las bases de la unidad nacional. En 1862, tras el pacto que resolvió las diferencias entre la Confederación y Buenos Aires, Bartolomé Mitre accedió a la presidencia de la República Argentina. El desarrollo que experimentó desde entonces el país se vio sin embargo frenado por los efectos de la guerra de la Triple Alianza contra Paraguay (1865-1870) y otras circunstancias adversas. La crisis persistió durante los gobiernos de Sarmiento (1868-1874) y Avellaneda (1874-1880) y no remitió hasta la llegada, en 1880, del general Julio A. Roca a la presidencia. Roca sentó las bases del moderno Estado argentino sobre un modelo de tipo oligárquico, que propició

una época de gran prosperidad económica. Juárez Celman (1886-1890) continuó con la misma política, pero una nueva fase recesiva originó la decadencia del régimen conservador durante los gobiernos de Pellegrini (1890-1892), L. Sáenz Peña (1892-1895), J. E. Uriburu (1895-1898), nuevamente J. A. Roca (1898-1904), Figueroa Alcorta (1906-1910) y R. Sáenz Peña (1910- 1914).

En la última década del siglo XIX, la reacción frente al régimen oligárquico se tradujo en la organización de los primeros sindicatos obreros y partidos políticos de clase, como el Socialista de Juan B. Justo. A raíz de la «revolución del 90», Leandro Alem impulsó la UCR (Unión Cívica Radical), que se perfiló como alternativa de poder e inauguró una nueva época.

El radicalismo y la democracia popular

Figueroa Alcorta comenzó por desmontar el régimen oligárquico y facilitó la elección de R. Sáenz Peña, quien le dio el golpe de gracia con la sanción de la ley de sufragio universal (1911), que abrió el camino a la UCR. Durante el período de hegemonía radical a través de las presidencias de Yrigoyen (1916-1922 y 1928-1930) y de Alvear (1922-1928) se afianzó la democracia popular, con el apoyo de importantes sectores de la clase trabajadora y de las nuevas clases medias. Sin embargo, el carácter burgués de la formación radical, que está en el origen de su conservadurismo social, y la rigidez política con que afrontó las reivindicaciones de los trabajadores fueron causas deter-

Retratos de Eva Duarte y Juan Domingo Perón. Éste ocupó la presidencia de la Argentina en tres ocasiones (1946-1951, 1951-1955 y 1973-1974).

minantes de los cruentos sucesos de la Semana Trágica de 1919 y de la Patagonia de 1921. En 1930, la debilidad del radicalismo, que había perdido gran parte de su sustento popular a raíz de la recesión económica originada por la crisis mundial y el *crack* de 1929, fue aprovechada por los conservadores para fraguar el golpe militar del general Uriburu (1930-1931) contra el gobierno radical de Yrigoyen.

La restauración conservadora

La restauración conservadora, que se conoce como la «década infame», no pudo neutralizar los efectos de la recesión económica ni resolver la crisis ideológica provocada por la Segunda Guerra Mundial, que se tradujo en la formación, en el Ejército, de los bandos aliadófilo y nacionalista. En este contexto, en 1944, un golpe interno sustituyó al general Ramírez por el general Farrell (1944-1946), que resultó beneficioso para el titular del ministerio de Trabajo, el entonces coronel Juan Domingo Perón. Éste, que se había ganado el favor de los trabajadores con un importante paquete de leyes laborales, organizó un movimiento político que lo condujo a la presidencia (1946-1951; 1951-1955; 1973-1974).

El populismo peronista

Aprovechándose de las divergencias entre los grupos de poder que habían roto el orden constitucional en 1930, Perón logró el apoyo de los militares nacionalistas y de los trabajadores para abrir una brecha en el régimen conservador. Su política populista y nacionalista se vio favorecida por la coyuntura internacional de la posguerra e impulsó el desarrollo económico y benefició a los sectores sociales menos favorecidos. Sin embargo, el carácter autárquico de su gobierno y el choque frontal con la oligarquía terrateniente y la Iglesia fueron causa de fuertes tensiones políticas, que se agravaron cuando una fase de recesión económica le quitó el apoyo de gran parte de los trabajadores. En estas circunstancias, en 1955 estalló la llamada "Revolución Libertadora", que acabó con su régimen, pero no con el movimiento justicialista.

El intervencionismo militar

Tras la caída de Juan Perón, los militares dominaron la vida política del país como representantes de los sectores más conservadores. De acuerdo con esta política, el general Aramburu (1955-1958) intentó desmantelar el peronismo, pero los militares se mostraron incapaces de superar la crisis económica y se vieron obligados a tutelar un gobierno civil. Con el peronismo proscrito, se sucedieron los gobiernos de Arturo Frondizi (1958-1962) y Arturo U. Illia (1963-1966), ninguno

El general Onganía accedió a la presidencia tras derrocar a Arturo U. Illia con el golpe militar de 1966.

GOBERNANTES DE ARGENTINA

Juntas
25/05/1810 18 /12/1810	J. Patria	
18/12/1810 - 23/09/1811	J. Grande	

Triunviratos
23/09/1811 - 08/10/1812	Primero
08/10/1812 - 22/01/1814	Segundo

Directores de las Provincias Unidas del Río de la Plata
1814-1815	Gervasio A. de Posadas
1815	Carlos M. de Alvear
1815	José Rondeau[1]
1815-1816	I. Álvarez Thomas
1816	Antonio González Balcarce
1816-1819	Juan M. de Pueyrredón
1819-1820	José Rondeau

Gobernadores de la Provincia de Buenos Aires
1820	Manuel de Sarratea, Ildefonso Ramos Mejía
20/06/1820	I.Ramos, Miguel E. Soler, Cabildo de Buenos Aires
23-28/06/	Miguel E. Soler, Manuel Dorrego
1820-1824	Martín Rodríguez
1824-1826	Juan Gregorio de las Heras

Presidentes Legales Unitarios
1826-1827	Bernardino Rivadavia
1827-1828	Vicente López (interino)

Gobernadores de la Provincia de Buenos Aires a cargo de las Relaciones Exteriores
1827-1828	Manuel Dorrego

1828-1829	Juan Lavalle
1829	Juan José Viamonte
1829-1832	Juan Manuel de Rosas
1832-1833	J. R. González Balcarce
1833-1834	Juan José Viamonte
1834-1835	Manuel V. Maza
1835-1852	Juan Manuel de Rosas

Director Provisorio de la Confederación
1852-1854	Justo José de Urquiza

Presidentes Constitucionales de la Confederación
1854-1860	Justo José de Urquiza
1860-1861	Santiago Derqui

Encargado Provisional del Poder Ejecutivo Nacional
1861-1862	Bartolomé Mitre

Presidentes de la Nación
1862-1868	Bartolomé Mitre
1868-1874	Domingo F. Sarmiento
1874-1880	Nicolás Avellaneda
1880-1886	Julio Argentino Roca
1886-1890	Miguel Juárez Celman
1890-1892	Carlos Pellegrini [2]
1892-1895	Luis Sáenz Peña
1895-1898	José E. Uriburu [2]
1898-1904	Julio Argentino Roca
1904-1906	Manuel Quintana
1906-1910	José FigueroaAlcorta [2]
1910-1914	Roque Sáenz Peña
1914-1916	Victorino de la Plaza [2]
1916-1922	Hipólito Yrigoyen
1922-1928	Marcelo T. de Alvear
1928-1930	Hipólito Yrigoyen

1930-1932	José Félix Uriburu
1932-1938	Agustín P. Justo
1938-1942	Roberto M. Ortiz
1942-1943	Ramón S. Castillo [2]
1943	Arturo Rawson
1943-1944	Pedro P. Ramírez
1944-1946	Edelmiro J. Farrell
1946-1955	Juan Domingo Perón
1955	Eduardo Lonardi
1955-1958	Pedro E. Aramburu
1958-1962	Arturo Frondizi
1962-1963	José María Guido
1963-1966	Arturo Umberto Illia
1966-1970	Juan Carlos Onganía
1970-1971	Roberto Marcelo Levingston
1971-1973	Alejandro Lanusse
1973	Héctor J. Cámpora
1973	Raúl A. Lastiri
1973-1974	Juan Domingo Perón
1974-1975	Mª Estela Martínez de Perón [2]
1975	Italo Luder
1975-1976	Mª Estela Martínez de Perón
1976-1981	Jorge Videla
1981	Roberto Viola
1981-1982	Leopoldo Galtieri
1983	Reynaldo Bignone
1983-1989	Raúl Alfonsín
1989-1999	Carlos Saúl Menem
1999-2001	Fernando de la Rúa
2001	Ramón Puerta [3]
2001	Adolfo Rodríguez Saá
2001	Eduardo Camaño [4]
2002-2003	Eduardo Duhalde
2003	Néstor Kirchner

[1] *Rondeau no se hizo cargo por estar ausente; interinamente le sustituyó el coronel Ignacio Álvarez Thomas.* [2] *Vicepresidente, asumió la presidencia.*
[3] *Presidente del Senado, asumió la presidencia de forma transitoria.* [4] *Presidente de la Cámara de Diputados, asumió la presidencia transitoriamente tras la dimisión del presidente del Senado, Ramón Puerta*

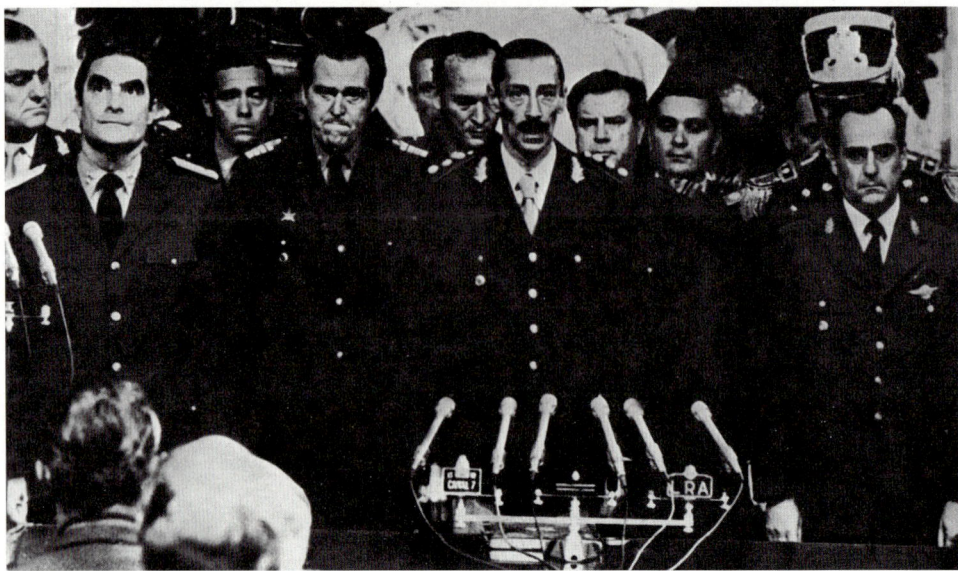

Integrantes de la junta militar que tomó el poder en 1976. El general Videla, en el centro de la imagen, asumió la presidencia del país entre 1976 y 1981.

de los cuales evitó su derrocamiento.

El general Juan C. Onganía (1966-1970) asumió el gobierno patrocinado por Estados Unidos, pero las tensiones sociales que surgieron de su política económica y de la aplicación de la "doctrina de seguridad nacional" desembocaron en el estallido del "Cordobazo" en mayo de 1969. El general Alejandro Lanusse (1970-1973), que lo sustituyó, convocó elecciones permitiendo la participación de los peronistas, pero no de Perón. El peronista Héctor J. Cámpora ganó los comicios, pero renunció para convocar nuevas elecciones que ganó el general Perón.

El caudillo justicialista no satisfizo las expectativas de la sociedad y tampoco controló las pugnas internas de su movimiento. Así, el izquierdista ERP (Ejército Revolucionario del Pueblo) y el peronista Montoneros reanudaron la lucha guerrillera, a la que se sumó la acción terrorista de la Triple A (Alianza Anticomunista Argentina). A la muerte de Perón, en junio de 1974, le sucedió su viuda, María Estela Martínez de Perón, quien, en medio de la violencia política y el caos económico, fue derrocada por el general Jorge R. Videla, en marzo de 1976.

El régimen militar oficializó el llamado Proceso de Reorganización Nacional que inauguró una de las dictaduras más feroces de la historia argentina. Miles de personas perseguidas murieron, desaparecieron o marcharon al exilio, mientras la política monetarista causaba el colapso económico y el empobrecimiento de la población. El conflicto del canal de Beagle con Chile (1981) y la guerra de las Malvinas con Gran Bretaña (1982) fueron intentos fallidos de aliviar la tensión interna.

Vuelta a la democracia

La restauración del poder a los civiles se hizo efectiva en 1983, cuando Raúl Alfonsín asumió la presidencia. Sin embargo, las graves secuelas económicas, sociales y morales dejadas por la dictadura militar condicionaron su gobierno y lo obligaron a convocar elecciones anticipadas.

El peronista Carlos Menem (1989-1995 y 1995-1999) emprendió una política de estabili-

En 1983, Raúl Alfonsín ganó las elecciones presidenciales.

dad económica de signo monetarista, indultó a los militares y reformó la Constitución (1994). En este contexto participó en la creación del Mercosur, integrado por Argentina, Brasil, Uruguay y Paraguay, en 1996, y firmó un acuerdo de cooperación con la Unión Europea. La recesión económica, las pugnas internas del justicialismo y la corrupción minaron su gobierno.

En 1999, el candidato de la Alianza, coalición de la UCR y el Frepaso (Frente País Solidario), el radical Fernando de la Rúa, ganó las elecciones presidenciales. Sin embargo, la inestabilidad social y política motivada por la crisis económica, maniataron la gestión aliancista. Las medidas económicas adoptadas, como los recortes salariales y la inmovilización de depósitos bancarios, provocaron un gran descontento social. La paralización de un préstamo del FMI (Fondo Monetario Internacional) agravó

El peronista Carlos Saúl Menem se impuso en la campaña electoral de 1989. Fue reelegido en 1995, año de crisis en las economías provinciales.

la situación y en medio de violentas protestas populares, De la Rúa dimitió en diciembre de 2001. Su sustituto, el peronista Adolfo Rodríguez Saá, apenas

duró una semana, tras la cual asumió otro peronista, Eduardo Duhalde. El nuevo presidente anunció la suspensión de pagos de la deuda externa y el fin

Manifestantes protagonizan, en enero de 2002, uno de los tantos cacerolazos en protesta por las restricciones al retiro de los depósitos bancarios conocido como «corralito».

Duhalde y su gabinete liberaron la paridad del peso con el dólar.

de la paridad de la moneda argentina con el dólar, lo que supuso una drástica caída del peso. El impacto de estas medidas y el mayor empobrecimiento de la población obligaron a Duhalde a convocar elecciones anticipadas.

El descrédito de los radicales y las disensiones internas del justicialismo favorecieron, en abril de 2003, el triunfo del peronista Néstor Kirchner. Mientras miles de personas emigraban hacia Europa y Estados Unidos, Kirchner centró sus energías en el saneamiento de las instituciones, para lo cual renovó la Corte Suprema de Justicia y descabezó las cúpulas de las Fuerzas Armadas y la Policía Federal, comprometidas con los excesos de la dictadura. Asimismo apo-

yó la anulación de las leyes de Obediencia Debida y Punto Final, declaradas inconstitucionales por la Corte Suprema en 2005. Al mismo tiempo, renegoció en términos inéditos con las instituciones financieras internacionales el pago de la deuda externa y tomó medidas orientadas a reactivar la producción y paliar la pobreza. En febrero de 2004, en la XII Cumbre del G-15, celebrada en Venezuela, obtuvo un importante triunfo político al lograr que se reconociese la tesis argentina según la cual la deuda internacional es impagable sin desarrollo. Por otro lado, buscó el apoyo de Brasil para reactivar el Mercosur y frenar los intentos estadounidenses de imponer su propio mercado continental. En conjunto, la política social y económica de Kirchner permitió la progresiva recuperación de la productividad y de la confianza de la ciudadanía en las instituciones públicas.

El presidente Néstor Kirchner, vencedor en las elecciones de 2003 (en la imagen a la derecha), y su homólogo en Brasil, Luiz Inácio Lula da Silva, han fortalecido la integración de sus países.

Cultura

Portada original de la primera edición de La Vuelta de Martín Fierro, 1879, y retrato de su autor José Hernández, gran escritor de la literatura argentina de los inicios.

Literatura

Romanticismo y costumbrismo

La Revolución de Mayo de 1810 marcó el punto de transición entre las formas neoclásicas que caracterizaron los himnos, marchas y poemas de exaltación patriótica, cuyos principales cultivadores fueron Esteban de Luca, Vicente López y Planes, Juan Cruz Varela, etc., y las románticas, que tuvieron en Esteban Echeverría y José Mármol a dos de sus principales introductores. Durante los años de la Independencia surgió así mismo la literatura gauchesca, cuya paternidad se atribuye al escritor Bartolomé Hidalgo, quien recogió en sus «cielitos» y «diálogos patrióticos» la tradición oral rioplatense, que fue cultivada también por Estanislao del Campo e Hilario Ascasubi.

Mientras el romanticismo alcanzaba sus momentos más brillantes con la prosa de Domingo F. Sarmiento (*Facundo*, 1845) y con la poesía de Almafuerte, la literatura gauchesca lo hacía con una obra cumbre de la literatura hispanoamericana, el *Martín Fierro* (1872), de José Hernández, y la costumbrista con *La gran aldea* (1884), de Lucio V. López. En esta misma tendencia también destacan Miguel Cané, Lucio V. Mansilla, Fray Mocho y Roberto J. Payró. Así mismo, el género folletinesco criollo dio obras memorables, como *Juan Moreira*, de Eduardo Gutiérrez.

El naturalismo aparece en la última década del siglo XIX con las obras de Julián Martel (*La bolsa*, 1890), y Eugenio Cambaceres (*Sin rumbo*, 1885), cuyas nostálgicas reflexiones sobre el pasado criollo cimentarán las creaciones literarias de los primeros años del siglo XX.

Dentro de la literatura novecentista también cabe destacar

a dramaturgos como Martín Coronado, Martiniano Leguizamón y, sobre todo, al uruguayo Florencio Sánchez (*M'hijo el dotor,* 1903, y *Barranca abajo,*1905) y a Gregorio Laferrère (*Las de Barranco,* 1908).

El modernismo y la poesía moderna

La revolución que supuso el modernismo en el lenguaje encontró singular eco en la obra poética de Leopoldo Lugones (*Lunario sentimental,* 1909) y en la narrativa del uruguayo Horacio Quiroga, quienes pueden considerarse las máximas figuras del movimiento. Con el ultraísmo, introducido en el país por Jorge Luis Borges y que contó entre sus seguidores a Norah Lange, Eduardo González Lanuza, Guillermo Juan Borges, etc. agrupados en las revistas «Prisma» y «Proa», comenzó la poesía de vanguardia argentina, uno de cuyos maestros fue Macedonio Fernández (*Papeles de recienvenido,* 1929). Junto a éste, Oliverio Girondo, Leopoldo Marechal, Conrado

Nalé Roxlo, Carlos Mastronardi, Francisco Luis Bernárdez y Raúl Scalabrini Ortiz aparecen alrededor del proyecto más sólido de las vanguardias argentinas, la revista «Martín Fierro», fundada por Evar Méndez en 1924. La mayoría de los *martinfierristas* conformaría el grupo de Florida, estética e ideológicamente comprometido con las vanguardias europeas y opuesto al de Boedo, preocupado por la realidad social y política inmediata y que integraban, entre otros, Elías Castelnuovo, Leónidas Barletta, Alvaro Yunque, César Tiempo y Roberto Mariani.

Otros poetas, en cambio, mantuvieron un estilo personal e intimista, cabe destacar entre ellos a figuras como: Enrique Banchs, Baldomero Fernández Moreno y Alfonsina Storni. Esta tendencia individualista se acentuó en los años siguientes con la obra poética de Ricardo Molinari, Juan L. Ortiz, Alberto Girri, Enrique Molina, Olga Orozco, María E. Walsh, Miguel A. Bustos, Roberto Santoro, Juan Gelman y Alejandra Pizarnik.

La poesía argentina de finales del siglo XX y principios del XXI ha mantenido las líneas intimista y social tradicionales, aunque los poetas han procurado hacerlo valiéndose de un lenguaje más despojado. Las experiencias sociales e individuales provocadas por los siniestros años de la represión militar y del exilio aparecen como el sustrato de una realidad –social o metafísica– que estos poetas procuran desvelar a través de una palabra sustantiva, desnuda de todo condicionante adjetivo o adverbial superfluo. Este es el caso de Roberto Juarroz y su poesía vertical y con él, los de Luisa

Futoransky, Héctor Yánover, Maria Luisa Marengo, Susana Romano, Susana Valentí, Ernesto Sanmillán, Antonio Tello, Mario Satz, Jonio González, Osvaldo Guevara, Teresa Martín Taffarell y Carlos Vitale.

La prosa contemporánea

La narrativa contemporánea sigue dos líneas fundamentales: la novela tradicional y las formas experimentales de la prosa moderna. Entre los primeros aparecen Manuel Gálvez (*Nacha Regules,*1919), Hugo Wast (*Flor de durazno,* 1911) y Ricardo Güiraldes (*Don Segundo Sombra,* 1927). En la otra línea se enrolan Roberto Arlt (*Los siete locos,* 1929), Eduardo Mallea (*Todo verdor perecerá,* 1941), Jorge Luis Borges (*El Aleph,* 1949, *Libro de arena,* 1975, etc.), Adolfo Bioy Casares (*La invención de Morel,* 1940), Julio Cortázar (*Rayuela,* 1963), Leopoldo Marechal (*Adán Buenosayres,* 1948), Ernesto Sábato (*Sobre héroes y tumbas,* 1961) y Manuel Mujica Láinez (*Bomarzo,* 1962). Junto a ellos también

Jorge Luis Borges obtuvo en 1989 el premio Cervantes.

Rayuela, *de J. Cortázar, novela que marcó una generación de lectores.*

Manuel Puig y Horacio Vázquez Rial, dos escritores que en circunstancias distintas desarrollaron su obra en el extranjero.

destacan Juan Filloy, Silvina Ocampo, Haroldo Conti, Antonio di Benedetto, Beatriz Guido, Daniel Moyano, Marcos Aguinis, Manuel Puig y David Viñas.

A partir de la década de los setenta se han dado a conocer Osvaldo Soriano, Edgardo Russo, Daniel Samoilovich, Juan José Sáer, Ricardo Piglia, Mempo Giardinelli, Matilde Sánchez, Noemí Ulla, Héctor Tizón y Vlady Kociancich. Entre los que vivieron o viven en el extranjero figuran Marcelo Cohen, Susana Constante, Horacio Vázquez Rial, Antonio Tello, Héctor Bianciotti, etc.

La última narrativa argentina que ha inaugurado el siglo XXI acusa el influjo de las tendencias estilísticas y temáticas impuestas por el mercado internacional a través de obras ajustadas a un realismo tan costumbrista como hiperbólico y a un lenguaje coloquial procedente de la calle, pero también de la radio, la televisión, la publicidad, etc., que trata de recoger la naturaleza viva de las grandes urbes, en este caso, de la megalópolis porteña. En este contexto se inscriben las creaciones de Rodrigo Fresán, Alan Pauls, Rodolfo E. Fogwill, Néstor Perlongher, César Aira, Federico Andahazi, Marcelo Birmajer, Guillermo Martínez, Eduardo Berti y Alicia Steimberg, entre otros, en general vinculados a los grandes grupos editoriales. Los aportes más audaces corresponden a Jorge Consiglio, Gisela Heffes, Marcos Herrera, Eduardo Muslip, Marcelo Damiani y Carlos Dámaso Martínez.

El teatro moderno

Este género también acusó el influjo de las nuevas tendencias literarias gracias al aporte de Roberto Arlt (*La isla desierta*, 1938), Samuel Eichelbaum (*Un guapo del 900*, 1940), Armando Discépolo (*Stefano*, 1928) y Francisco Defilippis Novoa (*Los caminos*, 1925). Después de la década de los años cuarenta aparecen figuras como: Agustín Cuzzani, Os-

valdo Dragún, Roberto Cossa, Ricardo Halac, Ricardo Talesnik, Carlos Somigliana, Abelardo Castillo, Germán Rozenmacher, Rodolfo Walsh, Carlos Gorostiza, Eduardo Pavlovsky y Griselda Gambaro.

Durante la dictadura surgió un tipo de teatro simbólico y grotesco que hacía una referencia oblicua a la realidad opresiva que se vivía. En este contexto se impusieron las obras de Eduardo Pavlovsky y Roberto Cossa, pero también las de autores jóvenes surgidos en el marco del Teatro Abierto, fundado en 1981, como Eugenio Griffero, cuya pieza *El príncipe azul* trató sobre los sentimientos traicionados por la apariencia social detrás de la cual se ocultan los individuos. Tras la restauración democrática, volvieron a escena los autores consagrados, pero también se hicieron presentes nuevos nombres, como los de Carlos Viturelo, Juan Carlos Badillo, Nelly Fernández Tiscornía, Daniel Datola y Emeterio Cerro.

Arte

El arte del siglo XIX

Durante el período colonial el arte del Río de la Plata estuvo bajo el influjo de las corrientes artísticas españolas. A partir de 1810 comenzó la búsqueda de una identidad propia, si bien el magisterio era dominado por artistas extranjeros, como Emery Essex Vidal, acuarelista inglés; Mauricio Rugendas, pintor romántico alemán; Carlos Pellegrini, retratista italofrancés de la sociedad porteña; Raymond Quinsac Monvoisin, retratista francés; y los italianos Baltasar Verazzi e Ignacio Manzoni. Con la guía de estos artistas se formaron los primeros pintores locales: Carlos Morel y, sobre todo, el arquitecto Prilidiano Pueyrredón (1823-1870), que pintó paisajes, escenas rurales y un magnífico retrato de Manuelita de Rosas. Siguen a éste en importancia el retratista Franklin Rawson y Cándido López, que historió la Guerra del Paraguay.

En 1875, Eduardo Sívori y Graciano Mendilaharzu impulsaron la creación de la Sociedad de Estímulo de las Bellas Artes, sede de la primera Escuela de Bellas Artes en el sentido moderno, a la que pertenecieron Emilio Caraffa, Severo Rodríguez Etchart y Reinaldo Giudici. Las nuevas tendencias pictóricas del siglo se aprecian en Ernesto de la Cárcova, pintor naturalista que después evolucionó hacia el impresionismo. También son de esta época los primeros escultores argentinos, Francisco Cafferata y Lucio Correa Morales, inscritos en el verismo italiano.

El siglo xx y el nacimiento del arte moderno

En las primeras décadas del siglo xx, el arte moderno argentino se identifica con el impresionismo cultivado por Martín Malharro y el grupo «Nexus», fundado por Fernando Fader, y con las obras de Antonio Alice y Cesáreo Bernaldo de Quirós. Durante esta época también se dio a conocer el primer gran escultor argentino, Rogelio Yrurtia (1879-1950), discípulo de Rodin y Courtan, autor de grandes obras (*Canto al trabajo*, monumento al general Dorrego).

Entre 1920 y 1950 surgieron algunos de los grandes maestros del arte moderno argentino, entre quienes destacan los pintores Emilio Pettoruti, introductor del cubismo, Xul Solar, Lino Spilinbergo, Benito Quinquela Martín, Antonio Berni, Juan Carlos Castagnino, Antonio Berni y Raúl Soldi, y los escultores José Fioravanti, Lola Mora, Alfredo Bigatti y Lucio Fontana.

En la década de 1960 el arte abstracto tuvo entre sus principales figuras a la pintora Marta Menujín y a los escultores Gyula Kosice y Julio Le Parc, dedicado al arte cinético. Posteriormente destacaron los pintores R. Aizenberg, J. Silva, O. Bony, E. Favario, O. Palacio, J. P. Renzi, A. Trotta, D. Puzzovio, R. Forner, G. Roux, M. Burton, F. Maza y L. F. Noé, y los escultores L. Delfino, R. Krasno, A. Penalba y L. Badii.

También cabe destacar a los dibujantes humorísticos o políticos cuyas obras han ganado fama internacional a través de su difusión en los medios de comunicación. Entre ellos figuran Quino, G. Mordillo, Copy, R. Fontanarrosa, Oski, H. Altuna, J. Jiménez, A. Brescia, Crist y Caloi.

Figuras *(1937), óleo de Lino Eneas Spilimbergo.*

La pintura y la escultura argentinas de las generaciones finiseculares están marcadas por la tradición vanguardista, y el eclecticismo técnico y el rigor formal, como métodos de observación y plasmación de la realidad circundante. Entre los nombres de artistas más interesantes surgidos a finales del siglo xx figuran los de Gloria Achucarro, Silvia Ruiz, Erica Seling, Mac Entry, Fortunato Lacámera, Nana Tolosa, Guillermo Kuitca y Luisa González, entre los pintores, y Nora Correas, David Angelini y Mariana Schapiro, entre los escultores.

Escena del Riachuelo pintada por Benito Quinquela Martín.

Cronología

1810-1819

1810 Llegan a Buenos Aires noticias sobre la caída de España, en poder de Napoleón. El 22 de mayo se realiza un Cabildo Abierto. Se instala la Primera Junta, presidida por Cornelio Saavedra.

1811 Se crean las Juntas Provinciales. Los morenistas fundan la Sociedad Patriótica.

1812 Belgrano triunfa en Tucumán. Enarbola la bandera a orillas del Paraná. La Logia Lautaro (creada por San Martín y Alvear) y la Sociedad Patriótica imponen la creación del Segundo Triunvirato, que se compromete a llamar a una Asamblea.

1813 La Asamblea General Constituyente no consigue proclamar la independencia del Estado ni dictar una constitución por los conflictos que surgen en su seno. Crece la inestabilidad en el el norte del territorio y en Montevideo. En San Lorenzo se produce el bautismo de fuego de las tropas de San Martín.

1814 La Asamblea concentra el poder en una persona, se crea el Directorio. Gervasio Antonio de Posadas es designado primer director supremo.

1816 Se inician las sesiones del Congreso Nacional, que declara la independencia de las Provincias Unidas del Río de la Plata, en Tucumán. Se designa director supremo a Juan Martín de Pueyrredón. San Martín es nombrado general en jefe del Ejército de los Andes.

1817 El Congreso se traslada a Buenos Aires y dicta un

Algunos integrantes de la Primera Junta de Gobierno, proclamada por las fuerzas criollas de Buenos Aires, en 1810.

Reglamento Provisorio. Comienza a circular en el país el papel moneda.

1818 San Martín triunfa en Maipú y da la libertad a Chile. Estados Unidos reconoce la independencia argentina. Se crea el primer banco del país, la Caja Nacional de Fondos de Sudamérica.

Campamento militar bajo el mando del General Belgrano, que enarboló la bandera a orillas del Paraná tras su victoria en la batalla de Tucumán contra los realistas, en 1812.

1819 El Congreso dicta una constitución de carácter centralista moderado, que las provincias rechazan.

1820-1829

1820 Cae el último director supremo y se disuelve el Congreso Nacional. Comienza el régimen de las autonomías provinciales y el dominio de los caudillos. Época de anarquía. Luchas entre unitarios y federales.

1821 Se funda la Universidad de Buenos Aires.

1825 El Congreso dicta la Ley Fundamental que ratifica la independencia hasta el dictado de la Constitución. Las provincias se regirán a partir de aquel momento por sus instituciones.

1826 Guerra con Brasil. Bernardino Rivadavia asume la representación del país en el exterior. Es el primer presidente, no constitucional.

1827 Rivadavia renuncia a la Presidencia. El Congreso designa a Vicente López. Se devuelve la autonomía a Buenos Aires.

1829 Juan Manuel de Rosas asume el gobierno de Buenos Aires con facultades extraordinarias: se convierte en restaurador de las leyes.

1830-1839

1831 Los unitarios son derrotados. Se firma el Pacto Federal entre Buenos Aires, Santa Fe, Entre Ríos y Corrientes.

1837 Se inaugura el Salón Literario, y sus integrantes se proclaman herederos de Mayo. Se adhieren Echeverría, Alberdi, Cané y López. Se crea la asociación secreta «La Joven Argentina».

1838 Francia bloquea el puerto de Buenos Aires. Echeverría publica *El dogma socialista*. El gobierno cierra el Salón Literario. La asociación «La Joven Argentina» se traslada a Montevideo.

1840-1849

1845 Bloqueo anglofrancés al Río de la Plata. Domingo Faustino Sarmiento publica, en Chile, su libro *Facundo*.

1850-1859

1850 Francia e Inglaterra abandonan el Río de la Plata.

1852 Rosas es derrotado por Urquiza en Caseros. Se convoca a un Congreso Constituyente que se instala en Santa Fe. Urquiza es designado di-

Urquiza (en la imagen), acabó con la tiranía de Rosas.

rector provisorio de la República Argentina. Juan Bautista Alberdi publica *Bases*.

1853 Se sanciona la Constitución Nacional, aceptada por todas las provincias a excepción de Buenos Aires. Urquiza es elegido presidente de la Confederación.

1857 Se inaugura el primer ferrocarril, el del Oeste.

1859 Batalla de Cepeda. Urquiza derrota a los porteños.

1860-1869

1860 Se reúne en Buenos Aires la Convención reformadora de la Constitución y aprueba las reformas propuestas por Buenos Aires, que queda incorporada a la Nación.

1861 Bartolomé Mitre, gobernador porteño, derrota a Urquiza en Pavón.

1862 Batalla de Pavón. Se disuelve el gobierno nacional.

1865 Comienza la guerra con Paraguay, que se extiende hasta 1870. Se firma el tratado de la Triple Alianza.

1868 Presidencia de Domingo Faustino Sarmiento.

1870-1879

1871 Epidemia de fiebre amarilla en Buenos Aires.

1872 José Hernández publica la primera parte de *Martín Fierro*.

1874 Presidencia de Nicolás Avellaneda.

1878 El general Julio A. Roca emprende la Campaña del Desierto.

1879 Roca culmina la Campaña del Desierto.

1880-1889

1880 Presidencia de Julio A. Roca. Ley de Federalización de Buenos Aires. Acceden al po-

Retrato de Julio A. Roca, elegido presidente en 1880 y, por segunda vez, en 1898.

der miembros de la generación del ochenta.

1883 La compañía británica The River Plate instala en el país el primer frigorífico.

1884 Se promulga la Ley de Educación Común 1420, que establece la educación primaria obligatoria, laica y gratuita. Presidencia de Miguel Juárez Celman.

1889 Formación de la Unión Cívica Radical de la Juventud. Creación de la Federación Obrera de la República Argentina (FORA).

1890-1899

1890 Levantamiento popular contra Juárez Celman, quien es sustituido por Carlos Pellegrini.

En 1890, Carlos Pellegrini sustituyó a Juárez Celman, tras un levantamiento popular.

1891 Se forma la Unión Cívica Radical, liderada por Leandro N. Alem. Se crea el Banco Nación. Asume la presidencia Luis Sáenz Peña.
1895 Se funda el Partido Socialista Obrero. El presidente renuncia y José E. Uriburu asume la presidencia.
1896 Se realiza la primera proyección de cine.
1898 Se reforma nuevamente la Constitución Nacional. Segunda presidencia de Roca.

1900-1909

1901 Se establece el servicio militar obligatorio. Se funda la Federación Obrera Argentina (FOA). Se filma el documental *Escenas callejeras*, uno de los primeros del género realizado en el país.
1903 Presidencia de Manuel Quintana.
1905 H. Yrigoyen encabeza la revolución radical, aplastada por el gobierno. Fallece Quintana, y asume la presidencia José F. Alcorta.
1908 Se inaugura el Teatro Colón de Buenos Aires. *El fusilamiento de Dorrego*, primera película argumental argentina.

1910-1919

1910 Se celebra el centenario de la Revolución de Mayo. Asume la presidencia Roque Sáenz Peña.
1912 Se sanciona la Ley del Sufragio Universal, conocida como Ley Sáenz Peña.
1913 Se inaugura en Buenos Aires el primer tren subterráneo.
1914 Estalla la Primera Guerra Mundial. Asume la Presidencia Victorino de la Plaza.
1915 Matos Rodríguez compone el tango *La cumparsita*.

Con Aida, *de Giuseppe Verdi, se inauguró el Teatro Colón en 1908.*

1916 El radical Hipólito Yrigoyen es elegido presidente. Se mantiene la neutralidad argentina en la guerra. Se inicia el predominio político de los sectores medios urbanos.
1918 Estalla en Córdoba el movimiento Reforma Universitaria, que se propagará por todo el continente.
1919 Las huelgas y manifestaciones obreras desembocan en los sucesos de la Semana Trágica en Buenos Aires. Creación de la Liga Patriótica Argentina.

1920-1929

1921 Se crea el Partido Comunista Argentino. Represión de las huelgas de la Patagonia.
1922 Marcelo T. de Alvear asume la presidencia. Aumentan las inversiones y los productos norteamericanos, que compiten con los británicos: relación económica triangular.
1924 Aparece la revista literaria «Martín Fierro».
1926 Los pilotos argentinos Bernardo Duggan y Eduardo Olivero unen en un vuelo Buenos Aires y Nueva York.

1927 Nacionalización de los yacimientos petrolíferos patagónicos.
1928 Hipólito Yrigoyen asume su segunda presidencia.
1929 Estalla la crisis de Wall Street, que repercute en Argentina.

1930-1939

1930 Comienza la «década infame». El general José Félix Uriburu encabeza la Revolución que derroca al gobierno constitucional de Hipólito Yrigoyen. Se funda la Confederación General del Trabajo (C.G.T.).
1934 Se sanciona la Ley de «sábado inglés».
1935 Se inicia en el Senado el debate sobre las carnes; es asesinado en el recinto el senador demócrata Enzo Bordabehere. Muere el cantante de tangos

Carlos Gardel se convirtió en el emblema del tango argentino.

Carlos Gardel en un accidente de aviación ocurrido en la ciudad de Medellín (Colombia).
1936 El Partido Comunista es declarado ilegal. El jurisconsulto Carlos Saavedra Lamas recibe el Premio Nobel de la Paz.
1937 Asume la presidencia Roberto M. Ortiz.

1938 Se suicidan los poetas Leopoldo Lugones y Alfonsina Storni. Se establece el 20 de junio como Día de la Bandera.

1939 Comienza la Segunda Guerra Mundial; la Argentina mantiene por varios años la neutralidad en el conflicto.

1940-1949

1940 Ortiz inicia una política de limpieza de las prácticas electorales, se distancia del conservadurismo, y delega el mando en Ramón Castillo.

1943 El bando nacionalista encabezado por el general Pedro P. Ramírez toma el poder y disuelve todos los partidos políticos.

1944 Ramírez es sustituido por Edelmiro J. Farrell. Se crean los Tribunales del Trabajo. Un terremoto destruye San Juan. Se declara obligatoria la enseñanza de la religión católica.

1945 El coronel Juan D. Perón, encarcelado en la isla Martín García, es liberado tras una gran movilización popular.

1946 Perón es elegido presidente del país y pone en marcha el primer Plan Quinquenal.

1947 Se crea el Partido Peronista. Argentina compra los ferrocarriles británicos. Se otorga el voto a las mujeres. Bernardo Houssay recibe el Premio Nobel de Fisiología y Medicina. Perón proclama la Tercera Posición.

1948 Nace la Organización de Estados Americanos (OEA). Se nacionalizan los ferrocarriles. Se inaugura el aeropuerto internacional de Ezeiza. L. Marechal publica *Adán Buenosayres*.

Fotografía del escritor bonaerense Ernesto Sábato (n.1911). Obtuvo el premio Cervantes en 1983.

1949 Se crea Aerolíneas Argentinas. Perón reforma la Constitución. Borges publica *El Aleph*.

1950-1959

1950 Se crea la Comisión Nacional de Energía Atómica (CNEA). Comienza la Guerra de Corea. Huelga bancaria; hay detenidos y más de dos mil cesantes.

1951 Perón es reelegido presidente. Comienzan las emisiones regulares de televisión por Canal 7.

1952 Muere Eva Duarte, esposa de Perón. Se estrena el film *Las aguas bajan turbias*, de Hugo del Carril.

1954 Se aprueba la ley de divorcio. Comienza el conflicto entre Perón y la Iglesia católica.

1955 Derrocamiento de Perón. Pedro E. Aramburu proscribe el peronismo e interviene los sindicatos.

1958 Arturo Frondizi es elegido presidente de la nación, con el apoyo del proscripto peronismo.

1960-1969

1961 Alberto Ginastera estrena su *Cantata para América*. Se publica *Sobre héroes y tumbas*, de Ernesto Sábato.

1962 Derrocamiento de Frondizi. Se publica *Bomarzo*, de Manuel Mujica Láinez.

1963 Arturo Illia gana las elecciones. Julio Cortázar publica *Rayuela*.

1966 Derrocado Illia, el general Juan C. Onganía interviene las universidades. Julio Le Parc es galardonado en la Bienal de Venecia.

1969 Estalla en Córdoba el Cordobazo, revuelta estudiantil y obrera que se extiende a otros puntos del país.

1970-1979

1970 Onganía es sustituido por el general Levingston. Luis F. Leloir recibe el Premio Nobel de Química. Es secuestrado y asesinado el general Aramburu.

1973 El general Lanusse, sustituto de Levingston, convoca las elecciones, que gana el pe-

María Estela Martínez, tercera esposa de Perón y presidenta del gobierno tras el fallecimiento de éste en 1974.

Maradona llevó de la mano a la Argentina al éxito en el campeonato mundial de fútbol México'86.

Seguidores de Carlos Saúl Menem y de Eduardo Duhalde festejan la victoria electoral en mayo de 1989.

ronista Héctor Cámpora. Se realizan nuevos comicios y Perón es elegido presidente. Es asesinado el secretario de la CGT, José Rucci.

1974   Muere Perón y lo sucede su viuda María Estela Martínez. Comienza a funcionar la central nuclear de Atucha. Ola de asesinatos y secuestros. Aparece la organización Triple A, vinculada a José López Rega, líder de la derecha peronista.

1976   Tras un golpe de Estado, la junta militar presidida por el general Jorge R. Videla toma el poder e inicia una implacable represión. Comienza el denominado Proceso de Reorganización Nacional.

1978   Argentina organiza y gana el mundial de fútbol. Comienzan las transmisiones de televisión en color.

1980-1989

1980   Adolfo Pérez Esquivel recibe el Premio Nobel de la Paz.

1981   El general Roberto Viola, sucesor de Videla, es sustituido por el general Leopoldo Galtieri.

1982   Estalla la guerra de las Malvinas contra el Reino Uni-

do. El triunfo británico condena al régimen militar. El Papa Juan Pablo II visita la Argentina.

1983   Restauración del orden constitucional. Raúl Alfonsín es elegido presidente.

1984   La Comisión Nacional sobre la Desaparición de Personas (CONADEP) presenta su informe *Nunca más*, sobre los abusos cometidos durante la dictadura militar. Muere Julio Cortázar. *La historia oficial* obtiene el Oscar a la mejor película extranjera. César Milstein recibe el Premio Nobel de Medicina.

1985   Comienzan los juicios contra la cúpula militar implicada en asesinatos y torturas durante el período 1976-1983.

1986   Los militares responsables de la guerra de las Malvinas son juzgados por un tribunal militar. Muere Jorge L. Borges. Argentina gana el campeonato mundial de fútbol en México.

1987   El Congreso aprueba la ley de Obediencia Debida. El papa Juan Pablo II visita por segunda vez la Argentina.

1989   El peronista Carlos Saúl Menem es elegido presidente de la República.

1990-1999

1990   Argentina y el Reino Unido reanudan sus relaciones diplomáticas. Indulto a los militares condenados por sus excesos en la lucha antisubversiva.

1991   Se privatizan Yacimientos Petrolíferos Fiscales y Aerolíneas Argentinas. Adolfo Bioy Casares recibe el Premio Cervantes. Se promulga la Ley de Convertibilidad que equipara 1 peso argentino con 1 dólar estadounidense.

1994   Se reforma la Constitución nacional.

1995   Carlos Saúl Menem es reelegido presidente. Entra en vigor el Mercosur. Muere Juan M. Fangio, quíntuple campeón mundial de automovilismo.

1996   Pacto entre el Mercosur y la Unión Europea. Incremento de precios más bajos de los últimos 52 años (0,1 %).

1997   Muere el escritor Osvaldo Soriano. El PBI nacional crece el 8,2% en el primer semestre del año. En las elecciones legislativas de octubre, los peronistas pierden la mayoría absoluta en la Cámara de Diputados frente a la Alianza opositora, compuesta por la UCR (Unión Cívica Radical) y el Frepaso (Frente País Solidario).

1998   El Congreso deroga las leyes de Punto Final y Obediencia Debida. El presidente Menem visita Gran Bretaña.

1999   Reinaldo Bignone, ex miembro de la Junta Militar, es detenido por robo de bebés durante la dictadura. Argentina y Chile firman el Tratado de los Hielos Continentales que pone fin a sus litigios fronterizos. Fallece el escritor Adolfo Bioy Casares. El radical Fernando de la Rúa gana las elecciones presidenciales.

Con una victoria sobre Paraguay, Argentina se consagró campeón olímpico de fútbol en Atenas 2004.

2000-2005

2000 Un sector disidente de la CGT, encabezado por Hugo Moyano, convoca una huelga de rechazo de la nueva ley laboral. Suicidio del cardiólogo René Favaloro, inventor del bay-pass. Renuncia del vicepresidente Carlos Álvarez. Boca Júnior obtiene la Copa Intercontinental de fútbol. Muere en México la cantante y actriz Libertad Lamarque.

2001 El ministro de economía, Domingo Cavallo, impone drásticos recortes salariales. El juez Jorge Urso procesa al ex presidente Carlos Menem por venta ilegal de armas. Se decreta el «corralito», inmovilización de los depósitos bancarios. Renuncia del presidente De la Rúa y también de su sucesor, Adolfo Rodríguez Saá, una semana más tarde.

2002 El 2 de enero Eduardo Duhalde es designado presidente por el Congreso y suspende la paridad del peso con el dólar. Derogación de la ley que persigue los delitos financieros. Argentina presenta la suspensión del pago de la deuda externa. Argentina sub-campeona en el Campeonato del Mundo de Baloncesto. *Historias mínimas*, de Carlos Sorín, es premiada en el Festival de San Sebastián (España).

2003 El justicialista Néstor Kirchner gana las elecciones presidenciales. Pase a retiro de toda la cúpula de las Fuerzas Armadas. Nuevo impulso de Argentina y Brasil al Mercosur. Argentina rehúsa enviar tropas a Irak sin consentimiento de la ONU. La quebrada de Humahuaca declarada Patrimonio de la Humanidad por la UNESCO.

2004 Se reducen las cifras de desempleo. El G-15 apoya la tesis argentina sobre la imposibilidad de hacer efectiva la deuda sin permitir el desarrollo. La Marina reconoce las atrocidades cometidas en la ESMA (Escuela de Mecánica de la Armada). Kirchner y Lula acuerdan una estrategia común para negociar la deuda externa. Argentina se proclama campeona de fútbol y baloncesto en los Juegos Olímpicos de Atenas. Se celebra en Rosario el III Congreso Internacional de la Lengua. X Cumbre del Cambio Climático en Buenos Aires.

2005 La Corte Suprema de Justicia declara inconstitucionales las leyes de Punto Final y Obediencia Debida. Mueren el escritor Juan José Sáer y el ex boxeador y campeón del mundo Nicolino Locche, «el Intocable». Las escritoras Emma Wolf y Graciela Montes ganan el VII Premio Alfaguara de novela con *El turno del escriba*. Promulgación de la ley de Educación Técnica. Se estrena I*luminados por el fuego*, película del director Tristán Bauer sobre la guerra de las Malvinas.

El peronista Néstor Kirchner se impuso en los comicios de 2003. En la imagen, dialoga con las Madres de la Plaza de Mayo.

CONSTITUCIÓN DE LA NACIÓN ARGENTINA

Santa Fe - Paraná

1994

MINISTERIO DE JUSTICIA
SECRETARÍA DE ASUNTOS REGISTRALES
DIRECCIÓN NACIONAL DEL REGISTRO OFICIAL

PREÁMBULO

Nos los representantes del pueblo de la Nación Argentina, reunidos en Congreso General Constituyente por voluntad y elección de las provincias que la componen, en cumplimiento de pactos preexistentes, con el objeto de constituir la unión nacional, afianzar la justicia, consolidar la paz interior, proveer a la defensa común, promover el bienestar general, y asegurar los beneficios de la libertad, para nosotros, para nuestra posteridad, y para todos los hombres del mundo que quieran habitar en el suelo argentino: invocando la protección de Dios, fuente de toda razón y justicia: ordenamos, decretamos y establecemos esta Constitución, para la Nación Argentina.

NOTA: Para facilitar su comprensión, las nuevas disposiciones introducidas por la reforma y las modificaciones realizadas en el texto constitucional aparecen en letra cursiva.

PRIMERA PARTE

CAPÍTULO PRIMERO
DECLARACIONES, DERECHOS
Y GARANTÍAS

Artículo 1 La Nación Argentina adopta para su gobierno la forma representativa republicana federal, según la establece la presente Constitución.

Artículo 2 El Gobierno federal sostiene el culto católico apostólico romano.

Artículo 3 Las autoridades que ejercen el Gobierno federal, residen en la ciudad que se declare Capital de la República por una ley especial del Congreso, previa cesión hecha por una o más legislaturas provinciales, del territorio que haya de federalizarse.

Artículo 4 El Gobierno federal provee a los gastos de la Nación con los fondos del Tesoro nacional formado del producto de derechos de importación y exportación, del de la venta o locación de tierras de propiedad nacional, de la renta de Correos, de las demás contribuciones que equitativa y proporcionalmente a la población imponga el Congreso General, y de los empréstitos y operaciones de crédito que decrete el mismo Congreso para urgencias de la Nación, o para empresas de utilidad nacional.

Artículo 5 Cada provincia dictará para sí una Constitución bajo el sistema representativo republicano, de acuerdo con los principios, declaraciones y garantías de la Constitución Nacional; y que asegure su administración de justicia, su régimen municipal, y la educación primaria. Bajo de estas condiciones el Gobierno federal, garante a cada provincia el goce y ejercicio de sus instituciones.

Artículo 6 El Gobierno federal interviene en el territorio de las provincias para garantir la forma republicana de gobierno, o repeler invasiones exteriores, y a requisición de sus autoridades constituidas para sostenerlas o restablecerlas, si hubiesen sido depuestas por la sedición, o por invasión de otra provincia.

Artículo 7 Los actos públicos y procedimientos judiciales de una provincia gozan de entera fe en las demás; y el Congreso puede por leyes generales determinar cuál será la forma probatoria de estos actos y procedimientos, y los efectos legales que producirán.

Artículo 8 Los ciudadanos de cada provincia gozan de todos los derechos, privilegios e inmunidades inherentes al título de ciudadano en las demás. La extradición de los criminales es de obligación recíproca entre todas las provincias.

Artículo 9   En todo el territorio de la Nación no habrá más aduanas que las nacionales, en las cuales regirán las tarifas que sancione el Congreso.

Artículo 10   En el interior de la República es libre de derechos la circulación de los efectos de producción o fabricación nacional, así como la de los géneros y mercancías de todas clases, despachadas en las aduanas exteriores.

Artículo 11   Los artículos de producción o fabricación nacional o extranjera, así como los ganados de toda especie, que pasen por territorio de una provincia a otra, serán libres de los derechos llamados de tránsito, siéndolo también los carruajes, buques o bestias en que se transporten; y ningún otro derecho podrá imponérseles en adelante, cualquiera que sea su denominación, por el hecho de transitar el territorio.

Artículo 12   Los buques destinados de una provincia a otra, no serán obligados a entrar, anclar y pagar derechos por causa de tránsito, sin que en ningún caso puedan concederse preferencias a un puerto respecto de otro, por medio de leyes o reglamentos de comercio.

Artículo 13   Podrán admitirse nuevas provincias en la Nación; pero no podrá erigirse una provincia en el territorio de otra u otras, ni de varias formarse una sola, sin el consentimiento de la Legislatura de las provincias interesadas y del Congreso.

Artículo 14   Todos los habitantes de la Nación gozan de los siguientes derechos conforme a las leyes que reglamenten su ejercicio; a saber: de trabajar y ejercer toda industria lícita; de navegar y comerciar; de peticionar a las autoridades; de entrar, permanecer, transitar y salir del territorio argentino; de publicar sus ideas por la prensa sin censura previa; de usar y disponer de su propiedad; de asociarse con fines útiles; de profesar libremente su culto; de enseñar y aprender.

Artículo 14 bis   El trabajo en sus diversas formas gozará de la protección de las leyes, las que asegurarán al trabajador: condiciones dignas y equitativas de labor; jornada limitada; descanso y vacaciones pagados; retribución justa; salario mínimo vital móvil; igual remuneración por igual tarea; participación en las ganancias de las empresas, con control de la producción y colaboración en la dirección; protección contra el despido arbitrario; estabilidad del empleado público; organización sindical libre y democrática, reconocida por la simple inscripción en un registro especial.

Queda garantizado a los gremios: concretar convenios colectivos de trabajo; recurrir a la conciliación y al arbitraje; el derecho de huelga. Los representantes gremiales gozarán de las garantías necesarias para el cumplimiento de su gestión sindical y las relacionadas con la estabilidad de su empleo.

El Estado otorgará los beneficios de la seguridad social, que tendrá carácter de integral e irrenunciable. En especial, la ley establecerá: el seguro social obligatorio, que estará a cargo de entidades nacionales o provinciales con autonomía financiera y económica, administradas por los interesados con participación del Estado, sin que pueda existir superposición de aportes; jubilaciones y pensiones móviles; la protección integral de la familia; la defensa del bien de familia; la compensación económica familiar y el acceso a una vivienda digna.

Artículo 15   En la Nación Argentina no hay esclavos; los pocos que hoy existen quedan libres desde la jura de esta Constitución; y una ley especial reglará las indemnizaciones a que dé lugar esta declaración. Todo contrato de compra y venta de personas es un crimen de que serán responsables los que lo celebrasen, y el escribano o funcionario que lo autorice. Y los esclavos que de cualquier modo se introduzcan quedan libres por el solo hecho de pisar el territorio de la República.

Artículo 16   La Nación Argentina no admite prerrogativas de sangre, ni de nacimiento: no hay en ella fueros personales ni títulos de nobleza. Todos sus habitantes son iguales ante la ley, y admisibles en los empleos sin otra condición que la idoneidad. La igualdad es la base del impuesto y de las cargas públicas.

Artículo 17   La propiedad es inviolable, y ningún habitante de la Nación puede ser privado de ella, sino en virtud de sentencia fundada en ley. La expropiación por causa de utilidad pública, debe ser calificada por ley y previamente indemnizada. Sólo el Congreso impone las contribuciones que se expresan en el artículo 4º. Ningún servicio personal es exigible, sino en virtud de ley o de sentencia fundada en ley. Todo autor o inventor es propietario exclusivo de su obra, invento o descubrimiento, por el término que le acuerde la ley. La confiscación de bienes queda borrada para siempre del Código Penal argentino. Ningún cuerpo armado puede hacer requisiciones, ni exigir auxilios de ninguna especie.

Artículo 18   Ningún habitante de la Nación puede ser penado sin juicio previo fundado en la ley anterior al hecho del proceso, ni juzgado por comisiones especiales, o sacado de los jueces designados por la ley antes del hecho de la causa. Nadie puede ser obligado a declarar contra sí mismo; ni arrestado sino en virtud de orden escrita de autoridad competente. Es inviolable la defensa en juicio de la persona y de los derechos. El domicilio es inviolable, como también la correspondencia epistolar y los papeles privados; y una ley determinará en qué casos y con qué justificativos podrá procederse a su allanamiento y ocupación. Quedan abolidos para siempre la pena de muerte por causas políticas, toda especie de tormento y los azotes. Las cárceles de la Nación serán sanas y limpias, para seguridad y no para castigo de los reos detenidos en ellas, y toda medida que a pretexto de precaución conduzca a mortificarlos más allá de lo que aquélla exija, hará responsable al juez que la autorice.

Artículo 19   Las acciones privadas de los hombres que de ningún modo ofendan al orden y a la moral pública, ni perjudiquen a un tercero, están sólo reservadas a Dios, y exentas de la autoridad de los magistrados. Ningún habitante de la Nación será obligado a hacer lo que no manda la ley, ni privado de lo que ella no prohíbe.

Artículo 20   Los extranjeros gozan en el territorio de la Nación de todos los derechos civiles del ciudadano; pueden ejercer su industria, comercio y profesión; poseer bienes raíces, comprarlos y enajenarlos; navegar los ríos y costas; ejercer libremente su culto; testar y casarse conforme a las leyes. No están obligados a admitir la ciudadanía, ni a pagar contribuciones forzosas extraordinarias. Obtienen nacionalización residiendo dos años continuos en la Nación; pero la autoridad puede acortar este término a favor del que lo solicite, alegando y probando servicios a la República.

Artículo 21   Todo ciudadano argentino está obligado a armarse en defensa de la patria y de esta Constitución, conforme a las leyes que al efecto dicte el Congreso y a los decretos del Ejecutivo nacional. Los ciudadanos por naturalización son libres de prestar o no este servicio por el término de diez años contados desde el día en que obtengan su carta de ciudadanía.

Artículo 22   El pueblo no delibera ni gobierna, sino por medio de sus representantes y autoridades creadas por esta Constitución. Toda fuerza armada o reunión de personas que se atribuya los derechos del pueblo y peticione a nombre de éste, comete delito de sedición.

Artículo 23   En caso de conmoción interior o de ataque exterior que pongan en peligro el ejercicio de esta Constitución y de las autoridades creadas por ella, se declarará en estado de sitio la provincia o territorio en donde exista la perturbación del orden, quedando suspensas allí las garantías constitucionales. Pero durante esta suspensión no podrá el presidente de la República condenar por sí ni aplicar penas. Su poder se limitará en tal caso respecto de las personas, a arrestarlas o trasladarlas de un punto a otro de la Nación, si ellas no prefiriesen salir fuera del territorio argentino.

Artículo 24   El Congreso promoverá la reforma de la actual legislación en todos sus ramos, y el establecimiento del juicio por jurados.

Artículo 25   El Gobierno federal fomentará la inmigración europea; y no podrá restringir, limitar ni gravar con impuesto alguno la entrada en el territorio argentino de los extranjeros que traigan por objeto labrar la tierra, mejorar las industrias, e introducir y enseñar las ciencias y las artes.

Artículo 26   La navegación de los ríos interiores de la Nación es libre para todas las banderas, con sujeción únicamente a los reglamentos que dicte la autoridad nacional.

Artículo 27 El Gobierno federal está obligado a afianzar sus relaciones de paz y comercio con las potencias extranjeras por medio de tratados que estén en conformidad con los principios de derecho público establecidos en esta Constitución.

Artículo 28 Los principios, garantías y derechos reconocidos en los anteriores artículos, no podrán ser alterados por las leyes que reglamenten su ejercicio.

Artículo 29 El Congreso no puede conceder al Ejecutivo, ni las Legislaturas provinciales a los gobernadores de provincia, *facultades extraordinarias,* ni *la suma del poder público,* ni otorgarles *sumisiones o supremacías* por las que la vida, el honor o las fortunas de los argentinos queden a merced de gobiernos o persona alguna. Actos de esta naturaleza llevan consigo una nulidad insanable, y sujetarán a los que los formulen, consientan o firmen, a la responsabilidad y pena de los infames traidores a la patria.

Artículo 30 La Constitución puede reformarse en el todo o en cualquiera de sus partes. La necesidad de reforma debe ser declarada por el Congreso con el voto de dos terceras partes, al menos, de sus miembros; pero no se efectuará sino por una Convención convocada al efecto.

Artículo 31 Esta Constitución, las leyes de la Nación que en su consecuencia se dicten por el Congreso y los tratados con las potencias extranjeras son la ley suprema de la Nación; y las autoridades de cada provincia están obligadas a conformarse a ellas, no obstante cualquiera disposición en contrario que contengan las leyes o constituciones provinciales, salvo para la provincia de Buenos Aires, los tratados ratificados después del Pacto de 11 de noviembre de 1859.

Artículo 32 El Congreso federal no dictará leyes que restrinjan la libertad de imprenta o establezcan sobre ella la jurisdicción federal.

Artículo 33 Las declaraciones, derechos y garantías que enumera la Constitución, no serán entendidos como negación de otros derechos y garantías no enumerados; pero que nacen del principio de la soberanía del pueblo y de la forma republicana de gobierno.

Artículo 34 Los jueces de las cortes federales no podrán serlo al mismo tiempo de los tribunales de provincia, ni el servicio federal, tanto en lo civil como en lo militar da residencia en la provincia en que se ejerza, y que no sea la del domicilio habitual del empleado, entendiéndose esto para los efectos de optar a empleos en la provincia en que accidentalmente se encuentren.

Artículo 35 Las denominaciones adoptadas sucesivamente desde 1810 hasta el presente, a saber: Provincias Unidas del Río de la Plata; República Argentina, Confederación Argentina, serán en adelante nombres oficiales indistintamente para la designación del Gobierno y territorio de las provincias, empleándose las palabras «Nación Argentina» en la formación y sanción de las leyes.

CAPÍTULO SEGUNDO
Nuevos derechos y garantías

Artículo 36   *Esta Constitución mantendrá su imperio aun cuando se interrumpiere su observancia por actos de fuerza contra el orden institucional y el sistema democrático. Estos actos serán insanablemente nulos.*

Sus autores serán pasibles de la sanción prevista en el artículo 29, inhabilitados a perpetuidad para ocupar cargos públicos y excluidos de los beneficios del indulto y la conmutación de penas.

Tendrán las mismas sanciones quienes, como consecuencia de estos actos, usurparen funciones previstas para las autoridades de esta Constitución o las de las provincias, los que responderán civil y penalmente de sus actos. Las acciones respectivas serán imprescriptibles.

Todos los ciudadanos tienen el derecho de resistencia contra quienes ejecutaren los actos de fuerza enunciados en este artículo.

Atentará asimismo contra el sistema democrático quien incurriere en grave delito doloso contra el Estado que conlleve enriquecimiento, quedando inhabilitado por el tiempo que las leyes determinen para ocupar cargos o empleos públicos.

El Congreso sancionará una ley sobre ética pública para el ejercicio de la función.

Artículo 37   *Esta Constitución garantiza el pleno ejercicio de los derechos políticos, con arreglo al principio de la soberanía popular y de las leyes que se dicten en consecuencia. El sufragio es universal, igual, secreto y obligatorio.*

La igualdad real de oportunidades entre varones y mujeres para el acceso a cargos electivos y partidarios se garantizará por acciones positivas en la regulación de los partidos políticos y en el régimen electoral.

Artículo 38   *Los partidos políticos son instituciones fundamentales del sistema democrático.*

Su creación y el ejercicio de sus actividades son libres dentro del respeto a esta Constitución, la que garantiza su organización y funcionamiento democráticos, la representación de las minorías, la competencia para la postulación de candidatos a cargos públicos electivos, el acceso a la información pública y la difusión de sus ideas.

El Estado contribuye al sostenimiento económico de sus actividades y de la capacitación de sus dirigentes.

Los partidos políticos deberán dar publicidad del origen y destino de sus fondos y patrimonio.

Artículo 39

Los ciudadanos tienen el derecho de iniciativa para presentar proyectos de ley en la Cámara de Diputados. El Congreso deberá darles expreso tratamiento dentro del término de doce meses.

El Congreso, con el voto de la mayoría absoluta de la totalidad de los miembros de cada Cámara, sancionará una ley reglamentaria que no podrá exigir más del tres por ciento del padrón electoral nacional, dentro del cual deberá contemplar una adecuada distribución para suscribir la iniciativa.

No serán objeto de iniciativa popular los proyectos referidos a reforma constitucional, tratados internacionales, tributos, presupuesto y materia penal.

Artículo 40

El Congreso, a iniciativa de la Cámara de Diputados, podrá someter a consulta popular un proyecto de ley. La ley de convocatoria no podrá ser vetada. El voto afirmativo del proyecto por el pueblo de la Nación lo convertirá en ley y su promulgación será automática.

El Congreso o el presidente de la Nación, dentro de sus respectivas competencias, podrán convocar a consulta popular no vinculante. En este caso el voto no será obligatorio.

El Congreso, con el voto de la mayoría absoluta de la totalidad de los miembros de cada Cámara, reglamentará las materias, procedimientos y oportunidad de la consulta popular.

Artículo 41

Todos los habitantes gozan del derecho a un ambiente sano, equilibrado, apto para el desarrollo humano y para que las actividades productivas satisfagan las necesidades presentes sin comprometer las de las generaciones futuras; y tienen el deber de preservarlo. El daño ambiental generará prioritariamente la obligación de recomponer, según lo establezca la ley.

Las autoridades proveerán a la protección de este derecho, a la utilización racional de los recursos naturales, a la preservación del patrimonio natural y cultural y de la diversidad biológica, y a la información y educación ambientales.

Corresponde a la Nación dictar las normas que contengan los presupuestos mínimos de protección, y a las provincias, las necesarias para complementarlas, sin que aquéllas alteren las jurisdicciones locales.

Se prohíbe el ingreso al territorio nacional de residuos actual o potencialmente peligrosos, y de los radiactivos.

Artículo 42

Los consumidores y usuarios de bienes y servicios tienen derecho, en la relación de consumo, a la protección de su salud, seguridad e intereses económicos; a una información adecuada y veraz; a la libertad de elección y a condiciones de trato equitativo y digno.

Las autoridades proveerán a la protección de esos derechos, a la educación para el consumo, a la defensa de la competencia contra toda forma de distorsión de los mercados, al control de los monopolios naturales y legales, al de la calidad y eficiencia de los servicios públicos, y a la constitución de asociaciones de consumidores y de usuarios.

La legislación establecerá procedimientos eficaces para la prevención y solución de conflictos, y los marcos regulatorios de los servicios públicos de competencia nacional, previendo la necesaria participación de las asociaciones de consumidores y usuarios y de las provincias interesadas, en los organismos de control.

Artículo 43 *Toda persona puede interponer acción expedita y rápida de amparo, siempre que no exista otro medio judicial más idóneo, contra todo acto u omisión de autoridades públicas o de particulares, que en forma actual o inminente lesione, restrinja, altere o amenace, con arbitrariedad o ilegalidad manifiesta, derechos y garantías reconocidos por esta Constitución, un tratado o una ley. En el caso, el juez podrá declarar la inconstitucionalidad de la norma en que se funde el acto u omisión lesiva.*

Podrán interponer esta acción contra cualquier forma de discriminación y en lo relativo a los derechos que protegen al ambiente, a la competencia, al usuario y al consumidor, así como a los derechos de incidencia colectiva en general, el afectado, el defensor del pueblo y las asociaciones que propendan a esos fines, registradas conforme a la ley, la que determinará los requisitos y formas de su organización.

Toda persona podrá interponer esta acción para tomar conocimiento de los datos a ella referidos y de su finalidad, que consten en registros o bancos de datos públicos, o los privados destinados a proveer informes, y en caso de falsedad o discriminación, para exigir la suspensión, rectificación, confidencialidad o actualización de aquéllos. No podrá afectarse el secreto de las fuentes de información periodística.

Cuando el derecho lesionado, alterado o amenazado fuera la libertad física, o en caso de agravamiento ilegítimo en la forma o condiciones de detención, o en el de desaparición forzada de personas, la acción de hábeas corpus podrá ser interpuesta por el afectado o por cualquiera en su favor y el juez resolverá de inmediato, aun durante la vigencia del estado de sitio.

SEGUNDA PARTE

AUTORIDADES DE LA NACIÓN

TÍTULO PRIMERO
GOBIERNO FEDERAL

Sección primera
Del Poder Legislativo

Artículo 44 *Un Congreso compuesto de dos Cámaras, una de diputados de la Nación y otra de senadores de las provincias y de la ciudad de Buenos Aires, será investido del Poder Legislativo de la Nación.*

CAPÍTULO PRIMERO
DE LA CÁMARA DE DIPUTADOS

Artículo 45 *La Cámara de Diputados se compondrá de representantes elegidos directamente por el pueblo de las provincias, de la ciudad de Buenos Aires, y de la Capital en caso de traslado, que se consideran a este fin como distritos electorales de un solo Estado y a simple pluralidad de sufragios. El número de representantes será de uno por cada treinta y tres mil habitantes o fracción que no baje de dieciséis mil quinientos. Después de la realización de cada censo, el Congreso fijará la representación con arreglo al mismo, pudiendo aumentar pero no disminuir la base expresada para cada diputado.*

Artículo 46 Los diputados para la primera Legislatura se nombrarán en la proporción siguiente: por la provincia de Buenos Aires doce; por la de Córdoba seis; por la de Catamarca tres; por la de Corrientes cuatro; por la de Entre Ríos dos; por la de Jujuy dos; por la de Mendoza tres; por la de La Rioja dos; por la de Salta tres; por la de Santiago cuatro; por la de San Juan dos; por la de Santa Fe dos; por la de San Luis dos; y por la de Tucumán tres.

Artículo 47 Para la segunda Legislatura deberá realizarse el censo general, y arreglarse a él el número de diputados; pero este censo sólo podrá renovarse cada diez años.

Artículo 48 Para ser diputado se requiere haber cumplido la edad de veinticinco años, tener cuatro años de ciudadanía en ejercicio, y ser natural de la provincia que lo elija, o con dos años de residencia inmediata en ella.

Artículo 49 Por esta vez las Legislaturas de las provincias reglarán los medios de hacer efectiva la elección directa de los diputados de la Nación: para lo sucesivo el Congreso expedirá una ley general.

Artículo 50 Los diputados durarán en su representación por cuatro años, y son reelegibles; pero la Sala se renovará por mitad cada bienio; a cuyo efecto los nombrados para la primera Legislatura, luego que se reúnan, sortearán los que deban salir en el primer período.

Artículo 51 En caso de vacante, el gobierno de provincia, o de la Capital, hace proceder a elección legal de un nuevo miembro.

Artículo 52 A la Cámara de Diputados corresponde exclusivamente la iniciativa de las leyes sobre contribuciones y reclutamiento de tropas.

Artículo 53 *Sólo ella ejerce el derecho de acusar ante el Senado al presidente, vicepresidente, al jefe de gabinete de ministros, a los ministros y a los miembros de la Corte Suprema, en las causas de responsabilidad que se intenten contra ellos, por mal desempeño o por delito en el ejercicio de sus funciones; o por crímenes comunes, después de haber conocido de ellos y declarado haber lugar a la formación de causa por la mayoría de dos terceras partes de sus miembros presentes.*

CAPÍTULO SEGUNDO
Del Senado

Artículo 54 *El Senado se compondrá de tres senadores por cada provincia y tres por la ciudad de Buenos Aires, elegidos en forma directa y conjunta, correspondiendo dos bancas al partido político que obtenga el mayor número de votos, y la restante al partido político que le siga en número de votos. Cada senador tendrá un voto.*

Artículo 55 Son requisitos para ser elegidos senador: tener la edad de treinta años, haber sido seis años ciudadano de la Nación, disfrutar de una renta anual de dos mil pesos fuertes o de una entrada equivalente, y ser natural de la provincia que lo elija, o con dos años de residencia inmediata en ella.

Artículo 56 *Los senadores duran seis años en el ejercicio de su mandato, y son reelegibles indefinidamente; pero el Senado se renovará a razón de una tercera parte de los distritos electorales cada dos años.*

Artículo 57 El vicepresidente de la Nación será presidente del Senado; pero no tendrá voto sino en el caso que haya empate en la votación.

Artículo 58 El Senado nombrará un presidente provisorio que lo presida en caso de ausencia del vicepresidente, o cuando éste ejerce las funciones de presidente de la Nación.

Artículo 59 Al Senado corresponde juzgar en juicio público a los acusados por la Cámara de Diputados, debiendo sus miembros prestar juramento para este acto. Cuando el acusado sea el presidente de la Nación, el Senado será presidido por el presidente de la Corte Suprema. Ninguno será declarado culpable sino a mayoría de los dos tercios de los miembros presentes.

Artículo 60 Su fallo no tendrá más efecto que destituir al acusado, y aun declararle incapaz de ocupar ningún empleo de honor, de confianza o a sueldo en la Nación. Pero la parte condenada quedará, no obstante, sujeta a acusación, juicio y castigo conforme a las leyes ante los tribunales ordinarios.

Artículo 61 Corresponde también al Senado autorizar al presidente de la Nación para que declare en estado de sitio, uno o varios puntos de la República en caso de ataque exterior.

Artículo 62 Cuando vacase alguna plaza de senador por muerte, renuncia u otra causa, el Gobierno a que corresponda la vacante hace proceder inmediatamente a la elección de un nuevo miembro.

CAPÍTULO TERCERO

DISPOSICIONES COMUNES
A AMBAS CÁMARAS

Artículo 63 *Ambas Cámaras se reunirán por sí mismas en sesiones ordinarias todos los años desde el primero de marzo hasta el treinta de noviembre. Pueden también ser convocadas extraordinariamente por el presidente de la Nación o prorrogadas sus sesiones.*

Artículo 64 Cada Cámara es juez de las elecciones, derechos y títulos de sus miembros en cuanto a su validez. Ninguna de ellas entrará en sesión sin la mayoría absoluta de sus miembros; pero un número menor podrá compeler a los miembros ausentes a que concurran a las sesiones, en los términos y bajo las penas que cada Cámara establecerá.

Artículo 65 Ambas Cámaras empiezan y concluyen sus sesiones simultáneamente. Ninguna de ellas, mientras se hallen reunidas, podrá suspender sus sesiones más de tres días, sin el consentimiento de la otra.

Artículo 66 Cada Cámara hará su reglamento y podrá con dos tercios de votos, corregir a cualquiera de sus miembros por desorden de conducta en el ejercicio de sus funciones, o removerlo por inhabilidad física o moral sobreviniente a su incorporación, y hasta excluirle de su seno; pero bastará la mayoría de uno sobre la mitad de los presentes para decidir en las renuncias que voluntariamente hicieren de sus cargos.

Artículo 67 Los senadores y diputados prestarán, en el acto de su incorporación, juramento de desempeñar debidamente el cargo, y de obrar en todo en conformidad a lo que prescribe esta Constitución.

Artículo 68 Ninguno de los miembros del Congreso puede ser acusado, interrogado judicialmente, ni molestado por las opiniones o discursos que emita desempeñando su mandato de legislador.

Artículo 69 Ningún senador o diputado, desde el día de su elección hasta el de su cese, puede ser arrestado; excepto el caso de ser sorprendido *in fraganti* en la ejecución de algún crimen que merezca pena de muerte, infamante, u otra aflictiva; de lo que se dará cuenta a la Cámara respectiva con la información sumaria del hecho.

Artículo 70 Cuando se forme querella por escrito ante las justicias ordinarias contra cualquier senador o diputado, examinado el mérito del sumario en juicio público, podrá cada Cámara, con dos tercios de votos, suspender en sus funciones al acusado, y ponerlo a disposición del juez competente para su juzgamiento.

Artículo 71 Cada una de las Cámaras puede hacer venir a su sala a los ministros del Poder Ejecutivo para recibir las explicaciones e informes que estime convenientes.

Artículo 72 Ningún miembro del Congreso podrá recibir empleo o comisión del Poder Ejecutivo, sin previo consentimiento de la Cámara respectiva, excepto los empleos de escala.

Artículo 73 Los eclesiásticos regulares no pueden ser miembros del Congreso, ni los gobernadores de provincia por la de su mando.

Artículo 74 Los servicios de los senadores y diputados son remunerados por el Tesoro de la Nación, con una dotación que señalará la ley.

CAPÍTULO CUARTO
ATRIBUCIONES DEL CONGRESO

Artículo 75   Corresponde al Congreso:

1. *Legislar en materia aduanera. Establecer los derechos de importación y exportación, los cuales, así como las avaluaciones sobre las que recaigan, serán uniformes en toda la Nación.*

2. *Imponer contribuciones indirectas como facultad concurrente con las provincias. Imponer contribuciones directas, por tiempo determinado, proporcionalmente iguales en todo el territorio de la Nación, siempre que la defensa, seguridad común y bien general del Estado lo exijan. Las contribuciones previstas en este inciso, con excepción de la parte o el total de las que tengan asignación específica, son coparticipables.*

Una ley convenio, sobre la base de acuerdos entre la Nación y las provincias, instituirá regímenes de coparticipación de estas contribuciones, garantizando la automaticidad en la remisión de los fondos.

La distribución entre la Nación, las provincias y la ciudad de Buenos Aires y entre éstas, se efectuará en relación directa a las competencias, servicios y funciones de cada una de ellas contemplando criterios objetivos de reparto; será equitativa, solidaria y dará prioridad al logro de un grado equivalente de desarrollo, calidad de vida e igualdad de oportunidades en todo el territorio nacional.

La ley convenio tendrá como Cámara de origen el Senado y deberá ser sancionada con la mayoría absoluta de la totalidad de los miembros de cada Cámara, no podrá ser modificada unilateralmente ni reglamentada y será aprobada por las provincias.

No habrá transferencia de competencias, servicios o funciones sin la respectiva reasignación de recursos, aprobada por la ley del Congreso cuando correspondiere y por la provincia interesada o la ciudad de Buenos Aires en su caso.

Un organismo fiscal federal tendrá a su cargo el control y fiscalización de la ejecución de lo establecido en este inciso, según lo determine la ley, la que deberá asegurar la representación de todas las provincias y la ciudad de Buenos Aires en su composición.

3. *Establecer y modificar asignaciones específicas de recursos coparticipables, por tiempo determinado, por la ley especial aprobada por la mayoría absoluta de la totalidad de los miembros de cada Cámara.*

4. Contraer empréstitos sobre el Crédito de la Nación.

5. Disponer del uso y de la enajenación de las tierras de propiedad nacional.

6. *Establecer y reglamentar un banco federal con facultad de emitir moneda, así como otros bancos nacionales.*

7. Arreglar el pago de la deuda interior y exterior de la Nación.

8. *Fijar anualmente, conforme a las pautas establecidas en el tercer párrafo del inciso 2 de este artículo, el presupuesto general de gastos y cálculo de recursos de la administración nacional, en base al programa general de gobierno y al plan de inversiones públicas y aprobar o desechar la cuenta de inversión.*

9. Acordar subsidios del Tesoro nacional a las provincias, cuyas rentas no alcancen, según sus presupuestos, a cubrir sus gastos ordinarios.

10. Reglamentar la libre navegación de los ríos interiores, habilitar los puertos que considere convenientes, y crear o suprimir aduanas.

11. Hacer sellar moneda, fijar su valor y el de las extranjeras; y adoptar un sistema uniforme de pesos y medidas para toda la Nación.

12. Dictar los códigos Civil, Comercial, Penal, de Minería, y del Trabajo y Seguridad Social, *en cuerpos unificados o separados,* sin que tales códigos alteren las jurisdicciones locales, correspondiendo su aplicación a los tribunales federales o provinciales, según que las cosas o las personas cayeren bajo sus respectivas jurisdicciones; y especialmente leyes generales para toda la Nación sobre naturalización y *nacionalidad, con sujeción al principio de nacionalidad natural y por opción en beneficio de la argentina;* así como sobre bancarrotas, sobre falsificación de la moneda corriente y documentos públicos del Estado, y las que requiera el establecimiento del juicio por jurados.

13. Reglar el comercio con las naciones extranjeras, y de las provincias entre sí.

14. Arreglar y establecer los correos generales de la Nación.

15. Arreglar definitivamente los límites del territorio de la Nación, fijar los de las provincias, crear otras nuevas, y determinar por una legislación especial la organización, adminis-

tración y gobierno que deben tener los territorios nacionales, que queden fuera de los límites que se asignen a las provincias.

16. Proveer a la seguridad de las fronteras.

17. *Reconocer la preexistencia étnica y cultural de los pueblos indígenas argentinos.*

    Garantizar el respeto a su identidad y el derecho a una educación bilingüe e intercultural; reconocer la personería jurídica de sus comunidades, y la posesión y propiedad comunitarias de la tierras que tradicionalmente ocupan, y regular la entrega de 'otras aptas y suficientes para el desarrollo humano; ninguna de ellas será enajenable, transmisible ni susceptible de gravámenes o embargos. Asegurar su participación en la gestión referida a sus recursos naturales y a los demás intereses que los afecten. Las provincias pueden ejercer concurrentemente estas atribuciones.

18. Proveer lo conducente a la prosperidad del país, al adelanto y bienestar de todas las provincias, y al progreso de la ilustración, dictando planes de instrucción general y universitaria, y promoviendo la industria, la inmigración, la construcción de ferrocarriles y canales navegables, la colonización de tierras de propiedad nacional, la introducción y establecimiento de nuevas industrias, la importación de capitales extranjeros y la exploración de los ríos interiores, por leyes protectoras de estos fines y por concesiones temporales de privilegios y recompensas de estímulo.

19. *Proveer lo conducente al desarrollo humano, al progreso económico con justicia social, a la productividad de la economía nacional, a la generación de empleo, a la formación profesional de los trabajadores, a la defensa del valor de la moneda, a la investigación y al desarrollo científico y tecnológico, su difusión y aprovechamiento.*

    Proveer al crecimiento armónico de la Nación y al poblamiento de su territorio; promover políticas diferenciadas que tiendan a equilibrar el desigual desarrollo relativo de provincias y regiones. Para estas iniciativas, el Senado será Cámara de origen.

    Sancionar leyes de organización y de base de la educación que consoliden la unidad nacional respetando las particularidades provinciales y locales: que aseguren la responsabilidad indelegable del Estado, la participación de la familia y la sociedad, la promoción de los valores democráticos y la igualdad de oportunidades y posibilidades sin discriminación alguna; y que garanticen los principios de gratuidad y equidad de la educación pública estatal y la autonomía y autarquía de las universidades nacionales.

Dictar leyes que protejan la identidad y pluralidad cultural, la libre creación y circulación de las obras del autor; el patrimonio artístico y los espacios culturales y audiovisuales.

20. Establecer tribunales inferiores a la Corte Suprema de Justicia; crear y suprimir empleos, fijar sus atribuciones, dar pensiones, decretar honores, y conceder amnistías generales.

21. Admitir o desechar los motivos de dimisión del presidente o vicepresidente de la República; y declarar el caso de proceder a nueva elección.

22. *Aprobar o desechar tratados concluidos con las demás naciones y con las organizaciones internacionales y los concordatos con la Santa Sede. Los tratados y concordatos tienen jerarquía superior a las leyes.*

   La Declaración Americana de los Derechos y Deberes del Hombre; la Declaración Universal de Derechos Humanos; la Convención Americana sobre Derechos Humanos; el Pacto Internacional de Derechos Económicos, Sociales y Culturales; el Pacto Internacional de Derechos Civiles y Políticos y su Protocolo Facultativo; la Convención sobre la Prevención y la Sanción del Delito de Genocidio; la Convención Internacional sobre la Eliminación de todas las Formas de Discriminación Racial; la Convención sobre la Eliminación de todas las Formas de Discriminación contra la Mujer; la Convención contra la Tortura y otros Tratos o Penas Crueles, Inhumanos o Degradantes; la Convención sobre los Derechos del Niño; en las condiciones de su vigencia, tienen jerarquía constitucional, no derogan artículo alguno de la primera parte de esta Constitución y deben entenderse complementarios de los derechos y garantías por ella reconocidos. Sólo podrán ser denunciados, en su caso, por el Poder Ejecutivo nacional, previa aprobación de las dos terceras partes de la totalidad de los miembros de cada Cámara.

   Los demás tratados y convenciones sobre derechos humanos, luego de ser aprobados por el Congreso, requerirán del voto de las dos terceras partes de la totalidad de los miembros de cada Cámara para gozar de la jerarquía constitucional.

23. *Legislar y promover medidas de acción positiva que garanticen la igualdad real de oportunidades y de trato, y el pleno goce y ejercicio de los derechos reconocidos por esta Constitución y por los tratados internacionales vigentes sobre de-*

rechos humanos, en particular respecto de los niños, las mujeres, los ancianos y las personas con discapacidad.

Dictar un régimen de seguridad social especial e integral en protección del niño en situación de desamparo, desde el embarazo hasta la finalización del período de enseñanza elemental, y de la madre durante el embarazo y el tiempo de lactancia.

24. *Aprobar tratados de integración que deleguen competencias y jurisdicción a organizaciones supraestatales en condiciones de reciprocidad e igualdad, y que respeten el orden democrático y los derechos humanos. Las normas dictadas en su consecuencia tienen jerarquía superior a las leyes.*

La aprobación de estos tratados con Estados de Latinoamérica requerirá la mayoría absoluta de la totalidad de los miembros de cada Cámara. En el caso de tratados con otros Estados, el Congreso de la Nación, con la mayoría absoluta de los miembros presentes de cada Cámara, declarará la conveniencia de la aprobación del tratado y sólo podrá ser aprobado con el voto de la mayoría absoluta de la totalidad de los miembros de cada Cámara, después de ciento veinte días del acto declarativo.

La denuncia de los tratados referidos a este inciso, exigirá la previa aprobación de la mayoría absoluta de la totalidad de los miembros de cada Cámara.

25. Autorizar al Poder Ejecutivo para declarar la guerra o hacer la paz.

26. Facultar al Poder Ejecutivo para ordenar represalias, y establecer reglamentos para las presas.

27. Fijar las fuerzas *armadas* en tiempo de paz y guerra, y *dictar las normas para su organización y gobierno.*

28. Permitir la introducción de tropas Extranjeras en el territorio de la Nación, y la salida de las fuerzas nacionales fuera de él.

29. Declarar en estado de sitio uno o varios puntos de la Nación en caso de conmoción interior, y aprobar o suspender el estado de sitio declarado, durante su receso, por el Poder Ejecutivo.

30. *Ejercer una legislación exclusiva en el territorio de la capital de la Nación y dictar la legislación necesaria para el cumplimiento de los fines específicos de los establecimientos de utilidad nacional en el territorio de la República. Las autoridades provinciales y municipales conservarán los poderes de policía e imposición sobre estos establecimientos, en tanto no interfieran en el cumplimiento de aquellos fines.*

31. Disponer la intervención federal a una provincia o a la ciudad de Buenos Aires.

Aprobar o revocar la intervención decretada, durante su receso, por el Poder Ejecutivo.

32. Hacer todas las leyes y reglamentos que sean convenientes para poner en ejercicio los poderes antecedentes, y todos los otros concedidos por la presente Constitución al Gobierno de la Nación Argentina.

Artículo 76 Se prohíbe la delegación legislativa en el Poder Ejecutivo, salvo en materias determinadas de administración o de emergencia pública, con plazo fijado para su ejercicio y dentro de las bases de la delegación que el Congreso establezca.

La caducidad resultante del transcurso del plazo previsto en el párrafo anterior no importará revisión de las relaciones jurídicas nacidas al amparo de las normas dictadas en consecuencia de la delegación legislativa.

CAPÍTULO QUINTO
DE LA FORMACIÓN Y SANCIÓN
DE LAS LEYES

Artículo 77 Las leyes pueden tener principio en cualquiera de las Cámaras del Congreso, por proyectos presentados por sus miembros o por el Poder Ejecutivo, salvo las excepciones que establece esta Constitución.

Los proyectos de ley que modifiquen el régimen electoral y de partidos políticos deberán ser aprobados por mayoría absoluta del total de los miembros de las Cámaras.*

Artículo 78 Aprobado un proyecto de ley por la Cámara de su origen, pasa para su discusión a la otra Cámara. Aprobado por ambas, pasa al Poder Ejecutivo de la Nación para su examen; y si también obtiene su aprobación, lo promulga como ley.

Artículo 79 Cada Cámara, luego de aprobar un proyecto de ley en general, puede delegar en sus comisiones la aprobación en particular del proyecto, con el voto de la mayoría absoluta del total de sus miembros. La Cámara podrá, con igual número de votos, dejar sin efecto la delegación y retomar el trámite ordinario. La aprobación en comisión requerirá el voto de la mayoría absoluta del total de sus miembros. Una vez aprobado el proyecto en comisión, se seguirá el trámite ordinario.

Artículo 80   *Se reputa aprobado por el Poder Ejecutivo todo proyecto no devuelto en el término de diez días útiles. Los proyectos desechados parcialmente no podrán ser aprobados en la parte restante. Sin embargo, las partes no observadas solamente podrán ser promulgadas si tienen autonomía normativa y su aprobación parcial no altera el espíritu ni la unidad del proyecto sancionado por el Congreso. En este caso será de aplicación el procedimiento previsto para los decretos de necesidad y urgencia.*

Artículo 81   *Ningún proyecto de ley desechado totalmente por una de las Cámaras podrá repetirse en las sesiones de aquel año. Ninguna de las Cámaras puede desechar totalmente un proyecto que hubiera tenido origen en ella y luego hubiese sido adicionado o enmendado por la Cámara revisora. Si el proyecto fuere objeto de adiciones o correcciones por la Cámara revisora, deberá indicarse el resultado de la votación a fin de establecer si tales adiciones o correcciones fueron realizadas por mayoría absoluta de los presentes o por las dos terceras partes de los presentes. La Cámara de origen podrá por mayoría absoluta de los presentes aprobar el proyecto con las adiciones o correcciones introducidas o insistir en la redacción originaria, a menos que las adiciones o correcciones las haya realizado la revisora por dos terceras partes de los presentes. En este último caso, el proyecto pasará al Poder Ejecutivo con las adiciones o correcciones de la Cámara revisora, salvo que la Cámara de origen insista en su redacción originaria con el voto de las dos terceras partes de los presentes. La Cámara de origen no podrá introducir nuevas adiciones o correcciones a las realizadas por la Cámara revisora.*

Artículo 82   *La voluntad de cada Cámara debe manifestarse expresamente; se excluye, en todos los casos, la sanción tácita o ficta.*

Artículo 83   Desechado en el todo o en parte un proyecto por el Poder Ejecutivo, vuelve con sus objeciones a la Cámara de su origen; ésta lo discute de nuevo, y si lo confirma por mayoría de dos tercios de votos, pasa otra vez a la Cámara de revisión. Si ambas Cámaras lo sancionan por igual mayoría, el proyecto es ley y pasa al Poder Ejecutivo para su promulgación. Las votaciones de ambas Cámaras serán en este caso nominales, por *sí* o por *no*; y tanto los nombres y fundamentos de los sufragantes, como las objeciones del Poder Ejecutivo, se publicarán inmediatamente por la prensa. Si las Cámaras difieren sobre las objeciones, el proyecto no podrá repetirse en las sesiones de aquel año.

Artículo 84   En la sanción de las leyes se usará de esta fórmula: *El Senado y Cámara de Diputados de la Nación Argentina, reunidos en Congreso,... decretan o sancionan con fuerza de ley.*

CAPÍTULO SEXTO
DE LA AUDITORÍA GENERAL DE LA NACIÓN

Artículo 85

El control externo del sector público nacional en sus aspectos patrimoniales, económicos, financieros y operativos, será una atribución propia del Poder Legislativo.

El examen y la opinión del Poder Legislativo sobre el desempeño y situación general de la administración pública estarán sustentados en los dictámenes de la Auditoría General de la Nación.

Este organismo de asistencia técnica del Congreso, con autonomía funcional, se integrará del modo que establezca la ley que reglamenta su creación y funcionamiento, que deberá ser aprobada por mayoría absoluta de los miembros de cada Cámara. El presidente del organismo será designado a propuesta del partido político de oposición con mayor número de legisladores en el Congreso.

Tendrá a su cargo el control de legalidad, gestión y auditoría de toda la actividad de la administración pública centralizada y descentralizada, cualquiera fuera su modalidad de organización, y las demás funciones que la ley le otorgue. Intervendrá necesariamente en el trámite de aprobación o rechazo de las cuentas de percepción e inversión de los fondos públicos.

CAPÍTULO SÉPTIMO
DEL DEFENSOR DEL PUEBLO

Artículo 86

El Defensor del Pueblo es un órgano independiente instituido en el ámbito del Congreso de la Nación, que actuará con plena autonomía funcional, sin recibir instrucciones de ninguna autoridad. Su misión es la defensa y protección de los derechos humanos y demás derechos, garantías e intereses tutelados en esta Constitución y las leyes, ante hechos, actos u omisiones de la Administración; y el control del ejercicio de las funciones administrativas públicas.

El Defensor del Pueblo tiene legitimación procesal. Es designado y removido por el Congreso con el voto de las dos terceras partes de los miembros presentes de cada una de las Cámaras. Goza de *las inmunidades y privilegios de los legisladores. Durará en su cargo cinco años, pudiendo ser nuevamente designado por una sola vez.*

La organización y el funcionamiento de esta institución serán regulados por una ley especial.

Sección segunda
Del Poder Ejecutivo

CAPÍTULO PRIMERO
DE SU NATURALEZA Y DURACIÓN

Artículo 87 El Poder Ejecutivo de la Nación será desempeñado por un ciudadano con el título de «Presidente de la Nación Argentina».

Artículo 88 En caso de enfermedad, ausencia de la Capital, muerte, renuncia o destitución del presidente, el Poder Ejecutivo será ejercido por el vicepresidente de la Nación. En caso de destitución, muerte, dimisión o inhabilidad del presidente y vicepresidente de la Nación, el Congreso determinará qué funcionario público ha de desempeñar la Presidencia, hasta que haya cesado la causa de la inhabilidad o un nuevo presidente sea electo.

Artículo 89 *Para ser elegido presidente o vicepresidente de la Nación, se requiere haber nacido en el territorio argentino, o ser hijo de ciudadano nativo, habiendo nacido en país extranjero; y las demás calidades exigidas para ser elegido senador.*

Artículo 90 *El presidente y vicepresidente duran en sus funciones el término de cuatro años y podrán ser reelegidos o sucederse recíprocamente por un solo período consecutivo. Si han sido reelectos o se han sucedido recíprocamente no pueden ser elegidos para ninguno de ambos cargos, sino con el intervalo de un período.*

Artículo 91 *El presidente de la Nación cesa en el poder el mismo día en que expira su período de cuatro años; sin que evento alguno que lo haya interrumpido, pueda ser motivo de que se le complete más tarde.*

Artículo 92 El presidente y vicepresidente disfrutan de un sueldo pagado por el Tesoro de la Nación, que no podrá ser alterado en el período de sus nombramientos. Durante el mismo período no podrán ejercer otro empleo, ni recibir ningún otro emolumento de la Nación, ni de provincia alguna.

Artículo 93 Al tomar posesión de su cargo el presidente y vicepresidente prestarán juramento, en manos del presidente del Senado y ante el Congreso reunido en Asamblea, respetando sus creencias religiosas, de: «desempeñar con lealtad y patriotismo el cargo de presidente (o vicepresidente) de la Nación y observar y hacer observar fielmente la Constitución de la nación Argentina».

CAPÍTULO SEGUNDO
DE LA FORMA Y TIEMPO DE LA ELECCIÓN DEL PRESIDENTE Y VICEPRESIDENTE DE LA NACIÓN

Artículo 94 El presidente y vicepresidente de la Nación serán elegidos directamente por el pueblo, en doble vuelta, según lo establece esta Constitución. A este fin el territorio nacional conformará un distrito único.

Artículo 95 La elección se efectuará dentro de los dos meses anteriores a la conclusión del mandato del presidente en ejercicio.

Artículo 96 La segunda vuelta electoral, si correspondiere, se realizará entre las dos fórmulas de candidatos más votadas, dentro de los treinta días de celebrada la anterior.

Artículo 97 Cuando la fórmula que resultare más votada en la primera vuelta, hubiere obtenido más del cuarenta y cinco por ciento de los votos afirmativos válidamente emitidos, sus integrantes serán proclamados como presidente y vicepresidente de la Nación.

Artículo 98 Cuando la fórmula que resultare más votada en la primera vuelta hubiere obtenido el cuarenta por ciento por lo menos de los votos afirmativos válidamente emitidos y, además, existiere una diferencia mayor de diez puntos porcentuales respecto del total de los votos afirmativos válidamente emitidos sobre la fórmula que le sigue en número de votos, sus integrantes serán proclamados como presidente y vicepresidente de la Nación.

CAPÍTULO TERCERO
ATRIBUCIONES DEL PODER EJECUTIVO

Artículo 99 El presidente de la Nación tiene las siguientes atribuciones:

    1. Es el jefe supremo de la Nación, jefe del gobierno y responsable político de la administración general del país.

2. Expide las instrucciones y reglamentos que sean necesarios para la ejecución de las leyes de la Nación, cuidando de no alterar su espíritu con excepciones reglamentarias.

3. *Participa de la formación de las leyes con arreglo a la Constitución, las promulga y hace publicar.*

   El Poder Ejecutivo no podrá en ningún caso bajo pena de nulidad absoluta e insanable, emitir disposiciones de carácter legislativo.

   Solamente cuando circunstancias excepcionales hicieran imposible seguir los trámites ordinarios previstos por esta Constitución para la sanción de las leyes, y no se trate de normas que regulen materia penal, tributaria, electoral o el régimen de los partidos políticos, podrá dictar decretos por razones de necesidad y urgencia, los que serán decididos en acuerdo general de ministros que deberán refrendarlos conjuntamente con el jefe de gabinete de ministros.

   El jefe de gabinete de ministros personalmente y dentro de los diez días someterá la medida a consideración de la Comisión Bicameral Permanente, cuya composición deberá respetar la proporción de las representaciones políticas de cada Cámara. Esta comisión elevará su despacho en un plazo de diez días al plenario de cada Cámara para su expreso tratamiento, el que de inmediato considerarán las Cámaras. Una ley especial sancionada con la mayoría absoluta de la totalidad de los miembros de cada Cámara regulará el trámite y los alcances de la intervención del Congreso.

4. *Nombra los magistrados de la Corte Suprema con acuerdo del Senado por dos tercios de sus miembros presentes, en sesión pública, convocada al efecto.*

   Nombra los demás jueces de los tribunales federales inferiores en base a una propuesta vinculante en terna del Consejo de la Magistratura, con acuerdo del Senado, en sesión pública, en la que se tendrá en cuenta la idoneidad de los candidatos.

   Un nuevo nombramiento, precedido de igual acuerdo, será necesario para mantener en el cargo a cualquiera de esos magistrados, una vez que cumplan la edad de setenta y cinco años. Todos los nombramientos de magistrados cuya edad sea la indicada o mayor se harán por cinco años, y podrán ser repetidos indefinidamente, por el mismo trámite.

5. Puede indultar o conmutar las penas por delitos sujetos a la jurisdicción federal, previo informe del tribunal correspon-

diente, excepto en los casos de acusación por la Cámara de Diputados.

6. *Concede jubilaciones, retiros, licencias y pensiones conforme a las leyes de la Nación.*

7. *Nombra y remueve a los embajadores, ministros plenipotenciarios y encargados de negocios con acuerdo del Senado; por sí solo nombra y remueve al jefe de gabinete de ministros y a los demás ministros del despacho, los oficiales de su secretaría, los agentes consulares y los empleados cuyo nombramiento no está reglado de otra forma por esta Constitución.*

8. *Hace anualmente la apertura de las sesiones del Congreso, reunidas al efecto ambas Cámaras, dando cuenta en esta ocasión del estado de la Nación, de las reformas prometidas por la Constitución, y recomendando a su consideración las medidas que juzgue necesarias y convenientes.*

9. Prorroga las sesiones ordinarias del Congreso, o lo convoca a sesiones extraordinarias, cuando un grave interés de orden o de progreso lo requiera.

10. *Supervisa el ejercicio de la facultad del jefe de gabinete de ministros respecto de la recaudación de las rentas de la Nación y de su inversión, con arreglo a la ley o presupuesto de gastos nacionales.*

11. *Concluye y firma tratados, concordatos y otras negociaciones requeridas para el mantenimiento de buenas relaciones con las organizaciones internacionales y las naciones extranjeras, recibe sus ministros y admite sus cónsules.*

12. *Es comandante en jefe de todas las fuerzas armadas de la Nación.*

13. *Provee los empleos militares de la Nación: con acuerdo del Senado, en la concesión de los empleos o grados de oficiales superiores de las fuerzas armadas; y por sí solo en el campo de batalla.*

14. *Dispone de las fuerzas armadas, y corre con su organización y distribución según las necesidades de la Nación.*

15. *Declara la guerra y ordena represalias con autorización y aprobación del Congreso.*

16. Declara en estado de sitio uno o varios puntos de la Nación, en caso de ataque exterior y por un término limitado, con acuerdo del Senado. En caso de conmoción interior sólo tiene esta facultad cuando el Congreso está en receso, porque es atribución que corresponde a este cuer-

po. El presidente la ejerce con las limitaciones prescriptas en el artículo 23.

17. *Puede pedir al jefe de gabinete de ministros y a los jefes de todos los ramos y departamentos de la administración, y por su conducto a los demás empleados, los informes que crea convenientes, y ellos están obligados a darlos.*

18. *Puede ausentarse del territorio de la Nación, con permiso del Congreso. En el receso de éste, sólo podrá hacerlo sin licencia por razones justificadas de servicio público.*

19. *Puede llenar las vacantes de los empleos, que requieran el acuerdo del Senado, y que ocurran durante su receso, por medio de nombramientos en comisión que expirarán al fin de la próxima Legislatura.*

20. *Decreta la intervención federal a una provincia o a la ciudad de Buenos Aires en el caso de receso del Congreso, y debe convocarlo simultáneamente para su tratamiento.*

CAPÍTULO CUARTO

DEL JEFE DE GABINETE Y DEMÁS MINISTROS DEL PODER EJECUTIVO

Artículo 100 *El jefe de gabinete de ministros y los demás ministros secretarios cuyo número y competencia será establecida por una ley especial, tendrán a su cargo el despacho de los negocios de la Nación, y refrendarán y legalizarán los actos del presidente por medio de su firma, sin cuyo requisito carecen de eficacia.*

Al jefe de gabinete de ministros, con responsabilidad política ante el Congreso de la Nación, le corresponde:

1. *Ejercer la administración general del país.*

2. *Expedir los actos y reglamentos que sean necesarios para ejercer las facultades que le atribuye este artículo y aquellas que le delegue el presidente de la Nación, con el refrendo del ministro secretario del ramo al cual el acto o reglamento se refiera.*

3. *Efectuar los nombramientos de los empleados de la administración, excepto los que correspondan al presidente.*

4. *Ejercer las funciones y atribuciones que le delegue el presidente de la Nación y, en acuerdo de gabinete resolver sobre*

las materias que le indique el Poder Ejecutivo, o por su propia decisión, en aquellas que por su importancia estime necesario, en el ámbito de su competencia.

5. Coordinar, preparar y convocar las reuniones de gabinete de ministros, presidiéndolas en caso de ausencia del presidente.

6. Enviar al Congreso los proyectos de ley de Ministros y de Presupuesto nacional, previo tratamiento en acuerdo de gabinete y aprobación del Poder Ejecutivo.

7. Hacer recaudar las rentas de la Nación y ejecutar la ley de Presupuesto nacional.

8. Refrendar los decretos reglamentarios de las leyes, los decretos que dispongan la prórroga de las sesiones ordinarias del Congreso o la convocatoria de sesiones extraordinarias y los mensajes del presidente que promuevan la iniciativa legislativa.

9. Concurrir a las sesiones del Congreso y participar en sus debates, pero no votar.

10. Una vez que se inicien las sesiones ordinarias del Congreso, presentar junto a los restantes ministros una memoria detallada del estado de la Nación en lo relativo a los negocios de los respectivos departamentos.

11. Producir los informes y explicaciones verbales o escritos que cualquiera de las Cámaras solicite al Poder Ejecutivo.

12. Refrendar los decretos que ejercen facultades delegadas por el Congreso, los que estarán sujetos al control de la Comisión Bicameral Permanente.

13. Refrendar conjuntamente con los demás ministros los decretos de necesidad y urgencia y los decretos que promulgan parcialmente leyes. Someterá personalmente y dentro de los diez días de su sanción estos decretos a consideración de la Comisión Bicameral Permanente.

El jefe de gabinete de ministros no podrá desempeñar simultáneamente otro ministerio.

Artículo 101 El jefe de gabinete de ministros debe concurrir al Congreso al menos una vez por mes, alternativamente a cada una de sus Cámaras, para informar de la marcha del gobierno, sin perjuicio de lo dispuesto en el artículo 71. Puede ser interpelado a los efectos del tratamiento de una moción de censura, por el voto de la mayoría absoluta de la totalidad de los miembros de cualquiera de las Cámaras, y ser removido por el voto de la mayoría absoluta de los miembros de cada una de las Cámaras.

Artículo 102 Cada ministro es responsable de los actos que legaliza; y solidariamente de los que acuerda con sus colegas.

Artículo 103 Los ministros no pueden por sí solos, en ningún caso, tomar resoluciones, a excepción de lo concerniente al régimen económico y administrativo de sus respectivos departamentos.

Artículo 104 Luego que el Congreso abra sus sesiones, deberán los ministros del despacho presentarle una memoria detallada del estado de la Nación en lo relativo a los negocios de sus respectivos departamentos.

Artículo 105 No pueden ser senadores ni diputados, sin hacer dimisión de sus empleos de ministros.

Artículo 106 Pueden los ministros concurrir a las sesiones del Congreso y tomar parte en sus debates, pero no votar.

Artículo 107 Gozarán por sus servicios de un sueldo establecido por la ley, que no podrá ser aumentado ni disminuido en favor o perjuicio de los que se hallen en ejercicio.

Sección tercera
Del Poder Judicial

CAPÍTULO PRIMERO
DE SU NATURALEZA Y DURACIÓN

Artículo 108 El Poder Judicial de la Nación será ejercido por una Corte Suprema de Justicia, y por los demás tribunales inferiores que el Congreso estableciere en el territorio de la Nación.

Artículo 109 En ningún caso el presidente de la Nación puede ejercer funciones judiciales, arrogarse el conocimiento de causas pendientes o restablecer las fenecidas.

Artículo 110 Los jueces de la Corte Suprema y de los Tribunales inferiores de la Nación conservarán sus empleos mientras dure su buena conducta, y recibirán por sus servicios una compensación que determinará la ley, y que no podrá ser disminuida en manera alguna, mientras permaneciesen en sus funciones.

Artículo 111 Ninguno podrá ser miembro de la Corte Suprema de Justicia, sin ser abogado de la Nación con ocho años de ejercicio, y tener las calidades requeridas para ser senador.

Artículo 112

En la primera instalación de la Corte Suprema, los individuos nombrados prestarán juramento en manos del presidente de la Nación, de desempeñar sus obligaciones, administrando justicia bien y legalmente, en conformidad a lo que prescribe la Constitución. En lo sucesivo lo prestarán ante el presidente de la misma Corte.

Artículo 113

La Corte Suprema dictará su reglamento interior y nombrará a sus empleados.

Artículo 114

El Consejo de la Magistratura, regulado por una ley especial sancionada por la mayoría absoluta de la totalidad de los miembros de cada Cámara, tendrá a su cargo la selección de los magistrados y la administración del Poder Judicial.

El Consejo será integrado periódicamente de modo que se procure el equilibrio entre la representación de los órganos políticos resultantes de la elección popular, de los jueces de todas las instancias y de los abogados de la matrícula federal. Será integrado, asimismo, por otras personas del ámbito académico y científico, en el número y la forma que indique la ley.

Serán sus atribuciones:

1. *Seleccionar mediante concursos públicos los postulantes a las magistraturas inferiores.*

2. *Emitir propuestas en ternas vinculantes, para el nombramiento de los magistrados de los tribunales inferiores.*

3. *Administrar los recursos y ejecutar el presupuesto que la ley asigne a la administración de justicia.*

4. *Ejercer facultades disciplinarias sobre magistrados.*

5. *Decidir la apertura del procedimiento de remoción de magistrados, en su caso ordenar la suspensión, y formular la acusación correspondiente.*

6. *Dictar los reglamentos relacionados con la organización judicial y todos aquellos que sean necesarios para asegurar la independencia de los jueces y la eficaz prestación de los servicios de justicia.*

Artículo 115

Los jueces de los tribunales inferiores de la Nación serán removidos por las causales expresadas en el artículo 53, por un jurado de enjuiciamiento integrado por legisladores, magistrados y abogados de la matrícula federal.

Su fallo, que será irrecurrible, no tendrá más efecto que destituir al acusado. Pero la parte condenada quedará no obstante sujeta a acusación, juicio y castigo conforme a las leyes ante los tribunales ordinarios.

Corresponderá archivar las actuaciones y, en su caso, reponer al juez suspendido, si transcurrieren ciento ochenta días contados desde la decisión de abrir el procedimiento de remoción, sin que haya sido dictado el fallo.

En la ley especial a que se refiere el artículo 114, se determinará la integración y procedimiento de este jurado.

CAPÍTULO SEGUNDO
ATRIBUCIONES DEL PODER JUDICIAL

Artículo 116
Corresponde a la Corte Suprema y a los tribunales inferiores de la Nación, el conocimiento y decisión de todas las causas que versen sobre puntos regidos por la Constitución, y por las leyes de la Nación, con la reserva hecha en el inciso 12 del artículo 75; y por los tratados con las naciones extranjeras; de las causas concernientes a embajadores, ministros públicos y cónsules extranjeros; de las causas de almirantazgo y jurisdicción marítima; de los asuntos en que la Nación sea parte; de las causas que se susciten entre dos o más provincias; entre una provincia y los vecinos de otra; entre los vecinos de diferentes provincias; y entre una provincia o sus vecinos, contra un Estado o ciudadano extranjero.

Artículo 117
En estos casos la Corte Suprema ejercerá su jurisdicción por apelación según las reglas y excepciones que prescriba el Congreso; pero en todos los asuntos concernientes a embajadores, ministros y cónsules extranjeros, y en los que alguna provincia fuese parte, la ejercerá originaria y exclusivamente.

Artículo 118
Todos los juicios criminales ordinarios, que no se deriven del despacho de acusación concedido en la Cámara de Diputados se terminarán por jurados, luego que se establezca en la República esta institución. La actuación de estos juicios se hará en la misma provincia donde se hubiera cometido el delito; pero cuando éste se cometa fuera de los límites de la Nación, contra el Derecho de Gentes, el Congreso determinará por una ley especial el lugar en que haya de seguirse el juicio.

Artículo 119
La traición contra la Nación consistirá únicamente en tomar las armas contra ella, o en unirse a sus enemigos prestándoles ayuda y socorro. El Congreso fijará por una ley especial la pena de este delito; pero ella no pasará de la persona del delincuente, ni la infamia del reo se transmitirá a sus parientes de cualquier grado.

Sección cuarta
Del Ministerio Público

Artículo 120 El Ministerio Público es un órgano independiente con autonomía funcional y autarquía financiera, que tiene por función promover la actuación de la justicia en defensa de la legalidad, de los intereses generales de la sociedad, en coordinación con las demás autoridades de la República.

Está integrado por un procurador general de la Nación y un defensor general de la Nación y los demás miembros que la ley establezca.

Sus miembros gozan de inmunidades funcionales e intangibilidad de remuneraciones.

TÍTULO SEGUNDO
GOBIERNOS DE PROVINCIA

Artículo 121 Las provincias conservan todo el poder no delegado por esta Constitución al Gobierno federal, y el que expresamente se hayan reservado por pactos especiales al tiempo de su incorporación.

Artículo 122 Se dan sus propias instituciones locales y se rigen por ellas. Eligen sus gobernadores, sus legisladores y demás funcionarios, sin intervención del Gobierno federal.

Artículo 123 Cada provincia dicta su propia constitución, conforme a lo dispuesto por el artículo 5º asegurando la autonomía municipal y reglando su alcance y contenido en el orden institucional, político, administrativo, económico y financiero.

Artículo 124 Las provincias podrán crear regiones para el desarrollo económico y social y establecer órganos con facultades para el cumplimiento de sus fines y podrán también celebrar convenios internacionales en tanto no sean incompatibles con la política exterior de la Nación y no afecten las facultades delegadas al Gobierno federal o el crédito público de la Nación; con conocimiento del Congreso Nacional. La ciudad de Buenos Aires tendrán el régimen que se establezca a tal efecto.

Corresponde a las provincias el dominio originario de los recursos naturales existentes en su territorio.

Artículo 125   Las provincias pueden celebrar tratados parciales para fines de administración de justicia, de intereses económicos y trabajos de utilidad común, con conocimiento del Congreso Federal; y promover su industria, la inmigración, la construcción de ferrocarriles y canales navegables, la colonización de tierras de propiedad provincial, la introducción y establecimiento de nuevas industrias, la importación de capitales extranjeros y la exploración de sus ríos, por leyes protectoras de estos fines, y con sus recursos propios.

Las provincias y la ciudad de Buenos Aires pueden conservar organismos de seguridad social para los empleados públicos y los profesionales; y promover el progreso económico, el desarrollo humano, la generación de empleo, la educación, la ciencia, el conocimiento y la cultura.

Artículo 126   Las provincias no ejercen el poder delegado a la Nación. No pueden celebrar tratados parciales de carácter político; ni expedir leyes sobre comercio, o navegación interior o exterior; ni establecer aduanas provinciales; ni acuñar moneda; ni establecer bancos con facultades de emitir billetes, sin autorización del Congreso Federal; ni dictar los Códigos Civil, Comercial, Penal y de Minería, después que el Congreso los haya sancionado; ni dictar especialmente leyes sobre ciudadanía y naturalización, bancarrotas, falsificación de moneda o documentos del Estado; ni establecer derechos de tonelaje; ni armar buques de guerra o levantar ejércitos, salvo el caso de invasión exterior o de un peligro tan inminente que no admita dilación dando luego cuenta al Gobierno federal; ni nombrar o recibir agentes extranjeros.

Artículo 127   Ninguna provincia puede declarar, ni hacer la guerra a otra provincia. Sus quejas deben ser sometidas a la Corte Suprema de Justicia y dirimidas por ella. Sus hostilidades de hecho son actos de guerra civil, calificados de sedición o asonada, que el gobierno federal debe sofocar y reprimir conforme a la ley.

Artículo 128   Los gobernadores de provincia son agentes naturales del Gobierno federal para hacer cumplir la Constitución y las leyes de la Nación.

Artículo 129   *La ciudad de Buenos Aires tendrá un régimen de gobierno autónomo, con facultades propias de legislación y jurisdicción, y su jefe de gobierno será elegido directamente por el pueblo de la ciudad.*

Una ley garantizará los intereses del Estado nacional, mientras la ciudad de Buenos Aires sea capital de la Nación.

En el marco de lo dispuesto en este artículo, el Congreso de la Nación convocara a los habitantes de la ciudad de Buenos Aires para que, mediante los representantes que elijan a ese efecto, dicten el Estatuto Organizativo de sus instituciones.

DISPOSICIONES TRANSITORIAS

Primera

La Nación Argentina ratifica su legítima e imprescriptible soberanía sobre las islas Malvinas, Georgias del Sur y Sandwich del Sur y los espacios marítimos e insulares correspondientes, por ser parte integrante del territorio nacional.

La recuperación de dichos territorios y el ejercicio pleno de la soberanía, respetando el modo de vida de sus habitantes, y conforme a los principios del Derecho Internacional, constituyen un objetivo permanente e irrenunciable del pueblo argentino.

Segunda

Las acciones positivas a que alude el artículo 37 en su último párrafo no podrán ser inferiores a las vigentes al tiempo de sancionarse esta Constitución y durarán lo que la ley determine. (Corresponde al artículo 37).

Tercera

La ley que reglamente el ejercicio de la iniciativa popular deberá ser aprobada dentro de los dieciocho meses de esta sanción. (Corresponde al artículo 39).

Cuarta

Los actuales integrantes del Senado de la Nación desempeñarán su cargo hasta la extinción del mandato correspondiente a cada uno.

En ocasión de renovarse un tercio del Senado en mil novecientos noventa y cinco, por finalización de los mandatos de todos los senadores elegidos en mil novecientos ochenta y seis, será designado además un tercer senador por distrito por cada Legislatura. El conjunto de los senadores por cada distrito se integrará, en lo posible, de modo que correspondan dos bancas al partido político o alianza electoral que tenga el mayor número de miembros en la Legislatura, y la restante al partido político o alianza electoral que le siga en número de miembros de ella. En caso de empate, se hará prevalecer al partido político o alianza electoral que hubiera obtenido mayor cantidad de sufragios en la elección legislativa provincial inmediata anterior.

La elección de los senadores que reemplacen a aquellos cuyos mandatos vencen en mil novecientos noventa y ocho, así como la elección de quien reemplace a cualquiera de los actuales senadores en caso de aplicación del artículo 62, se hará por estas mismas reglas de designación. Empero, el partido político o alianza electoral que tenga el mayor número de miembros en la Legislatura al tiempo de la elección del senador, tendrá derecho a que sea elegido su candidato, con la sola limitación de que no resulten los tres senadores de un mismo partido político o alianza electoral.

Estas reglas serán también aplicables a la elección de los senadores por la ciudad de Buenos Aires, en mil novecientos noven-

ta y cinco por el cuerpo electoral, y en mil novecientos noventa y ocho, por el órgano legislativo de la ciudad.

La elección de todos los senadores a que se refiere esta cláusula se llevará a cabo con una anticipación no menor de sesenta ni mayor de noventa días al momento en que el senador deba asumir su función.

En todos los casos, los candidatos a senadores serán propuestos por los partidos políticos o alianzas electorales. El cumplimiento de las exigencias legales y estatuarias para ser proclamado candidato será certificado por la Justicia Electoral Nacional y comunicado a la Legislatura.

Toda vez que se elija un senador nacional se designará un suplente, quien asumirá en los casos del artículo 62.

Los mandatos de los senadores elegidos por aplicación de esta cláusula transitoria durarán hasta el nueve de diciembre del dos mil uno. (Corresponde al artículo 54).

Quinta *Todos los integrantes del Senado serán elegidos en la forma indicada en el artículo 54 dentro de los dos meses anteriores al diez de diciembre del dos mil uno, decidiéndose por la suerte, luego que todos se reúnan, quienes deban salir en el primero y segundo bienio. (Corresponde al artículo 56).*

Sexta *Un régimen de coparticipación conforme lo dispuesto en el inciso 2 del artículo 75 y la reglamentación del organismo fiscal federal, serán establecidos antes de la finalización del año 1966; la distribución de competencias, servicios y funciones vigentes a la sanción de esta reforma, no podrá modificarse sin la aprobación de la provincia interesada; tampoco podrá modificarse en desmedro de las provincias la distribución de recursos vigente a la sanción de esta reforma y en ambos casos hasta el dictado del mencionado régimen de coparticipación.*

La presente cláusula no afecta los reclamos administrativos o judiciales en trámite originados por diferencias por distribución de competencias, servicios, funciones o recursos entre la Nación y las provincias. (Corresponde al artículo 75 inciso 2).

Séptima *El Congreso ejercerá en la ciudad de Buenos Aires, mientras sea capital de la Nación, las atribuciones legislativas que conserve con arreglo al artículo 129. (Corresponde al artículo 75 inciso 30).*

Octava *La legislación delegada preexistente que no contenga plazo establecido para su ejercicio caducará a los cinco años de la vigencia de esta disposición, excepto aquella que el Congreso de la Nación ratifique expresamente por una nueva ley.*

(Corresponde al artículo 76).

Novena   El mandato del presidente en ejercicio al momento de sancio-narse esta reforma, deberá ser considerado como primer perío-do. (Corresponde al artículo 90).

Décima   El mandato del presidente de la Nación que asuma su cargo el 8 de julio de 1995, se extinguirá el 10 de Diciembre de 1999. (Corresponde al artículo 90).

Undécima   La caducidad de los nombramientos y la duración limitada pre-vistas en el artículo 99 inciso 4 entrarán en vigencia a los cinco años de la sanción de esta reforma constitucional. (Corresponde al artículo 99 inciso 4).

Duodécima   Las prescripciones establecidas en los artículos 100 y 101 del Capítulo cuarto de la Sección segunda, de la segunda parte de esta Constitución referidas al jefe de gabinete de ministros, en-trarán en vigencia el 8 de julio de 1995.

  El jefe de gabinete de ministros será designado por primera vez el 8 de julio de 1995, hasta esa fecha sus facultades serán ejer-citadas por el presidente de la República. (Corresponde a los ar-tículos 99 inciso 7, 100 y 101).

Decimotercera   A partir de los trescientos sesenta días de la vigencia de esta re-forma, los magistrados inferiores solamente podrán ser designa-dos por el procedimiento previsto en la presente Constitución. Hasta tanto se aplicará el sistema vigente con anterioridad. (Co-rresponde al artículo 114).

Decimocuarta   Las causas en trámite ante la Cámara de Diputados al momento de instalarse el Consejo de la Magistratura, les serán remitidas a efectos del inciso 5 del artículo 114. Las ingresadas en el Sena-do continuarán allí hasta su terminación. (Corresponde al ar-tículo 115).

Decimoquinta   Hasta tanto se constituyan los poderes que surjan del nuevo ré-gimen de autonomía de la ciudad de Buenos Aires, el Congreso ejercerá una legislación exclusiva sobre su territorio, en los mis-mos términos que hasta la sanción de la presente.

  El jefe de gobierno será elegido durante el año mil novecientos noventa y cinco. La ley prevista en los párrafos segundo y terce-ro del artículo 129, deberá ser sancionada dentro del plazo de doscientos setenta días a partir de la vigencia de esta Constitu-ción.

  Hasta tanto se haya dictado el Estatuto Organizativo la designa-ción y remoción de los jueces de la ciudad de Buenos Aires se regirá por las disposiciones de los artículos 114 y 115 de esta Constitución. (Corresponde al artículo 129).

Decimosexta   Esta reforma entra en vigencia al día siguiente de su publica-ción. Los miembros de la Convención Constituyente, el presi-dente de la Nación Argentina, los presidentes de las Cámaras

Legislativas y el presidente de la Corte Suprema de Justicia prestan juramento en un mismo acto el día 24 de agosto de 1994, en el Palacio San José, Concepción del Uruguay, provincia de Entre Ríos.

Cada poder del Estado y las autoridades provinciales y municipales disponen lo necesario para que sus miembros y funcionarios juren esta Constitución.

Decimoséptima   *El texto constitucional ordenado, sancionado por esta Convención Constituyente, reemplaza al hasta ahora vigente.*

DADA EN LA SALA DE SESIONES DE LA CONVENCIÓN NACIONAL CONSTITUYENTE, EN SANTA FE, A LOS VEINTIDÓS DÍAS DEL MES DE AGOSTO DEL AÑO MIL NOVECIENTOS NOVENTA Y CUATRO

EDUARDO MENEM
Presidente
Convención Nacional Constituyente

LUIS A. J. BRASESCO
Secretario de Coordinación Operativa
Convención Nacional Constituyente

EDGARDO R. PIUZZI
Secretario Parlamentario
Convención Nacional Constituyente

JUAN ESTRADA
Secretario Administrativo
Convención Nacional Constituyente